LEANDRO PAULSEN

CONSTITUIÇÃO E CÓDIGO TRIBUTÁRIO
COMENTADOS

À LUZ DA DOUTRINA E DA JURISPRUDÊNCIA

www.saraivaeducacao.com.br
Visite nossa página

LEANDRO PAULSEN

CONSTITUIÇÃO E CÓDIGO TRIBUTÁRIO
COMENTADOS

À LUZ DA DOUTRINA E DA JURISPRUDÊNCIA

19ª edição
2023

saraiva
EDUCAÇÃO | saraiva *jur*

Av. Paulista, 901, Edifício CYK, 4º andar
Bela Vista – São Paulo – SP – CEP 01310-100

SAC | sac.sets@saraivaeducacao.com.br

Diretoria executiva	Flávia Alves Bravin
Diretoria editorial	Ana Paula Santos Matos
Gerência de produção e projetos	Fernando Penteado
Gerência editorial	Thais Cassoli Reato Cézar
Novos projetos	Aline Darcy Flôr de Souza
	Dalila Costa de Oliveira
Edição	Jeferson Costa da Silva (coord.)
	Deborah Caetano de Freitas Viadana
Design e produção	Daniele Debora de Souza (coord.)
	Rosana Peroni Fazolari
	Camilla Felix Cianelli Chaves
	Deborah Mattos
	Tiago Dela Rosa
Planejamento e projetos	Cintia Aparecida dos Santos
	Daniela Maria Chaves Carvalho
	Emily Larissa Ferreira da Silva
	Kelli Priscila Pinto
Diagramação	NSM Soluções Gráficas
Revisão	Daniela Georgeto
Capa	Lais Soriano
Produção gráfica	Marli Rampim
	Sergio Luiz Pereira Lopes
Impressão e acabamento	Edições Loyola

DADOS INTERNACIONAIS DE CATALOGAÇÃO NA PUBLICAÇÃO (CIP)
VAGNER RODOLFO DA SILVA – CRB-8/9410

P332c	Paulsen, Leandro
	Constituição e Código Tributário Comentados: à luz da doutrina e da jurisprudência / Leandro Paulsen – 19. ed.– São Paulo: SaraivaJur, 2023.
	1.508 p.
	ISBN: 978-65-5362-560-0 (Impresso)
	1. Direito. 2. Direito constitucional. 3 Constituição. 4. Direito tributário. 5. Código Tributário. I. Título.
2023-447	CDD 341.39
	CDU 34:336.2

Índices para catálogo sistemático:

1. Direito tributário   341.39
2. Direito tributário   34:336.2

Data de fechamento da edição: 1-6-2023

Dúvidas? Acesse www.saraivaeducacao.com.br

CÓD. OBRA	16093	CL	608260	CAE	819786

NOTA DO AUTOR À 19ª EDIÇÃO

Chegamos à 19ª edição desta obra.

Está aqui o produto de atenta, longeva e persistente dedicação ao Direito Tributário. Temos uma vida de dedicação à matéria, envolvendo o exercício da jurisdição especializada em Vara e em Turma tributárias, a docência em disciplinas tanto da parte geral como de tributos em espécie, o lançamento de diversos livros sobre Direito Tributário e Direito Processual Tributário e, ainda, pesquisas de mestrado e doutorado nesse ramo do Direito. Aliás, a par do nosso doutorado em Direitos e Garantias do Contribuinte, estamos, atualmente, realizando outra pesquisa em programa de doutorado intitulada Administração, Fazenda e Justiça no Estado Social.

Repercutimos no texto os inúmeros temas de recursos repetitivos e de repercussão geral reconhecidos e decididos nos últimos anos, inclusive fazendo constar anexo para a sua rápida consulta.

A par dos temas de Direito Tributário, destacamos que o contencioso tributário está sujeito a um novo paradigma em que decisões do STF são consideradas direito novo, nos termos da orientação firmada pelo STF nos Temas 881 e 885 de repercussão geral, em que fixou a tese de que as decisões proferidas em ação direta ou em sede de repercussão geral interrompem automaticamente os efeitos temporais das decisões transitadas em julgado nas referidas relações, respeitadas a irretroatividade, a anterioridade anual e a noventena ou a anterioridade nonagesimal.

Espero que o leitor, destinatário e razão deste trabalho, se beneficie de todo o esforço empreendido e das mudanças realizadas.

Dedico esta obra aos meus filhos. Os primeiros, Bernardo, Ana Vitória (hoje já dedicada também ao Direito Tributário) e Francisco, quando da primeira edição, estavam nascendo; agora, estão crescidos e já começando a vivenciar seus desafios profissionais. Como já sentenciei na edição anterior, que sejam capazes de olhar para o futuro com disposição e confiança! A mais nova, Helena, logo aprendeu que seus pais frequentam os "congressos tributários" e entendeu que biblioteca é lugar importante e dinâmico, onde se estuda, aprende e trabalha. Em frente!

Também dedico esta obra à minha mulher, Amalia, companheira de vida, de sonhos e realizações, mestre e doutoranda em Direito Tributário igualmente!

Leandro Paulsen
leandropaulsen1@gmail.com

PREFÁCIO À 10ª EDIÇÃO

A pena e o tributo são as evidências da existência do Estado como instituição política soberana. O estudo de suas realidades e do funcionamento de suas virtudes é o grande desafio do Estado Democrático de Direito que a Constituição de 1988 assentou como princípio fundamental da organização nacional brasileira.

Daí por que as reflexões e discussões acerca desses dois fundamentos da soberania estatal devem ocupar diuturnamente os juristas e os trabalhadores do direito visto que, sem embargo da redobrada atenção das demais instituições e dos cidadãos, só será possível manter e controlar o exercício das aptidões da soberania sem desvirtuar o padrão democrático constitucional essencial para todas as atividades da vida social, econômica ou política, se se cultivar o conhecimento profundo de tais categorias elementares.

A atuação principal do profissional do direito, mas também do administrador e do político, assume assim, ademais de suas próprias e legítimas preocupações profissionais, um importante viés de garantia e aplicação dessas duas manifestações de soberania, de capital função para a sobrevivência do próprio Estado como tal.

Não é desconhecido dos profissionais da advocacia, como dos magistrados e dos membros do Ministério Público, a verdadeira angústia na administração das razões e saberes relativos ao domínio tributário, não tanto pela complexidade técnica senão pela variedade e velocidade normativa, e que em grande parte convergem igualmente para a tipificação penal de condutas lesivas ao fisco.

Essas dificuldades, as quais muitas vezes tornam trabalhosas e demoradas as tarefas de julgamento e deliberação quando a esse propósito o Estado e os contribuintes ou acusados se enfrentam perante os tribunais, são, no entanto, do dia a dia forense.

É diante desse conjunto de sensações necessárias que ao leitor se oferece o presente trabalho de Leandro Paulsen, já agora na décima edição, no qual a resenha das discussões e debates a respeito da questão tributária, à luz da Constituição e das Leis tributárias e em face da doutrina e da jurisprudência nacional, revela-se ferramental utilíssimo, sobretudo porque ainda desvenda outras perspectivas inovadoras e abre campo propício para meditação e enriquecimento das ideias quando do exercício de tais encargos.

Assim, ao saudar o extraordinário esforço de pesquisa, sistematização e ordenação do universo de informações, ao modo de um saber apropriado para o crescimento das instituições essenciais à soberania estatal, cumpro não só um dever profissional como, com grande prazer, homenageio o jovem autor que também é juiz federal de virtudes conhecidas.

Ellen Gracie Northfleet
Ministra Presidente do Supremo Tribunal Federal

Sumário

CONSTITUIÇÃO FEDERAL DE 1988

TÍTULO VI
DA TRIBUTAÇÃO E DO ORÇAMENTO

⇒ **A tributação como instrumento da sociedade.** A tributação, no Estado de Direito Democrático, constitui instrumento da sociedade. Pagar tributo não é mais uma submissão ao Estado, tampouco um mal necessário. Conforme ensinou Oliver Wendell Holmes Jr., "Taxes are what we pay for civilized society". É por meio das receitas tributárias que são viabilizadas a manutenção da estrutura política e administrativa do Estado e as ações de governo. Mas a tributação arbitrária ou excessiva pode, por si própria, ter efeitos perversos. Assim, a Constituição também cuida de definir as possibilidades e os limites da tributação, fazendo-o por meio da outorga constitucional da competência tributária (quando a Constituição diz quais tributos podem ser instituídos e sob que forma, diz, também, implicitamente, que o que dali desborda não pode ser feito) e da clara enunciação de garantias fundamentais do contribuinte. A tributação é válida quando exercida na forma e medida admitidas pela Constituição Federal. A tributação que não encontra suporte no texto constitucional não constitui propriamente tributação, mas violência aos direitos individuais, arbítrio inconstitucional e ilegítimo.

– É importante evoluir de uma visão do ordenamento tributário meramente protetiva do contribuinte para outra que nele enxergue a viabilização das políticas sociais. Transitamos do puro Estado de direito, em que se opunham nitidamente Estado e indivíduo, para um novo Estado, ainda de direito, mas também social, como estampa o art. 1º da nossa Constituição da República. Isso dá lugar a uma realidade que congrega a liberdade com a participação e a solidariedade. Conforme Marco Aurélio Greco, a Constituição brasileira de 1967 foi uma Constituição do Estado brasileiro, enquanto a de 1988 é da sociedade brasileira. Naquela, em primeiro lugar estava a organização do poder; nesta, os direitos fundamentais têm precedência. Naquela, tínhamos uma Constituição do Estado brasileiro, em que primeiro se dispunha sobre a estrutura do poder, seus titulares, suas prerrogativas e sobre os bens públicos, para só então cuidar da tributação como simples suporte do Estado, aparecendo os direitos fundamentais apenas ao seu final, como um resguardo devido à sociedade civil. Na Constituição de 1988, a pessoa humana assume papel central, enunciando-se, já em seu início, direitos fundamentais e sociais, e funcionalizando-se a tributação mediante um novo modo de outorga de competência tributária em que ganha relevância a justificação da tributação em função da sua finalidade.

– "Deve-se afastar [...] a concepção negativa da tributação como norma de rejeição social ou de opressão de direitos (em verdade, a tributação é uma condição inafastável para a garantia e efetivação tanto dos direitos individuais como dos sociais). Portanto, o dever de recolher tributos no Estado Democrático de Direito está solidamente fundado no princípio da solidariedade social, no qual busca sua justificação e conteúdo material" (CARDOSO, Alessandro Mendes. *O dever fundamental de recolher tributos no Estado Democrático de Direito*. Porto Alegre: Livraria do Advogado, 2014, p. 195).

– "Tributo é um meio para atingir-se um fim. É dever fundamental materializado por meio de uma prestação pecuniária de caráter compulsório, instituído por lei, devido à entidade de direito público e cobrado mediante atividade plenamente vinculada, com vistas à promoção dos direitos fundamentais, seja mediante a geração de receita pública, seja mediante a orientação socioeconômica dos cidadãos. O presente conceito justifica a classificação dos tributos em dois grupos. O grupo dos tributos de natureza fiscal, em que o fim – a promoção dos direitos fundamentais –, dá-se a partir da atividade de geração de receita, isso para em momento posterior fazer frente às despesas do Estado; e o grupo dos tributos de natureza extrafiscal, em que o fim – a promoção dos direitos fundamentais –, dá-se a partir da orientação de condutas que estejam em sintonia com os objetivos do Estado Democrático de Direito" (CANAZARO, Fábio. *Essencialidade tributária*: igualdade, capacidade contributiva e extrafiscalidade na tributação sobre o consumo. Porto Alegre: Livraria do Advogado, 2015, p. 151).

• Vide, ainda: CAMPELLO, Geórgia Teixeira Jezler. O tributo como meio de efetivação da justiça e do Estado social. In: GRUPENMACHER, Betina Treiger (coord.). *Tributação: democracia e liberdade*. São Paulo: Noeses, 2014, p. 657.

– **O dever fundamental de pagar tributos.** *There is no such thing as a freee lunch*, como reiterado por Milton Friedman. Essa máxima de que não existe almoço grátis aplica-se à vida em sociedade. Seria ingenuidade, senão má-fé, pensar em uma vida civilizada, com liberdade política e econômica, sem que se esteja pagando por isso, *ou seja, sem* a correlata contribuição para as despesas públicas através do pagamento de tributos. A cidadania é, efetivamente, uma via de mão dupla. Entende-se o dever fundamental de pagar tributos como a outra face ou contrapartida do caráter democrático e social do Estado que assegura aos cidadãos os direitos fundamentais.

– Declaração dos Direitos do Homem e do Cidadão de 1789: "Art. 13. Para a manutenção da força pública e para as despesas da administração é indispensável uma contribuição comum que deve ser repartida entre os cidadãos de acordo com as suas possibilidades".

– Declaração Interamericana dos Direitos e Deveres do Homem, aprovada na IX Conferência Internacional Americana em 1948: "Art. XXXVI. Toda pessoa tem o dever de pagar os impostos estabelecidos pela lei para a manutenção dos serviços públicos".

– "La formulación constitucional del deber de contribuir cumple una triple función jurídico-política: a) de *legitimación del tributo*, cuyo fundamento o justificación descansa no ya en la simple fuerza o poder de supremacía del Estado (frente a la impotencia del súdito), sino en el deber de solidaridad de los ciudadanos de contribuir al sostenimiento de los gastos públicos por su interes, en tanto miembros de la comunidad política, en la existencia y mantenimiento del Estado. Como ha escrito A. BERLIRI el deber del contribuyente de pagar los tributos no es la consecuencia, es una premisa, un *príus*; es el derecho, o mejor, el poder del Estado a exigirlos lo que es consecuencia, el reflejo, del deber de los ciudadanos de pagarlos. Y no a la inversa. El Estado no recauda los impuestos *quia nominor leo*, sino porque el ciudadano tiene el deber de contribuir a su mantenimiento. Fundamento *causal* del tributo, por tanto, y conexión del deber de contribuir con el gasto público y su ordenación, que se proclama en el art. 31.2 CE; b) de *límite y de garantía jurídica*, en cuanto la norma constitucional fija los límites del deber de contribuir, sin que el Estado pueda constreñir al particular a pagar más allá de tales límites o en razón o medida de criterios o cánones distintos de los fijados constitucionalmente (la capacidad económica). Y al propio tiempo, de garantía de los ciudadanos, pues aunque las normas constitucionales que imponen deberes cívicos más que garantizar la libertad y la propiedad individual las constriñen al afirmar un deber de los ciudadanos y el correlativo derecho – *rectius poder* – del Estado), sin embargo es también una norma de garantía en cuanto indirectamente limita el derecho de supremacia del Estado, que ha de configurar en cada caso, como elemento base de la imposición supuestos de hecho que sean reveladores de capacidad económica; c) de *orientación programática* de la actuación de los poderes públicos, primordialmente del legislativo, al cual se le encomienda la creación de un sistema tributário justo como cauce para la actuación del deber de contribuir proclamado constitucionalmente, y funcionalmente conexo, como hemos dicho, con el gasto público" (BEREIJO, Álvaro Rodríguez. El deber de contribuir como deber constitucional. Su significado jurídico. *Civitas Revista Española de Derecho Financiero*, n. 125, 2005).

– Vanoni afirmava: "La actividad financiera, lejos de ser una actividad que limita los derechos y la personalidad del particular, constituye su presupuesto necesario, puesto que sin tal actividad no existiría Estado y sin Estado no existiría derecho". Ademais, recorda uma decisão do Tribunal de Turim em que foi dito: "las tasas libremente votadas y conformes a la necesidad del Estado representan el orden, la libertad, la justicia, la seguridad, la beneficencia, el ejército, la armada, la independencia, el honor de la patria" (VANONI, E. *Natura ed interpretazione delle leggi tributarie*, 1932). A citação é da edição espanhola de 1961 publicada pelo Instituto de Estudios Fiscales, Madri, p. 182-183.

– "O dever de pagar impostos é um dever fundamental. O imposto não é meramente um sacrifício, mas sim, uma contribuição necessária para que o Estado possa cumprir suas tarefas no interesse do proveitoso convívio de todos os cidadãos. O Direito tributário de um Estado de Direito não é Direito técnico de conteúdo qualquer, mas ramo jurídico orientado por valores. O direito Tributário afeta não só a relação cidadão/Estado, mas também a relação dos cidadãos uns com os outros. É direito da coletividade" (TIPKE, Klaus; YAMASHITA, Douglas. *Justiça fiscal e princípio da capacidade contributiva*. São Paulo: Malheiros, 2002, p. 13).

– "Como dever fundamental, o imposto não pode ser encarado nem como um mero poder para o estado, nem como um mero sacrifício para os cidadãos, constituindo antes o contributo indispensável a uma vida em comunidade organizada em estado fiscal. Um tipo de estado que tem na subsidiariedade da sua própria acção (económico-social) e no primado da autorresponsabilidade dos cidadãos pelo seu sustento o seu verdadeiro suporte" (NABAIS, José Casalta. *O dever fundamental de pagar impostos*. Coimbra: Almedina, 1998, p. 679).

– "... o cumprimento desse dever está diretamente vinculado à possibilidade concreta de efetivação dos direitos fundamentais assegurados aos cidadãos brasileiros. Ao invés de uma dualidade direito *x* dever, tem-se na verdade uma interface, em que o dever de contribuir de cada um, corresponde a um direito dos demais. Trata-se de uma verdadeira responsabilidade social e não mais de simples dever em face do aparato estatal. Ao se sonegar tributos devidos, o contribuinte não está apenas descumprindo uma exigência legal exigível pelas autoridades fazendárias, mas também, e principalmente, quebrando o seu vínculo de responsabilidade com a sociedade" (CARDOSO, Alessandro Mendes. *O dever fundamental de recolher tributos no Estado Democrático de Direito*. Porto Alegre: Livraria do Advogado, 2014, p. 147).

– **O dever de colaboração com a tributação.** Para que a tributação seja eficiente, faz-se necessária ampla colaboração dos cidadãos. Suas obrigações, por isso, não se limitam a contribuir para o erário quando da prática de um fato gerador revelador de capacidade contributiva. A colaboração tem um âmbito maior, envolvendo também uma grande pluralidade de outras obrigações ou deveres que fazem possível o conhecimento da situação econômica dos cidadãos, a fiscalização e o lançamento dos tributos e que inclusive facilitam, asseguram e garantem sua arrecadação. Ademais, alcança inclusive quem não é chamado a suportar o pagamento de tributos porque não revela capacidade contributiva e não pratica os fatos geradores ou porque é beneficiário de isenção ou de imunidade. A colaboração com a tributação e, até mesmo, a participação ativa dos cidadãos para melhorar seu "*grado de eficacia y operatividad*" e sua "*funcionalidad*" justificam-se porque a tributação envolve não somente os interesses do erário como credor e do contribuinte como gravado, senão também o "'*interés jurídico de la colectividad*' *que, con base en la Constitución, se traduce en el interés de que todos contribuyan al sostenimiento de las cargas públicas conforme a su capacidad económica*", conforme ensina Gabriel Casado Ollero. Essas obrigações, fundadas no dever de colaboração, aparecem, normalmente, como prestações de fazer, suportar ou tolerar normalmente classificadas como obrigações formais ou instrumentais e, no direito positivo brasileiro, impropriamente como obrigações acessórias. Por vezes, aparecem em normas expressas, noutras de modo implícito ou *a contrario sensu*, mas dependem sempre de intermediação legislativa. Tais obrigações, ademais, são impostas inclusive a quem não é contribuinte. Em um Estado que é instrumento da própria sociedade e que visa à garantia e à promoção de direitos fundamentais a todos, há um dever geral tanto de contribuir como de facilitar a arrecadação e de atuar no sentido de minimizar o descumprimento das prestações tributárias próprias e alheias. Alguns deveres atribuídos aos próprios contribuintes poderiam, é verdade, encontrar suporte no caráter complexo da obrigação tributária e no dever de cooperação do obrigado ao pagamento, dos quais, como em qualquer outro ramo do direito, já se poderiam extrair deveres acessórios e secundários, fortes na consideração da obrigação como processo e no princípio da boa-fé. Mas isso não justificaria os deveres impostos a terceiros não contribuintes. Poder-se-ia, também, invocar o adágio de que "quem pode o mais pode o menos". Se o legislador pode impor o pagamento de tributos, também pode impor outras obrigações ou deveres que não são tão onerosos, mas que também são de suma importância para o exercício da tributação. Desse modo, contudo, os deveres de colaboração continuariam tendo como fundamento o dever fundamental de pagar tributos, o que não nos parece se afeiçoar à sua real natureza. A ideia fundante é outra. Falamos de deveres que se pode impor em caráter originário pelo simples fato de que alguém integra determinada sociedade e tem, lado a lado – e não de modo derivado –, os deveres fundamentais de pagar tributos e de colaborar com a tributação fazendo o que mais seja necessário para o sucesso da tributação. O dever de colaboração é originário e independente da existência de uma obrigação de pagamento específica, tem caráter autônomo, não se cuidando de mero desdobramento ou complemento do dever fundamental de pagar tributos. Decorre diretamente do princípio do Estado de Direito Democrático e Social. Aliomar Baleeiro já referia a "colaboração de terceiros", explicando: "A manifestação da existência, quantidade e valor das coisas e atos sujeitos à tributação é cometida por lei, em muitos casos, a terceiros, que, sob penas ou sob a cominação de responsabilidade solidária, devem prestar informações, fiscalizar e, não raro, arrecadar o tributo". A figura do dever fundamental de pagar tributos é insuficiente para explicar a imposição de obrigações a não contribuintes, donde advém a importância de se ter claro o dever de colaboração com a tributação, que é de todos, contribuintes ou não. O primeiro foca na capacidade contributiva das pessoas; o segundo, na sua capacidade colaborativa. Sob a perspectiva do dever fundamental de pagar tributos, relevantes são as manifestações de riqueza; sob a perspectiva do dever fundamental de colaboração com a tributação, a possibilidade de aportar informações ou agir de outro modo para o seu bom funcionamento. Os deveres de colaboração têm um fundamento constitucional próprio, tal como o dever fundamental de pagar tributos, baseados ambos no Estado de Direito Democrático e Social. Não apenas o dever de pagar tributos, mas também toda a ampla variedade de outras obrigações e deveres estabelecidos em favor da Administração Tributária para viabilizar e otimizar o exercício da tributação encontra base e legitimação constitucional. O chamamento de todos, mesmo não contribuintes, ao cumprimento de obrigações com vistas a viabilizar, a facilitar e a simplificar a tributação, dotando-lhe da praticabilidade necessária, encontra suporte no dever fundamental de colaboração com a Administração Tributária. Vide sobre o princípio da capacidade colaborativa em nota ao art. 108, II, do CTN.

– Sobre o dever de colaboração, vide todo o primeiro capítulo do livro: PAULSEN, Leandro. *Capacidade colaborativa:* princípio de direito tributário para obrigações acessórias e de terceiros. Porto Alegre: Livraria do Advogado, 2014.

⇒ **Fiscalidade e extrafiscalidade**. Os tributos são utilizados não apenas com finalidade fiscal (obtenção de receita), mas também com finalidade extrafiscal, o que ocorre, e.g., quando se tributa pesadamente a propriedade que não cumpre sua função social ou quando se utiliza o imposto de importação para regular o comércio internacional.

– "26.1. A extrafiscalidade em sentido próprio engloba as normas jurídico-fiscais de tributação (impostos e agravamentos de impostos) e de não tributação (benefícios fiscais) cuja função principal não é a obtenção de receitas ou uma política de receitas, mas a prossecução de objetivos econômicos-sociais" (NABAIS, José Casalta. *O dever fundamental de pagar impostos.* Coimbra: Almedina, 1998, p. 695).

– "Fala-se, assim, em 'fiscalidade' sempre que a organização jurídica do tributo denuncie que os objetivos que presidiram sua instituição, ou que governam certos aspectos da sua estrutura, estejam voltados ao fim preponderante de abastecer os cofres públicos, sem que outros interesses – sociais, políticos ou econômicos – interfiram incisivamente no direcionamento da atividade impositiva. A experiência jurídica nos mostra, porém, que vezes sem conta a compostura da legislação de um tributo vem pontilhada de inequívocas providências no sentido de prestigiar certas situações, tidas como social, política ou economicamente valiosas, às quais o legislador dispensa tratamento mais confortável ou menos gravoso. A essa forma de manejar elementos jurídicos usados na configuração dos tributos, perseguindo objetivos alheios aos meramente arrecadatórios, dá-se o nome de 'extrafiscalidade'" (Paulo, no livro: MARTINS, Ives Gandra da Silva; CARVALHO, Paulo de Barros. *Guerra fiscal:* reflexões sobre a concessão de benefícios no âmbito do ICMS. São Paulo: Noeses, 2012, p. 36-37).

– "Normas existem, denominadas tributárias, que não têm em vista a obtenção de receitas mas sim a prossecução de objetivos de diversa ordem, sobretudo econômica e social. Concedem benefícios, aumentam taxas de imposto, etc., com fins de política social, cultural, emprego, etc. Tentam promover ou obstaculizar certos comportamentos sociais ou econômicos, diminuindo através dos impostos, o rendimento ou a riqueza do sujeito-alvo, ou permitindo-lhe mais rendimentos ou riqueza líquidos de imposto. São normas materialmente não tributárias pertinentes antes ao Direito econômico, da segurança social, etc. Põe-se, nesta matéria, o problema de saber se uma norma 'tributária' (impropriamente dita) de objetivo social, deve estar, apesar disto, assente no princípio da capacidade contributiva. E também a questão da validade, enquanto norma tributária, de uma norma de objetivo social inválido. Quanto ao primeiro problema, julgamos que o princípio da capacidade contributiva não deve ceder perante os outros interesses visados pelo legislador. Devendo haver sempre respeito pelos direitos fundamentais, pela proibição do confisco, pela suficiente justificação da norma e pela proporcionalidade entre os objectivos prosseguidos e a função fiscal. Quanto ao segundo problema, parece-nos de afastar a possibilidade de validar uma norma tributária de objectivo social, enquanto norma tributária, se ela não se justificar pelo seu fundamento social" (CAMPOS, Diogo Leite de; CAMPOS, Mônica

Horta Neves Leite de. *Direito tributário*. Belo Horizonte: Del Rey, 2001, p. 39-40).

– "... a ideia da extrafiscalidade traz em seu bojo todo o conjunto de funções das normas diversas da mera fiscalidade, i.e., da simples busca da maior arrecadação... Tomando a extrafiscalidade, deve-se notar que o termo pode referir-se a um gênero e a uma espécie. O gênero da 'extrafiscalidade' inclui todos os casos não vinculados nem à distribuição equitativa da carga tributária nem à simplificação do sistema tributário. [...] Inclui, neste sentido além de normas com função indutora (que será a extrafiscalidade e sentido estrito), outras que também se movem por razões não fiscais, mas desvinculadas da busca do impulsionamento econômico por parte do Estado... É no sentido estrito do termo, isto é, na espécie do gênero, que a doutrina geralmente emprega a expressão 'extrafiscalidade', ali se incluindo 'as leis relativas à entrada derivada, que lhes confere característica de consciente estímulo ao comportamento das pessoas e de não ter por fundamento precípuo arrecadar recursos pecuniários a ente púbico', ou, na definição de Ataliba, 'o emprego dos instrumentos tributários – evidentemente por quem os tem à disposição – com objetivos não fiscais, mas ordinatórios', lembrando este autor que sendo inerente ao tributo incidir sobre a economia, a extrafiscalidade fica caracterizada pelo 'emprego deliberado do instrumento tributário para finalidades... regulatórias de comportamentos sociais, em matéria econômica, social e política'. Com igual amplitude o conceito de Gerd Willi Rothmann: 'Extrafiscalidade é a aplicação das leis tributárias, visando precipuamente a modificar o comportamento dos cidadãos, sem considerar o seu rendimento fiscal.' [...] Hely Lopes Meirelles se refere à 'utilização do tributo como meio de fomento ou de desestímulo a atividades reputadas convenientes ou inconvenientes à comunidade'" (SCHOUERI, Luís Eduardo. *Normas tributárias indutoras e intervenção econômica*. Rio de Janeiro: Forense, 2005, p. 32-33).

– **Predomínio do caráter fiscal ou extrafiscal**. "Não existe, porém, entidade tributária que se possa dizer pura, no sentido de realizar tão só a fiscalidade, ou, unicamente, a extrafiscalidade. Os dois objetivos convivem, harmônicos, na mesma figura impositiva, sendo apenas lícito verificar que, por vezes, um predomina sobre o outro" (CARVALHO, Paulo de Barros. *Curso de direito tributário*. 27. ed. São Paulo: Saraiva, 2016, p. 238).

– **Fundamento constitucional para a extrafiscalidade**. Na Constituição Federal, embora não haja um tratamento da extrafiscalidade em geral, há dispositivos que indicam a utilização extrafiscal da tributação: a) na outorga de competência relativa à contribuição de intervenção no domínio econômico (CIDE), quando resta evidente o intuito de, através da tributação, viabilizar políticas econômicas ou influenciar no sentido da obtenção de efeitos econômicos desejados; b) nas exceções às anterioridades de exercício e/ou nonagesimal mínima e nas atenuações à legalidade relativamente a impostos capazes de atuar como reguladores da produção de bens (IPI), do comércio internacional (II e IE) e da demanda monetária (IOF), atribuindo-se ao Executivo prerrogativas para a ágil alteração da legislação respectiva; c) na previsão de que os impostos sobre a propriedade predial e territorial urbana (IPTU) e territorial rural (ITR) sejam utilizados de modo a induzir o cumprimento da função social da pro-

priedade; d) na previsão de benefícios fiscais de incentivo regional (art. 151, I); e) na determinação de estímulo ao cooperativismo (arts. 146, III, *c*, e 174, § 2º); f) no estímulo e na indução ao cumprimento da função social da propriedade (arts. 170, III, e 182, § 4º, II). Ademais, poderia o legislador, por exemplo, tendo em conta a disciplina constitucional relativa aos deveres do Estado, como o de promover a saúde (art. 196 da CF), estabelecer isenção de COFINS para hospitais ou isentar do IPI os remédios, ou, considerando o dever de especial proteção da família (art. 226 da CF), estabelecer política tributária que lhe fosse bastante favorável, ao menos para as mais numerosas, adotando, por exemplo, a técnica de *splitting*, ou seja, de dividir a renda familiar pelo número de integrantes da família e determinar que se tivesse o efeito de submissão de cada parcela à tabela de incidência do imposto, com faixa de isenção e de alíquotas progressivas.

– O STF manifestou-se no sentido da validade de incentivos fiscais concedidos a empresas que contratam empregados com mais de quarenta anos, de modo a estimular tal conduta por parte dos contribuintes (STF, ADI 1.276), bem como de desconto do IPVA a condutores que não tenham cometido infrações de trânsito, incentivando os contribuintes a serem bons motoristas (STF, ADIMC 2.301).

– "... em relação aos denominados tributos extrafiscais..., embora necessários (e profícuos se bem concebidos e geridos), ainda trazem certa perplexidade, por fundamentarem-se em boa parte em princípios constitucionais alheios à esfera estritamente tributária, já que imbricados com a ordem econômica e social. Não obstante, a constituição brasileira, a par de expressamente determinar o uso extrafiscal do imposto territorial rural no combate ao latifúndio e em favor da agricultura familiar (art. 153, § 4º, I e II) acolhe o tratamento estatal diferenciado conforme o impacto ambiental de bens e serviços (art. 170, VI), o que evidentemente abrange a graduação extrafiscal da carga tributária. Não por coincidência, contemporaneamente à nova redação do inciso VI do art. 170, introduziu-se na Carta Magna um art. 146-A, cujo alcance ainda está por se firmar, no sentido de que 'lei complementar poderá estabelecer critérios especiais de tributação, com o objetivo de prevenir desequilíbrios da concorrência'" (DOMINGUES, José Marcos. A propósito do conceito de tributo. *RDDT* 228/110, set. 2014, p. 125).

– Na Constituição Espanhola de 1978, não há dispositivo expresso autorizando a extrafiscalidade. Mas o Tribunal Constitucional espanhol entende que tem sustentação: "... la función extrafiscal del sistema tributario estatal no aparece explícitamente reconocida en la Constitución, pero dicha función puede derivarse directamente de aquellos preceptos constitucionales en los que se establecen principios rectores de política social y económica (señaladamente, art.: 40.1 y 130.1), dado que tanto el sistema tributario en su conjunto como cada figura tributaria concreta forman parte de los instrumentos de que dispone el Estado para la consecución de los fines económicos y sociales constitucionalmente ordenados" (*STC 37/87*).

– **Necessidade de concorrência das competências administrativa e tributária para medidas extrafiscais**. O Tribunal Constitucional espanhol, na sua Sentença 37/87, relativa ao Recurso de Inconstitucionalidade 685/1984, proferiu importante decisão afirmando a legitimidade do estabelecimento de tributos extrafiscais, desde que concorrentes, por um lado, a competência administrativa para buscar o fim extrafiscal e, por outro, a competência tributária relativamente à hipótese de incidência da obrigação tributária.

– **Atenuações e exceções às limitações ao poder de tributar fundadas na extrafiscalidade.** O caráter extrafiscal de um tributo não justifica nenhuma violação às garantias fundamentais dos contribuintes. As únicas exceções admissíveis, fundadas no caráter extrafiscal de determinados tributos, são as expressamente contempladas pelo texto constitucional. Vide, e.g., o art. 153, § 1º, da CF.

– "Os impostos fiscais, ou arrecadatórios, submetem-se plenamente às limitações ao poder de tributar. Já os impostos extrafiscais, ou regulatórios, constituem exceções no que diz respeito às referidas limitações, ou a algumas delas. Por isto mesmo foram encartadas na Constituição Federal regras que estabelecem expressamente exceções no que diz respeito a determinados princípios limitadores do poder de tributar" (MACHADO, Hugo de Brito. Inconstitucionalidade do aumento do IOF com desvio de finalidade. *RDDT* 154/51, jul. 2008).

– "... as normas extrafiscais se encontram sujeitas aos mesmos princípios e limitações relacionados às normas veiculadas com o principal intuito de aumentar a arrecadação do Estado, embora seja admitidas algumas mitigações em relação a essa sujeição, sendo que algumas determinações nesse sentido se encontram expressas na própria Constituição Federal" (COSTA, Rafael Santiago. Tributação extrafiscal... *RFDT* 37/193, 2009). Vide, também, nota ao art. 153, § 1º, da CF.

– **Isonomia e extrafiscalidade.** Vide nota ao art. 150, II, da CF, sobre a extrafiscalidade como justificadora de tratamento diferenciado.

– **Capacidade contributiva e extrafiscalidade.** O Tribunal Constitucional espanhol, na sua Sentença n. 37/87, entendeu que não há violação ao princípio da capacidade contributiva quando o tributo seja dimensionado tendo em conta a riqueza do contribuinte, ainda que tenha como fato gerador o descumprimento de uma obrigação ou a realização de atividade causadora de dano.

– "4. O efeito extrafiscal ou a calibração do valor do tributo de acordo com a capacidade contributiva podem ser obtidos pela modulação da alíquota. Em princípio, portanto, não ofende a Constituição a utilização de impostos com função extrafiscal com o objetivo de compelir ou afastar o indivíduo de certos atos ou atitudes"(STF, RE 218.287 ED-ED, 2017).

– "O princípio da capacidade contributiva se aplica aos tributos extrafiscais. A capacidade contributiva pode ser verificada sobre dois diferentes contextos. No primeiro, como medida de comparação para efetivação da igualdade na seara tributária. No entanto, no caso de tributação extrafiscal, esta medida de comparação poderá ser afastada momentaneamente e, em seu lugar, outra pode ser adotada, desde que tenha amparo constitucional. Entretanto, no segundo contexto da capacidade contributiva, como princípio constitucional autônomo, não pode ser refutado, por se tratar de direito fundamental do cidadão, mesmo na tributa-

ção extrafiscal. Noutros termos, na tributação extrafiscal, os contribuintes podem até ser diferenciados através de adoção de outra medida de comparação diferente da capacidade contributiva, no entanto, isso não significa que a capacidade contributiva – realidade e pessoalidade – do contribuinte possa ser violada, sob pena de violação de preceitos constitucionais basilares" (MELO, João Paulo Fanucchi de Almeida. *Princípio da capacidade contributiva*. Quartier Latin, 2012, p. 257-258).

– "E a extrafiscalidade deve conciliar-se com o princípio da capacidade contributiva, pois só se justificarão juridicamente se revelarem a real existência ou a movimentação de riqueza (já que a tributação extrafiscal face a bens ou fatos economicamente irrelevantes não produziria qualquer efeito prático), pois, como ensinou Rui Barbosa Nogueira 'se o imposto é captação de riqueza, só é possível levantar impostos das expressões de valor, dentro de limites técnico-econômicos e mesmo psicológicos', servindo de instrumento de efetivação da progressividade do sistema tributário e ensejando a realização do princípio da capacidade contributiva, como fizemos alusão em outro trabalho. A possibilidade de conciliar capacidade contributiva e extrafiscalidade, especialmente coma extrafiscalidade ambiental é equivocadamente negada por alguns" (DOMINGUES, José Marcos. A propósito do conceito de tributo. *RDDT* 228/110, 2014, p. 120).

– "Tendo em vista que a capacidade contributiva é... parâmetro para se aferir se o tributo possui, ou não, efeitos de confisco, pode-se concluir, com base nas premissas adotadas neste breve estudo, que, ao se negar, na tributação extrafiscal o respeito àquele princípio, nega-se, também, o respeito ao seu limite máximo, que é o 'não confisco' tributário. [...] não parece adequado, com o máximo respeito, afirmar, à luz da Constituição, que a extrafiscalidade seja uma finalidade capaz de mitigar direitos e garantias fundamentais do contribuinte. Tributo extrafiscal é, como o próprio nome revela, tributo, razão pela qual deve, assim como a exação preponderantemente fiscal, respeito aos princípios constitucionais que norteiam a tributação" (BARRENI, Smith. Extrafiscalidade e o princípio da proibição aos efeitos de confisco no direito tributário. In: GRUPENMACHER, Betina Treiger (coord.). *Tributação*: democracia e liberdade. São Paulo: Noeses, 2014, p. 437-438).

– **Controle dos tributos extrafiscais.** A concessão de incentivos tributários pode sujeitar-se a controles materiais quanto aos fins visados, que devem ter assento constitucional, e quanto à razoabilidade e à proporcionalidade das medidas tributárias adotadas. A doutrina começa a se debruçar sobre a matéria, do que são exemplo: LEÃO, Martha Toribio. *Controle da extrafiscalidade*. São Paulo: Quartier Latin, 2015; GUIMARÃES, Bruno A. François. *Limites à concessão de benefícios fiscais*: dos controles formais aos controles materiais. Rio de Janeiro: Lumen Juris, 2022.

– "Normas Tributárias com eficácia potencial indutora são passíveis de controle judicial no tocante à sua adequação aos princípios e regras que orientam a Ordem Econômica Constitucional. Não há dúvidas, neste contexto, de que, embora o legislador não seja obrigado a se utilizar de normas tributárias com eficácia indutora, ao fazê-lo, a sua atividade estará sujeita ao controle de validade por parte do Poder Judiciário" (RIBAS, Pedro Henrique Garzon; PEREIRA, Roberto Codorniz Leite. Normas tributárias, eficácia indutora e recuperação empresarial: análise crítica das inovações introduzidas pela Lei n. 14.112/2020. *RDTA* 51, 2022, p. 364).

– "Não há função indutora sem eficácia indutora. [...] ... a utilização instrumental da tributação leva ao tangenciamento de direitos de liberdade e de propriedade que devem ser analisados em sua compatibilização com os outros direitos fundamentais relacionados ao caso. A nova finalidade e o novo critério de diferenciação entre os contribuintes existente na norma tributária indutora, portanto, deverá sujeitar-se ao exame da proporcionalidade, para que se verifique se a medida adotada é, de fato, proporcional, havendo uma razoável relação entre o meio e o fim e inexistindo uma restrição excessiva com relação aos direitos fundamentais envolvidos. Para tanto, é fundamental a análise da adequadação da medida, da sua necessidade e, finalmente, da sua proporcionalidade em sentido estrito" (LEÃO, Martha Toribio. *Controle da extrafiscalidade*. São Paulo: Quartier Latin, 2015, p. 205 e 207).

– "... uno de los problemas de los tributos extrafiscales es... 'la sinceridad de sus propósitos' y que 'para merecer tal calificativo debe 'asumir en sus elementos estructurales tales objetivos extrafiscales'', siendo que es preciso que 'el tributo entero, y no sólo el elemento objetivo del hecho imponible en su aspecto material, esté estructurado coherentemente atendiendo al objetivo extrafiscal'" (MAÍLLO, Maria Ángeles Guervós. *El impuesto balear sobre instalaciones que inciden en el medio ambiente*. Madrid/Barcelona: Marcial Pons, 2000, p. 103).

– "Uma característica marcante do sistema fiscal no Estado Democrático de Direito é o seu emprego com finalidade extrafiscal. Nesse paradigma, efetivamente, o tributo, além da função arrecadatória, é desenvolvido como instrumento de obtenção de certos fins constitucionais, sendo meio de intervenção do Estado em áreas específicas da vida social. Essa função é mais nítida e desenvolvida na esfera econômica, em que o tributo é importante elemento para a consecução dos objetivos da política econômica do Estado. Entretanto, a sua utilização extrafiscal vem sendo desenvolvida em outras áreas – por exemplo, na chamada 'tributação ambiental'. A instituição de tributo de característica extrafiscal tem, portanto, a sua validade vinculada a que este trabalhe realmente na consecução dos objetivos constitucionais que justificam a sua existência (segundo uma análise de meios e fins), sendo que o tributo deve ser razoável e proporcional e respeitar os limites fixados pelos princípios do não confisco e do mínimo-existencial" (CARDOSO, Alessandro Mendes. *O dever fundamental de recolher tributos no Estado Democrático de Direito*. Porto Alegre: Livraria do Advogado, 2014, p. 194).

– **IOF como tributo de cunho predominantemente extrafiscal.** "O dispositivo constitucional que atribui à União Federal a competência para exigir um imposto sobre 'operações de crédito, divisas e seguros, ou relativas a títulos e valores mobiliários' está em perfeita coerência e é intrinsecamente relacionado com outros dois artigos da CF/1988: (i) o art. 21, VIII, que estabelece caber à União Federal a 'administração das reservas cambiais do País e a fiscalização das operações de natureza financeira, especialmente as de crédito, câmbio e capitalização, bem como as

de seguros e de previdência privada'; e (ii) o art. 22, VII, que prevê que compete à União Federal legislar privativamente sobre 'política de crédito, câmbio, seguros e transferência de valores'. Em relação ao segundo, 'a relação entre ambos os dispositivos [tributário e regulatório] é clara e evidente, e se justifica na medida em que um dos instrumentos mais eficazes para a regulação da política de crédito, câmbio, seguros e transferência de valores consiste justamente na existência de um imposto, de índole extrafiscal, regulador dessas operações. [...] a correlação entre as referidas competência tributária e regulatória evidencia que o IOF tem a principal função de servir de instrumento de suporte à mencionada atividade regulatória e à implantação de políticas públicas em tais setores, em razão da especial eficácia das intervenções estatais por meio de tributos, o que revela a marcada extrafiscalidade desse imposto" (TAVARES, Diogo Ferraz Lemos. Fundamentos e limites constitucionais da extrafiscalidade do "IOF". *RDDT* 223/71, 2014).

– **Tributação ambiental.** "... não há a necessidade de se criar um novo tributo que agasalhe a questão ambiental, bastando para tanto que se ataque em três frentes: a) cobrança de taxas redimensionadas para atividade potencialmente poluidora instalada, também com a participação do Município no rateio da cobrança e da fiscalização; b) isenção sobre os impostos que incidam sobre o consumo para atividades sustentáveis; c) majoração das alíquotas dos produtos nocivos ao meio ambiente" (FRANÇA, Cláudio Vieira. Tributação ambiental à luz do Sistema Tributário Nacional. *RET* 84/25-39, 2012).

• Vide: BARBOSA, Marcus Vinicius. Tributação regulatória ambiental: possibilidades e limites. *RFDT* 101, 2019.

– **Incentivo aos biocombustíveis. Desestímulo à emissão de dióxido de carbono. Tributação dos resíduos.** "Até há poucos anos a tributação ambiental encontrava-se em Portugal num estado incipiente... sendo o nosso sistema tributário dominado pelas preocupações de fomento econômico e redistribuição características do século vinte. Só nas últimas duas décadas, com efeito, foram lançadas as bases de uma fiscalidade ao serviço também do ambiente, multiplicando-se nos últimos anos, já sob o efeito do Protocolo de Quioto, as medidas políticas e legislativas que lhe dão corpo. Sinais desta viragem são a reforma recente da tributação automóvel portuguesa, antecipando as propostas da Comissão Europeia, e reorientando estes impostos para as emissões de dióxido de carbono dos automóveis; a preocupação crescente com a adaptação ambiental do imposto sobre os produtos petrolíferos e energéticos, nomeadamente no que respeita ao incentivo ao uso dos biocombustíveis; a introdução de tributos sobre os resíduos, procurando desmotivar a sua produção e encorajar a respectiva revalorização e tratamento; bem como a multiplicação dos benefícios fiscais de motivação ambiental em sede dos próprios impostos sobre o rendimento" (VASQUES, Sérgio; MARTINS, Guilherme Waldemar d'Oliveira. A evolução da tributação ambiental em Portugal. *RFDT* 28/251, 2007). Vale ler integralmente tal artigo que traz os detalhes da legislação portuguesa.

– **Florestas.** "A gestão deficiente da propriedade florestal e os incêndios para que ela tem contribuído tornam imperiosa a introdução de mecanismos fiscais que motivem uma alteração de comportamentos por parte dos proprietários rurais. [...] Dentre as soluções que se pode adotar a curto prazo, a mais eficaz e expedita estará no agravamento das taxas do imposto municipal sobre imóveis incidente sobre os prédios rústicos com áreas florestais que não cumpram os devidos requisitos de prevenção dos incêndios. [...] A penalização em sede de IMI dos proprietários de terrenos florestais que faltem aos deveres de cuidados que lhes cabem pode ser acompanhada do abaixamento do IVA incidente sobre as prestações de serviços relativas à protecção da floresta contra os incêndios, tornando mais acessíveis estes serviços ao pequeno silvicultor" (VASQUES, Sérgio. A tributação da floresta em Portugal. *RFDT* 25/51, 2007).

– **Pelo descabimento da utilização extrafiscal das taxas.** "Funções especiais dos impostos, como a extrafiscalidade, estão fora do alcance das taxas, sendo questionada também pela doutrina a possibilidade de progressividade das alíquotas das taxas. Dessa forma, no direito brasileiro, não é possível graduar-se a alíquota ou base de cálculo da taxa levando-se em consideração aspectos singulares do contribuinte que devam ser incentivados ou desestimulados ou, até mesmo, alguma capacidade contributiva especial que, em conjugação com a atividade governamental, poderia proporcionar a cobrança da taxa em condições particulares" (SEIXAS FILHO, Aurélio Pitanga. Análise da taxa de conservação rodoviária e o conceito de pedágio. *Suplemento Jurídico do Departamento de Estradas de Rodagem do Estado de São Paulo* 144/22, 1993, e, ainda, nas *Seleções Jurídicas COAD*, 1991, p. 12).

– **Extrafiscalidade e benefícios ou incentivos fiscais.** Nos comentários aos arts. 150, § 6º, e 155, § 2º, XII, g, da Constituição, cuidamos de requisitos formais para a concessão de benefícios e incentivos fiscais.

CAPÍTULO I
DO SISTEMA TRIBUTÁRIO NACIONAL

– **O Sistema Tributário Nacional.** "Sistema é um conjunto completo de elementos coordenados em face de princípios e fins que lhe são comuns. 'Quando se fala em 'sistema', toma-se em questão precisamente o 'modo de ser recíproco' entre as partes ou 'elementos' que compõem o todo, isto é, tem-se em consideração, mais que a existência de ligação entre os 'elementos' entre si, o próprio significado deles em relação ao 'todo'". Um sistema jurídico é 'o conjunto de regras e de princípios jurídicos que se instituem e se adotam para regular todo o corpo de leis de um país'. Subdivide-se em diversos sistemas específicos ou subsistemas, conforme a matéria disciplinada. Efetivamente, a complexidade do sistema jurídico faz com que o seu tratamento tenha de ser desdobrado em subsistemas, de modo que as diversas áreas sobre as quais dispõe sejam reguladas em conformidade com as suas naturezas e em conformidade com os princípios que lhe dizem respeito. A expressão Sistema Tributário Nacional 'designa o complexo de preceitos jurídicos necessários ao disciplinamento do poder de tributar'. Aliás, o direito tributário ganhou autonomia justamente quando, codificado, passou-se a vislumbrar o sistema em que se consubstanciava e a desenvolver abordagens completas e coerentes, estrutural e principiologicamente

orientadas. *Vide*, no item acerca do direito tributário, os comentários que fizemos sobre a sua origem e as primeiras obras que o trataram com autonomia, quais sejam, a de HENSEL na Alemanha, a de BLUMENSTEIN na Suíça, a de GIANNINI na Itália. O sistema tributário brasileiro passou a ser conformado pela EC n. 18/65 à Constituição de 1946 e pelo Código Tributário Nacional de 1966, refletindo a forma federativa de Estado. IVES GANDRA, ao analisar a evolução do sistema tributário no Brasil, bem destaca que a Federação 'constitui-se no primeiro elemento escultor do sistema', seguida da 'sistematização das espécies tributárias' e da 'necessidade de um corpo de princípios e normas gerais'. É sob o título 'Sistema Tributário Nacional' que a Constituição de 1988 estrutura toda a disciplina jurídica da tributação no Brasil. Inicia definindo as competências dos diversos entes políticos e as espécies tributárias (arts. 145 e 147 a 149-A), bem como o papel da lei complementar em matéria tributária (arts. 146 e 146-A). Segue com as limitações do poder de tributar (arts. 150 a 152), passa a distribuir a competência para a instituição de impostos para a União (arts. 153 e 154), para os Estados e Distrito Federal (art. 155) e para os Municípios e Distrito Federal (art. 156) e finaliza com a repartição de receitas tributárias (arts. 157 a 162). Já o art. 2º do CTN dispõe que o Sistema Tributário Nacional é regido pela Constituição Federal, pelas leis complementares e resoluções do Senado Federal, pelas leis federais, Constituições e leis estaduais e leis municipais. E, sob esse título, apresenta todo seu Livro Primeiro, que cuida do conceito de tributo e das espécies tributárias (arts. 3º a 5º), da competência tributária (arts. 6º a 8º), das limitações da competência tributária (arts. 9º a 11), de algumas disposições especiais (arts. 12 a 15), de cada um dos impostos que então compunham o Sistema (arts. 16 a 80), da contribuição de melhoria (art. 81 e 82) e, por fim, ainda cuidaria da distribuição de receitas tributárias (arts. 83 a 95, revogados tacitamente pela CF de 1988 e, alguns deles, expressamente, pela LC n. 143/2013)" (PAULSEN, Leandro. *Curso de direito tributário*. 14. ed. São Paulo: Saraiva, 2023).

– **Reforma da tributação sobre o consumo e as PECs 45 e 110.** Os projetos de uma ampla reforma tributária, até 2022, soçobraram. De qualquer modo, vale analisarmos as PECs 45 e 110, de 2019, oriundas da Câmara e do Senado, que se centram na alteração da tributação do consumo, dizendo respeito, portanto, aos tributos indiretos, com o que restariam afetados o IPI, o ICMS e o ICMS, dentre outros tributos que também restariam absorvidos por um novo imposto denominado IBS, a ser instituído pela lei complementar. A ideia predominante é instituir um verdadeiro imposto sobre valor agregado, preferencialmente federal, que incida indistintamente sobre o comércio de bens e serviços em geral, abrangendo o fornecimento de utilidades, com alíquota por fora planificada e não cumulatividade plena. As propostas diferem em alguns pontos. Indicam a substituição, também, dos tributos PIS e COFINS, ou mesmo dos tributos IOF, contribuição do salário-educação e CIDE-combustíveis. O IBS seria federal ou estadual, teria alíquotas fixadas paralelamente pela União, pelos Estados e pelos Municípios (sem uniformidade) ou uma alíquota única padrão com transferência de frações aos entes políticos, não admitiria benefícios ou os autorizaria para certas áreas relacionados a alimentos, medicamentos, transporte, educação e saneamento. As regras de transição também variam, combinando um período de um ou dois anos de teste do novo IBS com um período de cinco a oito anos de substituição gradual dos já referidos tributos pelo IBS, e, ainda, um período de 15 a 50 anos de transferência da arrecadação para o destino. As propostas também criam um imposto seletivo sobre cigarros, bebidas e energia. Com a unificação dos tributos sobre consumo e a não cumulatividade plena, teríamos um sistema de maior neutralidade. Outro efeito seria a eliminação ou redução da guerra fiscal.

– Mas os projetos da Câmara e do Senado não adentram as pretensões de desoneração da folha de salários e demais pagamentos à pessoa física, sujeita a pesada carga tributária. Aliás, com a reforma previdenciária realizada pela EC n. 103/2019, restou revogada a previsão constitucional de substituição gradual, total ou parcial, da contribuição sobre a folha por nova contribuição sobre a receita e proibida diferenciação na sua base de cálculo. Ainda assim, as contribuições substitutivas de que trata a Lei n. 12.546/2011 tiveram a sua vigência prorrogada para o final de 2023 pela Lei n. 14.288/2021. O Poder Executivo chegou a cogitar a substituição parcial da contribuição patronal sobre a folha por um novo imposto sobre pagamentos.

– O Poder Executivo, em vez de apresentar de uma só vez uma proposta própria e completa de reforma tributária, optou pelo seu fracionamento. E lhe deu início oferecendo ao Congresso, em julho de 2020, um projeto de lei ordinária substituindo as contribuições PIS e COFINS por uma nova contribuição: a Contribuição sobre Bens e Serviços ou CBS. Nesse projeto de lei, fez com que a CBS passasse a incidir em cada operação, por fora, com destaque no respectivo documento fiscal. Nos moldes do IBS, mas destinada à seguridade social (é característica das contribuições a sua funcionalização, ou seja, a vinculação do seu produto a determinada finalidade), a CBS segue a técnica da não cumulatividade, tendo sido proposta com alíquota de 12%. A justificativa do governo é de que as alíquotas do PIS e da COFINS, somadas, já alcançavam 9,25% para contribuições calculadas por dentro, enquanto a CBS é calculada por fora e se reveste de uma não cumulatividade plena. A reação do setor de serviços, que poucos créditos consegue apropriar, foi bastante contundente, porquanto vislumbra enorme majoração da sua carga tributária. Mas as instituições financeiras restaram agraciadas com uma contribuição de 5,8%, sem direito a créditos. Interessante, nesse projeto, também, é a previsão de responsabilidade tributária das plataformas digitais veiculadoras do comércio eletrônico. O governo ainda acenou com projetos de submissão da distribuição de lucros e dividendos ao imposto de renda e com a instituição de um imposto ou uma contribuição sobre pagamentos eletrônicos para substituir a contribuição sobre a folha de salários.

– Sobre a reforma tributária em geral, consultem-se os textos dos professores Isaías Coelho e Eurico Santi, coordenadores do Núcleo de Estudos Fiscais da FGV.

– Para um contraponto, consultem-se os diversos textos de Everardo Maciel, que é consultor jurídico e professor, tendo sido Secretário da Receita Federal e Secretário da Fazenda em mais de um Estado.

– **IVA como modelo para a tributação do consumo.** Sugerimos que, para o estudo do IVA como modelo para a tributação do consumo, consultem-se os diversos textos de Melina Rocha Lukic, disponíveis na web. É diretora de cursos na York University, gerente sênior de tributos indiretos no Canadá e mestre e doutora pela Universite Sorbonne Nouvelle-Paris 3 e especializadíssima na matéria.

– "... há quatro princípios estruturantes de um IVA: A repercussão jurídico-econômica, a incidência plurifásica, a não cumulatividade e a neutralidade. A Organização para a Cooperação e Desenvolvimento Econômico (OCDE) identifica outros princípios para estruturar os IVAs. São eles: neutralidade...; eficiência (compreendida como minimizar os custos de *compliance* tributário); certeza e simplicidade (que determinam que o sistema tributário seja compreensível e claro ao contribuinte); efetividade e justiça (que orientam à minimização do potencial de evasão fiscal) e flexibilidade (que permite a adaptação do sistema tributário às novas realidades econômica). [...] ... considera-se imposto sobre valor agregado aquele tributo incidente sobre o consumo, que tem como princípios estruturantes: * A repercussão do encargo econômico, de forma que somente o contribuinte de fato arque com o montante do imposto, que é repassado no preço; * A incidência plurifásica, para assegurar que o tributo se dilua ao longo da cadeia produtiva, evitando sobrecarregar uma etapa da produção, e diminuindo o risco de inadimplência; * A não cumulatividade, garantindo-se que o imposto pago em uma etapa da cadeia produtiva seja integralmente creditado na etapa subsequente; e * A neutralidade, tomando-se as medidas necessárias para que a incidência do tributo não represente um fator de estímulo à alteração do processo produtivo dos contribuintes. Um imposto com estes princípios estruturantes foi utilizado pela primeira vez na França, rapidamente expandindo-se pela Europa e pela América Latina. Hoje, quase todos os países utilizam esta técnica de tributação, com a notável exceção dos Estados Unidos. Esta ampla adoção da técnica de tributação dos IVAs evidencia sua utilidade: o tributo assegura a arrecadação para os governos, sem impactar em demasia na lógica do processo produtivo, uma vez que o imposto tende à neutralidade" (CASTELLO, Melissa Guimarães. *Um Novo IVA?* Os tributos sobre o consumo e a economia digital. São Paulo: Noeses, 2021, p. 12-13 e 276).

• Vide: RIBEIRO, Ricardo Lodi. A reforma tributária do IBS à luz dos princípios federativos e da capacidade contributiva. *RFDT* 99, 2019.

• Vide: GUIMARÃES, Vasco Branco. O IVA europeu e o processo de reforma tributária brasileira. *RFDT* 95, 2018.

– **IVA na economia digital.** "... para que o IVA esteja apto a incidir de forma neutra e eficiente sobre a economia digital, o imposto precisa se adaptar às particularidades da circulação de intangíveis – da mesma forma côo já se adaptou às especificidades da circulação de serviços, lá no seu nascedouro. Propostas como as da OCDE... permitem concluir que há alternativas para resguardar a adequada incidência do IVA, assegurando-lhe a neutralidade que representa sua premissa fundamental. [...] A nova forma de consumir está intrinsecamente relacionada à economia digital, com progressiva virtualização dos bens de consumo e com a aceleração do tráfego de informação. [...] é possível identificar que esses novos arranjos de consumo representam uma acentuada desmaterialização dos bens, tornando-se cada vez mais difícil estabelecer uma fronteira entre entrega de bem e prestação de serviços. Com efeito, os bens da economia digital são intangíveis, não competitivos e não excludentes. Estas três características trazem dificuldades para um sistema tributário que desenvolveu suas técnicas de fiscalização e controle com base na circulação física de bens tangíveis. Ademais, os novos arranjos de consumo permitem a desintermediação, na medida em que o consumidor final passa, em alguns casos, a ter acesso direto ao fabricante do produto que deseja consumir, através de uma plataforma de comércio eletrônico, ou de uma plataforma de economia compartilhada. Em outras situações, o consumidor passa a fabricar este bem como o apoio de uma impressora 3D. [...] o IVA pode ser formatado para incidir sobre os arranjos de consumo do século XXI. Para tanto, seu critério material deve ser definido de forma ampla – 'realizar operações passíveis de valor agregado' ou 'realizar operações com bens e serviços' – e seu critério espacial deve assegurar a incidência no destino. Nos casos de operações internacionais B2B, o adquirente deve ser o responsável pelo pagamento do imposto; e nas operações internacionais B2C, o fornecedor deve pagar este imposto. Nos casos de operações internas a mercados integrados – interestaduais no Brasil, ou intracomunitárias na EU – é possível e recomendável a integração das administrações tributárias, viabilizando que o fornecedor pague o imposto na origem, mas este seja repassado ao estado/país de destino. Em qualquer circunstância, em situações pontuais, a responsabilização do intermediário digital pode representar uma simplificação do processo de arrecadação tributária, sendo uma boa alternativa para as administrações tributárias. [...] A lógica econômica deste imposto, que assegura que ele tenda à neutralidade, e que fomente a autorregulação do mercado, permanece útil às administrações tributárias" (CASTELLO, Melissa Guimarães. *Um Novo IVA? Os tributos sobre o consumo e a economia digital*. São Paulo: Noeses, 2021, p. 275, 280 e 284).

• Vide: BARROS, Maurício. "Produtos como serviços" e os desafios da tributação de negócios disruptivos. *RFDT* 94, 2018.

– Tridimensionalidade: o que tributar, quem pode tributar e como tributar. "A competência tributária recebe, na Constituição de 1988, uma disciplina de 3 (três) dimensões: material, pessoal e modal. A primeira ramifica-se numa dualidade, abrangendo o que pode ser (subdimensão material-positiva) e o que não pode ser (subdimensão material-negativa) criado como tributo. Ao prescrever sobre as espécies tributárias, a CF/88 exige a primeira subdimensionalidade. Em contraponto, quando dispõe a respeito das imunidades, o atual Texto Maior mostra a subdimensão material-negativa. No que tange à dimensão pessoal da regência da competência tributária na Carta de 1988, ela consiste na normatização de quem pode criar os tributos. Essa dimensionalidade é manifestada, pela Constituição Federal em vigor, ao ser distribuído o poder de instituição das espécies tributárias entre os entes federativos. Quanto à dimensão restante da disciplina do poderio criativo de tributos (a modal), ela versa sobre como pode ser instituída uma exação. A CF/88, quando

veicula os princípios tributários (com predominante natureza modulatória, ao invés de negativa, da competência tributária), exterioriza tal dimensionalidade" (MOISES, Cristian Ricardo Prado. *A constitucionalização do direito tributário*: a disciplina tridimesional do poder criativo. Rio de Janeiro: Lumen Juris, 2019, p. 186).

⇒ **Recepção da legislação anterior à CF/1988.** O ADCT, art. 34, § 5º, assegurou a aplicação da legislação vigente por ocasião do advento da Carta de 1988 no que não fosse incompatível com o novo sistema tributário nacional e com a nova legislação infraconstitucional.

– Exigência, tão somente, de compatibilidade material, e não de compatibilidade formal. O fenômeno da recepção dá-se pela compatibilidade material do direito anterior com a nova ordem constitucional. Assim, o que importa é se a imposição tributária, em si, é compatível com a Constituição Federal de 1988, ou seja, se poderia ser instituída e exigida validamente à luz desta. O instrumento normativo que constitui a sua forma anterior desborda dessa análise. Nesse particular, basta que tenha sido adequado quando do seu advento, e não que corresponda ao instrumento normativo exigido pela nova Constituição para tratar da matéria. Assim, se um tributo foi instituído validamente, à luz da Emenda n. 8/77, por meio de lei ordinária, o fato de a Constituição de 1988 exigir lei complementar não inviabilizou a sua recepção, significando, apenas, que não pode mais ser alterado senão por lei complementar. Da mesma maneira, se a alíquota de determinado tributo foi fixada validamente, à luz da Emenda n. 8/77, por Decreto do Presidente da República, o fato de eventualmente não ser mais possível tratar da matéria, sob a égide da Constituição de 1988, senão por meio de lei, também não impediu a recepção, implicando apenas a necessidade de se dispor sobre o tributo, a partir de então, pela via solicitada pela nova Carta. Exemplo clássico do fenômeno da recepção é o do Código Tributário Nacional que, tendo surgido através da Lei n. 5.172/66 – lei ordinária –, continuou vigendo, não obstante a Constituição de 1967 e, agora, a de 1988 exigirem lei complementar para tratar da matéria nele versada. Diz-se que a Lei n. 5.172/66 tomou nível de lei complementar na medida em que não pôde mais ser alterada senão por esta via legislativa. A respeito, vide nota ao Código Tributário Nacional, antes do art. 1º.

– "O único juízo a estabelecer é o juízo da conformidade material com a nova Constituição, a Constituição atual. Não é qualquer outro: nem qualquer juízo sobre a formação dessas normas de acordo com as novas normas de competência e de forma (as quais só valem para o futuro)..." (MIRANDA, Jorge. *Manual de direito constitucional*. 2. ed. Coimbra: Coimbra Ed., 1988, t. II, p. 245).

– "... está assente na boa doutrina, exposta por Hans Kelsen, José Joaquim Gomes Canotilho, Jorge Miranda, e adotada pela Suprema Corte, no sentido de que a incompatibilidade apenas formal do ordenamento infraconstitucional anterior com a nova ordem constitucional não vicia a recepção" (MORSCHBACHER, José. Considerações em torno do "salário-educação". *RDDT* 24/68, 1997).

– **Compatibilidade funcional**. Tratando-se de contribuições sociais e de empréstimos compulsórios, além da compatibilidade material propriamente, também se faz indispensável um juízo de compatibilidade funcional, pois tais exações devem estar abrangidas e adequar-se aos fins que a Constituição Federal elege na respectiva outorga de competência (arts. 148, 149 e 195).

– "... se não houver adequação, estaremos saindo do campo autorizado para a edição da lei. Isto significa que é preciso verificar se, na relação entre meios e fins, o meio é pertinente àquele fim, se o meio é adequado para atingir aquele resultado previsto na norma superior..." (GRECO, Marco Aurélio. *Contribuições* (uma figura *sui generis*). São Paulo: Dialética, 2000, p. 127).

– **Não recepção da legislação anterior (revogação) x inconstitucionalidade**. A lei vigente quando do advento da Constituição e com esta incompatível materialmente restou revogada. Não há que se falar, tecnicamente, na sua inconstitucionalidade frente à nova Constituição, mas na sua revogação, na sua não recepção. Daí por que a matéria não é passível de discussão em sede de ADI. Caberá, sim, sua discussão em sede de controle concentrado em Ação de Arguição de Descumprimento de Preceito Fundamental, tudo nos termos das notas respectivas, adiante.

SEÇÃO I
DOS PRINCÍPIOS GERAIS

– **Normas de competência: viabilizam e restringem**. "As normas componentes da dimensão pessoal (distribuição da competência tributária) e da subdimensão material-positiva (definição das espécies exacionais), paradoxal e concomitantemente, viabilizam e também restringem... Em virtude dessa restrição operar-se de forma oblíqua, tais enunciados normativos configuram limitações indiretas à competência tributária. Elas, ao tolherem a criação de tributos sem a observância de *o que* pode ser instituído e de *quem* pode instituir, proporcionam indispensável proteção aos direitos fundamentais dos contribuintes" (MOISES, Cristian Ricardo Prado. *A constitucionalização do direito tributário*: a disciplina tridimensional do poder criativo. Rio de Janeiro: Lumen Juris, 2019, p. 188).

Art. 145. A União, os Estados, o Distrito Federal e os Municípios poderão instituir os seguintes tributos:

⇒ **Classificação dos tributos em cinco espécies:** Vide notas ao art. 5º do CTN.

I – impostos;

⇒ **Definição legal: imposto como tributo com fato gerador não vinculado.** CTN: "Art. 16. Imposto é o tributo cuja obrigação tem por fato gerador uma situação independente de qualquer atividade estatal específica, relativa ao contribuinte".

– **Não vinculação do fato gerador x não afetação da receita.** Não se pode confundir a não vinculação do fato gerador dos impostos a qualquer atividade estatal específica, com a vedação constitucional da vinculação legal do produto da arrecadação dos impostos a órgão, fundo ou despesa constante do art. 167, IV, da CF, também denominada de princípio da não afetação dos impostos. Vide notas ao art. 167, IV, da CF.

– **Insuficiência do critério do art. 16 do CTN para a identificação da espécie tributária.** A definição do art. 16 do CTN não é suficiente para distinguir os impostos das contribuições e dos empréstimos compulsórios. Quando houver a afetação legal do tributo a uma finalidade, acrescida ou não de promessa de restituição, ainda que o fato gerador seja do tipo não vinculado, estaremos diante de uma contribuição especial ou de um empréstimo compulsório (caso haja promessa de restituição), e não de um imposto que, por determinação constitucional, não pode estar afetado a nenhuma finalidade específica. O fato gerador não vinculado aparta os impostos das taxas e contribuições de melhoria, mas a não afetação é que os aparta das contribuições e dos empréstimos compulsórios.

⇒ **Atribuição de competência pelo critério da base econômica.** A Constituição de 1988, consagrando o critério utilizado desde a EC 18/65, divide o poder fiscal, no que diz respeito aos impostos, com atenção às suas bases econômicas, utilizando-se, pois, de critério pré-jurídico. Ou seja, não se refere aos impostos pela sua denominação ou pelo seu objeto jurídico, mas pelo fato econômico sobre o qual devem recair. Com isso, tem-se maior segurança no sentido de que não haja invasões de competência.

– **Importância da análise dos conceitos para a determinação da amplitude da competência outorgada.** A outorga de competência, pelo critério da base econômica, implica, por si só, uma limitação da respectiva competência às possibilidades semânticas e sintáticas do seu enunciado. Quando o art. 153 outorga competência para a instituição de imposto, e.g., sobre a renda e sobre a propriedade territorial rural, impõe-se que se investigue o que significa renda, e o que é propriedade territorial rural, analisando cada um dos termos separadamente e em conjunto. Da mesma forma, quando o art. 155 trata do imposto sobre a circulação de mercadorias, o ponto de partida para a sua análise é investigarmos o que é circulação e o que são mercadorias. Esta técnica de abordagem decorre da própria necessidade de cumprimento da Constituição mediante o respeito às competências outorgadas. Vide as notas específicas a cada uma das bases econômicas constantes dos incisos dos arts. 153, 155 e 156 da Constituição.

– Sobre capacidade tributária ativa, vide nota introdutória ao título da competência tributária, antes do art. 6º do CTN, bem como nota ao próprio art. 6º do CTN.

– **Necessidade de adstrição da lei instituidora do imposto à base econômica respectiva.** A base econômica dada à tributação condiciona os diversos aspectos da norma tributária impositiva, que não pode extrapolá-la seja ao definir a hipótese de incidência do tributo, seja ao definir sua base de cálculo ou, ainda, o contribuinte.

– O art. 110 do CTN é inequívoco no sentido de que a lei tributária não pode alterar a definição, o conteúdo e o alcance de institutos, conceitos e formas de direito privado utilizados, expressa ou implicitamente, pelas Constituições Federal ou Estaduais ou pelas Leis Orgânicas do Distrito Federal ou dos Municípios, para definir ou limitar competências tributárias. Vide as notas ao art. 110 do CTN.

– "As pessoas políticas... não têm total liberdade na escolha da base de cálculo dos tributos que criam legislativamente, já que ela tem seus paradigmas prefigurados na Constituição. Logo, ao tratarem deste assunto, devem necessariamente levar em conta a base de cálculo possível da exação, também predeterminada na Lei Maior. Afinal, a natureza do tributo é obtida não apenas pelas normas que traçam sua hipótese de incidência, mas, também, por aquelas que disciplinam sua base de cálculo. Se houver conflito entre elas, o tributo deixa de ser o previsto na lei tributária" (CARRAZZA, Roque Antonio. ICMS – comunicação... *RDDT* 155/84, 2008).

⇒ **Competências privativa e residual.** Os arts. 153, 155 e 156 estabelecem as bases econômicas sobre as quais cada ente político, de forma privativa, poderá instituir imposto. A União goza, ainda, da competência residual e para instituir impostos extraordinários de guerra, nos termos do art. 154.

– Paulo de Barros Carvalho ressalta que, a rigor, impostos privativos são apenas os da União, em razão do que dispõe o art. 154 da Constituição, relativamente à possibilidade da instituição de impostos extraordinários, pela União, compreendidos ou não em sua competência tributária. Senão vejamos: "Tenho para mim que a privatividade é insustentável, levando em conta disposição expressa da Lei das Leis que, bem ou mal, é o padrão empírico para a emissão de proposições descritivas sobre o direito posto. A União está credenciada a legislar sobre seus impostos e, na iminência ou no caso de guerra externa, sobre impostos ditos 'extraordinários', *compreendidos ou não em sua competência tributária*, consoante o que prescreve o art. 154, II. Dir-se-á que se trata de exceção, mas é o que basta para derrubar proposição afirmativa colocada em termos universais, de tal sorte que impostos privativos, no Brasil, somente os outorgados à União. A privatividade fica reduzida, assim, à faixa de competência do Poder Público Federal" (CARVALHO, Paulo de Barros. *Curso de direito tributário.* 28. ed. São Paulo: Saraiva, 2017, p. 236).

– "A competência se diz privativa quando sua atribuição a uma pessoa jurídica de direito público exclui a possibilidade de que outro ente federal institua tributo sobre o mesmo fenômeno. Esta é a regra no ordenamento brasileiro: uma vez efetuada a repartição de competências, se uma pessoa jurídica de direito público pretender instituir tributo sobre campo reservado a outro ente federal, haverá *invasão de competência*" (SCHOUERI, Luís Eduardo. *Direito tributário.* 2. ed. São Paulo: Saraiva, 2012, p. 222).

Classificação dos impostos. Maiores detalhes sobre os impostos, inclusive suas diversas classificações doutrinárias, vide em notas ao art. 16 do CTN.

II – taxas, em razão do exercício do poder de polícia ou pela utilização, efetiva ou potencial, de serviços públicos específicos e divisíveis, prestados ao contribuinte ou postos a sua disposição;

⇒ **Conceito.** As taxas são os tributos que têm como fato gerador o exercício regular do poder de polícia, ou a utilização, efetiva ou potencial, de serviço público específico e divisível, prestado ao contribuinte ou posto à sua disposição (art. 77 do CTN). Vide arts. 77 e ss. do CTN.

– Os primeiros conceitos legais de taxa surgiram com o Decreto-Lei n. 1.804/39 e com o Decreto-Lei n. 2.416/40, que eram normas de cunho financeiro e que identificavam a taxa segundo o destino do produto da sua arrecadação. O primeiro conceito de taxa, segundo o seu fato gerador, surgiu com a Emenda Constitucional n. 18/65, sendo seguido pelo constante do art. 77 do CTN.

• Vide: MACHADO, Hugo de Brito. As taxas como espécie de tributo. *RDDT* 232/84, 2015.

⇒ **Fundamento das taxas. Caráter retributivo.** O exercício do poder de polícia é realizado, e os serviços públicos são prestados porque são atividades do interesse público. Contudo, não há por que toda a sociedade participar do custeio de tais atividades estatais na mesma medida se são elas específicas, divisíveis e realizadas diretamente em face ou para determinado contribuinte que a provoca ou demanda. Daí a outorga de competência para a instituição de tributo que atribua o custeio de tais atividades específicas e divisíveis aqueles aos quais foram realizadas, conforme o custo individual do serviço que lhe foi prestado ou fiscalização a que foi submetido.

– "Se a taxa é cobrada 'em razão' da atividade do Estado, tem-se nítida a ideia do sinalagma: a taxa é a contraprestação que o contribuinte paga ao Estado em razão de (por causa de) sua atuação em função daquele" (SCHOUERI, Luís Eduardo. *Direito tributário.* 2. ed. São Paulo: Saraiva, 2012, p. 167).

– "A taxa é, assim, tributo cuja exigência é orientada pelo princípio da retributividade, vale dizer, ostenta caráter contraprestacional – paga-se a taxa por ter-se provocado o exercício do poder de polícia, em razão de ter sido prestado serviço público específico ou divisível ou, ainda, por ter sido serviço dessa natureza colocado à disposição do sujeito passivo" (COSTA, Regina Helena. *Curso de direito tributário.* 5. ed. São Paulo: Saraiva, 2015, p. 138).

– "A noção econômica de taxa como um tributo distinto do imposto é muito antiga. Essa ideia já era explicada e justificada, por exemplo, por Adam Smith, no século XVII, em sua célebre obra A riqueza das nações. O raciocínio é o seguinte: quando o Estado realiza algumas atividades que beneficiam economicamente algumas pessoas determinadas (exemplo: prestação de serviços públicos específicos e divisíveis como o serviço de coleta de lixo), ou quando o Estado gasta recursos na fiscalização que deve realizar (para garantia da orem pública, da segurança, da saúde pública) sobre determinadas atividades privadas (exemplo: poder de polícia exercido na atividade de licenciamento de veículos automotores), não seria justo que os recursos que o Estado gasta com essas atividades fossem repartidos por todos os contribuintes. Esses gastos devem recair somente sobre as pessoas para quem o Estado presta o serviço, ou sobre as pessoas em relação às quais o Estado exerce sua fiscalização ou poder de polícia. Essa ideia de justiça econômica, quando transposta para o plano técnico-jurídico, tem basicamente duas consequências (conforme determinam o art. 145 da CF e os arts. 77 e 80 do CTN: – primeira consequência, no plano do fato gerador: para que se possa cobrar uma taxa, é necessário que o Estado preste um serviço público dirigido especificamente ao contribuinte da taxa, ou, pelo menos, que coloque à disposição do contribuinte esse serviço público (exemplo: serviço de coleta de lixo, de extinção de incêndios). Em se tratando de fiscalização, de exercício do poder de polícia, é necessário que o Estado tenha competência administrativa para realizar a fiscalização e que efetivamente realize as atividades fiscalizatórias por meio de órgãos em efetivo e regular funcionamento (exemplo: taxa para expedição de passaporte, taxa para expedição e alvará de funcionamento de estabelecimentos comerciais); – segunda consequência, no plano da base de cálculo ou da quantificação da taxa: deve haver uma proporção razoável entre o valor da taxa e o custo estatal incorrido na prestação do serviço ou no exercício do poder de polícia. Não se exige uma identidade, uma coincidência exata entre o valor arrecadado e os custos estatais, pois isso seria impossível; exige-se somente uma proporção razoável entre as duas grandezas. Isso explica o fato de que a taxa não é um tributo que provoca aumento de arrecadação líquida para o Tesouro, pois à receita arrecadada com o tributo se contrapõe uma despesa, da mesma magnitude, relacionada aos gastos incorridos com as atividades estatais que constituem o fato gerador do tributo" (GODOI, Marciano Seabra de [dr. adv.]; CASTRO JÚNIOR, Paulo Honório de. Considerações críticas sobre a nova taxa de controle, monitoramento e fiscalização das atividades de mineração em Minas Gerais (Lei Estadual n. 19.976, de 2011). *RDDT* 209/108, 2013).

– **Destinação das taxas: custeio da atividade estatal.** "Por natureza, as taxas têm destinação certa. Servem para sustentáculo financeiro do serviço que é prestado (ou deixado à disposição) aos consumidores. Pelo fato de ser visível o destino dos recursos arrecadados por meio de taxa, torna-se relativamente simples justificar sua exigência" (KANAYAMA, Rodrigo Luís. Responsabilidade da atividade financeira e necessária relação entre receitas e despesas públicas. In: GRUPENMACHER, Betina Treiger (coord.). *Tributação:* democracia e liberdade. São Paulo: Noeses, 2014, p. 493).

⇒ **Competência para instituir taxas como função da competência político-administrativa. Competência anexa.** Cada ente federado tem competência para cobrar taxas pelos serviços que preste ou pelo poder de polícia que exerça no desempenho da sua competência político-administrativa. Assim, a instituição e a cobrança de taxas pela União, pelos Estados, pelo Distrito Federal ou pelos Municípios só se viabilizam no âmbito de suas respectivas atribuições.

– Dispõe o CTN sobre a matéria: "Art. 80. Para efeito de instituição e cobrança de taxas, consideram-se compreendidas no âmbito das atribuições da União, dos Estados, do Distrito Federal ou dos Municípios, aquelas que, segundo a Constituição Federal, as Constituições dos Estados, as Leis Orgânicas do Distrito Federal e dos Municípios e a legislação com elas compatível, competem a cada uma dessas pessoas de direito público".

– "... vale a leitura do art. 80 do CTN que positiva o conceito de *competência anexa*, oriunda do direito germânico: não se encontra, no texto constitucional, uma discriminação rígida da competência para a instituição das taxas; ao contrário, o art. 145 admite que qualquer ente federal as institua. Não decorre daí, entretanto, uma múltipla incidência sobre um único fato jurídico tributário, já que este será, sempre, uma atuação estatal. Assim é que se encontra a competência para a instituição estatal quando se investiga quem é competente para o exercício do poder de polícia ou para o serviço público: se o constituinte conferiu a competência para tal atividade a determinado ente federal, tacitamente admitiu que este obtivesse recursos financeiros para tanto. Daí a competência anexa do art. 80 do CTN..." (SCHOUERI, Luís Eduardo. *Direito tributário*. 2. ed. São Paulo: Saraiva, 2012, p. 175-176).

– "... a pessoa política (União, Estado, Distrito Federal e Município) precisa possuir competência político-administrativa para prestar o serviço público ou praticar o ato do poder de polícia, que são os suportes fáticos das taxas (atuações do Estado relacionadas ao contribuinte)" (COÊLHO, Sacha Calmon Navarro. *Curso de direito tributário brasileiro*. 15. ed. Rio de Janeiro: Forense, 2016, p. 128).

– Sobre a competência estadual para fiscalizar a exploração de recursos minerais e instituir a taxa respectiva, vide: FREIRE, Omar Farah. A regra-matriz de incidência tributária da taxa de mineração. *RDDT* 229/102, 2014; SCAFF, Fernando Facury; SILVEIRA, Alexandre Coutinho da. Taxas de fiscalização sobre a exploração de recursos minerais. *RDDT* 210/40, 2013.

– **Tributo comum ou privativo?** Embora entrem no conceito de tributo comum, porque todas as entidades tributantes podem instituí-las e arrecadá-las, deixa de ser comum e torna-se privativo na medida em que incide sobre exercício de poder de polícia e prestação de serviços que são próprios e privativos de cada uma das entidades tributantes (SILVA, José Afonso da Silva. *Curso de direito constitucional positivo*. 6. ed. São Paulo: RT, 1990, p. 604).

– **Pode o Município instituir taxa relativamente ao setor de telecomunicações? Tema 919 do STF.** MÉRITO AINDA NÃO JULGADO. Controvérsia: "Competência tributária municipal para a instituição de taxas de fiscalização em atividades inerentes ao setor de telecomunicações, cuja competência legislativa e para a exploração é exclusiva da União".

– **Não cabe ao Município instituir taxa de combate a incêndio. Tema 16 do STF:** "A segurança pública, presentes a prevenção e o combate a incêndios, faz-se, no campo da atividade precípua, pela unidade da Federação e, porque serviço essencial, tem como a viabilizá-la a arrecadação de impostos, não cabendo ao Município a criação de taxa para tal fim". Eis a ementa: "TAXA DE COMBATE A INCÊNDIO – INADEQUAÇÃO CONSTITUCIONAL. Descabe introduzir no cenário tributário, como obrigação do contribuinte, taxa visando a prevenção e o combate a incêndios, sendo imprópria a atuação do Município em tal campo" (STF, RE 643.247, 2017). Do voto condutor, vê-se: "Ao apreciar a Ação Direta de Inconstitucionalidade n. 1.942-2/PA, sob o ângulo da medida de urgência, o Supremo, por unanimidade de votos, acabou por assentar, na pena abalizada do ministro

Moreira Alves: Em face do artigo 144, 'caput', inciso V e parágrafo 5º, da Constituição, sendo a segurança pública, dever do Estado e direito de todos, exercida para a preservação da ordem pública e da incolumidade das pessoas e do patrimônio, através, entre outras, da polícia militar, essa atividade do Estado só pode ser sustentada pelos impostos, e não por taxa, se for solicitada por particular para a sua segurança ou para a de terceiros, a título preventivo, ainda quando essa necessidade decorra de evento aberto ao público. Ademais, o fato gerador da taxa em questão não caracteriza sequer taxa em razão do exercício do poder de polícia, mas taxa pela utilização, efetiva ou potencial, de serviços públicos específicos e divisíveis, o que, em exame compatível com pedido de liminar, não é admissível em se tratando de segurança pública. Esteve em jogo taxa de segurança instituída não pelo Município, mas pelo próprio Estado mediante ato da Assembleia Legislativa. Extrai-se do artigo 144 da Constituição Federal, inserido no Capítulo III – da Segurança Pública –, que esta última é dever do Estado, direito e responsabilidade de todos, visando a preservação da ordem pública e da incolumidade das pessoas e do patrimônio, tal como proclamado, em 5 de maio de 1999, na decisão supra. O rol de órgãos constantes do citado artigo revela a junção das polícias militares e dos corpos de bombeiros militares. Às primeiras cabem a polícia ostensiva e a preservação da ordem pública. Já aos corpos de bombeiros militares, além das atribuições definidas em lei, incumbe a execução de atividades de defesa civil. Neste último gênero inclui-se a prevenção e o combate a incêndio. As funções surgem essenciais, inerentes e exclusivas ao próprio Estado, no que detém o monopólio da força. Inconcebível é que, a pretexto de prevenir sinistro relativo a incêndio, venha o Município a substituir-se ao Estado, fazendo-o por meio da criação de tributo sob o rótulo taxa. Repita-se à exaustão – atividade precípua do Estado é viabilizada mediante arrecadação decorrente de impostos, pressupondo a taxa o exercício do poder de polícia ou a utilização efetiva ou potencial de serviços públicos específicos e divisíveis, prestados ao contribuinte ou postos à disposição. Nem mesmo o Estado poderia, no âmbito da segurança pública revelada pela prevenção e combate a incêndios, instituir validamente a taxa, como proclamou o Supremo, embora no campo da tutela de urgência".

– **Fiscalização ambiental da exploração e do aproveitamento de recursos hídricos para geração de energia elétrica.** "FISCALIZAÇÃO AMBIENTAL – RECURSO HÍDRICOS – EXPLORAÇÃO E APROVEITAMENTO – LEI ESTADUAL. Surge, no âmbito da competência concorrente versada no artigo 23, inciso IX, da Constituição Federal, disciplina atinente ao desempenho de atividade administrativa voltada ao exercício regular do poder de polícia, a ser remunerado mediante taxa, relacionado à exploração e aproveitamento de recursos hídricos voltados à geração de energia elétrica, no que revelam atuação potencialmente danosa ao meio ambiente" (STF, ADI 6.211, 2020).

⇒ **Não confundir o plano da competência (constitucional) com o da relação jurídico-tributária (infraconstitucional).** Vale ter em conta que, para instituir uma taxa, o ente político tem de manter órgão voltado à prestação de serviço que seja específico e divisível ou à fiscalização de atividades determinadas (exercício do poder de polícia). Todavia, ainda que a instituição do tributo se justifique em face da manutenção de tais atividades, certo é que só ocorrerá o fato gerador da taxa, gerando para o contribuinte a obrigação de pagar o tributo, se o serviço for efetivamente prestado ou colocado à sua disposição ou se efetivamente for realizada a atividade de fiscalização relativamente a ele.

⇒ **Serviços que são dever do estado e direito de todos. Prestação gratuita. Não admitem taxa.** Os serviços que se apresentem constitucionalmente como deveres do Estado e direito de todos, tais como os de saúde e de segurança, devem ser prestados gratuitamente, não podendo dar ensejo à instituição e cobrança de taxas.

– No sentido de que "o Estado não deve tributar, mediante taxas, o serviço público decorrente do exercício da função jurisdicional, que lhe é inerente, como dever constitucional e direito de todos", vide: PRUDENTE, Antônio Souza. Custas processuais, *RDT* 65/96. Mas não há norma constitucional que diga serem gratuitos tais serviços, além do que o STF admite a cobrança de custas judiciais e emolumentos extrajudiciais como taxas de serviço, conforme nota adiante.

– **Ensino. Súmula Vinculante 12 do STF:** "A cobrança de taxa de matrícula nas universidades públicas viola o disposto no art. 206, IV, da Constituição Federal" (2008).

– "ADMINISTRATIVO. ENSINO SUPERIOR. ESTABELECIMENTO OFICIAL. COBRANÇA DE TAXA DE MATRÍCULA. INADMISSIBILIDADE. EXAÇÃO JULGADA INCONSTITUCIONAL. I – A cobrança de matrícula como requisito para que o estudante possa cursar universidade federal viola o art. 206, IV, da Constituição. II – Embora configure ato burocrático, a matrícula constitui formalidade essencial para que o aluno tenha acesso à educação superior. III – As disposições normativas que integram a Seção I, do Capítulo III, do Título VIII, da Carta Magna devem ser interpretadas à dos princípios explicitados no art. 205, que configuram o núcleo axiológico que norteia o sistema de ensino brasileiro" (STF, RE 500.171, 2008).

– **Segurança pública. Custeio por taxa. Impossibilidade. Tema 16 do STF.** A segurança pública, presentes a prevenção e o combate a incêndios, faz-se, no campo da atividade precípua, pela unidade da Federação, e, porque serviço essencial, tem como a viabilizá-la a arrecadação de impostos, não cabendo ao Município a criação de taxa para tal fim. Decisão de mérito em 2017.

– "Impossibilidade de cobrança de taxa de segurança pública de eventos abertos ao público, ainda que tal serviço seja solicitado por particular para a sua segurança ou para a de terceiros. Visto que incumbe ao Estado prestá-la a toda a população, essa atividade somente pode ser sustentada por imposto. Precedentes. 2. Agravos regimentais a que se nega provimento" (STF, RE 269374 AgR, 2011).

– "Ação Direta de Inconstitucionalidade. 2. Lei n. 13.084, de 29.12.2000, do Estado do Ceará. Instituição de taxa de serviços prestados por órgãos de Segurança Pública. 3. Atividade que somente pode ser sustentada por impostos. Precedentes. 4. Ação julgada procedente" (STF, ADI 2.424, 2004).

– "Ação direta de inconstitucionalidade. Art. 2º e Tabela V, ambos da Lei 6.010, de 27 de dezembro de 1996, do Estado do Pará.

Medida Liminar. – Em face do artigo 144, *caput*, inciso V e § 5º, da Constituição, sendo a segurança pública, dever do Estado e direito de todos, exercida para a preservação da ordem pública e incolumidade das pessoas e do patrimônio, através, entre outras, polícia militar, essa atividade do Estado só pode ser sustentada pelos impostos, e não por taxa, se for solicitada por particular para a sua segurança ou para a de terceiros, a título preventivo, ainda quando essa necessidade decorra de evento aberto ao público. – Ademais, o fato gerador da taxa em questão não caracteriza sequer taxa em razão do exercício do poder de polícia, mas taxa pela utilização, efetiva ou potencial, de serviços públicos específicos e divisíveis, o que, em exame compatível com pedido liminar, não é admissível em se tratando de segurança pública. – Ocorrência do requisito da conveniência para concessão da liminar. – Pedido liminar deferido, para suspender a eficácia *ex nunc* e até final julgamento da presente ação, da expressão 'serviço ou atividade policial-militar, inclusive policiamento preventivo' do artigo 2º, bem como da tabela V, ambos da Lei 6.010, de 27 de dezembro de 1996, do Estado do Pará" (STF, Plenário, ADIMC 1.942-2, 1999).

– "Não importa que o serviço seja de interesse geral, como a segurança pública: se um Banco, ou um Segurador de Bancos contra assaltos e roubos, pede a permanência dum policial armado em seu recinto, é legítima a cobrança de taxa para cobertura do custo respectivo, desde que decretada em lei" (BALEEIRO, Aliomar. *Direito tributário brasileiro*. 11. ed. atualizada por Misabel Abreu Machado Derzi. Rio de Janeiro: Forense, 1999, p. 562).

– **Fornecimento de certidões. Gratuidade.** "Fornecimento de Certidões e Cobrança de Taxa. Por vislumbrar violação ao art. 5º, XXXIV, *b*, da CF, que assegura a todos, independentemente do pagamento de taxas, a obtenção de certidões em repartições públicas, para defesa de direitos e esclarecimento de situações de interesse pessoal, o Tribunal julgou procedente pedido formulado em ação direta ajuizada pelo Procurador-Geral da República para declarar a inconstitucionalidade do art. 178 da Lei Complementar 19/97, do Estado do Amazonas, que prevê a cobrança da taxa de segurança pública para fornecimento de certidões. Asseverou-se que o dispositivo impugnado, apesar do *nomen iuris*, não estaria a tratar de serviços de segurança pública, os quais só poderiam ser custeados por meio de impostos. ADI 2.969/AM, 2007" (*Informativo* n. 461 do STF, 2007). Eis a ementa: "AÇÃO DIRETA DE INCONSTITUCIONALIDADE. ARTIGO 178 DA LEI COMPLEMENTAR N. 19, DE 29 DE DEZEMBRO DE 1997, DO ESTADO DO AMAZONAS. EXTRAÇÃO DE CERTIDÕES, EM REPARTIÇÕES PÚBLICAS, CONDICIONADA AO RECOLHIMENTO DA 'TAXA DE SEGURANÇA PÚBLICA'. VIOLAÇÃO À ALÍNEA 'B' DO INCISO XXXIV DO 5º DA CONSTITUIÇÃO FEDERAL. AÇÃO JULGADA PROCEDENTE" (STF, ADI 2.969, 2007).

– **Emissão ou remessa de guias e carnês. Tema 721.** São inconstitucionais a instituição e a cobrança de taxas por emissão ou remessa de carnês/guias de recolhimento de tributos. Decisão do mérito em 2014.

⇒ **Fato gerador vinculado à atividade estatal.** A outorga constitucional de competência refere que os entes políticos têm competência para instituir taxas "em razão do exercício do poder de polícia" ou pela utilização de serviços "prestados ao contribuinte...". Portanto, autoriza o legislador a vincular a tais atividades do Poder Público o surgimento de obrigação tributária, daí por que o fato gerador é necessariamente vinculado à atividade estatal.

– "Na taxa, o fato gerador tem que ser uma ocorrência relacionada com a utilização, provocação, ou disposição do serviço ou atividade do Estado: invocação de instrumentos de funcionamento da justiça, regularização de instrumentos de medição e pesagem etc." (CONTI, José Maurício. *Princípios tributários da capacidade contributiva e da progressividade*. Dialética, 1996, p. 118).

– **Atividade pública.** Para a criação de uma taxa relativa ao poder de polícia, não basta a existência de uma norma limitadora de direitos individuais; faz-se necessária uma atividade pública no sentido da garantia da sua observância, a qual implique despesa pública e, por isso, necessidade de custeio.

– "Com base no poder de polícia utilizado, o Estado exerce uma atividade estatal manifestadora desse poder: fiscaliza, controla, vistoria, inspeciona, licencia etc. Tal atividade estatal (em razão do exercício do poder de polícia) é que será custeada pela taxa. Caso contrário, não há o que justifique uma despesa e a respectiva receita tributária... Inexistirá o que é essencial para a existência da taxa, certa atividade estatal dirigida ao contribuinte" [...] "A taxa de polícia é exigida em razão da atividade estatal, decorrente do poder de polícia, pelo qual a administração realiza uma atividade que se refira, afete ou beneficie o contribuinte" (RIBEIRO DE MORAES, Bernardo. *Compêndio de direito tributário*. 4. ed. Rio de Janeiro: Forense, 1995, primeiro volume, p. 520 e 522).

– **Fato gerador dissociado da atividade. Violação ao art. 145, II, da CF.** "AÇÃO DIRETA DE INCONSTITUCIONALIDADE. ARTIGO 8º DA LEI N. 9.960, DE 28.01.2000, QUE INTRODUZIU NOVOS ARTIGOS NA LEI N. 6.938/81, CRIANDO A TAXA DE FISCALIZAÇÃO AMBIENTAL (TFA). ALEGADA INCOMPATIBILIDADE COM OS ARTIGOS 145, II; 167, IV; 154, I; E 150, III, *B*, DA CONSTITUIÇÃO FEDERAL. Dispositivos insuscetíveis de instituir, validamente, o novel tributo, por haverem definido, como fato gerador, não o serviço prestado ou posto à disposição do contribuinte, pelo ente público, no exercício do poder de polícia, como previsto no art. 145, II, da Carta Magna, mas a atividade por esses exercida; e como contribuintes pessoas físicas ou jurídicas que exercem atividades potencialmente poluidoras ou utilizadoras de recursos ambientais, não especificadas em lei. E, ainda, por não haver indicado as respectivas alíquotas ou o critério a ser utilizado para o cálculo do valor devido, tendo-se limitado a estipular, *a forfait*, valores uniformes por classe de contribuintes, com flagrante desobediência ao princípio da isonomia, consistente, no caso, na dispensa do mesmo tratamento tributário a contribuintes de expressão econômica extremamente variada. Plausibilidade da tese da inconstitucionalidade, aliada à conveniência de pronta suspensão da eficácia dos dispositivos instituidores da TFA. Medida cautelar deferida" (STF, ADIMC 2.178, 2000).

– **Base de cálculo das taxas.** Vide art. 145, § 2º, da CF.

⇒ **Classificação das taxas.** São apenas duas as espécies de taxas: a) de serviços; e b) de poder de polícia. Bernardo Ribeiro de Moraes propugna por três espécies: a) taxas de polícia; b) taxas de serviços; c) taxas pela utilização de vias conservadas pelo Poder Público, estas com fundamento específico no art. 150, item V, da Constituição, que ressalva a cobrança de pedágio (vide notas ao referido artigo). Embora nos pareça precisa a posição de Bernardo, já que, no pedágio, não nos parece haver serviço específico e divisível, impõe-se ressaltar que o STF já se pronunciou no sentido de que o pedágio constitui taxa de serviço, conforme se vê de nota ao art. 150, V, da CF.

– "8. A partir de um prisma didático, convém classificar como Taxas do Poder de Polícia aquelas que têm origem, ensejo e justificativa no vigiar e punir, ou seja, na fiscalização, que é interesse eminentemente estatal, reservando a categoria das taxas de serviço para aquelas que se desenvolvem em função do interesse do usuário, ante a compreensão de que esse interesse é relevante para definir a atividade como serviço" (STJ, REsp 1.405.244, 2018).

– Muitas vezes, é difícil identificar se se trata de taxa de serviço ou de taxa de polícia. Há certas atividades que são híbridas, implicando, ao mesmo tempo, fiscalização e prestação de serviço.

⇒ **Taxas de serviço.** Não é qualquer serviço que admite a instituição de taxa. Se a outorga constitucional de competência para a exigência de taxa dá-se em razão da prestação de serviço, tal serviço deve existir. Sua utilização, sim, pode ser efetiva ou potencial, mas o serviço deve existir e, se potencial a utilização, estar à disposição. Não existindo o serviço, não pode ser instituída taxa. Não colocado à disposição ou efetivamente prestado ao contribuinte, não ocorrerá seu fato gerador.

– **Serviço em funcionamento e que possa atender ao contribuinte.** Para a instituição de taxa, exige-se que o serviço esteja em funcionamento. Não pode ser instituída taxa para custear serviço cuja infraestrutura ainda será montada. A referência, no art. 145, II, da CF, a serviços "prestados ou postos à sua disposição" exige que sejam contemporâneos à incidência da taxa. Aliás, a atividade estatal é que constitui seu fato gerador. Como bem refere Bernardo Ribeiro de Moraes, no seu *Compêndio de direito tributário*, 4. ed., Rio de Janeiro: Forense, 1995, primeiro volume, "... a taxa é ilegítima quando o serviço público não estiver em efetivo funcionamento, para possibilitar a utilização do mesmo. Nem é devida diante da 'promessa' de serviço público futuro". No mesmo sentido, Ruy Barbosa Nogueira, em seu *Curso de direito tributário*, 14. ed., São Paulo: Saraiva, 1995, p. 163: "... para que o Poder Público possa exigir a taxa é preciso que o serviço esteja em efetivo funcionamento...".

– "ESGOTO. [...] 4. Art. 77 do CTN. Se o acórdão recorrido firmou a premissa de que a CEDAE não dispõe de sistema de tratamento de esgoto que atenda ao imóvel da autora, torna-se indevida qualquer contraprestação, em virtude, inclusive, de suposta utilização potencial do serviço" (STJ, REsp 1.032.975, 2008).

– **Utilização efetiva ou potencial.** "O que a Constituição Federal (e o Código Tributário Nacional) quer dizer quando menciona 'utilização potencial de serviço público' (ou a circunstância de ser 'posto à disposição' do contribuinte) é que a lei administrativa, por razões de interesse público, pode tornar certos serviços obrigatórios, como o de esgoto, de fornecimento de água, de energia elétrica etc. Nesses casos, a eventual circunstância de o contribuinte não usar efetivamente o serviço de que se trate não o eximirá de participar do seu custeio" (RAMOS FILHO, Carlos Alberto de Moraes. As taxas no direito tributário brasileiro. *RTFP* 55/54, abr. 2004).

– Dispõe o art. 79 do CTN que os serviços consideram-se utilizados pelo contribuinte: "a) efetivamente, quando por ele usufruídos a qualquer título; b) potencialmente, quando, sendo de utilização compulsória, sejam postos à sua disposição mediante atividade administrativa em efetivo funcionamento".

– **Serviço à disposição.** Serviço à disposição é aquele efetivamente prestado ao contribuinte, embora não seja por este aproveitado. Exemplo, é o recolhimento de lixo domiciliar, que ocorre sistematicamente, mas que pode não ser utilizado por quem mantenha determinado imóvel desabitado por alguns anos ou que o utilize apenas em época de férias, mas não na maior parte do ano. Note-se que a utilização do serviço é que é potencial, mas que este tem de ser sistematicamente prestado em caráter específico e divisível.

– "TAXA DE COLETA DE LIXO. Empresa que além do lixo industrial, descarta lixo doméstico" (STJ, AgRg nos EDcl no AREsp 132.742, 2013). Voto do relator: "A questão ativada no agravo regimental está prejudicada pelo fato destacado no acórdão atacado pelo recurso especial, *in verbis*: 'Entretanto, ainda que a atividade realizada em alguns dos imóveis da apelante seja essencialmente industrial, certamente nestas unidades fabris não são produzidos apenas resíduos industriais, mas também orgânicos e aqueles equiparados a domésticos decorrentes de higiene e limpeza, e ainda aqueles produzidos nos refeitórios, sanitários e escritórios. Assim, o simples fato de a apelante não fazer uso dos serviços de coleta de lixo colocados à sua disposição, preferindo fazê-lo via contratação com a empresa particular encarregada de remover os resíduos industriais, não modifica a realidade da obrigação legal de pagar a contribuição para o serviço que lhe é colocado à disposição'. Voto, por isso, no sentido de negar provimento ao agravo regimental".

– "Ter um serviço público à disposição representa, por si só, uma utilidade com valor econômico, que, presente a nota da divisibilidade, é suscetível de ser financiada por taxas cobradas dos indivíduos a cuja disposição é posta essa utilidade (por exemplo, serviço de coleta de esgoto)" (AMARO, Luciano. *Direito tributário brasileiro*. 15. ed. São Paulo: Saraiva, 2009, p. 35-36).

– Taxa relacionada aos bombeiros pode dizer respeito à prevenção (fiscalização do cumprimento das normas de segurança, com natureza de taxa de polícia) ou à extinção de incêndios (a atuação dos bombeiros ao apagar incêndios, com natureza de taxa de serviço). É preciso analisar cada lei municipal para verificar o fato gerador estabelecido. De qualquer modo, entendemos que só se justifica se cobrada em face da realização efetiva da atividadede relativamente ao contribuinte. A simples existência do serviço de bombeiros, de caráter geral, não parece guardar especificidade e divisibilidade. Mas essas taxas têm sido consideradas constitucionais pelo STF. O STJ não tem enfrentado a matéria por entender que tem cunho constitucional.

– "TAXA DE INCÊNDIO. CONSTITUCIONALIDADE. AGRAVO IMPROVIDO. I – É legítima a cobrança da Taxa cobrada em razão da prevenção de incêndios, porquanto instituída como contraprestação a serviço essencial, específico e divisível. Precedentes" (STF, AI 677891 AgR, 2009). Obs.: conforme o relatório, tratava-se de taxa de extinção de incêndios.

– "TAXA DE UTILIZAÇÃO POTENCIAL DO SERVIÇO DE EXTINÇÃO DE INCÊNDIO. LEI N. 6.763/75. 1. É legítima a taxa de segurança pública instituída pela Lei mineira n. 6.763/75, com a redação que lhe foi conferida pela Lei n. 14.938/03, devida pela utilização potencial do serviço de extinção de incêndio. Precedente" (STF, RE 473611 AgR, 2008).

– "Decisão que se acha em conformidade com a orientação jurisprudencial do STF no que tange... à taxa de limpeza urbana (arts. 1º e 2º, inc. I, *a*, e II, *a* e *b*, da Lei n. 6.580/89), exigida com ofensa ao art. 145, inc. II e § 2º, da CF, porquanto a título de remuneração de serviço prestado *uti universi* e tendo por base de cálculo fatores que concorrem para formação da base de cálculo do IPTU. Declaração da inconstitucionalidade dos dispositivos enumerados, alusivos à taxa de limpeza urbana. Pechas que não viciam a taxa de segurança, corretamente exigida para cobrir despesas com manutenção dos serviços de prevenção e extinção de incêndios. Recurso conhecido em parte, para o fim de declarar a legitimidade da última taxa mencionada" (STF, RE 206777, 1999).

– **Súmula 549 do STF**: "A TAXA DE BOMBEIROS DO ESTADO DE PERNAMBUCO É CONSTITUCIONAL, REVOGADA A SÚMULA 274". Eis a Súmula revogada, de n. 274: "É INCONSTITUCIONAL A TAXA DE SERVIÇO CONTRA FOGO COBRADA PELO ESTADO DE PERNAMBUCO (REVOGADA)".

– "Taxa de bombeiros cobrada pelo Estado de Pernambuco. Constitucionalidade da taxa. O serviço contra fogo interessa capitalmente a todos os moradores de uma cidade. Todos podem vir a precisar dele. Está à disposição de toda a comunidade. O Código Tributário de Pernambuco não tomou como base do imposto o cálculo que serviu para a incidência do imposto de consumo. Utilizou-se de um critério para taxar um serviço público específico e divisível prestado ao contribuinte ou posto à disposição dele. Recurso desprovido" (STF, RMS 16.064, 1968).

– "a controvérsia acerca da divisibilidade e especificidade de taxas, prevista nos citados dispositivos do Código Tributário Nacional, é insuscetível de apreciação em Recurso Especial, por se tratar de matéria de índole constitucional" (STJ, decisão monocrática no AREsp 442.770, 2013).

– "a controvérsia acerca do conceito de taxa é repetição de dispositivo constitucional, e, dessa forma, é insuscetível de apreciação em Recurso Especial, por se tratar de matéria de índole constitucional" (STJ, decisão monocrática no AREsp 419.386, 2013).

– **Utilização compulsória**. "Essa apreciação (compulsoriedade do uso) é matéria de apreciação e de decisão do legislador ordi-

nário. A ele cabe a atribuição da obrigatoriedade do uso, segundo a análise da natureza do serviço e logicidade da abrangência, como contribuintes, dos utentes potenciais. Serviços há que, por suas características, dispensam a eleição da mera disponibilidade como compulsória; inversamente, noutros casos, essa eleição é inafastável. O arbítrio prudente do legislador ordinário levará à decisão consentânea com a diversidade de condições de um e outro serviço" (BARRETO, Aires F. In: MARTINS, Ives Gandra da Silva (coord.). *Comentários ao Código Tributário Nacional*. São Paulo: Saraiva, 1998, v. 1, p. 567).

– "... a tributabilidade da fruição potencial nada tem que ver com a obrigatoriedade de utilização do serviço, nem com o descumprimento da obrigação legal que imponha essa utilização. [...] de acordo com a previsão constitucional, a taxa será devida por estar o serviço à disposição; se a não utilização do serviço implicar infração de norma cogente, o indivíduo, além do tributo, sujeitar-se-á à sanção pertinente" (AMARO, Luciano. *Direito tributário brasileiro*. 15. ed. São Paulo: Saraiva, 2009, p. 36).

– **Especificidade e divisibilidade**. Para a instituição de taxa, exige-se que o serviço seja específico e divisível. Tem de ter usuários determinados. Não poderá haver taxa sobre serviço sem usuários determinados, voltados para a coletividade como um todo. Sobre o que se pode considerar serviços divisíveis, diz Bernardo Ribeiro de Moraes, em *Compêndio de direito tributário*, 4. ed., Rio de Janeiro: Forense, 1995, primeiro volume, p. 534: "São, pois, serviços que podem ser individualizados, permitindo que se identifique e que se avalie, isoladamente do complexo da atividade estatal, a parcela utilizada individualmente pela pessoa ou grupo de pessoas".

– O STJ não tem apreciado a questão da especificidade e da divisibilidade por entender que se trata de matéria constitucional, resolvendo-se pela interpretação do art. 145, II, da CF. É o que se vê em nota ao art. 79, III, do CTN.

– O CTN especifica melhor o que se deve considerar como serviços específicos e divisíveis: "Art. 79. [...] II – específicos, quando possam ser destacados em unidades autônomas de intervenção, de utilidade ou de necessidade públicas; III – divisíveis, quando suscetíveis de utilização, separadamente, por parte de cada um dos seus usuários".

– "As taxas encontram justificação em uma determinada atividade administrativa, que pode e deve ser dirigida individualmente a um único contribuinte – isto é, a atividade está vinculada a este contribuinte, de forma específica e divisível" (SCAFF, Fernando Facury; SILVEIRA, Alexandre Coutinho da. Taxas de fiscalização sobre a exploração de recursos minerais. *RDDT* 210/40, 2013).

– "A divisibilidade está diretamente ligada à atuação estatal praticada à determinado sujeito passivo e não à coletividade em geral. Vale acrescentar, o serviço divisível prestado a determinado contribuinte está diretamente ligado a ele a exemplo da expedição de certidões, a da concessão de porte de armas, etc. Também há de ser específico, entendendo por especificidade quando utilizado de forma que se possa separar cada usuário. [...] tanto a divisibilidade como a especificidade são *conditio sine qua non* na hipótese de incidência tributária da taxa de serviço, de modo que somente dessa maneira que se chega ao destinatário do tributo e ao obrigado ao pagamento. É nesse sentido que podemos classificá-lo como um tributo pessoal" (MARCELINO JÚNIOR, Ataíde. Incidentes na repetição de indébito da taxa de lixo decorrentes do lançamento errôneo. *Revista de Estudos Tributários* 12/25).

– "Quem solicita um passaporte e efetivamente o recebe, ou um alvará, ou uma licença, ou recebe, via medidor, água fornecida por serviço sustentado pelo Poder Público, sob regime jurídico-tributário, em verdade recebe parcelas individualizadas de serviço público (utilidade e manifestações concretas de poder de polícia). Não é, pois, todo ato do poder de polícia ou toda prestação de serviço público que pode embasar a instituição de taxas, senão aquelas que, regulares, juridicamente falando, possam ser específicas e divisíveis, conforme predica o CTN" (COÊLHO, Sacha Calmon Navarro. *Curso de direito tributário brasileiro*. 15. ed. Rio de Janeiro: Forense, 2016, p. 128).

– "À custa de taxas, o Poder Público não pode auferir receita pública para cobrir despesas relativas a serviços gerais e indivisíveis, próprios de impostos" (MORAES, Bernardo Ribeiro de. *Compêndio*, primeiro volume. Rio de Janeiro: Forense, 1995, p. 546).

– **Iluminação pública não constitui serviço específico e divisível.** A jurisprudência do STF é no sentido de que a iluminação pública não é serviço público prestado especificamente a cada indivíduo e que também não pode ser dividido em unidades de utilização, não estando, pois, autorizada pela Constituição a cobrança de taxa pela iluminação pública. A matéria é objeto da Súmula 670 e da Súmula Vinculante 41, ambas do STF. A EC n. 39/2002, contudo, outorgou aos Municípios a possibilidade de custeio da iluminação pública através de contribuição especial, conforme se vê do art. 149-A da CF.

– **Súmula Vinculante 41 do STF:** "O serviço de iluminação pública não pode ser remunerado mediante taxa" (*DJe* mar. 2015).

– **Súmula 670 do STF:** "O serviço de iluminação pública não pode ser remunerado mediante taxa".

– "TRIBUTÁRIO. MUNICÍPIO DE NITERÓI. TAXA DE ILUMINAÇÃO PÚBLICA. ARTS. 176 E 179 DA LEI MUNICIPAL N. 480, DE 24.11.83, COM A REDAÇÃO DADA PELA LEI N. 1.244, DE 20.12.93. Tributo de exação inviável, posto ter por fato gerador serviço inespecífico, não mensurável, indivisível e insuscetível de ser referido a determinado contribuinte, a ser custeado por meio do produto da arrecadação dos impostos gerais. Recurso não conhecido, com declaração de inconstitucionalidade dos dispositivos sob epígrafe, que instituíram a taxa no município" (STF, RE 233.332, 1999). No mesmo sentido: STF, RE 231.764.

– **A coleta de lixo como serviço específico e divisível; limpeza de logradouros públicos, não.** Há precedentes sobre a questão, abordando a natureza de tais serviços e a possibilidade ou não da instituição de taxa sob a perspectiva da especificidade e da divisibilidade.

– **Súmula Vinculante 19 do STF:** "A taxa cobrada exclusivamente em razão dos serviços públicos de coleta, remoção e tratamento ou destinação de lixo ou resíduos provenientes de imóveis, não viola o artigo 145, II, da Constituição Federal" (2009).

– "CONSTITUCIONAL. TRIBUTÁRIO. TAXA DE COLETA DE LIXO. CF, art. 145, II. I. Taxa de Coleta de Lixo: especificidade e divisibilidade do serviço. CF, art. 145, II: inocorrência de ofensa. II. Embargos de declaração acolhidos para o fim de suprir omissão, mantido o acórdão embargado" (STF, EDRE 256.588, 2001).

– "Esta Corte firmou entendimento no sentido da inconstitucionalidade da cobrança da taxa de limpeza pública, uma vez que não há a individualização dos serviços postos à disposição ou prestados..." (STF, AI 848.281 AgR, 2011).

– "É assente nesta colenda Corte que as taxas de iluminação pública e de limpeza pública se referem a atividades estatais que se traduzem em prestação de utilidades inespecíficas, indivisíveis e insuscetíveis de serem vinculadas a determinado contribuinte, não podendo ser custeadas senão por meio do produto da arrecadação dos impostos gerais" (STF, AIAgR 463.910, 2006).

– "Tratando-se de taxa vinculada não somente à coleta domiciliar de lixo, mas, também, à limpeza de logradouros públicos, que é serviço de caráter universal e indivisível, é de se reconhecer a inviabilidade de sua cobrança. Precedente: RE 206.777. Embargos de divergência conhecidos e providos" (STF, Plenário, EDivED 256.588, 2003). Obs.: vide também: RE 245.539, RE 206.777 e RE 361.437.

– "Tributo vinculado não apenas à coleta de lixo domiciliar, mas também à limpeza de logradouros públicos, hipótese em que os serviços são executados em benefício da população em geral (*uti universi*), sem possibilidade de individualização dos respectivos usuários e, consequentemente, da referibilidade a contribuintes determinados, não se prestando para custeio mediante taxa. Impossibilidade, no caso, de separação das duas parcelas. Recurso conhecido e provido" (STF, RE 249.070-9, 1999).

– "TRIBUTÁRIA... TAXAS DE CONSERVAÇÃO E DE LIMPEZA. [...] No que concerne às taxas, é manifesta a sua inconstitucionalidade, por não terem por objeto serviço público divisível e referido a determinados contribuintes, não havendo possibilidade, por isso, de serem custeados senão pelo produto dos impostos gerais. Declaração de inconstitucionalidade dos arts. 86, I, II e III; 87, I e III; 91; 93, I e II; e 94, I e II, todos da Lei n. 6.989, de 29.12.66, do Município de São Paulo. Recurso conhecido e, em parte, provido" (STF, Plenário, RE 188.391, 2000). Vide também: RE 206.777, RE 190.126, RE 185.050.

– "TRIBUTÁRIO... TAXAS DE LIMPEZA PÚBLICA E DE CONSERVAÇÃO DE VIAS E LOGRADOUROS PÚBLICOS. [...] Taxas que, de qualquer modo, no entendimento deste Relator, tem por fato gerador prestação de serviço inespecífico, não mensurável, indivisível e insuscetível de ser referido a determinado contribuinte, não sendo de ser custeado senão por meio do produto da arrecadação dos impostos gerais. Recurso conhecido e provido" (STF, RE 199.969-1, 1997).

– "TRIBUTÁRIO. TAXA DE CONSERVAÇÃO E SERVIÇOS DE ESTRADAS DE RODAGEM. ARTIGOS 3º, 4º, 5º e 6º DA LEI N. 3.133/89, DO MUNICÍPIO DE ARAÇATUBA/SP. INCONSTITUCIONALIDADE. ARTIGO 145, II, e

§ 2º, DA CARTA MAGNA. Não se tratando de serviço público específico e divisível, referido apenas aos contribuintes lindeiros que utilizam efetiva ou potencialmente as estradas, não pode ser remunerado por meio de taxa, cuja base de cálculo, ademais, identifica-se com a de imposto, incidindo em flagrante inconstitucionalidade, conforme precedentes da Corte. Recurso extraordinário conhecido e provido, declarando-se a inconstitucionalidade dos artigos 3º, 4º, 5º e 6º da Lei n. 3.133, de 27/06/89, do Município de Araçatuba/SP" (STF, Plenário, RE 259.889, 2002).

– "... a prestação de serviço público de conservação de estradas carece dos requisitos da divisibilidade e especificidade, necessários ao reconhecimento como fato gerador de uma taxa" (MARTINS, Alan; MARCHETTO, Eduardo. Taxa de conservação de estradas de rodagem/base de cálculo/inconstitucionalidade. *RET* 11/21, 2000).

– **Emolumentos dos serviços notariais e de registro.** "EMOLUMENTOS DOS SERVIÇOS NOTARIAIS E DE REGISTRO... 1. A jurisprudência do Supremo Tribunal Federal reconhece a natureza de taxa decorrente do exercício do poder de polícia dos emolumentos arrecadados pelas serventias extrajudiciais" (STF, ADI 5.539, 2022).

– **Custas judiciais.** "1. As custas processuais constituem receita tributária da espécie taxa e por esta razão seus valores devem manter relação com os custos dos serviços judiciais prestados" (STF, ADI 7.063, 2022).

– "A jurisprudência do Supremo Tribunal Federal firmou orientação no sentido de que as custas judiciais e os emolumentos concernentes aos serviços notariais e registrais possuem natureza tributária, qualificando-se como taxas remuneratórias de serviços públicos, sujeitando-se, em consequência, quer no que concerne à sua instituição e majoração, quer no que se refere à sua exigibilidade, ao regime jurídico-constitucional pertinente a essa especial modalidade de tributo vinculado, notadamente aos princípios fundamentais que proclamam, dentre outras, as garantias essenciais (a) da reserva de competência impositiva, (b) da legalidade, (c) da isonomia e (d) da anterioridade. Precedentes. Doutrina. SERVENTIAS EXTRAJUDICIAIS. A atividade notarial e registral, ainda que executada no âmbito de serventias extrajudiciais não oficializadas, constitui, em decorrência de sua própria natureza, função revestida de estatalidade, sujeitando-se, por isso mesmo, a um regime estrito de direito público. A possibilidade constitucional de a execução dos serviços notariais e de registro ser efetivada 'em caráter privado por delegação do poder público' (CF, art. 236), não descaracteriza a natureza essencialmente estatal dessas atividades de índole administrativa. As serventias extrajudiciais, instituídas pelo Poder Público para o desempenho de funções técnico-administrativas destinadas 'a garantir a publicidade, a autenticidade, a segurança e a eficácia dos atos jurídicos' (Lei n. 8.935/94, art. 1º), constituem órgãos públicos titularizados por agentes que se qualificam, na perspectiva das relações que mantêm com o Estado, como típicos servidores públicos. Doutrina e Jurisprudência. DESTINAÇÃO DE CUSTAS E EMOLUMENTOS A FINALIDADES INCOMPATÍVEIS COM A SUA NATUREZA TRIBUTÁRIA. Qualificando-se as custas judiciais e os emolumentos extrajudiciais como taxas (*RTJ* 141/430), nada pode justificar seja o pro-duto de sua arrecadação afetado ao custeio de serviços públicos diversos daqueles a cuja remuneração tais valores se destinam especificamente (pois, nessa hipótese, a função constitucional da taxa que é tributo vinculado restaria descaracterizada) ou, então, à satisfação das necessidades financeiras ou à realização dos objetivos sociais de entidades meramente privadas. É que, em tal situação, subverter-se-ia a própria finalidade institucional do tributo, sem se mencionar o fato de que esse privilegiado (e inaceitável) tratamento dispensado a simples instituições particulares (Associação de Magistrados e Caixas de Assistência dos Advogados) importaria em evidente transgressão estatal ao postulado constitucional da igualdade. Precedentes" (STF, ADIMC 1.378-5, 1995).

– "DIREITO CONSTITUCIONAL E TRIBUTÁRIO. CUSTAS E EMOLUMENTOS: SERVENTIAS JUDICIAIS E EXTRAJUDICIAIS. AÇÃO DIRETA DE INCONSTITUCIONALIDADE DA RESOLUÇÃO N. 7, DE 30 DE JUNHO DE 1995, DO TRIBUNAL DE JUSTIÇA DO ESTADO DO PARANÁ: ATO NORMATIVO. 1. Já ao tempo da Emenda Constitucional n. 1/69, julgando a Representação n. 1.094-SP, o Plenário do Supremo Tribunal Federal firmou entendimento no sentido de que 'as custas e os emolumentos judiciais ou extrajudiciais', por não serem preços públicos, 'mas, sim, taxas, não podem ter seus valores fixados por decreto, sujeitos que estão ao princípio constitucional da legalidade (§ 29 do artigo 153 da Emenda Constitucional n. 1/69), garantia essa que não pode ser ladeada mediante delegação legislativa' (*RTJ* 141/430, julgamento ocorrido a 08/08/84). 2. Orientação que reiterou, a 20/04/90, no julgamento do RE n. 116.208-MG. 3. Esse entendimento persiste, sob a vigência da Constituição atual (de 1988), cujo art. 24 estabelece a competência concorrente da União, dos Estados e do Distrito Federal, para legislar sobre custas dos serviços forenses (inciso IV) e cujo art. 150, no inciso I, veda à União, aos Estados, ao Distrito Federal e aos municípios, a exigência ou aumento de tributo, sem lei que o estabeleça. 4. O art. 145 admite a cobrança de 'taxas, em razão do exercício do poder de polícia ou pela utilização, efetiva ou potencial, de serviços públicos específicos e divisíveis, prestados ao contribuinte ou postos a sua disposição'. Tal conceito abrange não só as custas judiciais, mas, também, as extrajudiciais (emolumentos), pois estas resultam, igualmente, de serviço público, ainda que prestado em caráter particular (art. 236). Mas sempre fixadas por lei. No caso presente, a majoração de custas judiciais e extrajudiciais resultou de Resolução – do Tribunal de Justiça – e não de Lei formal, como exigido pela Constituição Federal. 5. Aqui não se trata de 'simples correção monetária dos valores anteriormente fixados', mas de aumento do valor de custas judiciais e extrajudiciais, sem lei a respeito. 6. Ação Direta julgada procedente, para declaração de inconstitucionalidade da Resolução n. 7, de 30 de junho de 1995, do Tribunal de Justiça do Estado do Paraná" (STF, ADI 1.444, 2003).

– "... o serviço jurisdicional, sendo divisível, ao permitir que cada usuário dele se utilize isoladamente, enseja a cobrança de taxa (custas) de cada indivíduo que solicitar do Estado a prestação jurisdicional, assumindo o contribuinte (em relação jurídica de diversa natureza) o direito de reembolso pela outra parte, se vitorioso" (AMARO, Luciano. *Direito tributário brasileiro*. 15. ed. São Paulo: Saraiva, 2009, p. 34).

– "... é preciso separar e identificar os seguintes valores relacionados com os serviços dos registradores e notariais: a) emolumentos: correspondem a obrigações tributárias (da espécie taxa), cujo credor é o Estado-membro titular do serviço público, que comumente elege, por via de lei estadual, os notarias e registradores como sujeitos passivos dessa relação jurídica tributária. Neste contexto, os usuários tornam-se contribuintes de fato dessa taxa; b) remunerações: consistem no preço do serviço que ficam com os titulares dos cartórios, ou seja, são as contraprestações dadas pelos Estados-membros aos notariais e registradores em função do exercício dessa função delegada. Neste caso, não temos uma relação tributária, mas puramente administrativa, daí a pertinência de se classificar tais remunerações como preço público, que é autônomo à obrigação tributária dos emolumentos. Neste diapasão, pode-se concluir que o ISS não incidirá sobre uma taxa (emolumentos), pertencente ao Estado (titular do serviço público), mas tão somente sobre a remuneração recebida pelo notarial ou registrador em razão da prestação do serviço que lhe foi delegado. Enfim, muito embora exista uma ligação entre os emolumentos e as remunerações cartorárias, eis que as remunerações são fixadas com base nos emolumentos (geralmente, um percentual sobre os emolumentos), suas naturezas são distintas, sendo que o ISS alcança apenas o fato administrativo (serviço delegado prestado pelos notariais e registradores), cujo foco é a remuneração, e não as taxas (emolumentos)" (MANGIERI, Francisco Ramos; MELO, Omar Augusto Leite. *ISS sobre cartórios*. Edipro, 2008, p. 23).

– Sobre a base de cálculo das custas e emolumentos extrajudiciais sua progressividade, vide notas ao art. 145, § 2º, da CF; sobre a fixação por lei ou por provimento de Corregedoria de tabela de custas e de emolumentos, vide nota ao art. 150, I, da CF; sobre a gratuidade ou limitação por norma federal, vide nota ao art. 151, III, da CF; sobre a divisibilidade do serviço jurisdicional, vide em nota, adiante, específica sobre divisibilidade; sobre a destinação das custas judiciais e emolumentos, vide nota, adiante, específica sobre a destinação das taxas.

⇒ **Taxas de exercício do poder de polícia.** A definição de poder de polícia é dada pelo art. 78 do CTN: "Considera-se poder de polícia atividade da administração pública que, limitando ou disciplinando direito, interesse ou liberdade, regula a prática de ato ou abstenção de fato, em razão de interesse público concernente à segurança, à higiene, à ordem, aos costumes, à disciplina da produção e do mercado, ao exercício de atividades econômicas dependentes de concessão ou autorização do Poder Público, à tranquilidade pública ou ao respeito à propriedade e aos direitos individuais ou coletivos". Deve-se ter em conta, todavia, que não é propriamente a imposição normativa de limitações administrativas à liberdade e à propriedade o que dá ensejo à cobrança de taxa, mas o exercício da atividade estatal direcionada à fiscalização quanto ao cumprimento de tais limitações por parte dos destinatários das respectivas normas.

– "Poder de polícia é a faculdade de que dispõe a Administração Pública para condicionar e restringir o uso e gozo de bens, atividades e direitos individuais, em benefício da coletividade ou do próprio Estado." "Desde já convém distinguir a polícia administrativa, que nos interessa neste estudo, da polícia judiciária e da polícia de manutenção da ordem pública, estranhas às nossas cogitações. Advirta-se, porém, que a polícia administrativa incide sobre os bens, direitos e atividades, ao passo que as outras atuam sobre as pessoas, individualmente ou indiscriminadamente. A polícia administrativa é inerente e se difunde por toda a Administração Pública, enquanto que as demais são privativas de determinados órgãos (Polícias Civis) ou corporações (Polícias Militares)." "A razão do poder de polícia é o interesse social, e o seu fundamento está na supremacia geral que o Estado exerce em seu território sobre todas as pessoas, bens e atividades, supremacia que se revela nos mandamentos constitucionais e nas normas de ordem pública, que a cada passo opõem condicionamentos e restrições aos direitos individuais em favor da coletividade, incumbindo ao Poder Público o seu policiamento administrativo." "A cada restrição de direito individual – expressa ou implícita em norma legal – corresponde equivalente poder de polícia administrativa à Administração Pública, para torná-la efetiva e fazê-la obedecida" (MEIRELLES, Hely Lopes. *Direito administrativo brasileiro*. 14. ed. São Paulo: RT, 1989).

– A polícia administrativa é a atribuição "que dispõe a Administração Pública para condicionar o uso, o gozo e a disposição da propriedade e restringir o exercício da liberdade dos administrados no interesse público e social" (GASPARIN, Diógenes. *Direito administrativo*. 17. ed. São Paulo: Saraiva, 2012, p. 179).

– "O poder de política administrativa é a competência para disciplinar o exercício da autonomia privada para a realização de direitos fundamentais e da democracia, segundo os princípios da legalidade e da proporcionalidade" (JUSTEN FILHO, Marçal. *Curso de direito administrativo*. 5. ed. São Paulo: Saraiva, 2010, p. 561).

– "O Poder Legislativo, no exercício do poder de polícia que incumbe ao Estado, cria, por lei, as chamadas limitações administrativas ao exercício das liberdades públicas. A Administração Pública, no exercício da parcela que lhe é outorgada do mesmo poder, regulamenta as leis e controla a sua aplicação, preventivamente (por meio de ordens, notificações, licenças ou autorizações) ou repressivamente (mediante imposição de medidas coercitivas)" (ZANELLA DI PIETRO, Maria Sylvia. *Direito administrativo*. 4. ed. São Paulo: Atlas, 1994, p. 95).

– "... a atividade de polícia envolve também os atos fiscalizadores, através dos quais a Administração Pública previamente acautela eventuais danos que poderiam advir da ação dos particulares. Assim, a fiscalização de pesos e medidas por meio da qual o Poder Público se assegura de que uns e outros competentemente aferidos correspondem efetivamente aos padrões e, com isto, previne eventual lesão aos administrados, que decorreria de marcações inexatas. Do mesmo modo, a fiscalização das condições de higiene dos estabelecimentos e casas de pasto, a vistoria dos veículos automotores para garantia das condições de segurança que devem oferecer, prevenindo riscos para terceiros, a fiscalização da caça para assegurar que sua realização esteja conformada aos preceitos legais, são, entre outras numerosíssimas, manifestações fiscalizadoras próprias da Polícia Administrativa" (BANDEIRA DE MELLO, Celso Antônio. *Curso de direito administrativo.* 4. ed. São Paulo: Malheiros, 1993, p. 359).

– "A atividade de polícia administrativa pode ser singelamente definida como a aplicação, pela Administração Pública, das limitações constitucionais e legais impostas ao exercício de direitos individuais, em benefício do interesse público. Cuida-se, portanto, de atividade de fiscalização, de controle do comportamento dos particulares, visando a prevenção da ocorrência de anos ao interesse público. A taxa, instituída com esse fundamento, objetiva remunerar o custo dessa atividade estatal" (COSTA, Regina Helena. *Curso de direito tributário.* 5. ed. São Paulo: Saraiva, 2015, p. 139).

– A expressão *poder de polícia* foi utilizada pela primeira vez em 1827, por Marshall, no caso Brown v. Maryland, conforme Laurence H. Tribe, *American Constitutional Law*, second edition, The Foundation Press, USA, 1988: "Chief Justice Marshall was apparently the first to employ the rubric 'police power' to describe the residual prerogatives of soverignty which the states had not surrendered to the federal government".

– E foi a jurisprudência americana a responsável pela expansão do seu campo de abrangência, entendendo a expressão não como restrita à manutenção da ordem pública e da segurança, mas como envolvente de todas as esferas relacionadas ao interesse público. Hoje em dia, abrange até a proteção do consumidor.

– Excelente abordagem acerca da evolução do poder de política é encontrada na obra de Onofre Alves Batista Júnior, *O Poder de Polícia Fiscal*, Belo Horizonte: Mandamentos, 2001.

– **Exercício do poder de polícia como prerrogativa de pessoas jurídicas de direito público.** O exercício do poder de polícia e das funções próprias da condição de sujeito ativo da respectiva taxa (vide art. 119 do CTN) só pode ser feito por pessoa jurídica de direito público. O STF, quando do julgamento da ADI 1.717-DF, em 2002, estampou na ementa: "DIREITO CONSTITUCIONAL E ADMINISTRATIVO. [...] a interpretação conjugada dos artigos 5º, XIII, 22, XVI, 21, XXIV, 70, parágrafo único, 149 e 175 da Constituição Federal, leva à conclusão, no sentido da indelegabilidade, a uma entidade privada, de atividade típica de Estado, que abrange até poder de polícia, de tributar e de punir...".

– Suficiência da manutenção de órgão de controle. O STF tem precedentes dispensando a realização efetiva e direta de fiscalização relativamente ao contribuinte para a caracterização do fato gerador da taxa de polícia, entendendo suficiente a manutenção, pelo sujeito ativo, de órgão de controle em funcionamento. Nesse sentido, vide a discussão atinente à Taxa de Controle e Fiscalização Ambiental da Lei 10.165/2000 em nota ao art. 78 do CTN. Vide, também: RE 116.518 e RE 230.973.

– **Fiscalização por agência reguladora. Taxa de fiscalização dos serviços de telecomunicações e radiodifusão.** "FISTEL. DISCIPLINA DOS SERVIÇOS DE RADIODIFUSÃO. FISCALIZAÇÃO. TAXAS DE POLÍCIA. ATIVIDADE REGULADORA. ANATEL... 3. Criação, pela Lei n. 5.070/66, do Fundo de Fiscalização das Telecomunicações – FISTEL – com a finalidade de prover recursos para cobrir despesas feitas pelo Governo Federal na execução da fiscalização de serviços de telecomunicações, desenvolver os meios e aperfeiçoar a técnica necessária a essa execução. Fundo provido de diversas fontes (art. 2º da Lei n. 5.070/66), entre as quais constam as 'relativas ao exercício do poder de outorga do direito de uso de radiofrequência para qualquer fim, inclusive multas e indenizações', impugnadas na presente ação. 4. Radiodifusão abrangida pelo serviço de telecomunicações, nos termos das concepções legal (art. 60 da Lei n. 9.472/1997) e jurisprudencial (Tema 1.013 da Repercussão Geral – RE 1070522, 2021). Não cabe à ANATEL a outorga dos serviços de radiodifusão. Incumbe-lhe realizar a fiscalização dos aspectos técnicos das estações dos serviços de radiodifusão. 5. Regularidade da instituição das Taxas de Fiscalização de Instalação e de Fiscalização de Funcionamento (§§ 1º e 2º do art. 6º da Lei n. 5.070/66) devidas pelas concessionárias, permissionárias e autorizadas de serviços de telecomunicações e de uso de radiofrequência. 6. Aplicação, pela ANATEL, do montante do FISTEL nas atividades prescritas legalmente, como as referentes à fiscalização dos serviços de radiodifusão (art. 211 da Lei n. 9.472/1997). Taxas estabelecidas em função do exercício regular do poder de polícia que lhe foi conferido. Ausência de vício de constitucionalidade por afronta ao art. 145, II, da Carta Magna. 7. Recursos do FISTEL empregados pela ANATEL em ações que abrangem toda a área de telecomunicações, inclusive os serviços de radiodifusão (art. 211 da Lei n. 9.472/1997. O postulado constitucional da isonomia rechaça o discrímen injustificado e arbitrário, inexistente *in casu*. Ausência de inconstitucionalidade" (STF, ADI 4.039, 2022). Obs.: a relatora, no voto condutor, destacou as informações do Presidente da República no sentido de que, "em relação à radiodifusão, compete à Anatel atuar na elaboração e manutenção dos planos de distribuição de canais, levando em conta, inclusive, os aspectos concernentes à evolução tecnológica" e que "age, também, na fiscalização, quanto aos aspectos técnicos das estações de radiodifusão", exercendo, assim, "o poder de política quanto à fiscalização de instalação das estações de radiofrequência..., bem como quanto à fiscalização de funcionamento das estações de uso de radiofrequência", tudo nos termos do art. 211 da Lei n. 9.472/97 e do art. 6º da Lei n. 5.070/66, com a redação da Lei n. 9.472/97.

– **Fiscalização do serviço público delegado (notários e registradores). Impossibilidade da cobrança de taxa de polícia.** O art. 236 da CF dispõe no sentido de que "Os serviços notariais e de registro são exercidos em caráter privado, por delegação do Poder Público". Prevê, ainda, em seu § 1º, que a lei definirá a fiscalização de seus atos pelo Poder Judiciários. Discute-se se tal fiscalização enseja ou não a instituição de taxa de polícia. A doutrina diverge, como se verá.

– "Os serviços notariais e de registros são atividades exercidas em caráter privado, por delegação do Poder Público, na forma do art. 236, da Constituição Federal. Inquestionáveis a importância e a responsabilidade que repousam nas atividades desenvolvidas pelos notários e registradores. [...] cabe ao Estado-membro, através de seu Poder Judiciário, exercer o poder de polícia sobre os serviços notariais e de registro em seu território, na forma dos art. 236, § 1º, da CF/88 e art. 37, da Lei n. 8.938/94.

Destarte, a partir do momento em que o Estado exerce seu poder de polícia, necessária a instituição de uma taxa para custear o serviço prestado em prol de toda a sociedade. Em questionamentos judiciais, tem-se sustentado que é inconstitucional a exação ora analisada, uma vez que não poderia o produto arrecadado pelos serviços que prestam os notários e registradores ser destinado a cobrir outros serviços que não os notariais e de registros. Equivocada, *data venia*, a tese. Não há que se falar em taxa cobrada para custear serviço diverso. O equívoco decorre da confusão que se faz entre as diversas modalidades tributárias. São duas, no caso em estudo, as relações jurídico-tributárias existentes: 1ª – a relação decorrente, v.g., da inscrição no registro de imóveis de uma escritura pública de hipoteca. Aqui, o sujeito passivo da obrigação tributária é o cidadão que pretende inscrever a escritura pública no registro. É o cidadão que paga a taxa pelo serviço público que lhe foi prestado; 2ª – a relação jurídico-tributária decorrente do exercício do poder de polícia pelo Poder Judiciário sobre os notários e registradores. Nesta, os sujeitos passivos da obrigação tributária são os notários e registradores, que, em razão da sua atividade, impõem ao Poder Judiciário o exercício do poder de polícia. São os notários e registradores que pagam a taxa. Não há que se falar, portanto, em bitributação (vez que cada taxa possui hipótese de incidência diversa); ou em destinação de parte de arrecadação para outro serviço. Assim, em princípio, é constitucional a instituição de tributo, sob a modalidade taxa, para custear o exercício do poder de polícia exercido pelo Poder Judiciário sobre os serviços notariais e de registro" (TRINDADE, Caio de Azevedo. Análise da constitucionalidade da taxa instituída em razão do poder de polícia exercido pelo poder judiciário sobre a atividade dos notários e registradores. *RDDT* 97/35-37, 2003).

– Analisando o art. 78 do CTN, Sacha Calmon afirma: "Do conceito legal resulta claro que o poder de polícia interfere com a liberdade dos cidadãos ou das empresas enquanto pessoas privadas, contrapostas ao Estado, e não na qualidade de agentes públicos, categoria ampla em que se situam os servidores públicos e na qual se situariam os tabeliães ainda que não fossem assim considerados, qualificando-se como meros delegados de função ou ofício público. [...] Em síntese, os tabeliães podem (e devem) ser fiscalizados pelo Juiz Diretor do Foro da Comarca em que atuam, bem como pela Corregedoria-Geral de Justiça. Tal fiscalização, contudo, não constitui tecnicamente poder de polícia. E, por isso mesmo, não preenche os requisitos do art. 145, II, da Carta da República para a instituição de taxas" (COÊLHO, Sacha Calmon Navarro. A inconstitucionalidade da Taxa de Fiscalização Judiciária exigida dos notários e registradores em decorrência do poder de política – Taxa mineira de fiscalização judiciária – Aspectos tributários e criminais. *RFDT* 20, 2006).

• Vide adiante o item sobre a destinação das taxas.

– **Fiscalização de serviço público concedido.** "... não existe nenhum amparo jurídico para a cobrança do denominado valor da outorga como 'encargo contratual'. A distinção entre atividade privada e atividade de prestação de serviço público mediante concessão não autoriza a conclusão de que a atividade pública de regulação desta última não caracteriza poder de polícia e por isto mesmo não ensejaria a cobrança de taxa. Na verdade a atividade

da empresa privada que presta serviço público a ela concedido é uma atividade privada que se submete ao controle do Estado e a atividade regulatória deste caracteriza o exercício do poder de polícia. Não há impropriedade no art. 78 do Código Tributário Nacional. Se é certo que o Estado não exerce o poder de polícia sobre ele mesmo, e por isto não seria adequado falar em poder de polícia em relação a atividades das quais o Estado é titular, não é incorreto falar-se de poder de polícia exercido sobre a execução dessas mesmas atividades quando atribuídas, mediante concessão, a um particular. Assim, a quantia a ser cobrada da concessionária de serviços públicos é taxa e portando está submetida ao regime tributário, vale dizer, há de ser instituída por lei e cobrada mediante atividade administrativa plenamente vinculada, e não pode ter base de cálculo própria de impostos" (MACHADO, Hugo de Brito. Tributação oculta e garantias constitucionais. *RFDT* 10/91, 2004).

– Em sentido contrário, entendendo que se trata de encargo contratual, e não de taxa: "A caracterização da atividade desenvolvida por entes reguladores como atividade de polícia mostra-se como requisito que possibilita a cobrança de taxas dos sujeitos fiscalizados, por força do art. 145, II, da Constituição e 78 do Código Tributário nacional, submetendo-a a regime jurídico específico. Tal caracterização mostra-se adequada para a fiscalização de atividades econômicas privadas, como a previdência complementar e a vigilância sanitária. Já não se mostra pertinente, porém, à regulação de atividades consideradas como serviço público, em que descabe falar de poder de polícia, por se estar diante de tarefas de titularidade do próprio Estado, e não de particulares, que aquele conforma de maneira a atender o interesse público. Os valores cobrados, neste segundo caso, pelas instâncias de fiscalização e regulação, não podem ser consideradas taxas, mas sim encargos contratuais, muitas vezes previstos e autorizados em lei, destinados a custear as despesas com o controle da execução de tais serviços" (DIAS, Eduardo Rocha. A cobrança pela outorga de concessões, permissões e autorizações de serviço de telecomunicações. *RDPE*, 2004, p. 59).

– **Exercício do poder regulamentar. Insuficiência.** A regulamentação, por certo, é pressuposto para a fiscalização. Mas ambas não se confundem. O exercício do poder de polícia consiste na fiscalização do cumprimento das normas, atividade, portanto, posterior à sua edição, consistente em controlar e assegurar o seu cumprimento.

– "2. Quanto ao *fumus boni iuris*, o Tribunal *a quo* fixou as seguintes premissas: 1) a cobrança da Taxa de Fiscalização de Estabelecimentos, com base na Lei Municipal 13.477/2002 é legítima; 2) o poder de polícia, previsto no art. 78 do CTN, 'não se materializa somente na atuação fiscalizadora por parte do ente público, mas também por meio de exercício regulamentar'. Não obstante a questão referente à exigibilidade da taxa em comento, com base na lei municipal referida, ainda não tenha sido apreciada no âmbito dos Tribunais Superiores, constata-se, a princípio, que o reexame das premissas estabelecidas pela Corte de origem é inviável em sede de recurso especial..." (STJ, AgRg na MC 13.974, 2008).

– **Exigência de exercício efetivo e diretamente relacionado ao contribuinte.** Só o exercício efetivo do poder de polícia diretamente voltado ao contribuinte é que justifica a cobrança da taxa. A competência se dá para instituir tributo que custeie a atividade provocada ou demandada pelos contribuintes. Há de se atentar, contudo, para o entendimento do STF, quando do julgamento da Taxa de Fiscalização e Controle Ambiental do Ibama, admitindo a sua constitucionalidade, em razão das alterações tecnológicas, mesmo não sendo individualizada a fiscalização, forte nos princípios da proporcionalidade e da praticabilidade (RE 416.601). Teríamos, assim, a desnecessidade de que o exercício do poder de polícia fosse específico e divisível.

– "A potencialidade está sempre vinculada ao serviço compulsório colocado à disposição, mas que não foi efetivamente utilizado pelo contribuinte, por razões exclusivamente de sua responsabilidade. [...] O exercício do poder de polícia, de sua vez, afasta qualquer possibilidade de exercício potencial. O poder de polícia tem que ser regularmente desempenhado para se caracterizar como fato gerador da taxa" (COÊLHO, Sacha Calmon Navarro; MANEIRA, Eduardo; MAIA, Marcos Correia Piqueira. A interpretação equivocada dos precedentes em relação às taxas de fiscalização de postes e orelhões. *RDDT* 212/110, 2013).

– "4. O texto constitucional diferencia as taxas decorrentes do exercício do poder de polícia daquelas de utilização de serviços específicos e divisíveis, facultando apenas a estas a prestação potencial do serviço público. 5. A regularidade do exercício do poder de polícia é imprescindível para a cobrança da taxa de localização e fiscalização. 6. À luz da jurisprudência deste Supremo Tribunal Federal, a existência do órgão administrativo não é condição para o reconhecimento da constitucionalidade da cobrança da taxa de localização e fiscalização, mas constitui um dos elementos admitidos para se inferir o efetivo exercício do poder de polícia, exigido constitucionalmente. Precedentes" (STF, RE 588.322, 2010).

– "1. A Primeira Seção deste Tribunal pacificou entendimento de que é prescindível a comprovação efetiva do exercício de fiscalização por parte da municipalidade em face da notoriedade de sua atuação [...]" (STJ, REsp 969.015, 2008).

– "TAXA DE VERIFICAÇÃO DO CUMPRIMENTO DE NORMAS MUNICIPAIS. A cobrança anual de Taxa de Verificação do Cumprimento de Normas Municipais depende do exercício efetivo da atividade fiscalizatória a apurar se o contribuinte cumpriu ou não as disposições legais. A taxa é tributo com fato gerador vinculado (art. 77 do CTN) de modo que, inocorrendo a atuação do Estado consistente na situação indispensável e suficiente para o surgimento da obrigação tributária (art. 114 do CTN), é inviável a constituição do crédito tributário por parte do sujeito ativo. A atuação genérica de observação dos estabelecimentos ou mesmo a referência a realização de vistorias oficiosas, sem documentação quanto à apuração realizada, não configura exercício do poder de polícia apto a ensejar a cobrança de taxa" (TRF4, AC 2000.04.01.040997-0, 2002).

– "... é necessário o efetivo exercício do poder de polícia para que esteja autorizada a exigência da taxa correspondente. [...] somente a efetiva realização de atividade de polícia pode ensejar a exigência de taxa. A existência de aparelhamento administrativo

destinado ao exercício de fiscalização, por si só, não é suficiente para dar suporte à exigência fiscal, porquanto o direito tributário sujeita-se ao *princípio da realidade ou da verdade material* e, assim, fiscalização não efetuada, ou mera presunção de fiscalização, não podem conduzir ao nascimento da obrigação tributária" (COSTA, Regina Helena. *Curso de direito tributário*. 5. ed. São Paulo: Saraiva, 2015, p. 140).

– "... as taxas só podem ser instituídas quando houver uma atividade administrativa relacionada ao contribuinte e cujos custos possam ser-lhe individualmente imputáveis" (ÁVILA, Humberto. As taxas e sua mensuração. *RDDT* 204/37-44, 2012).

– "... a simples existência de um serviço organizado de fiscalização não permite que se possa cobrar taxas fundadas no poder de polícia. É necessária a existência de uma vinculação entre a aludida atividade de polícia e o contribuinte, ou seja, é preciso que haja uma atividade concreta da Administração, diretamente referida ao contribuinte. [...] o potencial exercício do poder de polícia não autoriza a pessoa política a exigir esta modalidade de taxa. [...] Com efeito, o Código Tributário Nacional foi bastante claro ao dispor no seu art. 77 que as taxas só podem ser cobradas pelo exercício do poder de polícia. E 'exercício' – ao contrário da utilização (no caso dos serviços públicos) – é sempre efetivo, nunca potencial. Percebe-se, do exporto, que a potencialidade refere-se apenas à taxa de serviço e não à de polícia" (RAMOS FILHO, Carlos Alberto de Moraes. As taxas no direito tributário brasileiro. *RTFP* 55/54, 2004).

– "Em si mesmo considerado, o poder de polícia não há de gerar a competência para a instituição de tributo. Mister haja a concreta manifestação desse poder, através do efetivo exercício de dada atividade, nos limites e condições prefixados pela Constituição". "No que tange às taxas exigidas com fulcro no poder de polícia não é despicienda a advertência de que não é esse mesmo poder de polícia, em si mesmo, que dá suporte à taxa, mas sim a concreta realização de atos em que se expressa, quais sejam, exemplificativamente, as vistorias, os laudos, pareceres, despachos, informações, exames, diligências" (BARRETO, Aires F. In: MARTINS, Ives Gandra da Silva (coord.). *Comentários ao Código Tributário Nacional*. São Paulo: Saraiva, 1998, v. 1, p. 547 e 550).

– "O poder tributante não exerce o poder de polícia para justificar a cobrança da taxa pertinente, mas cobra a taxa relacionada porque exerce o poder de polícia. E o poder de polícia é serviço público profilático, objetivando orientar o comportamento social e empresarial, dentro de regras de ordem e coerência" (MARTINS, Ives Gandra da Silva. *Comentários à Constituição do Brasil*. São Paulo: Saraiva, 1990, v. 6, t. 1, p. 44).

– "... a obrigação prevista no artigo 23 da Lei n. 9.782/89: 1) viola o disposto no inciso II do artigo 145 da Constituição, por pretender instituir taxa para mero registro de marca, independentemente, porém, de qualquer exercício concreto e comprovado, anterior ou ulterior, de poder de polícia" (ÁVILA, Humberto. Taxa de fiscalização de vigilância sanitária em proveito da Agência Nacional de vigilância Sanitária – Anvisa. Exame de Constitucionalidade. Violação à regra de competência para instituição de taxas e aos princípios da igualdade e da segurança jurídica. *RDDT* 174/136, 2010).

– Notoriedade do exercício da fiscalização dispensa comprovação. Só é notório o que, por ser do conhecimento geral, dispensa demonstração, porquanto não há dúvida sobre a sua veracidade. Deve-se ter cuidado ao afirmar que algo é notório, porquanto exige conhecimento inequívoco de que é efetivamente.

– "2. A Primeira Seção deste tribunal pacificou o entendimento de que é prescindível a comprovação efetiva do exercício de fiscalização por parte da municipalidade, em face da notoriedade de sua atuação, para que se viabilize a cobrança da taxa em causa. Incidência da Súmula 83/STJ [...]" (STJ, AgRg no AREsp 358.371, 2013).

– "1. A Primeira Seção deste Tribunal pacificou entendimento de que é prescindível a comprovação efetiva do exercício de fiscalização por parte da municipalidade em face da notoriedade de sua atuação" (STJ, AgRg no AREsp 381.859, 2013).

– Suficiência da manutenção de órgão de controle em funcionamento. "Não há invocar o argumento no sentido de que a taxa decorrente do poder de polícia fica 'restrita aos contribuintes cujos estabelecimentos tivessem sido efetivamente visitados pela fiscalização', por isso que, registra Sacha Calmon – parecer, fl. 377 – essa questão 'já foi resolvida, pela negativa, pelo Supremo Tribunal Federal, que deixou assentada em diversos julgados a suficiência da manutenção, pelo sujeito ativo, de órgão de controle em funcionamento (cf., *inter plures*, RE 116.518 e RE 230.973). Andou bem a Suprema Corte brasileira em não aferrar-se ao método antiquado da vistoria porta a porta, abrindo as portas do Direito às inovações tecnológicas que caracterizam a nossa era'. Destarte, os que exercem atividades de impacto ambiental tipificadas na lei sujeitam-se à fiscalização do IBAMA, pelo que são contribuintes da taxa decorrente dessa fiscalização, fiscalização que consubstancia, vale repetir, o poder de polícia estatal. O art. 17-C estabelece o sujeito passivo do tributo: 'todo aquele que exerça as atividades constantes do Anexo VIII desta Lei'. O citado Anexo VIII lista as atividades potencialmente poluidoras e utilizadoras de recursos ambientais, em número de 20 (vinte), já que as atividades sob 21 e 22 foram vetadas" (STF, excerto do voto condutor do RE 416.601, 2005).

– "... não é necessário que o contribuinte tenha sido efetivamente fiscalizado, para que fique sujeito à taxa: importa que o Estado tenha aparato de fiscalização e que o contribuinte esteja sujeito àquela" (SCHOUERI, Luís Eduardo. *Direito tributário*. 2. ed. São Paulo: Saraiva, 2012, p. 172).

– Ausência de órgão para o exercício do poder de polícia. "TAXA DE LICENÇA DE LOCALIZAÇÃO, FUNCIONAMENTO E INSTALAÇÃO. COBRANÇA PELA MUNICIPALIDADE. O aresto recorrido, à falta de comprovação da existência de órgão específico encarregado de exercer o poder de polícia no município recorrente, afastou a cobrança anual da taxa questionada. Incabível discutir, em sede extraordinária, se houve a efetiva atuação dos órgãos fiscalizadores da Administração Pública Municipal. O afirmado pelo acórdão repousa na prova dos autos e no direito local, que não podem ser revistos em recurso extraordinário, ante as Súmulas 279 e 280 do STF" (STF, AG(AgRg) 263.064, 2000).

– "A Taxa de Saúde Suplementar – que se decompõe, na verdade, em duas: uma devida pela fiscalização dos planos de assistência à saúde (art. 20, inciso I, da Lei n. 9.961, de 28.01.2000); outra devida pelo registro ou alteração de dados de produto ou operadora e pelo pedido de reajuste de contraprestação pecuniária (art. 20, inciso II, da Lei n. 9.961, de 28.01.2000) – é evidentemente, uma taxa de polícia, sendo necessária para sua exigência a efetiva e regular fiscalização por parte do órgão competente, no caso, a ANS *(Agência Nacional de Saúde Suplementar)*. Em que pese tal fato, dispôs o art. 37 da Lei n. 9.961, de 28.01.2000, que: 'Art. 37. Até a efetiva implementação da ANS, a Taxa de Saúde Suplementar instituída por esta Lei poderá ser recolhida ao Fundo Nacional de Saúde, a critério da Diretoria Colegiada.' Desse modo, parece pretender a Lei que a Taxa de Saúde Suplementar, que o artigo 22 da Lei n. 9.961, de 28.01.2000 quer fazer devida a partir de 1º de janeiro de 2000, seja cobrada antes da efetiva implementação do órgão competente para o exercício do poder de polícia. Ou seja, institui, até que o poder de polícia da ANS venha a ser de fato exercido, uma taxa pelo 'exercício potencial do poder de polícia', criando um monstro híbrido fruto de um *crossing over* ilegítimo entre a taxa de polícia (exercício do poder de polícia) e a taxa de serviço (potencial). Ora, como já visto, o exercício do poder de polícia é pressuposto não apenas lógico mas também cronológico da exigência da taxa, não sendo legalmente possível que um órgão fiscalizador previsto em lei, a quem caberá, quando efetivamente implementado, exercício de poder de polícia que poderá ser financiado por uma taxa, que seja cobrada antes do efetivo exercício do poder de polícia. No artigo 37, a Lei n. 9.961, de 28.01.2000, pôs o carro na frente dos bois" (TROIANELLI, Gabriel Lacerda. Taxa de Saúde Suplementar e suas inconstitucionalidades. *RDDT* 66/52, maio 2000). Obs.: vide, ainda: ANTUNES, Flávio Augusto. A ilegitimidade da taxa de saúde suplementar instituída pelo exercício do poder de polícia da Agência Nacional de Saúde Suplementar, *Rep. IOB de Jur.* 1/01, 1/16095).

– Taxa de saúde suplementar. Tema 1123 do STJ: (MÉRITO NÃO JULGADO) Controvérsia: (In)exigibilidade da cobrança da Taxa de Saúde Suplementar – TSS, instituída nos termos do art. 20, I, da Lei 9.961/2000. Obs.: há determinação de suspensão dos processos relacionados. Afetação em 2021 (ProAfR no REsp 1.872.241, com afetação conjunta do REsp 1.908.719). Obs.: determinada a suspensão de todos os processos pendentes no território nacional, inclusive daqueles em curso nos Juizados Especiais Federais, cujos objetos coincidam com o da matéria afetada.

– Taxa de localização e funcionamento. Renovação de licença. As taxas municipais que se costuma designar por taxas de localização variam muito de Município para Município. Não se pode generalizar o tratamento da matéria. É preciso analisar cada lei específica, atentando para o fato gerador por ela estabelecido, bem como verificar se realmente a atividade de polícia que constitui o seu fato gerador é realizada ou não. Muitas vezes, a questão não estará na inconstitucionalidade, mas na não ocorrência do fato gerador. Impende, pois, que se aborde a questão sob duas perspectivas: a) o da sua constitucionalidade da lei que estiver sob questionamento; b) o da efetiva ocorrência do fato gerador, ou seja, do efetivo exercício do poder de polícia no caso concreto.

– **Tema 217 do STF**. É constitucional a taxa de renovação de funcionamento e localização municipal, desde que efetivo o exercício do poder de polícia, demonstrado pela existência de órgão e estrutura competentes para o respectivo exercício. Decisão de mérito em 2010.

– O STF posiciona-se pela constitucionalidade, além do que, restou cancelada a Súmula 157 do STJ, que dizia ser ilegítima a cobrança de taxa na renovação de licença para localização de estabelecimento comercial ou industrial.

– "TAXA DE LICENÇA PARA FUNCIONAMENTO. 4. Desnecessária a prova da efetiva fiscalização, sendo suficiente sua potencial existência" (STJ, REsp 810.335, 2008).

– "1. Repercussão geral reconhecida. 2. Alegação de inconstitucionalidade da taxa de renovação de localização e de funcionamento do Município de Porto Velho. 3. Suposta violação ao artigo 145, inciso II, da Constituição, ao fundamento de não existir comprovação do efetivo exercício do poder de polícia. 4. O texto constitucional diferencia as taxas decorrentes do exercício do poder de polícia daquelas de utilização de serviços específicos e divisíveis, facultando apenas a estas a prestação potencial do serviço público. 5. A regularidade do exercício do poder de polícia é imprescindível para a cobrança da taxa de localização e fiscalização. 6. À luz da jurisprudência deste Supremo Tribunal Federal, a existência do órgão administrativo não é condição para o reconhecimento da constitucionalidade da cobrança da taxa de localização e fiscalização, mas constitui um dos elementos admitidos para se inferir o efetivo exercício do poder de polícia, exigido constitucionalmente. Precedentes. 7. O Tribunal de Justiça de Rondônia assentou que o Município de Porto Velho, que criou a taxa objeto do litígio, é dotado de aparato fiscal necessário ao exercício do poder de polícia. 8. Configurada a existência de instrumentos necessários e do efetivo exercício do poder de polícia. 9. É constitucional taxa de renovação de funcionamento e localização municipal, desde que efetivo o exercício do poder de polícia, demonstrado pela existência de órgão e estrutura competentes para o respectivo exercício, tal como verificado na espécie quanto ao Município de Porto Velho/RO" (STF, RE 588.322, 2010).

– "Taxa de licença de localização e funcionamento instituída por lei municipal: constitucionalidade da exação, conforme entendimento firmado pelo Supremo Tribunal (cf. RE 220.316...)" (STF, RE 188.908, 2003).

– "TRIBUTÁRIO. MUNICÍPIO DE SÃO MANUEL. TAXA DE FISCALIZAÇÃO DE LOCALIZAÇÃO E FUNCIONAMENTO. ESTABELECIMENTO COMERCIAL. CONSTITUCIONAL. O Supremo Tribunal Federal tem sistematicamente reconhecido a legitimidade da exigência, anualmente renovável, pelas Municipalidades, da taxa em referência, pelo exercício do poder de polícia. Recurso extraordinário conhecido e provido" (STF, RE 276.564-3, 2000). Obs.: é importante considerar os termos do voto condutor, que chama atenção para a necessidade de que haja órgão administrativo que exercite o poder de polícia, ou seja, que realmente exista o exercício da fisca-

lização: "O Supremo Tribunal Federal tem reconhecido a constitucionalidade da taxa de renovação anual de licença para localização, instalação e funcionamento de estabelecimentos comerciais e similares, desde que haja órgão administrativo que exercite o poder de polícia do município, e que a base de cálculo não seja vedada".

– **Estacionamento rotativo. Área azul. Parquímetro. Taxa de polícia**. O Código de Trânsito Brasileiro (Lei n. 9.503/97), em seu art. 24, estabelece a competência dos Municípios para a fiscalização do trânsito e, inclusive, para implantar, manter e operar sistema de estacionamento rotativo pago nas vias. Forte nisso, os Municípios têm identificado áreas de maior concentração comercial e de prestação de serviços, que implicam maior afluxo de veículos, e regulamentado o estacionamento, mediante limitação de tempo, de modo a garantir a rotatividade. O estacionamento é sujeito, ainda, ao pagamento de determinado montante, normalmente proporcional ao tempo de ocupação. Tendo em conta que se cuida de bem de uso comum do povo e que os motoristas têm o direito de estacionar nos locais permitidos, qualquer valor cobrado em face disso não pode ser considerado como preço público, mas, sim, como tributo, pois reveste as características do art. 3º do CTN, caracterizando verdadeira taxa de polícia. De fato, o cumprimento das normas atinentes ao estacionamento rotativo – essencialmente no pertinente à observância do tempo limite – é fiscalizado por agentes específicos. Note-se que quem estaciona provoca uma fiscalização por parte do Poder Público no que diz com a observância do limite de tempo permitido, atividade nitidamente de exercício de poder de polícia diretamente relacionado ao contribuinte. Assim, o montante pago por força do estacionamento resta caracterizado como taxa de polícia. Estamos, aqui, fazendo uma abordagem mediante características que nos parecem comuns a tal tipo de estacionamento. Far-se-á necessário, porém, no caso concreto, analisar a legislação específica do Município e, além disso, verificar se é efetivamente realizada a fiscalização, isso porque, sem fiscalização, não ocorre o fato gerador, não surgindo a obrigação tributária e, portanto, sendo indevido o pagamento. O fato de, eventualmente, o Município delegar irregularmente o exercício de tal poder de polícia a empresa pública ou a outra qualquer pessoa jurídica de direito privado, é importante ressaltar, não é relevante na identificação da natureza da exação que se faz pela análise dos seus traços essenciais; pode, sim, evidenciar uma irregularidade na fiscalização realizada. Sobre a impossibilidade de exercício do poder de polícia por pessoa jurídica de direito privado, vide as discussões na ADI 1.717/DF.

– **Parquímetro (2). Entendendo que a Municipalidade pode optar entre o regime da taxa e o de preço público**. "A cobrança pode dar-se quer sob a forma de taxa, quer pela forma de tarifa pública. Encarada como taxa de estacionamento em via pública, tem por serviço o próprio gerenciamento das áreas nas vias públicas em que é permitido o estacionamento, verificação da rotatividade dos veículos (que possuem prazo máximo para permanecer na vaga); trata-se, sem sobra de dúvidas, de um serviço público ou, nas palavras de Mello, de uma 'comodidade material fruível diretamente pelo administrado', em conformidade com 'o regime de Direito público, o regime jurídico-administrativo'.

Note-se que tal comodidade é serviço público não passível de concessão, já que a manutenção da malha viária do Município, onde se localizam as áreas de meio-fio cujo estacionamento foi licenciado, é serviço próprio da Municipalidade, senão privativo. A meu ver, a situação tomará outro contorno se o serviço for remunerado mediante tarifa. Sua presença indica serviço público passível de concessão, ou seja, de uma atividade que não seja própria – e exclusiva – do Estado, mas que possa ser exercida por particular, sendo remunerada através de um preço correspondente, cujo valor é de fixação mais simplificada do que a taxa... A mera disponibilização dos espaços nas vias públicas, junto ao meio-fio, para estacionamento não é serviço de tal jaez; isto a municipalidade já faz, e não haveria qualquer *plus* para caracterizar um outro serviço e seu respectivo preço; não é o policiamento da rotatividade nas vagas, já que o Poder de Polícia é estatal e não delegável. Eis por que, ao pagar a tarifa, o usuário titulariza direitos arrolados no art. 7º da Lei 8.987/95, 'sem prejuízo de preceitos do Código do Consumidor (Lei 8.078/90)'. Como se vê, optando o Município pela cobrança de tarifas, ganha a agilidade própria dos serviços delegáveis, mas assume responsabilidades maiores do que se optar pela taxa, embora esteja esta engessada pelos rígidos princípios de direito Tributário" (MAMEDE, Galdston. IPVA; Imposto sobre a propriedade de veículos automotores. *RT*, 2002, p. 41-42).

– **Parquímetro (3). Entendendo que configura preço público.** "... a remuneração consubstancia verdadeiro preço público, que parte da doutrina repele, instituído sob o regime de Direito privado, com gestão de empresa permissionária de serviço público, que deixa distante a ideia de esta remuneração caracterizar taxa, já que não há verdadeira correspondência entre as prestações, referência que se faz mais uma vez, para justificar a indenização em tais casos" (TAMG, AC 254.187-7, abr. 1998) Obs.: tal acórdão é apresentado por Gladston Mamede, na obra já referida, sendo que a ação não dizia respeito, propriamente, ao pagamento ou não pelo estacionamento, mas à indenização por furto de veículo em estacionamento rotativo pago.

– **Parquímetro (4). Entendendo que configura imposto.** "Preço não é, porque nessa hipótese... o particular não recebe nenhum serviço, pois ao poder público não incumbe sequer vigiar o veículo estacionado, mesmo momentaneamente junto ao meio-fio, em troca da quantia que exige. Por isso lhe falta contraprestação, taxa por serviço prestado também não o é. O poder público exige determinada quantia de quem estaciona na praça ou na rua, junto ao meio-fio, e não lhe fornece qualquer prestação em troca. Sequer poderá dizer-se que essa receita visa à recuperação da via pública: poderá ter ou não esse destino. Nem configura taxa com fundamento no poder de polícia, porque o ônus não tem em mira regular o exercício de qualquer atividade. [...] A nosso ver, a quantia exigida em semelhante circunstância representa verdadeiro imposto, cujo fato gerador é a parada do veículo na via pública, junto ao meio-fio, em zonas que a Administração previamente delimitou" (NASCIMENTO, A. Theodoro. Preços, taxas e parafiscalidade. In: BALEEIRO, Aliomar (coord.). *Tratado de direito tributário brasileiro.* Rio de Janeiro: Forense, 1977, v. VII).

– **Taxa de Avaliação *in loco* das Instituições de Ensino Superior e dos Cursos de Graduação.** A Lei 10.870/04 instituiu a referida taxa: "Art. 1º Fica instituída a Taxa de Avaliação *in loco*, em favor do Instituto Nacional de Estudos e Pesquisas Educacionais Anísio Teixeira – INEP, pelas avaliações periódicas que realizar, quando formulada solicitação de credenciamento ou renovação de credenciamento de instituição de educação superior e solicitação de autorização, reconhecimento ou renovação de reconhecimento de cursos de graduação, previstos no inciso IX do art. 9º e art. 46 da Lei n. 9.394, de 20 de dezembro de 1996. Parágrafo único. A Taxa de Avaliação *in loco* será também devida em caso de reavaliação de que trata o § 1º do art. 46 da Lei n. 9.394, de 20 de dezembro de 1996. Art. 2º São contribuintes da Taxa de Avaliação *in loco* as instituições de educação superior privadas e públicas, assegurada a estas últimas a necessária previsão orçamentária. Art. 3º A Taxa de Avaliação *in loco*, fixada no valor de R$ 6.960,00 (seis mil, novecentos e sessenta reais), será recolhida ao INEP à oportunidade em que for solicitado credenciamento ou renovação de credenciamento de instituição de educação superior e autorização, reconhecimento ou renovação de reconhecimento de cursos de graduação. § 1º O valor estabelecido no *caput* deste artigo sofrerá acréscimo de R$ 3.480,00 (três mil, quatrocentos e oitenta reais) por avaliador acrescido à composição básica da comissão de avaliação, que será de 2 (dois) membros. [...]".

– **Taxa para prevenção e extinção de incêndios.** Vide nota anterior intitulada "Serviço à disposição".

– **Taxa de Fiscalização de Vigilância Sanitária.** "... a obrigação prevista no artigo 23 da Lei n. 9.782/89: 1) viola o disposto no inciso II do artigo 145 da Constituição, por pretender instituir taxa para mero registro de marca, independentemente, porém, de qualquer exercício concreto e comprovado, anterior ou ulterior, de poder de polícia. 2) viola o disposto no *caput* e no inciso II do artigo 145 da Constituição, por estabelecer a capacidade contributiva, medida pelo faturamento das empresas, como seu critério de graduação, em contraposição a exigência constitucional de eleição de critério de diferenciação relacionado à atividade estatal e não à atuação do contribuinte; 3) viola o princípio da igualdade, por estabelecer um critério de diferenciação (capacidade contributiva), medido por um elemento indicativo (faturamento), que não mantém relação de congruência valorativa com a finalidade imediata que justifica sua utilização (controle do registro de marcas), na medida em que esta permanece inalterada com a modificação daquele" (ÁVILA, Humberto. Taxa de Fiscalização de Vigilância Sanitária em Proveito da Agência Nacional de vigilância Sanitária – Anvisa. Exame de Constitucionalidade. Violação à Regra de Competência para Instituição de Taxas e aos Princípios da Igualdade e da Segurança Jurídica. *RDDT* 174/136, mar. 2010).

– **Taxa processual do CADE. Direito de petição. Fato gerador.** A Lei n. 9.781/99 instituiu a Taxa Processual sobre os processos do CADE. Atualmente, a matéria encontra-se disciplinada nos arts. 23 a 25 da Lei 12.529/2011.

– No sentido de que a cobrança da taxa prevista na Lei 9.781/99 violava o direito de petição assegurado na Constituição (art. 5º, XXXIV), que o direito de petição garante ao cidadão obter gratuitamente do Poder Público manifestação sobre o que lhe for solicitado e que, ademais, o fato gerador da referida taxa não podia ser a conduta do próprio cidadão (apresentação de contratos e formulação de consulta), devendo sim ser representado pelo ato de apresentação ao CADE, bem como que a taxa não devia ser comparada com as custas judiciais, já que esta é uma remuneração da atividade jurisdicional, na qual o Estado não é parte interessada, mas um terceiro imparcial, vide: MACHADO, Hugo de Brito. A Taxa Processual do CADE, em *RDDT* 42, 1999.

– **IBAMA. Nova Taxa de Controle e Fiscalização Ambiental. Lei n. 10.165, de 27 de dezembro de 2000.** A Lei 10.165/00 instituiu uma nova Taxa de Controle e Fiscalização Ambiental, procurando não incorrer novamente nos vícios da Lei 9.960, de 28 de janeiro de 2000, que foi fulminada pelo STF em sede de controle concentrado de constitucionalidade, conforme se pode verificar em nota ao art. 145, II, da CF. A nova lei, segundo informa Ives Gandra da Silva Martins, teve seu texto elaborado por Sacha Calmon Navarro Coelho. Trata-se de taxa cobrada das empresas potencialmente poluidoras trimestralmente e destinada ao IBAMA. O STF reconheceu a constitucionalidade da nova taxa, entendendo que a cobrança, independentemente de fiscalização direta por agente, não descaracteriza a natureza do fato gerador, bem como que a base de cálculo estabelecida mediante critério de razoabilidade, tendo em vista o potencial poluidor e o porte da empresa, é válida.

– "IBAMA: TAXA DE FISCALIZAÇÃO. Lei 6.938/81, com a redação da Lei 10.165/2000, artigos 17-B, 17-C, 17-D, 17-G. C.F., art. 145, II. I. – Taxa de Controle e Fiscalização Ambiental – TCFA – do IBAMA: Lei 6.938, com a redação da Lei 10.165/2000: constitucionalidade" (STF, RE 416.601, 2005).

– **INMETRO. Taxa para aferição de balanças.** "... INMETRO. LEI 9.933/99. AFERIÇÃO DE INSTRUMENTOS DE PESAR. TAXA DE SERVIÇOS DE METROLOGIA. 1. A aferição de instrumentos de pesar (balanças), dado seu caráter compulsório, é exigível mediante taxa instituída pela Lei 9.933/99, vedada a remuneração por meio de preço público. 2..." (TRF4, AC 200272020022764, 2005).

– "... INMETRO. AFERIÇÃO DE BALANÇAS... TAXA E PREÇO PÚBLICO. DISTINÇÃO... 3. O INMETRO cobra, pela aferição de cada balança, valor relativo a uma taxa, já que tal aferição, sobre ser compulsória, constitui atividade que se exercita à conta do Poder de Polícia da Administração. 4. Embora a Lei n. 5.966/73, estatua que constituirão recursos do INMETRO os preços públicos que venham a cobrar pela prestação de serviços, aqueles não aprestam para remunerar atividades estatais típicas, não se podendo, ainda, admitir a exigência de taxa, via de ato normativo de hierarquia inferior à da lei" (TRF5, AMS 60.462, 1998).

– "INMETRO. BALANÇAS DE USO INTERNO. AFERIÇÃO. Somente as balanças utilizadas para fins comerciais devem ser aferidas periodicamente pelo INMETRO, gerando a exação em comento, não podendo incidir naquelas utilizadas somente internamente na empresa, forte item 8 da Resolução do CONMETRO 11/88. Desse modo, conforme verifica-se através da análise dos autos e das provas a ele anexas, inclusive testemunhal, não há razão para o INMETRO exigir da Apelada a aferição das balanças utilizadas apenas em atividades internas e, em consequência, cobrar taxa em virtude da prestação de tal serviço, uma vez que somente as utilizadas em atividades com fins comerciais que atingem terceiros devem ser aferidas" (TRF4, AC 2001.72.02.004627-2, 2004).

– **Taxa de fiscalização das atividades de mineração.** "... exigir um ato-produto do exercício do poder de polícia equivaleria a exigir a especificidade e divisibilidade no poder de polícia e, assim, a fiscalização porta a porta... Esse entendimento seria mais adequado para atividades como emissão de passaportes ou para a emissão de licenças ambientais, em que o ato administrativo é condição para o exercício regular de um direito pelo sujeito passivo. Mas não é adequado para os atos de polícia que ocorrem de maneira contínua e difusa e não dependem de um ato específico para se concretizar. Por isso, conclui-se ser mais correto que o legislador estabeleça um momento e que se considera ocorrido o fato previsto na hipótese de incidência da regra-matriz da TFRM, da mesma forma que ocorre com o IPTU, o IPVA e o IR. Nesse sentido, o art. 7º da Lei do Estado do Pará n. 7.591/2011 e o art. 7º da Lei do Estado do Amapá n. 1.613/2011 dispõem que 'A TFRM será apurada mensalmente e recolhida até o último dia do mês seguinte à extração do recurso minerário'. Logo, ao que parece, o critério material da taxa paraense e da amapaense se verifica no último dia de cada mês. Não é isso que se depreende, contudo, da Lei do Estado de Minas Gerais n. 19.976/2011, que reza no seu art. 5º que 'Considera-se ocorrido o fato gerador da TFRM no momento da venda ou da transferência entre estabelecimentos pertencentes ao mesmo titular do mineral ou minério extraído'. O momento escolhido parece impróprio, já que o critério material não é a circulação da mercadoria (bem mineral), mas, sim, o exercício do poder de polícia" (FREIRE, Omar Farah. A regra-matriz de incidência tributária da taxa de mineração. *RDDT* 229/102, 2014).

– "... se o objetivo da taxa é mesmo repartir entre os mineradores os custos da atividade de fiscalizá-los, não parece justificado isentar do pagamento da taxa os mineradores cuja extração de minério se destina à industrialização no território de Minas Gerais. A Exposição de Motivos contida na Mensagem do Executivo que encaminhou o projeto de lei à assembleia justificou tal isenção como 'medida de política tributária' destinada a 'estimula a agregação de valor em território mineiro'. Essa justificativa teria sentido se se tratasse de isenção extrafiscal de um imposto, mas se revela inválida em se tratando de uma taxa" (GODOI, Marciano Seabra de; CASTRO JÚNIOR, Paulo Honório de [adv.]. Considerações críticas sobre a nova taxa de controle, monitoramento e fiscalização das atividades de mineração em Minas Gerais (Lei Estadual n. 19.976, de 2011). *RDDT* 209/108, 2013).

– "... é incabível a cobrança...: d.1) o poder de polícia alegadamente exercido pelos Estados e remunerado pela TFRM não gera nem contraprestação e nem é divisível entre os contribuintes; d.2) não há materialidade entre a base imponível da TFRM e a atividade desenvolvida pelos Estados; d.3) as taxas *ad valorem*, decorrentes do poder de polícia e sobre atividades econômicas, devem possuir teto arrecadatório para evitar o efeito confiscató-rio. O que os Estados buscam é a geração de receita desvincula-da, em face da completa ausência de correlação entre o custo da atividade a ser pretensamente desenvolvida e a expectativa arre-cadatória" (SCAFF, Fernando Facury; SILVEIRA, Alexandre Coutinho da. Taxas de fiscalização sobre a exploração de recur-sos minerais. *RDDT* 210/40, 2013).

– INMETRO. Taxa de aferição de bombas de combustível. "2. A jurisprudência do STJ firmou-se no sentido de que o serviço de aferição de bombas de combustíveis em postos distribuido-res, realizado pelo INMETRO, possui natureza jurídica de pre-ço público, conforme o disposto no art. 7º, *b*, da Lei 5.966/73, seja porque, embora atualmente avocado pelo Estado como mo-nopólio, o serviço de certificação não é ontologicamente insus-cetível de prestação pela iniciativa privada em regime concorren-cial. Dessa forma, não se sujeita, aos princípios da legalidade e anterioridade" (STJ, AgRg no REsp 1452956, 2014).

– "... INMETRO. COBRANÇA DE PREÇO PÚBLICO PELA PRESTAÇÃO DE SERVIÇO DE AFERIÇÃO DE BOMBAS DE COMBUSTÍVEL... 1. A aferição de bombas de combustível ou balanças constitui atividade estatal típica, com-pulsória, decorrente do exercício de poder de polícia, devendo ser remunerada por taxa, e não preço público. A despeito de a Lei n. 5.966 prever a cobrança de preço público por esse serviço, a sua compulsoriedade descaracteriza-o como tal, sobretudo por envolver atividade estatal típica. – Em se tratando de taxa, a obri-gação de prestar deriva da prestação de serviço público de utili-zação compulsória ou do qual o indivíduo não possa abrir mão, ao passo que o preço público constitui receita originária fruto da contraprestação por um bem, utilidade ou serviço no bojo de uma relação de natureza negocial, cuja nota típica é a voluntarie-dade (e não obrigatoriedade do consumo). Nesse lineamento, é infundado o argumento de que a compulsoriedade reside na sub-missão do estabelecimento à aferição de seus equipamentos/ aparelhos (atividade fiscalizatória), e não à remuneração do ser-viço propriamente dito, porque não há como dissociar a obriga-toriedade da atividade fiscalizatória da exigência da respectiva remuneração. Em sendo compulsória a fruição do serviço pelo particular, lhe é suprimida a possibilidade de 'escolha' relativa-mente ao pagamento que lhe é exigido" (TRF4, AC 200171000237276, 2005).

– "... INMETRO. AFERIÇÃO DE BOMBAS DE COMBUS-TÍVEIS. TAXA. PRINCÍPIO DA LEGALIDADE. VIOLA-ÇÃO. A taxa para aferição de bombas de combustíveis tem na-tureza tributária. Como taxa pelo exercício do poder de polícia, submete-se ao regime jurídico tributário, a começar pelas limita-ções constitucionais ao poder de tributar. A previsão da Lei 5.966/73, de que constituiria receita do INMETRO os preços públicos que cobrasse pela prestação dos serviços decorrentes daquela lei, por óbvio, não cumpre a exigência de lei para a insti-tuição de tributo, decorrente do art. 150, I, da CF. A cobrança com suporte em ato normativo infralegal que desborda do poder regulamentar, por sua vez, implica ilegalidade. Não havia supor-te legal, pois, para a cobrança da taxa do INMETRO no período anterior à entrada em vigor da Lei n. 9.933/99" (TRF4, AC 199970000334933, 2005).

– Taxa ao FUNDAF. "CONTRIBUIÇÃO PARA O FUN-DAF. NATUREZA JURÍDICA. TAXA. Os valores cobrados a título de contribuição para o Fundo Especial de Desenvolvimen-to e Aperfeiçoamento das Atividades de Fiscalização – FUN-DAF têm natureza jurídica de taxa, tendo em vista que o seu pagamento é compulsório e decorre do exercício regular de típi-co poder de polícia" (STJ, AgRg no REsp 1.286.451, 2013).

– Anotação de responsabilidade técncia (ART). Tema 692. A Anotação de Responsabilidade Técnica, instituída pela Lei 6.496/1977, cobrada pelos Conselhos Regionais de Engenharia, Arquitetura e Agronomia, tem natureza jurídica de taxa, sendo, portanto, necessária a observância do princípio da legalidade tri-butária previsto no art. 150, I, da Constituição Federal. Decisão do mérito em 2013.

– Ressarcimento de selos de IPI como taxa de polícia. Tema 761 do STJ: Inexigibilidade do ressarcimento de custos e demais encargos pelo fornecimento de selos de controle de IPI instituí-do pelo DL n. 1.437/1975, que, embora denominado ressarci-mento prévio, é tributo da espécie Taxa de Poder de Polícia, de modo que há vício de forma na instituição desse tributo por nor-ma infralegal, excluídos os fatos geradores ocorridos após a vi-gência da Lei n. 12.995/2014. Aqui se trata de observância à es-trita legalidade tributária. Decisão do mérito em 2018.

– "RECURSO ESPECIAL REPETITIVO (ART. 543-C DO CPC/1973 E ART. 1.036 DO CPC/2015). AFIXAÇÃO DE SELOS DE CONTROLE EM PRODUTOS SUJEITOS À INCIDÊNCIA DE IPI: OBRIGAÇÃO TRIBUTÁRIA ACESSÓRIA. PAGAMENTO PELO FORNECIMENTO DOS SELOS ESPECIAIS: OBRIGAÇÃO TRIBUTÁRIA PRINCIPAL, DA ESPÉCIE TAXA DE POLÍCIA... PREVI-SÃO VEICULADA EM NORMA INFRALEGAL. DL 1.437/1975. OFENSA À REGRA DA ESTRITA LEGALIDA-DE TRIBUTÁRIA. ART. 97, IV DO CTN... 1. A obrigação tributária acessória tem por escopo facilitar a fiscalização e per-mitir a cobrança do tributo, sem que represente a própria pres-tação pecuniária devida ao Ente Público. 2. Ao impor a determi-nados sujeitos passivos o dever de afixar selos especiais em seus produtos, o Ente Tributante atua nos moldes do art. 113, § 2º do CTN, pois se trata de obrigação de fazer, no interesse exclusivo do Fisco. 3. Por outro lado, não pode ser considerada acessória a obrigação de pagar pelo fornecimento dos selos especiais utiliza-dos para tal controle, haja vista a tipificação dessa cobrança como taxa, a teor do art. 77, *caput* do CTN. 4. De fato, a diferen-ça fundamental entre obrigação tributária principal e obrigação tributária acessória é a natureza da prestação devida ao Estado. Enquanto aquela (principal) consubstancia entrega de dinheiro, esta (acessória) tem natureza prestacional (fazer, não fazer ou tolerar). 5. Embora ao Fisco seja dado impor ao sujeito passivo certas obrigações acessórias por meio da legislação tributária – expressão que compreende não só as leis, mas, também, os trata-dos e as convenções internacionais, os decretos e as normas complementares que versem, no todo ou em parte, sobre tribu-tos e relações jurídicas a eles pertinentes –, o mesmo não ocorre no âmbito das taxas, que devem obediência à regra da estrita le-galidade tributária, nos termos do art. 97, IV do CTN. 6. O art. 3º do Decreto 1.437/1995, ao impor verdadeira taxa relativa à aquisição de selos de controle do IPI, incide em vício formal; a exação continua sendo tributo, a despeito de ser intitulada de ressarcimento prévio. 7. Conclui-se que, no entorno dos selos especiais de controle do IPI, o dever de afixá-los tem natureza de obrigação acessória, enquanto o dever de adquiri-los tem natureza de obrigação principal. 8. A partir de um prisma didático, convém classificar como Taxas do Poder de Polícia aquelas que têm origem, ensejo e justificativa no vigiar e punir, ou seja, na fiscalização, que é interesse eminentemente estatal, reservando a categoria das taxas de serviço para aquelas que se desenvolvem em função do interesse do usuário, ante a compreensão de que esse interesse é relevante para definir a atividade como serviço. 9. Na espécie, os valores exigidos à guisa de ressarcimento originam-se do exercício de poderes fiscalizatórios por parte da Administração Tributária, que impõe a aquisição dos selos como mecanismo para se assegurar do recolhimento do IPI, configurando-se a cobrança como tributo da espécie Taxa de Poder de Polícia. 10. Pontua-se que a questão ora discutida somente se refere à inexigibilidade do ressarcimento do custo do selo de controle do IPI enquanto perdurou a previsão em norma infralegal (art. 3º do DL 1.437/1995), não alcançando, todavia, os fatos geradores ocorridos após a vigência da Lei 12.995/2014, instituindo taxa pela utilização de selo de controle previsto no art. 46 da Lei 4.502/1964... 13. Acórdão submetido ao regime do art. 543-C do CPC/1973 (art. 1.036 do Código Fux, CPC/2015), fixando-se a tese da inexigibilidade do ressarcimento de custos e demais encargos pelo fornecimento de selos de controle de IPI instituído pelo DL 1.437/1975, que, embora denominado ressarcimento prévio, é tributo da espécie Taxa de Poder de Polícia, de modo que há vício de forma na instituição desse tributo por norma infralegal, excluídos os fatos geradores ocorridos após a vigência da Lei 12.995/2014. Aqui se trata de observância à estrita legalidade tributária" (STJ, REsp 1.405.244, 2018).

⇒ **Uso de bem público. Não autoriza a cobrança de taxa. Receitas patrimoniais**. Não há previsão constitucional para a instituição de taxa pelo uso de bem público. Aliás, quanto a estes, em se tratando de bens de uso comum, todos têm direito à sua utilização sem exclusão dos demais usuários e independentemente de pagamento. Em se tratando de outro bem público cujo uso seja permitido/concedido a particular em caráter exclusivo, o montante que venha a ser exigido configurará receita patrimonial, não se revestindo da compulsoriedade caracterizadora dos tributos. Vide, a respeito, nota ao art. 3º do CTN.

– "A outorga de competência representa também limitação. Com efeito, dizer que alguém pode tanto, significa dizer também que esse mesmo alguém não pode nada, além desse mesmo tanto. Ora, o texto constitucional (art. 145, II) confere competência às esferas de governo para instituírem taxas com fundamento (a) no exercício regular do poder de polícia e (b) na utilização efetiva ou (c) potencial de serviços públicos... Não o faz, todavia, quanto ao uso de bem público. Vedado está, pois, ao legislador ordinário instituir taxa desse tipo, porque sem autorização constitucional. Instituí-la importa inconstitucionalidade, isto é, criar tributo para o qual não se lhe outorgou competência" (BARRETO, Aires F. In: MARTINS, Ives Gandra da Silva

(coord.). *Comentários ao Código Tributário Nacional*. São Paulo: Saraiva, 1998, v. 1, p. 551).

– **Taxa de ocupação de terrenos de marinha. Natureza não tributária**. Não se trata de taxa em sentido técnico. Não possui natureza tributária. Neste sentido, com acerto, a manifestação da Procuradoria da Fazenda Nacional do RS, da lavra do Dr. Luiz Fernando Oliveira de Moraes, nos autos do processo administrativo MF 1080.09038/78, de que tivemos conhecimento apenas por transcrição que ora reproduzimos: "33. A taxa de ocupação não é tributo da espécie que se faz supor, visto não se ajustar à definição legal do Código Tributário Nacional, art. 77. No núcleo de seu fato gerador não se encontram, nem o exercício regular do poder de polícia, nem a utilização, por contribuinte, de serviço público. 34. A denominação de taxa ao ônus em tela é imprópria e foi-lhe atribuída numa época em que a incipiente elaboração doutrinária do Direito Tributário ensejava ao aproveitamento indevido da terminologia própria daquele ramo jurídico em matéria a ela estranha. 35. Aliás, é do bê-a-bá da Ciência das Finanças a classificação das receitas em originárias e derivadas, nestas incluídas as provenientes de tributos, naquelas as patrimoniais, provenientes da exploração de bens públicos. A lei orçamentária (Lei n. 4.320, de 1964, art. 11, § 4º) acolheu tal classificação, dispondo sobre as receitas originárias, a espécie receitas patrimoniais e a subespécie receitas imobiliárias. 36. Não se trata também de aluguel, que pressupõe a existência de contrato de locação, com todos os requisitos previstos na legislação do inquilinato acrescido das disposições próprias aos bens imóveis da União (Decreto-Lei n. 9.760, arts. 86 a 98). 37. Trata-se, porém, de renda, tomada na acepção ampla do Código Civil, prestação periódica em dinheiro ou espécie equivalente que uma pessoa paga a outra pelo desfrute de certa coisa, móvel ou imóvel. 38. Apesar de correta, a denominação de renda é por demais abrangente e imprecisa. Prefiro, à luz do Direito Financeiro, definir a taxa de ocupação como preço, prestação não compulsória devida ao Estado por serviço facultativo e divisível. É, aliás, o ponto de vista firmado pelo Supremo Tribunal Federal" (veja-se Pleno, ERE 56.732 – BA, 16-5-68, Rel. Baleeiro, *RTJ* 52/805).

– "1. Os terrenos de marinha são bens dominicais da União, os quais, no passado, desde o tempo da realeza, destinavam-se à defesa do território nacional ao permitir a livre movimentação de tropas militares pela costa marítima. 2. Permite-se a ocupação dos terrenos de marinha por particulares, mediante o pagamento de taxa de ocupação. 3. A taxa de ocupação é o preço pago à Fazenda Pública pela utilização de bem que lhe pertence. Não possui natureza tributária (Lei n. 4.320/1964, art. 39, § 2º)..." (STJ, REsp 1.145.801, 2010).

• Vide, ainda: MICHELOTI, Marcelo Adriano. Taxa de Ocupação de Terrenos de Marinha. *Revista CEJ*, 2010.

– **Compensação financeira pela exploração de recursos minerais. Natureza não tributária**. "CONSTITUCIONAL. TRIBUTÁRIO: TAXA: CONCEITO. CÓDIGO DE MINERAÇÃO. Lei 9.314, de 14.11.96: REMUNERAÇÃO PELA EXPLORAÇÃO DE RECURSOS MINERAIS: PREÇO PÚBLICO. I. – As taxas decorrem do poder de polícia do Estado, ou são de serviço, resultantes da utilização efetiva ou potencial, de serviços públicos específicos e divisíveis, prestados ao contribuinte ou postos a sua disposição (C.F., art. 145, II). O poder de polícia está conceituado no art. 78, CTN. II. – Lei 9.314, de 14.11.96, art. 20, II e § 1º, inciso II do § 3º: não se tem, no caso, taxa, no seu exato sentido jurídico, mas preço público decorrente da exploração, pelo particular, de um bem da União (C.F., art. 20, IX, art. 175 e §§)" (STF, ADI 2.586, 2002). Vale proceder à leitura do voto condutor.

– "Bens da União: (recursos minerais e potenciais hídricos de energia elétrica): participação dos entes federados no produto ou compensação financeira por sua exploração (CF, art. 20, e § 1º): natureza jurídica: constitucionalidade da legislação de regência (L. 7.990/89, arts. 1º e 6º e L. 8.001/90). 1. O tratar-se de prestação pecuniária compulsória instituída por lei não faz necessariamente um tributo da participação nos resultados ou da compensação financeira previstas no art. 20, § 1º, CF, que configuram receita patrimonial. 2. A obrigação instituída na L. 7.990/89, sob o título de 'compensação financeira pela exploração de recursos minerais' (CFEM) não corresponde ao modelo constitucional respectivo, que não comportaria, como tal, a sua incidência sobre o faturamento da empresa; não obstante, é constitucional, por amoldar-se à alternativa de 'participação no produto da exploração' dos aludidos recursos minerais, igualmente prevista no art. 20, § 1º, da Constituição" (STF, RE 228.800-5, 2001).

– **Uso e ocupação de solo e do espaço aéreo por redes de transmissão.** No RE 776.594 foi reconhecida a repercussão geral da questão a respeito da possibilidade de os municípios instituírem taxa de fiscalização de torres e antenas de transmissão e recepção de dados e voz, tendo em vista a ocupação do solo. Trata-se do Tema 919, com mérito ainda não analisado até setembro de 2022, assim descrito: "Competência tributária municipal para a instituição de taxas de fiscalização em atividades inerentes ao setor de telecomunicações, cuja competência legislativa e para a exploração é exclusiva da União". Note-se que a descrição do tema não corresponde exatamente ao ponto discutido. Não se trata propriamente da fiscalização de atividade de telecomunicação, mas de fiscalização do uso do solo urbano para instalação das respectivas torres e antenas.

– **Tema 261 do STF:** "É inconstitucional a cobrança de taxa, espécie tributária, pelo uso de espaços públicos dos municípios por concessionárias prestadoras do serviço público de fornecimento de energia elétrica". Decisão do mérito em 2010.

– "RETRIBUIÇÃO PECUNIÁRIA. COBRANÇA. TAXA DE USO E OCUPAÇÃO DE SOLO E ESPAÇO AÉREO. CONCESSIONÁRIAS DE SERVIÇO PÚBLICO. DEVER--PODER E PODER-DEVER. INSTALAÇÃO DE EQUIPAMENTOS NECESSÁRIOS À PRESTAÇÃO DE SERVIÇO PÚBLICO EM BEM PÚBLICO. LEI MUNICIPAL 1.199/2002. INCONSTITUCIONALIDADE. VIOLAÇÃO. ARTIGOS 21 E 22 DA CONSTITUIÇÃO DO BRASIL. 1. Às empresas prestadoras de serviço público incumbe o dever-poder de prestar o serviço público. Para tanto a elas é atribuído, pelo poder concedente, o também dever-poder de usar o domínio público necessário à execução do serviço, bem como de promover desapropriações e constituir servidões de áreas por ele, poder concedente, declaradas de utilidade pública. 2. As faixas de domínio público de vias públicas constituem bem público, inserido na categoria dos bens de uso comum do povo. 3. Os bens de uso comum do povo são entendidos como propriedade pública. Tamanha é a intensidade da participação do bem de uso comum do povo na atividade administrativa que ele constitui, em si, o próprio serviço público [objeto de atividade administrativa] prestado pela Administração. 4. Ainda que os bens do domínio público e do patrimônio administrativo não tolerem o gravame das servidões, sujeitam-se, na situação a que respeitam os autos, aos efeitos da restrição decorrente da instalação, no solo, de equipamentos necessários à prestação de serviço público. A imposição dessa restrição não conduzindo à extinção de direitos, dela não decorre dever de indenizar. 5. A Constituição do Brasil define a competência exclusiva da União para explorar os serviços e instalações de energia elétrica [artigo 21, XII, *b*] e privativa para legislar sobre a matéria [artigo 22, IV]. Recurso extraordinário a que se nega provimento, com a declaração, incidental, da inconstitucionalidade da Lei n. 1.199/2002, do Município de Ji-Paraná" (STF, RE 581.947, 2010).

– "... UTILIZAÇÃO DE SOLO URBANO. INSTALAÇÃO DE POSTES DE SUSTENTAÇÃO DA REDE DE TRANSMISSÃO DE ENERGIA ELÉTRICA. INSTITUIÇÃO DE TAXA DE LICENÇA PARA PUBLICIDADE E PELA EXPLORAÇÃO DE ATIVIDADE EM LOGRADOUROS PÚBLICOS. ART. 155, § 3º, DA CF/88. IMPOSSIBILIDADE. PRECEDENTE. 1. Recurso Ordinário em Mandado de Segurança interposto contra v. Acórdão que denegou segurança ao entendimento de ser constitucional a cobrança, por parte do Município recorrido, da taxa de exploração de logradouro público sobre a utilização do solo urbano por equipamentos destinados à transmissão e distribuição de energia elétrica para atendimento da rede pública. 2. 'A intitulada 'taxa', cobrada pela colocação de postes de iluminação em vias públicas não pode ser considerada como de natureza tributária porque não há serviço algum do Município, nem o exercício do poder de polícia. Só se justificaria a cobrança como PREÇO se se tratasse de remuneração por um serviço público de natureza comercial ou industrial, o que não ocorre na espécie. Não sendo taxa ou preço, temos a cobrança pela utilização das vias públicas, utilização esta que se reveste em favor da coletividade' [...] 3. É ilegítima a instituição de mais um tributo sobre o fornecimento de energia elétrica, além dos constantes do art. 155, § 3º, da CF/88. 4. Recurso provido" (STJ, ROMS 12.258, 2002).

– **Suposta "fiscalização" de postes.** "... existe realmente alguma diferença entre uma taxa de fiscalização de postes e uma taxa cobrada pelo simples fato dos postes estarem instalados nas vias públicas? Evidentemente que não. Em ambos os casos, o Município está exigindo uma remuneração pela simples ocupação do solo, pois já ficou esclarecido que no caso da taxa de polícia não existe fiscalização possível de ser realizada pela Prefeitura. [...] no caso dos postes e orelhões, havendo ou não estrutura por parte da Prefeitura, não há como se presumir a ocorrência das fiscalizações em face da inexistência de atividade que possa ser inspecionada, especialmente após a colocação dos bens no solo municipal" (COÊLHO, Sacha Calmon Navarro; MANEIRA, Eduardo; MAIA, Marcos Correia Piqueira. A interpretação equivocada dos precedentes em relação às taxas de fiscalização de postes e orelhões. *RDDT* 212/110, 2013).

– Pedágio. O pedágio, segundo entendimento atual do STF, constitui preço público. Vide larga abordagem da matéria em nota ao art. 150, V, da CF.

⇒ **Destinação das taxas.** Sendo as taxas cobradas em razão de um serviço ou do exercício do poder de polícia, está clara a intenção do Constituinte no sentido de que tal implique o custeio de tais atividades estatais. As taxas, diferentemente dos impostos, são tributos com finalidade específica a determinar o destino do seu produto. Não se lhes aplica o art. 167, IV, da CF; pelo contrário, a destinação ao custeio da atividade que lhe enseja a cobrança é essencial, podendo estar explicitamente determinada na lei instituidora. Ainda que não haja a vinculação expressa do produto da arrecadação, será ela presumida. O que não se pode admitir, pois revelaria a extrapolação da norma constitucional de competência, é a determinação legal de aplicação em outra atividade ou em benefício de terceiros. Nas taxas, pois, há dupla vinculação: o fato gerador é vinculado à atividade estatal e, também, necessariamente, o produto da arrecadação terá de ser vinculado à atividade que justifica a instituição do tributo. Decorre da própria outorga de competência a compreensão de que é feita para que a respectiva atividade seja custeada por aqueles que provocam o exercício do poder de polícia ou que se beneficiam de modo específico e individualizado dos serviços públicos. O entendimento de que estas pessoas devam verter recursos adicionais ao estado, equivalentes ao custo da atividade que lhes diz respeito em particular, revela um ideal de justiça fiscal.

– Destinação de custas e emolumentos. Art. 98, § 2º, da CF (EC n. 45/2004): "as custas e emolumentos serão destinados exclusivamente ao custeio dos serviços afetos às atividades específicas da justiça".

– "EMOLUMENTOS DOS SERVIÇOS NOTARIAIS E DE REGISTRO... 2. A destinação de parcela dos recursos ao financiamento de órgãos ou fundos públicos vocacionados ao aperfeiçoamento do Poder Judiciário ou de instituições essenciais à administração da Justiça já experimentou amparo por esta Corte. Precedentes. 3. Ofende a conformação constitucional de universalização e aperfeiçoamento da jurisdição como atividade básica do Estado, e, simultaneamente, contraria os comandos constitucionais previstos no Art. 145, I e II e no Art. 150, IV da CF/88, a destinação de parcela de emolumentos arrecadados pelas serventias extrajudiciais a fundos ou despesas genéricas, não associados às Funções Essenciais à Justiça" (STF, ADI 5.539, 2022). Obs.: na oportunidade, estava-se em face de lei que destinava parcela dos emolumentos para diversos fins, dentre os quais para despesas gerais do Estado e para aplicação em programas e ações no âmbito da administração fazendária, bem como para fundos como os de segurança pública, penitenciário, de modernização e aprimoramento funcional da assembleia legislativa, dos direitos da criança e do adolescente.

– "1. Diante da ausência de norma constitucional proibitiva, é possível a destinação do produto da arrecadação das taxas a um fundo especial, especialmente se for eleito como beneficiário desses recursos órgão público cuja atividade esteja relacionada com o fato gerador do tributo" (STJ, EDcl no RMS 21.531, 2007).

• Vide, também: STF, ADI 2.059/PR, ADI 3.643/RJ, ADIMC 1.707-1, ADI 3.154/SP.

– Destinação a entidades ou serviços alheios à atividade. Impossibilidade. O STF já decidiu, conforme se vê abaixo, que "a vinculação das taxas judiciárias e dos emolumentos a entidades privadas ou mesmo a serviços públicos diversos daqueles a que tais recursos se destinam subverte a finalidade institucional do tributo" (STF, ADIMC 2.040-4) Vide também: ADI 1.982/CE, ADI 1.145, ADIMC 2.040 e MS 2.814.

⇒ **Preços públicos.** Deve-se ter bem presente a diferença entre taxa e preço público. Aquela é tributo, sendo cobrada compulsoriamente por força da prestação de serviço público de utilização compulsória ou do qual, de qualquer maneira, o indivíduo não possa abrir mão. O preço público, por sua vez, não é tributo, constituindo, sim, receita originária decorrente da contraprestação por um bem, utilidade ou serviço numa relação de cunho negocial em que está presente a voluntariedade (não há obrigatoriedade do consumo). A obrigação de prestar, pois, em se tratando de taxa, decorre direta e exclusivamente da lei, enquanto, em se tratando de preço público, decorre da vontade do contratante. Por ter suporte no poder de tributar do Estado, submetendo os contribuintes de forma cogente, a exigência de taxas está sujeita às limitações constitucionais ao poder de tributar (art. 150 da CF: legalidade, isonomia, irretroatividade, anterioridade, vedação do confisco). A fixação do preço público, de outro lado, independe de lei; não sendo tributo, não está sujeito às limitações do poder de tributar.

– Bernardo Ribeiro de Moraes diz que o adjetivo público identifica a pessoa que recebe o preço (Estado, órgão estatal, empresa concessionária ou permissionária de serviços públicos) e não um tipo ou espécie particular de preço.

– Serviços sob regime de concessão ou permissão. Regime de exceção. Art. 175 da CF. Licitação e lei de política tarifária. É importante ter em consideração que a Constituição, ao cuidar dos princípios gerais da atividade econômica, prevê a prestação de serviço público por concessionárias ou permissionárias, estabelecendo regime específico para tal hipótese. O art. 175 da CF, de fato, parece estabelecer cláusula de exceção nesses casos, fazendo com que as salvaguardas do contribuinte (limitações constitucionais ao poder de tributar) sejam substituídas pela exigência de licitação ("sempre através de licitação") e pela política tarifária definida em lei ("A lei disporá sobre:... III – política tarifária").

– "A negativa da existência de preços públicos é infirmada pela legislação e pela dogmática administrativas, pois esses preços fazem parte do sistema de concessão de serviço público. De fato, considerando que 'a tarifa do serviço público concedido será fixada pelo preço da proposta vencedora da licitação e preservada pelas regras de revisão previstas nesta Lei, no edital e no contrato' (Lei n. 8.987/95, art. 9º) e que 'os contratos poderão prever mecanismos de revisão das tarifas, a fim de manter-se o equilíbrio econômico-financeiro' (Lei n. 8.987/95, art. 9º, § 2º), tais contratos são regidos pelo Direito Público. A garantia de equilíbrio econômico-financeiro, de difícil acomodação no sistema tributário, é, nos contratos administrativos, uma exigência constitucional, estipulada no art. 37, XXI..." (BECHO, Renato Lopes. Taxa, tarifa e preço no Direito Público brasileiro. *RDDT* 167/107, ago. 2009).

– "Independente da essencialidade da água e da eletricidade, a prestação desses serviços não é exercida com a potestade própria da função administrativa, regendo-se, ordinariamente, por um regime tarifário decorrente de uma concessão de serviço público, não sendo cabível, consequentemente, o regime tributário" (SEIXAS FILHO, Aurélio Pitanga. Dimensão Jurídica do Tributo vinculado. *RFDT* 06/55, dez. 2003).

– No dizer de Bernardo Ribeiro de Moraes, "nos dias de hoje, tarifa representa o preço de venda de um bem, quando exigido por empresa associada ao Estado, concessionárias ou permissionárias de serviços públicos, na qualidade de vendedora".

– Há artigo de Tiago Carvalho Pinto, As tarifas no sistema constitucional brasileiro, na *RDDT* 70, jul. 2001, p. 134-139.

– **No sentido da irrelevância de se tratar de serviço prestado diretamente pela Administração ou por concessionária.** "A natureza jurídica da remuneração percebida pelas concessionárias pelos serviços públicos prestados possui a mesma natureza daquela que o Poder Concedente receberia, se os prestasse diretamente" (STJ, REsp 480.692, 2003). Vide, também, transcrição do EDREsp 5.630.808, adiante.

– "... entendemos que a delegação da execução de serviços públicos a particulares não é suficiente para afastar a aplicação do regime remuneratório próprio do direito público, traduzido na exigência de taxa. Isso porque o regime jurídico aplicável à atividade continua sendo o de direito administrativo, pelo quê a remuneração de sua prestação não pode ser submetida ao regime de direito privado. Em outras palavras, consistindo o serviço público atividade estatal, a remuneração pela sua prestação somente pode estar regrada pelo mesmo regime jurídico imposto àquela, qual seja, o regime de direito público. Logo, a mera delegação da execução do serviço a particular não possui o condão de impor o regime jurídico próprio deste à atividade de incumbência do Poder Público" (COSTA, Regina Helena. *Curso de direito tributário*. 5. ed. São Paulo: Saraiva, 2015, p. 145-146). Obs.: não obstante, a autora reconhece que "A exigência de taxas, presentemente, está praticamente circunscrita aos serviços públicos específicos e divisíveis prestados diretamente pelo Poder Público".

– **Pela natureza de taxa das "tarifas" no serviço público delegado compulsório.** "... o art. 175 da CF/88 não pode ser interpretado de sorte a tornar sem sentido o art. 145, inciso II, da mesma Constituição. Na verdade os referidos dispositivos constitucionais devem ser interpretados de sorte que um não elimine o outro, e que não restem suprimidas as garantias constitucionais limitadoras do poder de tributar. [...] O art. 145 refere-se apenas aos serviços de utilização compulsória, enquanto o art. 175 refere-se aos serviços públicos de forma genérica. As normas de um e de outro convivem como convive a regra e a exceção. A contrapartida dos serviços públicos em geral pode ser a tarifa

mas, excepcionalmente, para os serviços públicos de natureza compulsória, a contrapartida há de ser sempre a taxa" (MACHADO, Hugo de Brito; MACHADO SEGUNDO, Hugo de Brito. Tarifas aeroportuárias. Natureza tributária. Adicional de tarifas aeroportuárias. Cide. Inconstitucionalidade. *RDDT* 119/88, ago. 2005).

– **Identificação da taxa pela compulsoriedade que constitui seu traço essencial. Súmula 545 do STF:** "Preços de serviços públicos e taxas não se confundem, porque estas, diferentemente daqueles, são compulsórias e têm sua cobrança condicionada à prévia autorização orçamentária, em relação à lei que as instituiu." Obs.: esta Súmula é bastante antiga, tendo sido aprovada em 1969, com fundamento em julgados de 1965 a 1968. Além disso, faz referência ao princípio da anualidade, não mais consagrado na Constituição Federal de 1988. Sobre a diferença entre o princípio da anualidade e o da anterioridade, vide nota ao art. 150, III, *b*, da Constituição.

– "1. Taxa e preço público diferem quanto à compulsoriedade de seu pagamento. A taxa é cobrada em razão de uma obrigação legal enquanto o preço público é de pagamento facultativo por quem pretende se beneficiar de um serviço prestado" (STF, RE 556.854, 2011).

– "... IBAMA. TAXA. AUTORIZAÇÃO PARA TRANSPORTE DE PRODUTOS FLORESTAIS – ATPF. HIPÓTESE DE INCIDÊNCIA. ELEMENTO QUANTITATIVO. LEGALIDADE. ANEXO DA LEI N. 6.938/81. 1. Discute-se, na hipótese, suposta violação à legalidade tributária na instituição de taxa destinada à aquisição de formulário de Autorização para Transporte de Produtos Florestais – ATPF. 2. Sendo obrigatória a apresentação da ATPF para o transporte de produtos florestais, sob pena de restar tipificado crime contra o meio-ambiente, previsto no art. 46 da Lei n. 9.608/96, e, ainda, sendo o único instrumento competente para a sua veiculação o respectivo formulário-padrão, impresso pela Casa da Moeda, conclui-se ser compulsória a sua utilização, já que não existem opções àqueles que se vinculam à atividade de circulação desses produtos. 3. O valor cobrado na aquisição do formulário tem, assim, natureza jurídica de taxa. Por imposição legal, é o único meio hábil para se obter a necessária autorização para o transporte de produto florestal, inexistindo qualquer alternativa ao sujeito vinculado à atividade objeto de controle e fiscalização pelo IBAMA. 4. No plano exclusivamente infraconstitucional, que limita a competência desta Corte, inexiste ilegalidade que possa macular a cobrança da taxa sob referência. O elemento quantitativo, ou aspecto dimensível da hipótese de incidência, não se encontra previsto em portaria ou ato administrativo de inferior hierarquia. Pelo contrário, a Lei n. 6.938/81, em seu artigo 17-A e no anexo, estabelece de maneira clara e precisa, através de alíquota específica, os valores alusivos ao formulário que instrumentaliza a ATPF" (STJ, REsp 641.754, 2004).

– "CONTRIBUIÇÕES PARA O FUNDAF. RESSARCIMENTO DOS CUSTOS DAS ATIVIDADES EXTRAORDINÁRIAS DE FISCALIZAÇÃO ALFANDEGÁRIA EM ENTREPOSTOS DE USO PÚBLICO. NATUREZA JURÍDICA DE TAXA. ATIVIDADE TÍPICA ESTATAL. COMPULSORIEDADE. PODER DE POLÍCIA. 1. Caso em que se discute a legalidade dos valores cobrados a título de contribuição para o Fundo Especial de Desenvolvimento e Aperfeiçoamento das Atividades de Fiscalização – FUNDAF, para ressarcimento dos custos em razão do exercício extraordinário de atividade de fiscalização alfandegária no Porto de uso público do qual a recorrida é concessionária. A Fazenda Nacional defende que a exação tem natureza de preço público, ao argumento de que seu pagamento tem por fundamento disposições do contrato de concessão... 3. Os valores cobrados têm natureza de taxa, tendo em vista que o seu pagamento é compulsório e decorre do exercício regular de típico poder de polícia, conforme se afere do artigo 22, do Decreto-Lei 1.455/76. 4. Não havendo definição dos elementos constitutivos do tributo em lei, mas em atos regulamentares da Receita Federal, inexigível sua cobrança, em atenção ao Princípio da Legalidade Estrita" (STJ, REsp 1.275.858, 2013).

– "... a compulsoriedade – bem compreendida – é o critério de deslinde entre taxa e tarifa. Sempre que a contraprestação, a cargo do sujeito passivo (contribuinte), pelo serviço público, independer de sua efetiva utilização, estaremos diante do tributo. quando, ao contrário, a contraprestação estiver relacionada à efetiva utilização do serviço público, prestado pela administração indireta (empresas estatais ou de economia mista e suas subsidiárias) ou por contratados da administração (concessionários, permissionários ou autorizados), a cobrança será de preço público ou tarifa" (BECHO, Renato Lopes. Taxa, tarifa e preço no Direito Público brasileiro. RDDT 167/107, 2009).

– "... se um serviço público é de utilização compulsória a contraprestação por ele paga pelo usuário não é tarifa, mas taxa. [...] No Município de Fortaleza existe uma lei municipal dizendo que é obrigatória a ligação à rede pública de esgoto sanitário. Em sendo assim, a contraprestação correspondente a tal serviço será uma taxa. E assim só poderá ser cobrada pelo próprio município, e nos termos da lei que a instituir, dentro dos padrões constitucionais próprios para os tributos" (MACHADO, Hugo de Brito. Tributação oculta e garantias constitucionais. RFDT 10/91, 2004).

– **Identificação da taxa pela natureza do serviço.** "IV. Há quem sustente que, quando o Estado presta serviço público, se quiser que tais serviços sejam remunerados, somente poderá fazê-lo mediante taxas (Geraldo Ataliba, 'Sistema Trib. na Constituição', Rev. de Dir. Trib., 51/140; Roque Carrazza, ob. cit., p. 247). Não vamos a tanto, não obstante reconhecermos que são poderosos e científicos os argumentos de Ataliba e de Carrazza. Ficamos na linha da lição de Sacha Calmon Navarro Coelho, que entende possível a cobrança de preços pela prestação de serviço público. Sacha argumenta com o § 3º do art. 150 da Constituição, do qual deflui que 'o Estado, além das atividades econômicas exercíveis em lide concorrencial pode, mediante instrumentalidade, prestar serviços públicos mediante contraprestação ou pagamento de preços ou tarifas pelos usuários', conclusão que se completa da leitura do que está disposto no art. 175, par. único, inciso III, da Lei Fundamental. Por isso, acrescenta o magistrado e professor, que 'só resta mesmo editar a lei requerida pela Constituição, necessária a uma segura política tarifária, em prol dos usuários.' (COÊLHO, Sacha Calmon Navarro. 'Comentários à Const. de 1988 – Sistema Tributário', Forense, 1990, p. 56-57).

V. Concedo que há serviços públicos que somente podem ser remunerados mediante taxa. Do acórdão do RE n. 89.876-RJ, relatado pelo eminente Ministro MOREIRA ALVES (RTJ 98/230) e da conferência que S. Exa. proferiu no 'X – Simpósio Nacional de Direito Tributário', subordinado ao tema: 'Taxa e Preço Público', realizado em São Paulo, em 19.10.85, cujo resumo, da lavra dos ilustres professores Vittorio Cassone e Carlos Toledo Abreu Filho, encontra-se publicado no 'Caderno de Pesquisas Tributárias', vol. XI, coedição Ed. Resenha Trib. e Centro de Estudos de Extensão Universitária, São Paulo, 1986, penso que podemos extrair as seguintes conclusões, com pequenas alterações em relação ao pensamento do eminente Ministro Moreira Alves: os serviços públicos poderiam ser classificados assim: 1) serviços públicos propriamente estatais, em cuja prestação o Estado atue no exercício de sua soberania, visualizada esta sob o ponto de vista interno e externo: esses serviços são indelegáveis, porque somente o Estado pode prestá-los. São remunerados, por isso mesmo, mediante taxa, mas o particular pode, de regra, optar por sua utilização ou não. Exemplo: o serviço judiciário, o de emissão de passaportes. Esses serviços, não custa repetir, por sua natureza, são remunerados mediante taxa e a sua cobrança somente ocorrerá em razão da utilização do serviço, não sendo possível a cobrança pela mera potencialidade de sua utilização. Vale no ponto, a lição de Geraldo Ataliba, no sentido de que não é possível instituir taxas por serviços não efetivamente prestados. O que acontece é que certos serviços podem ser tornados obrigatórios pela lei e é isto o que significa a locução posto a disposição do contribuinte. É isto, aliás, o que resulta do disposto no art. 79, I, b, CTN. 2) Serviços públicos essenciais ao interesse público: são serviços prestados no interesse da comunidade. São remunerados mediante taxa. E porque é essencial ao interesse público, porque essencial à comunidade ou à coletividade, a taxa incidirá sobre a utilização efetiva ou potencial do serviço. É necessário que a lei – para cuja edição será observado o princípio da razoabilidade, mesmo porque, como bem lembrou o Ministro Moreira Alves, citando Jèze, a noção de serviços essenciais é de certo modo relativa, porque varia de Estado para Estado e de época (RTJ 98/238) – estabeleça a cobrança sobre a prestação potencial, ou admita essa cobrança por razão de interesse público. Como exemplo, podemos mencionar o serviço de distribuição de água, de coleta de lixo, de esgoto, de sepultamento. No mencionado RE n. 89.876-RJ, o Supremo Tribunal decidiu que, 'sendo compulsória a utilização do serviço público de remoção de lixo – o que resulta, inclusive, de sua disciplina como serviço essencial à saúde pública – a tarifa de lixo instituída pelo Decreto n. 196, de 12 de novembro de 1975, do Poder Executivo do Município do Rio de Janeiro, é, em verdade, taxa.' (RTJ 98/230). 3) Serviços públicos não essenciais e que, não utilizados, disso não resulta dano ou prejuízo para a comunidade ou para o interesse público. Esses serviços são, de regra, delegáveis, vale dizer, podem ser concedidos e podem ser remunerados mediante preço público. Exemplo: o serviço postal, os serviços telefônicos, telegráficos, de distribuição de energia elétrica, de gás, etc." ADI 447-DF (RTJ 145/15).

– "Considerada como serviço público, em virtude de lei, a remuneração haverá de dar-se, única e exclusivamente, por taxa. A atividade que se destine à satisfação de interesse público secundário cabe remuneração por preço; não, porém, a que tem em mira o interesse público primário, só retribuível por taxa. Ouçamos a advertência de Marco Aurélio Greco: '... afirmar que um serviço público está sendo remunerado por preço é contradição nos termos. Pois, uma determinada atuação ou se submete a regime de direito público (configurando 'serviço público'), e por consequência não dará origem a relações de direito privado (preço), ou se submete a regime de direito privado, dando origem a preço, mas – nesta hipótese – não será serviço público (do ponto de vista estritamente formal, podendo sê-lo do substancial), porque este se caracteriza pelo regime público, derrogador do privado. Em resumo, podemos dizer que serviço público só pode dar ensejo a taxa, e aquela atuação que der nascimento a preço (tarifa) não será serviço público, mas atividade desenvolvida em regime idêntico ao dos particulares e, pois, não qualificáveis como serviço público em termos jurídicos'" (BARRETO, Aires F. In: MARTINS, Ives Gandra da Silva (coord.). *Comentários ao Código Tributário Nacional*. São Paulo: Saraiva, 1998, v. 1, p. 549).

– Identificação da taxa pela análise do regime jurídico adotado. Bernardo Ribeiro de Moraes, no seu *Compêndio de direito tributário*, 4. ed., Rio de Janeiro: Forense, 1995, primeiro volume, entende que uma mesma atividade estatal pode ser custeada tanto por preço público como por tributo, constituindo-se um problema político a opção do legislador por um ou por outro regime jurídico (p. 328). "O exame do regime jurídico da norma reguladora da matéria é que determinará se estamos diante de um preço público ou de uma espécie tributária". Mas, ressalva: "É evidente, conforme acontece no nosso regime constitucional, que certos serviços não podem ser custeados pelo regime de preços públicos, v.g., os serviços públicos específicos e divisíveis próprios da soberania estatal e as decorrentes do exercício regular do poder de polícia, ambos de custeio compulsório para o contribuinte (através de taxas); os serviços públicos indivisíveis (custeados por impostos); e os de obras públicas que beneficiem imóveis (custeados por contribuição de melhoria)" (p. 326).

– "'Es vano', dice Giannini, 'querer encontrar a toda costa un criterio material, visible y seguro, de diferenciación allí donde domina el arbítrio Del legislador y todo se reduce pues a establecer qué impronta le ha dado él a las relaciones que son objeto de su regulación'. Es vano, añadimos nosotros, decir que para 'tales' servicios (inherentes al Estado, indispensables, económicos, obligatorios, etc.) se ha de establecer una tasa y que para tales otros un precio... si la Constitución y outra norma superior nada dice respecto a lo que tiene o no tiene que hacer en este campo quien regule la financiación de um determinado servicio público. Claro está que el legislador puede delimitar el campo de aplicación de las tasas bien señalando los servicios concretos que deben de financiarse con ellas (correos, transportes, por ejemplo); [...] Pero lo importante, lo fundamental, es que nos demos cuenta de que se trata en todo caso de una elección. De una elección entre el esquema jurídico del contrato, de Decreto público o privado, o del tributo, y más concretamente de la tasa. De una elección política que no está condicionada, en nuestro ordenamiento, por la Constitución, ni, en general, por conceptos ni

calificaciones previas, pretendidamente técnicos, que unan indefectiblemente a ellos la exigência de una tasa. [...] Juridicamente, tasa y precio son dos instituciones distintas, dos moldes de relaciones sociales, perfectamente diferenciadas: la una incorpora una obligación *ex lege* de Derecho público; el outro, una obligación *ex contractu*, sea calificado este de Derecho público o provido. Pero, fijémonos bies, no se trata de decir que tasa y precio, en términos jurídicos, sólo se pueden diferenciar *a posteriori* una vez examinado el régimen jurídico a que está sometido el pago que en cada ocasión se analice. Se trata también de decir, subrayándolo, que tasa y precio son dos figuras jurídicas, dos técnicas, dos instituciones que incorporan un régimen jurídico diferente. El legislador, a la hora de elegir entre tasa y precio debe tener presente el régimen jurídico que tal elección predetermina. Em virtud del régimen jurídico de la obligación *ex lege* o *ex contractu* que desee establecer y, fundamentalmente, de los condicionamientos constitucionales a que está sometido el establecimiento de um tributo. [...] tasa y precio son dos esquemas de conducta social, de financiación de los servicios públicos, de organización social, que el Derecho há elaborado según esquemas contrapuestos de la obligación *ex lege* (la tasa) y de la obligación *ex contractu* (el precio); y que há puesto a disposición del legislador, sin ser en absoluto las únicas, como modos de financiación del gasto público" (LAPATZA, José Juan Ferreiro. *Curso de derecho financiero español*. 22. ed. Madrid/Barcelona: Marcial Pons, 2000, v. I, p. 209, 211 e 216).

– Recolhimento de resíduos domiciliares. Tema 903 do STF. MÉRITO AINDA NÃO JULGADO. Controvérsia: "a) Possibilidade de delegação, mediante contrato de concessão, do serviço de coleta e remoção de resíduos domiciliares; b) Natureza jurídica da remuneração do serviço de coleta e remoção de resíduos domiciliares prestado por concessionária, no que diz respeito à essencialidade e à compulsoriedade".

– Água e esgoto. Preço público. O STF firmou posição no sentido de que constituem preço público ou tarifa, e não taxas no sentido tributário.

– "2. Esta SUPREMA CORTE tem entendimento consolidado no sentido de que a cobrança pela prestação de serviços de água e esgoto tem natureza de tarifa/preço público, de forma que não se aplica o regime jurídico tributário das taxas de serviço público" (STF, ARE 1.283.445 AgR, 2021).

– "3. A cobrança pelos serviços de água e esgoto não consubstancia tributo. Natureza jurídica de tarifa ou preço público" (STF, ARE 995.762 AgR, 2019).

– Em sentido contrário, de que se trataria de taxa, vide, do STJ, EDecREsp 530.808 e também: BEZERRA, Fabio Luiz de Oliveira. Tributação dos recursos hídricos. *RDDT* 168/39, 2009.

– Água. Sobretarifa. Política de redução do consumo. Natureza de preço público. Constitucionalidade. Eis o voto condutor do AgRegRE 201630/DF, cuja ementa já está transcrita no início desta nota: "A questão posta nos autos diz respeito ao ajuste de carga, de natureza sazonal, aplicável aos fornecimentos de água pela Companhia de Água e Esgotos de Brasília, CAESB, espécie de sobretarifa criada em momento de escassez deste produto, a ser paga por usuários que excederem quotas de consumo previamente estabelecidas. O principal argumento trazido pelo ora agravante é o caráter tributário do adicional ora em comento, o que impediria a sua criação por mero decreto do Governador do Distrito Federal, sob pena de ofensa ao art. 150, I, da Constituição. O Tribunal de Justiça do Distrito Federal e Territórios, contudo, julgou legítima a cobrança deste adicional, nos termos da seguinte ementa, *verbis*: 'Tributário e Constitucional – Embargos Infringentes – Ação ordinária – Exclusão de parcela adicional, inserta em contas de água – A jurisprudência predominante estabelece que a contraprestação pelo fornecimento de água é preço público ou tarifa e não taxa ou tributo – Pode ser fixado por decreto do Poder Executivo, prescindindo de lei – O consumidor é que delibera livremente os limites do seu consumo. Não se cuida de tributo, mas de adoção de preço progressivo, tanto mais elevado, quanto maior o consumo. O ajuste de carga se traduz em preço acrescido ao preço já progressivo, por ultrapassagem de determinados limites de consumo – Dispensável lei para a sua instituição – O Decreto 10.157/87 não viola o art. 150, 1, CF, ou seu correspondente da Emenda Constitucional n. 1/69 – Embargos Infringentes desprovidos.' Por entender correta essa posição, neguei seguimento ao extraordinário, pelo despacho ora impugnado, que se fundou em jurisprudência já há muito consolidada nesta Corte, no sentido de que o serviço de fornecimento de água é submetido ao regime de preço público e não taxa, como manifestado no ERE 54.491/PE, e nos RREE 85.268-PR e 77.162/SP, para concluir que também o acréscimo cobrado para fins de controle de consumo não possui caráter tributário. Além dos arestos acima citados, cabe mencionar, também, voto que proferi por ocasião do julgamento do pedido de liminar na ADC 09, em sessão do dia 27 de junho de 2001. Nesta assentada, o Plenário deste Supremo Tribunal fixou entendimento no sentido de que o adicional de tarifa de energia elétrica, incidente sobre os consumidores que excediam as quotas previstas, para fins de política de redução de consumo, tinha caráter de contraprestação de serviço e não de tributo. Isso porque os valores arrecadados com a sobretarifa destinavam-se às próprias distribuidoras e não servir de instrumento de arrecadação do Poder Público. Saliente-se que essa orientação foi confirmada no julgamento do mérito da ação. Atenta para o fato de que o adicional da tarifa de água ora tratado foi criado com finalidade idêntica à sobretarifa de energia elétrica, qual seja, o controle do consumo do produto essencial em período de desabastecimento. Em conclusão, mostra-se correto o despacho agravado ao apontar que o ajuste de carga de natureza sazonal, aplicável aos fornecimentos de água pela CAESB, criado para fins de redução de consumo, não possui caráter tributário, mas, de preço público. Diante do exposto, nego provimento ao agravo" (texto do voto cfr. *Informativo* STF n. 275).

– Energia elétrica. Sobretarifa por consumo excessivo. Não descaracterização como tarifa. "AÇÃO DECLARATÓRIA DE CONSTITUCIONALIDADE. MEDIDA PROVISÓRIA n. 2.152-2, DE 1º DE JUNHO DE 2001, E POSTERIORES REEDIÇÕES. ARTIGOS 14 A 18. GESTÃO DA CRISE DE ENERGIA ELÉTRICA. FIXAÇÃO DE METAS DE CONSUMO E DE UM REGIME ESPECIAL DE TARIFAÇÃO. 1. O valor arrecadado como tarifa especial ou sobretarifa imposta ao consumo de energia elétrica acima das metas estabelecidas pela Medida Provisória em exame será utilizado para custear despesas adicionais, decorrentes da implementação do próprio plano de racionamento, além de beneficiar os consumidores mais poupadores, que serão merecedores de bônus. Este acréscimo não descaracteriza a tarifa como tal, tratando-se de um mecanismo que permite a continuidade da prestação do serviço, com a captação de recursos que têm como destinatários os fornecedores/concessionários do serviço. Implementação, em momento de escassez da oferta de serviço, de política tarifária, por meio de regras com força de lei, conforme previsto no artigo 175, III da Constituição Federal. 2. Atendimento aos princípios da proporcionalidade e da razoabilidade, tendo em vista a preocupação com os direitos dos consumidores em geral, na adoção de medidas que permitam que todos continuem a utilizar-se, moderadamente, de uma energia que se apresenta incontestavelmente escassa. 3. Reconhecimento da necessidade de imposição de medidas como a suspensão do fornecimento de energia elétrica aos consumidores que se mostrarem insensíveis à necessidade do exercício da solidariedade social mínima, assegurada a notificação prévia (art. 14, § 4º, II) e a apreciação de casos excepcionais (art. 15, § 5º). 4. Ação declaratória de constitucionalidade cujo pedido se julga procedente" (STF, ADC 9, 2001).

– Encargos de capacidade emergencial. Em face da crise na produção e no fornecimento de energia elétrica, sobreveio a Lei n. 10.438, de 26 de abril de 2002, objeto de conversão da MP n. 14/2001, dispondo sobre a expansão da oferta de energia elétrica emergencial, recomposição tarifária extraordinária, criação do Programa de Incentivo às Fontes Alternativas de Energia Elétrica (Proinfa), da Conta de Desenvolvimento Energético (CDE) e sobre a universalização do serviço público de energia elétrica. Tal MP surgiu como uma ação do governo visando a incentivar a produção de energia, a cobrir os custos adicionais imediatos e a indenizar prejuízos. E todos os recursos para tais ações passaram a ser buscados junto aos consumidores. Houve, e.g., a instituição dos chamados encargos tarifários a que se refere o art. 2º da Lei n. 10.438/2002, disciplinados pela Resolução n. 71/2002 da ANEEL, quais sejam: 1 – o "encargo de capacidade emergencial", para rateio dos custos, inclusive de natureza operacional, tributária e administrativa, incorridos pela CBEE na contratação de capacidade de geração ou potência (arts. 1º e 2º); 2 – o "encargo de aquisição de energia elétrica emergencial" – para rateio dos custos, inclusive de natureza operacional, tributária e administrativa, incorridos pela CBEE na aquisição de energia elétrica contratada (arts. 3º e 4º); 3 – o "encargo de energia livre adquirida no MAE" – para rateio de despesas com a compra de energia elétrica no âmbito do MAE realizadas pelas distribuidoras e decorrentes da redução da geração de energia elétrica nas usinas participantes do Mecanismo de Realocação de Energia – MRE, denominada de energia livre (arts. 7º e 8º). Conforme previsão na referida Resolução, tais encargos constaram expressamente referidos nas faturas de energia elétrica, como rubrica própria. Há várias discussões relativas a referidos encargos, principalmente em face de não constituírem receita das concessionárias, previstos que estão os repasses à CBEE e ao mecanismo de liquidação do MAE. Mas o STF, no Tema 46, inclinou-se pela sua natureza tarifária.

– **Tema 46:** "É constitucional a cobrança dos encargos instituídos pela Lei 10.438/2002, os quais não possuem natureza tributária, mas de tarifa ou preço público". Decisão de mérito em 2009.

– Pela natureza de tarifa e por sua constitucionalidade: "ELÉTRICA. ENCARGOS CRIADOS PELA LEI 10.438/02. NATUREZA JURÍDICA CORRESPONDENTE A PREÇO PÚBLICO OU TARIFA. INAPLICABILIDADE DO REGIME TRIBUTÁRIO. AUSÊNCIA DE COMPULSORIEDADE NA FRUIÇÃO DOS SERVIÇOS. RECEITA ORIGINÁRIA E PRIVADA DESTINADA A REMUNERAR CONCESSIONÁRIAS, PERMISSIONÁRIAS E AUTORIZADAS INTEGRANTES DO SISTEMA INTERLIGADO NACIONAL. RE IMPROVIDO. I – Os encargos de capacidade emergencial e de aquisição de energia elétrica emergencial, instituídos pela Lei 10.438/02, não possuem natureza tributária. II – Encargos destituídos de compulsoriedade, razão pela qual correspondem a tarifas ou preços públicos. III – Verbas que constituem receita originária e privada, destinada a remunerar concessionárias, permissionárias e autorizadas pelos custos do serviço, incluindo sua manutenção, melhora e expansão, e medidas para prevenir momentos de escassez. IV – O art. 175, III, da CF autoriza a subordinação dos referidos encargos à política tarifária governamental. V – Inocorrência de afronta aos princípios da legalidade, da não afetação, da moralidade, da isonomia, da proporcionalidade e da razoabilidade" (STF, RE 576.189, 2009).

– Pela natureza tributária e por sua inconstitucionalidade: DINIZ, Guilherme Soares. Natureza jurídica e inconstitucionalidade do encargo de capacidade emergencial (ECE) *RTFP* 54/75, 2004).

– **Recomposição Tarifária Extraordinária.** "Cuida-se, aqui, de analisar a Recomposição Tarifária Extraordinária – RTE –, autorizada pelo art. 4º da Lei 10.438/02. O art. 4º da Lei 10.438/02 é que cuidou da matéria: [...] Fosse tal recomposição tarifária extraordinária simples readequação da remuneração das concessionárias, em razão de situação imprevisível, de modo que se passasse a ter preço compatível com os custos do serviço prestado, poder-se-ia considerá-lo como mecanismo legítimo de aumento dos preços para a manutenção do equilíbrio econômico dos contratos. Contudo, através de referida RTE, acabou sendo repassado ao consumidor, a título de recomposição tarifária extraordinária, a responsabilidade pela indenização das distribuidoras em face da falta de planejamento e de ação do Poder Público. Veja-se, neste ponto, os esclarecimentos constantes do parecer de ALMIRO DO COUTO E SILVA, acostado à inicial: '12... A chamada 'recomposição tarifária extraordinária', prevista no art. 28 da Medida Provisória n. 2.198-5, de 24 de agosto de 2001 e disciplinada pelo art. 4º da Lei 10.438/02 visa a indenizar as empresas concessionárias dos serviços públicos de distribuição de energia elétrica pelos prejuízos que tiveram com o racionamento imposto em algumas regiões do país. Já se vê, portanto, que a 'recomposição tarifária extraordinária' não encontra equivalência numa utilidade ou numa mercadoria que lhe tenha sido prestada pela distribuidora, como é típico da

tarifa ou preço público, inserido sempre numa relação de comutatividade, de reciprocidade, num esquema de toma-lá-e-dá-cá. O que o usuário final irá pagar é exatamente o que ele não recebeu, o que a distribuidora não teve condições de lhe oferecer. Ou, numa forma ainda mais sintética, ele não está pagando o 'ser', mas sim o 'não ser'; aquilo que, numa situação normal, a distribuidora tinha expectativa de fornecer e de receber por este fornecimento. Não havendo, porém, nada fornecido, também nada recebeu. 13. O consumidor está, assim, na verdade, ressarcindo o concessionário pelo que este deixou de ganhar, em virtude do racionamento. Não se discute e nem se questiona que o concessionário possa ter pretensões indenizatórias contra o poder concedente em razão de racionamento imposto por autoridade estatal. Há, até, nesse sentido, precedente no direito francês... O que se nega terminantemente, na situação em exame, é que se possa converter pretensão indenizatória, a ser dirigida contra o poder concedente ou contra empresas geradoras de energia elétrica, a que as distribuidoras, na hipótese da consulta, estavam ligadas por contrato, em tarifa, em preço cobrado do usuário por um serviço que não lhe foi prestado ou fornecido. ... 14. Esse adicional agora exigido dos consumidores de energia elétrica também não diz respeito a mutações inesperadas, imprevistas e imprevisíveis, do custo de insumos que entram na composição do produto por ela oferecido – o que justificaria sem nenhuma dúvida, a elevação do preço por ele pago – mas sim numa frustrada esperança de lucro do concessionário fornecedor, pelo que deixou de fornecer.' Não era mesmo dado ao legislador aditar o tratamento tarifário relativo às concessões de energia elétrica de modo a fazer constar como preço o que não diz respeito ao custo do serviço. Tal ofende, à evidência, o postulado da razoabilidade, na medida em que não há pertinência na cobrança, por um serviço, de preço que não diz respeito ao mesmo, mas à eventual pretensão indenizatória da concessionária perante o Poder Público em razão da frustração das suas expectativas de lucro. E não há sequer como analisarmos a questão sob a perspectiva da criação de novo tributo, pois à evidência de tributo não se trata – ou, em sendo tributo, seria, à evidência, inconstitucional – pois tributo não pode constituir receita de empresa privada, além do que não resta configurado o exercício de nenhuma das competências estabelecidas constitucionalmente (arts. 145, 148, 149, 153 e 154) e não há observância da legalidade estrita (art. 150, I, da CF), bastando este fundamento, evidenciado no regramento da matéria por Resoluções da ANEEL, para dispensar aprofundamento da análise. Ou seja, tem-se, sim, uma recomposição tarifária, mas descabida, por não encontrar correspondência na prestação do serviço, servindo, sim, à indenização por lucros não auferidos pelas concessionárias, o que viola o postulado da razoabilidade, não se podendo permitir que tais encargos sejam transferidos diretamente ao consumidor" (Excerto de sentença no MS 2003.71.00.026275-9, 2004).

– **Tarifa Aeroportuária.** "ADMINISTRATIVO – MANDADO DE SEGURANÇA – TARIFA AERO-PORTUÁRIA – ISONOMIA. 1. A utilização de áreas e espaços nos aeroportos é remunerada pelo pagamento de uma taxa, criada por lei (Lei 6.009/73) e fixada por Portaria do Ministério da Aeronáutica, ou por preço cobrado das instituições que exploram a utilização dos espaços chamados civis dos aeroportos, hoje sob a égide da INFRAERO. 2. No pagamento das tarifas aeroportuárias, deve-se obedecer ao critério do serviço que é utilizado pelo contribuinte ou posto à sua disposição. 3. Empresa que se utiliza de áreas da zona primária e, eventualmente, de áreas da zona secundária, sofre enquadramento mais oneroso que as empresas que só se utilizam de uma das áreas" (STJ, MS 8.060, 2002).

- Vide também: COÊLHO, Sacha Calmon Navarro; SANTIAGO, Igor Mauler; MOREIRA, André Mendes. A constitucionalidade das tarifas aeroportuárias e da contribuição de intervenção no domínio econômico sobre elas incidente. *RDDT* 127/80, abr. 2006. MACHADO, Hugo de Brito; MACHADO SEGUNDO, Hugo de Brito. Tarifas aeroportuárias. Natureza tributária. Adicional de tarifas aeroportuárias. Cide. Inconstitucionalidade. *RDDT* 119/88, 2005.

III – contribuição de melhoria, decorrente de obras públicas;

⇒ **Direito comparado e histórico.** Nos USA, *special assessments*; na Inglaterra, *betterment tax*; na Itália, *contributi di migloria*; na França, *conribution sur lês 'plus-values' occasionées par des travaux publics*. Sobre o histórico do instituto, vide: PINTO, Bilac. *Contribuição de melhoria*. 1937. Reeditada em 2009 pela Forense, com atualização de Firly Nascimento Filho; LEONETTI, Carlos Araújo. *A contribuição de melhoria na Constituição de 1988*. Diploma Legal, 2000; JANCZESKI, Célio Armando. A controvertida contribuição de melhoria. *RDDT* 30/30, 1998; BARRETO, Aires F. In: MARTINS, Ives Gandra da Silva (coord.). *Comentários ao Código Tributário Nacional*. São Paulo: Saraiva, 1998, v. 1, p. 571-573. Ainda sobre o histórico da contribuição de melhoria, consulte-se o inteiro teor: STF, RE 114.069-1, 1994.

⇒ **Fundamento do tributo.** A contribuição de melhoria visa a uma distribuição mais justa dos ônus decorrentes de determinadas obras públicas. A obra é realizada não em face do interesse privado de tal ou qual pessoa, mas em razão do interesse público envolvido, ou seja, tendo em vista o benefício que a obra traz para a sociedade como um todo. A princípio, todas as pessoas estariam para a obra pública em situação de igualdade, como integrantes da sociedade e, assim, concorreriam para a mesma de forma indireta, através do cumprimento do seu dever fundamental de pagar os impostos que lhes são exigidos para custear as despesas públicas. Contudo, sabe-se que há obras públicas que acabam por beneficiar particularmente determinadas pessoas, inclusive implicando valorização dos seus imóveis, por estarem situados na sua zona de influência. Para tais casos, é que é concedida a competência tributária em questão, de modo que tais pessoas, particularmente beneficiadas com o incremento do seu patrimônio em face da obra pública, sejam chamadas a participar em maior grau do seu custeio através de tributo específico: a contribuição de melhoria. De fato, a contribuição de melhoria, vê-se pela análise da evolução deste instituto, é uma prestação pecuniária compulsória exigida dos proprietários de imóveis particularmente beneficiados por uma obra pública. A ideia é fazer

com que as pessoas diretamente beneficiadas participem com maior intensidade do custeio da obra, suportando-o total ou parcialmente. Há interesse público na obra. Do contrário, não teria o Estado por que realizá-la. Alguns doutrinadores invocam o princípio da vedação do enriquecimento sem causa para justificar a cobrança da contribuição de melhoria.

– "... não havendo benefício, não se justifica a cobrança da contribuição de melhoria. Não há razão para alguns proprietários suportarem o custo de uma obra pública que não os beneficiou de modo diferente do resto da coletividade. Parece válido o exemplo da construção de uma via elevada, trazendo notórios prejuízos aos proprietários dos imóveis circunvizinhos, que passariam a residir 'debaixo da ponte'. Nada justificaria a cobrança de um tributo para que eles suportassem a obra que os prejudicou. Seria, jocosamente, uma 'contribuição de piora', inaceitável no ordenamento jurídico" (SCHOUERI, Luís Eduardo. *Direito tributário*. 2. ed. São Paulo: Saraiva, 2012, p. 185).

– "... os proprietários de imóveis valorizados em decorrência de obra pública, realizada com recursos advindos dos impostos pagos por todos, devem ser chamados a contribuir aos cofres públicos em razão do especial benefício obtido com o sacrifício geral" (COSTA, Regina Helena. *Curso de direito tributário*. 5. ed. São Paulo: Saraiva, 2015, p. 147).

– **No sentido de que a obra tem de ser da competência do ente tributante para ensejar a cobrança da contribuição.** "... uma contribuição de melhoria somente pode ser instituída pela pessoa política que tenha realizado a obra pública prevista como seu fato gerador e desde que a realização de tal obra seja da competência da entidade tributante" (LEONETTI, Carlos Araújo. *A contribuição de melhoria na Constituição de 1988*. Florianópolis: Diploma Legal, 2000, p. 79).

⇒ **Melhoria pressupõe valorização.** Com o advento da Constituição de 1988, surgiram dúvidas sobre a permanência da necessidade de valorização do imóvel para a cobrança de contribuição de melhoria. Paulo de Barros Carvalho, Ruy Barbosa Nogueira e Hugo de Brito Machado mantiveram posição no sentido da indispensabilidade da valorização. Já Bernardo Ribeiro de Moraes adotou posição diversa, entendendo que seria suficiente a ocorrência de benefício de outra natureza que não necessariamente relacionada com o incremento do valor venal do imóvel. A questão, a nosso ver, está superada, pois o STF continua se pronunciando, reiteradamente, no sentido de que a valorização imobiliária é *conditio sine qua non* para tal tributação.

– "... o termo 'melhoria' (integrante do título do tributo) é o benefício especial auferido pelos proprietários dos imóveis adjacentes, equivalente à 'valorização' dos mesmos, estremando-se do benefício geral ('melhoramento público') a que, em sua essência, toda obra pública visa. Daí, a mais-valia decorrente da obra (para os imóveis circundantes) encerra a melhoria, condição *sine qua non* ao surgimento da obrigação de pagar a contribuição em tela, cuja designação até poderia ser 'contribuição de valorização'" (OLIVEIRA, José Jayme de Macedo. Contribuição de melhoria: aspectos pouco e/ou muito debatidos. *RDDT* 228/93, 2014, p. 99).

– **Pela indispensabilidade da valorização.** "Sem valorização imobiliária decorrente de obra pública, não há contribuição de melhoria, porque a hipótese de incidência desta é a valorização e a sua base é a diferença entre os dois momentos: o anterior e o posterior à obra pública, vale dizer, o *quantum* da valorização imobiliária. Precedentes do STF: RREE 115.863-SP e 116.147-SP" (STF, RE 114.069-1, 1994). Obs.: o voto condutor faz ampla análise do instituto, traçando o seu histórico desde a Constituição de 1934 e mostrando, assim, que, apesar da simplificação do texto, permanece o requisito da valorização perante a Constituição de 1988.

– "1. A entidade tributante ao exigir o pagamento de contribuição de melhoria tem de demonstrar o amparo das seguintes circunstâncias: a) exigência fiscal decorre de despesas decorrentes de obra pública realizada; b) a obra provocou a valorização do imóvel; c) a base de cálculo é a diferença entre dois momentos: o primeiro, o valor do imóvel antes da obra ser iniciada; o segundo, o valor do imóvel após a conclusão da obra. 2. É da natureza da contribuição de melhoria a valorização imobiliária (Geraldo Ataliba)... 4. Adoção, também da corrente doutrinária que, no trato da contribuição da melhoria, adota o critério de mais valia para definir o seu fato gerador ou hipótese de incidência (no ensinamento de Geraldo Ataliba, de saudosa memória)" (STJ, REsp 243.381, 2000). Obs.: este acórdão é bastante denso, com farta transcrição doutrinária e jurisprudencial.

– No mesmo sentido da orientação do STF, vejam-se os ensinamentos de Luciano Amaro (*Direito tributário brasileiro*. 15. ed. São Paulo: Saraiva, 2009, p. 46); Aires F. Barreto (In: MARTINS, Ives Gandra da Silva (coord.). *Comentários ao Código Tributário Nacional*. São Paulo: Saraiva, 1998, v. 1, p. 580 e 583); Paulo de Barros Carvalho (*Curso de direito tributário*. 21. ed. São Paulo: Saraiva, 2009, p. 42); Ruy Barbosa Nogueira (*Curso de direito tributário*. 14. ed. São Paulo: Saraiva, 1995, p. 164); e Hugo de Brito Machado, em seu *Temas de direito tributário*, São Paulo: RT, 1993, p. 18.

– Pavimentação de via pública é obra que gera valorização imobiliária e, por isso, dá ensejo à instituição de contribuição de melhoria. Mas o simples recapeamento de via pública não implica valorização imobiliária, razão pela qual não dá ensejo à cobrança de contribuição de melhoria.

– **Entendendo que a valorização não seria o único critério de melhoria.** Bernardo Ribeiro de Moraes diz que "melhoria não é sinônimo de valorização ou de acréscimo de valor, mas é vantagem, melhoramento, v.g., caso de aumento da capacidade de aproveitamento econômico da propriedade". E continua: "A obra pública pode trazer melhoria ao imóvel do contribuinte, v.g., maior acessibilidade, maior conforto, maior higiene, maior valor etc. A contribuição é de melhoria (dispensável a valorização), por execução de obra pública;" "... para a exigência do tributo, no sistema anterior, em primeiro lugar, deveria haver um aumento de valor do imóvel do contribuinte. Este aumento de valor era o decorrente de obra pública. Hoje, após a promulgação da Constituição de 1988, não é mais assim. O objeto da con-

tribuição de melhoria é a 'obra pública' (art. 145, III), sem qualquer referência a 'valorização imobiliária' dela decorrente. Basta a execução de obra pública que atinja o imóvel do contribuinte, levando-lhe uma melhoria, para a contribuição de melhoria ser devida" (*Compêndio de direito tributário*, 4. ed., 1994, primeiro volume, p. 589 e 600).

⇒ **Legalidade tributária e contribuições de melhoria.** Sobre a necessidade de promulgação de lei para cada obra ou a suficiência de arcabouço normativo a ser preenchido pelos editais, vide nota ao art. 150, I, da CF sob a rubrica Contribuição de melhoria.

⇒ **Limites mínimo e máximo, elementos da hipótese de incidência da contribuição de melhoria e demais questões.** Vide notas ao art. 81 do CTN.

§ 1º Sempre que possível, os impostos terão caráter pessoal e serão graduados segundo a capacidade econômica do contribuinte, facultado à administração tributária, especialmente para conferir efetividade a esses objetivos, identificar, respeitados os direitos individuais e nos termos da lei, o patrimônio, os rendimentos e as atividades econômicas do contribuinte.

⇒ **Capacidade contributiva.** A previsão da graduação dos impostos segundo a capacidade econômica do contribuinte constitui positivação do princípio da capacidade contributiva, suscitando inúmeros questionamentos, principalmente quanto à sua extensão. A maior parte da doutrina diz tratar-se de um princípio de sobredireito ou metajurídico, que deve orientar o exercício da tributação independentemente de constar expressamente da Constituição. Decorre deste princípio, basicamente, que o Estado deve exigir que as pessoas contribuam para as despesas públicas na medida da sua capacidade para contribuir, de maneira que nada deve ser exigido de quem só tem para sua própria subsistência, a carga tributária deve variar segundo as demonstrações de riqueza e, independentemente disso, a tributação não pode implicar confisco para ninguém. Os extremos desta formulação (preservação do mínimo vital e vedação de confisco) aplicam-se a todas as espécies tributárias. Entretanto, a possibilidade de graduação do tributo (e.g., alíquota maior para base de cálculo maior) depende de que se cuide de uma hipótese de incidência efetivamente reveladora de capacidade contributiva.

– O contribuinte tem de ser, necessariamente, uma pessoa de cuja hipótese de incidência se infira que tenha capacidade para contribuir. Ou seja, a grandeza prevista na norma tributária que institui o imposto tem de dizer respeito ao contribuinte, revelar sua riqueza: titularidade de renda, de patrimônio etc. Tal não pode ser apenas aparente, mas real.

– Para que haja tributação, deve estar presente a capacidade contributiva pressuposta pela hipótese de incidência. Se é possível demonstrar que ela não se confirma, não há como manter a tributação.

– "Mínimo existencial e confisco oferecem as balizas da capacidade contributiva, no sentido subjetivo, que 'começa além do mínimo necessário à existência humana digna termina aquém do limite destruidor da propriedade'" (SCHOUERI, Luís Eduardo. *Direito tributário*. 2. ed. São Paulo: Saraiva, 2012, p. 322).

– "A capacidade contributiva é a possibilidade econômica de pagar tributos (*ability to pay*). É subjetiva, quando leva em conta a pessoa (capacidade econômica real). É objetiva, quando toma em consideração manifestações objetivas da pessoa (ter casa, carro do ano, sítio numa área valorizada etc.). Aí termos 'signos presuntivos de capacidade contributiva'. [...] a capacidade contributiva, assim, como o princípio da isonomia, o do direito adquirido, o da irretroatividade das leis, são princípios gerais de direito. Nem precisavam estar expressos. É da constituição real dos povos medianamente cultos. Na Constituição de 1967 era ela inexpresso. Todavia, foi muitas vezes invocado e atendido tanto pelo Legislativo quanto pelo Judiciário e até mesmo pelo Executivo. Ademais, será sempre possível surpreendê-lo aqui e acolá, nas dobras do sistema" (COÊLHO, Sacha Calmon Navarro. *Comentários à Constituição de 1988*: Sistema Tributário. 3. ed. Rio de Janeiro: Forense, 1991).

– "... relativamente aos impostos, pode-se, com certeza, afirmar que os contornos jurídico-normativos do princípio da capacidade contributiva atuam no sentido de, por um lado, exigir que o fato ou estado eleito como apto a gerar o nascimento da obrigação tributária manifeste um mínimo de riqueza ('signo presuntivo de riqueza'), e, por outro lado, limitar a graduação máxima da exação por via de imposto ao patamar confiscatório que, em última análise, implica a eliminação da riqueza ínsita ao ato ou fato tributável pressuposto mesmo da norma de tributação" (GONÇALVES, J. A. Lima. *Isonomia na norma tributária*. São Paulo: Malheiros, 1993, p. 63).

– Para Fábio Canazaro, a capacidade contributiva "apresenta-se como um critério de comparação, garantindo a igualdade horizontal e a igualdade vertical, em relação à graduação do ônus de alguns tributos". Nessa linha, frisa que a "igualdade horizontal é promovida por meio da edição de lei que estabeleça tratamento equânime para contribuintes que possuam a mesma capacidade para suportar o encargo fiscal", enquanto a "igualdade vertical é promovida por meio da edição de norma que estabeleça tratamento diverso para contribuintes com capacidades diversas" (CANAZARO, Fábio. *Essencialidade tributária*: igualdade, capacidade contributiva e extrafiscalidade na tributação sobre o consumo. Porto Alegre: Livraria do Advogado, 2015, p. 153).

– "capacità contributiva vuol dire capacità economica di concorrere alle pubbliche spese" (BERLIRI, Antonio. *Principi di diritto tributário*. Seconda edizione. Milano: Dott. A. Giuffrè, 1967, v. I, p. 264).

– "Que es la capacidad contributiva? Es la potencialidad de contribuir a los gastos públicos que el legislador atribuye al sujeto particular. Significa al mismo tiempo existencia de una riqueza en posesión de una persona o en movimiento entre dos personas y graduación de la obligación tributaria según la magnitud de la capacidad contributiva que el legislador le atribuye" (JARACH, D. *El hecho imponible/teoría general del derecho tributario sustantivo*. 2. ed. Buenos Aires: Abeledo-Perrot, 1971, p. 87).

– **Capacidade contributiva como subprincípio do princípio da solidariedade.** "O princípio da capacidade contributiva, que está

no art. 145, nada mais é do que uma decorrência do princípio da solidariedade. Pergunta-se: por que razão uns pagam imposto e outros não? Porque uns podem mais e outros menos. É a solidariedade. E a solidariedade é fundamento do nosso ordenamento como um todo" (SCHOUERI, Luís Eduardo. Exigências da CIDE sobre *royalties* e assistência técnica ao exterior. *RET* 37/144, 2004).

– **Capacidade contributiva como subprincípio do princípio da igualdade.** "O princípio da capacidade contributiva... é limitação expressa formal ao poder de tributar. É norma que, em relação aos elementos que integram a estrutura da igualdade, apresenta-se como um critério de comparação, garantindo a igualdade horizontal e a igualdade vertical, em relação à graduação do ônus de alguns tributos. A igualdade horizontal é promovida por meio da edição de lei que estabeleça tratamento equânime para contribuintes que possuam a mesma capacidade para suportar o encargo fiscal. A igualdade vertical é promovida por meio da edição de norma que estabeleça tratamento diverso para contribuintes com capacidades diversas" (CANAZARO, Fábio. *Essencialidade tributária*: igualdade, capacidade contributiva e extrafiscalidade na tributação sobre o consumo. Porto Alegre: Livraria do Advogado, 2015, p. 153).

– "... o princípio da capacidade contributiva e o princípio da seletividade são subprincípios do princípio da igualdade, e serão aplicados um ou outro de acordo com o tipo de imposto. Nos impostos sobre a renda e rendimentos, deve ser aplicado o princípio da capacidade contributiva; nos impostos sobre a produção e consumo, o princípio da seletividade, de acordo com a essencialidade de cada bem produzido ou comercializado" (FERREIRA, Abel Henrique. O princípio da capacidade contributiva frente aos tributos vinculados e aos impostos reais e indiretos. *RFDT* 06/71, 2003).

– "O princípio da capacidade contributiva não deve ser visualizado como fragmentação do princípio da igualdade. Em verdade, a capacidade contributiva possui dois distintos vieses. No primeiro, como a medida de comparação a ser adotada para alcançar a igualdade tributária. No segundo, como princípio constitucional autônomo..., ou seja, é dever do sujeito passivo repassar, dentro da sua capacidade contributiva, recursos próprios para o Estado, em nome da solidariedade" (MELO, João Paulo Fanucchi de Almeida. *Princípio da capacidade contributiva*. Quartier Latin, 2012, p. 256).

– **Capacidade contributiva absoluta/objetiva ou relativa/subjetiva.** "A capacidade contributiva pode ser: (i) um limite ou critério para a graduação da tributação; ou (ii) um parâmetro para a distinção entre situações tributáveis e não tributáveis. No primeiro caso, falar-se-á em capacidade contributiva relativa ou subjetiva; no último, em capacidade contributiva absoluta ou objetiva. Esta será 'a existência de uma riqueza apta a ser tributada (capacidade contributiva como pressuposto de tributação)', enquanto no sentido subjetivo, será 'a parcela dessa riqueza que será objeto da tributação em face de condições individuais (capacidade contributiva como critério de graduação e limite do tributo)'. [...] A capacidade contributiva relativa pressupõe a existência de uma riqueza, mas não qualquer uma, senão aquela que gera um saldo (disponível). Assim, não basta, para aferir a existência de capacidade contributiva, investigar os rendimentos de uma pessoa. O exemplo, hoje clássico, é daquela pessoa que recebe alugueres razoáveis, mas que, por ter saúde precária, vê-se obrigada a manter enfermeiros durante todo seu tratamento, além de altos custos de medicamentos. Terá ela, talvez, capacidade econômica; de capacidade contributiva, entretanto, não cabe cogitar. [...] Outro é o raciocínio quando se toma a capacidade contributiva sob o ponto de vista objetivo; o que se quer é, apenas, que a situação que distinguirá os contribuintes (i.e., a situação que dirá que alguém deve pagar um tributo, ou, ainda mais claramente: a hipótese tributária) seja algo que, objetivamente, indique que quem nela se enquadra tem condições de suportar os gastos comuns" (SCHOUERI, Luís Eduardo. *Direito tributário*. 2. ed. São Paulo: Saraiva, 2012, p. 321-322).

– **A capacidade contributiva limita as presunções.** "A capacidade contributiva é garantia constitucional de não ser tributado além de sua possibilidade econômica. o domínio das presunções, em face do princípio da capacidade contributiva, é vedado ao legislador simplesmente transportar conceitos de outras ordens sem levar em conta seus sentidos e mecanismos de base, do sistema a que pertencem, assumindo-os no direito de forma deturpada. Incidindo tributo em situação fora do campo da materialidade escolhida como signo de riqueza, a lei, em verdade, institui não uma presunção de direito, mas uma ficção jurídica, tributando aquilo que não é desde sempre e que nunca poderia ser" (HARET, Florence. *Teoria e prática das presunções no direito tributário*. São Paulo: Noeses, 2010, p. 832).

– **Aplicação às pessoas físicas e jurídicas.** O postulado da capacidade contributiva tem aplicação tanto em relação às pessoas físicas como às pessoas jurídicas, conforme antiga lição do saudoso Aliomar Baleeiro, que assim se pronunciou ao comentar a Constituição de 1946, e de Regina Helena Costa, *Princípio da capacidade contributiva*. São Paulo: Malheiros, 1993.

– **Preservação do mínimo vital (mínimo existencial) contra a tributação como decorrência dos direitos fundamentais.** "Neste contexto, parece-nos que se poderá afirmar, pelo menos, o direito à não tributação do rendimento necessário ao mínimo de existência – não apenas porque se trata de uma prestação jurídica que se traduz numa prestação de facto negativa (embora envolva um custo econômico), mas também porque representa, logicamente, o mínimo dos mínimos: se o Estado não é obrigado a assegurar positivamente o mínimo de existência a cada cidadão, ao menos que não lhe retire aquilo que ele adquiriu e é indispensável à sua sobrevivência com o mínimo de dignidade" (ANDRADE, Vieira. *Os direitos fundamentais na Constituição Portuguesa de 1976*. 2. ed. Coimbra: Almedina, p. 388).

– "Tributar o mínimo existencial é obstaculizar a efetivação do princípio da dignidade humana" (PESSOA, Geraldo Paes. Imunidade do mínimo existencial. *RET* 47, 2006).

⇒ **Proporcionalidade como critério suficiente para tributar conforme a capacidade contributiva.** "... o próprio critério proporcional, com a adoção de alíquota única, já onera de forma efetivamente maior aquele que demonstra possuir determinada riqueza tributável em escala superior, tão somente em função da simples variação da base de cálculo, o que, em

última análise, atende também o critério isonômico, já que está se tratando desigualmente, contribuintes em condições desiguais. A progresssividade das alíquotas não é uma imposição inafastável do princípio da capacidade contributiva" (SILVA, Raphael Pereira Teixeira da. Constitucionalidade das alíquotas progressivas de ITCD face ao princípio da capacidade contributiva: o Recurso Extraordinário n. 562.045. *RDDT* 222/93, 2014).

⇒ **Progressividade como critério para tributar conforme a capacidade contributiva.** Através das alíquotas progressivas é possível fazer com que aqueles que revelam melhor situação econômica e, portanto, capacidade para contribuir para as despesas públicas, o façam em maior grau que os demais, não apenas proporcionalmente a sua maior riqueza, mas suportando maior carga em termos percentuais. É, portanto, um instrumento para a efetivação do princípio da capacidade contributiva. Mas deve ser utilizado com moderação para não desestimular a geração de riqueza, tampouco induzir à sonegação.

– "É progressivo o imposto cuja alíquota é maior na medida em que aumenta a base tributável. Como a base imponível é sempre uma expressão da riqueza de cada um, a progressividade faz com que o imposto onere mais quem tem riqueza maior. Personaliza o imposto" (MACHADO, Hugo de Brito. Progressividade e Socialismo. *ZH*, 18-8-1998, p. 15) Não se deve confundir a progressividade com a seletividade: "É seletivo o imposto cujas alíquotas são diferentes, para objetos diferentes, como acontece com o IPI, que tem alíquotas elevadas para certos produtos, e muito baixa, mesmo zero, para outros produtos. Na seletividade, não importa o sujeito. Importa exclusivamente o objeto da tributação. Por isso se pode dizer que ela é adequada para os impostos reais, como o IPTU".

– **Progressividade como característica do sistema e não necessariamente de cada tributo isoladamente.** "La progresividad, como principio, se aplica sólo a los impuestos y puede predicarse de una figura aislada, de varias o del sistema tributario en su conjunto" (CALVO ORTEGA, Rafael. *Curso de derecho financiero. I. Derecho tributario*. 11. ed. Madrid: Thomson/Civitas, 2007, p. 58).

– "El principio de progresividad y la no confiscación ...se convierten el los criterios inspiradores del conjunto del sistema tributario... de ahí que el TC haya tenido que matizar, en diversas ocasiones, que no puede exigirse la progresividad de cada una de las figuras tributarias individualmente. [...] La progresividad del sistema tributario es una manera de ser de ese sistema. Que se tiene que anticuar técnicamente –mediante tipos de gravamen progresivos, exenciones, beneficios fiscales, etc.-, de forma que puede responder a la consecución de unos fines que no son estrictamente recaudatoriaos para permitir la consecución de unos fines distintos, como pueden ser la distribución de la renta..." (MARTÍN QUERALT, Juan et al. *Curso de derecho financiero y tributario*. 18. ed. Madrid: Tecnos, 2007, p. 122).

– "L'art. 53, secondo comma, della Costituzione, recita: 'Il sistema tributário è informato a criteri di progresività'. Nella giurisprudenza della Corte costituzionale viene sottolineato che il principio di progressività non riguarda i singoli tributi ma il sistema nel suo complesso; non è quindi vietato che singoli tributi siano ispirati a criteri diversi. [...]"... il principio di progressività indica che il sistema tributario non ha soltanto lo scopo di fornire mezzi finanziari allo Stato, ma ance funcioni redistributive, per il raggiungimento dei fini di giustizia sociale fissati dalla Costituzione" (TESAURO, Francesco. *Istituzioni di diritto tributario*. 8. ed. Torino: UTET, 2004 (Ristampa 2005), v. I, p. 78-79).

– "... no concerne... i singoli tributi ma il sistema tributario nel suo complesso. [...] Nulla vieta, dunque, Che i singoli tributi possano non essere progressivi..." (FALSITTA, Gaspare. *Manuale di diritto tributário*. Parte generale. 5. ed. Milano: Cedam, 2005, p. 170).

– **Progressividade gradual x progressividade simples.** "Há duas maneiras diferentes de aplicar, para efeitos de cálculo do montante do imposto a pagar, a tabela de alíquotas progressivas...: a) de forma gradual (vários cálculos sucessivos, por etapas, graus ou degraus); e b) de forma simples (cálculo único). O cálculo será, pois, simples, quando se deve adotar apenas a alíquota prevista para a faixa na qual se enquadra o valor a tributar... A maneira de cálculo será, pois, gradual, quando uma a uma das alíquotas previstas para o valor a tributar devem ser utilizadas, tendo-se, assim, como montante devido, o valor que resultar da soma de todos os cálculos parciais sucessivamente efetuados. [...] A forma (progressiva) gradual de cálculo é utilizada pela atual lei do IR..., sendo que a tabela respectiva costuma ser divulgada para fins de cálculo prático, com o acréscimo de mais uma coluna, chamada de 'dedução' que é, na verdade, o valor a ser descontado do resultado da multiplicação da alíquota prevista para a faixa onde se encontra o valor a tributar, correspondendo, assim, na prática, à diferença havida nas faixas anteriores, de tributação menor. Assim, ao invés de efetuar-se vários cálculos (faixa por faixa), utiliza-se somente uma alíquota (a prevista para o valor a tributar), deduzindo-se do resultado da sua aplicação, porém, a soma dos valores tributados com alíquotas menores nas faixas anteriores, chegando-se, por outro caminho, ao mesmo resultado" (VOLKWEISS, Roque Joaquim. *Direito tributário nacional*. 3. ed. Porto Alegre: Livraria do Advogado, 2002, p. 33-34).

– **Constitucionalidade da progressividade simples. Tema 833 do STF:** "É constitucional a expressão 'de forma não cumulativa' constante do *caput* do art. 20 da Lei n. 8.212/91".

– "Recurso extraordinário. Repercussão geral. Direito Tributário. Contribuições previdenciárias do empregado, inclusive, o doméstico, e do trabalhador avulso. Tributação progressiva. Possibilidade. Expressão 'de forma não cumulativa' prevista no *caput* do art. 20 da Lei n. 8.212/91. Progressividade simples. Constitucionalidade. 1. Há compatibilidade entre a progressividade e as contribuições previdenciárias devidas pelo empregado – inclusive o doméstico – e pelo trabalhador avulso vinculados ao regime geral de previdência social (RGPS), sendo certo que não existe, no texto constitucional, qualquer restrição quanto ao uso da mencionada técnica de tributação na disciplina dos tributos em questão. 2. A expressão 'de forma não cumulativa' constante do *caput* do art. 20 da Lei n. 8.212/91, utilizada no tratamento

das contribuições em tela, traduz a opção do legislador pela progressividade simples, e não pela progressividade gradual. 3. Os aumentos de carga tributária decorrentes da não cumulatividade em tela são proporcionais aos aumentos correspondentes da base tributável e não configuram confisco. Inexistência de inconstitucionalidade na norma questionada. 4. Fixação da seguinte tese para o Tema n. 833 de repercussão geral: 'É constitucional a expressão 'de forma não cumulativa' constante do *caput* do art. 20 da Lei n. 8.212/91'" (STF, RE 852.796, 2021). Obs.: mas, para a própria contribuição previdenciária, o art. 28, § 1º, da EC n. 103/2019, atualmente, determina que a progressividade seja gradual, "incidindo cada alíquota sobre a faixa de valores compreendida nos respectivos limites". Ou seja, embora aceita pelo STF a progressividade simples, o próprio constituinte acabou por impor a progressividade simples para as contribuições previdenciárias dos segurados empregado, inclusive o doméstico, e trabalhador avulso.

– **Só a progressividade gradual é autorizada.** É "a progressividade aplicável tão somente para os chamados impostos pessoais, e, assim mesmo, a do tipo gradual, não havendo hoje, na constituição Federal, como se disse, nenhuma autorização para a utilização da progressividade do tipo simples" (VOLKWEISS, Roque Joaquim. *Direito tributário nacional*. 3. ed. Porto Alegre: Livraria do Advogado, 2002, p. 35).

– **Restrição da progressividade às hipóteses expressamente previstas no texto constitucional.** "Relevo jurídico da tese segundo a qual o legislador comum, fora das hipóteses taxativamente indicadas no texto da Carta Política, não pode valer se da progressividade na definição das alíquotas pertinentes à contribuição de seguridade social devida por servidores públicos em atividade. Tratando-se de matéria sujeita a estrita previsão constitucional – CF, art. 153, § 2º, I; art. 153, § 4º; art. 156, § 1º; art. 182, § 4º, II; art. 195, § 9º (contribuição social devida pelo empregador) – inexiste espaço de liberdade decisória para o Congresso Nacional, em tema de progressividade tributária, instituir alíquotas progressivas em situações não autorizadas pelo texto da Constituição" (STF, ADI 2.010-2, 1999).

– "Não se diga que os impropriamente chamados impostos indiretos não podem estar sujeitos a tal princípio. Tal afirmação é errônea, visto que a classificação dos impostos em diretos e indiretos não tem qualquer amparo científico e, além disso, tais impostos, hoje, devem ser graduados conforme o grau de essencialidade do produto. [...] Nos impostos incidentes sobre produtos e mercadorias (importação, exportação, IPI e ICMS) as alíquotas serão seletivas em função da essencialidade para o consumidor. O critério para se aferir a essencialidade baseia-se em presunções. Presume-se que produtos ou mercadorias supérfluas sejam consumidas pelas classes sociais de maior capacidade contributiva. As presunções serão legítimas se fixadas por critérios razoáveis" (LACOMBE, Américo Masset. Parecer. In: PEIXOTO, Marcelo Magalhães (coord.). *IPTU*: aspectos jurídicos relevantes. São Paulo: Quartier Latin, 2002, p. 32 e 35-36).

– **Regressividade. Admissibilidade restrita a fins extrafiscais.** "A técnica da regressividade opõe-se à da progressividade, consistindo na diminuição da alíquota à medida que aumenta a base de cálculo. À vista do princípio da capacidade contributiva, diretriz fundamental dos impostos, sua aplicação está autorizada tão somente no contexto da tributação extrafiscal" (COSTA, Regina Helena. *Curso de direito tributário*. 5. ed. São Paulo: Saraiva, 2015, p. 236).

– Quando a progressividade for reconhecida inconstitucional, será devido o tributo pela alíquota mínima. Na hipótese de ser reconhecida a inconstitucionalidade da progressividade de algum tributo, deverá ser exigida a alíquota mínima prevista na respectiva lei: STF, RE 602.347, 2015; STF, ARE 934.916 AgR, 2016.

– Entendendo que a progressividade é incompatível com o princípio da capacidade contributiva. "O vínculo entre o princípio da capacidade contributiva e a progressividade, encontra adeptos no direito pátrio. Alguns autores entendem, até que não há como respeitar a capacidade contributiva sem a progressividade, entendimento que não encontra respaldo na doutrina comparada moderna devido à dificuldade de medir a capacidade contributiva a partir da aplicação da progressividade nos impostos. Há, contudo, que registrar a posição de outros autores que defendem a progressividade como meio de se alcançar a igualdade na tributação. Mesmo que procurássemos na progressividade a justificação da igualdade na tributação, concluiríamos, forçosamente, que os sistemas de tributação progressiva não medem capacidade econômica, são meros instrumentos políticos de distribuição de riqueza. Equivoca-se, portanto, quem afirma que a igualdade de sacrifícios no suporte do custeio do Estado não se atinja pela regra de proporcionalidade, mas sim pela da progressividade. É justamente o contrário, o que ocorre, se não vejamos: quem tem dez paga 1; quem tem cem paga 10, no caso de haver uma alíquota única de 10%, o que é plenamente proporcional. Pelo critério econômico da progressividade, quem tem dez, paga 1 (alíquota de 10%); quem tem 100 pode vir a pagar 25 (aplicada uma alíquota progressiva de 25%). Pela proporcionalidade, o rico já paga mais imposto que o pobre, e, assim, é atendido o princípio da igualdade na tributação. Isso redunda em tributar desigualmente as mesmas manifestações de riqueza, mediante o uso de critério que considera apenas a questão monetária, sem levar em conta o fato de aquele que ganhe cem ter ou não vinte e quatro vezes mais capacidade contributiva do que quem ganha dez. Assim, a progressividade rompe definitivamente com a igualdade, na certa posição de Tipke, que considera a tributação progressiva da renda mera política social da lei tributária. [...] A progressividade é um critério econômico de aplicar maior carga tributária àquele que, em tese, tem melhores condições econômicas para custear o Estado, distribuindo sua riqueza para atender aos direitos sociais das pessoas menos favorecidas. A progressividade é, portanto, um meio de distribuição de riquezas, no exercício da Justiça Social. Tem a progressividade mero cunho de extrafiscalidade, como logo perceberá quem meditar profundamente sobre o tema. A proporcionalidade somada ao respeito ao mínimo existencial e à capacidade contributiva são capazes de atingir o princípio da igualdade tributária e justiça fiscal, o que é desejo entre muitos estudiosos do direito tributário. Haverá, contudo, por muito tempo, o debate sobre a melhor forma de se atingir a justiça na tributação, pela proporcionalidade ou pela progressividade, o que deixa claro pelo menos uma coisa: que

progressividade e capacidade contributiva não têm relação qualquer entre si" (ZILVETTI, Fernando Aurélio. Progressividade, justiça social e capacidade contributiva. *RDDT* 76, 2002).

⇒ **Seletividade como instrumento para observância da capacidade contributiva.** "O IPI se subordina ao princípio da seletividade, que é um dos subprincípios da capacidade contributiva, a significar que o tributo deve incidir progressivamente na razão inversa da essencialidade dos produtos: quanto menor a utilidade do produto tanto maior deverá ser a alíquota, e vice-versa" (TORRES, Ricardo Lobo. *Curso de direito financeiro e tributário*. 16. ed. Rio de Janeiro: Renovar, 2009, p. 377).

**– "A seletividade em função da essencialidade é uma forma pela qual se aplica o princípio da capacidade contributiva aos impostos indiretos, porque é possível admitir-se que, na generalidade dos casos, os produtos essenciais são indispensáveis aos indivíduos com baixa capacidade contributiva, e os produtos supérfluos são adquiridos por aqueles com maior capacidade contributiva" (CONTI, José Maurício. *Sistema Constitucional Tributário interpretado pelos tribunais*. São Paulo: Oliveira Mendes, 1997, p. 166).

– Entendendo que a essencialidade não decorre da capacidade contributiva, mas da igualdade. Fábio Canazaro opta por dar à essencialidade autonomia frente à capacidade contributiva, considerando a própria essencialidade como subprincípio da igualdade. Afirma: "A essencialidade tributária é princípio. É norma que orienta o intérprete na promoção da igualdade, no que tange à distribuição do ônus nos impostos sobre o consumo" (CANAZARO, Fábio. *Essencialidade tributária:* igualdade, capacidade contributiva e extrafiscalidade na tributação sobre o consumo. Porto Alegre: Livraria do Advogado, 2015, p. 154).

• Vide posição de Alberto Xavier na nota ao art. 153, § 3º, I, da CF sobre a "Ausência de correlação da essencialidade com o preço".

⇒ **Aplicação do princípio da capacidade contributiva às diversas espécies tributárias.** A possibilidade de graduação do tributo conforme a capacidade contributiva pressupõe, evidentemente, que tenha como hipótese de incidência situação efetivamente reveladora de tal capacidade, do que se tira que o princípio encontra campo maior de aplicação nos tributos com fato gerador não vinculado. A proibição do confisco e a preservação do mínimo vital, como decorrências do princípio da capacidade contributiva, impõem-se relativamente a qualquer espécie tributária.

– "... a despeito de o art. 45, § 1º, da Constituição Federal, que alude à capacidade contributiva, fazer referência apenas aos impostos, não há negar que ele consubstancia uma limitação ao poder de imposição fiscal que informa todo o sistema tributário. É certo, contudo, que o princípio da capacidade contributiva não é aplicável, em sua inteireza, a todos os tributos. [...] Como se sabe, existe certa dificuldade em aplicá-lo, por exemplo, às taxas, que pressupõem uma contraprestação direta em relação ao sujeito passivo da obrigação. Na hipótese das contribuições, todavia, o princípio em tela, como regra, encontra guarida, como ocorre no caso das contribuições sociais previstas no art. 195, I, *b* e *c*, devidas pelo empregador" (Excerto do voto condutor RE 573675, 2009, STF).

– "... o princípio da capacidade contributiva é aplicável a todas as espécies tributárias. No tocante aos impostos, o princípio é aplicável em toda a sua extensão e efetividade. Já no caso dos tributos vinculados, é aplicável restritivamente, devendo ser respeitados apenas os limites que lhe dão os contornos inferior e superior, vedando a tributação do mínimo vital e a imposição tributária que tenha efeitos confiscatórios" (CONTI, José Maurício Conti. *Princípios tributários da capacidade contributiva e da progressividade*. São Paulo: Dialética, 1996, p. 65).

– "... o tríplice conjunto de princípios – 'capacidade contributiva', 'não confisco' e 'equivalência' – gera fronteiras definitivas ao poder de tributar, que, se as ultrapassar, fatalmente incidirá no vício maior de qualquer ato legislativo ou normativo, que é o da inconstitucionalidade, da mácula, do ferimento da lei maior. Desta forma, o tríplice conjunto de princípios, aplicável ao poder impositivo em geral, não poderia, de forma alguma, restar restrito a uma categoria de tributos. Informa todos eles, diretos ou indiretos, reais ou pessoais, até por que, se houvesse qualquer limitação à sua aplicação, à evidência, caberia ao constituinte enunciar as exceções – que não existem. São, pois, umbilicalmente ligados e rigorosamente aplicáveis a todos os tributos, sem exceção" (MARTINS, Ives Gandra da Silva. Operadoras de turismo – Receita própria é aquela tributada pelas incidências diretas e indiretas... *RFDT* 27/121, maio-jun. 2007).

– **No sentido de que só vincularia o legislador na instituição de impostos**. Veja-se a ponderação feita por Hugo de Brito Machado em razão dos termos em que o princípio da capacidade contributiva restou positivado: "É importante, porém, destacar que o princípio da capacidade contributiva só está juridicizado, no Brasil, em relação aos impostos, posto que o § 1º, do art. 145, da Constituição Federal, referiu-se apenas à espécie impostos, e não ao gênero tributos. Assim, no Direito brasileiro, o princípio da capacidade contributiva existe como princípio jurídico constitucional apenas para os impostos, e apenas em relação a estes, portanto, se impõe ao legislador, que o não observando produzirá lei inconstitucional. Em relação às taxas, como em relação a qualquer outro tributo que não se caracterize como imposto, o legislador tem a liberdade de observar, ou não, o princípio em tela" (*Temas de direito tributário*. São Paulo: RT, 1993, p. 16).

• Vide as notas que seguem sobre a capacidade contributiva em cada espécie tributária.

– **Taxas e capacidade contributiva.** O princípio da capacidade contributiva baseia-se num ideal de justiça fiscal. Relativamente às taxas, porém, a justiça fiscal reside na sua simples cobrança, na medida em que, além do pagamento dos tributos em geral, as pessoas que individualmente se beneficiem de serviço público específico e divisível ou que exerçam atividade que exija fiscalização por parte do Poder Público, suportarão os respectivos ônus. A própria cobrança da taxa, com vista ao ressarcimento do custo da atividade estatal, pois, já realiza o ideal de justiça fiscal. Não é adequado, por ofensivo à própria natureza da taxa, pretender fazê-la variar conforme a capacidade contributiva do contribuinte, pois esta não entra em questão nas taxas, cujo fato gerador é a atividade estatal, e não fatos reveladores da riqueza do contribuinte. Mas o STF, em alguns casos, tem tolerado tal prática.

– "Quanto ao princípio da capacidade contributiva, a doutrina está dividida. A disceptação decorre mais do ângulo em que se coloca o estudioso do que propriamente dos fundamentos opinativos de cada um. Ora, se se pensar em valores diferenciados ou em 'taxas progressivas', mais onerosas, em razão da capacidade contributiva do contribuinte, é evidente que não cabe a invocação do princípio (formulação positiva do princípio). O fato gerador das taxas, vimos, radica em manifestações estatais (atuações concretas do Estado) e não na capacidade do contribuinte (renda, trabalho, patrimônio etc.). Portanto, não há que se falar, por esse ângulo, em aplicação do princípio da capacidade contributiva, cujo campo predileto seriam os tributos não vinculados (impostos), assim mesmo aqueles chamados de 'diretos' ou 'de medida', em contraposição aos 'indiretos' ou 'de mercado'. Não obstante, o princípio da capacidade contributiva não se liga tão somente à técnica da progressividade, cujo objetivo é tributar mais quem mais tem, senão que fomenta institutos tributários de variegada índole. Cabe exemplificar com as isenções subjetivas em matéria de taxas. As leis, com frequência, isentam os pobres em relação a inúmeras taxas, reconhecendo, assim, a incapacidade contributiva dos mesmos. A taxa judiciária e as custas são dispensadas dos litigantes sem recursos ou presumidamente sem recursos, por serem pobres em sentido legal. O fundamento de todas as isenções, por isso legítimas, nas taxas, é justamente a incapacidade contributiva (formulação negativa do princípio)" (COÊLHO, Sacha Calmon Navarro. *Curso de direito tributário brasileiro*. 15. ed. Rio de Janeiro: Forense, 2016, p. 129).

– "A Constituição brasileira, não obstante, adotando a melhor técnica, como alerta F. Moschetti, restringe a obrigatoriedade do princípio aos impostos, conforme dispõe o art. 145, § 1º. É que, enquanto a base de cálculo dos impostos deve mensurar um fato-signo, indício de capacidade econômica do próprio contribuinte, nos chamados tributos vinculados – relativos às taxas e contribuições – ela dimensiona o custo da atuação estatal ou a vantagem imobiliária auferida pelo contribuinte, advinda da obra pública. Tal constatação não impede que o legislador conceda a isenção em se tratando de certos serviços públicos. A Constituição Federal, por isso mesmo (art. 5º, LXXIV e LXXVI), já garante, para os reconhecidamente pobres, a gratuidade da prestação jurisdicional, do registro civil de nascimento e da certidão de óbito" (comentário de Misabel Abreu Machado Derzi na atualização da obra de Aliomar Baleeiro, *Direito tributário brasileiro*, 11. ed., Rio de Janeiro: Forense, 1999, p. 201).

– "... O Princípio da Capacidade Contributiva deve espraiar-se por todas as categorias tributárias: não tendo o contribuinte o mínimo para sua sobrevivência, não pode ele ser constrangido a contribuir para as despesas públicas, ainda que ele as tenha causado (o serviço público é, sempre, de interesse público, ainda que dirigido a alguém)" (SCHOUERI, Luís Eduardo. *Direito tributário*. 2. ed. São Paulo: Saraiva, 2012, p. 322).

– "O diploma normativo em causa, que estabelece isenção do pagamento de taxa de concurso público... Noutro giro, não ofende a Carta Magna a utilização do salário mínimo como critério de aferição do nível de pobreza dos aspirantes às carreiras púbicas, para fins de concessão do benefício de que trata a Lei capixaba n. 6.663/01" (STF, ADI 2.672, 2006). Colhe-se de um dos votos: "... caso o concursado seja aprovado – aquele desempregado ou que percebe até três salários mínimos –, haverá o desconto da taxa, porteriormente, em duas parcelas mensais. Tenho como satisfatória a lei, em termos humanísticos e também constitucionais, emprestando um trtamento desigual a desiguais e viabilizando, portanto, a feitura do cncurso por aqueles que não têm condições imediatas de recolherem a taa cobrada, sem prejuízo do próprio sustento e do sustento da família".

– No sentido de que o princípio da capacidade contributiva também pode ser aplicado às taxas: "Taxa de fiscalização dos mercados de títulos e valores mobiliários... O critério adotado pelo legislador para a cobrança dessa taxa de polícia busca realizar o princípio constitucional da capacidade contributiva, também aplicável a essa modalidade de tributo, notadamente quando a taxa tem, como fato gerador, o exercício do poder de polícia. Precedentes. [...]" (STF, ARegRE 176.382-5, 2000). Obs.: embora a redação da ementa, vê-se do inteiro teor dos votos do RE 177.835-1 que os Ministros discutiram a questão da adequação do valor à maior ou menor necessidade de fiscalização, ou seja, à dimensão da atividade do Estado. Vide a ementa deste acórdão adiante em nota ao § 2º deste art. 145 sobre a Taxa de Fiscalização da CVM.

– No sentido da inaplicabilidade do princípio da capacidade contributiva às taxas: "O princípio da capacidade contributiva, por vontade constitucional, não é aplicado aos tributos vinculados, ou seja, às taxas e contribuições de melhorias, cuja finalidade é a de que o Poder Público possa ser ressarcido de gastos financeiros com serviços e obras públicas prestados aos contribuintes que diretamente destes se beneficiaram. Ressalte, o Poder Público não tem a discricionariedade de aplicar ou não o princípio da capacidade contributiva aos tributos vinculados. A Constituição Federal não lhe outorgou tal poder" (FERREIRA, Abel Henrique. O princípio da capacidade contributiva frente aos tributos vinculados e aos impostos reais e indiretos. *RFDT* 06/71, 2003).

– "... não se mostra adequada a utilização da progressividade no caso das taxas, pois levaria a uma desproporção entre o valor cobrado e o benefício recebido. A progressividade é adequada para tributos fundados na capacidade contributiva, como é o caso dos impostos" (CONTI, José Maurício. *Sistema Constitucional Tributário interpretado pelos tribunais*. São Paulo: Oliveira Mendes, 1997, p. 15).

– **Contribuições e capacidade contributiva.** Não há incompatibilidade entre o princípio da capacidade contributiva e as contribuições, mormente considerando que estas podem ser instituídas – e normalmente o são – com fato gerador não vinculado.

– "Não obstante a Lei Maior faça referência a impostos, a doutrina e a jurisprudência pacificaram o entendimento de que a capacidade contributiva é princípio informador da tributação também pela via das contribuições sociais, sempre que o legislador escolha, como fato gerador ou base de cálculo essa espécie tributária, um elemento denotador dessa capacidade. Trata-

-se de critério mediante o qual se realiza a isonomia, pressupondo-se que contribuintes com a mesma capacidade contributiva arquem com idêntica carga tributária" (MARTINS, Ives Gandra da Silva; SOUZA, Fátima Fernandes Rodrigues de. CONFINS e PIS – planejamento tributário – incompatibilidade entre o Sistema Tributário Brasileiro e eventual norma antielisão – art. 116, parágrafo único, do CTN – carência de eficácia – planejamento que, ademais, se harmoniza com os objetivos das Leis 10.637/02, 10.684/03, 10.833/03 e MP 164/04. *RDDT* 117/132, 2005).

– No sentido da aplicação do princípio da capacidade contributiva às contribuições sociais, vide também Regina Helena Costa, *Princípio da capacidade contributiva*. São Paulo: Malheiros, 1993.

⇒ **Impostos. Interpretação da expressão "sempre que possível".** Sobre o alcance dessa norma, o *leading case* do STF é o RE 153.771-0, julgado em novembro de 1996, cuja ementa é a que segue: "IPTU. Progressividade. No sistema tributário nacional é o IPTU inequivocamente um imposto real. Sob o império da atual Constituição, não é admitida a progressividade fiscal do IPTU, quer com base exclusivamente no seu artigo 145, § 1º, porque esse imposto tem caráter real que é incompatível com a progressividade decorrente da capacidade econômica do contribuinte, quer com arrimo na conjugação desse dispositivo constitucional (genérico) com o artigo 156, § 1º (específico). A interpretação sistemática da Constituição conduz inequivocamente à conclusão de que o IPTU com finalidade extrafiscal a que alude o inciso II do § 4º do artigo 182 é a explicitação especificada, inclusive com limitação temporal, do IPTU com finalidade extrafiscal aludido no artigo 156, I, § 1º. Portanto, é inconstitucional qualquer progressividade em se tratando de IPTU, que não atenda exclusivamente ao disposto no artigo 156, § 1º, aplicado com as limitações expressamente constantes dos §§ 2º e 4º do artigo 182, ambos da Constituição Federal. Recurso extraordinário conhecido e provido, declarando-se inconstitucional o sub-item 2.2.3 do setor II da Tabela III da Lei 5.641, 22.12.89, no município de Belo Horizonte" (STF, RE 153.771-0, 1996). Vale transcrever excertos do voto do condutor: "Desse dispositivo decorre que a Constituição, adotando a distinção clássica segundo a qual os impostos podem ter caráter pessoal ou caráter real (é a classificação que distingue os impostos em pessoais e reais), visa a que os impostos, sempre que isso seja possível, tenham o caráter pessoal, caso em que serão graduados e um dos critérios de graduação poderá ser a progressividade segundo a capacidade econômica do contribuinte. Por outro lado, em face desse dispositivo, não se pode pretender que a expressão 'sempre que possível' se refira apenas ao caráter pessoal do imposto, e que, por isso, o princípio da capacidade contributiva seja aplicável a todos os impostos ainda quando não tenham caráter pessoal, como sustentam Américo Lacombe e José Maurício Conti, citados no voto do eminente relator. De efeito, a parte final do dispositivo em causa repele essa conclusão, porque a Constituição atribui à administração tributária a faculdade de identificar o patrimônio, os rendimentos e as atividades econômicas do contribuinte, 'especialmente para conferir efetividade A ESSES

OBJETIVOS', ou seja, ao objetivo de que os impostos, se possível, tenham caráter pessoal e ao de que esses impostos com caráter pessoal sejam graduados segundo a capacidade econômica do contribuinte, certo como é que essa faculdade de identificação só tem sentido quando se trata de imposto de caráter pessoal, ou seja na definição de GIANINI (*Instituzioni di diritto tributario*, reimpressão da 9. ed., Milano: Dott A Giuffrè Editore, 1974, p. 159), 'aqueles que alcançam o conjunto de rendimentos ou de bens do contribuinte, ou também uma parte destes, mas enquanto dizem respeito a uma dada pessoa, levando em conta, em medida mais ou menos ampla, as suas condições.' O mesmo não ocorre, evidentemente, com os impostos de caráter real que também na definição de GIANINI (Ob. Cit., ibidem) são os que 'alcançam bens singulares ou rendimentos ou também grupos de bens ou de rendimentos, considerados na sua objetividade, sem levar em conta a condição pessoal do sujeito passivo do imposto.' Por isso mesmo, VICTOR UCKMAR (Princípios Comuns de Direito Constitucional Tributário, trad. MARCO AURÉLIO GRECO, § 12, p. 82, Editora Revista dos Tribunais, São Paulo, 1976), tratando do princípio constitucional da igualdade tributária no tocante à capacidade contributiva, se refere ao 'EVIDENTE ABSURDO DE ALÍQUOTAS PROGRESSIVAS PARA OS IMPOSTOS REAIS'. Igualmente, VICENZO CARULLO (*La Costituzione della Repubblica Italiana*, p. 184, Dott Cesare Zuffi-Editore, Bologna, 1950), comentando o artigo 53 da Constituição Italiana que preceitua que 'todos são obrigados a concorrer para que as despesas públicas em razão de sua capacidade contributiva' e que 'o sistema tributário é informado por critérios de progressividade', acentua: 'Naturalmente, não queremos dizer nem o poderemos que todos os impostos indistintamente devem ser progressivos, porque bem sabemos como isso seria IMPOSSÍVEL ou cientificamente errado: porque bem sabemos que A PROGRESSÃO NÃO CONDIZ COM OS IMPOSTOS DIRETOS REAIS e pode encontrar só inadequada e indireta aplicação nos impostos sobre consumos e nos impostos indiretos em geral'. No mesmo sentido, ZINGALI (*apud* COCIVERA, *Principi di Diritto Tributario*, I, ps. 253/254, nota 60, Dott. A Giuffrè Editore, Milano, 1974), que dá como uma das características do imposto real a de que ele 'não pode ser organizado em forma progressiva (sendo a progressividade das alíquotas fundadas sobre o conceito de capacidade contributiva)'. Essa também a posição de BERLIRI...". Segue com inúmeras citações e conclui pela inconstitucionalidade de lei municipal de Belo Horizonte (Lei n. 5.641/89) que instituiu IPTU, imposto real, com progressividade não admitida pela Constituição. Essa posição vem sendo constantemente reiterada pelo STF, conforme se pode ver de julgados abaixo, principalmente sobre o IPTU.

– "2.7 – A primeira observação é que a expressão 'sempre que possível' só pode referir-se ao caráter pessoal dos impostos. Não é de ser conectada com a expressão seguinte, vale dizer, graduação 'segundo a capacidade econômica do contribuinte'. Isto porque a graduação dos impostos segundo a capacidade econômica

é um corolário lógico do princípio da igualdade, e, assim sendo, sua referência expressa é desnecessária. A conclusão, portanto, é que os impostos sempre deverão ser graduados a capacidade econômica do contribuinte. A expressão 'sempre que possível' poderia referir-se à capacidade econômica do contribuinte caso o parágrafo em exame mencionasse 'tributos', e não 'impostos'. É que as taxas não podem ser graduadas segundo a capacidade econômica dos contribuintes, uma vez que as bases de cálculo a elas inerentes não mensuram um atributo ou algo próprio do sujeito passivo, mas uma atividade do sujeito ativo. Acresce que a isonomia é um princípio a ser aplicado sem qualquer ressalva, e, se assim é, a capacidade contributiva (decorrência lógica da isonomia) não poderá ser aplicada com ressalvas, salvo diante de uma impossibilidade lógica, o que daria sentido à expressão 'sempre que possível' se a redação do parágrafo se referisse a 'tributos' e não a 'impostos'. 2.8. – Em conclusão, o que está escrito no § 1º, do art. 145, é o seguinte: sempre que possível os impostos terão caráter pessoal, sendo graduados, em qualquer caso, segundo a capacidade econômica do contribuinte" (LACOMBE, Américo Masset. Parecer. In: PEIXOTO, Marcelo Magalhães (coord.). *IPTU*: aspectos jurídicos relevantes. São Paulo: Quartier Latin, 2002, p. 32-33).

– **Terão caráter pessoal.** "O termo 'caráter pessoal' previsto no artigo 145, § 1º da CRFB aponta duas situações devidamente correlatas: (i) individualidade e (ii) realidade. Logo, a tributação deve levar em consideração questões pessoais/individuais do sujeito passivo de obrigação tributária e se valer da realidade ou da verdade, e não de ficções ou presunções absolutas jurídicas" (MELO, João Paulo Fanucchi de Almeida. *Princípio da capacidade contributiva*. São Paulo: Quartier Latin, 2012, p. 255).

– **Os impostos pessoais devem ser graduados.** "Enquanto critério de igualdade tributária, a capacidade contributiva não surge do nada, como se fizéssemos uma reflexão no vazio sobre o melhor modo de repartir os encargos tributários. Bem pelo contrário, ela forma-se por referência a um modelo determinado de organização econômica e social, o do Estado Social de Direito, e por referência a um modelo concreto de imposto, o imposto sobre os rendimentos pessoais. E é essa origem que lhe traça os limites na relação com o sistema tributário. [...] – ... vemos que a capacidade contributiva só vale para os tributos com uma estrutura unilateral. O tirar de cada um consoante pode só faz sentido quando não se pergunte pelo que cada um recebe, perdendo o critério a razão de ser quando estejam em causa tributos de estrutura comutativa. Isto que dizemos resulta evidente logo que confrontamos a capacidade contributiva com o fim prototípico destas figuras – de tal modo evidente, aliás, que se podem enfrentar com tranquilidade os avanços daqueles que pretendem alargar a capacidade contributiva ao todo do sistema tributário, algumas vezes por excesso sistematizador, outras procurando apenas racionalizar comandos constitucionais sem racionalidade aparente" (VASQUES, Sérgio. Capacidade contributiva, rendimento e patrimônio. *RFDT* 11/23, out. 2004).

– **Os impostos pessoais e que consideram a situação do contribuinte como um todo é que se vocacionam para a progressividade.** "Es indiscutible que los impuestos progresivos tienen que gravar una universalidad que permita contemplar la totalidad de la situación económica determinada del sujeto pasivo (renta, patrimonio y consumo). [...] Al predicarse la progresividad del sistema parece evidente que ésta puede alcanzarse con técnicas y figuras diversas y que la sola exigencia científica radica en su establecimiento en el impuesto sobre la renta y en el carácter general de los restante impuestos que la reciban (p. ej., el que grave el patrimonio de las personas físicas) [...] Aunque la citada progresividad se tenga que atribuir al sistema es inevitable que sólo puede hacerse a través de técnicas correctas científicamente en este caso de la universalidad de los impuestos que reciben la progresividad que examinamos. De aquí que sea discutible la constitucionalidad de la progresividad aplicada a un impuesto no personal ni general y que por tanto no permite una contemplación de la renta, del patrimonio o del consumo global" (CALVO ORTEGA, Rafael. *Curso de derecho financiero. I. Derecho tributário*. 11. ed. Madrid: Thomson/Civitas, 2007, p. 58).

– **Entendendo que também os impostos reais podem ser graduados conforme a capacidade contributiva.** Américo Lacombe defende a aplicação do princípio da capacidade contributiva a quaisquer impostos, sejam pessoais ou reais, diretos ou indiretos, entendendo que, inclusive a propriedade revela capacidade contributiva: "A progressividade dos impostos é uma decorrência lógica do princípio da capacidade contributiva. Todo imposto que incida sobre o patrimônio ou a renda deve ser progressivo. A progressividade dos impostos incidentes sobre produtos e mercadorias manifesta-se na variação da alíquota em virtude do grau de essencialidade do produto para o consumidor (contribuinte de fato), e ainda na não cumulatividade, como já vimos. No imposto sobre a renda a progressividade exterioriza-se pela aplicação de alíquotas mais elevadas às maiores rendas tributáveis. Nos impostos sobre o patrimônio as alíquotas devem ser mais elevadas quando aplicadas a maiores bases de cálculo, sob pena de ofensa ao princípio da capacidade contributiva, e, consequentemente, ao princípio da igualdade" (LACOMBE, Américo Masset. Parecer. In: PEIXOTO, Marcelo Magalhães (coord.). *IPTU: aspectos jurídicos relevantes*. São Paulo: Quartier Latin, 2002, p. 36).

– "... os impostos pessoais devem ser quantificados tendo-se em vista a capacidade econômica do contribuinte. entretanto, não significa que em relação aos demais impostos não se possa, ou deva, levar em conta também a capacidade econômica daqueles que suportam o correspondente ônus... Impostos como o que incide sobre produtos industrializados, tipicamente reais porque têm alíquota estabelecida em razão do produto, podem realizar o princípio da capacidade contributiva. E neste ponto revela-se da maior importância o fenômeno da repercussão, a nos dizer que esse imposto deve ter o seu valor estabelecido em razão da capacidade contributiva daquele que suporta o ônus correspondente, e não a capacidade contributiva do seu contribuinte. Realmente, a Constituição Federal estabelece que o imposto sobre produtos industrializados será seletivo em função da essencialidade do produto, o que significa dizer que o seu valor deve levar em conta o produto sobre o qual incide e, indiretamente, a capacidade econômica de quem suporta o seu ônus que se pressupõe embutido no preço do produto. embora ninguém possa afirmar com segurança a ocorrência da repercussão, leva-se em conta

aquilo que geralmente acontece. Assim, como geralmente só pessoas de elevada capacidade econômica consomem certos produtos, o imposto sobre estes é fixado mediante alíquota mais elevada. e como geralmente determinados produtos são consumidos pela população em geral, inclusive pelos de baixa capacidade econômica, a estes se aplica alíquota menor, o que significa dizer que em relação a eles o imposto cobrado é menor. Assim, não temos dúvida de que os impostos reais podem realizar o princípio da contributiva, ainda que de forma indireta, em face do fenômeno da repercussão..." (MACHADO, Hugo de Brito. A progressividade do IPTU e a capacidade contributiva. *RDDT* 203/91-100, 2012).

– **Impostos reais. Progressividade vedada.** A progressividade, nos impostos reais, é vedada, salvo autorização constitucional expressa, conforme a jurisprudência do STF da qual se extrai que não se prestam a revelar capacidade contributiva e que, por isso, não podem ser graduados com base nela. Há de se noticiar, entretanto, que os Ministros Carlos Velloso e Marco Aurélio votaram vencidos em algumas oportunidades, reconhecendo, em seus votos, que o princípio da capacidade contributiva previsto no § 1º do art. 145 da CF aplica-se a todo e qualquer imposto, inclusive aos de natureza real, como entenderam ser o ITBI, conforme se pode ver, e.g., do RE 234.105-SP, de abril de 1999. A matéria, justamente quanto ao ITBI, estava, em outubro de 2008, novamente em discussão no RE 562045.

– Excepcionam-se os casos em que a própria Constituição prevê a graduação, como ocorre, atualmente, com o IPTU, conforme a nova redação do § 1º do art. 156 da CF. A par disso, a Constituição já previa a possibilidade de progressividade extrafiscal para o IPTU (art. 182, § 4º, II) e para o ITR (art. 153, § 4º, I).

– "O princípio da capacidade contributiva deve incidir obrigatoriamente sobre os impostos reais, de forma proporcional e não progressiva, exceto quando o objetivo for o de dar efetividade à função social da propriedade. Os impostos só podem ser progressivos se houver previsão constitucional originária para tanto. Caso não fosse esse o entendimento correto, o legislador constituinte teria colocado no próprio dispositivo, constante no § 1º do artigo 145 da Constituição Federal, que os impostos deverão ser progressivos de acordo com a capacidade contributiva dos contribuintes. [...] O princípio da progressividade não é sinônimo do princípio da capacidade contributiva, e só pode ser utilizado quando o constituinte Federal assim determinar" (FERREIRA, Abel Henrique. O princípio da capacidade contributiva frente aos tributos vinculados e aos impostos reais e indiretos. *RFDT* 06/71, 2003).

– **ITBI.** No RE 234.105/SP, em abr/99, o STF declarou a inconstitucionalidade de norma legal que estabelecia progressividade de alíquotas do Imposto de Transmissão *inter vivos* de Bens Imóveis – ITBI – (CF, art. 156, II) em razão da sua natureza real. Entendeu-se que o ITBI não pode variar na razão da presumível capacidade contributiva do sujeito passivo. Veja-se a ementa: "... I – Imposto de transmissão de imóveis, *inter vivos* – ITBI: alíquotas progressivas: a Constituição Federal não autoriza a progressividade das alíquotas, realizando-se o princípio da capacidade contributiva proporcionalmente ao preço da venda".

– **Súmula 656 do STF**: "É inconstitucional a lei que estabelece alíquotas progressivas para o imposto de transmissão *inter vivos* de bens imóveis – ITBI com base no valor venal do imóvel" (2003).

– "ITBI: progressividade: L. 11.154/91, do Município de São Paulo: inconstitucionalidade. A inconstitucionalidade, reconhecida pelo STF (RE 234.105), do sistema de alíquotas progressivas do ITBI do Município de São Paulo (L. 11.154/91, art. 10, II), atinge esse sistema como um todo, devendo o imposto ser calculado, não pela menor das alíquotas progressivas, mas na forma da legislação anterior, cuja eficácia, em relação às partes, se restabelece com o trânsito em julgado da decisão proferida neste feito" (STF, RE 259.339, 2000).

– "ITBI *Inter Vivos*. Progressividade de alíquotas na forma do inciso II do art. 10 da Lei n. 11.154, do Município de São Paulo. Inconstitucionalidade declarada por esse Tribunal e pelo Supremo (*RT* 781/174). Mandado de segurança acolhido. Não provimento dos recursos" (TACSP, Ap 854.265-8, 2004).

– **ITCMD. Tema 21 do STF**: "É constitucional a fixação de alíquota progressiva para o Imposto sobre Transmissão Causa Mortis e Doação ITCD". Decisão de mérito em 2013.

– "LEI ESTADUAL: PROGRESSIVIDADE DE ALÍQUOTA DE IMPOSTO SOBRE TRANSMISSÃO *CAUSA MORTIS* E DOAÇÃO DE BENS E DIREITOS. CONSTITUCIONALIDADE. ART. 145, § 1º, DA CONSTITUIÇÃO DA REPÚBLICA. PRINCÍPIO DA IGUALDADE MATERIAL TRIBUTÁRIA. OBSERVÂNCIA DA CAPACIDADE CONTRIBUTIVA" (STF, RE 562.045, 2013). Informativo 694: "Em conclusão, o Plenário, por maioria, deu provimento a recurso extraordinário, interposto pelo Estado do Rio Grande do Sul, para assentar a constitucionalidade do art. 18 da Lei gaúcha 8.821/89, que prevê o sistema progressivo de alíquotas para o imposto sobre a transmissão *causa mortis* e doação – ITCD... Salientou-se, inicialmente, que o entendimento de que a progressividade das alíquotas do ITCD seria inconstitucional decorreria da suposição de que o § 1º do art. 145 da CF a admitiria exclusivamente para os impostos de caráter pessoal. Afirmou-se, entretanto, que todos os impostos estariam sujeitos ao princípio da capacidade contributiva, mesmo os que não tivessem caráter pessoal. Esse dispositivo estabeleceria que os impostos, sempre que possível, deveriam ter caráter pessoal. Assim, todos os impostos, independentemente de sua classificação como de caráter real ou pessoal, poderiam e deveriam guardar relação com a capacidade contributiva do sujeito passivo. Aduziu-se, também, ser possível aferir a capacidade contributiva do sujeito passivo do ITCD, pois, tratando-se de imposto direto, a sua incidência poderia expressar, em diversas circunstâncias, progressividade ou regressividade direta. Asseverou-se que a progressividade de alíquotas do imposto em comento não teria como descambar para o confisco, porquanto haveria o controle do teto das alíquotas pelo Senado Federal (CF, art. 155, § 1º, IV). Ademais, assinalou-se inexistir incompatibilidade com o Enunciado 668 da Súmula do STF ('É inconstitucional a lei municipal que tenha estabelecido, antes da Emenda Constitucional 29/2000, alíquotas progressivas para o IPTU, salvo se destinada a assegurar o cumprimento da função social da propriedade urbana'). Por derradeiro,

esclareceu-se que, diferentemente do que ocorreria com o IPTU, no âmbito do ITCD não haveria a necessidade de emenda constitucional para que o imposto fosse progressivo. [...] O Relator entendia que a progressividade de tributos só poderia ser adotada se houvesse expressa disposição constitucional. Asseverava que a vedação da progressividade dos impostos de natureza real (CF, art. 145, § 1º) configuraria garantia constitucional e direito individual do contribuinte, sem que lei estadual pudesse alterar esse quadro. O Min. Marco Aurélio considerava que a progressividade das alíquotas, embora teoricamente realizasse justiça tributária, não o faria no caso, visto que herdeiros em situações econômicas distintas seriam compelidos ao pagamento de igual valor do tributo. Além disso, a lei estadual, de forma diferida, implementaria o imposto sobre grandes fortunas (CF, art. 153, VII), o que deveria ser cobrado pela União, não pelo estado-membro... (RE 562.045)".

– "6. O ITCMD permite mais do que uma simples presunção indireta da capacidade contributiva do contribuinte. Isso porque não se trata de um tributo que incida sobre a propriedade de um bem, por exemplo, de característica estática e dissociada da situação do contribuinte ou que tome qualquer outra realidade econômica de modo isolado. O imposto sobre a transmissão *causa mortis* é devido pelo 'beneficiário ou recebedor do bem ou direito transmitido' por ocasião do direto e necessário acréscimo patrimonial que a transmissão implica. Aliás, trata-se de um acréscimo patrimonial a título gratuito, que revela, por si mesmo, evidente e clara capacidade contributiva. É que o imposto simplesmente implicará a redução do acréscimo patrimonial líquido. De modo algum, terá o contribuinte que dispor senão de parte do acréscimo percebido. 7. Diferencia-se o ITCMD, assim, do próprio ITBI, que é objeto da Súmula 656 ('*É inconstitucional a lei que estabelece alíquotas progressivas para o imposto de transmissão inter vivos de bens imóveis – ITBI com base no valor venal do imóvel*'), porquanto o ITBI diz respeito à transmissão onerosa, em que há a aquisição da propriedade numa operação sinalagmática na qual o adquirente assume o ônus da contrapartida. No ITBI, a simples operação de transferência não permite que se saiba sobre a real disponibilidade do adquirente para pagamento do imposto. Pode o adquirente ter efetuado o pagamento do preço à vista ou à prazo, com recursos próprios ou mediante financiamento, pode ter adquirido o imóvel para moradia ou para investimento, dentre outras circunstâncias, todas alheias ao fato gerador. Aliás, é comum que, na aquisição de imóveis, o adquirente faça grandes esforços para realizar a operação, de modo que a efetiva capacidade contributiva é meramente presumida, mas não necessariamente real, podendo a operação, inclusive, estar associada à assunção de vultosas dívidas. Já na aquisição a título gratuito, há sempre efetivo acréscimo patrimonial, mediante transferência sem contrapartida. O ITCMD, portanto, distingue-se do ITBI. Não se trata sequer de um típico imposto real, porquanto o próprio fato gerador revela inequívoca capacidade contributiva dele decorrente. Nessa medida e considerando a subjetivação que admite, pode-se mesmo considerar que, na classificação entre impostos reais e pessoais, o ITCMD penderia mais para esta categoria. 8. Note-se, também, que o ITCMD em questão contém algumas cláusulas de subjetivação, ao assegurar isenção quando 'o recebedor seja ascendente, descendente ou cônjuge, ou a ele equiparado, do transmitente, não seja proprietário de outro imóvel e não receba mais do que um imóvel, por ocasião da transmissão'. Ricardo Lobo Torres, no seu Tratado de Direito Constitucional Financeiro e Tributário, ed. Renovar, Vol. IV, 2007, p. 228, cuidando da matéria, destaca que o 'princípio da personalização', expresso pelo agravamento da tributação de acordo com afastamento entre herdeiro e de cujos na linha da sucessão, presente em diversas legislações estrangeiras, fez com que imposto *causa mortis* tenha se transformado em um tributo pessoal, quando antes era real. 9. Por revelar efetiva e atual capacidade contributiva inerente ao acréscimo patrimonial, o imposto sobre transmissão *causa mortis*, também conhecido como imposto sobre heranças ou sobre a sucessão, é um imposto que bem se vocaciona à tributação progressiva. Na Espanha, por exemplo, quando as comunidades autônomas não dispõem em sentido diverso, as alíquotas progressivas vão de 7,5% para as bases menores, até 34% para as maiores. Veja-se, no ponto, as informações constantes da obra de Juan Martín Queralt em coautoria com Serrano, López e Ollero, *Curso de Derecho Financiero y Tributario*, 18ª ed., Madrid: Tecnos, 2007, p. 709: '... *debe calcularse la cuota íntegra, resultado de aplicar a la base liquidable la tarifa del impuesto, que consiste en una escalada progresiva por tramos. Como hemos visto antes, la tarifa puede ser establecida por las CCAA. Si no lo hacen, se aplicará la tarifa aprobada por el Estado, que oscila entre el 7,65 por 100 para la parte de base liquidable inferior a 7.993,46 euros, y el 34 por 100 para la parte de base imponible que exceda de 797.555,08 euros. En tercer lugar, la cuota tributaria que se determina aplicando la cuota íntegra un coeficiente multiplicador que varía en función del parentesco entre el causante o donane y el sujeto pasivo y del patrimonio preexistente de éste. Cuanto más lejano es el parentesco y mayor el patrimonio preexistente mayor será también el coeficiente multiplicador. En la actualidad tales coeficientes oscilan entre 1 y 2,4.'* Ricardo Lobo Torres, em *seu já referido Tratado*, p. 226/228, chega a criticar a limitação das alíquotas do ITCMD em 8%, considerando que seria mesmo adequada uma progressividade mais ampla, referindo também o exemplo estrangeiro: '... *o Senado Federal, que no regime da CF 67/69 estabelecera limite muito baixo (4%), depois de publicada a CF 88 majorou o teto para 8% (Resolução n. 9/92). Afastou-se, assim, da ideia de justiça fiscal que tem predominado nos países mais cultos, concretizada pela incidência progressiva das transmissões gratuitas, aconselhável em face do flagrante incremento da capacidade contributiva dos beneficiários. Na Alemanha, por exemplo, o imposto incide, no mínimo, pela alíquota de 3% e, no máximo, pela de 70%, conforme o valor do bem transmitido e a distância entre o herdeiro e o de cujus na linha da sucessão; de notar que a progressividade do imposto de transmissão* causa mortis e doação, fruto de política da social-democracia que governou aquele país até os anos 70, não foi minimizada depois da conquista do poder pelos liberais, ao contrário do que ocorreu com a cobrança progressiva do imposto de renda. [...] Na Espanha, na Itália e em quase todos os países da União Europeia o tributo é cobrado de forma semelhante, prevalecendo a dupla progressividade. Os Estados Unidos também não constituem exceção à política da progressividade.'* A base tributável do ITCMD, portanto, está longe de ser daquelas avessas à progressividade. Antes, a aconselha como

instrumento de justiça fiscal. 10. É verdade que a Lei 8.821/89 do Estado do Rio Grande do Sul já não estabelece mais a progressividade do ITCMD, que, na redação original dimensionava o aspecto quantitativo, na transmissão *causa mortis*, da isenção às alíquotas de 1%, 2%, 3%, 4%, 5%, 6%, 7% e 8%, conforme a dimensão da base de cálculo. Atualmente, com a redação que lhe foi atribuída pela Lei 13.337/2009, o art. 18 estabelece alíquota única de 4%. De qualquer modo, por não considerar o imposto sobre transmissão *causa mortis* como um típico imposto de caráter real, mas, diferentemente, considerá-lo um imposto que revela efetiva capacidade contributiva de quem percebe a transferência patrimonial, considerando que se dá em caráter gratuito, tenho que não ofendia a Constituição o estabelecimento de alíquotas progressivas para a espécie" (excerto de voto no RE 562.045, 2011).

– **Decadência para o lançamento das diferenças entre a alíquota mínima e as alíquotas progressivas.** "... durante longo período vigeu a declaração de inconstitucionalidade da progressividade da alíquota de ITCD *causa mortis*... ao que se aplicava nos processos de inventário em tramitação no Estado a menor alíquota do tributo prevista em lei, de 1%. Embora o Estado do Rio Grande do Sul interpusesse agravo de instrumento e recurso extraordinário..., tais recursos, ainda que sobrestados, não tinham efeito suspensivo. Desse modo, as insurgências recursais do Fisco não obstaram a continuidade dos processos de inventário, no âmbito dos quais foram proferidas sentenças homologatórias de partilha, as quais transitaram em julgado e culminarem, inclusive, no arquivamento dos feitos. Com o julgamento do Recurso Extraordinário n. 562.045/RS no ano de 2013 pelo Supremo Tribunal Federal, todavia, os recursos extraordinários do Estado do Rio Grande do Sul... foram providos e, em decorrência, os agravos de instrumento manejados em face das decisões que fixaram a alíquota em 1% foram objeto de retratação... Com isso, a partir de 2018, foram lavrados pelo Estado do Rio Grande do Sul autos de lançamento para constituição de crédito tributário decorrente da diferença de alíquota de ITCD *causa mortis* de 1%, recolhida à época da tramitação do inventário, e a alíquota prevista na Lei Estadual n. 7.721/1989 e que deveria ter sido aplicada em cada caso (de até 8% à época). [...] o prazo decadencial não pode ser interrompido ou suspenso, exceto se houver lei disponto em sentido contrário, em virtude da 'ocorrência de certas circunstâncias consideradas relevantes pelo legislador'... [...] nos recentes julgados do Superior Tribunal de Justiça a respeito da discussão jurídica gerada em decorrência do julgamento do Recurso Extraordinário n. 562.045/RS (e dos diversos autos de lançamento gerados em decorrência para a constituição de crédito tributário referentes à diferença entre a alíquota de ITCD) tem-se entendido que a existência de discussão judicial acerca da progressividade da alíquota de ITCD *causa mortis* não tem o condão de alterar a fluência do prazo decadencial, tampouco para suspender ou interromper o seu curso, do que não é exceção uma decisão que reforma decisão declaratória de inconstitucionalidade anteriormente emitida" (SIMON, Pedro Fülber; NADAL, Victoria Werner de. A decadência para constituição do crédito de ITCD *causa mortis*: uma análise das implicações do julgamento do Recurso Extraordinário n. 562.045/RS no termo inicial e fluência do prazo decadencial. *RET* 135, 2020, p. 40-62).

– **IPTU**. À luz do texto original da Constituição Federal de 1988, a única progressividade admitida para o IPTU era a progressividade no tempo para fins extrafiscais, como instrumento de pressão para obrigar o proprietário a edificar, a dar ao imóvel sua função social, nos exatos termos da autorização constante da redação que possuía o art. 156, § 1º, combinada com a do art. 182, § 4º, inciso II, da CF. O entendimento do STF vedando a progressividade de alíquotas no IPTU para fins fiscais era pacífico. Admitia-se, apenas, a seletividade, mediante a aplicação de alíquotas diferenciadas para imóveis residenciais e comerciais. Após o advento da EC n. 29/2000, entretanto, restou autorizada a progressividade do IPTU para fins fiscais, passando a constar, da nova redação do § 1º do art. 156 da CF, previsão expressa no sentido de que pode ser progressivo em razão do valor do imóvel e ter alíquotas diferentes de acordo com a localização e o uso do imóvel.

– Criticando a EC n. 29/2000, por ferir o princípio da capacidade contributiva, vejamos: "Ora, no caso da progressividade, é inquestionável que a Emenda Constitucional n. 29/00 não apenas tende a abolir como, de fato, aniquila, suprime, destrói, anula a restrição posta pelo princípio de que progressivos só podem ser os impostos pessoais. A Constituição veda a progressividade de impostos de caráter real, como o IPTU. [...] Induvidosa é a afirmação de que o IPTU é imposto real. Basta relembrar que o seu 'fato gerador' é a propriedade, o domínio útil ou a posse de bem imóvel urbano. [...] O emprego da progressividade no caso de imposto real implica a abolição dos limites do princípio da capacidade econômica; derruba as balizas dessa diretriz para alcançar – contra solene promessa do art. 5º, § 2º – os impostos de natureza real. Mas, sobretudo, soterra a exegese do Supremo Tribunal Federal. A indigitada emenda tripudia sobre o sentido, o conteúdo e alcance que a Excelsa Corte deu ao princípio da capacidade contributiva. A Emenda aniquila o direito individual de os contribuintes não serem tributados progressivamente, diante de impostos reais. E, como visto, a E.C. 29/00 não apenas tende a abolir, como, de fato, culmina com o abolimento de um dos mais conspícuos pilares do sistema constitucional tributário. Ademais, o emprego da progressividade, no caso de imposto como o IPTU (ou de qualquer outro imposto real), implica inconstitucionalidade, também por ofensa ao princípio da isonomia. Deveras, como o *discrimen* se dá pelo valor de cada imóvel, ficam em condição altamente privilegiada (infringindo a Constituição) os inúmeros proprietários [...], cujos imóveis, *de per si* considerados, têm um valor venal baixo, em confronto com os titulares de um só imóvel, de valor expressivo" (BARRETO, Aires F. IPTU: progressividade e diferenciação. *RDDT* 76/7-11, 2002).

– **Progressividade fiscal do IPTU vedada sob a égide da redação original da CF/88. Súmula 668 do STF**: "É inconstitucional a lei municipal que tenha estabelecido, antes da Emenda Constitucional 29/00, alíquotas progressivas para o IPTU, salvo se destinada a assegurar o cumprimento da função social da propriedade urbana" (2003).

– "IPTU. Progressividade. No sistema tributário nacional é o IPTU inequivocamente um imposto real. Sob o império da atual Constituição, não é admitida a progressividade fiscal do IPTU, quer com base exclusivamente no seu artigo 145, § 1º, porque esse imposto tem caráter real que é incompatível com a progressividade decorrente da capacidade econômica do contribuinte, quer com arrimo na conjugação desse dispositivo constitucional (genérico) com o artigo 156, § 1º (específico). A interpretação sistemática da Constituição conduz inequivocamente à conclusão de que o IPTU com finalidade extrafiscal a que alude o inciso II do § 4º do artigo 182 é a explicitação especificada, inclusive com limitação temporal, do IPTU com finalidade extrafiscal aludido no artigo 156, I, § 1º. Portanto, é inconstitucional qualquer progressividade em se tratando de IPTU, que não atenda exclusivamente ao disposto no artigo 156, § 1º, aplicado com as limitações expressamente constantes dos §§ 2º e 4º do artigo 182, ambos da Constituição Federal. Recurso extraordinário conhecido e provido, declarando-se inconstitucional o sub-item 2.2.3 do setor II da Tabela III da Lei 5.641, 22.12.89, no município de Belo Horizonte" (STF, RE 153.771-0, 1996).

– "... II – IPTU: progressividade. O STF firmou o entendimento – a partir do julgamento do RE 153.771, Pleno, 20.11.96, Moreira Alves – de que a única hipótese na qual a Constituição admite a progressividade das alíquotas do IPTU é a do art. 182, § 4º, II, destinada a assegurar o cumprimento da função social da propriedade urbana" (STF, AG(AgRg) 215.948, 2000).

– **Progressividade extrafiscal admitida. Admissibilidade desde a redação original da CF/88.** A Constituição Federal, no art. 182, § 4º, II, consagrou a função extrafiscal do IPTU, autorizando sua progressividade no tempo como meio de forçar o proprietário a dar ao imóvel urbano sua destinação adequada, segundo o Plano Diretor da Cidade.

– "A única progressividade admitida pela CF/88, em relação ao Imposto Predial e Territorial Urbano (IPTU), é a extrafiscal, destinada a garantir o cumprimento da função social da propriedade urbana, tal como previsto nos arts. 156, § 1º e 182, § 4º, II, todos da CF. Com esse entendimento, o Tribunal declarou incidentalmente a inconstitucionalidade do art. 7º, I e II da Lei 6.989/66, com a redação dada pela Lei 11.152/91, do Estado de São Paulo, que estabeleciam para o IPTU alíquotas progressivas em função do valor venal do imóvel. [...] RE 199.969-SP, Min. Ilmar Galvão, 27.11.97" (*Informativo* n. 95 do STF). Restou assim ementada a decisão noticiada no *Informativo* n. 95: "... LEI N. 6.989/66, DO MUNICÍPIO DE SÃO PAULO. IMPOSTO SOBRE A PROPRIEDADE PREDIAL E TERRITORIAL URBANA... Inconstitucionalidade declarada dos dispositivos sob enfoque. O primeiro, por instituir alíquotas progressivas alusivas ao IPTU, em razão do valor do imóvel, com ofensa ao art. 182, § 4º, II, da Constituição Federal, que limita a faculdade contida no art. 156, § 1º, à observância do disposto em lei federal e à utilização do fator tempo para a graduação do tributo. Os demais, por haverem violado a norma do art. 145, § 2º, ao tomarem para base de cálculo das taxas de limpeza e conservação de ruas elemento que o STF tem por fator componente da base de cálculo do IPTU, qual seja, a área do imóvel e a extensão deste no seu limite com o logradouro público. Taxas que, de qualquer modo, no entendimento deste Relator, tem por fato gerador prestação de serviço inespecífico, não mensurável, indivisível e insuscetível de ser referido a determinado contribuinte, não sendo de ser custeado senão por meio do produto da arrecadação dos impostos gerais. Recurso conhecido e provido" (STF, RE 199.969-1, 1997).

– Sobre a possibilidade de utilização de alíquota progressiva com finalidade extrafiscal, vide o art. 156, § 1º, da CF e respectivas notas.

– Sobre o assunto, vide o artigo "O IPTU e a Função Social da Propriedade", de Carlos Araújo Leonetti, em *RDDT* n. 37, 1998.

– **Seletividade admitida.** Alíquotas diferenciadas para terrenos edificados e para terrenos vazios. Legitimidade desde a redação original da CF/88. "TRIBUTÁRIO. IPTU. MUNICÍPIO DE SÃO JOSÉ DO RIO PRETO. LEI N. 5.447/93, ART. 25, REDAÇÃO DA LEI N. 5.722/94. ALEGADA OFENSA AO ART. 156 DA CONSTITUIÇÃO. Simples duplicidade de alíquotas, em razão de encontrar-se, ou não, edificado o imóvel urbano, que não se confunde com a progressividade do tributo, que o STF tem por inconstitucional quando não atendido o disposto no art. 156, § 1º, aplicado com as limitações expressamente constantes dos §§ 2º e 4º do art. 182 da Carta de 1988. Recurso não conhecido" (STF, RE 229.233, 1999).

– **Seletividade. Alíquotas diferenciadas para imóveis residenciais e comerciais. Admissibilidade.** "Imposto seletivo é aquele que onera diferentemente os bens sobre os quais se incide, como é o caso do IPI que recai sobre os produtos essenciais. A seletividade tem caráter extra-fiscal. Assim, uma alíquota de 0,7% para imóveis residenciais (bem essencial), 2% para imóveis comerciais, e alíquotas de 1%, 2%, 3% e 5% para os imóveis não edificados, conforme a região onde se encontram, é seletiva, mas não progressiva. Alíquotas progressivas são aquelas que crescem quando cresce a base de cálculo, que, conforme jurisprudência do STF, não podem ser aplicadas aos impostos reais, salvo permissivo constitucional" (MACHADO, Hugo de Britto. IPTU – Ausência de Progressividade. Distinção entre progressividade e seletividade, em *RDDT* n. 31, 1998).

– **Seletividade nos impostos indiretos.** A função da seletividade na tributação segundo a capacidade contributiva. Vide em nota a este mesmo parágrafo acerca da *Progressividade e Seletividade*.

⇒ **Identificação do patrimônio, rendimentos e atividades econômicas.** A identificação de dados relativos à atividade e à situação econômica dos contribuintes é indispensável para que se possa promover a tributação em conformidade com a efetiva capacidade contributiva de cada pessoa. Vide sobre a classificação dos impostos em pessoais e reais, subjetivos e objetivos, em nota ao art. 16 do CTN.

– São comuns as obrigações dos contribuintes de apresentar informações de cunho pessoal, e.g., através da declaração de rendimentos da pessoa física, das declarações da pessoa jurídica e do franco acesso aos seus livros comerciais e fiscais.

– A autorização constitucional expressa constante deste art. 145, § 1º, da CF trouxe ainda maior sustentação para o reconhecimento da constitucionalidade das leis que permitem o acesso a informações do contribuinte mesmo quando estejam sob a guarda de terceiros, inclusive sob sigilo bancário. Tanto que costuma ser reiteradamente invocado quando da defesa da constitucionalidade das quebras ou transferências de sigilo.

– Sigilo bancário: vide notas ao art. 197, parágrafo único, do CTN.

– Sigilo fiscal: vide notas ao art. 198 do CTN.

– Permuta de informações entre as Fazendas Públicas: vide art. 199 do CTN e respectivas notas.

– Inviolabilidade do domicílio: Vide nota ao art. 200 do CTN.

§ 2º As taxas não poderão ter base de cálculo própria de impostos.

⇒ **Base de cálculo como critério para a distinção entre os impostos e as taxas.** "De se observar que o legislador brasileiro, ao estabelecer a regra de que 'as taxas não poderão ter base de cálculo própria de impostos', neste particular, aceitou a tese de Becker", relativamente à distinção das espécies tributárias pela base de cálculo. "Para o citado autor, o critério objetivo e jurídico que permitirá distinguir as diversas espécies jurídicas do tributo 'é o da base de cálculo'. Esta é que confere ao tributo o gênero jurídico. E conclui: 'Imposto: a regra jurídica tributária que tiver escolhido para base do tributo um fato lícito qualquer (não consistente em serviço estatal ou coisa estatal), terá criado um imposto. Taxa: a regra jurídica tributária que tiver escolhido para base de cálculo do tributo o serviço estatal ou coisa estatal, terá criado uma taxa" (MORAES, Bernardo Ribeiro de. *Compêndio de direito tributário*. 4. ed. Rio de Janeiro: Forense,1995, primeiro volume, p. 496).

– Valem aqui as ressalvas que fizemos em nota ao art. 145, *caput*, quanto à insuficiência da análise do fato gerador e, acrescento, também da base de cálculo, para a distinção das contribuições e empréstimos compulsórios relativamente às demais espécies tributárias.

– **A base de cálculo tem íntima relação com o fato gerador de cada tributo.** A ordem de que as taxas não podem ter base de cálculo próprias dos impostos é informada por uma regra fundamental básica... A base de cálculo tem que ser a perspectiva dimensível do aspecto material da hipótese de incidência, de modo a afigurar-se como sua verdadeira e autêntica expressão econômica; desrespeitado este princípio, o tributo será inexigível. (LEITE LOBO, Rogério. Sobre a Base de Cálculo dos Tributos. O Princípio Geral de Direito Tributário que Informa o § 2º do art. 145 da Constituição Federal. Caracterização e Aplicabilidade. *RDDT* n. 34, jul. 1998).

– "A vedação justifica-se na medida em que impede a criação de taxas que, na verdade, seriam impostos disfarçados, ou seja, não corresponderiam a valores cobrados em função do serviço prestado ou do exercício do poder de polícia" (CONTI, José Maurício. Sistema Constitucional Tributário interpretado pelos Tribunais. São Paulo: Ed. Oliveira Mendes, 1997, p. 28).

– "... para a consideração da base imponível, o legislador deve considerar sua íntima vinculação com a materialidade do tributo, e sua correlação com a capacidade econômica do contribuinte, ínsita no aspecto pessoal, também pertinente ao fato tributário previsto normativamente" (MELO, José Eduardo. *Importação e exportação no direito tributário*. 2. ed. São Paulo: RT, 2012, p. 30).

– **A vedação do art. 145, § 1º, decorre da natureza das taxas. Não se trata de simples proibição de *bis in idem*.** A vedação diz respeito à natureza da base de cálculo. Assim, "base de cálculo própria de impostos" é a que se refere a uma grandeza relacionada ao contribuinte, e não à atividade estatal que fundamenta a cobrança da taxa. Não se restringe, a vedação em questão, a proibir a utilização de base de cálculo idêntica a de imposto já instituído. Realmente, não se trata de simples vedação do *bis in idem*, como ocorre no art. 154, II, ou mesmo no art. 195, § 4º, da CF, mas de limitação imposta pela própria essência das taxas. Este esclarecimento é importante porque vários precedentes passam a ideia de que basta descaracterizar a existência de base de cálculo idêntica à do IPTU ou à do II para que se tenha por preservado o comando do art. 145, § 2º, da CF.

– "... enquanto a constituição anterior vedava o uso de base de cálculo idêntica à dos impostos, a Constituição atual proíbe o emprego de base de cálculo 'própria' de impostos. Base de cálculo 'própria' de impostos é aquela *apropriada à mensuração da atividade econômica dos contribuintes*, mesmo – e isto é crucial – que não seja idêntica àquela que tenha servido para a incidência dos impostos. [...] sendo a causa da instituição das taxas a atividade estatal, a sua base de cálculo deverá ser *medida* com base nessa atividade, não em elementos residentes nos contribuintes. Isso não quer dizer que a base de cálculo das taxas nunca poderá conter elementos relacionados aos contribuintes. Isso até poderá ocorrer *se, e somente se*, esses elementos *representarem e mensurarem* a atuação estatal" (ÁVILA, Humberto. As taxas e sua mensuração. *RDDT* 204/37-44, set. 2012).

– "O dispositivo constitucional retromencionado, aliás, é inteiramente desnecessário, pois a própria essência jurídica da taxa não permite a utilização da base de cálculo normalmente moldável a algum imposto. Dito de outro modo, a base de cálculo de uma taxa, por sua própria natureza, tem de ser consoante ao aspecto material próprio da sua hipótese de incidência (prestação de serviço público ou exercício do poder de polícia), devendo, pois, consistir numa referência ou um padrão para a aferição do custo do serviço ou do poder de polícia. [...] não só as taxas não poderão utilizar a mesma base de cálculo dos impostos já existentes, mas, também, para fixação desta base, não poderão ser levados em conta quaisquer dos chamados índices de tributação típicos dos impostos como o indivíduo, o patrimônio, a renda, a quantidade ou qualidade dos produtos ou das mercadorias" (RAMOS FILHO, Carlos Alberto de Moraes. As taxas no direito tributário brasileiro. *RTFP* 55/54, abr. 2004).

– "... a TFRM não usa apenas um ou mais elementos da base de determinado imposto, conjuntamente com outros que se vinculam à atuação estatal que lhe serve de fato gerador. Sua base de cálculo é exclusivamente formada por um único elemento que é estranho à atividade estatal, mas inteiramente pertinente ao contribuinte, a quantidade de minério extraído, como ocorria com o imposto único sobre minerais, cujo fato gerador era a extração e/ou comercialização de minerais do país. Lado outro não é preciso comparar a taxa com imposto existente. O dispositivo constitucional apenas diz que taxa não pode ter fato gerador e base de cálculo de imposto, enquanto espécie. O imposto a teor do CN é tributo cujo fato gerador independe de qualquer atuação estatal específica relativa ao contribuinte (art. 16 do CTN). É o caso de se extrair e comercializar mineral, o fato gerador é uma atividade estranha ao afazer estatal" (COÊLHO, Sacha Calmon Navarro; COELHO, Eduardo Junqueira. A Inconstitucionalidade da Taxa de Controle, Monitoramento e Fiscalização das Atividades de Pesquisa, Lavra, Exploração e Aproveitamento de Recursos Minerais (TFRM) de Minas Gerais (Aspectos Materiais e Formais. *RDDT* 204/141-144, set. 2012).

⇒ **Aspecto quantitativo das taxa.** O montante cobrado a título de taxa por vezes é fixo, em outros casos escalonados em função de uma tabela ou, ainda, eventualmente, decorrente da conjugação de uma base de cálculo com uma alíquota. Em razão da essência de que se revestem as taxas como tributos vinculados, surgem importantes questionamentos sobre os critérios a serem observados na estruturação do seu elemento quantitativo. Desde já ressalto que, embora a redação do § 2º, ora em questão, refira "base de cálculo", temos que ter em consideração, em razão da própria natureza da taxa enquanto tributo vinculado a determinada atividade estatal, que o seu aspecto quantitativo deve ser dimensionado em função de tal atividade, seja quando for definido em valor fixo, seja quando admitir valor variável, independentemente de tal variação se dar em função da associação de uma base de cálculo com uma alíquota ou em função do enquadramento em uma tabela escalonada. O aspecto quantitativo da taxa, seja qual for o critério adotado, tem de estar em harmonia com o fato gerador, que é vinculado. Daí por que se distingue do aspecto quantitativo dos impostos, definido em função de fato gerador não vinculado. Isso é importante porque têm surgido acórdãos, tanto do STF como de outros tribunais, principalmente no que diz respeito à Taxa de Fiscalização da CVM, à Taxa de Fiscalização e Vigilância Sanitária e à Taxa de Fiscalização e Controle dos Serviços Públicos Delegados, adotando o entendimento, para nós equivocado, de que a definição do montante devido a título de taxa pode ser feito pelo enquadramento em tabela em função de grandeza relacionada não à atividade estatal, mas ao próprio contribuinte, pois, em tais casos, tal grandeza não funciona como base de cálculo e que, por isso, é inaplicável a restrição do art. 145, § 2º, da CF. Há votos vencidos dos Min. Néri da Silveira, Ilmar Galvão e Marco Aurélio, considerando que a variação do valor da taxa em função do faturamento do contribuinte equivaleria à adoção desse faturamento como base de cálculo do tributo, descaracterizando sua natureza jurídica, transformando-a em imposto. A distinção entre base de cálculo e critério para enquadramento em tabela não aproveita à identificação do conteúdo normativo e à boa aplicação do art. 145, § 2º, da CF; pelo contrário, distorce o sentido da norma. Ademais, lembre-se que o art. 77, parágrafo único, do CTN dispõe que a taxa não pode ter base de cálculo ou fato gerador idênticos aos que correspondam a impostos "nem ser calculada em função do capital das empresas". Esta última parte parece tocar diretamente o objeto das discussões mais recentes, relativas ao enquadramento em tabelas.

– Relação do valor da taxa com o custo da atividade estatal. Art. 145, § 2º, da CF. Sendo a taxa instituída em razão do exercício do poder de polícia ou de serviço específico e divisível colocado à disposição do contribuinte, não tem em consideração a riqueza do contribuinte, mas a atividade estatal prestada particularmente a determinada pessoa. Assim, seu dimensionamento deve ter em conta o custo do serviço, assumindo, o valor pago, um caráter contraprestacional. Por isso é que a base de cálculo da taxa precisa ter relação com uma grandeza relativa à atividade estatal, e não ao patrimônio do contribuinte. A distinção relativamente à base de cálculo dos impostos, portanto, decorre das características inerentes a cada uma dessas espécies tributárias. Tal resta positivado tanto neste parágrafo único do art. 77 do CTN como no § 2º do art. 145 da CF, em cujas notas são tratadas inúmeras questões sobre essa vedação de identidade de bases de cálculo.

– "... não serve de base de cálculo das taxas uma grandeza que busque a capacidade contributiva. Por outro lado, se a justificativa da taxa está em não forçar toda a coletividade a suportar um gasto que pode ser imputado a um contribuinte individualizado, é claro que se tem aí uma indicação da base de cálculo possível: será aquela suficiente para medir, ainda que com certo grau de aproximação, o valor da atividade que o referido contribuinte exigiu do Estado. [...] a base de cálculo da taxa deve ser 'própria' desta espécie tributária, i.e., deve quantificar a atividade estatal que a justifica" (SCHOUERI, Luís Eduardo. *Direito tributário.* 2. ed. São Paulo: Saraiva, 2012, p. 170).

– Valor das taxas tem de dizer respeito ao custo do serviço ou do exercício do poder de polícia. A taxa instituída em razão do exercício do poder de polícia ou de serviço específico e divisível colocado à disposição do contribuinte deve servir ao custeio destas atividades, guardando com elas proporcionalidade. Por isso, aliás, é que se afirma que a base de cálculo da taxa precisa ter relação com uma grandeza relativa à atividade estatal, e não ao patrimônio do contribuinte. Daí por que a base de cálculo das taxas não pode se identificar com a de impostos. Não corresponde a uma grandeza relativa ao contribuinte, mas a uma grandeza relativa ao serviço em razão do qual é exigida. Do contrário, não seriam taxas. A doutrina é majoritária neste sentido, mas na jurisprudência, mesmo do STF, há acórdãos dissonantes bastante preocupantes.

– "ESTADO DE MINAS GERAIS. TAXA FLORESTAL. LEI N. 7.163/77. ALEGADA OFENSA AOS ARTS. 5º, *CAPUT*; 145, II E § 2º; 150, I E IV; E 152, TODOS DA CONSTITUIÇÃO FEDERAL. Exação fiscal que serve de contrapartida ao exercício do poder de polícia, cujos elementos básicos se encontram definidos em lei, possuindo base de cálculo distinta da de outros impostos, qual seja, o custo estimado do serviço de fiscalização. Efeito confiscatório insuscetível de ser apreciado pelo STF, em recurso extraordinário, em face da necessidade de reexame de prova. Súmula 279 do STF [...]" (STF, RE 239.397-2, 2000).

– "TAXA DE INSTALAÇÃO, LOCALIZAÇÃO E FUNCIONAMENTO. BASE DE CÁLCULO. NÚMERO DE EMPREGADOS DO ESTABELECIMENTO. ELEMENTO ESTRANHO AO CUSTO DA ATIVIDADE ESTATAL NO REGULAR EXERCÍCIO DO PODER DE POLÍCIA. INCONSTITUCIONALIDADE... As razões do agravo regimental não são aptas a infirmar os fundamentos da decisão agravada, mormente no que se refere à conformidade do entendimento regional com a jurisprudência do STF, a inviabilizar o trânsito do recurso extraordinário" (STF, RE 727.579 AgR, 2013).

– "... Não afronta os arts. 77 e 79, do CTN, a imposição de taxas sobre conservação de vias públicas e coleta de lixo, tendo como base de cálculo o custo da atividade estatal, repartido entre os proprietários dos imóveis, tendo como critério a utilização do imóvel, se comercial ou residencial, em função de sua localização, área edificada, tendo-se em conta, ainda, a subdivisão da zona urbana, com aplicação anual, por metro quadrado, de um percentual da unidade fiscal criada pelo município, obedecendo-se a um escalonamento previsto em lei" (STJ, REsp 115.262, 1997). Obs.: trata-se de taxa do Município de São Paulo.

– "Nas taxas, apenas o custo do serviço deve ser o parâmetro a orientar a base de cálculo" (DERZI, Misabel Abreu Machado. Em nota de atualização na obra de Aliomar Baleeiro, *Direito tributário brasileiro*, 11. ed., Rio de Janeiro: Forense, 1999, p. 201).

– "... a única base de cálculo compatível com as taxas é o custo da atividade estatal. Se não for esta a eleita, então ter-se-á criado um tributo qualquer, que, todavia, taxa não será. [...] Há que se observar o limite compatível com o custo da atividade estatal. Exigência de taxa com base que, manifestamente, supere o custo, não tem amparo no sistema" (BARRETO, Aires F. In: MARTINS, Ives Gandra da Silva (coord.). *Comentários ao Código Tributário Nacional.* São Paulo: Saraiva, 1998, v. 1, p. 542 e 553).

– "Na taxa, a base de cálculo deverá estar ligada intimamente ao fato gerador da respectiva obrigação tributária, que é a atividade estatal dirigida ao contribuinte" (MORAES, Bernardo Ribeiro de. *Compêndio de direito tributário.* 4. ed. Rio de Janeiro: Forense, 1995, primeiro volume, p. 553).

– "Acaso o legislador mencione a existência de taxa, mas eleja base de cálculo mensuradora de fato estranho a qualquer atividade do Poder Público, então a espécie tributária será outra, naturalmente um imposto. [...] Em qualquer das hipóteses previstas para a instituição de taxas – prestação de serviço público ou exercício do poder de polícia – o caráter sinalagmático deste tributo haverá de mostrar-se à evidência..." (CARVALHO, Paulo de Barros. *Curso de direito tributário.* 27. ed. São Paulo: Saraiva, 2016, p. 62-63).

– "... enquanto a taxa cobrada em razão da utilização de serviço público pelo contribuinte ou posto à sua disposição é diretamente contraprestacional porque beneficia a ele, utente do serviço, a taxa cobrada para o custeio do gasto com o exercício do poder de polícia não é diretamente contraprestacional, porque quem se beneficia da regulamentação é essencialmente a sociedade e não o contribuinte sujeito ao poder de polícia, à fiscalização ou regulamentação" (NOGUEIRA, Ruy Barbosa. *Curso de direito tributário.* 14. ed. São Paulo: Saraiva, 1995, p. 167-168).

– "... a função única e maior da arrecadação do tributo taxa é ressarcir os cofres públicos pelas despesas que o Estado, ou quem lhe faça as vezes, teve de suportar na efetivação de suas atuações, o que se dá pela remuneração desses respectivos custos por meio de uma repartição proporcional aos administrados, conforme suas respectivas participações. Vale dizer, a só apuração da base de cálculo possível da taxa revela-se suficiente para a sua derradeira quantificação e, por conseguinte, fiel realização da diretriz que lhe informa: a retributividade" (BUSSAMARA, Walter Alexandre. O pedágio sob o regime de concessão de serviços: incidência de parâmetros constitucionais tributários para a sua devida quantificação. *RET* 85/128-138, 2012).

• Vide, também, notas ao art. 77, parágrafo único, do CTN.

– **Equivalência razoável entre os custos do exercício do poder de polícia e o valor cobrado.** "TAXA – PODER DE POLÍCIA – EXERCÍCIO – CUSTOS – ARRECADAÇÃO – INCONGRUÊNCIA. Considerado o princípio da proporcionalidade, conflita com a Constituição Federal instituição de taxa ausente equivalência entre o valor exigido do contribuinte e os custos alusivos ao exercício do poder de polícia – artigo 145, inciso II, da Lei Maior –, sob pena de ter-se espécie tributária de caráter arrecadatório cujo alcance extrapola a obtenção do fim que lhe fundamenta a existência, dificultando ou mesmo inviabilizando o desenvolvimento da atividade econômica" (STF, ADI 6.211, 2020).

– **Equivalência razoável entre o serviço e o valor cobrado.** "TAXA: CORRESPONDÊNCIA ENTRE O VALOR EXIGIDO E O CUSTO DA ATIVIDADE ESTATAL. – A taxa, enquanto contraprestação a uma atividade do Poder Público, não pode superar a relação de razoável equivalência que deve existir entre o custo real da atuação estatal referida ao contribuinte e o valor que o Estado pode exigir de cada contribuinte, considerados, para esse efeito, os elementos pertinentes às alíquotas e à base de cálculo fixadas em lei. Se o valor da taxa, no entanto, ultrapassar o custo do serviço prestado ou posto à disposição do contribuinte, dando causa, assim, a uma situação de onerosidade excessiva, que descaracterize essa relação de equivalência entre os fatores referidos (o custo real do serviço, de um lado, e o valor exigido do contribuinte, de outro), configurar-se-á, então, quanto a essa modalidade de tributo, hipótese de ofensa à cláusula vedatória inscrita no art. 150, IV, da Constituição da República" (STF, ADI 2.551 MC-QO, 2003).

– "Sendo a taxa um tributo cujas hipóteses de incidência (fatos geradores) configuram atuações do estado relativamente à pessoa do obrigado, a sua base de cálculo somente pode mensurar tais atuações. Entre a base de cálculo e o fato gerador dos tributos existe uma relação de inerência quase carnal (*inhaeret et ossa*), uma relação de pertinência, de harmonia. Do contrário, estaria instalada a confusão e o arbítrio com a prevalência do *nomen juris*, i.e., da simples denominação formal, sobre a ontologia jurídica e conceitual dos tributos, base científica do Direito Tributário. [...] por se tratar de tributo essencialmente comutatório de gasto governamental, deve haver uma razoável equivalência entre o custo da taxa e o serviço público ou o poder de polícia a ser remunerado. O desequilíbrio nesta equação, de modo que o custo da taxa seja desproporcional em relação ao do

serviço ou da fiscalização exercida, ofende a essência retributiva da taxa e acaba por afrontar a garantia da vedação à tributação confiscatória..." (COÊLHO, Sacha Calmon Navarro; MANEIRA, Eduardo; MAIA, Marcos Correia Piqueira. A interpretação equivocada dos precedentes em relação às taxas de fiscalização de postes e orelhões. *RDDT* 212/110, 2013).

– "É noção cediça que a base de cálculo das taxas deve mensurar o custo da atuação estatal que constitui o aspecto material de seu fato gerador (serviço público específico e divisível ou exercício do poder de polícia). Não se pode ignorar, contudo, a virtual impossibilidade de aferição matemática direta do custo de cada atuação do Estado (a coleta do lixo de um determinado domicílio, ao longo de um mês; a emissão de um passaporte; etc.). O cálculo exigiria chinesices como a pesquisa do tempo gasto para a confecção de cada passaporte, e a sua correlação com o salário-minuto dos funcionários encarregados e o valor do aluguel mensal do prédio da Polícia Federal onde o documento foi emitido, entre outras variáveis intangíveis, de modo a colher o custo de emissão de cada passaporte, para a exigência da taxa correspectiva (que variaria para cada contribuinte, segundo o seu documento tivesse exigido maior ou menor trabalho ou tivesse sido emitido em prédio próprio ou alugado). O mesmo se diga quanto à coleta de lixo: imagine-se o ridículo de obrigarem-se os lixeiros, tais ourives, a pesar com balança de precisão os detritos produzidos dia a dia por cada domicílio, para que a taxa pudesse corresponder ao total de lixo produzido a cada mês pelo contribuinte. O Direito não pode ignorar a realidade sobre a qual se aplica. O princípio da praticabilidade, tão bem trabalhado entre nós por MISABEL DERZI, juridiciza essa constatação elementar, que tampouco passa despercebida ao STF. Nos autos da Representação de Inconstitucionalidade n. 1.077/84, Min. MOREIRA ALVES, declarou a Corte que não se pode exigir do legislador mais do que 'equivalência razoável entre o custo real dos serviços e o montante a que pode ser compelido o contribuinte a pagar, tendo em vista a base de cálculo estabelecida pela lei e o *quantum* da alíquota por esta fixado'. Ora, é razoável supor que a receita bruta de um estabelecimento varie segundo o seu tamanho e a intensidade de suas atividades. É razoável ainda pretender que empreendimentos com maior grau de poluição potencial ou de utilização de recursos naturais requeiram controle e fiscalização mais rigorosos e demorados da parte do IBAMA" (excerto de parecer de Sacha Calmon Navarro Coelho, transcrito pelo Min. Carlos Velloso no voto condutor do julgamento, em 2005, do RE 416601/SC, acerca da Taxa de Controle e Fiscalização Ambiental instituída pela Lei n. 10.165/2000).

• Vide: MOREIRA, André Mendes; ESTANISLAU, César Vale. As taxas e o princípio da equivalência entre a sua arrecadação e os custos da atividade estatal. *RDDT* 233/34, fev. 2015.

– **Dimensionamento da taxa conforme a atividade do estabelecimento. Tema 1.035 do STF.** MÉRITO AINDA NÃO JULGADO. Controvérsia: "Constitucionalidade da utilização do tipo de atividade exercida pelo estabelecimento como parâmetro para definição do valor de taxa instituída em razão do exercício do poder de polícia".

– **Pela inconstitucionalidade.** "Taxa de Fiscalização de Localização, Instalação e Funcionamento. Lei n. 13.477/02. Base de cálculo. Critério. Natureza da atividade. Capacidade contributiva. Justiça comutativa. Razoável proporcionalidade com os custos da atuação estatal. Desvinculação... 2. Há que se ponderarem os princípios da capacidade contributiva e da justiça comutativa na fixação do valor das exações das taxas. Afinal, se as taxas ficassem submetidas apenas ao primeiro preceito, desgarrando-se dos custos da atividade estatal que se busca custear com sua cobrança, acabariam elas se transformando em verdadeiros impostos. 3. A Taxa de Fiscalização de Estabelecimentos (TFE), prevista na Lei n. 13.477/02, tem por fato gerador o desenvolvimento, no âmbito do poder de polícia, de atividades de controle, vigilância ou fiscalização do cumprimento da legislação municipal disciplinadora do uso e da ocupação do solo urbano, da higiene, da saúde, da segurança, dos transportes, da ordem ou da tranquilidade públicos relativamente aos estabelecimentos situados no Município de São Paulo, bem como atividades permanentes de vigilância sanitária. Note-se que o exercício do poder de polícia subjacente à taxa tem forte relação com a área do estabelecimento fiscalizado. 4. A Lei n. 13.477/2002 estabeleceu que todo estabelecimento em que se exerça a atividade de correio está sujeito a um único valor a título de taxa de fiscalização, localização e funcionamento, a ser cobrado anualmente. O diploma municipal não fez, desse modo, qualquer distinção a respeito do tamanho dos estabelecimentos da ECT. Ao assim proceder, a lei se desvinculou do princípio da justiça comutativa. 5. Ante o exposto, dou provimento aos embargos de divergência e, cassando o acórdão embargado, dou provimento ao recurso extraordinário interposto pela Empresa Brasileira de Correios e Telégrafos, a fim de que se restabeleça a sentença" (STF, ARE 906.203 AgR-EDv, 2021).

– "Taxa de Fiscalização de Estabelecimentos (TFE). Lei n. 13.477/02 do Município da São Paulo. Critério geral para dimensionar a exação. Tipo de atividade desenvolvida no estabelecimento do contribuinte. Impossibilidade. 1. As taxas comprometem-se tão somente com o custo do serviço específico e divisível que as motiva, ou com a atividade de polícia desenvolvida. 2. O critério da atividade exercida pelo contribuinte para se aferir o custo do exercício do poder de polícia desvincula-se do maior ou menor trabalho ou atividade que o Poder Público se vê obrigado a desempenhar. Precedentes" (STF, ARE 990.914, 2017).

– **Impossibilidade de cobrança de valor maior por unidade de serviço em razão da riqueza ou do padrão de consumo do contribuinte.** "Também aqui convém lembrar que as taxas e as contribuições de melhoria não admitem, por sua natureza, qualquer diferenciação ou seletividade na sua cobrança devendo esta ser feita, por força do seu próprio conceito (contraprestação divisível na proporção do uso ou consumo do serviço público respectivo), de forma a diluir, entre todos os usuários, consumidores ou beneficiários, proporcionalmente ao uso, consumo ou benefício havido, o custo dos serviços... Não pode, por exemplo, ser cobrado, a título de taxa d'água (que utiliza o metro cúbico como unidade de consumo), de coleta de lixo ou de esgoto (que utilizam o metro quadrado da área potencialmente usuária ou consumidora como referência para a cobrança), mais (por metro) do rico ou do grande usuário ou consumidor, e menos do pobre ou do pequeno usuário ou consumidor, porque os custos decorrentes da prestação dos respectivos serviços são rigorosa-

mente os mesmos para uns e outros. Todos os usuários, consumidores ou beneficiários dos serviços públicos devem, assim, de um lado, suportar o custo real destes (que é igual para todos), e, de outro, segundo o efetivo uso ou consumo individual de cada um" (VOLKWEISS, Roque Joaquim. *Direito Tributário Nacional*. 3. ed. Porto Alegre: Livraria do Advogado, 2002, p. 43).

– **Variação conforme o número de empregados do contribuinte. Inconstitucionalidade.** "TAXA. LOCALIZAÇÃO E FUNCIONAMENTO DE ESTABELECIMENTO INDUSTRIAL E COMERCIAL. BASE DE CÁLCULO. NÚMERO DE EMPREGADOS. Não se coaduna com a natureza do tributo o cálculo a partir do número de empregados" (STF, RE 190.776, 1997). Julgado na mesma data no mesmo sentido: RE 202.393.

– "TAXA DE LOCALIZAÇÃO E FUNCIONAMENTO – BASE DE CÁLCULO... 3. A base de cálculo da taxa impugnada não pode variar em função do número de empregados ou da quantidade de equipamentos existentes no estabelecimento sujeito ao poder de polícia. Precedentes do STJ e do STF" (STJ, REsp 733.411, 2007).

– **Valor conforme o volume de minério extraído.** "... utilizar como base de cálculo a quantidade de tonelada extraída (I) apresenta sintonia com o critério material da hipótese de incidência; e (II) permite determinar adequadamente o poder de polícia a ser exercido pelo Estado. Com isso, se pode afirmar que a base de cálculo da taxa confirma o fato descrito na hipótese de incidência. Um exemplo de taxa inconstitucional seria aquela cuja materialidade é o exercício do poder de polícia sobre a exploração mineral e cuja base de cálculo é o valor do minério, já que o aspecto dimensível do fato hipotético não teria nenhuma relação com a atuação estatal e seria apenas representativo de capacidade contributiva do sujeito passivo, recaindo na vedação do art. 145, § 2º, da Constituição. Pode-se afirmar, assim, que a base de cálculo da TFRM se insere no que Sacha Calmon Navarro Coelho chama de fixação proporcional de taxas pela complexidade presumida do sobre-esforço estatal, o que, segundo o autor, não ofende a teoria das taxas. É o mesmo caso da taxa cobrada por diversos Municípios para concessão de alvarás de construção, em que se adota como base para o cálculo o m², a área total ou o número de andares, presumindo-se que plantas mais complexas e voluntárias requererão maiores esforços de atuação estatal. Não existe outra forma que se aproxime mais da individualização do custo de cada contribuinte para o Estado, porque não há grandezas como o litro, o quilowatt ou o impulso que o legislador possa selecionar para quantificar a hipótese de incidência. Para que a quantificação ocorresse de outra maneira, ter-se-ia que recorrer às bases fixas. Todavia, o valor fixo agride os comandos constitucionais, pois, se não há o que calcular e a quantia final a ser paga vem imediatamente consignada no texto normativo, então não há base de cálculo. E uma vez que a Constituição se refere expressamente à base imponível, não se poderia cogitar de um tributo fixo. Não parece correto, portanto, o entendimento de que a base de cálculo da TFRM é próprio de impostos. Primeiro, porque foi utilizada uma grandeza relativa à atividade do particular que está também relacionada com a atividade estatal, não servindo apenas como indicativo de capacidade contributiva do sujeito passivo. Segundo, porque o valor efetivamente arrecadado não depende unicamente da base de cálculo. Se existe um excesso de arrecadação e o problema não está na base imponível, então só poderia estar na alíquota utilizada" (FREIRE, Omar Farah. A regra-matriz de incidência tributária da taxa de mineração. *RDDT* 229/102, out. 2014).

– "... o diploma modificador recém-aprovado não reforma a natureza da base de cálculo da taxa em análise, a qual se identifica com a de imposto, no que se revela uma ofensa gritante ao art. 145, § 2º, da Constituição da República. Decerto, a adoção do volume de minério produzido pelo contribuinte como base de cálculo para a apuração da TFRM não guarda qualquer conexão com os custos do poder de polícia supostamente exercido pelo Estado de Minas Gerais. Por fim, reitere-se que a base de cálculo da TFRM é notadamente de imposto (valor fixo por tonelada de minério extraída)..." (COÊLHO, Sacha Calmon Navarro; DERZI, Misabel Abreu Machado; MOREIRA, André Mendes. A taxa de fiscalização de recursos minerários instituída por Minas Gerais e a novel Lei n. 20.414/2012 – pior a emenda que o soneto. *RDDT* 210/168, mar. 2013).

– **Valor conforme o faturamento ou patrimônio do contribuinte. Inconstitucionalidade.** "... a obrigação prevista no artigo 23 da Lei n. 9.782/89: ... 2) viola o disposto no *caput* e no inciso II do artigo 145 da Constituição, por estabelecer a capacidade contributiva, medida pelo faturamento das empresas, como seu critério de graduação, em contraposição a exigência constitucional de eleição de critério de diferenciação relacionado à atividade estatal e não à atuação do contribuinte" (ÁVILA, Humberto. Taxa de Fiscalização de Vigilância Sanitária em Proveito da Agência Nacional de vigilância Sanitária – Anvisa. Exame de Constitucionalidade. Violação à regra de competência para instituição de taxas e aos princípios da igualdade e da segurança jurídica. *RDDT* 174/136, 2010).

– "... a taxa, de acordo com a Constituição (art. 145), não permite taxação a partir de patrimônio, renda ou serviço do contribuinte. A taxa está visceralmente ligada à atividade pública, e não a atividade privada. [...] Se o serviço desenvolvido pela Agência Nacional de Vigilância Sanitária – lembre-se que se trata de 'taxa de polícia' – é o mesmo para a microempresa, que concorre apenas com a taxa de 5%, como pode haver taxações diferentes para empresas de médio ou grande faturamento? Vê-se, com clareza, que o Poder Público está agindo abusivamente (e não discricionariamente) num campo (taxa) que não permite considerações de justiça tributária" (MACIEL, Adhemar Ferreira. Taxa de vigilância sanitária – Inconstitucionalidade. *RDDT* 59/132, 2000).

– "O art. 17-C, da Lei 9.960/00, ao arbitrar o valor da taxa em R$ 3.000,00, concedendo desconto de 50% para empresas de pequeno porte, de 90% para microempresas e de 15% para pessoas físicas, contém sofisma destinado a contornar a proibição constitucional que veda as taxas a utilização de base de cálculo própria de impostos (§ 2º, art. 145, CF) e a proibição legal que impede que a mesma seja calculada em função do capital da empresa (parágrafo único, *in fine*, do art. 77, CTN). Afinal, o conceito de empresa de pequeno porte e de microempresa está ligado exclusivamente à receita bruta (faturamento), ou seja, diz a lei, em outras palavras que: empresas com receita bruta anual de

até R$ 244.000,00 pagarão R$ 300,00; empresas com receita bruta anual entre R$ 244.000,00 até R$ 1.200.000,00 pagarão R$ 1.500,00 e empresas com receita bruta superior a R$ 1.200.000,00 pagarão R$ 3.000,00. Há, destarte, utilização de base de cálculo própria, típica ou adequada ao cômputo do imposto, especialmente porque não se trata de grandeza pertinente à atividade estatal (fato gerador da taxa), mas à vida do contribuinte" (JANCZESKI, Célio Armando. Notas constitucionais sobre a taxa de fiscalização ambiental criada pela Lei 9.960/00. *RDDT* 56/32, 2000).

– **Entendendo que a fixação do valor da taxa conforme o faturamento ou o patrimônio líquido do contribuinte é constitucional.** "Taxa e Critérios de Incidência. O Tribunal, por maioria, julgou improcedente o pedido formulado na inicial de ação direta de inconstitucionalidade ajuizada pela Confederação Nacional do Transporte – CNT contra a Taxa de Fiscalização e Controle dos Serviços Públicos Delegados, instituída pela Lei 11.073/97, do Estado do Rio Grande do Sul, cujo valor, a ser pago pelos Delegatários dos Serviços Públicos prestados no referido Estado, é definido de acordo com o faturamento do contribuinte, conforme tabela de incidência progressiva. Afastou-se na espécie a alegação de ofensa ao art. 145, II, § 2º, da CF [...], uma vez que o referido tributo não incide sobre o faturamento das empresas contribuintes, mas apenas utiliza-o como critério para a incidência de taxas. Vencidos os Min. Ilmar Galvão e Marco Aurélio, que julgavam procedente o pedido formulado, por considerarem que a variação do valor da taxa em função do faturamento do contribuinte equivaleria à adoção desse faturamento como base de cálculo do tributo. [...] ADI 1.948-RS, 2002. (ADI-1948)" (STF, *Informativo* STF n. 280, 2002).

– **Súmula 665 do STF:** "É constitucional a Taxa de Fiscalização dos Mercados de Títulos e Valores Mobiliários instituída pela Lei 7.940/89" (2003).

– "CONSTITUCIONAL. TRIBUTÁRIO. TAXA DE FISCALIZAÇÃO DOS MERCADOS DE TÍTULOS E VALORES MOBILIÁRIOS – TAXA DA CVM. Lei n. 7.940, de 20.12.89. FATO GERADOR. CONSTITUCIONALIDADE. I. – A taxa de fiscalização da CVM tem por fato gerador o exercício do poder de polícia atribuído à Comissão de Valores Mobiliários – CVM. Lei 7.940/89, art. 2º. A sua variação, em função do patrimônio líquido da empresa, não significa seja dito patrimônio a sua base de cálculo, mesmo porque tem-se, no caso, um tributo fixo. Sua constitucionalidade" (STF, RE 177.835-1, 1999).

– "A taxa de fiscalização da CVM, instituída pela Lei n. 7.940/89, qualifica-se como espécie tributária cujo fato gerador reside no exercício do poder de polícia legalmente atribuído à Comissão de Valores Mobiliários. A base de cálculo dessa típica taxa de polícia não se identifica com o patrimônio líquido das empresas, inocorrendo, em consequência, qualquer situação de ofensa à cláusula vedatória inscrita no art. 145, § 2º, da Constituição da República. O critério adotado pelo legislador para a cobrança dessa taxa de polícia busca realizar o princípio constitucional da capacidade contributiva, também aplicável a essa modalidade de tributo, notadamente quando a taxa tem, como fato gerador, o exercício do poder de polícia" (STF, ARegRE 176.382-5, 2000).

– "CVM e Taxa de Fiscalização. O Tribunal julgou improcedente pedido formulado em ação direta ajuizada pela Confederação Nacional das Profissões Liberais na qual se objetivava a declaração de inconstitucionalidade da Lei 7.940/89, que instituiu a taxa de fiscalização dos mercados de títulos e valores mobiliários, exigida pela Comissão de Valores Mobiliários – CVM, estabelecendo, como contribuintes, os auditores independentes. Inicialmente, com base em orientação da Corte no sentido da viabilidade do lançamento desse tributo como resultado do poder de polícia conferido à CVM, afastou-se a alegação de inexistência dessa possibilidade. Asseverou-se que a Lei 6.835/76, instituidora da CVM, confere-lhe o exercício do poder de polícia para o custeamento de suas despesas e para a fiscalização do mercado mobiliário e que existe previsão constitucional (art. 145, II) e legal (CTN, art. 78) a embasar o lançamento e a cobrança de taxas feitas por ela. Ademais, ressaltou-se que a aludida taxa somente é exigida daqueles que são fiscalizados pela autarquia. Rejeitou-se, de igual modo, o argumento de ofensa ao princípio da isonomia (CF, art. 150, III), por se considerar que a lei impugnada não contém distinção arbitrária. No ponto, aduziu-se que a classificação dos contribuintes em tabelas respeita as respectivas capacidades contributivas, diferenciadas de acordo com a referência no patrimônio líquido (Tabela A), com o modelo de serviços prestados (Tabela B) e com o número de estabelecimentos do contribuinte (Tabela C). Concluiu-se que, no caso do referido tributo, esta variação reflete a quantidade de serviço público dispensado, *uti singuli*, devendo ser remunerado na exata proporção do trabalho de fiscalização efetivado. Leia a íntegra do voto condutor na seção 'Transcrições' deste *Informativo*. (ADI-453)" (*Informativo* n. 438 do STF, 2006). Vide o voto condutor.

– **Valor conforme o espaço ocupado por anúncio. Inconstitucionalidade.** "TRIBUTÁRIO. TAXA DE LICENÇA DE PUBLICIDADE. BASE DE CÁLCULO. A taxa de licença de publicidade não pode ter como base de cálculo o espaço ocupado pelo anúncio na fachada externa do estabelecimento, porque o trabalho da fiscalização independe do tamanho de placa de publicidade (CTN, art. 78). Recurso especial conhecido e provido em parte" (STJ, REsp 78.048, 1997).

– **Valor conforme a tonelagem de produtos quando dimensiona a atividade de fiscalização. Constitucionalidade.** "A taxa de classificação de produtos vegetais é incontendivelmente uma taxa de polícia. [...] I) Realizando a classificação, a União, ..., exerce controle sobre os produtos vegetais, subprodutos e resíduos destinados à comercialização interna. Exercita, pois, seu poder de polícia, atendendo, destarte, a determinações constitucionais. II) O exercício do poder de polícia só pode ser remunerado por meio de taxa específica: a taxa de polícia. III) A base de cálculo da taxa de classificação é correta e adequada, apesar de levar em conta a tonelagem de produtos vegetais a serem classificados. É que a quantidade de tais produtos interfere no exercício do poder de polícia federal, que se traduz na classificação de produtos vegetais, para fins de comercialização. Melhor esclarecendo, a classificação em tela não é feita, retirando-se, a esmo, uma amostra, de todo o lote, independentemente de seu volume. Pelo contrário, é feita por meio da retirada de amostras, em vá-

rias partes do lote analisado, justamente para que se obtenha real representatividade do estado em que ele se encontra. Portanto, quanto maior o volume (tonelagem) de produtos vegetais, maiores as despesas (custos), para a realização do ato de polícia que se materializa na classificação" (CARRAZZA, Roque Antonio. Considerações acerca da taxa de classificação de produtos vegetais. *RDDT* 27/116, jan. 1998).

– **Em sentido diverso, dizendo que a variação segundo a tonelagem implica imposto disfarçado.** Paulo de Barros Carvalho tem parecer sobre o assunto intitulado "Base de Cálculo como Fato Jurídico e a Taxa de Classificação de Produtos Vegetais", em *RDDT* 37, out. 1998, que pode ser assim resumido: O autor identifica todos os elementos da regra matriz de incidência no caso concreto da TCPV, conforme segue: a prestação de serviço de classificação vegetal (material); conclusão do serviço de classificação (temporal); território nacional (espacial); União e receptor do serviço (pessoal ativo e passivo), número de Toneladas e 2 ORTN (quantitativo Base de cálculo e alíquota). Através dessa análise, Barros Carvalho conclui que a hipótese, por si só, não é suficiente para definir o fato tributário. Em segundo lugar, o autor analisa especificamente a base de cálculo do tributo. A base de cálculo estará viciada quando não medir precisamente as proporções do fato imponível. No caso da TCPV, há um grande descompasso entre o fato jurídico tributário (atuação estatal para classificar vegetais) e a base de cálculo (tonelagem de produtos). O peso da mercadoria pertencente ao contribuinte não é critério apto para dimensionar a atividade estatal de fiscalização. A taxa (tributo vinculado) do Decreto-Lei n. 1.899/81 não possui base de cálculo típica de sua espécie tributária, já que não há conexão com a hipótese de incidência. Ressalta, ainda, que as taxas de polícia, como é TCPV, não podem ter função meramente arrecadatória. Feita essa abordagem, responde às questões formuladas pela Consulente, quais sejam: 1. O tributo em questão foi recepcionado pela CF/88, tendo em vista o princípio da indelegabilidade das funções, a competência do Executivo e o princípio da legalidade? 2. No TCPV poderia ser considerado imposto, visto que a sua base de cálculo, nos termos do Decreto-Lei n. 1.899/81, é a quantidade total de produtos classificados? 3. São válidos os lançamentos efetuados no período em que novas alíquotas foram fixadas através de portarias ministeriais? Tem embasamento legal a formalização do crédito tributário através de Portarias? 4. Caberia repetição de indébito? Eis as respostas: 1) O art. 8º do Decreto-Lei n. 1899/81 é inconstitucional por ferir o princípio da indelegabilidade de competência tributária. 2) Sim, a TCPV é um imposto disfarçado, visto que a tonelagem (base de cálculo) é elemento típico da atuação do particular. Há distorções entre a hipótese tributária e a grandeza dimensionada do tributo. 3) Os lançamentos efetuados com base nas portarias que fixaram novas alíquotas são ilegais e incompatíveis com as Constituições de 67 e 88. 4) Há recolhimento indevido, ensejando, pois, a ação de repetição de indébito.

– Sobre a fixação do valor da taxa por Portaria, vide nota ao art. 150, I, da CF.

– **Custas judiciais. Valor conforme o valor da causa. Constitucionalidade desde que haja limite.** O STF, mesmo reconhecendo a natureza de taxa das custas judiciais (vide notas ao art. 145,

II, da CF), admite sua variação segundo o valor da causa, desde que haja razoabilidade e limite, de modo a não ofender o princípio do livre acesso ao Judiciário. Na ADI 3.154, ainda em julgamento ao final de 2009, vai-se seguindo a mesma linha. Entendemos que tal entendimento viola a natureza da taxa, pois o valor da causa não é perspectiva dimensível da atividade estatal desenvolvida. Resta, como consolo, a posição, ainda que vencida, manifestada pelo Min. Marco Aurélio, na ADInMC 2.078/PB, no sentido de que a taxa de cálculo da taxa deveria ser fixada de acordo com os serviços a serem prestados pelo Estado, e não com base no valor da causa. Seguem precedentes ilustrativos da posição do STF.

– "CUSTAS PROCESSUAIS. TAXA JUDICIÁRIA... CORRELAÇÃO ENTRE O VALOR DA TAXA E O CUSTO DO SERVIÇO PRESTADO... 3. Não incorre em inconstitucionalidade a legislação estadual que acresce a alíquota máxima das custas judiciais às causas de maior vulto econômico e provavelmente grande complexidade técnica. 4. Os Arts. 15-F, 15-G, 15-H e 15-I, da Lei 3.350/1999; e 135-D, 135-E, 135-F, 135-G e 135-H, do Decreto Lei 05/1975, ferem a constituição, pois o critério adotado para contagem em dobro não é o serviço prestado, e sim a qualidade do usuário do serviço, havendo violação ao art. 145, II, da CRFB..." (STF, ADI 7.063, 2022). Obs.: com essa premissa, admitiu a cobrança de custas em dobro para "causas de grande vulto econômico e alta complexidade técnica, pois nestes casos há pertinência entre o valor das custas e o custo do serviço judicial prestado", entendendo respeitado o requisito da correlação entre o valor da taxa e o custo do serviço. Mas considerou inconstitucional cobrar-se o dobro das custas de litigantes contumazes, porquanto, nesse caso, não é a qualidade do usuário que estaria dimensionando o montante.

– "II – As taxas judiciárias podem ser calculadas com base no valor da causa, se mantida razoável correlação com o custo da atividade e desde que definidos os valores mínimo e máximo para a cobrança de custas judiciais, de modo que o percentual total de 4%, decorrente da aplicação dos incisos I, II e III do art. 4º da Lei estadual 11.608/2003, não se revela abusivo, notadamente diante da limitação da importância a ser cobrada imposta pelo § 1º do referido artigo" (STF, ADI 3.154, 2021)

– "2. Valor da taxa judiciária e das custas judiciais estaduais. Utilização do valor da causa como base de cálculo. Possibilidade. Precedentes. 3. Estipulação de valores máximos a serem despendidos pelas partes. Razoabilidade. 4. Inexistência de ofensa aos princípios do livre acesso ao Poder Judiciário, da vedação ao confisco, da proibição do bis in idem e da proporcionalidade" (STF, ADI 2.078, 2011).

– "O Tribunal, ainda, por votação majoritária, indeferiu o pedido de suspensão cautelar de eficácia do § 2º do art. 114 da Lei 11.651/97, do Estado de Goiás (na redação dada pela Lei estadual 12.806/95), que adotou a alíquota progressiva de 1% a 2,5% de acordo com o valor da causa para o cálculo do valor da taxa judiciária, fixando o teto de R$ 50.000,00 para sua cobrança. Considerou-se que a tese de inconstitucionalidade sustentada pelo autor da ação não ostentava a plausibilidade necessária ao deferimento da medida cautelar uma vez que os valores estabelecidos pelas normas atacadas atendem, aparentemente, ao princí-

pio da razoabilidade. Vencidos os Ministros Ilmar Galvão, Marco Aurélio e Carlos Velloso, que deferiram a liminar por entenderem não ser razoável o limite da taxa em R$ 50.000,00, ofendendo, em consequência, o princípio do livre acesso ao judiciário (CF, art. 5º, XXXV). Quanto ao Decreto n. 4.852/97, também impugnado na ação direta, o julgamento foi convertido em diligência para se requisitarem informações ao Governador do Estado de Goiás. ADInMC 1.671... 1998" (*Informativo* n. 120 do STF).

– **Ausência de limite. Acesso ao Judiciário. Violação. Súmula 667 do STF:** "Viola a garantia constitucional de acesso à jurisdição a taxa judiciária calculada sem limite sobre o valor da causa" (2003). Vide a ADIMC 1.772-7, 1998.

⇒ **Identidade com a base de cálculo de impostos. Inconstitucionalidade.** O § 2º do art. 145 veda e o STF reconhece a inconstitucionalidade das taxas cuja base de cálculo seja a mesma dos impostos. Entendemos que a inconstitucionalidade ocorrerá quando os elementos considerados não se prestarem para dimensionar o custo do serviço ou da atividade de polícia.

– **Súmula Vinculante 29 do STF:** "É constitucional a adoção, no cálculo do valor de taxa, de um ou mais elementos da base de cálculo própria de determinado imposto, desde que não haja integral identidade entre uma base e outra" (2010).

– A origem da súmula em questão se deu no seio do RE 232.393/SP, no qual discutia-se a possibilidade de que a taxa de coleta domiciliar de lixo cobrada pelo Município de São Carlos/SP tivesse seu valor apurado de forma proporcional ao tamanho da área do imóvel de propriedade do contribuinte. Argumentava-se a ocorrência de inconstitucional identidade entre a mencionada base de cálculo da taxa e àquela aplicável ao IPTU.

– Crítica feita pelo Min. Marco Aurélio à redação da súmula quando de sua votação (PSV 39): "Presidente, quanto a este verbete, peço vênia, para entender que não devemos fechar em definitivo a discussão sobre a matéria, faço-o porque todos sabemos que há sempre deficiência de Caixa e que a tendência é buscar-se, passo a passo, novas receitas no campo normativo. Existe uma regra peremptória, no § 2º do art. 145 da Constituição Federal [...] Quando o preceito revela que as taxas não poderão ter base de cálculo própria de impostos, simplesmente sinaliza que a base há de ser de incidência específica, mesmo porque decorre do exercício do poder de polícia ou da utilização efetiva ou potencial de serviços públicos específicos e divisíveis, prestados ao contribuinte ou colocados à disposição dele. Não vejo como, Presidente, engessar-se a matéria mediante a edição de um verbete de súmula quando esse engessamento, a meu ver, implica conferir alcance limitado ao § 2º do art. 145 que atenderá, sim, ao Fisco, ao Estado, mas não àquele a quem o § 2º do artigo 145 visa proteger – o contribuinte".

– A Súmula Vinculante n. 29 não se presta a representar a quebra do ponto fundamental e indiscutível da ciência tributária. Os elementos conceituais que diferenciam taxas de impostos permanecem assentados na máxima de que taxas não poderão ter base de cálculo de impostos (conforme inteligência do [...] artigo 145, § 2º, da Constituição Federal). O que a Súmula Vinculante n. 29 pode vir a representar, é um precedente indigesto de autorização indiscriminada do poder de legislar em matéria tributária, ferindo limitações constitucionais contundentes" (SILVA, Daniela Juliano. Súmula Vinculante 29 – Uma nova dogmática tributária? *RDDT* 190/9, 2011).

– Mesma base do IPTU. Inconstitucionalidade. "... Taxa de Serviços Urbanos... Base de cálculo identificável com a do IPTU. Descaracterização jurídica da taxa. Vedação constitucional (CF/69, art. 18, § 2º; CF/88, art. 145, § 2º)... A coincidência de bases imponíveis referentes a exações tributárias diversas afeta a validade jurídico-constitucional do tributo instituído. Não se revela exigível, em consequência, porque infringente da vedação estabelecida pelo ordenamento constitucional (CF/69, art. 18, § 2º; CF/88, art. 145, § 2º), a taxa de serviços urbanos cuja base de cálculo repouse em elementos localização, área e dimensões do imóvel que se identifiquem, em seus aspectos essenciais, com o conteúdo da base imponível pertinente ao Imposto sobre a Propriedade Predial e Territorial Urbana (IPTU)" (STF, RE 120.811, 1993).

**– "Recurso extraordinário. Mandado de segurança. Taxa de Conservação e Manutenção das Vias Públicas. Inconstitucionalidade incidental. 2. Acórdão que declarou a inconstitucionalidade de lei que instituiu a cobrança de Taxa de Conservação e Manutenção das Vias Públicas, por afronta ao disposto no art. 145, II, da CF. 3. Entendimento firmado pelo STF no sentido de que a base de cálculo é 'própria de imposto e não de taxa por serviços específicos e divisíveis postos à disposição do seu contribuinte' e 'não tendo o município – uma vez que, em matéria de impostos, a competência é da União – competência para criar tributos outros que não os que a Constituição lhe atribui, o imposto dissimulado pela taxa é inconstitucional' (RE 121.617). 4. Recurso não conhecido. Lei Complementar n. 37, de 29 de dezembro de 1998, do Município de Aracaju, declarada inconstitucional" (STF, RE 293.536, *Informativo* STF n. 268, 2002).

– "Qualquer tributo instituído como contraprestação de serviço público municipal de conservação de estradas... deverá ser declarado inconstitucional, quando criado com base de cálculo própria de imposto, especialmente a área do imóvel rural servido pela estrada, por ofensa ao art. 145, § 2º, da CF/88" (Alan Martins e Eduardo Marchetto, Taxa de Conservação de Estradas de Rodagem/Base de Cálculo/Inconstitucionalidade, na RET 11/21, 2000).

– Valor da taxa conforme a área do imóvel. Constitucionalidade. A Turma confirmou acórdão do Tribunal de Justiça do Estado de Minas Gerais que teve por legítima a cobrança da taxa de fiscalização de obras (Lei n. 5.641/89, do Município de Belo Horizonte, art. 25 e tabela anexa), afastando a alegação de existir coincidência entre a base de cálculo da taxa questionada e a do IPTU, o que é vedado pelo art. 145, § 2º, da CF. Manteve-se o entendimento do acórdão recorrido no sentido de que a taxa de fiscalização de obra tem como base de cálculo a área de construção (metros quadrados da construção), diferentemente do IPTU, que tem como fator componente de sua base de cálculo a área total do imóvel. Precedente citado: RE 102.524-SP (1984). RE 214.569..., 1999 (*Informativo* n. 145 do STF) Restou assim ementado o acórdão: "TRIBUTÁRIO. TAXA DE FISCALI-

ZAÇÃO DE OBRAS. MUNICÍPIO DE BELO HORIZONTE. LEI N. 5.641, DE 22.12.89, ART. 25 E CORRESPONDENTE TABELA I. PRETENSA INCOMPATIBILIDADE COM O ART. 145, § 2º, DA CONSTITUIÇÃO FEDERAL. Tributo que, na conformidade dos dispositivos impugnados, é calculado em razão da extensão da obra, dado perfeitamente compatível com a exigência de divisibilidade do serviço público de fiscalização por ele remunerado, sem qualquer identidade com a base de cálculo do imposto predial" (STF, RE 214.569-6, 1999).

– "Concluindo o julgamento de recurso extraordinário (v. Inf. 136), o Tribunal, por maioria, decidiu que é constitucional a taxa de coleta de lixo domiciliar instituída pelo Município de São Carlos – SP (Lei municipal 10.253/89). O Tribunal entendeu que o fato de a alíquota da referida taxa variar em função da metragem da área construída do imóvel – que constitui apenas um dos elementos que integram a base de cálculo do IPTU – não implica identidade com a base de cálculo do IPTU, afastando-se a alegada ofensa ao art. 145, § 2º, da CF (As taxas não poderão ter base de cálculo própria de impostos.). Vencido o Min. Marco Aurélio, que declarava a inconstitucionalidade da referida taxa por ofensa ao art. 145, § 2º, da CF. RE 232.393-SP, Min. Carlos Velloso, 12.8.99" (*Informativo* n. 157 do STF).

– "Também com base no entendimento acima mencionado, o Tribunal, por maioria, concluindo o julgamento de recurso extraordinário (v. Inf. 132), decidiu que é constitucional a taxa de licença de fiscalização, localização e funcionamento cobrada pelo Município de Belo Horizonte – MG (Lei Municipal 5.641/89). Afastou-se a alegada tese de ofensa ao art. 145, § 2º, da CF (As taxas não poderão ter base de cálculo própria de impostos.) uma vez que a base de cálculo da referida taxa, isto é, a área ocupada pelo estabelecimento fiscalizado, constitui apenas um dos elementos levados em consideração na base de cálculo do IPTU, que é o valor venal do imóvel. Vencido o Min. Marco Aurélio, por entender caracterizada a ofensa ao art. 145, § 2º, da CF, visto que a área do imóvel é integrante da base de cálculo do IPTU. RE 220.316..., 1999" (*Informativo* n. 157 do STF).

– Valor da taxa com base idêntica à do ITR. Súmula 595 do STF: É inconstitucional a taxa municipal de conservação de estradas de rodagem cuja base de cálculo seja idêntica à do imposto territorial rural.

– Mesma base do Imposto de Importação. Inconstitucionalidade. "TAXA DE LICENCIAMENTO DE IMPORTAÇÃO. O Plenário desta Corte, ao julgar o RE 167.992, assim decidiu: 'TRIBUTÁRIO. TAXA DE LICENCIAMENTO DE IMPORTAÇÃO. ART. 10 DA LEI 2.145/53, REDAÇÃO DADA PELO ART. 1º DA LEI N. 7.690/88. Tributo cuja base de cálculo coincide com a que corresponde ao imposto de importação, seja, o valor da mercadoria importada. Inconstitucionalidade que se declara do dispositivo legal em referência, em face da norma do art. 145, § 2º, da Constituição Federal de 1988'. Dessa orientação divergiu o acórdão recorrido. Recurso extraordinário conhecido e provido" (STF, RE 140.681).

– "Recurso Extraordinário. 2. Taxa de licenciamento de importação. 3. Inconstitucionalidade do *caput* do artigo 10, da Lei n. 2.145, de 29.12.53, com redação dada pelo artigo 1º, da Lei n. 7.690, de 15.12.88. Precedente: RE n. 167.992, Plenário. 3..." (STF, RE (AgRg) 164.534, 1999).

– No sentido de que a taxa de licenciamento de importação é tributo sujeito a lançamento por homologação. Vide nota ao art. 150 do CTN.

Art. 146. Cabe à lei complementar:

⇒ **Exigência de lei complementar.** A Constituição elenca, expressamente, as matérias cuja disciplina se dará em caráter complementar à Constituição, através de veículo legislativo próprio, que exige *quorum* qualificado, a lei complementar. Para sabermos se é ou não necessária lei complementar para dispor sobre determinada matéria, temos, pois, de analisar o texto constitucional; só é necessária lei complementar quando a Constituição expressamente a requer.

– O art. 146, da CF reserva algumas matérias para serem disciplinadas por lei complementar. Há, ainda, outras previsões específicas relativas ao ISS e ao ICMS. Os assuntos que não estejam sob reserva expressa de lei complementar, podem ser tratados por lei ordinária. Não há propriamente nenhuma hierarquia entre ambas, mas âmbitos materiais distintos.

– "... RESERVA CONSTITUCIONAL DE LEI COMPLEMENTAR – INCIDÊNCIA NOS CASOS TAXATIVAMENTE INDICADOS NA CONSTITUIÇÃO... Não se presume a necessidade de edição de lei complementar, pois esta é somente exigível nos casos expressamente previstos na Constituição. Doutrina. Precedentes. [...]" (STF, ADI 2.010-2, 1999).

– "De há muito se firmou a jurisprudência desta Corte no sentido de que só é exigível lei complementar quando a Constituição expressamente a ela faz alusão com referência a determinada matéria, o que implica dizer que quando a Carta Magna alude genericamente a 'lei' para estabelecer princípio de reserva legal, essa expressão compreende tanto a legislação ordinária, nas suas diferentes modalidades, quanto a legislação complementar" (STF, ADI 2.028, 1999).

– "Registre-se que a Constituição, no capítulo do Sistema Tributário Nacional – arts. 145 e seguintes – quando quer lei complementar ela assim o diz, expressamente, como se pode ver ... Assim, quando a Constituição, no capítulo do Sistema Tributário Nacional, fala apenas em lei e não em lei complementar, lícito é concluir que, mesmo nos casos em que a disciplina seria, em princípio, por lei complementar, ela, constituição, excepcionou, exigindo, apenas, lei" (excerto do voto do Min. Carlos Velloso no RE 225.602-8/CE, 1998).

– "... a referência a lei complementar no Texto Constitucional restringe-se àquelas expressamente nele previstas, sujeitas a *quorum* especial de votação e hierarquicamente superiores às demais leis. Tais leis destinam-se a atuar apenas as normas constitucionais que as preveem expressamente, ou melhor, as leis complementares são apenas aquelas requeridas expressamente pela Constituição" (DIAS DE SOUZA, Hamilton. In: MARTINS, Ives Gandra da Silva (coord.). *Comentários ao Código Tributário Nacional.* São Paulo: Saraiva, 1998, v. 1, p. 10).

– **Critério político como motivação do constituinte à exigência de lei complementar.** "Em relação à exigência de lei complementar que a Constituição de 1988 adota, quer-me parecer que as decisões para a escolha de ser lei ordinária ou lei complementar são de natureza política, e o foram na Constituição de 1988. Na verdade, a Constituição continuou exigindo lei complementar porque a situação anterior a 88 exigia, ou passou a exigir lei complementar por situações exclusivamente políticas... Toda a decisão, portanto, em determinar lei complementar ou não, é uma decisão política no sentido de exigir um tipo de maioria qualificada para decidir determinada matéria. Não há nenhuma razão essencialista, na Constituição de 88, para se exigir a lei complementar. [...] não há que se fazer interpretações ou exegeses de qualquer natureza, se tentar ler o que na Constituição não está. Se está lei, é lei, não será lei complementar, salvo se ela for remissiva – aqui, há uma opção específica do legislador. Esta era a técnica legislativa, em 1988, para se compor determinados tipos de conflitos políticos não resolvidos no seio da Assembleia Nacional Constituinte: recorria-se a alguns instrumentos e um deles era esta espécie de acordo dilatório, de jogar para frente algo que não se poderia decidir naquele momento. E para se jogar pra frente, jogar-se para a legislação, optava-se pela legislação complementar ou pela lei ordinária, dependendo da natureza da matéria e do grau de controvérsia que houvesse no seio da Assembleia. A outra técnica que se utilizou, e que a Constituição utiliza, foi dos advérbios de modo, no processo legislativo, em que se minimiza basicamente o texto" (excerto do voto do Min. Nelson Jobim no RE 225.602-8, nov. 1988).

⇒ **Lei complementar *x* lei ordinária. Ausência de hierarquia formal, mas necessidade de observância quando verse sobre matéria efetivamente reservada à lei complementar.** As leis buscam seu suporte de validade diretamente na Constituição Federal. Se a Constituição não exige lei complementar, tem-se que a lei ordinária pode validamente dispor sobre a matéria, não sendo pertinente qualquer comparação com o veículo legislativo anteriormente utilizado. Não é o equivocado e desnecessário tratamento de certa matéria em lei complementar que vai colocá-la, daí para diante, sob reserva de lei complementar, pois a própria Constituição é que estabelece o que lhe será complementar ("... 2. O conteúdo da lei complementar não é arbitrário, mas a própria Lei Maior prevê as hipóteses em que a disciplina se dará por essa via legislativa. [...] (STF, Plenário, AR 1.264/RJ, Min. Néri da Silveira, abr/02)"). A ideia de hierarquia entre lei complementar e lei ordinária, pois, é relativa. A lei ordinária simplesmente não pode afrontar lei complementar nas matérias a esta reservadas, pois não constituirá, nesse caso, veículo legislativo apto a inovar na ordem jurídica quanto àqueles pontos. Essa questão foi bastante debatida quando da análise da revogação, pela Lei n. 9.430/96, de dispositivos da LC n. 70/91, que estabelecera isenção de COFINS para as sociedades prestadoras de serviços profissionais e para as cooperativas. O STF sempre destacou a inexistência de hierarquia. A orientação pela inexistência de hierarquia formal e pela validade da revogação de dispositivos da LC n. 70/91 pela Lei n. 9.430/96 consolidou-se no julgamento do RE 377.457, em 2008. A respeito da matéria, a **Súmula 508 do STJ**: "A isenção da COFINS concedida pelo art. 6º, II, da LC n. 70/1991 às sociedades civis de prestação de serviços profissionais foi revogada pelo art. 56 da Lei n. 9.430/1996" (*DJe* mar. 2014).

– "A aceitação da falta de hierarquia não há de servir, entretanto, para que se admita que uma lei ordinária poderá contrariar o que dispôs, e caráter geral, a lei complementar. afinal, a própria ideia de uma norma geral já implica dever ela ser seguida por todos os entes da federação. ... se a lei complementar é editada dentro de seus limites constitucionais, então será ela instrumento para a conformação da ordem jurídica nacional e, enquanto tal, observada pelas ordens jurídicas parciais. [...] embora não caiba cogitar hierarquia entre a lei complementar e a lei ordinária, já que versam sobre matérias diferentes e (agora se compreende) pertencem a ordens jurídicas diversas, as ordens jurídicas parciais devem conformar-se à ordem jurídica nacional na qual se inserem" (SCHOUERI, Luís Eduardo. *Direito tributário*. 2. ed. São Paulo: Saraiva, 2012, p. 75).

– "Isenção de COFINS e Revogação por Lei Ordinária ... Em conclusão, o Tribunal, por maioria, desproveu dois recursos extraordinários, e declarou legítima a revogação da isenção do recolhimento da Contribuição para o Financiamento da Seguridade Social sobre as sociedades civis de prestação de serviços de profissão legalmente regulamentada, prevista no art. 6º, II, da LC 70/91, pelo art. 56 da Lei 9.430/96... Considerou-se a orientação fixada pelo STF no julgamento da ADC 1/DF (*DJU* de 16.6.95), no sentido de: a) inexistência de hierarquia constitucional entre lei complementar e lei ordinária, espécies normativas formalmente distintas exclusivamente tendo em vista a matéria eventualmente reservada à primeira pela própria CF; b) inexigibilidade de lei complementar para disciplina dos elementos próprios à hipótese de incidência das contribuições desde logo previstas no texto constitucional. Com base nisso, afirmou-se que o conflito aparente entre o art. 56 da Lei 9.430/96 e o art. 6º, II, da LC 70/91 não se resolve por critérios hierárquicos, mas, sim, constitucionais quanto à materialidade própria a cada uma dessas espécies normativas. No ponto, ressaltou-se que o art. 56 da Lei 9.430/96 é dispositivo legitimamente veiculado por legislação ordinária (CF, art. 146, III, *b, a contrario sensu*, e art. 150, § 6º) que importou na revogação de dispositivo inserto em norma materialmente ordinária (LC 70/91, art. 6º, II)... RE 377.457/PR... 2008" (*Informativo STF* n. 520, 2008).

– "... não existe uma hierarquia necessária entre a lei complementar e a lei ordinária, porquanto ambas, em regra, retiram seu fundamento de validade diretamente da Lei Maior. Falamos em hierarquia necessária porque eventualmente ela pode se verificar. É o que ocorre na hipótese de a lei ordinária encontrar seu fundamento de validade também na lei complementar. Nesse caso, então, a lei ordinária extrairá seu fundamento de validade mediatamente da Constituição e imediatamente da lei complementar" (COSTA, Regina Helena. *Curso de direito tributário*. 5. ed. São Paulo: Saraiva, 2015, p. 44).

– "... a adoção do instrumento lei complementar ocorre com o objetivo de imprimir um elevado nível de discussão nas Casas do Congresso. Esse debate mais aprofundado atribui uma estabilidade ainda maior à matéria que vem a ser disciplinada – valor

segurança jurídica. Entretanto, essa escolha no tocante à adoção ou não do instrumento não é feita pelo Poder Legislativo, pois este não possui tal liberalidade para decidir qual o instrumento que será utilizado, bem como a quais matérias deve ser atribuída maior (ou menor) segurança jurídica. Inegável, nesse caso, é a característica de rigidez e exaustão do Texto Constitucional: restringiu a utilização da lei complementar a determinadas matérias. [...] a posição que defende a superioridade, não obstante a disposição constitucional, não é, na realidade, a melhor" (CANAZARO, Fábio. *Lei Complementar Tributária na Constituição de 1988*. Porto Alegre: Livraria do Advogado, 2005, p. 55).

⇒ **A análise sobre a ocorrência ou não de invasão, pelo legislador ordinário, do campo reservado à lei complementar, é matéria constitucional, da competência do STF.** "II. Recurso extraordinário contra acórdão do STJ em recurso especial: hipótese de cabimento, por usurpação da competência do Supremo Tribunal para o deslinde da questão. C. Pr. Civil, art. 543, § 2º. Precedente: AI 145.589-AgR, Pertence, RTJ 153/684. 1. No caso, a questão constitucional – definir se a matéria era reservada à lei complementar ou poderia ser versada em lei ordinária – é prejudicial da decisão do recurso especial, e, portanto, deveria o STJ ter observado o disposto no art. 543, § 2º, do C. Pr. Civil. 2. Em consequência, dá-se provimento ao RE da União para anular o acórdão do STJ por usurpação da competência do Supremo Tribunal e determinar que outro seja proferido, adstrito às questões infraconstitucionais acaso aventadas..." (STF, RE 419.629, 2006).

⇒ **Lei complementar em matéria tributária.** Além de exigir lei complementar para dispor sobre os conflitos de competências em matéria tributária, sobre as limitações constitucionais ao poder de tributar e sobre normas gerais em matéria de legislação tributária (art. 146), a Constituição também exige lei complementar para prevenir desequilíbrios de concorrência (art. 146-A), para instituição de empréstimos compulsórios (art. 148), exercício do poder tributário residual da União quanto a impostos e contribuições para a seguridade social (arts. 154, I, e 195, § 4º), instituição do imposto sobre grandes fortunas (art. 153, VII), para regular a competência quanto à instituição do imposto *causa mortis* e doação em certos casos (art. 155, § 1º, III), bem como para os fins previstos nos arts. 155, § 2º, XII, 156, III, e art. 156, § 3º.

– **Quádrupla função da lei complementar requerida pelos arts. 146 e 146-A da CF.** Cabe à lei complementar, nos termos deste artigo: dispor sobre os conflitos de competência (inciso I), regular as limitações constitucionais ao poder de tributar (inciso II), estabelecer normas gerais em matéria tributária (inciso III) e prevenir desequilíbrios de concorrência.

– **Lei complementar que dispõe sobre matéria que não lhe é reservada. Validade quando regular matéria de competência da União, mas com nível de lei ordinária.** "A lei complementar, na forma e no conteúdo, só é contrastável com a Constituição (o teste de constitucionalidade faz-se em relação à Superlei) e, por isso, pode apenas adentrar área material que lhe esteja expressamente reservada. Se por ventura cuidar de matérias reservadas às pessoas políticas periféricas (Estado e Município), não terá valência. Se penetrar, noutro giro, competência estadual ou municipal, provocará inconstitucionalidade por invasão de competência. Se regular matéria de competência da União reservada à lei ordinária, ao invés de inconstitucionalidade, incorre em queda de *status*, pois terá valência de simples lei ordinária federal. Abrem-se ensanchas ao brocado processual 'nenhuma nulidade sem prejuízo', por causa do princípio da economia processual, tendo em vista a identidade do órgão legislativo emitente da lei. Quem pode o mais pode o menos" (COÊLHO, Sacha Calmon Navarro. *O controle de constitucionalidade das leis e do poder de tributar na Constituição de 1988*. Belo Horizonte: Del Rey, 1992).

I – dispor sobre conflitos de competência, em matéria tributária, entre a União, os Estados, o Distrito Federal e os Municípios;

⇒ **Ausência de lei complementar dispondo sobre o assunto**. No CTN, nenhum capítulo se destina a tratar dos conflitos de competência. Seu art. 32, § 1º, porém, ao definir o que deve ser considerado como zona urbana para fins de IPTU, impede que o Município legisle em detrimento da competência da União para instituir o ITR.

– O art. 120 do CTN não previne, propriamente, conflito de competência, mas dispõe sobre a condição de sujeito ativo dos tributos na hipótese de criação de novos entes políticos (Estados ou Municípios) por desmembramento territorial de outros.

– Relativamente ao ISS e ao ICMS, existem a LC n. 116/2003 e a LC n. 87/96 que cumprem também a função de prevenir conflitos, mas decorrem de previsões constitucionais específicas, quais sejam, os arts. 156, III, e 155, § 2º, XII, da CF.

– **A falta da lei complementar pode impedir a tributação**. Tratando-se de reserva de lei complementar específica para dispor sobre conflito de competência, sua ausência pode impedir a instituição do tributo até que sobrevenha. Não se resolve, portanto, como no caso da lei complementar voltada a estabelecer normas gerais, mediante a invocação do art. 24, § 3º, da Constituição e do art. 34, § 3º, do ADCT e aceitação do exercício temporário da competência plena pelo ente político titular do tributo. Vide nota, a seguir, sobre o ITCMD.

⇒ **Diversos conflitos de competência**. No dia a dia da tributação, percebem-se inúmeros conflitos de competência tributária que, não raramente, sujeita o contribuinte à cobrança de tributos idênticos ou diversos em razão do mesmo fato gerador.

– **IPI ou de ISS na industrialização sob encomenda**. Os conflitos quanto à incidência de IPI ou de ISS em determinadas situações de industrialização sob encomenda bem justificariam que lei complementar dispusesse claramente sobre a matéria, de que não cuida especificamente o CTN.

– "... se está em face de situação típica de bitributação, fenômeno tributário que ocorre quando duas entidades tributantes, União Federal e Municípios, no caso, se arvoram no direito de exigir tributos sobre um único e idêntico fato gerador. [...] Ora, havendo bitributação, há conflito de competências" (BECKER, Walmir Luiz. A industrialização sob encomenda e as orientações da Receita Federal do Brasil sobre o cabimento de incidências

simultâneas do ISS e do IPI sobre essa operação. *RDDT* 215/167, 2013).

– Sobre a matéria, vide nota ao art. 156, III, da CF.

– **ITR ou de IPTU**. A competência para a cobrança de ITR ou de IPTU depende de se tratar de imóvel urbano ou rural (art. 153, VI, e art. 156, I, da CF). O art. 32, § 1º, do CTN define que cabe à lei municipal definir a zona urbana do município, observados alguns requisitos que enumera. Com isso, previne conflitos de competência e fornece critérios para o controle, pelo Judiciário, da validade das leis municipais. Vide nota ao referido artigo do CTN.

– **ITCMD com elemento de externalidade. Necessidade da lei complementar.** O STF considerou imprescindível que sobrevenha lei complementar para evitar conflito federativo em matéria de ITCMD nas hipóteses em que o doador tiver domicílio ou residência no exterior e na em que o de cujus possuía bens, era residente ou domiciliado ou teve o seu inventário processado no exterior, conforme a reserva de lei complementar constante do art. 155, § 1º, I e II, da CF. A matéria foi objeto do tema 825 do STF, decidido pelo STF em 2021. Estranhamente, o inciso I do art. 146 não foi sequer referido pelo voto condutor, que trata, isso sim, do inciso III, *a*, do art. 146, para cujas notas remetemos o leitor.

– **Tema 825 do STF**: "É vedado aos estados e ao Distrito Federal instituir o ITCMD nas hipóteses referidas no art. 155, § 1º, III, da Constituição Federal sem a edição da lei complementar exigida pelo referido dispositivo constitucional" (2021).

– "Competência suplementar dos estados e do Distrito Federal. Artigo 146, III, *a*, CF. Normas gerais em matéria de legislação tributária. Artigo 155, I, CF. ITCMD. Transmissão *causa mortis*. Doação. Artigo 155, § 1º, III, CF. Definição de competência. Elemento relevante de conexão com o exterior. Necessidade de edição de lei complementar. Impossibilidade de os estados e o Distrito Federal legislarem supletivamente na ausência da lei complementar definidora da competência tributária das unidades federativas. 1. Como regra, no campo da competência concorrente para legislar, inclusive sobre direito tributário, o art. 24 da Constituição Federal dispõe caber à União editar normas gerais, podendo os estados e o Distrito Federal suplementar aquelas, ou, inexistindo normas gerais, exercer a competência plena para editar tanto normas de caráter geral quanto normas específicas. Sobrevindo norma geral federal, fica suspensa a eficácia da lei do estado ou do Distrito Federal. Precedentes. 2. Ao tratar do Imposto sobre Transmissão *Causa Mortis* e Doação de quaisquer Bens ou Direitos (ITCMD), o texto constitucional já fornece certas regras para a definição da competência tributária das unidades federadas (estados e Distrito Federal), determinando basicamente duas regras de competência, de acordo com a natureza dos bens e direitos: é competente a unidade federada em que está situado o bem, se imóvel; é competente a unidade federada onde se processar o inventário ou arrolamento ou onde tiver domicílio o doador, relativamente a bens móveis, títulos e créditos. 3. A combinação do art. 24, I, § 3º, da CF, com o art. 34, § 3º, do ADCT dá amparo constitucional à legislação supletiva dos estados na edição de lei complementar que discipline o ITCMD, até que sobrevenham as normas gerais da União a que se refere o art. 146, III, *a*, da Constituição Federal. De igual modo, no uso da competência privativa, poderão os estados e o Distrito Federal, por meio de lei ordinária, instituir o ITCMD no âmbito local, dando ensejo à cobrança válida do tributo, nas hipóteses do § 1º, incisos I e II, do art. 155. 4. Sobre a regra especial do art. 155, § 1º, III, da Constituição, é importante atentar para a diferença entre as múltiplas funções da lei complementar e seus reflexos sobre eventual competência supletiva dos estados. Embora a Constituição de 1988 atribua aos estados a competência para a instituição do ITCMD (art. 155, I), também a limita ao estabelecer que cabe a lei complementar – e não a leis estaduais – regular tal competência em relação aos casos em que o '*de cujus* possuía bens, era residente ou domiciliado ou teve seu inventário processado no exterior' (art. 155, § 1º, III, *b*). 5. Prescinde de lei complementar a instituição do imposto sobre transmissão *causa mortis* e doação de bens imóveis – e respectivos direitos –, móveis, títulos e créditos no contexto nacional. Já nas hipóteses em que há um elemento relevante de conexão com o exterior, a Constituição exige lei complementar para se estabelecerem os elementos de conexão e fixar a qual unidade federada caberá o imposto. 6. O art. 4º da Lei paulista n. 10.705/00 deve ser entendido, em particular, como de eficácia contida, pois ele depende de lei complementar para operar seus efeitos. Antes da edição da referida lei complementar, descabe a exigência do ITCMD a que se refere aquele artigo, visto que os estados não dispõem de competência legislativa em matéria tributária para suprir a ausência de lei complementar nacional exigida pelo art. 155, § 1º, inciso III, CF. A lei complementar referida não tem o sentido único de norma geral ou diretriz, mas de diploma necessário à fixação nacional da exata competência dos estados. 7. Recurso extraordinário não provido. 8. Tese de repercussão geral: 'É vedado aos estados e ao Distrito Federal instituir o ITCMD nas hipóteses referidas no art. 155, § 1º, III, da Constituição Federal sem a edição da lei complementar exigida pelo referido dispositivo constitucional'. 9. Modulam-se os efeitos da decisão, atribuindo a eles eficácia *ex nunc*, a contar da publicação do acórdão em questão, ressalvando as ações judiciais pendentes de conclusão até o mesmo momento, nas quais se discuta: (1) a qual estado o contribuinte deve efetuar o pagamento do ITCMD, considerando a ocorrência de bitributação; e (2) a validade da cobrança desse imposto, não tendo sido pago anteriormente" (STF, RE 851.108, 2021).

– Excerto do voto condutor do RE 851.108: "Prosseguindo na análise, agora com foco na regra especial do art. 155, § 1º, III, da Constituição, é importante atentar para a diferença entre as múltiplas funções da lei complementar. Como vimos anteriormente, o argumento dos estados para defender sua competência para a instituição do ITCMD nas hipóteses previstas no citado dispositivo constitucional está pautado na suposição de que o art. 24, § 3º, da CF, e o art. 34, § 3º, do ADCT, autorizariam a ação dos estados em qualquer caso de inexistência de lei nacional, o que não corresponde à realidade. No julgamento do já citado RE n. 136.215/RJ, a Corte fez uma clara distinção entre as diversas funções da lei complementar e seus reflexos

sobre eventual competência supletiva dos estados. Na assentada, a Corte enfrentou o tema do limite da competência concorrente, já que a regulamentação da matéria diretamente pelos estados teria consequências que excederiam os limites dos poderes tributantes, na medida em que 'a diversidade de critérios legislativos estaduais sobre o domicílio de pessoas físicas e jurídicas (contribuintes e fontes de retenção), especialmente quando possuem mais de um estabelecimento, é campo fértil de inaceitável bitributação', sendo necessário prevenir esse potencial conflito de competências e definir a que estado o imposto caberia em cada caso. No caso do ITCMD, o mecanismo para se evitar potencial conflito federativo entre os entes da federação foi acionado pelo próprio constituinte, ao exigir, no inciso III do referido § 1º, a edição de lei complementar para regular a competência e a instituição do ITCMD quando o doador tiver domicílio ou residência no exterior ou o de cujus possuir bens, tiver sido residente ou domiciliado ou tiver seu inventário processado no exterior. Nessa hipótese, é a lei complementar que, 'desempenhando a função que lhe foi atribuída pelo art. 146, I, da Magna Carta, vai disciplinar o assunto, dando critérios para que se saiba, com exatidão, a qual unidade federativa compete o imposto em tela', nos dizeres de Roque Antonio Carraza. Dessa perspectiva, os temas i) da tributação dos não residentes em relação aos bens e direitos localizados no território brasileiro e ii) da regra de tributar a totalidade das transmissões efetuadas por transmitentes nele domiciliados, incluindo as de bens localizados no exterior, não podem ser tratados unilateralmente pelos estados e pelo Distrito Federal. Na espécie, a função mais relevante da lei complementar, necessária à instituição do ITCMD, é exatamente a de delimitar as regras de competência, limitando ou determinando seu âmbito material... [...] no tocante à lei complementar referida no inciso III do § 1º do art. 155, necessária para se instituir o imposto nas hipóteses em que o doador tem domicílio ou residência no exterior, ou em que o *de cujus* possuía bens, era residente ou domiciliado ou teve o seu inventário processado no exterior, o Professor Alberto Xavier... entende que nem a competência concorrente do art. 24, § 3º, da Constituição, nem a autorização do art. 34, § 3º, do ADCT, podem ser invocadas para fundamentar a existência de um direito dos estados e do Distrito Federal de legislar imediatamente sobre a matéria, sem a interposição necessária da lei complementar. Vide: 'É que, repare-se bem, não se está aqui perante a lei complementar no seu papel constitucional de veiculadora de 'normas gerais', atribuído pelo inciso III do art. 146, mas sim na sua imprescindível função de 'norma sobre competência', conferido pelo inciso I do mesmo artigo, reguladora, por via preventiva, de conflitos de competência, em matéria tributária, entre os entes políticos da União. Se é admissível o exercício supletivo pelos Estados, de uma competência concorrente em matéria de 'normas gerais', já não o é em matéria de 'conflitos de competência' em que a competência normativa não é concorrente, mas privativa da União, na forma de lei complementar, pois só esta, de âmbito de validade geral, é suscetível de prevenir a formação de concursos de pretensões dos diversos Estados e do Distrito Federal potencialmente envolvidos na situação.' [...] Antes da edição da referida lei complementar, descabe a exigência do

ITCMD a que se refere aquele artigo, visto que os estados não dispõem de competência legislativa em matéria tributária para suprir a ausência de lei complementar nacional exigida pelo art. 155, § 1º, inciso III, da CF. A lei complementar referida não tem o sentido único de norma geral ou de diretrizes, mas de diploma necessário à fixação nacional da exata competência dos estados, como amplamente exposto".

– "Ação direta de inconstitucionalidade por omissão. Direito tributário. ITCMD. Mora legislativa na edição da lei complementar a que se refere o art. 155, § 1º, inciso III, da Constituição Federal. Inconstitucionalidade. Estabelecimento de prazo para que o Congresso Nacional adote as medidas legislativas necessárias para suprir a omissão. 1. No julgamento do RE n. 851.108/SP, Tema n. 825, a Corte fixou a tese de que '[é] vedado aos estados e ao Distrito Federal instituir o ITCMD nas hipóteses referidas no art. 155, § 1º, III, da Constituição Federal sem a intervenção da lei complementar exigida pelo referido dispositivo constitucional'. 2. Passados mais de trinta e três anos do advento da Constituição Federal, não houve a edição de tal lei complementar. Ademais, a inertia deliberandi pode configurar omissão passível de ser reputada inconstitucional no caso de os órgãos legislativos não deliberarem dentro de um prazo razoável sobre projeto de lei em tramitação. Precedente: ADI n. 3.682/DF. 3. Ação direta de inconstitucionalidade por omissão julgada procedente, declarando-se a omissão inconstitucional na edição da lei complementar a que se refere o art. 155, § 1º, inciso III, da Constituição Federal e estabelecendo-se o prazo de 12 (doze) meses, a contar da data da publicação da ata de julgamento do mérito, para que o Congresso Nacional adote as medidas legislativas necessárias para suprir a omissão" (STF, ADO 67, 2022).

– "AÇÃO DIRETA DE INCONSTITUCIONALIDADE. TRIBUTÁRIO. INSTITUIÇÃO DO IMPOSTO SOBRE TRANSMISSÃO *CAUSA MORTIS* OU DE DOAÇÃO DE QUAISQUER BENS OU DIREITOS – ITCMD. HIPÓTESES PREVISTAS NO ART. 155, § 1º, III, DA CONSTITUIÇÃO FEDERAL. AUSÊNCIA DE LEI COMPLEMENTAR FEDERAL. INEXISTÊNCIA DE COMPETÊNCIA LEGISLATIVA PLENA DOS ESTADOS E DO DISTRITO FEDERAL. PRECEDENTES. PROCEDÊNCIA DO PEDIDO. INCONSTITUCIONALIDADE FORMAL DA EXPRESSÃO 'NO EXTERIOR', CONSTANTE DO § 1º DO ART. 3º E DA INTEGRALIDADE DO 4º DA LEI 10.705, DE 28.12.2000, DO ESTADO DE SÃO PAULO. MODULAÇÃO DOS EFEITOS DA DECISÃO" (STF, ADI 6.830, 2022).

– "DECRETO ESTADUAL N. 10.306, DE 2011, DE ALAGOAS. IMPOSTO SOBRE TRANSMISSÃO *CAUSA MORTIS* E DOAÇÃO DE QUAISQUER BENS OU DIREITOS (ITCMD). RESERVA DE LEI QUALIFICADA. AUSÊNCIA DE LEI COMPLEMENTAR NACIONAL. BASE TRIBUTÁVEL NO EXTERIOR. MODULAÇÃO DE EFEITOS. TEMA N. 825 DO EMENTÁRIO DA REPERCUSSÃO GERAL... 2. Mérito. Vício Formal. Caracterizado. São inconstitucionais leis ou decretos estaduais que busquem exercer a competência tributária do art. 155, § 1º, inc. III, da Constituição da República, sem amparo em prévia lei complementar nacional.... 4. Modulação de efeitos. Imperiosa calibragem da eficácia temporal desta decisão em controle abstrato de constitucionalidade, nos termos do art. 27 da Lei n. 9.868, de 1999, com a finalidade de que o presente juízo de inconstitucionalidade produza efeitos a contar da publicação do acórdão do RE n. 851.108-RG/SP, o que se deu em 20/04/2021, ressalvando as ações judiciais pendentes de conclusão até o mesmo momento, nas quais se discuta: (1) a qual estado o contribuinte deve efetuar o pagamento do ITCMD, considerando a ocorrência de bitributação; e (2) a validade da cobrança desse imposto, não tendo sido pago anteriormente... 6. Técnica decisória. É necessário o emprego de declaração de nulidade, sem redução de texto, ao art. 7º, inc. I, al. 'a', do Decreto n. 10.306, de 2011, impugnado, com o fito de excluir de seu programa normativo a possibilidade de incidência de ITCMD em relação a inventários e arrolamentos processados no exterior. 7. Ação direta de inconstitucionalidade conhecida e, no mérito, julgada procedente" (STF, ADI 6.828, 2022).

– "Como se sabe a Constituição de 1988 alargou o campo de incidência do ITCMD que passou a ser cobrada, também em relação a bens de qualquer natureza e de quaisquer direitos, retornando ao sistema constitucional de 1946 (art. 155, I). O CTN, entretanto, não procedeu à atualização segundo a nova prescrição constitucional. Na descrição da norma de imposição tributária continua definindo o fato gerador como sendo a transmissão de bens imóveis e de direitos a eles relativos, bem como a cessão desses direitos segundo a ordem constitucional então vigente (art. 35 do CTN). A Constituição de 1988 inseriu na competência impositiva do Município a transmissão *inter vivos* a título oneroso de bens imóveis e de direitos reais sobre imóveis, e na competência tributária do Estado, a transmissão *causa mortis* e a doação de quaisquer bens e direitos. Doutrina e jurisprudência têm dispensado a definição prévia do fato gerador do novo ITCMD por lei complementar, como determina o art. 146, III, *a*, da CF, porque o exercício da competência tributária deferida de forma privativa para o Estado não pode ficar na dependência da boa vontade do legislador complementar. E mais, na ausência de norma geral da União, o Estado pode exercer a competência legislativa plena para atender a suas peculiaridades, cessando a sua eficácia na superveniência de norma geral da União em sentido contrário (art. 24, §§ 3º e 4º da CF). Entretanto, depende de regulamentação em nível da lei complementar a tributação pelo ITCMD nas seguintes hipóteses: a) se o doador tiver domicílio ou residência no exterior; b) se o *de cujus* possuía bens, era residente ou domiciliado ou teve seu inventário processado no exterior (art. 155, § 1º, III da CF). Não há até hoje a regulamentação por lei complementar dessa exigência constitucional. Por isso, padecem do vício de inconstitucionalidade as disposições legais de vários Estados da Federação dispondo sobre a cobrança do ITCMD nessas situações. Não se aplicam nessas hipóteses as disposições dos §§ 3º e 4º da CF porque isso iria causar conflitos de competência tributária entre os 27 Estados componentes da Federação. Uma das missões da lei complementar é exatamente a de prevenir conflitos de tributação entre os entes federados (art. 145, I da CF). Regulando o dispositivo constitucional antes mencionado poderia a lei complementar dispor que nas hipóteses das letras *a* e *b* retro citadas, o ITCMD caberá ao Estado onde tiver domicílio o beneficiário (donatário ou herdeiro). Sem a prévia definição do sujeito ativo do imposto, por lei complementar de aplicação no âmbito nacional, nos casos retromencionados nenhum Estado poderá exercer validamente a sua competência tributária. Nesse sentido, o Órgão Especial do Tribunal de Justiça do Estado de São Paulo já pronunciou a inconstitucionalidade dos do art. 4º, inciso II, *b*, da Lei paulista de n. 10.705/01[1] que previa a cobrança do imposto sobre a herança advinda do exterior, conforme ementa abaixo transcrita: 'I – Arguição de inconstitucionalidade. A instituição de imposto sobre transmissão 'causa mortis' e doação de bens localizados no exterior deve ser feita por meio de Lei Complementar. Inteligência do art. 155, § 1º, inciso III, alínea *b*, da Constituição Federal. II – O Legislador Constituinte atribuiu ao Congresso Nacional um maior debate político sobre os critérios de fixação de normas gerais de competência tributária para instituição do imposto sobre transmissão de bens móveis/imóveis, corpóreos/incorpóreos – localizados no exterior, justamente com o intuito de evitar conflitos de competência, geradores de bitributação, entre os Estados da Federação, mantendo uniforme o sistema de tributos. III – Inconstitucionalidade da alínea 'b' do inciso II do art. 4º da Lei paulistana n. 10.705, de 28 de dezembro de 2000, reconhecida. Incidente de inconstitucionalidade procedente' (Arguição de Inconstitucionalidade n. 0004604 24.2011.8.26.0000, Rel. Des. Guerrieri Rezende, julgado 30/03/2011). Realmente, deixar a critério de cada Estado membro a tributação de bens advindos do exterior seria incorrer no perigo de bitributação jurídica que é vedada pela Constituição Federal" (HARADA, Kiyoshi. *ITCMD. Sua inexigibilidade em relação à herança recebida do exterior*. 2-3-2015. Disponível em: http://www.haradaadvogados.com.br/itcmd sua inexigibilidade em relacao a heranca recebida do exterior/. Acesso em: 22 maio 2017).

– Admitindo a disciplina direta pelos Estados. "... a norma prescrita no art. 34, § 3º, do Ato das Disposições Constitucionais Transitórias é de aplicabilidade imediata... constata se que a própria Constituição Federal... autorizou os Estados a editarem as leis necessárias para a aplicação do Sistema Tributário Nacional. Desta forma, as leis estaduais que instituíram o ITCMD na hipótese em que o doador tiver domicílio ou residência no exterior, ou se o falecido possuía bens, era residente ou domiciliado ou teve o seu inventário processo no exterior não possuem antinomia com o texto constitucional" (MARTINS, Adriano Vidigal. Constitucionalidade das leis estaduais que instituem a incidência do ITCMD sobre doações provenientes do exterior. *RDDT* 223/7, 2014).

– ICMS-importação pelo estado do destinatário jurídico ou do destinatário final do produto na importação indireta. Vide nota ao art. 155, § 2º, IX, *a*, da CF.

– ISS ou ICMS nas operações mistas. O art. 155, § 2º, IX, *b*, da Constituição trata especificamente das operações mistas, estabelecendo que o ICMS incidirá sobre o valor total da operação, quando mercadorias forem fornecidas com serviços não compreendidos na competência tributária dos Municípios. Associando-se tal regra com a do art. 156, III, que diz que os Municípios têm competência para instituir impostos sobre serviços de qualquer natureza, definidos em lei complementar, chegamos à conclusão de que as operações mistas em que o serviço envolvido não está arrolado no anexo da LC n. 116/2003 sujeita-se ao ICMS, mas, quando estiver arrolado, sujeita-se ao ISS. Desse modo, aliás, é que a questão se encontra disciplinada na LC n. 87/96, que dispõe sobre o ICMS, e na LC n. 116/2003, que dispõe sobre o ISS. O artigo 2º, IV, da LC n. 87/96 determina que o ICMS incida sobre o fornecimento de mercadorias com prestação de serviços não compreendidos na competência tributária dos Municípios. O art. 1º, *caput* e § 2º, da LC n. 116/2003 estabelece que o ISS tem como fato gerador a prestação de serviços constantes da sua lista anexa e que os serviços nela mencionados não ficam sujeitos ao ICMS, ainda que sua prestação envolva fornecimento de mercadorias. Mas alguns dos serviços da lista anexa à LC n. 116/2003 apresentam expressa exceção à regra, ensejando a cobrança de ISS sobre o valor do serviço e ICMS sobre o valor das mercadorias fornecidas, do que é exemplo o item: "14.01 – Lubrificação, limpeza, lustração, revisão, carga e recarga, conserto, restauração, blindagem, manutenção e conservação de máquinas, veículos, aparelhos, equipamentos, motores, elevadores ou de qualquer objeto (exceto peças e partes empregadas, que ficam sujeitas ao ICMS)".

– Sobre as operações mistas, vide nota ao art. 155, II, da CF.

– ISS pelo município da sede do prestador de serviços ou pelo município da prestação de serviços. É questão muito discutida o conflito de competências entre os municípios da sede das empresas prestadoras de serviços e aqueles em que o serviço é efetivamente prestado, onde se situa seu destinatário. A LC n. 116/2003, em seu art. 3º, dispõe, como regra geral, que o ISS é devido no local do estabelecimento prestador. Sobre a matéria, vide nota ao art. 156, III, da CF, acerca dos aspectos espacial e pessoal do ISS.

II – regular as limitações constitucionais ao poder de tributar;

⇒ **Limitações constitucionais.** Note-se que a Constituição fala que lei complementar regulará as limitações *constitucionais* ao poder de tributar. Limitações constitucionais são as que constam no texto da Constituição, ou seja, da Seção II (Das Limitações do Poder de Tributar) do Capítulo I (Do Sistema Tributário) do seu Título VI (Da Tributação e do Orçamento).

– "... às 'normas gerais em matéria de legislação tributária' cabe, tão somente, desdobrar os comandos constitucionais pertinentes, que, de onde em onde, se apresentam embaçados (pelo menos aos olhos leigos). Acresce notar, com Rubens Gomes de Sousa, que tais normas gerais só poderão 'regular aquelas (limitações) que a Constituição autoriza sejam reguladas'. De fato, só alguém muito afoito há de pretender que esta lei complementar regule o alcance do princípio federativo, do princípio republicano, do princípio da anterioridade, do princípio da legalidade... Não: apenas quando a Constituição, expressa ou implicitamente, exige tal lei complementar é que ela poderá validamente vir à luz" (CARRAZZA, Roque Antônio. *Curso de direito constitucional tributário*. 30. ed. São Paulo: Malheiros, 2015, p. 1139).

– Regulação da legalidade. O art. 97 do CTN cuida da legalidade. Ao fazê-lo, vai além da legalidade relativa à instituição de tributos, esclarecendo que também a imposição de penalidades (multas) depende de lei.

– Regulação da anterioridade de exercício. O art. 104 do CTN regula a anterioridade, estabelecendo que inclusive a revogação de isenções a ela está sujeita. Não foi recepcionado, contudo, no ponto em que restringia a sua aplicação aos impostos sobre o patrimônio e sobre a renda.

– Regulação das imunidades. Arts. 150, VI, e 195, § 7º, da CF. Remissão à "lei". Interpretação harmônica com o art. 146, II, da CF. É preciso compatibilizar a previsão do art. 146, II, da CF com a referência genérica à "lei" nos arts. 150, VI, c, e 195, § 7º, da CF. Efetivamente, para a regulamentação das condições materiais para o gozo das imunidades, impõe-se a utilização de lei complementar forte na inafastabilidade da incidência do art. 146, inciso II, da CF, ficando à lei ordinária o papel de estabelecer requisitos formais a serem cumpridos pelas referidas pessoas imunes no que diz respeito à sua constituição, funcionamento e ostentação da situação de imunidade. O art. 14 do CTN regula a imunidade aos impostos e é aplicável, na falta de regulamentação específica, à imunidade a contribuições de seguridade.

– "1. A jurisprudência desta Corte consolidou-se no sentido de que, por se tratar de limitação constitucional ao poder de tributar, a demarcação do objeto material da imunidade das instituições de educação é matéria afeita à lei complementar (ADI 1.802-MC, Min. Sepúlveda Pertence, *DJ* de 13.02.2004). 2. Agravo regimental improvido" (STF, AgRegRE 354.988, 2006).

• Vide notas aos arts. 150, VI, c, e 196, § 7º, da CF.

– Regular não é criar novas limitações. "A Lei Complementar não cria limitações que já não existam na constituição, não restringe nem dilata o campo limitado. Completa e esclarece as disposições relativas à limitação, facilitando sua execução de acordo com os fins que inspiraram o legislador constituinte" (BALEEIRO, Aliomar. *Limitações constitucionais ao poder de tributar.* 7. ed., atualizada por Misabel Abreu Machado Derzi. Rio de Janeiro: Forense, 1997, p. 105).

– "... convém notar que o dispositivo constitucional determina que cabe à lei complementar 'regular as limitações constitucionais' e isto significa dizer que esta somente poderá dispor sobre as limitações já previstas na Constituição Federal, de modo a explicitá-las, regulamentá-las, desenvolvendo suas características. Jamais poderá, no entanto, a lei complementar, criar outras limitações aos entes tributantes pois o comando constitucional trata das 'limitações constitucionais' e, à evidência, não de outras eventuais limitações" (PIZOLIO JR., Reinaldo. Considerações acerca da lei complementar em matéria tributária. *CDTFP* 14/187, São Paulo: RT, 1996).

– Afirmando que a Lei Complementar pode criar novas limitações. "Afora as constantes do texto constitucional, outras limitações podem ser estabelecidas, em lei complementar federal, ao poder de tributar, tanto da União quanto dos Estados ou Municípios. Essas limitações, que assumirão, conforme o caso, o caráter de proibição ou de restrição, não podem, é certo, sob pena de inconstitucionalidade, retirar poder que a Constituição

outorga. Por elas, todavia, é possível condicionar e guiar a tributação para que esta atenda aos interesses nacionais e não apenas a interesses regionais ou locais. É preciso ter presente, na interpretação de todo este capítulo, que a tributação é instrumento de desenvolvimento e deve ser promovido pela União, em vista do interesse nacional" (FERREIRA FILHO, Manoel Gonçalves. *Comentários à Constituição Brasileira de 1988.* São Paulo: Saraiva, 1997, v. 3, p. 95).

III – estabelecer normas gerais em matéria de legislação tributária, especialmente sobre:

⇒ **Lei complementar de normas gerais como lei nacional.** "Como essa lei complementar dispõe sobre normas no sentido subjetivo de sua aplicação à União, aos Estados, ao DF e aos Municípios, pode ser considerada lei nacional e não simplesmente federal, pelo seu âmbito pessoal de validade. É, assim, lei subjetivamente nacional. [...] normas gerais de direito tributário são sobrenormas; normas que condicionam parcialmente o conteúdo de outras normas – as leis ordinárias dos tributos instituídos pelas pessoas constitucionais" (BORGES, José Souto Maior. Normas gerais de Direito Tributário: velho tema sob perspectiva nova. *RDDT* 213/48, jun. 2013).

– Sobrenormas gerais, sobredireito. "... essa lei complementar pode amplamente dispor sobre o sistema constitucional tributário, desde que se mantenha no campo das sobrenormas gerais. Não porém sobre matéria que transcenda o âmbito de normas gerais de direito tributário, sistematicamente abrangidas só pelo campo de sobredireito. Comparada com as normas de leis ordinárias, a lei complementar de normas gerais se particulariza como espécie distinta. Não será por outra razão que ela, a lei complementar, não pode dispor sobre alíquotas tributárias de aplicação direta. ... a lei complementar somente pode, na hipótese, instituir alíquotas mínimas e máximas dos tributos sobre os quais recai, porque se instituísse diretamente alíquotas (fixas, proporcionais, progressivas) seria não mais constituída de sobrenormas, porém, de normas bastantes em si, autoaplicáveis, suficientes para regular as relações tributárias concretas – o que a norma geral não pode, desvestida que é de autoaplicabilidade (= concretude). É pois carente de intermediação pela lei tributária ordinária federal, estadual e municipal, para a plenitude concreta de seus efeitos. E, sob esse ânulo particular relevantíssimo, a autonomia estadual do Distrito Federal e dos Municípios é assegurada. [...] a norma geral, precisamente porque é sobrenorma, tem sua eficácia limitada. Ou seja, depende, para a plenitude dos seus efeitos, da legalidade ordinária. De si, esta já é uma limitação material do seu campo de aplicabilidade" (BORGES, José Souto Maior. Sobre o todo e suas partes no sistema tributário nacional. *RDDT* 218/107, nov. 2013).

– Competência concorrente. Na ausência da lei complementar, disciplina pelos Estados. Em nota à alínea a deste inciso do art. 146 da CF, bem como ao art. 155, III, da CF, abordamos o caso do IPVA, tributo criado pela Constituição de 1988 e que não teve, até o momento, as respectivas normas gerais relativas aos seus possíveis fato gerador, base de cálculo e contribuintes disciplinada por lei complementar, sendo instituído diretamente pelos Estados, o que foi considerado válido pelo STF.

– Em nota à alínea *c* deste inciso III do art. 146 da CF, vide acórdão do STF também admitindo a validade de Constituição Estadual que dispôs sobre o adequado tratamento tributário do ato cooperativo, matéria ainda não disciplinada por lei complementar.

– **Competência suplementar.** "... uma vez editada essa lei complementar..., os Estados e o Distrito Federal poderão também editar normas que cuidem da mesma matéria, exercendo sua competência suplementar, a fim de atenderem suas peculiaridades locais e específicas, tudo conforme determina o § 2º, do artigo 24, da Constituição Federal" (PIZOLIO JÚNIOR, Reinaldo. Considerações acerca da lei complementar em matéria tributária. *CDTFP* n. 14, São Paulo: RT, 1996, p. 187-188).

– **Alterações, por lei ordinária, em favor do contribuinte.** "Quando a lei complementar da União define fatos geradores e bases de cálculo, estabelece prazos de prescrição e decadência, conceitua o que é isenção, obrigação tributária, lançamento, dispõe sobre restituição de tributos etc., está impondo regras-limites aos legisladores. Seja exemplo a norma da lei complementar que fixa prazo de prescrição para a cobrança do crédito tributário. Aí está o prazo limite. Nada impediria que a União, ou algum Estado ou Município viesse a abreviar esse prazo. Alongá-lo é que não poderiam. Outro exemplo... o prazo de decadência... A regra constitui uma limitação podendo ser alterada apenas quando favorece o contribuinte, como é óbvio" (MACHADO, Brandão. *Imposto de renda. Conceitos, princípios e comentários.* São Paulo: Atlas, 1996, p. 98).

– Tem-se entendido como válida a previsão legal de incidência da SELIC na repetição/compensação do indébito tributário desde o pagamento indevido, forte no art. 39 da Lei 9.250/95, que previu a aplicação de tal índice a contar de janeiro de 1996, por se tratar uma liberalidade do legislador, que estabeleceu, assim, regime mais benéfico que o estabelecido pelo art. 167, parágrafo único, do CTN, que diz da incidência de juros a contar do trânsito em julgado.

⇒ **Origem da expressão "normas gerais".** As dúvidas que ainda hoje surgem sobre o que sejam "normas gerais" em matéria tributária justificam-se pela própria origem da expressão, que foi forjada pelas necessidades do pragmatismo legislativo. Vale destacar, desde já, que as normas gerais aplicam-se a todas as espécies tributárias e aos tributos da competência da União, Estados e Municípios.

– "Na Constituição vigente, é o art. 146, III, que atribui à lei complementar o estabelecimento de normas gerais em matéria de legislação tributária, trazendo, em suas alíneas *a, b* e *c*, rol exemplificativo das matérias que deve tratar. [...] apesar de a Constituição de 1988 ter procurado detalhar o alcance da expressão, enumerando, exemplificativamente, institutos abrangidos pelas normas gerais, até hoje se discute acerca do seu conteúdo, basta ver as últimas edições das obras tradicionais dos mais conceituados tributaristas. O saudoso RUBENS GOMES DE SOUSA, que compôs a Comissão que elaborou o projeto do Código Tributário Nacional, em debates realizados com PAU-

LO DE BARROS CARVALHO e GERALDO ATALIBA após a sua promulgação, publicados sob o título Comentários ao Código Tributário Nacional (Parte Geral), vol. I. RT, confessou que, quando da encomenda legislativa, em 1954, o que a Comissão tinha por base, para delimitar o trabalho a ser realizado, era a referência, feita pela Constituição de 1946, à competência da União para editar 'normas gerais de direito financeiro'. E acrescentou: 'O primeiro problema com que se defrontou a Comissão, portanto, foi elaborar, ainda que para uso próprio, um conceito de normas gerais.' Revelou, ainda, que a introdução da expressão 'normas gerais' na Constituição era atribuída ao então Deputado ALIOMAR BALEEIRO, razão porque consultou-o acerca do seu alcance, tendo obtido de Aliomar a declaração de que tal expressão decorrera de um compromisso político, de uma acomodação necessária para a aprovação da atribuição de competência à União para legislar sobre direito tributário, competência esta que pretendia, inicialmente, fosse ampla e sem a limitação contida no conceito de normas gerais, bastando que tivesse a feição de uma lei nacional endereçada ao legislador ordinário das três esferas tributantes. Diante da resistência política, entretanto, ocorreu-lhe introduzir a expressão 'normas gerais', o que teve sucesso, mas em termos que o próprio Aliomar não elaborara ou raciocinara juridicamente (p. 4/6). Ressaltou, ainda, RUBENS GOMES DE SOUSA: '... a partir dessa política, juridicamente espúria, nós tivemos uma enorme produção bibliográfica, que até hoje continua a respeito do que sejam normas gerais. Diante da impossibilidade de formular-se, em termos de conceito, uma definição de 'normas gerais', decidiu então a Comissão analisar cada hipótese que se apresentasse como objeto de legislação, e ao juízo de cada um e da maioria de seus membros, ver se a mesma se encaixava no contexto. Solução obviamente prática, mas sem nenhum valor científico, porquanto a análise, caso por caso, era impossível, desde que não tivesse previamente escolhido um módulo, dentro do qual a análise posterior de cada caso pudesse determinar se ele entrava ou não no módulo. Não era solução alguma. Era, simplesmente, uma maneira, não de superar uma dificuldade, mas de contorná-la e seguir em frente, porque, caso contrário, nós não teríamos o nosso trabalho e estaríamos discutindo até hoje'" (PAULSEN, Leandro (coord.). *Certidões Negativas de Débito.* Porto Alegre: Livraria do Advogado, 1999).

⇒ **Normas gerais. Abrangência.** "Esta dicção constitucional ('estabelecer normas gerais em matéria de legislação tributária') é mais abrangente que a utilizada pela Constituição anterior ('normas gerais de Direito Tributário') e ampliada a adotada pelo seu art. 24, I, pois abre espaço para a lei complementar atuar também como *elemento estruturante do ordenamento tributário.* Vale dizer, não apenas dispondo sobre prerrogativas do Fisco, direitos dos contribuintes, elementos fundamentais da obrigação etc. (os chamados Direito Tributário material e formal) – possibilidade que já advém do art. 24, I, – mas também sobre as relações e fórmulas de conjugação e composição entre as várias normas que integram a legislação interna. Ou seja, abre espaço para a lei complementar dizer como devem e podem se relacionar as várias normas do sistema" (GRECO, Marco Aurélio. *Contribuições (uma figura* sui generis). São Paulo: Dialética, 2000, p. 162).

– "Mas, ao cabo, o que são normas gerais de Direito Tributário? O ditado constitucional do art. 146, III e parágrafos inicia a resposta dizendo nominalmente alguns conteúdos (normas gerais nominadas), sem esgotá-los. É dizer, o discurso constitucional é *numerus apertus*, meramente exemplificativo. Razão houve para isso. Certos temas, que a doutrina recusava fossem objeto de norma geral, passaram expressamente a sê-lo. *Roma locuta, tolitur quaestio*. Uma boa indicação do que sejam normas gerais de direito tributário, para sermos pragmáticos, nos fornece o atual Código Tributário Nacional (Lei n. 5.172, de 25 de outubro de 1966 e alterações posteriores), cuja praticabilidade já está assentada na 'vida' administrativa e judicial do País. O CTN, especialmente o Livro II, arrola inúmeros institutos positivados como normas gerais. Que sejam lidos" (COÊLHO, Sacha Calmon Navarro. *Comentários à Constituição de 1988 – Sistema Tributário*. Rio de Janeiro: Forense, 1991, p. 130).

– "2. A observância de normas gerais em matéria tributária é imperativo de segurança jurídica, na medida em que é necessário assegurar tratamento centralizado a alguns temas para que seja possível estabilizar legitimamente expectativas. Neste contexto, 'gerais' não significa 'genéricas', mas sim 'aptas a vincular todos os entes federados e os administrados'" (STF, RE 433.352 AgR, 2010).

– "CONSTITUCIONAL. NORMAS GERAIS DE DIREITO TRIBUTÁRIO... 2. Sempre que uma lei ordinária discrepar de normas gerais de direito tributário, a incompatibilidade se resolve a favor do texto integrado em lei complementar ou com força de lei complementar, reconhecendo-se, no caso, vício de inconstitucionalidade, porque a lei ordinária invadiu competência reservada, constitucionalmente, à lei complementar. 3. A Constituição não fixou o conceito de 'normas gerais de direito tributário', enumerando, exemplificativamente, algumas delas no art. 146, sendo certo que nem todas as normas contidas no Código Tributário podem ser tidas como tais, ainda que inscritas no Livro II deste. Necessidade, portanto, de análise caso a caso do dispositivo. 4. São, contudo, 'normas gerais' aquelas que, simultaneamente, estabelecem os princípios, os fundamentos, as diretrizes, os critérios básicos, conformadores das leis que completarão a regência da matéria e que possam ser aplicadas uniformemente em todo o País, indiferentemente de regiões sou localidades. Interpretação da expressão constante em diversos artigos constitucionais e abrangendo vários campos do Direito (Administrativo, Tributário, Financeiro, Ambiental, Urbanístico, etc.). 5. Hipótese em que o art. 106 do CTN fixa os princípios, as diretrizes, os critérios de aplicação de penalidade mais benigna, e, portanto, é 'norma geral de direito tributário', critério básico a ser aplicado uniformemente, garantia mínima do contribuinte, que não pode ser alterada por mera lei ordinária. Legislação ordinária que invadiu, desta forma, competência reservada à lei complementar – art. 146, III, *b*, CF – e, assim, somente passível de alteração por outra lei complementar" (TRF4, AIAC 1998.04.01.020236-8, 2001).

– **O inciso III tem autonomia relativamente aos incisos I e II.** A Constituição vigente, com o detalhamento que dá a este inci-

so III, nas suas três alíneas, deixa muito claro que, à lei complementar, cabe não apenas tratar dos conflitos de competência e da regulação das limitações ao poder de tributar, mas também estabelecer normas gerais disciplinando os institutos jurídicos básicos da tributação, capazes de dar uniformidade técnica à instituição de tributos pelas diversas pessoas políticas.

– "a lei complementar de normas gerais recebe, por força do art. 146, competência para dispor tanto sobre conflitos e limitações, quanto para regular outras matérias, explícita ou implicitamente autorizada pelo item III. Se o constituinte de 1988 tivesse querido reduzir aos conflitos e limitações o campo de normas gerais, bastava omitir o item III. [...] A questão da dicotomia ou tricotomia das atribuições de normas gerais não é um problema em aberto – é um falso problema. As funções da lei de normas gerais são as que estão expressas e implícitas, no art. 146, III. A versão dicotômica e restritiva (só conflitos e limitações) está equivocada... E a versão tricotômica tampouco prevalece, porque a competência do art. 146, III, autoriza o Congresso Nacional a editar amplamente normas gerais (= unificação dogmática)" (BORGES, José Souto Maior. *Normas gerais de direito tributário*: velho tema sob perspectiva nova. *RDDT* 213/48, 2013).

– "... são normas que se vocacionam a estipular os parâmetros normativos de ordem genérica a serem obedecidos pelo legislador ordinário quando da instituição dos tributos" (PIZOLIO JR., Reinaldo. Considerações acerca da lei complementar em matéria tributária. *CDTFP* 14/187, São Paulo: RT, 1996).

– "... o objetivo da norma constitucional é permitir, além da regulação das limitações e conflitos de competência, que a lei de normas gerais complete a eficácia de preceitos expressos e desenvolva princípios decorrentes do sistema. Tal objetivo tem em vista a realidade brasileira, onde a multiplicidade de Municípios, e mesmo de Estados-Membros, exige uma formulação jurídica global que garanta a unidade e racionalidade do sistema. [...] Pode-se verificar que o objetivo histórico foi o de permitir à União traçar linhas gerais do ordenamento jurídico tributário do Estado Nacional, sem descer ao campo reservado às autonomias locais" (SOUZA, Hamilton Dias de. In: MARTINS, Ives Gandra da Silva (coord.). *Comentários ao Código Tributário Nacional*. São Paulo: Saraiva, 1998, v. 1, p. 11 e 13).

– "... não arranha o pacto federativo, como querem aqueles que levam em consideração apenas os Incisos I e II do Art. 146. Pelo contrário, funciona como expediente demarcador desse pacto, posto que, com sua generalidade, além de uniformizar a legislação, evitando eventuais conflitos interpretativos entre as pessoas políticas, garante o postulado da isonomia entre União, Estados, Distrito Federal e Municípios" (SANTI, Eurico Marcos Diniz de. *Decadência e prescrição no direito tributário*. São Paulo: Max Limonad, 2000, p. 86).

– **Limites. Princípio federativo. Autonomia dos entes políticos.** "O limite da norma geral é, de outro lado, a competência legislativa das ordens parciais de governo, que não pode ser excluída, sem prejuízo de suas respectivas autonomias e do próprio princípio federativo. Isto posto, se o legislador nacional, a propósito de editar lei complementar veiculadora de normas gerais, invadir a competência do legislador ordinário, aquela não será vinculante para Estados e Municípios, valendo apenas como lei ordinária da União, pois a lei, para ser considerada complementar, deverá ter não só a forma que lhe é própria, mas também o conteúdo previsto expressamente na Constituição Federal" (SOUZA, Hamilton Dias de. In: MARTINS, Ives Gandra da Silva (coord.). *Comentários ao Código Tributário Nacional*. São Paulo: Saraiva, 1998, v. 1, p. 13-14).

– "... é incorreta a afirmação de que a lei complementar que trata das normas gerais em matéria de legislação tributária afrontaria o princípio federativo e a autonomia municipal, desprestigiando ou enfraquecendo-os. A questão aqui não deve ser tratada sob o pálio da invasão ou da restrição, mas sim encarada como uma delimitação da matéria a ser abordada no âmbito das pessoas políticas, por uma lei de hierarquia superior, fundada na mesma Constituição que outorgou as competências. No caso, o objetivo primordial será o de assegurar a unidade e a racionalidade do sistema, levando sempre em consideração os princípios antes estudados. Sob tal enfoque, merece destaque a posição de Horta, que ao qualificar o campo de atuação da lei de normas gerais e o seu relacionamento com as leis ordinárias editadas pelas pessoas políticas investidas na tarefa de legisladores parciais, ensina que 'a lei de normas gerais deve ser uma lei de quadro, uma moldura legislativa. A lei estadual suplementar introduzirá a lei de normas gerais no ordenamento do Estado, mediante o preenchimento dos claros deixados pela lei de normas gerais, de forma a afeiçoá-las às peculiaridades locais'" (CANAZARO, Fábio. *Lei complementar tributária na Constituição de 1988*. Porto Alegre: Livraria do Advogado, 2005, p. 78-79).

⇒ **Enumeração exemplificativa**. A expressão *especialmente* do inciso III do art. 145 bem demonstra que a enumeração constante das respectivas alíneas é exemplificativa, e não taxativa.

– "TRIBUTO – REGÊNCIA – ARTIGO 146, INCISO III, DA CONSTITUIÇÃO FEDERAL – NATUREZA. O princípio revelado no inciso III do artigo 146 da Constituição Federal há de ser considerado em face da natureza exemplificativa do texto, na referência a certas matérias. [...]" (STF, RE 407.190/RS, Min. Marco Aurélio, out. 2004). Voto condutor: "O artigo 146, inciso III, da Constituição Federal, ao dispor competir à lei complementar estabelecer normas gerais em matéria de legislação tributária, mostra-se exemplificativo, na referência que se segue a certos temas nas alíneas. Isso decorre do fato de as alíneas estarem antecedidas de texto contendo o vocábulo 'especialmente', evidenciando-se, é de repetir, a clara natureza exemplificativa." – "... a enumeração do inciso III do art. 146 é apenas exemplificativa. Assim, a definição de tributos, suas espécies, fatos geradores, bases de cálculo e contribuintes dos impostos discriminados na Constituição tem que ver com a própria segregação constitucional das competências impositivas e visa impedir conflitos entre as várias ordens parciais do governo, além de assegurar que não possa alguém ultrapassar o campo que lhe é próprio em prejuízo dos contribuintes. As demais matérias referidas devem ser tratadas pela lei de normas gerais como forma de garantir a unidade do sistema em todo o território nacional..." (SOUZA, Hamilton Dias de. In: MARTINS, Ives Gandra da

Silva (coord.). *Comentários ao Código Tributário Nacional*. São Paulo: Saraiva, 1998, v. 1, p. 14-15).

a) **definição de tributos e de suas espécies, bem como, em relação aos impostos discriminados nesta Constituição, a dos respectivos fatos geradores, bases de cálculo e contribuintes;**

⇒ **Tributos e suas espécies**. O CTN não é completo ao definir tributo e suas espécies. Isso porque adveio à época da classificação tripartida de tributos (impostos, taxas e contribuições de melhoria). Com a classificação quinquipartida, embasada na Constituição de 1988, temos uma nova realidade. A questão da referibilidade das contribuições, e.g., poderia ser tratada pelo legislador em nível complementar. A doutrina e a jurisprudência é que estão suprindo a ausência da lei, extraindo as características de cada espécie tributária diretamente a partir do texto constitucional.

⇒ **Definição do fato gerador, base de cálculo e contribuinte dos impostos nominados**. A referência a impostos discriminados na Constituição abrange os outorgados a cada uma das pessoas políticas nos arts. 153 (União), 155 (Estados) e 156 (Municípios). Cabe à lei complementar definir os fatos geradores, bases de cálculo e contribuintes dos impostos nominados, estabelecendo o arquétipo ou modelo a ser respeitado pelo legislador quando da efetiva instituição de cada imposto. Já o aspecto espacial, por via de regra, está condicionado pela territorialidade. O aspecto temporal, por sua vez, é condicionado pelo tipo de fato gerador, se instantâneo, continuado ou complexo, mas há certa discricionariedade para a sua definição. Quanto às alíquotas, para alguns impostos estão condicionadas pela própria Constituição, por lei complementar ou resolução do senado, conforme nota adiante.

– Aliomar Baleeiro, à luz das Constituições anteriores, elogiava a atribuição à União de competência para definir, na Lei Complementar, os fatos geradores dos impostos dos Estados e Municípios. Entendia que, assim, evitavam-se conflitos. (BALEEIRO, Aliomar. *Limitações constitucionais ao poder de tributar*. 7. ed., atualizada por Misabel Abreu Machado Derzi. Rio de Janeiro: Forense, 1997, p. 103).

– "Não devem normas gerais, com fundamento no art. 146, III, dispor sobre alíquotas de tributos... Só devem discriminar os fatos geradores (hipóteses de incidência), bases de cálculo e contribuintes (art. 146, III). A solução do constituinte de 1988 é até imaginosa, porque o estabelecimento das alíquotas, associados aos demais elementos de quantificação do tributo, desfiguraria as sobrenormas gerais, que se converteriam em normas bastantes-em-si e eventualmente autoaplicáveis, em antagonismo à regência das normas gerais do art. 146, III. Assim, normas gerais com fundamento no art. 146, III, não podem instituir alíquotas de tributos... Dar-se-ia, em tal hipótese, uma invasão de lei complementar em área privativa dos Estados, do DF e dos Municípios" (BORGES, José Souto Maior. Normas gerais de Direito Tributário: velho tema sob perspectiva nova. *RDDT* 213/48, 2013).

– "Em função da criação de uma nova hipótese de incidência, caberia, então, ao legislador complementar, nos termos do art. 146 da CF/1988, disciplinar a tributação das doações de bens móveis, a fim de que o ITCMD dispusesse de uma regulamentação plena e, com isso, restasse afastada qualquer possibilidade de conflito de competência" (MANEIRA, Eduardo; JORGE, Alexandre Teixeira. O ITCMD nas doações coletivas. *RDDT* 228/31, 2014, p. 34).

– **Súmula 399 do STJ:** Cabe à legislação municipal estabelecer o sujeito passivo do IPTU.

– **Alíquotas. Princípio federativo. Balizas em Resoluções do Senado e em Lei Complementar.** Embora o art. 146, III, a, não coloque, genericamente, sob reserva de lei complementar a definição de normas gerais sobre as alíquotas dos impostos descritos na Constituição, há dispositivos específicos, nos arts. 155 e 156, estabelecendo que determinadas balizas serão estabelecidas, no que diz respeito aos impostos estaduais, por Resolução do Senado Federal e, no que diz respeito ao ISS, por lei complementar. Isso se falar na vedação a concessão de incentivos fiscais de ICMS sem autorização em Convênio, de que trata o art. 155, § 2º, XII, g, da CF. Com isso, harmoniza-se a tributação nos diversos entes federados, minimizando ou corrigindo a guerra fiscal.

– **ITCMD. Resolução do Senado.** As Resoluções do Senado, casa legislativa de representação dos Estados, tem competências próprias quanto aos impostos estaduais. Cabe ao Senado fixar as alíquotas máximas do ITCMD, nos termos do art. 155, § 1º, IV, da Constituição, o que é feito pela Resolução SF n. 9/1992, que estabelece a alíquota máxima de 8.

– **ICMS. Resolução do Senado.** Em matéria de ICMS, o Senado estabelece as alíquotas aplicáveis às operações e prestações interestaduais e de exportação, nos termos do art. 155, § 2º, IV, da CF. Nesse sentido, a Resolução SF n. 22/1989 institui a alíquota interestadual de 12% como regra e de 7% para as "operações e prestações realizadas nas Regiões Sul e Sudeste, destinadas às Regiões Norte, Nordeste e Centro-Oeste e ao Estado do Espírito Santo". Já a Resolução SF n. 13/2012, com vista a minimizar a chamada guerra dos portos, estabelece a alíquota de 4% para as operações interestaduais com bens e mercadorias importados do exterior e para operações interestaduais com mercadorias cuja industrialização apresente conteúdo de importação superior a 40%. É facultado ao Senado, também, estabelecer alíquotas mínimas e máximas de ICMS nas operações internas, conforme o art. 155, § 2º, V, *a* e *b*, da Constituição.

– **IPVA. Resolução do Senado.** Também cabe ao Senado, mediante resolução, fixar as alíquotas mínimas do IPVA, nos termos do art. 155, § 6º, I, da Constituição.

– **ISS. Lei complementar.** Quanto ao ISS, há previsão no art. 156, § 3º, I, da CF no sentido de que lei complementar estabeleça sua alíquota máxima e mínima, as quais foram definidas em 5% e 2%, respectivamente, conforme seus arts. 8º e 8º-A.

⇒ **Não se aplica às contribuições.** As contribuições não se incluem no comando da alínea *a*, exclusivo para os impostos discriminados na Constituição. Assim, a definição dos fatos geradores, bases de cálculo e contribuintes das contribuições sociais não será feita pela lei complementar de normas gerais em matéria tributária, mas pelas leis específicas que as criarem. Normalmente, exige-se apenas lei ordinária, o que somente é afastado quando a Constituição expressamente exi-

ge lei complementar, como é o caso da competência residual da União para a criação de contribuições para o custeio da Seguridade Social (art. 195, § 4º, da Constituição).

– "... com relação aos fatos geradores, bases de cálculo e contribuintes, o próprio artigo 146, III, só exige estejam previstos na lei complementar de normas gerais quando relativos aos impostos discriminados na Constituição, o que não abrange as contribuições sociais, inclusive as destinadas ao financiamento da seguridade social, por não configurarem impostos" (do voto condutor do Min. Moreira Alves quando do julgamento do RE 146.733/SP, em que se discutiu a constitucionalidade da contribuição social sobre o lucro instituída pela Lei 7.689/88).

– "... Posto estarem sujeitas à lei complementar do art. 146, III, da Constituição, porque não são impostos não há necessidade de que a lei complementar defina o seu fato gerador, base de cálculo e contribuintes (C.F., art. 146, III, *a*)..." (STF, RE 138.284, 1992).

• Vide nota ao art. 149 da CF.

⇒ **Falta da lei complementar. Competência legislativa plena dos entes tributantes.** Na ausência de lei complementar dispondo sobre esses elementos da hipótese de incidência (fato gerador, base de cálculo e contribuinte) dos impostos nominados – o que ocorre com o IPVA, que não está delineado no CTN, eis que surgiu com a Emenda Constitucional n. 27/85 –, os entes federados estão autorizados a exercer a competência legislativa plena, forte no disposto no art. 24, § 3º, da CF, assim redigido: "Inexistindo lei federal sobre normas gerais, os Estados exercerão a competência legislativa plena, para atender a suas peculiaridades". O STF já se pronunciou neste sentido, conforme se verá abaixo. Relativamente ao adicional do imposto de renda, a solução dada pelo STF à matéria foi diversa, negando a possibilidade de exercício da prerrogativa do art. 24, § 3º, da CF, mas porque poderia envolver conflito de competência, razão pela qual a sua instituição antes do advento de lei complementar para cumprir o objetivo do inciso I deste art. 146 foi considerada inválida, conforme se vê de nota ao mesmo e, também, em nota ao art. 155, II, da CF.

– **IPVA.** "Recurso extraordinário. 2. Imposto sobre a Propriedade de Veículos Automotores – IPVA. 3. Competência legislativa plena da unidade da federação, à falta de normas gerais editadas pela União. Art. 24, § 3º, da Constituição Federal. Precedentes. 4. Fundamentos inatacados. Incide a Súmula 283. 5. Agravo regimental improvido" (STF, REAgRg 206.500-5, 1999). No mesmo sentido, do STF: AG (AgRg) 167.777, 1997; RE 236.931, 1999.

– "CONSTITUCIONAL. LEI COMPLEMENTAR EM MATÉRIA TRIBUTÁRIA. FATO GERADOR. A definição do fato gerador de imposto não previsto no regime constitucional anterior depende, no atual, de lei complementar (CF, art. 146, III, *a*); enquanto não for editada, vige regra provisória que autoriza '*as leis necessárias à aplicação do sistema tributário nacional*' (ADCT, art. 34, § 3º). Embargos de declaração rejeitados" (STJ, EDRMS 6.462, 1996). Obs.: O julgado diz respeito ao IPVA do Estado de São Paulo, disciplinado pela Lei 6.606, de 1989.

• Vide, também, nota ao art. 155, III, da CF.

– ITCMD com elemento de externalidade. Necessidade da lei complementar. O art. 155, § 1º, I e II, da CF remete à lei complementar a regulação da competência dos Estados para a instituição de ITCMD nas hipóteses em que o doador tiver domicílio ou residência no exterior e na em que o *de cujus* possuía bens, era residente ou domiciliado ou teve o seu inventário processado no exterior. Nesse caso, no Tema 825, o STF acabou decidindo que a lei complementar é imprescindível para que se evitem conflitos federativos. Embora a ementa faça referência também ao art. 146, III, *a*, da CF, o fundamento decisivo diz respeito ao inciso I, relativo ao papel da lei complementar de dispor sobre os conflitos de competências. Vide a matéria, portanto, em nota ao inciso I deste artigo.

b) obrigação, lançamento, crédito, prescrição e decadência tributários;

⇒ **Enumeração exemplificativa.** Conforme já ressaltado em nota genérica acerca do inciso III, em que se insere esta alínea, o rol estabelecido é apenas exemplificativo, não excluindo a abordagem de outros institutos inerentes à tributação que se enquadrem no conceito de normas gerais de direito tributário. Cabe ao diploma de normas gerais dispor sobre os institutos jurídico-tributários básicos, bem como sobre a atividade tributária em si, com os seus condicionantes, sendo que a própria certificação da situação do contribuinte perante o Fisco, e.g., insere-se perfeitamente neste objeto, razão pela qual a expedição de Certidões Negativas de Débito é validamente disciplinada pelo CTN em sede de normas gerais. Sobre o conceito de normas gerais, vide notas diretas ao inciso III acima.

– Decadência e prescrição, inclusive prazos e causas suspensivas. A reserva de lei complementar para o tratamento das normas gerais abrange a decadência e prescrição nos seus diversos aspectos (incluindo prazos e causas suspensivas).

– "1. A Constituição da República de 1988 reserva à lei complementar o estabelecimento de normas gerais em matéria de legislação tributária, especialmente sobre prescrição e decadência, nos termos do art. 146, inciso III, alínea *b, in fine*, da Constituição da República. Análise histórica da doutrina e da evolução do tema desde a Constituição de 1946. 2. Declaração de inconstitucionalidade dos artigos 45 e 46 da Lei n. 8.212/1991, por disporem sobre matéria reservada à lei complementar. 3. Recepcionados pela Constituição da República de 1988 como disposições de lei complementar, subsistem os prazos prescricional e decadencial previstos nos artigos 173 e 174 do Código Tributário Nacional. 4. Declaração de inconstitucionalidade, com efeito *ex nunc*, salvo para as ações judiciais propostas até 11.6.2008, data em que o Supremo Tribunal Federal declarou a inconstitucionalidade dos artigos 45 e 46 da Lei n. 8.212/1991" (STF, RE 559.943, 2008).

– Súmula Vinculante 8: "São inconstitucionais o parágrafo único do artigo 5º do Decreto-Lei 1.569/77 e os artigos 45 e 46 da Lei 8.212/91, que tratam de prescrição e decadência de crédito tributário" (jun. 2008).

– Tema 2 do STF: "I – Normas relativas à prescrição e decadência em matéria tributária são reservadas à lei complementar; II – São inconstitucionais o parágrafo único do artigo 5º do Decreto-Lei 1.569/1977 e os artigos 45 e 46 da Lei 8.212/1991". Decisão de mérito em 2008.

– "PRESCRIÇÃO E DECADÊNCIA TRIBUTÁRIAS. MATÉRIAS RESERVADAS A LEI COMPLEMENTAR. DISCIPLINA NO CÓDIGO TRIBUTÁRIO NACIONAL. NATUREZA TRIBUTÁRIA DAS CONTRIBUIÇÕES PARA A SEGURIDADE SOCIAL. INCONSTITUCIONALIDADE DOS ARTS. 45 E 46 DA LEI 8.212/91 E DO PARÁGRAFO ÚNICO DO ART. 5º DO DECRETO-LEI 1.569/77. RECURSO EXTRAORDINÁRIO NÃO PROVIDO. MODULAÇÃO DOS EFEITOS DA DECLARAÇÃO DE INCONSTITUCIONALIDADE. I. PRESCRIÇÃO E DECADÊNCIA TRIBUTÁRIAS. RESERVA DE LEI COMPLEMENTAR. As normas relativas à prescrição e à decadência tributárias têm natureza de normas gerais de direito tributário, cuja disciplina é reservada a lei complementar, tanto sob a Constituição pretérita (art. 18, § 1º, da CF de 1967/69) quanto sob a Constituição atual (art. 146, III, *b*, da CF de 1988). Interpretação que preserva a força normativa da Constituição, que prevê disciplina homogênea, em âmbito nacional, da prescrição, decadência, obrigação e crédito tributários. Permitir regulação distinta sobre esses temas, pelos diversos entes da federação, implicaria prejuízo à vedação de tratamento desigual entre contribuintes em situação equivalente e à segurança jurídica. II. DISCIPLINA PREVISTA NO CÓDIGO TRIBUTÁRIO NACIONAL. O Código Tributário Nacional (Lei 5.172/1966), promulgado como lei ordinária e recebido como lei complementar pelas Constituições de 1967/69 e 1988, disciplina a prescrição e a decadência tributárias. III. NATUREZA TRIBUTÁRIA DAS CONTRIBUIÇÕES. As contribuições, inclusive as previdenciárias, têm natureza tributária e se submetem ao regime jurídico-tributário previsto na Constituição. Interpretação do art. 149 da CF de 1988. Precedentes. IV. RECURSO EXTRAORDINÁRIO NÃO PROVIDO. Inconstitucionalidade dos arts. 45 e 46 da Lei 8.212/91, por violação do art. 146, III, *b*, da Constituição de 1988, e do parágrafo único do art. 5º do Decreto-lei 1.569/77, em face do § 1º do art. 18 da Constituição de 1967/69. V. MODULAÇÃO DOS EFEITOS DA DECISÃO. SEGURANÇA JURÍDICA. São legítimos os recolhimentos efetuados nos prazos previstos nos arts. 45 e 46 da Lei 8.212/91 e não impugnados antes da data de conclusão deste julgamento" (STF, RE 560.626, 2008).

– Tema 3 do STF: "São inconstitucionais o parágrafo único do artigo 5º do Decreto-Lei 1.569/1977 e os artigos 45 e 46 da Lei 8.212/1991, que tratam de prescrição e decadência de crédito tributário". Decisão de mérito em 2008.

– "1. A Constituição da República de 1988 reserva à lei complementar o estabelecimento de normas gerais em matéria de legislação tributária, especialmente sobre prescrição e decadência, nos termos do art. 146, inciso III, alínea *b, in fine*, da Constituição da República. Análise histórica da doutrina e da evolução do tema desde a Constituição de 1946. 2. Declaração de inconstitucionalidade dos artigos 45 e 46 da Lei n. 8.212/1991, por disporem sobre matéria reservada à lei complementar. 3. Recepcionados pela Constituição da República de 1988 como disposições de lei complementar, subsistem os prazos prescricional e decadencial previstos nos artigos 173 e 174 do Código Tributário Nacional. 4. Declaração de inconstitucionalidade, com efeito *ex nunc*, salvo para as ações judiciais propostas até 11.6.2008, data em que o Supremo Tribunal Federal declarou a inconstitucionalidade dos artigos 45 e 46 da Lei n. 8.212/1991. 5. Recurso extraordinário ao qual se nega provimento" (STF, RE 559.943, 2008).

– Hipóteses de interrupção e de suspensão do prazo prescricional. A necessidade de lei complementar para dispor sobre normas gerais de direito tributário já constava do texto constitucional anterior, de modo que o CTN não mais podia ser alterado senão por lei complementar. Assim, quando o art. 5º, parágrafo único, do Decreto-Lei n. 1.569/77 estabeleceu a suspensão da prescrição de créditos de pequeno valor, invadiu matéria reservada à lei complementar, incorrendo em inconstitucionalidade (vide, no item acima, a Súmula Vinculante 8). Igualmente, quando o art. 2º, § 3º, da LEF disse da suspensão do prazo prescricional por 180 dias (previsão inexistente no CTN) e quando o art. 8º, § 2º, também da LEF, estabeleceu a interrupção da prescrição pelo despacho que ordena a citação enquanto o CTN (antes da alteração pela LC n. 118/2005) dizia da interrupção pela citação pessoal tão somente, incorreram em inconstitucionalidade, sendo inválidos ou inaplicáveis em matéria tributária, conforme a jurisprudência que se consolidou nesse sentido, transcrita em notas ao art. 174 do CTN.

– "4. A Corte Especial do STJ, ao julgar o incidente de AI no Ag 1.037.765/SP, sob a relatoria do Ministro Teori Albino Zavascki (*DJe* de 17.10.2011), proclamou que tanto no regime constitucional atual (CF/88, art. 146, III, *b*), quanto no regime constitucional anterior (art. 18, § 1º da EC n. 01/69), as normas sobre prescrição e decadência de crédito tributário estão sob reserva de lei complementar. Assim, são ilegítimas, em relação aos créditos tributários, as normas estabelecidas no § 2º, do art. 8º e do § 3º do art. 2º da Lei 6.830/80, que, por decorrerem de lei ordinária, não podiam dispor em contrário às disposições anteriores, previstas em lei complementar" (STJ, REsp 1.399.591, 2013).

c) adequado tratamento tributário ao ato cooperativo praticado pelas sociedades cooperativas.

⇒ **Sociedade cooperativa.** A Lei n. 5.764/71 que dispõe sobre a Política Nacional de Cooperativismo e Institui o Regime Jurídico das Sociedades Cooperativas, define: "Art. 4º As cooperativas são sociedades de pessoas, com forma e natureza jurídica próprias, de natureza civil, não sujeitas a falência, constituídas para prestar serviços aos associados, distinguindo-se das demais sociedades pelas seguintes características: I – adesão voluntária, com número ilimitado de associados, salvo impossibilidade técnica de prestação de serviços; II – variabilidade do capital social representado por quotas-partes; III – limitação do número de quotas-partes do capital para cada associado, facultado, porém, o estabelecimento de critérios de proporcionalidade, se assim for mais adequado para o cumprimento dos objetivos sociais; IV – inacessibilidade das quotas-partes do capital a terceiros, estranhos à sociedade; V – singularidade de voto, podendo as

cooperativas centrais, federações e confederações de cooperativas, com exceção das que exerçam atividade de crédito, optar pelo critério da proporcionalidade; VI – *quorum* para o funcionamento e deliberação da assembleia geral baseado no número de associados e não no capital; VII – retorno das sobras líquidas do exercício, proporcionalmente às operações realizadas pelo associado, salvo deliberação em contrário da assembleia geral; VIII – indivisibilidade dos Fundos de Reserva e de Assistência Técnica Educacional e Social; IX – neutralidade política e indiscriminação religiosa, racial e social; X – prestação de assistência aos associados, e, quando previsto nos estatutos, aos empregados da cooperativa; XI – área de admissão de associados limitada às possibilidades de reunião, controle, operações e prestação de serviços".

– Histórico do cooperativismo. "O cooperativismo moderno surgiu a partir de uma experiência vivenciada por 28 tecelões da cidade de Rochdale, Inglaterra, em 1844, que consistiu em um movimento associativo destinado a minimizar os efeitos adversos da Revolução Industrial, a partir de práticas voltadas ao atendimento das necessidades básicas dos trabalhadores, como aquisição de bens de primeira necessidade e o provimento de moradia e trabalho. O intuito dos pioneiros, que vem a ser a razão de existir do cooperativismo, era a obtenção de uma vantagem econômica a partir da eliminação de intermediários na atividade produtiva, de forma a garantir a maximização do ganho do cooperado, seja na aquisição de bens de consumo, seja na venda de produtos e serviços. Nesse contexto, caracteriza-se o cooperativismo pela associação livre de pessoas voltadas a um fim específico, de caráter econômico, mas sem fins lucrativos, em que se busca, em regra, a otimização do trabalho e não a remuneração especulativa do capital. Desde a sua origem, o cooperativismo se orienta por algumas diretrizes fundamentais, que lhe dão unidade, identidade e consistência, como a liberdade de adesão, a gestão democrática (cada associado, um voto), a atuação responsável dos cooperados, a intercooperação, a mutualidade, a distribuição das sobras proporcionalmente às transações realizadas pelos membros, os juros limitados ao capital, o predomínio do social sobre o individual etc." (REIS, Hélcio Lafetá. Tratamento tributário dado pela legislação da COFINS e do PIS ao ato cooperativo praticado pelas cooperativas de crédito. *RDDT* 220/49, 2014).

⇒ **Adequado tratamento tributário. Incentivo ao cooperativismo.** A expressão *adequado tratamento tributário* configura conceito jurídico indeterminado. Há outro dispositivo constitucional – o art. 174, § 2º, do capítulo sobre os princípios gerais da ordem econômica – que também trata do cooperativismo e que auxilia na sua interpretação. Dispõe o art. 174, § 2º, que a lei o apoiará e estimulará, bem como a outras formas de associativismo. Sendo assim, concluiu-se que será adequado o tratamento tributário do ato cooperativo quando implicar carga tributária inferior a das demais atividades produtivas, incentivando-o, ou, no mínimo, quando implicar carga tributária que não seja mais gravosa que a incidente sobre outras atividades (do contrário, ao invés de estimular, estaria inviabilizando o cooperativismo). No sentido de que adequado tratamento tributário não significa, necessariamente, tratamento privilegiado, vide acórdão do STF cuja ementa está transcrita abaixo. O acórdão do STF deve ser interpretado no sentido de que o adequado tratamento tributário do ato cooperativo não implica, necessariamente, tributação privilegiada quanto a todo e qualquer tributo. Mas a lei complementar terá, sim, de estabelecer uma política tributária favorável para os atos cooperativos.

– Com base na intenção do Constituinte de favorecer o cooperativismo, o legislador poderá considerá-lo como *discrimen* suficiente para justificar a concessão de benefícios fiscais, como isenções.

– "3. O cooperativismo no texto constitucional logrou obter proteção e estímulo à formação de cooperativas, não como norma programática, mas como mandato constitucional, em especial nos arts. 146, III, *c*; 174, § 2º; 187, I e VI, e 47, § 7º, ADCT. O art. 146, *c*, CF/88, trata das limitações constitucionais ao poder de tributar, verdadeira regra de bloqueio, como corolário daquele, não se revelando norma imunitória, consoante já assentado pela Suprema Corte nos autos do RE 141.800..." (STF, RE 598.085, 2014).

– "... a expressão 'adequado tratamento tributário' tem por objetivo determinar que uma lei complementar venha dispor sobre normas diretivas para que a legislação tributária: (i) seja compatível à peculiaridade das sociedades cooperativas; ii) quando possível e de interesse da sociedade, seja concedido benefício fiscal" (ANCELES, Pedro Einstein Santos. Tributação das Cooperativas – PIS/PASEP e COFINS nas Sociedades Cooperativas. In: BARRETO, Aires Fernandino e outros. *Congresso do IBET, III – Interpretação e Estado de Direito*. São Paulo: Noeses, 2006).

– "Pelo conjunto desses três artigos (art. 5º, XVIII; art. 146, III, *c*, e art. 174, § 2º) constitucionais, força é concluir que o constituinte apoiou e incentivou as cooperativas, determinando que o legislador ordinário trilhasse pelo mesmo caminho. [...] O fisco brasileiro quer que lhe sejam pagos, pelas cooperativas, impostos como se fossem uma sociedade comercial, quer se lhe declare a renda, desconsiderando todas as suas diversidades. Com isso, fere o princípio da igualdade, cria uma presunção legal vedada constitucionalmente e altera o conceito de um instituto jurídico protegido pela Carta" (BECHO, Renato Lopes. A Lei n. 9.532/97 (IR) e as Cooperativas Hipótese de Incidência como Determinação Constitucional, em *RDDT* 34/63, 1998).

– **Tributação compatível com a estrutura e função das cooperativas**. "... dar tratamento adequado é fazer com que o tributo incida de modo compatível com a estrutura e função das cooperativas. É sabido que a cooperativa é uma forma de reunião com o intuito de realizar atos de interesse comum. A Constituição (art. 174, § 2º) determina, inclusive, que a lei deve apoiar e estimular o cooperativismo como forma associativa saudável e de reunião de pessoas ou entidades. Assim, a meu ver, a peculiaridade está em o contribuinte, que poderia realizar suas operações isoladamente, passar a fazê-lo associado em cooperativa, que é figura prestigiada constitucionalmente. Passam a existir duas pessoas (cooperado e cooperativa), mas a atividade é, substancialmente, uma só. Portanto, 'adequado tratamento tributário ao ato cooperativo' significa que as pessoas que se reunirem em

cooperativa ou veicularem suas operações por ela não devem ser tributadas duas vezes (sejam pessoas ou operações) pelo simples fato de terem personalidades jurídicas distintas (cooperativa e cooperados). A rigor, não devem sofrer maior tributação, por estarem reunidas em cooperativa, do que sofreriam se agissem isoladamente" (Marco Aurélio Greco em nota do tradutor à obra *Princípios comuns de direito constitucional tributário*, do tributarista italiano Victor Uckmar, 2. ed., São Paulo: Malheiros, 1999, p. 139).

– **Não implica qualquer imunidade, tampouco direito a isenção**. "Recurso extraordinário. Repercussão geral. Artigo 146, III, *c*, da Constituição Federal. Adequado tratamento tributário. Inexistência de imunidade ou de não incidência com relação ao ato cooperativo... 2. O art. 146, III, *c*, CF pressupõe a possibilidade de tributação do ato cooperativo ao dispor que a lei complementar estabelecerá a forma adequada para tanto. O texto constitucional a ele não garante imunidade ou mesmo não incidência de tributos, tampouco decorre diretamente da Constituição direito subjetivo das cooperativas à isenção" (STF, RE 599.362, 2014).

– **Tratamento adequado não significa necessariamente tratamento privilegiado**. "ICMS. Cooperativas de consumo... [...] tratamento adequado não significa necessariamente tratamento privilegiado. Recurso extraordinário não conhecido" (STF, 1ª T., RE-141800/SP, Min. Moreira Alves, abr. 1997) A ementa completa segue transcrita em item adiante. Obs.: a posição do STF pode ser um referencial coerente e importante se a considerarmos no sentido de que o tratamento adequado do ato cooperativo não exige privilégio relativamente à cobrança de cada tributo considerado individualmente.

– **Capacidade contributiva das cooperativas**. "SOCIEDADE COOPERATIVA... [...] Cooperativa é pessoa jurídica que, nas suas relações com terceiros, tem faturamento e seus resultados positivos constituem renda tributável. [...]" (TRF4, 1ª T., AMS 199971020055924, Juiz Fed. Leandro Paulsen, out. 2003). Eis excerto do voto condutor: "CAPACIDADE CONTRIBUTIVA. Diz a Impetrante que não possui capacidade contributiva. Deve-se, porém, distinguir a ausência de finalidade lucrativa da falta de capacidade contributiva da cooperativa enquanto pessoa jurídica. Aquela constitui elemento essencial das cooperativas; esta, porém, não se dá na medida em que estas realizam atividades econômicas. Note-se que a Constituição expressamente pressupõe a possibilidade de tributação das cooperativas, ao dizer que a lei estabelecerá a forma adequada para tanto, e, ao tratar das contribuições à Seguridade Social, só estabeleceu imunidade para as entidades beneficentes de assistência social. FATURAMENTO. Não se pode entender que o conceito de faturamento seja estranho às cooperativas no que diz com suas relações com terceiros. Efetuando, elas, a venda de mercadorias e serviços, auferem receita enquadrável no conceito de faturamento. Tendo ou não finalidade lucrativa, certo é que a Cooperativa é pessoa jurídica que, nas suas relações com terceiros, tem faturamento e seus resultados positivos constituem renda tributável."

– **Participação no custeio da seguridade social**. "7. Não se pode inferir, no que tange ao financiamento da seguridade social, que tinha o constituinte a intenção de conferir às cooperativas de trabalho tratamento tributário privilegiado, uma vez que está expressamente consignado na Constituição que a seguridade social 'será financiada por toda a sociedade, de forma direta e indireta, nos termos da lei' (art. 195, *caput*, da CF/88)" (STF, RE 599.362, 2014).

– "2. O princípio da solidariedade social, o qual inspira todo o arcabouço de financiamento da seguridade social, à luz do art. 195 da CF/88, matriz constitucional da COFINS, é mandamental com relação a todo o sistema jurídico, a incidir também sobre as cooperativas. [...] 6. Acaso adotado o entendimento de que as cooperativas não possuem lucro ou faturamento quanto ao ato cooperativo praticado com terceiros não associados (não cooperados), inexistindo imunidade tributária, haveria violação a determinação constitucional de que a seguridade social será financiada por toda a sociedade, *ex vi*, art. 195, I, *b*, da CF/88, seria violada" (STF, RE 598.085, 2014).

⇒ **O ato cooperativo é que será objeto de tratamento adequado (privilegiado), não os demais atos praticados por cooperativas.** As cooperativas, enquanto pessoas jurídicas, praticam atos com os próprios cooperados e com outras cooperativas, chamados ambos de atos cooperativos, e atos com terceiros, que não constituem atos cooperativos, mas contratos comuns de prestação de serviços, por exemplo. Apenas os atos tipicamente cooperativos é que são referidos pela norma constitucional para receberem tratamento adequado, no sentido de privilegiado ou favorecido.

– **Dos diversos tipos de atos praticados pelas cooperativas: ato cooperativo, atos com terceiros (negócios externos, atos acessórios ou auxiliares e atos vinculados à finalidade básica) e atos vedados por lei.** "É preciso anotar as diversas espécies de negócios, ou atos negociais que podem ser praticados pelas cooperativas. Surge, em primeiro lugar, o chamado ato cooperativo, também chamado de negócio-fim ou negócio cooperativo, ou ainda, os negócios internos, isto é, as relações entre a cooperativa e os cooperados. É aqui que há o recebimento das mercadorias, dos produtos dos cooperados, como exemplo que se adapta à espécie sob exame, de cooperativa de produtores rurais e, posteriormente, há devolução a estes do resultado da venda daqueles produtores rurais. Esse negócio-fim, evidentemente, é o ato cooperativo básico, fundamental. Esse, é claro, normalmente ocorrendo, não poderá sujeitar a tributação do Imposto de Renda porque não há lucro para pessoa jurídica. As cooperativas, para chegar a esse negócio-fim, precisam praticar alguns atos com terceiros, que são os pressupostos necessários para a realização dos atos cooperativos. Se a cooperativa recebeu a produção de um cooperado, precisa vender essa produção a terceiros. Esse tipo de negócio constitui os chamados negócios externos ou negócios de meio – são os atos meios para que se realize o ato cooperativo – ou ainda negócios de contrapartida: são as vendas dos produtos recebidos, para terceiros. Aí também, é claro, se está dentro da finalidade da cooperativa, pois estes atos são atos derivados do ato cooperativo, são decorrentes da função específica das cooperativas, e por isso, normalmente, estão fora da incidência do Imposto de Renda. Em terceiro lugar, existem ainda outros negócios ou atos que são acessórios ou auxiliares para a boa administração da cooperativa: contratar empregados, alugar

salas, vender imóveis, vender máquinas velhas, vender resíduos de beneficiamento, ou produtos estragados, e outras alienações eventuais. Aí a cooperativa estará agindo, não como uma sociedade comercial, mas como qualquer pessoa em atividade não comercial, como um associado civil que é, procurando, não o lucro, mas simplesmente a mais-valia na forma de ganho. Estes negócios estão fora da incidência do Imposto de Renda. A quarta modalidade de negócios que pode ser praticada pelas cooperativas são atos chamados vinculados à finalidade básica. Serão os negócios com não associados, são autorizados pela Lei das Cooperativas nos artigos 85, 86 e 88. São os negócios com não associados ou investimentos em sociedades não cooperativas. Esta é uma abertura que a lei deu, para que as cooperativas tenham condições de melhor funcionamento, porque poderão aproveitar uma capacidade ociosa na sua maquinaria, ou terão possibilidades de aplicar o dinheiro em investimentos, em vez de deixar o dinheiro parado. A lei autorizou as cooperativas efetuassem esse tipo de transações. São atividades não ligadas ao objetivo principal; mas, de algum modo, com ele relacionadas, pois visam a dar uma melhor capacidade, um aproveitamento maior às virtualidades, às potencialidades da cooperativa. Esses tipos de negócio, segundo a lei, estarão, evidentemente, sujeitos ao Imposto de Renda. Por fim, existe uma quinta espécie de negócios que podem ser praticados pelas cooperativas. Podem no sentido fático, não no sentido jurídico, porque são negócios vedados pela lei. A lei das Cooperativas (5.764/71) dispõe no artigo 93 que serão, inclusive, objeto de intervenção do Poder Público, aquelas cooperativas que agirem em violação contumaz da lei, como expressa o artigo 93. O artigo 24, § 3º, proíbe as cooperativas de distribuir vantagens a associados ou a outras pessoas: 'É vedado às cooperativas distribuírem qualquer espécie de benefício às quotas-partes do capital ou estabelecer outras vantagens ou privilégios, financeiros ou não, em favor de quaisquer associados ou terceiros, excetuando-se os juros até o máximo de 12 (doze por cento) ao ano que incidirão sobre a parte integralizada.' Esse tipo de transação não é permitido. Faticamente, com infração à lei, a cooperativa poderá começar a atuar como uma sociedade comercial e por isso estará sujeita à falência ou poderá ser objeto de dissolução..." (excerto de voto da AMS 1999.71.00.026639-5, 2002).

– **Ato cooperativo.** Eis o conceito de ato cooperativo constante da Lei n. 5.764/71, que define a Política Nacional de Cooperativismo, institui o Regime Jurídico das Sociedades Cooperativas, e dá outras Providências, Capítulo XII – Do Sistema Operacional das Cooperativas (artigos 79 a 91), Seção I – Do Ato Cooperativo (artigo 79): "Art. 79. Denominam-se atos cooperativos os praticados entre as cooperativas e seus associados, entre estes e aquelas e pelas cooperativas entre si quando associadas, para a consecução dos objetivos sociais. Parágrafo único. O ato cooperativo não implica operação de mercado, nem contrato de compra e venda de produto ou mercadoria".

– "... atos cooperativos próprios ou internos são aqueles realizados pela cooperativa com os seus associados (cooperados) na busca dos seus objetivos institucionais" (STF, RE 598.085, 2014).

– "1. O adequado tratamento tributário referido no art. 146, III, c, CF é dirigido ao ato cooperativo. A norma constitucional concerne à tributação do ato cooperativo, e não aos tributos dos quais as cooperativas possam vir a ser contribuintes" (STF, RE 599.362, 2014).

– "Em linguagem acadêmica, os atos cooperativos são atos jurídicos que criam, mantêm ou extinguem relações cooperativas, exceto a constituição da própria entidade, de acordo com o objeto social, em cumprimento de seus fins institucionais, variando de acordo com o tipo de cooperativa, ou seja, de acordo com o objeto social eleito e fins institucionais hábeis para alcançá-los. É por meio de ato cooperativo que a entidade realiza o seu fim, qual seja, o de prestar serviços aos associados, alvo derradeiro, objetivo final de todas as cooperativas autênticas, edificadas sobre a ideia de servir adequadamente às necessidades dos seus associados" (ANCELES, Pedro Einstein Santos. Tributação das Cooperativas – PIS/PASEP e COFINS nas Sociedades Cooperativas. In: BARRETO, Aires Fernandino e outros. *Congresso do IBET, III. Interpretação e Estado de Direito*. São Paulo: Noeses, 2006).

– **Súmula 83 do CARF:** O resultado positivo obtido pelas sociedades cooperativas nas operações realizadas com seus cooperados não integra a base de cálculo da Contribuição Social sobre o Lucro Líquido – CSLL, mesmo antes da vigência do art. 39 da Lei n. 10.865, de 2004. 2012.

– **Atos não cooperativos. Operações com terceiros. Tributação.** As operações que não sejam entre as cooperativas e seus associados ou entre cooperativas, ou seja, que não se enquadrem como atos cooperativos, constituem operações com terceiros, não alcançadas pelo art. 146, III, c, da CF e tributáveis normalmente. Assim, por exemplo, a prestação de serviços a terceiros, que pode ser tributada pelo ISS, a obtenção de receita em operações com terceiros, sujeita ao PIS e à COFINS etc.

– "6. Cooperativa é pessoa jurídica que, nas suas relações com terceiros, tem faturamento, constituindo seus resultados positivos receita tributável" (STF, RE 599.362, 2014). Esse entendimento foi reiterado em Embargos Declaratórios, em agosto de 2016.

– "Houvesse somente referência à cooperativa, poderíamos entender que também os atos não cooperativos estariam alcançados pelo tratamento adequado, em plena consonância com o art. 174, § 2º, da mesma Carta Constitucional, que não exclui um ou outro. Por outro lado, ato cooperativo, isoladamente, sem referência às cooperativas, poderia sugerir que qualquer espécie de associativismo, mesmo quando não houvesse legítima constituição de sociedade cooperativa, poderia ser alegado para obter o beneplácito de alguma vantagem ou isenção tributária. [...] O sentido que se deve atribuir ao ato cooperativo e à cooperativa é aquele que a legislação de direito privado designa..." (TORRES, Heleno Taveira. Regime constitucional do cooperativismo e a exigência de contribuições previdenciárias sobre as cooperativas de trabalho. *RDIT* 1/101, jun. 2004).

– **Receita tributável.** "... verifica-se que a sociedade cooperativa, ao vender plano de saúde, ao comercializar os produtos recebidos de seus associados, ao fornecer aos associados energia elétrica e água para utilização nas suas atividades operacionais de eletrificação, telecomunicação, irrigação e consumo, com a cobrança de uma quantia em moeda corrente nacional, ao prestar serviços a terceiros com a utilização do trabalho dos seus associados, ao receber dos cooperados recursos e repassar aos demais cooperados com a cobrança de uma taxa superior àquela como remuneração, todos esses valores auferidos representam ingresso patrimonial conceituados como receita. [...] pôde-se colher que as cooperativas têm possibilidade de, em seu desenvolvimento normal, auferir receita, tendo em vista os objetos e as atividades de exploração da sociedade. Por outro lado, as contribuições sociais do PIS/PASEP e da COFINS incidentes sobre o faturamento, assim entendido a totalidade das receitas brutas auferidas pelas sociedades cooperativas, foram as que sofreram as maiores alterações da legislação tributária, principalmente na sistemática de determinação da base de cálculo. Trata-se de uma incidência aplicável a todas as sociedades cooperativas, que permitiu um tratamento especial às sociedades cooperativas de produção agropecuárias e algumas exclusões específicas às sociedades cooperativas de créditos. Também, neste caso, observa-se que, a partir de 1999, o legislador infraconstitucional utilizou-se desse dispositivo para uniformizar a determinação da base de cálculo das contribuições, sem, contudo, observar o tratamento tributário ao ato cooperativo antes existente. A Medida Provisória n. 101/02 veio complementar as exclusões específicas para determinação da base de cálculo dessas contribuições, relativas às sociedades cooperativas de produção agropecuária" (ANCELES, Pedro Einstein dos Santos. Pressuposto Material de Incidência do PIS/PASEP e COFINS nas sociedades cooperativas. *RFDT* 03/119, jun. 2003).

– **Isenção de COFINS pela LC n. 70/91. Revogação. Tema 177 do STF:** "São legítimas as alterações introduzidas pela Medida Provisória 1.858/1999, no que revogou a isenção da COFINS e da contribuição para o PIS concedidas às sociedades cooperativas". Decisão de mérito em 2014.

– "4. O legislador ordinário de cada pessoa política poderá garantir a neutralidade tributária com a concessão de benefícios fiscais às cooperativas, tais como isenções, até que sobrevenha a lei complementar a que se refere o art. 146, III, c, CF/88. O benefício fiscal, previsto no inciso I do art. 6º da Lei Complementar n. 70/91, foi revogado pela Medida Provisória n. 1.858 e reedições seguintes, consolidada na atual Medida Provisória n. 2.158, tornando-se tributáveis pela COFINS as receitas auferidas pelas cooperativas (ADI 1/DF, Min. Relator Moreira Alves, *DJ* 16/06/1995). [...] 11. *Ex positis*, dou provimento ao recurso extraordinário para declarar a incidência da COFINS sobre os atos (negócios jurídicos) praticados pela recorrida com terceiros tomadores de serviço, resguardadas as exclusões e deduções legalmente previstas. Ressalvo, ainda, a manutenção do acórdão recorrido naquilo que declarou inconstitucional o § 1º do art. 3º da Lei n. 9.718/98, no que ampliou o conceito de receita bruta" (STF, RE 598.085, 2014).

– A questão da hierarquia formal já fora definida pelo STF quando julgou a questão da revogação da isenção das sociedades profissionais. Mas o questionamento relativo às cooperativas teve um ingrediente a mais: saber se a isenção tinha mesmo nível de lei complementar, por tratar da tributação das cooperativas. Considerou-se, porém, que se tratava de um dispositivo específico acerca da COFINS e não de uma lei de normas gerais sobre o adequado tratamento tributário das cooperativas, que é o que requer o art. 146, III, *c*, da CF. A isenção não foi uma norma geral nem esteve no bojo de uma política geral de tributação das cooperativas, constituindo dispositivo da disciplina da COFINS que independia de lei complementar e que, portanto, podia ser revogado por lei ordinária. A COFINS foi instituída por lei complementar desnecessariamente, pois não há reserva constitucional para a espécie, como se vê de nota ao art. 195, I, da CF. Ao fazê-lo, estabeleceu isenção para as cooperativas, isenção esta que, se considerada como dando cumprimento ao art. 146, III, *c*, não poderia ser revogada senão por lei complementar. Tal isenção, contudo, veio a ser revogada por medida provisória, que se converteu em lei ordinária. Estabeleceu-se, então, discussão sobre a possibilidade ou não dessa revogação. O STJ posicionou-se pela impossibilidade da revogação, por dois argumentos: a) lei complementar, seja qual for o seu conteúdo, seria hierarquicamente superior à lei ordinária; b) a isenção teria implicado o adequado tratamento tributário no caso, sendo a LC n. 70/91, pois, neste ponto, também materialmente lei complementar, não podendo a matéria ser tratada por lei ordinária. A Corte Especial do TRF4, considerando que a COFINS poderia ser tratada por lei ordinária e que a isenção concedida não podia ser concebida como a norma complementar requerida pelo art. 146, III, *c*, pois não há disposições gerais sobre o adequado tratamento tributário dos atos cooperativos, posicionou-se pela constitucionalidade da revogação. Sobre a posição do STJ no sentido de que haveria hierarquia formal entre lei complementar e lei ordinária, independentemente da matéria por elas tratadas, resta superada pelo STF, conforme se vê das notas ao art. 146, *caput* (Lei complementar *x* lei ordinária), e ao art. 195, I, *b* (COFINS das sociedades civis de profissões regulamentadas...), da CF. E o STF acabou entendendo, efetivamente, que a revogação foi válida, conforme o Tema 177 de repercussão geral.

– COFINS sobre a receita da prestação de serviços médicos e odontológicos a terceiros tomadores. "COOPERATIVA DE TRABALHO MÉDICO. UNIMED. CONCEITO DE ATO COOPERATIVO TÍPICO. SERVIÇOS PRESTADOS A TERCEIROS. ATOS NÃO COOPERATIVOS. INCIDÊNCIA DAS CONTRIBUIÇÕES AO PIS E COFINS SOBRE OS ATOS NEGOCIAIS. TEMA JÁ JULGADO PELO REGIME DO ART. 543-C, DO CPC, E DA RESOLUÇÃO STJ 08/08. 1. A jurisprudência deste STJ já se firmou no sentido de que é legítima a incidência do PIS e da COFINS, tendo como base de cálculo o faturamento das cooperativas de trabalho médico, sendo que por faturamento deve ser compreendido o conceito que restou definido pelo STF como receita bruta de mercadorias, de mercadorias e serviços e de serviços de qualquer natureza, por ocasião do julgamento da ADC 01/DF. Precedentes... 2. O fornecimento de serviços a terceiros não cooperados e o fornecimento de serviços a terceiros não associados inviabiliza a configuração como atos cooperativos, devendo ser tributados normalmente. Precedentes... 3. O tema referente à tributação

pelo IRPJ dos atos praticados pela cooperativa com terceiros não associados já foi objeto de julgamento em sede de recurso especial representativo da controvérsia REsp 58.265/SP, Primeira Seção, Rel. Min. Luiz Fux, julgado em 09.12.2009. 4. No referido julgamento, embora se estivesse apreciando a hipótese específica voltada ao Imposto de Renda e não às contribuições ao PIS e COFINS, nas razões de decidir restou firmado o pressuposto de que '[...] as operações realizadas com terceiros não associados (ainda que, indiretamente, em busca da consecução do objeto social da cooperativa), consubstanciam 'atos não cooperativos', cujos resultados positivos devem integrar a base de cálculo do imposto de renda' (REsp 58.265/SP, Primeira Seção, Rel. Min. Luiz Fux, julgado em 09.12.2009). 5. Desse modo, definido que se tratam de atos não cooperativos, não há que se falar em isenção do IRPJ, da CSLL e das contribuições ao PIS e COFINS por aplicação do art. 79, da Lei n. 5.764/71. 6. Observar que nos recursos representativos da controvérsia REsp 1.141.667/RS e REsp 1.164.716/MG, pendentes de julgamento, e RE 598.085-RJ o que se discute não é o conceito de ato cooperativo típico (tema já abordado no recurso representativo da controvérsia REsp 58.265/SP, Primeira Seção, Rel. Min. Luiz Fux, julgado em 09.12.2009), mas sim o confronto da isenção para o ato cooperativo típico previsto no art. 79, da Lei n. 5.764/71 com o estabelecido pelo art. 15, da Medida Provisória n. 2.158-35, que restringiu as exclusões da base de cálculo das contribuições ao PIS/PASEP e COFINS somente a determinados valores ali especificados" (STJ, AgRg no REsp 786.612, 2013). Vide também: STJ, AgRg no Ag 1.292.438, 2013).

– "COOPERATIVA DE TRABALHO ODONTOLÓGICO... 3. O art. 4º da Lei 5.764/71 conceitua a cooperativa como uma sociedade de pessoas, com forma e natureza jurídica próprias, de natureza civil, não sujeita à falência, constituída para prestar serviços aos associados. 4. Em suas atividades corriqueiras, pratica a mencionada Sociedade atos típicos de cooperativas – definidas pelo art. 79 da Lei 5.764/71 – bem como fornece bens e serviços a terceiros, atendidos os objetivos sociais e as disposições legais pertinentes (art. 86 do referido Diploma Normativo); nessa esteira, dispõe claramente o art. 111 serem tributáveis as ações delineadas no art. 86, na qual se insere a atividade intermediadora desenvolvida pela Cooperativa embargante. 5. Assim, havendo lei permitindo a incidência da COFINS sobre o faturamento da pessoa jurídica – considerado este como sendo a receita bruta das vendas de mercadorias, de mercadorias e serviços e de serviço de qualquer natureza (art. 2º da LC 70/91) – e inexistindo dispositivo legal que isente a Embargante do pagamento do referido tributo, correto se mostra o acórdão prolatado pelo egrégio Tribunal de origem, que aplicou a correta interpretação às normas infraconstitucionais federais que tratam do assunto, encontrando-se, inclusive, em consonância com a jurisprudência mais recente desta insigne Corte Superior de Justiça" (STJ, 1ª T., EDcl nos EDcl no AgRg nos EDcl nos EDcl no REsp 670.776, 2013).

– Admitindo, porém, a dedução dos valores repassados aos profissionais: "COOPERATIVA DE SERVIÇOS ODONTOLÓGICOS. ATOS NEGOCIAIS. ISSQN. BASE DE CÁLCULO. Assentado pelas instâncias ordinárias o caráter empresarial da atividade desempenhada pela recorrente – venda de serviços de assistência odontológica –, deve ela submeter-se ao recolhimento do Imposto Sobre Serviços de Qualquer Natureza, cuja base de cálculo será o valor líquido recebido" (STJ, REsp 1.371.438, 2013). Eis a conclusão do voto condutor: "... voto no sentido de conhecer do recurso especial e de lhe dar provimento, para determinar a exclusão dos valores repassados aos profissionais cooperados da base de cálculo do imposto sobre serviços de qualquer natureza".

– **ISS na prestação de serviços médicos a terceiros.** "... ISS – COOPERATIVA MÉDICA – CARÁTER EMPRESARIAL (ATOS NÃO COOPERADOS) – INCIDÊNCIA – PRECEDENTES. – As cooperativas de prestação de serviços médicos praticam atos negociais com terceiros, por meio de prestação de serviços remunerados, devem se sujeitar à incidência do PIS" (STJ, REsp 778.135, 2005).

– "ISS. COOPERATIVA DE SERVIÇOS MÉDICOS. 1. A Primeira Turma firmou o entendimento no sentido da incidência do ISS sobre valores recebidos pelas cooperativas médicas de terceiros, não associados, que optam por adesão aos seus planos de saúde. [...]" (STJ, REsp 642.810, 2005).

– Em sentido contrário: "V. As cooperativas de serviços de saúde têm por objeto social a defesa econômico-social dos integrantes das profissões inerentes ao setor de saúde, tais como de médicos, odontologistas e congêneres... VI. As cooperativas, enquanto sociedades de pessoas que existem para prestar serviços aos associados na qualidade de mandatária destes, não estão agindo em nome próprio ou na objetivação de resultados para sim, mas sim pra aqueles que representam... IX. As sociedades cooperativas não têm faturamento para fins de incidência do PIS e COFINS, eis que os valores por elas angariados configuram meros ingressos, posteriormente administrados e repassados aos profissionais cooperados, sem objetivos de lucro" (GRILLO, Fabio Artigas. PIS e COFINS das cooperativas de saúde. *RDDT* 163/7, 2009).

– **IR e CSL. Sobras líquidas *x* resultado do exercício/lucro *x* retorno.** "As sobras líquidas também se definem com a diferença entre o que o associado pagou pelo serviço prestado e o que deveria pagar realmente. Existem principalmente por três motivos: a) previsões malfeitas; b) políticas administrativas concebidas a partir da existência de sobras; c) desconhecimento do seu papel. Essa sobra é distribuída no fim do exercício social, o que é caracterizado como o retorno, e tem se constituído, em muitas cooperativas, num difícil problema de equidade. Nessa sentido, as sobras líquidas ou retorno funcionam como uma restituição proporcional ao valor das compras efetuadas pelos próprios cooperativos, que lhes são atribuídas a título de bonificação."; "Por resultado, em sentido propriamente contábil, entende-se a conclusão a que se chegou na verificação de uma conta ou no levantamento de um balanço; o mesmo que crédito, lucro ou prejuízo. Em relação às contas, refere-se ao saldo da Demonstração dos Resultados do Exercício, que tanto pode ser credor como devedor. Quando se fala dos balanços, alude-se à apuração dos lucros ou prejuízos em determinado período. Dessa forma, o resultado, ou o que se apurou, tanto pode ser favorável, quando há lucro, como desfavorável, quando se verifica prejuízo. Por esta razão,

na linguagem contábil, são denominadas de contas de resultados aquelas em que se apuram lucros ou prejuízos, tais como mercadorias, juros e descontos, gastos gerais, comissões, designando-se a conta de Lucros e Perdas como conta de resultados gerais. Portanto, o resultado do exercício corresponde ao lucro ou prejuízo contábil apurado na escritural comercial decorrente das operações atípicas realizadas pelas sociedades cooperativas, ou seja, são operações denominadas com não cooperados, sujeitas à incidência dos tributos de competência federal" (ANCELES, Pedro Einstein Santos. Tributação das Cooperativas – PIS/PASEP e COFINS nas Sociedades Cooperativas. In: BARRETO, Aires Fernandino e outros. *Congresso do IBET, III – Interpretação e Estado de Direito*. São Paulo: Noeses, 2006).

– "1. Sobras líquidas é o resultado econômico, jurídico e financeiro, apurado na escrituração comercial da sociedade cooperativa, decorrente do ato cooperativo. Os cooperados são os beneficiários das sobras líquidas. 2. As sobras líquidas não se confundem com o resultado (lucro) decorrente da prática de atos não cooperativos. Este, quando positivo, após as provisões para o Imposto de Renda Pessoa Jurídica (IRPJ) e da Contribuição Social sobre o Lucro Líquido (CSLL), deve ser levado à conta de FATES, não sendo passível de distribuição aos cooperados. [...] 4. As sobras líquidas, quando apuradas pela sociedade cooperativa, apresentam o mesmo significado, ou seja, o resultado positivo entre a receita (ingressos) e os custos e despesas (dispêndios) independe das espécies de cooperativas e dos respectivos ramos. 5. As sobras líquidas diferem de retorno. Este, na linguagem jurídica, representa regresso, volta, torna, e reversão, não dependendo de uma apuração de resultado contábil; simplesmente retornará à origem (cooperado) quando houver bens, direitos ou mesmo disponibilidades que não pertencem ao patrimônio da sociedade cooperativa. 6. As sobras líquidas devem ser qualificadas e quantificadas com base na demonstração no resultado positivo apurado, cuja natureza jurídica pode variar de acordo com a receita ou ingresso originário das operações relativas aos bens ou serviços dos cooperados e devem representar natureza remuneratória (rendimentos, rendas) para ficarem sujeitas à tributação pelo cooperado. 7. À exceção da sociedade cooperativa de consumo, as sobras líquidas apuradas pela sociedade cooperativa são isentas do Imposto sobre a Renda da Pessoa Jurídica (IRPJ) e da Contribuição Social sobre o Lucro Líquido (CSLL). 8. O pagamento, crédito ou capitalização das sobras líquidas, deduzidas as destinações legais, estão sujeitas à tributação na fonte e na declaração de ajuste, no caso de cooperado pessoa física, ou deverão ser computados como receita no período de apuração do IRPJ e CSLL, no caso de cooperado pessoa jurídica. 9. As sobras líquidas pagas, creditadas ou capitalizadas pela sociedade cooperativa aos cooperados sujeitam-se à incidência do Imposto sobre a Renda Retido na Fonte (IRRF): (i) com base na tabela progressiva mensal e como antecipação do devido na declaração de ajuste anual do imposto de renda, no caso de cooperado pessoa física; (ii) à alíquota de 15% (quinze por cento) e como antecipação do devido no período de apuração, no caso de cooperado pessoa jurídica tributada com base no lucro real, presumido ou arbitrado, e (iii) a título de tributação definitiva, à alíquota de 15% (quinze por cento), no caso dos demais cooperados pessoas jurídicas. 10. À exceção do tratamento tributário dispensado às sobras líquidas da sociedade cooperativa de crédito (receita financeira), as demais sobras líquidas, quando auferidas, pagas, distribuídas aos cooperados pessoas jurídicas ou quando capitalizadas, não há previsão legal ou normativa que permite às pessoas jurídicas sujeitas à incidência das contribuições sociais para o PIS/Pasep e COFINS no regime cumulativo, excluírem esses valores na determinação da base de cálculo. 11. Quando do pagamento, crédito ou capitalização das sobras líquidas apuradas pela sociedade cooperativa de trabalho e de produção agropecuária deverá haver o desconto e a incidência da contribuição social previdenciária quando o beneficiário for cooperado produto pessoa física (rural). 12. Quando do pagamento, crédito ou capitalização das sobras líquidas apuradas pela sociedade cooperativa de produção agropecuária ao cooperado produtor rural pessoa jurídica, esta fica obrigada a recolher contribuição social previdenciária correspondente, nos termos e nas condições previstas na legislação específica" (ANCELES, Pedro Einstein dos Santos. Sociedades Cooperativas: Sobras Líquidas – "Uma abordagem jurídica – tributária – contábil". *RFDT*, 2008).

– "3.1. Inexiste lucro a ser tributado pelo imposto de renda nas sociedades cooperativas, posto que 'lucro' ou 'pretensão de obter lucro' não se coaduna com o sistema cooperativista, ainda que decorrente de ato não cooperativo, à exceção das operações e prestações elencadas nos arts. 85, 86 e 88 da Lei n. 5.764/1971 que, por opção do legislador, foram equiparadas à renda tributável. 3.2. É inconstitucional e ilegal a exigência do imposto de renda sobre as receitas decorrentes de aplicação financeira das sociedades cooperativas, vez que esta operação não se encontra nas hipóteses previstas nos arts. 85, 86 e 88 da Lei n. 5.764/1971. 3.3. É ilegal a exigência do imposto de renda sobre o resultado das aplicações financeiras obtido pelas sociedades cooperativas quando o capital aplicado teve origem no ato cooperativo" (CREMA, Luís Carlos. Sociedades cooperativas. Tributário. Imposto de renda sobre aplicação financeira. *RDDT* 209/165, fev. 2013).

– Lei n. 5.764/71: "Art. 111. Serão considerados como renda tributável os resultados positivos obtidos pelas cooperativas nas operações de que tratam os artigos 85, 86 e 88 desta Lei".

– "IMPOSTO DE RENDA. COOPERATIVAS. FORNECIMENTO DE SERVIÇO DE ARMAZENAGEM A TERCEIROS. INCIDÊNCIA. O fornecimento de serviços de armazenagem de produtos a não associados não está abrangido pela isenção de imposto de renda previsto na Lei 5764/71, o qual alcança apenas os atos praticados entre as cooperativas e seus associados, para a consecução de seus objetivos sociais. Recurso improvido" (STJ, REsp 387.614, 2002).

– "AGRAVO REGIMENTAL EM RECURSO EXTRAORDINÁRIO. CONTRIBUIÇÃO SOCIAL. INCIDÊNCIA SOBRE RECEITA AUFERIDA POR COOPERATIVA. LEI N. 7.689/88. INCONSTITUCIONALIDADE. IMPROCEDÊNCIA. Contribuição Social sobre o Lucro. Alegação de que o juízo de origem declarou inconstitucional *in totum* a Lei n. 7.689/88. Improcedência. Distinção entre receita advinda dos associados, sujeita a rateio entre os médicos cooperados, e aquela percebida em razão de serviços prestados a não associados, sobre a qual incide a contribuição social sobre o lucro. Interpre-

tação de cláusulas do Estatuto Social da entidade e da legislação infraconstitucional que disciplina a organização de cooperativas. Reexame. Impossibilidade. Agravo regimental a que se nega provimento" (STF, AgRegRE 274.406-9, 2000).

– **Aplicações financeiras. IR. Súmula 262 do STJ:** "Incide o Imposto de Renda sobre o resultado das aplicações financeiras realizadas pelas cooperativas".

– **Súmula CARF 141:** "As aplicações financeiras realizadas por cooperativas de crédito constituem atos cooperativos, o que afasta a incidência de IRPJ e CSLL sobre os respectivos resultados" (CSRF, 2019). Obs.: vinculante, conforme Portaria ME n. 410/2020.

– "4. As sociedades cooperativas, quando da determinação do lucro real, apenas podem excluir do lucro líquido os resultados positivos decorrente da prática de 'atos cooperativos típicos', assim considerados aqueles praticados entre as cooperativas e seus associados, entre estes e aquelas e pelas cooperativas entre si quando associados, para a consecução dos objetivos sociais (artigo 79, *caput*, da Lei 5.764/71). 5. O artigo 111, da Lei das Cooperativas (Lei 5.764/71), preceitua que são consideradas rendas tributáveis os resultados positivos obtidos pelas cooperativas nas operações de aquisição de produtos ou de fornecimento de bens e serviços a não associados (artigos 85 e 86) e de participação em sociedades não cooperativas (artigo 88)... 7. Destarte, a interpretação conjunta dos artigos 111, da Lei das Cooperativas, e do artigo 129, do RIR/80, evidencia a *mens legislatoris* de que sejam tributados os resultados positivos decorrentes de atos não cooperativos, ou seja, aqueles praticados entre a cooperativa e não associados, ainda que para atender a seus objetivos sociais. 8... 9. Ademais, o ato cooperativo típico não implica operação de mercado, *ex vi* do disposto no parágrafo único, do artigo 79, da Lei 5.764/71. 10. Consequentemente, as aplicações financeiras, por constituírem operações realizadas com terceiros não associados (ainda que, indiretamente, em busca da consecução do objeto social da cooperativa), consubstanciam 'atos não cooperativos', cujos resultados positivos devem integrar a base de cálculo do imposto de renda. 11. Recurso especial da Fazenda Nacional provido. Acórdão submetido ao regime do artigo 543-C, do CPC, e da Resolução STJ 08/2008" (STJ, REsp 58.265, 2009).

⇒ **Lei complementar.** Até o momento, não foi editada lei complementar de normas gerais acerca do adequado tratamento tributário das cooperativas.

– **Ausência de nova lei complementar.** Tanto o Supremo Tribunal Federal como tribunais regionais têm ressaltado que o art. 146, III, *c*, não estabeleceu nenhuma imunidade para as sociedades cooperativas e que depende de regulamentação por lei complementar de maneira que segue sendo aplicado normalmente o tratamento previsto nas leis ordinárias instituidoras de cada tributo.

– "3. A definição do adequado tratamento tributário ao ato cooperativo se insere na órbita da opção política do legislador. Até que sobrevenha a lei complementar que definirá esse adequado tratamento, a legislação ordinária relativa a cada espécie tributária deve, com relação a ele, garantir a neutralidade e a transparência, evitando tratamento gravoso ou prejudicial ao ato cooperativo e respeitando, ademais, as peculiaridades das cooperativas com relação às demais sociedades de pessoas e de capitais. 4. A Lei n. 5.764/71 foi recepcionada pela Constituição de 1988 com natureza de lei ordinária e o seu art. 79 apenas define o que é ato cooperativo, sem nada referir quanto ao regime de tributação. Se essa definição repercutirá ou não na materialidade de cada espécie tributária, só a análise da subsunção do fato na norma de incidência específica, em cada caso concreto, dirá" (STF, RE 599.362, 2014).

– Mandado de injunção. "MANDADO DE INJUNÇÃO – OBJETO. O mandado de injunção pressupõe a inexistência de normas regulamentadoras de direito assegurado na Carta da República. Isso não ocorre relativamente às sociedades cooperativas e ao adequado tratamento tributário previsto na alínea *c* do inciso III do artigo 146 da Constituição Federal" (STF, MI 701, 2004).

– Eficácia negativa imediata. Entretanto, há uma eficácia que se pode extrair de pronto do citado dispositivo, qual seja, a de impedir que o legislador, ao instituir ou majorar determinado tributo, inove na ordem jurídica estabelecendo tratamento tributário que, sendo mais gravoso para as cooperativas que para as demais empresas, contrarie a previsão constitucional. Neste caso, ainda que inexista lei complementar estabelecendo o adequado tratamento tributário do ato cooperativo, tais normas novas especialmente gravosas carecerão de fundamento de validade.

– "Há uma proteção expressa que a Constituição promove para garantir o respeito à unidade conceitual do 'ato cooperativo', cuja coerência sistêmica projeta o dever de, ao menos, respeitar os traços que o caracterizam, sem deformá-lo ou equipará-lo ao que a própria constituição esforça-se para distinguir: do regime de 'ato mercantil' ou empresarial (art. 174, § 2º, e art. 146, III, *c*). Por esse motivo, não é porque ainda não veio a reclamada Lei Complementar para dar o 'tratamento adequado' ao ato cooperativo, que o legislador, antes disso, possa prejudicá-lo ou equipará-lo a ato de empresa. Como mínimo, as cooperativas não podem suportar uma pressão fiscal maior do que aquela aplicável às demais formas de organização societária, o que decorre das regras constitucionais aplicáveis, na medida que as exigências de tratamento adequado projetam uma limitação inequívoca para tal 'máximo' impositivo, urdido dentro dos cancelos do conceito de 'ato cooperativo', mediante reconhecimento da especificidade das suas notas distintivas e a impossibilidade de qualquer discriminação mais gravosa (*ex vis* dos arts. 174, § 2º, e 146, III, *c*, ambos da CF). Já o dissemos, na interpretação dos regimes aplicáveis às cooperativas, deve-se ter em conta a nota da especificidade que a cooperativa contempla, na medida que se define, desde a Constituição Federal, como uma entidade com propriedades distintas e singulares, e assim deve respeitá-la o legislador tributário" (TORRES, Heleno Taveira. Regime constitucional do cooperativismo e a exigência de contribuições previdenciárias sobre as cooperativas de trabalho. *RDIT* 1/101, 2004).

– Competência concorrente dos Estados. Constituição Estadual dispondo sobre a adequada tributação do ato cooperativo. Validade. "4. O art. 146, III, *c*, da CRFB/88 determina que lei complementar estabeleça normas gerais sobre matéria tributária e, em especial, quanto ao adequado tratamento tributário a ser conferido ao ato cooperativo praticado pelas sociedades cooperativas. 5. Não há a alegada inconstitucionalidade da Constituição estadual, porquanto a competência para legislar sobre direito tributário é concorrente, cabendo à União estabelecer normas gerais, aos Estados-membros e o Distrito Federal suplementar as lacunas da lei federal sobre normas gerais, a fim de afeiçoá-las às particularidades locais, por isso que inexistindo lei federal de normas gerais, acerca das matérias enunciadas no citado artigo constitucional, os Estados podem exercer a competência legislativa plena (§ 3º, do art. 24 da CRFB/88). 6. Consectariamente, o § 1º do artigo 192 da Constituição cearense que estabelece que 'o ato cooperativo, praticado entre o associado e sua cooperativa, não implica em operação de mercado', não é inconstitucional. 7. É que a Suprema Corte, ao apreciar situação análoga, assentou que, enquanto não promulgada a lei complementar a que se refere o art. 146, III, *c*, da CRFB/88, não se pode pretender que, com base na legislação local, não possa o Estado-membro, que tem competência concorrente em se tratando de direito tributário (artigo 24, I e § 3º, da Carta Magna), dê às cooperativas o tratamento que julgar adequado, até porque tratamento adequado não significa necessariamente tratamento privilegiado, *verbis*: 'Inexiste, no caso, ofensa ao artigo 146, III, *c*, da Constituição, porquanto esse dispositivo constitucional não concedeu às cooperativas imunidade tributária, razão por que, enquanto não for promulgada a lei complementar a que ele alude, não se pode pretender que, com base na legislação local mencionada no aresto recorrido, não possa o Estado-membro, que tem competência concorrente em se tratando de direito tributário (artigo 24, I e § 3º, da Carta Magna), dar às Cooperativas o tratamento que julgar adequado, até porque tratamento adequado não significa necessariamente tratamento privilegiado' (RE 141.800...)" (STF, ADI 429, 2014).

⇒ **Dos diversos tipos de cooperativas e da sua tributação.** A estrutura e os atos praticados pelas cooperativas têm estrita relação com o seu objetivo. Daí por que não é possível generalizar o tratamento tributário das cooperativas, tendo, o legislador e os tribunais, que atentar para o tipo de cooperativa de que se trata no caso concreto. Conforme já destacou o STF, "É possível, senão necessário, estabelecerem-se diferenciações entre as cooperativas, de acordo com as características de cada segmento do cooperativismo e com a maior ou a menor necessidade de fomento dessa ou daquela atividade econômica" (STF, RE 599.362, 2014).

– "As formas mais comuns de sociedades cooperativas são as (i) de consumo, em que se adquirem mercadorias em grandes quantidades, diretamente dos produtores, com a consequente supressão de intermediários na cadeia econômica, para serem revendidas por preços menores aos cooperados; (ii) as cooperativas de produção, voltadas à venda dos produtos entregues pelos cooperados, com economia de escala; (iii) as de trabalho, destinadas a buscar no mercado os usuários dos serviços a serem prestados pelos profissionais associados; e (iv) as cooperativas de crédito..." (REIS, Hélcio Lafetá. Tratamento tributário dado pela legislação da COFINS e do PIS ao ato cooperativo praticado pelas cooperativas de crédito. *RDDT* 220/49, jan. 2014).

– **Cooperativas de consumo.** "As cooperativas de consumo procuram satisfazer as necessidades dos cooperados com o fornecimento de gêneros e artigos de consumo pessoal e doméstico, inclusive insumos agropecuários, em condições satisfatórias, devido ao fato de adquirirem grandes quantidades, com a obtenção de melhores condições de preços e prazos de pagamento do produto requerido, beneficiando os cooperados, com o retorno sob a forma de sobras líquidas" (ANCELES, Pedro Einstein Santos. Tributação das Cooperativas – PIS/PASEP e COFINS nas Sociedades Cooperativas. In: BARRETO, Aires Fernandino e outros. *Congresso do IBET, III. Interpretação e Estado de Direito.* São Paulo: Noeses, 2006).

– **Equiparação das cooperativas de consumo às demais pessoas jurídicas. Lei 9.532/97. Constitucionalidade.** "COOPERATIVAS DE CONSUMO. LEI 9.538, ART. 69. A Constituição de 1988 não impede a tributação das cooperativas. Diferentemente disso, dispõe no sentido de que terão um tratamento tributário adequado, conforme lei complementar, tal como se vê no seu art. 146, III, *c*. Enquanto não advir tal lei complementar que dê um tratamento geral à matéria, a tributação das cooperativas mantém-se regida pela legislação ordinária. Como o adequado tratamento tributário, por certo no sentido do seu incentivo (art. 174, § 2º, da CF), depende da lei complementar e, de qualquer modo, não implica sempre e necessariamente, relativamente a cada tributo, alíquotas menores ou isenções, a única garantia imediata é a de que não haja tributação das cooperativas, relativamente a cada tributo, mais pesada que a das empresas em geral. O mais será dado pela lei complementar. O art. 69 da Lei 9.532/97 não incorreu, pois, em inconstitucionalidade, eis que simplesmente equiparou a tributação das cooperativas de consumo a das demais pessoas jurídicas" (TRF4, AMSS 1999.04.01.073388-3, 2003). Eis excerto do voto condutor: "Não há que se falar em violação à isonomia, de outro lado, relativamente aos demais tipos de cooperativas. Há muito, tem-se entendido que não há violação à isonomia quando os diferentes regimes correspondem a diferentes ramos da atividade econômica, que apresentem características distintas. Note-se que o art. 150, II, da CF veda o tratamento desigual entre os contribuintes que se encontrem em 'situação equivalente', o que não ocorre na comparação trazida à consideração, pois não basta trata-se de cooperativas para que se tenha uma única realidade, independentemente do seu tipo e ramo de atuação".

– Enfocando a situação da tributação das cooperativas a partir de 1998, à luz da Lei n. 9.532/97, José Antônio Minatel esclarece que as cooperativas de consumo se sujeitam ao imposto de renda da pessoa jurídica, incidente sobre todo o resultado positivo apurado a partir de 1º-1-1998, sujeitando-se às contribuições destinadas ao custeio da seguridade social, incidentes sobre o faturamento e o lucro, em igualdade de condições com as demais pessoas jurídicas, sendo que as demais cooperativas (não de consumo) continuaram agraciadas com regras limitativas da incidência do IRPJ, alcançando somente os resultados obtidos com ato entre não cooperados, assim como continuaram beneficiárias da isenção da COFINS e da isenção do PIS quanto aos atos

cooperativos próprios de suas finalidades, devendo, porém, pagar normalmente a contribuição sobre o lucro sobre a totalidade do resultado positivo (cooperados + não cooperados) (MINATEL, José Antônio. Tributação das Sociedades Cooperativas a partir de 1º-1-1998. *RDDT* 36, 1998). Obs.: sobre a revogação da isenção da COFINS, vide notas abaixo.

– Pela inconstitucionalidade: O art. 69 da referida lei determinou que as sociedades cooperativas de consumo se sujeitassem às mesmas normas de incidência dos impostos e contribuições de competência da União aplicáveis às demais pessoas jurídicas. No entanto, não respeita o art. 146, III, *c*, da CF/88. Uma das características das cooperativas é o retorno das sobras líquidas do exercício, proporcionalmente às operações realizadas pelo associado, o que não se confunde com lucro, pois não retorna aos proprietários das cooperativas – que não existem – mas sim àqueles que delas participam. Assim, não há como uma cooperativa ter lucro, são entidades sem fins lucrativos, o que afasta a incidência de Imposto de Renda. O referido artigo descumpre o princípio constitucional da igualdade, por tratar as cooperativas como se sociedades comerciais fossem. (BECHO, Renato Lopes. A Lei n. 9.532/97 (IR) e as Cooperativas Hipótese de Incidência como Determinação Constitucional. *RDDT* 34, 1998).

– **Cooperativa de crédito.** As cooperativas de crédito têm como objetivo fornecer ao cooperado assistência creditícia. Os tribunais têm entendido, sob o pressuposto de que estão limitadas à prática de atos cooperativos, pois somente podem oferecer recursos financeiros aos seus associados, conforme art. 23 da Resolução do BACEN n. 3.106/2003, que a movimentação financeira das cooperativas de crédito, incluindo captação de recursos junto aos cooperados e a realização de empréstimos aos próprios cooperados, constitui ato cooperativo, não se sujeitando à tributação. Tais atos cooperativos não geram faturamento tampouco lucro para a sociedade cooperativa.

– "... COOPERATIVAS DE CRÉDITO. ATOS VINCULADOS À SUA ATIVIDADE BÁSICA. NÃO INCIDÊNCIA DO PIS. ART. 30 DA LEI N. 11.051/2004. ORIENTAÇÃO DA 1ª SEÇÃO. PRECEDENTES. 1. Recurso especial interposto contra acórdão que entendeu exigível o PIS sobre o faturamento das cooperativas de crédito, nos moldes da MP n. 2.158-35/2001, por entender que estas não se equiparam às demais associações cooperativas, mas às instituições bancárias. 2... 4. No julgamento dos REsps ns. 616219/MG e 591298/MG, afetados à 1ª Seção, esta Corte Superior uniformizou posicionamento no sentido de que: – 'o ato cooperativo não gera faturamento para a sociedade. O resultado positivo decorrente desses atos pertence, proporcionalmente, a cada um dos cooperados. Inexiste, portanto, receita que possa ser titularizada pela cooperativa e, por consequência, não há base imponível para o PIS. Já os atos não cooperativos geram faturamento à sociedade, devendo o resultado do exercício ser levado à conta específica para que possa servir de base à tributação (art. 87 da Lei n. 5.764/71); – toda a movimentação financeira das cooperativas de crédito, incluindo a captação de recursos, a realização de empréstimos aos cooperados bem como a efetivação de aplicações financeiras no mercado, constitui ato cooperativo, circunstância a impedir a incidência da contribuição ao PIS. Salvo previsão normativa em sentido contrário (art. 86, parágrafo único, da Lei n. 5.764/71), estão as cooperativas de crédito impedidas de realizar atividades com não associados; – atualmente, por força do art. 23 da Resolução BACEN n. 3.106/2003, as cooperativas de crédito somente podem captar depósitos ou realizar empréstimos com associados. Assim, somente praticam atos cooperativos e, por consequência, não titularizam faturamento, afastando-se a incidência do PIS. A reunião em cooperativa não pode levar à exigência tributária superior à que estariam submetidos os cooperados caso atuassem isoladamente, sob pena de desestímulo ao cooperativismo; – qualquer que seja o conceito de faturamento (equiparado ou não a receita bruta), tratando-se de ato cooperativo típico, não ocorrerá o fato gerador do PIS por ausência de materialidade sobre a qual possa incidir essa contribuição social.' 5. Recurso especial conhecido em parte e, nesta, parcialmente provido para excluir da incidência do PIS-Faturamento tão somente os atos cooperativos próprios praticados pela recorrente" (STJ, REsp 784.378, 2005).

– "PIS. COOPERATIVA DE CRÉDITO. LEI N. 5.764/71. 1. Milita em favor das normas jurídicas a presunção de que foram recepcionadas pelo sistema normativo ante a ruptura constitucional. Enquanto não provocada a Suprema Corte ou declarada a não recepção, a Lei n. 5.764/71 continua em pleno vigor, não havendo óbice ao conhecimento do recurso especial por violação de um ou alguns de seus dispositivos. 2. O ato cooperativo não gera faturamento para a sociedade. O resultado positivo decorrente desses atos pertence, proporcionalmente, a cada um dos cooperados. Inexiste, portanto, receita que possa ser titularizada pela cooperativa e, por consequência, não há base imponível para o PIS. 3. Já os atos não cooperativos geram faturamento à sociedade, devendo o resultado do exercício ser levado à conta específica para que possa servir de base à tributação (art. 87 da Lei n. 5.764/71). 4. Toda a movimentação financeira das cooperativas de crédito, incluindo a captação de recursos, a realização de empréstimos aos cooperados bem como a efetivação de aplicações financeiras no mercado, constitui ato cooperativo, circunstância a impedir a incidência da contribuição ao PIS. 5. Salvo previsão normativa em sentido contrário (art. 86, parágrafo único, da Lei n. 5.764/71), estão as cooperativas de crédito impedidas de realizar atividades com não associados. 6. Atualmente, por força do art. 23 da Resolução BACEN n. 3.106/2003, as cooperativas de crédito somente podem captar depósitos ou realizar empréstimos com associados. Assim, somente praticam atos cooperativos e, por consequência, não titularizam faturamento, afastando-se a incidência do PIS. 7. A reunião em cooperativa não pode levar à exigência tributária superior à que estariam submetidos os cooperados caso atuassem isoladamente, sob pena de desestímulo ao cooperativismo. 8. Qualquer que seja o conceito de faturamento (equiparado ou não a receita bruta), tratando-se de ato cooperativo típico, não ocorrerá o fato gerador do PIS por ausência de materialidade sobre a qual possa incidir essa contribuição social. 9. Jurisprudência consolidada no Egrégio STJ" (TRF4, AC 2003.72.00.009618-7, 2005).

– Cooperativa de trabalho. "As Cooperativas de Trabalho detém, como associados-cooperativados, trabalhadores que, dispensando a intervenção de terceiros qualificados como patrões, dispõem-se a contratar determinados serviços relacionados a suas profissões ou ofícios, em razão do conjunto, seja por trabalho de todos, seja por trabalho de grupos, em prol do bem comum geral" (OLIVEIRA, Alexandre Nery de. Cooperativas de trabalho. Disponível em: <www.tst.gov.br/Ssedoc/PaginadaBiblioteca/bibliografiaselecionadas/cooperativasdetrabalho.htm>. Acesso em: 30 dez. 2006).

– Tema 323 do STF: "A receita auferida pelas cooperativas de trabalho decorrentes dos atos (negócios jurídicos) firmados com terceiros se insere na materialidade da contribuição ao PIS/PASEP". Decisão do mérito em 2014.

– Cooperativa de produção agroindustrial. Contrato de integração vertical. "CONTRATO DE INTEGRAÇÃO VERTICAL. ATO COOPERATIVO. LEI N. 13.986, DE 2020. IRRETROATIVIDADE. DEPURAÇÃO DE CONCEITOS... 1. A contribuição previdenciária pelo empregador rural pessoa física pressupõe comercialização. O simples retorno de crias submetidas a processo de engorda à cooperativa, por si só não revela comercialização, sendo certo que o direito tributário vale-se dos conceitos privados. 2. O art. 1º, parágrafo único, da Lei n. 13.288, de 2016, não proíbe a celebração de contratos de integração vertical entre cooperativa e seus cooperados, apenas estabelece que a essa relação deve ser dado o mesmo tratamento do ato cooperativo, nos termos da Lei n. 5.764, de 1971. 3. A Lei n. 13.986, de 2020, ao introduzir o § 3º, § 14 e § 15 no art. 25 da Lei n. 8.212, de 1991, não inovou na ordem jurídica, tratando de mera depuração do conceito de receita bruta, excluindo a simples entrega ou retorno da produção, pelo cooperado à cooperativa, quando inexista contraprestação mediante fixação de preço. 4. Conforme o relatório fiscal, as operações praticadas pela autora e seus cooperados eram incompatíveis com a fixação de preços pela entrega da produção à cooperativa, uma vez que tratava-se de mero retorno de crias decorrente do contrato de integração vertical. 5. Na ausência de lei à época dos fatos geradores, a obrigação do adquirente da produção rural de reter e recolher, na condição de substituto tributário, a contribuição ao SENAR, instituída pelo Decreto 566, de 1992, viola frontalmente o disposto no art. 97 do CTN. Matéria de ordem pública e que pode ser reconhecida de ofício" (TRF4 5003028-39.2020.4.04.7016, 2022).

– "PIS/COFINS. CRÉDITOS PRESUMIDOS. COOPERATIVA DE PRODUÇÃO AGROINDUSTRIAL. CONTRATOS DE INTEGRAÇÃO VERTICAL. CRÉDITOS DE EXPORTAÇÃO. CRITÉRIO DE RATEIO. ÍNDICE SETORIAL DE EXPORTAÇÃO. ART. 8º DA LEI 10.925/04. ARTS. 56-A E 56-B DA LEI 12.350/10... 2. O cálculo do índice das receitas de exportação deve tomar por base a relação percentual existente entre a receita bruta das exportações e a receita bruta total, auferidas em cada mês. 3. O contrato de integração vertical regula a relação jurídica entre produtores integrados e integradores, com o objetivo de planejar e realizar a produção e a industrialização ou comercialização de matéria-prima, bens intermediários ou bens de consumo final, com responsabilidades e obrigações recíprocas, não possuindo a natureza jurídica de prestação de serviços. 4. O ato cooperativo típico, praticado entre a cooperativa e o seu associado, ainda que não implique operação de mercado, nem contrato de compra e venda de produto ou mercadoria, conforme dispõe o art. 79, parágrafo único, da Lei n. 5.764/71, não obsta o direito à apuração do crédito presumido de PIS/COFINS, o que torna irrelevante a natureza jurídica do contrato de integração vertical firmado com os produtores rurais pessoas físicas cooperados" (TRF4 5006167-66.2019.4.04.7005, 2022).

d) definição de tratamento diferenciado e favorecido para as microempresas e para as empresas de pequeno porte, inclusive regimes especiais ou simplificados no caso do imposto previsto no art. 155, II, das contribuições previstas no art. 195, I e §§ 12 e 13, e da contribuição a que se refere o art. 239.

⇒ **EC n. 42/2003.** Inciso acrescido pela EC n. 42, publicada no *DOU* de 31 de dezembro 2003.

⇒ **O Simples Nacional.** Trataremos aqui, do Simples Nacional, aplicável às microempresas e às empresas de pequeno porto. O Simples Doméstico, aplicável ao empregador doméstico, é tratado em nota ao art. 195, I, *a*, da CF.

– Revogação dos regimes especiais anteriores. Com a criação do Simples Nacional, já não vigem mais os regimes simplificados de cada ente político, como o Simples Federal, que era regido pela Lei n. 9.317/96.

– ADCT: Art. 94. Os regimes especiais de tributação para microempresas e empresas de pequeno porte próprios da União, dos Estados, do Distrito Federal e dos Municípios cessarão a partir da entrada em vigor do regime previsto no art. 146, III, *d*, da Constituição. (Artigo acrescido pela EC n. 42/2003).

– Histórico do tratamento diferenciado e favorecido à ME e à EPP. Mesmo antes da CF/88, a legislação já previa tratamento especial, simplificado e privilegiado, para as microempresas, inclusive com a redução das obrigações acessórias. Após a CF/88, também as empresas de pequeno porte passaram a ser contempladas.

– Lei n. 7.256/84. A Lei n. 7.256/1984 estabeleceu normas integrantes do Estatuto da Microempresa, visando a dar tratamento diferenciado, simplificado e favorecido também no campo tributário.

– Lei n. 8.864/94. A Lei n. 8.864/1994, sem revogar expressamente a Lei 7.256/84, estabeleceu normas para as microempresas (ME) e para as empresas de pequeno porte (EPP), relativas ao tratamento diferenciado e simplificado, inclusive, no campo fiscal e previdenciário, trabalhista.

– Lei n. 9.317/96. A Lei n. 9.317/1996 instituiu o Sistema Integrado de Pagamento de Impostos e Contribuições das Microempresas e Empresas de Pequeno Porte, também chamado de Simples Federal ou só Simples.

– "SIMPLES. DEFINIÇÃO DE MICROEMPRESA E EMPRESA DE PEQUENO PORTE. LIMITES DE RECEITA BRUTA. NÃO INCIDÊNCIA DA LEI 9.841/1999 E ALTERAÇÕES POSTERIORES. 1... 4. Com a finalidade de conferir tratamento jurídico diferenciado, visando ao incentivo das microempresas e das empresas de pequeno porte pela simplificação de suas obrigações administrativas, tributárias, previdenciárias e creditícias (art. 179 da CF/1988), foram criadas as Leis 9.317/1996 e 9.841/1999, atualmente revogadas. 5. São distintos

os âmbitos de incidência desses diplomas legais. Ao contrário da Lei 9.317/1996, a Lei 9.841/1999 não versa sobre regime tributário, mas alcança especificamente aspectos relacionados ao regime previdenciário e trabalhista (arts. 10 a 13), ao apoio creditício (arts. 14 a 17), ao desenvolvimento empresarial (arts. 19 a 24) e à constituição de Sociedade de Garantia Solidária (arts. 25 a 31). 6. Se a receita bruta prevista no inciso I do art. 2º da Lei 9.841/1999 fosse aplicável ao regime do SIMPLES, o legislador não teria editado a Lei 11.196/2005, no ponto em que redefiniu microempresa para esse efeito tributário específico. 7. Afastando toda e qualquer dúvida, o art. 10 da Lei 9.964/2000 prescreve o seguinte: 'O tratamento tributário simplificado e favorecido das microempresas e das empresas de pequeno porte é o estabelecido pela Lei n. 9.317, de 5 de dezembro de 1996, e alterações posteriores, não se aplicando, para esse efeito, as normas constantes da Lei n. 9.841, de 5 de outubro de 1999'. 8. O afastamento dessa norma somente poderia ser realizado pela Corte Especial mediante Arguição de Inconstitucionalidade, em respeito à cláusula de reserva de plenário e à Súmula Vinculante 10/STF. Contudo, não se identifica a presença de vício dessa natureza na hipótese. 9. Portanto, não se podem aplicar, para efeito do enquadramento de microempresas e empresas de pequeno porte no SIMPLES, as normas da Lei 9.841/1999 e alterações posteriores. 10. Embargos de Divergência não providos" (STJ, EREsp 960.659, 2013).

– Tema 775 do STJ: (CANCELADO) Discussão: vedação à opção pelo SIMPLES, por empresa que tenha por atividade a execução de obras de construção civil, nos termos do art. 9º, V, § 4º, da Lei 9.317/96 (2009).

– Lei n. 9.841/99. A Lei n. 9.841/1999, que instituiu o Estatuto da Microempresa e da Empresa de Pequeno Porte, regulamentando os arts. 170 e 179 da CF, não cuidou das questões tributárias, tendo expressamente preservado o Simples.

– LC n. 123/2006. Em 2006 foi promulgada a LC n. 123/2006 que institui novo regime de tributação simplificada, abrangendo não apenas impostos e contribuições federais, mas também o ICMS e o ISS, com entrada em vigor em 1º de junho de 2007. O Simples Nacional substituiu os regimes de incentivo às microempresas e empresas de pequeno porte então vigentes, nos termos do art. 94 do ADCT, acrescido pela EC n. 42/2003: "Art. 94. Os regimes especiais de tributação para microempresas e empresas de pequeno porte próprios da União, dos Estados, do Distrito Federal e dos Municípios cessarão a partir da entrada em vigor do regime previsto no art. 146, III, *d*, da Constituição".

⇒ **Tratamento tributário diferenciado e favorecido.** Da redação original da CF/88, já constava o art. 179, que determina a simplificação e a redução das obrigações tributárias das microempresas e empresas de pequeno porte: "Art. 179. A União, os Estados, o Distrito Federal e os Municípios dispensarão às microempresas e às empresas de pequeno porte, assim definidas em lei, tratamento jurídico diferenciado, visando a incentivá-las pela simplificação de suas obrigações administrativas, tributárias, previdenciárias e creditícias, ou pela eliminação ou redução destas por meio de lei." A EC n. 42/2003, acrescentando a alínea *d* e parágrafo único ao art. 146, por sua vez, traz determinação específica de tratamento diferenciado e favorecido em matéria tributária, colocando-o sob reserva de lei complementar.

– "3.1. O fomento da micro e da pequena empresa foi elevado à condição de princípio constitucional, de modo a orientar todos os entes federados a conferir tratamento favorecido aos empreendedores que contam com menos recursos para fazer frente à concorrência" (STF, ADI 4.033, 2010).

– "... INTERPRETAÇÃO TELEOLÓGICA DA LEI, QUE VISOU CONCEDER TRATAMENTO DIFERENCIADO EM ATENDIMENTO À REGRA DO ART. 179 DA CF/88... 3. O escopo da Lei 9.317/96, em consonância com o art. 179 da CF, foi o de estimular as pessoas jurídicas mencionadas em seus incisos, com a previsão de carga tributária mais adequada à simplificação dos procedimentos burocráticos, protegendo as microempresas e retirando-as do mercado informal, por isso das ressalvas do inciso XIII do art. 9º do mencionado diploma..." (STJ, REsp 653.149, 2005).

– **O princípio da isonomia não é óbice ao tratamento diferenciado.** O texto constitucional torna inequívoco, nesta alínea, que o incentivo às microempresas (ME) e às empresas de pequeno porte (EPP), previsto inclusive como princípio da ordem econômica (art. 170, IX), é critério legítimo para o estabelecimento de tratamento diferenciado em matéria tributária, não implicando violação à isonomia (art. 150, II, da CF).

– "É absolutamente impossível dar rendimento à norma constitucional que concede tratamento favorecido às empresas de pequeno porte sem que seja ferida a literalidade do princípio da isonomia" (STF, ADI-MC 2006, 1999).

– **Não há vedação quanto à espécie tributária.** "CONTRIBUIÇÃO SINDICAL PATRONAL. ISENÇÃO CONCEDIDA ÀS MICROEMPRESAS E EMPRESAS DE PEQUENO PORTE. SIMPLES NACIONAL ('SUPERSIMPLES'). LEI COMPLEMENTAR 123/2006, ART. 13, § 3º. ALEGADA VIOLAÇÃO DOS ARTS. 3º, III, 5º, *CAPUT*, 8º, IV, 146, III, *D*, E 150, § 6º DA CONSTITUIÇÃO. 1. Ação direta de inconstitucionalidade ajuizada contra o art. 13, § 3º da LC 123/2006, que isentou as microempresas e empresas de pequeno porte optantes pelo Regime Especial Unificado de Arrecadação de Tributos e Contribuições devidos pelas Microempresas e Empresas de Pequeno Porte – Simples Nacional ('Supersimples'). 2. Rejeitada a alegação de violação da reserva de lei específica para dispor sobre isenção (art. 150, § 6º da Constituição), uma vez que há pertinência temática entre o benefício fiscal e a instituição de regime diferenciado de tributação. Ademais, ficou comprovado que o Congresso Nacional não ignorou a existência da norma de isenção durante o processo legislativo. 3. A isenção concedida não viola o art. 146, III, *d*, da Constituição, pois a lista de tributos prevista no texto legal que define o campo de reserva da lei complementar é exemplificativa e não taxativa. Leitura do art. 146, III, *d*, juntamente com o art. 170, IX da Constituição. 3.1. O fomento da micro e da pequena empresa foi elevado à condição de princípio constitucional, de modo a orientar todos os entes federados a conferir tratamento favorecido aos empreendedores que contam com menos recursos para fazer frente à concorrência. Por tal motivo, a literalidade da complexa legislação tributá-

ria deve ceder à interpretação mais adequada e harmônica com a finalidade de assegurar equivalência de condições para as empresas de menor porte. 4. Risco à autonomia sindical afastado, na medida em que o benefício em exame poderá tanto elevar o número de empresas a patamar superior ao da faixa de isenção quanto fomentar a atividade econômica e o consumo para as empresas de médio ou de grande porte, ao incentivar a regularização de empreendimentos. 5. Não há violação da isonomia ou da igualdade, uma vez que não ficou demonstrada a inexistência de diferenciação relevante entre os sindicatos patronais e os sindicatos de representação de trabalhadores, no que se refere ao potencial das fontes de custeio. 6. Ação direta de inconstitucionalidade conhecida, mas julgada improcedente" (STF, ADI 4.033, 2010).

Parágrafo único. A lei complementar de que trata o inciso III, *d*, também poderá instituir um regime único de arrecadação dos impostos e contribuições da União, dos Estados, do Distrito Federal e dos Municípios, observado que: (Parágrafo único acrescido pela EC n. 42/2003).

⇒ **LC n. 123/2006. Institui o Simples Nacional.** A LC n. 123/2006, que dispõe sobre o Estatuto Nacional da Microempresa e da Empresa de Pequeno Porte, instituiu Regime Especial Unificado de Arrecadação de Tributos e Contribuições devidos pelas Microempresas e Empresas de Pequeno Porte – Simples Nacional, substituindo a apuração e o recolhimento dos diversos tributos por elas devidos pelo pagamento de um único valor mensal em percentual sobre a receita bruta.

– O **Microempreendedor Individual (MEI)** é modalidade de microempresa que pode "optar pelo recolhimento dos impostos e contribuições abrangidos pelo Simples Nacional em valores fixos mensais, independentemente da receita bruta por ele auferida no mês", conforme os arts. 18-A a 18-F da LC n. 123/2006, que foram acrescentados e alterados por leis complementares posteriores: LC n. 147/2014, LC n. 155/2016 e LC n. 188/2021.

– O Decreto n. 8.538/2015, com a redação do Decreto n. 10.373/2020, "Regulamenta o tratamento favorecido, diferenciado e simplificado para microempresas, empresas de pequeno porte, agricultores familiares, produtores rurais pessoa física, microempreendedores individuais e sociedades cooperativas nas contratações públicas de bens, serviços e obras no âmbito da administração pública federal".

• Vide: MARANCA, Alfredo Portinari; HIDALGO, Mauro. *Regulamento do Simples Nacional comentado*. 2. ed. São Paulo: Fiscosoft, 2013.

I – será opcional para o contribuinte;

⇒ **Opcional para o contribuinte.** A LC n. 123/2006 prevê a possibilidade de opção, pelo Simples Nacional, da microempresa e da empresa de pequeno porte, irretratável para todo o ano-calendário. O contribuinte decide entre vincular-se ao sistema simplificado ou prosseguir no cumprimento das suas obrigações perante cada ente tributante. Para realizar a opção, a empresa tem de ter receita bruta compatível com o enquadramento como ME ou EPP e não estar dentre as hipóteses de vedação à adesão de que cuida o art. 17 da LC n. 123/2006.

– O regime só é opcional para os contribuintes, não para os entes políticos. A LC n. 123/2006 dispõe, em seu art. 13, que o Simples Nacional abrange vários tributos federais e também o ICMS e o ISS, vinculando obrigatoriamente a União, os Estados, o Distrito Federal e os Municípios, que não podem se opor ao recolhimento unificado dos tributos de sua competência.

– **A opção afasta outras vantagens próprias dos regimes de cada tributo.** A empresa que adere ao Simples Nacional não pode cumular esse regime com as prerrogativas próprias da tributação em separado de cada tributo, como a apropriação de créditos de ICMS ou suspensões de IPI. Conforme o STJ, o Simples Nacional constitui sistemática de arrecadação que "já institui forma de benefício fiscal que determina pagamento único e que, consequentemente, exclui qualquer outra vantagem estabelecida às demais empresas" (STJ, REsp 1.497.591, 2014).

– **Tema 1.050 do STF:** "É constitucional a restrição, imposta a empresa optante pelo Simples Nacional, ao benefício fiscal de alíquota zero previsto no parágrafo único do artigo 2º da Lei n. 10.147/2000, tendo em conta o regime próprio ao qual submetida" (2020).

⇒ **Enquadramento como ME ou como EPP conforme a receita bruta.** O enquadramento das pessoas jurídicas como microempresas e como empresas de pequeno porte depende da sua receita bruta anual. O art. 3º da LC n. 123/2006, com a redação da LC n. 155/2016, considera ME a pessoa jurídica que aufira, no ano calendário, receita bruta (assim considerando o produto da venda de bens e serviços nas operações de conta própria, o preço dos serviços prestados e o resultado nas operações de conta alheia) de até R$ 360.000,00 e EPP a pessoa jurídica que aufira, no ano calendário, receita bruta superior a R$ 360.000,00 e de até R$ 4.800.000,00. Mas, para efeito de recolhimento do ICMS e do ISS no Simples, o limite é de R$ 3.600.000,00, conforme o art. 13-A, acrescido pela LC n. 155/2016. Por força da LC n. 147/2014, para fins de enquadramento como microempresa ou empresa de pequeno porte consideram-se separadamente as receitas auferidas no mercado interno e as de exportação. São consideradas em separado, devendo, cada qual, manter-se dentre dos limites de receita bruta anual. Na prática, portanto, a empresa pode ter receitas internas até o limite e receitas de exportação até o limite, nos termos do § 14 do art. 3º da LC n. 123/2006, com a redação da LC n. 147/2014. Para a determinação da alíquota a ser paga, também são consideradas separadamente as receitas internas e as de exportação.

– Sobre os conceitos de receita e de faturamento, vide notas ao art. 195, I, *b*, da CF.

– Sobre a caracterização das ME e das EPP no antigo Simples Federal, vide nota à alínea *d* deste artigo.

⇒ **Proibição de adesão ao SIMPLES NACIONAL para empresas com débito fiscal.** O art. 17, V, da LC n. 123/2006, cuidando das vedações ao ingresso no Simples Nacional, dispõe no sentido de que "Não poderão recolher os impostos e contribuições na forma do Simples Nacional a microempresa ou a empresa de pequeno porte: ... V – que possua débito com o Instituto Nacional do Seguro Social – INSS, ou com as Fazendas Públicas Federal, Estadual ou Municipal, cuja exigibilidade não esteja suspensa". O STF reconheceu a constitucionalidade desse dispositivo legal no RE 627.543, em outubro de 2013.

– **Tema 363 do STF:** "É constitucional o art. 17, V, da Lei Complementar 123/2006, que veda a adesão ao Simples Nacional à microempresa ou à empresa de pequeno porte que possua débito com o Instituto Nacional do Seguro Social – INSS ou com as Fazendas Públicas Federal, Estadual ou Municipal, cuja exigibilidade não esteja suspensa". Decisão do mérito em 2013.

– "Repercussão geral reconhecida. Microempresa e empresa de pequeno porte. Tratamento diferenciado. Simples Nacional. Adesão. Débitos fiscais pendentes. Lei Complementar n. 123/06. Constitucionalidade. Recurso não provido. 1. O Simples Nacional surgiu da premente necessidade de se fazer com que o sistema tributário nacional concretizasse as diretrizes constitucionais do favorecimento às microempresas e às empresas de pequeno porte. A Lei Complementar n. 123, de 14 de dezembro de 2006, em consonância com as diretrizes traçadas pelos arts. 146, III, *d*, e parágrafo único; 170, IX; e 179 da Constituição Federal, visa à simplificação e à redução das obrigações dessas empresas, conferindo a elas um tratamento jurídico diferenciado, o qual guarda, ainda, perfeita consonância com os princípios da capacidade contributiva e da isonomia. 2. Ausência de afronta ao princípio da isonomia tributária. O regime foi criado para diferenciar, em iguais condições, os empreendedores com menor capacidade contributiva e menor poder econômico, sendo desarrazoado que, nesse universo de contribuintes, se favoreçam aqueles em débito com os fiscos pertinentes, os quais participariam do mercado com uma vantagem competitiva em relação àqueles que cumprem pontualmente com suas obrigações. 3. A condicionante do inciso V do art. 17 da LC 123/06 não se caracteriza, *a priori*, como fator de desequilíbrio concorrencial, pois se constitui em exigência imposta a todas as pequenas e as microempresas (MPE), bem como a todos os microempreendedores individuais (MEI), devendo ser contextualizada, por representar também, forma indireta de se reprovar a infração das leis fiscais e de se garantir a neutralidade, com enfoque na livre concorrência. 4. A presente hipótese não se confunde com aquelas fixadas nas Súmulas 70, 323 e 547 do STF, porquanto a espécie não se caracteriza como meio ilícito de coação a pagamento de tributo, nem como restrição desproporcional e desarrazoada ao exercício da atividade econômica. Não se trata, na espécie, de forma de cobrança indireta de tributo, mas de requisito para fins de fruição a regime tributário diferenciado e facultativo" (STF, RE 627.543, 2013).

⇒ **Proibição de adesão ao SIMPLES NACIONAL conforme a atividade.** O critério da receita bruta é o principal para o enquadramento das pessoas jurídicas enquanto microempresas e empresas de pequeno porte e consequente viabilização da adesão ao Simples Nacional. Mas há inúmeras vedações legais baseadas em outros critérios, inclusive relacionados à atividade econômica desenvolvida. O art. 3º, § 4º, da LC n. 123/2006, por exemplo, veda a adesão à pessoa jurídica constituída sob a forma de cooperativas, salvo as de consumo, bem como às instituições financeiras.

– Súmula 448 do STJ: "A opção pelo Simples de estabelecimentos dedicados às atividades de creche, pré-escola e ensino fundamental é admitida somente a partir de 24-10-2000, data de vigência da Lei n. 10.034/2000" (2010).

– Súmula 57 do CARF: "A prestação de serviços de manutenção, assistência técnica, instalação ou reparos em máquinas e equipamentos, bem como os serviços de usinagem, solda, tratamento e revestimento de metais, não se equiparam a serviços profissionais prestados por engenheiros e não impedem o ingresso ou a permanência da pessoa jurídica no SIMPLES Federal".

– Importa a atividade exercida. Súmula CARF 134: "A simples existência, no contrato social, de atividade vedada ao Simples Federal não resulta na exclusão do contribuinte, sendo necessário que a fiscalização comprove a efetiva execução de tal atividade" (CSRF, 2019). Obs.: vinculante, conforme Portaria ME n. 410/2020.

– A revogação de restrição não retroage automaticamente. A adesão e a manutenção no Simples Nacional regem-se pela legislação vigente em cada momento. Há Súmulas a respeito, algumas quanto ao antigo Simples federal, mas que indicam a orientação a respeito dessa questão. Isso porque só a retroatividade da lei mais benéfica só se dá em matéria de infrações à legislação tributária ou de leis meramente interpretativas, nos termos do art. 106 do CTN.

– Súmula 81 do CARF: É vedada a aplicação retroativa de lei que admite atividade anteriormente impeditiva ao ingresso na sistemática do Simples. Aprovada em dez. 2012.

⇒ **Eficácia do ato de exclusão. Desde o surgimento da causa impeditiva.** "SIMPLES. EXCLUSÃO. ATO DECLARATÓRIO. EFEITOS RETROATIVOS. POSSIBILIDADE. INTELIGÊNCIA DO ART. 15, INCISO II, DA LEI 9.317/96... 1. Controvérsia envolvendo a averiguação acerca da data em que começam a ser produzidos os efeitos do ato de exclusão do contribuinte do regime tributário denominado SIMPLES. Discute-se se o ato de exclusão tem caráter meramente declaratório, de modo que seus efeitos retroagiriam à data da efetiva ocorrência da situação excludente; ou desconstitutivo, com efeitos gerados apenas após a notificação ao contribuinte a respeito da exclusão. 2... 4. Em se tratando de ato que impede a permanência da pessoa jurídica no SIMPLES em decorrência da superveniência de situação impeditiva prevista no artigo 9º, incisos III a XIV e XVII a XIX, da Lei 9.317/96, seus efeitos são produzidos a partir do mês subsequente à data da ocorrência da circunstância excludente, nos exatos termos do artigo 15, inciso II, da mesma lei. Precedentes. 5. O ato de exclusão de ofício, nas hipóteses previstas pela lei como impeditivas de ingresso ou permanência no sistema SIMPLES, em verdade, substitui obrigação do próprio contribuinte de comunicar ao fisco a superveniência de uma das situações excludentes. 6. Por se tratar de situação excludente, que já era ou deveria ser de conhecimento do contribuinte, é que a lei tratou o ato de exclusão como meramente declaratório, permitindo a retroação de seus efeitos à

data de um mês após a ocorrência da circunstância ensejadora da exclusão. 7. No momento em que opta pela adesão ao sistema de recolhimento de tributos diferenciado pressupõe-se que o contribuinte tenha conhecimento das situações que impedem sua adesão ou permanência nesse regime. Assim, admitir-se que o ato de exclusão em razão da ocorrência de uma das hipóteses que poderia ter sido comunicada ao fisco pelo próprio contribuinte apenas produza efeitos após a notificação da pessoa jurídica seria permitir que ela se beneficie da própria torpeza, mormente porque em nosso ordenamento jurídico não se admite descumprir o comando legal com base em alegação de seu desconhecimento. 8. Recurso afetado à Seção, por ser representativo de controvérsia, submetido ao regime do artigo 543-C do CPC e da Resolução 8/STJ" (STJ, REsp 1.124.507, 2010).

– Lançamento de cada tributo. Súmula 76 do CARF: Na determinação dos valores a serem lançados de ofício para cada tributo, após a exclusão do Simples, devem ser deduzidos eventuais recolhimentos da mesma natureza efetuados nessa sistemática, observando-se os percentuais previstos em lei sobre o montante pago de forma unificada. 2012.

**– Muitas vezes, o Fisco não realizou tal imputação, lançando por completo os tributos pelo regime comum de tributação e remetendo o contribuinte à repetição do que pagara pelo regime do Simples. Vide, no art. 168, II, do CTN, sobre o prazo para tal repetição.

– Súmula 77 do CARF: A possibilidade de discussão administrativa do Ato Declaratório Executivo (ADE) de exclusão do Simples não impede o lançamento de ofício dos créditos tributários devidos em face da exclusão. 2012.

II – poderão ser estabelecidas condições de enquadramento diferenciadas por Estado;

III – o recolhimento será unificado e centralizado e a distribuição da parcela de recursos pertencentes aos respectivos entes federados será imediata, vedada qualquer retenção ou condicionamento;

⇒ **Documento único de arrecadação e repasse dos valores.** O recolhimento é feito por documento único, nos termos dos arts. 21, I, da LC n. 123/2006.

– Alíquota. Cada empresa pagará o valor mensal devido no âmbito do Simples Nacional calculado mediante a aplicação de determinada alíquota sobre a sua receita, definida através no seu enquadramento em tabelas que têm como critérios o tipo de atividade (comércio, indústria, serviços e locação de bens móveis, serviços) e a receita bruta. Variam de 4% (menor alíquota do comércio) a 22,90% (maior alíquota de serviços de administração e locação de imóveis de terceiros).

– Tributos abrangidos. Conforme o art. 13 da LC n. 123/2006, o Simples Nacional implica o recolhimento mensal unificado do IRPJ, IPI, CSLL, COFINS, PIS, contribuição previdenciária, ICMS e ISS, observadas as exceções do § 1º do mesmo artigo.

– Vedação à apropriação de créditos. Nos termos do art. 23 da LC n. 123/2006, as microempresas e empresas de pequeno porte optantes "não farão jus à apropriação nem transferirão créditos" relativamente aos impostos e contribuições abrangidos pelo Simples Nacional.

– "... a aceitação da restrição imposta pelo art. 23 da LC n. 123/06 relativamente à plena concretização dos princípios constitucionais da não cumulatividade tributária aplicável ao IPI e da não cumulatividade tributária aplicável ao ICMS (sempre que a apropriação ou a transferência de créditos dos impostos sob comento envolver microempresa ou empresa de pequeno porte optante pelo Simples Nacional) não encontra qualquer respaldo constitucional. ... não pode – a pretexto de 'regulamentar' a não cumulatividade tributária aplicável ao ICMS – restringir tal garantia fundamental constitucionalmente delineada" (FRÓS DEL FIORENTINO, Marcelo. O Simples nacional e as indevidas restrições às não cumulatividades tributárias aplicáveis ao IPI e ao ICMS. *RDDT* 149, 2008).

– **Diferencial de alíquota de ICMS na aquisição de outro Estado.** A matéria está sob repercussão geral no RE 632.783, tendo gerado o Tema 517: "Aplicação de diferencial de alíquota de ICMS à empresa optante pelo Simples Nacional". A empresa do SIMPLES, quando adquire produtos internamente, suporta a totalidade do ICMS e não tem direito a apropriação de crédito. Nas operações interestaduais, como a arrecadação é dividida entre os estados de origem e de destino, ao ser obrigada ao pagamento do diferencial de alíquota (e não mais do que isso), estará na mesma situação. Note-se que o diferencial de alíquota diz respeito ao ICMS da operação de aquisição, que tem como contribuinte o vendedor. A empresa compradora é obrigada a pagar diretamente ao seu Estado parte desse valor apenas em razão da repartição de receitas inerente às operações interestaduais. O não pagamento do diferencial de alíquotas faria com que a carga de ICMS ficasse menor nas operações interestaduais.

⇒ **Repasse imediato aos Estados e Municípios. Descabimento de retenção ou condicionamento. Inaplicabilidade do parágrafo único do art. 160 da CF.** O repasse dos valores que cabem aos Estados e Municípios é realizado de modo imediato a cada um dos entes políticos, conforme a parcela que lhes cabe, nos termos dos art. 22 da LC n. 123/2006. A vedação a qualquer retenção ou condicionamento, prevista no inciso III ora em questão como regra especial para o regime do Simples Nacional, impede aplicação da ressalva do parágrafo único do art. 160, com a redação da EC 29/2000, que autoriza a União e os Estados a condicionarem a entrega de recursos ao pagamento de seus créditos e de suas autarquias, bem como ao cumprimento da obrigatoriedade de aplicação de percentual da receita em ações e serviços de saúde. Vide notas ao respectivo artigo.

IV – a arrecadação, a fiscalização e a cobrança poderão ser compartilhadas pelos entes federados, adotado cadastro nacional único de contribuintes.

⇒ **Fiscalização por todos os entes políticos.** O art. 33 da LC n. 123/2006 atribui competência para fiscalizar o cumprimento das obrigações principais e acessórias relativas ao SIMPLES NACIONAL à SRF (atualmente RFB), às Secretarias de Fazenda ou de Finanças dos Estados ou do Distrito Federal e, tratando-se de prestação de serviços incluí-

dos na competência tributária municipal, também ao respectivo Município.

Art. 146-A. Lei complementar poderá estabelecer critérios especiais de tributação, com o objetivo de prevenir desequilíbrios da concorrência, sem prejuízo da competência de a União, por lei, estabelecer normas de igual objetivo. (Artigo acrescido pela EC n. 42/2003).

⇒ **Critérios especiais de tributação.** Não se trata de norma de competência que autorize a instituição de novos tributos, mas de critérios de tributação. O dispositivo constitucional não faz distinção, de maneira que se aplica tanto à prevenção de desequilíbrios internos da concorrência como de desequilíbrios externos. Sobre dumping e subsídios, vide nota introdutória aos impostos sobre o comércio exterior, que precede o art. 19 do CTN.

– "... o regime especial adotado, no caso sob exame, para cobrança do IPI, funciona como um importante meio de prevenir desequilíbrios em mercado de grande competitividade, como o de cigarros, causados pela concorrência desleal resultante da importação criminosa e de outras práticas ilegais de introdução do produto em circulação, inconveniente que levou o constituinte a autorizar, de forma expressa, o estabelecimento de critérios especiais de tributação, ao introduzir na Constituição, por meio da EC n. 42/2003, o art. 146-A... Trata-se de norma que, conquanto superveniente ao Decreto n. 3.070/99, teve o efeito de reforçar o respaldo constitucional da técnica do imposto por valor fixo para o cigarro" (GALVÃO, Ilmar. Regime de Tributação de Cigarros pelo IPI. *RDDT* 155/117, 2008). Sobre o IPI sobre cigarros, vide nota ao art. 47, II, *a*, do CTN.

⇒ **Neutralidade da tributação.** "O artigo 146-A também torna explícito o princípio da neutralidade tributária, o que não se confunde com a absoluta ausência de interferência estatal na ordem econômica por meio de tributos, o que é impossível. Trata-se de princípio limitador ao poder de tributar, do qual decorre ser inadmissível que a ação arrecadadora de tributos por parte do Estado provoque, ela própria, desequilíbrios na concorrência" (BRAZUNA, José Luis Ribeiro. *Defesa da concorrência e tributação à luz do artigo 146-A da Constituição*. São Paulo: Quartier Latin, 2009, p. 241).

– "... o artigo 146-A da CF, ao possibilitar que seja criada lei complementar com critérios especiais de tributação como forma de conquistar uma neutralidade concorrencial de um tributo deve ser vista como medida de política econômica, cuja juridicidade, porém, só se afasta após exame cuidadoso da proporcionalidade" (GIOTTI DE PAULA, Daniel. A constitucionalização da neutralidade concorrencial dos tributos. *RDDT* 153/13, 2008).

⇒ **Desequilíbrios da concorrência.** "O sistema de livre mercado, que foi adotado em nossa ordem econômica, mostra-se sujeito a falhas que afetam o seu pressuposto teórico de funcionamento, que consiste na existência de concorrência perfeita entre os agentes econômicos. Os elementos necessários para que haja a concorrência perfeita se mostram inexistentes na realidade concreta. Com efeito, (i) a atomização dos agentes econômicos contrasta com os fenômenos da concentração econômica e dos monopólios naturais; (ii) o chamado automatismo ou ampla mobilidade dos fatores de produção se defronta com a existência de custos elevados ou irrecuperáveis (*sunk costs*) ou de barreiras à entrada de novos agentes; (iii) a homogeneidade dos bens econômicos dobra-se ao fenômeno da diferenciação de produtos; (iv) a presunção de pleno acesso às informações por parte de todos os agentes rende-se ao fenômeno da assimetria informacional; (v) a ausência de economias de escala não se verifica na realidade; e (vi) a inexistência de externalidades destoa da ocorrência de externalidades negativas e positivas nos mais diferentes mercados. Em decorrência dessas falhas estruturais do sistema de mercado, a interação dos agentes econômicos acaba se verificando em diferentes níveis de concorrência, de acordo com o grau de concentração de poder econômico existente. Assim: (i) quando houver concentração de poder nas mãos de um único agente econômico, teremos um regime de monopólio ou monopsônio; (ii) quando houver uma compartimentação do mercado em razão da possibilidade de diferenciação de produtos, com concentração de poder dos agentes em cada um desses compartimentos, teremos um regime de concorrência imperfeita ou monopolística; e (iii) sendo concentrado o poder de mercado nas mãos de poucos agentes, estaremos diante de um regime de oligopólio ou oligopsônio. A concentração de poder econômico, nos diferentes modelos acima, permite que as regras de mercado sejam frustradas, de tal forma que os preços e as quantidades dos bens econômicos não sejam mais determinados pela interação de oferta e procura, mas, sim, por imposição do agente econômico detentor desse poder. O sistema de mercado também pode ter o seu funcionamento afetado por comportamentos considerados como de concorrência desleal por parte dos agentes econômicos. [...] O Constituinte Brasileiro admite a concentração e o uso do poder econômico, mas determina que a lei reprima o abuso no seu exercício, o que ocorrerá quando houver por objetivo o domínio do mercado, a eliminação da concorrência ou o aumento arbitrário dos lucros" (BRAZUNA, José Luis Ribeiro. *Defesa da concorrência e tributação à luz do artigo 146-A da Constituição*. São Paulo: Quartier Latin, 2009, p. 237-238).

⇒ **Função das leis complementar e ordinária na prevenção de desequilíbrios.** Cabe à lei complementar estabelecer critérios especiais de tributação para prevenir desequilíbrios da concorrência, podendo a União, também, por lei ordinária, estabelecer critérios adicionais com o mesmo objetivo. O legislador ordinário não poderá revogar nem total nem parcialmente a lei complementar, pois a tanto não autoriza o dispositivo constitucional.

– **Quatro leituras do art. 146-A.** "Há quatro leituras que podem ser feitas a partir do artigo 146-A. A primeira leitura (o Congresso Nacional poderá instituir normas tributárias indutoras em relação a todos os tributos, devendo utilizar lei complementar em relação aos tributos dos Estados, Distrito Federal e Municípios, e lei ordinária, em relação aos tributos da União): (i) respeitaria a concentração de competência material para a defesa da concorrência, que existe nas mãos da União; (ii) mas poderia

ter sua constitucionalidade questionada, na medida em que autorizaria a União a interferir na autonomia tributária das outras pessoas políticas; e (iii) limitaria o uso da tributação para prevenir desequilíbrios da concorrência, pois as normas de isenção não poderiam ser empregadas para tal fim, em relação aos tributos dos Estados, Distrito Federal e Municípios, por conta da vedação do artigo 151, inc. III, da Constituição, tampouco poderiam ser estabelecidas diferenciações de alíquotas relativas aos impostos de competência dessas pessoas políticas, o que contraria o artigo 146, inc. III, alínea *a*. A segunda leitura (lei complementar dos Estados, Distrito Federal ou Municípios poderá instituir as normas de indução para prevenir desequilíbrios da concorrência, podendo a União fazer o mesmo, mediante lei ordinária): (i) não seria compatível com a concentração da competência material de defesa da concorrência na União; (ii) implicaria a possibilidade de uma multiplicidade caótica de normas indutoras estaduais, distritais e municipais, com o objetivo de prevenir desequilíbrios da concorrência; e (iii) seria, curiosamente, a primeira vez que, na Carta atual, seria exigida lei complementar para os Municípios exercerem sua competência legislativa. A terceira leitura (o Congresso Nacional poderá, mediante lei complementar, estabelecer parâmetros para Estados, Distrito Federal e Municípios fixarem por leis próprias as normas de indução tributária para prevenir desequilíbrios da concorrência, podendo a União fixar as suas por lei ordinária e independentemente da edição de uma lei complementar): (i) seria incompatível com a premissa de que a norma de competência outorgada pelo artigo 146-A é direta, autorizando ao seu destinatário que, caso queira, estabeleça ele próprio os critérios especiais de tributação com o objetivo de prevenir desequilíbrios da concorrência; (ii) seria incompatível com a concentração da competência material para defesa da concorrência nas mãos da União; (iii) ainda que as normas dos Estados, Distrito Federal e Municípios estivessem sujeitas a parâmetros fixados em lei complementar, continuaria havendo o risco de uma multiplicidade caótica de normas indutoras estaduais, distritais e municipais. A quarta leitura (as normas tributárias indutoras para prevenir desequilíbrios da concorrência somente poderão ser criadas por meio dos tributos federais e mediante lei complementar, sem prejuízo da competência material da União de, por meio de lei ordinária, utilizar outros instrumentos preventivos de defesa da concorrência): (i) seria compatível com a concentração de competência material para a defesa da concorrência na União; (ii) não apresentaria o inconveniente de permitir a profusão de normas indutoras estaduais, distritais e municipais, para o mesmo fim; e (iii) exigiria uma maior discussão legislativa para a utilização desse importante instrumento de interferência do Estado sobre a economia" (BRAZUNA, José Luis Ribeiro. *Defesa da concorrência e tributação à luz do artigo 146-A da Constituição*. São Paulo: Quartier Latin, 2009, p. 241-242).

– **Pela aplicabilidade imediata.** "... exatamente para evitar descompetitividades, a própria EC n. 42/03 incluiu no texto constitucional o art. 146-A... Embora ainda não regulamentado, para mim, como princípio geral, é aplicável, pois se insere no espírito do inciso IV do art. 170 e art. 173, § 4º, da lei suprema. É tão autoaplicável quanto o foram as ações diretas de inconstitucionalidade, utilizadas antes mesmo da Lei n. 9.868/99 que as regulou à luz da CF/88" (MARTINS, Ives Gandra da Silva. Inteligência do art. 40 do ADCT e dos incisos I e IV do § 9º da Lei Suprema – Inconstitucionalidade do art. 80 da Lei n. 11.051/2004 – Constitucionalidade de Vigência dos arts. 14 e 14-A da Lei n. 10.865/2004. *RDDT* 155/126, 2008).

Art. 147. Competem à União, em Território Federal, os impostos estaduais e, se o Território não for dividido em Municípios, cumulativamente, os impostos municipais; ao Distrito Federal cabem os impostos municipais.

⇒ **Inexistência de Territórios.** O artigo é de pouca utilidade atualmente, pois não temos Territórios Federais. Os antigos Territórios de Roraima e do Amapá foram transformados em Estados Federados, e o Território de Fernando de Noronha foi reincorporado ao Estado de Pernambuco (arts. 14 e 15 do ADCT). O Território de Rondônia já havia sido transformado em Estado Federado quando do advento da Constituição de 1988.

Art. 148. A União, mediante lei complementar, poderá instituir empréstimos compulsórios:

⇒ **Natureza tributária.** Constando, a outorga de competência para a instituição de empréstimos compulsórios, do capítulo sobre o Sistema Tributário Nacional e enquadrando-se eles no conceito de tributo positivado no art. 3º do CTN, não se deve ter dúvida sobre a sua natureza tributária e, consequentemente, sobre a sua sujeição às normas gerais relativas à tributação, no que não contrariarem a finalidade do instituto. Aliás, já com a Emenda Constitucional n. 18/65, tal instituto foi incluído no Sistema Tributário Nacional, restando superado o entendimento anteriormente esposado pelo STF no sentido de que o empréstimo compulsório não era tributo, conforme consolidado, à época, na Súmula n. 418 daquela Corte Maior, editada à luz da CF/46, *verbis*: "O empréstimo compulsório não é tributo, e sua arrecadação não está sujeita à exigência constitucional da prévia autorização orçamentária".

– "Não há como fugir, quanto ao empréstimo compulsório, da sua natureza jurídica tributária. Trata-se de uma receita pública derivada e compulsória (o Estado aufere esta receita e a utiliza); de uma contribuição pecuniária, compulsória, instituída em lei, que não se caracteriza como sanção de ato ilícito, cobrada mediante atividade administrativa plenamente vinculada. Após o adimplemento da obrigação tributária, de prestar pecúnia, tem-se esgotada a fase da obrigação tributária, que se extingue. O que o Estado irá fazer com o dinheiro fruto do adimplemento da obrigação tributária não pode interferir na natureza jurídica desta. Assim, o empréstimo compulsório é uma modalidade de tributo, mais especificamente, é um imposto, um imposto restituível. A restituição já não é problema tributário, mas de outra natureza, havendo a obrigação da União de aplicar o produto da respectiva arrecadação ao destino determinado em lei, e, também, de reembolsar, oportunamente, mais tarde, o contribuinte, da importância por este paga a título de empréstimo compulsório" (MORAES, Bernardo Ribeiro de. *Compêndio de direito tributário*. 4. ed. Rio de Janeiro: Forense, 1995, primeiro volume, p. 456).

• Vide, em nota ao *caput* do art. 145, julgados do STF que tratam da classificação dos tributos, referindo o empréstimo compulsório, inequivocamente, como tal.

• Vide, de Márcio Severo Marques, Empréstimos compulsórios na Constituição Federal. *RDT* 65/182 e ss., São Paulo: Malheiros.

⇒ **Bases econômicas. Os empréstimos compulsórios, salvo motivo de guerra, não podem invadir competência Estadual e Municipal.** "O fato jurígeno dos empréstimos compulsórios não pode se constituir de fato ou situação já entregue a Estados e Municípios enquanto objeto de incidência tributária, salvo o caso do empréstimo compulsório extraordinário por motivo de guerra, por extensão do art. 154, II, que, em quadra bélica, a União pode instituir impostos, não previstos na CF, extraordinários, compreendidos ou não em sua competência tributária. Ora, quem pode o mais, *i.e.*, criar imposto sem restituição em caso de guerra, pode o menos, *i.e.*, criar imposto restituível, ainda que atingindo área reservada a Estado ou Município. Desde os romanos aprendemos que, a partir da lei, onde a mesma razão, a mesma disposição. *Ubi ratio, ibi dispositio*" (COÊLHO, Sacha Calmon Navarro. *Curso de direito tributário brasileiro*. 10. ed. Rio de Janeiro: Forense, 2009, p. 125).

⇒ **Fato gerador.** Para muitos autores, o empréstimo compulsório tem fato gerador idêntico ao dos impostos, pois também é tributo cuja obrigação tem por fato gerador uma situação independente de qualquer atividade estatal específica relativa ao contribuinte (art. 16 do CTN). Assim, classificam o empréstimo compulsório como imposto restituível (confira-se, a respeito, Sacha Calmon Navarro Coelho). Entretanto, Marco Aurélio Greco ressalta que a Constituição destaca apenas a finalidade, não fazendo qualquer indicação acerca da materialidade do fato gerador.

– Impõe-se notar, independentemente da materialidade que venha a ser indicada como fato gerador (se vinculada ou não), que haverá, necessariamente, na lei complementar instituidora do empréstimo compulsório, a referência à finalidade e a previsão de restituição do montante pago, que integrará a sua configuração tributária.

– "... a guerra externa não há de ser a hipótese tributária, tampouco o será o investimento ou a calamidade pública. Essas são as motivações para a exigência; a hipótese tributária identificará quem será o contribuinte e em que situação será pago o empréstimo compulsório. Se a hipótese tributária do empréstimo compulsório for uma atividade estatal diretamente vinculada ao contribuinte ('fato gerador' próprio das taxas), não se há de cogitar seja sua base de cálculo diversa do custo razoável de tal atividade. O empréstimo compulsório será da subespécie das taxas. Se o empréstimo compulsório for movido por uma necessidade de um investimento público, poderá o legislador complementar, à semelhança do raciocínio aplicado para as contribuições, investigar se há um grupo a quem possa ser imputado o investimento, levando em conta tal imputação na definição da hipótese tributária. Ter-se-á, no caso, subespécie de empréstimo compulsório com característica de contribuição. Finalmente, tratando-se das hipóteses de calamidade pública ou guerra externa, parece que a mesma racionalidade que vale para os impostos estende-se ao empréstimo compulsório (na subespécie dos empréstimos compulsórios – impostos): sendo o gasto no interesse de todos, toda a coletividade deve ser chamada a contribuir, impondo-se, daí, em nome da solidariedade, que cada um contribua com o que pode. Em síntese: valerá, aqui, o princípio da capacidade contributiva, exigindo que a hipótese tributária do empréstimo compulsório seja um índica de capacidade contributiva. Mais ainda: nesse caso, o empréstimo compulsório deverá incidir sobre situação que possa ser tributada pela União, sem invadir a competência dos Estados e Municípios (excetuado o caso de guerra externa, quando tais limitações podem ser superadas)" (SCHOUERI, Luís Eduardo. *Direito tributário*. 2. ed. São Paulo: Saraiva, 2012, p. 201-202).

⇒ **Restituição em moeda necessariamente.** A restituição deve ser em moeda. Sobre a devolução do empréstimo compulsório da Eletrobrás em ações, trata-se de situação excepcional com suporte constitucional específico, conforme se vê de nota ao inciso II deste artigo.

– "'Empréstimo compulsório'. (Dl. 2.288/86, art. 10): incidência na aquisição de automóveis de passeio, com resgate em quotas do Fundo Nacional de Desenvolvimento: inconstitucionalidade. 1. 'Empréstimo compulsório, ainda que compulsório, continua empréstimo' (Victor Nunes Leal): utilizando-se, para definir o instituto de Direito Público, do termo empréstimo, posto que compulsório – obrigação *ex lege* e não contratual –, a Constituição vinculou o legislador a essencialidade da restituição na mesma espécie, seja por força do princípio explícito do art. 110 do Código Tributário Nacional, seja porque a identidade do objeto das prestações recíprocas e indissociável da significação jurídica e vulgar do vocábulo empregado. Portanto, não é empréstimo compulsório, mas tributo, a imposição de prestação pecuniária para receber, no futuro, quotas do Fundo Nacional de Desenvolvimento: conclusão un. a respeito. 2. Entendimento da minoria, incluído o relator segundo o qual – admitindo-se em tese que a exação questionada, não sendo empréstimo, poderia legitimar-se, quando se caracterizasse imposto restituível de competência da União –, no caso, a reputou inválida, porque ora configura tributo reservado ao Estado (ICM), ora imposto inconstitucional, porque discriminatório. 3. Entendimento majoritário, segundo o qual, no caso, não pode, sequer em tese, cogitar de dar validade, como imposto federal restituível, ao que a lei pretendeu instituir como empréstimo compulsório, porque 'não se pode, a título de se interpretar uma lei conforme a Constituição, dar-lhe sentido que falseie ou vicie o objetivo legislativo em ponto essencial'; dúvidas, ademais, quanto à subsistência, no sistema constitucional vigente, da possibilidade do imposto restituível. 4. Recurso extraordinário da União, conhecido pela letra *b*, mas, desprovido: decisão unânime" (STF, RE 121.336, 1990).

– "EMPRÉSTIMO COMPULSÓRIO – AQUISIÇÃO DE COMBUSTÍVEIS. O empréstimo compulsório alusivo à aquisição de combustíveis – Decreto-Lei n. 2.288/86 mostra-se inconstitucional tendo em conta a forma de devolução – quotas do Fundo Nacional de Desenvolvimento – ao invés de operar-se na mesma espécie em que recolhido – Precedente: Recurso Extraordinário n. 121.336-CE" (STF, RE 175.385, 1994).

– **Devolução do empréstimo compulsório da Eletrobrás em ações. Excepcionalidade.** No que diz respeito ao empréstimo compulsório destinado à Eletrobrás, excepcionalmente, o STF decidiu no sentido de que, tendo sido expressamente recepcionado na forma da legislação então em vigor (ADCT, art. 14, § 12), deve ser admitida também a forma de devolução nela prevista.

– "EMPRÉSTIMO COMPULSÓRIO INSTITUÍDO EM BENEFÍCIO DA ELETROBRÁS... ALEGADA OMISSÃO QUANTO À QUESTÃO ALUSIVA À FORMA DE DEVOLUÇÃO DAS PARCELAS. [...] Se a Corte concluiu que a referida disposição transitória preservou a exigibilidade do empréstimo compulsório com toda a legislação que o regia, no momento da entrada em vigor da Carta Federal, evidentemente também acolheu a forma de devolução relativa a esse empréstimo compulsório imposta pela legislação acolhida, que a agravante insiste em afirmar ser inconstitucional" (STF, AGRRE 193.798, 1995). Obs.: é importante considerar, conforme se vê da leitura do inteiro teor do referido acórdão, que o recurso tinha como fundamento, justamente, a necessidade de o empréstimo ser devolvido na forma como fora cobrado do contribuinte, e não em ações da Eletrobrás. O voto condutor proferido é conciso e idêntico à ementa.

– **Ações pelo valor patrimonial e não pelo valor de mercado.** "EMPRÉSTIMO COMPULSÓRIO SOBRE O CONSUMO DE ENERGIA ELÉTRICA. DEVOLUÇÃO MEDIANTE CONVERSÃO EM AÇÕES NA FORMA DO ART. 4º, DA LEI N. 7.181/83. VALOR PATRIMONIAL DA AÇÃO COMPARADO AO VALOR DE MERCADO. INOCORRÊNCIA DE ABUSO DE DIREITO... 3. O direito da ELETROBRÁS de converter os créditos em ações, na sistemática de devolução do empréstimo compulsório sobre o consumo de energia elétrica, encontra amparo no art. 3º do DL n. 1.512/76 e no art. 4º da Lei n. 7.181/83, não sendo suficiente para caracterizar o seu exercício abusivo o fato de o valor patrimonial da ação (valor considerado na conversão) ser superior a seu valor de mercado (valor pelo qual as ações foram vendidas pelos particulares no mercado). 4. Não há como restar caracterizado o abuso de direito quanto existe somente uma forma para o seu exercício, isto é, quando não há alternativa para aquele que exerce o seu direito de fazê-lo de outra forma que gere prejuízo menor à outra parte. Considerar aqui o abuso, significa impedir o exercício do próprio direito, significa dizer que o lícito é ilícito, isto é, que o direito inexiste já que de impossível exercício. A ELETROBRAS, quando exerce o direito de conversão em ações, não tem alternativa ao valor patrimonial da ação, visto que esta forma é a legalmente prevista e a empresa está sujeita ao princípio da legalidade vinculante à administração pública, tendo sido reconhecida a licitude do procedimento nos recursos representativos da controvérsia: REsp 1.003.955/RS e REsp 1.028.592/RS... 5. A verificação da ausência de abuso de direito no presente caso não exclui a possibilidade de se responsabilizar a ELETROBRÁS ou seus dirigentes por eventual manipulação do valor de mercado ou do valor patrimonial de suas ações (v.g. mediante a inserção de dados irreais no balanço patrimonial), no intuito de realizar a conversão com prejuízo aos contribuintes, o que não se discute nos presentes autos. 6. Orientação pacificada no STJ..." (STJ, REsp 1.399.762, 2013).

– **Prazo e condições de resgate.** O art. 15 do CTN trata do empréstimo compulsório, dizendo que a lei (terá de ser lei complementar por imposição do art. 148 da CF) fixará o prazo do empréstimo e as condições de seu resgate.

– **Correção monetária. Integralidade.** A correção monetária do montante a restituir deve ser integral, sob pena de configurar confisco. Caso os índices oficiais impliquem expurgo, caberá ao Judiciário garantir a correção plena mediante determinação de aplicação de outro índice que bem represente a perda de valor aquisitivo da moeda.

• Vide nota ao inciso II deste art. 148, acerca do empréstimo compulsório da Eletrobrás.

• Vide, também, os precedentes acerca da correção monetária na restituição de tributos, em nota ao art. 167 do CTN.

⇒ **Finalidades.** As finalidades que autorizam a instituição de empréstimo compulsório são exclusivamente as arroladas nos incisos I e II deste art. 148.

– **Absorção de poder aquisitivo. Insubsistência.** Não é mais autorizada a instituição de empréstimo compulsório para a absorção temporária de poder aquisitivo. A norma do inciso III do art. 15 do CTN, por não encontrar respaldo nos incisos do art. 148 da Constituição de 1988, não foi recepcionada.

– **Bloqueio de cruzados novos.** O bloqueio de cruzados novos foi determinado através da MP n. 168/90, convertida na Lei n. 8.024/90, para absorção de poder aquisitivo, com vista ao controle da inflação. Acabou considerado, pela jurisprudência dos TRFs, um empréstimo compulsório inconstitucional, tanto por não ter sido instituído por lei complementar, como por não se enquadrar nas hipóteses previstas nos incisos do art. 148 da Constituição.

– "... III A retenção compulsória dos ativos financeiros, em cruzados novos, determinada pela Medida Provisória 168/90, convolada na Lei 8.024/90, sujeita à fiscalização do BACEN, com promessa de restituição, nos prazos e condições fixados naqueles diplomas legais, configura disfarçado empréstimo compulsório, flagrantemente inconstitucional, por não encontrar adequado fundamento nos incisos I e II do art. 148 da Constituição Federal de 1988, eis que não instituído mediante lei complementar e inobservado o princípio da anterioridade tributária, previsto no art. 150, III, *b*, da Carta Constitucional vigente, de vez que apenas o empréstimo compulsório previsto no art. 148, I, da Constituição Federal a ele não está sujeito" (TRF1, AMS 91.01.06056-2, 1992).

– O STF não chegou a se pronunciar sobre o mérito desta questão porque, na ADI 534/DF, por ocasião do pedido de liminar, entendeu que o ajuizamento havia sido tardio e que, já decorrido lapso temporal considerável desde a edição do ato, não havia situação configuradora do *periculum in mora*, sendo que, posteriormente, o Tribunal acolheu questão de ordem no sentido de que ficara inibido o prosseguimento da ação ante a devolução integral dos ativos, sem efeitos residuais concretos.

⇒ **Empréstimos compulsórios sobre a aquisição de veículos e sobre o consumo de combustíveis.** Os empréstimos compulsórios sobre a aquisição de veículos e sobre o consumo de combustíveis foram instituídos pelo Decreto-Lei n. 2.288/86, sob a égide da Constituição anterior. Ambos foram declarados inconstitucionais pelo STF.

I – para atender a despesas extraordinárias, decorrentes de calamidade pública, de guerra externa ou sua iminência;

⇒ **Despesas extraordinárias.** "Despesas extraordinárias são aquelas absolutamente necessárias, após esgotados os fundos públicos inclusive os de contingência. Vale dizer, a inanição do Tesouro há de ser comprovada. E tais despesas não são quaisquer, senão as que decorrerem da premente necessidade de acudir as vítimas das calamidades públicas sérias tais como terremotos, maremotos, incêndios, enchentes catastróficas, secas transanuais, tufões, ciclones etc. Nem basta decretar o estado de calamidade pública, cujos pressupostos são lenientes. De verdade, a hecatombe deve ser avassaladora, caso contrário se banalizaria a licença constitucional, ante *acts of God* que sempre ocorrem, sistematicamente, ao longo das estações do ano" (COÊLHO, Sacha Calmon Navarro. *Comentários à Constituição de 1988 – Sistema Tributário Nacional*, p. 147).

⇒ **Calamidade pública.** "Daí admitirmos que, por calamidade pública, se deva entender não somente as catástrofes provocadas por agentes da natureza circundante, mas também outros eventos, de caráter socioeconômico, que ponham em perigo o equilíbrio do organismo social, considerado na sua totalidade. Advirta-se, porém, que do estado de calamidade pública há de decorrer a premência do provimento de recursos para atender-se às despesas chamadas de extraordinárias. [...] o conceito de 'calamidade pública' é mais abrangente do que aquele acolhido pela tradição do Direito Civil..." (CARVALHO, Paulo de Barros. *Curso de direito tributário*. 27. ed. São Paulo: Saraiva, 2016, p. 57-58).

• Vide nota sobre despesas extraordinárias.

⇒ **Guerra externa. Convulsões internas não.** "Na hipótese de guerra externa ou de sua iminência, devem ser observados os princípios do direito internacional público. As convulsões sociais internas e o subjetivismo na apreciação das situações de conflito não justificam a imposição do tributo restituível..." (COÊLHO, Sacha Calmon Navarro. *Comentários à Constituição de 1988 – Sistema Tributário Nacional*, p. 147).

⇒ **Exceção ao princípio da anterioridade.** Vide o § 1º do art. 150 da CF, com a redação dada pela EC n. 42/2003, e respectivas notas.

II – no caso de investimento público de caráter urgente e de relevante interesse nacional, observado o disposto no art. 150, III, *b*.

⇒ **Observância da anterioridade. Necessidade.** O adjetivo "urgente" remete ao que precisa ser resolvido, ao que não admite delongas. Mas não se confunde com "emergência", qualidade daquilo que exige providência imediata. O investimento é urgente, mas não há a emergência que caracteriza as situações de calamidade e de guerra, razão pela qual o empréstimo compulsório do inciso II deverá observar a anterioridade de exercício, forte na remissão expressa ao art. 150, III, *b*, da CF.

– "Parece incoerente que, em se tratando de investimento público de caráter urgente, tenha de ser observado o princípio da anterioridade. Não há, todavia, tal incoerência. O investimento público de relevante interesse nacional pode exigir recursos que somente em vários anos seria possível atender com os tributos existentes. Por isso, é possível a instituição de um empréstimo compulsório, que funcionará como simples antecipação de arrecadação. Assim, o que será arrecadado em dez anos, por exemplo, pode ser arrecadado em um, ou dois, a título de empréstimo, e devolvido nos anos seguintes, com recursos decorrentes da arrecadação de tributos. Dessa forma poderá ser antecipado o investimento público, sem prejuízo do princípio da anterioridade" (MACHADO, Hugo de Brito. In: MARTINS, Ives Gandra da Silva (coord.). *Comentários ao Código Tributário Nacional*. São Paulo: Saraiva, 1998, v. 1, p. 33-34).

– "Pode parecer um contra-sentido aludir-se à urgência ou à relevância do interesse nacional e, concomitantemente, amarrar-se o expediente a um termo inicial de eficácia. Todavia, a experiência brasileira, pródiga em abusos nesse delicado campo de esquematização jurídico-social, bem recomenda a cautela imposta" (CARVALHO, Paulo de Barros. *Curso de direito tributário*. 27. ed. São Paulo: Saraiva, 2016, p. 57).

⇒ **Eletrobrás. Recepção do empréstimo compulsório.** O empréstimo compulsório em favor da Eletrobrás foi considerado recepcionado por força do art. 34, § 12, do ADCT: "A regra constitucional transitória inserta no art. 34, § 12, preservou a exigibilidade do empréstimo compulsório instituído pela Lei n. 4.156/62, como previsto no art. 1º da Lei 7.181/83" (STF, RE 146.615, 1995).

– **Súmula 24 do CARF:** Não compete à Secretaria da Receita Federal do Brasil promover a restituição de obrigações da Eletrobrás nem sua compensação com débitos tributários.

– **Prescrição.** "EMPRÉSTIMO COMPULSÓRIO SOBRE ENERGIA ELÉTRICA... PRESCRIÇÃO. MATÉRIA JULGADA NA SISTEMÁTICA DO ART. 543-C DO CPC. RECURSO ESPECIAL REPRESENTATIVO DE CONTROVÉRSIA N. 1.028.592/RS. 1. A Primeira Seção, por ocasião do julgamento do Recurso Especial 1.028.592/RS, submetido ao rito disciplinado no art. 543-C do CPC, consolidou o entendimento desta Corte sobre as questões relativas ao empréstimo compulsório sobre energia elétrica disciplinado pelo Decreto-Lei 1.512/76. Quanto à forma de contagem do lapso prescricional quinquenal (Decreto 20.910/32) para a restituição das diferenças de correção monetária sobre o valor principal e os respectivos reflexos, decidiu-se que deve ser contado a partir da data de realização de cada assembleia em que se homologou a deliberação sobre a conversão dos créditos em ações, a saber: a) 20/04/1988 – com a 72ª AGE – 1ª conversão; b) 16/04/1990 – com a 82ª AGE – 2ª conversão; e c) 30/06/2005 – com a 143ª AGE – 3ª conversão" (STJ, AgRg no Ag 1.290.404, 2012).

– **Prescrição no caso das obrigações ao portador.** "RESGATE DO EMPRÉSTIMO COMPULSÓRIO SOBRE O CONSUMO DE ENERGIA ELÉTRICA. OBRIGAÇÕES AO PORTADOR. DECADÊNCIA. 2. Os títulos denominados 'Obrigações ao Portador' entregues quando da devolução do empréstimo compulsório sobre o consumo de energia elétrica, veiculam direitos que foram atingidos pela decadência. Precedente: recurso representativo da controvérsia REsp. N. 1.050.199 – RJ, Primeira Seção, Rel. Min. Eliana Calmon, julgado em 10.12.2008. 3. No caso dos autos, consoante consignado no acórdão recorrido, o título mais recente foi emitido em 1974 e deveria ter sido resgatado em 1994 (vinte anos a contar do ano de emissão), cabendo ao autor ingressar em juízo até 1999 (cinco anos depois). Tendo sido a presente ação proposta somente em 2009, restou caracterizada a decadência, conforme decidiu com acerto o Tribunal de origem" (STJ, AgRg no REsp 1.383.675, 2013).

– "A Primeira Seção desta Corte, nos moldes do art. 543-C do CPC, firmou o entendimento segundo o qual 'as OBRIGAÇÕES AO PORTADOR emitidas pela ELETROBRAS em razão do empréstimo compulsório instituído pela Lei 4.156/62 não se confundem com as DEBÊNTURES e, portanto, não se aplica a regra do art. 442 do CCom, segundo o qual prescrevem em 20 anos as ações fundadas em obrigações comerciais contraídas por escritura pública ou particular. Não se trata de obrigação de natureza comercial, mas de relação de direito administrativo a estabelecida entre a ELETROBRÁS (delegada da União) e o titular do crédito, aplicando-se, em tese, a regra do Decreto 20.910/32' (REsp 1.050.199/RJ, Ministra Eliana Calmon, *DJe* de 9.2.2009). – Agravo regimental improvido" (STJ, AgRg no AREsp 40.693, 2012).

– **Responsabilidade solidária da União.** "EMPRÉSTIMO COMPULSÓRIO SOBRE ENERGIA ELÉTRICA. RESPONSABILIDADE SOLIDÁRIA DA UNIÃO... 2. As Turmas que compõem a Primeira Seção do STJ firmaram o entendimento de que a responsabilidade solidária da União não se restringe ao valor nominal dos títulos da Eletrobrás, abrangendo, também, a correção monetária e os juros sobre as obrigações relativas à devolução do empréstimo compulsório. Esse entendimento não afasta a aplicação do mencionado artigo 4º, § 3º da Lei 4.156/62, mas apenas conduz à sua interpretação em conformidade com os demais diplomas que regem o empréstimo compulsório e com a Constituição Federal, o que não demanda a realização do procedimento previsto no artigo 97 da CF/88. Precedentes" (STJ, AgRg no Ag 1.290.404, 2012).

– **Ação regressiva da Eletrobrás contra a União. Descabimento. Tema 963 do STJ:** (SOBRESTADO) "Não há direito de regresso portanto não é cabível a execução regressiva proposta pela ELETROBRÁS contra a UNIÃO em razão da condenação das mesmas ao pagamento das diferenças na devolução do emprésmo compulsório sobre o consumo de energia elétrica ao PARTICULAR CONTRIBUINTE da exação". Decisão em 2019.

– "RECURSO INTERPOSTO NA VIGÊNCIA DO CPC/1973. ENUNCIADO ADMINISTRATIVO N. 2. PROCESSUAL CIVIL. TRIBUTÁRIO. RECURSO ESPECIAL REPRESENTATIVO DA CONTROVÉRSIA. ART. 1.036, DO CPC/2015. IMPOSSIBILIDADE DE EXECUÇÃO RE-

GRESSIVA DA ELETROBRÁS CONTRA A UNIÃO EM RAZÃO DAS CONDENAÇÕES À DEVOLUÇÃO DAS DIFERENÇAS DE JUROS E CORREÇÃO MONETÁRIA DO EMPRÉSTIMO COMPULSÓRIO SOBRE O CONSUMO DE ENERGIA ELÉTRICA. RESPONSABILIDADE SOLIDÁRIA SUBSIDIÁRIA DA UNIÃO. INTERPRETAÇÃO DO ART. 4º, § 3º, DA LEI N. 4.156/62... 3. A Centrais Elétricas Brasileiras S.A. – ELETROBRÁS foi criada pela UNIÃO em 1961, na forma de sociedade de economia mista, como *holding* do setor elétrico, com o objetivo específico previsto no art. 2º da Lei n. 3.890-A/61 de construir e operar usinas geradoras/produtoras e linhas de transmissão e distribuição de energia elétrica. A ideia era superar a crise gerada pela desproporção entre a demanda e a oferta de energia no país, ou seja, atuar em um setor estratégico para o desenvolvimento nacional. 4. Nesse contexto, o empréstimo compulsório sobre o consumo de energia elétrica instituído pela Lei n. 4.156/62 foi uma forma de se verter recursos para a ELETROBRÁS intervir no setor de energia elétrica subscrevendo ações, tomando obrigações e financiando as demais empresas atuantes no setor das quais o Poder Público (Federal, Estadual ou Municipal) fosse acionista. 5. De relevo que: a) o emprego dos recursos provenientes da arrecadação do empréstimo compulsório sobre o consumo de energia elétrica não o foi em exclusivo benefício da empresa, mas sim na construção e realização de uma política pública estratégica e de âmbito nacional no campo energético formulada pela própria UNIÃO; b) a criação da sociedade de economia mista se fez com destaque do patrimônio do ente criador conferindo-lhe autonomia para realizar uma missão específica de política pública tida por prioritária; e c) nem a lei e nem os recursos representativos da controvérsia julgados por este Superior Tribunal de Justiça (REsp. n. 1.003.955-RS e REsp. n. 1.028.592-RS, Primeira Seção, Rel. Min. Eliana Calmon, julgados em 12.08.2009) trouxeram a definição de quotas de responsabilidade da dívida, situação base para a aplicação do art. 283, do CC/2002. 6. Nessa linha, somente é legítima uma interpretação do art. 4º, § 3º, da Lei n. 4.156/62 que permita a incursão no patrimônio do ente criador em caso de insuficiência do patrimônio da criatura, já que garantidor dessa atividade. Resta assim, configurada a situação de responsabilidade solidária subsidiária da UNIÃO pelos valores a serem devolvidos na sistemática do empréstimo compulsório sobre o consumo de energia elétrica. 7. Desse modo, firma-se para efeito de recurso repetitivo a tese de que: 'Não há direito de regresso, portanto não é cabível a execução regressiva proposta pela ELETROBRÁS contra a UNIÃO em razão da condenação das mesmas ao pagamento das diferenças na devolução do empréstimo compulsório sobre o consumo de energia elétrica ao PARTICULAR CONTRIBUINTE da exação'. 8. Recurso especial da ELETROBRÁS não provido. Acórdão submetido ao regime do art. 1.036 do CPC/2015 conjuntamente com o acórdão proferido no REsp. n. 1.576.254/RS" (STJ, REsp 1.583.323, 2019).

– **Correção monetária e juros.** Vide: STJ, REsp 1.003.955, 2009; STJ, REsp 1.028.592, 2009. Quanto às obrigações ao portador, vide: STJ, REsp 1.050.199, 2008.

– **Cessão de créditos oriundos da devolução do empréstimo compulsório instituído em favor da Eletrobrás.** "EMPRÉSTIMO COMPULSÓRIO DA ELETROBRÁS. RESTITUIÇÃO DO VALOR RECOLHIDO PELO CONTRIBUINTE. CESSÃO DE CRÉDITO. POSSIBILIDADE... 2. O acórdão embargado asseverou que a jurisprudência das Turmas que compõem a Primeira Seção do Superior Tribunal de Justiça é no sentido de que os créditos decorrentes da obrigação de devolução do empréstimo compulsório, incidente sobre o consumo de energia elétrica, podem ser cedidos a terceiros, uma vez inexistente impedimento legal expresso à transferência ou à cessão dos aludidos créditos, nada inibindo a incidência das normas de direito privado à espécie, notadamente do art. 286 do Código Civil. 3. O art. 286 do Código Civil autoriza a cessão de crédito, condicionada à notificação do devedor. Da mesma forma, a legislação processual permite ao cessionário promover ou prosseguir na execução 'quando o direito resultante do título executivo lhe foi transferido por ato entre vivos' (art. 567, II, do CPC). 4. À parte não cabe inovar para conduzir à apreciação do Tribunal, em embargos de declaração, temas não ventilados no recurso especial..." (STJ, EDcl no REsp 1.119.558, 2013).

– "RECURSO ESPECIAL REPRESENTATIVO DE CONTROVÉRSIA. ART. 543-C DO CPC. TRIBUTÁRIO. EMPRÉSTIMO COMPULSÓRIO DA ELETROBRÁS. RESTITUIÇÃO DO VALOR RECOLHIDO PELO CONTRIBUINTE. CESSÃO DE CRÉDITO. POSSIBILIDADE. IMPEDIMENTO LEGAL. INEXISTÊNCIA. DISPONIBILIDADE DO DIREITO DE CRÉDITO. ART. 286 DO CÓDIGO CIVIL. SUBSTITUIÇÃO DO SUJEITO PASSIVO DA RELAÇÃO JURÍDICA TRIBUTÁRIA. NÃO OCORRÊNCIA. COMPENSAÇÃO DOS DÉBITOS NO CONSUMO DE ENERGIA. AUSÊNCIA DE PREVISÃO NO TÍTULO EXECUTIVO. COISA JULGADA. IMPOSSIBILIDADE. RECURSO ESPECIAL NÃO PROVIDO. 1. A jurisprudência das Turmas que compõem a Primeira Seção do Superior Tribunal de Justiça é no sentido de que os créditos decorrentes da obrigação de devolução do empréstimo compulsório, incidente sobre o consumo de energia elétrica, podem ser cedidos a terceiros, uma vez inexistente impedimento legal expresso à transferência ou à cessão dos aludidos créditos, nada inibindo a incidência das normas de direito privado à espécie, notadamente o art. 286 do Código Civil. 2. O art. 286 do Código Civil autoriza a cessão de crédito, condicionada a notificação do devedor. Da mesma forma, a legislação processual permite ao cessionário promover ou prosseguir na execução 'quando o direito resultante do título executivo lhe foi transferido por ato entre vivos' (art. 567, II, do CPC). 3. No caso em exame, a discussão envolve relação processual entre o credor (possuidor de um título judicial exequível) e o devedor, cuja obrigação originou-se de vínculo público, qual seja, o empréstimo compulsório à Eletrobrás, denominação, por si, reveladora de sua natureza publicística, cogente, imperativa, a determinar o dever de 'emprestar' os valores respectivos, nas condições impostas pela legislação de regência. 4. A liberdade da cessão de crédito constitui a regra, em nosso ordenamento jurídico, tal como resulta da primeira parte do art. 286 do vigente CC, cujo similar era o art. 1.065 do CC de 1916, o que, de resto, é corroborado, em sua compreensão, pelos arts. 100, § 13, da CF e 78 do ADCT, que preveem a cessão de créditos consubstanciados em precatórios. A natureza da obrigação, a vedação legal expressa e cláusula contratual proibitiva constituem as exceções. 5. No caso em exame, não se verifica nenhuma exceção, uma vez que a transferência ocorreu após o trânsito em julgado da ação de conhecimento. 6. A regra contida no art. 123 do CTN, que dispõe sobre a inoponibilidade das convenções particulares à Fazenda Pública, em matéria tributária, destina-se a evitar acordo entre particulares, que poderiam alterar a responsabilidade tributária para com a Fazenda. Seus destinatários são os sujeitos passivos das obrigações tributárias, o que não é o caso dos autos. 7. O art. 173, § 1º, II, da Constituição Federal submete as sociedades de economia mista (natureza jurídica da ELETROBRÁS) ao regime jurídico próprio das empresas privadas, inclusive quanto aos direitos e obrigações civis, comerciais, trabalhistas e tributários, o que robustece, mais ainda, a aplicação da regra inscrita na primeira parte do art. 286 do Código Civil ao caso, observado, obviamente, o art. 290 do mesmo código. 8. *In casu*, sob o manto da coisa julgada, verifica-se que no título executivo, base da execução, não se facultou à devedora a compensação dos débitos com valores resultantes do consumo de energia, o que afasta a alegação de ofensa às normas contidas nos §§ 2º e 3º do art. 2º do DL 1.512/76. 9. Recurso especial não provido. Acórdão submetido ao regime do art. 543-C do CPC e da Resolução STJ 8/08" (STJ, REsp 1.119.558, 2012).

Parágrafo único. A aplicação dos recursos provenientes de empréstimo compulsório será vinculada à despesa que fundamentou sua instituição.

⇒ **Aplicação dos recursos.** A aplicação dos recursos não pode desbordar da finalidade que dá suporte à instituição do empréstimo compulsório (calamidade ou guerra ou investimento).

– **Lei complementar instituidora que determine aplicação diversa. Inconstitucionalidade do tributo.** Caso a própria lei complementar instituidora determine aplicação diversa, será inconstitucional, pois estará instituindo empréstimo compulsório para finalidade distinta daquelas constitucionalmente admitidas, conforme os incisos I e II do art. 148.

– **Aplicação, em concreto, em desconformidade com a finalidade do empréstimo.** O eventual desvio dos recursos oriundos de empréstimo compulsório não afeta a validade da imposição tributária, devendo desencadear, sim, a responsabilização administrativa, penal e civil dos responsáveis. Se o tributo é instituído por lei complementar, para finalidade constitucionalmente contemplada (art. 148, I ou II) e se há efetiva a atividade estatal respectiva, tem-se que reconhecer a sua validade, cabendo-se tratar os eventuais desvios sob outro enfoque, de modo a fazer com que os recursos sejam corretamente aplicados e as infrações dos administradores apuradas.

Art. 149. Compete exclusivamente à União instituir contribuições sociais, de intervenção no domínio econômico e de interesse das categorias profissionais ou econômicas, como instrumento de sua atuação nas respectivas áreas, observado o disposto nos arts. 146, III, e 150, I e III, e sem prejuízo do previsto no art. 195, § 6º, relativamente às contribuições a que alude o dispositivo.

⇒ **Competência.** Só a União, nos termos do art. 149, *caput*, é competente para a instituição de contribuições, sejam sociais gerais, de intervenção no domínio econômico ou do interesse das categorias profissionais, ou mesmo de seguridade com vista à saúde. No que diz respeito às contribuições previdenciárias (subespécie das contribuições de Seguridade Social), o § 1º deste artigo 149, com a redação da EC n. 41/2003, admite que, a par da União, também os Estados e Municípios as instituam, para estes, contudo, restrita ao custeio de regime próprio de previdência para seus servidores. A EC n. 39/2002, por sua vez, ao acrescentar o art. 149-A, outorgou aos Municípios competência específica para a instituição de contribuição para o custeio do serviço de iluminação pública.

⇒ **Denominação da espécie tributária do art. 149: "contribuições" ou "contribuições especiais".** Tem-se designado simplesmente por "contribuições" ou por "contribuições especiais" (para diferenciar das contribuições de melhoria) a espécie tributária de que cuida o art. 149 da Constituição, enunciando as subespécies em atenção às finalidades que lhes dão sustentação, ou seja, que constituem um dos seus critérios de validação constitucional. Vide, adiante, acerca da classificação das contribuições em subespécies conforme as finalidades autorizadas pelo art. 149.

– **"Outras contribuições".** "São denominadas também contribuições parafiscais (por não serem arrecadadas, em muitos casos, diretamente pelo Estado, mas por entidades da Administração indireta), contribuições sociais ou contribuições especiais (em contraponto às contribuições de melhoria). Preferimos a designação 'outras contribuições'. A terminologia mais vetusta – 'contribuições parafiscais' – parece que teria de ser restrita às contribuições arrecadadas por autarquias, quando é crescente o uso de contribuições carreadas diretamente ao Estado, em seu sentido estrito (União, Estados e Municípios). As contribuições sociais (como se vê da própria previsão constitucional, antes transcrita) são apenas uma espécie das três que compõem o gênero dessas contribuições. Tampouco são contribuições especiais; ao contrário, são gênero, que, como veremos, comporta três diferentes espécies" (DIFINI, Luiz Felipe Silveira. *Manual de direito tributário*. São Paulo: Saraiva, 2003, p. 50).

– **"Contribuições parafiscais".** A locução "contribuições parafiscais" está em desuso. Designava – e ainda se poderia usá-la nesta estrita acepção – as contribuições instituídas em favor de entidades que, embora desempenhassem atividade de interesse público, não compunham a Administração direta. Chamavam-se parafiscais porque não eram destinadas ao orçamento do ente político. Digo que tal expressão está em desuso porque temos, atualmente, tanto contribuições destinadas a outras entidades como destinadas à própria Administração, sem que se possa estabelecer, entre elas, qualquer distinção no que diz respeito à sua natureza ou ao regime jurídico a que se submete. A locução "contribuições parafiscais", pois, não se presta para designar o gênero "contribuições". Ser ou não parafiscal é uma característica acidental, que, normalmente, sequer diz com a finalidade da contribuição, mas com o ente que desempenha a atividade respectiva. Vide, adiante, a nota acerca do sujeito ativo das contribuições.

– "... a partir da promulgação da Constituição de 1946, a parafiscalidade começou a adquirir novo significado em nosso sistema jurídico-tributário... Passa a corresponder a uma delegação da capacidade tributária ativa sem retorno, para os cofres da pessoa tributante, da receita arrecadada, que não figura no orçamento estatal. [...] O que não se pode fazer é identificar a parafiscalidade com a mera delegação da capacidade tributária ativa quando há retorno, para os cofres da pessoa tributante, das receitas arrecadadas" (FERNANDES, Simone dos Santos Lemos. Teoria da parafiscalidade brasileira. *RDDT* 112/127, 2005).

– "7. O fato de uma imposição (contribuição) ser parafiscal em nada afeta a sua natureza jurídica, pois poderá ser tributo, ou não, o que dependerá das atividades que financia, do fundamento constitucional de sua exigência, da estrutura da norma que a institui, e de todos os demais aspectos que caracterizam o fenômeno tributário. É, portanto, um falso problema a discussão em torno de saber se uma contribuição, por ser parafiscal, tem ou não natureza tributária. A parafiscalidade é, simplesmente, uma técnica para financiar atividades de órgãos descentralizados; consiste em simplificar a entrega de recursos para as atividades desses órgãos, pois lhes são destinados valores diretamente, evitando a demora das transferências de receitas. Ao mesmo tempo que a parafiscalidade não afasta a natureza tributária, também não lhe confere tal natureza, é apenas forma de administração dos recursos. 7.1. A parafiscalidade não é mais característica essencial das contribuições para a seguridade social na Constituição Federal de 1988. As receitas destinadas à seguridade social foram inseridas dentre as receitas orçamentárias ('Orçamento da Seguridade Social'), passando a integrar o Orçamento. 7.2. A parafiscalidade que levou os autores a estudar as 'contribuições parafiscais' como um instituto próprio não encontra muita razão de ser quando a Seguridade Social ganha *status* orçamentários, menos ainda quando são arrecadadas e geridas tanto por órgãos paraestatais, como pela administração centralizada. Parafiscalidade, no Brasil atual, só pode ser entendida como técnica de arrecadação, não revelando aspectos quanto à natureza jurídica da fonte de arrecadação" (TOGNETTI, Silvania Conceição. *Contribuições para o Financiamento da Seguridade Social:* critérios para definição de sua natureza jurídica. Rio de Janeiro: Renovar, 2004).

– **"Contribuições sociais".** Também não se pode utilizar, como gênero, para designar a espécie tributária do art. 149 da Constituição, a locução "contribuições sociais". Isso porque as contribuições ditas sociais constituem subespécie das contribuições do art. 149, configurando-se quando se trate de contribuição voltada à atuação da União na área social. Assim, tem-se como gênero a designação "contribuições especiais" e, como espécie, ao lado das contribuições de intervenção no domínio econômico e de interesse das categorias profissionais ou econômicas, as contribuições sociais. Vide a nota adiante acerca da classificação das contribuições.

⇒ **Contribuições enquanto tributo.** Hoje em dia, não há mais qualquer dúvida quanto à natureza tributária das contribuições sociais. Seja pela essência dessas exigências pecuniárias,

por estarem integradas ao Sistema Tributário Nacional, ou porque a CF expressamente determinou, quanto a elas, a observância de limitações constitucionais ao poder de tributar e das normas gerais em matéria tributária, a questão, hoje, é incontroversa. A respeito, vide notas ao art. 145 da CF, em que aparece ao lado de todas as demais espécies tributárias na classificação dos tributos. Vide também notas ao art. 3º do CTN quanto à noção de tributo.

– Sobre a teoria e a dogmática das contribuições, inclusive com a análise das diversas contribuições em vigor, vide nosso livro: PAULSEN, Leandro; VELLOSO, Andrei Pitten. *Contribuições no sistema tributário brasileiro*. 4. ed. São Paulo: Saraiva, 2019.

– **Histórico.** A EC n. 18/65, que é saudada como a primeira referência expressa a um Sistema Tributário Nacional, não referia as contribuições. O CTN (Lei n. 5.172/66), promulgado em 1966, era expresso no sentido de que tributos eram apenas os impostos, as taxas e as contribuições de melhoria (art. 5º). O Decreto-Lei n. 27/66 veio, em seguida, acrescentar o art. 217 ao CTN simplesmente para dizer que as suas disposições não excluíam a incidência e exigibilidade das contribuições que arrolava. A redação original da CF/67, por sua vez, também as olvidava, na medida em que era categórica no sentido de que o sistema tributário nacional compunha-se de impostos, taxas e contribuições de melhoria, tão somente, nada dispondo sobre as contribuições no capítulo do Sistema Tributário Nacional. As contribuições passaram a ser consideradas tributo por força da EC n. 01/69, que estabeleceu, ao lado da competência da União para instituir impostos, sua competência para instituir contribuições de intervenção no domínio econômico, de interesse da previdência social e do interesse de categorias profissionais, conforme se vê do art. 21, § 2º, I, da CF/67 com a redação da EC n. 01/69, situado dentro do Capítulo V – Do Sistema Tributário Nacional. Com a EC n. 08, publicada em 14 de abril de 1977, porém, embora a previsão da competência da União para instituir contribuições tenha permanecido dentro do capítulo atinente ao Sistema Tributário Nacional, houve o acréscimo do inciso X ao art. 43, que cuidava da competência legislativa da União, passando a constar, separadamente, a competência legislativa para dispor sobre tributos, arrecadação e distribuição de rendas (inciso I) e para dispor sobre contribuições sociais (inciso X). Tal foi suficiente para que o STF entendesse que o Constituinte havia entendido não serem tributos (vide acórdão do STF acerca do PIS, adiante, em nota ao art. 239 da CF; mas no RE 543.997 AgR, há referência a que as contribuições de intervenção no domínio econômico teriam mantido sua natureza tributária mesmo no período da EC n. 08/77). A Constituição de 1988, por fim, lhes deu tratamento dentro do Sistema Tributário Nacional e, escoimando qualquer dúvida, estabeleceu que lhes seriam aplicadas limitações constitucionais ao poder de tributar, bem como as normas gerais em matéria tributária (art. 149 com remissão ao art. 146, III).

⇒ **Contribuições como espécie tributária autônoma.** Há situações em que o Estado atua relativamente a um determinado grupo de contribuintes. Não se trata de uma ação geral, a ser custeada por impostos, tampouco de uma situação específica e divisível, a ser custeada por taxa, mas de uma ação voltada a finalidades específicas, constitucionalmente destacadas como autorizadoras de tributação, que se refere a determinado grupo de contribuintes, de modo que se busca, destes, o seu custeio através de tributo que se denomina de contribuições. Não pressupondo nenhuma atividade direta, específica e divisível, as contribuições não são dimensionadas por critérios comutativos, mas por critérios distributivos, podendo variar conforme a capacidade contributiva de cada um.

– A contribuição constitui uma categoria intermediária entre o imposto e a taxa. É o que pensa José Maurício Conti, amparado na lição de Vincenzo Tangorra: "Para este autor, as contribuições surgem da necessidade especial, não obstante seja uma necessidade de toda a sociedade, o Estado, ao satisfazê-la, beneficia de modo especial os integrantes de determinado grupo ou categoria de pessoas. E este grupo é quem vai pagar os custos desta atuação estatal. Portanto, o pagamento da contribuição estará sempre vinculado a uma atuação estatal em benefício do contribuinte. É importante destacar que, na contribuição especial, 'o benefício não é individual no sentido de isolado ou destacado, é benefício do contribuinte enquanto membro do grupo'" (CONTI, José Maurício. *Sistema Constitucional Tributário*. São Paulo: Ed. Oliveira Mendes, 1997, p. 58).

– "Contribuição é categoria distinta dos tributos cujas leis instituidoras estão validadas condicionalmente. Contribuição não é imposto nem taxa. É categoria à parte, sujeita a critério distinto de validação e a disciplina inconfundível. Pretender reduzir a contribuição a um imposto ou a uma taxa é negar a qualificação constitucionalmente adotada; é confundir o que a Constituição distingue. Quando a Constituição quis prever um imposto de escopo, ela o fez expressamente (impostos extraordinários), vinculando explicitamente a figura do imposto, que se tipifica por ser caracterizado em função da materialidade do seu fato gerador, a uma determinalidade constitucionalmente consagrada. A contribuição é caracterizada pela inerência da finalidade à sua essência, mas não pode ser reconduzida à figura do imposto, pois a própria Constituição não atrela nenhuma materialidade à respectiva norma atributiva de competência instituidora, além de claramente, não incluir a figura na categoria dos impostos" (GRECO, Marco Aurélio. *Contribuições (uma figura sui generis)*. São Paulo: Dialética, 2000, p. 144).

– "... as contribuições, de rigor, são tributos vinculados de forma imperfeita, ao contrário das taxas, em que a vinculação ao serviço público e ao usuário é perfeita. Nas contribuições, embora a referibilidade a uma determinada finalidade seja seu elemento distintivo, não pressupõe a prestação de uma atividade, por parte do Poder Público, diretamente àquele que a paga. Nem mesmo se pode afirmar que se destinem à finalidade essencial indicada no art. 195. A COFINS, o PIS e a CPMF já tiveram três destinações não inteiramente ligadas à seguridade social, como teoricamente prevê seu discurso constitucional. O mesmo se diga em relação a todas as contribuições sociais arrecadadas, no período de alta inflação, pela Receita Federal, e que foram repassadas sem indexação monetária para a seguridade, após algum tempo, com a apropriação, pelo orçamento fiscal, da correção do período, em que o Erário permaneceu depositário

dos ingressos impositivos. Em outras palavras, a denominada teoria da vinculação do referido tributo a um determinado fim e a sua referibilidade direta ao contribuinte não constitui toda a essência do tributo. Permito-me, pois, classificá-lo, não como o faço com as taxas, em que há vinculação perfeita, mas como tributo que apresenta uma vinculação imperfeita à finalidade e uma referibilidade indireta ao contribuinte" (MARTINS, Ives Gandra da Silva. O perfil jurídico das contribuições no Texto Supremo – o conceito de receita ordinária para os fins da Lei n. 7.643/2004. *RDDT* 123/135, 2005).

⇒ **Finalidades das contribuições.** O enquadramento da finalidade apontada na lei instituidora dentre aquelas constitucionalmente previstas como autorizadoras da instituição de contribuição é requisito de validade da mesma. Verifica-se qual é a finalidade pela análise da destinação legal do produto da arrecadação.

– A contribuição como instrumento para o financiamento de ações de governo com vista ao atingimento do fim pretendido ou como instrumento em si realizador da finalidade. Conforme o texto do art. 149 da Constituição, a contribuição é instrumento de atuação da União em uma das áreas elencadas, a que se chama de finalidades. Normalmente, tal atuação implicará ações de governo, servindo a contribuição como fonte de financiamento para tanto. Contudo, tal não figura como imperativo constitucional. Tratando-se, e.g., de contribuição de intervenção no domínio econômico, pode-se vislumbrar contribuição que, pela sua própria cobrança, implique determinado efeito, configurando, em tal caso, ela própria, a pretendida intervenção. O controle quanto à efetiva presença da finalidade e da relação de causa e efeito entre a cobrança e o efeito pretendido será, em tais casos, absolutamente indispensável para a verificação da sua validade, de modo a evitar que a simples referência ao caráter interventivo intrínseco acabe dissimulando a instituição de um novo imposto, cuja validade tenha de ser analisada à luz do regime jurídico aplicável a tal espécie tributária.

– Se a lei instituidora do tributo não prever a destinação, não poderemos considerá-lo uma contribuição social, a menos que se trate de contribuição que se possa caracterizar como realizadora da finalidade pela simples razão da sua cobrança.

– **Graus de vinculação do legislador às finalidades.** "... é possível se falar... em graus de vinculação aos quais está sujeito o legislador infraconstitucional ao prescrever o destino da arrecadação da exação instituída. Dessa forma tem-se a vinculação em 'grau máximo', situação em que o legislador fica sem nenhuma liberdade ao prescrever o destino da arrecadação, devendo observar tão somente aquele previsto pela Constituição. Nesta situação, a receita só poderá ser dirigida ao programa previsto na Carta Maior. É o que acontece, por exemplo, na Cide-combustíveis (art. 177, § 4º, II)... De outro lado, há situações em que o constituinte disse o destino da receita, mas não os programas ou ações que deverão financiar. Neste caso, o legislador tem um nível de vinculação médio (CF, art. 195), podendo escolher os meios mais adequados à realização dos objetivos constitucionais. Por fim, tem-se uma terceira situação – vinculação em grau mínimo – em que o legislador goza de uma liberdade quase total para escolher o destino da receita da contribuição, tendo como limite a finalidade constitucional que autoriza a criação da exação" (PIMENTA, Paulo Roberto Lyrio. Controle jurisdicional sobre as receitas das contribuições especiais. *RDDT* 142/51, jul. 2007).

– **Alterar a finalidade é criar nova contribuição.** "... alterada a finalidade da exigência altera-se a própria exigência e, por isso, ou ela deixa de ter fundamento constitucional, ou só poderá subsistir como nova contribuição se a nova finalidade for admitida constitucionalmente e, mesmo assim, com as restrições que eventualmente sejam aplicáveis a esta nova figura por força da Constituição. Por exemplo, uma contribuição para seguridade social que é alterada em sua finalidade para assumir outra feição deixará de ser a contribuição de seguridade social que fora originalmente instituída; apesar disso poderá eventualmente subsistir se vier a ser instituída por lei complementar (artigo 195, § 4º, combinado com o artigo 154, I, da CF-88) Alterar a finalidade é criar uma nova contribuição, sujeita ao respectivo exame de compatibilidade constitucional, tanto sob o ângulo formal, como substancial" (GRECO, Marco Aurélio. *Contribuições (uma figura* sui generis*).* São Paulo: Dialética, 2000, p. 150).

– **Necessidade de a lei instituidora afetar o produto da arrecadação da contribuição à finalidade que lhe fundamenta a cobrança.** Importa, para a validade da contribuição, que a lei preveja finalidade amparada constitucionalmente para a sua exigência. A correspondência entre a finalidade invocada e a efetiva destinação dos recursos à sua realização é indispensável para que a contribuição tenha sustentação constitucional. Isso porque, quando o art. 149 autoriza a instituição do tributo em função da finalidade que cumprirá, só se terá o exercício legítimo da competência quando a destinação seja efetivamente voltada à realização de tal finalidade que não pode servir de simples pretexto para a arrecadação.

– "A omissão do legislador no tocante à destinação direta dos recursos ao órgão ou finalidade constitucionalmente determinados compromete, portanto, a validade da própria regra de tributação. Na medida em que tal exigência compõe o regime constitucional da legalidade desses tributos, parece desnecessário salientar que – sendo matéria sob reserva de lei – não pode ser suprida por norma infralegal. O que se vem de dizer acerca da exigência constitucional de inclusão na regra matriz de incidência tributária – plano normativo – (quando assim determina o texto constitucional) dos mecanismos tendentes a assegurar o fluxo direto do produto da arrecadação a certo órgão ou finalidade não deve ser confundido com indagação da 'efetiva destinação' ou não – plano fático – à finalidade normativamente vocacionada. A 'efetiva destinação' é circunstância que pertence ao mundo fenomênico" (GONÇALVES, J. A. Lima. *Isonomia na norma tributária*. São Paulo: Malheiros, 1993, p. 61).

– **Exaurimento da finalidade.** "A validade de uma contribuição se sustenta sobre a finalidade – constitucionalmente albergada – para a qual fora instituída. ...a contribuição social prevista no art. 1º da LC n. 110/2001 perdeu sua validade, uma vez que os recursos angariados se tornaram desnecessários para a cobertura do passivo gerado pelos expurgos inflacionários dos Planos Verão e Collor I. ... ainda que seja seguido à risca o traçado da LC n. 110/2001, de modo a validar a contribuição até a arrecadação da integralidade dos recursos necessários para o pagamento dos complementos de atualização monetária, a finalidade também já estaria exaurida, uma vez que, conforme a metodologia de amortização da conta do ativo diferido na contabilidade do FGTS e as diversas manifestações da CEF, todos os recursos necessários já teriam sido angariados em julho de 2012. Ressalta-se, novamente, que a Caixa Econômica Federal recomendou a extinção da contribuição a partir da aludida data, demonstrando, de maneira inegável, que o tributo não possuía mais razão para permanecer no ordenamento jurídico. De fato, é incontestável que, desde julho de 2012, a contribuição social ao FGTS não mais poderia ser exigida..." (MOREIRA, André Mendes; ESTANISLAU, César Vale. Inconstitucionalidade superveniente da contribuição social de 10% sobre o saldo do FGTS em caso de despedida sem justa causa, instituída pelo artigo 1º da LC n. 110/2001, face ao atingimento da sua finalidade. *RDDT* 227/7, 2014).

– "... a competência legiferante atribuída à União Federal, no caso das contribuições, é acompanhada de um requisito de constitucionalidade, qual seja, o de que a destinação do produto atenda à necessidade para a qual foi instituída a exação. Por conseguinte, atendida a necessidade que justificou a criação da contribuição, extingue-se o fundamento da própria exação" (PINTO, Bruno Reis. A contribuição prevista na Lei Complementar n. 10/2001 e sua revogação automática com o exaurimento de sua finalidade. *RDDT* 227/21, ago. 2014).

– "... em fevereiro de 2012, tornou-se pública a informação de que as contas vinculadas ao FGTS havia alcançado o equilíbrio planejado, o eu culminou, automática e invariavelmente, com a exclusão da norma do sistema jurídico ante o advento de seu termo finalístico. Decerto, a própria norma trazia em si o germe de sua morte, ao vincular-se ao alcance de uma invalidade, que, após ser verificada, ensejou a exclusão da própria norma criadora do sistema em que estava inserida. Exigir, pois, uma nova manifestação estatal para a exclusão da norma seria deveras incoerente e desnaturaria a própria essência da lei temporária, que, reitere-se, é legitimada a vigorar apenas enquanto durar a circunstância que justificou sua criação. Logo, a Lei Complementar n. 110/2001, de cunho cristalinamente temporário, ao atingir a finalidade para a qual foi criada, promoveu instantaneamente sua própria retirada do sistema, sendo certo que concluir o contrário seria deturpar e ignorar a razão de sua criação, em total afronta à própria lógica e coerência que permeiam todo o ordenamento jurídico" (PINTO, Bruno Reis. A contribuição prevista na Lei Complementar n. 10/2001 e sua revogação automática com o exaurimento de sua finalidade. *RDDT* 227/21, 2014).

• Vide, adiante, nota específica sobre as contribuições ao FGTS instituídas pela LC n. 110/2001.

– **Desvio do produto da arrecadação como causa de inconstitucionalidade superveniente da contribuição.** Se a própria legislação (atos normativos de qualquer nível) passa a atribuir destinação diversa da que dá suporte à sua instituição, restará evidenciada a falta de correspondência da sua cobrança à finalidade que a justifica, ensejando o reconhecimento da inconstitucionalidade total ou parcial superveniente. Abordamos a matéria em nota introdutória à CF intitulada *Inconstitucionalidade superveniente*.

– "... a validade da contribuição está subordinada à destinação (legal e real) dos recursos angariados ao atendimento de algum objetivo nas esferas social ou econômica, havendo, portanto, as seguintes situações distintas que podem levar à inconstitucionalidade de sua cobrança: (i) aplicação incorreta dos recursos, passível de ocorrer: i.i) caso a lei preveja a destinação dos valores a searas incompatíveis com a finalidade instrutora da contribuição; i.ii) caso os valores arrecadados sejam aplicados em finalidades alheias ao fim legal (e legítimo) instrutor da contribuição. ii) o atingimento da finalidade imposta pela norma instituidora do tributo" (MOREIRA, André Mendes; ESTANISLAU, César Vale. Inconstitucionalidade superveniente da contribuição social de 10% sobre o saldo do FGTS em caso de despedida sem justa causa, instituída pelo artigo 1º da LC n. 110/2001, face ao atingimento da sua finalidade. *RDDT* 227/7, 2014).

– "o desvio da finalidade das contribuições as tornam inválidas por três motivos a saber: (i) alteração da finalidade das contribuições, via lei orçamentária ou ato administrativo, pode levar o legislador ou o Poder Executivo a elegerem finalidades não previstas na CF/1988; (ii) o desvio da finalidade acaba por alterar a necessária relação de referibilidade da mesma com o sujeito passivo da obrigação tributária e; (iii) o desvio da finalidade acaba por violar aos princípios da moralidade e da eficiência administrativa" (STUCKY, Thales Michel. Análise dos efeitos do desvio das finalidades das contribuições via lei orçamentária. *RET* 48, mar.-abr. 2006).

– "... toda vez que uma das contribuições previstas no art. 149, *caput*, da Constituição, for instituída, o desvio de finalidade dos recursos arrecadados, ainda que por meio do Orçamento, compromete a sua própria validade" (CHARNESKI, Heron. Desvio orçamentário de finalidade das contribuições à luz do federalismo fiscal brasileiro: o caso Cide-combustíveis. *RDDT* 128/13, 2006).

– **Desvio do produto como causa de ineficácia no respectivo exercício financeiro.** "... é indispensável não só que a lei instituidora destine o produto da arrecadação às finalidades da parafiscalidade previstas no art. 149 da CF [...], mas que tais recursos sejam destinados a essas finalidades pelas lei orçamentárias. Se não há essa previsão, a finalidade da contribuição, como requisito de sua validade, não se mostra perfeito, levando à impossibilidade da cobrança daquele exercício. Deste modo, a lei instituidora da contribuição parafiscal, embora continue em vigor, é ineficaz no exercício financeiro em que não ocorreu a destinação orçamentária adequada à finalidade constitucional e legal do tributo" (RIBEIRO, Ricardo Lodi. As contribuições parafiscais e a validação constitucional das espécies tributárias. *RDDT* 174/110, 2010).

– **Defendendo a possibilidade de repetição do tributo quando houver desvio na aplicação dos recursos:** "A Constituição de 1988, pela primeira vez, cria tributos finalisticamente afetados, que são as contribuições e os empréstimos compulsórios, dando à destinação que lhes é própria relevância não apenas do ponto de vista do Direito Financeiro ou Administrativo, mas igualmente do Direito Tributário. [...] a afetação do produto a certas despesas ou serviços é requisito necessário para o exercício da competência federal, no que tange às contribuições e aos em-

préstimos compulsórios. [...] Assim, a destinação assume relevância não só tributária como constitucional e legitimadora do exercício da competência federal. O contribuinte pode opor-se à cobrança de contribuição que não esteja afetada aos fins, constitucionalmente admitidos; igualmente poderá reclamar a repetição do tributo pago, se, apesar da lei, houver desvio quanto à aplicação dos recursos arrecadados. [...] Inexistente o gasto ou desviado o produto arrecadado para outras finalidades não autorizadas na Constituição, cai a competência do ente tributante para legislar e arrecadar" (DERZI, Misabeu Abreu Machado. Nota de atualização à obra de Aliomar Baleeiro, *Limitações constitucionais ao poder de tributar*. 7. ed. Rio de Janeiro: Forense, 1997, p. 598-599).

– "Pode, ainda haver situação em que uma determinada contribuição, criada, de início, à retidão venha a ser considerada posteriormente inconstitucional, quando da edição de legislação orçamentária que altere o destino de arrecadação do tributo de modo a desatender a finalidade constitucional Sempre que estiver configurada a hipótese de desvirtuamento da finalidade constitucional através de legislação orçamentária, será necessário declarar-se a inconstitucionalidade essa nova legislação relativamente aos dispositivos que vieram a impedir a concretização da finalidade que até então, estava sendo efetivada, bem como será o caso de se reconhecer o direito à restituição dos valores pagos indevidamente durante todos os exercícios financeiros em que leis orçamentárias tiverem modificado ilegitimamente o destino legal da arrecadação da contribuição (inconstitucionalidade superveniente)" (FERREIRA NETO, Arthur Maria. A invalidade superveniente das contribuições em razão do descumprimento da finalidade constitucional através de legislação orçamentária. *RET* 48, 2006).

– **Inconstitucionalidade da lei orçamentária no que implique desvio dos recursos das contribuições para outras finalidades que não as que deram ensejo à sua instituição e cobrança.** "LEI ORÇAMENTÁRIA. Mostra-se adequado o controle concentrado de constitucionalidade quando a lei orçamentária revela contornos abstratos e autônomos, em abandono ao campo da eficácia concreta. LEI ORÇAMENTÁRIA – CONTRIBUIÇÃO DE INTERVENÇÃO NO DOMÍNIO ECONÔMICO – IMPORTAÇÃO E COMERCIALIZAÇÃO DE PETRÓLEO E DERIVADOS, GÁS NATURAL E DERIVADOS E ÁLCOOL COMBUSTÍVEL – CIDE – DESTINAÇÃO – ARTIGO 177, § 4º, DA CONSTITUIÇÃO FEDERAL. É inconstitucional interpretação da Lei Orçamentária n. 10.640, de 14 de janeiro de 2003, que implique abertura de crédito suplementar em rubrica estranha à destinação do que arrecadado a partir do disposto no § 4º do artigo 177 da Constituição Federal, ante a natureza exaustiva das alíneas *a*, *b* e *c* do inciso II do citado parágrafo" (STF, ADI 2.925, 2003).

– **Desvio administrativo do produto da contribuição. Responsabilização.** Em havendo desvio de recursos não por força da legislação, mas da gestão orçamentária viciada, caberá a responsabilização administrativa e criminal dos responsáveis. Mas o fato não tem repercussão tributária.

– **Desvinculação constitucional. EC n. 27/2000.** A Emenda Constitucional n. 27, de 21 de março de 2000, acrescentou o art.

76 ao ADCT, o qual autoriza a desvinculação de órgão, fundo ou despesa, durante o período compreendido entre 2000 e 2003, de vinte por cento do produto de arrecadação de impostos e contribuições sociais da União. As EC n. 42/2003 e n. 56/2007 prorrogaram a desvinculação. Em se tratando de nível constitucional, embora descaracterizem parcialmente as contribuições, têm validade, pois não ofendem nenhuma cláusula pétrea.

– DRU. Desvinculação de Receitas da União. Vide nota ao art. 76 do ADCT.

– Tema 277 do STF: "I – A eventual inconstitucionalidade de desvinculação de receita de contribuições sociais não acarreta a devolução ao contribuinte do montante correspondente ao percentual desvinculado, pois a tributação não seria inconstitucional ou ilegal, única hipótese autorizadora da repetição do indébito tributário; II – Não é inconstitucional a desvinculação, ainda que parcial, do produto da arrecadação das contribuições sociais instituídas pelo art. 76 do ADCT, seja em sua redação original, seja naquela resultante das Emendas Constitucionais 27/2000, 42/2003, 56/2007, 59/2009 e 68/2011". Decisão do mérito em 2014.

⇒ **Fato gerador das contribuições.** Há muita confusão nas referências doutrinárias acerca do fato gerador das contribuições. Ora, se fato gerador é a situação prevista em lei como necessária e suficiente ao surgimento da obrigação tributária, o fato gerador da contribuição será a situação que a lei preveja como geradora da obrigação tributária para o contribuinte. Não se pode confundir a finalidade, enquanto critério de validação constitucional das contribuições (pode-se instituir tributo para determinadas finalidades), com o fato gerador da respectiva obrigação tributária, que é definido em lei e que pode ser do tipo vinculado ou não vinculado, salvo para as contribuições de Seguridade Social nominadas em que grandezas relacionadas ao contribuinte já são previstas como balizadoras de fatos geradores necessariamente não vinculados. A análise da questão, aliás, fica clara quando verificamos que há várias contribuições previstas na Constituição, cuja finalidade é o custeio da seguridade social (finalidade que autoriza sua instituição), mas cujos fatos geradores são o pagamento de folha de salários, a apuração de receita, a apuração de lucro. A par disso, o STF já assentou que não há impedimento a que as contribuições sociais tenham fato gerador próprio de impostos, inclusive repetindo os fatos geradores e bases de cálculo destes, conforme se vê abaixo, o que evidencia que o fato gerador das contribuições não é a atividade mediata que o Estado realize para atingir a finalidade prevista em lei.

– As referidas confusões acerca da definição de como seria o fato gerador das contribuições devem-se à ideia, embasada no CTN, que entendemos superada após o advento da CF/88, de que a identificação da espécie tributária teria que se dar pela identificação de uma peculiaridade do seu fato gerador, quando, na verdade, não é o fato gerador das contribuições que as diferenciam das demais espécies tributárias, mas seu critério de validação constitucional atrelado a finalidades.

– **FG e BC como critérios de validação constitucional das contribuições.** Não só as finalidades constituem critério de valida-

ção constitucional das contribuições. Por força do art. 149, § 2º, III, *a*, e do art. 195, I a IV, da CF, o legislador já não é livre para estabelecer os fatos geradores e bases de cálculo das contribuições sociais e interventivas. Efetivamente, nos casos em que a Constituição especifica as bases econômicas tributáveis, a validade das contribuições dependerá da adequação dos aspectos das normas tributárias impositivas aos limites das respectivas normas de competência, observando-se o art. 110 do CTN. Vide notas ao art. 149, § 2º, III, *a*, e ao art. 195, I a IV, da CF.

– **Fato gerador e base de cálculo idênticos aos de impostos. Possibilidade.** Não há impedimento constitucional ao *bis in idem* entre imposto e contribuição, mas apenas de impostos entre si (art. 154, I) ou de contribuições de seguridade entre si (art. 195, § 4º, c/c o art. 154, I).

– As contribuições sociais não se submetem às vedações do art. 154, inciso I, da Constituição. Neste sentido, o voto do Min. Ilmar Galvão no RE 146.733-SP, *RTJ* 143/701, em que se discutiu a constitucionalidade da contribuição social sobre o lucro: "Por fim, não se pode ver inconstitucionalidade no fato de a contribuição sob análise ter fato gerador e base de cálculo idênticos aos do Imposto de Renda e do PIS. Pelo singelo motivo de que não há, na Constituição, nenhuma norma que vede a incidência dupla de imposto e contribuição sobre o mesmo fato gerador, nem que proíba tenham os dois tributos a mesma base de cálculo. O que veda a Carta no art. 154, I, é a instituição de imposto que tenha fato gerador e base de cálculo próprios dos impostos nela discriminados. E o que veda o art. 195, § 4º, é que quaisquer outras contribuições, para fim de seguridade social, venham a ser instituídas sobre os fenômenos econômicos descritos nos incs. I, II e III do *caput*, que servem de fato gerador à contribuição sob exame. Não há que se extrair da norma do art. 154, I, um princípio constitucional extensivo a todos os tributos ...".

⇒ **Sujeito ativo das contribuições.** Não se deve confundir o sujeito ativo (credor que fiscaliza e cobra) com o destinatário da arrecadação (para quem é destinado o produto da arrecadação), conforme destacamos em nota ao art. 119 do CTN. O sujeito ativo das contribuições (salvo as de previdência dos servidores estaduais e municipais e a de iluminação pública municipal) será a União ou outra pessoa jurídica de direito público prevista em lei, sendo que nem sempre haverá identidade entre o sujeito ativo e a pessoa jurídica destinatária dos recursos, destinatária esta que terá a obrigação de lhes dar a finalidade que fundamenta a instituição do tributo. Exemplo são as contribuições destinadas ao SENAC e ao SENAI, as quais têm a União como sujeito ativo, apto a fiscalizar, lançar e cobrar (é a pessoa jurídica de direito público indicada pela lei como credora), e os referidos serviços sociais autônomos como destinatários dos recursos (não são e sequer poderiam ser colocados na condição de sujeitos ativos da obrigação tributária, uma vez que são pessoas jurídicas de direito privado).

– **O sujeito ativo não indica destinação.** O sujeito ativo (credor) pode ou não ser também o destinatário do produto da arrecadação. Para a validade das contribuições, importa que os recursos sejam destinados às áreas de atuação que a constituição indica no art. 149 e não quem seja o sujeito ativo que fiscaliza e cobra. Isso porque o sujeito ativo procederá à cobrança e dará ao produto da arrecadação a destinação que a lei determinar, muitas vezes cumprindo determinação legal de repasse a outra pessoa jurídica para que esta atue na realização das atividades sociais, interventivas ou de interesse das categorias profissionais ou econômicas.

– "... CONTRIBUIÇÕES INCIDENTES SOBRE O LUCRO DAS PESSOAS JURÍDICAS... IV. Irrelevância do fato de a receita integrar o orçamento fiscal da União. O que importa é que ela se destina ao financiamento da seguridade social (Lei 7.689/88, art. 1º)..." (STF, RE 138.284, 1992).

⇒ **Sujeito passivo das contribuições. Referibilidade.** De antemão, esclareço que não se encontra jurisprudência consistente sobre a referibilidade das contribuições. Tal controle não é feito, ou não é efetivo. De qualquer modo, a explicaremos e indicaremos os poucos precedentes a respeito.

– Através das contribuições, chama-se, ao custeio de atividades voltadas a finalidades constitucionalmente previstas, um grupo de pessoas a que elas se referem. Esta característica, fundada na própria estrutura das contribuições, tem sido referida por alguns autores como "princípio da referibilidade ou retributividade". Não se exige seja o contribuinte beneficiado pela atividade, bastando que lhe diga respeito. O contribuinte deve fazer parte do grupo, evidenciando-se uma relação de pertinência caracterizadora da referibilidade. Contudo, é preciso reconhecer que a jurisprudência ainda não afirma de modo contundente a necessidade de referibilidade; pelo contrário, há acórdãos relativos a contribuições de intervenção no domínio econômico que a dispensam, conforme notas adiante. Reconheça-se, porém, que a referibilidade não é requisito das contribuições sociais de seguridade social. Isso porque o art. 195 da CF, ao impor o seu custeio por toda a sociedade, estabeleceu expressamente uma especial solidariedade entre toda a sociedade, forçando, assim, uma referibilidade ampla ou global de tal subespécie tributária que acaba por lhe retirar qualquer conteúdo. A referibilidade ampla ou global equivale, na prática, à não referibilidade. Se qualquer pessoa física ou jurídica pode ser colocada no polo passivo de obrigação de pagar contribuição à seguridade social, observada a via legislativa adequada, não se há de perquirir se integra ou não o grupo a que se destina a seguridade social. De qualquer modo, trata-se de uma exceção.

– A referibilidade dá identidade às contribuições, diferenciando-as dos impostos e das taxas. Não é toda e qualquer pessoa que pode ser chamada ao custeio das contribuições. A atividade a ser custeada há de se referir ao contribuinte. Do contrário, seria um simples imposto afetado a determinada finalidade, o que é vedado pelo art. 167, IV, da CF. De outro lado, contudo, não se exige que o contribuinte seja beneficiado ou mesmo que a atividade lhe seja diretamente dirigida, o que é requisito apenas das taxas.

– A referibilidade é requisito inerente a todas as contribuições, sejam sociais, do interesse das categorias profissionais ou econômicas, de intervenção no domínio econômico ou mesmo de iluminação pública municipal. Só não haverá propriamente um juízo de referibilidade condicionando a posição de contribuinte relativamente às contribuições sociais de seguridade social, pois o art.

195 da Constituição, ao impor o custeio por toda a sociedade, pressupôs uma referibilidade ampla ou global de tal subespécie.

– "Um segundo conceito vai definir a estrutura das contribuições. [...] para as contribuições, é a qualificação de uma finalidade a partir da qual é possível identificar quem se encontra numa situação diferenciada pelo fato de o contribuinte pertencer ou participar de um certo grupo (social, econômico, profissional). [...] Paga-se contribuição porque o contribuinte faz parte de algum grupo, de alguma classe, de alguma categoria identificada a partir de certa finalidade qualificada constitucionalmente a assim por diante. Alguém 'faz parte', alguém 'participa de' uma determinada coletividade, encontrando-se em situação diferenciada, sendo que, desta participação, pode haurir, eventualmente (não necessariamente), determinada vantagem" (GRECO, Marco Aurélio. *Contribuições (uma figura sui generis)*. São Paulo: Dialética, 2000, p. 83-84).

– "... não é suficiente, para que uma Cide seja havida por válida, a necessidade da intervenção da União, no segmento econômico eleito pela norma instituidora do gravame. É preciso mais, que seja, que o tributo venha exigido de pessoa que integra este mesmo segmento. O contribuinte, como é fácil notar, há de ser sempre alguém que tenha vínculo direto com o setor da Economia que vai sofrer a atuação da União. Na medida em que ele vai causar uma especial despesa ao setor ou dele vai receber um especial benefício, é justamente este liame que justifica sua inserção no polo passivo da Cide... É certo – repisamos – que a intervenção da União no domínio econômico provoca reflexos sobre toda a sociedade, até porque esta pessoa política – como todas as demais pessoas políticas – deve direcionar seu agir ao bem comum. Entretanto, é igualmente certo que tal intervenção atinge, de modo imediato, os integrantes de um dado grupo. Pois bem, é somente deles que a Cide pode ser validamente exigida" (CARRAZZA, Roque Antonio. Contribuição de intervenção no domínio econômico... *RDDT* 170/93, 2009).

– "... a contribuição interventiva somente poderá ser exigida daqueles que explorarem, sob regime de direito privado, a atividade econômica objeto da regulação estatal" (COSTA, Regina Helena. *Curso de direito tributário*. 5. ed. São Paulo: Saraiva, 2015, p. 158).

– "Tratando-se de contribuições de interesse de categorias profissionais ou econômicas, é razoável entender-se que o contribuinte deve ser a pessoa, física ou jurídica, integrante da categoria profissional ou econômica. Pessoa que não integra qualquer uma dessas categorias não deve ser compelida a contribuir no interesse das mesmas. Tratando-se de contribuições de intervenção no domínio econômico, contribuinte há de ser o agente econômico submetido à intervenção... Finalmente, tratando-se de contribuições de seguridade social, tem-se de considerar que a própria Constituição cuidou de definir, ao delinear o âmbito dessas contribuições, quem pode ser colhido pelo legislador como sujeito passivo das mesmas" (MACHADO, Hugo de Brito. *Curso de direito tributário*. 36. São Paulo: Malheiros: 2015, p. 431).

– Cuidando dos pressupostos teóricos indispensáveis das contribuições: a) A relação entre o Estado e o contribuinte é sinalagmática ou não há contribuição, mas imposto. b) O sinalagma, porém, não é pessoal e direto, mas indireto e grupal (maior grau de difusão que nas taxas). c) É preciso comprovar, antes, a necessidade da intervenção estatal em prol de certos fins, ocasionadores de maiores despesas por parte do Estado ou instrumentalidades suas. d) Essas maiores despesas necessariamente devem ser suportadas pelos beneficiários da atuação estatal, vedada a repercussão ou translação jurídica da exação" (COÊLHO, Sacha Calmon Navarro. Apontamentos necessários à compreensão da repartição constitucional de competências tributárias – as Contribuições Especiais – a importância da base de cálculo. *RDDT* 156/95, 2008).

– "Corolário da justificação: referibilidade... O raciocínio é simples: se é possível, no todo da sociedade, identificar um grupo ao qual é voltada uma atuação estatal, é aceitável que tal atuação seja suportada por aquele grupo, no lugar de toda a sociedade. [...] No direito alemão, são conhecidas as *Sonderabgaben*, às quais se nega o caráter tributário, o que implica exigirem fundamentação constitucional que não se confunde com a tributária, e.e., a competência para sua instituição não se confunde com a competência para instituir impostos, derivando, diretamente, da competência para regular a economia. Conforme ensina Hansjürgens, são três os critérios definidos pela jurisprudência constitucional alemã para que se autorizem aquelas contribuições: i) um grupo social somente pode ser tributado por uma contribuição especial quando este grupo for claramente destacável, em virtude de uma situação de interesse comum ou por características comuns (grupo homogêneo); ii) deve haver uma conexão material ('Sachnähe') entre o círculo de contribuintes e a finalidade buscada com o tributo, etc., o grupo tributado deve estar evidentemente mais próximo da finalidade buscada pela contribuição do que coletividade ou de outro grupo (responsabilidade do grupo); iii) a renda gerada com a contribuição deve ser aplicada em algo útil para o grupo (o que não significa que cada membro do grupo deve ter uma vantagem, mas que o grupo deve fruir com os gastos)" (SCHOUERI, Luís Eduardo. *Direito tributário*. 2. ed. São Paulo: Saraiva, 2012, p. 215-216).

– "A União não cobrará de toda a sociedade, por uma atuação sua que é motivada por um certo grupo. Então, encontra-se uma distinção importante entre um imposto e a CIDE. Enquanto o imposto é voltado a cobrir despesas gerais, a CIDE é voltada a cobrir despesas de uma intervenção que, por sua vez, interessará ou será provocada por um determinado grupo. Encontra-se uma palavra importantíssima no estudo da CIDE: REFERIBILIDADE. Haverá um grupo que tem interesse para a intervenção do Estado, que provocou ou motivou esta, ainda que tal grupo não seja necessariamente beneficiado por ela" (SCHOUERI, Luís Eduardo. Exigências da CIDE sobre *royalties* e assistência técnica ao exterior. *RET* 37/144, 2004).

– "Para que... cumpram a sua finalidade e obtenham a validação constitucional é preciso que haja a referibilidade de grupo entre os contribuintes da exação e a finalidade estatal por ela financiada, que tem que guardar relação com o grupo de que o contribuinte faz parte. Aqui a referibilidade (que na taxa é individual) passa a ser coletiva, deslocando-se do núcleo do fato gerador para o seu aspecto finalístico. [...] Essa relação, por ser relativa

ao grupo, é menos intensa do que a individualidade da taxa, mas sempre deve ser identificada, pelo menos, por uma normatização, regulação, fomento ou fiscalização próprias a esse segmento" (RIBEIRO, Ricardo Lodi. As contribuições parafiscais e a validação constitucional das espécies tributárias. *RDDT* 174/110, 2010).

– "O legislador não pode colocar como sujeito passivo da contribuição alguém completamente alheio à vantagem obtida ou ao fato que originou a atividade estatal que lhe surtiu um efeito, uma vez que a referibilidade entre quem paga a contribuição e a situação intermediária é nota característica dessa espécie tributária. Tal questão ganha importância porque o legislador costuma indicar como sujeito passivo pessoas alheias ao fato descrito no critério material da hipótese jurídica, o que, no caso específico das contribuições, resulta na sua descaracterização, pois nesse tributo há, necessariamente, um vínculo entre quem paga e o fato descrito no critério material da hipótese tributária" (HOFFMANN, Susy Gomes. *As contribuições sociais no Sistema Constitucional*. Campinas: Copola, 1996, p. 142-143).

– A análise da referibilidade ainda não tem sido feita de modo muito consistente pelos tribunais. Quando analisou se a contribuição ao SEBRAE poderia ser cobrada das médias e grandes empresas, o STF, embora tenha decidido em sentido afirmativo, não deixou de fazer um juízo de referibilidade, destacando que a atividade de tal ente social autônomo, embora direcionada às microempresas e às empresas de pequeno porte, afetaria todo o comércio e a toda a indústria, guardando, pois, relação também com as médias e grandes (vide nota ao art. 240 da CF). Neste ponto, o precedente é relevante. Quando da análise da contribuição ao INCRA, em precedentes que passaram a considerá-la contribuição de intervenção no domínio econômico, o STJ entendeu que seriam contribuintes também as empresas urbanas, abstendo-se de fazer um juízo de referibilidade ao argumento de que, em se tratando de CIDE, tal não seria um requisito para a sujeição passiva (vide nota específica sobre a contribuição ao INCRA a este mesmo artigo 149 da CF), decisão esta que, neste particular, nos parece absolutamente equivocada. Quando analisou a contribuição ao FUNRURAL, o STF firmou entendimento no sentido de que não existiria óbice a que fosse cobrada de empresa urbana (REsp 673.059/RS). Quando analisou contribuição de iluminação pública municipal, o TRF4 afastou a cobrança relativamente a escola situada em zona rural desprovida de qualquer iluminação pública sequer nas imediações, fundamentando na ausência de referibilidade capaz de justificar a sua colocação na posição de contribuinte (vide nota ao art. 149-A da CF).

– "3. Contribuição para o SEBRAE... 6. Intervenção no domínio econômico. É válida a cobrança do tributo independentemente de contraprestação direta em favor do contribuinte" (STF, RE 635.682, 2013).

– "CONTRIBUIÇÃO DE INTERVENÇÃO NO DOMÍNIO ECONÔMICO – CIDE. LEI 10.168/2000. DESNECESSIDADE DE LEI COMPLEMENTAR E DE VINCULAÇÃO DIRETA ENTRE O CONTRIBUINTE E A APLICAÇÃO DOS RECURSOS ARRECADADOS. I – As contribuições de intervenção no domínio econômico podem ser criadas por lei ordinária e não exigem vinculação direta entre o contribuinte e a aplicação dos recursos arrecadados" (STF, RE 449.233 AgR, 2011).

– "DESNECESSIDADE DE EDIÇÃO DE LEI COMPLEMENTAR PARA CRIAÇÃO DA CONTRIBUIÇÃO DE INTERVENÇÃO NO DOMÍNIO ECONÔMICO – CIDE E DE VINCULAÇÃO DIRETA ENTRE O CONTRIBUINTE E O BENEFÍCIO PROPORCIONADO" (STF, RE 564.901 AgR, 2011).

– "2. Lei n. 10.168, de 2000. Contribuição social de intervenção no domínio econômico. Inexigência de lei complementar e de vinculação direta entre o contribuinte e o benefício" (STF, RE 451.915 AgR, 2006).

– "1. As Contribuições Sociais destinadas ao FUNRURAL e ao INCRA são exigíveis das empresas urbanas, porquanto prescindível a referibilidade na Contribuição de Intervenção no Domínio Econômico – CIDE. Exegese do entendimento firmado no REsp 977.058/RS, Rel. Min. Luiz Fux, Primeira Seção, julgado em 22/10/2008, *DJe* 10/11/2008, submetido ao rito dos recursos repetitivos (art. 543-C do CPC/73)" (STJ, REsp 1.584.761, 2016).

⇒ **Regime jurídico próprio das contribuições.** A importância de se distinguir as espécies tributárias está no fato de que a cada uma dessas espécies é aplicável um regime jurídico que comporta certas peculiaridades. É o caso das contribuições sociais, de que ora se trata. As contribuições, e.g., são de competência privativa da União, enquanto as taxas são de competência comum a todos os entes políticos; as contribuições do art. 149 podem ser instituídas pela União por lei ordinária, enquanto a criação de um imposto da competência residual da União depende de lei complementar; e assim por diante.

– Impõe-se ter bem presente, ainda, que nem todas as contribuições se submetem exatamente ao mesmo regime jurídico. Para as contribuições sociais de Seguridade Social (art. 195 da CF) há regras específicas, como a necessidade de lei complementar no que diz respeito à competência residual e a submissão à anterioridade mitigada (90 dias), e não à anterioridade comum.

– **Sujeição às limitações do art. 150, I e III. Demais limitações.** A sujeição das contribuições, inclusive as de seguridade social, às limitações constitucionais ao poder de tributar, é decorrência necessária da sua natureza tributária. Sendo tributo, submetem-se às respectivas limitações. A par disso, o art. 149 expressamente determina a necessidade de observância da legalidade, da irretroatividade e da anterioridade ao remeter ao art. 150, I e III, da CF. Tal remissão era desnecessária, pois, tratando-se de tributo, necessariamente incidiriam tais limitações. Justifica-se a remissão, contudo, em face das divergências jurisprudenciais acerca da natureza tributária das contribuições anteriormente à Constituição de 1988. A remissão, pois, a par de reafirmar a natureza tributária das contribuições, exige a observância do regime jurídico tributário independentemente de eventual divergência que ainda se estabelecesse. De pronto, faz-se necessário tornar fora de dúvida que a remissão feita ao art. 150, I e III, da CF não dispensa a observância dos incisos II, IV e V, que tratam da isonomia tributária, da vedação do confisco e da proibição de tributo interestadual ou intermunicipal que implique limitação ao tráfego de pessoas ou bens. A isonomia tributária constitui princípio decorrente do princípio geral da isonomia, aplicado à matéria tributária. A vedação do confisco, por sua vez, impede que as ingerências tributárias venham a comprometer o direito de propriedade e do livre exercício de profissão e de atividade econômica que implicam, por óbvio, o direito à manutenção da propriedade e aos frutos da atividade profissional e econômica, sujeitas apenas à tributação que seja razoável, suportável, não excessivamente onerosa. A vedação atinente ao tráfego de pessoas ou bens impede a instituição de tributos de passagem, que onerem a livre circulação de pessoas ou bens no território nacional.

– "O art. 149 determina que as contribuições devem obrigatoriamente observar o disposto nos artigos 146, III, e 150, I e III. [...] Se, por um lado, é inegável que do dispositivo resulta a obrigatoriedade de atender às regras contidas nos dispositivos enumerados, por outro lado, a única consequência que se pode friamente extrair é a de que, em relação aos demais dispositivos constitucionais, não há tal obrigatoriedade de aplicação. Mas, não haver obrigação de aplicação não significa não ser aplicável. [...] a aplicação, ou não, de outras limitações (por exemplo) dependerá de um juízo de compatibilidade entre a limitação e o princípio da solidariedade ou a finalidade de auxílio a um grupo social ou econômico etc. Na medida em que tal aplicação depende de um juízo de compatibilidade, disto decorre que ela poderá dar-se integralmente, parcialmente (assumindo contornos diferentes da regra clássica) ou não se dar. [...] A submissão, ou não, das contribuições (ou algumas delas) a outros dispositivos constitucionais, bem como o grau de sujeição, dependerá de um exame de compatibilidade e da inserção sistemática do preceito no conjunto de princípios, critérios, parâmetros, requisitos e características que as contribuições possuem" (GRECO, Marco Aurélio. *Contribuições (uma figura sui generis)*. São Paulo: Dialética, 2000, p. 152, 154-155).

– **Inaplicabilidade das vedações de discriminação do art. 150, II, da CF.** "... ao afastar a aplicação do inciso II do artigo 150 das contribuições, não quis o constituinte excepcionar a igualdade. Esta se aplica já por força do artigo 5º. Fica afastada, apenas, a proibição dos critérios de *discrímen* arrolados no artigo 150, II" (SCHOUERI, Luís Eduardo. *Direito tributário*. 2. ed. São Paulo: Saraiva, 2012, p. 326).

– "... por que o constituinte, no art. 149, quando trata das contribuições, pula o inciso II? Será porque não se aplica a igualdade nas contribuições, ou será que apenas não se aplica o art. 150, inciso II? Percorreremos o segundo caminho. Não é verdade que não se aplica o princípio da igualdade nas contribuições, que não se aplica aquela vedação de utilizar-se como fator de *discrímen* a profissão ou a função exercida. Então, o constituinte, no art. 149, estabeleceu corretamente que não se aplica o inciso II do art. 150 às contribuições, porque se ocorresse o contrário, poderia um engenheiro defender que está sendo discriminado, uma vez que só ele paga a contribuição do CREA, e os advogados não. Para evitar uma discussão como essa, não se aplica o inciso II. Mas isso não significa que não se aplica às contribuições, ou a qualquer norma do direito, o princípio da igualdade, porque este princípio aplica-se a qualquer um. Não se está falando da isonomia do inciso II do art. 150, mas sim do próprio princípio da igualdade, constante do art. 5º. O referido princípio da igualdade, por sua vez, exige que pessoas em situação equivalente tenham o mesmo tratamento" (SCHOUERI, Luís Eduardo. Exigências da CIDE sobre *royalties* e assistência técnica ao exterior. *RET* 37/144, 2004).

– **Lei complementar. Desnecessidade para a instituição de contribuições, salvo as residuais de seguridade social.** As contribuições sociais (art. 149 da CF), em geral, podem ser instituídas e modificadas por lei ordinária; o mesmo dá-se para as contribuições de Seguridade Social nominadas, ou seja, expressamente referidas no art. 195 da CF. Apenas para a instituição de novas contribuições de custeio da Seguridade Social não previstas nos incisos do art. 195 da CF é que existe a exigência de lei complementar (art. 195, § 4º).

– "3. Contribuição para o SEBRAE. Desnecessidade de lei complementar. 4. Contribuição para o SEBRAE. Tributo destinado a viabilizar a promoção do desenvolvimento das micro e pequenas empresas. Natureza jurídica: contribuição de intervenção no domínio econômico. 5. Desnecessidade de instituição por lei complementar. Inexistência de vício formal na instituição da contribuição para o SEBRAE mediante lei ordinária" (STF, RE 635.682, 2013).

– "CONTRIBUIÇÃO: SEBRAE: CONTRIBUIÇÃO DE INTERVENÇÃO NO DOMÍNIO ECONÔMICO... I. – As contribuições do art. 149, CF. – contribuições sociais, de intervenção no domínio econômico e de interesse de categorias profissionais ou econômicas – posto estarem sujeitas à lei complementar do art. 146, III, CF., isto não quer dizer que deverão ser instituídas por lei complementar. A contribuição social do art. 195, § 4º, CF., decorrente de 'outras fontes', é que, para a sua instituição, será observada a técnica da competência residual da União: CF., art. 154, I, *ex vi* do disposto no art. 195, § 4º. A contribuição não é imposto. Por isso, não se exige que a lei complementar defina a sua hipótese de incidência, a base imponível e contribuintes: CF., art. 146, III, *a*. Precedentes..." (STF, RE 396.266-3, 2003).

– **Sujeição à lei complementar de normas gerais em matéria tributária tão somente.** "[...] as contribuições estão sujeitas, hoje, à lei complementar de normas gerais (C.F., art. 146, III). Antes da Constituição de 1988, a discussão era extensa... Então o que fez o constituinte de 1988? Acabou com as discussões, estabelecendo que às contribuições aplica-se a lei complementar de normas gerais, vale dizer, aplica-se o Código Tributário Nacional, especialmente, no que diz respeito a obrigação, lançamento, crédito, prescrição e decadência tributários (C.F., art. 146, III, *b*)" (explicação de voto do RE 396.266-3, 2003).

– "Todas as contribuições, sem exceção, sujeitam-se à lei complementar de normas gerais, assim ao C.T.N. (art. 146, III, *ex vi* do disposto no art. 149). Isto não quer dizer que a instituição dessas contribuições exige lei complementar: porque não são impostos, não há a exigência no sentido de que os seus fatos geradores, bases de cálculo e contribuintes estejam definidos na lei comple-

mentar (art. 146, III, *a*). A questão da prescrição e da decadência, entretanto, parece-me pacificada. É que tais institutos são próprios da lei complementar de normas gerais (art. 146, III, *b*). Quer dizer, os prazos de decadência e de prescrição inscritos na lei complementar de normas gerais (CTN) são aplicáveis, agora, por expressa previsão constitucional, às contribuições parafiscais (C.F., art. 146, III, *b*; art. 149)" (STF, RE 148.754-2, 1993).

⇒ **Classificação das contribuições. Subespécies.** O art. 149 da CF permite uma distinção bem nítida entre as contribuições: a) sociais; b) as de intervenção no domínio econômico; c) as de interesse das categorias profissionais ou econômicas; d) de iluminação pública municipal, acrescida pela EC n. 39/2002, conforme se vê do art. 149-A da CF. Sobre a classificação completa dos tributos em espécies e subespécies, vide notas ao art. 145 da CF, em que constam, inclusive, quadros para melhor visualização.

⇒ **Contribuições sociais. Custeio dos direitos sociais e dos objetivos fixados na Ordem Social.** A outorga de competência à União para a instituição de contribuições sociais como instrumento da sua atuação na respectiva área, ou seja, na área social. A Constituição atribui o qualificativo de social aos direitos sociais (educação, a saúde, a alimentação, o trabalho, a moradia, o transporte, o lazer, a segurança, a previdência social, a proteção à maternidade e à infância, a assistência aos desamparados e renda básica familiar aos brasileiros em situação de vulnerabilidade) e ao que disciplina sob o Título "Da Ordem Social" (a saúde, a previdência social, a assistência social, a educação, a cultura, o desporto, a ciência e tecnologia, o meio ambiente, a família, a criança, o adolescente, o jovem e o idoso e os indígenas). A promoção dos direitos sociais e a realização dos objetivos da ordem social é que delimitarão as atividades passíveis de serem custeadas pelas contribuições sociais, de modo que se deve ter em consideração os arts. 6º e 193 a 231 da CF. Não há, portanto, uma competência irrestrita, uma carta branca ao legislador para a criação de tributos simplesmente justificados como destinados a uma finalidade social. A validade da contribuição dependerá da finalidade buscada que, necessariamente, terá de encontrar previsão no Título atinente à Ordem Social.

– "A justificativa das contribuições sociais é imediata: servem elas para atender aos reclamos da Ordem Social" (SCHOUERI, Luís Eduardo. *Direito tributário*. 2. ed. São Paulo: Saraiva, 2012, p. 165).

– CF: "Art. 6º São direitos sociais a educação, a saúde, a alimentação, o trabalho, a moradia, o transporte, o lazer, a segurança, a previdência social, a proteção à maternidade e à infância, a assistência aos desamparados, na forma desta Constituição. (Redação da EC n. 90/2015) Parágrafo único. Todo brasileiro em situação de vulnerabilidade social terá direito a uma renda básica familiar, garantida pelo poder público em programa permanente de transferência de renda, cujas normas e requisitos de acesso serão determinados em lei, observada a legislação fiscal e orçamentária. (Incluído pela EC n. 114/2021)".

– **Renda mensal básica familiar. Bolsa família. Auxílio emergencial. Auxílio Brasil.** Com o acréscimo do parágrafo único ao art. 6º da CF pela EC n. 114/2021, foi alçado ao nível constitucional o direito à renda básica familiar do brasileiro em situação de vulnerabilidade social. A medida já era adotada há muito tempo. Durante a pandemia da Covid-19, ganhou ainda mais amplitude, porquanto a proibição de funcionamento de diversas atividades estendeu-se no tempo, deixando sem renda grande contingente populacional, que passou a ser atendido por um auxílio emergencial.

– **Contribuições sociais de seguridade social.** As contribuições sociais destinadas a finalidades circunscritas à seguridade social (previdência, assistência, saúde) constituem contribuições sociais de seguridade social. A respeito, vide notas ao art. 195 da CF.

– **Sociais gerais.** É fundamental observar que as contribuições sociais não se esgotam nas de Seguridade Social (art. 195), tendo, sim, um espectro bem mais largo, pois podem ser instituídas com suporte direto no art. 149 da CF para quaisquer finalidades que forem na direção dos objetivos da ordem social, de maneira que se costuma subdividir as contribuições sociais entre as ditas "gerais" e as de Seguridade Social.

– "As contribuições sociais incluídas nesse dispositivo magno têm exatamente a ampla acepção de serem destinadas ao custeio das metas fixadas na Ordem Social, Título VIII, e dos direitos Sociais, sendo inconfundíveis com aquelas de intervenção no domínio econômico e com as corporativas. Dentro delas – sociais – como gênero, se especializam aquelas destinadas ao custeio de Seguridade Social... O conceito de contribuições sociais é assim mais amplo do que aquele de contribuições sociais destinadas a custear a Seguridade Social. O art. 149 regula o regime tributário das contribuições sociais em sentido amplo, regime que é comum aos demais tributos. Elas custeiam a atuação do Estado em todos os campos sociais... [...] além do clássico núcleo da Previdência Social (nele incluídos o seguro desemprego e o seguro contra acidentes do trabalho), o Direito Social também se compõe das normas relativas ao seguro das vítimas de guerra e de toda a ajuda social para formação profissional, incentivo ao trabalho, salário-família, ajuda para a educação, para os incapacitados ao trabalho, para a moradia própria, para a criança e o adolescente etc. [...] As contribuições sociais são os instrumentos tributários, previstos na Constituição de 1988, para o custeio da atuação da União nesse setor. E dentro desse campo – o social – as contribuições financiadoras da Seguridade Social (previdência, saúde e assistência social) são tão só a espécie do gênero maior, contribuição social" (DERZI, Misabeu Abreu Machado. Nota de atualização à obra de Aliomar Baleeiro, *Limitações constitucionais ao poder de tributar*. 7. ed. Rio de Janeiro: Forense, 1997, p. 594-595).

– "O art. 149 da Constituição Federal não é matriz apenas para as contribuições sociais destinadas à seguridade social. Admite, genericamente, a instituição de contribuições sociais como instrumento de atuação da União naquela área. Como a atuação social da União não se limita à seguridade social, tampouco se limitam as contribuições sociais àquelas arroladas no artigo 195 do texto constitucional" (SCHOUERI, Luís Eduardo. *Direito tributário*. 2. ed. São Paulo: Saraiva, 2012, p. 210).

– "... outras finalidades sociais tuteladas constitucionalmente poderão ser objeto da criação da contribuição social geral, sem necessidade de previsão constitucional específica para exigência. Tampouco lei complementar é necessária, visto que não estamos no âmbito da competência residual, inaplicável nas espécies e subespécies tributárias em que não há discriminação constitucional de fatos geradores. ... a contribuição social geral só poderá ser criada tendo como contribuintes os integrantes de um grupo que se relacione com a finalidade social custeada pela exação. Veja-se que o controle é mais material do que formal, e se prende ao vínculo entre os contribuintes e a finalidade, e não ao núcleo do fato gerador" (RIBEIRO, Ricardo Lodi. As contribuições parafiscais e a validação constitucional das espécies tributárias. *RDDT* 174/110, mar. 2010).

– **Contribuição do salário-educação. Lei n. 9.424/96.** O salário-educação existe desde a Constituição de 1934. De início, eram as empresas obrigadas a manter ensino primário gratuito para os seus empregados e para os filhos destes. A legislação sempre deixou claro, porém, que não possuía natureza remuneratória. A EC n. 1/69, art. 178, facultou às empresas a opção entre manter o ensino gratuito ou concorrer para aquele fim mediante a contribuição do salário-educação. Com a Constituição Federal de 1988, art. 212, todas as empresas passaram a estar obrigadas a contribuir em pecúnia, mas havia previsão expressa da possibilidade de dedução da aplicação realizada no ensino fundamental de seus empregados e dependentes, o que foi excluído, ao menos do âmbito constitucional, com a EC n. 14/96. Com o advento da Lei n. 9.424/96, cujo artigo a manteve em 2,5% sobre o total da remuneração paga pelas empresas a seus empregados, passou ela a ser muito discutida judicialmente, sendo que o estudo da matéria pelos advogados acabou gerando questionamentos quanto a sua constitucionalidade desde período anterior ao próprio advento da Constituição Federal de 1988. O STF já se pronunciou tanto pela constitucionalidade da legislação anterior à CF/88 e sua recepção, como pela constitucionalidade da Lei n. 9.424/96, encerrando o assunto, razão pela qual, na presente edição desta obra, restringimos a abordagem da matéria.

– No RE 83.662-RS, o então Min. Cunha Peixoto fez um histórico do salário-educação à luz das Constituições de 1934, 1946, 1967 e da EC de 1969 (*RTJ* 83/3/444).

– **Constitucionalidade. Tema 518 do STF:** "Nos termos da Súmula 732 do STF é constitucional a cobrança da contribuição do salário-educação". Decisão do mérito em 2012.

– **Súmula 732 do STF:** "É constitucional a cobrança da contribuição do salário educação, seja sob a Carta de 1969, seja sob a Constituição Federal de 1988, e no regime da Lei 9.424/96" (2003).

– "CONTRIBUIÇÃO DESTINADA AO CUSTEIO DA EDUCAÇÃO BÁSICA. SALÁRIO-EDUCAÇÃO. COBRANÇA NOS TERMOS DO DL 1.422/1975 E DOS DECRETOS 76.923/1975 E 87.043/1982. CONSTITUCIONALIDADE SEGUNDO AS CARTAS DE 1969 E 1988. PRECEDENTES. Nos termos da Súmula 732/STF. é constitucional a cobrança da contribuição do salário-educação, seja sob a Carta de 1969, seja sob a Constituição Federal de 1988, e no regime da

Lei 9.424/1996. A cobrança da exação, nos termos do DL 1.422/1975 e dos Decretos 76.923/1975 e 87.043/1982 é compatível com as Constituições de 1969 e 1988. Precedentes. Repercussão geral da matéria reconhecida e jurisprudência reafirmada, para dar provimento ao recurso extraordinário da União" (STF, RE 660.933, 2012). Vide também: ADC 3, RE 290.079, RE 272.872 e RE 269.700.

– Salário-educação das empresas prestadoras de serviço. A Constituição Federal de 1967, com a EC n. 1/69, previa, em seu art. 178, que as empresas comerciais, industriais e agrícolas é que seriam obrigadas a manter o ensino primário gratuito de seus empregados e dos filhos destes ou a concorrer para aquele fim, mediante a contribuição do salário-educação, na forma que a lei estabelecesse. Já o art. 202, § 5º, da Constituição de 1988 prevê o recolhimento da contribuição social do salário-educação pelas "empresas", sem qualquer especificação. Assim, com a Constituição de 1988, passou, a contribuição ao salário-educação, a ter maior abrangência, sendo devida também pelas empresas dedicadas à prestação de serviços. Quanto à legislação ordinária, nenhum impedimento a isto houve, pois o Decreto-Lei n. 1.422/75 jamais restringiu a condição de sujeito passivo da contribuição a tal ou qual ramo da atividade econômica. Decorre, pois, diretamente da Constituição Federal, a sujeição passiva das empresas em geral, passando a ter tal abrangência a recepção do Decreto-Lei n. 1.422/75.

– No sentido de que, a contar de sua criação até dezembro de 1996, o salário-educação se afigurava absolutamente ilegítimo em relação às empresas prestadoras de serviço, por falta de suporte constitucional, uma vez que tanto o artigo 178 da Carta de 1946, bem como o artigo 168 do Texto de 1967/69, não autorizavam a inclusão dessas pessoas no polo passivo da obrigação. (JARDIM, Eduardo Marcial Ferreira. O salário-educação contrastado com o plano constitucional. *RDDT* 29/41, 1998).

– Salário-educação sobre pagamentos a não empregados (autônomos, administradores e avulsos). Conforme se vê do art. 6º, II, III e IV, da CLPS/84, os autônomos, bem como os titulares de firma individual e os diretores que recebem *pro labore* e sócios de empresa sempre foram segurados da previdência. Tal consta, também do art. 12, III e V, da Lei n. 8.212/91. Entretanto, sempre tiveram eles a obrigação de recolher por iniciativa própria suas contribuições, como constava já do art. 139, II, da CLPS/84 e hoje consta do art. 30, II, da Lei n. 8.212/91. Ou seja, quanto a eles, não é a empresa responsável pelo pagamento das suas contribuições. Como no regime do Decreto-Lei n. 1.422/75 incidia a contribuição do salário educação sobre a folha do "salário de contribuição" e, no regime da Lei n. 9.424/96, incide sobre o total de remunerações pagas ou creditadas, a qualquer título, aos "segurados empregados", tão somente, realmente as remunerações dos titulares de firma individual e o pagamento por trabalho prestado por autônomos e administradores não integram a base de cálculo do salário-educação. Também ficam fora da base de cálculo, pelas mesmas razões, os pagamentos a avulsos.

– "Contribuição do salário-educação. Base de cálculo. Remuneração de trabalhadores autônomos, avulsos e administradores.

Constitucionalidade. Precedentes. 1. O Pleno do Supremo Tribunal Federal, em análise da existência de repercussão geral da matéria da presente lide, reafirmou a jurisprudência da Corte no sentido de que a cobrança do salário-educação é compatível com as Constituições de 1969 e 1988. 2. A jurisprudência da Corte já fixou que a contribuição do salário-educação incide, inclusive, sobre os valores pagos aos trabalhadores autônomos, avulsos e administradores. 3. Agravo regimental não provido, com aplicação da multa prevista no art. 557, § 2º, do Código de Processo Civil" (STF, AI 764.005 AgR, 2014).

– "CONTRIBUIÇÃO SOCIAL. SALÁRIO-EDUCAÇÃO. INCIDÊNCIA SOBRE VALORES PAGOS A TRABALHADORES PORTUÁRIOS AVULSOS. MATÉRIA INFRACONSTITUCIONAL. OFENSA REFLEXA. AGRAVO A QUE SE NEGA PROVIMENTO. I – O acórdão recorrido decidiu a questão referente à possibilidade de incidência do salário-educação sobre os valores pagos aos trabalhadores portuários avulsos com fundamento na interpretação da legislação infraconstitucional aplicável à espécie (Leis 8.212/1991 e 9.424/1996). A afronta à Constituição, se ocorrente, seria apenas indireta. Incabível, portanto, o recurso extraordinário. Precedentes. II – Agravo regimental a que se nega provimento" (STF, RE 793.032 AgR, 2014).

– Contribuinte: sociedades ou firmas individuais. Produtor rural pessoa física não. O STJ já decidiu, em sede de recurso repetitivo, que se entende por empresas "as firmas individuais ou sociedades que assumam o risco de atividade econômica, urbana ou rural, com fins lucrativos ou não, em consonância com o art. 15 da Lei 9.424/96, regulamentado pelo Decreto 3.142/99, sucedido pelo Decreto 6.003/2006" (STJ, 1ª Seção, REsp 1162307/RJ, Rel. Min. Luiz Fux, nov. 2010), razão pela qual "o produtor rural pessoa física, desprovido de registro no Cadastro Nacional de Pessoa Jurídica (CNPJ), não se enquadra no conceito de empresa (firma individual ou sociedade), para fins de incidência da contribuição para o salário educação".

– "SALÁRIO-EDUCAÇÃO. PRODUTOR RURAL PESSOA FÍSICA. INEXIGIBILIDADE DA EXAÇÃO. 1. A orientação das Turmas que integram a Primeira Seção/STJ firmou-se no sentido de que a contribuição para o salário-educação somente é devida pelas empresas em geral e pelas entidades públicas e privadas vinculadas ao Regime Geral da Previdência Social, entendendo-se como tais, para fins de incidência, qualquer firma individual ou sociedade que assuma o risco de atividade econômica, urbana ou rural, com fins lucrativos ou não, conforme estabelece o art. 15 da Lei 9.424/96, c/c o art. 2º do Decreto 6.003/2006. 2. Assim, "a contribuição para o salário-educação tem como sujeito passivo as empresas, assim entendidas as firmas individuais ou sociedades que assumam o risco de atividade econômica, urbana ou rural, com fins lucrativos ou não" (1ª Seção, REsp 1.162.307/RJ, Rel. Min. Luiz Fux, *DJe* 3.12.2010 – recurso submetido à sistemática prevista no art. 543-C do CPC), razão pela qual o produtor rural pessoa física, desprovido de registro no Cadastro Nacional de Pessoa Jurídica (CNPJ), não se enquadra no conceito de empresa (firma individual ou sociedade), para fins de incidência da contribuição para o salário educação. Nesse sentido: REsp 711.166/PR, 2ª Turma, Rel. Min. Eliana Calmon, *DJ* de 16.05.2006; REsp 842.781/RS, 1ª Turma, Rel. Min. Denise Arruda, *DJ* de 10.12.2007. 3. Recurso especial provido" (STJ, REsp 1.242.636, 2011).

– **Contribuições ao FGTS**. Relativamente ao FGTS, impõe-se distinguir a contribuição já tradicional, prevista na Lei n. 8.036/90 e que não tem natureza tributária, daquelas criadas pela LC n. 110/2001, consideradas pelo STF contribuições sociais gerais.

– **FGTS da Lei n. 8.036/90. Natureza não tributária.** Lei n. 8.036/90, art. 15: "Para os fins previstos nesta lei, todos os empregadores ficam obrigados a depositar, até o dia 7 (sete) de cada mês, em conta bancária vinculada, a importância correspondente a 8 (oito) por cento da remuneração paga ou devida, no mês anterior, a cada trabalhador ...".

– A natureza dos recolhimentos a título de FGTS, em contas vinculadas em nome dos empregados, não é tributária. Trata-se de um ônus de cunho trabalhista. Note-se que tributo, por essência, pressupõe a inversão de recursos ao Estado ou a outros entes que exerçam serviços públicos, e não a particulares no seu interesse pessoal, como é o caso do FGTS. Dizendo da natureza não tributária do FGTS, pronunciou-se o Plenário do STF no julgamento do RE 100.249-2, em 1987. Tal posição, após a Constituição de 1988, foi reiterada pela 1ª T., por unanimidade, no RE 134328, em 1993, e pela 2ª T., também por unanimidade, no RE 120.189, em 1998. Pressupondo a natureza não tributária do FGTS, há o Tema 608 do STF e as Súmulas 43 do TRF4 e 210 do STJ, abaixo transcritas. Relativamente às contribuições ao FGTS criadas pela LC n. 110/2001, essas sim são tributos, conforme nota adiante.

– "O art. 7º, III, da nova Carta expressamente arrolou o Fundo de Garantia do Tempo de Serviço como um direito dos trabalhadores urbanos e rurais, colocando termo, no meu entender, à celeuma doutrinária acerca de sua natureza jurídica. Desde então, tornaram-se desarrazoadas as teses anteriormente sustentadas, segundo as quais o FGTS teria natureza híbrida, tributária, previdenciária, de salário diferido, de indenização, etc. Trata-se, em verdade, de direito dos trabalhadores brasileiros (não só dos empregados, portanto), consubstanciado na criação de um 'pecúlio permanente', que pode ser sacado pelos seus titulares em diversas circunstâncias legalmente definidas (cf. art. 20 da Lei 8.036/1995)" (STF, excerto do voto condutor do ARE 709.212, 2014).

– "FUNDO DE GARANTIA DO TEMPO DE SERVIÇO. PRESCRIÇÃO. PRAZO TRINTENÁRIO. LEI ORGÂNICA DA PREVIDÊNCIA SOCIAL, ART. 144. A natureza da contribuição devida ao Fundo de Garantia do Tempo de Serviço foi definida pelo Supremo Tribunal Federal no RE 100249 – *RTJ* 136/681. Nesse julgamento foi ressaltado seu fim estritamente social de proteção ao trabalhador, aplicando-se-lhe, quanto a prescrição, o prazo trintenário resultante do art. 144 da Lei Orgânica da Previdência Social" (STF, RE 134.328, 1993).

– "FGTS.... 3. O FGTS não tem natureza de imposto nem se iguala a contribuição previdenciária, em virtude da sua natureza e destinação, pois trata-se de um direito de índole social e traba-

lhista. Precedentes do STJ e STF. 4. Não se trata de imposto nem de contribuição previdenciária, indevida sua equiparação com a sistemática utilizada para a contribuição previdenciária e o imposto de renda, de modo que é irrelevante a natureza da verba trabalhista (remuneratória ou indenizatória/compensatória) para fins de incidência do FGTS" (STJ, REsp 1.512.536, 2015).

– Sobre a prescrição das contribuições ao FGTS da Lei n. 8.036/90, vide nota ao art. 174 do CTN.

– **Súmula 353 do STJ:** As disposições do Código Tributário Nacional não se aplicam às contribuições para o FGTS (jun. 2008).

– **FGTS da LC n. 110/2001. Natureza tributária.** A Lei Complementar n. 110/2001 criou duas novas contribuições de modo a viabilizar o pagamento correto da atualização monetária das contas vinculadas de FGTS, que sofreram expurgos por ocasião do Plano Verão (janeiro de 1989) e do Plano Collor (abril de 1990), reconhecidos pelos Tribunais Superiores quando do julgamento, pelo Plenário do STF, do RE n. 226.855-7/RS, Rel. o Min. Moreira Alves, publicado no *DJU* 13-10-2000, e, pela 1ª Seção do STJ, do REsp 265.556/Al, Rel. Min. Franciulli Netto, por maioria, *DJU* 18-12-2000. As novas contribuições, diferentemente das anteriores, têm natureza tributária, não sendo um encargo decorrente do contrato de trabalho. Ocorre que, a título de contribuição, instituiu-se tributo voltado, em verdade, a gerar recursos para o pagamento de dívida do Governo, o que não se enquadra em nenhuma das finalidades previstas no art. 149 da CF e jamais poderia ser cobrado apenas dos empregadores. Além disso, como impostos, não se sustentavam, pois estes não podem ter seu produto vinculado a fundo ou despesa, nos termos do art. 167, IV, da CF, vinculação esta que torna inválido o imposto. Contudo, o STF, nas ADIs 2.556 e 2.568, pronunciou-se pela constitucionalidade da LC n. 110/2001, entendendo que as novas contribuições para o FGTS eram tributos e que configuravam, validamente, contribuições sociais gerais.

– "... a alcunhada 'contribuição adicional ao FGTS', em verdade de 'contribuição' mesmo, em qualquer de suas espécies, nada se trata. Dizemos isso com base na constatação de que seu amparo constitucional é ausente e seu fundamento jurídico inexistente. Sua arrecadação, posta sob a administração da Caixa Econômica Federal (LC n. 110/2001, art. 3º, § 3º), como se pode observar da LC n. 110/2001, destina-se a auxiliar o Tesouro Nacional, em sua atividade de pagamento das condenações impostas pelo Supremo Tribunal Federal..., não se verificando sequer a previsão normativa de seu efetivo destino à manutenção da Ordem Social, determinada por seu prescritivo constitucional do art. 149. com mais razão, ainda, portanto, não se configuraria como contribuição destinada ao custeio da seguridade social, já que não é afetada à previdência social, assistência social ou saúde (CF, art. 194)" (RAUPP, Henrique Santos; VIONCEK, Emerson. O tributo 'adicional do FGTS' da Lei Complementar n. 110/2001 e suas 'várias' inconstitucionais. *RDDT* 227/57, ago. 2014).

– **Constitucionalidade da LC n. 110:** "TRIBUTÁRIO. CONTRIBUIÇÕES DESTINADAS AO CUSTEIO DAS OBRIGAÇÕES DA UNIÃO DECORRENTES DE CONDENAÇÕES À RECOMPOSIÇÃO DO FGTS. CONSTITUCIONALIDADE. RESPEITO À REGRA DA ANTERIORIDA-

DE. LC 110/2001, ARTS. 1º E 2º. AGRAVO REGIMENTAL. Esta Suprema Corte considerou constitucionais os tributos destinados ao custeio das condenações sofridas pela União à atualização das contas vinculadas ao Fundo de Garantia por Tempo de Serviço, ressalvada a proibição de cobrança no período definido pela regra da anterioridade. A perda superveniente da justificativa para manutenção das cobranças e consequente inconstitucionalidade devem ser examinadas a tempo e modo próprios" (STF, AI 763.010 AgR, 2012).

– "Tributário. Contribuições destinadas a custear dispêndios da União acarretados por decisão judicial (RE 226.855). Correção Monetária e Atualização dos depósitos do Fundo de Garantia por tempo de Serviço (FGTS). Alegadas violações dos arts. 5º, LIV (falta de correlação entre necessidade pública e a fonte de custeio); 150, III, b (anterioridade); 145, § 1º (capacidade contributiva); 157, II (quebra do pacto federativo pela falta de partilha do produto arrecadado); 167, IV (vedada destinação específica de produto arrecadado com imposto); todos da Constituição, bem como ofensa ao art. 10, I, do Ato das Disposições Constitucionais Transitórias – ADCT (aumento do valor previsto em tal dispositivo por lei complementar não destinada a regulamentar o art. 7º, I, da Constituição). LC 110/2001, arts. 1º e 2º. A segunda contribuição criada pela LC 110/2001, calculada à alíquota de cinco décimos por cento sobre a remuneração devida, no mês anterior, a cada trabalhador, extinguiu-se por ter alcançado seu prazo de vigência (sessenta meses contados a partir da exigibilidade – art. 2º, § 2º da LC 110/2001). Portanto, houve a perda superveniente dessa parte do objeto de ambas as ações diretas de inconstitucionalidade. Esta Suprema Corte considera constitucional a contribuição prevista no art. 1º da LC 110/2001, desde que respeitado o prazo de anterioridade para início das respectivas exigibilidades (art. 150, III, *b*, da Constituição). O argumento relativo à perda superveniente de objeto dos tributos em razão do cumprimento de sua finalidade deverá ser examinado a tempo e modo próprios. Ações Diretas de Inconstitucionalidade julgadas prejudicadas em relação ao artigo 2º da LC 110/2001 e, quanto aos artigos remanescentes, parcialmente procedentes, para declarar a inconstitucionalidade do artigo 14, caput, no que se refere à expressão 'produzindo efeitos', bem como de seus incisos I e II" (STF, ADI 2.556, 2012).

– **Recepção pela EC n. 33/2001. Tema 1.193 do STF:** "A contribuição prevista no artigo 1º da Lei Complementar 110/2001 foi recepcionada pela Emenda Constitucional 33/2001". Decisão do mérito em 2022, mediante reafirmação da jurisprudência.

– **Sustação da cobrança após o cumprimento da sua finalidade. Tema 846 do STF:** "É constitucional a contribuição social prevista no artigo 1º da Lei Complementar n. 110, de 29 de junho de 2001, tendo em vista a persistência do objeto para a qual foi instituída" (2020).

– "TEMA 846. CONSTITUCIONAL. TRIBUTÁRIO. CONTRIBUIÇÃO SOCIAL PREVISTA NO ART. 1º DA LEI COMPLEMENTAR 110, DE 29 DE JUNHO DE 2001. PERSISTÊNCIA DO OBJETO PARA A QUAL FOI INSTITUÍDA. 1. O tributo previsto no art. 1º da Lei Complementar 110/2001 é uma contribuição social geral, conforme já devida-

mente pacificado no julgamento das ADIs 2556 e 2558. A causa de sua instituição foi a necessidade de complementação do Fundo de Garantia do Tempo de Serviço FGTS, diante da determinação desta SUPREMA CORTE de recomposição das perdas sofridas pelos expurgos inflacionários em razão dos planos econômicos denominados 'Verão' (1988) e 'Collor' (1989) no julgamento do RE 226.855. 2. O propósito da contribuição, à qual a sua cobrança encontra-se devidamente vinculada, não se confunde com os motivos determinantes de sua instituição. 3. O objetivo da contribuição estampada na Lei Complementar 110/2001 não é exclusivamente a recomposição financeira das perdas das contas do Fundo de Garantia do Tempo de Serviço – FGTS em face dos expurgos inflacionários decorrentes dos planos econômicos Verão e Collor. 4. A LC 110/2001 determinou que as receitas arrecadadas deverão ser incorporadas ao Fundo de Garantia do Tempo de Serviço – FGTS (art. 3º, § 1º), bem como autorizou que tais receitas fossem utilizadas para fins de complementar a atualização monetária resultante da aplicação, cumulativa, dos percentuais de dezesseis inteiros e sessenta e quatro centésimos por cento e de quarenta e quatro inteiros e oito décimos por cento, sobre os saldos das contas mantidas, respectivamente, no período de 1º de dezembro de 1988 a 28 de fevereiro de 1989 e durante o mês de abril de 1990 (art. 4º, *caput*). 5. Já o artigo 13 da Lei Complementar 110/2001 determina que As leis orçamentárias anuais referentes aos exercícios de 2001, 2002 e 2003 assegurarão destinação integral ao FGTS de valor equivalente à arrecadação das contribuições de que tratam os arts. 1º e 2º desta Lei Complementar). 6. Ao estabelecer que, até o ano de 2003, as receitas oriundas das contribuições ali estabelecidas terão destinação integral ao FGTS, pode-se concluir que, a partir de 2004, tais receitas poderão ser parcialmente destinadas a fins diversos, desde que igualmente voltados à preservação dos direitos inerentes ao FGTS, ainda que indiretamente. 7. Portanto, subsistem outras destinações a serem conferidas à contribuição social ora impugnada, igualmente válidas, desde que estejam diretamente relacionadas aos direitos decorrentes do FGTS. 8. Recurso extraordinário a que se nega provimento. Tese de repercussão geral: 'É constitucional a contribuição social prevista no artigo 1º da Lei Complementar n. 110, de 29 de junho de 2001, tendo em vista a persistência do objeto para a qual foi instituída'" (STF, RE 878.313, 2020).

– "... o legislador, em momento algum, condicionou a sua exigibilidade, como pensam alguns, apenas à superação do déficit outrora experimentado pelo FGTS em razão de expurgos inflacionários que o Judiciário lhe obrigou a sanar, determinando, pelo contrário, de forma textual, indiscutível e genericamente, a integral incorporação das receitas da contribuição debatida ao FGTS, não só para sanar eventuais déficits, mas, sobretudo, como forma de viabilizar continuamente a sua indispensável contribuição para a execução e implementação dos diversos programas sociais fomentados com seus recursos" (SILVA, Danny Monteiro da. Padece a contribuição social do art. 1º da Lei Complementar n. 110/2001, de exaurimento de sua finalidade ou de inconstitucionalidade superveniente? *RDDT* 229/16, 2014).

– Não concordamos de modo algum com o entendimento do STF quanto a tal ponto. A finalidade para a qual foram instituídas essas contribuições (financiamento do pagamento dos expurgos do Plano Verão e Collor) era temporária e já foi atendida. Como as contribuições têm como característica peculiar a vinculação a uma finalidade constitucionalmente prevista, nada havia que justificasse a permanência da cobrança dessas contribuições da LC n. 110 após atendidos os objetivos fixados pela norma. A contribuição de 0,5% sobre a folha, é verdade, já nasceu temporária, para vigência por sessenta meses, nos termos do § 2º do art. 2º da LC n. 110/2001. Mas a contribuição de 10% devida na despedida sem justa causa, de que trata o art. 1º daquela lei complementar, foi instituída sem um termo final de vigência, de modo que era impositivo que se obstasse o prosseguimento da sua cobrança em face do esgotamento da sua finalidade. Era de todo desnecessário que nova lei complementar sobreviesse para determinar a cessação da cobrança. Bastava que restasse inequívoco o atingimento integral da sua finalidade. O próprio Executivo deveria ter determinado a cessação da cobrança, sujeitando-se, caso contrário, a que o Judiciário o fizesse, inclusive com a condenação da União à repetição do indébito. Mas o STF acabou por chancelar o prosseguimento da cobrança, a nosso ver, desvirtuando-a da finalidade invocada para a sua instituição e que supostamente lhe dava legitimidade na origem.

– No âmbito do TRF4, chegou a ser suscitado incidente de arguição de inconstitucionalidade (superveniente) do art. 1º da LC n. 110/2001, relativo à contribuição adicional do FGTS instituída para fazer frente a diferenças de correção monetária das contas vinculadas, cuja finalidade já teria se exaurido. Houve votos no sentido de a sua finalidade apontava, por definição, para um caráter transitório da contribuição, ainda que não pudesse ser aprazado originalmente, e que o seu exaurimento implicaria perda de eficácia da lei ou mesmo do seu suporte de constitucionalidade, de modo que não haveria mais fundamento para continuar a obrigar o contribuinte a pagá-la. Mas prevaleceu o entendimento do relator no sentido de que, não obstante o fim específico já tivesse sido atingido, a contribuições prosseguiram robustecendo o fundo e protegendo-o contra desequilíbrios financeiros atuais e futuros. Vide: TRF4, ARGINC 5029170-55.2015.404.0000, 2016.

• Vide nota anterior específica sobre o *exaurimento da finalidade* das contribuições.

⇒ **Contribuições de intervenção no domínio econômico.** O domínio econômico corresponde ao âmbito de atuação dos agentes econômicos. A Constituição Federal, ao dispor sobre a Ordem Econômica, estabelece os seus princípios reitores, de modo que eventual intervenção da União terá, necessariamente, de estar voltada alteração da situação com vista à realização de tais princípios, estampados nos incisos do art. 170 da Constituição Federal. Os princípios e objetivos estabelecidos no Título "Da Ordem Econômica" delimitam, pois, as finalidades que amparam a instituição válida de contribuições de intervenção no domínio econômico. Não há sustentação ao entendimento de que a contribuição de intervenção deva ser em si interventiva, ou seja, que a sua própria cobrança implique intervenção; em verdade, a contribuição é

estabelecida para custear ações da União no sentido da intervenção no domínio econômico, como programas de defesa do consumidor e de proteção ao meio ambiente.

– Eis os princípios da ordem econômica estabelecidos pela Constituição de 1988: "Art. 170. A ordem econômica, fundada na valorização do trabalho humano e na livre iniciativa, tem por fim assegurar a todos existência digna, conforme os ditames da justiça social, observados os seguintes princípios: I – soberania nacional; II – propriedade privada; III – função social da propriedade; IV – livre concorrência; V – defesa do consumidor; VI – defesa do meio ambiente, inclusive mediante tratamento diferenciado conforme o impacto ambiental dos produtos e serviços e de seus processos de elaboração e prestação (Inciso VI com a redação dada pela EC n. 42, publicada no *DOU* de 31 de dezembro 2003); VII – redução das desigualdades regionais e sociais; VIII – busca do pleno emprego; IX – tratamento favorecido para as empresas de pequeno porte constituídas sob as leis brasileiras e que tenham sua sede e administração no País. (inciso IX com a redação da EC n. 6/95). Parágrafo único. É assegurado a todos o livre exercício de qualquer atividade econômica, independentemente de autorização de órgãos públicos, salvo nos casos previstos em lei".

– "O que é intervir sobre o domínio econômico? Intervir sobre o domínio econômico significa, num sentido negativo, corrigir distorções do mercado. Por exemplo, quando há empresas formando um monopólio, pode-se fazer uma intervenção para criar concorrência, para gerar novos agentes no mercado. É uma intervenção do Estado que almeja corrigir falhas do mercado. Por outro lado, muitas vezes a intervenção sobre o domínio econômico também ocorrerá positivamente, para concretizar objetivos da própria Constituição. No art. 170 deste diploma, nós encontramos objetivos de atuação positiva do Estado, como, por exemplo, erradicar desigualdades regionais, diminuir as desigualdades sociais, promover a microempresa, garantir a soberania nacional, assegurar o exercício da função social da propriedade. [...] Em ambos os casos, surgida a necessidade de intervenção do Estado sobre o domínio econômico, aparece a possibilidade da cobrança de uma CIDE" (SCHOUERI, Luís Eduardo. Exigências da CIDE sobre *royalties* e assistência técnica ao exterior. *RET* 37/144, jun. 2004).

– "... o conceito de 'contribuição de intervenção no domínio econômico', em sentido técnico-restrito, deve se restringir aos princípios gerais básicos e fundamentais consagrados no Capítulo da Ordem Econômica e Financeira e que estão arrolados na própria Constituição. Deve ter uma configuração especial e não difusa. Assim: a intervenção há de ser feita por lei; o setor da economia visado deve estar sendo desenvolvido pela iniciativa privada para que se possa identificar um ato de intervenção do domínio econômico; as finalidades da intervenção devem perseguir aqueles princípios arrolados na Constituição, tais como assegurar a livre concorrência, reprimir o abuso do poder econômico, reprimir o aumento arbitrário de lucros, etc." (BALEEIRO, Aliomar. *Limitações constitucionais ao poder de tributar*. 7. ed., atualizada por Misabel Abreu Machado Derzi. Rio de Janeiro: Forense, 1997, p. 596).

– Marco Aurélio Greco vai além: "A intervenção supõe a ideia de provimento pontual, circunscrito a uma determinada área, setor, segmento da atividade econômica, que apresente características que a justifiquem. [...] Relevante é deixar claro que um dos parâmetros da instituição da contribuição é a definição de uma parcela do domínio econômico, que atuará como critério de circunscrição da sua aplicação, inclusive no que se refere aos respectivos contribuintes. Contribuição de intervenção que atinja universo que abrange todos, independente do setor em que atuem, até poderá ser contribuição, mas certamente não será mais 'de intervenção'" (Marco Aurélio Greco na obra por ele coordenada, *Contribuições de intervenção no domínio econômico e figuras afins*, São Paulo: Dialética, 2001, p. 16-17).

– "A característica fundamental deste tipo de contribuição é ser um instrumento de planejamento econômico de que dispõe o Estado para regular setores da economia. Intervem-se no mercado sempre que e deseja orientá-lo ou reorientá-lo em caso de descompasso de segmentos determinados sendo, pois, a própria intervenção, instrumento de planejamento econômico. A contribuição de intervenção no domínio econômico deve, por conseguinte, ser examinada à luz do direito tributário – é espécie de tributo – e à luz do direito econômico, como instrumento de planejamento, ou seja, pelo prisma dos Títulos V e VII da Constituição Federal. [...] A característica, todavia, da ordem econômica reside em ter consagrado o princípio da livre iniciativa e – o que é mais relevante – da livre concorrência. Por esta razão, depois de dizer o constituinte, no art. 170, *caput*, que a ordem econômica baseia-se na justiça social e na livre iniciativa, declarando no inciso IV, que a livre concorrência está em sua essência acrescenta, no art. 174, que o planejamento econômico é obrigatório para o setor publico e meramente indicativo para o segmento privado. [...] É este o motivo pelo qual a contribuição de intervenção econômica é mero instrumento de planejamento, não podendo ser admitida para o segmento privado, senão em casos de descompasso e, no segmento público, para efeitos de determinação de uma linha de conduta empresarial. [...] O certo, todavia, é que, seja para orientação de setor econômico (planejamento obrigatório no que diz respeito a empresa estatal), seja para a reorientação de setor descompassado da economia (intervenção onde o planejamento é meramente facultativo), a intervenção no domínio econômico é, à luz do Título VII da Constituição, excepcional, e objetiva permitir que a economia flua sem choques e competitiva. Compreende-se, portanto, justificar-se tal intervenção sempre que as regras do § 4º do art. 173 forem maculadas, visto que não admite haja abuso do poder econômico A contribuição de intervenção no domínio econômico objetiva, desta forma, eliminar abusos, afastar descompetitividades, facilitar o fluir na economia, obter recursos de remuneração no setor escolhido e universalizar a expansão do segmento, de forma neutra, justa e eficaz" (MARTINS, Ives Gandra da Silva. Contribuição de Intervenção no Domínio Econômico para o Fundo de Universalização dos Serviços de Telecomunicações – Inteligência da Lei n. 9.998/2000 e do Decreto n. 3.624/2000 (Regulamento do FUST) no que Concerte à Responsabilidade Tributária – Parecer. *RET* 50, jul.-ago. 2006).

• Vide, também: NETO, Josué Mastrodi. Pressupostos da intervenção do Estado na economia. *RTFP* 54/148, fev. 2004.

– **Requisitos: intervenção, referibilidade, vinculação e transitoriedade.** "[...] pressupostos de imposição, isto é, os elementos para instituição válida das contribuições de intervenção no domínio econômico, são: a) efetiva intervenção da União nos sentidos constitucionalmente estabelecidos e legitimados, no segmento econômico específico objeto de intervenção; b) referibilidade da contribuição a contribuinte participante de determinado domínio econômico; c) vinculação do produto da arrecadação à atuação da União na área econômica específica objeto da contribuição; d) transitoriedade caracterizada pela instituição da contribuição visando a alcançar determinada finalidade que, se alcançada, implica na extinção a própria exação" (FERRAZ, Roberto. Pressupostos de imposição das CIDEs – Critérios constitucionais de validade para a instituição das CIDEs. *RET* 34/134, 2003).

– "[...] podemos arrolar os pressupostos constitucionais para válida instituição de uma Cide da seguinte forma: i) que haja intervenção do Estado no domínio econômico com fundamento no artigo 174 da Constituição Federal; ii) que haja vinculação do produto da sua arrecadação ao financiamento da atividade interventiva do Estado na ordem econômica; iii) que a atividade interventiva do Estado realizada com fundamento no artigo 174 da Constituição Federal opere seus efeitos sobre qualquer um dos eventos resguardados pelos princípios arrolados no artigo 170, *caput*, da Constituição Federal; e, por fim, iv) que somente aqueles que atuam no campo econômico objeto da intervenção estatal podem ser eleitos como sujeitos passivos de uma Cide" (ZOCKUN, Maurício G. P. Requisitos constitucionais para instituição de uma contribuição no domínio econômico. *RDDT* 117/70, 2005).

– **Instrumento do Estado intervencionista.** "O Estado modelado pelo sistema constitucional brasileiro é ainda um Estado intervencionista, é um Estado que detém o mando e o comando da vida econômica. É nesse particular que se justifica a existência, ainda, de certas modalidades de contribuições que têm por finalidade incrementar algum setor da vida nacional que está precisando de um impulso que depende de iniciativa do Estado e não do mercado... Então, a finalidade da contribuição de intervenção do domínio econômico é especificamente a de fomentar o setor da economia nacional" (BALERA, Wagner. Contribuições, Mesa de debates sobre tributos federais. *RDT* 67/85, São Paulo: Malheiros).

– **Só há intervenção numa área determinada de atuação dos particulares. A questão das concessões.** "A doutrina já parece caminhar para entendimento solidificado de que somente haverá intervenção caso a União atue em âmbito diferente do seu próprio, isto é, de que a intervenção acontece sobre área de atuação dos particulares, e não sobre a do poder público e que essa intervenção para caracterizar-se deverá atingir um setor, um grupo determinado individualizável, não se configurando intervenção na atuação geral da União sobre a Econômica. [...] Já quanto ao âmbito próprio da intervenção – não bastante haja aparente consenso em torno da ideia de que somente ocorre havendo atuação da União não em seu âmbito próprio de atuação, mas apenas quando houver interferência em área que é própria de terceiros (particulares) – há grande divergência quanto à definição do que seja o campo econômico próprio da União. A grande discussão está na inclusão ou exclusão dos serviços prestados mediante concessão, permissão ou autorização do poder público no âmbito privado e consequentemente naquele passível de intervenção mediante contribuição de intervenção no domínio econômico. HAMILTON DIAS DE SOUZA em artigo publicado com TERCIO SAMPAIO FERRAZ, refinando seu posicionamento anterior, entende presentes os requisitos para a instituição de intervenção 'quando haja (I) efetiva intervenção do Estado no domínio econômico, nos limites das possibilidades constitucionalmente prevista para tanto, (II) em atividade originalmente reservada ao setor privado ou que tenha a este sido transferida por autorização, concessão ou permissão, (III) e que cause um gasto excepcional do Estado ou benefício especial a determinado grupo de indivíduos componentes do setor objeto da intervenção efetuada'. Acredito ser essa a melhor opinião, pois o fato de haver regulação da atividade desenvolvida mediante concessão, autorização ou permissão absolutamente não a desnatura como atividade privada, no âmbito econômico passível de intervenção da União. Muitas são as atividades com grande interferência do poder público, como a bancária e a de mineração, como relação às quais nem se cogita sustentar sejam próprias do setor público. Assim, não obstante as opiniões em sentido diverso, o âmbito próprio das contribuições de intervenção no domínio econômico exclui apenas aquele próprio da atuação da União como aquela que explore diretamente cobrando preço, ficando sujeitas a elas as desenvolvidas mediante concessão, permissão ou autorização" (FERRAZ, Roberto. Pressupostos de imposição das CIDEs – Critérios constitucionais de validade para a instituição das CIDEs. *RET* 34/134, 2003).

– **Contribuição em si interventiva *x* contribuição para o custeio de atividade interventiva.** "Entende-se por intervenção a atuação estatal na economia, primando pelos princípios gerais da atividade econômica. Essa intervenção tanto pode ocorrer pela simples arrecadação do tributo, quanto pela destinação do produto final da arrecadação a atividades de incentivo a setores específicos da economia. Já, por domínio econômico entende-se o campo de atividade econômica em sentido estrito, área de titularidade do setor privado. [...] A intervenção do Estado ocorre, na hipótese da cobrança da CIDE, por meio de indução, isto é, o Estado não interfere diretamente na economia, apenas sugere determinado comportamento. A atuação pode ser positiva quando o Estado vale-se dos recursos obtidos com a contribuição para estimular determinada atividade. Pode, também, ser negativa quando a atuação do Estado restringe-se apenas à cobrança do tributo. Tendo em vista as formas de atuação do Estado insculpidas no art. 174 da Constituição Federal (fiscalização, incentivo e planejamento), tanto a indução positiva quando negativa são admitidas para a instituição da exação" (PORTO, Éderson Garin. Contribuições de Intervenção no Domínio Econômico – Critérios constitucionais de validade para a sua instituição. *RET* 34/146, 2003).

– "[...] em momento algum a CR/88 determina que a contribuição servirá para custear a atividade interventiva do Estado, *a posteriori*, mas apenas prevê que a União as instituirá como instrumento de sua intervenção, permitindo-se, assim, cogitar da forma de intervenção consubstanciada na própria incidência da contribuição, como norma de estímulo/desestímulo de comportamentos e modificação da dinâmica do mercado" (GUIMARÃES, Daniel de Carvalho. As contribuições de intervenção no domínio econômico e o princípio da proporcionalidade. *RDDT* 116/16, 2005).

– "... a contribuição poderá assumir a feição de instrumento em si de atuação, por exemplo, no domínio econômico (e.g. uma contribuição de equalização de carga tributária), assim como poderá ser instrumento para gerar recursos para uma atuação material da União nas respectivas áreas" (GRECO, Marco Aurélio. *Contribuições (uma figura sui generis)*. São Paulo: Dialética, 2000, p. 136).

– **No sentido da impossibilidade de CIDE em si interventiva.** "... oportuna a indagação sobre o modo como a contribuição atingirá a finalidade interventiva, isto é, se diretamente, tal como um imposto extrafiscal, ou se indiretamente, custeando a atividade de intervenção. [...] a contribuição de intervenção ser um fim em si mesma é inaceitável. Estamos com Ricardo Mariz de Oliveira, para quem o termo contribuição liga-se indissociavelmente ao conceito de custeio de alguma utilidade. O montante arrecadado deve ser aplicado na finalidade, e o valor da contribuição deve ser correspondente ao custo da intervenção. O sujeito passivo, de sua vez, deve ter alguma vinculação com a intervenção, ou melhor, com a finalidade interventiva da contribuição, referibilidade) Ora, como admitir que a intervenção se concretize na própria incidência da contribuição sobre determinada atividade? Se isso fosse possível, a receita decorrente dessa incidência não teria outro destino que não o orçamento em geral, porque a intervenção não teria qualquer custo. Estaríamos, na verdade, criando impostos residuais, sob a rubrica de contribuição de intervenção, sem observância ao disposto no art. 154, I, da constituição que exige a sua instituição por lei complementar" (MANEIRA, Eduardo. Segurança jurídica e os limites necessários para a instituição de Contribuições de Intervenção no Domínio Econômico. In: GRUPENMACHER, Betina Treiger (coord.). *Tributação: democracia e liberdade*. São Paulo: Noeses, 2014, p. 142-143).

– "[...] a Constituição somente autoriza a instituição de tais contribuições para atender as finalidades que define, havendo, portanto, de se carrear os recursos para atendê-las. [...] Não existe, portanto, espaço em nosso sistema constitucional para contribuições de intervenção com caráter meramente arrecadatória, em que as receitas por elas geradas possam exceder as necessidades da própria intervenção, constituindo essa medida o limite da própria exação, a definir base de cálculo e alíquotas das figuras concretas" (FERRAZ, Roberto. Pressupostos de imposição das CIDEs – Critérios constitucionais de validade para a instituição das CIDEs. *RET* 34/134, 2003).

– **Fiscalização, incentivo e planejamento. Arts. 170 e 174 da CF.** Regina Helena Costa, em pequeno artigo sobre as contribuições de intervenção no domínio econômico, traz esclarecimentos importantes acerca da matéria. Diz que o Estado intervém na economia, explorando diretamente a atividade econômica (art. 173 da CF) ou como agente normativo e regulador, exercendo, na forma da lei, as funções de fiscalização, incentivo e planejamento (art. 174 da CF) e que é justamente nesta segunda hipótese que se encontra a situação ensejadora da instituição de contribuição de intervenção no domínio econômico. E conclui: "Exige-se, portanto, para legitimar a instituição de contribuição interventiva: a) que a intervenção seja feita com apoio em lei; b) que o setor da economia esteja sendo desenvolvido pela iniciativa privada para que se possa configurar um ato de intervenção no domínio econômico, nos termos da Constituição e c) que as finalidades sejam aquelas a que se referem os princípios mencionados no art. 170 do Texto Fundamental, a saber: soberania nacional, propriedade privada, função social da propriedade, livre concorrência, defesa do consumidor, defesa do meio ambiente, redução das desigualdades regionais e sociais, busca do pleno emprego e tratamento favorecido para as empresas de pequeno porte constituídas sob as leis brasileiras e que tenham sua sede e administração no País (incisos I a IX)" (COSTA, Regina Helena. Contribuições de Intervenção no Domínio Econômico; artigo publicado na *Revista Araucária*, da Procuradoria-Geral de Justiça do Estado do Paraná, n. 6, 1996).

– **Sujeito passivo da contribuição de intervenção.** "... se a intervenção só pode atingir setores determinados da atividade econômica, o universo dos respectivos sujeitos passivos estará limitado ao conjunto formado pelos que integram aquele setor. Se for necessário incluir no universo dos contribuintes outros que não pertençam ao setor específico, então é porque o setor efetivamente alcançado não é aquele, mas tem dimensão mais ampla, suficiente para abranger todos os alcançados. Se esta amplitude fizer com que se atinja pela contribuição a totalidade da população, desaparece o critério que distinguia a intervenção e, por consequência, a exigência que estará sendo feita não terá a natureza de contribuição de intervenção, mas assumirá outra feição (algumas vezes um imposto, outras vezes uma exigência pecuniária de caráter social, ou uma garantia, ou um pagamento habilitador de fruição de certo serviço ou condição jurídica etc.)" (GRECO, Marco Aurélio. *Contribuições de intervenção no domínio econômico e figuras afins*. São Paulo: Dialética, 2001, p. 17).

• Vide abordagem sobre a sujeição passiva nas contribuições de intervenção também em: TROIANELLI, Gabriel Lacerda. O âmbito de incidência da contribuição de intervenção no domínio econômico instituída pela Lei n. 10.168/00. *RDDT* 121/69, 2005.

• Vide a nota anterior, a este mesmo artigo, sobre a referibilidade inerente às contribuições.

– **Combustíveis.** Sobre as contribuições de intervenção relativas às atividades de importação ou comercialização de combustíveis, vide art. 177, § 4º, da CF que, inclusive, autoriza a seletividade, excepciona a anterioridade e dispõe sobre a sua destinação. Vide, também, o § 2º, II, deste art. 149.

– **Programa de estímulo à universidade/pesquisa. *Royalties*. Lei n. 10.168/2000.** Vem sendo considerada como de intervenção no domínio econômico (CIDE) a contribuição instituída pela Lei n. 10.168/2000 sobre o pagamento de *royaties*. Mas é no Título Da Ordem Social que consta a determinação de que o Estado promova e incentive o desenvolvimento científico, a pesquisa e a capacitação tecnológicas (arts. 218 e 219 da CF),

de modo que bem poderia ser classificada como contribuição social geral.

– "... o atual campo de incidência da 'Cide-Tecnologia' (também conhecida atualmente como 'Cide-*royalty*') é (i) a detenção de licença de uso de marcas e de exploração de patentes; (ii) a aquisição de conhecimentos tecnológicos; (iii) a celebração de contratos que tenham por objeto serviços técnicos e de assistência administrativa e semelhantes a serem prestados por residentes ou domiciliados no exterior; e (iv) o pagamento de *royalties* a beneficiários no exterior, decorrentes dos contratos elencados no artigo 10 do Decreto n. 4.195/2002. Não estão compreendidas as remunerações pagas pela licença de uso ou de direitos de comercialização e distribuição de programas de computador quando não envolverem a transferência da correspondente tecnologia. [...] a incidência da 'Cide-Tecnologia... ainda gera muita polêmica, especialmente porque o conceito de *royalties* é amplo e a evolução tecnológica permite o lançamento contínuo de novos produtos e serviços, cujas características devem ser conhecidas tanto pelo Fisco como pelos contribuintes, a fim de que se defina, caso a caso, o tratamento tributário que lhe seja mais adequado. Assim é que o intérprete das normas de incidência dessa contribuição deve avaliar, inicialmente, o escopo da incidência da 'Cide-Tecnologia', mediante exame detido da legislação, compreendida aí a sua exposição de motivos, da qual nos parece que o Fisco e alguns órgãos julgadores têm se distanciado; partindo-se, então, ao exame das características individuais de cada produto e/ou serviço, buscando identificar se há no âmbito da relação contratual firmada: a cessão de uso de marcas de patentes, a existência de transferência de tecnologia, e a prestação de serviços técnicos ou administrativos previstos nas normas que regulamentam essa espécie tributária. Constatado algum desse elementos, deve-se ainda examinar a eventual incidência de outra espécie tributária mais específica, tal como a Condecine" (MASCITTO, Andréa. O alcance da "Cide-tecnologia". *RDDT* 214/22, 2013).

– **Tema 914 do STF.** MÉRITO AINDA NÃO JULGADO. Controvérsia: "Constitucionalidade da Contribuição de Intervenção no Domínio Econômico – CIDE sobre remessas ao exterior, instituída pela Lei 10.168/2000, posteriormente alterada pela Lei 10.332/2001".

• Vide: CASTRO, Leonardo Freitas de Moraes e. Tributação da transferência internacional de tecnologia: importantes diferenças entre sua qualificação como *royalties* ou ganho de capital. *RDDT* 213/80, 2013.

– **Constitucionalidade.** "No dia 30 de dezembro de 2000, foi publicada a Lei n. 10.168, que instituiu a 'contribuição de intervenção no domínio econômico destinada a financiar o Programa de Estímulo à Integração Universidade-Empresa para Apoio à Inovação', incidente sobre pagamentos efetuados ao exterior por detentores de licença de uso ou adquirentes de conhecimentos tecnológicos (*royalties*), bem como por signatários de contratos que impliquem transferência de tecnologia (exploração de patentes ou de uso de marcas e os de fornecimento de tecnologia e prestação de assistência técnica) ... [...] Trata-se, portanto, de um novo 'tributo' criado pela União com a finalidade de custear programas de pesquisa científica e tecnológica. O 'fato gerador' delineado consiste no ato de pagar, creditar, entregar, empregar ou remeter, a cada mês, a residentes ou domiciliados no exterior, a título de remuneração decorrente das obrigações indicadas no *caput* do artigo 2º [...] O sujeito passivo dessa relação jurídica tributária é a pessoa detentora de licença de uso ou adquirente de conhecimentos tecnológicos, bem como aquela celebrante de contratos cujo objeto implique uma 'transferência de tecnologia', ou seja, os contratos relativos pertinentes à exploração de patentes ou de uso de marcas e os de fornecimento de tecnologia e prestação de assistência técnica (artigo 2º, § 1º). A base de cálculo corresponde aos valores pagos, creditados, entregues, empregados ou remetidos, a cada mês, para o exterior, a título de remuneração decorrente das obrigações compreendidas no fato gerador da novel contribuição. Incide sobre essa base uma alíquota de dez por cento. [...] Oportuno observar ainda que, por meio do artigo 4º da Medida Provisória n. 2.062-63 ('altera a legislação do imposto de renda e dá outras providências'), de 23 de fevereiro de 2001 (*DOU* de 26/02/01), o Governo Federal estabeleceu um crédito de 100% sobre os valores pagos a título desta contribuição. Este percentual de crédito vai vigorar até 2003 (*sic*), pois gradativamente será extinto a partir de 2014 (crédito de 70% entre 2004 e 2008; e de 30% entre 2009 e 2013). Tal benefício certamente veio na tentativa de desmotivar as empresas a questionarem judicialmente a contribuição. Todavia, esse crédito, de forma alguma, teve o condão de 'constitucionalizar' a exação instituída pela Lei n. 10.168/01" (MAIA, Luiz Fernando. Lei n. 10.168/2000: inconstitucionalidade na contribuição "de intervenção no domínio econômico". *RDDT* 68/86-92, 2001).

– "A Medida Provisória n. 2.062-60, de 30 de novembro de 2000, determinou a redução, para quinze por cento, da alíquota do imposto de renda na fonte (IRF) incidente sobre os '*royalties*', bem como sobre a remuneração da assistência técnica e dos serviços técnicos, pagos por fonte situada no Brasil a residente ou domiciliado no exterior, sob a condição de ser instituída uma contribuição de intervenção no domínio econômico (Cide) incidente sobre aquelas mesmas importâncias (art. 3º). Com o advento da Lei n. 10.168, de 29 de dezembro de 2000, foi instituída a referida contribuição de intervenção no domínio econômico, para vigorar a partir de 1º de janeiro de 2001, cujo produto deve ser destinado ao Fundo Nacional de Desenvolvimento Científico e Tecnológico – FNDCT. [...] no caso de o beneficiário estar domiciliado em país com o qual o Brasil assinou Convenção contra a dupla tributação, a contribuição deverá respeitar as disposições desse acordo; e... consequentemente, havendo na Convenção previsão sobre o limite máximo de tributação das importâncias pagas a título de '*royalties*', a sua tributação pelo IRF e pela Cide não poderá ser superior àquele limite" (MATOS, Gustavo Martini de. Questões relacionadas à tributação dos '*royalties*', em virtude da exigência de Tratados Internacionais. *RDDT* 95/65 e 74, 2003).

– "... a finalidade do Programa custeado pela contribuição é beneficiar as universidades, centros de pesquisas e o setor produtivo. Logo, como todas as empresas do setor produtivo brasileiro serão beneficiadas, a contribuição em tela deveria ser cobrada de todas elas, e não somente das pessoas jurídicas detentoras de licença de uso ou adquirentes de conhecimentos tecnológicos,

bem como aquelas signatárias de contratos de tecnologia, firmados com residentes ou domiciliados no exterior (artigo 2º, *caput*, da Lei n. 10.168/00). [...] Todas aquelas pessoas jurídicas detentoras de licença ou conhecimento tecnológico brasileiro não estão compreendidas como contribuintes, mas mesmo assim serão inequivocamente beneficiadas com o estímulo ao desenvolvimento tecnológico brasileiro" (MAIA, Luiz Fernando. Lei n. 10.168/2000: inconstitucionalidade na contribuição "de intervenção no domínio econômico". *RDDT* 68/86-92, 2001).

– "... deve ser tida por insubsistente a manutenção da cobrança da Cide-Tecnologia, de que trata a Lei n. 10.168/2000. Como acima demonstrado, a instituição de um novo tributo (PIS/Cofins-Importação) a afetar a importação de serviços, torna aquela exigibilidade incompatível com as regras do GATT/GATS. Impõe assim, o reclamo pela intervenção da tutela jurisdicional em prol dos contribuintes, sob o fundamento da neutralidade fiscal que deve informar as relações jurídicas no comércio internacional de serviços" (CATÃO, Marcos André Vinhas. Incompatibilidade da contribuição de intervenção no domínio econômico Cide-tecnologia (Lei n. 10.168/2000), a partir da instituição do PIS/Cofins – importação/serviços (Lei n. 10.865/2004). Violação das regras do GATT e GATS. *RDDT* 115/83, 2005).

– **Pela inconstitucionalidade.** Dizendo da inconstitucionalidade da contribuição por ausência de prévia lei complementar que dê feição estrutural e teleológica às contribuições de intervenção no domínio econômico, bem como por força de vícios da Lei n. 10.168/2000, vide: ANDRADE FILHO, Edmar Oliveira. Aspectos constitucionais da contribuição de intervenção no domínio econômico instituída pela Lei n. 10.168/00. *RDDT* 68/32-37, 2001).

– No sentido de que se trata de descabido adicional do Imposto de Renda, vide: LIMA, Maria Ednalva de. A contribuição de intervenção no domínio econômico criada pela Lei n. 10.168/2000. *RDDT* 69/110-122, 2001.

– Sobre esta contribuição, vide: MICHELUCCI, Álvaro. A inconstitucionalidade da cobrança da contribuição destinada ao Fundo Nacional de Desenvolvimento Científico e Tecnológico. *RDDT* 69/34-42, 2001, p. 34-42.

– **Pagamento relativamente a serviços técnicos e administrativos acessórios à transferência de tecnologia. Art. 2º da Lei n. 10.168/2000, com a redação da Lei n. 10.332/2001.** "CONTRIBUIÇÃO DE INTERVENÇÃO NO DOMÍNIO ECONÔMICO – CIDE. LEI 10.168/2000. DESNECESSIDADE DE LEI COMPLEMENTAR E DE VINCULAÇÃO DIRETA ENTRE O CONTRIBUINTE E A APLICAÇÃO DOS RECURSOS ARRECADADOS. EXTENSÃO DE BENEFÍCIO FISCAL A CONTRIBUINTES NÃO COMTEMPLADOS PELA LEGISLAÇÃO DE REGÊNCIA. PRINCÍPIO DA ISONOMIA. PODER JUDICIÁRIO. ATUAÇÃO COMO LEGISLADOR POSITIVO. IMPOSSIBILIDADE. AGRAVO IMPROVIDO. I – As contribuições de intervenção no domínio econômico podem ser criadas por lei ordinária e não exigem vinculação direta entre o contribuinte e a aplicação dos recursos arrecadados. Precedentes. II – Ante a impossibilidade de atuação do Poder Judiciário como legislador positivo, não cabe a ele, com base no princípio da isonomia, estender benefício fiscal a contribuintes não abrangidos pela legislação pertinente. III – Agravo regimental improvido" (STF, RE 449.233 AgR, 2011).

– "É a partir do *caput* do art. 2º da Lei 10.168/2000, que se deve compreender e estruturar as hipóteses de incidência da Cide. Assim, a base normativa que dá causa à incidência tributária é a existência de pagamentos, remessas, créditos, remuneração ao exterior em virtude da existência de um negócio jurídico vinculado à transferência de tecnologia ('exploração de patentes, uso de marcas e fornecimento de tecnologia e prestação de assistência técnica'). Neste ponto inclusive já é preciso enfatizar que a assistência técnica que permite a incidência tributária é somente aquela vinculada ao contrato de fornecimento de tecnologia. Destarte, ao se interpretar o § 2º do art. 2º da Lei 10.168/2000, convém que esteja sistematicamente em consonância com o *caput*. [...] Em tais condições, é possível reconhecer que, mesmo após o advento do § 2º, pela Lei 10.332/2001, no art. 2º da Lei 10.168/2000, somente há tributação quando há vinculação com serviços de tecnologia, tornando-se de total improcedência a busca pela tributação em hipóteses como assistência administrativa, serviços jurídicos, de logística, de marketing, entre outros, uma vez que não se ligam à noção de tecnologia" (CALCINI, Fábio Pallaretti. Contribuição de Intervenção no Domínio Econômico sobre *Royaltes* (Lei 10.168/2000). Incidência e base de cálculo. *RTFP* 98/79, 2011).

– "... pretendem alguns que, não tendo sido alterado o *caput* do artigo 2º, que define o contribuinte, e nem o artigo 1º, que define o âmbito de intervenção estatal da Lei n. 10.168/2000, não poderia o § 2º instituir nova hipótese de incidência da contribuição... É certo que o § 2º... está a complementar a norma enunciada no *caput*. A questão crucial é saber se, havendo uma perfeita adequação entre a definição do âmbito da intervenção prevista no artigo 1º e a determinação do sujeito passivo da Cide feita no *caput* do artigo 2º, ainda haveria campo para que o § 2º ampliasse o campo de incidência da contribuição. A resposta revela-se afirmativa. Pouco depois da instituição da Cide, vários signatários de contratos que implicavam transferência para o Brasil de tecnologia estrangeira viram uma forma de reduzir a base de cálculo da contribuição. Em vez de celebrar um só contrato que abrangesse tanto a transferência da tecnologia quanto serviços de assistência técnica e administrativos a ela relacionados, celebravam um 'contrato-mãe' cujo único objeto era a transferência de tecnologia e diversos 'contratos-filho' que tivessem por objeto os serviços de assistência técnica e de assistência administrativa implicados no negócio; e, evidentemente, ofereciam à tributação os valores relacionados no primeiro contrato, mas não nesses últimos. Muito embora essa manobra, em si, possa ser vista como um ato legítimo de elisão fiscal, não é difícil supor que alguns contribuintes mais ousados tenham buscado reduzir ao máximo o valor do contrato principal e concentrado o grosso da remuneração nos contratos acessórios, praticando abuso de liberdade contratual ou mesmo a fraude aberta. Nesse contexto, é absolutamente natural que o legislador tivesse procurado fechar a brecha apresentada pela lei, ampliando a incidência da contribuição também para os serviços técnicos e administrativos acessórios à

transferência de tecnologia, essenciais mesmo para que ela ocorra, a incidência da contribuição sobre tais serviços não sairia dos limites estabelecidos pelo artigo 1º da Lei n. 10.168/2000. Dessa forma, é plenamente viável a interpretação conforme a Constituição do § 2º do artigo 2º da Lei n. 10.168, válido e eficaz quanto à incidência da contribuição relativa aos serviços técnicos e administrativos acessórios à transferência de tecnologia, mas inválido se aplicado a serviços técnicos e administrativos que não guardem qualquer relação com transferência de tecnologia" (TROIANELLI, Gabriel Lacerda. O âmbito de incidência da contribuição de intervenção no domínio econômico instituída pela Lei n. 10.168/00. *RDDT* 121/69, 2005).

– **Regulamentação extensiva ilegal.** "Já temos a contribuição de intervenção no domínio econômico sobre *royalties*. O que aconteceu com esta contribuição de intervenção no domínio econômico? Vamos parar um pouquinho. Nós que atuamos nesta área, vimos uma lei, em grandes linhas, bem desenhada que previa uma contribuição de intervenção no domínio econômico ligada à transferência de tecnologia. Cobrava-se a contribuição de quem consumia tecnologia importada, e o produto da arrecadação era transferido para universidades ou entidades educacionais brasileiras de pesquisa, para que se desenvolvesse tecnologia nacional, tudo à luz do art. 218 da CF/88. O que aconteceu depois da lei? Veio a regulamentação prevendo: não é bem assim. A contribuição é sobre tecnologia, mas também sobre *royalty*, e *royalty* não é só tecnologia. *Royalty* é qualquer coisa que a empresa estrangeira receba, e, portanto, a Receita Federal passou a cobrar CIDE sobre uma séria de pagamentos feitos ao exterior que não estão ligados à tecnologia propriamente dita. O que é isto? Na minha opinião, pelo lado normativo, uma deturpação ilegal e inconstitucional. No plano dos fatos, é não querer deixar passar um elefante. Ou seja, percebeu-se que há um relevante conjunto de pagamentos ao exterior, a inúmeros títulos e se quis, via regulamentação e interpretação – aí a crítica que faço – estender uma incidência para outras hipóteses que não aquelas que a contribuição alcança e às quais ela é atrelada por determinação constitucional" (GRECO, Marco Aurélio. Tributação dos intangíveis. *RET* 37/130, 2004).

– **No sentido de que não compõe a base de cálculo da Contribuição instituída pela Lei n. 10.168/2000 (*Royalties*).** "Cide sobre *royalties*. Base de cálculo. Inclusão do imposto de renda retido na fonte. Ilegalidade. Não incide a Cide sobre o valor reajustado do pagamento feito pelo contribuinte ao exterior, por meio da utilização da regra de reajustamento prevista no art. 725 do RIR/1999, mas somente sobre o valor dos pagamentos feitos ao exterior, nos termos do art. 2º, § 3º, da Lei 10.168/2000 com a redação da Lei 10.332/2001" (CARF, Recurso 139369, 2010).

– **Licença de uso ou de comercialização ou distribuição de *software*. Lei n. 11.452/2007.** "A prescrição encartada pelo artigo 20 da Lei n. 11.452/07 pode... ser interpretada de duas formas bem distintas: (i) como hipótese de isenção legal, privilegiando o entendimento fazendário quanto à procedência da tributação em período anterior à as edição; e (i) como hipótese de não incidência legalmente qualificada, embasando a exegese de que a tributação da cessão de licença de uso nunca esteve ao alcance da Cide-Tecnologia inexistindo a possibilidade de discussão a respeito da natureza interpretativa da mencionada lei. [...] A ocorrência do fato gerador da Cide-Tecnologia se dá com o pagamento, crédito, entrega, emprego ou remessa de *royalties* de qualquer natureza, havendo, no entanto, que se reconhecer os referidos adimplementos pelo regime de competência, razão pela qual não há a possibilidade de aplicação da norma trazida pela Lei n. 11.452/07 sobre operações que, ocorridas antes de 1º de janeiro de 2006, tiveram a efetiva remessa dos valores em momento posterior à data transcrita. Nesse caso, a ocorrência do fato gerador já tinha se dado, sendo que apenas a mera obrigatoriedade do pagamento (com o vencimento do tributo) é que se efetivaria no período de eficácia da nova lei" (BOMFIM, Diego Marcel. Cide-Tecnologia: análise das alterações promovidas pela Lei n. 11.452/2007. *RDDT* 155/26, 2008).

– **Transferência exclusiva, ampla e irrestrita: alienação de direitos e não licença de uso. Tributação.** "... os *royalties* no direito brasileiro são definidos como os rendimentos de qualquer espécie decorrentes do uso, fruição, exploração de direitos, incluindo os direitos autorais (desde que não pagos diretamente ao próprio autor da obra). Note-se, assim, que no caso de contratos que tenham por objeto a licença de segredos referentes ao direito de uso do invento, o preço a ser pago ao detentor da tecnologia dar-se-á a título *royalties* (conforme art. 22, *c*, da Lei n. 4.506/1964). Todavia, a 'transferência, a título oneroso, de forma definitiva, exclusiva, ampla e irrestrita' aqui tratada configura-se, juridicamente, como uma alienação dos próprios direitos de propriedade industrial e/ou intelectual, e não uma licença para seu uso. Portanto, assemelha-se a um contrato de compra e venda, só que de bem intangível (ou incorpóreo). Contudo, a nomenclatura correta para a aquisição de direitos intelectuais é a de 'cessão de direitos' e não 'contrato de compra e venda'. Fato é que, independentemente da nomenclatura adotada no contrato (isto é, 'cessão', 'transferência', 'licença', 'venda' etc.), este objeto não é remunerado por *royalties*, uma vez que a cessão definitiva implica efetiva e total alienação da titularidade sobre os direitos de patente, marca ou direitos de autor. Desta forma, sua remuneração não se dá pelo direito de uso ou exploração, mas, sim, pela aquisição integral da própria titularidade do intangível, devendo por isso ser caracterizada como preço pago como contraprestação pela alienação de um bem imaterial, suscetível de ensejar, para o cedente, ganho de capital passível de tributação pelo imposto de renda, se o preço da alienação desse bem for superior ao seu custo. [...] Também a cessão de patentes ou segredo comercial/industrial não patenteado implica a transferência da integralidade dos direitos relativos à propriedade intangível ao seu adquirente, razão pela qual a respectiva remuneração não constitui *royalties*, por não ser direito de uso ou exploração de determinado direito alheio. ... o contrato de cessão (i.e., de transferência de tecnologia não patenteada) não tem por objeto a concessão do uso de um direito, mas, novamente, a alienação do próprio direito. [...] a remuneração pela transferência internacional de tecnologia decorrente de contrato de cessão onerosa, permanente e exclusiva de código fonte, deve, tecnicamente, ser qualificada como 'ganho de capital' (e não como *royalties*) para fins tributários brasileiro e internacional, com supedâneo na posição adotada pela OCDE. Portanto, tais

remessas internacionais sujeitam-se ao tratamento fiscal brasileiro correspondentes aos ganhos de capital, sendo inconcebíveis as exigências de PIS/Cofins-importação e ISS neste caso, sob pena de inquestionável violação da legalidade tributária" (LOTT, Maíra Carvalhaes. Temas controversos sobre a tributação das remessas ao exterior decorrentes dos direitos de propriedade industrial e da remuneração de serviços e de *royalties*. *RDDT* 213/102, 2013).

– **Outras considerações sobre o conceito de *royaltie*.** "No direito Tributário internacional, designadamente a Convenção Modelo OCDE – que fixa as bases para a realização de acordos internacionais para evitar a dupla tributação (ADTs) –, em seu artigo 12, designa como *royalties* as remunerações de qualquer natureza pagas pelo uso ou pela concessão do uso de direitos de autor sobre obras literárias, artísticas ou científicas (inclusive dos filmes cinematográficos, filmes ou fitas de gravação de programas de televisão ou radiodifusão), de patentes, marcas de indústria ou de comércio, desenhos ou modelos, planos fórmulas ou processos secretos, bem como pelo uso ou concessão de uso de equipamentos industriais, comerciais ou científicos e por informações correspondentes à experiência adquirida no setor industrial, comercial ou científico. Ao contrário do tratamento conferido pela legislação brasileira, o Direito Tributário internacional, nos comentários ao artigo 12 da convenção Modelo OCDE, perfaz uma distinção conceitual aos pagamentos por assistência técnica e serviços técnicos, os quais se submetem ao artigo 7º daquele paradigma... Por outro lado, a Lei n. 4.506/1964, em seu artigo 24, § 2º, determina não constituir royalty o pagamento do custo das máquinas, equipamentos e instrumentos patenteados. Deveras, diferencia-se o pagamento de *royalty*, enquanto rendimento pela exploração de direitos de propriedade industrial etc., do preço do bem físico em que a tecnologia patenteada está inserida. Isto, pois, uma coisa é o direito de reproduzir o bem (fruto do direito intelectual) e outra é o direito ao bem reproduzido (resultado da alienação do *corpus mechanicum*), muito embora, economicamente, no preço do bem fabricado sob licença, haja uma parcela correspondente aos *royalties*, segmento do custo, o qual, não é, juridicamente, *royalty*. No artigo 23 da dita Lei 4.506/64, está, ainda, a previsão de que, como *royalties* são entendidos... o inciso II contempla, por exemplo, o pagamento dos técnicos necessários à assistência tecnológica suplementar imprescindível para, em alguns casos, por o objeto da patente em exploração. Já o inciso IV se aplica à incorporação de valores relacionados à manutenção do direito ao montante dos *royalties*, tendo em conta que as licenças preveem, algumas vezes, que este ônus seja assumido pelo licenciado" (SANTOS, Ramon Tomazela. A compensação entre os prejuízos e os lucros apurados por controladas e coligadas no exterior e o registro do Imposto de Renda diferido: a mensuração do prejuízo do exterior. *RDDT* 213/110, 2013).

– **Base de cálculo da CIDE-Royalties composta pelo IRRF sobre os valores remetidos a residentes ou docimiliados no exterior. Súmula CARF 158:** "O Imposto de Renda Retido na Fonte – IRRF incidente sobre valores pagos, creditados, entregues, empregados ou remetidos, a cada mês, a residentes ou domiciliados no exterior, a título de remuneração pelas obrigações contraídas, compõe a base de cálculo da Contribuição de Intervenção no Domínio Econômico – CIDE de que trata a Lei n. 10.168/2000, ainda que a fonte pagadora assuma o ônus financeiro do imposto retido" (CSRF, 2019). Obs.: vinculante, conforme Portaria ME n. 410/2020).

– Condecine. Contribuintes. Embora reiteradamente classificada pela jurisprudência como contribuição de intervenção no domínio econômico, bem poderia ser classificada, também, como contribuição social geral, porquanto a Agência ANCINE, financiada pela contribuição CONDECINE, tem como finalidade precípua promover a cultura nacional e da língua portuguesa, mediante o estímulo ao desenvolvimento da indústria cinematográfica e videofonográfica nacional em sua área de atuação.

– "AGÊNCIA NACIONAL DE CINEMA – ANCINE – VALIDADE CONSTITUCIONAL DA LEGISLAÇÃO PERTINENTE À INSTITUIÇÃO DA CONTRIBUIÇÃO SOCIAL DE INTERVENÇÃO NO DOMÍNIO ECONÔMICO DESTINADA AO SETOR CINEMATOGRÁFICO – EXIGIBILIDADE DESSA ESPÉCIE TRIBUTÁRIA – DESNECESSIDADE DE VINCULAÇÃO DIRETA ENTRE O CONTRIBUINTE E A DESTINAÇÃO DAS RECEITAS TRIBUTÁRIAS ARRECADADAS – PRECEDENTES – RECURSO DE AGRAVO IMPROVIDO" (STF, RE 581.375 AgR, 2012).

– "... segundo a regra geral do parágrafo único do artigo 32, c/c o inciso III do artigo 35, ambos da MP 2.228-1/01, as empresas domiciliadas no Brasil são os contribuintes do CONDECINE pelo pagamento, crédito, emprego, remessa ou entrega, aos produtores, distribuidores ou intermediários no exterior, de importâncias relativas a rendimentos decorrentes da exploração de obras cinematográficas e videofonográficas ou por sua aquisição ou importação, a preço fixo. Em consequência, porém, da isenção concedida pelo inciso X do art. 39 da MP 2.228-1, inciso incluído pela Lei n. 10.454/02, no caso de programação internacional, o contribuinte é a empresa programadora estrangeira, figurando a empresa sediada no Brasil como responsável tributário em sentido estrito" (SARAIVA FILHO, Oswaldo Othon de Pontes. Parecer AC-08. Pedido de manifestação da AGU quanto à definição do contribuinte da CONDECINE na hipótese do parágrafo unido do art. 31 da Medida Provisória n. 2.228-1/01. *RFDT* 7/111, 2004).

– Sobre a incidência monofásica da contribuição do CONDECINE vide: MARTINS, Vinícius Alves Portela. A questão da (in)definição sobre incidência monofásica de contribuições de intervenção no domínio econômico – CIDE: O caso da Condecine. *RTFP* 98/123, 2011).

– Defesa do meio ambiente. "Para A. C. Pigou, deseconomias externas (ou externalidades negativas) são os efeitos sociais danosos decorrentes da produção privada; [...] O custo ambiental, socialmente suportado, deve ser internalizado pelo poluidor. O poluidor deverá suportar integralmente os custos de sua atuação ambientalmente indesejada. Ao Estado é dada a unção de garantir que tal processo seja realizado. O Estado, para dar cumprimento a tal tarefa, vale-se de um instrumento de intervenção na econômica denominado tributo. [...] A tributação ambiental, por intermédio da internalização dos custos ambientais, busca a

correção das distorções de mercado, que, pela dinâmica disposta pelas externalidades negativas, proporciona ao agente econômico poluidor uma subvenção de toda sociedade aos custos ambientais por ele gerados. De outro lado, a proposta da tributação ambiental é a de funcionar como instrumento de indução do comportamento dos agentes econômicos (potencialmente poluidores) de modo a que suas ações se realizem, sempre, de maneira menos custosa ao meio ambiente. Trata-se de um mecanismo de regulação econômica e não proibitivo/autorizativo de condutas" (MODÉ, Fernando Magalhães. *Tributação ambiental, a função do tributo na proteção do meio ambiente.* Curitiba: Juruá, 2003, p. 112, 114 e 118).

– Taxa de Controle e Fiscalização Ambiental enquanto contribuição para a defesa do meio ambiente. Lei n. 10.165/2000. Vide nota ao art. 78, do CTN, p. 880.

– AFRMM. Intervenção nas atividades de navegação mercante. A Lei 10.893, de 13 de julho de 2004, disciplina o AFRMM: "Art. 3º O AFRMM, instituído pelo art. 1º do Decreto-Lei n. 2.404, de 23 de dezembro de 1987, destina-se a atender aos encargos da intervenção da União no apoio ao desenvolvimento da marinha mercante e da indústria de construção e reparação naval brasileiras, e constitui fonte básica do FMM. § 1º Compete à Secretaria da Receita Federal do Brasil a administração das atividades relativas a cobrança, fiscalização, arrecadação, restituição e concessão de incentivos do AFRMM previstos em lei. (Redação dada pela Lei n. 12.788, de 2013). § 2º O AFRMM sujeita-se às normas relativas ao processo administrativo fiscal de determinação e exigência do crédito tributário e de consulta, de que tratam o Decreto n. 70.235, de 6 de março de 1972, e os arts. 48 a 50 da Lei n. 9.430, de 27 de dezembro de 1996. (Incluído pela Lei n. 12.599, de 2012). § 3º A Secretaria da Receita Federal do Brasil expedirá os atos necessários ao exercício da competência a que se refere o § 1º. (Incluído pela Lei n.12.599, de 2012). § 4º Os créditos orçamentários necessários para o desempenho das atividades citadas no § 1º serão transferidos para a Unidade Orçamentária da Secretaria da Receita Federal do Brasil, para sua efetiva execução de acordo com os valores aprovados na respectiva lei orçamentária anual – LOA. (Incluído pela Lei n. 12.788, de 2013). Art. 4º O fato gerador do AFRMM é o início efetivo da operação de descarregamento da embarcação em porto brasileiro. Parágrafo único. O AFRMM não incide sobre: (Redação dada pela Lei n. 12.788, de 2013) I – a navegação fluvial e lacustre, exceto sobre cargas de granéis líquidos, transportadas no âmbito das Regiões Norte e Nordeste; e (Incluído pela Lei n. 12.788, de 2013) II – o frete relativo ao transporte de mercadoria submetida à pena de perdimento. (Incluído pela Lei n. 12.788, de 2013). Art. 5º O AFRMM incide sobre o frete, que é a remuneração do transporte aquaviário da carga de qualquer natureza descarregada em porto brasileiro. § 1º Para os fins desta Lei, entende-se por remuneração do transporte aquaviário a remuneração para o transporte da carga porto a porto, incluídas todas as despesas portuárias com a manipulação de carga, constantes do conhecimento de embarque ou da declaração de que trata o § 2º do art. 6º desta Lei, anteriores e posteriores a esse transporte, e outras despesas de qualquer natureza a ele pertinentes. § 2º O somatório dos fretes dos conhecimentos de embarque desmembrados não pode ser menor que o frete do conhecimento de embarque que os originou. Art. 6º O AFRMM será calculado sobre a remuneração do transporte aquaviário, aplicando-se as seguintes alíquotas: I – 25% (vinte e cinco por cento) na navegação de longo curso; II – 10% (dez por cento) na navegação de cabotagem; e III – 40% (quarenta por cento) na navegação fluvial e lacustre, quando do transporte de graneis líquidos nas regiões Norte e Nordeste. § 1º O conhecimento de embarque é o documento hábil para comprovação do valor da remuneração do transporte aquaviário. § 2º Nos casos em que não houver a obrigação de emissão do conhecimento de embarque, o valor da remuneração do transporte aquaviário, para fins de cálculo do AFRMM, será apurado por declaração do contribuinte. § 3º Sobre as mercadorias destinadas a porto brasileiro que efetuarem transbordo ou baldeação em um ou mais portos nacionais não incidirá novo AFRMM referente ao transporte entre os citados portos, se este já tiver sido calculado desde a sua origem até seu destino final".

– O sujeito ativo do AFRMM é a União, que administra a contribuição através da Secretaria da Receita Federal do Brasil, conforme consta do art. 3º, § 1º, da Lei n. 10.893/2004, com a redação da Lei 12.788/2013.

• Vide, também, a Lei 10.849, de 23 de março de 2004, que criou o Programa Nacional de Financiamento da Ampliação e Modernização da Frota Pesqueira Nacional – Profrota Pesqueira.

– Análise bastante abrangente e bem elaborada do AFRMM, inclusive com referência à destinação dos valores arrecadados e aos atores do setor naval que participam da operacionalização do financiamento com recursos do Fundo da Marinha Mercante, vide em: BARBOSA, Daniela Ohana Mello Lage Barros. Os reflexos do Adicional ao Frete para a Renovação da Marinha Mercante (AFRMM) na indústria do transporte marítimo e construção naval, p. 171-210. In: CASTRO JUNIOR, Osvaldo Agripino de (coord.). *Direito marítimo: temas atuais.* Belo Horizonte: Ed. Fórum, 2012.

– "... Destarte, como contribuição de intervenção no domínio econômico foi o AFRMM recebido pela Constituição vigente, art. 149, dado que o Adicional ao Frete para a Renovação da Marinha Mercante AFRMM destina-se a atender aos encargos da intervenção da União nas atividades de navegação mercante (D.L. 2.404/87, art. 1º), consistindo essa intervenção no apoio ao desenvolvimento da Marinha Mercante Brasileira e da indústria de construção naval (D.L. 2.404/87, art. 1º, parágrafo único). Trata-se de um adicional ao frete cobrado pelas empresas brasileiras e estrangeiras de navegação que operem em porto brasileiro, de acordo com o conhecimento de embarque e o manifesto de carga, pelo transporte de carga de qualquer natureza, certo que esse adicional é devido na entrada do porto de descarga (D.L. 2.404/87, art. 2º, § 1º), calculado o AFRMM sobre o frete, nos percentuais estabelecidos no art. 3º" (STF, RE 165.939, excerto do voto do relator).

– "... I O Adicional ao Frete para Renovação da Marinha Mercante AFRMM é uma contribuição parafiscal ou especial, contribuição de intervenção no domínio econômico, terceiro gênero tributário, distinta do imposto e da taxa. (C.F., art. 149). II O

AFRMM não é incompatível com a norma do art. 155, § 2º, IX, da Constituição. Irrelevância, sob o aspecto tributário, da alegação no sentido de que o Fundo da Marinha Mercante teria sido extinto, na forma do disposto no art. 36, ADCT." Sobre este último aspecto, vale transcrever o que segue: "... é irrelevante, sob o aspecto tributário, a questão de o Fundo da Marinha Mercante ter sido extinto, ou não (C.F., ADCT, art. 36). A uma, porque esse Fundo não constituía a única destinação do AFRMM, como bem registrou o acórdão, com base no D.L. 2.404/87, art. 8º, com a redação do D.L. 2.414/88; a duas, porque não é o mencionado Fundo que caracteriza a contribuição como de intervenção; a três, porque a natureza jurídica do tributo é determinada pelo fato gerador da respectiva obrigação, sendo irrelevante para qualificá-la a destinação legal do produto da sua arrecadação (CTN, art. 4º, II)" (STF, RE 177137-2/RS).

– "AFRMM – ISENÇÃO... O AFRMM, contribuição de intervenção no domínio econômico, tem como fato gerador o transporte da mercadoria e base de incidência o frete, assim, não é alcançado pelo benefício da isenção estabelecida em acordo internacional. – A isenção do AFRMM é verificada caso por caso..." (STJ, REsp 198.561, 1999).

– **Responsabilidade do armador.** "AFRMM ... 6. O armador recebe do contribuinte os valores relativos ao frete e ao Adicional ao Frete para Renovação da Marinha Mercante – AFRMM, ficando responsável pelo repasse da exação ao Fisco na condição de fiel depositário da quantia recebida, por isso que não é o contribuinte do tributo, conforme a redação dos artigos 3º e 15º, do Decreto-lei n. 1.142/70, mantido pelo Decreto-lei n. 1.801/80" (STJ, REsp 1.012.494, 2010).

– **Isenção. Análise da inclusão da mercadoria em tratado internacional.** "(AFRMM). ISENÇÃO. DECRETO 429/92. DECRETO-LEI N. 2.404/87 E DECRETO-LEI N. 2.414/88. ARTS. 96 E 179 E § 2º, CTN. 1. A isenção da AFRMM é verificada caso por caso, dependente de prévia análise da autoridade competente (ato-condição), certificando que as mercadorias estão incluídas nos tratados internacionais firmados pelo Brasil. Pois torna-se imprescindível essa identificação, base material para a pretendida isenção (Decreto-lei 2.414, art. 5º, V, c). 2. A autoridade fiscal, na sua atividade administrativa não pode fugir a esse ato-condição, devendo cumprir as exigências e requisitos legais para a existência e validade do ato administrativo consubstanciador da isenção. 3. A alteração introduzida pelo Decreto 429/92 retirou a competência para a apreciação da isenção do Ministério das Relações Exteriores, transferindo-a ao Departamento Nacional de Transporte Aquaviário – DNTA. 4. Recurso não provido" (STJ, REsp 221.217, 2001).

– **Súmula 37 do TRF2:** "A isenção do Adicional ao Frete para Renovação da Marinha Mercante (AFRMM) depende da existência de ato internacional de natureza contratual, firmado pelo Brasil concedendo o benefício à mercadoria importada, não podendo ser concedida por acordo ou tratado de caráter geral, cujo objeto é a regulamentação do comércio internacional" (2005).

– "AFRMM. DECRETOS-LEIS 2404/87 E 2414/88. ISENÇÃO. COMPETÊNCIA. O artigo 5º do Decreto-Lei 2.414/88, ao estabelecer a isenção do pagamento do AFRMM para as cargas de mercadorias importadas em decorrência de atos internacionais firmados pelo Brasil, referiu-se a tratados de natureza contratual e não a tratados normativos de caráter geral. Não há invasão de competência eis que o AFRMM não é imposto e, ademais, seu fato gerador é a descarga de produtos importados em porto brasileiro e sua base de cálculo é o preço do frete cobrado em relação a transporte internacional, enquanto que o ICMS incide sobre o serviço de transporte interestadual e intermunicipal, com exclusão do transporte internacional" (TRF4, AMS 97.04.21102-3, 2000).

– Sobre a distinção entre tratado de natureza normativa e tratado de natureza contratual, incluindo a controvérsia sobre a própria validade da distinção, vide notas ao art. 98 do CTN.

– **Saída de mercadoria para a Zona Franca de Manaus.** "AFRMM. LEGITIMIDADE ATIVA. SAÍDA DE MERCADORIAS DOS PORTOS NACIONAIS PARA ZONA FRANCA DE MANAUS. ISENÇÃO. 1. A remessa de mercadorias de origem nacional para a Zona Franca de Manaus equivale a uma exportação para o estrangeiro, não se justificando a exigência de cobrança do Adicional ao Frete para Renovação da Marinha Mercante – AFRMM, em face do previsto no art. 4º, do Decreto-Lei n. 288/67 e art. 54 da Lei n. 5.025/66, coligada ao Decreto-Lei n. 1.142/70. 2... 4. O Supremo Tribunal Federal consolidou a jurisprudência no sentido de que 'o AFRMM era, em face do disposto no inciso I do § 2º, do artigo 21 da emenda Constitucional n. 01/69, uma nova espécie do gênero tributo (contribuição parafiscal específica, destinada a incrementar o desenvolvimento da iniciativa privada). Sendo tributo, e estando a remessa de mercadorias para a Zona Franca de Manaus equiparada, para todos os efeitos fiscais, à exportação (que não está sujeita ao AFRMM, mas, apenas, ao imposto de exportação), o referido adicional não incide sobre essa remessa, nos termos do artigo 4º, do Decreto-lei 288/67, combinado com o artigo 54 da Lei 5.025/64 e com o artigo 3º, § 5º, letra *d* do Decreto-lei 1.142/70'..." (STJ, REsp 1.012.494, 2010).

– **Porto das regiões norte ou nordeste.** "ADICIONAL DE FRETE PARA RENOVAÇÃO DA MARINHA MERCANTE. ART. 17 DA LEI N. 9.432/97. ILEGALIDADE DA COBRANÇA. 1. A não incidência do AFRMM sobre mercadoria cuja origem ou destino final seja porto localizado na Região Norte ou Nordeste está expressamente estabelecida no art. 17, da Lei n. 9.432/97. 2. Apelação e remessa oficial improvidas" (TRF4, AC 2001.04.01.024567-8, 2002).

– **ATP (Adicional de Tarifa Portuária).** Intervenção através de investimentos para melhoramento, reaparelhamento, reforma e expansão de instalações portuárias. A contribuição denominada Adicional de Tarifa Portuária foi instituída pelo art. 1º, § 1º, da Lei 7.700/88, *verbis*: "Art. 1º. É criado o Adicional de Tarifa Portuária – ATP, incidente sobre as Tabelas das Tarifas Portuárias. § 1º. O Adicional a que se refere este artigo é fixado em 50% (cinquenta por cento), e incidirá sobre as operações realizadas com mercadorias importadas ou exportadas, objeto do comércio na navegação de longo curso. [...]". Vide, ainda, o art. 52 da Lei 8.630/93. O STF já se pronunciou reiteradas vezes no sentido de que constitui contribuição de intervenção no domínio econômico e de que é constitucional.

– "[...] 2. Adicional de Tarifa Portuária: exação declarada constitucional pela maioria qualificada do plenário do Supremo Tribunal, sob o fundamento de caracterizar contribuição de intervenção no domínio econômico legitimada pelo art. 149 da Constituição: RE provido, com ressalva pessoal do relator (RREE 209.365 e 218.061)" (STF, RE 265.721, 2000).

– "ATP. Lei 7.700, de 1988, art. 1º, § 1º. I. – Natureza jurídica do A.T.P.: contribuição de intervenção no domínio econômico, segundo o entendimento da maioria, a partir dos votos dos Ministros Ilmar Galvão e Nelson Jobim. II. – Voto do Relator, vencido no fundamento: natureza jurídica do A.T.P.: taxa: criado por lei, Lei 7.700/88, art. 1º, § 1º, remunera serviço público (C.F., art. 21, XII, *d* e *f*; art. 175. Decreto 25.408/34). III. – Constitucionalidade do A.T.P.: Lei 7.700/88, art. 1º, § 1º. IV. – R.E. conhecido e provido" (STF, RE 218.061-5, 1999). Obs.: com idêntica ementa, há o RE 209.365, julgado na mesma data.

– **IAA (Instituto do Açúcar e do Álcool).** "O eg. Supremo Tribunal Federal reconheceu recepcionada pela Constituição de 1988 a contribuição instituída em favor do IAA pelo D.L. 308/67, alterado pelos Decretos-leis 1.712/79 e 1.952/82. – É incompatível com a Nova Carta a possibilidade de a alíquota dessa contribuição variar ou ser fixada por autoridade administrativa, dado o princípio da legalidade. – Entendimento do Pretório Excelso no RE 214.206-9-AL. – Recurso especial prejudicado por perda de objeto" (STJ, REsp 133.310, 2003).

– Sobre a matéria, há, ainda: RE 198.554-2, 1998, RE 182.120, 1998, RE 214.206-0, 1997, RE 178.144, 1996.

– A Lei n. 8.393/91, através do seu art. 1º, extinguiu a contribuição sobre saídas de açúcar, de cana-de-açúcar, criada pelo Decreto-Lei n. 308, de 28 de fevereiro de 1967, alterada pelos Decretos-Leis ns. 1.712, de 14 de novembro de 1979, e 1.952, de 15 de julho de 1982, e o respectivo adicional, criado por este último diploma legal.

– **IBC (Instituto Brasileiro do Café).** Quanto a esta contribuição, faz-se necessário prestar esclarecimentos, pois as ementas que se sucederam sobre a matéria não revelam adequadamente o entendimento adotado pelo STF. O STF, quando do julgamento do RE 191.229-4/SP, com ementa abaixo transcrita, relatado pelo Min. Ilmar Galvão, entendeu que a chamada quota de contribuição em favor do IBC havia sido recepcionada e que a delegação ao Executivo para fixação de alíquota, esta, sim, não poderia mais ser exercida, pela necessidade de lei, a partir da Constituição de 1988, para tanto, de maneira que prosseguia sendo cobrada a contribuição, mas eventual alteração de alíquota dependeria de lei. Esta, aliás, é mesmo a interpretação feita pelo Supremo do art. 25, I, do ADCT (conforme pode ser visto em nota ao art. 150, I, da CF, sob a rubrica *Art. 25 do ADCT*), forte, inclusive, no entendimento já consolidado de que a recepção depende de juízo material de adequação, e não formal (vide nota introdutória à CF acerca da recepção). Entretanto, quando do julgamento do RE 198.554-2/SP, cuja ementa também segue transcrita, o STF, em Sessão Plenária, reviu o entendimento da 1ª T., passando a decidir, então, que a quota de contribuição ao IBC não tinha sido recepcionada. A ementa deste acórdão leva a crer que a não recepção se deu com base em juízo de admissibilidade formal. Entretanto, vê-se do voto-vista do Min. Ilmar Galvão, que o ponto determinante é que a delegação de competência feita pelo Decreto-Lei n. 2.295/86 foi para que o Presidente do IBC pudesse fixar a alíquota, sem qualquer balisamento legal, e não apenas para que alterasse alíquotas ou bases de cálculo já definidas, sob condições e limites estabelecidos em lei, conforme exigia o § 2º do art. 21 da EC n. 01/69. Assim, havia vício de origem no Decreto-Lei n. 2.295/86, que era inconstitucional, já que incompatível com a Constituição anterior. No dizer do Min. Ilmar Galvão, pois, "Por isso mesmo, a Carta de 1988 não encontrou tributo suscetível de ser por ela recebido, na forma prevista no art. 34, § 5º, do ADCT. Pelo motivo já apontado de que o DL 2.295/86 se revelara, desde a sua edição, incompatível com a EC 01/69 e, por conseguinte, sem qualquer validade".

– "CONTRIBUIÇÃO. I.B.C. CAFÉ: EXPORTAÇÃO: COTA DE CONTRIBUIÇÃO. D.L. 2.295, DE 21.11.86, ARTIGOS 3º E 4º. C.F./67, ART. 21, § 2º, I; C.F., 1988, ART. 149. I. – Não recepção, pela C.F./88, da cota de contribuição nas exportações de café: D.L. 2.295/86, arts. 3º e 4º. Precedentes do S.T.F. II. – Inconstitucionalidade da cota de contribuição do I.B.C. – D.L. 2.295/86, arts. 2º e 4º – frente à C.F./67, art. 21, I, *ex vi* do disposto no inciso I do § 2º do mesmo art. 21" (STF, RE 408.830, 2004).

– "CONTRIBUIÇÃO. IBC. CAFÉ: EXPORTAÇÃO: COTA DE CONTRIBUIÇÃO: DL 2295, de 21.11.86, arts. 3º e 4º CF, 1967, art. 21, § 2º, I; CF, 1988, art. 149. I – Não recepção, pela CF/88, da cota de contribuição nas exportações de café, dado que a CF/88 sujeitou as contribuições de intervenção à lei complementar do art. 146, III, aos princípios da legalidade (CF, art. 150, I), da irretroatividade (art. 150, III, *a*) e da anterioridade (art. 150, III, *b*). No caso, interessa afirmar que a delegação inscrita no art. 4º do DL 2295/86 não é admitida pela CF/88, art. 150, I, *ex vi* do disposto no art. 146. Aplicabilidade, de outro lado, do disposto nos artigos 25, I, e 34, § 5º do ADCT/88" (STF, RE 198.554-2, 1997).

– **Contribuição ao FUST (Fundo de Universalização dos Serviços de Telecomunicações). Lei n. 9.998/2000.** Há artigo de Alexandre Bleggi Araujo, A contribuição ao FUST. *RDDT* 69, 2001, p. 7-21, procurando demonstrar que não se adéqua às normas atinentes a nenhuma das espécies tributárias, de modo que seria inconstitucional.

– "... após uma análise acerca da regra-matriz de incidência tributária da contribuição instituída pela Lei n. 9.998/2000, teremos no seu antecedente normativo: i) como critério material a prestação de serviços de telecomunicações; ii) como critério espacial, qualquer lugar do território nacional, iii) como critério temporal, o último dia do mês; Como corolário, teremos no consequente normativo: iv) como critério pessoal, primeiramente, o sujeito ativo, a Agência Nacional de telecomunicações – Anatel e, como sujeito passivo os prestadores de serviços de telecomunicações; v) por último, como critério quantitativo, a receita operacional bruta, decorrente da prestação de serviços de telecomunicações, excluídos o ICMS, o IPI e a Cofins como base de cálculo, e a alíquota de 1%. [...] i) caracterizam-se como serviços de valor adicionado aqueles que se utilizam de um meio físico comunicacional preexistente, que apenas acrescentam a este, elementos que possibilitam o fenômeno comunicacional; ii) por se tratar de mera atividade-meio e indissociável da atividade-fim, e que desta se utilizam, os serviços de valor adicionado não se revestem das características dos serviços de comunicação; iii) não podendo ser considerado como sérico comunicacional, a prestação de serviços de valor adicionado, tal como os desenvolvidos pelas empresas prestadoras dos serviços de processamento de dados, envio de mensagens de vídeo e voz, Voip e provedores de internet não estão sujeitos à incidência da contribuição ao fundo de Universalização dos Serviços de Telecomunicações – Fust, de competência da União" (COELHO, Guilherme de Meira. A não incidência das contribuições ao fundo de Universalização dos Serviços de telecomunicações – Fust nos serviços de valor adicionado. *RDDT* 229/36, 2014).

– **Responsabilidade tributária relativamente ao FUST.** "o Decreto n. 3.624 previu, em seu art. 8º, que todas as prestadoras de serviços de telecomunicações devem pagar a contribuição ao Fust não pode haver privilégios, nem favorecimento desta ou daquela empresa, o que geraria um desequilíbrio sistêmico da igualdade O art. 8º é, portanto, aquele que explicita a neutralidade, universalização e intervenção justificada pela contribuição para evitar descompetitividade do mercado. [...] A única leitura possível, portanto, do parágrafo único do art. 6º é que adotou, o legislador, uma não cumulatividade implícita, com distribuição da carga pelo serviço prestado, por todas as operadoras – dada a obrigação de todas as empresas de telecomunicações pagarem o tributo –, evitando a incidência em cascata (art. 8º do Decreto n. 3.624/2000)" (MARTINS, Ives Gandra da Silva. Contribuição de Intervenção no Domínio Econômico para o Fundo de Universalização dos Serviços de Telecomunicações – Inteligência da Lei n. 9.998/2000 e do Decreto n. 3.624/2000 (Regulamento do FUST) no que Concerne à Responsabilidade Tributária – Parecer. *RET* 50, jul.-ago. 2006) Vide, também, na *RDDT* 115/133, abr. 2005.

– **FUST X FUNTEL. *Bis in idem*. Inexistência.** "CIDE – LEI 10.168/2000 – *BIS IN IDEM* – FUST E FUNTEL – INEXISTÊNCIA... 2. A CIDE, como contribuição de intervenção no domínio econômico, destina-se a financiar o programa de estímulo à interação universidade-empresa para apoio à inovação, não se confundindo com a FUST (Fundo de Universalização dos Serviços de Telecomunicações), criado com a Lei 9.998/2000, destinado a cobrir os custos dos serviços de universalização dos serviços de telecomunicações que não possa ser recuperada com a normal exploração do serviço. 3. Também não se confunde com o FUNTEL (Fundo para o Desenvolvimento Tecnológico das Telecomunicações), previstos na Lei 10.052/2000, destinado a estimular o processo de inovação tecnológica a capacitação de recursos humanos, fomento à geração de empregos e promoção de acesso de pequenas e médias empresas, ampliando a competitividade da indústria brasileira de telecomunicações. 4. Sem identidade, não ocorre *bis in idem*, sendo diversa a incidência, a base de cálculo e a finalidade. 5. As exações só se identificam por serem, todas três, espécie do gênero contribuição de intervenção no domínio econômico" (STJ, REsp 894.129, 2009).

– **INCRA. 0,2%.** Dentre a contribuição a terceiros incidente sobre a folha de salários, está a contribuição ao INCRA, de 0,2%.

Durante muito tempo, o entendimento predominante foi no sentido de que se tratava de contribuição assistencial. Em 2006, contudo, o STJ passou a qualificá-la como contribuição de intervenção no domínio econômico.

– "CONTRIBUIÇÃO DESTINADA AO INCRA. ADICIONAL DE 0,2%. NÃO EXTINÇÃO PELAS LEIS 7.787/89, 8.212/91 E 8.213/91. LEGITIMIDADE... 3. A Política Agrária encarta-se na Ordem Econômica (art. 184 da CF/1988) por isso que a exação que lhe custeia tem inequívoca natureza de Contribuição de Intervenção Estatal no Domínio Econômico, coexistente com a Ordem Social, onde se insere a Seguridade Social custeada pela contribuição que lhe ostenta o mesmo *nomen juris*. 4. A hermenêutica, que fornece os critérios ora eleitos, revela que a contribuição para o Incra e a Contribuição para a Seguridade Social são amazonicamente distintas, e a *fortiori*, infungíveis para fins de compensação tributária. 5. A natureza tributária das contribuições sobre as quais gravita o *thema iudicandum*, impõe ao aplicador da lei a obediência aos cânones constitucionais e complementares atinentes ao sistema tributário... 7. A evolução histórica legislativa das contribuições rurais denota que o Funrural (Prorural) fez as vezes da seguridade do homem do campo até o advento da Carta neo-liberal de 1988, por isso que, inaugurada a solidariedade genérica entre os mais diversos segmentos da atividade econômica e social, aquela exação restou extinta pela Lei 7.787/89. 8. Diversamente, sob o pálio da interpretação histórica, restou hígida a contribuição para o Incra cujo desígnio em nada se equipara à contribuição securitária social. 9. Consequentemente, resta inequívoca dessa evolução, constante do teor do voto, que: (a) a Lei 7.787/89 só suprimiu a parcela de custeio do Prorural; (b) a Previdência Rural só foi extinta pela Lei 8.213, de 24 de julho de 1991, com a unificação dos regimes de previdência; (c) entretanto, a parcela de 0,2% (zero vírgula dois por cento) – destinada ao Incra – não foi extinta pela Lei 7.787/89 e tampouco pela Lei 8.213/91, como vinha sendo proclamado pela jurisprudência desta Corte. 10. Sob essa ótica, à míngua de revogação expressa e inconciliável a adoção da revogação tácita por incompatibilidade, porquanto distintas as razões que ditaram as exações *sub judice*, ressoa inequívoca a conclusão de que resta hígida a contribuição para o Incra" (STJ, REsp 977.058, 2008).

– "As contribuições para o INCRA são verdadeiras contribuições de intervenção no domínio econômico que têm por escopo a arrecadação de recursos para a atuação direta do Estado na estrutura fundiária, por meio, precipuamente, da desapropriação para fins de reforma agrária, implantando o programa nacional de reforma agrária, sempre tendo como objetivo último a efetiva observância da função social da propriedade" (CAMARGOS, Luciano Dias Bicalho. Da natureza jurídica das contribuições para o Instituto Nacional de Colonização e Reforma Agrária – INCRA. São Paulo: MP Ed., 2006, p. 366).

– **Não revogação pelas Leis n. 7.787/89, n. 8.212/91 e n. 8.213/91. Súmula 516 do STJ:** A contribuição de intervenção no domínio econômico para o INCRA (Decreto-Lei n. 1.110/1970), devida por empregadores rurais e urbanos, não foi extinta pelas Leis n. 7.787/89, 8.212/91 e 8.213/91, não podendo ser compensada com a contribuição ao INSS (2015).

– O STJ, anteriormente, entendera que a contribuição ao INCRA havia sido revogada tacitamente quando do advento do novo plano de custeio da seguridade social, com a Lei n. 8.212/91. Em 2005, alterou sua posição para dizer da revogação já com a Lei n. 7.787/89. Em 2006, por força do entendimento que a caracteriza como CIDE, passou a considerar que se mantém em vigor, não tendo sido revogada nem pela Lei n. 7.787/89 nem pela Lei n. 8.212/91, que cuidaram das contribuições previdenciárias tão somente.

– "5. A 1ª Seção desta Corte de Justiça já sedimentou entendimento no sentido de que a contribuição destinada ao INCRA não foi extinta pela Lei 7.787/89 e tampouco pela Lei 8.213/91, sendo perfeitamente exigível das empresas urbanas, como decidido no recurso representativo da controvérsia REsp. 977.058..., pela sistemática do art. 543-C do CPC" (STJ, REsp 967.177, 2011).

– **Não revogação pela EC n. 33/2001. Tema 495 do STF:** "É constitucional a contribuição de intervenção no domínio econômico destinada ao INCRA devida pelas empresas urbanas e rurais, inclusive após o advento da EC n. 33/2001". Decisão do mérito em 2021.

– "Contribuição ao INCRA incidente sobre a folha de salários. Recepção pela CF/88. Natureza jurídica. Contribuição de intervenção no domínio econômico (CIDE). Referibilidade. Relação indireta. Possibilidade. Advento da EC n. 33/01, incluindo o § 2º, III, *a*, no art. 149 da CF/88. Bases econômicas. Rol exemplificativo. Contribuições interventivas incidentes sobre a folha de salário. Higidez. 1. Sob a égide da CF/88, diversos são os julgados reconhecendo a exigibilidade do adicional de 0,2% relativo à contribuição destinada ao INCRA incidente sobre a folha de salários. 2. A contribuição ao INCRA tem contornos próprios de contribuição de intervenção no domínio econômico (CIDE). Trata-se de tributo especialmente destinado a concretizar objetivos de atuação positiva do Estado consistentes na promoção da reforma agrária e da colonização, com vistas a assegurar o exercício da função social da propriedade e a diminuir as desigualdades regionais e sociais (arts. 170, III e VII; e 184 da CF/88). 3. Não descaracteriza a exação o fato de o sujeito passivo não se beneficiar diretamente da arrecadação, pois a Corte considera que a inexistência de referibilidade direta não desnatura as CIDE, estando, sua instituição 'jungida aos princípios gerais da atividade econômica'. 4. O § 2º, III, *a*, do art. 149, da Constituição, introduzido pela EC n. 33/2001, ao especificar que as contribuições sociais e de intervenção no domínio econômico 'poderão ter alíquotas' que incidam sobre o faturamento, a receita bruta (ou o valor da operação) ou o valor aduaneiro, não impede que o legislador adote outras bases econômicas para os referidos tributos, como a folha de salários, pois esse rol é meramente exemplificativo ou enunciativo. 5. É constitucional, assim, a CIDE destinada ao INCRA devida pelas empresas urbanas e rurais, inclusive, após o advento da EC n. 33/01. 6. Recurso extraordinário a que se nega provimento. 7. Tese fixada para o Tema n. 495: 'É constitucional a contribuição de intervenção no domínio econômico destinada ao INCRA devida pelas empresas urbanas e rurais, inclusive após o advento da EC n. 33/2001'" (STF, RE 630.898, 2021).

– "As contribuições de intervenção no domínio econômico caracterizam-se pela sua teleologia... A interpretação restritiva que se pretende dar ao art. 149 da Constituição Federal, considerando como *numerus clausus* as bases imponíveis mencionadas, não guarda respaldo na doutrina mais abalizada. [...] O Supremo Tribunal Federal... em vários precedentes... tem decidido que as contribuições sócias ou de intervenção no domínio econômico, incidentes sobre a folha de salários, são devidas. Como corolário lógico, se as contribuições são devidas (analisada no plano da validade e eficácia), é porque não foram revogadas ou não recepcionadas (analisada no plano da existência)" (CAMARGOS, Luciano Dias Bicalho. A contribuição para o Instituto Nacional de Colonização e Reforma Agrária (INCRA) à luz da Emenda Constitucional n. 33/2001. *RDDT* 156/71, 2008).

– **Em sentido contrário.** A contribuição ao INCRA, que incidia sobre a folha de salários, não foi recepcionada pela EC n. 33/2001 que, ao acrescentar o § 2º, III, *a*, ao art. 149 da CF, só submeteu à tributação o faturamento, a receita ou o valor da operação. Vide notas ao respectivo dispositivo constitucional.

– "CONTRIBUIÇÃO AO INCRA. 1. A contribuição ao INCRA, conforme orientação do STJ, configura contribuição de intervenção no domínio econômico, não tendo sido revogada pelas Leis n. 7.789/89 e 8.212/91. 2. Contudo, não foi recepcionada pela EC n. 33/01. Efetivamente, a EC 33/01, ao acrescer o § 2º ao art. 149 da CF, especificou o regime das contribuições sociais e de intervenção no domínio econômico, estabelecendo critérios para o aspecto quantitativo de tais contribuições, quando fossem *ad valorem*, dizendo as bases tributáveis (faturamento, receita bruta ou valor da operação). No caso da contribuição ao INCRA, incidindo sobre a folha de salários, é incompatível com o art. 149, § 2º, *a*, da CF, *a*" (TRF4, AC 2005.71.11.002947-3, 2007).

– "As leis que tratam da Contribuição ao Incra foram revogadas pela Emenda Constitucional n. 33/2001, uma vez que o faturamento, a receita bruta e o valor da operação ou, no caso de importação, o valor aduaneiro, não se confundem com a folha de salários (base de cálculo da Contribuição para o INCRA)... a contribuição para o Incra somente seria válida caso se ajustasse, em tudo e por tudo, ao regime jurídico próprio desta figura, inscrito no art. 149, *caput* e em seus §§ 2º e 3º, da Constituição Federal... tal, porém, não se dá, porque a legislação que instituiu a contribuição para o Incra (cuja base de cálculo é a folha de salários) passou, com a edição da EC n. 33/2001, a padecer de inconstitucionalidade superveniente, tendo sido, assim, revogada por este ato normativo" (CARRAZZA, Roque Antonio. Contribuição de intervenção no domínio econômico... *RDDT* 170/93, 2009).

– **Cobrança das empresas urbanas.** "CONTRIBUIÇÃO AO INCRA. NATUREZA JURÍDICA. CONTRIBUIÇÃO DE INTERVENÇÃO NO DOMÍNIO ECONÔMICO. NÃO EXTINÇÃO PELAS LEIS 7.787/1989, 8.212/1991 E 8.213/1991. EXIGIBILIDADE DE EMPRESAS URBANAS. POSSIBILIDADE... 1. A exação destinada ao Incra não foi extinta com o advento das Leis 7.787/1989, 8.212/1991 e 8.213/1991. Permanece, pois, em vigor como Contribuição de Intervenção no Domínio Econômico. Precedentes do STJ. 2. A

Primeira Seção firmou posicionamento de ser legítimo o recolhimento da Contribuição Social para o Funrural e o Incra pelas empresas vinculadas à previdência urbana. 3. Orientação reafirmada no julgamento do REsp 977.058-RS, sob o rito dos recursos repetitivos. 4. Revela-se manifestamente infundado o Agravo Regimental interposto após decisão proferida em processo submetido à sistemática do art. 543-C do CPC. Imposição de multa de 10% sobre o valor da causa, nos termos do art. 557, § 2º, do CPC" (STJ, AgRg no Ag 1.313.116, 2010).

– "... CONTRIBUIÇÃO PARA O FUNRURAL E PARA O INCRA. EMPRESA URBANA. EXIGIBILIDADE. ORIENTAÇÃO FIRMADA PELO STF. PRECEDENTES DA 1ª SEÇÃO DO STJ. 1. A 1ª Seção do STJ, na esteira de precedentes do STF, firmou entendimento no sentido de que não existe óbice a que seja cobrada, de empresa urbana, a contribuição destinada ao FUNRURAL e ao INCRA" (STJ, REsp 673.059, 2006).

– "... prescindível a referibilidade direta em relação ao sujeito passivo da exação porquanto a Cide caracteriza-se, fundamentalmente, pelo seu aspecto finalístico, qual seja a intervenção do estado no domínio econômico..." (CAMARGOS, Luciano Dias Bicalho. A Contribuição para o Instituto Nacional de Colonização e Reforma Agrária (INCRA) à Luz da Emenda Constitucional n. 33/2001. *RDDT* 156/71, 2008).

– **Contra, em razão da ausência de referibilidade.** Entendemos que a contribuição para o INCRA não poderia ser exigida das empresas urbanas, pois estas não guardam nenhuma relação direta com o meio rural. Isso em razão do critério da referibilidade, traço característico das contribuições, que são tributos cobrados de um grupo ao qual diz respeito a atividade que constitui a finalidade que lhe dá sustentação constitucional. Do contrário, seria um simples imposto afetado a determinada finalidade, o que é vedado pelo art. 167, IV, da CF.

– "CONTRIBUIÇÃO AO INCRA. NATUREZA JURÍDICA. REFERIBILIDADE. 1. A contribuição ao INCRA configura contribuição de intervenção no domínio econômico... 2. A amplitude do polo passivo depende da verificação da referibilidade, traço inerente às contribuições. A intervenção para fiscalizar e fazer com que os imóveis rurais cumpram sua função social só diz respeito ao mundo rural. É incabível a cobrança da contribuição de empresa urbana, pois não mantém nenhum nexo com a atividade interventiva do INCRA" (TRF4, AC 2005.71.08.005412-4, 2007).

– "... a empresa que desenvolve atividades urbanas não pode ser alvo da contribuição para o Incra. reiteramos que as Cide's somente são exigíveis de pessoa diretamente ligada à atividade que se pretende regular, não bastando, para tanto, um mero envolvimento difuso" (CARRAZZA, Roque Antonio. Contribuição de intervenção no domínio econômico... *RDDT* 170/93, 2009).

• Vide a respeito, também, as ementas transcritas em nota relativa à contribuição ao FUNRURAL, do período em que se entendia que a contribuição ao INCRA configurava contribuição de seguridade.

⇒ **Contribuições do interesse de categorias profissionais ou econômicas.** As contribuições instituídas no interesse das categorias profissionais ou econômicas são chamadas contribuições profissionais ou corporativas. Dentre elas, situam-se as contribuições para os conselhos de fiscalização profissional e a contribuição sindical.

– "As contribuições corporativas admitem uma subdivisão. Ao lume do art. 149 serão instituídas no interesse de categorias (a) profissionais e (b) econômicas. Não apresentam perspectivas invasoras em relação aos impostos do sistema, por isso que o fato gerador das mesmas será sempre o fato de os seus contribuintes estarem na condição de filiados obrigatórios (caso dos advogados e médicos) ou na condição de beneficiários de órgãos sindicais da categoria" (COÊLHO, Sacha Calmon Navarro. *Curso de direito tributário brasileiro*. 15. ed. Rio de Janeiro: Forense, 2016, p. 125).

– Sobre os conselhos profissionais, vide, adiante, a nota *Conselhos de Fiscalização Profissional* e, especificamente quanto à necessidade de lei para a exigência e majoração das anuidades, com enfoque no limite do seu valor, em nota ao art. 150, I, da CF.

– **Categoria econômica e categoria profissional.** CLT: "Art. 511. É lícita a associação para fins de estudo, defesa e coordenação de seus interesses econômicos ou profissionais de todos os que, como empregadores, agentes ou trabalhadores autônomos, ou profissionais liberais, exerçam, respectivamente, a mesma atividade ou profissão ou atividade ou profissões similares ou conexas. § 1º A solidariedade de interesses econômico dos que empreendem atividades idênticas, similares ou conexas, constitui o vínculo social básico que se domina *categoria econômica*. § 2º A similitude de condições de vida oriunda da profissão ou trabalho em comum, em situação de emprego na mesma atividade econômica ou em atividades econômicas similares ou conexas, compõe a expressão social elementar compreendida como *categoria profissional*. § 3º Categoria profissional diferenciada é a que se forma dos empregados que exerçam profissões ou funções diferenciadas por força de estatuto profissional especial ou em consequência de condições de vida singulares. § 4º Os limites de identidade, similaridade ou conexidade fixam as dimensões dentro das quais a categoria econômica ou profissional é homogênea e a associação é natural" (grifei).

– **Contribuições instituídas pela CLT.** As contribuições, tanto das categorias profissionais como das categorias econômicas, são instituídas pela CLT, *verbis*: "Art. 579. A contribuição sindical é devida por todos aquêles que participarem de uma determinada categoria econômica ou profissional, ou de uma profissão liberal, em favor do sindicato representativo da mesma categoria ou profissão ou, inexistindo êste, na conformidade do disposto no art. 591" (Redação do Decreto-Lei n. 229/67).

– **A revogada contribuição sindical dos empregados e autônomos integrantes de categoria profissional.** A chamada contribuição sindical, anteriormente disciplinada pelo art. 578 e seguintes da CLT, com amparo no art. 8º, IV, da CF, vigeu até 2017. Era devida tanto pelos empregados como pelos profissionais liberais e, ainda, pelas pessoas jurídicas. Mas a reforma trabalhista, implantada pela Lei n. 13.467/2017, ao dar nova redação ao art. 578 e seguintes da CLT, tornou essa contribuição facultativa, condicionando-a à prévia e expressa autorização do partici-

pante da categoria econômica ou profissional. Com isso, retirou-lhe a natureza tributária. Privilegiou-se, com isso, a liberdade de associação também no sentido da preservação da vontade de não se associar e de não financiar associação de que não se participa. Em junho de 2018, na ADI 5.794, o Tribunal Pleno do STF considerou constitucional a revogação da contribuição sindical.

• Vide: RIBEIRO, Fernanda Medeiros e. Análise dogmática tributária do fim do "imposto sindical". *RFDT* 96, 2018.

– **A revogação foi válida.** "Direito Constitucional e Trabalhista. Reforma Trabalhista. Facultatividade da Contribuição Sindical. Constitucionalidade. Inexigência de Lei Complementar. Desnecessidade de lei específica. Inexistência de ofensa à isonomia tributária (Art. 150, II, da CRFB). Compulsoriedade da contribuição sindical não prevista na Constituição (artigos 8º, IV, e 149 da CRFB). Não violação à autonomia das organizações sindicais (art. 8º, I, da CRFB). Inocorrência de retrocesso social ou atentado aos direitos dos trabalhadores (artigos 1º, III e IV, 5º, XXXV, LV e LXXIV, 6º e 7º da CRFB). Correção da proliferação excessiva de sindicatos no Brasil. Reforma que visa ao fortalecimento da atuação sindical. Proteção às liberdades de associação, sindicalização e de expressão (artigos 5º, incisos IV e XVII, e 8º, *caput*, da CRFB). Garantia da liberdade de expressão (art. 5º, IV, da CRFB). Ações Diretas de Inconstitucionalidade julgadas improcedentes. Ação Declaratória de Constitucionalidade julgada procedente. 1. À lei ordinária compete dispor sobre fatos geradores, bases de cálculo e contribuintes quanto à espécie tributária das contribuições, não sendo exigível a edição de lei complementar para a temática, *ex vi* do art. 146, III, alínea 'a', da Constituição. 2. A extinção de contribuição pode ser realizada por lei ordinária, em paralelismo à regra segundo a qual não é obrigatória a aprovação de lei complementar para a criação de contribuições, sendo certo que a Carta Magna apenas exige o veículo legislativo da lei complementar no caso das contribuições previdenciárias residuais, nos termos do art. 195, § 4º, da Constituição. Precedente (ADI 4697...). 3. A instituição da facultatividade do pagamento de contribuições sindicais não demanda lei específica, porquanto o art. 150, § 6º, da Constituição trata apenas de 'subsídio ou isenção, redução de base de cálculo, concessão de crédito presumido, anistia ou remissão', bem como porque a exigência de lei específica tem por finalidade evitar as chamadas 'caudas legais' ou 'contrabandos legislativos', consistentes na inserção de benefícios fiscais em diplomas sobre matérias completamente distintas, como forma de chantagem e diminuição da transparência no debate público, o que não ocorreu na tramitação da reforma trabalhista de que trata a Lei n. 13.467/2017. Precedentes (ADI 4033...; RE 550652 AgR...). 4. A Lei n. 13.467/2017 emprega critério homogêneo e igualitário ao exigir prévia e expressa anuência de todo e qualquer trabalhador para o desconto da contribuição sindical, ao mesmo tempo em que suprime a natureza tributária da contribuição, seja em relação aos sindicalizados, seja quanto aos demais, motivos pelos quais não há qualquer violação ao princípio da isonomia tributária (art. 150, II, da Constituição), até porque não há que se invocar uma limitação ao poder de tributar para prejudicar o contribuinte, expandindo o alcance do tributo, como suporte à pretensão de que os empregados não sindicalizados sejam obrigados a pagar a contribuição sindical. 5. A Carta Magna não contém qualquer comando impondo a compulsoriedade da contribuição sindical, na medida em que o art. 8º, IV, da Constituição remete à lei a tarefa de dispor sobre a referida contribuição e o art. 149 da Lei Maior, por sua vez, limita-se a conferir à União o poder de criar contribuições sociais, o que, evidentemente, inclui a prerrogativa de extinguir ou modificar a natureza de contribuições existentes. 6. A supressão do caráter compulsório das contribuições sindicais não vulnera o princípio constitucional da autonomia da organização sindical, previsto no art. 8º, I, da Carta Magna, nem configura retrocesso social e violação aos direitos básicos de proteção ao trabalhador insculpidos nos artigos 1º, III e IV, 5º, XXXV, LV e LXXIV, 6º e 7º da Constituição. 7. A legislação em apreço tem por objetivo combater o problema da proliferação excessiva de organizações sindicais no Brasil, tendo sido apontado na exposição de motivos do substitutivo ao Projeto de Lei nº 6.787/2016, que deu origem à lei ora impugnada, que o país possuía, até março de 2017, 11.326 sindicatos de trabalhadores e 5.186 sindicatos de empregadores, segundo dados obtidos no Cadastro Nacional de Entidades Sindicais do Ministério do Trabalho, sendo que, somente no ano de 2016, a arrecadação da contribuição sindical alcançou a cifra de R$ 3,96 bilhões de reais. 8. O legislador democrático constatou que a contribuição compulsória gerava uma oferta excessiva e artificial de organizações sindicais, configurando uma perda social em detrimento dos trabalhadores, porquanto não apenas uma parcela dos vencimentos dos empregados era transferida para entidades sobre as quais eles possuíam pouca ou nenhuma ingerência, como também o número estratosférico de sindicatos não se traduzia em um correspondente aumento do bem-estar da categoria. 9. A garantia de uma fonte de custeio, independentemente de resultados, cria incentivos perversos para uma atuação dos sindicatos fraca e descompromissada com os anseios dos empregados, de modo que a Lei nº 13.467/2017 tem por escopo o fortalecimento e a eficiência das entidades sindicais, que passam a ser orientadas pela necessidade de perseguir os reais interesses dos trabalhadores, a fim de atraírem cada vez mais filiados. 10. Esta Corte já reconheceu que normas afastando o pagamento obrigatório da contribuição sindical não configuram indevida interferência na autonomia dos sindicatos: ADI 2522... 11. A Constituição consagra como direitos fundamentais as liberdades de associação, sindicalização e de expressão, consoante o disposto nos artigos 5º, incisos IV e XVII, e 8º, *caput*, tendo o legislador democrático decidido que a contribuição sindical, criada no período autoritário do estado novo, tornava nula a liberdade de associar-se a sindicatos. 12. O engajamento notório de entidades sindicais em atividades políticas, lançando e apoiando candidatos, conclamando protestos e mantendo estreitos laços com partidos políticos, faz com que a exigência de financiamento por indivíduos a atividades políticas com as quais não concordam, por meio de contribuições compulsórias a sindicatos, configure violação à garantia fundamental da liberdade de expressão, protegida pelo art. 5º, IV, da Constituição. Direito Comparado: Suprema Corte dos Estados Unidos, casos Janus v. American Federation of State, County, and Municipal Employees, Council 31 (2018) e Abood v. Detroit Board of Education (1977). 13. A Lei n. 13.467/2017 não compromete a prestação de assistência judiciária gratuita perante a Justiça Trabalhista, realizada pelos sindicatos inclusive quanto a trabalhadores não associados, visto que os sindicatos ainda dispõem de múltiplas formas de custeio, incluindo a contribuição confederativa (art. 8º, IV, primeira parte, da Constituição), a contribuição assistencial (art. 513, alínea 'e', da CLT) e outras contribuições instituídas em assembleia da categoria ou constantes de negociação coletiva, bem assim porque a Lei n. 13.467/2017 ampliou as formas de financiamento da assistência jurídica prestada pelos sindicatos, passando a prever o direito dos advogados sindicais à percepção de honorários sucumbenciais (nova redação do art. 791-A, *caput* e § 1º, da CLT), e a própria Lei n. 5.584/70, em seu art. 17, já dispunha que, ante a inexistência de sindicato, cumpre à Defensoria Pública a prestação de assistência judiciária no âmbito trabalhista. 14. A autocontenção judicial requer o respeito à escolha democrática do legislador, à míngua de razões teóricas ou elementos empíricos que tornem inadmissível a sua opção, plasmada na reforma trabalhista sancionada pelo Presidente da República, em homenagem à presunção de constitucionalidade das leis e à luz dos artigos 5º, incisos IV e XVII, e 8º, caput, da Constituição, os quais garantem as liberdades de expressão, de associação e de sindicalização. 15. Ações Diretas de Inconstitucionalidade julgadas improcedentes e Ação Declaratória de Constitucionalidade julgada procedente para assentar a compatibilidade da Lei n. 13.467/2017 com a Carta Magna" (STF, ADI 5.794, 2018).

– Notas anteriores à contribuição sindical, enquanto vigia. O art. 8º, IV, da CF prevê a cobrança de contribuição prevista em lei destinada aos sindicatos. Trata-se de contribuição instituída no interesse de categoria profissional, conforme já decidiu a 2ª T. do STF no RE 129.930. Dispunha o art. 579 da CLT que "A contribuição sindical é devida por todos aquêles que participarem de uma determinada categoria econômica ou profissional, ou de uma profissão liberal, em favor do sindicato representativo da mesma categoria ou profissão ou, inexistindo êste, na conformidade do disposto no art. 591". Conforme o art. 580 e seguintes da CLT, tratava-se de contribuição anual correspondente a um dia de trabalho para os empregados, descontada na folha do mês de março de cada ano, e a um valor fixo para os autônomos a ser pago em fevereiro de cada ano.

**– "Não se confunde a contribuição sindical, prevista em lei, com a contribuição confederativa, encontrada no inciso IV do art. 8º da constituição, pois esta última visa apenas ao custeio do sistema confederativo, sendo fixada pela assembleia geral. A contribuição sindical tem natureza jurídica tributária, de acordo com a previsão da Constituição (art. 8º, IV, c/c art. 149) e do CTN (art. 217, I), sendo fixada em lei. É, portanto, compulsória, independendo da vontade dos contribuintes de pagarem ou não o referido tributo, ou de a ele se oporem, enquanto a outra, em nosso modo de ver, é facultativa. A contribuição sindical, porém, tem natureza tributária, enquanto a contribuição confederativa não a possui. O produto da arrecadação da contribuição sindical está previsto no art. 592 da CLT, sendo aplicada em assistência jurídica, média, odontológica, cooperativas, creches, colônias de férias etc. A contribuição confederativa destina-se ao custeio do sistema confederativo, tendo natureza privada. Distingue-se, ainda, a contribuição sindical da contribuição assistencial, pois esta não é prevista em lei, mas em acordos, convenções ou dissídios coletivos. A finalidade da contribuição assistencial é custear as despesas incorridas pelo sindicato nas negociações coletivas, enquanto a contribuição sindical tem por objetivo custear, de um modo geral, as despesas do sistema sindical. Diferencia-se, também, a contribuição sindical da contribuição associativa ou mensalidade sindical, pois esta é paga apenas pelos sócios do sindicato em razão dessa condição, enquanto a contribuição sindical é devida pela categoria, tanto pelo sócio, como pelo não filiado à agremiação" (MARTINS, Sergio Pinto. *Contribuições sindicais*. 5. ed. São Paulo: Atlas, 2009, p. 44).

– "CONTRIBUIÇÃO SINDICAL. LEGITIMIDADE ATIVA. A contribuição sindical instituída pelos arts. 578/580 da CLT tem natureza tributária, constituinte contribuição do interesse das categorias profissionais, com suporte no art. 149 da CF. Precedente do STF. Como tributo, sujeita-se às normas gerais de direito tributário. Sujeito ativo da contribuição é a União (Ministério do Trabalho), o que está de acordo com o art. 119 do CTN ao determinar que só pessoa jurídica de direito público pode ser colocada em tal situação. O Sindicato, pessoa jurídica de direito privado, é mero destinatário do produto da arrecadação em atenção à importância da sua atividade. A cobrança de contribuição pelo Sindicato só pode ser admitida na condição de substituto processual do sujeito ativo em ação executiva, pressupondo a prévia constituição do crédito através de lançamento pela União (Ministério do Trabalho). Inteligência do art. 606 da CLT. Ilegitimidade ativa reconhecida" (TRF4, 1ª T., AC 1998.04.01.024491-3, 2002).

– **Advogados e as sociedades de advogados eram isentos.** "ARTIGO 47 DA LEI FEDERAL N. 8.906/94. ESTATUTO DA ADVOCACIA E DA ORDEM DOS ADVOGADOS DO BRASIL. CONTRIBUIÇÃO ANUAL À OAB. ISENÇÃO DO PAGAMENTO OBRIGATÓRIO DA CONTRIBUIÇÃO SINDICAL. VIOLAÇÃO DOS ARTIGOS 5º, INCISOS I E XVII; 8º, INCISOS I E IV; 149; 150; § 6º; E 151 DA CONSTITUIÇÃO DO BRASIL. NÃO OCORRÊNCIA. 1. A Lei Federal n. 8.906/94 atribui à OAB função tradicionalmente desempenhada pelos sindicatos, ou seja, a defesa dos direitos e interesses coletivos ou individuais da categoria. 2. A Ordem dos Advogados do Brasil ampara todos os inscritos, não apenas os empregados, como o fazem os sindicatos. Não há como traçar relação de igualdade entre os sindicatos de advogados e os demais. As funções que deveriam, em tese, ser por eles desempenhadas foram atribuídas à Ordem dos Advogados. 3. O texto hostilizado não consubstancia violação da independência sindical, visto não ser expressivo de interferência e/ou intervenção na organização dos sindicatos. Não se sustenta o argumento de que o preceito impugnado retira do sindicato sua fonte essencial de custeio. 4. Deve ser afastada a afronta ao preceito da liberdade de associação. O texto atacado não obsta a liberdade dos advogados. Pedido julgado improcedente" (STF, ADI 2.522, 2006).

- Vide também HENRIQUES, Guilherme de Almeida; DIAS, Flávio Machado Vilhena. As sociedades de advogados e a contribuição sindical urbana – breves considerações acerca da ilegalidade da cobrança. *RDDT* 150/56, 2008.

– **Cobrança também dos servidores públicos ativos.** "CONTRIBUIÇÃO SINDICAL. SERVIDOR PÚBLICO. A contribuição sindical compulsória, também denominada de 'imposto sindical' (art. 578 e seguintes da CLT), não se confunde com a contribuição sindical associativa (contribuição assistencial) e pode ser arrecadada entre os funcionários públicos, conforme já declarou o STF, observadas a unicidade sindical (art. 8º, II, da CF/1988) e a desnecessidade de filiação. Assim, seu desconto pode ser pleiteado por qualquer das entidades constantes do rol de beneficiários da arrecadação contido no art. 589 da CLT. No caso, há legitimidade para a confederação dos servidores públicos exigir o desconto da contribuição, mesmo não existindo, no Estado-membro, a respectiva federação... RMS 30.930-PR, Rel. Min. Eliana Calmon, julgado em 1º/6/2010" (*Informativo* n. 437 do STJ/2010).

– "A Contribuição Sindical, prevista nos arts. 578 e seguintes da CLT, é devida por todos os trabalhadores de determinada categoria, inclusive pelos servidores públicos civis, independentemente da sua condição de servidor público celetista ou estatutário. 2. Todavia, a obrigação de recolher a contribuição sindical não atinge os inativos, uma vez que não mais integram a categoria funcional pela inexistência de vínculo com os órgãos da administração pública federal, estadual e municipal, direta e indireta. 3. Impõe-se considerar que, apesar de a própria Constituição Federal assegurar o seu direito de participação nas organizações sindicais, o inativo somente está vinculado a um regime previdenciário, já que, a partir da data da aposentadoria, extingue-se o vínculo do servidor com o Município" (STJ, REsp 1.225.944, 2011).

– **Contra.** Tendo em conta que o fundamento legal da contribuição sindical são os arts. 578 e 580 da CLT, só pode ser exigida de servidores celetistas, e não dos vinculados a regimes próprios de previdência, como a maioria dos servidores públicos, salvo dispositivo de lei específico que a institua.

– "... não vejo como possa prosperar a ação contra municipários estatutariamente vinculados, ao passo que a pleiteada contribuição sindical é ônus exclusivo de celetistas, portanto vinculados à CLT, tanto que prevista nesta, o que, decididamente, não é a hipótese dos autos" (TJRS, excerto de voto do REO 599211588, 2000).

– "O art. 578 da CLT trata apenas de funcionários privados e não públicos. O inciso IV, do art. 8º, da Constituição também diz respeito, apenas, aos funcionários do setor privado e não público, pois o § 3º do art. 39 da Lei Maior não faz remissão ao art. 8º da Constituição. Há necessidade, portanto, de lei própria para exigir a contribuição sindical de funcionários públicos. Sem lei, não poderia ser exigida a contribuição sindical de funcionários públicos, salvo dos empregados públicos que são regidos pela CLT" (MARTINS, Sergio Pinto. *Contribuições sindicais*. 5. ed. São Paulo: Atlas, 2009, p. 49).

– **Parcela destinada às centrais sindicais. Questionamento da constitucionalidade.** A questão da participação das centrais sindicais no rateio do produto da arrecadação da contribuição sindical fora regulada pela Lei n. 11.648/2008, a qual, ao modificar a redação dos arts. 589, II, *b* e §§ 1º e 2º, e 593 da CLT, determinava o repasse de 10% da receita a tais entidades. A matéria está sendo discutida pelo STF na ADI 4.067.

– No sentido da inconstitucionalidade da destinação parcial da arrecadação da contribuição sindical: "A exação chamada 'imposto sindical' é um tributo da espécie contribuição social de interesse de categoria profissional econômica. [...] Não há como dissociar a tributação da soberania estatal na concepção contemporânea. [...] Porém, por imperativo de política social, a Constituição permite que o sistema tributário também atenda às entidades que desempenhem relevantes funções em prol do interesse público. [...] A contribuição anual compulsória, chamada de imposto sindical, foi instituída para auxiliar o custeio das entidades que compõem o sistema de representação sindical, pois tem por amparo o interesse das categorias profissionais e econômicas na manutenção da estrutura que permite sua representação eficiente no campo das relações do trabalho. Tal representação é qualificada – vale dizer – não se refere à defesa ampla dos interesses do trabalhador, refere-se, sim, à representação normativa obrigatória (art. 8º, III e VI, da CF/1988). [...] Como visto, as centrais sindicais não fazem parte da estrutura sindical, não obstante sua importância como agentes nas negociações de interesse dos trabalhadores. Assim, não há forte nexo de pertinência entre as atividades desenvolvidas pelas centrais sindicais e o papel que somente pode ser desempenhado pelos sindicatos ou pelas federações ou confederações, nas negociações trabalhistas" (excerto do voto proferido pelo Min. Cezar Peluso na ADI 4.067).

– Contra, com crítica ao posicionamento até aqui adotado na ADI 4.067. "Naquela ADIn, o Relator afirmou que a 'contribuição anual compulsória chamada imposto sindical, foi instituída para auxiliar o custeio das entidades que compõem o sistema de representação sindical, pois tem por amparo o interesse das categorias profissionais e econômicas na manutenção da estrutura que permite sua representação eficiente no campo das relações de trabalho'. Ou seja, a leitura do relator [...] parte do destino da arrecadação (sistema sindical, previsto no âmbito infraconstitucional) para justificar a finalidade (amparo do interesse das categorias profissionais e econômicas, previsto no art. 149 da CF/1988), o que inverte o desenho constitucional das contribuições. [...] A União [...] quando da destinação destes recursos, por opção política infraconstitucional inscrita na Consolidação das Leis do Trabalho, resolveu auxiliar o custeio das entidades que compõem o sistema de representação sindical para atender um dos interesses das categorias profissionais e econômicas, qual seja, a manutenção da estrutura que permite sua representação. [...] Conforme aventado durante o julgamento da ADI 4.067/DF, em oportunidade anterior, o STF já decidira que "é legítima a destinação de parte da arrecadação da contribuição sindical à União', no caso, a 'Conta Especial Emprego e Salário', prevista no art. 589 da CLT. [...] Ora, os valores destinados à 'Conta Especial Emprego e Salário' integram os recursos do Fundo de Amparo ao Trabalhador, os quais, por sua vez, são utilizados para ações federais de emprego, estruturadas em torno de dois programas: o Programa do Seguro-Desemprego e os Programas de Geração de Emprego e Renda. Logo, inobstante tratar-se claramente de instrumento de atuação da União nos

interesses das categorias profissionais e econômicas, o fato é que os recursos da 'Conta Especial Emprego e Salário' não são empregados no sistema sindical. Mesmo assim – e acertadamente, frise-se –, esta destinação foi considerada constitucional pelo STF. [...] Diante de todo exposto, tem-se que não há qualquer inconstitucionalidade que vicie os arts. 589, II, *b* e §§ 1º e 2º e 593 da CLT, com a redação dada pela Lei 11.648/2008, os quais deferiram às Centrais Sindicais o direito de receberem 10 (dez por cento) dos recursos arrecadados com a contribuição sindical (antigo 'imposto sindical'). [...] O interesse da categoria objeto de destinação são aqueles previstos nos arts. 1º e 3º da Lei 11.648/2008, os quais estabeleceram que a central sindical é entidade de representação geral dos trabalhadores, constituída em âmbito nacional, com a atribuição de coordenar a representação dos trabalhadores por meio das organizações sindicais a ela filiadas e participar de negociações em fóruns, colegiados de órgãos públicos e demais espaços de diálogo social que possuam posição tripartite, nos quais estejam em discussão assuntos de interesse geral dos trabalhadores" (MOURÃO, Alysson Sousa. A constitucionalidade da destinação da contribuição sindical às Centrais Sindicais. *RTFP* 101/125, nov.-dez. 2011).

– **Outras fontes não tributárias de receita dos sindicatos.** Os sindicatos não se mantinham apenas com as contribuições sindicais dos arts. 578 e ss. da CLT. Contavam e contam com outras fontes não tributárias.

– "... desde a CF-88, os sindicatos ficaram com quatro fontes de receita: (a) a contribuição parafiscal, também chamada de imposto sindical; (b) a contribuição confederativa (criada pela CF-88); (c) a contribuição assistencial ou contribuição normativa, decorrente de cláusula de contratos coletivos de trabalho; e (d) a contribuição mensal. Para fins didáticos, arrisco-me a estruturar o tema – e assim me expresso porque não encontrei essa estruturação nem na doutrina e nem na jurisprudência –, do seguinte modo: contribuição sindical é *gênero* do qual são *espécies* a *parafiscal* e a *não parafiscal*, sendo que nesta há *subespécies*, que são a confederativa, a assistencial e a mensal" (TJRS, excerto de voto do REO 599211588, 2000).

– "Existem... três espécies de contribuições que constituem fonte de receita sindical: a contribuição assistencial; a contribuição sindical e a contribuição confederativa" (MACHADO, Rosiane Ferreira. Contribuição Confederativa e Contribuição Sindical. *RET* 12/17, 2000).

– **Contribuição confederativa: fixada pela assembleia geral, só obriga os filiados ao sindicato. Súmula Vinculante 40 do STF:** "A contribuição confederativa de que trata o art. 8º, IV, da Constituição Federal, só é exigível dos filiados ao sindicato respectivo" (2015).

– **Súmula 666 do STF:** "A contribuição confederativa de que trata o art. 8º, IV, da Constituição, só é exigível dos filiados ao sindicato respectivo" (2003).

– "A contribuição confederativa, instituída pela assembleia geral (C.F., art. 8º, IV) distingue-se da contribuição sindical, instituída por lei, com caráter tributário (C.F., art. 149) assim compulsória. A primeira é compulsória apenas para os afiliados do sindicato. II. R.E. não conhecido" (STF, RE 190.128-4, 1997).

– "A expressão confederativa não tem o significado de uma contribuição que vai custear o sistema confederativo, entendido este como o sistema nacional, federal, mas sim todo o sistema sindical ou confederacional, no sentido da confederação sindical, órgão de cúpula sindical. [...] A contribuição confederativa é a prestação pecuniária, espontânea, fixada pela assembleia geral do sindicato, tendo por finalidade custear o sistema confederativo. [...] O inciso IV, do art. 8º da Constituição mostra que a referida contribuição sindical será fixada na assembleia geral do sindicato e não em outro órgão sindical ou de outros membros pertencentes ao sistema sindical. [...] A natureza jurídica da contribuição confederativa não é tributária, até mesmo porque a referida contribuição ainda não foi prevista em lei..." (MARTINS, Sergio Pinto. *Contribuições sindicais*. 5. ed. São Paulo: Atlas, 2009, p. 82-83 e 89).

– **Contribuição assistencial: constante de convenção coletiva.** Entende-se por contribuição assistencial aquela que "geralmente vem estabelecida nas Convenções Coletivas de Trabalho, que são formalizadas entre dois Sindicatos (trabalhadores e empregadores), após longo processo de negociação, onde os sindicatos convenientes determinam as condições a serem observadas por todos integrantes das categorias profissionais e econômicas, numa determinada base territorial, e por um período de, no máximo, dois anos" (LOMAS, Dorival Alcântara. As contribuições sindicais são devidas por todos integrantes da categoria, ou somente pelos associados de uma determinada entidade sindical? *Síntese Trabalhista* 90/34-39, dez. 1999). Não há suporte constitucional para entender que possa ela vincular senão os seus associados. Isso porque tributo só pode ser instituído por lei. E, caso entendamos que não se trata de tributo, só os trabalhadores sindicalizados é que a ela se vinculariam. O fato de o sindicato representar toda a categoria não lhe dá o poder de instituir tributo, eis que a Constituição consagra a legalidade estrita em matéria tributária e não estabelece exceção que permita a instituição de contribuição assistencial por acordo coletivo. O art. 8º, IV, da CF nem refere tal contribuição. Aliás, o TST, no Precedente Normativo 119, manifestou-se acertadamente no sentido da impossibilidade de exigência de tal contribuição dos trabalhadores não sindicalizados. Entretanto, a 2ª T. do STF julgou em sentido contrário, mas em acórdão cuja fundamentação nos parece desfocada. O acórdão recorrido sim, do Tribunal de São Paulo, bem ponderava: "A Contribuição Assistencial não se pode impor às Autoras, a vista do assentado, à míngua quer de filiação geral quer de lei e quer de concordância... Não fosse assim, se a tão só legal previsão da contribuição em tela ensejasse a obrigatoriedade do seu pagamento, até para quem não fosse sindicalizado, estar-se-ia reconhecendo ao sindicato poder superior àquele conferido ao Estado, de tributar, sendo que este o faz, consoante a legalidade e aquele o faria diversamente, em antagonismo com a norma constitucional declinada".

– **Tema 935 do STF:** "Inconstitucionalidade da contribuição assistencial imposta aos empregados não filiados ao sindicato, por acordo, convenção coletiva de trabalho ou sentença". Decisão do mérito em 2017.

– "2. Acordos e convenções coletivas de trabalho. Imposição de contribuições assistenciais compulsórias descontadas de empregados não filiados ao sindicato respectivo. Impossibilidade. Natureza não tributária da contribuição. Violação ao princípio da legalidade tributária" (STF, ARE 1.018.459 RG, 2017).

– **Precedente Normativo 119 do TST:** "A Constituição da República, em seus arts. 5º, XX, e 8º, V, assegura o direito de livre associação e sindicalização. É ofensiva a essa modalidade de liberdade cláusula constante de acordo, convenção coletiva ou sentença normativa estabelecendo contribuição em favor de entidade sindical a título de taxa para custeio do sistema confederativo, assistencial, revigoramento ou fortalecimento sindical e outras da mesma espécie, obrigando trabalhadores não sindicalizados. Sendo nulas as estipulações que inobservem tal restrição, tornam-se passíveis de devolução os valores irregularmente descontados".

– "É a contribuição assistencial prestação pecuniária, voluntária, feita pela pessoa pertencente à categoria profissional ou econômica ao sindicato da respectiva categoria, em virtude de este ter participado das negociações coletivas, de ter incorrido em custos para esse fim, ou para pagar determinadas despesas assistenciais realizadas pela agremiação. [...] O empregado não associado pode opor-se ao desconto, por não ser membro do sindicato, pois do contrário haveria violação do princípio da liberdade sindical. O TST editou o Precedente n. 119, que declara que a contribuição assistencial é indevida pelo não associado, pois fere o direito de livre ingresso no sindicato. Já o associado terá de pagar a contribuição, justamente em decorrência da sua condição de sindicalizado" (MARTINS, Sergio Pinto. *Contribuições sindicais*. 5. ed. São Paulo: Atlas, 2009, p. 131 e 137).

– "CONTRIBUIÇÃO – CONVENÇÃO COLETIVA. A contribuição prevista em convenção coletiva, fruto do disposto no artigo 513, alínea *e*, da Constituição Federal, é devida por todos os integrantes da categoria profissional, não se confundindo com aquela versada na primeira parte do inciso IV do artigo 8º da Carta da República" (STF, RE 189.960, 2000).

– **Contribuição associativa.** "A mensalidade sindical é também denominada contribuição associativa. É a prestação pecuniária, voluntária, paga pelo associado ao sindicato em virtude de sua filiação à agremiação. Decorre a mensalidade sindical do fato de a pessoa ser filiada ao sindicato, tendo de observar o estatuto sindical. Trata-se de uma contribuição paga em dinheiro, sendo voluntária, pois decorre da pessoa se associar ao sindicato" (MARTINS, Sergio Pinto. *Contribuições sindicais*. 5. ed. São Paulo: Atlas, 2009, p. 145).

– **Regulamentação das retenções e recolhimentos aos sindicatos Portaria do Ministro.** O Tribunal julgou procedente pedido formulado em ação direta ajuizada por diversas confederações de trabalhadores para declarar a inconstitucionalidade da Portaria n. 160/2004, do Ministro de Estado do Trabalho e Emprego, que, disciplinando as contribuições instituídas pelos sindicatos em assembleia geral da categoria, referindo-se à confederativa (CF, art. 8º, IV) e à assistencial (CLT, art. 513, *e*), dispõe, entre outras coisas, a obrigatoriedade das contribuições em relação aos empregados sindicalizados, determinando o desconto em folha de pagamento de salários quando fixadas as últimas em convenção ou acordo coletivo e em sentença, exigindo a autorização do empregado não associado, sob pena de sujeitar-se o empregador à autuação administrativa, bem como impõe a cobrança de juros da mora e multa, caso não recolhida a importância descontada no prazo nela estipulado. Entendeu-se que o ato normativo questionado extrapola a competência conferida aos Ministros de Estado de expedir instruções para a execução de leis, decretos e regulamentos (CF, art. 87, parágrafo único, II), a qual deve estar direcionada ao funcionamento em si do Ministério, descabendo reconhecer ao Ministro de Estado alçada para definir a espécie de instrumento própria à previsão de contribuição, bem como consignar a finalidade desta última. Salientou-se, também, que referida portaria, ao dispor sobre a contribuição prevista na alínea e do art. 513 da CLT – estabelecendo a necessidade de previsão em convenção ou acordo coletivo e destinação do que arrecadado ao custeio de atividades assistenciais, a melhoria e ao crescimento sindical, além de viabilizar a participação nas negociações por melhores condições de trabalho –, acabou por aditar a CLT, invadindo campo reservado ao legislador. No que se refere à exigência de notificação do valor das contribuições e à necessidade da prévia e expressa autorização do empregado não associado para desconto em folha, considerou-se que se introduziu exigência estranha ao art. 513, e, da CLT, salientando-se que o art. 545 desse diploma, ao estabelecer a necessidade de autorização, refere-se a mensalidades devidas ao sindicato, e não à contribuição sindical de que cuida aquele dispositivo. STF, ADI 3.206, 2005.

– **Cobrança da contribuição sindical impaga. Necessidade de prévio lançamento pelo Ministério do Trabalho.** "Aplicando-se, pois, à contribuição sindical, as normas gerais de direito tributário, condiciona-se ela, obviamente, também às regras do lançamento, cf. dito no referido artigo 146, III, letra b (apuração e documentação do crédito correspondente), disciplinado no art. 142 do CTN, que é ato privativo da autoridade administrativa prevista em lei, no caso, a autoridade regional do Ministério do Trabalho, tal como previsto nos arts. 598 e 606 da CLT. A modalidade de lançamento aplicável à contribuição sindical é a do tipo por homologação, prevista no art. 150 do Código, já que, por força do art. 582 e 586 da CLT, são os empregadores obrigados a, sem prévio exame da autoridade administrativa, descontá-la de seus empregados e a recolhê-la diretamente à Caixa Econômica Federal, que as repassará em favor dos respectivos credores. Vale dizer: uma vez efetuado o recolhimento, caberá à citada autoridade conferir o procedimento do empregador e declarar se está ele correto. Caso tenha sido adequado, homologará o pagamento (recolhimento) havido, mas se, todavia, a contribuição não foi espontaneamente recolhida, ou se recolhida, não o tenha sido de forma correta, ocorrerá, então, o lançamento de ofício, a cargo da mesma autoridade regional do Ministério do Trabalho, que lavrará o auto de infração ou de lançamento, assegurando-se ao empregador acusado o amplo direito de defesa administrativa (cf. art. 145 do CTN). Transitada em julgado a decisão administrativa que julgar eventual impugnação oferecida ao lançamento, será o crédito, com a exata observância dos requisitos previstos no art. 202 do citado Código, inscrito em dívida ativa, pela referida autoridade, caso antes não tenha sido recolhido, dela se extraindo a necessária certidão (Certidão de Dívida Ativa), com força executiva, para fins de cobrança judicial pelas entidades sindicais respectivas (cf. art.

606 da CLT), que são, preferentemente, os Sindicatos. Somente na hipótese de não constituído este, é que a sujeição ativa passa a ser, pela ordem, da Federação e da Confederação respectiva, não prescindindo, todavia, do lançamento e da inscrição do crédito em dívida ativa. Esse é, também, o pensamento de SÉRGIO PINTO MARTINS (in DIREITO DO TRABALHO, 9ª edição, ATLAS, SP, 1999, p. 643/4): 'Às entidades sindicais cabe, em caso de falta de pagamento da contribuição sindical, promover a respectiva cobrança judicial, mediante ação executiva, valendo como título de dívida a certidão expedida pelas autoridades regionais do Ministério do Trabalho. Competem à Justiça Comum o processo e o julgamento de cobrança de contribuição sindical (Súmula 87 do TFR). Da certidão deverão constar a individualização do contribuinte, a indicação do débito e a designação da entidade a favor da qual é recolhida a importância da contribuição sindical, de acordo com o respectivo enquadramento sindical... Foi recepcionado pela Constituição de 1988 o art. 606 da CLT que indica que a contribuição sindical, para ser cobrada judicialmente, necessita de que o Ministério do Trabalho a inscreva como título de dívida, mediante certidão expedida pela referida autoridade, em que o contribuinte é individualizado, indicando-se o débito e designando-se a entidade a favor da qual é recolhida a importância da contribuição sindical, de acordo com o respectivo enquadramento sindical (§ 1º do art. 606 da CLT). O § 2º do art. 606 da CLT demonstra que a cobrança judicial da dívida da contribuição sindical tem os mesmos privilégios gozados pela Fazenda Pública, nos termos da Lei n. 6.830/80, com a única exceção de que não há foro especial para a cobrança da dívida, como ocorre em relação àquela entidade'" (TJRS, excerto de voto do REO 599211588, 2000).

– **Competência da Justiça do Trabalho para ação de sindicato relativa à contribuição assistencial.** "COMPETÊNCIA DA JUSTIÇA DO TRABALHO – CONTRIBUIÇÃO ASSISTENCIAL – SINDICATO DA CATEGORIA ECONÔMICA – REGÊNCIA CONSTITUCIONAL ANTERIOR À EMENDA CONSTITUCIONAL N. 45/2004. Ante o disposto no artigo 1º da Lei n. 8.984/95, à Justiça do Trabalho já competia julgar ação de sindicato de categoria econômica contra empregador, visando à contribuição assistencial estabelecida em contrato coletivo. COMPETÊNCIA – CONTRIBUIÇÃO ASSISTENCIAL – SINDICATO DE CATEGORIA ECONÔMICA – EMENDA CONSTITUCIONAL N. 45/2004. A competência da Justiça do Trabalho para processar e julgar ações sobre representação sindical, entre sindicatos, entre sindicatos e trabalhadores e entre sindicatos e empregadores – inciso III do artigo 114 da Constituição Federal, com a redação da Emenda n. 45, de 2004 –, abrange demandas propostas por sindicato de categoria econômica contra empregador, objetivando o reconhecimento do direito à contribuição assistencial" (STF, CC 7.221, 2006).

– **Contribuição do interesse de categoria econômica. Contribuintes.** O art. 580, III, da CLT, que cuida principalmente do aspecto quantitativo da contribuição, refere que, "para os empregadores", será uma importância proporcional ao capital social da firma ou empresa. Essa referência a empregadores é tida como conformadora da própria definição dos contribuintes desse tributo.

– "É prática contumaz dos sindicatos patronais enviarem indistintamente às pessoas jurídicas que exerçam atividade econômica relacionada à categoria que representam guias de recolhimento da contribuição sindical Patronal, calculada com base no capital social das pessoas jurídicas. [...] a... hipótese de incidência da Contribuição sindical Patronal exige a existência concomitante de dois pressupostos de fáticos: (a) ser empregador e (b) participar de uma determinada categoria econômica. Portanto, não basta somente ostentar somente uma essas condições. Desse modo, diante da ilegalidade da exação, é possível às pessoas não empregadoras ou àquelas que não participam de uma determinada categoria econômica, não só afastarem essa imposição fiscal através de competente medida judicial, como também requererem a repetição dos valores indevidamente recolhidos a tal título" (TAVARES, Alexandre Macedo; SANDRI, Gabriel de Araujo. A não incidência da contribuição sindical patronal aos não empregadores. *RDDT* 226/7, 2014).

• Vide: MARTINS, Ives Gandra da Silva. Inteligência do art. 8º, inc. IV, da Constituição Federal, quanto à contribuição sindical. Natureza tributária da imposição a ser suportada por participantes de categoria profissional ou econômica. O vocábulo da legislação ordinária "empregador" para efeitos tributários e constitucionais é sinônimo de "empresário" ou "empreendedor". *RDDT* 234/137, 2015.

– **Contribuições sindicais rurais. CONTAG e CNA.** "1. São devidas as contribuições sindicais próprias das categorias econômica e profissional (CNA, CONTAG). 2..." (TRF4, AC 2000.04.01.006699-8, 2000).

– **Tema 948 do STF:** "A Contribuição Sindical Rural, instituída pelo Decreto-Lei 1.166/1971, foi recepcionada pela ordem constitucional vigente e não configura hipótese de bitributação". Decisão do mérito em 2017.

– **Pessoa física contribuinte do ITR. Tema 762 do STJ:** (CANCELADO) "Discussão alusiva à existência ou não de bitributação, decorrente de suposta identidade entre as bases de cálculo da contribuição sindical rural – CST – e do imposto territorial rural – ITR, de modo a definir a possibilidade do enquadramento do produtor rural, pessoa física, na condição de contribuinte sindical rural, nos moldes do art. 1º, do Decreto-Lei 1.161/71". Decisão em 2009.

– **Legitimidade para cobrança pela CNA. Edital. Multa e juros. Súmula 396 do STJ:** "A Confederação Nacional da Agricultura tem legitimidade ativa para a cobrança da contribuição sindical rural" (2009).

– "A Confederação Nacional da Agricultura – CNA tem legitimidade para a cobrança da contribuição sindical rural. O Min. Relator entendeu que a publicação de editais nos jornais de maior circulação local, em conformidade com o art. 605 da CLT, deve preceder ao recolhimento da contribuição sindical, em respeito ao princípio da publicidade dos atos administrativos e da não surpresa do contribuinte. Entretanto, a publicação de editais em periódicos de circulação estadual, por sua maior abrangência, supre a exigência da lei pela presunção de que se cumpriu sua finalidade. O art. 600 da CLT foi revogado tacitamente pelo art. 2º da Lei n. 8.022/1990, já que a matéria regulada no primeiro dispositivo foi integralmente disciplinada no segundo (art. 2º, § 1º, da LICC). O art. 2º da Lei n. 8.022/1990 não mais se aplica às contribuições sindicais, pois o art. 1º, ao qual fazia remissão, foi revogado pelo art. 24 da Lei n. 8.847/1994. Enquanto a arrecadação esteve a cargo do Incra (até 11 de abril de 1990), o pagamento da contribuição sindical rural realizado após o vencimento sofria a incidência de juros e multa de mora (art. 600 da CLT). No período em que a arrecadação competia à Secretaria da Receita Federal (de 12 de abril de 1990 a 31 de dezembro de 1996), as contribuições pagas extemporaneamente sofriam a incidência de juros e multa moratória (art. 2º da Lei n. 8.022/1990). A partir de 1º de janeiro de 1997, quando a arrecadação passou às respectivas confederações (CNA e Contag), deixou de existir regramento legal para a incidência de multa de mora sobre as contribuições sindicais pagas após o vencimento, porque a Lei n. 8.847/1994 não traz previsão específica" (STJ, 2ª T., RE 873.200/SP, Min. Castro Meira, out. 2006. *Informativo* n. 301).

– **Anuidades dos Conselhos de Fiscalização Profissional.** O STF, na ADI 4.697, decidiu que os conselhos profissionais são autarquias federais e que as anuidades por eles cobradas constituem tributo da espécie "contribuições de interesse das categorias profissionais". As anuidades dos Conselhos estão, atualmente, disciplinadas pela Lei 12.514/2011, cuja constitucionalidade também restou afirmada na referida ADI 4.697. Anteriormente, a matéria fora tratada pela Lei 11.000/04 e pela Lei 6.994/82. Há voto na ADI 4.697 que refaz o histórico dessa legislação.

– "... CONSELHOS PROFISSIONAIS. AUTARQUIAS FEDERAIS. CONTRIBUIÇÃO SOCIAL DE INTERESSE PROFISSIONAL. ANUIDADES. ART. 149 DA CONSTITUIÇÃO DA REPÚBLICA.... 1. A jurisprudência desta Corte se fixou no sentido de serem os conselhos profissionais autarquias de índole federal. Precedentes: MS 10.272, de relatoria do Ministro Victor Nunes Leal, Tribunal Pleno, *DJ* 11.07.1963; e MS 22.643, de relatoria do Ministro Moreira Alves, *DJ* 04.12.1998. 2. Tendo em conta que a fiscalização dos conselhos profissionais envolve o exercício de poder de polícia, de tributar e de punir, estabeleceu-se ser a anuidade cobrada por essas autarquias um tributo, sujeitando-se, por óbvio, ao regime tributário pátrio. Precedente: ADI 1.717, de relatoria do Ministro Sydney Sanches, Tribunal Pleno, *DJ* 28.03.2003. 3. O entendimento iterativo do STF é na direção de as anuidades cobradas pelos conselhos profissionais caracterizarem-se como tributos da espécie "contribuições de interesse das categorias profissionais", nos termos do art. 149 da Constituição da República. Precedente: MS 21.797, Rel. Min. Carlos Velloso, Tribunal Pleno, *DJ* 18.05.2001. 4. Não há violação à reserva de lei complementar, porquanto é dispensável a forma da lei complementar para a criação das contribuições de intervenção no domínio econômico e de interesse das categorias profissionais. Precedentes. [...]" (STF, ADI 4697, 2016).

– **Inconstitucionalidade da exigência de inscrição dos músicos. Tema 738:** "É incompatível com a Constituição a exigência de inscrição na Ordem dos Músicos do Brasil, bem como de pagamento de anuidade, para o exercício da profissão". Decisão de mérito em 2014.

– Valor das anuidades. Sobre as contribuições ao aos Conselhos Profissionais e a garantia da legalidade tributária, vide notas ao art. 150, I, da CF.

– Fato gerador das anuidades. O fato gerador das anuidades, no regime da Lei n. 12.514/2011, é "a existência de inscrição no conselho, ainda que por tempo limitado, ao longo do exercício", nos termos do seu art. 5º. Com a inscrição nos Conselhos, surge para os profissionais a obrigação de pagar a respectiva anuidade, renovando-se anualmente tal obrigação enquanto permanecerem inscritos. Deixando de exercer determinada atividade profissional ou econômica, têm de requerer o cancelamento da inscrição, sob pena de terem de continuar pagando as anuidades.

– No regime vigente anteriormente a esta nova lei, havia dissenso. Para os que entendiam que o fato gerador era o próprio exercício da atividade, presumido pela manutenção do registro junto ao Conselho, cabia ao profissional solicitar o cancelamento do seu registro quando já não mais estivesse exercendo a atividade, mas, não tendo tomado tal cautela, podia comprovar o não exercício para afastar sua obrigação tributária. Os contribuintes eram dispensados do pagamento caso comprovassem em juízo que já não exerciam mais a atividade no exercício a que correspondia a cobrança. Para os que entendiam que o registro é que implicava a obrigação, seria devida até que obtido o cancelamento, ainda que a atividade profissional propriamente já houvesse cessado. A respeito: do STJ, AgRg no REsp 1.164.069, 2011; REsp 1.101.398, 2009; REsp 1.382.063, 2013; REsp 786.736, 2007; do TRF4, EI 5003971-41.2010.404.7102, 2013, referente às anuidades dos anos de 2007 e 2008, assim ementado: "CONSELHO DE FISCALIZAÇÃO PROFISSIONAL. ANUIDADES. NATUREZA JURÍDICA. TRIBUTO. INEXISTÊNCIA DE FATO GERADOR. NÃO EXERCÍCIO DA ATIVIDADE FISCALIZADA. 1. O pagamento de anuidades devidas por pessoa física a Conselho Profissional, mercê do exercício da atividade cuja fiscalização é de sua competência, constitui-se em contribuição de interesse das categorias profissionais, submetendo-se, destarte, aos regramentos próprios do Sistema Tributário Nacional. 2. O fato gerador da contribuição paga aos Conselhos de Fiscalização Profissional é o efetivo exercício da atividade sujeita a registro, e não a inscrição propriamente dita. Assim, ainda que haja a inscrição em Conselho, não havendo prestação de atividade, não há falar em pagamento de anuidade. 2. Não exercendo a atividade caracterizadora do fato gerador das anuidades, não é dado ao respectivo órgão fiscalizador, em atenção ao princípio da razoabilidade, exigir a correspondente contribuição (anuidade)".

– Inadimplemento não implica impedimento ao exercício profissional. A Lei n. 11.195/2021 incluiu o parágrafo único no art. 4º da Lei n. 12.514/2011, que dispõe sobre as contribuições devidas aos conselhos profissionais para deixar expresso que o inadimplemento ou o atraso no pagamento das anuidades "não ensejará a suspensão do registro ou o impedimento de exercício da profissão". Com isso, varreu sanção política que comprometia, desproporcionalmente, o exercício do direito ao trabalho.

– Pessoas jurídicas. Necessidade de inscrição nos Conselhos em atenção à atividade básica. O art. 1º da Lei n. 6.839, de 30 de outubro de 1980, ao dispor sobre o registro de empresas nas entidades competentes para a fiscalização do exercício profissional, acabou por restringir o universo das empresas sujeitas a registro ao estabelecer, *in verbis*: "Art. 1º O registro de empresas e a anotação dos profissionais legalmente habilitados, delas encarregados, serão obrigatórios nas entidades competentes para a fiscalização do exercício das diversas profissões, em razão da atividade básica ou em relação àquela pela qual prestem serviços a terceiros." Com isso, só estará sujeita a registro em determinado Conselho de Fiscalização Profissional e, consequentemente, ao pagamento das respectivas anuidades, a empresa em que a especialização em questão diga respeito diretamente à sua atividade básica.

– "2. Amparada no art. 1º da Lei n. 6.839/80, esta Turma consolidou o entendimento de que o critério legal de obrigatoriedade de registro no Conselho Regional de Química é determinado pela atividade básica da empresa ou pela natureza dos serviços prestados. Precedentes. 3... 4. Não sendo a atividade básica da empresa afeta à química, embora possa utilizar-se dos serviços de profissional nessa área para o assessoramento da produção dos tubos de plástico e conexões, não é obrigada a efetuar inscrição no Conselho Regional de Química" (STJ, REsp 887.966, 2007).

– "1. A atividade básica da empresa vincula a sua inscrição e a anotação de profissional habilitado, como responsável pelas funções exercidas por esta empresa, perante um dos Conselhos de fiscalização de exercício profissional. 2. A empresa cujo ramo de atividade é o comércio de produtos agropecuários e veterinários, forragens, rações, produtos alimentícios para animais e pneus não exerce atividade básica relacionada à medicina veterinária, e, por conseguinte, não está obrigada, por força de lei, a registrar-se junto ao Conselho Regional de Medicina Veterinária" (STJ, REsp 803.665, 2006).

– "A atividade básica da empresa é que define a necessidade ou não de registro junto a determinado conselho de fiscalização profissional. A utilização de profissionais habilitados para o exercício de atividades atinentes a profissões regulamentadas, por si só, não implica a necessidade de inscrição da própria empresa em cada um dos Conselhos" (TRF4, REOAC 2000.04.01.001444-5, 2002).

– Descabimento da exigência de inscrição do profissional por dois Conselhos. "1. A subsistência da Lei n. 2.800/56, ao reger paralelamente as hipóteses especiais por ela disciplinadas, não contradiz as regras gerais insertas pela Lei n. 5.194/66. 2. O critério legal de obrigatoriedade de registro no Conselho Regional de Química é determinado pela atividade básica ou pela natureza dos serviços prestados. 3. O engenheiro químico que não exerce a atividade básica relacionada à engenharia não está obrigado a se inscrever junto ao Conselho Regional de Engenharia, Arquitetura e Agronomia quando suas atividades se enquadrarem exclusivamente na área química, desde que já possua registro no Conselho Regional de Química" (STJ, REsp 949.388, 2007).

– "1. A vinculação de registro nos conselhos profissionais, nos termos da legislação específica é a atividade básica ou a natureza dos serviços prestados pelas empresas (art. 1º da Lei n. 6.839/80). Conforme documentos juntados aos autos, a embargante já é inscrita no CRQ, vez que exerce atividade predominantemente jungida ao ramo da indústria cerâmica. 2. A empresa cuja atividade básica não se enquadra no ramo de engenharia, arquitetura ou agronomia, mas, sim, de indústria, e não presta serviços a terceiro naquelas áreas, não tem qualquer obrigação junto ao Conselho Regional de Engenharia, Arquitetura e Agronomia, nos termos do art. 1º da Lei n. 6.839/80. 3. Improvida a remessa oficial" (TRF4, REOAC 2002.04.01.043674-9, 2002).

– **Matriz e filiais.** "1. A contribuição-anuidade somente pode ser exigida dos estabelecimentos pertencentes à mesma pessoa jurídica, apenas quando instalados em jurisdição de outro Conselho Regional. Casos localizados na mesma jurisdição da matriz, deverão necessariamente apresentar capital social destacado, para que a exação se mostre legítima, segundo o disposto no art. 1º, § 4º, do Decreto 88.147/1983. 2. Torna-se inviável aferir, na presente instância recursal, a existência do 'capital social destacado', o qual autorizaria a cobrança de estabelecimentos pertencentes à mesma pessoa jurídica, ante os óbices das Súmulas 5 e 7 do STJ, respectivamente: 'A simples interpretação de cláusula contratual não enseja recurso especial'; 'A pretensão de simples reexame de prova não enseja recurso especial'" (STJ, REsp 1.234.112, 2011).

– **A situação da OAB. Tratamento especial.** A OAB é um Conselho de Fiscalização Profissional; portanto, uma autarquia federal. Nada justifica excepcionar, quanto às anuidades da OAB, as limitações constitucionais ao poder de tributar, as normas gerais de Direito Tributário e a legislação aplicável à cobrança de tributos. Entendemos, portanto, que as suas anuidades estão sujeitas à reserva legal absoluta e que sua cobrança depende de inscrição em dívida ativa e só pode ser feita mediante execução fiscal. Mas a posição que se consolidou no âmbito do STJ é em sentido diverso, afastando a natureza tributária das anuidades, desobrigando a OAB de observar a legalidade absoluta e de executar seus créditos mediante execução fiscal.

– "2. O Superior Tribunal de Justiça firmou entendimento no sentido de que as contribuições cobradas pela OAB não seguem o rito disposto pela Lei n. 6.830/80, uma vez que não têm natureza tributária..." (STJ, REsp 755.595, 2008).

– "1. Embora definida como autarquia profissional de regime especial ou *sui generis*, a OAB não se confunde com as demais corporações incumbidas do exercício profissional. 2. As contribuições pagas pelos filiados à OAB não têm natureza tributária. 3. O título executivo extrajudicial, referido no art. 46, parágrafo único, da Lei n. 8.906/94, deve ser exigido em execução disciplinada pelo Código de Processo Civil, não sendo possível a execução fiscal regida pela Lei n. 6.830/80. 4. Não está a instituição submetida às normas da Lei n. 4.320/64, com as alterações posteriores, que estatui normas de direito financeiro dos orçamentos e balanços das entidades estatais. 5. Não se encontra a entidade subordinada à fiscalização contábil, financeira, orçamentária, operacional e patrimonial, realizada pelo Tribunal de Contas da União. 6. Embargos de Divergência providos" (STJ, EDivREsp 503.252, 2004).

– "Senhor Presidente, o direito comparado seguramente não registra nenhuma situação parecida com a de que goza a OAB no espaço jurídico brasileiro. Trata-se de uma entidade que goza – como acabamos de ouvir não só no voto do eminente ministro relator, mas também nas intervenções feitas pelos colegas –, inegavelmente, de um estatuto jurídico mais do que *sui generis*; que participa amplamente da formação do Estado; que congrega a única categoria que tem o direito constitucional de ingressar nas fileiras do Estado em situação inteiramente discrepante daquela prevista para os demais agentes do Estado; que forma, portanto, a vontade do Estado. E mais: que goza, em certas situações, de total imunidade tributária. Leio a Lei 6.811/1980, que me causa perplexidade: '*A partir do exercício de 1980, o produto da taxa judiciária que se refere ao artigo 20 do Decreto* [...] *destinar-se-á à construção do Edifício Sede da Ordem dos Advogados do Brasil.*' O que é isso? Todos esses elementos, inclusive aqueles elencados pelo ministro Carlos Britto, indicam, a meu ver, pelo menos um esboço de regime público. O que caracteriza a natureza de uma autarquia – há diversas modalidades de autarquias – não é simplesmente, como disse o ministro Eros Grau, sua sujeição ou subordinação a um órgão ou entidade da Administração; é o fato de que ela assume ou exerce atividades, missões típicas de serviço público. E todos esses elementos contidos na nossa Constituição e nas leis referentes à OAB indicam, sim, que esta é regida por um regime de direito público, e não de direito privado" (STF, excerto do voto ADI 3.026-4, 2006).

– **No sentido de idêntico tratamento. Inconstitucionalidade do art. 46 do Estatuto da OAB.** "ANUIDADES DA OAB. CONTRIBUIÇÃO DO INTERESSE DE CATEGORIA PROFISSIONAL. NECESSÁRIA OBSERVÂNCIA DA RESERVA LEGAL ABSOLUTA DO ART. 150, I, DA CF. ARGUIÇÃO DE INCONSTITUCIONALIDADE. O STJ tem entendido que a contribuição à OAB teria natureza *sui generis* e que não estaria sujeita à legalidade tributário tampouco às demais garantias e às normas gerais de direito tributário. A questão, contudo, é constitucional. Não tendo, os advogados e sociedades de advogados, a possibilidade de realizar o seu exercício profissional sem inscrição na OAB tem-se, nas anuidades, uma obrigação pecuniária e compulsória exigida por autarquia profissional (basta dizer que as tentativas legais de transformação dos conselhos em pessoas jurídicas de direito privado foram fulminadas pelo STF). Efetivamente, as anuidades dos Conselhos de Fiscalização Profissional, enquanto tributos, enquadram-se na espécie contribuições do interesse das categorias profissionais, com suporte no art. 149 do CTN. Considerando que todos os tributos sujeitam-se à garantia da legalidade, estampada no art. 150, I, da CF, a cobrança das anuidades sem que tenham sido instituídas por lei viola o texto constitucional. Resolução da OAB não é instrumento apto a criar tal tipo de obrigação. Suscitado incidente de arguir de inconstitucionalidade do art. 46 da Lei n. 8.906/94 (Estatuto da OAB)" (TRF4, AMS 2006.72.00.000596-1, 2007).

– **Alçada para a execução fiscal pelos Conselhos Profissionais.** Por força da Lei n. 14.195/2021, os Conselhos "não executarão judicialmente" dívidas com valor total inferior a cinco vezes do limite da anuidade de nível superior, ou seja, 5 X R$ 500,00, sem prejuízo das medidas administrativas de cobrança, como a notificação extrajudicial e a inclusão em cadastros de inedimplentes, além do protesto da CDAs, conforme se vê da nova redação do art. 8º da Lei n. 12.514/2011.

– Tema 1.180. MÉRITO AINDA NÃO JULGADO. Controvérsia: "Constitucionalidade da aplicação da Lei 12.514/2011, que limita o valor da anuidade a R$ 500,00 (quinhentos reais), à Ordem dos Advogados do Brasil, em face da necessidade da preservação de sua autonomia e independência em virtude de sua atuação também estar direcionada à proteção da ordem constitucional".

⇒ **Contribuições destinadas às entidades de serviços sociais vinculadas ao sistema sindical: SESC, SESI, SENAC, SENAI, SEBRAE etc.** Vide acerca da natureza destas contribuições, bem como considerações específicas sobre cada uma delas, em nota ao art. 240 da CF.

§ 1º A União, os Estados, o Distrito Federal e os Municípios instituirão, por meio de lei, contribuições para custeio de regime próprio de previdência social, cobradas dos servidores ativos, dos aposentados e dos pensionistas, que poderão ter alíquotas progressivas de acordo com o valor da base de contribuição ou dos proventos de aposentadoria e de pensões. (Redação dada pela EC n. 103/2019)

Redação revogada: § 1º Os Estados, o Distrito Federal e os Municípios instituirão contribuição, cobrada de seus servidores, para o custeio, em benefício destes, do regime previdenciário de que trata o art. 40, cuja alíquota não será inferior à da contribuição dos servidores titulares de cargos efetivos da União.

⇒ **Redações. EC n. 33/2001 e EC n. 41/2003.** Este § 1º está com a redação dada pela EC n. 41, publicada no *DOU* de 31 de dezembro 2003. Anteriormente, tinha a seguinte redação, dada pela EC n. 33, de 12 de dezembro de 2001, que o transformou de parágrafo único em parágrafo primeiro e também acrescentou os parágrafos 2º, 3º e 4º: "§ 1º Os Estados, o Distrito Federal e os Municípios poderão instituir contribuição, cobrada de seus servidores, para o custeio, em benefício destes, de sistemas de previdência e assistência social".

⇒ **Competência para instituir regime de *previdência* dos servidores.** Sob a redação original, estava prevista a competência dos Estados, Distrito Federal e Municípios para a instituição de contribuição dos servidores para o custeio de sistemas de previdência e assistência social. Destacava-se, então, que, havendo nítida diferenciação na Constituição Federal entre previdência, assistência e saúde, conforme se vê do Capítulo que trata da Seguridade Social, não estava autorizada a instituição de contribuição para financiamento de serviços de saúde prestados ao servidor. Com a redação dada pela EC n. 41/2003, não houve alargamento da competência; pelo contrário, ficou restrita à manutenção do regime previdenciário.

– Descabimento de contribuição obrigatória para fins de assistência à saúde. Tema 55 do STF: "I – Os Estados-membros possuem competência apenas para a instituição de contribuição voltada ao custeio do regime de previdência de seus servidores. Falece-lhes, portanto, competência para a criação de contribuição

ou qualquer outra espécie tributária destinada ao custeio de serviços médicos, hospitalares, farmacêuticos e odontológicos prestados aos seus servidores; II – Não há óbice constitucional à prestação, pelos Estados, de serviços de saúde a seus servidores, desde que a adesão a esses 'planos' seja facultativa". Decisão de mérito em 2010.

– Tema 431 do STF: "É incompatível com a Constituição norma que institui contribuição à saúde incidente sobre o valor de proventos e pensões de servidores públicos, no interregno das Emendas Constitucionais 20/1998 e 41/2003". Decisão do mérito em 2011.

– "Mesmo sob a égide da redação original, não havia competência para instituição de contribuição com vista ao custeio da assistência à saúde do servidor: I – É nítida a natureza tributária da contribuição instituída pelo art. 85 da Lei Complementar n. 64/2002, do Estado de Minas Gerais, haja vista a compulsoriedade de sua cobrança. II – O art. 149, *caput*, da Constituição atribui à União a competência exclusiva para a instituição de contribuições sociais, de intervenção no domínio econômico e de interesse das categorias profissionais e econômicas. Essa regra contempla duas exceções, contidas no arts. 149, § 1º, e 149-A da Constituição. À exceção desses dois casos, aos Estados-membros não foi atribuída competência para a instituição de contribuição, seja qual for a sua finalidade. III – A competência, privativa ou concorrente, para legislar sobre determinada matéria não implica automaticamente a competência para a instituição de tributos. Os entes federativos somente podem instituir os impostos e as contribuições que lhes foram expressamente outorgados pela Constituição. IV – Os Estados-membros podem instituir apenas contribuição que tenha por finalidade o custeio do regime de previdência de seus servidores. A expressão 'regime previdenciário' não abrange a prestação de serviços médicos, hospitalares, odontológicos e farmacêuticos" (STF, RE 573.540, 2010).

– "LEI 7.249/98 DO ESTADO DA BAHIA. Cria sistema próprio de seguridade social que compreende previdência, assistência social e assistência à saúde. Institui contribuição compulsória dos servidores do estado para a saúde. Impossibilidade. Inteligência do art. 149, parágrafo único da CF. Regra de exceção que se interpreta restritivamente" (STF, ADIMC 1.920, 1999).

– No sentido da inconstitucionalidade da lei estadual que isenta aposentados e pensionistas do custeio do sistema de saúde. Vide, em nota ao art. 195, § 5º, da CF, a ADI 3205.

– Restituição das contribuições de assistência à saúde cobradas indevidamente, sem condicionamentos. "RECLAMAÇÃO. CONTRIBUIÇÃO PARA CUSTEIO DE SERVIÇOS DE SAÚDE. DETERMINADA A REPETIÇÃO DE INDÉBITO A PARTIR DA COBRANÇA INDEVIDA. DESCUMPRIMENTO DA DECISÃO DESTA CORTE PROFERIDA NO RESP 1.273.885/RS. RECLAMAÇÃO JULGADA PROCEDENTE PARA CASSAR A DECISÃO EXORBITANTE E DETERMINAR O IMEDIATO CUMPRIMENTO DO ACÓRDÃO EM REFERÊNCIA. 1. A Reclamação, nos moldes do art. 105, I, *f* da Constituição Federal e art. 187 do RISTJ, destina-se a garantir a autoridade das decisões do Superior Tribunal de Justiça ou à preservação de sua competência. 2. Esta

Corte, no julgamento do REsp. 1.273.885/RS, de relatoria do eminente Ministro TEORI ZAVASCKI, expressamente registrou que o único pressuposto para a restituição do indébito é a cobrança indevida da exação. Assim, a restituição deve se dar a partir da cobrança indevida, ressalvada, por óbvio, eventual prescrição. 3. Ao decidir de forma diversa, criando condição para a repetição do indébito, que não fora imposta por esta Corte, quando do julgamento do referido Recurso Especial, qual seja, a ciência pelo IPERGS da ausência de interesse do demandante em não mais participar do referido plano, a decisão reclamada descumpriu o comando jurisdicional emanado deste Tribunal Superior. 4. Parecer do MPF pela procedência da presente Reclamação. 5. Reclamação julgada procedente para cassar a decisão exorbitante e determinar o imediato cumprimento do acórdão em referência [...]" (STJ, Rcl 12.530, 2013).

– "CONTRIBUIÇÃO PARA CUSTEIO DE SERVIÇOS DE SAÚDE. INCONSTITUCIONALIDADE. REPETIÇÃO DO INDÉBITO. IRRELEVÂNCIA DO USUFRUTO DOS SERVIÇOS... 1. Os valores descontados irregularmente para custeio de serviços de saúde são repetíveis, haja vista o Supremo Tribunal Federal, no julgamento da ADI 3.106/MG, ter declarado a inconstitucionalidade do caráter compulsório da contribuição para o custeio da assistência à saúde, prevista no art. 85, §§ 4º e 5º, da Lei Complementar mineira n. 64/2002. 2. O fato de os servidores públicos terem ou não usufruído do serviço de saúde é irrelevante, pois tal circunstância não retira a natureza indevida da exação cobrada" (STJ, AgRg no REsp 1.379.150, 2013).

⇒ **Regime previdenciário próprio para servidores efetivos: requisitos e características.** Há alguns requisitos e algumas características obrigatórias para a validade dos regimes próprios de previdência de servidores públicos.

– **Requisitos contábeis e atuariais mínimos para o estabelecimento de regimes próprios de previdência. Lei n. 9.717/98.** A Lei n. 9.717/98 estabeleceu regras gerais para a criação de sistemas de previdência próprios pelos entes políticos. A Portaria MPS 402/08 disciplina os parâmetros e as diretrizes para organização e funcionamento dos regimes próprios de previdência social dos servidores públicos ocupantes de cargos efetivos da União, dos Estados, do Distrito Federal e dos Municípios.

– CF: "Art. 40... § 22. Vedada a instituição de novos regimes próprios de previdência social, lei complementar federal estabelecerá, para os que já existam, normas gerais de organização, de funcionamento e de responsabilidade em sua gestão, dispondo, entre outros aspectos, sobre: I – requisitos para sua extinção e consequente migração para o Regime Geral de Previdência Social; II – modelo de arrecadação, de aplicação e de utilização dos recursos; III – fiscalização pela União e controle externo e social; IV – definição de equilíbrio financeiro e atuarial; V – condições para instituição do fundo com finalidade previdenciária de que trata o art. 249 e para vinculação a ele dos recursos provenientes de contribuições e dos bens, direitos e ativos de qualquer natureza; VI – mecanismos de equacionamento do deficit atuarial; VII – estruturação do órgão ou entidade gestora do regime, observados os princípios relacionados com governança, controle interno e transparência; VIII – condições e hipóteses para responsabilização daqueles que desempenhem atribuições relacio-

nadas, direta ou indiretamente, com a gestão do regime; IX – condições para adesão a consórcio público; X – parâmetros para apuração da base de cálculo e definição de alíquota de contribuições ordinárias e extraordinárias" (Redação da EC n. 103/2019).

– **Tema 968 do STF. MÉRITO AINDA NÃO JULGADO.** Controvérsia: "Competência legislativa da União para dispor sobre normas gerais em matéria previdenciária no que diz respeito ao descumprimento da Lei 9.717/1998 e do Decreto 3.778/2001 pelos demais entes federados".

– **Lei n. 9.717/98:** Dispõe sobre regras gerais para a organização e o funcionamento dos regimes próprios de previdência social dos servidores públicos da União, dos Estados, do Distrito Federal e dos Municípios, dos militares dos Estados e do Distrito Federal e dá outras providências.

– **Prévia fonte de custeio. Condição para a criação dos regimes de previdência e para a ampliação das suas coberturas.** "BENEFÍCIO SEM CUSTEIO. VINCULAÇÃO DE SERVIDOR MUNICIPAL AO REGIME GERAL. A instituição de regime próprio de previdência por Município, mesmo antes do advento da EC n. 20 e das Leis 9.506/97 e 9.171/98, só se aperfeiçoava quando da instituição das respectivas fontes de custeio, sob pena de violação ao art. 195, § 5º, da CF. Servidor não vinculado a regime próprio contributivo permanecia vinculado ao regime geral, sendo devidas as respectivas contribuições" (TRF4, AC 1999.04.01.0479711, 2003).

– "... Lei 511, de 04/10/93, que acrescentou o inciso VI ao art. 5º da Lei 135, de 23/10/86, ambas do Estado de Rondônia. [...] 1 Havendo o dispositivo impugnado incluído, para fins previdenciários, como dependentes dos associados, 'os pais, que forem aposentados e pensionistas do Instituto Nacional do Seguro Social INSS e outros, cujas rendas não ultrapassem o valor de dois salários mínimos', sem atender à determinação do § 5º do art. 195 da Constituição Federal, segundo o qual 'nenhum benefício ou serviço de Seguridade Social pode ser criado, majorado ou estendido sem correspondente fonte de custeio total', é de se deferir medida cautelar, para suspensão de sua eficácia, até o julgamento final da ação... 2 Até porque a referida norma constitucional federal (art. 195, § 5º) está inserida nas disposições gerais da seguridade social, a serem observadas, por isso mesmo, também pelos Estados, sem prejuízo do disposto no parágrafo único do art. 149" (STF, ADIMC 1.002, 1994).

• Vide nota ao parágrafo único do art. 160, relativamente à retenção do Fundo de Participação dos Municípios em razão da existência de débito previdenciário junto ao INSS.

– **Servidores não abrangidos por regime próprio válido estão obrigatoriamente vinculados ao regime geral.** Sempre que inexistir regime próprio de previdência válido, os servidores restam, necessariamente, vinculados ao Regime Geral de Previdência Social, hipótese em que tanto o ente político como seus servidores terão de contribuir mediante o pagamento das contribuições patronal e do empregado ao INSS. E os servidores ocupantes de cargos em comissão estão sempre e necessariamente vinculados ao regime geral por imperativo constitucional (art. 40, § 13, da CF).

– Caráter contributivo. A Constituição é expressa ao estabelecer que o regime de previdência dos servidores de quaisquer esferas tem caráter contributivo. Essa previsão, que surgiu com a EC n. 03/93 e que constava originalmente do § 6º do art. 40 da CF como relativa aos servidores federais, passou ao próprio *caput* por força da EC n. 20/98 e tornou-se aplicável também aos servidores estaduais e municipais. Eis o *caput* do art. 40, com a redação atual, que lhe foi dada pela EC n. 41/2003: "Art. 40. Aos servidores titulares de cargos efetivos da União, dos Estados, do Distrito Federal e dos Municípios, incluídas suas autarquias e fundações, é assegurado regime de previdência de caráter contributivo e solidário, mediante contribuição do respectivo ente público, dos servidores ativos e inativos e dos pensionistas, observados critérios que preservem o equilíbrio financeiro e atuarial e o disposto neste artigo".

– A EC n. 41/2003, ao atribuir nova redação ao § 1º do art. 149 da CF, estabelece um imperativo – "instituirão" – em substituição à simples autorização para que os Estados, Distrito Federal e Municípios instituíssem contribuição de seus servidores, como constava da redação anterior – "poderão instituir". Isso significa que, em havendo regime próprio de previdência, será necessariamente contributivo.

– Base de cálculo. Verbas incorporáveis aos proventos do servidor. Tema 163 do STF: "Não incide contribuição previdenciária sobre verba não incorporável aos proventos de aposentadoria do servidor público, tais como terço de férias, serviços extraordinários, adicional noturno e adicional de insalubridade". Decisão de mérito em 2018.

– Verbas indenizatórias, como juros, não compõem a base de cálculo. Tema 501 do STJ: "Ainda que seja possível a incidência de contribuição social sobre quaisquer vantagens pagas ao servidor público federal (art. 4º, § 1º, da Lei 10.887/2004), não é possível a sua incidência sobre as parcelas pagas a título de indenização (como é o caso dos juros de mora), pois, conforme expressa previsão legal (art. 49, I e § 1º, da Lei 8.112/90), não se incorporam ao vencimento ou provento". Decisão de mérito em 2013.

– "CONTRIBUIÇÃO DO PLANO DE SEGURIDADE DO SERVIDOR PÚBLICO (PSS). RETENÇÃO. VALORES PAGOS EM CUMPRIMENTO DE DECISÃO JUDICIAL (DIFERENÇAS SALARIAIS). INEXIGIBILIDADE DA CONTRIBUIÇÃO SOBRE A PARCELA REFERENTE AOS JUROS DE MORA. 1. O ordenamento jurídico atribui aos juros de mora a natureza indenizatória. Destinam-se, portanto, a reparar o prejuízo suportado pelo credor em razão da mora do devedor, o qual não efetuou o pagamento nas condições estabelecidas pela lei ou pelo contrato. Os juros de mora, portanto, não constituem verba destinada a remunerar o trabalho prestado ou capital investido. 2. A não incidência de contribuição para o PSS sobre juros de mora encontra amparo na jurisprudência do Supremo Tribunal Federal, que autoriza a incidência de tal contribuição apenas em relação às parcelas incorporáveis ao vencimento do servidor público. Nesse sentido: REsp 1.241.569... 3. A incidência de contribuição para o PSS sobre os valores pagos em cumprimento de decisão judicial, por si só, não justifica a incidência da contribuição sobre os juros de mora. Ainda que se admita a integração da legislação tributária pelo princípio do di-

reito privado segundo o qual, salvo disposição em contrário, o bem acessório segue o principal (expresso no art. 59 do CC/1916 e implícito no CC/2002), tal integração não pode implicar na exigência de tributo não previsto em lei (como ocorre com a analogia), nem na dispensa do pagamento de tributo devido (como ocorre com a equidade). 4. Ainda que seja possível a incidência de contribuição social sobre quaisquer vantagens pagas ao servidor público federal (art. 4º, § 1º, da Lei 10.887/2004), não é possível a sua incidência sobre as parcelas pagas a título de indenização (como é o caso dos juros de mora), pois, conforme expressa previsão legal (art. 49, I e § 1º, da Lei 8.112/90), não se incorporam ao vencimento ou provento. Por tal razão, não merece acolhida a alegação no sentido de que apenas as verbas expressamente mencionadas pelos incisos do § 1º do art. 4º da Lei 10.887/2004 não sofrem a incidência de contribuição social" (STJ, REsp 1.239.203, 2013).

– Imunidade dos proventos até o dobro do limite de benefícios do RGPS para beneficiário com doença incapacitante. Revogação. Dispunha o dispositivo hoje revogado pela EC n. 103/2019: "§ 21. A contribuição prevista no § 18 deste artigo incidirá apenas sobre as parcelas de proventos de aposentadoria e de pensão que superem o dobro do limite máximo estabelecido para os benefícios do regime geral de previdência social de que trata o art. 201 desta Constituição, quando o beneficiário, na forma da lei, for portador de doença incapacitante" (REVOGADO).

– Tema 317 do STF: "O art. 40, § 21, da Constituição Federal, enquanto esteve em vigor, era norma de eficácia limitada e seus efeitos estavam condicionados à edição de lei complementar federal ou lei regulamentar específica dos entes federados no âmbito dos respectivos regimes próprios de previdência social". Decisão do mérito em 2021.

– "Contribuição previdenciária. Não incidência. Portadores de doenças incapacitantes. Norma de eficácia limitada. 1. Repercussão geral reconhecida para determinação do alcance da não incidência prevista no § 21, do art. 40, da Constituição, acrescentado pela EC nº 47/2005. O referido dispositivo previa a não incidência de contribuição previdenciária sobre a parcela dos proventos de aposentadoria e pensão que não superasse o dobro do limite máximo do regime geral de previdência social, quando o beneficiário, na forma da lei, fosse portador de doença incapacitante. O presente recurso envolve a análise de dois aspectos: (i) a autoaplicabilidade do dispositivo; e (ii) se o Poder Judiciário, na ausência de lei regulamentar, pode utilizar norma que dispõe sobre situação análoga para disciplinar a matéria. No caso concreto, o Tribunal de origem considerou a norma autoaplicável e determinou a restituição dos valores retidos a partir da publicação da EC nº 47/2005. 2. Há acórdãos do Plenário desta Corte que consideram o art. 40, § 21, da Constituição Federal norma de eficácia limitada, cujos efeitos estão condicionados à edição de legislação infraconstitucional para regulamentar as doenças incapacitantes aptas a conferir ao servidor o direito à referida não incidência. Alinho-me a esses precedentes, aplicando-os ao presente caso a fim de conferir efeitos vinculantes à tese jurídica neles firmada. 3. Além disso, a jurisprudência do Tribunal é pacífica no sentido de ser inviável a extensão pelo Poder Judiciário de norma de desoneração tributária a título de isonomia. Dessa forma, incabível a utilização, por analogia, de leis que regem situação diversa da presente hipótese. 4. Recurso extraordinário provido. Modulação dos efeitos do presente acórdão, a fim de que os servidores e pensionistas que, por decisão judicial, vinham deixando de pagar as contribuições não as tenham que restituir. Nesses casos, o acórdão terá eficácia somente a partir da publicação da ata de julgamento, momento em que os entes que não tenham editado lei regulamentando o dispositivo poderão voltar a reter as contribuições previdenciárias. 5. Fixação da seguinte tese em sede de repercussão geral: 'O art. 40, § 21, da Constituição Federal, enquanto esteve em vigor, era norma de eficácia limitada e seus efeitos estavam condicionados à edição de lei complementar federal ou lei regulamentar específica dos entes federados no âmbito dos respectivos regimes próprios de previdência social'" (STF, RE 630.137, 2021).

– Alíquota não inferior à da contribuição dos servidores federais. Importante ressaltar, ainda, que os regimes estaduais e municipais ficaram balizados pelo regime federal, não podendo prever alíquota inferior à da contribuição dos servidores federais, atualmente de 11%. Mas não há que se dizer da aplicação imediata aos servidores estaduais e municipais da legislação federal. A própria redação do § 1º remete ao futuro, determinando que os Estados, Distrito Federal e Municípios instituirão, obviamente por lei própria, sujeita à anterioridade, contribuição com alíquota não inferior à da contribuição dos servidores federais.

– Alíquotas dos servidores públicos ativos federais. A Lei n. 10.887 dispunha sobre a "contribuição social do servidor público ativo de qualquer dos Poderes da União, incluídas suas autarquias e fundações, para a manutenção do respectivo regime próprio de previdência social", estabelecendo, em seu art. 4º, a alíquota de 11%. Mas a EC n. 103/2019, em seu art. 11, § 1º, estabeleceu um sistema progressivo de alíquotas em torno de um patamar de 14%, com reduções e acréscimos percentuais conforme a base de contribuição ou do benefício recebido, de modo que pode variar gradualmente de 7,5%, para a faixa até um salário mínimo, até 22%, para a faixa acima de R$ 39.000,00. Essa progressividade é objeto de questionamento junto ao STF.

– Tema 1.226: MÉRITO NÃO JULGADO. Questão: "Constitucionalidade do artigo 11, § 1º, incisos V a VIII, da Emenda Constitucional 103/2019, ante a previsão de alíquotas progressivas às contribuições previdenciárias dos servidores públicos federais" (RE 1.384.562 RG, 2022).

– Contribuição dos servidores efetivos. Os regimes próprios de previdência instituídos pelos entes políticos para seus servidores alcançam seus servidores efetivos que, assim, contribuirão para o regime e gozarão dos respectivos benefícios, inclusive de aposentadoria. Note-se que os servidores efetivos têm vínculo permanente com o ente político.

– Ocupantes de cargos em comissão, temporário, mandato eletivo ou emprego público. Vinculação ao RGPS. São vinculados obrigatoriamente ao Regime Geral de Previdência Social, conforme dispõe o art. 40, § 13, da CF, com a redação da EC n. 103/2019: "§ 13. Aplica-se ao agente público ocupante, exclusivamente, de cargo em comissão declarado em lei de livre nome-ação e exoneração, de outro cargo temporário, inclusive mandato eletivo, ou de emprego público, o Regime Geral de Previdência Social".

– Redação da EC n. 20/98, revogada: "Art. 40... § 13. Ao servidor ocupante, exclusivamente, de cargo em comissão declarado em lei de livre nomeação e exoneração bem como de outro cargo temporário ou de emprego público, aplica se o regime geral de previdência social".

– Agentes políticos. Vinculação ao RGPS. O § 13 do art. 40 da CF, com a redação da Lei n. 103/2019, estabelece a filiação obrigatória ao FGTS do cargo temporário "inclusive mandatário eletivo". Mas já vinha contribuinte por força da Lei n. 10.887/2004, que, alterando a Lei 8.212/91, forte na previsão da EC 20/1998 que, alterando o art. 195, II, da CF, previu contribuição do trabalhador e "demais segurados da previdência social", colocou os agentes políticos como filiados obrigatórios, sujeitos à contribuição. Anteriormente, o STF reconhecera a inconstitucionalidade da contribuição do agente político sob a égide da Lei n. 9.506/97, em razão de que a Constituição, na sua redação original, só se referia à contribuição "dos trabalhadores", conforme se vê em nota ao art. 195, I, da CF.

– A Portaria MPS n. 133/2006, em face da inconstitucionalidade da contribuição do agente político no período de vigência da Lei n. 9.506/97, declarada pelo STF e que teve sua eficácia suspensa pela Resolução n. 26/2005 do Senado, considera como se a qualidade de segurado obrigatório não pode mais ser reconhecida entre 1º-2-1998 e 18-9-2004, ensejando, contudo, ao agente político que não pleitear a restituição das contribuições pagas indevidamente a tal título, a opção pela filiação retroativa na qualidade de segurado facultativo, recalculando-se o salário de contribuição conforme a contribuição recolhida, considerando-se que a contribuição do facultativo era de 20% sobre o salário de contribuição, ou mantendo-se o salário de contribuição que serviu de base à contribuição do agente político como empregado, mas neste caso mediante complementação da contribuição de segurado facultativo (20%) correspondente ao valor que, considerada tal qualidade, teria sido pago a menor por ter ocorrido, à época, pagamento pela alíquota de segurado empregado (7,65%), acrescido, ainda, de multa e juros.

– A referência, na Portaria, a que a restituição das contribuições do agente político impede a contagem do período para fins de benefício mostra-se adequada, porquanto a aposentadoria se dá por tempo de contribuição.

– A determinação de complementação de valores para que seja considerado para fins de benefício o mesmo salário de contribuição da época decorre do fato de que então tinham sido recolhidos 20% pelo Município, enquanto empregador, e de 7,65% a 11% pelo agente político, enquanto empregado. Com a inconstitucionalidade reconhecida pelo STF, os 20% pagos pelo Município serão restituídos e a vinculação ao regime de previdência passa a carecer de complementação, porquanto o segurado individual e o facultativo pagam 20% e não apenas de 7,65% a 11% como os empregados. Não se justifica, contudo, a previsão de cobrança de multa e de juros, pois não se trata de diferença devida à época, conforme a legislação cujo cumprimento era exigido pelo próprio INSS. Não há que se falar em infração pelo não pagamento de 20% à época, na medida em que não tinha o agente político sequer a possibilidade de vincular-se como facultativo, segurado obrigatório que era. Não há infração e não há, também, pelas mesmas razões, mora. Além disso, a Portaria coloca a complementação como uma opção. Cuida-se de regime que guarda alguma similitude com o da indenização da falta de contribuição quanto a determinados períodos, estabelecida pelo art. 96, IV, da Lei n. 8.213/91, relativamente ao qual os tribunais posicionaram-se no sentido de afastar multa e juros, conforme se vê em nota específica a este mesmo inciso II do art. 195 da CF.

– **Servidores inativos e pensionistas.** O texto constitucional viabilizava a instituição de contribuição dos inativos. Aliás, antes do advento da EC n. 20/98 e após a EC n. 41/2003 a instituição e cobrança de contribuição dos inativos e pensionistas é válida. Apenas no interstício entre o advento da EC n. 20/98 e a EC n. 41/2003 não havia suporte constitucional para tal contribuição.

– Sobre a inconstitucionalidade de lei estadual que isenta aposentados e pensionistas por inobservar a necessidade de existência de fonte de custeio para criar, majorar ou estender benefício previdenciário, vide nota ao art. 195, § 5º, da CF.

– **A contribuição dos inativos e pensionistas só recai sobre o montante que extrapola o limite dos benefícios do regime geral, por isonomia, em razão a imunidade das aposentadorias e pensões do regime geral às contribuições previdenciárias.** O inciso II do art. 195 da Constituição, com a redação da EC n. 20/98, ao prever a contribuição do trabalhador e dos demais segurados da previdência social, expressamente estabelece a imunidade das aposentadorias e pensões do regime geral de previdência social, impedindo que haja validamente a instituição de contribuição de seguridade social sobre as mesmas. Aliás, a Lei n. 8.212/91, como regra, não considera como salários de contribuição os benefícios previdenciários. Entendeu o STF que, embora possível instituir contribuição de inativos e pensionistas para os regimes próprios de previdência dos servidores, tal não poderia recair senão sobre o que extrapolasse o valor limite dos benefícios no regime geral.

– **Validade da contribuição de inativos e pensionistas após a EC n. 41/2003.** O Supremo Tribunal Federal, quando do julgamento da ADI 3.105-8/DF, em agosto de 2004, relator para o acórdão o Min. Cezar Peluso, decidiu pela constitucionalidade das contribuições sobre aposentadorias e pensões dos servidores públicos, fazendo censura, apenas, ao art. 4º da EC n. 41: "1. Inconstitucionalidade. Seguridade social. Servidor público. Vencimentos. Proventos de aposentadoria e pensões. Sujeição à incidência de contribuição previdenciária. Ofensa a direito adquirido no ato de aposentadoria. Não ocorrência. Contribuição social. Exigência patrimonial de natureza tributária. Inexistência de norma de imunidade tributária absoluta. Emenda Constitucional n. 41/2003 (art. 4º, *caput*). Regra não retroativa. Incidência sobre fatos geradores ocorridos depois do início de sua vigência. Precedentes da Corte. Inteligência dos arts. 5º, XXXVI, 146, III, 149, 150, I e III, 194, 195, *caput*, II e § 6º, da CF, e art. 4º, *caput*, da EC n. 41/2003. No ordenamento jurídico vigente, não há norma, expressa nem sistemática, que atribua à condição jurídico-subjetiva da aposentadoria de servidor público o efeito

de lhe gerar direito subjetivo como poder de subtrair *ad aeternum* a percepção dos respectivos proventos e pensões à incidência de lei tributária que, anterior ou ulterior, os submeta à incidência de contribuição previdencial. Noutras palavras, não há, em nosso ordenamento, nenhuma norma jurídica válida que, como efeito específico do fato jurídico da aposentadoria, lhe imunize os proventos e as pensões, de modo absoluto, à tributação de ordem constitucional, qualquer que seja a modalidade do tributo eleito, donde não haver, a respeito, direito adquirido com o aposentamento. 2. Inconstitucionalidade. Ação direta. Seguridade social. Servidor público. Vencimentos. Proventos de aposentadoria e pensões. Sujeição à incidência de contribuição previdenciária, por força de Emenda Constitucional. Ofensa a outros direitos e garantias individuais. Não ocorrência. Contribuição social. Exigência patrimonial de natureza tributária. Inexistência de norma de imunidade tributária absoluta. Regra não retroativa. Instrumento de atuação do Estado na área da previdência social. Obediência aos princípios da solidariedade e do equilíbrio financeiro e atuarial, bem como aos objetivos constitucionais de universalidade, equidade na forma de participação no custeio e diversidade da base de financiamento. Ação julgada improcedente em relação ao art. 4º, *caput*, da EC n. 41/2003. Votos vencidos. Aplicação dos arts. 149, *caput*, 150, I e III, 194, 195, *caput*, II e § 6º, e 201, *caput*, da CF. Não é inconstitucional o art. 4º, *caput*, da Emenda Constitucional n. 41, de 19 de dezembro de 2003, que instituiu contribuição previdenciária sobre os proventos de aposentadoria e as pensões dos servidores públicos da União, dos Estados, do Distrito Federal e dos Municípios, incluídas suas autarquias e fundações" (STF, ADI 3105, 2004). No mesmo sentido, sobre a Lei n. 9.003/2004 do Estado da Bahia, decidiu o STF na ADI 3.188/2006.

– Também já havíamos nos manifestado nesse mesmo sentido: "... as conclusões finais alcançadas neste trabalho são: 1) a outorga de competência para a instituição da contribuição de inativos e pensionistas não pode ser, em si e de modo absoluto, tachada de inconstitucional, não apresentando qualquer vício a nova redação do art. 40 da Constituição; 2) inválida, porém, por ofensiva à isonomia tributária (art. 150, II, da CF), é a autorização de discriminação perpetrada pelo parágrafo único do art. 4º da EC 41, ao dar tratamento diferenciado entre os próprios inativos e pensionistas chamados a custear a Seguridade Social. Consequentemente, mostra-se carente de suporte constitucional o parágrafo único do art. 4º da EC 41/03, bem como o novo art. 3º-B da Lei 9.783/99, acrescido pelo art. 5º da MP 167, de 19 de fevereiro de 2004, devendo ser reconhecido o direito de todos os contribuintes inativos e pensionistas a arcar com a exação de acordo com os parâmetros traçados no § 18º do art. 40 da Constituição, ou seja, apenas com base no montante que exceder o valor máximo do benefício pago pelo regime geral de previdência" (PAULSEN, Leandro; FERREIRA NETO, Arthur M. A nova contribuição de inativos e pensionistas. *RDDT* 106/34-53, jul. 2004).

– **Na vigência da EC n. 20/98.** Sob a égide da EC n. 20/98, os aposentados e pensionistas não podiam ser colocados como sujeitos passivos de contribuição previdenciária. O *leading case* acerca da contribuição do servidor sob a égide da EC n. 20/98 é o julgamento da ADINMC 2.010, em setembro de 1999, quando o STF apreciou a instituição de contribuição sobre os proventos percebidos pelos servidores federais aposentados e também sobre as pensões. A EC n. 20/98, ademais, estabeleceu imunidade em favor do servidor que continuasse trabalhando após alcançar o tempo para aposentadoria: "§ 5º O servidor de que trata este artigo, que, após completar as exigências para aposentadoria estabelecidas no *caput*, permanecer em atividade, fará jus à isenção da contribuição previdenciária até completar as exigências para aposentadoria contidas no art. 40, § 1º, III, *a*, da Constituição Federal." Daí por que eventuais pagamentos ocorridos neste período, até a revogação da norma pela EC n. 41/2003, foram indevidos. Atualmente, embora seja devida contribuição pelo inativo, quem permanece trabalhando recebe abono de permanência para compensar a contribuição retida.

– As Leis n. 3.310/99 do Estado do Rio de Janeiro e 2.543/99 do Estado do Amazonas, por exemplo, advindas sob a égide da EC n. 20/98, tiveram sua inconstitucionalidade reconhecida pelo STF, conforme se vê da ADIMC 2.197/RJ e da ADIMC 2.087/AM.

– "[...] A CONSTITUIÇÃO DA REPÚBLICA NÃO ADMITE A INSTITUIÇÃO DA CONTRIBUIÇÃO DE SEGURIDADE SOCIAL SOBRE INATIVOS E PENSIONISTAS DA UNIÃO. – A Lei n. 9.783/99, ao dispor sobre a contribuição de seguridade social relativamente a pensionistas e a servidores inativos da União, regulou, indevidamente, matéria não autorizada pelo texto da Carta Política, eis que, não obstante as substanciais modificações introduzidas pela EC n. 20/98 no regime de previdência dos servidores públicos, o Congresso Nacional absteve-se, conscientemente, no contexto da reforma do modelo previdenciário, de fixar a necessária matriz constitucional, cuja instituição se revelava indispensável para legitimar, em bases válidas, a criação e a incidência dessa exação tributária sobre o valor das aposentadorias e das pensões. O regime de previdência de caráter contributivo, a que se refere o art. 40, *caput*, da Constituição, na redação dada pela EC n. 20/98, foi instituído, unicamente, em relação 'Aos servidores titulares de cargos efetivos...', inexistindo, desse modo, qualquer possibilidade jurídico-constitucional de se atribuir, a inativos e a pensionistas da União, a condição de contribuintes da exação prevista na Lei n. 9.783/99. Interpretação do art. 40, §§ 8º e 12, c/c o art. 195, II, da Constituição, todos com a redação que lhes deu a EC n. 20/98" (STF, ADI 2.010-2, 1999).

– "EC 20/98, ARTIGO 8º, § 5º. SERVIDOR. TEMPO TRABALHADO APÓS COMPLETAR AS EXIGÊNCIAS PARA APOSENTADORIA. CONTRIBUIÇÃO PREVIDENCIÁRIA. ISENÇÃO. Se o servidor contribuiu para a Previdência Social no período trabalhado além da data em que poderia ter se aposentado – o que não fez porque ao tempo do requerimento houve controvérsia a respeito da contagem do tempo de serviço, posteriormente dirimida em juízo a favor do servidor –, faz jus à devolução dos valores recolhidos, nos termos da isenção prevista no § 5º do artigo 8º da EC 20/98" (STF, RE 568.377, 2008). Vide, também, a ADI 2.158, 2010.

– **Antes da EC n. 20/98.** "1. Recurso extraordinário. Agravo regimental. Contribuição previdenciária prevista na Lei 7.672/82 do Estado do Rio Grande do Sul. Incidência sobre proventos e pensões de servidores públicos aposentados e pensionistas. Ilegitimidade a partir da Emenda Constitucional n. 20/98, conforme reiterados julgados do Supremo Tribunal Federal nesse sentido. 2. Agravo regimental improvido" (STF, RE 386.933, 2004).

– **Abono de permanência ao servidor que cumprir os requisitos para aposentadoria por tempo de contribuição e permanecer na ativa.** No regime da EC n. 41/2003, tanto o servidor ativo como inativos e pensionistas contribuem para a previdência. Porém, aos servidores que, reunindo os requisitos para a aposentadoria, se mantiverem na ativa, a Emenda Constitucional garantiu um abono de permanência em montante ao valor da contribuição previdenciária. Eis o art. 40 da CF, com a redação dada pela EC n. 41, de 31 de dezembro de 2003, bem como o art. 3º de tal Emenda Constitucional: "Art. 40... § 19. O servidor de que trata este artigo que tenha completado as exigências para aposentadoria voluntária estabelecidas no § 1º, III, *a*, e que opte por permanecer em atividade fará jus a um abono de permanência equivalente ao valor da sua contribuição previdenciária até completar as exigências para aposentadoria compulsória contidas no § 1º, II. § 20. Fica vedada a existência de mais de um regime próprio de previdência social para os servidores titulares de cargos efetivos, e de mais de uma unidade gestora do respectivo regime em cada ente estatal, ressalvado o disposto no art. 142, § 3º, X". "Art. 3º É assegurada a concessão, a qualquer tempo, de aposentadoria aos servidores públicos, bem como pensão aos seus dependentes, que, até a data de publicação desta Emenda, tenham cumprido todos os requisitos para obtenção desses benefícios, com base nos critérios da legislação então vigente. § 1º O servidor de que trata este artigo que opte por permanecer em atividade tendo completado as exigências para aposentadoria voluntária e que conte com, no mínimo, vinte e cinco anos de contribuição, se mulher, ou trinta anos de contribuição, se homem, fará jus a um abono de permanência equivalente ao valor da sua contribuição previdenciária até completar as exigências para aposentadoria compulsória contidas no art. 40, § 1º, II, da Constituição Federal [...]".

– **Não incidência sobre pensão complementar.** "... PENSÃO ESPECIAL. BENEFÍCIO DECORRENTE DE ADESÃO A PLANO DE PREVIDÊNCIA COMPLEMENTAR. FILIAÇÃO FACULTATIVA. ADIN 3.105-8/DF. DESCONTOS DETERMINADOS PELA EC N. 41/2003 INCIDENTES SOBRE PROVENTOS DE NATUREZA PÚBLICA E FILIAÇÃO COMPULSÓRIA. PRECEDENTES... 2. Os valores percebidos pela recorrente, a título de pensão especial, decorrem da filiação de seu falecido cônjuge a plano de previdência complementar, de adesão facultativa, instituídos pelas Leis Estaduais 7.301/73, 7.602/74 e LC n. 69/90. 3. O STF, ao julgar a ADIn n. 3.105-8/DF, reconheceu a constitucionalidade da cobrança de contribuição previdenciária sobre proventos de inativos e pensionistas, determinada pela EC 41/2003, somente quanto aos benefícios referentes aos sistemas previdenciários de natureza pública e de filiação compulsória" (STJ, RMS 23.051, 2007).

⇒ **Militares.** O regime dos militares é inconfundível com o dos servidores públicos (civis). O art. 61, § 1º, da CF, e.g., ao cuidar das leis de iniciativa do Presidente da República, cuida separadamente dos servidores públicos (inciso II, *c*) e dos militares das Forças Armadas (inciso II, *f*). Por força da EC n. 18/98, foi incluído o § 3º do art. 142 da CF, no sentido de que "§ 3º Os membros das Forças Armadas são denominados militares, aplicando-se-lhes, além das que vierem a ser fixadas em lei, as seguintes disposições..." O art. 42 da CF cuida dos militares dos Estados e do DF. Note-se que o art. 40 da CF é inaplicável aos militares, salvo quando haja remissão expressa à sua aplicação, como é o caso do seu § 9º, de aplicação determinada pelo art. 42, § 1º, da CF aos militares estaduais e distritais. A regra geral da inaplicabilidade do art. 40 decorre do fato de que este cuida dos servidores públicos, anteriormente à EC n. 18/98 denominados servidores públicos civis.

– A diferença na denominação e no regime jurídico, entre servidores públicos, de um lado, e militares, de outro, é ressaltada pelo STF no RE 596.701: "1. A Constituição Federal, após as alterações promovidas pelas Emendas Constitucionais 03/1993 e 18/1998, separou as categorias de servidores, prevendo na Seção II as disposições sobre 'Servidores Públicos' e na Seção III, artigo 42, as disposições a respeito 'dos Militares dos Estados, do Distrito Federal e dos Territórios', dissociando os militares da categoria 'servidores públicos', do que se concluiu que os militares, topograficamente, não mais se encontram na seção dos servidores públicos e etimologicamente não são mais pela Constituição denominados servidores, mas apenas militares. 2. Há sensíveis distinções entre os servidores públicos civis e os militares, estes classificados como agentes públicos cuja atribuição é a defesa da Pátria, dos poderes constituídos e da ordem pública, a justificar a existência de um tratamento específico quanto à previdência social, em razão da sua natureza jurídica e dos serviços que prestam à Nação, seja no que toca aos direitos, seja em relação aos deveres. Por tal razão, é necessária a existência de um Regime de Previdência Social dos Militares (RPSM) distinto dos Regimes Próprios de Previdência Social (RPPS), sendo autorizado constitucionalmente o tratamento da disciplina previdenciária dos militares por meio de lei específica. Precedentes do STF: RE 198.982/RS...; RE 570.177...)" (2020).

– **Incidência de contribuição sobre pensões e proventos entre a EC n. 20/1998 e a EC n. 41/2003. Tema 160 do STF:** "É constitucional a cobrança de contribuições sobre os proventos dos militares inativos, aqui compreendidos os Policiais Militares e o Corpo de Bombeiros dos Estados e do Distrito Federal e os integrantes das Forças Armadas, ainda que no período compreendido entre a vigência da Emenda Constitucional n. 20/98 e a Emenda Constitucional 41/2003, por serem titulares de regimes jurídicos distintos dos servidores públicos civis e porque a eles não se estende a interpretação integrativa dos textos dos artigos 40, §§ 8º e 12, e artigo 195, II, da Constituição da República".

– "MILITAR INATIVO. REGIME PREVIDENCIÁRIO DISTINTO DOS SERVIDORES CIVIS. INAPLICABILIDADE AOS MILITARES DO DISPOSTO NOS §§ 7º E 8º DO ART. 40, DA CRFB. COBRANÇA DE CONTRIBUIÇÃO PREVIDENCIÁRIA. POSSIBILIDADE... 3. A ausência de remissão, pelo Constituinte, a outros dispositivos do art. 40 no texto do art. 42, § 1º, bem como do art. 142, configura silêncio eloquente, como já concluiu a Corte em relação à inaplicabilidade da regra

do salário mínimo aos militares, por não fazerem os artigos 42 e 142 referência expressa a essa garantia prevista no art. 7º, IV. É inaplicável, portanto, aos militares a norma oriunda da conjugação dos textos dos artigos 40, § 12, e artigo 195, II, da Constituição da República, sendo, portanto, constitucional a cobrança de contribuição sobre os valores dos proventos dos militares da reserva remunerada e reformados. Precedentes do STF: ADO 28/SP...; RE 785.239-AgR...; ARE 781.359-AgR...; ARE 722.381-AgR...). 4. Fixação de tese jurídica ao Tema 160 da sistemática da repercussão geral: 'É constitucional a cobrança de contribuições sobre os proventos dos militares inativos, aqui compreendidos os Policiais Militares e o Corpo de Bombeiros dos Estados e do Distrito Federal e os integrantes das Forças Armadas, ainda que no período compreendido entre a vigência da Emenda Constitucional 20/98 e Emenda Constitucional 41/03, por serem titulares de regimes jurídicos distintos dos servidores públicos civis e porque a eles não se estende a interpretação integrativa dos textos dos artigos 40, §§ 8º e 12, e artigo 195, II, da Constituição da República'" (STF, RE 596.701, 2020).

– **No sentido de que a contribuição de militares inativos e suas pensionistas sempre foi devida, com tratamento específico, não se lhes aplicando a imunidade.** "3. O regime previdenciário dos militares sempre foi alimentado pela contribuição dos inativos, o que não se alterou com a EC 20/98, mantido o regime especial de previdência para a categoria (Lei 3.765/60, art. 3º)" (STJ, MS 7.842, 2004).

– "TRIBUTÁRIO. MILITARES INATIVOS. CONTRIBUIÇÃO. LEI N. 3.675/60. EMENDAS CONSTITUCIONAIS 20/98 E 41/03. [...]. 3. Ao contrário dos servidores públicos federais e dos trabalhadores da iniciativa privada, o militar nunca contribuiu para a sua aposentadoria, pois tal benefício inexiste na lei castrense. Ele sempre contribuiu apenas para a pensão militar, destinada a seus beneficiários. Assim, mesmo quando o militar passa à inatividade remunerada (por tempo de serviço ou decorrente de incapacidade física) continua contribuindo para a pensão militar, antigo montepio militar, criado há mais de um século pelo Decreto n. 695/1890. 4. O regime especial dos militares, destarte, consolida-se em legislação infraconstitucional específica, não havendo qualquer ofensa ao princípio da isonomia. 5. O § 9º do art. 42 da CF/88, em sua redação originária, recepcionou a sistemática própria e infraconstitucional (Lei 3.765/60) quanto ao regime da pensão militar. Nesse sentido, conclui-se, também, que o sistema de cobrança regido pela Lei 3.765/60 é compatível com o § 5º do art. 34 do ADCT, isto é, não ofendeu a nova sistemática constitucional, a qual, continuou remetendo a disciplina da matéria à seara infraconstitucional. [...]. 7. Os militares possuem um regime previdenciário diferenciado, isso porque, em face das peculiaridades da carreira militar, a EC 18/98 os excluiu do gênero 'servidores públicos', que até então abrangia as espécies servidores civis e militares. Assim, os militares passaram a constituir um conjunto diferenciado de agentes públicos, que se divide em militares das Forças Armadas (art. 142, § 3º) e militares dos demais entes federados (art. 42). As emendas constitucionais de n. 20, 41 e 47 não alteraram tal 'divisão' operada pela EC 18/98, de modo que, hoje, os militares não estão sujeitos, a não ser de forma subsidiária, às regras de passagem para a inatividade destinadas aos servidores civis. [...]. 10. É infundada qualquer alegação de tratamento isonômico entre o regime militar e outros regimes previdenciários. Cada regime tem suas características próprias e, por isso, merecem tratamento diferenciado. [...]" (TRF4, AC 2004.71.02.004397-0, 2008).

– **FUSEX.** O Supremo Tribunal Federal, em 2009, no RE 586.620, entendeu que a matéria é infraconstitucional: "Contribuição para o Fundo de Saúde. Exigibilidade. Aplicação dos efeitos da ausência de repercussão geral tendo em vista tratar-se de divergência solucionável pela aplicação da legislação federal. Inexistência de repercussão geral".

– **Natureza tributária.** "CONTRIBUIÇÃO PARA O FUSEX – NATUREZA TRIBUTÁRIA... 2. Esta Corte já firmou orientação no sentido de que a contribuição para o Fundo de Saúde do Exército – FUSEX, em razão da sua compulsoriedade, possui natureza tributária, de modo que não pode ter sua alíquota fixada ou alterada por ato infralegal. Precedentes: REsp 692.277/SC, Segunda Turma, Rel. Min. Castro Meira, *DJ* 27.6.2007; REsp 761.421/PR, Primeira Turma, Rel. Min. Luiz Fux, *DJ* 1º.3.2007; REsp 789.260/PR, Primeira Turma, Rel. Min. Francisco Falcão, *DJ* 19.6.2006" (STJ, AgRg no REsp 1.085.780, 2009).

– "FUSEX. LEI 8.237/91... NATUREZA JURÍDICA TRIBUTÁRIA... II – Quanto à sua natureza jurídica, observe-se que a contribuição para assistência médico-hospitalar, vertida ao Fundo de Saúde do Exército – FUSEX, mediante desconto obrigatório da remuneração do militar, por se tratar de prestação pecuniária compulsória, sem caráter sancionatório, instituída por lei, enquadra-se na definição de tributo prevista no art. 3º do Código Tributário Nacional, submetendo-se às limitações constitucionais ao poder de tributar e às normas gerais de direito tributário, que cobram atendimento ao preceito da reserva legal não apenas na criação do tributo (CF, 150, I), mas também na fixação da alíquota e da base de cálculo (CTN, art. 97). Precedentes..." (STJ, REsp 1.094.735, 2009).

– **Válida a cobrança apenas após a MP 2.131/00.** "CONTRIBUIÇÃO AO FUSEX. NATUREZA JURÍDICA TRIBUTÁRIA. ARTIGO 149 DA CF/88. FIXAÇÃO DE ALÍQUOTA POR ATO INFRALEGAL. IMPOSSIBILIDADE. PRINCÍPIO DA LEGALIDADE. MP 2.131/00... 1. O Fundo de Saúde do Exército (FUSEX) é custeado pelos próprios militares que gozam, juntamente com seus dependentes, de assistência médico-hospitalar, cuja contribuição é cobrada compulsoriamente dos servidores. A contribuição de custeio, por inserir-se no conceito de tributo previsto no art. 3º, do CTN, ostenta natureza jurídica tributária, sujeitando-se ao princípio da legalidade. (Precedentes: REsp 764.526/PR, *DJ* 07.05.2008; REsp 761.421/PR, *DJ* 01.03.2007; REsp 692.277/SC, *DJ* 27.06.2007; REsp 789260/PR, *DJ* 19.06.2006). 2. A contribuição para o FUSEX, *a fortiori*, sofre a incidência das limitações constitucionais ao poder de tributar e as normas gerais de matéria tributária, consoante o artigo 149... 3. O princípio da legalidade, no Direito Tributário, impõe que todos os elementos da exação fiscal estejam previstos em lei, consubstanciando o denominado princípio da estrita legalidade, segundo o qual não apenas a integralidade da hipótese de incidência – em seus critérios material, espacial e

temporal –, mas também a relação jurídico-tributária – em seus critérios pessoal e quantitativo –, devem, imprescindivelmente, constar em lei. 4. O Poder Executivo não pode, por delegação, proceder à instituição da alíquota do tributo em foco, haja vista constituir elemento integrante da própria norma jurídico--impositiva. 5. Destarte, somente após a vigência da MP 2.131/00, de 28/12/2000, e suas reedições, disciplinando e reestruturando a remuneração dos militares das Forças Armadas, e alterando a Lei n. 6.880/80, passou a ser legitimamente considerado o percentual de 3,5% do valor do soldo, razão pela qual as quantias descontadas indevidamente, em momento anterior a essa data, devem ser devolvidas ao contribuinte" (STJ, REsp 900.015, 2008).

– **Entendendo devida com amparo no art. 14 do Dec. n. 92.512/86, recepcionado com nível de lei ordinária.** "CONTRIBUIÇÃO AO FUSEX – NATUREZA JURÍDICA TRIBUTÁRIA – MP N. 2.131/00. 1 – A contribuição para o custeio do FUSEx constitui espécie de tributo, estando sujeita aos princípios norteadores do Sistema Tributário Nacional, com relevância ao princípio da legalidade. 2 – Decretos e Portarias do Ministério do Exército não possuem o condão de disciplinar a matéria relativa à fixação da alíquota de tributos, em observância ao princípio constitucional da legalidade. 3 – A contribuição para a assistência médico-hospitalar descontada dos militares no percentual de 3% sobre o valor do soldo, é plenamente devida até a vigência da Medida Provisória n. 2.131/00, respeitado o princípio da anterioridade nonagesimal" (TRF4, AC 2004.71.00.016813-9, 2007). Excerto do voto condutor: "... a Constituição de 1988 revogou, a partir de 5/4/89 (art. 25 do ADCT), apenas a delegação conferida ao Chefe do Poder Executivo, pelo art. 81 da Lei n. 5.787/72, de fixar a alíquota, permanecendo a contribuição para o fundo de saúde dos militares exigível, desde então, com base na alíquota fixada pelo art. 14 do Dec. 92.512/86, que, nesse particular, foi recepcionado como lei ordinária. [...] A Lei n. 8.237/91 nada referiu acerca da alíquota da contribuição para a assistência médico-hospitalar militar. Mas como estava vigente, pelos motivos já expostos, o art. 14 do Decreto 92.512/86, com *status* de lei ordinária, a contribuição continuou sendo exigível com a alíquota de 3% nele prevista... Após a promulgação da Constituição Federal de 1988, em diversas oportunidades, normas infralegais pretenderam fixar a alíquota da referida contribuição. Foram os casos dos Decretos ns. 906/93 (limite de 10%), 1.961 (limite de 25%) e Portaria n. 102, de 1998 (3,4%). Tais normas, no entanto, extrapolaram os limites de suas atribuições já que, em observância ao princípio constitucional da legalidade, não poderiam disciplinar a matéria relativa à fixação da alíquota de tributos. Com a Medida Provisória n. 2.131/2000, a alíquota foi fixada em 3,5% (passou a ser exigível, com a essa alíquota, em 1º/4/2001, em face do princípio da anterioridade nonagesimal). [...] tenho que deve ser reconhecido o direito da parte autora à repetição do indébito exclusivamente no que o recolhimento da exação exceder o percentual de 3%, até 1º/4/2001".

– **Entendendo indevida no período entre a Lei n. 8.237/91 e a MP n. 2.131/2000.** "CONTRIBUIÇÃO PARA O FUSEX. NATUREZA TRIBUTÁRIA. RESTITUIÇÃO... 2. A assistência médico-hospitalar fornecida aos servidores militares é custeada por meio de contribuição ao chamado Fundo de Saúde do Exército – FUSEx – a quem incumbe a referida prestação. 3. Sendo compulsório tanto a filiação ao sistema de saúde, quando o desconto para o seu financiamento, está caracterizada a natureza tributária da exação, eis que, pela definição legal, tributo é 'toda prestação pecuniária compulsória, em moeda ou cujo valor nela se possa exprimir, que não constitua sanção de ato ilícito' (art. 3º do CTN). 4. A contribuição para a assistência médico-hospitalar descontada dos militares no percentual de 3% sobre o valor do soldo é plenamente devida desde a vigência do Decreto 92.512/86 até a entrada em vigor da Lei 8.237/91. A partir da vigência da Medida Provisória n. 2.131/00, respeitado o princípio da anterioridade, tal exação passa a ser exigível à alíquota de 3,5%. 5. Condenação da União a restituir os valores retidos indevidamente" (TRF4, AC 2004.70.00.019250-4, 2006).

– "CONTRIBUIÇÃO AO FUSEX. FIXAÇÃO DA ALÍQUOTA POR LEI. NECESSIDADE. PRINCÍPIO DA LEGALIDADE TRIBUTÁRIA... – A Constituição concedeu às contribuições natureza de tributo, aplicando-lhes as limitações constitucionais ao poder de tributar, bem como as normas gerais de matéria tributária. A contribuição ao FUSEX tem destinação específica para custear a assistência médico hospitalar militar, sendo cobrada compulsoriamente dos servidores militares, nos termos do artigo 75 da Lei n. 8.237/1991. Dessa forma, a fixação da alíquota dessa contribuição por meio de Instrução Normativa ou Portaria fere o princípio da legalidade tributária. – O Decreto n. 92.512/86, que prevê a exigibilidade da contribuição no percentual de 3% regulamentava a Lei n. 5.787/72, que foi revogada pela Lei n. 8.237/91. Dessa forma, não pode subsistir o decreto regulamentador, sem a legislação a ser regulamentada. – Os valores descontados da parte autora a título de contribuição ao FUSEX são indevidos e devem ser restituídos" (TRF4, AC 2003.71.00.057328-5, 2006).

– **No sentido da natureza não tributária da contribuição ao FUSEX.** "MEMÓRIA. ASSUNTO: Ação ordinária em que se pleiteia a restituição dos valores pagos a título de contribuição para o Fundo de Saúde do Exército (FuSEx), no período relativo compreendido entre 1991 a 2000, sob o argumento de que a respectiva alíquota foi estipulada por instrumento normativo inadequado. EMENTA: Contribuição para o FUSEx. Inexistência de caráter tributário. repetição de indébito incabível. Improcedência da ação. 1... 12. NO MÉRITO, observamos que a contribuição para o FUSEx encontra suporte constitucional no art. 142, § 3º, X, conforme se lê nas linhas seguintes: *Art. 142... '§ 3º Os membros das Forças Armadas são denominados militares, aplicando-se-lhes, além das que vierem a ser fixadas em lei, as seguintes disposições: (Parágrafo incluído pela Emenda Constitucional n. 18, de 05/02/98): ... X – A LEI DISPORÁ SOBRE o ingresso nas Forças Armadas, os limites de idade, a estabilidade e outras condições de transferência do militar para a inatividade, os direitos, os deveres, A REMUNERAÇÃO, as prerrogativas e outras situações especiais dos militares, consideradas as peculiaridades de suas atividades, inclusive aquelas cumpridas por força de compromissos internacionais e de guerra.'* (grifou-se) 13. A Constituição Federal nos remete à Lei. No caso em tela, a con-

tribuição para o FUSEx encontra amparo legal na antiga Lei de Remuneração dos Militares, renovada com a MP n. 2.215-10, de 31 de agosto de 2001, senão vejamos: *Lei n. 8.237, de 30 de setembro de 1991 Art. 75. São descontos obrigatórios:... II – contribuição para assistência médico-hospitalar militar;'* MPV n. 2215, de 31 de agosto de 2001. *Dispõe sobre a reestruturação da remuneração dos militares das Forças Armadas, altera as Leis ns. 3.765, de 4 de maio de 1960, e 6.880, de 9 de dezembro de 1980, e dá outras providências. Art. 15. São descontos obrigatórios do militar:... II – contribuição para a assistência médico-hospitalar e social do militar; III – indenização pela prestação de assistência médico-hospitalar, por intermédio de organização militar;'* (grifou-se) 14. Sendo assim, a lei, com base constitucional, estabeleceu o desconto obrigatório destinado à assistência médico-hospitalar do militar. Os autores querem descaracterizar o instituto de desconto obrigatório, atribuindo-lhe natureza jurídica de tributo, o que vem a afrontar a Constituição Federal e a Lei, porquanto os tributos tem previsão expressa constitucional e legal no CTN. As espécies tributárias são claramente definidas e não se pode interpretar extensivamente tais disposições, como pretendem os autores, vale dizer, o princípio da legalidade impede tal interpretação. 15. Por isso, conforme delegou a EC n. 18/98, os deveres e a remuneração do militar passaram a ficar sujeitos a uma legislação especial, que *in casu,* a Lei de Remuneração dos Militares regulou a remuneração dos militares por força da ordem constitucional, bem como fixou o DEVER de contribuir para a prestação de assistência médico-hospitalar. 16. Ocorre que, havendo a referida competência legal, temos que a própria lei delega à regulamentação a possibilidade de dispor sobre o cumprimento das obrigações relativas ao desconto das contribuições, como vemos abaixo na mesma referida Lei de Remuneração dos Militares, de número 8.237, de 30 de setembro de 1991, renovada também com a edição da medida provisória citada, *verbis: Lei n. 8.237, de 30 de setembro de 1991 Art. 74. Desconto é o abatimento que pode sofrer a remuneração do militar para cumprimento das obrigações assumidas ou impostas em virtude de disposição de lei ou de regulamento.' MPV n. 2215, de 31 de agosto de 2001 Art. 14. Descontos são os abatimentos que podem sofrer a remuneração ou os proventos do militar para cumprimento de obrigações assumidas ou impostas em virtude de disposição de LEI ou de REGULAMENTO.* (grifou-se) § 1º Os descontos podem ser obrigatórios ou autorizados.' 17. E ainda, cumpre ressaltar que a Medida Provisória citada, além de conceituar o que vem a ser DESCONTO, fixou o PERCENTUAL LEGAL de contribuição para assistência médico-hospitalar, que incidirá sobre os vencimentos, senão vejamos: 'Art. 25. *A contribuição para a assistência médico-hospitalar e social é de ATÉ TRÊS E MEIO POR CENTO AO MÊS e incidirá sobre as parcelas que compõem a pensão ou os proventos na inatividade, conforme previsto no art. 10 desta Medida Provisória.'* (grifou-se) 18... 21. No entanto, ainda que fosse reconhecido o direito alegado pelos autores, caberia a compensação dos créditos tributários ou, mesmo, a transação dos mesmos conforme admitido no próprio Código Tributário Nacional. 22. [...] os autores utilizaram o sistema de saúde militar, ou pelo menos o tiveram a sua disposição, o que não se compatibiliza com uma mera restituição de contribuição para um serviço que foi efetivamente prestado e tem índole social, não tributária. 23. Não nos parece compatível com a Justiça ignorar que os autores utilizem do Sistema que visa lhe assegurarem um direito social, vale dizer, direito à saúde (art. 196 e seguintes da CF/88) e, somente após esse uso venham requerer a devolução da contribuição. Pensar assim, seria a quebra do Princípio Isonômico, com prejuízo aos demais contribuintes do FUSEX que teriam, indiretamente, de arcar com os custos dos autores, levando, inclusive à própria inviabilização do sistema de saúde do Exército, fato relevante que não pode ser olvidado quando se defere tal tipo de pleito. MINISTÉRIO DA DEFESA, EXÉRCITO BRASILEIRO, COMANDO MILITAR DO SUL, COMANDO DA 3ª REGIÃO MILITAR (GOV. DAS ARMAS PROV. DO RS/1821), REGIÃO DOM DIOGO DE SOUZA, parecer de DANIELLE SANCHOTENE BRESSAN FONSECA – Cap. Adjunto da Divisão Jurídica da 3ª RM; De acordo: MÁRCIO KAZUAKI FUSISSAVA – Maj. Chefe da Divisão Jurídica da 3ª RM)".

– Isenção da contribuição ao FUSEX para os anistiados políticos. Vide nota ao art. 176 do CTN.

– Competência da PFN para representar a União nas causas relativas ao FUSEX, ao FUSMA e ao FUNSA. Nos termos do Parecer AGU/SF/12/2009, a competência para representar a União nas ações relativas ao Fundo de Saúde do Exército (FUSEX), ao fundo de Saúde da Marinha (FUSMA) e ao fundo de Saúde da Aeronáutica (FUNSA) é da Procuradoria da Fazenda Nacional.

§ 1º-A. Quando houver déficit atuarial, a contribuição ordinária dos aposentados e pensionistas poderá incidir sobre o valor dos proventos de aposentadoria e de pensões que supere o salário mínimo. (Incluído pela Emenda Constitucional n. 103, de 2019)

§ 1º-B. Demonstrada a insuficiência da medida prevista no § 1º-A para equacionar o déficit atuarial, é facultada a instituição de contribuição extraordinária, no âmbito da União, dos servidores públicos ativos, dos aposentados e dos pensionistas. (Incluído pela Emenda Constitucional n. 103, de 2019)

§ 1º-C. A contribuição extraordinária de que trata o § 1º-B deverá ser instituída simultaneamente com outras medidas para equacionamento do déficit e vigorará por período determinado, contado da data de sua instituição. (Incluído pela Emenda Constitucional n. 103, de 2019)

§ 2º As contribuições sociais e de intervenção no domínio econômico de que trata o *caput* deste artigo:

⇒ **EC n. 33/2001.** Este parágrafo foi acrescentado pela EC n. 33, publicada em 12 de dezembro de 2001.

• Vide artigo de Carrazza e Bottalo na *RDDT* 91/108.

⇒ **Alcança todas as contribuições sociais e de intervenção.** O dispositivo diz respeito tanto às contribuição de intervenção no domínio econômico como às contribuições sociais, dentre as quais se situam as de seguridade social.

• Vide o inciso IV do art. 195 da CF, acrescido pela EC n. 42/2003, que expressamente autoriza a instituição de contribuição do im-

portador como contribuição ordinária de custeio da seguridade social.

⇒ **Normas especiais para a CIDE-combustíveis.** A EC n. 33/2001, acrescendo o § 4º ao art. 177 da CF, estabelece normas a serem observadas na instituição de contribuição de intervenção no domínio econômico relativamente a tais atividades. Vide notas ao art. 177, § 4º, da CF.

I – não incidirão sobre as receitas decorrentes de exportação;

⇒ **Desoneração das exportações antes mesmo do advento da EC n. 33/2001.** Atualmente, por força da EC n. 33/2001, as receitas decorrentes de exportação, em geral, estão imunes a contribuições sociais, bem como a contribuições de intervenção no domínio econômico. Anteriormente ao advento da EC n. 33/2001, já se trilhava o rumo da desoneração das receitas de exportação mediante benefícios legais. A Lei n. 9.004/95, ao dar nova redação ao art. 5º da Lei n. 7.714/88, excluía da base de cálculo da contribuição ao PIS a receita da exportação de mercadorias nacionais. Já o art. 4º da Lei n. 9.715/95 excluía a receita relativa a serviços prestados a empresa domiciliada no exterior cujo pagamento representasse ingresso de divisas, ao fornecimento de mercadorias e serviços para uso ou consumo em aeronaves ou embarcações em tráfego internacional e ao transporte internacional de cargas e passageiros. O art. 5º da Lei 7.714/88, na sua redação original, permitia excluir da base de cálculo da contribuição ao PIS apenas o valor da receita da exportação de produtos manufaturados nacionais. Quanto à COFINS, a isenção foi estabelecida pelo art. 7º da LC n. 70/91 e, posteriormente, no art. 14 da MP n. 1.858/99, reeditada até a MP 2.158-35/2001. Obs.: Sobre o conceito de produto manufaturado na isenção do art. 5º da Lei n. 7.714/88, vide: TRF4, 2003.04.01.025856-6, 2006. Sobre a isenção do transporte internacional do art. 4º da Lei 9.715/95, que já não alcançava o transporte interno até o porto ou aeroporto, vide: STJ, AgRg no REsp 1233665, 2013).

– MP n. 2.158-35/2001: "Art. 14. Em relação aos fatos geradores ocorridos a partir de 1º de fevereiro de 1999, são isentas da COFINS as receitas: II – da exportação de mercadorias para o exterior".

– Tema 774 do STJ: (CANCELADO) "Discussão: caracterização das variações positivas decorrentes dos contratos de câmbio como receitas de exportação, para fins de abrangência pela isenção no artigo 14 da Lei 10.637/2002" (2009).

– Abrangência subjetiva da imunidade. Alcança empresas do Simples Nacional. Tema 207 do STF: "As imunidades previstas nos artigos 149, § 2º, I, e 153, § 3º, III, da Constituição Federal são aplicáveis às empresas optantes pelo Simples Nacional". Decisão do mérito em 2020.

– " IMUNIDADE INCIDENTE SOBRE RECEITAS DA EXPORTAÇÃO. EMPRESAS OPTANTES DO SIMPLES. APLICABILIDADE. RECURSO PROVIDO. 1. As imunidades ao poder de tributar devem ser interpretadas de acordo com sua finalidade, por isso o conteúdo do disposto no art. 149, § 2º, I, da CRFB autoriza reconhecer capacidade tributária ativa apenas sobre a 'receita', afastando a sua incidência em relação à folha de salários, ao lucro e às movimentações financeiras das empresas exportadoras. Não se deve estender a imunização das receitas à pessoa jurídica exportadora. Precedentes. 2. O sistema integrado de pagamento de impostos e contribuições das microempresas e empresas de pequeno porte (SIMPLES) atende à exigência de simplificação da cobrança de tributos, o que não implica atribuir à União capacidade para dispor sobre as situações jurídicas imunizadas, pois, embora tenha o legislador o dever de simplificar a cobrança, não detém competência para dispor sobre as imunidades. 3. A opção por um regime simplificado de cobrança não pode dar ensejo ao exercício de uma competência de que os entes políticos jamais dispuseram. 4. Recurso extraordinário a que se dá provimento, para, reformando o acórdão recorrido, conceder parcialmente a segurança pleiteada E reconhecer o direito à imunidade constitucional prevista no artigo 149, § 2º, e 153, § 3º, III, sobre as receitas decorrentes de exportação e sobre a receita oriunda de operações que destinem ao exterior produtos industrializados. 5. Tese fixada: As imunidades previstas nos artigos 149, § 2º, I, e 153, § 3º, III, da Constituição Federal são aplicáveis às receitas das empresas optantes pelo Simples Nacional" (STF, RE 598.468, 2020).

⇒ **Abrangência material da imunidade das "receitas decorrentes de exportação".** Este inciso, inserto no § 2º, aplica-se às contribuições sociais (gerais e de seguridade) e às contribuições de intervenção no domínio econômico. Por se referir às "receitas decorrentes de exportação", falece à União competência para exigir a COFINS e o PIS (contribuições de seguridade social que têm por fato gerador a receita) sobre receitas obtidas pelas empresas com a exportação de bens e serviços. O mesmo pode-se dizer quanto às contribuições sobre a receita substitutivas das contribuições sobre a folha, como a contribuição sobre a receita bruta das agroindústrias, referida em nota abaixo. Também a contribuição ao SENAR, por ser destinada à formação profissional e promoção social do trabalhador rural, envolvendo ações na área de educação, saúde, cultura e esporte, constitui contribuição social geral sobre a receita bruta e, portanto, está abrangida pela imunidade no que diz respeito às receitas de exportação obtidas pelas agroindústrias. A imunidade das receitas, note-se, alcança os tributos que incidem sobre tal base econômica tão somente. Não se pode pretender aplicá-la à CSLL, à CPMF e a outras contribuições que não incidem sobre a "receita". A matéria já foi decidida nesse sentido pelo STF, que negou a extensão da imunidade à CSLL e à CPMF.

– "... se se der à expressão 'receita decorrente de exportação' o poder de exonerar tributariamente de todas as contribuições sociais, inclusive as da seguridade social, também, *a fortiori*, autoriza a dizer que todas as demais hipóteses de incidência perderam sentido, pois uma vez tributada a 'receita', desnecessário tributar o 'faturamento', o 'lucro' e todas as demais grandezas direta ou indiretamente relacionadas com a 'receita'. Essa interpretação, reconheça-se, é equivocada e não encontra eco nem na jurisprudência do STF nem na melhor e mais séria doutrina fiscal brasileira. 121. Isso levaria ao extremo de se entender que a EC 20/1998, ao instituir a 'receita' como nova hipótese de incidência

das contribuições sociais da seguridade social, revogou as demais hipóteses de incidência existentes, visto que tanto o 'faturamento' quanto o 'lucro' e a 'folha de salários etc.' decorrem das receitas auferidas pelas pessoas jurídicas. A conclusão é inaceitável. A premissa é falsa e sofismática" (ALVES JR., Luís Carlos Martins. A CSLL das receitas de exportação. *RET* 64/7, nov.-dez. 2009).

• Vide: SARAIVA FILHO, Oswaldo Othon de Pontes. Anotações sobre a imunidade de contribuições sobre receitas de exportação. *RFDT* 100, 2019.

– **Receitas internas da venda de mercadorias a comerciais exportadoras (*trading companies*). Não abrangência.** "1– A imunidade prevista no art. 149, § 2º, da CF/88, relativa às receitas oriundas de operações de exportação, direciona-se apenas às chamadas exportações diretas, não se estendendo às realizadas indiretamente, através de comerciais exportadoras (*trading companies*). Precedente desta Corte. 2– Não se constata qualquer inconstitucionalidade da Instrução Normativa SRP n. 03/2005, da Secretaria da Receita Previdenciária, até que o legislador ordinário opte por positivar a extensão da referida imunidade às receitas oriundas de exportações indiretas" (TRF4, EINF 2005.71.00.019580-9, 2013).

– "RECEITAS DECORRENTES DE VENDAS A EMPRESAS COMERCIAIS EXPORTADORAS (*TRADING COMPANIES*). NÃO INCIDÊNCIA DA IMUNIDADE PREVISTA NO ART. 149, § 2º, I, DA CF/88. CONSTITUCIONALIDADE DOS PARÁGRAFOS 1º E 2º, DO ART. 245, DA INSTRUÇÃO NORMATIVA INSS/DC N. 03/2005... 3. A Instrução Normativa INSS/DC n. 03, de 14 de Julho de 2005, limitou a incidência da imunidade prevista no art. 149, § 2º, inciso I, da Constituição Federal/1988, ao dispor que a mesma seria aplicável 'exclusivamente quando a produção é comercializada diretamente com adquirente domiciliado no exterior', e, ainda, que 'a receita decorrente de comercialização com empresa constituída e em funcionamento no País é considerada receita proveniente do comércio interno e não de exportação, independentemente da destinação que esta dará ao produto'. 4. Nos termos postos no art. 149, § 2º, inciso I, da Carta Federal de 1988, com a redação conferida pela Emenda Constitucional n. 33/2001, as contribuições sociais e de intervenção no domínio econômico não incidirão sobre as receitas decorrentes de exportação. 5. Trata-se de norma constitucional que, por outorgar a dispensa no pagamento de determinado tributo ou contribuição, instituiu hipótese de imunidade tributária, e, como é cediço, a interpretação de tais dispositivos legais (aqueles que, de alguma forma, excluem o crédito tributário e/ou concedem algum tipo de benefício fiscal) deve ser efetuada de forma restritiva, o que não impede a busca pela concretização das finalidades pretendidas pelo legislador constituinte. Precedentes do STF. 6. As receitas oriundas da venda de mercadorias a empresas comerciais exportadoras (*trading companies*) constituem receitas provenientes de negócios jurídicos realizados no âmbito do comércio interno. Não se trata de exportação, mas de operação antecedente ou intermediária daquela, a qual não se encontra amparada, de modo expresso, pela norma constitucional instituidora da imunidade (a Carta Magna, em nenhum momento, especificou que a imunidade abrangeria, também, as receitas decorrentes das operações de venda efetuadas às empresas comerciais voltadas, preferencialmente, para as atividades próprias da exportação de produtos e/ou serviços). 7. Não se faz possível a interpretação ampliativa de uma regra excepcional para que alcance situação diversa daquela para a qual foi formulada. Precedentes dos Tribunais Regionais Federais da 1ª e 2ª Regiões e, também, deste TRF da 5ª Região. 8. Não acolhimento da Arguição. Declaração da constitucionalidade dos parágrafos 1º e 2º, do art. 245, da Instrução Normativa INSS/DC n. 03/2005, reproduzidos nos parágrafos 1º e 2º, do art. 170, da Instrução Normativa RFB n. 971/2009" (TRF5, INAMS 94734/01, 2011).

– **Aplicação às exportações indiretas através de** *tradings companies*. **Tema 674 do STF:** "A norma imunizante contida no inciso I do § 2º do art. 149 da Constituição da República alcança as receitas decorrentes de operações indiretas de exportação caracterizadas por haver participação negocial de sociedade exportadora intermediária". Decisão do mérito em 2020.

– "EC 20/98. NOVA REDAÇÃO AO ARTIGO 195, I DA CF. POSSIBILIDADE DE EDIÇÃO DE LEI ORDINÁRIA PARA INSTITUIÇÃO DE CONTRIBUIÇÃO DE EMPREGADORES RURAIS PESSOAS FÍSICAS INCIDENTE SOBRE A COMERCIALIZAÇÃO DA PRODUÇÃO RURAL. CONSTITUCIONALIDADE DA LEI 10.256/2001. 1. A declaração incidental de inconstitucionalidade no julgamento do RE 596.177 aplica-se, por força do regime de repercussão geral, a todos os casos idênticos para aquela determinada situação, não retirando do ordenamento jurídico, entretanto, o texto legal do artigo 25, que, manteve vigência e eficácia para as demais hipóteses. 2.A Lei 10.256, de 9 de julho de 2001 alterou o artigo 25 da Lei 8.212/91, reintroduziu o empregador rural como sujeito passivo da contribuição, com a alíquota de 2% da receita bruta proveniente da comercialização da sua produção; espécie da base de cálculo receita, autorizada pelo novo texto da EC 20/98. 3. Recurso extraordinário provido, com afirmação de tese segundo a qual É constitucional formal e materialmente a contribuição social do empregador rural pessoa física, instituída pela Lei 10.256/01, incidente sobre a receita bruta obtida com a comercialização de sua produção" (STF, RE 718.874, 2017). Foram opostos embargos declaratórios, mas o STF os rejeitou, deixando de modular os efeitos sob o argumento de que "A inexistência de alteração de jurisprudência dominante torna incabível a modulação de efeitos do julgamento" (2018).

– "... considerando a atividade desenvolvida pelas empresas comerciais exportadoras não como uma atividade de distribuição, mas apenas uma atividade de agenciamento, não há que se falar em uma diferenciação entre as operações de exportações realizadas de forma direta entre o produtor e adquirente domiciliado no exterior, ou entre as exportações efetuadas de forma indireta através das *tradings companies*. [...] não merece prosperar a exigência da autoridade administrativa de recolhimento de contribuições sociais nas receitas decorrentes de exportação realizadas de forma indireta por meio de empresas comerciais exportadoras. Verifica-se, outrossim, que tal conduta vai totalmente em desencontro da política governamental de incentivo e desenvolvimento das exportações, e aos princípios que, atualmente, norteiam as relações de comércio internacional, sendo ainda incons-

titucional e ilegal por violação ao seguintes dispositivos: i) ser inconstitucional, por contrariar frontalmente o inciso I do § 2º do artigo 149 da constituição Federal, que objetivamente imuniza as receitas decorrentes de exportação da incidência das contribuições sociais e de intervenção no domínio econômico, sem estabelecer qualquer diferenciação entre as formas de exportações. ii) ser ilegal, uma vez que o Decreto-lei n. 1.248/1972 recepcionado pela atual Constituição da República, estende às operações de compra de mercadorias no mercado interno, quando realizadas por empresa comercial exportadora com o fim específico de exportação, exatamente os mesmos benefícios concedidos às efetivas exportações. Vale ressaltar ainda a importância que representam as empresas comerciais exportadoras aos produtores rurais, principalmente no que diz respeito aos pequenos e médios produtores e agroindústrias. Importância esta revestida de natureza institucional porquanto a livre-iniciativa e a livre concorrência consistem em princípios fundamentais do Estado brasileiro, além da grande contrariedade aos princípios da isonomia e da razoabilidade, pilares da atuação do Estado perante o contribuinte." " (COELHO, Guilherme de Meira. Da inconstitucionalidade da Instrução Normativa RFB n. 971/2009 – a impossibilidade da exigência das contribuições previdenciárias incidentes sobre as receitas provenientes da exportação de produtos agropecuários através das empresas comerciais exportadoras. *RDDT* 220/39, 2014).

– **Alcança as contribuições de seguridade sobre a receita (COFINS, PIS).** "Dentro da espécie 'social' as contribuições podem ser subdivididas em duas subespécies: as contribuições sociais de caráter geral... e as contribuições sociais de seguridade social... [...] Repasse-se, agora, o disposto no § 2º, do artigo 149... Por meio de recém introduzido dispositivo constitucional, além de dar uma configuração constitucional mais aberta às contribuições de intervenção no domínio econômico, criou-se verdadeira regra de imunidade, para eliminar qualquer possibilidade de criação ou manutenção de ônus tributário sobre as receitas decorrentes da exportação, relativamente às contribuições sociais (gênero) e de intervenção. ... Em 9 de julho de 2001, foi editada a Lei n. 10.256, a qual acrescentou o artigo 22 na Lei n. 8.212/91... [...] O que se tem é a previsão de que as agroindústrias recolherão, em substituição à contribuição sobre a folha e demais rendimentos do trabalho, contribuição a ser calculada com base na receita bruta proveniente da comercialização da produção, magnitudes totalmente distintas. [...] Outro aspecto de análise reside na repercussão do inciso I do § 2º do artigo 149, CF, em relação à contribuição sobre o faturamento para financiamento da seguridade social (Cofins) e à contribuição ao Programa de Integração Social (PIS). [...] A grandeza econômica eleita pelo legislador infraconstitucional... é, em ambos os casos, o faturamento, representado pela receita bruta da pessoa jurídica, equivalente à 'totalidade das receitas'. [...] Um caso à parte na presente análise é o da contribuição sobre o lucro líquido (CSLL)... [...] entendemos que o benefício constitucional de que se trata contempla a exoneração da CSLL. Nossa convicção é agasalhada pela doutrina sempre abalizada de Roque Antonio Carrazza e Eduardo Bottallo: 'Vai daí que ao referir-se a lucro, a Constituição, em seu art. 195, I, *c*, quis que a contribuição ali prevista recaia sobre um resultado final, que leve em conta as receitas da pessoa jurídica, ajustadas aos ditames legais acima apontados. Em suma, que leve em conta modalidade qualificada de receita. Mas sempre receita.' (*Revista Dialética...*) ... [...] as receitas oriundas de operações com empresas comerciais exportadoras, por elas adquiridas com o fim específico de exportação, estão abrangidas pela imunidade constitucional do inciso I, do § 2º, do artigo 149, CF, em relação a todos os tributos antes referidos (Cofins, PIS, CSLL e INSS, este último em relação à receita bruta proveniente da comercialização da produção)" (OLIVEI-RA, Flávio Zanetti de. Contribuições Sociais (INSS, Cofins, PIS e CSLL) – Agroindústrias – Receitas de Exportação – Imunidade (art. 149, § 2º, inciso I, na Redação da EC n. 33/2001) – Alcance. *RDDT* 95/135-140).

– **Receitas de variações cambiais decorrentes de exportações. Abrangidas.** Considerando que a celebração e o fechamento do contrato de câmbio constituem negócio inerente à exportação, ensejando a disponibilidade da receita correspondente em moeda nacional de curso obrigatório, eventual variação monetária decorrente da taxa de câmbio reduz ou aumenta a própria receita decorrente da exportação, estando, pois, abrangida tal receita pela imunidade em questão. O advento da EC n. 42/2003, portanto, no ponto em que estabelece a imunidade, impede a tributação com suporte no art. 9º da Lei n. 9.718/98 no que pudesse implicar a cobrança de PIS e COFINS sobre a receita de exportação.

– **Tema 329:** "É inconstitucional a incidência da contribuição ao PIS e da COFINS sobre a receita decorrente da variação cambial positiva obtida nas operações de exportação de produtos". Decisão de mérito em 2013.

– "IMUNIDADE. HERMENÊUTICA. CONTRIBUIÇÃO AO PIS E COFINS. NÃO INCIDÊNCIA. TELEOLOGIA DA NORMA. VARIAÇÃO CAMBIAL POSITIVA. OPERAÇÃO DE EXPORTAÇÃO. I – Esta Suprema Corte, nas inúmeras oportunidades em que debatida a questão da hermenêutica constitucional aplicada ao tema das imunidades, adotou a interpretação teleológica do instituto, a emprestar-lhe abrangência maior, com escopo de assegurar à norma supralegal máxima efetividade. II – O contrato de câmbio constitui negócio inerente à exportação, diretamente associado aos negócios realizados em moeda estrangeira. Consubstancia etapa inafastável do processo de exportação de bens e serviços, pois todas as transações com residentes no exterior pressupõem a efetivação de uma operação cambial, consistente na troca de moedas. III – O legislador constituinte – ao contemplar na redação do art. 149, § 2º, I, da Lei Maior as 'receitas decorrentes de exportação' – conferiu maior amplitude à desoneração constitucional, suprimindo do alcance da competência impositiva federal todas as receitas que resultem da exportação, que nela encontrem a sua causa, representando consequências financeiras do negócio jurídico de compra e venda internacional. A intenção plasmada na Carta Política é a de desonerar as exportações por completo, a fim de que as empresas brasileiras não sejam coagidas a exportarem os tributos que, de outra forma, onerariam as operações de exportação, quer de modo direto, quer indireto. IV – Consideram-se receitas decorrentes de exportação as receitas das variações cambiais ativas,

a atrair a aplicação da regra de imunidade e afastar a incidência da contribuição ao PIS e da COFINS. V – Assenta esta Suprema Corte, ao exame do *leading case*, a tese da inconstitucionalidade da incidência da contribuição ao PIS e da COFINS sobre a receita decorrente da variação cambial positiva obtida nas operações de exportação de produtos. VI – Ausência de afronta aos arts. 149, § 2º, I, e 150, § 6º, da Constituição Federal. Recurso extraordinário conhecido e não provido, aplicando-se aos recursos sobrestados, que versem sobre o tema decidido, o art. 543-B, § 3º, do CPC" (STF, RE 627.815, 2013).

– "A isenção do PIS e da Cofins incidente sobre as receitas decorrentes de operações realizadas na venda de produtos para o exterior, prevista no artigo 14 da Lei n. 10.637/2002, também alcança a variação cambial destes valores. Recurso conhecido mas improvido" (STJ, REsp 761.644, 2005).

– "A isenção do PIS e da COFINS incidente sobre as receitas decorrentes de operações realizadas na venda de produtos para o exterior, elevada ao *status* de imunidade através da EC 33/2001, também alcança a variação cambial destes valores" (TRF4, AMS 2004.72.00.007735-5, 2006).

– "A isenção do PIS e da COFINS das receitas produtos de exportação foi alçada à imunidade constitucional pelo art. 149, § 2º, I, não havendo neste ou em qualquer dispositivo infraconstitucional restrição as quais receitas não são abarcadas pelas normas. Desta forma, mesmo que receitas financeiras, se provenientes de variação cambial de produto de exportação, não podem sofrer as tributações em comento" (TRF4, AMS 2002.71.08.007706-8, 2004).

– "Entende a fiscalização que, como o art. 9º da Lei 9.718/98 alude a receitas ou despesas financeiras, isto excluiria a imunidade... e a isenção... Essa interpretação merece análise sob dois enfoques... 6.1. Exegese da Lei 9.718/98 em face da regra de isenção [...] o art. 9º da Lei 9.718/98 dispõe como regra geral que o PIS e a Cofins incidirão sobre as variações monetárias dos direitos de crédito em função da taxa de câmbio. Mas isto desde que não sejam decorrentes de vendas ao exterior, porque para essa hipótese específica há regra especial de isenção disposta no art. 5º da Lei 7.714, art. 7º da Lei Complementar 70/91, art. 3º da Lei 9.718/98 e art. 14 da Medida Provisória 2.158, de 2001. 6.2. Exegese da Lei 9.718/98 em face da regra de imunidade... A lei ordinária está jungida aos limites delineados pela Carta Constitucional, de sorte que, se a Emenda Constitucional 33, de 2001, assegura imunidade sobre as receias oriundas de exportação, não será o art. 9º da Lei 9.718/98 que irá excluir da regra constitucional as receitas cambiais decorrentes de exportação ao considerá-las como receitas financeiras. Sob esse ângulo, nenhuma relevância tem o art. 9º da Lei 9.718/98. Se as variações cambiais decorrem de uma operação de exportação, favorecidas com a imunidade inserida pela Emenda Constitucional 33, de 2001, sob pena de negar-se vigência ao art. 149, § 2º, inciso I da Constituição Federal. [...] Antes do advento da Emenda Constitucional 33 já havia regra de isenção sobre as receitas de exportação [...] A Emenda Constitucional veio a elevar ao plano constitucional a desoneração das receitas decorrentes de exportações relativamente às contribuições sociais. Nos dois momentos, a exigência do PIS e da Cofins mostra-se indevida" (LIMA JÚNIOR, Joel Gonçalves de. Ilegitimidade do PIS e da Cofins sobre as variações cambiais decorrentes de exportações. *RDDT* 123/47, dez. 2005).

– **Receitas provenientes da transferência de créditos de ICMS. Tema 283 do STF:** "É inconstitucional a incidência da contribuição ao PIS e da COFINS não cumulativas sobre os valores recebidos por empresa exportadora em razão da transferência a terceiros de créditos de ICMS". Decisão do mérito em 2013.

– "IMUNIDADE. HERMENÊUTICA. CONTRIBUIÇÃO AO PIS E COFINS. NÃO INCIDÊNCIA. TELEOLOGIA DA NORMA. EMPRESA EXPORTADORA. CRÉDITOS DE ICMS TRANSFERIDOS A TERCEIROS. I – Esta Suprema Corte, nas inúmeras oportunidades em que debatida a questão da hermenêutica constitucional aplicada ao tema das imunidades, adotou a interpretação teleológica do instituto, a emprestar-lhe abrangência maior, com escopo de assegurar à norma supralegal máxima efetividade. II – A interpretação dos conceitos utilizados pela Carta da República para outorgar competências impositivas (entre os quais se insere o conceito de 'receita' constante do seu art. 195, I, 'b') não está sujeita, por óbvio, à prévia edição de lei. Tampouco está condicionada à lei a exegese dos dispositivos que estabelecem imunidades tributárias, como aqueles que fundamentaram o acórdão de origem (arts. 149, § 2º, I, e 155, § 2º, X, 'a', da CF). Em ambos os casos, trata-se de interpretação da Lei Maior voltada a desvelar o alcance de regras tipicamente constitucionais, com absoluta independência da atuação do legislador tributário. III – A apropriação de créditos de ICMS na aquisição de mercadorias tem suporte na técnica da não cumulatividade, imposta para tal tributo pelo art. 155, § 2º, I, da Lei Maior, a fim de evitar que a sua incidência em cascata onere demasiadamente a atividade econômica e gere distorções concorrenciais. IV – O art. 155, § 2º, X, 'a', da CF – cuja finalidade é o incentivo às exportações, desonerando as mercadorias nacionais do seu ônus econômico, de modo a permitir que as empresas brasileiras exportem produtos, e não tributos -, imuniza as operações de exportação e assegura 'a manutenção e o aproveitamento do montante do imposto cobrado nas operações e prestações anteriores'. Não incidem, pois, a COFINS e a contribuição ao PIS sobre os créditos de ICMS cedidos a terceiros, sob pena de frontal violação do preceito constitucional. V – O conceito de receita, acolhido pelo art. 195, I, 'b', da Constituição Federal, não se confunde com o conceito contábil. Entendimento, aliás, expresso nas Leis 10.637/02 (art. 1º) e Lei 10.833/03 (art. 1º), que determinam a incidência da contribuição ao PIS/PASEP e da COFINS não cumulativas sobre o total das receitas, 'independentemente de sua denominação ou classificação contábil'. Ainda que a contabilidade elaborada para fins de informação ao mercado, gestão e planejamento das empresas possa ser tomada pela lei como ponto de partida para a determinação das bases de cálculo de diversos tributos, de modo algum subordina a tributação. A contabilidade constitui ferramenta utilizada também para fins tributários, mas moldada nesta seara pelos princípios e regras próprios do Direito Tributário. Sob o específico prisma constitucional, receita bruta pode ser definida como o ingresso financeiro que se integra no patrimônio na condição de elemento novo e positivo, sem reservas ou condições. VI – O aproveitamento dos créditos de ICMS por ocasião da saída imune para o exterior não gera receita tributável. Cuida-se de mera recuperação do ônus econômico advindo do ICMS, assegurada expressamente pelo art. 155, § 2º, X, 'a', da Constituição Federal. VII – Adquirida a mercadoria, a empresa exportadora pode creditar-se do ICMS anteriormente pago, mas somente poderá transferir a terceiros o saldo credor acumulado após a saída da mercadoria com destino ao exterior (art. 25, § 1º, da LC 87/1996). Porquanto só se viabiliza a cessão do crédito em função da exportação, além de vocacionada a desonerar as empresas exportadoras do ônus econômico do ICMS, as verbas respectivas qualificam-se como decorrentes da exportação para efeito da imunidade do art. 149, § 2º, I, da Constituição Federal. VIII – Assenta esta Suprema Corte a tese da inconstitucionalidade da incidência da contribuição ao PIS e da COFINS não cumulativas sobre os valores auferidos por empresa exportadora em razão da transferência a terceiros de créditos de ICMS. IX – Ausência de afronta aos arts. 155, § 2º, X, 149, § 2º, I, 150, § 6º, e 195, *caput* e inciso I, 'b', da Constituição Federal. Recurso extraordinário conhecido e não provido, aplicando-se aos recursos sobrestados, que versem sobre o tema decidido, o art. 543-B, § 3º, do CPC" (STF, RE 606.107, 2013).

– **Não alcança as receitas de operações triangulares internacionais:** *Back to Back.* "... o *back to back*, ou também *back to back credits*, é uma modalidade de compra e venda triangular, envolvendo, em regra, pessoas jurídicas estabelecidas em três países distintos. Para este modelo operacional, a empresa brasileira adquire uma mercadoria de um fornecedor localizado no exterior, e posteriormente revende-a a uma pessoa jurídica situada em um terceiro país, sem que esta mercadoria transite fisicamente elo território brasileiro, o que significa dizer que a mercadoria estrangeira adquirida pela empresa brasileira é diretamente remetida elo fornecedor estrangeiro ao adquirente estrangeiro. ... não há trânsito físico da mercadoria... no território nacional, motivo pelo qual não há a emissão de documentos característicos de uma operação de importação e exportação... [...] Operação atípica que é, não faz jus à imunidade preconizada pela Constituição Federal, em seu art. 149, § 2º, I. Sua receita não é considerada receita de exportação ou receita financeira, devendo, por esta razão, ser contabilizada como 'outras receitas', passível, portanto, da tributação pelo IS/Pasep e pela Cofins..." (FORNER, Jamily Sandri. A natureza da superações *back to back* para fins de tributação pelo PIS/Pasep e pela Cofins. *RDDT* 202/73-88, 2012).

– **A imunidade das receitas de exportação não alcança a CSLL nem a CPMF. Tema 8 do STF.** A Contribuição Social sobre o Lucro Líquido CSLL incide sobre o lucro decorrente das exportações. A imunidade prevista no artigo 149, § 2º, inciso I, da Constituição Federal, com a redação dada pela Emenda Constitucional n. 33/2001, não o alcança. Decisão de mérito em 2010.

– **Tema 52 do STF.** A imunidade tributária prevista no art. 149, § 2º, I, da Constituição Federal é restrita às contribuições sociais e de intervenção no domínio econômico incidentes sobre as receitas decorrentes de exportação. Não contempla, assim, a CPMF, cuja hipótese de incidência de movimentações financeiras não se confunde com receitas. Decisão de mérito em 2010.

– "I – O art. 149, § 2º, I, da Constituição Federal é claro ao limitar a imunidade apenas às contribuições sociais e de intervenção no domínio econômico incidentes sobre as receitas decorrentes de exportação. II – Em se tratando de imunidade tributária a interpretação há de ser restritiva, atentando sempre para o escopo pretendido pelo legislador. III – A CPMF não foi contemplada pela referida imunidade, porquanto a sua hipótese de incidência – movimentações financeiras – não se confunde com as receitas" (STF, RE 566.259, 2010).

– "Imunidade. Artigo 149, § 2º, I, da CF/88. Não abrangência da CSLL e da CPMF. Atualização monetária e compensação de créditos tributários. Necessidade de reexame de legislação infraconstitucional. 1. Os embargos de declaração opostos contra decisão monocrática, embora inadmissíveis, conforme a uníssona jurisprudência da Suprema Corte, podem ser convertidos em agravo regimental, tendo em vista o princípio da fungibilidade recursal. 2. O Plenário do Supremo Tribunal já assentou que a imunidade sobre as receitas decorrentes de exportação de que trata o inciso I do § 2º do art. 149 da Constituição, introduzido pela EC 33/2001, não abrange a CSLL nem a CPMF. 3. As questões referentes à atualização e à compensação administrativa dos créditos, sem qualquer limitação, pressupõem a análise de legislação infraconstitucional, atingindo apenas de maneira reflexa a Constituição Federal. 4. Agravo regimental não provido" (STF, RE 579.961 ED, 2015).

– "... A imunidade prevista no art. 149, § 2º, I, da Constituição, introduzida pela Emenda Constitucional n. 33/2001, não alcança a Contribuição Social sobre o Lucro Líquido (CSLL), haja vista a distinção ontológica entre os conceitos de lucro e receita. 6. Vencida a tese segundo a qual a interpretação teleológica da mencionada regra de imunidade conduziria à exclusão do lucro decorrente das receitas de exportação da hipótese de incidência da CSLL, pois o conceito de lucro pressuporia o de receita, e a finalidade do referido dispositivo constitucional seria a desoneração ampla das exportações, com o escopo de conferir efetividade ao princípio da garantia do desenvolvimento nacional (art. 3º, I, da Constituição). 7. A norma de exoneração tributária prevista no art. 149, § 2º, I, da Constituição também não alcança a Contribuição Provisória sobre Movimentação ou Transmissão de Valores e de Créditos e Direitos de Natureza Financeira (CPMF), pois o referido tributo não se vincula diretamente à operação de exportação. A exação não incide sobre o resultado imediato da operação, mas sobre operações financeiras posteriormente realizadas" (STF, RE 474.132, 2010).

– "A imunidade encerra exceção constitucional à capacidade ativa tributária, cabendo interpretar os preceitos regedores de forma estrita. [...] A imunidade prevista no inciso I do § 2º do artigo 149 da Carta Federal não alcança o lucro das empresas exportadoras. [...] Incide no lucro das empresas exportadoras a Contribuição Social sobre o Lucro Líquido" (STF, RE 564.413, 2010).

– "IMPOSTO DE RENDA DA PESSOA JURÍDICA – IRPJ E CONTRIBUIÇÃO SOCIAL SOBRE O LUCRO LÍQUIDO – CSLL. LUCRO PRESUMIDO. FORMA DE TRIBUTAÇÃO DAS VARIAÇÕES CAMBIAIS. CLASSIFICAÇÃO COMO RECEITAS FINANCEIRAS. APLICAÇÃO DO ART. 25, II, DA LEI N. 9.430/96... 2. A 'receita bruta' considerada pelo art. 25, I, da Lei n. 9430/96, para efeito da determinação do lucro presumido como base de cálculo do IRPJ e da CSLL é somente aquela definida pelo art. 31, da Lei n. 8.981/95, que, por sua vez, não compreende as variações monetárias dos direitos de crédito e das obrigações do contribuinte, em função da taxa de câmbio (variações cambiais), posto que definidas como receitas ou despesas financeiras pelo art. 9º, da Lei n. 9.718/98. 3. Consoante o art. 25, II, da Lei n. 9430/96, os resultados positivos decorrentes de receitas não abrangidas pelo art. 25, I, dentre elas a variação cambial positiva como receita financeira, devem ser somados ao valor apurado na forma do art. 25, I, para compor o lucro presumido. 4. Nos precedentes do STJ referentes às contribuições ao PIS e COFINS, o conceito de 'receita da exportação', por uma interpretação teleológica que visou dar máxima efetividade ao preceito constitucional do art. 149, § 2º, I, da CF/88, acabou por ser ampliado de forma a excepcionar o disposto art. 9º, da Lei n. 9.718/98 para admiti-lo inaplicável quando se trata de variação cambial positiva atrelada à operação de venda na exportação. Tal raciocínio não é aplicável no que diz respeito ao IRPJ e à CSLL apurados pelo lucro presumido, pois não se trata mais de definir o conceito de 'receita da exportação', mas de definir o conceito de 'receita bruta' do art. 31, da Lei n. 8.981/95. 5. 'Não é possível para a empresa alegar em juízo que é optante pelo lucro presumido para em seguida exigir as benesses a que teria direito no regime de lucro real, mesclando os regimes de apuração' (AgRg nos EDcl no AgRg no AG n. 1.105.816 – PR, Segunda Turma, Rel. Min. Mauro Campbell Marques, julgado em 02.12.2010)" (STJ, REsp 1.274.038, 2013).

– **No sentido, já superado, de que alcançaria a CSLL e a CPMF.** Suprimimos as transcrições nesse sentido, em razão da decisão do STF. Consulte-se a 12ª edição desta obra ou diretamente: TROIANELLI, Gabriel Lacerda. A Imunidade da CSL sobre Receita de Exportações. *RDDT* 153/38, jun. 2008; FOLLONI, André. A imunidade das receitas decorrentes de exportação. *RDDT* 152/40, maio 2008, p. 40; NEVES, Marcelo da Costa Pinto. Imunidade tributária relativa à contribuição social: lucros oriundos de receitas decorrentes de exportação. *RDDT* 148, jan. 2008; TOVAR, Leonardo Zehuri; ZANON, André Santos. Operações de exportação, contribuição social sobre o lucro líquido e imunidade. Comentários à EC 33/2001. *RTFP* 55/128, abr. 2004; SEOANE, Diego Sales; VASQUES, Thiago Corrêa. *RDDT* 164/7, maio 2009; TRF4, 2ª T., AC 2003.71070155452, Rel. Dês. Dirceu Soares, set. 2005; FERNANDES, Rodrigo de Salazar e. A CPMF e a Imunidade das Receitas de Exportação em Relação à Incidência das Contribuições Sociais. *RET* 39/135, out. 2004; MARTINS, José Antonio de Andrade. O art. 149, § 2º, I, da Constituição como efetiva definição de um perfil de competitividade para o comércio exterior brasileiro. *RTFP* 55/282, 2004.

– **No sentido de que não configuraria subsídio vedado por tratado.** Vide sobre o GATS em nota ao art. 98 do CTN.

⇒ **Aplicação às empresas optantes pelo Simples Nacional.** A matéria está em discussão, com repercussão geral, no RE 598.468 (Tema 207), relator o Min. Marco Aurélio. Vale notar que tanto a Lei n. 9.317/96 trouxe como a LC n.

123/2006 traz anexos em que é possível identificar o montante do recolhimento unificado que corresponde a cada um dos tributos. Desse modo, nada impede que, reconhecida a imunidade, seja reduzido o recolhimento no percentual exato correspondente à contribuição ou imposto indevido. O Simples não constitui um novo tributo, mas um modo de recolhimento unificado de diversos tributos, por percentual global em que se decompõem os percentuais atinentes a cada um deles.

⇒ **Operacionalização do direito. Compensação com o próprio tributo ou com outros tributos devidos ou ressarcimento.** "Estabelecida a imunidade, é de se interpretá-la de maneira que sua efetividade não dependa de meras circunstâncias, como a existência ou não de vendas no mercado interno capazes de absorver os créditos resultantes da imunidade. [...] A Constituição, a tratar de compensação no regime de não cumulatividade, elevou os reditos antes tidos como meramente escriturais à categoria de autênticos créditos e, portanto, oponíveis aos débitos contraídos junto ao Fisco. [...] Caso inexista qualquer mecanismo legalmente previsto para promover a restituição..., caberá ao exportador o direito a utilizar esse crédito no pagamento de quaisquer débitos que tenha para com a Administração federal. E ainda, na hipótese de que não exista quaisquer débitos dessa natureza, assistir-lhe-á o direito a receber os montantes em dinheiro, inclusive mediante mandado de segurança" (FERRAZ, Roberto. A não cumulatividade nas contribuições PIS/COFINS e as exportações. *RDDT* 154/104, jul. 2008).

II – incidirão também sobre a importação de produtos estrangeiros ou serviços;

⇒ **EC n. 42/2003.** Inciso com a redação dada pela EC n. 42, publicada no *DOU* de 31 de dezembro 2003.

– Redação revogada: "II – poderão incidir sobre a importação de petróleo e seus derivados, gás natural e seus derivados e álcool combustível".

⇒ **CIDE na importação.** O inciso II autoriza a incidência de contribuição de intervenção sobre as operações de importação de produtos estrangeiros ou serviços, não estando mais restrita a petróleo, gás natural, álcool e derivados.

III – poderão ter alíquotas:

⇒ **Alíquota *ad valorem* e específicas.** Veja-se conceito em nota ao art. 20, II e I, do CTN.

***a) ad valorem*, tendo por base o faturamento, a receita bruta ou o valor da operação e, no caso de importação, o valor aduaneiro;**

– O rol é exemplificativo. "O § 2º, III, *a*, do art. 149, da Constituição, introduzido pela EC n. 33/2001, ao especificar que as contribuições sociais e de intervenção no domínio econômico 'poderão ter alíquotas' que incidam sobre o faturamento, a receita bruta (ou o valor da operação) ou o valor aduaneiro, não impede que o legislador adote outras bases econômicas para os re-

feridos tributos, como a folha de salários, pois esse rol é meramente exemplificativo ou enunciativo" (STF, RE 630.898, 2021).

– "A competência atribuída à União para criar contribuições sociais e de intervenção no domínio econômico, tendo por hipótese de incidência, confirmada pela base de cálculo, o faturamento, a receita bruta, o valor da operação, o valor aduaneiro e as unidades específica de medida, não esgota as possibilidades legiferantes: outros poderão ser eleitos; o elenco não é taxativo. Apenas as contribuições para a seguridade social encontram, na Carta Magna, disciplina exaustiva das suas hipóteses de incidência, exigindo, para a criação de novas materialidades, estrita observância aos requisitos impostos ao exercício da competência residual: instituição mediante lei complementar, não cumulatividade e hipótese de incidência e base de cálculo diversos dos discriminados na Constituição (art. 195, § 4º)" (CARVALHO, Paulo de Barros. *Curso de direito tributário.* 27. ed. São Paulo: Saraiva, 2016, p. 67).

– "Quanto à intervenção por via da tributação, estabeleceu, de forma genérica, a possibilidade de instituição de contribuições de intervenção no domínio econômico em seu art. 149, trazendo, em seu § 2º, indicações de fatos econômicos inaptos a autorizar sua instituição e a sugestão de alguns fatos econômicos próprios a sustentá-la" (FERNANDES, Simone Lemos, apud fundamentação do voto da Min. Eliana Calmon no EREsp 722.808/PR, fl. 13 do voto).

– "... não diviso qualquer incompatibilidade entre a contribuição destinada ao INCRA, incidente sobre a folha de salários, e o disposto na alínea *a* do inciso III do § 2º do artigo 149 da CF. É dizer, não houve revogação da exação pela EC n. 33, de 11 de dezembro de 2001" (TR4, excerto de voto na AC 2005.71.07.000279-6, 2007).

– **Entendendo que o rol seria inaplicável às contribuições de seguridade social.** "... os comandos decorrentes do novo enunciado não são aplicáveis aos tributos que têm fundamento no art. 195 da CF, pois, a despeito de a generalidade do enunciado contido no § 2º do art. 149, que parece irradiar luzes para as contribuições sociais em geral, inclusive as destinadas ao custeio da seguridade social, tem se que, para essas, o constituinte prescreveu, de modo particularmente especial, as grandezas que devem compor o fator primário das respectivas bases de cálculo: o faturamento, as receitas, o lucro e a folha de salários. A regra especial enunciada pelo art. 195 da CF sobrepõe se ao comando geral, tendo em vista um dos critérios de solução de antinomias (aparentes) segundo o qual – entre normas de mesma hierarquia – a norma especial prevalece sobre a norma geral, ainda que a última seja posterior. É por isso que as contribuições sociais destinadas ao custeio da seguridade social não estão submetidas aos comandos impostos pelo art. 149, § 2º, III, da CF" (ALABARCE, Marcio Roberto. Reconstrução da competência tributária das contribuições em razão do trabalho do constituinte derivado (EC n. 33/01): novos arquétipos tributários. *RDTAPET* 13, 2007, p. 99).

⇒ **Entendendo que o rol seria exaustivo.** A Constituição Federal, em sua redação original, outorgava competência para a instituição de contribuições sociais e CIDEs tendo em conta, salvo para as sociais de seguridade social (art. 195), exclusivamente, o critério da finalidade, tal como se vê do seu art. 149. Assim, estando presente finalidade que implicasse atuação da União no sentido da concretização de algum dos objetivos da ordem social ou de princípios da ordem econômica, tal como estabelecidos no Título da Ordem Social e no Título da Ordem Econômica e Financeira, encontraria, a contribuição, suporte constitucional. Com a edição da EC n. 33/2001, a norma de competência para a instituição e cobrança de contribuições sociais e CIDEs passou a contemplar também condicionamento quanto ao objeto da tributação. Efetivamente, deixando claras as manifestações de capacidade contributiva sobre as quais poderiam recair, utilizou-se do chamado critério da base econômica. Vê-se, efetivamente, que a EC n. 33/2001, ao acrescer o § 2º ao art. 149 da CF, especificou o regime das contribuições sociais e de intervenção no domínio econômico cuja competência é atribuída pelo *caput* do mesmo artigo. Ao fazê-lo, o § 2º estabeleceu imunidade, determinou a incidência também sobre a importação e especificou critérios para o aspecto quantitativo de tais contribuições, quando fossem *ad valorem*, dizendo as bases tributáveis, e quando fossem específicas. Quando do julgamento do PIS-Importação e da COFINS-Importação, foi reconhecida a inconstitucionalidade do dispositivo que desbordou do valor aduaneiro, conforme item específico adiante. Por quê? Porque a CF disse que, no caso de importação, a base seria o valor aduaneiro. Quanto às demais base econômica, o mesmo deve ser feito, seja no sentido de impedir a instituição de novas contribuições que delas desbordem, seja no sentido de se reconhecer que as então incidentes sobre outras bases incompatíveis com o novo texto não foram recepcionadas pela EC n. 33/2001. Entendemos que não há como adotar outra interpretação para a inovação decorrente da EC n. 33/2001. Se entendêssemos que o § 2º, III, *a*, simplesmente veio autorizar *bis in idem* estaríamos, de um lado, reconhecendo que a restrição do art. 195, § 4º, não se daria apenas entre contribuições de seguridade social, também alcançando as sociais gerais e as CIDEs, quando o entendimento consagrado no STF é no sentido que o § 4º do art. 195 diz respeito às contribuições de seguridade entre si. Ademais, "autorizado o *bis in idem*" só quanto ao faturamento, a receita bruta e o valor aduaneiro, de qualquer modo não estaria autorizado para a folha de salários. Igualmente, cairia a contribuição ao INCRA, por exemplo, incidente sobre a folha de salários. Parece-me, contudo, que não se trata de autorização de *bis in idem*, mas de especificação das bases possíveis, até porque a orientação do STF sempre foi no sentido de que as vedações à bitributação e ao *bis in idem* são apenas aquelas expressas no texto constitucional (art. 154, I, e 195, § 4º). A CF refere, aqui, "poderão", porque lança um rol que pode ser objeto de tributação. Não se utiliza, como fez no parágrafo único do art. 149-A, da expressão "É facultada" no sentido de simplesmente tornar fora de dúvida a possibilidade. Enfim, a questão precisa ser contextualizada e analisada buscando-se uma interpretação coerente com os demais dispositivos. O art. 145 da CF, por exemplo, diz que União, Estados e Municípios poderão instituir os seguintes

tributos. Significa que podem, ainda, instituir outros ali não previstos, independentemente do enquadramento em outra norma de competência? Claro que não! O art. 154, que diz da competência residual da União, utiliza-se da expressão "poderá instituir" impostos residuais e extraordinários e não há dúvida de que a referência aos instrumentos e hipóteses são impositivas no sentido de delimitar a amplitude daquela competência.

– "... a EC n. 33/2001 detalhou o perfil constitucional das contribuições interventivas, que, agora, devem obedecer a regras mais específicas do que aquelas que vigoravam desde a promulgação da Carta de 1988. Assim, por exemplo, apontou-lhes tanto as bases de cálculo possíveis, como as alíquotas possíveis, restringindo a liberdade de ação do legislador federal (que, nesse campo, era ampla), e expulsando, do sistema normativo, as leis que dispunham de forma contrária. [...] desde o advento da Emenda Constitucional n. 33/2001, as Cide's não podem mais incidir sobre a folha de salários das empresas, uma vez que este fato econômico não tipifica nem faturamento, nem receita bruta, nem valor da operação, nem, muito menos, valor aduaneiro... [...] trata-se de um *numerus clausus*, que nem o legislador (ordinário ou complementar), nem, muito menos, a Administração Fazendária, podem desconsiderar" (CARRAZZA, Roque Antonio. Contribuição de intervenção no domínio econômico... *RDDT* 170/93, nov. 2009).

– "É no artigo 149 que se prevê, por exemplo, uma imunidade para as exportações [...], bem como restrições quanto à base de cálculo possível (o art. 149, § 2º, III, da Constituição, assegura que as contribuições sociais com alíquotas *ad valorem* tenham por base de cálculo 'o faturamento, a receita bruta ou o valor da operação e, no caso de importação, o valor aduaneiro')" (SCHOUERI, Luís Eduardo. *Direito tributário*. 2. ed. São Paulo: Saraiva, 2012, p. 209).

– "... o § 2º, inciso III, do art. 149 conjuga-se com o seu *caput*, vindo a moldar o alcance da competência para a instituição de contribuições sociais e interventivas gerais. Tem um conteúdo nitidamente permissivo: autoriza expressamente a instituição de contribuições sociais e CIDEs sobre tais bases imponíveis. Legitima, ainda, a superposição de contribuições sociais e interventivas gerais com outras exações incidentes sobre o faturamento, a receita bruta (e.g., a COFINS) ou o valor das operações (v.g., o ICMS), desde que, obviamente, sejam respeitados os requisitos necessários à sua instituição. Em contrapartida, possui um conteúdo restritivo, visto que, ao conformar tais competências tributárias, impõe lindes aos seus contornos: junge o legislador tributário à eleição de uma das bases de cálculo que indica de forma taxativa (faturamento, receita bruta, valor da operação ou alguma unidade de medida, na excepcional hipótese de ser adotada uma alíquota específica). Seu conteúdo restritivo extrapola o âmbito do art. 149, repercutindo em outros preceitos constitucionais nos quais não seja indicada, implícita ou explicitamente, a base de cálculo possível das contribuições sociais ou interventivas. É o que ocorre com o art.177, § 4º [...] e o art. 195, IV [...]. O art. 149, § 2º, III, *a*, vem a complementar a estruturação das possíveis regras-matrizes de incidência levada a efeito por tais dispositivos, estabelecendo como base de cálculo possível dessas contribuições o valor da operação, que, no caso da importação, consiste no 'valor aduaneiro'" (VELLOSO, Andrei Pitten. *Constituição tributária interpretada*. São Paulo: Atlas, 2007, p. 108-109).

– "d) o constituinte derivado modificou profundamente o perfil desses tributos, predeterminando a atuação do legislador no que se refere à prescrição de suas bases de cálculo, que não podem ser outras senão, (i) faturamento, (ii) receita bruta, (iii) valor da operação, ou (iv) valor aduaneiro, no caso de importação; e) a permissão (ou faculdade) conferida à União pelo novo enunciado está restrita à possibilidade de seleção entre 'alíquota específica' ou 'alíquota *ad valorem*', mas não entre as grandezas que poderá ela tomar como referência para a composição da base de cálculo; f) ao permitir que o legislador prescreva uma 'alíquota específica', o constituinte derivado confundiu o que é alíquota (a unidade de medida) e o que é base de cálculo (determinada pela lei), sendo, porém, claro que facultou à União estipular como base de cálculo para essas contribuições um valor fixo, mediante a adoção de técnica de pauta fiscal, desvinculando-se da exata medida do fato produzido pela norma concreta para o cálculo da dívida tributária; g) ao definir as grandezas que poderão servir de referência à definição da base de cálculo dessas contribuições, tem-se que os arquétipos tributários das contribuições afetadas pelos novos enunciados foram modificados, passando a contar com bases de cálculo possíveis e, consequentemente, critérios materiais possíveis bem definidos pela norma constitucional" (ALABARCE, Marcio Roberto. Reconstrução da competência tributária das contribuições em razão do trabalho do constituinte derivado (EC n. 33/01): novos arquétipos tributários. *RDTA-PET* 13/99, mar. 2007).

– "O art. 149, § 2º, III da Carta Magna... limitou a base de cálculo da contribuição de intervenção no domínio econômico ao tipo de alíquota que for instituída pelo legislador. Se considerarmos a contribuição ao INCRA como uma CIDE, a mesma teria sua alíquota enquadrada como *ad valorem*... Logo, sendo sua alíquota *ad valorem*, sua base de cálculo só poderia ser aquela determinada pelo art. 149, § 2º, III, *a* da CF/88, quais sejam: faturamento, receita bruta ou o valor da operação... Ora, a folha de pagamento de uma pessoa jurídica não pode ser confundida com qualquer um dos critérios de base de cálculo listados no artigo em comento..." (HERMANN, MENINE & RUSCHEL. Contribuição ao INCRA e CIDE. Disponível em: <http://www.hmradv.com.br/download/contribuicao_incra.pdf>. Acesso em 6 jan. 2010).

⇒ **Bases econômicas nas operações internas.** As bases arroladas neste artigo 149, § 2º, III, *a*, da CF têm conceitos já bastante discutidos no Direito brasileiro, pois dizem respeito a grandezas expressamente referidas na própria Constituição, na legislação complementar ou na ordinária.

– **Faturamento.** Conforme restou definido pelo STF por ocasião do julgamento do RE 346.084, *faturamento* é o produto da venda de mercadorias, de serviços ou de mercadorias e serviços. Vide nota ao art. 195, I, *b*, da CF.

– **Receita bruta.** *Receita bruta*, por sua vez, é expressão mais ampla que abrange não apenas o faturamento, como os demais ingressos definitivos produtos da atividade empresarial, envolvendo também aqueles decorrentes de exploração do patrimônio e de aplicações financeiras. Vide nota ao art. 195, I, *b*, da CF.

– **Valor da operação.** A expressão *valor da operação* vem sendo utilizada há muito na legislação tributária quando da definição da base de cálculo do ICMS nos regimes comum e de substituição tributária (art. 13, I e II, e 8º, I e II, *a*, da LC n. 87/96). O valor é tomado, então, como representação econômica. Operação, por sua vez, é ato ou negócio jurídico em que ocorre a transmissão de um direito. Tal operação, por certo, não é especificada no art. 149, § 2º, III, *a*, diferentemente do que ocorre no art. 155, II, que circunscreve a competência dos Estados para instituir impostos às operações relativas à circulação de mercadorias. Tem-se, assim, que as contribuições sociais e interventivas poderão gravar quaisquer atos ou negócios através dos quais sejam transferidos direitos.

– "... podem assumir regularmente o caráter de 'operação' o contrato, o respectivo distrato ou sua rescisão ou resolução, a promessa de recompensa, a arrematação, a adjudicação, a remissão, a renúncia, a oferta ao público, a gestão de negócios alheios, a concessão, a permissão ou a autorização e uso de bens públicos ou de serviços públicos, a desapropriação ou qualquer outra limitação pública ao uso da propriedade privada, o pagamento de frete, *royalties*, prêmios ou verbas salariais etc.; e, porque não, o pagamento de valores decorrentes da rescisão, sem justa causa, do contrato de trabalho pelo empregador, ou, ainda, mais precisamente, dos valores devidos ao trabalhador a título de FGTS em razão da sua demissão imotivada?" (SILVA, Danny Monteiro da. Padece a contribuição social do art. 1º da Lei Complementar 110, de 2001, de exaurimento de sua finalidade ou de inconstitucionalidade superveniente? *RDDT* 229/16, out. 2014).

– **Folha de salários continua sendo tributável. Contribuição ao INCRA. Tema 495 do STF:** "É constitucional a contribuição de intervenção no domínio econômico destinada ao INCRA devida pelas empresas urbanas e rurais, inclusive após o advento da EC n. 33/2001" (2021).

– **No sentido da não recepção das contribuições ao INCRA e ao SEBRAE pela EC n. 33/2001.** "Sempre que advém uma alteração constitucional, é imperativo que se realize juízo de compatibilidade material do direito anterior com a nova ordem constitucional. Verifica-se, assim, a recepção ou não, pelo novo texto, da legislação infraconstitucional até então vigente. A não recepção implica revogação, de modo que pode ser reconhecida por qualquer turma dos tribunais, não estando sujeita à reserva de plenário. Ademais, não admite modulação temporal, ou seja, produz efeitos desde a data de vigência da emenda. Exemplos de contribuições não recepcionadas pela EC n. 33/01 são as contribuições ao INCRA e ao SEBRAE, chamadas de contribuições 'a terceiros', pois fiscalizados, lançados e cobrados pela RFB juntamente com as contribuições previdenciárias, mas destinados não ao INSS e, sim, ao INCRA e ao SEBRAE. Ambas são consideradas contribuições de intervenção no domínio econômico, conforme entendimento, respectivamente, do STJ e do STF e incidem sobre a folha de salários. Tendo em conta que foram instituídas anteriormente à EC n. 33/01 e que com esta não guardam adequação material, não há interpretação possível que as preserve. Incompatível que é, com o art. 149, § 2º, *a*, da CF, acrescido pela EC n. 33/01, a incidência de contribuição de intervenção no domínio econômico sobre a folha de salários (que não é faturamento, não é receita bruta nem valor da operação), não foi recepcionada por tal Emenda. Impende reconhecer-se, pois, a revogação de tais tributos, sendo certo, ainda, que o mesmo juízo de recepção pode e deve ser realizado relativamente às demais contribuições sociais e interventivas vigentes quando do advento da EC n. 33/01, de modo a verificar-se se ainda permanecem em vigor ou se restaram revogadas" (PAULSEN, Leandro; VELLOSO, Andrei Pitten. Controle das CIDEs e das Contribuições Sociais pela Base Econômica – Art. 149, § 2º, da CF com a redação da EC n. 33/2001. Publicado na *RDDT* em 2008).

– No sentido da não recepção da contribuição do salário-educação pela EC n. 33/2001. "... o entendimento então pacificado no STF no que diz respeito à constitucionalidade da Lei 9.424/96 não vincula, de nenhum modo, os posteriores juízos de recepção que essa lei infraconstitucional deve submeter-se quando diante de novas regras constitucionais introduzidas pelo Poder Constituinte derivado. Com isso, mesmo que afirmada a constitucionalidade da Lei 9.424/96 quando contrastada com as regras constitucionais vigentes na data de publicação de tal lei, necessita ela adequar-se materialmente às novas regras de competência tributária fixadas no artigo 149, § 2º, da Constituição, as quais vieram a ser introduzidas pela EC 33/2001. Entende-se, pois, que, incidindo a contribuição do salário-educação sobre a folha de pagamentos, base econômica essa não prevista expressamente no referido artigo 149, § 2º, não foi ela recepcionada pelo texto constitucional que passou a viger a contar da Emenda Constitucional 33 de dezembro de 2001. Por outro lado, não impressiona o argumento no sentido de que o artigo 212, § 5º, da Constituição, ao fazer remissão expressa à lei no que diz respeito à instituição do salário-educação, permitiria supostamente a interpretação de que o artigo 149, § 2º, da Constituição não se aplicaria ao juízo de recepção da contribuição do salário-educação, a qual, por força dessa remissão à lei, estaria autorizada a incidir livremente sobre quaisquer bases econômicas, inclusive sobre a folha de pagamento. Ora, em primeiro lugar, toda regra de competência tributária exige, mesmo que implicitamente, a instituição por lei específica do tributo que está autorizando a criação. Assim, a remissão à lei não representa particularidade que se aplicaria apenas à contribuição do salário-educação no que se refere aos limites constitucionais de tal instituição tributária. Além disso, tal interpretação representa óbvia inversão na hierarquia das normas jurídicas sendo analisadas, uma vez que se atribuiria à lei reguladora do salário-educação superioridade normativa perante as novas regras constitucionais introduzidas no ordenamento jurídico pelo Constituinte derivado. Também chama atenção o fato de tal interpretação escorar-se, não em interpretação sistemática do texto constitucional que leve em consideração o novo artigo 149, § 2º, editado em data posterior à Lei 9.424/96 e, inclusive, posterior ao julgamento da própria ADC n. 03, mas parte, em verdade, da leitura isolada do artigo 212, § 5º. Por fim, deve-se ressaltar que tal interpretação, caso fosse considerada correta, acarretaria consequências jurídicas absurdas e equivocadas. Isso porque, em se admitindo como correto que a mera remissão à 'lei' no artigo 212, § 5º pudesse libertar a Lei 9.424/96 do campo de regulação de outros dispositivos constitucionais que regulam o exercício do poder de tributar (mais especificamente, a regra de competência fixada no artigo 149, § 2º), nada impediria que, por meio desse mesmo raciocínio, se defendesse que a só-remissão à lei no texto constitucional também consagrasse ao legislador infraconstitucional a possibilidade de exercitar tal competência sem necessidade de observância das outras possíveis regras constitucionais limitadoras do exercício do poder de tributação (como por exemplo, anterioridade, irretroatividade, proibição de confisco, etc.), o que, obviamente, representa absurdo" (posição de Arthur M. Ferreira Neto, abril de 2008, inédita).

– Sobre a não recepção da contribuição ao INCRA, vide nota ao *caput* do art. 149 da CF.

⇒ **Base econômica na importação.** Estabelece, o dispositivo, que, no caso de importação, as contribuições sociais e interventivas terão por base o "valor aduaneiro".

– Valor aduaneiro. O valor aduaneiro é estabelecido observando-se o inciso VII, n. 2, do GATT, nos termos do Decreto n. 92.930/86, que promulgou o Acordo sobre a Implementação do Código de Valoração Aduaneira do GATT, dos arts. 76 a 83 do Decreto 6.759/99 e da IN SRF 16/98, que estabelece normas e procedimentos para o controle do valor aduaneiro de mercadoria importada.

– É importante considerar que o valor aduaneiro, sobre o qual é calculado o imposto sobre a importação, não abrange o montante devido a título do próprio imposto sobre a importação e dos demais impostos eventualmente incidentes sobre a importação, como o IPI e o ICMS. Legislação que, na instituição da contribuição social ou de intervenção no domínio econômico sobre a importação, alargue a base de cálculo, extrapolando o conceito de valor aduaneiro, incorrerá em inconstitucionalidade por violação ao art. 149, § 2º, I, *a*, da Constituição.

– Decreto n. 6.759/99: "Art. 76. Toda mercadoria submetida a despacho de importação está sujeita ao controle do correspondente valor aduaneiro. Parágrafo único. O controle a que se refere o *caput* consiste na verificação da conformidade do valor aduaneiro declarado pelo importador com as regras estabelecidas no Acordo de Valoração Aduaneira. Art. 77. Integram o valor aduaneiro, independentemente do método de valoração utilizado (Acordo de Valoração Aduaneira, Artigo 8, parágrafos 1 e 2, aprovado pelo Decreto Legislativo n. 30, de 1994, e promulgado pelo Decreto n. 1.355, de 1994; e Norma de Aplicação sobre a Valoração Aduaneira de Mercadorias, Artigo 7º, aprovado pela Decisão CMC n. 13, de 2007, internalizada pelo Decreto n. 6.870, de 4 de junho de 2009): (Redação dada pelo Decreto n. 7.213, de 2010). I – o custo de transporte da mercadoria importada até o porto ou o aeroporto alfandegado de descarga ou o ponto de fronteira alfandegado onde devam ser cumpridas as formalidades de entrada no território aduaneiro; II – os gastos relativos à carga, à descarga e ao manuseio, associados ao transporte da mercadoria importada, até a chegada aos locais referidos no inciso I; e III – o custo do seguro da mercadoria durante as operações referidas nos incisos I e II. Art. 78. Quando a declaração de importação se referir a mercadorias classificadas em mais de um código da Nomenclatura Comum do Mercosul: I – o custo do transporte de cada mercadoria será obtido mediante a divisão do valor total do transporte proporcionalmente aos pesos líquidos das mercadorias; e II – o custo do seguro de cada mercadoria será obtido mediante a divisão do valor total do seguro proporcionalmente aos valores das mercadorias, carregadas, no local de embarque. Art. 79. Não integram o valor aduaneiro, segundo o método do valor de transação, desde que estejam destacados do preço efetivamente pago ou a pagar pela mercadoria importada, na respectiva documentação comprobatória (Acordo de Valoração Aduaneira, Artigo 8, parágrafo 2, aprovado pelo Decreto Legislativo n. 30, de 1994, e promulgado pelo Decreto n. 1.355, de 1994): I – os encargos relativos à construção, à instalação, à montagem, à manutenção ou à assistência técnica, relacionados com a mercadoria importada, executados após a importação; e II – os custos de transporte e seguro, bem como os gastos associados ao transporte, incorridos no território aduaneiro, a partir dos locais referidos no inciso I do art. 77."

– Sobre o valor aduaneiro, vide também notas ao art. 20, II, do CTN.

– **Da Definição do Valor de Bruxelas (DVB) ao Acordo de Valoração Aduaneira (AVA). Inconstitucionalidade da Lei n. 10.865/2004.** "O Artigo VII do GATT, na sua origem, estabelecia que o valor aduaneiro da mercadoria importada deveria ser alcançado com base no 'valor atual (ou real)' da mercadoria ou de similar, a ser definido segundo o preço pelo qual essas mercadorias fossem vendidas ou oferecidas à venda, em condições de plena concorrência, em épocas e lugares determinados pela legislação do país importador. Interpretando esse Artigo duas correntes passaram a disputar a primazia do entendimento sobre os critérios de aplicação do modelo, para os fins de padronizar a apuração do valor aduaneiro em nível mundial. A primeira entendia o conceito de valor sob a ordem da chamada 'noção teórica', que mais tarde sairia fortalecida, ao servir como medida para a Definição de Valor de Bruxelas; e a segunda, chamada de 'noção positiva', que foi acolhida posteriormente pelo Acordo de Valoração Aduaneira do GATT. Conforme a primeira dessas, a determinação do valor deveria tomar em conta o preço pelo qual se venderiam as mercadorias, quando a venda se realizasse em uma das condições de lugar, tempo, independência entre comprador e vendedor, dentre outras, segundo as regras do Acordo, permitindo, assim, apreciações comparativas entre o preço declarado e aquele 'teórico'. Cuida-se de um preço pelo qual normalmente as mercadorias seriam vendidas. Quanto à chamada 'noção positiva', nesse caso, seria necessário partir do preço pelo qual se vendem as mercadorias, sempre que tal preço não houvesse sido influenciado por alguma relação especial entre as partes contratantes, caso em que o preço seria considerado como se não for influenciado por tais relações, nas vendas de mercadorias similares." Destaca que a Definição do Valor de Bruxelas – DVB entrou em vigor em 1953, tendo influenciado a redação do art. 19, II, do CTN: "... vê-se claramente a recepção da regra que vigia à época, da 'Definição do valor de Bruxelas – DVB', adstrita ao conceito de 'valor normal', à luz da teoria do valor teórico hoje superada pelo conceito de 'valor positivo', contido no

Acordo de Valoração Aduaneira. [...] Na prática, a aplicação desse critério (DVB) permitiu aos diversos países que o adotaram formar uma larga experiência a respeito da ideia da valoração aduaneira, prestando-se como meio hábil para detectar uma séria de inconvenientes, como a própria discricionariedade que se abria a apreciação do conceito de 'valor normal'. Em vista disso, na Rodada do GATT, realizada no período de 1973 a 1979, em Tóquio, intensificaram-se os esforços par atingir um modelo de valoração aduaneira que pudesse pôs fim ao protecionismo e evitar a discricionariedade, fundado em maior objetividade e na garantia de segurança jurídica. Surge, então, o Acordo sobre a Implementação do Artigo VII do GATT, chamado de Acordo de Valoração Aduaneira, que se aperfeiçoou na Rodada Uruguai de negociações, concluída em 1994. O Acordo tornou-se parte integrante do Acordo Geral sobre Tarifas Aduaneiras e Comércio – GATT, passando a ser obrigatório para todos os membros da Organização Mundial de Comércio – OMC, criada nesta rodada de negociações. Nesta oportunidade, ficou entendido que o valor aduaneiro de uma mercadoria importada deveria ser determinado mediante aplicação do chamado 'valor de transação' e, na impossibilidade de alcançar esse objetivo, pelo emprego de outros cinco métodos, em ordem obrigatoriamente sucessiva e sequencial, a partir da demonstração fundamentada que o método anterior não se poderia aplicar à hipótese sob exame. O mencionado dispositivo do CTN quedou-se, assim, superado, pela introdução das conclusões da rodada Tóquio, do GATT, em 1979, razão pela qual o Decreto-Lei n. 37, de 18 de novembro de 1966, que à época fora elaborado à luz das regras da 'Definição do Valor de Bruxelas – DVB', fora também alterado, com a redação da pelo Decreto-lei n. 2.472, de 1º de setembro de 1988, que passou a prever, em seu art. 2º, como sendo a base de cálculo do imposto de importação, quando a alíquota fosse *ad valorem*, o 'valor aduaneiro', apurado segundo normas do Artigo VII do GATT. [...] dessome-se como absolutamente incompatível com o texto constitucional, *ex vis* do art. 149, III, *a*, que reduz a base de cálculo exclusivamente ao 'valor aduaneiro', no caso de importação de mercadorias, ou mesmo do valor da operação, na hipótese de serviços, as disposições do art. 7º, da Lei n. 10.865/04, no que concerne aos acréscimos ali contemplados, para os fins de serem adicionados à referida base de cálculo. [...] todas as superações que a Lei n. 10.865/04 promoveu aos limites da base de cálculo fundada nos limites do valor aduaneiro, identificado sob a égide dos princípios da neutralidade (i) e de objetividade (ii), são inconstitucionais" (TORRES, Heleno Taveira. PIS e Cofins na Constituição. Não cumulatividade e incidência sobre importações de mercadorias e serviços. *RFDT* 09/85, jun. 2004).

– **Na importação de bens. Lei n. 10.685/2004. PIS/COFINS-Importação. Inconstitucionalidade da inclusão do ICMS-Importação e das próprias contribuições.** "Recurso extraordinário. Repercussão geral. PIS/COFINS – importação. Lei n. 10.865/04. [...] 4 Ao dizer que a contribuição ao PIS/PASEP-Importação e a COFINS-Importação poderão ter alíquotas *ad valorem* e base de cálculo o valor aduaneiro, o constituinte derivado circunscreveu a tal base a respectiva competência. 5. A referência ao valor aduaneiro no art. 149, § 2º, III, *a*, da CF implicou utilização de expressão com sentido técnico inequívoco, porquanto já era utilizada pela legislação tributária para indicar a base de cálculo do Imposto sobre a Importação. 6. A Lei 10.865/04, ao instituir o PIS/PASEP -Importação e a COFINS--Importação, não alargou propriamente o conceito de valor aduaneiro, de modo que passasse a abranger, para fins de apuração de tais contribuições, outras grandezas nele não contidas. O que fez foi desconsiderar a imposição constitucional de que as contribuições sociais sobre a importação que tenham alíquota *ad valorem* sejam calculadas com base no valor aduaneiro, extrapolando a norma do art. 149, § 2º, III, *a*, da Constituição Federal. 7. Não há como equiparar, de modo absoluto, a tributação da importação com a tributação das operações internas. O PIS/PASEP -Importação e a COFINSImportação incidem sobre operação na qual o contribuinte efetuou despesas com a aquisição do produto importado, enquanto a PIS e a COFINS internas incidem sobre o faturamento ou a receita, conforme o regime. São tributos distintos. 8. O gravame das operações de importação se dá não como concretização do princípio da isonomia, mas como medida de política tributária tendente a evitar que a entrada de produtos desonerados tenha efeitos predatórios relativamente às empresas sediadas no País, visando, assim, ao equilíbrio da balança comercial. 9. Inconstitucionalidade da seguinte parte do art. 7º, inciso I, da Lei 10.865/04: 'acrescido do valor do Imposto sobre Operações Relativas à Circulação de Mercadorias e sobre Prestação de Serviços de Transporte Interestadual e Intermunicipal e de Comunicação – ICMS incidente no desembaraço aduaneiro e do valor das próprias contribuições, por violação do art. 149, § 2º, III, *a*, da CF, acrescido pela EC 33/01. 10. Recurso extraordinário a que se nega provimento'" (STF, RE 559.937, 2013).

– Vejamos o voto da relatora originária no RE 559937, no sentido da inconstitucionalidade da base de cálculo no que desborda do valor aduaneiro: "A Senhora Ministra Ellen Gracie: ... Com o advento da EC 33/01, contudo, a enunciação das bases econômicas a serem tributadas passou a figurar como critério quase que onipresente nas normas de competência relativas a contribuições. Isso porque o § 2º, III, do art. 149 fez com que a possibilidade de instituição de quaisquer contribuições sociais ou interventivas ficasse circunscrita a determinadas bases ou materialidades, fazendo com que o legislador tenha um campo menor de discricionariedade na eleição do fato gerador e da base de cálculo de tais tributos. Assim é que, relativamente à importação, trata de estabelecer que a contribuição poderá ter alíquota *ad valorem*, tendo por base o valor aduaneiro, ou específica, tendo por base a unidade de medida adotada. A utilização do termo 'poderão', no referido artigo constitucional, não enuncia simples alternativa de tributação em rol meramente exemplificativo. Note-se que o próprio art. 145 da CF, ao falar em competência dos diversos entes políticos para instituir impostos, taxas e contribuições de melhoria, também se utiliza do mesmo termo, dizendo que 'poderão' instituir tais tributos. Não significa, contudo, que se trate de rol exemplificativo, ou seja, que os entes políticos possam instituir, além daqueles, quaisquer outros tributos que lhes pareçam úteis. O que podem fazer está expresso no texto constitucional, seja no art. 145, seja nos arts. 148 e 149. Aliás, cabe destacar que mesmo as normas concessivas de competência tributá-

ria possuem uma feição negativa ou limitadora. Isso porque, ao autorizarem determinada tributação, vedam o que nelas não se contém. A redação do art. 149, § 2º, III, *a*, da Constituição, pois, ao circunscrever a tributação ao faturamento, à receita bruta e ao valor da operação ou, no caso de importação, ao valor aduaneiro, teve o efeito de impedir a pulverização de contribuições sobre bases de cálculo não previstas, evitando, assim, efeitos extrafiscais inesperados e adversos que poderiam advir da eventual sobrecarga da folha de salários, reservada que ficou, esta base, ao custeio da seguridade social (art. 195, I, *a*), não ensejando, mais, a instituição de outras contribuições sociais e interventivas. Na linha de desoneração da folha de salários, aliás, também sobreveio a EC 42/03, que, ao acrescer o § 13 ao art. 195 da Constituição, passou a dar suporte para que, mesmo quanto ao custeio da seguridade social, a contribuição sobre a folha seja substituída gradativamente pela contribuição sobre a receita ou o faturamento. Não seria razoável, ainda, interpretar a referência às bases econômicas como meras sugestões de tributação, porquanto não cabe à Constituição sugerir, mas outorgar competências e traçar os seus limites. Por fim, entender que o art. 149, § 2º, III, *a*, teria sobrevindo para autorizar o *bis in idem* ou a bitributação também não é correto. Por certo, tal dispositivo afasta, efetivamente, a possível argumentação de que as bases que refere, quando já gravadas anteriormente por outra contribuição ou por imposto, não possam ser objeto de nova contribuição social ou interventiva. Mas é sabido que a orientação desta Corte jamais foi no sentido de condenar todo e qualquer *bis in idem* ou bitributação, mas de destacar, isto sim, que o Texto Constitucional não permite a instituição de imposto novo sobre fato gerador e base de cálculo relativo aos impostos já outorgados a cada ente político, bem como a instituição de contribuição de seguridade social nova sobre fato gerador e base de cálculo relativo a contribuição de seguridade social já prevista no texto constitucional, vedações estas, aliás, que persistem. Ao dizer que as contribuições sociais e interventivas poderão ter alíquotas 'ad valorem, tendo por base o faturamento, a receita bruta ou o valor da operação e, no caso de importação, o valor aduaneiro', o Constituinte Derivado inovou por circunscrever a tais bases a respectiva competência, sem prejuízo do já previsto no art. 195 da Constituição. [...] As contribuições sobre a importação, pois, não podem extrapolar a base do valor aduaneiro, sob pena de inconstitucionalidade por violação à norma de competência no ponto constante do art. 149, § 2º, III, *a*, da Constituição. [...] 7. [...] Jamais poderiam a PIS/PASEP-Importação e a COFINS--Importação ter extrapolado a norma de competência respectiva, composta não apenas dos arts. 149, II, e 195, IV, mas também do § 2º, III, *a*, daquele artigo, acrescentado pela EC 33/2001. 8. A inobservância da norma constitucional constante do art. 149, § 2º, III, *a*, faz com que o art. 7º, I, da Lei 10.865/04, inconstitucional que é, não tenha qualquer validade, não obrigando os contribuintes. No conflito entre o dispositivo constitucional e o dispositivo legal, por certo, há de se aplicar aquele, dada a supremacia da Constituição. Correto, pois, o acórdão recorrido. 9. Ante todo o exposto, reconhecendo a inconstitucionalidade da parte do art. 7º, inciso I, da Lei 10.865/04 que diz 'acrescido do valor do Imposto sobre Operações Relativas à Circulação de Mercadorias e sobre Prestação de Serviços de Transporte Interestadual e Intermunicipal e de Comunicação – ICMS incidente no desembaraço aduaneiro e do valor das próprias contribuições', por violação ao art. 149, § 2º, III, *a*, acrescido pela EC 33/01, *nego provimento ao recurso extraordinário*. Aos recursos sobrestados, que aguardavam a análise da matéria por este STF, aplica-se o art. 543-B, § 3º, do CPC".

– Após a decisão acórdão do STF, foi alterada a redação do inciso I do art. 7º, passando a referir como base de cálculo apenas "o valor aduaneiro", nos termos da redação que lhe deu a Lei 12.865/2013: "I – o valor aduaneiro, na hipótese do inciso I do *caput* do art. 3º desta Lei;...".

• Vide nota ao art. 195, IV, da CF. Vide, também, SANTI, Eurico Marcos Diniz de; Peixoto, Daniel Monteiro. PIS e Cofins na importação, competência: entre regras e princípios. *RDDT* 121/34, out. 2005.

– Até a decisão do STF, somente o TRF4 julgara inconstitucional a extrapolação do valor aduaneiro (TRF4, INAC 2004.72.05.003314-1, 2007). Os Tribunais Regionais da 1ª, 2ª, 3ª e 5ª Regiões mantinham posição no sentido de que o legislador ordinário seria livre para definir o conceito de valor aduaneiro ou para determinar a incidência sobre base econômica mais ampla (TRF1, AMS 200438000369586, 2007; TRF2, AMSS 62.088, 2007; TRF3, AMS 267.842, 2007; TRF5, AMS 92.040, 2005). Essas posições foram retratadas até a 15ª edição desta obra.

– **Na importação de serviços. Inconstitucionalidade da inclusão do ISS e das próprias contribuições.** "INCIDENTE DE ARGUIÇÃO DE INCONSTITUCIONALIDADE. PIS E COFINS. IMPORTAÇÃO DE SERVIÇOS. BASE DE CÁLCULO. ART. 7º, INCISO II, DA LEI N. 10.865/04. VIOLAÇÃO AO ART. 149, § 2º, INCISO III, ALÍNEA *A*, DA CONSTITUIÇÃO FEDERAL. 1. A Constituição Federal, em seu art. 149, § 2º, inciso III, alínea *a*, autorizou a criação de contribuições sociais e de intervenção no domínio econômico sobre a importação de bens ou serviços, com alíquotas *ad valorem* sobre o valor aduaneiro. 2. Consoante se depreende do texto constitucional as contribuições sociais a cargo do importador, incidentes sobre a importação de produtos estrangeiros ou serviços, só podem ter como base de cálculo o valor aduaneiro, conceito este previsto no art. 2º do Decreto-Lei n. 37/66, que dispõe sobre o Imposto de Importação, e no art. 77 do Decreto n. 4.543/02 (Regulamento Aduaneiro), apurado segundo as normas do Acordo Geral sobre Tarifas e Comércio – GATT 1994. Este o entendimento deste Tribunal, firmado por ocasião do julgamento do Incidente de Arguição de Inconstitucionalidade na Apelação Cível n. 2004.72.05.003314-1/SC. 3. O fato de o 'valor aduaneiro' estar relacionado, tradicionalmente, à importação de bens, não constitui óbice à sua aplicação à importação de serviços, visto que, da forma como utilizado no texto constitucional, possível extrair-se que a intenção do legislador foi a de que a base de cálculo das contribuições incidentes sobre as operações de importação tivessem como base de cálculo o valor da transação. 4. É inconstitucional a expressão 'acrescido do Imposto sobre Serviços de qualquer Natureza – ISS e do valor das próprias contribuições, na hipótese do inciso II do *caput* do art. 3º desta Lei', contida no inciso II do art. 7º da Lei n. 10.865/04, porquanto desbordou do conceito corrente de valor aduaneiro, como tal

considerado aquele empregado para o cálculo do imposto de importação, violando o art. 149, § 2º, inciso III, alínea *a*, da Constituição Federal. 5. Acolhido, por maioria, o incidente de arguição de inconstitucionalidade para declarar a inconstitucionalidade do art. 7º, inciso II, da Lei n. 10.865/04, na parte em que dispõe 'acrescido do Imposto sobre Serviços de qualquer Natureza – ISS e do valor das próprias contribuições, na hipótese do inciso II do *caput* do art. 3º desta Lei', por violação ao disposto no art. 149, § 2º, inciso III, alínea *a*, da Constituição Federal" (TRF4, ARGINC 0013782-62.2009.404.7000, 2012).

b) específica, tendo por base a unidade de medida adotada.

⇒ **Alíquota específica.** Veja-se conceito em nota ao art. 20, I, do CTN.

§ 3º A pessoa natural destinatária das operações de importação poderá ser equiparada a pessoa jurídica, na forma da lei.

⇒ **EC n. 33/2001.** Este parágrafo foi acrescentado pela EC n. 33, publicada em 12 de dezembro de 2001.

§ 4º A lei definirá as hipóteses em que as contribuições incidirão uma única vez.

⇒ **EC n. 33/2001.** Este parágrafo foi acrescentado pela EC n. 33, publicada em 12 de dezembro de 2001.

⇒ **Necessidade de lei complementar.** "... complementar, porque, no caso, se trata de estabelecer as hipóteses de incidência única da contribuição, pressuposto ou condição prévia para a sua posterior instituição, por lei ordinária, sendo, assim, verdadeira limitação constitucional ao poder de imposição, regulável por aquele tipo de norma segundo o inciso II do art. 146 da CF..." (VOLKWEISS, Roque Joaquim. *Direito tributário nacional*. 3. ed. Porto Alegre: Livraria do Advogado, 2002, p. 97).

Art. 149-A. Os Municípios e o Distrito Federal poderão instituir contribuição, na forma das respectivas leis, para o custeio do serviço de iluminação pública, observado o disposto no art. 150, I e III. (Acrescido pela EC n. 39, publicada no *DOU* de 20.12.2002).

⇒ **Contribuição de competência dos Municípios.** A EC n. 39/2002 outorgou competência aos Municípios para instituir contribuição específica para o custeio do serviço de iluminação pública.

– "Em face da finalidade específica da contribuição em exame, que não se identifica com os objetivos das espécies mencionadas no *caput* do art. 149, pode-se afirmar que constitui uma quarta espécie de contribuição especial, posicionando-se ao lado das contribuições sociais, interventivas e corporativas" (PIMENTA, Paulo Roberto Lyrio. Contribuição para o custeio do serviço de iluminação pública. *RDDT* 95/108, 2003).

• Vide, também: BRITTO, Márcio Maia. Contribuição para o custeio do serviço de iluminação pública – natureza jurídica. *RDDT* 113/72, fev. 2005; LOUBET, Luciano Furtado; LOUBET, Leonardo Furtado. A natureza jurídica da COSIP – Contribuição para Custeio do Serviço de Iluminação Pública. *RTFP* 56/190, 2004.

– Não se trata de taxa. Fez bem o Constituinte derivado ao optar por outorgar competência para a instituição de contribuição, e não de taxa. Do contrário, teríamos uma taxa pela prestação de serviço não divisível. Com a opção pela espécie contribuição no art. 149-A, privilegiou-se a pureza da figura das taxas tal como aparecem tradicionalmente em nosso direito, ou seja, relacionadas a serviços específicos e divisíveis tão somente.

– "CONTRIBUIÇÃO PARA O CUSTEIO DO SERVIÇO DE ILUMINAÇÃO PÚBLICA – COSIP. ART. 149-A DA CONSTITUIÇÃO FEDERAL... III – Tributo de caráter *sui generis*, que não se confunde com um imposto, porque sua receita se destina a finalidade específica, nem com uma taxa, por não exigir a contraprestação individualizada de um serviço ao contribuinte" (STF, RE 573.675, 2009). Veja-se excerto do voto condutor: "... a COSIP constitui um novo tipo de contribuição, que refoge aos padrões estabelecidos nos arts. 149 e 195 da Constituição federal. Cuida-se, com efeito, de uma exação subordinada a disciplina própria, qual seja, a do art. 149-A da CF, sujeita, contudo, aos princípios constitucionais tributários, visto enquadrar-se inequivocamente no gênero tributo".

– Pela constitucionalidade da EC n. 39/2002. No sentido da constitucionalidade do art. 149-A da CF, inserido pela EC n. 39/2002, por não violar as cláusulas pétreas: MAIA, Luiz Fernando. Emenda Constitucional n. 39 – a Contribuição de Iluminação Pública. Atípica, porém Constitucional. *RET* 39/55, 2004.

– "A Emenda Constitucional n. 39 poderia modificar o perfil das contribuições especiais – ao autorizar a instituição de uma contribuição distinta do modelo normativo descrito no *caput* do art. 149 –, conduta que não pode ser acoimada de inconstitucional. Tais atos normativos não violaram qualquer cláusula pétrea, sendo, portanto, válidos" (PIMENTA, Paulo Roberto Lyrio. Contribuição para o Custeio do Serviço de Iluminação Pública. *RDDT* 95/108, 2003).

– No sentido da natureza não tributária. "A natureza jurídica da contribuição para o custeio do serviço de iluminação pública é mesmo a de uma contribuição não tributária, porque, além de não se enquadrar na *facti specie* do tributo, constitucionalmente posta, também tem sua correspectividade na prestação do serviço de iluminação pública que terá de ser efetiva. ... não é um tributo e, por isso, não lhe segue o modelo normativo" (BRITO, Edvaldo. CIP – Contribuição de Iluminação Pública: natureza jurídica. *RTFP* 56/156, 2004).

– Pela inconstitucionalidade da EC n. 39/2002. No sentido de que a EC n. 39/2002 teria incorrido em afronta ao princípio federativo, por modificar o figurino constitucional de discriminação de competências tributárias: "No caso da EC 39/02, estamos diante de contribuição destinada ao custeio do serviço de iluminação pública. Este serviço, por força do disposto no artigo 21, inciso XII, letra *b* está expressamente atribuído à competência da União e, portanto, apenas a União teria também competência para criar eventual contribuição e não o Município, como previsto no artigo 149-A. [...] A Emenda Constitucional 39/02, ao introduzir a figura da contribuição sobre serviços de

iluminação pública a ser exigida pelos Municípios e Distrito Federal, alterou a discriminação constitucional de competência posta pela Constituição de 1988" (ALVES, Anna Emilia Cordelli. Da contribuição para o custeio da iluminação pública. *RDDT* 97, 2003).

– Sobre a inconstitucionalidade em razão da base de cálculo, vide nota ao parágrafo único deste artigo.

⇒ **Serviço de iluminação pública x iluminação dos bens de uso especial.** A competência é para instituição de contribuição para o custeio do "serviço de iluminação pública". O serviço de iluminação pública é aquele que é prestado à população em caráter geral nos logradouros públicos. Não se presta, pois, ao custeio das despesas de energia elétrica relativas aos bens públicos de uso especial, como as dos prédios em que funcionem os órgãos administrativos do Município ou a câmara de vereadores. Tal desvio, se normativo, autoriza o reconhecimento da inconstitucionalidade da exação, ao menos parcial, devendo-se verificar em que medida desborda da autorização constitucional, reduzindo-se o tributo ao patamar adequado. Se eventual, decorrente de desvio de recursos, a solução estará na responsabilização do responsável.

⇒ **Expansão e aprimoramento da rede.**

– Tema 696 do STF: "É constitucional a aplicação dos recursos arrecadados por meio de contribuição para o custeio da iluminação pública na expansão e aprimoramento da rede". Decisão do mérito em 2020.

– Observância das limitações constitucionais ao poder de tributar. A remissão ao art. 150, I e III, tem a função de reforçar a submissão, também desta contribuição, como qualquer outro tributo, às limitações constitucionais ao poder de tributar, evitando discussões sobre a sua natureza, se tributária ou não. Evidentemente que as contribuições, incluindo esta de iluminação pública, têm natureza tributária, mas o excesso de cautela no texto constitucional, dado o histórico de tal figura, é salutar. Há comentários, já, sobre remissão idêntica constante no art. 149, *caput*, da Constituição.

– "Não obstante o art. 149-A da Carta Magna faça menção apenas aos incs. I e III do art. 150, penso que o legislador infraconstitucional, ao instituir a contribuição sob exame, considerada a natureza tributária da exação, está jungido aos princípios gerais que regem o gênero, notadamente ao da isonomia (art. 150, II) e ao da capacidade contributiva (art. 145, § 1º)" (Excerto do voto condutor do RE 573.675, 2009).

– Instituição por lei ordinária municipal. A contribuição para o custeio do serviço de iluminação pública deverá ser instituída por lei municipal, cumprindo-se, assim, a exigência do art. 150, I, da CF. Tal lei deverá estabelecer, necessariamente, ao menos o seu fato gerador, o contribuinte, e o modo de cálculo da contribuição (base de cálculo e alíquota) ou, em optando o legislador por valor fixo, o seu montante.

– A lei municipal não pode delegar ao Prefeito a fixação, por decreto ou outro ato administrativo normativo qualquer, dos critérios para o cálculo da contribuição de iluminação pública ou do seu montante exato, se fixo. Isso violaria o princípio da legalidade.

– Sobre a possibilidade da edição de lei delegada pelo Prefeito, por simetria, vide nota ao art. 150, I, da CF acerca das leis delegadas.

– Vindo a ser fixa a contribuição, desde que a lei preveja a correção monetária periódica, poderá o Prefeito, por Decreto, proceder à atualização, o que não implicará, desde que não superior à efetiva desvalorização da moeda, majoração de tributo. Vide, sobre a matéria, nota ao art. 150, I, da CF e ao art. 97, § 2º, do CTN. Como se vê em nota ao parágrafo único deste artigo, contudo, a probabilidade é a de que contribuição seja proporcional à conta de energia elétrica do contribuinte.

– **Observância da irretroatividade e da anterioridade.** Os Municípios, na instituição da contribuição para o custeio do serviço de iluminação pública, terão, necessariamente, de observar as garantias da irretroatividade, da anterioridade de exercício e da anterioridade mínima, esta após a EC n. 42/2003. Não há, pois, como pretenderem cobrar contribuição relativamente a meses ou anos anteriores ao início da sua incidência, nem como pretende que incida imediatamente, na data da publicação. A contribuição terá de ser instituída num ano, através da publicação da respectiva lei instituidora, para que a sua incidência se dê a partir do dia 1º de janeiro do ano subsequente, gerando, então, daí para diante, a obrigação pecuniária para o contribuinte cada vez que ocorrer o fato gerador.

– Não se pode invocar a anterioridade especial relativamente à contribuição municipal de iluminação pública. Isto porque a anterioridade especial, prevista no art. 195, § 6º, da CF, diz respeito, exclusivamente, às contribuições de seguridade social. A contribuição de iluminação pública, diferentemente, submete-se à anterioridade de exercício, prevista no art. 150, III, *b*, da CF, e, se instituída ou majorada após a EC n. 42/2003, também à anterioridade mínima do art. 150, III, *c*, da CF.

– **Observância da referibilidade. Escola em área rural não servida por iluminação pública.** "... CONTRIBUIÇÃO DE ILUMINAÇÃO PÚBLICA MUNICIPAL. ART. 149-A DA CF. REFERIBILIDADE. [...] Situando-se a sede da Autora na zona rural do Município, que não é objeto de política de iluminação pública, conforme evidenciado nos autos, não se verifica a referibilidade indispensável a que pudesse ser considerada contribuinte da contribuição em questão" (TRF4, 200371030026884, 2005).

> **Parágrafo único.** É facultada a cobrança da contribuição a que se refere o *caput*, na fatura de consumo de energia elétrica. (Art. 149-A acrescido pela EC n. 39, publicada no *DOU* de 20.12.2002).

⇒ **Base de cálculo e contribuinte.** Não vislumbramos impedimento a que a contribuição em questão incida sobre o consumo de energia elétrica. Note-se que não há impedimento a que contribuição incida sobre fato gerador e base de cálculo idêntica a de imposto (vide nota ao *caput* do art. 149 da CF) e que o § 3º do art. 155 da CF veda apenas a incidência de outro "imposto", que não o ICMS, sobre operações relativas à energia elétrica.

– "CONTRIBUIÇÃO PARA O CUSTEIO DO SERVIÇO DE ILUMINAÇÃO PÚBLICA – COSIP. ART. 149-A DA CONSTITUIÇÃO FEDERAL... I – Lei que restringe os contribuintes da COSIP aos consumidores de energia elétrica do município não ofende o princípio da isonomia, ante a impossibilidade de se identificar e tributar todos os beneficiários do serviço de iluminação pública. II – A progressividade da alíquota, que resulta do rateio do custo da iluminação pública entre os consumidores de energia elétrica, não afronta o princípio da capacidade contributiva. III – Tributo de caráter *sui generis*, que não se confunde com um imposto, porque sua receita se destina a finalidade específica, nem com uma taxa, por não exigir a contraprestação individualizada de um serviço ao contribuinte. IV – Exação que, ademais, se amolda aos princípios da razoabilidade e da proporcionalidade" (STF, RE 573.675, 2009). Veja-se excerto do voto condutor: "... respeitados os demais princípios tributários e os critérios de razoabilidade e proporcionalidade, nada há de inconstitucional em identificarem-se os sujeitos passivos da obrigação em função de seu consumo de energia elétrica. Esta foi, aliás, a intenção do constituinte derivado ao criar o novo tributo, conforme se pode verificar a partir da leitura do seguinte trecho do relatório apresentado pelo Deputado Custódio Mattos à PEC 559/2002: 'A proposta, para viabilizar e facilitar a efetiva implementação da contribuição, deixa explícita a faculdade legal de cobrança na própria fatura de consumo de energia elétrica dos contribuinte, que, fica implícito, seriam as pessoas físicas e jurídicas consumidoras de energia elétrica.' Com efeito, sendo a iluminação pública um serviço *uti universi*, ou seja, de caráter geral e indivisível, prestado a todos os cidadãos, indistintamente, não se afigura possível, sob o aspecto material, inclui todos os seus beneficiários no polo passivo da obrigação tributária... De qualquer modo, cumpre notar que os principais beneficiários do serviço serão sempre aqueles que residem ou exercem as suas atividades no âmbito do município ou do Distrito Federal, isto é, pessoas físicas ou jurídicas, públicas ou privadas, identificáveis por meio das respectivas faturas de energia elétrica. [...] O Município..., ao empregar o consumo mensal de energia elétrica de cada imóvel, como parâmetro para ratear entre os contribuintes o gasto com a prestação do serviço de iluminação pública, buscou realizar, na prática, a almejada justiça fiscal, que consiste, precisamente, na materialização, no plano da realidade fática, dos princípios da isonomia tributária e da capacidade contributiva, porquanto é lícito supor que quem tem um consumo maior tem condições de pagar mais. Por fim, cumpre repelir o último argumento do recorrente, segundo o qual a base de cálculo da COSIP se confunde com a do ICMS. Tal hipótese, *permissa venia*, não ocorre no caso, porque a contribuição em tela não incide propriamente sobre o consumo de energia elétrica, mas corresponde ao rateio do custo do serviço municipal de iluminação pública entre contribuintes selecionados segundos critérios objetivos, pelo legislador local, com amparo na faculdade que lhe conferiu a EC 39/2002".

– **Pela obrigatoriedade de incidência sobre a propriedade ou a posse de imóvel urbano e da relação entre o custo do serviço e o montante cobrado.** "Qual a materialidade possível da contribuição para a iluminação pública? Inicialmente, importa observar que a materialidade não será o consumo de energia elétrica. No par. único do art. 149-A o Congresso apenas facultou uma modalidade de cobrança do tributo, dizendo que poderá ocorrer na 'fatura de consumo de energia elétrica'. Cobrança é atividade administrativa vinculada, e não atividade legislativa, de criação de tributos. Logo, não se trata de indicação da materialidade da exação. Em segundo lugar, é importante recordar que as competências dos entes tributantes são privativas. Sendo assim, os pressupostos de fato entregues à União e aos Estados não poderão ser escolhidos pelos Municípios como materialidade da contribuição em exame. Desse modo, por exemplo, o fornecimento de energia elétrica não poderá figurar no critério material da hipótese de incidência deste tributo, eis que integra o âmbito da competência impositiva dos Estados. As regras dos arts. 153, 155 e 156 não dizem respeito apenas aos impostos, e sim a todos os tributos. Logo, não poderá existir superposição de incidência da contribuição para a iluminação pública com algum tributo estadual ou federal. Ou seja, o tributo em pauta não pode incidir sobre o consumo individual de energia elétrica, materialidade do ICMS. Partindo-se desta permissão, restam como materialidades possíveis apenas aquelas indicadas nos incisos I, II e III do artigo 156 da Carta Magna. [...] Ora, em se tratando de contribuição para o 'custeio do serviço de iluminação pública', a materialidade que se adequa a esta finalidade é a propriedade de imóvel territorial urbano, porque é a única, dentre aquelas previstas no art. 156, que mantém vínculo com o serviço de iluminação pública, na medida em que este atinge os imóveis urbanos. No entanto, como o serviço de iluminação pública se volta para todos, a posse a qualquer título, de imóvel situado na zona urbana ou rural também poderá figurar como critério material da hipótese de incidência da exação em comento. Salvo melhor juízo, esta é a materialidade possível da exação. Quanto à base de cálculo, deverá existir uma razoabilidade entre o custo do serviço público e o valor exigido do contribuinte" (PIMENTA, Paulo Roberto Lyrio. Contribuição para o Custeio do Serviço de Iluminação Pública. *RDDT* 95/107, 2003).

– **Pela inconstitucionalidade da nova contribuição em razão de identidade com o ICMS.** "... é autorizado concluir que inconstitucional a contribuição especial para custeio do serviço de iluminação pública, instituída pela Emenda Constitucional de número 39 (artigo 149-A da Carta de 1988), em face da identidade de sua base de cálculo (consumo de energia elétrica) com a do ICMS incidente sobre energia elétrica" (ANDRADE, Valentino Aparecido de. A inconstitucionalidade da Contribuição para Custeio do Serviço de Iluminação Pública. *RDDT* 97/113, 2003).

⇒ **Sujeito ativo. Arrecadador.** O sujeito ativo, de qualquer tributo, tem de ser, necessariamente, uma pessoa jurídica de direito público, o que decorre da sua própria natureza e está expressamente previsto no art. 119 do CTN. A contribuição para o custeio da iluminação pública é tributo que deve ter como credor, pois, o Município. A condição de simples arrecadador (quem recebe os valores e repassa), contudo, pode ser delegada a pessoa jurídica de direito privado, como os bancos ou, no caso da contribuição de iluminação pública, as concessionárias de energia elétrica. O parágrafo único do art.

149-A, pois, apenas torna inequívoca tal possibilidade. Sobre as distinções entre tais categorias, vide nota introdutória ao art. 6º do CTN.

– **Cobrança na fatura.** Deve-se interpretar a referência à "cobrança... na fatura de consumo de energia elétrica" como o destaque, nesta, do montante da contribuição devida ao Município pelo contribuinte, para que possa haver o pagamento conjunto.

– **Ilegalidade da submissão do pagamento da conta de energia elétrica ao pagamento conjunto da contribuição.** Ainda que destacada a contribuição na própria fatura de consumo de energia, terá de ser permitido ao consumidor pagar só a sua conta de energia, se assim entender. Note-se que se trata de serviço público essencial, cuja fruição não pode ficar condicionada ao pagamento senão da retribuição ao mesmo: o preço público correspondente ao consumo individual do usuário. Caberá ao contribuinte impedido de fazê-lo ajuizar ação consignatória, mandado de segurança visando à emissão de guia que permita o pagamento da conta individual tão somente ou, então, – o que é o mais adequado em havendo razão para o não pagamento do tributo – ação em que venha a discutir a contribuição municipal buscando o reconhecimento da sua eventual inconstitucionalidade, com pedido de depósito, pela concessionária, do valor pago a tal título.

⇒ **Modalidade de lançamento.** O destaque, pela concessionária, na conta de energia elétrica, do valor da contribuição municipal não implica lançamento do tributo, pois o lançamento é ato privativo da autoridade administrativa, nos termos do art. 142 do CTN. No máximo, pode ser considerado como mecanismo tendente a facilitar o pagamento pelo contribuinte no âmbito do lançamento por homologação. De outro lado, a previsão constante de algumas leis municipais, no sentido de que, na hipótese de não pagamento, a concessionária informará ao Município o montante devido para que seja então inscrito em dívida ativa também não se adéqua às normas gerais de Direito Tributário. Isto porque só se pode inscrever em dívida ativa crédito devidamente constituído pela Administração, através de lançamento, ou confessado pelo contribuinte, o que dispensaria o lançamento. Não há como proceder-se à inscrição em dívida ativa de valores informados por terceiro. Para evitar-se nulidades formais facilmente opostas em embargos, pois, deverão os Municípios, a partir das informações recebidas pelas concessionárias quanto a contribuintes em débito, proceder ao lançamento, notificando o contribuinte para pagar o tributo ou oferecer impugnação. Só, então, decorrido o prazo ou julgada a respectiva impugnação e recursos, é que se terá o lançamento apto a ser inscrito e executado.

SEÇÃO II
DAS LIMITAÇÕES DO PODER DE TRIBUTAR

⇒ **Limitações ao poder de tributar.** "O que fazem, pois, essas limitações é demarcar, delimitar, fixar fronteiras ou limites ao exercício do poder de tributar. São, por conseguinte, instrumentos definidores (ou demarcadores) da competência tributária dos entes políticos no sentido de que concorrem para fixar o que pode ser tributado e como pode sê-lo, não devendo, portanto, ser encaradas como 'obstáculos' ou 'vedações' ao exercício da competência tributária, ou 'supressão' dessa competência..." (AMARO, Luciano. *Direito tributário brasileiro*. 15. ed. São Paulo: Saraiva, 2009, p. 107).

– **Limitações diretas ao poder de tributar.** "Os enunciados veiculadores de o que não pode ser tributado, tal qual de como pode ser instituída uma exação, tão somente restringem, de modo imediato, o exercício da competência tributária, consistindo em limitações diretas ao citado poder" (MOISES, Cristian Ricardo Prado. *A constitucionalização do direito tributário*: a disciplina tridimesional do poder criativo. Rio de Janeiro: Lumen Juris, 2019, p. 188).

– **Princípios e regras.** Algumas das limitações constitucionais ao poder de tributar elencadas no art. 150 da Constituição constituem normas-princípios (e.g., isonomia – 150, II), mas outras constituem normas-regras (e.g., anterioridade – 150, III, *b*). Estas últimas, por vezes, revelam um princípio subjacente como, e.g., a segurança jurídica em seu conteúdo de certeza do direito.

– "... na literatura, as limitações constitucionais ao poder de tributar figuram como 'princípios' ainda que apresentadas como regras. Assim é que se fala do 'Princípio' da Legalidade, 'Princípio' da Anterioridade... Tão arraigada está a denominação que já não seria viável opor-se a ela. [...] o dispositivo que alberga cada um desses 'Princípios' poderá ter conteúdo de princípio, de regra ou de ambos" (SCHOUERI, Luís Eduardo. *Direito tributário*. 2. ed. São Paulo: Saraiva, 2012, p. 270).

– **Cláusulas pétreas.** As garantias constitucionais do contribuinte que o protegem contra o arbítrio e abusos do ente tributante, estabelecendo limites a serem observados na instituição dos tributos, têm nível de garantias fundamentais, configurando cláusulas pétreas. Assim, não podem ser revogadas tampouco excepcionadas sequer por emenda constitucional. Assim a legalidade, a irretroatividade e as anterioridades, bem como a isonomia, a vedação do confisco e a vedação à tributação interestadual e intermunicipal. Também configuram cláusulas pétreas as imunidades que estão a serviço de liberdades públicas, como a imunidade dos templos e dos livros, e a imunidade recíproca, que preserva a forma federativa de Estado.

– A CF é clara, em seu art. 60, § 4º: "Não será objeto de deliberação a proposta de emenda tendente a abolir: [...] IV – os direitos e garantias individuais". O STF, abordando ofensa perpetrada por emenda constitucional à regra da anterioridade (150, III, *b*), reconheceu que as limitações constitucionais ao poder de tributar constituem direitos e garantias individuais do cidadão enquanto contribuinte, atraindo a incidência do já referido art. 60, § 4º, IV, da CF.

– Há de se reputar que nem todas as limitações podem ser consideradas direitos e garantias individuais. A exceção é a imunidade recíproca, que não diz respeito, diretamente, à garantia de direitos ou liberdades públicas do contribuinte. De qualquer forma, também a imunidade recíproca apresenta-se como insuscetível de supressão ou excepcionalização por Emenda Constitucional, na medida em que recai em outra das vedações constantes do art. 60 da CF, qual seja, a referida em seu § 4º, inciso I:

"Não será objeto de deliberação a proposta de emenda tendente a abolir: I – a forma federativa de Estado".

– "... algumas dessas limitações constitucionais ao poder de tributar constituem cláusulas pétreas, por se inserirem no contexto dos direitos e garantias individuais, em especial no que toca aos princípios da igualdade tributária e da vedação ao confisco" (Excerto do voto condutor do RE 573.675, STF, 2009).

– A legalidade tributária constitui garantia fundamental do contribuinte, sendo, portanto, cláusula pétrea, conforme destacado em nota introdutória às limitações ao poder de tributar. As atenuações à legalidade (autorizações para que o Executivo altere alíquotas) são apenas as expressas no art. 153, § 1º, da CF. A referência, em tal dispositivo, ao II, IE, IPI e IOF é taxativa, não admitindo ampliação sequer por Emenda Constitucional. A pretendida excepcionalização do IPMF pela EC n. 3/93 foi declarada inconstitucional pelo STF na ADI 939, conforme se vê em nota ao art. 74 do ADCT. A EC n. 33/2001, ao acrescer o § 4º ao art. 177 da CF, admitindo sejam reduzidas ou restabelecidas as alíquotas da contribuição de intervenção relativa às atividades de importação ou comercialização de combustíveis por ato do Poder Executivo, incorre no mesmo vício.

– "O princípio da anterioridade da lei tributária, além de constituir limitação ao poder impositivo do Estado, representa um dos direitos fundamentais mais relevantes outorgados pela Carta da República ao universo dos contribuintes. Não desconheço que se cuida, como qualquer outro direito, de prerrogativa de caráter meramente relativo, posto que as normas constitucionais originárias já contemplam hipóteses que lhe excepcionam a atuação. Note-se, porém, que as derrogações a esse postulado emanaram de preceitos editados por órgão exercente de funções constituintes primárias: a Assembleia Nacional Constituinte. As exceções a esse princípio foram estabelecidas, portanto, pelo próprio poder constituinte originário, que não sofre, em função da própria natureza dessa magna prerrogativa estatal, as limitações materiais e tampouco as restrições jurídicas impostas ao poder reformador. Não posso ignorar, de qualquer modo, que o princípio da anterioridade das leis tributárias reflete, em seus aspectos essenciais, uma das expressões fundamentais em que se apoiam os direitos básicos proclamados em favor dos contribuintes. O respeito incondicional aos princípios constitucionais evidencia-se como dever inderrogável do Poder Público. A ofensa do Estado a esses valores que desempenham, enquanto categorias fundamentais que são, um papel subordinante na própria configuração dos direitos individuais ou coletivos introduz um perigoso fator de desequilíbrio sistêmico e rompe, por completo, a harmonia que deve presidir as relações, sempre tão estruturalmente desiguais entre as pessoas e o Poder. Não posso desconhecer especialmente neste momento em que se amplia o espaço do dissenso e se intensificam, em função de uma norma tão claramente hostil a valores constitucionais básicos, as relações de antagonismo entre o Fisco e os indivíduos que os princípios constitucionais tributários, sobre representarem importante conquista político-jurídica dos contribuintes, constituem expressão fundamental dos direitos outorgados, pelo ordenamento positivo, aos sujeitos passivos das obrigações fiscais. Desde que existem para impor limitações ao poder de tributar, esses postulados têm por destinatário exclusivo o poder estatal, que se submete, quaisquer que sejam os contribuintes, à imperatividade de suas restrições. A reconhecer-se como legítimo o procedimento da União Federal de ampliar a cada vez, pelo exercício concreto do poder de reforma da Carta Política, as hipóteses derrogatórias dessa fundamental garantia tributária, chegar-se-á, em algum momento, ao ponto de nulificá-la inteiramente, suprimindo, por completo, essa importante conquista jurídica que integra, como um dos seus elementos mais relevantes, o próprio estatuto constitucional dos contribuintes" (voto na ADI 939).

– **Emenda Constitucional também deve observância às limitações constitucionais ao poder de tributar.** "1. O poder constituinte derivado não é ilimitado, visto que se submete ao processo consignado no art. 60, §§ 2º e 3º, da Constituição Federal, bem assim aos limites materiais, circunstanciais e temporais dos §§ 1º, 4º e 5º do aludido artigo. 2. A anterioridade da norma tributária, quando essa é gravosa, representa uma das garantias fundamentais do contribuinte, traduzindo uma limitação ao poder impositivo do Estado. 3. A Emenda Constitucional n. 10/96, especialmente quanto ao inciso III do art. 72 do Ato das Disposições Constitucionais Transitórias – objeto de questionamento – é um novo texto que veicula nova norma, e não mera prorrogação da emenda anterior. 4. Hipótese de majoração da alíquota da CSSL para as pessoas jurídicas referidas no § 1º do art. 22 da Lei nº 8.212/91. 5. Necessidade de observância do princípio da anterioridade nonagesimal contido no art. 195, § 6º, da Constituição Federal" (STF, RE 587.008, 2011).

Art. 150. Sem prejuízo de outras garantias asseguradas ao contribuinte, é vedado à União, aos Estados, ao Distrito Federal e aos Municípios:

⇒ **Limitações constitucionais.** "... ao lado das competências tributárias das pessoas políticas, encontram-se, fazendo-lhes contraste, as 'limitações constitucionais ao poder de tributar'... Destacamos que as limitações à utilização das competências tributárias são constitucionais, e não pré-constitucionais, extraconstitucionais ou infraconstitucionais... É a Constituição que prescreve as limitações ao desfrute das competências tributárias". Assim, as normas infraconstitucionais não podem impor novas limitações ao exercício das competências tributárias das pessoas políticas, ou seja, limitações que não constem da Constituição (CARRAZZA, Roque Antônio. *Curso de direito constitucional tributário*. 9. ed. São Paulo: Malheiros, 1997, p. 486).

– **Outras garantias específicas.** "... os limites do poder de tributar definidos pela Constituição não se esgotam nos enunciados aí contidos. Várias imunidades tributárias encontram-se dispostas fora da seção das 'Limitações do Poder de Tributar'. Requisitos formais ou materiais, limites quantitativos, características específicas deste ou daquele tributo permeiam todo o capítulo do Sistema Tributário Nacional, sendo ainda pinçáveis aqui ou ali, em normas esparsas de outros capítulos da Constituição, como o dos direitos e garantias individuais, da seguridade social e da ordem econômica" (AMARO, Luciano. *Direito tributário brasileiro*. 15. ed. São Paulo: Saraiva, 2009, p. 106).

– "... quando a Constituição desejou estabelecer limitação ou vedação referentemente a qualquer tributo e não às suas espécies, ela foi expressa, como, v.g., art. 146, III, *a* (definição de tributos e suas espécies), art. 150, I (princípio da legalidade tributária), II (regra geral para os tributos), III (cobrança de tributos), art. 151, art. 152, art. 155, § 3º ('À exceção dos impostos de que tratam o inciso II do *caput* deste artigo e o art. 153, I e II, nenhum tributo poderá incidir sobre operações relativas a energia elétrica, serviços de telecomunicações, derivados de petróleo, combustíveis e minerais do País.')" (STF, RE 165.939, voto condutor).

– Outras garantias são, e.g., as imunidades relativas às taxas de registro civil de nascimento e de expedição de certidão de óbito, constantes do art. 5º, LXXVI.

– **Balizamento também por normas infraconstitucionais.** É preciso ter em conta, entretanto, a lição de Luciano Amaro: "... o exercício legítimo da competência para a criação de tributos é balizado não só por normas de estatura constitucional, mas também por disposições outras, de menor hierarquia, e, portanto, de menor rigidez, que atuam no sentido de complementar o desenho do campo material onde poderá ser exercitada validamente a competência tributária e de definir o modo pelo qual se deve dar esse exercício" (AMARO, Luciano. *Direito tributário brasileiro*. 15. ed. São Paulo: Saraiva, 2009, p. 109). Obs.: o autor cita, como exemplo, as leis complementares, resoluções do Senado e convênios solicitados pelos arts. 150, VI, *c*, 155, § 1º, III, *a* e *b*, 156, III, 155, § 2º, X, *a*, 155, § 2º, XII, *g*, 156, § 3º, II, e 146 da CF.

I – exigir ou aumentar tributo sem lei que o estabeleça;

⇒ **Iniciativa de lei sobre tributação é concorrente do executivo e do legislativo.** A iniciativa para a instituição e a revogação de tributos, bem como para a concessão de benefícios fiscais, é concorrente: "I A iniciativa de leis que versem sobre matéria tributária é concorrente entre o chefe do poder executivo e os membros do legislativo. II A circunstância de as leis que versem sobre matéria tributária poderem repercutir no orçamento do ente federado não conduz à conclusão de que sua iniciativa é privativa do chefe do executivo" (STF, RE 590.697-ED, 2011).

– "A Constituição de 1988 admite a iniciativa parlamentar na instauração do processo legislativo em tema de direito tributário. A iniciativa reservada, por constituir matéria de direito estrito, não se presume e nem comporta interpretação ampliativa, na medida em que, por implicar limitação ao poder de instauração do processo legislativo, deve necessariamente derivar de norma constitucional explícita e inequívoca. O ato de legislar sobre direito tributário, ainda que para conceder benefícios jurídicos de ordem fiscal, não se equipara, especialmente para os fins de instauração do respectivo processo legislativo, ao ato de legislar sobre o orçamento do Estado" (STF, ADI 724 MC, 1992).

⇒ **Leis ordinárias ou medidas provisórias.** O veículo legislativo para instituição de tributos é, inclusive por força da reserva legal absoluta do art. 150, I, da CF, a lei ordinária ou medida provisória, que tem a mesma força. Só se faz necessária lei complementar quando o próprio texto constitucional assim exige expressamente. Sendo aprovada lei complementar para matéria relativamente à qual bastaria lei ordinária, a lei complementar valerá, mas com nível de lei ordinária, podendo ser alterada ou revogada por leis ordinárias subsequentes.

– A reedição de medidas provisórias, que sempre contara com a tolerância do STF, tornando-se prática corrente em matéria tributária, não é mais possível desde o advento da EC n. 32/2001, quando as medidas provisórias passaram a ter eficácia por 60 dias, que se prorroga automaticamente por mais 60 dias no caso de não ter sido votada pelas duas Casas do Congresso, conforme se vê do art. 62, §§ 3º e 7º, da CF. Ocorriam reedições que, não sendo fidedignas, implicavam, na verdade, a não reedição de certos dispositivos e a edição de dispositivos novos, ainda que sob o mesmo número de artigo. Veja-se a Súmula 651 do STF: "A medida provisória não apreciada pelo Congresso Nacional podia, até a EC 32/98, ser reeditada dentro do seu prazo de eficácia de trinta dias, mantidos os efeitos de lei desde a primeira edição".

– É importante prestar atenção na limitação ao uso de Medidas Provisórias surgida com a Emenda Constitucional n. 6/95, que acrescentou o art. 246 ao texto da Constituição, com a alteração imposta pela EC n. 32/2001: "Art. 246. É vedada a adoção de medida provisória na regulamentação de artigo da Constituição cuja redação tenha sido alterada por meio de emenda promulgada entre 1º de janeiro de 1995 até a promulgação desta emenda, inclusive".

– Quanto às medidas provisórias vigentes quando do advento da EC n. 32/2001, o art. 2º da Emenda estabeleceu que continuam em vigor até que medida provisória ulterior as revogue explicitamente ou até deliberação definitiva do Congresso Nacional, ou seja, adquiriram caráter permanente. Vide o REsp 597.134.

– "Relevância" e "urgência" constituem conceitos jurídicos indeterminados. Pode o Judiciário efetuar o controle da edição de medidas provisórias verificando se atenderam a tais pressupostos. O STF já havia sinalizado nesse sentido em alguns acórdãos, mas apenas por ocasião do julgamento da ADI 1.753-2/DF, em abril de 1998, é que, pela primeira vez, efetuou juízo de mérito sobre o assunto, reconhecendo a ilegitimidade de medida provisória que aumentou o prazo decadencial para a ação rescisória. É preciso ressaltar, porém, que o reconhecimento de inconstitucionalidade baseado no não atendimento dos requisitos de relevância e urgência só se justifica em casos excepcionais, quando o Presidente tenha agido com abuso de poder. O Judiciário, de regra, não tem enfrentado a questão. Não se tem notícia de qualquer dispositivo de medida provisória em matéria tributária que tenha sido declarado inválido por ofensa aos pressupostos de relevância e urgência. Vide a ADI 2.150-DF e a ADI 1.753-2/DF.

– "... MEDIDA PROVISÓRIA... REQUISITOS DE RELEVÂNCIA E URGÊNCIA. VERIFICAÇÃO APENAS EM CARÁTER EXCEPCIONAL. AGRAVO REGIMENTAL A QUE SE NEGA PROVIMENTO... IV – A verificação pelo Judiciário dos requisitos de relevância e urgência para a adoção de medida provisória só é possível em caráter excepcional, quando estiver patente o excesso de discricionariedade por parte do Chefe do Poder Executivo. V – Agravo regimental a que se nega provimento" (STF, RE 550.652 AgR, 2014).

– "... O que justifica a edição das medidas provisórias é a existência de um estado de necessidade, que impõe ao Poder Executivo a adoção imediata de providências de caráter legislativo, inalcançáveis segundo as regras ordinárias de legiferação, em face do próprio *periculum in mora* que certamente decorreria do atraso na concretização da prestação legislativa..." (STF, ADIMC 293, 1990).

– O Decreto n. 2.954/99, que estabelecia regras para a redação de atos normativos de competência dos órgãos do Poder Executivo, à vista da LC n. 95/98, dispunha, em seu art. 32, que as propostas legislativas que contivessem sugestão de edição de medida provisória somente seriam apreciadas com essa finalidade, pela Presidência da República, quando devidamente demonstradas a relevância e a urgência que caracterizem estado de necessidade legislativo decorrente de circunstância fática ou jurídica de difícil previsão. Atualmente, cuida da matéria o Decreto 4.176, de 28 de março de 2002, que dispõe: "Art. 40. Não será disciplinada por medida provisória matéria: [...] V – que possa ser aprovada dentro dos prazos estabelecidos pelo procedimento legislativo de urgência previsto na Constituição. § 1º Caso se verifique demora na apreciação de projetos de lei de iniciativa do Poder Executivo, poderá o órgão competente, configuradas a relevância e a urgência, propor a edição de medida provisória".

⇒ **Legalidade tributária: instituição e graduação dos tributos pelo Poder Legislativo.** A legalidade tributária é de maior rigor que a legalidade geral prevista no art. 5º, II, da CF: "II – ninguém será obrigado a fazer ou deixar de fazer alguma coisa senão em virtude de lei;". A legalidade tributária não implica simplesmente afetar a instituição de tributos à legalidade geral. Fosse assim, teríamos uma reserva relativa de lei que não seria avessa às incompletudes e às delegações. A legalidade tributária, estampada no art. 150, I, da CF e interpretada em consonância com outros artigos constitucionais que lhe revelam o sentido, como o art. 153, § 1º, exige que a instituição dos tributos se dê não apenas com base legal, mas diretamente através da lei, a qual deve definir, suficientemente, a norma tributária impositiva, de modo que o tributo surja e seja dimensionado por decisão política do Parlamento, não do Executivo, ao qual cabe, isso sim, regulamentar e operacionalizar a aplicação da norma. O art. 97 do CTN procura regular a legalidade, dizendo dos conteúdos normativos que dependem de lei em sentido estrito. Essa maior rigidez da legalidade tributária, a exigir que os diversos aspectos da norma tributária impositiva sejam disciplinados na própria lei, costuma ser referida como legalidade estrita ou absoluta e, ainda, como tipicidade tributária.

– "ALEGAÇÃO DE OFENSA AOS PRINCÍPIOS DA LEGALIDADE... 6. A lei que institui tributo deve guardar maior densidade normativa, posto que deve conter os seus elementos essenciais previstos em lei formal (art. 97, CTN), a saber os aspectos material (fatos sobre os quais a norma incide), temporal (momento em que a norma incide) e espacial (espaço territorial em que a norma incide), assim como a consequência jurídica, de onde se extraem os aspectos quantitativo (sobre o que a norma incide – base de cálculo e alíquota) e pessoal (sobre quem a norma incide – sujeitos ativo e passivo), elementos do fato gerador que estão sob a reserva do princípio da legalidade tributária (art. 150, I, CRFB/88) (FALCÃO, Amílcar de Araújo. *Fato gerador da obrigação tributária*. Rio de Janeiro: Forense, 1994, p. 8), premissas atendidas no caso *sub examine*" (STF, RE 677.725, 2021).

– É preciso destacar, porém, que parece estar ocorrendo uma alteração nesse entendimento. O STF julgou quatro casos importantes sobre a legalidade tributária recentemente. De um lado, disse da inconstitucionalidade de leis que simplesmente delegavam a determinação do aspecto quantitativo à Administração, como no caso das anuidades dos Conselhos de Fiscalização Profissional tal como constava da Lei n. 11.000/2004 (RE 704.292), e da taxa da Suframa disciplinada pela Lei n. 9.960/2000 (ARE 923.534 AgR). Mas, de outro lado, admitiu a validade de leis que, ao instituírem taxa e contribuição profissional, o fizeram mediante indicação de valores máximos, deixando ao sujeito ativo a fixação do valor exato. Refiro-me à Taxa de Anotação de Responsabilidade Técnica, nos moldes em que era disciplinada pela Lei n. 6.994/82 (RE 838.284) e às anuidades dos Conselhos de Fiscalização Profissional nos moldes da Lei 12.514/11 (ADI 4.697).

– Sobre a origem histórica da necessidade de aprovação das prestações pecuniárias coativas pelos órgãos representativos, há cerca de dez páginas muito ricas e interessantes na obra do tributarista italiano Victor Uckmar, publicada em português com o título *Princípios comuns de direito constitucional tributário*, 2. ed., São Paulo: Malheiros, 1999, p. 21 e ss.

– "De todos os princípios constitucionais erigidos como garantia fundamental do contribuinte, o mais importante é o da legalidade da tributação, previsto no art. 150, I. Resulta de velha tradição do constitucionalismo segundo a qual o tributo não pode ser instituído sem autorização do povo através de seus representantes, de tal sorte que só a lei ordinária emanada do nível de governo competente pode criar tributo" (DIAS DE SOUZA, Hamilton. In: MARTINS, Ives Gandra da Silva (coord.). *Comentários ao Código Tributário Nacional*. São Paulo: Saraiva, 1998, v. 1, p. 8).

– "A norma inserida no inciso II do art. 5º da Constituição, versa o princípio da legalidade genérica, enquanto que o princípio contido no art. 150, I, é específico e restrito à matéria tributária. Difere, mercê dos seus estreitos contornos, do princípio albergado no inciso II, do art. 5º. A reserva relativa de lei formal, que enuncia o conteúdo deste último e basilar preceptivo, não satisfaz, nem é suficiente à instituição ou aumento do ISS. Em relação a este, não basta a existência de lei como fonte de produção jurídica específica; requer-se a fixação, nessa mesma fonte, de todos os critérios de decisão, sem qualquer margem de liberdade ao administrador. [...] Não basta a *lex scripta*; indispensável ainda uma *lex stricta*, equivalendo esta à subtração dos órgãos do Executivo de quaisquer elementos de decisão, que haverão de estar contidos na lei mesma" (BARRETO, Aires F. *ISS na Constituição e na lei*. 3. ed. São Paulo: Dialética, 2009, p. 13-14).

– "O veículo introdutor da regra tributária no ordenamento há de ser sempre a lei (sentido lato), porém o princípio da estrita legalidade diz mais do que isso, estabelecendo a necessidade de que a lei adventícia traga no seu bojo os elementos descritores do fato jurídico e os dados prescritores da relação obrigacional. Esse *plus* caracteriza a tipicidade tributária..." (CARVALHO, Paulo de Barros. *Curso de direito tributário*. 27. ed. São Paulo: Saraiva, 2016, p. 173).

– "... o princípio da tipicidade da tributação exige a fixação, no plano legislativo, de todos os critérios da regra matriz de incidência tributária. [...] exige-se a descrição legislativa exaustiva do antecedente (critérios material, temporal e espacial) e do consequente (critérios quantitativo e pessoal) da regra matriz de incidência tributária. [...] a tipicidade no direito Tributário brasileiro é taxativa e alcança, repita-se, não só a descrição do fato-tipo, mas também a descrição do efeito" (GONÇALVES, J. A. Lima. *Isonomia na norma tributária*. São Paulo: Malheiros, 1993, p. 36).

– "... a tipologia taxativa, como a tributária, opera, no seu âmbito, como uma plenitude lógica da ordem a que se refere, tornando-a, do mesmo passo, completamente livre de lacunas" (XAVIER, Alberto. *Os princípios da legalidade e da tipicidade da tributação*. São Paulo: RT, 1978).

– A ideia da chamada "tipicidade fechada" como plena determinação não se mostra precisa, implicando, no dizer de MISABEL "uma contradição e uma impropriedade", pois os tipos são necessariamente abertos (DERZI, Misabel Abreu Machado. *Direito tributário, direito penal e tipo*. São Paulo: RT, 1988, p. 38). Aliás, GRECO adverte que se precisa ter a noção de que a velocidade da mudança da realidade é muito maior que a velocidade de produção das normas e que "a maneira de acompanhar é prever *standards*, padrões de conduta ou padrões de fatos, em vez de prever condutas individuais ou fatos específicos", criando-se, assim, "modelos abstratos, partindo do princípio de que o modelo pode ter uma vida maior do que a descrição de cada conduta individualizada" (GRECO, Marco Aurélio. *Planejamento fiscal e interpretação da lei tributária*. São Paulo: Dialética, 1998, p. 59-60). ÁVILA refere-se ao dever de o conteúdo da relação obrigacional tributária ser não propriamente determinado, mas determinável a partir da lei (ÁVILA, Humberto Bergmann. *Sistema constitucional tributário*. São Paulo: Saraiva, 2008, p. 300).

– "Tipo é a ordenação de dados concretos existentes na realidade segundo critérios de semelhança. Nele há abstração e concretude... Eis alguns exemplos de tipo: empresa, empresário, trabalhador, indústria, poluidor. O que caracteriza o tipo 'empresa' é que nele se contêm todas as possibilidades de descrição de suas características, independentemente de tempo, lugar ou espécie de empresa. *O tipo representa a média ou a normalidade de uma determinada situação concreta, com as suas conexões de sentido. Segue-se, daí, que a noção de tipo admite as dessemelhanças e as especificidades, desde que não se transformem em desigualdade ou anormalidade.* [...] O tipo, pela sua própria complexidade, é aberto, não sendo suscetível de definição, mas apenas de descrição. A utilização do tipo contribui para a simplificação do direito tributário" (TORRES, Ricardo Lobo. *Tratado...*, v. II, p. 469-470).

– **Delegação ao Executivo para fixar o valor do tributo, fixando teto.** O STF vem tolerando a delegação da definição de alíquotas e valores ao Executivo, desde que estabelecidas condições e tetos pelo legislador. Não concordamos com essa posição, porquanto a Constituição estabeleceu autorizações *numerus clausus* nesse sentido, que não deveriam ser estendidas pelo aplicador.

– O art. 153, § 1º, autoriza o Executivo a alterar as alíquotas de determinados impostos arrolados exaustivamente, mas, ainda assim, nas condições e limites estabelecidos por lei. Também o art. 177, § 4º, I, *b*, da CF, acrescido pela EC n. 33/2001, autoriza o Executivo a reduzir e restabelecer a alíquota da contribuição de intervenção no domínio econômico relativa às atividades de importação ou comercialização de petróleo. São normas de exceção que reforçam a regra do descabimento de delegação de competência normativa ao Executivo em matéria de instituição e de graduação de tributos.

– "Não há mitigação tácita ao Princípio da legalidade em matéria tributária. Quando o constituinte assim desejou, ele expressamente previu a possibilidade de o Executivo, nos limites da lei, alterar as alíquotas" (SCHOUERI, Luís Eduardo. *Direito tributário*. 2. ed. São Paulo: Saraiva, 2012, p. 297).

– "Forma crescente de desrespeito ao Princípio da Legalidade que deve ser apontada é quando o próprio Legislativo – com o beneplácito dos tribunais – abriu mão de seu dever de tratar, sem qualquer interferência do Poder Executivo, da matéria tributária. A Constituição Federal não prevê tal delegação. Ao outorgar ao Poder Executivo o poder para definir o alcance da tributação, ofende o Poder Legislativo o princípio da separação dos poderes, acarretando perda da liberdade e da segurança jurídica do contribuinte" (SCHOUERI, Luís Eduardo. *Direito tributário*. 2. ed. São Paulo: Saraiva, 2012, p. 298). Obs: Schoueri esclarece que tal se dá, por exemplo, quando se estabelece uma alíquota alta e se autoriza o Executivo a reduzi-la até zero e pondera os riscos disso: "... no lugar de o legislador decidir sobre as hipóteses em que haverá a tributação, opta ele por uma definição bem ampla, compreendendo quase que a totalidade da atividade empresarial. Dado o absurdo que tal tributação geraria, reconhece o próprio legislador a necessidade de se restringir o alcance do texto. Entretanto, quem disciplina tal restrição é o Executivo. Assim, o relaxamento que se faz no Princípio da Legalidade, quando o Legislativo deixa ao Executivo a prerrogativa de fixar os casos de isenção, mais que a segurança jurídica, afeta a própria liberdade do contribuinte. Afinal, a concessão de um benefício inconstitucional constrange os beneficiários a não o contestarem, sob o risco de não gozarem do privilégio. Cria-se, assim, uma situação de limitação do exercício da liberdade. Alguns receberão os frutos de um favor do Executivo, substituindo, daí, a relação jurídica baseada em direitos, por uma situação de benevolência, carecedora de gratidão ao Executivo, quando este os exclui de serem tratados de acordo com o que diz a lei. Eis, pois, as consequências desta forma de desobediência à separação dos poderes: o temor e a reverência dos beneficiados e a impotência dos não beneficiados. Surgem na medida em que a prática reiterada de atos que tolhem a liberdade dos súditos, por não terem sido contestados, passa institucionalizar-se. Importa, daí, exigir o imediato retorno às raias da legalidade, afastando favores que não tenham base em lei com a mesma veemência com que se repudiaram tentativas de se instituírem tributos sem lei. Somente desse modo se assegurará a preservação do próprio Estado de Direito" (p. 299-300).

– **Pela constitucionalidade da delegação.** Já são muitos os precedentes que relativizam a legalidade tributária.

– **Cofins. Tema 939 do STF:** "É constitucional a flexibilização da legalidade tributária constante do § 2º do art. 27 da Lei n. 10.865/04, no que permitiu ao Poder Executivo, prevendo as condições e fixando os tetos, reduzir e restabelecer as alíquotas da contribuição ao PIS e da COFINS incidentes sobre as receitas financeiras auferidas por pessoas jurídicas sujeitas ao regime não cumulativo, estando presente o desenvolvimento de função extrafiscal". Decisão de mérito em 2020. Obs.: não concordamos, de modo algum, com esse precedente. Quando quis, a Constituição autorizou a fixação pelo Executivo em rol *numerus clausus* em que as contribuições de seguridade não constam.

– "Direito Tributário. Princípio da legalidade tributária. Necessidade de análise de cada espécie tributária e de cada caso concreto. Contribuição ao PIS/PASEP e à Cofins. Parágrafo 2º do art. 27 da Lei n. 10.865/04. Possibilidade de o Poder Executivo reduzir e restabelecer alíquotas da contribuição ao PIS/PASEP e da COFINS incidentes sobre as receitas financeiras auferidas pelas pessoas jurídicas sujeitas ao regime de não cumulatividade das referidas contribuições, nas hipóteses que fixar. Presença de função extrafiscal a ser desenvolvida. Não cumulatividade. Revogação de norma que concedia direito a apuração de crédito. Possibilidade. 1. A observância do princípio da legalidade tributária é verificada de acordo com cada espécie tributária e à luz de cada caso concreto, sendo certo que não existe ampla e irrestrita liberdade para o legislador realizar diálogo com o regulamento no tocante aos aspectos da regra matriz de incidência tributária. 2. Para que a lei autorize o Poder Executivo a reduzir e restabelecer as alíquotas da contribuição ao PIS/Pasep e da Cofins, é imprescindível que o valor máximo dessas exações e as condições a serem observadas sejam prescritos em lei em sentido estrito, bem como exista em tais tributos função extrafiscal a ser desenvolvida pelo regulamento autorizado. 3. Na espécie, o § 2º do art. 27 da Lei n. 10.865/04 permite ao Poder Executivo reduzir e restabelecer, até os percentuais legalmente fixados, as alíquotas da contribuição ao PIS/PASEP e da Cofins incidentes sobre as receitas financeiras auferidas pelas pessoas jurídicas sujeitas ao regime de não cumulatividade dessas contribuições, nas hipóteses que fixar. Além da fixação de tetos, houve, na lei, o estabelecimento das condições para que o Poder Executivo possa alterar essas alíquotas. Ademais, a medida em tela está intimamente conectada à otimização da função extrafiscal presente nas exações em questão. Verifica-se, ainda, que o diálogo entre a lei tributária e o regulamento se dá em termos de subordinação, desenvolvimento e complementariedade. 4. É constitucional a Lei n. 10.865/04 na parte em que, ao dar nova redação ao inciso V do art. 3º das Leis ns. 10.637/02 e 10.833/03, revogou as normas legais que davam ao contribuinte direito de apurar, no âmbito do sistema não cumulativo de cobrança das referidas contribuições, créditos em relação a despesas financeiras decorrente de empréstimos e financiamentos. A alteração vale para todos aqueles que estão submetidos à sistemática não cumulativa de cobrança da contribuição ao PIS/PASEP e da Cofins. Ademais, tal mudança não desnatura o próprio modelo não cumulativo dessas contribuições. 5. Recurso extraordinário a que se nega provimento. 6. Tese proposta para o Tema 939 da sistemática de repercussão geral: 'É constitucional a flexibilização da legalidade tributária constante do § 2º do art. 27 da Lei n. 10.865/04, no que permitiu ao Poder Executivo, prevendo as condições e fixando os tetos, reduzir e restabelecer as alíquotas da contribuição ao PIS e da COFINS incidentes sobre as receitas financeiras auferidas por pessoas jurídicas sujeitas ao regime não cumulativo, estando presente o desenvolvimento de função extrafiscal'" (STF, RE 1.043.313, 2021).

• Vide: SCHOUERI, Luís Eduardo; FERREIRA, Diogo Olm; LUZ, Victor Lyra Guimarães. *Legalidade tributária e o STF*: uma análise sob a ótica do RE n. 1.043.313 e da ADI n. 5.277. São Paulo: IBDT, 2021.

– Anuidades. Tema 540 do STF: "É inconstitucional, por ofensa ao princípio da legalidade tributária, lei que delega aos conselhos de fiscalização de profissões regulamentadas a competência de fixar ou majorar, sem parâmetro legal, o valor das contribuições de interesse das categorias profissionais e econômicas, usualmente cobradas sob o título de anuidades, vedada, ademais, a atualização desse valor pelos conselhos em percentual superior aos índices legalmente previstos". Decisão de mérito em 2016.

– "Princípio da legalidade. Contribuições. Jurisprudência da Corte. Legalidade suficiente. Lei n. 11.000/04. Delegação aos conselhos de fiscalização de profissões regulamentadas do poder de fixar e majorar, sem parâmetro legal, o valor das anuidades. Inconstitucionalidade. 1. Na jurisprudência da Corte, a ideia de legalidade, no tocante às contribuições instituídas no interesse de categorias profissionais ou econômicas, é de fim ou de resultado, notadamente em razão de a Constituição não ter traçado as linhas de seus pressupostos de fato ou o fato gerador. Como nessas contribuições existe um quê de atividade estatal prestada em benefício direto ao contribuinte ou a grupo, seria imprescindível uma faixa de indeterminação e de complementação administrativa de seus elementos configuradores, dificilmente apreendidos pela legalidade fechada. Precedentes. 2. Respeita o princípio da legalidade a lei que disciplina os elementos essenciais determinantes para o reconhecimento da contribuição de interesse de categoria econômica como tal e deixa um espaço de complementação para o regulamento. A lei autorizadora, em todo caso, deve ser legitimamente justificada e o diálogo com o regulamento deve-se dar em termos de subordinação, desenvolvimento e complementaridade 3. A Lei n. 11.000/04 que autoriza os Conselhos de fiscalização de profissões regulamentadas a fixar as anuidades devidas por pessoas físicas ou jurídicas não estabeleceu expectativas, criando uma situação de instabilidade institucional ao deixar ao puro arbítrio do administrador o estabelecimento do valor da exação – afinal, não há previsão legal de qualquer limite máximo para a fixação do valor da anuidade. 4. O grau de indeterminação com que os dispositivos da Lei n. 11.000/2000 operaram provocou a degradação da reserva legal (art. 150, I, da CF/88). Isso porque a remessa ao ato infralegal

não pode resultar em desapoderamento do legislador para tratar de elementos tributários essenciais. Para o respeito do princípio da legalidade, seria essencial que a lei (em sentido estrito) prescrevesse o limite máximo do valor da exação, ou os critérios para encontrá-lo, o que não ocorreu. 5. Não cabe aos conselhos de fiscalização de profissões regulamentadas realizar atualização monetária em patamares superiores aos permitidos em lei, sob pena de ofensa ao art. 150, I, da CF/88. 6. Declaração de inconstitucionalidade material sem redução de texto, por ofensa ao art. 150, I, da Constituição Federal, do art. 2º da Lei n. 11.000, de 15 de dezembro de 2004, de forma a excluir de sua incidência a autorização dada aos conselhos de fiscalização de profissões regulamentadas para fixar as contribuições anuais devidas por pessoas físicas ou jurídicas, e, por arrastamento, da integralidade do seu § 1º. 7. Na esteira do que assentado no RE n. 838.284/SC e nas ADI ns. 4.697/DF e 4.762/DF, as inconstitucionalidades presentes na Lei n. 11.000/04 não se estendem às Leis ns. 6.994/82 e 12.514/11. Essas duas leis são constitucionais no tocante às anuidades devidas aos conselhos de fiscalização de profissões regulamentadas, haja vista que elas, além de prescreverem o teto da exação, realizam o diálogo com o ato normativo infralegal em termos de subordinação, de desenvolvimento e de complementaridade. 8. A modulação dos efeitos da declaração de inconstitucionalidade é medida extrema, a qual somente se justifica se estiver indicado e comprovado gravíssimo risco irreversível à ordem social. As razões recursais não contêm indicação concreta, nem específica, desse risco, motivo pelo qual é o caso de se indeferir o pleito" (STF, RE 704.292, 2016). Eis excerto de voto: "É possível dizer que há respeito ao princípio da legalidade quando uma lei disciplina os elementos essenciais e determinantes para o reconhecimento de um tributo como tal e deixa um espaço de complementação para o regulamento. A lei autorizadora, em todo caso, deve ser legitimamente justificada e o diálogo com o regulamento deve se dar em termos de subordinação, desenvolvimento e complementaridade. Essas exigências devem ser verificadas à luz de cada caso concreto, de acordo com a natureza do tributo, uma vez que o princípio da legalidade não atinge de maneira uniforme todos os elementos da regra matriz de incidência tributária".

– "CONSELHOS PROFISSIONAIS. AUTARQUIAS FEDERAIS. CONTRIBUIÇÃO SOCIAL DE INTERESSE PROFISSIONAL. ANUIDADES. ART. 149 DA CONSTITUIÇÃO DA REPÚBLICA. LEI COMPLEMENTAR. PERTINÊNCIA TEMÁTICA. CAPACIDADE CONTRIBUTIVA. LEGALIDADE TRIBUTÁRIA. PRATICABILIDADE. PARAFISCALIDADE. LEI FEDERAL 12.514/2011... 6. A Lei 12.514/2011 ora impugnada observou a capacidade contributiva dos contribuintes, pois estabeleceu razoável correlação entre a desigualdade educacional e a provável disparidade de rendas auferidas do labor de pessoa física, assim como por haver diferenciação dos valores das anuidades baseada no capital social da pessoa jurídica contribuinte. 7. Não ocorre violação ao princípio da reserva legal, uma vez que o diploma impugnado é justamente a lei em sentido formal que disciplina a matéria referente à instituição das contribuições sociais de interesse profissional para aqueles conselhos previstos no art. 3º da Lei 12.514/11. 8. No tocante à legalidade tributária estrita, reputa se ser adequada e suficiente a determinação do mandamento tributário no bojo da lei impugnada, por meio da fixação de tetos aos critérios materiais das hipóteses de incidência das contribuições profissionais, à luz da chave analítica formada pelas categorias da praticabilidade e da parafiscalidade. Doutrina. 9. Ações Diretas de Inconstitucionalidade improcedentes" (STF, ADI 4.697, 2016).

– **Taxa conforme os custos da atividade estatal. Tema 829 do STF:** "Não viola a legalidade tributária a lei que, prescrevendo o teto, possibilita o ato normativo infralegal fixar o valor de taxa em proporção razoável com os custos da atuação estatal, valor esse que não pode ser atualizado por ato do próprio conselho de fiscalização em percentual superior aos índices de correção monetária legalmente previstos". Decisão do mérito em 2016.

– **Anotação de Responsabilidade Técnica.** Em julgamentos ocorridos no final de 2016, o STF considerou válidos tributos instituídos por leis que se restringiram a estabelecer valores máximos, deixando ao sujeitos ativos a fixação do valor exato. Assim é que o STF chancelou a Taxa de Anotação de Responsabilidade Técnica (ART), prevista na Lei n. 6.994/82, que estabelecera limites máximos até o valor de 5 MVR, conforme decidido no RE 838.284 RG, 2016. Consta da ata: "Não viola a legalidade tributária a lei que, prescrevendo o teto, possibilita o ato normativo infralegal fixar o valor de taxa em proporção razoável com os custos da atuação estatal, valor esse que não pode ser atualizado por ato do próprio conselho de fiscalização em percentual superior aos índices de correção monetária legalmente previstos". Outrossim, o STF entendeu que a Lei n. 12.514/2011 não violou a legalidade tributária quando, ao dispor sobre as anuidades aos Conselhos de Fiscalização Profissional, limitou-se a estabelecer valores teto, deixando a cada Conselho a definição do "valor exato". Vínhamos entendendo que se tratava de lei inconstitucional, porquanto o legislativo abdicou de definir suficientemente o aspecto quantitativo do tributo, delegando à própria Administração a definição do montante devido, para o que não há autorização constitucional. Note-se que a delegação ao Executivo da prerrogativa de reduzir e restabelecer valores até determinado limite é permitida somente em casos específicos, expressamente arrolados pela Constituição nos arts. 153, § 1º, e 177, § 4º, da CF, sendo certo que a Constituição não o autoriza para as anuidades dos Conselhos de Fiscalização Profissional. Mas o STF, na ADI 4.697, tolerou essa sistemática.

– **Taxa da Suframa.** O STF considerou inconstitucional, por violação ao princípio da legalidade, a Taxa de Serviços Administrativos da Suframa, pois a Lei n. 9.960/2000 não fixou os critérios da hipótese de incidência tributária, conforme decidido no RE 704.292: "Taxa de serviços administrativos (TSA). Suframa. Lei n. 9.960/2000. Ofensa ao princípio da legalidade. Precedentes. 1. Consoante a jurisprudência da Corte, a taxa de serviços administrativos cobrada com base na Lei n. 9.960/2000 viola o princípio da legalidade, por ausência de fixação dos critérios da hipótese de incidência tributária. 2. Agravo regimental não provido" (STF, ARE 923.534 AgR, 2016).

• Vide: CALCINI, Fábio Pallaretti. *Princípio da legalidade.* Rio de Janeiro: Lumen Juris, 2016.

– **Atualização excessiva implica redução aos índices oficiais. Taxas de polícia do SISCOMEX. Tema 1.085:** "A inconstitucionalidade de majoração excessiva de taxa tributária fixada em ato infralegal a partir de delegação legislativa defeituosa não conduz à invalidade do tributo nem impede que o Poder Executivo atualize os valores previamente fixados em lei de acordo com percentual não superior aos índices oficiais de correção monetária". Decisão do mérito em 2020.

– "Taxa de utilização do Sistema Integrado de Comércio Exterior (SISCOMEX). Majoração da base de cálculo por portaria ministerial. Delegação legislativa. Artigo 3º, § 2º, da Lei n. 9.716/1998. Princípio da legalidade. Ausência de balizas mínimas definidas em lei. Atualização. Índices oficiais. Possibilidade. Existência de repercussão geral. Reafirmação da jurisprudência da Corte sobre o tema" (STF, RE 1.258.934 RG, 2020).

– "É flagrantemente inconstitucional a delegação pretendida pelo § 2º do artigo 3º da Lei n. 9.719/1998, para que o Ministro da Fazenda 'reajuste' o valor da Taxa do Siscomex, mesmo vinculando tal ato à variação dos custos e investimentos relacionados ao sistema informatizado aduaneiro. As normas dos arts. 60, § 4º, III, e 150, I, da constituição e artigo 97 do CTN vedam essa possibilidade de delegação, sendo que a majoração efetuada pelo Ministério da Fazenda n. 257/2011 não tem a natureza de mera atualização monetária do valor da taxa, já que efetuou uma vultosa majoração do seu valor. E ainda que, por mera argumentação, se considere válida a delegação analisada, a Portaria do Ministro da Fazenda ainda se apresenta inválida, pela falta de qualquer fundamentação da majoração em face de comprovados aumentos de custos e investimentos relacionados ao Siscomex, como exige a norma delegadora e a norma geral do artigo 50 da Lei n. 9.784/1999" (CARDOSO, Alessandro Mendes. A inconstitucional majoração da taxa do Siscomex. *RDDT* 208/40, jan. 2013).

⇒ **A legalidade tributária em face dos diversos aspectos da norma tributária impositiva.** A lei que veicula a norma tributária impositiva deverá conter os aspectos indispensáveis para que se possa determinar o surgimento e o conteúdo da obrigação tributária, ou seja, qual a situação geradora da obrigação tributária (aspecto material), onde a sua ocorrência é relevante (aspecto espacial) e quando se deve considerar ocorrida (aspecto temporal), bem como quem está obrigado ao pagamento (aspecto pessoal: sujeito passivo), em favor de quem (aspecto pessoal: sujeito ativo), e qual o montante devido (aspecto quantitativo). A norma impositiva incompleta, por insuficiência de dados, não assegura ao contribuinte a certeza quanto ao surgimento ou ao conteúdo da sua suposta obrigação tributária, sendo, pois, incapaz de implicar o surgimento da obrigação tributária, já que não pode ser suplementada por regulamento em face da reserva absoluta de lei. Isso não significa, contudo, que todos os cinco aspectos da norma tributária impositiva (material, espacial, temporal, pessoal e quantitativo) devam, necessariamente, constar da lei de modo expresso e didático. Em leis de boa técnica, isso se dá, mas não constitui requisito para que se a considere completa. Cabe ao intérprete e aplicador analisar a lei e identificar os diversos aspectos, só concluindo pela incompletude na impossibilidade de levar a efeito tal identificação por absoluta falta de dados, referências ou elementos para tanto. A conclusão sobre ser ou não completa a norma tributária impositiva estabelecida por lei depende da possibilidade de se determinar os seus diversos aspectos independentemente de complementação normativa infralegal, ainda que mediante análise mais cuidadosa do texto da lei e da consideração do tipo de fato gerador, da competência do ente tributante e dos demais elementos de que se disponha. Em não sendo possível, em face da ausência de dados, que não possam ser supridos pelo trabalho do intérprete e aplicador sem que tenha de integrar a norma tributária com critérios fornecidos pelo Executivo e que revelem delegação vedada de competência normativa, teremos evidenciado tratar-se de norma incompleta. Tudo porque, neste caso, a lei não terá efetivamente instituído o tributo, por insuficiência sua, deixando de ensejar ao contribuinte a certeza quanto ao surgimento ou quanto ao conteúdo da obrigação tributária principal de pagar tributo.

– Mas nem todos os aspectos da norma tributária impositiva demandam definição expressa. Há aspectos que se pode deduzir, por exemplo, da competência do ente tributante, da revelação de capacidade contributiva objeto de tributação e do modo de ocorrência do seu fato gerador.

– "O conteúdo do princípio da legalidade tributária vai além da simples autorização do Legislativo para que o Estado cobre tal ou qual tributo. É mister que a lei defina *in abstrato* todos os aspectos relevantes para que, *in concreto*, se possa determinar quem terá de pagar, quanto, a quem, à vista de que fatos ou circunstâncias. A lei deve esgotar, como preceito geral e abstrato, os dados necessários à identificação do fato gerador da obrigação tributária e à quantificação do tributo, sem que restem à autoridade poderes para, discricionariamente, determinar se 'A' irá ou não pagar tributo, em face de determinada situação" (AMARO, Luciano. *Direito tributário brasileiro*. 15. ed. São Paulo: Saraiva, 2009, p. 112).

– "Hipótese de incidência é a descrição legislativa (necessariamente hipotética) de um fato a cuja ocorrência *in concreto* a lei atribui a força jurídica de determinar o nascimento da obrigação tributária. [...] esta categoria ou protótipo (hipótese de incidência) se apresenta sob variados aspectos, cuja reunião lhe dá entidade. Tais aspectos não vêm necessariamente arrolados de forma explícita e integrada na lei... São, pois, aspectos da hipótese de incidência as qualidades que esta tem de determinar hipoteticamente os sujeitos da obrigação tributária, bem como seu conteúdo substancial, local e momento de nascimento. Daí designarmos os aspectos essenciais da hipótese de incidência tributária por: a) aspecto pessoal; b) aspecto material; c) aspecto temporal e d) aspecto espacial" (ATALIBA, Geraldo. *Hipótese de incidência tributária*. 4. ed. São Paulo: RT, 1991, p. 73 e 75).

– Norma padrão de incidência tributária, segundo Paulo de Barros Carvalho, *Curso de direito tributário*, 22. ed., São Paulo: Saraiva, 2010, p. 295: a) hipótese: a.1. critério material, a.2. critério espacial, a.3. critério temporal; b) consequência: b.1. critério pessoal, b.2. critério quantitativo.

– Vejamos os diversos aspectos da norma tributária impositiva:

NORMA TRIBUTÁRIA IMPOSITIVA

1. Antecedente ou hipótese:
   a) **aspecto material** (o que – fato gerador)
   b) **aspecto espacial** (onde – território em que ocorrendo o fato terá repercussão tributária)
   c) **aspecto temporal** (quando – momento em que se deve considerar ocorrido o fato gerador)

2. Consequente ou efeito jurídico:
   d) **aspecto pessoal** (quem – sujeitos ativo e passivo da relação jurídico-tributária)
   e) **aspecto quantitativo** (quanto – critérios para cálculo do tributo devido: base de cálculo e alíquota, valor fixo ou tabela)

– **Aspecto material.** "O fato gerador da obrigação tributária principal, ou situação de fato descrita na lei que institui o tributo e cuja concretização faz nascer o vínculo jurídico, albergando o dever de pagar o tributo, é uma situação de fato geralmente indicada na lei pela referência a seu aspecto nuclear ou material. [...] A expressão 'fato gerador da obrigação tributária' geralmente é utilizada para designar o aspecto objetivo ou nuclear, vale dizer, a materialidade do fato gerador da obrigação tributária principal. Na verdade, porém, trata-se de um aspecto apenas, embora nuclear, o mais importante, em torno do qual gravitam os demais, a completar o vínculo jurídico obrigacional tributário" (MACHADO, Hugo de Brito. *Curso de direito tributário*. 36. ed. São Paulo: Malheiros, 2015, p. 137-138).

– O aspecto material deve estar expresso na lei, mas é possível que, não estando expresso, se consiga determiná-lo pela análise dos demais aspectos. A Lei n. 8.212/91, por exemplo, institui a contribuição previdenciária do segurado empregado, em seu art. 20, sem fazer referência expressa ao fato gerador, simplesmente estabelecendo que a contribuição do empregado é calculada mediante a aplicação da correspondente alíquota sobre o seu salário de contribuição mensal, verificando-se, do seu art. 28, que assim deve ser considerada a remuneração auferida em uma ou mais empresas, abrangendo a totalidade dos rendimentos pagos, devidos ou creditados a qualquer título, durante o mês, destinados a retribuir o trabalho. Embora não reste didática e expressamente exposto o aspecto material, pode-se inferir que é o pagamento ou creditamento da remuneração mensal, até porque, sem tal fato, não haverá o que tributar, não se podendo nem mesmo apurar a base de cálculo.

– **Lei que não define o fato gerador. Tema 891 do STF:** "É inconstitucional o art. 1º da Lei 9.960/2000, que instituiu a Taxa de Serviços Administrativos – TSA, por não definir de forma específica o fato gerador da exação". Decisão do mérito em 2016.

– **Aspecto temporal.** Na lição de Geraldo Ataliba, em *Hipótese de incidência tributária*, 4. ed., São Paulo: RT, 1991, o aspecto temporal é a indicação das circunstâncias de tempo importantes para a configuração dos fatos imponíveis, na maioria das vezes implícita. Se o legislador se omitir quanto ao aspecto temporal, "estará implicitamente dispondo que o momento a ser considerado é aquele em que o fato material descrito ocorre".

– Na falta de definição expressa, pode-se procurar identificar o aspecto temporal conforme as características do fato gerador. Em se tratando de tributos com fato gerador instantâneo, estará determinado pelo momento mesmo da ocorrência do ato, fato ou situação que configura o aspecto material; em se tratando de fato gerador de período, ao seu final; quanto ao fato gerador continuado, também ao final do trimestre ou ano, conforme a sua periodicidade.

– Não se deve confundir o aspecto temporal da hipótese de incidência com o prazo de recolhimento do tributo. O prazo de recolhimento não integra a norma de incidência tributária; simplesmente explicita o momento em que deve ser cumprida a obrigação pecuniária surgida com a ocorrência do fato gerador. O prazo pode, assim, ser fixado em seguida, por mero Decreto, não estando abrangido pelos princípios da legalidade estrita e da anterioridade.

– "... é a dimensão temporal da hipótese de incidência que nos permite reconhecer o momento em que incide a norma jurídica sobre a realidade, e daí se irradiam os efeitos jurídicos previstos na norma..." (COÊLHO, Sacha Calmon Navarro. Periodicidade do Imposto de Renda II. Mesa de Debates. *RDT* 63/51, São Paulo: Malheiros).

– Se o legislador se omitir quanto ao aspecto temporal, "estará implicitamente dispondo que o momento a ser considerado é aquele em que o fato material descrito ocorre" (ATALIBA, Geraldo. *Hipótese de incidência tributária*. São Paulo: RT, 1991).

– "Não há de esquecer-se que, por via de regra, o legislador deixa implícita a indicação desse critério... Em algumas oportunidades, todavia, a fórmula legislativa, aponta com clareza a condição temporal, obviando a tarefa interpretativa e impedindo que prosperem entendimentos errôneos a respeito do momento em que se reputa consumado o fato hipoteticamente descrito. [...] não repugna encontrar disposição normativa em que se não faça menção expressa ao critério temporal. Não está o legislador obrigado a fazê-lo e, de qualquer modo, terá o jurista os instrumentos para trazê-lo a lume" (CARVALHO, Paulo de Barros. *Teoria da norma tributária*. São Paulo: Max Limonad, 1998, p. 134-135).

– **Aspecto espacial.** O aspecto espacial da hipótese de incidência corresponde ao território no qual, ocorrida a situação descrita no aspecto material, surge a obrigação tributária. Normalmente, teremos uma identificação do aspecto espacial com o território do ente tributante, o que se impõe, inclusive, para evitar invasão de competência tributária entre Estados-Membros ou entre Municípios. Diz-se, pois, que a regra é a territorialidade. Mas há, no IR, imposto da União, extraterritorialidade inclusive prevista no art. 43, § 2º, do CTN, amenizada pelos tratados internacionais que procuram evitar a bitributação. Sobre a territorialidade do ISS, vide nota ao art. 156, III, da CF; sobre o IPVA, nota ao art. 155, III, da CF.

– Na falta de previsão expressa, o aspecto espacial corresponderá ao território da pessoa política tributante, pois a extraterritorialidade da tributação estadual e municipal implicaria invasão de idêntica competência dos demais Estados e Municípios, sendo, pois, decorrência da própria outorga de competências privativas paralelas (aos entes políticos da mesma esfera relativamente às situações ocorridas em seus territórios), e a competência da União diz respeito à imposição tributária no território nacional, salvo norma expressa em sentido contrário.

– "... o aspecto espacial comporta duas vertentes: a) uma, genérica, que se confunde com o próprio âmbito territorial de validade da lei editada pelo ente tributante, que não pode ser ampliado por iniciativa do legislador municipal (embora possa ser reduzido), dadas as injunções das normas constitucionais que outorgam as competências e das esferas de atuação ou atribuições de cada ente federativo e dos Municípios; b) a segunda, específica, diz respeito à conexão do fato tributário, materialmente considerado, com uma determinada circunstância de lugar, nos termos da lei" (BARRETO, Aires F. ISS – Alguns limites constitucionais do critério espacial. *RDDT* 208/7, 2013).

– "Os impostos estaduais e municipais estão gravados por territorialidade específica, elemento que limita o poder de exação dos entes administrativo-políticos. Não se pode tolerar a pretensão de um desses entes de postar-se como se sua competência tributária fosse absoluta e ilimitada, desrespeitando seus vizinhos (seja Estado, seja Município) com igual competência para exigir o tributo, em situações que, em tese, são equiparadas pela Constituição da República" (MAMEDE, Gladston. *IPVA; Imposto sobre a propriedade de veículos automotores*. São Paulo: RT, 2002, p. 105).

– **Aspecto pessoal.** Diz respeito à definição dos sujeitos ativo (que fiscaliza, lança e exige o pagamento) e passivo (contribuinte e responsáveis) da relação tributária. O sujeito ativo é disciplinado no art. 119 do CTN. O sujeito passivo, no art. 121 e ss. do CTN.

– O sujeito ativo, na ausência de disposição em contrário, será a própria pessoa política de que a lei impositiva constitui manifestação, pois a delegação da condição de sujeito ativo a outra pessoa jurídica de direito público não se presume (art. 7º do CTN). Quanto ao sujeito passivo, em se tratando de lei municipal que institua, por exemplo, o imposto sobre a propriedade predial e territorial urbana e não refira expressamente quem seja o contribuinte, teremos a possibilidade de determinar que é aquele cuja capacidade contributiva é revelada pelo aspecto material: o proprietário.

– "Sujeito ativo da relação jurídica tributária é, por via de regra, o Estado, entendido, naturalmente, no seu sentido lato", sendo que nada "que o legislador, titular da competência impositiva, atribua a outra pessoa" a condição de sujeito ativo (CARVALHO, Paulo de Barros. *Teoria da norma tributária*. São Paulo: Max Limonad, 1998, p. 163).

– **Aspecto quantitativo.** É o montante da obrigação tributária, sendo que a lei pode, simplesmente, estabelecer um valor fixo, determinar a aplicação de uma alíquota sobre determinada base de cálculo ou utilizar-se do enquadramento em tabelas.

– O aspecto quantitativo não dispensa referência expressa, pois sem ela não se terá a necessária determinabilidade quanto ao conteúdo da obrigação. A base de cálculo até pode ser determinada quando indicadas, como fato gerador, situações que, em si mesmas, são dimensionáveis, como a propriedade (o valor venal), o faturamento (o montante do faturamento) ou a operação de circulação de mercadoria (o valor da operação). Mas a se faltar a definição da alíquota, não será possível inferi-la e a norma se revelará incompleta e, por isso, inconstitucional, não cumprindo a exigência de lei para a instituição do tributo, estampada no art. 150, I, da CF.

– "Efetivamente, não existem exceções, quer na Constituição anterior, quer na atual, à legalidade, pois todo tributo somente pode ser disciplinado, em seus aspectos substanciais (material, temporal, especial, subjetivo e quantitativo) por diploma legal emanado do Poder Legislativo. Não obstante, em certas hipóteses excepcionais, contempladas na Constituição, a legalidade absoluta é quebrada, estabelecendo o legislador apenas os limites mínimo e máximo, dentro dos quais o Poder Executivo poderá alterar quantitativamente o dever tributário" (DERZI, Misabel Abreu Machado. Nota de atualização à obra de Aliomar Baleeiro. *Limitações constitucionais ao poder de tributar*. 7. ed. Rio de Janeiro: Forense, 1997, p. 67-68).

– **Base de cálculo.** "Chama-se base de cálculo a medida legal da grandeza do fato gerador. Dizemos legal porque só é base de cálculo, dentro das possíveis medidas do fato gerador, aquela que tiver sido eleita pela lei. Se a materialidade do fato gerador é, por exemplo, a importação de mercadorias, poderiam ser arroladas diversas medidas para esse fato: o número de unidades de mercadorias, o peso, a metragem linear, quadrada, ou cúbica, o valor, o preço etc. Porém, só será base de cálculo do tributo a medida que tiver sido prevista pela lei" (AMARO, Luciano. *Direito tributário brasileiro*. 15. ed. São Paulo: Saraiva, 2009, p. 264).

– "A base de cálculo é a ordem de grandeza que, posta na consequência da norma criadora do tributo, presta-se a mensurar o fato descrito na hipótese, possibilitando a quantificação do dever tributário, sua graduação proporcional à capacidade contributiva do sujeito passivo e a definição da espécie tributária" (DERZI, Misabel Abreu Machado. Nota de atualização à obra de Aliomar Baleeiro. *Direito tributário brasileiro*. 11. ed. Rio de Janeiro: Forense, 1999, p. 199).

– "... a base de cálculo é a quantidade de moeda pela qual se expressa o fato gerador, para receber a aplicação da respectiva alíquota e se determinar o montante do respectivo tributo. Daí os juristas se derramarem em designações para a base de cálculo, dizendo ser a grandeza quantitativa sujeita ao tributo, a expressão monetária sobre a qual o tributo incide, e outras formas de alusão a esse elemento... No campo terminológico, vale dizer que há menor importância prática para a preferência de parte da doutrina pela expressão 'base imponível', ao invés de 'base de cálculo', pois esta última é a expressão pela qual se manifesta o direito positivo, inclusive o constitucional e o contido no CTN. Mas ambas são válidas e corretas formas de expressão do mesmo objeto. [...] se o fato gerador ocorrido representa a existência da obrigação tributária – o *an debeatur* –, a base de cálculo e a alíquota aplicada sobre ela resultam no montante da obrigação tributária, isto é, no *quantum debeatur*. Outra consideração de magna importância é aquela que ressalva a necessidade de perfeita adequação entre o fato gerador e a base de cálculo de qualquer tributo. Realmente, embora caiba à lei fixar a base de cálculo, ela tem limites na própria natureza das coisas. ... no particular das bases de cálculo dos tributos, elas devem guardar coerência com os respectivos fatos geradores, sob pena de não apenas adentrarem no abuso, mas também, como diz a doutrina

há muito tempo, desnaturar o próprio tributo. Essa ressalva doutrinária é irrefutável, pois, se a base de cálculo é a grandeza quantitativa do fato gerador, ela não pode divorciar-se deste para ser a expressão de algum ente completamente diferente dele. Se ela é a medida do fato gerador, não pode ser declarada como base de cálculo uma grandeza que represente a medição de outro fato ou outro ser. [...] se a base de cálculo é o 'retrato quantitativo' do fato gerador, é evidente que ela não pode retratar uma realidade diversa deste, assim como não se pode pensar que a imagem impressa no papel fotográfico seja outra distinta da realidade fotografada. [...] se não houver relação lógica entre o fato gerador e a base de cálculo prevista na alei, esta passará a determinar a natureza jurídica específica do respectivo tributo, independentemente do seu *nomen juris*" (OLIVEIRA, Ricardo Mariz de. *Fundamentos do Imposto de Renda*. Quartier Latin, 2008, p. 395-397).

– "... concluo serem três as funções da base de cálculo: (a) função mensuradora por competir-lhe medir as proporções reais do fato; (b) função objetiva, em virtude de compor a específica determinação do débito; (c) função comparativa, por confirmar, infirmar ou afirmar o adequado elemento material do antecedente normativo" (CARVALHO, Paulo de Barros. Não incidência do ISS sobre atividades de franquia (*franchising*). *RET* 56/65, jul.-ago. 2007).

– "A base de cálculo tem por função, em primeiro luar, a mensuração da intensidade do fato. No exercício de sua competência tributária, o legislador escolhe, dentre os atributos valorativos do fato, aquele que servirá de suporte para 'anunciar a grandeza efetiva do evento'" (MIGUEL, Luciano Garcia. A Lei Complementar n. 24/1975 e os benefícios fiscais e financeiro-fiscais relacionados ao ICMS. *RDDT* 216/96, 2013).

– **Base de cálculo (em abstrato) *x* base calculada (em concreto). Planta fiscal de valores.** Cabe ao legislador, ao instituir um tributo, definir o antecedente e o consequente da norma. Evidentemente que, em se tratando de lei, tem o atributo da generalidade. A previsão legal identifica, e.g., qual o aspecto quantitativo, indicando a base de cálculo e a alíquota. A definição "em concreto" diz respeito a momento posterior, de aplicação da lei. O montante exato da base de cálculo será verificado em concreto. Assim é que a base de cálculo do IR é o montante da renda ou dos proventos, sendo que, por ocasião da sua aplicação, verifica-se quais foram a renda e/ou os proventos de cada contribuinte. Idêntica é a situação relativamente ao ITR, para o qual a base de cálculo prevista em lei é o valor venal do imóvel, assim considerado o valor da terra nua tributável. É claro que a lei não poderia dizer quanto custa um hectare de terra em cada ponto do país; tal já não é mais atribuição do legislador. Ao legislador cabe dizer que a base de cálculo é o valor venal e qual a alíquota; ao aplicador, apurar e calcular o tributo em concreto. Nenhum impedimento haveria, portanto, relativamente ao IPTU, a que a lei dissesse que a base de cálculo é o valor venal do imóvel e que, por ato infralegal, se estabelecesse a chamada planta fiscal de valores, que é a referência com o valor do metro quadrado por tipo de construção e localização. A planta fiscal de valores é simples subsídio para a autoridade fiscal promover o lançamento do IPTU; não está no plano da instituição do tributo, da definição abstrata dos aspectos da norma tributária impositiva, mas da aplicação da mesma. É matéria para atos infralegais. Aliás, Geraldo Ataliba já destacava que a planta de valores se insere na categoria de atos administrativos incumbentes ao Executivo, para instrumentar a ação dos agentes, viabilizando a fiel execução da lei. Entretanto, os precedentes do STF são no sentido de que a planta fiscal de valores deve constar de lei.

– "É preciso não confundir base de cálculo com base calculada. Só a primeira está sob reserva absoluta de lei formal. Não a segunda, que é apurável pelo lançamento. Nessa matéria, as perplexidades em que se tem enredado a doutrina, bem assim alguns julgados decorrem de equivocada interpretação do art. 97 do CTN. A modificação da base de cálculo equipara-se à majoração de tributo (§ 1º do art. 97 do CTN), subordinando-se ao princípio da legalidade. Isto é inequívoco. Todavia, modificação da base de cálculo de um tributo é alteração do seu conceito normativo. É o Código Tributário nacional – tantas vezes se disse – lei sobre leis de tributação. Isto justifica o cunho didático de vários dos seus dispositivos. O § 2º do art. 97 está voltado para o legislador ordinário, advertindo-o de que a mera variação monetária, a alteração do valor monetária da base de cálculo – que deveria ser designada base calculada – refoge ao princípio da legalidade. As atualização dos preços não podem ser vistas como majoração do tributo porque, se os preços são mutáveis no tempo, e, de acordo com fatores vários e variáveis, os preços de mercado atualizam-se ou deterioram-se, nada mais lógico que o lançamento consigne essas mutações. Impedir se efetivem seria o mesmo que vedar se impusessem as alíquotas do ICMS ou do IPI sobre o preço corrente das mercadorias ou dos produtos, mantendo-se a tributação com base nos preços de exercício anteriores. [...] No átimo da criação (instituição), a lei não contém – e nem pode conter – a base calculada. Limita-se, como é de ciência, a descrever o *critério* de determinação. [...] 11. A base convertida em cifra, individualizada, traduzida em termos monetários, denomina-se base calculada. Situada no campo dos fatos, a base calculada não sofre a irradiação do princípio da estrita legalidade. A base calculada, isto é, determinada, medida, como individualização dos fatos tributários, é matéria fática, detectável pelo lançamento, é dizer: pelo ato de aplicação da norma material ao caso concreto, a cargo da Administração" (BARRETO, Aires F. *ISS na Constituição e na lei*. 3. ed. São Paulo: Dialética, 2009, p. 14-16 e nota 9 à p. 16).

– "Do mesmo modo pelo qual não se confundem a hipótese de incidência (o tipo tributário) e o fato imponível (o fato típico tributo), não coincidem a base de cálculo *in abstracto* (descrição normativa do valor econômico a considerar) e a base de cálculo *in concreto* (a real apuração do valor econômico apontado na lei). Podemos, pois, estabelecer a seguinte relação de proporcionalidade: a base de cálculo *in abstracto* está para a hipótese de incidência assim como a base de cálculo *in concreto* está para o fato imponível" (CARRAZZA, Roque Antonio. ICMS-comunicação: sua não incidência sobre a denominada Tarifa de Assinatura Básica Mensal – Questões conexas. *RDDT* 155/84, 2008).

• Vide: MACEDO, José Alberto Oliveira. Tribunais Superiores: IPTU, princípio da legalidade e distinção entre base de cálculo e

base calculada; ITBI e o seu critério temporal à luz do art. 116 do CTN. In: BRIGAGÃO, Gustavo; MATA, Juselder Cordeiro da (Coords.). *Temas de direito tributário em homenagem a Gilberto de Ulhôa Canto*. Belo Horizonte: Arraes Editores, 2020, vol. 1, p. 23-41.

– **Alteração de base de cálculo de contribuição previdenciária por Decreto. Tema 1.223:** "MÉRITO NÃO JULGADO. Constitucionalidade da alteração da base de cálculo da contribuição previdenciária incidente sobre a remuneração paga ou creditada a transportadores autônomos, por meio do Decreto 3.048/1999 e da Portaria 1.135/2001 do Ministério da Previdência e Assistência Social" (RE 1.381.261 RG, 2022).

– "TRIBUTO. BASE DE INCIDÊNCIA. PRINCÍPIO DA LEGALIDADE ESTRITA. A fixação da base de incidência da contribuição social alusiva ao frete submete se ao princípio da legalidade. CONTRIBUIÇÃO SOCIAL. FRETE. BASE DE INCIDÊNCIA. PORTARIA. MAJORAÇÃO. Surge conflitante com a Carta da República majorar mediante portaria a base de incidência da contribuição social relativa ao frete" (STF, RMS 25.476, 2013).

– **Valor venal dos imóveis. IPTU. Tema 211 do STF:** "A majoração do valor venal dos imóveis para efeito da cobrança de IPTU não prescinde da edição de lei em sentido formal, exigência que somente se pode afastar quando a atualização não excede os índices inflacionários anuais de correção monetária". Decisão de mérito em 2013.

– "4. IPTU. Majoração da base de cálculo. Necessidade de lei em sentido formal. 5. Atualização monetária. Possibilidade. 6. É inconstitucional a majoração do IPTU sem edição de lei em sentido formal, vedada a atualização, por ato do Executivo, em percentual superior aos índices oficiais" (STF, RE 648.245 RG, 2013).

– "... O valor venal dos imóveis de uma cidade pode ser atualizado por lei, mas não por decreto do prefeito. O prefeito só pode corrigir monetariamente os valores já fixados de acordo com a lei anterior. Recurso extraordinário conhecido e provido" (STF, RE 92.335/SP, *RTJ* 96/880).

– "Tanto para o ITBI, como para o IPTU o Município deve buscar o exato valor da base de cálculo (valor venal) a sua lei de regência, não sendo permitido o apego ao conceito doutrinário de valor venal para, por meio de uma interpretação canhestra, exigir o recolhimento do ITBI com base em valores de mercado fixados concretamente para todos os imóveis cadastrados, com fundamento em 'pesquisas de mercado', o que é um verdadeiro absurdo jurídico. Pesquisas de mercado servem para orientar a ação do legislador na fixação de critérios objetivos para apuração do valor unitário do metro quadrado da construção e do terreno, jamais para proceder ao lançamento tributário. O Executivo deve efetuar essa pesquisa para efeito de elaboração de projeto de lei de apuração do valor venal ou de sua atualização para se ajustar à nova realidade imobiliária" (HARADA, Kiyoshi. *ITBI:* doutrina e prática. São Paulo: Atlas, 2010, p. 145 e 170).

– "Mas a discussão de exigir-se que lei estabeleça a base de cálculo para o IPTU, a meu ver, a jurisprudência do Supremo já oscilou, como sabem Vossas Excelências, e pessoalmente acho que esta é uma fórmula que engessa excessivamente o Município.

Quer dizer, aqui é preciso encontrar um ponto de equilíbrio entre a proteção do contribuinte, que não deve ficar à mercê do alvedrio do Poder Executivo, mas também há um problema que, muitas vezes, o município e o prefeito ficam reféns da câmara municipal, que, por animosidade política ou às vezes por populismo, não aprova a lei que modifica a base de cálculo, o que priva o município, muitas vezes, de uma das suas principais fontes de receita. De modo que, se não neste caso, talvez em uma outra oportunidade, eu acho que seria, sim, hipótese de se discutir se não poderia o legislador, mediante uma delegação, com parâmetros objetivos razoáveis e controláveis, delegar ao Executivo uma atualização que pudesse extrapolar, em certos casos, a mera correção monetária. O que se vê é que essa é uma fonte importante de receita para os municípios, e com o congelamento, muitas vezes, dos valores reais nessas tabelas, o imposto fica efetivamente defasado quando o Código Tributário fala em valor venal. Portanto, a lei complementar já diz qual é o critério, que é o valor venal. De modo que, se a lei municipal estabelecer critérios razoáveis e controláveis, eu não acho que haja uma impossibilidade desta delegação" (excerto de voto do Min. Luís Roberto Barroso no RE 648245, em agosto de 2013).

– "A base de cálculo do IPTU deve ser prevista abstratamente por lei, sendo que o art. 33 do CTN dispõe que se trata do valor venal do imóvel. A base de cálculo do IPTU deve ser diferenciada da base calculada do imposto; a lei edita critérios abstratos da Base de Cálculo, já o ato administrativo de lançamento, estabelece o valor concreto segundo os critérios abstratos (base calculada), ou base de cálculo em concreto. A planta de valores genéricos (PGV) deve ser feita ano a ano, não necessitando constar de edição legislativa, ainda que ultrapasse o índice da correção monetária, e será elaborada com base no preço corrente de mercado, observados os seguintes elementos: infraestrutura de cada logradouro, potencial construtivo, tipo de via, edificações e outros dados relevantes, contendo valores unitários para o metro quadrado do terreno, compatíveis com as características dos diferentes setores da área urbana e valores unitários par ao metro quadrado da construção, em função do padrão de acabamento, materiais empregados e características de utilização. Também serão levados em conta as características do imóvel, a serem consideradas na avaliação, tais como área, topografia, testadas, edificações com seu grau de obsolescência, fatores de correção e outros dados relevantes para determinação de valores imobiliários. O ato de avaliação está inserido no lançamento, tratando-se de ato administrativo, nos termos do art. 142 do CTN, tendo em vista à necessidade de se apurar a base de cálculo em concreto, eis que os preços dos imóveis por metro quadrado aumentam mais do que a inflação, devendo ser consideradas as obras públicas existentes e os melhoramentos efetuados, sendo, portanto, mutáveis no tempo, não podendo o ato de apuração do valor venal ser considerado majoração do IPTU, portanto, prescindindo de lei. Esse, no entanto, não é entendimento do Superior Tribunal de Justiça e do Supremo Tribunal Federal, que têm entendido que a planta de valores genéricos deve, necessariamente, ser publicada por lei (RE 87.763-1 e Súmula do STJ n. 160) O entendimento jurisprudencial está equivocado..." (FERNANDES, Cintia Estefânia. IPTU e seu DNA estrutural: uma análise

impostergável em face da constitucionalidade. In: GRUPENMACHER, Betina Treiger (coord.). *Tributação:* democracia e liberdade. São Paulo: Noeses, 2014, p. 65-66).

– **IPTU. Avaliação individualizada. Tema 1.084 do STF:** "MÉRITO AINDA NÃO JULGADO. Controvérsia: "Constitucionalidade da lei que delega à esfera administrativa, para efeito de cobrança do IPTU, a avaliação individualizada de imóvel não previsto na Planta Genérica de Valores (PGV) à época do lançamento do imposto".

– **ICMS por estimativa. Tema 830 do STF:** "Somente lei em sentido formal pode instituir o regime de recolhimento do ICMS por estimativa". Decisão de mérito em 2015.

– **Alíquota.** "... a expressão 'alíquota' em matéria tributária comporta um sentido amplo e um sentido restrito. Num sentido amplo, a alíquota significa uma quota-parte do todo, fatia, pedaço ou fração, independentemente de uma proporção predeterminada. Por outras palavras, significa o *quantum* do imposto devido. Num sentido restrito, a alíquota tem o significado de um percentual que, aplicado sobre uma base, funciona como critério de determinação do *quantum* do tributo. [...] A possibilidade de, no sistema constitucional brasileiro, existirem alíquotas em sentido amplo, ao expressar de modo percentual, é simples corolário lógico da possibilidade da existência de parâmetros de tributação efetiva que não consistam no valor dos bens expresso em dinheiro. Exemplo flagrante do que afirmamos está nas taxas, espécie de tributos, em que o *quantum* da obrigação tributária raramente se exprime numa fórmula percentual, eis que o parâmetro do tributo é uma atividade estatal sem expressão monetária, como a concessão de uma licença ou o exercício de um atividade de fiscalização. É certo que, embora fenômeno corriqueiro nos sistemas tributários europeus a previsão do *quantum* devido em matéria de impostos por técnicas não percentuais, no sistema brasileiro ele reveste-se de bem menor frequência. A razão de ser é simples. É que sendo a generalidade dos impostos graduada sendo o princípio da capacidade contributiva, a base das tributações é, via de regra, um valor expresso em termos monetários, o que conduz à fixação do *quantum debeatur* em termos percentuais" (XAVIER, Alberto. A tributação do IPI sobre cigarros. *RDDT* 118/9, 2005).

– "... a expressão 'alíquota' em matéria tributária comporta um sentido amplo e um sentido restrito. Num sentido amplo, a alíquota significa uma quota-parte do todo, fatia, pedaço ou fração, independentemente de uma proporção predeterminada. Por outras palavras, significa o *quantum* do imposto devido. Num sentido restrito, a alíquota tem o significado de um percentual que, aplicado sobre uma base, funciona como critério de determinação do *quantum* do tributo. [...] A possibilidade de, no sistema constitucional brasileiro, existirem alíquotas em sentido amplo, ao expressar de modo percentual, é simples corolário lógico da possibilidade da existência de parâmetros de tributação efetiva que não consistam no valor dos bens expresso em dinheiro. Exemplo flagrante do que afirmamos está nas taxas, espécie de tributos, em que o *quantum* da obrigação tributária raramente se exprime numa fórmula percentual, eis que o parâmetro do tributo é uma atividade estatal sem expressão monetária, como a concessão de uma licença ou o exercício de um atividade de fiscalização. É certo que, embora fenômeno corriqueiro nos sistemas tributários europeus a previsão do *quantum* devido em matéria de impostos por técnicas não percentuais, no sistema brasileiro ele reveste-se de bem menor frequência. A razão de ser é simples. É que sendo a generalidade dos impostos graduada segundo o princípio da capacidade contributiva, a base das tributações é, via de regra, um valor expresso em termos monetários, o que conduz à fixação do *quantum debeatur* em termos percentuais" (XAVIER, Alberto. A tributação do IPI sobre cigarros. *RDDT* 118/9, 2005).

– **Regimes tributários de apuração e recolhimento. Dependem de lei.** "TRIBUTO. PRINCÍPIO DA LEGALIDADE. A exigibilidade de tributo pressupõe lei que o estabeleça: artigo 150 da Constituição Federal. ICMS. REGIME DE APURAÇÃO. ESTIMATIVA. DECRETO. IMPROPRIEDADE. A criação de nova maneira de recolhimento do tributo, partindo-se de estimativa considerado o mês anterior, deve ocorrer mediante lei no sentido formal e material, descabendo, para tal fim, a edição de decreto, a revelar o extravasamento do poder regulamentador do Executivo" (STF, RE 632.265, 2015).

⇒ **Matérias que não estão sujeitas à legalidade tributária.** Há normas que tangenciam a norma tributária impositiva, mas que não fazem parte dela, não estando abrangidas pela garantia da legalidade tributária.

– **Atualização monetária.** A jurisprudência aponta no sentido de que a previsão de que haja correção monetária da base de cálculo ou mesmo do montante devido a título de determinado tributo deve constar de lei, sob pena de não poder o Fisco exigir a correção. Não há necessidade, contudo, de que a lei defina o indexador, tampouco que seja feita por lei a atualização de tabelas indicativas (e.g.: Planta Fiscal de Valores) para apuração da base de cálculo de tributos como o IPTU e o ITR. Ou seja, em se tratando de atualização monetária, deve ter ela, necessariamente, base legal, mas tal reserva de lei não é absoluta, na medida em que a atualização não implica remodelamento da hipótese de incidência, não constituindo instituição ou majoração de tributo, mas, pelo contrário, a manutenção do seu conteúdo econômico Entretanto, se, a pretexto de atualizar monetariamente a base de cálculo, o Poder Público determinar a aplicação de índice que supera a inflação real, estará majorando indiretamente o tributo, o que não poderá ser admitido, conforme já restou, inclusive, sumulado pelo STJ em se tratando de IPTU. Interessante é a análise feita pelo STJ quanto à exigência de lei para a correção da base de cálculo relativamente à semestralidade do PIS, adiante retratada. Vide o art. 97, § 2º, do CTN e respectivas notas. Veja-se, ainda, nota a este art. 150, I, da CF acerca da distinção entre a necessidade de definição legal abstrata dos aspectos da hipótese de incidência, de um lado, e a aplicação da lei ao caso concreto, de outro.

– **Atualização da base de cálculo não constitui majoração do tributo:** "Não constitui majoração de tributo ... a atualização do valor monetário da respectiva base de cálculo" (art. 97, § 2º, do CTN).

– "Firmou-se o entendimento do STF no sentido da validade dos decretos do Estado de São Paulo que determinaram a correção

monetária do débito tributário antes do vencimento da obrigação (RE 172.394, Galvão, *DJ* 15.9.95) e no de que tal correção deve ser feita com base em índice que não supere o utilizado na atualização dos tributos federais (RE 183.907, Galvão, Pleno, 29.3.2000)" (STF, RE 179.637, 2000).

– "... 3. Não se compreende no campo reservado à lei, pelo Texto Constitucional, a definição do vencimento e do modo pelo qual se procederá à atualização monetária das obrigações tributárias" (STF, AGRAG 178.723, 1996).

– "ICMS. PRAZO DE VENCIMENTO: ANTECIPAÇÃO. I – Legitimidade da cobrança do ICMS, pelo Estado de São Paulo, corrigido monetariamente, a partir do décimo dia da apuração, conforme estabelecido em regulamento e tendo em vista a autorização decorrente da Lei 6.374, de 28.02.89, art. 109 e seu parágrafo único" (STF, AG (AgRg) 230.557-SP, Min. Carlos Velloso, *Informativo* n. 150, 21-5-1999).

– **A atualização pressupõe lei que a determine.** "IMPOSTO DE RENDA RETIDO NA FONTE – CORREÇÃO MONETÁRIA – ANALOGIA – IMPOSSIBILIDADE – RESERVA LEGAL. – Revela-se inviável a pretendida interpretação analógica do art. 5º do Decreto-Lei 2.354/87, no sentido de corrigir monetariamente o valor retido do Imposto de Renda decorrente de aplicações financeiras, uma vez que na esteira da construção jurisprudencial desta Corte, exige-se Lei que determine tal correção, vedando-se o uso da analogia. – Precedentes. – Recurso improvido" (STJ, REsp 389.403, 2002).

– "PIS. BASE DE CÁLCULO. SEMESTRALIDADE. LC N. 07/70. CORREÇÃO MONETÁRIA. NÃO INCIDÊNCIA. 1 – A 1ª Turma, desta Corte, por meio do Recurso Especial n. 240.938/RS, cujo acórdão foi publicado no *DJU* de 10/05/00, reconheceu que, sob o regime da LC 07/70, o faturamento do sexto mês anterior ao da ocorrência do fato gerador do PIS constitui a base de cálculo da incidência. 2 – A incidência de correção monetária da base de cálculo do PIS, no regime semestral, não tem amparo legal. A determinação de sua exigência é sempre dependente de lei expressa, pelo que não é dado ao Poder Judiciário aplicá-la, uma vez que não é legislador positivo, sob pena de determinar obrigação para o contribuinte ao arrepio do ordenamento jurídico-tributário. Ao apreciar a SS n. 1853/DF, o Exmo. Sr. Ministro Carlos Velloso, Presidente do STF, ressaltou que 'A jurisprudência do STF tem-se posicionado no sentido de que a correção monetária, em matéria fiscal, é sempre dependente de lei que a preveja, não sendo facultado ao Poder Judiciário aplicá-la onde a lei não determina, sob pena de substituir-se o legislador (V: RE n. 234.003/RS, Min. Maurício Corrêa, *DJ* 19.05.2000)'. [...]" (STJ, REsp 306.965, 2001).

– **O indexador pode ser definido por ato infralegal, desde que haja lei autorizadora da atualização.** "ICMS... Considerou-se, ainda, que não ofende o princípio da legalidade a determinação de incidência de correção monetária, cuja previsão legal encontra-se no Convênio CONFAZ 92/89. RE-195218..., 2002)" (*Informativo* n. 270 do STF, 2002).

– "LEI 7.738/89. CORREÇÃO MONETÁRIA DO TRIBUTO. ALEGAÇÃO DO PRINCÍPIO DA ANTERIORIDADE. IMPROCEDÊNCIA. 1. Legítima a cobrança da correção monetária nos débitos fiscais, porque a legislação do tempo do fato gerador já estabelecia obrigação de quantia sujeita a atualização. 2. Pela lei impugnada, somente ocorreu a substituição do indexador, o que não ofende ao direito adquirido do contribuinte, nem ao princípio da anterioridade, pois não constitui majoração de tributo a atualização do valor monetário da respectiva base de cálculo. Agravo regimental desprovido" (STF, AGRRE-176200, 1996).

– **A atualização não pode superar a inflação.** Se, a título de atualização, for aplicado indexador à base de cálculo em percentual superior à inflação, teremos, em verdade, majoração disfarçada do tributo. Daí por que restou editada a **Súmula 160 do STJ**: "É defeso, ao Município, atualizar o IPTU, mediante decreto, em percentual superior ao índice oficial de correção monetária".

– "A utilização da UFM, para fim de atualização do tributo, só há de ser considerada indevida se comprovado que, com sua aplicação, os valores alcançados extrapolam os que seriam apurados mediante cálculo efetuado com base nos índices oficiais fixados pela União, no exercício de sua competência constitucional exclusiva, hipótese não configurada no caso. [...] Recurso conhecido e, em parte, provido" (STF, RE 188.391, 2000).

– "Entendimento assentado pelo STF no sentido da incompetência das unidades federadas para a fixação de índices de correção monetária de créditos fiscais em percentuais superiores aos fixados pela União para o mesmo fim. Ilegitimidade da execução fiscal embargada no que houver excedido, no tempo, os índices federais. Recurso parcialmente provido" (STF, RE 183.907, *Informativo* n. 343, 2004).

– **Vencimento/prazo de recolhimento posterior à ocorrência do fato gerador independe de lei.** O prazo para recolhimento do tributo não constitui elemento da hipótese de incidência, de maneira que a sua fixação independe de lei.

– Conforme o RE 598.677, de 2021, "a exigência da reserva legal não se aplica à fixação, pela legislação tributária, de prazo para o recolhimento de tributo após a verificação da ocorrência de fato gerador, caminho tradicional para o adimplemento da obrigação surgida. Isso porque o tempo para o pagamento da exação não integra a regra matriz de incidência tributária".

– **Tema 456 do STF:** "A antecipação, sem substituição tributária, do pagamento do ICMS para momento anterior à ocorrência do fato gerador necessita de lei em sentido estrito. A substituição tributária progressiva do ICMS reclama previsão em lei complementar federal". Decisão do mérito em 2020.

– "Antes da ocorrência de fato gerador, não há que se falar em regulamentação de prazo de pagamento, uma vez que inexiste dever de pagar" (STF, RE 598.677, 2021).

– "ICMS. MINAS GERAIS. DECRETOS NS. 30.087/89 E 32.535/91, QUE ANTECIPARAM O DIA DE RECOLHIMENTO DO TRIBUTO E DETERMINARAM A INCIDÊNCIA DE CORREÇÃO MONETÁRIA A PARTIR DE ENTÃO. ALEGADA OFENSA AOS PRINCÍPIOS DA LEGALIDADE, DA ANTERIORIDADE E DA NÃO CUMULATIVIDADE. Improcedência da alegação, tendo em vista não se encontrar sob o princípio da legalidade estrita e da anterioridade a fixação do vencimento da obrigação tributária; já se ha-

vendo assentado no STF, de outra parte, o entendimento de que a atualização monetária do débito de ICMS vencido não afronta o princípio da não cumulatividade (RE 172.394)" (STF, RE 195.218, 2002).

– "... 3. Não se compreende no campo reservado à lei, pelo Texto Constitucional, a definição do vencimento... das obrigações tributárias" (STF, AGRAG 178.723, 1996).

– "... É pacífica a jurisprudência desta Corte no sentido de que a definição de prazo para recolhimento de tributo pode ser delegada pela lei ao regulamento, porquanto não se inclui entre as matérias sujeitas à reserva legal pelo art. 97 do CTN" (STJ, REsp 84.554/ SP, 1997).

– "ICMS. DECRETO N. 33.707/91-SP: ANTECIPAÇÃO DO PRAZO DE RECOLHIMENTO. ALEGADA OFENSA AOS PRINCÍPIOS CONSTITUCIONAIS DA LEGALIDADE, ANTERIORIDADE E DA VEDAÇÃO DE PODERES LEGISLATIVOS. Não se compreendendo no campo reservado à lei a definição de vencimento das obrigações tributárias, legítimo o Decreto n. 33.707/91, que modificou a data de vencimento do ICMS. Improcedência da alegação no sentido de infringência ao princípio da anterioridade e da vedação de delegação legislativa. Recurso extraordinário não conhecido" (STF, RE 203.684, 1997).

– "É indiscutível que a Fazenda pode alterar prazo de vencimento, de correção ou da sistemática de recolhimento, por meio de decreto. Simples questão regulamentar e que independe de maior formalidade. Porém, e isto é óbvio, as modificações introduzidas só prevaleceram para fatos geradores que ainda vierem a ocorrer, vedada a aplicação de novo estatuto para situações pretéritas" (*RJTJSP* 132/129).

• Vide: FERNÁNDEZ, German Alejandro San Martín. Da decisão do STF no RE n. 598.677 (Repercussão Geral – Tema 456). Inconstitucionalidade de antecipação do ICMS nas operações interestaduais. Aplicação do precedente pelos órgãos julgadores administrativos em relação à legislação paulista. Disponível em: https://apet.org.br/artigos/da-decisao-do-stf-no-re-n-598-677-repercussao-geral-tema-456-inconstitucionalidade-de-antecipacao-do-icms-nas-operacoes-interestaduais-aplicacao-do-precedente-pelos-orgaos-julgadores-administr/. Acesso em: 12 dez. 2022.

– **Legalização e deslegalização do prazo de recolhimento.** Vale ressaltar decisão do STJ no sentido de que, havendo previsão em lei do prazo para recolhimento do tributo, não pode ser alterado pelo Poder Executivo.

– "Elemento do tributo em apreço que, conquanto não submetido pela Constituição ao princípio da reserva legal, fora legalizado pela Lei n. 4.502/64 e assim permaneceu até a edição da Lei n. 7.450/85, que, no art. 66, o deslegalizou, permitindo que sua fixação ou alteração se processasse por meio da legislação tributária (CTN, art. 160), expressão que compreende não apenas as leis, mas também os decretos e as normas complementares (CTN, art. 96). Orientação contrariada pelo acórdão recorrido" (STF, Plenário, RE 140.669/PE, Min. Ilmar Galvão, dez. 1998). Obs.: neste julgado, estava em questão a Portaria n. 266/88, do Ministro de Estado da Fazenda, que estabelecia o prazo para o recolhimento do imposto sobre produtos industrializados – IPI.

O acórdão é bastante rico, contendo abordagem completa da matéria. O Ministro Ilmar Galvão distingue a reserva de lei, de um lado, do congelamento do grau hierárquico, de outro, abordando, ainda, a precedência ou primariedade da lei.

– Antecipação do pagamento, de modo que preceda ao fato gerador, tem implicação no aspecto temporal, dependendo de lei. Também no julgamento do RE 598.677 (Tema 456 do STF), em 2021, o STF esclareceu que, "no regime de antecipação tributária sem substituição, o que se antecipa é o critério temporal da hipótese de incidência, sendo inconstitucionais a regulação da matéria por decreto do Poder Executivo e a delegação genérica contida em lei, já que o momento da ocorrência de fato gerador é um dos aspectos da regra matriz de incidência submetido a reserva legal". E concluiu: "Relativamente à antecipação sem substituição, o texto constitucional exige somente que a antecipação do aspecto temporal se faça ex lege e que o momento eleito pelo legislador esteja de algum modo vinculado ao núcleo da exigência tributária", porquanto "somente nas hipóteses de antecipação do fato gerador do ICMS com substituição se exige, por força do art. 155, § 2º, XII, *b*, da Constituição, previsão em lei complementar".

– Sobre a diferença entre o aspecto temporal da hipótese de incidência e o prazo de recolhimento, vide nota ao art. 114 do CTN. Quanto à redução de prazo de vencimento já em curso, vide nota ao art. 150, III, *b*, da CF.

– "O argumento de que, em regime inflacionário, a antecipação do vencimento do crédito tributário constitui indireta majoração do tributo, a exigir a edição de lei formal, por antecipar a incidência dos índices de atualização do respectivo valor, perde toda consistência quando se leva em conta que a correção monetária não constitui pena por eventual mora no pagamento, mas atualização do valor do débito, nada impedindo que opere ela não a partir do vencimento, mas do nascimento da obrigação tributária" (excerto do voto do Min. Ilmar Galvão quando do julgamento, pelo Plenário do STF, do RE 140.669/PE, dez. 1998). Obs.: sobre a antecipação do vencimento já no curso do prazo, vide nota ao art. 150, III, *b*, da CF, dizendo da inaplicabilidade da anterioridade, mas da necessidade de observância da segurança jurídica.

– Obrigações acessórias. O art. 150, I, da CF, ora sob comentário, diz respeito tão somente à obrigação tributária principal. De fato, fala em "exigir ou aumentar tributo". As obrigações acessórias não estão sujeitas à legalidade tributária estrita. Sobre o veículo normativo das obrigações tributárias acessórias, vide notas ao art. 113, § 2º, do CTN.

⇒ **Conceitos jurídicos indeterminados e norma tributária em branco.** Não há impedimento à utilização de conceitos jurídicos indeterminados (todos os conceitos são mais ou menos indeterminados) e de normas em branco na instituição de tributos. Há de se compatibilizar isso, contudo, com a necessária determinabilidade da norma tributária impositiva, que exige, não apenas a completitude da norma, mas também densidade normativa suficiente à identificação dos seus diversos aspectos, de modo que a utilização de tais expedientes não implique delegação indevida de competência normativa

ao Executivo. No caso do SAT, decidido pelo STF no sentido da sua constitucionalidade, coube ao STJ definir o que se consideraria por atividade preponderante e declarar a ilegalidade do regulamento que desbordou do conceito admitido. Vide nosso livro *Segurança jurídica, certeza do direito e tributação*, 2006.

– Contribuição ao SAT/RAT. "ALEGAÇÃO DE OFENSA AOS PRINCÍPIOS DA LEGALIDADE, DA ANTERIORIDADE, DA RESERVA DE LEI COMPLEMENTAR E DA MORALIDADE ADMINISTRATIVA... 6. A lei que institui tributo deve guardar maior densidade normativa, posto que deve conter os seus elementos essenciais previstos em lei formal (art. 97, CTN), a saber os aspectos material (fatos sobre os quais a norma incide), temporal (momento em que a norma incide) e espacial (espaço territorial em que a norma incide), assim como a consequência jurídica, de onde se extraem os aspectos quantitativo (sobre o que a norma incide – base de cálculo e alíquota) e pessoal (sobre quem a norma incide – sujeitos ativo e passivo), elementos do fato gerador que estão sob a reserva do princípio da legalidade tributária (art. 150, I, CRFB/88) (FALCÃO, Amílcar de Araújo. *Fato Gerador da Obrigação Tributária*. Rio de Janeiro: Forense, 1994, p. 8), premissas atendidas no caso *sub examine*. [...]. 24... O fato de a lei delegar ao regulamento a complementação dos conceitos de 'atividade preponderante' e 'grau de risco leve, médio e grave', não implicou ofensa ao princípio da legalidade genérica, art. 5º II, e da legalidade, tributária, art. 150, I, ambos da CF/88, o que se aplica ao tema ora objurgado por possuir a mesma *ratio*: [...] O fato de a lei deixar para o regulamento a complementação dos conceitos de 'atividade preponderante' e 'grau de risco leve, médio e grave', não implica ofensa ao princípio da legalidade genérica, C.F., art. 5º, II, e da legalidade tributária, C.F., art. 150, I. IV. – Se o regulamento vai além do conteúdo da lei, a questão não é de inconstitucionalidade, mas de ilegalidade, matéria que não integra o contencioso constitucional... (RE 343446...) 25. Mais recentemente a Corte enfrentou matéria similar em outro caso. Pode-se mencionar a tese firmada no Tema 939 de Repercussão Geral: 'É constitucional a flexibilização da legalidade tributária constante do § 2º do art. 27 da Lei n. 10.865/04, no que permitiu ao Poder Executivo, prevendo as condições e fixando os tetos, reduzir e restabelecer as alíquotas da contribuição ao PIS e da COFINS incidentes sobre as receitas financeiras auferidas por pessoas jurídicas sujeitas ao regime não cumulativo, estando presente o desenvolvimento de função extrafiscal' (STF, RE 1.043.313, 2020). 26. Na mesma linha dos precedentes já mencionados, há situações outras em que a jurisprudência do Supremo Tribunal Federal apresenta casos em que essa delegação foi reconhecida como legítima, na medida em que formalizada por meio de balizas rígidas e guarnecidas de razoabilidade e proporcionalidade. Nesse sentido: (i) a fixação das anuidades cobradas pelos Conselhos Profissionais, cujas balizas estão estabelecidas na Lei 12.514/11, mas a exigência se faz por ato das autarquias (ADIs 4697 e 4762 [...] 2017); (ii) a exigência de taxa em razão do exercício do poder de polícia referente à Anotação de Responsabilidade Técnica (ART) – RE 838284... 2017) e (iii) a possibilidade do estabelecimento de pautas fiscais para exigência do Imposto sobre Produtos Industrializados – IPI – RE 602917... 2020)" (STF, RE 677.725, 2021).

– "... as expressões linguísticas conservam sempre um mínimo de vaguidade..., inafastável por maior que seja o esforço de argumentação para efeito de convencimento. Não há como escapar dessa porção movediça que se aloja nos termos e nos enunciados proposicionais, alimentando, incessantemente, os estudos semânticos. Admitir esse traço, porém, longe de trazer a insegurança que desde logo imaginamos, significa reconhecer que há uma matéria-prima própria para o discurso persuasivo, tecendo a linguagem jurídica que antecede a decisão normativa" (CARVALHO, Paulo de Barros. Princípio e sobreprincípios na Interpretação do direito. In: GRUPENMACHER, Betina Treiger (coord.). *Tributação:* democracia e liberdade. São Paulo: Noeses, 2014, p. 839).

– "... a presença de conceitos indeterminados no Direito Tributário é inevitável e a mesma traz consigo uma também inevitável relativização da noção clássica de legalidade, na medida em que se reconhece à autoridade fiscal certa margem de liberdade de conformação, devendo-se focar a atenção agora nos mecanismos de controle que protegerão os contribuintes contra um indevido exercício de tal liberdade, a qual permanece pautada pelos limites legais. [...] a utilização de conceitos indeterminados não representa, necessariamente, a transferência ao Executivo da competência pela sua determinação, mas sim a possibilidade da criação de n normas a partir do texto, inclusive aquela que seja do interesse do Executivo" (ROCHA, Sergio André. A deslegalização no direito tributário brasileiro contemporâneo. In: GRUPENMACHER, Betina Treiger (coord.). *Tributação:* democracia e liberdade. São Paulo: Noeses, 2014, p. 556 e 562).

– "[...] 4. Os tipos têm estruturas aberta e apta a adaptar-se a realidades mutantes, daí a necessidade de uma tipificação que admita a indeterminação conceitual. 5. A denominada tipicidade tributária fechada é equivocada ao pretender proibir a utilização de conceitos jurídicos indeterminados na tipificação dos elementos essenciais do tributo; resta ela superada pelo atual estágio de desenvolvimento do Estado de Direito (o segundo Estado de Direito), devendo-se admitir a utilização de tipos abertos no Direito Tributário, como se dá nos demais ramos do Direito. 6. A abertura do tipo tributário deve-se dar pelo emprego dos conceitos jurídicos indeterminados, como de resto, na prática, já ocorre na legislação, em especial do imposto de renda, sob a garantia de controle jurisdicional de proporcionalidade das leis e dos atos administrativos de lançamento" (OLIVEIRA, José Marcos Domingues de. Legalidade tributária: O princípio da proporcionalidade e a tipicidade aberta. *RDT* 70/106-116).

– "Em suma: a) é possível trabalhar no campo tributário com o conceito indeterminado; b) se a tarefa interpretativa do conceito indeterminado for insuficiente, residindo ele na zona de penumbra, no halo de cores pálidas, frente a persecução da boa administração, persiste o dever de conduzi-lo a uma das zonas de certeza, razão pela qual subsistirá ao administrador o encargo de sopesar com exclusividade as circunstâncias do caso, utilizando-se de uma intelecção pautada em critérios estritamente administrativos, adentrando, pois, no campo da discricionariedade administrativa. Neste caso, é possível e devida a sindicabilidade

jurisdicional, visto nenhuma lesão ou ameaça de direito poder ser excluída da apreciação do Poder Judiciário. Contudo, não poderá o Judiciário impor uma decisão diversa da que foi eleita pela autoridade administrativa, mas deve tornar nulo os atos administrativos que denotem desvio de finalidade" (TRF4, excerto de voto da AC 2004.72.00.017132-3, 2006).

– "Para o resguardo da própria segurança jurídica, é melhor que o regulamento esclareça, por meio de um ato normativo, geral e abstrato, o sentido dos conceitos indeterminados contidos na lei, do que acreditar na capacidade desta de prever todos os fatos do mundo real, deixando ao aplicador, diante do caso concreto, inteira liberdade de interpretação da norma legislativa. É o regulamento tipificador ou 'concretizador de normas'... Porém o regulamento 'não deverá, direta ou indiretamente, alterar o mandamento legal e, assim, nunca poderá conter disposição *contra legem*'" (RIBEIRO, Ricardo Lodi. Os conceitos indeterminados no direito tributário. *RDDT* 149, fev. 2008).

– "A revelação de que em matéria tributária também existem conceitos indeterminados e cláusulas gerais poderia levar ao raciocínio apressado de que se admitiria o exercício de discricionariedade por parte do administrador. É importante negar veementemente tal raciocínio. Ao contrário, o Princípio da Legalidade impõe que a própria lei fixe todos os parâmetros para a tributação. A chave para esta questão encontra-se na distinção entre os conceitos indeterminados (que se encontram em todos os ramos do direito) e a discricionariedade (vedada para o surgimento da obrigação tributária). Acertada, neste ponto, a ligação de Eros Roberto Grau [...]: 'No exercício da discricionariedade o sujeito cuida da emissão de juízos de oportunidade, na eleição entre indiferentes jurídicos; na aplicação de conceitos indeterminados, o sujeito cuida de emissão de juízos de legalidade. Conforme esclarece Satta, no caso de conceitos jurídicos indeterminados, não se dá à Administração uma escolha discricionária; apenas se exige que a administração efetue uma 'reconstrução, no seu significado jurídico exato, adaptado ao caso', de modo que 'a administração deve simplesmente determinar seu significado concreto, com referência à espécie em que se inserem'. Hartmann afirma que... 'os conceitos jurídicos indeterminados não oferecem aos funcionários qualquer espaço para decidir. Apesar de sua indeterminação, eles conduzem a um resultado determinado e, portanto, ao contrário da discricionariedade, são totalmente passíveis de exame judicial'" (SCHOUERI, Luís Eduardo. *Direito tributário*. 2. ed. São Paulo: Saraiva, 2012, p. 295-296).

– Na definição do elemento quantitativo da contribuição denominada SAT, foi utilizado o conceito aberto de atividade preponderante. A falta de definição, em lei, do que seja atividade preponderante – se definida pelo objeto social da empresa ou pelo número de empregados voltados a cada atividade, se contada na empresa como um todo ou por estabelecimento – acaba resultando em delegação indevida ao Executivo para não apenas regulamentar a aplicação da lei, mas para integrá-la. Tanto que tal conceito já sofreu modificações na sucessão de decretos regulamentadores ocorrida. Em face do princípio da legalidade em matéria tributária, consagrado no art. 150, I, da CF, não é dado ao Executivo, como regra, participar da definição dos elementos da hipótese de incidência, pois as possibilidades de delegação são apenas as expressamente referidas no Texto Constitucional. Quanto aos graus de risco leve, médio e grave, a lei determina que serão definidos com base nas estatísticas sobre acidentes de trabalho, o que, de início, parece não implicar qualquer delegação normativa, mas, como a lei não especifica quais os percentuais a serem considerados para o enquadramento, acaba por deixar ao Executivo não apenas a aferição dos graus de risco, mas o juízo de valor quanto a sua gravidade. Havendo vício na lei quanto à graduação da alíquota, ter-se-ia que aplicar a alíquota menor. A jurisprudência dominante nos TRFs, porém, já era no sentido de que não há incompletude na norma tributária impositiva da contribuição SAT, e que o critério adotado por Decreto é razoável, cumprindo adequadamente sua função, com o que a cobrança da contribuição seria válida tal como a exige o INSS. Em 20 de março de 2003, o STF decidiu pela constitucionalidade da contribuição ao SAT, afastando, dentre outras, a alegação de violação à legalidade e remetendo a discussão acerca da extrapolação ou não à lei, pelo decreto, ao STJ. O STJ, por sua vez, afirmou a legalidade do estabelecimento, por Decreto, dos graus de risco, mas disse da necessidade de enquadramento conforme cada estabelecimento, conforme se vê em nota ao art. 195, I, *a*, da CF.

– "CONTRIBUIÇÃO: SEGURO DE ACIDENTE DO TRABALHO – SAT. Lei 7.787/89, arts. 3º e 4º; Lei 8.212/91, art. 22, II, redação da Lei 9.732/98. Decretos 612/92, 2.173/97 e 3.048/99. C.F., artigo 195, § 4º; art. 154, II; art. 5º, II; art. 150, I. I. – Contribuição para o custeio do Seguro de Acidente do Trabalho – SAT: Lei 7.787/89, art. 3º, II; Lei 8.212/91, art. 22, II: alegação no sentido de que são ofensivos ao art. 195, § 4º, c/c art. 154, I, da Constituição Federal: improcedência. Desnecessidade de observância da técnica da competência residual da União, CF, art. 154, I. Desnecessidade de lei complementar para a instituição da contribuição para o SAT. II – O art. 3º, II, da Lei 7.787/89, não é ofensivo ao princípio da igualdade, por isso que o art. 4º da mencionada Lei 7.787/89 cuidou de tratar desigualmente aos desiguais. III – As Leis 7.787/89, art. 3º, II, e 8.212/91, art. 22, II, definem, satisfatoriamente, todos os elementos capazes de fazer nascer a obrigação tributária válida. O fato de a lei deixar para o regulamento a complementação dos conceitos de 'atividade preponderante' e 'grau de risco leve, médio e grave', não implica ofensa ao princípio da legalidade genérica, CF, art. 5º, II, e da legalidade tributária, CF, art. 150, I. IV – Se o regulamento vai além do conteúdo da lei, a questão não é de inconstitucionalidade, mas de ilegalidade, matéria que não integra o contencioso constitucional" (STF, RE 343.446, 2003).

– **Cláusula geral de tributação. Exigência de lei para cada tributo.** "Não há, portanto, no nosso sistema, nenhuma possibilidade de existir cláusula geral do tributo, norma aberta de tributação ou qualquer outra denominação que se lhe queira dar" (GONÇALVES, J. A. Lima. *Isonomia na norma tributária*. São Paulo: Malheiros, 1993, p. 37).

– A instituição de contribuição de melhoria, por exemplo, depende de lei específica para cada obra. O art. 82 do CTN torna inequívoca tal necessidade, exigindo que conste, da lei específica, os detalhes atinentes à obra.

– "1. A contribuição de melhoria é tributo cujo fato imponível decorre da valorização imobiliária que se segue a uma obra pública, ressoando inequívoca a necessidade de sua instituição por lei específica, emanada do Poder Público construtor, obra por obra, nos termos do art. 150, I, da CF/88 c/c art. 82 do CTN, uma vez que a legalidade estrita é incompatível com qualquer cláusula genérica de tributação" (STJ, REsp 927.846, 2010). Vide, também: REsp 739.342 e REsp 1.326.502.

– "Equívoco frequente nas recentes legislações sobre as contribuições de melhoria é a fixação de previsão de criação do tributo numa lei genérica, com a ressalva de que a incidência nos casos concretos decorrerá de decreto do Poder Executivo. É inconcebível aceitar no Direito Brasileiro a criação de tributo por decreto. O princípio da legalidade é cristalino no art. 150, inciso I, do Texto Constitucional quando veda a criação ou aumento de tributo sem lei que o estabelece. [...] O Estado do Ceará é o caso mais recente de elaboração equivocada deste tributo, prevendo a Lei n. 15.484, de 20/12/2013, no art. 12, que a cobrança decorrerá de Edital da Secretaria de Infraestrutura. [...] Outra forma inconcebível e instituir o tributo é mediante contrato, contrariando a natureza tributária, que, conforme o art. º do Código Tributário Nacional, é sempre uma prestação pecuniária compulsória e instituída por lei, nunca por contrato. Mais uma vez, o Poder Judiciário é acionado para dizer o óbvio. E assim o fez no REsp 766.107, no caso em que o Município de Maringá instituiu a 'contribuição de melhoria' por meio de contrato" (CAVALCANTE, Denise Lucena. As distorções da contribuição de melhoria no Brasil. In: GRUPENMACHER, Betina Treiger (coord.). *Tributação:* democracia e liberdade. São Paulo: Noeses, 2014, p. 114-119).

– "... a invalidez da tese acerca da prescindibilidade de lei para cada obra (por se entender instituída a contribuição e melhoria por lei geral) manifesta-se frente à possível imputação de renúncia de receita pelo Executivo (toda vez que deixar de exigir o tributo), para o que se impõe o cumprimento dos requisitos do art. 14 da Lei Complementar n. 101/2000. como todos os Estados e milhares de Municípios ignoram a contribuição de melhoria e seus Executivos não cogitam da aplicação dos condicionamentos expressos no dispositivo retro mencionado, forçoso concluir, como tais entes políticos decerto o fazem, que a não cobrança decorre da não instituição por lei específica, exigível, portanto" (OLIVEIRA, José Jayme de Macedo. Contribuição de melhoria: aspectos pouco e/ou muito debatidos. *RDDT* 228/93, 2014, p. 109).

– **Norma tributária em branco.** "... não se pode admitir a existência de norma tributária aberta, de norma tributária em branco, pois a função consistente em descrever legislativamente a regra matriz de incidência tributária coube, por expressa opção constitucional, única e tão somente ao Legislativo, não podendo o Executivo alterar-lhe o produto ou suprir-lhe as eventuais faltas e omissões" (GONÇALVES, J. A. Lima. *Isonomia na norma tributária*. São Paulo: Malheiros, 1993, p. 39).

– "CONTRIBUIÇÃO PARA O SEGURO DE ACIDENTES DE TRABALHO – SAT. LEI 8.212, DE 1991. LEI 9.528, DE 1997. [...] A lei nem sempre há de ser exaustiva. Em situações o legislador é forçado a editar normas 'em branco', cujo conteúdo final é deixado a outro foco de poder, sem que nisso se entreveja qualquer delegação legislativa. No caso, os decretos que se seguiram à edição das Leis 8.212 e 9.528, nada modificaram, nada tocaram quanto aos elementos essenciais à hipótese de incidência, base de cálculo e alíquota, limitaram-se a conceituar atividade preponderante da empresa e grau de risco, no que não desbordaram das leis em função das quais foram expedidos, o que os legitima (CTN, art. 99)" (TRF4, EIAC 2000.04.01.058162-5, 2001).

– Sobre a impossibilidade de a lei municipal vincular a alíquota do ITBI ao limite máximo fixado pelo Senado, vide nota ao art. 155, § 1º, IV, da CF, em que constam precedentes do STF, inclusive com transcrição de voto do Min. Marco Aurélio referindo a necessidade de estipulação precisa da alíquota. Na hipótese, negou-se a validade de norma tributária em branco no que diz respeito à alíquota.

– **Instituição de CIDE por lei ordinária. Tema 227 do STF:** "A contribuição destinada ao Serviço Brasileiro de Apoio às Micro e Pequenas Empresas – Sebrae possui natureza de contribuição de intervenção no domínio econômico e não necessita de edição de lei complementar para ser instituída". Decisão de mérito em 2013.

⇒ **Custas judiciais e emolumentos extrajudiciais (serviço notarial e de registro público).** Sobre sua natureza jurídica de taxa e a necessidade de observância das limitações ao poder de tributar como a legalidade e a anterioridade, vide nota ao art. 145, II, da CF sob a rubrica *Custas judiciais e emolumentos extrajudiciais. Natureza jurídica de taxa.*

– **Fixação da tabela de custas do STJ pela Lei n. 11.636/2007.** A Lei n. 11.636/2007 dispõe sobre as custas judiciais devidas no âmbito do Superior Tribunal de Justiça. Cuida-se do instrumento legislativo adequado, tendo em conta a reserva legal absoluta do art. 150, I, da CF. Os valores previstos, contudo, são irrisórios.

– **Majoração de emolumentos por Resolução do Tribunal de Justiça. Princípio da reserva legal. Inconstitucionalidade.** "... CUSTAS E EMOLUMENTOS: SERVENTIAS JUDICIAIS E EXTRAJUDICIAIS. AÇÃO DIRETA DE INCONSTITUCIONALIDADE DA RESOLUÇÃO N. 7, DE 30 DE JUNHO DE 1995, DO TRIBUNAL DE JUSTIÇA DO ESTADO DO PARANÁ: ATO NORMATIVO. 1. Já ao tempo da Emenda Constitucional n. 1/69, julgando a Representação n. 1.094-SP, o Plenário do Supremo Tribunal Federal firmou entendimento no sentido de que 'as custas e os emolumentos judiciais ou extrajudiciais', por não serem preços públicos, 'mas, sim, taxas, não podem ter seus valores fixados por decreto, sujeitos que estão ao princípio constitucional da legalidade (§ 29 do artigo 153 da Emenda Constitucional n. 1/69), garantia essa que não pode ser ladeada mediante delegação legislativa' (*RTJ* 141/430, julgamento ocorrido a 08/08/84). 2. Orientação que reiterou, a 20/04/90, no julgamento do RE n. 116.208-MG. 3. Esse entendimento persiste, sob a vigência da Constituição atual (de 1988), cujo art. 24 estabelece a competência concorrente da União, dos Estados e do Distrito Federal, para legislar sobre custas dos serviços forenses (inciso IV) e cujo art. 150, no inciso I, veda à União, aos Estados, ao Distrito Federal e aos municípios, a exi-

gência ou aumento de tributo, sem lei que o estabeleça. 4. O art. 145 admite a cobrança de 'taxas, em razão do exercício do poder de polícia ou pela utilização, efetiva ou potencial, de serviços públicos específicos e divisíveis, prestados ao contribuinte ou postos a sua disposição'. Tal conceito abrange não só as custas judiciais, mas, também, as extrajudiciais (emolumentos), pois estas resultam, igualmente, de serviço público, ainda que prestado em caráter particular (art. 236). Mas sempre fixadas por lei. No caso presente, a majoração de custas judiciais e extrajudiciais resultou de Resolução – do Tribunal de Justiça – e não de Lei formal, como exigido pela Constituição Federal. 5. Aqui não se trata de 'simples correção monetária dos valores anteriormente fixados', mas de aumento do valor de custas judiciais e extrajudiciais, sem lei a respeito. 6. Ação Direta julgada procedente, para declaração de inconstitucionalidade da Resolução n. 07, de 30 de junho de 1995, do Tribunal de Justiça do Estado do Paraná" (STF, ADI 1.444-7, 2003).

– **Instituição de emolumentos por Provimento da Corregedoria-Geral da Justiça. Princípio da reserva legal. Inconstitucionalidade.** "EMENTA: AÇÃO DIRETA DE INCONSTITUCIONALIDADE. CABIMENTO. PROVIMENTO N. 09/97 DA CORREGEDORIA GERAL DA JUSTIÇA DO ESTADO DE MATO GROSSO. EMOLUMENTOS: PRESTAÇÃO DOS SERVIÇOS NOTARIAIS E DE REGISTRO. 1. Provimento n. 9/97, da Corregedoria Geral da Justiça do Estado de Mato Grosso. Caráter normativo. Controle concentrado de constitucionalidade. Cabimento. 2. Hipótese em que o controle normativo abstrato não se situa no âmbito da legalidade do ato, mas no exame da competência constitucional da autoridade que instituiu a exação. 3. A instituição dos emolumentos cartorários pelo Tribunal de Justiça afronta o princípio da reserva legal. Somente a lei pode criar, majorar ou reduzir os valores das taxas judiciárias. Precedentes. 4. Inércia da União Federal em editar normas gerais sobre emolumentos. Vedação aos Estados para legislarem sobre a matéria com fundamento em sua competência suplementar. Inexistência. Ação direta de inconstitucionalidade julgada procedente" (STF, Plenário, ADI 1.709-3, Min. Maurício Corrêa, fev. 2000). Obs: a ementa da decisão liminar desta mesma ADI já havia sido bastante clara: "... 1. Somente mediante lei podem ser fixados emolumentos relativos aos atos praticados pelos serviços notariais e de registro. 2. Ofende o princípio da reserva legal e invade a competência suplementar conferida à Assembleia Legislativa, o Provimento do Poder Judiciário Estadual que dispõe sobre fixação e cobrança de emolumentos relativos a serviços cartorários" (ADInMC 1.709-3).

– **Fixação de ressarcimento de despesas processuais.** "ADI e Taxa Judiciária sobre Serviços de Natureza Forense... O Tribunal iniciou julgamento de ação direta de inconstitucionalidade ajuizada pelo Conselho Federal da Ordem dos Advogados do Brasil contra a Lei 11.608/2003, do Estado de São Paulo, que dispõe sobre a taxa judiciária incidente sobre os serviços públicos de natureza forense. Sustenta o requerente ofensa ao disposto nos artigos 1º; 5º, XXXV, LIV e LV; 22, I; 145, II, e § 2º; 150, I, todos da CF. O Min. Menezes Direito, relator, julgou o pedido formulado improcedente. Afastou, inicialmente, a alegação de inconstitucionalidade dos artigos 2º, parágrafo único, II, III e IX; 3º e

4º, § 4º, da lei impugnada, no que foi acompanhado pela maioria da Corte, vencido o Min. Marco Aurélio. Os referidos dispositivos, respectivamente, excluem da abrangência da taxa judiciária as despesas com o porte de remessa e de retorno dos autos, no caso de recurso; as despesas postais com citações e intimações; as despesas de diligências dos Oficiais de Justiça, bem como estabelecem que o valor e a forma de ressarcimento destas últimas despesas serão fixados pelo Corregedor Geral da Justiça, e que o Conselho Superior da Magistratura fixará os valores a serem recolhidos para cobrir as despesas postais nos demais casos citados. Considerou o relator que, por se tratar de meras despesas que não teriam natureza tributária, não decorrendo da atividade própria do Estado-juiz, mas da atuação de terceiros junto ao Poder Judiciário, não incidiriam as normas dos artigos 145, II, e 150, I, da CF, podendo, por isso, o Conselho Superior da Magistratura e o Corregedor Geral da Justiça fixarem tais valores e forma de ressarcimento" (STF, ADI 3.154, 2009, cf. *Informativo* n. 546 do STF).

> **II – instituir tratamento desigual entre contribuintes que se encontrem em situação equivalente, proibida qualquer distinção em razão de ocupação profissional ou função por eles exercida, independentemente da denominação jurídica dos rendimentos, títulos ou direitos;**

⇒ **Sieyès, a Revolução Francesa e a igualdade no pagamento de tributos.** Em janeiro de 1789, Sieyès publicou sua obra política *Qu'est-ce que le Tiers État?*, lançando a distinção entre poder constituinte e poder constituído e dizendo do caráter derivado e limitado deste último. Tal obra, que serviu como um dos sustentáculos teóricos da Revolução Francesa, contém um capítulo intitulado "A Promessa da Igualdade de Impostos", em que Sieyès rechaça a tentativa da nobreza de abafar a revolução mediante a promessa de que também pagaria impostos. Demonstra, assim, a desigualdade que havia até então, recaindo os impostos no que denominou de Terceiro Estado, ou seja, a sociedade em geral que trabalhava no campo, na indústria, no comércio ou mesmo na prestação de serviços, enquanto a nobreza nada suportava. Advertiu Sieyès: "Mas, todavia, se poderia suspeitar que a nobreza quer iludir o Terceiro estado; quer, em troca de uma espécie de antecipação de equidade, desviar suas atuais petições e distraí-lo da necessidade que tem de ser algo nos Estados gerais. Ela parece dizer ao Terceiro estado: 'O que é que vocês querem? Que paguemos como vocês? Está bem, isto é justo, vamos pagar, mas deixem ficar o antigo estado de coisas, em que vocês não são nada, em que somos tudo, e onde nos foi tão fácil não pagar pelo que quisemos'. O Terceiro estado pode responder: já é hora, sem dúvida, que vocês carreguem também o peso de um tributo que é mais útil a vocês que a nós. Vocês previram muito que esta monstruosa iniquidade não poderia durar mais. Se somos livres em nossas doações, está claro que não podemos, nem devemos, como também não queremos que sejam maiores que as suas. Esta decisão de nossa parte torna indiferente para nós estes atos de renúncia que vocês não se cansam de elogiar. Sim, vocês vão pagar, não por generosidade, mas por justiça; não porque vocês queiram mas porque devem. Esperamos de vocês um ato de obediên-

cia à lei comum, em lugar do testemunho de uma insultante piedade por uma ordem que, durante tanto tempo vocês trataram sem piedade. Mas este assunto deve ser discutido nos Estados gerais; e, hoje, trata-se de bem constituí-los" (SIEYÈS, Emmanuel Joseph. *A Constituinte Burguesa; Qu'est-ce que le Tiers État?* Trad. Norma Azeredo. Rio de Janeiro: Liber Juris, 1986, p. 102).

⇒ **A isonomia como decorrência do princípio republicano.** A igualdade é valor de enorme destaque numa república, configurando princípio geral de direito e repercutindo nas diversas áreas, dentre elas a tributária. Temos a igualdade como princípio também do Direito Tributário.

– "Logo, com a República, desaparecem os privilégios tributários de indivíduos, de classes ou de segmentos da sociedade. Todos devem ser alcançados pela tributação. Esta assertiva há de ser bem entendida, Significa, *não* que *todos* devem ser submetidos a *todas* as leis tributárias, podendo ser gravados com *todos* os tributos, *mas, sim*, que *todos* os que realizam a situação de fato a que a lei vincula o dever de pagar um dado tributo estão obrigados, sem discriminação arbitrária alguma, a fazê-lo. Assim, é fácil concluirmos que o princípio republicano leva ao princípio da generalidade da tributação, pelo qual a carga tributária, ponto de se imposta sem qualquer critério, alcança a todos com *isonomia* e *justiça*. Por outro raio semântico, o sacrifício econômico que o contribuinte deve suportar precisa ser igual para todos os que se acham na mesma situação jurídica. [...] Em suma, o princípio republicano exige que todos os que realizam o *fato imponível tributário* venham a ser tributados com igualdade. Do exposto, é intuitiva a interferência de que o princípio republicano leva à igualdade da tributação. Os dois princípios interligam-se e completam-se. De fato, o princípio republicano exige que os contribuintes (pessoas físicas ou jurídicas) recebam tratamento isonômico. [...] O tributo, ainda que instituído por meio de lei, editada pela pessoa política competente, não pode atingir apenas um ou alguns contribuintes, deixando a salvo outros que, comprovadamente, se achem nas mesmas condições. Tais ideias vale, também, para as *isenções tributárias*: é vedado às pessoas políticas concedê-las levando em conta, arbitrariamente, a profissão, o sexo, o credo religioso, as convicções políticas etc. dos contribuintes. Sãos os princípios republicado e da igualdade que, conjugados, proscrevem tais práticas" (CARRAZZA, Roque Antônio. *Curso de direito constitucional tributário*. 30. ed. São Paulo: Malheiros, 2015, p. 92-94).

⇒ **Destinatários.** "... nem pode o aplicador, diante da lei, discriminar, nem se autoriza o legislador, ao ditar a lei, a fazer discriminações. Visa o princípio à garantia do indivíduo, evitando perseguições e favoritismos" (AMARO, Luciano. *Direito tributário brasileiro*. 15. ed. São Paulo: Saraiva, 2009, p. 135).

• Vide nota final a esse inciso, sobre a efetividade do princípio da isonomia e a obrigação do Judiciário de buscar uma interpretação conforme.

⇒ **Igualdade perante a lei, na lei, material e na aplicação da lei.** Como regra, a igualdade perante a lei (1: submissão de todos à lei) e na lei (2: tratamento legal igualitário) não precisa ser justificada; a desigualdade, sim. De outro lado, a busca de justiça faz com que se deve ter preocupação não apenas com a igualdade formal, mas também com a igualdade material, o que acaba justificando e até mesmo impondo que a lei considere as diferenças para buscar tratamentos adequados a cada condição (3: tratamento legal conforme a situação de cada um para a promoção da igualdade material), o que, em matéria tributária, pode ocorrer, por exemplo, com a cobrança de tributo em percentuais distintos conforme a riqueza ostentada pelos contribuintes, em atenção à sua capacidade contributiva. Cabe apontar, ainda, a necessidade de igualdade na aplicação da lei (4: aplicação efetiva a todos, no plano prático, da igualdade promovida pelas leis), de modo que se torne efetiva. São várias dimensões ou perspectivas do mesmo princípio.

– Igualdade na lei e igualdade perante a lei. "O princípio da isonomia, que se reveste de autoaplicabilidade, não é – enquanto postulado fundamental de nossa ordem político-jurídica – suscetível de regulamentação ou de complementação normativa. Esse princípio – cuja observância vincula, incondicionalmente, todas as manifestações do Poder Público – deve ser considerado, em sua precípua função de obstar discriminações e de extinguir privilégios (*RDA* 55/114), sob duplo aspecto: (a) o da igualdade na lei e (b) o da igualdade perante a lei. A igualdade na lei – que opera numa fase de generalidade puramente abstrata – constitui exigência destinada ao legislador que, no processo de sua formação, nela não poderá incluir fatores de discriminação, responsáveis pela ruptura da ordem isonômica. A igualdade perante a lei, contudo, pressupondo lei já elaborada, traduz imposição destinada aos demais poderes estatais, que, na aplicação da norma legal, não poderão subordiná-la a critérios que ensejem tratamento seletivo ou discriminatório. A eventual inobservância desse postulado pelo legislador importa ao ato estatal por ele elaborado e produzido a eiva de inconstitucionalidade" (STF, MI 58, 1990).

⇒ **Isonomia.** A igualdade tributária é referida como princípio da isonomia tributária. A diferença de tratamento entre pessoas ou situações é absolutamente presente em qualquer ramo do Direito, assim como no Direito Tributário. O art. 150, II, da CF não deixa qualquer espaço para simples privilégios em favor de tais ou quais contribuintes. Mas isso deve ser considerado na sua complexidade: impõe não apenas que a diferenciação arbitrária é vedada, mas também que as diferenciações, ainda quando fundadas, devem guardar razoabilidade e proporcionalidade, justificando-se tanto a sua existência com a sua medida.

– Veja-se que a diferença de tratamento entre pessoas ou situações é absolutamente presente em qualquer ramo do Direito, inclusive no Tributário. As normas de isenção, por exemplo, identificam pessoas ou situações que de outro modo estariam normalmente sujeitas à imposição tributária e excluem, apenas quanto a elas, o respectivo crédito, desonerando-as. O problema não está na instituição de tratamento diferenciado que, em si, nada revela quanto à validade da norma. Importam, isso sim, as **razões e os critérios** que orientam a discriminação. Efetivamente, o princípio da isonomia não apenas proíbe tratamentos diferenciados sem uma justificação constitucional como exige trata-

mentos diferenciados onde haja distinta capacidade contributiva ou essencialidade do produto. Justifica-se a diferenciação tributária quando, presente uma finalidade constitucionalmente amparada, o tratamento diferenciado seja estabelecido em função de **critério que com ela guarde relação e que efetivamente seja apto a levar ao fim colimado.**

– Ademais, deve haver proporcionalidade no seu uso. ANDREI PITTEN VELLOSO ensina, ainda, que "deve haver uma relação de **adequação e proporcionalidade** entre a dessemelhança da(s) propriedade(s) levada(s) em consideração (diferença fática) e a diferenciação jurídica", pois, "mesmo que haja distinção de capacidade contributiva entre os contribuintes do Imposto de Renda e sejam estabelecidos gravames tributários diferenciados [...] é mister que a diferenciação de carga tributária seja adequada e proporcional à dessemelhança fática apurada: revelar-se-ia ilegítima, v.g., uma majoração vultosa do tributo com base numa singela diversidade de capacidade contributiva" (VELLOSO, Andrei Pitten. *Constituição tributária interpretada*. São Paulo: Atlas, 2007, p. 136).

– Conforme FÁBIO CANAZARO, "A adoção de condutas, por parte do destinatário da norma da igualdade, ocorre com base na compreensão e na consideração dos quatro elementos que compõem (ou integram) a sua estrutura: (i) os sujeitos, (ii) o critério de comparação, (iii) o fator de diferenciação, e (iv) o fim constitucionalmente protegido" (CANAZARO, Fábio. *Essencialidade tributária*: igualdade, capacidade contributiva e extrafiscalidade na tributação sobre o consumo. Porto Alegre: Livraria do Advogado, 2015, p. 152).

– "... afirmar que legislar respeitando o princípio da igualdade na lei consiste em 'tratar igualmente os iguais e desigualmente os desiguais' é afirmar rigorosamente nada! O problema está em saber quais os critérios legítimos de discriminação de grupos 'iguais' para os fins legais. Assim, também a aparente unanimidade em torno à ideia de igualdade no âmbito jurídico, e mesmo relativamente àquele conceito supostamente aristotélico, não passa de mera retórica, de afirmação sem qualquer significado útil, eis que sem a identificação dos legítimos critérios segundo os quais as pessoas serão discriminadas não pode haver efetiva aplicação do princípio da isonomia" (FERRAZ, Roberto. A igualdade na lei e o Supremo Tribunal Federal. *RDDT* 116/119, maio 2005).

– "1. A igualdade é relação entre dois ou mais sujeitos, com base numa medida de comparação, aferida por meio de um elemento indicativo, que serve de instrumento para a realização de uma determinada finalidade. 2. A medida de comparação, ademais de efetivamente existente, deve ser aferida por meio de elemento indicativo com o qual guarde vinculação, devendo manter vínculo de pertinência, fundada e conjugada, com a finalidade que justifica sua utilização. 3. A relação entre a medida de comparação e a finalidade é fundada quando existir uma correlação estatisticamente baseada entre ambas, no sentido de que a existência ou inexistência do elemento indicativo se correlaciona com a existência ou inexistência da medida de comparação, e a correlação aumenta, quando aumenta a intensidade da presença do elemento indicativo; 4. A relação é conjugada, quando a existência do elemento indicativo exerce significativa influência para a existência da medida de comparação, e esta para a existência da finalidade, tendo ambos sido escolhidos por serem os mais significativos no que concerne à medida de comparação e à finalidade. 5. A validade do uso da medida de comparação depende da compatibilidade com a Constituição, sendo aferida não só pela compatibilidade com a finalidade que a sua utilização visa a promover, como pela ausência de regra que proíbe o seu uso, imponha o uso de outra diferente, iguale aquilo que ela separa, pré-exclua a busca da finalidade que justificou sua utilização ou pela inexistência de princípio que exclua o seu uso" (ÁVILA, Humberto. *Teoria da igualdade tributária*. São Paulo: Malheiros, 2008, p. 192-193).

– **Igualdade x identidade.** "O referido princípio da igualdade, por sua vez, exige que pessoas em situação equivalente tenham o mesmo tratamento. Este não é o princípio da identidade. Existe uma grande diferença entre igualdade e identidade. Somos idênticos? Não. Somos iguais? Depende. Somos iguais porque todos temos uma formação do Direito? Sem dúvida. Ou seja, o princípio da igualdade exige um critério de comparação. A igualdade sempre será relativa. Um indivíduo é igual a outro em função de alguma característica que os une e distancia-os dos demais. Este é o princípio da igualdade, constante do art. 5º da Constituição. O princípio da igualdade estabelece que todos aqueles que estão na mesma categoria profissional pagarão a mesma contribuição, todos que são da mesma categoria econômica pagarão a mesma contribuição, enfim, todos aqueles que estão na mesma categoria de referibilidade pagarão a mesma CIDE. E entre aqueles que estão na mesma categoria? Dentre aqueles que são atingidos pela intervenção no domínio econômico, como distinguir uns e outros? Sob o nosso ponto de vista, esta distinção deve ser feita pelo princípio da capacidade contributiva" (SCHOUERI, Luís Eduardo. Exigências da CIDE sobre *royalties* e assistência técnica ao exterior. *RET* 37/144, jun. 2004).

– **Situação equivalente.** "A equivalência é uma igualdade mais ampla, a que se poderia chamar de equipolência... 'Equivalente' é um vocábulo de densidade ôntica mais abrangente do que 'igual'. A igualdade exige absoluta consonância em todas as partes, o que não é da estrutura do princípio da equivalência. Situações iguais na equipolência, mas diferentes na forma, não podem ser tratadas diversamente. A equivalência estende à similitude de situações a necessidade de tratamento igual pela política impositiva, afastando a tese de que os desiguais devem ser tratados, necessariamente, de forma desigual. Os desiguais, em situação de aproximação devem ser tratados, pelo princípio da equivalência, de forma igual, em matéria tributária, visto que a igualdade absoluta, na equivalência, não existe, mas apenas a igualdade na equiparação de elementos..." (MARTINS, Ives Gandra da Silva. *Direito constitucional interpretado*. São Paulo: RT, 1992, p. 166).

– **Isonomia na norma tributária.** J.A. Lima Gonçalves, em *Isonomia na norma tributária*. São Paulo: Malheiros, 1993, p. 69, propõe um roteiro para a aferição da adequação da norma tributária ao princípio da isonomia: 1) Dissecar a regra matriz de incidência em seus cinco critérios (material, temporal, pessoal, espacial e quantitativo); 2) Detectar a existência de discriminação pela regra matriz de incidência analisada; 3) Identificar qual é o elemento de discriminação utilizado pela norma analisada; 4)

Uma vez identificado o discrímen, analisar se a norma onera ou beneficia singularmente um indivíduo ou categoria ou atividade desde já determinados e se o elemento de discriminação reside na própria pessoa ou situação discriminada; 5) Aferir a existência de correlação lógica entre o elemento de discriminação e o tratamento diferenciado; 6) Perquirir a efetiva ocorrência da relação de subordinação e pertinência lógica entre a discriminação procedida e os valores positivados no texto constitucional.

– **Implementação de medidas para minorar fatores discriminatórios.** "1. O princípio da isonomia, refletido no sistema constitucional tributário (art. 5º c/c art. 150, II, CRFB/88) não se resume ao tratamento igualitário em toda e qualquer situação jurídica, mas, também, na implementação de medidas com o escopo de minorar os fatores discriminatórios existentes, impondo, por vezes, tratamento desigual em circunstâncias específicas e que militam em prol da igualdade. 2. A isonomia sob o ângulo da desigualação reclama correlação lógica entre o fator de discrímen e a desequiparação procedida que justifique os interesses protegidos na Constituição (adequada correlação valorativa). 3. A norma revela-se antijurídica, ante as discriminações injustificadas no seu conteúdo intrínseco, encerrando distinções não balizadas por critérios objetivos e racionais adequados (fundamento lógico) ao fim visado pela diferenciação" (STF, RE 640.905, 2018).

– **Vedação dos privilégios.** "... privilegios, en el estricto sentido de la palabra, es decir, en el sentido de disposiciones excepcionales, no justificadas por un determinado fin de utilidad pública, no pueden existir en el Estado moderno, estando excluidos por disposiciones acogidas en todas las Constituciones, que proclama la igualdad de todos los miembros del Estado ante el deber tributario" (VANONI, E. *Natura ed interpretazione delle leggi tributarie*. 1932. A transcrição é da edição espanhola de 1961 publicada pelos Instituto de Estúdios Fiscales, Madrid, p. 159).

⇒ **Critérios justificadores de tratamento diferenciado.** A isonomia imposta pelo art. 150, II, da CF impede que haja diferenciação tributária entre contribuintes que estejam em situação equivalente, ou seja, discriminação arbitrária. Justifica-se a diferenciação tributária quando haja situações efetivamente distintas e o critério de distinção esteja constitucionalmente amparado. As razões que podem dar sustentação às normas de tratamento diferenciado revelam duas categorias: a) razões de capacidade contributiva; b) razões extrafiscais. As razões de capacidade contributiva justificam-se internamente, porquanto a capacidade contributiva constitui medida de justiça fiscal com suporte expresso no art. 145, § 1º, da Constituição. Sob certa perspectiva, pode-se considerar que o tratamento diferenciado na lei, nesses casos, em vez de violar o princípio da igualdade, o promove, porquanto visa à igualdade material. Excepcionalmente, pode-se admitir tratamento diferenciado embasado em razões extrafiscais, as quais terão de encontrar amparo constitucional.

– "11.5. Apesar do reiterado e detalhado princípio da igualdade em matéria tributária, explicitado com eloquência na Constituição de 1988, o sistema tributário brasileiro vem adotando fortíssima tendência a tratar diferentemente os contribuinte, gerando regimes específicos, alíquotas diferenciadas, reduções de bases de cálculo, deferimentos, isenções e incentivos, sem que haja explicitação de critérios constitucionalmente eleitos para tais distinções. 11.6. A igualdade exige como regra a uniformidade de tratamento, que haverá de ser aplicada 'a imensa maioria dos casos, sendo muitíssimo excepcional que se configurem situações justificadoras de tratamento diferenciado. 11.7. Efetivamente, o cerne da aplicação do princípio da igualdade está na identificação dos critérios legítimos para distinção de categorias em face de cada regra jurídica concreta. Nessas circunstâncias, os estudiosos de direito tributário podem dar-se por meio felizes por contarem com um critério positivo de discriminação, universalmente aceito: a capacidade econômica" (FERRAZ, Roberto. Igualdade na Tributação: Qual o Critério que Legitima Discriminações em Matéria Fiscal? In: *Princípios e limites da tributação*. Org. pelo próprio Roberto Ferraz. Quartier Latin, 2005).

– "... não basta uma mera explicação para o tratamento desigual, mediante demonstração de existência de autorização para a distinção; é necessária uma justificação, entendida como a demonstração de existência de correção para a distinção, isto é, a fundamentação (e não mera alegação) da existência de uma relação fundada e conjugada entre uma medida de comparação permitida e uma finalidade imposta que obedeça aos vários níveis de justificação decorrentes da harmonia entre as normas de competência e os direito fundamentais" (ÁVILA, Humberto. *Teoria da igualdade tributária*. São Paulo: Malheiros, 2008, p. 197).

– **Exigência de proporcionalidade entre a dessemelhança fática e a diferenciação jurídica.** "... deve haver uma relação de adequação e proporcionalidade entre a dessemelhança da(s) propriedade(s) levada(s) em consideração (diferença fática) e a diferenciação jurídica", pois, "mesmo que haja distinção de capacidade contributiva entre os contribuintes do Imposto de Renda e sejam estabelecidos gravames tributários diferenciados [...] é mister que a diferenciação de carga tributária seja adequada e proporcional à dessemelhança fática apurada: revelar-se-ia ilegítima, v.g., uma majoração vultosa do tributo com base numa singela diversidade de capacidade contributiva" (VELLOSO, Andrei Pitten. *Constituição tributária interpretada*. São Paulo: Atlas, 2007, p. 136).

– "Os referenciais a partir dos quais será feito o juízo de igualdade impõe, portanto, a observância ao princípio da proporcionalidade, entre o discrímen eleito pela regra e a finalidade normativa; afinal, o princípio da proporcionalidade postula uma racionalidade da relação entre os meios utilizados e os fins perseguidos" (TORRES, Heleno Taveira. Aplicação do princípio da não discriminação tributária no STF e os tratados para evitar dupla tributação. *RET* 85/9-22, maio-jun. 2012).

– "No domínio das presunções, as desigualdades produzidas por estas normas devem ter presente: (i) a necessária correlação lógica entre o critério de discrímen e a desequiparação pretendida; (i) traço diferencial próprio do objeto ou nele residente; assim como (iii) faça prevalecer os valores resguardados pela Constituição" (HARET, Florence. *Teoria e prática das presunções no direito tributário*. São Paulo: Noeses, 2010, p. 832).

– **Capacidade contributiva e razões extrafiscais.** As diferenciações válidas se dão em função da capacidade contributiva ou por razões extrafiscais que estejam alicerçadas constitucionalmente, como na determinação de tratamento favorecido para as micro empresas e empresas de pequeno porte (art. 146, III, *d*, da CF). Além disso, no caso da extrafiscalidade, o tratamento diferenciado deve ser apto a alcançar o fim colimado.

– **Tratamento diferenciado como decorrência necessária do princípio da isonomia.** "Deve ser diferenciado (com isenções ou incidência tributária menos gravosa) o tratamento de situações que não revelem capacidade contributiva ou que mereçam um tratamento fiscal ajustado à sua menor expressão econômica. Hão de ser tratados, pois, com igualdade aqueles que tiverem igual capacidade contributiva, e com desigualdade os que revelem riquezas diferentes e, portanto, diferentes capacidades de contribuir" (AMARO, Luciano. *Direito tributário brasileiro*. 15. ed. São Paulo: Saraiva, 2009, p. 136).

– "Do princípio fundamental da igualdade derivam dois deveres: o dever de tratamento igualitário e o dever de tratamento diverso. A adoção de condutas, por parte do destinatário da norma da igualdade, ocorre com base na compreensão e na consideração dos quatro elementos que compõem (ou integram) a sua estrutura: (i) os sujeitos, (ii) o critério de comparação, (iii) o fator de diferenciação, e (iv) o fim constitucionalmente protegido. [...] A inobservância da capacidade contributiva nos impostos sobre a renda... e da essencialidade na tributação sobre o consumo importa em transgressão à igualdade" (CANAZARO, Fábio. *Essencialidade tributária*: igualdade, capacidade contributiva e extrafiscalidade na tributação sobre o consumo. Porto Alegre: Livraria do Advogado, 2015, p. 152).

– Também no sentido de que há inconstitucionalidade no tratamento igualitário de pessoas em situação distinta, vide o artigo de Renato Lopes Becho, A Lei n. 9.532/97 (IR) e as Cooperativas: Hipótese de Incidência como Determinação Constitucional, em *RDDT* n. 34, jul. 1998, no qual afirma que o art. 69 da referida lei descumpre o princípio constitucional da igualdade, por tratar as cooperativas como se sociedades comerciais fossem. Vide referência mais detalhada sobre a matéria em nota ao art. 146, III, *c*, da CF.

– **Porte da empresa.** Relativamente às microempresas e empresas de pequeno porte, por exemplo, o art. 146, III, *d*, da CF, acrescido pela EC n. 42/2003, prevê que lhes seja dado tratamento diferenciado e favorecido, por lei complementar, inclusive com regimes especiais ou simplificados relativamente às contribuições do empregador e da empresa para o custeio da seguridade social, com referência expressa, ainda, ao PIS, que também constitui contribuição de seguridade.

– **Razões extrafiscais.** Ao lado da capacidade contributiva, também razões extrafiscais autorizam diferenciação tributária, desde que efetivamente presentes e amparadas constitucionalmente. Podem-se citar, como exemplo, os benefícios fiscais de incentivo regional (art. 151, I) o estímulo ao cooperativismo e a outros modos de associativismo (arts. 146, III, *c*, e 174, § 2º), o tratamento favorecido para as microempresas e empresas de pequeno porte (art. 146, III, *d*, da CF) e a indução ao cumprimento da função social da propriedade (arts. 170, III, e 182, § 4º, II).

– "30. As finalidades extrafiscais, no Direito Tributário, não têm poder justificativo em si, a tal ponto que sua menção possa dispensar a adoção da justificativa geral para o tratamento desigual entre os contribuintes; [...] 34. A finalidade dos tributos é essencial para averiguar a validade da medida de comparação empregada pelo Poder Legislativo. Quando os tributos têm finalidade fiscal, e a regra de competência permite a consideração da capacidade contributiva, essa deve ser a medida de comparação entre os contribuintes. Quando os tributos têm uma finalidade extrafiscal, a medida de comparação deverá corresponder a um elemento ou propriedade que mantenha relação de pertinência fundada e conjugada com a finalidade eleita. Além disso, é preciso confirmar que a medida do distanciamento da igualdade é proporcional, comprovando que: a medida produz efeitos que contribuem para a realização gradual da finalidade extrafiscal (exame da adequação); a medida é a menos restritiva aos direitos envolvidos dentre aquelas que poderiam ter sido utilizadas para atingir a finalidade extrafiscal (exame da necessidade); os efeitos positivos decorrentes da adoção da medida, aferidos pelo grau de importância e de promoção da finalidade extrafiscal, não são desproporcionais aos seus efeitos negativos, estimados pelo grau de importância e de promoção da finalidade igualitária (exame de proporcionalidade em sentido estrito)" (ÁVILA, Humberto. *Teoria da igualdade tributária*. São Paulo: Malheiros, 2008, p. 198).

– "Ao instituir incentivos fiscais a empresas que contratam empregados com mais de quarenta anos, a Assembleia Legislativa Paulista usou o caráter extrafiscal que pode ser conferido aos tributos, para estimular conduta por parte do contribuinte, sem violar os princípios da igualdade e da isonomia. Procede a alegação de inconstitucionalidade do item 1 do § 2º do art. 1º, da Lei 9.085, de 17/02/95, do Estado de São Paulo, por violação ao disposto no art. 155, § 2º, XII, *g*, da Constituição Federal. Em diversas ocasiões, este Supremo Tribunal já se manifestou no sentido de que isenções de ICMS dependem de deliberações dos Estados e do Distrito Federal, não sendo possível a concessão unilateral de benefícios fiscais. Precedentes ADIMC 1.557 (*DJ* 31/08/01), a ADIMC 2.439 (*DJ* 14/09/01) e a ADIMC 1.467 (*DJ* 14/03/97). Ante a declaração de inconstitucionalidade do incentivo dado ao ICMS, o disposto no § 3º do art. 1º desta lei, deverá ter sua aplicação restrita ao IPVA. Procedência, em parte, da ação" (STF ADI 1.276-SP, Min. Ellen Gracie).

– **Incentivo ao ato cooperativo.** Cabe destacar, ainda, a Constituição, em seu art. 146, III, *c*, também prevê diferenciação em favor do ato cooperativo, determinando que lei complementar estabeleça o seu adequado tratamento tributário, o que deve ser interpretado como tratamento mais benéfico, de apoio e estímulo, eis que o art. 174, § 2º, da CF determina que a lei apoiará e estimulará o cooperativismo e outras formas de associativismo. Mas não se admite isenção para filiados a sindicatos ou cooperativas (ADI 5.268, 2022), como destacado em nota adiante.

– **Ramo de atividade econômica.** Também tem havido, ao longo do tempo, tratamento diferenciado entre empresas comerciais e prestadoras de serviço, bem como entre empresas de diferentes ramos da atividade econômica, sem que o STF reconheça qualquer violação à isonomia. A análise deve ser feita, porém, caso a caso. Vide o art. 195, § 9º, da CF.

– "1. O Tribunal Pleno, na ADI 1.643, Rel. Min. Maurício Corrêa, *DJ* de 14-03-2003, decidiu que não ofende o princípio da isonomia tributária o art. 9º da Lei 9.317/96, o qual, por razões de natureza extrafiscal, afastou do regime do SIMPLES micro-empresas e empresas de pequeno porte com as características ali estabelecidas" (STF, RE 398.023 AgR, 2013).

– "REGIME DO 'SIMPLES'. INSTITUIÇÕES DE ENSINO. TRATAMENTO DIFERENCIADO. INEXISTÊNCIA DE OFENSA AO PRINCÍPIO DA ISONOMIA. PRECEDENTES. 1. O Tribunal *a quo*, ao concluir pela ausência de ofensa ao princípio da isonomia no presente caso, decidiu conforme orientação firmada pelo Plenário desta Corte no julgamento da ADI 1.643/UF, rel. Min. Maurício Corrêa, *DJ* 14.03.2003" (STF, RE 559.222 AgR, 2010).

– Ponderou o Min. Maurício Corrêa, em decisão liminar na ADI 1.643-UF, que a lei tributária pode discriminar por motivo extrafiscal ramos de atividade econômica, desde que a distinção seja razoável. Precedente citado: RE 153.771-MG (*DJU* 5-9-1997). (*Informativo* n. 90 do STF, out. 1997). Obs: vide, abaixo, nota sob a rubrica "Simples".

– A Lei n. 9.317/96, que instituiu o SIMPLES, vedou a adesão relativamente a alguns setores e tipos de empresas, daí advindo a discussão acerca da constitucionalidade da discriminação implementada. Vide notas ao art. 146, IV, da CF.

– "O Tribunal, por maioria, julgou improcedente o pedido formulado em ação direta ajuizada pela Confederação Nacional das Profissões Liberais – CNPL contra o inciso XIII do art. 9º da Lei 9.317/96, que proíbe às pessoas jurídicas prestadoras de serviços, constituídas por profissionais cuja atividade dependa de habilitação legalmente exigida, a opção pelo Sistema Integrado de Pagamento de Impostos e Contribuições – SIMPLES. Confirmando os fundamentos expendidos quando do julgamento da medida liminar, o Tribunal entendeu que a lei tributária pode discriminar por motivo extrafiscal ramos de atividade econômica, desde que a distinção seja razoável. Vencidos os Ministros Carlos Velloso, Sepúlveda Pertence e Marco Aurélio, que julgavam procedente o pedido por entenderem que a norma atacada consubstancia uma discriminação em razão da ocupação profissional, ofendendo, portanto, o princípio da igualdade tributária (CF, art. 150, II). ADI 1.643-DF, Min. Maurício Corrêa, 5.12.2002. (ADI-1643)" (STF, *Informativo* n. 293, 2002).

– "O artigo 9º, inciso XIII, da Lei 9.317/96, padece, assim sendo, de vício de inconstitucionalidade insanável consistente em diferenciar com base na atividade profissional explorada empresarialmente ou não pelos contribuintes a que se destina, afetando diretamente as empresas prestadoras e vendedoras de serviços ao impedi-las de fruir de tratamento tributário favorecido" (VANONI, E. Discriminação inconstitucional das empresas de serviços. Lei 9.317/96, Simples. *IOB* 1/10952).

– **Utilização intensiva de mão de obra, do porte da empresa ou do mercado de trabalho.** Há, ainda, previsão expressa de diferenciação em razão da atividade econômica, da utilização intensiva de mão de obra, do porte da empresa ou da condição estrutural do mercado de trabalho no § 9º do art. 195 da CF, acrescido pela EC n. 20/98, com a redação da EC n. 47/2005, relativamente às contribuições devidas pelos empregadores e empresas. Vide as respectivas notas.

⇒ **Critérios que não justificam tratamento diferenciado.** A Constituição refere expressamente determinadas vedações de discriminação tributária.

– **Vedação ao tratamento diferenciado das empresas públicas e sociedades de economia mista.** Sobre a vedação constitucional de discriminação para outorga de tratamento privilegiado, vide art. 173, § 2º, da CF e respectivas notas.

– **Vedação ao tratamento diferenciado de categoria profissional.** O art. 150, II, da CF é expresso em proibir "qualquer distinção em razão de ocupação profissional ou função por eles exercida, independentemente da denominação jurídica dos rendimentos, títulos ou direitos".

– **Vedação de tratamento diferenciado para filiado a sindicato ou cooperativa.** "IPVA... Isenção. Veículos utilizados em transporte escolar. Impossibilidade de se condicionar o benefício à filiação do motorista profissional proprietário do veículo a sindicato ou cooperativa. 1. O art. 3º, inciso XVII, da Lei n. 14.937/03, com a redação atual (conferida pela Lei n. 18.726/10), concede isenção de IPVA quanto a veículo de motorista profissional autônomo, ainda que gravado com o ônus da alienação fiduciária, ou em sua posse em decorrência de contrato de arrendamento mercantil ou *leasing* por ele celebrado, desde que utilizado para o serviço de transporte escolar (a) prestado por cooperativa ou sindicato, ou (b) contratado pela Prefeitura Municipal, individualmente ou por meio de cooperativa ou sindicato. 2. Quanto ao item (a), inexiste justificativa razoável para se conferir tratamentos diferentes a proprietários de veículos filiados a tais entidades associativas e a proprietários de veículos que não possuam vínculo com essas entidades mas prestem serviço de transporte escolar tal como aqueles. Ademais, a condição imposta pela lei estadual resulta em meio indireto de constrangimento do proprietário de veículo a se filiar a cooperativa ou a sindicato para obter a isenção do imposto, o que viola a liberdade de associação e a liberdade sindical... 3. Ação direta da qual se conhece em parte, nos termos da fundamentação, relativamente a qual a ação é julgada procedente, declarando-se a inconstitucionalidade da expressão 'prestado por cooperativa ou sindicato ou contratado pela Prefeitura Municipal, individualmente ou por meio de cooperativa ou sindicato' constante do art. 3º, inciso XVII, da Lei n. 14.937 do Estado de Minas Gerais, de 23 de dezembro de 2003, com a redação conferida pela Lei n. 18.726/10, sem, contudo, se invalidar a norma que prevê a isenção de IPVA a que se refere esse dispositivo na hipótese de contratação do serviço de transporte escolar por prefeitura" (STF, ADI 5.268, 2022).

– **Isenção de custas e emolumentos para membros do Poder Judiciário.** AÇÃO DIRETA DE INCONSTITUCIONALIDADE. ART. 240 DA LEI COMPLEMENTAR N. 165/1999 DO ESTADO DO RIO GRANDE DO NORTE. ISENÇÃO DE CUSTAS E EMOLUMENTOS AOS MEMBROS E SERVIDORES DO PODER JUDICIÁRIO. VIOLAÇÃO AO

ART. 150, II, DA CONSTITUIÇÃO. AÇÃO JULGADA PROCEDENTE. I – A Constituição consagra o tratamento isonômico a contribuintes que se encontrem na mesma situação, vedando qualquer distinção em razão de ocupação profissional ou função por eles exercida (art. 150, II, CF). II – Assim, afigura-se inconstitucional dispositivo de lei que concede aos membros e servidores do Poder Judiciário isenção no pagamento de custas e emolumentos pelos serviços judiciais e extrajudiciais. III – Ação direta julgada procedente para declarar a inconstitucionalidade do art. 240 da Lei Complementar n. 165/199 do Estado do Rio Grande do Norte. (STF, ADI 3.334, 2011).

– **Isenção de custas e emolumentos para membros do Ministério Público.** "Isenção Tributária e Isonomia. Por entender configurada a ofensa ao princípio da igualdade tributária (CF, art. 150, II), o Tribunal julgou procedente pedido formulado em ação direta ajuizada pelo Procurador-Geral da República para declarar a inconstitucionalidade do art. 271 da Lei Orgânica e Estatuto do Ministério Público do Estado do Rio Grande do Norte (LC 141/96), que concede isenção aos membros do *parquet*, inclusive inativos, do pagamento de custas judiciais, notariais, cartorárias e quaisquer taxas ou emolumentos. Inicialmente, ressaltou-se que a Corte firmou orientação no sentido de que custas e emolumentos possuem natureza tributária, qualificando-se como taxas remuneratórias de serviços públicos prestados. Ademais, aduziu-se que a competência para legislar sobre a matéria é concorrente (CF, art. 24, IV), podendo os Estados-membros dispor sobre custas e emolumentos das serventias extrajudiciais nos limites de sua extensão territorial. No mérito, considerou-se que o dispositivo impugnado concede injustificado privilégio aos membros do Ministério Público estadual, pelo simples fato de integrarem a instituição. Afastou-se, ainda, a alegação de vício de inconstitucionalidade formal por violação ao art. 150, § 6º, da CF, que exige a edição de lei específica para a concessão de isenção tributária, uma vez que este preceito constitucional veda a oportunista introdução de norma de isenção fiscal no contexto de lei que cuide de matéria de natureza diversa. ADI 2360/RN, Min. Eros Grau, 29.3.2007" (*Informativo* n. 461 do STF, 2007).

– **Garantia da irredutibilidade de vencimentos não constitui óbice à tributação dos servidores públicos.** O art. 37, inciso XV, na redação dada pela EC n. 19/98, diz da irredutibilidade dos subsídios e vencimentos de ocupantes de cargos e empregos públicos, ressalvado o disposto, dentre outros, neste artigo 150, II, e nos artigos 151, II, e 153, § 2º, I, ou seja, a vedação de discriminação tributária em razão da ocupação ou função e a tributação da renda, informada pelos critérios da generalidade, universalidade e progressividade.

– "A GARANTIA DA IRREDUTIBILIDADE DA REMUNERAÇÃO NÃO É OPONÍVEL À INSTITUIÇÃO/MAJORAÇÃO DA CONTRIBUIÇÃO DE SEGURIDADE SOCIAL RELATIVAMENTE AOS SERVIDORES EM ATIVIDADE.

– A contribuição de seguridade social, como qualquer outro tributo, é passível de majoração, desde que o aumento dessa exação tributária observe padrões de razoabilidade e seja estabelecido em bases moderadas. Não assiste ao contribuinte o direito de opor, ao Poder Público, pretensão que vise a obstar o aumento dos tributos – a cujo conceito se subsumem as contribuições de seguridade social (*RTJ* 143/684 – *RTJ* 149/654) –, desde que respeitadas, pelo Estado, as diretrizes constitucionais que regem, formal e materialmente, o exercício da competência impositiva. Assiste, ao contribuinte, quando transgredidas as limitações constitucionais ao poder de tributar, o direito de contestar, judicialmente, a tributação que tenha sentido discriminatório ou que revele caráter confiscatório. A garantia constitucional da irredutibilidade da remuneração devida aos servidores públicos em atividade não se reveste de caráter absoluto. Expõe-se, por isso mesmo, às derrogações instituídas pela própria Constituição da República, que prevê, relativamente ao subsídio e aos vencimentos 'dos ocupantes de cargos e empregos públicos' (CF, art. 37, XV), a incidência de tributos, legitimando-se, desse modo, quanto aos servidores públicos ativos, a exigibilidade da contribuição de seguridade social, mesmo porque, em tema de tributação, há que se ter presente o que dispõe o art. 150, II, da Carta Política" (STF, ADI 2.010-2, 1999).

⇒ **Efetividade do princípio da isonomia. Inconstitucionalidade por omissão parcial.** Sempre que uma lei ofende o princípio da isonomia, surge um delicado problema: está o Judiciário limitado a varrê-la do mundo jurídico, pode estender os seus efeitos para aquelas pessoas que foram indevidamente discriminadas ou deve preservá-la temporariamente para que o Legislativo corrija o vício através de nova lei que ampare da mesma forma os que dela estavam excluídos? O Min. Celso de Mello, aliás, bem expôs as possíveis soluções, dentre outros, em voto que proferiu quando do julgamento do RMS 22.307-7/DF, do qual segue excerto: "... em tema de inconstitucionalidade por omissão parcial da lei, emerge a grave questão da exclusão de benefício, com ofensa ao princípio da isonomia. A reflexão doutrinária em torno dessa questão tem ensejado diversas abordagens teóricas do tema, com o objetivo de propiciar, a partir do desprezo estatal dispensado pelo Poder Legislativo ao postulado da isonomia, a formulação de soluções que dispensem à matéria um adequado tratamento jurídico (J.J. GOMES CANOTILHO, 'Direito Constitucional', p. 736/737 e 831, 4ª ed., 1987, Almedina, Coimbra; JORGE MIRANDA, 'Manual de Direito Constitucional', tomo II/407, 2ª ed., 1988, Coimbra Editora, Limitada; GILMAR FERREIRA MENDES, 'Controle de Constitucionalidade: Aspectos jurídicos e políticos', p. 69/70, 1990, Saraiva). A discussão das possíveis soluções jurídicas estimuladas pela questão da exclusão de benefício, com ofensa ao princípio a isonomia, permite vislumbrar três mecanismos destinados a viabilizá-las: (a) extensão dos benefícios ou vantagens às categorias ou grupos inconstitucionalmente deles excluídos; (b) supressão dos benefícios ou vantagens que foram indevidamente concedidos a terceiros; (c) reconhecimento da existência de uma situação ainda constitucional (situação constitucional imperfeita), ensejando-se ao Poder Público, em tempo razoável, a edição de lei restabelecedora do dever de integral obediência ao princípio da igualdade, sob pena de progressiva inconstitucionalização do ato estatal que, embora existente, revela-se insuficiente e incompleto" (*RTJ* 136/439-440).

– **Judiciário como legislador positivo no controle da constitucionalidade. Descabimento da extensão de benefícios.** O argumento de que o Judiciário não pode atuar como legislador positivo muitas vezes fundamentou a improcedência de ações em que o autor apontava violação à isonomia pleiteando a extensão de tratamento privilegiado concedido por lei a outrem. Com isso, o Judiciário acabou por deixar de oferecer prestação jurisdicional que assegurasse tratamento isonômico, razão pela qual tem sido cada vez mais criticada tal posição.

– "1. Não cabe ao Poder Judiciário equiparar ou suprimir alíquotas diferenciadas entre contribuintes, ao fundamento de concretização do princípio da isonomia. Precedentes" (STF, ARE 916.560 AgR-AgR, 2016).

– "1. A jurisprudência do STF é pacífica no sentido de que ser impossível ao Poder Judiciário, por não possuir função legislativa típica, conceder benefício fiscal sem amparo legal, ao fundamento de concretização do princípio da isonomia" (STF, RE 949.278 AgR, 2016).

– "3. Os tratamentos tributários distintos e favorecidos adotados pela administração tributária não podem ser objeto de pretensão daqueles que não foram contemplados pelos beneplácitos com fundamento em violação da isonomia, sob pena de se subverter a função jurisdicional em função legislativa. Precedentes" (STF, RE 475.954 AgR, 2013).

– "Ante a impossibilidade de atuação do Poder Judiciário como legislador positivo, não cabe a ele, com base no princípio da isonomia, estender benefício fiscal a contribuintes não abrangidos pela legislação pertinente. III – Agravo regimental improvido" (STF, RE 449.233 AgR, 2011).

– "... A exigência constitucional de lei formal para a veiculação de isenções em matéria tributária atua como insuperável obstáculo à postulação da parte recorrente, eis que a extensão dos benefícios isencionais, por via jurisdicional, encontra limitação absoluta no dogma da separação de poderes. Os magistrados e Tribunais – que não dispõem de função legislativa – não podem conceder, ainda que sob fundamento de isonomia, o benefício da exclusão do crédito tributário em favor daqueles a quem o legislador, com apoio em critérios impessoais, racionais e objetivos, não quis contemplar com a vantagem da isenção. Entendimento diverso, que reconhecesse aos magistrados essa anômala função jurídica, equivaleria, em última análise, a converter o Poder Judiciário em inadmissível legislador positivo, condição institucional esta que lhe recusou a própria Lei Fundamental do Estado. É de acentuar, neste ponto, que, em tema de controle de constitucionalidade de atos estatais, o Poder Judiciário só atua como legislador negativo (*RTJ* 146/461)..." (STF, ARAG-142348, 1994).

– **Pela superação da doutrina do legislador negativo. Extensão de benefício concedido de modo restrito a uma categoria.** "Não há dúvida de que ao Judiciário não compete legislar, senão 'negativamente', para explicitar que determinada norma não pertence ao universo jurídico por incompatibilidade com a Constituição. Na verdade, em se tratando de norma inconstitucional, que nunca chegou a ter validade, o Judiciário, ao declarar essa invalidade, não está legislando sob nenhuma forma, está apenas cumprindo sua função constitucionalmente estabelecida, de controlar os excessos do Legislativo... Porém, quando se identifica um caso em que o Legislativo cria uma discriminação entre contribuintes, absolutamente injustificável à luz do único critério válido de discriminação em matéria fiscal indicado pela Constituição, a capacidade contributiva, afirmar que o Judiciário não pode contrastar essa legislação flagrantemente inconstitucional, sob pena de exorbitar de suas funções, é assustador! Considerar exorbitante de suas funções declarar a inconstitucionalidade de Lei, na parte em que restringe a uma categoria determinada um direito, equivale a eliminar o princípio da igualdade" (FERRAZ, Roberto. A igualdade na lei e o Supremo Tribunal Federal. *RDDT* 116/119, 2005).

– "... quando o princípio da igualdade é violado porque uma pessoa ou grupo não foi alcançado por uma norma e foi, por isso, discriminado, o Poder Judiciário, ao invés de instituir uma nova norma, pode declarar a nulidade do critério de diferenciação violador do princípio da igualdade, de modo a que todas as pessoas e grupos possam ser incluídas. A decisão continua sendo negativa, mas possui uma eficácia positiva indireta" (ÁVILA, Humberto. *Sistema Constitucional Tributário*. São Paulo: Saraiva, 2004, p. 340-341).

– **Interpretação conforme. Aplicação direta do princípio constitucional. Dispensa integração legislativa.** O STF, quando do julgamento do RMS 22.307-7 (1997), em matéria administrativa (reajuste de 28% dos servidores públicos), decidiu pela extensão aos servidores civis do que havia sido concedido por lei apenas aos militares.

– "O princípio da igualdade, seja no enfoque específico dado ao regime jurídico dos servidores públicos, ao da tributação ou a qualquer outro, não deve ser entendido como um dever endereçado somente ao legislador de conceder o mesmo tratamento àqueles que se encontra a mesma situação, mas, também, um dever endereçado ao juiz para que conceda a tutela positiva da igualdade nos casos levados a sua apreciação. Conforme aduziu o STF nesse último e inovador precedente (refere-se ao ROMS 22.307/DF), a igualdade é norma constitucional autoaplicável diretamente pelo juiz e portanto, dispensa integração legislativa" (ALMEIDA JÚNIOR, Fernando Osório. *Interpretação conforme a Constituição e direito tributário*. São Paulo: Dialética, 2002, p. 85).

– "IMPOSTO DE IMPORTAÇÃO. PNEUS. BENEFÍCIO FISCAL. REDUÇÃO DE 40% DO VALOR DEVIDO NAS OPERAÇÕES REALIZADAS POR MONTADORAS. PEDIDO DE EXTENSÃO A EMPRESA DA ÁREA DE REPOSIÇÃO DE PNEUMÁTICOS POR QUEBRA DA ISONOMIA. IMPOSSIBILIDADE. LEI FEDERAL 10.182/2001. CONSTITUIÇÃO FEDERAL (ARTS. 37 E 150, II). CÓDIGO TRIBUTÁRIO NACIONAL (ART. 111). Sob o pretexto de tornar efetivo o princípio da isonomia tributária, não pode o Poder Judiciário estender benefício fiscal sem que haja previsão legal específica. No caso em exame, a eventual conclusão pela inconstitucionalidade do critério que se entende indevidamente restritivo conduziria à inaplicabilidade integral do benefício fiscal. A extensão do benefício àqueles que não foram expressamente contemplados não poderia ser utilizada para restaurar a

igualdade de condições tida por desequilibrada" (STF, RE 405.579, 2011).

– **No sentido do descabimento da extensão de benefício.** "INCIDENTE DE INCONSTITUCIONALIDADE. ARGUIÇÃO QUE, SENDO ACOLHIDA, NÃO APROVEITARIA ÀS PARTES. NÃO CONHECIMENTO. 1 – O controle difuso da constitucionalidade das leis é exercido no julgamento do caso concreto e só é cabível se esse julgamento o exigir (art. 460 do CPC). O Judiciário não julga a lei, julga o caso e, para decidi-lo, deixa de aplicar a lei, se lhe reconhecer a inconstitucionalidade, mas só se esse reconhecimento for útil ao julgamento do caso. 2 – Pretendendo a parte autora, a título de isonomia, lhe seja estendido benefício fiscal, outorgado por lei apenas a empresas de um setor restrito da economia (Lei n. 10.182/2001, art. 5º), não tem ela qualquer interesse (art. 267, VI, CPC) em que o Tribunal, agindo como legislador negativo, declare inconstitucional o próprio benefício, porque disso não resultaria o acolhimento de sua pretensão. Desvinculado o julgamento do resultado útil da causa, resultaria ele em declaração de inconstitucionalidade em abstrato, para a qual tem competência exclusiva o Egrégio Supremo Tribunal Federal. 3 – Arguição de inconstitucionalidade não conhecida" (TRF4, INAMS 2001.70.08.002028-3, 2007).

⇒ **Comércio exterior. Discriminação inversa.** "A discriminação inversa, amplamente estudada em relação a questões de ordem racial ou social, é pouco tratada pelo Direito tributário. De acordo com Abel Laureano...: '... a expressão discriminação inversa traduz a ideia de um tratamento desfavorável, comparativamente a outras objectivamente iguais, imposto a realidades jurídicas (*maxime* pessoas) que, em razão de sua nacionalidade ou do território onde se localizam, têm uma ligação jurídico-positiva privilegiada à entidade política (Estado-membro) discriminante.' ... no âmbito da tributação, a discriminação inversa jamais tem como objetivo prejudicar os nacionais do próprio país como forma de compensar os estrangeiros pelos danos causados por antigas discriminações. Na verdade, no campo da tributação a situação de discriminação inversa decorre geralmente de um descompasso entre as legislações aplicáveis aos nacionais e aos estrangeiros decorrente de alteração das regras para os nacionais desacompanhada da mudança que se deveria fazer em relação aos estrangeiros, ou vice-versa; em suma, resulta de uma omissão legislativa" (TROIANELLI, Gabriel Lacerda. A não incidência de IPI na importação de bem mediante *leasing* sem opção de compra. *RDDT* 154/40, 2008, p. 40).

⇒ **Isenção. Limite diferenciado de isenção de bagagem acompanhada conforme o meio de transporte.** "ARGUIÇÃO DE INCONSTITUCIONALIDADE. IMPORTAÇÃO DE MERCADORIA ENQUADRADA NO CONCEITO DE BAGAGEM. INSTRUÇÃO NORMATIVA N. 117/98 DA SECRETARIA DA RECEITA FEDERAL. LIMITE DE ISENÇÃO DIFERENCIADO CONFORME O MEIO DE TRANSPORTE UTILIZADO PARA A INTERNAÇÃO. REJEIÇÃO DO INCIDENTE. 1. A Instrução Normativa SRF n. 117/98, em seu art. 6º, inciso III, alíneas *a* e *b*, dispõe qual o limite de isenção do imposto de importação, aplicável aos bens importados e que estejam enquadrados no conceito de bagagem, fazendo distinção entre o transporte por 'via aérea ou marítima' (quota de 500 dólares) e aquele realizado 'por via terrestre, fluvial ou lacustre' (quota de 300 dólares). 2. Rejeição do incidente de arguição de inconstitucionalidade diante da justificada e legítima diferenciação entre as cotas de isenção, especialmente pelo reconhecimento da função preponderantemente extrafiscal do imposto de importação, tendo por finalidade a consecução de objetivos estatais constitucionais (proteção à indústria e ao comércio nacionais, salvaguarda da economia nacional, promoção do desenvolvimento nacional)" (TRF4, ARGINC 2008.71.02.003458-4, 2012).

⇒ **Obrigações acessórias distintas, em conformidade com a sistemática de tributação de cada empresa. Possibilidade.** "TRIBUTÁRIO. IMPOSTO DE RENDA. PESSOA JURÍDICA. ANO-CALENDÁRIO DE 1992. OPÇÃO DE CÁLCULO POR ESTIMATIVA. FACULDADE VEDADA PARA A PESSOA JURÍDICA QUE TENHA APRESENTADO PREJUÍZO FISCAL NO PERÍODO-BASE DE 1991. POSSIBILIDADE DE APURAÇÃO SEMESTRAL DE RESULTADOS LIMITADA ÀS PESSOAS JURÍDICAS QUE OPTARAM PELO CÁLCULO POR ESTIMATIVA. ART. 86, § 2º, DA LEI 8.383/1991, REGULAMENTADA PELA PORTARIA 441/1992, DO MINISTÉRIO DA ECONOMIA, FAZENDA E PLANEJAMENTO. CONSTITUCIONALIDADE. I – É constitucional o art. 86, § 2º, da Lei 8.383/1991, que afastou a opção de cálculo por estimativa para pagamento do imposto de renda, no ano-calendário de 1992, para as pessoas jurídicas que tenham apresentado prejuízo fiscal no período-base de 1991. O cálculo do imposto por estimativa apoia-se no tributo apurado no período pretérito e, havendo prejuízo fiscal, não haveria parâmetro para a estimativa. II – A possibilidade de apuração semestral dos resultados conferida apenas às pessoas jurídicas que optaram pelo cálculo por estimativa é válida, porquanto somente elas poderiam respeitar o calendário de pagamento estabelecido na Lei 8.383/1991. III – Impossibilidade de o Poder Judiciário estender o calendário de recolhimento do imposto estabelecido para as pessoas jurídicas submetidas ao cálculo por estimativa às demais, sob pena de invasão de seara reservada ao Poder Legislativo. Pelo mesmo motivo, é vedada extensão da faculdade estabelecida na Portaria 441/1992 a outras pessoas jurídicas, para permitir-lhes substituir a consolidação dos resultados mensais pela consolidação de resultados semestrais. IV – Inocorrência de ofensa ao princípio da isonomia, dado que a recorrente se encontrava em situação distinta daquela dos contribuintes abrangidos pela Portaria 441/1992. V – A Portaria 441/1992 não importou em dispensa ou redução de tributo ou na concessão de qualquer benefício, visto que apenas instituiu uma determinada sistemática para a declaração e o cálculo do imposto de renda" (STF, RE 231.924, 2011).

– **Isenção de taxa de inscrição em concurso público para desempregados.** O STF, na ADI 2.672, 2006, considerou constitucional a isenção de taxa para desempregados e para quem percebesse renda de até três salários mínimos, destacando o acesso aos cargos públicos sem prejuízo do sustento. Também foi ressaltado que a lei estadual que estabelecera a isenção previra que, se nomeado, o já então servidor teria a taxa descontada em duas parcelas dos seus vencimentos.

– **Extensão de redução do II concedida apenas às montadoras e indústrias. Mercado de reposição.** "IMPOSTO DE IMPORTAÇÃO. PNEUS. BENEFÍCIO FISCAL. REDUÇÃO DE 40% DO VALOR DEVIDO NAS OPERAÇÕES REALIZADAS POR MONTADORAS. PEDIDO DE EXTENSÃO A EMPRESA DA ÁREA DE REPOSIÇÃO DE PNEUMÁTICOS POR QUEBRA DA ISONOMIA. IMPOSSIBILIDADE. LEI FEDERAL 10.182/2001. CONSTITUIÇÃO FEDERAL (ARTS. 37 E 150, II). CÓDIGO TRIBUTÁRIO NACIONAL (ART. 111). Sob o pretexto de tornar efetivo o princípio da isonomia tributária, não pode o Poder Judiciário estender benefício fiscal sem que haja previsão legal específica. No caso em exame, a eventual conclusão pela inconstitucionalidade do critério que se entende indevidamente restritivo conduziria à inaplicabilidade integral do benefício fiscal. A extensão do benefício àqueles que não foram expressamente contemplados não poderia ser utilizada para restaurar a igualdade de condições tida por desequilibrada" (STF, RE 405.579, 2010).

– "... a Lei 10.182/01 reduziu em 40% o imposto de importação de partes e peças da indústria automotiva, exclusivamente para as montadoras. Ficaram em regime distinto quaisquer outros interessados em importar partes e peças de veículos, desde os comerciantes importadores até os particulares. Argumentos como o de tratar-se de um 'incentivo à indústria nacional' fazem arrepiar os produtores nacionais de partes e peças de automóvel... Sustentar que não há ofensa à igualdade ou mesmo à capacidade contributiva, por se tratar de 'uma decisão de governo', de caráter econômico, alheio ao controle jurisdicional seria mais uma tentativa de implementar um 'presidencialismo absolutista'..." (FERRAZ, Roberto. A igualdade na lei e o Supremo Tribunal Federal. *RDDT* 116/119, maio 2005).

⇒ **Benefício às companhias aéreas. Impossibilidade de extensão.** "MANDADO DE SEGURANÇA. REMISSÃO. PRINCÍPIO DA ISONOMIA. PODER JUDICIÁRIO. LEGISLADOR POSITIVO. 1. A MP 67/02, que dispôs sobre o tratamento tributário dispensado às empresas de transporte aéreo, e foi convertida na Lei n. 10.506/02, estabeleceu benefício fiscal – remissão – em favor das companhias aéreas, a fim de enfrentar a grave crise que atingia o setor. 2. A medida em questão beneficia apenas uma determinada atividade econômica. Contudo, isso não ofende o princípio da isonomia, porque esse tratamento desigual decorre de lei e tem por finalidade o resguardo de setor estratégico, que atravessava grave crise após a ocorrência de recentes atentados terroristas, o que não é o caso das impetrantes, em que pese possam estar todas passando por dificuldades financeiras. 3. Nos termos do artigo 172 do CTN, a lei pode autorizar a autoridade administrativa a conceder remissão, atendendo a situação econômica do sujeito passivo e as considerações de equidade, em relação com as características pessoais ou materiais do caso. 4. Da Exposição de Motivos que acompanha a lei, consta que tal provimento governamental sequer implica renúncia fiscal, posto que a quebra dessas empresas acarretaria prejuízos ainda maiores aos cofres públicos. 5. Não há violação ao princípio da Isonomia, posto que o fim que justifica a diferenciação procedida é a manutenção de setor estratégico, que torna, no caso concreto, as impetrantes sujeitos distintos daqueles contemplados com o benefício em questão. 6. A extensão do benefício fiscal, aliás, foge ao âmbito de atuação do Poder Judiciário, que somente pode atuar como legislador negativo, sendo-lhe vedado estabelecer privilégios à míngua de previsão legal concernente. 7. A jurisprudência do Supremo Tribunal Federal é pacífica em afirmar que a conveniência política que autoriza a concessão de isenção – *in casu* benefício fiscal – não é suscetível de controle/extensão pelo Poder Judiciário, sob pena de violação do princípio da vedação do legislador positivo" (TRF4, AMS 2002.72.05.005658-2, 2004).

⇒ **IOF na importação. Isenção com base na data da expedição da guia de importação.** "... 1. A isenção fiscal decorre do implemento da política fiscal e econômica, pelo Estado, tendo em vista o interesse social. É ato discricionário que escapa ao controle do Poder Judiciário e envolve o juízo de conveniência e oportunidade do Poder Executivo. O termo inicial de vigência da isenção, fixada a partir da data da expedição da guia de importação, não infringe o princípio da isonomia tributária, nem desloca a data da ocorrência do fato gerador do tributo, porque a isenção diz respeito à exclusão do crédito tributário, enquanto o fato gerador tem pertinência com o nascimento da obrigação tributária. 2. Não pode esta Corte alterar o sentido inequívoco da norma, por via de declaração de inconstitucionalidade de parte do dispositivo da lei. A Corte Constitucional só pode atuar como legislador negativo, não, porém, como legislador positivo. Precedente. Recurso extraordinário conhecido e provido" (STF, RE-188951, 1995).

– "... IOF/CÂMBIO. DECRETO-LEI 2.434/88 (ART. 6.). GUIAS DE IMPORTAÇÃO EXPEDIDAS EM PERÍODO ANTERIOR A 1º DE JULHO DE 1988. [...] NORMA LEGAL DESTITUÍDA DE CONTEÚDO ARBITRÁRIO. [...] A isenção tributária concedida pelo art. 6º do DL 2.434/88, precisamente porque se acha despojada de qualquer coeficiente de arbitrariedade, não se qualifica, tendo presentes as razões de política governamental que lhe são subjacentes, como instrumento de ilegítima outorga de privilégios estatais em favor de determinados estratos de contribuintes. A concessão desse benefício isencional traduz ato discricionário que, fundado em juízo de conveniência e oportunidade do Poder Público, destina-se, a partir de critérios racionais, lógicos e impessoais estabelecidos de modo legítimo em norma legal, a implementar objetivos estatais nitidamente qualificados pela nota da extrafiscalidade..." (STF, ARAG-142348, 1994).

– "... O Decreto-lei 2.434/88, ao condicionar o benefício da isenção fiscal as importações cobertas por guia expedida a partir de 1º de julho de 1988, não discrepou da regra constitucional da igualdade tributária e nem deslocou a data da ocorrência do fato gerador. Jurisprudência de ambas as Turmas do Supremo Tribunal Federal. Agravo regimental improvido" (STF, AGRAG-154837, 1994).

⇒ **Isenção de IPVA para veículos escolares. Exigência de vinculação a determinada Cooperativa. Violação à isonomia e à liberdade de associação.** "... 2. Lei Estadual 356/97. ... isenção do pagamento do IPVA. [...] Benefício fiscal concedido exclusivamente àqueles filiados à Cooperativa de Transportes Escolares do Município de Macapá. Inconstitucionalidade. A Constituição Federal outorga aos Estados e ao Distrito Federal a competência para instituir o Imposto sobre Propriedade de Veículos Automotores e para conceder isenção, mas, ao mesmo tempo, proíbe o tratamento desigual entre contribuintes que se encontrem na mesma situação econômica. Observância aos princípios da igualdade, da isonomia e da liberdade de associação. Ação direta de inconstitucionalidade julgada procedente" (STF, ADI 1.655, 2004).

⇒ **ISS minorado para sociedades profissionais em relação às comerciais.** Yonne Dolácio de Oliveira, no artigo ISS/A tributação minorada das sociedades profissionais, em *RDDT* 27/135, analisa se há ou não violação do princípio da isonomia tributária ao ser concedida tributação de ISS minorada às sociedades profissionais em relação às sociedades comerciais, conforme estabelecido no § 3º do art. 9º do Decreto-Lei n. 406/68. Diz que as sociedades de profissionais devem receber tratamento diferenciado, pois prestam serviço de natureza diversa. Rebate, ainda, a alegação municipal de que se estaria violando o princípio da não isenção de tributos estaduais e municipais (art. 151, III, da CF), pois a tributação reduzida das sociedades profissionais não é isenção (art. 175, I, do CTN).

⇒ **Taxa florestal. Incentivo fiscal para empresas que promovam reflorestamento. Possibilidade.** "... ESTADO DE MINAS GERAIS. TAXA FLORESTAL. LEI N. 7.163/77. ALEGADA OFENSA AOS ARTS. 5º, *caput*; 145, II E § 2º; 150, I E IV; E 152, TODOS DA CONSTITUIÇÃO FEDERAL. [...] Descabimento da alegação de ofensa ao princípio da isonomia, por razões óbvias, diante do incentivo fiscal, em forma de redução do tributo, previsto para as indústrias que comprovarem a realização de reflorestamento proporcional ao seu consumo de carvão vegetal. Recurso não conhecido" (STF, RE 239.397-2, 2000).

• Vide: CASTRO JÚNIOR, Paulo Honório de. A cobrança de Taxa Florestal sobre o volume de produção fictício. *RFDT* 94, 2018.

⇒ **Taxa de fiscalização de embarcações em curso internacional. Ausência de ofensa à isonomia.** "TRIBUTÁRIO. TAXA DE FISCALIZAÇÃO DE EMBARCAÇÕES EM CURSO INTERNACIONAL. LEI COMPLEMENTAR N. 89/97. LEGALIDADE E CONSTITUCIONALIDADE. 1– Não se vislumbra discriminação inconstitucional na exigência de taxa de fiscalização, somente dos armadores e transportadores que realizem viagem de longo curso. A atividade peculiar pode estar sujeita, pela lei, a fiscalização específica" (TRF4, AMS 1999.04.01.072987-9, 2000).

⇒ **CSLL. Corretoras de seguros.** "CONTRIBUIÇÃO SOCIAL SOBRE O LUCRO. CORRETORA DE SEGUROS. CAPACIDADE CONTRIBUTIVA. ISONOMIA. O princípio da capacidade tributária visa à repartição do ônus fiscal do modo mais justo possível. Dessa forma, agrupando os contribuintes com situações semelhantes em classes e dispensando tratamento igualitário dentro de cada classe, em verdade, está-se, dando efetividade ao princípio da isonomia. A corretora de seguros, para fins de recolhimento da contribuição social sobre o lucro teve o mesmo tratamento tributário dispensado às instituições financeiras. Não é necessário que a corretora pratique atos típicos de instituições financeiras para que deva pagar a contribuição na alíquota majorada. As pessoas jurídicas elencadas no artigo 22, § 1º da Lei n. 8.212/91 têm a mesma realidade econômica e fiscal, formam uma classe diferenciada, o que autoriza a tributação em alíquota majorada" (TRF4, AC 2000.71.08.000131-6, 2002).

⇒ **CSLL. Alíquotas diferenciadas com base no ramo de atividade.** "Deveras, o ramo em que uma empresa atua jamais poderia servir como elemento para estabelecer o tratamento díspar, pois não representa, por si só, qualquer diferença de capacidade contributiva. [...] Constata-se, pois, que no lucro deveria ser encontrada a razão do tratamento diferenciado e não na sua mera presunção, determinada pelo exercício de atividade supostamente de maior pujança, incompatível com o sistema tributário pátrio..." (GIROTTO, Luiz Eduardo de Castilho. A Diferença de Alíquotas na Exigência da Contribuição Social sobre o Lucro. Reflexões sobre os Princípios da Isonomia e da Capacidade Contributiva. *RDDT* 41/27, 1999).

– Alíquota superior maior para as instituições financeiras. Sobre a Lei n. 11.727/2008: "O anuário Valor 1000 do ano de 2008 apurou a rentabilidade dos bancos comerciais e múltiplos no ano de 2006 em 19,3%, o que lhes daria, segundo dados publicados por periódico no ano de 2007, o 8º lugar no *ranking* de rentabilidade quando comparados com os setores de mineração (38,2%), mecânica (25,2%), petróleo e gás (23,9%), metalurgia (22,9%), serviços especializados (22,6%), farmacêutica e cosméticos (20,6%) e veículos e peças (19,7%). Para o ano de 2007, esse mesmo anuário atribuiu aos bancos comerciais múltiplos uma rentabilidade de 23,6%, colocando-os em 5º lugar no *ranking* de rentabilidade, precedidos pelos setores de mineração (35,9%), veículos e peças (27,8%), mecânica (25,5%) e serviços especializados (24,4%). [...] Não há justificação racional para o tratamento diferenciado de CSLL aplicado exclusivamente às instituição financeiras da forma como vem sendo praticado. Se o critério é o da aplicação de 'incidência tributária compatível com a capacidade contributiva', assim como eventual 'forte dinamismo, expansão e lucratividade, proporcionados pelo crescimento econômico do País', outros setores da economia deveria ser atingidos em primeiro lugar, ou, ao menos, atingidos do mesmo modo que as instituições financeiras" (PACHECO, Alexandre S. Fundamentos para Justificação Racional de Tratamento Tributário Diferenciado em Função do Lucro. A Experiência da CSLL das Instituições Financeiras. *RDDT* 175/18, 2010).

⇒ **Proibição de importação de veículos usados. Ausência de afronta ao princípio da isonomia. Constitucionalidade. Art. 237 da CF.** Ainda que não se trate de uma questão tributária e que, portanto, não admita invocação do art. 150, II, da CF, segue o entendimento do STF no sentido de que é válida a proibição, que tem amparo no art. 237 da CF e não ofende o princípio da isonomia: "EMENTA: – Recentemente, o Plenário desta Corte, ao julgar os RREE 203.954 e 202.313, firmou o entendimento de que é inaceitável a orientação no sentido de que a vedação da importação de automóveis usados afronte o princípio constitucional da isonomia, sob a alegação de atuar contra as pessoas de menor capacidade econômica, porquanto, além de não haver a propalada discriminação, a diferença de tratamento é consentânea com os interesses fazendários nacionais que o artigo 237 da Constituição Federal teve em mira proteger, ao investir as autoridades do Ministério da Fazenda no poder de fiscalizar e controlar o comércio exterior. – Note-se, ademais, que a Portaria n. 08/91 – que decorre do artigo 5º, I e II, do Decreto-lei n. 1427/75 – encontra respaldo no referido artigo 237 da Carta Magna, inexistindo, por isso, ofensa ao princípio da legalidade (cfe. RREE 226.184, 202.313, 224.861 e 203.103). Recurso extraordinário conhecido e provido" (STF, RE 256.830-9, 2000).

⇒ **Regimes opcionais. Créditos da PIS/COFINS-Importação só para empresas do regime não cumulativo.** "Recurso extraordinário. Repercussão geral. PIS/COFINS – importação. Lei n. 10.865/04... 3... Não há que se dizer que devessem as contribuições em questão ser necessariamente não cumulativas. O fato de não se admitir o crédito senão para as empresas sujeitas à apuração do PIS e da COFINS pelo regime não cumulativo não chega a implicar ofensa à isonomia, de modo a fulminar todo o tributo. A sujeição ao regime do lucro presumido, que implica submissão ao regime cumulativo, é opcional, de modo que não se vislumbra, igualmente, violação do art. 150, II, da CF" (STF, RE 559.937, 2013).

III – cobrar tributos:

⇒ **Incidência de nova norma impositiva.** "A Constituição não está realmente proibindo 'cobrar' tributos; nenhum jurista jamais teria a ideia de dizer uma coisa dessas, isto é coisa de economista. Por quê? Porque 'cobrar' um crédito qualquer é consequência de existir o crédito, e o crédito só existe no bojo de uma relação jurídica. E a relação jurídica só nasce de um fato, voluntário ou não. De maneira que o que a Constituição está proibindo não é 'cobrar', no fim da linha. Não. Está proibindo que o legislador desenhe hipóteses de incidência nestes casos. Não está proibindo que se 'cobre', afinal. Está proibindo o começo da história" (ATALIBA, Geraldo. Periodicidade do Imposto de Renda II, Mesa de Debates. *RDT* 63/57, São Paulo: Malheiros).

– Republicação de texto normativo com correções equivale à lei nova. "2. A republicação do seu texto normativo, por conta das disposições contidas nas colunas do seu Anexo, ocorreu em razão da necessidade de se retificar pontos substanciais quanto à identificação dos elementos formadores da relação jurídica obrigacional tributária examinada na demanda, razão pela qual equivaleu a publicação de lei nova, conforme regramento do art. 1º, § 4º, da LICC, inadmitindo-se, por consequência, a incidência dos efeitos jurídicos da norma inicialmente publicada" (STJ, REsp 1.254.111, 2013).

a) em relação a fatos geradores ocorridos antes do início da vigência da lei que os houver instituído ou aumentado;

– Cláusula pétrea a ser observada inclusive pelo constituinte derivado. Tema 665 do STF: "São constitucionais a alíquota e a base de cálculo da contribuição ao PIS, previstas no art. 72, V, do ADCT, destinada à composição do Fundo Social de Emergência, nas redações da ECR 1/94 e das EC 10/96 e 17/97, observados os princípios da anterioridade nonagesimal e da irretroatividade tributária". Decisão do mérito em 2018.

⇒ **Irretroatividade das leis em geral: art. 5º, XXXVI, da CF.** "Como princípio geral, a Constituição prevê a irretroatividade relativa da lei, ao determinar que esta não pode atingir o direito adquirido, o ato jurídico perfeito e a coisa julgada (art. 5º, XXXVI); [...] Obedecidas as restrições, a lei pode, em princípio, voltar-se para o passado, se o disser expressamente ou se isso decorrer da própria natureza da lei; se nada disso ocorrer, ela vigora para o futuro." "Há leis que, naturalmente, se vocacionam para atuar sobre fatos do passado, como se dá com as de anistia ou remissão" (AMARO, Luciano. *Direito tributário brasileiro.* 15. ed. São Paulo: Saraiva, 2009, p. 118).

– "A inviolabilidade do passado é princípio que encontra fundamento na própria natureza do ser humano, pois, segundo as sábias palavras de Portalis, o homem, que não ocupa senão um ponto no tempo e no espaço, seria o mais infeliz dos seres, se não se pudesse julgar seguro nem sequer quanto a sua vida passada. Por essa parte de sua existência, já não carregou todo o peso de seu destino? O passado pode deixar dissabores, mas põe termo a todas as incertezas. Na ordem do universo e da natureza, só o futuro é incerto e esta própria incerteza é suavizada pela esperança, a fiel companheira de nossa franqueza. Seria agravar a triste condição da humanidade querer mudar, através do sistema da legislação, o sistema da natureza, procurando, para o tempo que já se foi, fazer reviver as nossas dores, sem nos restituir as nossas esperanças" (RÁO, Vicente. *O direito e a vida dos direitos*).

– "A mesma lei que rege o fato é também a única apta a reger os efeitos que ele desencadeia (como sujeição passiva, extensão da responsabilidade, base de cálculo, alíquotas, deduções, compensações, correção monetária etc.)" (DERZI, Misabel Abreu Machado. O princípio da irretroatividade do Direito na Constituição e no Código Tributário Nacional. *RDT* 67/250, São Paulo: Malheiros).

• Vide, ainda: SZKLAROWSKY, Leon Frejda. Irretroatividade da lei. *RTFP* 57/0, 2004.

⇒ **Irretroatividade da lei tributária.** A CF não traz uma regra geral de irretroatividade. Seu art. 5º, inciso XXXVI, estabelece, apenas, que "a lei não prejudicará o direito adquirido, o ato jurídico perfeito e a coisa julgada". A CF estabelece a irretroatividade, isto sim, em outros artigos, como garantia especial quanto à definição de crimes e ao estabelecimento de penas e quanto à instituição e à majoração de tributos. Ao prescrever que os entes políticos não podem instituir tributos "em relação a fatos geradores ocorridos antes do início da vigência da lei que os houver instituído ou aumentado", o art. 150, III, *a*, da CF estabelece uma garantia adicional em favor do contribuinte que extrapola a proteção ao direito adquirido e ao ato jurídico perfeito, assegurando-o contra exigências tributárias que tenham em consideração atos, fatos ou situações passados relativamente aos quais já suportou ou suportará os ônus tributários estabelecidos ou que não ensejaram imposições tributárias pelas leis vigentes à época, que eram do seu conhecimento. A irretroatividade da lei tributária vem preservar o passado da atribuição de novos efeitos tributários, reforçando a própria garantia da legalidade, porquanto resulta na exigência de lei prévia, evidenciando-se como instrumento de otimização da segurança jurídica ao prover uma maior certeza do direito. Não há, no texto constitucional, qualquer atenuação ou exceção à irretroatividade tributária. Atos já praticados, fatos ou situações já ocorridos, não podem ser considerados, por lei nova, como geradores de obrigações tributárias, tampouco como passíveis de dimensionar ônus tributário novo. A lei instituidora ou majoradora de tributos tem de ser, necessariamente, prospectiva, não se admitindo nenhum tipo de retroatividade, ainda que retrospectiva ou imprópria.

– Inaplicabilidade às prerrogativas de fiscalização. A garantia da irretroatividade, assim como as anterioridades, não alcançam os temas relativos às prerrogativas da administração tributária, como o acesso a dados com quebra de sigilo bancário, aos quais é aplicável o art. 144, § 1º, do CTN.

– "A Lei 10.174/01 não atrai a aplicação do princípio da irretroatividade das leis tributárias, tendo em vista o caráter instrumental da norma, nos termos do artigo 144, § 1º, do CTN" (STF, RE 601.314, 2016).

– Princípio da segurança jurídica como fundamento da irretroatividade. A limitação ao poder de tributar prevista no art. 150, inciso III, alínea *a*, da Carta Magna constitui garantia do contribuinte contra o arbítrio do Estado, assegurando-lhe o conhecimento prévio da carga tributária a que estará sujeito. A cláusula da irretroatividade está baseada no privilegiamento da segurança jurídica no seu conteúdo de certeza do direito, princípio que deve nortear a atuação do legislador e do aplicador da lei. Vide nosso livro *Segurança jurídica, certeza do direito e tributação*, 2006.

– "O princípio da segurança jurídica (CF: preâmbulo, art. 5º, *caput*; art. 6º, *caput*) tem por finalidade garantir estabilidade aos direitos estabelecidos em nível constitucional e previsibilidade quanto aos efeitos jurídicos dos atos normativos, razão pela qual é exteriorizado, particularmente, por meio de normas específicas que instituem garantias: irretroatividade (CF: art. 5º, XXXVI e XL; art. 150, III, *a*), legalidade (CF: art. 5º, II, e art. 150, I) e anterioridade tributária (CF: art. 150, III, *b*)" (ÁVILA, Humberto Bergmann. *Medida provisória na Constituição de 1988*. Fabris, 1997, p. 50).

– Tempus regit actum. "... alcançar fatos jurídicos passados, incidindo em retroatividade, nada mais é do que prescrever novas consequências a eles, com novos efeitos jurídicos, ignorando aqueles efeitos decorrentes de normas vigentes quando esses fatos ocorreram. [...] incidir em retroatividade não é apenas pretender que fatos passados sejam regulados por normas posteriores, gerando uma obrigação ainda no passado que, por não ter sido cumprida (até por ser inexistente em seu tempo), geraria inclusive a imposição de penalidade. A retroatividade é inadmissível mesmo quando cria obrigação futura (novo efeito jurídico), em razão de fatos passados. Não há qualquer novidade nessa afirmação, mera decorrência do brocardo *tempus regit actum*" (DONIAK JR., Jimir. Tributação do lucro de controladas e coligadas no exterior e o parágrafo único do artigo 74 da MP n. 2.158-35/2001. *RDDT* 212/67, 2013).

– Consideração do fato gerador como um todo. O art. 150, III, *a*, impede a retroatividade da lei tributária, tendo como referências: a) a vigência da lei instituidora ou majoradora do tributo; b) a ocorrência do fato gerador. Impõe-se considerar a locução "fato gerador" no sentido tradicionalmente utilizado no Direito brasileiro e consagrado no art. 114 do CTN, como a situação definida em lei como necessária e suficiente ao surgimento da obrigação tributária. "Fato gerador" está, assim, no sentido de "aspecto material da hipótese de incidência tributária". O próprio CTN, aliás, refere-se a "fato gerador" ao definir o aspecto material dos impostos, tal como se vê no art. 19 relativamente ao imposto sobre a importação (entrada do produto estrangeiro no território nacional) e no art. 43 quanto ao imposto sobre a renda e proventos de qualquer natureza (aquisição da sua disponibilidade econômica ou jurídica). É um equívoco tomar pela locução "fato gerador", utilizada no art. 150, III, *a*, da CF, o aspecto temporal da hipótese de incidência tributária quando não se identifique com a circunstância de tempo do aspecto material. O aspecto temporal da norma tributária impositiva, tal como tem sido concebido no direito brasileiro, é, muitas vezes, definido por lei mediante ficção destinada a facilitar a aplicação da lei tributária, que determina que se considere o fato gerador como ocorrido em dado e certo momento, perfeitamente identificável, nem sempre coincidente com a ocorrência mesmo do ato, fato ou situação tributados. Relativamente ao imposto sobre a importação, o art. 23 do Decreto-Lei n. 37/66 determina que se considere ocorrido o fato gerador no momento do registro da declaração de importação para fins de desembaraço; no que diz respeito ao imposto sobre a renda da pessoa jurídica, o art. 2º, § 3º, da Lei n. 9.430/96 determina a apuração do lucro real em 31 de dezembro de cada ano. Não há que se admitir que tais ficções, voltadas a facilitar a operacionalização do Direito Tributário, sejam tomadas em lugar do próprio fato gerador (aspecto material). O aspecto temporal não tem o condão de substituir ou de se sobrepor ao aspecto material como critério para a verificação da observância das garantias constitucionais. Quando o art. 150, III, *a*, se refere a "fato gerador", não está se referindo a uma ficção, mas à situação prevista em lei como necessária e suficiente para gerar a obrigação tributária, ou seja, ao aspecto material da hipótese de incidência tributária. A certeza do direito exige o conhecimento prévio da lei tributária impositiva e a garantia de que a lei não será alterada posteriormente no que diz respeito aos efeitos tributários dos atos, fatos ou situações verificados

sob a sua vigência que foram identificados, pelo legislador, para fazer surgir ou para dimensionar obrigações tributárias. Essa garantia só será efetiva se atentarmos para aquilo que é, na realidade, objeto da tributação. Atos já praticados, fatos ou situações já ocorridos não podem ser considerados, por lei nova, como geradores de obrigações tributárias tampouco como passíveis de dimensionar ônus tributário novo. Esta dualidade, aliás, precisa ser frisada, pois a irretroatividade só se faz efetiva quando o passado não seja tomado em consideração, sob qualquer perspectiva e para qualquer finalidade, na instituição de novo tributo ou majoração de tributo já existente, práticas estas que, necessariamente, devem ser prospectivas. Desse modo, torna-se necessário ter em consideração a totalidade da norma tributária impositiva, dando prevalência aos aspectos material e quantitativo quando em contraste com o aspecto temporal, o que ocorrerá quando este tenha sido estabelecido não em atenção à circunstância de tempo do próprio aspecto material ou do aspecto quantitativo enquanto critério que dimensiona a riqueza tributada, mas como ficção voltada exclusivamente à chamada praticabilidade da tributação. O aspecto quantitativo também é absolutamente relevante. Para que haja uma obrigação tributária, é indispensável que haja previsão tanto do fato gerador (aspecto material) como dos demais aspectos da norma tributária impositiva, com ênfase para a base de cálculo (parte do aspecto quantitativo). Como os diversos aspectos têm de ser harmônicos, não apenas o fato gerador é importante para identificar sua natureza jurídica específica do tributo, mas também sua base de cálculo, assim como ambos revelam o que está sendo tributado. A base de cálculo é mesmo bastante relevadora e merece muita atenção para que o legislador, e.g., não institua um imposto sob o pretexto de estar instituindo uma taxa, ou que diga estar tributando determinada situação quando, em verdade, exige pagamentos relativamente a outra manifestação de riqueza ou ato do Estado. A irretroatividade, pois, tem de ter em conta tanto o aspecto material como o aspecto quantitativo da norma tributária impositiva que, em um tributo adequadamente instituído, guardam harmonia e implicações mútuas. Só é aplicável a lei em vigor antes da sua ocorrência. A consideração do aspecto temporal da hipótese de incidência tributária como critério para a análise da irretroatividade e da anterioridade implica não apenas a aplicação equivocada da Constituição, como enseja que o legislador ordinário, através de uma ficção, acabe por burlar a garantia constitucional do contribuinte, despindo-a de efetividade, garantia esta que, a rigor, não pode ser excepcionada sequer por Emenda Constitucional.

– A lei deve preceder o início do período nos fatos geradores complexos. IR e CSL. Admitir-se, para fins de aplicação do princípio da irretroatividade, a consideração pura e simples da definição legal do aspecto temporal da hipótese de incidência, sem atentar para o fato econômico tributado, implica a chamada retroatividade imprópria, de todo reprovável e ofensiva da segurança e confiança do contribuinte. Em se tratando de fatos geradores de período (também designados complexivos), a irretroatividade, que no Brasil é garantia constitucional, exige que a lei seja prévia ao início do período. Na legislação alienígena (portuguesa e italiana), há disposições expressas nesse sentido.

– O STF vinha tomando como referência, para verificar a observância ou ofensa aos princípios da irretroatividade e da anterioridade, tão somente o aspecto temporal da norma, ou seja, o momento indicado na lei como aquele em que se deva considerar, formalmente, ocorrido o fato gerador da obrigação tributária. Assim se deu por ocasião da aplicação imediata das alterações de alíquota do Imposto de Importação, tendo como referência a data da declaração de importação, independentemente de já ter a mercadoria entrado no território nacional, ou seja, considerando o aspecto temporal, e não o aspecto material da hipótese de incidência, conforme se vê em nota ao art. 19 do CTN. Outrossim, quando do julgamento do RE 197.790, o STF admitiu a cobrança da contribuição social sobre o lucro obtido pelas empresas de janeiro a dezembro de 1989, apurado em 31 de dezembro, com alíquota que havia sido fixada no curso daquele ano, através da Lei n. 7.856/89. Ou seja, reconheceu válida lei que, ao que nos parece, ofendeu tanto o princípio da anterioridade como o da própria irretroatividade. Contudo, em fevereiro de 2011, por ocasião do julgamento do RE 587.008, o Tribunal adotou outra linha, dando caráter substancial às garantias da irretroatividade e da anterioridade, conforme se vê de voto então proferido: "... a proteção do contribuinte nestes casos de fato gerador de período vem sendo consagrada de modo expresso em legislações como a portuguesa e a italiana, evitando-se que interpretações permissivas autorizem a lei a colher fatos já decorridos, sob a alegação não se tratar de retroatividade, mas de 'restrospectividade' ou 'retroatividade imprópria'. [...] Vem ocorrendo, portanto, o reconhecimento da intangibilidade dos fatos já ocorridos, ainda que relativos a tributo com fato gerador de período que esteja inconcluso, o que merece ainda maior atenção em face do reconhecimento, pela Constituição brasileira, não só da irretroatividade, mas também da anterioridade da lei tributária. [...]"; "... as garantias de irretroatividade e de anterioridade tem caráter substancial e não meramente formal. Devem ser interpretadas tendo em conta a situação material reveladora de capacidade contributiva e que é geradora da obrigação tributária. É o aspecto material – e não o aspecto temporal da norma – que deve ser considerado para fins de resguardo da irretroatividade e da anterioridade da lei tributária, seja esta a de exercício (art. 150, III, *a*), a nonagesimal mínima (art. 150, III, *c*) ou a nonagesimal das contribuições de seguridade (art. 195, § 6º). Havendo afirmação constitucional expressa da irretroatividade da lei ao fato gerador, bem como da anterioridade da lei tributária, e considerando-se que tais garantias constituem desdobramentos inequívocos do princípio da segurança jurídica, pode-se concluir que não tem lugar, no direito tributário brasileiro, a chamada retroatividade imprópria. Note-se que o aspecto temporal da norma tributária impositiva, quando não corresponda ao próprio momento da ocorrência material do fato gerador, constitui ficção jurídica voltada a facilitar a aplicação da lei tributária, não servindo, contudo, de referência para a verificação da observância das garantias da irretroatividade e da anterioridade tributárias".

– **Tema 168 do STF.** "É inconstitucional a aplicação retroativa de lei que majora a alíquota incidente sobre o lucro proveniente de operações incentivadas ocorridas no passado, ainda que no mesmo ano-base, tendo em vista que o fato gerador se consolida no momento em que ocorre cada operação de exportação, à luz da extrafiscalidade da tributação na espécie". Decisão de mérito em 2015.

– No Direito Português, por exemplo, em que a garantia da irretroatividade tributária também tem sede constitucional, a Lei Geral Tributária de 1999, além de reafirmá-la, estabelece que, se o fato for de formação sucessiva, a lei nova só se aplica ao período decorrido a partir da sua entrada em vigor, vedando, assim, expressamente, a retroatividade dita imprópria. Vejamos o texto da Constituição de 1976 e o art. 12 do Decreto-Lei n. 398, de 17 de dezembro de 1999 (Lei Geral Tributária Portuguesa): "Constituição da República Portuguesa, de 25 de Abril de 1976: Artigo 103º (Sistema fiscal) 3. Ninguém pode ser obrigado a pagar impostos que não hajam sido criados nos termos da Constituição, que tenham natureza retroactiva ou cuja liquidação e cobrança se não façam nos termos da lei. Lei Geral Tributária: Artigo 12º Aplicação da lei tributária no tempo 1 – As normas tributárias aplicam-se aos factos posteriores à sua entrada em vigor, não podendo ser criados quaisquer impostos retroactivos. 2 – Se o facto tributário for de formação sucessiva, a lei nova só se aplica ao período decorrido a partir da sua entrada em vigor. [...]" (Disponível em: <http://www. cstaf.mj.pt/legislacao/lei_geral_trib. htm>. Acesso em: 13 de julho de 2005).

– No Direito Italiano, por sua vez, mesmo não sendo assegurada constitucionalmente a irretroatividade tributária, seguiu-se recentemente o mesmo caminho, sendo que o *Statuto del contribuente* de 2000 também é expresso no sentido de não admitir sequer a retroatividade imprópria. Vejamos o texto da Legge 27, de 31 de julho de 2000, *Statuto del contribuente*: "Statuto del contribuente Art. 3. Salvo quanto previsto dall'articolo 1, comma2, lê disposizioni tributarie non hanno effetto retroattivo. Relativamente ai tributi periodici le modifiche introdotte si applicano solo a partire dal periodo d'imposta successivo a quello in corso alla data di entrata in vigore delle disposizioni che le prevedono" (Legge 27 luglio 2000, n. 212, pubblicata sulla G.U. 31.7.2000, n. 177. Disposizioni in materia di Statuto dei diritti del contribuente... Disponível em: http://www.finanze.it/dossier_tematici/statuto_diritti_ contribuenti/).

– "Fala-se em retroatividade autêntica ou própria como sendo aquela em que a lei nova derrama efeito sobre o passado, alcançando-o (*ex tunc*). É a aplicação da nova lei a fatos pertencentes ao passado e definitivamente estabilizados. [...] Já a retroatividade inautêntica ou imprópria (retrospectividade) tem que ver com situações ainda não concluídas por ocasião do advento da lei nova, que as alcança, não obstante assim em fase de formação. [...] Não há apenas esse falar em retroatividade autêntica e inautêntica. ... há ainda uma classificação da lei nova levando em conta seus efeitos. Fala-se por esse ângulo em (a) retroatividade máxima, quando a lei se aplica integralmente aos fatos e atos passados, atingindo mesmo o ato jurídico perfeito e as relações já consolidadas; (b) retroatividade média, quando a nova lei atinge os efeitos pendentes do ato jurídico perfeito verificado antes de seu surgimento (da lei nova); e (c) retroatividade mínima, quando a nova lei afeta os efeitos dos atos anteriores, mas produzidos após seu advento (da nova lei). No que diz respeito às chamadas retroatividade autêntica, retroatividade máxima e retroatividade média, é inteiramente fora de dúvida que a nova lei atira também para trás de si seus efeitos, atingindo as situações outrora ocorridas. Outrossim, no que atina às assim ditas retroatividade inautêntica (retrospectividade) e retroatividade mínima, parece-nos não lograr êxito a ponderação de que o de que se trata é de aplicação imediata da nova lei. A aplicação, não há duvidar, é realmente imediata; contudo, o efeito que daí decorre é retroativo. Deveras, se o ato ou fato jurídico, embora realizado no passado, projeta efeitos para o futuro, já ao tempo da nova lei, e são esses efeitos postos debaixo do guante desta nova lei, é induvidoso que essa lei retroativa é, na medida em que acaba atingindo a causa daquele antigo ato ou fato jurídico, já consumado. [...] No Brasil não têm aplicação as chamadas retroatividade inautêntica (retrospectividade) e retroatividade mínima, que têm caráter retroativo (atingindo efeitos futuros de atos e fatos consolidados no passado), porque aqui o princípio da irretroatividade das leis tem estatura constitucional (CF, art. 5º, inc. XXXVI), com o que não está ao alcance do legislador infraconstitucional" (RABELLO FILHO, Francisco Pinto. *O princípio da anterioridade da lei tributária*. São Paulo: RT, 2002, p. 86-88).

– "Existem peculiaridades em relação aos impostos de período como são o imposto de renda e a contribuição social sobre o lucro. A eles consagra o Código Tributário Nacional regra especial, criando exceção no § 2º do art. 144. A exceção não rompe, nem poderia romper, com o princípio da irretroatividade. Ao contrário. Conjugado o princípio da irretroatividade ao da anterioridade, a aplicação da lei nova ficará adiada. Como já dissemos, para o STF parece assentado, por conseguinte, que: [...] quando, nos impostos de período, de que é exemplo o imposto sobre a renda, advém lei nova, majoradora, mesmo antes do encerramento do ano-base, a conjugação dos princípios da anterioridade e da irretroatividade obstaculiza totalmente a sua aplicação. Ao imposto de renda somente será aplicável a lei em vigor no primeiro dia do exercício-base (e não a do exercício do lançamento). Igualmente, na contribuição social sobre o lucro, advindo lei nova antes do encerramento do ano-base, ela somente será aplicável na apuração do lucro contado a partir do período que se iniciar após o decurso do prazo de 90 dias" (DERZI, Misabel Abreu Machado. O princípio da irretroatividade do Direito na Constituição e no Código Tributário Nacional. *RDT* 67/250-251).

– "Pode ocorrer que o fato gerador de determinado tributo seja composto pela soma de vários fatos isolados, valorizados num certo período de tempo, de tal sorte que só se aperfeiçoe tal fato gerador com a implementação do último daqueles fatos isolados... [...] O fato gerador, aí, não se traduz, isoladamente, nos fatos *a* ou *b* (rendimentos), ou no fato *c* (despesa). O fato gerador é a série 'a+b-c'. A lei, para respeitar a irretroatividade, há de ser anterior à série 'a+b-c', vale dizer, a lei deve preceder todo o conjunto de fatos isolados que compõem o fato gerador do tributo. Para respeitar-se o princípio da irretroatividade, não basta que a lei seja prévia em relação ao último desses fatos, ou ao término do período durante o qual os fatos isoladamente ocorridos vão sendo registrados" (AMARO, Luciano. *Direito tributário brasileiro*. 15. ed. São Paulo: Saraiva, 2009, p. 119-120).

– **Súmula 584 do STF:** (CANCELADA) "Ao Imposto de Renda calculado sobre os rendimentos do ano-base, aplica-se a lei vigente no exercício financeiro em que deve ser apresentada a declaração".

– "LEI – APLICAÇÃO NO TEMPO – IMPOSTO DE RENDA – ADICIONAL – DECRETO-LEI N. 2.462/1988 – APLICAÇÃO NO ANO-BASE DE 1988 – IRRETROATIVIDADE E ANTERIORIDADE – INOBSERVÂNCIA – INCONSTITUCIONALIDADE. É inconstitucional a aplicação, a fatos ocorridos no ano-base de 1988, do adicional do imposto de renda sobre o lucro real instituído pelo Decreto-Lei n. 2.462, de 30 de agosto de 1988, considerada a violação dos princípios da irretroatividade e da anterioridade. VERBETE N. 584 DA SÚMULA DO SUPREMO – SUPERAÇÃO – CANCELAMENTO. Superado o entendimento enunciado no verbete n. 584 da Súmula, do Supremo, impõe-se o cancelamento" (STF, RE 159.180, 2020).

– "IMPOSTO DE RENDA. OPERAÇÕES INCENTIVADAS. LEI 7.988/89, ART. 1º, I. 1. Não é legítima a aplicação retroativa do art. 1º, I, da Lei 7.988/89 que majorou a alíquota incidente sobre o lucro proveniente de operações incentivadas ocorridas no passado, ainda que no mesmo exercício. Relativamente a elas, a legislação havia conferido tratamento fiscal destacado e mais favorável, justamente para incrementar a sua exportação. A evidente função extrafiscal da tributação das referidas operações afasta a aplicação, em relação a elas, da Súmula 584/STF" (STF, RE 183.130, 2014).

– "Na vigência do ordenamento constitucional decaído, o princípio da anterioridade da lei fiscal ao início do exercício financeiro tinha um sentido meramente retórico, consolidado na Súmula n. 584 do Colendo Supremo Tribunal Federal, do seguinte teor: 'Ao imposto de renda calculado sobre os rendimentos do ano base aplica se a lei vigente no exercício financeiro em que deve ser apresentada a declaração'. Bastava a lei ordinária fixar, como fato gerador de determinado imposto, um momento anterior ao início do exercício financeiro para que a exigência prevista no texto maior fosse considerada satisfeita. Quer dizer, o irrealismo era completo porque a garantia constitucional estava subordinada ao modo como a lei ordinária disciplinava o instituto. As pessoas do povo, as que pagam os tributos, não entendiam isso. Com razão, na medida em que a lei fazia por surpreendê las quando já não tinham como evitar a obrigação tributária. O art. 150, III, *a*, da Constituição Federal de 1988 inovou em relação à matéria. O princípio, agora, não é mais o de que a lei tributária deve ser anterior ao início do exercício financeiro. A garantia, agora, é o de que a lei não pode criar uma exigência tributária à base de fatos que ocorreram antes. Exemplificando, se o fato gerador do imposto de renda for apurado anualmente, não basta que a lei seja anterior ao último momento de sua formação (24:00 horas do dia 31 de dezembro do ano-base). É indispensável que anteceda seu instante inicial (zero hora do dia 1º de janeiro do ano base). Os fatos geradores a que o dispositivo constitucional se refere são estes que têm significado econômico, não aqueles fictamente estabelecidos pela lei ordinária. Sob pena de inversão hierárquica, não se deve interpretar a Constituição a partir da lei. Esta é que deve ser entendida segundo a Constituição. Nessa linha, uma lei editada quando a maior parte dos fatos econômicos do ano base já se deu não pode afetá los. Há manifesta inconstitucionalidade quando isso acontece..." (TRF4, AIAMS 91.04.00727-1/PR, excerto do voto condutor, 1992).

– "... até o início dos anos oitenta, a doutrina pátria, em coro com a jurisprudência consagrada na Súmula 584 do STF, sustentava que a lei aplicável para tributar a renda de determinado ano era a que estivesse em vigor no final desse ano, que não seria retroativa, dado que ela precedia o término do período, com o qual se marcaria, temporalmente, a ocorrência do fato gerador; ademais – ecoava a doutrina –, a aplicação dessa lei estaria também respeitando o princípio da anterioridade, pois o tributo, criado sobre a renda do ano X, por lei editada no final do mesmo ano X, só seria 'cobrado' no ano X+1. A doutrina gastava munição discutindo se o fato gerador ocorria no dia 31 de dezembro ou no dia 1º de janeiro. Nessa disputa (em torno da virada de um dia no calendário) se abstraía que 365 dias, já passados, eram regidos pela lei nova..." (AMARO, Luciano. *Direito tributário brasileiro*. 15. ed. São Paulo: Saraiva, 2009, p. 128-129).

– "Como já remarcamos, a Constituição brasileira não ampara, de modo algum, a doutrina da retrospectiva ou da irretroatividade imprópria a que se referem os alemães e todos os demais, que não têm uma Carta de princípios que declare a irretroatividade da lei tributária, ou do direito em geral, nem tampouco disponha sobre a garantia fundamental da anterioridade. É inexplicável que, entre nós, mesmo antes da promulgação da Constituição de 1988, se tenha por tanto tempo adotado o teor da Súmula n. 584" (DERZI, Misabel Abreu Machado Derzi. Em nota de atualização na obra de Aliomar Baleeiro. *Direito tributário brasileiro*. 11. ed. Rio de Janeiro: Forense, 1999, p. 668).

– "TRIBUTÁRIO. IR E CSL. LIMITAÇÕES À COMPENSAÇÃO DE PREJUÍZO FISCAL E DE BASE DE CÁLCULO NEGATIVA. POSSIBILIDADE. IRRETROATIVIDADE E ANTERIORIDADE. NECESSIDADE DE SUPERAÇÃO DA SÚMULA 584 DO STF. Toda a tributação relacionada a fatos geradores ditos complexivos (como é o caso do lucro anual) dá-se por períodos de tempo, relativamente aos quais se afere a dimensão quantitativa do fato gerador – a base de cálculo – para fins de apuração do montante devido. As deduções possíveis são aquelas previstas em lei como medida de política fiscal. Fora disso, só se poderia afastar o cômputo daquelas receitas que, por sua natureza, não implicassem renda ou lucro. Inexiste direito adquirido à dedução de prejuízos ou base de cálculo negativa de períodos anteriores. Tanto a irretroatividade como a anterioridade constituem garantias do contribuinte em prol da segurança jurídica. A não majoração da carga tributária relativa a fatos passados ou situados entre o período de advento da lei nova e o decurso do interstício da anterioridade (de exercício ou nonagesimal) é efeito da irretroatividade e da anterioridade. Ainda que tomado como referência o aspecto temporal da hipótese de incidência tributária, não se tem como entender possível que a modificação na legislação, ocorrida em dezembro, venha a gravar o lucro do mesmo ano seja relativamente ao imposto de renda ou à contribuição sobre o lucro, eis que não atende nem à anterioridade de exercício nem à anterioridade

nonagesimal. O momento de cumprimento de obrigação tributária acessória e o próprio prazo para pagamento dos tributos são dados irrelevantes para a análise da irretroatividade e da anterioridade, pois desbordam do fenômeno da incidência. Não há como continuar-se aplicando, pois, a Súmula 584 do STF. Afastam-se as limitações à compensação de prejuízos fiscais e da base de cálculo negativa relativas a exercícios anteriores, impostas pela MP 812, de 30 de dezembro de 1994, na apuração tanto do IRPJ como da CSL relativos ao lucro de 1994, cujos fatos geradores consideram-se ocorridos em 31 de dezembro do mesmo ano" (TRF4, AMS 199904010963864, 2003).

– A análise e rejeição de todos os pressupostos da Súmula 584 pode ser encontrada em nosso livro *Segurança jurídica, certeza do direito e tributação*: a concretização da certeza quanto à instituição de tributos através das garantias da legalidade, da irretroatividade e da anterioridade. Porto Alegre: Livraria do Advogado, 2006.

• Vide: RODRIGUES, Raphael Silva; MARTINS, Thiago Penido. A proteção da confiança legítima e a Súmula n. 584 do Supremo Tribunal Federal: uma análise a partir do primado da segurança jurídica assegurado pelo Estado Democrático de Direito. *RFDT* 96, 2018.

• Vide, em nota ao art. 195, § 6º, da CF, julgado do STF que afastou a incidência de norma que majorava a CSL no curso do período, por não ter precedido em noventa dias o início de todo o período.

• Vide, em nota ao art. 150, III, *b*, da CF, julgado acerca do princípio da anterioridade relativamente ao IR.

– **Imposto de Importação. Considerando o aspecto temporal da norma.** "CONSTITUCIONAL. TRIBUTÁRIO. IMPOSTO DE IMPORTAÇÃO. ALÍQUOTA. FATO GERADOR. C.F., art. 150, III, *a*. I. – Fato gerador do imposto de importação de mercadoria despachada para consumo considera-se ocorrido na data do registro na repartição aduaneira competente, da declaração apresentada pelo importador (art. 23 do Decreto-lei 37/66). II. – O que a Constituição exige, no art. 150, III, *a*, é que a lei que institua ou majore tributos seja anterior ao fato gerador. No caso, o decreto que alterou as alíquotas é anterior ao fato gerador do imposto de importação" (STF, AgRegAI 420.993, 2005).

⇒ **A irretroatividade da legislação tributária como um todo.** A garantia da irretroatividade dá-se, expressamente, para a instituição ou majoração de tributo. De qualquer modo, o princípio da segurança jurídica impede que as leis em geral sejam retroativas, saldo quando não tragam norma nova ou sejam mais favoráveis ao contribuinte, nos termos do art. 106 do CTN.

– **Lei interpretativa.** A lei, embora se diga expressamente interpretativa, só poderá ser considerada relativamente a fatos passados se efetivamente nada inovou no mundo jurídico. Caso tenha desbordado da interpretação e da aplicação que já se fazia da norma dita interpretada, estará estabelecendo, em verdade, norma nova e, portanto, como lei nova deverá ser aplicada: prospectivamente. Vide notas ao art. 106, I, do CTN.

– **Correção monetária. Obrigação tributária como ato jurídico perfeito. STF.** Misabel Abreu Machado Derzi, em nota de atualização na obra de Aliomar Baleeiro, *Direito tributário brasileiro*, 11. ed. Rio de Janeiro: Forense, 1999, p. 665-666, relembra decisão do STF na Ação de Representação de Inconstitucionalidade n. 1.451-7, em maio de 1988, sobre o art. 18 do Decreto-Lei n. 2.323/87, ainda sob a égide da Constituição anterior (67/69), que determinara a transformação, em OTN, do montante do Imposto de Renda das pessoas jurídicas apurado em 31 de dezembro do ano anterior, ressaltando que o Min. Moreira Alves, no voto condutor, invocou o ato jurídico perfeito para impedir que fossem alterados os efeitos decorrentes da incidência da norma tributária. Transcreve interessante excerto, do qual destaco: "O ato jurídico perfeito é fato jurídico, que tem o seu momento-ponto, no espaço-tempo: entrou em algum sistema jurídico, em dado lugar e data... Em verdade, a lei nova não incide sobre fatos pretéritos, sejam eles, ou não, atos, e – por conseguinte – não pode prejudicar os direitos adquiridos, isto é, os direitos já irradiados e os que terão de irradiar-se... É claro, que o art. 153, § 3º, poderia ter dito que a lei nova não incide sobre o ato jurídico perfeito ou outro fato jurídico já ocorrido. Não nos disse por influência histórica e, antes de se referir ao ato jurídico perfeito, referiu-se à eficácia dos fatos jurídicos em geral: 'não prejudicará o direito adquirido, o ato jurídico perfeito...' Melhor teria dito: 'não incidirá sobre os fatos jurídicos pretéritos, inclusive atos jurídicos perfeitos'. Ora, no caso é indiscutível que se consumaram em momento anterior ao do início da vigência do art. 18 do Dec.-Lei 2.323/87, não só o fato gerador do imposto de renda relativo ao exercício financeiro de 1987 (fato esse que se produziu em 31.12.86), mas também seu efeito imediato que foi a relação obrigacional tributária nesse instante nascida... Se o fato gerador dava nascimento – como deu – a obrigação de uma natureza, não pode a lei nova transformá-la em obrigação de natureza diversa, porquanto a modificação do efeito alcança, prejudicando-o, o fato jurídico consumado de que ele resultou".

– **Vencimento. Alteração no prazo para recolhimento de tributo.** Vide nota ao artigo 105 do CTN no sentido de que a alteração do prazo de recolhimento só se aplica a fatos geradores ocorridos a partir da vigência da legislação que a determinou.

– **Dispensa do pagamento de tributo.** "A lei não está proibida de reduzir ou dispensar o pagamento de tributo, em relação a fatos do passado, subtraindo-os dos efeitos oriundos da lei vigente à época, desde que o faça de maneira expressa; a cautela que se há de tomar, nessas hipóteses, diz respeito ao princípio constitucional da igualdade, a que também deve obediência o legislador" (AMARO, Luciano. *Direito tributário brasileiro*. 15. ed. São Paulo: Saraiva, 2009, p. 119).

b) no mesmo exercício financeiro em que haja sido publicada a lei que os instituiu ou aumentou;

⇒ **Anualidade X anterioridades de exercício e nonagesimal.** A anualidade é garantia que esteve presente em texto constitucionais anteriores, mas não está contemplada na Constituição de 1988. Atualmente, assegura-se ao contribuinte as anterioridades de exercício e nonagesimal.

– **Anualidade.** Implicava o condicionamento da incidência de novas leis tributárias à previsão da sua arrecadação na lei orçamentária do respectivo exercício.

– **Súmula 66 do STF:** É legítima a cobrança do tributo que houver sido aumentado após o orçamento, mas antes do início do respectivo exercício financeiro.

– O princípio da anualidade "... não mais existe no direito positivo brasileiro, de tal sorte que uma lei instituidora ou majoradora de tributos pode ser aplicada no ano seguinte, a despeito de não haver específica autorização orçamentária. [...] Continua válida no sistema a prescrição do art. 165, §§ 5º e 8º, que determina a obrigatoriedade da inclusão de todas as receitas no orçamento anual. Sua inobservância, todavia, não mais inibe a possibilidade de exigência do gravame desde que se obedeça à anterioridade fixada no art. 150, III, *b*..." (CARVALHO, Paulo de Barros. *Curso de direito tributário*. 27. ed. São Paulo: Saraiva, 2016, p. 173).

– Nos primórdios, as leis tributárias eram anuais. A cada ano, em uma única lei, instituíam-se os tributos a serem cobrados no ano subsequente conforme as despesas previstas. A própria instituição dos tributos era temporária, anual, exigindo renovação. Assim, pouco importava que se estivesse cuidando da instituição ou majoração de um tributo novo ou da simples manutenção da sua cobrança tal como já vinha sendo feito em exercícios anteriores. Em uma segunda fase, quando mais consolidado o sistema representativo, a instituição dos tributos já não mais se dava de modo temporário, mas em caráter permanente, até que a lei instituidora viesse a ser revogada. Com isso, passou-se a exigir, sob a denominação de garantia da anuidade, que os tributos só poderiam ser cobrados em determinado ano se estivessem previstos como receita na respectiva lei orçamentária. Atualmente, sequer se condiciona a instituição ou majoração de tributos à prévia inclusão na lei orçamentária. Isso porque se entende que, provindo do mesmo órgão legislativo, ainda que não prevista na lei orçamentária, a instituição posterior, por força de lei, pressupõe, ela própria, um juízo contemporâneo quanto à necessidade daquela receita e a autorização para a cobrança após o decurso do prazo constitucional que garante o conhecimento antecipado pelo contribuinte, a anterioridade. Retrospecto histórico da anualidade e outras considerações a respeito podem ser encontradas na 10ª edição desta obra.

– "O princípio da anualidade tributária, que hoje não vige no sistema constitucional, impõe ao Estado que, para captar tributos, a autorização deverá ocorrer ano a ano, na lei orçamentária. Uma das finalidades dessa medida seria, nos argumentos revelados, a de impor a obrigação ao Estado para a apresentação dos motivos para a arrecadação tributária" (KANAYAMA, Rodrigo Luís. Responsabilidade da atividade financeira e necessária relação entre receitas e despesas públicas. In: GRUPENMACHER, Betina Treiger (coord.). *Tributação:* democracia e liberdade. São Paulo: Noeses, 2014, p. 498).

– **Anterioridades de exercício e nonagesimal.** A ideia de anterioridade da lei visa a garantir que o contribuinte não seja surpreendido com um novo ônus tributário de uma hora para outra, sem que se possa preparar para a nova carga tributária, ou seja, concretiza um comando que tem como fundamento a segurança jurídica e como conteúdo a garantia de certeza do direito, assegurando o conhecimento prévio da lei. A anterioridade, portanto, sempre se relaciona com inovação legislativa relativa à instituição ou majoração de tributo.

– Os tributos em geral submetem-se cumulativamente à anterioridade de exercício e à anterioridade nonagesimal, estabelecidas no art. 150, III, *b* e *c*, da CF, enquanto as contribuições de custeio da seguridade social submetem-se exclusivamente à anterioridade nonagesimal do art. 195, § 6º, da CF.

– A anterioridade de exercício soma-se à irretroatividade e à anterioridade nonagesimal, estabelecida pela alínea "c" deste inciso III do art. 150 da CF, acrescida pela EC n. 42/2003, como garantia do contribuinte. Atualmente, portanto, prossegue tendo aplicação a anterioridade de exercício, mas já não é suficiente para ensejar a vigência da norma que institua ou majore tributo, pois tal dependerá da observância, cumulativa, do interstício mínimo de 90 dias desde a publicação da lei, ou seja, dependerá da observância da anterioridade mínima. Vide alínea *c* e respectivas notas.

⇒ **Princípio da segurança jurídica como fundamento da anterioridade.** "No contexto deste trabalho, a etimologia do sentido fundamental da palavra segurança é assaz sugestiva (*se*, no prefixo privativo, síncope de *sine* + *cura* = cuidado, resguardo, cautela, precaução, preocupação), à proporção que aponta para tranquilidade de ânimo, indica isenção de preocupações, cuidados. É vocábulo que expressa tranquilidade, quietação. É nesse sentido que o sobreprincípio da segurança jurídica emerge como sendo certamente um esteio do Estado Democrático de Direito com uma básica formulação de exigência: previsibilidade da ação estatal. O Estado deve atual sempre com lealdade em face das pessoas (físicas e jurídicas), apurar-se invariavelmente de modo a não surpreendê-las (não surpresa) com as medidas tomadas. [...] o princípio da anterioridade da lei tributária é inequívoca forma de dar-se efetivação ao princípio da segurança jurídica, na medida em que faz com que o cidadão saiba, num dado exercício financeiro, que no exercício seguinte ele terá uma carga tributária (inteiramente) nova ou majorada. Com essa exigência, o cidadão fica sabendo, com antecedência, que no próximo exercício financeiro terá um incremento em seus encargos tributários. É, pois, previsibilidade objetiva, concedida ao contribuinte, no que diz respeito à tributação" (RABELLO FILHO, Francisco Pinto. *O princípio da anterioridade da lei tributária*. São Paulo: RT, 2002, p. 100-103).

– **Mais do que previsibilidade ou não surpresa: garantia de conhecimento antecipado.** As garantias de anterioridade costumam ser associadas à previsibilidade quanto às novas imposições tributárias mais gravosas, à não surpresa do contribuinte, havendo, inclusive, quem chegue a falar em "princípio da não surpresa". Se, de um lado, tal categorização é reveladora dos efeitos da anterioridade, de outro nos parece equívoca, não abarcando toda a proteção por esta concedida. Previsibilidade é a qualidade de previsível, ou seja, daquilo que se pode prever. Mas prever é termo normalmente tomado como "calcular, conjeturar, supor" ou como "subentender, pressupor", ou ainda, "profetizar, prognosticar, predizer". Tais acepções, porém, indicariam um conteúdo equivocado para a garantia da anterioridade, que não tem em conta simples possibilidades de algo que talvez aconteça e com o

que se deva ou não contar. A acepção do termo "prever" que corresponde com maior exatidão à proteção decorrente da anterioridade, é a de "ver antecipadamente", "ver, estudar, examinar, com antecedência". "Surpresa", por sua vez, é o "ato ou efeito de surpreender-se", "acontecimento imprevisto: sobressalto". "Surpreender" é "apanhar de improviso", "aparecer inesperadamente diante de". "Imprevisto" é o "que não é previsto", "súbito, inesperado, inopinado". "Sobressalto" é o "ato ou efeito de sobressaltar", "movimento brusco, provocado por emoção repentina e violenta"; "sobressaltar" é "tomar de assalto ou de improviso; surpreender". "Não surpresa" é a negação de tudo isso. Mas a anterioridade é mais ainda, não se limitando a afastar aquilo que seja brusco e inesperado, o que pegue de improviso, mas, sim, assegurando conhecimento antecipado, por tempo suficiente, do que advirá já com certeza, pois decorrente de lei publicada. Mais do que previsibilidade e do que não surpresa, pois, cuida-se de assegurar ao contribuinte o conhecimento antecipado daquilo que, sendo decorrente de lei estrita devidamente publicada, ser-lhe-á com certeza imposto, incidindo sobre os atos que então venham a ser praticados ou sobre os fatos ou situações que se verifiquem em conformidade com a previsão legal, após o decurso de noventa dias e a virada do exercício ou apenas do decurso de noventa dias em se tratando de contribuições de seguridade social. Note-se que, em havendo, por exemplo, projeto de lei com tramitação em regime de urgência com larga discussão nos meios de comunicação, não há que se falar em surpresa do contribuinte relativamente ao aumento de carga tributária que o agrave, mas nem por isso restará autorizada a sua incidência. Não se trata, efetivamente, de simplesmente evitar a surpresa, o sobressalto, o inesperado, mas de garantir um interstício de tempo entre a publicação da lei nova mais gravosa ao início da sua incidência, permitindo que o contribuinte se prepare para aquilo que sabe, por força de lei já publicada, que lhe será imposto. Vide nosso livro *Segurança jurídica, certeza do direito e tributação*, 2006.

– **Anterioridade de exercício como cláusula pétrea.** A anterioridade é uma garantia fundamental do contribuinte e, portanto, cláusula pétrea que não pode ser sequer excepcionada nem mesmo por emenda constitucional. O STF já decidiu assim na ADI 939. Vide nota ao *caput* deste artigo 150.

⇒ **Publicação da lei no mesmo exercício financeiro.** A CF veda a cobrança de tributo no "mesmo exercício financeiro em que haja sido publicada a lei que os instituiu ou aumentou". A definição do que se deva considerar exercício financeiro consta do art. 34 da Lei n. 4.320/64: "Art. 34. O exercício financeiro coincidirá com o ano civil." Assim, nenhuma particularidade se estabelece: exercício financeiro corresponde a ano civil.

– **Publicação da lei.** Em nota ao art. 150, I, da CF ressaltamos a importância da publicação da lei, pois a publicidade complementa o processo legislativo, marcando o ingresso da nova lei no ordenamento jurídico, sendo que, antes da publicação, não produz efeitos (vide as notas respectivas). Por isso, a publicidade é marcante, também, para a verificação da observância do princípio da anterioridade. Não basta a aprovação da lei pelo Congresso antes do final do ano; impõe-se que seja ela sancionada e devidamente publicada até 31 de dezembro.

– "Agravo regimental. – Não se tratando de intimação por *Diário da Justiça*, mas de entrada em vigor de lei o que se dá no momento de sua publicação, e tendo a Lei 8.383 sido publicada no dia 31.12.91, circulando o *Diário Oficial* na noite desse dia (e isso porque a circulação não depende do momento da entrega desse *Diário aos Correios*), ainda que fosse necessária a observância do princípio da anterioridade – e em se tratando de correção monetária, por não haver aumento de tributo, não o é – ele teria sido respeitado, não ocorrendo, ainda, a alegada aplicação retroativa, pois o fato gerador do tributo em causa só se dá no final do último dia do ano. – Falta de prequestionamento das questões constitucionais relativas à TR invocadas no recurso extraordinário. Agravo a que se nega provimento" (STF, AgRgAI 254.654-5, 2000).

– **31 de dezembro – sábado à noite. Suficiência.** "Imposto de Renda e Contribuição Social. Medida Provisória n. 812, de 31.12.94, convertida na Lei n. 8.981/85. Artigos 42 e 58. Princípio da anterioridade. – Medida provisória que foi publicada em 31.12.94, apesar de esse dia ser um sábado e o *Diário Oficial* ter sido posto à venda à noite. Não ocorrência, portanto, de ofensa, quanto à alteração relativa ao imposto de renda, ao princípio da anterioridade. – O mesmo, porém, não sucede com a alteração relativa à contribuição social, por estar ela sujeita, no caso, ao princípio da anterioridade mitigada ou nonagesimal do artigo 195, § 6º, da C.F., o qual não foi observado" (STF, RE 226.451-3, 2000).

– **Vigência *x* eficácia.** "Embora a lei criadora (ou que o aumente) entre em vigor na data de sua publicação (como, em regra, vêm consignado nessas normas), o certo é que essas leis só poderão produzir eficácia no exercício subsequente àquele em que forem editadas. Em que pese vigentes, tais leis têm sua eficácia protraída para o ano seguinte ao da sua edição" (BARRETO, Aires F. *ISS na Constituição e na lei.* 3. ed. São Paulo: Dialética, 2009, p. 23).

– **Medida provisória e termo *a quo* para o respeito à anterioridade.** O STF sempre entendeu que o termo *a quo*, para a verificação da observância da anterioridade, era a data da edição da medida provisória, inclusive considerando a primeira medida provisória da série no caso de reedições (quando as reedições eram possíveis, antes da EC n. 32/2001), desde que não houvesse alteração de redação. Com a EC n. 32/2001, que alterou o regime das medidas provisórias, acresceu-se o § 2º ao art. 62 da CF, com a seguinte redação: "Medida provisória que implique instituição ou majoração de impostos, exceto os previstos nos arts. 153, I, II, IV, V, e 154, II, só produzirá efeitos no exercício financeiro seguinte se houver sido convertida em lei até o último dia daquele em que foi editada." Note-se que a restrição é posta pela EC n. 32/2001 no § 2º do art. 62 da CF apenas para a espécie tributária *impostos*, de maneira que, para as demais espécies tributárias, continua aplicável a orientação do STF. A EC n. 42/2003, que estabeleceu a anterioridade mínima de 90 dias ao acrescer a alínea *c* ao inciso III do art. 150 da CF, não estabeleceu a conversão em lei como critério para a sua contagem. Entendemos, assim, que a majoração de impostos decorrente de medida provisória poderá incidir desde que publicada e convertida em lei antes do final do exercício, observada a anterioridade mínima de 90 dias contados da edição da medida provisória.

– Ives Gandra pretende sua aplicação às diversas espécies: "A disposição coloca um ponto final a tal conveniente interpretação, admitindo medida provisória para instituição ou majoração de tributos desde que seja convertida em lei dentro do próprio exercício. Salutar a correção por texto constitucional da distorção provocada pela elasticidade ofertada pela Suprema Corte ao Poder Executivo Federal" (MARTINS, Ives Gandra da Silva. O novo Regime Constitucional das Medidas Provisórias. In: ROCHA, Cármem Lúcia Antunes. *Constituição e segurança jurídica.* Belo Horizonte: Fórum, 2004, p. 275).

– Quando se admitia a reedição de MPs, a data da edição da primeira MP era o marco. Vide a nota ao art. 150, I, sobre a reedição de medidas provisórias".

– "O termo *a quo* do prazo de anterioridade da contribuição social criada ou aumentada por medida provisória é a data de sua primitiva edição, e não daquela que – após sucessivas reedições – tenha sido convertida em lei" (STF, RE 266.269, 2000). Vide também: STF, RE 181.664, 1997.

– Quando houver alteração na redação da Medida Provisória por ocasião da sua conversão em lei, independentemente de que tributo esteja sendo instituído ou majorado, a observância das regras de anterioridade terá como referência a publicação da lei (STF, RE 568.503, 2014).

⇒ **Anterioridade de exercício na instituição ou majoração de tributo.** A regra da anterioridade (geral, comum ou de exercício) está consagrada nesta alínea e regulamentada pelo art. 104 do CTN. Garante que o contribuinte só estará sujeito, no que diz respeito à instituição e majoração de tributos, às leis publicadas até 31 de dezembro do ano anterior. Terá de ser observada, ainda, contudo, a anterioridade mínima de 90 dias estabelecida na alínea *c* deste inciso III do art. 150 da CF, acrescida pela EC n. 42/2003. Vide a alínea *c* e respectivas notas.

– **Súmula 67 do STF:** É inconstitucional a cobrança do tributo que houver sido criado ou aumentado no mesmo exercício financeiro.

– O princípio da anterioridade abrange a instituição do tributo (mediante definição dos seus elementos material, espacial, temporal, pessoal e quantitativo) e seu aumento (majoração/elemento quantitativo).

– "... para o STF parece assentado, por conseguinte, que: o princípio da anterioridade do art. 150, III, *b*, da CF tem o condão de adiar a eficácia (ou vigência) da lei que cria tributo novo ou majora um já existente, sendo inoperante antes do exercício financeiro seguinte ao de sua publicação; fenômeno similar se passa com o princípio da espera nonagesimal do art. 195, § 6º, segundo o qual as leis que instituem ou majoram as contribuições sociais, de custeio da Seguridade Social, somente são eficazes após o decurso do prazo de 90 dias contado da data de sua publicação" (DERZI, Misabel Abreu Machado. O princípio da irretroatividade do Direito na Constituição e no Código Tributário Nacional. *RDT* 67/250-251, São Paulo: Malheiros).

– "Entende-se por majoração do tributo toda alteração ocorrida no critério quantitativo do consequente da regra-matriz de incidência tributária, ou seja, base de cálculo ou alíquota, que aumente o valor do *quantum debeatur*" (ASHIKAGA, Carlos Eduardo Garcia. O legislador tributário e as recentes ofensas aos princípios constitucionais da anterioridade e da noventena. *RDDT* 115/47, 2005).

– **Imposto de renda. Anterioridade ao início do período**. O imposto de renda é tributo com fato gerador complexo, que considera o acréscimo patrimonial obtido durante determinado período de tempo. Desse modo, a observância da anterioridade tributária exige que a lei seja publicada no ano anterior ao início do ano-base ou ano-calendário. Essa, aliás, é a inclinação do STF atualmente, após julgado do STF relativo à anterioridade nonagesimal da CSL, também tributo com fato gerador complexo. Anteriormente, o entendimento do STF era diverso. Vide, a respeito, nota ao art. 150, III, *a*, da CF sobre a irretroatividade e a Súmula 584 do STF.

– "... numa quase que inesperada mudança de entendimento, em julgamento promovido sob o regime de repercussão geral, o Supremo Tribunal Federal veio a reconhecer que a efetiva e substancial observância da anterioridade tributária quanto aos fatos geradores complexivos requer, necessariamente, a publicação da lei instituidora ou majoradora antes mesmo do início da cadeia de fatos que compõem o fato gerador como um todo, ou noutros dizeres, antes mesmo do ano-calendário ou ano-base no qual o fato gerador complexivo configurar-se-á, entendimento este manifestamente mais afinado à moderna hermenêutica constitucional, tratando-se, enfim, de importante precedente jurisprudencial que daqui em diante tende a condicionar a atividade tributária estatal e lhe impor o efetivo respeito à garantia fundamental da não surpresa aos contribuintes" (CARNEIRO, Daniel Zanetti Marques. Anterioridade tributária e fatos geradores complexivos. *RDDT* 219/27, 2013). Obs.: refere-se ao RE 587.008/SP.

– Veja-se o entendimento, que também nós entendemos superado, do STF: "Agravo regimental. – Não se tratando de intimação por *Diário da Justiça*, mas de entrada em vigor de lei o que se dá no momento de sua publicação, e tendo a Lei 8.383 sido publicada no dia 31.12.91, circulando o *Diário Oficial* na noite desse dia (e isso porque a circulação não depende do momento da entrega desse *Diário aos Correios*), ainda que fosse necessária a observância do princípio da anterioridade – e em se tratando de correção monetária, por não haver aumento de tributo, não o é – ele teria sido respeitado, não ocorrendo, ainda, a alegada aplicação retroativa, pois o fato gerador do tributo em causa só se dá no final do último dia do ano" (STF, AgRgAI 254.654-5, 2000).

– **Definição da tabela de alíquotas do ITR. Necessidade de observância da anterioridade**. "A Turma manteve acórdão do TRF da 4ª Região que entendera que a cobrança de ITR, com base na MP 399/93, convertida na Lei 8.847/94, referente a fato gerador ocorrido no exercício de 1994, viola o princípio da anterioridade tributária (CF, art. 150, III, *b*). Tratava-se, na espécie, de recurso extraordinário interposto pela União em que se alegava a possibilidade da citada exação, uma vez que a Lei 8.847/94, ao instituir anexo contendo as tabelas de alíquotas do ITR, apenas complementara a MP 399/93, a qual fora editada no exercício financeiro anterior. Considerando que houvera instituição de imposto e não sua majoração e que a configuração do ITR se aperfeiçoara com a publicação do anexo na aludida Lei 8.847/94, a título de 'retificação', concluiu-se que a exigência do tributo sob esta nova modalidade, antes de 1º de janeiro de 1995, por força do art. 150, III, *b*, da CF, ofende o princípio da anterioridade tributária. Ressaltou-se que o anexo à MP 399/93 seria essencial à caracterização e quantificação da cobrança e que o referido princípio constitucional é garantia fundamental do contribuinte, não podendo ser suprimido nem mesmo por Emenda Constitucional. RE 448558... 2005" (*Informativo* n. 411 do STF).

– **ICMS. LC n. 102/2000**. O Plenário do STF, na ADI 2.325-0, apreciando a questão do princípio da anterioridade, emprestou interpretação conforme à Constituição e sem redução de texto, no sentido de afastar a eficácia do artigo 7º da Lei Complementar n. 102, de 11 de julho de 2000, no tocante à inserção do § 5º do artigo 20 da Lei Complementar n. 87/96, e às inovações introduzidas no artigo 33, II, da referida lei, bem como à inserção do inciso IV. Observar-se-á, em relação a esses dispositivos, a vigência consentânea com o dispositivo constitucional da anterioridade, vale dizer, terão eficácia a partir de 1º de janeiro de 2001.

– **Revogação de benefício fiscal: isenção e outros. Equivale à instituição ou majoração**. Discute-se se a revogação de benefícios fiscais também está sujeita à anterioridade tributária. Há acórdãos do STF tanto em sentido negativo como, mais recentemente, em sentido afirmativo. O art. 104, III, do CTN sujeita expressamente à anterioridade a redução ou extinção de isenções. Vide nota a tal dispositivo.

– "1. O Supremo Tribunal Federal assentou ser necessária a observância dos princípios da anterioridade geral e da anterioridade nonagesimal nas hipóteses de majoração indireta de ICMS" (STF, ARE 1.321.143 AgR, 2022).

– "REVOGAÇÃO DE BENEFÍCIO FISCAL POR DECRETO ESTADUAL. MAJORAÇÃO INDIRETA DE CARGA TRIBUTÁRIA. OBEDIÊNCIA AOS PRINCÍPIOS DA ANTERIORIDADE GERAL E NONAGESIMAL... 1. O acórdão recorrido está em conformidade com o julgamento da ADI 2.325 MC, ministro Marco Aurélio, oportunidade em que o Plenário do Supremo assentou o dever de obediência aos princípios da anterioridade geral e da noventena nas hipóteses em que a revogação de benefício fiscal acarrete aumento indireto de tributo. 2. Não há falar em ofensa à cláusula de reserva de Plenário, uma vez que o Tribunal local apenas decidiu – com arrimo na jurisprudência desta Corte – pela observância do decreto estadual impugnado aos princípios da anterioridade geral e nonagesimal (entendimento consolidado no ARE 914.045... Tema n. 856/RG)" (STF, ARE 1.339.119 AgR, 2022).

– **Tema 1.108 do STF**: MÉRITO AINDA NÃO JULGADO. Controvérsia: "Aplicabilidade do princípio da anterioridade geral (anual ou de exercício) em face das reduções de benefícios fiscais previstos no Regime Especial de Reintegração de Valores Tributários para as Empresas Exportadoras (Reintegra)".

⇒ **Exceções à anterioridade de exercício**. Só estão excluídos da observância do princípio da anterioridade comum ou de exercício os tributos relativamente aos quais há previsão expressa em tal sentido no texto original da Constituição, conforme lista abaixo, cabendo consultar o § 1º deste artigo 150, o 154, II, e o 148, I, o art. 155, § 4º, IV, *c*, e o 177, § 4º, bem como o art. 195, § 6º: impostos federais com função extrafiscal (II, IE, IPI, IOF); o imposto extraordinário de guerra e o empréstimo compulsório instituído em virtude de guerra externa ou calamidade pública; o ICMS sobre combustíveis e lubrificantes e a CIDE relativa às atividades de importação ou comercialização de combustíveis; as contribuições de Seguridade Social.

⇒ **Matérias que não são alcançadas pela anterioridade de exercício.** Só a instituição e a majoração de tributos é que estão sujeitas à observância da anterioridade de exercício. Os dispositivos relacionados ao vencimento dos tributos ou ao indexador de correção monetária a ser utilizado não estão alcançados pela garantia.

– **Correção monetária.** A anterioridade não diz respeito a alterações de índices de correção monetária, desde que não impliquem aumento velado do tributo. Vejam-se notas ao inciso I deste artigo 150 da CF e ao art. 97, § 2º, do CTN.

– "AGRAVO REGIMENTAL EM RECURSO EXTRAORDINÁRIO. TRIBUTÁRIO. LEI 7.738/89. CORREÇÃO MONETÁRIA DO TRIBUTO. ALEGAÇÃO DO PRINCÍPIO DA ANTERIORIDADE. IMPROCEDÊNCIA. 1. Legítima a cobrança da correção monetária nos débitos fiscais, porque a legislação do tempo do fato gerador já estabelecia obrigação de quantia sujeita a atualização. 2. Pela lei impugnada, somente ocorreu a substituição do indexador, o que não ofende ao direito adquirido do contribuinte, nem ao princípio da anterioridade, pois não constitui majoração de tributo a atualização do valor monetário da respectiva base de cálculo. Agravo regimental desprovido" (STF, AGRRE-176.200, 1996).

– **Vencimento.** A anterioridade não se aplica à determinação do prazo de recolhimento do tributo, de maneira que pode ser alterado e passar a valer no mesmo exercício. O prazo para recolhimento não se confunde com o aspecto temporal da hipótese de incidência, conforme se vê em nota ao art. 114 do CTN.

– **Súmula Vinculante 50 do STF:** "Norma legal que altera o prazo de recolhimento da obrigação tributária não se sujeita ao princípio da anterioridade".

– **Súmula 669 do STF:** "Norma legal que altera o prazo de recolhimento da obrigação tributária não se sujeita ao princípio da anterioridade."

– "ICMS. DECRETO N. 34.677/92-SP: ANTECIPAÇÃO DO PRAZO DE RECOLHIMENTO. ALEGADA OFENSA AOS PRINCÍPIOS CONSTITUCIONAIS DA LEGALIDADE, ANTERIORIDADE E DA VEDAÇÃO DE PODERES LEGISLATIVOS. Não se compreendendo no campo reservado à lei a definição de vencimento das obrigações tributárias, legítimo o Decreto n. 34.677/92, que modificou a data de vencimento do ICMS. Improcedência da alegação no sentido de infringência ao princípio da anterioridade e da vedação de delegação legislativa" (STF, RE 182.971-1, 1997).

– Há julgado semelhante, datado de 2002, relativamente à redução de prazo para recolhimento das contribuições ao PIS e à COFINS, conforme se pode ver de nota ao art. 195, § 6º, da CF.

– "... a alteração reducente do prazo de pagamento do tributo também deve submeter-se ao princípio da anterioridade da lei tributária. Deveras, a pessoa (física ou jurídica), no desenvolvimento de sua vida de relação, tem a tranquilidade de que as obrigações tributárias que nascerem em virtude da ocorrência dos fatos imponíveis X, Y e Z que realizar, deverão ser satisfeitas, ainda hipoteticamente, no dia 30 do mês seguinte ao do acontecimento. Por aí, a alteração (reducente) dessa data para o dia 5 desse mês seguinte, ou para o dia 30 do mesmo mês do acontecimento, é iniludivelmente surpresa gravosa para o sujeito passivo, é situação inopinada, desenganadamente imprevista, que bem por isso afronta o princípio da segurança jurídica. Passando-se assim as coisas, o atendimento ou a realização do princípio da segurança jurídica reclama que essa redução do prazo de pagamento fique submetida ao princípio da anterioridade. O sujeito passivo, digamos assim, fica pré-avisado de que deverá planejar-se para a partir do exercício financeiro seguinte... aquelas suas (quando ocorridas) obrigações tributária deverão ser satisfeitas num trato de tempo inferior ao que aqui e agora acontece. Haverá, aí, previsibilidade da ação estatal..." (RABELLO FILHO, Francisco Pinto. O princípio da anterioridade da lei tributária. São Paulo: *RT*, 2002, p. 125-126).

– **Redução imediata do prazo de vencimento. Descabimento.** A inaplicabilidade da garantia da anterioridade à alteração do prazo de vencimento dos tributos não significa que não se possa, com fundamento direto no princípio da segurança jurídica, considerar descabida a antecipação de prazos de recolhimento quando já em curso, por exemplo, afetando o planejamento financeiro dos contribuintes. O Executivo pode fixar o período de apuração e o prazo de vencimento, mas não de modo arbitrário e casuístico, para solução momentânea de problemas de caixa. O Estado do Rio Grande do Sul, por dois anos consecutivos, através do Decreto n. 24.035, de dezembro de 2002, e do Decreto n. 42.764, de dezembro de 2003, diminuiu o período de apuração e antecipou o prazo de recolhimento do ICMS para fazer caixa em dezembro com vista ao pagamento do décimo terceiro dos servidores públicos. O fez quando já em curso o período de apuração, sem respeito ao planejamento das empresas.

– "O anterior Governador do Estado do Rio Grande do Sul editou o Decreto n. 42.035, de 18 de dezembro de 2002 (*DOE* 19.12.02), determinando que o prazo regular para pagamento do ICMS, normalmente previsto para a primeira quinzena do mês subsequente ao mês de apuração, seria antecipado para o dia 27 de dezembro de 2002, relativamente aos fatos geradores ocorridos de 1º a 20 de dezembro. [...] 2.4.1. A antecipação do prazo de recolhimento e a diminuição do período de apuração podem ser feitas por meio de decreto estadual, pois, segundo a jurisprudência do Supremo Tribunal Federal e do Superior Tribunal de Justiça, essas matérias não estão reservadas à lei. 2.4.2. A medida adotada pelo Governo Estadual viola a regra que lhe atribui competência para fixar o período de apuração. [...] 2.4.5. A medida adotada pelo Governador Estadual viola o postulado da razoabilidade, que proíbe a adoção de condutas impertinentes, desarrazoadas e incoerentes pelo poder público (art. 1º e art. 5º, LIV da CF/88 e art. 19 da CE/89, com alteração pela Emenda Constitucional n. 7/95). [...] 2.4.10. A medida adotada pelo governo Estadual viola o postulado da proporcionalidade (art. 1º e art. 5º, LIV, CF/88 e art. 1º, parágrafo único, IV da Lei n. 9.784/98), que estabelece três requisitos para medidas estatais que servem de meio para atingir determinados fins: adequação (o meio deve contribuir para a promoção do fim), necessidade (o meio deve ser o menos restritivo aos direitos fundamentais dentre os meios disponíveis) e proporcionalidade em sentido estrito (o meio deve proporcionar vantagens superiores às desvantagens). [...] 2.4.14. A medida adotada pelo Governo Estadual viola o postulado da proibição de excesso, que afasta: a) a restrição excessiva de um direito fundamental, independentemente do seu motivo; b) o cerceamento substancial do livre exercício da atividade econômica, ainda que a medida não inviabilize por completo a atividade empresarial; c) a atribuição de um poder arbitrário ao poder estatal, mesmo que decorrente de lei (art. 1º, art. 5º, LIV, art. 170, parágrafo único, CF/88). [...] 2.4.17. A medida adotada pelo governo Estadual viola o princípio da segurança jurídica, porque afasta a previsibilidade e a certeza do direito (arts. 1º, 150, I, III, *a* e *b*, CF/88). 2.4.18. A medida adotada pelo Governo Estadual, se feita de forma continuada e casuística, pode, em tese, vir a violar os princípios fundamentais da Lei de Responsabilidade Fiscal, pois incompatível com a gestão financeira planejada e sem autorização legislativa (LRF, Lei Complementar n. 101/00)" (ÁVILA, Humberto. Antecipação de Receita de ICMS. Alteração Reiterada e Momentânea do Prazo de Recolhimento e do Período de Apuração já Iniciado por meio de Decreto Estadual. Análise da Constitucionalidade e da Legalidade. *RDDT* 94/140-155, 2003).

c) antes de decorridos noventa dias da data em que haja sido publicada a lei que os instituiu ou aumentou, observado o disposto na alínea *b*; (Alínea *c* acrescida pela EC n. 42/03)

⇒ **Anterioridade nonagesimal. Reforço à anterioridade de exercício.** A nova alínea *c* exige o decurso mínimo de 90 dias antes que a lei instituidora ou majoradora de tributos possa incidir e gerar obrigações tributárias. Antes do decurso desse prazo mínimo de noventa dias, não é possível a vigência válida da lei que aumente a carga tributária, salvo exceção constitucionalmente prevista. Essa anterioridade nonagesimal vem reforçar a garantia da anterioridade de exercício. Os tributos em geral continuam sujeitos à anterioridade de exercício (a lei publicada num ano só pode incidir a partir do ano seguinte), mas não haverá incidência antes de decorridos, no mínimo, 90 dias da publicação da lei instituidora ou majoradora. Assim, e.g., publicada a lei majoradora em março de um ano, só a partir de 1º de janeiro é que poderá incidir, pois observadas cumulativamente a anterioridade de exercício (publicação num ano para incidência no exercício seguinte) e a anterioridade mínima (decurso de 90 dias desde a publicação). Publicada contudo, no final de dezembro de determinado ano, não poderá incidir já a partir de 1º de janeiro (o que atenderia à anterioridade de exercício, mas não à anterioridade mínima), tendo, sim, que aguardar o interstício de 90

dias, incidindo, então, a partir do 91º dia, que se completará no final de março; publicada a lei em novembro, apenas em fevereiro, satisfeitas cumulativamente a anterioridade de exercício e a anterioridade mínima de 90 dias, é que poderá incidir, gerando obrigações tributárias. A alínea *c* traz regra que se aplicará, pois, cumulativamente à anterioridade de exercício, reforçando a garantia de previsibilidade concedida ao contribuinte.

– O presente dispositivo constitucional vem atender uma necessidade dos contribuintes, prestigiando a segurança jurídica em matéria tributária. Faz com que não mais possam ocorrer alterações na legislação em 31 de dezembro, como muitas vezes ocorreu, instituindo ou majorando tributos para vigência já a partir de 1º de janeiro. Muitas vezes houve até mesmo edições extras do *Diário Oficial* em 31 de dezembro, sábado à noite, sem que sequer tenha chegado a circular, e que no dia seguinte, sem terem chegado ao conhecimento sequer dos mais atentos, já geravam obrigações tributárias. Isso fez com que, quando do julgamento da ADI 939 (veja-se nota ao art. 150, III, *b*), tenha havido voto vencido questionado até que ponto se poderia mesmo considerar a anterioridade de exercício como uma efetiva garantia do contribuinte, já que, se editada ao final do ano, a lei instituidora já estaria em vigor logo em seguida, em 1º de janeiro, e se, por isso, não se trataria de simples regra de acomodação orçamentária, diferentemente da anterioridade nonagesimal prevista no art. 195, § 6º, da CF para as contribuições de seguridade social, pois esta sim, garantindo a não surpresa, constituiria efetiva garantia. Com a nova regra da alínea *c* do inciso II do art. 150, acrescida pela EC n. 42/2003, supre-se a deficiência da anterioridade de exercício relativamente às alterações de final de ano, fazendo com que o contribuinte possa efetivamente conhecer com antecedência as normas instituidoras ou majoradoras de tributos. Viabiliza-se, com isso, planejamento do contribuinte.

– A anterioridade nonagesimal impõe, automaticamente, uma *vacacio legis* de pelo menos noventa dias para a vigência das leis instituidoras ou majoradoras de tributos: "Lei tributária: prazo nonagesimal. Uma vez que o caso trata de taxas, devem observar-se as limitações constitucionais ao poder de tributar, dentre essas, a prevista no art. 150, III, *c*, com a redação dada pela EC 42/03 – prazo nonagesimal para que a lei tributária se torne eficaz" (STF, ADI 3.694, 2006).

– **Aplicação simultânea ou autônoma da anterioridade nonagesimal.** As três alíneas – *a*, *b* e *c* do inciso III do art. 150 da CF (irretroatividade, anterioridade de exercício e anterioridade nonagesimal) são de aplicação simultânea, salvo exceções expressas como as do § 1º do art. 150 e § 4º do art. 177 da CF.

– "... nos casos em que a Constituição excepciona a aplicação da alínea *B*, a regra da alínea *c* ganha autonomia, independentemente do fato de a lei ter entrado em vigor no último trimestre, no trimestre anterior ou em outra data" (STF, excerto de esclarecimento de voto da ADIMC 4.016-2, 2008).

– **Exceções à anterioridade mínima.** Só estão excluídos da observância da anterioridade mínima de noventa dias – de que trata este art. 150, III, *c*, da CF – os tributos relativamente aos quais há previsão expressa em tal sentido no § 1º desde mesmo artigo 150.

– Não aplicação da anterioridade nonagesimal à prorrogação-de majoração temporária de alíquota. Tema 91 do STF: "O prazo nonagesimal previsto no art. 150, III, *c*, da Constituição Federal somente deve ser utilizado nos casos de criação ou majoração de tributos, não nas situações, como a prevista na Lei paulista 11.813/04, de simples prorrogação de alíquota já aplicada anteriormente". Decisão de mérito em 2009.

– "TRIBUTÁRIO. ICMS. MAJORAÇÃO DE ALÍQUOTA. PRORROGAÇÃO. INAPLICABILIDADE DO PRAZO NONAGESIMAL (ARTIGO 150, III, C, DA CONSTITUIÇÃO FEDERAL). RECURSO EXTRAORDINÁRIO CONHECIDO E PROVIDO. 1. A Lei paulista 11.813/04 apenas prorrogou a cobrança do ICMS com a alíquota majorada de 17 para 18%, criada pela Lei paulista 11.601/2003. **2.** O prazo nonagesimal previsto no art. 150, III, *c*, da Constituição Federal somente deve ser utilizado nos casos de criação ou majoração de tributos, não na hipótese de simples prorrogação de alíquota já aplicada anteriormente. **3.** Recurso extraordinário conhecido e provido para possibilitar a prorrogação da cobrança do ICMS com a alíquota majorada" (STF, RE 584.100, 2009).

– Entendemos, diferentemente, que a prorrogação constitui gravame novo e que a garantia de conhecimento antecipado deveria ser aplicada também nessa situação.

– Não aplicação da anterioridade nonagesimal à prorrogação da compensação de crédito tributário. Tema 346 do STF: "(ii) Conforme o artigo 150, III, *c*, da CF/1988, o princípio da anterioridade nonagesimal aplica-se somente para leis que instituem ou majoram tributos, não incidindo relativamente às normas que prorrogam a data de início da compensação de crédito tributário". Decisão do mérito em 2020.

– Não aplicação à postergação do direito a novas hipóteses de creditamento. Tema 382: "A postergação do direito do contribuinte do ICMS de usufruir de novas hipóteses de creditamento, por não representar aumento do tributo, não se sujeita à anterioridade nonagesimal prevista no art. 150, III, *c*, da Constituição". Decisão do mérito em 2019.

– "ICMS. LEI COMPLEMENTAR 122/2006. POSTERGAÇÃO DO TERMO INICIAL DA APLICABILIDADE DE NOVAS HIPÓTESES DE CREDITAMENTO. SITUAÇÃO QUE NÃO SE EQUIPARA À MAJORAÇÃO DO IMPOSTO. INAPLICABILIDADE DA ANTERIORIDADE NONAGESIMAL PREVISTA NO ART. 150, III, 'C', DA CONSTITUIÇÃO. PRECEDENTES DO STF. 1. A Lei Complementar 122, publicada em 13.12.2006 postergou de 1º.1.2007 para 1º.1.2011 o início do direito do contribuinte do ICMS de se creditar do imposto incidente sobre aquisição de mercadorias destinadas ao uso e consumo do estabelecimento e, de forma mais ampla, energia elétrica e serviços de comunicação. **2.** A postergação de hipótese de redução de imposto não se equipara a aumento do tributo, pelo que não atrai a incidência da anterioridade nonagesimal prevista no art. 150, III, 'c', da Carta Política. Precedentes do STF... **4.** Tese de repercussão geral fixada: 'A postergação do direito do contribuinte do ICMS de usufruir de no-

vas hipóteses de creditamento, por não representar aumento do tributo, não se sujeita à anterioridade nonagesimal prevista no art. 150, III, 'c', da Constituição" (STF, RE 603.917, 2019).

– Aumento de alíquota de 1% do ICMS de São Paulo. Lei n. 11.813/2004. "2)... nenhuma interpretação pode ser havida como boa se não levar em conta os macroprincípios impostos pelo legislador constitucional; 3) que o princípio da segurança jurídica, positivado através da anterioridade tributária, é não só um dos mais importantes vetores de interpretação como também um mandamento claramente voltado para o legislador infraconstitucional; 4) que a lei que prorroga a alíquota do ICMS não sobrevive ao exame que o conteúdo da segurança jurídica impõe (certeza, estabilidade, não arbitrariedade, não surpresa etc.); 5) que somente assumindo a ideia de que o Direito deve ser certo, previsível e seguro, poderemos compreender que a Lei n. 11.813, de 16 de dezembro de 2004, publicada em 17 de dezembro de 2004, deve respeitar, além da vigência no ano posterior de sua edição, o período de 90 (noventa) dias entre a sua publicação e cobrança. É, pois, em nome da segurança jurídica e da estabilidade das relações tributárias que entendemos que o aumento da alíquota de ICMS em 1% (um por cento) nas operações ou prestações internas no Estado, promovido pela Lei n. 11.813/04, somente produzirá efeitos após 17 de março de 2005. O Estado de Direito agradece" (PUIG, Flavio. A alíquota do ICMS e a segurança jurídica no direito tributário. *RDDT* 115/55, 2005).

– Aumento de alíquota de IPI para veículos importados e concessão de benefícios condicionados para montadoras nacionais. Decreto n. 7.567/2011. O Governo Federal editou o Decreto n. 7.567/2011 com o intuito de majorar o IPI incidente sobre os veículos automotores descritos em seu anexo mediante modificação das alíquotas aplicáveis à espécie. Na mesma oportunidade, em relação aos veículos produzidos no Brasil ou em países com os quais há acordo automotivo (Argentina e México), promoveu movimento inverso reduzindo o montante do tributo a ser recolhido. Não obstante, a anterioridade nonagesimal deixou de ser observada pelo executivo na majoração do IPI, pois o Decreto previa a implementação imediata das modificações por ele introduzidas. Instado a se manifestar em sede de medida cautelar em ADI, assim se pronunciou o STF: "AÇÃO DIRETA DE INCONSTITUCIONALIDADE – DECRETO – ADEQUAÇÃO. Surgindo do decreto normatividade abstrata e autônoma, tem-se a adequação do controle concentrado de constitucionalidade. TRIBUTO – IPI – ALÍQUOTA – MAJORAÇÃO – EXIGIBILIDADE. A majoração da alíquota do IPI, passível de ocorrer mediante ato do Poder Executivo – artigo 153, § 1º –, submete-se ao princípio da anterioridade nonagesimal previsto no artigo 150, inciso III, alínea *c*, da Constituição Federal. AÇÃO DIRETA DE INCONSTITUCIONALIDADE – IPI – MAJORAÇÃO DA ALÍQUOTA – PRINCÍPIO DA ANTERIORIDADE NONAGESIMAL – LIMINAR – RELEVÂNCIA E RISCO CONFIGURADOS. Mostra-se relevante pedido de concessão de medida acauteladora objetivando afastar a exigibilidade da majoração do Imposto sobre Produtos Industrializados, promovida mediante decreto, antes de decorridos os noventa dias previstos no artigo 150, inciso III, alínea *c*, da Carta da República" (STF, ADI 4.661 MC, 2012). Após o pronunciamento da corte, a Presidência da República editou o Decreto n. 7.604/2011 suspendendo as modificações introduzidas pela norma impugnada, pelo prazo de 90 dias, com o fito de dar cumprimento ao mandamento constitucional insculpido na presente alínea.

– Sobre o tema, inclusive em relação à incompatibilidade entre o Decreto e o Acordo Geral de Tarifas Aduaneiras e Comércio ("GATT"), vide: AVELAR, Raphael Ulian. A ilegalidade e a inconstitucionalidade do aumento dos impostos sobre produtos industrializados para veículos automotores importados pela Medida Provisória n. 540 e pelo Decreto n. 7.567/2011. *RET* 83/196, 2012.

– **No sentido de que as alterações de alíquota pelo Executivo não se sujeitariam sequer à anterioridade nonagesimal.** "... a noventena se aplica ao IPI; mas somente à lei que majora as alíquotas do imposto (quando amplia a 'faixa' de alíquotas possíveis para que o Poder Executivo possa reduzir a zero, ou aumentar 30 pontos percentuais, a partir da alíquota legal 'básica'). Ao decreto que navega dentro dos limites da lei, a noventena não se aplica, posto que o decreto presidencial não é lei (no sentido estrito), e além do mais, a lei já está em vigor quando o decreto atua no mundo jurídico. ... se fosse necessário esperar mais noventa dias para que essa alíquota pudesse ser aplicada, seguindo o entendimento de que se aplica a noventena constitucional aos decretos que majoram alíquota do IPI, na verdade ter-se-ia uma noventena dupla ou uma centoeoitentena... [...] Uma conclusão absurda ainda mais considerando que o IPI é usado com fins regulatórios (extrafiscalidade)" (VALADÃO, Marcos Aurélio Pereira. Da noventena constitucional e da majoração de alíquotas do IPI por decreto do Poder Executivo. *RFDT* 22, 2006).

IV – utilizar tributo com efeito de confisco;

⇒ **Não confisco como princípio para a preservação dos direitos fundamentais.** A vedação do confisco vem sendo aplicada como critério para o controle de excessos tanto na imposição de tributos como de penalidades tributárias. Permite invalidar a tributação que, sendo demasiado onerosa, comprometa o exercício dos direitos fundamentais como a propriedade e o livre exercício do trabalho e de atividades econômicas. Também enseja que se expurguem as penalidades do excesso revelado a partir do ponto em que deixam de se mostrar necessárias e úteis à prevenção e repressão das infrações tributárias e passem a simplesmente atingir, de modo ilegítimo, a esfera jurídica do infrator.

– "Assim como o direito de propriedade, também os princípios do livre exercício profissional e da livre iniciativa podem entrar em conflito com outros princípios, que visam a fins de sociabilidade objeto de proteção constitucional, derivados do princípio do Estado Social e Democrático de Direito, aplicando-se, no campo da tributação, o princípio da não confiscatoriedade, como norma de colisão para a solução destes conflitos" (DIFINI, Luiz Felipe Silveira. *Proibição de tributos com efeito de confisco*. Porto Alegre: Livraria do Advogado, 2007, p. 266).

– **Entendendo que deriva do princípio da capacidade contributiva.** "Estamos também convencidos de que o princípio da não confiscatoriedade... deriva do princípio da capacidade contributiva. Realmente, as leis que criam impostos, a levarem em conta a capacidade econômica dos contribuintes não podem compeli-los a colaborar com os gastos públicos além de suas possibilidades. Estamos vendo que é confiscatório o imposto que, por assim dizer, esgota a riqueza tributável das pessoas, isto é, que não leva em conta suas capacidades contributivas" (CARRAZZA, Roque Antônio. *Curso de direito constitucional tributário*. 9. ed. São Paulo: Malheiros, 1997, p. 70).

– **Entendendo que tem autonomia.** "Capacidade econômica está para o direito tributário como a dignidade humana está para o direito constitucional e para os direitos humanos. A capacidade econômica, para ser invocada, necessita de dois polos: quem possui e quem não possui – aqui não podemos confundir com o código binário inerente ao sistema econômico –, enquanto a vedação ao tributo com efeitos confiscatórios exige também uma forma de dois lados: excesso e não excesso referente à alíquota. Daí observamos uma diferença trivial entre os dois princípios: muitas vezes aqueles que têm poder financeiro estão aptos a ser protegidos pela vedação ao confisco. Pois, caso contrário, afirmaríamos que um milionário não é respaldado pelo art. 150, IV, da CF/1988. Ora, um banqueiro, conforme a carga tributária empregada no Brasil e mesmo no restante do planeta, jamais sofrerá diminuição patrimonial relevante – assim, não seria protegido constitucionalmente pelo referido dispositivo, pelo primado da igualdade e da propriedade, evento que ocorreria exclusivamente se incidisse sobre sua pessoa um novo tributo com alíquota tão elevada que o inviabilizasse de acessar bens necessários, episódio que apenas ocorreria no caso da falência" (ARRUDA, Octaviano Padovese de. Tributos com efeito de confisco. Casos de paradoxos desenfreados pela doutrina. *RTFP* 97/23, 2011).

⇒ **Conceito de confisco.** Confisco é a tomada compulsória da propriedade privada pelo Estado, sem indenização. O inciso comentado refere-se à forma velada, indireta, de confisco, que pode ocorrer por tributação excessiva. Não importa a finalidade, mas o efeito da tributação no plano dos fatos. Não é admissível que a alíquota de um imposto seja tão elevada a ponto de se tornar insuportável, ensejando atentado ao próprio direito de propriedade. Realmente, se tornar inviável a manutenção da propriedade, o tributo será confiscatório.

– "[...] A TRIBUTAÇÃO CONFISCATÓRIA É VEDADA PELA CONSTITUIÇÃO DA REPÚBLICA. – A jurisprudência do Supremo Tribunal Federal entende cabível, em sede de controle normativo abstrato, a possibilidade de a Corte examinar se determinado tributo ofende, ou não, o princípio constitucional da não confiscatoriedade consagrado no art. 150, IV, da Constituição. Precedente: ADI 1.075-DF, Min. CELSO DE MELLO (o Relator ficou vencido, no precedente mencionado, por entender que o exame do efeito confiscatório do tributo depende da apreciação individual de cada caso concreto). – A proibição constitucional do confisco em matéria tributária nada mais representa senão a interdição, pela Carta Política, de qualquer pretensão governamental que possa conduzir, no campo da fiscalidade, à injusta apropriação estatal, no todo ou em parte, do patrimônio ou dos rendimentos dos contribuintes, comprometendo-lhes, pela insuportabilidade da carga tributária, o exercício do direito a uma existência digna, ou a prática de atividade profissional lícita ou, ainda, a regular satisfação de suas necessidades vitais (educação, saúde e habitação, por exemplo). A identificação do efeito confiscatório deve ser feita em função da totalidade da carga tributária, mediante verificação da capacidade de que dispõe o contribuinte – considerado o montante de sua riqueza (renda e capital) – para suportar e sofrer a incidência de todos os tributos que ele deverá pagar, dentro de determinado período, à mesma pessoa política que os houver instituído (a União Federal, no caso), condicionando-se, ainda, a aferição do grau de insuportabilidade econômico-financeira, à observância, pelo legislador, de padrões de razoabilidade destinados a neutralizar excessos de ordem fiscal eventualmente praticados pelo Poder Público. Resulta configurado o caráter confiscatório de determinado tributo, sempre que o efeito cumulativo – resultante das múltiplas incidências tributárias estabelecidas pela mesma entidade estatal – afetar, substancialmente, de maneira irrazoável, o patrimônio e/ou os rendimentos do contribuinte. – O Poder Público, especialmente em sede de tributação (as contribuições de seguridade social revestem-se de caráter tributário), não pode agir imoderadamente, pois a atividade estatal acha-se essencialmente condicionada pelo princípio da razoabilidade. [...]" (STF, ADI 2.010-2, 1999).

– "[...] A TRIBUTAÇÃO CONFISCATÓRIA É VEDADA PELA CONSTITUIÇÃO DA REPÚBLICA. – A jurisprudência do Supremo Tribunal Federal entende cabível, em sede de controle normativo abstrato, a possibilidade de a Corte examinar se determinado tributo ofende, ou não, o princípio constitucional da não confiscatoriedade, consagrado no art. 150, IV, da Constituição. Precedente: ADI 2.010-MC/DF, Min. CELSO DE MELLO. – A proibição constitucional do confisco em matéria tributária nada mais representa senão a interdição, pela Carta Política, de qualquer pretensão governamental que possa conduzir, no campo da fiscalidade, à injusta apropriação estatal, no todo ou em parte, do patrimônio ou dos rendimentos dos contribuintes, comprometendo-lhes, pela insuportabilidade da carga tributária, o exercício do direito a uma existência digna, ou a prática de atividade profissional lícita ou, ainda, a regular satisfação de suas necessidades vitais (educação, saúde e habitação, por exemplo). A identificação do efeito confiscatório deve ser feita em função da totalidade da carga tributária, mediante verificação da capacidade de que dispõe o contribuinte – considerado o montante de sua riqueza (renda e capital) – para suportar e sofrer a incidência de todos os tributos que ele deverá pagar, dentro de determinado período, à mesma pessoa política que os houver instituído (a União Federal, no caso), condicionando-se, ainda, a aferição do grau de insuportabilidade econômico-financeira, à observância, pelo legislador, de padrões de razoabilidade destinados a neutralizar excessos de ordem fiscal eventualmente praticados pelo Poder Público. Resulta configurado o caráter confiscatório de determinado tributo, sempre que o efeito cumulativo – resultante das múltiplas incidências tributárias estabelecidas pela mesma entidade estatal – afetar, substancial-

mente, de maneira irrazoável, o patrimônio e/ou os rendimentos do contribuinte. – O Poder Público, especialmente em sede de tributação (as contribuições de seguridade social revestem-se de caráter tributário), não pode agir imoderadamente, pois a atividade estatal acha-se essencialmente condicionada pelo princípio da razoabilidade" (STF, ADC (MC) 8, 1999).

– **Tributo "com efeito de confisco".** "Por que a Constituição utiliza a expressão 'efeito de confisco'? Porque confisco é sanção, é medida de caráter sancionatório. Não nos esqueçamos que se designa por confisco a absorção total ou parcial da propriedade privada, sem indenização. Seria equivocado dizer, pois, 'é vedado o confisco'. O que se proíbe é que, por via da exigência de tributo, se obtenha resultado cujo efeito seja equivalente ao do confisco" (BARRETO, Aires F. *ISS na Constituição e na lei*. 3. ed. São Paulo: Dialética, 2009, p. 17).

– **Conceito jurídico indeterminado.** "22 O princípio da proibição de tributos com efeito de confisco envolve conceito jurídico indeterminado – efeito de confisco – cuja aplicação, não se pode dar por subsunção, mas reclama concreção (complementação de seu significado pelo aplicador, cm o auxílio de elementos extra-sistemáticos) que se faz com emprego do princípio da razoabilidade..." (DIFINI, Luiz Felipe Silveira. *Proibição de tributos com efeito de confisco*. Porto Alegre: Livraria do Advogado, 2007, p. 266).

⇒ **Tributos confiscatórios.** Os tribunais não definem com precisão o limite entre a garantia do direito de propriedade e o confisco pela tributação excessiva. Há referências ao confisco como tributação excessivamente onerosa, insuportável, não razoável, que absorve a própria fonte da tributação etc. Como referencial recente da aplicação da vedação do confisco pelo STF, temos o julgamento da ADI 2.010, em setembro de 1999, quando a Corte entendeu que o aumento da contribuição previdenciária do servidor público para patamares que poderiam chegar a 25%, associada à incidência do Imposto de Renda de 27,5%, implicava confisco, tendo suspendido, também com esse fundamento, a majoração da contribuição.

– "... o poder de taxar somente pode ser exercido dentro dos limites que o tornem compatível com a liberdade de trabalho, de comércio e de indústria e com o direito de propriedade" (STF, RE 18.331, 1951).

– "A meu ver, porém, faz-se dispensável qualquer referência expressa nesse sentido, pois os próprios dispositivos fundamentais, que asseguram as liberdades individuais, entre os quais se incluiu o exercício de qualquer profissão, comércio e indústria, constituem uma implícita limitação ao poder de tributar do Estado, no concernente à criação de impostos exagerados, vedando, por consequência, que a administração, por meio de tributos excessivos, possa tolher, cercear ou dificultar o pleno exercício dos direitos básicos conferidos ao cidadão" (STF, RE 18.976, 1952).

– "O importante é que foi reconhecido um limite implícito ao poder de tributar, não apenas no sentido de acabar plenamente com a atividade da empresa, mas, também, no sentido de 'tolher, cercear ou dificultar o pleno exercício dos direitos básicos conferidos ao cidadão'" (Humberto Ávila referindo-se ao RE 18.976, no artigo *Multa de mora:* exames de razoabilidade, proporcionalidade e excessividade, recebido em mãos).

– "PRODUTORES RURAIS... CONTRIBUIÇÃO PREVIDENCIÁRIA... ALEGAÇÃO DE VIOLAÇÃO DOS PRINCÍPIOS CONSTITUCIONAIS QUE VEDAM O CONFISCO... 1. Não cabe reconhecer a inconstitucionalidade de tributo, a pretexto de ser ele confiscatório, se o contribuinte não demonstra, sequer, que teve agravada a carga tributária, nem que, em razão dele, teve a sua atividade inviabilizada, ou gravemente penalizada" (TRF1, AMS 1997.01.00.043974-1, 1999).

– "O princípio se abre em várias direções, o não confisco visa evitar, também, a intenção predatória no exercício do poder de tributar. Confiscar é tirar dinheiro ou riqueza arbitrariamente dos particulares, no todo ou em parte. A palavra é até muito sugestiva. Em princípio, tributar é atividade sujeita à legalidade e, pois, à razoabilidade. O confisco é atividade à margem da lei. Aquele que tributa, a Administração Pública (o Executivo), depende do consentimento dos governados, mediante licença do legislador, eleito pelos contribuintes. Pode ocorrer, no entanto, que o próprio legislador incorra em irrazoabilidade. O confisco pode vir da tributação desmedida, a que perdeu o senso da medida (não razoável em face das circunstâncias). [...] Desautoriza... a exacerbação imotivada, não razoável, da tributação. O princípio contém o próprio legislador" (COÊLHO, Sacha Calmon Navarro. *Curso de direito tributário brasileiro.* 10. ed. Rio de Janeiro: Forense, 2009, p. 131).

– "O princípio da vedação de tributo confiscatório não é um preceito matemático; é um critério informador da atividade do *legislador* e é, além disso, preceito dirigido ao *intérprete* e ao *julgador,* que, à vista das características da situação concreta, verificarão se um determinado tributo invade ou não o território do confisco" (AMARO, Luciano. *Direito tributário brasileiro.* 15. ed. São Paulo: Saraiva, 2009, p. 145).

– "[...] 1. Não cabe reconhecer a inconstitucionalidade de tributo, a pretexto de ser ele confiscatório, se o contribuinte não demonstra, sequer, que teve agravada a carga tributária, nem que, em razão dele, teve a sua atividade inviabilizada, ou gravemente penalizada. [...]" (TRF1, AMS 1997.01.00.043974-1, 1999).

– **Tributação proibitiva x tributação confiscatória.** "A Constituição não veda o chamado tributo excessivo ou o tributo proibitivo, senão apenas aqueles que podem produzir efeito de confisco" (BARRETO, Aires F. *ISS na Constituição e na lei.* 3. ed. São Paulo: Dialética, 2009, p. 20).

– "Tributo extrafiscal 'proibitivo': é o dever preestabelecido por uma regra jurídica que o Estado utiliza como instrumento jurídico para impedir ou desestimular, indiretamente, um ato ou fato que a ordem jurídica permite. O ilícito, como elemento integrante da hipótese de incidência, é o único elemento que distingue, no plano jurídico, a sanção do tributo extrafiscal 'proibitivo'. Noutras palavras, somente fatos lícitos pode integrar a composição da hipótese de incidência da regra jurídica tributária" (BECKER, Alfredo Augusto. *Teoria geral do direito tributário.* São Paulo: Saraiva, 1963, p. 557).

– "... função extrafiscal proibitiva... Tal função... exaure-se com a imposição de tributo mais pesado. Não implica de nenhum modo na conversão da atividade lícita em atividade ilícita" (MACHADO, Hugo de Brito; *et al.* Sanções políticas como meio coercitivo a cobrança de tributo... *RDDT* 150/85, 2008).

– **Critérios para a verificação do confisco. Razoabilidade, vedação do excesso e proporcionalidade como instrumentos para a análise do confisco.** Confiscatória será a carga tributária cuja restrição ao patrimônio do contribuinte seja desmedida e injustificada, que comprometa demasiadamente os direitos individuais, não só de propriedade, mas também de livre exercício de atividade econômica, dentre outros. Os princípios da razoabilidade, da vedação do excesso e da proporcionalidade configuram instrumentos importantes para a verificação da ocorrência ou não de confisco nos casos concretos.

– Vedação do efeito confiscatório como norma de colisão. "A norma que estabelece a proibição de utilizar tributo com efeito de confisco não é regra, pois não se aplica por subsunção, nem princípio no sentido mais restrito (mandamento *prima facie*), mas um dos princípios (em sentido lato) que regem a aplicação dos demais e é medida da ponderação destes: é norma de colisão. ... norma de colisão (tal qual a proporcionalidade) que, nos casos mais afetos à sua operatividade, substitui o princípio da proporcionalidade, como norma para solução de hipóteses de colisão de princípios em sentido estrito. [...] 23. Sendo uma norma de colisão, cuja função é solucionar hipóteses de colisão entre princípios em sentido estrito, o princípio da proibição de tributos com efeito confiscatório não é apenas um aspecto, elemento ou subprincípio de um dos princípios eventualmente em colisão (direito de propriedade), nem sua aplicação tem por finalidade exclusiva a proteção deste direito, mas a realização, através das soluções que propiciar às situações de conflitos entre princípios, do valor de justiça acolhido pelo sistema constitucional tributário" (DIFINI, Luiz Felipe Silveira. *Proibição de tributos com efeito de confisco.* Porto Alegre: Livraria do Advogado, 2007, p. 263-264 e 266).

– **Análise da carga tributária como um todo, e não de um tributo em particular.** Quando do julgamento da ADI 2.010-2, com ementa, no particular, abaixo transcrita, o STF sinalizou no sentido de que a análise do caráter confiscatório de um novo tributo ou majoração se faz em face da carga tributária total a que resta submetido o contribuinte. Tal já vinha sendo afirmado, em sede doutrinária, por Hugo de Brito Machado.

– "O caráter confiscatório do tributo há de ser avaliado em função do sistema, vale dizer, em face da carga tributária resultante dos tributos em conjunto" (MACHADO, Hugo de Brito. *Curso de direito tributário.* 36. ed. São Paulo: Malheiros, 2015, p. 41).

– "A TRIBUTAÇÃO CONFISCATÓRIA É VEDADA PELA CONSTITUIÇÃO DA REPÚBLICA... A identificação do efeito confiscatório deve ser feita em função da totalidade da carga tributária, mediante verificação da capacidade de que dispõe o contribuinte – considerado o montante de sua riqueza (renda e capital) – para suportar e sofrer a incidência de todos os tributos que ele deverá pagar, dentro de determinado período, à mesma pessoa política que os houver instituído (a União Federal, no caso), condicionando-se, ainda, a aferição do grau de insuportabilidade econômico-financeira, à observância, pelo legislador, de padrões de razoabilidade destinados a neutralizar excessos de ordem fiscal eventualmente praticados pelo Poder Público. Resulta configurado o caráter confiscatório de determinado tributo, sempre que o efeito cumulativo – resultante das múltiplas incidências tributárias estabelecidas pela mesma entidade estatal – afetar, substancialmente, de maneira irrazoável, o patrimônio e/ou os rendimentos do contribuinte. – O Poder Público, especialmente em sede de tributação (as contribuições de seguridade social revestem-se de caráter tributário), não pode agir imoderadamente, pois a atividade estatal acha-se essencialmente condicionada pelo princípio da razoabilidade" (STF, ADI 2.010-2, 1999).

– "... qualquer acréscimo na carga tributária, hoje, configura confisco, pouco importante a nomenclatura que se dê ao tributo criado ou ao acréscimo de tributo já existente" (STF, voto no RE 573.675, 2009).

– **Necessidade de análise complexa, não bastando o aumento isolado de tributo.** "VEDAÇÃO DO USO DE TRIBUTO COM EFEITO DE CONFISCO. IMPOSTO DE IMPORTAÇÃO – II. AUMENTO DE ALÍQUOTA DE 4% PARA 14%. DEFICIÊNCIA DO QUADRO PROBATÓRIO. IMPOSSIBILIDADE DE REABERTURA DA INSTRUÇÃO NO JULGAMENTO DE RECURSO EXTRAORDINÁRIO. 1. A caracterização do efeito confiscatório pressupõe a análise de dados concretos e de peculiaridades de cada operação ou situação, tomando-se em conta custos, carga tributária global, margens de lucro e condições pontuais do mercado e de conjuntura social e econômica (art. 150, IV, da Constituição). 2. O isolado aumento da alíquota do tributo é insuficiente para comprovar a absorção total ou demasiada do produto econômico da atividade privada, de modo a torná-la inviável ou excessivamente onerosa. 3. Para se chegar a conclusão diversa daquela a que se chegou no acórdão recorrido, também no que se refere à violação do art. 5º, XXXVI, da Constituição, seria necessário o reexame de matéria fática, o que encontra óbice da Súmula 279 do Supremo Tribunal Federal" (STF, RE 448.432 AgR, 2010).

– **Não confisco nas atividades-meio.** "Se, numa 'atividade meio', como é a dos agentes de viagens, o produto desta atividade resultar em 15% ou 20% ou 25% dos valores, que circulam para outras atividades ou empreendimentos destinatários dos demais 85%, 80% ou 75% das receitas, à evidência, não pode aquela 'atividade meio' suportar a imposição global das demais outras atividades envolvidas, no concernente aos tributos federais, estaduais ou municipais, risco de ingressar, tal tipo de tributação, no campo do confisco, do não respeito à capacidade contributiva e da violação do princípio da igualdade. Exemplo típico da correta aplicação de tributação apenas sobre a 'atividade meio', e não sobre as atividades correlatas de uma operação complexa, está nas agências de publicidade. Recebem, tais agências, sobre os anúncios que veiculam nos meios de comunicação em nome de seus clientes, percentagem variável, que jamais ultrapassa a casa dos 20%. [...] Pelo princípio da igualdade, em todos os setores cuja receita própria é menor que a geral, abrangente de valores a serem repassados a terceiros, por conta de

quem são recebidos, os tributos diretos e indiretos incidem apenas sobre as receitas próprias de sua atividade, mesmo que tais recursos de terceiros transitem por suas contas, rigorosamente como ocorre no setor de publicidade" (MARTINS, Ives Gandra da Silva. Operadoras de turismo – Receita própria é aquela tributada pelas incidências diretas e indiretas... *RFDT* 27/121, 2007).

– **Distinção dos critérios para a análise do efeito confiscatório conforme o tributo tenha fato gerador complexivo ou continuado ou tenha fato gerador instantâneo.** "O exame da confiscatoriedade, no caso do ISS, exige abordagem que não pode prescindir de dicotomia lastreada nas duas modalidades de hipóteses de incidência: a) as que referem fatos persistentes (que a doutrina tem designado de 'fatos geradores continuados'), como é o caso do imposto sobre a renda, do ISS exigível anualmente, e dos impostos que descrevem um 'estado de fato', dos quais é protótipo o imposto sobre a propriedade imóvel; e b) aqueloutras que referem fatos fugazes, também designados de 'fatos geradores instantâneos', de que são exemplos os impostos como o ICMS, o IPI e o ISS. Relativamente aos primeiros, a medida do confisco prende-se, eminentemente, à matéria objeto da tributação (renda ou propriedade imóvel) e nesses estreitos limites deve ser equacionada. Correlacionada essa aferição – diretamente à renda ou à propriedade imóvel – haverá confisco sempre que o imposto absorva parcela expressiva da renda ou da propriedade. Todavia, nem mesmo a bipartição das hipóteses de incidência que refiram fatos persistentes e estados de fato, contrapostos às que contemplam fatos fugazes, permite se possa extrair percentuais definitivos, indicadores do confisco. Deveras, se, de um lado, é possível afirmar que subtrair, a título de imposto, 20% do valor da propriedade já significaria ter criado imposto confiscatório, não se poderia dizer o mesmo diante da previsão do mesmo percentual (20%) da renda a ser carreado ao Estado. Totalmente diversa é a questão diante dos fatos fugazes. Relativamente a esses é admissível, consoante a natureza do imposto, a estipulação de fatos (alíquota) superior a 100%. É que, nesses casos, a medida do confisco já não há mais de ser buscada tendo por núcleo a coisa objeto da tributação, mas o patrimônio global do contribuinte. Por isso, é irrelevante que a importação de dado veículo estrangeiro acarrete, v.g., incidência de imposto com alíquota (fator) de 400%. É a riqueza do contribuinte, e não o objeto (veículo), que atua como critério de aferição, que permite se tenha um imposto de importação com alíquota de 400%. Pelas mesas razões, não seria confiscatório um ISS de 5%. Em ambos os casos, um ponto é comum: a aferição do confisco dá-se pelo exame da alíquota" (BARRETO, Aires F. *ISS na Constituição e na lei*. 3. ed. São Paulo: Dialética, 2009, p. 22-23).

– **Finalidade extrafiscal não justifica tributação confiscatória.** A finalidade extrafiscal não justifica tributação confiscatória.

– "... quando o imposto é utilizado para fins extrafiscais..., as circunstâncias são completamente diferentes da punição: o que se procura, com a sua utilização, é, apenas, evitar ou inibir a prática de certos fatos geradores, enquanto na punição o que se objetiva é castigar o infrator, utilizando, para tanto, o tributo, que é uma forma de extorquir, de uma única vez ou em doses desproporcionais, o seu patrimônio. É precisamente, o que ocorre no confisco: por ele se objetiva, não estimular ou desestimular a prática de determinado fato gerador, mas punir ou castigar o contribuinte, extorquindo-lhe imotivada e abusivamente o patrimônio tributável, a pretexto de ser um tributo. É esse abuso, de parte do poder tributante, que a Constituição procura coibir, ao vedar a utilização do tributo com efeito de confisco, utilizando-o sem observância da proporcionalidade razoável" (voto do Des. Roque Volkweiss, do TJRS, na AP 70012471538, mar. 2006).

– Em sentido contrário. "... a vedação do confisco há de se entender *cum modus in rebus*... O princípio, vê-se, cede o passo às políticas tributárias extrafiscais, mormente as expressamente previstas na Constituição. Quer dizer, onde o constituinte previu a exacerbação da tributação para induzir comportamentos desejados ou para inibir comportamentos indesejados, é vedada a arguição do princípio do não confisco tributário, a não ser no caso-limite (absorção do bem ou da renda)" (COÊLHO, Sacha Calmon Navarro. *Curso de direito tributário brasileiro*. 15. ed. Rio de Janeiro: Forense, 2016, p. 239).

– Progressividade extrafiscal do IPTU. Limites. O art. 182, § 4º, II, da Constituição precisa ser interpretado conjuntamente com o art. 150, IV, e com a própria garantia do art. 5º, XXII, da CF. Assim, mesmo a tributação progressiva da propriedade predial e territorial urbana não poderá chegar a níveis confiscatórios. Note-se, aliás, que são instrumentos de aplicação sucessiva para forçar o adequado aproveitamento da propriedade urbana o parcelamento ou edificação compulsórios, o imposto progressivo e a desapropriação. Esta é a última medida a ser tomada e, mesmo ela, por expressa determinação do art. 182, §§ 3º e 4º, III, deverá ser prévia e justa, com atenção ao valor real do imóvel. Ou seja, em nenhuma hipótese pode ocorrer confisco.

– Tributação ambiental. "Não se deve buscar, via tributação ambiental, o impedimento de determinada atividade econômica. As atividades econômicas que se apresentam de tal maneira prejudiciais ao meio ambiente que mereçam ser proibidas, devem receber tal proibição expressa do legislador. A tributação ambiental, nesses casos, não deve ser o instrumento de intervenção a ser utilizado. À tributação ambiental devem ser delegados os casos em que, embora necessária determinada atividade econômica, a mesma deva ser orientada a ocorrer de uma forma menos custosa ao meio ambiente. A utilização da tributação ambiental de modo a impedir determinada atividade, tal o ônus imposto ao agente econômico, torna-se questionável uma vez que potencialmente extrapola o limite constitucional do não confisco ou mesmo da utilização do tributo com efeito sancionatório, este último impróprio para o tributo e vedado pela legislação complementar" (MODÉ, Fernando Magalhães. *Tributação ambiental, a função do tributo na proteção do meio ambiente*. Curitiba: Juruá, 2003, p. 104).

– Impostos sobre o patrimônio ou a renda. Critério objetivo para identificação do confisco. Aires Barreto, em Vedação ao efeito de confisco, Conferência Magna transcrita na *RDT* 64/96 e ss., São Paulo, Malheiros, procura estabelecer um critério concreto para a identificação do confisco, qual seja, percentual superior a 50% do patrimônio ou da renda. Vejamos suas colocações: "Na repartição de renda, pensamos não poder o estado ficar com

parcela superior àquela que restará com o produtor da renda ou titular do bem. Penso que impostos sobre o patrimônio e sobre a renda serão confiscatórios na medida em que o Estado fique com parcela superior àquela que tocará ao produtor da renda ou ao titular do patrimônio, já considerada a dedução correspondente à preservação do mínimo necessário, garantido pela Constituição, à manutenção do capital e a produção de outros capitais. Examinando a Constituição, vamos verificar que o Estado só nos oferece em termos de saúde, em termos de educação, parcela inferior à metade das nossas necessidades. Exemplificativamente, o Estado só é responsável pela educação, pelo ensino fundamental; o restante é atribuído à responsabilidade do particular. O mesmo se dá em relação à saúde. Isto para não falar na segurança (basta considerar a proliferação de empresas de vigilância, pela incapacidade do Estado de proporcionar segurança ao cidadão). Em suma, quaisquer que sejam as áreas em que atue, o estado não proporciona à sociedade nem a metade das suas necessidades. Consequentemente, não poderá o Estado ser 'sócio' do cidadão contribuinte em percentual superior a essa metade".

– "A Corte Suprema Argentina define como confiscatórios impostos sobre o patrimônio que absorvam mais de 33% da renda do imóvel, e o Tribunal Constitucional alemão decidiu que o conjunto da carga tributária incidente sobre um determinado contribuinte não pode exceder a 50% dos seus rendimentos. São parâmetros, ainda postos de forma incipiente, que podem auxiliar o juiz a verificar, no caso concreto, se há tributo confiscatório, vedado pelo art. 150, IV, de nossa Constituição, norma que incumbe ao Poder Judiciário dar efetividade" (DIFINI, Luiz Felipe Silveira. *Manual de direito tributário*. São Paulo: Saraiva, 2003, p. 76-77).

– IPTU. Renda gerada pelo bem como critério para a verificação do patamar confiscatório. "... sustentei que, em relação aos impostos incidentes sobre o patrimônio, o melhor critério para indicar o caráter confiscatório é a renda provável que o bem tributável pode gerar" (MACHADO, Hugo de Britto. IPTU – Ausência de progressividade. Distinção entre progressividade e seletividade. *RDDT* 31, abr. 1998).

– IPMF. "Quanto à suposta nódoa ao princípio da vedação de utilização de tributo com efeito de confisco (art. 150, *caput*, inciso IV, da CF/88), repute-se que as incidências do IPMF sobre os lançamentos a débito em contas bancárias, a uma alíquota máxima de vinte e cinco centésimos por cento (0,25%) sobre os valores dos lançamentos, não representam, de forma alguma, confisco do patrimônio dos contribuintes; isto porque não há de se considerar que o referido padrão de tributação seja insuportável, ou, em outras palavras, que não haja, *in casu*, razoabilidade na tributação" (STF, ADI 939/DF, excerto do voto condutor na parte em que transcreve parecer que adotou, 1993).

– IPI. Aumento da alíquota de em 150% na vigência de regime de congelamento de preços. Efeito confiscatório. "IPI. MAJORAÇÃO DE ALÍQUOTA. POLÍTICA ECONÔMICA DE CONGELAMENTO DE PREÇOS. ART. 1º DO DECRETO-LEI N. 2.303/86. 1. O Supremo Tribunal Federal, ao examinar o RE 597.219, considerou que houve violação ao art. 97 da Carta Magna e determinou o exame da questão da inconstitucionalidade pela Corte Especial deste Tribunal. 2. Segundo o RE n. 148.754, Rel. Francisco Rezek, *DJ* de 04.03.1994, é possível o controle de constitucionalidade de normas jurídicas que foram promulgadas antes da entrada em vigor da Constituição de 1988, em face da Constituição vigente a sua época. Incidente de Arguição de Inconstitucionalidade do art. 1º do Decreto-Lei n. 2.303/86 suscitado em atenção à determinação do STF. 3. O aumento da alíquota, na ordem de 150%, caracteriza tributo como forma de confisco, ensejando violação ao direito de propriedade, previsto pelo art. 153 da Carta então vigente, bem como afronta ao princípio da proibição do excesso, por configurar tributação excessiva. 4. Também se cogita ofensa ao art. 166 da EC n. 01/69, visto que o impedimento de repasse da majoração da alíquota no preço do produto, vedado pela Política de Congelamento de Preços, implica cerceamento à livre iniciativa, inclusive podendo inviabilizar a atividade empresarial da embargante. 5. Acolhido o incidente de arguição de inconstitucionalidade, para declarar a inconstitucionalidade do art. 1º do Decreto-Lei n. 2.303/1986" (TRF4, ARGINC 2001.04.01.002878-3, 2012).

– ICMS. Protocolo que admitiu dupla cobrança. "7. O princípio do não confisco, que encerra direito fundamental do contribuinte, resta violado em seu núcleo essencial em face da sistemática adotada no cognominado Protocolo ICMS n. 21/2011, que legitima a aplicação da alíquota interna do ICMS na unidade federada de origem da mercadoria ou bem, procedimento correto e apropriado, bem como a exigência de novo percentual, a diferença entre a alíquota interestadual e a alíquota interna, a título também de ICMS, na unidade destinatária, quando o destinatário final não for contribuinte do respectivo tributo" (STF, ADI 4.628, 2014).

– Taxas. Desproporção com o custo da atividade estatal. Confisco. "... uma taxa exorbitante, desmedida em relação ao serviço ou ato prestado, pode ser contestada com esforço no princípio do não confisco, que é princípio de contenção ao poder do legislador sobre tributos. Imagine-se a cobrança de uma taxa de expediente pelo fornecimento de passaporte em valor superior ao que despenderia o contribuinte com a viagem ao exterior. Estar-se-ia confiscando seu dinheiro (propriedade *lato sensu*) e ferindo o direito de ir-e-vir, o de entrar e sair do país com os seus bens, direitos de radicação constitucional" (COÊLHO, Sacha Calmon Navarro. *Curso de direito tributário brasileiro*. 15. ed. Rio de Janeiro: Forense, 2016, p. 129-130).

– "... se a base de cálculo das taxas é o custo da atividade estatal, não há como cogitar-se, senão obliquamente, de confisco, porque para haver confisco seria necessário que tivéssemos uma base de cálculo, concretamente considerada, absolutamente distante do custo da atividade estatal. Só que nesse caso o tributo seria inválido, por desnaturação da base de cálculo. Só por via de consequência, é que seria confiscatório. Vale dizer, a taxa, antes de ser inválida, em virtude de confisco, já o era em razão da desnaturação da base de cálculo. Seria despiciendo cogitar de confisco. A utilização de base incompatível com o tributo já seria razão bastante para fulminar a exigência" (BARRETO, Aires. Vedação ao efeito de confisco. *RDT* 63/105, São Paulo: Malheiros).

– Contribuições de melhoria. "Se a hipótese de incidência da contribuição de melhoria é a valorização imobiliária acarretada pela obra pública, o máximo que se poderá exigir a esse título é toda a valorização. [...] Confisco (efeito de) haverá se a alíquota aplicável e aplicada for superior a 100%. Estar-se-á absorvendo parcela da propriedade (atribuindo-a ao Estado), produzindo inegável efeito de confisco. Ocorrerá, nesse caso, mutilação da propriedade porque o Estado, em virtude da aplicação da alíquota 'confiscatória', absorverá um valor (total ou parcial) da propriedade estranho à valorização imobiliária decorrente de obra pública" (BARRETO, Aires. Vedação ao efeito de confisco. *RDT* 63/105, São Paulo: Malheiros).

– Contribuição previdenciária do servidor público. Tema 933 do STF: "I. A ausência de estudo atuarial específico e prévio à edição de lei que aumente a contribuição previdenciária dos servidores públicos não implica vício de inconstitucionalidade, mas mera irregularidade que pode ser sanada pela demonstração do déficit financeiro ou atuarial que justificava a medida; II. A majoração da alíquota da contribuição previdenciária do servidor público para 13,25% não afronta os princípios da razoabilidade e da vedação ao confisco". Decisão de mérito em 2021.

– "Lei estadual que aumenta as alíquotas da contribuição previdenciária dos servidores públicos. 1. Recurso extraordinário contra acórdão do Tribunal de Justiça do Estado de Goiás, que declarou a inconstitucionalidade de lei estadual que majorava a alíquota da contribuição previdenciária dos servidores vinculados ao Regime Próprio de Previdência Social de 11% para 13,25%. 2. A crise na Previdência Social. A população brasileira está vivendo mais. De acordo com projeções da Organização das Nações Unidas, em 2100, o Brasil será o 10º maior país do mundo em proporção de idosos. Em paralelo, a população em idade ativa vem diminuindo, em razão da queda na taxa de fecundidade. Com isso, há menos jovens para financiar os benefícios dos mais idosos. 4. A situação específica do regime de previdência do Estado de Goiás. Nos últimos anos, o Regime Próprio de Previdência Social do Estado de Goiás tem apresentado significativo déficit financeiro e atuarial. A cada exercício, quase 5 bilhões de reais do orçamento do Estado são destinados ao pagamento de aposentadorias e pensões. Nesse contexto, foi promulgada a Lei Complementar estadual n. 100/2012, que aumentou a alíquota da contribuição previdenciária dos servidores de 11% para 13,25%. 5. Alegada ausência de estudo atuarial prévio à edição da lei impugnada. A alegação de que o projeto de lei não fora acompanhado por estudo atuarial não implica vício de inconstitucionalidade, por três razões: (a) há uma obrigação legal de realização de avaliações atuariais periódicas nos regimes próprios de previdência social (art. 1º, I, da Lei n. 9.717/1998; e art. 4º, § 2º, IV, *a*, da LRF), não tendo sido comprovado nos autos o seu descumprimento; (b) o que a Constituição exige como pressuposto para o aumento da contribuição previdenciária é a necessidade de fazer frente ao custeio das despesas do respectivo regime (art. 149, § 1º); e (c) o estudo atuarial de 2012, apresentado pelo Governador do Estado, revelou o grave comprometimento financeiro e atuarial do RPPS, o que configurava fundamento idôneo para a majoração do tributo. 6. Razoabilidade e vedação ao confisco. A constatação de ofensa aos princípios da razoabilidade/

proporcionalidade e da vedação ao confisco pressupõe uma avaliação caso a caso, voltada a apurar se (a) o aumento da carga tributária se deu na exata medida necessária para fazer frente às despesas (vedação ao excesso) e se (b) a tributação importou comprometimento do patrimônio e da renda do contribuinte em patamar incompatível com o atendimento de necessidades primordiais a uma vida com dignidade. No caso, não houve afronta a tais princípios. Primeiro, porque, conforme os dados estatísticos de 2020, o déficit atuarial do regime próprio estadual continuou a existir mesmo após o aumento da contribuição para 13,25%, a demonstrar que a majoração não extrapolou o estritamente necessário para restabelecer o equilíbrio. Segundo, porque o acréscimo de 2,25% na exação, cujo impacto é reduzido pela dedução da base de cálculo do imposto de renda, não parece comprometer a sobrevivência digna dos servidores públicos. 7. Recurso extraordinário provido, com a fixação da seguinte tese de julgamento: '1. A ausência de estudo atuarial específico e prévio à edição de lei que aumente a contribuição previdenciária dos servidores públicos não implica vício de inconstitucionalidade, mas mera irregularidade que pode ser sanada pela demonstração do déficit financeiro ou atuarial que justificava a medida. 2. A majoração da alíquota da contribuição previdenciária do servidor público para 13,25% não afronta os princípios da razoabilidade e da vedação ao confisco'" (STF, ARE 875.958, 2022).

– **Tema 1.226 do STF:** (MÉRITO NÃO JULGADO) Controvérsia: "Constitucionalidade do artigo 11, § 1º, incisos V a VIII, da Emenda Constitucional 103/2019, ante a previsão de alíquotas progressivas às contribuições previdenciárias dos servidores públicos federais" (RE 1.384.562 RG, 2022).

– **Contribuições de seguridade social sobre a receita.** "ART. 3º, § 3º, I E II, DA LEI N. 10.637/2002; ART. 3º, § 3º, I E II, DA LEI N. 10.833/2003; E ART. 8º DA LEI N. 10.925/2004. VIOLAÇÃO AOS PRINCÍPIOS CONSTITUCIONAIS DA ISONOMIA TRIBUTÁRIA, DA CAPACIDADE CONTRIBUTIVA, DA LIVRE CONCORRÊNCIA E DO NÃO CONFISCO. [...] 2 – A despeito da dificuldade em se definir com precisão, à luz do art. 150, IV, da Constituição Federal, o que seria a utilização do tributo com efeito de confisco, ou, ainda, em que medida se exibiria confiscatória uma exação, é intuitivo que as alíquotas de 7% (COFINS) e 1,65% (PIS/PASEP) não comprometem a capacidade de o contribuinte se sustentar ou auferir ganhos suficientes para fomentar o crescimento da própria atividade empresarial, não se mostrando as exações escorchantes ou em patamares confiscatórios nem, pelo menos em princípio, em descompasso com a capacidade contributiva dos contribuintes dedicados ao agronegócio" (TRF5, INAC 395425/01, 2011).

– **No sentido de que nem todos os tributos admitiriam efeito confiscatório.** "... nos atrevemos a formular alguns critérios para a aferição do efeito de confisco: a) podem ser confiscatórios os impostos sobre o patrimônio – quer considerados na sua perspectiva estática (propriedade imobiliária), quer na sua perspectiva dinâmica (transmissão de propriedade imobiliária) – e o imposto sobre a renda; b) os demais impostos, como regra, não são confiscatórios. Excetuamos, contudo, as seguintes hipóteses: b.1) quando – como poderia ocorrer no caso do ISS – tenham

por grandeza dimensível, como perspectiva dimensível um critério de valoração que só seja determinável após a apuração do preço. Exemplificamos: um imposto cuja base de cálculo seja a receita bruta pode proporcionar o confisco porque não há como absorver esse valor no preço dos bens. Deveras, receita bruta será sempre o resultado da soma dos meus preços. Então, não adianta elevar os preços, porque sempre se seguirá a inexorável elevação da receita bruta respectiva. Nesse caso, o imposto poderia ser confiscatório; b.2) a outra exceção, a possibilitar que o imposto seja confiscatório – e que também se aplicaria ao ISS – envolve aquelas situações em que a base de cálculo é o preço (dos produtos, mercadorias ou serviços), mas a esse preço não se possa (por determinação legal) incorporar o imposto. Então, se não se pode incorporar o imposto ao preço, podem os impostos, tal como o ISS, virem a ser confiscatórios. Como o contribuinte não tem como recuperar aquele valor, como não pode fixar um preço que já contenha o valor do próprio ISS, esse imposto pode ser confiscatório. Em suma: a) podem ser confiscatórios os impostos sobre o patrimônio, estática e dinamicamente considerados, e os impostos sobre a renda; b) os demais impostos não podem ser confiscatórios, salvo b.1) se o preço não puder estar contido na base de cálculo; ou b.2) se for uma grandeza qualquer, só obtenível (determinável, encontrável) após a apuração do preço, como é o caso da receita bruta. Convém que exemplifiquemos essas exceções: o imposto de importação pode ter uma alíquota de 100%, 150%, 200%, 300% ou 400%. Nem por isso se poderá dizer que o imposto é confiscatório. Com efeito, o IPI, o ICMS e o ISS – desde que seja possível incorporá-los ao preço, o que se obtém pelo repasse desses valores ao adquirente – dificilmente atingirão as raias do confisco. Nas excepcionais hipóteses em que o forem, a causa será a inviabilização do exercício da atividade. É dizer, os níveis das alíquotas põem vir a impedir o exercício de determinado mister, o que implica efeito de confisco, porquanto ofende a livre iniciativa e o livre exercício de atividade, assegurados pelo art. 170 e seu parágrafo único, da Constituição Federal" (BARRETO, Aires F. *ISS na Constituição e na lei*. 3. ed. São Paulo: Dialética, 2009, p. 21-22).

– **Efeito confiscatório da responsabilidade tributária sem possibilidade de ressarcimento.** "La responsabilidad es una figura de garantía, de tal forma uqe, efectuado el pago por el responsable, nace a su favor un dereco de crédito frente al obligado principal, que puede hacerse efectivo con la oportuna acción de regreso o derecho de reembolso. Es decir, que si aquel que responde en lugar del deudor principal, puede resarcirse de éste, evitamos la confiscación... [...] ... la figura de la responsabilidad supone una garantía personal, por imperio de la ley, con derecho a obtener el reembolso, pero sin que éste pueda resultar realmente eficaz, podremos convenir que está sumiendo deudas sin ninguna relación con los pricipios de capacidad, igualdad, progresividad, y con claridad, desde nuestra opinión, con un claro matiz confiscatorio" (JIMENEZ, Francisco J. Martín. *El procedimiento de derivación de responsabilidad tributaria*. Valladolid: Lex Nova, 2000, p. 241-242).

⇒ **Multas confiscatórias.** São inadmissíveis as multas excessivamente onerosas, insuportáveis, irrazoáveis. O princípio da proporcionalidade impede se possa reconhecer validade a uma multa quando se evidencie o descompasso entre o grau da infração e a punição cominada. Conforme se vê adiante, o STF já reduziu multas desproporcionais, sendo que a falta de referência expressa às multas tributárias no art. 150, IV, da CF (que se refere à "utilização de tributo com efeito de confisco") não foi óbice à sua invocação e aplicação. Não há impedimento a que se reduza multa excessiva, expurgando-a do excesso inconstitucional. Mas só se deve afastar a multa sob o argumento da desproporcionalidade quando não haja lei posterior mais benéfica, cuja aplicação, por força do art. 106, II, c, do CTN, seja suficiente para a redução da alíquota a patamar aceitável, dispensando, assim, a análise da questão constitucional. Conforme a jurisprudência do STF, tem-se considerado inválidas multas superiores a 100% do tributo devido.

– "1. Nos termos da jurisprudência da Corte, o princípio da vedação ao efeito de confisco aplica-se às multas" (STF, ARE 851.059 AgR, 2016).

– "APLICABILIDADE DO PRINCÍPIO DA VEDAÇÃO DO EFEITO DE CONFISCO À MULTA FISCAL. AUSÊNCIA DE FUNDAMENTO JURÍDICO À MAJORAÇÃO DA MULTA... Aplicabilidade do princípio constitucional de proibição do confisco à multa pelo não cumprimento de obrigação tributária" (STF, AI 805.745 ED, 2012).

– "4. A jurisprudência do Supremo Tribunal Federal firmou-se no sentido de que é aplicável a proibição constitucional do confisco em matéria tributária, ainda que se trate de multa fiscal resultante do inadimplemento pelo contribuinte de suas obrigações tributárias. Assentou, ainda, que tem natureza confiscatória a multa fiscal superior a duas vezes o valor do débito tributário. (AI-482.281-AgR, 2009)" (STF, AI 830300 AgR-segundo, 2011).

– "TRIBUTÁRIO. MULTA PUNITIVA. VEDAÇÃO DE TRIBUTAÇÃO CONFISCATÓRIA... I – É aplicável a proibição constitucional do confisco em matéria tributária, ainda que se trate de multa fiscal resultante do inadimplemento pelo contribuinte de suas obrigações tributárias" (STF, AI 482.281 AgR, 2009).

– "TRIBUTÁRIO. MULTA. VEDAÇÃO DO EFEITO DE CONFISCO. APLICABILIDADE... 1. Conforme orientação fixada pelo Supremo Tribunal Federal, o princípio da vedação ao efeito de confisco aplica-se às multas. 2. Esta Corte já teve a oportunidade de considerar multas de 20% a 30% do valor do débito como adequadas à luz do princípio da vedação do confisco. Caso em que o Tribunal de origem reduziu a multa de 60% para 30%. 3. A mera alusão à mora, pontual e isoladamente considerada, é insuficiente para estabelecer a relação de calibração e ponderação necessárias entre a gravidade da conduta e o peso da punição. É ônus da parte interessada apontar peculiaridades e idiossincrasias do quadro que permitiriam sustentar a proporcionalidade da pena almejada" (STF, RE 523.471 AgR, 2010).

– "A vedação ao efeito confisco se aplica também em relação às multas. O impedimento constitucional é que, a pretexto de exercer a atividade de tributação, o Poder Público se aposse dos bens do contribuinte, seja a título de tributo, seja a título de penalidade, que se transforma em obrigação principal e, portanto, há que merecer o mesmo regime jurídico..." (MARTINS, Ives Gandra da Silva; RODRIGUES, Marilene Talarico Martins. Arbitramento. Arbítrio sem fundamentação legal – inteligência de princípios e normas constitucionais sobre a hipótese de imposição de imposto de renda e outros tributos. *RDDT* 220/140, 2014).

– "As multas – de ofício e isolada – estão submetidas ao valor do principal, sob pena de, ao suplantar tal limite quantitativo, incorrer o fisco em enriquecimento sem causa, em desproporção sancionatória, em rompimento com os ditames dos princípios da proporcionalidade e do não confisco" (HARET, Florence. Multas tributárias de ofício, isolada, qualificada e agravada – considerações sobre cumulação de multas e sobre o entendimento jurisprudencial dos princípios da proporcionalidade e do não confisco aplicados às multas tributárias. *RDDT* 225/61, 2014).

– "Aquilo que os tributaristas chamam de confisco é a invasão do núcleo essencial pela instituição de um tributo excessivo que viola o direito de propriedade. A multa, porém, mesmo não sendo tributo, restringe o mesmo direito fundamental, que é o da propriedade e da liberdade. Por isso, pouco importa que o artigo 150, IV, faça referência a tributos. Pelo próprio direito fundamental chega-se à proibição de excesso, que, no caso de instituição de tributos, se chama proibição de confisco. Nesse caso, a multa de mora, de tão elevada, pode facilmente restringir de modo excessivo a liberdade de exercício de atividade econômica e a propriedade, na medida em que, pela mera impontualidade, obriga o contribuinte a pagar mais 60% do valor do tributo, cerceando a organização e direção da empresa pela captura de capital de giro que lhe são essenciais" (ÁVILA, Humberto. *Multa de mora: exames de razoabilidade, proporcionalidade e excessividade*. Artigo recebido em mãos).

– "Não duvidamos que a multa e o tributo (*de per si* considerado) são entes distintos. Na esteira do que expusemos, a proibição do confisco foi erigida ao patamar de princípio constitucional por decorrência da proteção à propriedade privada, sendo defeso ao Poder Público amesquinhar, de qualquer sorte, este escudo. Ora, o que seria a imposição de multas com conteúdo confiscatório se não expediente de amesquinhamento, por via oblíqua, da propriedade privada do contribuinte? Neste descortinar, pode-se trazer à colação um célebre adágio latino a que se subsume o caso em comento: *ubi eadem est ratio, eadem est jus dispositio*, em nosso vernáculo: onde há a mesma intenção, aplica-se o mesmo dispositivo de lei. Por terem a mesma *ratio*, qual seja, a proteção da propriedade privada do contribuinte, tanto a aplicação da multa como a imposição de tributo devem se submeter à dicção de uma mesma normal" (FREITAS, Leonardo e Silva de Almendra. Da estendibilidade do princípio do não confisco às multas tributárias pecuniárias. *RTFP* 54/211, 2004).

• Vide: VAGO, Paulo Roberto de Araújo. Multas tributárias e o princípio da vedação ao confisco: um diagnóstico sob a ótica do Supremo Tribunal Federal. *RFDT* 98, 2019.

– **No sentido da não aplicação da vedação do confisco às multas.** "MULTA MORATÓRIA. REDUÇÃO. IMPOSSIBILIDADE... III – A multa moratória não está adstrita à regra de não confisco, que deve ser seguida apenas para fins de fixação de exação. Pelo contrário, deve, em regra, ser aplicada sem indulgência, evitando-se futuras transgressões às normas que disciplinam o sistema de arrecadação tributária, não merecendo respaldo a pretensão do recorrente de ver reduzida tal penalidade" (STJ, REsp 660.692, 2006).

– "... multa não é tributo, é penalidade, ainda que o valor da multa integre o crédito tributário em sentido lato, por expressa determinação da Lei n. 4.320/64, que inclui a multa entre os créditos da Fazenda Pública, determinando a sua inclusão na dívida ativa (art. 39, *caput* e § 2º). 21. Não existe vedação constitucional ao confisco do produto de atividade contrária à lei, como se vê ao ler o art. 243 da Constituição Federal em vigor. Desta forma, a aplicação de multa ao autor do ilícito fiscal, ainda que possa, por hipótese, reduzi-lo à insolvência, é lícita, pois a lei destina-se a proteger a sociedade, não o patrimônio do autor do ilícito. 22. A multa prevista no art. 44 da Lei n. 9.430/96 tem, ainda, uma característica especial: ela destina-se a coibir não apenas a ausência de recolhimento do tributo devido, mas o 'evidente intuito de fraude' consistente na omissão do contribuinte em revelar ao Fisco suas demonstrações financeiras. A sua aplicação pode ser evitada, portanto, pelo simples cumprimento de sua obrigação" (BOITEUX, Fernando Netto. A multa de ofício, a Lei n. 9.430/96 e o Conselho de Contribuintes do Ministério da Fazenda. *RDDT* 120/60, 2005).

• Vide: MACHADO, Hugo de Brito. Inaplicabilidade da vedação do confisco às multas tributárias. *RDDT* 235/104, 2015.

– **Proporcionalidade estrita.** "Multa Punitiva: Desarrazoabilidade. Por ofensa ao princípio da proporcionalidade, o Tribunal julgou procedente o pedido formulado em ação direta ajuizada pelo Governador do Estado do Rio de Janeiro para declarar a inconstitucionalidade dos §§ 2º e 3º do art. 57 do ADCT da Constituição do Estado do Rio de Janeiro, que estabeleciam que as multas relativas ao não recolhimento e à sonegação dos impostos e taxas estaduais não poderiam ser inferiores, respectivamente, a duas vezes e a cinco vezes o valor do tributo. ADI 551-RJ, Min. Ilmar Galvão, 24.10.2002. (ADI 551)" (*Informativo* n. 287 do STF, 2002).

– "Não só a vedação ao confisco, mas também os princípios da proporcionalidade e da razoabilidade devem ser aplicados no exame das multas. [...] O contribuinte que constitui o crédito tributário mediante a apresentação das declarações necessárias, mas deixa de recolhê-lo por qualquer razão, deve ser sancionado de forma moderada, porque cumpriu suas obrigações acessórias regularmente. Diferente é a situação o contribuinte que é autuado pela fiscalização tributária porque deixou de constituir alguma obrigação tributária, situação em que poderia ser beneficiado pela ocorrência da decadência. Neste caso específico, deve ser levado em consideração, na hora da fixação da multa, que o benefício econômico deste contribuinte seria de 100% do valor do tributo" (CEZAROTI, Guilherme. Aplicação de multa pelo descumprimento de obrigações acessórias. Razoabilidade e proporcionalidade em sua aplicação. *RDDT* 148, 2008).

– "... o juízo de compatibilidade da lei que instituiu uma sanção em face do princípio da proporcionalidade supera a mera consideração da adequação (relação meio-fim) entre a pena imposta e o objetivo visado pela regra inobservada, e deve, sempre (e esta talvez seja a maior contribuição do princípio da proporcionalidade para o controle do poder e para a afirmação das liberdades individuais), considerar o grau de limitação sofrido pela esfera jurídica do infrator" (PONTES, Helenilson Cunha. *O Princípio da proporcionalidade e o direito tributário*. São Paulo: Dialética, 2000, p. 137).

– **Proporcionalidade conforme o grau da infração. Multa de ofício e multas moratórias.** As multas devidas pelo simples fato da mora, mas relativas a tributos declarados pelo contribuinte, devem, necessariamente, ter percentuais inferiores do que aquelas aplicadas quando o fisco apura, de ofício, débito que o contribuinte não havia declarado nem reconhecido, pois, neste caso, pois, neste caso, além de não ter pago, sequer deu ao conhecimento do fisco à ocorrência do fato gerador, o que merece maior censura. Assim, é adequado que haja percentuais diferenciados para as multas simplesmente moratórias e para as multas de ofício. Enquanto o percentual de 20% é limítrofe para a validade da multa moratória, a multa de ofício poderá, validamente, ter percentuais superiores, desde que guarde relação com o nível da infração. Dentre as próprias multas de ofício há, também graduações, com percentuais agravados para a situação em que não apenas o contribuinte deixou de pagar e de informar, como fraudou sua contabilidade, falsificando documentos para iludir o Fisco. Quando a graduação se faz em função da gravidade do ilícito e da censura necessária para a sua prevenção e repressão, é adequada. Não pode, isto sim, variar tão somente em função do tempo decorrido ou da prática de atos administrativos como a inscrição em dívida ativa. Nestes casos, a progressão será inválida, conforme se vê em item adiante.

– "... §§ 2º E 3º DO ART. 57 DO ATO DAS DISPOSIÇÕES CONSTITUCIONAIS TRANSITÓRIAS DA CONSTITUIÇÃO DO ESTADO DO RIO DE JANEIRO. FIXAÇÃO DE VALORES MÍNIMOS PARA MULTAS PELO NÃO RECOLHIMENTO E SONEGAÇÃO DE TRIBUTOS ESTADUAIS. VIOLAÇÃO AO INCISO IV DO ART. 150 DA CARTA DA REPÚBLICA. A desproporção entre o desrespeito à norma tributária e sua consequência jurídica, a multa, evidencia o caráter confiscatório desta, atentando contra o patrimônio do contribuinte, em contrariedade ao mencionado dispositivo do texto constitucional federal" (STF, ADI 551-1, 2002).

– **Multa moratória na CF/34: limite de 10%** Vale relembrar dispositivo da CF de 1934 que limitava os juros moratórios: "Art. 184. O produto das multas não poderá ser atribuído, no todo ou em parte, aos funcionários que as impuserem ou confirmarem. Parágrafo único. As multas de mora por falta de pagamento de impostos ou taxas lançados não poderão exceder de dez por cento sobre a importância em débito".

– **Tema 816 do STF: MÉRITO AINDA NÃO JULGADO.** Controvérsia: "b) Limites para a fixação da multa fiscal moratória, tendo em vista a vedação constitucional ao efeito confiscatório".

– **Multa moratória de 20%. Tema 214 do STF:** "III – Não é confiscatória a multa moratória no patamar de 20%".

– "... multa tributária aplicada no patamar de 20% não possui caráter confiscatório, razão pela qual não se divisa a alegada ofensa aos dispositivos constitucionais suscitados" (STF, ARE 886.446 AgR, 2016).

– "**MULTA FISCAL DE 20%. AUSÊNCIA DE CARÁTER CONFISCATÓRIO.** Esta Corte firmou entendimento no sentido da ausência de caráter confiscatório de multa fiscal no percentual de 20% (RE 582.461, *leading case* de repercussão geral)" (STF, RE 596.429 AgR, 2012).

– "4. Multa moratória. Patamar de 20%. Razoabilidade. Inexistência de efeito confiscatório. Precedentes. A aplicação da multa moratória tem o objetivo de sancionar o contribuinte que não cumpre suas obrigações tributárias, prestigiando a conduta daqueles que pagam em dia seus tributos aos cofres públicos. Assim, para que a multa moratória cumpra sua função de desencorajar a elisão fiscal, de um lado não pode ser pífia, mas, de outro, não pode ter um importe que lhe confira característica confiscatória, inviabilizando inclusive o recolhimento de futuros tributos. O acórdão recorrido encontra amparo na jurisprudência desta Suprema Corte, segundo a qual não é confiscatória a multa moratória no importe de 20% (vinte por cento)" (STF, RE 582.461, 2011).

– "**IPI. MULTA MORATÓRIA. ART. 59. LEI 8.383/91. RAZOABILIDADE.** A multa moratória de 20% (vinte por cento) do valor do imposto devido, não se mostra abusiva ou desarrazoada, inexistindo ofensa aos princípios da capacidade contributiva e da vedação ao confisco" (STF, RE 239.964, 2003).

– **Multa moratória de 30%.** "ICMS. MULTA DE 30% IMPOSTA POR LEI SOBRE O VALOR DO IMPOSTO DEVIDO. ALEGAÇÃO DE TER ESSA MULTA CARÁTER CONFISCATÓRIO. [...] Não se pode pretender desarrazoada e abusiva a imposição por lei de multa – que é pena pelo descumprimento da obrigação tributária – de 30% sobre o valor do imposto devido, sob o fundamento de que ela, por si mesma, tem caráter confiscatório. Recurso extraordinário não conhecido" (STJ, RE 220.284-6, 2000).

– **Redução a 30% de multa moratória de 100%.** "... 2) Multa moratória de feição confiscatória. Redução a nível compatível com a utilização do instrumento da correção monetária. ..." (STF, RE 81.550, 1975). Obs.: do voto condutor, vê-se: "... Conheço do recurso e lhe dou parcial provimento para julgar procedente o executivo fiscal, saldo quanto à multa moratória que, fixada em nada menos de 100% do imposto devido, assume feição confiscatória. Reduzo-a para 30% (trinta por cento), base que reputo razoável para a reparação da impontualidade do contribuinte".

– "ICM. REDUÇÃO DE MULTA DE FEIÇÃO CONFISCATÓRIA. – Tem o S.T.F. admitido a redução de multa moratória imposta com base em lei, quando assume ela, pelo seu montante desproporcionado, feição confiscatória. – Dissídio de jurisprudência não demonstrado. Recurso extraordinário não conhecido" (STF, RE 91.707, 1979). Obs.: neste acórdão, o Min. Relator refere o RE 81.550/MG.

– "TRIBUTÁRIO. EXECUÇÃO FISCAL. SALÁRIO-EDUCAÇÃO. MULTA... 3. Multa simplesmente moratória de 60% mostra-se excessivamente onerosa, desproporcional e abusiva, assumindo inadmissível caráter confiscatório, sendo cabível sua redução para 30%, prevista na própria legislação para o caso de inadimplemento superior a quinze dias" (TRF4, AC 2000.04.01.032749-6, 2001). Eis o que ponderei, ainda, na oportunidade: "A multa de 60% mostra-se excessivamente onerosa... Não é o caso, porém, de simplesmente afastar a aplicação da multa, eis que a incidência de multa, no caso, é prevista pelo próprio CTN, em seu art. 161. Cabe, sim, expungi-la do excesso inconstitucional. Tenho, pois, que o percentual de 60% deve ser substituído pelo percentual já elevado, mas suportável, de 30%...".

– **Multa moratória de 40%.** "ICMS. MULTA MORATÓRIA APLICADA NO PERCENTUAL DE 40%. CARÁTER CONFISCATÓRIO. INEXISTÊNCIA. PRECEDENTES DO TRIBUNAL PLENO. 1. O Plenário do Supremo Tribunal Federal já decidiu, em diversas ocasiões, serem abusivas multas tributárias que ultrapassem o percentual de 100% (ADI 1075 MC...; ADI 551...). 2. Assim, não possui caráter confiscatório multa moratória aplicada com base na legislação pertinente no percentual de 40% da obrigação tributária" (STF, RE 400.927 AgR, 2013). Do voto condutor: "Foi reafirmada a jurisprudência do Tribunal no sentido de que somente seriam abusivas as multas moratórias que superem o limite de 100%. Cita-se trecho do voto do Relator: '[...] o Tribunal Pleno desta Supremo Corte, por ocasião do julgamento da ADI-MC 1075... e da ADI 551..., entendeu abusivas multas moratórias que superam o percentual de 100% (cem por cento), [...]'. Assim, a decisão agravada não merece reparos, pois está em consonância com o entendimento jurisprudencial acima demonstrado." No parecer da Procuradoria-Geral da República, foi sustentado: "a multa fiscal consiste em penalidade pecuniária, imposta para compelir o contribuinte a cumprir as obrigações tributárias, principais ou acessórias. Deve, portanto, ser fixada em patamares expressivos, de modo a revestir-se de real eficácia, desencorajando o inadimplemento, sem contudo, ultrapassar os limites da razoabilidade".

– **Multa moratória de até 60%.** "MULTA MORATÓRIA. PATAMAR DE 60%. CARÁTER CONFISCATÓRIO. NÃO OCORRÊNCIA. INCIDENTE DE ARGUIÇÃO DE INCONSTITUCIONALIDADE DO ART. 61, IV, DA LEI N. 8.383/91 E DO ART. 4º, IV, DA LEI N. 8.620/93. REJEIÇÃO. 1. Aplicam-se mesmo às multas moratórias o princípio do não confisco, porque proteção ao direito de propriedade, como garantia contra o desarrazoado agir estatal, que manifesta-se não somente na obrigação tributária principal. 2. O critério de proporção, contudo, é completamente diferente. Enquanto se há de ter por confiscatório tributo que atinja mais de 50% dos rendimentos anuais do bem, ou o próprio valor do bem (em cobranças repetitivas), como chegou a propor Geraldo Ataliba em sugestão de norma legal delimitadora do confisco, de outro lado quanto à multa maiores valores deverão ser admitidos. 3. É que ao contrário do tributo, que incide sobre lícita conduta do cidadão, a multa tem como pressuposto o ato ilícito, penalizando o infrator e fazendo o papel de prevenção geral, evitando novas condutas de infração. Pequenos valores de multa, equiparáveis aos juros de mercado, permitiriam fosse a multa incorporada ao gasto empresarial e a infração à lei reiterada. 4. O patamar de 60%, discutido na espécie, não há de ser considerado confiscatório para uma multa moratória. Precedentes doutrinários e jurisprudenciais, inclusive do Supremo Tribunal Federal, que admitiu multa de 80% e implicitamente reconheceu a possibilidade de multas até o limite de 100% do principal" (TRF4, INAC 200004010634150, 2007).

– "Exame da razoabilidade... Aplicação. O postulado da razoabilidade encontra aplicação no caso da fixação de multa de mora elevada. A multa de mora pode ser considerada irrazoável, se sua fixação não guardar relação de congruência com o critério que lhe serve de fundamento. No caso em pauta, a multa de mora de 60% é irrazoável, pois não há equivalência entre a gravidade da penalidade (60% do valor do imposto) e a gravidade da falta cometida (pagamento impontual). O montante da multa deve levar em conta a gravidade da falta cometida. Nesse caso, porém, a mera impontualidade no pagamento, de pouca gravidade, faz com que o contribuinte seja punido com uma multa extremamente alta, de elevada monta. Não há equivalência e, por conseguinte, razoabilidade na fixação da multa. [...] Exame da proporcionalidade... Aplicação... A multa de 60% é desproporcional, pois, apesar de adequada para atingir o fim (promover o pagamento pontual de tributos ou desmotivar a mora), é desnecessária, não pelo comportamento de instituir a multa, pois há poder para isso, mas pela circunstância de um percentual menor da mesma multa ser igualmente adequado para estimular o pagamento pontual e menos restritiva relativamente ao direito de propriedade e de liberdade. Além disso, a multa é desproporcional em sentido estrito, pois não há proporção entre a vantagem valorativa obtida (pagamento pontual de tributos) e a restrição colateral causada (restrição intensa do direito de propriedade e de liberdade): não há proporção entre o valor da promoção positiva da pontualidade e o desvalor da restrição negativa da liberdade e da propriedade" (ÁVILA, Humberto. *Multa de mora:* exames de razoabilidade, proporcionalidade e excessividade. Artigo recebido em mãos). Sobre o exame de excessividade, vide o mesmo doutrinador, numa das notas iniciais às multas desproporcionais, acima.

– **Multa moratória progressiva até 100%.** "INCIDENTE DE ARGUIÇÃO DE INCONSTITUCIONALIDADE. ART. 35, II, *B* A *D*, E III, *A* A *D*, DA LEI N. 8.212/91, COM A REDAÇÃO DADA PELAS LEIS N.S 9.528/97 E 9.876/99. OFENSA AOS PRINCÍPIOS DA VEDAÇÃO AO CONFISCO, DA RAZOABILIDADE E DA PROIBIÇÃO DO EXCESSO. INOCORRÊNCIA. REJEIÇÃO DO INCIDENTE. 1. As multas até o limite de 100% do principal não ofendem o princípio da vedação ao confisco, da razoabilidade e da proibição do excesso. 2. A multa tem como pressuposto o ato ilícito, penalizando o infrator e fazendo o papel de prevenção geral, evitando novas condutas de infração. Pequenos valores de multa, equiparáveis aos juros de mercado, permitiriam fosse a multa incorporada ao gasto empresarial e a infração à lei reiterada (Incidente de Arguição de Inconstitucionalidade na AC n. 2000.04.01.063415-0/RS, Rel. para o acórdão Desembargador

Néfi Cordeiro). 3. É constitucional o art. 35 da Lei n. 8.212/91" (TRF4, INAC 2006.71.99.002290-6, 2008).

– "... MULTA MORATÓRIA X MULTA DE OFÍCIO. ART. 35 DA LEI 8.212/91. GRADUAÇÃO DA MULTA DE OFÍCIO CONFORME O TEMPO E A PRÁTICA DE ATOS ADMINISTRATIVOS. SOBREPOSIÇÃO AOS JUROS. RAZOABILIDADE. VEDAÇÃO DO CONFISCO. INCONSTITUCIONALIDADE SUSCITADA. Pode haver distinção entre o percentual de multa simplesmente moratória, quando o contribuinte não paga tempestivamente por falta de recursos mas o faz antes de qualquer atividade do Fisco contra ele, e de multa de ofício, quando o contribuinte oculta ou simplesmente não leva ao conhecimento do Fisco a ocorrência de fatos geradores ou o montante total das suas bases de cálculo, hipótese em que apenas a ação fiscal desenvolvida pela Fiscalização é que acaba por identificar a existência do débito e constitui o respectivo crédito por lançamento. A multa prevista no art. 35 para o caso de NFLD é de 24%. Daí para mais, há variações conforme a postura do contribuinte ou a prática de atos administrativos ao longo do tempo (tamanho da mora, pagamento integral ou parcelado, inscrição em dívida, ajuizamento da execução). Ocorre que, havendo débito, são os juros moratórios que restam previstos no art. 161 do CTN como compensação pela mora do contribuinte. Não se pode admitir que a multa acabe por assumir, também ela, uma função de compensação progressiva pela mora, em sobreposição aos juros que não se justifica. A variação da multa em função da mora ofende a razoabilidade no que diz com os critérios da adequação e da congruência. A multa deve ter relação com o ilícito cometido, qual seja, no caso, a falta de apuração e declaração, pelo próprio contribuinte, dos tributos devidos. Também o princípio da proibição do excesso, decorrente do próprio princípio do Estado de Direito, impede que se tenha multas demasiadamente altas, cumprindo, para as multas, o papel da vedação do confisco direcionada aos tributos. O STF tem admitido a censura constitucional de multas excessivas/confiscatórias, inclusive mediante invocação do art. 150, inciso IV, da CF. A multa do lançamento de ofício, no art. 35 da Lei 8.212/91, varia de 24% a 100% sem que nenhum novo ilícito tenha sido praticado, apenas pelo decurso de tempo em que o credor realiza atos tendentes à satisfação do seu crédito. Suscitado Incidente de Arguição de Inconstitucionalidade do art. 35, inciso II, alíneas *b* a *d*, e III, alíneas *a* a *d*, com a redação das Leis 90.528/97 e 9.876/99, por violação ao art. 150, IV, da CF e aos princípios constitucionais implícitos da razoabilidade e da proibição do excesso" (TRF4, AC 2006.71.99.002290-6, 2006).

– "... o legislador gradua a multa de ofício, aplicável aos créditos objeto de notificações... (NFLD's) e/ou inscritos em dívida ativa, de forma progressiva, isto é, em razão do tempo decorrido entre o vencimento do tributo e a data do seu recolhimento levando em conta não a natureza e/ou gravidade da infração, mas o tempo de permanência do contribuinte na condição de inadimplente. Salta aos olhos o destempero e flagrante inconstitucionalidade da graduação progressiva de uma multa fiscal, indexada pelo aspecto temporal, máxime porque, no campo do Direito Tributário, são os juros que assumem a função compensatória do tributo não pago na data prevista em lei. A multa, em observância ao primado da individualização das penas e da proporcionalidade, deve guardar relação com o ilícito cometido, sob pena de encampar foros de reprovável *bis in idem* se passar a assumir, igualmente aos juros, função compensatória pela mora *debitoris*. Fiel a tais premissas, urge convir que a variação da multa em função da mora entra em manifesta rota de colisão com o princípio da razoabilidade/proporcionalidade, no que diz respeito às vertentes da adequação, congruência e proibição do excesso. [...] A denunciada situação, com se vê, é de infundado excesso e falta de razoabilidade/proporcionalidade da prescrição veiculada pelo art. 35, incisos II, III e parágrafos, da Lei n. 8.212/91, implicando, no caso vertente, violação à esfera jurídica dos contribuintes pátrios que, em casos de notificações fiscais de lançamento de débitos (NFLD's), devem se sujeitam simplesmente à multa de 24% (art. 35, II, *a*) + os juros moratórios relativos a todo o período de mora, em culto à concordância prática ou harmonização do direito, fruto da interpretação conforme a Constituição" (TAVARES, Alexandre Macedo. A Lei n. 8.212/91 e a anomalia da graduação progressiva da multa de ofício pelo decurso de tempo. *RDDT* 154/7, 2008).

– **Multa moratória superior a 100%: efeito de confiso.** "MULTA FISCAL. PERCENTUAL SUPERIOR A 100%. CARÁTER CONFISCATÓRIO. ALEGADA OFENSA AO ART. 97 DA CONSTITUIÇÃO. INEXISTÊNCIA. AGRAVO IMPROVIDO. I – Esta Corte firmou entendimento no sentido de que são confiscatórias as multas fixadas em 100% ou mais do valor do tributo devido. II – A obediência à cláusula de reserva de plenário não se faz necessária quando houver jurisprudência consolidada do STF sobre a questão constitucional discutida" (STF, RE 748.257 AgR, 2013). Obs.: há referência, no relatório, a tratar-se de multa moratória.

– **Multa de ofício de 75%.** No sentido do caráter confiscatório da aplicação da multa de 75%, vide: GODOY, Walter. Infração leve, multa pesada. *RET* n. 11, 2000.

– **Multa de ofício de 80% na omissão de declaração e recolhimento.** "... MULTA DE 80%. ALEGAÇÕES DE EFEITO CONFISCATÓRIO... Alegações improcedentes, em face da legislação que rege a matéria, visto que as cominações impostas à contribuinte, por meio de lançamento de ofício, decorrem do fato de haver-se ela omitido na declaração e recolhimento tempestivos da contribuição..." (STF, RE 241.074-2, 2002).

– **Multa de ofício superior a 100% do tributo.** "MULTA CONFISCATÓRIA. REDUÇÃO...1. É admissível a redução da multa tributária para mantê-la abaixo do valor do tributo, à luz do princípio do não confisco" (STF, ARE 776.273 AgR, 2015).

– "CARÁTER CONFISCATÓRIO DA MULTA FISCAL... O valor da obrigação principal deve funcionar como limitador da norma sancionatória, de modo que a abusividade se revela nas multas arbitradas acima do montante de 100%" (STF, AI 838.302 AgR, 2014).

– "MULTA FISCAL. PERCENTUAL SUPERIOR A 100%. CARÁTER CONFISCATÓRIO... I – Esta Corte firmou entendimento no sentido de que são confiscatórias as multas fixadas em 100% ou mais do valor do tributo devido" (STF, RE 748.257 AgR, 2013).

– "... o limite máximo é o montante do tributo devido. De fato, toda pena deve ser proporcional ao dano causado, de modo que a proporcionalidade da pena pecuniária em relação à lesão ao patrimônio estatal indica que ela deve ser – no máximo – igual ao montante do benefício que infrator intentou obter" (ANDRADE FILHO, Edmar Oliveira. *Infrações e sanções tributárias*. São Paulo: Dialética, 2003, p. 203).

– **Multa de ofício não qualificada superior a 100%. Tema 1.195 do STF:** MÉRITO AINDA NÃO JULGADO. Controvérsia: "Possibilidade de fixação de multa tributária punitiva, não qualificada, em montante superior a 100% (cem por cento) do tributo devido".

– **Multa de ofício qualificada de 150%. Tema 863 do STF:** MÉRITO AINDA NÃO JULGADO. Controvérsia: "Limites da multa fiscal qualificada em razão de sonegação, fraude ou conluio, tendo em vista a vedação constitucional ao efeito confiscatório".

– "ARGUIÇÃO DE INCONSTITUCIONALIDADE DO INCISO II DO ART. 44 DA LEI N. 9.430/1996, NA REDAÇÃO ORIGINAL. PRINCÍPIO DA VEDAÇÃO DE TRIBUTO COM EFEITO DE CONFISCO. MULTA DE OFÍCIO. PERCENTUAL DE 150%. INFRAÇÃO SUBJETIVA. SONEGAÇÃO, FRAUDE OU CONLUIO. PRINCÍPIO DA RAZOABILIDADE. 1. O princípio da proibição de tributo com efeito de confisco aplica-se tanto aos tributos quanto aos deveres instrumentais ou formais (ainda que esses últimos não possuam natureza tributária), na linha dos precedentes do STF (ADI 551 e ADI 1.075). Também é aplicável a qualquer espécie de multa, seja de mora ou de ofício, uma vez que a natureza jurídica de ambas é a mesma: sanção decorrente do descumprimento de deveres jurídicos estabelecidos nas leis tributárias, relativos à obrigação tributária (multa de mora) ou aos deveres instrumentais ou formais (multa de ofício). 2. As normas que preveem infrações podem ser divididas entre objetivas e subjetivas. As primeiras não levam em consideração a vontade do agente; havendo o resultado previsto na norma, independente da intenção do infrator, configura-se o ilícito. As segundas exigem o dolo ou culpa do infrator, que deve ser apurada em conformidade com a hipótese descrita na norma. 3. O inciso II do art. 44 da Lei n. 9.430/1996 cuida de infração subjetiva de caráter doloso. Os arts. 71, 72 e 73 da Lei n. 4.502/1964, aos quais se refere o dispositivo, definem três ilícitos, em que os infratores dirigem sua vontade com o escopo de impedir ou retardar o conhecimento por parte da autoridade fazendária da ocorrência do fato gerador do tributo ou das condições pessoais do contribuinte que afetem o tributo (sonegação); impedir ou retardar o próprio acontecimento tributário ou de excluir ou modificar as suas características, a fim de reduzir o tributo devido ou diferir o seu pagamento (fraude); ou realizam ajuste doloso entre duas ou mais pessoas visando os efeitos da sonegação ou da fraude (conluio). 4. A gravidade das condutas dolosas descritas no inciso II do art. 44 da Lei n. 9.430/1996 justifica o percentual exacerbado da multa. A sanção deve ser proporcional ao ilícito cometido e desestimular a sua prática, para que realize sua função repressiva e punitiva. Os aspectos subjetivos dessas infrações tornam os limites da proibição de efeito confiscatório mais permeáveis e elásticos do que se entenderia como razoável, caso se tratasse de uma infração objetiva. Não se revela consentâneo com o ideal de justiça tributária penalizar em patamar semelhante o contribuinte que deixa de pagar ou de declarar o tributo, sem intuito doloso, e o contribuinte que sonega, frauda ou age em conluio. O que evidencia o caráter confiscatório da multa é a desproporção entre o desrespeito à norma tributária e a sua consequência jurídica. Assim, a resposta do ordenamento jurídico à sonegação, à fraude e ao conluio deve ser muito mais forte do que a resposta aos ilícitos menos gravosos. 5. Outro aspecto da questão diz respeito à ideia de confisco, que envolve verificar se a multa realmente atinge parcela tão significativa do patrimônio ou renda do contribuinte que equivalha à extinção da propriedade ou ameace a sobrevivência do indivíduo e da empresa. Não se pode olvidar que a sonegação, a fraude e o conluio acarretam o enriquecimento ilícito do contribuinte; na impossibilidade de discernir o que é riqueza lícita e o que é riqueza ilícita, é difícil saber se a multa ultrapassa as possibilidades do contribuinte. Para solucionar esse impasse, cabe recorrer ao princípio da razoabilidade, cuja essência é guardar uma relação congruente entre a medida adotada e o fim que ela pretende atingir. Nessa senda, o percentual de 150% a título de multa, nos casos de sonegação, fraude ou conluio é razoável, justamente porque se dirige a reprimir condutas evidentemente contrárias não apenas aos interesses fiscais, mas aos interesses de toda a sociedade. 6. Arguição de inconstitucionalidade do inciso II do art. 44 da Lei n. 9.430/1996, na redação original, rejeitada" (TRF4, ARGINC 2005.72.06.001070-1, 2009).

– Multa de ofício de 300% sobre o valor do bem. "O Tribunal deferiu, com eficácia *ex nunc*, medida cautelar em ação direta ajuizada pela Confederação Nacional do Comércio – CNC, para suspender, até decisão final da ação, a execução e aplicabilidade do art. 3º, par. único, da Lei 8.846/94, que prevê, na hipótese de o contribuinte não haver emitido a nota fiscal relativa a venda de mercadorias, prestação de serviços ou operações de alienação de bens móveis, a aplicação de multa pecuniária de 300% sobre o valor do bem objeto da operação ou do serviço prestado. Considerou-se juridicamente relevante a tese de ofensa ao art. 150, IV, da CF (*Art. 150. Sem prejuízo de outras garantias asseguradas ao contribuinte, é vedado à União, aos Estados, ao Distrito Federal e aos Municípios: ... IV utilizar tributo com efeito de confisco;*). ADInMC 1.075-DF, Min. Celso de Mello, 17.6.98" (*Informativo* n. 115 do STF).

– Multa isolada. Está sob repercussão geral, no RE 640452, Rel. Min. Roberto Barroso, a discussão, "à luz do artigo 150, IV, da Constituição Federal, se multa por descumprimento de obrigação acessória decorrente de dever instrumental, aplicada em valor variável entre 5% a 40%, relacionado à operação que não gerou crédito tributário ('multa isolada') possui, ou não, caráter confiscatório".

– Multa por não manter arquivos digitais e sistemas eletrônicos. Art. 12 da Lei n. 8.218/91. "... no caso em análise (art. 12 da Lei n. 8.218/91), a ausência de transcrição para registros eletrônicos da documentação contábil e fiscal do contribuinte não necessariamente ocasiona repercussão sobre a obrigação principal, ou seja, embora não tenha sido respeitado o preceito que prevê a

escrituração eletrônica, o contribuinte pode ter recolhido todos os tributos devidos dentro do prazo legal. [...] A multa prevista no art. 12 da Lei n. 8.218/91 contém uma peculiaridade: ela não é calculada sequer sobre o valor do tributo que teria deixado de ser recolhido pelo contribuinte, mas sim sobre o seu faturamento, o que demonstra absoluta ausência de razoabilidade da penalidade aplicada. [...] as diversas multas previstas no art. 12 da Lei n. 8.218/91 não guardam qualquer parâmetro com as condutas que se pretende evitar, violando os princípios constitucionais da vedação ao confisco, proporcionalidade e razoabilidade..." (CEZAROTI, Guilherme. Aplicação de multa pelo descumprimento de obrigações acessórias. Razoabilidade e proporcionalidade em sua aplicação. *RDDT* 148, 2008).

> **V – estabelecer limitações ao tráfego de pessoas ou bens, por meio de tributos interestaduais ou intermunicipais, ressalvada a cobrança de pedágio pela utilização de vias conservadas pelo Poder Público;**

⇒ **Liberdade de tráfego de pessoas ou bens.** A proibição do estabelecimento de limitações ao tráfego por meio de tributos interestaduais e intermunicipais, constante do art. 150, inciso V, da CF, impede a instituição de tributos de passagem e, também tributos de importação ou de exportação interestaduais ou intermunicipais, ressalvada expressamente a cobrança de pedágio pelo uso de rodovia conservada pelo Poder Público. A norma consubstancia garantia de livre circulação de pessoas e mercadorias pelo território nacional, considerado como uma unidade econômica.

– Diferencial de alíquota do ICMS cobrado na fronteira. A proibição de limitações ao tráfego por meio de tributos não impede a cobrança, mesmo que na fronteira, do diferencial de ICMS, porquanto, nas operações interestaduais, o que ocorre é a divisão da arrecadação entre os Estados de origem e de destino, mantendo-se a carga tributária no mesmo patamar daquela inerente às operações internas.

– Legislação que torna as operações interestaduais ou intermunicipais mais gravosas. A tributação que torne mais gravosas as operações interestaduais e/ou intermunicipais tem o efeito de implicar limitação ao tráfego, enquadrando-se, portanto, na vedação constitucional. O Protocolo ICMS n. 21/2011, que ensejou a cobrança de alíquota cheia no Estado de origem e de diferencial de alíquota no Estado de destino no caso de compras pela internet por consumidor final foi considerado violador do art. 150, V, da CF.

– "8. O tráfego de pessoas e bens, consagrado como princípio constitucional tributário (CRFB/88, art. 150, V), subjaz infringido pelo ônus tributário inaugurado pelo Protocolo ICMS n. 21/2011 nas denominadas operações não presenciais e interestaduais" (STF, DI 4.628, 2014).

⇒ **Natureza jurídica do pedágio.** O pedágio é referido, no art. 150, V, da CF, como exceção em norma que estabelece limitação ao poder de tributar, o que poderia levar à conclusão pela sua natureza tributária. Efetivamente, durante muito tempo, se discutiu a natureza jurídica do pedágio, tendo o STF chegado a considerá-lo como taxa de serviço por ocasião do julgamento do RE 181.475-6. Mas, em 2014, o Tribunal Pleno do STF, analisando o mérito da ADI 800, afirmou que se trata de preço público: "O pedágio cobrado pela efetiva utilização de rodovias conservadas pelo Poder Público, cuja cobrança está autorizada pelo inciso V, parte final, do art. 150 da Constituição de 1988, não tem natureza jurídica de taxa, mas sim de preço público, não estando a sua instituição, consequentemente, sujeita ao princípio da legalidade estrita". Nesse precedente, restou claro que desimporta o fato de haver ou não via alternativa. Vale destacar, ainda, que a manutenção das rodovias, que é serviço público, muitas vezes é realizada mediante concessões, o que atrai a incidência direta do art. 175 da CF a exigir licitação ("sempre através de licitação"), bem como a observância de política tarifária definida em lei ("A lei disporá sobre: [...] III – política tarifária;").

– Embora não se apliquem ao pedágio as garantias constitucionais de ordem tributária, enquanto preço público cobrado, via de regra, por concessionários, ao pedágio aplicam-se garantias de caráter administrativo, como a sujeição à licitação e à lei de política tarifária, em se tratando de concessão ou permissão, forte no art. 175 da CF. Vide em nota ao art. 145, II, da CF acerca dos preços públicos cobrados por concessionárias.

– **Pedágio é preço público.** O Tribunal Pleno do STF manifestou-se, em 2014, no sentido de que o pedágio "não tem natureza jurídica de taxa, mas sim de preço público", não se sujeitando às limitações constitucionais ao poder de tributar. Resta claro do precedente que é irrelevante se há ou não "via alternativa gratuita para o usuário trafegar". Destacou, o Ministro relator, Teori Zavascki, que mais limitação do tráfego que o pedágio é a não construção ou não conservação de rodovias. Superou, assim, entendimento em sentido contrário que firmara em 1999, no sentido de que configuraria taxa de serviço.

– "PEDÁGIO. NATUREZA JURÍDICA DE PREÇO PÚBLICO. DECRETO 34.417/92, DO ESTADO DO RIO GRANDE DO SUL. CONSTITUCIONALIDADE. 1. O pedágio cobrado pela efetiva utilização de rodovias conservadas pelo Poder Público, cuja cobrança está autorizada pelo inciso V, parte final, do art. 150 da Constituição de 1988, não tem natureza jurídica de taxa, mas sim de preço público, não estando a sua instituição, consequentemente, sujeita ao princípio da legalidade estrita. 2. Ação direta de inconstitucionalidade julgada improcedente" (STF, ADI 800, 2014). Eis o voto condutor: "Os que sustentam sua natureza tributária, da subespécie taxa, o fazem sob os seguintes fundamentos, essencialmente: (a) estar o pedágio referido na Constituição quando tratou das limitações ao poder de tributar; (b) constituir pagamento de um serviço específico ou divisível, prestado ao contribuinte ou posto à sua disposição; (c) não ser cabível remunerar serviços públicos por meio outro que não o de taxa (Roque Antônio Carrazza. *Curso de direito constitucional tributário financeiro e tributário*. 18. ed. São Paulo: Malheiros, 2002, p. 115. Também: Geraldo Ataliba; Aires Barreto. Pedágio federal. *Revista de Direito Tributário*, São Paulo, n. 46, p. 90-96, out.-dez. 1988). Já os que sustentam tratar-se de preço público, com natureza contratual, o fazem com base nas seguintes considerações: (a) a inclusão no texto constitucional apenas esclarece que, apesar de não incidir tributo sobre o tráfego de pessoas ou bens, pode, excepcionalmente, ser cobrado o pedágio, espécie jurídica diferenciada; (b) não existir compulsoriedade na utilização de rodovias; e (c) a cobrança se dá em virtude da utilização efetiva do serviço, não sendo devida com base no seu oferecimento potencial (Ricardo Lobo Torres. *Tratado de direito constitucional tributário*. 3. ed. Rio de Janeiro: Renovar, 2005, p. 486. Igualmente: Sacha Calmon Navarro Coêlho. Comentários à Constituição de 1988: sistema tributário. 9. ed. Rio de Janeiro: Forense, 2005, p. 308-309). 3. A discussão doutrinária a respeito do tema foi, de alguma forma, contaminada pela figura do denominado 'selo-pedágio', prevista na Lei 7.712/88, que a 2ª Turma do Supremo Tribunal Federal, com toda a razão, considerou tratar-se de taxa (RE 181475...). Dito 'selo-pedágio' foi instituído pela Lei 7.712/88, que assim o disciplinou: [...] Tratava-se, portanto, de uma exação compulsória a todos os usuários de rodovias federais, por meio de um pagamento renovável mensalmente (art. 3º do Decreto 97.532/89), independentemente da frequência de uso das rodovias. Era cobrada antecipadamente, como contrapartida a um serviço específico ou divisível, prestado ao contribuinte ou posto à sua disposição. Há, como se percebe, profundas diferenças entre o 'selo-pedágio', previsto na Lei de 1988, e o pedágio, tal como hoje está disciplinado. Esse último somente é cobrado se, quando e cada vez que houver efetivo uso da rodovia, o que não ocorria com o 'selo-pedágio', que era exigido em valor fixo, independentemente do número de vezes que o contribuinte fazia uso das estradas durante o mês. Essas profundas diferenças entre um e outro indicam, sem dúvida, que a decisão da 2ª Turma do STF no RE 181475 (tratando de 'selopedágio') não pode servir de paradigma na definição da natureza jurídica do pedágio. Ressalta-se, ainda, que a Lei 8.075, que entrou em vigor no dia 17 de agosto de 1990, revogou a Lei 7.712/88 e extinguiu a cobrança do 'selo-pedágio'. 4. Considerando a atual configuração jurídica do pedágio, o Plenário desta Corte, ao julgar a medida cautelar desta ADI 800, decidiu, por unanimidade, que o pedágio é um preço público. [...] O Ministro Ilmar Galvão, em seu voto, entendeu que o pedágio é espécie de preço público por não ser cobrado compulsoriamente de quem não utilizar a rodovia; ou seja, é uma retribuição facultativa paga apenas mediante o uso voluntário do serviço... 5. Na verdade, o enquadramento do pedágio como espécie tributária (taxa) ou não (preço público) independe de sua localização topológica no texto constitucional, mas sim do preenchimento ou não dos requisitos previstos no art. 3º do Código Tributário Nacional, que delimita o conceito de tributo... E, a despeito dos debates na doutrina e na jurisprudência, é irrelevante também, para a definição da natureza jurídica do pedágio, a existência ou não de via alternativa gratuita para o usuário trafegar. Essa condição não está estabelecida na Constituição. É certo que a cobrança de pedágio pode importar, indiretamente, em forma de limitar o tráfego de pessoas. Todavia, essa mesma restrição, e em grau ainda mais severo, se verifica quando, por insuficiência de recursos, o Estado não constrói rodovias ou não conserva adequadamente as que existem. Consciente dessa realidade, a Constituição Federal autorizou a cobrança de pedágio em rodovias conservadas pelo Poder Público, inobstante a limitação de tráfego que tal cobrança possa eventualmente acarretar. Assim, a contrapartida de oferecimento de via alternativa gratuita como condição para a cobrança de pedágio não é uma exigência constitucional. Ela, ademais, não está sequer prevista em lei ordinária. A Lei 8.987/95, que regulamenta a concessão e permissão de serviços públicos, nunca impôs tal exigência. Pelo contrário, nos termos do seu art. 9º, § 1º (alterado pela Lei 9.648/98), 'a tarifa não será subordinada à legislação específica anterior e somente nos casos expressamente previstos em lei, sua cobrança poderá ser condicionada à existência de serviço público alternativo e gratuito para o usuário'. 6. Segundo a jurisprudência firmada nessa Corte, o elemento nuclear para identificar e distinguir taxa e preço público é o da compulsoriedade, presente na primeira e ausente na segunda espécie, como faz certo, aliás, a Súmula 545... 7. Em suma, no atual estágio normativo constitucional, o pedágio cobrado pela efetiva utilização de rodovias não tem natureza tributária, mas sim de preço público, não estando, consequentemente, sujeita ao princípio da legalidade estrita".

- Vide, na 17ª edição desta obra, citações dos artigos: MARIA, Paulo. Natureza jurídica do pedágio. *Revista da Fundação Escola Superior do Ministério Público do Distrito Federal e Territórios* 6/0-227; VIDAL, Hélvio Simões. Regime Jurídico do Pedágio, em *Ciência Jurídica* 77/373-404, 1997.

– **Posição superada no sentido de que o pedágio seria tributo (taxa de serviço).** Considerando que a referência ao pedágio constitui exceção em norma que estabelece limitações ao poder de tributar, argumentava-se que a Constituição realmente considerara o pedágio como tributo. E, dentre as espécies de tributo, enquadrar-se-ia como taxa de serviço, segundo o entendimento anterior do STF, hoje superado, constante do RE 181.475-6/RS.

– Para maior detalhamento dos fundamentos que levaram parte da doutrina e dos precedentes a se inclinarem pela natureza tributária do pedágio, bem como de inúmeras discussões inerentes a tal posição, vide farto material em nota constante da 17ª edição desta obra. Dela constam excertos doutrinários de Geraldo Ataliba e Aires Barreto, Luciano Amaro e Roque Joaquim Volkweiss. No sentido de que se trataria de uma taxa de uso de bem público, há transcrição de Bernardo Ribeiro de Moraes e Andrei Pitten Velloso. Há, também, referência ao entendimento de Luís Eduardo Schoueri o sentido de que seria uma taxa por serviço indivisível. Também fizemos constar o entendimento de Sacha Calmon Navarro Coelho no sentido de que o pedágio tanto poderia ser preço como taxa, dependendo do regime jurídico que viesse a ser adotado para instituí-lo e cobrá-lo e, no mesmo sentido, excerto de obra de José Antonio Savaris. Há, também, abordagem da conservação de rodovias enquanto serviço, e não obra. A questão da cobrança pela concessionárias também é abordada. E, ainda, é analisado o antigo selo-pedágio.

– Sobre taxas de construção, conservação e melhoramento de estradas, vide as Súmulas 348 e 595 do STF, bem como notas ao art. 145, II.

⇒ **Pedágio municipal.** "A segunda parte do inciso V do art. 150 excetua a cobrança de pedágio pela utilização de vias conservadas pelo Poder Público. Essa cláusula final deve ser interpretada em consonância com a parte primeira do preceito constitucional, que versa a proibição de criação de tributo (que limite o tráfego de pessoas ou bens) de natureza intermunicipal ou interestadual. Via de consequência, a ressalva

(outorga de competência para a cobrança de pedágio) só ocorre se se tratar, igualmente, de tributo intermunicipal ou interestadual. Em outras palavras, não pode o legislador municipal instituir taxa a pretexto de criar pedágio municipal, é dizer, instituir pedágio para a utilização de vias dentro do próprio território do Município. Pode o Município, por sua administração, observado o que dispuser a lei, limitar a utilização de vias (criando mão única, calçadões, áreas que os veículos não podem adentrar etc.), mas não pode, em nome dessas limitações administrativas, instituir e cobrar pedágio" (BARRETO, Aires F. In: MARTINS, Ives Gandra da Silva (coord.). *Comentários ao Código Tributário Nacional*. São Paulo: Saraiva, 1998, v. 1, p. 541).

VI – instituir impostos sobre:

⇒ **Conceito de imunidade.** As imunidades são normas constitucionais que excluem a possibilidade de instituição de determinados tributos relativamente a algumas pessoas, operações, bens ou outras situações ou manifestações de riqueza.

– "*Imunitas*, ou exonerado de *munus*, indica a liberação de *munus* ou encargos, dispensa de carga, de ônus, de obrigação ou até de penalidade. Quem não está sujeito a *munus* tem 'imunidade' (*munus* público é aquilo que procede de autoridade pública, ou da lei, e obriga o indivíduo a certos encargos). Oferece, o vocábulo imunidade, em princípio, um privilégio concedido a alguma pessoa de não ser obrigada a determinados encargos ou ônus (liberação do *munus*)" (MORAES, Bernardo Ribeiro de. A Imunidade tributária e seus novos aspectos. *Imunidades Tributárias, Pesquisas Tributárias, Nova Série* 4/105).

⇒ **Conceito de imunidade.** As regras constitucionais que proíbem a tributação de determinadas pessoas, operações, objetos ou de outras demonstrações de riqueza, negando, portanto, competência tributária, são chamadas de imunidades tributárias.

– Só a Constituição estabelece imunidades, moldando a própria competência tributária. Desonerações concedidas por leis ordinárias não são imunidades, mas benefícios fiscais através dos quais os entes políticos abrem mão de receita que poderiam obter no exercício das suas competências tributárias.

– O texto constitucional não refere expressamente o termo "imunidade". Utiliza-se de outras expressões: veda a instituição de tributo, determina a gratuidade de determinados serviços, fala de isenção, de não incidência etc. Em todos os casos, impede a tributação e, portanto, temos o que denominamos de imunidade.

– Como exemplo de imunidade prevista como isenção, há o art. 195, § 7º, da CF, bem como a do art. 184, § 5º, da CF. O STF já se pronunciou acerca de ambos os casos como de imunidade. Vide as respectivas notas.

– "O legislador constituinte autorizou ao Município criar o ITBI, proibindo, no entanto, sua incidência sobre a transmissão desses bens ao patrimônio de pessoa jurídica em realização de capital (colação de bens imóveis ao capital de sociedade). Nesse mesmo passo, deu à União competência para instituir o ITR e aos Estados a faculdade de criar impostos sobre operações relativas à circulação de mercadorias. Proibiu à União, todavia, tributar com o ITR as glebas rurais de área mínima e vedou aos Estados fazer incidir o ICMS sobre produtos industrializados remetidos ao exterior. Os prédios urbanos estão sujeitos ao IPTU de competência municipal, mas esta exação sobre o patrimônio não pode incidir sobre os 'templos de qualquer culto', em virtude de imunidade expressa. Nos exemplos figurados, constata-se que o constituinte, ao mesmo tempo em que concedeu poder e competência às pessoas políticas para a instituição de imposto..., vedou o exercício dessas mesmas competências sobre certas transmissões imobiliárias, sobre determinado tipo de propriedade rural, sobre certas operações de circulação de mercadorias... e sobre a propriedade predial de algumas pessoas jurídicas, expressamente nominadas. Inquestionavelmente, não fossem as imunidades – restrições à competência impositiva – e tais situações seriam perfeitamente tributáveis" (COÊLHO, Sacha Calmon Navarro. *Curso de direito tributário brasileiro*. 15. ed. Rio de Janeiro: Forense, 2016, p. 247-248).

– O próprio STF já reconheceu a natureza de imunidade a essas regras constitucionais de "não incidência". É o caso do RE 212.637, noticiado no *Informativo* n. 151 do STF, 1999, que tratava do art. 155, § 2º, X, *a*, ou seja, da imunidade, relativamente ao ICMS, das operações que destinem ao exterior produtos industrializados, excluídos os semi-elaborados definidos em lei complementar: "CONSTITUCIONAL. TRIBUTÁRIO. ICMS: PRODUTOS INDUSTRIALIZADOS DESTINADOS AO EXTERIOR: IMUNIDADE. OPERAÇÕES E PRESTAÇÕES DE SERVIÇO: DISTINÇÃO. C.F, art. 155, II, § 2º, IV, X, *a*, XII, *e*. I – ICMS: hipóteses de incidência distintas: a) operações relativas à circulação de mercadorias; b) prestações de serviço interestadual e intermunicipal e de comunicações: C.F., art. 155, II. II – A Constituição Federal, ao conceder imunidade tributária, relativamente ao ICMS, aos produtos industrializados destinados ao exterior, situou-se, apenas, numa das hipóteses de incidência do citado imposto: operações que destinem ao exterior tais produtos, excluídos os semi-elaborados definidos em lei complementar: art. 155, § 2º, X, *a*. III – Deixou expresso a C.F., art. 155, § 2º, XII, e, que, as prestações de serviços poderão ser excluídas, nas exportações para o exterior, mediante lei complementar. IV. – Incidência do ICMS sobre a prestação de serviço de transporte interestadual, no território nacional, incidindo alíquota estabelecida por resolução do Senado Federal: C.F., art. 15, § 2º, IV" (STF, RE 212.637-3, 1999).

⇒ **Natureza jurídica das normas de imunidade.** As normas de imunidade constituem, a um só tempo, normas negativas de competência tributária, limitações constitucionais ao poder de tributar e, algumas delas, garantias fundamentais ou da federação.

– **Imunidades como normas de competência tributária.** "1. A regra de imunidade compreende o reverso da atribuição de competência tributária. Isso porque a norma imunitória se traduz em um decote na regra de competência, determinando a não incidência da regra matriz nas áreas protegidas pelo beneplácito concedido pelo constituinte" (STF, RE 385.091, 2013).

– "... a imunidade não se confunde com isenção. A imunidade é norma constitucional que denega competência às pessoas estatais. Em face de uma imunidade, inexiste competência para tri-

butar. ... todos se põem de acordo em que a imunidade: 1. é regra jurídica, com sede constitucional; 2. é delimitativa (no sentido negativo) da competência dos entes políticos da Federação, ou regra de incompetência; 3. obsta o exercício da atividade legislativa do ente estatal, pois nega competência para criar imposição em relação a certos fatos especiais e determinados; 4. distingue-se da isenção, que se dá o plano infraconstitucional da lei ordinária ou complementar... Ora, a norma isencional, ao contrário da imunidade, pressupõe o poder de tributar. Somente a pessoa competente para tributar tem também poderes para conceder isenção" (DERZI, Misabel Abreu Machado. A imunidade incontroversa de autarquia federal de ensino, em relação ao ICMS, para importar bens essenciais ao desenvolvimento de suas atividade institucionais. *RDDT* 142/102, jul. 2007).

– "... classe finita e imediatamente determinável de normas jurídicas, contidas no texto da Constituição Federal, e que estabelecem, de modo expresso, a incompetência das pessoas políticas de direito constitucional interno para expedir regras instituidoras de tributos que alcancem situações específicas e suficientemente caracterizadas" (CARVALHO, Paulo de Barros. *Curso de direito tributário*. 27. ed. São Paulo: Saraiva, 2016, p. 194).

– "A imunidade é, portanto, regra de exceção, somente inteligível se conjugada à outra, que concede o poder tributário, limitando-lhe a extensão de forma lógica e não sucessiva no tempo. [...] Norma de competência = atribuição de poder tributário imunidades (ou supressões parciais de poder tributário)" (DERZI, Misabel Abreu Machado. Nota de atualização à obra de Aliomar Baleeiro. *Limitações constitucionais ao poder de tributar*. 7. ed. Rio de Janeiro: Forense, 1997, p. 14).

– "Nas situações que ultrapassam os limites fixados, ou desatendem a princípios ou formas estabelecidas, o que se passa não é que a competência seja vedada, ela simplesmente inexiste. A lei que pretendesse tributar situação imune não feriria, propriamente, (ou somente), o preceito constitucional da imunidade, mas sim exerceria competência tributária que não lhe é autorizada" (AMARO, Luciano. *Direito tributário brasileiro*. 15. ed. São Paulo: Saraiva, 2009, p. 107).

– "... a imunidade não é uma renúncia fiscal, nem mesmo um favor constitucional. É, a meu ver, uma vedação absoluta ao poder de tributar. Por motivos que o constituinte houve por bem considerar de relevância para o bem das instituições e para assegurar um regime democrático votado para a sociedade e controlado por ela, as imunidades tributárias foram colocadas como forma de implementar essas finalidades, propiciando, de um lado, as ações necessárias para uma sociedade plural, e, de outro, evitando pudessem autoridades ou detentores do poder atingi-las, principalmente em face do exercício de um poder ilimitado" (MARTINS, Ives Gandra da Silva. Aspectos referentes a imunidade dos livros eletrônicos... *RDDT* 180/156, 2010).

– "A imunidade consiste na exclusão de competência da União, dos Estados, do Distrito Federal e Municípios, para instituir tributos relativamente a determinados atos, fatos e pessoas, expressamente previstos na Constituição Federal. Do mesmo modo que outorga competências para instituir tributos sobre determinadas materialidades, a própria Constituição também contempla outras específica situações que são afastadas dos gravames tributários. O objetivo da imunidade é a preservação de valores considerados como de superior interesse nacional, como a manutenção das entidades federadas, o exercício das atividades religiosas, a democracia, as instituições educacionais, assistenciais e de filantropia, e o acesso às informações" (MELO, José Eduardo. *Importação e exportação no direito tributário*. 2. ed. São Paulo: RT, 2012, p. 34).

– "... as imunidades, consagradas em regras de incompetência tributária, vedam o estabelecimento de regras de incidência sobre determinadas materialidades ou pessoas" (VELLOSO, Andrei Pitten. *Constituição Tributária interpretada*. 2. ed. Porto Alegre: Livraria do Advogado, 2012, p. 25).

– "O vocábulo imunidade corresponde a algo que é 'livre de, dispensado de, resguardado de ou contra, isento, incólume, liberado'. Nessa passo, associam-se as imunidades tributárias a normas desonerativas de tributos que, contempladas sempre na Constituição Federal, ocorrem de sublimes princípios e garantias constitucionais. Assim, tais normas de intributabilidade dotam-se de expressiva carga axiológica, vocacionando-se a limitar o poder de tributar das entidades impositoras" (SABBAG, Eduardo. *Imunidade tributária recíproca e os impostos indiretos*. São Paulo: RT, 2013, p. 299).

– "... há determinados campos competenciais – dotados de intributabilidade e previstos em uma classe finita de normas jurídica –, nos quais não pode subsistir a tributação. Desse modo, é comum defender-se que a norma imunizante afeta pela via negativa a competência tributária, conquanto se possa encontrar, no plano doutrinário, posicionamentos diversos, no sentido de que ocorreria, sim, uma verdadeira 'supressão constitucional da competência impositiva'" (SABBAG, Eduardo de Moraes. Imunidade tributária musical e liberdade de expressão artística. In: GRUPENMACHER, Betina Treiger (coord.). *Tributação*: democracia e liberdade. São Paulo: Noeses, 2014, p. 867).

– **Imunidades como limitações ao poder de tributar.** "As imunidades, ao lado dos princípios, se localizam na seção da Constituição da República atinente às limitações constitucionais ao poder de tributar, dando a conformação das competências legislativas tributárias. Representam limitações expressas e materiais, por se encontrarem positivadas e predeterminarem o conteúdo do exercício de competência pelos entes públicos de direito político interno" (WASSERMAN, Rafhael. Notas sobre a imunidade musical: liberdade de expressão artística e cultura nacional. In: GRUPENMACHER, Betina Treiger (coord.). *Tributação*: democracia e liberdade. São Paulo: Noeses, 2014, p. 849).

– **Imunidades como garantias.** A importância de tomar uma imunidade como garantia fundamental está em lhe atribuir a condição de cláusula pétrea inerente aos direitos e garantias fundamentais, nos termos do art. 60, § 4º, da Constituição Federal. Note-se que há uma enorme diferença axiológica entre a imunidade dos livros a impostos, prevista no art. 150, VI, *d*, da Constituição, e a imunidade das receitas de exportação a contribuições sociais e interventivas, prevista no art. 149, § 2º, I, da Constituição. A primeira assegura a liberdade de manifestação do pensamento, preservando a democracia, o pluralismo, o acesso à informação, de modo que configura cláusula pétrea, não podendo ser revogada nem restringida pelo poder constituinte derivado. A segunda constitui simples elevação, a nível constitucional, da política de desoneração das exportações, podendo ser revogada ou alterada pelo constituinte derivado.

– "Não se pode desconhecer, dentro desse contexto, que as imunidades tributárias de natureza política destinam-se a conferir efetividade a determinados direitos e garantias fundamentais reconhecidos e assegurados às pessoas e às instituições. Constituem, por isso mesmo, expressões significativas das garantias de ordem instrumental, vocacionadas, na especificidade dos fins a que se dirigem, a proteger o exercício da liberdade sindical, da liberdade de culto, da liberdade de organização partidária, da liberdade de expressão intelectual e da liberdade de informação. A imunidade tributária não constitui um fim em si mesma. Antes, representa um poderoso fato de contenção do arbítrio do Estado na medida em que esse postulado da Constituição, inibindo o exercício da competência impositiva pelo Poder Público, prestigia, favorece e tutela o espaço em que florescem aquelas liberdades públicas. Cumpre não desconhecer, neste ponto, a grave advertência lançada pelo saudoso Min. Aliomar Baleeiro (*Limitações Constitucionais ao poder de tributar*, p. 191, 5ª ed., 1977, Forense), para quem revela-se certo e inquestionável o fato de que '... o imposto pode ser meio eficiente de suprimir ou embaraçar a liberdade da manifestação do pensamento, a crítica dos governos e homens públicos, enfim, de direitos que não são apenas individuais, mas indispensáveis à pureza do regime democrático'" (do voto do Min. Celso de Mello na ADI 939/DF, *RTJ* 151/832).

– "As cláusulas pétreas... vêm amparadas pelas imunidades tributárias, em cujo bojo encontram salvaguarda" (TEJO, Joyce mar Lima. As cláusulas pétreas nas imunidades tributárias. *RDDT* 67/89, maio-jun. 2009).

– **Protegem direitos de primeira e de segunda geração.** "Tanto direitos fundamentais de primeira geração, bem como de segunda são protegidos pelas imunidades da CF/88. Todavia, quanto àqueles, as intributabilidades constitucionais possuem uma função predominante de resguardo; em relação a estes, de favorecimento" (MOISES, Cristian Ricardo Prado. *A constitucionalização do direito tributário*: a disciplina tridimesional do poder criativo. Rio de Janeiro: Lumen Juris, 2019, p. 188).

– **Algumas são cláusulas pétreas; outras, não.** As imunidades que compõem o estatuto jurídico constitucional de direitos fundamentais ou da forma federativa de estado, assumem, elas também, a condição de cláusulas pétreas.

– "Os valores que servem como fundamento às imunidades se relacionam precipuamente a liberdades e garantias fundamentais, cláusulas pétreas, razão pela qual sequer podem ser alteradas por emenda, a teor do disposto no artigo 60, § 4º, IV, do texto constitucional" (WASSERMAN, Rafhael. Notas sobre a imunidade musical: liberdade de expressão artística e cultura nacional. In: GRUPENMACHER, Betina Treiger (coord.). *Tributação*: democracia e liberdade. São Paulo: Noeses, 2014, p. 850).

⇒ **Imunidades subjetivas e objetivas.** "Importa destacar a classificação quanto ao critério da forma de previsão, que as divide em subjetivas e objetivas. As primeiras decorrem de um fator pessoa, isto é, da natureza jurídica do ente ou de fatores a ele inerentes, dentre as quais se incluem as imunidades recíproca, relativa a templos, partidos políticos e suas fundações, entidades sindicais dos trabalhadores e instituições de educação e de assistência social sem fins lucrativos. As objetivas, por sua vez, advêm de fatos ou bens, como a imunidade dirigida a livros, jornais e periódicos, bem como sobre o papel destinado à sua impressão. Imunidades mistas, por sua vez, apresentam características de ambas as anteriores" (WASSERMAN, Rafhael. Notas sobre a imunidade musical: liberdade de expressão artística e cultura nacional. In: GRUPENMACHER, Betina Treiger (coord.). *Tributação*: democracia e liberdade. São Paulo: Noeses, 2014, p. 851).

– "... as imunidades se dividem em duas categorias: subjetivas e objetivas. As primeiras são estabelecidas em razão de certas pessoas, como, por exemplo, as que contemplam os partidos políticos. As segundas, as objetivas, são as que se relacionam à matéria tributável, a exemplo da proteção à liberdade de expressão que se confere por meio da imunidade de livros, jornais, periódicos e o papel destinado a sua impressão" (FERNANDES, Rodrigo de Salazar e. A CPMF e a Imunidade das Receitas de Exportação em Relação à Incidência das Contribuições Sociais. *RET* 39/135, 2004).

⇒ **Imunidades genéricas e imunidades específicas.** "... as regras de imunidade devem estar, sempre, previstas na Constituição Federal, dividindo-se em dois grupos. As imunidades específicas, que disciplinam situações pontuais nas quais o constituinte determina a desoneração de uma única situação relativamente a um único tributo e, ainda, as imunidades genéricas as quais impõem às situações nelas previstas a desoneração de todos os impostos. As imunidades genéricas são regras fundadas em valores considerados de fundamental relevância para a sociedade... A intenção é facilitar o desenvolvimento de atividades, fundamentais para o crescimento e proteção da sociedade e dos valores constitucionais" (ARAÚJO, José Antônio Gomes de. A imunidade tributária e o caráter sem fins lucrativos das entidades de assistência social e de educação. In: GRUPENMACHER, Betina Treiger (coord.). *Tributação*: democracia e liberdade. São Paulo: Noeses, 2014, p. 900).

⇒ **Interpretação da norma de imunidade.** É comum colocarem-se divergências sobre o critério para interpretação das imunidades, se ampliativo ou restritivo. Em verdade, porém, não é dado do aplicador nem estender nem restringir a norma imunizante, e sim perscrutar seu efetivo alcance tendo em conta todo o ordenamento e as circunstâncias do caso concreto.

– **Pela interpretação ampla.** "IMUNIDADE. HERMENÊUTICA... TELEOLOGIA DA NORMA. I – Esta Suprema Corte, nas inúmeras oportunidades em que debatida a questão da hermenêutica constitucional aplicada ao tema das imunidades, adotou a interpretação teleológica do instituto, a emprestar-lhe abrangência maior, com escopo de assegurar à norma supralegal máxima efetividade" (STF, RE 627.815, 2013).

– "Extraia-se da Constituição Federal, em interpretação teleológica e integrativa, a maior concretude possível. [...] A imunidade tributária relativa a livros, jornais e periódicos é ampla, total, apanhando produto, maquinário e insumos. A referência, no preceito, a papel é exemplificativa e não exaustiva" (STF, RE 202.149, 2011).

– "3... No caso da imunidade das entidades beneficentes de assistência social, a Corte tem conferido interpretação extensiva à respectiva norma, ao passo que tem interpretado restritivamente as normas de isenção. 4. Adquirido o *status* de imune, as presunções sobre o enquadramento originalmente conferido devem militar a favor do contribuinte, de modo que o afastamento da imunidade só pode ocorrer mediante a constituição de prova em contrário produzida pela administração tributária. O oposto ocorre com a isenção que constitui mero benefício fiscal por opção do legislador ordinário, o que faz com que a presunção milite em favor da Fazenda Pública" (STF, RE 385.091, 2013).

– "Colocadas as imunidades tributárias sob o olhar investigativo, não se defende a mais ampla interpretação possível, porém, uma construção de sentido em conformidade aos valores prestigiados pelo constituinte, em um viés teleológico" (WASSERMAN, Rafhael. Notas sobre a imunidade musical: liberdade de expressão artística e cultura nacional. In: GRUPENMACHER, Betina Treiger (coord.). *Tributação*: democracia e liberdade. São Paulo: Noeses, 2014, p. 858).

– "Enquanto a norma de isenção deve ser interpretada literalmente (CTN, art. 111), em se tratando de imunidade, já o disse o Supremo Tribunal Federal, 'admite-se a interpretação ampla de modo a transparecer os princípios e postulados nela consagrados' (RE 102.141-RJ, *RTJ* 116/267). Na interpretação da norma de imunidade, em razão da supremacia constitucional faz-se a integração do ordenamento, colmatando-se o texto supremo, dele eliminando as lacunas verdadeiras, ou técnicas, para que não se chegue, na aplicação da Constituição, ao que Karl Engisch denominou, com inteira propriedade, um momento de incongruência. (Karl Engisch, *Introdução ao Pensamento Jurídico*, tradução de João Batista Machado, 3ª edição, Fundação Calouste Gulbenkian, Lisboa, 1977, p. 229). A norma isentiva reside em lei ordinária. A isenção 'é exceção feita pela própria regra jurídica de tributação.' Justifica-se, por isto, que o intérprete não possa ampliar o seu âmbito de incidência, sabido que as normas excepcionais não comportam interpretação ampliativa. Já a 'imunidade é o obstáculo criado por uma norma da Constituição, que impede a incidência de lei ordinária de tributação sobre determinado fato' (*Curso de direito tributário*, 11ª Edição. São Paulo: Malheiros, São Paulo, 1996, p. 152). Equívoco imperdoável, portanto, é pretender-se interpretar a norma de imunidade da mesma forma que se interpreta a norma de isenção tributária. Na norma de imunidade, deve-se buscar a razão política, para que se possa estabelecer o sentido que melhor a ela corresponda. Interpretar restritivamente norma de imunidade é inadmissível, pois pode significar, e no mais das vezes significa, a frustração dos objetivos com a norma visados pelo constituinte" (MACHADO, Hugo de Brito. *Imunidade tributária e educação*. jan. 2001. Disponível em: <www.hugomachado.adv.br>).

– Pela interpretação restritiva. "ISS. IMUNIDADE TRIBUTÁRIA DO ART. 150, VI, D, DA CF. ABRANGÊNCIA. SERVIÇOS DE COMPOSIÇÃO GRÁFICA. IMPOSSIBILIDADE. INTERPRETAÇÃO RESTRITIVA. AGRAVO IMPROVIDO. I – A imunidade tributária prevista no art. 150, VI, *d*, da Constituição Federal não abrange os serviços de composição gráfica. Precedentes. II – O Supremo Tribunal Federal possui entendimento no sentido de que a imunidade em discussão deve ser interpretada restritivamente" (STF, RE 659.637 AgR, 2012).

– "... 1. Também para as normas constitucionais aplica-se a regra de hermenêutica segundo a qual devem ser interpretadas restritivamente as normas que estabelecem exceções e as normas que criam imunidades são normas de exceção à regra geral de tributação. 2... 3. ... a interpretação extensiva do dispositivo constitucional, cujo resultado é o de submeter à imunidade também tudo o mais que, indiretamente, esteja englobado no processo produtivo daqueles bens representa, na prática, outorgar imunidade não aos bens editados pela empresa, mas à própria empresa editora" (TRF4, REO 96.04.55528-6, 1997).

– "A interpretação literal consiste na primeira aproximação do intérprete com o produto legislado e não o ponto final" (WASSERMAN, Rafhael. Notas sobre a imunidade musical: liberdade de expressão artística e cultura nacional. In: GRUPENMACHER, Betina Treiger (coord.). *Tributação:* democracia e liberdade. São Paulo: Noeses, 2014, p. 857).

⇒ **Autoaplicabilidade.** As normas negativas de competência bastantes em si são autoaplicáveis. Quanto a isso, não há dúvida. O problema surge quando a norma exige regulamentação, mormente quando seu texto remete expressamente aos requisitos e/ou condições estabelecidos em lei. A doutrina, mesmo nestes casos, preconiza majoritariamente a autoaplicabilidade. Entretanto, o STF tem trilhado caminho oposto, conforme se pode ver de nota ao já revogado inciso II do § 2º do art. 153 da CF, quando pronunciou-se pela retenção do imposto de renda na fonte sobre os proventos dos aposentados com mais de sessenta e cinco anos, cuja renda total fosse constituída exclusivamente de rendimentos do trabalho, até que surgisse a lei fixando os termos e limites da não incidência. Em nota a esse artigo 153, § 2º, II, há, ainda, farta transcrição de doutrina. Sobre a autoaplicabilidade das normas constitucionais em geral, vide doutrina em nota de introdução à Constituição.

– "Ressalte-se que os preceitos constitucionais sobre imunidade produzem efeitos independentemente da edição de lei integrativa, ainda que esta seja requerida expressamente na Constituição. Apenas pode a lei prevista conter a eficácia do preceito constitucional, mas não impedi-la por sua ausência" (DIAS DE SOUZA, Hamilton. In: MARTINS, Ives Gandra da Silva (coord.). *Comentários ao Código Tributário Nacional.* São Paulo: Saraiva, 1998, v. 1, p. 10).

⇒ **Abrangência das imunidades.** As imunidades, assim entendidas as normas negativas de competência constantes do texto constitucional, ora dizem respeito apenas a impostos, ora a outras espécies tributárias. Depende da norma específica que se estiver analisando. As imunidades do art. 150, VI, da CF, conforme consta expressamente de seu texto, limitam-se a negar competência para a instituição de impostos, conforme se vê de abordagem específica feita em subitem próprio. Já a imunidade do art. 195, § 7º, da CF, diz respeito às contribuições de seguridade social (vide notas a esse artigo). No artigo 5º, inciso XXXIV, por sua vez, encontramos imunidade relativa a taxas.

– "A proposição afirmativa de que a imunidade é instituto que só se refere aos impostos carece de consistência veritativa. [...] Não sobeja repetir que, mesmo em termos literais, a Constituição brasileira abriga regras de competência da natureza daquelas que se conhecem pelo nome de imunidades tributárias, e que trazem alusão explícita às taxas e à contribuição de melhoria, o que basta para exigir a falsidade da proposição descritiva. Vejamos, neste sentido, o que preceitua o art. 195, § 7º..." (CARVALHO, Paulo de Barros. *Curso de direito tributário.* 27. ed. São Paulo: Saraiva, 2016, p. 192).

– "... há imunidade que alcança as taxas, como a prevista no inciso XXXIV do art. 5º da Constituição" (BARRETO, Aires F. In: MARTINS, Ives Gandra da Silva (coord.). *Comentários ao Código Tributário Nacional.* São Paulo: Saraiva, 1998, v. 1, p. 543).

– **Tema 988 do STF:** "É imune ao pagamento de taxas para registro da regularização migratória o estrangeiro que demonstre sua condição de hipossuficiente, nos termos da legislação de regência". Decisão do mérito em 2021.

– **Imunidades genéricas a impostos.** As imunidades genéricas do inciso VI abrangem tão somente impostos. A par de o dispositivo constitucional ser claro ao estabelecer que é vedado "instituir impostos sobre", a jurisprudência do STF é no sentido de que não se estende, por exemplo, às contribuições.

– "IMUNIDADE. ART. 150, VI, DA CF. ABRANGÊNCIA DOS IMPOSTOS. IMPOSSIBILIDADE DE APLICAÇÃO ÀS CONTRIBUIÇÕES" (STF, ARE 928.575 AgR, 2016).

– "1. A jurisprudência da Corte é assente no sentido de que a imunidade tributária prevista no art. 150, VI, da Constituição Federal está restrita aos impostos" (STF, RE 923.607 AgR, 2016).

– "V – A imunidade tributária prevista no art. 150, VI, *d*, da Constituição Federal abrange, exclusivamente, os impostos, não se estendendo às contribuições sociais" (STF, RE 177.308 ED, 2012).

– **Quaisquer impostos.** As imunidades genéricas aplicam-se a quaisquer impostos relativos às entidades imunes enquanto organizadas e voltadas ao exercício das suas atividades típicas. Todo o rol dos impostos previstos nos arts. 153, 155 e 156 está abrangido, conforme a jurisprudência do STF, que se vê em notas às alíneas *a* e *c* deste inciso. As imunidades não alcançam o exercício de atividade econômica pelos entes políticos, nos termos do art. 150, §§ 2º e 3º, da CF, ou exercício de atividades que não lhes sejam típicas pelos demais sujeitos imunes, nos termos do art. 150, 4º, da CF. Dizendo da abrangência, por exemplo, também do II e do IPI: STF, RE 834.454 AgR, 2015.

– **Impostos que tenham os entes imunes na posição de contribuintes de direito.** A imunidade protege os entes imunes de serem tributados enquanto contribuintes de direito. Não alcança os entes imunes enquanto contribuintes de fato, ou seja, enquanto consumidores. A matéria foi objeto do Tema 342 de repercussão geral (RE 608.872), tendo, o STF, fixado a seguinte: "A imunidade tributária subjetiva aplica-se a seus beneficiários na posição de contribuinte de direito, mas não na de simples contribuinte de fato, sendo irrelevante, para a verificação da existência do beneplácito constitucional, a repercussão econômica do tributo envolvido". Eis a ementa: "Imunidade do art. 150, inciso VI, 'c', alínea *a*, CF. Entidade beneficente de assistência social. Imposto sobre Circulação de Mercadorias e Serviços (ICMS). Aquisição de insumos e produtos no mercado interno na qualidade de contribuinte de fato. Beneplácito reconhecido ao contribuinte de direito. Repercussão econômica. Irrelevância. 1. Há muito tem prevalecido no Supremo Tribunal Federal o entendimento de que a imunidade tributária subjetiva se aplica a seus beneficiários na posição de contribuintes de direito, mas não na de simples contribuintes de fato, sendo irrelevante para a verificação da existência do beneplácito constitucional a discussão acerca da repercussão econômica do tributo envolvido. Precedentes. 2. Na primeira metade da década de sessenta, alguns julgados já trataram do tema, ensejando a edição da Súmula n. 468/STF. Conforme o enunciado, após a Emenda Constitucional 5, de 21/11/1961, o imposto federal do selo era devido pelo contratante não beneficiário de desoneração constitucional (contribuinte de direito) em razão de contrato firmado com a União, estado, município ou autarquia, ainda que a esses entes imunes fosse repassado o encargo financeiro do tributo por força da repercussão econômica (contribuintes de fato). 3. A Súmula n. 591, aprovada em 1976, preconiza que 'a imunidade ou a isenção tributária do comprador não se estende ao produtor, contribuinte do imposto sobre produtos industrializados'... 5. À luz da jurisprudência consagrada na Corte, a imunidade tributária subjetiva (no caso do art. 150, VI, da Constituição Federal, em relação aos impostos) aplica-se ao ente beneficiário na condição de contribuinte de direito, sendo irrelevante, para resolver essa questão, investigar se o tributo repercute economicamente. 6. O ente beneficiário de imunidade tributária subjetiva ocupante da posição de simples contribuinte de fato – como ocorre no presente caso –, embora possa arcar com os ônus financeiros dos impostos envolvidos nas compras de mercadorias (a exemplo do IPI e do ICMS), caso tenham sido transladados pelo vendedor contribuinte de direito, desembolsa importe que juridicamente não é tributo, mas sim preço, decorrente de uma relação contratual. A existência ou não dessa translação econômica e sua intensidade dependem de diversos fatores externos à natureza da exação, como o momento da pactuação do preço (se antes ou depois da criação ou da majoração do tributo), a elasticidade da oferta e a elasticidade da demanda, dentre outros. 7. A propósito, tal orientação alinha-se aos precedentes desta Corte no sentido de ser a imunidade tributária subjetiva constante do art. 150, VI, *c*, da Constituição aplicável à hipótese de importação de mercadorias pelas entidades de assistência social para uso ou consumo próprios. Essas entidades ostentam, nessa situação, a posição de contribuintes de direito, o que é suficiente para o reconhecimento do beneplácito constitucional. O fato de também serem apontadas, costumeira e concomitantemente, como contribuintes de fato é irrelevante para a análise da controvérsia. Preceden-

tes. 8... 9. Em relação ao tema n. 342 da Gestão por Temas da Repercussão Geral do portal do STF na internet, fixa-se a seguinte tese: 'A imunidade tributária subjetiva aplica-se a seus beneficiários na posição de contribuinte de direito, mas não na de simples contribuinte de fato, sendo irrelevante para a verificação da existência do beneplácito constitucional a repercussão econômica do tributo envolvido'" (STF, RE 608.872, 2017).

– "ICMS. CONTRIBUINTE DE FATO. ENTIDADE RELIGIOSA. INEXIGIBILIDADE DO TRIBUTO EM VIRTUDE DA IMUNIDADE TRIBUTÁRIA. ARTIGO 150, VI, 'B', DA CONSTITUIÇÃO. IMPOSSIBILIDADE. TEMA 342 DA REPERCUSSÃO GERAL. RE 608.872... 1. O reconhecimento da imunidade do ICMS à entidade religiosa deve observar o entendimento do Supremo Tribunal Federal nos autos do RE 608.872/MG (Tema 342), no qual se firmou a tese de que a imunidade tributária subjetiva aplica-se a seus beneficiários na posição de contribuinte de direito, mas não na de simples contribuinte de fato" (STF, ARE 1.283.767 AgR, 2020).

– "É pacífico o entendimento deste Supremo Tribunal Federal no sentido de que o município não pode ser beneficiário da imunidade recíproca nas operações em que figurar como contribuinte de fato", sendo que "O repasse do ônus financeiro, típico dos tributos indiretos, não faz com que a condição jurídica ostentada pelo ente federativo na condição de sujeito passivo da relação jurídica tributária seja deslocada para a figura do consumidor da mercadoria ou serviço" (STF, ARE 758.886 AgR, 2014).

– **Súmula 591 do STF:** A imunidade ou a isenção tributária do comprador não se estende ao produtor, contribuinte do imposto sobre produtos industrializados.

– O entendimento do STF, na Súmula 591, olvida que os tributos indiretos são tributos sobre o consumo, tendo o seu ônus repassado pelo vendedor ao comprador. Limita-se a dar relevo à posição de contribuinte de direito de modo que, quando imune, dele não venha a ser exigido o tributo. Desse modo, não assegura desoneração do ente imune no que diz respeito à carga tributária, mas sua não sujeição ao Fisco no bojo da relação jurídica tributária.

• Vide: ROCHA, Kamilla da Silva. A imunidade tributária à incidência dos impostos indiretos na aquisição de medicamentos pelas entidades de assistência social em face da jurisprudência do STF. *RFDT* 98, 2019.

– **IPVA sobre veículo adquirido por ente imune mediante alienação fiduciária. Tema 685.** "Não incide IPVA sobre veículo automotor adquirido, mediante alienação fiduciária, por pessoa jurídica de direito público". Decisão do mérito em 2020. Eis a ementa: "IPVA – ALIENAÇÃO FIDUCIÁRIA – ADQUIRENTE – PESSOA JURÍDICA DE DIREITO PÚBLICO. Incide a imunidade prevista no artigo 150, inciso VI, alínea 'a', da Constituição Federal, em se tratando de contrato de alienação fiduciária em que pessoa jurídica de direito público surge como devedora" (STF, RE 727.851, 2020).

– **Não alcança as contribuições.** "2. COFINS. Imunidade. Livros. Art. 150, VI, *d*, da CF 3. É firme a jurisprudência de ambas as Turmas e do Pleno no sentido de que as imunidades vinculadas a 'impostos' não se estendem às 'contribuições'" (STF, RE-AgR 332.963, 2006).

– "... PASEP. CONTRIBUIÇÃO EXIGIDA DE ENTES ESTATAIS. IMUNIDADE. 1... 2. Imunidade recíproca. Matéria não discutida nas instâncias ordinárias. Inovação da lide. Impossibilidade. Inexigibilidade do tributo em decorrência de imunidade conferida aos entes da federação. Improcedência da pretensão. A imunidade tributária diz respeito aos impostos, não alcançando as contribuições. Agravo regimental não provido" (STF, RE-AgR 378.144, 2004).

– "... I. A imunidade do art. 19, III, da CF/67 (CF, art. 150, VI) diz respeito apenas a impostos. A contribuição é espécie tributária distinta, que não se confunde com o imposto. É o caso da contribuição sindical, instituída no interesse de categoria profissional [...], assim não abrangida pela imunidade..." (STF, RE 129.930, 1991).

– **Não alcança o AFRMM. Súmula 553 do STF:** "O Adicional ao Frete para Renovação da Marinha Mercante (AFRMM) é contribuição parafiscal, não sendo abrangido pela imunidade prevista na letra *d* (livro, jornal, periódicos e papel destinado à sua impressão), inc. III, do art. 19 da Constituição Federal".

– A não abrangência do FINSOCIAL (contribuição antecessora da COFINS) pela imunidade do art. 150, VI, *d*, da CF, foi definida pelo STF, com repercussão geral, no RE 628.122 (Tema 209), 2013.

– **Não calcança o Finsocial. Tema 209 do STF:** "A contribuição para o Finsocial, incidente sobre o faturamento das empresas, não está abrangida pela imunidade objetiva prevista no art. 150, VI, *d*, da Constituição Federal de 1988, anterior art. 19, III, *d*, da Carta de 1967/1969". Decisão de mérito em 2013.

– **Não dispensa das obrigações acessórias.** "A imunidade tributária não autoriza a exoneração de cumprimento das obrigações acessórias" (STF, RE 627051, 2014).

– **Não dispensa das posições de substituto e de responsável tributário.** Os entes imunes não estão dispensados de colaborarem com as Administrações Tributárias enquanto substitutos ou responsáveis tributários. Vide nota ao art. 9º, § 1º, do CTN.

⇒ **Requisitos para o gozo das imunidades. Lei complementar.** Cabe tão somente à lei complementar regular as limitações constitucionais ao poder de tributar, nos termos do art. 146, inciso II, da Constituição. Lei ordinária que o faça carece de suporte de validade, sendo inconstitucional. Vide notas ao art. 146, inciso II, da Constituição Federal e, especificamente quanto à imunidade dos partidos políticos, entidades sindicais dos trabalhadores, instituições de educação e de assistência social, a este art. 150, inciso VI, alínea *c*.

a) patrimônio, renda ou serviços, uns dos outros;

⇒ **Imunidade tributária recíproca como garantia da federação.** "A Constituição do Brasil, ao institucionalizar o modelo federal de Estado, perfilhou, a partir das múltiplas tendências já positivadas na experiência constitucional comparada, o sistema do federalismo de equilíbrio, cujas bases repousam na necessária igualdade político-jurídica entre as unidades que compõem o Estado Federal. Desse vínculo isonômico, que purifica as pessoas estatais dotadas de capacidade política, deriva, como uma de suas consequências mais expressivas, a vedação dirigida a cada um dos entes federados de instituição de imposto sobre o patrimônio, a renda e os serviços, uns dos outros. A imunidade tributária recíproca consagrada pelas sucessivas Constituições republicanas brasileiras representa um fator indispensável à preservação institucional das próprias unidades integrantes da Federação. A concepção de Estado Federal, que prevalece em nosso ordenamento positivo, impede especialmente em função do papel que a cada unidade federada incumbe desempenhar no seio da Federação que qualquer delas institua impostos sobre o patrimônio, a renda e os serviços das demais. No processo de indagação das razões políticas subjacentes à previsão constitucional da imunidade tributária recíproca, cabe destacar, precisamente, a preocupação do legislador constituinte de inibir, pela repulsa à submissão fiscal de uma entidade federada a outra, qualquer tentativa que, concretizada, possa, em última análise, inviabilizar o próprio funcionamento da Federação" (de voto na ADI 939, *RTJ* 151/833). Neste voto, é referido, ainda, o caso McCulloch v. Maryland, julgado pela Suprema Corte Norte-Americana, em que John Marshall teria estatuído que "o poder de tributar compreende o poder de destruir", salientando que a União não podia se sujeitar à competência impositiva dos Estados-membros.

– "O Min. Joaquim Barbosa [...] observou que, em diversos precedentes, o STF reiterara 3 funções que condicionariam o alcance da imunidade tributária recíproca: 1) operar como salvaguarda do pacto federativo, para evitar que a tributação funcione como instrumento de coerção ou indução de um ente sobre o outro; 2) proteger atividade desprovida de capacidade contributiva, isto é, atividades públicas em sentido estrito, executadas sem ânimo lucrativo; e 3) não beneficiar a expressão econômica de interesses particulares, sejam eles públicos ou privados, nem afetar intensamente a livre-iniciativa e a livre concorrência, excetuadas as permissões constitucionais" (RE 601.392) (*Informativo* n. 648 do STF, 2011).

– **Cláusula pétrea.** A imunidade recíproca é princípio garantidor da Federação e, por isso, imutável, não podendo ser restringido nem mesmo por Emenda Constitucional: "I.P.M.F. Artigos 5º, § 2º, 60, § 4º, incisos I e IV, 150, incisos III, *b* e VI, *a*, *b*, *c* e *d*, da Constituição Federal. 1. Uma Emenda Constitucional, emanada, portanto, de Constituinte derivada, incidindo em violação a Constituição originaria, pode ser declarada inconstitucional, pelo Supremo Tribunal Federal, cuja função precipua e de guarda da Constituição (art. 102, I, *a*, da C.F.). 2. A Emenda Constitucional n. 3, de 17.03.1993, que, no art. 2º, autorizou a União a instituir o I.P.M.F., incidiu em vício de inconstitucionalidade, ao dispor, no § 2º. desse dispositivo, que, quanto a tal tributo, não se aplica "o art. 150, III, *b* e VI", da Constituição, porque, desse modo, violou os seguintes princípios e normas imutáveis (somente eles, não outros): ... 2. – o princípio da imunidade tributaria recíproca (que veda a União, aos Estados, ao Distrito Federal e aos Municípios a instituição de impostos sobre o patrimônio, rendas ou serviços uns dos outros) e que e garantia da Federação (art. 60, § 4º, inciso I, e art. 150, VI, *a*, da CF); ... 3. Em consequência, é inconstitucional, também, a Lei Complementar n. 77, de 13.07.1993, sem redução de textos, nos pontos em que determinou a incidência do tributo no mesmo ano (art. 28) e deixou de reconhecer as imunidades previstas no art. 150, VI, *a*, *b*, *c* e *d* da CF (arts. 3º, 4º e 8º do mesmo diploma, L.C. n. 77/93)" (STF, ADI 939, 1993).

– Sobre o princípio federativo, vide nota ao art. 108, III, do CTN.

⇒ **Ausência de capacidade contributiva como fundamento para a imunidade recíproca a impostos.** "... conceptos básicos del hecho imponible no tendrían sentido si el hecho imponible se atribuyera al Estado o a las entidades públicas o a las dependencias de ellas. Las situaciones o las actividades económicas de las mismas nunca representan capacidad contributiva, porque todo la riqueza del Estado ya sirve directamente a las finalidades públicas y sería sin sentido atribuirle una capacidad de contribución a las finalidades para las cuales toda su actividad y su existencia misma están destinadas. [...] ... la tasa se distingue precisamente del impuesto por la causa jurídia, que no e la capacidad cntributiva, sino la pretación de un servicio individualiado por el sujeto activo al sujeto pasivo. [...] ... dada la causa jurídica deste tributo, no hay contradicción lógica ni incompatibilidad en la atribución del presupuesto de hecho a un sujeto pasivo que sea ente sobeano [...] ... si la ley expresamente no exime al Estado de la tasa, no hay razón jurídico-dogmática que exija la exención..." (JARACH, D. *El Hecho Imponible/Teoría General del Derecho Tributario Sustantivo*. 2. ed. Buenos Aires: Abeledo--Perrot, 1971, p. 199-201).

– "... se a capacidade econômica das pessoas políticas traduz-se na própria aptidão para o atendimento do interesse público, é crível admitir que tal capacidade não poderá ser atingida por qualquer tipo de imposto, quer direto, quer indireto. Além disso, pela lógica do princípio orçamentário, mediante o qual as receitas já estariam prévia e constitucionalmente designadas para o custeio das atividades públicas, evidencia-se que as entidades políticas não possuem disponibilidades ou recursos tributáveis. [...] ainda reforçando a ideia da ausência da capacidade contributiva das pessoas políticas, fácil é perceber que, na Federação, as pessoas políticas são juridicamente iguais, uma vez ausente a capacidade contributiva, porquanto seus recursos destinam-se à prestação de serviços públicos" (SABBAG, Eduardo. *Imunidade tributária recíproca e os impostos indiretos*. São Paulo: RT, 2013, p. 50-51).

⇒ **Abrangência subjetiva: entes políticos, autarquias e fundações.** A imunidade aproveita inclusive às autarquias e fundações, conforme § 2º deste mesmo artigo.

– **Em regra, não alcança empresas públicas e sociedades de economia mista, tampouco empresas privadas concessionárias, delegatárias ou permissionárias.** As empresas públicas e sociedades de economia mista estão excluídas da imunidade, não sendo beneficiadas, salvo quando prestadoras de serviço público típico. Vide nota ao § 2º deste artigo 150 da CF.

⇒ **Abrangência das atividades típicas.** A imunidade se dá em função das funções típicas dos entes políticos, abrangendo as atividades que exercem em tal posição.

– **Não alcança a exploração de atividades econômicas sob livre concorrência.** Não se aplica esta imunidade ao patrimônio, à renda e aos serviços relacionados com exploração de atividades econômicas regidas pelas normas aplicáveis a empreendimentos privados, ou em que haja contraprestação ou pagamento de preços ou tarifas pelo usuário, nem exonera o promitente comprador da obrigação de pagar imposto relativamente ao bem imóvel, nos termos do § 3º deste mesmo artigo.

– **Não alcança serviços delegados a particulares. Tema 688 do STF:** "É constitucional a incidência do ISS sobre a prestação de serviços de registros públicos, cartorários e notariais, devidamente previstos em legislação tributária municipal". Decisão do mérito em 2013.

– "1) os serviços próprios do Estado, quais sejam, aqueles que só ele pode prestar, sem possibilidade de delegação, não podem, por força da 'imunidade recíproca', ser alcançados pelo ISS; 2) os serviços impróprios do Estado, quais sejam, aqueles 'que não afetam substancialmente as necessidades da comunidade, mas satisfazem interesses comuns de seus membros, e, por isso, a Administração os presta remuneradamente, por seus órgãos ou entidades descentralizadas (autarquias, empresas públicas, sociedades de economia mista, fundações governamentais), ou delega sua prestação a concessionários, permissionários ou autorizatários', somente se sujeitam ao ISS quando delegados a particulares, porquanto, nos termos do art. 173 da CF, o Poder Público, inclusive seus órgãos ou entidades descentralizadas, não tem por fito, em princípio, a exploração econômica ou lucrativa de atividades, embora excepcionalmente possam tê-lo por disposição expressa do seu estatuto jurídico, quando, então, e somente nesta hipótese, se sujeitarão ao referido tributo" (LEITE, Geilson Salomão. *O ISS e as concessionárias de serviço público de água e esgotamento sanitário: estudo de um caso concreto*. *RDTAPET* 13/81, 2007).

• Vide notas ao § 2º deste artigo 150 da CF.

⇒ **Patrimônio, renda ou serviços. Aplicação a todos os impostos.** O STF, em linhas gerais, segue a orientação no sentido de que a imunidade não é restrita aos impostos sobre o patrimônio, sobre a renda ou sobre serviços, mas a toda a imposição tributária, a título de impostos, que possa comprometer o patrimônio, a renda e os serviços do ente imune. Vê-se revelada esta posição, e.g., nos julgados em que o STF reconhece a imunidade relativamente ao IPMF e ao IOF. Encontram-se, porém, julgados de outros tribunais em ambos os sentidos, havendo precedentes recentes do TJRS e do TRF da 4ª Região dando interpretação no sentido de restringir a imunidade aos impostos sobre o patrimônio, sobre a renda e sobre serviços, dizendo da não abrangência, e.g., do ICMS e do II. Os impostos que admitem a transferência do ônus econômico suscitam questionamento específico, baseado na prevalência ou da condição de contribuinte de direito ou da condição de contribuinte de fato; adiante, há nota específica sobre os mesmos.

– "... não se trata de imunizar apenas a incidência do imposto de renda, dos impostos sobre o patrimônio e dos impostos sobre serviços, como durante muito tempo pensou o STF e também nós. Trata-se de vedar a incidência de quaisquer impostos sobre a renda, o patrimônio e os serviços das pessoas políticas, como sempre quis Baleeiro. [...] o que importa é preservar o 'patrimônio' e a 'renda' das pessoas políticas e de suas autarquias do ataque de quaisquer impostos. Este, sem dúvida, é o melhor caminho, o mais consentâneo com a axiologia do princípio imunitório *in examen*" (COÊLHO, Sacha Calmon Navarro. *Curso de direito tributário brasileiro*. 15. ed. Rio de Janeiro: Forense, 2016, p. 248 e 253).

– **Pela interpretação restritiva da expressão "patrimônio, rendas ou serviços".** "... Cuidando-se de importação de equipamentos hospitalares, por instituição dita de assistência social, com incidência de ICMS, não há como se admitir a ocorrência de imunidade tributária, porque fora da abrangência do art. 150, VI, *c*, e 4º, da Constituição Federal. Apelação provida e reexame necessário prejudicado" (TJRS, AC 59858369-8, 1999).

– "... A imunidade tributária prevista no art.150, VI, *c*, da Constituição Federal de 1988 não alcança o Imposto de Importação e o Imposto sobre Produtos Industrializados – IPI – vez que a referida imunidade se dá somente nas hipóteses de tributação sobre o patrimônio, a renda e os serviços das entidades ali mencionadas" (TRF4, EIAC 1998.04.01.020758-5, 2002).

– **IOF.** "IMUNIDADE RECÍPROCA... IOF. ABRANGÊNCIA... 1. A imunidade tributária gozada pela Ordem dos Advogados do Brasil é da espécie recíproca (art. 150, VI, *a*, da Constituição), na medida em que a OAB desempenha atividade própria de Estado (defesa da Constituição, da ordem jurídica do Estado democrático de direito, dos direitos humanos, da justiça social, bem como a seleção e controle disciplinar dos advogados). 2. A imunidade tributária recíproca alcança apenas as finalidades essenciais da entidade protegida. O reconhecimento da imunidade tributária às operações financeiras não impede a autoridade fiscal de examinar a correção do procedimento adotado pela entidade imune. Constatado desvio de finalidade, a autoridade fiscal tem o poder-dever de constituir o crédito tributário e de tomar as demais medidas legais cabíveis. Natureza plenamente vinculada do lançamento tributário, que não admite excesso de carga. Agravo regimental ao qual se nega provimento" (STF, RE 259.976 AgR, 2010).

– "Está ao amparo da imunidade tributária recíproca (art. 150, VI, *a*, da Constituição) a incidência do Imposto sobre Operações Financeiras, em razão das aplicações realizadas, no mercado financeiro, pelo Estado" (STF, ACO 468-3, 1997).

– "... IOF. APLICAÇÃO DE RECURSOS DA PREFEITURA MUNICIPAL NO MERCADO FINANCEIRO. IMUNIDADE DO ART. 150, VI, *A*, DA CONSTITUIÇÃO. À ausência de norma vedando as operações financeiras da espécie, é de reconhecer-se estarem elas protegidas pela imunidade do dispositivo constitucional indicado, posto tratar-se, no caso, de rendas produzidas por bens patrimoniais do ente público. Recurso não conhecido" (STF, RE 213.059, 1997). Obs.: no mesmo sentido, inclusive com idêntica ementa, foi julgado o RE 218.573.

– **IPTU.** "... IPTU. AUTARQUIA FEDERAL. IMUNIDADE RECÍPROCA. A execução fiscal não deve recair sobre bens da Autarquia Federal em face da imunidade recíproca (art. 150, VI, *a*, e § 2º, da CF/88)" (TRF4, AC 2000.71.00.039104-2, 2003).

– **IPTU. Não se estende a empresa privada arrendatária de imóvel público. Tema 385:** "A imunidade recíproca, prevista no art. 150, VI, *a*, da Constituição não se estende a empresa privada arrendatária de imóvel público, quando seja ela exploradora de atividade econômica com fins lucrativos. Nessa hipótese é constitucional a cobrança do IPTU pelo Município". Decisão do mérito em 2017.

– **IR. Aplicações em fundos de investimento.** "... IMPOSTO DE RENDA... Concorrem o sinal do bom direito e risco de manter-se com plena eficácia preceito em que prevista incidência do Imposto de Renda sobre rendimentos auferidos, por pessoa jurídica imune, nas aplicações de fundo de investimento. Empréstimo ao artigo 28 da Lei n. 9.532/97 de alcance compatível com a norma da alínea *a* do inciso VI do artigo 150 da Constituição Federal, no que assegurada a imunidade recíproca à União, ao Estados, ao Distrito Federal e aos Municípios" (STF, ADIMC 1.758-4, 1998).

– **IR sobre aplicações financeiras.** "Imposto de Renda e Pessoa Jurídica Imune. O Tribunal julgou procedente pedido de ação direta de inconstitucionalidade ajuizada pelo Governador do Estado de Pernambuco contra o *caput* do art. 28 da Lei federal 9.532/97, que previa a incidência de imposto de renda sobre rendimentos auferidos 'por qualquer beneficiário, inclusive pessoa jurídica imune ou isenta' nas aplicações em fundos de investimentos, e contra a Medida Provisória 1.636/97, que dispôs acerca da incidência do imposto de renda na fonte sobre rendimentos de aplicações financeiras. Preliminarmente, não se conheceu da ação com relação à citada Medida Provisória, por perda de objeto, tendo em conta a passagem do prazo peremptório de vigência do ato normativo atacado. Quanto ao mérito, declarou-se a inconstitucionalidade da expressão 'inclusive pessoa jurídica imune', contida no artigo legal impugnado, haja vista a imunidade tributária ser matéria típica do texto constitucional, restando violado o art. 150, VI, e alíneas, da CF. ADI 1758, 2004" (STF, *Informativo* n. 369, 2004).

– **II e IPI.** "Imunidade Fundação pública A imunidade do artigo 150, inciso VI, letra *a* e § 2º da Constituição Federal, alcança os Impostos de Importação e sobre Produtos Industrializados, vez que a significação do termo patrimônio, não é o contido na classificação do imposto adotada pelo CTN, mas sim a do art. 47 do Código Civil, que congrega o conjunto normativo do art. 110 do próprio CTN" (CSRF 03-02.853, 1998).

– **PAR. Tema 884.** "Os bens e direitos que integram o patrimônio do fundo vinculado ao Programa de Arrendamento Residencial – PAR, criado pela Lei 10.188/2001, beneficiam-se da imunidade tributária prevista no art. 150, VI, *a*, da Constituição Federal". Decisão do mérito em 2018.

⇒ **A imunidade alcança os entes políticos como contribuintes de direito, não como contribuintes de fato.** Os tributos que incidem em operações realizadas com os entes políticos, como a venda de bens e a prestação de serviços aos mesmos, suscitam dúvida relativamente à aplicação da imunidade recíproca. O STF, apreciando a questão no passado, relativamente ao Imposto sobre o Consumo (ancestral do IPI), chegou a editar a Súmula 591, adiante transcrita, dizendo da não extensão da imunidade à empresa que vende produto ao ente político ou, se assim preferirmos, da desimportância da eventual transferência do ônus econômico, prestigiando, sim, a consideração de quem a lei apontou como contribuinte de direito. Esse entendimento prevalece atualmente, conforme se vê do RE 608872, julgado em fevereiro de 2017, e do ARE 758886 AgR, Rel. julgado em abril de 2014. Vide a Súmula e os referidos RREE em nota ao inciso VI deste artigo.

– **Compra onerada com IPI.** "IMPOSTO SOBRE PRODUTOS INDUSTRIALIZADOS E IMPOSTO DE IMPORTAÇÃO – IMUNIDADE RECÍPROCA – ARTIGO 150, INCISO VI, ALÍNEA *A*, DA CONSTITUIÇÃO FEDERAL. A imunidade prevista no artigo 150, inciso VI, alínea *a*, do Diploma Maior, a impedir a instituição de impostos sobre patrimônio, renda ou serviços de pessoas jurídicas de direito público – União, Estados, Distrito Federal e Municípios – está umbilicalmente ligada ao contribuinte de direito não alcançando o contribuinte de fato" (STJ, RE 600.480 AgR, 2013).

– "IMPOSTO DE CONSUMO, ATUALMENTE IMPOSTO SOBRE PRODUTOS INDUSTRIALIZADOS. IMUNIDADE RECÍPROCA DAS ENTIDADES PÚBLICAS. Tal imunidade não afasta a incidência desse imposto na aquisição de mercadorias por aquelas entidades, porque no caso, a relação jurídico-tributária é estranha à entidade pública, visto que a relação é formada pelo Fisco e o responsável legal pelo imposto ou vendedor da mercadoria" (STF, RE 67.814, 1971).

– "1. CONSTITUIÇÃO DE 1967, ART. 20, III, *A*. IMUNIDADE TRIBUTÁRIA RECÍPROCA... Não se estende à pessoa ou entidade privada que venda mercadoria àquelas outras. Não importa saber qual seja o contribuinte de fato, nem é relevante a repercussão, no caso, o direito é concedido tão somente à entidade pública indicada no Texto Constitucional. 2. Recurso extraordinário provido" (STF, RE 78.623, 1974).

– "... 'Se a lei menciona, como contribuinte do imposto de consumo, o vendedor da mercadoria não enseja a imunidade tributária, a que se referem o art. 31, V, *a*, da Constituição de 1946 e o art. 20, III, *a*, da Constituição de 1967, e o fato de ser essa mercadoria vendida à União, Estado ou Município, porque o contribuinte, no caso, não é qualquer dessas entidades, mas o vendedor, que é pessoa jurídico-privada'" (STF, RE 69.117, 1972).

– **Aquisição de mercadoria ou serviço onerados com ICMS.** "DIREITO TRIBUTÁRIO. ICMS. ENERGIA ELÉTRICA. MUNICÍPIO. IMUNIDADE RECÍPROCA. ART. 150, VI, "A", DA LEI MAIOR. INAPLICABILIDADE. CONTRIBUINTE DE FATO. RECURSO EXTRAORDINÁRIO INTERPOSTO SOB A ÉGIDE DO CPC/1973. DECISÃO RECORRIDA EM CONFRONTO COM A JURISPRUDÊNCIA CRISTALIZADA DO SUPREMO TRIBUNAL FEDERAL. RECURSO EXTRAORDINÁRIO CONHECIDO E PROVIDO. AGRAVO MANEJADO SOB A VIGÊNCIA DO CPC/1973. 1. O entendimento da Corte de origem,

nos moldes do assinalado na decisão agravada, divergiu da jurisprudência firmada no Supremo Tribunal Federal, no sentido da não aplicação da imunidade tributária recíproca constante do art. 150, VI, "a", da Constituição Federal ao Município que não é contribuinte de direito do ICMS sobre serviços de energia elétrica. 2. As razões do agravo regimental não se mostram aptas a infirmar os fundamentos que lastrearam a decisão agravada. 3. Agravo regimental conhecido e não provido" (STF, RE 864.471 AgR, 2017).

– "ICMS. ENERGIA ELÉTRICA. MUNICÍPIO. IMUNIDADE RECÍPROCA. ART. 150, VI, *A*. INAPLICABILIDADE. CONTRIBUINTE DE FATO. ILEGITIMIDADE ATIVA *AD CAUSAM*. EXTINÇÃO DO PROCESSO SEM JULGAMENTO DO MÉRITO. DECISÃO... 1. O Município não é contribuinte de direito do ICMS sobre serviços de energia elétrica, não se lhe aplicando a imunidade tributária recíproca do art. 150, VI, *a*, da Constituição, conforme orientação jurisprudencial da Corte..." (STF, ARE 721.176 AgR, 2013).

– "ICMS. SERVIÇOS DE ENERGIA ELÉTRICA. MUNICÍPIO. CONTRIBUINTE DE FATO. IMUNIDADE RECÍPROCA. ART. 150, VI, *A*, DA CONSTITUIÇÃO. INAPLICABILIDADE. AGRAVO IMPROVIDO... II – Como o Município não é contribuinte de direito do ICMS relativo a serviços de energia elétrica, não tem o benefício da imunidade em questão, uma vez que esta não alcança o contribuinte de fato" (STF, ARE 663.552 AgR, 2012).

– "Recentemente o arsenal doutrinário da imunidade tributária ganhou mais uma contribuição notável: ações aforadas pela União a fim de não pagar contas de energia elétrica e de telefones acrescidas do ICMS. O argumento utilizado foi simples: imunidade recíproca. [...] De fato, tais serviços são prestados por pessoa jurídica de direito privado. Consequência: não é possível pensar em imunidade recíproca se existe uma pessoa de direito privado fazendo parte da relação jurídica. E isto é assim porque o contribuinte de direito do ICMS cobrado sobre a utilização dos serviços de telefonia e energia elétrica será a pessoa jurídica prestadora dos serviços aludidos. A União ostenta a condição jurídica de contribuinte de fato. Ser contribuinte de fato significa apenas que a União pagou o preço dos serviços citados, ainda que neste preço esteja embutido um imposto o ICMS. Entretanto, o que é fundamentalmente pago é o preço dos serviços utilizados, não o imposto. [...] Pode-se, portanto, concluir: o pagamento do ICMS nas contas da União, relativamente à telefonia e energia elétrica, não pode ser obstaculizado pela alegação de imunidade recíproca" (FERREIRA SOBRINHO, José Wilson. Imunidade tributária e o ICMS nos serviços de telefonia e energia elétrica. *IOB* 1998, verbete 1/12415).

– **Entendendo que a imunidade impediria que o ente imune fosse onerado, mesmo como contribuinte de fato.** Se considerarmos os impostos indiretos como impostos sobre o consumo, como frisado por boa parte da doutrina, e, portanto, a cargo do consumidor cuja capacidade contributiva revela, teremos elementos para defender que a imunidade deveria, com mais razão, alcançar o ente imune como contribuinte de fato. Mas se trata de posição que não encontra eco no STF, como visto.

– "... ICMS. IMPOSTO INDIRETO. CONTRIBUINTE DE FATO. AUTARQUIA FEDERAL. IMUNIDADE DO ART.150, VI, *A*. EXISTÊNCIA. Comprovado que é a autarquia federal quem arca com o ônus do ICMS, vez que os valores devidos são incluídos nas faturas mensais, tem ela direito de repetir o que indevidamente pagou, pois goza do benefício da imunidade recíproca constante do texto constitucional" (TRF4, AC 97.04.23659-0, 2000).

– "... o contribuinte *de facto* padece de uma 'crise de identidade', pelo menos, sob a perspectiva interpretativa da jurisprudência atual. Se o tema é a imunidade tributária, a diretiva exegética é no sentido de desconsiderá-lo, quando ocorrem as aquisições de bens e mercadorias por entidades imunes (e, até mesmo, nas vendas, à luz da jurisprudência mais atual). De outra banda, se a temática é a restituição de tributo indireto, no bojo do art. 166 do CTN, a diretiva exegética é na linha de sua consideração, sendo importante 'saber quem suportou o ônus, e não quem tem o dever legal de pagar o tributo'. Percebe-se que, para fins de imunidade, considera-se a forma jurídica em detrimento da realidade econômica, enquanto que, para fins de restituição de tributos indiretos, considera-se a realidade econômica em detrimento da forma jurídica. Assim, o contribuinte *de facto*, tendo existência incerta, em notável contradição, é rechaçado acolá, e acolhido aqui, e vice-versa. Há que se definir: ou sua presença é juridicamente relevante ou não é, sob pena de soçobrar a coerência lógica, prevalecendo a incongruência e a insegurança jurídica. ... diga-se que o art. 166 do CTN procura justificar o atrelamento do direito à restituição à prova pelo contribuinte de direito do não repasse do custo do tributo para o preço do bem, sob pena de locupletamento. Ora, para se falar em 'locupletamento', diante da repetição sem a prova da não translação, pressupõe-se que o tributo teria sido 'pago' pelo consumidor final. E, se assim concluímos, a cobrança do tributo deste, no contexto da aquisição de bem por uma pessoa jurídica imune, atenta definitivamente contra os preceitos da imunidade tributária. Se há respaldo para se defender um locupletamento no bojo do art. 166 do CTN, exurge idêntico suporte para sinalizar uma necessária não incidência quando se exige o imposto da pessoa jurídica imune, na condição de *contribuinte de fato*. Porventura, se ainda que não desponta argumentação bastante, recomenda-se atentar para o fato de que uma 'autorização' dada pelo contribuinte de fato ao contribuinte de direito é a *conditio sine qua non* para que este último esteja habilitado a reivindicar o indébito. Ora, aqui se tem, talvez, a 'prova dos nove' de que foi atribuída inequívoca relevância jurídica ao contribuinte de fato..." (SABBAG, Eduardo. *Imunidade tributária recíproca e os impostos indiretos*. São Paulo: RT, 2013, p. 199-200).

– "É de se perguntar se uma simples opção de técnica pode ou deve superpor-se a um princípio tão vetusto como é o da imunidade intergovernamental recíproca, fundado em plano axiológico e de larga tradição jurídica" (COÊLHO, Sacha Calmon Navarro. *Curso de direito tributário brasileiro*. 15. ed. Rio de Janeiro: Forense, 2016, p. 252).

– "Por força da imunidade 'ontológica' ou 'intergovernamental recíproca'... não podem ter seu patrimônio onerado pelo IPI, nas operações em que figurem como adquirentes (contribuinte de *facto*) de produtos industrializados. A incidência da citada imunidade revela-se, de um lado, em razão de não serem, estas entidades, dotadas de capacidade contributiva e, de outro, porque o propósito econômico fundamental do tributo está voltado para a tutela do consumo de bens e não para sua produção ou comércio" (BOTTALLO, Eduardo Domingos. *IPI – Princípios e Estrutura*. São Paulo: Dialética, 2009, p. 105).

– "No fornecimento da energia, o preço tarifado, e o imposto é juridicamente cobrado como um *plus*. Há, portanto, clara repercussão jurídica do imposto... O ICMS não é custo do fornecedor de energia. Seus custos são cobertos pela tarifa. Na verdade, a lei apenas conferiu ao concessionário o dever jurídico de escolher o ICMS, mas atribuiu-lhe também o direito de exigir do consumidor o reembolso respectivo. ... os recursos orçamentários dos Municípios, que são notoriamente precários para atender às suas finalidades públicas e essenciais, estão sendo espuriamente desviados a favor dos Estados, mediante esse insólito entendimento fiscal, violando-se assim o sentido e alcance do princípio constitucional da imunidade recíproca, teologicamente interpretado" (GOMES DE MATTOS, Aroldo. A imunidade dos municípios e a cobrança do ICMS nas contas de telecomunicação e energia elétrica. *RDDT* 74/7-15, nov. 2001).

⇒ **Ente político enquanto substituto e responsável tributário.** Sobre a possibilidade de figurar o ente político na condição de substituto e de responsável tributário, inclusive por sucessão, vide nota ao art. 9º, § 1º, do CTN.

– **Ente político enquanto sucessor. Tema 224 do STF:** "A imunidade tributária recíproca não exonera o sucessor das obrigações tributárias relativas aos fatos jurídicos tributários ocorridos antes da sucessão". Decisão do mérito em 2014.

b) templos de qualquer culto;

⇒ **Garantia da liberdade de crença.** A imunidade a impostos que beneficia os "templos de qualquer culto" abrange as diversas formas de expressão da religiosidade. Cuida-se de "uma das formas que o Estado estabeleceu para não criar embaraços à prática religiosa foi outorgar imunidade aos templos onde se realizem os respectivos cultos" (STF, RE 562.351, 2012). Está, portanto, a serviço da liberdade de crença e da garantia de livre exercício dos cultos religiosos, assegurada proteção aos locais de culto e às suas liturgias, conforme se colhe do art. 5º, VI, da CF.

– "Trata-se de reafirmação do princípio da liberdade de crença e prática religiosa, que a Constituição prestigia no art. 5º, VI a VIII. Nenhum óbice há de ser criado para impedir ou dificultar esse direito de todo cidadão. E entendeu o constituinte de eximi-lo também do ônus representado pela exigência de impostos (art. 150, VI, *b*)" (CARVALHO, Paulo de Barros. *Curso de direito tributário*. 27. ed. São Paulo: Saraiva, 2016, p. 199).

⇒ **Templos/igrejas.** "Ora, os templos de qualquer culto não são, de rigor, na dicção constitucional, os prédios onde os cultos se realizam, mas as próprias Igrejas. O que o constituinte declarou é que, sem quaisquer restrições, as Igrejas de qualquer culto são imunes de todos os impostos. Não o prédio, mas a instituição. É de se lembrar que o vocábulo igreja tanto serve para designar a instituição como o prédio, o mesmo se podendo dizer do vocábulo prédio..." (MARTINS, Ives Gandra da Silva. Imunidades Condicionadas e Incondicionadas – Inteligência do artigo 150, inciso VI e § 4º e artigo 195, § 7º, da Constituição Federal. *RDDT* 28/68, 1998).

– **Estatuto jurídico da Igreja Católica no Brasil.** Considerando que a Constituição brasileira reconhece a liberdade religiosa, garantindo o livre exercício dos cultos, a República Federativa do Brasil firmou acordo internacional com a Santa Sé, máxima autoridade da Igreja Católica, regida pelo Direito Canônico. Esse acordo foi firmado no Vaticano em 2008, aprovado pelo Congresso Nacional pelo Decreto Legislativo n. 698/2009 e finalmente promulgado pelo Decreto n. 7.107/2010, editado pelo Presidente da República. Considerou as responsabilidades de cada qual a servido da sociedade e do bem integral da pessoa humana, bem como a cooperação para a construção de uma sociedade mais justa, pacífica e fraterna. Reafirma as relações diplomáticas. Facilita vistos aos sacerdotes. Reconhece a personalidade jurídica da igreja Católica e seu direito de desempenhar a sua missão apostólica. Seu art. 5º reconhece que as pessoas jurídicas eclesiásticas que, além de fins religiosos, persigam fins de assistência e de solidariedade social, desenvolverão a própria atividade "e gozarão de todos os direitos, imunidades, isenções e benefícios atribuídos às entidades com fins de natureza semelhante previstos no ordenamento jurídico brasileiro, desde que observados os requisitos e obrigações exigidos pela legislação". Seu art. 6º reconhece o patrimônio histórico, artístico e cultural da Igreja Católica como parte relevante do patrimônio cultural brasileiro. Igreja Católica também se compromete a dar assistência espiritual aos internados em estabelecimentos de saúde, de assistência social, de educação ou similar, ou detidos em estabelecimento prisional ou similar. Consta também que a Igreja Católica continuará a colocar suas instituições de ensino a serviço da sociedade. A República Federativa do Brasil reconhece a importância do ensino religioso em vista da formação integral da pessoa o currículo das escolas públicas de ensino fundamental, respeitada e diversidade cultural religiosa do Brasil, com matrícula facultativa. O art. 15 desse decreto refere a imunidade a impostos, dispondo que se a reconhece às pessoas jurídicas eclesiásticas, assim como ou patrimônio, renda e serviços relacionados com as suas finalidades essenciais. Seu § 1º ainda dispõe no sentido de que "as pessoas jurídicas da Igreja Católica que exerçam atividade social e educacional sem finalidade lucrativa receberão o mesmo tratamento e benefícios outorgados às entidades filantrópicas reconhecidas pelo ordenamento jurídico brasileiro, inclusive, em termos de requisitos e obrigações exigidos para fins de imunidade e isenção". O art. 16, considerando o peculiar caráter religioso e beneficente da Igreja Católica, reconhece que o vínculo entre os ministros ordenados ou fiéis consagrados e as Dioceses ou Institutos Religiosos não gera, por si mesmo, vínculo empregatício e que as "tarefas de índole apostólica, pastoral, litúrgica, catequética, assistencial, de promoção humana e semelhantes poderá ser realizadas a título voluntário".

⇒ **Qualquer culto.** A expressão "templos de qualquer culto" deve ser interpretada de forma ampla, abrangendo todas as formas de expressão da religiosidade, ainda que não corresponda às religiões predominantes no seio da sociedade brasileira. Mas há um pressuposto essencial relacionado ao conceito de religião e que delimita o objeto dos templos de qualquer culto cuja prática é imunizada: a fé em algo imaterial que extrapola a vida física, mas que lhe dá sentido e lhe orienta, a transcendência. É preciso que esteja presente "a tríplice marca da religião: elevação espiritual, profissão de fé e prática de virtudes" (STF, RE 562.351, 2012). Ao estar direcionada para a proteção da liberdade religiosa, a imunidade alcança os mais diversos credos, inclusive as igrejas e os movimentos religiosos em geral que não são predominantes na sociedade brasileira. Aliás, "o pluralismo impede que o Poder Judiciário adote uma definição ortodoxa de religião", de modo que "certas práticas que poderiam ser consideradas 'seitas', e não 'religiões', não escapam à imunização ao poderio tributário do Estado" (STF, voto no RE 562.351, 2012).

– **Maçonaria. Não constitui religião. Não goza da imunidade sob esse título.** "IMUNIDADE TRIBUTÁRIA... III – A imunidade tributária conferida pelo art. 150, VI, *b*, é restrita aos templos de qualquer culto religioso, não se aplicando à maçonaria, em cujas lojas não se professa qualquer religião" (STF, RE 562.351, 2012). Colhe-se do voto condutor: "... penso que, quando a Constituição conferiu imunidade tributária aos 'templos de qualquer culto', este benefício fiscal está circunscrito aos cultos religiosos. Corroborando, ainda, tal raciocínio, trago à colação o esclarecimento, colhido do sítio eletrônico 4 da Grande Loja Maçônica do Estado do Rio Grande do Sul, quanto à natureza das atividades que ela desenvolve: 'A Maçonaria é uma Ordem Iniciática mundial. É apresentada como uma comunidade fraternal hierarquizada, constituída de homens que se consideram e se tratam como irmãos, livremente aceitos pelo voto e unidos em pequenos grupos, denominados Lojas ou Oficinas, para cumprirem missão a serviço de um ideal. Não é religião com teologia, mas adota templos onde desenvolve conjunto variável de cerimônias, que se assemelha a um culto, dando feições a diferentes ritos. Esses visam despertar no Maçom o desejo de penetrar no significado profundo dos símbolos e das alegorias, de modo que os pensamentos velados neles contidos, sejam decifrados e elaborados. Fomenta sentimentos de tolerância, de caridade e de amor fraterno. Como associação privada e discreta ensina a busca da Verdade e da Justiça' (grifos meus). Verifico, então, que a própria entidade declara enfaticamente não ser uma religião e, por tal razão, parece-me irretocável a decisão a quo, a qual, quanto ao tema consignou: 'A prática Maçom é uma ideologia de vida. Não é uma religião. Não tem dogmas. Não é um credo. É uma grande família apenas. Ajudam-se mutuamente, aceitando e pregando a idéia de que o Homem e a Humanidade são passíveis de melhoria e aperfeiçoamento. Como se vê, uma grande confraria que, antes de mais nada, prega e professa uma filosofia de vida. Apenas isto. De certa forma, paradoxal, pois ao mesmo tempo em que prega esta melhoria e aperfeiçoamento do Homem e da Humanidade, só admite em seu seio homens livres (não mulheres) e que exerçam profissão (afirma que deve ser uma 'profissão honesta') que lhes assegure meio de subsistência. Os analfabetos não são admitidos, por não possuírem instrução necessária à compreensão dos fins da Ordem'. Por essas razões, conheço parcialmente do recurso extraordinário e, nessa parte, nego-lhe provimento".

– Não contempla cultos satânicos, pois a Constituição foi promulgada sob a proteção de Deus. "Embora a imunidade dos templos e dos cultos seja, em regra, incondicionada, deduz-se, diante do próprio texto constitucional, que tal imunidade... não abrange os templos de inspiração demoníaca, nem cultos satânicos, nem suas instituições, por contrariar a teleologia do texto constitucional e em homenagem ao preâmbulo da nossa Constituição, que diz ser a mesma promulgada sob a proteção de Deus" (SARAIVA FILHO, Oswaldo Othon de Pontes. A imunidade das instituições religiosas, *RFDT* 27/21, 2007).

⇒ **Imunidade incondicionada.** A alínea *b* não remete aos requisitos de lei, como fazem a alínea *c* deste mesmo artigo e o § 7º do art. 195 da CF. Por isso, há quem defenda que a imunidade dos templos não é sujeita a outros requisitos senão o do § 4º deste artigo 150, qual seja, a vinculação às finalidades essenciais que, no caso, é a manifestação da religiosidade.

– Igrejas sediadas no exterior. Remessa de recursos. Desimportância. "Não há, pois, a menor dúvida de que as instituições religiosas são imunes e sua imunidade é incondicional, apenas havendo a restrição do § 4º do art. 150, se as doações recebidas dos fiéis forem destinadas a atividades mercantis – hipótese em que perderiam a imunidade para não gerar concorrência desleal com outras empresas de fins lucrativos, que atuem na mesma área de exploração mercantil escolhida pelas igrejas. Fora a hipótese do § 4º, não há qualquer limitação imposta às igrejas na aplicação de seus recursos, lembrando-se que as igrejas históricas cristãs, de fundadores conhecidos, são igrejas plurinacionais, em que os seus fiéis comungam da mesma crença e ideais, independentemente da nação em que vivem, e se autoauxiliam na expansão da fé e dos princípios de caridade e benemerência. O toque mais relevante de tais igrejas é sua universalidade e sua autocomunicação, como acontece com a Igreja Católica romana, cujas diretrizes de preservação da fé e de definição missionária se conformam em Roma, ou com a Igreja Adventista, cuja *General Conference Corporation of Seventh-Day Adventists* está sediada nos Estados Unidos. Em outras palavras, todas as igrejas históricas são Igrejas Universais, espalhando seus movimentos catequéticos e suas obras de benemerência e difusão da fé e de valores por todo o mundo" (MARTINS, Ives Gandra da Silva. Questões atuais de direito tributário. Belo Horizonte: Del Rey, 1999, p. 241-242, e *RDDT* 28/68, 1998).

– No sentido de a exigência de que os recursos sejam aplicados no Brasil é inerente à necessidade de controle da finalidade. "... a permissão de remessa de dinheiro para o exterior, sem a perda da imunidade, não deixa de causar uma certa apreensão no espírito de muitos, isto, convenhamos, pela inegável possibilidade de desvio, no exterior, de recursos remetidos por toda e qualquer Igreja sediada no Brasil para outra Igreja do mesmo culto com sede no estrangeiro, sem que o nosso País possa ter controle eficaz dessas malversações. Assim, diante do próprio princípio do devido processo legal material (CF, art. 5º, LIV), e por interpretação extensiva analógica, não deixa de ter, também, razoabilidade a concepção de que, para o gozo da imunidade, as instituições citadas nos itens *b* e *c* do artigo 150, VI, da Constituição

brasileira, e nos artigos 9º, alíneas *b* e *c*, do Código Tributário nacional, estão obrigadas a aplicar todos os recursos financeiros obtidos no próprio país" (SARAIVA FILHO, Oswaldo Othon de Pontes. A imunidade das instituições religiosas, *RFDT* 27/21, 2007).

c) patrimônio, renda ou serviços dos partidos políticos, inclusive suas fundações, das entidades sindicais dos trabalhadores, das instituições de educação e de assistência social, sem fins lucrativos, atendidos os requisitos da lei;

⇒ **Patrimônio, renda ou serviços. Aplicação a todos os impostos.** Sobre a matéria, vide nota à alínea *a* deste artigo sob a rubrica *Patrimônio, renda ou serviços. Quaisquer impostos*, em tudo aplicável a esta alínea *c*.

**– "Pode-se dizer que, no atual estágio de elaboração doutrinária e jurisprudencial, não mais se impõe a exegese oficial no sentido de que a expressão constitucional da imunidade é avara e mesquinha, não se estendendo a impostos catalogados como de 'produção e circulação'. [...] A interpretação constitucional, e os dois clássicos livros de Aliomar Baleeiro nessa matéria são prenhes de lições a esse respeito (Os Andaimes da Constituição e As Limitações Constitucionais ao Poder de Tributar), mostra que o conteúdo político deve ser levado em consideração e aí, mais do que em qualquer outro setor, a interpretação teleológica se impõe. Não há possibilidade de se conter um desígnio constituinte com recursos exegéticos meramente técnicos, e menos ainda com uma formulação legislativa, para aqueles que invocam posições de direito positivo ordinário para se oporem à força, ao vigor, ao alcance dos preceitos imunitários. [...] A evolução recente da jurisprudência dos Tribunais e mesmo do colegiado administrativo federal, voltando às antigas e magistrais lições de Aliomar Baleeiro, na sua obra clássica *Limitações constitucionais ao poder de tributar*, admite a imunidade de impostos tais, dando acepção mais ampla ao enunciado constitucional, como se deduz dos seguintes arestos: a) Tribunal Federal Regional da 3ª Região: 'A imunidade tributária das instituições de educação e assistência social (CF de 1967, art. 19, III, *c*, e CF de 1988, art. 150, VI, *c*) abrange também os impostos de importação e sobre produtos industrializados, se o bem importado pela instituição tem relação com sua finalidade essencial (CF de 1988, art. 150, § 4º) e se preenchidos foram os requisitos do art. 14, incisos I a III, do Código Tributário Nacional.' (*RDDT* n. 49, p. 86) b) Supremo: 'A imunidade a que se refere a letra *c* do inciso II do art. 19 da Emenda Constitucional n. 1-69 abrange o imposto de importação quando o bem importado pertencer à entidade de assistência social que fará jus ao benefício por observar os requisitos do art. 14 do CTN.' (RE 89.173-SP, *apud Curso de direito tributário brasileiro*, Sacha Calmon Navarro, Forense, Rio, 1999, p. 263)" (ARZUA, Heron. A imunidade do Sesc e o ICMS. *RDDT* 54/107).

– Bens x patrimônio. Não há que se distinguir bens de patrimônio para efeitos de restrição da imunidade. É a conclusão do STF: "CONSTITUCIONAL. TRIBUTÁRIO. ICMS. IMUNIDADE TRIBUTÁRIA. INSTITUIÇÃO DE EDUCAÇÃO SEM FINS LUCRATIVOS. C.F., art. 150, VI, *c*. I – Não há invocar, para o fim de ser restringida a aplicação da imunidade, critérios de classificação dos impostos adotados por normas infraconstitucionais, mesmo porque não é adequado distinguir entre bens e patrimônio, dado que este se constitui do conjunto daqueles. O que cumpre perquirir, portanto, é se o bem adquirido, no mercado interno ou externo, integra o patrimônio da entidade abrangida pela imunidade" (STF, RE (AgRg) 225.671).

– IPTU. Imóvel cedido a pessoa jurídica de direito privado. Tema 437: "Incide o IPTU, considerado imóvel de pessoa jurídica de direito público cedido a pessoa jurídica de direito privado, devedora do tributo". Decisão do mérito em 2017.

– "IPTU – BEM PÚBLICO – CESSÃO – PESSOA JURÍDICA DE DIREITO PRIVADO. Incide o imposto Predial e Territorial Urbano considerado bem público cedido a pessoa jurídica de direito privado, sendo esta a devedora" (STF, RE 601.720, 2017).

– IPMF. "TRIBUTÁRIO. IPMF. INSTITUIÇÃO DE EDUCAÇÃO. IMUNIDADE DO ART. 150, VI, C, E § 4º, DA CONSTITUIÇÃO. Tributo que, ao incidir sobre movimentação ou transmissão de valores, créditos e direitos de natureza financeira, desenganadamente onera recursos relacionados com as finalidades essenciais dos entes da espécie. Instituição cujas atividades, no caso, foram expressamente reconhecidas pelo acórdão recorrido como exercidas sem fins lucrativos. Configuração da hipótese de imunidade tributária prevista nos dispositivos sob enfoque. Agravo desprovido" (STF, AgRegRE 211.790).

– IOF. Tema 328 do STF: "A imunidade assegurada pelo art. 150, VI, *c*, da Constituição da República aos partidos políticos, inclusive suas fundações, às entidades sindicais dos trabalhadores e às instituições de educação e de assistência social, sem fins lucrativos, que atendam aos requisitos da lei, alcança o IOF, inclusive o incidente sobre aplicações financeiras" (2021).

– "IMUNIDADE. ART. 150, VI, 'C', DA CONSTITUIÇÃO DA REPÚBLICA. ENTIDADES SINDICAIS, PARTIDOS POLÍTICOS, INSTITUIÇÕES DE EDUCAÇÃO E DE ASSISTÊNCIA SOCIAL SEM FINS LUCRATIVOS. IMPOSTO SOBRE OPERAÇÕES FINANCEIRAS – IOF. 1. Segundo a pacífica jurisprudência desta Suprema Corte, a imunidade tributária prevista no art. 150, VI, 'c', da Constituição da República alcança o Imposto sobre Operações Financeiras – IOF. 2. Os objetivos e valores perseguidos pela imunidade em foco sustentam o afastamento da incidência do IOF, pois a tributação das operações de crédito, câmbio e seguro, ou relativas a títulos ou valores mobiliários das entidades ali referidas, terminaria por atingir seu patrimônio ou sua renda. 3. A exigência de vinculação do patrimônio, da renda e dos serviços com as finalidades essenciais da entidade imune, prevista no § 4º do artigo 150 da Constituição da República, não se confunde com afetação direta e exclusiva a tais finalidades. Entendimento subjacente à Súmula Vinculante 52. 4. Presume-se a vinculação, tendo em vista que impedidas, as entidades arroladas no art. 150, VI, 'c', da Carta Política, de distribuir qualquer parcela do seu patrimônio ou de suas rendas, sob pena de suspensão ou cancelamento do direito à imunidade (artigo 14, I, e § 1º, do Código Tributário Nacional). Para o reconhecimento da imunidade, basta que não seja

provado desvio de finalidade, ônus que incumbe ao sujeito ativo da obrigação tributária. 5. Recurso extraordinário da União desprovido, com a fixação da seguinte tese: A imunidade assegurada pelo art. 150, VI, 'c', da Constituição da República aos partidos políticos, inclusive suas fundações, às entidades sindicais dos trabalhadores e às instituições de educação e de assistência social, sem fins lucrativos, que atendam aos requisitos da lei, alcança o IOF, inclusive o incidente sobre aplicações financeiras" (STF, RE 611.510, 2021).

– II e IPI. "4. O alcance da imunidade das entidades assistenciais sem fins lucrativos. A imunidade das entidades listadas no art. 150, VI, *c*, da CF/1988, abrange não só os impostos diretamente incidentes sobre patrimônio, renda e serviços, mas também aqueles incidentes sobre a importação de bens a serem utilizados para a consecução dos seus objetivos estatutários. Além disso, protege a renda e o patrimônio não necessariamente afetos às ações assistenciais, desde que os valores oriundos da sua exploração sejam revertidos para as suas atividades essenciais. Precedentes desta Corte. 5. Recurso extraordinário conhecido e provido, a fim de reformar o acórdão recorrido e reconhecer a imunidade tributária da recorrente quanto ao II e ao IPI sobre as operações de importação tratadas nos presentes autos" (STF, RE 630.790, 2022).

– Impostos que admitem a transferência do ônus econômico. Desimportância. Segundo precedente do STF, de 1996 e 1999, na venda de mercadorias por entidade imune, o ICMS não estaria abrangido pela imunidade, por poder ser repassado aos consumidores, o que fazia com que o pagamento do imposto não onerasse o patrimônio, renda ou serviços da entidade imune. Dizíamos, então, que, por coerência, teria o STF que afastar a incidência do ICMS, do IPI e do ISS quando destacados nas notas em operações em que as entidades imunes figurassem enquanto consumidoras e, portanto, como contribuintes de fato, suportando o ônus econômico, revisando, assim, a Súmula 591. Contudo, em fevereiro de 2003, o STF reconsiderou a sua posição quanto ao ICMS na venda por ente imune, entendendo que é relevante e determinante a condição de ente imune do contribuinte de direito, a impedir a incidência do tributo na operação. Com isso, reforça a orientação estampada na Súmula 591, no sentido de que é a condição de contribuinte de direito que importa, e não a condição de contribuinte de fato (quem suporta o ônus econômico da tributação).

– ICMS. A imunidade do ente imune impede a exigência do ICMS sobre a saída de mercadorias que promove. "O Plenário do Supremo Tribunal Federal, ao apreciar o RE 210.251 – EDv/SP, fixou entendimento segundo o qual as entidades de assistência social são imunes em relação ao ICMS incidente sobre a comercialização de bens por elas produzidos, nos termos do art. 150, VI, *c* da Constituição" (STF, RE 186.175 ED-EDv, 2006).

– "ICMS. IMUNIDADE TRIBUTÁRIA. INSTITUIÇÃO DE EDUCAÇÃO SEM FINS LUCRATIVOS. C.F., art. 150, VI, *c*. I. – Não há invocar, para o fim de ser restringida a aplicação da imunidade, critérios de classificação dos impostos adotados por normas infraconstitucionais, mesmo porque não é adequado distinguir entre bens e patrimônio, dado que este se constitui do conjunto daqueles. O que cumpre perquirir, portanto, é se o bem adquirido, no mercado interno ou externo, integra o patrimônio da entidade abrangida pela imunidade" (STF, RE 203.755, 1996).

– Entendendo que incide o ICMS na venda realizada por ente imune. "ENTIDADE DE ASSISTÊNCIA SOCIAL. IMUNIDADE TRIBUTÁRIA. ICMS. COMERCIALIZAÇÃO DO PRODUTO DE SUA ATIVIDADE AGRÍCOLA. INOCORRÊNCIA. PRECEDENTES DO STF. 1. O recolhimento de ICMS, incidente sobre os produtos hortifrutícolas produzidos e comercializados pela entidade assistencial, não ofende a imunidade tributária que lhe é assegurada na Constituição da República. Precedentes do STF. 2. O tributo repercute economicamente ao adquirente, pois se encontra embutido no preço do bem adquirido. 3. Recurso conhecido, porém, desprovido" (STJ, RMS 7.943, 2002).

– "ICMS. Entidade de assistência social. Alegação de imunidade.
– Esta corte, quer com relação à Emenda Constitucional n. 1/69 quer com referência à Constituição de 1988 (assim, nos RREE 115.096, 134.573 e 164.162), tem entendido que a entidade de assistência social não é imune à incidência do ICM ou do ICMS na venda de bens fabricados por ela, porque esse tributo, por repercutir economicamente no consumidor e não no contribuinte de direito, não atinge o patrimônio, nem desfalca as rendas, nem reduz a eficácia dos serviços dessas entidades. Recurso extraordinário não conhecido" (STF, RE 191.067-4, 1999).

– "Imunidade tributária. ICMS. Entidade de assistência social que comercializa calçados de sua fabricação. A imunidade prevista no art. 150, VI, c, da Constituição Federal, em favor das instituições de assistência social, não se estende ao ICMS incidente sobre os bens por elas fabricados, que é pago pelo consumidor, posto que embutido no preço. Jurisprudência do Supremo Tribunal Federal. Recurso não conhecido" (STF, RE 189.912-3, 1999).

– "ENTIDADES DE ASSISTÊNCIA SOCIAL. IMUNIDADE TRIBUTÁRIA. ICMS. COMERCIALIZAÇÃO DO PRODUTO DE SUA ATIVIDADE AGRO-INDUSTRIAL. Exigência fiscal que, incidindo sobre bens produzidos e fabricados pela entidade assistencial, não ofende a imunidade tributária que lhe é assegurada na Constituição, visto repercutir o referido ônus, economicamente, no consumidor, vale dizer, no contribuinte de fato do tributo que se acha embutido no preço do bem adquirido. Recurso conhecido e provido" (STF, RE 164.162, 1996). Extrai-se do voto do relator: "... o ICM ou ICMS incidente sobre os bens produzidos ou fabricados pela recorrida não desfalca as rendas desta, mas os respectivos consumidores, razão pela qual a imunidade, no caso, colocaria a entidade em posição privilegiada em relação aos concorrentes, o que não constitui objetivo do constituinte".

– "... no fornecimento de refeições, pelo Sesc, aos comerciários e suas famílias, em que é cobrado um preço por esse fornecimento, presume-se que o custo do serviço seja transferido aos consumidores, custo no qual se inclui a parcela do imposto estadual de circulação de mercadorias. E, de conseguinte, o imposto é devido ao Estado. A presunção, entretanto, é *juris tantum*, vale significar, que admite prova em contrário. Essa prova – de que o

encargo tributário onera o patrimônio ou a renda do Sesc – é bastante complexa e teria de ser produzida em processo judicial" (ARZUA, Heron. A imunidade do Sesc e o ICMS. *RDDT* 54/107).

⇒ **Instituição x entidade.** "É apenas aparente a suposta dicotomia entre instituição (art. 150) e entidade (art. 195), que, a rigor, não encontra amparo sólido no nosso ordenamento jurídico. Aliás, muito se tem debatido sobre a natureza jurídica da locução *instituição* usada na Constituição Federal. No mais das vezes têm-se mostrado infrutíferas as tentativas da Fazenda Pública em restringir as espécies de pessoas jurídicas abrangidas pela alcunha de instituição... A esta tentativa opôs-se a autorizada crítica de Sacha Calmon Navarro Coelho: A palavra instituição não tem nada a ver com tipos específicos de entes jurídicos, à luz de considerações estritamente formais. É preciso saber distinguir, quando a distinção é fundamental e não distinguir quando tal se apresente desnecessário. Instituição é palavra desprovida de conceito jurídico-fiscal. Inútil procurá-lo aqui e alhures, no direito de outros povos. É um functor operacional. O que a caracteriza é exatamente a função e os fins que exercem e buscam, secundária a forma jurídica de sua organização, que tanto pode ser fundação, associação, etc. O destaque deve ser a função e os fins. (MARINS, James. Fundações privadas e imunidade tributária. *RDDT* 28/20-30, 1998).

⇒ **Entidades sindicais dos trabalhadores.** A alínea c só se refere às entidades sindicais dos *trabalhadores*.

⇒ **Instituições de educação.** "A imunidade, para as instituições de ensino, que atendem aos requisitos elencados na Lei Complementar (art. 14 do CTN) é abrangente, isto é, para todas as atividades de ensino. À evidência, todo e qualquer ensino está contemplado na imunidade: ciência, esporte, dança, etc. Ora, ensino é transmissão de conhecimentos, informações ou esclarecimentos úteis ou indispensáveis à educação ou a um fim determinado... O aluno, ao ingressar na escola, vai em busca de conhecimento, de informação, de esclarecimento. Assim, todo e qualquer curso está incluído no vocábulo 'ensino' (ensino de português, ensino de matemática, ensino de danças, prática de esportes, ensino de qualquer ciência, arte, ofício, etc.)" (GONÇALES, Antônio Manoel. A imunidade de sociedade de educação sem fins lucrativos. CDTFP 14/114, São Paulo: RT, 1996).

– "Educação não compreende apenas o ensino formal, oferecido pelas escolas de primeiro, segundo grau e curso superior. A educação está no ensino de atividades esportivas, no desenvolvimento de atividades culturais, na consecução de atividades comunitárias e em tudo aquilo que, por meio do aprendizado formal ou informal, vise 'o pleno desenvolvimento da pessoa, seu preparo para o exercício da cidadania e sua qualificação para o trabalho'. [...] o espectro do objetivo das instituições de educação albergadas pela imunidade tratada no artigo 150, VI, alínea c da Constituição Federal, deve ser bastante amplo. De fato, pois podem ser consideradas nessa condição tanto a escola de ensino formal, como as academias de artes, os museus ou mesmo os institutos de pesquisa científicas e tecnológicas" (ARAÚJO, José Antônio Gomes de. A imunidade tributária e o caráter sem fins lucrativos das entidades de assistência social e de educação. In: GRUPENMACHER, Betina Treiger (coord.). *Tributação:* democracia e liberdade. São Paulo: Noeses, 2014, p. 903).

– Ainda que as instituições de ensino cobrem mensalidades pesadas e que obtenham renda elevada, gozam da imunidade desde que apliquem todos os seus recursos na manutenção dos seus objetivos institucionais no País, mantenham escrituração regular e não distribuam lucro. Vide art. 14 do CTN.

– "A imunidade deve ser aplicada em sentido amplo, desde que a entidade obedeça aos requisitos estabelecidos na Constituição Federal (fins não lucrativos) e no art. 14 do CTN... [...] Os objetivos da instituição educacional devem estar previstos em seus estatutos, podendo as suas ativ.idades serem prestadas de modo geral à toda coletividade, ou somente a uma parcela ou setor da sociedade. Não há qualquer norma que obrigue a entidade educacional a prestar serviços de maneira ampla. [...] A imunidade é tida no sentido amplo, o que afasta o argumento de que os serviços da instituição devam ser gratuitos ou não remunerados. Absurdo tal entendimento, pois o intuito da Constituição é fomentar atividades que sejam dever do Estado, como é o caso das instituições de ensino sem fins lucrativos" (AMARAL, Gilberto Luiz do. Imunidade do IPTU para as Instituições de Educação. In: PEIXOTO, Marcelo Magalhães (coord.). *IPTU, aspectos jurídicos relevantes.* Quartier Latin, 2002, p. 174-175).

• Vide o artigo de Hugo de Brito Machado, *Imunidade tributária e educação*, jan. 2001, www.hugomachado.adv.br., em que afirma, "A expressão *sem fins lucrativos* quer dizer que a instituição imune não pode ser fonte de lucros para os seus sócios ou instituidores. Deve aplicar todos os seus recursos no desenvolvimento de suas próprias atividades. Só isto".

– **Requisito de 20% de gratuidade.** "CONTRIBUIÇÃO FISCAL-PREVIDENCIÁRIA. INSTITUIÇÃO PRIVADA DE ENSINO SUPERIOR. ISENÇÃO/IMUNIDADE. INEXISTÊNCIA DE DIREITO ADQUIRIDO. RECONHECIMENTO DA NATUREZA FILANTRÓPICA. EXPEDIÇÃO DO CEBAS. EXIGÊNCIA DE ATENDIMENTO AOS REQUISITOS LEGAIS. NECESSIDADE DE OBSERVÂNCIA DO PERCENTUAL DE 20% DE GRATUIDADE. MANDADO DE SEGURANÇA DENEGADO. 1. Trata-se de mandado de segurança manejado pela Universidade Católica de Petrópolis, com o objetivo de desconstituir decisão administrativa proferida pelo Ministro da Previdência e Assistência Social, que indeferiu pedido de renovação do Certificado de Entidade Beneficente de Assistência Social. Denegada a liminar, o agravo regimental interposto pela Universidade postulante foi provido, para o fim de reconhecer o direito adquirido à isenção da quota patronal previdenciária, bem assim o direito à obtenção do CEBAS. 2. O enfoque da ação ora analisada não é a existência ou a inexistência de eventual direito adquirido ao indicado favor fiscal, mas sim o cumprimento ou o descumprimento de exigência legal trazida expressamente pela Lei 8.212/91, que pressupõe o atendimento ao percentual de 20% de gratuidade e demanda a realização de acurado processo de dilação probatória, incompatível com a via do mandado de segurança; 3. A autoridade fiscal não deixou de reconhecer a isenção fiscal da entidade de ensino impetrante, mas se limitou a aplicar critério de verificação da efetiva continuidade e atendimento do objeto social de beneficência e assistência social (no caso, mediante a verificação do atendimento ao percentual de 20% de gratuidade), estando ausente, desta forma, a apontada ilegalidade e abusividade do ato administrativo impugnado; 4. A própria evolução da legislação aplicada ao tema, até mesmo mediante interpretação literal, afasta o pretendido direito adquirido à isenção. Em sentido contrário, aliás, é expressamente estabelecido que a entidade que perder a natureza de utilidade pública, perde também a isenção da contribuição previdenciária (art. 2º do Decreto 1.572, de 1/09/77); 5. O Supremo Tribunal Federal, ao emitir pronunciamento sobre a questão, é firme ao afastar a tese de existência de direito adquirido ao CEBAS e, consequentemente, do benefício à isenção tributária previdenciária; 6. A isenção fiscal não pode ser empregada como uma benesse, mera indulgência. Em sentido diverso, deve ser empregada como importante instrumento de ação social, pela necessária prevalência do interesse público em relação ao interesse particular; 7. A pretensão formulada pela Universidade Católica de Petrópolis é substancialmente contraditória, o que resulta em seu manifesto descabimento. Isso porque, se a finalidade dessa instituição é, precipuamente, a prática de atos de benemerência, de utilidade pública e fins sociais, não é sequer razoável que questione a necessidade de atender a um percentual de 20% de gratuidade em suas atividades, notadamente a atividade de ensino; 8. Embora o Decreto n. 2.536/98 tenha revogado o Decreto n. 752/93, foram preservados os critérios para o deferimento do CEBAS, sendo certo que o atendimento ao percentual de 20% de gratuidade é apenas um dos requisitos de observância necessária pela instituição de natureza filantrópica. No caso em exame, o indeferimento do CEBAS foi exatamente pelo não suprimento dessa faixa de gratuidade. 9. Mandado de segurança denegado, tornando-se extintos, consequentemente, os efeitos da liminar expedida em sede de agravo regimental" (STJ, MS 10.558, 2006).

⇒ **Entidade de assistência social.** O STF, no RE 630.790, 2022, tendo em conta que o art. 203 da Constituição estabelece que a assistência social será prestada a quem dela necessitar, esclareceu que se trata, portanto, de atividade "de cunho universal" e que, nesse âmbito, "entidades privadas se aliam ao Poder Público para atingir a maior quantidade possível de beneficiários", mas que "a universalidade esperada das instituições privadas de assistência social não é a mesma que se exige do Estado", porquanto "basta que dirijam as suas ações indistintamente à coletividade por elas alcançada, em especial às pessoas em situação de vulnerabilidade ou risco social, sem viés discriminatório".

– "Considera entidade de Assistência Social aquela que, sem visar o lucro, cumpre um dos objetivos previstos no artigo 203 da Constituição Federal de 1988, ou seja, pratica algum ato que implique na proteção à família, à maternidade, à infância, à adolescência, à velhice, o amparo às crianças e adolescentes carentes, a promoção da integração ao mercado de trabalho, a habilitação e reabilitação das pessoas portadoras de deficiências e a promoção de sua integração à vida comunitária, ou a garantia de um salário mínimo mensal à pessoa portadora de deficiência e ao idoso que comprove não possuir meios de prover à própria manutenção ou de tê-la provida por sua família, desde que a prática deste ato seja voluntária, implique em mera liberalidade do praticante, ou seja, não decorra de imposição legal;" (SOUZA, Igor Nascimento. Assistência Social e o IPTU. In: PEIXOTO, Marcelo Magalhães (coord.). *IPTU, aspectos jurídicos relevantes*. Quartier Latin, 2002, p. 281-282).

– "A análise do artigo 6º da Constituição Federal, desse modo, é de fundamental importância: "Art. 6º São direitos sociais a educação, a saúde, alimentação, o trabalho, a moradia, o lazer, a segurança, a previdência social, a proteção à maternidade e à infância, a assistência aos desamparados, na forma desta Constituição". ... A assistência social... deve tutelar os direitos acima elencados, em favor dos hipossuficientes. [...] Para que a entidade seja considerada de assistência social, basta que tenha como objetivo erradicar a pobreza e a marginalização, ou promover a diminuição das desigualdades sociais e regionais (artigo 3º, inciso III, da Constituição Federal), realizando a proteção dos direitos estabelecidos no artigo 6º da Constituição Federal. Os propósitos do art. 203, portanto, embora não sejam taxativos, devem servir de parâmetro" (ARAÚJO, José Antônio Gomes de. A imunidade tributária e o caráter sem fins lucrativos das entidades de assistência social e de educação. In: GRUPENMACHER, Betina Treiger (coord.). *Tributação:* democracia e liberdade. São Paulo: Noeses, 2014, p. 904 e 906).

– **A caracterização depende do exame de fatos, não ensejando recurso extraordinário.** "1. A caracterização de entidade de assistência social para fins da imunidade tributária prevista no art. 150, inc. VI, alínea *c*, da Constituição da República, depende do preenchimento de requisitos previstos na legislação. 2. Tendo o acórdão recorrido concluído pelo não preenchimento dos requisitos caracterizadores de entidade de assistência social, para o Supremo Tribunal Federal concluir de forma diversa seria necessário o reexame dos fatos e das provas contidas nos autos, o que é inviável no exame de recurso extraordinário, nos termos da Súmula 279 do Supremo Tribunal Federal" (STF, RE 428.170, 2009).

– **Entidades assistenciais fundadas em preceitos religiosos. Tema 336 do STF:** "As entidades religiosas podem se caracterizar como instituições de assistência social a fim de se beneficiarem da imunidade tributária prevista no art. 150, VI, *c*, da Constituição, que abrangerá não só os impostos sobre o seu patrimônio, renda e serviços, mas também os impostos sobre a importação de bens a serem utilizados na consecução de seus objetivos estatutários" (2022).

– "Imunidade tributária. Entidades religiosas que prestam assistência social. 1. Recurso extraordinário com repercussão geral reconhecida a fim de definir (i) se a filantropia exercida à luz de preceitos religiosos desnatura a natureza assistencial da entidade, para fins de fruição da imunidade prevista no art. 150, VI, *c*, da Constituição; e (ii) se a imunidade abrange o II e o IPI incidentes sobre as importações de bens destinados às finalidades essenciais das entidades de assistência social. 2. A assistência social na Constituição de 1988. O art. 203 estabelece que a assistência social será prestada 'a quem dela necessitar'. Trata-se, portanto, de atividade estatal de cunho universal. Nesse âmbito, entidades privadas se aliam ao Poder Público para atingir a maior quantidade possível de beneficiários. Porém, a universalidade esperada das instituições privadas de assistência social não é a mes-

ma que se exige do Estado. Basta que dirijam as suas ações indistintamente à coletividade por elas alcançada, em especial às pessoas em situação de vulnerabilidade ou risco social, sem viés discriminatório. 3. Entidades religiosas e assistência social. Diversas organizações religiosas oferecem assistência a um público verdadeiramente carente, que, muitas vezes, instala-se em localidades remotas, esquecidas pelo Poder Público e não alcançadas por outras entidades privadas. Assim sendo, desde que não haja discriminação entre os assistidos ou coação para que passem a aderir aos preceitos religiosos em troca de terem suas necessidades atendidas, essas instituições se enquadram no art. 203 da Constituição" (STF, RE 630.790, 2022). Obs.: o STF considerou que "diversas organizações religiosas oferecem assistência a um público verdadeiramente carente, que, muitas vezes, instala-se em localidades remotas, esquecidas pelo Poder Público e não alcançadas por outras entidades privadas" e, "desde que não haja discriminação entre os assistidos ou coação para que passem a aderir aos preceitos religiosos em troca de terem suas necessidades atendidas, essas instituições se enquadram no art. 203 da Constituição".

– O entendimento manifestado pelo STF é correto. A Constituição Federal imuniza os templos de qualquer culto, de um lado, e as instituições de educação de assistência social, sem fins lucrativos, atendidos os requisitos da lei. O art. 14 do CTN, que regulamenta a imunidade do art. 150, VI, *c*, da CF, não condiciona o gozo da imunidade das instituições educacionais e assistenciais a que sejam laicas, de modo que a orientação religiosa não pode ser empecilho à aplicação da norma negativa de competência tributária. A educação e a assistência vinculada à religiosidade merecem a desoneração tributária estabelecida pelo constituinte. Na medida em que os templos de qualquer culto são beneficiários de imunidade, eles próprios, na sua atividade típica, não teria sentido impedir que atividades educacionais e assistenciais sem fins lucrativos, também imunizadas pelo texto constitucional, sejam tributadas pelo só fato de serem exercidas por entidade religiosa.

– Há acordo internacional entre a República Federativa do Brasil e a Santa Sé, promulgado pelo Decreto n. 7.107/2010, cujo art. 15, § 1º, dispõe no sentido de que "as pessoas jurídicas da Igreja Católica que exerçam atividade social e educacional sem finalidade lucrativa receberão o mesmo tratamento e benefícios outorgados às entidades filantrópicas reconhecidas pelo ordenamento jurídico brasileiro, inclusive, em termos de requisitos e obrigações exigidos para fins de imunidade e isenção".

⇒ **Previdência privada. Abrangidas quando mantidas exclusivamente pelos patrocinadores, sem contribuição dos beneficiários.** O STF firmou posição no sentido de que a imunidade alcança as entidades de previdência privada apenas quando não há contribuição dos beneficiários, ou seja, quando mantidas exclusivamente pelos patrocinadores, o que lhes confere o indispensável caráter assistencial. Nesse sentido, a Súmula n. 730 do STF: "A imunidade tributária conferida a instituições de assistência social sem fins lucrativos pelo art. 150, VI, *c*, da Constituição, somente alcança as entidades fechadas de previdência social privada se não houver contribuição dos beneficiários" (2003).

– "IMUNIDADE TRIBUTÁRIA – PREVIDÊNCIA PRIVADA – AUSÊNCIA DE CONTRIBUIÇÃO DOS EMPREGADOS. Uma vez constatada a inexistência de contribuição, visando benefícios de previdência privada fechada, por parte dos prestadores de serviço, cumpre, conforme reiterados pronunciamentos do Supremo, reconhecer o direito à imunidade tributária" (STF, RE 162.931 AgR, 2012).

– 3. Entidade de previdência privada. Ausência de contribuição dos filiados. Imunidade tributária devida. 4..." (STF, REAgRE-DED 227.001, 2006).

– **Não admitindo quando haja contribuições dos participantes.** "Entidade de previdência privada: imunidade tributária (CF, art. 150, VI, *c*): inexistência. O STF, no RE 202.700 (Corrêa, *DJ* 1.3.2002), decidiu que o art. 150, VI, *c*, da Constituição Federal refere-se à entidade de assistência social, que traz ínsito em suas finalidades a observância dos princípios da universalidade, da generalidade e concede o benefício a toda a coletividade independentemente de contraprestação, característica que a agravante não possui" (STF, REAgR 326.995, 2006).

– "... PREVIDÊNCIA PRIVADA: IMUNIDADE TRIBUTÁRIA. CF, art. 150, VI, *c*. I. – Questão decidida tal como posta no RE da ora agravada: alegação de ofensa ao art. 150, VI, *c*, da CF. II. – As entidades fechadas de previdência privada não estão abrangidas pela imunidade tributária do art. 150, VI, *c*, da Constituição Federal. III. – Agravo não provido" (STF, REAgR 193.617, 2005).

– **Admitindo, em qualquer caso, desde que atendam ao art. 14 do CTN.** "EMBARGOS INFRINGENTES. ENTIDADES DE PREVIDÊNCIA PRIVADA. IMUNIDADE. ARTIGO 150, VI, C DA CARTA MAGNA/88 E ARTIGO 14 DO CÓDIGO TRIBUTÁRIO NACIONAL. Em sendo a autora entidade de previdência privada sem fins lucrativos, e tendo preenchido os requisitos elencados no art. 14 do CTN, conforme sentença procedente obtida na ação ordinária principal vinculada a esta cautelar, tenho que está abarcada pela imunidade tributária insculpida no art. 150, inciso VI, *c*, da Carta Magna/88" (TRF4, EIAC 95.04.44267-6, 2001).

– **Súmula 5 do TRF2.** "Preenchidos os requisitos do art. 14 do CTN e desde que não distribuam lucros, as instituições de previdência privada gozam da imunidade de impostos prevista no art. 150, VI, *c*, da Carta Magna de 1988 (art. 19, III, *c*, da Constituição Federal de 1967), ainda que cobrem pelos benefícios e serviços prestados".

– "As entidades fechadas são abrangidas pelo conceito de 'assistência social' da alínea *c* do in. VI do art. 150 da CF/88, e, portanto, gozam da imunidade nela prevista, por um conjunto de razões: a) Porque são entidades 'sem fins lucrativos' (art. 4º, II, *b*, da Lei 6.435/77) e são 'complementares do sistema oficial de previdência e assistência social'. b) Porque se enquadram 'na área de competência do Ministério da Previdência e Assistência Social' (art. 34, idem) e órgão desse Ministério estipula 'as condições técnicas sobre custeio, investimentos e outras relações patrimoniais' (art. 35, I, *c* da Lei). c) Porque 'poderão [...] executar programas assistenciais de natureza social e financeira, destinados exclusivamente aos participantes das entidades, nas condi-

ções e limites estabelecidos pelo órgão normativo do Ministério...' (art. 39, § 2º, da Lei). d) Porque 'auxiliam o Estado na prestação de assistência social aos que necessitam dela, embora em área circunscrita' (RE 115.970-7). e) Porque o fato de serem custeadas por contribuições oriundas dos participantes e das entidades patrocinadoras (art. 42 da Lei) não as incompatibiliza com o conceito de 'assistência social' utilizado no capítulo do sistema tributário do sistema constitucional brasileiro, como se demonstrou acima. f) E, finalmente, porque o conceito de 'assistência social' do capítulo do Sistema Tributário da Constituição não pode ter seu significado informado por outro subsistema da própria Carta Maior, que se constitui com técnica própria para a Seguridade Social e não para o sistema tributário" (JOBIM, Nelson. Imunidade das entidades fechadas de Previdência Privada. *CDTFP*, n. 9, v. II, p. 114/120, São Paulo: RT, 1994).

– Também defendendo a imunidade, Alberto Xavier sustenta que, para a qualificação das entidades de previdência privadas, não é possível apegar-se aos conceitos, de natureza estritamente publicista, estampados nos artigos 201 e 203 da Constituição: "... pode concluir-se que: [...] b) a qualificação das entidades fechadas de previdência privada no conceito de instituição de assistência social, utilizado no art. 150, VI, *c* da Constituição Federal de 1988, deve fazer-se face a normas de Direito Privado e não face a normas de Direito Público, como as dos arts. 201 e 203 da Constituição, que respeitam exclusivamente a entidades públicas; c) na classificação das pessoas jurídicas de Direito Privado, as instituições de assistência social são entidades beneficentes de utilidade pública; [...] f) face aos conceitos de Direito Privado, as entidades fechadas de previdência privada são entidades de assistência social, pois sempre baseadas em liberalidade do patrocinador; g) mesmo nas entidades fechadas de previdência privada de tipo contributivo, a liberalidade do patrocinador é sempre preponderante pois, no conjunto, existe um desequilíbrio patrimonial que favorece os participantes e que resulta de liberalidade do patrocinador; h) a diferença dos conceitos de previdência social e assistência social dos arts. 201 e 203 da Constituição Federal de 1988 não é aplicável para efeitos de qualificação das entidades fechadas de previdência privada, pois tais conceitos são privativos de entidades públicas, sendo a diferença entre regime contributivo e não contributivo apenas baseada nos métodos tributários do respectivo financiamento; i) o único requisito para o gozo da imunidade pelas entidades fechadas de previdência privada é a inexistência de fins lucrativos, sendo inconstitucional a exigência de requisitos substanciais adicionais pela legislação infraconstitucional; j) a inexistência de fins lucrativos resulta exclusivamente da obrigação de não distribuir os lucros, não sendo afetada nem pela efetiva produção de lucros, nem pelo caráter oneroso dos serviços ou benefícios prestados; k) tanto a gratuidade quanto a generalidade são conceitos distintos do de inexistência de fins lucrativos, não sendo corolários deste; l) o chamado requisito da generalidade, previsto no art. 203 da Constituição Federal de 1988, é privativo da atividade assistencial das entidades públicas; [...] o) o fim público das entidades fechadas de previdência privada resulta do caráter complementar em relação ao sistema oficial de previdência e assistência social, reconhecido pelo art. 202 da Constituição Federal de 1988, na nova redação dada pela EC n. 20/98 e pelo art. 34 da Lei n. 6.435/77; e p) gozam da imunidade prevista no art. 150, VI, c da Constituição Federal de 1988 as entidades fechadas de previdência privada, quer sejam do tipo contributivo ou não contributivo" (XAVIER, Alberto. As entidades fechadas de previdência privada como instituições de assistência social. *RDDT* 52/19, 2000, p. 19).

– Ainda no sentido da imunidade: "... É contemplada com a imunidade tributária a entidade fechada de previdência privada" (STJ, REs 5.707-0/RJ, 1994).

– Vale conferir, também, o denso trabalho de Odim. B. Ferreira, A imunidade tributária das entidades de previdência fechada, em *CDTFP*, em diversas partes, concluído na revista n. 13, São Paulo: RT, 1995, e, de Wagner Balera, Natureza e fins da imunidade dos fundos de pensão, *RDT* 65, São Paulo: Malheiros, p. 178-179.

⇒ **Sem fins lucrativos.** "... a categoria econômica representada pela autora abrange entidades de fins não lucrativos, pois sua característica não é a ausência de atividade econômica, mas o fato de não destinarem os seus resultados positivos à distribuição de lucros" (STF, ADIMC 1.802, *Informativo* n. 336, 2004).

– **Sem fins lucrativos, mas com resultado positivo.** "... o auferimento de lucro não é vedado, mas sim a existência de propósito de lucro, traduzido na distribuição do mesmo, na participação em seu resultado ou, ainda, no retorno do patrimônio da entidade às pessoas que criaram a instituição... Nada impede... que as instituições de educação privada, para efeito de fruírem da imunidade fiscal, cobrem mensalidades de seus alunos, desde que os recursos assim obtidos sejam revertidos aos seus fins institucionais – remuneração de professores e funcionários, investimento em instalações, equipamentos e materiais etc. [...] a gratuidade dos serviços não é exigência para a fruição da imunidade do art. 150, VI, c, pelas instituições de assistência social sem fins lucrativos" (COSTA, Regina Helena. *Curso de direito tributário*. 5. ed. São Paulo: Saraiva, 2015, p. 122).

– "A expressão constitucional *sem fins lucrativos* refere-se à finalidade da instituição e não ao eventual *superavit* obtido por entidade que não tenha por fim o lucro: a finalidade é relevante e o *superavit* não" (ÁVILA, René Bergmann. Lei n. 9.532/97 comentada e anotada. Síntese, 1998, nota 90, p. 97).

– "... é difícil conceber que uma entidade sem fins lucrativos com a intenção de desenvolver com eficiência um determinado objetivo social, não vise ter resultado positivo ao final do exercício. Por meio do resultado positivo, a entidade, como qualquer organização que dependa de recursos financeiros para funcionar, tem meios de se proteger dos períodos de dificuldade na obtenção de receita. O resultado positivo, da mesma maneira, também garante à organização que se adapte à dinâmica das demandas sociais que lhes são impostas, mediante o investimento de seus recursos em projetos sociais que garantam melhor resultado à população. A título de exemplo, registre-se que só com a obtenção de um resultado positivo, por exemplo, que um hospital sem fins lucrativos pode se manter. Afinal, diante do alto custo dos serviços de saúde, de um lado, e dos módicos valores pagos pelo SUS, de

outro, não são poucas as dificuldades encontradas ao longo do ano para tais entidades manterem sua conta no 'azul'. Portanto, a determinação constitucional para que a entidade não tenha objetivo de lucro não significa que não possa aferir resultado positivo. A observância desse comando constitucional, na realidade, está relacionada com as intenções que dão impulso às ações realizadas por seus dirigentes. Seu espírito é voltado ao altruísmo e ao desinteresse econômico pessoal? Ou, por outro lado, existem intenções econômico-financeiras e privatísticas por baixo das pretensões altruístas formalizadas no estatuto da entidade? No primeiro caso, a organização educacional e assistencial é formada por instituidores que, efetivamente, objetivam a consecução de tais ações sem fins lucrativos. Nessa hipótese, não haverá no fluxo financeiro da entidade remessa que represente vantagem descabida aos dirigentes" (ARAÚJO, José Antônio Gomes de. A imunidade tributária e o caráter sem fins lucrativos das entidades de assistência social e de educação. In: GRUPENMACHER, Betina Treiger (coord.). *Tributação:* democracia e liberdade. São Paulo: Noeses, 2014, p. 908-909).

⇒ **Requisitos da lei. Papéis da lei complementar (condições materiais) e da lei ordinária (requisitos formais).** A regulamentação desta imunidade só pode ser feita por lei complementar, tendo em conta o texto expresso do art. 146, II, da CF. Daí o entendimento de que o estabelecimento de condições materiais para o gozo da imunidade depende de lei complementar, aplicando-se o art. 14 do CTN. A remissão à lei, feita na alínea c sob análise, que repete a alínea c do inciso III do art. 19 da Constituição anterior, há muito é interpretada pelo STF como relativa a requisitos formais reguladores da constituição e funcionamento da entidade imune. Senão, vejamos: "IMPOSTO DE IMPORTAÇÃO. IMUNIDADE. O artigo 19, III, c, da Constituição Federal não trata de isenção, mas de imunidade. A configuração desta está na Lei Maior. Os requisitos da lei ordinária, que o mencionado dispositivo manda observar, não dizem respeito aos lindes da imunidade, mas àquelas normas reguladoras da constituição e funcionamento da entidade imune. Inaplicação do art. 17 do Decreto-lei n. 37/66. Recurso extraordinário conhecido e provido" (STF, RE 93.770, 1981). Justificou, o relator, em seu voto: "Os requisitos de lei que o art. 19, III, c, da Constituição manda observar não dizem respeito à configuração da imunidade, mas àquelas normas reguladoras da constituição e funcionamento da entidade imune, tal como salientou a sentença de primeiro grau. Cumpre evitar-se que falsas instituições de assistência e educação sejam favorecidas pela imunidade. É para evitar fraude que a Constituição determina sejam observados os requisitos da lei. Condiz com esse entendimento a interpretação dada por Manoel Gonçalves Ferreira Filho ao preceito constitucional. Escreve ele: 'As instituições educativas e assistenciais são meras pessoas de direito privado, criadas pela iniciativa particular e ao sabor desta. Seria plausível, por isso, que servissem de capa, cobrindo interesses egoísticos que, assim, se beneficiariam da imunidade no tocante a impostos' (in *Comentários à Constituição Brasileira*, vol. 1º, pág. 150)" Vide, adiante, item especíco sobre a Lei n. 9.732/97. A mesma análise é feita quanto ao art. 195, § 7º, da CF, conforme se vê das respectivas notas.

– "... Importa, ademais, reafirmar que a imunidade tributária deferida às entidades de assistência social sem fins lucrativos somente compreende o patrimônio, a renda e os serviços relacionados com as finalidades essenciais (CF, artigo 150, VI, *c*). Mesmo assim, o reconhecimento desse direito está condicionado à observância dos preceitos contidos nos incisos I a III do artigo 14 do Código Tributário nacional. Resulta desse modo que o favor constitucional não é absoluto e o seu deferimento, mesmo em face dos objetivos institucionais das entidades, previstos em seus atos constitutivos (CTN, artigo 14, § 2º), poderá ser suspenso quando não cumpridas as disposições legais (CTN, art. 14, § 1º)" (STF, excerto do voto condutor do RE 202.700, 2001).

– "ENTIDADE DE ASSISTÊNCIA SOCIAL SEM FINS LUCRATIVOS. IOF. IMUNIDADE. ARTIGO 150, INCISO VI, C DA CARTA MAGNA/88. REQUISITOS ARTIGO 14 DO CTN. LEI N. 9532, DE 1997. A imunidade só pode ser concedida pela Constituição, sendo exigido, para o estabelecimento dos requisitos à sua concessão, lei complementar, como estatuído no artigo 146 da Carta Política, pois a ela cabe regular as limitações constitucionais ao poder de tributar (CF, art. 146, II). Desta forma, os requisitos estabelecidos para a fruição da imunidade são aqueles dispostos no Código Tributário Nacional, artigo 14, porquanto o mesmo possui força de lei complementar. [...]" (TRF4, AMS 2001.04.01.063758-1, 2001).

– "... parece-nos de cristalina evidência que a lei a que se reporta ao comando constitucional é a complementar, mais precisamente aquela prevista no art. 146, II, da Constituição Federal. E o Código Tributário Nacional, extraindo com acerto o autêntico teor de sua competência, oferece, no art. 14, os pressupostos para o implemento do desígnio constituinte" (CARVALHO, Paulo de Barros. *Curso de direito tributário*. 27. ed. São Paulo: Saraiva, 2016, p. 200).

– "Os poderes tributantes... procuram amesquinhar o princípio constitucional, na leitura amputadora que fazem do inciso VI, letra *c*, ao sustentarem que, pelo fato de constar do texto vocábulo 'lei', e não a expressão 'lei complementar', tal lei seria ordinária. A interpretação, em que pese o respeito que tenho por seus defensores, não resiste a alguns princípios de lógica hermenêutica, a saber: I) o inciso II, do artigo 146, declara, com todas as letras, que 'cabe à lei complementar regular as limitações constitucionais ao poder de tributar' e as imunidades são precisamente isso, limitações ao poder de tributar. *Não há qualquer exceção no artigo*; II A letra *c*, do inciso IV, do artigo 150 não fala em 'lei complementar', porque não havia necessidade de fazê-lo, já que, em face do disposto no inciso II do artigo 146 da CF, a lei só poderia ser lei complementar. Se fosse, todavia, exceção ao princípio geral, deveria falar em 'lei ordinária', para esclarecer; III) Se se tratasse, todavia, de 'lei ordinária', como o poder impositivo a ser exercido, embora subordinado às limitações constitucionais, é inerente às três esferas da Federação, à evidência, tal exegese implicaria admitir a possibilidade de sua regulação ser realizada pela União, pelos 26 Estados, pelo distrito Federal e pelos 5.568 Municípios do Brasil!!! O que seria um fantástico contrassenso; IV) se se pretender sustentar que a lei, no caso,

deveria ser federal, e não lei de todas as esferas da federação, o constituinte haveria de ter adotado os critérios dos parágrafos 3º e 4º do artigo 24 da CF, que cuida da lei ordinária aplicável a outras esferas, e que redigidos estão assim: '§ 3º – Inexistindo *lei federal* sobre normas gerais, os Estados exercerão a competência legislativa plena, para atender a suas peculiaridades. § 4º – A superveniência de lei *federal* sobre normas gerais suspende a eficácia da lei estadual no que lhe for contrário.' Vale dizer, quando teve que excepcionar e esclarecer estar cuidando de lei ordinária de uma das esferas da Federação com impactos em outras, o constituinte houve por bem adjetivar a *lei* de *federal*. Ora, se não é lei complementar, apesar de a constituição declarar que só lei complementar pode regular as limitações; se não se trata de lei ordinária de toda as esferas da Federação, o que provocaria um caos na regulamentação, com o poder regulador das três esferas; e se não é lei federal, por *faltar a adjetivação* necessária, resta derrubado, definitivamente, o argumento dos que defendem que seria a lei ordinária aquela apta a estabelecer os requisitos para gozo das imunidades, pois não haveria veículo regulador. Por todos os ângulos em que se analise a questão, a conclusão é uma só: a regulação das imunidades tributárias só pode ser feita por lei complementar" (MARTINS, Ives Gandra da silva. Títulos de capitalização, cuja comercialização por entidades de assistência social sem fins lucrativos, tem os resultados, deduzidas as despesas, destinados exclusivamente a seus objetivos sociais – imunidade tributária das receitas. *RDDT* 215/180, 2013).

– "... a Constituinte de 1988 atribuiu às limitações constitucionais ao poder de tributar a natureza de cláusulas pétreas, visto que o art. 150 começa com a seguinte dicção: 'Sem prejuízo de outras garantias asseguradas ao contribuinte, é vedado. Sem prejuízo de outras garantias, todas aquelas colocadas no art. 150, por serem garantias individuais, são normas imodificáveis, de vez que o art. 60, § 4º, inciso IV, preceitua: [...] nas imunidades a que se refere a letra *c*, a 'lei' só pode ser a 'lei complementar', por raciocínio elementar, óbvio, pois se fosse por lei ordinária, poderíamos ter 5.500 definições de imunidade, 5.500 tipos diferentes de regimes jurídicos para conformá-las... [...] o dispositivo não se refere a 'leis', mas à 'lei', e a única lei que, nos termos da Constituição, pode dispor sobre limitações constitucionais ao poder de tributar é a lei complementar, por força do art. 146, inciso II" (MARTINS, Ives Gandra da Silva. Imunidades tributárias – cláusulas pétreas constitucionais. *RDDT* 116/85, 2005).

– "... a cláusula 'atendidos os requisitos de lei', contida no art. 150, VI, c, refere-se, efetivamente, aos requisitos que podem ser estabelecidos para condicionar a fruição do benefício, já que a norma trata, exatamente, dos entes contemplados coma exoneração tributária em matéria de impostos que recaiam sobre seu patrimônio, renda e serviços. Parece-nos que essa cláusula não se reporta às condições para a existência e legalização da pessoa imune – e, assim, desinfluente para o tema em análise afirmar que estas podem ser estabelecidas por lei ordinária. Se assim é, resta inafastável a aplicação da norma inserta no art. 146, II, na hipótese, sendo de se reconhecer como irrefutável o argumento acima mencionado, segundo o qual não é plausível admitir-se que limitações constitucionais ao poder de tributar possam ser disciplinadas pelas próprias pessoas destinatárias das mesmas"

(COSTA, Regina Helena. *Curso de direito tributário*. 5. ed. São Paulo: Saraiva, 2015, p. 111).

– **Condições materiais.** O art. 14 do CTN, com a redação da LC n. 104/2001, estabelece as condições a serem cumpridas pelas entidades para o gozo da imunidade, tais como não distribuição de quaisquer parcelas do seu patrimônio e da sua renda, a qualquer título, aplicação dos recursos exclusivamente no Brasil e manutenção de escrituração idônea.

– **Lei n. 9.532/97. Condições materiais inválidas e requisitos formais válidos.** A Lei 9.532/97, que altera a legislação tributária federal e dá outras providências, em seus arts. 12-14, disciplina a imunidade prevista neste art. 150, VI, *c*, da Constituição Federal, estabelecendo condições para o seu gozo e hipóteses de suspensão, é inconstitucional, pois invade campo reservado à lei complementar, nos termos do art. 146, II, da CF. Regulando a matéria, foi recepcionado pela CF de 1988 o art. 14 do CTN.

– **Inconstitucionalidade parcial. STF.** "... II. Imunidade tributária (CF, art. 150, VI, *c*, e 146, II): 'instituições de educação e de assistência social, sem fins lucrativos, atendidos os requisitos da lei': delimitação dos âmbitos da matéria reservada, no ponto, à intermediação da lei complementar e da lei ordinária: análise, a partir daí, dos preceitos impugnados (L. 9.532/97, arts. 12 a 14): cautelar parcialmente deferida. 1. Conforme precedente no STF (RE 93.770...) e na linha da melhor doutrina, o que a Constituição remete à lei ordinária, no tocante à imunidade tributária considerada, é a fixação de normas sobre a constituição e o funcionamento da entidade educacional ou assistencial imune; não, o que diga respeito aos lindes da imunidade, que, quando suscetíveis de disciplina infraconstitucional, ficou reservado à lei complementar. 2. À luz desse critério distintivo, parece ficarem incólumes à eiva da inconstitucionalidade formal arguida os arts. 12 e §§ 2º (salvo a alínea *f*) e 3º, assim como o par. único do art. 13; ao contrário, é densa a plausibilidade da alegação de invalidez dos arts. 12, § 2º, f; 13, *caput*, e 14 e, finalmente, se afigura chapada a inconstitucionalidade não só formal mas também material do § 1º do art. 12, da lei questionada..." (STF, ADIMC 1.802, *Informativo* n. 336, 2004).

– Ives Gandra da Silva Martins, nas *RDDT* 30 e 37, de 1998, também afirma que a Lei ordinária 9.532/97 é manifestamente inconstitucional, seja porque criou outros requisitos para as chamadas instituições sem fins lucrativos (além daqueles previstos no art. 14 do CTN), seja porque fez incidir imposto de renda sobre o rendimento das entidades imunes.

– **Dispositivos da Lei n. 9.732/97 válidos.** "Art. 12. Para efeito do disposto no art. 150, VI, alínea *c*, da Constituição, considera--se imune a instituição de educação ou de assistência social que preste os serviços para os quais houver sido instituída e os coloque à disposição da população em geral, em caráter complementar às atividades do Estado, sem fins lucrativos. § 1º... § 2º Para o gozo da imunidade, as instituições a que se refere este artigo, estão obrigadas a atender aos seguintes requisitos: a) não remunerar, por qualquer forma, seus dirigentes pelos serviços prestados; b) aplicar integralmente seus recursos na manutenção e desenvolvimento dos seus objetivos sociais; c) manter escrituração completa de suas receitas e despesas em livros revestidos das

formalidades que assegurem a respectiva exatidão; d) conservar em boa ordem, pelo prazo de cinco anos, contado da data da emissão, os documentos que comprovem a origem de suas receitas e a efetivação de suas despesas, bem assim a realização de quaisquer outros atos ou operações que venham a modificar sua situação patrimonial; e) apresentar, anualmente, Declaração de Rendimentos, em conformidade com o disposto em ato da Secretaria da Receita Federal; f)... ; g) assegurar a destinação de seu patrimônio a outra instituição que atenda às condições para gozo da imunidade, no caso de incorporação, fusão, cisão ou de encerramento de suas atividades, ou a órgão público; h) outros requisitos, estabelecidos em lei específica, relacionados com o funcionamento das entidades a que se refere este artigo. § 3º Considera-se entidade sem fins lucrativos a que não apresente superávit em suas contas ou, caso o apresente em determinando exercício, destine referido resultado integralmente ao incremento de seu ativo imobilizado. § 3º Considera-se entidade sem fins lucrativos a que não apresente superávit em suas contas ou, caso o apresente em determinado exercício, destine referido resultado, integralmente, à manutenção e ao desenvolvimento dos seus objetivos sociais. (Redação da Lei 9.718/98) Art. 13... Parágrafo único. Considera-se, também, infração a dispositivo da legislação tributária o pagamento, pela instituição imune, em favor de seus associados ou dirigentes, ou, ainda, em favor de sócios, acionistas ou dirigentes de pessoa jurídica a ela associada por qualquer forma, de despesas consideradas indedutíveis na determinação da base de cálculo do imposto sobre a renda ou da contribuição social sobre o lucro líquido".

– **Dispositivos da Lei n. 9.732/97 inconstitucionais:** "12... § 1º Não estão abrangidos pela imunidade os rendimentos e ganhos de capital auferidos em aplicações financeiras de renda fixa ou de renda variável. § 2º Para o gozo da imunidade, as instituições a que se refere este artigo, estão obrigadas a atender aos seguintes requisitos:... f) recolher os tributos retidos sobre os rendimentos por elas pagos ou creditados e a contribuição para a seguridade social relativa aos empregados, bem assim cumprir as obrigações acessórias daí decorrentes; [...] Art. 13. Sem prejuízo das demais penalidades previstas na lei, a Secretaria da Receita Federal suspenderá o gozo da imunidade a que se refere o artigo anterior, relativamente aos anos-calendários em que a pessoa jurídica houver praticado ou, por qualquer forma, houver contribuído para a prática de ato que constitua infração a dispositivo da legislação tributária, especialmente no caso de informar ou declarar falsamente, omitir ou simular o recebimento de doações em bens ou em dinheiro, ou de qualquer forma cooperar para que terceiro sonegue tributos ou pratique ilícitos fiscais. [...] Art. 14. À suspensão do gozo da imunidade aplica-se o disposto no art. 32 da Lei n. 9.430, de 1996".

– **Sobre o art. 28 da Lei n. 9.732/97.** Para Oswaldo Othon de Pontes Saraiva Filho, Imunidades: o Art. 28 da Lei n. 9.532/97, em *RDDT* 31, abr. 1998, o art. 28 da Lei n. 9.532/97 pode produzir efeitos válidos quando a entidade imune atua de forma incompatível com a sua atividade-fim. Vejamos: "À primeira vista, o dispositivo do art. 28 da Lei n. 9.532/97 é aparentemente inconstitucional [...] se acharmos cabível a utilização, no caso, da técnica de interpretação conforme a Constituição, poderemos salvar a norma legal do art. 28, *caput*, da Lei 9.532/97. Para tanto, devemos entender que o dispositivo legal focalizado lembra que deve incidir a regra jurídica de tributação em relação às pessoas jurídicas tidas como imunes em geral, apenas e tão somente, nas hipóteses em que a Constituição excepciona este amparo imunitório, ou seja, quando a própria Constituição autoriza a incidência do imposto, bem como nos casos em que a entidade não cumpra os requisitos exigidos para o gozo da imunidade".

d) livros, jornais, periódicos e o papel destinado a sua impressão.

⇒ **Garantia da livre manifestação das ideias.** Essa imunidade "tem por escopo evitar embaraços ao exercício da liberdade de expressão intelectual, artística, científica e de comunicação, bem como facilitar o acesso da população à cultura, à informação e à educação" (STF, RE 221.239, 2004).

– "São os fins a que se destinam os livros e equivalentes e, não, sua forma que os tornam imunes a impostos. Livros, na acepção da alínea *d*, do inc. VI, do art. 150, da CF, são os veículos do pensamento, vale dizer, os que se prestam para difundir ideias, informações, conhecimentos etc. Pouco importam o suporte material de tais veículos (papel, celuloide, plástico etc.) e a forma de transmissão (caracteres alfabéticos, signos Braille, impulsos magnéticos etc.)" (CARRAZZA, Roque Antônio. Importação de Bíblias em fitas: sua imunidade: exegese do art. 150, VI, *d*, da Constituição Federal. *RDDT* 26/139, 1997).

– "A imunidade de impostos destinada aos meios de comunicação, culturais e educacionais lastreiam-se, como disse, no mesmo princípio de uma vedação absoluta ao poder de tributar, objetivando permitir: a) liberdade de imprensa; b) liberdade de veiculação de ideias; c) liberdade de difusão cultural; d) liberdade no âmbito da educação" (MARTINS, Ives Gandra da Silva. Aspectos referentes a imunidade dos livros eletrônicos... *RDDT* 180/156, 2010).

– "Qual a finalidade das imunidades em relação à imprensa, à educação e à cultura? Evitar que o poder, através dos tributos, criasse tal nível de imposição, que viesse a impedir a liberdade de expressão, controlando, via imposição, os órgãos de comunicação social e as instituições de cultura e educação. [...] quaisquer livros, jornais, periódicos veiculados em papel, meios eletrônicos ou digitais são imunes dos impostos, a teor do artigo 150, inciso VI, letra *d*, da Lei Suprema" (MARTINS, Ives Gandra da Silva. Imunidade dos meios eletrônicos de comunicação social. *RDDT* 175/117, 2010).

– "A norma imunizante possui uma tripla função (bloqueio, resguardo, programática), que se resume (i) no impedimento à instituição de impostos sobre livros, (ii) na garantia das liberdades individuais e (iii) no incentivo à difusão da informação. Desse modo, um método interpretativo que não se compatibilize com tais finalidades deve ser desde logo descartado" (MANEIRA, Eduardo; JORGE, Alexandre Teixeira. A imunidade tributária do livro comercializado em mídia eletrônica. *RDDT* 225/46, 2014).

– "IMUNIDADE – IMPOSTOS – LIVROS – JORNAIS E PERIÓDICOS – ARTIGO 150, INCISO VI, ALÍNEA *D*, DA CONSTITUIÇÃO FEDERAL. A razão de ser da imunidade prevista no texto constitucional, e nada surge sem uma causa, uma razão suficiente, uma necessidade, está no interesse da sociedade em ver afastados procedimentos, ainda que normatizados, capazes de inibir a produção material e intelectual de livros, jornais e periódicos" (STF, Pleno, RE 174476, Rel. p/ o acórdão Min. Marco Aurélio, set. 1996) Voto do Celso de Mello no mesmo julgado: "É preciso ter presente, na análise do tema em exame, que a garantia da imunidade estabelecida pela ordem constitucional brasileira em favor dos livros, dos jornais, dos periódicos e do papel destinado à sua impressão (CF, art. 150, VI) reveste-se de significativa importância de ordem político-jurídica, destinada a preservar e a assegurar o próprio exercício das liberdades de manifestação do pensamento e de informação jornalística, valores em função dos quais essa prerrogativa de índole tributária foi conferida, instituída e assegurada. Não se pode desconhecer, dentro desse contexto, que as imunidades tributárias de natureza política destinam-se a conferir efetividade a determinados direitos e garantias fundamentais reconhecidos e assegurados às pessoas e às instituições. Constituem, por isso mesmo, expressões significativas das garantias de ordem instrumental, vocacionadas, na especificidade dos fins a que se dirigem, a proteger o exercício da liberdade de expressão intelectual e da liberdade de informação".

– **Descabe análise quanto à qualidade do conteúdo.** Não importa o conteúdo de tais veículos de informação nem se são distribuídos gratuitamente ou comercializados com intuito de lucro. Apenas os folhetos exclusivamente promocionais (propaganda pura e simples) é que estão excluídos da imunidade, segundo entendimento do STF que adiante se vê.

– Ao apreciar a imunidade dos álbuns de figurinhas, por ocasião do julgamento do RE 221.239-6, Min. Ellen Gracie, maio 2004, adiante referido, o STF afirmou: "O Constituinte, ao instituir esta benesse, não fez ressalvas quanto ao valor artístico ou didático, à relevância das informações divulgadas ou à qualidade cultural de uma publicação. 3. Não cabe ao aplicador da norma constitucional em tela afastar este benefício fiscal instituído para proteger direito tão importante ao exercício da democracia, por força de um juízo subjetivo acerca da qualidade cultural ou do valor pedagógico de uma publicação destinada ao público infanto-juvenil. 4. Recurso extraordinário conhecido e provido".

– **Imunidade objetiva. Imunidade que não se estende às empresas jornalísticas e editoras.** "... ANISTIA DO ART. 150, VI, *D*, DA CONSTITUIÇÃO FEDERAL. IPMF. EMPRESA DEDICADA À EDIÇÃO, DISTRIBUIÇÃO E COMERCIALIZAÇÃO DE LIVROS, JORNAIS, REVISTAS E PERIÓDICOS. Imunidade que contempla, exclusivamente, veículos de comunicação e informação escrita, e o papel destinado a sua impressão, sendo, portanto, de natureza objetiva, razão pela qual não se estende às editoras, autores, empresas jornalísticas ou de publicidade – que permanecem sujeitas à tributação pelas receitas e pelos lucros auferidos. Consequentemente, não há falar em imunidade ao tributo sob enfoque, que incide sobre atos subjetivados (movimentação ou transmissão de valores e de créditos e direitos de natureza financeira). Recurso conhecido e provido" (STF, RE 206.774, 1999).

– "... IMUNIDADE. ART. 150, VI, *D*, DA CF/88. LIVROS E PERIÓDICOS... IRPJ. 1... 2. Não se estende também esta imunidade à figura do livreiro, editor, comerciante, etc., pois a imunidade de que trata a constituição é objetiva, ao passo que as receitas e os lucros auferidos com a atividade de comércio do produto final em questão – livros e periódicos – estão sujeitos a tributação específica" (TRF4, AMS 2000.04.01.012310-6, 2000).

– "... a interpretação extensiva do dispositivo constitucional, cujo resultado é o de submeter à imunidade também tudo o mais que, indiretamente, esteja englobado no processo produtivo daqueles bens representa, na prática, outorgar imunidade não aos bens editados pela empresa, mas à própria empresa editora" (TRF4, REO 96.04.55528-6, 1997).

⇒ **Livros, jornais e periódicos sejam em papel, em outro suporte físico ou mesmo eletrônicos.** A imunidade alcança livros, jornais e revistas, independentemente do seu suporte físico, porquanto garante a livre manifestação das ideias. Cada vez os jornais e periódico (e mesmo os livros) são lidos em meio eletrônico, através da Internet, podendo ser acessados de qualquer equipamento, seja de computador de mesa, de *notebook*, de *Kindle* ou de *iPad*. Não nos parece que possa haver qualquer restrição à imunidade em função do suporte físico do livro, jornal ou periódico. Assim como uma música não deixa de ser música por ter sido baixada pela Internet, em meio eletrônico, também um jornal ou revista não deixa de se caracterizar como tal por serem lidos no iPad. Sua função e importância como veículo da livre manifestação do pensamento segue idêntica. Entendemos que a referência ao papel destinado à impressão dos livros, jornais e periódicos teve por finalidade ampliar o âmbito da imunidade para envolver o que é normalmente o seu maior insumo. Não há que se entender tal referência como limitativa da imunidade, ou seja, como impeditiva da imunidade dos livros, jornais e periódicos gravados ou divulgados por outro meio. A essa conclusão se chega analisando os direitos fundamentais que a Constituição visou proteger com a norma em questão. Assim, não vemos razão para a imunidade não abranger os livros, jornais e periódicos eletrônicos, passíveis de serem lidos na própria *internet* ou baixados (*download*).

– **Conceito de livro.** Importa que se proceda a uma interpretação teleológica, baseada na função de garantia que a imunidade em questão estabelece para o direito fundamental à livre manifestação das ideias. O conceito mais restrito, trazido pela Lei n. 10.753/2003, não se presta a limitar o alcance da garantia constitucional.

– A Lei n. 10.753, de 31 de outubro de 2003, que institui a Política Nacional do Livro, já no seu art. 1º, II, identifica o livro como "o meio principal e insubstituível da difusão da cultura e transmissão do conhecimento..." e, em seu art. 2º, dispõe: "Art. 2º Considera-se livro, para efeitos desta Lei, a publicação de textos escritos em fichas ou folhas, não periódica, grampeada, colada ou costurada, em volume cartonado, encadernado ou em brochura, em capas avulsas, em qualquer formato e acabamento. Parágrafo único. São equiparados a livro: I – fascículos, publicações de qualquer natureza que representem parte de livro; II – materiais avulsos relacionados com o livro, impressos em papel ou em material similar; III – roteiros de leitura para controle e estudo de literatura ou de obras didáticas; IV – álbuns para colorir, pintar, recortar ou armar; V – atlas geográficos, históricos, anatômicos, mapas e cartogramas; VI – textos derivados de livro ou originais, produzidos por editores, mediante contrato de edição celebrado com o autor, com a utilização de qualquer suporte; VII – livros em meio digital, magnético e ótico, para uso exclusivo de pessoas com deficiência visual; VIII – livros impressos no Sistema Braille." Obs.: esta lei, embora subsidie a discussão, não condiciona o conceito constitucional de livro, eis que adveio 15 anos depois do texto constitucional, não podendo restringir a imunidade.

– **Abrange os livros infantis, ainda que sem linguagem "escrita".** "CONCEITO DE LIVRO PARA FINS DA DESONERAÇÃO TRIBUTÁRIA. A norma constitucional que confere imunidade tributária aos livros tem por finalidade, também, diminuir os seus custos, a fim de que a população tenha maior acesso à cultura e à informação por eles divulgada. Há, portanto, de certa forma, incentivo constitucional ao hábito da leitura, tendo em vista os benefícios que a educação reconhecidamente traz a qualquer país. É preciso ter em mente que o desenvolvimento do hábito da leitura deve ocorrer desde a mais tenra infância, e para que seja implantado da melhor forma, se faz necessário, desde cedo, que as crianças tenham contato com os livros. Nesse sentido os livros infantis devem conter linguagem apropriada àquela faixa etária, para que as crianças com eles se habituem e a eles se apeguem. Crianças, até uma determinada idade, não são alfabetizadas e, dessa forma, a 'linguagem' constante de seus livros se dá por meio de figuras, texturas, objetos para manuseio. O livro, na tenra idade, não precisa – e nem deve – se limitar à palavra escrita: ele tem que ser estimulante para despertar o interesse da criança e, como tal, pode, sim, conter outros elementos como nas obras em tela. Por outro lado, o fato do livro conter instruções para que alguma coisa seja feita (com o respectivo material), além de cumprir com o objetivo acima, também não é suficiente para descaracterizá-lo da condição de livro. Se assim fosse, todos os livros técnicos – e quem sabe até mesmo os de receitas culinárias, que às vezes vêm acompanhados de forminhas ou outros materiais (por exemplo, livros de *muffins* ou de *cookies*), também deixariam de ser livros – quiçá até mesmo os livros jurídicos contendo modelos de petições já não mais poderiam ser classificados como tais" (TRF4, AC 5000833-08.2011.404.7110, 2011).

– **Definição pelo conteúdo, não pela forma. Não importa o suporte físico.** "Não está escrito, no texto constitucional, que os livros, os jornais e os periódicos só serão imunes quando forem confeccionados de papel. [...] admitir que só os veículos de papel são imunes e que qualquer outra manifestação cultural, educacional ou de imprensa seja passível de manipulação governamental, por tributos, é reduzir a intenção do constituinte a sua expressão nenhuma. Uma tal interpretação equivalente a considerar que a liberdade de expressão só pode manifesta-se através de veículos de papel!!! – representa, inclusive, um pensamento retrógrado, de retrocesso institucional e intelectual. Significaria considerar que a comunicação social eletrônica pelos meios modernos não merece ser protegida, porque o constituinte teria desejado que o País não evoluísse na difusão cultural e na obtenção de informações. [...] Se se admitisse que quem não tem o direito de tributar, pudesse, *pro domo sua*, interpretar restritivamente a lei impeditiva, poder-se-ia amesquinhar a intenção do constituinte de afastar da área impositiva aquelas situações e pessoas em atividades consideradas essenciais para a preservação do Estado Democrático de Direito. [...] Com base na Constituição, entendo que são livros aqueles cujo conteúdo seja próprio de um livro, jornal ou periódicos, qualquer que seja a forma de sua veiculação. O que define o livro é o seu conteúdo e não a sua forma. ... perante a Constituição, livro é definido por seu conteúdo e não por sua forma. Já pela lei – a meu ver, de manifesta inconstitucionalidade –, é livro apenas o que estiver descrito no artigo 2º da Lei 10.753/03" (MARTINS, Ives Gandra da Silva. Aspectos referentes a imunidade dos livros eletrônicos... *RDDT* 180/156, set. 2010).

– "... a conceituação do objeto deverá ater-se as suas características essenciais e, no caso do livro, há muito o papel deixou de ser imprescindível para sua caracterização, já que a evolução tecnológica fez com que os suportes físicos passassem por avançadas transformações, trazendo o conteúdo dos livros ao leitor por inúmeras formas que não a gravação de tinta em papel... [...] o legislador infraconstitucional deverá ater-se às limitações elencadas nos dispositivos constitucionais, sendo-lhes vedado editar leis que, mediante acentuada restrição da conceituação dos vocábulos constantes nas regras proibitivas, acabem por culminar no alargamento de suas esferas de competência. Analisando o conceito de livro, restou evidenciado que sua significação fora se modificando com o passar dos anos, sendo o livro representado pelo 'conjunto de escritas gravadas em papel' apenas a sua forma mais corriqueira de apresentação à época da promulgação do dispositivo constitucional em apreço. Portanto, concluímos que uma interpretação teleológica e evolutiva do vocábulo livro, tal qual utilizado na Constituição Federal em seu art. 150, V, *d*, nos permite enquadrar como livro todos os veículos que transmite ideias e pensamentos, sobretudo aqueles que se encontra gravados em meio digitais, tais como os *e-readers*, não podendo a União, os Estados, os Municípios e o distrito Federal instituir impostos sobre os denominados 'livros eletrônicos'" (WANDERLEY, Thiago Barbosa. A imunidade do livro face à sua evolução conceitual. *RDDT* 179/161, ago. 2010).

– *E-books*. **Súmula Vinculante 57**: "A imunidade tributária constante do art. 150, VI, *d*, da CF/88 aplica-se à importação e comercialização, no mercado interno, do livro eletrônico (*e-book*) e dos suportes exclusivamente utilizados para fixá-los, como leitores de livros eletrônicos (*e-readers*), ainda que possuam funcionalidades acessórias" (2020).

– **Tema 593**: "A imunidade tributária constante do art. 150, VI, *d*, da CF/88 aplica-se ao livro eletrônico (*e-book*), inclusive aos suportes exclusivamente utilizados para fixá-lo". Decisão do mérito em 2017.

– "Imunidade objetiva constante do art. 150, VI, *d*, da CF/88. Teleologia multifacetada. Aplicabilidade. Livro eletrônico ou digital. Suportes. Interpretação evolutiva. Avanços tecnológicos, sociais e culturais. Projeção. Aparelhos leitores de livros eletrônicos (ou *e-readers*). 1. A teleologia da imunidade contida no art.

150, VI, *d*, da Constituição, aponta para a proteção de valores, princípios e ideias de elevada importância, tais como a liberdade de expressão, voltada à democratização e à difusão da cultura; a formação cultural do povo indene de manipulações; a neutralidade, de modo a não fazer distinção entre grupos economicamente fortes e fracos, entre grupos políticos etc.; a liberdade de informar e de ser informado; o barateamento do custo de produção dos livros, jornais e periódicos, de modo a facilitar e estimular a divulgação de ideias, conhecimentos e informações etc. Ao se invocar a interpretação finalística, se o livro não constituir veículo de ideias, de transmissão de pensamentos, ainda que formalmente possa ser considerado como tal, será descabida a aplicação da imunidade. 2. A imunidade dos livros, jornais e periódicos e do papel destinado a sua impressão não deve ser interpretada em seus extremos, sob pena de se subtrair da salvaguarda toda a racionalidade que inspira seu alcance prático, ou de transformar a imunidade em subjetiva, na medida em que acabaria por desonerar de todo a pessoa do contribuinte, numa imunidade a que a Constituição atribui desenganada feição objetiva. A delimitação negativa da competência tributária apenas abrange os impostos incidentes sobre materialidades próprias das operações com livros, jornais, periódicos e com o papel destinado a sua impressão. 3. A interpretação das imunidades tributárias deve se projetar no futuro e levar em conta os novos fenômenos sociais, culturais e tecnológicos. Com isso, evita-se o esvaziamento das normas imunizantes por mero lapso temporal, além de se propiciar a constante atualização do alcance de seus preceitos. 4. O art. 150, VI, *d*, da Constituição não se refere apenas ao método gutenberguiano de produção de livros, jornais e periódicos. O vocábulo 'papel' não é, do mesmo modo, essencial ao conceito desses bens finais. O suporte das publicações é apenas o continente (*corpus mechanicum*) que abrange o conteúdo (*corpus misticum*) das obras. O corpo mecânico não é o essencial ou o condicionante para o gozo da imunidade, pois a variedade de tipos de suporte (tangível ou intangível) que um livro pode ter aponta para a direção de que ele só pode ser considerado como elemento acidental no conceito de livro. A imunidade de que trata o art. 150, VI, *d*, da Constituição, portanto, alcança o livro digital (*e-book*). 5. É dispensável para o enquadramento do livro na imunidade em questão que seu destinatário (consumidor) tenha necessariamente que passar sua visão pelo texto e decifrar os signos da escrita. Quero dizer que a imunidade alcança o denominado 'audio book', ou audiolivro (livros gravados em áudio, seja no suporte CD-Rom, seja em qualquer outro). 6. A teleologia da regra de imunidade igualmente alcança os aparelhos leitores de livros eletrônicos (ou *e-readers*) confeccionados exclusivamente para esse fim, ainda que, eventualmente, estejam equipados com funcionalidades acessórias ou rudimentares que auxiliam a leitura digital, tais como dicionário de sinônimos, marcadores, escolha do tipo e do tamanho da fonte etc. Esse entendimento não é aplicável aos aparelhos multifuncionais, como tablets, smartphone e laptops, os quais vão muito além de meros equipamentos utilizados para a leitura de livros digitais. 7. O CD-Rom é apenas um corpo mecânico ou suporte. Aquilo que está nele fixado (seu conteúdo textual) é o livro. Tanto o suporte (o CD-Rom) quanto o livro (conteúdo) estão abarcados pela imunidade da alínea *d* do inciso VI do art. 150 da Constituição

Federal. 8. Recurso extraordinário a que se nega provimento. TESE DA REPERCUSSÃO GERAL: 9. Em relação ao tema n. 593 da Gestão por Temas da Repercussão Geral do portal do STF na internet, foi aprovada a seguinte tese: 'A imunidade tributária constante do art. 150, VI, *d*, da CF/88 aplica-se ao livro eletrônico (*e-book*), inclusive aos suportes exclusivamente utilizados para fixá-lo'" (STF, RE 330.817, 2017).

– "[...] o próprio conceito de livro digital impõe o reconhecimento da imunidade. O livro digital (*e-book* ou livro eletrônico) constitui uma espécie do gênero livro, que não se singulariza pelo seu conteúdo, mas pela sua forma. Constitui a versão digital dos tradicionais livros impressos e pode ser adquirido em meio físico (sobretudo em CDs) ou digital, mediante *download* de seu conteúdo. [...] Em segundo lugar, o livro digital *desempenha a mesma* função que o livro impresso, o que evidencia um fato de suma relevância: os mesmos fundamentos jurídicos, políticos, culturais e econômicos que sustentam o art. 150, VI, *d*, da Constituição da República embasam, com igual força e consistência a imunidade do livro eletrônico. [...] Em terceiro lugar, a imunidade do livro digital baseia-se na consagrada diretriz hermenêutica, segundo a qual se deve priorizar a variante interpretativa que propicie a efetividade máxima da Constituição, atualizando-a à evolução social. [...] A esse fundamento agrega-se um quarto, que não concerne propriamente ao Direito Tributário, mas deve ser considerado na interpretação sistemática do texto constitucional: o reconhecimento da projeção da imunidade aos livros digitais vem a serviço da *defesa do meio ambiente* e, portanto, de um direito fundamental dos cidadãos (art. 245 CF) e de um dos princípios fundamentais da ordem econômica preconizada pela Constituição da República, que legitima até mesmo a adoção de 'tratamento diferenciado conforme o impacto ambiental dos produtos e serviços de seus processos de elaboração e prestação'" (VELLOSO, Andrei Pitten. Imunidade tributária do livro digital: fundamentos e alcance. *RET* 83/21, 2012).

– "Tendo em vista que o conceito de 'livro' está atrelado ao conteúdo da obra, e não à forma pela qual a mesma é veiculada, o livro eletrônico – enquanto instrumento de informação, transmissão de ideias e difusão de cultura –, configura espécie do gênero 'livro', atraindo, por conseguinte, a mesma disciplina jurídica, em especial, o art. 150, VI, *d*, da CF/1988" (MANEIRA, Eduardo; JORGE, Alexandre Teixeira. A imunidade tributária do livro comercializado em mídia eletrônica. *RDDT* 225/46, 2014).

– **Livros em CD-ROM.** "... IMUNIDADE. JORNAL. CD-ROM. 1. O fato de o jornal não ser feito de papel, mas veiculado em CD-ROM, não é óbice ao reconhecimento da imunidade do artigo 150, VI, *d*, da CF, porquanto isto não o desnatura como um dos meios de informação protegidos contra a tributação. 2. Interpretação sistemática e teleológica do texto constitucional, segundo a qual a imunidade visa à dar efetividade aos princípios da livre manifestação de pensamento, de expressão da atividade intelectual, artística, científica e de comunicação, de acesso à informação e aos meios necessários para tal, o que deságua, em última análise, no direito de educação, que deve ser fomentado pelo Estado visando ao pleno desenvolvimento da pessoa, seu preparo para o exercício da cidadania e sua qualificação para o trabalho, havendo liberdade de aprender, ensinar, pesqui-

sar e divulgar o pensamento, a arte e o saber (art. 5º, IV, IX, XIV, 205, 206, II, etc.)" (TRF4, AC 1998.04.01.090888-5/SC, 2000).

– "... é importante registrar que a exata acepção da palavra 'livros', para fins da imunidade insculpida no art. 150, VI, *d*, da CF, compreende, também, os sucedâneos do livro, como disquetes de computador, CD-ROMs, etc., pois, embora não sejam fabricados com papel, igualmente são meios de propagação de ideias. *[...] Ubi lex non distinguit nec nos distinguere debemus*" (LENZ, Carlos Eduardo Thompson Flores. Imunidade constitucional dos livros, jornais, periódicos e papel destinado à sua impressão (alcance do art. 150, VI, *d*, da CF). *Revista de Doutrina da 4ª Região* 17, Porto Alegre, abr. 2007. Disponível em: <http // www.revistadoutrina.trf4.gov.br/artigos/edicao017/Carlos_Lenz.htm> Acesso em: 26 abr. 2007).

– "A imunidade prevista no art. 150, VI, *d*, da Constituição Federal de 1988, ressalta-se, visa proteger a divulgação de informação e não exclusivamente os livros, jornais e revistas impressos em papel. Em outras palavras, a imunidade discutida alberga qualquer livro ou periódico, bem como o papel utilizado para sua impressão, sem restrições, independentemente do fato de os livros ou os periódicos terem características especiais, dentre as quais a ausência de suporte físico. Ora, se atualmente há várias edições de enciclopédias e livros em CD-ROM, versões *on line* de periódicos e jornais, cujos objetivos são os mesmos das publicações impressas em papel, qual a razão de as novas publicações não se beneficiarem da imunidade prevista no art. 150, VI, *d*, da Constituição federal de 1988? Não merece prosperar o entendimento de que o art. 150, VI, *d*, da Magna Carta deve ser interpretado literalmente, sem buscar alcançar o escopo almejado pelo legislador constitucional. O constituinte não condicionou a imunidade dos livros, jornais e periódicos ao fato de serem fabricados com papel [...], mas estendeu a imunidade ao papel utilizado em sua fabricação, quando for o caso" (CEZAROTI, Guilherme. A imunidade do CD-ROM: análise de recente decisão do Supremo Tribunal Federal. *RDDT* 117/41, 2005).

• Vide, ainda: BONITO, Rafhael Frattari. A imunidade dos livros, jornais, periódicos e do papel destinado a sua impressão, prescrita no art. 150, VI, *d*, da Constituição Federal, aproveita aos *softwares*. *RDDT* 42, 1999.

– **Áudio livro.** "... IMUNIDADE DE IMPOSTOS PARA LIVROS. ART. 150, VI, *D* DA CARTA MAGNA. EXTENSÃO A 'ÁUDIO LIVRO' IMPORTADO PELO IMPETRANTE. 1. Se a finalidade precípua da imunidade de impostos conferida aos livros (art. 150, VI, *d* da Carta Magna) é incentivar a divulgação do conhecimento, não é menos verdade que se imaginava a sua divulgação pela forma escrita, pois, se a lei não emprega palavras inúteis, esta é a conclusão a que se chega com a leitura da parte final do dispositivo transcrito. Isto se deve ao fato de que o Constituinte de 88 legislou a partir do conceito tradicional de livro, a de objeto escrito, impresso. 2. Desde então novas tecnologias surgiram, a informática popularizou-se, tornando-se poderosa ferramenta para a divulgação de ideias e de cultura. CD-ROMs, livros virtuais etc., eram desconhecidos ou incomuns há 15 anos, mas agora, são de uso frequente. Se, se a sociedade e a técnica evoluem, ocasionando novas demandas, é função do operador do direito interpretar as normas a fim de adequá-las à nova realidade social, emprestando feição conforme as novas exigências que se apresentam. Destarte, o 'áudio CD', ainda que não incluído no conceito tradicional de livro, se presta ao mesmo objetivo, pelo que entendo estar abrangido na imunidade do art. 150, IV, *d*, da Lei Maior. 3. Dessa forma privilegia-se o fim objetivado (divulgação do conhecimento), não o meio utilizado (livro escrito)" (TRF4, REOMS 2002.70.00.008696-3, 2003).

– *Quickitionary*. "IMUNIDADE. LIVROS. *QUICKITIO-NARY*. CF/88, ART. 150, INC. VI, ALÍNEA *D*. Hoje, o livro ainda é conhecido por ser impresso e ter como suporte material o papel. Rapidamente, porém, o suporte material vem sendo substituído por componentes eletrônicos, cada vez mais sofisticados, de modo que, em breve, o papel será tão primitivo, quanto são hoje a pele de animal, a madeira e a pedra. A imunidade, assim, não se limita ao livro como objeto, mas transcende a sua materialidade, atingindo o próprio valor imanente ao seu conceito. A Constituição não tornou imune a impostos o livro-objeto, mas o livro-valor. E o valor do livro está justamente em ser um instrumento do saber, do ensino, da cultura, da pesquisa, da divulgação de ideias e difusão de ideais, e meio de manifestação do pensamento e da própria personalidade do ser humano. É por tudo isso que representa, que o livro está imune a impostos, e não porque apresenta o formato de algumas centenas de folhas impressas e encadernadas. Diante disso, qualquer suporte físico, não importa a aparência que tenha, desde que revele os valores que são imanentes ao livro, é livro, e como livro, estará imune a impostos, por força do art. 150, VI, *d*, da Constituição. O denominado *quickitionary*, embora não se apresente no formato tradicional do livro, tem conteúdo de livro e desempenha exclusivamente a função de um livro. Não há razão alguma para que seja excluído da imunidade que a Constituição reserva para o livro, pois tudo que desempenha a função de livro, afastados os preconceitos, só pode ser livro" (TRF4, AMS 2000.70.00.002338-5, 2001).

– **Entendendo que a imunidade somente diz respeito a livros, jornais e periódicos impressos em papel.** "... além do texto constitucional ter vinculado o livro, o jornal, e o periódico ao papel impresso, todos esses novos veículos de transmissão e difusão de pensamentos, conhecimentos e informações *(refere-se às fitas de áudio ou audiovisuais, aos cd-roms, aos disquetes gravados, aos 'slides', aos programas científicos ou didáticos transmitidos pela televisão, inclusive a cabo)* já eram contemporâneos da elaboração da Carta Política promulgada em 5 de outubro de 1988, e no entanto, o preceptivo do art. 150, VI, *d*, não os contemplou... [...] A extensão, para conferir a imunidade para os veículos de topo da atual tecnologia, representaria uma integração analógica, e, como já explicitei, esta não é apropriada à espécie" (SARAIVA FILHO, Oswaldo Othon de Pontes. A imunidade dos livros, jornais e periódicos e do papel destinado a sua impressão. CDTFP 14/77, São Paulo: RT, 1996). Obs: neste artigo há uma boa abordagem de toda a questão da imunidade que estamos comentando. Vide, também, do mesmo autor, o artigo A não extensão da imunidade aos chamados livros, jornais e periódicos eletrônicos, em *RDDT* 33/133-141, jun. 1998. Nesse artigo, Oswaldo volta a ressaltar que não cabe a analogia integrativa no tratamento de imunidades: "... não cabe a analogia integrativa no tratamento de imunidades,

com o intuito de ampliar seus efeitos a casos semelhantes. Por esta razão, a imunidade do art. 150, VI, *d*, da CF, não alcança os *softwares* e demais produtos de mídia eletrônica. Encontram-se amparados pela imunidade apenas os meios de transmissão de ideias e pensamentos veiculados por papel". Vejam-se as suas palavras, *verbis*: "Portanto imunes são os veículos da mídia escrita livros, jornais e periódicos, tendo como suporte o papel, e não os produtos de informática e outros meios de comunicação sonora ou audiovisuais, que possuem como suporte ou um pequeno disco de plástico onde os dados são armazenados na forma binária com microscópicos orifícios em sua superfície e identificados através de raios *laser* com o auxílio de um *software* integrado, conhecido como CD-ROM, bem como os disquetes, ou fitas magnéticas etc. Não nego que sou sensível aos argumentos de que a tendência é a disseminação cada vez maior do uso dos veículos de *multimídia*, de modo que eles, cada vez mais, convivem com os nossos tradicionais livros, jornais e periódicos, podendo mesmo chegar ao ponto de substituir, completamente, as funções dos livros, jornais e periódicos amparados pela norma constitucional do art. 150, VI, *d*, mas aí haverá, certamente, emenda constitucional adequada com o fito de conservar a liberdade de pensamento e transmissão de cultura e informação, sem a influência política, bem como que o reconhecimento da imunidade, no caso, contribuiria para a redução dos preços dos produtos da moderna tecnologia, o que poderia ampliar o âmbito de sua utilização, possibilitando, quiçá, o consumo deles por parte dos segmentos de menor capacidade econômica".

– **Entendendo que, ainda que imunidade não houvesse, não incidiria ICMS sobre a assinatura de jornais pela internet.** "– o jornal eletrônico, assim como o livro eletrônico, não é mercadoria, nem é objeto de compra e venda mercantil, como tal não podendo ser tributado pelo ICMS; – ainda que de mercadoria se tratasse, estaria ele protegido pela imunidade constitucional do artigo 150, inc. IV, alínea *d*; – se não fosse o caso de imunidade, o ICMS não poderia ser cobrado em razão da ausência de lei complementar regulando os aspectos temporal e territorial da incidência sobre bens incorpóreos; e – como se já não fosse bastante, o imposto estadual seria inexigível por ausência de normas legais e regulamentares dando eficácia à pretensa obrigação tributária advinda da assinatura e disponibilização do jornal via internet" (BRAZUNA, José Luis Ribeiro; MIHARA, Kátia Soriano de Oliveira; DORIA, Thaís Bohn de Camargo. A não tributação dos jornais eletrônicos. *RDDT* 229/53, out. 2014).

⇒ **Diversos tipos de publicações.** O STF tem aplicado a imunidade às mais diversas publicações.

– **Livros em branco.** No sentido de que a imunidade dos livros alcança "apenas os culturais, estando excluídos os chamados livros em branco, nos quais se incluem os de escrituração comercial e fiscal, bem como os 'manuais de instruções' e os 'de proprietário', que acompanham produtos tributados" (VOLKWEISS, Roque Joaquim. *Direito tributário nacional*. 3. ed. Porto Alegre: Livraria do Advogado, 2002, p. 116).

– **Apostilas.** "IMUNIDADE – IMPOSTOS – LIVROS, JORNAIS, PERIÓDICOS E PAPEL DESTINADO À IMPRESSÃO – APOSTILAS. O preceito da alínea *d* do inciso VI do artigo 150 da Carta da República alcança as chamadas apostilas, veículo de transmissão de cultura simplificado" (STF, RE 183.403, 2000).

– Fascículos semanais (encartes e capas). "... IMUNIDADE TRIBUTÁRIA. IMPORTAÇÃO DE ENCARTES E CAPAS PARA LIVROS DIDÁTICOS A SEREM DISTRIBUÍDOS EM FASCÍCULOS SEMANAIS AOS LEITORES DO JORNAL. 1. O livro, como objeto da imunidade tributária, não é apenas o produto acabado, mas o conjunto de serviços que o realiza, desde a redação até a revisão da obra, sem restrição dos valores que o formam e que a Constituição protege. Precedente. 2. Hipótese em que se pretende tributar a importação de encartes e capas para livros didáticos a serem distribuídos em fascículos semanais aos leitores do jornal, os quais, por disposição constitucional, estão excluídos do alcance do poder de tributar da autoridade estatal, em todas as fases de sua elaboração. Impossibilidade. Agravo regimental não provido" (STF, RE (AgRg) 225.955).

– Tema 259 do STF: "A imunidade da alínea *d* do inciso VI do artigo 150 da Constituição Federal alcança componentes eletrônicos destinados, exclusivamente, a integrar unidade didática com fascículos". Decisão de mérito em 2017.

– Livros infantis só com figuras. "... os livros infantis devem conter linguagem apropriada àquela faixa etária, para que as crianças com eles se habituem e a eles se apeguem. Crianças, até uma determinada idade, não são alfabetizadas e, dessa forma, a 'linguagem' constante de seus livros se dá por meio de figuras, texturas, objetos para manuseio. O livro, na tenra idade, não precisa – e nem deve – se limitar à palavra escrita: ele tem que ser estimulante para despertar o interesse da criança e, como tal, pode, sim, conter outros elementos como nas obras em tela" (TRF4, AC 5000833-08.2011.404.7110, 2011).

– Álbum de figurinhas. "1. Os álbuns de figurinhas e os respectivos cromos adesivos estão alcançados pela imunidade tributária prevista no artigo 150, VI, *d*, da Constituição Federal" (STF, RE 179.893-SP, *Informativo* n. 508, 2008).

– "... IMUNIDADE. ART. 150, VI, *D* DA CF/88. 'ÁLBUM DE FIGURINHAS'. ADMISSIBILIDADE. 1. A imunidade tributária sobre livros, jornais, periódicos e o papel destinado à sua impressão tem por escopo evitar embaraços ao exercício da liberdade de expressão intelectual, artística, científica e de comunicação, bem como facilitar o acesso da população à cultura, à informação e à educação. 2. O Constituinte, ao instituir esta benesse, não fez ressalva quanto ao valor artístico ou didático, à relevância das informações divulgadas ou à qualidade cultural de uma publicação. 3. Não cabe ao aplicador da norma constitucional em tela afastar este benefício fiscal instituído para proteger direito tão importante ao exercício da democracia, por força de um juízo subjetivo acerca da qualidade cultural ou do valor pedagógico de uma publicação destinada ao público infanto-juvenil" (STF, RE 221.239-6, 2004).

– Livros com instruções e materiais. "... o fato do livro conter instruções para que alguma coisa seja feita (com o respectivo material)... também não é suficiente para descaracterizá-lo da condição de livro. Se assim fosse, todos os livros técnicos – e quem sabe até mesmo os de receitas culinárias, que às vezes vêm acompanhados de forminhas ou outros materiais (por exemplo, livros de *muffins* ou de *cookies*), também deixariam de ser livros – quiçá até mesmo os livros jurídicos contendo modelos de petições já não mais poderiam ser classificados como tais" (TRF4, AC 5000833-08.2011.404.7110, 2011).

– Listas telefônicas. "Imunidade tributária (livros, jornais e periódicos): listas telefônicas. Firmou-se a jurisprudência do STF no sentido de que a imunidade constitucional assegurada à publicação de periódicos impede a cobrança de ISS sobre a edição de listas telefônicas (precedentes)" (STF, RE 114.790) O STF já havia julgado neste sentido sob a égide da CF/69 (RE 101.441).

– Folhetos de propaganda. "Advirta-se que excluem-se do merecimento da imunidade, os veículos, mesmo impressos em papel e com o formato convencional, que servem, exclusiva ou preponderantemente, a outros fins, que não os alvejados e protegidos pela Constituição, como os calendários, catálogos ou papéis impressos de propaganda mercantil, industrial ou profissional, que as empresas e profissionais imprimem e distribuem, com certa periodicidade, entre os seus servidores, a clientela potencial e o público em geral, não para informá-los, mas para incrementar os negócios, ou a agenda de anotações, que só contém algumas informações, para dar-lhe maior interesse e facilitar-lhe a comercialização" (SARAIVA FILHO, Oswaldo Othon de Pontes. A imunidade dos livros, jornais e periódicos e do papel destinado a sua impressão. *CDTFP* 14/77, São Paulo: RT, 1996). Obs.: o autor refere o RE 87.633.

⇒ **Imunidade do papel e assemelhados.** A jurisprudência do STF firmou-se no sentido de que apenas os insumos que possam se enquadrar no conceito de papel (papel para impressão, papel fotográfico, papel telefoto e outros tipos de papel) é que estão abrangidos pela imunidade, conforme diversos precedentes transcritos adiante. Nessa extensão, foi editada a Súmula 657 do STF: "A imunidade prevista no art. 150, VI, *d*, da CF abrange os filmes e papéis fotográficos necessários à publicação de jornais e periódicos." Entendeu o STF que "a pretensão de estender a garantia constitucional da imunidade tributária, em infinito regresso, de modo a abarcar os insumos empregados na fabricação do papel, não encontra guarida na jurisprudência" (STF, RE 848.696 AgR, 2016).

– *E-book readers* estão abrangidos; *tablets*, *smartphones* e *laptops*, não. Tema 593 do STF: "A imunidade tributária constante do art. 150, VI, *d*, da CF/88 aplica-se ao livro eletrônico (*e-book*), inclusive aos suportes exclusivamente utilizados para fixá-lo".

– "Imunidade objetiva constante do art. 150, VI, *d*, da CF/88. Teleologia multifacetada. Aplicabilidade. Livro eletrônico ou digital. Suportes. Interpretação evolutiva. Avanços tecnológicos, sociais e culturais. Projeção. Aparelhos leitores de livros eletrônicos (ou *e-readers*). 1. A teleologia da imunidade contida no art. 150, VI, *d*, da Constituição, aponta para a proteção de valores, princípios e ideias de elevada importância, tais como a liberdade de expressão, voltada à democratização e à difusão da cultura; a formação cultural do povo indene de manipulações; a neutralidade, de modo a não fazer distinção entre grupos economicamente fortes e fracos, entre grupos políticos etc.; a liberdade de informar e de ser informado; o barateamento do custo de produção dos livros, jornais e periódicos, de modo a facilitar e estimular a divulgação de ideias, conhecimentos e informações etc. Ao se invocar a interpretação finalística, se o livro não constituir veículo de ideias, de transmissão de pensamentos, ainda que formalmente possa ser considerado como tal, será descabida a aplicação da imunidade. 2. A imunidade dos livros, jornais e periódicos e do papel destinado a sua impressão não deve ser interpretada em seus extremos, sob pena de se subtrair da salvaguarda toda a racionalidade que inspira seu alcance prático, ou de transformar a imunidade em subjetiva, na medida em que acabaria por desonerar de todo a pessoa do contribuinte, numa imunidade a que a Constituição atribui desenganada feição objetiva. A delimitação negativa da competência tributária apenas abrange os impostos incidentes sobre materialidades próprias das operações com livros, jornais, periódicos e com o papel destinado a sua impressão. 3. A interpretação das imunidades tributárias deve se projetar no futuro e levar em conta os novos fenômenos sociais, culturais e tecnológicos. Com isso, evita-se o esvaziamento das normas imunizantes por mero lapso temporal, além de se propiciar a constante atualização do alcance de seus preceitos. 4. O art. 150, VI, *d*, da Constituição não se refere apenas ao método gutenberguiano de produção de livros, jornais e periódicos. O vocábulo 'papel' não é, do mesmo modo, essencial ao conceito desses bens finais. O suporte das publicações é apenas o continente (*corpus mechanicum*) que abrange o conteúdo (*corpus misticum*) das obras. O corpo mecânico não é o essencial ou o condicionante para o gozo da imunidade, pois a variedade de tipos de suporte (tangível ou intangível) que um livro pode ter aponta para a direção de que ele só pode ser considerado como elemento acidental no conceito de livro. A imunidade de que trata o art. 150, VI, *d*, da Constituição, portanto, alcança o livro digital (*e-book*). 5. É dispensável para o enquadramento do livro na imunidade em questão que seu destinatário (consumidor) tenha necessariamente que passar sua visão pelo texto e decifrar os signos da escrita. Quero dizer que a imunidade alcança o denominado 'audio book', ou audiolivro (livros gravados em áudio, seja no suporte CD-Rom, seja em qualquer outro). 6. A teleologia da regra de imunidade igualmente alcança os aparelhos leitores de livros eletrônicos (ou *e-readers*) confeccionados exclusivamente para esse fim, ainda que, eventualmente, estejam equipados com funcionalidades acessórias ou rudimentares que auxiliam a leitura digital, tais como dicionário de sinônimos, marcadores, escolha do tipo e do tamanho da fonte etc. Esse entendimento não é aplicável aos aparelhos multifuncionais, como tablets, smartphone e laptops, os quais vão muito além de meros equipamentos utilizados para a leitura de livros digitais. 7. O CD-Rom é apenas um corpo mecânico ou suporte. Aquilo que está nele fixado (seu conteúdo textual) é o livro. Tanto o suporte (o CD-Rom) quanto o livro (conteúdo) estão abarcados pela imunidade da alínea *d* do inciso VI do art. 150 da Constituição Federal. 8. Recurso extraordinário a que se nega provimento. TESE DA REPERCUSSÃO GERAL: 9. Em relação ao tema n. 593 da Gestão por Temas da Repercussão Geral do portal do STF na internet, foi aprovada a seguinte tese: 'A imunidade tributária constante do art. 150, VI, *d*, da CF/88 aplica-se ao livro eletrônico (*e-book*), inclusive aos suportes exclusivamente utilizados para fixá-lo'" (STF, RE 330.817, 2017).

– "Hoje em dia, existem diversas espécies de aparelhos que propiciam a leitura de livros digitais. Há os *e-book readers*, aparelhos que servem apenas para a leitura de livros, jornais e periódicos digitais; e existem os *tablets*, que agregam funções diversas, como a possibilidade de navegação na web, visualização de fotos, entretenimento com jogos, etc. [...] Reputamos que *e-books readers* puros, que apenas propiciam a leitura de livros, jornais e periódicos digitais, estão sob o abrigo da imunidade, diversamente dos *tablets*, que jamais poderiam ser incluídos no âmbito de proteção do art. 150, VI, *d*, da Constituição Federal" (VELLOSO, Andrei Pitten. Imunidade tributária do livro digital: fundamentos e alcance. *RET* 83/21, 2012).

– "Logo, os leitores eletrônicos, por consistirem em aparelhos cuja única finalidade é a leitura de livros, jornais e demais periódicos eletrônicos, podem ser considerados como imunes a impostos, não por ser subsumível ao conceito constitucional de 'livro' mas ao de 'papel'. Com efeito, sem o papel para a impressão, não é possível a leitura de um livro. Da mesma forma, o leitor eletrônico é imprescindível à leitura do livro digital. Daí a conclusão pela qual tais dispositivos estariam para o livro eletrônico na mesma posição que o papel para o livro impresso" (COLNAGO, Cláudio de Oliveira Santos. A imunidade tributária dos livros eletrônicos e dos aparelhos destinados à sua leitura. *RTFP* 100/35, 2011).

• Vide também o artigo A impossibilidade de cobrança dos impostos sobre os *e-readers* e os *e-books*, de Luiz Roberto Peroba Machado e Leonardo Augusto Bellorio Battilana, *RDDT* 194/92, 2011).

— **Dentre os insumos, apenas os que seja considerado papel.** O STF, no RE 848696 AgR, Rel. Min. Luiz Fux, Primeira Turma, julgado em 26-8-2016, entendeu que a imunidade dos livros alcança o papel tão somente, mas não os insumos empregados na fabricação do papel destinado à confecção de livros.

– "ICMS. Insumos para composição de jornal. Imunidade tributária. Esta Corte já firmou o entendimento (a título exemplificativo, nos RREE 190.761, 174.476, 203.859, 204.234 e 178.863) de que apenas os materiais relacionados com o papel – assim, papel fotográfico, inclusive para fotocomposição por *laser*, filmes fotográficos, sensibilizados, não impressionados, imagens monocromáticas e papel para telefoto – estão abrangidos pela imunidade tributária prevista no artigo 150, VI, *d*, Constituição. No caso, trata-se de papéis fotográficos, filmes fotográficos e outros papéis para artes gráficas, razão por que o acórdão recorrido, por tê-los como abrangidos pela referida imunidade, e, portanto, imunes ao ICMS, não divergiu da jurisprudência desta Corte. Recurso extraordinário não conhecido" (STF, RE 203.706-1, 1997).

– "... IMUNIDADE TRIBUTÁRIA. PAPEL: FILMES DESTINADOS À PRODUÇÃO DE CAPAS DE LIVROS. C.F., art. 150, VI, *d*. I. – Material assimilável a papel, utilizado no processo de impressão de livros e que se integra no produto final – capas de livros sem catadura – está abrangido pela imunidade do art. 150, VI, *d*" (STF, RE 392.221, 2004).

– "... JORNAIS, LIVROS E PERIÓDICOS. IMUNIDADE TRIBUTÁRIA. INSUMO. EXTENSÃO MÍNIMA. 1. A jurisprudência desta Corte pacificou o entendimento no sentido de que, além do próprio papel de impressão, a imunidade tributária somente alcança o chamado papel fotográfico – filmes não impressionados. Recurso não conhecido" (STF, RE 203.267-1, 1996).

– "Existe opinião segundo a qual a imunidade do papel destinado à impressão de livros, jornais e periódicos, exigiria a imunidade dos insumos utilizados em sua produção. Não me parece que esta opinião tenha bom fundamento. De fato, se a imunidade implica exoneração total do produto, para que ela fosse alcançada seria necessário que atingisse não apenas os insumos como também os materiais empregados na fabricação dos insumos e assim por diante. A imunidade assim concebida seria impraticável e a impraticabilidade levaria à não imunidade completa..." (COSTA, Alcides Jorge. ICMS – Imunidade – Direito ao crédito – Insumos. *RET* 13/30, 2000).

– **Tinta especial para jornal não abrangida.** "Imposto de importação. Tinta especial para jornal. Não ocorrência de imunidade tributária. Esta Corte já firmou o entendimento (a título de exemplo, nos RREE 190.761, 174.476, 203.859, 204.234 e 178.863) de que apenas os materiais relacionados com o papel – assim, papel fotográfico, inclusive para fotocomposição por *laser*, filmes fotográficos, sensibilizados, não impressionados, para imagens monocromáticas e papel para telefoto – estão abrangidos pela imunidade tributária prevista no artigo 150, VI, *d*, da Constituição. No caso, trata-se de tinta para jornal, razão por que o acórdão recorrido, por ter esse insumo como abrangido pela referida imunidade, e, portanto, imune ao imposto de importação, divergiu da jurisprudência desta Corte" (STF, RE 273.308, 2000).

– "Impostos de importação e sobre produtos industrializados. Tinta especial para jornal. Não ocorrência de imunidade tributária. Esta Corte já firmou o entendimento (a título exemplificativo, nos RREE 190.761, 174.476, 203.859, 204.234 e 178.863) de que apenas os materiais relacionados com o papel – assim, papel fotográfico, inclusive para fotocomposição por *laser*, filmes fotográficos, sensibilizados, não impressionados, para imagens monocromáticas e papel para telefoto – estão abrangidos pela imunidade tributária prevista no artigo 150, VI, *d*. da Constituição. No caso, trata-se de tinta especial para jornal, razão por que o acórdão recorrido, por ter esse insumo como abrangido pela referida imunidade, e, portanto, imune aos impostos de importação e sobre produtos industrializados, divergiu da jurisprudência desta Corte" (STF, RE 215.435).

– **Máquinas e aparelhos não abrangidos.** "... JORNAL. IMUNIDADE TRIBUTÁRIA. C.F., art. 150, VI, *d*. I O Supremo Tribunal Federal decidiu que apenas os materiais relacionados com o papel (papel fotográfico, papel telefoto, filmes fotográficos, sensibilizados, não impressionados, para imagens monocromáticas, papel fotográfico p/ fotocomposição por *laser*) é que estão abrangidos pela imunidade tributária do art. 150, VI, *d*, da C.F. Voto vencido do Min. C. Velloso, que entendia cabível a imunidade trib. em maior extensão. III Máquinas e aparelhos importados por empresa jornalística não estão abrangidos pela

imunidade tributária inscrita no art. 150, VI, *d*, da C.F. RE 203.267..." (STF, RE 206.127-1, 1997).

– **CDs e disquetes em branco, como insumo na venda ao editor.** Os livros em CDs são imunes, mas a imunidade não abrange a venda do CD em branco para a editora, eis que, em primeiro lugar, ainda não configura um livro e, em segundo lugar, o único insumo abrangido pela imunidade, por força da dicção constitucional, é o papel.

– **Por uma interpretação extensiva, abrangendo todo o processo produtivo do livro, os diversos insumos e maquinário.** "[...] Extraia-se da Constituição Federal, em interpretação teleológica e integrativa, a maior concretude possível. IMUNIDADE – 'LIVROS, JORNAIS, PERIÓDICOS E O PAPEL DESTINADO A SUA IMPRESSÃO' – ARTIGO 150, INCISO VI, ALÍNEA *D*, DA CARTA DA REPÚBLICA – INTELIGÊNCIA. A imunidade tributária relativa a livros, jornais e periódicos é ampla, total, apanhando produto, maquinário e insumos. A referência, no preceito, a papel é exemplificativa e não exaustiva" (STF, RE 202.149, 2011).

– "Tributário. Imunidade. Artigo 150, VI, *d*, da CF/88. A imunidade tributária prevista na letra *d* inciso VI do artigo 150 da Constituição Federal estende-se para alcançar, além dos livros, jornais, periódicos e o papel destinado a sua impressão, todos os produtos relacionados com o processo produtivo" (TRF4, AMS 96.04.03388-3, 1997).

– "... Não só o papel, mas também o material destinado a confecção de jornais, periódicos e revistas está imune ao pagamento de impostos, face ao entendimento que a vedação constitucional (art. 150, VI, *d*) deve ser interpretada levando-se em conta os fins pretendidos, liberdade de expressão e diminuição de custos, visando o acesso facilitado a cultura, informação e educação" (TRF4, REO 95.04.57478-5, 1997).

⇒ **Produção, distribuição e comercialização.** Poder-se-ia entender que a imunidade afastaria a competência para exigência de tributos que dissessem com a produção e comercialização dos livros, jornais e periódicos, abrangendo a composição, impressão, distribuição e venda de tais veículos do pensamento, tocando, pois, o ISS, IPI e ICMS. Aliás, o STF chegou a se manifestar no sentido de que "o livro não é apenas o produto acabado, mas o conjunto de serviços que o realiza". Ademais, há decisão no sentido de que a imunidade alcança a distribuição. De outro lado, porém, pronunciou-se no sentido de que a imunidade não aproveita à composição gráfica.

– **Pela abrangência do conjunto de serviços. Composição, impressão, revisão, distribuição.** "... IMUNIDADE TRIBUTÁRIA. IMPORTAÇÃO DE ENCARTES E CAPAS PARA LIVROS DIDÁTICOS A SEREM DISTRIBUÍDOS EM FASCÍCULOS SEMANAIS AOS LEITORES DO JORNAL. 1. O livro, como objeto da imunidade tributária, não é apenas o produto acabado, mas o conjunto de serviços que o realiza, desde a redação até a revisão da obra, sem restrição dos valores que o formam e que a Constituição protege. Precedente. 2. Hipótese em que se pretende tributar a importação de encartes e capas para livros didáticos a serem distribuídos em fascículos semanais aos leitores do jornal, os quais, por disposição constitucional, estão excluídos do alcance do poder de tributar da autoridade estatal, em todas as fases de sua elaboração. Impossibilidade. Agravo regimental não provido" (STF, RE (AgRg) 225.955).

– "IMUNIDADE TRIBUTÁRIA. SERVIÇOS DE DISTRI-BUIÇÃO DE LIVROS, JORNAIS E PERIÓDICOS. ABRANGÊNCIA. IMPOSSIBILIDADE... 1. O Supremo Tribunal Federal possui jurisprudência firmada de que os serviços de distribuição de livros, jornais e periódicos não são abrangidos pela imunidade tributária estabelecida pelo art. 150, VI, *d*, da Constituição Federal" (STF, RE 568.454 AgR, 2013).

– A matéria está em julgamento no RE 434.826: "Imunidade Tributária e Serviço de Impressão Gráfica... A Turma retomou julgamento de agravo regimental interposto contra decisão do Min. Cezar Peluso, que provera recurso extraordinário, do qual relator, para afastar a imunidade tributária sobre prestação de serviços de confecção/impressão (insumos intangíveis) de jornais para terceiro – v. *Informativo* 497. A empresa jornalística, ora agravante, sustenta que a decisão questionada dera interpretação restritiva ao Enunciado 657 da Súmula do STF ('A imunidade prevista no art. 150, VI, *d*, da Constituição Federal abrange os filmes e papéis fotográficos necessários à publicação de jornais e periódicos.') e que os serviços de impressão gráfica seriam imprescindíveis à fabricação de jornais e periódicos. O Min. Eros Grau, em voto-vista, proveu o agravo regimental, para negar seguimento ao recurso extraordinário interposto pelo Município agravado. De início, aduziu que a jurisprudência da Corte é ampla no sentido de afirmar a imunidade das mercadorias e dos serviços essenciais à impressão e publicação de jornais à incidência de tributos, especificamente no que tange ao imposto sobre serviços. Enfatizou que a imunidade abrange o conjunto de todos os serviços indispensáveis à produção do livro ou jornal e que, na espécie, o serviço de impressão gráfica seria imprescindível à confecção de jornais e periódicos. Assentou, contudo, que não bastaria a indispensabilidade do serviço para que ocorresse a imunidade, sendo necessário, também, que a tributação desse serviço pudesse conduzir a estorvo ou impedimento de atividade, requisito esse que, na espécie, não teria sido atendido. Repeliu, no ponto, a assertiva de que a incidência do ISS poderia se dar, no caso, porque seria modesta a influência que apresentaria na formação dos custos operacionais da empresa. Salientou que, para que se pudesse verificar se haveria incidência gravosa, seria indispensável que ela, incidência, ocorresse. Entretanto, como a imunidade exclui a incidência, seria inviável a valoração da gravidade, ou não, do que não pode existir. Daí não caber a avaliação se o Estado, em situações de imunidade, exerce o poder de tributar de modo gravoso, uma vez que tal indagação sobre 'gravosidade' ou onerosidade excessiva seria impertinente. Assim, reiterou que qualquer incidência tributária no campo abrangido pela imunidade seria incompatível com a preservação e resguardo dos valores jurídicos que a imunidade visa proteger. Após, pediu vista dos autos o Min. Joaquim Barbosa" (STF, AgRE 434.826, 2009, cfr. *Informativo* n. 538).

– "IMUNIDADE – ALCANCE – ARTIGO 150, INCISO VI, ALÍNEA *D*, DA CONSTITUIÇÃO FEDERAL – DISTRI-BUIÇÃO DE LIVROS – IMPOSTO SOBRE SERVIÇOS – PRECEDENTES – NEGATIVA DE SEGUIMENTO. 1.

Discute-se, na espécie, se a vedação constitucional ao poder de tributar relativa a 'livros, jornais, periódicos e o papel destinado a sua impressão' – artigo 150, inciso VI, alínea *d* – também se estenderia à distribuição de tais bens, ou se a imunidade estaria limitada à produção. 2. Cumpre emprestar à Constituição Federal a máxima eficácia. Confira-se a abrangência da imunidade na ementa do acórdão prolatado quando do julgamento do Recurso Extraordinário n. 174.476-6/SP, ocorrido em 26 de setembro de 1996, em sessão Plenária, do qual fui designado redator: IMU-NIDADE – IMPOSTOS – LIVROS – JORNAIS E PERIÓDI-COS – ARTIGO 150, INCISO VI, ALÍNEA *D*, DA CONS-TITUIÇÃO FEDERAL. A razão de ser da imunidade prevista no texto constitucional, e nada surge sem uma causa, uma razão suficiente, uma necessidade, está no interesse da sociedade em ver afastados procedimentos, ainda que normatizados, capazes de inibir a produção material e intelectual de livros, jornais e periódicos. O benefício constitucional alcança não só o papel utilizado diretamente na confecção dos bens referidos, como também insumos nela consumidos como são os filmes e papéis fotográficos. O preceito constitucional há de merecer interpretação teleológica. A parte final da norma, ao conter referência a livros, jornais e periódicos, deve ser interpretada de forma integrativa, e não literal, de tal modo que não se pode dizer que somente se configura hipótese de imunidade quando em jogo a confecção dos bens, e não a distribuição destes. Essa óptica redundaria no esvaziamento da regra constitucional que disciplina o tema da maneira mais ampla possível. Nunca é demais relembrar a importância de todos os esforços, por menores ou insignificantes que pareçam ser, voltarem-se à preservação da liberdade e, como corolários, da liberdade de expressão e do acesso à informação. A distribuição dos livros, jornais e periódicos também está abrangida pela imunidade tributária, sob pena de se desconhecer o objetivo precípuo da norma constitucional, que, incansavelmente repito, tem de ser o de verdadeiro estímulo à veiculação de ideias e notícias, tal como inerente ao próprio Estado Democrático de Direito. Nessa toada, registro precedentes anteriores à Carta de 1988, em que a Corte, interpretando texto constitucional de outrora – artigo 19, inciso III, alínea *d*, da Emenda Constitucional n. 01/1969 –, cujo conteúdo é de todo semelhante ao atual, consignou a necessidade de se ampliar a compreensão do instituto da imunidade. Em 18 de outubro de 1985, no julgamento do Recurso Extraordinário n. 102.141-1/RJ, na Segunda Turma, o ministro Carlos Madeira, ao proferir voto vista que alfim resultou prevalecente, já assentava que: O livro, como objeto da imunidade, não pode ser, portanto, apenas um produto acabado, mas o conjunto de serviços que nele se realiza, ou seja, os componentes de sua produção, tais como, a redação, a editoração, a composição, a correção e a revisão da obra. Todos esses serviços realizam o livro e são protegidos pela não incidência qualificada. Até mesmo as operações relativas à circulação do livro são imunes a tributação indireta (IPI e ICM). Só os lucros decorrentes da sua exploração é que são fato gerador do imposto de renda. (grifos não originais). Assim também concluiu, por unanimidade, a Segunda Turma no julgamento do Recurso Extraordinário n. 109.484-2/PR, relator o ministro Célio Borja, em 22 de abril de 1988: – Constitucional. Tributário. FINSOCIAL. Livro. Jornal. Periódicos. Comercialização. Imunidade. Art. 19, III, *d*, da Constituição Federal. – Reconhecidas, em precedentes do Supremo Tribunal Federal, a natureza tributária do FINSOCIAL e a amplitude da imunidade assegurada pelo art. 19, III, *d*, da Carta Política em vigor, ao livro, ao jornal, aos periódicos e ao papel destinado à sua impressão, há de se estender-se a proteção constitucional – até em razão do princípio da liberdade de opinião e de difusão de ideias (art. 153, § 8º, CF) – à fase de comercialização que, sem dúvida, se compreende na imunidade. RE conhecido e provido para deferir a segurança impetrada. (grifos não originais). O Tribunal de origem, por haver enfatizado a necessidade de ampla proteção constitucional à educação, à cultura e à liberdade de comunicação e de pensamento, não divergiu da melhor interpretação conferida à Carta Maior pelo Supremo" (STF, decisão RE 453.670, 2005).

– **Pela não abrangência.** "ISS. IMUNIDADE TRIBUTÁRIA DO ART. 150, VI, *D*, DA CF. ABRANGÊNCIA. SERVIÇOS DE COMPOSIÇÃO GRÁFICA. IMPOSSIBILIDADE. INTERPRETAÇÃO RESTRITIVA. AGRAVO IMPROVIDO. I – A imunidade tributária prevista no art. 150, VI, *d*, da Constituição Federal não abrange os serviços de composição gráfica. Precedentes. II – O Supremo Tribunal Federal possui entendimento no sentido de que a imunidade em discussão deve ser interpretada restritivamente" (STF, RE 659.637 AgR, 2012).

– "... ISS. IMUNIDADE. SERVIÇOS DE COMPOSIÇÃO GRÁFICA. ART. 150, VI, *d*, DA CONSTITUIÇÃO FEDERAL. Não há de ser estendida a imunidade de impostos prevista no dispositivo constitucional sob referência, concedida ao papel destinado exclusivamente à impressão de livros, jornais e periódicos, aos serviços de composição gráfica necessários à confecção do produto final. Recurso conhecido e provido" (STF, RE 130.782, 2000).

⇒ **Veiculação de anúncios e publicidade nos periódicos. Irrelevância.** "IMUNIDADE – LISTAS TELEFÔNICAS – ANÚNCIO E PUBLICIDADE. O fato de as edições das listas telefônicas veicularem anúncios e publicidade não afasta o benefício constitucional da imunidade. A inserção visa a permitir a divulgação das informações necessárias ao serviço público a custo zero para os assinantes, consubstanciando acessório que segue a sorte do principal. Precedentes: Recurso Extraordinário n. 101.441/RS, Pleno, Relator Ministro Sydney Sanches, *RTJ* n. 126, páginas 216 a 257, Recurso Extraordinário n. 118.228/SP, Primeira Turma, Relator Ministro Moreira Alves, *RTJ* n. 131, páginas 1.328 a 1.335, e Recurso Extraordinário n. 134.071-1/SP, Primeira Turma, Relator Ministro Ilmar Galvão, Diário da Justiça de 30 de outubro de 1992" (STF, RE 199.183/SP).

– "... a imunidade estabelecida na Constituição é ampla, abrangendo os serviços prestados pela empresa jornalística na transmissão de anúncios e de propaganda" (STF, RE 87.049, ainda à luz da EC n. 1/69, *RTJ* 87/608).

– **Serviços de distribuição de encartes de propaganda de terceiros por jornais e periódicos. Inexistência de imunidade.** "ISS: incidência sobre serviços de distribuição de encartes de propaganda de terceiros por jornais e periódicos: inexistência da imunidade prevista no artigo 150, VI, *d*, da Constituição: prece-

dente (RE 213.094, Galvão, *DJ* 15.10.99)" (STF, AgRg AI 368.077-1, 2004).

– "... ENCARTES DE PROPAGANDA, DISTRIBUÍDO COM JORNAIS E PERIÓDICOS. ISS. ART. 150, VI, *d*, DA CONSTITUIÇÃO. Veículo publicitário que, em face de sua natureza propagandista, de exclusiva índole comercial, não pode ser considerado como destinado à cultura e à educação, razão pela qual não está abrangido pela imunidade de impostos prevista no dispositivo constitucional sob referência, a qual, ademais, não se estenderia, de qualquer forma, às empresas por eles responsáveis, no que concerne à renda bruta auferida pelo serviço prestado e ao lucro líquido obtido. Recurso não conhecido" (STF, RE 213.094-0, 1999).

e) fonogramas e videofonogramas musicais produzidos no Brasil contendo obras musicais ou literomusicais de autores brasileiros e/ou obras em geral interpretadas por artistas brasileiros bem como os suportes materiais ou arquivos digitais que os contenham, salvo na etapa de replicação industrial de mídias ópticas de leitura a laser.

⇒ **EC n. 75/2013.** Alínea acrescida pela EC n. 75/2013.

⇒ **Imunidade em favor da produção musical brasileira. Objetivo.** A nova imunidade da alínea *e* do art. 150, VI, da CF foi aprovada com vista a favorecer a produção musical brasileira, barateando os CDs, DVDs e *Blue-ray*. A intenção do legislador foi fazer com que a venda desses produtos seja menos impactada pelos efeitos da concorrência predatória de produtos falsificados comercializados sem o pagamento de tributos, bem como pelo acesso facilitado e gratuito que as pessoas tem à música através da internet. Porém, como só alcança os fonogramas e videofonogramas musicais produzidos no Brasil, revela-se mais como uma proteção à indústria nacional do que à produção cultural.

– "Repise-se... os três distintos objetivos almejados com a criação de nova espécie de imunidade tributária: (i) facilitar o exercício da liberdade de expressão artística; (ii) fomentar a cultura nacional, além de torná-la mais acessível à população menos favorecida e (iii) combater a contrafação de CDs e DVDs" (WASSERMAN, Rafhael. Notas sobre a imunidade musical: liberdade de expressão artística e cultura nacional. In: GRUPENMACHER, Betina Treiger (coord.). *Tributação:* democracia e liberdade. São Paulo: Noeses, 2014, p. 853).

⇒ **Autoaplicabilidade.** A imunidade da alínea *e* prescinde de regulamentação. Trata-se de norma autoaplicável, com densidade normativa suficiente para que se compreenda o seu alcance e se possa aplicá-la diretamente.

⇒ **Fonogramas e videofonogramas: CDs, DVDs, blue-rays e outros.** Fonograma é o "Registro exclusivamente sonoro em suporte material, como disco, fita magnética, etc." ou "gravação de uma faixa de disco" e videofonograma é o "Produto da fixação de imagem e som em suporte material" ou o "registro de imagens e sons em determinado suporte", conforme o *Novo Dicionário Aurélio da Língua Portuguesa*, 2009, p. 920 e 2060, e o *Dicionário Houaiss da Língua Portuguesa*, 2009, p. 914 e 1943, respectivamente. Desse modo, a imunidade da alínea "e" diz respeito aos CDs, DVDs, *blue-rays* e, até mesmo, aos discos de vinil.

– "... por fonogramas entende-se 'toda fixação de sons de uma execução ou interpretação ou de outros sons, ou de uma representação de sons que não seja uma fixação incluída em uma obra audiovisual' (art. 5º, IX, da Lei n. 9.610/98), ou seja, gravação de ondas sonoras que não esteja acompanhada de imagens em determinada base ou suporte. Videofonograma, por sua vez, consistem no registro de imagens agregadas a sons em algum suporte" (WASSERMAN, Rafhael. Notas sobre a imunidade musical: liberdade de expressão artística e cultura nacional. In: GRUPENMACHER, Betina Treiger (coord.). *Tributação:* democracia e liberdade. São Paulo: Noeses, 2014, p. 852).

– **Suportes materiais.** "Por suportes materiais compreendem-se os objetos físicos aptos a absorver o conteúdo e a transmitir a informação contida, ou seja, CDs, DVDs ou *Blue-rays* ou qualquer outro mecanismo por intermédio do qual se corporifica a obra. Os arquivos digitais, no contexto da imunidade perscrutada, exercem a mesma função de conservar registros de sons, imagens, documentos, dados em geral, ou convertê-los em forma numérica binária, ou seja, não são apreensíveis sensorialmente, pois desprovidos de suportes físicos" (WASSERMAN, Rafhael. Notas sobre a imunidade musical: liberdade de expressão artística e cultura nacional. In: GRUPENMACHER, Betina Treiger (coord.). *Tributação:* democracia e liberdade. São Paulo: Noeses, 2014, p. 856).

– **Arquivos digitais. Comércio eletrônico.** "... a desoneração alcançará os arquivos digitais, v.g., músicas baixadas pela internet ou por meio de aplicativos de música para celular" (SABBAG, Eduardo de Moraes. Imunidade tributária musical e liberdade de expressão artística. In: GRUPENMACHER, Betina Treiger (coord.). *Tributação:* democracia e liberdade. São Paulo: Noeses, 2014, p. 881).

– "... a nova alínea introduzida dispôs indubitavelmente acerca da imunidade não apenas da comunicação musical inserta em suportes materiais, físicos, mas também no ambiente virtual, pois ambos os veículos concretizam o direito fundamental à liberdade de expressão artística e à difusão da cultura. O direito positivo deve acompanhar as mudanças sociais e a evolução tecnológica, sob pena de obsolescência prematura. O comércio eletrônico é uma realidade a qual o legislador não pode ignorar" (WASSERMAN, Rafhael. Notas sobre a imunidade musical: liberdade de expressão artística e cultura nacional. In: GRUPENMACHER, Betina Treiger (coord.). *Tributação:* democracia e liberdade. São Paulo: Noeses, 2014, p. 858).

⇒ **Obras musicais ou literomusicais.** Musical é o relativo a música; literomusical "Diz-se de espetáculo, ou reunião social em que se leem trechos literários, se declamam poemas, e em que há, tb., apresentações musicais", conforme o *Novo Dicionário Aurélio da Língua Portuguesa*, 2009, p. 1220.

– "A introdução da fórmula 'obras musicais ou literomusicais de autores brasileiros' indica que o constituinte derivado visou englobar apenas conteúdo eminentemente musical, repisando o que já havia enunciado ao fazer referência ao registro sonoro e visual. Constam expressamente os termos 'musicais' e 'litero-

musicais' a evidenciar que não apenas os fonogramas e videofonogramas contendo composições de sons, mas também gravações formadas pelo amálgama entre música e literatura" (WASSERMAN, Rafhael. Notas sobre a imunidade musical: liberdade de expressão artística e cultura nacional. In: GRUPENMACHER, Betina Treiger (coord.). *Tributação:* democracia e liberdade. São Paulo: Noeses, 2014, p. 853).

– **Tutela da liberdade de expressão.** "A presente imunidade tutela a liberdade de expressão afeta às produções artístico-musicais, sem qualquer restrição quanto ao conteúdo. Significa dizer que ao Estado não é facultado estabelecer quais manifestações merecem ou não tutela normativa, eis que a regra tributária se origina de um direito fundamental negativo, isto é, de abstenção estatal. Veda-se a interferência sobre a liberdade individual, independentemente de qual a mensagem transmitida, sem olvidar as limitações oriundas de eventuais conflitos com outros direitos fundamentais ou valores constitucionais" (WASSERMAN, Rafhael. Notas sobre a imunidade musical: liberdade de expressão artística e cultura nacional. In: GRUPENMACHER, Betina Treiger (coord.). *Tributação:* democracia e liberdade. São Paulo: Noeses, 2014, p. 854).

⇒ **Produzidos no Brasil.** O dispositivo diz respeito à produção industrial. Alcançando apenas os CDs, DVDs e *blue-rays* produzidos no Brasil, eleva ao plano constitucional uma medida protetiva da indústria nacional, porquanto as mesmas mercadorias, produzidas fora do país, não estão abrangidas pela imunidade. É, portanto, medida anacrônica que jamais deveria ser elevada a imunidade.

– "'Produzidos no Brasil' significa gerados, fabricados, elaborados, originados no território brasileiro" (WASSERMAN, Rafhael. Notas sobre a imunidade musical: liberdade de expressão artística e cultura nacional. In: GRUPENMACHER, Betina Treiger (coord.). *Tributação:* democracia e liberdade. São Paulo: Noeses, 2014, p. 852).

– "O texto estabelece como primeiro requisito para a imunidade que o fonograma e o videofonograma musicais sejam produzidos no Brasil, e apenas em segundo plano exige que esses produtos contenham obras de autoria de artistas brasileiros ou interpretadas por artistas brasileiros. Seguindo essa regra, o primeiro vinil do mestre Tom Jobim, contendo canções que marcaram época como 'Corcovado', 'Samba de Uma Nota Só' e 'Desafinado', estaria fora da hipótese imunizante: o álbum, intitulado *The Composer of Desafinado, Plays*, foi produzido e lançado pela gravadora americana Verve Records em 1963. Ora, como conciliar essa situação com o ideal de proteger a cultura brasileira? Se a cantora Ivete Sangalo decidisse gravar todas as suas novas canções em Dubai, e se tais canções seguissem a mesma linha daquelas que a consagraram durante toda a sua carreira, poderia essa circunstância geográfica as tornar inqualificáveis como exemplares da exuberância de nossa cultura? A resposta é desenganadamente negativa, o que reforça a posição de que o objetivo da alínea *e* é salvaguardar por primeiro a indústria, e como questionável consequência, a energia cultural que a faz funcionar" (CARVALHO, Lucas de Lima. *A imunidade musical*. Recebido diretamente do autor, por *email*, em 28 de novembro de 2013).

– Tratamento diferenciado relativamente aos produtos estrangeiros. A imunidade viola o GATT no ponto em que veda a discriminação dos produtos estrangeiros, assegurando-lhes, quanto aos tributos internos, tratamento equivalente ao dos produtos nacionais.

– Sobre a violação não apenas ao GATT, mas também ao TRIPS (Acordo sobre Aspectos dos Direitos de Propriedade Intelectual Relacionados ao Comércio), procure-se o artigo: CARVALHO, Lucas de Lima. *A imunidade musical.*

⇒ **Autores brasileiros ou intérpretes brasileiros.** "... não fere, de forma alguma, a OMC. A Unesco, através da Unctad, advoga junto à OMC questões relativas à identidade de um povo e suas manifestações linguísticas, artísticas e culturais. Não tem o mesmo sentido comercial que as outras relações, portanto a música brasileira cabe nesse sentido e é facilmente defendido junto à OMC, isso não representa um problema" (PEGORER, Luciana. Pronunciamento na audiência pública realizada em 8 de maio de 2012, na Comissão de Constituição e Justiça e de Cidadania do Senado Federal. Disponível em: <http://www.youtube.com/watch?v=ZzQacTdk Q9w>. Acesso em: 26 de outubro de 2013. Apud: CARVALHO, Lucas de Lima. *A imunidade musical.* Recebido diretamente do autor, por email, 2013).

– "... a Emenda Constitucional n. 75/2013 ao procurar estabelecer que seriam imunes os 'fonogramas e videofonogramas musicais *produzidos no Brasil* contendo obras musicais ou literomusicais de *autores brasileiros* e/ou obras em geral *interpretadas por artistas brasileiros*' incorreu no estabelecimento de critério injustificado para a distinção dos contribuintes que teriam o direito ao gozo da imunidade tributária. Isto porque estabelecer que autores ou intérpretes nacionais tenham seus fonogramas e videofonogramas ou obras em geral excepcionados em relação aos impostos do sentes federativos brasileiros em relação aos autores e ou intérpretes não nacionais é desconsiderar que ambos se encontra em situação tributária equivalente – seja porque ambos são autores e intérpretes, seja porque suas obras são de mesma natureza intelectual. E, também, porque o critério quanto à nacionalidade do autor ou do intérprete não é substancialmente relevante para se instituir tratamento tributário distinto entre os nacionais e não nacionais, pois a finalidade da referida imunidade não é a promoção da cultura nacional frente a cultura alienígena, mas, sim, promover a diminuição do custo tributário dos produtos oficiais em relação aos produtos não oficiais (piratas), manter e/ou elevar o nível de emprego no setor produtivo de tais produtos, promover o respeito ao direito autoral e aos direitos econômicos derivados destes e, sobretudo, favorecer o consumidor daqueles produtos a adquirir elementos de cultura. ... referida Emenda Constitucional n. 71/2013 padeceria de inconstitucionalidade por macular, também, as previsões cumuladas do inciso IV do art. 3º, e do art. 152, ambas da Constituição Federal. Isto porque se compreende que o Estado brasileiro e, por consequência, seus entes federativos não podem estabelecer diferenças tributárias, entre contribuintes e produtos ou serviços nacionais ou estrangeiros, bem como não podem promover tratamento tributário distinto em razão do destino ou procedência dos produtos ou serviços..." (COSTA-CORRÊA, André Luiz

– A (in)constitucionalidade da Emenda Constitucional n. 75: a imunidade sobre fonogramas e videofonogramas e seus suportes materiais ou arquivos digitais. *RDDT* 222/36, 2014).

⇒ **Também os suportes materiais ou arquivos digitais que os contenham.** O constituinte derivado referiu-se de modo genérico aos "suportes materiais ou arquivos digitais", de modo que seu alcance é amplo, alcançando os suportes em qualquer material ou formato.

– **Tema 1.083 do STF: MÉRITO AINDA NÃO JULGADO.** Controvérsia: "Alcance da imunidade tributária prevista no artigo 150, inciso VI, alínea *e*, da Constituição Federal, em relação a suportes materiais importados e produzidos fora do Brasil que contenham obras musicais de artistas brasileiros".

⇒ **Salvo na etapa de replicação industrial de mídias ópticas de leitura a laser.** "Talvez graças à repercussão econômica da PEC da Música sobre a ZFM, esta foi aprovada na Comissão Especial com um substitutivo que incluiu na proposta a frase 'salvo na etapa de replicação industrial de mídias ópticas de leitura a laser'" (CARVALHO, Lucas de Lima. *A imunidade musical.* Recebido diretamente do autor, por email, em 28 de novembro de 2013).

– "... a reprodução das obras musicais, a partir da matriz produzida, não será guarnecida pelo manto protetor da imunidade tributária. A ressalva foi defendida aguerridamente pela bancada amazonense, no processo de aprovação a PEC, no intuito de conferir proteção à etapa de reprodução do bem, comumente realizada pelas indústrias instaladas na Zona Franca de Manaus.[...] o novo dispositivo constitucional faz com que o Estado amazonense perca a exclusividade nas etapas de produção e distribuição dos CDs/DVDs/BDs no território nacional, competindo-lhe, de modo incentivado, apenas a fase de replicação. ... na Zona Franca de Manaus e nas demais regiões incentivadas, estão instaladas as empresas de replicação da obra musical, e, como a imunidade não afasta a incidência de impostos nessa fase, ainda remanesce um campo arrecadatório nesta etapa, por mais que sobre eles pese a força exonerativa dos incentivos fiscais" (SABBAG, Eduardo de Moraes. Imunidade tributária musical e liberdade de expressão artística. In: GRUPENMACHER, Betina Treiger (coord.). *Tributação:* democracia e liberdade. São Paulo: Noeses, 2014, p. 883-884).

– "Corresponde à fase de multiplicação de CDs, DVDs e *Blue-rays*, suportes físicos aptos a armazenas sons e imagens a partir de uma matriz. Cuida-se de exceção da exceção, o que significa dizer que os impostos incidentes na produção de cópias de CDs, DVDs e *Blue-Rays* serão devidos pelos respectivos sujeitos passivos. Por conseguinte, a replicação de suportes físicos não compreendidos como mídias ópticas de leitura a laser, a exemplo de *pen drives*, se mantém ao alcance da norma imunizante" (WASSERMAN, Rafhael. Notas sobre a imunidade musical: liberdade de expressão artística e cultura nacional. In: GRUPENMACHER, Betina Treiger (coord.). *Tributação:* democracia e liberdade. São Paulo: Noeses, 2014, p. 859).

§ 1º A vedação do inciso III, *b*, não se aplica aos tributos previstos nos arts. 148, I, 153, I, II, IV e V; e 154, II; e a vedação do inciso III, *c*, não se aplica aos tributos previstos nos arts. 148, I, 153, I, II, III e V; e 154, II, nem à fixação

da base de cálculo dos impostos previstos nos arts. 155, III, e 156, I. (Redação da EC 42/2003)

⇒ **EC n. 42/2003.** Em face do estabelecimento da anterioridade mínima de 90 dias para a incidência das leis instituidoras ou majoradoras de tributos (art. 150, III, *c*) em reforço à anterioridade de exercício (art. 150, III, *b*), a EC n. 42/2003 teve de adequar a redação do § 1º do art. 150 para que abrangesse as exceções à nova anterioridade.

– **Redação anterior.** "§ 1º A vedação do inciso III, *b*, não se aplica aos impostos previstos nos arts. 153, I, II, IV e V, e 154, II".

⇒ **Enumeração taxativa.** As anterioridades de exercício e mínima do art. 150, III, *b* e *c*, só cedem em face das exceções constitucionais expressas. Note-se que há, no § 1º, rol de exceções específico para cada uma das anterioridades.

– Vale lembrar o julgamento da ADI 939, quando o STF entendeu que nem mesmo por Emenda Constitucional se podia ampliar o rol de exceções à anterioridade de exercício, conforme já referido em nota ao art. 150, III, *b*, da CF. Quanto à anterioridade mínima, foi criada pela EC n. 42/2003, com as exceções nela previstas, sem qualquer violação à cláusula pétrea anterior. Pelo contrário, as garantias do contribuinte foram reforçadas com a anterioridade mínima.

– Entendendo que as atenuações e as exceções às garantias só se justificam quando da utilização extrafiscal dos tributos, vide nota ao art. 153, § 1º, da CF.

⇒ **Exceções à anterioridade de exercício.** O rol constante da nova redação do § 1º não alterou o rol dos tributos que já eram excepcionados da observância da anterioridade de exercício, apenas tornando inequívoca quanto ao empréstimo compulsório de calamidade ou guerra, conforme se vê adiante.

– **ECCG, II, IE, IPI, IOF e IEG.** As exceções alcançam, tão somente, o empréstimo compulsório de calamidade ou guerra (148, I), o II (art. 153, I), o IE (art. 153, II), o IPI (art. 153, IV), o IOF (art. 153, V) e o imposto extraordinário de guerra (art. 154, II).

– **IPMF. Inconstitucionalidade.** A EC n. 3/93, ao pretender excepcionar também o IPMF, incorreu em inconstitucionalidade reconhecida pelo STF na ADI 939, conforme se vê em nota ao art. 74 do ADCT.

– **CIDE combustíveis.** A EC n. 33/2001, ao acrescer o § 4º, ao art. 177 da CF, dispõe no sentido de admitir que a alíquota da contribuição de intervenção no domínio econômico relativa às atividades de importação ou comercialização de combustíveis seja reduzida e restabelecida por ato do Poder Executivo e sem observância da anterioridade (art. 177, § 4º, I, *b*). Em se tratando, contudo, de cláusula pétrea, cabível é a discussão da inconstitucionalidade da inovação, tal como se deu com o IPMF. Vide nota ao art. 177, § 4º, I, *b*, da CF.

– **Empréstimos compulsórios de calamidade e de guerra.** A EC n. 42/2003 tornou expressa a inserção do empréstimo compulsório de calamidade ou guerra dentre os tributos não sujeitos à anterioridade. Não há qualquer inconstitucionalidade nisso, eis que já decorrida do sistema. De fato, assim já se entendia. A interpretação sistemática do art. 148 e do Sistema Tributário Na-

cional como um todo já nos levava à conclusão pela não aplicação da regra de anterioridade aos empréstimos compulsórios de guerra, previstos neste inciso I. Isso por duas razões. A primeira delas é que a Constituição só exige observância da anterioridade no caso dos empréstimos compulsórios de investimento, conforme se vê expressamente da redação do inciso II deste artigo, donde se tira que já não havia tal exigência para a hipótese do inciso I. A segunda delas é que a Constituição também excepciona da observância da anterioridade, expressamente, desde a sua redação original, a instituição de impostos extraordinários de guerra (150, § 1º, e 154, II, da CF) e, onde há a mesma razão, deveria haver a mesma solução, mormente considerando que o empréstimo compulsório é um *minus* em relação ao imposto. Com o advento da EC n. 42/2003, pois, tem-se simples explicitação de norma que já existia na Constituição. Tornou-se preceito o que já era norma.

– "A extrema gravidade ou o imprevisto das causas que motivam a sua instituição – guerra e calamidade pública – configuram justificação amplamente aceitável para a exceção à anterioridade" (Misabel Abreu Machado Derzi, em nota de atualização à obra de Aliomar Baleeiro, *Limitações constitucionais ao poder de tributar*, 7. ed. Rio de Janeiro: Forense, 1997, p. 72).

– **Súmula 236 do extinto TFR.** À luz da Constituição anterior e do art. 15, inciso II, do CTN, que previa a instituição de empréstimos compulsórios nos casos excepcionais de calamidade pública que exigisse auxílio federal impossível de atender com os recursos orçamentários disponíveis, o TFR editou a Súmula 236, com a seguinte redação: "O empréstimo compulsório instituído pelo Decreto-lei n. 2.047, de 1983, não está sujeito ao princípio da anterioridade." Esse Decreto-Lei havia instituído empréstimo compulsório em razão de consequências catastróficas decorrentes de seca no Nordeste e de enchentes no Sul.

⇒ **Exceções à anterioridade mínima.** As exceções alcançam, tão somente, o empréstimo compulsório de calamidade ou guerra (148, I), o II (art. 153, I), o IE (art. 153, II), o IR (art. 153, III), o IOF (art. 153, V), o imposto extraordinário de guerra (art. 154, II). E a fixação da base de cálculo do IPVA (art. 155, III) e do IPTU (art. 156, I).

– Não há que se dizer da inconstitucionalidade de se estabelecer tais exceções, mediante invocação do nível de cláusulas pétreas das garantias de anterioridade (ADI 939), eis que a anterioridade mínima, ora excepcionada, foi estabelecida pela própria EC n. 42/2003.

– **IR.** Embora sujeito à anterioridade de exercício estabelecida pelo art. 150, III, *b*, da CF, o Imposto de Renda foi excepcionado da necessidade de observância da anterioridade nonagesimal mínima de que cuida a alínea *c* do mesmo inciso, de modo que a majoração ocorrida ao final de determinado ano poderá produzir efeitos relativamente ao período a se iniciar em 1º de janeiro seguinte independentemente da haver ou não o interstício de noventa dias entre a publicação da lei e a virada do exercício.

– **IPI.** O IPI, diferentemente, tem de observar a anterioridade mínima, mas não a de exercício.

– **Base de cálculo do IPVA e do IPTU.** A exceção à anterioridade mínima de 90 dias relativamente à fixação da base de cálculo do IPVA e do IPTU decorre do entendimento doutrinário e jurisprudencial de que as Tabelas utilizadas para os respectivos cálculos (Plantas de Valores, Plantas Fiscais etc.) dependeria de lei. Tal posição nos parece equivocada, fruto da não percepção da diferença entre a definição abstrata da base de cálculo, por lei, e a definição em concreto para fins de lançamento, conforme ressaltamos em notas ao art. 150, I, ao art. 155, III, e ao art. 156, I, da CF. De qualquer modo, não há dúvida, à luz do texto constitucional, com a nova redação dada pela EC n. 42/2003, que tais tabelas podem ser fixadas ao final do ano para repercutirem já no IPVA ou IPTU do ano subsequente, ainda que as respectivas leis instituidoras, ao definirem o aspecto temporal, digam da ocorrência do fato gerador já em 1º de janeiro.

– "... a Emenda Constitucional n. 42/2003, ao incluir a alínea *c* ao inciso III, do artigo 150, da CF/88 (anterioridade mínima nonagesimal), modificou a redação do § 1º do mesmo dispositivo para excepcionar da regra a 'fixação da base de cálculo' do IPTU. Veja-se a impropriedade técnica sendo 'constitucionalizada': subentende-se do texto que 'aprovar a planta genérica de valores' identifica-se com 'fixar a base de cálculo do imposto'. Temos percebido que a difundida forma presuntiva de apuração da base de cálculo do IPTU, somada a uma míope interpretação e aplicação da Súmula 160, do STJ, é capaz de levar a decisões que entendam não ser possível a avaliação individual de um imóvel pela autoridade fiscal, como se a existência de plantas genéricas fosse essencial no PITU, uma determinação constitucional, o que está muito distante da realidade" (CUNHA, Carlos Renato. As plantas genéricas de valores do IPTU e o Princípio da Legalidade: reflexões sobre democracia e liberdade, diante das recentes decisões judiciais que suspenderam Leis Municipais de atualização dos valores imobiliários. In: GRUPENMACHER, Betina Treiger (coord.). *Tributação:* democracia e liberdade. São Paulo: Noeses, 2014, p. 96).

⇒ **Quadro de exceções às anterioridades de exercício e mínima**

	Anterioridade de exercício	Anterioridade mínima
II	excepcionado	excepcionado
IE	excepcionado	excepcionado
IPI	excepcionado	não excepcionado
I	não excepcionado	excepcionado
IOF	excepcionado	excepcionado
IPVA (bc)	não excepcionado	excepcionado
IPTU (bc)	não excepcionado	excepcionado
IEG	excepcionado	excepcionado
ECCG	excepcionado	excepcionado
CIDE-COMB (%)	excepcionada	não excepcionada

⇒ **Compatibilidade entre a garantia e suas exceções.** Não há como afastar as exceções às anterioridades, constitucionalmente previstas, mediante invocação do princípio da segurança jurídica. Isso porque as exceções surgiram simultaneamente à própria afirmação da garantia, moldando-a, delimitando-a.

⇒ **Exceção aplicável apenas para fins de uso extrafiscal do tributo.** "d) para possibilitar que o governo Federal possa usar de maneira eficiente essa ferramenta tributária extrafiscal, a CF/1988 lhe concedeu dois privilégios: d.1) excepcionou o IOF da observância das regras de anterioridade; d.2) matizou a legalidade aplicável a esse imposto, permitindo que o Poder Executivo altere as suas alíquotas diretamente, sem necessidade de intervenção do Poder Legislativo; e) considerando que esses dois privilégios estão fundamentados exclusivamente no papel extrafiscal que pode ser desempenhado pelo IOF, ambos somente podem ser utilizados quando presentes objetivos extrafiscais claramente identificados, necessariamente relacionados à regulação das atividades gravadas e dos setores nos quais elas são desenvolvidas e à implementação de políticas públicas; f) consequentemente, esses dois privilégios não poderão ser utilizados quando o aumento ou criação de novos supostos par ao IOF tenha objetivos diferentes daqueles extrafiscais, sob pena de ruptura do sistema constitucional aplicável ao imposto; g) isso não quer dizer que o IOF não possa, em absoluto, ser manejado com fins arrecadatórios; apenas significa que, se utilizado com fins fiscais, o IOF deve seguir as mesmas regras aplicáveis aos demais tributos eminentemente fiscais previstos constitucionalmente, sem se valer dos mencionados privilégios" (TAVARES, Diogo Ferraz Lemos. Fundamentos e limites constitucionais da extrafiscalidade do "IOF". *RDDT* 223/71, 2014).

⇒ **Operações em curso.** O princípio da segurança jurídica pode ter função importante, sim, na solução de casos concretos, quando da análise da possibilidade de tais alterações afetarem operações em curso.

– **No sentido da inaplicabilidade relativamente às operações em curso.** "O IPI, o IOF, o Imposto de Importação e de Exportação, embora não sujeitos ao princípio da anterioridade, não podem ser majorados e aplicados imediatamente aos contratos em curso, cujo desfazimento seja oneroso às partes envolvidas, em função dos princípios da moralidade administrativa, da boa-fé, da proteção ao ato jurídico e o da não surpresa" (ROLIM, João Dácio. Os direitos fundamentais e o fato gerador da obrigação tributária/majoração do imposto de importação/princípios ético-jurídicos da Constituição e a responsabilidade sem culpa do Estado. *CDTFP* 12/93, São Paulo: RT, 1995). Obs.: Vide ampla discussão sobre a majoração de alíquotas do Imposto de Importação em notas ao art. 19 do CTN.

– **No sentido da aplicabilidade.** "Com certeza há alterações nos planos econômicos da empresa, o que em certa medida abala o princípio da segurança jurídica. No entanto, quando se trata do tributo em questão e sua finalidade extrafiscal privilegia-se o interesse nacional em detrimento do primeiro princípio. Ou seja, nesse caso, nessa circunstância, prepondera o interesse público. E essa é vontade do constituinte originário. Tanto que o Imposto sobre Operações Financeiras sofre essa exceção. Pode o Poder Executivo alterar suas alíquotas sem observância do princípio da anterioridade. Aqui a norma privilegia o interesse econômico da Nação. E ao Poder Judiciário fosse permitido afirmar a alíquota aplicável no sentido de privilegiar o interesse econômico da empresa e seus planejamentos financeiros, então seria este Poder que deveria ter recebido a outorga constitucional de avaliar a necessidade de alteração de alíquota" (TRF4, excerto de voto da AMS 95.04.43376-6, 1998).

§ 2º A vedação do inciso VI, *a*, é extensiva às autarquias e às fundações instituídas e mantidas pelo Poder Público, no que se refere ao patrimônio, à renda e aos serviços, vinculados a suas finalidades essenciais ou às delas decorrentes.

⇒ **A imunidade recíproca é subjetiva ou objetiva?** A classificação da imunidade recíproca em subjetiva ou objetiva poderia dar uma diretriz para a boa aplicação do artigo. Se subjetiva, abrangeria a União, as autarquias e fundações nas suas finalidades essenciais e, jamais, empresas públicas, sociedades de economia mista ou particulares em colaboração com a Administração. Se objetiva, teríamos que ter em conta os serviços públicos dos diversos entes políticos, quer exercidos por eles próprios ou por interposta pessoa, e, nessa linha, se abriria fundamento para a extensão às empresas públicas e sociedades de economia mista quando prestadoras de serviços públicos típicos. O que parece ocorrer, no entanto, é uma indefinição do STF sobre esse ponto. Há uma combinação de critérios, ora objetivo, ora subjetivo, com decisões que, muitas vezes, são contraditórias. Exemplo é reconhecer-se imunidade no caso da ECT e não no dos notários e registradores, embora ambos estejam fora dos limites subjetivos do art. 150, VI, *a*, e do seu 2º, e em ambos os casos haja cobrança de contraprestação pelo serviço prestado, sendo que os emolumentos caracterizam-se como taxa e não como preço ou tarifa. Outro complicador na matéria, é o fato de que há muitas pessoas jurídicas cuja forma não corresponde exatamente ao seu objeto. A rigor, empresas públicas e sociedades de economia mista não deveria exercer serviço público típico, sob regime de monopólio, porquanto estão previstas no art. 173, como instrumentos do Estado na exploração direta de atividade econômica quando necessária aos imperativos da segurança nacional ou a relevante interesse coletivo, daí a norma do § 2º do art. 173 de que não poderão gozar de privilégios fiscais não extensivos às empresas do setor privado. Mas acaba-se tendo, na realidade, empresas públicas prestando serviços ou realizando atividades sob monopólio da União, como é o caso da ECT, da Casa da Moeda e da Infraero. Note-se, também, que o Grupo Hospitalar Conceição, embora uma sociedade anônima com capital 99,9% da União, é um braço desta na prestação de serviço de saúde à população, atendendo integralmente pelo SUS. Então, essa distorção no uso das formas jurídicas acaba gerando a perplexidade e, quem sabe, a necessidade de decisões casuísticas, voltadas a preservar os serviços públicos. O efeito que poderia ser obtido mediante uma imunidade subjetiva, se observadas as formas adequadas, acaba não sendo viável senão mediante a consideração da natureza do serviço prestado.

⇒ **Tema 64 do STF:** "Não ofende o art. 173, § 1º, II, da Constituição Federal, a escolha legislativa de reputar não equivalentes a situação das empresas privadas com relação a das sociedades de economia mista, das empresas públicas e res-

pectivas subsidiárias que exploram atividade econômica, para fins de submissão ao regime tributário das contribuições para o PIS e para o PASEP, à luz dos princípios da igualdade tributária e da seletividade no financiamento da Seguridade Social". Decisão de mérito em 2018.

⇒ **Autarquias.** "... I A imunidade tributária recíproca dos entes políticos art. 150, VI, *a* é extensiva às autarquias no que se refere ao patrimônio, à renda e aos serviços vinculados a suas finalidades essenciais ou às delas decorrentes. C.F., art. 150, § 2º. II No caso, o imposto IPTU incide sobre prédio ocupado pela autarquia. Está, pois, coberto pela imunidade tributária" (STF, RE 203.839-3, 1996).

– "EXECUÇÃO FISCAL. EMBARGOS. IPTU. ILEGITIMIDADE. IMUNIDADE TRIBUTÁRIA. HONORÁRIOS ADVOCATÍCIOS. 1. Para o ajuizamento da ação executiva, deveria o Município ter se utilizado do registro de imóveis, e não apenas do cadastro da Secretaria Municipal da Fazenda. 2. Além disso, ainda que o INSS fosse proprietário do imóvel, não responderia pelo débito, em face da imunidade tributária. 3. Mantida a verba honorária fixada na sentença em 10% do valor atribuído à causa, na esteira dos precedentes desta Turma" (TRF4, AC 2001.71.00.011543-2, 2003).

– **Exploração ocasional de unidade agroindustrial pelo INCRA.** "Imunidade Tributária Recíproca: INCRA e Exploração de Unidade Agroindustrial. A Turma proveu recurso extraordinário para reconhecer imunidade tributária recíproca ao Instituto Nacional de Colonização e Reforma Agrária – INCRA (CF, art. 150, VI, *a*, e § 2º), relativamente ao não recolhimento de ICMS por eventual exploração de unidade agroindustrial. No caso, a mencionada autarquia federal era mantenedora de unidade agroindustrial que, em virtude de desapropriação ocorrida para sanar conflito social na área em que instalada, passara a integrar o acervo patrimonial da recorrente. Entendeu-se que a atividade exercida pela autarquia não se enquadra dentre aquelas sujeitas ao regime tributário próprio das empresas privadas, considerando que a ocasional exploração dessa unidade está no âmbito de sua destinação social em setor relevante para a vida nacional. Observou-se que a imunidade tributária só deixa de operar quando a natureza jurídica da entidade estatal é de exploração de atividade econômica, o que não ocorrera na espécie" (STF, RE 242.827, 2008).

– **Conselhos de Fiscalização Profissional.** Os Conselhos, mesmo após o advento da Lei n. 9.649/98, continuam sendo autarquias, pois o STF entendeu inconstitucional a sua transformação em pessoas jurídicas de direito privado (ADInMC 1.717-DF). Assim, a imunidade recíproca lhes aproveita. Sobre a decisão do STF e outras considerações sobre a Lei n. 9.649/98, vide nota ao art. 149 da CF.

– "TRIBUTÁRIO. MANDADO DE SEGURANÇA. IPTU. CONSELHO REGIONAL DE ENFERMAGEM. NATUREZA. IMUNIDADE RECÍPROCA. ART. 150, VI, *A*, § 2º DA CF/88. DIREITO LÍQUIDO E CERTO. PROVA PRÉ-CONSTITUÍDA. 1. Possuem, os conselhos profissionais, natureza de autarquia, ao menos enquanto suspensa a norma do artigo 58 da Lei n. 9.649/98 (ADI 1717-6). 2. A imunidade recíproca prevista no artigo 150, VI, *a*, § 2º, da CF/88 alcança imóvel de autarquia que é utilizado em suas atividades" (TRF4, AMS 2002.72.05.005471-8, 2004).

⇒ **Empresa pública.** Em regra, não goza de imunidade porque não referida como abrangida pela imunidade e também porque empresa pública que exerce atividade econômica não pode gozar de privilégios fiscais não extensíveis às empresas privadas. Porém, quando prestadora de serviço público de prestação obrigatória e exclusiva do Estado, em regime de monopólio, é alcançada ela imunidade, conforme entendimento do STF.

– "... quando o Estado age como empresa na iniciativa privada, com suas empresas públicas e sociedades de economia mista, sujeita-se, como dito, às regras das empresas privadas, não gozando dos privilégios fiscais não extensíveis a estas. Dessa forma, como exemplo, poderíamos citar a Caixa Econômica Federal, empresa pública, e o Banco do Brasil, sociedade de economia mista, que, embora sejam 'estatais', pois seus controles acionários pertencem à União, não gozam dos privilégios da imunidade recíproca. Ocorre que há de se levar também em consideração que, mesmo agindo como empresa privada no setor privado, logo, fora dos monopólios estatais, em algumas situações ou circunstâncias, essas 'estatais' poderão agir com estatalidade, passando, neste momento, a auferir o tão desejado benefício imunizatório. [...] Note-se que a imunidade tributária recíproca, antes deferida apenas à União, aos Estados, ao Distrito Federal e aos municípios, extensível originariamente às autarquias e fundações públicas, agora passou a ser considerada também para as empresas públicas e sociedades de economia mista que desenvolvam atividade com certa estatalidade." A imunidade estende-se "às empresas pública sou sociedades de economia mista que atuem no âmbito privado, seja em razão de monopólio estatal, seja em razão da prestação de serviço público essencial, caracterizado pela estatalidade" (LIMA, Luatom Bezerra Adelino de. Da extensão da imunidade recíproca às empresas públicas e sociedades de economia mista e os impostos indiretos. *RET* 57/116, 2007).

– **Infraero. Tema 412:** "A Empresa Brasileira de Infraestrutura Aeroportuária – INFRAERO, empresa pública prestadora de serviço público, faz jus à imunidade recíproca prevista no art. 150, VI, *a*, da Constituição Federal". Decisão do mérito em 2011. Obs.: a tese foi estabelecida por ocasião da reafirmação da jurisprudência sobre a matéria por ocasião do reconhecimento da repercussão geral no ARE 638.315. Consta da manifestação do relator: "3. A questão suscitada neste recurso versa sobre a possibilidade de extensão da imunidade tributária recíproca, nos termos do art. 150, VI, *a*, da Constituição Federal, à Empresa Brasileira de Infraestrututa Aeroportuária – INFRAERO, na qualidade de empresa pública prestadora de serviço público. 4. Esta Corte possui jurisprudência firmada no sentido de que a INFRAERO faz jus à imunidade recíproca prevista no art. 150, VI, *a*, da Constituição Federal. Ante o exposto, reafirmo a jurisprudência da Corte para negar provimento ao recurso extraordinário".

– "A INFRAERO, que é empresa pública, executa, como atividade-fim, em regime de monopólio, serviços de infraestru-

tura aeroportuária constitucionalmente outorgados à União Federal, qualificando-se, em razão de sua específica destinação institucional, como entidade delegatária dos serviços públicos a que se refere o art. 21, inciso XII, alínea *c*, da Lei Fundamental, o que exclui essa empresa governamental, em matéria de impostos, por efeito da imunidade tributária recíproca (CF, art. 150, VI, *a*), do poder de tributar dos entes políticos em geral. Consequente inexigibilidade, por parte do Município tributante, do ISS referente às atividades executadas pela INFRAERO na prestação dos serviços públicos de infraestrutura aeroportuária e daquelas necessárias à realização dessa atividade-fim. [...] A submissão ao regime jurídico das empresas do setor privado, inclusive quanto aos direitos e obrigações tributárias, somente se justifica, como consectário natural do postulado da livre concorrência (CF, art. 170, IV), se e quando as empresas governamentais explorarem atividade econômica em sentido estrito, não se aplicando, por isso mesmo, a disciplina prevista no art. 173, § 1º, da Constituição, às empresas públicas (caso da INFRAERO), às sociedades de economia mista e às suas subsidiárias que se qualifiquem como delegatárias de serviços públicos" (STF, RE 363.412 AgR, 2007).

– **ECT. Serviço postal em regime de monopólio.** "Recurso extraordinário com repercussão geral. 2. Imunidade recíproca. Empresa Brasileira de Correios e Telégrafos. 3. Distinção, para fins de tratamento normativo, entre empresas públicas prestadoras de serviço público e empresas públicas exploradoras de atividade. Precedentes. 4. Exercício simultâneo de atividades em regime de exclusividade e em concorrência com a iniciativa privada. Irrelevância. Existência de peculiaridades no serviço postal. Incidência da imunidade prevista no art. 150, VI, *a*, da Constituição Federal" (STF, RE 601.392, 2013).

– "A Empresa Brasileira de Correios e Telégrafos (ECT), que é empresa pública, executa, como atividade-fim, em regime de monopólio, serviço postal constitucionalmente outorgado à União Federal, qualificando-se, em razão de sua específica destinação institucional, como entidade delegatária dos serviços públicos a que se refere o art. 21, inciso X, da Lei Fundamental, o que exclui essa empresa governamental, em matéria de impostos, por efeito do princípio da imunidade tributária recíproca (CF, art. 150, VI, *a*), do poder de tributar deferido aos entes políticos em geral. Precedentes. – Consequente inexigibilidade, por parte do Estado-membro tributante, do IPVA referente aos veículos necessários às atividades executadas pela ECT na prestação dos serviços públicos: serviço postal, no caso" (STF, ACO 803 TAR-QO, 2008).

– "Imunidade recíproca. Art. 150, VI, *a*, da Constituição Federal. Extensão. Empresa pública prestadora de serviço público. Precedentes da Suprema Corte. 1. Já assentou a Suprema Corte que a norma do art. 150, VI, *a*, da Constituição Federal alcança as empresas públicas prestadoras de serviço público, como é o caso da autora, que não se confunde com as empresas públicas que exercem atividade econômica em sentido estrito. Com isso, impõe-se o reconhecimento da imunidade recíproca prevista na norma supracitada. 2. Ação cível originária julgada procedente" (STF, ACO 765, 2009).

– "I. – As empresas públicas prestadoras de serviço público distinguem-se das que exercem atividade econômica. A Empresa Brasileira de Correios e Telégrafos é prestadora de serviço público de prestação obrigatória e exclusiva do Estado, motivo por que está abrangida pela imunidade tributária recíproca: C.F., art. 150, VI, *a*" (STF, RE 407.099-5, 2004).

– Sobre a matéria, ainda: MARTINS, Ives Gandra da Silva. Imunidade tributária dos correios e telégrafos. *RDDT* 74/58-65, nov. 2001; BELLO, Raquel Discacciati. Imunidade tributária das empresas prestadoras de serviços públicos. *Revista de Informação Legislativa* 132, 1996.

– Sobre o monopólio dos serviços de correio, vide a ADPF 46/DF.

– **ECT. Outros serviços prestados em regime de concorrência. Abrangência.** Ao cuidar da imunidade da ECT, o STF entendeu que o exercício simultâneo de atividades em regime de exclusividade e em concorrência com a iniciativa privada era irrelevante, considerando ambas imunes.

– **Tema 235 do STF:** "Os serviços prestados pela Empresa Brasileira de Correios e Telégrafos – ECT, inclusive aqueles em que a empresa não age em regime de monopólio, estão abrangidos pela imunidade tributária recíproca (CF, art. 150, VI, *a* e §§ 2º e 3º)". Decisão do mérito em 2013.

– **Tema 402 do STF:** "Não incide o ICMS sobre o serviço de transporte de encomendas realizado pela Empresa Brasileira de Correios e Telégrafos – ECT, tendo em vista a imunidade recíproca prevista no art. 150, VI, *a*, da Constituição Federal". Decisão do mérito em 2014.

– "Imunidade recíproca. Empresa Brasileira de Correios e Telégrafos. Peculiaridades do Serviço Postal. Exercício de atividades em regime de exclusividade e em concorrência com particulares. Irrelevância. ICMS. Transporte de encomendas. Indissociabilidade do serviço postal. Incidência da Imunidade do art. 150, VI, *a* da Constituição. Condição de sujeito passivo de obrigação acessória. Legalidade. 1. Distinção, para fins de tratamento normativo, entre empresas públicas prestadoras de serviço público e empresas públicas exploradoras de atividade econômica. 2. As conclusões da ADPF 46 foram no sentido de se reconhecer a natureza pública dos serviços postais, destacando-se que tais serviços são exercidos em regime de exclusividade pela ECT. 3. Nos autos do RE n. 601.392..., ficou assentado que a imunidade recíproca prevista no art. 150, VI, *a*, CF, deve ser reconhecida à ECT, mesmo quando relacionada às atividades em que a empresa não age em regime de monopólio. 4. O transporte de encomendas está inserido no rol das atividades desempenhadas pela ECT, que deve cumprir o encargo de alcançar todos os lugares do Brasil, não importa o quão pequenos ou subdesenvolvidos. 5. Não há comprometimento do status de empresa pública prestadora de serviços essenciais por conta do exercício da atividade de transporte de encomendas, de modo que essa atividade constitui conditio sine qua non para a viabilidade de um serviço postal contínuo, universal e de preços módicos. 6. A imunidade tributária não autoriza a exoneração de cumprimento das obrigações acessórias. A condição de sujeito passivo de obrigação acessória dependerá única e exclusivamente de previsão na legislação tributária. 7. Recurso extraordinário do qual se conhece e ao qual se dá provimento, reconhecendo a imunidade da ECT relativa-

mente ao ICMS que seria devido no transporte de encomendas" (STF, RE 627.051, 2014).

– **Tema 644 do STF:** "A imunidade tributária recíproca reconhecida à Empresa Brasileira de Correios e Telégrafos alcança o IPTU incidente sobre imóveis de sua propriedade e por ela utilizados, não se podendo estabelecer, a priori, nenhuma distinção entre os imóveis afetados ao serviço postal e aqueles afetados à atividade econômica". Decisão de mérito em 2014.

– "2. A jurisprudência da Casa assentou o entendimento de que a imunidade recíproca prevista no art. 150, VI, *a*, e §§ 2º e 3º, da Constituição Federal é extensível à ECT, prestadora de serviços públicos essenciais, obrigatórios e exclusivos do Estado, quais sejam, o serviço postal e o correio aéreo nacional (art. art. 21, X, da CF/88). 3. Nos termos do entendimento majoritário desta Suprema Corte, a imunidade da ECT constitui consequência imediata de sua natureza de empresa estatal prestadora de serviço público essencial, e subsiste em relação a todas as suas atividades, incluídos os serviços não exclusivos, dispensados em regime concorrencial, os quais se prestam, via subsídio cruzado, ao financiamento do serviço postal deficitário" (STF, ACO 811 AgR-segundo, 2016).

• Vide também: STF, RE 627051, 2014; STF, RE 601392, 2013.

– **Em sentido contrário.** "... está a ECT amparada pela imunidade de impostos em relação aos serviços postais privativos, exclusivos e próprios da União, por essa empresa prestados, em face de outorga legal, ressalvadas, no entanto, as atividades econômicas em sentido estrito exercidas pela empresa. Assim, as atividades exercidas pela ECT, que não se identificam com os serviços postais ou de correio aéreo nacional, e que, portanto, sem vedação constitucional, podem ser executadas por particulares, em regime de livre-concorrência, não são merecedoras da imunidade recíproca, podendo sobre elas incidir os impostos" (SARAIVA FILHO, Oswaldo Othon de Pontes. Imunidade tributária recíproca e a ECT. *RFDT* 26/19, 2007).

– **Casa da Moeda.** "Casa da Moeda do Brasil: Art. 150, VI, *a*, da CF e ISS. O Tribunal iniciou julgamento de agravo regimental interposto contra decisão que indeferira pedido de tutela antecipada formulado em ação cível originária na qual a Casa da Moeda do Brasil pretende ver afastada a exigibilidade, pelo Município do Rio de Janeiro, do Imposto sobre Serviço de Qualquer Natureza – ISSQN e das sanções decorrentes do não pagamento do tributo. Alega a autora a imunidade tributária de serviços por ela prestados, a teor do artigo 150, VI, *a*, da CF, quer pela condição de empresa pública da União, quer pela natureza pública desses serviços. O Min. Marco Aurélio, relator, negou provimento ao recurso. Asseverou que a inspiração para a propositura da ação estaria nos precedentes do Tribunal sobre a Empresa Brasileira de Correios e Telégrafos – EBCT, mais precisamente no fato de essa pessoa jurídica de direito privado estar alcançada pela imunidade própria aos entes públicos. Entendeu, entretanto, inexistir verossimilhança, haja vista que a Casa da Moeda constitui empresa pública, pessoa jurídica de direito privado, descabendo separar função que se mostre estritamente pública, como a emissão do papel-moeda, de outras previstas no estatuto. Considerou que, não bastasse a problemática de haver o envolvimento de pessoa jurídica de direito privado, e não público, seria impossível dizer-se, ao menos na fase de tutela antecipada, que ela não seria contribuinte quanto a tudo aquilo que alcance o gênero serviço público, sendo-o no que tange às demais atividades. Após, pediu vista dos autos o Min. Eros Grau" (STF, AgRACO 1342, 2009, cfr. *Informativo* n. 556).

⇒ **Sociedade de economia mista.** A discussão envolvendo sociedades de economia mista é semelhante à que envolve as empresas públicas.

– **Tema 1.122:** MÉRITO AINDA NÃO JULGADO. Controvérsia: "Imunidade tributária recíproca em favor de sociedade de economia mista prestadora de serviço público relativo à construção de moradias para famílias de baixa renda".

– **Tema 1.140 do STF:** "Abrangência da imunidade tributária recíproca, prevista no artigo 150, VI, *a*, da Constituição Federal, quando presente a prestação de serviço público essencial por sociedade de economia mista, ainda que mediante cobrança de tarifa dos usuários". Decisão do mérito em 2021.

– "Sociedade de economia mista integrante da Administração indireta de Estado-membro. Imunidade recíproca... 3. A imunidade tributária prevista na alínea *a* do art. 150, I, da Constituição Federal, alcança empresas públicas e sociedades de economia mista prestadoras de serviços públicos essenciais e exclusivos, desde que não tenham intuito lucrativo, enquanto mantidos os requisitos" (STF, ACO 3.410, 2022). Obs.: tratava-se, no caso, de sociedade de economia mista prestadora exclusiva de serviço público essencial de abastecimento de água potável e coleta e tratamento de esgotos sanitários, a Companhia de Saneamento de Sergipe.

– O STF entende que "a imunidade tributária prevista na alínea *a* do art. 150, VI, da Constituição Federal alcança a sociedade de economia mista prestadora de serviço público essencial, sem caráter concorrencial" (STF, ARE 944.558 AgR, 2016).

– "IPTU. IMUNIDADE. OBSCURIDADE DA DECISÃO EMBARGADA. AUSÊNCIA. 1. Não há obscuridade a ser sanada no acórdão embargado, que se encontra suficientemente fundamentado e em consonância com a jurisprudência desta Corte. 2. Com efeito, a Corte de origem decidiu que a natureza jurídica estatutária da agravante é a de uma Sociedade de Economia Mista, isto é, ente descentralizado que explora atividade econômica, auferindo lucros, e, assim, não alcançado pela imunidade tributária" (STJ, EDcl no AgRg no AREsp 336.741, 2013).

– **Petrobrás.** "PETROBRÁS. INCIDÊNCIA DE IPTU SOBRE SEUS IMÓVEIS. IMUNIDADE TRIBUTÁRIA RECÍPROCA. ART. 150, VI, *A*, DA CONSTITUIÇÃO FEDERAL. INAPLICABILIDADE... 1. Ao IPTU incidente sobre a propriedade de bens utilizados pela Petrobrás para a instalação de oleodutos, não se aplica a imunidade tributária recíproca prevista no art. 150, VI, *a*, da Constituição Federal (RE 285716 AgR, 2010)" (STF, RE 258.967 AgR, 2013).

– **Sociedade de economia mista (anômala).** "IMUNIDADE RECÍPROCA. SOCIEDADE DE ECONOMIA MISTA... No julgamento do RE 253.472 (rel. min. Marco Aurélio, red. p/ acórdão min. Joaquim Barbosa, Pleno, j. 25.08.2010), esta Corte reconheceu que a imunidade tributária recíproca aplica-se às sociedades de economia mista que caracterizem-se inequivocamente como instrumentalidades estatais (sociedades de economia mista 'anômalas'). O foco na obtenção de lucro, a transferência do benefício a particular ilegítimo ou a lesão à livre iniciativa e às regras de concorrência podem, em tese, justificar o afastamento da imunidade" (STF, AI 558.682 AgR, 2012).

– **Companhia de Saneamento de Alagoas (Casal).** "Imunidade tributária recíproca. Artigo 150, VI, *a*, da CF/88. Possibilidade de reconhecimento a sociedade de economia mista, atendidos os pressupostos fixados pelo Supremo Tribunal Federal... 1. Nos autos do RE n. 253.472/SP, esta Corte firmou o entendimento de que é possível a extensão da imunidade tributária recíproca às sociedades de economia mistas prestadoras de serviço público, desde que observados os seguintes parâmetros: (i) a imunidade tributária recíproca, quando reconhecida, se aplica apenas à propriedade, bens e serviços utilizados na satisfação dos objetivos institucionais imanentes do ente federado; (ii) atividades de exploração econômica destinadas primordialmente a aumentar o patrimônio do Estado ou de particulares devem ser submetidas à tributação, por se apresentarem como manifestações de riqueza e deixarem a salvo a autonomia política; e c) a desoneração não deve ter como efeito colateral relevante a quebra dos princípios da livre concorrência e do exercício de atividade profissional ou econômica lícita. 2. É possível a concessão de imunidade tributária recíproca à Companhia de Saneamento de Alagoas (CASAL), pois, em que pese ostentar, como sociedade de economia mista, natureza de ente privado: (i) executa serviço público de abastecimento de água e tratamento de esgoto; e (ii) o faz de modo exclusivo; (iii) o percentual de participação do Estado de Alagoas no capital social da empresa é de 99,96%; (iv) trata-se de empresa de capital fechado. São, ademais, tais premissas que, juntamente com o dispositivo do decisum, formam a coisa julgada, não havendo, destarte, que se falar que a mera possibilidade de alteração no quadro societário da empresa seria impedimento à prolação de decisão concessiva da imunidade tributária recíproca a sociedade de economia mista" (STF, ACO 2.243 AgR-segundo, 2016).

– **Cobrança de tarifa. CORSAN.** "TRIBUTÁRIO. IMUNIDADE RECÍPROCA. CF, ARTIGO 150, VI. [...] A CORSAN é sociedade de economia mista, com personalidade jurídica de direito privado, que presta serviço público mediante concessão na forma do artigo 175 da Carta Política, cobrando tarifa diretamente do usuário, o que a afasta do benefício da imunidade recíproca" (TRF4, AC 96.04.49710-3, 2000).

• Vide comentários anteriores sobre as empresas públicas.

– **Sociedade de economia mista que presta serviços de saúde pelo SUS. Tema 115 do STF:** "Aplicação da imunidade tributária recíproca às sociedades de economia mista que prestam serviços de saúde exclusivamente pelo SUS". Decisão de mérito em 2010.

– "IMUNIDADE TRIBUTÁRIA RECÍPROCA. SOCIEDADE DE ECONOMIA MISTA. SERVIÇOS DE SAÚDE. 1. A saúde é direito fundamental de todos e dever do Estado (arts. 6º e 196 da Constituição Federal). Dever que é cumprido por meio de ações e serviços que, em face de sua prestação pelo Estado mesmo, se definem como de natureza pública (art. 197 da Lei das leis). 2. A prestação de ações e serviços de saúde por sociedades de economia mista corresponde à própria atuação do Estado, desde que a empresa estatal não tenha por finalidade a obtenção de lucro. 3. As sociedades de economia mista prestadoras de ações e serviços de saúde, cujo capital social seja majoritariamente estatal, gozam da imunidade tributária prevista na alínea 'a' do inciso VI do art. 150 da Constituição Federal" (STF, RE 580.264, 2010).

– "REPERCUSSÃO GERAL. IMUNIDADE TRIBUTÁRIA RECÍPROCA. SOCIEDADE DE ECONOMIA MISTA. SERVIÇOS DE SAÚDE. 1. A saúde é direito fundamental de todos e dever do Estado (arts. 6º e 196 da Constituição Federal). Dever que é cumprido por meio de ações e serviços que, em face de sua prestação pelo Estado mesmo, se definem como de natureza pública (art. 197 da Lei das leis). 2. A prestação de ações e serviços de saúde por sociedades de economia mista correspondem à própria atuação do Estado, desde que a empresa estatal não tenha por finalidade a obtenção de lucro. 3. As sociedades de economia mista prestadoras de ações e serviços de saúde, cujo capital social seja majoritariamente estatal, gozam da imunidade tributária prevista na alínea *a* do inciso VI do art. 150 da Constituição Federal. 3. Recurso extraordinário a que se dá provimento, com repercussão geral" (STF, RE 580.264, 2010).

– **Sociedade de economia mista exploradora de atividade econômica.** "2. O Supremo Tribunal Federal já assentou, em sede de repercussão geral, que a regra imunizante do art. 150, VI, *a*, da Constituição Federal, estende-se à Companhia Docas do Estado de São Paulo" (STF, AR 1.923 AgR, 2015).

– "IMUNIDADE RECÍPROCA. SOCIEDADE DE ECONOMIA MISTA CONTROLADA POR ENTE FEDERADO. CONDIÇÕES PARA APLICABILIDADE DA PROTEÇÃO CONSTITUCIONAL. ADMINISTRAÇÃO PORTUÁRIA. COMPANHIA DOCAS DO ESTADO DE SÃO PAULO (CODESP). INSTRUMENTALIDADE ESTATAL. ARTS. 21, XII, *f*, 22, X, e 150, VI, *a* DA CONSTITUIÇÃO. DECRETO FEDERAL 85.309/1980. 1. IMUNIDADE RECÍPROCA. CARACTERIZAÇÃO. Segundo teste proposto pelo ministro-relator, a aplicabilidade da imunidade tributária recíproca (art. 150, VI, *a* da Constituição) deve passar por três estágios, sem prejuízo do atendimento de outras normas constitucionais e legais: 1.1. A imunidade tributária recíproca se aplica à propriedade, bens e serviços utilizados na satisfação dos objetivos institucionais imanentes do ente federado, cuja tributação poderia colocar em risco a respectiva autonomia política. Em consequência, é incorreto ler a cláusula de imunização de modo a reduzi-la a mero instrumento destinado a dar ao ente federado condições de contratar em circunstâncias mais vantajosas, independentemente do contexto. 1.2. Atividades de exploração econômica, destinadas primordialmente a aumentar o patrimônio do Estado ou de particulares, devem ser submetidas à tributação, por apresentarem-se como manifestações de riqueza e deixarem a salvo a autonomia política. 1.3. A desoneração não deve ter como efeito colateral relevante a quebra dos princípios da livre-concorrência e do exercício de atividade profissional ou econômica lícita. Em princípio, o sucesso ou a desventura empresarial devem pautar-se por virtudes e vícios próprios do mercado e da administração, sem que a intervenção do Estado seja favor preponderante. 2. SOCIEDADE DE ECONOMIA MISTA. EXPLORAÇÃO DE SERVIÇOS DE ADMINISTRAÇÃO PORTUÁRIA. CONTROLE ACIONÁRIO MAJORITÁRIO DA UNIÃO. AUSÊNCIA DE INTUITO LUCRATIVO. FALTA DE RISCO AO EQUILÍBRIO CONCORRENCIAL E À LIVRE-INICIATIVA. Segundo se depreende dos autos, a Codesp é instrumentalidade estatal, pois: 2.1. Em uma série de precedentes, esta Corte reconheceu que a exploração dos portos marítimos, fluviais e lacustres caracteriza-se como serviço público. 2.2. O controle acionário da Codesp pertence em sua quase totalidade à União (99,97%). Falta da indicação de que a atividade da pessoa jurídica satisfaça primordialmente interesse de acúmulo patrimonial público ou privado. 2.3. Não há indicação de risco de quebra do equilíbrio concorrencial ou de livre-iniciativa, eis que ausente comprovação de que a Codesp concorra com outras entidades no campo de sua atuação" (STF, RE 253.472, 2010).

– **Sociedade de economia mista com ações negociadas em bolsas de valores. Tema 508 do STF:** "Sociedade de economia mista, cuja participação acionária é negociada em Bolsas de Valores, e que, inequivocamente, está voltada à remuneração do capital de seus controladores ou acionistas, não está abrangida pela regra de imunidade tributária prevista no art. 150, VI, *a*, da Constituição, unicamente em razão das atividades desempenhadas". Decisão do mérito em 2020.

– "IMUNIDADE RECÍPROCA. SOCIEDADE DE ECONOMIA MISTA. NATUREZA JURÍDICA DE DIREITO PRIVADO. PARTICIPAÇÃO ACIONÁRIA DISPERSA E NEGOCIADA EM BOLSA DE VALORES. EXAME DA RELAÇÃO ENTRE OS SERVIÇOS PÚBLICOS PRESTADOS E O OBJETIVO DE DISTRIBUIÇÃO DE LUCROS A INVESTIDORES PÚBLICOS E PRIVADOS COMO ELEMENTO DETERMINANTE PARA APLICAÇÃO DA SALVAGUARDA CONSTITUCIONAL. SERVIÇO PÚBLICO DE SANEAMENTO BÁSICO SEM FINS LUCRATIVOS. CF/88, ARTS. 5º, II, XXXV, LIV E LV; 37, INCISOS XIX E XXI E § 6º; 93, IX; 150, VI; E 175, PARÁGRAFO ÚNICO. PRECEDENTES QUE NÃO SE ADEQUAM PERFEITAMENTE AO CASO CONCRETO. IMUNIDADE QUE NÃO DEVE SER RECONHECIDA. REDATOR PARA ACÓRDÃO (ART. 38, IV, *B*, DO RISTF). FIXAÇÃO DA TESE DE REPERCUSSÃO GERAL. 1. A matéria foi decidida por maioria Plenário do Supremo Tribunal Federal, que acompanhou o voto do I. Relator, Min. Joaquim Barbosa. Redação da proposta de tese de repercussão geral (art. 38, IV, *b*, do RISTF). 2. A imunidade tributária recíproca (art. 150, IV, *a*, da Constituição) não é aplicável às sociedades de economia mista cuja participação acionária é negociada em Bolsas de Valores, e que, inequivocamente, estão voltadas à remuneração do capital de seus controladores ou acionistas, unicamente em razão das atividades desempenhadas. 3. O Supremo Tribunal Federal nos autos do RE 253.472, Redator para o acórdão Min. Joaquim Barbosa, *DJe* 1º/2/2011, já decidiu, *verbis*: atividades de exploração econômica, destinadas primordialmente a aumentar o patrimônio do Estado ou de particulares, devem ser submetidas à tributação, por apresentarem-se como manifestações de riqueza e deixarem a salvo a autonomia política. 4. *In casu*, trata-se de sociedade de economia mista de capital aberto, autêntica S/A, cuja participação acionária é negociada em Bolsas de Valores (Bovespa e New York Stock Exchange, e.g.) e que, em agosto de 2011, estava dispersa entre o Estado de São Paulo (50,3%), investidores privados em mercado nacional (22,6% – Bovespa) e investidores privados em mercado internacional (27,1% – NYSE), ou seja, quase a metade do capital social pertence a investidores. A finalidade de abrir o capital da empresa foi justamente conseguir fontes sólidas de financiamento, advindas do mercado, o qual espera receber lucros como retorno deste investimento. 5. A peculiaridade afasta o caso concreto da jurisprudência da Suprema Corte que legitima o gozo da imunidade tributária. 6. Recurso Extraordinário improvido pela maioria do Supremo Tribunal Federal. 7. Proposta de tese de repercussão geral: 'Sociedade de economia mista, cuja participação acionária é negociada em Bolsas de Valores, e que, inequivocamente, está voltada à remuneração do capital de seus controladores ou acionistas, não está abrangida pela regra de imunidade tributária prevista no art. 150, VI, 'a', da Constituição, unicamente em razão das atividades desempenhadas'" (STF, RE 600.867, 2020).

– **Bens públicos de uso especial sob uso de sociedade de economia mista.** Já decidiu o STF, também, que a "imunidade tributária constante do art. 150, VI, *a*, da Constituição Federal alcança o imóvel pertencente à União que se encontra em posse precária de concessionária de serviço público para ser utilizado na atividade fim a qual essa se destina" (STF, ARE 947.142 AgR, 2016).

– Estando, a União, na condição de sujeito passivo do IPTU, enquanto proprietária do bem, o que se poderia discutir era se tal bem, por sua destinação, estaria ou não abrangido pela imunidade, em face do que dispõe o art. 150, § 3º, da CF, mas transferir a posição de contribuinte a sociedade de economia mista possuidora direta do bem em face de contrato de arrendamento não se mostraria adequado ao figurino constitucional e legal do IPTU. Veja-se: "1. Nos termos da jurisprudência desta Corte, o bem imóvel de domínio da União, ocupado por cessionária de uso de área, não se sujeita a incidência de IPTU, haja vista que a posse, nessa situação, não é dotada de *animus domini*. 2. O cessionário do direito de uso não é contribuinte do IPTU, haja vista que é possuidor por relação de direito pessoal, não exercendo *animus domini*, sendo possuidor do imóvel como simples detentor de coisa alheia" (STJ, AgRg no REsp 1.034.641, 2013).

⇒ **Concessionárias de serviços públicos, delegatários (tabeliães) e cessionárias de bens de uso especial.** Vide as notas ao art. 13 do CTN, que dispõe: "Art. 13. O disposto na alínea *a* do inciso IV do art. 9º não se aplica aos serviços públicos concedidos, cujo tratamento tributário é estabelecido pelo poder concedente, no que se refere aos tributos de sua competência, ressalvado o que dispõe o parágrafo único".

⇒ **Patrimônio, renda e serviços vinculados às finalidades essenciais ou delas decorrentes.** Não basta ser autarquia ou fundação pública para estar imune a quaisquer impostos, porquanto tal depende da afetação do patrimônio, da renda e dos serviços às finalidades essenciais do ente.

– **O ônus da prova do desvio de finalidade é do fisco.** "IMUNIDADE TRIBUTÁRIA. IPTU. ÔNUS DA PROVA. PRESUNÇÃO DE QUE O IMÓVEL SE DESTINA AOS FINS INSTITUCIONAIS DA PESSOA DE DIREITO PÚBLICO TITULAR. PROVA EM CONTRÁRIO: ÔNUS DO TRIBUTANTE. 1. Há presunção que o imóvel de entidade autárquica está afetado a destinação compatível com os objetivos e finalidades institucionais. Logo, o ônus de provar o contrário, para fins de afastar a imunidade, recai sobre o poder público tributante. Precedentes..." (STJ, AgRg no AREsp 304.126, 2013).

– **Alcança a OAB, mas não se estende à Caixa de Assistência dos Advogados.** "IMUNIDADE RECÍPROCA. ART. 150, VI, *A* DA CONSTITUIÇÃO. CAIXA DE ASSISTÊNCIA DOS ADVOGADOS. INAPLICABILIDADE. 1. A Caixa de Assistência dos Advogados, instituída nos termos dos arts. 45, IV e 62 da Lei 8.906/1994, não desempenha as atividades inerentes à Ordem dos Advogados do Brasil (defesa da Constituição, da ordem jurídica do Estado democrático de direito, dos direitos humanos, da justiça social Também não lhe compete privativamente promover a representação, a defesa, a seleção e a disciplina dos advogados em toda a República Federativa do Brasil). Trata-se de entidade destinada a prover benefícios pecuniários e assistenciais a seus associados. 2. Por não se revelar instrumentalidade estatal, a Caixa de Assistência dos Advogados não é protegida pela imunidade tributária recíproca (art. 150, VI, *a* da Constituição). 3. A circunstância de a Caixa de Assistência integrar a estrutura maior da OAB não implica na extensão da imunidade, dada a dissociação entre as atividades inerentes à atuação da OAB e as atividades providas em benefício individual dos associados. Recurso extraordinário conhecido e ao qual se dá provimento" (STF, RE 233.843, 2009).

§ 3º As vedações do inciso VI, *a*, e do parágrafo anterior não se aplicam ao patrimônio, à renda e aos serviços, relacionados com exploração de atividades econômicas regidas pelas normas aplicáveis a empreendimentos privados, ou em que haja contraprestação ou pagamento de preços ou tarifas pelo usuário, nem exonera o promitente comprador da obrigação de pagar imposto relativamente ao bem imóvel.

⇒ **Atividades econômicas.** "1.2. Atividades de exploração econômica, destinadas primordialmente a aumentar o patrimônio do Estado ou de particulares, devem ser submetidas à tributação, por apresentarem-se como manifestações de riqueza e deixarem a salvo a autonomia política. 1.3. A desoneração não deve ter como efeito colateral relevante a quebra dos princípios da livre-concorrência e do exercício de atividade profissional ou econômica lícita. Em princípio, o sucesso ou a desventura empresarial devem pautar-se por virtudes e vícios próprios do mercado e da administração, sem que a intervenção do Estado seja favor preponderante" (STF, RE 253.472, 2010).

⇒ **Atividades não tipicamente estatais.** "ECT. SERVIÇOS POSTAIS. INCIDÊNCIA DE ISS. IMUNIDADE TRIBUTÁRIA. ART. 150, VI, *A*, DA CF/88. INTERMEDIAÇÃO DE TÍTULOS DE CAPITALIZAÇÃO. TAXAS. 1. No desempenho dos serviços postais tipicamente públicos previstos na Lei 6.538/78, estende-se à ECT a imunidade tributária prevista no art.150, VI, *a*, CF/88; 2. À distribuição de títulos de capitalização não se estende a imunidade tributaria destinada aos serviços públicos, porquanto tal atividade não se reveste de natureza tipicamente estatal, revelando interesses econômicos" (TRF4, AC 2002.70.07.001027-3, 2004).

⇒ **Imóveis.** Há vários questionamentos sobre a tributação de imóveis de entes imunes. Vêm entendendo, o STF e o STJ que a destinação à atividade típica do ente imune se presume, embora possa ser afastada essa presunção pelo fisco.

– "IMUNIDADE TRIBUTÁRIA. IPTU. ÔNUS DA PROVA. PRESUNÇÃO DE QUE O IMÓVEL SE DESTINA AOS FINS INSTITUCIONAIS DA PESSOA DE DIREITO PÚBLICO TITULAR. PROVA EM CONTRÁRIO: ÔNUS DO TRIBUTANTE. 1. Há presunção que o imóvel de entidade autárquica está afetado a destinação compatível com os objetivos e finalidades institucionais. Logo, o ônus de provar o contrário, para fins de afastar a imunidade, recai sobre o poder público tributante" (STJ, AgRg no AREsp 304.126, 2013).

– **Imóvel alugado a terceiro. IPTU.** "IPTU. IMÓVEL DE AUTARQUIA. O Instituto de Previdência dos Servidores Militares do Estado de Minas Gerais foi acionado pela Fazenda Municipal a pagar IPTU incidente sobre imóvel alugado de sua propriedade. A Turma confirmou a decisão *a quo*, entendendo que a autarquia estadual é imune ao pagamento do IPTU sobre seu imóvel e a imunidade não cessa no caso de aluguel, além de que o ônus de informar sobre o destino do imóvel ao Fisco também não deve ser suportado pela autarquia... REsp 285.799" (STJ, *Informativo* n. 128, 2002).

• Vide, sobre a mesma matéria, notas ao § 4º deste artigo.

⇒ **Concessionárias de serviços públicos.** Vide notas ao § 2º.

⇒ **Promitente comprador. IPTU. Súmula n. 583 do STF.** Eis o enunciado: "Promitente comprador de imóvel residencial transcrito em nome de autarquia é contribuinte do Imposto Predial e Territorial Urbano".

– "O objetivo da parte final desse § 3º foi o de possibilitar a tributação do compromissário comprador de um imóvel de propriedade de entidade imune" (HARADA, Kiyoshi. *IPTU:* doutrina e prática. São Paulo: Atlas, 2012, p. 94).

– **Ou em que haja contraprestação ou pagamento de preços ou tarifas pelo usuário. Tema 1.140** (RE 1.320.054 RG, 2021), fixada a seguinte tese: "As empresas públicas e as sociedades de economia mista delegatárias de serviços públicos essenciais, que não distribuam lucros a acionistas privados nem ofereçam risco ao equilíbrio concorrencial, são beneficiárias da imunidade tributária recíproca prevista no artigo 150, VI, *a*, da Constituição Federal, independentemente de cobrança de tarifa como contraprestação do serviço".

§ 4º As vedações expressas no inciso VI, alíneas *b* e *c*, compreendem somente o patrimônio, a renda e os serviços, relacionados com as finalidades essenciais das entidades nelas mencionadas.

⇒ **Conceito de "finalidades essenciais".** "As finalidades essenciais a que alude o preceito constitucional confundem-se

com os objetivos estatutários, conforme se infere da interpretação conjugada do Texto Maior com o art. 14, § 2º, do Código Tributário Nacional, cuja redação preceitua que 'os serviços a que se refere a alínea *c* do inciso 9º são exclusivamente os diretamente relacionados com os objetivos institucionais das entidades de que trata este artigo, previstos nos respectivos estatutos ou atos constitutivos'. Tudo o que visar ao implemento dos objetivos estatutários estará, naturalmente, relacionado com as atividades essenciais da entidade. O patrimônio, rendas e serviços não precisam estar destinados diretamente a cursos educativos, sendo necessário apenas que sua utilização tenha por meta o implemento da atividade promovida pela instituição, como infraestrutura empregada para viabilizar seu fim social" (CARVALHO, Paulo de Barros. Imunidades condicionadas e suspensão de imunidades: análise dos requisitos do artigo 14 do Código Tributário Nacional Impostos às Instituições de Educação sem Fins Lucrativos. *RET* 80/7, 2011).

– **Há presunção destinação às finalidades essenciais.** "1. As entidades imunes gozam da presunção de que seu patrimônio, renda e serviços são destinados às suas finalidades essenciais, de modo que o afastamento da imunidade só pode ocorrer mediante a constituição de prova do desvio de finalidade, a cargo da administração tributária" (STF, ARE 1.102.838 AgR, 2019).

– "Imunidade. Entidade educacional. Artigo 150, inciso VI, alínea *c*, da Constituição Federal. ITBI. Aquisição de terreno sem edificação. Fato gerador. Momento da aquisição. Destinação às finalidades essenciais da entidade. Presunção. Ônus da prova. Precedentes. 1. No caso do ITBI, a destinação do imóvel às finalidades essenciais da entidade deve ser pressuposta, sob pena de não haver imunidade para esse tributo. 2. A condição de um imóvel estar vago ou sem edificação não é suficiente, por si só, para destituir a garantia constitucional da imunidade. 3. A regra da imunidade se traduz numa negativa de competência, limitando, a priori, o poder impositivo do Estado. 4. Na regra imunizante, como a garantia decorre diretamente da Carta Política, mediante decote de competência legislativa, as presunções sobre o enquadramento originalmente conferido devem militar a favor das pessoas ou das entidades que apontam a norma constitucional. 5. Quanto à imunidade prevista no art. 150, inciso VI, alínea *c*, da Constituição Federal, o ônus de elidir a presunção de vinculação às atividades essenciais é do Fisco." (STF, RE 470520, 2013)

– "O Supremo Tribunal Federal consolidou o entendimento de que não cabe à entidade religiosa demonstrar que utiliza o bem de acordo com suas finalidades institucionais. Ao contrário, compete à Administração tributária demonstrar a eventual tredestinação do bem gravado pela imunidade" (STF, ARE 800395 AgR, 2014).

⇒ **Operações financeiras. IOF. Imunidade.** A realização de operações financeiras pelos entes imunes, inerentes à sua gestão, não implica qualquer desvio de finalidade, de modo que a imunidade recíproca alcança o IOF.

– "2. Imposto sobre operações financeiras: IOF. 3. Art. 150, VI, *a*, da Constituição Federal. Imunidade recíproca. Cobrança sobre operações financeiras praticadas pelo Estado de São Paulo. Impossibilidade. Precedentes" (STF, ACO 502 AgR, 2016).

– Está em discussão, com repercussão geral, no RE 611510 (**Tema 328 do STF**), a "constitucionalidade, ou não, da incidência do IOF sobre as operações financeiras de curto prazo realizadas por partidos políticos, entidades sindicais, instituições de educação e de assistência social sem fins lucrativos, beneficiários de imunidade quanto ao referido imposto". A questão diz respeito, mais uma vez, ao alcance da imunidade genérica a impostos. Desta feita, não propriamente na perspectiva da restrição da incidência aos impostos sobre o patrimônio a renda ou os serviços dos entes imunes, mas sob a ótica do que configura ou não atividade típica ou essencial do ente imune, que justifica sua imunidade.

– **Art. 12, § 1º, da Lei 9.532/97. Operações financeiras em geral.** "... IMUNIDADE. ART. 150, VI, C. RENDAS DE APLICAÇÕES FINANCEIRAS. ABRANGÊNCIA. Os rendimentos de aplicações financeiras de renda fixa ou variável não implicam renda dissociada da atividade fim do ente imune. As operações financeiras destinadas à viabilizar ou otimizar a atuação das entidades nas suas atividades fins não desbordam do seu objeto, caracterizando-se como simples instrumento administrativo para a consecução das suas atividades. Sendo os recursos destinados à sua atividade fim, não há que se afastar a imunidade. O STF suspendeu a eficácia do § 1º do art. 12 da Lei 9.532/97 na ADINMC 1.802" (TRF4, AMS 200004010689187, 2003).

– "IOF – APLICAÇÕES FINANCEIRAS – INSTITUIÇÕES COM FINALIDADES ESSENCIAIS – ADIn N. 1802. A cobrança do IOF de aplicações financeiras das instituições de educação e de assistência social, sem fins lucrativos, que preencham os requisitos do art. 14 do CTN, está suspensa por força de liminar concedida pelo STF no julgamento da ADI N. 1802" (TRF4, AMS 1999.04.01.104933-5, 2000).

– "1. A imunidade é uma delimitação negativa da competência tributária, mas como toda norma jurídica, as normas constitucionais não estão infensas a interpretações, cumprindo ao exegeta determinar a melhor forma de aplicar as regras de imunidade, cuidando com especial relevo, no caso concreto, da relação entre a letra *c*, inciso VI, do artigo 150 da CF com o § 4º desse mesmo artigo ('As vedações expressas no inciso VI, alíneas *b* e *c*, compreendem somente o patrimônio, a renda e os serviços, relacionados com as finalidades essenciais das entidades nelas mencionadas'). 2. A imunidade objetiva disposta no inciso VI do artigo 150 da Constituição Federal é ampla e, para alcançar os efeitos de preservação, proteção e estímulo, inspiradores do constituinte pelo fato de serem os fins das instituições beneficiadas também atribuições, interesses e deveres do Estado, deve abranger todos os impostos que, por seus efeitos econômicos, segundo as circunstâncias, desfalcariam o patrimônio, diminuíram a eficácia dos serviços ou a integral aplicação das rendas aos objetivos específicos daquelas entidades presumidamente desinteressadas, por sua própria natureza. (Aliomar Baleeiro, *in* Limitações Constitucionais ao Poder de Tributar, Editora Forense, 7ª edição, p. 313) 3. A imunidade, portanto, deve abarcar a hipótese de investimento no mercado financeiro, uma vez que as instituições de educação ou de assistência social, ressalta inequívoco, quando

ingressam no mercado de investimento procedem no campo de autodefesa, visando a afastar os efeitos da inflação. 4. Para regular as limitações ao poder de tributar, o que pretendeu o dispositivo acoimado de inconstitucional, o instrumento legislativo que a Constituição exige (artigo 146, II) é a Lei Complementar. Assim, material e formalmente, resulta evidente a inconstitucionalidade. 5..." (TRF4, AMS 1998.04.01066947-7, 2000).

– "Não há dúvida de que os rendimentos obtidos nas aplicações financeiras estão abrangidos pela imunidade, e não cabe à lei ordinária, a pretexto de regulamentar o dispositivo constitucional, restringir o seu alcance" (ÁVILA, René Bergmann. *Lei 9.532/97 comentada e anotada*; Síntese, 1998, nota 74, p. 91).

– **Art. 28 da Lei n. 9.532/97. Aplicações em fundos de investimento.** O art. 28 da Lei 9.532/97 disciplinou a incidência do imposto de renda sobre os rendimentos auferidos por qualquer beneficiário, inclusive pessoa jurídica imune ou isenta, nas aplicações em fundos de investimento. A expressão "inclusive pessoa jurídica imune", contudo, foi declarada inconstitucional pelo STF quando do julgamento da ADI 1.758-4, 2004.

⇒ **Remuneração de padres e pastores é tributável.** "... no que tange à remuneração percebida, como pessoa física, pelos padres, pastores, pais-de-santo, etc., como contraprestação dos serviços, mesmo os religiosos, que realizam, bem como no concerte ao patrimônio pessoal deles, deve prevalecer a regra geral da tributação, em respeito ao princípio da vedação de tratamento desigual entre contribuintes que se encontrem em situação equivalente, proibida qualquer distinção em razão da ocupação profissional ou função por eles exercida..." (SARAIVA FILHO, Oswaldo Othon de Pontes. A imunidade das instituições religiosas. *RFDT* 27/21, maio-jun. 2007).

⇒ **Imóveis.** Há vários questionamentos sobre a tributação de imóveis de entes imunes. Vêm entendendo, o STF e o STJ que a destinação à atividade típica do ente imune se presume, embora possa ser afastada essa presunção pelo fisco.

– **Residência e escritório de membros.** "IMUNIDADE – INSTITUIÇÕES DE EDUCAÇÃO E ASSISTÊNCIA SOCIAL SEM FINS LUCRATIVOS – IMÓVEIS – ESCRITÓRIO E RESIDÊNCIA DE MEMBROS. O fato de os imóveis estarem sendo utilizados como escritório e residência de membros da entidade não afasta a imunidade prevista no artigo 150, inciso VI, alínea *c*, § 4º da Constituição Federal" (STF, RE 231.395, 1998).

– "IMUNIDADE. INSTITUIÇÕES DE EDUCAÇÃO E ASSISTÊNCIA SOCIAL SEM FINS LUCRATIVOS. IMÓVEIS. ESCRITÓRIO E RESIDÊNCIA DE MEMBROS. O fato de os imóveis estarem sendo utilizados como escritório e residência de membros da entidade não afasta a imunidade prevista no art. 150, inciso VI, alínea *c*, § 4º, da Constituição Federal" (STJ, RE 221.395-8, 2000). Vê-se do voto condutor: "Quanto à residência de membros engajados na edificante tarefa de difundir a Bíblia, atente-se para a razão de ser a eles proporcionada moradia gratuita. [...] Nada mais natural do que, visando ao implemento dos objetivos da Impetrante, o êxito dos trabalhos desenvolvidos, proporcionar-se a essas pessoas a moradia gratuita, bem como o respectivo sustento. O alcance do § 4º do art. 150

da Constituição Federal não é outro senão elucidar a adequação da imunidade toda vez que se tenha o patrimônio, a renda e os serviços colocados à disposição das finalidades essenciais dessas entidades. [...] O fato, portanto, de os imóveis estarem destinados a servir de escritório e residência para membros da Impetrante, para missionários, bem como para depósito de materiais não os faz sujeitos à incidência do Imposto Predial e Territorial urbano. Tal destinação viabiliza a própria atividade da Impetrante. Uma coisa é verificar-se, tal como retratada no acórdão proferido, a utilização dos imóveis como a encerrar o local de trabalho daqueles que estão engajados na missão e a residência destes. Outra totalmente diversa diria respeito 'a utilização dos imóveis para finalidades estranhas aos estatutos da Impetrante, passando esta a ombrear com pessoas naturais e jurídicas de direito privado integradas ao mercado, competindo, assim, em verdadeira atividade econômica'".

– Imóvel para recreação e lazer dos funcionários. Ausência de desvio. "Imunidade Tributária e Atividades de Lazer. A Turma negou provimento a recurso extraordinário em que o Município de São Paulo pretendia tributar imóvel (IPTU) de propriedade de fundação caracterizada como entidade de assistência social. O recorrente alegava que a imunidade alcançaria apenas os imóveis vinculados a atividade específica da fundação e não clube utilizado por funcionários desta com fins de recreação e lazer. Asseverou-se que o emprego do imóvel para tais propósitos não configura desvio de finalidade em relação aos objetivos da entidade filantrópica. Dessa forma, concluiu-se que a decisão impugnada – que afastara o desvio de finalidade com o intuito de assegurar a imunidade tributária com base no reconhecimento de que a atividade de recreação e lazer está no alcance das finalidades da fundação – não violou o art. 150, § 4º, da CF... RE 236.174, 2008" (*Informativo* n. 518 do STF, 2008).

– Estacionamento de orfanato. IPTU. Imunidade. "Entendendo que a imunidade tributária conferida a instituições de assistência social sem fins lucrativos (CF/88, art. 150, VI, *c*) abrange inclusive os serviços que não se enquadrem em suas finalidades essenciais, a Turma manteve acórdão do Tribunal de Justiça do Estado de Minas Gerais que reconhecera à instituição de assistência social mantenedora de orfanato a imunidade relativamente ao pagamento do IPTU cobrado de imóvel utilizado para estacionamento de veículos" (*Informativo* 193 do STF, 2000).

– Livraria no imóvel. "... IMUNIDADE. ENTIDADE BENEFICENTE. IPTU. O Tribunal *a quo* seguiu corretamente a orientação desta Suprema Corte, ao assentar que o fato de uma entidade beneficente manter uma livraria em imóvel de sua propriedade não afasta a imunidade tributária prevista no art. 150, VI, *c*, da Constituição, desde que as rendas auferidas sejam destinadas a suas atividades institucionais, o que impede a cobrança do IPTU pelo município" (STF, EDRE 345.830 2, 2002).

– Lotes vagos e prédios comerciais. "[...] 2. Imunidade tributária de templos de qualquer culto. Vedação de instituição de impostos sobre o patrimônio, renda e serviços relacionados com as finalidades essenciais das entidades. Artigo 150, VI, *b* e § 4º, da Constituição. 3. Instituição religiosa. IPTU sobre imóveis de sua propriedade que se encontram alugados. 4. A imunidade prevista no art. 150, VI, *b*, CF, deve abranger não somente os prédios destinados ao culto, mas, também, o patrimônio, a renda e os serviços 'relacionados com as finalidades essenciais das entidades nelas mencionadas'. 5. O § 4º do dispositivo constitucional serve de vetor interpretativo das alíneas *b* e *c* do inciso VI do art. 150 da Constituição Federal. Equiparação entre as hipóteses das alíneas referidas" (STF, RE 325.822, 2002).

– Imóveis vagos, temporariamente ociosos. Tema 693: "A imunidade tributária prevista no art. 150, VI, *c*, da CF/88 aplica-se aos bens imóveis, temporariamente ociosos, de propriedade das instituições de educação e de assistência social sem fins lucrativos que atendam os requisitos legais". Decisão do mérito em 2013.

– "IMUNIDADE – INSTITUIÇÃO DE EDUCAÇÃO – IMÓVEIS LOCADOS E NÃO EDIFICADOS – INEXISTÊNCIA. Consoante dispõe o artigo 150, § 4º, da Constituição Federal, as instituições de educação apenas gozam de imunidade quando o patrimônio, a renda e os serviços estão relacionados a finalidades essenciais da entidade. Imóveis locados e lotes não edificados ficam sujeitos ao Imposto Predial e Territorial Urbano – IPTU" (STF, AI 661.713 AgR, 2013).

– "Imunidade. Entidade de assistência social. Artigo 150, VI, *c*, CF. Imóvel vago. Finalidades essenciais. Presunção. Ônus da prova... 3. No caso da imunidade das entidades beneficentes de assistência social, a Corte tem conferido interpretação extensiva à respectiva norma [...] 4. Adquirido o *status* de imune, as presunções sobre o enquadramento originalmente conferido devem militar a favor do contribuinte, de modo que o afastamento da imunidade só pode ocorrer mediante a constituição de prova em contrário produzida pela administração tributária... 5. A constatação de que um imóvel está vago ou sem edificação não é suficiente, por si só, para destituir a garantia constitucional da imunidade. A sua não utilização temporária deflagra uma neutralidade que não atenta contra os requisitos que autorizam o gozo e a fruição da imunidade" (STF, RE 385.091, 2013).

– Terreno baldio. "IMUNIDADE. IPTU. ART. 150, VI, *c*, DA CF/88. TERRENO BALDIO. FINALIDADE ESSENCIAL. SESI... Terrenos baldios sem vinculação às finalidades essenciais da entidade afastam a imunidade prevista no art. 150, VI, *c*, da Constituição Federal" (STF, RE 375.715 ED, 2010).

– Imóvel alugado. Renda aplicada nas finalidades essenciais. Imunidade. Súmula Vinculante n. 52 do STF: "Ainda quando alugado a terceiros, permanece imune ao IPTU o imóvel pertencente a qualquer das entidades referidas pelo art. 150, VI, *c*, da Constituição, desde que o valor dos aluguéis seja aplicado nas atividades para as quais tais entidades foram constituídas".

– Súmula 724 do STF: "Ainda quando alugado a terceiros, permanece imune ao IPTU o imóvel pertencente a qualquer das entidades referidas pelo art. 150, VI, *c*, da Constituição, desde que o valor dos aluguéis seja aplicado nas atividades essenciais de tais entidades" (2003).

– Imóvel arrendado. Súmula CARF 70: É imune ao ITR o imóvel pertencente às entidades indicadas no artigo 150, VI, *c*, da Constituição, que se encontra arrendado, desde que a receita assim obtida seja aplicada nas atividades essenciais das entidades.

– Aquisição de imóvel. ITBI e IPTU. "... SENAC. Instituição de educação sem finalidade lucrativa. ITBI. Imunidade. [...] –

Esta Corte, por seu Plenário, ao julgar o RE 237.718, firmou o entendimento de que a imunidade tributária do patrimônio das instituições de assistência social (artigo 150, VI, c, da Constituição) se aplica para afastar a incidência do IPTU sobre imóveis de propriedade dessas instituições, ainda quando alugados a terceiros, desde que os aluguéis sejam aplicados em suas finalidades institucionais. – Por identidade de razão, a mesma fundamentação em que se baseou esse precedente se aplica a instituições de educação, como a presente, sem fins lucrativos, para ver reconhecida, em seu favor, a imunidade relativamente ao ITBI referente à aquisição por ela de imóvel locado a terceiro, destinando-se os aluguéis a ser aplicados em suas finalidades institucionais. Recurso extraordinário não conhecido" (STF, RE 235.737, 2002).

– **Cemitério.** "IMUNIDADE TRIBUTÁRIA. IPTU. ARTIGO 150, VI, B, CB/88. CEMITÉRIO. EXTENSÃO DE ENTIDADE DE CUNHO RELIGIOSO. 1. Os cemitérios que consubstanciam extensões de entidades de cunho religioso estão abrangidos pela garantia contemplada no artigo 150 da Constituição do Brasil. Impossibilidade da incidência de IPTU em relação a eles. 2. A imunidade aos tributos de que gozam os templos de qualquer culto é projetada a partir da interpretação da totalidade que o texto da Constituição é, sobretudo do disposto nos artigos 5º, VI, 19, I e 150, VI, b. 3. As áreas da incidência e da imunidade tributária são antípodas" (STJ, RE 578.562, 2008).

⇒ **Atividade econômica realizada na sede da entidade, com vinculação ao seu objeto.** As atividades que, embora impliquem ingresso de recursos, não estejam desvinculadas do objeto da entidade e sejam prestadas na sua sede, não implicam desvio de finalidade, estando, pois, abrangidas pela imunidade.

– **Comercialização de produtos religiosos. Quermesses.** As quermesses e almoços realizados nas igrejas, bem como a comercialização de produtos religiosos não desbordam das finalidades essenciais e, por isso, as receitas provenientes dessas atividades estão abrangidas pela imunidade.

– **Exploração de estacionamento interno de hospital. ISS. Imunidade.** "Instituição de Assistência Social. ISS sobre preço cobrado em estacionamento de veículos nessa instituição. Imunidade quer em face do artigo 19, III, c da Emenda Constitucional n. 1/69, quer em face do artigo 150, VI, c, da atual Carta Magna. Precedentes do S.T.F.: RREE 116.188 e 144.900. Recurso extraordinário conhecido e provido" (STF, RE 218.503, 1999).

– **Cinema do SESC, aberto ao público. Imunidade.** – "Imposto Sobre Serviços. Imunidade tributária reconhecida ao Serviço Social do Comércio – SESC, mesmo em se tratando de serviço de diversão pública (cinema), mediante cobrança de ingresso a seus filiados e aos frequentadores em geral (art. 19, III, c, da CF de 1967 – E.C. n. 1-69)" (STF, RE 116.552-9, 2000).

– **Farmácia do SESI.** "... IMUNIDADE... 6 – O SESI é entidade privada de serviço social e de formação profissional... 7 – Essa imunidade se estende também à renda obtida pelo SESI nas atividades desenvolvidas em suas farmácias e empreendimentos congêneres, destinados ao atendimento de seus fins beneficentes. 8..." (TRF4, EIAC 2001.71.08.000290-8, 2005). Este prece-

dente é relativo à imunidade do art. 195, § 6º, mas aplica-se, também, à imunidade do art. 150, VI.

⇒ **Atividade econômica realizada em regime de livre concorrência.** Não concordamos com o entendimento de que se deva admitir a imunidade de atividades econômicas realizadas por entes imunes desde que o produto seja vertido para a finalidade essencial. O § 4º exige que o próprio patrimônio, renda e serviços sejam relacionados com as finalidades essenciais; do contrário, não há imunidade. É preciso ter em conta que o art. 170 da Constituição eleva a livre concorrência a princípio da ordem econômica, não podendo restar desconsiderada e ofendida pela extensão desmedida das imunidades a atividades que jamais se pretendeu imunizar.

– "... poderemos identificar, fundamentalmente, duas correntes de pensamento que divergem quanto a amplitude do alcance da norma: a) a primeira, que chamaremos restritiva, exige que o patrimônio, as rendas e os serviços em questão tenham origem nas atividades essenciais da entidade e se destinem a sua manutenção; b) a segunda, a que chamaremos ampliativa, admite que as entidades imunes possam prestar serviços, auferir rendas e adquirir patrimônio através de atividades outras que não as suas 'essenciais', desde que não haja, na espécie, violação ao princípio da livre concorrência e que os recursos assim obtidos sejam integralmente aplicados na manutenção das atividades. Prevalece hoje na doutrina brasileira a segunda corrente que, a nosso sentir, é indubitavelmente a mais consentânea com a finalidade do instituto. O saudoso Geraldo Ataliba ressaltava, a respeito, óbvio comumente olvidado: 'é de clareza hialina, ostensiva mesmo, a circunstância de que a eficácia da norma constitucional imunizante somente terá lugar se e quando existirem bens ou rendas e, tratando-se de serviços, se e quando esses proporcionarem receitas'. Na medida em que as atividades essenciais dos templos de qualquer culto são, via de regra, financeiramente deficitárias, não teria sentido algum negarlhes a possibilidade de exercer, paralelamente, atividades lucrativas, a fim de poder custear sua atividade-fim, nisto se revelando a relação a que alude o art. § 4º, da CF/88. É preciso que se lembre que a finalidade da norma imunizante é impedir que o Estado embarace, por via de tributação, a liberdade religiosa consagrada como cláusula pétrea na Constituição. [...]" (CAMPOS, Flávio. Imunidade tributária na prestação de serviços por templos de qualquer culto. *RDDT* 54/44, 2000).

– **Serviços gráficos prestados por sindicato a terceiros.** "Recurso extraordinário desprovido. 2. ICMS. Imunidade tributária que alcança os materiais relacionados com o papel. Art. 150, VI, d, da Constituição Federal. Precedentes. 3... 4. Acórdão do Tribunal de origem que, com base em elementos probatórios dos autos, assentou que as impressões gráficas realizadas pelo Impetrante estão dissociadas de sua atividade essencial. Inviabilidade de reexame dos fatos e provas da causa em sede de recurso extraordinário. Súmula 279. 5. Agravo regimental a que se nega provimento" (STF, AgRegRE 281.901, 2001).

§ 5º A lei determinará medidas para que os consumidores sejam esclarecidos acerca dos impostos que incidam sobre mercadorias e serviços.

⇒ **Direito do consumidor.** "... tal dispositivo representa o primeiro ponto de toque entre a atividade tributante e o direito do consumidor. Pretende a Lei Maior seja o consumidor informado acerca dos chamados impostos indiretos, incidentes sobre as operações com os bens e serviços que venha a adquirir e que, portanto, têm seus valores embutidos nos preços. No sistema tributário vigente, são eles o IPI, o ICMS e o ISS. São denominados impostos indiretos por parte da doutrina, porque, neles, o contribuinte *de jure* – industrial, produtor, comerciante, prestador de serviço – repassa o impacto tributário para o contribuinte de fato, evento conhecido como repercussão tributária" (COSTA, Regina Helena. A tributação e o consumidor. *Revista do CEJ/Centro de Estudos Judiciários do Conselho da Justiça Federal* 2/113-118, 1997).

– **Lei n. 12.741/2012.** A Lei n. 12.741/2012 determina que os documentos fiscais de venda de mercadorias e serviços ao consumidor deverão indicar "a informação do valor aproximado correspondente à totalidade dos tributos federais, estaduais e municipais, cuja incidência influi na formação dos respectivos preços de venda". Devem ser computados o ICMS, o ISS, o IPI, o IOF, o PIS, a COFINS e a CIDE-combustíveis, Quando o produto envolva insumos ou contenha componentes importados, que sejam relevantes para a formação do seu preço (superior a 20%), também serão informados os valores do II e das contribuições incidentes sobre a importação: PIS/COFINS-Importação. Quando se tratar de produto ou serviço de cujo preço o pagamento de pessoal constitua custo direto, serão divulgadas as contribuições previdenciárias dos empregados e do empregador.

– "Dispõe sobre as medidas de esclarecimento ao consumidor, de que trata o § 5º do artigo 150 da Constituição Federal... Art. 1º Emitidos por ocasião da venda ao consumidor de mercadorias e serviços, em todo território nacional, deverá constar, dos documentos fiscais ou equivalentes, a informação do valor aproximado correspondente à totalidade dos tributos federais, estaduais e municipais, cuja incidência influi na formação dos respectivos preços de venda. § 1º A apuração do valor dos tributos incidentes deverá ser feita em relação a cada mercadoria ou serviço, separadamente, inclusive nas hipóteses de regimes jurídicos tributários diferenciados dos respectivos fabricantes, varejistas e prestadores de serviços, quando couber. § 2º A informação de que trata este artigo poderá constar de painel afixado em local visível do estabelecimento, ou por qualquer outro meio eletrônico ou impresso, de forma a demonstrar o valor ou percentual, ambos aproximados, dos tributos incidentes sobre todas as mercadorias ou serviços postos à venda. § 3º Na hipótese do § 2º, as informações a serem prestadas serão elaboradas em termos de percentuais sobre o preço a ser pago, quando se tratar de tributo com alíquota *ad valorem*, ou em valores monetários (no caso de alíquota específica); no caso de se utilizar meio eletrônico, este deverá estar disponível ao consumidor no âmbito do estabelecimento comercial. [...]. § 5º Os tributos que deverão ser computados são os seguintes: ... ICMS... ISS... IPI... IOF... PIS/Pasep... Cofins... Contribuição de Intervenção no Domínio Econômico, incidente sobre a importação e a comercialização de petróleo e seus derivados, gás natural e seus derivados, e álcool etílico combustível (Cide). § 6º Serão informados ainda os valores referentes ao imposto de importação, PIS/Pasep/Importação e Cofins/Importação, na hipótese de produtos cujos insumos ou componentes sejam oriundos de operações de comércio exterior e representem percentual superior a 20% (vinte por cento) do preço de venda. § 7º Na hipótese de incidência do imposto sobre a importação, nos termos do § 6º, bem como da incidência do Imposto sobre Produtos Industrializados – IPI, todos os fornecedores constantes das diversas cadeias produtivas deverão fornecer aos adquirentes, em meio magnético, os valores dos 2 (dois) tributos individualizados por item comercializado. § 8º Em relação aos serviços de natureza financeira, quando não seja legalmente prevista a emissão de documento fiscal, as informações de que trata este artigo deverão ser feitas em tabelas afixadas nos respectivos estabelecimentos.[...] § 10. A indicação relativa ao IOF (prevista no inciso IV do § 5º) restringe-se aos produtos financeiros sobre os quais incida diretamente aquele tributo. § 11. A indicação relativa ao PIS e à Cofins (incisos VII e VIII do § 5º), limitar-se-á à tributação incidente sobre a operação de venda ao consumidor. § 12. Sempre que o pagamento de pessoal constituir item de custo direto do serviço ou produto fornecido ao consumidor, deve ser divulgada, ainda, a contribuição previdenciária dos empregados e dos empregadores incidente, alocada ao serviço ou produto. Art. 2º Os valores aproximados de que trata o art. 1º serão apurados sobre cada operação, e poderão, a critério das empresas vendedoras, ser calculados e fornecidos, semestralmente, por instituição de âmbito nacional reconhecidamente idônea, voltada primordialmente à apuração e análise de dados econômicos".

– **Lei n. 13.111/2015.** A Lei n. 13.111/2015 traz dispositivo específico para o mercado de veículos automotores, obrigando os empresários a informarem ao comprador o valor dos tributos incidentes sobre a comercialização do veículo, inclusive sob pena de arcarem com o valor correspondente.

– **Lei n. 8.078/90 (Código do Consumidor).** É direito básico do consumidor a informação adequada e clara não apenas sobre quantidade, características, composição, qualidade, preço e riscos que apresentem os diferentes produtos e serviços, mas também sobre os "tributos incidentes", nos termos do art. 6º, III, da Lei n. 8.078/90, com a redação dada pela Lei n. 12.741/2012.

> **§ 6º Qualquer subsídio ou isenção, redução de base de cálculo, concessão de crédito presumido, anistia ou remissão, relativos a impostos, taxas ou contribuições, só poderá ser concedido mediante lei específica, federal, estadual ou municipal, que regule exclusivamente as matérias acima enumeradas ou o correspondente tributo ou contribuição, sem prejuízo do disposto no art. 155, § 2º, XII, g.**

⇒ **EC n. 3/93.** Este § 6º está com a redação que lhe atribuiu a EC n. 3/93. Eis a redação original: "§ 6º Qualquer anistia ou remissão que envolva matéria tributária ou previdenciária só poderá ser concedida através de lei específica, federal, estadual ou municipal".

⇒ **Iniciativa de lei sobre benefícios tributários é concorrente do executivo e do legislativo. Tema 682 do STF:** "Inexiste, na Constituição Federal de 1988, reserva de iniciativa para leis de natureza tributária, inclusive para as que concedem renúncia fiscal". Decisão do mérito em 2013. Vide nota ao art. 150, I, da CF.

⇒ **Exige-se lei.** Não apenas a instituição de tributos, mas também as desonerações tributárias dependem de lei. São faces de uma mesma moeda. Se a lei determina o surgimento da obrigação tributária e disso decorre necessária cobrança do tributo por parte do Fisco, só a lei é que poderá afastar a obrigação e dispensar a respectiva cobrança.

– **Lei ordinária com densidade normativa suficiente.** Se o tributo pode ser instituído por lei ordinária, como ocorre na generalidade dos casos, também por lei ordinária poderão ser concedidas isenções e outras desonerações. Mas, assim como a lei instituidora, também a lei de isenção deve ter densidade suficiente para indicar a pessoa ou situação que está desonerando e com que abrangência. O legislador não pode deixar ao Executivo a definição do alcance da isenção.

– "Todos os critérios essenciais para a identificação dos elementos que deverão ser retirados do campo de incidência do tributo (regra-matriz) devem estar previstos em lei, nos termos do art. 150, § 6º, da Constituição. A permissão para que tais elementos fossem livremente definidos em decreto do Poder Executivo viola a separação de funções estatais previstas na Constituição" (STF, ADI 2.688, 2011).

– **Lei complementar. Quando é necessária.** Os benefícios fiscais só podem ser concedidos através de veículo legislativo do mesmo nível da lei instituidora do tributo. Se o tributo foi instituído por lei complementar e realmente estava sob reserva de lei complementar, somente por lei complementar se poderá dispensar do seu pagamento.

– **Inconstitucionalidade da delegação ao Governador da possibilidade de conceder remissão e anistia.** "AUTORIZAÇÃO LEGISLATIVA QUE DÁ AO PODER EXECUTIVO A PRERROGATIVA DE CONCEDER, POR REGULAMENTO, OS BENEFÍCIOS FISCAIS DA REMISSÃO E DA ANISTIA. PRINCÍPIOS DA SEPARAÇÃO DOS PODERES E DA RESERVA ABSOLUTA DE LEI FORMAL. ART. 150, § 6º DA CONSTITUIÇÃO FEDERAL. 1. Ocorrência, no caso, de atuação ultra vires do Poder Legislativo, consubstanciada na abdicação de sua competência institucional em favor do Poder Executivo, facultando a este, mediante ato próprio, a prerrogativa de inovar na ordem jurídica em assunto (liberalidade estatal em matéria tributária) na qual a Constituição Federal impõe reserva absoluta de lei em sentido formal. Precedentes: ADI 1.247-MC, *DJ* 08.09.95 e ADI 1.296-MC, *DJ* 10.08.95, ambas de relatoria do Ministro Celso de Mello. 2. Presença de plausibilidade jurídica na tese de inconstitucionalidade e de conveniência na suspensão da eficácia do dispositivo atacado" (STF, ADI 3.462 MC, 2005). Em setembro de 2010, essa ADI foi julgada procedente.

– **Descabimento da veiculação de isenção por Decreto.** "ISENÇÃO. INSTRUMENTO LEGISLATIVO PRÓPRIO. DECRETO DO GOVERNADOR DO ESTADO. ILEGALIDADE. 1. A isenção, de acordo com o art. 97 do CTN, obedece ao princípio da legalidade, não podendo ser concedido senão por lei em sentido material. 2. Nos termos da Lei Complementar n.

24/75 (expressamente mencionada no veto presidencial ao art. 27 da LC 87/96), somente por convênio, chancelado por decreto legislativo, é que se podem os Estados outorgar isenções. 3. Ilegalidade de isenção concedida por decreto do Governador do Estado..." (STJ, REsp 556.287, 2004).

⇒ **Exige-se que a lei seja "específica".** "Esta lei deve ser específica. Específica opõe-se a genérico [...] diz-se que o preceito é genérico ou porque se dirige a todos os destinatários (generalidade pelo sujeito) ou porque sua matéria consiste num tipo abstrato (generalidade pelo objeto). Em contraposição, o específico o será também pelo sujeito (individuação do destinatário) ou pelo objeto (singularização da matéria). A exigência de lei específica significa, nesse sentido, que seus preceitos devem estar dirigidos a um subconjunto dentro de um conjunto de sujeitos ou que seu conteúdo deve estar singularizado na descrição da *facti species* normativa, isto é, pela delimitação de um subconjunto material dentro de um conjunto. [...] a lei específica, segundo o § 6º do art. 150 da Constituição, deverá regular exclusivamente as matérias ali enumeradas ou regular exclusivamente o correspondente tributo ou contribuição" (FERRAZ JUNIOR, Tercio Sampaio. A noção de Lei Específica no art. 150, § 6º, a CF e a recepção dos Decretos-Leis n. 2.163/84 e n. 1.184/71. *RDT* 70/181-188).

– **Razão da exigência de lei específica.** Com esta norma "se evitam as improvisações e os oportunismos por meio dos quais, certos grupos parlamentares introduziam favores em leis estranhas ao tema tributário, aprovadas pelo silêncio ou desconhecimento da maioria" (Misabel Abreu Machado Derzi, em nota de atualização à obra de Aliomar Baleeiro, *Limitações constitucionais ao poder de tributar*, 7. ed., Rio de Janeiro: Forense, 1997, p. 101).

– "O objetivo visado com essa disposição é evitar que certas isenções ou figuras análogas sejam aprovadas no bojo de leis que cuidam dos mais variados assuntos (proteção do menor e do adolescente, desenvolvimento de setores econômicos, relações do trabalho, partidos políticos, educação etc.) e embutem preceitos tributários que correm o risco de ser aprovados sem que o legislativo lhes dedique específica atenção" (AMARO, Luciano. *Direito tributário brasileiro*. 15. ed. São Paulo: Saraiva, 2009, p. 114-115).

– "Objetivou o preceito constitucional, para os casos ali disciplinados, acrescentar outra exigência para o legislador ordinário, a fim de evitar que modalidades de exclusão de crédito (isenção e anistia), sua reeducação (diminuição da base de cálculo ou concessão de crédito presumido) ou sua extinção (remissão) pertinentes a impostos, taxas ou contribuições, sejam concedidas no bojo de qualquer lei, de modo camuflado, dificultando o conhecimento e controle. Daí a exigência de que essas modalidades sejam concedidas mediante lei específica, no sentido de exclusiva, quanto à matéria ou o correspondente tributo ou contribuição, ressalvada a edição de lei complementar regulando para Estados-DF a forma como concederão ou revogarão isenções, incentivos e benefícios fiscais referentes ao ICMS" (DOLÁCIO DE OLIVEIRA, Yonne. In: MARTINS, Ives Gandra da Silva (coord.). *Comentários ao Código Tributário Nacional*. São Paulo: Saraiva, 1998, v. 2, p. 30).

– Na ADI 155, o Min. Nelson Jobim explicou que era "hábito, dentro do Parlamento, de se introduzir em qualquer tipo de lei um artigo específico concedendo anistia ou remissão, que servia inclusive no processo de negociação legislativa como instrumento de coação ou de barganha para esse efeito". Daí a importância do § 6º do art. 150, principalmente após a EC n. 3/93, que ampliou "substancialmente" o texto.

– **Controle dos benefícios fiscais.** Vide em nota sobre a fiscalidade e a extrafiscalidade, no início deste livro, antes do texto constitucional.

– **Validade da isenção concedida pela LC n. 126/2003 às empresas optantes pelo Simples Nacional.** "Empresas Optantes do Simples Nacional e Isenção de Contribuições... O Tribunal, por maioria, julgou improcedente pedido formulado em ação direta de inconstitucionalidade ajuizada pela Confederação Nacional do Comércio – CNC contra o art. 13, § 3º, da Lei Complementar 123/2006, que concede isenção às microempresas e empresas de pequeno porte optantes do Simples Nacional – Supersimples, quanto ao pagamento das contribuições instituídas pela União, inclusive aquelas devidas às entidades privadas de serviço social e de formação profissional vinculadas ao sistema sindical (CF, art. 240) ... Afastou-se, inicialmente, a alegada ofensa ao art. 150, § 6º, da CF. Após registrar haver pertinência entre a isenção e o tema geral que foi objeto da Lei Complementar 123/2006, e que a contribuição sindical é tributo cuja instituição está na esfera de competência da União (CF, artigos 8º, IV, 149 e 240), considerou-se não ser estranha à lei destinada a instituir o Estatuto Nacional da Microempresa e da Empresa de Pequeno Porte a matéria relativa à tributação destas mesmas entidades. Asseverou-se que dispor sobre o assunto, de maneira global, seria insuficiente para ocultar ou escamotear o igualmente relevante tema da exoneração tributária... ADI 4033... 2010" (*Informativo* STF).

– **Inconstitucionalidade de artigo de ADCT de Constituição Estadual que concedera anistia.** "Inconstitucionalidade, por contrariar o processo legislativo decorrente do art. 150, § 6º, da Constituição Federal (onde se exige a edição de lei ordinária específica), bem como do princípio da independência dos Poderes (art. 2º), a anistia tributária concedida pelo art. 34, e seus parágrafos, do Ato das Disposições Constitucionais Transitórias, de 1989, do Estado de Santa Catarina" (STJ, ADI 155, 1998). Lê-se de um dos votos: "Trata-se de um caso em que a Constituição Federal fez expressa reserva da matéria à legislação ordinária. Temos precedentes no sentido de que, pelo menos nesses casos de reserva constitucional expressa à lei ordinária – que começa por envolver a participação do Executivo no processo legislativo –, não se admite a antecipação da disciplina do tema pelo constituinte estadual". Mas vale transcrever o voto vencido: "... creio que a norma do artigo 150, § 6º, da Constituição Federal é dirigida ao legislador ordinário. Não vejo nesse preceito, especialmente na alusão a lei, um caráter restritivo a ponto de inibir o legislador constituinte local quanto ao tratamento do quadro notado à época da promulgação da Carta do Estado".

– **Só a concessão de benefício exige lei específica; sua suspensão, não.** "SUSPENSÃO DE BENEFÍCIO. CRÉDITO PRESUMIDO DE IPI... PRESCINDIBILIDADE DE LEI ESPE-CÍFICA... II – A exigência de lei específica prevista no art. 150, § 6º, da Constituição restringe-se à concessão dos benefícios nele mencionados" (STF, RE 550.652 AgR, 2014). Do voto condutor, extrai-se transcrição da decisão monocrática agravada: "Em relação à alegação de ofensa ao art. 150, § 6º, da Constituição, observo que a exigência de lei específica é apenas para a concessão dos benefícios nele mencionados e não para a suspensão deles. Com efeito, busca o dispositivo em questão proibir a inserção de benefícios fiscais no bojo de leis que tratam de diversos assuntos, o que poderia acarretar a concessão desses benefícios sem o devido destaque nas discussões que antecedem a aprovação de normas".

⇒ **Subsídio ou isenção, redução de base de cálculo, concessão de crédito presumido, anistia ou remissão.** Os diversos institutos previstos no § 6º do art. 150 da CF constituem modalidades de desoneração tributária, implicando redução da carga tributária e, portanto, renúncia fiscal por parte do ente tributante. Tais desonerações tem de ser muito bem sopesadas seja por razões de isonomia como de responsabilidade fiscal.

– **LC n. 101/2000,** que estabelece normas de finanças públicas voltadas para a responsabilidade na gestão fiscal e dá outras providências: "Seção II Da Renúncia de Receita Art. 14. A concessão ou ampliação de incentivo ou benefício de natureza tributária da qual decorra renúncia de receita deverá estar acompanhada de estimativa do impacto orçamentário-financeiro no exercício em que deva iniciar sua vigência e nos dois seguintes, atender ao disposto na lei de diretrizes orçamentárias e a pelo menos uma das seguintes condições: I – demonstração pelo proponente de que a renúncia foi considerada na estimativa de receita da lei orçamentária, na forma do art. 12, e de que não afetará as metas de resultados fiscais previstas no anexo próprio da lei de diretrizes orçamentárias; II – estar acompanhada de medidas de compensação, no período mencionado no *caput*, por meio do aumento de receita, proveniente da elevação de alíquotas, ampliação da base de cálculo, majoração ou criação de tributo ou contribuição. § 1º A renúncia compreende anistia, remissão, subsídio, crédito presumido, concessão de isenção em caráter não geral, alteração de alíquota ou modificação de base de cálculo que implique redução discriminada de tributos ou contribuições, e outros benefícios que correspondam a tratamento diferenciado. § 2º Se o ato de concessão ou ampliação do incentivo ou benefício de que trata o *caput* deste artigo decorrer da condição contida no inciso II, o benefício só entrará em vigor quando implementadas as medidas referidas no mencionado inciso. § 3º O disposto neste artigo não se aplica: I – às alterações das alíquotas dos impostos previstos nos incisos I, II, IV e V do art. 153 da Constituição, na forma do seu § 1º; II – ao cancelamento de débito cujo montante seja inferior ao dos respectivos custos de cobrança".

– **Inaplicabilidade à multa e aos juros. Lei de Falência. Constitucionalidade.** "... MASSA FALIDA JUROS E MULTA. Longe fica de vulnerar os artigos 150, § 6º, e 151, inciso III, da Constituição Federal o Decreto-Lei n. 7.661/45 (Lei de Falências), no que, mediante os preceitos dos artigos 23, inciso III, e 26, excluiu a incidência da multa e dos juros relativamente às execuções fiscais" (STF, ARAI 181550-7, 1997).

- Vide, ainda, notas ao art. 186 do CTN.

– **Inaplicabilidade à multa.** "... MULTA... ART. 150, § 6º, DA CF/88. INAPLICABILIDADE. [...] 2. A necessidade de edição de lei específica para remissão, nos termos do art. 105, § 6º, da CF, destina-se a impostos, taxas ou contribuições, e não à multa, a qual constitui uma penalidade" (TRF4, AC 2001.04.01.081875--7, 2003).

– **Inaplicabilidade à moratória e à transação.** "... L. estadual (RS) 11.475, de 28 de abril de 2000, que introduz alterações em leis estaduais (6.537/73 e 9.298/91) que regulam o procedimento fiscal administrativo do Estado e a cobrança judicial de créditos inscritos em dívida ativa da fazenda pública estadual... II – Extinção do crédito tributário: moratória e transação: implausibilidade da alegação de ofensa dos artigos 150, § 6º e 155, § 2º, XII, g, da CF, por não se tratar de favores fiscais..." (STF, ADIMC 2.405, 2002).

– **Inaplicabilidade à dação em pagamento.** "Crédito Tributário e Dação em Pagamento – 8. O Tribunal, por considerar que a transação (*sic*/leia-se 'dação em pagamento') é um meio de extinção do crédito tributário e não se confunde com favor fiscal, não sendo-lhe aplicáveis, portanto, os artigos 150, § 6º, e 155, § 2º, XII, g, da CF, indeferiu a suspensão cautelar dos seguintes dispositivos: o art. 126 e seus parágrafos, que exigem, para a efetivação da dação em pagamento, que o valor do bem seja igual ou inferior a 75% do débito, prevendo o parcelamento do saldo devedor remanescente; o art. 131, que autoriza a redução de multa do auto de lançamento casa haja desistência do recurso contra sentença judicial e o pagamento do crédito tributário efetue-se de uma só vez no prazo de 30 dias contados do trânsito em julgado da sentença; e, finalmente, o art. 132, que concede a redução em 20% da multa constante do crédito tributário inscrito na dívida ativa, na hipótese de o devedor não oferecer embargos à ação de execução fiscal e o respectivo pagamento ocorra de uma só vez no prazo fixado para oferecer o referido recurso. ADI (MC) 2.405" (*Informativo* n. 288 do STF, 2002).

– **Inaplicabilidade à revogação ou suspensão de benefício.** "MEDIDA PROVISÓRIA 1.807-2. SUSPENSÃO DO CRÉDITO PRESUMIDO DE IPI. LEI 9.363/96. INCONSTITUCIONALIDADE. INOCORRÊNCIA... 2. Há necessidade de lei específica para concessão de crédito presumido (§ 6º do art. 150 da CF/88). Entretanto, para a revogação ou suspensão desse tipo de benefício fiscal não há no ordenamento exigência de lei específica" (TRF4, AMS 2003.70.09.002043-4, 2005).

⇒ **Área de tecnologia.** Vide: FERRAZ JUNIOR, Tercio Sampaio. Incentivos fiscais na área tecnológica. *RFDT 92*, 2018.

⇒ **Agroindústrias. Crédito presumido. Súmula CARF 157:** "O percentual da alíquota do crédito presumido das agroindústrias de produtos de origem animal ou vegetal, previsto no art. 8º da Lei n. 10.925/2004, será determinado com base na natureza da mercadoria produzida ou comercializada pela referida agroindústria, e não em função da origem do insumo que aplicou para obtê-lo" (CSRF, 2019). Obs.: vinculante, conforme Portaria ME n. 410/2020.

⇒ **Exportações. REINTEGRA. Súmula 640 do STJ:** "O benefício fiscal que trata do Regime Especial de Reintegração de Valores Tributários para as Empresas Exportadoras (REINTEGRA) alcança as operações de venda de mercadorias de origem nacional para a Zona Franca de Manaus, para consumo, industrialização ou reexportação para o estrangeiro" (2020).

⇒ **Exportações. Crédito presumido de IPI. Aquisição de matérias-primas e insumos. Tema 432 STJ:** "O benefício fiscal do ressarcimento do crédito presumido do IPI relativo às exportações incide mesmo quando as matérias-primas ou os insumos sejam adquiridos de pessoa física ou jurídica não contribuinte do PIS/PASEP". Decisão de mérito em 2010.

– "IPI. CRÉDITO PRESUMIDO PARA RESSARCIMENTO DO VALOR DO PIS/PASEP E DA COFINS. EMPRESAS PRODUTORAS E EXPORTADORAS DE MERCADORIAS NACIONAIS. LEI 9.363/96. INSTRUÇÃO NORMATIVA SRF 23/97. CONDICIONAMENTO DO INCENTIVO FISCAL AOS INSUMOS ADQUIRIDOS DE FORNECEDORES SUJEITOS À TRIBUTAÇÃO PELO PIS E PELA COFINS. EXORBITÂNCIA DOS LIMITES IMPOSTOS PELA LEI ORDINÁRIA. SÚMULA VINCULANTE 10/STF. OBSERVÂNCIA. INSTRUÇÃO NORMATIVA (ATO NORMATIVO SECUNDÁRIO). CORREÇÃO MONETÁRIA. INCIDÊNCIA. EXERCÍCIO DO DIREITO DE CRÉDITO POSTERGADO PELO FISCO. NÃO CARACTERIZAÇÃO DE CRÉDITO ESCRITURAL. TAXA SELIC. APLICAÇÃO. VIOLAÇÃO DO ARTIGO 535, DO CPC. INOCORRÊNCIA. 1. O crédito presumido de IPI, instituído pela Lei 9.363/96, não poderia ter sua aplicação restringida por força da Instrução Normativa SRF 23/97, ato normativo secundário, que não pode inovar no ordenamento jurídico, subordinando-se aos limites do texto legal. 2. A Lei 9.363/96 instituiu crédito presumido de IPI para ressarcimento do valor do PIS/PASEP e COFINS, ao dispor que: 'Art. 1º A empresa produtora e exportadora de mercadorias nacionais fará jus a crédito presumido do Imposto sobre Produtos Industrializados, como ressarcimento das contribuições de que tratam as Leis Complementares ns. 7, de 7 de setembro de 1970, 8, de 3 de dezembro de 1970, e de dezembro de 1991, incidentes sobre as respectivas aquisições, no mercado interno, de matérias-primas, produtos intermediários e material de embalagem, para utilização no processo produtivo. Parágrafo único. O disposto neste artigo aplica-se, inclusive, nos casos de venda a empresa comercial exportadora com o fim específico de exportação para o exterior.' 3. O artigo 6º, do aludido diploma legal, determina, ainda, que 'o Ministro de Estado da Fazenda expedirá as instruções necessárias ao cumprimento do disposto nesta Lei, inclusive quanto aos requisitos e periodicidade para apuração e para fruição do crédito presumido e respectivo ressarcimento, à definição de receita de exportação e aos documentos fiscais comprobatórios dos lançamentos, a esse título, efetuados pelo produtor exportador'. 4. O Ministro de Estado da Fazenda, no uso de suas atribuições, expediu a Portaria 38/97, dispondo sobre o cálculo e a utilização do crédito presumido instituído pela Lei 9.363/96 e autorizando o Secretário da Receita Federal a expedir normas complementares necessárias à implementação da aludida portaria (artigo 12). 5. Nesse segmento, o Secretário da Receita Federal expediu a

Instrução Normativa 23/97 (revogada, sem interrupção de sua força normativa, pela Instrução Normativa 313/2003, também revogada, nos mesmos termos, pela Instrução Normativa 419/2004), assim preceituando: 'Art. 2º Fará jus ao crédito presumido a que se refere o artigo anterior a empresa produtora e exportadora de mercadorias nacionais. § 1º O direito ao crédito presumido aplica-se inclusive: I – Quando o produto fabricado goze do benefício da alíquota zero; II – nas vendas a empresa comercial exportadora, com o fim específico de exportação. § 2º O crédito presumido relativo a produtos oriundos da atividade rural, conforme definida no art. 2º da Lei n. 8.023, de 12 de abril de 1990, utilizados como matéria-prima, produto intermediário ou embalagem, na produção bens exportados, será calculado, exclusivamente, em relação às aquisições, efetuadas de pessoas jurídicas, sujeitas às contribuições PIS/PASEP e COFINS.' 6. Com efeito, o § 2º, do artigo 2º, da Instrução Normativa SRF 23/97, restringiu a dedução do crédito presumido do IPI (instituído pela Lei 9.363/96), no que concerne às empresas produtoras e exportadoras de produtos oriundos de atividade rural, às aquisições, no mercado interno, efetuadas de pessoas jurídicas sujeitas às contribuições destinadas ao PIS/PASEP e à COFINS. 7. Como de sabença, a validade das instruções normativas (atos normativos secundários) pressupõe a estrita observância dos limites impostos pelos atos normativos primários a que se subordinam (leis, tratados, convenções internacionais, etc.), sendo certo que, se vierem a positivar em seu texto uma exegese que possa irromper a hierarquia normativa sobrejacente, viciar-se-ão de ilegalidade e não de inconstitucionalidade (Precedentes do Supremo Tribunal Federal...). 8. Consequentemente, sobressai a 'ilegalidade' da instrução normativa que extrapolou os limites impostos pela Lei 9.363/96, ao excluir, da base de cálculo do benefício do crédito presumido do IPI, as aquisições (relativamente aos produtos oriundos de atividade rural) de matéria-prima e de insumos de fornecedores não sujeito à tributação pelo PIS/PASEP e pela COFINS (Precedentes...). 9. É que: (i) 'a COFINS e o PIS oneram em cascata o produto rural e, por isso, estão embutidos no valor do produto final adquirido pelo produtor-exportador, mesmo não havendo incidência na sua última aquisição'; (ii) 'o Decreto 2.367/98 – Regulamento do IPI –, posterior à Lei 9.363/96, não fez restrição às aquisições de produtos rurais'; e (iii) 'a base de cálculo do ressarcimento é o valor total das aquisições dos insumos utilizados no processo produtivo (art. 2º), sem condicionantes' (REsp 586392/RN). 10. A Súmula Vinculante 10/STF cristalizou o entendimento de que: 'Viola a cláusula de reserva de plenário (CF, artigo 97) a decisão de órgão fracionário de tribunal que, embora não declare expressamente a inconstitucionalidade de lei ou ato normativo do poder público, afasta sua incidência, no todo ou em parte.' 11. Entrementes, é certo que a exigência de observância à cláusula de reserva de plenário não abrange os atos normativos secundários do Poder Público, uma vez não estabelecido confronto direto com a Constituição, razão pela qual inaplicável a Súmula Vinculante 10/STF à espécie. 12. A oposição constante de ato estatal, administrativo ou normativo, impedindo a utilização do direito de crédito de IPI (decorrente da aplicação do princípio constitucional da não cumulatividade), descaracteriza referido crédito como escritural (assim considerado aquele oportunamente lançado pelo contribuinte em sua escrita contábil), exsurgindo legítima a incidência de correção monetária, sob pena de enriquecimento sem causa do Fisco (Aplicação analógica do precedente da Primeira Seção submetido ao rito do artigo 543-C, do CPC: REsp 1035847...). 13. A Tabela Única aprovada pela Primeira Seção (que agrega o Manual de Cálculos da Justiça Federal e a jurisprudência do STJ) autoriza a aplicação da Taxa SELIC (a partir de janeiro de 1996) na correção monetária dos créditos extemporaneamente aproveitados por óbice do Fisco (REsp 1150188/SP, Rel. Ministra Eliana Calmon, Segunda Turma, julgado em 20.04.2010, *DJe* 03.05.2010). 14. Outrossim, a apontada ofensa ao artigo 535, do CPC, não restou configurada, uma vez que o acórdão recorrido pronunciou-se de forma clara e suficiente sobre a questão posta nos autos. Saliente-se, ademais, que o magistrado não está obrigado a rebater, um a um, os argumentos trazidos pela parte, desde que os fundamentos utilizados tenham sido suficientes para embasar a decisão, como de fato ocorreu na hipótese dos autos. 15. Recurso especial da empresa provido para reconhecer a incidência de correção monetária e a aplicação da Taxa Selic" (STJ, REsp 993.164, 2010).

⇒ **Depósito para reinvestimento. Lucro da exploração. Tema 435 do STJ:** "O art. 4º, do Decreto-Lei n. 2.462/88, ao dispor que o benefício fiscal denominado 'depósito para reinvestimento' é de 40% (quarenta por cento) sobre o valor do imposto devido somado a outros 40% (quarenta por cento) de recursos próprios, não modificou a base de cálculo do benefício fiscal, permanecendo íntegra a exigência de que o benefício deve ser calculado com base no imposto de renda incidente sobre o lucro da exploração (art. 19, § 6º, do Decreto-Lei n. 1.598/77, incluído pelo Decreto-Lei n. 1.730/79)". Decisão de mérito em 2010.

– "Imposto de renda – IRPJ. Benefício fiscal. Depósito para reinvestimento. Limites. Lucro da exploração. Ausência de revogação do art. 19, § 6º, do Decreto-Lei n. 1.598/77 pelo art. 4º, do Decreto-Lei n. 2.462/88. 1. Esta Corte de Justiça já tem posicionamento firmado no sentido de que o art. 4º, do Decreto-Lei n. 2.462/88, ao dispor que o benefício fiscal denominado 'depósito para reinvestimento' é de 40% (quarenta por cento) sobre o valor do imposto devido somado a outros 40% (quarenta por cento) de recursos próprios, não modificou a base de cálculo do benefício fiscal, permanecendo íntegra a exigência de que o benefício deve ser calculado com base no imposto de renda incidente sobre o lucro da exploração (art. 19, § 6º, do Decreto-Lei n. 1.598/77, incluído pelo Decreto-Lei n. 1.730/79). 2. Isto se deve ao fato de que o benefício somente deve alcançar o resultado da atividade incentivada, não sendo justo que incida sobre resultados de outras atividades não selecionadas pela lei como relevantes. Sendo assim, não há como presumir que o art. 4º, do Decreto-Lei n. 2.462/88 tenha revogado o art. 19, § 6º, do Decreto-Lei n. 1.598/77. Precedentes..." (STJ, REsp 1.201.850, 2010).

§ 7º A lei poderá atribuir a sujeito passivo de obrigação tributária a condição de responsável pelo pagamento de imposto ou contribuição, cujo fato gerador deva ocorrer posteriormente, assegurada a imediata e preferencial restituição da quantia paga, caso não se realize o fato gerador presumido.

⇒ **Emenda Constitucional n. 3/93.** § 7º inserido pela Emenda Constitucional n. 3/93.

⇒ **Imprescindível lei em sentido estrito.** "... SUBSTITUIÇÃO TRIBUTÁRIA. IMPRESCINDIBILIDADE DE QUE ESSA HIPÓTESE ESTEJA PREVISTA EM LEI. LEGITIMIDADE DO INSTITUTO JURÍDICO... 1... 2. É responsável tributário, por substituição, o industrial, o comerciante ou o prestador de serviço, relativamente ao imposto devido pelas anteriores ou subsequentes saídas de mercadorias ou, ainda, por serviços prestados por qualquer outra categoria de contribuinte. 3. Legitimidade do regime de substituição tributária, dado que a cobrança antecipada do ICMS por meio de estimativa 'constitui simples recolhimento cautelar enquanto não há o negócio jurídico de circulação, em que a regra jurídica, quanto ao imposto, incide'. Entendimento doutrinário. Recurso extraordinário conhecido e provido" (STF, RE 194.382-3, 2001).

– "... ICMS – SUJEITO PASSIVO. 1. Somente a lei pode criar substituto tributário (art. 150, § 7º, da CF/88). 2. Ilegalidade da instrução normativa que proclama textualmente a substituição tributária com respaldo em convênio e não em lei – comento/88. 3. Recurso provido" (STJ, ROMS 7.641, 1999).

– "Tributário. ICMS. Substituto tributário. Derivados do trigo. Antecipação. Decreto. Ilegalidade. Fato ocorrido antes da Emenda Constitucional 03/93. [...] Mesmo após o advento da EC/93, a antecipação do ICMS não pode ser exigida por decreto, sem prévia autorização legal" (STJ, ROMS 95.0005348, 1995).

⇒ **Substituição tributária. Noções gerais.** Sobre a substituição tributária, vide notas ao art. 128 do CTN, inclusive com a distinção entre substituição tributária para trás e substituição tributária para frente.

– **Regime da substituição tributária para frente.** "... a partir dessa inovação (art. 150, § 7º, da CF), toda e qualquer forma de substituição tributária que se pretenda criar no direito brasileiro passou a receber limitações bem definidas, quais sejam: I. deve ser assegurada a imediata e preferencial restituição da quantia paga, caso não se realize o fato gerador presumido; II. Por decorrência, o regime jurídico aplicável à tributação deve ser sempre o do substituído e não do substituto, na medida que a tributação definitiva deve se verificar sobre aquele; III. A lei definidora do regime típico aplicável, deverá ser sempre a da data das operações substituídas e não a da data da operação do substituto, cabendo-se a necessária restituição do quanto eventualmente tenha sido pago a maior naquela operação" (TORRES, Heleno Taveira. Substituição tributária – regime constitucional, classificação e relações jurídicas (materiais e processuais). *RDDT* 70, jul. 2001, p. 87-108).

– **Constitucionalidade da substituição tributária para frente.** "ICMS. Recolhimento antecipado na venda de veículos automotores pelo regime da substituição tributária. Constitucionalidade. – O Plenário desta Corte, no julgamento do RE 213.396, relativo a esse regime de substituição tributária, afastou as diversas objeções concernentes à sua constitucionalidade, inclusive as veiculadas neste recurso. Recurso extraordinário não conheci-

do" (STF, RE 216.867, *Informativo* n. 268, 2002). Vide, também: STF, RE 194.382, 2001; RE (AgRg) 266.523, 2000.

– "Consiste a substituição tributária para frente em obrigar alguém a pagar, não apenas o imposto atinente à operação por ele praticada, mas, também, o relativo a operação ou operações posteriores. O instituto não é novo no nosso direito, mas, a partir da sua 'constitucionalização', passou a receber acerbos ataques de alguns eminentes tributaristas (GERALDO ATALIBA, AIRES F. BARRETO, HAMILTON DIAS DE SOUZA, IVES GANDRA MARTINS, dentre outros). Sustentam esses juristas que viola, praticamente, todos os princípios constitucionais basilares relativos aos tributos (tipicidade tributária, não cumulatividade, capacidade contributiva). Alegam, ainda, que vulnera o princípio atributivo de competência tributária aos Estados-membros e, até mesmo, que configura autêntico empréstimo compulsório, só previsto nas hipóteses do art. 148 da Constituição. Creio, porém, que, dos citados defeitos, não padece o instituto, que tem a defendê-lo juristas, igualmente, respeitados (COÊLHO, Sacha Calmon Navarro. ARTHUR JOSÉ FAVERET CAVALCANTI, HERON ARZUA, dentre outros). Na verdade, sob o prisma radical ortodoxo, não é possível visualizar o instituto, fundamental para tornar efetivo, no atual estágio da civilização, o princípio da praticabilidade da tributação, algo parecido, no campo do processo, com o princípio da economia processual, segundo lembra SACHA CALMON. Acrescento mais: da mesma forma que o direito processual passa por verdadeira revolução visando a concretizar o princípio da efetividade da jurisdição, com a criação de diversos institutos novos (ampliação das cautelares e antecipação de tutela, dentre outros), o direito tributário não pode passar imune a essa evolução da sociedade, deixando de acolher a figura da substituição tributária para frente, que, numa visão analógica, apresenta certo caráter cautelar: objetiva tornar efetiva a responsabilidade tributária. Note-se que o destinatário legal tributário, como o substituto, tem sempre assegurada a possibilidade de recuperar o que depender para pagamento do tributo gerado por outrem. 2. CASOS FREQUENTES EM QUE OCORRE. A 'substituição tributária para frente' tem sido adotada e aplicada, entre outros casos, nos seguintes, relativos à cobrança do ICMS com inclusão do seu valor no preço devido pelos revendedores nas suas futuras operações de revenda: companhias distribuidoras quanto as empresas que, no varejo, negociam com produtos derivados do petróleo e álcool etílico hidratado carburante; montadoras de automóveis no que se refere às suas concessionárias; fábricas de cigarros e bebidas quanto aos atacadistas das respectivas redes de comercialização. [...] 5. JURISPRUDÊNCIA DO STJ. A jurisprudência desta Corte orienta-se no sentido da legitimidade da 'substituição tributária para frente', segundo se depreende de reiterados julgados da Egrégia Primeira Seção (EREsps ns. 50.549-5/SP, 43.541-0/SP, 80.013-1/SP, 39.413-7/SP, de que fui Relator, todos julgados em 13-06-95; EREsp n. 45.923/RS, j. 20-06-95, Relator Min. Américo Luz; EREsp n. 30.269-0/SP, Relator Min. Hélio Mosimann). Os referidos julgados, todavia, não foram proferidos por unanimidade. 6. CONCLUSÃO. Em conclusão, a 'substituição tributária para frente' constitui instituto, consagrado pelo nosso direito, que, antes mesmo da vigência da atual Constituição, teve a sua compatibilidade com a Lei das Leis reconhecida pelo Excelso Pretório. A sua adoção constitui exigência da sociedade moderna, visando a dar aplicação ao princípio da praticabilidade da tributação. Apoia-se, aqui e alhures, em dois valores básicos: necessidade de evitar a evasão fiscal (segurança fiscal) e necessidade de assegurar recursos com alto grau de previsão e praticabilidade (certeza fiscal) (SACHA CALMON)" (RIBEIRO, Antônio de Pádua Ribeiro. Substituição Tributária para Frente. *Revista do CEJ* 3/105-110, 1997).

– **Pela constitucionalidade da substituição para frente mesmo antes do advento da EC n. 3/93.** "... ESTADO DE SÃO PAULO. ICMS. PRODUTOS DERIVADOS DO PETRÓLEO. COMÉRCIO ATACADISTA. REGIME DE SUBSTITUIÇÃO TRIBUTÁRIA. O Plenário do STF, no julgamento do RE 213.396, Relator Min. Ilmar Galvão, concluiu pela constitucionalidade do regime de substituição tributária, relativamente à distribuição de veículos automotores, ainda que instituído antes do advento da EC 03/93. Entendimento que, à ausência de peculiaridades relativamente à mencionada atividade, tem aplicação ao presente caso" (STF, RE 202.715-4, 1999).

– "... I Não é inconstitucional a exigência do recolhimento antecipado, pela empresa fabricante, do ICMS, incidente na revenda de veículos pela concessionária. II A legislação infraconstitucional, atinente à chamada 'substituição tributária para frente', continua em vigor, hoje com endosso da Emenda Constitucional n. 3/93..." (STJ, ERESP 95.0052520, 1996).

– No sentido da inconstitucionalidade do § 7º, consulte-se: MELO, José Eduardo Soares. *Contribuições sociais no sistema tributário.* 2ª T., São Paulo: Malheiros, 1996, p. 124); FERRAGUT, Maria Rita. Fato gerador presumido. *CDTFP* 16/84, São Paulo: RT, 1996; OLIVEIRA, Júlio M. de. A substituição tributária para frente prevista na Emenda Constitucional n. 3/93 em face das cláusulas pétreas e do poder constituinte derivado. *IOB* 1/10898; SILVA, Paulo Roberto Coimbra. O Regime da Substituição Tributária Progressiva à Luz dos Princípios da Isonomia e da Capacidade Contributiva. *RDDT* 41/51 ss., 1999; NOGUEIRA, Roberto Wagner Lima. Valores jurídico-tributários implícitos na linguagem do texto constitucional. *RTFP* 56/253, 2004.

– **Substituição para frente do ICMS exige previsão na lei complementar federal. Tema 456:** "A antecipação, sem substituição tributária, do pagamento do ICMS para momento anterior à ocorrência do fato gerador necessita de lei em sentido estrito. A substituição tributária progressiva do ICMS reclama previsão em lei complementar federal". Decisão do mérito em 2020.

– **Restringindo a possibilidade de substituição pra frente a uma única operação e com o mesmo bem.** "... a antecipação de tributo sobre fato gerador inexistente só pode ocorrer em relação: 1) a uma única operação, antes do consumo; e 2) ao mesmo bem ou mercadoria em face do qual a antecipação do tributo se dá. Se a antecipação pudesse referir-se a uma série de operações, difícil, senão impossível, ficaria a restituição, no caso da não realização do fato gerador futuro ou se sua realização se der por valores inferiores aos que serviram de base ao recolhimento antecipado do imposto. É que tal antecipação implica retenção do

valor que supostamente virá a ser devido, calculado em relação à operação final. Ora, havendo uma multiplicidade de operações e de contribuintes que as protagonizem, caso termine por não ocorrer a operação com o consumidor final ou se ocorrer por valores menores, o último contribuinte teria dificuldades de obter do Erário a restituição daquilo que não representa tributo, seja porque não houve a prática do fato gerador em virtude do qual o suposto tributo foi antecipado, seja porque ocorreu em dimensões mais reduzidas. [...] a presunção da base de cálculo de múltiplas operações futuras, pra estabelecer-se o valor a ser antecipado, corresponde a um exercício de futurologia, conduzindo a um valor arbitrário, divorciado do preço final e, pois, incompatível com os princípios da legalidade, da tipicidade cerrada e com as normas gerais de Direito Tributário – segundo os quais a base de cálculo deve representar o critério dimensível do fato gerador para fins de recolhimento do imposto. Ademais, a antecipação do fato gerador é incompatível com a presença de etapas de industrialização ao longo do ciclo circulatório, pois pressupõe que a mercadoria que sai, na operação futura, seja a mesma. Antecipa-se o tributo incidente sobre fato gerador futuro que tenha por objeto a mercadoria presente, e não qualquer outra em que ela possa vir a transformar-se, sob pena de violação ao princípio da legalidade. Aqui também se verifica a razoabilidade de a antecipação limitar-se a uma operação antes do consumo. A mercadoria objeto da circulação deve ser a mesma, em todas as etapas, e sujeita à mesma alíquota e base de cálculo, para que o tributo guarde sintonia com os fatos geradores praticados" (MARTINS, Ives Gandra da Silva. Substituição tributária por antecipação e o ICMS. *RDDT* 176/93, 2010).

– **Limites para a validade: produtos homogêneos e aplicação nacional.** "... o objetivo do Estado de garantir o ingresso de receitas para seu caixa não é suficientemente forte para se sobrepor aos princípios constitucionais da Capacidade Contributiva e da Livre Concorrência, não devendo prevalecer sobre estes. Não se pode dizer, de toda forma, que sempre a substituição tributária 'para frente' terá efeitos indesejáveis sobre a concorrência, já que, consoante se apontou, a princípio a substituição tributária atua em prol desta. Além disso, dentro de certos limites, a substituição tributária também atenderá aos ditames do Princípio da Capacidade Contributiva. A substituição tributária 'para frente', tal como é aplicada atualmente, muitas vezes acaba por distorcer a concorrência... No entanto, se tal instituto atuar dentro de certos limites, restará completamente compatível com a Livre concorrência, fomentando-a e evitando incongruências. Um dos limites para que a substituição tributária se compatibilize com a Livre Concorrência é que a sua aplicação se restrinja a produtos homogêneos, ou seja, produtos para os quais não haja significativa diferença de preços, na venda ao consumidor final. Assim, o cálculo do tributo a ser antecipado pelo substituto corresponderá ao preço efetivo da operação, e a carga tributária será a mesma para empresários diferentes, não havendo distorções que prejudiquem aqueles mais eficientes já que, em todo caso, os produtos serão vendidos com preços tabelados. Como o imposto pago antecipadamente corresponderá ao que seria devido em operação subsequente, a substituição tributária aqui também respeitaria a Capacidade Contributiva. Ademais, não sendo a substituição tributária 'para frente' de aplicação nacional, invariavelmente ocorrerão situações nas quais concorrentes, dividindo um mesmo mercado consumidor, serão mais ou menos beneficiados sob o aspecto concorrencial, já que um deles poderá comprar mercadorias de um fornecedor situado em um Estado que não preveja o regime para aquele determinado produto, enquanto o outro poderá adquirir produto sujeito à sistemática. Desta forma, é necessário que a substituição seja aplicada uniformemente em todo o território nacional..." (SCHOUERI, Luís Eduardo. *Direito tributário*. 2. ed. São Paulo: Saraiva, 2012, p. 515-516).

– Entendendo que ofende a livre iniciativa. "... prejudicial à livre iniciativa é a substituição tributária 'para frente' colocada pelo art. 150, § 7º, da constituição Federal que vem sendo amplamente aplicada ao ICMS. Este regime... baseia a tributação sobre uma base de cálculo presumida de um fato gerador que ainda está por ocorrer. Para piorar a situação, a base de cálculo presumida, em muitos casos, é maior que o valor efetivamente obtido na operação final com o produto. O problema da substituição tributária também reside no fato do tributo ser pago antecipadamente à ocorrência do fato gerador futuro, que não se sabe quando vai ocorrer. Ou seja, o desembolso do comerciante para a aquisição da mercadoria é maior porque o produto já vem tributado como se a operação de venda ao consumidor final já tivesse sido realizada. Pode-se argumentar que o comerciante irá recuperar o valor antecipado do ICMS quando efetuar a venda ao consumidor final. O problema é que esta última operação pode demorar a ocorrer, de maneira que o comerciante utiliza e imobiliza parte substancial do seu capital de giro para a a aquisição de estoque a ser comercializado, o que acaba ocasionando a redução do valor disponível para novas aquisições. Esta realidade acaba ofendendo a livre iniciativa em alguns de seus aspectos, pois 1) reduz a margem disponível para que o comerciante faça promoções e descontos, já que o produto já chega com o valor aumentado no seu estoque, 2) diminui o tamanho das aquisições a serem realizadas para formação e reposição do estoque de venda, já que há a necessidade de um capital maior par a aquisição de uma mesma mercadoria e 3) diminui o capital de giro do comerciante, que fica com o dinheiro parado porque o tributo da operação final encontra-se já incluído no custo da aquisição dos produtos. Estes problemas afetam diretamente a livre iniciativa..." (HACK, Érico. Tributação: Compatibilidade com Livre-Iniciativa e a Liberdade na Constituição de 1988. In: GRUPENMACHER, Betina Treiger (coord.). *Tributação:* democracia e liberdade. São Paulo: Noeses, 2014, p. 399-400).

– "A ST corresponde a um adiantamento de paga tributária ao Estado, devida por uma operação que financeiramente ainda não se realizou para a empresa – ou seja, sem terem sido percebidos os efeitos positivos da transação sobre o faturamento da companhia. O descasamento provocado entre o recolhimento do tributo e a realização financeira dos recebíveis impõe ao caixa das empresas um peso que, não raro, pode se verificar como além do suportável. Derivam daí os contorcionismos organizacionais e operacionais conhecidos. De ótica econômica, tal regime tem o condão de extrair recursos das empresas em que a riqueza tenha ainda completado o seu ciclo econômico; implicando, por isso, recomposição de suas necessidades de capital de giro e interfe-

rindo na correta alocação dos meios de produção a par de seus deletérios efeitos inflacionários que ocorrerão em decorrência da desorganização dos preços relativos. Resta que apenas grupos empresariais maiores, com poder de barganha sobre fornecedores e clientes, têm condições objetivas de melhor suportar o fardo do adiantamento de saída de caixa que a tributação do ICMS na fonte representa. Estimula-se, por consequência, a concentração do mercado ao mesmo tempo em que são atribuídos custos extras às finanças das empresas, corroendo suas capacidades de investimento e inovação, com reflexos, por igual, sobre seu poder de competição. De outro lado, escalas diferentes, custos diferentes acabam magicamente transformados em preços homogeneizados diante da metodologia usada para fins de cálculo do ICMS-ST: 'margem de valor agregado', a MVA... Trata-se de margem artificialmente atribuída ao custo do produto vendido pelo substituído tributário por meio de ato do governo e supostamente baseada nos preços usuais do mercado. [...] Ademais, a intensificação de seu uso liquida, por via indireta, com o tratamento tributário diferençado que deve ser atribuído às microempresas e empresas de pequeno porte (art. 179 da CF/1988). Aliás, o uso intensivo da ST para um sem-número de mercadorias foi a fórmula encontrada pelas Federadas para neutralizar o regime do Simples Nacional, agravando sobremaneira a tributação sobre as micro e pequenas empresas" (ARZUA, Heron; SCHMITT, Murilo. Substituição tributária no ICMS. A questão do reajuste final – discrepância entre o valor arbitrado e o valor real. *RDDT* 222/74, 2014).

– Entendendo descabida tanto a substituição como qualquer exigência antecipada relativamente ao ISS. "No tocante ao Imposto sobre Serviços... caberá ao Município instituir referido imposto mediante lei, não obstante, sua competência vai até este ponto, devendo respeitar inteiramente os ditames da Lei Complementar n. 116/2003. Observa-se que referida lei não faz nenhuma menção no que tange a substituição tributária, ou sobre o pagamento antecipado, tornando-se totalmente inviável a aplicação do art. 150, § 7º, da Carta Magna para este ponto. Desta forma, cobrar antecipadamente o Imposto sobre Serviços torna-se totalmente ilegal, vez que afronta totalmente o disposto na Lei Complementar" (CABRAL NETO, Cirino Adolfo. Da (im)possibilidade de cobrança antecipada do Imposto sobre Serviços... *RFDT* 37/175, 2009).

– Antecipações do IR. As antecipações de pagamento do imposto de renda não se confundem com o regime de substituição tributária para frente. Sobre as antecipações do Imposto de Renda, especialmente jurisprudência que a admite, vide notas ao art. 43 do CTN.

⇒ **Base presumida.** Na substituição tributária para frente, o substituto deve exigir e recolher o tributo devido pelo contribuinte antes mesmo da ocorrência do fato gerador. Desse modo, impõe-se calcular o tributo sem que se saiba exatamente qual será a expressão econômica do fato gerador. Para tanto, o legislador determina a utilização de valores presumidos, procurando antever a realidade. Pode ocorrer de se confirmar a previsão, mas, normalmente, a base real será um pouco maior ou menor do que a presumida.

– Base presumida não pode manipular ou distorcer a realidade. "... tendo a constituição alçado a capacidade contributiva a princípio orientador dos tributos não vinculados a uma atuação estatal, afastou as possibilidades de manipulação ou distorção da realidade econômica mediante a utilização de expedientes como as presunções e ficções, impondo respeito às efetivas condições econômicas do contribuinte. A presunção segundo a qual o fato jurídico tributário irá consumar-se, evidentemente, reveste natureza relativa, revelada pela previsão da possibilidade de restituição caso o fato não venha a ocorrer [...] Para nós, a objeção intransponível ao reconhecimento da legitimidade tributária da substituição progressiva não diz propriamente com o emprego de presunções no âmbito tributário, mas, sim, com os limites dessa utilização, que não podem ser olvidados sob a invocação da praticabilidade" (COSTA, Regina Helena. *Curso de direito tributário*. 5. ed. São Paulo: Saraiva, 2015, p. 231-232).

– "Sendo verossimilhança o fundamento da presunção, é possível se insurgir contra o preceito presuntivo alegando desvinculação da norma que a institui àquilo que realmente acontece, declarando-o improcedente. [...] A presunção prescreve sobre o provável, tornando-o certeza ou verdade jurídica. A probabilidade é seu fundamento racional. Fundamentada na constância das ocorrências dos fenômenos empíricos, a presunção tem em sua base raciocínio indutivo, de modo que toda presunção atua no campo do possível e, assim sendo, é conceito relativo ao real. Num caso ou no outro, a referibilidade ao real está sempre como pressuposto do raciocínio de qualquer tipo presuntivo. E a realidade se coloca não somente no campo do possível, mas no domínio da possibilidade recorrente ou frequente" (HARET, Florence. *Teoria e prática das presunções no direito tributário*. São Paulo: Noeses, 2010, p. 813 e 839).

– Base presumida deve ser razoável. "Primeiramente, toda a consistência lógica da estrutura da norma tributária desmonta-se a partir do momento em que se permite um descolamento entre o aspecto material da hipótese de incidência e a base de cálculo. É que, se a base de cálculo presumida pode ser definitiva e ao mesmo tempo diferente, distante, desconectada da dimensão econômica do aspecto material do fato imponível, descaracterizada está toda a relação de pertinência que deveria existir entre hipótese e consequência, entre fato imponível e base de cálculo. Depois, a definitividade de uma base de cálculo irreal representa total submissão dos princípios da capacidade contributiva, não confisco, razoabilidade e proporcionalidade à praticidade tributária, numa total subversão dos valores consagrados pelo Sistema Tributário. Se compreendermos o sistema jurídico como 'ordem axiológica ou teleológica de princípios jurídicos gerais' e se recordarmos que há uma escala de princípios na qual os princípios gerais portadores de valores éticos primários ganham concretização com a aplicação de subprincípios com eles conexos e interligados, como admitir que a praticidade, mero atributo da legalidade, possa se sobrepor aos princípios fundamentais do direito tributário, em especial aos princípios da capacidade contributiva, do não confisco e da razoabilidade? [...] A praticidade só se legitima se for instrumento que possibilite a aplicação da lei para todos, a fim de se evitar a evasão fiscal, jamais como instrumento de perpetuação de irrealidades confiscatórias. Por todo o exposto, entendemos que a posição do Supremo Tribunal Federal a respeito do tema não é inflexível, pois, no decorrer de sucessivos julgamentos de casos concretos, o Tribunal terá a oportunidade de verificar que a adequação da base de cálculo presumida à realidade é medida fundamental para a preservação dos princípios informadores do Estado Democrático de Direito..." (MANEIRA, Eduardo. Da substituição tributária "para a frente" no ICMS. *RDDT* 95/64, 2003).

– "1) a substituição tributária para frente com base em pauta de valores ou preço máximo ao consumidor é inconstitucional quando a diferença entre o preço efetivo de mercado e o valor de pauta ou o preço máximo ao consumidor for considerável, regular e atingir um número muito grande de casos, por violação ao disposto no artigo 150, § 7º, e no art. 150, II, da CF/88; 2) a substituição tributária para frente com base em pauta de valores ou preço máximo ao consumidor é ilegal quando a diferença entre o preço efetivo e o valor de pauta ou o preço máximo ao consumidor for incompatível com os preços usualmente praticados no mercado, por violação ao disposto no artigo 8º da Lei Complementar n. 87/96;" (ÁVILA, Humberto. Imposto sobre a Circulação de Mercadorias – ICMS. Substituição tributária. Base de cálculo. Pauta fiscal. Preço máximo ao consumidor. Diferença constante entre o preço usualmente praticado e o preço constante da pauta ou o preço máximo ao consumidor sugerido pelo fabricante. Exame de constitucionalidade. *RDDT* 123/122, 2005).

– Base presumida não pode ser o preço máximo ao consumidor. "ICMS. BASE DE CÁLCULO DO IMPOSTO. VENDA DE MEDICAMENTOS. SUBSTITUIÇÃO TRIBUTÁRIA. ILEGALIDADE NA UTILIZAÇÃO DO PMC (PREÇO MÁXIMO DE VENDA AO CONSUMIDOR) COMO CRITÉRIO DE FIXAÇÃO DA BASE DE CÁLCULO DO TRIBUTO. DISTORÇÃO ENTRE O PMC E O PREÇO USUALMENTE PRATICADO NO MERCADO. COMPROVAÇÃO. PRECEDENTES JURISPRUDENCIAIS. I) Conforme o disposto no art. 8º da Lei Complementar n. 87/96 e no art. 34 da Lei Estadual n. 8.820/89, 'seria possível considerar o PMC (preço máximo de venda ao consumidor) como base de cálculo do tributo. Todavia, a base de cálculo estimada deve se aproximar ao máximo da realidade do mercado, de forma a se evitar a excessiva onerosidade ao contribuinte do imposto e, consequentemente, ao consumidor final. II) Através do exame da larga documentação acostada aos autos conclui-se que existe expressiva diferença entre os valores utilizados como base de cálculo e a média dos valores de venda praticada no mercado. Esta conclusão pode ser confirmada pela pesquisa de preços realizada pelo Instituto de Pesquisa Nielsen, que demonstra o fato de que as farmácias regularmente praticam descontos, vendendo os medicamentos ao consumidor a valores muito aquém do que consta no PMC. III) Corroborando com o levantamento efetuado pelo Instituto, as alterações legislativas produzidas pelo Estado também são no sentido de que há real distorção provocada pela adoção do PMC como critério. Os Decretos Estaduais n. 45.437, 45.733 e 45.780 de 2008, por exemplo, instituíram redutores da base de cálculo – que variam de 41,176% a 90% – incidentes sobre o PMC. IV) Assim, não há dúvidas de que o PMC, adotado como base de cálculo do ICMS em substituição tributária, é efetivamente superior ao preço médio do mercado" (TJRS, AC 70039629415, 2012).

– "A diferença entre o PMC e o valor medido de venda dos medicamentos ao consumidor final é não apenas constante, como também considerável, o que desnatura a ST, transformando-a em verdadeira pauta de valores fixados arbitrariamente pelo Poder Público para cobrança do ICMS. [...] é ilegítima a adoção do PMC como base de cálculo do ICMS-ST, apesar de expressamente determinado pela Lei Kandir e pelo Convênio ICMS que regulamenta a tributação das indústrias farmacêuticas. De especial importância para o caso ora analisado é o § 2º do art. 8º da LC n. 87/1996, que prevê, como base de cálculo do ICMS-ST, o valor único ou máximo de venda final ao consumidor fixado por órgão governamental competente. Apesar de, à primeira vista, o dispositivo apresentar uma presunção válida para a fixação da base de cálculo na substituição tributária progressiva, uma vez que emprega importante elemento indiciário (o preestabelecimento de preços finais por órgão governamental competente), seu texto possui mácula de difícil superação hermenêutica. Com efeito, os tetos (caps) fixados pelo governo para o preço ao consumidor final não podem, de maneira alguma, ser utilizados como base imponível do ICMS-ST – hipótese diferente daquela em que se adotam valores únicos, que mandatoriamente serão praticados nas vendas finais. Afinal, o preço máximo da mercadoria será sempre, em proporções diferentes, maior do que o efetivamente praticado no mercado. Não se pode esperar, assim, uma tributação justa e isonômica, pois o montante recolhido será sempre maior do que o realmente devido, desnaturando a própria presunção que legitima a substituição tributária" (COÊLHO, Sacha Calmon Navarro; DERZI, Misabel Abreu Machado; MOREIRA, André Mendes. Ilegitimidade da adoção do preço máximo ao consumidor como base de cálculo para o ICMS-ST das indústrias farmacêuticas. Pauta fiscal. *RDDT* 216/148, 2013).

– Sobre presunções e ficções, vide nota ao art. 148 do CTN.

⇒ **Operação por valor diverso do presumido. Direito ao ressarcimento dos valores antecipados a maior.** A garantia prevista neste § 7º, de imediata e preferencial restituição da quantia paga, caso não se realize o fato gerador presumido, deve ser entendida em todo o seu significado: caso não se realize o fato gerador presumido, tal qual presumido. Ocorrendo o fato, mas em dimensão distinta da presumida, com operação em valores menores, temos realidade que exige um acerto de contas. Prever a antecipação dos pagamentos é admissível, mas admitir que o montante presumido da operação prevaleça sobre o montante real (legítima base de cálculo) é tolerar que se extrapole as normas de competência. De fato, a norma que concede competência aos Estados para tributarem a circulação de mercadoria só admite que sejam onerados na proporção da riqueza efetivamente revelada pelas respectivas operações; da mesma forma, a norma que concede competência à União para tributar a receita não admite senão o cálculo do tributo conforme a receita efetivamente ocorrida.

– Após longa discussão, o STF, ao julgar o RE 593849, em 2016, firmou posição reconhecendo o direito dos contribuintes à restituição dos valores que, pagos em face da adoção da base de cálculo presumida inerente à substituição tributária pra frente, revelem-se superiores aos efetivamente devidos, quando cotejados com a base de cálculo real por ocasião da ocorrência do fato gerador. Na ADI 2675 e na ADI 2777, por sua vez, reconheceu a constitucionalidade das leis dos Estados de Pernambuco e de São Paulo que, não sendo signatários do Convênio n. 13/97, já reconheciam o direito dos contribuintes a esse acerto de contas, sendo que as respectivas ementas, até maio de 2017, não tinham sido publicadas.

– **Tema 201 do STF:** "É devida a restituição da diferença do Imposto sobre Circulação de Mercadorias e Serviços (ICMS) pago a mais no regime de substituição tributária para a frente se a base de cálculo efetiva da operação for inferior à presumida". Decisão de mérito em 2016.

– **Tema 228 do STF:** "É devida a restituição da diferença das contribuições para o Programa de Integração Social – PIS e para o Financiamento da Seguridade Social – Cofins recolhidas a mais, no regime de substituição tributária, se a base de cálculo efetiva das operações for inferior à presumida". Decisão de mérito em 2020.

– "REPERCUSSÃO GERAL. DIREITO TRIBUTÁRIO. IMPOSTO SOBRE CIRCULAÇÃO DE MERCADORIAS E SERVIÇOS – ICMS. SUBSTITUIÇÃO TRIBUTÁRIA PROGRESSIVA OU PARA FRENTE. CLÁUSULA DE RESTITUIÇÃO DO EXCESSO. BASE DE CÁLCULO PRESUMIDA. BASE DE CÁLCULO REAL. RESTITUIÇÃO DA DIFERENÇA. ART. 150, §7º, DA CONSTITUIÇÃO DA REPÚBLICA. REVOGAÇÃO PARCIAL DE PRECEDENTE. ADI 1.851. 1. Fixação de tese jurídica ao Tema 201 da sistemática da repercussão geral: "É devida a restituição da diferença do Imposto sobre Circulação de Mercadorias e Serviços – ICMS pago a mais no regime de substituição tributária para frente se a base de cálculo efetiva da operação for inferior à presumida". 2. A garantia do direito à restituição do excesso não inviabiliza a substituição tributária progressiva, à luz da manutenção das vantagens pragmáticas hauridas do sistema de cobrança de impostos e contribuições. 3. O princípio da praticidade tributária não prepondera na hipótese de violação de direitos e garantias dos contribuintes, notadamente os princípios da igualdade, capacidade contributiva e vedação ao confisco, bem como a arquitetura de neutralidade fiscal do ICMS. 4. O modo de raciocinar "tipificante" na seara tributária não deve ser alheio à narrativa extraída da realidade do processo econômico, de maneira a transformar uma ficção jurídica em uma presunção absoluta. 5. De acordo com o art. 150, §7º, *in fine*, da Constituição da República, a cláusula de restituição do excesso e respectivo direito à restituição se aplicam a todos os casos em que o fato gerador presumido não se concretize empiricamente da forma como antecipadamente tributado. 6. Altera-se parcialmente o precedente firmado na ADI 1.851, de relatoria do Ministro Ilmar Galvão, de modo que os efeitos jurídicos desse novo entendimento orientam apenas os litígios judiciais futuros e os pendentes submetidos à sistemática da repercussão geral. 7. Declaração incidental de inconstitucionalidade dos artigos 22, §10, da Lei 6.763/1975, e 21 do Decreto 43.080/2002, ambos do Estado de Minas Gerais, e fixação de interpretação conforme à Constituição em relação aos arts. 22, §11, do referido diploma legal, e 22 do decreto indigitado. 8. Recurso extraordinário a que se dá provimento" (STF, RE 593.849, 2016).

– No sentido do direito à restituição, já havia farta doutrina: ARZUA, Heron; SCHMITT, Murilo. Substituição tributária no ICMS. A questão do reajuste final – discrepância entre o valor arbitrado e o valor real. *RDDT* 222/74, mar. 2014; JÚNIOR, Dorival Guimarães Pereira; GUIMARÃES, Marcionilia Coelho. A problemática da restituição do ICMS substituição tributária nos casos em que o fato gerador presumido não se realiza conforme estabelecido. *RTFP* 97/159, mar.-abr. 2011; MARTINS, Ives Gandra da Silva. Breves considerações sobre a responsabilidade tributária por antecipação. *RDDT* 189/74, jun. 2011; ROCHA, Eduardo Morais da. Um exame crítico do julgado do Supremo Tribunal Federal que admitiu a construção de pautas fiscais de caráter absoluto na substituição tributária progressiva. *RDDT* 179/36, ago. 2010; VOLKWEISS, Roque Joaquim. *Direito tributário nacional*. 3. ed. Porto Alegre: Livraria do Advogado, 2002, p. 125.

– Chegou a haver jurisprudência, hoje superada, no sentido de que o direito à restituição só ocorreria na hipótese de não ocorrência do fato gerador. As posições jurisprudenciais pela ausência de direito à restituição baseavam-se em interpretação restritiva do art. 150, § 7º, da CF que diz da "imediata e preferencial restituição da quantia paga, caso não se realize o fato gerador presumido". Havia precedentes que não apenas não reconheciam o direito constitucional à restituição das diferenças antecipadas a maior no regime da substituição tributária para a frente, como diziam da inconstitucionalidade das leis estaduais que a asseguravam por violadoras do Convênio n. 13/1997, cuja cláusula segunda estabelecia: "Cláusula segunda. Não caberá a restituição ou cobrança complementar do ICMS quando a operação ou prestação subsequente à cobrança do imposto, sob a modalidade da substituição tributária, se realizar com valor inferior ou superior àquele estabelecido com base no artigo 8º da Lei Complementar 87, de 13 de setembro de 1996." Assim, só haveria direito à restituição quando autorizado por lei dos estados não signatários, como São Paulo e Pernambuco, conforme nota anterior.

⇒ **Discussões sobre bases presumidas na substituição tributária para frente.** O estabelecimento de bases presumidas tem gerado inúmeras discussões, dentre as quais as que seguem.

– **Tema 303 do STF:** "É constitucional a inclusão do valor do IPI incidente nas operações de venda feitas por fabricantes ou importadores de veículos na base de cálculo presumida fixada para propiciar, em regime de substituição tributária, a cobrança e o recolhimento antecipados, na forma do art. 43 da Medida Provisória n. 2.158-35/2001, de contribuições para o PIS e da Cofins devidas pelos comerciantes varejistas". Decisão do mérito em 2021.

– **Cálculo da Cofins ST sobre o valor da operação somado ao IPI.** A questão está em discussão, com repercussão geral, no RE 605.506. A IN SRF n. 54/2000, alterada pela IN SRF n. 112/2000

e revogada pela IN SRF n. 249/2002, dispunha: "Art. 2º Os fabricantes e os importadores dos produtos relacionados no art. 44 da Medida Provisória n. 1991-16, de 2000, relativamente às vendas desses produtos realizadas a partir de 11 de junho de 2000, ficam obrigados a cobrar e a recolher, na condição de contribuintes substitutos, a contribuição para os Programas de Integração Social e de Formação do Patrimônio do Servidor Público – PIS/PASEP e a Contribuição para o Financiamento da Seguridade Social – COFINS, devidas pelos comerciantes varejistas desses produtos. Da Base de Cálculo Art. 3º Para efeito do disposto no artigo anterior, as contribuições serão calculadas com base no preço de venda do fabricante ou importador. § 1º Considera-se preço de venda do fabricante ou importador o preço do produto acrescido do valor do Imposto sobre Produtos Industrializados – IPI incidente na operação. § 2º Os valores das contribuições objeto de substituição: I – deverão ser informados, juntamente com as respectivas bases de cálculo, na correspondente Nota Fiscal de Venda; II – serão cobrados do comerciante varejista por meio de nota fiscal de venda, fatura, duplicata ou documento específico distinto; (Redação dada pela IN SRF n. 112, de 19/12/2000) III – não integrarão a receita bruta do fabricante ou importador; IV – serão recolhidos mediante utilização dos seguintes códigos de receita... " No RE, a questão é colocada de modo que se retome a análise do conceito de receita tributável, considerada a capacidade contributiva, bem como a verificação acerca de os tributos indiretos integrarem ou não a base de cálculo da COFINS e do PIS, com destaque para o fato de que o ICMS incide "por dentro", enquanto o IPI incide "por fora". Contudo, deve-se observar que se está utilizando de referência para o recolhimento, mediante substituição pra frente, das contribuições sobre a receita dos contribuintes substituídos. Cabe analisar é se a presunção utilizada desborda da possível receita do contribuinte, a ser percebida mediante o cômputo das receitas decorrentes da operação posterior de venda pelo comerciante.

– **Cálculo do ICMS-ST sobre o valor da operação mais o frete contratado pela concessionária.** "ICMS. SUBSTITUIÇÃO TRIBUTÁRIA PARA FRENTE. MONTADORA/FABRICANTE (SUBSTITUTA) E CONCESSIONÁRIA/REVENDEDORA (SUBSTITUÍDA). VEÍCULOS AUTOMOTORES. VALOR DO FRETE. INCLUSÃO NA BASE DE CÁLCULO QUANDO O TRANSPORTE É EFETUADO PELA MONTADORA OU POR SUA ORDEM. EXCLUSÃO NA HIPÓTESE EXCEPCIONAL EM QUE O TRANSPORTE É CONTRATADO PELA PRÓPRIA CONCESSIONÁRIA. ARTIGOS 8º, II, *B*, C/C 13, § 1º, II, *B*, DA LC 87/96... 1. O valor do frete (referente ao transporte do veículo entre a montadora/fabricante e a concessionária/revendedora) integra a base de cálculo do ICMS incidente sobre a circulação da mercadoria, para fins da substituição tributária progressiva ('para frente'), à luz do artigo 8º, II, *b*, da Lei Complementar 87/96. 2. Entrementes, nos casos em que a substituta tributária (a montadora/fabricante de veículos) não efetua o transporte, nem o engendra por sua conta e ordem, o valor do frete não deve ser incluído na base de cálculo do imposto, *ex vi* do disposto no artigo 13, § 1º, II, *b*, da LC 87/96, *verbis*: 'Art. 13. A base de cálculo do imposto é:

[...] § 1º Integra a base de cálculo do imposto: § 1º Integra a base de cálculo do imposto, inclusive na hipótese do inciso V do *caput* deste artigo: (Redação dada pela Lcp 114, de 16.12.2002) [...] II – o valor correspondente a: [...] b) frete, caso o transporte seja efetuado pelo próprio remetente ou por sua conta e ordem e seja cobrado em separado. [...]' 3. Com efeito, o valor do frete deverá compor a base de cálculo do ICMS, recolhido sob o regime de substituição tributária, somente quando o substituto encontra-se vinculado ao contrato de transporte da mercadoria, uma vez que, nessa hipótese, a despesa efetivamente realizada poderá ser repassada ao substituído tributário (adquirente/destinatário). Ao revés, no caso em que o transporte é contratado pelo próprio adquirente (concessionária de veículos), inexiste controle, ingerência ou conhecimento prévio do valor do frete por parte do substituto, razão pela qual a aludida parcela não pode integrar a base de cálculo do imposto" (STJ, REsp 931.727, 2009).

– "... os Fiscos estaduais combatem o pleito dos substituídos de terem restituído o ICMS decorrente da diferença entre a sua base de cálculo presumida e o valor real da operação exatamente arguindo que tal prática desfiguraria o sistema, baseado em presunções, obrigando a autoridade tributária proceder à fiscalização das múltiplas operações que ocorrem diariamente. Claramente, dois pesos e duas medidas. Como se a obrigação da autoridade tributária de fiscalizar as operações dos substituídos, com relação à sua obrigação de recolher o ICMS sobre o frete, fosse de alguma forma um ônus diferente da apuração do valor real da operação do substituído, para fins de eventual restituição do imposto pago a maior. A padronização na arrecadação do ICMS, com a utilização de presunções a respeito da ocorrência do fato gerador e do valor das operações presumidas, deve prevalecer também quando o valor real da operação substituída for maior do que aquele calculado de forma presumida. Afinal, se é razoável e proporcional que o substituído suporte a antecipação do recolhimento do imposto referente à operação que este ainda irá efetuar (tendo, atualmente, que arcar inclusive com eventual diferença entre o valor real e o presumido), não se vê motivo para que também não seja razoável e proporcional que o Fisco arque com o efeito financeiro da impossibilidade do substituto tributário incluir o valor do frete na base de cálculo do ICMS-ST, quando este é contratado diretamente pelo adquirente" (CARDOSO, Alessandro Mendes. Da discussão sobre a inclusão do frete na base de cálculo do ICMS na substituição tributária referente a veículos. *RDDT* 148, 2008).

⇒ **Venda de veículos direta ao consumidor, por intermédio das concessionárias.** "... a legislação não apresentou qualquer restrição à classificação de adquirentes de veículos automotores como consumidores finais, destacando apenas a necessidade de prévio ajuste entre concedente e suas concessionárias. Desta forma, consideramos que o entendimento sustentado pela Ministra Denise Arruda deve ser aplicado a todas as operações de venda direta a consumidor final, desde que tais consumidores estejam definidos em prévio ajuste firmado entre montadora e sua rede de concessionárias, sendo irrelevante que se trate de pessoa física ou jurídica, de Direito Público ou Privado, que adquira um ou vinte veículos. [...] Não se sustenta, porém, a impossibilidade de a fiscalização analisar as operações feitas sob o manto dessa modalidade de venda, uma vez que, em alguns casos, pode-se estar diante de uma efetiva simulação, por meio da qual se buscou omitir do fisco uma transferência de titularidade" (COSTA, Rafael Santiago. Não incidência de ICMS – substituição tributária sobre operações de venda direta de veículos automotores a consumidor final. *RDDT* 149, 2008).

– "ICMS. OPERAÇÃO INTERESTADUAL. VENDA DIRETA DA MONTADORA A COMPRADORES ESPECIAIS SITUADOS EM ESTADO-MEMBRO DIVERSO (LEI 6.729/79, ART. 15). OCORRÊNCIA DE TRANSFERÊNCIA DA PROPRIEDADE. ENTREGA ATRAVÉS DE CONCESSIONÁRIA SITUADA NO DOMICÍLIO DOS COMPRADORES. FATO GERADOR ÚNICO. NÃO OCORRÊNCIA DE 'CIRCULAÇÃO JURÍDICA'. NÃO INCIDÊNCIA DE ICMS NO DOMICÍLIO DOS COMPRADORES ESPECIAIS" (STJ, REsp 806.101, 2007).

– "A venda feita pelo fabricante de automóveis diretamente ao frotista, como consumidor final, é autorizada por lei (L. 6.729/79, art. 15). A circunstância de o frotista alienar imediatamente o veículo – em lugar de o incorporar ao ativo fixo – não acarreta responsabilidade fiscal para a fabricante" (STJ, REsp 361.756, 2002).

Art. 151. É vedado à União:

I – instituir tributo que não seja uniforme em todo o território nacional ou que implique distinção ou preferência em relação a Estado, ao Distrito Federal ou a Município, em detrimento de outro, admitida a concessão de incentivos fiscais destinados a promover o equilíbrio do desenvolvimento socioeconômico entre as diferentes regiões do País;

⇒ **Princípio da uniformidade geográfica.** "Princípio da uniformidade geográfica. Surge explícito na redação cristalina do art. 151, I, da Carta Magna... É fácil ver, nas suas dobras, mais uma confirmação do postulado federativo e da autonomia dos Municípios, posto que o constituinte vedou a eventualidade de qualquer distinção ou preferência relativamente a um Estado, a um Município ou ao Distrito Federal, em prejuízo dos demais" (CARVALHO, Paulo de Barros. *Curso de direito tributário*. 27. ed. São Paulo: Saraiva, 2016, p. 180).

– É interessante observar que a Constituição dos Estados Unidos da América, no seu único dispositivo dedicado especificamente à tributação, estabelece que os tributos devem ser uniformes em todo o país: "The Constitution of the United States of America ARTICLE I [...] SECTION 8. The Congress shall have the power to lay and collect taxes, duties, imposts and excises, to pay the debts and provide for the common defense, and general welfare of the United States; but all duties, imposts and excises shall be uniform throughout the United States [...]".

– IPI sobre o açúcar. Percentuais diferenciados e isenções conforme a região e o estado. Promoção do desenvolvimento socioeconômico.

– **Tema 80 STF:** "Surge constitucional, sob o ângulo do caráter seletivo, em função da essencialidade do produto e do tratamento isonômico, o artigo 2º da Lei n. 8.393/1991, a revelar alíquota máxima de Imposto sobre Produtos Industrializados – IPI de 18%, assegurada isenção, quanto aos contribuintes situados na área de atuação da Superintendência de Desenvolvimento do Nordeste – SUDENE e da Superintendência de Desenvolvimento da Amazônia – SUDAM, e autorização para redução de até 50% da alíquota, presentes contribuintes situados nos Estados do Espírito Santo e do Rio de Janeiro". Decisão de mérito em 2017.

– "Alíquota de IPI para produção de açúcar e localização geográfica. Surge constitucional, sob o ângulo do caráter seletivo, em função da essencialidade do produto e do tratamento isonômico, o artigo 2º da Lei n. 8.393/1991 (1), a revelar alíquota máxima de Imposto sobre Produtos Industrializados – IPI de 18%, assegurada isenção, quanto aos contribuintes situados na área de atuação da Superintendência de Desenvolvimento do Nordeste – SUDENE e da Superintendência de Desenvolvimento da Amazônia – SUDAM, e autorização para redução de até 50% da alíquota, presentes contribuintes situados nos Estados do Espírito Santo e do Rio de Janeiro. Com base nesse entendimento, o Plenário negou provimento a recurso extraordinário. Inicialmente, o Tribunal não conheceu da questão da constitucionalidade da Lei 9.532/1997, por falta de prequestionamento. Afirmou que a Constituição Federal (CF) autoriza o legislador a implementar, no âmbito da opção político-normativa, presente a razoabilidade – se a alíquota fixada estiver em patamar aceitável –, distinções, sem vínculo à divisão por regiões: Sul, Sudeste, Centro-Oeste, Nordeste e Norte. Assentou que o alcance do caráter seletivo do tributo, em função da essencialidade do produto, implica variação de alíquotas de acordo com a própria mercadoria. Assim, o fato de o açúcar integrar a cesta básica, cujos produtos não têm incidência do IPI, é insuficiente para que se conclua pela impossibilidade da cobrança do tributo. Frisou que o princípio da isonomia é observado quando não ocorre preferência desarrazoada em relação a Estado-Membro, ao Distrito Federal ou a Município. No caso, o art. 2º da Lei 8.393/1991 encerrou verdadeiro incentivo fiscal no que concerne às áreas mencionadas. A cláusula constitucional (CF, art. 151, I) a remeter às diferentes regiões do País não tem interpretação a ponto de desconsiderar as áreas referidas no preceito da lei e ligadas ao Nordeste e à Amazônia. Também não há tratamento diferenciado em razão deste ou daquele Estado-Membro. O parágrafo único do art. 2º, ao revelar que, nos Estados do Espírito Santo e do Rio de Janeiro, a alíquota de 18% poderá ser reduzida em até 50%, remete, necessariamente, à situação dos contribuintes e do desenvolvimento na produção nesses Estados-Membros. Portanto, o Legislativo atuou no campo do incentivo fiscal, embora de forma estrita, considerados os Estados-Membros mencionados" (*Informativo* 860 do STF RE 592.145, 2017).

– "RECURSO EXTRAORDINÁRIO. IPI. CONCESSÃO DE BENEFÍCIOS. ALÍQUOTAS REGIONALIZADAS. LEI 8.393/91. DECRETO 2.501/98. ADMISSIBILIDADE. 1. Incentivos fiscais concedidos de forma genérica, impessoal e com fundamento em lei específica. Atendimento dos requisitos formais para sua implementação. 2. A Constituição na parte final do art. 151, I, admite a 'concessão de incentivos fiscais destinados a promover o equilíbrio do desenvolvimento socioeconômi-

co entre as diferentes regiões do país'. 3. A concessão de isenção é ato discricionário, por meio do qual o Poder Executivo, fundado em juízo de conveniência e oportunidade, implementa suas políticas fiscais e econômicas e, portanto, a análise de seu mérito escapa ao controle do Poder Judiciário. Precedentes: RE 149.659 e AI 138.344-AgR. 4. Não é possível ao Poder Judiciário estender isenção a contribuintes não contemplados pela lei, a título de isonomia (RE 159.026). 5. Recurso extraordinário não conhecido" (STF, RE 344.331, 2003). Obs.: conforme o *Informativo* n. 297 do STF, nesse acórdão, a Turma manteve acórdão do TRF da 4ª Região que declarara a constitucionalidade do Decreto n. 2.501/98, que instituíra alíquota de 12% do IPI incidente sobre a produção do açúcar extraído na região sul e concedera tratamento diferenciado aos produtores localizados nos Estados das regiões norte e nordeste, por se tratar de medida de política econômica para o fomento do equilíbrio regional. A questão está novamente submetida ao plenário do STF, em sede de repercussão geral, no RE 592.145 (Tema 80).

– **Pela inconstitucionalidade.** "... IPI. SELETIVIDADE. UNIFORMIDADE GEOGRÁFICA. SUSCITADO INCIDENTE DE ARGUIÇÃO DE INCONSTITUCIONALIDADE. A elevação de alíquota do IPI, nas saídas de açúcar, de 0% (aplicável à quase totalidade dos produtos alimentícios) para 18% pela Lei 8.393/91 e Decretos 420/91 e 2.092/96, com alíquota reduzida pela metade – 9% – para os Estados do Rio de Janeiro e Espírito Santo e isenção para as áreas da Sudene e Sudam, implicou ofensa ao critério da seletividade em função da essencialidade do produto, não se caracterizando, ainda, como incentivo destinado a promover o equilíbrio do desenvolvimento socioeconômico entre as diferentes regiões do País, resultando, sim, em ofensa à necessária uniformidade geográfica, que constitui limitação constitucional ao poder de tributar da União. Suscitado Incidente de Arguição de Inconstitucionalidade por ofensa aos arts. 153, § 3º, I, e 151, I, da Constituição Federal" (TRF4, AC 1998.04.01.017397-6, 2002). Eis excerto do voto condutor, por nós proferido: "EQUALIZAÇÃO DOS CUSTOS DE PRODUÇÃO E OS PRINCÍPIOS DA ISONOMIA E DA UNIFORMIDADE GEOGRÁFICA ... Ora, o que nós temos com a Lei 8.393/91? A extinção de contribuição de intervenção no domínio econômico e de subsídios de equalização de custos de produção de açúcar e, ao mesmo tempo, a manutenção da política de preço nacional unificado de açúcar de cana, com a oneração da produção do açúcar para Região Sul e São Paulo, dentre outros Estados, eis que o IPI de 0% passou a ser autorizado e efetivamente instituído em 18%, garantindo-se, entretanto, isenção na área de atuação da SUDENE e da SUDAM e alíquota reduzida em 50%, ou seja, alíquota de 9%, para o Rio de Janeiro e para o Espírito Santo. Ou seja, passou-se a utilizar o IPI para fins de suposta equalização dos custos. [...] O Decreto 420, de 13 de janeiro de 1992, implementou o previsto na Lei 8.393/91, assim dispondo...O Decreto 2.092/96, por sua vez, aprovou a nova TIPI, aplicável a contar de janeiro de 1997, incorporando as alíquotas já estabelecidas pelo Dec. 420/92, de maneira que não implicou nenhuma inovação no ponto. Dele se vê... Resta claro dos transcritos diplomas legais, ao menos, a flagrante violação do art. 151, I, da CF quando da autorização da fixação de alíquota pela metade para os Estados do Rio de Janeiro e Espírito Santo, realizada quando da edição do Decreto 420/92 e mantida, posteriormente, pelo Decreto 2.092/96. O que temos aí senão tributo que não é uniforme, implicando distinção ou preferência em relação ao Rio de Janeiro e ao Espírito Santo? Distinção em favor de Estados é expressamente proibida pela Constituição. A Constituição veda expressamente isto, estabelecendo, como única exceção admitida à uniformidade geográfica a concessão de incentivos fiscais destinados a promover o equilíbrio do desenvolvimento socioeconômico entre as diferentes regiões do País. Mas sequer isso se dá. Note-se: só se pode conceder incentivos fiscais destinados a promover o equilíbrio do desenvolvimento socioeconômico entre as diferentes regiões do País. Assim, são pressupostos para a diferenciação tributária entre as regiões que tal se dê mediante incentivos e que a finalidade seja promover o equilíbrio do desenvolvimento socioeconômico entre as regiões. Vale aqui, a lição de Misabel Derzi... (transcrita no item Pressupõe uma política de fomento, acima). Tem-se, pois, bastante claro que o art. 151 da CF não justifica o tratamento diferenciado perpetrado pelos diplomas combatidos nesta ação. Pelo contrário, enquanto limitação ao poder de tributar, tal dispositivo restou violado pelo privilegiamento de determinados Estados, sendo tal violação, por si só, fundamento autônomo e suficiente para o reconhecimento da inconstitucionalidade dos combatidos diplomas legais." Em dezembro de 2006 prosseguia sem julgamento pela Corte Especial.

⇒ **Pressupõe uma política de fomento.** "O dispositivo não permite o estabelecimento de regimes tributários diversos entre as várias regiões. Consente apenas que para algumas delas, em virtude de suas características, possa haver incentivos. Note-se que tal figura supõe uma política de fomento, em que se exigem do seu destinatário certas ações. Diferenças tributárias sem que se verifique o fomento, mesmo que referidas a regiões menos favorecidas, são inconstitucionais" (DIAS DE SOUZA, Hamilton. In: MARTINS, Ives Gandra da Silva (coord.). *Comentários ao Código Tributário Nacional*. São Paulo: Saraiva, 1998, v. 1, p. 8-9).

– Eis a lição de Misabel Derzi sobre a matéria, enfocando o caso do IPI sobre o açúcar, em nota de atualização da valorosa obra de Aliomar Baleeiro, *Direito Tributário Brasileiro*, 11. ed., Rio de Janeiro: Forense, 2000, p. 159-163: "... a Constituição Federal autoriza discriminações excepcionais, desde que presentes os seguintes requisitos: a) tratar-se de um incentivo fiscal regional; b) em favor de região ou regiões mais pobres e menos desenvolvidas; c) o incentivo, de modo algum, pode se converter em privilégio das oligarquias das regiões pobres, mas se destina a promover o desenvolvimento socioeconômico daquela região mais atrasada. Ora, facilmente se verifica que nenhum desses pressupostos constitucionais se apresenta no tratamento das alíquotas diferenciadas, oferecido pela Lei 8.391/91. Nem estamos diante de um incentivo, muito menos regional, nem tampouco atua o favor legal em benefício do desenvolvimento socioeconômico de regiões mais pobres, ao contrário, pode ser reembolsado pelos produtores nordestinos, que nenhuma contrapartida dão ou devem dar à coletividade, cristalizando-se em verdadeiros privilégios locais... a Lei n. 8393/91, embora assegurando isenção

para as saídas ocorridas na área de atuação da Sudene e da Sudam, introduziu uma tributação de 18% sobre a produção do açúcar de cana nas regiões Sul e Sudeste e de 9% no Rio de Janeiro e Espírito Santo, tributação antes inexistente, por longa tradição. Portanto, nenhuma vantagem ou estímulo receberam os produtores das regiões ou Estados considerados mais ricos, mas, ao inverso, foram onerados com o peso de uma exação nova que em nada auxiliará o desenvolvimento socioeconômico das demais regiões. Trata-se, então, antes de um aumento de carga tributária do que de uma redução. ... Ora, as alíquotas diferenciadas da Lei n. 8391/91, pela regra da transferência ou translação – constitucionalmente aceita – são suportadas pelos consumidores finais. Como segundo a mesma lei, a política atual é de 'preço nacional unificado de açúcar de cana' (art. 2º), a tributação imposta aos produtores do Sul e do Sudeste eleva o preço do produto, penalizando o consumidor pobre de todo o país, para oferecer um lucro maior ao produtor do Norte e do Nordeste, pela diferença maior entre custo-preço, ali decorrente da isenção discriminatória. Mas a citada lei nada pede a esses produtores beneficiados, nem nada cobra deles, a saber: – nenhum demonstrativo do impacto dessa tributação diferenciada tem acompanhado os projetos de lei orçamentária, como prescreve a Constituição; – a lei discriminatória não propõe metas de investimento, de aumento de produtividade, de aperfeiçoamento de mão de obra, de abertura de frentes de trabalho a serem cumpridas pelos produtores do Norte, Nordeste, Rio de Janeiro e Espírito Santo. O favor é concedido às clássicas oligarquias nordestinas da indústria da cana, sem nenhuma contrapartida social; – o impacto econômico da tributação desuniforme e discriminatória será transferido ao consumidor final, o qual, esteja situado no Norte ou no Sul, terá de suportar o preço unificado do açúcar de cana em todo o país, mais elevado a fim de poder absorver a pesada tributação de 18% incidente, configurando ônus insuportável para as camadas mais pobres do povo brasileiro; – fica evidente que a diferença entre o preço unificado do produto e o seu custo, será maior nos Estados onde se dá a isenção ou ocorrem alíquotas mais suaves, apropriando-se, não obstante, integralmente o produtor de tais diferenças, o que configura autêntico privilégio intolerável e inadmitido pela Constituição, com aumento das desigualdades sociais interpessoais. Finalmente convém lembrar que utilizar-se o legislador do IPI para a concessão do incentivo, com encarecimento do produto, é inadequado, porque ofensivo ao princípio da seletividade...".

⇒ **Incentivos para a Zona Franca de Manaus.** Vide art. 40 do ADCT e respectivas notas.

II – tributar a renda das obrigações da dívida pública dos Estados, do Distrito Federal e dos Municípios, bem como a remuneração e os proventos dos respectivos agentes públicos, em níveis superiores aos que fixar para suas obrigações e para seus agentes;

⇒ **Carga tributária idêntica.** "... pode a União tributar a renda das obrigações estaduais e municipais como pode tributar os proventos dos servidores dos Estados e Municípios. Entretanto, não poderá tributá-los em nível superior ao 'que fixar para as suas próprias obrigações e para os proventos de seus próprios agentes'. A igualdade de carga tributária incidente sobre as obrigações estaduais, municipais e federais é indispensável. De outro modo, estas últimas seriam favorecidas, visto que, gravadas mais pesadamente as obrigações estaduais e municipais, o investidor as preteriria, preferindo naturalmente as federais" (FERREIRA FILHO, Manoel Gonçalves. *Comentários*. v. 3, p. 109).

III – instituir isenções de tributos da competência dos Estados, do Distrito Federal ou dos Municípios.

⇒ **Vedação à instituição de isenções.** Vide o conceito de isenção em nota ao art. 176 do CTN.

⇒ **Limitação ao poder de não tributar da União.** Aliomar Baleeiro refere-se a esta vedação como uma limitação ao poder de não tributar ou isentar (BALEEIRO, Aliomar. *Limitações constitucionais ao poder de tributar*. 7. ed. Atualizada por Misabel Abreu Machado Derzi. Rio de Janeiro: Forense, 1997, p. 2).

• Vide: HARADA, Kiyoshi. Princípio da vedação às isenções heterônomas. *RFDT* 99, 2019.

– **Não impede a República Federativa do Brasil de conceder isenção por tratado internacional.** A vedação constante do art. 151, III, da CF dirige-se à União enquanto pessoa jurídica de direito público interno. A República Federativa do Brasil, nas suas relações externas, pode firmar tratado internacional em que estabeleça isenção de quaisquer tributos, sejam federais, estaduais ou municipais. O entendimento do STF firmou-se neste sentido, havendo precedente inequívoco, adiante transcrito, no sentido da recepção do GATT. Sobre os tratados e sua prevalência sobre a legislação interna, vide extensa abordagem em nota ao art. 98 do CTN.

– Efetivamente, o "âmbito de aplicação do art. 151, CF, é o das relações das entidades federadas entre si. Não tem por objeto a União quando esta se apresenta na ordem externa". Veja-se: "1. O Plenário desta Corte, no julgamento do RE 229.096, Relatora para o acórdão a Ministra Cármen Lúcia, fixou entendimento de que a isenção de ICMS relativa à mercadoria importada de país signatário do GATT, quando isento o similar nacional, foi recepcionada pela Constituição Federal de 1988, não se aplicando a limitação prevista no artigo 151, III, da Constituição Federal (isenção heterônoma) às hipóteses em que a União atua como sujeito de direito na ordem internacional" (STF, ARE 831.170 AgR, 2015).

– **Súmula 20 do STJ:** A mercadoria importada de país signatário do GATT é isenta do ICM, quando contemplado com esse favor o similar nacional.

– **Súmula 71 do STJ:** O bacalhau importado de país signatário do GATT é isento do ICM.

– Revogação da isenção. "... o alegado similar nacional do bacalhau, o pirarucu, não é isento, expressamente, desde outubro de 1991. Ademais, toda discussão sobre a questão versada neste processo está esvaziada após os Convênios ns. 117/82, 95/90 e 60/91. Insta assinalar que a copiosa jurisprudência trazida à colação pela apelante não lhe socorre na solução da presente controvérsia. Aqui não se discute se o bacalhau importado tem ou não similar nacional. Além do mais, tais decisões foram proferidas sob o fundamento de que o bacalhau tinha correspondência, para efeitos tributários, com a espécie peixe seco e salgado, de origem interna, que gozava de isenção do ICMS. Entretanto, não mais existe essa vantagem tributária concedida a peixe seco e salgado nacional, pois as normas que a admitia foi revogada. Atualmente, o bacalhau importado de país signatário do GATT tem o mesmo tratamento tributário dispensado, no Brasil, ao peixe seco e salgado, ou seja, está sujeito ao pagamento do ICMS. Assim, não há que se falar em qualquer tipo de discriminação imposta ao bacalhau importado, ao retirar-lhe a isenção do CIMS. Discriminação existiria contra o peixe seco e salgado de origem interna se fosse mantida a isenção do ICMS para o bacalhau, uma vez que este está equiparado àquele para fins de tributação" (TJRS, AC 7429/98, 1999, excerto de voto). Obs.: o inteiro teor deste acórdão consta da RET 13/91.

– **Tema 776 do STJ:** (CANCELADO) "Discussão: concessão do benefício da alíquota zero à importação da vitamina 'E' e seus derivados, consoante o Acordo Geral de Tarifas Aduaneiras e Comércio – GATT". Decisão em 2009.

– **Recepção do GATT.** "1. A isenção de tributos estaduais prevista no Acordo Geral de Tarifas e Comércio para as mercadorias importadas dos países signatários quando o similar nacional tiver o mesmo benefício foi recepcionada pela Constituição da República de 1988. 2. O artigo 98 do Código Tributário Nacional 'possui caráter nacional, com eficácia para a União, os Estados e os Municípios' [...]. 3. No direito internacional apenas a República Federativa do Brasil tem competência para firmar tratados (art. 52, § 2º, da Constituição da República), dela não dispondo a União, os Estados-membros ou os Municípios. O Presidente da República não subscreve tratados como Chefe de Governo, mas como Chefe de Estado, o que descaracteriza a existência de uma isenção heterônoma, vedada pelo art. 151, inc. III, da Constituição" (STF, RE 229.096, 2007).

– "... Âmbito de aplicação do art. 151, CF, é o das relações das entidades federadas entre si. Não tem por objeto a União quando esta se apresenta na ordem externa. [...] Inconstitucionalidade da exigência do ICMS na prestação de serviços de transporte aéreo internacional de cargas pelas empresas aéreas nacionais, enquanto persistirem os convênios de isenção de empresas estrangeiras. Ação julgada parcialmente procedente" (STF, ADI 1.600, 2001).

– "c) tratados internacionais podem legitimamente isentar ou reduzir tributos estaduais, distritais e municipais, posto que quem atua, na espécie, é a própria República Federativa do Brasil em relações externas entre Estados soberanos, sendo que as normas constitucionais de definição de competência para isentar, como a vedação do artigo 151, *caput*, III, só se aplicam nos relacionamentos internos dos entes da Federação brasileira" (SARAIVA FILHO, Oswaldo Othon de Pontes. O direito internacional e o sistema tributário brasileiro. *RFDT* 25/9, 2007).

– A doutrina é também farta neste sentido, conforme se pode ver das transcrições que se fez até a 10ª edição desta obra, agora suprimidas em face do entendimento inequívoco do STF já firmado a respeito.

– Não alcança lei complementar de normas gerais. ISS. "IMPOSTO SOBRE SERVIÇOS. ISS. ENTIDADES AUTORIZADAS A FUNCIONAR PELO BANCO CENTRAL DO BRASIL. LEI COMPLEMENTAR DE NORMAS GERAIS QUE AFASTA A TRIBUTAÇÃO. DESCARACTERIZAÇÃO DE ISENÇÃO HETERÔNOMA. CORRETO PAPEL DAS NORMAS GERAIS EM MATÉRIA TRIBUTÁRIA. 1. A Segunda Turma desta Corte firmou precedentes no sentido da não incidência do ISS sobre as atividades desempenhadas por instituições autorizadas a funcionar pelo Banco Central do Brasil – BACEN. 2. A observância de normas gerais em matéria tributária é imperativo de segurança jurídica, na medida em que é necessário assegurar tratamento centralizado a alguns temas para que seja possível estabilizar legitimamente expectativas. Neste contexto, 'gerais' não significa 'genéricas', mas sim 'aptas a vincular todos os entes federados e os administrados'. 3. Diferença entre isenção heterônoma, vedada pela Constituição, e normas gerais em matéria tributária. Estabelecer a diferenciação entre serviços financeiros e demais tipos de serviço faz parte do papel da União como representante da Nação. Ademais, os entes federados e a população municipal participam da vida política da Federação, representados pelo Senado e pela Câmara dos Deputados, de modo a descaracterizar quebra de autonomia ou falta de mandato de representação" (STF, RE 433.352 AgR, 2010).

⇒ **Isenções por prazo certo concedidas pela União antes da CF/88. Direito adquirido. Art. 41, § 2º, do ADCT.** "Recurso extraordinário. 2. Tributário. ICMS. Programa BEFIEX. 3. Isenção concedida por prazo certo, no regime da Emenda Constitucional n. 1/69. 4. Art. 41, § 2º, ADCT. 5. Direito adquirido" (STF, RE 227.592, 1998).

– "ICMS. BEFIEX. Isenção, a prazo certo e em função de determinadas condições, concedida pela União anteriormente a atual Constituição. Direito adquirido. Incidência do § 2º, do artigo 41 do ADCT. – É certo que a atual Constituição, no artigo 151, III, vedou à União instituir isenções de tributos da competência dos Estados, do Distrito Federal ou dos Municípios. No artigo 41 do ADCT, porém, estabeleceu, em seu *caput*, que os Poderes Executivos da União, dos Estados, do Distrito Federal e dos Municípios reavaliariam todos os incentivos fiscais de natureza setorial em vigor, propondo aos Poderes Legislativos respectivos as medidas cabíveis, e, complementando essa disposição, declarou que considerariam revogados após dois anos, a partir da data da promulgação da Constituição, os incentivos que não fossem confirmados por lei (§ 1º), estabelecendo, entretanto, no § 2º, que essa revogação não prejudicaria os direitos que já tivessem sido adquiridos, àquela data, em relação a incentivos concedidos sob condição e com prazo certo. – Ora, no caso, há isenção contratual, onerosa, por prazo certo e em função de determinadas condições, que passou a integrar patrimônio da beneficiária em virtude do Programa Especial de Exportação – BEFIEX, caracterizando-se, assim, em face do disposto no artigo 178 do CTN e do enunciado da Súmula 544 desta Corte direito adquirido a essa isenção nos termos em que foi concedida, estando protegida pela ressalva contida no § 2º do artigo 41 do ADCT da Constituição Federal" (STF, RE 148.453-5, 1997).

– "ART. 151, III. I – O art. 41, ADCT/1988, compreende todos os incentivos fiscais, inclusive isenções de tributos, dado que a isenção é espécie do gênero incentivo fiscal. II – Isenções de tributos municipais concedidas pela União na sistemática da CF/67, art. 19, § 2º; DL 406/68, art. 11, redação da Lei Complementar 22/71. Revogação, com observância das regras de transição inscritas no art. 41, §§ 1º, 2º e 3º, ADCT/1988" (ementa da decisão do Min. Carlos Velloso negando seguimento ao RE 361.829-6, 2005).

– Sobre a revogação de isenções concedidas por prazo certo e sob condição, vide art. 178 do CTN e respectivas notas.

⇒ **Vedação à isenção de tributos em geral, e não apenas de impostos.** "Diferentemente da Constituição de 1969, que vedava a concessão de isenção apenas de impostos (art. 19, § 2º), a atual proíbe à União a concessão de isenção de quaisquer tributos conferidos à competência de Estados, do Distrito Federal ou dos Municípios (art. 151, III)" (BARRETO, Aires F. In: MARTINS, Ives Gandra da Silva (coord.). *Comentários ao Código Tributário Nacional*. São Paulo: Saraiva, 1998, v. 1, p. 544).

– **Isenção de custas em favor do INSS. Ações na Justiça Estadual.** "O INSS não goza de isenção do pagamento de custas e emolumentos, nas ações acidentárias e de benefícios propostas na Justiça Estadual" (Súmula 178 do STJ). Obs: os julgados que deram origem à Súmula 178 do STJ, embora sem invocar o art. 151, III, da CF, ressaltaram que a Lei Federal n. 8.620/93 não poderia isentar o INSS das custas na Justiça Estadual. Vide notas à referida Súmula.

– **Imunidade e isenção de emolumentos. Art. 236 da CF. Art. 5º, LXXVI, da CF. Lei 9.534/97. Gratuidade do registro civil de nascimento. Constitucionalidade.** "REGISTROS PÚBLICOS. NASCIMENTO. ÓBITO. ASSENTO. CERTIDÕES. COMPETÊNCIA DA UNIÃO PARA LEGISLAR SOBRE A MATÉRIA. ARTS. 22, XXV, E 236, § 2º. DIREITO INTRÍNSECO AO EXERCÍCIO DA CIDADANIA. GRATUIDADE CONSTITUCIONALMENTE GARANTIDA. INEXISTÊNCIA DE ÓBICE A QUE O ESTADO PRESTE SERVIÇO PÚBLICO A TÍTULO GRATUITO. A atividade que desenvolvem os titulares das serventias, mediante delegação, e a relação que estabelecem com o particular são de ordem pública. Os emolumentos são taxas remuneratórias de serviços públicos. Precedentes. O direito do serventuário é o de perceber, integralmente, os emolumentos relativos aos serviços para os quais tenham sido fixados. Plausibilidade jurídica dos arts. 1º, 3º e 5º da Lei 9.534/97. Liminar deferida" (STF, ADI 5-2, 1999).

– "... ARGUIDA A INCONSTITUCIONALIDADE DE ARTS. DA LEI 9.534/97. REGISTROS PÚBLICOS. GRATUIDADE PELO REGISTRO CIVIL DE NASCIMENTO, ASSENTO DE ÓBITO, PELA PRIMEIRA CERTIDÃO DESSES ATOS E POR TODAS AS CERTIDÕES AOS 'RECONHECIDAMENTE POBRES'. Não há plausibilidade do direito alegado. Os atos relativos ao nascimento e ao óbito relacionam-se com a cidadania e com seu exercício e são gratuitos na forma da lei – art. 5º, LXXVII. Portanto, não há direito constitucional à percepção de emolumentos por todos os atos que delegado do poder público pratica; não há obrigação constitucional do Estado de instituir emolumentos para todos esses serviços; os serventuários tem direito de perceber, de forma integral, a totalidade dos emolumentos relativos aos serviços para os quais tenham sido fixados. Ação conhecida. Liminar indeferida" (STF, ADInMC 1.800-1, 1998).

– **Emolumentos relativos ao registro de títulos translativos de domínio de imóveis rurais desapropriados para fins de reforma. Art. 26-A da Lei n. 8.629/93.** "ART. 4º DA MEDIDA PROVISÓRIA N. 2.183-56/2001, QUE INCLUIU O ART. 26-A NA LEI N. 8.629/93. COMPATIBILIDADE COM OS ARTS. 151, III, 150, § 6º, E 236, § 2º, DA CONSTITUIÇÃO. INTERPRETAÇÃO SISTEMÁTICA, COEXISTÊNCIA HARMÔNICA E AMPLA EFICÁCIA DAS NORMAS CONSTITUCIONAIS ORIGINÁRIAS. REJEIÇÃO DO INCIDENTE. 1. O art. 236, § 2º, da Constituição confere à União competência legiferante para disciplinar através de normas gerais a fixação de emolumentos. Essa competência é plena, podendo a União dispor amplamente sobre emolumentos e estabelecer, inclusive, isenções. 2. A interpretação da Constituição pauta-se pelos princípios da unidade, da harmonia, da máxima efetividade e da especialidade, de modo a conferir coexistência harmônica e ampla eficácia aos dispositivos constantes do seu texto. 3. Não havendo hierarquia entre as normas constitucionais originárias, o art. 236, § 2º, da Constituição deve surtir plenamente seus efeitos no âmbito da disciplina jurídica dos emolumentos, sem que isso implique negativa de vigência ao seu art. 151, III. 4. A Medida Provisória n. 2.183-56/2001 versou sobre temas ligados à desapropriação para fins de reforma agrária, equiparando-se à lei específica para efeito da técnica legislativa exigida pelo art. 150, § 6º, da Constituição, no tocante ao art. 26-A da Lei n. 8.629/93" (TRF4, INAC 2002.71.05.009114-2, 2007).

Art. 152. É vedado aos Estados, ao Distrito Federal e aos Municípios estabelecer diferença tributária entre bens e serviços, de qualquer natureza, em razão de sua procedência ou destino.

⇒ **Princípio da não discriminação tributária em razão da procedência ou destino.** "... a procedência e o destino são índices inidôneos para efeito de manipulação das alíquotas e da base de cálculo pelos legisladores dos Estados, dos Municípios e do Distrito Federal E o dispositivo se refere a *bens e serviços de qualquer natureza*. Vale como orientação geral, pois sobre ele exercem pressão outras linhas diretivas, igualmente de raízes constitucionais, que condicionam o aparecimento de exceções. A contingência de não ser absoluto, todavia, deixa-o intacto como eminente princípio tributário" (CARVALHO, Paulo de Barros. *Curso de direito tributário*. 27. ed. São Paulo: Saraiva, 2016, p. 180).

– No âmbito da Guerra Fiscal de ICMS, o STF já decidiu que "Os entes federados não podem utilizar sua competência legislativa privativa ou concorrente para retaliar outros entes federados, sob o pretexto de corrigir desequilíbrio econômico", sob pena de ofensa ao art. 152 da CF: STF, ADI 4705 MC-REF, 2012.

⇒ **ICMS. Redução da base de cálculo nas saídas internas de café.** "Tratamento Tributário Diferenciado e Origem de Mercadoria. O Tribunal julgou procedente pedido formulado em duas ações diretas ajuizadas pelo Governador do Estado de Minas Gerais e pela Governadora do Estado do Rio Grande do Norte para declarar a inconstitucionalidade do Decreto 35.528/2004, do Estado do Rio de Janeiro, que prevê redução na base de cálculo do ICMS nas saídas internas de café torrado ou moído produzido em estabelecimento industrial localizado nesta última unidade federativa. Entendeu-se que o ato normativo impugnado ofende o princípio da unidade político-econômica nacional e da vedação ao tratamento tributário diferenciado em função da procedência ou destino de bens (CF, art. 152), uma vez que estabelece um grave óbice à livre circulação de bens e mercadorias entre Estados da federação. Asseverou-se que, ainda que fosse possível superar a inobservância do último princípio, a norma estaria em confronto com o art. 155, § 2º, XII, *g*, da CF, uma vez que o Convênio Confaz ICMS 128/94, invocado pelo Estado do Rio de Janeiro para confirmar a validade do benefício em exame, não teria feito distinção quanto à origem das operações de circulação de mercadoria da cesta básica como critério para concessão de benefício fiscal. Por fim, no que se refere à alegada existência de benefícios similares, concedidos pelo Estado de Minas Gerais, reportou-se à orientação firmada pela Corte no julgamento da ADI 2377..., no sentido de que as inconstitucionalidades não se compensam... ADI 3673... 2007" (*Informativo* n. 478 do STF).

– **ICMS. Pauta fiscal diferenciada para operações internas e interestaduais.** Portaria da Secretaria da Fazenda do Estado de Mato Grosso estabeleceu pauta de valores diferenciada para a definição da base de cálculo do ICMS relativamente à circulação de madeira, conforme fosse interna ou interestadual, tributando mais pesadamente as operações interestaduais. Foi suspensa por medida cautelar na ADI 349.

⇒ **IPVA. Veículos Importados. Alíquota diferenciada. Impossibilidade.** "... IPVA – LEGITIMIDADE PASSIVA *AD CAUSAM* DO SECRETÁRIO DE FAZENDA DO DISTRITO FEDERAL – DIFERENCIAÇÃO DE ALÍQUOTAS ENTRE VEÍCULOS NACIONAIS E IMPORTADOS – IMPOSSIBILIDADE... II – A jurisprudência do Superior Tribunal de Justiça firmou-se no sentido da impossibilidade dos Estados-membros e do Distrito Federal estabelecerem alíquotas de IPVA diferenciadas entre veículos nacionais e importados. III..." (STJ, RMS 13.502, 2003).

– Aurélio Pitanga Seixas Filho, no artigo Imposto sobre a Propriedade de Veículos Automotores. Proibição de discriminar Produtos Estrangeiros. Critérios de sua Progressividade, em *RDDT* 39/22, 1998, revela que, além da expressa proibição constitucional (do art. 152), existem tratados internacionais, tanto de abrangência regional, o do Mercosul, como um multilateral, o do GATT, hoje abrangido pela Organização Mundial do Comércio, dos quais o Brasil é signatário, que não permitem a discriminação entre mercadorias e produtos de procedência estrangeira e seus similares de origem nacional. O autor refere o texto do art. 3º do GATT, no sentido de que os produtos de qualquer parte contratante importados do território de outra parte contratante serão isentos de tributos e outras imposições internas de qualquer natureza que excedam os aplicados direta ou indiretamente a produtos similares de origem nacional. E conclui, dizendo que o veículo de procedência estrangeira, portanto, somente poderá ser tributado, por ser estrangeiro, pelo imposto de importação.

SEÇÃO III
DOS IMPOSTOS DA UNIÃO

Art. 153. Compete à União instituir impostos sobre:

⇒ **Atribuição de competência pelo critério da base econômica e a necessidade de adstrição a ela da lei instituidora do imposto.** Vide nota ao art. 145, I, da CF.

I – importação de produtos estrangeiros;

⇒ **Base econômica a ser tributada.** O art. 153, I, da CF outorga competência à União para instituir imposto sobre "importação de produtos estrangeiros". Ou seja, concede à União a possibilidade de instituir imposto sobre a entrada no território nacional, para incorporação à economia interna, de bem destinado ou não ao comércio, produzido, pela natureza ou pela ação humana, fora do território nacional. É o que se extrai do detalhamento dos termos desta base econômica.

⇒ **Importação. Entrada no território nacional. Incorporação do bem à economia interna.** "Importação" é o ato de trazer para o território nacional ou, como diz AURÉLIO, "fazer vir de outro país..." (*Novo Dicionário da Língua Portuguesa*). Mas, em seu sentido jurídico, não basta o simples ingresso físico. É imprescindível a entrada no território nacional para incorporação do bem à economia interna. De fato, conforme adverte Misabel Derzi, abaixo transcrita, "somente se deve considerar entrada e importada aquela mercadoria estrangeira que ingressa no território nacional para uso comercial ou industrial e consumo, não aquela em trânsito, destinada a outro país." Também Alberto Xavier ressalta que a importação "exprime o fenômeno pelo qual um produto estrangeiro entra no território nacional, sendo aí destinado a consumo. [...] O processo de importação inicia-se com o embarque da mercadoria no exterior, a que se sucede a entrada no território nacional e a destinação a consumo interno". (Resenha Tributária, 1978) Ou seja, faz-se necessário que o ingresso físico do produto estrangeiro se faça para sua incorporação à economia nacional. Do contrário, não teremos propriamente uma importação. Daí por que a simples entrada do automóvel de um turista no território nacional, de um quadro para exposição temporária num museu ou de uma máquina para exposição em feira, destinados a retornar ao país de origem, não configuram importação, assim como não a configura o ingresso de produto estrangeiro por porto ou aeroporto brasileiro para simples trânsito no território nacional, com destino a outro país. Tais hipóteses, aliás, são consideradas como de "admissão temporária", com suspensão do pagamento do imposto que não pode mesmo ser exigido nestes casos, eis que não configurada importação em sentido jurídico. Este instituto jurídico da

"admissão temporária", pois, não configura nenhum favor fiscal, mas simples mecanismo para conformação da tributação à amplitude da base econômica, de modo a não extrapolá-la.

– "Acresce, ainda, que somente se deve considerar entrada e importada aquela mercadoria estrangeira que ingressa no território nacional para uso comercial ou industrial e consumo, não aquela em trânsito, destinada a outro país. A doutrina e a jurisprudência majoritária assim se posicionam. Alberto Xavier leciona: '...exprime o fenômeno pelo qual um produto estrangeiro entra no território nacional, sendo aí destinado a consumo. A importação, como fato gerador do imposto de importação, é um fato complexo de formação sucessiva, enquanto se desdobra em vários momentos distintos no tempo. O processo de importação inicia-se com o embarque da mercadoria no exterior, a que se sucede a entrada no território nacional e a destinação a consumo interno'. (Cf. Alberto Xavier, autorização para Importação de Regime de Entreposto Aduaneiro, Aduaneiro (legislação). Resenha Tributária, 1978, p. 352)" (Misabel Derzi em nota de atualização à obra de Aliomar Baleeiro, *Direito tributário brasileiro*, 11. ed., Rio de Janeiro: Forense, 1999, p. 215).

– "... a entrada a que a norma se refere há de ser aquela denotadora da realização de uma importação, mediante a qual o produto estrangeiro ingresse no território nacional para ser incorporado à economia interna..." (SOUZA, Fátima Fernandes Rodrigues de. In: MARTINS, Ives Gandra da Silva (coord.). *Comentários ao Código Tributário Nacional*. São Paulo: Saraiva, 1998, v. I, p. 166).

⇒ **Produto.** Produto é termo amplo que abrange tudo o que é produzido pelo homem ou pela natureza. Abrange tanto os bens destinados ao uso/consumo do importador como os bens com finalidade comercial, ou seja, também alcança as mercadorias. Sobre o conceito estrito de mercadoria, vide nota ao art. 155, II, da CF.

– **Estrangeiro.** "Estrangeiro", por sua vez, designa o produto que tem origem em outro país, nele tendo sido produzido pela natureza ou pela ação humana. Tal qualidade também delimita a base econômica do imposto sobre a importação, não sendo admissível, no exercício da competência do art. 153, I, da CF, a instituição de imposto sobre a importação de produto nacional, que não pode ser equiparado, para tal fim, ao produto estrangeiro, sob pena de inconstitucionalidade. A exigência de imposto sobre a importação de produto nacional exportado anteriormente e que retornou ao país só poderia se dar como um novo imposto instituído com base na competência residual da União e observados os requisitos do art. 154, I, da CF, jamais como exercício da competência do art. 153, I, da CF. Note-se que a Constituição refere, simplesmente, "produtos estrangeiros", nenhuma abertura concedendo à extensão de tal conceito, diferentemente do que fez ao conceder a competência para a instituição de imposto sobre a exportação, em que refere a exportação de produtos "nacionais ou nacionalizados".

– **Inconstitucionalidade da ficção pela qual se consideraria estrangeiro o produto nacional exportado que retornasse.** O Decreto-Lei n. 37/66, entretanto, na redação originária do seu artigo 93, dispunha indevidamente no sentido de que seria considerada estrangeira, para o efeito de incidência do imposto, a mercadoria nacional ou nacionalizada reimportada quando houvesse sido exportada sem observância da condição de reimportação no prazo máximo de um ano, no mesmo estado ou submetida a processo de conserto, reparo ou restauração, conforme se depreende da combinação com a redação original do art. 92. O STF declarou a inconstitucionalidade de tal dispositivo, ao que sucedeu a Resolução do Senado n. 436/87 suspendendo a sua eficácia. O DL n. 2.472/88, ao acrescentar o § 1º ao art. 1º do DL n. 37/66, também incorreu em inconstitucionalidade ao determinar que se considere estrangeira a mercadoria nacional ou nacionalizada exportada que retornar ao País: "§ 1º – Para fins de incidência do imposto, considerar-se-á também estrangeira a mercadoria nacional ou nacionalizada exportada, que retornar ao País, salvo se: (Parágrafo acrescido pelo Decreto-Lei n. 2.472, de 1º-9-1988) a) enviada em consignação e não vendida no prazo autorizado; b) devolvida por motivo de defeito técnico, para reparo ou substituição; c) por motivo de modificações na sistemática de importação por parte do país importador; d) por motivo de guerra ou calamidade pública; e) por outros fatores alheios à vontade do exportador." Também entendendo neste sentido, Misabel que, após apontar o vício que acometia o art. 93 do Decreto-Lei n. 37/66, já referido, assevera: "O § 1º do art. 1º do Decreto-Lei n. 37/66, introduzido pelo Decreto-Lei n. 2.472/88, utiliza-se de ficção similar, que agride a Constituição e a natureza própria do imposto, considerando estrangeira 'a mercadoria nacional ou nacionalizada exportada, que retornar ao país...'" (Misabel Derzi em nota de atualização à obra de Aliomar Baleeiro, *Direito tributário brasileiro*, 11. ed. Rio de Janeiro: Forense, 1999, p. 215). A inconstitucionalidade de tais dispositivos está no fato de imporem tributação sobre fato que não se enquadra na base econômica dada à tributação e que, portanto, só poderia ser onerado por imposto novo, instituído com suporte na competência residual de que trata o art. 154, I, da CF, observada a necessidade de lei complementar.

– "IMPOSTO DE IMPORTAÇÃO. Ao considerar estrangeira, para efeito de incidência do tributo, a mercadoria nacional reimportada, o art. 93 do Decreto-lei n. 37/66 criou ficção incompatível com a Constituição de 1946 (Emenda n. 18, art. 7, I), no dispositivo correspondente ao art. 21, I, da Carta em vigor. Recurso Extraordinário provido. Para concessão da segurança e para a declaração de inconstitucionalidade do citado art. 93 do Decreto-lei n. 37/66" (STF, RE 104.306-7, 1986).

– "CONSTITUCIONAL. TRIBUTÁRIO. IMPOSTO DE IMPORTAÇÃO. MERCADORIA NACIONAL REIMPORTADA. 1. A equiparação feita pelo Decreto-Lei n. 37/66 que considera estrangeira a mercadoria nacional ou nacionalizada exportada que retornar ao País, não foi recepcionada pela Constituição Federal de 1988, uma vez que não se amolda ao seu art. 153, I, da CF/88, o qual restringe a incidência do imposto sobre importação aos produtos estrangeiros. 2. Pretender que o imposto em questão incida sobre produtos de procedência estrangeira é incluir nova hipótese de incidência, pois a mercadoria fabricada no Brasil não é estrangeira. 3. A matéria encontra-se pacificada neste Egrégio Tribunal, a teor do julgado proferido pelo Pleno em 13.09.90, na remessa oficial n. 89.03.01938-5, de relatoria da Juíza Lúcia Figueiredo. 4. Não faz sentido a incidência do imposto de importação sobre os produtos nacionais, tendo em conta que a principal finalidade deste imposto é a proteção da indústria pátria" (TRF3, AMS 96.03.03.81179, 2003).

– "TRIBUTÁRIO... IMPOSTO DE IMPORTAÇÃO. MERCADORIA NACIONAL. EQUIPARAÇÃO COM MERCADORIA ESTRANGEIRA. INVIABILIDADE. PRECEDENTE DO SUPREMO TRIBUNAL FEDERAL. I – É inconstitucional o dispositivo do Decreto-lei n. 37/66 que equipara produtos nacionais importados a mercadorias estrangeiras para fins de incidência do Imposto de Importação. II – Ficção que amplia o campo de incidência do imposto estabelecido constitucionalmente desde a promulgação da emenda Constitucional n. 18 à Carta de 1946 que alterou a hipótese da tributação de 'mercadorias de procedência estrangeira' para 'produtos estrangeiros'. III – Suspensa pela Resolução n. 436/87 a execução do art. 93 do Decreto n. 37/66, a ficção nela inserta foi, com algumas alterações, deslocada para o § 1º do artigo 1º do precitado Estatuto do Imposto de Importação pelo Decreto-Lei n. 2.472. IV – Segurança concedida para que a autoridade impetrada se abstenha de exigir o recolhimento do Imposto de Importação na entrada no País do quadro brasileiro 'Virgem dos Lábios de Mel', do pintor Rubens Gerchman. V – Apelação provida. Sentença reformada" (TRF2, AMS 2002.02.01.0005539, 2002).

⇒ **Sobre o Imposto de Importação (fato gerador, base de cálculo e contribuintes e demais questões).** Vide notas aos artigos 19 a 22 do CTN.

II – exportação, para o exterior, de produtos nacionais ou nacionalizados;

⇒ **Exportação.** O art. 153, II, da CF outorga, à União, competência para a instituição de imposto sobre a exportação, para o exterior, de produtos nacionais ou nacionalizados. Exportar, conforme Aurélio, é "Mandar transportar para fora de um país, estado ou município (artigos nele produzidos)". Exportação é o ato de exportar. Mas, assim como na importação não basta a transposição da fronteira, o simples ingresso físico, na exportação, para a sua configuração, não basta a saída física do produto do território nacional, exigindo-se a sua saída para fins de incorporação à economia interna de outro país. Assim, as saídas de produtos que tenham ingressado em regime de admissão temporária ou de produtos que devam retornar ao país não configuram propriamente uma exportação, não havendo competência para a sua tributação a título de imposto sobre a exportação.

– "... interessa é que esteja saindo em virtude de exportação, isto é, para o fim de integrar-se à economia interna de outro país" (SOUZA, Fátima Fernandes Rodrigues de. In: MARTINS, Ives Gandra da Silva (coord.). *Comentários ao Código Tributário Nacional*. São Paulo: Saraiva, 1998, v. I, p. 182).

– **Para o exterior.** A expressão "para o exterior" deixa claro que só é admissível a tributação da saída de mercadorias para outro país, jamais de um Estado-Membro ou de um Município para outro. RICARDO LOBO TORRES, em seu *Curso*, 16. ed., 2009, p. 375, esclarece que, sob a égide da Constituição de 1891, os Estados-membros procuraram tributar a chamada "exportação interestadual". A Constituição atual veda expressamente tal prática, no art. 150, V, ao impedir que quaisquer dos entes políticos estabeleça limitações ao tráfego de pessoas ou bens por meio de tributos interestaduais ou intermunicipais. Os impostos de importação e de exportação são instrumentos do comércio internacional, tendo, atualmente, função predominantemente extrafiscal de controle do comércio exterior e de instrumento de política cambial, não se podendo cogitá-los no âmbito interno.

– **"Exportação" interna.** A legislação ainda se vale do termo "exportação" no âmbito interno. É interessante atentar, quanto a isso, para os termos em que o Decreto-Lei n. 288/67, que regula a zona Franca de Manaus, faz referência à exportação para a Zona Franca de Manaus, equiparando-a uma exportação brasileira para o estrangeiro: "Art. 4º A exportação de mercadorias de origem nacional para consumo ou industrialização na Zona Franca de Manaus, ou reexportação para o estrangeiro, será para todos os efeitos fiscais, constantes da legislação em vigor, equivalente a uma exportação brasileira para o estrangeiro." Sobre tal dispositivo legal, vide notas ao art. 151, I, da CF.

⇒ **Produtos.** O termo "produtos" abrange tanto a mercadoria (com destinação comercial) como outros bens (para consumo, incorporação ao ativo fixo etc.), além do que abrange tanto os produtos da ação humana (produtos manufaturados, industrializados etc.) como da própria natureza (produtos primários).

– Sobre a extensão do conceito de produto, vide nota específica ao inciso I deste artigo 153.

– **Nacionais ou nacionalizados.** Nacionais são os produtos produzidos no território nacional. Nacionalizados são os produtos que tenham sido importados para o território nacional, os quais, uma vez desembaraçados, consideram-se nacionalizados.

– Sobre o conceito de produto nacionalizado, vide nota ao art. 23 do CTN.

⇒ **Sobre o Imposto de Exportação (fato gerador, base de cálculo e contribuintes e demais questões).** Vide notas aos artigos 23 a 28 do CTN.

III – renda e proventos de qualquer natureza;

⇒ **O conceito de renda não está à disposição do legislador infraconstitucional.** A extensão dos termos "renda" e "proventos de qualquer natureza" dá o contorno do que pode ser tributado e do que não pode ser tributado a tal título. De fato, na instituição do imposto de renda e proventos de qualquer natureza, o legislador ordinário não pode extrapolar a amplitude de tais conceitos, sob pena de inconstitucionalidade.

– "IMPOSTO DE RENDA... Saber se indenização é, ou não, renda, para o efeito do artigo 153, III, da Constituição, é questão constitucional, como entendeu o acórdão recorrido, até porque não pode a Lei infraconstitucional definir como renda o que insitamente não o seja" (STF, RE 188.684-6, 2002).

– "É necessário que se diga e repita – quantas vezes for necessário – que o conceito de renda não está à disposição do legislador infraconstitucional. [...] O conceito de renda é pressuposto pela Constituição e implica, inexoravelmente, o confronto entre certas entradas e saídas – dentro de um período de tempo –, do qual (confronto) resultará, ou não, um saldo positivo (renda). [...] A dedutibilidade das saídas – despesas – necessárias à efetivação das entradas relevantes não é favor do legislador infraconstitucional (essa dedutibilidade é exigência sistemática da Constituição). O mesmo se dá com prejuízos, que devem ser considerados, por exigência implícita da Constituição, que, ao referir a renda, pressupõe *plus* patrimonial líquido" (GONÇALVES, José Artur Lima. Imposto sobre a renda – resultados auferidos no exterior por filiais, sucursais, controladas e coligadas. *RDDT* 74/70-81, 2001).

– "... nem se alegue que a noção de renda tributável não é constitucional, porque existem abatimentos e deduções que só podem ser efetuados quando permitidos pela legislação ordinária. É que esta, em última análise, limita-se a enunciá-los de modo formal e categórico, tendo em conta valores que a Carta Magna consagra (vida, saúde, alimentação, moradia, instrução própria e de dependentes, continuidade da empresa, livre concorrência etc.)" (CARRAZZA, Roque Antonio. A natureza meramente interpretativa do art. 129 da Lei n. 11.196/2005, o imposto de renda, a contribuição previdenciária e as sociedades de serviços profissionais. *RDDT* 154/109, 2008).

– Sobre as normas constitucionais que outorgam competência e a referência a institutos jurídicos que se tornam intocáveis pelo legislador infraconstitucional, vide art. 110 do CTN e respectivas notas.

– **Entendendo que a Constituição não revela um conceito unívoco de renda.** "A Constituição não define o que seja renda nem o que sejam proventos de qualquer natureza. Nem mesmo o exame das diversas vezes em que a palavra renda é utilizada pela Constituição permite deduzir um conceito unívoco. Roberto Quiroga Mosquera [...] identificou 22 inserções da palavra *renda* na Constituição de 1988, com as mais diversas acepções, referindo-se a receitas tributárias e demais ingressos públicos, renda nacional, regional, ou *per capita*, somatória de rendimentos, rendimento do trabalho e produto do capital. A própria Constituição, portanto, não utilizou a palavra renda com um sentido uniforme, não permitindo, assim, deduzir, ainda que sistematicamente, um conceito constitucional. O que a Constituição faz, na verdade, é um amplo balizamento conceitual, submetendo a renda e os proventos ao princípio geral da capacidade contributiva, e aos princípios específicos da generalidade, universalidade e progressividade, além de excluir, de qualquer conceito que venha a ser adotado, certas situações que privilegiou com imunidades. Isso permite, quando muito, afirmar que, de acordo com a Constituição, a renda e os proventos têm, contextualmente, num sentido econômico (não se confundindo, por exemplo, com o produto manufaturado pela indústria têxtil), e deverão representar um ganho, ou uma riqueza nova, pois só assim atenderão ao princípio da capacidade contributiva" (SAKAKIHARA, Zuudi. *In* FREITAS, Vladimir Passos de (coord.). *Código Tributário Nacional Comentado*. RT, 1999, p. 128-129).

– Cabe ponderar, frente a tal colocação, que a Constituição, ao menos, apanhou um conceito de renda para fins tributários já estabelecido no CTN, na redação então vigente, tendo-se este como referência.

– **Precedentes.** Diversos precedentes tendo por pressuposto o conceito de renda constam das notas ao art. 43, II, do CTN.

⇒ **Conceito de renda e proventos: acréscimo patrimonial.** A renda é o acréscimo patrimonial produto do capital ou do trabalho, e proventos são o acréscimo patrimonial decorrente de uma atividade que já cessou. O próprio art. 43 do CTN põe o acréscimo patrimonial como elemento comum e nuclear do conceito de renda e de proventos.

– **Renda.** "... renda é disponibilidade de riqueza nova, havida em dois momentos distintos. ... é o acréscimo patrimonial experimentado pelo contribuinte, ao longo de um determinado período de tempo. Ou, ainda, é o resultado positivo de uma subtração que tem, por minuendo, os rendimentos brutos auferidos pelo contribuinte, entre dois marcos temporais, e, por subtraendo, o total das deduções e abatimentos, que a Constituição e as leis que com ela se afinam permitem fazer. [...] tanto a renda quanto os proventos de qualquer natureza pressupõem ações que revelem mais-valias, isto é incrementos na capacidade contributiva. Só diante de realidades econômicas novas, que se incorporam ao patrimônio da pessoa..., é que podemos juridicamente falar em renda ou proventos de qualquer natureza" (CARRAZZA, Roque Antonio. A natureza meramente interpretativa do art. 129 da Lei n. 11.196/2005, o imposto de renda, a contribuição previdenciária e as sociedades de serviços profissionais. *RDDT* 154/109, 2008).

– "... a renda consiste numa diferença que tem em mente a riqueza pré-existente, as despesas efetivadas para aquisição de riqueza nova e o ingresso que possa ser obtido a partir de então. Existem diversas teorias, até mesmo em nível de Direito Positivo, mas em todas elas prevalece esse conceito, prevalece a ideia de que há necessidade, para definir renda, de distinguir o conjunto das despesas, o conjunto dos investimentos, o conjunto dos desembolsos efetivados relativamente ao conjunto das receitas que são produzidas a partir desse desembolso; ou, eventualmente, até independentemente desse desembolso. Se nós considerarmos que renda é um conceito aberto, que renda é um conceito que tem a sua definição linear indeterminada, ainda assim não temos esse núcleo perfeito e inquestionável, sob pena de, não sendo assim, nós tributarmos ou o patrimônio ou o faturamento" (JUSTEN FILHO, Marçal. Periodicidade do Imposto de Renda I, Mesa de Debates. *RDT* 63/17, São Paulo: Malheiros).

– "1ª O conceito jurídico mais adequado de renda é o de acréscimo patrimonial, englobando os ganhos de capital, exceto as transferências de renda, tais como doações e heranças, segundo o ordenamento jurídico constitucional de 1988. 2ª O conceito legalista (fiscalista) de renda, no sentido de ser considerado renda aquilo que a lei ordinária do imposto estabelecer que é, está ultrapassado e superado pela jurisprudência do STF, como nos *leading cases* de desapropriação (não incidência do imposto), da não tributação das variações monetárias (ganho nominal e não real) e da não tributação adicional pelo Imposto de Renda

com relação aos lucros distribuídos (art. 38 da Lei 4.506/64). [...] 7ª Quaisquer limitações temporais ou quantitativas com relação às despesas e provisões devem guardar estrita compatibilidade com a teoria do acréscimo patrimonial e com a atividade do contribuinte, sob pena de serem inconstitucionais, por violarem o conceito jurídico de renda, por implicarem tributação direta ou indireta do capital e não do seu efetivo acréscimo e por afrontarem a capacidade contributiva do sujeito passivo da obrigação tributária, além de mitigarem ou anularem a rígida discriminação da competência tributária entre União, Estados e Municípios" (ROLIM, João Dácio. O conceito jurídico de renda e proventos de qualquer natureza/alguns casos concretos adições e exclusões ao lucro real. *RDT* 67/223-224, São Paulo: Malheiros).

– **Proventos de qualquer natureza.** "Nos proventos de qualquer natureza (conceito de cunho residual que abrange os demais acréscimos patrimoniais não derivados do capital ou do trabalho) estão incluídos os recebimentos de doações ou de herança, aposentadorias, pensões por morte ou alimentícias, etc." (CARDOSO, Oscar Valente. A controversa incidência do imposto de renda sobre juros de mora decorrentes de condenação judicial. *RDDT* 153/55, 2008).

– "... a Lei Máxima em seu art. 153, inciso III, ao agregar à palavra 'proventos' a locução adjetiva 'de qualquer natureza' está a indicar que será tributado pelo referido tributo todo e qualquer rendimento que se origine do trabalho, do capital, da aposentadoria ou de outra fonte. A fonte de produção dos rendimentos é irrelevante. A causa que dá origem ao dinheiro, remunerações e vantagens recebidas pelo ser humano pode ser de qualquer proveniência ou procedência" (MOSQUERA, Roberto Quiroga. *Renda e proventos de qualquer natureza: o imposto e o conceito constitucional.* São Paulo: Dialética, 1996, p. 69-70).

– "... provento é forma específica de rendimento tributável, tecnicamente compreendida como o que é 'fruto não da realização imediata e simultânea de um patrimônio, mas sim, do acréscimo patrimonial resultante de uma atividade que já cessou, mas que ainda produz rendimentos', como os benefícios de origem previdenciária, pensões e aposentadoria. Já os proventos em acepção ampla, como acréscimos patrimoniais não resultantes do capital ou do trabalho, são todos aqueles de 'origem ilícita e bem aqueles cuja origem não seja identificável ou comprovável' (cf. MODESTO CARVALHOSA...)" (DERZI, Misabel Abreu Machado. *Os conceitos de renda e de patrimônio.* Belo Horizonte: Del Rey, 1992, p. 23-24).

– **Critério dinâmico da caracterização da renda. Renda como riqueza criada, e não como riqueza acumulada ou consumida.** "Insista-se... que renda não se pode confundir com patrimônio. Consiste, sim, em seu acréscimo apurado num determinado lapso temporal, podendo-se dizer que a renda é constituída pela riqueza gerada que pode ser integralmente consumida sem qualquer dilapidação do patrimônio inicialmente considerado. ... se o consumo de uma determinada riqueza implicar uma redução do patrimônio de seu titular, essa riqueza não será renda, mas sim patrimônio" (SILVA, Paulo Roberto Coimbra. *O Imposto de Renda Pessoa Física e sua cobrança nas execuções trabalhistas. RFDT* 40/87, 2009).

– José Artur Lima Gonçalves entende que "o conceito de renda é gênero que encampa a espécie 'proventos de qualquer natureza'" e esclarece que a ideia de acréscimo pressupõe comparação, relação, de modo que a noção de período é indispensável. À "estática peculiar à ideia de patrimônio", contrapõe-se a "dinâmica ínsita à ideia de renda" (GONÇALVES, José Artur Lima. *Imposto sobre a renda, pressupostos constitucionais*. 1. ed., 2. tir. São Paulo: Malheiros, 2002, p. 174, 183 e 180).

– "... somente será considerado renda o conjunto de signos presuntivos de riqueza capazes de denotar uma situação dinâmica de acréscimo patrimonial. Tal entendimento possui a sua razão de ser: o fundamento para tal discriminação está fundado no objetivo de mensurar a capacidade de contribuir de cada cidadão em virtude de sua riqueza 'criada'. Nesse sentido, existem fundamentalmente três modos de atribuir a verificação do dever de contribuir para o financiamento da esfera pública, quais sejam: mediante a verificação da riqueza 'acumulada', 'consumida' e 'criada'. A riqueza 'acumulada' é consubstanciada no patrimônio, considerado como o conjunto de bens e direitos. Sua característica principal está em seu caráter estático, denotando a renda como um acervo constituído com certa estabilidade. A tributação do patrimônio pode incidir sobre a sua manutenção ou transferência, total ou parcial. Assim, por exemplo, a tributação do patrimônio mantido é realizada pelo Imposto sobre Grandes Fortunas (IGF); Imposto predial Territorial Urbano (IPTU); Imposto Territorial Rural (ITR); e Imposto de Propriedade de Veículos Automotores (IPVA), por exemplo. De outro lado, a tributação sobre a transferência procede-se através do Imposto de Transmissão de Bens Imóveis (ITBI) e Imposto de Transmissão *Causa Mortis* e Doações (ITCD). A riqueza 'consumida', por sua vez, é geralmente tributada no momento de sua circulação em direção ao consumidor, destinatário econômico final. É tributada através do Imposto de Circulação de Mercadorias e Serviços (ICMS), Imposto sobre Serviços (ISS) e Imposto de Produtos Industrializados (IPI). A renda 'criada' verifica o momento dinâmico da geração de riqueza. Esses três aspectos denotam em que medida o cidadão beneficiário da paz social e do estatuto de membro da CIVES irá contribuir para a manutenção dessa situação. A esfera pública irá buscar na ação privada os elementos par ao seu financiamento; tal medida tem por base a noção de cooperação social e busca fundamentos justos de inserção individual, seja com base na justiça comutativa, distributiva ou corretiva e, especialmente, social. Sendo assim, o fundamento filosófico do imposto sobre a renda assenta-se na contribuição sobre a riqueza 'criada', a qual por sua natureza espelha uma situação dinâmica, diferentemente da riqueza acumulada, a qual espelha necessariamente um momento estático. São elementos fundamentais de uma teoria dinâmica da renda: a) a existência de uma mutação patrimonial; b) presença de um resultado positivo, verificado após a dedução de resultados negativos; c) verificação em função de determinado espaço de tempo" (CALIENDO, Paulo. Imposto sobre a renda incidente nos pagamentos acumulados e em atraso de débitos previdenciários. *Interesse Público* 24/101, 2004).

– **Renda como contraprestação.** "3. O conceito do art. 43 do CTN de renda e proventos, sob o viés da matriz constitucional, contém em si uma conotação de contraprestação pela atividade exercida pelo contribuinte..." (STJ, REsp 958.736, 2010).

– **Renda x lucro.** "O lucro é espécie do conceito renda e denota o resultado positivo da atividade empresarial" (CALIENDO, Paulo. Imposto sobre a renda incidente nos pagamentos acumulados e em atraso de débitos previdenciários. *Interesse Público* 24/101, 2004).

– **Renda x rendimentos, faturamento, receita.** A distinção entre tais conceitos e censura quanto à linguagem utilizada pela LC n. 104/2001 ao tratar do Imposto de Renda, vide em notas ao art. 43, II, do CTN.

– Vale conferir, ainda, as distinções entre os conceitos de receita e faturamento, constantes de notas ao art. 195, I, *b*, da CF.

– **Renda x capital.** Não se pode admitir, a título de tributação da renda, a tributação do próprio capital ou mesmo do faturamento, sob pena de malferimento da base econômica, que pressupõe, conforme já ressaltado, necessariamente, o acréscimo patrimonial num determinado período de tempo.

– "Finalmente, não se suponha que a União possa fundir ou confundir a ideia de renda com a de capital, criando imposto... Por meio de lei ordinária e a título de imposto de renda, somente se legitimará a tributação da renda e dos proventos de qualquer natureza, assim entendido o acréscimo de riqueza, o ganho ou o aumento advindo do trabalho e do capital (ou patrimônio) em certo período de tempo. Será inconstitucional, então, a lei federal que tribute a receita representativa de mera reposição de bens patrimoniais (por terem sido objeto de aplicação de capital da pessoa), como pagamento de capital ou reembolso das despesas feitas para produção da receita. Nem se pode tributar o preço de alienação do bem, que é mera reposição do capital investido, se não há ganho real" (DERZI, Misabel Abreu Machado. *Os conceitos de renda e de patrimônio*. Belo Horizonte: Del Rey, 1992, p. 20). Obs.: nesse livro, Misabel aborda, com muita clareza e precisão, a base econômica do Imposto de Renda, expondo os critérios para aferição do acréscimo de riqueza como renda, distinguindo lucro de patrimônio ou capital, discorrendo sobre o ativo patrimonial fixo, permanente ou imobilizado (bens de capital) e seu custo, abordando a correção monetária do ativo imobilizado e os efeitos da insuficiência dos encargos de inversão e, por fim, dizendo da inconstitucionalidade da Lei n. 8.200/91 e dos excessos do Dec. n. 332/91.

– **Transferências patrimoniciais. Pensões alimentícias decorrentes do Direito de Família não configuram renda.** "Direito tributário e direito de família. Imposto de renda. Incidência sobre valores percebidos a título de alimentos ou de pensão alimentícia. Inconstitucionalidade. Ausência de acréscimo patrimonial. Igualdade de gênero. Mínimo existencial... 3. A inconstitucionalidade suscitada está limitada à incidência do imposto de renda sobre os valores percebidos a título de alimentos ou de pensões alimentícias oriundos do direito de família... 4. A materialidade do imposto de renda está conectada com a existência de acréscimo patrimonial, aspecto presente nas ideias de renda e de proventos de qualquer natureza. 5. Alimentos ou pensão alimentícia oriundos do direito de família não se configuram como renda nem proventos de qualquer natureza do credor dos alimentos, mas montante retirado dos acréscimos patrimoniais recebidos pelo alimentante para ser dado ao alimentado. A percepção desses valores pelo alimentado não representa riqueza nova, estando fora, portanto, da hipótese de incidência do imposto. 6. Na esteira do voto-vista... '[n]a maioria dos casos, após a dissolução do vínculo conjugal, a guarda dos filhos menores é concedida à mãe. A incidência do imposto de renda sobre pensão alimentícia acaba por afrontar a igualdade de gênero, visto que penaliza ainda mais as mulheres. Além de criar, assistir e educar os filhos, elas ainda devem arcar com ônus tributários dos valores recebidos a título de alimentos, os quais foram fixados justamente para atender às necessidades básicas da criança ou do adolescente'. 7. Consoante o voto-vista..., a tributação não pode obstar o exercício de direitos fundamentais, de modo que 'os valores recebidos a título de pensão alimentícia decorrentes das obrigações familiares de seu provedor não podem integrar a renda tributável do alimentando, sob pena de violar-se a garantia ao mínimo existencial'. 8. Vencidos parcialmente os Ministro Gilmar Mendes, Edson Fachin e Nunes Marques, que sustentavam que as pensões alimentícias decorrentes do direito de família deveriam ser somadas aos valores de seu responsável legal aplicando-se a tabela progressiva do imposto de renda para cada dependente, ressalvando a possibilidade de o alimentando realizar isoladamente a declaração de imposto de renda. 9. Ação direta da qual se conhece em parte, relativamente à qual ela é julgada procedente, de modo a dar ao art. 3º, § 1º, da Lei n. 7.713/88, ao arts. 4º e 46 do Anexo do Decreto n. 9.580/18 e aos arts. 3º, *caput* e § 1º; e 4º do Decreto-lei n. 1.301/73 interpretação conforme à Constituição Federal para se afastar a incidência do imposto de renda sobre valores decorrentes do direito de família percebidos pelos alimentados a título de alimentos ou de pensões alimentícias" (STF, ADI 5.422, 2022).

– **Exclusão dos créditos presumidos de ICMS na base de cálculo do IRPJ.** "TRIBUTÁRIO. CRÉDITO PRESUMIDO DE ICMS. EXCLUSÃO DA BASE DE CÁLCULO DO IRPJ, DA CSLL, DO PIS E DA COFINS... ENTENDIMENTO FIXADO PELA PRIMEIRA SEÇÃO DO STJ NO ÂMBITO DOS ERESP 1.517.492/PR, *DJE* 1º/2/2018... II – A jurisprudência do Superior Tribunal de Justiça é firme no sentido de que o crédito presumido de ICMS não integra a base de cálculo do IRPJ e da CSLL, bem como do PIS e da Cofins, observado que tal crédito não caracteriza, a rigor, acréscimo de faturamento capaz de repercutir na base de cálculo da contribuição. Verifica-se ainda que a inclusão do referido crédito, na base de cálculo dos referidos tributos, acaba por violar o pacto federativo, pois a medida impõe uma limitação na eficácia de benefícios fiscais concedidos pelos estados... IV – Registra-se que a novel legislação (Lei Complementar n. 160/2017), que acrescentou os §§ 4º e 5º ao art. 30 da Lei n. 12.973/2014, estabeleceu condições para excluir os benefícios fiscais de ICMS considerados subvenção para investimento da base de cálculo da tributação incidente sobre o lucro real. V – Deve ser afastada a tese da Fazenda Nacional sobre a aludida incidência" (STJ, AgInt no AREsp 1.958.353, 2022).

– **Exclusão de créditos presumidos de ICMS da base de cálculo do PIS e da COFINS. Tema 843 do STF:** (AINDA NÃO JUL-GADO) Possibilidade de exclusão da base de cálculo do PIS e da COFINS dos valores correspondentes a créditos presumidos de ICMS decorrentes de incentivos fiscais concedidos pelos Estados e pelo Distrito Federal.

⇒ **Sobre o Imposto de Renda (fato gerador, base de cálculo e contribuintes e outras questões).** Vide notas aos arts. 43 a 45 do CTN.

IV – produtos industrializados;

⇒ **Base econômica do IPI: operações com produtos industrializados.** A base econômica do IPI deve ser analisada à luz deste inciso IV do art. 153 c/c o seu § 2º, inciso I. Pela sua interpretação sistemática, vemos que incide sobre a "operação" com "produtos industrializados", ou seja, sobre o negócio jurídico que tenha por objeto um bem decorrente de processo de industrialização. Pressupõe, portanto, a industrialização e a saída do produto do estabelecimento industrial. Também ocorre operação com produto industrializado quando da sua importação e, depois, ainda, quando da sua colocação no mercado nacional, equiparando-se o importador, nesses casos, a industrial.

– O IPI incide nas operações com produtos industrializados de que participam pelo menos um industrial ou equiparado ao longo da cadeia de industrialização de um produto ou da sua colocação no mercado nacional, sendo que a última incidência ocorre na operação em que o industrial ou equiparado (e.g., o importador) vende o produto a um comerciante. Se, até então, incide IPI (art. 153, IV, da CF) e ICMS (art. 155, II, § 2º, IX, *a*, e XI, da CF), nas operações subsequentes de pura e simples comercialização do produto industrializado enquanto mercadoria, incidirá apenas o ICMS (art. 155, II, da CF).

– "1. O IPI não recai sobre a atividade de industrialização, de elaboração do produto, mas sobre o resultado do processo produtivo, ou seja, a operação jurídica que envolve a prática de um ato negocial do qual resulte a circulação econômica da mercadoria. 2. Mostra-se equivocada a assertiva de que a operação jurídica abrange somente o fabricante e o adquirente direto do bem industrializado, não abarcando situações em que a mercadoria não foi industrializada por nenhuma das partes envolvidas no negócio jurídico de transmissão da propriedade ou posse. 3. O cerne da incidência do IPI, de acordo com o art. 153, inciso IV, da CF, é a operação jurídica que faz circular o produto industrializado" (TRF4, EINF 5002923-29.2010.404.7205, 2013).

– "... nossa cautela deverá ser dobrada com respeito à leitura hermenêutica da norma constitucional sobre o IPI. Dispõe a Carta Magna, em seu art. 153, inc. IV, que compete à União criar imposto sobre produtos industrializados. Em outras palavras, isso significa poder instituir um imposto que trate sobre produtos industrializados, e não que incide sobre produtos industrializados. [...] não há sentido falar-se em incidência sobre produto, pois a conduta a ser regulada pela norma tributária é expressa por uma ação do contribuinte, indicada na norma através de um verbo seguido do complemento. O verbo, no caso, descreve em linguagem a ação humana em tempo e espaço, e o complemento traduz o objeto dessa ação. A Constituição determina ainda que o IPI 'será não cumulativo, compensando-se o que for devido em cada operação com o montante cobrado nas anteriores' (art. 153, § 3º, incs. II). Eis, então, um outro dado que deve necessariamente ser levado em conta quando se perquire a materialidade da hipótese fática do IPI, qual seja: a operação. Não é outra operação, mas especificamente a indicada nesse dispositivo. Essa operação consiste numa conduta do contribuinte, por isso expressa através de um verbo, que consequentemente, ligar-se-á ao complemento – produtos industrializados (coisa resultante de processo de industrialização). Em suma, os elementos componentes do núcleo hipotético constitucional do IPI são: produto industrializados e operação. [...] a operação que envolve produto industrializado, cuja referência faz a Constituição no caso do IPI, engloba as atividades de produzir e fazer sair o produto. Logo, a saída do produto está intimamente ligada à sua produção, ou seja, há estrita comunicação entre os aspectos material e temporal da hipótese de incidência do imposto" (LIMA, Rogério. A inconstitucionalidade do IPI na importação. *RDDT* 77/121 e 125-126).

– "À medida que o referencial constitucional é uma coisa – sem entrar num debate mais profundo quanto à respectiva terminologia –, tais hipóteses são consideradas como contemplando imposto de cunho 'real', pois é na existência da res, ou de alguma qualidade, ou característica sua, que a CF/88 apoia a atribuição de competência tributária. Nesses casos, a Constituição adota dois critérios distintos: a) qualifica a coisa em função de uma realidade jurídica a ela relativa (p.ex., imposto sobre 'propriedade' [conceito jurídico] de 'veículos automotores' [coisa]; ou b) qualifica diretamente a coisa independentemente de qualquer entidade jurídica a ela relativa (p.ex., imposto sobre 'produtos industrializados' [coisa]). Esta última hipótese é a que ocorre com o IPI, pois o artigo 153, IV, da CF/88 é explícito que: 'Artigo 153 – Compete à união instituir impostos sobre: ... IV – produtos industrializados'" (GRECO, Marco Aurélio. Alíquota Zero – IPI não é Imposto sobre Valor Agregado. *RFDT* 8/9, 2004).

– "... é tributo real, desde que em sua incidência não entram em cogitação as condições inerentes ao contribuinte, mas, e tão só, as condições do produto tributado" (FANUCCHI, Fábio. *Curso de direito tributário brasileiro*. IBET/Resenha Tributária, 1986, v. II, p. 124).

⇒ **Produto.** Em seu sentido vernacular, produto é o resultado da produção que, por sua vez, é o "ato ou efeito de produzir, criar, gerar, elaborar, realizar" (Aurélio). Produto é qualquer bem produzido pela natureza ou pelo homem. O conceito de produto, pois, diferencia-se do conceito de mercadoria. Esta é apenas o bem destinado ao comércio; aquele, o produto, é tanto o bem destinado ao comércio como ao consumo ou a qualquer outra utilização. Tais conceitos já foram bastante cotejados pelos tribunais, principalmente no que se refere ao II e ao ICMS. Sobre o conceito de produto, vide notas ao inciso I deste artigo 153 da CF; vide, ainda, notas ao art. 155, II e § 2º, IX, *a*, da CF.

⇒ **Industrializado.** A palavra "industrializado" constitui adjetivo que designa o que se industrializou ou seja, o que foi objeto de indústria. Indústria é "4. Econ. A atividade secundária

da economia, que engloba as atividades de produção ou qualquer de seus ramos, em contraposição à atividade agrícola (primária) e à prestação de serviços (terciária). 5. (Econ. conjugação do trabalho e do capital para transformar a matéria-prima em bens de produção e consumo" (Aurélio). Industrializado, portanto, é o que foi submetido a processo de industrialização.

• Vide art. 46 do CTN e respectivas notas.

– **Pressupõe operação com o industrial.** O importante a considerar, aqui, é que o termo *industrializado*, na norma de competência do art. 153, IV, está no sentido de produto industrializado por um dos contratantes da respectiva operação. Não basta, pois, que simplesmente não se esteja cuidando de produto *in natura*; não basta que o produto tenha sido industrializado em algum momento. É preciso, sim, que se trate de operação com produto que tenha sido industrializado por um dos contratantes. É por isso que não incide IPI na venda de produto por comerciante ao consumidor; neste caso, não há operação com produto industrializado por nenhum deles. A operação com produto industrializado dá-se entre o industrial e um terceiro. Assim, o IPI incidirá nas operações com produtos industrializados de que participam pelo menos um industrial ou equiparado ao longo da cadeia de industrialização de um produto ou da sua colocação no mercado nacional, sendo que a última incidência ocorre na operação em que o industrial ou equiparado (e.g., o importador) vende o produto a um comerciante. Se, até então, incide IPI (art. 153, IV, da CF) e ICMS (art. 155, II, § 2º, IX, *a*, e XI, da CF), nas operações subsequentes de pura e simples comercialização do produto industrializado enquanto mercadoria, incidirá apenas o ICMS (art. 155, II, da CF).

– Vê-se do voto condutor do RE 643525 AgR, 2013, que "A base econômica do IPI é única, devendo ser analisada à luz do art. 153, inciso IV e § 3º, inciso II, da Constituição Federal. A incidência do tributo ocorre sobre operações com produtos industrializados, ou seja, sobre negócios jurídicos que tenham por objeto bem submetido a processo de industrialização por um dos contratantes".

– "3. A hipótese de incidência do IPI, ao contrário do ICMS, ocorre em ciclo único, no momento da saída da mercadoria do estabelecimento do fabricante, onde ela sofre o processo de industrialização" (STJ, REsp 435.575, 2005).

– "O IPI incide sobre operações jurídicas praticadas com produtos industrializados. Nos termos da Constituição, ele deve ter por hipótese de incidência o fato de alguém industrializar produto e levá-lo para além do estabelecimento produtor, por força da celebração de um negócio jurídico translativo de sua posse ou propriedade. [...] Produtos industrializados importados por comerciantes (não contribuinte do IPI) não se sujeitam à incidência do tributo quando comercializados no mercado interno" (BOTTALLO, Eduardo Domingos. *IPI – Princípios e Estrutura*. São Paulo: Dialética, 2009, p. 21 e 32).

– **Entendendo que não pressupõe operação com o industrial.** "1. O IPI não recai sobre a atividade de industrialização, de elaboração do produto, mas sobre o resultado do processo produtivo, ou seja, a operação jurídica que envolve a prática de um ato negocial do qual resulte a circulação econômica da mercadoria. 2. Mostra-se equivocada a assertiva de que a operação jurídica abrange somente o fabricante e o adquirente direto do bem industrializado, não abarcando situações em que a mercadoria não foi industrializada por nenhuma das partes envolvidas no negócio jurídico de transmissão da propriedade ou posse. 3. O cerne da incidência do IPI, de acordo com o art. 153, inciso IV, da CF, é a operação jurídica que faz circular o produto industrializado" (TRF4, EINF 5002923-29.2010.404.7205, 2013).

– **IPI x ISS.** Vide o cotejo das respectivas bases econômicas em nota ao art. 46, II, do CTN.

⇒ **IPI na importação.** A CF, diferentemente do que fez relativamente ao ICMS (art. 155, § 2º, IX, *a*), nada dispôs sobre a incidência do IPI na importação. O CTN determina a incidência em seu art. 46, inciso I, do CTN, ao dispor que o IPI tem como fato gerador também o desembaraço aduaneiro do produto industrializado, quando de procedência estrangeira. Tal dispositivo continua sendo aplicado. Além de incidir na operação de importação, o IPI também incide na operação posterior em que o importador coloca no mercado o produto industrializado importado. Nesse caso, o importador é equiparado ao industrial, conforme se vê em nota ao art. 51, II, do CTN. O IPI-importação gera crédito para compensação com o montante devido nas operações internas.

– Não fosse cobrado IPI na importação de produtos industrializados, teríamos a chamada discriminação inversa, com carga tributária mais pesada para o produto nacional que para o importado.

– **Pela validade da incidência e da cobrança do IPI na importação.** O IPI Importação incide na importação tanto por pessoa jurídica, seja ou não industrial, como por pessoa física. Costuma-se destacar a importância da cobrança do IPI na importação como modo de evitar a discriminação inversa. Na importação, incidem os tributos que gravam a produção internamente (IPI, ICMS, PIS e COFINS) e, ainda, o imposto de importação (II), de caráter predominantemente extrafiscal. Ademais, quando o importador não for contribuinte do IPI nas operações internas, sequer haverá cumulação de incidências a ser evitada. A incidência será única na entrada do produto, qualificando-se o IPI-Importação, no caso, como tributo direto e figurando o importador como contribuinte de direito e de fato, sem que haja qualquer inconstitucionalidade nisso.

– **Tema 906 do STF:** "É constitucional a incidência do Imposto sobre Produtos Industrializados – IPI no desembaraço aduaneiro de bem industrializado e na saída do estabelecimento importador para comercialização no mercado interno".

– "IMPOSTO SOBRE PRODUTOS INDUSTRIALIZADOS. BENS IMPORTADOS. INCIDÊNCIA NO DESEMBARAÇO ADUANEIRO E NA SAÍDA DO ESTABELECIMENTO IMPORTADOR PARA COMERCIALIZAÇÃO NO MERCADO INTERNO. CONSTITUCIONALIDADE. 1. A sistemática legal de tributação dos bens importados pelo imposto sobre produtos industrializado – IPI é compatível com a Constituição. 2. Recurso Extraordinário a que se nega provimento, com a fixação da seguinte tese de julgamento para o Tema 906 da repercussão geral: 'É constitucional a incidência do

Imposto sobre Produtos Industrializados – IPI no desembaraço aduaneiro de bem industrializado e na saída do estabelecimento importador para comercialização no mercado interno'" (STF, RE 946.648, 2020).

– "IMPOSTO SOBRE PRODUTOS INDUSTRIALIZADOS – IMPORTAÇÃO DE BENS PARA USO PRÓPRIO – CONSUMIDOR FINAL. Incide, na importação de bens para uso próprio, o Imposto sobre Produtos Industrializados, sendo neutro o fato de tratar se de consumidor final" (STF, RE 723.651, 2016).

– O STJ alinhou posição com o STF: "1. A Primeira Seção do STJ, em julgamento de recurso submetido ao regime do art. 543-C do CPC, consolidou jurisprudência no sentido de que a importação de bem por pessoa física para uso próprio não é fato gerador do IPI (...). Entretanto, o Supremo Tribunal Federal, no julgamento do RE 723.651..., em Repercussão Geral, decidiu que incide IPI na importação de veículos por pessoa física para uso próprio; portanto, em decorrência do efeito vinculante dessa decisão para todos os órgãos do Poder Judiciário, adoto o precedente e passo a acompanhá lo" (STJ, REsp 1.399.771, 2016).

– "3. É legítima a cobrança do IPI incidente na importação sobre a operação referente ao equipamento médico destinado ao uso próprio do estabelecimento importador ainda que não industrial. Precedentes..." (STJ, REsp 1.369.395, 2013).

– "... considerando se que sobre o produto industrializado no Brasil e aqui consumido incide o IPI, admitir a não incidência do imposto para o produto produzido no exterior e importado por consumidor brasileiro resultaria em uma gravíssima discriminação inversa... compreende se, assim, não só a legitimidade da incidência do IPI nas importações de produtos industrializados mas também a sua necessidade, como forma de impedir a discriminação inversa contra os produtores nacionais" (TROIANELLI, Gabriel Lacerda. A não incidência de IPI na importação de bem mediante *leasing* sem opção de compra. *RDDT* 154/40, 2008). Sobre a discriminação inversa, vide nota ao art. 150, II, da CF.

– **Pela incidência do IPI inclusive na importação por pessoa física, para uso próprio.** "IMPOSTO SOBRE PRODUTOS INDUSTRIALIZADOS – IMPORTAÇÃO DE BENS PARA USO PRÓPRIO – CONSUMIDOR FINAL. Incide, na importação de bens para uso próprio, o Imposto sobre Produtos Industrializados, sendo neutro o fato de tratar-se de consumidor final" (STF, RE 723.651, 2016). Obs.: esse julgado foi assim sintetizado, no *Informativo* 813: "Incide o Imposto de Produtos Industrializados – IPI na importação de veículo automotor por pessoa natural, ainda que não desempenhe atividade empresarial e o faça para uso próprio. Essa a orientação do Plenário, que, por maioria, negou provimento a recurso extraordinário em que se discutia, ante o princípio da não cumulatividade do referido tributo, a incidência do IPI na importação de automóveis para uso próprio, por pessoa física, como consumidor final, que não atuasse na compra e venda de veículos – v. *Informativo* 768. A Corte afirmou que IPI incidiria sobre produtos enquadrados como industrializados, ou seja, decorrentes da produção. Conforme preceitua o art. 153, § 3º, da CF, o IPI seria seletivo, em função da essencialidade do produto. Essa cláusula ensejaria a consideração, consoante o produto e a utilidade que apresentasse, de alíquotas distintas. Além disso, o IPI seria um tributo não cumulativo. A definição desse instituto estaria no inciso II do referido parágrafo. Resultaria na compensação do que devido em 13 cada operação subsequente, quando cobrado, com o montante exigido nas operações anteriores. A Constituição não distinguiria o contribuinte do imposto que, ante a natureza, poderia ser nacional, pessoa natural ou pessoa jurídica brasileira, de modo que seria neutro o fato de não estar no âmbito do comércio e a circunstância de adquirir o produto para uso próprio. Outrossim, o CTN preveria, em atendimento ao disposto no art. 146 da CF, os parâmetros necessários a ter-se como legítima a incidência do IPI em bens importados, presente a definição do fato gerador, da base de cálculo e do contribuinte. Segundo o art. 46 do CTN, o imposto recairia em produtos industrializados e, no caso, teria como fato gerador o desembaraço aduaneiro, quando de procedência estrangeira (inciso I). O parágrafo único do citado artigo conceituaria produto industrializado como aquele submetido a qualquer operação que lhe modificasse a natureza ou a finalidade, ou o aperfeiçoasse para consumo. Sob o ângulo da base de cálculo, disporia o art. 47 do CTN que, se o produto adviesse do estrangeiro, o preço normal seria o versado no inciso II do artigo 20 do CTN, acrescido do montante do Imposto sobre a Importação, das taxas exigidas para entrada do produto no País, dos encargos cambiais efetivamente pagos pelo importador ou dele exigíveis".

• Vide nota ao art. 153, § 3º, II da CF, enfocando a não cumulatividade.

– Pela validade apenas quando envolva operação com um industrial estrangeiro. "Incidência do IPI na importação de produtos por sociedade civil prestadora de serviços. Impossibilidade. Operação dissociada da base econômica constitucionalmente definida. 1. A jurisprudência vem evoluindo para entender que o critério material de incidência na importação não pode decorrer da mera entrada de um produto no país, na medida em que o IPI não é um imposto próprio do comércio exterior. 2. A base econômica do IPI é única, devendo ser analisada à luz do art. 153, inciso IV e § 3º, inciso II, da Constituição Federal. 3. Não há previsão constitucional expressa que ampare a incidência do IPI na importação, diferentemente do que ocorre com o ICMS, a que se refere o art. 155, § 2º, inciso IX, alínea a, da Constituição Federal, com a redação da EC n. 33/01" (STF, RE 643.525 AgR, 2013). Na oportunidade, afirmou o Ministro relator: "A jurisprudência vem evoluindo para entender que o critério material de incidência do IPI não pode decorrer da mera entrada de um produto no país, na medida em que o tributo não é um imposto próprio do comércio exterior. Conforme assevera a doutrina, de forma uníssona, o IPI é um imposto sobre a produção. [...] Para a legitimidade da cobrança, é imprescindível que a tributação se encontre adequada com a base econômica definida constitucionalmente. Conforme ressalta o excerto do voto acima, quanto ao caráter aduaneiro, existe disposição constitucional específica para o ICMS; contudo, com relação ao IPI, não há disposição semelhante. [...] A base econômica do IPI é única, devendo ser analisada à luz do art. 153, inciso IV e § 3º, inciso II, da Constituição Federal. A incidência do tributo ocorre sobre operações com

produtos industrializados, ou seja, sobre negócios jurídicos que tenham por objeto bem submetido a processo de industrialização por um dos contratantes".

– "1. É firme a orientação no sentido de que não incide IPI sobre a importação de veículo por pessoa física, para uso próprio, haja vista que o fato gerador constitui operação de natureza mercantil ou assemelhada" (STJ, AgRg no AREsp 357.532, 2013).

– Pela invalidade da incidência e da cobrança do IPI na importação. Encontram-se entendimentos no sentido de que, não havendo previsão expressa na constituição de incidência do IPI na importação, não poderia ele incidir pelo simples fato da entrada do produto industrializado no território nacional. Também há entendimentos no sentido de que só se justificaria a cobrança do IPI na importação quando esta fosse realizada por empresa contribuinte do IPI que, ao realizar posterior operação interna, pudesse repassá-lo ao consumidor, invocando-se, então, a não cumulatividade. Para essa última corrente, não se poderia cobrar o IPI nas importações por pessoas físicas ou por sociedades civis prestadoras de serviços quando adquirissem bens para incorporação ao seu ativo. Entendemos que nada impede a incidência do IPI na importação por pessoa física. O fato de o importador não ser industrial é irrelevante. Na importação por consumidor final, o IPI reveste-se de características de imposto direto, em que o importador é, a um só tempo, contribuinte de direito e de fato. Como, nesses casos, incidirá uma única vez, não haverá risco de cumulatividade, não fazendo sequer sentido invocar mecanismo com vista a evitá-la, conforme análise que fazemos em nota ao § 3º, II, deste art. 153 da CF.

– "Incidência do IPI na importação de produtos por sociedade civil prestadora de serviços. Impossibilidade. Operação dissociada da base econômica constitucionalmente definida. 1. A jurisprudência vem evoluindo para entender que o critério material de incidência na importação não pode decorrer da mera entrada de um produto no país, na medida em que o IPI não é um imposto próprio do comércio exterior. 2. A base econômica do IPI é única, devendo ser analisada à luz do art. 153, inciso IV e § 3º, inciso II, da Constituição Federal. 3. Não há previsão constitucional expressa que ampare a incidência do IPI na importação, diferentemente do que ocorre com o ICMS, a que se refere o art. 155, § 2º, inciso IX, alínea a, da Constituição Federal, com a redação da EC n. 33/01" (STF, RE 643.525 AgR, 2013).

– "1. É firme a orientação no sentido de que não incide IPI sobre a importação de veículo por pessoa física, para uso próprio, haja vista que o fato gerador constitui operação de natureza mercantil ou assemelhada" (STJ, AgRg no AREsp 357.532, 2013).

– "... reputamos inconstitucional a incidência do IPI na importação de produto estrangeiro. O momento da entrada do produto estrangeiro industrializado no país somente deverá incidir o Imposto de Importação, pois este fato concretiza apenas a hipótese normativa do Imposto Alfandegário. O simples argumento de que a importação tanto pode ser de produto não industrializado como de produto industrializado, em razão do silêncio do legislador constituinte, não legitima a cobrança do IPI na importação. O cerne do problema é se a importação de produto industrializado também realiza a hipótese fática do IPI. E quanto a isso há duas linhas de pensamento totalmente opostas: 1ª) que entende incidir o IPI tão só sobre o produto, e aí, ao ingressar o produto no território nacional, sendo industrializado, certamente o importador deverá pagar tanto o Imposto de Importação como o IPI; e 2ª) que considera também importante para a incidência do IPI a fase de produção, a qual somente terá relevância jurídica para a cobrança do imposto quando ocorrida no país. [...] o IPI sobre a importação de produto estrangeiro industrializado ultrapassa seus limites constitucionais" (LIMA, Rogério. A inconstitucionalidade do IPI na importação. *RDDT* 77/128 e 132).

– "... alcançando o produto resultante do ato industrial, só pode ser aquele produto do ato praticado no território brasileiro (elemento espacial; considerando que, entre nós... a regra é a territorialidade da tributação). Nesses termos, pode-se afirmar, de logo, que não é possível, juridicamente, admitir a tributação, pelo IPI, do desembaraço aduaneiro de produtos de procedência estrangeira" (BRITO, Edvaldo. In: MARTINS, Ives Gandra da Silva. *Comentários ao Código Tributário Nacional*. São Paulo: Saraiva, 1998, v. 1, p. 379).

– Pelo descabimento da cobrança no arrendamento mercantil internacional. Vide nota ao art. 46, I, do CTN.

– **Pela invalidade porque violaria a não cumulatividade.** Existe, também, entendimento no sentido de que o IPI não incidiria na importação por pessoa não contribuinte habitual porque tal violaria a não cumulatividade própria desse imposto. Isso porque apenas a importação realizada por empresa contribuinte do IPI viabilizaria que, ao realizar posterior operação interna, pudesse repassá-lo ao consumidor. Também por essa razão, portanto, não se poderia cobrar o IPI nas importações por pessoas físicas ou por sociedades civis prestadoras de serviços quando adquirissem bens para incorporação ao seu ativo. Entendemos, porém, que a invocação da não cumulatividade para afastar a incidência do IPI na importação não se sustenta. Na importação por consumidor final, o IPI reveste-se de características de imposto direto, em que o importador é, a um só tempo, contribuinte de direito e de fato. Como, nesses casos, incidirá uma única vez, não haverá risco de cumulatividade, não fazendo sequer sentido invocar mecanismo com vista a evitá-la, conforme análise que fazemos em nota ao § 3º, II, deste art. 153 da CF.

– **Normas gerais.** Acerca do Imposto sobre Produtos Industrializados (fato gerador, base de cálculo, contribuintes e outras questões). Vide notas aos arts. 46 a 51 do CTN.

V – operações de crédito, câmbio e seguro, ou relativas a títulos ou valores mobiliários;

⇒ **A CF não prevê a base econômica "Operações Financeiras".** O art. 153, V, da CF outorga competência à União para a instituição de imposto sobre "operações de crédito, câmbio e seguro, ou relativas a títulos ou valores mobiliários". Vê-se, de pronto, que não se trata de uma única base econômica outorgada à tributação, mas de quatro bases econômicas: 1) operações de crédito, 2) operações de câmbio, 3) operações de seguro e 4) operações relativas a títulos ou valores mobiliários. A CF não prevê a base econômica "operações financeiras". Assim, embora seja corrente a utilização da locução

"Imposto sobre Operações Financeiras" – IOF – para designar os impostos cuja competência é outorgada pelo art. 153, V, da CF, tal locução, que consta inclusive da legislação atinente à matéria, é absolutamente inapropriada. Isso porque induz ao entendimento de que haveria um imposto sobre operações financeiras quando, em verdade, tal inexiste. O art. 153, V, outorga à tributação, pela União, sim, quatro bases econômicas distintas e que sequer podem ser precisamente subsumidas na locução operações financeiras, quais sejam, as operações de crédito, as operações de câmbio, as operações de seguro e as operações relativas a títulos ou valores mobiliários. O chamado IOF, pois, em verdade, são vários impostos sobre bases econômicas distintas, todos com suporte no art. 153, V, da CF.

– **Referência a "IOF" na legislação.** Decreto n. 6.306/2007: "Art. 1º O Imposto sobre Operações de Crédito, Câmbio e Seguro ou relativas a Títulos ou Valores Mobiliários – IOF será cobrado de conformidade com o disposto neste Decreto".

– **A denominação IOF.** "...cumpre-nos tecer algumas considerações a respeito de uma prática que se vem perpetrando há mais de 30 anos no meio jurídico-tributário brasileiro, qual seja, a denominação dos impostos antes referidos, por uma única locução, qual seja: imposto sobre operações financeiras – IOF. Essa prática iniciou-se em 1966, com a publicação da Lei n. 5.143, que instituiu o imposto sobre operações de crédito e seguro denominados, à época, de 'imposto sobre operações financeiras'. Prescrevia o artigo 1º da mencionada Lei: 'O Imposto sobre Operações Financeiras incide nas operações de crédito e seguro, realizadas por instituições financeiras e seguradoras, e tem como fato gerador [...]'. De lá para cá, a doutrina, a jurisprudência e o legislador vêm se utilizando da expressão para denominar, em verdade, 4 (quatro) impostos específicos, autônomos e independentes, ou seja: a) imposto sobre operações de crédito; b) imposto sobre operações de câmbio; c) imposto sobre operações de seguro; d) imposto sobre operações relativas a títulos ou valores mobiliários. A aludida prática se dá por comodidade, uma vez que é muito mais fácil denominar quatro exações tributárias com uma única expressão. [...] Muito mais econômico, ainda, é passar a chamar os tributos referidos pela sigla 'IOF'... Todavia, pergunta-se: existe no ordenamento constitucional brasileiro algum imposto que responde pelo nome de imposto sobre operações financeiras? [...] O legislador constitucional não atribuiu nem à União, nem aos Estados e Distrito Federal e nem aos Municípios, competência para instituir impostos sobre operações financeiras. Indaga-se, então: ainda que o imposto apontado não exista, existe algum mal em 'apelidar' os impostos previstos no artigo 153, inciso V, da Constituição Federal pela denominação única impostos sobre operações financeiras? Parece-nos que sim. O 'apelido' citado vem maculando de erros os posicionamentos da doutrina e as tarefas dos legisladores pátrios e da jurisprudência brasileira. A utilização da expressão imposto sobre operações financeiras e da sua abreviatura IOF provoca inúmeros equívocos quando da interpretação das leis que tratam dos impostos sobre operações de crédito, câmbio, seguro ou relativas a títulos ou valores mobiliários. [...] chamar pelo mesmo nome coisas diferentes ou que não se enquadrem nas características do respectivo termo traduz grave erro lógico, além do que, se criam problemas relacionados à polissemia as palavras. [...] Ao mesmo tempo em que a expressão 'operações financeiras' é vaga, pois contempla operações financeiras que não são atingidas pelos impostos referidos, é ela restritiva, pois, os impostos sobre operações de crédito, câmbio, seguro ou relativas a títulos ou valores mobiliários podem incidir, também, sobre operações não financeiras. [...] A locução referida só serve para confundir e atrapalhar ainda mais, a análise correta das regras-matrizes de incidência dos impostos previstos no artigo 153, inciso V, do Texto Constitucional. Daí por que abolimos deste trabalho a utilização da expressão imposto sobre operações financeiras e da abreviatura IOF e as substituímos pelas abreviaturas IO/Crédito...; IO/Câmbio...; IO/Seguros...; IO/Títulos..." (MOSQUE-RA, Roberto Quiroga. *Tributação no mercado financeiro e de capitais*. São Paulo: Dialética, 1999, p. 102-104).

– "Cumpre notar que a expressão 'operações financeiras' empregada pelo legislador infraconstitucional e também pela doutrina [...] contribui para a dificuldade do tratamento científico da matéria. Na realidade, para ser correta a utilização da expressão, haveríamos de aceitar que 'operações financeiras' fosse designativa de gênero de onde as espécies seriam operações de crédito, de câmbio, de seguros e relativas a títulos ou valores mobiliários. Ocorre que a expressão 'operações financeiras é uma expressão equívoca, não consagrada pelo texto constitucional e não delimitada pelo direito infraconstitucional. Assim, não possui nenhuma significação perante o direito. Na linguagem popular, o termo é utilizado mais corriqueiramente para designar 'operações realizadas pelo mercado financeiro' ou, ainda, 'operações que se referem a finanças em geral'" (NOVAIS, Raquel Cristina Ribeiro. *Análise das normas de incidência dos Impostos sobre Operações de Crédito, Câmbio, Seguro ou Títulos e Valores Mobiliários*. Dissertação de Mestrado em Direito Tributário apresentada à PUCSP em 1992, p. 21).

⇒ **Operações.** "Operação" é negócio jurídico.

– "O termo *operações*, à luz de um ponto de vista estritamente jurídico, significa atos regulados pelo Direito capazes de produzir efeitos jurídicos, ou seja, negócios jurídicos" (BARRETO, Aires Fernandino. Natureza jurídica do imposto criado pela Medida Provisória n. 160/90. *Rep. IOB de Jur*. 10/152, 1990).

– "Operações são atos ou negócios jurídicos em que ocorre a transmissão de um direito" (VILLEN NETO, Horácio. A incidência do ICMS na atividade praticada pelas concessionárias de transmissão e distribuição de energia elétrica. *RET* 32/19, 2003).

– "Operações, no contexto, exprime o sentido de atos ou negócios hábeis para provocar a circulação de mercadorias. Adquire, neste momento, a acepção de toda e qualquer atividade, regulada pelo Direito, e que tenha a virtude de realizar aquele evento" (CARVALHO, Paulo de Barros. *Regra matriz do ICM*. Tese apresentada para a obtenção de Título de Livre Docente da Faculdade de Direito da PUC/SP, 1981, p. 170).

– "... o artigo 153, inciso V, da Constituição Federal utiliza o termo *operações* no mesmo sentido utilizado no artigo 155 inciso II, ou seja, como negócio jurídico bilateral, no qual há manifestação inequívoca de vontade das partes. Esses atos, fatos ou situações são produtores de efeitos jurídicos, emergindo daí uma relação regulada pelo Direito. O termo operações pressupõe uma visão dinâmica das relações sociais e não uma posição estática. Sendo negócio jurídico bilateral, não podem existir operações realizadas consigo mesmo, uma vez que sob a ótica jurídica essas 'operações' nada representam. Melhor dizendo, realizar operações pressupõe a existência de alguém em relação oposta" (MOSQUERA, Roberto Quiroga. *Tributação no mercado financeiro e de capitais*. São Paulo: Dialética, 1999, p. 106).

– O termo *operações*, à luz de um ponto de vista estritamente jurídico, significa atos regulados pelo Direito capazes de produzir efeitos jurídicos, ou seja, negócios jurídicos. Pode-se afirmar que os impostos mencionados não oneram os títulos ou valores mobiliários, o câmbio, o seguro etc., incidem, sim, sobre os negócios jurídicos que têm esses bens ou valores por objeto, ou ainda, sobre operações a eles relativas. (BARRETO, Aires Fernandino. Natureza jurídica do imposto criado pela Medida Provisória n. 160/90. *Rep. IOB de Jur*. 10/152, 2ª quinzena de maio de 1990).

– "O IOF... incide sobre *operações*, ou seja, *negócios jurídicos* envolvendo crédito, câmbio, seguro ou títulos e valores mobiliários" (KINCHESCKI, Cristiano. Fundamentos jurídicos do imposto sobre operações de crédito. *RDDT* 209/7, 2013).

– **Operações que tenham crédito, câmbio, seguro ou títulos e valores mobiliários como seu objeto final.** "... a CF pressupôs o termo 'operação', isto é, o 'negócio jurídico' que tem por desígnio, exemplificativamente, conferir crédito a outrem, como cerne da hipótese de incidência do denominado IOF, a evidenciar, portanto, com inequívoca clareza, que esse imposto não grava um 'fazer'. o mesmo se diga em relação ao câmbio, seguro, títulos mobiliários, valores mobiliários ou ouro (enquanto ativo financeiro ou instrumento cambial). É inquestionável, pois, que o campo de incidência do denominado IOF não envolve nunca uma obrigação de fazer, alvo de incidência do ISS. Em outras palavras, como o negócio jurídico subjacente não revela uma obrigação de fazer, é vedado à Lei Ordinária prever a incidência de ISS (e, com maior razão, é vedado ao aplicador administrativo pretender exigi-lo). [...] Tributável pelo denominado 'IOF' são as operações que tenham como desígnio crédito, câmbio, seguro, títulos mobiliários, valores mobiliários ou ouro [...] como fim ou objeto, não as suas etapas, passos ou tarefas intermediárias, realizadas pelo agente financeiro em seu proveito, necessárias à obtenção desse fim; não a ação desenvolvida como requisito ou condição das referidas operações..." (BARRETO, Aires F. ISS e IOF: estremação da incidência: descontos como elementos adjetivos. *RDDT* 163/109, 2009).

⇒ **Imposto sobre Operações de Crédito – IOF-Crédito.** Não será possível a instituição, a título de imposto sobre operações de crédito, de imposto sobre aquilo que não configure um negócio consubstanciado na entrega de moeda mediante obrigação à prestação futura. Aliás, o Supremo Tribunal Federal, recentemente, editou súmula que revela a sua censura à Lei que pretendeu fazer incidir o imposto sobre simples saque efetuado em conta poupança, que não configura operação de crédito, como se vê adiante em subitem específico.

– "... o crédito é a troca de um bem presente por um bem futuro, ou seja, é o ato por intermédio do qual se realiza uma prestação presente em troca de uma promessa de prestação futura. Logo, o crédito pressupõe a existência de um aspecto temporal, entre a realização da prestação presente e a prestação futura. ... na operação de crédito há a presença do elemento 'confiança', isto é confiança do credor no devedor, seja em virtude das condições pessoais deste ou, ainda, em razão de garantias oferecidas por ele. Arnaldo Rizzardo caminha no mesmo sentido, definindo crédito como uma operação monetária, na qual é indispensável a confiança daquele que fornece o crédito na solvência do devedor. Ademais, esclarece o citado autor que é marca característica do crédito, a existência do intervalo de tempo entre uma prestação e uma contraprestação correspondente e ser ele o conteúdo típico dos contratos bancários" (MOSQUERA, Roberto Quiroga. *Tributação no mercado financeiro e de capitais*. São Paulo: Dialética, 1999, p. 107).

– "Diz-se operação de crédito quando o operador se obriga a prestação futura, concernente ao objeto do negócio que se funda apenas na confiança que a solvabilidade do devedor inspira (Pedro Nunes). Ou, então, quando alguém efetua uma prestação presente contra a promessa de uma prestação futura (Luiz Souza Gomes). Está sempre presente no conceito de operação de crédito a ideia de troca de bens presentes por bens futuros, daí por que se diz que o crédito tem dois elementos essenciais, a saber, a confiança e o tempo (Luiz Emgidio da Rosa Júnior)" (MACHADO, Hugo de Brito. *Comentários ao Código Tributário nacional*. São Paulo: Atlas, 2003, v. I, p. 592).

– Para uma síntese acerca do IOF, vide: KINCHESCKI, Cristiano. Fundamentos jurídicos do imposto sobre operações de crédito. *RDDT* 209/7, 2013.

– **Operações de crédito sejam realizadas com entidades financeiras. Tema 104: MÉRITO AINDA NÃO JULGADO.** Controvérsia: Incidência de IOF em contratos de mútuo em que não participam instituições financeiras. Obs.: a questão está posta no RE 590.186, com parecer da PGR pelo não provimento do recurso do contribuinte.

– **No sentido de que a competência abrange operações realizadas sem a partificação de instituição financeira.** A Constituição não exige que se trate de operação com instituição financeira, o que, inclusive, já restou afirmado pelo STF na ADIMC 1763-8 quando, não obstante entendimentos doutrinários em contrário, inclinou-se pela constitucionalidade da incidência do IOF-Crédito sobre operações de *factoring*, ou seja, sobre operações mediante as quais, "sem utilização de poupança popular, o faturamento de uma empresa é adquirido pelos empresários dessa modalidade de negócio, que passam a ser titulares dos direitos creditórios afastado o direito de regresso", conforme se vê em subitem específico adiante. A primeira lei instituidora do IOF limitara o âmbito de incidência às operações praticadas por operações financeiras, o que não restou estabelecido constitucionalmente, tampouco no CTN, de modo que não parece haver mesmo impedimento a que o legislador ordinário faça incidir sobre operações de crédito entre outras pessoas.

– "Ainda sob a EC 18/65, a L. 5.143/66 – anterior ao Código Tributário – é que instituiu o imposto com incidência exclusiva 'nas operações de crédito e seguro, realizados por instituições financeiras e seguradoras'. A lei ordinária poderia fazê-lo, é claro; sem com isso, no entanto – é mais que elementar – restringir a competência da União para alcançar, mediante nova lei, outras hipóteses possíveis de incidência do tributo, porque compreendidas no âmbito material da norma federal para a competência de instituí-lo. Por isso, pouco depois, ao definir a extensão admissível do fato gerador do IOF, o CTN (L. 5.172/66) não se conteve – nem se poderia conter sem afronta à Constituição – o espaço mais reduzido já ocupado pela lei anterior que limitadamente o instituíra apenas sobre operações bancárias e de seguros. Corretamente, o CTN desdobrou em quatro hipóteses distintas a esfera potencial do tributo, de contornos já traçados pela Constituição [...] é de se notar, primeiro, que não há no CTN – e nem a Constituição o autorizaria –, a restrição subjetiva das operações de créditos tributáveis pelo IOF àquelas praticadas pelas instituições financeiras..." (Do voto do Min. Sepúlveda Pertende na ADIMC 1.763-8, 1998).

– "Inicialmente, não o Código Tributário Nacional, mas foi a Lei ordinária federal n. 5.143, de 20 de outubro de 1966, que primeiro instituiu, embora apenas parcialmente, o imposto sobre operações financeiras, que limitou o âmbito de incidência do tributo apenas às operações de crédito realizadas por instituições financeiras. Mas não há qualquer determinação nesse sentido, tanto por parte da Constituição Federal, quanto por parte do Código Tributário Nacional. Desse modo, a União poderia a qualquer momento incluir no campo de incidência do imposto novas modalidades de operações de financiamento e com títulos e valores mobiliários" (SARAIVA FILHO, Oswaldo Othon de Pontes. *Factoring*/IOF: Art. 58 da Lei 9.532/97. *Rep. IOB de Jur*. 1998, Verbete 1/12167).

– "... o imposto sobre operações de crédito, previsto no artigo 153, inciso V, da constituição Federal poderá incidir sobre negócios jurídicos nos quais alguém efetua uma prestação presente, contra uma contraprestação futura, ou seja, é a operação por intermédio da qual alguém efetua uma prestação presente, para ressarcimento dessa prestação em data futura. Dentro do conceito acima exposto, enquadram-se inúmeras espécies de operações de crédito. Operações entre: a) pessoas físicas; b) pessoas físicas e pessoas jurídicas; c) pessoas jurídicas. Além do que, poderão existir operações de crédito realizadas entre: a) pessoas, físicas ou jurídicas, não financeiras; b) pessoas, físicas ou jurídicas e entidades financeiras; c) entidades financeiras. O que queremos demonstrar é que as operações de crédito nem sempre são realizadas com entidades financeiras" (MOSQUERA, Roberto Quiroga. *Tributação no mercado financeiro e de capitais*. São Paulo: Dialética, 1999, p. 108).

• Vide também: CORDEIRO NETO, Guilherme. IOF e operações de mútuo. *RDDT* 88/20, jan. 1993; SOUZA, Renago A. Gomes de; SANT'ANNA, Flávia M.; FAVERET, Eunyce Porchat Secco. Do IOF em operações de abertura de crédito entre pessoas jurídicas não financeiras. *RDDT* 77/114, fev. 2002.

– **Descabimento da incidência em contratos de conta corrente entre empresas de um mesmo grupo.** Vide: MOREIRA, André

Mendes; GAIA, Patrícia Dantas. A não incidência do IOF--crédito sobre os contratos de conta corrente entre empresas do mesmo grupo econômico. *RDDT* 232/28, 2015.

– Operações de crédito x mútuo de recursos financeiros. "... enquanto a Constituição e a lei complementar deram ao legislador ordinário o poder de instituir o imposto com fundamento no conceito amplo de 'operação de crédito', o certo é que a lei ordinária se autolimitou, definindo o âmbito de incidência do imposto não pelo uso do conceito amplo de 'operações de empréstimo, de abertura de crédito e de desconto de títulos' (art. 2º, inciso I, da Lei n. 5.143/1966), 'realizados por instituições financeiras' (art. 1º, *caput* da Lei n. 5.143/1966). Sucede que, no que concerne ao caso peculiar de operações realizadas por pessoas jurídicas não financeiras, a lei ordinária (Lei n. 9.799/1999) voltou de novo a autolimitar-se, restringindo o âmbito de incidência ao conceito bem mais restrito de 'mútuo de recursos financeiros'" (XAVIER, Alberto. A distinção entre o contato de conta-corrente e mútuo de recursos financeiros para efeitos de IOF. *RDDT* 208/15, 2013).

– Pessoas jurídicas não financeiras. Restrição ao "mútuo de recursos financeiros". Sobre o art. 13 da Lei 9.779/99: "... para o caso específico de pessoas não financeiras a lei não previu a incidência do imposto para operações de crédito em geral, limitando o campo objetivo da incidência exclusivamente às operações de crédito correspondentes a 'mútuo de recursos financeiros'" (XAVIER, Alberto. A distinção entre o contato de conta--corrente e mútuo de recursos financeiros para efeitos de IOF. *RDDT* 208/15, 2013).

– "... em que pese haver uma inquestionável interseção entre o mercado financeiro e as atividades gravadas pelo IOF, não há uma identificação plena e absoluta, ou seja, tais atividades não estão necessariamente restritas ao mercado financeiro, assim como no mercado financeiro se desenvolvem atividades que não coincidem com aquelas tributadas pelo imposto. Exatamente essa falta de identidade faz com que muitos autores critiquem a expressão 'IOF', porque nem todas as operações tributadas pelo imposto correspondem a 'operações financeiras', isto é, operações realizadas no mercado financeiro. E essa é, também, a posição do Supremo Tribunal Federal (STF), que na ADI n. 1.763 afirmou que 'o âmbito constitucional de incidência possível do IOF sobre operações de crédito não se restringe às praticadas por instituições financeiras'. Na verdade, essa ausência de identidade recomenda que o IOF possa ser utilizado de maneira extrafiscal sobre operações não realizadas no mercado financeiro. Com efeito, se, por um lado, se permite que as operações gravadas pelo IOF, a não regulação (por meio do imposto) destas últimas terá o potencial de causar um desequilíbrio na política que se pretenda implementar no mercado financeiro" (TAVARES, Diogo Ferraz Lemos. Fundamentos e limites constitucionais da extrafiscalidade do "IOF". *RDDT* 223/71, abr. 2014).

– Sobre o fato gerador do IOF-Crédito, vide notas ao art. 63, I, do CTN.

– Modalidades de *factoring*. Distinção para efeito de incidência do IOF-Crédito. Sobre a incidência de IOF nas operações de *factoring*, há artigo de Luís Henrique Cavalcanti Mélega, na *RDDT* 35, ago. 1998. O autor analisa, à luz do direito privado, o instituto do *factoring*, dividindo-o em *conventional factoring* (os créditos negociados são pagos antes do vencimento da dívida) e *maturity factoring* (pagamento ocorre no vencimento dos créditos negociados). Pelo tratamento tributário dado a este contrato misto, especialmente com base no art. 58 da Lei n. 9.532/97, verifica que somente os casos de *conventional factoring* geram incidência de IOF. O *maturity factoring* encontra-se excluído da incidência de IOF, pois o referido dispositivo legal apenas menciona os casos de direitos creditórios resultantes de venda a prazo como fato impositivo do imposto federal.

– STF. *Factoring*. Lei n. 9.532/97, art. 58. Pela possibilidade da incidência sobre operações de *factoring*. "IOF: incidência sobre operações de *factoring* (L. 9.532/97, art. 58): aparente constitucionalidade que desautoriza a medida cautelar. O âmbito constitucional de incidência possível do IOF sobre operações de crédito não se restringe às praticadas por instituições financeiras, de tal modo que, à primeira vista, a lei questionada poderia estendê--la às operações de *factoring*, quando impliquem financiamento (*factoring* com direito de regresso ou com adiantamento do valor do crédito vincendo – conventional *factoring*); quando, ao contrário, não contenha operação de crédito, o *factoring*, de qualquer modo, parece substantivar negócio relativo a títulos e valores mobiliários, igualmente susceptível de ser submetido por lei à incidência tributária questionada" (STF, ADIMC 1.763, 1998).

– Em sentido contrário. "... o *factoring* é um instituto de direito mercantil, mediante o qual, sem utilização de poupança popular, o faturamento de uma empresa é adquirido pelos empresários dessa modalidade de negócio, que passam a ser titulares dos direitos creditórios afastado o direito de regresso. Não há, no fomento mercantil que o *factoring* exterioriza, nem a devolução de duplicatas não pagas para a substituição por outras, visto que os dois mecanismos citados são próprios do sistema financeiro. [...] Esta é a razão pela qual o instituto do *factoring* foi criado como forma de permitir que tal importante segmento da economia pudesse desenvolver-se, criando a possibilidade de o empresário produtor alienar os direitos creditórios de sua produção aos empresários de *factoring*, que o substituem e passam a ser verdadeiros titulares daquela operação mercantil. Sem a intermediação bancária, o custo do dinheiro é reduzido para tais empresas, que recebem antes a produção alienada com deságio, sendo o diferencial entre o valor do título e o pago para o produtor, o lucro do detentor de uma empresa de *factoring*. Sendo um instituto de direito mercantil, portanto, não está constitucionalmente sujeito ao IOF, que, pelo art. 153, inciso V, da Constituição Federal só poderá incidir sobre operações vinculadas ao regime jurídico esposado no art. 192 da lei suprema. Em outras palavras, o IOF não pode incidir sobre as operações de *factoring*, pois, sendo um instrumento de direito mercantil e não de direito bancário, seu perfil não deve ser alterado pela lei tributária por força dos arts. 109 e 110 do CTN... O art. 58 da Lei 9.532/97, em frontal desrespeito aos artigos da lei complementar (CTN) atrás citados e subversão da hierarquia das leis ..." (MARTINS, Ives Gandra da Silva. *Factoring* e IOF. *Rep. IOB de Jur.* 1998, Verbete 1/12168) Vide também: MARTINS, Ives Gandra da Silva;

SOUZA, Fátima Fernandes Rodrigues de. A inconstitucionalidade da incidência de IOF sobre as operações de *factoring*. *RDDT* 31/35, 1998.

– **Caderneta de Poupança. Súmula 664 do STF**: "É inconstitucional o inciso V do art. 1º da Lei 8.033/90, que instituiu a incidência do imposto nas operações de crédito, câmbio e seguros – IOF sobre saques efetuados em caderneta de poupança" (2003).

– "TRIBUTÁRIO. IOF SOBRE SAQUES EM CONTA DE POUPANÇA. LEI N. 8.033, DE 12.04.90, ART. 1º, INCISO V. INCOMPATIBILIDADE COM O ART. 153, V, DA CONSTITUIÇÃO FEDERAL. O saque em conta de poupança, por não conter promessa de prestação futura e, ainda, porque não se reveste de propriedade circulatória, tampouco configurando título destinado a assegurar disponibilidade de valores mobiliários, não pode ser tido por compreendido no conceito de operação de crédito ou de operação relativa a títulos ou valores mobiliários, não se prestando, por isso, para ser definido como hipótese de incidência do IOF, prevista no art. 153, V, da Carta Magna. Recurso conhecido e improvido; com declaração de inconstitucionalidade do dispositivo legal sob enfoque" (STF, RE 232.467-5, 1999).

• Vide nota ao art. 154, I, da CF, em que há julgado no sentido de que é inconstitucional a Lei n. 8.033/90 porque, para a criação de um novo imposto (já que a incidência sobre a movimentação de caderneta de poupança não está abrangida pela outorga constitucional do art. 153, V, da CF), seria necessária lei complementar.

– **Fiança onerosa. Não incidência do IOF-Crédito**. "A fiança onerosa não é nem prestação de serviços, nem tampouco operação de crédito. É uma obrigação, acessória, de garantia, nada tendo a ver com as obrigações de fazer (*facere*), dentre as quais se incluem as prestações de serviços, podendo ser civil ou comercial a depender da natureza do pacto principal, ao qual adere. [...] Por outro lado, a fiança é negócio totalmente diverso das operações de crédito. O fiador não põe crédito nas mãos ou à disposição do credor ou do devedor, partícipes da obrigação principal. [...] Logo, não há falar em operação de crédito na fiança, para os fins da incidência do IOF" (DERZI, Misabel Abreu Machado; COELHO, Sacha Calmon Navarro. A fiança: o Imposto sobre Prestação de Serviços de Qualquer Natureza, o Imposto sobre Operações de Crédito e as Contribuições Sociais. *RDDT* 41/116, 1999). Obs.: os autores dizem, ainda, que sobre o contrato de fiança oneroso não incide ISS, pois não se trata de obrigação de fazer, nem está elencada na lista de serviços do Decreto-Lei n. 406/68, redação dada pela Lei Complementar n. 56/87, que é taxativa, sendo vedada a interpretação analógica, mas que incidem o PIS, a Cofins e a CSLL, salvo quando prestada por instituição bancária, isentas as duas primeiras contribuições.

– **Aspectos da hipótese de incidência relativamente ao *factoring*. Violação do CTN quanto à base de cálculo**. "O art. 58 da Lei n. 9.532/97 descreve a hipótese de incidência do IOF sobre os direitos creditórios objeto do *factoring*. Nesse dispositivo, identificamos os seguintes elementos da hipótese de incidência (h.i.) a que o fato gerador deve subsumir-se: – PESSOAL = sujeito ativo é a União; na qualidade de sujeito passivo, temos como responsável (sentido estrito) a empresa de *factoring* (fac-

tor), a qual cobra o IOF do cliente (vendedor do direito creditório) e recolhe; – ESPACIAL = fato gerador ocorrido no território nacional (por ser tributo da União); – TEMPORAL = o momento do efetivo pagamento (cessão, venda) de direitos creditórios. Este elemento caracteriza (encerra) o fato gerador, constitui termo inicial para a contagem do prazo de recolhimento e da decadência do direito de constituir o crédito tributário; – MATERIAL = alienar direitos creditórios (pessoa física ou jurídica que alienar a empresa de *factoring* direitos creditórios resultantes de vendas a prazo; (Cabe aqui observar que há uma desconformidade entre a definição da h.i. (f.g., no dizer do art. 146, III, *a* da CF) dada pelo CTN, e adotada pelo art. 58 da Lei n. 9.532/97. Enquanto a definição dada pela lei complementar (detentora da competência constitucionalmente atribuída) refere-se ao aspecto material da h.i. como sendo operações de crédito, a lei ordinária impositiva, ao invés de adotar essa definição, estabelece como aspecto material a alienação de direitos creditórios resultantes de vendas a prazo. Ora, em meu sentir, operações de crédito é uma coisa; venda de direitos creditórios é outra completamente diferente. Ao vender um faturamento (direito de crédito através de duplicatas de vendas mercantis), não se está praticando uma operação de crédito, mas alienando, cedendo, vendendo um faturamento cuja natureza é de Direito Comercial, inconfundível com operações de crédito que pertencem ao campo do Direito Financeiro ou Creditício propriamente dito.) QUANTIFICATIVO = base de cálculo: montante dos direitos creditórios alienados; alíquota: as mesmas aplicadas pelas instituições financeiras. [...] Abrimos, novamente, parêntese para refletir sobre a base de cálculo estabelecida pelo *caput* do art. 58 da Lei n. 9.532/97, pois, da maneira como redigido, parece que está a indicar que são os direitos creditórios resultantes de venda a prazo, ou seja, o montante do faturamento, portanto, o montante das duplicatas dos direitos creditórios resultantes de vendas a prazo. Por exemplo, se o faturamento é 100, e ele foi alienado ao factor por 90, o art. 58 diz que a base de cálculo do IOF é 100. Entretanto, o CTN, no art. 64, inciso I (conjugado com o art. 63, inciso I), define a base de cálculo como sendo o montante da obrigação (ou o montante do crédito) que, no exemplo apontado, é 90. Logo, há uma desconformidade da lei ordinária em relação à lei complementar, na medida em que aquela deve adotar a definição da base de cálculo por esta estabelecida. A lei ordinária instituidora da exação tributária pode até ficar aquém, mas não além" (CASSONE, Vittorio. IOF Incidente sobre Operações de *Factoring* (O art. 58 da Lei n. 9.532/97). *Rep. IOB de Jur.* 1998, Verbete 1/12166).

– **Mútuo não mercantil**. "TRIBUTÁRIO – IOF – INCIDÊNCIA SOBRE MÚTUO NÃO MERCANTIL – LEGALIDADE DA LEI 9.779/99. 1. A lei 9.779/99, dentro do absoluto contexto do art. 66 CTN, estabeleceu, como hipótese de incidência do IOF, o resultado de mútuo. 2. Inovação chancelada pelo STF na ADI 1.763/DF (rel. Min. Pertence). 3. A lei nova incide sobre os resultados de aplicações realizadas antecedentemente. 4. Recurso especial improvido" (STJ, REsp 522.294, 2003).

⇒ **Imposto sobre Operações de Câmbio – IOF-Câmbio**. "... podemos definir as operações de âmbito como os negócios de compra e venda de moeda estrangeira ou nacional ou, ainda, os negócios jurídicos consistentes na entrega de uma determinada moeda a alguém em contrapartida de outra moeda recebida. Em síntese, o câmbio traz um comércio de dinheiro, no qual este se torna mercadoria e, como tal, tem custo e preço" (MOSQUERA, Roberto Quiroga. *Tributação no mercado financeiro e de capitais*. São Paulo: Dialética, 1999, p. 110).

– Operação de câmbio. Prorrogação de empréstimo externo. Incidência de IOF-Câmbio. "... nas prorrogações de operações de crédito externo, na modalidade de *Fixed Rate Notes*, incide o IOF sobre todas as operações de câmbio realizadas, ainda que nestas não haja transferência efetiva (física) de divisas, bastando, para tanto, que ocorra o fato gerador do tributo, o qual, nas operações de câmbio, se materializa com a liquidação do contrato de câmbio [...]. Ao criar a obrigação tributária relativa ao IOF, a Lei n. 8.894/94 veio estabelecer os aspectos da respectiva hipótese de incidência tributária, isto é, o fato que, se e quando ocorrido, dará ensejo ao surgimento da respectiva obrigação tributária. [...] É necessário que haja uma realidade material, uma razão efetiva para que haja o fato gerador do imposto. Essa realidade material não ocorre no caso da consulente, pois não há nem entrada, nem saída de moeda estrangeira, nem tampouco, compra ou venda de tal moeda. O que existe, sim, são documentos que somente formalizam uma operação legal. [...] Nota-se, portanto, que as operações de câmbio se caracterizam pela compra e venda de moeda estrangeira, ou seja se consubstanciam na alienação de divisas. Isso significa que, na operação ora sob análise não há o que se falar em fato gerador do imposto, uma vez que não há alienação de divisas. [...] No entanto, no caso em pauta, a emissão dos títulos é decorrente da prorrogação de empréstimo externo previamente contraído, razão pela qual, na data pactuada, não haverá nem a remessa de moeda decorrente do pagamento do empréstimo, nem, tampouco, o ingresso dos recursos provenientes da emissão dos títulos. [...] Não há o que se falar em efetivação de operação em tela, mas sim, em formalização de contratos de câmbio para fins de atendimento de uma exigência legal..." (FRASCINO, Gláucia Lauletta; UTUMI, Ana Cláudia Akie. Não exigibilidade do IOF na renovação de empréstimo externo sem transferência de divisas: um caso de ficção legal. *RDT* 70/139-143).

⇒ **Imposto sobre Operações de Seguro – IOF-Seguro.** "... o imposto sobre operações de seguro, previsto no art. 153, inciso V, do Diploma Constitucional elencou como fato da vida passível de tributação pela União Federal, os negócios jurídicos, nos quais alguém se obriga para com outrem, mediante remuneração de um prêmio, a indenizar prejuízos resultantes de riscos futuros, estes devidamente especificados quando da realização dos respectivos negócios jurídicos." "Cumpre alertar que existem algumas operações assemelhadas às de seguro, porém com elas não se confundem, como é o caso das operações de previdência privada e de capitalização" (MOSQUERA, Roberto Quiroga. *Tributação no mercado financeiro e de capitais*. São Paulo: Dialética, 1999, p. 111).

– Contrato de seguro no Código Civil. CC: "Art. 757. Pelo contrato de seguro, o segurador se obriga, mediante o pagamento do prêmio, a garantir interesse legítimo do segurado, relativo a pessoa ou a coisa, contra riscos predeterminados".

⇒ **Imposto sobre Operações relativas a Títulos e Valores Mobiliários – IOF-TVM.** Títulos mobiliários são os papéis que se pode negociar no mercado de capitais brasileiro, como ações e debêntures. Valores mobiliários são outros diretos passíveis de negociação, ainda que não representados por um título. O art. 2º da Lei n. 6.385/76, com as alterações da Lei n. 10.303/2001, arrola o que considera valores mobiliários: "Art. 2º São valores mobiliários sujeitos ao regime desta Lei: I – as ações, debêntures e bônus de subscrição; II – os cupons, direitos, recibos de subscrição e certificados de desdobramento relativos aos valores mobiliários referidos no inciso II; III – os certificados de depósito de valores mobiliários; IV – as cédulas de debêntures; V – as cotas de fundos de investimento em valores mobiliários ou de clubes de investimento em quaisquer ativos; VI – as notas comerciais; VII – os contratos futuros, de opções e outros derivativos, cujos ativos subjacentes sejam valores mobiliários; VIII – outros contratos derivativos, independentemente dos ativos subjacentes; e IX – quando ofertados publicamente, quaisquer outros títulos ou contratos de investimento coletivo, que gerem direito de participação, de parceria ou de remuneração, inclusive resultante de prestação de serviços, cujos rendimentos advêm do esforço do empreendedor ou de terceiros".

**– "Os títulos... são documentos representativos de valores, dotados de autonomia e circulabilidade; e os valores mobiliários expressões econômicas da classe dos bens móveis, suscetíveis de ser representadas por papéis que lhes assegure a livre disponibilidade. Do contrário, não poderiam ser negociados em bolsa de valores. O saque em conta de poupança, por não conter promessa de prestação futura e, ainda, por não se revestir de propriedade circulatória, nem, tampouco, configurando título destinado a assegurar a disponibilidade dos valores por ele representados, é fora de dúvida que não pode ser compreendido no conceito de operação de crédito nem no de operação relativa a títulos ou valores mobiliários, cuja emissão, transmissão, pagamento ou resgate possa configurar ato jurídico afeiçoado a qualquer das hipóteses de incidência do IOF" (STF, voto no RE 232.467-5, 1999).

**– "... a expressão 'títulos e valores mobiliários', como objeto de negócios sujeitos ao IOF, ainda gera alguma perplexidade entre os especialistas... Nela, entretanto, parece incluírem-se os títulos cambiais em geral, entre eles, a duplicata mercantil. Alguma confusão tem sido gerada em função da L. 6.385/76, que dispôs sobre o mercado de valores mobiliários e criou a CVM, ter enumerado os títulos e valores mobiliários sujeitos à sua disciplina, restringindo-os aos emitidos pelas sociedades anônimas para oferecimento ao público. Correta, no entanto, parece a observação de Ulhoa Canto e Miranda Filho, apoiados em Ary Oswaldo Mattos Filho..., segundo o qual 'o que dita lei fez foi mencionar valores mobiliários sujeitos ao seu regime', mas não os definiu exaustivamente, ao menos para efeito tributário excogitado, onde vale concluir que a menção a títulos mobiliários tem alcance maior, de modo a incluir quaisquer instrumentos que consubstanciem direito de crédito" (STF, voto na ADIMC 1.763-8, 1998).

– "Títulos Mobiliários – Ou valores mobiliários, são títulos emitidos por empresas para captar recursos no mercado. É o caso de

ações, debêntures e quotas de fundos de investimento em renda variável. Outros títulos que estão nesta categoria são: bônus de subscrição; notas promissórias; certificados de depósitos de valores mobiliários; índices representativos de carteira de ações; opções de compra e venda de valores mobiliários; direitos de subscrição; recibos de subscrição; quotas de fundos imobiliários; certificados de investimento audiovisual; contratos de parceria para engorda de animais; certificados representativos de contratos mercantis de compra e venda a termo de energia elétrica; recibos de depósitos (*depositary receipts*, instrumento utilizado na colocação de ações de companhias brasileiras no exterior); e certificados de recebíveis imobiliários (CRI). Instituições financeiras também podem emitir valores mobiliários" (Do *site* da ANBID (ANBID – Associação Nacional dos Bancos de Investimento. Acesso em: out. 2009).

– "O XVI Simpósio Nacional de Direito Tributário... concluiu que a expressão... deveria ser entendida da seguinte forma: 'o termo *títulos* abrange os títulos de crédito em geral. Valores mobiliários são direitos resultantes de investimentos, dotados de circulabilidade, corporificados num instrumento ou registrados escrituralmente'. Essa conclusão decorreu de uma análise de duas comissões formadas no referido evento. Pelo que se interpreta da conclusão acima apontada, entenderam os participantes do referido Simpósio que o termo *títulos* e a expressão *valores mobiliários* apresentam significações distintas. Enquanto aqueles traduzem todo e qualquer título de crédito dentro da definição tradicional da doutrina comercialista brasileira, estes conotam investimentos corporificados em documentos físicos e escriturais e passíveis de negociação. A nosso ver, essa diferenciação conceitual entre a palavra 'títulos' e a expressão 'valores mobiliários' sugerida no conclave antes mencionado, não é correta. Inicialmente, deve-se observar que o termo 'mobiliários' está qualificando tanto o vocábulo 'títulos', quanto a palavra 'valores', ou seja, o que são 'mobiliários' são os 'títulos' e os 'valores' e não apenas os 'valores'. Raquel Cristina Ribeiro Novais advoga entendimento semelhante ao acima exposto, no sentido de que a expressão 'mobiliários' é conotativa tanto do termo 'títulos' como da expressão 'valores mobiliários'. Para a ilustre jurista, 'A razão que nos leva a pensar desta forma está na circunstância de o termo 'título' ser empregado, em nosso direito, como designativo de qualquer documento que contenha a menção de um direito, seja qual for sua natureza. Assim, não teria sentido, aos nossos olhos, que o legislador tivesse agregado à expressão 'valores mobiliários' a expressão 'títulos', de forma isolada, que pode compreender todo e qualquer documento que confere um direito ao seu titular, independentemente de se preocupar em limitá-la. Tal interpretação, especialmente considerando a circunstância de ter sido posta na norma constitucional delimitadora de competência tributária, não nos parece condizer com o objetivo de tal regra. [...]' [...] Nelson Eizirik, em recente estudo sobre as reformas na Lei das sociedades anônimas e no mercado de capitais, afirma que o conceito de 'valor mobiliário', no sistema jurídico brasileiro, assim como em outros sistemas legais, é basicamente instrumental, uma vez que o conceito está relacionado à regulação estatal de determinada atividade econômica. Segundo o aludido autor, a noção da expressão 'valor mobiliário'

surgiu em face da necessidade de regulação estatal de determinadas operações que afetam a economia popular. Em especial, aquelas operações de risco nas quais os investidores têm pouco ou nenhum controle. Na obra supra citada, o autor expressa, inicialmente, entendimento no sentido de conceituar a locução 'valores mobiliários' como os 'títulos ou documentos que instrumentalizam investimentos de risco, aptos a circularem em série, ou seja, passíveis de negociação em massa'. Contudo, em tópico mais adiante o mencionado autor expõe que o critério básico para definir o que vem a ser 'valores mobiliários' é um critério legal, ou seja: 'são valores mobiliários aqueles papéis ou documentos, passíveis de negociação em massa, representativos de investimento ou de crédito, que a lei considera como valores mobiliários e submete, em consequência, a uma disciplina especial e ao poder de polícia da CVM'. [...] Cabe-nos, ainda, expor o posicionamento de Ary Oswaldo Mattos Filho sobre o assunto. Após longo estudo acerca do conceito de valor mobiliário, e, em particular, da noção da expressão para o Direito americano, conclui o aludido jurista que, para efeito de mercado de capitais brasileiro, valor mobiliário 'é o investimento oferecido ao público, sobre o qual o investidor não tem controle direto, cuja aplicação é feita em dinheiro, bens ou serviço, na expectativa de lucro, não sendo necessária a emissão do título para a materialização da relação obrigacional'. Tal conceituação vai ao encontro do posicionamento de Luiz Gastão Paes de Barros Leães que autoriza uma interpretação mais ampla da expressão 'títulos ou valores mobiliários'. [...] entendemos que a teoria legalista... não se sustenta [...] Portanto, o imposto sobre operações relativas a títulos ou valores mobiliários previsto no artigo 153, inciso V, da Constituição Federal poderá incidir, desde que exercida a competência tributária por parte da União Federal, sobre negócios jurídicos relativos a investimentos oferecidos ao público, sobre os quais o investidor não tem controle direto, cuja aplicação é feita em dinheiro, bens ou serviço, na expectativa de lucro, não sendo necessária a emissão do título para a materialização da relação obrigacional" (MOSQUERA, Roberto Quiroga. *Tributação no mercado financeiro e de capitais*. São Paulo: Dialética, 1999, p. 112-117).

– **Incidência sobre transmissão ou resgate de títulos. Constitucionalidade. Não implica imposto sobre o patrimônio.** "O Tribunal, por maioria, entendendo que a norma em questão não incide sobre os títulos em si, mas sobre as operações com eles praticadas (art. 2º, I da Lei 8.033/90), deu provimento ao recurso extraordinário para reformar o acórdão recorrido e declarar a constitucionalidade do referido inciso I, do art. 1º, da Lei 8.033/90, já que esse dispositivo está em conformidade com a definição do fato gerador do IOF contida no art. 63, IV, do CTN, que disciplina o art. 146, III, *a*, da CF... (RE-223144)" (*Informativo* n. 273 do STF, jun. 2002). Eis a ementa: "CONSTITUCIONAL. TRIBUTÁRIO. IMPOSTO SOBRE OPERAÇÕES FINANCEIRAS – IOF. Lei 8.033, de 12.04.90, artigo 1º, I. Medidas Provisórias 160, de 15.03.90 e 171, de 17.03.90. I. – Legitimidade constitucional do inciso I do art. 1º da Lei 8.033, de 12.04.90, lei de conversão das Medidas provisórias 160, de 15.03.90, e 171, de 17.03.90. II. – R.E. conhecido e provido" (STF, RE 223.144, 2002).

– Operações com ações de companhia aberta. As ações são valores mobiliários, de modo que as respectivas operações sujeitam-se à incidência do IOTVM.

– Tema 102 do STF: "É constitucional o art. 1º, IV, da Lei 8.033/1990, uma vez que a incidência de IOF sobre o negócio jurídico de transmissão de títulos e valores mobiliários, tais como ações de companhias abertas e respectivas bonificações, encontra respaldo no art. 153, V, da Constituição Federal, sem ofender os princípios tributários da anterioridade e da irretroatividade, nem demandar a reserva de lei complementar". Decisão de mérito em 2016, no RE 583.712.

⇒ **Sobre os IOFs (fato gerador, base de cálculo, contribuintes e outras questões).** Vide arts. 63/67 do CTN.

VI – propriedade territorial rural;

⇒ **Propriedade.** A propriedade é o mais amplo dos direitos reais, envolvendo a faculdade de usar, gozar e dispor da coisa e o direito de reavê-la do poder de quem quer que injustamente a possua ou detenha. Assim é que aparece definida no art. 1.228 do Código Civil (Lei n. 10.406/2002): "Art. 1.228. O proprietário tem a faculdade de usar, gozar e dispor da coisa, e o direito de reavê-la do poder de quem quer que injustamente a possua ou detenha." O *caput* do art. 524 do Código Civil de 1916, em vigor quando do advento da Constituição de 1988, já dispunha: "A lei assegura ao proprietário o direito de usar gozar e dispor de seus bens, e de reavê-los do poder de quem quer que injustamente os possua." Tendo em conta que a lei tributária não pode alterar a definição, o conteúdo e o alcance de institutos, conceitos e formas de direito privado, utilizados pela Constituição para definir competências tributárias (art. 110 do CTN), certo é que a base econômica prevista no inciso VI do art. 153 tem de ser considerada tendo por base o conceito de propriedade que constava do art. 524 do Código Civil de 1916 e que já era tradicional no nosso direito, mantendo-se com o Código de 2002, de maneira que o exercício da competência tributária, ou seja, a instituição do ITR, deve ater-se à tributação da propriedade tal como definida. Não se pode equiparar à propriedade qualquer outro direito real. O direito de propriedade, como já referido, envolve a faculdade de usar, de gozar e de dispor. É esta revelação de riqueza que foi apontada pela Constituição como capaz de ensejar a sujeição do seu titular a um imposto de competência da União com fundamento no seu art. 153, VI. Assim, inobstante toda a prática em sentido contrário e mesmo a letra do art. 29 do CTN, tenho que o legislador só pode indicar como contribuinte o proprietário, e não o titular de outros direitos reais menos densos e que não revelam riqueza na condição de proprietário, ainda que seus titulares exerçam prerrogativas típicas do proprietário, eis que sempre serão prerrogativas parciais ou temporárias, como a superfície, as servidões, o usufruto, o uso e o direito do promitente comprador, previstos no art. 1.225, II a VII do Código Civil (Lei n. 10.406/2002). Estes outros direitos reais são revelações de riqueza em menor grau, não eleitas pela Constituição como ensejadoras, por si só, da instituição de impostos pelos Estados. Não é por acaso que a propriedade consta como o primeiro dos direitos reais, no art. 1.225, I, diferenciando-se dos demais em razão da sua plenitude.

– Note-se que as formas de aquisição da propriedade imobiliária são o registro do título no Registro de Imóveis, a usucapião ou a acessão conforme constava do art. 530, I a III do Código Civil de 1916 e, hoje, está previsto nos artigos 1.245, 1.238 e 1.248 do Código Civil em vigor (Lei n. 10.406/2002). Outra forma de aquisição, é a sucessão hereditária (art. 530, IV, do CC/16; art. 1.784 do CC/2002). O direito do promitente comprador do imóvel, ainda que anteriormente já reconhecida como direito real e, atualmente, previsto como tal no art. 1.225 do CC/2002, não é "propriedade". A propriedade pode advir, posteriormente, quando do exercício do direito do promitente comprador que, ao cumprir suas obrigações, pode compelir o proprietário à transmissão da propriedade ou buscar suprir a falta em Juízo. Não se confundem, pois, tais direitos reais.

– **Impossibilidade de indicação de titulares de outros direitos reais como contribuintes.** Os titulares de outros direitos reais que não a propriedade não podem ser postos na condição de contribuinte pelo legislador quando da instituição do ITR. Isso porque eles não revelam a riqueza de "proprietário". Poderá o legislador, entretanto, nas hipóteses em que se viabilize a substituição tributária, ou seja, em que haja a possibilidade de obrigar ao pagamento sem a assunção do ônus econômico, colocá-los na condição de responsáveis tributários por substituição, trazendo-os, assim, para o polo passivo da relação tributária e fazendo com que a obrigação surja diretamente para eles.

– Possibilidade de indicação de titulares de outros direitos reais para o polo passivo da relação tributária como responsáveis tributários. Embora os titulares de outros direitos reais, que não a propriedade, não possam ser postos na condição de contribuintes do ITR, poderá, o legislador, presentes as circunstâncias para tanto, colocá-los na condição de responsáveis tributários por substituição, trazendo-os, assim, para o polo passivo da relação tributária e fazendo com que a obrigação surja diretamente para eles.

⇒ **Territorial.** Territorial é adjetivo que designa o que é relativo a território, sendo este uma extensão de terra. A base econômica estampada no art. 153, VI, da Constituição, portanto, enseja a tributação da grandeza dimensionada pela propriedade da terra nua, diferentemente do que se tem no art. 156, I, em que a Constituição, ao definir a base econômica de competência dos Municípios, refere-se à propriedade "predial e territorial" urbana. A Lei n. 9.393/96, aliás, estabelece a incidência do ITR sobre a propriedade de imóvel por natureza, apontando, como base de cálculo, o valor da terra nua tributável (VTNt).

⇒ **Rural. Critério geral: localização.** A Constituição Federal traz, de forma implícita, a definição de imóveis rurais e urbanos, utilizando-se, para tanto, do critério da localização. De fato, da leitura dos capítulos Da Política Urbana e Da Política Agrícola e Fundiária e da Reforma Agrária, ambos do título da Ordem Econômica e Financeira, é o que se tira. A Constituição vinculou a expressão propriedade urbana à cidade, prevendo que deve atender às exigências fundamentais de ordenação da cidade expressas no plano diretor aprovado pela Câmara Municipal. Quando a Constituição se refere a imóvel rural, por sua vez, o faz em contraposição a imóvel urbano. Sob tal perspectiva, se tivermos o conceito de rural como sendo um conceito constitucional, com repercussão na outorga de competências tributárias à União para instituir o ITR e ao Município para instituir o IPTU, não se poderá admitir outro critério para a identificação dos imóveis sujeitos a um ou a outro que não o da localização, considerando-se não recepcionada a legislação que dele desbordava. Para a identificação da zona urbana e, por exclusão, da zona rural, impõe-se a análise do plano diretor de cada Município, devendo-se, ainda, contrastar o plano diretor com o art. 32, § 1º, do CTN que, ao estabelecer os requisitos mínimos de infraestrutura urbana para a consideração do que seja zona urbana (e, a *contrario sensu*, o que seja zona rural), previne conflitos de competência e dá elementos objetivos para que se resolva os que porventura surgirem.

– Critério geral: localização. O STF, à luz da Constituição anterior (não há julgados recentes), orientou-se pela definição de imóvel rural constantes do CTN, que, em seus arts. 29, adota o critério da localização. No RE 93.850-8, inclusive, reconheceu a inconstitucionalidade da Lei n. 5.868/72 que, quando o CTN já tinha nível de lei complementar, veio alterar o critério para o da destinação. Vide nota ao art. 29 do CTN.

– Exceção: também alcança o imóvel situado na zona urbana desde que destinado a atividade rural. O critério da localização tem sido temperado com a exceção constante do art. 15 do Decreto-Lei n. 57/66, que dispõe no sentido de que se sujeita ao ITR o imóvel destinado a atividade rural, ainda que situado na zona urbana.

• Vide nota ao art. 29 do CTN.

⇒ **Imóvel invadido. Impossibilidade de tributação.** "TRIBUTÁRIO. ITR. IMÓVEL RURAL. INVASÃO POR 'SEM TERRAS'. REINTEGRAÇÃO DE POSSE. NÃO CUMPRIMENTO DE ORDEM JUDICIAL. IMPOSSIBILIDADE DE TRIBUTAÇÃO. DEFERIMENTO DA CND. A propriedade é conceito jurídico, cujas prerrogativas essenciais se encontram estabelecidas pelo artigo 524 do Código Civil. Tendo suas terras invadidas por 'sem terras', a impetrante não conseguiu até o momento, e de modo especial, no período da exigência tributária, fazer valer as suas prerrogativas de proprietário, pois de fato o Estado, não lhe reintegrou na posse, aos fins de poder fruir a propriedade em referência. Dita inesperada ausência de defesa estatal de um direito assegurado em nível constitucional, torna o direito assim concebido em mera propriedade documental, leia-se, frágil como o papel, não sendo essa conformação do direito assegurado constitucionalmente a Impetrante e passível de tributação, nos mesmos termos da Constituição (art. 153, inciso VI), sendo pois, indevida a cobrança do ITR" (TRF4, AMS 1998.04.01.046999-3, 2000).

⇒ **Vias férreas cedidas e ITR.** Misabel e Sacha oferecem parecer sobre a incidência de impostos territoriais sobre as linhas férreas e os leitos ferroviários cedidos a concessioná-

rias de serviço público federal. Analisam, em primeiro lugar, o instituto da delegação de serviços públicos, dizendo que esta implica a cessão de bens públicos de uso especial seguindo as regras de direito administrativo. No entanto, o negócio jurídico não transfere a propriedade imobiliária à concessionária, razão pela qual não há configuração do fato gerador de ITR e IPTU (manifestação do domínio de imóvel). Além disso, os terrenos desapropriados para a passagem da linha férrea não transmitem o domínio à concessionária, mesmo havendo transcrição no registro de imóveis. (DERZI, Misabel Abreu Machado; COELHO, Sacha Calmon Navarro. Intributabilidade pelo IPTU e pelo ITR das vias férreas cedidas a empresas delegatárias de serviços públicos. *RDDT* n. 42, mar. 1999).

⇒ **Sobre o Imposto sobre a Propriedade Territorial Rural (fato gerador, base de cálculo, contribuintes e outras questões).** Vide notas aos arts. 29 a 31 do CTN.

VII – grandes fortunas, nos termos de lei complementar.

⇒ **Grandes fortunas.** Fortuna é riqueza. Mas não basta riqueza para a sujeição ao imposto, eis que a base econômica diz respeito a "grandes fortunas". Não há competência, portanto, para tributar senão a riqueza correspondente a "grandes fortunas", ou seja, só poderia alcançar os patrimônios realmente muito diferenciados em razão do seu elevadíssimo valor. O que seriam grandes fortunas? Cem milhões? Um bilhão? Necessariamente, a lei complementar terá de se manter adstrita a tal conceito.

– "O imposto apenas permitirá a incidência sobre 'grandes fortunas', nem mesmo podendo incidir sobre 'fortunas' que não sejam grandes. Definitivamente, a classe média e a classe alta não detentora de grande fortuna, estarão a salvo deste tributo, se a Constituição for respeitada pelos legisladores. Fortuna é mais do que riqueza. E grande fortuna é mais do que fortuna" (MARTINS, Ives Gandra da Silva. *Sistema Tributário na Constituição de 1988*. São Paulo: Saraiva, 1989, p. 192).

– Mais um imposto sobre o patrimônio. OLAVO NERY CORSATTO, analisando o conjunto dos referidos projetos de lei, entende que o IGF se somaria aos demais impostos sobre o patrimônio já existentes, quais sejam: a) sobre o patrimônio no seu aspecto estático, o ITR, o IPVA e o IPTU; b) sobre o patrimônio no seu aspecto dinâmico, o IR, ITCM, ITBI. Destaca, ainda, que teria caráter suplementar, constituindo superposição legal da tributação já existente, da qual seria parcela adicional, complementar, relativamente ao patrimônio que tenha escapado da tributação via evasão fiscal, e de imposto novo, relativamente às parcelas de patrimônio não alcançadas por nenhum dos impostos existentes. Em seu trabalho, encontra-se análise bastante interessante da experiência estrangeira sobre a matéria, com referência a diversos estudos. Vide: CORSATO, Olavo Nery. Imposto sobre grandes fortunas. *Revista de Informação Legislativa*, a. 37, n. 146, 2000.

– Imposto anacrônico e ineficaz. "Apesar do pseudônimo de imposto 'Hobin Hood', a ideia de tirar dos ricos para dar aos pobres é mera falácia. A justiça fiscal esperada não se realizará, é o que mostra a experiência ano direito comparado, sobretudo porque o tributo afugenta o capital, e o que fica tem capacidade técnica e econômica para revestir de blindagem elisiva sua grande fortuna. Mais que isso, da forma que vem sendo tratado, quem corre o risco de arcar com essa conta, novamente, é a classe média. ... é um tributo anacrônico, retrogrado e ineficaz. [...] o que em embutido os projetos examinados, tem os vícios da inadequação sistemática, da demagogia de propósitos, da restrição abusiva da liberdade individual, da total e absoluta ineficácia em relação ao que pretende e, por fim, o vício de total contradição com o escopo de desenvolvimento econômico, seguro e sustentável" (ARANHA, Luiz Ricardo Gomes; FERNANDES, Bruno Rocha Cesar. *O imposto brasileiro sobre fortunas*. Arraes, 2013, p. 70).

⇒ **Experiência estrangeira.** Maria Clara de Mello Motta noticia o pouco sucesso das experiências estrangeiras com o imposto sobre grandes fortunas: "Há décadas vários países na Europa, bem como na Ásia, instituiram o imposto sintético sobre o patrimônio. Alguns o extinguiram em razão da redução da poupança interna, ou da arrecadação pouco significativa. Outros, como a Inglaterra, os Estados Unidos, o Canadá e a Austrália, diante da evidência das experiências mal sucedidas, nem chegaram a introduzi-lo no sistema tributário. O Japão o adotou em 1950, abolindo-o três anos depois. Na Itália, introduzido em 1946, foi suprimido no ano seguinte. Na Alemanha vigiu até 1995 e, como na França, a alíquota foi sensivelmente reduzida" (MOTTA, Maria Clara de Mello. Tributação sobre Grandes Fortunas... www.puc-rio.br/sobrepuc/depto/direito/revista/online/rev08_mariaclara.html).

– **Paralelo com o imposto de solidariedade social. França.** "O imposto sobre as grandes fortunas dá o sentido do imposto de solidariedade social da França. O antigo imposto sobre a riqueza, sobre a fortuna, na França, foi revogado, e criou-se o imposto de solidariedade social. E qual a finalidade dele? Não é de fornecer recursos para gastos gerais do orçamento. É fornecer recursos vinculados a eliminar o desequilíbrio de rendas existente no país, é tirar dos ricos e aplicar em favor dos mais pobres, é tentar nivelar o nível de bem-estar no país" (LOPES FILHO, Osiris Azevedo. Palestra sobre Temas Gerais de matéria tributária. *RDT* 67/50, São Paulo: Malheiros).

⇒ **Exigência de lei complementar.** A referência aos termos de lei complementar deve ser considerada em contraste com a norma do art. 146, III, *a*, da CF, que prevê que cabe à lei complementar dispor sobre o fato gerador, base de cálculo e contribuintes de todos os impostos nominados. Se já haveria esta exigência pelo simples fato de se tratar de imposto nominado, certo é que a referência aos termos de lei complementar no próprio inciso em que previsto o imposto sobre grandes fortunas vem exigir este veículo legislativo para a instituição, propriamente, do tributo, ou seja, para definir todos os elementos da norma tributária impositiva.

⇒ **Não exercício da competência.** A Constituição outorgou competência à União para instituir imposto sobre grandes fortunas, mas não obriga à instituição. Tal competência poderá jamais ser exercida. Já há projetos no Congresso acerca

da matéria, mas nenhuma perspectiva de que efetivamente o imposto venha a ser instituído.

– Embora ainda não instituído o imposto sobre grandes fortunas no Brasil, já foram apresentados inúmeros projetos de lei em tal sentido, dentre os quais o Projeto de Lei Complementar do Senado n. 162, de 1989, de autoria do então Senador Fernando Henrique Cardoso. Ainda conforme Maria Clara de Mello Motta, – trabalho já referido –, nesse projeto, "a definição de grande fortuna não se limitou ao patrimônio – cujo ativo excedesse dois milhões de cruzados novos – englobando também situação profissional que proporcionasse renda bruta anual superior a trezentos mil cruzados novos, não considerados nessa renda bruta os rendimentos de trabalho assalariado. Além de estabelecer progressividade mais amena – variando de 0,3% a 1% – foram previstas exonerações parciais, quais sejam, imóvel próprio de residência do contribuinte, instrumentos de trabalho ou de atividade, bens e direitos pendentes de pagamento, antiguidades e objetos de arte ou coleção, e outros bens cuja utilização fosse considerada de alta relevância social, econômica ou ecológica. Instituindo rigorosas medidas contra a sonegação, o projeto remeteu à lei ordinária 'a tarefa de disciplinar e definir elementos inerentes ao imposto em causa, mas de natureza acessória'".

§ 1º É facultado ao Poder Executivo, atendidas as condições e os limites estabelecidos em lei, alterar as alíquotas dos impostos enumerados nos incisos I, II, IV e V.

⇒ **Impostos abrangidos.** Imposto de Importação, Imposto de Exportação, Imposto sobre Produtos Industrializados e IOF.

⇒ **Atenuação à exigência de lei.** Temos aqui uma atenuação à exigência de lei para definição da alíquota. Digo atenuação porque não é totalmente dispensada, na medida em que há a necessidade de uma lei ordinária que defina uma alíquota básica ou que estabeleça uma tarifa e defina, necessariamente, as condições e os limites dentro dos quais o Executivo poderá alterá-la. O art. 3º do Decreto-Lei n. 1.578/77, e.g., faz exatamente isto ao tratar da alíquota do Imposto sobre a Exportação.

– "Dá-se, então, em razão da ressalva inscrita no citado § 1º do art. 153, espécie de exceção mitigada do princípio da legalidade tributária: o Executivo pode alterar as alíquotas dos impostos mencionados – importação, exportação, IPI e IOF – com observância, entretanto, das condições e dos limites estabelecidos em lei" (STF, voto no RE 225.602-8, 1998).

– **Entendendo que a atenuação só se dá quando comprovada a finalidade extrafiscal.** "Consideramos de suma relevância para a análise da legitimidade da mitigação das limitações ao poder de tributar, a verificação não só dos efetivos objetivos das normas apresentadas como extrafiscais, mas dos próprios resultados por elas obtidos, de forma a constatar se não se sobressaem os efeitos arrecadatórios da norma, o que acarretaria automaticamente na necessidade de observância estrita dos princípios tributários da forma como se aplicam às normas dessa natureza (arrecadatórias). As exceções previstas na Constituição acerca da legalidade e da anterioridade não devem ser aplicadas em todos os casos em que a norma tributária verse sobre os tributos indicados no art.

150, § 1º, e art. 153, § 1º, mas apenas naquelas situações em que aqueles tributos sejam efetivamente utilizados de forma regulatória, não sendo legítimas medidas adotadas pelo Executivo como a verificada no Decreto n. 6.339/2008, que majorou a alíquota do IOF sem observar o princípio da legalidade e com intuito reconhecidamente arrecadatório" (COSTA, Rafael Santiago. Tributação extrafiscal... *RFDT* 37/193, 2009).

– "... a extrafiscalidade do IOF foi bastante utilizada pelo governo brasileiro, por exemplo, para tentar conter os efeitos da crise econômica de 2008 mediante a alteração seguida das alíquotas de IO/Crédito e de IO/Câmbio, visando estimular ou reduzir o consumo, bem como controlar o fluxo de capitais do exterior" (KINCHESCKI, Cristiano. Fundamentos jurídicos do imposto sobre operações de crédito. *RDDT* 209/7, 2013).

⇒ **Poder Executivo. Não necessariamente pelo Presidente da República. Tema 53 do STF:** "É compatível com a Constituição Federal a norma infraconstitucional que atribui a órgão integrante do Poder Executivo da União a faculdade de alterar as alíquotas do Imposto de Exportação". Decisão de mérito em 2009.

– "IMPOSTO DE EXPORTAÇÃO. ALTERAÇÃO DE ALÍQUOTA. ART. 153, § 1º, DA CONSTITUIÇÃO FEDERAL. COMPETÊNCIA PRIVATIVA DO PRESIDENTE DA REPÚBLICA NÃO CONFIGURADA. ATRIBUIÇÃO DEFERIDA À CAMEX. CONSTITUCIONALIDADE. FACULDADE DISCRICIONÁRIA CUJOS LIMITES ENCONTRAM-SE ESTABELECIDOS EM LEI. RECURSO EXTRAORDINÁRIO DESPROVIDO. I – É compatível com a Carta Magna a norma infraconstitucional que atribui a órgão integrante do Poder Executivo da União a faculdade de estabelecer as alíquotas do Imposto de Exportação. II – Competência que não é privativa do Presidente da República. III – Inocorrência de ofensa aos arts. 84, *caput*, IV e parágrafo único, e 153, § 1º, da Constituição Federal ou ao princípio de reserva legal. Precedentes. IV – Faculdade discricionária atribuída à Câmara de Comércio Exterior – CAMEX, que se circunscreve ao disposto no Decreto-Lei 1.578/1977 e às demais normas regulamentares" (STF, RE 570.680, 2009).

– "Por mais de uma vez discutimos essa questão no antigo Tribunal Federal de Recursos, entendendo que quando a Constituição fala em Poder Executivo não está estabelecendo que seria o Presidente da República, mas o órgão técnico indicado para essa atividade" (STF, voto no RE 158.208, 1996).

– **Portaria Ministerial. Validade.** "MAJORAÇÃO DE ALÍQUOTA DE IOF POR MEIO DE PORTARIA: CABIMENTO... 2. Está Corte já se pronunciou pela possibilidade de ser alterada alíquota de IOF por meio de portaria ministerial, não havendo nessa hipótese nenhuma ofensa ao princípio da legalidade" (STJ, REsp 1.123.249, 2009).

– **Conselho de Política Aduaneira. Súmula 404 do STF.** "Não contrariam a Constituição os arts. 3º, 22 e 27 da Lei n. 3.244, de 14.08.57, que definem as atribuições do Conselho de Política Aduaneira quanto à tarifa flexível".

– **SECEX.** "... IMPOSTO DE IMPORTAÇÃO. IPI. ALÍQUOTA ZERO. CONCESSÃO. COMPETÊNCIA. É da SE-CEX a competência para conceder o benefício fiscal, alíquota zero, incidente sobre o imposto de importação e sobre o IPI. Recurso que não se conhece por falta de fundamentação" (TRF4, AMS 1998.04.01.050243-1, 2000).

– **Em sentido contrário.** "A movimentação das alíquotas, pelo Poder Executivo, dentro dos limites traçados pela lei, obviamente, haveria de ser feita por meio de decreto" (STF, voto no RE 225.602-8, 1998).

– "A faculdade de alterar as alíquotas do IPI, tendo sido outorgada ao 'Poder Executivo' deve, em princípio, ser exercida pelo presidente da República, já que não se inclui entre aquelas que possibilitam delegação (art. 84, parágrafo único, da CF). Todavia, quando a alteração da alíquota for para menos, faltará ao contribuinte... interesse jurídico para questionar..." (BOTTALLO, Eduardo Domingos. *IPI – Princípios e Estrutura*. São Paulo: Dialética, 2009, p. 80).

– "TRIBUTÁRIO. IMPOSTO DE IMPORTAÇÃO. ADICIONAL. PORTARIA 50/94. Arguição de Inconstitucionalidade da Portaria 50/94, do Ministro da Fazenda, que institui sobretaxa, a título de adicional de imposto de 34% sobre o valor das importações de tecidos artificiais e sintéticos originários da república da Coreia. A faculdade de alteração das alíquotas do imposto de importação, nos termos do § 1º do art. 153 da Constituição Federal, foi conferida ao Poder Executivo, e não apenas ao Presidente da República" (TRF5, INAMS 94.05.46994, 1998).

⇒ **Arrolamento taxativo.** A referência aos impostos previstos nos incisos I, II, IV e V é taxativa, não admitindo ampliação sequer por emenda constitucional, pois a legalidade é direito fundamental do contribuinte, não sendo passível de supressão nem de excepcionalização, conforme se pode ver das notas introdutórias ao art. 150 da CF, em que há referência à ADI 939.

– **Contribuição de intervenção no domínio econômico relativa às atividades de importação ou comercialização de combustíveis.** A EC n. 33/2001, ao acrescer o § 4º ao art. 177 da CF, dispõe no sentido de admitir seja ela reduzida e restabelecida por ato do Poder Executivo.

– **Contribuições, sob à égide da EC n. 1/69.** O art. 21, I, combinado com o seu § 2º, I, da CF/67 com a EC n. 1/69 permitia ao Executivo a alteração das alíquotas e bases de cálculos das contribuições interventivas, profissionais e previdenciárias.

⇒ **Necessidade de lei fixando as condições e os limites.** "Não vale ato do Poder Executivo se a lei não o autoriza. Não tem eficácia a lei para esse fim, se não estabelece condições e limites, dentro dos quais deve agir o Poder Executivo. A lei, em tal caso, não pode ser uma carta branca, que equivaleria, então, à delegação de atribuições dum Poder a outro Poder, prática constitucionalmente defesa..." (BALEEIRO, Aliomar. *Limitações constitucionais ao poder de tributar*. 7. ed. Atualizada por Misabel Abreu Machado Derzi. Rio de Janeiro: Forense, 1997, p. 64, comentando disposição semelhante da CF/67, com a Emenda de 1969).

– "Mesmo em relação aos tributos cujas alíquotas, nas citadas circunstâncias, podem ser alteradas sem lei formal, é preciso sublinhar que sua criação depende, em todos os seus aspectos, de definição em lei (formal), mesmo quanto às alíquotas. Não pode a lei criar o tributo sem lhe precisar a alíquota. Definida esta na lei, juntamente com os demais aspectos do tipo legal (e completado, assim, o quadro de providências reclamadas do legislador para legitimar formalmente o tributo), pode o Executivo, nos casos excepcionados, alterar a alíquota fixada pela lei. A Constituição não dá à lei o poder de delegar ao Executivo a livre fixação da alíquota. [...] Insista-se que as exceções previstas no art. 153, § 1º, e no art. 177, § 4º, da Constituição não configuram hipóteses de atuação discricionária da autoridade administrativa" (AMARO, Luciano. *Direito tributário brasileiro*. 15. ed. São Paulo: Saraiva, 2009, p. 117).

– "É claro que se o Poder Executivo só pode alterar as alíquotas desse imposto (refere-se ao Imposto de Importação) em determinados limites e sob certas condições, é evidente que faltando limites ou condições na lei, esta será inconstitucional" (SOUZA, Hamilton de Dias de. Aspectos constitucionais do imposto de importação/Ata do Conselho de Estudos Jurídicos da Federação do Comércio do Estado de São Paulo, 19-4-1995. *CDTFP* 11/163, São Paulo: RT, 1995).

– "Entendo que ocorre apenas atenuação ao princípio da legalidade, pois a Carta Magna antes autoriza o Poder Legislativo a editar lei, fixando condições e limites, para facultar ao Executivo alterar as alíquotas. Em consequência, a majoração efetiva desses impostos é reservada à lei formal, que, previamente, fixará condições e limites determinadores de uma escala, de modo a legitimar o ato do Executivo que irá aumentar ou diminuir as alíquotas. [...] Portanto, o § 1º do art. 153, a rigor, reforça o princípio da legalidade. No caso nem existe a tão citada interpenetração de poderes, mas, sim, um procedimento legal especial complexo de colaboração entre os poderes Legislativo e Executivo" (DOLÁCIO DE OLIVEIRA, Yonne. In: MARTINS, Ives Gandra da Silva (coord.). *Comentários ao Código Tributário Nacional*. São Paulo: Saraiva, 1998, v. 2, p. 18).

– **Lei ordinária. Desnecessidade de lei complementar. STF.** "CONSTITUCIONAL. TRIBUTÁRIO. IMPORTAÇÃO: ALÍQUOTAS: MAJORAÇÃO POR ATO DO EXECUTIVO. MOTIVAÇÃO. ATO. IMPOSTO DE IMPORTAÇÃO: FATO GERADOR. C.F., art. 150, III, a e art. 153, § 1º. I. – Imposto de importação: alteração das alíquotas, por ato do Executivo, atendidas as condições e os limites estabelecidos em lei: C.F., art. 153, § 1º. A lei de condições e de limites é lei ordinária, dado que a lei complementar somente será exigida se a Constituição, expressamente, assim determinar. No ponto, a Constituição excepcionou a regra inscrita no art. 146, II. II..." (STF, Plenário, RE 225.602/CE, Min. Carlos Velloso, nov. 1998). Obs: vale transcrever excerto do voto proferido pelo Min. Ilmar Galvão, que foi conciso e preciso neste ponto: "Senhora Presidente, salta à vista que a lei mencionada no § 1º do art. 153 da CF não é de natureza complementar. Primeiramente, porque, quando a Constituição exige lei complementar ela o faz de forma expressa; e, em segundo lugar, porque a faculdade de alteração das alíquotas pelo Poder Executivo, no caso, está limitada pela lei que institui os impostos e a lei que institui imposto e, portanto, fixa as respectivas alíquotas não é complementar, mas ordinária, pos-

to que não se trata de elemento que se ache relacionado na alínea *a* do inciso II do artigo 146 da Carta Magna".

– **II, IE, IPI e IOF. Condições e limites.** Sobre os diplomas legais que fixam as condições e os limites para a alterações de alíquotas relativamente a tais tributos, vide notas aos arts. 21, 26, 48 e 65 do CTN.

– **Redução de alíquota por lei condicionada a regulamentação pelo executivo. Não autoaplicabilidade.** "IMPOSTO DE IMPORTAÇÃO. REDUÇÃO DE ALÍQUOTA PREVISTA NA MEDIDA PROVISÓRIA N. 1.073/1995. CONTROVÉRSIA SOBRE A NECESSIDADE DO PREENCHIMENTO DE REQUISITOS PARA A APLICAÇÃO DA ALÍQUOTA REDUZIDA.... 3. Os requisitos de urgência e relevância necessários à edição de medida provisória não têm o condão de mitigar a literalidade do comando inserto no art. 153, § 1º, da CF/1988, também presente no art. 21 do CTN, o qual estabelece que a redução da alíquota do imposto de importação se dá conforme o atendimento das condições e dos limites estabelecidos em lei. 4. A Medida Provisória n. 1.073/1995, em seu art. 1º, procedeu à redução da alíquota do imposto de importação para 2%, com relação aos maquinários importados necessários à indústria automobilística em geral. Porém, em seu art. 15, a MP n. 1.073/1995 estabeleceu que o Poder Executivo deveria, por meio de regulamento, 'estabelecer os requisitos para habilitação das empresas ao tratamento a que se referem os artigos anteriores, bem como os mecanismos de controle necessários à verificação do fiel cumprimento do disposto nesta Medida Provisória'. E, conforme se depreende dos parágrafos 1º e 2º do art. 15, condicionou a aplicação da alíquota reduzida de 2%: (I) à habilitação das empresas (§ 1º); ou (II) à autorização ministerial (§ 2º), enquanto não editado o regulamento pertinente à habilitação das empresas. 5. Não há, pois, à luz do art. 111 do Código Tributário Nacional, como se entender que a redução da alíquota do imposto de importação não dependa do cumprimento dos requisitos legais, habilitação e/ou autorização, conforme previsão dos §§ 1º e 2º do art. 15 da MP n. 1.073/1995. 6. A expressão 'poderá estabelecer, em regulamento, os requisitos para habilitação', constante do art. 15 da MP n. 1.073/1995 não induz à conclusão de que a alíquota de 2% seria autoaplicável por ocasião da publicação da medida provisória. Ao contrário, essa expressão contém uma determinação cogente e expressa ao Ministério da Indústria, Comércio e Turismo para que edite o regulamento a que se refere, disciplinando, assim, os requisitos necessários à fruição da alíquota de 2%. 7. Verifica-se, portanto, que o Tribunal de origem negou vigência ao art. 15 da MP n. 1.073/1995. Recurso especial provido em parte para cassar o acórdão recorrido e restabelecer a sentença de primeiro grau, denegando a segurança" (STJ, REsp 1.449.110, 2014).

⇒ **Motivação do ato do Executivo.** "É interessante notar que o constituinte não exigiu que apenas os limites estivesse na lei; ele determina mais: as condições devem ser previstas pelo legislador. O Executivo apenas pode alterar as alíquotas dos tributos acima referidos se as condições previstas pelo legislador se materializarem. Esse raciocínio põe em xeque a prática corriqueira do Executivo de fixar alíquotas sem motivação. Afinal, se as condições são previstas pela lei, cabe ao

Chefe do Poder Executivo apontar a presença daquelas condições, i.e., quais os motivos por que acredita que as condições foram cumpridas" (SCHOUERI, Luís Eduardo. *Direito tributário*. 2. ed. São Paulo: Saraiva, 2012, p. 297).

⇒ **Controlabilidade.** O STF entende que a motivação para a alteração das alíquotas não precisa constar expressamente no respectivo ato administrativo ou decreto, bastando que se encontre no processo administrativo, ou na exposição de motivos que levou à majoração. O Min. Sepúlveda Pertence, destaca, inclusive, conforme transcrito abaixo, que a previsão do art. 153, § 1º não implica a exigência formal de motivação, mas a controlabilidade dos motivos.

– "... IMPORTAÇÃO: ALÍQUOTAS: MAJORAÇÃO POR ATO DO EXECUTIVO. MOTIVAÇÃO. ATO. IMPOSTO DE IMPORTAÇÃO: FATO GERADOR. C.F., art. 150, III, *a* e art. 153, § 1º. I... II. – A motivação do decreto que alterou as alíquotas encontra-se no procedimento administrativo de sua formação, mesmo porque os motivos do decreto não vêm nele próprio" (STF, RE 225.602, 1998). Veja-se excerto do voto condutor: "No que concerne à motivação do ato administrativo, ou do decreto que alterou as alíquotas, o que deve ser reconhecido é que a motivação encontra-se no processo administrativo, ou na exposição de motivos que levou o Presidente da República a baixar o decreto que majorou as alíquotas. É que os motivos do decreto não vêm nele próprio, mas estão no procedimento administrativo de sua formação." Já o Min. Sepúlveda Pertence assim se pronunciou no particular: "Entendo razoável extrair do § 1º do art. 153 uma competência vinculada à existência das condições estabelecidas em lei, mas isso implica a controlabilidade dos motivos, não necessariamente uma exigência formal de motivação. De qualquer modo, há indicações desses motivos na ementa do decreto e fundamentação na exposição ministerial que o gerou." Do voto do Min. Maurício Corrêa constou: "... na espécie, o decreto mencionado se acha devidamente justificado no seu próprio preâmbulo. Em primeiro lugar, vê-se que a alíquota está mais do motivada, dado que o seu aumento se deu em virtude da necessidade de o Brasil compatibilizar a sua política tarifária com a de seus parceiros do Mercosul...".

– "... IPI – ALEGADA OFENSA AO ART. 4º DO DL N. 1.199/71 – INOCORRÊNCIA... As diversas alterações da alíquota do IPI sobre o açúcar de cana, desde a vigência da Lei n. 8.393/91, visaram a atender aos objetivos da política econômica do Governo para o setor açucareiro. Para edição do Decreto n. 2.917/98, com o qual não se conforma a recorrente, por considerá-lo privado de motivação, valeu-se o Sr. Presidente da República de previsão constitucional (art. 84, inciso IV), bem como do disposto no artigo 4º do Decreto-lei n. 1.199/71, que não exige motivação expressa acerca dos objetivos de política fiscal adotados pelo Executivo. Consta da Exposição de Motivos do Decreto n. 2.917/98 que a elevação da alíquota do IPI para 5% tem o objetivo de ajustar a tributação do IPI sobre o açúcar, revogando-se em consequência, o Decreto n. 2.501, de 18 de fevereiro de 1998, por não persistirem as razões que motivaram a atribuição de crédito presumido a estabelecimentos fabricantes para equalização dos preços do produto em todas as regiões do País. Depreende-se, facilmente, que o ajuste da tributação do IPI

sobre o açúcar, a que se refere a Exposição de Motivos, insere-se nos objetivos da política econômica governamental a que se refere art. 4º do Decreto n. 1.199/71..." (STJ, REsp 439.059, 2003).

– **Pela invalidade por falta de motivação.** "... o exercício da competência para majorar alíquotas, assegurada no art. 4º do Decreto-Lei n. 1.199, de 27.12.1971, deve ser motivado, considerados os objetivos da política econômica governamental, ou para corrigir distorções, o que não ocorreu, *in casu*, eis que não se vislumbram tais objetivos na exposição de motivos que precedeu a edição do citado Decreto n. 97.410/88, cujo desiderato, como está expresso na aludida exposição, foi o de proceder à adaptação do sistema brasileiro de classificação de mercadorias ao novo sistema internacional resultante da Convenção Internacional sobre Sistema Harmonizado de Designação e Classificação de Mercadorias. 7. Inobservado o requisito de motivação estabelecido no art. 4º do Decreto n. 97.410/88, é ilegal e, portanto, inválido o referido Decreto, no que elevou de 4% (quatro por cento) para 10% (dez por cento) a alíquota referente às latas de embalagens classificadas na posição 73.10.21.99.00 da nova Tabela por ele aprovada. 8. Apelação provida" (TRF1, AC 200201000277020, 2004).

• Vide nota ao art. 65 do CTN.

– **Pela invalidade por falta de motivação específica.** "... Tributação extrafiscal. Atividade vinculada. A faculdade atribuída ao Poder Executivo para alterar alíquotas dos impostos com finalidade extrafiscal, nos termos do Art. 153, § 1º da CF/88, não consubstancia poder discricionário, pelo que há de ser exercida, sempre, fundamentadamente. Fundamentação genérica, como a que diz ser a alteração necessária para ajustar o imposto aos objetivos da política cambial e do comércio exterior, converte aquela faculdade em poder discricionário, a permitir que o Executivo altere as alíquotas sempre que o deseje, sem que se possa exercer qualquer controle quanto à efetiva presença das condições legais autorizadoras da alteração. Para a validade do ato que altera alíquotas de impostos ditos flexíveis é indispensável a indicação objetiva da condição factual que está a ensejar tal alteração" (TRF5, MS 51.116, 1997).

⇒ **Valor fixo. Limite.** "Foi, pois, a Lei n. 8.218/91 que, no caso específico dos produtos sujeitos ao regime da Lei n. 7.798/89, confirmou que, numa sistemática de tributação expressa em termos fixos, a base de cálculo continua a desempenhar a sua função paramétrica de definir os limites máximos dentro do qual a tributação efetiva pode ocorrer. [...] O que o § 1º do art. 153 da Constituição pretende estabelecer é que o Poder Executivo é livre de estabelecer o quantum do imposto dentro dos limites da lei, sendo irrelevante a técnica pela qual tal quantum é determinado" (XAVIER, Alberto. A tributação do IPI sobre cigarros. *RDDT* 118/9, 2005).

§ 2º O imposto previsto no inciso III: (Imposto de Renda)

I – será informado pelos critérios da generalidade, da universalidade e da progressividade, na forma da lei;

⇒ **Critérios que levariam à concretização da isonomia e da capacidade contributiva.** Os critérios, da generalidade, da universalidade e da progressividade, se aplicados adequadamente, fariam com que todos pagassem imposto de renda sobre a totalidade dos rendimentos auferidos com carga progressiva conforme a capacidade contributiva de cada qual. Com isso, teríamos uma situação mais igualitária e mais justa.

– Porém, o legislador segmenta o imposto de renda, criando tributações distintas para determinadas classes de rendimentos, como, por exemplo, a tributação exclusiva na fonte dos rendimentos de aplicações financeiras (de 15% a 22,5%, variando conforme o tempo de aplicação, sendo que os rendimentos de caderneta de poupança são isentos) e a tributação isolada dos ganhos de capital (15%), sujeitas, cada qual, como se vê, a alíquotas distintas daquelas aplicáveis aos rendimentos em geral, como os provenientes do trabalho (tabela progressiva, até 27,5%). Ademais, o legislador exclui da base de cálculo do imposto de renda, por exemplo, os lucros e dividendos recebidos por sócios, acionistas ou titulares de empresa individual, com o que não são gravados pelo imposto de renda.

⇒ **Generalidade.** A generalidade é critério que diz respeito ao campo subjetivo, mais especificamente à sujeição passiva ao tributo.

– "Generalidade significa que o tributo deve abranger todos os contribuintes que pratiquem o ato ou estejam em igual relação com o fato descrito na hipótese de incidência" (DIFINI, Luiz Felipe Silveira. *Manual de direito tributário*. São Paulo: Saraiva, 2003, p. 77).

– "A generalidade abrange todos os contribuintes não se admitindo qualquer tributação especial. [...] A generalidade, a nosso ver compreende com mais evidência os contribuintes, critério pessoal, que são os sujeitos passivos da relação tributária. Assim, todos os contribuintes devem ser tratados de uma só forma, o que aliás já decorre do próprio princípio da igualdade. Com este fundamento pode-se afirmar que a renda deve ser reconhecida com a observância do critério da generalidade, em que não se admitem classes de contribuintes. Todos, indistintamente, são contribuintes, potenciais, ou de fato, do imposto. Por isso igualmente não se pode admitir classe de patrimônio, nem espécies de renda: todos os ganhos – todo acréscimo novo decorrente do ato de produção de renda – deve ser objeto de tributação respeitado o critério da progressividade" (RENCK, Renato Romeu. *Imposto de Renda da Pessoa Jurídica/Critérios constitucionais de apuração da base de cálculo*. Porto Alegre: Livraria do Advogado, 2001, p. 160).

⇒ **Universalidade.** A universalidade é critério que diz respeito à extensão da base de cálculo, que deve abranger quaisquer rendas e proventos auferidos pelo contribuinte. Em face do critério constitucional da universalidade, ter-se-ia de considerar a totalidade das rendas do contribuinte como uma unidade, sem estabelecer distinções entre tipos de rendas para efeito de tributação diferenciada.

– A distinção apresentada pelo espanhol Lapatza entre impostos reais e pessoais (vide em nota ao art. 145, § 1º, da CF e, principalmente, ao art. 16 do CTN) ajuda muito à compreensão do critério da universalidade. O que pretendeu o contribuinte, determinando que o IR seja informado pelo critério da universalidade, é que o imposto de renda seja um imposto efetivamente

pessoal, no sentido que lhe dá Lapatza, sendo, pois, capaz de se prestar a uma maior subjetivação, a uma tributação que observe, no maior grau possível, a capacidade contributiva do sujeito passivo. Contudo, no Brasil, não temos, por enquanto, o cumprimento de tal dispositivo, tanto que há diversas rendas tributadas em separado, como o ganho de capital, os ganhos de investimentos financeiros etc. Ou seja, segundo o rigor da classificação de Lapatza, nosso imposto de renda que, em algumas de suas incidências, assume caráter real.

– "... sob a estrita observância do inciso I do § 2º do art. 153 da Constituição, o fato gerador e a respectiva base de cálculo devem englobar, para uma tributação progressiva e geral, a universalidade de fatores positivos e negativos de mutação da universalidade patrimonial do contribuinte dentro de um período de tempo fixado pela lei" (OLIVEIRA, Ricardo Mariz de. *Fundamentos do Imposto de Renda*. Quarter Latin, 2008, p. 325).

– "... universalidade significa incidir o tributo sobre todos os fatos descritos na hipótese de incidência (no caso do imposto de renda, incidir indistintamente sobre diversas espécies de rendimentos). Tais princípios não impedem, todavia, a concessão de isenções objetivas ou subjetivas. Impedem é a exclusão apriorística de determinada categoria de pessoas ou rendimentos do rol dos sujeitos passivos ou dos fatos tributáveis" (DIFINI, Luiz Felipe Silveira. *Manual de direito tributário*. São Paulo: Saraiva, 2003, p. 77).

– "A base calculada, além de ser informada pela generalidade, terá de ter natureza universal. Ser universal é ser total. Logo, de nada adianta apurar a base impositiva dividindo-a em espécies de renda quando, no final, se deve apurar o valor informado pela universalidade. Desta forma, para que a renda seja informada pelo critério da universalidade, os elementos integrados no processo de sua produção devem estar dispostos de forma tal que atendam a este critério. Ou seja, todos devem ser submetidos à tributação de forma absolutamente igual. Não há receita diferente de outra, como não há despesa diferente de outra" (RENCK, Renato Romeu. *Imposto de Renda da Pessoa Jurídica/Critérios constitucionais de apuração da base de cálculo*. Porto Alegre: Livraria do Advogado, 2001, p. 161).

– **Tributação internacional sobre a renda. Territorialidade *x* base global.** "... o princípio da territorialidade significa que todas as situações jurídicas que deem origem à produção de renda, por nacionais ou residentes, localizadas dentro do território do Estado, geram uma obrigação tributária. [...] Segundo o princípio da base global do imposto de renda, passa a ser tributada a universalidade dos lucros, rendimentos e ganhos de capital auferidos (nos mercados doméstico e exterior) por pessoas jurídicas domiciliadas no país.[...] O Imposto de Renda de Pessoa Jurídica, até recentemente, adotava o princípio da territorialidade (art. 337 do Regulamento do Imposto de Renda de 1994) [...] Com a vigência da Lei 9.249, de 26 de dezembro de 1995, entretanto, passou-se a tributar, a partir de 1996, a universalidade dos lucros, rendimentos e ganhos de capital auferidos por pessoas jurídicas aqui sediadas" (FRANCA FILHO, Marcílio Tocano. Princípio da tributação internacional sobre a renda. *RDDT* 30/75, 1998).

• Vide § 1º do art. 43 do CTN e respectivas notas.

⇒ **Progressividade.** A progressividade é critério que exige variação positiva da alíquota à medida que há aumento da base de cálculo. De fato, tem-se progressividade quando há diversas alíquotas graduadas progressivamente em função do aumento da base de cálculo: maior a base, maior a alíquota.

– Sobre o conceito de progressividade e sua distinção da seletividade, vide nota ao § 3º, inciso I, deste art. 153 da CF.

– **Progressividade obrigatória.** Como imposto de natureza pessoal, o IR deve, necessariamente, ser graduado segundo a capacidade econômica do contribuinte também por força de determinação expressa constante do art. 145, § 1º, da CF.

– Progressividade como instrumento para a observância do postulado da capacidade contributiva. Vide notas ao art. 145, § 1º, da CF.

⇒ **Magistrados.** O art. 95, III, da CF, que trata das garantias dos juízes, diz da irredutibilidade dos seus vencimentos, observados, dentre outros dispositivos, o ora em comento. Vide notas ao art. 150, II, da CF.

II – (Revogado pelo art. 17 da EC n. 20/98)

⇒ **Inciso revogado. Imunidade dos rendimentos de aposentadoria e pensão.** O dispositivo estabelecia imunidade: "II – não incidirá, nos termos e limites fixados em lei, sobre rendimentos provenientes de aposentadoria e pensão, pagos pela previdência social da União, dos Estados, do Distrito Federal e dos Municípios, a pessoa com idade superior a sessenta e cinco anos, cuja renda total seja constituída, exclusivamente, de rendimentos do trabalho".

– O inciso II foi revogado pela EC n. 20/98 antes que tenham sido estabelecidas, por lei complementar, as condições para o seu gozo, sendo que o STF chegou a se pronunciar no sentido da sua não autoaplicabilidade. Não há que se apontar a revogação como inconstitucional, eis que não violou nenhuma cláusula pétrea.

– **Constitucionalidade da revogação.** "IMUNIDADE. ART. 153, § 2º, II DA CF/88. REVOGAÇÃO PELA EC N. 20/98. POSSIBILIDADE. 1. Mostra-se impertinente a alegação de que a norma art. 153, § 2º, II, da Constituição Federal não poderia ter sido revogada pela EC n. 20/98 por se tratar de cláusula pétrea. 2. Esta norma não consagrava direito ou garantia fundamental, apenas previa a imunidade do imposto sobre a renda a um determinado grupo social. Sua supressão do texto constitucional, portanto, não representou a cassação ou o tolhimento de um direito fundamental e, tampouco, um rompimento da ordem constitucional vigente. 3. Recurso extraordinário conhecido e improvido" (STF, RE 372.600-5, 2003).

– **Não autoaplicabilidade.** "IMPOSTO DE RENDA NA FONTE. PROVENTOS. BENEFICIÁRIOS COM IDADE SUPERIOR A SESSENTA E CINCO ANOS. ART. 153, § 2º, INC. II, DA CONSTITUIÇÃO FEDERAL. LEI N. 7.713/88. O Supremo Tribunal Federal, no julgamento do Mandado de Segurança 22.584 (Sessão do dia 17.04.97), proclamou entendimento no sentido de que o art. 153, § 2º, II, da Constituição Federal, ao estabelecer.., não é autoaplicável, estando a depender de lei que fixará os termos e os limites dessa não incidência. E, até que advenha a lei regulamentando o exercício desse direito,

continuam válidos os limites e restrições fixados na Lei n. 7.713/88 com suas posteriores alterações. Recurso extraordinário conhecido, mas improvido" (STF, RE 225.082, 1998).

– **Lei 9.250/95. Isenção.** A Lei 9.250/95, ao acrescentar o inciso XV do art. 6º da Lei 7.713/88, estabeleceu uma isenção, mas limitada, para os aposentados com mais de sessenta e cinco anos de idade.

§ 3º O imposto previsto no inciso IV (Imposto sobre Produtos Industrializados/IPI):

I – será seletivo, em função da essencialidade do produto;

⇒ **Cogência da seletividade do IPI.** A Constituição é categórica ao determinar a observância da técnica da seletividade na instituição do IPI. A primeira observação necessária é que se trata de uma imposição, e não de uma faculdade. A técnica da seletividade constitui uma faculdade em se tratando de ICMS, pois a Constituição, para tal imposto estadual, prevê, em seu art. 155, § 2º, III, que o ICMS "atenderá ao seguinte: ... III – poderá ser seletivo, em função da essencialidade das mercadorias e dos serviços". Em se tratando de IPI, o texto constitucional é imperativo: o IPI "será seletivo, em função da essencialidade do produto". A única *discricionariedade* permitida é onerar mais ou menos os produtos como um todo. Na relação entre as diversas alíquotas, conduto, o respeito ao critério da essencialidade é imperativo. As alíquotas deverão variar em função da essencialidade do produto, sob pena de inconstitucionalidade.

– **Técnicas para efetivar a seletividade.** "A efetiva realização do princípio da seletividade, no IPI, pode ser buscada mediante quaisquer técnicas que redundem na modificação quantitativa da carga tributária, como o sistema de alíquotas diferenciadas, a outorga de incentivos fiscais e a manipulação da base de cálculo" (BOTTALLO, Eduardo Domingos. *IPI – Princípios e Estrutura.* São Paulo: Dialética, 2009, p. 65).

⇒ **Seletividade.** Selecionar é distinguir, separar, escolher. A seletividade implica múltiplos tratamentos tributários, adequados a cada produto. Dentre os critérios para a tributação indireta com atenção ao princípio da capacidade contributiva, está a seletividade em função da essencialidade do produto. Selecionam-se os produtos em face da sua essencialidade para o consumidor. Assim, tributa-se o consumo de produtos essenciais mais levemente e o consumo de produtos supérfluos ou até prejudiciais mais pesadamente.

– **Seletividade x progressividade.** A seletividade implica tributação diferenciada conforme a natureza do produto ou o uso a que se destina, ou seja, conforme a finalidade do que é objeto da tributação, não se confundindo com a progressividade, em que se tem simples agravamento do ônus tributário mediante aplicação de alíquota maior conforme aumenta a base de cálculo. Por vezes, contudo, tais critérios pode ser combinados, de modo que a seletividade implique alíquotas distintas, progressivas, em face de critérios outros que não o aumento da base de cálculo, como acontece no ITR, em que há alíquotas maiores pra imóveis menos produtivos, independentemente do seu valor.

– "É progressivo o imposto cuja alíquota é maior na medida em que aumenta a base tributável. Como a base imponível é sempre uma expressão da riqueza de cada um, a progressividade faz com que o imposto onere mais quem tem riqueza maior. Personaliza o imposto. [...] É seletivo o imposto cujas alíquotas são diferentes, para objetos diferentes, como acontece com o IPI, que tem alíquotas elevadas para certos produtos, e muito baixa, mesmo zero, para outros produtos. Na seletividade, não importa o sujeito. Importa exclusivamente o objeto da tributação. Por isso se pode dizer que ela é adequada para os impostos reais, como o IPTU" (MACHADO, Hugo de Brito. Progressividade e Socialismo. *ZH* 18-8-1998, p. 15).

– **Seletividade como instrumento para observância da capacidade contributiva.** Vide nota ao art. 145, parágrafo único, da CF.

– **Seletividade para fins extrafiscais.** "A extrafiscalidade manifesta-se no IPI através do princípio da seletividade, que enseja a utilização deste imposto como instrumento de ordenação político-social, tanto favorecendo a realização de operações havidas por necessárias, úteis ou convenientes à sociedade, como dificultando a prática de outras, que não se mostrem capazes de ir ao encontro do interesse político" (BOTTALLO, Eduardo Domingos. *IPI – Princípios e Estrutura*. São Paulo: Dialética, 2009, p. 65).

⇒ **A essencialidade do produto como critério da seletividade.** Ser seletivo implica ter alíquotas diferenciadas dependendo do produto (individualmente considerado) ou do tipo de produto (se alimentício, de higiene, têxtil etc.), sendo que o critério para tal seletividade é dado pelo próprio constituinte: o grau de essencialidade do produto. Ricardo Lobo Torres refere-se à seletividade como um dos "subprincípios da capacidade contributiva, a significar que o tributo deve incidir progressivamente na razão inversa da essencialidade dos produtos" (*Curso de direito financeiro e tributário*. 16. ed. Renovar, 2009, p. 377). Fabio Canazaro considera a seletividade em si, sem um critério de seleção, axiologicamente vazia. Por isso, entende que o foco da nossa atenção deve estar na essencialidade, esta sim um verdadeiro princípio tributário a ser observado na tributação dos produtos.

– Em regra, os produtos essenciais são consumidos por toda a população e que os produtos supérfluos são consumidos apenas por aqueles que, já tendo satisfeito suas necessidades essenciais, dispõem de recursos adicionais para tanto. A essencialidade do produto, pois, realmente constitui critério para diferenciação das alíquotas que acaba implicando homenagem ao princípio da capacidade contributiva. O IPI deve ser dimensionado de forma a gravar menos os produtos essenciais e mais os produtos supérfluos, na medida em que estas características se apresentem. Tal será feito pelo Executivo, que adotará tal técnica de tributação por ocasião da elaboração da Tabela de Incidência do Imposto sobre os Produtos Industrializados, a TIPI. Nela são identificados os produtos e atribuídas as respectivas alíquotas, sendo que o critério para a variação tem de ser a essencialidade do produto. Poderá ser atribuída, inclusive, alíquota zero para determinados produtos, se assim entender o Executivo. Outra forma de afastar por completo o ônus tributário é não estabelecer alíquota genérica, para outros tributos não especificados na tabela, e simples-

mente deixar de arrolar certos produtos e, com isso, de lhes atribuir uma alíquota; neste caso, teremos, quanto a eles, uma norma tributária incompleta, em que o aspecto quantitativo carecerá de um elemento essencial, a alíquota, de modo que a incidência não terá efeitos econômicos, pois não estará apta a gerar uma obrigação com conteúdo econômico: ocorrerá a saída de produto industrializado, mas não haverá como calcular o imposto devido em razão da incompletude da norma.

– Se, por um lado, o Poder Executivo, autorizado pelo art. 4º do Decreto-Lei n. 1.199/71 e com esteio no art. 153, § 1º, da CF, pode alterar a alíquota do IPI, certo é que na margem de ação que lhe é concedida não pode, jamais, olvidar a vinculação das alíquotas à essencialidade do produto, lógica esta que não pode ser invertida.

– Será possível, excepcionalmente, atribuir-se alíquotas que desbordem da simples graduação segundo a essencialidade. Isso por força de uma utilização extrafiscal do tributo. É o caso do fumo, cuja alíquota de 365,63% evidentemente abriga um caráter extrafiscal bastante pronunciado: não só o produto é supérfluo, como de consumo desaconselhável por razões de saúde pública, razão pela qual se o tributa de forma especialmente pesada, de modo a encarecê-lo e, com isso, restringir sua circulação. Certo é que, nestes casos, tais alíquotas não servem de parâmetro para a comparação relativa à essencialidade.

– "Esta técnica de tributação consiste em se graduar as alíquotas de forma diferente segundo a essencialidade dos produtos, de modo que o imposto seja proporcionalmente mais elevado quanto mais supérfluo for o produto tributado, e os produtos indispensáveis tenham pouca ou nenhuma tributação" (CONTI, José Maurício. Sistema *constitucional tributário interpretado pelos Tribunais*. São Paulo: Ed. Oliveira Mendes, 1997, p. 166).

– **Essencialidade como princípio tributário.** "A essencialidade tributária é princípio. É norma que orienta o intérprete na promoção da igualdade, no que tange à distribuição do ônus nos impostos sobre o consumo" (CANAZARO, Fábio. *Essencialidade tributária:* igualdade, capacidade contributiva e extrafiscalidade na tributação sobre o consumo. Porto Alegre: Livraria do Advogado, 2015, p. 154).

– **O juízo de essencialidade pressupõe comparação.** "... para que se atribua eficácia à essencialidade, o mais importante não é definir o que é essencial, mas sim realizar o exercício de comparação entre grupos de mercadorias e serviços em razão de seu grau de essencialidade. ... norma que atua como critério de comparação, integrando a relação entre grupos de mercadorias e/ou serviços, para a promoção de um fim: um estado de igualdade na tributação" (CANAZARO, Fábio. *Essencialidade tributária:* igualdade, capacidade contributiva e extrafiscalidade na tributação sobre o consumo. Porto Alegre: Livraria do Advogado, 2015, p. 153-154).

– **Essencialidade sob a perspectiva constitucional.** "O legislador não é livre para identificar ou conceituar o que é e o que não é essencial como fator indicativo, visando à promoção da igualdade. Mercadorias e serviços essenciais, sob o ponto de vista jurídico, são aquelas cujos valores constitucionais denotam ser indispensáveis à promoção da liberdade, da segurança, do bem-

-estar, do desenvolvimento, da igualdade e da justiça – ou seja, das finalidades constitucionalmente prescritas. São as mercadorias e serviços destinados à proteção e à manutenção da dignidade humana, à erradicação da pobreza e da marginalização, à educação, à saúde, à alimentação, ao trabalho, à moradia, ao lazer, à segurança, à proteção à maternidade e à infância, à assistência aos desamparados e à defesa do meio ambiente" (CANAZARO, Fábio. *Essencialidade tributária:* igualdade, capacidade contributiva e extrafiscalidade na tributação sobre o consumo. Porto Alegre: Livraria do Advogado, 2015, p. 154).

– Essencialidade na perspectiva do consumidor. "... a valoração da observância do princípio da seletividade do IPI em função da essencialidade dos produtos deve levar em consideração a pessoa do consumidor e não a do contribuinte de direito. É que a essencialidade relaciona-se diretamente à utilidade do produto par ao consumo (individual ou coletivo)" (PROCURADORIA-GERAL DA REPÚBLICA. IPI – princípio da seletividade em função da essencialidade do produto – destinação ou finalidade do produto industrializado. *RDDT* 214/153, jul. 2013).

– A finalidade ou destinação como foco, e não a natureza do produto. Bilhetes magnéticos para o transporte ferroviário. No precedente abaixo, a seletividade foi abordada em atenção à finalidade do produto, tendo-se decidido que não se justificava a tributação de cartões magnéticos para o transporte ferroviário à alíquota de 15%, não por se tratar de cartões magnéticos, mas em razão da essencialidade do transporte público de passageiros.

– "... tendo em vista o IPI ser regido pelo princípio da seletividade (art. 153, § 3º, I, da CF/1988), pois suas alíquotas são reduzidas em função da essencialidade do produto e majoradas em razão da superfluidade deste, deve-se sopesar, quanto à fixação da alíquota e enquadramento da exação, mais do que qualidades intrínsecas e composição do produto, a própria destinação ou o fim a que se presta, o qual permite identificar se um material de consumo serve à própria manutenção da vida humana ou ao simples prazer e satisfação individual" (STJ, voto no REsp 1.087.925, 2011).

– "... IPI. ALÍQUOTA EXCESSIVA. VIOLAÇÃO AO PRINCÍPIO DA SELETIVIDADE EM DECORRÊNCIA DA ESSENCIALIDADE DO PRODUTO. Trata-se de agravo de instrumento com pedido de efeito suspensivo, interposto em face de decisão que deixou de apreciar a liminar requerida, sob o fundamento de que os autos careceriam de elementos suficientes para o deferimento da mesma e cujo conteúdo diz respeito ao pedido de suspensão do crédito tributário relativo ao IPI (Imposto sobre Produtos Industrializados), face à alegação de que a Fazenda estaria violando o princípio da seletividade com a imposição da alíquota excessiva de 15% (quinze por cento) sobre produto por ela considerado essencial. A natureza coletiva do serviço prestado – sistema de transporte ferroviário de massa –, e que justifica a elaboração dos bilhetes magnéticos, já é capaz de demonstrar a essencialidade do produto confeccionado, cuja função é a de autorizar a utilização do referido serviço. Sendo assim, a alíquota de 15% (quinze por cento) sobre o produto em tela não pode ser considerada razoável, uma vez que enfraquecido ficaria o interesse público e deveras onerado o cidadão comum, que é verdadeiro contribuinte de fato desta modalidade tributária, dissonando, com isso, de dispositivos constitucionais" (TRF2, AI 2002.02.01.001050-0, 2002).

– Não implica imunidade para produtos essenciais. A tributação de produtos essenciais, como equipamentos médicos, não implica "violação do dever fundamental de prestação de serviços de saúde". Isso porque o princípio da seletividade "não significa haver imunidade, ainda que as operações ou bens sejam essenciais ao ser humano", devendo-se considerar "o postulado da solidariedade no custeio das atividades estatais".

– "5. Vilipêndio do dever fundamental de prestação de serviços de saúde (art. 196 da Constituição), pois o bem tributado é equipamento médico (sistema de tomografia computadorizada). Impossibilidade. Não há imunidade à tributação de operações ou bens relacionados à saúde. Leitura do princípio da seletividade" (STF, 2ª T., RE 429306, Rel. Min. Joaquim Barbosa, fev. 2011) Do voto condutor: "O princípio da seletividade impõe que o poder público gradue a carga tributária conforme a essencialidade da operação ou do produto. Isto não significa haver imunidade, ainda que as operações ou os bens sejam essenciais ao ser humano. Em especial há que ser considerado o princípio da capacidade contributiva, da concorrência e da livre iniciativa, considerado o postulado da solidariedade no custeio das atividades estatais".

– Embalagens para produtos essenciais não precisam ter a mesma alíquota desses. Tema 501 do STF: "É constitucional a fixação de alíquotas de IPI superiores a zero sobre garrafões, garrafas e tampas plásticas, ainda que utilizados para o acondicionamento de produtos essenciais". Decisão do mérito em 2021.

– "IPI. Seletividade em função da essencialidade. Garrafões, garrafas e tampas plásticas. Possibilidade de tributação. 1. Recurso extraordinário em face de acórdão que entendeu que os garrafões, garrafas e tampas plásticas produzidos pela recorrida deveriam se submeter à alíquota zero de IPI pelo fato de que eram utilizados para acondicionar água mineral, bem essencial. 2. A observância à seletividade e a atribuição de alíquota zero a produtos essenciais são fenômenos que não se confundem. O princípio da seletividade não implica imunidade ou completa desoneração de determinado bem, ainda que seja essencial. Desse modo, os produtos em análise podem ser tributados a alíquotas superiores a zero, sem que isso configure desrespeito ao preceito constitucional. Precedentes. 3. Não há ofensa à vedação ao confisco, uma vez que as alíquotas pretendidas pelo Poder Executivo, de 10% e 15%, não geram expropriação patrimonial dos consumidores. Os produtos destinados ao acondicionamento de bens essenciais não devem necessariamente ter as mesmas alíquotas desses últimos, sob pena de se desconsiderarem as características técnicas que os distinguem e as políticas fiscais que os Poderes Legislativo e Executivo pretendem implementar. 4. Provimento do recurso extraordinário da União, a fim de reformar o acórdão do tribunal *a quo*, denegando a ordem ante a ausência de direito líquido e certo da recorrida ao reenquadramento dos seus produtos, garrafões, garrafas e tampas plástica (posição 3923.30.00 da TIPI), como embalagens de produtos alimentícios (posição 3923.90.00 da TIPI). Fixação da seguinte tese: 'É constitucional a fixação de alíquotas de IPI superiores a zero sobre garrafões, garrafas e tampas plásticas, ainda que utilizados para o acondicionamento de produtos essenciais'" (STF, RE 606.314, 2021).

– **Controle judicial.** A verificação do respeito à seletividade se faz através do manuseio da Tabela de Incidência do Imposto sobre Produtos Industrializados, na qual é possível comparar as alíquotas atribuídas a cada produto.

– "Embora não se negue ao legislador ordinário a faculdade de atuar dentro de uma certa liberdade na manipulação da seletividade em função da 'essencialidade do produto', o conteúdo mínimo desta expressão sempre possibilitará que se verifique, em concreto, se o princípio se faz presente, nos casos em que a Constituição Federal determina sua observância. Na medida em que o princípio da seletividade expressa regra de proteção do contribuinte, o Judiciário tem plena competência e legitimidade para aferir, e, quando for o caso, determinar a sua observância pelo legislador ordinário, o eu faz por meio de um processo de comparação de produtos, pois é dele que resulta, em cada caso concreto, a caracterização da essencialidade" (BOTTALLO, Eduardo Domingos. *IPI – Princípios e Estrutura.* São Paulo: Dialética, 2009, p. 65).

– "... não há óbice ao controle judicial sobre a adequação da tabela de Incidência do Imposto sobre a Produção Industrial – Tipi ao princípio da seletividade em função da essencialidade dos produtos... [...] Ressalte-se, no entanto, não ser dado ao Poder Judiciário estabelecer a alíquota que entenda adequada ao princípio da seletividade em função da essencialidade do produto, ainda que por juízo de comparação das alíquotas atribuídas a cada produto pela Tipi, sob pena de atuar como legislador positivo ou adentrar em campo de política fiscal... Assim, o efeito decorrente do reconhecimento, pelo Poder Judiciário, da inobservância da norma cogente do art. 153, § 3º, I, da CF, em relação a alíquota atribuída a um determinado produto industrializado, limitar-se-á a sua extirpação do ordenamento jurídico em razão de inconstitucionalidade, o que resultará, em última análise, em desoneração tributária do produto, vez que a norma tributária carecerá de elemento essencial do aspecto quantitativo – a alíquota – de modo que a incidência tributária não estará apta a gerar uma obrigação de conteúdo econômico" (PROCURADORIA-GERAL DA REPÚBLICA. IPI – princípio da seletividade em função da essencialidade do produto – destinação ou finalidade do produto industrializado. *RDDT* 214/153, 2013).

– **Ausência de correlação da essencialidade com o preço.** "O grau de essencialidade do produto (único critério de graduação permitido em matéria de IPI) não guarda qualquer relação com o respectivo preço; antes obedece a outros critérios adotados pelo legislador, tais como critérios éticos, sanitários, estéticos, humanitários ou em função de considerações de política econômica. Pode um produto de preço muito elevado (como um medicamento) ser taxado a zero pelo seu grau de essencialidade para a saúde, como pode um produto extremamente barato (como uma aguardente) ter uma tributação muito elevada por razões simétricas. A graduação do IPI obedece, pois, a uma lógica totalmente diferente, em que as considerações relativas à capacidade contributiva do consumidor e, consequentemente, ao preço do produto são, por si só, irrelevantes para efeitos de determinação do grau de essencialidade. [...] não sendo o IPI gra-

duado em função da capacidade contributiva do contribuinte, de direito ou de fato, mas exclusivamente em função do grau de essencialidade do produto, qualquer parâmetro compatível com o princípio a seletividade é suscetível de vir a ser adotado por lei, como base da tributação efetiva, como a quantidade, o volume, o tipo de embalagem, etc." (XAVIER, Alberto. A tributação do IPI sobre cigarros. *RDDT* 118/9, 2005).

– **Açúcar *x* observância da seletividade em função da essencialidade do produto.** O Decreto n. 8.070, de 14-8-2013, reduziu para zero o percentual do IPI sobre outros açúcares de cana, NCM 1701.14.00 (outros açúcares de cana). A redução alcança o açúcar amorfo, cristal e mascavo. Os açúcares de cana, embora considerado um produto alimentício básico, durante muito tempo foi tributado à alíquota de 18%, posteriormente reduzida para 12% e, depois, para 5%. Ocorre que a maior parte dos produtos alimentícios é tributada à alíquota zero, conforme se vê da TIPI. E mais, mesmo dentre os produtos não alimentícios, alíquotas de 10%, 15% ou 20% já são elevadas. Isso tem gerado questionamentos bastante pertinentes. Polariza-se o entendimento de que está no âmbito de discricionariedade do Poder Executivo a elaboração das tabelas do IPI, de um lado, e o entendimento de que não pode haver inversão no critério da seletividade, deixando a tabela de atender uma graduação adequada à essencialidade do produto. Em fevereiro de 2003, julgando o RE 344.331/PR, o STF rejeitou recurso contra a alíquota de 12% do IPI; posteriormente, em 2011, julgando o RE 601722, também chancelou as alíquotas do açúcar. A matéria será apreciada pelo Tribunal Pleno do STF, com repercussão geral, no RE 592.145 (Tema 80). Quanto à violação da uniformidade geográfica na instituição de alíquota reduzida para o RJ e ES e isenção para as áreas da SUDAM e da SUDENE, vide nota ao art. 151, I, da CF.

– **No sentido de que há violação da seletividade.** "Está em questão uma norma cogente da Constituição de 1988, qual seja, a que determina que o IPI seja seletivo em função da essencialidade do produto, conforme os expressos termos do art. 153, § 3º, I, da CF, no que se diferencia do ICMS, para o qual a seletividade é simplesmente autorizada pela CF. Tenho que o fato de o açúcar constituir-se em produto básico, de grande importância, por si só não pode levar ao entendimento de que esteja imune à incidência do IPI. O texto constitucional não vai a tanto. Exige, sim, que a exigência do IPI observe a essencialidade dos produtos, ou seja, que seja este imposto dimensionado de forma a gravar menos os produtos essenciais e mais os produtos supérfluos, na medida em que estas características se apresentem. A verificação do respeito ou não a tal técnica de tributação tem de se dar através do manuseio da Tabela de Incidência do Imposto sobre Produtos Industrializados, na qual é possível comparar as alíquotas atribuídas a cada produto. Da tabela vigente, como bem ressaltado pela Impetrante, verifica-se que quase que a totalidade dos produtos alimentícios está sujeito à alíquota zero que, assim, é a que corresponde a alimentos cuja essencialidade sequer pode ser comparada com a do açúcar. Ora, tal descumpre o mandamento constitucional. Se, por um lado, o Presidente da República, autorizado pelo art. 4º do Decreto-Lei n. 1.199/71 e com esteio no art. 153, § 1º, da CF, pode alterar a alíquota do IPI, certo é que na margem de ação que lhe é concedida não pode, jamais, olvidar da vinculação das alíquotas à essencialidade do produto, lógica esta que não pode ser invertida. Inobstante haja julgados no sentido de que se trata de juízo discricionário do Administrador, tenho firmemente que a discricionariedade está em onerar mais ou menos os produtos como um todo e não na consideração ou não da relação de essencialidade que se possa estabelecer entre os mesmos. Assim, é relevante a insurgência da Impetrante contra a ameaça de autuação a que está sujeita" (excerto de decisão liminar por nós proferida nos autos do MS 2000.71.00.09923-9, 2000). Obs.: esta decisão restou suspensa por decisão liminar no Agravo de Instrumento 2000.04.01.062757-1/RS.

– **No sentido de que não há violação.** "... torna-se evidente que o princípio da seletividade em função da essencialidade não restou violada, uma vez que, abrangendo o IPI alíquotas que variam de 0 (zero) a 365,63% é razoável a tributação do açúcar na alíquota de 18% o que reflete uma dosagem equitativa da carta tributária, compatível com a qualificação de produto componente da cesta básica" (excerto de voto condutor do Juiz Vilson Darós na AMS 97.04.27455-6/PR, ago. 1999).

> **II – será não cumulativo, compensando-se o que for devido em cada operação com o montante cobrado nas anteriores;**

⇒ **Não cumulatividade.** A não cumulatividade é uma técnica de tributação cuja adoção, para o IPI, é determinada expressamente pela Constituição Federal de 1988 (art. 153, § 3º, II), seguindo uma tradição que vem desde a Emenda Constitucional n. 18/65. Visa a impedir que as incidências sucessivas nas diversas operações da cadeia econômica de um produto impliquem um ônus tributário muito elevado, decorrente da múltipla tributação da mesma base econômica. Em outras palavras, consiste em fazer com que o IPI não onere, em cascata, a produção. Isso ocorreria caso o IPI pudesse ser cobrado, sem qualquer compensação, nas diversas saídas de produtos industrializados ocorridas numa cadeia de industrializações que geram um produto final (saída do insumo de uma indústria para outra com vista ao fabrico de produto intermediário, saída do produto intermediário desta última indústria para outra com vista ao fabrico do produto final, saída do produto final para estabelecimento comercial que o oferecerá aos consumidores).

– A não cumulatividade não é argumento para dizer-se da incidência ou não de um tributo, mas para buscar-se mecanismo que neutralize a tributação ao longo da cadeia econômia, de modo que não se tenha os efeitos perversos da tributação em cascata, em que incidências sucessivas sobre as mesmas bases resultem em gravame demasiado.

– "... o tributo não cumulativo é não cumulativo em relação a si mesmo. O que se pretende evitar é a sobreposição do tributo sobre ele próprio (IPI com IPI, ICMS com ICMS, etc.). O comando, portanto, é reflexivo, ou seja, está voltado para dentro do próprio objeto que normatiza. Deste modo, a não cumulatividade te que se caracterizar juridicamente como um elemento interior à regra-matriz de incidência [...] a não cumulatividade deve situar-se pelo menos no consequente da norma de incidência, de modo que, havendo débito, o crédito deve ser deduzido deste, evitando-se a sobreposição do tributo [...] o 'direito' de crédito configura-se, assim, não como uma relação jurídica autônoma, ensejadora de um direito subjetivo para o Contribuinte, mas como um elemento/critério adicional à regra-matriz, cuja atuação está condicionada à presença dos demais elementos que compõem esta mesma norma" (CORRÊA, José de Oliveira Ferraz. Não cumulatividade no Brasil – entidade autônoma ou mero resultado prático de um determinado sistema de abatimentos. Elementos para sua caracterização jurídica e especificidades do Sistema Tributário Nacional. *RDDT* 154/61, 2008).

– "Tratando de um autêntico princípio constitucional (regra de comportamento de forte conteúdo axiológico), balizando a estrutura econômica sobre o qual foi organizado o Estado – e não de simples técnica de apuração de tributos – a não cumulatividade constitui diretriz imperativa que deve ser fielmente obedecida pelos destinatários (União, Estados, DF, e pessoas privadas). A cláusula da 'não cumulatividade' não representa mera norma programática, nem traduz singela recomendação, sequer apresenta cunho didático ou ilustrativo, caracterizando diretriz constitucional imperativa" (MELO, José Eduardo Soares de. A não cumulatividade do IPI, ICMS, PIS, Cofins. *RFDT* 10/123, 2004).

• Vide: CASSONE, Vittorio. A não cumulatividade no ICMS, IPI, Cofins e PIS. *RFDT* 28/131, 2007.

– **Não constitui cláusula pétrea.** A não cumulatividade não chega a ter o *status* de cláusula pétrea, conforme restou reconhecido quando do julgamento, pelo STF, da ADI 939, eis que não constitui direito fundamental das pessoas enquanto contribuintes. Na oportunidade, não obstante a técnica de competência residual da União para a criação de novos impostos também exija a observância da não cumulatividade, o STF entendeu que tal só vinculava o legislador ordinário, mas não o constituinte derivado, de maneira que nada impedia que a EC n. 3/93 tivesse autorizado a instituição de imposto cumulativo: o IPMF.

– **Sucessão de operações.** Só há o risco de cumulatividade em face de operações sucessivas com incidência e cobrança do mesmo tributo. Não há que se invocar a não cumulatividade quando a incidência for única, seja em razão da ausência de cadeia ou da adoção de regime monofásico de tributação.

– "1. Não há que se falar em ofensa ao princípio da não cumulatividade quando a tributação se dá de forma monofásica, pois a existência do fenômeno cumulativo pressupõe a sobreposição de incidências tributárias" (STF, RE 762.892 AgR, 2015).

– "... a referência a 'operações anteriores' (art. 153, § 3º, II, e art. 155, § 2º, I) remete necessariamente à ideia de sucessão de fatos, que, por sua vez, só apresenta um significado quando estes guardam uma relação de pertinência mútua, ou seja, quando apresentam algo em comum, um elemento de ligação" (CORRÊA, José de Oliveira Ferraz. Não cumulatividade no Brasil – entidade autônoma ou mero resultado prático de um determinado sistema de abatimentos. Elementos para sua caracterização jurídica e especificidades do Sistema Tributário Nacional. *RDDT* 154/61, 2008).

– **Apuração e utilização periódica, desimportando a correspondência direta entre insumo e produto final.** "... o método subtrativo do ICMS e do IPI ocorre através da apuração periódica, e não singelamente na modalidade de imposto contra imposto, porque os créditos e débitos do imposto são verificados em determinados períodos definidos por lei, sem qualquer necessidade de correspondência física ou financeira da matéria-prima adquirida pelo estabelecimento com o produto da saída, ao qual tenha sido agregado" (MARTINS, Ives Gandra da Silva; CASTAGNA, Ricardo; MARTINS, Rogério Gandra da Silva. Direito a escrituração de créditos do PIS e da Cofins em relação às despesas com *marketing* e publicidade e com taxa de emissão de boletos de administradoras de cartões de crédito. *RDDT* 208/75, 2013).

– **"Imposto sobre imposto", e não "base sobre base".** "5. Não cumulatividade do IPI é 'imposto sobre imposto' e não 'base sobre base'. Não cumulatividade é mecanismo aplicativo que deve situar-se dentro do âmbito do pressuposto de fato do imposto. Por si só, não indica o pressuposto de fato do imposto. Trata-se de mera técnica, compatível com pressupostos de fato distintos. O fato de um imposto sujeitar-se à técnica da não cumulatividade não significa que seu pressuposto de fato seja o valor agregado. À medida que o pressuposto de fato do IPI, previsto na Constituição, é a existência de um produto industrializado, e, portanto, não é imposto 'sobre' valor agregado, mas sim 'sobre' produto, disso decorre que a não cumulatividade prevista no inciso II do § 3º do artigo 153 da CF/88 corresponde a um mecanismo de aplicação do imposto, mas, constitucionalmente, não se vocaciona a dimensionar valor agregado. Se o pressuposto de fato fosse o valor agregado, a não cumulatividade deveria servir para aferir a dimensão da agregação ocorrida em determinada etapa do ciclo econômico; porém, como o pressuposto de fato não é esse, a não cumulatividade não encontra no valor agregado sua razão de ser, nem seu critério de operacionalização. Nesse ponto, o artigo 153, § 3º, II, da CF/88 é explícito ao acolher a técnica 'imposto sobre imposto' pela qual deduz-se do montante do imposto devido em cada operação o montante do imposto cobrado nas anteriores. [...] O foco da norma constitucional não é a base (que indicaria o elemento 'agregação'), mas sim a dimensão da dívida do contribuinte (o 'imposto'). Por isso, entendo que pretender encontrar na não cumulatividade um instrumento de viabilização de uma incidência sobre o valor agregado e fazer com que – da perspectiva constitucional – o IPI seja calculado de modo a onerar apenas a parcela de agregação, mediante aferição do valor da entrada *versus* o valor da saída, é afastar-se do pressuposto de fato do imposto constitucionalmente consagrado e afastar-se da regra do artigo 153, § 3º, I que consagra uma não cumulatividade 'imposto sobre imposto' e não 'base sobre base'" (GRECO, Marco Aurélio. Alíquota Zero – IPI não é Imposto sobre Valor Agregado. *RFDT* 8/9, 2004).

– "O processo de apuração do montante a recolher a título de IPI pressupõe a realização de uma operação, onde este quantum se apresenta como o resultado de uma subtração em que o minuendo é o montante do imposto devido e o subtraendo o montante do imposto anteriormente cobrado, disso resultando que o imposto em estudo não incide sobre o valor agregado, já que, a cada etapa de circulação, ele recai sobre o seu valor total, sem considerar, em escala comparativa, aquele correspondente à ope-

ração anterior" (BOTTALLO, Eduardo Domingos. *IPI – Princípios e Estrutura*. São Paulo: Dialética, 2009, p. 47).

– "1. Para evitar o 'efeito cascata' dos tributos que incidem sobre a cadeia de produção e circulação de bens há dois mecanismos de política fiscal: a regra da não cumulatividade e a sistemática do valor agregado. 2. O legislador, no Direito Tributário Brasileiro, optou pela regra da não cumulatividade, garantindo ao sujeito passivo o direito de compensar o montante do imposto devido em operação realizada por ele com o imposto cobrado nas operações posteriores. Em outras palavras, adotou o sistema de 'créditos e débitos'. 3. A pretensão de pagamento do IPI apenas sobre o valor agregado não encontra respaldo na legislação e, nem por isso, o desatendimento ao pleito importa em violação ao princípio da não cumulatividade, inserto no art. 49 do CTN" (STJ, REsp 805.793/PR, 2007).

– "Em verdade, a experiência francesa disseminada pelo mundo, foi sobre o princípio do valor agregado, em que a tributação de cada operação é acrescida à tributação anterior e não, como no princípio da não cumulatividade, desautorizada a cumulação das imposições anteriores. [...] A Constituição de 1969 não fala em valor acrescido das mercadorias; estabelece que os impostos sobre operações relativas à circulação de mercadorias não serão cumulativos e dos quais se abaterá, nos termos do disposto em lei complementar, o montante cobrado nas anteriores pelo mesmo ou por outro Estado. Assim, não se apura a diferença dos valores das mercadorias, para depois calcular o imposto, mas dos impostos de que se credita o adquirente e daqueles de que ele se debita em cada operação. [...] Estou convencido de que a não cumulatividade, que, em verdade, é uma técnica de tributação no país, tem características peculiares, tendo eu escrito sobre ela: A não cumulatividade do ICMS corresponde à teoria do valor agregado com adaptação ao direito pátrio. Como já se viu, no concernente ao IPI, a eliminação do efeito cascata dá-se por força da adoção de uma das três formas de compensação das incidências anteriores, a saber: a do sistema do imposto sobre imposto, a de base sobre base e aquele de apuração periódica. O Brasil optou pela apuração periódica, pela qual o imposto é compensado, com crédito na entrada, daquele imposto devido no momento da saída da mercadoria, conforme as hipóteses legais, independentemente de ter sido a matéria-prima utilizada ou a mercadoria revendida. Periodicamente, apura-se o imposto devido na entrada das mercadorias e aquele correspondente à saída e determina-se, a partir dessa operação, a obrigação de pagar ou aquela de se manter um crédito para o futuro, por haver mais créditos pelas entradas que pelas mercadorias saídas" (MARTINS, Ives Gandra da Silva. o princípio da não cumulatividade. *RDDT* 33, 1998).

– **No sentido de que a não cumulatividade funcionaria como critério para que se tivesse a tributação pelo valor agregado.** Trata-se de posição já superada no STF, conforme se pode ver do RE 353.657, em que se disse da inexistência de direito a crédito na entrada de insumos não onerados pelo IPI. Há nota específica sobre tal questão adiante. De qualquer modo, chegou a ser adotada por aquela Corte durante algum tempo, do que é exemplo o RE 212.484-2/RS em que o Min. Nelson Jobim expressamente tomara como pressuposto "o sistema do tributo sobre o valor agregado não cumulativo", ou seja, que a técnica da não cumulatividade, prevista constitucionalmente para o IPI, visaria a tributar, em cada operação, apenas o valor agregado.

⇒ **Créditos de IPI. Operacionalização da não cumulatividade.** Está previsto, na Constituição, que a não cumulatividade se dará através da compensação do que for devido em cada operação com o montante cobrado nas anteriores, ou seja, mediante o sistema de créditos. O industrial que adquire insumos, embalagens, produtos intermediários, enfim, produtos que se incorporarão ao seu produto final, credita-se do IPI incidente naquelas operações, utilizando-se do seu crédito para abater do IPI devido nas saídas de produtos industrializados. O art. 49 do CTN e o art. 225 do RIPI (Decreto 7.212/10) cuidam da matéria. Os créditos, assim escriturados, são disciplinados, pelo RIPI, sob a rubrica de "Créditos Básicos", com o que restam distinguidos dos demais créditos, cuja dedução do montante a ser pago também é autorizada, atinente à devolução ou ao retorno de produtos, incentivos, crédito presumido e de outra natureza.

– **Geração e utilização com suporte direto na Constituição. Descabimento de limitação pelo legislador ordinário.** "... geração e utilização de créditos derivam, pois, diretamente da Constituição, que agasalha, no ponto, norma de eficácia plena e incidência imediata, a todos oponível, não sendo possível interpretá-la à luz de normas subalternas. Daí, a geração de créditos não pode ser impedida por norma infraconstitucional, nem pode seu aproveitamento ser obviado, tendo em conta a própria natureza da não cumulatividade" (STF, voto no RE 475.551, 2008, conforme *Informativo* n. 522 do STF).

– **Os créditos são físicos, reais e condicionados.** Quanto às *entradas ensejadoras de creditamento*, vale repetir a lição de RICARDO LOBO TORRES (*Curso de direito financeiro e tributário*. 16. ed. Renovar, 2009, p. 377), adotada pelo STF, no sentido de que os créditos "*são físicos, reais e condicionados*": "O crédito é físico porque decorre do imposto incidente na operação anterior sobre a mercadoria efetivamente empregada no processo de industrialização. É real porque apenas o montante cobrado (= incidente) nas operações anteriores dá direito ao abatimento não nascendo o direito ao crédito nas isenções ou não incidências. É condicionado à ulterior saída tributada, estornando-se o crédito da entrada se houver desgravação na saída." Sob a perspectiva constitucional, é o que temos, cabendo desde logo observar, contudo, que a legislação atualmente permite a manutenção e utilização dos créditos mesmo quando a saída é isenta ou não tributada (art. 11 da Lei n. 9.779/99, adiante comentado).

– "IMPOSTO SOBRE PRODUTOS INDUSTRIALIZADOS – IPI. BENS DESTINADOS AO ATIVO FIXO E DE USO E CONSUMO. DIREITO AO CREDITAMENTO. INEXISTÊNCIA... 1. O contribuinte do IPI não faz jus ao creditamento do valor do imposto incidente sobre as aquisições de bens destinados ao ativo fixo da empresa ou de produtos de uso e consumo, haja vista apresentar-se como destinatário final das mercadorias. 2. É que o direito ao creditamento decorre do princípio da não cumulatividade, cuja razão de ser é alicerçada sobre o direito de o contribuinte não sofrer tributação em cascata, hi-

pótese caracterizada quando o valor a ser pago na operação posterior não sofre a diminuição do que pago anteriormente. O direito ao creditamento pressupõe, portanto, pagamento de tributo em pelo menos uma das fases da etapa produtiva e, essencialmente, saída onerada. 3. Consoante o magistério de Ricardo Lobo Torres, no *Curso de Direito Financeiro e Tributário* (2010:381), o IPI atua "através da compensação financeira do débito gerado na saída com os créditos correspondentes às operações anteriores, que são físicos, reais e condicionados. O crédito é físico porque decorre do imposto incidente na operação anterior sobre a mercadoria efetivamente empregada no processo de industrialização. É real porque apenas o montante cobrado (= incidente) nas operações anteriores dá direito ao abatimento não nascendo o direito ao crédito nas isenções ou não incidências. É condicionado à ulterior saída tributada, estornando-se o crédito da entrada se houver desgravação na saída". 4. *In casu*, em sendo o contribuinte o destinatário final da mercadoria sobre a qual incide o imposto, não há a necessária dupla incidência tributária que justifique a compensação, o que afasta, em consequência, o direito ao creditamento" (STF, RE 387.592 AgR, 2011).

⇒ **O direito ao crédito independe do efetivo pagamento do montante devido na operação anterior.** É importante ter bem presente, ainda, que o creditamento independe do efetivo pagamento do montante devido na operação anterior. O industrial adquirente credita-se do valor de IPI simplesmente destacado na Nota.

– "A literalidade da interpretação do vocábulo cobrado, utilizado no dispositivo da epígrafe, induz o exegeta a pensar que o direito ao crédito decorre da extinção da obrigação tributária. A asserção é falsa. [...] A regra-matriz de incidência tributária e a regra-matriz de direito ao crédito incidem sobre o acordo de vontades que perfaz o negócio jurídico de compra e venda. Desse suporte fático, propiciador de dois cortes diferentes, suscitando fatos jurídicos distintos, é que surgem, respectivamente, a obrigação tributária e a regra-matriz de direito ao crédito. Fique certo, todavia, que o pagamento dos valores correspondentes, cobrados ou não, é irrelevante para a fenomenologia da incidência normativa. Aliás, tanto é assim que o próprio Código Tributário Nacional, no art. 118, determina que a validade do fato gerador independe da validade jurídica e dos efeitos dos atos efetivamente praticados pelo contribuinte. É despiciendo saber se houve ou não cálculo do IPI embutido no valor do produto para justificar o direito ao crédito. Este não decorre da cobrança, nem da incidência, nem do pagamento do imposto; nasce da percussão da regra de direito ao crédito" (CARVALHO, Paulo de Barros. Isenções tributárias do IPI em face do princípio da não cumulatividade. *RDDT* 33, 1998).

⇒ **A utilização dos créditos não está vinculada à saída da própria mercadoria em que incorporado o insumo.** Não se estabelece relação entre a entrada do insumo e a saída especificamente do produto final que o incorporou no processo de industrialização. Tal identidade é irrelevante. Trabalha-se, sim, por períodos decendiais em que se faz o creditamento do IPI relativo a todos os insumos, produtos intermediários e embalagens entrados no estabelecimento e a respectiva dedução do IPI devido pela saída de produtos finais no mesmo período.

Veja-se o art. 225 do RIPI (Decreto n. 7.212/10): "Não Cumulatividade do Imposto Art. 225. A não cumulatividade é efetivada pelo sistema de crédito do imposto relativo a produtos entrados no estabelecimento do contribuinte, para ser abatido do que for devido pelos produtos dele saídos, num mesmo período, conforme estabelecido neste Capítulo (Lei n. 5.172, de 1966, art. 49). § 1º O direito ao crédito é também atribuído para anular o débito do imposto referente a produtos saídos do estabelecimento e a este devolvidos ou retornados. § 2º Regem-se, também, pelo sistema de crédito os valores escriturados a título de incentivo, bem como os resultantes das situações indicadas no art. 240".

⇒ **Apropriação de créditos por empresa optante do SIMPLES NACIONAL e na compra de insumos de empresa optante do SIMPLES NACIONAL.** A LC n. 123/2006, que instituiu o SIMPLES NACIONAL, veda a apropriação de crédito na aquisição de insumos por empresa optante e de empresa optante: "SEÇÃO VI Dos Créditos Art. 23. As microempresas e as empresas de pequeno porte optantes pelo Simples Nacional não farão jus à apropriação nem transferirão créditos relativos a impostos ou contribuições abrangidos pelo Simples Nacional".

– **Apropriação por empresa optante.** A adesão ao Simples Nacional, que é opcional para o contribuinte, implica regime distinto de tributação, com recolhimento unificado de tributos mediante aplicação de alíquota sobre a receita bruta, não dando ensejo à apropriação e compensação de créditos, o que o STF entende que não viola a não cumulatividade: STF, ARE 658.571 AgR, 2016.

– O STF já entendera constitucional a vedação à apropriação de créditos por empresa optante pelo antigo Simples Federal (art. 5º, § 5º, da Lei n. 9.317/95) ao argumento de que a adesão ao sistema era facultativa, "de modo que cabia à parte interessada sopesar as vantagens e as desvantagens inerentes ao modelo": STF, RE 523.416 AgR, 2011.

– **Apropriação por empresa que adquire produtos de empresa optante.** Quanto à apropriação por empresa não optante quando adquire produto de empresa optante, há decisões no sentido de que não se justifica a vedação, na medida em que violaria a não cumulatividade.

– "... IPI. PRINCÍPIO DA NÃO CUMULATIVIDADE... INSUMOS. AQUISIÇÕES DE ESTABELECIMENTOS OPTANTES DO SIMPLES... A previsão do art. 149 do RIPI/98 decorre do disposto no § 5º do art. 5º da Lei n. 9.317/96, que veda à microempresa e à empresa de pequeno porte, quando inscritas no SIMPLES, a apropriação ou a transferência de créditos relativos ao IPI. Em razão desta regra, as notas fiscais emitidas por contribuintes optantes do SIMPLES não contêm destaque do IPI (art. 107 do RIPI/98), assemelhando-se a operação de aquisição de insumos de tais comerciantes às entradas isentas, não tributadas ou sujeitas à alíquota zero. Por conseguinte, a limitação ao aproveitamento de créditos de IPI nestes casos, também atenta contra o princípio da não cumulatividade. O estabelecimento de distinção de apuração de créditos tendo em conta o fornecedor dos insumos afigura-se, in casu, desarrazoada, haja vista a sistemática de aproveitamento aplicável, o que independe

da situação ostentada pelo polo antecedente da cadeia produtiva, contribuinte ou não contribuinte do IPI" (TRF4, AMS 2001.72.05.005081-2, 2003).

– **Inconstitucionalidade em ambos os casos.** "A razão de ser de tais enunciados, na visão do Fisco, é que a empresa optante pelo SIMPLES já goza de tratamento especial, e seus produtos saem do estabelecimento sem a tributação (normal) do IPI. Assim, mesmo adquirindo insumos tributados, não haveria que se falar em 'compensação' do imposto com o IPI devido na saída, eis que desonerada esta. E vice-versa: quando outrem adquire insumos da optante pelo SIMPLES, não teria direito ao aproveitamento de IPI algum, já que os insumos vieram desonerados. A permissão é falsa, e os dispositivos são inconstitucionais... [...] a) são inconstitucionais as restrições dos arts. 118 e 166 do RIPI/02, por ferirem os princípios da não cumulatividade e seletividade, constitucionalmente garantidos (art. 153, § 3º, incisos I e II); b) são ilegais tais dispositivos, por afrontarem o CTN (art. 49), que também pretendeu albergar a inacumulatividade sem restrições dessa espécies e que possui *status* de lei complementar, hierarquicamente superior ao desaforado decreto; c) ao restringir o mesmo direito no caso de imposto com sistemática semelhante (ICMS), o legislador constituinte deixou claro que não queria fazê-lo com relação ao IPI; d) finalmente, é falsa a ideia (premissa) de que as empresas inscritas no SIMPLES não são contribuintes do IPI, não havendo, assim, referidos créditos; e, mesmo que não fosse contribuintes, isso não afastaria o creditamento, já que nem mesmo produtos isentos e não tributados retiram o aludido direito" (MORETTI, Ivan César; GONZAGA, Marias Ângelo. Crédito do IPI na aquisição de insumos de (e pelas) empresas inscritas no Simples. Inconstitucionalidades do novo RIPI/02. *RET* 35/148, 2004).

⇒ **Creditamento do IPI-importação.** O IPI-importação, salvo quando for contribuinte de direito o próprio consumidor final do produto (importação para uso próprio, incorporação a ativo fixo etc.), gera crédito para compensação com o montante devido nas operações internas. Assim, o importador industrial que venha a utilizar o produto importado no seu processo produtivo ou mesmo a pessoa jurídica que importa para vender o produto no mercado interno podem creditar-se do IPI-importação e utilizar tal crédito quando do pagamento do IPI nas operações internas. Efetivamente, cabe notar que, além de incidir na operação de importação, o IPI também incide na operação posterior em que o importador comerciante coloca no mercado o produto industrializado importado. Nesse caso, o importador é equiparado ao industrial.

⇒ **Insumos ensejadores de creditamento.** Os insumos ensejadores de creditamento são as matérias-primas e os produtos intermediários que integrem o novo produto ou sejam consumidos no processo de industrialização, bem como as embalagens, nos termos do art. 25 da Lei n. 4.502/64, seguido pelo art. 226 do RIPI. Nem toda a entrada que diz respeito ao funcionamento da indústria, pois, enseja o creditamento. As aquisições de bens do ativo permanente e mesmo de energia elétrica não têm sido consideradas como autorizadoras de creditamento. Com mais razão, ainda, não há como a indústria pretender se creditar na entrada de outros bens como materiais de limpeza, materiais de expediente, uniformes, capacetes, botas, luvas, cintos de segurança e demais equipamentos individuais obrigatórios, combustíveis relativos ao transporte de matéria-prima adquirida e de mercadorias vendidas, pneus e outras peças de veículos próprios, peças de máquinas e equipamentos desgastados nas operações, óleos lubrificantes das máquinas e equipamentos. Tais entradas não são alcançadas pelos dispositivos transcritos, tampouco se poderia pretender justificar o creditamento, em tais casos, com suporte direto na norma constitucional.

– Lei n. 4.502/64: "Art. 25. A importância a recolher será o montante do impôsto relativo aos produtos saídos do estabelecimento, em cada mês, diminuído do montante do impôsto relativo aos produtos nêle entrados, no mesmo período, obedecidas as especificações e normas que o regulamento estabelecer. § 1º O direito de dedução só é aplicável aos casos em que os produtos entrados se destinem à comercialização, industrialização ou acondicionamento e desde que os mesmos produtos ou os que resultarem do processo industrial sejam tributados na saída do estabelecimento" (redação dada pelo Decreto-Lei n. 1.136/70).

– RIPI (Dec. n. 7.212/2010): "Dos Créditos Básicos Art. 226. Os estabelecimentos industriais e os que lhes são equiparados poderão creditar-se...: I – do imposto relativo a matéria-prima, produto intermediário e material de embalagem, adquiridos para emprego na industrialização de produtos tributados, incluindo-se, entre as matérias-primas e os produtos intermediários, aqueles que, embora não se integrando ao novo produto, forem consumidos no processo de industrialização, salvo se compreendidos entre os bens do ativo permanente".

– "A Autora pretende ver reconhecido o direito ao creditamento do IPI quando da aquisição não apenas de matéria-prima e materiais de embalagem, mas também de tudo o que é consumido para que se realizem as operações tributáveis, tais como materiais de limpeza, materiais de expediente, uniformes, capacetes, botas, luvas, cintos de segurança e demais equipamentos individuais obrigatórios, combustíveis relativos ao transporte de matéria-prima adquirida e de mercadorias vendidas, pneus e outras peças de veículos próprios, peças de máquinas e equipamentos desgastados nas operações, óleos lubrificantes das máquinas e equipamentos. Tenho que a tanto não chega a inteligência da norma constitucional antes transcrita que consagra o princípio da não cumulatividade. O que a norma constitucional impõe é que não haja incidência em cascata, onerando o produto final mediante a aplicação cumulativa do IPI nas diversas etapas. O que constitui direito subjetivo do contribuinte, pois, por decorrência direta do texto constitucional e independentemente de previsão em lei, são os creditamentos necessários ao resguardo da não cumulatividade. O que extrapola tal objetivo está entregue à discricionariedade do legislador. Assim, o creditamento do IPI relativo à totalidade dos insumos desborda da garantia constitucional, dependendo de norma legal expressa, cuja inexistência impede seu exercício, razão pela qual tenho que improcede a pretensão da Autora neste ponto" (excerto de sentença por nós prolatada nos autos da Ação Declaratória 96.0014570-9, 2000).

– **Bens destinados ao ativo fixo, uso ou consumo. Impossibilidade. Súmula 495 do STJ:** A aquisição de bens integrantes do ativo permanente da empresa não gera direito a creditamento de IPI.

– "IPI – PRINCÍPIO DA NÃO CUMULATIVIDADE – CRÉDITO – BENS INTEGRADOS AO ATIVO FIXO – INEXISTÊNCIA DE ELO CONSIDERADA MERCADORIA PRODUZIDA. A aquisição de equipamentos que irão integrar o ativo fixo da empresa ou produtos destinados ao uso e consumo não gera o direito ao crédito, tendo em conta o fato de a adquirente, na realidade, ser destinatária final" (STF, RE 352.856 AgR, 2011).

– "IMPOSTO SOBRE PRODUTOS INDUSTRIALIZADOS – IPI. BENS DESTINADOS AO ATIVO FIXO E DE USO E CONSUMO. DIREITO AO CREDITAMENTO. INEXISTÊNCIA... 1. O contribuinte do IPI não faz jus ao creditamento do valor do imposto incidente sobre as aquisições de bens destinados ao ativo fixo da empresa ou de produtos de uso e consumo, haja vista apresentar-se como destinatário final das mercadorias. 2. É que o direito ao creditamento decorre do princípio da não cumulatividade, cuja razão de ser é alicerçada sobre o direito de o contribuinte não sofrer tributação em cascata, hipótese caracterizada quando o valor a ser pago na operação posterior não sofre a diminuição do que pago anteriormente. O direito ao creditamento pressupõe, portanto, pagamento de tributo em pelo menos uma das fases da etapa produtiva e, essencialmente, saída onerada. 3. Consoante o magistério de Ricardo Lobo Torres, no Curso de Direito Financeiro e Tributário (2010:381), o IPI atua 'através da compensação financeira do débito gerado na saída com os créditos correspondentes às operações anteriores, que são físicos, reais e condicionados. O crédito é físico porque decorre do imposto incidente na operação anterior sobre a mercadoria efetivamente empregada no processo de industrialização. É real porque apenas o montante cobrado (= incidente) nas operações anteriores dá direito ao abatimento não nascendo o direito ao crédito nas isenções ou não incidências. É condicionado à ulterior saída tributada, estornando-se o crédito da entrada se houver desgravação na saída'. 4. *In casu*, em sendo o contribuinte o destinatário final da mercadoria sobre a qual incide o imposto, não há a necessária dupla incidência tributária que justifique a compensação, o que afasta, em consequência, o direito ao creditamento" (STF, RE 387.592 AgR, 2011).

– "CREDITAMENTO DO IPI DECORRENTE DA AQUISIÇÃO DE ATIVO PERMANENTE. IMPOSSIBILIDADE. I – Os materiais destinados ao ativo permanente da empresa não se integram no preço do produto final para efeito de tributação do IPI em operações posteriores ou anteriores ao processo de industrialização, não gerando o creditamento do tributo, diante do fenômeno da não cumulatividade e da substituição tributária. II – Considerando que somente há o direito de creditamento do IPI pago anteriormente quando se tratar de insumos que se incorporam ao produto final ou que são consumidos no curso do processo de industrialização, de forma imediata e integral, não há que se falar em crédito no caso em exame. III – 'A dedução do IPI pago anteriormente somente poderá ocorrer se se tratar de insumos que se incorporam ao produto final ou, não se incorporando, são consumidos no curso do processo de industrialização, de forma imediata e integral.' [...]" (STJ, REsp 500.076, 2003).

– "IPI. BENS DE PRODUÇÃO. CREDITAMENTO. IMPOSSIBILIDADE. 1. Inexiste direito ao crédito do IPI se a mercadoria que ingressou no estabelecimento fabril se destina a compor os bens de produção ou o ativo permanente da empresa" (TRF4, AC 2000.72.03.000997-8, 2002).

– **Materiais destinados ao ativo imobilizado, uso ou consumo, que não se incorporam ao produto final, mas são consumidos ou desgastados durante a industrialização.** "IPI. CREDITAMENTO. AQUISIÇÃO DE BENS DESTINADOS AO ATIVO IMOBILIZADO E AO USO E CONSUMO. IMPOSSIBILIDADE. *RATIO ESSENDI* DOS DECRETOS 4.544/2002 E 2.637/98. 1. A aquisição de bens que integram o ativo permanente da empresa ou de insumos que não se incorporam ao produto final ou cujo desgaste não ocorra de forma imediata e integral durante o processo de industrialização não gera direito a creditamento de IPI, consoante a *ratio essendi* do artigo 164, I, do Decreto 4.544/2002... 2. Deveras, o artigo 164, I, do Decreto 4.544/2002 (assim como o artigo 147, I, do revogado Decreto 2.637/98), determina que os estabelecimentos industriais (e os que lhes são equiparados), entre outras hipóteses, podem creditar-se do imposto relativo a matérias-primas, produtos intermediários e material de embalagem, adquiridos para emprego na industrialização de produtos tributados, incluindo-se 'aqueles que, embora não se integrando ao novo produto, forem consumidos no processo de industrialização, salvo se compreendidos entre os bens do ativo permanente'. 3. *In casu*, consoante assente na instância ordinária, cuida-se de estabelecimento industrial que adquire produtos 'que não são consumidos no processo de industrialização [...], mas que são componentes do maquinário (bem do ativo permanente) que sofrem o desgaste indireto no processo produtivo e cujo preço já integra a planilha de custos do produto final', razão pela qual não há direito ao creditamento do IPI. 4. Recurso especial desprovido. Acórdão submetido ao regime do artigo 543-C, do CPC, e da Resolução n. 08/2008 do STJ" (STJ, REsp 1.075.508, 2009).

– "7. Observe-se que a Lei n. 9.779/1999, em seu art. 11, autorizou o aproveitamento de saldo credor de IPI apenas decorrente de aquisição de matéria-prima, produto intermediário e material de embalagem, aplicados na industrialização, não mencionado a mesma Lei, em momento algum, aproveitamento de saldo credor decorrente da aquisição de material para uso, consumo e ativo fixo da empresa, não cabendo ao Poder Judiciário conceder ao contribuinte benefício fiscal que só à lei reserva-se concedê-lo" (TRF4, AMS 2004.81.00.019997-8, 2007).

– **Energia elétrica, combustíveis e lubrificantes. Impossibilidade do creditamento.** "IPI. CRÉDITO. OPERAÇÕES COM ENERGIA ELÉTRICA. I – Na sistemática que rege o princípio constitucional da não cumulatividade, a operação desonerada de IPI impede o reconhecimento do imposto pago na operação anterior e não gera crédito para a seguinte, raciocínio que deve ser aplicado de forma indistinta aos casos de alíquota zero, isenção, não incidência e de imunidade. II – Inexiste direito constitucional ao crédito de IPI decorrente da aquisição de energia elétrica empregada no processo de fabricação de produtos industrializa-

dos que são onerados pelo imposto em suas saídas" (STF, RE 561.676 AgR, 2010). No mesmo sentido, o RE 603.502 AgR, 2011.

– "1. A energia elétrica não pode ser considerada como insumo, para fins de aproveitamento de crédito gerado pela sua aquisição, a ser descontado do montante devido na operação de saída do produto industrializado..." (STJ, REsp 638.745, 2005).

– "1. A energia elétrica não se equipara a insumo ou matéria-prima propriamente dita, que se incorpora no processo de transformação do qual resultará a mercadoria industrializada. Dessa forma, não há como admitir que gere crédito escritural. 2. Mesmo que insumo fosse, a energia elétrica não geraria direito ao creditamento pretendido pela Autora, pois, consoante previsão constitucional, é imune ao IPI e, assim sendo, está fora da área tributária, configurando hipótese de não incidência. 3. Mister salientar que não incidência é a situação que a lei não elegeu como tributável, ou seja, não está definida como fato gerador do tributo. Portanto, os insumos imunes equiparam-se, faticamente, aos não tributáveis, não produzindo, dessa forma, crédito do IPI. 4. Precedentes desta 2ª Turma" (TRF4, AC 2001.70.09.002289-6, 2004).

– "3. Segundo entendimento deste Superior Tribunal, energia elétrica, combustíveis e lubrificantes consumidos no processo de industrialização não se caracterizam como insumos, 'porquanto não se incorporam no processo de transformação do qual resulta a mercadoria industrializada' (AgRg no REsp 913.433...)" (STJ, AgRg no REsp 1.000.848, 2010).

⇒ **Insumos não onerados pelo IPI (imunes, isentos, não tributados ou sujeitos à alíquota zero).** O STF, rechaçando orientação que outrora adorara, acabou por firmar orientação no sentido de que o creditamento pressupõe efetivamente a cobrança do IPI quando da aquisição, de modo que não gera crédito a entrada de insumo não onerado, seja por força de imunidade, de não incidência, de alíquota zero ou de isenção.

– **Súmula Vinculante 58 do STF:** "Inexiste direito a crédito presumido de IPI relativamente à entrada de insumos isentos, sujeitos à alíquota zero ou não tributáveis, o que não contraria o princípio da não cumulatividade" (2020).

– Tratando-se de discussão relacionada ao princípio da não cumulatividade, a rigor, a pretensão era de um crédito básico de IPI na operação de entrada. Os créditos presumidos são créditos concedidos por lei por liberalidade do legislador.

– **Tema 844 do STF:** "O princípio da não cumulatividade não assegura direito de crédito presumido de IPI para o contribuinte adquirente de insumos não tributados, isentos ou sujeitos à alíquota zero". Decisão do mérito em 2015.

– **Súmula 18 do CARF:** A aquisição de matérias-primas, produtos intermediários e material de embalagem tributados à alíquota zero não gera crédito de IPI.

– "IPI. INSUMOS ISENTOS, NÃO TRIBUTADOS OU SUJEITOS À ALÍQUOTA ZERO. PRINCÍPIO DA NÃO CUMULATIVIDADE. CRÉDITO PRESUMIDO. INEXISTÊNCIA. MODULAÇÃO TEMPORAL DOS EFEITOS DA DECISÃO. INAPLICABILIDADE. 1. A expressão utilizada pelo constituinte originário – montante 'cobrado' na operação anterior – afasta a possibilidade de admitir-se o crédito de IPI nas operações de que se trata, visto que nada teria sido 'cobrado' na operação de entrada de insumos isentos, não tributados ou sujeitos à alíquota zero. Precedentes. 2. O Supremo entendeu não ser aplicável ao caso a limitação de efeitos da declaração de inconstitucionalidade" (STF, RE 372.005 AgR, 2008). O voto condutor é inequívoco quanto à adoção, para a isenção, das mesmas razões que fundamentaram as decisões quanto à alíquota zero e à não tributação: "2... o Plenário do Supremo, no julgamento do RE n. 353.657..., conheceu do recurso e, por maioria, deu-lhe provimento... no sentido da inexistência do direito do contribuinte do IPI... de creditar-se do valor do tributo na aquisição de insumos sujeitos à alíquota zero ou não tributados. 3. No que respeita ao direito de crédito presumido relativo à entrada de matéria-prima demais insumos isentos, não obstante tratar-se de instituto diverso da não tributação (produto não compreendido na esfera material de incidência do tributo) e da incidência de alíquota zero (redução da alíquota ao fator zero), a consideração do princípio da não cumulatividade conduz à aplicação, ao caso, da mesma orientação fixada nos precedentes. [...] 5... a expressão utilizada pelo constituinte originário – montante 'cobrado' na operação anterior – afasta a possibilidade de admitir-se o crédito de IPI nas operações de que se trata, dado que nada teria sido 'cobrado' na operação de entrada de insumos isentos, não tributados ou sujeitos à alíquota zero. 6. Julgados da 2ª turma do Supremo já corroboram esse posicionamento, quais sejam os RREE ns. 566.904-AgR e 444.267-AgR..."; "2. Insumos. IPI. Alíquota zero, isenção ou não tributação. Crédito na operação posterior. Impossibilidade. Ausência de violação ao art. 153, § 3º, II, da CF/88. Precedentes. 3. Limitação de efeitos da declaração de inconstitucionalidade. Inaplicabilidade" (STF, RE 444.267 AgR, 2007).

– "AÇÃO RESCISÓRIA. IPI. PRINCÍPIO DA NÃO CUMULATIVIDADE. INSUMOS ISENTOS, NÃO TRIBUTADOS OU REDUZIDOS À ALÍQUOTA ZERO. CRÉDITO PRESUMIDO. INEXISTÊNCIA. SÚMULA 63, DO TRF4... 2. De acordo com a inteligência do art. 153, § 3º, inc. II, da Constituição Federal, somente os valores efetivamente recolhidos na operação anterior é que podem gerar créditos do Imposto sobre Produtos Industrializados – IPI, por ocasião da saída do produto final do estabelecimento industrial. 3. Assim, por não haver 'cobrança' do imposto na operação de entrada, relativamente à aquisição de insumos isentos, não tributados ou sujeitos à alíquota zero, é vedada a aquisição de crédito – presumido – relativamente a tais operações. Precedentes da Primeira Seção deste Tribunal Regional" (TRF4, AR 0002122-80.2013.404.0000, 2013).

– **Insumos abrangidos por isenção regional. Zona Franca de Manaus. Tema 322 do STF:** "Há direito ao creditamento de IPI na entrada de insumos, matéria-prima e material de embalagem adquiridos junto à Zona Franca de Manaus sob o regime de isenção, considerada a previsão de incentivos regionais constante do art. 43, § 2º, III, da Constituição Federal, combinada com o comando do art. 40 do ADCT". Decisão do mérito em 2019.

– "O fato de os produtos serem oriundos da Zona Franca de Manaus reveste-se de particularidade suficiente a distinguir o presente feito dos anteriores julgados do Supremo Tribunal Federal sobre o creditamento do IPI quando em jogo medidas de-

sonerativas. O tratamento constitucional conferido aos incentivos fiscais direcionados para sub-região de Manaus é especialíssimo. A isenção do IPI em prol do desenvolvimento da região é de interesse da federação como um todo, pois este desenvolvimento é, na verdade, da nação brasileira. A peculiaridade desta sistemática reclama exegese teleológica, de modo a assegurar a concretização da finalidade pretendida. À luz do postulado da razoabilidade, a regra da não cumulatividade esculpida no artigo 153, § 3º, II da Constituição, se compreendida como uma exigência de crédito presumido para creditamento diante de toda e qualquer isenção, cede espaço para a realização da igualdade, do pacto federativo, dos objetivos fundamentais da República Federativa do Brasil e da soberania nacional. Recurso Extraordinário desprovido" (STF, RE 592.891, 2019).

– O eventual reconhecimento do direito a apropriação de créditos relativamente a insumos isentos provenientes da Zona Franca de Manaus teria de se fundar na necessidade de efetividade e eficácia dos benefícios regionais. Mas há de se observar que a ausência de direito a creditamento para o adquirente não prejudica de modo algum a saída do produto final industrializado na Zona Franca, porquanto encerra a cadeia de incidência do IPI, não havendo mesmo que se falar em creditamento. Apenas saída isenta de produto industrializado intermediário é que vê o benefício afetado na sua eficácia. De qualquer modo, talvez seja adequado, inclusive do ponto de vista da política de desenvolvimento daquela região, fomentar a industrialização de produto final, com maior valor agregado, e não a industrialização de produtos intermediários. Nesse sentido, não tem relevância o argumento da preservação do incentivo regional, de modo que, de qualquer modo, não se justifica a exceção. Nada impede, contudo, que a União, querendo, associe a isenção à concessão de um crédito presumido para os adquirentes, como benefício legal, de maneira a impedir que o não creditamento prejudique a eficácia do benefício quando voltado a assegurar o desenvolvimento de determinada região, sendo certo que pode fazê-lo retroativamente porque benefícios retroativos não são vedados, o que, inclusive, esvaziaria tal discussão judicial.

– **No sentido de que as isenções regionais sempre geram direito a crédito.** "No que concerne ao direito ao crédito do Imposto sobre Produtos Industrializados relativo a entrada de insumos decorrente de operações isentas, quando a isenção é um incentivo ao desenvolvimento regional, o art. 3º, inciso III, e o art. 151, inciso I, da Constituição Federal, merecem especial destaque. O primeiro desses dispositivos porque coloca a redução das desigualdades regionais como um objetivo fundamental de nossa República. E o segundo, porque preconiza os incentivos fiscais como instrumento destinado a promover o equilíbrio do desenvolvimento sócio econômico entre as diferentes regiões do País. Negar o direito ao crédito do IPI relativo a entrada de matéria--prima, produto intermediário, material de embalagem e outros insumos, em decorrência de operação com isenção regional, implica anular os efeitos da isenção regional [...]" (MACHADO, Hugo de Brito. Crédito do IPI Relativo a Entrada de Insumos Adquiridos em Operação Isenta. *RDDT* 184/44, 2011).

– **Diferença entre alíquotas nas operações de entrada (insumos) e de saída (produto final).** Não há direito a creditamento em razão da diferença de alíquotas (insumo com alíquota menor, produto final com alíquota maior). A tese, ademais, perdeu todo e qualquer suporte com a decisão do STF no RE 353.657, quando destacou que creditamento pressupõe cobrança. Cobrada determinada alíquota, não se pode pretender creditamento superior.

– "... IPI – CRÉDITO – DIFERENÇA – INSUMO – ALÍQUOTA. A prática de alíquota menor – para alguns, passível de ser rotulada como isenção parcial – não gera o direito a diferença de crédito, considerada a do produto final" (STF, RE 566.819, 2010).

– "IPI – ALÍQUOTA INCIDENTE SOBRE O PRODUTO FINAL SUPERIOR À ALÍQUOTA INCIDENTE SOBRE MATÉRIAS-PRIMAS, INSUMOS E PRODUTOS INTERMEDIÁRIOS... 4. Também não existe respaldo a pretensão de fazer incidir a alíquota do produto final sobre o as matérias-primas, insumos e produtos intermediários quando menor essa alíquota, devendo ser observado que o IPI, necessariamente, é seletivo em função da essencialidade do produto" (STJ, REsp 805.793, 2007).

– **Operação intercalar isenta, sujeita à alíquota zero, não tributada ou imune.** "Já na operação intercalar (precedida de etapa tributada), entendo haver o direito ao crédito presumido quando verificada a incidência de alíquota zero (ou mesmo em se tratando de operações imunes ou não tributadas, não obstante dificilmente se verifiquem de forma intercalar), como única forma de atender ao princípio da não cumulatividade. Isto porque a não efetivação do crédito nas etapas intercalares não tributadas resultaria na somatória, ao final, de valor total superior àquele resultante da última operação..., com evidente efeito cumulativo. Assim, nestas hipóteses, adotando por premissa ser 'tradição no direito pátrio somente conceber-se a mitigação do princípio da não cumulatividade mediante dispositivo constitucional', há de se reconhecer o direito ao crédito do IPI, na esteira inclusive do entendimento manifestado pelo STF quando do julgamento, dentre outros, do já referido RE 115.337-7, devendo ser apurado conforme alíquota atinente à saída do produto tributado, face à inexistência de outra a ser considerada" (COSTA, Mário Luiz Oliveira da. IPI – crédito na aquisição de insumos isentos, não tributados, imunes ou sujeitos à alíquota zero, *RDDT* 69/123-135, 2001).

– **Creditamento sobre 50% na aquisição de matéria-prima de não contribuinte.** "TRIBUTÁRIO. IPI. AQUISIÇÃO DE MATÉRIA-PRIMA DE NÃO CONTRIBUINTE. PRETENSÃO DE CREDITAMENTO DE IPI CONSIDERADA BASE DE CÁLCULO DE 100% DO VALOR DA OPERAÇÃO. LEGISLAÇÃO QUE ADMITE CREDITAMENTO SOBRE 50%. VALIDADE. A invocação do art. 153, § 3º, II, da CF não leva ao direito ao creditamento sobre 100% do valor da operação anterior com não contribuinte, porquanto refere que o IPI 'será não cumulativo, compensando-se o que for devido em cada operação com o montante cobrado nas anteriores'. No caso, não há 'montante cobrado na operação anterior', mas apenas na que a precedeu, quando da aquisição da MP, pelo distribuidor comercial, do industrial que os tenha produzido. Ao que tudo indica, o legislador procurou resguardar o cré-

dito relativamente ao montante possa ter sido objeto de incidência de IPI em operação pretérita, utilizando-se de presunção legal no sentido de que corresponda a 50% do valor de venda pelo distribuidor comerciante. No caso dos autos, como visto, na operação imediata não houve pagamento; na pretérita, sim, mas, evidentemente, sobre base menor do que o montante da operação imediata, razão da presunção legal estabelecida" (TRF4, AC 2001.70.00.037698-5, 2007).

⇒ **Produto final isento ou tributado à alíquota zero.** Relativamente ao ICMS, há regra expressa no art. 155, § 2º II, *b*, da Constituição, no sentido de que a isenção ou não incidência acarretará a anulação do crédito relativo às operações anteriores. Quanto ao IPI inexiste qualquer regra constitucional relativamente a este ponto. O STF firmou posição, contudo, no sentido de que, também para o IPI, inexiste direito constitucional à manutenção do crédito nestes casos, porquanto, não havendo cobrança do IPI na saída, seja por força de isenção ou de alíquota zero, o ciclo não se completa. A manutenção e utilização do crédito nesse caso, depende de autorização legal, configurando simples benefício fiscal.

⇒ **Produto final NT. Súmula 20 do CARF:** "Não há direito aos créditos de IPI em relação às aquisições de insumos aplicados na fabricação de produtos classificados na TIPI como NT".

– **Saldo credor de IPI acumulado no trimestre. Manutenção e aproveitamento para compensação.** A possibilidade de manutenção e utilização dos créditos apropriados na entrada, ainda que na saída não seja cobrado IPI, foi estabelecida gradualmente. O Legislador, inicialmente, assegurou a manutenção de créditos relativos a matérias-primas (MP), produtos intermediários (PI) e materiais de embalagem (ME) empregados na sua industrialização de determinados produtos que isentara, com prazo determinado (Lei n. 8.191/91). Posteriormente, assegurou tal direito relativamente a outros produtos, mas em caráter permanente (Lei n. 9.000/95). O art. 100 do RIPI/82 (Dec. n. 87.981/82) e o art. 174 do RIPI/98 (Dec. n. 2.637/98) previam a anulação dos créditos, mediante estorno na escrita fiscal., respeitadas as ressalvas admitidas. A Lei n. 9.779/99, através do seu art. 11, assegurou o direito sem especificar produtos nem prazo, generalizando, assim, a possibilidade de manutenção dos créditos, com a utilização dos saldos credores apurados a cada trimestre, para fins de compensação com outros tributos mediante remissão aos arts. 73 e 74 da Lei n. 9.430/96.

– Lei n. 8.191/91: "Art. 1º Fica instituída isenção do Imposto sobre Produtos Industrializados (IPI) aos equipamentos, máquinas, aparelhos e instrumentos novos, inclusive aos de automação industrial e de processamento de dados, importados ou de fabricação nacional, bem como respectivos acessórios, sobressalentes e ferramentas, até 31 de março de 1993. § 1º O Poder Executivo, ouvida a Comissão Empresarial de Competitividade, relacionará, por decreto, os bens que farão jus ao benefício de que trata este artigo. § 2º São asseguradas a manutenção e a utilização do crédito do Imposto sobre Produtos Industrializados (IPI) relativo a matérias-primas, produtos intermediários e material de embalagem, empregados na industrialização dos bens de que trata este artigo".

– Lei n. 9.000/95: "Art. 1º Ficam isentos do Imposto sobre Produtos Industrializados (IPI) os equipamentos, máquinas, aparelhos e instrumentos novos, relacionados em anexo, importados ou de fabricação nacional, bem como os respectivos acessórios, sobressalentes e ferramentas. Parágrafo único. São asseguradas a manutenção e a utilização dos créditos do referido imposto, relativos a matérias-primas, produtos intermediários e material de embalagem, efetivamente empregados na industrialização dos bens referidos neste artigo".

– Lei n. 9.779/99: "Art. 11. O saldo credor do Imposto sobre Produtos Industrializados – IPI, acumulado em cada trimestre-calendário, decorrente de aquisição de matéria-prima, produto intermediário e material de embalagem, aplicados na industrialização, inclusive de produto isento ou tributado à alíquota zero, que o contribuinte não puder compensar com o IPI devido na saída de outros produtos, poderá ser utilizado de conformidade com o disposto nos arts. 73 e 74 da Lei n. 9.430, de 27 de dezembro de 1996, observadas normas expedidas pela Secretaria da Receita Federal do Ministério da Fazenda".

– **Súmula 16 do CARF:** O direito ao aproveitamento dos créditos de IPI decorrentes da aquisição de matérias-primas, produtos intermediários e material de embalagem utilizados na fabricação de produtos cuja saída seja com isenção ou alíquota zero, nos termos do art. 11 da Lei n. 9.779, de 1999, alcança, exclusivamente, os insumos recebidos pelo estabelecimento do contribuinte a partir de 1º de janeiro de 1999.

– **A partir da Lei n. 9.779/1999. Tema 49 do STF:** "O direito do contribuinte de utilizar-se de crédito relativo a valores pagos a título de Imposto sobre Produtos Industrializados IPI, oriundo da aquisição de matéria-prima a ser empregada em produto final beneficiado pela isenção ou tributado à alíquota zero, somente surgiu com a Lei n. 9.779/1999, não se mostrando possível a aplicação retroativa da norma". Decisão de mérito em 2009.

– "IPI – CREDITAMENTO – ISENÇÃO – OPERAÇÃO ANTERIOR À LEI N. 9.779/99. A ficção jurídica prevista no artigo 11 da Lei n. 9.779/99 não alcança situação reveladora de isenção do Imposto sobre Produtos Industrializados – IPI que a antecedeu" (STF, RE 562.980, 2009). Nos ED, restou explicado: "a ficção jurídica criada mediante o artigo 11 da Lei n. 9.779/99 não teria alcance retroativo. No particular, o preceito não se mostrou meramente interpretativo. Implicou o surgimento, no cenário jurídico, de direito, valendo notar que a regra constitucional direciona ao abatimento, na operação seguinte, do que recolhido na anterior. Ora, conforme foi explicitado, se, na subsequente, não houve qualquer cobrança, descabe cogitar de creditamento, excetuada a situação nova versada na lei referida".

– **Inexistência de direito constitucional à manutenção dos créditos. Benefício legal concedido apenas pela Lei n. 9.779/99.** "IPI. CREDITAMENTO. AQUISIÇÃO DE MATÉRIA-PRIMA E INSUMOS TRIBUTADOS. PRODUTO FINAL ISENTO. PERÍODO ANTERIOR À VIGÊNCIA DA LEI 9.779/99. IMPOSSIBILIDADE. 1. O Supremo Tribunal Federal, no julgamento do RE 562.980, 2009, tema 49, sob o regime do art. 543-B do CPC (repercussão geral), assentou o entendimento de que não há, nas operações anteriores à vigência da Lei 9.779/99, direito ao creditamento do IPI pago na aquisição de matéria-prima e insumos utilizados na fabricação de produtos isentos" (STF, AI 692.786 AgR-ED, 2013).

– "III – O princípio da não cumulatividade só garante o crédito do IPI pago na operação anterior se, na operação subsequente, também for devido o imposto, ressalvada a previsão em lei que confira esse direito" (STF, RE 491.287 AgR, 2012).

– "IPI. INSUMOS OU MATÉRIAS PRIMAS TRIBUTADOS. SAÍDA ISENTA OU SUJEITA À ALÍQUOTA ZERO. ART. 153, § 3º, INC. II, DA CONSTITUIÇÃO DA REPÚBLICA. ART. 11 DA LEI N. 9.779/1999. PRINCÍPIO DA NÃO CUMULATIVIDADE. DIREITO AO CREDITAMENTO: INEXISTÊNCIA. RECURSO EXTRAORDINÁRIO PROVIDO. 1. Direito ao creditamento do montante de Imposto sobre Produtos Industrializados pago na aquisição de insumos ou matérias primas tributados e utilizados na industrialização de produtos cuja saída do estabelecimento industrial é isenta ou sujeita à alíquota zero. 2. A compensação prevista na Constituição da República, para fins da não cumulatividade, depende do cotejo de valores apurados entre o que foi cobrado na entrada e o que foi devido na saída: o crédito do adquirente se dará em função do montante cobrado do vendedor do insumo e o débito do adquirente existirá quando o produto industrializado é vendido a terceiro, dentro da cadeia produtiva. 3. Embora a isenção e a alíquota zero tenham naturezas jurídicas diferentes, a consequência é a mesma, em razão da desoneração do tributo. 4. O regime constitucional do Imposto sobre Produtos Industrializados determina a compensação do que for devido em cada operação com o montante cobrado nas operações anteriores, esta a substância jurídica do princípio da não cumulatividade, não aperfeiçoada quando não houver produto onerado na saída, pois o ciclo não se completa. 5. Com o advento do art. 11 da Lei n. 9.779/1999 é que o regime jurídico do Imposto sobre Produtos Industrializados se completou, apenas a partir do início de sua vigência se tendo o direito ao crédito tributário decorrente da aquisição de insumos ou matérias primas tributadas e utilizadas na industrialização de produtos isentos ou submetidos à alíquota zero. 6. Recurso extraordinário provido" (STF, RE 475.551, 2009).

– "IPI – CREDITAMENTO – ISENÇÃO – OPERAÇÃO ANTERIOR À LEI N. 9.779/99. A ficção jurídica prevista no artigo 11 da Lei n. 9.779/99 não alcança situação reveladora de isenção do Imposto sobre Produtos Industrializados – IPI que a antecedeu" (STF, RE 562.980, 2009).

– "CREDITAMENTO DO IPI. PRINCÍPIO DA NÃO CUMULATIVIDADE. AQUISIÇÃO DE MATÉRIA-PRIMA, PRODUTO INTERMEDIÁRIO E MATERIAL DE EMBALAGEM DESTINADOS À INDUSTRIALIZAÇÃO DE PRODUTOS ISENTOS OU SUJEITOS AO REGIME DE ALÍQUOTA ZERO. LEI 9.779/99. NOVEL JURISPRUDÊNCIA DO SUPREMO TRIBUNAL FEDERAL. 1. O direito ao crédito de IPI, fundado no princípio da não cumulatividade, decorrente da aquisição de matéria-prima, produto intermediário e material de embalagem utilizados na fabricação de produtos isentos ou sujeitos ao regime de alíquota zero, exsurgiu apenas com a vigência da Lei 9.779/99, cujo artigo 11 estabeleceu... 2. 'A ficção jurídica prevista no artigo 11, da Lei n. 9.779/99, não alcança situação reveladora de isenção do Imposto sobre

Produtos Industrializados – IPI que a antecedeu' (Precedentes do Supremo Tribunal Federal: RE 562.980/SC... 4... Acórdão submetido ao regime do artigo 543-C, do CPC, e da Resolução n. 08/2008 do STJ" (STJ, REsp 860.369, 2009).

– **Entendendo que, por ser benefício legal, não alcança as saídas não tributadas, não referidas no art. 11 da Lei n. 9.779/99.** "IPI. CREDITAMENTO. PROCESSO DE INDUSTRIALIZAÇÃO DE PRODUTO NÃO TRIBUTADO. ART. 11 DA LEI N. 9.779/99. PRINCÍPIO TRIBUTÁRIO DA LEGALIDADE ESTRITA. AUSÊNCIA DE DIREITO AO CREDITAMENTO. 1. O STJ já se manifestou sobre o tema e pacificou o entendimento de que a interpretação do art. 11 da Lei n. 9.779/99 deve-se dar com a observância do princípio tributário da legalidade estrita, nos termos do art. 111 do CTN. Assim, não se pode alargar a isenção contida no art. 11 da Lei n. 9.779/99 às hipóteses de industrialização de produtos não tributados, uma vez que o benefício fiscal é vinculado às hipóteses de produto final isento ou tributado à alíquota zero" (STJ, AgRg no REsp 1.213.196, 2013).

– **Entendimento superado no sentido da aplicação retroativa da Lei n. 9.779/99 ao argumento de que seria meramente interpretativa.** "AQUISIÇÃO DE INSUMOS COM PAGAMENTO DE IPI PARA UTILIZAÇÃO NA INDUSTRIALIZAÇÃO DE PRODUTOS ISENTOS OU TRIBUTADOS À ALÍQUOTA ZERO. APROVEITAMENTO. ART. 11 DA LEI N. 9.779/99. REGRA DE CARÁTER INTERPRETATIVO. APLICAÇÃO RETROATIVA. POSSIBILIDADE. COMPENSAÇÃO. DIREITO SUPERVENIENTE. APLICAÇÃO. INVIABILIDADE. I – O direito ao creditamento do IPI é consectário do princípio da não cumulatividade previsto no artigo 153 da Constituição Federal. Tal creditamento foi reconhecido pelo artigo 11 da Lei n. 9.779/99, que afirmou de forma expressa a possibilidade do aproveitamento do crédito de IPI acumulado pela aquisição de insumos empregados na industrialização de produto isento ou tributado a alíquota zero, na saída de outros produtos igualmente tributados pelo IPI. No mesmo dispositivo viabilizou-se ao contribuinte utilizar os créditos nas compensações previstas nos artigos 73 e 74 da Lei n. 9.430/1996. II – A primeira parte do artigo 11 da Lei n. 9.779/99, que dispõe sobre a viabilidade do aproveitamento do crédito referente ao pagamento do IPI na aquisição do insumo empregado na industrialização de produto isento ou tributado a alíquota zero, tem caráter interpretativo, podendo operar efeitos retroativos para atingir operações anteriores ao seu advento, em conformidade com o que preceitua o artigo 106, inciso I, do CTN... III – O direito ao aproveitamento dos créditos de IPI, expressamente afirmado a nível infraconstitucional por meio de regra interpretativa, não se confunde com o direito à compensação previsto no final do mesmo artigo 11 da Lei n. 9.779/99, não incidindo no ponto a regra do artigo 106, I, do CTN. A compensação ali prevista somente terá viabilidade para as ações ajuizadas após a vigência da referida lei em homenagem à regra *tempus regit actum*..." (STJ, AgRg no AgRg no REsp 1.034.409, 2008).

– **IN SRF n. 33/99. Limitação ao aproveitamento, mediante compensação com outros tributos federais, dos créditos acumulados até 31 de dezembro de 1998. Ilegalidade.** "... a Lei n.

9.779/99, no intuito de chancelar o aproveitamento determinou a apuração deste crédito financeiro trimestralmente para depois ser compensado com outros tributos federais, conforme o art. 11 da referida lei. O fato é que a norma constitucional instituidora da possibilidade de aproveitamento dos créditos não previu a limitação de apuração... Apesar desta limitação não estar acompanhada de autorização de promoção da necessária correção monetária, o efeito depreciador disto é minorado pela estabilidade econômica. O maior limitador ao usufruto financeiro adviria com a edição da Instrução Normativa SRF n. 33/99, vetando o aproveitamento dos créditos cumulados até a data de 31 de dezembro de 1998, mediante a compensação com outros tributos federais, conforme determinado no art. 5º. Embora tenha ocorrido a limitação em detrimento ao aproveitamento do crédito mediante compensação com outros tributos administrados pela Receita Federal, a referida instrução normativa permitiu que estes créditos pretéritos fossem aproveitados com débitos do próprio IPI decorrente de saídas tributadas. Na forma como foi instituída a limitação à manutenção do crédito de IPI, decorrente da aquisição de produtos industrializados, findou por exigir que os contribuintes, cujas saídas sejam não tributadas, isentas ou tributadas sob alíquota zero, sem a geração de débito, findou por anular os créditos anteriores a 31 de dezembro de 1998. Mesmo não se exigindo expressamente a anulação do crédito decorrente da aquisição de produtos industrializados, a limitação do aproveitamento, para os contribuintes que não possuam saídas tributadas, tornou sem efeito a manutenção dos mesmos, sendo, assim, uma forma transversa de exigência de estorno de crédito tributário.[...] Estando autorizado, por lei, o aproveitamento financeiro desses créditos mediante compensação com outros tributos administrados pela Receita Federal, resta impossibilitada a instituição das limitações impostas pela Instrução Normativa n. 33/99, uma vez que contrariam a regra constitucional instituidora da não cumulatividade, como também as normas originadas de lei ordinária" (FERNANDES, Rodrigo de Andrade M. Do creditamento de IPI quando a saída seja isenta ou não tributada. *RET* 35/137, 2004).

– **Ato Declaratório Interpretativo n. 5/2006. Restrição quanto aos tributos finais imunes ou não tributados. Ilegalidade.** "... a SRF no Ato Declaratório Interpretativo n. 5, de 17 de abril de 2006, em franca violação ao texto constitucional e ao texto legislativo, retirou o direito de aproveitamento do crédito de IPI dos produtos não tributados [...] e dos produtos imunes. ... representando alteração de critério adotado pela própria Receita Federal na orientação anterior a todos os contribuintes, com inaceitável maculação do texto supremo ao tornar nestas operações, o produto final não imune, as carregado da tributação do IPI nas operações anteriores. Em outras palavras, a imunidade dos produtos finais desapareceria para todos produtos assim considerados se fossem carregados pela incidência do IPI nas operações anteriores. [...] É de se acrescentar inclusive, que o parágrafo único da ADI 5/2006, assim redigido: 'Excetuam-se do disposto no inciso II os produtos tributados na TIPI que estejam amparados pela imunidade e decorrência de exportação para o exterior' garante o aproveitamento do crédito nas imunidades de exportação para o exterior. Sobre ferir o princípio da isonomia (nada na lei ou na Constituição autoriza esta distinção entre imunidades para a circulação de bens, interna e externa), o ato de S. Exa. Favoreceria exclusivamente, o consumidor estrangeiro e prejudicaria para os mesmos produtos o consumidor brasileiro. Nitidamente, sobre criar hipótese impositiva não constante da lei, feriria mais um outro princípio, o da isonomia no seu esdrúxulo tratamento da Lei n. 9.779/1999. [...] no máximo, se duvidosa fosse que não o é, a alteração de critério por parte da autoridade com direito de lançar implicaria sua eficácia apenas a partir de sua edição, e não com efeito retroativo. Repito, se legal fosse, que não é, o respectivo ato, visto que fulmina para determinadas hipótese de imposição do IPI o princípio da não cumulatividade constitucional" (MARTINS, Ives Gandra da Silva. O princípio da não cumulatividade no IPI – Inteligência da Lei n. 9.799/1999 em face do princípio – Direito ao aproveitamento do crédito de tributos em operações finais imunes, isentas ou sujeitas à alíquota zero – Parecer. *RET* 56/17, 2007). Obs.: sobre a proteção da confiança, vide art. 146 do CTN.

– No sentido da ausência de direito à apuração ou manutenção do crédito quando a saída fosse com alíquota zero, não tributada ou imune. "IPI. CREDITAMENTO. PROCESSO DE INDUSTRIALIZAÇÃO DE PRODUTO NÃO TRIBUTADO. ART. 11 DA LEI N. 9.779/99. PRINCÍPIO TRIBUTÁRIO DA LEGALIDADE ESTRITA. AUSÊNCIA DE DIREITO AO CREDITAMENTO. 1. O STJ já se manifestou sobre o tema e pacificou o entendimento de que a interpretação do art. 11 da Lei n. 9.779/99 deve-se dar com a observância do princípio tributário da legalidade estrita, nos termos do art. 111 do CTN. Assim, não se pode alargar a isenção contida no art. 11 da Lei n. 9.779/99 às hipóteses de industrialização de produtos não tributados, uma vez que o benefício fiscal é vinculado às hipóteses de produto final isento ou tributado à alíquota zero" (STJ, AgRg no REsp 1.213.196, 2013).

– "IPI... TRANSFERÊNCIA DO ENCARGO FINANCEIRO – ART. 166 DO CTN. 1. O não recolhimento de IPI na saída de mercadoria sujeita à alíquota zero, implica que na entrada da matéria-prima, não há creditamento. 2. *In casu*, a saída do produto o foi com alíquota zero e não houve recolhimento do IPI, inexistindo o montante devido, e, a *fortiori*, a diferença a maior, a ser creditada. O IPI recolhido na entrada dos insumos não pode ser creditado e não poderia ser compensado posto que, na saída do produto industrializado não houve pagamento do IPI. 3. Inteligência das disposições constitucionais e legais que, no tocante ao IPI, regulam a não cumulatividade e as isenções (art. 153, § 3º, II, da CF/88 e artigo 49 do CTN). 4. Ressalta evidente que o imposto pago na entrada da matéria prima foi incluído no preço do produto industrializado e quem o pagou foi o adquirente destes produtos e não a recorrente. Logo, importaria em enriquecimento ilícito, o reconhecimento deste crédito em face da mesma" (STJ, REsp 395.466, 2002).

– "TRIBUTÁRIO. IPI. PRESCRIÇÃO. PRODUTO ISENTO OU REDUZIDO À ALÍQUOTA ZERO. CREDITAMENTO. LEI 9779 DE 1999. CORREÇÃO MONETÁRIA. 1. Sendo o objeto da ação o reconhecimento do direito a crédito escritural, aplica-se ao caso o prazo prescricional de cinco anos previsto no Decreto 20.910/32. 2. O industrial tem direito ao creditamento do imposto sobre produtos industrializados referente às matérias-primas, insumos e demais produtos que ingressem no estabelecimento fabril para serem utilizados na fabricação de produto isento ou com alíquota zero, consoante decidiu a Corte Especial deste Tribunal, no julgamento da Arguição de Inconstitucionalidade na AC n. 1999.72.05.008186-1/SC, na sessão de 10-10-2001. 3. Inexiste direito ao creditamento do IPI no que se refere à aquisição de insumos destinados à fabricação de produtos não tributados. 4. Não se cuidando de crédito escritural nas de valores a serem aproveitados em virtude de decisão judicial, cabe a correção monetária, pela taxa SELIC, até o trânsito em julgado da presente decisão" (TRF4, AC 2003.72.05.002508-5, 2006).

– "... IPI. PRINCÍPIO DA NÃO CUMULATIVIDADE ... EXPORTAÇÃO. [...] Nas hipóteses em que o produto final em que empregados os insumos isentos, não tributados e sujeitos à alíquota zero, sejam destinados à exportação, não há efetiva tributação em nenhuma das etapas do processo produtivo a ensejar o surgimento de crédito tributário passível de aproveitamento, porquanto na operação de saída há imunidade, nos termos do inc. III do § 3º do art. 153 da CF/88" (TRF4, AMS 2001.70.00.004874-0, 2003).

– Creditamento pela indústria de construção civil. Impossibilidade. Como não se considera industrialização a edificação de casas e edifícios (art. 5º, VIII, a, do Decreto n. 7.212/2010), não estando a construção civil sujeita à incidência do IPI, as respectivas empresas não têm direito ao creditamento do imposto.

– Decreto 7.212/2010: "Art. 5º Não se considera industrialização: [...]VIII – a operação efetuada fora do estabelecimento industrial, consistente na reunião de produtos, peças ou partes e de que resulte: a) edificação (casas, edifícios, pontes, hangares, galpões e semelhantes, e suas coberturas)".

– "IPI. COMPENSAÇÃO DE CRÉDITOS. MATÉRIA-PRIMA OU INSUMOS TRIBUTADOS. INDUSTRIALIZAÇÃO DE PRODUTO NÃO TRIBUTADO. PRINCÍPIO DA NÃO CUMULATIVIDADE. ATIVIDADE DE CONSTRUÇÃO CIVIL. IMPOSSIBILIDADE DE APROVEITAMENTO DE CRÉDITOS. DECRETO N. 4.544/02. DECISÃO QUE SE MANTÉM POR SEUS PRÓPRIOS FUNDAMENTOS... 2. A compensação prevista na Constituição Federal, para fins do princípio da não cumulatividade do tributo, não se caracteriza quando o produto industrializado não é onerado na saída do estabelecimento industrial. 3. O regime constitucional do Imposto sobre Produtos Industrializados determina a compensação do que for devido em cada operação com o montante cobrado nas operações anteriores, esta a substância jurídica do princípio da não cumulatividade, não aperfeiçoada quando não houver produto onerado na saída, pois o ciclo não se completa (RE 475.551)" (STF, ARE 716.775 AgR, 2013).

– "IPI. CONSTRUÇÃO CIVIL. CREDITAMENTO. A atividade de construção civil não está sujeita à incidência do Imposto sobre Produtos Industrializados, carecendo a empresa de construção, por isso, do direito ao creditamento respectivo" (STJ, AgRg no AREsp 280.583, 2013).

– "SOCIEDADE DE CONSTRUÇÃO CIVIL. CREDITA-MENTO. IMPOSSIBILIDADE. 1. O art. 5º, VIII, *a*, do Decre-to 4.544/02 é expresso ao negar a natureza de industrialização à atividade desenvolvida na construção civil. 2. Embora seja possí-vel a construção civil assumir a natureza de um processo indus-trial, nos termos do parágrafo único do art. 46 do CTN, o credi-tamento do IPI só pode ser deferido aos contribuintes desse imposto. Como as sociedades que se dedicam a essa atividade não o são, impossível o deferimento do crédito. 3. Nos termos do art. 153, § 3º, II, da Constituição da República, o creditamen-to dos valores pagos a título de IPI nas operações anteriores ape-nas ocorre por aqueles que também sejam contribuintes da exa-ção e, portanto, realizem operações que configurem a hipótese de incidência do imposto" (STJ, REsp 998.487, 2008).

– "... IPI. CREDITAMENTO. CONSTRUÇÃO CIVIL. ATI-VIDADE QUE NÃO POSSUI A NATUREZA DE INDUS-TRIALIZAÇÃO. IMPOSSIBILIDADE... 3. O recurso especial não merece ser provido, uma vez que o acórdão recorrido, ao identificar, mediante o exame do contrato social, a natureza não industrial da atividade da recorrente – cujo objeto social é a rea-lização de construção civil –, interpretando adequadamente a legislação aplicável, concluiu pela impossibilidade do pretendido creditamento de IPI, pelo fato de a empresa postulante não ser contribuinte desse imposto. Precedente: AgRg no AgRg no REsp 868.434/SE, Min. Francisco Falcão" (STJ, REsp 941.847, 2007).

– **Pela possibilidade.** "a) as empresas que atuam no ramo da construção civil são empresas eminentemente industriais, tendo em vista transformarem os insumos adquiridos (tintas, cimento, tijolos, argamassa etc.) em um novo bem, qual seja, bens imóveis e, ainda, pelo fato de serem compelidas ao recolhimento das contribuições para o SESI e para o SENAI, bem como, por in-dustrializarem imóveis (mercadorias), estão sujeitas à incidência da COFINS. b) em sendo industriais, são contribuintes do IPI, apesar de os seus produtos não serem tributados pelo imposto em questão; c) em face do Princípio da Não Cumulatividade, estampado no art. 49, parágrafo único, do Código Tributário Nacional e no art. 153, IV, § 3º, II, da CR/88, todos os insumos adquiridos pelas indústrias geram créditos do IPI e, consequen-temente, é permitido a essas empresas escriturarem, manterem e utilizarem os créditos do IPI para compensar com quaisquer ou-tros tributos devidos à Secretaria da Receita Federal – SRF; d) as construtoras devem se creditar de 100% (ccm por cento) do IPI quando adquirem insumos de comerciantes atacadistas, e não de apenas 50% (cinquenta por cento), como determinam as normas infralegais; e) o art. 11 da Lei n. 9.799/99, além de ter o caráter interpretativo conforme preceitua o inciso I do art. 106 do CTN, e por se referir exclusivamente à possibilidade do credita-mento dos insumos tributados pelo IPI, utilizados na industria-lização de produtos isentos e tributados à alíquota zero, também deve ser estendido aos produtos não tributados, uma vez que é claro que os ditos produtos ficaram sem amparo legal por visível falha legislativa, tendo em vista que todas as hipóteses estão su-bordinadas ao Princípio da Não Cumulatividade previsto no CTN e CF/88" (CAVALCANTE JÚNIOR, Manuel de Freitas. As indústrias da construção civil e o direito ao aproveitamento

dos créditos do Imposto sobre Produtos Industrializados – IPI. *RET* 35/123, 2004).

– **Empresas de construção civil como contribuintes de ICMS.** Vide notas ao art. 155, § 2º, VII, *a*, e VIII, da CF.

⇒ **Ressarcimento de créditos de IPI: correção monetária.** A questão da correção monetária dos créditos básicos de IPI exige atenção. Se, de um lado, é certo, conforme o STF, que o crédito básico não é, como regra, passível de correção mo-netária em razão da sua natureza escritural, é preciso ter em conta, de outro, que tal restrição restringe-se ao crédito es-criturado oportunamente e utilizado normalmente na com-pensação com débitos de IPI na sistemática própria da não cumulatividade. Teremos variáveis importantes nas hipóteses em que o Judiciário ou a própria Administração reconhece o direito à escrituração do crédito posteriormente ao seu sur-gimento e na hipótese em que o contribuinte, mesmo proce-dendo às compensações possíveis para pagamento de IPI, não consegue se ressarcir integralmente, apurando saldo cre-dor ao final do trimestre-calendário. Há também os casos de pedidos de ressarcimento em dinheiro que tardam a ser aten-didos pelo Fisco, hipótese em que é reconhecido o direito à correção monetária após caracterizada a mora, o que ocorre pelo descumprimento do prazo de 360 dias do art. 24 da Lei n. 11.457/2004.

– **Tema 1.003 do STJ:** "O termo inicial da correção monetária de ressarcimento de crédito escritural excedente de tributo sujeito ao regime não cumulativo ocorre somente após escoado o prazo de 360 dias para a análise do pedido administrativo pelo Fisco (art. 24 da Lei n. 11.457/2007)". Decisão do mérito em 2020.

– "REPETITIVO. TEMA 1.003/STJ. CRÉDITO PRESUMI-DO DE PIS/COFINS. PEDIDO DE RESSARCIMENTO. APROVEITAMENTO ALEGADAMENTE OBSTACULI-ZADO PELO FISCO. SÚMULA 411/STJ. ATUALIZAÇÃO MONETÁRIA. TERMO INICIAL. DIA SEGUINTE AO EXAURIMENTO DO PRAZO DE 360 DIAS A QUE ALU-DE O ART. 24 DA LEI N. 11.457/07. RECURSO JULGADO PELO RITO DOS ARTS. 1.036 E SEGUINTES DO CPC/2015. 1. A Primeira Seção desta Corte Superior, a respei-to de créditos escriturais, derivados do princípio da não cumu-latividade, firmou as seguintes diretrizes: (a) 'A correção mone-tária não incide sobre os créditos de IPI decorrentes do princí-pio constitucional da não cumulatividade (créditos escriturais), por ausência de previsão legal' (REsp 1.035.847... Tema 164/ STJ); (b) 'É devida a correção monetária ao creditamento do IPI quando há oposição ao seu aproveitamento decorrente de resistência ilegítima do Fisco' (Súmula 411/STJ); e (c) 'Tanto para os requerimentos efetuados anteriormente à vigência da Lei 11.457/07, quanto aos pedidos protocolados após o advento do referido diploma legislativo, o prazo aplicável é de 360 dias a partir do protocolo dos pedidos (art. 24 da Lei 11.457/07)' (REsp 1.138.206... – Temas 269 e 270/STJ). 2. Consoante deci-são de afetação ao rito dos repetitivos, a presente controvérsia cinge-se à 'Definição do termo inicial da incidência de correção monetária no ressarcimento de créditos tributários escriturais: a data do protocolo do requerimento administrativo do contri-buinte ou o dia seguinte ao escoamento do prazo de 360 dias previsto no art. 24 da Lei n. 11.457/2007'. 3. A atualização monetária, nos pedidos de ressarcimento, não poderá ter por termo inicial data anterior ao término do prazo de 360 dias, lapso legalmente concedido ao Fisco para a apreciação e análise da postulação administrativa do contribuinte. Efetivamente, não se configuraria adequado admitir que a Fazenda, já no dia seguinte à apresentação do pleito, ou seja, sem o mais mínimo traço de mora, devesse arcar com a incidência da correção monetária, sob o argumento de estar opondo 'resistência ilegítima' (a que alude a Súmula 411/STJ). Ora, nenhuma oposição ilegítima se poderá identificar na conduta do Fisco em servir-se, na integralidade, do interregno de 360 dias para apreciar a pretensão ressarcitória do contribuinte. 4. Assim, o termo inicial da correção monetária do pleito de ressarcimento de crédito escritural excedente tem lugar somente após escoado o prazo de 360 dias para a análise do pedido administrativo pelo Fisco. 5. Precedentes... 6. Tese firmada: 'O termo inicial da correção monetária de ressarcimento de crédito escritural excedente de tributo sujeito ao regime não cumulativo ocorre somente após escoado o prazo de 360 dias para a análise do pedido administrativo pelo Fisco (art. 24 da Lei n. 11.457/2007)'" (STJ, REsp 1.767.945, 2020).

– "IPI. CREDITAMENTO. DIFERENÇA ENTRE CRÉDITO ESCRITURAL E PEDIDO DE RESSARCIMENTO EM DINHEIRO OU MEDIANTE COMPENSAÇÃO COM OUTROS TRIBUTOS. MORA DA FAZENDA PÚBLICA FEDERAL. INCIDÊNCIA DA SÚMULA N. 411/STJ. CORREÇÃO MONETÁRIA. TERMO INICIAL. PROTOCOLO DO PEDIDO. TEMA JÁ JULGADO PELO REGIME CRIADO PELO ART. 543-C, CPC, E DA RESOLUÇÃO STJ 08/2008 QUE INSTITUÍRAM OS RECURSOS REPRESENTATIVOS DA CONTROVÉRSIA. 1. É pacífico o entendimento do STJ no sentido de que, em regra, eventual possibilidade de aproveitamento dos créditos escriturais não dá ensejo à correção monetária, exceto se tal creditamento foi injustamente obstado pela Fazenda. Jurisprudência consolidada no enunciado n. 411, da Súmula do STJ: 'É devida a correção monetária ao creditamento do IPI quando há oposição ao seu aproveitamento decorrente de resistência ilegítima do Fisco'. 2. No entanto, os equívocos na aplicação do enunciado surgem quando se está diante de mora da Fazenda Pública para apreciar pedidos administrativos de ressarcimento de créditos em dinheiro ou ressarcimento mediante compensação com outros tributos. 3. Para espancar de vez as dúvidas a respeito, é preciso separar duas situações distintas: a situação do crédito escritural (crédito de um determinado tributo recebido em dado período de apuração e utilizado para abatimento desse mesmo tributo em outro período de apuração dentro da escrita fiscal) e a situação do crédito objeto de pedido de ressarcimento (crédito de um determinado tributo recebido em dado período de apuração utilizado fora da escrita fiscal mediante pedido de ressarcimento em dinheiro ou ressarcimento mediante compensação com outros tributos). 4. Situação do crédito escritural: Deve-se negar ordinariamente o direito à correção monetária quando se fala de créditos escriturais recebidos em um período de apuração e utilizados em outro (sistemática ordinária de aproveita-

mento), ou seja, de créditos inseridos na escrita fiscal da empresa em um período de apuração para efeito de dedução dos débitos de IPI decorrentes das saídas de produtos tributados em períodos de apuração subsequentes. Na exceção à regra, se o Fisco impede a utilização desses créditos escriturais, seja por entendê-los inexistentes ou por qualquer outro motivo, a hipótese é de incidência de correção monetária quando de sua utilização, se ficar caracterizada a injustiça desse impedimento (Súmula n. 411/STJ). Por outro lado, se o próprio contribuinte acumula tais créditos para utilizá-los posteriormente em sua escrita fiscal por opção sua ou imposição legal, não há que se falar em correção monetária, pois a postergação do uso foi legítima, salvo, neste último caso, declaração de inconstitucionalidade da lei que impôs o comportamento. 5. Situação do crédito objeto de pedido de ressarcimento: Contudo, no presente caso estamos a falar de ressarcimento de créditos, sistemática diversa (sistemática extraordinária de aproveitamento) onde os créditos outrora escriturais passam a ser objeto de ressarcimento em dinheiro ou ressarcimento mediante compensação com outros tributos em virtude da impossibilidade de dedução com débitos de IPI decorrentes das saídas de produtos (normalmente porque isentos, não tributados ou sujeitos à alíquota zero), ou até mesmo por opção do contribuinte, nas hipóteses permitidas por lei. Tais créditos deixam de ser escriturais, pois não estão mais acumulados na escrita fiscal para uso exclusivo no abatimento do IPI devido na saída. São utilizáveis fora da escrita fiscal. Nestes casos, o ressarcimento em dinheiro ou ressarcimento mediante compensação com outros tributos se dá mediante requerimento feito pelo contribuinte que, muitas vezes, diante das vicissitudes burocráticas do Fisco, demora a ser atendido, gerando uma defasagem no valor do crédito que não existiria caso fosse reconhecido anteriormente ou caso pudesse ter sido utilizado na escrita fiscal mediante a sistemática ordinária de aproveitamento. Essa foi exatamente a situação caracterizada no Recurso Representativo da Controvérsia REsp 1.035.847 – RS, Primeira Seção, Rel. Min. Luiz Fux, julgado em 24.6.2009, onde foi reconhecida a incidência de correção monetária. 6. A lógica é simples: se há pedido de ressarcimento de créditos de IPI, PIS/COFINS (em dinheiro ou via compensação com outros tributos) e esses créditos são reconhecidos pela Receita Federal com mora, essa demora no ressarcimento enseja a incidência de correção monetária, posto que caracteriza também a chamada 'resistência ilegítima' exigida pela Súmula n. 411/STJ. Precedentes... 7. O Fisco deve ser considerado em mora somente a partir da data do protocolo dos pedidos de ressarcimento. 8. Embargos de divergência providos" (STJ, EAg 1.220.942, 2013).

– "ICMS. ATUALIZAÇÃO MONETÁRIA. CRÉDITOS ESCRITURAIS. INEXISTÊNCIA DE LEGISLAÇÃO AUTORIZADORA. IMPOSSIBILIDADE... 2. A jurisprudência do Supremo Tribunal Federal é firme no sentido de não reconhecer ao contribuinte do ICMS o direito à correção monetária dos créditos escriturais excedentes, quando inexistir, para tal, autorização legislativa específica" (STF, RE 329.527 AgR-segundo, 2013).

– **Do direito à atualização quando da ocorrência de óbice ao aproveitamento oportuno.** "ICMS. ATUALIZAÇÃO MONETÁRIA. CRÉDITOS ESCRITURAIS. INEXISTÊNCIA DE

LEGISLAÇÃO AUTORIZADORA. IMPOSSIBILIDADE... 2. A jurisprudência do Supremo Tribunal Federal é firme no sentido de não reconhecer ao contribuinte do ICMS o direito à correção monetária dos créditos escriturais excedentes, quando inexistir, para tal, autorização legislativa específica" (STF, RE 329.527 AgR-segundo, 2013).

– **Súmula 411 do STJ:** "É devida a correção monetária ao creditamento do IPI quando há oposição ao seu aproveitamento decorrente de resistência ilegítima do Fisco" (dez. 2009).

– "IPI. CRÉDITOS ESCRITURAIS. APROVEITAMENTO EXTEMPORÂNEO. ÓBICE CRIADO PELO FISCO. INCIDÊNCIA DE CORREÇÃO MONETÁRIA. É devida a correção monetária quando o aproveitamento dos créditos escriturais, em razão de óbice criado pelo Fisco, se dá tardiamente" (STF, RE 556.651 AgR, 2012).

– "IPI. PRINCÍPIO DA NÃO CUMULATIVIDADE. EXERCÍCIO DO DIREITO DE CRÉDITO POSTERGADO PELO FISCO. NÃO CARACTERIZAÇÃO DE CRÉDITO ESCRITURAL. CORREÇÃO MONETÁRIA. INCIDÊNCIA. 1. A correção monetária não incide sobre os créditos de IPI decorrentes do princípio constitucional da não cumulatividade (créditos escriturais), por ausência de previsão legal. 2. A oposição constante de ato estatal, administrativo ou normativo, impedindo a utilização do direito de crédito oriundo da aplicação do princípio da não cumulatividade, descaracteriza referido crédito como escritural, assim considerado aquele oportunamente lançado pelo contribuinte em sua escrita contábil. 3. Destarte, a vedação legal ao aproveitamento do crédito impele o contribuinte a socorrer-se do Judiciário, circunstância que acarreta demora no reconhecimento do direito pleiteado, dada a tramitação normal dos feitos judiciais. 4. Consectariamente, ocorrendo a vedação ao aproveitamento desses créditos, com o consequente ingresso no Judiciário, posterga-se o reconhecimento do direito pleiteado, exsurgindo legítima a necessidade de atualizá-los monetariamente, sob pena de enriquecimento sem causa do Fisco (Precedentes ...). 5... Acórdão submetido ao regime do artigo 543-C, do CPC, e da Resolução STJ 08/2008" (STJ, REsp 1.035.847, 2009).

– "3. A jurisprudência do STJ e do STF é no sentido de ser indevida a correção monetária dos créditos escriturais de IPI... Todavia, é devida a correção monetária de tais créditos quando o seu aproveitamento, pelo contribuinte, sofre demora em virtude de resistência oposta por ilegítimo ato administrativo ou normativo do Fisco. É forma de se evitar o enriquecimento sem causa e de dar integral cumprimento ao princípio da não cumulatividade. Precedentes do STJ e do STF" (STJ, REsp 677.445, 2007).

– **Ressarcimento em espécie.** Há incerteza quanto ao termo *a quo* para a correção monetária no ressarcimento em dinheiro dos créditos de IPI: se a contar da apuração do saldo-credor ao final do trimestre calendário, do pedido administrativo de ressarcimento ou do decurso do prazo de 360 dias sem que tenha sido atendido. O STF, no RE 299605, entendeu que, havendo resistência ilegítima ao ressarcimento, enseja a correção.

– **Do direito à atualização quando da ocorrência de resistência ilegítima ao ressarcimento oportuno.** "CRÉDITO PRÊMIO DE IPI. RESSARCIMENTO SOLICITADO NA VIA AD-

MINISTRATIVA. RESISTÊNCIA INJUSTIFICADA DA ADMINISTRAÇÃO TRIBUTÁRIA. ADIMPLEMENTO INTEMPESTIVO. 1. A jurisprudência do Supremo Tribunal Federal é firme no sentido de que há o direito à correção monetária dos créditos de IPI referentes aos valores não aproveitados na etapa seguinte da cadeia produtiva, desde que fique comprovada a estrita hipótese de resistência injustificada da Administração Tributária em realizar o pagamento tempestivamente. Precedentes. 2. A verificação, em concreto, da injustificada resistência do Fisco e da adequação dos termos da correção monetária cingem-se ao contencioso infraconstitucional. 3. Fixação de tese: 'A mora injustificada ou irrazoável do fisco em restituir o valor devido ao contribuinte caracteriza a 'resistência ilegítima' autorizadora da incidência da correção monetária'" (STF, RE 299.605 AgR-ED-EDv, 2016).

– **Atualização após vencido o prazo de 360 dias do art. 24 da Lei n. 11.457/2004.** "2. O Superior Tribunal de Justiça tem entendido ser legítima a atualização monetária de crédito escritural quando há demora no exame dos pedidos pela autoridade administrativa ou oposição decorrente de ato estatal, administrativo ou normativo, postergando o seu aproveitamento, o que não ocorre na hipótese, em que os atos normativos são legais. 3. 'O Fisco deve ser considerado em mora (resistência ilegítima) somente a partir do término do prazo de 360 (trezentos e sessenta) dias contado da data do protocolo dos pedidos de ressarcimento, aplicando-se o art. 24 da Lei 11.457/2007, independentemente da data em que efetuados os pedidos' [...]" (STJ, REsp 1.240.714, 2013).

– "Quanto ao termo inicial da referida correção monetária, este deve ser coincidente com o termo inicial da mora. Usualmente, tenho conferido o direito à correção monetária a partir da data em que os créditos poderiam ter sido aproveitados e não o foram em virtude da ilegalidade perpetrada pelo Fisco. Nesses casos, o termo inicial se dá com o protocolo dos pedidos administrativos de ressarcimento. Contudo, essa determinação, ou qualquer discussão a respeito de outros normativos aplicáveis, não tem mais lugar diante da publicação do art. 24, da Lei n. 11.457/2007... Desta maneira, consoante precedente julgado em sede de Recurso Representativo da Controvérsia, tanto para os requerimentos efetuados anteriormente à vigência da Lei 11.457/07, quanto aos pedidos protocolados após o advento do referido diploma legislativo, o prazo aplicável é de 360 dias a partir do protocolo dos pedidos (art. 24 da Lei 11.457/07). Sendo assim, o Fisco deve ser considerado em mora a partir do término do prazo de 360 (trezentos e sessenta) dias contado da data do protocolo do pedido de ressarcimento. Cabendo, a partir daí, a correção monetária, pois incide na denominada 'resistência ilegítima' prevista na Súmula n. 411/STJ" (STJ, voto condutor no REsp 1.331.033, 2013).

– **Atualização a partir do protocolo do pedido.** "IPI. CREDITAMENTO. DIFERENÇA ENTRE CRÉDITO ESCRITURAL E PEDIDO DE RESSARCIMENTO EM DINHEIRO OU MEDIANTE COMPENSAÇÃO COM OUTROS TRIBUTOS. MORA DA FAZENDA PÚBLICA FEDERAL. INCIDÊNCIA DA SÚMULA N. 411/STJ. CORREÇÃO MONETÁRIA. TERMO INICIAL. PROTOCOLO DO PEDIDO... [...] 4... no presente caso estamos a falar de ressarcimento de créditos, sistemática diversa (sistemática extraordinária de aproveitamento) onde os créditos outrora escriturais passam a ser objeto de ressarcimento em dinheiro ou ressarcimento mediante compensação com outros tributos em virtude da impossibilidade de dedução com débitos de IPI decorrentes das saídas de produtos (normalmente porque isentos, não tributados ou sujeitos à alíquota zero), ou até mesmo por opção do contribuinte, nas hipóteses permitidas por lei. Tais créditos deixam de ser escriturais, pois não estão mais acumulados na escrita fiscal para uso exclusivo no abatimento do IPI devido na saída. São utilizáveis fora da escrita fiscal. Nestes casos, o ressarcimento em dinheiro ou ressarcimento mediante compensação com outros tributos se dá mediante requerimento feito pelo contribuinte que, muitas vezes, diante das vicissitudes burocráticas do Fisco, demora a ser atendido, gerando uma defasagem no valor do crédito que não existiria caso fosse reconhecido anteriormente ou caso pudesse ter sido utilizado na escrita fiscal mediante a sistemática ordinária de aproveitamento. Essa foi exatamente a situação caracterizada no Recurso Representativo da Controvérsia REsp 1.035.847 – RS, Primeira Seção, Rel. Min. Luiz Fux, julgado em 24.6.2009, onde foi reconhecida a incidência de correção monetária. 6... se há pedido de ressarcimento de créditos de IPI, PIS/COFINS (em dinheiro ou via compensação com outros tributos) e esses créditos são reconhecidos pela Receita Federal com mora, essa demora no ressarcimento enseja a incidência de correção monetária, posto que caracteriza também a chamada 'resistência ilegítima' exigida pela Súmula n. 411/STJ. Precedentes... 7. O Fisco deve ser considerado em mora somente a partir da data do protocolo dos pedidos de ressarcimento. 8. Embargos de divergência providos" (STJ, EAg 1220942, 2013) Eis excerto do voto condutor: "Quanto ao termo inicial da correção monetária, este deve ser coincidente com o termo inicial da mora. Usualmente, tenho conferido o direito à correção monetária a partir da data em que os créditos poderiam ter sido aproveitados e não o foram em virtude da ilegalidade perpetrada pelo Fisco. Nesses casos, o termo inicial se dá com o protocolo dos pedidos administrativos de ressarcimento".

– Atualização a partir do final do trimestre-calendário. "IPI. CRÉDITO DA AQUISIÇÃO DE INSUMOS. EXPORTAÇÃO. RECEBIMENTO EM ESPÉCIE. CORREÇÃO MONETÁRIA. Faz-se necessário compatibilizar o entendimento do STF, já consolidado, no sentido de que não há direito à correção monetária do crédito escriturado de IPI, com a vedação do enriquecimento sem causa por parte da União, também já reconhecida pelo STF. Reconhecido o direito à correção a partir do final de cada trimestre-calendário quanto aos respectivos créditos" (TRF4, AC 199804010155391, 2003).

– Da atualização a partir do momento em que o crédito passa a ser oponível ao Fisco para fins de ressarcimento em dinheiro ou de compensação com outros tributos. "A legislação atinente ao IPI prevê hipóteses em que o crédito básico de IPI passa a ser oponível ao Fisco para fins de compensação com outros tributos ou mesmo para restituição. Isso porque, muitas vezes, as empresas que se creditam na entrada de insumos não têm como compensar-se na saída. Os exemplos mais comuns são o das empresas exclusivamente exportadoras e o de empresas que produzem produtos finais isentos. O mesmo poderá ocorrer na escri-

turação extemporânea de créditos, quando seu vulto dificulte a utilização para compensação com débitos de IPI na sistemática própria da não cumulatividade. A Lei 9.779/99 dispõe em seu art. 11: 'Art. 11. O saldo credor do Imposto sobre Produtos Industrializados – IPI, acumulado em cada trimestre-calendário, decorrente de aquisição de matéria-prima, produto intermediário e material de embalagem, aplicados na industrialização, inclusive de produto isento ou tributado à alíquota zero, que o contribuinte não puder compensar com o IPI devido na saída de outros produtos, poderá ser utilizado de conformidade com o disposto nos arts. 73 e 74 da Lei 9.430, de 1996, observadas normas expedidas pela Secretaria da Receita Federal – SRF, do Ministério da Fazenda.' Com o reconhecimento, após vários anos, do direito ao creditamento atinente à entrada de insumos isentos, não tributados e sujeitos à alíquota zero, o crédito básico, corrigido, que vier a ser escriturado terá elevada dimensão, podendo extrapolar em muito o montante devido a título de IPI no respectivo decênio e nos subsequentes ou, no caso das microempresas e empresas de pequeno porte, no respectivo mês ou nos meses subsequentes. (art. 49, parágrafo único, do CTN e 178, § 1º, do Decreto 2.637/98, art. 1º da Lei 8.850/94 e art. 2º, I, da Lei 9.943/97) Apurado saldo credor ao final do respectivo trimestre, deixará então de constituir mero crédito básico para compensação com débitos de IPI, assumindo, sim, o *status* de crédito oponível à União para restituição ou compensação administrativa com outros tributos, na forma dos arts. 73 e 74 da Lei 9.430/96 e da regulamentação constante da IN SRF n. 210, de 20 de setembro de 2002, que estabelece a nova disciplina de restituição e compensação inclusive para os fins do art. 11 da Lei 9.779/99. Como todos os créditos do contribuinte restituíveis e compensáveis, pois, passa a ser atualizável pela aplicação da taxa SELIC por força da incidência do art. 39, § 4º, da Lei 9.250/95. Assim, ao final do trimestre-calendário em que escriturado o crédito básico, o saldo credor apurado passa a ser atualizável pela SELIC" (TRF4, excerto do voto condutor da AC 1999.70.09.003275-3, 2002).

⇒ **Compensação ao final do trimestre com os tributos devidos ou impagos no seu curso, sem multa e juros. Insuficiência.** "... a Agravante, exportadora, está tendo as compensações de tributos devidos ao longo de cada trimestre, realizadas com créditos de IPI ao final de cada trimestre, consideradas insuficientes. Isso porque o Fisco entende que o valor dos créditos do contribuinte tem de corresponder ao valor dos tributos no momento da apresentação da Declaração de Compensação, sob pena de a compensação não abranger todo o débito, deixando saldo em aberto. ... não me parece que haja forte fundamento de direito em seu favor. Isso porque o efeito do art. 11 da Lei 9.779/99 é o de ensejar, ao final de cada trimestre calendário, a utilização do saldo credor de IPI acumulado e que a empresa não teve como utilizar na compensação com o IPI devido na saída de outros produtos, para fins de compensação com débitos na forma do art. 74 da Lei 9.430/96. De modo algum, há autorização para que a empresa deixe de efetuar o pagamento de tributos durante o trimestre e, ao seu final, possa extinguir os débitos sem multa e juros, invocando os créditos do respectivo trimestre. A compensação se dá no momento da apresentação da Declaração de Compensação, de modo que, nesta data, têm de equivaler os créditos e os débitos, sob pena de restar saldo ainda devido. Assim, não vislumbro, em análise preliminar, qualquer ilegalidade na atacada IN 323/03. Dessa forma, indefiro o efeito suspensivo" (TRF4, decisão no AI 2007.04.00.012367-0, 2007).

⇒ *Drawback*. **Não enseja a apuração de crédito de IPI.** "*DRAWBACK* – MODALIDADE SUSPENSÃO – IPI – CRÉDITOS NA EXPORTAÇÃO – NÃO CABIMENTO... 2. Consoante doutrina e jurisprudência, a finalidade do regime de drawback é a de incentivar a exportação, não sendo meio para a obtenção de benefícios fiscais específicos para a concorrência no mercado interno. Ao revés, o incentivo à exportação concedido sob este regime é justamente para colocar a empresa nacional em condições de concorrer com as indústrias estrangeiras. 3. Na importação de mercadorias (insumos) sob o regime de suspensão de tributos, condicionada à futura exportação dos produtos em que empregados os referidos insumos, o IPI somente será exigível quando não ocorra a exportação no prazo fixado, ou seja, implementada a condição imposta – a exportação –, resolve-se a obrigação tributária suspensa (art. 38 do RIPI/98), motivo por que não ocorre o surgimento do crédito tributário. 4. Portanto, descabido falar, na espécie, em créditos na exportação, uma vez que a modalidade suspensão de tributos pressupõe a efetiva exportação, nos prazos convencionados" (STJ, REsp 447.089, 2007).

– "CRÉDITO PRÊMIO DO IPI – LIQUIDAÇÃO... 2. Correta impugnação de valores computados como crédito, representados em guias de exportação de mercadorias que ingressaram no país pelo regime de *drawback*" (STJ, REsp 722.335, 2006).

⇒ **IPI-Importação. Importação por pessoa física e o critério da não cumulatividade.** "IMPOSTO SOBRE PRODUTOS INDUSTRIALIZADOS – IMPORTAÇÃO DE BENS PARA USO PRÓPRIO – CONSUMIDOR FINAL. Incide, na importação de bens para uso próprio, o Imposto sobre Produtos Industrializados, sendo neutro o fato de tratar-se de consumidor final" (STF, RE 723.651, 2016). Consta do voto condutor: "Ainda sob o ângulo da não cumulatividade, há de ter-se presente que visa efeito único: afastar a bitributação. Vale dizer que, segundo a jurisprudência do Supremo – cito casos a envolverem a controvérsia acerca do creditamento do IPI quando da aquisição de insumos isentos, não tributados ou sujeitos à alíquota zero: Recursos Extraordinários n. 353.657/PR... e n. 370.682/SC..., apenas cabe acionar o princípio se ocorrer a incidência sequencial do mesmo tributo. Ora, tratando-se de importação de bem para uso pessoal por pessoa natural ou para uso de pessoa jurídica, como ocorre com equipamentos estrangeiros, não há que se cogitar de alienação posterior sujeita à incidência do Imposto sobre Produtos Industrializados. Na situação concreta, o recorrente importou veículo automotor para uso próprio. Vindo a aliená-lo, a conjugação da Constituição Federal com o Código Tributário Nacional revela não incidir o tributo. O princípio da não cumulatividade não pode ser articulado para

lograr-se, de forma indireta, imunidade quanto à incidência tributária. Repito: pressupõe, sempre e sempre, a existência de operações sequenciais passíveis de tributação."

– "IPI. IMPORTAÇÃO DE VEÍCULO POR PESSOA FÍSICA, NÃO COMERCIANTE OU EMPRESÁRIA, PARA USO PRÓPRIO. SUPERADO ENTENDIMENTO ANTERIOR À EC 33/01. PRINCÍPIO DA NÃO CUMULATIVIDADE. NÃO APLICAÇÃO. 1. A incidência de IPI nos casos de importação de veículo por pessoa física, não comerciante ou empresária, para uso próprio, decorre da aplicação dos arts. 51, I, e 46, I, ambos do CTN. 2. As decisões dos Tribunais Superiores, anteriores à EC 33/01, aplicavam por analogia entendimento já superado (a partir desta EC) em relação ao ICMS. 3. O principal argumento daquelas decisões, o princípio da não cumulatividade, mostra-se equivocado, na medida em que tal técnica de tributação visa a impedir que as incidências sucessivas, nas diversas operações da cadeia econômica de um produto, implicassem ônus tributário muito elevado, em consequência de múltipla tributação sobre a mesma base econômica, o que não ocorre no caso. 4. Igualmente não prospera a tese de afastar a incidência do IPI no caso de bem importado para utilização própria (seja por pessoa natural, seja por pessoa jurídica) por não se tratar de 'mercadoria'. Tal qualificação é entendida sob o ponto de vista do alienante, nunca do adquirente do bem. No caso do IPI, o contribuinte no Brasil, ao importar, coloca-se como 'substituto tributário' do comerciante situado no exterior, que não pode ser alcançado pelas leis brasileiras" (TRF4, EINF 5049386-28.2011.404.7000, 2013).

– Em sentido contrário, hoje superado, houve precedentes: "IPI. IMPORTAÇÃO DE VEÍCULO AUTOMOTOR. PESSOA FÍSICA. USO PRÓPRIO. 1. Não incide o IPI em importação de veículo automotor, para uso próprio, por pessoa física. Aplicabilidade do princípio da não cumulatividade. Precedente. Agravo regimental a que se nega provimento" (STF, 2ª T., AgR-RE 501.773/SP, rel. Min. Eros Grau, jun. 2008); "IPI. IMPORTAÇÃO: PESSOA FÍSICA NÃO COMERCIANTE OU EMPRESÁRIO: PRINCÍPIO DA NÃO CUMULATIVIDADE: CF, art. 153, § 3º, II. NÃO INCIDÊNCIA DO IPI. I. – Veículo importado por pessoa física que não é comerciante nem empresário, destinado ao uso próprio: não incidência do IPI: aplicabilidade do princípio da não cumulatividade: CF, art. 153, § 3º, II. Precedentes do STF relativamente ao ICMS, anteriormente à EC 33/2001..." (STF, AgRegRE 255.682, 2005).

III – não incidirá sobre produtos industrializados destinados ao exterior.

⇒ **Imunidade.** Sempre que a Constituição afasta a tributação relativamente a determinada pessoa ou situação que, de outro modo, seria passível de ser tributada, está estabelecendo norma negativa de competência e, portanto, uma imunidade. A Constituição, no art. 153, § 3º, III, torna imunes ao IPI os produtos industrializados destinados ao exterior. Com isso, sempre que houver a saída de mercadorias do estabelecimento industrial ou equiparado tendo como destino outro País, não se poderá falar em IPI.

– **Não constitui cláusula pétrea.** Esta regra não está a serviço de qualquer direito fundamental ou da forma federativa de Estado, de modo que pode ser revogada, excepcionada ou de qualquer forma alterada, desde que por Emenda Constitucional.

⇒ **Autoaplicabilidade às saídas para exportação.** A imunidade em questão é autoaplicável, bastante em si, dispensando qualquer regulamentação. A saída do produto industrializado com destino ao exterior está imune à incidência de IPI. Aplica-se a desoneração à saída para empresa comercial exportadora, com o fim específico de exportação, conforme disciplinado expressamente pelo art. 39 da Lei n. 9.532/97.

– Lei n. 9.532/97: "Art. 39. Poderão sair do estabelecimento industrial, com suspensão do IPI, os produtos destinados à exportação, quando: I – adquiridos por empresa comercial exportadora, com o fim específico de exportação; II – remetidos a recintos alfandegados ou a outros locais onde se processe o despacho aduaneiro de exportação. § 1º Fica assegurada a manutenção e utilização do crédito do IPI relativo às matérias-primas, produtos intermediários e material de embalagem utilizados na industrialização dos produtos a que se refere este artigo. § 2º Consideram-se adquiridos com o fim específico de exportação os produtos remetidos diretamente do estabelecimento industrial para embarque de exportação ou para recintos alfandegados, por conta e ordem da empresa comercial exportadora. § 3º A empresa comercial exportadora fica obrigada ao pagamento do IPI que deixou de ser pago na saída dos produtos do estabelecimento industrial, nas seguintes hipóteses: a) transcorridos 180 dias da data da emissão da nota fiscal de venda pelo estabelecimento industrial, não houver sido efetivada a exportação; b) os produtos forem revendidos no mercado interno; c) ocorrer a destruição, o furto ou roubo dos produtos".

– **Operações internas anteriores.** As operações internas anteriores à saída para o exterior não estão abrangidas pela norma de imunidade, de modo que sua desoneração dependeria de lei. Mas, embora o art. 153, § 3º, III, da CF não traga norma expressa tal qual a do art. 155, § 2º, X, *a*, da CF que, relativamente ao ICMS, ao dizer da não incidência sobre as operações que destinem mercadorias para o exterior, expressamente assegura "a manutenção e o aproveitamento do montante do imposto cobrado nas operações e prestações anteriores", a legislação (art. 256, § 2º, do Dec. n. 7.212/2010) prevê que os créditos de IPI acumulados pelo industrial exportador serão ressarcidos em dinheiro, de modo que a cobrança do imposto ao longo da cadeia não onera a exportação. Sobre a manutenção dos créditos pelo exportador, vide nota ao § 3º, inc. II, sobre produto final imune.

– "... a imunidade preconizada no inciso III do § 3º do artigo 153 da Constituição Federal deve alcançar não só a efetiva exportação, última etapa da cadeira produtiva, como toda ela, no claro intuito de preservar a desoneração constitucionalmente consagrada e, assim, mantendo a máxima de que 'devemos exportar produtos e não tributos'. [...] a manutenção e o aproveitamento, pelo exportador, dos créditos de IPI oriundos dos insumos que adquiriu, trará a consequência exonerativa pretendida sobre toda esta cadeia produtiva. Logo, totalmente desnecessária qualquer norma infraconstitucional que traga esse comando (de manutenção e aproveitamento, pelo exportador, dos créditos de IPI advindos dos insumos que adquiriu), já que o mesmo decorre das normas constitucionais anteriormente citadas. [...] O legislador infraconstitucional pode (em verdade deve, já que a finalidade almejada com a imunidade em tela beneficia a sociedade brasileira, fortalecendo sua indústria) conceder formas alternativas desta imunidade atingir toda a cadeia produtiva. Entretanto, nesses casos, tal instrumento alternativo de desoneração passa a depender de sua regulamentação infraconstitucional..." (CASTRO, Danilo Monteiro de. Alcance e efeitos da regra imunizante inerente ao Imposto sobre Produtos Industrializados (IPI) na exportação. *RDDT* 211/16, 2013).

– **Manutenção e utilização dos créditos pelo exportador.** Dec. n. 7.212/2010: "Art. 256. Os créditos do imposto escriturados pelos estabelecimentos industriais, ou equiparados a industrial, serão utilizados mediante dedução do imposto devido pelas saídas de produtos dos mesmos estabelecimentos [...] § 1º Quando, do confronto dos débitos e créditos, num período de apuração do imposto, resultar saldo credor, será este transferido para o período seguinte, observado o disposto no § 2º [...] § 2º O saldo credor de que trata o § 1º acumulado em cada trimestre-calendário, decorrente de aquisição de matéria-prima, produto intermediário e material de embalagem, aplicados na industrialização, inclusive de produto isento, tributado à alíquota zero, ou ao abrigo da imunidade em virtude de se tratar de operação de exportação, nos termos do inciso II do art. 18, que o contribuinte não puder deduzir do imposto devido na saída de outros produtos, poderá ser utilizado de conformidade com o disposto nos arts. 268 e 269, observadas as normas expedidas pela Secretaria da Receita Federal do Brasil [...]. [...] Art. 268. O sujeito passivo que apurar crédito do imposto, inclusive decorrente de trânsito em julgado de decisão judicial, passível de restituição ou de ressarcimento, poderá utilizá-lo na compensação de débitos próprios relativos a impostos e contribuições administrados pela Secretaria da Receita Federal do Brasil, observadas as demais prescrições e vedações legais [...]. § 1º A compensação de que trata o *caput* será efetuada mediante a entrega, pelo sujeito passivo, de declaração na qual constarão informações relativas aos créditos utilizados e aos respectivos débitos compensados [...]. § 2º A compensação declarada à Secretaria da Receita Federal do Brasil extingue o crédito tributário, sob condição resolutória de sua ulterior homologação [...]. Art. 269. A restituição ou o ressarcimento do imposto ficam condicionados à verificação da quitação de impostos e contribuições federais do interessado [...]. Parágrafo único. Verificada pela Secretaria da Receita Federal do Brasil a existência de débitos em nome do contribuinte, será realizada a compensação, total ou parcial, do valor da restituição ou do ressarcimento com o valor do débito [...]".

⇒ **Aplicação da imunidade às empresas optantes pelo Simples Nacional.** A matéria está em discussão, com repercussão geral, no RE 598.468 (Tema 207), relator o Min. Marco Aurélio. Vale notar que a LC n. 123/2006, assim como anteriormente a Lei n. 9.317/96, traz anexos em que é possível identificar o montante do recolhimento unificado que corresponde a cada um dos tributos, inclusive a parcela a título de IPI. Desse modo, nada impede que, reconhecida a imunidade, seja reduzido o recolhimento no percentual exato correspondente à contribuição ou imposto indevido. O Simples não constitui um novo tributo, mas um modo de recolhimento unificado de diversos tributos, por percentual global em que se decompõem os percentuais atinentes a cada um deles.

– **Tema 207 do STF:** "As imunidades previstas nos artigos 149, § 2º, I, e 153, § 3º, III, da Constituição Federal são aplicáveis às empresas optantes pelo Simples Nacional". Decisão do mérito em 2020.

IV – terá reduzido seu impacto sobre a aquisição de bens de capital pelo contribuinte do imposto, na forma da lei.

⇒ **EC n. 42/2003.** Inciso acrescido pela EC n. 42, publicada no *DOU* de 31-12-2003.

⇒ **Não autoaplicabilidade.** Caberá à lei ordinária federal estabelecer os critérios para a diminuição do impacto do IPI na aquisição de bens de capital. Tal diminuição poderá se dar mediante autorização para apropriação de crédito relativo ao IPI incidente na operação e sua utilização na compensação com o devido pela empresa adquirente em outras operações ou seu ressarcimento em dinheiro, ou mesmo mediante o estabelecimento de critérios a serem observados pelo Executivo (art. 153, § 1º, da CF) na redução das alíquotas relativas a operações com tais bens de capital. Não há como buscar-se, em face tão somente do dispositivo constitucional, o reconhecimento do direito à imunidade de tais operações ao IPI, à isenção, à alíquota zero ou ao crédito de IPI na aquisição, pois o dispositivo constitucional não estabeleceu qualquer imunidade, tampouco concedeu os referidos benefícios, tendo remetido ao legislador ordinário a definição da forma pela qual se dará a redução do impacto do IPI na aquisição de bens de capital pelo contribuinte do imposto, ou seja, pelo industrial e demais indicados no art. 51 do CTN.

– **Eficácia negativa imediata.** Estabelecendo um fim a ser buscado, o dispositivo constitucional tem a eficácia imediata de impedir a validade de lei ou ato normativo que atue em sentido contrário, aumentando o impacto do IPI na aquisição de bens de capital. Sobrevindo legislação nesse sentido, contrário à determinação constitucional, será inconstitucional e, portanto, inválida, ainda que a regulamentação do art. 153, § 3º, IV, da CF ainda não tenha sido editada.

§ 4º O imposto previsto no inciso VI do *caput* (ITR):

⇒ **EC n. 42/2003.** § 4º com a redação dada pela EC n. 42, publicada no DOU de 31 de dezembro 2003.

– **Redação revogada:** "§ 4º O imposto previsto no inciso VI (Imposto sobre a Propriedade Territorial Rural/ITR) terá suas alíquotas fixadas de forma a desestimular a manutenção de propriedades improdutivas e não incidirá sobre pequenas glebas rurais, definidas em lei, quando as explore, só ou com sua família, o proprietário que não possua outro imóvel".

I – será progressivo e terá suas alíquotas fixadas de forma a desestimular a manutenção de propriedades improdutivas;

⇒ **EC n. 42/2003.** Inciso I integrante do § 4º acrescido pela EC n. 42, publicada no *DOU* de 31 de dezembro 2003.

⇒ **Progressividade fiscal.** A previsão constitucional inserida pela EC n. 42/2003 enseja a atribuição de alíquota maior à medida em que aumenta a base de cálculo. Para o ITR, como imposto real, a autorização expressa autorização outorgada pela EC n. 42/2003, não se admitiria progressividade de alíquotas, forte na orientação do STF estampada em notas ao art. 145, § 1º, da CF.

⇒ **Progressividade extrafiscal.** Quando se está em face de progressividade estabelecida por critérios distintos da revelação de capacidade contributiva, adentramos o campo da extrafiscalidade, que se justifica constitucionalmente pelo fim que se procura alcançar.

⇒ **Alíquotas fixadas de forma a desestimular as propriedades improdutivas.** O dispositivo autoriza a utilização extrafiscal do ITR, de modo que seja mais onerado o proprietário que não dá destinação econômica ao seu imóvel rural ou o faz com baixo rendimento, não alcançando os índices previstos para a respectiva cultura na microrregião em que situado o imóvel.

⇒ **Área do imóvel.** O STF entende válida a progressividade baseada também na área do imóvel, tal qual estabelecida pela Lei n. 9.393/96, "que leva em conta, de maneira conjugada, o grau de utilização (GU) e a área do imóvel", realçando que, "quanto maior a área do imóvel, com mais vigor a lei impõe a extrafiscalidade, isto é, com mais intensidade ela desestimula a manutenção de propriedade improdutiva" (AgRRE 1.038.357, 2018).

– "Imposto sobre a Propriedade Territorial Rural (ITR). Lei n. 9.393/96. Progressividade das alíquotas. Grau de utilização e área do imóvel. Constitucionalidade. 1. Mostra-se alinhada com a redação originária do § 4º do art. 153 da Constituição Federal a progressividade das alíquotas do ITR a qual se refere à Lei n. 9.393/96, progressividade essa que leva em conta, de maneira conjugada, o grau de utilização (GU) e a área do imóvel" (STF, RE 1.038.357 AgR, 2018). No mesmo sentido: RE 1.195.646 AgR, 2019; RE 1.200.455 AgR, 2019.

– Discordamos. Como a progressividade do ITR é prevista na Constituição, com a enunciação dos critérios que a devem orientar, e o tamanho do imóvel não é referido, pode-se entender que o legislador não poderia ter estabelecido progressivas em função da área do imóvel. Permaneceria, pois, quanto a tal ponto, a mesma situação que se tinha à luz da redação original do § 4º. Graduação de alíquota em função das dimensões do imóvel, tal como consta da tabela anexa à Lei n. 9.393/96, não possuía suporte constitucional e continuaria sendo vedada. De fato, o critério teria de ser necessariamente o grau de produtividade, não se prestando para tanto as dimensões do imóvel.

II – não incidirá sobre pequenas glebas rurais, definidas em lei, quando as explore o proprietário que não possua outro imóvel;

⇒ **EC n. 42/2003.** Inciso II integrante do § 4º acrescido pela EC n. 42, publicada no *DOU* de 31 de dezembro 2003.

⇒ **Imunidade.** A previsão de que o ITR não incidirá sobre pequenas glebas rurais é regra de imunidade.

– **Regulamentação pelo art. 2º da Lei n. 9.393/96. Lei ordinária x lei complementar. 146, II, da CF.** O art. 2º da Lei n. 9.393/96 regulamenta a imunidade em questão. Contudo, pode-se objetar tratar-se de matéria reservada à lei complementar, eis que o art. 146, II, da CF estabelece expressamente que cabe à lei complementar "II – regular as limitações constitucionais ao poder de tributar;", sendo certo que a regulamentação de dispositivo constitucional que condiciona o exercício da tributação só tem eficácia se não estiver disponível ao legislador ordinário do ente tributante. A regulamentação por lei ordinária, a rigor, não cumpre a sua finalidade, eis que, a qualquer momento, pode o legislador ordinário dispor de modo diferente, revogando a lei anterior.

⇒ **Pequenas glebas rurais. Definição legal.** Encontra-se a definição do que se deva considerar por "pequenas glebas rurais" no art. 2º da Lei 9.393/96, cujo parágrafo único dispõe: "Parágrafo único. Para os efeitos deste artigo, pequenas glebas rurais são os imóveis com área igual ou inferior a: I – 100 ha, se localizado em município compreendido na Amazônia Ocidental ou no Pantanal mato-grossense e sul-mato-grossense; II – 50 ha, se localizado em município compreendido no Polígono das Secas ou na Amazônia Oriental; III – 30 ha, se localizado em qualquer outro município".

⇒ **Proprietário que não possua outro imóvel. Requisito da unititularidade.** A referência a proprietário que não possua outro imóvel consubstancia o denominado requisito da unititularidade. Com a redação da EC n. 42/2003, não há mais a exigência de que o proprietário explore o imóvel só ou com sua família. Basta que a única propriedade recaia sobre pequena gleba rural para que esteja amparada pela imunidade tributária relativamente ao ITR.

– A unititularidade é importante, também, na exclusão das pequenas e médias propriedades rurais da susceptibilidade à desapropriação por interesse social para fins de reforma agrária, nos termos do art. 185, inciso I, da CF. Vide, a respeito, de nossa autoria juntamente com Roger Raupp Rios e Vivian J. P. Caminha, *Desapropriação e Reforma Agrária*, Porto Alegre: Livraria do Advogado, 1997.

III – será fiscalizado e cobrado pelos Municípios que assim optarem, na forma da lei, desde que não implique redução do imposto ou qualquer outra forma de renúncia fiscal.

⇒ **EC n. 42/2003.** Inciso III integrante do § 4º acrescido pela EC n. 42, publicada no *DOU* de 31 de dezembro 2003.

⇒ **Competência x fiscalização e cobrança.** O novo inciso III do § 4º do art. 153 da CF não altera a competência para a instituição do ITR, que prossegue sendo da União. Mas autoriza o legislador federal a delegar ao Município, mediante opção deste, a condição de sujeito ativo da obrigação tributária, titular dos poderes de fiscalizar, lançar e exigir o pagamento. Também é prerrogativa do sujeito ativo regulamentar o tributo em nível infralegal.

– Sobre as distinções entre os planos da competência, da capacidade tributária ativa, da destinação de receitas tributárias e da arrecadação, vide nota introdutória à competência tributária que precede o art. 6º do CTN. Imaginamos que a lei autorize a formalização de convênios entre a União e os Municípios, sendo que será válida a previsão de percentual para a remuneração das despesas do Município com tal atividade, independentemente da repartição constitucional da receita do ITR.

– **Destinação total do produto ao Município no caso de opção.** A repartição da receita tributária do ITR entre a União e os Municípios (50% para a União e 50% para o Município em que situado o imóvel) fica alterada na hipótese de opção do Município pela fiscalização e cobrança de que trata este inciso, cabendo, então, a totalidade da receita ao Município (100%), nos termos do que dispõe o art. 158, II, da CF, também com a redação que lhe foi atribuída pela EC n. 42/2003.

– Assim, o ITR segue sendo instituído pela União, por lei federal, mas poderá ter como sujeito ativo o Município, mediante opção deste, na forma da lei, hipótese em que caberá a este a fiscalização e cobrança, tornando-se, então, titular da totalidade da respectiva receita.

⇒ **Sujeito ativo. União.** Sujeito ativo da relação tributária relativa ao ITR é a União. De fato, o art. 15 da Lei n. 9.393/96 é expresso no sentido de que compete à SRF a administração do ITR, incluídas as atividades de arrecadação, tributação e fiscalização. Por se referir a órgão da administração direta da União, tem-se que é esta o sujeito ativo da relação tributária. O convênio com os Municípios não afasta a condição da União de sujeito ativo.

– **Delegação das funções de arrecadação e fiscalização aos Municípios mediante convênio. Lei n. 11.250/2005.** Regulamentando o inciso III do § 4º do art. 153 da CF, acrescido pela EC n. 42/2003, sobreveio a Lei n. 11.250/2005 permitindo que o ITR seja fiscalizado e cobrado pelos Municípios que assim optarem, mediante formalização de convênio para tanto, firmado com a União através da SRF. Conforme a IN RFB n. 1640/16, que dispôs sobre as cláusulas de tal convênio, verifica-se que a "celebração do convênio não prejudicará as competências supletivas da RFB de fiscalização, inclusive a de lançamento de créditos tributários, e de cobrança relativas ao ITR., restando claro, ainda, que os Municípios se comprometem a cumprir inclusive metas de fiscalização estabelecidas pela SRF e que o contencioso administrativo permanece com a SRF. Assim, temos que a União permanece na condição de sujeito ativo e que delega apenas a realização da arrecadação e da fiscalização, a ser realizada conforme suas determinações, ainda que o produto da arrecadação caiba ao Município nesses casos. Quanto à indelegabilidade da competência e delegabilidade das funções de arrecadar e fiscalizar tributos, vide o art. 7º do CTN.

– **Lei n. 11.250, de 27 de dezembro de 2005:** "Art.1º A União, por intermédio da Secretaria da Receita Federal, para fins do disposto no inciso III do § 4º do art. 153 da Constituição Federal, poderá celebrar convênios com o Distrito Federal e os Municípios que assim optarem, visando a delegar as atribuições de fiscalização, inclusive a de lançamento dos créditos tributários, e de cobrança do Imposto sobre a Propriedade Territorial Rural, de que trata o inciso VI do art. 153 da Constituição Federal, sem prejuízo da competência supletiva da Secretaria da Receita Federal. § 1º Para fins do disposto no *caput* deste artigo, deverá ser observada a legislação federal de regência do Imposto sobre a Propriedade Territorial Rural. § 2º A opção de que trata o *caput* deste artigo não poderá implicar redução do imposto ou qualquer outra forma de renúncia fiscal. Art. 2º A Secretaria da Receita Federal baixará ato estabelecendo os requisitos e as condições necessárias à celebração dos convênios de que trata o art. 1º desta Lei. Art. 3º Esta Lei entra em vigor na data de sua publicação".

– **Decreto n. 6.433/2008.** O Dec. n. 6.433/2008, já alterado pelos Decretos ns. 6.621/2008 e 6.770/2009, dispõe sobre a forma de opção, dispondo no sentido de que a celebração de convênio da União com os Municípios dá-se através de termo de opção por parte destes, produzindo efeitos para os anos-calendários subsequentes. O eventual indeferimento é que formalizado pelo CGITR Comitê Gestor do Imposto sobre a Propriedade Territorial Rural – CGITR, instituído pelo mesmo decreto.

– **IN RFB n. 1640/16.** As normas complementares relativas ao convênio para a delegação das atribuições relativas ao ITR constam da IN RFB 1.640/16.

– **Nota Técnica CNM n. 16/14.** A Confederação Nacional dos Municípios editou a Nota Técnica n. 16/2014 com orientações acerca da adesão para fins de assunção da fiscalização e do lançamento do ITR.

– **Exigência de que o Município possua quadro de carreira de fiscais.** Atualmente, a IN RFB n. 1.640/2016 exige que o Município possua servidor aprovado em concurso público para cargo com atribuição de lançamento de créditos tributários. Anteriormente, exigia-se que o Município possuísse "quadro de carreira de servidores com atribuição de lançamento de créditos tributários", nos termos do art. art. 5º, inciso III, da IN RFB n. 884/2008, com a redação da IN RFB n. 919/2009.

– **Anteriormente, forte na IN n. 679/2006, exigia-se nível superior.** Originalmente, exigia-se que possuísse "quadro de carreira de servidores ocupantes de cargos de nível superior com atribuição de lançamento de créditos tributários", nos termos do art. 24 da IN SRF n. 643/2006.

– "A Secretaria da Receita, ao regular os requisitos para a celebração do convênio, cria exigência, efetivamente, não contida, implícita ou explicitamente, no texto constitucional e que restringe sobremaneira a possibilidade de os Municípios exercerem as atribuições fiscalizadoras que lhe são sinalizadas pela Constituição Federal. Além disso, a regulamentação evolui em sentido contrário ao indicado pelo legislador quando dota os municípios da atribuição fiscalizadora. ... Municípios com manifesta propensão à exploração agrícola são normalmente aqueles cujo quadro de servidores. não ostenta a qualificação exigida... Essas considerações, contudo, não são determinantes. O argumento principal, parece-me, é o de que a IN 679 interfere na autonomia administrativa dos Municípios, criando exigência substancial relativa ao quadro de servidores, a qual não foi mencionada pela Lei 11.250/2005, a quem competia, por disposição constitucional, delinear e estabelecer exigências que implicassem reestrutu-

ração dos Municípios. [...] Vale salientar que a competência tributária não é atributo novo aos Municípios brasileiros, os quais cobram e fiscalizam o IPTU, o ISS e imposto de transmissão *inter vivos*. ... entendo adequado CONCEDER A LIMINAR para determinar à IMPETRADA que deixe de considerar como óbice à celebração do convênio a exigência de quadro de servidores ocupantes de cargos de nível superior com atribuição de lançamento de crédito..." (decisão da Juíza Elisângela Simon Caureo, da 2ª Vara Tributária de Porto Alegre, MS 2006.71.00.047308-5, dez. 2006).

– Exigência de opção pelo domicílio eletrônico. Exige-se, também, que o Município tenha optado pelo Domicílio Tributário Eletrônico, conforme o art. 7º da IN RFB n. 1.640/2016, com a redação da IN RFB n. 1.954/2020.

⇒ **Ações judiciais relativas ao ITR. Legitimidade.** Em não havendo convênio, a autoridade coatora no mandado de segurança é o Delegado da Receita Federal e a União a Ré ou Requerida em outras ações. Em havendo convênio, a autoridade coatora no mandado de segurança será a autoridade Municipal responsável pelo exercício das atribuições de fiscalização, com litisconsórcio passivo da União e, nas demais ações, haverá litisconsórcio entre o Município e a União.

§ 5º O ouro, quando definido em lei como ativo financeiro ou instrumento cambial, sujeita-se exclusivamente à incidência do imposto de que trata o inciso V do *caput* deste artigo (Imposto sobre Operações Financeiras), devido na operação de origem; a alíquota mínima será de um por cento, assegurada a transferência do montante da arrecadação nos seguintes termos:

⇒ **Tributação do ouro-mercadoria pelos Estados e do ouro-ativo financeiro pela União. Critério da destinação.** O § 5º exige que, em face de operações com ouro, identifiquemos a sua finalidade, verificando se é comercializado como simples mercadoria (metal destinado à confecção de joias, relógios ou outras mercadorias), hipótese em que se submeterá à incidência de ICMS, ou se é objeto de negócios como instrumento cambial ou como ativo financeiro (investimentos em ouro), hipótese em que não incidirá o ICMS, mas apenas o IOTVM (Imposto sobre Operações com Títulos ou Valores Mobiliários) e, ainda, assim, tão somente na operação de origem, eis que o § 5º acabou por estabelecer imunidade para as operações posteriores à primeira.

– "Até a Constituição Federal de 1988, o ouro era tributado pelo Imposto Único sobre Minerais. No regime atual tem tratamento peculiar. Quando utilizado como metal nobre, o ouro está sujeito ao Imposto sobre Operações Relativas à Circulação de Mercadorias e Prestação de Serviços. Se, todavia, for empregado como ativo financeiro, passa ao âmbito do Imposto sobre Operações de Crédito, Câmbio e Seguro ou Relativas a Títulos e Valores Mobiliários. A destinação do ouro o identifica como mercadoria ou como ativo financeiro. A entrada do ouro no mercado financeiro e sua permanência nele lhe assegura esse regime vantajoso: o de ser tributado uma só vez (monofasicamente) e de modo exclusivo (unicamente) pelo Imposto sobre Operações de Crédito, Câmbio e Seguro ou Relativas a Títulos e Valores Mobiliários. Tudo nos termos do art. 153, § 5º, do texto constitucional..." (excerto do voto do então Juiz Ari Pargendler quando do julgamento, pelo Plenário do TRF4, da Arguição de Inconstitucionalidade na REO 92.04.09.625-0/RS, *RTRF* 13/93-99).

– Analisando os artigos 153, V e § 5º, e o art. 155, II e § 2º, X, *c*, da CF, Mosquera observa: "O critério de diferenciação adotado pelo legislador constituinte para atribuir competências às pessoas políticas, com o intuito de tributar as operações com o ouro-mercadoria e o ouro-instrumento cambial/ativo financeiro foi o da 'destinação'. Exemplificando: quando o ouro for destinado à prática de mercancia, os Estados e o Distrito Federal terão competência para instituir o ICMS sobre as referidas operações; quando o ouro for destinado a servir de instrumento cambial (moeda de troca) ou ativo financeiro (negociações de contratos de ouro em bolsas de mercadorias e de futuros), a competência tributária é da União Federal, que poderá fazer incidir sobre as respectivas operações os impostos sobre operações de câmbio ou relativas a títulos ou valores mobiliários" (MOSQUERA, Roberto Quiroga. *Tributação no mercado financeiro e de capitais*. São Paulo: Dialética, 1999, p. 97).

– **Lei n. 7.766/89**. A Lei 7.766/89 define o que seja ouro "considerado ativo financeiro ou instrumento cambial": "Art. 1º O ouro em qualquer estado de pureza, em bruto ou refinado, quando destinado ao mercado financeiro ou à execução da política cambial do País, em operações realizadas com a interveniência de instituições integrantes do Sistema Financeiro Nacional, na forma e condições autorizadas pelo Banco Central do Brasil, será desde a extração, inclusive, considerado ativo financeiro ou instrumento cambial. § 1º Enquadra-se na definição deste artigo: I – o ouro envolvido em operações de tratamento, refino, transporte, depósito ou custódia, desde que formalizado compromisso de destiná-lo ao Banco Central do Brasil ou à instituição por ele autorizada. II – as operações praticadas nas regiões de garimpo onde o ouro é extraído, desde que o ouro na saída do Município tenha o mesmo destino a que se refere o inciso I deste parágrafo. § 2º As negociações com o ouro, ativo financeiro, de que trata este artigo, efetuada nos pregões das bolsas de valores, de mercadorias, de futuros ou assemelhadas, ou no mercado de balcão com a interveniência de instituição financeira autorizada, serão consideradas operações financeiras".

– **Norma tributária impositiva. Contribuintes. Alíquota.** O ouro, enquanto ativo financeiro ou instrumento cambial, sujeita-se a uma única incidência do imposto sobre operações com títulos ou valores mobiliários na operação de origem, excluída a incidência do ICMS, reservada à circulação do ouro quando simples mercadoria. A incidência sobre operação com o ouro ativo financeiro ou instrumento cambial é disciplinada pela Lei n. 7.766/89, arts. 4º a 12, refletido nos arts. 38 a 42 do Decreto n. 4.494/02 (Regulamento do IOF). Contribuintes são as instituições autorizadas pelo BACEN que efetuarem a primeira aquisição do ouro destinado ao mercado financeiro ou à execução da política cambial do País. O imposto é de 1% sobre o preço de aquisição do ouro, observados os limites de variação da cotação vigente.

⇒ **Não incide IOF na transmissão de ouro.** Considera-se como operação de origem do ouro como ativo financeiro ou instrumento cambial a correspondente à sua aquisição por instituição autorizada ou o seu desembaraço aduaneiro, quando proveniente do exterior, conforme já decidiu o STF, que entendeu inconstitucionais os incisos II e III do art. 1º da Lei n. 8.033/90, que estendera a incidência sobre as operações subsequentes, de maneira que persiste vigendo o art. 8º, *caput* e parágrafo único, da Lei n. 7.766/89: "Art. 8º O fato gerador do imposto é a primeira aquisição do ouro, ativo financeiro, efetuada por instituição autorizada, integrante do Sistema Financeiro Nacional. Parágrafo único. Tratando-se de ouro físico oriundo do exterior, ingressado no País, o fato gerador é o seu desembaraço aduaneiro." Em face do julgamento do RE 225.272 pelo STF, a Secretaria da Receita Federal editou a IN SRF 129/98, vedando a constituição de crédito e determinando o cancelamento de lançamentos relativamente ao IOF na transmissão ou resgate de título representativo de ouro.

– "CONSTITUCIONAL. TRIBUTÁRIO. IOF. OURO. TRANSMISSÃO DE OURO. ATIVO FINANCEIRO. CF, ART. 153, § 5º. LEI 8.033, DE 12.04.90, ART. 1º, II. I. O ouro, definido como ativo financeiro ou instrumento cambial, sujeita-se, exclusivamente, ao IOF, devido na operação de origem: CF, art. 153, § 5º. Inconstitucionalidade do inciso II do art. 1º da Lei 8.033/90". (RE 190.363-5/RS, Min. Carlos Velloso). Conforme noticiado no *Informativo* 111 do STF, considerou-se que o fato gerador do IOF ocorre na primeira aquisição do ouro efetuada por instituição autorizada ou, quando oriundo do exterior, o seu desembaraço aduaneiro (Lei n. 7.766/89, art. 8º, *caput* e seu parágrafo único), sendo inconstitucional qualquer incidência do mencionado tributo sobre as operações subsequentes.

– **Leis ns. 7.766/89 e 8.033/90.** Sobre o conflito existente entre as Leis ns. 7.766/89 e 8.033/90, tendo em vista a ampliação do campo de incidência da norma impositiva, vide artigo de José Wilson Ferreira Sobrinho, Tributação do Ouro como Ativo Financeiro, *Rep. IOB de Jur*. 1998, Verbete 1/12774, de que passo a transcrever o seguinte excerto: "Entende-se como primeira aquisição aquela que é feita por instituição financeira. Chama-se, também, de operação de origem. O fato gerador da exação prevista na Lei n. 8.033/90 é a transmissão de ouro definido como ativo financeiro. É dizer: o ouro, depois da tributação feita na operação de origem (primeira aquisição) sofrerá uma segunda tributação por força do inciso II, art. 1º, da citada Lei n. 8.033/90. Isto era constrangedor, uma vez que o artigo 4º da Lei n. 7.766/89 dispõe taxativamente que: o ouro destinado ao mercado financeiro sujeita-se, exclusivamente, à incidência do Imposto sobre Operações de Crédito, Câmbio e Seguro, ou relativas a Títulos ou Valores Mobiliários. [...] A querela, finalmente, chegou ao STF que, pela via do Recurso Extraordinário, assentou a tese da inconstitucionalidade do inciso II, artigo 1º, da Lei n. 8.033/90. [...] Nem mesmo a desesperada tese da Procuradoria da Fazenda Nacional – haveria uma tributação ordinária (a da Lei n. 8.033/90) e uma tributação extraordinária (a da Lei n. 7.766/89) – poderia ser capaz de evitar a declaração de inconstitucionalidade do inciso II, artigo 1º, da Lei n. 8.033/90. A referida tese do fisco pretendia que a tributação ordinária feita com suporte na Lei n. 8.033/90, decorreria da competência privativa da União prevista no artigo 153, inciso V, enquanto a tributação extraordinária, amparada pela Lei n. 7.766/89, corresponderia ao exercício da competência prevista no art. 153, § 5º, da Constituição Federal. A tese é, sem dúvida, interessante. Com efeito, se ela fosse levada a sério, ela provocaria uma mudança de fundo na própria Constituição Federal, uma vez que o § 5º, artigo 153, CF, encontra-se atrelado ao inciso V, artigo 153, CF".

⇒ **Lei ordinária ou lei complementar?** "Não esclareceu o legislador constitucional, no entanto, se a Lei referida é a Lei Complementar ou a Lei Ordinária. Dessa imprecisão poder-se-ia argumentar que a Lei aludida seria a Lei Complementar, uma vez que esta é que é competente para dispor sobre conflitos de competência, em matéria tributária, nos estritos termos do artigo 146, inciso I, da Constituição Federal. Parece-nos que, efetivamente, caberia, preferencialmente, ao legislador complementar prescrever o conceito de ouro-ativo financeiro ou instrumento cambial, a fim de evitar qualquer conflito de competências entre a União Federal, que detém a prerrogativa de instituir o IO/Câmbio e o IO/Títulos sobre o ouro na qualidade antes citada e os Estados e Distrito Federal que detêm a competência para instituir o ICMS sobre operações com ouro-mercadoria. Isto porque, quando do exercício da competência tributária, seja por parte da União, seja por parte dos Estados ou do Distrito Federal, poderia haver extrapolação de poderes, elencando-se, por exemplo, como fato tributado pelo IO/Câmbio ou IO/Títulos a venda de ouro-mercadoria para uma indústria joalheira e como fato tributado pelo ICMS a venda de um contrato de ouro-ativo financeiro na bolsa de mercadorias e de futuros de São Paulo. Todavia, entendemos que a edição de Lei Complementar para esse fim não é obrigatória e, sim, apenas, desejável. Isto porque o legislador ordinário federal (IO/Câmbio ou IO/Títulos) e o legislador ordinário estadual ou distrital (ICMS) podem editar suas Leis sem qualquer infringência ao Texto Constitucional. O conflito de competências entre as pessoas políticas é potencial, porém não é certo, isto é, cada qual poderá legislar nos estritos termos da prerrogativa que lhe foi atribuída pela Carta Maior sem qualquer espécie de transgressão" (MOSQUERA, Roberto Quiroga. *Tributação no mercado financeiro e de capitais*. São Paulo: Dialética, 1999, p. 98).

I – trinta por cento para o Estado, o Distrito Federal ou o Território, conforme a origem;

II – setenta por cento para o Município de origem.

Art. 154. A União poderá instituir:

I – mediante lei complementar, impostos não previstos no artigo anterior, desde que sejam não cumulativos e não tenham fato gerador ou base de cálculo próprios dos discriminados nesta Constituição;

⇒ **Competência residual.** O art. 154, inciso I, outorga à União o que se costuma chamar de competência residual, permitindo que institua outros impostos que não os previstos no art. 153 da Constituição. Os Estados e Municípios não gozam de tal poder.

– **Emenda Constitucional. Não está sujeita à técnica residual do art. 154, I, da CF.** "... a técnica da competência residual da União é para o legislador ordinário e não para o constituinte derivado" (do voto do Min. Carlos Velloso no julgamento da ADI 939/DF, *RTJ* 151/826, em que se discutiu o IPMF). De fato, restou consolidado, no julgamento da referida ADI, que a não cumulatividade e o não *bis in idem* não precisam ser observados quando da criação de um novo imposto através de emenda constitucional.

⇒ **Exigência de lei complementar.** A exigência de lei complementar é inafastável e, diferentemente do que ocorre para os impostos discriminados, que têm apenas os seus fatos geradores, bases de cálculo e contribuintes previstos em lei complementar (art. 146, III, *a*, da CF), no caso da instituição de novo imposto pela União, no exercício da sua competência residual, exige-se lei complementar para a definição da integralidade de todos os aspectos da respectiva hipótese de incidência, o que abrange inclusive a alíquota, integrante do aspecto quantitativo.

– **Medida provisória.** Não tem fundamento algum a invocação do art. 62, § 2º, da CF, na redação que lhe foi dada pela EC n. 32/2001, para dizer da possibilidade de instituição de novos impostos por Medida Provisória. Tal dispositivo, ao dizer que a "medida provisória que implique instituição ou majoração de impostos, exceto os previstos nos arts. 153, I, II, IV, V e 154, II, só produzirá efeitos no exercício financeiro seguinte", não implicou revogação tácita do art. 154, I. A única interpretação adequada para o novo dispositivo é no sentido de que a utilização de medida provisória, no que diz respeito à sua disposição sobre impostos, quando isso é possível, não terá efeito para fins de análise da anterioridade. A referência à 'instituição' pode até mesmo ser imprópria, na medida em que todos os impostos passíveis de instituição por lei ordinária e, portanto, por medida provisória, quais sejam, os impostos nominados, já foram instituídos, mas não têm o condão de autorizar a utilização de medida provisória para o que antes não era possível. O art. 154 não foi tocado, não se podendo infirmar a sua eficácia.

⇒ **Que sejam não cumulativos.** Vide o conceito de não cumulatividade em notas relativas ao IPI e ao ICMS.

⇒ **Que não incorram em *bis in idem* nem em bitributação.** Ainda segundo a lição de Bernardo, não se pode confundir o *bis in idem* com a bitributação. Fala-se naquele quando se verifica "a exigência de impostos iguais pelo mesmo poder tributante, sobre o mesmo contribuinte e em razão do mesmo fato gerador, embora em razão de duas leis ordinárias."; fala-se neste quando há dois entes federados tributando a mesma causa jurídica e contribuinte. A bitributação, pois, envolve, normalmente, um conflito de competências. Salvo hipóteses excepcionais admitidas pela própria Constituição (e.g., art. 155, § 3º), a bitributação é vedada, não tendo lugar no nosso sistema tributário em função, principalmente, de que a competência relativa aos impostos é distribuída de forma privativa a cada Poder tributante.

- Vide: MASAGÃO, Fernando; OLIVEIRA, Ricardo Mariz de. A vedação ao *bis in idem* e à bitributação no exercício das competências residuais (e das privativas). *RFDT* 100, 2019.

- Vide: DELGADO, José Augusto. O princípio da proibição da bitributação (*non bis in idem*) – Jurisprudência e doutrina. Enunciados. *RFDT* 100, 2019.

– *Bis in idem* e a figura dos "adicionais". A vedação constante deste inciso afasta, de certa forma, a ideia de que mera repetição de tributo já existente configura adicional ao mesmo e que, portanto, seria em tese aceitável. Deve-se, pois, ter com reservas a afirmação de Bernardo Ribeiro de Moraes, segundo a qual o *bis in idem* não é ilegal nem inconstitucional. Vejamos o que diz: "... o certo é que o *bis in idem* não é ilegal nem inconstitucional. De acordo com o nosso sistema tributário, que não proíbe o fato, a hipótese do *bis in idem* ou do imposto repetido é admitida. Sendo o *bis in idem* representado por duas ou mais exigências fiscais feitas pelo mesmo poder tributante, dentro de sua competência, por imposição de duas normas jurídicas, evidentemente haverá no caso apenas uma dupla manifestação do mesmo poder tributante, com a utilização da mesma competência fiscal, na qual se acha implícito o poder de majorar. O segundo tributo, criado por outra lei, sendo idêntico ao primeiro, não é senão o mesmo tributo aumentado. Em sua essência, o *bis in idem* é um aumento do primeiro tributo. O poder tributante, que decretou uma vez, tem competência para decretá-lo mais vezes ou, o que seria o mesmo, para majorá-lo" (MORAES, Bernardo Ribeiro de. *Compêndio de direito tributário*. 4. ed. Rio de Janeiro: Forense, 1995, 1º v., p. 283-284).

⇒ **Contribuições de Seguridade Social. Podem ter fato gerador e base de cálculo idênticos aos de impostos.** A vedação de fato gerador e base de cálculo próprios dos impostos discriminados na Constituição não se aplica à instituição de novas contribuições de Seguridade Social. Neste sentido, veja-se excerto de voto do Min. Ilmar Galvão proferido quando do julgamento da constitucionalidade da contribuição social sobre o lucro, no RE 146.733-SP, *RTJ* 143/701, transcrito em nota ao art. 149 da Constituição. Segundo esse precedente, a remissão do art. 195, § 4º, ao art. 154, I, buscou evitar que fosse criada outra contribuição de Seguridade Social sobre os mesmos fatos geradores e bases de cálculos daquelas já previstas no art. 195, incisos I a III.

⇒ **IOF/caderneta de poupança. Violação ao art. 154, I.** "CONSTITUCIONAL. TRIBUTÁRIO. IMPOSTO SOBRE OPERAÇÕES FINANCEIRAS. CADERNETA DE POUPANÇA. INCONSTITUCIONALIDADE DA LEI 8.033, DE 12.04.1990, ART. 1º, INC. V. CF, ARTS. 5º, XXVI, 146, III, A E 154, I. CTN, ART. 63, I. O art. 1º, inciso V, da Lei 8.033, de 12.04.1990 é inconstitucional porque fere os princípios constitucionais da irretroatividade e da necessidade de lei complementar" (TRF4, Plenário, AIREO 96.04.18797-0/PR, Juiz Vladimir Freitas, ago. 1997).

– Sobre a impossibilidade da incidência de IOF sobre a movimentação de cadernetas de poupança, vide nota ao art. 153, V, da CF.

⇒ **Tributação dos intangíveis. Possibilidades** *de lege ferenda*. "Vamos no sentido da criação de novos tipos de incidência tributária, não mais atrelados apenas aos elementos físicos, mas a outros fatores de produção, a outros elementos da prestação de serviços e da produção de bens, que não são captáveis fisicamente. O grande desafio que vejo para frente é bem aplicar o ordenamento que temos e estarmos preparados para, ao invés de deturpar o ordenamento atual (o que vejo acontecer na CIDE de *royalties*, na lista de ISS), em vez de deturpar o ordenamento atual, assumir que existe uma outra realidade que pode ser alcançada e, a partir desta constatação, desenhar incidências compatíveis com essa nova realidade. ... antevejo uma nova fatia por onde a tributação pode surgir: mais impostos ou contribuições pela frente. Agora não mais sobre o capital físico, mas sobre o capital intelectual. O que sobra? O que sobra é só pensar, porque pensar em aplicar economicamente em algo, em alguma atividade ou transformar em algum serviço, isto tem valor econômico; tendo valor econômico, então existe capacidade contributiva, e, por consequência, pode haver tributação" (GRECO, Marco Aurélio. Tributação dos Intangíveis. *RET* 37/130, jun. 2004).

II – na iminência ou no caso de guerra externa, impostos extraordinários, compreendidos ou não em sua competência tributária, os quais serão suprimidos, gradativamente, cessadas as causas de sua criação.

⇒ **Imposto de escopo.** "Na medida em que a própria Constituição, ao autorizar a criação desta figura, a qualifica como imposto (esta é sua natureza) e vincula sua instituição à existência de guerra (ou iminência), bem como, temporariamente, à continuidade desta causa, pode-se, efetivamente, dizer que este é um imposto de escopo. É imposto, pois o critério constitucional corresponde à materialidade do respectivo fato gerador, ao mesmo tempo em que vincula sua existência à finalidade de atender ao esforço de guerra" (GRECO, Marco Aurélio. *Contribuições (uma figura* sui generis*)*. São Paulo: Dialética, 2000, p. 134).

– **Não há que se falar em referibilidade.** Como se trata de um imposto de escopo (exceção à norma do art. 167, IV, da CF) e não, propriamente, de uma contribuição, não se exige a observância da critério da referibilidade. Efetivamente, embora com finalidade específica, o imposto extraordinário não assume estrutura de contribuição.

⇒ **Compreendidos ou não em sua competência tributária.** A expressão "compreendidos ou não em sua competência tributária" demonstra que Paulo de Barros Carvalho está certo ao afirmar que privativos mesmo são apenas os impostos da União, pois esta pode instituir imposto extraordinário de guerra sobre bases econômicas correspondentes a impostos de competência dos Estados, Distrito Federal e Municípios. Vide: CARVALHO, Paulo de Barros. *Curso de direito tributário*. 21. ed. São Paulo: Saraiva, 2009, p. 240.

– Pode a União, pois, instituir imposto extraordinário de guerra, e.g., sobre a circulação de mercadorias ou sobre a propriedade de veículos automotores. Não há restrição; pelo contrário, há autorização expressa para tanto.

– "A bitributação e o *bis in idem* podem, no entanto, ocorrer, na hipótese de vir a União a instituir imposto extraordinário (art. 154, II, da CF) e utilizar para esse fim, fato gerador de imposto já existente, seja ele da competência privativa dos Estados, do Distrito Federal ou dos Municípios (o que resultará em bitributação), seja da sua própria competência (o que resultará em *bis in idem*)" (VOLKWEISS, Roque Joaquim. *Direito tributário nacional*. 3. ed. Porto Alegre: Livraria do Advogado, 2002, p. 90).

⇒ **Temporariedade.** "... tratando-se de figura cuja existência decorre de uma determinada necessidade, sua validade depende de subsistência desta necessidade. Isto significa que, desaparecendo no plano dos fatos a necessidade que levou à sua instituição, a exigência esgota-se automaticamente, independente de revogação expressa da respectiva legislação" (GRECO, Marco Aurélio. *Contribuições (uma figura sui generis)*. São Paulo: Dialética, 2000, p. 134).

⇒ **Exceção às regras de anterioridade.** Estes impostos extraordinários não se sujeitam à anterioridade de exercício (art. 150, III, *b*), tampouco à anterioridade nonagesimal mínima (art. 150, III, *c*), tendo em vista as exceções consagradas pelo § 1º do art. 150.

SEÇÃO IV
DOS IMPOSTOS DOS ESTADOS E DO DISTRITO FEDERAL

Art. 155. Compete aos Estados e ao Distrito Federal instituir impostos sobre:

⇒ **EC n. 3/93**; Artigo com redação dada pela Emenda Constitucional n. 3/93.

⇒ **Redação original:** "Art. 155. Compete aos Estados e ao Distrito Federal instituir:".

⇒ **Atribuição de competência pelo critério da base econômica e a necessidade de adstrição a ela da lei instituidora do imposto.** Vide notas ao art. 145, I, da CF e ao art. 110 do CTN.

I – transmissão *causa mortis* e doação, de quaisquer bens ou direitos;

⇒ **EC n. 3/93.** Inciso com a redação dada pela EC n. 3/93.

⇒ **Redação original:** "I – impostos sobre: a) transmissão *causa mortis* e doação, de quaisquer bens ou direitos; b) operações relativas à circulação de mercadorias e sobre prestações de serviços de transporte interestadual e intermunicipal e de comunicação, ainda que as operações e as prestações se iniciem no exterior; c) propriedade de veículos automotores;".

⇒ **Restrição da competência quanto à causa e extensão quanto ao objeto.** À luz das Constituições anteriores, aos Estados era outorgada competência para instituição de imposto sobre a transmissão, a qualquer título, de bens imóveis e direitos reais sobre imóveis. A Constituição de 1988 inovou ao autorizar a imposição tributária sobre a "transmissão *causa mortis* e doação" "de quaisquer bens ou direitos", o que restringe a competência quanto à causa (só transmissão causa mortes e doação), mas estende quanto ao objeto (tanto imóveis como, também, bens móveis e chamados intangíveis).

– "O imposto *causa mortis* é dos mais antigos na história da tributação e já era cobrado em Roma sob a forma de vigésima (5) sobre heranças e legados. No Brasil havia a décima da herança ou legado (Alvará de 17.6.1809) e, a partir de 1891, coube aos Estados a cobrança do imposto *causa mortis*" (TORRES, Ricardo Lobo. *Curso de direito financeiro e tributário*. 16. ed. Rio de Janeiro: Renovar, 2009, p. 381).

– **Ausência de disciplina no CTN da transmissão de bens móveis e intangíveis. Exercício da competência legislativa plena pelos Estados.** O CTN, em seus arts. 35 e ss., limita-se a cuidar da transmissão, a qualquer título, inclusive, *causa mortis*, de bens imóveis e direitos reais; não dispõe acerca do imposto sobre a transmissão *causa mortis* e doação de "quaisquer bens ou direitos" e ainda não sobreveio nenhuma outra lei complementar tratando da matéria, de modo que os Estados e o Distrito Federal exercem, por enquanto, a competência legislativa plena relativamente aos bens móveis e intangíveis.

– "Não existindo lei complementar dispondo sobre normas gerais para os impostos sobre transmissão *causa mortis* e doação de bens móveis, os Estados-membros e o Distrito Federal podem legislar, por serem detentores da competência impositiva e também em razão da autorização contida no art. 34, §§ 3º, 4º e 5º, do ADCT e no art. 24, e parágrafos da CF" (FERNANDES, Regina Celi Pedrotti Vespero. *Imposto sobre Transmissão* Causa Mortis *e Doação – ITCMD*. São Paulo: RT, 2002, p. 59-60).

– **Tributação da herança.** Vide: FERREIRA, Victor Ribeiro. O Brasil cobra menos imposto sobre herança que outros países? O tributo sobre a herança como meio de diminuir a desigualdade social. *RFDT* 95, 2018.

⇒ **Transmissão *causa mortis*.** "A palavra *transmissão* é tomada como sinônimo de *sucessão*. E, em geral, sucessão significa a continuação de uma relação jurídica em outro sujeito. [...] Já a sucessão por causa de morte a caracteriza com exclusividade e determina a transmissão sucessória, e isso porque o objeto do direito das sucessões é precisamente a sucessão por morte. Então, a sucessão é a transmissão dos bens que uma pessoa natural, ao morrer, deixa a sucessores herdeiros e legatários" (FERNANDES, Regina Celi Pedrotti Vespero. *Imposto sobre Transmissão* Causa Mortis *e Doação – ITCMD*. São Paulo: RT, 2002, p. 75-76).

– **Abertura da sucessão e transmissão da herança. Código Civil (Lei n. 10.406/2002).** Dispõe o novo Código Civil: "Art. 1.784. Aberta a sucessão, a herança transmite-se, desde logo, aos herdeiros legítimos e testamentários. Art. 1.785. A sucessão abre-se no lugar do último domicílio do falecido". No Código Civil de 1916, vide os arts. 1.572 e 1.692.

– **Morte presumida. Súmula 331 do STF:** "É legítima a incidência do Imposto de Transmissão *Causa Mortis* no inventário por morte presumida".

⇒ **Doação. Código Civil (Lei n. 10.406/2002).** Dispõe o novo Código Civil: "Art. 538. Considera-se doação o contrato em que uma pessoa, por liberalidade, transfere do seu patrimônio bens ou vantagens para o de outra". No Código Civil de 1916, vide o art. 1.165.

– **Legitimidade do imposto. Súmula 328 STF:** "É legítima a incidência do Imposto de Transmissão *Inter Vivos* sobre a doação do imóvel".

– **Momento da incidência: transferência da propriedade.** "Na doação, a incidência se dá no momento da transmissão do bem ou direito ao donatário. [...] Tratando-se de bens móveis, a propriedade é transferida pela tradição, entendida esta como a entrega da coisa ao adquirente. É o que dispõe o art. 620 do CC: 'O domínio das coisas não se transfere pelos contratos antes da tradição [...]'. Desse modo, com relação aos bens móveis, somente a entrega do bem ao donatário – tradição – é que concretiza a transmissão. Portanto, ocorrendo doação de bem móvel, somente a partir desse momento é que se poderá exigir o imposto sobre a transmissão a título gratuito *inter vivos*. Problema maior ocorre em relação à transmissão dos bens imóveis. Isso porque o Código Civil brasileiro, em seu art. 530, inc. I, estabelece que se adquire a propriedade imóvel: 'I – Pela transcrição do título de transferência no registro do imóvel'. [...] Portanto, como a hipótese de incidência do imposto é a transmissão do bem ou do direito e, tratando-se de imóveis, esta somente ocorrerá com o registro do título junto ao Registro de Imóveis. Este será o momento de sua materialização. Assim, não será a lavratura da escritura pública de doação de bem imóvel que fará nascer a obrigação tributária. Esta somente ocorrerá no momento em que se der o ato ou fato capaz de transferir o domínio do imóvel ao donatário. Entretanto, na prática, o que se vislumbra é a exigência do pagamento do imposto sobre a transmissão quando da lavratura da escritura de doação. Isso ocorre em face de os tabeliães, escrivães e demais serventuários de ofício serem responsáveis pelos tributos devidos sobre os atos praticados por eles, ou perante eles, em razão do seu foco, consoante dispõe o art. 134, VI, do CTN" (FERNANDES, Regina Celi Pedrotti Vespero. *Imposto sobre Transmissão* Causa Mortis e Doação – ITCMD. São Paulo: RT, 2002, p. 103-104).

– **Transferência da propriedade mobiliária.** O Código Civil (Lei n. 10.406/2002) dispõe no sentido de que a propriedade mobiliária se transfere pela tradição. É o que se vê expresso no art. 1.267: "Art. 1.267. A propriedade das coisas não se transfere pelos negócios jurídicos antes da tradição. Parágrafo único. Subentende-se a tradição quando o transmitente continua a possuir pelo constituto possessório, quando cede ao adquirente o direito à restituição da coisa, que se encontra em poder de terceiro; ou quando o adquirente já está na posse da coisa, por ocasião do negócio jurídico".

– O Código Civil de 1916 já previa: "Art. 620. O domínio das coisas não se transfere pelos contratos antes da tradição. Mas esta se subentende, quando o transmitente continua a possuir pelo constituto possessório".

– **Transferência da propriedade imobiliária.** O Código Civil (Lei n. 10.406/2002) estabelece que a propriedade imobiliária é transferida pelo registro na matrícula do imóvel. "Art. 1.245. Transfere-se entre vivos a propriedade mediante o registro do título translativo no Registro de Imóveis. § 1º Enquanto não se registrar o título translativo, o alienante continua a ser havido como dono do imóvel. § 2º Enquanto não se promover, por meio de ação própria, a decretação de invalidade do registro, e o respectivo cancelamento, o adquirente continua a ser havido como dono do imóvel".

– **Doação caracterizada pela desigualdade nas partilhas realizadas em separação, divórcio, inventário ou arrolamento.** "Também caracteriza a incidência do imposto sobre a transmissão de bens a título gratuito *inter vivos* (doação) a desigualdade nas partilhas realizadas em processos de separação, divórcio, inventário ou arrolamento, como pode ser verificado na legislação ordinária competente dos seguintes Estados: São Paulo (art. 2º, § 5º, da Lei 10.705/00); Minas Gerais (art. 1º, IV, da Lei 12.426/96) e Rio de Janeiro (art. 1º, IV, da Lei 1.427/89), em suas redações atuais" (FERNANDES, Regina Celi Pedrotti Vespero. *Imposto sobre Transmissão* Causa Mortis e Doação – ITCMD. São Paulo: RT, 2002, p. 102).

– **Súmula 116 do STF:** "Em desquite ou inventário, é legítima a cobrança do chamado imposto de reposição quando houve desigualdade nos valores partilhados". Obs.: O RE 27.574, julgado em outubro de 1962, que deu origem à Súmula, dizia respeito a situação em que um dos herdeiros ficara com todos os bens do espólio, pagando aos outros o valor de seus quinhões, conforme noticia José Nunes Ferreira e, Súmulas do STF, Saraiva, 1992.

– **Doação com encargos.** "No nosso entender, na doação com encargo haverá apenas incidência do ITCMD, porque o caráter de liberalidade permanece ainda que de forma restritiva" (HARADA, Kiyoshi. *ITBI:* doutrina e prática. Atlas, 2010, p. 170).

⇒ **Quaisquer bens ou direitos: imóveis, móveis e intangíveis.** A referência a "quaisquer" bens ou direitos dá a maior amplitude possível à base econômica em questão. Abrange os bens imóveis, os bens móveis e os intangíveis.

– "O termo *quaisquer* – plural de qualquer – é pronome designativo de coisa, lugar ou indivíduo indeterminado: algum; alguma; pessoa indeterminada. O vocábulo *bem* ou *bens*, segundo nossa doutrina tradicional, é polissêmico, ou seja, possui diversos sentidos ou significados; vejamos. Washington de Barros Monteiro registra a existência de discordância entre o significado jurídico e o filosófico do vocábulo. Afirma: 'Filosoficamente, bem é tudo quanto pode proporcionar ao homem qualquer satisfação. Nesse sentido se diz que a saúde é um bem, que a amizade é um bem, que Deus é o sumo bem. Mas, se filosoficamente saúde, amizade e Deus são bens, na linguagem jurídica não podem receber tal qualificação'. E, 'juridicamente falando, bens são valores materiais ou imateriais, que podem ser objeto de uma relação de direito. O vocábulo, que é amplo no seu significado, abrange coisas corpóreas e incorpóreas, coisas materiais ou imponderáveis, fatos e abstenções humanas'. [...] o direito só vai disciplinar as relações jurídicas entre os homens no que concerne às coisas úteis e raras, em razão de serem suscetíveis de apropriação e conterem valor econômico, ou seja, de uso ou de troca, excluindo, destarte, os valores preciosos aos homens que escapam à alçada do direito privado, por não possuírem conteúdo econômico. Em sentido estrito, os bens propriamente ditos distinguem-se das coisas em razão da materialidade destas. As coisas são materiais ou concretas, enquanto os imateriais ou abstratos recebem o nome de 'bens', em sentido estrito. [...] o vocábulo direito é de extenso alcance, inclusive filosófico. Assim, a sua interpretação deve ser limitada, pois, a teor da Constituição Federal, devemos entendê-lo como aqueles direitos passíveis de transmissão, acrescidos de valoração econômica, como o são os bens, o que o restringe consideravelmente. [...] Como os direitos são economicamente apreciáveis, entram na categoria de bens. Não se confundem, entretanto, com o próprio objeto, seja uma coisa material, seja uma prestação; é o próprio direito que se objetiva" (FERNANDES, Regina Celi Pedrotti Vespero. *Imposto sobre Transmissão* Causa Mortis *e Doação – ITCMD*. São Paulo: RT, 2002, p. 76-79).

– VGBL e PGBL. Tema 1.214: "MÉRITO NÃO JULGADO. Incidência do ITCMD sobre o plano Vida Gerador de Benefício Livre (VGBL) e o Plano Gerador de Benefício Livre (PGBL) na hipótese de morte do titular do plano" (RE 1.363.013 RG, 2022).

– Sobre o imposto sobre doação. Vide MARIZ DE OLIVEIRA, Angelina. Tributação das doações. *RDDT* 124/7, 2006. ABRÃO, Carlos Henrique. Imposto sobre doação de bens. *RDDT* 69, 2001, p. 43-46.

⇒ **Aspectos material e temporal. Súmula 112 do STF:** "O Imposto de Transmissão *Causa Mortis* é devido pela alíquota vigente ao tempo da abertura da sucessão".

– "Enfatizamos que o fato gerador do imposto sobre transmissão não é o estado de fato em que alguém detém o direito de propriedade, pois esse seria a hipótese de incidência (fato gerador) constitucionalmente possível do ITR ou do IPTU. Por outro lado, somente as taxas, que são espécies tributárias distintas dos impostos, têm por fato gerador uma atuação estatal. Logo, não pode ser fato gerador do imposto de transmissão a atuação estatal referente a registro de bem. A nosso ver, o fato gerador possível do imposto *causa mortis* é a morte do *de cujus* e o fato gerador do imposto de doações é a exteriorização da vontade de doar, que pode se dar com a realização do contrato de doação ou com a tradição. Desse modo, cremos que no caso do ITBCMD seus aspectos material e formal coincidem. Consequentemente, incidirá a lei que estiver em vigor no momento em que ocorrer o fato imponível, ou seja, no momento da morte ou da doação, o que vai de encontro com a Súmula n. 112 do Supremo Tribunal Federal, segundo a qual o imposto de transmissão *causa mortis* é devido pela alíquota vigente ao tempo da abertura da sucessão" (FURLAN, Valéria C. P. Aspectos do Imposto sobre Transmissão de Bens "causa mortis" e doação, *Rep. IOB de Jur.* 1/01, 1/16412).

– "Pelo teor dos arts. 1.572 e 1.692 do CC brasileiro, que estabelecem a imediata transmissão aos herdeiros e legatários da posse da herança e da coisa legada, respectivamente, com a abertura da sucessão, o que se pode afirmar é que o fato jurídico morte é o gerador da sucessão, ou seja, a substituição do sucedido pelo sucessor na titularidade do patrimônio que se transmite opera de imediato com o fato jurídico morte. [...] O momento do faleci-

mento também é importante para estabelecer o tempo da abertura da sucessão, em razão de que, embora prevaleça o entendimento de que a abertura da sucessão se dá com o fato morte, esta para a ordem jurídica também pode ser presumida. A prova da morte real faz-se mediante certidão do registro público dos óbitos. Para a morte presumida é constituída em juízo prova indireta do óbito mediante os elementos probatórios admissíveis pela legislação (CC, art. 136). A morte presumida pela ausência também gera abertura da sucessão arts. 481 e seguintes do CC). [...] Podemos concluir, então, ser o evento morte o marco temporal para a incidência do imposto sobre a transmissão *causa mortis* de quaisquer bens ou direitos, inclusive a morte presumida, em que se abre a sucessão provisória" (FERNANDES, Regina Celi Pedrotti Vespero. *Imposto sobre Transmissão* Causa Mortis *e Doação – ITCMD*. São Paulo: RT, 2002, p. 83-84). Obs: o autor referia os artigos do CC/1916. Atualmente, correspondem aos arts. 1.784 e 1.923 do CC/2002.

⇒ **Progressividade.** No RE 562045, o STF admitiu a validade da progressividade do Imposto sobre Transmissão *Causa Mortis* e Doação, o ITCMD a partir de critério que traduza o princípio da capacidade contributiva como o valor da herança ou da doação. Em outro precedente, contudo, entendeu que "O critério de grau de parentesco e respectivas presunções da proximidade afetiva, familiar, sanguínea, de dependência econômica com o *de cujus* ou com o doador, não guarda pertinência com o princípio da capacidade contributiva", de modo que a progressividade do ITCMD assim estabelecida é inconstitucional (STF, RE 602.256 AgR, 2016).

– Conforme a base de cálculo. Tema 21 do STF: "É constitucional a fixação de alíquota progressiva para o Imposto sobre Transmissão *Causa Mortis* e Doação ITCD". Decisão de mérito em 2013.

– "TRIBUTÁRIO. LEI ESTADUAL: PROGRESSIVIDADE DE ALÍQUOTA DE IMPOSTO SOBRE TRANSMISSÃO *CAUSA MORTIS* E DOAÇÃO DE BENS E DIREITOS. CONSTITUCIONALIDADE. ART. 145, § 1º, DA CONSTITUIÇÃO DA REPÚBLICA. PRINCÍPIO DA IGUALDADE MATERIAL TRIBUTÁRIA. OBSERVÂNCIA DA CAPACIDADE CONTRIBUTIVA" (STF, RE 562.045, 2013). Obs.: o tribunal considerou que a progressividade, com maiores alíquotas conforme aumenta a base de cálculo, atente ao princípio da capacidade contributiva, mesmo nos impostos reais, e que é mecanismo de desconcentração de riqueza.

– Conforme o grau de parentesco. "1. O critério de grau de parentesco e respectivas presunções da proximidade afetiva, familiar, sanguínea, de dependência econômica com o *de cujus* ou com o doador, não guarda pertinência com o princípio da capacidade contributiva" (STF, RE 602.256 AgR, 2016).

– Quanto ao precedente do STF, vale destacar que a capacidade contributiva não é o único critério a justificar diferenciações em matéria tributária. Caberia analisar se o grau de parentesco justifica, em razão dos vínculos familiares considerados, um tratamento mais benéfico por ocasião da tributação da transferência patrimonial por sucessão. Lembre-se que, por vezes, o imóvel pertence a um dos membros da família, mas é residência de todos, de modo que até mesmo o direito constitucional à moradia poderia ser levado em conta para reduzir a tributação em certos casos. Na legislação europeia, a adoção do grau de parentesco como critério é traço recorrente em diversos países.

– Legislação europeia com progressividade conforme a base e o grau de parentesco. "A Alemanha possui 7 faixas de progressividade, variando de 7% a 50%, e três classes, variando conforme a relação ou o parentesco entre o beneficiário e o falecido. Chama a atenção na tabela analisada que a maior alíquota aplicada, cujo percentual é de 50%, é muito alta quando comparada com a alíquota máxima nacional, cujo valor é de 8%. Contudo, essa só será aplicável nos casos em que o montante tributável (após descontadas as isenções) for superior a €6.000.000,00 (seis milhões de euros), e o herdeiro pertencer à Classe III: Todos os outros indivíduos ou entidades legais, ou seja, os quais não têm grau de parentesco, ou possuem um grau longínquo. [...] A França possui combinações variadas, sendo o país mais próximo de uma progressividade adequada. Inicialmente, destaca-se que a herança recebida pelo cônjuge sobrevivente é totalmente isenta do Imposto sobre a Herança (artigo 796-O-bis, CGI); e que também há isenção total do Imposto sobre a Herança entre os irmãos, sob certas condições relacionadas com a deficiência ou a idade, bem como se a residência do falecido era compartilhada com o herdeiro ou herdeiros (artigo 796-O-Ter, CGI). Após as deduções realizadas, são aplicadas as alíquotas verificadas acima. Como se observa na primeira tabela, se o herdeiro era ascendente ou descendente, há sete faixas de incidência, variando de 5%, quando o valor transferido for até €8.072,00 (oito mil e setenta e dois euros), correspondentes a aproximadamente R$ 27.334,21 (vinte e sete mil trezentos e trinta e quatro reais e vinte e um centavos), até 45%, quando o valor transferido for superior a €1.805.678,00 (um milhão oitocentos e cinco mil seiscentos e setenta e oito euros), correspondentes a aproximadamente R$ 6.114.567,41 (seis milhões cento e catorze mil quinhentos e sessenta e sete reais e quarenta e um centavos). No caso de uma transferência entre irmãos, que não estiver adstrita à regra de isenção supracitada, são duas alíquotas incidentes, 35% e 45%. E, em se tratando de outras pessoas, as alíquotas incidentes são de 55% e 60%. [...] A Holanda possui um sistema de dupla progressividade: uma combinação entre o relacionamento do herdeiro com o falecido, a personalização, e o valor da herança, a progressividade. Assim, ela desenvolveu um sistema menos complexo, porém não menos efetivo, do que o dos países observados anteriormente. O Imposto sobre a Herança possui três faixas de aplicação, as quais variam de acordo com o valor do bem. Assim, se o herdeiro é cônjuge ou filho, as alíquotas incidentes variarão de 10% a 20%, conforme o patrimônio recebido, desde que superior a €121.903,00 (cento e vinte e um mil novecentos e três euros), correspondentes a aproximadamente R$ 412.800,13 (quatrocentos e doze mil oitocentos reais e treze centavos). Se o herdeiro for neto do *de cujus*, as alíquotas são de 18% a 36%, dependendo do montante tributável. Em todos os outros casos, as alíquotas variarão de 30% a 40%, respeitado o mesmo limite de isenção" (BANDEIRA, Ananda Rodrigues. *A aplicação do princípio da capacidade contributiva ao ITCMD através da progressividade.* Trabalho de conclusão de curso sob

nossa orientação. PUC-RS, 2016). Obs: os dados foram colhidos pela autora junto ao Worldwide Estate and Inheritance Tax Guide 2016.

– Sobre a progressividade nos impostos pessoais e sua vedação nos impostos reais, vide nota ao art. 145, § 1º, da CF.

II – operações relativas à circulação de mercadorias e sobre prestações de serviços de transporte interestadual e intermunicipal e de comunicação, ainda que as operações e as prestações se iniciem no exterior;

⇒ **EC n. 3/93. Redação original. Adicional estadual ao Imposto de Renda.** Este inciso II está com a redação que lhe foi atribuída pela EC n. 3/93. A redação original do inciso II atribuída aos Estados competência para instituir adicional ao IR. Veja-se o seu texto: "II – adicional de até cinco por cento do que for pago à União por pessoas físicas ou jurídicas domiciliadas nos respectivos territórios, a título do imposto previsto no art. 153, III, incidente sobre lucros, ganhos e rendimentos de capital".

– Inconstitucionalidade das leis estaduais instituidoras do adicional ao IR em face da ausência de lei complementar prévia prevenindo o possível conflito de competência. "Ação Direta de Inconstitucionalidade. Lei n. 8.792, de 30.12.1988, do Estado do Rio Grande do Sul. Tributário. Adicional de imposto de renda (art. 155, II, da Constituição Federal). Artigos 146 e 24, § 3º, da parte permanente da CF e art. 34, parágrafos 3º, 4º e 5º do ADCT. O adicional de imposto de renda, de que trata o inciso II do art. 155, não pode ser instituído pelos Estados e Distrito Federal, sem que, antes, a lei complementar nacional, prevista no *caput* do art. 146, disponha sobre as matérias referidas em seus incisos e alíneas, não estando sua edição dispensada pelo § 3º do art. 24 da parte permanente da Constituição Federal, nem pelos parágrafos 3º, 4º e 5º do art. 34 do ADCT. Ação julgada procedente, declarada a inconstitucionalidade da Lei n. 8.792, de 30.12.1988, do Estado do Rio Grande do Sul" (STF, Plenário, ADI 618/RS, Min. Sydney Sanches, out. 1993).

• Vide nota ao art. 146, I, da CF.

⇒ **Convênios e Leis complementares que regularam e regulam o ICMS.** Vide nota ao inciso XII do § 2º deste mesmo art. 155 da CF.

⇒ **O ICMS revela-se em diversas hipóteses de incidência.** "Percebe-se que debaixo da sigla ICMS hospedam-se, pelo menos, cinco impostos diferentes; a saber: a) o imposto sobre as operações relativas à circulação de mercadorias; b) imposto sobre serviços de transporte interestadual e intermunicipal; c) o imposto sobre serviços de comunicação; d) o imposto sobre produção, importação, circulação, distribuição ou consumo de lubrificantes e combustíveis líquidos e gasosos e de energia elétrica; e) o imposto sobre a extração, circulação, distribuição ou consumo de minerais. São cinco impostos diferentes justamente porque têm hipóteses de incidência e bases de cálculo diferentes. Com efeito, o que distingue um tributo do outro não é o nome que possui, nem a destinação do seu produto de arrecadação, mas a hipótese de incidência, confirmada por sua base de cálculo (cf. art. 4º do

CTN)" (CARRAZZA, Roque Antônio. ICMS. Operações de *performance*. Imunidade. Exegese do art. 155, § 2º, XII, e, da CF. Questões conexas).

– **Diversas técnicas de arrecadação.** Vide nota ao § 2º, I, deste mesmo art. 155.

⇒ **Operação.** "Operações, no contexto, exprime o sentido de atos ou negócios hábeis para provocar a circulação de mercadorias. Adquire, neste momento, a acepção de toda e qualquer atividade, regulada pelo Direito, e que tenha a virtude de realizar aquele evento" (CARVALHO, Paulo de Barros. *Regra matriz do ICM*. Tese apresentada para a obtenção de Título de Livre Docente da Faculdade de Direito da PUC-SP, 1981, p. 170).

– "Operações são atos ou negócios jurídicos em que ocorre a transmissão de um direito. Operações relativas à circulação de mercadorias são quaisquer atos ou negócios, independentemente da natureza jurídica específica de cada um deles, que implicam a circulação de mercadorias" (VILLEN NETO, Horácio. A incidência do ICMS na atividade praticada pelas concessionárias de transmissão e distribuição de energia elétrica. *RET* 32/19, jul.-ago. 2003).

⇒ **Circulação.** "Circular significa para o Direito mudar de titular. Se um bem ou uma mercadoria mudam de titular, circula para efeitos jurídicos. Convenciona-se designar por titularidade de uma mercadoria, a circunstância de alguém deter poderes jurídicos de disposição sobre a mesma, sendo ou não seu proprietário (disponibilidade jurídica)" (ATALIBA, Geraldo. Núcleo de definição constitucional do ICM. *RDT* 25/111).

– "... 'circulação', tal como constitucionalmente estabelecido (art. 155, I, *b*), há de ser jurídica, vale dizer, aquela na qual ocorre a efetiva transmissão dos direitos de disposição sobre mercadoria, de forma tal que o transmitido passe a ter poderes de disposição sobre a coisa (mercadoria)" (ATALIBA, Geraldo. ICMS – Incorporação ao ativo – empresa que loca, oferece em 'leasing' seus produtos – Descabimento do ICMS. *RDT* 52/74).

– **Circulação desde a produção ao consumo.** "... o ICMS é um tributo interno sobre o consumo, de natureza real e indireta. Apanha todo o circuito da produção e comercialização das mercadorias e dos serviços nominados expressamente na constituição Federal (art. 155, inc. II)" (ARZUA, Heron; SCHMITT, Murilo. Substituição tributária no ICMS. A questão do reajuste final – discrepância entre o valor arbitrado e o valor real. *RDDT* 222/74, mar. 2014).

– **Circulação jurídica, ainda que sem trânsito físico. Operação triangular.** "O constante dinamismo com que as operações mercantis são realizadas atualmente... acabou por disseminar novas modalidades de operações para tornar mais célere e fácil a comercialização de produtos. Uma dessas figuras é a venda à ordem, também denominada operação triangular, consistente na operação por meio da qual um determinado contribuinte (adquirente original) adquire mercadoria de outro contribuinte (vendedor remetente) e solicita que ela seja entregue a terceiro (destinatário), sem que a mercadoria transite pelo seu estabelecimento. Nesta operação, apesar de não se concretizar o trânsito físico da mercadoria no estabelecimento adquirente original,

ocorre a circulação jurídica do bem, isso quer dizer que, a despeito de se estar diante de duas operações jurídicas de circulação de mercadoria, a saber, (a) uma de aquisição de mercadoria de um adquirente junto a um fornecedor e (b) outra de venda realizada pelo adquirente para um terceiro, de fato, há apenas uma circulação física da mercadoria, que é remetida diretamente do primeiro fornecedor para um terceiro, com quem referido fornecedor não estabeleceu nenhuma negociação. Frente a esse quadro, os Fiscos estaduais têm desconsiderado as operações de venda à ordem praticadas por contribuintes estabelecidos em seus respectivos Estados, lavrando autos de infração que visam (i) a bolsa dos créditos de ICMS com relação às mercadorias entradas apenas simbolicamente no estabelecimento e (b) a cominação de multa pela emissão de nota fiscal sem a correspondente saída efetiva de mercadorias por ela acobertada. Tal postura é adotada, sobretudo, quando os contribuintes integrantes da operação estão localizados em Estados distintos e o Estado no qual se deu a operação simbólica tem que arcar com um 'prejuízo' em face da regra de aplicação de diferencial de alíquota. [...] tendo em vista que a Lei complementar n. 87/1996 expressamente reconhece a ocorrência do fato jurídico tributário do ICMS, mesmo nos casos em que não haja trânsito físico no estabelecimento adquirente (pois, juridicamente há trânsito pelo patrimônio do alienante), a operação triangular é instrumento válido e passível de ser adotado" (FERRAGUT, Maria Rita. Cláusula FOB, operação triangular e a prova no ICMS. *RDDT* 205/99-105, out. 2012).

– **Operação triangular internacional:** *Back to Back*. "... o *back to back*, ou também *back to back credits*, é uma modalidade de compra e venda triangular, envolvendo, em regra, pessoas jurídicas estabelecidas em três países distintos. Para este modelo operacional, a empresa brasileira adquire uma mercadoria de um fornecedor localizado no exterior, e posteriormente revende-a a uma pessoa jurídica situada em um terceiro país, sem que esta mercadoria transite fisicamente elo território brasileiro, o que significa dizer que a mercadoria estrangeira adquirida pela empresa brasileira é diretamente remetida elo fornecedor estrangeiro ao adquirente estrangeiro. ... não há trânsito físico da mercadoria ... no território nacional, motivo pelo qual não há a emissão de documentos característicos de uma operação de importação e exportação, como a Nota Fiscal, a Declaração de Importação (DI), o Comprovante de Importação (CI), ou, ainda, o Registro de Exortação (RE). Há, entretanto, a emissão de faturas comerciais (*commercial invoices*) e a realização de contratos de câmbio, destinados a amarar o fluxo financeiro da operação. [...] no que tange à tributação no Brasil, em razão da inexistência de circulação física da mercadoria no território nacional, não há ocorrência dos fatos geradores dos tributos incidentes na importação numa operação *back to back*, quais sejam: ... II... IPI... ICMS... PIS/Pasep-Importação...Cofins-Importação" (FORNER, Jamily Sandri. A natureza das operações *back to back* para fins de tributação pelo PIS/Pasep e pela Cofins. *RDDT* 202/73--88, jul. 2012).

– **Circulação física entre estabelecimentos de um mesmo contribuinte, sem negócio jurídico, não enseja incidência, mesmo nas operações interestaduais.** Há entendimento jurisprudencial no sentido de que, não havendo circulação jurídica (operação de circulação), a rigor, não se perfaz a hipótese constitucional no deslocamento entre estabelecimentos de um mesmo contribuinte, ainda que seja efetivamente de mercadorias. Cabe, inclusive, mandado de segurança preventivo (REsp 768.523/RJ). Porém, seria preciso atentar para a importância de se tornar efetiva a não cumulatividade e de se preservar a divisão das receitas tributárias entre os Estados nas operações interestaduais, conforme nota adiante.

– **Entendendo que a incidência nas operações interestaduais entre estabelecimentos do mesmo contribuinte era importante para Federação e neutra para os contribuintes.** "É necessária a reformulação da tradicional teoria da circulação jurídica... o dispositivo constitucional em tela permite que quaisquer atos juridicamente relevantes, relacionados de modo direto ou indireto ao circular de mercadorias (isto é, atos promotores ou os facilitadores da traditio mercantil), possam constituir hipótese de incidência do imposto... D'outra banda, cabe ressaltar que essa possibilidade de tributação das movimentações mercantis entre estabelecimentos, de uma mesma contribuinte, situados em entes federados distintos, apesar de possuir extrema relevância para as Fazendas estaduais envolvidas, não representa, a rigor, aumento da carga tributária. Em virtude da não cumulatividade do ICMS..., a empresa terá direito à aquisição de crédito fiscal no estabelecimento de destino, no mesmo montante do imposto incidente sobre a operação anterior (ocorrida na unidade de origem da mercadoria). Assim, ... ocorrerá, sob o ângulo do contribuinte, o que os tributaristas denominam de operação neutra" (MOISES, Cristian Ricardo Prado. O ICMS nas transferências interestaduais entre estabelecimentos da mesa empresa: a constitucionalidade da incidência à luz da reformulação da tradicional teoria da circulação jurídica. *RDDT* 230, 2014, p. 48-49).

– **Tema 1.099 do STF:** "Não incide ICMS no deslocamento de bens de um estabelecimento para outro do mesmo contribuinte localizados em estados distintos, visto não haver a transferência da titularidade ou a realização de ato de mercancia". Decisão do mérito em 2020.

– **Súmula 573 do STF:** "Não constitui fato gerador do Imposto de Circulação de Mercadorias a saída física de máquinas, utensílios e implementos a título de comodato".

– **Súmula 166 do STJ:** "Não constitui fato gerador do ICMS o simples deslocamento de mercadoria de um para outro estabelecimento do mesmo contribuinte".

– "ICMS. TRANSFERÊNCIA DE MERCADORIA ENTRE ESTABELECIMENTOS DE UMA MESMA EMPRESA. INOCORRÊNCIA DO FATO GERADOR PELA INEXISTÊNCIA DE ATO DE MERCANCIA. SÚMULA 166/STJ. DESLOCAMENTO DE BENS DO ATIVO FIXO. *UBI EADEM RATIO, IBI EADEM LEGIS DISPOSITIO*... 1. O deslocamento de bens ou mercadorias entre estabelecimentos de uma mesma empresa, por si, não se subsume à hipótese de incidência do ICMS, porquanto, para a ocorrência do fato imponível é imprescindível a circulação jurídica da mercadoria com a transferência da propriedade. (Precedentes...) 2. 'Não constitui fato gerador de ICMS o simples deslocamento de mercadoria de um para outro estabelecimento do mesmo contribuinte' (Súmula

166 do STJ). 3. A regra-matriz do ICMS sobre as operações mercantis encontra-se insculpida na Constituição Federal de 1988... 4. A circulação de mercadorias versada no dispositivo constitucional refere-se à circulação jurídica, que pressupõe efetivo ato de mercancia, para o qual concorrem a finalidade de obtenção de lucro e a transferência de titularidade. 5. 'Este tributo, como vemos, incide sobre a realização de operações relativas à circulação de mercadorias. A lei que veicular sua hipótese de incidência só será válida se descrever uma operação relativa à circulação de mercadorias. É bom esclarecermos, desde logo, que tal circulação só pode ser jurídica (e não meramente física). A circulação jurídica pressupõe a transferência (de uma pessoa para outra) da posse ou da propriedade da mercadoria. Sem mudança de titularidade da mercadoria, não há falar em tributação por meio de ICMS. [...] O ICMS só pode incidir sobre operações que conduzem mercadorias, mediante sucessivos contratos mercantis, dos produtores originários aos consumidores finais' (CARRAZZA, Roque Antônio. *ICMS*. 10. ed. São Paulo: Malheiros, p. 36-37). 6. *In casu*, consoante assentado no voto condutor do acórdão recorrido, houve remessa de bens de ativo imobilizado da fábrica da recorrente, em Sumaré para outro estabelecimento seu situado em estado diverso, devendo-se lhe aplicar o mesmo regime jurídico da transferência de mercadorias entre estabelecimentos do mesmo titular, porquanto *ubi eadem ratio, ibi eadem legis dispositio*" (STJ, REsp 1.125.133, 2010).

– **Não bastaria a movimentação física.** "IMPOSTO SOBRE CIRCULAÇÃO DE MERCADORIAS – DESLOCAMENTO DE COISAS – INCIDÊNCIA – ARTIGO 23, INCISO II DA CONSTITUIÇÃO FEDERAL ANTERIOR. O simples deslocamento de coisas de um estabelecimento para outro, sem transferência de propriedade, não gera direito à cobrança de ICM. O emprego da expressão 'operações', bem como a designação do imposto, no que consagrado o vocábulo 'mercadoria', são conducentes à premissa de que deve haver o envolvimento de ato mercantil e este não ocorre quando o produtor simplesmente movimenta frangos, de um estabelecimento a outro, para simples pesagem" (STF, AgRAI 131.941, 1991). Vide nota anterior no item Operação.

– **Descabimento da "circulação ficta".** "ICMS – PRODUÇÃO – ATIVO FIXO – SAÍDA – FICÇÃO JURÍDICA. Mostram-se inconstitucionais textos de convênio e de lei local – Convênio n. 66/88 e Lei n. 6.374/89 do Estado de São Paulo – reveladores, no campo da ficção jurídica (saída), da integração, ao ativo fixo, do que produzido pelo próprio estabelecimento, como fato gerador do ICMS" (STF, RE 158.834, 2002).

– **Circulação ficta de mercadorias. Regime Especial 1/98-DF.** Considerações em torno da legalidade da circulação ficta de mercadorias, vide em parecer de Ives Gandra da Silva Martins sob o título A Hipótese de Imposição do ICMS. Constitucionalidade do Acordo Coletivo de Regime Especial n. 1/98 do Distrito Federal, em *RDDT* n. 41, 1999.

– **Circulação física interestadual entre estabelecimentos de um mesmo contribuinte enseja incidência.** "... embora nas transferências interestaduais entre estabelecimentos da mesma empresa haja apenas uma pessoa jurídica, como visto acima, a LC 87/96, em seu art. 11, § 3º, II, consagra a autonomia de cada estabelecimento, inclusive para efeito dos lançamentos de créditos e débitos do imposto, consoante art. 25 do mesmo diploma. Se esse conceito de autonomia dos estabelecimentos é relevante para fins de fiscalização e administração do tributo, ele assume particular grande relevância nas transferências interestaduais entre os estabelecimentos do contribuinte situados em diferentes unidades da federação, não só para promover a observância do princípio da não cumulatividade mas também para assegurar a cada um dos Estados partícipes dessas operações a parte que lhe cabe na arrecadação do tributo até o consumo. Bem por isso, embora, como ressaltado na parte inicial deste parecer, à falta de dois sujeitos protagonizando a transferência jurídica de titularidade da mercadoria sequer se pudesse cogitar da ocorrência de fato gerador do ICMS, nas transferências entre estabelecimentos da mesma pessoa jurídica, se esses estabelecimentos estão situados em diferentes unidades da federação, a incidência se configura, a fim de que cada sujeito ativo receba a parcela do tributo correspondente à etapa circulatória ocorrida em seu território" (MARTINS, Ives Gandra da Silva; SOUZA, Fática Fernandes Rodrigues. ICMS. Transferência de mercadorias entre estabelecimentos da mesma empresa situados em diferentes unidades da Federação... *RDDT* 219/127, 2013).

– "Em virtude da competitividade e das metas de incremento de lucro, cada vez mais, as empresas buscam reduzir a carga tributária e aumentar a eficiência na entrega dos produtos aos consumidores finais. Essas incessantes buscas explicam o crescimento do número de pessoas jurídicas com estabelecimentos em diferentes entes federados, bem como a elevação da quantidade das movimentações mercantis entre essas unidades empresariais. Em muitos casos, mediante a abertura de uma filial, em Estado distinto de onde ocorre a produção, é possível conseguir uma alíquota menor sobre a comercialização das mercadorias. Outrossim, com frequência, a manutenção de dois ou mais estabelecimentos em locais estratégicos (e.g., um no Estado onde mais abundantes as matérias-primas e outro na unidade federada com o maior número de consumidores) é fundamental para tornar mais eficiente a distribuição dos produtos no mercado. Diante dessa crescente complexidade da logística empresarial, a clássica teoria da circulação jurídica (que respalda a jurisprudência predominante) tornou-se, data vênia, defasada. Ao considerar imprescindível para a incidência do ICMS a transferência de titularidade e o intuito de lucro, essa construção teórica impede a tributação das transferências de mercadorias entre estabelecimentos, de uma mesma empresa, situados em Estados distintos. Sob o prisma da arrecadação do imposto, tal impedimento, em geral, acaba por permitir que um ente federado enriqueça às custas de outro, acarretando inaceitável ofensa direta ao princípio federativo (art. 1º, *caput*, da CF/1988). A fim de solucionar tal defasagem, é necessária a reformulação da tradicional teoria da circulação jurídica, mediante a interpretação sistemática e o princípio hermenêutico da unidade da Constituição. Por meio desse refazimento, é afastada a ideia de que o art. 155, II, da CF/1988 vincula a incidência do ICMS, de modo exclusivo, à ocorrência de um negócio bilateral, com intuito de lucro, em que a titularidade sobre uma mercadoria é transferida de uma pessoa a outra. Através da exegese sistemática e do princípio da unidade, chega-se à proposta interpretativa de que o dispositivo constitucional em tela permite que quaisquer atos juridicamente relevantes, relacionados de modo direto ou indireto ao circular de mercadorias (isto é, os atos promotores ou os facilitadores da *traditio* mercantil), possam constituir hipótese de incidência do imposto, mesmo que praticados sem a imediata intenção especulativa (como, por exemplo, as transferências interestaduais). D'outra banda, cabe ressaltar que essa possibilidade de tributação das movimentações mercantis entre estabelecimentos, de uma mesma contribuinte, situados em entes federados distintos, apesar de possuir extrema relevância para as Fazendas estaduais envolvidas, não representa, a rigor, aumento da carga tributária. Em virtude da não cumulatividade do ICMS (art. 155, § 2º, I, da CF/1988), a empresa terá direito à aquisição de crédito fiscal no estabelecimento de destino, no mesmo montante do imposto incidente sobre a operação anterior (ocorrida na unidade de origem da mercadoria). Assim, na hipótese em exame, ocorrerá sob o ângulo da contribuinte, o que os tributaristas denominam de operação neutra. ... a proposição exegética do art. 155, II, da CF/1988, apresentada neste trabalho, além de solucionar a defasagem da clássica teoria da circulação jurídica diante da crescente complexidade da logística empresarial, viabiliza a superação da indesejada dissonância existente, há quase 20 anos, entre a jurisprudência predominante e os arts. 12, I, e 13, § 4º, da LC 87/1996" (MOISES, Cristian Ricardo Prado. O ICMS nas transferências interestaduais entre estabelecimentos da mesma empresa: a constitucionalidade da incidência à luz da reformulação da tradicional teoria da circulação jurídica. *RDDT* 230/35, 2014).

– "Tendo o ICMS sido criado pela Constituição Federal de 1988 sob o pálio do princípio da não cumulatividade, do qual decorre o princípio da autonomia dos estabelecimentos, erigido também em cumprimento à praticidade administrativa, à neutralidade econômica e à justa repartição das receitas tributárias entre os entes federativos, é legítima a incidência do ICMS na circulação econômica da mercadoria entre estabelecimentos do mesmo titular" (RIBEIRO, Ricardo Lodi. A base de cálculo do ICMS em operações interestaduais entre estabelecimentos do mesmo titular. *RDDT* 227/102, 2014).

– Para uma análise da base de cálculo sob a égide do DL n. 406/1968, art. 2º, I, do Convênio ICMS n. 66/1988, arts. 4º, III, e 9º, e LC 87/1996, art. 13, § 4º, vide: RIBEIRO, Ricardo Lodi. A base de cálculo do ICMS em operações interestaduais entre estabelecimentos do mesmo titular. *RDDT* 227/102, 2014.

– **Autonomia dos estabelecimentos.** Vide nota ao art. 127, II, do CTN.

– **Devolução de mercadoria.** "O instituto jurídico hábil por excelência a regular essa transmissão de domínio é o da tradição, o qual pode ser definido como sendo o ato por meio do qual o remetente entrega, com *animus* de transferir a propriedade, bem móvel a um destinatário que o recebe com intuito de dele se assenhorar. A devolução da mercadoria quebra esse circuito ao demonstrar que o destinatário não pretende internalizar aquele bem a seu patrimônio, dele tornando-se titular. Se não há a circulação jurídica do domínio, não está preenchido o critério material da hipótese, ficando obstada a incidência do ICMS – mercadorias. Sendo assim, tendo havido o destaque do imposto e o necessário débito antecipado do valor no livro fiscal competente quando da saída da mercadoria, deve haver o crédito desse valor quando da devolução do bem, sob pena de se tributar simples circulação física da mercadoria – em desacordo com o disposto no art. 155, II, da CF" (GASPERIN, Carlos Eduardo Makoul. Devolução de mercadoria e crédito de ICMS: o caso da legislação paulista. *RET* 86/64-77, 2012).

– **Venda de veículo usado consignado não implica circulação da agência ao adquirente. Não incidência.** "ICMS. OPERAÇÃO DE VENDA PELA AGÊNCIA DE AUTOMÓVEIS DE VEÍCULO USADO CONSIGNADO PELO PROPRIETÁRIO. NÃO INCIDÊNCIA. 1. Recurso especial pelo qual se discute se a operação de venda promovida por agência de automóveis de veículo usado consignado pelo proprietário está sujeita, ou não, à incidência de ICMS a ser pago pelo estabelecimento comercial... 3. A Primeira Seção, ao julgar o REsp 1.125.133/SP, Rel. Min. Luiz Fux, *DJe* 10/9/2010, submetido ao rito dos recursos repetitivos (art. 543-C do CPC), decidiu que 'a circulação de mercadorias versada no dispositivo constitucional [art. 155, II] refere-se à circulação jurídica, que pressupõe efetivo ato de mercancia, para o qual concorrem a finalidade de obtenção de lucro e a transferência de titularidade', que 'pressupõe a transferência (de uma pessoa para outra) da posse ou da propriedade da mercadoria [...] (CARRAZZA, Roque Antônio. *ICMS*. 10. ed. São Paulo: Malheiros, p. 36-37)'. 4. Ponderado esse entendimento jurisprudencial, constata-se que a mera consignação do veículo cuja venda deverá ser promovida por agência de automóveis não representa circulação jurídica da mercadoria, porquanto não induz à transferência da propriedade ou da posse da coisa, inexistindo, dessa forma, troca de titularidade a ensejar o fato gerador do ICMS. Nesse negócio, não há transferência de propriedade (domínio) à agência de automóveis, pois, conforme assentado pelo acórdão recorrido, ela não adquire o veículo de seu proprietário, mas, apenas, intermedeia a venda da coisa a ser adquirida diretamente pelo comprador. De igual maneira, não há transferência de posse, haja vista que a agência de automóveis não exerce nenhum dos poderes inerentes à propriedade (art. 1.228 do Código Civil). Isso porque a consignação do veículo não pressupõe autorização do proprietário para a agência usar ou gozar da coisa, nem tampouco a agência pode dispor sobre o destino da mercadoria (doação, locação, destruição, desmontagem, v.g.), mas, apenas, promover a sua venda em conformidade com as condições prévias estabelecidas pelo proprietário. Em verdade, a consignação do veículo significa mera detenção precária da mercadoria para fins de exibição, facilitando, dessa forma, a consecução do serviço de intermediação contratado" (STJ, REsp 1.321.681, 2013).

– **Transferência de mercadorias por força de incorporação, fusão ou cisão. Ausência de circulação.** "... não importa o negócio jurídico pelo qual se promova a circulação econômica, mas sim a evolução da mercadoria na cadeia produtiva. [...] as operações de circulação de mercadorias pressupõem uma circulação econômica dessa entre duas unidades econômicas. Ou seja, a circulação que gera a incidência do ICMS é o impulso que movimenta a mercadoria em cada uma das suas fases econômicas, desde a fon-

te de produção até o consumo, não bastando a mera saída física da mercadoria, como ocorre, por exemplo, com uma máquina que sai em comodato, ou uma obra de arte que sai para uma exposição e depois retorna, ou ainda na remessa de produtos para a demonstração. Pelas mesmas razões, as alterações societárias, como a incorporação, a fusão e a cisão, que envolvem a transferência de bens, não só do ativo fixo, mas também do estoque de mercadorias, não sofrem a incidência do imposto, pois não envolvem a circulação econômica da mercadoria na cadeira produtiva" (RIBEIRO, Ricardo Lodi. A base de cálculo do ICMS em operações interestaduais entre estabelecimentos do mesmo titular. *RDDT* 227/102, 2014).

⇒ **Mercadoria.** – "Não é qualquer bem móvel que é mercadoria, mas tão só aquele que se submete à mercancia. Podemos, pois, dizer que toda mercadoria é bem móvel, mas nem todo bem móvel é mercadoria. Só o bem móvel que se destina à prática de operações mercantis é que assume a qualidade de mercadoria. ... é mister que tenha por finalidade a venda ou revenda. Em suma, a qualidade distintiva entre bem móvel (gênero) e mercadoria (espécie) é extrínseca, consubstanciando-se no propósito de destinação comercial. ... um bem de uso próprio (v.g., uma geladeira) não é mercadoria. Quando vendido, a terceiro, por seu proprietário, não faz nascer a obrigação de pagar ICMS. .. Situação diversa ocorre quando a geladeira é comprada e revendida por uma loja de eletrodomésticos. Aí, sim, ocorre a operação mercantil, ensejando a tributação ou via de ICMS" (CARRAZA, Roque Antonio. *ICMS*. 13. ed. São Paulo: Malheiros, 2009, p. 43).

– "... à margem do fator circulação, é preciso que o bem que circula seja mercadoria porque é essa a palavra usada no texto constitucional e não entendo como mercadoria senão o bem que se faz objeto do ato de comércio. A coisa não se transforma em mercadoria senão quando circula mediante um ato mercantil de qualquer natureza" (REZEK, Francisco. Rezek, ICMS Conceito de mercadoria. Mesa de debates sobre tributos federais. *RDT* 67/97, São Paulo: Malheiros).

– "... em se tratando de atividades mercantis, as palavras 'gêneros', 'fazendas', 'efeitos mercantis' e 'mercadorias' são sinônimas e como tais foram usados pelo Cód. Comercial, como acima ficou indicado: – coisas que se produzem para vender ou se comprar para revender com lucro. J. X. Carvalho de Mendonça é claríssimo: 'As coisas... quando objeto de troca, de circulação econômica, tomam o nome de mercadorias... A coisa, enquanto se acha na disposição do industrial, que a produz, chama-se produto, manufato, ou artefato; passa a ser mercadoria logo que é objeto de comércio... e deixa de ser mercadoria logo que sai da circulação comercial e se acha no poder ou propriedade do consumidor'. [...] A coisa é bem de capital se produzida, ou adquirida, ou importada, por alguém para integrá-la em seu ativo fixo, sem o propósito de revenda, mas apenas para uso de sua empresa no fabrico ou transporte de produtos" (BALEEIRO, Aliomar. *Direito tributário brasileiro*. 9. ed. Rio de Janeiro: RT, 1977, p. 216).

– AMÉRICO MASSET LACOMBE, no seu *Imposto de importação*, já em 1979, à luz da EC n. 1/69, já diferenciava os termos "produto" e "mercadoria". Dizia: "..., no sentido comum de ambos os vocábulos, verificamos que produto tem uma significação mais ampla que mercadoria, cujo sentido é envolvido pelo significado da palavra produto. Toda mercadoria é um produto, no sentido de que ou é produzido pela natureza ou pela atividade humana, ou pela combinação de ambas. Mas, nem todo produto é mercadoria, uma vez que, para tanto, necessita ser objeto de mercancia. Produto é toda coisa móvel corpórea. Ou será um produto da natureza ou da atividade humana. Entretanto, para se definir mercadoria, não será suficiente dizer trata-se de coisa móvel e corpórea, sendo necessário acrescentar que é toda coisa suscetível de circulação mercantil" (p. 14). E transcreve texto de parecer proferido por ALIOMAR BALEEIRO, com o seguinte teor: "Mercadoria, em Direito, em Economia e na linguagem vulgar é o bem econômico que alguém, com o propósito deliberado de lucro, produz para vender ou compra para revender. O fito de lucrar, mediante venda posterior do que se produziu ou se adquiriu, é inseparável do conceito econômico, jurídico e léxico do vocábulo 'mercadoria'. Economicamente, como acreditamos ter demonstrado no desfile de velhos e novos economistas, as mercadorias constituem os capitais circulantes, que fazem o trajeto do estabelecimento produtor até as mãos do consumidor final ou do usuário final. Atingida esta etapa última, já não é mais mercadoria, porque cessou de ser objeto de circulação econômica e de lucro. Paralisou-se no estágio derradeiro do consumo ou do uso próprio" (p. 16). AMÉRICO relembrou, ainda, qualificando-o como *leading case* do STF sobre a matéria, o RE 79.951/SP, em que teria ficado assentado que o destino à venda ou revenda é essencial para caracterizar a mercadoria, de modo que, à luz da EC n. 1/69, não incidiria ICMS na importação de bens de capital (hoje incide por força de previsão expressa do art. 155, § 2º, IX, *a*). E expôs acerca deste julgado: "Esclarecedor, neste aspecto, foi o voto do Min. Cunha Peixoto... Observa, em seguida, que mercadoria tem seu conceito bem definido no direito comercial, e, recorrendo a Vidaria nota que um mesmo objeto pode ser coisa em mãos de uma pessoa e mercadoria em mãos de outra, pois a palavra mercadoria põe de manifesto seu destino ao mercado e, assim, será coisa o objeto destinado para fim de consumo e mercadoria o destinado à especulação através da revenda. Recorre, igualmente, a Carvalho de Mendonça, para frisar que '[...] a coisa, enquanto se acha na disponibilidade do industrial, que a produz, chama-se produto manufaturado ou artefato; passa a ser mercadoria logo que é objeto de comércio do produtor ou do comerciante por grosso ou a retalho, que a adquira para revender a outro comerciante ou ao consumidor; deixa de ser mercadoria logo que sai da circulação comercial e se acha no poder do consumidor'" (p. 18). Por fim, concluiu: "Produto é, portanto, um bem móvel e corpóreo, enquanto que mercadoria tem um conceito mais restrito, pois é um bem móvel, corpóreo, destinado ao comércio" (p. 18).

– "'Mercadoria', tradicionalmente, é bem corpóreo da atividade empresarial do produtor, industrial e comerciante, tendo por objeto a sua distribuição para o consumo, compreendendo-se no estoque da empresa, distinguindo-se das coisas que tenham qualificação diversa, segundo a ciência contábil, como é o caso do ativo permanente. Este conceito sofreu ampliação constitucional ao submeter o fornecimento de energia elétrica (coisa incor-

pórea) ao âmbito de incidência do ICMS, enquadrando-o no espectro mercantil (art. 155, § 3º, CF)... Os bens negociados ou transmitidos por particulares, prestadores de serviço, financeiras, etc., sem implicar mercancia, ou não sendo transacionados com habitualidade, [...] representam natureza diversa de mercadoria" (SOARES DE MELO, José Eduardo. *ICMS* – Teoria e prática. 11. ed. São Paulo: Dialética, 2009, p. 17). Obs: em nota adiante, discute-se a necessidade de o conceito abranger bens incorpóreos também.

– "A própria designação do imposto, no que consagra o emprego do vocábulo 'mercadoria', pressupõe o ato mercantil, encontrando-se a definição do termo no Direito comercial. Em síntese, consubstancia mercadoria coisa móvel destinada à comercialização, que geralmente é adquirida por pessoas do comércio para a revenda..." (excerto do voto do Min. Marco Aurélio no AgRg 131.941SC, *RTJ* 136/416).

– "... regra geral, podemos dizer que a qualificação de um bem como mercadoria depende da destinação que o vendedor irá dar-lhe, porque todos os bens disponibilizados pelo fornecedor são mercadorias. [...] O aspecto subjetivo escolhido pelo legislador para ser um critério objetivo na qualificação do que vem a ser mercadoria é o ponto de vista do vendedor do bem numa relação jurídica de venda e compra" (CEZAROTI, Guilherme. *ICMS no comércio eletrônico*. São Paulo: MP, 2005, p. 152).

– **Venda de bens salvados de sinistros. Não configura venda de mercadoria. Súmula Vinculante 32 do STF. Súmula 152 do STJ cancelada.** O STF, entendendo que os bens salvados de sinistro não são mercadorias em sentido técnico-tributário, editou a Súmula Vinculante 32: "O ICMS não incide sobre alienação de salvados de sinistros pelas seguradoras" (*DJe* em fev. 2011). Vale destacar que a antiga Súmula 152 do STJ, que dizia da incidência, já fora cancelada (REsp 73.552/RJ, *Informativo STJ* 323/07).

– [...] "A alienação de salvados configura atividade integrante das operações de seguros e não tem natureza de circulação de mercadoria para fins de incidência do ICMS. 4. Inconstitucionalidade da expressão 'e as seguradoras', do inciso IV do art. 15 da Lei n. 6.763, com redação dada pelo art. 1º da Lei n. 9.758/1989, do Estado de Minas Gerais. 5. Violação dos arts. 22, VII, e 153, V, da Constituição Federal" (STF, ADI 1.648, 2011). "Entendeu a corte que as vendas de salvados pelas companhias seguradoras, por constituírem atividade integrante das operações de seguro, sujeitam-se à competência tributária da União (CF, art. 153, V – IOF). [...] Observou que, em razão de ser vedada às sociedades seguradoras, nos termos do art. 73 do Decreto-lei 73/66, a exploração de qualquer outro ramo de comércio ou indústria, elas não seriam e nem poderiam ser comerciantes de sucata. Acrescentou que, por disposição contratual, as seguradoras receberiam por ato unilateral a propriedade do bem nas hipóteses em que, em decorrência de sinistro, tivesse este perdido mais de 75% do valor do segurado. Asseverou que as companhias de seguro seriam obrigadas a pagar ao segurado 100% do valor do bem e que a posterior venda, por elas, dos salvados teria, no máximo, o condão de recuperar parte da indenização que houvesse superado o dano ocorrido. Enfatizou que, por isso, não haveria finalidade de obter lucro, nem, portanto, intenção comercial" (*Informativo* STF n. 616).

– **Mercadoria *x* incorpóreos. Admitindo a identidade.** "Efetivamente o conceito secular de mercadoria tem como justificativa um bem corpóreo. Entretanto, na era atual, na qual é possível transformar uma mercadoria em dados digitalizados e transmiti-los entre dois computadores, o conceito tradicional deve ser flexibilizado. Ora, para que seja considerada uma mercadoria, basta que o bem tenha valor econômico e caráter circulatório. O requisito de ser corpóreo é plenamente dispensável. CORRÊA, no seu estudo sobre 'mercadorias virtuais', tem posicionamento que merece ser transcrito: 'Devemos, sim, entender como bens, sejam estes imateriais ou não, todos aqueles responsáveis por manifestação de capacidade contributiva, ou seja, que gerem o interesse do Estado em regulá-los e tributá-los, sendo e gerando riquezas para a sociedade, restando insuficiente a noção tradicional de 'mercadoria', já que esta se encontra atrelada ao dogma 'bem *x* materialidade'. Sem a referida interpretação, estaríamos inadvertidamente desconsiderando inúmeras e importantíssimas manifestações de capacidade econômica suscetíveis de submissão tributária, e, o pior, manifestações cada vez mais crescentes e importantes para a sociedade'. Por conseguinte, a mercadoria não necessita ser um bem corpóreo. Basta que seja negociada com habitualidade e que o negócio objetive o lucro, tendo, assim, evidenciada a possibilidade de cobrança do ICMS, desde que conste no dispositivo legal específico. Portanto, o requisito de ser o bem corpóreo deve ser afastado para reconhecer a incidência tributária do ICMS nas operações de comércio eletrônico direto. Não se defende a ideia de ampliar indiscriminadamente o conceito secular de mercadoria, mas tão somente adaptá-lo à realidade atual. A ampliação deve valer somente para os bens que tenham caráter comercial, mas que não se enquadram atualmente no ultrapassado conceito, tais como filmes, músicas e *softwares* digitalizados, circuláveis através de *download*. Efetivamente, não se pode ampliar de forma genérica, de maneira que vários institutos sejam considerados mercadorias, como a nota promissória, um direito por excelência, e o bem imóvel, considerado, equivocadamente, como mercadoria recentemente pelo STJ para fins de incidência de COFINS. A interpretação extensiva que se dá ao vocábulo 'mercadoria' deve abranger bens que seguramente tenham características para serem classificados como tal e não genericamente para outros diversos bens e direitos. [...] a ampliação da definição deveria ser feita somente através de emenda constitucional. Isso porque nada impede que a Lei Maior altere o conceito de direito privado para fins tributários, como já faz atualmente com o ouro, um metal que é considerado ativo financeiro (art. 153, § 5º, da CF/88), ou então que venha a equiparar a transmissão de dados digitalizados à circulação de mercadorias, assim como a pessoa física que pode ser equiparada à pessoa jurídica (art. 149, § 3º, da CF/88). Logo, percebe-se que a Carta Magna, por óbvio, tem autonomia sobre a regra do art. 11 do Código Tributário Nacional. Então, entende-se que pode vir a Constituição Federal, em eventual alteração, acrescentando um parágrafo ao art. 155, a equiparar a transmissão de dados digitalizados à operação de circulação de mercadorias..." (STURTS,

Gabriel Pinos. Tributação do comércio eletrônico: análise da incidência do ICMS. *RET* 34/5, 2004).

– Sobre os bens incorpóreos, vide, ainda, notas adiante sobre o *software*, sobre a comercialização de energia e sobre o comércio eletrônico.

– **No sentido de que mercadoria pressupõe caráter corpóreo.** "'Mercadoria', tradicionalmente, é bem corpóreo da atividade empresarial do produtor, industrial e comerciante, tendo por objeto a sua distribuição para consumo, compreendo-se no estoque da empresa, distinguindo-se das coisas que tenham qualificação diversa, segundo a ciência contábil, como é o caso do ativo permanente. Este conceito sofreu ampliação constitucional ao submeter o fornecimento de energia elétrica (coisa incorpórea) ao âmbito de incidência do ICMS, enquadrando-se no espectro mercantil (art. 155, § 3º, CF). [...] O 'download' (transporte de arquivos da Internet para outro computador, ou transferência de dados de um micro a outro micro, como é o caso de fornecimento de produtos, bens e serviços de diversificada natureza – passagens aéreas, publicidade, leilões, banco eletrônico, consultorias, filmes, revistas, músicas, etc.) também não caracteriza 'mercadoria' Na 'web' (área multimídia da Internet) é possível a realização de serviços centralizadores (as informações são baixadas pelo provedor para o usuário), ou possibilitar que o usuário obtenha os elementos diretamente dos micros onde estejam os produtos (filmes, músicas, etc.), de seu interesse. No primeiro caso, o computador solicita serviços a um servidor, que dispara pesquisa em outros servidores, vinco (o mesmo computador) a receber as respostas que o servidor obteve. Na segunda situação (sistema 'peer-to-peer' – colega a colega, ou 'entre partes'), o computador envia pesquisa para a rede; as máquinas ligadas à rede respondem se podem atendê-lo; o usuário escolhe uma conexão e recebe a resposta. Trata-se de bens digitais 'constituídos por um conjunto organizado de instruções, na forma de linguagem de sobrenível, armazenados em forma digital e que podem ser interpretador por computadores e outros dispositivos assemelhados, que produzem funcionalidades predeterminadas, tendo como diferença específica sua existência não tangível de forma direta pelos sentidos humanos e que, por não estarem aderidos a um suporte físico, transitam por ambientes de rede teleinformática'. Este bem 'digital' não consubstancia as características de âmbito legal e constitucional (art. 155, II e § 3º), de mercadoria, além do que o respectivo 'software' representa um produto intelectual, objeto de cessão de direitos, de distinta natureza jurídica, o que tornaria imprescindível alteração normativa" (MELO, José Eduardo Soares de. *ICMS*: teoria e prática. 11. ed. São Paulo: Dialética, 2009, p. 17-19).

– "É da essência da incidência do ICMS... que sempre se cuide de operação envolvendo bem corpóreo, passível de utilização em atividade comercial ou na industrialização de novas mercadorias, o que foi constitucionalmente estendido à energia elétrica de maneira expressa, exatamente em razão da especificidade desse bem, o qual, não obstante não possa ser apreendido fisicamente, pode ser objeto de revenda e de emprego em atividade manufatureira. [...] note-se que se manteve a referência à 'entrada' do bem ou da mercadoria importada do exterior, o que evidencia a ideia de movimentação física de fora para dentro do território nacional, além da necessidade de haver o desembaraço aduaneiro da importação, mantendo a incidência do ICMS dentro do parâmetro da tangibilidade do bem" (BRAZUNA, José Luis Ribeiro; MIHARA, Kátia Soriano de Oliveira; DORIA, Thaís Bohn de Camargo. A não tributação dos jornais eletrônicos. *RDDT* 229/53, 2014).

– **Mercadorias fornecidas com serviços.** Neste caso, teremos a incidência do ICMS ou a incidência do ISS, conforme constem ou não os serviços na LC 116/03, que arrola os serviços sujeitos ao ISS, em cumprimento ao art. 156, III, da CF. – "Veja-se, pois, que a regra de competência impositiva inscrita no art. 155, II, da Constituição – que autoriza o Estado-membro a instituir o ICMS – deve ser interpretada em função do que também prescreve a norma consubstanciada no art. 155, § 2º, IX, *b*, do Estatuto Fundamental, que legitima a incidência dessa espécie tributária sobre operações relativas à circulação jurídica de mercadorias fornecidas 'com serviços não compreendidos na competência tributária dos Municípios'. Os serviços exclusivamente tributáveis pelos Municípios, por intermédio do ISS, acham-se relacionados em lista cuja taxatividade constituindo natural consequência do princípio da legalidade tributária, tem sido reconhecida tanto pela doutrina (Rui Barbosa Nogueira, *RT* 482/263; Aliomar Baleeiro, *Direito tributário brasileiro*, 8. ed., Forense, 1976, p. 270,) quanto pela jurisprudência do Supremo Tribunal Federal (*RTJ* 68/8 – *RTJ* 89/281 – *RTJ* 97/357 – *RDA* 118/155..." (STF, RE 156.568-3/SP, excerto do voto do Min. Celso de Mello, nov. 1993).

– "Nos casos em que há fornecimento de mercadoria com prestação de serviço, é praticamente impossível a separação entre as duas atividades. O deslinde da questão requer se olhe para a operação jurídica realizada entre as partes. Tem-se de perquirir do nascedouro da obrigação. Se os sujeitos da relação jurídica tiveram por escopo uma obrigação de fazer, uma prestação de serviço, os materiais porventura utilizados nessa prestação são simples meios dos quais se serviu o devedor para adimplir a sua obrigação de fazer, e por isso vão apenas integrar a base de cálculo do ISS devido, sem necessidade, ou melhor, sem que haja a possibilidade de cindir-se as duas atividades, para fins de incidência tributária. Por outro lado, se o objeto da relação jurídica foi a entrega de certa coisa (obrigação de dar), as prestações de serviço porventura realizadas são simples meios dos quais se vale o devedor para adimplir a sua obrigação, integrando-se na base de cálculo do ICMS devido" (MELO, Angelo Braga Netto Rodrigues de. ICMS: construção civil – Diferencial de alíquota interestadual. Uma burla à tributação. Da necessidade de revisão do entendimento predominante. *RTFP* 54/09, 2004).

– **Fornecimento em bares e restaurantes.** "O fornecimento de mercadorias com a simultânea prestação de serviços em bares, restaurantes e estabelecimentos similares constitui fato gerador do ICMS a incidir sobre o valor total da operação" (Súmula 163 do STJ).

– **Venda de bens do ativo fixo. Não incidência de ICMS.** "ICMS. Venda de bens do ativo fixo da empresa. Ambas as Turmas desta Corte (assim, a título exemplificativo, nos RREE 194.300 e AGRAG 177.698) já firmaram entendimento de que a venda de bens do ativo fixo da empresa não se enquadra na hipó-

tese de incidência determinada pelo art. 155, I, *b* (*sic*), da Constituição Federal, porquanto, nesse caso, por esses bens não se enquadrarem no conceito de mercadoria e essas operações não serem realizadas com habitualidade, não há circulação de mercadoria. Dessa orientação não divergiu o acórdão recorrido. Recurso extraordinário não conhecido" (Ac. un. da 1ª T. do STF, RE 203.904-3-SP, Min. Moreira Alves, *DJU* 25-6-1999, p. 29).

– "RECURSO EXTRAORDINÁRIO. CONSTITUCIONAL. TRIBUTÁRIO. ICMS. INCIDÊNCIA SOBRE A VENDA DE BENS DO ATIVO FIXO. ILEGITIMIDADE DA COBRANÇA. 1. A alienação esporádica e motivada pelas circunstâncias de bens do ativo fixo da empresa não configura o fato gerador do imposto. 2. A saída ocasional de mercadoria não se enquadra no conceito de comércio habitual, capaz de gerar a obrigação tributária. Precedentes. Recurso extraordinário conhecido e provido" (STF, RE 182.721).

– "ICMS. Venda de veículos do ativo fixo. Empresa locadora de veículos. Prazo de doze meses. Lei Complementar. Convênio n. 64/06. Descabimento... É indevida a incidência de ICMS sobre a operação de venda de veículos integrantes do ativo fixo, antes de doze meses da data da aquisição junto à montadora, quando realizada por pessoa jurídica que explores atividade de locação, com base no Convênio n. 64/06, considerando que estabelece fator gerador do tributo, base de cálculo e contribuinte. Somente se sujeitam à incidência de ICMS bens que, juridicamente, se identificam como mercadorias, a teor do disposto no art. 155, II, da Constituição da República" (TJMG, Proc. 1.0024.06.235290-1/001, 2008).

– **Validade da incidência na venda prematura de veículo por locadora. Tema 1.012:** "É constitucional a incidência do ICMS sobre a operação de venda, realizada por locadora de veículos, de automóvel com menos de 12 (doze) meses de aquisição da montadora". Decisão do mérito em 2020.

– **Alienação de bens de massa falida. Não incidência de ICMS.** "A massa falida não é pessoa, embora tenha uma especial legitimidade para estar em juízo. Ela está sujeita a um regime jurídico próprio e consiste apenas no acervo de bens do devedor. Tem como única finalidade o pagamento dos credores. Não se enquadra no conceito legal de contribuinte do ICMS. Tudo nos termos da Lei n. 11.101, de 9 de fevereiro de 2005, que nesse ponto não inovou o Decreto-lei n. 7.661/1945. [...] os bens do devedor, mesmo aqueles antes por ele especificamente destinados ao comércio, quando integram a massa falida perdem a condição de mercadoria, não só por expressa determinação da lei brasileira, mas também por força de um princípio geral que orienta o instituto da falência, decorrente de sua natureza interventiva, que impõe o desapossamento de todos os bens do devedor para uma posterior venda, sem finalidade lucrativa e tão somente para apurar o valor necessário ao pagamento dos credores" (MACHADO, Schubert de Farias. A não incidência do ICMS nos leilões dos bens de massa falida. *RDDT* 122/82, 2005).

– **Transformação das sociedades. Incorporação. Fusão. Cisão. Não incidência de ICMS.** "TRIBUTÁRIO – ICMS – COMERCIAL – SOCIEDADE COMERCIAL – TRANSFORMAÇÃO – INCORPORAÇÃO – FUSÃO – CISÃO – FATO

GERADOR – INEXISTÊNCIA. I – Transformação, incorporação, fusão e cisão constituem várias facetas de um só instituto: a transformação das sociedades. Todos eles são fenômenos de natureza civil, envolvendo apenas as sociedades objeto da metamorfose e os respectivos donos de cotas ou ações. Em todo o encadeamento da transformação não ocorre qualquer operação comercial. II – A sociedade comercial – pessoa jurídica corporativa pode ser considerada um condomínio de patrimônios ao qual a ordem jurídica confere direitos e obrigações diferentes daqueles relativos aos condôminos (Kelsen). III – Os cotistas de sociedade comercial não são, necessariamente, comerciantes. Por igual, o relacionamento entre a sociedade e seus cotistas é de natureza civil. IV – A transformação em qualquer de suas facetas das sociedades não é fato gerador de ICMS" (STJ, REsp 242.721, 2001).

– **Incorporação de empresa.** "Tributário. ICMS. Incidência. Incorporação de empresas. Ausência de circulação de mercadorias. [...] A incorporação não configura fato gerador do ICMS, que caracteriza-se pela saída física e jurídica da mercadoria. Em caso de incorporação, não há saída física, inexistindo venda a consumidor final. Em caso de incorporação, quem responde pelos impostos devidos, depois de sua efetivação, é a empresa incorporadora que continua a respectiva exploração" (STJ, RMS 8.874, 1999).

– **Arrendamento mercantil.** *Leasing.* LC n. 87/96: "Art. 3º O imposto não incide sobre: VIII – operações de arrendamento mercantil, não compreendida a venda do bem arrendado ao arrendatário".

– "Sendo o arrendamento mercantil negócio jurídico complexo, que abrange no mais das vezes um financiamento, uma locação e, por fim, uma venda, a nova lei do ICMS teve dicção de pôr com clareza que, se houver mercantilização final do bem, a operação se inclui como hipótese tributável pelo ICMS. Não é extravagante lembrar que a compra-e-venda da mercadoria é sempre regra geral do contrato de arrendamento mercantil. [...] O fato de ser a arrendadora uma instituição financeira não destitui da qualificação de contribuinte do ICMS, por quanto ela realizava operação de circulação de mercadorias com requisito da habitualidade, que é bastante para arrolá-la nessa categoria. E mais: se havia incidência do imposto mercantil federado nas operações de arrendamento quando da venda final do bem, então, na mesma medida, ter-se-ia que reconhecer o crédito do imposto pago na operação ou operações anteriores" (ARZUA, Heron. Créditos do ICMS no arrendamento mercantil. *RDDT* 28/12, jan. 1998). Nesse artigo, ainda, o autor diferença os campos de incidência do ICMS e do ISS, sustenta que, no caso do *leasing*, havendo o aperfeiçoamento da venda do bem arrendado, incide o ICMS e defende, por fim, a possibilidade de compensação do ICMS pago (crédito) pela instituição arrendadora na aquisição do bem.

– A matéria encontra-se em análise pelo Supremo Tribunal Federal: "ICMS e *leasing* internacional. O Plenário iniciou julgamento de recurso extraordinário em que se discute, à luz do art. 155, II e § 2º, IX e XII, *a* e *d*, da CF, a constitucionalidade, ou não, da incidência de ICMS sobre operações de importação de mercadorias, sob o regime de arrendamento mercantil internacional. O

Min. Gilmar Mendes, [...] destacou que não haveria como subsistir a orientação fixada no RE 461968/SP (*DJU* de 24.8.2007), no sentido de que o ICMS incide nas hipóteses em que o bem ou a mercadoria importados por meio de arrendamento mercantil internacional tivessem a propriedade transferida para o arrendatário. Isso porque esse entendimento convolar-se-ia em obstáculo à teleologia da norma constitucional. Explicou que, no *leasing* financeiro, o arrendatário possuiria, ao término do contrato, as opções de devolução ou compra do bem e de renovação do ajuste. Por esse motivo, a Constituição previra a incidência de ICMS na importação – na entrada do bem ou da mercadoria –, pois, de outra maneira, a exação ficaria à disposição do particular, a depender apenas do tipo de avença que desejasse celebrar. Ressaltou que isso permitiria elisão fiscal, com graves repercussões a partir do negócio jurídico entabulado. Concluiu que a situação em apreço apresentaria as seguintes possibilidades: 1) se determinado bem for adquirido por contrato de compra e venda internacional, incide ICMS, pois haverá a circulação de mercadoria, a qual será transferida ao patrimônio do adquirente; 2) se bem da mesma espécie for adquirido por contrato de compra e venda interno, incide ICMS; 3) se o mesmo bem for objeto de operação de arrendamento mercantil, *leasing* financeiro interno, incide ISS, consoante jurisprudência pacificada neste Tribunal (RE 592905/SC, *DJe* de 5.3.2010) e 4) se bem similar for objeto de importação mediante arrendamento mercantil internacional em que não seja feita a escolha de compra, a posição que vem se formando no STF impedirá a incidência do ICMS na importação – e tampouco do ISS. Diante desse quadro, notadamente da última hipótese, asseverou a ofensa ao princípio da isonomia, haja vista a concessão de vantagens não estendidas àquelas operações realizadas em âmbito interno. Ademais, reputou-se que, se adotada a mencionada tese, o poder de tributar do Estado ficaria à disposição do contribuinte. Tendo em conta todos esses motivos, asseverou que os fundamentos firmados no RE 206069/SP (*DJU* de 1º.9.2006), deveriam ser acolhidos, de modo a garantir a incidência do ICMS na importação de bem ou de mercadoria provenientes do exterior, independentemente da natureza do contrato internacional celebrado. Em divergência, o Min. Luiz Fux desproveu o recurso para manter a jurisprudência decenária desta Corte, segundo a qual a exegese desse novel preceito constitucional pressupõe a entrada e a posterior circulação desse bem para a incidência do ICMS, a fim de não transmudá-lo em imposto de importação. Afirmou que a Constituição delegara à lei complementar o estabelecimento de normas gerais em matéria tributária e o CTN dispusera, como regra de exegese, que na aplicação do direito tributário seriam obedecidos os conceitos de direito privado. Assinalou que o art. 155, II, da CF determinaria que o ICMS seria imposto derivado de uma operação de circulação de mercadoria e que presumiria uma compra e venda. Assim, incabível desnaturarem-se os vínculos de direito privado, de forma a equiparar o *leasing* à compra e venda. Observou que se tentara empreender interpretação teleológica à espécie para que a entrada da mercadoria fosse fato gerador do ICMS. No ponto, reiterou que, conforme realçado no RE 461968/SP (*DJU* de 24.8.2007), para não haver a transfiguração do ICMS em imposto de importação, aquele apenas incidiria se o ingresso se desse a título de circulação da mercadoria, sob pena de violação não só ao art. 146, III, da CF, como também, à luz dessa interpretação teleológica, do art. 155, § 2º, IX, *a*, da CF. Enfatizou, ainda, que em nível infraconstitucional, o STJ, em julgamento de recurso especial representativo da controvérsia, assentara que o referido imposto incidiria sobre a entrada de bem ou de mercadoria importados do exterior, desde que atinentes à operação relativa à circulação desses por pessoa física ou jurídica, ainda que não contribuinte habitual do tributo, qualquer que seja a finalidade. Por fim, esclareceu que os conceitos de direito privado não poderiam ser desnaturados pelo direito tributário, assim como, por analogia, seria indevida a criação de tributo inexistente. Após, pediu vista a Min. Cármen Lúcia (RE 540829)" (*Informativo* 629 STF, maio 2011).

• Vide precedentes do STF acerca da incidência do ICMS-Importação em nota ao art. 155, § 2º, IX, *a*, da CF.

– **Distribuição *x* Mandato mercantil. Distinção. ICMS *x* ISS.** A distribuição implica a venda sucessiva de bens, inicialmente entre o produtor e o distribuidor, e deste último para outros empresários ou para o consumidor. O distribuidor negocia por conta e risco próprio, tem à sua disposição a coisa a ser negociada. Este contrato é derivado do de representação. Sendo verdadeira compra e venda, incide o ICMS. Instituto completamente diferente é o mandato mercantil, onde uma pessoa se obriga a praticar atos ou administrar interesses de natureza comercial, em nome e por conta de outrem, mediante remuneração. Não havendo venda, incide o ISS (MARTINS, Ives Gandra da Silva. Distinção entre os regimes jurídicos de mandato mercantil e da distribuição de produtos disciplina tributária. *RDDT* n. 39, 1998).

– *Software*. **Licenciamento e *software* de prateleira. Tratamento distinto. STF.** "III. Programa de computador (*software*): tratamento tributário: distinção necessária. Não tendo por objeto uma mercadoria, mas um bem incorpóreo, sobre as operações de licenciamento ou cessão do direito de uso de programas de computador matéria exclusiva da lide, efetivamente não podem os Estados instituir ICMS: dessa impossibilidade, entretanto, não resulta que, de logo, se esteja também a subtrair do campo constitucional de incidência do ICMS a circulação de cópias ou exemplares dos programas de computador produzidos em série e comercializados no varejo como a do chamado *software* de prateleira (*off the shelf*) os quais, materializando o *corpus mechanicum* da criação intelectual do programa, constituem mercadorias postas no comércio" (STF, RE 176.626-SP, Min. Sepúlveda Pertence).

– "TRIBUTÁRIO. ESTADO DE SÃO PAULO. ICMS. PROGRAMAS DE COMPUTADOR (*SOFTWARE*). COMERCIALIZAÇÃO. No julgamento do RE 176.626, Min. Sepúlveda Pertence, assentou a Primeira Turma do STF a distinção, para efeitos tributários, entre um exemplar *standard* de programa de computador, também chamado 'de prateleira', e o licenciamento ou cessão do direito de uso de *software*. A produção em massa para comercialização e a revenda de exemplares do *corpus mechanicum* da obra intelectual que nele se materializa não caracterizam licenciamento ou cessão de direitos de uso da obra, mas genuínas operações de circulação de mercadorias, sujeitas ao ICMS. Recurso conhecido e provido" (STF, 1ª T., RE 199.464-9, Rel. Min. Ilmar Galvão, 2-3-1999).

– "Podemos extrair do dispositivo constitucional (155, § 2º, IX, *b*, da CF), a *contrario sensu*, que, se a operação estiver compreendida na competência dos Municípios, o tributo devido será o ISS, não o ICMS. Portanto, verifica-se que a solução encontrada pelo legislador constituinte e infraconstitucional, em hipótese dessa espécie, envolvendo operações mistas, compreendendo prestação de serviço e fornecimento de mercadoria, limitou-se a definir a subsunção do ato de mercancia conforme a supremacia do fator imaterial ou material nele incrustado" (MOTTA FILHO, Marcello Martins. *Software* de prateleira e o ICMS, *RDDT* 35/66, ago. 1998). Nesse artigo, o autor critica o entendimento do STJ, segundo o qual incide ICMS sobre os *softwares* de prateleira (feitos em grande escala) e incide ISS sobre os *softwares* de encomenda (elaborado especificamente para certo usuário). Por meio da teoria da preponderância, o autor defende que o *software* é composto por uma obra intelectual (tipicamente serviço) e por um suporte físico (CD-Rom ou disquete). Em um conflito entre o imposto estadual e o municipal, o art. 155, IX, *b*, da CF estabelece que, se a operação estiver compreendida na lista dos serviços de competência do município (como é o caso), será sempre devido o ISS. Faz, ainda, analogia com os filmes e videoteipes, em que foi adotado o mesmo entendimento.

• Vide: JESUS, Mariana Cavalcanti de; ROCHA, Sergio André. A incidência do ICMS sobre o comércio eletrônico de software. *RFDT* 95, 2018.

– **Distribuição X comercialização X gravação de filmes.** "Recurso extraordinário. Fitas de 'videocassete'. Imposto devido. O próprio acórdão reconhece que há comercialização, mediante oferta ao público, de fitas para 'videocassete'. E, assim sendo, aplica-se a ele o entendimento de ambas as Turmas desta Corte (assim nos RREE 191732, 164599, 179560 e 205984, a título exemplificativo) no sentido de que há a incidência de ISS somente quando o serviço de gravação é feito por solicitação de outrem, e não, como sucede na hipótese sob julgamento, quando há oferta do produto ao público consumidor, caso em que o imposto devido é o ICMS. Recurso extraordinário conhecido e provido" (STF, RE 183.190/SP, Min. Moreira Alves, *Informativo* STF n. 269, maio 2002).

– "ICMS. VENDA DE VÍDEOS. Tratando-se não de simples distribuição de filmes e videoteipes, mas de negócio jurídico a encerrar a comercialização, a compra e venda, em si, incidente é o ICMS" (STF, 2ª T., RE 164.599-7, Min. Marco Aurélio, maio 1999, *DJU* 27-10-1999).

– **Súmula 135 do STJ:** "ICMS não incide na gravação e distribuição de filmes e videoteipes".

– **Súmula 662 do STF:** "É legítima a incidência do ICMS na comercialização de exemplares de obras cinematográficas, gravados em fitas de videocassete".

– **Incidência sobre o uso, o consumo ou a integração, no ativo fixo, de mercadoria produzida pelo próprio estabelecimento. Inconstitucionalidade. Saída ficta. Descabimento.** "ICMS – CONVÊNIO – ARTIGO 34, § 8º, DO ADCT – BALIZAS. A autorização prevista no § 8º do artigo 34 do Ato das Disposições Transitórias da Carta de 1988 ficou restrita à tributação nova do então artigo 155, inciso I, alínea 'b', hoje artigo 155, inciso II, da

Constituição Federal. ICMS – PRODUÇÃO – ATIVO FIXO – SAÍDA – FICÇÃO JURÍDICA. Mostram-se inconstitucionais textos de convênio e de lei local – Convênio n. 66/88 e Lei n. 6.374/89 do Estado de São Paulo – reveladores, no campo da ficção jurídica (saída), da integração, ao ativo fixo, do que produzido pelo próprio estabelecimento, como fato gerador do ICMS" (STF, Plenário, maioria, RE 158.834, Rel. para acórdão Min. Marco Aurélio, out. 2002).

– **Contratos de compra e venda para entrega futura e ICMS.** Veja-se o artigo IPI e ICMS/contrato de compra e venda para entrega futura/adiantamento, saldo e respectivas correções monetárias, da lavra de Ruy Barbosa Nogueira, em *RDDT* n. 27, 1997.

– **Venda de mercadoria com garantia estendida. Base de cálculo. Tema 730 do STJ:** (CANCELADO) "Discussão: se o valor pago pelo consumidor a título de seguro denominado 'garantia estendida' integra, ou não, a base de cálculo do ICMS incidente sobre a operação de compra e venda da mercadoria" (2014).

• Vide: MOREIRA, André Mendes; MARQUES, Marina Machado. Incidência (ou não) de ICMS sobre os encargos financeiros nas vendas a prazo e sobre garantia estendida. *RFDT* 93, 2018.

– **Operação para entrega futura. Base de cálculo. Correção monetária do valor da operação. Atualização na data da saída da mercadoria. Descabimento.** "... ICMS – BASE DE INCIDÊNCIA – CORREÇÃO – VENDA PARA ENTREGA FUTURA – OPERAÇÃO *VERSUS* FATO GERADOR. A consideração do tributo a partir do valor do negócio jurídico, atualizado na data da saída da mercadoria do estabelecimento, além de alimentar a nefasta cultura inflacionária, discrepa da ordem natural das coisas, resultando em indevido acréscimo ao total da operação, porque não querido pelas partes, e em violência ao princípio da não cumulatividade. O figurino constitucional do tributo impõe, como base de cálculo, o montante da operação relativa à circulação da mercadoria, à quantia recebida pelo vendedor" (STF, RE 210.768, *Informativo* STF n. 287, out. 2002). Eis o voto: "Voto – [...] Na espécie, o negócio foi realizado, com pagamento à vista, em 20 de maio de 1991, para entrega em 16 de julho de 1991. Em 9 de julho de 1991, emitiu-se nota fiscal sem destaque do ICMS, fazendo-se constar, logicamente, o valor do negócio jurídico – Documento n. 6 (p. 32). Em 16 de julho, emitiu-se nota fiscal de remessa com destaque do ICMS calculado sobre o valor do negócio jurídico, que permaneceu inalterado, chegando-se, considerada a alíquota de 17%, ao valor de Cr$ 859.792,00 (folha 7). Em última análise, o comprador da mercadoria somente satisfez o valor primitivo, ou seja, R$ 5.057.600,00. Compreenda-se a natureza do imposto em jogo. Diz respeito a operações relativas à circulação de mercadorias. Portanto, pressupõe negócio jurídico revelador de certo preço. De acordo com o artigo 146 da Constituição Federal, cabe a lei complementar dispor sobre fatos geradores, base de cálculo e contribuintes. Por isso mesmo, foi recepcionado o Decreto-lei n. 406, de 31 de dezembro de 1968, que passou a integrar o ordenamento jurídico pátrio com estatura de lei complementar. Ora, o inciso I do artigo 2º dele constante preceitua que a base de cálculo do imposto é o valor da operação de que decorrer a saída da mercadoria. Vale frisar que a norma do § 4º do citado artigo apenas prevê

pagamento de diferença do tributo quando, nas operações interestaduais entre estabelecimentos de contribuintes diferentes, houver reajuste do valor da operação depois da remessa, silenciando, por completo, quanto à formalização de negócio jurídico para entrega futura da mercadoria. Pois bem, descabe confundir o fato gerador do tributo – que, a teor do artigo 1º do citado decreto-lei, é a saída de mercadorias de estabelecimento comercial, industrial ou produtor, e não a feitura do contrato entre comprador e vendedor com o valor da operação. Ademais, é de registrar que há uma data na qual o tributo torna-se exigível, posterior, destarte, à referida saída. Uma vez contratado certo preço, inalterável pela vontade de qualquer das partes, especialmente do vendedor, não se tem como corrigi-lo objetivando, na saída de mercadorias, cobrar tributo considerada a base atualizada. Essa previsão não consta do Decreto-lei n. 406, de 31 de dezembro de 1968, e seria própria – porquanto inerente, repita-se, a base de cálculo do tributo – ao tratamento via lei complementar. Na verdade, a Corte de origem acabou por ter compreensão inadequada do tributo. O raciocínio então desenvolvido parte da premissa de que o vendedor, ao receber o preço da mercadoria, também o faz quanto ao valor do tributo a ser recolhido, quando, na verdade, o devedor de direito perante o fisco não é o comprador, mas aquele que aliena. Terminou-se por placitar mudança de base de cálculo do tributo, desconhecendo-se aquela definida em lei complementar, introduzida no cenário jurídico mediante convênio e decreto, atos de inegável natureza administrativa. Olvidou-se a razão de ser da exigência constitucional de lei complementar, tão bem sintetizada por Ives Gandra em 'Comentários à Constituição do Brasil', 6º volume – tomo I, 1990, Saraiva, à página 75: 'É, pois, a lei complementar uma garantia de estabilidade do sistema, não permitindo que cinco mil Municípios, vinte e seis Estados e a União tenham sistemas próprios, assim como do pagador de tributos, que na Federação pode livremente viajar ou alterar seu domicílio, à luz dos mesmos princípios gerais que regem o sistema'. Em última análise, na dicção de Cretelha Jr., '... a obrigação tributária deverá constar de lei complementar' (*Comentários à Constituição de 1988*, 2. ed. Forense, p. 3513). A tese sufragada, em torno da natureza da correção monetária, a significar não um *plus*, mas simples reposição do poder aquisitivo da moeda, não guarda pertinência com a espécie, porquanto não se conta com previsão sobre a correção do tributo devido, mas da base de cálculo, talvez mesmo diante do fato de não se ter a exigibilidade respectiva, a pressupor a saída das mercadorias do estabelecimento. Tampouco cabe agasalhar a óptica sobre a inexistência de desvantagem para o vendedor que, ao efetuar o negócio jurídico, tem em vista um preço certo e que vem a ser satisfeito pelo comprador. Não retém, como ocorre, por exemplo, em relação à contribuição social dos empregados, qualquer valor, mas se torna devedor do fisco, presente a quantia inerente à própria venda. Por outro lado, a persistir o quadro, ter-se-á situação jurídica em que o princípio da não cumulatividade ficará ferido de morte. O comprador da mercadoria tem como documento, que vise ao crédito do tributo recolhido na operação, o valor desta registrado na nota fiscal, e não aquele que veio a ser majorado pelo fisco quando da saída das mercadorias. Destarte, o que decidido pela Corte de origem, almejando afastar a perda do poder aquisitivo da moeda, acabou por resultar na modificação, via atos locais, da base de cálculo do tributo, olvidando-se princípios assentes na Carta da República e a necessidade de lei complementar dispor sobre a matéria. Além disso, serve de alimento à cultura inflacionária, implicando participação do fisco na vantagem alcançada pelo vendedor e que resultou do pagamento à vista do próprio valor da mercadoria. Por tais razões, conheço deste recurso extraordinário e o provejo para, reformando o acórdão proferido pela Corte de origem (folha 101 a 104), integrado pelo resultante dos embargos declaratórios, e declarando a inconstitucionalidade do ajuste n. 1, de 25 de junho de 1991, do SINIEF, subscrito pelo então Ministro da Economia, Fazenda e Planejamento e Secretários da Fazenda, Economia e Finanças dos Estados e do Distrito Federal (folha 5), da expressão '... atualizada nos termos do § 4º...', contida no § 1º, e do § 4º, ambos do artigo 116 do Decreto do Estado do Rio Grande do Sul n. 33.178, de 2 de maio de 1989, com a redação imprimida pelo Decreto n. 34.014, de 15 de agosto de 1991 (folha 6), de folha 111, julgar procedentes os pedidos formulados na ação cautelar e na ação ordinária ajuizada, invertendo os ônus da sucumbência fixados na sentença de folha 65 a 68, no que atendo ao texto do § 4º do artigo 20 do Código de Processo Civil".

⇒ **Operações mistas: circulação de mercadorias e prestação de serviços.** Vide nota ao art. 155, § 2º, IX, *b*, da CF.

⇒ **Transmissão e distribuição de energia elétrica.** A LC n. 87/96, com o inciso X incluído no seu art. 3º pela LC n. 194/2022, passou a ser expressa no sentido de que não incide o ICMS sobre "serviços de transmissão e distribuição e encargos setoriais vinculados às operações com energia elétrica".

– **ICMS. Demanda contratada *x* demanda utilizada.** O contrato relativo à prestação de energia elétrica envolve tanto a reserva de potência quanto o consumo, propriamente, de energia. Para as pessoas físicas, também é assim, embora não seja discriminado na conta. Quem, e.g., dispõe de ligação trifásica, tem uma tarifa mínima superior. No caso das pessoas jurídicas, temos a discriminação desses itens. A reserva de potência é essencial ao fornecimento da energia, abrangendo o custo da empresa para o fornecimento da energia pretendida. A solução da questão envolve, em primeiro lugar, a compreensão do modo de contratação e, em segundo, seu cotejo com a base econômica constitucionalmente prevista. Mas o STF, no tema 176, acabou consolidando entendimento de que só o valor do efetivo consumo pode ser tributado.

– **Tema 176 do STF:** "A demanda de potência elétrica não é passível, por si só, de tributação via ICMS, porquanto somente integram a base de cálculo desse imposto os valores referentes àquelas operações em que haja efetivo consumo de energia elétrica pelo consumidor". Decisão de mérito em 2020.

– "ICMS. ENERGIA ELÉTRICA. BASE DE CÁLCULO. – "ICMS. VALOR COBRADO A TÍTULO DE DEMANDA CONTRATADA OU DE POTÊNCIA. 1. Tese jurídica atribuída ao Tema 176 da sistemática da repercussão geral: 'A demanda de potência elétrica não é passível, por si só, de tributação via ICMS, porquanto somente integram a base de cálculo desse imposto os valores referentes àquelas operações em que haja efe-

tivo consumo de energia elétrica pelo consumidor'. 2. À luz do atual ordenamento jurídico, constata-se que não integram a base de cálculo do ICMS incidente sobre a energia elétrica valores decorrentes de relação jurídica diversa do consumo de energia elétrica. 3. Não se depreende o consumo de energia elétrica somente pela disponibilização de demanda de potência ativa. Na espécie, há clara distinção entre a política tarifária do setor elétrico e a delimitação da regra-matriz do ICMS. 4. Na ótica constitucional, o ICMS deve ser calculado sobre o preço da operação final entre fornecedor e consumidor, não integrando a base de cálculo eventual montante relativo à negócio jurídico consistente na mera disponibilização de demanda de potência não utilizada. 5. Tese: 'A demanda de potência elétrica não é passível, por si só, de tributação via ICMS, porquanto somente integram a base de cálculo desse imposto os valores referentes àquelas operações em que haja efetivo consumo de energia elétrica pelo consumidor'" (STF, RE 593.824, 2020).

– Os argumentos do Fisco são bastante consistentes no sentido de que a medição da demanda é importante para a definição do preço a ser cobrado do consumidor. Destaca que a há duas formas de tarifação: a) monômia, medindo exclusivamente o consumo, utilizada para clientes ligados em baixa tensão, como as residências; b) binômia, medindo tanto o consumo quanto a demanda, utilizada para clientes de grande porte, ligados em alta tensão, como as grandes indústrias. Veja-se, ainda, esclarecimentos sobre a medição da demanda em excerto da contestação do Estado do Rio Grande do Sul nos autos do Proc. 001/1.07.0274380-5, em maio 2008: "... a demanda de potência é aspecto de extrema relevância na fixação do preço ou tarifa de fornecimento de energia elétrica. Com efeito, os sistemas elétricos são dimensionados pela demanda, e não pelo consumo de energia. Assim, a espessura do cabo elétrico, o número de subestações, bem como a escolha de outros equipamentos utilizados no fornecimento de energia elétrica, variam de acordo com a potência que pode ser exigida por um consumidor em um determinado momento, ou seja, conforme sua demanda de potência. Para a concessionária, é essencial verificar qual a demanda/exigência simultânea de energia num determinado momento, para que possa planejar o material necessário à montagem e manutenção do sistema (estrutura física) necessário ao fornecimento da energia. [...] Do ponto de vista do controle do sistema elétrico, o ideal seria a instituição da tarifação binômia para todos os consumidores, por se tratar de uma medição mais completa, possibilitando a aferição de diversos parâmetros de qualidade da energia e, portanto, uma cobrança mais justa. Com efeito, a medição da demanda permite identificar o grau de irregularidade com que a energia é consumida (picos de demanda), de modo a imputar aquele que exige um maior dimensionamento do sistema elétrico, um preço maior pela energia".

– "... consumo de energia elétrica é prática que se mede tanto em quantidade quanto em intensidade. Não há consumo elétrico que não seja modulado por uma potência elétrica. Nenhuma dessas ocorrências se dá isoladamente... Ora, inseparáveis componentes..., é absolutamente lógico que tanto a quantidade como a intensidade do consumo venham a influir na elaboração do cálculo da tarifa correspondente, como critérios de formação do preço. [...] pelo engano em que se alimenta, consistente em interpretar 'contrato demanda de potência' como 'contrato de reserva de energia elétrica para utilização eventual', a tese que vem sendo aceita no acolhimento dos pedidos de segurança que questionamos não comporta nem ao menos cogitação, visto representar verdadeiro absurdo no campo da fenomenologia elétrica" (GONÇALVES, José Basílio. Considerações sobre a base de cálculo do ICMS incidente em operação com energia elétrica. *RET* 66/68, 2009).

• Vide, ainda: ARAÚJO, Nadja. A exigência de ICMS sobre o valor de 'demanda contratada'... *RDDT* 161/35, fev. 2009).

– Súmula 391 do STJ: "O ICMS incide sobre o valor da tarifa de energia elétrica correspondente à demanda de potência efetivamente utilizada" (2009).

– O STJ, no REsp 1.163.020, decidiu que o ICMS incide sobre todo o valor cobrado pela energia, ainda que a título de geração, transmissão ou distribuição. Vejamos: "ICMS. FORNECIMENTO DE ENERGIA ELÉTRICA. BASE DE CÁLCULO. TARIFA DE USO DO SISTEMA DE DISTRIBUIÇÃO (TUSD). INCLUSÃO. 1. O ICMS incide sobre todo o processo de fornecimento de energia elétrica, tendo em vista a indissociabilidade das suas fases de geração, transmissão e distribuição, sendo que o custo inerente a cada uma dessas etapas – entre elas a referente à Tarifa de Uso do Sistema de Distribuição (TUSD) – compõe o preço final da operação e, consequentemente, a base de cálculo do imposto, nos termos do art. 13, I, da Lei Complementar n. 87/1996. 2. A peculiar realidade física do fornecimento de energia elétrica revela que a geração, a transmissão e a distribuição formam o conjunto dos elementos essenciais que compõem o aspecto material do fato gerador, integrando o preço total da operação mercantil, não podendo qualquer um deles ser decotado da sua base de cálculo, sendo certo que a etapa de transmissão/distribuição não cuida de atividade meio, mas sim de atividade inerente ao próprio fornecimento de energia elétrica, sendo dele indissociável. 3. A abertura do mercado de energia elétrica, disciplinada pela Lei n. 9.074/1995 (que veio a segmentar o setor), não infirma a regra matriz de incidência do tributo, nem tampouco repercute na sua base de cálculo, pois o referido diploma legal, de cunho eminentemente administrativo e concorrencial, apenas permite a atuação de mais de um agente econômico numa determinada fase do processo de circulação da energia elétrica (geração). A partir dessa norma, o que se tem, na realidade, é uma mera divisão de tarefas – de geração, transmissão e distribuição – entre os agentes econômicos responsáveis por cada uma dessas etapas, para a concretização do negócio jurídico tributável pelo ICMS, qual seja, o fornecimento de energia elétrica ao consumidor final. 4. Por outro lado, o mercado livre de energia elétrica está disponibilizado apenas para os grandes consumidores, o que evidencia que a exclusão do custo referente à transmissão/distribuição da base de cálculo do ICMS representa uma vantagem econômica desarrazoada em relação às empresas menores (consumidores cativos), que arcam com o tributo sobre o 'preço cheio' constante de sua conta de energia, subvertendo se, assim, os postulados da livre concorrência e da capacidade contributiva" (STJ, REsp 1.163.020, 2017).

– "... concluímos que o ICMS não pode incidir sobre a demanda de potência elétrica, seja a contratada ou a medida, visto que isso representaria ofensa direta aos arts. 155, II (por não se tratar de serviço não contemplado na competência municipal, visto que a demanda de potência sequer representa um serviço), art. 22, IV (por haver legislação da pessoa competente – a União – determinando a segregação dos valores relativos à energia consumida e à demanda contratada) e 60, § 4º, III, da Constituição (separação dos Poderes, caso se entenda que o Judiciário deve ordenar a apuração de base de cálculo não prevista em qualquer texto normativo, de forma a viabilizar a incidência do ICS sobre a demanda medida, sempre que esta for inferior à contratada)" (SANTIAGO, Igor Mauler. Não incidência de ICMS sobre a demanda contratada de potência: aspectos constitucionais. *RDDT* 182/30, 2010).

– "Nos contratos de fornecimento de energia elétrica as distribuidoras estabelecem, para determinada categoria de consumidores, a obrigação de pagar a demanda contratada. E calculam o ICMS sobre o valor cobrado em suas faturas, vale dizer, incluem na base de cálculo do imposto o valor recebido sem que a energia elétrica tenha sido efetivamente fornecida. A ilegalidade é evidente. O fato gerador do ICMS não é o contrato, mas a efetiva entrega da energia elétrica. Não pode, pois, o imposto incidir sobre um valor que é pago pelo cliente da distribuidora apenas para ter a garantia desta de que lhe fornecerá a energia se houver necessidade" (MACHADO, Hugo de Brito. O ICMS no fornecimento de energia elétrica: questões da seletividade e da demanda contratada. *RDDT* 155/48, ago. 2008).

– Legitimidade do consumidor para afastar o ICMS sobre a demanda não utilizada. "RECURSO ESPECIAL. REPRESENTATIVO DA CONTROVÉRSIA. ART. 543-C CÓDIGO DE PROCESSO CIVIL. CONCESSÃO DE SERVIÇO PÚBLICO. ENERGIA ELÉTRICA. INCIDÊNCIA DO ICMS SOBRE A DEMANDA 'CONTRATADA E NÃO UTILIZADA'. LEGITIMIDADE DO CONSUMIDOR PARA PROPOR AÇÃO DECLARATÓRIA C/C REPETIÇÃO DE INDÉBITO. – Diante do que dispõe a legislação que disciplina as concessões de serviço público e da peculiar relação envolvendo o Estado-concedente, a concessionária e o consumidor, esse último tem legitimidade para propor ação declaratória c/c repetição de indébito na qual se busca afastar, no tocante ao fornecimento de energia elétrica, a incidência do ICMS sobre a demanda contratada e não utilizada. – O acórdão proferido no REsp 903.394/AL (repetitivo), da Primeira Seção, Min. Luiz Fux, *DJe* de 26.4.2010, dizendo respeito a distribuidores de bebidas, não se aplica ao casos de fornecimento de energia elétrica. Recurso especial improvido. Acórdão proferido sob o rito do art. 543-C do Código de Processo Civil" (STJ, Primeira Seção, REsp 1299303/SC, Rel. Min. Cesar Asfor Rocha, ago. 2012).

– ICMS sobre a sobretarifa de energia elétrica. Impossibilidade. Vide artigo de: DANTAS FILHO, José Erinaldo; MONTEIRO, Valdetário Andrade. ICMS: da impossibilidade da incidência do imposto sobre a chamada "sobretarifa de energia elétrica". *RDDT* 74/82, 2001.

– ICMS sobre tarifa de ultrapassagem. "As tarifas de ultrapassagem destacadas nas faturas de energia elétrica da Apelante (fls.

59/78) consistem, segundo a Portaria n. 98/88 do DNAEE, em 'tarifas aplicáveis sobre as parcelas de demandas registradas em cada segmento horo-sazonal, que excederem, em relação às demandas contratadas, os limites estabelecidos no parágrafo único do art. 15 da Portaria DNAEE n. 033/88'. Portanto, assim como no caso da demanda reservada de potência, não há contraprestação pelo fornecimento de energia efetivamente consumida. Dessa forma, não se está diante de hipótese de incidência do ICMS, que pressupõe uma operação relativa à circulação de mercadorias" (TJRS, 22ª CC, decisão da Des. Maria Isabel de Azevedo Souza nos autos da Apelação 70016187072, 2006).

– **Geração, transmissão e distribuição. Tema 986 do STJ:** (MÉRITO NÃO JULGADO) Controvérsia: "Inclusão da Tarifa de Uso do Sistema de Transmissão de Energia Elétrica (TUST) e da Tarifa de Uso do Sistema de Distribuição de Energia Elétrica (TUSD) na base de cálculo do ICMS" (ProAfR nos EREsp 1.163.020, 2017). Obs.: o tribunal resolveu autorizar o relator a selecionar outros recursos para representarem a controvérsia.

– **ICMS sobre TUSD e a TUST. Impossibilidade.** "... como a Constituição e a Lei Complementar n. 87/96 preveem a incidência do ICMS sobre o efetivo fornecimento de energia elétrica, a disponibilização do uso dos sistemas de rede, que passou a ser autônoma ao fornecimento de energia no novo modelo setorial, não se enquadra na hipótese de incidência desse imposto (disponibilizar o uso da rede é diferente de fornecer energia). [...] Enquanto a Constituição Federal e a legislação complementar determinarem que o ICMS incide sobre o efetivo fornecimento de energia e que a sua base de cálculo é o preço da operação da qual decorrer a saída (operações internas ou a entrada (operações interestaduais) da energia, as tarifas de uso dos sistemas de distribuição e de transmissão não serão passíveis de incidência desse imposto estadual" (SALIBA, Luciana Goulart F.; ROLIM, João Dácio. Não incidência do ICMS sobre as Tarifas de Uso dos Sistemas de Distribuição (TUSD) e de Transmissão (TUST) de energia elétrica. *RDDT* 122/50, 2005).

• Vide: SANTOS JUNIOR, Nilson Ribeiro dos. Superior Tribunal de Justiça e a TUST/TUSD na base de cálculo do ICMS. *RFDT* 99, 2019.

– **ICMS sobre subvenção econômica. Lei n. 10.603/2002. Tema 1.113:** "MÉRITO AINDA NÃO JULGADO. Controvérsia: Inclusão do valor da subvenção econômica da Lei 10.604/2002 na base de cálculo do ICMS sobre energia elétrica".

⇒ **Fornecimento de água encanada não se sujeita ao ICMS. Tema 326 do STF:** "O ICMS não incide sobre o fornecimento de água tratada por concessionária de serviço público, dado que esse serviço não caracteriza uma operação de circulação de mercadoria". Decisão do mérito em 2013.

– "ICMS. Fornecimento de água tratada por concessionárias de serviço público. Não incidência. Ausência de fato gerador. 1. O fornecimento de água potável por empresas concessionárias desse serviço público não é tributável por meio do ICMS. 2. As águas em estado natural são bens públicos e só podem ser exploradas por particulares mediante concessão, permissão ou autorização. 3. O fornecimento de água tratada à população por empresas concessionárias, permissionárias ou autorizadas não ca-

racteriza uma operação de circulação de mercadoria. 4. Precedentes da Corte. Tema já analisado na liminar concedida na ADI n. 567..." (STF, RE 607.056, 2013).

– **Tema 800 do STJ:** (CANCELADO) "Discussão: legitimidade da cobrança de ICMS sobre serviços de água canalizada". Decisão em 2010.

⇒ **Comércio eletrônico direto e indireto.** "... nas operações de comércio eletrônico em que o negócio jurídico subjacente é realizado por meios eletrônicos e a entrega do bem é realizada de forma física, ou seja, em que existe a saída de uma mercadoria material do estabelecimento do contribuinte (comércio eletrônico indireto), haverá a incidência do ICMS no momento em que ocorrer a referida saída. Quando a aquisição ou encomenda de mercadorias ou serviços é realizada por meios eletrônicos e a entrega dos bens é também realizada eletronicamente, designamos essa operação de comércio eletrônico direto. Nesta hipótese, o ICMS também será devido no momento em que a mercadoria sair do estabelecimento do contribuinte. O fato de existirem dificuldades técnicas para a caracterização da ocorrência do fato gerador não acarreta a não incidência do ICMS nas operações de comércio eletrônico direto" (CEZAROTI, Guilherme. *ICMS no comércio eletrônico*. São Paulo: MP, 2005, p. 152-153).

• Vide nota anterior sobre o conceito de mercadoria e os bens incorpóreos.

– Sobre a noção de bens intangíveis e sua potencial tributação, vide nota ao art. 154, I, da CF.

– **Alcança a venda de software mediante transferência eletrônica.** "Lei n. 7.098, de 30 de dezembro de 1998, do Estado de Mato Grosso. ICMS-comunicação. Atividades-meio. Não incidência. Critério para definição de margem de valor agregado. Necessidade de lei. Operações com programa de computador (*software*). Critério objetivo. Subitem 1.05 da lista anexa à LC n. 116/03. Incidência do ISS. Aquisição por meio físico ou por meio eletrônico (*download*, *streaming* etc.). Distinção entre *software* sob encomenda e padronizado. Irrelevância. Contrato de licenciamento de uso de programas de computador. Relevância do trabalho humano desenvolvido. Contrato complexo ou híbrido. Dicotomia entre obrigação de dar e obrigação de fazer. Insuficiência. Modulação dos efeitos da decisão. 1. Consoante a jurisprudência da Corte, o ICMS-comunicação 'apenas pode incidir sobre a atividade-fim, que é o serviço de comunicação, e não sobre a atividade-meio ou intermediária como são aquelas constantes na Cláusula Primeira do Convênio ICMS n. 69/98' (RE n. 570.020/DF, Tribunal Pleno, Rel. Min. Luiz Fux). 2. Os critérios para a fixação da margem de valor agregado para efeito de cálculo do ICMS em regime de substituição tributária progressiva devem ser disciplinados por lei estadual, em sentido formal e material, não sendo possível a delegação em branco dessa matéria a ato normativo infralegal, sob pena de ofensa ao princípio da legalidade tributária. 3. A tradicional distinção entre software de prateleira (padronizado) e por encomenda (personalizado) não é mais suficiente para a definição da competência para tributação dos negócios jurídicos que envolvam programas de computador em suas diversas modalidades. Diversos precedentes da Corte têm superado a velha dicotomia entre obrigação de fazer e obrigação de dar, notadamente nos contratos tidos por complexos. 4. O legislador complementar, amparado especialmente nos arts. 146, I, e 156, III, da Constituição Federal, buscou dirimir conflitos de competência em matéria tributária envolvendo softwares elencando, no subitem 1.05 da lista de serviços tributáveis pelo ISS anexa à LC n. 116/03, o licenciamento e a cessão de direito de uso de programas de computação. É certo, ademais, que, conforme a Lei n. 9.609/98, o uso de programa de computador no País é objeto de contrato de licença. 5. Associa-se a isso a noção de que *software* é produto do engenho humano, é criação intelectual. Ou seja, é imprescindível a existência de esforço humano direcionado para a construção de um programa de computador (obrigação de fazer), não podendo isso ser desconsiderado quando se trata de qualquer tipo de *software*. A obrigação de fazer também se encontra presente nos demais serviços prestados ao usuário, como, *v.g.*, o *help desk* e a disponibilização de manuais, atualizações e outras funcionalidades previstas no contrato de licenciamento. 6. Igualmente há prestação de serviço no modelo denominado *software-as-a-Service* (SaaS), o qual se caracteriza pelo acesso do consumidor a aplicativos disponibilizados pelo fornecedor na rede mundial de computadores, ou seja, o aplicativo utilizado pelo consumidor não é armazenado no disco rígido do computador do usuário, permanecendo online em tempo integral, daí por que se diz que o aplicativo está localizado na nuvem, circunstância atrativa da incidência do ISS. 7. Ação direta não conhecida no tocante aos arts. 2º, § 3º; 16, § 2º; e 22, parágrafo único, da Lei n. 7.098/98 do Estado de Mato Grosso; julgada prejudicada em relação ao art. 3º, § 3º, da mesma lei; e, no mérito, julgada parcialmente procedente, declarando-se a inconstitucionalidade (i) das expressões 'adesão, acesso, disponibilização, ativação, habilitação, assinatura' e 'ainda que preparatórios', constantes do art. 2º, § 2º, I, da Lei nº 7.098/98, com a redação dada pela Lei nº 9.226/09; (ii) da expressão 'observados os demais critérios determinados pelo regulamento', presente no art. 13, § 4º, da Lei nº 7.098/98; (iii) dos arts. 2º, § 1º, VI; e 6º, § 6º, da mesma lei. 8. Modulam-se os efeitos da decisão nos termos da ata do julgamento" (STF, ADI 1.945, 2021).

– Venda de veículo pela Internet. Vide o artigo de Alessandro Mendes Cardoso, Venda de veículo via internet – a inconstitucionalidade do Convênio ICMS n. 51/00, *RDDT* 70/7-21, 2001.

• Vide nota ao art. 150, § 7º, da CF sobre a venda direta ao consumidor, com entrega através das concessionárias.

– Venda de conteúdos digitais pela Internet. Vide artigo de Guilherme Pereira das Neves, ICMS: comercialização de conteúdos digitais na Internet... *RDDT* 74/50, 2001.

⇒ **Prestação de serviços de transporte interestadual e intermunicipal.** Trata-se de uma segunda base econômica para a incidência do ICMS.

– Análise desta base econômica e dos aspectos da hipótese de incidência, tal como estabelecidos pela LC n. 87/96, com a redação da LC n. 102/2001, vide: VILLEN NETO, Horácio. A incidência do ICMS na atividade praticada pelas concessionárias de transmissão e distribuição de energia elétrica. *RET* 32/14, 2003.

– Transporte aéreo de passageiros e de cargas. "... Lei complementar 87/96. ICMS e sua instituição. Arts. 150, II; 155, § 2º, VII 'a', e inciso VIII, CF. Conceitos de passageiro e de destinatário do serviço. Fato gerador. Ocorrência. Alíquotas para operações interestaduais e para as operações internas. Inaplicabilidade da fórmula constitucional de partição da receita do ICMS entre os estados. Omissão quanto a elementos necessários à instituição do ICMS sobre navegação aérea. Operações de tráfego aéreo internacional. Transporte aéreo internacional de cargas. Tributação das empresas nacionais. Quanto às empresas estrangeiras, valem os acordos internacionais – reciprocidade. Viagens nacional ou internacional – diferença de tratamento. Ausência de normas de solução de conflitos de competência entre as unidades federadas. Âmbito de aplicação do art. 151, CF é o das relações das entidades federadas entre si. Não tem por objeto a união quando esta se apresenta na ordem externa. Não incidência sobre a prestação de serviços de transporte aéreo, de passageiros – intermunicipal, interestadual e internacional. Inconstitucionalidade da exigência do ICMS na prestação de serviços de transporte aéreo internacional de cargas pelas empresas aéreas nacionais, enquanto persistirem os convênios de isenção de empresas estrangeiras..." (STF, Plenário, ADI 1.600, rel. para acórdão Min. Nelson Jobim, nov. 2001).

⇒ "TRANSPORTE AÉREO. ICMS. Dada a gênese do novo ICMS na Constituição de 1988, tem-se que sua exigência no caso dos transportes aéreos configura nova hipótese de incidência tributária, dependente de norma complementar à própria carta, e insuscetível, à luz de princípios e garantias essenciais daquela, de ser inventada, mediante convênio, por um colegiado de demissíveis *ad nutum*. Procedência da ação direta com que o Procurador-Geral da República atacou o regramento convenial da exigência do ICMS no caso dos transportes aéreos" (STF, ADI 1.089, 1996).

– Transporte terrestre/rodoviário de passageiros. "ICMS – TRANSPORTE TERRESTRE – LEI COMPLEMENTAR N. 87/96 – CONSTITUCIONALIDADE. Mostra-se harmônica com a Constituição Federal a incidência do ICMS sobre a prestação de serviço de transporte terrestre" (STF, Tribunal Pleno, ADI 2669, Rel. p/ Acórdão: Min. Marco Aurélio, 2014).

– Transporte de turista. Incide ISS, e não ICMS, pois não é verdadeiro serviço de transporte (GASPAR, Walter. Transporte de turista: incide o ISS. *RDDT* n. 31, 1998).

– Locação de veículos com motoristas. Não caracterização de serviço de transporte. "... os quatro pontos abaixo desautorizam a qualificação da atividade em tela como serviço de transporte...: I – a remuneração devida à locadora não avaria segundo o número de trechos cumpridos pelos seus veículos ou pela extensão de tais trechos... II – todos os padrões de utilização dos veículos são estabelecidos pelo locatário, o que demonstra ser ele o detentor de sua posse direta... III – a observação do item precedente reforça-se pelo fato de os veículos permanecerem ao inteiro dispor do locatário [...] mesmo fora do horário de trabalho dos motoristas... IV – o combustível, em todos os casos – inclusive no das rotas fixas... cuja reiteração é livremente determinada pelo locatário – é custeado por este, o que outra vez é de todo incompatível com o contrato de transporte... Em face do exposto, concluídos que o contrato de locação de veículos com motoristas... encontra-se fora do campo de incidência do ICMS e do ISSQN por não configurar serviço de transporte" (SANTIAGO, Igor Maules; BREYNER, Frederico Menezes. Locação de veículos com motorista... *RDDT* 168/66, 2009).

– **Transporte de valores intermunicipal.** "TRANSPORTE DE VALORES EM ÂMBITO INTERMUNICIPAL. FATO GERADOR. ISSQN E ICMS. ATIVIDADE MISTA. PRINCÍPIO DA PREPONDERÂNCIA. REEXAME FÁTICO-PROBATÓRIO. SÚMULA 7/STJ. 1. Discute-se nos autos a concomitância da exigência tributária do ISSQN e do ICMS sobre a atividade de transporte de valores em âmbito intermunicipal. 2. O Tribunal de origem, soberano na análise das circunstâncias fáticas e probatórias da causa, interpretou o art. 1º, § 2º, da Lei Complementar n. 116/03, c/c o subitem 26.01 da Lista de Serviços a partir de argumentos de natureza eminentemente fática, e concluiu que a atividade de transporte interestadual e intermunicipal de valores se sobrepõe à prestação dos serviços a ele inerentes ou dele decorrentes, dando-se assim a incidência do ICMS. 3. Observado que a questão gravita em torno do princípio da preponderância, em face das provas coligidas no presente feito, para dirimir a contenda, seria necessário o reexame do conjunto probatório, o que é inviável neste conduto recursal, ante o óbice contido na Súmula 7/STJ. Precedentes" (STJ, 2ª T., AgRg no REsp 1375282/MG, Rel. Min. Humberto Martins, maio 2013).

– **Transporte interestadual de mercadoria destinada à exportação ao exterior. Súmula 649 do STJ:** "Não incide ICMS sobre o serviço de transporte interestadual de mercadorias destinadas ao exterior" (2021).

– "ICMS. EXPORTAÇÃO QUE DESTINE MERCADORIA AO EXTERIOR. NÃO INCIDÊNCIA TRIBUTÁRIA NA PRESTAÇÃO DE SERVIÇO INTERESTADUAL... 1. 'Os precedentes jurisprudenciais desta Corte Superior afirmam pela não incidência do ICMS sobre serviço de transporte interestadual de mercadorias destinadas ao exterior, pois o art. 3º, II, da LC n. 87/96 tem por finalidade a desoneração do comércio exterior como pressuposto para o desenvolvimento nacional com a diminuição das desigualdades regionais pelo primado do trabalho' (...)" (STJ, AgRg no REsp 1.292.197, 2013).

– **Transporte de gás canalizado.** JOSÉ EDUARDO SOARES DE MELO entende que seria viável a incidência sobre o "transporte" de gás via canalização: "Em razão da análise dos contornos dos negócios jurídicos atinentes à 'distribuição' do gás, executada pelas concessionárias e remunerados por tarifa, é possível entender que as atividades se enquadram à figura do 'transporte de bens', mediante a movimentação de quantidade de gás canalizado dos pontos de recepção aos pontos de entrega a usuários livres". Vide em nosso livro *Impostos Federais, Estaduais e Municipais*. 11. ed. São Paulo: Saraiva, 2022.

– **Transporte de energia pelas linhas de transmissão.** A LC n. 87/96, com o inciso X incluído no seu art. 3º pela LC n. 194/2022, passou a ser expressa no sentido de que não incide o ICMS sobre "serviços de transmissão e distribuição e encargos setoriais vinculados às operações com energia elétrica".

– "As linhas de transmissão e distribuição são meios necessários para a propagação do campo elétrico gerado na fase de geração de energia elétrica, produzindo efeitos nos elétrons livres existentes na fiação da residência do consumidor. Nesse passo, inexistindo qualquer prestação de serviço de transporte nas linhas de transmissão e distribuição, concluímos que a atividade praticada pelas concessionárias não se subsume ao aspecto material do ICMS. Portanto, as receitas auferidas pelas concessionárias de transmissão e distribuição a título de encargos de conexão e uso da rede não devem fazer parte da base de cálculo do ICMS incidente sobre a prestação de serviço de transporte intermunicipal e interestadual" (VILLEN NETO, Horácio. A incidência do ICMS na atividade praticada pelas concessionárias de transmissão e distribuição de energia elétrica. *RET* 32/41, 2003).

⇒ **Prestação de serviços de comunicação.** Há vários questionamentos envolvendo tecnologias que se disseminaram após o advento da Constituição, com dúvidas sobre configurarem ou não serviço de comunicação.

– **Conceito.** "A prestação de serviços de comunicação constitui o cerne da materialidade da hipótese de incidência tributária, compreendendo um negócio (jurídico) pertinente a uma obrigação 'de fazer', de conformidade com os postulados do direito privado. Esse imposto incide sobre a prestação de serviços de comunicação em regime de direito privado (por particulares, empresas privadas, empresas públicas ou sociedades de economia mista). [...] O significado jurídico de 'comunicação' – para fins e efeitos tributários – mantém prévia implicação com a realização do serviço, que só tem condição de ser configurado mediante a existência de duas (ou mais) pessoas (físicas ou jurídicas), nas qualidades de prestador e tomador (usuário) do serviço, constituindo heresia jurídica pensar-se em serviço consigo mesmo. [...] Naturalmente, na comunicação torna-se necessária a participação de elementos específicos (emissor, mensagem, canal e receptor), podendo ocorrer (ou não) a compreensão pelo destinatário... Apesar de ter sido asseverado que 'comunicação é diálogo entre pessoas, de modo a colocá-las uma perante a outra, embora se encontrem distanciadas no tempo fusos horários) e no espaço (lugares)', de modo perspicaz ponderou-se que a relação comunicativa se dá independentemente do emissor e o receptor manterem diálogo, porque, se esta situação ocorrer, estar-se-á diante de uma nova relação. A materialidade (fato gerador) do imposto não ocorre pelo simples ato que torna possível a comunicação (disponibilização de informações), sendo necessária a prestação de serviços de comunicação, em que os sujeitos desta relação negocial (prestador e tomador, – devidamente determinados) tenham uma efetiva participação" (MELO, José Eduardo Soares de. *ICMS: teoria e prática*. 11. ed. São Paulo: Dialética, 2009, p. 138-140).

– "Para que haja a incidência do ICMS-comunicação, é imperioso que exista uma fonte emissora, uma fonte receptora e uma mensagem transmitida pelo prestador do serviço. Sem esses elementos, não há comunicação; sem comunicação, não há ICMS-comunicação. [...] o fato gerador do ICMS em tela na CR/88 é a efetiva prestação de serviço de comunicação. Para que este ocorra, é necessário que um terceiro preste, mediante remuneração, serviço que possibilita a formação da relação comunicativa, composta por cinco elementos: emissor, receptor, mensagem, código e meio de transmissão" (MOREIRA, André Mendes. *A tributação dos serviços de comunicação*. São Paulo: Dialética, 2006, p. 158 e 217). O autor faz uma análise completa da tributação das comunicações, com análise profunda da sua base econômica, da Lei Geral de Telecomunicações, da LC n. 87/96 e dos conflitos de competência relativos ao ISS, tratando, pois, para tanto, também da LC n. 116/2003.

– "... relevante é o fato de a comunicação ocorrer das mais variadas formas, seja através de cartas, televisão, ligações telefônicas e outros meios de telecomunicação. Para tanto, é preciso analisar que tipo de comunicação poderá ser tributado pelo ICMS, pois pode existir comunicação tributariamente irrelevante, não surgindo obrigação tributária. [...] o poder tributante determinou que só incidirá ICMS sobre o serviço de comunicação quando se verificar o fato de uma pessoa prestar a terceiro, mediante contraprestação, um serviço de comunicação. Verifica-se a incidência do referido imposto quando há atividade em caráter negocial de fornecer a terceiro, condições materiais para que ocorra a comunicação. [...] não incide ICMS sobre os meios necessários à consecução da finalidade de comunicar, ou seja, as meras atividades-meios necessárias a sua concretização. [...] a colocação à disposição dos meios e modos necessários à transmissão e recepção de mensagens é uma etapa preliminar a prestação do serviço de comunicação tributável por ICMS. Para incidir ICMS, além de se verificar a prestação onerosa de serviço de comunicação, é preciso que haja bilateralidade na comunicação, ou seja, a possibilidade do receptor retornar a mensagem. Enfim, é preciso que exista um instrumento que possibilite transmitir e receber mensagens. Nesse caso, o receptor da mensagem deve ser uma pessoa determinada e que está apta a interagir com o emissor. [...] conclui-se que haverá incidência tributária do referido tributo quando houver efetivamente a prestação de serviço de comunicação, fornecida a terceiro de forma onerosa, onde há pleno conhecimento de quem é o emissor e o receptor e com a possibilidade da bilateralidade, ou seja, a transmissão e recepção de mensagens que são compreendidas tanto por quem envia, quanto por quem recebe" (MARTINS, Daniele de Moura. ICMS e ISS: tributações sobre serviço de voz na internet. *RDDT* 209/24, 2013).

– "A CF/88 empregou uma expressão composta de três termos (prestação + serviços + comunicação), determinando que a competência tributária estadual surge com a sua conjugação, e nem chega a existir sem ela; há 'prestação' quando houver um ato ou negócio jurídico que tenha por objeto o 'serviço de comunicação'; há 'serviço' quando houver um ato ou negócio jurídico que tenha por objeto o esforço humano empreendido em benefício de outrem; há 'comunicação' quando houver um receptor determinado e uma remuneração diretamente relacionada à interação entre ele e o emissor" (ÁVILA, Humberto. Veiculação de material publicitário em páginas na Internet. Exame da competência para instituição do imposto sobre serviços de comunicação. Ausência de prestação de serviço de comunicação. *RDDT* 173/153, 2010).

– "... iii) o conceito jurídico de 'comunicação', para fins de ICMS, possui um significado amplo, incluindo os conceitos de 'telecomunicação' e 'radiodifusão', que compreendem todo o processo comunicacional de transmissão de mensagens por meio do emissor para o receptor; iv) a obrigação de 'fazer', resultante de um contrato oneroso de 'prestação de serviço de comunicação', consiste na transmissão de uma mensagem pelo prestador do serviço do emissor para o receptor, onde há o fornecimento do meio ('canal');" (HENRIQUES, Elcio Fiori. O fato gerador do ICMS-Comunicação e o serviço de veiculação de imagens por outdoor. *RDDT* 164/14, 2009).

– **Telecomunicação.** Lei n. 9.472/96, que dispõe sobre a organização dos serviços de telecomunicações: "Art. 60. Serviço de telecomunicações é o conjunto de atividades que possibilita a oferta de telecomunicação. § 1º Telecomunicação é a transmissão, emissão ou recepção, por fio, radioeletricidade, meios ópticos ou qualquer outro processo eletromagnético, de símbolos, caracteres, sinais, escritos, imagens, sons ou informações de qualquer natureza. § 2º Estação de telecomunicações é o conjunto de equipamentos ou aparelhos, dispositivos e demais meios necessários à realização de telecomunicação, seus acessórios e periféricos, e, quando for o caso, as instalações que os abrigam e complementam, inclusive terminais portáteis. Art. 61. Serviço de valor adicionado é a atividade que acrescenta, a um serviço de telecomunicações que lhe dá suporte e com o qual não se confunde, novas utilidades relacionadas ao acesso, armazenamento, apresentação, movimentação ou recuperação de informações. § 1º Serviço de valor adicionado não constitui serviço de telecomunicações, classificando-se seu provedor como usuário do serviço de telecomunicações que lhe dá suporte, com os direitos e deveres inerentes a essa condição. § 2º É assegurado aos interessados o uso das redes de serviços de telecomunicações para prestação de serviços de valor adicionado, cabendo à Agência, para assegurar esse direito, regular os condicionamentos, assim como o relacionamento entre aqueles e as prestadoras de serviço de telecomunicações".

– **Comunicação x radiodifusão x propaganda.** "... o que diferencia a 'comunicação' da 'radiodifusão' é, precisamente, a qualidade do receptor e a relação entre ele e o emissor. 2.1.4.7. De fato, 'difundir' tem o sentido de propagar uma mensagem, enviando-a a um sem número de pessoas, independente de elas serem determinadas ou pagarem pela sua recepção. O termo 'propaganda', também usado pela CF/88, denota o mesmo sentido: difusão de ideias para público indeterminado. O que interessa, pois, para a ocorrência de difusão é a ação da propagação pelo emissor, e não a interação entre o emissor e um determinado receptor. Não por acaso, a veiculação de propaganda, até o ano de 2003, estava incluída na lista de serviços tributáveis pelos Municípios: sendo uma ação custeada por quem tem interesse em difundir ideias, a veiculação de propaganda encaixa-se, no conceito de esforço humano prestado em benefício de outrem, para o qual é irrelevante a interação entre anunciante e o público-alvo. 2.1.4.8. Ora, se a CF/88 usa, a par do termo 'comunicação', também o vocábulo 'difusão', e esse tem o conceito de propagação de mensagens a um público indeterminado, então a locução 'comunicação' quer significar a interação entre emissor e receptor determinado a respeito de uma mensagem. Isso significa que o conceito de comunicação, para efeito de instituição do ICMS-C, é o que envolve um receptor determinado e uma remuneração diretamente relacionada à interação entre ele e o emissor" (ÁVILA, Humberto. Veiculação de material publicitário em páginas na Internet. Exame da competência para instituição do Imposto sobre Serviços de comunicação. Ausência de prestação de serviço de comunicação. *RDDT* 173/153, 2010).

– **Serviços de comunicação como atividades de transmissão/recepção de sinais.** "2. Os serviços de comunicação a que se referem os arts. 2º, III, e 12, VII, da Lei Complementar n. 87/96 são os relativos às atividades de transmissão/recepção de sinais de TV. 3. Recurso especial provido" (STJ, REsp 726.103, 2007).

– **Serviço de valor adicionado.** A Lei n. 9.472/96 define "serviço de valor adicionado": "Art. 61. Serviço de valor adicionado é a atividade que acrescenta, a um serviço de telecomunicações que lhe dá suporte e com o qual não se confunde, novas utilidades relacionadas ao acesso, armazenamento, apresentação, movimentação ou recuperação de informações. § 1º Serviço de valor adicionado não constitui serviço de telecomunicações, classificando-se seu provedor como usuário do serviço de telecomunicações que lhe dá suporte, com os direitos e deveres inerentes a essa condição. § 2º É assegurado aos interessados o uso das redes de serviços de telecomunicações para prestação de serviços de valor adicionado, cabendo à Agência, para assegurar esse direito, regular os condicionamentos, assim como o relacionamento entre aqueles e as prestadoras de serviço de telecomunicações".

– **Serviços preparatórios, acessórios, intermediários ou suplementares. Não incidência. Atividade-fim x atividades-meio.** A base econômica é o serviço de comunicação propriamente, e não as atividades-meio realizadas e cobradas com ao menos relativa autonomia, assim considerados os serviços suplementares de caráter preparatório, acessório ou auxiliar que configurarão serviços comuns, não sujeitos ao ICMS.

– "ICMS. TELEFONIA CELULAR. SERVIÇOS SUPLEMENTARES AO SERVIÇO DE COMUNICAÇÃO. NÃO INCIDÊNCIA... 1. 'Os serviços de habilitação, instalação, disponibilidade, assinatura (enquanto sinônimo de contratação do serviço de comunicação), cadastro de usuário e equipamento, entre outros serviços, que configurem atividade-meio ou serviços suplementares, não sofrem a incidência do ICMS'. Acórdão submetido ao regime do art. 543-C do CPC e da Resolução STJ 08/2008. (...)" (STJ, AgRg nos EDcl no RMS 31.147, 2014).

– "1. A prestação de serviços conexos ao de comunicação (que são preparatórios, acessórios ou intermediários da comunicação) não se confunde com a prestação da atividade fim do processo de transmissão (emissão ou recepção) de informações de qualquer natureza, esta sim, passível de incidência pelo ICMS. 2. Desse modo, a despeito de alguns deles serem essenciais à efetiva prestação do serviço de comunicação e admitirem a cobrança de tarifa pela prestadora do serviço (concessionária de serviço público), por assumirem o caráter de atividade meio, não constituem, efetivamente, serviços de comunicação, razão pela qual não é possível a incidência do ICMS" (STJ, AgRg no REsp 1.197.495, 2013).

– "... alvo de tributação por via de ICMS é a prestação do serviço de comunicação; não as etapas, passos ou tarefas preliminares a

esta mesma prestação. As atividades-meio, como as de disponibilização e manutenção de equipamentos aos assinantes, mesmo sendo, algumas delas, essenciais à atividade-fim de prestação do serviço de comunicação, não fazem parte deste serviço e, portanto, passam ao largo do ICMS. Nem a lei complementar, nem a lei ordinária estadual, podem superar estas barreiras, transformando etapas prévias do serviço de comunicação, ou serviços dele diversos, em matéria tributável por meio de ICMS" (CARRAZZA, Roque Antonio. ICMS-comunicação: sua não incidência sobre a denominada tarifa de assinatura básica mensal – Questões conexas. *RDDT* 155/84, 2008).

– **Atividade preparatória. Instalação de linha.** "ICMS. INSTALAÇÃO. LINHAS TELEFÔNICAS. Não incide ICMS nas atividades meramente preparatórias ou de acesso aos serviços de comunicação, tais como os serviços de instalação de linha telefônica fixa... AgRgREsp 1.054.543... 2008" (*Informativo* STJ n. 364).

– **Atividades-meio não se sujeitam nem ao ICMS nem ao ISSQN.** "... os SVAs, serviços suplementares, facilidades adicionais e outros serviços conexos aos de telecomunicações, por não serem tributáveis pelo ICMS [...], podem ser objeto de cobrança do ISSQN desde que: b.1) estejam previstos na lista editada pela lei complementar; b.2) não consistam em atividades-meio necessárias à prestação do serviço de comunicação (a jurisprudência do STF e do STJ impede a cobrança do ISSQN sobre serviços que não possuam autonomia própria)" (MOREIRA, André Mendes. *A tributação dos serviços de comunicação*. São Paulo: Dialética, 2006, p. 219).

– "... interpretação do disposto no art. 2º, III, da LC 87/96, o qual só contempla o ICMS sobre os serviços de comunicação *stricto sensu*, não sendo possível, pela tipicidade fechada do direito tributário, estender-se aos serviços meramente acessórios ou preparatórios à comunicação" (STJ, REsp 710.774, 2006).

– **Serviços de comunicação mediante locação de bens móveis.** "... os julgadores do TIT/SP adotam o entendimento de que os serviços de locação são indissociáveis dos serviços de comunicação e que, por estarem intimamente ligados, os valores recebidos a título de locação de bens móveis devem ser incluídos na base de cálculo do ICMS. [...] tal entendimento não leva em conta as diferentes naturezas jurídicas da atividade de locação e da prestação dos serviços de comunicação e o fato de que a locação sequer pode ser considerada um serviço (e muito menos um serviço sujeito ao ICMS). ... vale destacar que os argumentos pela não incidência do ICMS na atividade de locação de bens ficam fortalecidos sempre que os contratos tragam a previsão da locação de forma segregada e que os valores auferidos com cada uma das atividades sejam proporcionais com os custos incorridos para o desenvolvimento e oferecimento das mesmas aos clientes" (CARPINETTI, Ana Carolina; LARA, Henrique Amaral. A não incidência do ICMS sobre as receitas auferidas pelas empresas prestadoras de serviços de telecomunicação com a locação de bens móveis. *RDDT* 223/17, 2014).

– *Outdoor*. "... no serviço de veiculação de imagens por placas e painéis não existe a transposição da informação de seu suporte físico inicial para um canal fornecido pelo prestador, motivo pelo qual não se enquadra no conceito constitucional de 'prestação de serviço de comunicação'" (HENRIQUES, Elcio Fiori. O fato gerador do ICMS-Comunicação e o serviço de veiculação de imagens por *outdoor*. *RDDT* 164/14, 2009).

– Inserção de propaganda e publicidade em qualquer meio não é serviço de comunicação. "3. O ato de inserir material de propaganda ou de publicidade em espaço contratado não se confunde com o de veicular ou de divulgar conteúdos por meio de comunicação social." Com esse fundamento, o STF, na ADI 6.034, em 2022, fixou a seguinte tese: "É constitucional o subitem 17.25 da lista anexa à LC n. 116/03, incluído pela LC n. 157/16, no que propicia a incidência do ISS, afastando a do ICMS, sobre a prestação de serviço de inserção de textos, desenhos e outros materiais de propaganda e publicidade em qualquer meio (exceto em livros, jornais, periódicos e nas modalidades de serviços de radiodifusão sonora e de sons e imagens de recepção livre e gratuita)".

– Produção de programas de TV. Não incidência. "PRODUÇÃO DE PROGRAMAS TELEVISIVOS. ICMS. NÃO INCIDÊNCIA. 1. Esta Corte possui entendimento assente no sentido de que a produção de programas televisivos, que serão posteriormente veiculados por emissoras ou operadoras de TV a cabo, não é serviço de comunicação tributável pelo ICMS" (STJ, 2ª T., AgRg no REsp 788.583/MG, Min. Mauro Campbell Marques, maio 2009).

– "ICMS. PRODUÇÃO DE PROGRAMAS DE TV A CABO E DE COMERCIAIS. NÃO ENQUADRAMENTO NO ART. 2º, INCISO III, DA LEI COMPLEMENTAR N. 87/96. I – Não incide ICMS sobre a prestação de serviços de produção de programas de televisão a cabo e de comerciais, quando a própria empresa não transmite os sinais de TV, porquanto não se enquadra a sua atividade como fato gerador do tributo previsto no artigo 2º, inciso III, da Lei Complementar n. 87/96" (STJ, 1ª T., REsp 799927/MG, Rel. Min. Francisco Falcão, mar. 2008).

– TV a cabo. Transmissão de sinais. Incidência. "ICMS. TRANSMISSÃO DE SINAL DE TV A CABO. INCIDÊNCIA... 1. A transmissão do sinal, quando realizada de maneira onerosa pelas empresas de TV a cabo, é considerada serviço de comunicação, nos termos do art. 2º da LC 87/1996, e se submete à tributação estadual" (STJ, 2ª T., AgRg no REsp 1064596/SP, Min. Herman Benjamin, out. 2008, *DJe* 9-3-2009).

– TV via satélite. Transmissão de sinais. Incidência. "ICMS. TELEVISÃO VIA SATÉLITE DTH. INCIDÊNCIA... LOCAL DA PRESTAÇÃO. COBRANÇA DO SERVIÇO E, APÓS A LC 102/2000, ESTABELECIMENTO DO TOMADOR... 2. O serviço de TV via satélite DTH é considerado serviço de telecomunicação, seja do ponto de vista material, disponibilização de modo oneroso, de meios (ou canais) necessários à comunicação à distância seja por expressa disposição legal, artigos 60 e 170 da Lei 9.472/97 e Resolução n. 220/2000, o que implica na incidência de ICMS. 3. Por se tratar de atividade meramente preparatória à comunicação, não incide ICMS no valor pago a título de adesão ao serviço. 4. Na espécie, antes da LC 102/2000, o local da prestação é o da cobrança do serviço, alínea 'd' do inciso III do artigo 11 da Lei Complementar 87/96. Após, incide o disposto na alínea 'c-1': 'o do estabelecimento ou domi-

cílio do tomador do serviço, quando prestado por meio de satélite'. O tomador do serviço é o usuário devidamente habilitado para receber o sinal via satélite" (STJ, 2ª T., REsp 677.108/PR, Min. Castro Meira, out. 2008).

– *Streaming*. Vide: RISTOW, Rafael Pinheiro Lucas; FARIA, Lígia Ferreira de. Streaming e a Incidência (ou Não) do ICMS: Caso "TV por Assinatura X Streaming". *RET* 113, 2017, p. 111. Vide também: MACEDO, José Alberto Oliveira. Tributação de atividades de streaming de áudio e vídeo. Guerra Fiscal Entre ISS e ICMS. In: FARIA, Renato Vilela; SILVEIRA, Ricardo Maitto da; MONTEIRO, Alexandre Luiz Moraes do Rêgo (Coords.). *Tributação da Economia Digital*. Desafios no Brasil, experiência internacional e novas perspectivas. São Paulo: Saraiva, 2018, p. 502-523. Ainda: SARAIVA FILHO, Oswaldo Othon de Pontes. Anotações sobre a imunidade de contribuição para a seguridade social das entidades beneficentes de assistência social. *RFDT* 98, 2019.

– TV a cabo. Serviços acessórios ou preparatórios: adesão, habilitação e instalação de ponto etc. O STF entende que a incidência se dá tão somente sobre serviços de comunicação propriamente ditos, não sendo viável a extensão do tributo "aos serviços preparatórios e suplementares" (STF, ARE 904.294 AgR, 2015. Também o ARE 851.103 AgR, 2015). Assim, também, o STJ.

– "ICMS. TV A CABO. SERVIÇOS ACESSÓRIOS OU PREPARATÓRIOS AO DE COMUNICAÇÃO. NÃO INCLUSÃO NO CONCEITO DE SERVIÇO DE TELECOMUNICAÇÕES PREVISTO NA LEI 8.977/95... 2. Esta Corte Superior firmou jurisprudência no sentido de que é inexigível o ICMS sobre os atos preparatórios ou de natureza acessória do serviço de telecomunicação. 3. 'Aplicação analógica da jurisprudência relativa ao serviço de habilitação do telefone móvel celular à hipótese dos autos, que também envolve a prestação de serviços acessórios ou preparatórios ao de comunicação via TV a Cabo' [...]" (STJ, AgRg no Ag 1.108.510, 2009).

– "... ICMS E ISS – TV A CABO – SERVIÇOS DE ADESÃO, DE HABILITAÇÃO, DE INSTALAÇÃO DE PONTO EXTRA, DE MUDANÇA DE SELEÇÃO DE CANAIS, DE INSTALAÇÃO DE EQUIPAMENTO E DE ASSISTÊNCIA TÉCNICA – NÃO INCLUSÃO NO CONCEITO DE SERVIÇO DE TELECOMUNICAÇÕES PREVISTO NA LEI 8.977/95 – INCIDÊNCIA DO ISS. 1. Segundo a Lei 8.977/95 e o Decreto 2.206/97, o serviço de TV a Cabo é o serviço de telecomunicações que consiste na distribuição de sinais de vídeo e/ou áudio, a assinantes, mediante transporte por meios físicos. 2. Incluem-se nesses serviços os de 'interação necessária à escolha da programação e outros usos pertinentes ao serviço, que inclui a aquisição de programas pagos individualmente', a qual deve ser compreendida como sendo todo 'processo de troca de sinalização, informação ou comando entre o terminal do assinante e o cabeçal', o qual ocorre eletronicamente, por meio do sistema de envio de sinais de áudio e/ou vídeo, sem haja a necessidade de intervenção direta ou pessoal de interlocutores contratados pela empresa prestadora, externa ao sistema. 3. A jurisprudência desta Corte pacificou entendimento no sentido de não incidir o ICMS sobre o serviço de habilitação do telefone móvel celular.

4. A uniformização deu-se a partir da interpretação do disposto no art. 2º, III, da LC 87/96, o qual só contempla o ICMS sobre os serviços de comunicação *stricto sensu*, não sendo possível, pela tipicidade fechada do direito tributário, estender-se aos serviços meramente acessórios ou preparatórios à comunicação. 5. Aplicação analógica da jurisprudência relativa ao serviço de habilitação do telefone móvel celular à hipótese dos autos, que também envolve a prestação de serviços acessórios ou preparatórios ao de comunicação via TV a Cabo. 6. Incidência do ISS sobre os serviços de assistência técnica, de adesão, de instalação de equipamentos e de ponto extra, mudança na seleção de canais e habilitação de decodificador, nos termos do Item 21 da Lista de Serviços anexa ao DL 406/68. 7. Recurso especial da Fazenda Municipal parcialmente conhecido e, no mérito, provido. 8. Recurso especial da empresa conhecido e provido" (STJ, REsp 710.774, 2006).

– "As características operacionais e legais permitem vislumbrar que apenas as comunicações televisivas – Assinatura e a Cabo – tipificam autênticos serviços de comunicação, em razão da identificação dos tomadores, e caráter oneroso, materializadas em espécie de contratos. [...] Aliás, quando uma mensagem é transmitida para pessoas indeterminadas (via televisão, por exemplo, em que há uma simples expectativa da emissora de que se encontre destinatário), há uma simples difusão de mensagens, intributável por via ICMS. Como se isso não bastasse, não há uma obrigação de fazer entre a emissora e seus destinatários (o que já descaracteriza o fato imponível do ICMS), e, ainda que houvesse, o imposto seria inexigível, por falta de base de cálculo, porquanto o serviço de televisão (como o de radiodifusão sonora) é gratuito (art. 6º da Lei 4.117/62). Só quando o destinatário assume papel ativo, contratando o serviço de comunicação e dele participando, através do envio e do recebimento de mensagens, é que o ICMS pode incidir. (CARRAZZA, Roque Antônio. *ICMS*. 4. ed. São Paulo: Malheiros, 1998, p. 117). Entretanto, positiva-se certa insegurança sobre o assunto, uma vez que nas comunicações veiculadas por TV a cabo ou por assinatura, em que o destinatário das mensagens é identificado, é tanto razoável entender que se trata de radiodifusão (não incidência do ICMS), como também entender que o imposto incide porque se trata de comunicação onerosa, ou remunerada (Hugo de Brito Machado, ICMS e radiodifusão, RDT 23/60)" (MELO, José Eduardo Soares de. ICMS/ISS TV por assinatura e a cabo, Courrier e Internet. *RDT* n. 71).

– **Serviço de voz pela internet. Não sujeição ao ICMS.** "A tributação do serviço de voz pela internet (VoIP) é um debate atual e de alta relevância... [...] entende ser o VoIP um conjunto de tecnologias que possibilitam conversações em uma Rede IP, que pode ser pública (internet) ou privada, como Skype, MSN, dentre outros. Posiciona-se como uma alternativa a telefonia convencional, pois reduz o custo operacional devido ao uso de uma única rede para transportar dados e voz, facilitando tarefas e proporcionando um número maior de serviços. Por transportar dados VoIP sem custo adicional, vem chamando atenção do Fisco Estadual (ICMS) e do Fisco Municipal (ISS). [...] há quem entenda ser o caso de prestação de serviço de comunicação, devendo incidir ICMS. Porém, outros entendem ser o caso de

prestação de serviço, mas não o de comunicação, devendo incidir ISS. Existe também o entendimento que não há tributação, por se tratar de um serviço de valor adicionado. E, por fim, há quem entenda que, dependendo de como seja prestado, o VoIP pode ser um serviço de comunicação, incidindo ICMS ou um serviço de valor adicionado, não havendo tributação. [...] A Agência Nacional de Telecomunicações entende que quando a comunicação de voz é efetuada entre dois computadores pessoais, sendo uma comunicação de PC a PC, não há um serviço de telecomunicação, sendo um serviço de valor adicionado, não havendo tributação. Esse também o entendimento internacional" (MARTINS, Daniele de Moura. ICMS e ISS: tributações sobre serviço de voz na internet. *RDDT* 209/24, 2013).

– Resolução Anatel n. 73/1998: "Voz sobre IP (VoIP) é um conjunto de tecnologias que usam a internet ou redes IP privadas para a comunicação de voz, substituindo ou complementando os sistemas de telefonia convencionais. A Anatel não regulamenta as tecnologias, mas os serviços de telecomunicações que delas se utilizam. A comunicação de voz utilizando computadores conectados à internet – uma das aplicações desta tecnologia – é considerada Serviço de Valor Adicionado, não sendo necessária autorização da Anatel para prestá-lo. [...] entendo, assim como a Anatel, que em alguns casos o VoIP é um serviço de valor adicionado e, em outros casos, é um serviço de telecomunicação. Quando o servidor de VoIP for prestado na modalidade PC a PC, temos um serviço de valor adicionado, ou seja, uma tecnologia que acrescenta e complementa um serviço de comunicação, não havendo incidência tributária. Mas, quando o serviço VoIP se utilizar de telefonia, seja fixa ou móvel, estar-se-á diante de um serviço de comunicação. Porém, é preciso saber se esse serviço é prestado de forma onerosa, pois se for haverá a incidência de ICMS, mas se não for, não haverá obrigação de pagar o tributo. [...] não devendo se cogitar a incidência de ISS, tendo em vista que não há previsão em nenhum item ou subitem da lista anexa da Lei Complementar 116/2003..." (MARTINS, Daniele de Moura. ICMS e ISS: tributações sobre serviço de voz na internet. *RDDT* 209/24, 2013).

– **Telefone celular. Habilitação. Não sujeição ao ICMS.** Súmula 350 do STJ: O ICMS não incide sobre o serviço de habilitação de telefone celular (2008).

– "ICMS. HABILITAÇÃO DE APARELHOS CELULARES. A LEI GERAL DE TELECOMUNICAÇÕES (ART. 60, § 1º, DA LEI Nº 9.472/97) NÃO PREVÊ O SERVIÇO DE HABILITAÇÃO DE TELEFONIA MÓVEL COMO ATIVIDADE-FIM, MAS ATIVIDADE-MEIO PARA O SERVIÇO DE COMUNICAÇÃO. A ATIVIDADE EM QUESTÃO NÃO SE INCLUI NA DESCRIÇÃO DE SERVIÇOS DE TELECOMUNICAÇÃO CONSTANTE DO ART. 2º, III, DA LC 87/1996, POR CORRESPONDER A PROCEDIMENTO TIPICAMENTE PROTOCOLAR, CUJA FINALIDADE REFERE-SE A ASPECTO PREPARATÓRIO. OS SERVIÇOS PREPARATÓRIOS, TAIS COMO HABILITAÇÃO, INSTALAÇÃO, DISPONIBILIDADE, ASSINATURA, CADASTRO DE USUÁRIO E EQUIPAMENTO, ENTRE OUTROS, QUE CONFIGURAM ATIVIDADE-MEIO OU SERVIÇOS SUPLEMENTARES, NÃO SOFREM A INCI-

DÊNCIA DO ICMS, POSTO SERVIÇOS DISPONIBILIZADOS DE SORTE A ASSEGURAR AO USUÁRIO A POSSIBILIDADE DO USO DO SERVIÇO DE COMUNICAÇÃO, CONFIGURANDO AQUELES TÃO SOMENTE ATIVIDADES PREPARATÓRIAS DESTES, NÃO INCIDINDO ICMS. INOCORRÊNCIA DE VIOLAÇÃO AOS ARTS. 2º, 150, I, E 155, II, DA CF/88. DESPROVIMENTO DO RECURSO EXTRAORDINÁRIO. 1. Os serviços preparatórios aos serviços de comunicação, tais como: habilitação, instalação, disponibilidade, assinatura, cadastro de usuário e equipamento, entre outros serviços, configuram atividades-meio ou serviços suplementares. O serviço de comunicação propriamente dito, consoante previsto no art. 60, § 1º, da Lei n. 9.472/97 (Lei Geral de Telecomunicações), para fins de incidência de ICMS, é aquele em que um terceiro, mediante prestação negocial-onerosa, mantém interlocutores (emissor/receptor) em contato por qualquer meio, inclusive a geração, a emissão, a recepção, a transmissão, a retransmissão, a repetição e a ampliação de comunicação de qualquer natureza [...]. 2. A interpretação conjunta dos arts. 2º, III, e 12, VI, da Lei Complementar 87/96 (Lei Kandir) leva ao entendimento de que o ICMS somente pode incidir sobre os serviços de comunicação propriamente ditos, no momento em que são prestados, ou seja, apenas pode incidir sobre a atividade-fim, que é o serviço de comunicação, e não sobre a atividade-meio ou intermediária como são aquelas constantes na Cláusula Primeira do Convênio ICMS nº 69/98. Tais serviços configuram, apenas, meios de viabilidade ou de acesso aos serviços de comunicação, *et por cause*, estão fora da incidência tributária do ICMS. 3. A Constituição autoriza sejam tributadas as prestações de serviços de comunicação, não sendo dado ao legislador, nem muito menos ao intérprete e ao aplicador, estender a incidência do ICMS às atividades que os antecedem e viabilizam. Não tipificando o fato gerador do ICMS-Comunicação, está, pois, fora de seu campo de incidência. Consectariamente, inexiste violação aos artigos 2º, 150, I, e 155, II, da CF/88. 4. O Direito Tributário consagra o princípio da tipicidade, de maneira que, sem lei expressa, não se pode ampliar os elementos que formam o fato gerador, sob pena de violar o disposto no art. 108, § 1º, do CTN. 5. *In casu*, apreciando a questão relativa à legitimidade da cobrança do ICMS sobre o procedimento de habilitação de telefonia móvel celular, a atividade de habilitação não se inclui na descrição de serviço de telecomunicação constante do art. 2º, III, da Lei Complementar 87/96, por corresponder a procedimento tipicamente protocolar, cuja finalidade prende-se ao aspecto preparatório e estrutural da prestação do serviço, serviços meramente acessórios ou preparatórios à comunicação propriamente dita, meios de viabilidade ou de acesso aos serviços de comunicação. 6. O ato de habilitação de aparelho móvel celular não enseja qualquer serviço efetivo de telecomunicação, senão de disponibilização do serviço, de modo a assegurar ao usuário a possibilidade de fruição do serviço de telecomunicações. O ICMS incide, tão somente, na atividade final, que é o serviço de telecomunicação propriamente dito, e não sobre o ato de habilitação do telefone celular, que se afigura como atividade meramente intermediária" (STF, RE 572.020, 2014).

– Telefone celular. Taxa de recarga. "A taxa de recarga não é cobrada pela prestação de serviço de comunicação, mas sim pelo serviço administrativo prestado pela empresa para 'ativação' do cartão pré-pago. Trata-se de remuneração por atividade que precede a prestação do próprio serviço de comunicação (embora, por razões técnicas, muitas vezes a cobrança da taxa de recarga ao ocorra no exato momento em que o cartão é ativado. A taxa de recarga se assemelha, de cera forma, à taxa de habilitação do aparelho. [...] O STJ já assentou à unanimidade por sua Primeira Seção (RMS n. 11.368/MT), a não incidência de ICMS sobre os valores cobrados a título de habilitação de telefones decisão que, *mutatis mutandis*, se aplica à taxa de recarga" (COÊLHO, Sacha Calmon Navarro; MOREIRA, André Mendes. ICMS-comunicação – taxa de recarga – não incidência – direito da operadora de estornar débitos de ICMS lançados a esse título – inaplicabilidade do art. 166 do CTN ao caso da consulente. *RDDT* 142/120, 2007).

– Telefone celular. Operações *roaming*. "Cinge-se a questão ao pagamento de ICMS sobre os serviços de telefonia móvel prestados na modalidade roaming. [...] Ressaltou-se que o serviço de roaming ocorre quando um usuário de linha móvel celular realiza uma chamada a partir de território que não está abrangido pela concessionária por ele contratada, sendo que essas ligações são feitas (transmitidas) pela concessionária local, ou operadora visitada, a qual é remunerada, mediante repasse, pela concessionária que disponibilizou a linha ao usuário. Observou-se que esse serviço torna-se complexo na medida em que pressupõe a realização de dois negócios jurídicos simultâneos para viabilizar o serviço de comunicação pretendido: um entre o usuário e a sua operadora original, pela qual foi disponibilizada a linha, e outro entre essa sociedade empresária titular do contrato e aquela que efetivamente realiza a comunicação (operadora visitada). Consignou-se, ainda, que, da relação jurídica existente entre as concessionárias, resultam os valores cobrados pela operadora local mediante repasse registrado no documento de declaração de tráfego e prestação de serviços (DETRAF), pela efetiva prestação de serviço de comunicação, razão pela qual há a incidência do ICMS sobre tais valores. *In casu*, visto que, nas operações denominadas roaming, a obrigação tributária deve recair sobre a empresa que viabilizou a chamada telefônica, qual seja, a operadora com cobertura na área de onde partiu a ligação do usuário do sistema, a recorrente é a verdadeira contribuinte da exação em comento" (STJ, REsp 1.202.437, 2011).

– Provedores de Internet. Não sujeição ao ICMS. O STF, em 2010, no RE 583.327, entendeu tratar-se de matéria infraconstitucional: "ICMS. SERVIÇOS DE ACESSO À INTERNET. SERVIÇO DE VALOR ADICIONADO. MATÉRIA DE ÍNDOLE EMINENTEMENTE INFRACONSTITUCIONAL. AUSÊNCIA DE REPERCUSSÃO GERAL. Nos termos da jurisprudência do Supremo Tribunal Federal, o tema atinente à incidência de ICMS aos serviços de acesso à internet está circunscrito ao âmbito infraconstitucional. Não havendo, em rigor, questão constitucional a ser apreciada por esta nossa Corte, falta ao caso 'elemento de configuração da própria repercussão geral', conforme salientou a Ministra Ellen Gracie, no julgamento da Repercussão Geral no RE 584.608".

– Súmula 334 do STJ: "O ICMS não incide no serviço dos provedores de acesso à Internet".

– "2. Não incide o ICMS sobre o serviço prestado pelos provedores de acesso à internet, uma vez que a atividade desenvolvida por eles constitui mero serviço de valor adicionado, nos termos do art. 61 da Lei n. 9.472/97 e da Súmula 334/STJ" (STJ, AgRg no AREsp 357.107, 2013).

– "ICMS. PROVEDORES DE INTERNET... ART. 61, § 1º, DA LEI N. 9.472/97. NÃO INCIDÊNCIA. 1. Não incide o ICMS sobre o serviço prestado pelos provedores de acesso à internet. A atividade por eles desenvolvida consubstancia mero serviço de valor adicionado, uma vez que se utiliza da rede de telecomunicações, por meio de linha telefônica, para viabilizar o acesso do usuário final à internet" (STJ, REsp 628.046, 2006).

– "... ICMS – SERVIÇO PRESTADO PELOS PROVEDORES DE INTERNET – LEI 9.472/97. 1. Os serviços prestados pelos provedores de acesso à Internet, embora considerados pelo Confaz como serviços de telecomunicações, pela definição dada no art. 60 da Lei 9.472/97, que dispôs sobre a organização dos serviços de telecomunicações, não podem ser assim classificados. 2. O serviço desenvolvido pelos provedores da Internet é serviço de valor adicionado (art. 61, Lei 9472/97), o qual exclui expressamente da classificação de serviços de telecomunicações (§ 1º, art. 61). 3. Se o ICMS só incide sobre serviços de telecomunicações, nos termos do art. 2º da LC 87/96, não sendo os serviços prestados pela Internet serviço de telecomunicações, e sim, SERVIÇO DE VALOR ADICIONADO (art. 61, § 1º da Lei 9.472/97), não há incidência da exação questionada. 4. Recurso especial improvido" (STJ, 2ª T., REsp 456.650, 2003).

– "... verifica-se que o serviço prestado pelo provedor de acesso à Internet não se caracteriza como serviço de comunicação prestado onerosamente (art. 2º, III, da LC n. 87/96), de forma a incidir o ICMS, porque não fornece as condições e meios para que a comunicação ocorra, sendo um simples usuário dos serviços prestados pelas empresas de telecomunicações. Não cuida, tampouco, de serviço de telecomunicação, porque não necessita de autorização, permissão ou concessão da União, conforme determina o art. 21, inciso XI, da Constituição Federal. Trata-se de mero serviço de valor adicionado, porquanto o prestador utiliza a rede de telecomunicações que lhe dá suporte para viabilizar o acesso do usuário final à Internet, por meio de uma linha telefônica. [...] Conclui-se, portanto, que não podem os Estados ou o Distrito Federal alterar a definição, o conteúdo e o alcance do conceito de prestação de serviços de conexão à Internet, para mediante Convênios Estaduais, tributá-la por meio do ICMS" (FRANCIULLI NETTO, Domingos. ICMS sobre operações eletrônicas (provedores de acesso à internet). *RFDT* 10/9, 2004).

– Propaganda em página na Internet. "6) A cessão de espaço publicitário em páginas de Internet também não se compreende no conceito de serviço, pois não envolve uma obrigação de fazer, mas uma obrigação de dar ou ceder espaço. 7) A cessão de espaço publicitário em páginas de Internet, ainda que fosse serviço, igualmente não seria de comunicação, pois não abrange uma relação bilateral e remunerada entre emissor e receptor determina-

dos, mas a mera cessão de espaço para difusão ou propagação de mensagens, previamente fornecidas pelo anunciante, ao público em geral. 8) A relação entre anunciante e o público em geral não se compreende no conceito de comunicação, pois ela não envolve interação, mas mera atividade de acesso, e, mesmo que ela fosse considerada como interação, não teria por objeto a troca de mensagens. 9) a relação entre o emissor da mensagem e o público que acessa a publicidade em páginas da Internet não é remunerada, e a única onerosidade existente diz respeito à cessão do espaço, e não à relação comunicativa. 10) A atividade de veiculação de publicidade em páginas da Internet não se enquadra no âmbito de competências dos Estados para tributação por meio do imposto sobre a prestação de serviços de comunicação" (ÁVILA, Humberto. Veiculação de material publicitário em páginas na Internet. Exame da competência para instituição do imposto sobre serviços de comunicação. Ausência de prestação de serviço de comunicação. *RDDT* 173/153, 2010).

– Serviços de telecomunicação internacional e serviços auxiliares. Não incidência de ICMS. "... tanto as operações relativas à circulação de mercadorias, como as prestações de serviços iniciados no exterior são tributadas pelo imposto estadual. 'A contrário sensu', as operações iniciadas no país não são tributadas, se o destinatário do serviço estiver no exterior, a utilidade do serviço é auferida por alguém que está fora do território nacional. A questão tributária nada tem a ver com a saída ou entrada de divisas, mas com a destinação do serviço, que, nitidamente, na segunda hipótese, é voltada ao usuário externo. Embora iniciado no Brasil, sua prestação é concluída fora do território brasileiro. O constituinte, ao admitir que só a prestação de serviços iniciada fora e concluída no Brasil, é sujeita ao ICMS, afastou o entendimento de que o serviço concluído fora esteja sujeito ao ICMS, o que, de resto, quando vinculada a legislação complementar explicitadora de tal inteligência foi confirmado" (MARTINS, Ives Gandra da Silva. Serviços de telecomunicação iniciados no Brasil e concluídos no exterior – Hipótese de não imposição do ICMS – Operadoras locais sem concessão para ligações internacionais não são contribuintes do ICMS para tais efeitos, se devido fosse, que não é. *RDDT* 73/159-169, 2001).

– "... a série de atos, que colocam à disposição dos usuários os meios e modos aptos à prestação dos serviços de telecomunicação internacional (serviços telefônicos fixos comutados de longa distância internacional), é etapa propedêutica, que não deve ser confundida com a própria prestação destes serviços. [...] Embora importantíssima, esta atividade-meio deve, inclusive para fins tributários, ser apartada da atividade-fim, que, no nosso caso, é a prestação, como um todo considerada, dos serviços de telecomunicação internacional. Noutras palavras, o ICMS não pode incidir isoladamente, sobre as etapas necessárias à execução destes serviços. [...] Muito bem, tudo o que até aqui escrevemos aplica-se ao serviço de telecomunicação internacional (serviço telefônico fixo comutado de longa distância internacional), que, para ser executado, exige, a utilização da rede fixa local, da rede fixa interurbana e da rede móvel. [...] A utilização destas redes não passa, é bem de ver, de condição para a cabal prestação do serviço em tela. Na hipótese, não há falar, ainda, em prestação de serviço de telecomunicação internacional, que só se realiza quando a chamada se completa, no exterior. [...] A disponibilização de equipamentos, são essenciais à atividade-fim de prestação do serviço de telecomunicação internacional, nela se incluindo, indissociavelmente. Logo, não podem ser consideradas em estado de isolamento. Não pelo menos no que concerne à incidência do ICMS. [...] É que não praticam o fato imponível deste tributo, mas apenas, executam etapas necessárias à sua implementação, pela Embratel ou Intelig" (CARRAZZA, Roque Antonio. ICMS – sua não incidência sobre prestações de serviços de telecomunicação internacional (serviços de longa distância internacional), bem como sobre os serviços que os viabilizam (serviços auxiliares). *RDDT* 60/99, 2000).

– No sentido de que incidirá o ICMS somente no caso de o serviço conexo ser de prática obrigatória para a prestação do serviço de telecomunicação propriamente dito: "Na hipótese de o 'serviço conexo' representar o próprio serviço de telecomunicação ..., incidirá o ICMS sobre o mesmo. ... Se for impossível a prestação do serviço de telecomunicação sem a utilização do 'serviço conexo', este último irá aderir ao próprio serviço de telecomunicação, sendo competente o Estado para exigir o ICMS sobre o mesmo. ... Caso o serviço de telecomunicação seja autônomo em relação ao 'serviço conexo', o Estado não terá competência tributária. Deverá então ser segregado do serviço de telecomunicações, o que significa dizer que há necessidade de, inclusive, atribuir-lhe um preço específico. Desta forma, se o serviço conexo ao serviço de telecomunicação estiver contido na lista anexa ao Decreto-Lei n. 406/68 haverá a incidência do ISS sobre o preço deste 'serviço conexo', caso contrário não haverá a incidência desse imposto sobre esta parcela" (BRANCO, Carlos Augusto Coelho. Tributação sobre os serviços conexos aos serviços de telecomunicação. *RDDT* 63/29, 2000).

– **Tarifa de assinatura básica mensal. Incidência. Tema 827 do STF:** "O Imposto sobre Circulação de Mercadorias e Serviços (ICMS) incide sobre a tarifa de assinatura básica mensal cobrada pelas prestadoras de serviços de telefonia, independentemente da franquia de minutos concedida ou não ao usuário". Decisão de mérito em 2016.

Tema 754 do STJ: (CANCELADO) "Discussão: incidência de ICMS sobre cobrança de assinatura mensal da prestação de serviço de telefonia fixa". Decisão em 2008.

– "LC N. 87/96... 4. Incide ICMS sobre a cobrança de assinatura básica residencial, que se constitui em verdadeira remuneração do serviço de telefonia, já que sua previsão legal é de estabelecer valor mínimo que justifique a viabilidade econômica do serviço com a contrapartida de franquia de utilização" (STJ, REsp 1.022.257, 2008).

– **Pela não incidência.** "Os valores cobrados a título e 'assinatura básica de telefonia' não se referem diretamente a nenhum serviço de comunicação; antes, correspondem ao custo das providências necessárias a tornar os aparelhos telefônicos aptos a enviar e captar mensagens. Segue-se, portanto, que tais valores não podem integrar a base de cálculo do ICMS, que – nunca é demais repetir – é o preço do serviço de comunicação efetivamente prestado" (CARRAZZA, Roque Antonio. ICMS-comunicação:

sua não incidência sobre a denominada tarifa de assinatura básica mensal – Questões conexas. *RDDT* 155/84, 2008).

– **Inadimplência não dispensa o ICMS. Tema 705 do STF:** "A inadimplência do usuário não afasta a incidência ou a exigibilidade do ICMS sobre serviços de telecomunicações". Decisão do mérito em 2021.

– **No sentido de que o inadimplemento definitivo afasta o fato gerador do ICMS nos serviços de comunicação.** "O fato gerador do referido imposto é a prestação *onerosa* de serviços de comunicação, sendo, pois, *juridicamente relevante* o fato de o consumidor definitivamente não pagar pela sua obtenção. Esclareça-se, de início, que não se analisa a *mera inadimplência* do consumidor, que deixa de pagar, mas continua com o dever de fazê-lo, ainda que sob constrição judicial. Examina-se, em vez disso, a sua inadimplência definitiva, isto é, os casos em que o seu adimplemento se tornou objetivamente impossível, inexigível ou mesmo incapaz de realizar os interesses objetivos do prestador que, em razão disso, deixa de manter o contrato e de contabilizar o seu crédito, e opta por resolvê-lo e por contabilizar definitivamente a perda dele decorrente. Nesse caso, defende-se que a prestação de serviço de comunicação não pode ser considerada onerosa. Sustenta-se, assim, que o fato gerador do ICMS não pode ser considerado ocorrido porque o inadimplemento exerce o papel de causa superveniente de impedimento do seu surgimento, já que o negócio jurídico subjacente não se consuma quando ocorre o inadimplemento absoluto do consumidor. A essa conclusão se chega mediante o exame de argumentos jurídicos, de nível constitucional e legal: como o fato gerador do ICMS depende da existência de uma operação caracterizada pela onerosidade, requer-se a tanto a prestação quanto o respectivo pagamento ou a persistência do direito ao crédito, cuja ausência afasta a sua onerosidade; como a resolução por inadimplemento é um direito legal do prestador que extingue os efeitos do negócio jurídico desde o início, o pagamento do tributo com base na sua consumação deve ser considerado indevido" (ÁVILA, Humberto. ICMS como Imposto sobre o Consumo. Inocorrência de prestação onerosa de serviço de comunicação no caso de inadimplemento do consumidor. *RDDT* 186/110, 2011).

– *Pager.* **Não incidência de ICMS sobre locação e secretariado.** "SERVIÇO. RADIOCHAMADA. LOCAÇÃO. *PAGERS*. Cinge-se a questão em saber se, na prestação de serviços de radiochamadas mediante a locação de *pagers* e a utilização de serviços de secretariado, deve incidir o ICMS sobre a totalidade do valor desses serviços ou, ao contrário, deve incidir o ISS sobre os serviços de secretaria e sobre a locação. O estado-membro pretende que ocorra apenas a incidência do ICMS sobre a totalidade das operações, enquanto o município, que a tributação dê-se sobre a locação dos equipamentos e sobre os serviços de secretaria. Diante disso, a Turma reiterou o entendimento de que a lei só contempla a incidência do ICMS sobre os serviços de comunicação *strictu sensu*, não sendo possível, pela tipicidade fechada do direito tributário, estender-se a outros serviços meramente acessórios ou preparatórios àqueles e, tampouco, aos não essenciais à prestação do serviço, como é o caso da locação de aparelhos (*pagers*) e do serviço de secretariado. Assim, independente de figurar no item 29 da lista de serviços anexa ao DL n. 406/1968, com a redação dada pela LC n. 56/1987, o serviço de secretaria, por ser atividade-meio à prestação dos serviços de radiochamada, não deve sofrer a incidência do ISS. Ressalte-se que os REsps visam apenas alterar a destinação da tributação na espécie dos autos e o estado teve reconhecido o direito ao ICMS sobre as demais operações, com exceção da locação dos *pagers*. Não é possível, no caso, a aplicação da jurisprudência do STF sob pena de piorar, também, o direito já reconhecido ao município. Por fim, não se pode, na hipótese, aplicar o princípio da preponderância, a fim de tributar todas as operações apenas pelo ICMS, pois tal princípio pressupõe a sobreposição de atividades ou a existência de atividades mistas, o que não é o caso. Isso posto, negou-se provimento a ambos os recursos... REsp. 848.490-RJ, rel. Min. Eliana Camon, julgado em 16/9/2008" (*Informativo* STJ n. 368, set. 2008).

⇒ **ICMS na importação.** Vide § 2º, IX, *a*, deste artigo e respectivas notas.

III – propriedade de veículos automotores.

⇒ **Histórico.** O Imposto sobre a Propriedade de Veículos Automotores – IPVA – surgiu com a EC n. 27/85 à CF de 1967.

– "Este imposto não se encontra regulado pelo CTN porque o Código não existia quando o tributo surgiu pela Emenda n. 27/85 à Constituição de 1967 em nosso sistema tributário. Historicamente, o Imposto sobre a Propriedade de Veículos Automotores – IPVA, de competência dos Estados e do Distrito Federal, foi instituído em substituição à antiga Taxa Rodoviária Única – TRU, cobrada anualmente pela União no licenciamento dos veículos. No Estado de São Paulo, o IPVA foi instituído pela Lei 4.955, de 27.12.1985..." (FERNANDES, Odmir. In: FREITAS, Vladimir Passos de. *Código Tributário Nacional comentado*. São Paulo: RT, 1999, p. 121).

⇒ **Lei complementar. Ausência. Exercício da competência plena pelos Estados.** Nos termos do art. 146, inciso III, *a*, da Constituição Federal, o fato gerador, a base de cálculo e o contribuinte do IPVA deve ser estabelecido por lei complementar. Entretanto, não há diploma legal deste nível cuidando da matéria (o CTN é omisso, até porque precedeu à criação desse imposto, surgido apenas com a EC n. 27/85 à CF/67). Assim, os Estados, excepcional e provisoriamente, têm exercido a competência legislativa plena, forte no art. 24, § 3º, da Constituição Federal e no art. 34, § 3º, do ADCT.

• Vide julgados do STF nesse sentido em nota ao art. 146, inciso III, *a*, da Constituição Federal.

⇒ **Conflito de competência entre Estados. Tema 708:** "A Constituição autoriza a cobrança do Imposto sobre a Propriedade de Veículos Automotores (IPVA) somente pelo Estado em que o contribuinte mantém sua sede ou domicílio tributário". Decisão do mérito em 2020.

– "RECURSO EXTRAORDINÁRIO. REPERCUSSÃO GERAL. TEMA 708. CONSTITUCIONAL. TRIBUTÁRIO. IMPOSTO SOBRE A PROPRIEDADE DE VEÍCULOS AUTOMOTORES (IPVA). RECOLHIMENTO EM ESTADO DIVERSO DAQUELE QUE O CONTRIBUINTE MANTÉM SUA SEDE OU DOMICÍLIO TRIBUTÁRIO. IMPOS-

SIBILIDADE. 1. Cuida-se, na origem, de ação por meio da qual empresa proprietária de veículos automotores busca declaração judicial de que não está sujeita à cobrança do Imposto sobre a Propriedade de Veículos Automotores (IPVA) por parte do Estado em que se encontra domiciliada, mas sim pelo Estado em que licenciados os veículos. 2. O Estado de Minas Gerais, no qual a empresa tem sua sede, defende a tributação com base na Lei Estadual 14.937/2003, cujo art. 1º, parágrafo único, dispõe que 'o IPVA incide também sobre a propriedade de veículo automotor dispensado de registro, matrícula ou licenciamento no órgão próprio, desde que seu proprietário seja domiciliado no Estado'. 3. Embora o IPVA esteja previsto em nosso ordenamento jurídico desde a Emenda 27/1985 à Constituição de 1967, ainda não foi editada a lei complementar estabelecendo suas normas gerais, conforme determina o art. 146, III, da CF/88. Assim, os Estados poderão editar as leis necessárias à aplicação do tributo, conforme estabelecido pelo art. 24, § 3º, da Carta, bem como pelo art. 34, § 3º, do Ato das Disposições Constitucionais Transitórias – ADCT. 4. A presente lide retrata uma das hipóteses de 'guerra fiscal' entre entes federativos, configurando-se a conhecida situação em que um Estado busca aumentar sua receita por meio da oferta de uma vantagem econômica para o contribuinte domiciliado ou sediado em outro. 5. A imposição do IPVA supõe que o veículo automotor circule no Estado em que licenciado. Não por acaso, o inc. III do art. 158 da Constituição de 1988 atribui cinquenta por cento do produto da arrecadação do imposto do Estado sobre a propriedade de veículos automotores aos Municípios em que licenciados os automóveis. 6. Portanto, o art. 1º, parágrafo único da Lei Mineira 14.937/2003 encontra-se em sintonia com a Constituição, sendo válida a cobrança do IPVA pelo Estado de Minas Gerais relativamente aos veículos cujos proprietários se encontram nele sediados. 7. Tese para fins de repercussão geral: 'A Constituição autoriza a cobrança do Imposto sobre a Propriedade de Veículos Automotores (IPVA) somente pelo Estado em que o contribuinte mantém sua sede ou domicílio tributário'" (STF, RE 1.016.605, 2020).

– **Tema 1198.** MÉRITO AINDA NÃO JULGADO. Controvérsia: Constitucionalidade da cobrança do Imposto sobre a Propriedade de Veículos Automotores (IPVA) por Estado diverso da sede de empresa locadora de veículos, quando esta possuir filial em outro estado, onde igualmente exerce atividades comerciais (distinção do Tema 708, RE 1.016.605).

⇒ **Propriedade. Definição. Só o proprietário pode ser colocado como contribuinte.** Tendo em conta que a lei tributária não pode alterar a definição, o conteúdo e o alcance de institutos, conceitos e formas de direito privado, utilizados pela Constituição para definir competências tributárias (art. 110 do CTN), certo é que a base econômica prevista no inciso III do art. 155 tem de ser considerada tendo por base o conceito de propriedade que constava do art. 524 do Código Civil de 1916 e que já era tradicional no nosso direito, mantendo-se com o Código de 2002, de maneira que o exercício da competência tributária, ou seja, a instituição do IPVA, deve ater-se à tributação da propriedade tal como definida. Não se pode equiparar à propriedade qualquer outro direito real.

– Sobre o conceito de propriedade, com sua análise como direito real, vide nota ao art. 153, VI, da CF.

– **Proprietário fiduciário.** "Embora seja inegável que o credor fiduciário tenha a propriedade resolúvel do veículo automotor, a título fiduciário e com exclusiva finalidade de garantia, importa examinar se este tipo especialíssimo de propriedade se enquadra no conceito constitucional de 'propriedade' constante do inciso II do art. 155 da Constituição Federal, em termos que permitam submetê-la à hipótese de incidência do IPVA e, consequentemente, atribuir ao credor fiduciário a qualidade de contribuinte do IPVA. [...] A propriedade fiduciária não tem as características essenciais do instituto da propriedade, eis que o credor fiduciário não pode usar, gozar ou dispor do automóvel financiado. A atividade do credor fiduciário não é ser adquirente do veículo, mas unicamente financiar a sua aquisição e perceber os resultados financeiros desta operação. O credor fiduciário só se torna proprietário nos termos do art. 1.228 do Código Civil quando o devedor fiduciante fica inadimplente a há a retomada do bem por meio da execução. Os arts. 124 e 125 do Código Tributário Nacional não autorizam a inclusão do credor fiduciário como responsável tributário pelo IPVA devido pelo devedor fiduciante, eis que o credor não é contribuinte do imposto em questão. De forma semelhante, o credor fiduciário não pode ser considerado terceiro responsável pela obrigação do contribuinte porque não tem a vinculação com o fato gerador do IPVA exigida pelo art. 128... A única hipótese de o credor fiduciário ser contribuinte do IPVA é se ocorrer a consolidação da propriedade em seu nome como consequência da inadimplência do devedor fiduciante e se tal evento estiver consolidado em 1º de janeiro de exercício civil, data escolhida pela maioria das legislações estaduais como elemento temporal do fato gerador do imposto em questão" (CEZAROTI, Guilherme. A cobrança do IPVA do credor fiduciário na alienação fiduciária em garantia. *RDDT* 230/50, 2014).

– **Entendendo que o possuidor pode ser posto como contribuinte.** "A letra constitucional aponta para um direito real, mas não cuida da extensão precisa do conceito de propriedade. Seriam constitucionais as normas aludidas na medida em que, por incluir hipótese de propriedade não plena, podem desbordar da licença constitucional? [...] Lembre-se que a partir da licença constitucional para cobrança de um imposto sobre a propriedade predial e territorial urbana, o art. 32 do Código Tributário Nacional define como modelo de fato que gera a obrigação de recolher o IPTU a propriedade, o domínio útil ou a posse de bem imóvel. [...] A interpretação analógica seria, assim, adequada e, via de consequência, a hipótese de incidência tributária do IPVA deve incluir propriedade e posse. [...] a caracterização de propriedade, plena ou não, de veículo automotor, dá azo à exação. Porém, se desfeita a relação de propriedade, seja em função da destruição do veículo automotor, seja por sua subtração, não poderá haver exação; isso, independentemente da comunicação ou não do fato à autoridade fazendária ou ao registro correspondente. Afinal, não se admite tributação sobre fato fictício" (MAMEDE, Gladston. *IPVA; Imposto sobre a propriedade de veículos automotores*. São Paulo: RT, 2002, p. 50-52).

– **Arrendante.** "IPVA – ARRENDAMENTO MERCANTIL – ARRENDANTE – RESPONSÁVEL SOLIDÁRIA... 1. Em arrendamento mercantil, a arrendante é responsável solidária para o adimplemento da obrigação tributária concernente ao IPVA, nos termos do art. 1º, § 7º, da Lei Federal n. 7.431/85, por ser ela possuidora indireta do bem arrendado e conservar a propriedade até o final do pacto. Precedente: (REsp 868246/DF; Min. Francisco Falcão – Primeira Turma, data do julgamento 28.11.2006, *DJ* 18.12.2006 p. 342)" (STJ, 2ª T., REsp 897205/DF, Rel. Min. Humberto Martins, mar. 2007).

⇒ **Veículo automotor.** Conforme anexo I do Código Brasileiro de Trânsito, veículo automotor é "todo veículo a motor de propulsão que circula por seus próprios meios, e que serve normalmente para o transporte viário de pessoas e coisas, ou para a tração viária de veículos utilizados para transporte de pessoas e coisas. O termo compreende os veículos conectados a uma linha elétrica e que não circulam sobre trilhos (ônibus elétrico)". O entendimento do STF, adiante exposto, é no sentido de que o conceito de veículo automotor não alcança embarcações e aeronaves.

– **Aeronave.** Conforme o art. 106, *caput*, do Código Brasileiro de Aeronáutica (Lei n. 7.565/86): "Art. 106. Considera-se aeronave todo aparelho manobrável em voo, que possa sustentar-se e circular no espaço aéreo, mediante reações aerodinâmicas, apto a transportar pessoas ou coisas".

– **No sentido de que não se confundem.** "A aeronave não se confunde com o veículo automotor nem tampouco a ela se estende o conceito de veículo automotor. [...] Não procede a invocação do princípio de que onde a lei não distingue não é lícito ao intérprete fazê-lo, porque o conceito de veículo automotor não se estende à aeronave, que para caracterizar-se exige, essencialmente, a aptidão de sustentação no espaço mediante reações aerodinâmicas. A aeronave não existe para trafegar no Estado ou no município, mas para voar no espaço aéreo, que é da competência da União Federal. Quando em terra, apenas faz manobra em áreas aeroportuárias, que não pertencem ao Estado nem ao Município, mas à União, por força do art. 38 do CBA" (ALVARENGA, Ricardo. O IPVA na propriedade de aeronaves. *RDDT* 29/65-70, 1998).

– **A base econômica do IPVA não abrange as embarcações e aeronaves.** "IPVA – Imposto sobre Propriedade de Veículos Automotores (CF, art. 155, III; CF 69, art. 23, III e § 13, cf. EC 27/85): campo de incidência que não inclui embarcações e aeronaves" (STF, Plenário, RE 134.509, Rel. p/ o acórdão Min. Sepúlveda Pertence, maio 2002).

– "2. Não incide Imposto de Propriedade de Veículos Automotores (IPVA) sobre embarcações (art. 155, III, CF/88 e art. 23, III e § 13, CF/67 conforme EC 01/69 e EC 27/85)" (STF, RE 379.572, 2007).

– "Do ponto de vista gramatical, não resta dúvida de que as categorias dos aviões e das embarcações aquáticas são abrangidas pelo conceito manifestado pela expressão 'veículos automotores', eis que certamente são meios de transporte autopropulsados. Ocorre que nem sempre o significado semântico indica a melhor interpretação da norma. [...] a simples correspondência de vocábulos não basta para configuração da competência impositiva constitucionalmente estabelecida em favor dos Estados quanto à propriedade de veículos automotores. Faz-se necessário o exame histórico e teleológico da norma [...] já surge desde logo a necessidade de averiguar-se qual o sentido comum da expressão 'veículos automotores' para identificar se alcança embarcações e aeronaves. O que se verifica é que na linguagem comum, as embarcações são referidas como barcos ou navios, e as aeronaves são chamadas aviões. Já os automóveis são frequentemente chamados de veículos e a expressão automotor tem clara ligação com a usualmente utilizada automóvel. Não parece ser da linguagem usual pretender referir embarcações e aeronaves como 'veículos automotores', que parecem compreender apenas carros, caminhões e ônibus" (FERRAZ, Roberto. Aspectos controvertidos do IPVA. *RDDT* 113/107, 2005).

– **Entendendo que o conceito de veículo automotor comportaria embarcações e aeronaves.** Em voto-vencido no mesmo RE 379.572 anteriormente transcrito, o Min. Joaquim Barbosa assim se pronunciou: "... entendo que a expressão 'veículos automotores' é ampla o suficiente para abranger embarcações, ou seja, veículos de transporte aquático. Não vejo no dispositivo constitucional pertinente a limitação que nele se vislumbrou, por ocasião do precedente do RE 134.509. A exemplo do que se sustentou no voto do eminente Ministro Marco Aurélio, o dispositivo constitucional tem aptidão para abranger a propriedade de qualquer veículo que tenha propulsão própria e sirva ao transporte de pessoas e coisas".

– "A palavra veículo procede 'do latim *vehiculo*, de *vehere* (conduzir, transportar); *vehere* significa, mais precisamente, 'transportar por terra ou por mar, por meio de qualquer veículo, a cavalo, em navio, levar às costas'. Veículo, assim, 'é o instrumento ou aparelho que, dotado de certos requisitos, serve ao transporte de coisas ou de pessoas, de um para outro lugar'. Para o IPVA, observe-se que a Constituição não restringiu a ideia de veículo à movimentação terrestre, o que implica incluir veículos para movimentação pela água e pelo ar. Porém, houve uma qualificação expressa na autorização constitucional: no universo dos veículos, somente os automotores carreiam para seus proprietários a obrigação tributária. A ideia de movimento, viu-se, é elementar à ideia de veículo; veículo é, essencialmente, o meio através do qual se transporta, vale dizer, se conduz de um ponto a outro. Para o conceito tributário estudado, importa observar a causa do movimento de um veículo; em alguns a causa é uma força externa que os impulsiona: a canoa que o rio empurra, o veleiro que o vento empurra, a carroça que o cavalo puxa etc. Outros, porém, têm movimento intrínseco à estrutura: eles se automovimentam; são puxados ou empurrados por si mesmos, utilizando-se, para tanto, de um motor. Daí se falar em veículo automotor. A palavra motor está intimamente ligada à palavra movimento, mas transcende-a: traduz melhor a ideia de 'mecanismo de movimento'. O motor é justamente isto: o mecanismo (a máquina, o aparelho) que gera movimento e pode transmitir movimento, provocar movimento. [...] Não importa o meio através do qual o veículo automotor trafegue: se por terra (por estradas, fora de estradas – *off road* –, por vias urbanas etc.), pelo ar ou pela água (submerso ou não). O meio percorrido pelo veículo automotor não lhe tira qualquer das características essenciais acima elencadas. [...] É fato que em sua origem (refere-se ao IPVA) está a

Taxa Rodoviária Federal e, posteriormente, a Taxa Rodoviária Única, exigidas de veículos que se locomoviam – efetiva ou potencialmente – pelas vias terrestres. Porém, com a criação do imposto através da Emenda Constitucional 27/85, houve uma ruptura, acentuada com a edição da Carta de 1988. Interpretar o novo instituto a partir do instituto que ele substituiu é um esforço ilegítimo de conservação que tende a impedir a evolução do sistema. O legislador constituinte percebeu na propriedade de veículo automotor um elemento que denota capacidade tributária. E havemos de concordar que essa capacidade de contribuição se mostra com mais vigor naqueles que titularizam direitos sobre embarcações motorizadas e aeronaves. [...] Mesmo os denominados *jet-skis* estão incluídos, a exemplo de lanchas e iates. [...] A finalidade do veículo é indiferente: lazer, transporte de cargas ou pessoas... [...] Não importa se o veículo é de fabricação regular ou artesanal, se possui ou não capota..." (MAMEDE, Gladston. *IPVA; Imposto sobre a propriedade de veículos automotores*. São Paulo: RT, 2002, p. 52-56).

– **Máquinas utilitárias com mecanismos de autolocomoção.** "Entre os veículos utilitários, é preciso redobrado cuidado, excepcionando situações nas quais se percebe uma incompatibilidade entre a ideia central da autorização constitucional e determinados tipos de maquinário que possuem na autolocomoção apenas um elemento acessório de sua principal razão de ser. Não são propriamente veículos motorizados com a finalidade de locomoção e/ou transporte, mas máquinas utilitárias que dispõem de mecanismos de autolocomoção como forma de otimizar os resultados de sua atuação. Os exemplos são múltiplos: retroescavadeira, guindaste, rolo compressor, pá carregadeira, escavadeira, empilhadeira; no âmbito agrícola, encontraremos colheitadeira, ceifadeira, plantadeira e outras" (MAMEDE, Gladston. *IPVA; Imposto sobre a propriedade de veículos automotores*. São Paulo: RT, 2002, p. 56).

⇒ **Veículos novos.** O veículo, enquanto no pátio das montadoras, em estoque, ou nas lojas, exposto à venda, é apenas uma mercadoria como outra qualquer. A propriedade de veículo automotor, como fato gerador do IPVA, só surge no momento em que tal mercadoria passa a cumprir a sua vocação, a servir ao fim a que é destinada ou a estar à disposição de alguém para tanto.

⇒ **Veículos usados.** "Com os veículos usados ocorre a incidência plena do IPVA, já que a incidência faz-se sobre relação de propriedade experimentada por todo um exercício, ou seja, por todo o período aferido para a exação. Em situações tais, a exemplo do IPTU, deve o legislador determinar o termo de aferição, ou seja, definir a data que divide exercícios. [...] a situação havida naquele dia é presumida como havida em todo o exercício (todo o ano) que se inicia, concretizando plenamente a obrigação tributária..." (MAMEDE, Gladston. *IPVA; Imposto sobre a propriedade de veículos automotores*. São Paulo: RT, 2002, p. 63).

– **Veículo furtado.** "... com a subtração (como na perda total) não há propriedade em condições de permitir a exação, não sendo devido o recolhimento. Se o veículo subtraído retorna ao proprietário, restabelece-se a propriedade e o dever de recolher o tributo. Fundamental para aferir-se a desconstituição – ou não

– do dever de tributar é verificar a extensão da turbação do direito de propriedade. Se tal turbação dura por período reduzido, não há desconsiderar a relação de propriedade e o dever tributário correspondente; contudo, para a hipótese de a turbação estender-se por período longo, passando de um exercício a outro, somente com o retorno – e a partir desse – será devido o recolhimento. Já que a tributação faz-se sobre a propriedade, tal regra dispensa previsão legislativa" (MAMEDE, Gladston. *IPVA; Imposto sobre a propriedade de veículos automotores*. São Paulo: RT, 2002, p. 64).

⇒ **Base de cálculo.** "No IPVA, a conversão do direito de propriedade sobre o veículo automotor em expressão monetária capaz de permitir a apuração do crédito tributário é feita considerando-se como base de cálculo o valor venal do veículo, ou, como se lê nas legislações estaduais, 'valor médio de mercado', 'valor de mercado', ou 'preço corrente do veículo'. A multiplicidade de expressões não afasta a unidade conceitual: calcula-se o imposto sobre o valor que se pode obter numa hipotética alienação do direito de propriedade do veículo. [...] É lícito às Fazendas Estaduais considerarem o valor das notas fiscais de venda dos veículos; mas tal expediente não é obrigatório. [...] para o IPVA considera-se o valor venal do veículo automotor, o que não se confunde com o valor de venda. Um bom negócio pode reduzir o valor da venda, mas não reduz o valor do bem. E é sobre esse que incide o IPVA. [...] Pelo mesmo motivo, porém, não se pode considerar para determinação da base de cálculo, de acordo com a nota fiscal valores que corresponda a custos financeiros referentes a venda a prazo ou financiada. [...] é lícito ao contribuinte demonstrar que, por qualquer razão de mercado, o veículo adquirido não está sendo habitualmente alienado pelo valor constante da tabela do fabricante ou representante autorizado" (MAMEDE, Gladston. *IPVA; Imposto sobre a propriedade de veículos automotores*. São Paulo: RT, 2002, p. 70 e 71-72).

– **Tabelas. Legalidade e anterioridade.** Conforme já expusemos em nota ao art. 150, I, da CF, a definição em abstrato dos aspectos da norma tributária impositiva cabe à lei e, sujeita-se, igualmente, à anterioridade. A definição "em concreto", por sua vez, diz respeito a momento posterior, de aplicação da lei, razão pela qual entendemos não haver a exigência de lei para tanto nem de observância da anterioridade. Basta que a lei estadual (na ausência da lei complementar) diga que a base de cálculo do IPVA é o valor venal. O estabelecimento de tabelas pelo Fisco, apontando o valor venal de cada marca e modelo, dá-se para operacionalizar o lançamento, podendo ser feito por ato infralegal. Entretanto, não parece este o entendimento dominante. Basta ver, quanto ao IPTU, os precedentes do STF exigindo lei para definir a planta fiscal de valores e só admitindo alteração na mesma, por ato infralegal, a título de correção monetária. Quanto ao IPVA, temos acórdão do STJ, também exigindo lei. Sobre a exceção à anterioridade mínima, vide art. 150, § 1º, da CF, com a redação da EC n. 42/2003.

– "TRIBUTÁRIO. IPVA. BASE DE CÁLCULO. MAJORAÇÃO. – De acordo com o princípio da reserva legal, a majoração da base de cálculo do IPVA depende de lei. – Ilegítimo o aumen-

to do valor venal do veículo, mediante resolução, em montante superior aos índices de correção monetária" (STJ, ROMS 3.733, 1995).

– "O art. 7º da Lei Estadual 12.735/97 determina que a base de cálculo do IPVA é o valor venal do veículo. E esta mesma lei remete à Secretaria do Estado da Fazenda a competência para elaboração de tabela para apuração do valor venal dos veículos. A Secretaria de Estado da Fazenda após pesquisar os preços em publicações especializadas, fixa o valor por meio de resolução. No que se refere a este ano, trata-se da Resolução 2.957/98. Ora, a lei Estadual reza que a base de cálculo do IPVA é o valor venal do veículo e este valor venal do veículo é fixado por resolução, parece-me claro que quem realmente estabelece a base de cálculo do IPVA é a resolução, contrariando o disposto no art. 97, IV, do CTN. [...]" (TJMG, AC 161.965-9, 2000).

⇒ **Sujeito ativo. Aspecto espacial. O registro como critério.** "... o legislador constituinte, ao disciplinar que 50% do produto arrecadado com a tributação serão destinados ao Município onde esteja inscrito o veículo, acabou por estipular – ainda que por via transversa – uma solução para eventuais dúvidas quanto à competência territorial para a exigência tributária. Vale dizer, ao estipular o destino da arrecadação, a Constituição explicitou ser o registro o critério para se aferir a competência para tributar (o sujeito ativo da relação tributária). E quanto ao registro, vigem regras próprias, disciplinadas nas legislações correspondentes, como o Código de Trânsito Brasileiro. [...] Sente-se aqui com mais vigor os efeitos da ausência da legislação complementar..." (MAMEDE, Gladston. *IPVA; Imposto sobre a propriedade de veículos automotores*. São Paulo: RT, 2002, p. 107).

⇒ **Sanção administrativa para o inadimplemento. Impossibilidade de renovação de licença.** "... LEI ESTADUAL 194/94. CÓDIGO TRIBUTÁRIO ESTADUAL. IMPOSTO SOBRE PROPRIEDADE DE VEÍCULOS AUTOMOTORES. NÃO PAGAMENTO. CONSEQUÊNCIA. COMPETÊNCIA ESTADUAL. Código Tributário estadual. Imposto sobre Propriedade de Veículos Automotores – IPVA. Não pagamento. Consequência: impossibilidade de renovar a licença de trânsito. Ofensa à competência privativa da União Federal para legislar sobre transporte e trânsito de veículos. Alegação improcedente. Sanção administrativa em virtude do inadimplemento do pagamento do IPVA. Matéria afeta à competência dos Estados-membros. Ação Direta de Inconstitucionalidade julgada improcedente" (STF, ADI 1.654, Min. Maurício Corrêa, *Informativo* 340, 2004).

⇒ **Desconto para os contribuintes que não incorreram em infrações de trânsito.** A definição do montante a pagar a título de IPVA, ainda que através de desconto, tendo como variável o cometimento ou não de infração implica violação ao próprio conceito de tributo (art. 3º do CTN), pois este jamais pode funcionar como sanção de ato ilícito. A invocação da utilização extrafiscal de tributo não pode levar a tais consequências.

– **Pela possibilidade.** "IPVA – DESCONTO – AUSÊNCIA DE INFRAÇÃO DE TRÂNSITO. Ao primeiro exame, não surge relevante a articulação sobre a impossibilidade de o Estado federado, relativamente a tributo situado na respectiva competência – IPVA –, vir a dispor sobre desconto, considerada a ausência de infração de trânsito" (STF, Plenário, maioria, ADInMC 2.301/RS, Min. Marco Aurélio, set. 2000). Estava em questão a Lei n. 11.400/99, do RS, que institui desconto no IPVA aos contribuintes que não tenham incorrido em infração de trânsito. O STF entendeu que o Estado-membro pode implementar incentivo fiscal de tributo de sua competência com a finalidade de estimular a observância das leis de trânsito, vencido o Min. Nelson Jobim, que deferia a liminar, conforme noticiado no *Informativo* 204 do STF, 2000.

§ 1º O imposto previsto no inciso I (Imposto sobre Transmissão "Causa Mortis" e Doação):

I – relativamente a bens imóveis e respectivos direitos, compete ao Estado da situação do bem, ou ao Distrito Federal;

⇒ **Imóveis situados em mais de um Estado-Membro.** "Se os imóveis estiverem localizados em zonas fronteiriças, abrangendo dois ou mais Estados-membros, o imposto deverá ser calculado proporcionalmente à área localizada dentro de cada Estado. ... inobstante a abertura da sucessão ou a doação dar-se num determinado Estado-membro da Federação, o imposto será de competência de outro Estado-membro, se neste estiver localizado o imóvel. A determinação é constitucional e implica na competência para a instituição do imposto" (FERNANDES, Regina Celi Pedrotti Vespero. *Imposto sobre Transmissão* Causa Mortis e Doação – ITCMD. São Paulo: RT, 2002, p. 69-70).

II – relativamente a bens móveis, títulos e créditos, compete ao Estado onde se processar o inventário ou arrolamento, ou tiver domicílio o doador, ou ao Distrito Federal;

III – terá a competência para a sua instituição regulada por lei complementar:

a) **se o doador tiver domicílio ou residência no exterior;**

b) **se o *de cujus* possuía bens, era residente ou domiciliado ou teve o seu inventário processado no exterior;**

⇒ **Competência dos estados, mesmo na presença do elemento de conexão com outro país.** Conforme o inciso III, cabe à lei complementar definir a competência nos casos de o doador ter domicílio ou residência no exterior ou de o *de cujus* possuir bens, ser residente ou domiciliado ou ter o seu inventário processado no exterior. Isso aponta, inequivocamente, para a competência dos Estados para a instituição do ITCMD também quando presentes esses elementos de conexão com outro país.

– **A lei complementar é imprescindível para prevenir conflito de competências. Tema 825 do STF:** "É vedado aos estados e ao Distrito Federal instituir o ITCMD nas hipóteses referidas no art. 155, § 1º, III, da Constituição Federal sem a edição da lei complementar exigida pelo referido dispositivo constitucional" (2021). Foram modulados os efeitos da decisão "atribuindo a eles eficácia *ex nunc*, a contar da publicação do acórdão em questão, ressalvando as ações judiciais pendentes de conclusão até o

mesmo momento, nas quais se discuta: (1) a qual estado o contribuinte deve efetuar o pagamento do ITCMD, considerando a ocorrência de bitributação; e (2) a validade da cobrança desse imposto, não tendo sido pago anteriormente". É importante destacar que, neste precedente, o STF reconhece que "a combinação do art. 24, I, § 3º, da CF, com o art. 34, § 3º, do ADCT dá amparo constitucional à legislação supletiva dos estados na edição de lei complementar que discipline o ITCMD, até que sobrevenham as normas gerais da União a que se refere o art. 146, III, *a*, da Constituição Federal" e que, "de igual modo, no uso da competência privativa, poderão os estados e o Distrito Federal, por meio de lei ordinária, instituir o ITCMD no âmbito local, dando ensejo à cobrança válida do tributo, nas hipóteses do § 1º, incisos I e II, do art. 155". Mas também considera que, "nas hipóteses em que há um elemento relevante de conexão com o exterior, a Constituição exige lei complementar para se estabelecerem os elementos de conexão e fixar a qual unidade federada caberá o imposto". Assim, decidiu que "o art. 4º da Lei paulista n. 10.705/2000 deve ser entendido, em particular, como de eficácia contida, pois ele depende de lei complementar para operar seus efeitos", sendo que, "antes da edição da referida lei complementar, descabe a exigência do ITCMD a que se refere aquele artigo, visto que os estados não dispõem de competência legislativa em matéria tributária para suprir a ausência de lei complementar nacional exigida pelo art. 155, § 1º, inciso III, CF", porquanto "a lei complementar referida não tem o sentido único de norma geral ou diretriz, mas de diploma necessário à fixação nacional da exata competência dos estados".

– "Competência suplementar dos estados e do Distrito Federal. Artigo 146, III, *a*, CF. Normas gerais em matéria de legislação tributária. Artigo 155, I, CF. ITCMD. Transmissão *causa mortis*. Doação. Artigo 155, § 1º, III, CF. Definição de competência. Elemento relevante de conexão com o exterior. Necessidade de edição de lei complementar. Impossibilidade de os estados e o Distrito Federal legislarem supletivamente na ausência da lei complementar definidora da competência tributária das unidades federativas. 1. Como regra, no campo da competência concorrente para legislar, inclusive sobre direito tributário, o art. 24 da Constituição Federal dispõe caber à União editar normas gerais, podendo os estados e o Distrito Federal suplementar aquelas, ou, inexistindo normas gerais, exercer a competência plena para editar tanto normas de caráter geral quanto normas específicas. Sobrevindo norma geral federal, fica suspensa a eficácia da lei do estado ou do Distrito Federal. Precedentes. 2. Ao tratar do Imposto sobre transmissão *Causa Mortis* e Doação de quaisquer Bens ou Direitos (ITCMD), o texto constitucional já fornece certas regras para a definição da competência tributária das unidades federadas (estados e Distrito Federal), determinando basicamente duas regras de competência, de acordo com a natureza dos bens e direitos: é competente a unidade federada em que está situado o bem, se imóvel; é competente a unidade federada onde se processar o inventário ou arrolamento ou onde tiver domicílio o doador, relativamente a bens móveis, títulos e créditos. 3. A combinação do art. 24, I, § 3º, da CF, com o art. 34, § 3º, do ADCT dá amparo constitucional à legislação supletiva dos estados na edição de lei complementar que discipline o ITCMD, até que sobrevenham as normas gerais da União a que se refere o art.

146, III, *a*, da Constituição Federal. De igual modo, no uso da competência privativa, poderão os estados e o Distrito Federal, por meio de lei ordinária, instituir o ITCMD no âmbito local, dando ensejo à cobrança válida do tributo, nas hipóteses do § 1º, incisos I e II, do art. 155. 4. Sobre a regra especial do art. 155, § 1º, III, da Constituição, é importante atentar para a diferença entre as múltiplas funções da lei complementar e seus reflexos sobre eventual competência supletiva dos estados. Embora a Constituição de 1988 atribua aos estados a competência para a instituição do ITCMD (art. 155, I), também a limita ao estabelecer que cabe à lei complementar – e não a leis estaduais – regular tal competência em relação aos casos em que o '*de cujus* possuía bens, era residente ou domiciliado ou teve seu inventário processado no exterior' (art. 155, § 1º, III, *b*). 5. Prescinde de lei complementar a instituição do imposto sobre transmissão causa mortis e doação de bens imóveis – e respectivos direitos –, móveis, títulos e créditos no contexto nacional. Já nas hipóteses em que há um elemento relevante de conexão com o exterior, a Constituição exige lei complementar para se estabelecerem os elementos de conexão e fixar a qual unidade federada caberá o imposto. 6. O art. 4º da Lei paulista n. 10.705/00 deve ser entendido, em particular, como de eficácia contida, pois ele depende de lei complementar para operar seus efeitos. Antes da edição da referida lei complementar, descabe a exigência do ITCMD a que se refere aquele artigo, visto que os estados não dispõem de competência legislativa em matéria tributária para suprir a ausência de lei complementar nacional exigida pelo art. 155, § 1º, inciso III, CF. A lei complementar referida não tem o sentido único de norma geral ou diretriz, mas de diploma necessário à fixação nacional da exata competência dos estados. 7. Recurso extraordinário não provido. 8. Tese de repercussão geral: 'É vedado aos estados e ao Distrito Federal instituir o ITCMD nas hipóteses referidas no art. 155, § 1º, III, da Constituição Federal sem a edição da lei complementar exigida pelo referido dispositivo constitucional'. 9. Modulam-se os efeitos da decisão, atribuindo a eles eficácia *ex nunc*, a contar da publicação do acórdão em questão, ressalvando as ações judiciais pendentes de conclusão até o mesmo momento, nas quais se discuta: (1) a qual estado o contribuinte deve efetuar o pagamento do ITCMD, considerando a ocorrência de bitributação; e (2) a validade da cobrança desse imposto, não tendo sido pago anteriormente" (STF, RE 851.108, 2021).

⇒ **Lei de repatriação. Invasão da competência estadual.** As Leis 13.254/2016 e 13.428/2017, ao instituírem e reabrirem o programa de Regularização Cambial e Tributária, ensejando a declaração dos ativos mantidos no exterior, não distinguiram aqueles oriundos de acréscimo patrimonial daqueles outros que se originaram em transferências patrimoniais por força de doação ou herança. Mas não se pode entender que, nos casos de doação ou herança, seja válida a exigência, por parte da União, de imposto de renda, na medida em que se trata de materialidade sujeita à tributação pelos Estados-Membros, conforme expressamente disposto no inciso III do § 1º do art. 156 da CF.

– "A Lei de Repatriação viola a autonomia dos estados, na medida em que tributa indevidamente, a título de imposto de renda, transferências patrimoniais como sendo acréscimo patrimonial, concede remissões de forma indiscriminada e prevê que os seus efeitos serão aplicados também ao espólio. Impende fazer-se a distinção da natureza da fonte produtora de riqueza para excluir do âmbito de incidência do imposto de renda os ativos oriundos de transmissão de bens por sucessão *causa mortis* ou doação, sob pena de se violar normas constitucionais que estabelecem competência tributária dos estados, dando-se uma interpretação conforme a Constituição. Nessa linha, devem os estados também buscar exercer plenamente sua competência, fazendo uso da colaboração entre as Fazendas Públicas prevista no art. 199 do CTN e promovida pela Convenção Multilateral sobre Assistência Mútua Administrativa em Matéria Tributária, reforçando a sua autonomia financeira e consequentemente os pilares do federalismo cooperativo. Caso contrário, restará configurada a usurpação, pela União, da competência constitucional dos estados, detentores da atribuição de instituir imposto estadual sobre herança e doações, violando-se a autonomia financeira destes e, por conseguinte, o pacto federativo" (GEWEHR, Amalia da Silveira. *O imposto estadual sobre heranças e doações e a impossibilidade de se tributar as transferências patrimoniais enquanto acréscimo patrimonial com suporte na Lei de Repatriação*. UFRGS, PPG/Direito. 2017).

IV – terá suas alíquotas máximas fixadas pelo Senado Federal.

⇒ **Lei que atrela a alíquota do tributo à alíquota máxima a ser fixada pelo Senado. Impossibilidade.** "... FIXAÇÃO DE ALÍQUOTA *X* TETO. IMPOSTO DE TRANSMISSÃO *CAUSA MORTIS*. LEI N. 10.260/89, DO ESTADO DE PERNAMBUCO. Não se coaduna com o sistema constitucional norma reveladora de automaticidade quanto à alíquota do imposto de transmissão *causa mortis*, a evidenciar a correspondência com o limite máximo fixado em resolução do Senado Federal" (STF, Plenário, RE 213.266-7/PE, Min. Marco Aurélio, out. 1999, *DJU* de 17.12.1999). Preciso é o voto condutor: "... atente-se para a norma do inc. I do art. 150 da Constituição Federal de 1988, segundo a qual a União, os Estados, o Distrito Federal e os Municípios não podem exigir ou aumentar tributo sem lei que o estabeleça. A alusão à lei guarda especificidade, considerada a competência normativa tributária. Ora, está-se diante de tributo da competência dos Estados – art. 155, inc. I, do Diploma Maior. Assim, apenas a estes, dada a autonomia conferida pela Carta da República, compete estabelecer a alíquota do tributo. Descabe confundir o teto a ser definido pelo Senado federal, consoante dispõe o inc. IV do § 1º, do art. 155, com a própria estipulação da alíquota. No caso, conflita com a exigência de lei local, fixando-a, norma, embora emanada da Assembleia, no sentido de o tributo corresponder à alíquota máxima a ser observada, ou seja, a decorrente de resolução do Senado Federal. A automaticidade empreendida contraria o sistema constitucional, misturando-se institutos diversos, competências normativas próprias, como são a referente à fixação da alíquota, sempre a cargo do Poder Legislativo local, e o estabelecimento do teto a ser obedecido em tal procedimento. Acresça-se argumento consagrado na Primeira Turma desta Corte. A automaticidade acaba por fulminar o princípio da anterioridade, a menos que se considere, para cumpri-la, a data da Resolução do Senado, o que é de todo impróprio".

– "AUMENTO DO VALOR DA ALÍQUOTA COM BASE NA LEI 10.160/89 DO ESTADO DE PERNAMBUCO. Ao julgar o AGRAG 225.956, esta Primeira Turma, em caso análogo ao presente, assim decidiu: 'Inexistem as alegadas ofensas ao artigo 155 e 1º da Carta Magna Federal, porquanto o acórdão recorrido não negou que o Estado-membro tenha competência para instituir impostos estaduais, nem que o Senado seja competente para fixar a alíquota máxima para os impostos de transmissão *mortis causa* e de doação, mas, sim, sustentou corretamente que ele, por força do artigo 150, I, da Carta Magna só pode aumentar tributo por lei estadual específica e não por meio de lei que se atrele genericamente a essa alíquota máxima fixada pelo Senado e varie posteriormente com ela, até porque o princípio da anterioridade, a que está sujeita essa lei estadual de aumento, diz respeito ao exercício financeiro em que ela haja sido publicada e não, *per relationem*, à resolução do Senado que aumentou o limite máximo da alíquota. Note-se, ademais, que o acórdão recorrido não declarou a inconstitucionalidade da Lei estadual em causa (a de n. 10.160/89), uma vez que admitiu que essa atrelagem fosse específica, ou seja, que, com a edição dessa lei estadual, o tributo foi aumentado com base na alíquota máxima da resolução do Senado então vigente, persistindo essa alíquota até que venha a ser modificada por outra lei estadual específica'. Dessa orientação não divergiu o acórdão recorrido. Recurso extraordinário não conhecido. (STF, RE 224.407...)" (STF, *Informativo* n. 150, 21-5-1999).

⇒ **Progressividade das alíquotas.** Capacidade contributiva. Vide nota ao art. 145, § 1º, da CF.

§ 2º O imposto previsto no inciso II atenderá ao seguinte:

I – será não cumulativo, compensando-se o que for devido em cada operação relativa à circulação de mercadorias ou prestação de serviços com o montante cobrado nas anteriores pelo mesmo ou outro Estado ou pelo Distrito Federal;

⇒ **Técnicas de arrecadação do ICMS.** "1ª) a da não cumulatividade: para as operações com mercadorias destinadas à revenda (vigente a partir da eficácia da EC n. 18/65), e para determinadas prestações de serviços (idem, após a CF/88), ambas a serem disciplinadas por lei complementar *ex vi* art. 155, § 2º, inc. XII, alínea *c*; 2ª) idem: para a entrada de bens destinados ao uso e consumo e à integração no ativo fixo, vigente a partir de 1/1/07 (LC n. 114/02); 3ª) a da monofásica: para a entrada de bem ou mercadoria importadas e serviços prestados no exterior por não contribuinte desse imposto; 4ª) a da substituição tributária: para inúmeras atividades ou segmentos empresariais (v.g. veículos, bebidas, cimento, perfumaria, remédios etc.) que é, hoje em dia, a mais significativa em termos arrecadatórios; 5ª) a da incidência única: para operações específicas com combustíveis e lubrificantes, cujas normas foram fixadas provisoriamente por convênios. [...] Conclusões... a não cumulatividade do ICMS deixou de ser princípio geral e irrestrito, já que limitada a duas modalidades

de cobrança do imposto, que, aliás, têm pouca expressão arrecadatória em relação às demais" (GOMES DE MATTOS, Aroldo. ICMS: a eficácia e o alcance da não cumulatividade. *RDDT* 156/23, 2008).

– "A Constituição de 1988 instituiu, para o ICMS, quatro técnicas diversas de arrecadação, ou seja, a não cumulativa, a monofásica, a da substituição tributária por antecipação – que pode implicar uma não cumulatividade mitigada – e a cumulativa. A técnica geral é a da não cumulatividade. Não havendo expressa exclusão constitucional, é o regime exposto no inciso I do § 2º do artigo 155... [...] Há três exceções, todavia, à referida forma de exigência. A primeira foi introduzida pela E.C. n. 3/93 e diz respeito à denominada 'substituição tributária para a frente'. [...] A terceira técnica da arrecadação prevista na Constituição é a técnica monofásica, isto é, aquela em que há uma tributação única e exclusiva, sem se prever repercussão ou dedução futura. Encontra-se, por exemplo, na letra *h* do inciso XII do artigo 155 da Constituição Federal: 'XII. Cabe à lei complementar: ... *h*) definir os combustíveis e lubrificantes sobre os quais incidirá uma única vez, qualquer que seja a sua finalidade, hipótese em que não se aplicará o inciso X, *b*. Tal técnica foi introduzida pela E.C. n. 33/01. Por fim, há a técnica cumulativa, que se encontra exposta no inciso II do § 2º do artigo 155, assim redigido: 'II. A isenção ou não incidência, salvo determinação em contrário da legislação: *a*) não implicará crédito para compensação com o montante devido nas operações ou prestações seguintes; *b*) acarretará a anulação do crédito relativo à superações anteriores'. Como a isenção, no direito pátrio, implica o nascimento da obrigação tributária e não nascimento do crédito tributário respectivo... o crédito escritural correspondente ao nascimento da obrigação não pode ser aproveitado, sendo, neste particular 'cumulativa' a técnica de arrecadação do ICMS. O certo, todavia, para concluir este primeiro aspecto, é que a 'não cumulatividade' é a técnica de imposição e arrecadação geral – sempre que não excepcionada – de obrigatória imposição ao legislador ordinário, sendo direito do contribuinte usufruir seus benefícios. As demais técnicas só podem ser utilizadas quando expressamente previstas nos casos de exceção mencionados no texto constitucional" (MARTINS, Ives Gandra da Silva. As técnicas de arrecadação admitidas no ICMS. *RDDT* 95/96-99, 2003).

– **Regimes monofásicos e plurifásicos.** "Pode a tributação do consumo dar-se pela forma monofásica ou plurifásica, conforme a incidência jurídica esteja, ou não, limitada a uma única oportunidade, em um só ponto do processo de produção e distribuição. [...] A tributação plurifásica pode apresentar-se *cumulativa* ou *não cumulativa*. A primeira pressupõe a cobrança do tributo em cada uma das transações pelas quais a mercadoria passa, não levando em conta, a cada transação, o tributo pago anteriormente, de modo a acumular, no custo, o tributo cobrado previamente. Diz-se, assim, que sua incidência dá-se em cascata, já que a base de cálculo do tributo, em cada transação, inclui o tributo pago nas anteriores. [...] Já a tributação *plurifásica não cumulativa* implica que a cada etapa considere-se a tributação já ocorrida em transações anteriores, recolhendo-se, a cada transação, apenas o *plus* incidente sobre o valor acrescido, de modo que, idealmente, a carga tributária suportada pelo consumidor reflita a manifestação de capacidade contributiva que ele manifesta no ato do consumo" (SCHOUERI, Luís Eduardo. *Direito tributário*. 2. ed. São Paulo: Saraiva, 2012, p. 376-377).

– "1. Não há que se falar em ofensa ao princípio da não cumulatividade quando a tributação se dá de forma monofásica, pois a existência do fenômeno cumulativo pressupõe a sobreposição de incidências tributárias" (STF, 1ª T., RE 762892 AgR, Rel. Min. Luiz Fux, julgado em mar. 2015).

– **Entendendo que o regime monofásico é incompatível com a garantia não cumulatividade.** "Tenho o entendimento de que o ICMS não pode deixar de ser 'não cumulativo' em hipótese alguma, por ser essa uma imposição constitucional. Assim, ressalvadas as exceções expressamente previstas na Constituição, não pode ser transformado em tributo monofásico, a não ser que a circulação se exaura numa única operação. Qualquer legislação que elimine o princípio da 'não cumulatividade' no ICMS, apenas poderia ser considerada constitucional, se corresponder a uma opção do contribuinte, no exercício de seu direito de dispor de 'direitos disponíveis'. Jamais por opção do Estado. Quer dizer: a adoção de regimes cumulativos não pode ser determinada pela autoridade legislativa, visto que a não cumulatividade no IPI e no ICMS é direito constitucionalmente garantida ao contribuinte. Se este, todavia, aceitar abrir mão de seu direito de não arcar com o tributo incidente nas operações anteriores, por entender, por exemplo, que a adoção de alíquota, base de cálculo ou regimes mais favoráveis, embora cumulativos, diminuirão o peso final da tributação, poderá fazê-lo, pois o 'princípio da não cumulatividade' não é um direito indisponível, como o é, por exemplo, a inviolabilidade do direito à vida" (MARTINS, Ives Gandra da Silva. Substituição tributária por antecipação e o ICMS. *RDDT* 176/93, 2010).

⇒ **Características essenciais do ICMS e traços comuns ao IVA e ao TVA.** "... em economias de mercado, como nos modelos europeus ou latino-americanos, o imposto da modalidade do ICMS e considerado o ideal, exatamente por suas qualidades: – é neutro, devendo ser indiferente tanto na competitividade e concorrência, quanto na formação de preços de mercado; – onera o consumo e nunca a produção ou o comércio, adaptando-se às necessidades de mercado; – oferece maiores vantagens ao Fisco, pois sendo plurifásico, permite antecipar o imposto que seria devido apenas no consumo (vantagens financeiras), e coloca ademais todos os agentes econômicos das diversificadas etapas de industrialização e circulação como responsáveis pela arrecadação (vantagens contra o risco da insolvência). Essas as razões pelas quais a Constituição brasileira insiste em um complicado imposto plurifásico, não cumulativo, sobre a circulação de mercadorias. Essas as razões pelas quais a Europa adotou e mantém o mesmo tributo, em lugar de um simples imposto monofásico sobre o consumo, que não pode oferecer as mesmas consequências positivas. A Comunidade Europeia adotou em sua primeira diretiva (1967) para harmonização geral do imposto de consumo o modelo IVA tal como resultou da longa experiência francesa, de pagamentos fracionados e dedução financeira dos investimentos (posteriormente desenvolvido sem sua sexta diretiva). [...] Em todos esses países, a neutralidade

à alcançada por meio da transferência do ônus financeiro do tributo para o adquirente pelo mecanismo dos preços, e acaba sendo suportado, em definitivo, pelo consumidor final. Procura-se, então, propiciar ingressos à Fazenda em cada uma das etapas do processo econômico de produção, distribuição e comercialização, na proporção que cada uma delas incorpora, agrega ou adiciona valor ao produto. Daí a expressão valor adicionado ou agregado, que passou a nomear o imposto em muitos países. Enfim, todos os sistemas jurídicos procuram preservar e assimilar certos efeitos econômicos comuns tanto ao IVA da América Latina, como ao TVA europeu ou ao ICMS brasileiro: um imposto que, incidindo em todas as fases de produção e circulação, procura, por meio da 'dedução do imposto pago na operação anterior, alcançar apenas a circulação mercantil líquida de cada empresa, ou seja, tributar apenas o valor adicionado realizado por ela. Daí os conceitos de imposto sobre as vendas líquidas ou imposto sobre o valor adicionado (Mehrwersteuer)'" (COÊLHO, Sacha Calmon Navarro; DERZI, Misabel Abreu Machado. Bens do ativo fixo – direito de crédito em tema de ICMS. *RDDT* 116/129, 2005).

⇒ **Não cumulatividade. Origens e fundamentos.** Sobre as origens e fundamentos do princípio da não cumulatividade, a constitucionalização do princípio da não cumulatividade, as exceções constitucionais ao princípio da não cumulatividade etc., veja-se, da lavra de Misabel Derzi e de Sacha Calmon, o parecer A compensação de créditos no ICMS e o princípio da não cumulatividade, *CDTFP* 14/56, São Paulo: RT, 1996.

– "De acordo com esta regra geral da subtração ou diferença, o imposto sobre valor acrescido não tributo, via de regra, o valor que se agrega ao bem ou serviço em cada etapa de circulação. Diversamente a incidência do imposto submetido a este regime se dá sobre o valor total da venda da mercadoria ou do serviço. Apurado o imposto devido sobre o valor integral da operação, em um segundo momento é que se deduz, do *quantum* a ser pago, o montante do imposto que incidiu na operação anterior. É precisamente neste instante e medida que atua a não cumulatividade. Assim, com o abatimento do imposto devido daquele recolhido na etapa anterior da cadeia de circulação de mercadorias e serviços, consagra-se a apuração intitulada *invoice credit* (crédito sobre a fatura) ou *tax on tax* (imposto contra imposto). As nomenclaturas são úteis, pois fazem referência direta ao destaque do imposto na fatura (nota fiscal) que incidiu na operação anterior, que será abatido pelo contribuinte que adquiriu referida mercadoria diretamente no débito do mesmo imposto incidente na saída subsequente. Ainda dentro da técnica da subtração ou diferença, verificou-se, em regime de exceção adotado por alguns sistemas jurídicos, uma derivação intitulada de base contra base (*basis on basis*). Como afirma a própria nomenclatura, nesta técnica ocorre a dedução diretamente da base de cálculo do imposto (que corresponde ao preço total da operação ou prestação), do valor de determinadas mercadorias e serviços adquiridos pelo contribuinte, cujo abatimento seja autorizado por lei. Obtida a base de cálculo reduzida pela subtração, o contribuinte aplica a alíquota cabível à operação. Facilmente verifica-se que, inobstante se tratar de técnica de subtração, a não cumulatividade, nesta alternativa, alcança a própria base de cálculo do tributo – e não o seu valor devido, apurado mediante a incidência da alíquota sobre o valor total da operação, sem deduções. Estes dois métodos – *tax on tax* e *basis on basis* – estabelecem critérios de subtração para alcance do valor agregado, e é somente no método subtrativo que atua a não cumulatividade. Denomina-se de método subtrativo indireto aquele incidente sobre o valor do imposto (*tax on tax*), e de subtrativo direto aquele que opera diretamente sobre a base de cálculo (*basis on basis*). Em síntese, os métodos da não cumulatividade podem ser assim sistematizados: a) Método subtrativo: a.1) Direto: base contra base. a.2) indireto: imposto contra imposto. b) Método aditivo. No ordenamento jurídico brasileiro, o método subtrativo foi utilizado desde os primórdios da implantação da não cumulatividade, quando ainda vigorava o Imposto de Consumo, ao final da década de 1950. Desde então e até os dias atuais, o referido método é o utilizado pelos tributos não cumulativos incidentes sobre o consumo – ICMS e IPI..." (MARTINS, Ives Gandra da Silva; CASTAGNA, Ricardo; MARTINS, Rogério Gandra da Silva. Direito a escrituração de créditos do PIS e da Cofins em relação às despesas com *marketing* e publicidade e com taxa de emissão de boletos de administradoras de cartões de crédito. *RDDT* 208/75, 2013).

– **A neutralidade como escopo.** "A Constituição de 1988, como se percebe pela singela leitura dos arts. 153, § 3º, e 155, § 2º, I, não autoriza que o ICMS onere o contribuinte de *iure*. Ao contrário, por meio do princípio da não cumulatividade, garante-se que o contribuinte nas operações de venda que promova, transfira ao adquirente o ônus do imposto que adiantará ao Estado e, ao mesmo tempo, possa ele creditar-se do imposto que suportou nas operações anteriores. A Lei Fundamental somente se concilia com um só entendimento: o ICMS não deve ser suportado pelo direito de crédito, correspondente ao imposto suportado em suas aquisições, então a ordem jurídica supõe que sofra a repercussão jurídica) do tributo. [...] Assim, o princípio da não cumulatividade deve conferir, ao ICMS, neutralidade, não podendo tais tributos ferir as leis da livre concorrência e da competitividade, que norteiam os mercados. Muito menos tributas duas vezes os investimentos, como seria a hipótese do não creditamento do ICMS pago na aquisição dos bens do ativo fixo. A seletividade, que autoriza o legislador a distinguir em razão da essencialidade dos produtos, diz respeito exatamente ao consumidor, que deve suportar o encargo tributário. Foi exatamente com esses princípios que adotamos tributos plurifásicos e não cumulativos" (COÊLHO, Sacha Calmon Navarro; DERZI, Misabel Abreu Machado. Bens do ativo fixo – direito de crédito em tema de ICMS. *RDDT* 116/129, 2005).

– **Motivos econômicos para a utilização do princípio da não cumulatividade nos impostos que incidem sobre a produção:** "A especialização é postulado do incremento da produtividade; esta, por sua vez, guarda íntima conotação com um dos fatores de economia mais importante de nossa era – a escala de produção com que se trabalha. Ora, não é preciso muito raciocínio para perceber-se que o abarcamento de várias fases do circuito econômico é contrário ao princípio da especialização. Ao revés, serve, pela redução da carga fiscal, para encobrir o decréscimo de pro-

dutividade real. O fim de tudo isso é bem conhecido: a economia do País como um todo se deteriora. O exemplo brasileiro é a obfirmação das especulações teóricas. As distorções no sistema econômico se multiplicaram, podendo, numa palavra, ser resumidas: tendência da indústria de queimar etapas também no ciclo da comercialização, substituindo a função normal do comércio, com toda a ordem de inconvenientes [...]. Perspectiva que ainda toma bastante vulnerável o imposto cumulativo é a que concerne à absoluta impossibilidade de se conhecer a quantidade de impostos incidentes na exportação. Por se constituir em elemento variável do custo das empresas, mesmo que o Governo quisera promover política de incentivos as exportações, usando como instrumento esse tipo de imposto – baixando os gravames fiscais das unidades exportadoras, nunca se poderá ter certeza se a importância diminuída representa urna justa dedução ou, ao inverso, um subsídio governamental. Na área da administração do tributo, do mesmo modo avultam as dificuldades de controle da última fase do processo produtivo, aquela que, pela base de cálculo mais elevada, representa enorme soma de ingressos num regime de imposto em cascata. Abrangendo numerosíssimos pequenos contribuintes, o setor varejista, em especial o de porte reduzido, menos organizado e trabalhando com técnicas rudimentares, sempre se colocou como fulcro de graves problemas administrativos. A instituição de sistemas de estimativa de vendas e as campanhas de incentivos aos consumidores, obrigando-os a exigirem nota fiscal, são atestados eloquentes dos esforços despendidos pela administração tributária para contornar a flexibilidade da evasão de impostos de que dispõe a rede de distribuição final de mercadorias e serviços. Se a esses fatores acrescermos os efeitos patológicos decorrentes do processo de integração vertical, não se afigura difícil o diagnóstico que afirma os defeitos de um imposto cumulativo também na esfera da gerência administrativa. Por todas essas razões, já dá para entender o motivo pelo qual, a partir da segunda metade do século XX, a maioria dos países terá escolhido um imposto plurifásico e de incidência sobre o valor agregado. A preferência mundial pelo IVA está indissociavelmente vinculada à sua superioridade técnica e administrativa relativamente a outros tributos sobre o consumo" (ARZUA, Heron. O Mercosul e a uniformização dos impostos sobre circulação de mercadorias. *RDDT* 56/60, 2000).

– **Não cumulatividade *x* princípio do valor agregado.** Vide, em notas ao art. 153, § 3º, II, da CF, as discussões sobre a não cumulatividade do IPI, em que se expõe a discussão sobre a sua identificação ou não com a tributação do valor agregado, fazendo-se referência e crítica aos acórdãos do STF sobre a matéria.

– **Imperatividade da não cumulatividade inclusive para o contribuinte.** "O creditamento não é faculdade do contribuinte, mas dever para com a ordem jurídica objetiva, tanto que não lhe é possível renunciar ao lançamento do crédito do imposto, ainda quando isto fosse conveniente. Nem a lei poderia autorizá-lo a tanto, sob pena de inconstitucionalidade" (RE 111.757/SP, excerto do voto do Min. Célio Borja, *RTJ* 126/715-721).

– "... jamais poderá o legislador ordinário ou, ainda, o complementar, em nível de normas gerais, excluir o princípio da não cumulatividade – direito público subjetivo do contribuinte – das operações sujeitas ao ICMS, senão nas expressas e poucas hipóteses constitucionais, sendo, pois, a técnica 'não cumulativa', a regra geral, a que se subordina o limitado legislador inferior" (MARTINS, Ives Gandra da Silva. Direito a compensação do ICMS incidente sobre combustíveis e insumos nas operações de transporte mesmo quando realizadas mediante subcontratação. *RDDT* 151, 2008, p. 131).

– **Diferimento *x* não cumulatividade. Tema 694 do STF:** MÉRITO AINDA NÃO JULGADO. Controvérsia: "Possibilidade de creditamento de ICMS em operação de aquisição de matéria-prima gravada pela técnica do diferimento".

– "... ICMS. DIFERIMENTO. TRANSFERÊNCIA DE CRÉDITO AO ADQUIRENTE. PRINCÍPIO DA NÃO CUMULATIVIDADE. IMPOSSIBILIDADE. 1. O regime de diferimento, ao substituir o sujeito passivo da obrigação tributária, com o adiamento do recolhimento do imposto, em nada ofende o princípio da não cumulatividade (RE 112.098, *DJ* 14.02.92, e RE 102.354, *DJ* 23.11.84). 2. O princípio da não cumulatividade do ICMS consiste em impedir que, nas diversas fases da circulação econômica de uma mercadoria, o valor do imposto seja maior que o percentual correspondente à sua alíquota prevista na legislação. O contribuinte deve compensar o tributo pago na entrada da mercadoria com o valor devido por ocasião da saída, incidindo a tributação somente sobre valor adicional ao preço. 3. Na hipótese dos autos, a saída da produção dos agravantes não é tributada pelo ICMS, pois sua incidência é diferida para a próxima etapa do ciclo econômico. Se nada é recolhido na venda da mercadoria, não há que se falar em efeito cumulativo. 4. O atacadista ou industrial, ao comprar a produção dos agravantes, não recolhe o ICMS, portanto não escritura qualquer crédito desse imposto. Se a entrada da mercadoria não é tributada, não há créditos a compensar na saída. 5. Impertinente a invocação do princípio da não cumulatividade para permitir a transferência dos créditos de ICMS, referente à compra de insumos e maquinário, para os compradores da produção agrícola, sob o regime de diferimento. 6...." (STF, REAgR 325.623/MT, 2006).

– "Acórdão que entendeu pela legitimidade da prática do diferimento do ICM. Pretensa afronta aos princípios da não cumulatividade e da coisa julgada. Acórdão que se encontra em consonância com a jurisprudência desta Corte, segundo a qual o diferimento do ICM não gera direito ao crédito do tributo, nem ofende o princípio da não cumulatividade..." (STF, AGRAG 189.787/SR, 1996).

– "... não acreditamos ser possível criar uma regra geral sobre a possibilidade do contribuinte creditar-se ou não nas operações sujeitas ao diferimento. Para analisar o direito ao crédito, primeiro, será necessário aferir a natureza jurídica do diferimento e, somente quando ele puder ser classificado como isenção ou não incidência, é que o crédito não deve ser permitido. De outro lado, quando sob o manto da expressão 'diferimento' encontrarmos institutos jurídicos como: substituição tributária, responsabilidade tributária, postergação de pagamento etc., é direito do contribuinte se creditar dos valores que incidiram na operação anterior, independentemente de ter havido recolhimento de tributo. Isto porque, cobrado na operação anterior não significa pago" (MARQUESI JUNIOR, Jorge Sylvio. O direito ao crédi-

to do ICMS e o diferimento – uma análise de suas várias hipóteses, em confronto com o posicionamento do STF e do STJ. *RDDT* 218/98, 2013).

• Vide Sacha Calmon Navarro Coelho, Possibilidade de aproveitamento, pela geradora, dos créditos de ICMS pelas entradas de insumos e bens do ativo afetados à produção de energia elétrica vendida com diferimento. O caso Pará, *RDDT* 74/130, 2001.

– Sobre diferimento, vide, nota que precede o art. 155, § 2º, XII, g, da CF.

– **Regime de estimativa, vedação do creditamento e não cumulatividade. Inconstitucionalidade.** "... Artigos 4º e 5º da Lei n. 5.541, de 22-12-97, com redação e alterações dadas pela Lei n. 5.619, de 02-03-98, do Estado do Espírito Santo. 2. Substituição do regime de débito e crédito utilizado para apuração do ICMS, pelo regime de apuração por estimativa. Sustentação de violação ao princípio da não cumulatividade do ICMS. 3. A Lei Complementar n. 87, de 13.9.96, reserva à lei estadual dispor sobre cálculo por estimativa. Improcede a alegação de que a cláusula 'vedada a utilização de créditos', art. 4º, da Lei em exame, ofende o princípio constitucional da não cumulatividade. Possibilidade de compensação de eventuais créditos consignada no art. 4º, § 8º, II, do Diploma estadual atacado. 4. Quanto ao cálculo do ICMS, a utilização de eventuais créditos segue procedimento distinto, não cabendo a forma do sistema débito-crédito de apuração do ICMS. 5. Relevantes, porém, os fundamentos para suspender o § 12º do art. 4º, e *caput* e § 1º, do art. 5º, da lei impugnada" (STF, ADIMC 1.995, 2000).

⇒ **Não cumulatividade entre os diversos ICMS (circulação de mercadorias, serviços de comunicação e de transporte).** "3. Segundo a regra do art. 155, II, da CF/88, o ICMS comporta três núcleos distintos de incidência: (i) circulação de mercadorias; (ii) serviços de transporte; e (iii) serviços de comunicação. 4. O princípio da não cumulatividade, previsto no § 2º do art. 155 da CF/88, abrange os três núcleos de incidência, sem exceção, sob pena de tornar o imposto cumulativo em relação a um deles. 5. No caso dos serviços de telecomunicação, a energia elétrica, além de essencial, revela-se como único insumo, de modo que impedir o creditamento equivale a tornar o imposto cumulativo, em afronta ao texto constitucional. 6. O art. 33, II, da LC 87/96 precisa ser interpretado conforme a Constituição, de modo a permitir que a não cumulatividade alcance os três núcleos de incidência do ICMS previstos no Texto Constitucional, e não apenas a circulação de mercadorias, vertente central, mas não única da hipótese de incidência do imposto. 7. O ICMS incidente sobre a energia elétrica consumida pelas empresas de telefonia, que promovem processo industrial por equiparação, pode ser creditado para abatimento do imposto devido quando da prestação dos serviços" (STJ, REsp 842.270, 2012).

– **Desde que vinculados ao processo de industrialização da mercadoria.** "1. A Primeira Seção/STJ, ao apreciar o REsp 842.270/RS (Rel. Min. Luiz Fux, Rel. p/ acórdão Min. Castro Meira, *DJe* de 26.6.2012), pacificou entendimento no sentido de que, em se tratando da prestação dos serviços de telecomunicação, é legítimo o creditamento do ICMS incidente sobre a energia elétrica consumida na prestação do serviço, tendo em vista que as empresas de telefonia promovem processo industrial por equiparação. Esse entendimento foi confirmado no julgamento do REsp 1.201.635/MG (Rel. Min. Sérgio Kukina, recurso submetido ao regime do art. 543-C do CPC), conforme notícia veiculada no *Informativo* 523/STJ" (STJ, AgRg no AREsp 11.265, 2013).

– "RECURSO ESPECIAL REPRESENTATIVO DA CONTROVÉRSIA (CPC, ART. 543-C). ICMS. ENERGIA ELÉTRICA CONSUMIDA PELAS PRESTADORAS DE SERVIÇOS DE TELECOMUNICAÇÕES. CREDITAMENTO. POSSIBILIDADE. ART. 33, II, *B*, DA LC 87/96. EQUIPARAÇÃO À INDÚSTRIA BÁSICA PARA TODOS OS EFEITOS LEGAIS. ART. 1º DO DECRETO 640/62. VALIDADE E COMPATIBILIDADE COM O ORDENAMENTO ATUAL. PRINCÍPIO DA NÃO CUMULATIVIDADE. OBSERVÂNCIA. PRECEDENTE DA PRIMEIRA SEÇÃO: RESP 842.270/RS. 1. A disposição prevista no art. 1º do Decreto 640/62, equiparando os serviços de telecomunicações à indústria básica, para todos os efeitos legais, é válida e compatível com a legislação superveniente e atual, continuando em vigor, já que não houve revogação formal do aludido decreto. 2. A Primeira Seção do STJ, no julgamento do REsp 842.270/RS, firmou compreensão no sentido de que o ICMS incidente sobre a energia elétrica consumida pelas empresas de telefonia, que promovem processo industrial por equiparação, pode ser creditado para abatimento do imposto devido quando da prestação de serviços. Inteligência dos arts. 33, II, *b*, da Lei Complementar 87/96, e 1º do Decreto 640/62. 3. Ademais, em virtude da essencialidade da energia elétrica, enquanto insumo, para o exercício da atividade de telecomunicações, induvidoso se revela o direito ao creditamento de ICMS, em atendimento ao princípio da não cumulatividade. 4. O princípio da não cumulatividade comporta três núcleos distintos de incidência: (I) circulação de mercadorias; (II) prestação de serviços de transporte; e (III) serviços de comunicação. 5. 'O art. 33, II, da LC 87/96 precisa ser interpretado conforme a Constituição, de modo a permitir que a não cumulatividade alcance os três núcleos de incidência do ICMS previstos no Texto Constitucional, sem restringi-la à circulação de mercadorias, sem dúvida a vertente central, mas não única hipótese de incidência do imposto' [...]. 6. Recurso especial a que se dá provimento. Acórdão submetido ao rito do art. 543-C do CPC e da Resolução STJ 8/2008" (STJ, REsp 1.201.635, 2013).

– "ICMS. CRÉDITOS DE ICMS DECORRENTES DE SERVIÇOS DE TELECOMUNICAÇÕES, TRANSPORTE INTERMUNICIPAL, TRANSPORTE INTERESTADUAL, FORNECIMENTO DE ENERGIA ELÉTRICA E AQUISIÇÃO DE MERCADORIAS DESTINADAS AO ATIVO FIXO. UTILIZAÇÃO PELO SUBSTITUÍDO TRIBUTÁRIO: INVIABILIDADE. OFENSA AO PRINCÍPIO DA NÃO CUMULATIVIDADE: INOCORRÊNCIA. 1. Segundo a jurisprudência do Supremo Tribunal Federal, 'a regra da não cumulatividade, conforme o estrito preceito contido do Texto Constitucional, não constitui razão suficiente para gerar crédito decorrente do consumo de serviços e de produtos one-

rados com o ICMS, mas desvinculados do processo de industrialização da mercadoria comercializada como atividade principal' [...]" (STF, RE 354.376 AgR, 2013).

⇒ **Créditos no consumo de energia elétrica para empresas de telefonia. Tema 541 do STJ:** "O ICMS incidente sobre a energia elétrica consumida pelas empresas de telefonia, que promovem processo industrial por equiparação, pode ser creditado para abatimento do imposto devido quando da prestação de serviços". Decisão de mérito: 2013.

– "ICMS. ENERGIA ELÉTRICA CONSUMIDA PELAS PRESTADORAS DE SERVIÇOS DE TELECOMUNICAÇÕES. CREDITAMENTO. POSSIBILIDADE. ART. 33, II, 'B', DA LC 87/96. EQUIPARAÇÃO À INDÚSTRIA BÁSICA PARA TODOS OS EFEITOS LEGAIS. ART. 1º DO DECRETO 640/62. VALIDADE E COMPATIBILIDADE COM O ORDENAMENTO ATUAL. PRINCÍPIO DA NÃO CUMULATIVIDADE. OBSERVÂNCIA. PRECEDENTE DA PRIMEIRA SEÇÃO: RESP 842.270/RS. 1. A disposição prevista no art. 1º do Decreto 640/62, equiparando os serviços de telecomunicações à indústria básica, para todos os efeitos legais, é válida e compatível com a legislação superveniente e atual, continuando em vigor, já que não houve revogação formal do aludido decreto. 2. A Primeira Seção do STJ, no julgamento do REsp 842.270/RS, firmou compreensão no sentido de que o ICMS incidente sobre a energia elétrica consumida pelas empresas de telefonia, que promovem processo industrial por equiparação, pode ser creditado para abatimento do imposto devido quando da prestação de serviços. Inteligência dos arts. 33, II, *b*, da Lei Complementar 87/96, e 1º do Decreto 640/62. 3. Ademais, em virtude da essencialidade da energia elétrica, enquanto insumo, para o exercício da atividade de telecomunicações, induvidoso se revela o direito ao creditamento de ICMS, em atendimento ao princípio da não cumulatividade. 4. O princípio da não cumulatividade comporta três núcleos distintos de incidência: (I) circulação de mercadorias; (II) prestação de serviços de transporte; e (III) serviços de comunicação. 5. 'O art. 33, II, da LC 87/96 precisa ser interpretado conforme a Constituição, de modo a permitir que a não cumulatividade alcance os três núcleos de incidência do ICMS previstos no Texto Constitucional, sem restringi-la à circulação de mercadorias, sem dúvida a vertente central, mas não única hipótese de incidência do imposto' (REsp 842.270...)" (STJ, REsp 1.201.635, 2013).

⇒ **Operacionalização da não cumulatividade. Créditos e débitos.** "Operacionaliza-se a não cumulatividade pela apropriação de créditos do imposto decorrentes de entradas tributáveis de mercadorias no estabelecimento do contribuinte, que serão utilizados no abatimento do ICMS devido pelas saídas tributáveis posteriores. O recolhimento em pecúnia ao Erário deve corresponder apenas à diferença dessa equação. Na prática, essa sistemática funciona da seguinte maneira: i) o contribuinte que receber mercadoria em seu estabelecimento lança essa entrada no livro Registro de Entradas, assim como o crédito do imposto destacado na Nota Fiscal respectiva; ii) quando houver saída tributável de mercadorias, a operação será registrada no livro Registro de Saídas, debitando-se nesse mesmo livro o ICMS devido pela operação; iii) por fim, no livro de Apuração do ICMS, o contribuinte realiza o cotejo dos créditos constantes no livro Registro de Entradas e os débitos do livro Registro de Saídas: havendo saldo credor, este será transportado para o mês subsequente; havendo saldo devedor far-se-á o pagamento do valor apurado ao Erário" (BRAGA, Waldir Luiz; BERGAMINI, Adolpho. Inexigibilidade do estorno do crédito de ICMS em casos de perda, quebra ou perecimento de mercadorias do estoque. *RDDT* 153/87, 2008).

– "O fenômeno da compensação do ICMS se dá entre os créditos e débitos escriturados de ICMS, cujo resultado é anotado por norma individual e concreta, que incida o valor de ICMS a pagar em dinheiro ou do crédito escritural de ICMS a ser compensado no próximo período" (MEDINA, Jefferson Marcos Biagini. Natureza jurídica do crédito e débito no ICMS e suas implicações no ordenamento jurídico. *RDDT* 225/113, 2014).

– **Montante cobrado x devido.** "A expressão 'montante cobrado' é de ser entendida como 'montante devido', tendo sido esta a conformação pretoriada sobre a matéria" (MARTINS, Ives Gandra da Silva. As técnicas de arrecadação admitidas no ICMS. *RDDT* 95/96, 2003).

– "O vocábulo 'cobrado'... não é apropriado. A cobrança ou não do imposto na etapa anterior é elemento absolutamente irrelevante para que o tributo incida na etapa subsequente. Deve, pois, ser entendido que o que caracteriza o direito à compensação – pela qual se opera o princípio da não cumulatividade – do crédito correspondente ao imposto incidente na etapa anterior, é o tributo ser devido. O vocábulo correto seria, portanto, 'incidente', pois a incidência de tributo numa operação é que permite a compensação do respectivo crédito, na etapa subsequente" (MARTINS, Ives Gandra da Silva. Substituição tributária por antecipação e o ICMS. *RDDT* 176/93, 2010).

• Vide nota ao art. 153, § 3º, II, da CF, acerca da não cumulatividade do IPI, sob a rubrica "O direito ao crédito independe do efetivo pagamento do montante devido na operação anterior".

– **Créditos e débitos. Não há vinculação a mercadoria específica.** "Para que o direito à compensação surja, também não é preciso que os créditos provenham da mesma mercadoria que o contribuinte está pondo *in comercium*, do mesmo bem que ele vai revender ou do mesmo serviço que está prestando. Basta que existam créditos provenientes de operações ou prestações anteriores... Esta, diga-se de passagem, é uma novidade da Constituição de 1988. A anterior, que cuidava do ICM, vinculava o aproveitamento dos créditos à mesma mercadoria. A Constituição ora em vigor, pelo contrário, confere, ao contribuinte, o direito de abater, do montante de ICMS, tudo o que foi devido por outros contribuintes que lhe prestaram serviços ou forneceram mercadorias, matérias-primas e outros bens tributados (máquinas, material de escritório, veículos etc.). Estabelece, portanto, uma diretriz de créditos/débitos (as entradas fazem nascer créditos; as saídas débitos)" (*Apud* CARRAZZA, Roque Antonio. *RDDT* 25/149-150).

– "Esse mecanismo... não estabelece em momento algum que o crédito apropriado na entrada de determinada mercadoria deva ser utilizado apenas no abatimento do imposto devido pela saída da mesma mercadoria. Logo, não à relação direta entre os créditos apropriados pelo contribuinte quando adquire mercadorias e os débitos do ICMS que por ele serão devidos nas saídas tributáveis posteriores daquelas mesmas mercadorias. A única vinculação possível entre créditos e débitos, porquanto expressamente prevista no texto constitucional, é a saída isenta ou não tributada de mercadorias que tenham ocasionado créditos quando de suas aquisições" (BRAGA, Waldir Luiz; BERGAMINI, Adolpho. Inexigibilidade do estorno do crédito de ICMS em casos de perda, quebra ou perecimento de mercadorias do estoque. *RDDT* 153, 2008, p. 87).

– "... a compensação prevista e determinada em relação a não cumulatividade do IPI e do ICMS veio à luz com a Carta Magna de 1988, de vez que o ordenamento constitucional de 1967, inclusive com a EC n. 01/69, não cogitava do instituto jurídico da compensação, mas referia, tão somente, o abatimento do montante do imposto cobrado anteriormente (art. 21, § 3º, em relação ao IPI e art. 23, II, em relação ao ICM)" (FERREIRA, Julio de Castilhos. Da inconstitucionalidade da vedação da compensação de créditos de IPI e ICMS em embargos de executado, contida no art. 16, § 3º, da Lei n. 6.830/80/Lei de Execuções Fiscais – LEF. *RET* 12/11, 2000).

– **Prorrogação da compensação de créditos. Tema 346 do STF:** "(i) Não viola o princípio da não cumulatividade (art. 155, § 2º, incisos I e XII, alínea *c*, da CF/1988) lei complementar que prorroga a compensação de créditos de ICMS relativos a bens adquiridos para uso e consumo no próprio estabelecimento do contribuinte".

⇒ **Aquisições ensejadoras de créditos.** No caso do ICMS, o comerciante pode apropriar crédito quando da aquisição dos bens que serão objeto do seu comércio, ou seja, dos bens destinados à revenda, além de outras possibilidades ampliadas por liberalidade do legislador, como a relativa à entrada de mercadorias destinadas ao ativo permanente que enseja créditos fracionados. A matéria é disciplinada pelo art. 20 da LC n. 87/96. Há inúmeras discussões sobre as aquisições ensejadoras de créditos.

– **Direito ao creditamento apenas dos materiais que integram o produto final.** "A Turma manteve acórdão do Tribunal de Justiça do Estado do Rio Grande do Sul que negara o direito de contribuinte de creditar-se do ICMS incidente sobre materiais não utilizados diretamente no processo de industrialização e comercialização de seus produtos, tais como peças de reposição de máquinas, aparelhos e equipamentos industriais e materiais para manutenção dos veículos da frota utilizados para o transporte de mercadorias a clientes e fornecedores. Afastou-se na espécie a alegação do recorrente de ofensa ao princípio da não cumulatividade (CF, art. 155, § 2º, I), porquanto os materiais, embora utilizados na indústria, não integram a produção de forma a compor o produto final comercializado" (*Informativo* 210 do STF, nov. 2000).

– **Bens intermediários que não integram o produto final nem são consumidos imediatamente no processo de industrialização.** "ICMS. IMPOSSIBILIDADE DE CREDITAMENTO NA ENTRADA DE BENS INTERMEDIÁRIOS QUE NÃO

INTEGRAM O PRODUTO FINAL NEM SÃO IMEDIATA-MENTE CONSUMIDOS NO PROCESSO DE INDUS-TRIALIZAÇÃO. LEGALIDADE. 1. O creditamento do ICMS somente é factível nas hipóteses restritas constantes do § 1º, do artigo 20, da Lei Complementar n. 87/96, qual seja a entrada de mercadorias que façam parte da atividade do estabelecimento. Consectariamente, é de clareza hialina que o direito de creditamento do ICMS pago anteriormente somente exsurge quando se tratar de insumos que se incorporam ao produto final ou que são consumidos no curso do processo de industrialização" (STJ, REsp 889414, 2008).

– **Creditamento na entrada de bens destinados ao consumo ou ao ativo fixo.** "ICMS. CREDITAMENTO. BENS DESTINA-DOS AO ATIVO PERMANENTE. POSSIBILIDADE. LEI COMPLEMENTAR 87/1996, EM SUA REDAÇÃO ORIGINAL. Possibilidade de creditamento do ICMS referente à aquisição de bens destinados ao ativo permanente da empresa no período de vigência da LC 87/1996, em sua redação original" (STF, RE 555.307 AgR, 2012).

– "A Lei Complementar n. 87/96 inovou a técnica de não cumulatividade adotada, assegurando aos contribuintes o credito decorrente da entrada de bens destinados ao consumo ou ao ativo fixo do estabelecimento... [...] Com isso, o legislador complementar praticamente adotou o regime de crédito financeiro, que é 'aquele no qual todos os custos, em sentido amplo, que vierem onerados pelo ICMS, ensejam o crédito respectivo'. Sempre que a empresa suporta um custo, seja ele consubstanciado no preço de um serviço, ou de um bem, e quer seja este destinado à revenda, à utilização como matéria-prima, produto intermediário, embalagem, acondicionamento, ou mesmo ao consumo ou à imobilidade, o ônus do ICMS respectivo configura um crédito desse imposto. [...] Adotado o regime de crédito financeiro, tornou-se inteiramente irrelevante e inócua a figura do diferencial de alíquota. De fato, se o contribuinte tem direito de creditar-se da entrada de bens destinados ao consumo ou ao ativo fixo, a diferença entre a alíquota interna e a alíquota interestadual será paga, ao Estado no qual está localizado o destinatário da operação interestadual, quando das saídas subsequentes, na medida em que o creditamento respectivo é menor nas operações interestaduais. [...] Ao contrário do Convênio 66/88 por ela revogado, Lei Complementar n. 87/96 não estabeleceu normas gerais sobre o fato gerador da diferencial de alíquota, nem tampouco a sua base de cálculo ou os seus contribuintes, o que impede a exigência dito diferencial por parte dos Estados-membros, ainda que com estribo em leis estaduais. [...] É certo que a Constituição Federal prevê a cobrança, no Estado de destino, da diferença de alíquota, mas a existência da forma na Constituição é insuficiente para que o legislador estadual possa definir um fato como gerador de um imposto. Como é sabido, a Constituição não cria o imposto. Apenas atribui competência ao legislador da pessoa jurídica de direito público interno para fazê-lo. [...] A Lei Complementar n. 102, de 11 de julho de 2000, alterou dispositivos da Lei Complementar n. 87/96 que autorizavam o aproveitamento imediato dos créditos decorrentes da entrada de bens destinados ao ativo fixo. O § 5º do artigo 20 da Lei Complementar 87/96 passou a estabelecer:

'art. 20. [...] § 5º – Para efeito do disposto no *caput* deste artigo, relativamente aos créditos decorrentes de entrada de mercadorias no estabelecimento destinadas ao ativo permanente, deverá ser observado: I – a apropriação será feita à razão de um quarenta e oito avos por mês, devendo a primeira fração ser apropriada no mês em que ocorrer a entrada no estabelecimento'; [...] Tais disposições, cuja validade não é objeto do presente parecer, na verdade postergaram o aproveitamento dos créditos decorrentes de entrada de bens destinados ao ativo fixo, o que produz consequências diretas sobre a questão aqui tratada. [...] Com o advento da Lei Complementar 102/00? o diferencial de alíquota exigido pelos Estados, na hipótese de bem destinado ao ativo fixo, até então inócuo, passou a ter significado para a arrecadação, configurando um indevido empréstimo compulsório" (MACHADO, Hugo de Brito; MACHADO SEGUNDO, Hugo de Brito. ICMS... *RDDT* 74/119-129, 2001).

– **Ativo permanente, energia e comunicações.** "2. Compensação de créditos de ICMS resultante da aquisição de bens que integram ao ativo fixo, energia elétrica e serviços de comunicações. Impossibilidade. 3. LC n. 102, de 11 de julho de 2000. Ofensa ao princípio da não cumulatividade. Inexistência. Precedente. 4. Agravo regimental a que se nega provimento" (STF, REAgR 413.034, 2005).

– "Darão direito ao crédito de ICMS aqueles bens do Ativo Imobilizado que contribuem para o desenvolvimento do objeto social das concessionárias de energia elétrica e que sejam integrados ao fornecimento de energia ou outra operação abrangida pelas atividades da empresa. O aproveitamento dos créditos é permitido ainda que o bem adquirido não esteja fisicamente vinculado à energia produzida, não esteja diretamente relacionado com a mesma ou não seja utilizado imediatamente na sua produção ou venda" (BRÊTAS, Marcília Metzker S.; OLIVEIRA, Marta Célia. Aproveitamento de créditos de ICMS sobre insumos na produção de energia elétrica: bens do ativo permanente. *RTFP* 55/43, 2004).

– **Aquisição de bem do ativo imobilizado e de materiais de consumo. Lei Complementar n. 87/96.** "... a natureza do crédito a compensar não mais pressupõe a necessária presença física da mercadoria ingressada no estabelecimento na composição da mercadoria saída. Assim o fez ao acolher o direito de crédito relativo à compensação das incidências do ICMS na aquisição de mercadorias destinadas ao uso e consumo ou ao ativo permanente (imobilizado) do estabelecimento. [...] Com efeito, em um dos seus últimos artigos, o art. 33, sendo o último o 36, o legislador, presumivelmente sob a pressão dos Srs. Governadores, fez constar que o direito de crédito relativo às incidências do imposto nas entradas de mercadorias destinadas ao ativo permanente somente poderia ser exercido a partir de 1º de novembro de 1996, enquanto que esse direito no tocante às mercadorias destinadas ao uso ou consumo somente poderia ser exercido a partir de 1º de janeiro do ano 2000. [...] Sua validade decorre da Constituição, sendo inválidos os dispositivos nela contidos estabelecendo a suspensão de eficácia de comando constitucional auto aplicável. [...] Está fora de dúvidas o fato de que os bens de ativo imobilizado e os materiais de uso e consumo são mercadorias para quem os aliena com habitualidade; para quem os produz ou os revende como atividade precípua, sofrendo a incidência do ICMS. E que, em incidindo ICMS, a parte adquirente que os aplique em estabelecimento contribuinte compensará o imposto cobrado nessas operações anteriores com o imposto incidente nas suas próprias operações mercantis e prestações tributadas" (VASCONCELOS, Carlos Eduardo de. ICMS: Natureza e regime da não cumulatividade. *RDT* 70/130-138).

– Aquisição de bens do ativo imobilizado cedidos em comodato. "Para que o contribuinte-cedente faça jus ao aproveitamento dos créditos do ICMS dos bens do ativo imobilizado comodatados a terceiros, é imperioso que tais bens se prestem a viabilizar a atividade empresarial do comodante. Isso porque, sendo empregados em fins alheios aos objetivados pela empresa-cedente, o direito ao crédito cessa, nos termos do art. 20, § 1º, da LC n. 87/1996. [...] Todavia, mesmo quando atendida essa exigência..., as Fazendas Públicas dos Estados têm negado o direito ao aproveitamento dos créditos de ICMS após a cessão do bem. Alegam os fiscos estaduais que a saída em comodato seria uma operação com não incidência do ICMS, ensejadora do estorno dos créditos nos termos do art. 20, § 3º, II, da LC n. 87/1996, cujo fundamento constitucional é o art. 155, § 2º, II, *b*, da Lei Maior. [...] uma análise mais detida do art. 155, § 2º, II, *b*, da CF/1988 – dispositivo que determina o estorno dos créditos de ICMS em razão da isenção ou não incidência na operação subsequente de circulação de mercadorias – permite inferir que sua premissa é a realização de uma venda (logo, de uma operação potencialmente tributável pelo ICMS) que não sofra a incidência do ICMS em razão de lei (isenção), da Constituição (imunidade), ou mesmo por não consistir fato gerador do imposto (exemplo: venda de bens não classificados como mercadorias. [...] a cessão em comodato de bem do ativo imobilizado não acarreta o dever de estorno do crédito de ICMS oriundo da aquisição do bem. Afinal, não se trata de saída com não incidência, porquanto não há alienação do ativo, continuando este a integrar a propriedade do cedente" (MOREIRA, André Mendes. Do direito ao crédito de ICMS sobre bens do ativo imobilizado cedidos em comodato. *RDDT* 230/7, 2014).

– Creditamento do ICMS sobre energia consumida. Descabimento. "A jurisprudência do Supremo Tribunal Federal firmou-se no sentido de não reconhecer, ao contribuinte do ICMS, o direito de creditar-se do valor do ICMS, quando pago em razão de operações de consumo de energia elétrica ou de utilização de serviços de comunicação, ou, ainda, de aquisição de bens destinados ao uso e/ou à integração no ativo fixo do seu próprio estabelecimento. Precedentes" (STF, 2ª T., EDecAI 562.701-0, Min. Celso de Mello, *DJU* 7-4-2006).

– "ICMS. CREDITAMENTO (PRINCÍPIO DA NÃO CUMULATIVIDADE). AQUISIÇÃO DE ENERGIA ELÉTRICA CONSUMIDA NO ESTABELECIMENTO COMERCIAL. FATO IMPONÍVEL ANTERIOR À EDIÇÃO DA LEI COMPLEMENTAR 87/96. CONVÊNIO ICMS 66/88. APLICAÇÃO. 2. À época da ocorrência do fato imponível ensejador do ICMS (dezembro de 1994), a *quaestio iuris* era regulada pelo Convênio ICM 66/88 (publicado no *DOU* de 16 de dezembro de 1988), celebrado entre o Ministro da Fazenda e os Secretários de Fazenda ou Finanças dos Estados e do Distrito Federal, que fixou normas para regular provisoriamente o ICMS. 3... 4. O contribuinte, anteriormente à vigência da Lei Complementar 87/96 e, portanto, sob a égide do Convênio ICMS 66/88, não ostentava o direito ao creditamento do que fora em razão de operações de consumo de energia elétrica, ou de utilização de serviços de comunicação ou, ainda, de aquisição de bens destinados ao ativo fixo e de materiais de uso e consumo, consoante multifários precedentes do Supremo Tribunal Federal [...]. 5. Recurso especial desprovido. Acórdão submetido ao regime do artigo 543-C, do CPC, e da Resolução STJ 08/2008" (STJ, Primeira Seção, REsp 977090/ES, Rel. Min. Luiz Fux, nov. 2009).

– "ICMS. CREDITAMENTO (PRINCÍPIO DA NÃO CUMULATIVIDADE). AQUISIÇÃO DE ENERGIA ELÉTRICA CONSUMIDA NO ESTABELECIMENTO COMERCIAL (SUPERMERCADO). ATIVIDADES DE PANIFICAÇÃO E CONGELAMENTO DE ALIMENTOS. ARTIGO 33, II, *B*, DA LEI COMPLEMENTAR 87/96. ARTIGO 46, PARÁGRAFO ÚNICO, DO CTN. DECRETO 4.544/2002 (REGULAMENTO DO IPI). PROCESSO DE INDUSTRIALIZAÇÃO. NÃO CARACTERIZAÇÃO. CREDITAMENTO DO ICMS. IMPOSSIBILIDADE. 1. As atividades de panificação e de congelamento de produtos perecíveis por supermercado não configuram processo de industrialização de alimentos, por força das normas previstas no Regulamento do IPI (Decreto 4.544/2002), razão pela qual inexiste direito ao creditamento do ICMS pago na entrada da energia elétrica consumida no estabelecimento comercial. 2. A Lei Complementar 87/96, pelo princípio da não cumulatividade, assegura ao sujeito passivo do ICMS, entre outros, o direito de creditamento do imposto anteriormente cobrado em operações de que tenha resultado a entrada de mercadoria destinada ao uso ou consumo do estabelecimento (artigo 20, *caput*). 3. O artigo 33, II, da lei complementar em tela, no que concerne ao direito de aproveitamento de crédito de ICMS decorrente da energia elétrica usada ou consumida no estabelecimento, previu o que se segue: 'Art. 33. [...] Na aplicação do art. 20 observar-se-á o seguinte: [...] II – a energia elétrica usada ou consumida no estabelecimento dará direito de crédito a partir da data da entrada desta Lei Complementar em vigor;' (redação original) 'II – somente dará direito a crédito a entrada de energia elétrica no estabelecimento: *a*) quando for objeto de operação de saída de energia elétrica; *b*) quando consumida no processo de industrialização; *c*) quando seu consumo resultar em operação de saída ou prestação para o exterior, na proporção destas sobre as saídas ou prestações totais; e *d*) a partir de 1º de janeiro de 2003, nas demais hipóteses;' (inciso e alíneas com a redação dada pela Lei Complementar 102, de 11 de julho de 2000) '*d*) a partir de 1º de janeiro de 2007, nas demais hipóteses;' (alínea com a redação dada pela Lei Complementar 114, de 16 de dezembro de 2002) '*d*) a partir de 1º de janeiro de 2011, nas demais hipóteses;' (redação dada pela Lei Complementar 122, de 12 de dezembro de 2006) [...]' 4. A redação original do inciso II, do artigo 33, da Lei Complementar 87/96, preceituava que a energia elétrica genericamente usada ou consumida no estabelecimento geraria direito ao creditamento do ICMS, a partir de 1º.11.1996 (data da entrada em vigor da aludida lei complementar). 5. Deveras, com o advento da Lei Complementar 102/2000 (entrada em vigor em 1º.08.2000), a entrada de energia elétrica no estabelecimento somente ensejaria direito de crédito: (i) quando objeto de operação de saída de energia elétrica (alínea *a*); (ii) quando consumida no processo de industrialização (alínea *b*); (iii) quando seu consumo resultar em operação de saída ou prestação para o exterior (alínea *c*); e (iv) a partir de 1º de janeiro de 2003, nas demais hipóteses (alínea *d*). 6. A Lei Complementar 114, de 16 de dezembro de 2002 (vigência a partir de 17.12.2002), no que concerne às hipóteses diversas das previstas nas alíneas *a*, *b* e *c*, do inciso II, do artigo 33, da Lei Kandir, dispôs que haveria direito de creditamento de ICMS na entrada de energia elétrica no estabelecimento a partir de 1º de janeiro de 2007. 7. Por fim, a Lei Complementar 122, de 12 de dezembro de 2006 (entrada em vigor em 13.12.2006), determinou que o aludido direito de creditamento do ICMS na entrada de energia elétrica no estabelecimento (em hipóteses outras que as elencadas nas alíneas *a*, *b* e *c*, do inciso II, do artigo 33, da LC 87/96) surge somente a partir de 1º de janeiro de 2011. 8. Consectariamente, a entrada de energia elétrica no estabelecimento, que não for objeto de operação de saída de energia elétrica, que não for consumida no processo de industrialização e cujo consumo não resulta em operação de saída ou prestação para o exterior, somente ensejará direito ao creditamento de ICMS a partir de 1º.01.2011. 9. *In casu*, contudo, o estabelecimento comercial (supermercado) ajuizou embargos à execução fiscal fundada em auto de infração, lavrado em 20.08.2004, que considerou indevido o creditamento de ICMS pago na entrada de energia elétrica consumida nas atividades de panificação e congelamento de produtos perecíveis. 10. Deveras, o objeto social da empresa, ora recorrente, consiste na 'comercialização de produtos manufaturados, semimanufaturados, ou *in natura*, nacionais ou estrangeiros, de todo e qualquer gênero e espécie, natureza ou qualidade, desde que não vedada por lei, bem como a industrialização e processamento de produtos por conta própria ou de terceiros', tendo sido confirmado, pelo Tribunal de origem, que o supermercado, em alguns setores, realiza atividades tendentes à transformação de matéria-prima e ao aperfeiçoamento de produtos destinados ao consumo. 11. A tese genérica de que o contribuinte tem direito ao creditamento de ICMS se comprovar ter utilizado a energia elétrica 'no processo de industrialização', *ex vi* do disposto no artigo 33, II, *b*, da Lei Complementar 87/96, foi consagrada pela Primeira Seção, no âmbito de embargos de divergência interpostos por estabelecimento industrial (EREsp 899.485/RS, Rel. Min. Humberto Martins, julgado em 13.08.2008, *DJe* 15.09.2008). 12. O parágrafo único, do artigo 46, do CTN, ao versar sobre o IPI, considera industrializado o produto que tenha sido submetido a qualquer operação que lhe modifique a natureza ou a finalidade, ou o aperfeiçoe para o consumo. 13. Nada obstante, as normas previstas no Regulamento do IPI (Decreto 4.544/2002) afastam a caracterização das atividades de panificação e congelamento de alimentos como industriais. 14. Com efeito, o artigo 3º, do aludido regulamento, preceitua que 'produto industrializado é o resultante de qualquer operação definida neste Regulamento como industrialização, mesmo incompleta, parcial ou intermediária'. 15. As características e modalidades de industrialização restaram elencadas no artigo 4º, do Decreto 4.544/2002, *verbis*: 'Art. 4º Caracteriza industrialização

qualquer operação que modifique a natureza, o funcionamento, o acabamento, a apresentação ou a finalidade do produto, ou o aperfeiçoe para consumo, tal como (Lei n. 4.502, de 1964, art. 3º, parágrafo único, e Lei n. 5.172, de 25 de outubro de 1966, art. 46, parágrafo único): I – a que, exercida sobre matérias-primas ou produtos intermediários, importe na obtenção de espécie nova (transformação); II – a que importe em modificar, aperfeiçoar ou, de qualquer forma, alterar o funcionamento, a utilização, o acabamento ou a aparência do produto (beneficiamento); III – a que consista na reunião de produtos, peças ou partes e de que resulte um novo produto ou unidade autônoma, ainda que sob a mesma classificação fiscal (montagem); IV – a que importe em alterar a apresentação do produto, pela colocação da embalagem, ainda que em substituição da original, salvo quando a embalagem colocada se destine apenas ao transporte da mercadoria (acondicionamento ou reacondicionamento); ou V – a que, exercida sobre produto usado ou parte remanescente de produto deteriorado ou inutilizado, renove ou restaure o produto para utilização (renovação ou recondicionamento). Parágrafo único. São irrelevantes, para caracterizar a operação como industrialização, o processo utilizado para obtenção do produto e a localização e condições das instalações ou equipamentos empregados'. 16. O aludido regulamento, por seu turno, enumera as operações que não são consideradas industrialização, entre as quais consta: 'I – o preparo de produtos alimentares, não acondicionados em embalagem de apresentação: *a*) na residência do preparador ou em restaurantes, bares, sorveterias, confeitarias, padarias, quitandas e semelhantes, desde que os produtos se destinem a venda direta a consumidor' (artigo 5º, inciso I, alínea *a*, do Regulamento do IPI). 17. O regulamento do IPI, em seu artigo 6º, incisos I e II, esclarece que embalagem de apresentação não se confunde com o acondicionamento para transporte do produto. 18. Consequentemente, a atividade de panificação, desenvolvida pelo supermercado, não se afigura como 'processo de industrialização', à luz do disposto no artigo 46, do CTN, em virtude da exceção prevista no artigo 5º, inciso I, alínea *a*, do Decreto 4.544/2002, que se apresenta como legislação tributária hígida. 19. A atividade de congelamento de alimentos, por seu turno, não se amolda aos critérios estabelecidos no artigo 4º, do regulamento citado. 20. O Supremo Tribunal Federal, em 22.10.2009, reconheceu a repercussão geral do Recurso Extraordinário 588.954/SC, cujo *thema iudicandum* restou assim identificado: 'ICMS. Creditamento de serviços de energia elétrica utilizado no processo produtivo. Princípio da não cumulatividade. Supermercado. Atividade industrial de alimentos. Panificação e congelamento'. 21. O reconhecimento da repercussão geral pelo STF, com fulcro no artigo 543-B, do CPC, como cediço, não tem o condão, em regra, de sobrestar o julgamento dos recursos especiais pertinentes. 22. É que os artigos 543-A e 543-B, do CPC, asseguram o sobrestamento de eventual recurso extraordinário, interposto contra acórdão proferido pelo STJ ou por outros tribunais, que verse sobre a controvérsia de índole constitucional cuja repercussão geral tenha sido reconhecida pela Excelsa Corte [...]. 23. Destarte, o sobrestamento do feito, ante o reconhecimento da repercussão geral do *thema iudicandum*, configura questão a ser apreciada tão somente no momento do exame de admissibilidade do apelo dirigido ao Pretório Excelso. 24. Os dispositivos legais apontados como violados restaram implicitamente prequestionados, não se vislumbrando violação do artigo 535, do CPC, uma vez que o acórdão recorrido afastou a alegação de cerceamento de defesa (pugnando pela desnecessidade da prova) e considerou impossível o creditamento do ICMS, ao fundamento de que 'a atividade desenvolvida pela apelante não pode ser considerada como industrial para efeito de creditamento, porquanto ainda que se vislumbre, em alguns setores, a transformação de matéria-prima e o aperfeiçoamento de produtos destinados ao consumo, seu desempenho possui caráter secundário no plano empresarial, focado, essencialmente, na comercialização de bens de consumo'. 25. O artigo 557, do CPC, autoriza o relator a negar seguimento a recurso manifestamente inadmissível, improcedente, prejudicado ou em confronto com súmula ou com jurisprudência dominante do respectivo tribunal, do Supremo Tribunal Federal, ou de Tribunal Superior (redação dada pela Lei 9.756/98). 26. A manutenção do julgado monocrático pelo órgão colegiado, em sede de agravo interno, com a encampação dos fundamentos exarados pelo relator, torna prejudicada a controvérsia acerca da regular aplicação do *caput*, do artigo 557, do Código de Processo Civil [...]. 27. A apontada violação dos artigos 130 e 131, do CPC, não resta configurada, quando o Tribunal de origem, prestigiando o princípio do livre convencimento motivado do julgador, considera desnecessária a produção de prova, sob o fundamento de que 'a atividade desenvolvida pela apelante não pode ser considerada como industrial para efeito de creditamento, porquanto ainda que se vislumbre, em alguns setores, a transformação de matéria-prima e o aperfeiçoamento de produtos destinados ao consumo, seu desempenho possui caráter secundário no plano empresarial, focado, essencialmente, na comercialização de bens de consumo'. 28. Recurso especial desprovido. Acórdão submetido ao regime do artigo 543-C, do CPC, e da Resolução STJ 08/2008" (STJ, Primeira Seção, REsp 1117139/RJ, Rel. Min. Luiz Fux, nov. 2010).

– **No sentido do direito ao creditamento.** "Onde houver processo de industrialização com o consumo de energia elétrica como parte integrante desse processo, ela é insumo ou material intermediário e como tal repercute diretamente no custo do produto resultante do processo. Pela não cumulatividade, seja em seu modelo de crédito físico ou no modelo do crédito financeiro, o ICMS incidente sobre as mercadorias utilizadas como insumos ou bens intermediários deve ser deduzido do montante devido pelo contribuinte (método da subtração) com o objetivo de se atingir, com o impacto da tributação, o valor por ele agregado à cadeia produtiva e reduzir o preço cobrado do consumidor. Ademais, em concretização ao comando constitucional, o art. 33, II, *b*, da LC n. 87/1996 (redação dada pela LC n. 102/2000) garante expressamente o direito ao crédito da energia elétrica consumida no processo de industrialização sem qualquer restrição ao tipo de estabelecimento ou atividade" (COÊLHO, Sacha Calmon; DERZI, Misabel Abreu Machado. Direito ao Crédito de ICMS Relativo à energia elétrica consumida em atividade de industrialização por supermercado. *RDDT* 181/160, 2010).

– "6.11... somente uma leitura apressada do art. 33, I, *b*, da LC n. 87/96 pode conduzir a que o direito ao aproveitamento de créditos de ICMS, provenientes do consumo de energia elétrica, restringe-se às empresas industriais. 6.12. E a imprecisão desse entendimento avulta diante do fato de a prestação de serviços de telecomunicação ser também resultado de um processo equiparável, em seus fundamentos, ao de industrialização. De notar que, na prestação de tais serviços, a energia elétrica tem um enorme grau de essencialidade, pois funciona não só como mera acionadora externa de equipamentos, mas, sobretudo, integra a própria estrutura do processo de prestação dos serviços em tela. 6.13. Em reforço a essa diretriz, recorde-se que o Decreto n. 640/62 reza, com todas as letras que 'os serviços de telecomunicação, para todos os efeitos legais, são considerados indústria básica', a espancar qualquer dúvida quanto tal atividade constituir modalidade industrial" (OLIVEIRA, José Jayme de Macedo. ICMS – Crédito – Energia elétrica – Concessionárias de serviço de telecomunicações. *RDDT* 180/93, 2010).

– "g) a energia elétrica é um insumo indispensável à prestação dos serviços de telecomunicações porque alimenta os equipamentos emissores, transmissores e receptores de símbolos, caracteres, sinais, escritos, imagens, sons ou informações, o que consiste na telecomunicação (LGT, art. 60); h) por tal motivo, para que o princípio da não cumulatividade do ICMS tenha um mínimo de eficácia (em linha com a 'teoria dos créditos essenciais'), entendemos que os prestadores de serviços de telecomunicações têm o direito se creditar do ICMS incidente sobre a energia elétrica consumida exclusivamente na prestação de tais serviços, com base tão somente no art. 155, § 2º, inciso I, da CF/88, podendo ser desprezada a restrição imposta pelo inciso II do art. 33 da LC n. 87/96" (BORGES, Eduardo. O crédito do ICMS... *RFDT* 39/109, 2009).

– "[...] Para uma indústria que utiliza significativa quantidade de energia elétrica em seu processo produtivo o custo desta energia é um elemento importante e o ICMS a esta relativo há de ser considerado em cada período de apuração. Recebida a fatura ou conta de energia sabe a empresa o valor da energia utilizada em seu processo produtivo e pode, desde logo, lançar em seus livros de entrada e de apuração o valor desse insumo e do ICMS a ele correspondente. Não importa se ainda não fez o pagamento da fatura ou conta de energia. Nem importa saber se a empresa fornecedora de energia elétrica já pagou, ou não o imposto. O que importa é que o ICMS incidiu sobre a energia elétrica já utilizada no processo produtivo, ou que está sendo utilizada durante o período de apuração. A empresa industrial, que utiliza a energia, ou outro insumo qualquer, onerado pelo ICMS, tem direito ao crédito na apuração do valor do imposto a ser pago relativamente aos produtos que saem de seu estabelecimento no período de apuração respectivo, e esse seu direito não pode ficar condicionado ao efetivo pagamento do ICMS por quem realizou a operação anterior e fez-se, com isto, devedor do imposto" (MACHADO, Hugo de Brito. Utilização de crédito de ICMS antes do pagamento. *RDDT* 55/85, 2000).

– "O direito ao crédito ao ICMS representa elemento indispensável para a aplicação do princípio da não cumulatividade, tendo nascimento com a realização de aquisição de bens, e/ou prestação de serviços de transporte interestadual ou intermunicipal e comunicação, com incidência tributária. O adquirente dos bens e serviços deve se creditar do valor do ICMS incidente sobre esses negócios, independentemente de ter havido cobrança, pagamento ou recolhimento tributário, porque se encontra obrigado a operacionalizar o princípio da não cumulatividade. A expressão constitucional 'montante cobrado' significa o montante do tributo, originando-se o crédito de operações/serviços adquiridos e recebidos com incidência tributária. O fornecimento de energia elétrica com ICMS (com o amparo documental pertinente) permite ao seu adquirente apropriar o respectivo valor como crédito, em sua escrita fiscal, independentemente do local de sua utilização e consumo, sendo irrelevante a liquidação do preço que concerne a aspecto da relação de direito privado. A cobrança, o pagamento e o lançamento dos valores tributários constituem situações que afetam apenas o contribuinte (fornecedor de energia) vinculado ao Estado ou Distrito Federal, e que são estranhas ao adquirente da energia elétrica, uma vez que não lhe é conferido nenhuma obrigação pertinente à liquidação do tributo" (MELO, José Eduardo Soares. ICMS – O direito a crédito, o momento de sua apropriação, e o "montante cobrado". *RDDT* 55/91, 2000).

– "Uma primeira leitura do art. 33, I, *b*, da Lei Complementar n. 87/96 (com a redação dada pela LC 102/02), pode levar ao entendimento de que o direito ao aproveitamento de créditos de ICMS, provenientes do consumo de energia elétrica, poderia ser reconhecido apenas a empresas industriais. Com efeito, literalmente, o dispositivo parece sinalizar no sentido de que somente daria direito a crédito, a entrada de energia elétrica no estabelecimento, 'quando consumida no processo de industrialização'. [...] A expressão 'processo de industrialização' demanda adequação às diferentes variantes do ICMS, dentre as quais o que incide sobre a prestação dos serviços de telecomunicação. ... a prestação dos serviços de telecomunicação é também o resultado de um processo, equiparável, em seus fundamentos, ao de industrialização. [...] nos serviços de telecomunicação, a energia elétrica tem elevadíssimo grau de essencialidade, porquanto, mais do que mera 'acionadora externa de equipamentos', integra a própria estrutura do processo de sua prestação, e, assim, tipifica insumo apto a gerar créditos de ICMS" (CARRAZA, Roque Antonio; BOTTALLO, Eduardo Domingos. Direito ao crédito de ICMS pela aquisição de energia elétrica utilizada na prestação de serviços de comunicação. *RDDT* 119/70, 2005).

– **Ausência de direito de crédito na entrada de produtos para uso e consumo. Art. 33 da LC n. 87/96.** Há muito se pretende que deem direito a crédito as mercadorias destinadas ao uso ou consumo do estabelecimento, o que, na redação originária da LC n. 87/96, estava previsto para viger a contar de 1998. Mas houve sucessivas prorrogações desse direito, sendo que a última apraza para o longínquo 2033 a possibilidade de as empresas apropriarem tal crédito, conforme redação dada pela LC n. 171/2019 ao art. 33, I, da LC n. 87/96.

– LC n. 87/96: "Art. 20. Para a compensação a que se refere o artigo anterior, é assegurado ao sujeito passivo o direito de creditar-se do imposto anteriormente cobrado em operações de que tenha resultado a entrada de mercadoria, real ou simbólica, no estabelecimento, inclusive a destinada ao seu uso ou consumo ou ao ativo permanente, ou o recebimento de serviços de

transporte interestadual e intermunicipal ou de comunicação". "Art. 33. Na aplicação do art. 20 observar-se-á o seguinte: I – somente darão direito de crédito as mercadorias destinadas ao uso ou consumo do estabelecimento nele entradas a partir de 1º de janeiro de 2033; (Redação da LC n. 171/2019)".

– **Tema 346 do STF (RE 601.967):** "(i) Não viola o princípio da não cumulatividade (art. 155, § 2º, incisos I e XII, alínea c, da CF/1988) lei complementar que prorroga a compensação de créditos de ICMS relativos a bens adquiridos para uso e consumo no próprio estabelecimento do contribuinte; (ii) Conforme o artigo 150, III, *c*, da CF/1988, o princípio da anterioridade nonagesimal aplica-se somente para leis que instituem ou majoram tributos, não incidindo relativamente às normas que prorrogam a data de início da compensação de crédito tributário".

– **Tema 382.** A postergação do direito do contribuinte do ICMS de usufruir de novas hipóteses de creditamento, por não representar aumento do tributo, não se sujeita à anterioridade nonagesimal prevista no art. 150, III, c, da Constituição. Decisão do mérito em 2019. Eis a ementa: – "ICMS. LEI COMPLEMENTAR 122/2006. POSTERGAÇÃO DO TERMO INICIAL DA APLICABILIDADE DE NOVAS HIPÓTESES DE CREDITAMENTO. SITUAÇÃO QUE NÃO SE EQUIPARA À MAJORAÇÃO DO IMPOSTO. INAPLICABILIDADE DA ANTERIORIDADE NONAGESIMAL PREVISTA NO ART. 150, III, "C", DA CONSTITUIÇÃO. PRECEDENTES DO STF. 1. A Lei Complementar 122, publicada em 13.12.2006 postergou de 1º.1.2007 para 1º.1.2011 o início do direito do contribuinte do ICMS de se creditar do imposto incidente sobre aquisição de mercadorias destinadas ao uso e consumo do estabelecimento e, de forma mais ampla, energia elétrica e serviços de comunicação. 2. A postergação de hipótese de redução de imposto não se equipara a aumento do tributo, pelo que não atrai a incidência da anterioridade nonagesimal prevista no art. 150, III, "c", da Carta Política. Precedentes do ..... 4. Tese de repercussão geral fixada: 'A postergação do direito do contribuinte do ICMS de usufruir de novas hipóteses de creditamento, por não representar aumento do tributo, não se sujeita à anterioridade nonagesimal prevista no art. 150, III, 'c', da Constituição'. (STF, RE 603917, 2019)

– "... a forma apresentada no § 2º, II, do art. 155 não requer que os débitos e créditos do ICMS, para fins de apuração e pagamento, sejam referentes a uma mesma mercadoria. A não cumulatividade aplica-se à atividade econômica em geral, e não simplesmente ao ciclo pelo qual determinada mercadoria transita desde sua origem até o seu consumo final. Isto implica dizer que, uma vez contribuinte do imposto e sujeito a operações subsequentes tributadas, o estabelecimento produtor ou distribuidor poderá utilizar todo o montante de ICMS a que se sujeitou em suas aquisições, para compensar o imposto devido em suas saídas, não havendo subsídio constitucional para que o contribuinte deva estornar os créditos relativos às mercadorias entradas no estabelecimento para seu uso e consumo" (SOUZA, André Ricardo Passos de; STICCA, Ralph Melles. Créditos de ICMS sobre bens destinados ao uso e consumo do estabelecimento: considerações acerca da Lei Complementar n. 122/2006. *RDTAPET* 13/33, 2007).

– **Aquisição de óleo para consumo no transporte interno. Direito ao creditamento.** "ICMS – APROVEITAMENTO DE CRÉDITO – UTILIZAÇÃO MATERIAL DE CONSUMO NO PROCESSO PRODUTIVO (ÓLEO DIESEL PARA TRANSPORTE INTERNO DO FERRO GUSA... 2. Na vigência do Decreto-lei 406/68 e do Convênio 66/88, a aquisição de produtos ou mercadorias que, apesar de integrarem o processo de industrialização, nele não eram completamente consumidos e nem integravam o produto final, não gerava direito ao creditamento do ICMS. Previsão expressa do não creditamento (inciso III do art. 31 do Convênio 66/88). 3. Entretanto, a LC 87/96 (Lei Kandir) veio a reconhecer o direito ao crédito de ICMS relativo à aquisição de bens destinados ao ativo imobilizado, material de uso e consumo, bem como ao recebimento de serviço de transporte. Jurisprudência pacificada nesta Corte. 4. Reconhecimento, no caso concreto, da legalidade do aproveitamento de crédito do ICMS sobre aquisição de óleo diesel consumido no processo produtivo a partir de 1º de janeiro de 1998, de acordo com o art. 33 da LC 87/96 (em sua redação original). 5. Recurso especial da Fazenda não conhecido e provido em parte o recurso especial da USIMINAS" (STJ, REsp 850.362, 2007).

– **Aquisição de material de construção para uso no estabelecimento.** "ICMS. CREDITAMENTO. MATERIAL DE CONSTRUÇÃO. A aquisição de material para a construção ou ampliação do estabelecimento não gera o direito ao creditamento do ICMS (art. 20, § 1º, da Lei Complementar n. 87, de 1996)" (STJ, AgRg no AREsp 188.879, 2013).

⇒ **O crédito de ICMS nos negócios com empresas inidôneas. Súmula 509 do STJ**: É lícito ao comerciante de boa-fé aproveitar os créditos de ICMS decorrentes de nota fiscal posteriormente declarada inidônea, quando demonstrada a veracidade da compra e venda. 2014.

– "1. Ao julgar o REsp. 1.148.444/MG, Rel. Min. Luiz Fux, *DJe* 27.04.2010, representativo da controvérsia, o Superior Tribunal de Justiça assentou o entendimento de que o comerciante de boa-fé que adquire mercadoria, cuja nota fiscal (emitida pela empresa vendedora) posteriormente seja declarada inidônea, pode engendrar o aproveitamento do crédito do ICMS pelo princípio da não cumulatividade, uma vez demonstrada a veracidade da compra e venda efetuada, porquanto o ato declaratório da inidoneidade somente produz efeitos a partir de sua publicação. 2. Todavia, consignou-se, tanto no acórdão recorrido como na sentença que o antecedeu, que a prova produzida não demonstrou, de forma conclusiva, a existência das operações de compra e venda, donde se extrai restar ausente a boa-fé exigida para o aproveitamento do ICMS" (STJ, AgRg no REsp 1.218.780, 2013).

– "CRÉDITOS DE ICMS. APROVEITAMENTO (PRINCÍPIO DA NÃO CUMULATIVIDADE). NOTAS FISCAIS POSTERIORMENTE DECLARADAS INIDÔNEAS. ADQUIRENTE DE BOA-FÉ. 1. O comerciante de boa-fé que adquire mercadoria, cuja nota fiscal (emitida pela empresa vendedora) posteriormente seja declarada inidônea, pode engendrar o aproveitamento do crédito do ICMS pelo princípio da não cumulatividade, uma vez demonstrada a veracidade da compra e venda efetuada, porquanto o ato declaratório da inidoneidade somente produz efeitos a partir de sua publicação (Preceden-

tes...). 2. A responsabilidade do adquirente de boa-fé reside na exigência, no momento da celebração do negócio jurídico, da documentação pertinente à assunção da regularidade do alienante, cuja verificação de idoneidade incumbe ao Fisco, razão pela qual não incide, à espécie, o artigo 136, do CTN... 4. A boa-fé do adquirente em relação às notas fiscais declaradas inidôneas após a celebração do negócio jurídico (o qual fora efetivamente realizado), uma vez caracterizada, legitima o aproveitamento dos créditos de ICMS" (STJ, REsp 1.148.444, 2010).

– No sentido de que o direito ao crédito do ICMS, decorrente do princípio da não cumulatividade, não pode ser restringido pela inidoneidade documental, como dispõe a Lei Complementar n. 87/96: José Eduardo Soares de Melo, Os créditos de ICMS e a inidoneidade documental, *Rep. IOB de Jur.*, fev. 1999.

• Vide também: PAZ, Christiane Gonçalves da. Da declaração de inidoneidade de notas fiscais de contribuinte de ICMS e o direito dos adquirentes ao crédito indevidamente glosado. *RTFP* 98/161, mar.-abr. 2011.

– "Não é de hoje que as autoridades fiscais vêm procedendo à glosa dos créditos e a consequente lavratura do auto de infração contra contribuintes que adquiriram mercadorias de empresas posteriormente declaradas inidôneas por parte da fiscalização, não obstante a sua regular inscrição perante os órgãos estaduais por ocasião da relação comercial. Geralmente, nestes casos temos o contribuinte de boa-fé que efetua uma relação comercial com empresa regularmente estabelecida, mediante a emissão de nota fiscal e consequente escrituração do crédito em seus livros fiscais. No outro lado da relação, temos empresas portadoras de todos os registros e licenças exigidos pelo Poder Público, inclusive a inscrição de contribuinte do imposto, dotadas de estrutura compatível com os atos do comércio a que se propõe praticar e que realmente praticam, com a entrega da mercadoria, recebimento do preço a eles devido e emissão de toda a documentação exigida por lei. Ocorre que a fiscalização, ao tomar conhecimento de que o contribuinte emissor da nota não recolhe o imposto devido, se dirige a todas aquelas empresas que com ele efetuaram relação comercial e procede a glosa dos créditos, com a consequente lavratura do auto de infração e imposição de penalidades, desconsiderando por completo o fato de que a empresa emissora da nota à época era regularmente constituída e portadora de inscrição fornecida pelas mesmas autoridades. O fundamento legal para esta prática seria o disposto no artigo 23 da Lei Complementar n. 87/96 que condiciona o direito de crédito à idoneidade da documentação. [...] Não existe norma que condicione o direito de crédito ao recolhimento do tributo nas operações anteriores, seja através do seu regular débito nos livros fiscais, seja através da inexistência de débitos por parte do emissor da nota fiscal. A fiscalização não pode exigir que o contribuinte ao adquirir mercadoria proceda a uma pesquisa para averiguar a situação fiscal do emissor da nota ou, tampouco, se o débito fiscal do imposto foi feito. Por óbvio, impor obrigações desta jaez inviabilizam o exercício da atividade comercial. [...] Por ocasião da relação comercial, o contribuinte confirma a regular inscrição do emissor da nota fiscal ... e, em caso positivo, se credita dos valores destacados na nota a título de ICMS. Trata-se de procedimento amparado em lei que, uma vez observado, configura ato já consumado que não poderá vir a ser desconsiderado pelas autoridades. Nestes casos em que o Fisco almeja lavrar auto de infração por operações efetuadas antes da declaração da inidoneidade, segundo os precedentes do Superior Tribunal de Justiça, a mera demonstração de que o emissor da nota fiscal estava à época da transação comercial regularmente constituído já seria suficiente para impedir a glosa dos créditos... [...] A glosa dos créditos é possível somente no caso de claro conluio entre os contribuintes, bem como nas operações praticadas após a publicação da declaração de inidoneidade. Não há de ser invocado o princípio da solidariedade, eis que o mesmo não é aplicável naqueles casos em que a conduta está tipificada como crime pela legislação tributária" (PEREZ, Fernando Augusto Monteiro. Crédito de ICMS e a idoneidade do contribuinte emissor da nota fiscal. *RDDT* 76/19-28, 2002).

• Vide: BOTTALLO, Eduardo Domingos. Inidoneidade fiscal no âmbito do ICMS. *RDDT* 232/74, 2015.

– Dever de diligência. Excessos. "... na lei paulista do ICMS (6.374/1989), há um dispositivo que prescreve ao contribuinte um 'dever de diligência', de mostrar ao seu parceiro de negócio e exigir dele a comprovação de regularidade perante o fisco. Trata-se do artigo 22-A: 'Artigo 22-A – Sempre que um contribuinte, por si ou seus prepostos, ajustar a realização de operação ou prestação com outro contribuinte, fica obrigado a comprovar a sua regularidade perante o fisco... e também a exigir o mesmo procedimento da outra parte, quer esta figure como remetente da mercadoria ou prestador do serviço, quer como destinatário ou tomador, respectivamente'. Também consta da lei paulista que o crédito de ICMS está condicionado a 'documento fiscal hábil, emitido por contribuinte em situação regular perante o fisco'. ... cabe perguntar se é admissível vedar o crédito de ICMS ao contribuinte que cumpriu o 'dever de diligência objeto do art. 22-A, i.e., que mostrou e exigiu de seu parceiro de negócio (que viria a emitir documento fiscal inábil/inidôneo) a comprovação da regularidade perante o Fisco. [...] mesmo nessa hipótese, pode um contribuinte ludibriar o outro... Mas situações assim ultrapassam o 'dever de diligência' do contribuinte e alcançam o dever de fiscalização do Fisco. O contribuinte paulista que observa o art. 22-A é, nos termos acima, o 'adquirente de boa-fé' de que fala o REsp 1.148.444/MG, cuja responsabilidade 'reside na exigência, no momento da celebração do negócio, da documentação pertinente à assunção da regularidade do alienante, cuja verificação de idoneidade incumbe ao Fisco" (GRANATO, Marcelo de Azevedo. Inidoneidade documental e crédito de ICMS: o Recurso Especial 1.148.444/MG. *RDDT* 225/125, 2014).

– Compra e venda envolvendo empresa em situação irregular. "ICMS. CRÉDITOS RESULTANTES DE NOTA FISCAL. INIDONEIDADE DA EMPRESA EMITENTE. ENTRADA FÍSICA DA MERCADORIA. NECESSIDADE. VENDEDOR DE BOA-FÉ. INEXISTÊNCIA DE DOLO OU CULPA. PRECEDENTES. O vendedor ou comerciante que realizou a operação de boa-fé, acreditando na aparência da nota fiscal, e demonstrou a veracidade das transações (compra e venda), não pode ser responsabilizado por irregularidade contatada posteriormente, referente à empresa já que desconhecia a inidoneida-

de da mesma" (STJ, 2ª T., REsp 112.313/SP, Min. Francisco Peçanha Martins, nov. 1999, *DJU* 17-12-1999).

– "ICMS. CRÉDITOS RESULTANTES DE NOTA FISCAL. DECLARAÇÃO SUPERVENIENTE DA INIDONEIDADE DE QUEM A EMITIU. Verificando que o contribuinte aproveitou crédito decorrente de nota fiscal emitida por quem estava em situação irregular (ainda que só declarada posteriormente), o respectivo montante só é oponível ao Fisco se demonstrado, pelos registros contábeis, que a operação de compra e venda realmente aconteceu. Hipótese, todavia, em que o lançamento fiscal foi efeito imediato da declaração, superveniente da inidoneidade do emitente da nota fiscal, sem que a efetividade da operação de compra e venda tenha sido contestada" (STJ, 2ª T., REsp. 89.706, Min. Ari Pargendler, 24-3-1998, *DJU* 6-4-1998).

⇒ **Estorno de créditos.** A CF prevê a anulação (estorno) dos créditos relativos às operações anteriores na hipótese de isenção ou não incidência do ICMS, conforme o art. 155, § 2º, II, *b*.

– "Constitui... grave equívoco supor que a Constituição Federal autorize o legislador infraconstitucional ou o administrador, conforme as conveniências e os interesses arrecadatórios do Fisco, a estornar, amputar ou reduzir créditos relativos a operações anteriores tributadas. O estorno restringe-se aos créditos relativos a operações de circulação de mercadorias, na hipótese de isenção ou de não incidência outorgados como benefício fiscal..." (COÊLHO, Sacha Calmon Navarro; DERZI, Misabel Abreu Machado. ICMS – Direito de creditamento – Princípio da não cumulatividade. *RDDT* 102/147, 2004).

– Descabimento quando do perecimento, deterioração, extravio ou furto. "... os únicos limites traçados pela Constituição Federal ao princípio da não cumulatividade residem na condição de tributação da saída de mercadorias do estabelecimento do contribuinte: se isentas ou não tributadas é que o crédito apropriado na entrada deve ser estornado. Evidentemente, o perecimento, deterioração ou extravio de mercadorias não configuram saídas isentas ou não tributadas. E mais. ao configuram sequer saídas de mercadorias, o que decreto confirma a completa dessemelhança entre as hipóteses..." (BRAGA, Waldir Luiz; BERGAMINI, Adolpho. Inexigibilidade do estorno do crédito de ICMS em casos de perda, quebra ou perecimento de mercadorias do estoque. *RDDT* 153/87, 2008).

– "Saindo a mercadoria de circulação por perecimento, deterioração o extravio, inclusive furto, não existirá, obviamente, operação seguintes. O crédito gerador, portanto, quando da sua entrada, por falta de previsão constitucional idêntica à da operação ou prestação posterior isenta ou não tributada, não poderá ser anulado ou estornado por determinação do legislador complementar ou ordinário, sob pena de cumulatividade do imposto" (GOMES DE MATTOS, Aroldo. *ICMS*: Comentários à legislação nacional. São Paulo: Dialética, 2006, p. 354).

– "Oportuno considerar que também os bens que venham a ser objeto de furto, perecimento ou deterioração não deve acarretar estorno de crédito (ao contrário do consignado na LC n. 87/96, art. 21, IV), uma vez que estas situações não tipificam operação ou prestação subsequente, não sendo enquadradas nas restrições

constitucionais..." (SOARES DE MELO, José Eduardo. *ICMS*: Créditos relacionados a bens destinados a uso, consumo ou ativo permanente. O ICMS e a LC 88/96. São Paulo: Dialética, 1997, p. 86).

– Venda de mercadoria por valor menor que o da aquisição. "ICMS – CRÉDITO – VENDA SUBSIDIADA DO PRODUTO – SERVIÇOS – FIDELIZAÇÃO. A pretensão de ter-se crédito relativo ao Imposto sobre Circulação de Mercadorias e Serviços ante a venda do produto por preço inferior ao da compra não encontra respaldo no figurino constitucional. IMPOSTO SOBRE CIRCULAÇÃO DE MERCADORIAS E SERVIÇOS – PRINCÍPIO DA NÃO CUMULATIVIDADE E ISENÇÃO. Conclusão sobre a valia de lei estadual a prever que, no caso de a mercadoria ser alienada, intencionalmente, por importância inferior ao valor que serviu de base de cálculo na operação de que decorreu sua entrada, a anulação do crédito correspondente à diferença entre o valor referido e o que serviu de base ao cálculo na saída respectiva, isso presente contribuinte eventual, homenageia a essência do princípio da não cumulatividade" (STF, Plenário, RE 437006 ED, Min. Marco Aurélio, out. 2011).

– "... a maioria das legislações estaduais apoucam aquela garantia constitucional, ao determinar a obrigatoriedade do estorno de crédito correspondente à diferença entre o valor da entrada e o da saída da mercadoria, quando alienada por valor inferior ao da aquisição. Algumas Fazendas Estaduais, no afã de cada vez mais arrecadar, tentam macular o princípio da não cumulatividade, alegando que o não procedimento ao estorno do crédito contra o fisco, criando um verdadeiro imposto às avessas. A título de exemplo, a questão se coloca nos seguintes termos: um comerciante adquire um lote de mercadoria, cujo valor da operação e por conseguinte sua base de cálculo constante da nota fiscal é de R$ 1.000,00. Sujeitando-se a uma alíquota de 25% com destaque de ICMS de R$ 250,00, o aludido comerciante credita-se desse valor em sua conta corrente fiscal. Em seguida, em outra operação mercantil, revende esse mesmo lote de mercadoria, cujo valor real da operação é R$ 800,00, com débito de imposto de R$ 200,00. Essa diferença entre crédito e débito, portanto, R$ 50,00 no entendimento das Fazendas Estaduais, deverá ser estornado. [...] Proceder ao estorno desse crédito é restabelecer cumulatividade vedada pela Lei Maior que fica tolhida pela eficácia jurídica do sistema de compensação nela prenunciado" (ANDRADE DA CUNHA, Thadeu. ICMS: Indevido e estorno de créditos nas vendas por valor inferior ao da compra. *RDDT* 35/75, 1998).

– Tendo em vista o princípio da não cumulatividade, caso um comerciante venda produtos por um preço inferior ou igual ao de compra, nenhum ICMS poderá ser cobrado em razão desta venda, cabendo compensação, já que não há tal impossibilidade no art. 155, § 2º, da CF/88. Nesses termos estão os arts. 19 e 20 da Lei Complementar 87/96. A base de cálculo integra a hipótese de incidência do tributo, ou seja, não havendo base de cálculo, não teremos uma obrigação tributária. Não cabe ao legislador ordinário alterar as normas de Lei Complementar, que não proíbem tal operação (BORGES, José Cassiano; AMÉRICO DOS REIS, Maria Lúcia. ICMS base de cálculo venda de mercadoria por preço inferior ao custo. *RDDT* 39, 1998).

– Crítica à posição do STF. "... a venda com prejuízo não pode ensejar o estorno parcial dos créditos da entrada, seja porque vai de encontro ao objetivo da não cumulatividade (que visa desonerar o contribuinte de direito para se evitar cumulação de imposto ao longo da cadeia), seja porque não pode ser equiparada a qualquer das exceções que foram validamente previstas no ordenamento jurídico vigente como causas ensejadoras do estorno do crédito. Outrossim, a não cumulatividade não pode ser pensada sob o enfoque de uma única operação, na medida em que a mera extinção dos débitos com os créditos da entrada não é suficiente para se afastar a cumulatividade. Deve-se sempre analisá-la considerando-se as sucessivas operações realizadas pelo contribuinte, como salienta Sacha Calmon, diferentemente do que fez o Supremo Tribunal Federal ao considerar válida a referida regra fluminense de estorno proporcional dos créditos pela venda de mercadorias abaixo do preço de aquisição" (MOREIRA, André Mendes; LESSA, Donovan; MAIA, Marcos Correia Piqueira. O direito à manutenção integral dos créditos de ICMS quando o preço de venda da mercadoria é inferior ao custo de aquisição – críticas ao posicionamento do STF no RE n. 437.006/RJ. *RDDT* 218/7, 2013).

– Inadimplência. Estorno do incidido sobre a margem acrescida. "... no preço devido pelo comprador está subjacente o ICMS incidente nessa operação. Mas, se esse preço não for pago, fica o vendedor sem condições financeiras para saldar o imposto devido ao ente tributante. ... diante da obstinação fiscal desse pagamento, haverá flagrante desrespeito às limitações constitucionais ao poder de tributar consistentes, entre outras, (a) na inobservância do princípio da capacidade econômica ou contributiva e (b) na vedação do confisco. [...] são absolutamente justos prudentes e rigorosos os critérios estabelecidos pela legislação do imposto sobre a renda para a dedução das perdas sofridas pelo contribuinte no recebimento de créditos, pois há uma equânime razoabilidade e proporcionalidade entre os valores tidos como irrecuperáveis e o tempo de inadimplência (partem de R$ 5.000,00 por operação vencida há mais de seis meses), obedecendo-se, assim, ao princípio constitucional da capacidade contributiva, da razoabilidade e da proporcionalidade. Diante disso, a adoção analógica pela legislação do ICMS é inapelável" (GOMES DE MATTOS, Aroldo. ICMS – operações e prestações tributadas legalmente como perdidas – estorno do incidido sobre a margem acrescida ou agregada. *RDDT* 149, 2008).

– Estorno do crédito relativo a bens baixados por obsolescência. Desnecessidade, salvo se a saída ocorrer com isenção. "... o empresário costuma realizar periodicamente a análise do seu estoque e não é raro que sejam identificados produtos que não têm mais utilidade no exercício da atividade empresarial (por exemplo: insumos que seriam usados na industrialização de produto que saiu de linha; matéria-prima que foi substituída por outra de diferente qualidade etc.) ao constatar esse fato, o empresário realiza a baixa dos bens constantes no estoque em virtude de 'obsolescência'. [...] para haver perecimento, deve existir uma destruição material (física ou corpórea) da coisa. Não é o caso. Na obsolescência, as características físicas dos bens adquiridos permanecem as mesmas. Ocorre tão somente uma perda da importância do bem: por desuso, porque o bem passou a ser impróprio ao fim a que se destinada. Portanto, a baixa ocorrerá por obsolescência ou inutilidade, mas não é hipótese de perecimento. [...] A baixa por obsolescência acarretará a anulação do crédito do IPI, devendo o crédito do imposto ser anulado mediante estorno na escrita fiscal, inclusive no caso de tais bens serem vendidos como sucata. O contribuinte deve realizar o estorno dos créditos de PIS e Cofins dos bens inutilizados por obsolescência, inclusive no caso de tais bens serem vendidos como sucata. O contribuinte deve realizar o estorno dos créditos de ICMS dos bens baixados por obsolescência apenas se houver hipótese de venda da mercadoria com isenção, não incidência ou o contribuinte deixar de realizar operação subsequente – nesse último caso, quando a mercadoria entrada no estabelecimento vier a perecer, deteriorar-se ou extraviar-se. Assim, não deve ser feito o estorno do créditos de ICMS dos bens baixados por obsolescência caso tais bens sejam vendidos como sucata, exceto se a legislação estadual contiver previsão de isenção na operação" (HOFFMANN, Daniel Augusto. Bens baixados por obsolescência. Estorno ou manutenção de créditos de IPI, PIS, Cofins e ICMS. *RDDT* 215/54, 2013).

– Sobre a isenção, a isenção parcial, redução da base de cálculo e a anulação e estorno dos créditos. Vide nota à alínea *b* do inciso II.

⇒ **Natureza escritural do crédito de ICMS.** "Agravo regimental. Como salientado no despacho agravado, o denominado crédito no ICMS é crédito puramente escritural, e guarda essa característica tanto para a apuração do saldo mensal quanto no caso de haver saldo a seu favor, passando este, ainda como crédito escritural para o mês seguinte. Daí, acentuar o despacho agravado que esse crédito não é, ao contrário do que ocorre com o crédito tributário cujo pagamento pode o Estado exigir, um crédito na expressão total do termo jurídico, mas existe apenas para fazer valer o princípio da não cumulatividade, em operações puramente matemáticas, não se incorporando ao patrimônio do contribuinte, tanto que este, ao encerrar suas atividades, não tem o direito de cobrar da Fazenda seus créditos que não puderam ser utilizados para compensar seus débitos na conta mensal de chegada. Precedente do STF: RE 195.643. Agravo a que se nega provimento" (AC um. da 1ª T do STF AgRg em AG 230.478-0-SP, Rel. Min. Moreira Alves, *DJU* 13-8-1999, p. 10).

⇒ **Correção monetária do crédito do ICMS.** O STF tem negado o direito à correção monetária do crédito de ICMS, forte na sua natureza escritural, mesmo que se trate de créditos extemporaneamente escriturados. Entende que só poderá ser corrigido caso haja previsão legal neste sentido. Rejeita tanto o argumento de que a ausência de correção violaria a técnica da não cumulatividade como o argumento de que haveria ofensa à isonomia. Há, porém, precedentes do STJ reconhecendo o direito à correção monetária.

– Sobre a matéria, Vittorio Cassone – ICMS (e IPI) – correção do crédito escritural e saldo credor, *Rep. IOB de Jur.* 1/01, 1/16149.

– **Inexistência do direito à correção. STF.** "ICMS... Essas operações de creditamento têm natureza meramente contábil: são os chamados créditos escriturais. Aplica-se a eles técnica de contabilização para viabilizar a equação entre débitos e créditos, para fazer valer o princípio da não cumulatividade" (STF, Plenário, RE 386.475-1/RS, Rel. p/ o acórdão Min. Cármen Lúcia, out. 2006).

– "ICMS e Correção Monetária. O Tribunal manteve decisão do Min. Maurício Corrêa, relator, que, inadmitindo embargos de divergência, reafirmara a jurisprudência do STF no sentido de que os contribuintes do ICMS não têm direito a corrigir monetariamente os saldos dos créditos escriturais quando não há legislação estadual autorizando tal correção. Precedentes citados: RE 195.643-RS (*DJU* de 21.8.98) e RE 213.583-RS (*DJU* de 18.11.97). RE (AgRg-EDiv-AgRg) 212.163-SP, Min. Maurício Corrêa, 18.2.2002. (RE-212163)" (*Informativo* 257 do STF, 2002).

– "... ICMS – SALDO ESCRITURAL – CORREÇÃO MONETÁRIA PRETENDIDA PELO CONTRIBUINTE – INADMISSIBILIDADE – RECURSO DE AGRAVO IMPROVIDO. A jurisprudência do Supremo Tribunal Federal firmou-se no sentido de não reconhecer, ao contribuinte do ICMS, o direito à correção monetária dos créditos escriturais excedentes, enfatizando, ainda, que essa recusa não configura hipótese caracterizadora de ofensa aos postulados constitucionais da não cumulatividade e da isonomia. Precedentes" (STF, AgRgRE 231.195-1, 2001).

– "... ICMS. CORREÇÃO MONETÁRIA DO DÉBITO FISCAL. INEXISTÊNCIA DE PREVISÃO LEGAL PARA A ATUALIZAÇÃO DO CRÉDITO TRIBUTÁRIO. ALEGAÇÃO DE OFENSA AO PRINCÍPIO DA ISONOMIA E AO DA NÃO CUMULATIVIDADE. IMPROCEDÊNCIA. 1. Crédito do ICMS. Natureza meramente contábil. Operação escritural, razão pela qual não se pode pretender a aplicação da atualização monetária. 2. A correção monetária do crédito do ICMS, por não estar prevista na legislação estadual, não pode ser deferida pelo Judiciário sob pena de substituir-se o legislador em matéria de sua estrita competência. 3. Alegação de ofensa ao princípio da isonomia e ao da não cumulatividade. Improcedência. Se a legislação estadual somente prevê a correção monetária do débito tributário e não a atualização do crédito, não há que se falar em tratamento desigual a situações equivalentes. 3.1. A correção monetária incide sobre o débito tributário devidamente constituído, ou quando recolhido em atraso. Diferencia-se do crédito escritural – técnica de contabilização para a equação entre débito e crédito –, a fim de fazer valer o princípio da não cumulatividade. Recurso extraordinário conhecido e provido" (STF, RE 223.566).

– "... ICMS. ESTADO DE SÃO PAULO. CORREÇÃO DOS CRÉDITOS ACUMULADOS. PRINCÍPIOS DA NÃO CUMULATIVIDADE E DA ISONOMIA. O sistema de créditos e débitos, por meio do qual se apura o ICMS devido, tem por base valores certos, correspondentes ao tributo incidente sobre as diversas operações mercantis, ativas e passivas, realizadas no período considerado, razão pela qual tais valores, justamente com vista à observância do princípio da não cumulatividade, são insuscetíveis de alteração em face de quaisquer fatores econômicos ou financeiros. De ter-se em conta, ainda, que não há falar, no caso, em aplicação do princípio da isonomia, posto não configurar obrigação do Estado, muito menos sujeita a efeitos moratórios, eventual saldo escritural favorável ao contribuinte, situação reveladora, tão somente, de ausência de débito fiscal, este sim, sujeito a juros e correção monetária, em caso de não recolhimento no prazo estabelecido. Recurso conhecido e provido" (STF, RE 195.902, 1998).

– **Reconhecendo o direito à correção monetária.** "... busca-se a garantia de que a compensação entre créditos e débitos do Imposto sobre Circulação de Mercadorias e Serviços não será realizada apenas escrituralmente, mas de maneira rela, ainda que não haja lei local a prever expressamente o direito à correção monetária dos créditos, sob pena de se ver reduzido, anulado, alfim, solapado o conteúdo do princípio constitucional da não cumulatividade, considerado o regime de economia inflacionária a que esteve submetido o País até pouco tempo. Reconhecer o direito de os contribuinte terem os créditos corrigidos monetariamente resulta em simples manutenção do poder aquisitivos da moeda, não se podendo falar em atuação do Judiciário como legislador positivo, mas como garante da força normativa da Constituição. Revela a homenagem ao princípio isonômico, no que a ultrapassagem da data de pagamento do tributo atrai a respectiva atualização do valor devido" (excerto de voto vencido do Min. Marco Aurélio proferido em outubro de 2006, por ocasião do julgamento, pelo Plenário do STF, do RE 386.475-1/RS).

– "... a correção monetária do crédito do ICMS pela entrada de mercadoria busca impedir que o Estado receba mais do que lhe é devido, caso seja congelado o valor nominal do imposto lançado quando da entrada da mercadoria no estabelecimento. É que o denominado 'crédito' do ICMS constitui uma 'moeda' adotada pela lei para que o contribuinte, mediante o sistema de compensação com o débito apurado pela saída da mercadoria, pague o imposto devido" (excerto de voto vencido proferido em outubro de 2006, por ocasião do julgamento, pelo Plenário do STF, do RE 386.475-1).

– "... ICM. ISENÇÃO. CRÉDITO. AÇÃO DECLARATÓRIA. CORREÇÃO MONETÁRIA. I – O crédito fiscal, relativo às importações de matéria-prima com isenção, deve sofrer correção monetária. II – ..." (STJ, EDivREsp 7.520-2, 1993).

– **Do direito à correção no aproveitamento extemporâneo de crédito.** "ICMS – CRÉDITO TRIBUTÁRIO DECORRENTE DE PAGAMENTO A MAIOR – REPETIÇÃO DE INDÉBITO – RESISTÊNCIA ILEGÍTIMA DA FAZENDA PÚBLICA – HIPÓTESE QUE NÃO SE TRATA DE MERA ESCRITURAÇÃO – CORREÇÃO MONETÁRIA PRETENDIDA PELO CONTRIBUINTE – POSSIBILIDADE – RECURSO DE AGRAVO IMPROVIDO" (STF, ARE 695.592 AgR, 2013).

– "ICMS. CRÉDITOS EXTEMPORÂNEOS. OPOSIÇÃO INJUSTIFICADA DO FISCO A SUA ESCRITURAÇÃO. CORREÇÃO MONETÁRIA. CABIMENTO... 2. Fazem jus à correção monetária os créditos tributários tardiamente escriturados em função de oposição injustificada do Fisco (RE 200.379-ED-ED-EDv, rel. Min. Sepúlveda Pertence, Tribunal Pleno, DJ 05-05-2006). 3. Embargos de declaração acolhidos,

com efeitos infringentes, para dar provimento ao recurso extraordinário e reconhecer o direito da demandante à correção monetária dos créditos tributários pleiteados" (STF, RE 372.975 AgR-ED, 2013).

– "... ICMS. CRÉDITO. MATÉRIA-PRIMA E OUTROS INSUMOS. EXPORTAÇÃO. ARTIGO 3º DA LC 65/91. SUSPENSÃO DE EFICÁCIA. DEFERIMENTO CAUTELAR DA ADI 600. POSIÇÃO REVISTA NO JULGAMENTO DE MÉRITO. APROVEITAMENTO TARDIO DE CRÉDITOS. CORREÇÃO MONETÁRIA. ADMISSIBILIDADE. ... 2 Pretensão da agravante em escriturar os créditos de ICMS que deixaram de ser compensados no período em que se encontrava suspensa a eficácia do art. 3º da LC 65/91, pelo julgamento cautelar da ADI 600. Circunstância que autoriza o contribuinte a compensar estes créditos, com correção monetária. Precedente: RE 282.120, DJ 30.06.1995. [...]" (STF, AgRgRE 301.753-5, 2003).

– "... EXPORTAÇÃO. PRODUTOS INDUSTRIALIZADOS. ICMS. MATÉRIA-PRIMA E OUTROS INSUMOS. COMPENSAÇÃO. AUTORIZAÇÃO LEGAL. SUSPENSÃO LIMINAR. CRÉDITO IMPOSSIBILITADO. CONSTITUCIONALIDADE RECONHECIDA POSTERIORMENTE. RETORNO DA SITUAÇÃO AO *STATUS QUO ANTE*. CORREÇÃO MONETÁRIA. CABIMENTO. 1. Prequestionamento. Ausente o interesse de recorrer, por falta de sucumbência, basta para o atendimento do requisito que a tese jurídica suscitada como causa de pedir tenha sido objeto das contrarrazões apresentadas pela parte por ocasião dos recursos de apelação e extraordinário, e também tratada nos embargos de declaração. 2. ICMS. Compensação autorizada pelo artigo 3º da Lei Complementar federal 65/91. Regra legal suspensa liminarmente. Julgamento de mérito superveniente que reconheceu a constitucionalidade do dispositivo (ADI 600, DJ 30/06/95). Efeitos *ex tunc* da decisão. 3. Créditos escriturais não realizados no momento adequado por óbice do Fisco, em observância à suspensão cautelar da norma autorizadora. Retorno da situação ao *status quo* anterior. Garantia de eficácia da lei desde sua edição. Correção monetária devida, sob pena de enriquecimento sem causa da Fazenda Pública. 4. Atualização monetária que não advém da permissão legal de compensação, mas do impedimento causado pelo Estado para o lançamento na época própria. Hipótese diversa da mera pretensão de corrigir-se sem previsão legal, créditos escriturais do ICMS. Acórdão mantido por fundamentos diversos. Recurso extraordinário não conhecido" (STF, RE 282.120-9, 2002).

– **Correção monetária dos créditos x não cumulatividade.** "... ICMS. CORREÇÃO MONETÁRIA DOS VALORES COMPENSADOS FACE À NÃO CUMULATIVIDADE. POSSIBILIDADE. 1. São corrigíveis os créditos escriturais excedentes de ICMS, independendo de autorização legislativa para tanto. Inteligência do artigo 155, § 2º, I da Constituição Federal, eis que a compensação se dá com base no montante das operações efetuadas em determinado período. 2. Em que pese a recente extinção da Súmula 16, desta Corte, e a contrariedade à Lei 8820\89, os valores decorrentes de créditos havidos em compensações com operações sucessivas envolvendo o ICMS, o saldo havido em decorrência destas, deve sofrer a devida atualização, sob pena de configuração de enriquecimento sem causa, vez que o instituto da correção monetária, além de histórico, é sistêmico, incidindo em qualquer relação financeira que se protraia no tempo. Apelo voluntário improvido. Confirmada a decisão em reexame necessário" (TJRS, AC 597.037.191, 2000).

– "O artigo 155, § 2º, inc. I, da Constituição Federal, ao consagrar, em relação ao ICMS, o princípio da não cumulatividade, garante, para efeitos de compensação, o aproveitamento integral do crédito relativamente às entradas de mercadorias oneradas com o imposto, pouco importando o momento de sua apropriação na conta-corrente fiscal. O direito à correção monetária, ainda que inexistente lei que o garanta ao sujeito passivo, decorre da necessidade de aplicação do princípio da igualdade jurídica entre as partes: se o direito é legalmente previsto ao sujeito ativo, nos mesmos parâmetros é ele, também, garantido ao sujeito passivo" (TJRS, AC 70000017137, 1999).

– **Homenagem ao equilíbrio da equação crédito/débito.** "... CORREÇÃO MONETÁRIA. ICMS. CRÉDITO TRIBUTÁRIO. Longe fica de vulnerar o princípio da não cumulatividade conclusão sobre o direito do contribuinte à reposição do poder aquisitivo da moeda quanto a crédito tributário reconhecido, homenageando-se o equilíbrio da equação crédito e débito" (STF, AgRg em Ag 191.605-9, 1998).

– **Necessidade de observância do princípio da isonomia.** "A pretensão de corrigir monetariamente o crédito do ICMS encontra foro mais adequado no princípio da isonomia e na desmoralização do valor nominal da moeda. Com efeito, tem-se apregoado, inclusive judicialmente, que o Estado-membro e o Distrito Federal podem disciplinar a atualização dos seus créditos no campo do ICMS, o que dispensa a edição de uma lei complementar. Veja-se, no particular, a seguinte decisão do STJ, relatada pela ministro Humberto Gomes de Barros: Ementa: ICMS Correção Monetária Competência dos Estados e Distrito Federal (Art. 34, par-8, do ADCT-CF/88) Multa art. 538 do CPC. A mera correção monetária de crédito tributário referente ao ICMS, para a preservação do seu valor, não é matéria reservada à lei complementar e se insere na competência dos Estados e do Distrito Federal (Art. 34, par-8, do Ato das Disposições Constitucionais Transitórias). REsp 0019680, DJ 16/08/93, p. 15962. [...] Não se pode tratar desigualmente dois créditos: um da Fazenda Estadual e outro do contribuinte. Se há previsão legal para a correção monetária do crédito da Fazenda Estadual, imediatamente surge a mesma possibilidade para o contribuinte. [...] Significa, portanto, que a legislação estadual não pode vedar a utilização da correção monetária pelo contribuinte ao mesmo tempo em que corrige os créditos públicos. Isto é flagrantemente inconstitucional. No STJ já se garantiu a correção monetária do crédito do ICMS no que diz com o contribuinte: Ementa: Tributário. ICMS. Créditos originados de compra de café ao IBC. Correção Monetária. Legitimidade. I. É consabido que o reajuste monetário visa exclusivamente a manter no tempo o valor real da dívida, mediante a alteração de sua expressão nominal, não gera acréscimo ao valor nem traduz sanção punitiva. Decorre do simples transcurso temporal, sob regime de desvalorização da

moeda. II. Reconhecido o direito ao creditamento do valor do imposto (ICMS), legítima é a correção monetária sobre o respectivo crédito. III. Recurso a que se nega provimento, sem discrepância. (REsp 0015768, Min. Demócrito Reinaldo, *DJ* de 17/10/94, p. 27.860)" (FERREIRA SOBRINHO, José Wilson. Correção monetária de crédito de ICMS. *Rep. IOB de Jur.*/98, Verbete 1/12514).

⇒ **Vedação do aproveitamento do crédito. Inconstitucionalidade.** "ICMS. PRINCÍPIO DA NÃO CUMULATIVIDADE. MERCADORIA USADA. BASE DE INCIDÊNCIA MENOR. PROIBIÇÃO DE CRÉDITO. INCONSTITUCIONALIDADE. Conflita com o princípio da não cumulatividade norma vedadora da compensação do valor recolhido na operação anterior. O fato de ter-se a diminuição valorativa da base de incidência não autoriza, sob o ângulo constitucional, tal proibição. Os preceitos das alíneas *a* e *b* do inciso II do § 2º do artigo 155 da Constituição Federal somente têm pertinência em caso de isenção ou não incidência, no que voltadas à totalidade do tributo, institutos inconfundíveis com o benefício fiscal em questão" (STF, RE 161.031-0, 1997).

⇒ **Créditos de ICMS acumulados por vicissitudes e por exportações. Reconhecimento. Utilização. Transferência. Acumulação. Art. 25, LC 87/96.** "Na medida em que o crédito acumulado tem origens diferentes, distintos são os regimes jurídicos de transferência previstos na Lei Complementar n. 87/96, como se verifica da leitura do seu artigo 25, parágrafos 1º e 2º. ... a regra geral para a transferência de créditos acumulados é caber à lei estadual dispor se haverá ou não tal permissão e disciplinar as condições em que ela poderá ocorrer. Plena liberdade ao Estado. Em função disto, a lei tanto poderá prever mecanismos automáticos de transferência como poderá atribuir discricionariedade ao administrador fazendário para apreciar e decidir se, quando e em que dimensão e condições a transferência poderá ocorrer. [...] Mas este é modelo que se aplica à generalidade dos casos de acúmulo de créditos; não é o modelo que a LC n. 87/96 reserva aos créditos acumulados por exportações! [...] O reconhecimento do crédito previsto no artigo 25, § 1º, II, da LC n. 87/96 não é ato de vontade (querer ou não querer) da Administração Estadual, mas corresponde a um ato de mero conhecimento... A Administração Estadual 'conhece' do ocorrido e 'reconhece' o crédito expedindo um documento em que se apontem estas características. [...] O direito de transferir créditos acumulados em razão de exportação, de que está investido o contribuinte, não nasce do documento nem de qualquer manifestação de vontade da Administração Estadual. Seu direito nasce da simples existência do crédito acumulado decorrente de exportações. A manifestação estadual que afirma tal existência à vista de uma verificação material tem natureza meramente declaratória da sua existência e montante, atribuindo-lhe certeza, seja perante o próprio Estado seja perante terceiros. Trata-se de condição do exercício do direito subjetivo do contribuinte e não de causa de seu nascimento. [...] Tratando-se de créditos acumulados de ICMS, posteriores à LC n. 87/96 e decorrentes de exportações, dispositivo de legislação estadual que condicione sua transferência e utilização à prévia autorização fere o § 1º do art. 25 da LC n. 87/96, pois este dispositivo – diferentemente do previsto no seu § 2º, para os demais créditos – não abre espaço para manifestação discricionária do Estado em relação à transferência de créditos acumulados em razão de exportações. [...] O documento previsto no § 1º do art. 25 da LC n. 87/96 é mera condição de exercício do direito, e resulta de ato de verificação material do ocorrido, não havendo espaço para juízo de conveniência e oportunidade por parte do Estado" (GRECO, Marco Aurélio. ICMS – Créditos acumulados por exportação. Transferência a contribuinte do mesmo Estado. *RFDT* 9/67, 2004).

⇒ **Fracionamento sem correção monetária. Constitucionalidade.** "ICMS. Crédito. Aproveitamento Fracionado. O Tribunal concluiu julgamento de medida liminar em ação direta de inconstitucionalidade ajuizada pela Confederação Nacional da Indústria – CNI contra dispositivos da LC 102, de 11.7.2000, que, alterando a LC 87/96, modificam o critério de apropriação dos créditos do ICMS decorrentes de aquisições de mercadorias para o ativo permanente, de energia elétrica e de serviços de telecomunicação (inserção do § 5º ao art. 20, alteração do inciso II do art. 33 e acréscimo do inciso IV)... Prosseguindo o julgamento, em relação à análise da ofensa ao princípio da não cumulatividade, o Tribunal, por maioria, indeferiu o pedido, por não vislumbrar a alegada violação, uma vez que, não tendo a Constituição Federal fixado de maneira inequívoca, no inciso I do § 2º do art. 155, o regime de compensação de tributos, cuja regulamentação há de ser feita por lei complementar (CF, art. 155, § 2º, XII, *c*), nada impede que lei complementar fixe um novo critério, ressalvado o direito adquirido à apropriação dos créditos, na conformidade do disposto na legislação anterior. Vencido, no ponto, o Min. Marco Aurélio, relator, que deferia a liminar por considerar que o aproveitamento fracionado de créditos, sem se permitir a atualização da moeda, implicaria verdadeiro empréstimo compulsório, fora das hipóteses do art. 148 da CF. ADI 2.325 MC/DF, Min. Marco Aurélio, 23.9.2004" (*Informativo* 362 do STF, 2004).

– **No sentido da inconstitucionalidade do fracionamento do creditamento em 48 meses.** "As empresas contribuintes do ICMS, de modo geral, com base na original sistemática prevista na Lei Complementar 87/96, publicada no *DOU* de 16.09.96, poderiam se apropriar imediatamente como crédito do imposto destacado nas notas fiscais de entrada de bens destinados ao seu ativo imobilizado, sujeitando-se a eventual estorno proporcional deste crédito no caso de alienação do bem antes de decorridos 5 anos da data de sua aquisição. Esses créditos, ainda, nesta sistemática, deveriam ser controlados em livro próprio chamado Controle de Crédito de ICMS do Ativo Permanente – CIAP, nos termos do Ajuste SINIEF 08/97. Esta regra, entretanto, restou alterada pela Lei Complementar 102/00, publicada no *DOU* de 12.07.00, que fracionou o crédito de aproveitamento então imediato em 48 parcelas mensais... [...] Até então, pela anterior regra, o ICMS poderia ser compensado de imediato, não trazendo gravames aos contribuintes. A

partir de agora, todavia, o ICMS gerado pelas operações próprias do estabelecimento, uma vez que sua compensação restou fracionada, incidirá em cascata nos 48 períodos subsequentes ao da aquisição dos bens destinados ao ativo imobilizado sobre o valor agregado pelos mesmos, até que a última parcela deste saldo seja efetivamente aproveitada pelo contribuinte. Dessa forma, o ICMS passa a caracterizar-se como verdadeiro imposto cumulativo, em total desacordo com a Constituição Federal. [...] Resta, claro, com base nestes argumentos, a incompatibilidade da regra trazida no bojo da LC 102/00 com o princípio da não cumulatividade do ICMS. Como se já não os bastassem, podemos citar, contudo, pelo menos outros que, apesar de seu cunho financeiro, é de relevante importância para nossa análise. Este argumento é a perda do valor monetário do crédito ao longo do tempo, face à sua não remuneração por juros remuneratórios (custo de oportunidade do caixa) e à ausência de atualização monetária sobre as 47 parcelas não apropriadas de imediato" (CARVALHO, Frederico Seabra de. Crédito de ICMS proveniente da entrada de bens para o ativo imobilizado – aspectos polêmicos da Lei Complementar 102/2000. *RDDT* 70/49-60, 2001).

– Quanto à necessidade de observância da anterioridade, vide nota ao art. 150, III, *b*, sob a rubrica "Redução de benefícios fiscais...".

⇒ **Crédito na entrada de bem cedido em comodato. Tema 1.052 do STF:** "Observadas as balizas da Lei Complementar n. 87/1996, é constitucional o creditamento de Imposto sobre Operações relativas à Circulação de Mercadorias ICMS cobrado na entrada, por prestadora de serviço de telefonia móvel, considerado aparelho celular posteriormente cedido, mediante comodato". Decisão do mérito em 2020.

II – a isenção ou não incidência, salvo determinação em contrário da legislação:

⇒ **Insumos e saídas isentas ou não tributadas. Não cumulatividade.** Este dispositivo constitucional cuida do reflexo que a aquisição de insumos (em geral) isentos ou não tributados tem sobre a não cumulatividade, em razão de não haver cobrança de imposto na entrada. Também cuida da saída isenta ou não tributada, dispondo sobre o que fazer com os créditos que haviam sido apropriados na entrada. Cuida-se de dispositivo específico quanto ao ICMS. Quanto ao IPI, não há dispositivo expresso, mas a discussão também se estabelece, conforme se pode ver de notas ao art. 153, § 3º, II, da CF.

– **Crédito presumido. Não submissão à regra.** "O benefício de crédito presumido não impede o creditamento pela entrada nem impõe o estorno do crédito já escriturado quando da saída da mercadoria, pois tanto a CF/88 (art. 155, § 2º, II) quanto a LC 87/96 (art. 20, § 1º) somente restringem o direito de crédito quando há isenção ou não tributação na entrada ou na saída, o que deve ser interpretado restritivamente. Dessa feita, o creditamento do ICMS em regime de não cumulatividade prescinde do efetivo recolhimento na etapa anterior, bastando que haja a incidência tributária. 5. Se outro Estado da Federação concede benefícios fiscais de ICMS sem a observância das regras da LC 24/75 e sem autorização do CONFAZ, cabe ao Estado lesado obter junto ao Supremo, por meio de ADIn, a declaração de inconstitucionalidade da lei ou ato normativo de outro Estado – como aliás foi feito pelos Estados de São Paulo e Amazonas nos precedentes citados pela Ministra Eliana Calmon – e não simplesmente autuar os contribuintes sediados em seu território" (STJ, RMS 31.714, 2011).

⇒ **Isenção ou não incidência expressa.** "... esse último preceito é um primor de atecnia, porque mistura instituto rigorosamente construído pela doutrina tributária (isenção) e categoria genérica (não incidência), que, por ser fenômeno, nada tem que a caracterize ou equipare a uma instituição de Direito positivo, como a isenção, a redução de tributo, a anistia etc. Deve ser interpretado como um dispositivo de 'fechamento' do sistema. Recai nas mesmas restrições constitucionais da isenção a eventual referência legal expressa a uma hipótese de não incidência infraconstitucional (p. ex., 'O ICMS não incidirá sobre...'). O que tem decisiva importância porém: não há diferença essencial entre isenção e não incidência infraconstitucionais. A diversidade está só na formulação legal, que ora menciona hipóteses de isenção, ora casos de não incidência do ICMS. Dito ainda mais claramente: são ambas hipóteses de isenção ou, se se prefira, hipóteses de não incidência de normas obrigacionais tributárias" (BORGES, José Souto Maior. Sobre a imunidade das operações interestaduais de circulação do petróleo e combustíveis e manutenção de crédito de ICMS. *RDDT* 168/82, 2009).

⇒ **Imunidade. Não submissão à regra.** A questão está em discussão nos autos da AC 2.559-MC, Relator o Ministro Celso de Mello, cuja liminar para atribuir efeito suspensivo a recurso extraordinário foi mantida pelo Plenário em junho de 2010. Consignou-se que, embora a jurisprudência desta Corte tenha revelado tendência restritiva ao interpretar o alcance da mencionada norma, a situação versada nos autos diferiria dos precedentes, sustentando-se, por conseguinte, a possibilidade de interpretação extensiva do postulado da imunidade tributária na hipótese prevista no art. 150, VI, *d*, da CF. Aduziu-se, portanto, que a exegese que elasteça a incidência da cláusula inscrita no art. 155, § 2º, II, da CF – efetuada com o objetivo de fazer subsumir, à noção de não incidência, o próprio conceito de imunidade – tenderia a neutralizar, mediante indevida redução teleológica, o sentido tutelar de que se acha impregnada a garantia constitucional da imunidade tributária. Registrou-se que tal perspectiva fundar-se-ia no entendimento de que a efetiva – e plena – realização do instituto da imunidade tributária, em contextos como o ora em exame, somente se completaria com a manutenção dos créditos, pois a impossibilidade de utilização dos créditos resultantes das operações de compra de insumos vinculados à produção de papel – com a consequente exigência fiscal de estorno dos créditos referentes a matérias-primas e a outros insumos utilizados na fabricação de papel destinado à impressão de livros, jornais e periódicos – frustraria, indevidamente, por completo, a concretização da tutela constitucional propiciada por essa limitação ao poder de tributar do Estado. Assim, reputou-se caracterizada a plausibilidade jurídica da pretensão, tendo em conta que a presente situação, à

primeira vista, revelaria desrespeito à abrangência normativa da imunidade tributária prevista. Por fim, sustou-se, em consequência, o prosseguimento da execução fiscal decorrente da autuação lavrada por não ter sido estornado o imposto creditado na entrada da mercadoria no estabelecimento industrial da autora" (*Informativo* 591 do STF).

– "Este dispositivo poderia levar a afirmar que o estorno é a regra, mesmo no caso de imunidade, caso lei ordinária não disponha em contrário. A afirmação seria equivocada. De fato, conforme já foi visto, a imunidade significa ausência total do poder de tributar. O legislador não tem competência para legislar sobre matéria que a Constituição imunizou. Nestas condições, o dispositivo em causa só pode ter como destinatário o legislador ordinário ou complementar, não aplicando à imunidade do papel destinado à impressão de livros, jornais e periódicos. Se se aplicasse, o legislador ordinário ou complementar estaria usando de competência que não tem. Não lhe cabe decidir se, na imunidade, o crédito deve ou não ser estornado uma vez que, repita-se, isto já implica o uso de um poder de legislar que não existe e que, se exercido, não produziria ato válido" (COSTA, Alcides Jorge. ICMS – Imunidade – Direito ao crédito – Insumos. *RET* 13/28, 2000).

• Vide, quanto ao IPI, nota ao art. 153, § 3º, II, da CF.

⇒ **Redução da base de cálculo equivale à isenção parcial. Tema 299 do STF:** "A redução da base de cálculo de ICMS equivale à isenção parcial, o que acarreta a anulação proporcional de crédito relativo às operações anteriores, salvo disposição em lei estadual em sentido contrário". Decisão de mérito em 2014.

– "ICMS. 3. Não cumulatividade. Interpretação do disposto art. 155, § 2º, II, da Constituição Federal. Redução de base de cálculo. Isenção parcial. Anulação proporcional dos créditos relativos às operações anteriores, salvo determinação legal em contrário na legislação estadual. 4. Previsão em convênio (CONFAZ). Natureza autorizativa. Ausência de determinação legal estadual para manutenção integral dos créditos. Anulação proporcional do crédito relativo às operações anteriores" (STF, RE 635.688, 2015).

– **Tema 1.215:** "INEXISTÊNCIA DE REPERCUSSÃO GERAL. Existência, ou não, de legislação estadual que preveja a manutenção de créditos referentes a operações tributadas pelo Imposto sobre Circulação de Mercadorias e Serviços – ICMS, nos casos em que houver posterior isenção ou redução da base de cálculo do tributo, ante ressalva contida na tese fixada no RE 635.688 (Tema 299)" (RE 1.367.394). Decisão pela inexistência de repercussão geral em 2022.

⇒ **Alíquota zero. Não submissão à regra.** "por possuir natureza distinta da isenção e da não incidência, a alíquota zero não configura exceção ao princípio em tela. Por não ser exceção ao princípio da não cumulatividade, implica crédito para compensação com o montante devido nas operações ou prestações seguintes, não acarretado a anulação do crédito relativamente às operações anteriores. [...] A alíquota zero constitui instituto utilizado para o desenvolvimento de uma política governamental, ligado à extrafiscalidade tributária, ou seja, com impostos em que o governo pode alterar livremente suas alíquotas sem observar a estrita legalidade não devendo a alíquota zero ser considerada como instituto desconstitutivo da cadeia não cumulativa" (SOUZA, Rachel Nogueira de; SILVA, Saulo Medeiros da Costa. Alíquota zero e isenção: naturezas jurídicas e consequências práticas quanto à compensação tributária. *RET* 50, 2006).

a) não implicará crédito para compensação com o montante devido nas operações ou prestações seguintes;

⇒ **Compatibilidade com o princípio da não cumulatividade assentado no inciso I.** O STF vem decidindo que "nas hipóteses de aquisição de insumos desonerados, não há como vislumbrar eventual apropriação de crédito derivado de imposto não pago na operação anterior" (STF, RE 549.385 AgR, 2015).
– "ICM. ISENÇÃO NA ENTRADA. PRETENDIDO CREDITAMENTO NA SAÍDA. [...] INEXISTÊNCIA DE AFRONTA AO PRINCÍPIO DA NÃO CUMULATIVIDADE DO IMPOSTO. I – ... III – Se o imposto não é devido na primeira etapa e o é na segunda, não pode evidentemente haver cumulação, cujo pressuposto é que algo, sem dedução, se incorpore a algo maior, o que não ocorre quando o primeiro inexiste. III – A isenção concedida à entrada da matéria-prima não se comunica à etapa posterior (saída do produto fabricado com a matéria-prima importada) para o efeito de o imposto que não foi pago na entrada seja creditado por ocasião da saída. IV – Recurso improvido" (STJ, REsp 27.169-5, 1993). Veja-se excerto do voto condutor: "... para que haja cumulação deve existir concretamente dois montantes para que somados resultem quantia maior do que isolados. Se não se tem imposto pago, ou em razão de isenção ou de não incidência, não se tem o que cumular. A não cumulatividade do tributo impede que o montante cobrado, quando da incidência do imposto em uma etapa, venha a se incorporar no montante também cobrado em etapa posterior, resultando em percentual superior ao previsto na lei. Se em uma das etapas não houver cobrança, não haverá, obviamente, cumulação". Obs.: é importante ressaltar, ainda que decorra logicamente da competência do STJ, que o referido acórdão diz respeito mesmo ao antigo ICM e que não há qualquer discussão de questão constitucional. É transcrito aqui porque o raciocínio desenvolvido é pertinente.

⇒ **Havendo previsão legal em sentido contrário, pode compensar.** "ICMS. CORREÇÃO MONETÁRIA DOS VALORES COMPENSADOS FACE À NÃO CUMULATIVIDADE. POSSIBILIDADE. 1. Em existindo permissivo legal no Regulamento do ICMS, para que nas operações isentas possa haver a compensação posterior, torna-se mais concreto o disposto no artigo 155, § 2º, II, da CF\88. [...]" (TJRS, 1ª C. Civ., v.u., AC/REO 598.001.956, Des. Carlos Roberto Lofego Caníbal, abr. 2000). Vê-se do voto condutor: "Realmente, à luz do dispositivo constitucional em epígrafe, em havendo a concessão do benefício da isenção, os créditos que porventura viessem a originarem-se destas transações não gerariam direito à compensação. No entanto, em que pese a orientação contida no artigo 42, § 4º do Regula-

mento do ICMS, em contraposição, há a consulta de fls. 38/40, onde o ora apelante autoriza tais créditos possam ser compensados, ainda que não permitisse a incidência da correção pleiteada. Isso porque, nos termos do artigo 62 do mesmo Regulamento, não há qualquer vedação para que tal procedimento seja levado a efeito. Com isso, permitiu o Estado a compensação de créditos oriundos de transações isentas, com o que restam despojadas de fundamento as inconformidades externadas em sentido oposto. Assim, dispondo o artigo 155, § 2º, II, da Constituição Federal, que no caso de produtos sujeitos à isenção, tais créditos não serão compensados, vez que não sujeitos à regra da não cumulatividade, prevista no inciso anterior, a não ser que haja orientação em sentido contrário. Ora, em vista do explicitado têm-se como plenamente viável a compensação destes créditos".

b) acarretará a anulação do crédito relativo às operações anteriores;

⇒ **Operações de saída isentas. Descabimento do creditamento na entrada, salva a existência de lei autorizativa.** O STF pronunciou-se no sentido da constitucionalidade da lei que autoriza a manutenção do crédito nos autos da ADI 2.320/SC. O julgamento iniciou-se em abril de 2005 e foi concluído em 15 de fevereiro de 2006. A notícia consta do *Informativo* 417 do STF, de março de 2006: "Em conclusão de julgamento, o Tribunal julgou improcedente pedido formulado em ação direta de inconstitucionalidade proposta pelo Governador do Estado de Santa Catarina contra a Lei estadual 11.362/2000, de iniciativa parlamentar, que determina que a concessão de redução de base de cálculo ou de isenção, facultada pelo Convênio ICMS 36/92, às operações internas com os insumos agropecuários nele especificados, implica a manutenção integral de crédito fiscal relativo à entrada dos respectivos produtos – v. *Informativo* 382. Entendeu-se que a lei impugnada excepcionou, com autorização dos Convênios ICMS 36/92 e 89/92, e em consonância com o § 2º do art. 155 da CF, a regra geral de estorno do crédito (CF, art. 155, § 2º: 'II – a isenção ou não incidência, salvo determinação em contrário da legislação: ... b) acarretará a anulação do crédito relativo às operações anteriores;'). ADI 2.320/SC, Min. Eros Grau, 15.2.2006". Cabe considerar que o voto do relator julgava parcialmente procedente o pedido para declarar a inconstitucionalidade da expressão "ou de isenção" e que foi o Min. Marco Aurélio o primeiro a votar pela improcedência do pleito, ao fundamento de que o inciso II do art. 155 da CF teria aberto exceção para que o legislador estadual decidisse sobre a manutenção do crédito, salientando, ainda, que a exigência da lei complementar para disciplinar essa matéria (CF, art. 155, § 2º, XII, *f*) apenas se referiria aos casos de remessa para outro Estado e exportação para o exterior, conforme já fora noticiado em *Informativo* anterior.
– "ICMS. PRODUTOS TRIBUTADOS NAS OPERAÇÕES DE ENTRADA E ISENTADOS NAS OPERAÇÕES DE SAÍDA. PEDIDO DE CREDITAMENTO COM CORREÇÃO MONETÁRIA. 1. A regra é o creditamento do ICMS pago nas operações de entrada. Contudo, sofre exceção quando as opera-

ções de saída ocorrem ao abrigo da isenção. Em tal hipótese, o creditamento depende de lei autorizativa. Não havendo lei, o crédito deve ser anulado. Exegese do art. 155, § 2º, II, alíneas *a* e *b*, da CF" (TJRS, AC/REO 597.018.886, 2000).

– Redução da base de cálculo. Isenção parcial. Estorno quando da opção por regime mais vantajoso de redução de base de cálculo. "Redução da base de cálculo do ICMS e estorno de créditos. A Primeira Turma, em conclusão de julgamento e por maioria, deu provimento a agravo regimental em que se pretendia o estorno total dos créditos do ICMS gerados na entrada de insumos tributados, na hipótese de o contribuinte exercer a opção pela tributação com redução da base de cálculo na saída das mercadorias. No caso, norma estadual instituiu regime tributário opcional a empresas transportadoras contribuintes do ICMS. Com isso, ficava facultada ao contribuinte a manutenção do regime normal de crédito e débito do imposto ou a apuração do débito com o benefício da redução da base de cálculo, vedada, nesta hipótese, a utilização de quaisquer créditos relativos a entradas tributadas. O Colegiado entendeu que, havendo a opção pelo regime ordinário ou por regime mais favorável de tributação e estabelecendo a lei um regramento específico para o regime mais favorável, a adesão a ele não gera o direito ao creditamento se a lei o excluir. Assim, o contribuinte deve optar por um dos regimes. Vencido o ministro Marco Aurélio (relator), que negava provimento ao recurso por entender que a legislação em debate violaria o princípio da não cumulatividade, pois deveria resguardar o aproveitamento dos créditos na proporção da redução da base de cálculo." (*Informativo* 855 do STF, AI 765.420 AgR-segundo, 2017).

– "ESTADO DO RIO GRANDE DO SUL. TRANSPORTADORA. SISTEMA DE BASE DE CÁLCULO REDUZIDA. PRINCÍPIO DA NÃO CUMULATIVIDADE. DECRETO 33.178/89. SOBRESTAMENTO PELO PRECEDENTE DO RE 433.967-EDv. PLEITO DE MODIFICAÇÃO DE PARADIGMA PARA O RECURSO EXTRAORDINÁRIO N. 174.478-ED. CABIMENTO. QUADRO FÁTICO DIVERSO. PROVIMENTO. 1. O precedente do RE 433.967-EDv refere-se aos casos de creditamento do ICMS recolhido nas etapas anteriores quando da aquisição de produtos da cesta básica. 2. A hipótese vertente nos autos refere-se a situação diversa, em que a contribuinte, transportadora, pleiteia o creditamento do ICMS proporcional ao valor da redução da base de cálculo. 3. *In casu*, eis a ementa do acórdão impugnado pelo extraordinário: 'APELAÇÃO CÍVEL. ICMS. EXECUÇÃO FISCAL. SISTEMA DE REDUÇÃO DA BASE DE CÁLCULO. APROPRIAÇÃO DE CRÉDITOS SOBRE A BASE REDUZIDA. POSSIBILIDADE. DESCARACTERIZAÇÃO DO TÍTULO EXECUTIVO. 1. A Constituição, para o fim de concretizar o princípio da não cumulatividade do ICMS, determina o sistema de compensação por creditamento. Conflita, por isso, com a Carta Magna, a adoção de qualquer outro sistema, como por exemplo o da redução da base de cálculo, mesmo que seja por opção do contribuinte, desimportando inclusive o resultado pecuniário. É que, no caso, o sistema eleito pela Carta Magna traduz o próprio conteúdo da garantia que ela assegura, que é, em

substância, de proveito integral. Exegese do art. 155, § 2º, I, da CF. Precedentes desta Corte e também do STF. 2. Havendo direito de crédito do ICMS que incidiu sobre a base reduzida, resta descaracterizada a CDA, levando o processo executório fiscal à extinção, mesmo que, em tese, nem toda apropriação seja legítima. É que a hipótese não é de mera exclusão do excesso mediante cálculos aritméticos, mas de nova apuração do tributo. Precedente do STJ. 3. Apelação desprovida e sentença confirmada em reexame'. 4. O Plenário do Supremo, no julgamento do RE n. 174.478-ED, Rel. Min. Cezar Peluso, assentou: 'EMENTA: TRIBUTO. Imposto sobre Circulação de Mercadorias. ICMS. Créditos relativos à entrada de insumos usados em industrialização de produtos cujas saídas foram realizadas com redução da base de cálculo. Caso de isenção fiscal parcial. Previsão de estorno proporcional. Art. 41, inc. IV, da Lei estadual n. 6.374/89, e art. 32, inc. II, do Convênio ICMS n. 66/88. Constitucionalidade reconhecida. Segurança denegada. Improvimento ao recurso. Aplicação do art. 155, § 2º, inc. II, letra *b*, da CF. Alegação de mudança da orientação da Corte sobre os institutos da redução da base de cálculo e da isenção parcial. Distinção irrelevante segundo a nova postura jurisprudencial. Acórdão carente de vício lógico. Embargos de declaração rejeitados'. O Supremo Tribunal Federal entrou a aproximar as figuras da redução da base de cálculo do ICMS e da isenção parcial, a ponto de as equiparar, na interpretação do art. 155, § 2º, II, *b*, da Constituição da República. 5. Agravo regimental da contribuinte provido para afastar o sobrestamento. 6. Consequente desprovimento do primeiro agravo da contribuinte e provimento do regimental do Estado do Rio Grande do Sul" (STF, RE 515.765 AgR-AgR, 2013).

– "ICMS. SERVIÇOS DE TRANSPORTE INTERMUNICIPAL OU INTERESTADUAL. CUMULATIVIDADE. REGIME OPCIONAL DE APURAÇÃO DO VALOR DEVIDO. VANTAGEM CONSISTENTE NA REDUÇÃO DA BASE DE CÁLCULO. CONTRAPARTIDA EVIDENCIADA PELA PROIBIÇÃO DO REGISTRO DE CRÉDITOS. IMPOSSIBILIDADE DA MANUTENÇÃO DO BENEFÍCIO SEM A PERMANÊNCIA DA CONTRAPARTIDA. ESTORNO APENAS PROPORCIONAL DOS CRÉDITOS. IMPOSSIBILIDADE. 1. Segundo orientação firmada pelo Supremo Tribunal Federal, as figuras da redução da base de cálculo e da isenção parcial se equiparam. Portanto, ausente autorização específica, pode a autoridade fiscal proibir o registro de créditos de ICMS proporcional ao valor exonerado (art. 155, § 2º, II, *b*, da Constituição). 2. Situação peculiar. Regime alternativo e opcional para apuração do tributo. Concessão de benefício condicionada ao não registro de créditos. Pretensão voltada à permanência do benefício, cumulado ao direito de registro de créditos proporcionais ao valor cobrado. Impossibilidade. Tratando-se de regime alternativo e facultativo de apuração do valor devido, não é possível manter o benefício sem a contrapartida esperada pelas autoridades fiscais, sob pena de extensão indevida do incentivo" (STF, RE 465.236 AgRg, 2010).

– "ICMS. BASE DE CÁLCULO REDUZIDA. ISENÇÃO PARCIAL. CRÉDITO PROPORCIONAL. AGRAVO IM-

PROVIDO. I – A Corte reformulou seu entendimento quanto à matéria em debate e passou a equiparar a redução da base de cálculo do ICMS à isenção parcial do imposto, para fins de aplicação da vedação ao crédito prevista no art. 155, § 2º, II, *b*, da Constituição Federal (RE 174.478/SP, Redator para o acórdão Min. Cezar Peluso). II – Ressalvada a existência de legislação dispondo que o crédito será maior, o direito ao crédito de ICMS deverá ser proporcional à base de cálculo reduzida. Precedentes" (STF, RE 459.490 AgRg, 2010).

– "TRIBUTO. Imposto sobre Circulação de Mercadorias. ICMS. Créditos relativos à entrada de insumos usados em industrialização de produtos cujas saídas foram realizadas com redução da base de cálculo. Caso de isenção fiscal parcial. Previsão de estorno proporcional. Art. 41, inc. IV, da Lei estadual n. 6.374/89, e art. 32, inc. II, do Convênio ICMS n. 66/88. Constitucionalidade reconhecida. Segurança denegada. Improvimento ao recurso. Aplicação do art. 155, § 2º, inc. II, letra *b*, da CF. Alegação de mudança da orientação da Corte sobre os institutos da redução da base de cálculo e da isenção parcial. Distinção irrelevante segundo a nova postura jurisprudencial. Acórdão carente de vício lógico. Embargos de declaração rejeitados. O Supremo Tribunal Federal entrou a aproximar as figuras da redução da base de cálculo do ICMS e da isenção parcial, a ponto de as equiparar, na interpretação do art. 155, § 2º, II, *b*, da Constituição da República" (STF, RE 174.478 ED, 2008).

– "ICMS. REDUÇÃO DE BASE DE CÁLCULO. ISENÇÃO PARCIAL. ESTORNO PROPORCIONAL DO CRÉDITO... 1. O benefício fiscal de redução da base de cálculo equivale à isenção parcial, sendo devido o estorno proporcional do crédito de ICMS, nos termos do art. 155, § 2º, II, *b*, da CF, não havendo falar em ofensa ao princípio da não cumulatividade. Precedentes do STF" (STJ, RMS 39.554, 2013).

– "ICMS. REDUÇÃO DE BASE DE CÁLCULO. ISENÇÃO PARCIAL. ESTORNO PROPORCIONAL DO CRÉDITO. 1. É firme a orientação no sentido de que o benefício fiscal de redução da base de cálculo equivale à isenção parcial, sendo devido o estorno proporcional do crédito de ICMS, nos termos do art. 155, § 2º, II, *b*, da CF, não se havendo falar em violação do princípio da não cumulatividade" (STJ, AgRg no RMS 35.124, 2011).

– "[...] O benefício fiscal da redução da base de cálculo equivale à isenção parcial, sendo devido o estorno proporcional do crédito de ICMS, nos termos do art. 155, § 2º, II, *b*, da CF, por isso que referida prática tributária não viola o princípio da não cumulatividade. Precedentes [...] 2. A aplicação restritiva do princípio da não cumulatividade em matéria de ICMS, através da qual a existência do crédito somente se justifica pelo pressuposto do pagamento (débito), na exata proporção do tributo recolhido na outra fase da cadeia mercantil, afigura-se escorreita, em razão das vedações prescritas nas alíneas *a* e *b*, do art. 155, § 2º, II, da Constituição da República, [...] 3. O Estado do Rio de Janeiro editou a Lei 2.657/96, que regulamentou a cobrança de ICMS em seu território, dispondo o art. 37, inciso V, do referido diploma legal, *in verbis*: Art. 37 – O contribuinte efetuará o estorno do imposto creditado sempre que o serviço tomado ou a merca-

doria entrada no estabelecimento: V – gozar de redução da base de cálculo na operação ou a prestação subsequente, hipótese em que o estorno será proporcional à redução; 4. Com efeito, quando o legislador retirou da hipótese de creditamento do ICMS das operações isentas ou sujeitas a não incidência, aduzindo que essas desonerações não implicariam em débito na saída do produto (alínea *a*), bem como anulariam os créditos gerados na entrada tributada (alínea *b*), deixou claro que o creditamento do ICMS somente terá lugar na mesma proporção, v. g., de forma equânime ao desembolso que tiver de ser efetuado pelo contribuinte na outra fase da cadeia mercantil. 5. Destarte, não havendo desembolso ou ainda havendo desembolso a menor, não há lugar para a manutenção de eventual crédito precedente e sua proporção primitiva. Nesse sentido, é o entendimento da doutrina abalizada: 'Compensar nada mais é do que forma de evitar pagar imposto na saída da mercadoria sobre o valor do imposto já pago anteriormente, em atenção ao princípio constitucional da não cumulatividade. O imposto existe para ser pago e não para ser creditado, o que é apenas um desdobramento contábil usual. A contabilização do crédito tributário no momento da aquisição da mercadoria não é um direito incondicional do comerciante, pois o simples fato da compra não gera crédito tributário algum. Trata-se de solução contábil cuja validade decorre, unicamente, da presunção de revenda tributada desta mesma mercadoria, na qual não pode incidir ICMS sobre o ICMS pago anteriormente. A saída tributada constitui condição suspensiva para a utilização do crédito obtido quando da entrada da mercadoria. Se não houvesse estorno proporcional ao crédito, quando da venda por valor inferior ao da aquisição, estaria desrespeitada a sábia regra constitucional, surgindo a inaceitável situação de crédito tributário superior ao débito, em relação a operações consecutivas efetuadas com a mesma mercadoria. A sociedade pagaria ao comerciante para que ele realizasse sua atividade, o que importaria em capitalizar o lucro e socializar as perdas' (Fernando Lemme Weiss – A não cumulatividade do ICMS e o estorno do crédito decorrente da atividade industrial – *Revista Dialética de Direito Tributário* n. 91, p. 46) [...] 8. Recurso ordinário a que se nega provimento" (STJ, RMS 29.366, 2011).

– **Contra.** "ICMS – PRINCÍPIO DA NÃO CUMULATIVIDADE – MERCADORIA USADA – BASE DE INCIDÊNCIA MENOR – PROIBIÇÃO DE CRÉDITO – INCONSTITUCIONALIDADE. Conflita com o princípio da não cumulatividade norma vedadora da compensação do valor recolhido na operação anterior. O fato de ter-se a diminuição valorativa da base de incidência não autoriza, sob o ângulo constitucional, tal proibição. Os preceitos das alíneas *a* e *b* do inciso II do § 2º do artigo 155 da Constituição Federal somente têm pertinência em caso de isenção ou não incidência, no que voltadas à totalidade do tributo, institutos inconfundíveis com o benefício fiscal em questão" (STF, RE 161.031, 1997).

– **Alíquotas específicas para cesta básica. No sentido de que não há isenção parcial. Possibilidade de manutenção dos créditos.** "Não é acertado dizer que os produtos da cesta básica teriam direito à redução da base de cálculo. O que existe para os produtos da cesta básica de alimentos é uma alíquota específica de ICMS de 7% estabelecida no Convênio ICMS n. 128/94. Ora, a alíquota específica de ICMS decorre do fato de que o imposto pode ser seletivo, em função da essencialidade das mercadorias e dos serviços, como dispõe o artigo 155, § 2º, III, da Constituição Federal. [...] A manutenção desses créditos é fundamental para que o benefício da redução da carga tributária nas vendas possa ser revertido aos consumidores no final da cadeia de circulação das mercadorias na forma de aplicação de preços mais reduzidos. Esse é o objetivo final da redução instituída para os produtos da cesta básica. Mormente porque no caso estão presentes outros pressupostos constitucionais e legais, como a da seletividade do ICMS, da extrafiscalidade, da distinção necessária entre alíquota e redução de base de cálculo, da existência expressa de Convênio entre os Estados, garantindo o crédito integral. Exigir o estorno dos créditos reduz a carga eficacial de um subsistema constitucional de garantia do mínimo existencial, afetando o núcleo intangível consubstanciador de um conjunto de condições mínimas necessárias a uma existência digna e essenciais à própria sobrevivência do indivíduo" (PISANI, José Roberto; LEAL, Saul Tourinho. Cesta básica, mínimo existencial e aproveitamento integral dos créditos de ICMS. *RDDT* 188/29).

– Entrega de bem em comodato. "ICMS. BENS IMPORTADOS. ATIVO PERMANENTE. DIREITO AO CREDITAMENTO. CESSÃO EM COMODATO A TERCEIROS. CIRCULAÇÃO DE MERCADORIA. NÃO OCORRÊNCIA. AUSÊNCIA DO DEVER DE ESTORNAR. AUTUAÇÃO FISCAL IMPROCEDENTE. 1. Hipótese em que se discute se existe o dever de o contribuinte estornar crédito de ICMS apurado na importação de bem para o ativo permanente, cedido em comodato a terceiro. 2. Os arts. 20, § 3º, I, e 21, I, da LC 87/1996 se complementam. O primeiro autoriza o creditamento do imposto cobrado na operação que tenha resultado a entrada de mercadoria no estabelecimento, mesmo a destinada ao ativo permanente (caso dos autos), mas excepciona a hipótese em que a saída subsequente não for tributada ou estiver isenta. O segundo impõe ao contribuinte o dever de estornar o ICMS creditado, se incidir essa regra excepcional, isto é, quando o próprio creditamento for vedado. 3. Se os equipamentos são cedidos em comodato, não se pode falar em 'saída', sob a perspectiva da legislação do ICMS, entendida como circulação de mercadoria com transferência de propriedade. Nesse caso, os bens não deixam de integrar o patrimônio do contribuinte. 4. Portanto, a hipótese dos autos não se subsume aos arts. 20, § 3º, I, e 21, I, da LC 87/1996, o que permite a conclusão pela possibilidade de manutenção do crédito de ICMS. Se não havia o dever de estornar, afigura-se indevida a autuação. No mesmo sentido: RMS 24.911/RJ, Rel. Min. Mauro Campbell Marques, Segunda Turma, *DJe* 6/8/2012" (STJ, REsp 1.307.876, 2013).

– "... uma análise mais detida do art. 155, § 2º, II, *b*, da CF/1988 – dispositivo que determina o estorno dos créditos de ICMS em razão da isenção ou não incidência na operação subsequente de circulação de mercadorias – permite inferir que sua premissa é a realização de uma venda (logo, de uma operação potencialmente tributável pelo ICMS) que não sofra a incidência do ICMS em razão de lei (isenção), da Constituição (imunidade), ou mesmo por não consistir fato gerador do imposto (exemplo: venda de bens não classificados como mercadorias" (MOREIRA, André Mendes. Do direito ao crédito de ICMS sobre bens do ativo imobilizado cedidos em comodato. *RDDT* 230/7, 2014).

III – poderá ser seletivo, em função da essencialidade das mercadorias e dos serviços;

⇒ **Autorização para a utilização da técnica da seletividade.** Relativamente ao ICMS, a Constituição autoriza a seletividade. Já para o IPI, é imperativa, determinando que seja seletivo em função da essencialidade do produto, conforme se vê do art. 153, § 3º, I, da CF.

– Adotada a seletividade, impõe-se a observância do critério de essencialidade. "...A seletividade é facultativa para o ICMS, mas o critério desta, uma vez adotada, só pode ser o da essencialidade das mercadorias ou dos serviços sobre os quais esse imposto incide" (MACHADO, Hugo de Brito. O ICMS no fornecimento de energia elétrica: questões da seletividade e da demanda contratada. *RDDT* 155/48, 2008).

⇒ **Essencialidade da energia elétrica e da comunicação.** Não se pode prescindir da energia para o funcionamento de qualquer residência ou estabelecimento empresarial. As necessidades mais básicas dependem de energia, como produzir luz, refrigerar os alimentos, ligar um computador. A essencialidade das comunicações, por sua vez, pode ser vislumbrada pelo número de aparelhos celulares ativos no país, que supera o número de habitantes. A alíquota de 25% aplicável nesses casos era altíssima, superior às alíquotas comuns de 17% ou 18% do ICMS aplicável sobre a circulação da generalidade das mercadorias, de modo que a seletivida era desrespeitada. Mas a questão foi resolvida pelo STF, ao fixar a tese 745 de repercussão geral, e pelo Congresso Nacional, ao acrescentar o art. 18-A ao CTN através da LC n. 194/2022, que estampa: "os combustíveis, o gás natural, a energia elétrica, as comunicações e o transporte coletivo são considerados bens e serviços essenciais e indispensáveis, que não podem ser tratados como supérfluos".

– Tema 745 do STF: "Adotada, pelo legislador estadual, a técnica da seletividade em relação ao Imposto sobre Circulação de Mercadorias e Serviços – ICMS, discrepam do figurino constitucional alíquotas sobre as operações de energia elétrica e serviços de telecomunicação, em patamar superior ao das operações em geral, considerada a essencialidade dos bens e serviços".

– "ICMS... Seletividade. Alíquota do imposto incidente sobre energia elétrica e serviços de comunicação. Necessidade de observância da orientação firmada no julgamento do Tema n. 745. Modulação dos efeitos da declaração de inconstitucionalidade. 1. O Tribunal Pleno fixou a seguinte tese para o Tema n. 745: 'Adotada, pelo legislador estadual, a técnica da seletividade em relação ao Imposto sobre Circulação de Mercadorias e Serviços – ICMS, discrepam do figurino constitucional alíquotas sobre as operações de energia elétrica e serviços de telecomunicação em patamar superior ao das operações em geral, considerada a essencialidade dos bens e serviços'. Na mesma ocasião, foram modulados os efeitos da decisão. 2. São inconstitucionais as disposições questionadas na presente ação direta, por estabelecerem alíquotas de ICMS sobre energia elétrica e serviços de comunicação mais elevadas do que a incidente sobre as operações em geral. 3... 4. Modulação dos efeitos da decisão, estipulando-se que ela produza efeitos a partir do exercício financeiro de 2024, ressalvando-se as ações ajuizadas até 5/2/21" (STF, ADI 7.123, 2022). Obs.: No mesmo sentido é o acórdão da ADI 7.117.

– Repetição da diferença entre a alíquota maior e a alíquota geral pelo contribuinte de fato. "No que diz respeito à repetição de indébito deste ICMS, inconstitucionalmente majorado por diversos Estados da Federação, tem-se que a jurisprudência do STJ faz uma exceção a este caso ao seu entendimento geral quanto à repetição de indébito de trbutos indiretos pelo contribuinte de fato. Com efeito, após uma radical guinada de entendimento, o posicionamento hoje firmado pelo STJ é o de que o contribuinte de fato não conta com legitimidade para buscar a repetição de tributos indiretos. [...] Acontece que dadas certas peculiaridades envolvendo o fornecimento de energia elétrica, especialmente no que concerne à relação mantida entre o Estado e as permissionárias no seu fornecimento, entendeu o STJ que, excepcionalmente em litígios envolvendo o ICMS incidente sobre energia elétrica, podem os contribuintes de fato buscar a respectiva repetição de indébito" (GUIMARÃES, Bruno A. François. A seletividade do ICMS sobre o fornecimento de energia elétrica e sua repetição de indébito. *RTA* 37, p. 11 e s.)

– "ICMS. Energia elétrica. Alíquota superior a 18%. Impossibilidade... Energia elétrica. Mercadoria de primeira necessidade. Alíquota menos onerosa. Violação ao princípio da seletividade em função da essencialidade do produto (art. 155, § 2º, III da CF). Declaração de inconstitucionalidade do artigo 14, VI, item 2, e VIII, item 7 do Decreto n. 27.427/2000, pelo Órgão Especial desta Corte. Alíquota genérica de 18% aplicada" (TJRJ, MS 2008.004.00268, 2008).

– "... a alíquota de 25%... desatende à faculdade prevista no preceito constitucional sob análise, porque a presumível capacidade contributiva do consumidor de energia elétrica domiciliar é irrelevante para implementação da alíquota seletiva. O que importa é apenas a sua seletividade em função da essencialidade da mercadoria e do serviço. Como é possível sustentar que a energia elétrica é essencial para quem apresenta baixo consumo e não o é para quem apresenta um elevado consumo? No estágio atual da civilização, a energia elétrica é sempre um bem essencial. Sua ausência acarretaria a paralisação do processo produtivo e nem haveria circulação de riquezas... Por isso, não comporta gravame maior em relação a outros bens tributados pelo ICMS" (HARADA, Kiyoshi. ICMS incidente sobre consumo de energia elétrica. *RFDT* 36/147, 2008).

– "Essencialidade é a qualidade daquilo que é essencial. E essencial, no sentido em que se está aqui utilizando essa palavra, é o absolutamente necessário, o indispensável. Assim, muito fácil é concluirmos que o critério indicativo da essencialidade das mercadorias, para os fins da seletividade do ICMS, só pode ser o da necessidade ou indispensabilidade dessas mercadorias para as pessoas no contexto da vida atual em nosso País. Mercadoria essencial é aquela se a qual se faz inviável a subsistência das pes-

soas, nas comunidades e nas condições de vida atualmente conhecidas entre nós. Assim, não nos parece razoável colocar-se em dúvida a essencialidade da energia elétrica. A alíquota do ICMS incidente sobre o seu consumo não deve ser maior do que aquela geralmente aplicável para as demais mercadorias" (MACHADO, Hugo de Brito. O ICMS no fornecimento de energia elétrica: questões da seletividade e da demanda contratada. *RDDT* 155/48, 2008).

• Vide: BRASILEIRO, Georgina de Paula. O princípio da seletividade e o ICMS incidente sobre energia elétrica. *RTFP* 57/122, ago. 2004).

– Essencialidade dos combustíveis. A LC n. 194/2002 acrescentou o art. 18-A ao CTN, definindo que "os combustíveis, o gás natural, a energia elétrica, as comunicações e o transporte coletivo são considerados bens e serviços essenciais e indispensáveis, que não podem ser tratados como supérfluos".

– Sobre a matéria, há as ADIs 7.118 e 7.120.

⇒ **Conceito de seletividade e noção de seletividade em função da essencialidade do produto.** Vide nota ao art. 153, § 3º, I, da CF.

IV – resolução do Senado Federal, de iniciativa do Presidente da República ou de um terço dos Senadores, aprovada pela maioria absoluta de seus membros, estabelecerá as alíquotas aplicáveis às operações e prestações, interestaduais e de exportação;

⇒ **Operações interestaduais.** A Resolução do Senado Federal 22/1989 estabeleceu a alíquota das operações e prestações interestaduais em 12% (doze por cento). Mas, para as operações e prestações realizadas das regiões Sul e Sudeste para as Regiões Norte, Nordeste e Centro-Oeste e para o Estado do Espírito Santo, definiu a alíquota em 7%.

– Resolução SF n. 22/89: "Estabelece alíquotas do Imposto sobre Operações Relativas a Circulação de Mercadorias e sobre Prestação de Serviços de Transporte Interestadual e Intermunicipal e de Comunicação, nas operações e prestações interestaduais. Art. 1º A alíquota do Imposto sobre Operações Relativas à Circulação de Mercadorias e sobre Prestação de Serviços de Transporte Interestadual e Intermunicipal e de Comunicação, nas operações e prestações interestaduais, será de doze por cento. Parágrafo único. Nas operações e prestações realizadas nas Regiões Sul e Sudeste, destinadas às Regiões Norte, Nordeste e Centro-Oeste e ao Estado do Espírito Santo, as alíquotas serão: I – em 1989, oito por cento; II – a partir de 1990, sete por cento. Art. 2º A alíquota do imposto de que trata o art. 1º, nas operações de exportação para o exterior, será de treze por cento".

– Operações interestaduais com mercadorias importadas. Resolução SF n. 13/2012. A Resolução n. 13/2012 estabeleceu que, nas operações interestaduais com bens e mercadorias importados do exterior, a alíquota do ICMS será de 4%.

– Resolução SF n. 13/2012: "Estabelece alíquotas do Imposto sobre Operações Relativas à Circulação de Mercadorias e sobre Prestação de Serviços de Transporte Interestadual e Intermunicipal e de Comunicação (ICMS), nas operações interestaduais com bens e mercadorias importados do exterior. Art. 1º A alíquota do Imposto sobre Operações Relativas à Circulação de Mercadorias e sobre Prestação de Serviços de Transporte Interestadual e Intermunicipal e de Comunicação (ICMS), nas operações interestaduais com bens e mercadorias importados do exterior, será de 4% (quatro por cento). § 1º O disposto neste artigo aplica-se aos bens e mercadorias importados do exterior que, após seu desembaraço aduaneiro: I – não tenham sido submetidos a processo de industrialização; II – ainda que submetidos a qualquer processo de transformação, beneficiamento, montagem, acondicionamento, reacondicionamento, renovação ou recondicionamento, resultem em mercadorias ou bens com Conteúdo de Importação superior a 40% (quarenta por cento). § 2º O Conteúdo de Importação a que se refere o inciso II do § 1º é o percentual correspondente ao quociente entre o valor da parcela importada do exterior e o valor total da operação de saída interestadual da mercadoria ou bem. § 3º O Conselho Nacional de Política Fazendária (Confaz) poderá baixar normas para fins de definição dos critérios e procedimentos a serem observados no processo de Certificação de Conteúdo de Importação (CCI). § 4º O disposto nos §§ 1º e 2º não se aplica: I – aos bens e mercadorias importados do exterior que não tenham similar nacional, a serem definidos em lista a ser editada pelo Conselho de Ministros da Câmara de Comércio Exterior (Camex) para os fins desta Resolução; II – aos bens produzidos em conformidade com os processos produtivos básicos de que tratam o Decreto-Lei n. 288, de 28 de fevereiro de 1967, e as Leis ns. 8.248, de 23 de outubro de 1991, 8.387, de 30 de dezembro de 1991, 10.176, de 11 de janeiro de 2001, e 11.484, de 31 de maio de 2007. Art. 2º O disposto nesta Resolução não se aplica às operações que destinem gás natural importado do exterior a outros Estados".

– "Uma das manifestações da 'guerra fiscal' é o que vem sendo convencionado pela doutrina como 'guerra dos portos'. Nela, alguns Estados instituem incentivos fiscais – sem a aprovação unânime de Convênio pelo Confaz – na incidência do ICMS sobre a importação e sobre operações interestaduais com mercadorias importadas. [...] Tais incentivos... além de implicarem insegurança jurídica e desrespeito ao pacto federativo, afetam negativamente os cofres públicos de outros Estados e provocam um aumento indireto na carga tributária para a parte da coletividade não beneficiada. [...] Daí a relevância da resolução do Senado Federal n. 13/2012, como instrumento jurídico preordenado a neutralizar a 'guerra dos portos'. Em linhas gerais, tal ato normativo institui uma alíquota unificada de 4% para as operações interestaduais com mercadorias importadas do exterior que não tenham sofrido processo de industrialização ou com conteúdo de importação superior a 40%. Em outras palavras, por intermédio de resolução, o Senado Federal alterou substancialmente o aspecto quantitativo (alíquota) da regra-matriz de incidência do ICMS, no tocante às operações interestaduais de circulação de mercadorias importadas. Esse esforço visa justamente suprimir as vantagens decorrentes dos benefícios fiscais concedidos unilateralmente na importação. [...] não há qualquer afronta a regra do art. 151, inciso I, do texto constitucional, seja porque (i) esta regra se dirige à União, e não ao senado Federal; ou porque (ii) a concessão de incentivos fiscais visando o desenvolvimento so-

cioeconômico das diferentes regiões do País é uma faculdade, que deverá levar em conta, para a sua aplicação, as possibilidades fáticas e jurídicas" (TAKANO, Caio Augusto. "Guerra dos portos" – os deveres instrumentais introduzidos pelo Ajuste Sinief n. 19/2012 e os limites normativos da Resolução do Senado Federal n. 13/2012. *RDDT* 212/15, 2013).

– "36. C) Os requisitos atinentes à industrialização no estado de origem e ao dimensionamento do conteúdo de importação, resumidos em 'B' acima, não se aplica aos produtos sem similar nacional, como definidos pela Camex, e àqueles produzidos em conformidade com os processos produtivos básicos relacionados às normas referida no § 4º do art. 1º – que, no entanto, remanescem sujeitos à nova alíquota de 4% na operação interestadual subsequente à importação. 37. D) O sentido do § 4º do artigo 1º da Resolução em tela não comporta a extensão pretendida por alguns, em particular quando se apregoa que os produtos ali mencionados simplesmente foram excluídos da aplicação da nova alíquota de 4% (prevista no *caput* do art. 1º), porque o citado § 4º só os exclui dos requisitos atinentes à industrialização e ao conteúdo de importação (a dispensa faz referência aos §§ 1º e 2º, somente, e nada refere ao *caput* do art. 1º). 38. E) O art. 2º da Resolução revela que, quando esse foi o intento, a dispensa da nova alíquota interestadual de 4% foi estipulada claramente em face do produto ali mencionado, de modo que, não havendo lacuna na norma (incompletude insatisfatória), não cabe nem mesmo sua integração" (SILVA, Rogério Pires da. ICMS interestadual de 4% para mercadorias importadas e a equivocada leitura fazendária da Resolução 13/2012 do Senado Federal. *RDDT* 212/103, 2013).

• Vide: FIORENTINO, Marcelo Fróes Del. Resolução do Senado Federal n. 13, de 25 de abril de 2012: considerações a respeito da natureza jurídica e dos limites formais. *RDDT* 224/110, 2014.

– **Resolução SF n. 13/2012 e o "Processo de industrialização".** ".. a redação do § 1º do artigo 1º da Resolução do Senado Federal n. 13/2012 veicula, no inciso I, uma regra geral, no sentido de que nas operações interestaduais de circulação de bens e mercadorias desembaraçados e submetidos a processo de industrialização não previsto no inciso II do § 1º, a alíquota será a fixada na resolução do Senado Federal n. 22/1989, e não a alíquota de 4%, definida na novel Resolução, independentemente de seu 'Conteúdo de Importação'. Como regra especial, a Resolução em foco determina que na hipótese de ocorrência dos processos de industrialização relacionados no inciso II do § 1º do artigo 1º (que não contém as necessárias definições), a incidência da alíquota de 4% está condicionada a um 'Conteúdo de Importação' superior a 40%, após a realização do processo, que conforme já asseverado, carece de melhor definição. Sendo assim, a Resolução não afasta a possibilidade de os Estados-membros do Distrito Federal adaptarem suas legislações internas para definir e regular processos de industrialização existentes no mundo concreto, não elencados no inciso II do § 1º do artigo 1º da RSF n. 13. Neste caso, aplicar-se-á a regra geral, com a incidência da alíquota definida na Resolução n. 22/1989, independentemente do seu 'Conteúdo de Importação' verificado ao final do processo. Outrossim, a Resolução, por si só, não afasta dos Estados e do Distrito Federal, a possibilidade de regulamentar os conceitos descritos no mesmo inciso II, tendo em vista que ao contrário do projeto que lhe deu origem, o conceito de processo de industrialização e suas espécies não estão vinculados àqueles constantes do Ripi" (CARDOSO, Bruno Oliveira. Significado e alcance da Resolução do Senado Federal n. 13/2012 em relação às mercadorias e bens submetidos a processo de industrialização após o desembaraço aduaneiro. *RDDT* 226/19, 2014).

– Convênio ICMS n. 123/2012: "Dispõe sobre a não aplicação de benefícios fiscais de ICMS na operação interestadual com bem ou mercadoria importados submetidos à tributação prevista na Resolução do Senado Federal n. 13/12. O Conselho Nacional de Política Fazendária – CONFAZ... resolve celebrar o seguinte CONVÊNIO Cláusula primeira Na operação interestadual com bem ou mercadoria importados do exterior, ou com conteúdo de importação, sujeitos à alíquota do ICMS de 4% (quatro por cento) prevista na Resolução do Senado Federal n. 13, de 25 de abril de 2012, não se aplica benefício fiscal, anteriormente concedido, exceto se: I – de sua aplicação em 31 de dezembro de 2012 resultar carga tributária menor que 4% (quatro por cento); II – tratar-se de isenção. Parágrafo único. Na hipótese do inciso I do *caput*, deverá ser mantida a carga tributária prevista na data de 31 de dezembro de 2012. Cláusula segunda Este convênio entra em vigor na data da publicação de sua ratificação nacional, produzindo efeitos a partir de 1º de janeiro de 2013".

– Resolução Camex n. 79/2012. A Resolução Camex 79/2012 dispõe sobre a lista de bens sem similar nacional a que se refere o inciso I do § 4º do art. 1º da Resolução do Senado n. 13, de 25 de abril de 2012.

– Convênio ICMS n. 38/2013: "O Conselho Nacional de Política Fazendária – CONFAZ, na sua 195ª reunião extraordinária, realizada em Brasília, DF, no dia 22 de maio de 2013, tendo em vista o disposto nos arts. 102 e 199 da Lei n. 5.172, de 25 de outubro de 1966 (Código Tributário Nacional – CTN), na Resolução do Senado Federal n. 13, de 25 de abril de 2012, e na Lei Complementar n. 24, de 7 de janeiro de 1975, resolve celebrar o seguinte CONVÊNIO **Cláusula primeira** A tributação do Imposto sobre Operações Relativas à Circulação de Mercadorias e sobre Prestações de Serviços de Transporte Interestadual e Intermunicipal e de Comunicação – ICMS – de que trata a Resolução do Senado Federal n. 13, de 25 de abril de 2012, dar-se-á com a observância ao disposto neste convênio. **Cláusula segunda** A alíquota do ICMS de 4% (quatro por cento) aplica-se nas operações interestaduais com bens e mercadorias importados do exterior que, após o desembaraço aduaneiro: I – não tenham sido submetidos a processo de industrialização; II – ainda que submetidos a processo de transformação, beneficiamento, montagem, acondicionamento, reacondicionamento renovação ou recondicionamento, resultem em mercadorias ou bens com Conteúdo de Importação superior a 40% (quarenta por cento). **Cláusula terceira** Não se aplica a alíquota do ICMS de 4% (quatro por cento) nas operações interestaduais com: I – bens e mercadorias importados do exterior que não tenham similar nacional, definidos em lista editada pelo Conselho de Ministros da Câmara de Comércio Exterior – CAMEX – para os fins da Resolução do Senado Federal n. 13/2012; II – bens e mercadorias

produzidos em conformidade com os processos produtivos básicos de que tratam o Decreto-Lei n. 288, de 28 de fevereiro de 1967, e as Leis ns. 8.248, de 23 de outubro de 1991, 8.387, de 30 de dezembro de 1991, 10.176, de 11 de janeiro de 2001, e 11.484, de 31 de maio de 2007; III – gás natural importado do exterior. **Cláusula quarta** Conteúdo de Importação é o percentual correspondente ao quociente entre o valor da parcela importada do exterior e o valor total da operação de saída interestadual da mercadoria ou bem submetido a processo de industrialização. § 1º O Conteúdo de Importação deverá ser recalculado sempre que, após sua última aferição, a mercadoria ou bem objeto de operação interestadual tenha sido submetido a novo processo de industrialização. § 2º Considera-se: I – valor da parcela importada do exterior, quando os bens ou mercadorias forem: a) importados diretamente pelo industrializador, o valor aduaneiro, assim entendido como a soma do valor *free on board* (FOB) do bem ou mercadoria importada e os valores do frete e seguro internacional; b) adquiridos no mercado nacional: 1. não submetidos à industrialização no território nacional, o valor do bem ou mercadoria informado no documento fiscal emitido pelo remetente, excluídos os valores do ICMS e do Imposto sobre Produtos Industrializados – IPI; 2. submetidos à industrialização no território nacional, com Conteúdo de Importação superior a 40% (quarenta por cento), o valor do bem ou mercadoria informado no documento fiscal emitido pelo remetente, excluídos os valores do ICMS e do Imposto sobre Produtos Industrializados – IPI, observando-se o disposto no § 3º; II – valor total da operação de saída interestadual, o valor do bem ou mercadoria, na operação própria do remetente, excluídos os valores de ICMS e do IPI. § 3º Exclusivamente para fins do cálculo de que trata esta cláusula, o adquirente, no mercado nacional, de bem ou mercadoria com Conteúdo de Importação, deverá considerar: I – como nacional, quando o Conteúdo de Importação for de até 40% (quarenta por cento); II – como 50% (cinquenta por cento) nacional e 50% (cinquenta por cento) importada, quando o Conteúdo de Importação for superior a 40% (quarenta por cento) e inferior ou igual a 70% (setenta por cento); III – como importada, quando o Conteúdo de Importação for superior a 70% (setenta por cento). § 4º O valor dos bens e mercadorias referidos na cláusula terceira não será considerado no cálculo do valor da parcela importada. **Cláusula quinta** No caso de operações com bens ou mercadorias importados que tenham sido submetidos a processo de industrialização, o contribuinte industrializador deverá preencher a Ficha de Conteúdo de Importação – FCI, conforme modelo do Anexo Único, na qual deverá constar: I – descrição da mercadoria ou bem resultante do processo de industrialização; II – o código de classificação na Nomenclatura Comum do MERCOSUL – NCM/SH; III – código do bem ou da mercadoria; IV – o código GTIN (Numeração Global de Item Comercial), quando o bem ou mercadoria possuir; V – unidade de medida; VI – valor da parcela importada do exterior; VII – valor total da saída interestadual; VIII – conteúdo de importação calculado nos termos da cláusula quarta. § 1º Com base nas informações descritas nos incisos I a VIII do *caput*, a FCI deverá ser preenchida e entregue, nos termos da cláusula sexta: I – de forma individualizada por bem ou mercadoria produzidos; II – utilizando-se o valor unitário, que será calculado pela média aritmética ponderada, praticado no penúltimo período de apuração. 2º A FCI será apresentada mensalmente, sendo dispensada nova apresentação nos períodos subsequentes enquanto não houver alteração do percentual do conteúdo de importação que implique modificação da alíquota interestadual. § 3º Na hipótese de não ter ocorrido saída interestadual no penúltimo período de apuração indicado no inciso II do § 1º desta cláusula, o valor referido no inciso VII do *caput* deverá ser informado com base nas saídas internas, excluindo-se os valores do ICMS e do IPI. § 4º Na hipótese de não ter ocorrido operação de importação ou de saída interna no penúltimo período de apuração indicado no inciso II do § 1º desta cláusula, para informação dos valores referidos, respectivamente, nos incisos VI ou VII do *caput*, deverá ser considerado o último período anterior em que tenha ocorrido a operação. § 5º A critério da unidade federada, poderá ser instituída a obrigatoriedade de apresentação da FCI e sua informação na Nota Fiscal Eletrônica – NF-e na operação interna. § 6º Na hipótese do § 5º, na operação interna serão utilizados os mesmos critérios previstos nos §§ 3º e 4º desta cláusula para determinação do valor de saída. § 7º No preenchimento da FCI deverá ser observado ainda o disposto em Ato COTEPE/ICMS. **Cláusula sexta** O contribuinte sujeito ao preenchimento da FCI deverá prestar a informação à unidade federada de origem por meio de declaração em arquivo digital com assinatura digital do contribuinte ou seu representante legal, certificada por entidade credenciada pela Infraestrutura de Chaves Públicas Brasileira – ICP-Brasil. § 1º O arquivo digital de que trata o *caput* deverá ser enviado via internet para o ambiente virtual indicado pela unidade federada do contribuinte por meio de protocolo de segurança ou criptografia, com utilização de software desenvolvido ou adquirido pelo contribuinte ou disponibilizado pela administração tributária. § 2º Uma vez recepcionado o arquivo digital pela administração tributária, será automaticamente expedido recibo de entrega e número de controle da FCI, o qual deverá ser indicado pelo contribuinte nos documentos fiscais de saída que realizar com o bem ou mercadoria descrito na respectiva declaração. § 3º A informação prestada pelo contribuinte será disponibilizada para as unidades federadas envolvidas na operação. § 4º A recepção do arquivo digital da FCI não implicará reconhecimento da veracidade e legitimidade das informações prestadas, ficando sujeitas à homologação posterior pela administração tributária. **Cláusula sétima** Nas operações interestaduais com bens ou mercadorias importados que tenham sido submetidos a processo de industrialização no estabelecimento do emitente, deverá ser informado o número da FCI em campo próprio da Nota Fiscal Eletrônica – NF-e. Parágrafo único. Nas operações subsequentes com os bens ou mercadorias referidos no *caput*, quando não submetidos a novo processo de industrialização, o estabelecimento emitente da NF-e deverá transcrever o número da FCI contido no documento fiscal relativo à operação anterior. (Redação do Convênio 88/2013) **Cláusula oitava** O contribuinte que realize operações interestaduais com bens e mercadorias importados ou com Conteúdo de Importação deverá manter sob sua guarda pelo período decadencial os documentos comprobatórios do valor da importação ou, quando for o caso, do cálculo do Conteúdo de Impor-

tação, contendo no mínimo: I – descrição das matérias-primas, materiais secundários, insumos, partes e peças, importados ou que tenham Conteúdo de Importação, utilizados ou consumidos no processo de industrialização, informando, ainda; a) o código de classificação na Nomenclatura Comum do MERCOSUL – NCM/SH; b) o código GTIN (Numeração Global de Item Comercial), quando o bem ou mercadoria possuir; c) as quantidades e os valores; II – Conteúdo de Importação calculado nos termos da cláusula quarta, quando existente; III – o arquivo digital de que trata a cláusula quinta, quando for o caso. **Cláusula nona** Na hipótese de revenda de bens ou mercadorias, não sendo possível identificar, no momento da saída, a respectiva origem, para definição do Código da Situação Tributária – CST deverá ser adotado o método contábil PEPS (Primeiro que Entra, Primeiro que Sai). [...]".

– **Convênio ICMS n. 38/2013 e a simplificação das obrigações acessórias.** "O Convênio ICMS 38/2013 fez um grande avanço simplificando bastante as obrigações acessórias (originalmente instituídas pelo revogado Ajuste Sinief 19/2012) para a implementação da Resolução do Senado Federal 13/2012: (i) revogou por completo a necessidade de se informar o valor de importação nas notas fiscais acabando com os conflitos comerciais entre os fornecedores e compradores; (ii) simplificou a fórmula do dever de aferir o 'Conteúdo de Importação' a ser preenchido na Ficha de Conteúdo de Importação – FCI; pela utilização dos valores da própria nota fiscal de aquisição (quando o insumo importado é adquirido no mercado interno); pela exclusão dos tributos (ICMS e IPI) do cálculo do Conteúdo de Importação; pela adoção de um critério aproximativo (critério trinário) na aquisição de mercadoria nacional com conteúdo de importação, de modo que o comprador não conhece exatamente o percentual do conteúdo de importação de seu fornecedor, mas tão somente em que faixa está enquadrado o produto (menor que 40%, superior a 40% e inferior ou igual da 70%, maior que 70%); (iii) permitiu maior simplicidade no controle fiscal, pela adoção dos novos Códigos de Situação Tributária da mercadoria (CSTs) na nota fiscal. F) Tais avanços demonstraram que os fiscos Estaduais e o Confaz foram sensíveis aos princípios da razoabilidade e da proporcionalidade quando da exigência destas novas obrigações acessórias, aperfeiçoando e simplificando as obrigações acessórias, que a princípio, seriam por demais complexas e custosas. Dessa forma, ao nosso ver, o convênio ICMS 38/2013 fez um nítido avanço em termos de simplificação das obrigações acessórias. Pois, a implementação da nova alíquota interestadual da Resolução do Senado Federal 13/2012 demanda necessariamente obrigações acessórias que possam assegurar o cumprimento desta legislação tributária. Mas estas obrigações acessórias não podem ser tão custosas ou desproporcionais a ponto de ferir os princípios da razoabilidade e da proporcionalidade" (BIAVA JÚNIOR, Roberto; GREGÓRIO, Leonardo de. A regulamentação da Resolução do Senado Federal 13/2012 pelo Confaz (Convênio ICMS 38/2013): o combate aos benefícios fiscais inconstitucionais da "guerra dos portos" e a simplificação das obrigações acessórias em atendimento aos princípios da razoabilidade e da proporcionalidade. *RDDT* 227/122, 2014).

– Obrigações acessórias antes do Convênio ICMS n. 38/2013. Ajuste Sinief n. 19/2012. Dever de informação do conteúdo importado na nota fiscal. Direito ao sigilo. Revogado pelo Ajuste Sinief n. 9/2013. O Ajuste Sinief n. 19/2012 dispunha: "Cláusula sétima Deverá ser informado em campo próprio da Nota Fiscal Eletrônica – NF-e: I – o valor da parcela importada do exterior, o número da FCI e o Conteúdo de Importação expresso percentualmente, calculado nos termos da cláusula quarta, no caso de bens ou mercadorias importados que tenham sido submetidos a processo de industrialização no estabelecimento do emitente; II – o valor da importação, no caso de bens ou mercadorias importados que não tenham sido submetidos a processo de industrialização no estabelecimento do emitente". Enquanto vigeu, sofreu inúmeras críticas em razão de expor desnecessariamente informações sigilosas das empresas. Meio ano depois restou revogado pelo Ajuste Sinief n. 9/2013.

– "O Ajuste Sinief n. 19, sob a justificação de regrar os procedimentos necessários para a aplicação da Resolução do Senado n. 13/2012, impôs, entre outros deveres, a obrigatoriedade de preenchimento e entrega da ficha de Conteúdo de Importação (FCI), bem como o dever de informar, na Nota Fiscal eletrônica (NF-e), o valor da parcela importada do exterior, caso as mercadorias importadas sejam submetidas a um processo de industrialização, ou o valor da importação da mercadoria, se ausente qualquer processo de industrialização. [...] No caso do dever de prestar informações à autoridade fiscal, por meio da Ficha de Conteúdo de Importação (FCI), a complexidade para sua adoção e a dificuldade para o contribuinte obter as informações exigidas de seus clientes implicam elevadíssimo custo de conformidade... A complexidade não apenas é sentida pelas empresas, mas até mesmo pela própria Fazenda... [...] Sobre sua adequação e necessidade, não parece restar dúvidas. Deveras, o preenchimento e a entrega das informações contidas nas FCIs configuram meios adequados para conferir às autoridades fazendárias os instrumentos necessários para uma efetiva fiscalização do cumprimento das atividades de empresas importadoras das normas instituídas pela Resolução do Senado n. 13, sendo, dentre aquelas que poderiam o fazer em igual intensidade, a que implica menor restrição a direitos fundamentais. ... a necessidade de garantir meios para uma fiscalização eficiente e imediata, de modo a conferir eficácia à Resolução do Senado (finalidade imediata) e restabelecer o mais rápido possível a harmonia do pacto federativo (finalidade mediata), justifica a intensidade de restrição à isonomia. [...] os contribuintes alegam que a discriminação do custo da importação na nota fiscal fere os princípios da livre-iniciativa e da livre concorrência, argumentando que, sobre não ser essencial ao exercício da fiscalização, poderá acarretar graves prejuízos econômicos às empresas que divulgarem os preços de seus produtos importados, uma vez que este, no mais das vezes, é um 'segredo inerente do negócio'. De rigor, para as empresas importadoras, o conhecimento público dos preços de importação praticados: (i) implicará o descumprimento de cláusulas de confidencialidade estabelecidas com seu fornecedor, podendo culminar em multas e perdas de parcerias comerciais; (ii) quebrará o sigilo comercial das empresas; (iii) permitirá que seus compradores consigam calcular indiretamente suas margens de lucro; e

(iv) dará azo a uma possível padronização dos preços. ... a instituição de deveres instrumentais tributário sempre restringe, em certa medida, a livre-iniciativa, mas apenas quando os referidos deveres são excessivos, desproporcionais, extravasando o 'interesse da arrecadação e da fiscalização dos tributos' (art. 113, § 2º, do CTN), é que implicam restrição injustificada – violação – daquele princípio, porquanto limitam injustificadamente a possibilidade de atuação do particular no domínio econômico. ... os deveres instrumentais instituídos no interesse da fiscalização, para conferir eficácia à Resolução do Senado n. 13, não poderão restringir a livre concorrência que, justamente, aquele ato normativo visa restabelecer. Esta necessidade de coerência do sistema jurídico é decorrência do princípio da isonomia [...] cumpre indagar: o dever de informar o valor da importação na nota fiscal, tornando-o público, viola a livre-iniciativa e a livre concorrência? Entendemos que sim. Com efeito, implica restrição, e modo desnecessário e excessivo, a atuação das empresas, em evidente violação à livre-iniciativa. É que tal informação é possível de ser obtida por intermédio de outro dever instrumental, instituído no mesmo instrumento normativo, e que, sobre ser igualmente eficaz para a fiscalização, implica menor restrição a direitos fundamentais do contribuinte. Insta observar que o valor da importação deverá constar na ficha de Conteúdo de Importação, dever instituído na cláusula quinta do Ajuste Sinief n. 19, e, sendo o conteúdo da FCI disponível apenas às autoridades fiscais, não acarretará prejuízos concorrenciais aos contribuintes. [...] graves distúrbios no equilíbrio do mercado poderão ocorrer com a divulgação do valor da importação, entre eles uma padronização dos preços, eu certamente fere a concorrência desejada pelo legislador constituinte, em prejuízo ao consumidor. Assim sendo, embora em um primeiro momento este dever instrumental possa ser adequado (constitui-se um meio apto para permitir uma fiscalização eficiente do cumprimento da Resolução do Senado n. 13 pelos contribuintes), não é necessário para a realização da finalidade buscada. Basta observar que há outro dever instrumental (exigência de entrega da FCI), inclusive no mesmo ato normativo, que contém exatamente a mesma informação (valor da importação), mas que restringe em menor intensidade esses direitos fundamentais (apenas a Fazenda terá acesso ao conteúdo das FCIs, evitando os deletérios efeitos do conhecimento público do preço de importação) e possibilita fiscalização de igual eficiência pela 'Administração Pública'" (TAKANO, Caio Augusto. "Guerra dos portos" – os deveres instrumentais introduzidos pelo Ajuste Sinief n. 19/2012 e os limites normativos da Resolução do Senado Federal n. 13/2012. *RDDT* 212/15, 2013).

– "Um dos requisitos para que determinado produto industrializado sofra a incidência da nova alíquota interestadual é que em sua fabricação o Conteúdo de Importação seja superior a 40%, este definido como o 'quociente entre a parcela importada e o valor total da operação de saída interestadual' (art. 1º, § 2º, da Resolução n. 3/2012). O § 3º do art. 1º da referida norma senatorial, delegou competência ao Conselho Nacional de Política Fazendária (Confaz), dispondo que o órgão 'poderá baixar normas para fins de definição dos critérios e procedimentos a serem observados no processo de Certificação de Conteúdo de Importação (CCI)'. Na tentativa de cumprir a competência que lhe foi delegada, o Confaz editou o Ajuste Sinief n. 19/2012 (*DOU* de 9.11.12). Ocorre que o órgão foi muito além da sua competência, definindo, além da forma de cálculo do Conteúdo de Importação, a maneira como o contribuinte deverá informar este valor, não só para o Fisco, como, também, para seus clientes, que é o que determina a cláusula 7ª do Ajuste, vejamos: 'Cláusula sétima Deverá ser informado em campo próprio da Nota Fiscal Eletrônica – NF-e: I – o valor da parcela importada do exterior, o número da FCI e o Conteúdo de Importação expresso percentualmente, calculado nos termos da cláusula quarta, no caso de bens ou mercadorias importados que tenham sido submetidos a processo de industrialização no estabelecimento do emitente; II – o valor da importação, no caso de bens ou mercadorias importados que não tenham sido submetidos a processo de industrialização no estabelecimento do emitente'. Em outras palavras, o que está a determinar o Confaz é que o contribuinte explicite todos os seus custos e margens de lucro na nota fiscal emitida, além de que, no caso do inciso I, boa parte do processo produtivo também será exposto ao destinatário da mercadoria. Tal determinação causa constrangimentos comerciais incomensuráveis, na medida em que expõe o fornecedor ao seu cliente, demonstrando a estes informações que dizem respeito única e exclusivamente à empresa remetente e às suas estratégias comerciais. Sem contar que em um nível maior esta exposição pode acarretar uma distorção de mercado sem tamanhos, pois haverá uma guerra de preços que desconsiderará outros custos que não são levados em consideração no cálculo do 'conteúdo de importação'. A despeito desta afronta às relações comerciais, a supracitada cláusula esbarra no direito fundamental à privacidade compreendido no art. 5º, X, da Constituição Federal... E aqui nem se queira argumentar que os atos da vida societária são públicos, pois tal raciocínio é falso e não pode implicar a exposição completa da pessoa jurídica como quer o referido dispositivo regulamentador. Os atos que são públicos da pessoa jurídica são referentes aos seus atos constitutivos, mas não às miudezas de suas estratégias comerciais [...] os atos internos da empresa, como suas estratégias comerciais, custos, margens de lucro, componentes, insumos etc., devem ser mantidos em segredo, ao resguardo de terceiros – exceto a Administração Pública, ordem judicial ou previsão legal em contrário. [...] Portanto, inconstitucional a cláusula 7ª do Ajuste Sinief n. 19/2012... Sem contar que tal cláusula extrapola em muito a competência conferida ao Confaz pela Resolução n. 13/2012..." (GASPERIN, Carlos Eduardo Makoul. O ICMS e as inconstitucionalidades da Resolução n. 13/2012 do Senado Federal e de sua Regulamentação. *RDDT* 210/7, 2013).

⇒ **Circulação física interestadual entre estabelecimentos de um mesmo contribuinte enseja incidência.** Vide, em nota ao inciso II deste art. 155 da CF.

– **Base de cálculo na operação interestadual entre estabelecimentos da mesma pessoa jurídica: valor da entrada mais recente.** "A Lei Complementar 87/1996, não estabelece, nem no art. 13, nem em qualquer outro artigo, um conceito específico para 'valor da entrada'. [...] 'custo de aquisição' não é base de cálculo de nenhuma das hipóteses de transferências entre estabelecimentos da mesma pessoa jurídica sediados em Estados diferentes. O inciso II fala em 'custo da mercadoria produzida',

quando a atividade do estabelecimento remetente for industrial, o que não é o caso. Em se tratando de estabelecimento comercial... a base de cálculo, nos termos do art. 13, § 4º, da LC 87/196 é 'a entrada mais receita' (inc. I), expressão que se refere ao valor das operações pelo qual o estabelecimento... comprou, em época mais recente, as mercadorias ou mercadorias da mesma espécie... [...] Por 'valor da entrada mais recente' há de se entender o valor pelo qual o estabelecimento remetente tenha recebido, em data mais recente, mercadorias da mesma espécie ou a própria mercadoria remetida" (MARTINS, Ives Gandra da Silva; SOUZA, Fátima Fernandes Rodrigues. ICMS. Transferência de mercadorias entre estabelecimentos da mesma empresa situados em diferentes unidades da Federação. Base de cálculo. *RDDT* 218/159, 2013).

⇒ **Fixação de redutores pelo Estado-Membro. Invasão de competência do Senado.** "ICMS. FIXAÇÃO DE ALÍQUOTAS. COMPETÊNCIA DO SENADO FEDERAL. COMPETÊNCIAS E LIMITES DOS ESTADOS. CONVÊNIO 120/96. TRANSPORTE AÉREO DE PASSAGEIROS. Alegada inconstitucionalidade com violação ao art. 155, § 2º, IV e V da Constituição. Vedação ao Estado--membro de fixação de redutores por invadir competência do Senado Federal" (STF, ADI 1.601).

⇒ **Diferencial de alíquota cobrado na fronteira.** As operações interestaduais entre contribuintes são realizadas mediante a aplicação da alíquota interestadual quando da saída da mercadoria do estabelecimento de origem. A diferença entre essa alíquota e a alíquota interna do estado de destino é devida a este. Por vezes, os estados determinam que o pagamento do diferencial de alíquota ocorra já na fronteira.

– **Cobrança antecipada sem substituição.** "ICMS. ANTECIPAÇÃO DO PRAZO DE RECOLHIMENTO. POSSIBILIDADE... 2. É legítima a cobrança antecipada do ICMS pelo regime normal de tributação – ou seja, sem substituição tributária –, conforme disposto na Lei Estadual 8.820/1989, porquanto a antecipação do prazo de recolhimento do tributo não modifica o fato gerador do imposto. Precedentes do STJ" (STJ, AgRg no AREsp 424.298, 2014).

– "ICMS. REGIME DE PAGAMENTO ANTECIPADO SEM SUBSTITUIÇÃO TRIBUTÁRIA. LEGALIDADE... 1. O STJ firmou sua compreensão no sentido de ser legítima a cobrança antecipada do ICMS através do regime normal de tributação, isto é, sem substituição tributária, na forma preconizada pela Lei Estadual 8.820/89 e pelo Decreto Estadual 39.820/99, ambos do Estado do Rio Grande do Sul. Precedentes..." (STJ, 1ª T., AgRg no REsp 1130023/RS, Rel. Min. Sérgio Kukina, set. 2013). Obs: trata-se de hipótese de exigência do recolhimento do diferencial de alíquota nas operações interestaduais pela pessoa jurídica adquirente quando do ingresso da mercadoria no Estado, conforme o relatório: "Trata-se de agravo regimental interposto pelo SINDICATO DO COMÉRCIO VAREJISTA DE BAGÉ – SINDILOJAS, contra decisão que deu provimento ao recurso especial, sob o fundamento de que é legítima a cobrança antecipada do ICMS através do regime normal de tributação, isto é, sem substituição tributária, na forma preconizada pela Lei Estadual 8.820/89 e pelo Decreto Estadual 39.820/99, ambos do Estado do Rio Grande do Sul. Sustenta o agravante, em síntese, que 'o Superior Tribunal de Justiça entendeu, em suma, que a exigência do diferencial de alíquota não viola a sistemática do Simples Nacional' (fl. 353); e ainda que a exação em comento é inconstitucional e ilegal, por configurar antecipação parcial do imposto relativo à operação subsequente, sem que haja posterior 'acerto de contas' com o contribuinte optante do Simples Nacional, que acaba por recolher duas vezes o imposto estadual, arcando com uma onerosidade pior àquela estabelecida aos contribuintes do regime normal, que podem se creditar do valor anteriormente pago (fl. 355)".

– **Entendendo descabida a exigência de pagamento antecipado pelo próprio contribuinte.** "Usando a Constituição o termo responsável, claro está que se refere à pessoa chamada a pagar o tributo sem ter realizado o respectivo fato gerador (embora esteja com ele de algum modo vinculada, na forma do art. 128 do CTN). Noutras palavras: o art. 150, § 7º, da Constituição não contém autorização para que os entes tributantes exijam antecipadamente de uma pessoa o tributo a nascer de fato gerador que se espera que ela mesma realize no futuro (antecipação do IPTU dos próximos cinco anos, cobrança em vida do imposto sobre heranças ou adiamento do ICMS por venda a ser feita no futuro – hipótese em exame). E a discriminação não é desarrazoada: é sabido que a substituição tributária para a frente veio atender a um anseio de simplificação da fiscalização tributária, que fica concentrada em uns poucos contribuintes (os produtores ou atacadistas de certas mercadorias), ao invés de ter de dispersar-se por um sem-número de varejistas, pequenos e grandes, bem ou mal organizados, situados nos grandes centros ou em longínquos rincões. Ora, nenhuma utilidade teria para esse desiderato a antecipação do fato imponível próprio, já que a fiscalização de um mesmo contribuinte, agora ou mais tarde, acarreta sempre o mesmo ônus para o Fisco" (SANTIAGO, Igor Maules. A malversação do fato gerador e da base de cálculo do ICMS por alguns Estados da Federação (antecipação da cobrança por operação própria, com adoção de pauta fiscal e *gross up*). O exemplo das empresas de telefonia. *RDDT* 113/47, 2005).

– **Operação triangular. Alíquota aplicável.** "Se a operação se apresenta corretamente como uma operação triangular foi acertada a aplicação, pela consulente, da alíquota 7% (sete por cento) nas vendas feitas ao estabelecimento da 2ª empresa sediado em Goiás (Compradora)? Sim, uma vez que a 2ª empresa (GO) é a destinatária jurídica e final da operação, ou seja, ela que adquiriu a mercadoria, muito embora esta não tenha transitado por seu estabelecimento a ele chegará. É de ressaltar que tal hipótese mercantil encontra amparo no ordenamento jurídico que rege a matéria (RICMS, artigo 406), ou seja, operação legítima com aplicação de alíquota interestadual de 7% fundada em lei" (MARTINS, Ives Gandra da Silva; MARTINS, Rogério Vidal Gandra da Silva; LOCATELLI, David Monteiro. Industrialização por encomenda. Mercadoria remetida para o estabelecimento que receberá o produto final elaborado, mas entregue ao estabelecimento que procederia a industrialização. Diferença das vendas à ordem. *RDDT* 222/137, 2014).

– **Desvio do produto e destinação ao próprio estado de origem. Responsabilidade pela diferença de alíquota.** "... situações em que o comprador, contribuinte de ICMS, estabelecido no Estado X, ao adquirir a mercadoria do vendedor estabelecido no Estado Y por negócio celebrado com cláusula FOB, destine-a (por meio próprio ou por transportador) a outro estabelecimento de sua titularidade, diverso daquele que celebrou a compra e venda. Caso esse estabelecimento para o qual foi desviada a mercadoria seja situado no mesmo Estado Y, terá havido recolhimento a menor de ICMS. Isso porque, como a mercadoria objeto da operação contratada se destinava a estabelecimento de outro Estado, o vendedor, ao dar saída à mercadoria, recolhe ao Estado Y o ICMS pela alíquota interestadual. Mas, como a operação efetivamente ocorrida foi interna, essa seria a alíquota aplicável, daí o recolhimento a menor. Em face dessa situação, poderia o vendedor ser responsabilizado pela diferença entre as alíquotas a ser recolhida ao Estado Y? [...] A resposta, a nosso ver, dependerá... da existência ou não de simulação. O fato de o vendedor saber que a mercadoria por ele vendida será efetivamente destinada ao mesmo Estado de seu estabelecimento importará em simulação e possibilidade de exigência do imposto de ambas as partes contratantes. Não havendo simulação, o Estado Y encontrará óbices jurídicos na responsabilização do vendedor pela diferença do imposto... O comprador e o transportador poderão ser responsabilizados, pois se enquadram na definição do art. 5º da LC 87/96, ou seja, é aquele terceiro, vinculado ao fato gerador, que, por um seu ato ou omissão (desvio da mercadoria) acarreta o não recolhimento do imposto. Outra possibilidade de exigir-se o imposto do comprador se dá pela fiscalização e descobrimento da mercadoria em seu estabelecimento situado no mesmo Estado do vendedor ou sua intercepção no curso do transporte, presumindo-se aí ocorrido o fato gerador (art. 11, I, alínea *b* da LC 87/96)" (BREYNER, Frederico Menezes. Responsabilidade tributária pelo ICMS sobre vendas interestaduais celebradas com cláusula FOB em caso de desvio de mercadoria. *RDDT* 154/25, 2008).

V – é facultado ao Senado Federal;

a) estabelecer alíquotas mínimas nas operações internas, mediante resolução de iniciativa de um terço e aprovada pela maioria absoluta de seus membros;

b) fixar alíquotas máximas nas mesmas operações para resolver conflito específico que envolva interesse de Estados, mediante resolução de iniciativa da maioria absoluta e aprovada por dois terços de seus membros;

VI – salvo deliberação em contrário dos Estados e do Distrito Federal, nos termos do disposto no inciso XII, *g*, as alíquotas internas, nas operações relativas à circulação de mercadorias e nas prestações de serviços, não poderão ser inferiores às previstas para as operações interestaduais;

⇒ Fixação de alíquota interna inferior à interestadual. "IMPUGNAÇÃO DA LEI PAULISTA N. 10.327, DE 15.06.99, QUE REDUZIU A ALÍQUOTA INTERNA DO ICMS DE VEÍCULOS AUTOMOTORES DE 12 PARA 9,5% PELO PRAZO DE 90 DIAS, A PARTIR DE 27.05.99. REEDIÇÃO DA LEI N. 10.231, DE 12.03.99, QUE HA-

VIA REDUZIDO A ALÍQUOTA DE 12 PARA 9%, POR 75 DIAS. LIMITE PARA A REDUÇÃO DA ALÍQUOTA NAS OPERAÇÕES INTERNAS. 1. As alíquotas mínimas internas do ICMS, fixadas pelos Estados e pelo Distrito Federal, não podem ser inferiores às previstas para as operações interestaduais, salvo deliberação de todos eles em sentido contrário (CF, artigo 155, § 2º, VI). 2. A alíquota do ICMS para operações interestaduais deve ser fixada por resolução do Senado Federal (CF, artigo 155, § 2º, IV). A Resolução n. 22, de 19.05.89, do Senado Federal fixou a alíquota de 12% para as operações interestaduais sujeitas ao ICMS (artigo 1º, *caput*); ressalvou, entretanto, a aplicação da alíquota de 7% para as operações nas Regiões Sul e Sudeste, destinadas às Regiões Norte, Nordeste e Centro-Oeste e ao Estado do Espírito Santo (artigo 1º, parágrafo único). 3. Existindo duas alíquotas para operações interestaduais deve prevalecer, para efeito de limite mínimo nas operações internas, a mais geral (12%), e não a especial (7%), tendo em vista os seus fins e a inexistência de deliberação em sentido contrário. 4. Presença da relevância da arguição de inconstitucionalidade e da conveniência da suspensão cautelar da Lei impugnada. 5. Medida cautelar deferida, com efeito *ex-nunc*, para suspender a eficácia da Lei impugnada, até final julgamento da ação" (STF, ADI-MC 2021, 1999).

VII – nas operações e prestações que destinem bens e serviços a consumidor final, contribuinte ou não do imposto, localizado em outro Estado, adotar-se-á a alíquota interestadual e caberá ao Estado de localização do destinatário o imposto correspondente à diferença entre a alíquota interna do Estado destinatário e a alíquota interestadual; (Redação da EC n. 87/2015, que também revogou as alíneas deste inciso)

⇒ **DIFAL.** No caso dessas operações interestaduais, aplica-se a alíquota interestadual, definida por Resolução do Senado, nos termos do art. 155, § 2º, IV e VII, da Constituição Federal, com a redação da EC n. 87/2015. O Estado de origem, portanto, recebe a alíquota interestadual. Ao Estado do destinatário caberá a diferença de alíquota entre a interestadual (menor) e a sua alíquota interna (maior). O recolhimento dessa diferença de alíquota, conhecida como DIFAL, ficará sob a responsabilidade do destinatário, quando este for contribuinte do imposto, e sob a responsabilidade do remetente, quando o destinatário não for contribuinte do imposto, nos termos do inciso VIII, também com a redação da EC n. 87/2015.

– **Tema 1.093 do STF:** "A cobrança do diferencial de alíquota alusivo ao ICMS, conforme introduzido pela Emenda Constitucional n. 87/2015, pressupõe edição de lei complementar veiculando normas gerais". Decisão de mérito em 2021.

– **LC n. 190/2022.** A cobrança do ICMS nas operações e prestações interestaduais destinadas a consumidor final não contribuinte do imposto somente passou a ser disciplinada quando das alterações promovidas pela LC n. 190/2022 na LC n. 87/96. Por força das alterações produzidas na LC n. 87/96 pela LC n. 190/2022, passou a constar que é contribuinte do ICMS. "Nas operações ou prestações que destinem mercadorias, bens e serviços a consumidor final domiciliado ou estabelecido em outro Estado, em relação à diferença entre a alíquota interna do Estado de destino e a alíquota interestadual", ora "o destinatário da mercadoria, bem ou serviço, na hipótese de contribuinte do imposto", ora "o remetente da mercadoria ou bem ou o prestador de serviço, na hipótese de o destinatário não ser contribuinte do imposto" (art. 4º, V, *a* e *b*). O local da operação, "tratando-se de operações ou prestações interestaduais destinadas a consumidor final, em relação à diferença entre a alíquota interna do Estado de destino e a alíquota interestadual", é "o do estabelecimento do destinatário, quando o destinatário ou o tomador for contribuinte do imposto" (art. 11, V) ou "o do estabelecimento do remetente ou onde tiver início a prestação, quando o destinatário ou tomador não for contribuinte do imposto (art. 11, V, *b*), sendo que, nessa última hipótese, quando o destino final da mercadoria, bem ou serviço ocorrer em Estado diferente daquele em que estiver domiciliado ou estabelecido o adquirente ou o tomador, o imposto correspondente à diferença entre a alíquota interna e a interestadual será devido ao Estado no qual efetivamente ocorrer a entrada física da mercadoria ou bem ou o fim da prestação do serviço" (art. 11, § 7º). Considera-se ocorrido o fato gerador no momento "da entrada no território do Estado de bem ou mercadoria oriundos de outro Estado adquiridos por contribuinte do imposto e destinados ao seu uso ou consumo ou à integração ao seu ativo imobilizado" (art. 12, XV), hipótese em que a base de cálculo do imposto é "o valor da operação ou prestação no Estado de origem, para o cálculo do imposto devido a esse Estado", e "o valor da operação ou prestação no Estado de destino, para o cálculo do imposto devido a esse Estado" (art. 13, IX), e no momento "da saída, de estabelecimento de contribuinte, de bem ou mercadoria destinados a consumidor final não contribuinte do imposto domiciliado ou estabelecido em outro Estado" (art. 12, XVI), hipótese em que a base de cálculo do imposto é "o valor da operação ou o preço do serviço, para o cálculo do imposto devido ao Estado de origem e ao de destino" (art. 13, X). Em ambas as hipóteses, também integram a base de cálculo do imposto "o montante do próprio imposto, constituindo o respectivo destaque mera indicação para fins de controle, o valor correspondente a "seguros, juros e demais importâncias pagas, recebidas ou debitadas, bem como descontos concedidos sob condição" e o "frete, caso o transporte seja efetuado pelo próprio remetente ou por sua conta e ordem e seja cobrado em separado" (art. 13, § 1º). E completa: "O imposto a pagar ao Estado de destino será o valor correspondente à diferença entre a alíquota interna do Estado de destino e a interestadual" (art. 13, § 3º). Vale destacar, ainda, o novo art. 24-A, determinando que "Os Estados e o Distrito Federal divulgarão, em portal próprio, as informações necessárias ao cumprimento das obrigações tributárias, principais e acessórias, nas operações e prestações interestaduais".

– **Anterioridade. ADIs 7.066, 7.070 e 7.078.** Está em discussão o termo inicial da cobrança. No fechamento desta edição, havia pedido de vista e cinco votos para o início em 2023

⇒ **Unificação do regime relativo às operações interestaduais. Alíquota interestadual para o Estado de origem e diferencial de alíquota para o Estado de destino.** Já não importa se o destinatário é ou não contribuinte do imposto. A arrecadação será dividida entre o Estado de origem (alíquota interestadual) e o Estado de destino (diferença entre a alíquota interestadual e a alíquota interna do Estado de destino).

– No caso dessas operações interestaduais, quando destinada a mercadoria a consumidor final, contribuinte ou não do imposto, conforme o art. 155, § 2º, VII, da CF, com a redação da EC n. 87/2015, aplica-se a alíquota interestadual, definida por Resolução do Senado, nos termos do art. 155, § 2º, IV, da Constituição Federal. Mas, ao Estado do destinatário, caberá a diferença de alíquota entre a interestadual (menor) e a sua alíquota interna (maior). O recolhimento dessa diferença ficará sob a responsabilidade do destinatário, quando este for contribuinte do imposto, e sob a responsabilidade do remetente, quando o destinatário não for contribuinte do imposto, nos termos do inciso VIII, também com a redação da EC n. 87/2015. Mas, por força do novo art. 99 do ADCT, a diferença só caberá integralmente ao Estado de destino a partir de 2019.

– **Regra de transição: escalonamento da divisão da arrecadação até 2018.** A EC n. 87/2015 acrescentou ao ADCT o art. 99, dispondo sobre a partilha da diferença de alíquota entre os Estados de origem e de destino, criando uma regra de transição entre o regime da redação original do inciso VII (em que, nas operações destinadas ao consumidor final não contribuinte, a arrecadação era integralmente do Estado de origem) e o da redação atual (em que, nessas mesmas operações, o Estado de origem fica com a alíquota interestadual e o de destino com o diferencial de alíquota). Por força do novo art. 99 do ADCT, a diferença só caberá integralmente ao Estado de destino a partir de 2019. Durante os anos de 2015 a 2018, a diferença de alíquota será partilhada entre os Estados de destino e de origem na seguinte proporção: 20% e 80% em 2015, 40% e 60% em 2016, 60% e 40% em 2017, 80% e 20% em 2018.

– ADCT: "Art. 99. Para efeito do disposto no inciso VII do § 2º do art. 155, no caso de operações e prestações que destinem bens e serviços a consumidor final não contribuinte localizado em outro Estado, o imposto correspondente à diferença entre a alíquota interna e a interestadual será partilhado entre os Estados de origem e de destino, na seguinte proporção: I – para o ano de 2015: 20% (vinte por cento) para o Estado de destino e 80% (oitenta por cento) para o Estado de origem; II – para o ano de 2016: 40% (quarenta por cento) para o Estado de destino e 60% (sessenta por cento) para o Estado de origem; III – para o ano de 2017: 60% (sessenta por cento) para o Estado de destino e 40% (quarenta por cento) para o Estado de origem; IV – para o ano de 2018: 80% (oitenta por cento) para o Estado de destino e 20% (vinte por cento) para o Estado de origem; V – a partir do ano de 2019: 100% (cem por cento) para o Estado de destino" (Artigo crescido pela EC n. 87/2015).

– **Convênio ICMS n. 93/2015.** Esse Convênio "Dispõe sobre os procedimentos a serem observados nas operações e prestações que destinem bens e serviços a consumidor final não contribuinte do ICMS, localizado em outra unidade federada", considerando a sistemática atual e, inclusive, o novo art. 99 do ADCT.

– **Cláusula nona do Convênio ICMS n. 93/2015 e o Simples Nacional.** É questionada pela doutrina porque determinou, também às empresas optantes pelo Simples que destinem mercadoria a outro Estado, o recolhimento do diferencial de alíquota.

– "... a cláusula nona do Convênio ICMS n. 93/2015 padece de inconstitucionalidade, seja porque a própria EC 87/2015 nada dispôs acerca da aplicabilidade da nova sistemática de recolhimento do ICMS às empresas optantes pelo Simples Nacional, seja porque, nos termos do art. 146, III, *d*, da Constituição Federal, somente a lei complementar pode dispor sobre tratamento diferenciado e favorecido para as microempresas e para as empresas de pequeno porte, sendo certo que as empresas optantes por esse regime devem, necessariamente, efetuar o recolhimento das exações de forma unificada e centralizada... [...] vilipendiou ainda os arts. 170, inciso IX e 179 da CF, haja vista que não atendeu aos ditames constitucionais que determinam a necessidade de tratamento favorecido para as empresas de pequeno porte, além de tratamento jurídico diferenciado a fim de incentivá-las por meio da simplificação de suas obrigações administrativas, tributárias, previdenciárias e creditícias" (SANTOS, Cláudio Carfaro. A inconstitucionalidade da cláusula nona do Convênio ICMS n. 93/2015. *RET* 111/16-30, 2016).

– **Reflexo nas ME e EPP optantes pelo SIMPLES.** Está em discussão na ADI 5.464.

– "Embora o convênio n. 93/2015 tenha estabelecido regras gerais para recolhimento do novo ICMS, também estabeleceu, na cláusula nona, que os contribuinte optantes pelo Regime Especial Unificado de Arrecadação de Tributos e Contribuições devidos pelas Microempresas e Empresas de Pequeno Porte – Simples Nacional teriam que recolher o diferencial de alíquotas, novo ICMS, para o Estado de destino, estendendo, assim, a obrigatoriedade. A aplicação da cláusula 9ª (nona) para o Simples Nacional causou um acréscimo relevante na sua carga tributária, deixando de aplicar tratamento diferenciado às micro e pequenas empresas" (NEVES, Ângela Vieira das. Aspecto Constitucional do Novo Diferencial de Alíquotas aos Optantes do Simples Nacional. *RET* 109/30, 2016).

– "... a EC 87/2015 trouxe importantes modificações no regime tributário das operações interestaduais de ICMS. A pretexto de regulamentar a novidade constitucional, inicialmente, o normatizador do Confaz e, posteriormente, diversas legislações estaduais buscaram alterar a sistemática de recolhimento do ICMS dos beneficiários do Simples Nacional. [...] As regras tributárias do Simples encontram-se sob o manto das normas gerais de direito tributário e, portanto, são veiculadas por lei complementares à constituição, e somente por lei complementar podem ser alteradas" (TRÓCCOLI JÚNIOR, Henrique. O Microssistema Tributário das Micro e Pequenas Empresas e os Reflexos da Emenda Constitucional n. 87, de 2015. *RET* 109/24, 2016).

⇒ **Redação anterior.** Eis a redação original: "VII – em relação às operações e prestações que destinem bens e serviços a consumidor final localizado em outro Estado, adotar-se-á: *a*) a alíquota interestadual, quando o destinatário for contribuinte do imposto; *b*) a alíquota interna, quando o destinatário não for contribuinte dele".

– Protocolo ICMS n. 21. Inconstitucionalidade. À luz da redação original, cabia ao Estado de origem a totalidade do ICMS nas operações interestaduais destinadas a consumidor final. Daí por que o Protocolo ICMS n. 21/2011, que, também para essas operações, previa o direito do Estado de destino ao diferencial de alíquota, foi considerado inconstitucional pelo STF, inclusive materialmente. Vide: STF, ADI 4.628, 2014.

– Tema 615 do STF: "É inconstitucional a cobrança de ICMS pelo Estado de destino, com fundamento no Protocolo ICMS 21/2011 do CONFAZ, nas operações interestaduais de venda de mercadoria ou bem realizadas de forma não presencial a consumidor final não contribuinte do imposto". Decisão do mérito em 2014. Eis o acórdão: "3. Interpretação do art. 155, § 2º, VII, 'a' e 'b', VIII, da Constituição Federal. Vendas realizadas de forma não presencial a consumidor final não contribuinte do imposto. Aplicação da alíquota interna no estado de origem. 4. Protocolo CONFAZ n. 21/2011. Inconstitucionalidade. 5. Modulação dos efeitos" (STF, RE 680.089, 2014). Vê-se do extrato de ata: "Por maioria, o Tribunal modulou os efeitos da declaração de inconstitucionalidade a partir da concessão da medida liminar na ADI n. 4.628, ressalvadas as ações em curso".

– Casuística à luz da redação original, quando cabia apenas ao Estado de origem. Diversos questionamentos surgiram à luz da redação original, envolvendo tanto o conceito de consumidor final, como de contribuinte do imposto e, ainda, manobras dissimuladoras de operações internas.

– Negociação por filial e entrega direta do depósito situado em outro Estado. "ICMS. PRODUTOS DA LINHA BRANCA. COMPRA E VENDA REALIZADA EM SANTA CATARINA. ENTREGA DIRETAMENTE AO CONSUMIDOR PELO DEPÓSITO LOCALIZADO NO PARANÁ. SUJEITO ATIVO DA OBRIGAÇÃO TRIBUTÁRIA. LOCAL DA SAÍDA DO BEM. 1. No caso dos autos as mercadorias da 'linha branca' eram negociadas e vendidas pela loja situada no Estado de Santa Catarina. Todavia, eram entregues diretamente ao consumidor pelo depósito central localizado no Paraná. 2. A loja catarinense enviava ao estabelecimento do Paraná apenas 'pedidos de venda-recibo' sem emitir a competente nota fiscal. 3. Nos termos da jurisprudência desta Corte, '[o] ICMS deve ser recolhido pela alíquota interna, no Estado onde saiu a mercadoria para o consumidor final, após a sua fatura, ainda que tenha sido negociada a venda em outro local, através da empresa filial' EREsp 174241/MG, Rel. Min. Franciulli Netto, Primeira Seção, DJ 26/04/2004. [...] 4. No momento da ocorrência do fato gerador – saída da mercadoria do estabelecimento contribuinte –, os bens estavam localizados no Estado do Paraná, que é o sujeito ativo da relação tributária" (STJ, 2ª T., AgRg no REsp 703232/SC, Rel. Min. Castro Meira, nov. 2009).

– Mercadoria destinada ao ativo fixo ou utilização como insumo. Indevido o diferencial. "... nos casos em que as empresas adquirem bens, e não mercadorias, destinando-os aos seus ativos fixos e/ou utilizando-os como insumos, os diferenciais de alíquotas são inexigíveis" (ELALI, André de Souza Dantas. São exigíveis os diferenciais de alíquota do ICMS em todos os casos, como pretendem impor alguns entes federados? RTFP 56/63, 2004).

– Cobrança antecipada do imposto relativo às operações subsequentes. "... os contribuintes que adquirem certas mercadorias provenientes de outros Estados, sem a retenção antecipada do ICMS, por falta de acordo interestadual que atribua ao remetente a condição de substituto tributário, têm sido compelidos a recolher o imposto relativo às operações subsequentes, no momento do ingresso da mercadoria no território do Estado de sua jurisdição. ... 'antecipação sem substituição'. [...] O sistema de recolhimento antecipado do ICMS, na entrada de mercadoria no território do Estado, fora das hipótese previstas na Lei Complementar n. 87/96, quebra a uniformidade do tributo, por interferir com o seu fato gerador e a sua base de cálculo, na contramão da leitura que o Supremo Tribunal Federal tem feito reiteradamente do Texto Constitucional... A par disso, a falta de previsão de restituição imediata e preferencial do imposto, em todas as situações objeto de antecipação, impede a eficácia do sistema..." (FUNARO, Hugo. Antecipação do ICMS na entrada de mercadoria no território do Estado... *RDDT* 166/114, 2009).

– Cobrança antecipada do imposto como cobrança disfarçada da diferença de alíquota mesmo quando a aquisição for para revenda ou industrialização. "Imbuídos do intuito de analisar com atenção a exigência do pagamento de ICMS 'antecipado' quando as mercadorias revendidas são provenientes de outros Estados, ou mesmo quando forem destinadas a servirem de insumos para um novo produto, descobrimos que o Estado... mascara a cobrança de 'diferença de alíquota', exigindo-a em qualquer aquisição. Ao agir dessa maneira, viola a Constituição de 1988, que limitou esse direito somente em relação aos produtos adquiridos por contribuinte de ICMS... na qualidade de 'consumidor final', portanto, não permitindo a exigência da diferença de alíquota quando a compra ocorrer para fins de revenda ou industrialização" (RODRIGUES, Rodrigo Dalcin. A cobrança indevida da 'diferença de alíquota de ICMS'... *RDDT* 167/119, 2009).

– Responsabilidade do vendedor pela diferença de alíquota no caso de desvio e destino a estabelecimento do próprio Estado de saída. Crítica. "Não se pode imputar responsabilidade ao alienante pela diferença de alíquotas devida em razão do suposto desvio das mercadorias vendidas com cláusula FOB à empresa destinatária situada em outro Estado, já que a obrigação em questão resulta de fato ulterior e autônomo em relação ao fato gerador da operação interestadual. Não se verifica culpa (omissão de dever de diligência) a embasar a responsabilidade por infrações ou interesse comum a justificar solidariedade. Ademais, semelhante pretensão fere a natureza do ICMS de imposto sobre o consumo e o princípio da não cumulatividade, obrigando o alienante a suportar o encargo econômico do tributo em razão de infrações praticadas por terceiros... Não há como exigir do contribuinte a prova direta de que as mercadorias efetivamente ingressaram no Estado destinatário, algo que sequer as Secretarias da Fazenda podem constatar e que configura, portanto, *probatio* diabólica a invalidar o emprego de quaisquer presunções, por tornar a contraprova impossível... Ao apresentar prova que razoavelmente se lhe poderia exigir, demonstrando pelos meios possíveis a efetividade da venda a outro Estado, o contribuinte desincumbe-se do seu ônus de contraprova em relação à presunção (art. 36, § 4º, do RICMS) invocada pelo Fisco... Eventual alegação de desvio das mercadorias, uma vez identificado o transportador contratado, torna necessária a inclusão deste como sujeito passivo no lançamento, na qualidade de obrigado solidário com o comprador" (LUCON, Paulo Henrique dos Santos. Inadmissibilidade de presunções na cobrança de diferença de alíquotas de ICMS nas operações mercantis interestaduais. *RET* 86/92-119, 2012).

– "... inúmeros casos em que a mercadoria vendida, apesar de inserida no contexto de uma operação interestadual, é desviada de seu destino original, indicado na nota fiscal, e acaba sendo remetida para outro estabelecimento, também localizado no Estado do remetente. Com isso, a operação que originalmente estaria sujeita à alíquota interestadual do ICMS, de 12% ou 7%, conforme o caso, abrange mercadoria que jamais deixa o seu Estado de origem, hipótese em que deveria ser onerada com alíquota interna do imposto (em regra, 18%)... Embora o desvio da mercadoria vendida em operação realizada com base na cláusula FOB seja normalmente causado pelo adquirente inidôneo das mercadorias, já que é ele que se responsabiliza pelo transporte das mercadorias, o Fisco tende a responsabilizar o vendedor de boa-fé pela diferença de imposto que deixou de ser oferecida à tributação... A responsabilização do devedor somente poderá ser considerada nos casos em que ele houver agido com dolo, em conluio com o comprador ou com o transportador da mercadoria, o que deverá ser cabalmente demonstrado pela fiscalização" (BARTHEM NETO, Hélio. O ICMS e as operações interestaduais com cláusula FOB... *RFDT* 36/75, 2008).

– **Empresas de construção civil. Aquisição para consumo. Súmula 432 do STJ:** "As empresas de construção civil não estão obrigadas a pagar ICMS sobre mercadorias adquiridas como insumos em operações interestaduais". Vide, também: STJ, Primeira Seção, REsp 1135489/AL, Rel. Min. Luiz Fux, dez. 2009; STJ, Primeira Seção, REsp 1135489/AL, Rel. Min. Luiz Fux, julgado em 9-12-2009, *DJe* 1º-2-2010.

– **Não contribuintes?** "É certo que não sendo a empresa de construção civil contribuinte do ICMS, como em verdade não é, a venda feita a ela está sujeita sempre à alíquota interna. Ocorre que as empresas de construção civil inscrevem-se no cadastro de contribuintes do ICMS por exigência das Fazendas estaduais, e ganham com isto a condição de contribuinte que, se de fato não lhes é própria, não pode ser impugnada pelas próprias Fazendas, que a elas impõem o dever da inscrição. Enquanto inscritas no cadastro de contribuintes do ICMS, as empresas de construção civil podem comprar em outros Estados e ter essas vendas tributadas com alíquota interestadual. Isto não quer dizer que devam pagar a diferença de alíquota ao Estado onde tenham sede, ou ao Estado onde os produtos sejam utilizados em suas edificações. O Estado onde ocorreu a compra, tributada com alíquota interestadual, é que pode, se for o caso, exigir a diferença, posto que a empresa dedicada exclusivamente à construção civil, que não comercializa materiais de construção, na verdade não é contribuinte do ICMS" (MACHADO, Hugo de Brito. *Aspectos fundamentais do ICMS*. 2. ed. São Paulo: Dialética, 1999, p. 106).

– "... a atividade normalmente desenvolvida pelas empresas de construção civil consiste numa obrigação de fazer pois estas vi-

sam a planejar e executar um serviço que primordialmente visa a transformar um conjunto de materiais diversos em uma coisa unitária, para só depois entregá-la. Ou seja, a sua atividade preponderante, indubitavelmente, implica em obrigação de fazer. E como os materiais utilizados em sua atividade normalmente são mero meio indispensável para se atingir a finalidade visada, óbvio concluir que normalmente a atividade desenvolvida por estas empresas está sujeita a incidência do ISS, sendo estas contribuintes do ISS e não do ICMS. E se em regra elas não são contribuintes do ICMS, lógico que não podem receber a incidência do art. 155, § 2º, VII, *a*, da CF... [...] O problema ocorre quanto à exceção, quanto aos casos em que a construtora pratica atividades sujeitas ao ICMS. ... ressalte-se que nada impede que uma empresa do ramo de construção civil, a par de suas atividades normais, desenvolva outras, como venda de estruturas metálicas que produza, ou mesmo de materiais (blocos etc.) não aproveitados em certa obra. Caso isso aconteça, no mundo dos fatos, por óbvio essas operações serão tributadas pelo ICMS. Tanto é assim, que, na hipótese de uma construtora, durante a execução de uma obra, fornecer mercadorias por ela produzidas, fora do local da obra, estas mercadorias se revestem de nítido intuito mercantil, e por isso a operação sofre a incidência do imposto em comento... Dessa forma, sendo perceptível a possibilidade, em abstrato, de construtoras praticarem atos sujeitos à incidência do imposto debatido, e, por consequência, recolherem o tributo, nada impede que os Estados, visando inclusive a uma melhor administração e fiscalização tributária, instituam a obrigação de empresas do ramo da construção civil, antes mesmo de iniciarem as suas atividades, inscreverem-se no cadastro de contribuintes do ICMS. [...] Ao comprar certo produto no Estado onde executa a obra, qualquer construtora pagará alíquota cheia (em regra 17%), mas, se atravessar a fronteira para fazer essa mesma compra em outra unidade federativa, por ser contribuinte do imposto, pagará alíquota reduzida (em regra 12%), e ao voltar ao Estado onde executa a obra simplesmente dirá que não é contribuinte de ICMS, de modo a se recusar ao recolhimento do diferencial de alíquota interestadual 95%), obtendo assim clara redução no montante do tributo que seria ordinariamente devido, e sem que nenhum convênio ou lê estadual lhe tenha concedido tal benesse. A prevalecer esse entendimento, que, repita-se, importa redução de alíquota, estar-se-á diante de clarividente ofensa a diversos princípios tributários... [...] Uma vez possuindo inscrição no cadastro de contribuinte, só estas próprias empresas podem averiguar e dizer, em cada operação de compra efetuada em outros Estados, se praticam aquela operação para utilizar os respectivos materiais em sua atividade principal, ou em sua atividade excepcional; ... Sendo vedada, em qualquer caso, a tese da possibilidade das referidas empresas se utilizarem da condição de contribuinte na hora de comprarem a mercadoria no Estado de origem, e da condição de não contribuinte no momento de entrarem no Estado de destino, sob pena de ofensa aos princípios da legalidade, isonomia, não discriminação tributária, em razão da procedência ou destino dos bens e enriquecimento sem causa" (MELO, Angelo Braga Netto Rodrigues de. ICMS: construção civil – Diferencial de alíquota interestadual. Uma burla à tributação. Da necessidade de revisão do entendimento predominante. *RTFP* 54/09, 2004).

– Utilização em obra contratada. "A empresa de construção civil, quando adquire mercadorias em outro Estado para utilização em obra contratada com terceiro, não está sujeita à cobrança da diferença entre a alíquota interna e a interestadual do ICMS prevista no art. 155, § 2º, VIII da CF, já que não é consumidora final dos bens adquiridos, os quais não consubstanciam nova mercadoria e sim um serviço prestado. [...]. AG (AgRg) 242.276-GO, Min. Marco Aurélio, 16.12.99" (STF, 2ª T., 16-12-1999).

– Empresas de construção civil e o IPI. Vide nota ao art. 153, § 3º, II, da CF.

VIII – a responsabilidade pelo recolhimento do imposto correspondente à diferença entre a alíquota interna e a interestadual de que trata o inciso VII será atribuída: (Redação da EC n. 87/2015)

a) **ao destinatário, quando este for contribuinte do imposto; (Redação da EC n. 87/2015)**

⇒ **DIFAL a cargo de empresas no Simples Nacional. Tema 517 do STF:** "É constitucional a imposição tributária de diferencial de alíquota do ICMS pelo Estado de destino na entrada de mercadoria em seu território devido por sociedade empresária aderente ao Simples Nacional, independentemente da posição desta na cadeia produtiva ou da possibilidade de compensação dos créditos". Decisão de mérito em 2021.

– "DIFERENCIAL DE ALÍQUOTA. IMPOSTO SOBRE CIRCULAÇÃO DE MERCADORIAS E PRESTAÇÃO DE SERVIÇOS – ICMS. FEDERALISMO FISCAL. OPERAÇÕES INTERESTADUAIS. ASPECTO ESPACIAL DA REGRA-MATRIZ. REGIME ESPECIAL UNIFICADO DE ARRECAÇÃO DE TRIBUTOS E CONTRIBUIÇÕES. SIMPLES NACIONAL. PRINCÍPIO DA NÃO CUMULATIVIDADE. POSTULADO DE TRATAMENTO FAVORECIDO AO MICRO E PEQUENO EMPREENDEDOR. LEI COMPLEMENTAR 123/2006. LEI ESTADUAL 8.820/1989. LEI ESTADUAL 10.043/1993. 1. Não há vício formal de inconstitucionalidade na hipótese em que lei complementar federal autoriza a cobrança de diferencial de alíquota. Art. 13, § 1º, XIII, 'g', 2, e 'h', da Lei Complementar 123/2006. **2.** O diferencial de alíquota consiste em recolhimento pelo Estado de destino da diferença entre a alíquota interestadual e a interna, de maneira a equilibrar a partilha do ICMS em operações com diversos entes federados. Trata-se de complemento do valor do ICMS devido na operação, logo ocorre a cobrança de um único imposto (ICMS) calculado de duas formas distintas, de modo a alcançar o *quantum debeatur* devido na operação interestadual. **3.** Não ofende a técnica da não cumulatividade a vedação à apropriação, transferência ou compensação de créditos relativos a impostos ou contribuições abrangidos pelo Simples Nacional, inclusive o diferencial de alíquota. Art. 23 da Lei Complementar 123/2006. Precedentes. **4.** Respeita o ideal regulatório do tratamento favorecido para as microempresas e empresas de pequeno porte a exigência do diferencial de alíquota, nos termos da legislação estadual gaúcha. É inviável adesão parcial ao regime simplificado, adimplindo-se obrigação tributária de forma centralizada e com carga menor, simultaneamente ao não recolhimento de diferen-

cial de alíquota nas operações interestaduais. A opção pelo Simples Nacional é facultativa e tomada no âmbito da livre conformação do planejamento tributário, devendo-se arcar com o bônus e o ônus dessa escolha empresarial. À luz da separação dos poderes, não é dado ao Poder Judiciário mesclar as parcelas mais favoráveis de regimes tributários distintos, culminando em um modelo híbrido, sem o devido amparo legal. **5.** Fixação de tese de julgamento para os fins da sistemática da repercussão geral: 'É constitucional a imposição tributária de diferencial de alíquota do ICMS pelo Estado de destino na entrada de mercadoria em seu território devido por sociedade empresária aderente ao Simples Nacional, independentemente da posição desta na cadeia produtiva ou da possibilidade de compensação dos créditos'" (STF, RE 970.821, 2021).

b) **ao remetente, quando o destinatário não for contribuinte do imposto; (Redação da EC n. 87/2015)**

⇒ **Redação anterior.** Eis a redação original: "VIII – na hipótese da alínea *a* do inciso anterior, caberá ao Estado da localização do destinatário o imposto correspondente à diferença entre a alíquota interna e a interestadual;".

IX – incidirá também:

a) **sobre a entrada de bem ou mercadoria importados do exterior por pessoa física ou jurídica, ainda que não seja contribuinte habitual do imposto, qualquer que seja a sua finalidade, assim como sobre o serviço prestado no exterior, cabendo o imposto ao Estado onde estiver situado o domicílio ou o estabelecimento do destinatário da mercadoria, bem ou serviço;**

⇒ **EC n. 33/2001.** Alínea *a* com a nova redação dada pela EC n. 33, publicada em 12 de dezembro de 2001.

– Redação original da alínea *a*: "*a*) sobre a entrada de mercadoria importada do exterior, ainda quando se tratar de bem destinado a consumo ou ativo fixo do estabelecimento, assim como sobre serviço prestado no exterior, cabendo o imposto ao Estado onde estiver situado o estabelecimento destinatário da mercadoria ou do serviço;".

⇒ **ICMS na importação.** Súmua Vinculante n. 48: "Na entrada de mercadoria importada do exterior, é legítima a cobrança do ICMS por ocasião do desembaraço aduaneiro". As inspetorias da Receita Federal só autorizam a liberação dos produtos importados mediante a demonstração do pagamento dos tributos inerentes à importação, dentre os quais o ICMS-Importação.

– "... o dever jurídico de recolher ICMS na importação não se origina de uma operação relativa à circulação de mercadorias. Ele nasce precisamente da efetivação de um negócio jurídico denominado importação. Concretiza-se, portanto, nos casos em que alguém traz para dentro do território aduaneiro brasileiro bens móveis importados do exterior, ainda que esses bens sejam destinados à integração do ativo fixo do importador. Bem por isso, o fato de haver ou não uma subsequente operação relativa à circulação destes bens é irrelevante para o feitio da obrigação de pagar o tributo na importação. Em outras palavras, no caso de ICMS sobre a importação, o fato típico necessário suficiente para que se inaugure a relação jurídica tributária é o ingresso de bens importados no território aduaneiro brasileiro (importação), fato que é dissociado de uma circulação jurídica subsequente. Daí por que ambos os negócios (importação e venda) devem ser analisados isoladamente, uma vez que não guardam necessariamente relação entre si" (OLIVEIRA, Júlio M. de; GOMES, Victor. ICMS devido na importação FUNDAP competência ativa. *RDDT* 35/100-101, 1998).

• Vide excelente obra de Marcelo Viana Salomão, *ICMS na importação*, 2. ed., São Paulo: Atlas, 2001.

⇒ **Base econômica ampliada pela EC n. 33/2001.** A nova redação da alínea *a* ampliou a base econômica do ICMS na importação. Agora, alcança não apenas a entrada de mercadoria mas também de bem. Assim, tem-se que passou a abranger todo e qualquer produto importado do exterior. Ficou claro que qualquer pessoa, física ou jurídica, pode ser contribuinte do ICMS na importação, ainda que não seja contribuinte habitual do imposto, ou seja, mesmo que não seja voltada à atividade industrial ou comercial. Nitidamente, o Constituinte Derivado procurou contornar a jurisprudência do STF, que sinalizava no sentido de que a importação de bem por pessoa física e também por sociedade civil não se sujeitava à incidência do ICMS. Com a ampliação da base econômica pela EC n. 33/2001, a competência tributária passa a abranger a importação de bens por tais pessoas.

– No sentido de que a ampliação da base econômica seria inconstitucional. "[...] como enfatiza Roque Antônio Carrazza, 'não era dado ao *constituinte derivado* ou de *segundo grau* [...] mudar a fisionomia jurídica do ICMS – Importação. [...] Deveras, a importação de bens por particular, sem caráter de habitualidade, qualquer que seja sua finalidade (v.g. para uso próprio), não tem por escopo atividades mercantis. Noutros falares, tal importação não é relativa à importação de mercadorias', o que acabou abrindo espaço para 'um adicional estadual do imposto sobre a importação'. O que se quer dizer com isto é que, ao assim agir, o chamado *constituinte derivado* criou uma bitributação (ICMS/bens sobre imposto de importação) não admissível pela Constituição. Note-se que o art. 154, I, da CF/1988, ao determinar, como *válvula de escape*, que somente a União pode criar outros impostos, para além daqueles já previstos no texto constitucional, estipulou expressamente que essa competência há de ser exercida se não incorrer em bitributação, isto é, desde que institua impostos que 'não tenham fato gerador ou base de cálculo próprio dos discriminados nesta Constituição'. Está-se, aqui, diante de uma garantia constitucional – portanto, *cláusula pétrea* – no sentido de que somente poderá ser realizada uma nova tributação, através de impostos, se observado o princípio da bitributação. 'Claro está', como asseveram Luiz Alberto Pereira Filho e Vicente Brasil Jr., que, em razão do art. 154, I, da CF/1988, 'o imposto sobre importação de produtos estrangeiros, que está previsto no art. 153, I, da Lei Maior, é de competência tributária exclusiva da União, não podendo tal competência ser delegada aos Estados'" (FISCHER, Octávio Campos. IPI e ICMS na importação por pessoa física e direitos fundamentais. *RTFP* 100/267, 2011).

– Tema 1.094 do STF: "I – Após a Emenda Constitucional 33/2001, é constitucional a incidência de ICMS sobre operações de importação efetuadas por pessoa, física ou jurídica, que não se dedica habitualmente ao comércio ou à prestação de serviços, devendo tal tributação estar prevista em lei complementar federal. II – As leis estaduais editadas após a EC 33/2001 e antes da entrada em vigor da Lei Complementar 114/2002, com o propósito de impor o ICMS sobre a referida operação, são válidas, mas produzem efeitos somente a partir da vigência da LC 114/2002". Decisão de mérito em 2020.

– Tema 765 do STJ: (CANCELADO) "Discussão: incidência de ICMS sobre a importação de equipamento destinado a compor o ativo fixo de pessoa jurídica, prestadora de serviços médicos, depois do advento da Ementa Constitucional 33/2001, que alterou a redação do artigo 155, IX, 'a', da Constituição Federal de 1988". Decisão em 2009.

– Necessidade de lei instituidora do ICMS-Importação posterior à EC n. 33/2001. Vide: ROCHA NETO, Manuel Luís da; GONÇALVES, Weber Busgaib. A necessidade de lei estadual para instituir a cobrança do ICMS-Importação do não contribuinte do imposto após a edição da EC n. 33/2001. *RDDT* 231/65, 2014.

⇒ **ICMS-Importação nas operações de *leasing*. Tema 297 do STF:** "Não incide o ICMS na operação de arrendamento mercantil internacional, salvo na hipótese de antecipação da opção de compra, quando configurada a transferência da titularidade do bem". Decisão do mérito em 2014.

– "ICMS. ENTRADA DE MERCADORIA IMPORTADA DO EXTERIOR. ART. 155, II, CF/88. OPERAÇÃO DE ARRENDAMENTO MERCANTIL INTERNACIONAL. NÃO INCIDÊNCIA. RECURSO EXTRAORDINÁRIO A QUE SE NEGA PROVIMENTO. 1. O ICMS tem fundamento no artigo 155, II, da CF/88, e incide sobre operações relativas à circulação de mercadorias e sobre prestações de serviços de transporte interestadual e intermunicipal e de comunicação, ainda que as operações e as prestações se iniciem no exterior. 2. A alínea "a" do inciso IX do § 2º do art. 155 da Constituição Federal, na redação da EC 33/2001, faz incidir o ICMS na entrada de bem ou mercadoria importados do exterior, somente se de fato houver circulação de mercadoria, caracterizada pela transferência do domínio (compra e venda). 3. Precedente: RE 461968, Rel. Min. EROS GRAU, Tribunal Pleno, julgado em 30/05/2007, *DJe* 23/08/2007, onde restou assentado que o imposto não é sobre a entrada de bem ou mercadoria importada, senão sobre essas entradas desde que elas sejam atinentes a operações relativas à circulação desses mesmos bens ou mercadorias. 4. Deveras, não incide o ICMS na operação de arrendamento mercantil internacional, salvo na hipótese de antecipação da opção de compra, quando configurada a transferência da titularidade do bem. Consectariamente, se não houver aquisição de mercadoria, mas mera posse decorrente do arrendamento, não se pode cogitar de circulação econômica. 5. *In casu*, nos termos do acórdão recorrido, o contrato de arrendamento mercantil internacional trata de bem suscetível de devolução, sem opção de compra. 6. Os conceitos de direito privado não podem ser desnaturados pelo direito tributário, na forma do art. 110 do CTN, à luz da interpretação conjunta do art. 146, III, combinado com o art. 155, inciso II e § 2º, IX, "a", da CF/88. 8. Recurso extraordinário a que se nega provimento" (STF, RE 540.829 RG, 2014).

– Para a análise de doutrina e de precedentes tanto no sentido da não incidência como no da incidência do ICMS-Importação nas operações de leasing internacional, vide a 17ª edição desta obra.

– **Sujeitos.** Vide: SARAIVA FILHO, Oswaldo Othon de Pontes. O sujeito ativo e os sujeitos do ICMS em todas as modalidades de importação de mercadorias. *RFDT* 101, 2019.

– **Pessoas imunes. Continuam não alcançadas pela tributação.** A referência, na nova redação da alínea *a*, a "qualquer que seja a sua finalidade" diz respeito ao bem ou mercadoria importados e não a pessoa que a importa. Na redação anterior, havia referência à mercadoria importada e ao bem destinado a consumo ou ativo fixo do estabelecimento, o que restringia a incidência, gerando os questionamentos quanto à impossibilidade de incidência quando não se tratasse de mercadoria e quando não houvesse estabelecimento. A nova redação veio contornar tal restrição, ampliando para alcançar bem ou mercadoria, importada por pessoa física ou jurídica e seja qual for a destinação ou finalidade de bem ou mercadoria. Esta perspectiva do contexto do surgimento da nova redação não deixa dúvidas sobre o alcance do novo dispositivo. A par disso, não se poderia concluir pela revogação tácita do art. 150, VI, *c*, da CF, que estabelece uma limitação ao poder de tributar e continua íntegro, produzindo todos os seus efeitos.

⇒ **ICMS na importação por não contribuinte habitual do ICMS (e.g. pessoa física ou sociedade civil).** Em maio de 2014, nos autos do RE 594996 RG (Tema 171), o Ministro Luiz Fux, relator, assim decidiu monocraticamente: "O Plenário desta Corte ao analisar o RE 439.796, Rel. Min. Joaquim Barbosa, *DJe* 18/11/2013, apreciou o mérito da questão e afirmou que, após a EC 33/2001, é constitucional a incidência de ICMS sobre operações de importação por não contribuinte, entretanto ressaltou que a emenda constitucional, por si só, não é capaz de viabilizar tais efeitos. A tributação em tela só será possível com nova legislação local, obedecidas as regras da anterioridade e o prazo nonagesimal". E desproveu o recurso do Estado do Rio Grande do Sul.

– A invocação da não cumulatividade é de todo impertinente. Isso porque, na importação por sociedade civil, esta é a adquirente final. O ICMS na importação assume a condição de imposto direto. Ocorre uma única incidência, de maneira que não é o caso de invocar-se a não cumulatividade, porquanto, na ausência de cadeia, não chega a ocorrer qualquer cumulação. A não cumulatividade é instrumento para evitar ônus excessivo decorrente da tributação em cascata, funcionando mediante o sistema de apropriação e compensação de créditos, não se prestando, de modo algum, para afastar a incidência. Quanto à possibilidade de cobrança do ICMS na importação por sociedade de profissionais, importa ter em conta a autonomia do art. 155, § 2º, IX, *a*, da CF relativamente ao art. 155, II, da CF. O constituinte derivado ampliou as possibilidades de incidência do ICMS, estendendo, expressamente, à entrada de "bem ou mercadoria", importado por "pessoa física ou jurídica", ainda que não contri-

buinte habitual, seja qual for a finalidade. Enfim, atribuiu-lhe uma enorme abrangência que exige interpretação distinta da que anteriormente era realizada. A nova redação da alínea *a* ampliou a base econômica do ICMS na importação. Agora, alcança não apenas a entrada de mercadoria mas também de bem. Assim, tem-se que passou a abranger todo e qualquer produto importado do exterior. Ficou claro que qualquer pessoa, física ou jurídica, pode ser contribuinte do ICMS na importação, ainda que não seja contribuinte habitual do imposto, ou seja, mesmo que não seja voltada à atividade industrial ou comercial. Nitidamente, o Constituinte derivado procurou contornar a jurisprudência do STF, que sinalizava no sentido de que a importação de bem por pessoa física e também por sociedade civil não se sujeitava à incidência do ICMS. Com a ampliação da base econômica pela EC n. 33/2001, a competência tributária passa a abranger a importação de bens por tais pessoas.

– "IMPOSTO SOBRE CIRCULAÇÃO DE MERCADORIAS E SERVIÇOS. ICMS. IMPORTAÇÃO. PESSOA QUE NÃO SE DEDICA AO COMÉRCIO OU À PRESTAÇÃO DE SERVIÇOS DE COMUNICAÇÃO OU DE TRANSPORTE INTERESTADUAL OU INTERMUNICIPAL. 'NÃO CONTRIBUINTE'. VIGÊNCIA DA EMENDA CONSTITUCIONAL 33/2002. POSSIBILIDADE. REQUISITO DE VALIDADE. FLUXO DE POSITIVAÇÃO. EXERCÍCIO DA COMPETÊNCIA TRIBUTÁRIA. CRITÉRIOS PARA AFERIÇÃO. 1. Há competência constitucional para estender a incidência do ICMS à operação de importação de bem destinado a pessoa que não se dedica habitualmente ao comércio ou à prestação de serviços, após a vigência da EC 33/2001. 2. A incidência do ICMS sobre operação de importação de bem não viola, em princípio, a regra da vedação à cumulatividade (art. 155, § 2º, I da Constituição), pois se não houver acumulação da carga tributária, nada haveria a ser compensado. 3. Divergência entre as expressões 'bem' e 'mercadoria' (arts. 155, II e 155, § 2, IX, *a* da Constituição). É constitucional a tributação das operações de circulação jurídica de bens amparadas pela importação. A operação de importação não descacteriza, tão somente por si, a classificação do bem importado como mercadoria. Em sentido semelhante, a circunstância de o destinatário do bem não ser contribuinte habitual do tributo também não afeta a caracterização da operação de circulação de mercadoria. Ademais, a exoneração das operações de importação pode desequilibrar as relações pertinentes às operações internas com o mesmo tipo de bem, de modo a afetar os princípios da isonomia e da livre concorrência. CONDIÇÕES CONSTITUCIONAIS PARA TRIBUTAÇÃO 4. Existência e suficiência de legislação infraconstitucional para instituição do tributo (violação dos arts. 146, II e 155, XII, § 2º, *i*, da Constituição). A validade da constituição do crédito tributário depende da existência de lei complementar de normas gerais (LC 114/2002) e de legislação local resultantes do exercício da competência tributária, contemporâneas à ocorrência do fato jurídico que se pretenda tributar. 5. Modificações da legislação federal ou local anteriores à EC 33/2001 não foram convalidadas, na medida em que inexistente o fenômeno da 'constitucionalização superveniente' no sistema jurídico brasileiro. A ampliação da hipótese de incidência, da base de cálculo e da sujeição passiva da regra-matriz de incidência tributária realizada por lei anterior à EC 33/2001 e à LC 114/2002 não serve de fundamento de validade à tributação das operações de importação realizadas por empresas que não sejam comerciais ou prestadoras de serviços de comunicação ou de transporte intermunicipal ou interestadual. 6. A tributação somente será admissível se também respeitadas as regras da anterioridade e da anterioridade, cuja observância se afere com base em cada legislação local que tenha modificado adequadamente a regra-matriz e que seja posterior à LC 114/2002. Recurso extraordinário interposto pelo Estado do Rio Grande do Sul conhecido e ao qual se nega provimento. Recurso extraordinário interposto por FF. Claudino ao qual se dá provimento" (STF, RE 439.796, 2013).

– "3. É legítima a cobrança do IPI incidente na importação sobre a operação referente ao equipamento médico destinado ao uso próprio do estabelecimento importador ainda que não industrial" (STJ, REsp 1.369.395, 2013).

– **Por pessoa física para uso próprio na vigência da redação original. Não incidência.** A questão da incidência de ICMS na importação realizada por pessoa física para uso próprio é bastante controvertida. Em abril de 1996, foi editada a Súmula 155 do STJ: "O ICMS incide na importação de aeronave, por pessoa física, para uso próprio". Em outubro de 1997, foi publicada a Súmula 198 do STJ: "Na importação de veículo por pessoa física, destinado a uso próprio, incide o ICMS". Logo em seguida, porém, o Plenário do STF, ao julgar o RE 203.075/DF, analisou a matéria sob o enfoque constitucional e firmou posição dizendo da não incidência do ICMS. Vejamos a seguir:

– **Súmula 660 do STF:** "Não incide ICMS na importação de bens por pessoa física ou jurídica que não seja contribuinte do imposto" (2003).

– "ICMS na Importação: Não Incidência. A regra do art. 155, § 2º, IX, *a*, da CF que determina a incidência do ICMS sobre a entrada de mercadoria importada do exterior, ainda quando se tratar de bem destinado ao consumo ou ao ativo fixo do estabelecimento não se aplica às operações de importação de bens realizadas por pessoa física para o uso próprio. Com base nesse entendimento, o Tribunal, por maioria de votos, manteve decisão do Tribunal de Justiça do Distrito Federal que isentara o impetrante do pagamento do ICMS de veículo importado para o uso próprio. Vencidos os Ministros Ilmar Galvão, relator, e Nelson Jobim, que davam provimento ao recurso extraordinário do Distrito Federal por entenderem que o ICMS incide inclusive nas operações de importação realizadas por particular" (STF, RE 203.075, 1998).

– "ICMS. Importação de bem realizada por pessoa física para uso próprio. – O Plenário desta Corte, ao julgar o RE 203.075, firmou o entendimento de que o artigo 155, § 2º, IX, *a*, da Constituição Federal não se aplica às operações de importação de bens realizados por pessoa física para uso próprio. – Dessa orientação divergiu o acórdão recorrido. Recurso extraordinário conhecido e provido" (STF, RE 178.318-4, 2000, p. 115).

– Outros precedentes do STF no mesmo sentido: RE 182.915-PR, Min. Moreira Alves; RE 193.348-SP, Min. Carlos Velloso.

• Vide, ainda, o trabalho "O ICMS na importação de bens móveis por pessoa física não comerciante" (CENOFISCO, Comentários – Direito tributário, ano 21, n. 5, 7-7-1994) da lavra de Francisco de Assis Praxedes, no qual o Autor já defendia, em 1994, a não incidência de ICMS na importação, por pessoa física, de veículo automotor para uso próprio.

– "IMPORTAÇÃO DE VEÍCULO POR PESSOA FÍSICA PARA USO PRÓPRIO. IPI E ICMS. EXIGÊNCIA NO DESEMBARAÇO ADUANEIRO. IMPOSSIBILIDADE. Na importação de veículo por pessoa física para uso próprio, é indevida a exigência de IPI e de ICMS por ocasião do desembaraço aduaneiro" (TRF4, REOMS 95.04.32597-1, 1999).

– **Importação por sociedade civil na vigência da redação original. Não incidência.** "IMPORTAÇÃO DE BEM POR SOCIEDADE CIVIL PARA PRESTAÇÃO DE SERVIÇOS MÉDICOS. EXIGÊNCIA DE PAGAMENTO DO ICMS POR OCASIÃO DO DESEMBARAÇO ADUANEIRO. IMPOSSIBILIDADE. 1. A incidência do ICMS na importação de mercadoria tem como fato gerador operação de natureza mercantil ou assemelhada, sendo inexigível o imposto quando se tratar de bem importado por pessoa física. 2. Princípio da não cumulatividade do ICMS. Importação de aparelho de mamografia por sociedade civil, não contribuinte do tributo. Impossibilidade de se compensar o que devido em cada operação com o montante cobrado nas anteriores pelo mesmo ou outro Estado ou pelo Distrito Federal. Inexistência de circulação de mercadoria. Não ocorrência da hipótese de incidência do ICMS. Recurso extraordinário não conhecido" (STF, RE 185.789, 2000).

– "ICMS. Importação de bens por Sociedade civil de médicos para a prestação de seus serviços. – O Plenário desta Corte, ao julgar o RE 185.789, que versava hipótese análoga à presente, assim decidiu, por entender que, tendo a incidência do ICMS na importação de mercadoria como fato gerador operação de natureza mercantil ou assemelhada, é inexigível esse imposto quando se tratar de bem importado por pessoa física ou jurídica que não seja contribuinte dele: 'RECURSO EXTRAORDINÁRIO. CONSTITUCIONAL. TRIBUTÁRIO. IMPORTAÇÃO DE BEM POR SOCIEDADE CIVIL PARA PRESTAÇÃO DE SERVIÇOS MÉDICOS. EXIGÊNCIA DE PAGAMENTO DO ICMS POR OCASIÃO DO DESEMBARAÇO ADUANEIRO. IMPOSSIBILIDADE'. Recurso extraordinário não conhecido" (STF, RE 215.125, 2000).

– **Inaplicabilidade da Súmula 660 às importações posteriores à EC n. 33/2001.** "A Turma, acolhendo proposta do Min. Joaquim Barbosa, relator, deliberou afetar ao Plenário julgamento de recurso extraordinário interposto contra acórdão do Tribunal de Justiça do Estado do Paraná que entendera válida a incidência do ICMS sobre a importação de bem por pessoa jurídica alheia à exploração econômica de operações comerciais, mas dedicada à prestação de serviços. No caso, a operação de importação ocorrera na vigência da atual redação do art. 155, IX, da CF, dada pela EC 33/2001. Considerou se que a hipótese não se amolda com perfeição à orientação do STF fixada no Enunciado da Súmula 660 do STF (Não incide ICMS na importação de bens por pessoa física ou jurídica que não seja contribuinte do imposto), para operações de importação realizadas, anteriormente à modificação do texto constitucional, por contribuintes não habituais do tributo. (RE 439796)" (*Informativo 436* do STF, 2006).

– **Entendendo que a pessoa física ou jurídica não contribuinte continuam não sendo tributados. A figura do contribuinte habitual.** "... a Emenda Constitucional n. 33/01 criou uma nova figura tributária: o contribuinte habitual, cuja definição não está em lei. Partindo da inexistência de definição legal, temos que buscar outras formas de delimitação conceitual. Nosso conceito partirá da seguinte premissa: 'para ser contribuinte habitual de um tributo é preciso, antes de qualquer coisa, ser contribuinte deste tributo'. Logo, a habitualidade é uma qualidade, uma característica, do ser contribuinte. Portanto, somente será habitual ou não habitual aquele que já é contribuinte do ICMS. [...] será que não ser contribuinte habitual significa o mesmo que não contribuinte do tributo? Obviamente que não! Pois o não contribuinte jamais paga o tributo, enquanto que o contribuinte não habitual paga, esporadicamente, a exação. Ressaltamento que, para haver a chamada contribuição esporádica, exige se primeiramente a própria condição de contribuinte. [...] permanecem, assim, válidos e eficazes os fundamentos jurídicos invocados em decisões jurisprudenciais, inclusive da Suprema Corte, que concluíram pela não incidência de ICMS na importação de bens realizada por pessoa física ou jurídica não contribuinte do tributo estadual" (BARUFFALDI, Norberto; PAIXÃO JÚNIOR, Sebastião Ventura Pereira da. A Emenda Constitucional n. 33/01 e a Incidência de ICMS sobre importação de bens por pessoa não contribuinte. *RET* 39/25, 2004).

⇒ **Sujeito ativo do ICMS na importação. Estado do destinatário *x* Estado do importador.** Nem sempre o destinatário é o próprio importador. Se a mercadoria for importada por uma empresa, mas remetida diretamente do exterior a outra empresa que a adquiriu, surge o impasse quanto a qual o sujeito ativo do tributo. Está submetida ao STF, com repercussão geral, no ARE 665.134 (Tema 520), relator o Min. Joaquim Barbosa, justamente a questão relativa ao "Sujeito ativo do ICMS a incidir sobre circulação de mercadorias importadas por um estado da federação, industrializadas em outro estado da federação e que retorna ao primeiro para comercialização".

– **Tema 520:** "O sujeito ativo da obrigação tributária de ICMS incidente sobre mercadoria importada é o Estado-membro no qual está domiciliado ou estabelecido o destinatário legal da operação que deu causa à circulação da mercadoria, com a transferência de domínio". Reafirmação da jurisprudência em 2020.

– Tenha-se em conta o acórdão dos Embargos Declaratórios do recurso em que fixada a tese: "EMBARGOS DE DECLARAÇÃO NO RECURSO EXTRAORDINÁRIO COM AGRAVO. DIREITO TRIBUTÁRIO. IMPOSTO SOBRE CIRCULAÇÃO DE MERCADORIAS E SERVIÇOS – ICMS. IMPORTAÇÃO. ART. 155, § 2º, IX, 'A', DA CONSTITUIÇÃO DA REPÚBLICA. ART. 11, I, 'D' E 'E', DA LEI COMPLEMENTAR 87/96. ASPECTO PESSOAL DA HIPÓTESE DE INCIDÊNCIA. DESTINATÁRIO LEGAL DA MERCADORIA. DOMICÍLIO. ESTABELECIMENTO. TRANSFERÊN-CIA DE DOMÍNIO. IMPORTAÇÃO ENVOLVENDO MAIS DE UM ESTABELECIMENTO DA MESMA EMPRESA. SITUAÇÃO ABRANGIDA PELAS HIPÓTESES DEFINIDAS NO ACÓRDÃO EMBARGADO. IMPORTAÇÃO POR CONTA PRÓPRIA. IMPORTAÇÃO POR CONTA E ORDEM DE TERCEIRO. IMPORTAÇÃO POR CONTA PRÓPRIA, SOB ENCOMENDA. INEXISTÊNCIA DE OMISSÃO, CONTRADIÇÃO OU OBSCURIDADE. REJEIÇÃO DOS EMBARGOS. HOMOLOGAÇÃO DE RENÚNCIA À PRETENSÃO FORMULADA NA AÇÃO (ART. 487, III, *C*, DO CPC/2015). IMPOSSIBILIDADE DE JULGAMENTO DO CASO CONCRETO. CONTRADIÇÃO VERIFICADA. EMBARGOS ACOLHIDOS EM PARTE. 1. Tese jurídica fixada para o Tema 520 da sistemática da repercussão geral: 'O sujeito ativo da obrigação tributária de ICMS incidente sobre mercadoria importada é o Estado-membro no qual está domiciliado ou estabelecido o destinatário legal da operação que deu causa à circulação da mercadoria, com a transferência de domínio'. 2. Em relação ao significante 'destinatário final', para efeitos tributários, a disponibilidade jurídica precede a econômica, isto é, o sujeito passivo do fato gerador é o destinatário legal da operação da qual resulta a transferência de propriedade da mercadoria. Nesse sentido, a forma não prevalece sobre o conteúdo, sendo o sujeito tributário quem dá causa à ocorrência da circulação de mercadoria, caracterizada pela transferência do domínio. Ademais, não ocorre a prevalência de eventuais pactos particulares entre as partes envolvidas na importação, quando da definição dos polos da relação tributária. 3. Pela tese fixada, são os destinatários legais das operações, em cada hipótese de importação, as seguintes pessoas jurídicas: a) na importação por conta própria, a destinatária econômica coincide com a jurídica, uma vez que a importadora utiliza a mercadoria em sua cadeia produtiva; b) na importação por conta e ordem de terceiro, a destinatária jurídica é quem dá causa efetiva à operação de importação, ou seja, a parte contratante de prestação de serviço consistente na realização de despacho aduaneiro de mercadoria, em nome próprio, por parte da importadora contratada; c) na importação por conta própria, sob encomenda, a destinatária jurídica é a sociedade empresária importadora (*trading company*), pois é quem incorre no fato gerador do ICMS com o fito de posterior revenda, ainda que mediante acerto prévio, após o processo de internalização. 4. Hipóteses de importação definidas no acórdão embargado que abrangem as importações envolvendo mais de um estabelecimento de uma mesma sociedade empresarial. Inexistência de omissão. 5. Independência nos provimentos jurisdicionais prestados por esta Corte no julgamento do feito em questão, no que diz respeito a resolução do mérito do caso concreto, com a homologação do pedido de renúncia à pretensão formulada na ação, de um lado, e o julgamento de mérito em abstrato da questão jurídica da questão jurídica com repercussão geral reconhecida, de outro. 6. Impossibilidade jurídica da aplicação da tese fixada em repercussão geral para o caso concreto. Contradição verificada. 7. Embargos de declaração da empresa acolhido. Embargos de declaração do ente estatal acolhido em parte" (STF, ARE 665.134 ED, 2020).

– **Estado em que situado o destinatário jurídico ou destinatário final na importação indireta.** "EMENTA: AGRAVO REGIMENTAL EM RECURSO EXTRAORDINÁRIO. TRIBUTÁRIO. ICMS. IMPORTAÇÃO. SUJEITO ATIVO. ESTABELECIMENTO JURÍDICO DO IMPORTADOR. PRECEDENTES. "IMPORTAÇÃO INDIRETA". SÚMULA 279/STF. 1. A jurisprudência do Supremo Tribunal Federal é firme no sentido de que o sujeito ativo da relação jurídico-tributária do ICMS é o Estado onde estiver situado o domicílio ou o estabelecimento do destinatário jurídico da mercadoria (alínea *a* do inciso IX do § 2º do art. 155 da Magna Carta de 1988), pouco importando se o desembaraço aduaneiro ocorreu por meio de ente federativo diverso. 2. Incidência da Súmula 279/STF." (STF, RE 555.654 AgR, 2011).

– "ICMS. IMPORTAÇÃO. SUJEITO ATIVO. ESTADO EM QUE LOCALIZADO O DESTINATÁRIO JURÍDICO OU ESTADO EM QUE LOCALIZADO O DESTINATÁRIO FINAL DA OPERAÇÃO (ESTABELECIMENTO ONDE HAVERÁ A ENTRADA DO BEM). ART. 155, § 2º, IX, *A*, DA CONSTITUIÇÃO. Nas operações das quais resulte a importação de bem do exterior, o Imposto sobre Circulação de Mercadorias e Serviços – ICMS é devido ao estado onde estiver situado o domicílio ou o estabelecimento do destinatário jurídico do bem, pouco importando se o desembaraço ocorreu por meio de ente federativo diverso" (STF, RE 405.457, 2009).

– "... ICMS. IMPORTAÇÃO. SUJEITO ATIVO. ALÍNEA *A* DO INCISO IX DO § 2º DO ART. 155 DA MAGNA CARTA. ESTABELECIMENTO JURÍDICO DO IMPORTADOR. O sujeito ativo da relação jurídico-tributária do ICMS é o Estado onde estiver situado o domicílio ou o estabelecimento do destinatário jurídico da mercadoria (alínea *a* do inciso IX do § 2º do art. 155 da Carta de Outubro); pouco importando se o desembaraço aduaneiro ocorreu por meio de ente federativo diverso" (STF, RE 299.079, 2004).

– "1. A orientação firmada pela jurisprudência desta Corte é no sentido de que o ICMS, nos casos de importação indireta, deve ser recolhido no Estado onde se localiza o destinatário do bem importado, sendo irrelevante o fato de a internalização ter ocorrido em estabelecimento intermediário situado em outra Unidade de Federação. Precedentes..." (STJ, AgRg no AREsp 43.560, 2013).

– "ICMS. IMPORTAÇÃO INDIRETA. TRIBUTO DEVIDO AO ESTADO ONDE SE LOCALIZA O DESTINATÁRIO FINAL DA MERCADORIA. *RATIO ESSENDI* DA LEI. POLÍTICA FISCAL. MATÉRIA FÁTICO-PROBATÓRIA. SÚMULA N. 07/STJ. 1. O ICMS, no caso de importação, é destinado ao Estado onde localizado o destinatário final do importador, a despeito de o desembaraço aduaneiro ocorrer em outro Estado. 2. A importação indireta caracteriza-se pela existência de um intermediador na importação, de modo que o ICMS deverá ser recolhido no Estado onde se localiza o destinatário final da mercadoria, a despeito de ter sido esta desembaraçada por estabelecimento intermediário sediado em outra Unidade da Federação, nos termos do entendimento firmado pela E. Primeira Seção... 3. O legislador constituinte, por política fiscal, estabeleceu hipóteses excepcionais em que a arrecadação do ICMS é de-

vida ao Estado do destinatário final da mercadoria e não ao Estado do importador (de origem) do bem. 4. O fundamento do legislador foi evitar uma grande desigualdade social na destinação dos recursos, posto existir mercadorias em que poucos Estados-Membros produzem e todos consomem, como v.g., energia elétrica e os produtos derivados do petróleo (CF, arts. 155, § 2º, X, *a* e *b*; XII, *h*, § 4º, I). A mesma *ratio* é utilizada no ICMS incidente sobre a importação, uma vez que nem todos os Estados da Federação possuem condições de receber a demanda de mercadorias vindas do exterior, que exigem a estrutura de grandes Portos. 5. Com efeito, em se tratando de ICMS sobre a importação, é de somenos importância se a intermediação para o recebimento da mercadoria foi realizada por terceiro ou por empresa do mesmo grupo – matriz, filiais ou qualquer outra 'subdivisão'. Deve-se levar em consideração o Estado do destinatário final, para fins de arrecadação tributária e cumprimento de política fiscal – distribuição de riquezas – principalmente aos Estados menos favorecidos. 6... 8. Deveras, o equipamento importado o foi para a realização dos serviços no estado considerado destinatário final. 9. Dispõe o artigo 11, *a*, da LC 87/96: Art. 11. O local da operação ou da prestação, para os efeitos da cobrança do imposto e definição do estabelecimento responsável, é: I – tratando-se de mercadoria ou bem: *d*) importado do exterior, o do estabelecimento onde ocorrer a entrada física; 10. *Ad argumentandum tantum*, ainda que conhecido, o recurso seria desprovido, posto a jurisprudência do art. 11, *d*, da LC 87/96, é no sentido de que 'o ICMS deverá ser recolhido no Estado onde se localiza o destinatário final da mercadoria, a despeito de ter sido esta desembaraçada por estabelecimento intermediário sediado em outra Unidade da Federação', conforme precedentes supra citados" (STJ, REsp 1.190.705/MG, 2010).

– **Estado em que situado o estabelecimento do importador.** Parecer no sentido de que o ICMS na importação é sempre devido para o Estado em que estiver situado o estabelecimento do importador, sendo que o importador é aquele que celebra o negócio jurídico, paga o preço, assume direitos e obrigações e promove o desembaraço aduaneiro: OLIVEIRA, Júlio M. de; GOMES, Victor. ICMS Devido na Importação/FUNDAP/Competência ativa. *RDDT* 35, 1998.

– "O julgamento do Recurso Extraordinário com Agravo n. 665.134/MG... poderá também solucionar a principal 'zona cinzenta' relacionada à definição do 'sujeito ativo tributário' do 'ICMS importação' explicitada pela referência à seguinte situação hipotética: (i) realização de uma 'importação por conta e ordem de terceiros' integralmente de conformidade com a respectiva legislação de regência a disciplinar o aludido 'instituto jurídico'; (ii) pessoa jurídica importadora estabelecida ou domiciliada em um Estado da Federação (Estado... A) cuja respectiva legislação tributária outorga benefícios fiscais em sentido amplo do ICMS (tanto em relação ao 'fato gerador em abstrato' 'importação de bens ou mercadorias' quanto em relação ao 'fato gerador em abstrato' 'operações interestaduais relativas à circulação de bens ou mercadorias') claramente em desconformidade com os preceitos constitucionais e infraconstitucionais consagradores da 'sistemática Confaz'; e (iii) adquirente final estabelecido ou domiciliado em um Estado da Federação diverso (Estado ...B) do Estado da Federação onde se encontra estabelecida ou domiciliada a pessoa jurídica importadora. ... a futura decisão do Colendo Supremo Tribunal Federal deveria ser no sentido de considerar a pessoa jurídica importadora como 'sujeito passivo tributário/contribuinte' do 'ICMS importação', com a consequente determinação expressa do Estado da Federação onde se encontra estabelecida ou domiciliada a pessoa jurídica importadora (Estado... A) como sendo o 'sujeito ativo tributário' da aludida exação fiscal. [...] Citando agora o que alertou o Ministro Sepúlveda Pertence (quando do julgamento da ADI n. 2.377-2/MG), 'inconstitucionalidades não se compensam'" (FIORENTINO, Marcelo Fróes Del. A sujeição ativa tributária no âmbito do denominado "ICMS Importação". *RDDT* 209/86, 2013).

– **Estado em que localizada a *trading company*.** "A legislação federal determina que o importador será 'qualquer pessoa que promova a entrada de mercadoria estrangeira no território nacional'. A RFB possui entendimento pacífico no sentido de que a *trading company* que faz importação 'por contra e ordem' é o importador. Portanto, de acordo com a legislação vigente, o ICMS incidente na importação é devido ao Estado onde está localizada a *trading company*, independentemente da modalidade de importação utilizada ('por conta e ordem' ou 'por encomenda')" (ALVES, Vinicius Jucá. A controvérsia sobre o Estado que pode cobrar o ICMS na importação "por conta e ordem". *RDDT* 222/131, 2014).

– **Estado em que situado o porto em que recebidas as mercadorias.** "ICMS – MERCADORIA IMPORTADA – INTERMEDIAÇÃO – TITULARIDADE DO TRIBUTO. O Imposto sobre Circulação de Mercadorias e Serviços cabe ao Estado em que localizado o porto de desembarque e o destinatário da mercadoria, não prevalecendo a forma sobre o conteúdo, no que procedida a importação por terceiro consignatário situado em outro Estado e beneficiário de sistema tributário mais favorável" (STF, RE 268.586, 2005). Eis excerto do voto do condutor: "O alcance do artigo 155, § 2º, inciso IX, alínea *a*, da Constituição Federal foi elucidado pelo Plenário em julgamentos ocorridos em 23 de outubro de 1996: Recurso Extraordinário n. 144.660-9/RJ...; Recurso Extraordinário n. 192.711-9/SP[...] a necessidade de definição do Estado competente para a exigência do ICMS decorreu da alteração introduzida quanto ao elemento temporal referido ao fato gerador do tributo, na hipótese em tela, que deixou de ser o momento da entrada da mercadoria no estabelecimento do importador para ser o do recebimento da mercadoria importada. Explicitou mais: Com efeito, no sistema anterior, em que se tinha a obrigação tributária como surgida no momento da entrada no estabelecimento do importador, não se fazia mister a alusão ao Estado credor, que não poderia ser outro senão o da situação do estabelecimento. Antecipado o elemento temporal para o momento do recebimento da mercadoria, vale dizer, do desembaraço, fez-se ela necessária, tendo em vista que a entrada da mercadoria, não raro, se dá em terminal portuário ou aéreo situado fora dos limites do Estado de destino da mercadoria. Consagrou a nova Carta, portanto, finalmente, a pretensão, de há muito perseguida pelos Estados, de verem condicionado o desembaraço da mercadoria ou do bem importado ao recolhimento, não apenas dos tributos federais, mas também do ICMS incidente sobre a operação. É extremo de dúvida que, ante os precedentes mencionados, o Colegiado Maior decidiu ser credor do tributo o Estado onde aportada a mercadoria, ficando mitigada a referência a estabelecimento destinatário".

– **Protocolo São Paulo *x* Espírito Santo.** Sobre o Protocolo ICMS n. 23/09, firmado entre os Estados de São Paulo e Espírito Santo quanto à cobrança do ICMS nas importações envolvendo contribuintes estabelecidos em seus territórios, vide: BARROS, Maurício; GUERRA, Gerson Macelo. Considerações sobre o Protocolo ICMS n. 23/09 e as Importações envolvendo o Fundap – Inconstitucionalidade e "Efeitos Colaterais". *RDDT* 173/102, 2010).

⇒ **Fato gerador na importação. Desembaraço aduaneiro condicionado ao pagamento do ICMS.** Mesmo após o advento da Constituição de 1988, persistiu por muito tempo, na primeira instância da Justiça Federal e nos TRFs, o entendimento de que o fato gerador do ICMS, na importação, ocorria quando da entrada da mercadoria no estabelecimento do importador e que, portanto, a Receita Federal não podia exigir o seu pagamento como condição para o desembaraço. Essa posição tinha como fundamento a antiga Súmula 577 do STF: "Na importação de mercadorias do Exterior, o fato gerador do ICM ocorre no momento de sua entrada no estabelecimento do importador". O STF, porém, instado a se manifestar sobre a matéria à luz da Constituição de 1988, decidiu em sentido contrário, reconhecendo que, agora, o fato gerador do ICMS na importação ocorre no momento do desembaraço, conforme se vê da súmula e das ementas abaixo transcritas. O art. 12, inciso IX, da LC N. 87/96 é expresso neste sentido. Quanto ao condicionamento do desembaraço à comprovação do pagamento do ICMS, do IPI e do II, vide acórdão que segue e notas à Súmula 323 do STF.

– Súmula 661 do STF: "Na entrada de mercadoria importada do exterior, é legítima a cobrança do ICMS por ocasião do desembaraço aduaneiro" (Dec. 24-9-2003, *DJ* 09.10.2003).

– "AGRAVO DE INSTRUMENTO – ICMS – MERCADORIAS IMPORTADAS – FATO GERADOR – DESEMBARAÇO ADUANEIRO – CF, ART. 155, § 2º, IX, *a* – RECURSO IMPROVIDO. – A jurisprudência do Supremo Tribunal Federal, em tema de importação, reconhece que o fato gerador pertinente ao ICMS concretiza-se no momento da entrada, no Brasil, da mercadoria importada, revelando-se legítima a cobrança desse imposto estadual, quando da efetivação do ato de desembaraço aduaneiro. Precedentes. – A Súmula 577/STF – considerada a norma inscrita no art. 155, § 2º, IX, *a*, da Carta Federal – não mais se aplica às importações de mercadoria realizadas a partir da vigência da Constituição de 1988. Precedentes" (STF, AgRgAI 299.800, 2002).

– "TRIBUTÁRIO. ICMS. IMPORTAÇÃO DE MERCADORIAS. DESEMBARAÇO. ART. 155, § 2º, IX, *A*, DA CF/88. ART. 2º, I, DO CONVÊNIO ICM 66/88. ART. 1º, § 2º, V, E § 6º, DA LEI FLUMINENSE N. 1.423/89. A Constituição de 1988 suprimiu, no dispositivo indicado, a referência que a Carta anterior (EC 03/83, art. 23, II, § 11) fazia à 'entrada, em estabelecimento comercial, industrial ou produtor, da mercadoria importada'; e acrescentou caber 'o imposto ao Estado onde estiver situado o estabelecimento destinatário da mercadoria', evidenciando que o elemento temporal referido ao fato gerador, na hipótese, deixou de ser o momento da entrada da mercadoria no estabelecimento do importador. Por isso, tornou-se incompatível com o novo sistema a norma do art. 1º, II, do DL 406/68, que dispunha em sentido contrário, circunstância que legitimou a edição, pelos Estados e pelo Distrito Federal, em conjunto com a União, no exercício da competência prevista no art. 34, § 8º, do ADCT/88, de norma geral, de caráter provisório, sobre a matéria; e, por igual, a iniciativa do Estado do Rio de Janeiro, de dar-lhe consequência, por meio da lei indicada. Incensurável, portanto, em face do novo regime, o condicionamento do desembaraço da mercadoria importada à comprovação do recolhimento do tributo estadual, de par com o tributo federal, sobre ela incidente. Recurso conhecido e provido, para o fim de indeferir o mandado de segurança" (STF, RE 193.817, 1996).

– Súmula 38 do TRF2: "As importações de mercadorias realizadas após 1º de março de 1989, data em que entrou em vigor o Sistema Tributário Nacional instituído pela Constituição Federal vigente, são regidas pelas leis dos Estados e do Distrito Federal, editadas com fundamento nos convênios, nos termos do § 8º do artigo 34, do ADCT, tendo como fato gerador do ICMS o recebimento da mercadoria pelo importador, que ocorre com o despacho aduaneiro, e aquelas importadas antes da referida data, continuam sujeitas à Súmula n. 7 deste Tribunal, considerando-se como fato gerador a entrada da mercadoria no estabelecimento destinatário" (*DJ* 13-6-2005, p. 119).

– **Exigência do pagamento. Condição ao desembaraço após a LC n. 87/96.** "TRIBUTÁRIO. ICMS. DESEMBARAÇO ADUANEIRO. GATT. ALADI. LEI COMPLEMENTAR N. 87/96. 1 – Após a vigência da Lei Complementar n. 87/96, é válida a exigência do pagamento do ICMS, como condição para o desembaraço aduaneiro. 2 – A lei complementar não impôs tratamento diferenciado em relação às mercadorias importadas, limitando-se a estabelecer fato gerador peculiar à situação fática. 3 – Apelação improvida" (TRF4, AMS 1998.04.01.015760-0, 2000, 2000). Obs.: o STJ, no REsp 84.554, 1997, foi referido que a jurisprudência da Corte havia se pacificado, à vista do art. 1º, II, do Decreto-lei n. 406/67, no sentido de que o momento do fato gerador do ICMS na importação ocorria quando da sua entrada no estabelecimento importador, ao entendimento de que tal preceito não fora derrogado pelo art. 155, § 2º, IX, *a*, da CF/88, até que o STF conheceu da matéria como sendo de índole inconstitucional, adotando entendimento diverso.

– **Tema 1.042 do STF:** "É constitucional vincular o despacho aduaneiro ao recolhimento de diferença tributária apurada mediante arbitramento da autoridade fiscal". Decisão de mérito em 2020.

– **Desembaraço de mercadoria. Convênio ICM n. 10/81. Controle do pagamento do ICMS pelo Inspetor da Receita Federal.** É dever do Inspetor da Receita Federal exigir a comprovação do pagamento do ICMS para desembaraçar a mercadoria. No caso de não ser devido ICMS na entrada da mercadoria, seja por isenção, imunidade ou qualquer outro fundamento, cabe ao contribuinte obter, junto à Receita Estadual, Guia para Liberação de Mercadoria Estrangeira sem Comprovação do Recolhimento do ICMS, o que está previsto no Convênio ICM 10/81, de 23 de outubro de 1981, com suas alterações posteriores. Isso se deve ao fato de que a autoridade federal não é competente para se pronunciar sobre a legislação tributária estadual, interpretando-a e dizendo da incidência ou não de eventual norma isentiva. Simplesmente, faz a exigência da comprovação do recolhimento do ICMS (ou da obtenção da liberação quanto ao seu pagamento) para fins de desembaraço. No caso de o contribuinte não ostentar guia para liberação da mercadoria sem comprovação do recolhimento do ICMS, não há que se falar em qualquer ilegalidade do Inspetor da Receita Federal em negar-lhe o desembaraço, mesmo que o tributo seja indevido. Cabe ao contribuinte obter, junto às autoridades estaduais, a documentação para a liberação e, se for necessário, impetrar mandado de segurança contra estas para ver reconhecido o seu direito à liberação sem o pagamento do ICMS. A Guia para Liberação de Mercadoria Estrangeira sem Comprovação do Recolhimento do ICMS se faz necessária inclusive para o trânsito do produto. Mas o STJ tem julgados, adiante transcritos, no sentido de que, reconhecida a isenção, seria desnecessária a apresentação da guia.

– "A autoridade aduaneira federal possui atribuição para exigir a apresentação do comprovante de pagamento do ICMS na importação de bem ou mercadoria procedente do exterior, porém não lhe cabe decidir quanto à exigibilidade do imposto, pois eventual desoneração de seu pagamento deverá ser comprovada pelo contribuinte mediante documento fornecido pela autoridade fazendária estadual. No caso de recusa em fornecer o comprovante de desoneração do ICMS, a autoridade fazendária estadual poderá ser demandada perante a Justiça Estadual, não competindo à autoridade aduaneira federal ou à Justiça Federal pronunciarem-se sobre o mérito do tributo estadual. A LC n. 87/1996 condiciona a entrega do bem ou mercadoria importada do exterior à comprovação do pagamento do ICMS, ou à apresentação de guia de exoneração do imposto (art. 12, § 2º). Como meio para operacionalizar a exigência do ICMS na importação do exterior e para unificar os procedimentos, os Estados e o Distrito Federal (Secretários da Fazenda dos Estados e do Distrito Federal), em conjunto com a União (Ministro da Fazenda), celebraram o Convênio ICM n. 10/1981, que sofreu relevantes alterações por intermédio do Convênio ICMS n. 132/1998, no qual foi regulamentada a forma para a autoridade aduaneira federal exigir o comprovante de pagamento do ICMS ou da exoneração do pagamento, além da forma para a obtenção da guia de exoneração do imposto estadual perante a autoridade fiscal estadual" (ALVES, Waldir. Limites da atuação da autoridade aduaneira federal e da competência da Justiça Federal na exigência do ICMS no desembaraço aduaneiro. Publicado na *RFDT* em 2008).

– Convênio 10/81: "Uniformiza critério para cobrança do ICM nas entradas de mercadorias no estabelecimento importador, consolidando os convênios anteriores celebrados. CONVÊNIO [...] Cláusula quarta. O Ministério da Fazenda acorda em incluir dentre as exigências formuladas relativamente ao despacho para consumo de mercadorias ou bens importados do exterior, por pessoa física ou jurídica, ainda que não seja contribuinte habitual do imposto ou para a liberação das mercadorias ou bens mencionados na cláusula anterior, a comprovação do pagamento do ICMS, ou da apresentação da guia de exoneração em que conste que a operação é isenta ou não sujeita a esse tributo. (redação do *caput* da cláusula terceira, alterada pelo Convênio ICMS n. 107/2002, com efeitos a partir de 25.09.2002.) § 1º A não exigência do pagamento do imposto por ocasião da liberação da mercadoria ou bem, em virtude de isenção, não incidência, diferimento ou outro motivo, será comprovada mediante apresentação da 'Guia para Liberação de Mercadoria Estrangeira sem Comprovação do Recolhimento do ICMS', modelo anexo, em relação à qual se observará o que segue: I – o fisco da unidade da Federação onde ocorrer o despacho aduaneiro aporá o 'visto' no campo próprio da Guia, sendo esta condição indispensável, em qualquer caso, para a liberação da mercadoria ou bem importado; II – sendo a não exigência do imposto decorrente de benefício fiscal, o 'visto' de que trata o inciso anterior somente será aposto se houver o correspondente convênio, celebrado nos termos da Lei Complementar n. 24, de 7 de janeiro de 1975, com a necessária indicação na Guia; III – quando o despacho se verificar em território de unidade federada distinta daquela onde esteja localizado o importador e a não exigência do imposto se der em razão de diferimento ou por outros motivos previstos na legislação de sua unidade federada deverá apor o seu 'visto', no campo próprio da Guia, antes do 'visto' de que trata o inciso I; *(redação do § 1º dada pelo Convênio ICMS 132/1998, com efeitos a partir de 17.12.1998)* IV – quando o despacho aduaneiro ocorrer em ponto de fronteira alfandegado localizado nos Estados do Paraná, Rio Grande do Sul e Santa Catarina, será exigido somente visto do fisco da unidade federada onde estiver localizado o importador, no campo próprio da Guia (inciso incluído pelo Conv. ICMS 55/2006) § 2º Em qualquer das hipóteses, recolhimento, isenção ou não incidência, uma das vias dos documentos a que se refere o parágrafo anterior e o parágrafo segundo da cláusula primeira deverá acompanhar a mercadoria em seu trânsito".

– **Também no sentido do descabimento da análise, pela Justiça Federal, sobre ser ou não devido o ICMS.** "2. No mandado de segurança impetrado contra o Inspetor da Secretaria da Receita Federal, à Justiça Federal cabe decidir apenas se a lei federal subordina o desembaraço aduaneiro ao prévio recolhimento do ICMS ou não, não podendo decidir a respeito da incidência da exação, fato gerador, imunidade ou isenção. Precedentes..." (STJ, REsp 1.369.395, 2013).

– "DESEMBARAÇO ADUANEIRO. EXIGÊNCIA DE COMPROVAÇÃO DO RECOLHIMENTO DO ICMS... 1. Sendo exigida a comprovação do pagamento do ICMS incidente na importação, por autoridade federal, mediante delegação, é da Justiça Federal a competência para apreciar o mandado de segurança contra ela impetrado. Inteligência da Súmula n. 510 do STF. 2. Não compete a este juízo declarar a existência ou não de relação jurídico-tributária entre o Estado Federado e a importadora que ampare a cobrança do ICMS, visto que a competência da Justiça Federal restringe-se ao ato de exigência do comprovante de pagamento ou de dispensa do tributo para prosseguimento do desembaraço. A delimitação da competência jurisdicional impede que a impetrante invoque, como fundamento jurídico, o preenchimento do suporte fático de norma que a exonere do ICMS por ela devido na condição de importadora, ou a ausência de suporte fático para a exação. 3. A autoridade federal, responsável pelo desembaraço, está obrigada à exigência do comprovante de pagamento do ICMS, quando incidente na espécie, ou do certificado de dispensa de tributo, expedido pela Fazenda do Estado, nas hipóteses de isenção, não incidência ou outra razão que redunde no não pagamento do imposto, não se ressentindo de ilegalidade ou ilegitimidade o ato coator. [...] 5. *Ex officio*, julga-se o processo extinto sem resolução do mérito, com fulcro no art. 267, IV, do CPC, relativamente ao pedido de declaração de inexigibilidade do ICMS. 6. Acolhe-se em parte a remessa oficial, para declarar a ausência de direito líquido e certo ao desembaraço aduaneiro sem a comprovação de pagamento ou desoneração do ICMS" (TRF4, REOMS 2006.72.00.013672-1, 2007).

– "... DESEMBARAÇO ADUANEIRO. EXIGÊNCIA DE COMPROVAÇÃO DO RECOLHIMENTO DO ICMS. COMPETÊNCIA DA JUSTIÇA FEDERAL. ÂMBITO DE CONHECIMENTO... 3. Sendo o ICMS imposto de competência estadual, cabe à Justiça Federal analisar apenas a legalidade do ato administrativo que exigiu a comprovação de ter sido pago o tributo, ou a dispensa de fazê-lo, para que a mercadoria importada fosse liberada. A discussão acerca da inexigibilidade do aludido tributo só poderá ser efetuada na esfera estadual" (TRF4, AMS 2003.71.08.003694-0, 2006).

– "ICMS INCIDENTE SOBRE MERCADORIAS IMPORTADAS. JUSTIÇA FEDERAL. COMPETÊNCIA. IMUNIDADE TRIBUTÁRIA... DESEMBARAÇO ADUANEIRO... PROVA DA ISENÇÃO OU DA NÃO INCIDÊNCIA. I – A competência da Justiça Federal no tocante ao Imposto sobre a Circulação de Mercadorias, relaciona-se, no caso, à particularidade que envolve o aspecto temporal da hipótese de incidência, a qual atina à exigência de seu pagamento por autoridade federal responsável pelo procedimento administrativo de liberação de mercadoria importada. II – A pretensão veiculada almejando tutela jurisdicional de reconhecimento de imunidade tributária e de pronunciamento acerca da finalidade da importação, no intuito de obter a exoneração do recolhimento do ICMS, é matéria que escapa à competência da Justiça Federal, restrita, *in casu*, às exigências administrativas aduaneiras. [...] VI – Legítimo o ato praticado pela autoridade fiscal federal, no sentido da exigência do comprovante do recolhimento do ICMS como condição para o procedimento do desembaraço aduaneiro. Inteligência da Súmula 661/STF. VII – Nenhuma arbitrariedade pratica o agente público fiscal que, apoiado em acordo firmado entre os Estados e o Ministério da Fazenda, exige apresentação da prova da isenção ou da não incidência do ICMS. À autoridade aduaneira, não compete aferir a razão da exoneração do recolhimento, portanto não dispõe da prerrogativa de dispensar o importador da prova de sua qualidade perante o ente tributante" (TRF3, AMS 200161190039790, 2006, p. 540).

– "ICMS. IMPORTAÇÃO DE MERCADORIAS... A exigência de autoridade federal, no sentido de que o ICMS seja pago por ocasião do desembaraço aduaneiro, só pode ser elidida através da Justiça Federal, a quem cabe decidir acerca da legalidade, ou não, desse procedimento sem antecipar juízo a respeito do fato gerador do tributo, cujo regime, regulado em lei estadual, só pode ser definido pela Justiça Estadual" (STJ, REsp 87.261, 1996, p. 44.871).

– **Pelo cabimento da análise para fins de liberação, sem prejuízo da cobrança pelo Estado.** "... MANDADO DE SEGURANÇA. AUTORIDADE COATORA. COMPETÊNCIA DA JUSTIÇA FEDERAL. LIBERAÇÃO DE MERCADORIAS. EXIGÊNCIA DE COMPROVAÇÃO DO RECOLHIMENTO DO ICMS. DESCABIMENTO. 1. Nos termos da Súmula 510 do STF, 'praticado o ato por autoridade no exercício de competência delegada, contra ela cabe o mandado de segurança ou a medida judicial'. Então, é da Justiça Federal a competência para apreciar o mandado de segurança impetrado contra ato de autoridade federal que retém mercadorias importadas fundada na não apresentação da guia de recolhimento do ICMS ou da certidão de dispensa do tributo, por tratar-se de exercício de função delegada, nos termos da Lei 87/96, art. 12, § 2º, complementado pelo Convênio ICM 10/81, na redação dispensada pelos Convênios 132/98 e 62/99. 2. Nos termos da Súmula 660 do STF, 'não incide ICMS na importação de bens por pessoa física ou jurídica que não seja contribuinte do imposto', circunstância válida, pelo menos, às situações anteriores à Emenda Constitucional n. 33, de 11 de dezembro de 2001, que modificou a redação do art. 155, § 2º, inc. IX, alínea *a*, da Constituição Federal. 3. Descabida a exigência do comprovante de pagamento do ICMS, devendo o desembaraço prosseguir à míngua de sua apresentação. Tal decisão se dá sem prejuízo da persecução, pela Fazenda Pública do Estado, ao crédito tributário que reputar implicado no caso, por força do art. art. 469, inc. I, do CPC. 4..." (TRF4, AG 2006.04.00.004731-6, 2006).

– **Pela desnecessidade de apresentação da guia quando reconhecida a isenção.** "ICMS. BACALHAU IMPORTADO DE PAÍS SIGNATÁRIO DO GATT. EXIGÊNCIA DE APRESENTAÇÃO DE DOCUMENTO COMPROBATÓRIO DE PAGAMENTO DO IMPOSTO OU ISENÇÃO QUANDO DO DESEMBARAÇO ADUANEIRO. INCOMPATIBILIDADE... 3. Concluindo-se que o produto está isento do ICMS, descabida se mostra a exigência de comprovação da isenção quando do desembaraço aduaneiro da mercadoria importada. A imposição de regras procedimentais não tem o condão de impedir o reconhecimento da isenção, que se opera automaticamente" (STJ, REsp 926.089, 2008).

– "ICMS – BACALHAU – IMPORTAÇÃO... 3. Isenção fiscal que dispensa a apresentação da guia de exoneração, documento incompatível com a isenção" (STJ, REsp 442.761, 2004).

⇒ **ICMS em importação amparada pelo GATT. Inexistência de isenção automática a todos os produtos.** "... A isenção tributária prevista no GATT é de natureza meramente econômica, no sentido de propiciar o equilíbrio decorrente da lei da oferta e da procura entre produtos nacionais e estrangeiros, a fim de impedir o protecionismo. Não tem o condão de criar isenção. Destarte, é inadmissível garantir privilégio ao produto importado sendo o similar nacional tributável. Inexistência de discriminação. Recurso desprovido"

(TJRJ, AC 7.429/98, 1999). Tira-se do voto condutor: "... merece ser lembrado que o Acordo Geral sobre Tarifas Aduaneiras e Comércio – GATT – estabelece igualdade de tratamento tributário entre os países contratantes, de modo a assegurar, ao produto importado, extensão das vantagens concedidas ao similar nacional. Todavia, o GATT, o ALADI e o ALALC não concedem diretamente qualquer isenção, consoante entendimento do Egrégio Superior Tribunal de Justiça, publicado na *RSTJ* 57/398, *verbis*: 'A simples circunstância de existir ato internacional celebrado entre o país de origem da mercadoria e o Brasil, não tem o condão de criar isenção'".

– **Súmula 575 do STF:** "À mercadoria importada de país signatário do GATT, ou membro da ALALC, estende-se a isenção do Imposto de Circulação de Mercadorias concedida a similar nacional".

– **Súmula 20 do STJ:** "A mercadoria importada de país signatário do GATT é isenta do ICM, quando contemplado com esse favor o similar nacional" (Primeira Seção, em 4-12-1990; *DJU* 7-12--1990, p. 14682; Rep. *DJU* 13-12-1990, p. 15.022).

– Sobre a isenção do bacalhau, já revogada, vide Súmula 71 do STJ e respectivas notas.

– **ICMS em importação amparada pelo GATT. Momento do recolhimento.** "TRIBUTÁRIO. IMPORTAÇÃO DE MERCADORIAS AO ABRIGO DO GATT. PRETENDIDA INCLUSÃO DO ICMS NO REGIME PERIÓDICO DE APURAÇÃO. IMPOSSIBILIDADE. O tratamento igualitário das mercadorias importadas com as nacionais pressupõe, para que não haja desfavor em relação a estas, que o ICMS seja recolhido no momento da aquisição das mercadorias, tal como ocorre com as nacionais. Recurso improvido" (STJ, 1ª T., REsp 54905-1/SP, interposto pela Toyota do Brasil S/A Indústria e Comércio, Min. Cesar Asfor Rocha, dez. 1994). Eis a conclusão do voto condutor: "No caso, sendo o veículo adquirido do exterior, o ciclo de circulação e a consequente incidência do imposto inicia--se com a sua entrada no estabelecimento importador. Ora, fosse a recorrente enquadrada no regime periódico de apuração, importaria em lhe colocar em situação mais privilegiada que se estivesse adquirindo veículo nacional, para esses, o imposto é imediatamente pago. Diante de tais pressupostos, nego provimento ao recurso".

– Cláusula da não mais favorecida e cláusula do tratamento não menos favorável ao do produto similar nacional. Vide em nota introdutória aos impostos sobre o comércio exterior, antes do art. 19 do CTN.

b) **sobre o valor total da operação, quando mercadorias forem fornecidas com serviços não compreendidos na competência tributária dos Municípios;**

⇒ **ICMS incide sobre o valor total das operações mistas não sujeitas ao ISS.** Quando determinada operação tiver como objeto tanto o fornecimento de mercadorias como a prestação de serviços, e tais serviços não constarem da lista anexa à LC n. 116/2003 como sujeito ao ISS, então incidirá o ICMS sobre o valor total da operação. Por força disso, o ICMS acabará gravando não apenas a circulação de mercadorias, como também a própria prestação do serviço.

– "... O Plenário declarou a constitucionalidade das Leis 5.886/87 e 6.374/89, do Estado de São Paulo que estabeleceram a incidência do ICMS sobre o total das chamadas operações mistas, envolvendo circulação de mercadoria de prestação de serviços" (STF, RE 179.202-7, 1995).

– "... não vemos como se admitir a tributação simultânea do ICMS e do ISS, já que são impostos necessariamente excludentes, por força do art. 155, § 2º, IX, *b*, da Constituição Federal, transcrito anteriormente" (MANGIERI, Francisco Ramos; MELO, Omar Augusto Leite. *ISS sobre o* leasing. Ed. Tributo Municipal, 2011, p. 68).

– **Sobre o conceito e a tributação das operações mistas.** Vide nota ao art. 156, III, da CF.

– **Exige estreita relação entre a prestação de serviços e o fornecimento de mercadorias.** "... não havendo ligação estreita entre a prestação de serviços e o fornecimento de mercadorias, não tem aplicação o art. 155, § 2º, IX, *b* da CF, ainda que o serviço não esteja definido na lei complementar como sujeito à competência municipal" (MARTINS, Ives Gandra da Silva; SOUZA, Fátima Fernandes Rodrigues de. ICMS. Exegese do art. 155, II, § 2º, IX, *b*, da CF. *RFDT* 6/161, 2003).

X – não incidirá:

⇒ **Imunidade.** O inciso *X* é regra de imunidade.

– "A CF, no seu art. 155, X, § 2º, *b*, institui hipótese de imunidade ao ICMS, com o prescrever que esse tributo 'não incidirá...' Aqui, o que a CF nomeia, na sua linguagem-objeto, como hipótese de não incidência, a doutrina e a jurisprudência mencionam, na sua metalinguagem, como imunidade tributária" (BORGES, José Souto Maior. Sobre a imunidade das operações interestaduais de circulação do petróleo e combustíveis e manutenção de crédito de ICMS. *RDDT* 168/82, 2009).

a) sobre operações que destinem mercadorias para o exterior, nem sobre serviços prestados a destinatários no exterior, assegurada a manutenção e o aproveitamento do montante do imposto cobrado nas operações e prestações anteriores;

⇒ **EC n. 42/2003.** Alínea *a* com a redação dada pela EC n. 42, publicada no *DOU* de 31 de dezembro 2003.

– Redação revogada: "*a*) sobre operações que destinem ao exterior produtos industrializados, excluídos os semi-elaborados definidos em lei complementar;".

– Até a 17ª edição desta obra, mantínhamos notas sobre a redação original: Súmula 433 do STJ, validade dos Convênios ICMS n. 66/88 e 7, 8 e 9/89, definição por lei complementar e listagem pelo Confaz, definição de semi-elaborados e autonomia dos Estados.

⇒ **Imunidade das operações de exportação de mercadorias, ainda que não industrializadas, e de serviços.** A nova redação da alínea *a* estende a imunidade às operações de exportação de quaisquer mercadorias, ainda que não constituam produtos industrializados, bem como de quaisquer serviços.

– **A imunidade abrange o transporte interestadual de mercadoria destinada ao exterior.** "ICMS – TRANSPORTE INTERESTADUAL DE MERCADORIA DESTINADA AO EXTERIOR – ISENÇÃO – ART. 3º, II DA LC 87/96. 1. O art. 3º, II da LC 87/96 dispôs que não incide ICMS sobre operações e prestações que destinem ao exterior mercadorias, de modo que está acobertado pela isenção tributária o transporte interestadual dessas mercadorias. 2. Sob o aspecto teleológico, a finalidade da exoneração tributária é tornar o produto brasileiro mais competitivo no mercado internacional. 3. Se o transporte pago pelo exportador integra o preço do bem exportado, tributar o transporte no território nacional equivale a tributar a própria operação de exportação, o que contraria o espírito da LC 87/96 e da própria Constituição Federal. 4. Interpretação em sentido diverso implicaria em ofensa aos princípios da isonomia e do pacto federativo, na medida em que se privilegiaria empresas que se situam em cidades portuárias e trataria de forma desigual os diversos Estados que integram a Federação" (STJ, EREsp 710.260, 2008).

– **Entendimento do STF pela incidência.** "... ICMS: PRODUTOS INDUSTRIALIZADOS DESTINADOS AO EXTERIOR: IMUNIDADE. OPERAÇÕES E PRESTAÇÕES DE SERVIÇO: DISTINÇÃO. C.F, art. 155, II, § 2º, IV, X, *a*, XII, *e*. I – ICMS: hipóteses de incidência distintas: a) operações relativas à circulação de mercadorias; b) prestações de serviço interestadual e intermunicipal e de comunicações: C.F., art. 155, II. II – A Constituição Federal, ao conceder imunidade tributária, relativamente ao ICMS, aos produtos industrializados destinados ao exterior, situou-se, apenas, numa das hipóteses de incidência do citado imposto: operações que destinem ao exterior tais produtos, excluídos os semi-elaborados definidos em lei complementar: art. 155, § 2º, X, *a*. III – Deixou expresso a C.F., art. 155, § 2º, XII, *e*, que, as prestações de serviços poderão ser excluídas, nas exportações para o exterior, mediante lei complementar. IV – Incidência do ICMS sobre a prestação de serviço de transporte interestadual, no território nacional, incidindo alíquota estabelecida por resolução do Senado Federal: C.F., art. 15, § 2º, IV" (STF, RE 212.637-3, 1999).

– "... SERVIÇO UTILIZADO NO TRANSPORTE INTERESTADUAL OU INTERMUNICIPAL DE PRODUTOS INDUSTRIALIZADOS DESTINADOS AO EXTERIOR. PRETENDIDA NÃO INCIDÊNCIA DO ICMS. ART. 155, § 2º, X, *A*, DA CONSTITUIÇÃO FEDERAL. Benefício restrito às operações de exportação de produtos industrializados, não abrangendo o serviço utilizado no transporte interestadual ou intermunicipal dos referidos bens" (STF, RE 218.976, 1999).

– **Não alcança operações ou prestações anteriores à operação de exportação, senão mediante a apropriação e manutenção do crédito. Tema 475 do STF:** "A imunidade a que se refere o art. 155, § 2º, X, 'a', da CF não alcança operações ou prestações anteriores à operação de exportação". Decisão do mérito, 2020.

– Eis a ementa: "Imunidade. Operações de exportação. Artigo 155, § 2º, X, *a*, CF. ICMS. Operações e prestações no mercado interno. Não abrangência. Possibilidade de cobrança do ICMS. Manutenção e aproveitamento dos créditos. 1. A Corte, sempre que se manifestou sobre as imunidades constitucionais, se ateve às finalidades constitucionais às quais estão vinculadas as mencionadas regras. Nas operações de exportação, é clara a orientação quanto à impossibilidade de, a pretexto de se extrair da regra imunitória o máximo de efetividade, se adotar uma interpretação ampliativa, de modo a se abarcarem fatos, situações ou objetos a priori não abrangidos pela expressão literal do enunciado normativo. 2. Ao estabelecer a imunidade das operações de exportação ao ICMS, o art. 155, § 2º, X, da Constituição se ocupa, *a contrario sensu*, das operações internas, pressupondo a incidência e estabelecendo o modo pelo qual o ônus tributário é compensado: mediante a manutenção e o aproveitamento dos créditos respectivos. 3. Caso houvesse imunidade para as operações internas, de modo que não fosse cobrado o ICMS em nenhuma das etapas anteriores à exportação, seria inútil e despropositada a regra de manutenção e aproveitamento de créditos. 4. Diante do exposto, nega-se provimento ao recurso extraordinário. 5. Tese do Tema n. 475 da Gestão por Temas da Repercussão Geral: 'A imunidade a que se refere o art. 155, § 2º, X, *a*, da CF não alcança operações ou prestações anteriores à operação de exportação'" (STF, RE 754.917, 2020).

– Imunidade de toda a cadeia produtiva. "... a imunidade do ICMS nas operações de exportação para o exterior é ampla, abrangendo toda a cadeia produtiva (*ab ovo*). Impede, pois, a incidência do imposto não só na última operação (exportação propriamente dita), como também desde a comercialização da matéria-prima até a sua industrialização. ... todas as mercadorias e serviços integrantes do processo de exportação estão agasalhados pela norma constitucional, inclusive, os bens do ativo fixo, de uso e consumo, energia elétrica, serviços de comunicação, transporte etc., que concorrem para colocar o produto no mercado externo. Essa inteligência é a única que atende ao princípio do destino ou princípio do país de destino, pelo qual a transação internacional deve ser tributada uma única vez, no país importador, com a retirada de toda a carga tributária incidente no país de origem. Na hipótese de incidência do imposto nas operações anteriores, o direito ao crédito contempla não só os créditos físicos, como os denominados financeiros, porquanto a emenda Constitucional n. 42, de 2003, assegurou a manutenção e o aproveitamento do montante do imposto cobrado nas operações e prestações anteriores, sem anotar quaisquer reduções. ... as restrições trazidas pela Lei Complementar n. 87, de 1996, que limitou temporalmente os créditos financeiros, não têm cabida, ao depois da EC n. 42-03, para as operações e prestações vinculadas à exportação" (ARZUA, Heron. A imunidade do ICMS nas exportações. *RDDT* 221/53, 2014).

⇒ **Garantia da manutenção e aproveitamento dos créditos de ICMS.** O texto constitucional torna inequívoco o direito à manutenção e ao aproveitamento dos créditos de ICMS incidentes nas operações anteriores.

– Condicionamento estabelecido pela LC n. 87/96. "1º) a CF (art. 155, § 2º, inc. X, alínea *a*) assegura aos exportadores sediados no País a manutenção e o aproveitamento do montante do ICMS que incidiu nas operações anteriores às de exportação; 2º) já a LC n. 87/96 art. 25, § 1º, ao regrar tal dispositivo constitucional, impôs aos exportadores dificultosas condições ao referido aproveitamento, postergando-o no tempo (*non liquet*); 3)

assim, enquanto não efetivamente disponibilizado tal aproveitamento a favor dos exportadores escapa à precoce incidência do IRPJ e da CSSL, haja vistos os princípios constitucionais da disponibilização da renda (CR, art. 143, inc. III, c/c CTN, art. 43), da capacidade contributiva (CF, art. 145, § 1º), da isonomia (idem, art. 150, inc. II), da moralidade da administração pública (idem, art. 37) e da razoabilidade da imposição tributária (implícito)" (MATTOS, Aroldo Gomes de. ICMS – saldo acumulado decorrente de exportação – não aproveitamento *versus* incidência IRPJ/CSLL. *RDDT* 115/26, 2005).

– Modos de aproveitamento. "O aproveitamento do crédito de ICMS acumulado na exportação é um direito do contribuinte assegurado expressamente pela Constituição. A Lei Complementar n. 87/96 regula o exercício de tal direito, prevendo para tanto duas formas de aproveitamento: (i) transferência do crédito acumulado do estabelecimento exportador para outro estabelecimento da mesma pessoa jurídica, localizado no mesmo Estado daquele; (ii) transferência de eventual saldo do crédito acumulado para estabelecimento de outra pessoa jurídica, conquanto localizado no mesmo Estado do estabelecimento titular do crédito e mediante a emissão de documento que o reconheça pela autoridade competente. Apesar de a Lei não fazer referência à restituição em dinheiro do crédito acumulado, este é direito do contribuinte que decorre da própria Constituição, por força notadamente do princípio da não cumulatividade. [...] Inexistindo previsão estadual quanto a prazo para a autoridade administrativa se manifestar relativamente a pedido de expedição de documento de reconhecimento de crédito acumulado de ICMS por exportador ou, existindo, seja irrazoável, deve ser aplicada por analogia a Lei n. 9.784, de 29 de janeiro de 1999, artigo 49, que determina ser de 30(trinta) dias o prazo para a autoridade administrativa emitir decisão nos processos administrativos de sua competência" (NUNES, Renato. Considerações acerca do crédito de ICMS acumulado na exportação. *RDDT* 162/50, 2009).

– Aproveitamento dos créditos e não incidência de IRPJ e CSL. "[...] o saldo credor acumulado do ICMS – que decorre de uma despesa incorrida quando da aquisição dos insumos – representa um ativo da empresa e um direito de ressarcimento deste valor, de maneira que deve figurar no balanço com o nome de 'Impostos a Recuperar', conforme recomendado pelo *Manual de Contabilidade das Sociedades por Ações da Fipecafi*. [...] Assim, uma vez comprovada a oneração decorrente dos sucessivos saldos credores acumulados e a necessidade da recuperação desses valores para recomposição dos custos da empresa, impõe-se a não incidência do IRPJ/CSLL quando da efetiva recuperação seja por meio do abatimento com o próprio ICMS a pagar, seja por meio de transferência a terceiros, atentando-se, todavia, aos ditames do art. 53 da Lei n. 9.430/1996. [...] deve-se aplicar, no tocante ao IRPJ/CSLL, a neutralidade tributária, face à inexistência de riqueza nova, mas sim a recuperação de uma despesa anteriormente incorrida [...]" (ALVES, Enos da Silva. Não incidência do IRPJ/CSLL sobre o crédito acumulado do ICMS em decorrência das exportações ou do diferencial de alíquotas interestaduais. *RET* 80/54, 2011).

– **No sentido de que materiais de uso e consumo ensejam crédito de ICMS nas exportações.** "[...] calha ainda notar que, mesmo se considerar determinados materiais como de uso e consumo, o que se admite apenas para argumentar, haveria de se aplicar ao caso o art. 32, inciso, II, da LC 87/1996, para os contribuintes exportadores, o que também não vem sendo observado pela fiscalização estadual e, por isso mesmo, merece destaque e reflexão. Ora, referido dispositivo é claro ao autorizar a apropriação de créditos, com vigência imediata, para bens de consumo no processo produtivo quando tal processo resultar na saída de mercadorias com o fim de exportação, *verbis*: Art. 32 [...] II – *darão direito de crédito, que não será objeto de estorno, as mercadorias entradas no estabelecimento par integração ou consumo em processo de produção de mercadorias industrializadas, inclusive semielaboradas, destinadas ao exterior;* [...]. A fiscalização estadual, entretanto, malgrado reconhecer o benefício fiscal em questão, alega que não se aplica aos contribuintes sob o argumento de que os materiais adquiridos teriam sido destinados para uso e consumo, o que evidentemente não se sustenta. [...] se os insumos forem destinados para produção de mercadorias objeto de exportação, à luz do texto constitucional, não há espaço para a discussão de bens de uso e consumo e produto intermediário, exatamente porque, nesses casos, o direito ao crédito é direito do contribuinte incondicionalmente" (FAVANO, Leandro Colbo. Aspectos técnicos indispensáveis à classificação em material de uso e consumo ou produto intermediário para fins de creditamento do ICMS. *RET* 78/221, 2011).

– "... com a edição da LC 87/1996 (artigo 20, *caput*), foi expressamente conferido o direito de crédito relativamente à aquisição de material de uso e consumo do estabelecimento. Todavia, em sua redação original (artigo 33, inciso I), a lei complementar estabeleceu que o crédito do imposto somente poderia ser apropriado relativamente às entradas posteriores a 1º de janeiro de 1998. A partir de então, foi sendo postergado para 1º de janeiro de 2000 (LC 92/197); 1º de janeiro de 2003 (LC 99/1999); 1º de janeiro de 2007 (LC 102/2000); 1º de janeiro de 2011 (LC 122/2006); até chegar a 1º de janeiro de 2020 (com a redação dada pela LC 138/2010). [...] as Autoridades Fiscais Estaduais, pautando-se na determinação expressa prevista na legislação infraconstitucional (LC 87/1996) não refletiram as alterações promovidas pela EC 42/1003 às suas regulamentações locais, pois não autorizam os contribuintes a aproveitarem os referidos créditos de materiais destinados ao uso e consumo (relativamente às exportação realizadas), em clara afronta não só ao princípio da não cumulatividade como também à interpretação das regras de imunidade tributária. ... com a edição da EC 42/2003, não são válidas as limitações temporais para a apropriação, manutenção e aproveitamento dos créditos decorrentes da aquisição de material de uso e consumo, relativamente à cadeia de exportação, uma vez que referida emenda Constitucional, ao alterar o artigo 155, § 2º, inciso X, alínea *a*, da Constituição Federal, o fez claramente para ampliar a imunidade a todos os produtos e serviços exportados ao exterior e garantir tanto a manutenção quanto ao aproveitamento dos créditos relativos às operações anteriores. ... não fez qualquer distinção entre as operações que conferem ou não direito de crédito, tampouco criou condições temporais

para seu efetivo e imediato aproveitamento" (BATTILANA, Leonardo Augusto Bellorio. O direito aos créditos de ICMS de bens destinados ao uso e consumo das empresas exportadoras. *RDDT* 221/69, 2014).

⇒ **Compensação aos Estados e aos Municípios pela perda de arrecadação.** A impossibilidade de cobrança de ICMS na importação, associada à manutenção e ao aproveitamento dos créditos, compromete a arrecadação dos Estados exportadores. Por isso, e tendo em conta a importância nacional da política de exportações, o art. 91 do ADCT prevê que sejam compensados.

– ADCT: "Art. 91. A União entregará aos Estados e ao Distrito Federal o montante definido em lei complementar, de acordo com critérios, prazos e condições nela determinados, podendo considerar as exportações para o exterior de produtos primários e semi-elaborados, a relação entre as exportações e as importações, os créditos decorrentes de aquisições destinadas ao ativo permanente e a efetiva manutenção e aproveitamento do crédito do imposto a que se refere o art. 155, § 2º, X, *a*. § 1º Do montante de recursos que cabe a cada Estado, setenta e cinco por cento pertencem ao próprio Estado, e vinte e cinco por cento, aos seus Municípios, distribuídos segundo os critérios a que se refere o art. 158, parágrafo único, da Constituição. § 2º A entrega de recursos prevista neste artigo perdurará, conforme definido em lei complementar, até que o imposto a que se refere o art. 155, II, tenha o produto de sua arrecadação destinado predominantemente, em proporção não inferior a oitenta por cento, ao Estado onde ocorrer o consumo das mercadorias, bens ou serviços. § 3º Enquanto não for editada a lei complementar de que trata o *caput*, em substituição ao sistema de entrega de recursos nele previsto, permanecerá vigente o sistema de entrega de recursos previsto no art. 31 e Anexo da Lei Complementar n. 87, de 13 de setembro de 1996, com a redação dada pela Lei Complementar n. 115, de 26 de dezembro de 2002. § 4º Os Estados e o Distrito Federal deverão apresentar à União, nos termos das instruções baixadas pelo Ministério da Fazenda, as informações relativas ao imposto de que trata o art. 155, II, declaradas pelos contribuintes que realizarem operações ou prestações com destino ao exterior" (Artigo acrescido pela EC n. 42/2003).

b) sobre operações que destinem a outros Estados petróleo, inclusive lubrificantes, combustíveis líquidos e gasosos dele derivados, e energia elétrica;

⇒ **Justificativa.** "Há, em verdade, pelo menos duas razões relevantes para que a tributação da operação em causa fosse afastada pelo constituinte. A primeira diz respeito à circunstância de que o combustível é insumo que tem repercussão imediata nos custos comerciais e industriais, que se transferem com rapidez à sociedade. A segunda se relaciona com a questão da receita tributária dos Estados mais pobres da Federação que seriam meros receptores do petróleo e seus derivados e da energia elétrica, gerando abismal disparidade de arrecadação" (COELHO, Paulo Magalhães da Costa. A questão da imunidade tributária das operações relativas à circulação interestadual de petróleo e outros derivados. *CDTFP* 13/33-34, São Paulo: RT, 1995).

⇒ **Apenas petróleo, seus derivados e energia elétrica.** "O art. 155, § 2º, inc. X, *b*, da CF/88 compreende o petróleo e os seguintes derivados: combustíveis líquidos, gasosos, além dos lubrificantes. Quanto aos demais subprodutos do petróleo, a operação será tributada também no Estado de origem. Afinal, o dispositivo deve ser interpretado de forma estrita (literal) – RE n. 193.074-8/RS" (ÁVILA, Márcio. O ICMS nas operações interestaduais com petróleo e derivados. *RFDT* 27/85, 2007).

⇒ **ICMS sobre combustível. Imunidade restrita ao Estado de origem. Tema 689 do STF:** "Segundo o artigo 155, § 2º, X, *b*, da CF/1988, cabe ao Estado de destino, em sua totalidade, o ICMS sobre a operação interestadual de fornecimento de energia elétrica a consumidor final, para emprego em processo de industrialização, não podendo o Estado de origem cobrar o referido imposto". Decisão de mérito em 2020.

– "ICMS. OPERAÇÃO INTERESTADUAL DE FORNECIMENTO DE ENERGIA ELÉTRICA A CONSUMIDOR FINAL, PARA EMPREGO EM PROCESSO DE INDUSTRIALIZAÇÃO. IMPOSTO DEVIDO AO ESTADO DE DESTINO. PROVIMENTO DO RECURSO EXTRAORDINÁRIO. 1. De acordo com o artigo 20, § 1º, da Constituição Federal, é assegurada à União (EC 102/2019), aos Estados, ao Distrito Federal e aos Municípios a participação no resultado da exploração, no respectivo território, de petróleo ou gás natural, de recursos hídricos para fins de geração de energia elétrica e de outros recursos minerais. 2. Somente os Estados de destino (Estado em que situado o adquirente) podem instituir ICMS sobre as operações interestaduais de energia elétrica, nos termos do artigo 155, § 2º, X, 'b' da Constituição Federal. Precedentes: RE 198088, Relator: Min. Ilmar Galvão, Tribunal Pleno, *DJ* 5-9-2003. 3. Recurso Extraordinário do Estado do Rio Grande do Sul a que se dá provimento, para julgar improcedente o pedido inicial. Tema 689, fixada a seguinte tese de repercussão geral: 'Segundo o artigo 155, § 2º, X, *b*, da CF/1988, cabe ao Estado de destino, em sua totalidade, o ICMS sobre a operação interestadual de fornecimento de energia elétrica a consumidor final, para emprego em processo de industrialização, não podendo o Estado de origem cobrar o referido imposto'" (STF, RE 748.543, 2020). Colhe-se do voto condutor: "De acordo com o artigo 20, § 1º, da Constituição Federal, é assegurada à União (EC 102/2019), aos Estados, ao Distrito Federal e aos Municípios a participação no resultado da exploração, no respectivo território, de petróleo ou gás natural, de recursos hídricos para fins de geração de energia elétrica e de outros recursos minerais. O artigo 155, § 2º, X, 'b', da Constituição Federal, por sua vez, prevê que não incidirá ICMS sobre operações que destinem a outros Estados petróleo, inclusive lubrificantes, combustíveis líquidos e gasosos dele derivados, e energia elétrica. Ora, são poucos os Estados que concentram a maior produção de petróleo e de recursos hídricos para fins de geração de energia. Logo, são esses poucos Estados que se beneficiam da participação no resultado da exploração constante do artigo 20, § 1º, da CF/1988. Se o Estado de origem recebesse, adicionalmente, o ICMS na operação de venda da energia, estaríamos diante de evidente violação ao pacto federativo. Portanto, a vedação para cobrança do ICMS

disposta no artigo 155, § 2º, X, 'b', está direcionada apenas aos Estados de origem, que são, como dito, os maiores produtores de petróleo e energia elétrica. juntamente com o artigo 20, § 1º, conclui-se que apenas os Estados de destino (Estado em que situado o adquirente) podem instituir ICMS sobre as operações interestaduais de energia elétrica. [...] Dessa forma, é certo que a norma prevista no artigo 155, § 2º, X, 'b', da CF/1988, ao proibir a cobrança do ICMS pelo Estado produtor, teve por escopo beneficiar o Estado de destino, e não o Estado de origem, tampouco o contribuinte do tributo. [...] Ora, se o escopo do artigo 155, § 2º, X, 'b', da CF/1988 fosse proibir a instituição do ICMS pelo Estado de destino, seria absolutamente incoerente o artigo 34, § 9º, das disposições transitórias... [...] a norma infraconstitucional que limita a instituição do imposto pelo Estado destinatário, quando a energia elétrica for empregada na industrialização ou comercialização, viola o artigo 155, § 2º, X, 'b', bem como o pacto federativo, colocando os Estados consumidores em situação de desvantagem em relação aos Estados produtores".

– "... o petróleo passa, basicamente, por quatro fases: extração, refino, transporte e venta por atacado ou a varejo. A extração do petróleo não se confunde com a circulação econômica do ICMS, pois a sua retirada da jazida (estado bruto) não é ato de comércio... O art. 155, § 2º, inc. X, al. *b* da CF/88 estabelece que o ICMS não incide sobre operações que destinem a outros Estados petróleo, inclusive lubrificantes, combustíveis líquidos e gasosos dele derivados. O STF, no RE n. 198.088-5/SP, entendeu... que o dispositivo constitucional representa uma não incidência no Estado de origem, que não alcança o Estado de destino, onde são tributadas todas as operações. Ademais, a norma estabelece que o princípio puro do destino e os royalties pagos aos Estados produtores foram a forma encontrada pelo Constituinte de 88 de compensar a não incidência na origem. A não incidência não se confunde com a imunidade. ... a não incidência do ICMS no Estado de origem acarreta o estorno do crédito do imposto porventura existente, no momento da operação interestadual, o que não ocorre na hipótese de imunidade. Os dispositivos da LC n. 87/96 que tratam da matéria (art. 2º, § 1º, inc. III, art. 3º, inc. III e art. 12, inc. XII) estão em sintonia com a jurisprudência do STF" (ÁVILA, Márcio. O ICMS nas operações interestaduais com petróleo e derivados. *RFDT* 27/85, 2007).

⇒ **Compra no Estado de produção para posterior revenda. Incidência.** "ICMS sobre Circulação de Combustível. A Turma, resolvendo questão de ordem, deferiu medida cautelar para conceder efeito suspensivo a recurso extraordinário interposto pelo Estado do Rio de Janeiro contra acórdão do Tribunal de Justiça local que reconhecera a não incidência de ICMS (com base no art. 155, § 2º, X, *b*, da CF) em operação realizada por empresa distribuidora na compra de combustível no Estado em que é produzido, para posterior revenda em outro Estado, nada importando que a mercadoria tenha circulado entre estabelecimentos localizados no Estado produtor. Considerou-se plausível a alegação do Estado do Rio de Janeiro no sentido de que a imunidade referida no art. 155, § 2º, X, *b*, da CF não alcança a compra de combustível para circulação, por configurar uma operação interna, salientando-se, ademais o entendimento do STF de que a não incidência do ICMS nas operações envolvendo petróleo e seus derivados visam a beneficiar o Estado consumidor, e não o consumidor final. Considerou-se, ainda, ocorrente o *periculum in mora*, em razão da incerteza de que, provido o recurso, o requerente recupere os valores decorrentes do ICMS (CF, art. 155, § 2º, X: '*não incidirá: ... b) sobre operações que destinem a outros Estados petróleo, inclusive lubrificantes, combustíveis líquidos e gasosos dele derivados, e energia elétrica;*)'. PET (QO) 2.637-RJ, Min. Moreira Alves, 19.3.2002.(PET-2637)" (*Informativo* 261 do STF, 2002).

⇒ **Tributação quando da "circulação" interna, na extração, quando passar pelos pontos de medição da produção.** Ives Gandra, analisando o Projeto de Lei n. 407/2003, do Rio de Janeiro: "No momento em que redijo esta opinião legal, ou seja, antes de sua sanção, a 'circulação' do petróleo 'dentro do estabelecimento', vale dizer, de 'extração da jazida' até a 'saída' para outros Estados da Federação não é tributada por força da imunidade constitucional das operações interestaduais. A partir da sanção, de forma ilegal e inconstitucional, passará a ser tributada. Tal pretendida 'circulação' equivaleria, em outros segmentos, ao absurdo de se tributar, por exemplo, todas as etapas da linha de montagem de um automóvel ou de qualquer produto dentro de uma fábrica, sempre que passasse de uma área industrial para outra, dentro do mesmo estabelecimento da pessoa jurídica. Mais do que isto, o texto constitucional expressamente declara que o produto (combustível) nas operações interestaduais, será tributado no destino, enquanto a futura lei pretende criar uma tributação na origem... Se a lei complementar declara que o ICMS só será tributado no destino, como admitir a remessa para outro Estado, carregando a tributação da origem, sobre a 'extração do petróleo' e sua 'circulação' dentro do estabelecimento extrator?" (MARTINS, Ives Gandra da Silva. Fato gerador do ICMS nas operações interestaduais com petróleo e derivados. *RDDT* 96/116-117, 2003).

⇒ **Biocombustível a compor, com o combustível mineral, o produto final. Estorno de créditos.** "CABIMENTO DO CONTROLE ABSTRATO. AÇÃO PARA O QUESTIONAMENTO DA CONSTITUCIONALIDADE DE CONVÊNIO FIRMADO PELOS ESTADOS-MEMBROS. INCIDÊNCIA DO ICMS NA OPERAÇÃO DE COMBUSTÍVEIS. PARÁGRAFOS 10 E 11 DA CLÁUSULA VIGÉSIMA DO CONVÊNIO ICMS 110/2007, COM REDAÇÃO DADA PELO CONVÊNIO 101/2008 E, MEDIANTE ADITAMENTO, TAMBÉM COM A REDAÇÃO DADA PELO CONVÊNIO 136/2008. ESTORNO, NA FORMA DE RECOLHIMENTO, DO VALOR CORRESPONDENTE AO ICMS DIFERIDO. NATUREZA MERAMENTE CONTÁBIL DO CRÉDITO DO ICMS. O DIFERIMENTO DO LANÇAMENTO DO ICMS NÃO GERA DIREITO A CRÉDITO. ESTABELECIMENTO DE NOVA OBRIGAÇÃO TRIBUTÁRIA POR MEIO DE CONVÊNIO. VIOLAÇÃO DO DISPOSTO NOS ARTS. 145, § 1º; 150, INCISO I; E 155, § 2º, INCISO I E § 5º, DA CONSTITUIÇÃO FEDERAL. AÇÃO DIRETA JULGADA PROCEDENTE. I – A legiti-

midade da Confederação Nacional do Comércio – CNC para propor ação direta de constitucionalidade questionando dispositivos do interesse de setores do comércio já foi reconhecida por este Tribunal na ADI 1.332/RJ, de relatoria do Min. Sydney Sanches. II – Cabe a ação direta de inconstitucionalidade para questionar convênios, em matéria tributária, firmado pelos Estados-membros, por constituírem atos normativos de caráter estrutural, requeridos pelo próprio texto Constitucional (art. 155, § 5º). Precedente da Corte. III – O Convênio 110/2007, com a redação dos Convênios 101/2008 e 136/2008, atribuiu às refinarias de petróleo (que efetuam a venda de gasolina A às distribuidoras) a responsabilidade tributária pelo recolhimento do ICMS incidente sobre as operações comerciais interestaduais com o álcool etílico anidro combustível (AEAC) e biodiesel (B100), realizadas entre as usinas e destilarias, de um lado, e as distribuidoras de combustíveis, de outro (§ 5º da Cláusula Vigésima Primeira). IV – Os §§ 10 e 11 da Cláusula Vigésima Primeira do Convênio ICMS 110/2007, preveem o estorno do crédito, condizente com a saída de mercadoria sem incidência do ICMS, na forma de recolhimento do valor correspondente ao ICMS diferido, e não mediante anulação escritural. É dizer, em vez de ser determinado o estorno de um crédito, determina-se a realização de um recolhimento. V – A distribuidora não se credita do ICMS diferido que onerou a operação de entrada, já que não há pagamento direto por ela. Isso porque a operação posterior de venda dos combustíveis gasolina tipo C e óleo diesel B5 aos postos em operação interestadual será imune e a distribuidora simplesmente informa à refinaria para o repasse. VI – As matérias passíveis de tratamento via convênio são aquelas especificadas no § 4º do art. 155 da Constituição Federal. Portanto, não poderia o Convênio, a título de estorno, determinar novo recolhimento, inovando na ordem jurídica, transmudando a medida escritural – anulação de um crédito – em obrigação de pagar. VII – Além disso, considerando que o ICMS diferido já fora suportado pelo substituto, na medida em que destacado na operação de aquisição do álcool e do biodiesel, tendo sido recolhido mediante repasse pela refinaria, a determinação de novo recolhimento de valor correspondente, dessa feita, a outro Estado, implica bitributação não autorizada pela Carta Magna. VIII – Inexistência de violação à destinação constitucional do ICMS sobre operações com combustíveis derivados de petróleo (art. 155, § 4º, I), na medida em que o montante recolhido a título de estorno diz respeito ao ICMS diferido, incidente sobre o álcool (AEAC) e o biodiesel (B100), e que não compromete o repasse do valor do ICMS presumido sobre a operação final com combustível derivado de petróleo ao Estado de destino. IX – Necessidade, em homenagem à segurança jurídica, da modulação dos efeitos temporais da decisão que declara a inconstitucionalidade dos atos normativos atacados, para que produza efeitos a partir de seis meses contados da publicação do acórdão" (STF, ADI 4.171, 2015).

⇒ **Tancagem.** "Imunidade Tributária: Derivados do Petróleo e Tancagem. Iniciado o julgamento de recurso extraordinário interposto pelo Estado do Rio de Janeiro contra acórdão do

Tribunal de Justiça local que concedera a imunidade prevista no art. 155, § 2º, X, *b*, da CF, a empresa distribuidora de petróleo e seus derivados, sediada em Minas Gerais, ao fundamento de ser indevido o ICMS na operação de compra e venda de derivados de petróleo destinados a outra unidade da federação. Alega-se, na espécie, violação ao citado dispositivo, eis que nele não estaria abrangida a operação de bombeamento dos combustíveis, realizada pela empresa recorrida, para tanques situados dentro da refinaria no Estado recorrente. O Min. Joaquim Barbosa, relator, deu parcial provimento ao recurso para explicitar que a regra inscrita no art. 155, § 2º, X, *b*, da CF, firma a incidência do ICMS nas operações interestaduais de circulação de derivados de petróleo e afeta a competência para a arrecadação ao Estado em que se verificar o consumo da mercadoria, estando, porém, a tancagem dos combustíveis absorvida na operação de remessa do produto para outro Estado da federação por constituir etapa intermediária. Levou em conta o entendimento firmado no julgamento do RE 198088/SP (*DJU* de 5.9.2003), no sentido de que o benefício fiscal previsto naquele dispositivo foi instituído em prol do Estado de destino dos produtos derivados de petróleo, ao qual cabe, em sua totalidade, o ICMS sobre eles incidente, desde a remessa até o consumo. Assim, entendeu não ser possível isolar o primeiro ato de tancagem do produto, e atribuir ao Estado do Rio de Janeiro a competência para arrecadação do tributo. Após, o julgamento foi suspenso com o pedido de vista... RE 358.956... 2005" (STF, 2ª T., *Informativo* 398 do STF).

⇒ **Aquisição para consumo. Incidência.** "ICMS. Operações interestaduais. Artigo 155, § 2º, X, *b*, da Constituição. O Plenário desta Corte, ao julgar o RE 198.088, assim decidiu: 'TRIBUTÁRIO. ICMS. LUBRIFICANTES E COMBUSTÍVEIS LÍQUIDOS E GASOSOS, DERIVADOS DO PETRÓLEO. OPERAÇÕES INTERESTADUAIS. IMUNIDADE DO ART. 155, § 2º, X, *B*, DA CONSTITUIÇÃO FEDERAL. Benefício fiscal que não foi instituído em prol do consumidor, mas do Estado de destino dos produtos em causa, ao qual caberá, em sua totalidade, o ICMS sobre eles incidente, desde a remessa até o consumo. Consequente descabimento das teses da imunidade e da inconstitucionalidade dos textos legais, com que a empresa consumidora dos produtos em causa pretendeu obviar, no caso, a exigência tributária do Estado de São Paulo. Recurso conhecido, mas desprovido'. Dessa orientação divergiu o acórdão recorrido. Recurso extraordinário conhecido e provido" (STF, RE 201.703, 2001).

– "De acordo com a norma do art. 155, § 2º, X, *b*, da Constituição Federal, o ICMS 'não incidirá: *a*) ...; *b*) sobre operações que destinem a outros Estados petróleo, inclusive lubrificantes, combustíveis líquidos e gasosos dele derivados, e energia elétrica'. Salta à vista, com efeito, que objetiva ela eliminar, como fonte geradora de ICMS, os poços de petróleo e as refinarias instaladas em poucos Estados, na medida em que exclui da incidência do tributo as operações destinadas ao abastecimento das demais unidades federadas, prevenindo o agravamento das desigualdades regionais, um dos objetivos fundamentais da República (art. 3º, III, da CF). Prestigiou o constituinte, nesse passo, os Esta-

dos consumidores em detrimento dos Estados produtores. Ao acórdão, na verdade, não passou despercebido esse aspecto, quando observou, com propriedade, *verbis* (fl. 65): 'É sabido que a imunidade prevista no citado preceito da Constituição Federal objetivou beneficiar os Estados consumidores em detrimento dos produtores de derivados de petróleo e de energia, dada a circunstância de ser grande o número dos primeiros e poucos os produtores'. O dispositivo constitucional transcrito não discrimina entre operação interestadual destinada a contribuinte do ICMS e operação interestadual destinada a consumidor. É patente, entretanto, que não se está, no caso, diante de imunidade propriamente dita, mas de genuína hipótese de não incidência do tributo – como aliás, se acha expresso no inc. X do § 2º do art. 155 da CF –, restrita ao Estado do origem, não abrangendo o Estado de destino, onde são tributadas todas as operações que compõem o ciclo econômico por que passam os produtos descritos no dispositivo sob enfoque, desde a produção até o consumo. Não beneficia, portanto, o consumidor, mas o Estado de destino do produto, ao qual caberá todo o tributo sobre ele incidente, até a operação final. Do contrário, estaria consagrado tratamento desigual entre consumidores, segundo adquirissem eles os produtos de que necessitam, no próprio Estado, ou no Estado vizinho, o que não teria justificativa. Para assegurar a arrecadação do ICMS incidente sobre as operações alusivas à energia elétrica destinada a consumidor final em outro estado, proveu o próprio legislador constituinte, no § 9º do art. 34 do ADCT, neste sentido: '§ 9º Até que lei complementar disponha sobre a matéria, as empresas distribuidoras de energia elétrica, na condição de contribuintes ou de substitutos tributários, serão as responsáveis, por ocasião da saída do produto de seus estabelecimentos, ainda que destinado a outra unidade da Federação, pelo pagamento do imposto sobre operações relativas à circulação de mercadorias incidente sobre energia elétrica, desde a produção ou importação até a última operação, calculado o imposto sobre o preço então praticado na operação final e assegurado seu recolhimento ao Estado ou ao Distrito Federal, conforme o local onde deva ocorrer essa operação'. Aliás, o dispositivo transcrito, ao regular, transitoriamente, o ICMS sobre energia elétrica ('até que a lei complementar disponha sobre a matéria'), na verdade, demonstra o acerto do que acima ficou dito sobre a inocorrência, no caso, de imunidade, posto que prevê a incidência do tributo, em caráter definitivo, no Estado de destino. Relativamente aos lubrificantes e combustíveis derivados de petróleo, proveram os próprios Estados, celebrando o Convênio ICMS 105/92, em cuja cláusula primeira estabeleceram, *in verbis*: 'Cláusula primeira – Ficam os Estados e o Distrito Federal, quando destinatários, autorizados a atribuir aos remetentes de combustíveis e lubrificantes, derivados ou não de petróleo, situados em outras unidades da Federação, a condição de contribuintes ou de substitutos tributários, relativamente ao ICMS incidente sobre as operações com esses produtos, a partir da operação que os remetentes estiverem realizando, até a última, assegurado o seu recolhimento à unidade federada onde estiver localizado o adquirente'. Assim sendo, obviamente, na hipótese de contribuinte ou consumidor vir a receber o produto sem a retenção prévia do ICMS, será ele responsável por todo o tributo devido ao Estado de seu domicílio. No caso sob exame, de distribuição de lubrificantes e combustíveis, do Rio de Janeiro para consumidora de São Paulo, é fora de dúvida que houve incidência do ICMS sobre a operação de consumo e que se trata de tributo de competência do Estado de São Paulo, onde se verificou dita operação, não restando espaço para falar-se em imunidade e nem, consequentemente, em inconstitucionalidade dos dispositivos legais que alicerçaram a exigência fiscal impugnada por parte da referida unidade federada. Meu voto, portanto, conhece do recurso, mas lhe nega provimento" (voto condutor proferido pelo Min. Ilmar Galvão quando do julgamento, pelo STF, do RE 198.088, 2000).

– **Substituição tributária para frente na aquisição de combustível para uso próprio em operação interestadual. Condições.** "No julgamento do RE n. 198.088-5/SP – que versava a exigência, pelo Estado de São Paulo, do ICMS relativo a petróleo e derivados adquiridos por contribuinte seu, para consumo próprio, junto a empresa situada no Estado do Rio de Janeiro – definiu esta Corte como fato gerador do imposto a entrada, no estabelecimento do consumidor-contribuinte, de petróleo e derivados objeto de operação interestadual, sendo o pagamento devido por este ao Estado onde se situa. Nessa quadratura, nada obsta em princípio a que o remetente seja responsabilizado pelo pagamento do tributo que será devido quando da entrada de seus produtos no estabelecimento do contribuinte consumidor (substituição tributária para a frente). Para que tal responsabilidade seja juridicamente válida, contudo, quatro condições cumulativas precisam ser observadas: – a entrada de petróleo e derivados objeto de operação interestadual e destinados a consumo próprio deve estar prevista como fato gerador do ICMS na legislação do Estado de destino; – lei complementar (ou diploma com semelhante *status*) deve contemplar a possibilidade de substituição tributária prospectiva nos casos de remessa de mercadorias a consumidor final; – convênio celebrado pelos Estados envolvidos na operação (remetente e destinatário) deve dispor sobre a substituição tributária para frente quanto às operações interestaduais com petróleo e derivados destinados a consumo, autorizando a vigência extraterritorial das respectivas legislações e viabilizando a fiscalização dos substitutos situados em alheio território (CTN, art. 110, IV); – leis dos Estados interessados (do Estado de destino, considerada cada operação de *per si*), secundando o convênio, devem instituir a responsabilidade dos contribuintes estabelecidos em outras unidades da Federação, no que toca ao pagamento do ICMS/ST sobre aludidos produtos" (COÊLHO, Sacha Calmon Navarro; MANEIRA, Eduardo; SANTIAGO, Igor Mauler. *Alcance do Convênio ICMS 105/92. Necessidade de lei complementar, convênio e lei estadual para a instituição válida de substituição tributária progressiva em tema de ICMS sobre operações interestaduais. Parecer aviado nos autos do RE 227.466-6. RDDT* 69/150-158, 2001).

⇒ **Aquisição para destinação à industrialização. Não incidência.** "... ao definirem que o ICMS não incide sobre operações interestaduais relativas a lubrificantes e combustíveis derivados de petróleo, quando destinados à industrialização, os artigos 2º, § 1º, III, e 3º, III, da LC n. 87/1996 determinaram aos Estados e ao Distrito Federal que se abstenham de cobrar ICMS quando a sua saída tenha como destino a modificação da sua natureza, funcionamento, acabamento, apresentação

ou finalidade, bem como a sua transformação, montagem, acondicionamento ou reacondicionamento, renovação ou recondicionamento e beneficiamento em outro Estado, ainda que seja necessária a reunião de outros produtos e se obtenha uma espécie nova. Podemos ver a ocorrência de industrialização, com base nessa definição, quando combustíveis e lubrificantes são adquiridos por indústrias de outros estados para fabricação de diversos produtos, como borracha, parafina, asfalto, solventes, cosméticos, plásticos etc. Não estão corretos os Estados ao afirmarem que a imunidade prevista na CF/1988 e regulamentada pela LC n. 87/1996, por se tratar de desoneração tributária, deve ser interpretada restritivamente e, assim, ser aplicável somente à industrialização do próprio produto. As desonerações tributárias visam tutelar constitucionalmente liberdades individuais contra o gravame da tributação, portanto, 'em se tratando de norma constitucional relativa às imunidades tributárias genéricas, admite-se a interpretação ampla, de modo a transparecerem os princípios e postulados nela consagrados'" (TREU, Ricardo Mafra; SILVEIRA, Ricardo Fernandes Magalhães da. ICMS. Imunidade. Venda interestadual de combustíveis e lubrificantes derivados de petróleo. Conceito de industrialização. *RDDT* 222/117, 2014).

– "Assumindo para fins do presente estudo que as operações interestaduais de transferência ou remessa de mercadorias sejam tributadas, se a operação interestadual for para a Consulente na qualidade de consumidora final (no sentido exposto no curso deste estudo), é legítima a exigência do ICMS por substituição em contemplação da entrada de energia elétrica no estabelecimento situado em Minas Gerais; mas isto apenas na parcela que corresponder ao efetivo consumo final. Porém, operação interestadual que destinar energia elétrica para industrialização de alumínio não é operação para 'consumidor final', mas operação que destina energia para ser absorvida em processo de industrialização; portanto, é operação abrangida pela norma de não incidência prevista no artigo 3º, III, da LC 87/96 e quanto a esta parte, não há fundamento constitucional nem complementar para exigir ICMS no Estado de destino; por consequência, descabe antecipação por substituição tributária" (GRECO, Marco Aurélio. ICMS – combustíveis e energia elétrica destinados à industrialização – sentido do art. 3º, III, da LC 87/96. *RDDT* 128/88, 2006).

⇒ **Nafta petroquímica.** "... NAFTA PETROQUÍMICA OBJETO DE OPERAÇÕES INTERESTADUAIS. Produto que não se encontra excluído da incidência do ICMS, na forma prevista na alínea *b* do inciso X do § 2º do art. 155 da Constituição, dispositivo que contempla com o benefício fiscal os Estados não produtores de petróleo, lubrificantes e combustíveis líquidos e gasosos, além da energia elétrica, não se justificando a sua extensão aos demais subprodutos do petróleo. Recurso conhecido e provido" (STF, RE 193.074, 1999).

⇒ **Energia elétrica. Fornecimento a consumidores finais.** "O artigo 155, § 2º, inciso X, alínea *b*, da Constituição Federal estabelece uma regra legal de não incidência com relação ao ... ICMS nas operações que destinem a outros Estados petróleo, combustíveis e energia elétrica... Por sua vez, a Lei Complementar n. 87/1996, ao regular referido imposto, prevê, em seu artigo 3º, inciso III, que esta não incidência aplicar-se-ia apenas às operações destinadas à industrialização ou à comercialização... [...] o dispositivo constitucional, ao usar o termo 'operações', sem qualquer restrição com relação aos destinatários, não pode ser interpretado mediante a criação de uma regra implícita de acordo com a qual são excluídas do âmbito de aplicação da regra constitucional as operações que destinam energia elétrica a consumidores finais;" (ÁVILA, Humberto. A interpretação do dispositivo constitucional relativo à não incidência de ICMS nas operações interestaduais com energia elétrica. *RDDT* 219/52, 2013).

c) sobre o ouro, nas hipóteses definidas no art. 153, § 5º;

d) nas prestações de serviço de comunicação nas modalidades de radiodifusão sonora e de sons e imagens de recepção livre e gratuita;

⇒ **EC n. 42/2003.** Alínea *d* acrescida pela EC n. 42, publicada no *DOU* de 31 de dezembro 2003.

⇒ **Imunidade das programações abertas.** Trata-se de imunidade nova que abrange as programações abertas.

XI – não compreenderá, em sua base de cálculo, o montante do imposto sobre produtos industrializados, quando a operação, realizada entre contribuintes e relativa a produto destinado à industrialização ou à comercialização, configure fato gerador dos dois impostos;

⇒ **Bitributação autorizada: IPI e ICMS.** "IPI DEVIDO NA IMPORTAÇÃO DE PRODUTO INDUSTRIALIZADO. ESTABELECIMENTO EQUIPARADO A INDUSTRIAL. DESEMBARAÇO ADUANEIRO. SAÍDA DO ESTABELECIMENTO. BITRIBUTAÇÃO EM RELAÇÃO AO ICMS. PREVISÃO CONSTITUCIONAL... 1. Uma vez que a exigência do IPI e do ICMS decorre de expressa previsão constitucional, não há falar em violação ao art. 154, inciso I, da CF, porque evidentemente o dispositivo trata de impostos a serem instituídos com base na competência residual da União. 2. O próprio legislador constitucional cuidou de evidenciar a possibilidade de bitributação do IPI e do ICMS, no art. 155, § 2º, inciso XI, determinando que o IPI não seja incluído na base de cálculo do ICMS, quando a operação, realizada entre contribuintes e relativa a produto destinado à industrialização ou à comercialização, configure fato gerador dos dois impostos. Assim, eventual inconstitucionalidade haveria quanto à exigência de ICMS sobre o IPI, e não o contrário. [...]" (TRF4, 5002923-29.2010.404.7205, 2013).

– Sobre a base de cálculo do ICMS, vide nota ao art. 155, § 2º, XII, *i*, da CF.

– Sobre a base de cálculo do IPI e sua cobrança por fora, vide nota ao art. 47, II, *a*, do CTN.

– **Entre contribuintes ou equiparados.** "ICMS. IPI. ART. 155, § 2º, XI, DA CONSTITUIÇÃO FEDERAL. ART. 24, § 1º, N. 4, DA LEI PAULISTA N. 6.374/89. VENDA DE PRODUTOS IMPORTADOS, PARA INDUSTRIALIZAÇÃO OU COMERCIALIZAÇÃO. EXCLUSÃO DO VALOR CORRESPONDENTE AO ÚLTIMO TRIBUTO DA BASE DE

CÁLCULO DO PRIMEIRO. Configurando-se, no caso, fato gerador de ambos os tributos, incide a norma constitucional em referência, que não distingue contribuinte industrial de contribuinte equiparado a industrial. A Lei n. 6.374/89, do Estado de São Paulo, ao estabelecer em sentido contrário, no dispositivo acima indicado, ofende o apontado texto da Carta da República. Recurso conhecido e provido, com declaração da inconstitucionalidade do texto estadual sob enfoque" (STF, RE 191.648-6).

XII – cabe à lei complementar:

⇒ **Convênio n. 66/88. Normas provisórias.** "Instalado o novo Sistema Tributário nacional, decorridos os cinco meses da promulgação da Carta Magna de 1988 – artigo 34, *caput*, do ADCT –, celebrou-se, na ausência da Lei Complementar necessária à instituição do ICMS, de acordo com a previsão contida no § 8º do último referido artigo, o Convênio n. 66, de 14 de dezembro de 1988, publicado no *DOU* em 16.12.88, estabelecendo normas provisórias destinadas a regular a instituição do ICMS..." (STJ, EDREsp 24.193-4/SP, 1994).

– "11. Acrescente-se que, em relação ao ICMS, sob a égide da CF/88, antes da LC 87/96, entendeu o STF que o Convênio do ICMS 66/88 era instrumento normativo provisório, sucedâneo da lei complementar exigida pela Constituição em seu art. 146, III, *a*, nos termos do art. 34, § 8º, do ADCT/98. Consequentemente, após esse período, o campo do convênio não se confunde com o da Lei Complementar mas, antes, a ela deve subsumir-se, reservando-se a esses atos normativos secundários, as estratégias que evitem o confronto fiscal entre os Estados, como revela a vontade constitucional, fator influente na exegese, no dizer de Peter Häberle, segundo o qual a Constituição tem uma vontade, que é a vontade constitucional, e qualquer interpretação de norma jurídica tem que partir, necessariamente, desse escape constitucional e de seus princípios" (STJ, REsp 760.230, 2009).

⇒ **Lei Complementar n. 87/96.** A Lei Complementar n. 87, de 13 de setembro de 1996, dispõe sobre o imposto dos Estados e do Distrito Federal sobre operações relativas à circulação de mercadorias e sobre prestações de serviços de transporte interestadual e intermunicipal e de comunicações, o ICMS.

– As Leis Complementares n. 92/97, n. 102/2000, n. 115/2002, n. 120/2005 e n. 138/2010 alteraram dispositivos da Lei Complementar n. 87/96. Acerca da LC n. 102/2000, há duas ADINs (2.325-0 e 2.383-7). O Plenário do STF, apreciando a questão do princípio da anterioridade na ADI 2.325-0, emprestou interpretação conforme à Constituição e sem redução de texto, no sentido de afastar a eficácia do artigo 7º da Lei Complementar n. 102, de 11 de julho de 2000, no tocante à inserção do § 5º do artigo 20 da Lei Complementar n. 87/96, e às inovações introduzidas no artigo 33, II, da referida Lei, bem como à inserção do inciso IV, para que se observasse, em relação a esses dispositivos, a vigência consentânea com o dispositivo constitucional da anterioridade, de modo que lhes fosse reconhecida eficácia a partir de 1º de janeiro de 2001. O julgamento foi concluído em 23-9-2004, confirmando-se a interpretação conforme a Constituição para observância da anterioridade e, no mais, indeferindo-se a cautelar.

– Base de cálculo. Alteração por decreto. Matéria reservada à lei complementar. "Constitucional. Tributário. Regulamento do ICMS. Base de cálculo. Matéria de Lei Complementar. Decreto Estadual que invade competência da Constituição Federal. Liminar deferida" (STF, ADInMC 1.951-1, 1999).

– Recepção da LC 24/75. "A Lei Complementar n. 87/1996 disciplina praticamente toda a matéria que o art. 155, § 2º, XII, reserva à disciplina da lei complementar, com exceção da forma como serão concedidos e revogados os incentivos e benefícios fiscais relativos a esse imposto, que é disciplinada pela Lei Complementar n. 24/1975, e a definição dos combustíveis e lubrificantes sobre os quais haverá a incidência única do ICMS, que ainda não conta com disciplina do estatuto complementar" (MIGUEL, Luciano Garcia. A Lei Complementar n. 24/75 e os benefícios fiscais e financeiro-fiscais relacionados ao ICMS. *RDDT* 216/96, 2013).

a) definir seus contribuintes;

⇒ **O contribuinte tem de ser vinculado diretamente ao fato gerador.** "A Lei Complementar (art. 155, XII, *a*, CF) só poderá explicitar o comando constitucional e especificar, como contribuinte, pessoa que esteja ligada ao cerne do tributo e ao fato abstratamente posto na norma. Assim, só podem ser considerados os comerciantes, os industriais e os prestadores dos serviços apontados, pela singela circunstância de tratarem-se das pessoas que realizam o fato gerador tributário. O negócio da importação apresenta uma singularidade, porque o sujeito passivo não pratica nenhum ato mercantil ou industrial, e nem presta serviços, mas, simplesmente, promove o ingresso de bens e serviços no território nacional, nem sendo necessário que os mesmos venham a ser objeto de posterior circulação, ou utilização. Entretanto, a simples leitura do texto constitucional (art. 155, IX, *a*) *(sic)* demonstra que a pessoa física não pode ser considerada como contribuinte do ICMS, uma vez que (a) não importa mercadorias (bem corpóreo da atividade do produtor, industrial e comerciante), e não possui estabelecimento (local relativo a atividades empresariais). Esta pessoa possui domicílio civil, considerado como o lugar onde ela estabelece a sua residência com ânimo definitivo (Código Civil, art. 23). Por conseguinte, todas as demais categorias profissionais, e as pessoas físicas que não se sujeitam às exigências do tributo estadual (simplesmente não são contribuintes do ICMS), não devem submeter-se à sua incidência ao realizarem importações. Patente, ainda, a inconstitucionalidade da LC 87/96 (art. 4º, parágrafo único, I) ao considerar como contribuinte a pessoa física que, mesmo sem habitualidade, importe mercadorias do exterior" (MELO, José Eduardo Soares de. ICMS e IPI na importação/pessoas físicas, prestadoras de serviço, entidades financeiras. *Rep. IOB de Jur./98*, Verbete 1/12931).

b) dispor sobre substituição tributária;

⇒ **Substituição tributária.** Sobre a definição e espécies, vide art. 128 do CTN. Sobre a substituição tributária para a frente, vide art. 150, § 7º, da CF.

⇒ **Reserva de lei complementar para autorizar substituição tributária no ICMS.** O dispositivo dá ao legislador complementar a competência para dispor sobre substituição tributária no ICMS. Nos parece que isso deve ser compreendido no contexto das normas gerais e das questões federativas que envolvem o ICMS. No plano interno de cada Estado, não há porque entender-se que toda e qualquer previsão de substituição tributária dependa de lei complementar, até porque isso violaria a autonomia dos estados. No que diz respeito às operações interestaduais, aí sim, a lei complementar se impõe para o estabelecimento de hipóteses de substituição ou para autorizar que os legisladores estaduais o façam.

– No ICMS interestadual, a substituição tributária depende de Lei Complementar. "9. A substituição tributária, em geral, e, especificamente para frente, somente pode ser veiculada por meio de Lei Complementar, a teor do art. 155, § 2º, XII, alínea *b*, da CRFB/88. *In casu*, o protocolo hostilizado, ao determinar que o estabelecimento remetente é o responsável pela retenção e recolhimento do ICMS em favor da unidade federada destinatária vulnera a exigência de lei em sentido formal (CRFB/88, art. 150, § 7º) para instituir uma nova modalidade de substituição" (STF, ADI 4.628, 2014). Obs.: tratava-se de discussão acerca do Protocolo 21.

⇒ **Substituição tributária no comércio de veículos. Lei estadual.** "... ICMS. ESTADO DE SÃO PAULO. COMÉRCIO DE VEÍCULOS NOVOS. ART. 155, § 2º, XII, *B*, DA CF/88. CONVÊNIOS ICM N. 66/88 (ART. 25) E ICMS N. 107/89. ART. 8º, INC. XIII E § 4º, DA LEI PAULISTA N. 6.374/89. O regime de substituição tributária, referente ao ICM, já se achava previsto no Decreto-Lei n. 406/68 (art. 128 do CTN e art. 6º, §§ 3º e 4º, do mencionado decreto-lei), normas recebidas pela Carta de 1988, não se podendo falar, nesse ponto, em omissão legislativa capaz de autorizar o exercício, pelos Estados, por meio do Convênio ICM n. 66/88, da competência prevista no art. 34, § 8º, do ADCT/88. Essa circunstância, entretanto, não inviabiliza o instituto que, relativamente a veículos novos, foi instituído pela Lei paulista n. 6.374/89 (dispositivos indicados) e pelo Convênio ICMS n. 107/89, destinado não a suprir omissão legislativa, mas a atender à exigência prevista no art. 6º, § 4º, do referido Decreto-Lei n. 406/68, em face da diversidade de estados aos quais o referido regime foi estendido, no que concerne aos mencionados bens. A responsabilidade, como substituto, no caso, foi imposta, por lei, como medida de política fiscal, autorizada pela Constituição, não havendo que se falar em exigência tributária despida de fato gerador. Acórdão que se afastou desse entendimento. Recurso conhecido e provido" (STF, RE 213.396, 1999).

– Em nota ao art. 150, § 7º, da CF, que trata da substituição tributária para frente, há transcrição do RE 216.867 também no sentido da constitucionalidade da substituição relativa aos veículos.

c) disciplinar o regime de compensação do imposto;

⇒ **Disciplinar *x* restringir e cercear.** "... 'disciplinar' é dar características de operacionalização – no caso, do ICMS. Eu jamais posso entender que 'disciplinar' é restringir, limitar ou cercear direitos, por uma simples razão: se o legislador complementar puder limitar os créditos, vedar os créditos, proibir em determinadas situações, ainda que parcialmente, estará usurpando uma competência que é do constituinte. ... então, a virtude, o elemento principal, da lei complementar será dizer como é que se faz, se é por empresa, qual é o período de apuração, e até em termos documentais como é que isso acontece" (SOARES DE MELO, José Eduardo. Palestra proferida no XVI Congresso Brasileiro de Direito Tributário. *RDT* 87/112, 2003).

– Estabelecer qual o critério a ser adotado. "'disciplinar o regime de compensação' nada mais seria do que estabelecer a forma escritural e operacional das regras que informam a apuração do ICMS devido pelo contribuinte de direito em face da não cumulatividade, ou seja, o seu *modus faciendi* e *modus operandi*. Porém, o entendimento dos Tribunais vai mais além: tal disciplinamento significa sobretudo estabelecer qual critério específico a ser adotado para a apuração desses créditos, se o 'financeiro', o 'físico', ou, então, o 'misto', até porque a Constituição Federal permite mais de uma interpretação jurídica economicamente considerada. [...] Note-se, porém, que 'critério de apuração' não se confunde com 'proibição de creditamento'" (GOMES DE MATTOS, Aroldo. ICMS: a eficácia e o alcance da não cumulatividade. *RDDT* 156/23, 2008).

⇒ **Não cumulatividade e compensação de créditos.** Vide notas ao art. 155, § 2º, I, da CF.

d) fixar, para efeito de sua cobrança e definição do estabelecimento responsável, o local das operações relativas à circulação de mercadorias e das prestações de serviços;

⇒ **Sede da concessionária fornecedora de cartões telefônicos.** "ICMS. TELEFONIA. FORNECIMENTO DE FICHAS, CARTÕES E ASSEMELHADOS. UTILIZAÇÃO EM 'ORELHÕES' PÚBLICOS. ELEMENTO ESPACIAL DA OBRIGAÇÃO TRIBUTÁRIA. ART. 11, III, *B* DA LC 87/96. FORNECIMENTO A REVENDEDOR TERCEIRIZADO LOCALIZADO EM OUTRO ESTADO DA FEDERAÇÃO E NÃO A USUÁRIO FINAL. IMPOSTO DEVIDO AO ESTADO ONDE SE LOCALIZA O ESTABELECIMENTO DA CONCESSIONÁRIA. 1. A questão trazida no recurso especial resume-se em definir a que Estado pertence o ICMS-comunicação incidente sobre o fornecimento de fichas ou cartões telefônicos quando o estabelecimento revendedor está situado em Estado diverso daquele onde se localiza a sede da concessionária fornecedora dos cartões. 2... 3. Cabe à lei complementar, nos termos do artigo 155, parágrafo segundo, inciso XII, da CF/88, dentre outras funções, fixar o critério espacial da obrigação tributária decorrente da incidência do ICMS, o que permitirá definir a que unidade federada deverá ser recolhido o imposto (sujeição ativa) e qual estabelecimento da empresa será responsável pelo seu pagamento (sujeição passiva). 4. O art. 11, III, *b* da LC 87/96 previu, para os serviços de comunicação prestados mediante o fornecimento de fichas, cartões ou assemelhados, que o ICMS será devido ao ente federativo onde se encontra o estabelecimento da empresa que forneça tais instrumentos.

5. A escolha desse elemento espacial – sede do estabelecimento da concessionária – tem por fundamento as próprias características da operação. Os cartões ou fichas telefônicas são títulos de legitimação, que conferem ao portador o direito à fruição do serviço telefônico dentro da franquia de minutos contratada, sendo possível utilizá-los em qualquer localidade do país, integral ou fracionadamente, desde que, é claro, esteja o local coberto pela concessionária de telefonia responsável pelo fornecimento. 6. O cartão telefônico poderá ser adquirido em um Estado e utilizado integralmente em outro. É possível, também, que um mesmo cartão seja utilizado em mais de um Estado. Nesses termos, quando do fornecimento dos cartões, fichas ou assemelhados, não é possível saber qual será o efetivo local da prestação do serviço de telecomunicação, razão porque o legislador complementar, ciente dessas dificuldades, fixou como elemento espacial da operação a sede do estabelecimento da concessionária que fornece os cartões, fichas ou assemelhados, afastando o critério do local da efetiva prestação. 7. Como as fichas e cartões são utilizados em terminais públicos, sendo regra a pulverização de usuários e locais de uso, a LC preferiu escolher um evento preciso ligado exclusivamente ao prestador, e não uma infinidade de pontos esparsos pelo território nacional. 8. Outro elemento desprezado pelo legislador complementar foi o do domicílio do usuário, até porque esse critério apresenta-se de pouca ou nenhuma valia, pois o tomador do serviço poderá – e é o que geralmente ocorre – utilizar o serviço distante de seu domicílio. 9. O fato de os cartões telefônicos serem revendidos por terceiros a usuário final não altera o critério espacial escolhido pela LC 87/96, qual seja, o da sede do estabelecimento da concessionária. A razão é muito simples: o contribuinte do ICMS pelo fornecimento de fichas e cartões telefônicos é a própria concessionária, que não tem qualquer controle sobre a venda posteriormente realizada por revendedores, até porque nada impede que essas empresas, ao invés de negociar diretamente com os usuários, revendam a terceiras empresas situadas em outra unidade da Federação. 10. Não há, portanto, qualquer critério seguro que permita à concessionária fixar com precisão o local onde será revendido o cartão telefônico a usuário final. Como o fato gerador ocorre no momento do fornecimento da ficha, cartão ou assemelhado, nos termos do art. 12, § 1º, da LC 87/96, e como nesse momento ainda não houve a revenda, estaria a concessionária impossibilitada de fazer o recolhimento do ICMS incidente sobre a operação, justamente por não ser possível definir o local da revenda e, consequentemente, o Estado titular da imposição tributária. 11. O Convênio ICMS 126/98 explicitou a regra do art. 11, III, *b*, da LC 87/96 para deixar claro que o imposto incide por ocasião do fornecimento da ficha, cartão ou assemelhado, ainda que a venda seja para terceiro intermediário e não para o usuário final. 12. Já o Convênio ICMS 55/05 adotou regra expressa determinado que o pagamento do imposto deve ser feito ao Estado onde se localiza a concessionária de telefonia que fornece o cartão telefônico, ainda que o fornecimento seja para terceiros intermediários situados em unidade federativa diversa. 13. Mesmo que a concessionária não entregue o cartão telefônico diretamente ao usuário, mas a revendedor

terceirizado localizado em unidade federada diversa, o que é muito comum para facilitar e otimizar a distribuição, ainda assim, deverá o imposto ser recolhido ao Estado onde tem sede a empresa de telefonia. 14. A única exceção a essa regra ocorreria na hipótese em que a empresa de telefonia distribui as fichas e cartões, não por revendedores terceirizados, mas por meio de filiais localizadas em outros Estados. Somente nesse caso, a concessionária, para efeito de definição do ente tributante a quem se deve recolher o imposto, será a filial, e não a matriz. 15. Como a hipótese é de venda por distribuidores independentes situados em outros Estados, não se aplica a exceção, mas a regra geral, devendo o imposto ser recolhido integralmente no Estado onde situada a concessionária que emite e fornece as fichas e cartões telefônicos. 16. Recurso especial provido" (STJ, REsp 1.119.517, 2010).

e) excluir da incidência do imposto, nas exportações para o exterior, serviços e outros produtos além dos mencionados no inciso X, a;

⇒ **Conflito com o art. 151, III, da CF.** Sobre o conflito aparente desta alínea *e* com a norma do art. 151, inciso III, da Constituição, vide em notas a tal artigo.

⇒ **Isenção.** "O Congresso Nacional pode, mediante lei complementar, conceder isenções do ICMS incidente nas operações com serviços e outros produtos destinados ao Exterior, além dos mencionados no art. 155, § 2º, X, *a*, da CF, desde que a isenção seja específica, a determinados serviços ou produtos, e atenda, fundamentadamente, a premente e relevante interesse nacional" (CHIESA, Clélio. ICMS: isenções de serviços e produtos destinados ao exterior. *RDT* 67/233. São Paulo: Malheiros).

⇒ **Operações de *performance*.** Operações de *performance* "são aquelas em que uma empresa exportadora, com o objetivo de aproveitar oportunidades de mercado interno realiza novas vendas de suas mercadorias, para outras empresas comerciais exportadoras, mantendo, porém, sempre a finalidade de exportação. Muitas vezes essas operações são meramente simbólicas, eis que as mercadorias permanecem no porto privativo da empresa vendedora". "... desde o advento da Lei Complementar 87/96 todas as operações de exportação de mercadorias que forem produtos semi-elaborados ou primários não podem ser alvo de tributação por meio do ICMS. [...] Noutras palavras, ele consagra a ideia de que têm jus à isenção, além da operação imediata de exportação do produto primário (ou semi-elaborado), todas as precedentes realizadas com o fim específico de exportação para o exterior. [...] O que estamos tentando deixar claro, em suma, é que o contribuinte que demonstrar que a mercadoria transacionada irá, a final – isto é, nas condições previstas no art. 3º, II, e seu par. único, da Lei Complementar 87/96 –, para o exterior tem o direito constitucional de não pagar ICMS" (CARRAZZA, Roque Antônio. *ICMS*. Operações de performance. imunidade. Exegese do art. 155, § 2º, XII, *e*, da CF. Questões Conexas).

f) prever casos de manutenção de crédito, relativamente à remessa para outro Estado e exportação para o exterior, de serviços e de mercadorias;

⇒ **Especialidade da regra.** "2.4... o art. 155, § 2º, II, *a* e *b*, prescreve, vinculando a legalidade estadual (normas-sobre-normas), que, no plano infraconstitucional, a isenção ou não incidência não dão direito a crédito nas operações interestaduais. Essa é a regra. A legislação integrativa formulará apenas exceções. 2.5. Mas a autorização do art. 155, § 2º, XII, *f*, da CF não caracterizou os casos de manutenção de créditos do ICMS como excepcionais. Apenas determinou fossem eles especificados em lei complementar. O específico não deve ser confundido com o excepcional na regência dessa matéria" (BORGES, José Souto Maior. Sobre a imunidade das operações interestaduais de circulação do petróleo e combustíveis e manutenção de crédito de ICMS. *RDDT* 168/82, 2009).

g) regular a forma como, mediante deliberação dos Estados e do Distrito Federal, isenções, incentivos e benefícios fiscais serão concedidos e revogados.

⇒ **Guerra fiscal. Conceito.** A chamada guerra fiscal consubstancia-se na redução de alíquotas, concessão de créditos presumidos ou outros benefícios por um estado com vista a atrair os investimentos para o seu território, em detrimento dos demais estados. No âmbito das operações interestaduais, ocorre quando há pagamentos na origem e no destino, com apuração e compensação de créditos. Os Estados prejudicados, por sua vez, acabam adotando medidas para anular os efeitos dos benefícios concedidos irregularmente, e.g., glosando créditos. O § 2º, XII, *g*, é o principal dispositivo constitucional que procura evitar a guerra fiscal, exigindo convênio que estabeleça as práticas legítimas.

– "GUERRA FISCAL". Consubstancia "guerra fiscal o fato de a unidade da Federação reduzir a alíquota do ICMS sem a existência de consenso, mediante convênio, entre os demais Estados" (STF, ADI 3.674, 2011).

– O principal foco da guerra fiscal está no ICMS interestadual. O sistema de divisão de arrecadação entre os Estados de origem e destinatário, associado à política de atrativos fiscais levada a efeito por alguns Estados, com desonerações na origem não autorizadas por convênio, geram as distorções.

• Vide: MUZZI FILHO, Carlos Victor; BATISTA JÚNIOR, Onofre Alves. A guerra fiscal do ICMS e os critérios especiais de tributação para prevenir desequilíbrios da concorrência. *RDDT* 233/51, fev. 2015.

• Vide: CHIAVASSA, Tércio; SIMONE, Diego Caldas R. de. Guerra fiscal e a concessão de benefícios de ICMS na Zona Franca da Manaus. *RDDT* 233/143, fev. 2015.

⇒ **A LC n. 24/75 regula a questão.** "A lei complementar a que se refere o citado art. 155, § 2º, XII, *g*, já existia no ordenamento jurídico nacional à época da promulgação da Constituição de 1988, razão pela qual a Lei complementar n. 24, de 7 de janeiro de 1975, foi recepcionada na nova ordem constitucional, para reger a forma pela qual os Estados e o distrito

Federal devem conceder e revogar benefícios fiscais relativos ao ICMS. Há três grandes temas relativos à Lei Complementar n. 24/1975 que merecem uma análise mais detida: (i) o âmbito de sua aplicação, isto é, que espécie de benefícios se submete à sua sistemática; (ii) a forma prevista para a concessão desses benefícios; e (iii) as sanções previstas no caso de descumprimento das regras estabelecidas" (MIGUEL, Luciano Garcia. A Lei Complementar n. 24/75 e os benefícios fiscais e financeiro-fiscais relacionados ao ICMS. *RDDT* 216/96, 2013).

– LC n. 24/75: "Dispõe sobre os convênios para a concessão de isenções do imposto sobre operações relativas à circulação de mercadorias, e dá outras providências. [...] Art. 1º – As isenções do imposto sobre operações relativas à circulação de mercadorias serão concedidas ou revogadas nos termos de convênios celebrados e ratificados pelos Estados e pelo Distrito Federal, segundo esta Lei. Parágrafo único – O disposto neste artigo também se aplica: I – à redução da base de cálculo; II – à devolução total ou parcial, direta ou indireta, condicionada ou não, do tributo, ao contribuinte, a responsável ou a terceiros; III – à concessão de créditos presumidos; IV – à quaisquer outros incentivos ou favores fiscais ou financeiro-fiscais, concedidos com base no Imposto de Circulação de Mercadorias, dos quais resulte redução ou eliminação, direta ou indireta, do respectivo ônus; V – às prorrogações e às extensões das isenções vigentes nesta data. Art. 2º – Os convênios a que alude o art. 1º, serão celebrados em reuniões para as quais tenham sido convocados representantes de todos os Estados e do Distrito Federal, sob a presidência de representantes do Governo federal. § 1º – As reuniões se realizarão com a presença de representantes da maioria das Unidades da Federação. § 2º – A concessão de benefícios dependerá sempre de decisão unânime dos Estados representados; a sua revogação total ou parcial dependerá de aprovação de quatro quintos, pelo menos, dos representantes presentes. § 3º – Dentro de 10 (dez) dias, contados da data final da reunião a que se refere este artigo, a resolução nela adotada será publicada no *Diário Oficial da União*. Art. 3º – Os convênios podem dispor que a aplicação de qualquer de suas cláusulas seja limitada a uma ou a algumas Unidades da Federação. Art. 4º – Dentro do prazo de 15 (quinze) dias contados da publicação dos convênios no *Diário Oficial da União*, e independentemente de qualquer outra comunicação, o Poder Executivo de cada Unidade da Federação publicará decreto ratificando ou não os convênios celebrados, considerando-se ratificação tácita dos convênios a falta de manifestação no prazo assinalado neste artigo. § 1º – O disposto neste artigo aplica-se também às Unidades da Federação cujos representantes não tenham comparecido à reunião em que hajam sido celebrados os convênios. § 2º – Considerar-se-á rejeitado o convênio que não for expressa ou tacitamente ratificado pelo Poder Executivo de todas as Unidades da Federação ou, nos casos de revogação a que se refere o art. 2º, § 2º, desta Lei, pelo Poder Executivo de, no mínimo, quatro quintos das Unidades da Federação. Art. 5º – Até 10 (dez) dias depois de findo o prazo de ratificação dos convênios, promover-se-á, segundo o disposto em Regimento, a publicação relativa à ratificação ou à rejeição no *Diário Oficial da União*. Art. 6º – Os convênios entrarão em

vigor no trigésimo dia após a publicação a que se refere o art. 5º, salvo disposição em contrário. Art. 7º – Os convênios ratificados obrigam todas as Unidades da Federação inclusive as que, regularmente convocadas, não se tenham feito representar na reunião. Art. 8º – A inobservância dos dispositivos desta Lei acarretará, cumulativamente: I – a nulidade do ato e a ineficácia do crédito fiscal atribuído ao estabelecimento recebedor da mercadoria; II – a exigibilidade do imposto não pago ou devolvido e a ineficácia da lei ou ato que conceda remissão do débito correspondente. Parágrafo único – As sanções previstas neste artigo poder-se-ão acrescer a presunção de irregularidade das contas correspondentes ao exercício, a juízo do Tribunal de Contas da União, e a suspensão do pagamento das quotas referentes ao Fundo de Participação, ao Fundo Especial e aos impostos referidos nos itens VIII e IX do art. 21 da Constituição Federal. Art. 9º – É vedado aos Municípios, sob pena das sanções previstas no artigo anterior, concederem qualquer dos benefícios relacionados no art. 1º no que se refere à sua parcela na receita do imposto de circulação de mercadorias. Art. 10 – Os convênios definirão as condições gerais em que se poderão conceder, unilateralmente, anistia, remissão, transação, moratória, parcelamento de débitos fiscais e ampliação do prazo de recolhimento do imposto de circulação de mercadorias. Art. 11 – O Regimento das reuniões de representantes das Unidades da Federação será aprovado em convênio. [...] Art. 15 – O disposto nesta Lei não se aplica às indústrias instaladas ou que vierem a instalar-se na Zona Franca de Manaus, sendo vedado às demais Unidades da Federação determinar a exclusão de incentivo fiscal, prêmio ou estimulo concedido pelo Estado do Amazonas".

– LC n. 160/2017. A LC n. 160/2017 dispõe sobre convênio que permite aos Estados e ao Distrito Federal deliberar sobre a remissão dos créditos tributários, constituídos ou não, decorrentes das isenções, dos incentivos e dos benefícios fiscais ou financeiro-fiscais instituídos em desacordo com o disposto na alínea *g* do inciso XII do § 2º do art. 155 da Constituição Federal e a reinstituição das respectivas isenções, incentivos e benefícios fiscais ou financeiro-fiscais instituídos em desacordo com o disposto na alínea *g* do inciso XII do § 2º do art. 155 da Constituição Federal e a reinstituição das respectivas isenções, incentivos e benefícios fiscais ou financeiro-fiscais; e altera a Lei n. 12.973, de 13 de maio de 2014: "Art. 1º Mediante convênio celebrado nos termos da Lei Complementar n. 24, de 7 de janeiro de 1975, os Estados e o Distrito Federal poderão deliberar sobre: I – a remissão dos créditos tributários, constituídos ou não, decorrentes das isenções, dos incentivos e dos benefícios fiscais ou financeiro-fiscais instituídos em desacordo com o disposto na alínea 'g' do inciso XII do § 2º do art. 155 da Constituição Federal por legislação estadual publicada até a data de início de produção de efeitos desta Lei Complementar; II – a reinstituição das isenções, dos incentivos e dos benefícios fiscais ou financeiro-fiscais referidos no inciso I deste artigo que ainda se encontrem em vigor. Art. 2º O convênio a que se refere o art. 1º desta Lei Complementar poderá ser aprovado e ratificado com o voto favorável de, no mínimo: I – 2/3 (dois terços) das unidades federadas; e II – 1/3 (um terço) das unidades federadas integrantes de cada uma das 5 (cinco) regiões do País".

⇒ **Anteriormente à LC 160/2017, fora firmado o Convênio CONFAZ 70/2014** para minorar a insegurança decorrente do reconhecimento da inconstitucionalidade de benefícios concedidos sem amparo em convênio, sendo que a maioria dos Estados estabeleceu regras para futura celebração de convênio que tratasse da remissão e anistia dos contribuintes, redução e prorrogação dos benefícios.

⇒ **Deliberação do Estados e do Distrito Federal. Conselho Nacional de Política Fiscal (Confaz). Convênios.** Essa invenção brasileira, a dos convênios interestaduais, resulta do princípio da não cumulatividade do ICMS e da necessidade, em um Estado Federal, de se evitarem as regras díspares, unilateralmente adotadas (concessivas de benefícios, incentivos e isenções), prejudiciais aos interesses de uns, falseadoras da livre concorrência e da competitividade comercial e, sobretudo, desagregadoras da harmonia político-econômica nacional" (DERZI, Misabel Abreu Machado. Nota de atualização à obra de Aliomar Baleeiro, *Limitações constitucionais ao poder de tributar*, 7. ed., Rio de Janeiro: Forense, 1997, p. 98).

– "Aos Convênios atribuiu-se competência para delimitar hipóteses de concessões de isenções, benefícios e incentivos fiscais, nos moldes do artigo 155, § 2º, XII, g, da CRFB/1988 e da Lei Complementar n. 21/1975, hipóteses inaplicáveis *in casu*" (STF, ADI 4.628, 2014).

– "2. Os convênios do ICMS têm a função de uniformizar, em âmbito nacional, a concessão de isenções, incentivos e benefícios fiscais pelos Estados (art. 155, § 2º, XII, g, da CF/1988). Em última análise, trata-se de instrumento que busca conferir tratamento federal uniforme em matéria de ICMS, como forma de evitar a denominada guerra fiscal" (STJ, RMS 39.554, 2013).

– "A espécie de convênio... imprescindível a existência de um órgão que uniformize as regras disciplinadoras desse tributo a nível nacional. Desde a sua criação, o Confaz tem cumprido esse papel, expedindo os atos necessários à aprovação de benefícios fiscais e a disciplina das obrigações instrumentais do ICMS. Infelizmente, as fortes dissidências entre os Estados e o Distrito Federal têm causado sérias distorções na estrutura jurídica do ICMS, especialmente em razão da não observância das normas constitucionais relativas à concessão dos benefícios fiscais. Tal atitude tem gerado conflitos entre os Estados e o Distrito Federal, amesquinhando o pacto federativo e a relação de confiança que deve prevalecer entre as pessoas políticas de direito constitucional interno. Paradoxalmente, a falta de solução para esse conflito, conhecido como 'guerra fiscal', tem sido creditada ao Confaz. Imputa-se, especialmente, a exigência de unanimidade para a concessão de benefícios fiscais como a causa que impede os Estados e o Distrito Federal de chegarem a um acordo sobre esse espinhoso problema. [...] De forma diversa do que se espera, a quebra da unanimidade irá aumentar os conflitos já existentes" (MIGUEL, Luciano Garcia. A função do Conselho Nacional de Política Fiscal (Confaz) como instrumento de harmonização da legislação nacional do ICMS. *RET* 86/78-91, 2012).

– **Exigência dos convênios não ofende a autonomia dos Estados.** "... inciso XII do § 2º do art. 155 da Constituição Federal de 1988... As regras constitucionais que impõem um tratamento federativamente uniforme em matéria de ICMS não representam desrespeito à autonomia dos Estados-membros e do Distrito Federal. Isto porque o próprio artigo constitucional de n. 18, que veicula o princípio da autonomia dos entes da Federação, de logo aclara que esse princípio da autonomia já nasce balizado por ela própria, Constituição" (STF, ADI 3.246, 2006).

– **Nem mesmo as Constituições Estaduais podem conceder benefícios de ICMS não autorizados por convênio, sob pena de inconstitucionalidade.** "CONSTITUIÇÃO DO ESTADO DO CEARÁ... CONCESSÃO UNILATERAL DE BENEFÍCIOS E INCENTIVOS FISCAIS. ICMS. AUSÊNCIA DE CONVÊNIO INTERESTADUAL. AFRONTA AO DISPOSTO NO ARTIGO 155, § 2º, INCISO XII, *G*, DA CRFB/88. *CAPUT* DO ART. 193 DA CONSTITUIÇÃO ESTADUAL. INTERPRETAÇÃO CONFORME À CONSTITUIÇÃO SEM DECLARAÇÃO DE NULIDADE. EXCLUSÃO DO ICMS DO SEU CAMPO DE INCIDÊNCIA... 8. A concessão unilateral de benefícios fiscais relativos ao ICMS, sem a prévia celebração de convênio intergovernamental, nos termos do que dispõe a LC n. 24/75, recepcionada inequivocamente consoante jurisprudência da Corte, afronta ao disposto no artigo 155, § 2º, XII, g, da CRFB/88. 9. O comando constitucional contido no art. 155, § 2º, inciso g, que reserva à lei complementar federal 'regular a forma como, mediante deliberação dos Estados e do Distrito Federal, isenções, incentivos e benefícios fiscais serão concedidos e revogados' aplicado, *in casu*, revela manifesta a inconstitucionalidade material dos dispositivos da Constituição cearense que outorga incentivo fiscal incompatível com a CRFB/88. Precedentes: ADI 84, Rel. Min. Ilmar Galvão, Tribunal Pleno, julgado em 15/02/1996, *DJ* 19-04-1996). 10. A outorga de benefícios fiscais relativos ao ICMS, sem a prévia e necessária celebração de convênio entre os Estados e o Distrito Federal é manifestamente inconstitucional. Precedentes... 11. Calcado nessas premissas, forçoso concluir que: a) O § 2º do art. 192 da Constituição cearense concede isenção tributária de ICMS aos implementos e equipamentos destinados aos deficientes físicos auditivos, visuais, mentais e múltiplos, bem como aos veículos automotores de fabricação nacional com até 90 HP de potência adaptados para o uso de pessoas portadoras de deficiência, o que acarreta a declaração de sua inconstitucionalidade, sem a pronúncia de nulidade, por um prazo de doze meses. b) O *caput* do artigo 193 da Constituição cearense isenta as microempresas de tributos estaduais, ao passo que seu parágrafo único estende a isenção, de forma expressa, ao ICMS, o que acarreta a declaração de inconstitucionalidade do parágrafo único e do *caput*, este por interpretação conforme para excluir de seu âmbito de incidência o ICMS. c) A Inconstitucionalidade do artigo 201 e seu parágrafo único, da Constituição cearense é manifesta, porquanto pela simples leitura dos dispositivos verifica-se que o imposto estadual com tal campo de incidência é o ICMS, *verbis*: 'Art. 201. Não incidirá imposto, conforme a lei dispuser, sobre todo e qualquer produto agrícola pertencente à cesta básica, produzido por pequenos e microprodutores rurais que utilizam apenas a mão de obra familiar, vendido diretamente aos consumidores finais. Parágrafo único. A não incidência abrange produtos oriundos de associações e cooperativas de produção e de produtores, cujos quadros sociais sejam compostos exclusivamente por pequenos e microprodutores e trabalhadores rurais sem terra. d) O parágrafo único do art. 273 e o inciso III do art. 283, da Constituição cearense incidem na mesma inconstitucionalidade, *verbis*: 'Art. 273. Toda entidade pública ou privada que inclua o atendimento à criança e ao adolescente, inclusive os órgãos de segurança, tem por finalidade prioritária assegurar-lhes os direitos fundamentais. Parágrafo único. As empresas privadas que absorvam contingentes de até cinco por cento de deficientes no seu quadro funcional gozarão de incentivos fiscais de redução de um por cento no ICMS. (...) Art. 283. Para estimular a confecção e comercialização de aparelhos de fabricação alternativa para as pessoas portadoras de deficiência, o Estado concederá: (...) III – isenção de cem por cento do ICMS'. 12. Pedido de inconstitucionalidade julgado parcialmente procedente para declarar: (i) inconstitucional o § 2º do art. 192, sem a pronúncia de nulidade, por um prazo de doze meses (ii) parcialmente inconstitucional o *caput* do art. 193, dando-lhe interpretação conforme para excluir de seu âmbito de incidência o ICMS; (iii) inconstitucional o parágrafo único do artigo 193; (iv) inconstitucional o artigo 201, *caput*, e seu parágrafo único; (v) inconstitucional o parágrafo único do artigo 273; (vi) inconstitucional o inciso III do artigo 283; julgar improcedente o pedido quanto ao *caput* e § 1º do artigo 192, todos os artigos da Constituição cearense" (STF, ADI 429, 2014).

– Unanimidade nas deliberações. Exceção. A LC n. 24/75 exige unanimidade para a realização dos convênios. Entretanto, a LC n. 160/2017, que cuida do convênio autorizativo de remissão dos créditos decorrentes de benefícios concedidos sem autorização em convênio, contenta-se com o voto favorável de 2/3 das unidades federadas, sendo 1/3 integrantes de cada uma das cinco regiões.

– "Houve por bem o constituinte, fortalecendo o princípio desenhado na Lei Complementar 24/75 – de canhestra redação –, estabelecer, conforme o § 2º, incs. IV, V e VI do art. 155 da CF, todo um sistema de controle da determinação de alíquotas estaduais e interestaduais pelo Senado Federal, objetivando: a) eliminar os riscos de que incentivos outorgados por um Estado tivessem impacto de descompetitividade em relação a Estados que dele recebessem mercadorias com ICM estimulado, mediante a exigência de aprovação de alíquotas mínimas para as operações internas e máximas nas mesmas operações, em caso de conflito entre os Estados; b) estabelecer as alíquotas aplicáveis para as operações interestaduais e de exportação; c) exigir a unanimidade de Estados e DF para aprovar tratamento mais favorável às operações internas – e, implicitamente, para as externas –; d) exigir que as alíquotas internas não fiquem abaixo das previstas para as operações interestaduais, salvo acordo de todos os Estados e Distrito Federal. E, ao falar em Estados e Distrito Federal no que concerne a isenções, incentivos e benefícios, impôs a necessidade de votação unânime, para não provocar favorecimento que conferisse a qualquer um deles maior competitividade, no mercado interno, o que resta reforçado

pela disposição de que as alíquotas internas não sejam inferiores às definidas para as operações interestaduais. E a unanimidade decorre de não ter o constituinte estabelecido *quorum* menor para aprovação dos estímulos fiscais. [...] Para a definição de uma alíquota uniforme entre Estados, basta a maioria absoluta do senado, pois nenhuma descompetitividade será gerada. [...] Se houver, de qualquer forma, conflito entre os Estados para alíquotas internas – não interestaduais –, apenas por 2/3 o Senado poderá deliberar por alíquotas máximas, ou seja, alíquotas válidas para todos os Estados e Distrito Federal, que não poderão ser ultrapassadas, lembrando sempre que as alíquotas internas não podem ser inferiores às aplicáveis às operações interestaduais. Neste caso, o Senado age em nome da Federação, prevalecendo pois a possibilidade de *quorum* inferior à unanimidade. No caso de acordo entre os Estados, cada Estado fala em nome próprio, razão pela qual a unanimidade é requisito essencial" (MARTINS, Ives Gandra. Estímulos fiscais do ICMS e a unanimidade exigida no Confaz. *Revista CEJ* 59/22, 2013).

– "Se um Estado sofre, na Federação, desfiguração tributária devida à sistemática não cumulativa do ICMS, sendo obrigado a reconhecer créditos presumidos, mas inexistentes, concedidos por outros Estados, SEM A SUA CONCORDÂNCIA, as empresas estabelecidas em seu território tornam-se descompetitivas e sem condições concorrenciais, dada a invasão de produtos estimulados, à margem do consenso unânime. Nitidamente, o pacto federativo torna-se uma farsa e a Federação, um sistema debilitado, restando a tríplice autonomia (política, administrativa e financeira) seriamente maculada. [...] retirar o direito de – dentro das regras constitucionais de que os Estados não estão obrigados a suportar políticas destinadas a promover o reequilíbrio regional, cabendo esta atribuição exclusivamente à União – o Estado opor-se a incentivos fiscais de ICMS de outra unidade que lhe prejudiquem diretamente, é abolir o verdadeiro pacto federativo, mantendo-se uma Federação apenas formal, o que, manifestamente, não desejaram os constituintes, ao instituírem a regra da unanimidade em nível de Lei Suprema, hoje em conformação legislativa infraconstitucional e jurisprudencial" (Ives, no livro: MARTINS, Ives Gandra da Silva; CARVALHO, Paulo de Barros. *Guerra fiscal*: reflexões sobre a concessão de benefícios no âmbito do ICMS. São Paulo: Noeses, 2012, p. 21-22).

– O Ministério Público tem legitimidade para questionar a validade dos convênios. Tema 56 do STF: "O Ministério Público tem legitimidade para propor ação civil pública com o objetivo de anular Termo de Acordo de Regime Especial – TARE firmado entre o Poder Público e contribuinte, em face da legitimação *ad causam* que o texto constitucional lhe confere para defender o erário". Decisão de mérito em 2010.

– "AÇÃO CIVIL PÚBLICA. LEGITIMIDADE ATIVA. MINISTÉRIO PÚBLICO DO DISTRITO FEDERAL E TERRITÓRIOS. TERMO DE ACORDO DE REGIME ESPECIAL – TARE. POSSÍVEL LESÃO AO PATRIMÔNIO PÚBLICO. LIMITAÇÃO À ATUAÇÃO DO *PARQUET*. INADMISSIBILIDADE. AFRONTA AO ART. 129, III, DA CF. REPERCUSSÃO GERAL RECONHECIDA. RECURSO EXTRAORDINÁRIO PROVIDO. I – O TARE não diz respeito apenas a interesses individuais, mas alcança interesses metaindividuais, pois o ajuste pode, em tese, ser lesivo ao patrimônio público. II – A Constituição Federal estabeleceu, no art. 129, III, que é função institucional do Ministério Público, dentre outras, 'promover o inquérito e a ação civil pública, para a proteção do patrimônio público e social, do meio ambiente e de outros interesses difusos e coletivos'. Precedentes. III – O *Parquet* tem legitimidade para propor ação civil pública com o objetivo de anular Termo de Acordo de Regime Especial – TARE, em face da legitimação *ad causam* que o texto constitucional lhe confere para defender o erário. IV – Não se aplica à hipótese o parágrafo único do artigo 1º da Lei 7.347/1985. V – Recurso extraordinário provido para que o TJ/DF decida a questão de fundo proposta na ação civil pública conforme entender" (STF, RE 576.155, 2010).

– "TARE. MINISTÉRIO PÚBLICO. AÇÃO CIVIL PÚBLICA. LEGITIMIDADE ATIVA *AD CAUSAM*. JUÍZO DE RETRATAÇÃO. ART. 543-B, § 3º, DO CPC. 1. O egrégio STF reconheceu a legitimidade do Ministério Público para impugnar o Termo de Acordo de Regime Especial – Tare por meio de Ação Civil Pública, ao julgar RE 576.155/DF com repercussão geral. 2. Juízo de retratação nos termos do art. 543-B, § 3º, do CPC" (STJ, AgRg nos EREsp 812.827, 2012).

– **Isenção por ratificação. Convênio Confaz. Validade.** "Isenção de ICMS: *Free Shop* e Ratificação Tácita... A Turma iniciou julgamento de recurso extraordinário interposto pelo Estado do Rio Grande do Sul contra acórdão da Corte local que anulara débito fiscal de ICMS incidente sobre a venda de mercadorias importadas efetuada por loja franca instalada no aeroporto internacional daquela unidade federativa (*free shop*). No caso, o Tribunal *a quo* entendera que a contribuinte estaria favorecida por isenção fiscal decorrente da celebração do Convênio CONFAZ 91/91 – que autoriza os Estados-membros a isentarem do ICMS determinadas operações – e de sua ratificação tácita prevista na Lei estadual 8.820/89, a qual instituíra o referido imposto. Reconhecera, em tese, a força normativa desses convênios firmados no âmbito do CONFAZ depois de expressamente ratificados pelo Estado, por meio de decreto legislativo. O recorrente alega violação aos artigos 2º; 150, § 6º, e 155, II e § 2º, XII, *e* e *g*, todos da CF ao argumento de que a ratificação tácita de convênios disposta no art. 4º da Lei Complementar 24/75 e no art. 28, § 2º, da Lei estadual 8.820/89 é incompatível com o princípio da legalidade estrita em matéria tributária. Aduz que, em virtude desse princípio, a renúncia ao poder de tributar está condicionada à enunciação expressa, específica e formal, pelas entidades tributantes, da vontade de conceder a exoneração tributária, ausente na espécie... A Min. Ellen Gracie, relatora, desproveu o recurso, no que foi acompanhada pelo Min. Eros Grau. Inicialmente, afirmou que o Convênio ICMS 91/91 permitiu aos Estados e ao Distrito Federal isentar deste tributo as operações de saídas promovidas por lojas *free shop* localizadas nas zonas primárias dos aeroportos de categoria internacional e autorizadas pelo órgão competente do Governo Federal. Em seguida, mencionou que o ICMS, nos termos do art. 155, § 2º, *g*, da CF, deve se submeter a regramento específico previsto em lei complementar, regulando a forma como aqueles entes federativos concederão tais isenções e que a Lei Complementar 24/75 – cuja recepção pela Constituição fora admitida pelo STF – teria sido instrumento normativo

que viera estabelecer regramentos à celebração de convênios para a concessão de isenções do ICMS. Consignou, ainda, que a Constituição do Estado do Rio Grande do Sul, promulgada em 1989, determina que a concessão de anistia, remissão, isenção, benefícios e incentivos fiscais só ocorrerá mediante autorização legislativa e quando for objeto de convênios celebrados entre o Estado e as demais unidades da federação, bem como que essa concessão somente terá eficácia após ratificação pela Assembleia Legislativa... A relatora enfatizou que, nesse contexto, fora promulgada a Lei estadual 8.820/89, a qual prevê que os convênios referentes à concessão ou revogação de isenções, incentivos e benefícios fiscais que forem celebrados por aquele Estado-membro devem ser submetidos à apreciação da Assembleia Legislativa para deliberação e publicação de Decreto Legislativo (art. 28, § 1º) e que, caso não haja deliberação dessa Casa Legislativa no prazo previsto, consideram-se ratificados os convênios celebrados (art. 28, § 2º). Assinalou, ademais, a promulgação do Decreto Legislativo 6.591/92, com o objetivo de cumprir o disposto nessa legislação estadual. Dessa forma, reputou que o princípio da estrita legalidade (CF, art. 150, § 6º) teria sido observado pelas seguintes razões: 1) a existência de ratificação do convênio pelo órgão competente (CONFAZ), em obediência à LC 24/75; 2) a edição da Lei estadual 8.820/89, ato jurídico-normativo concreto, específico e 3) o advento do Decreto Legislativo 6.591/92, norma que consolida e viabiliza a benesse fiscal em discussão. Após, pediu vista o Min. Joaquim Barbosa" (STF, RE 539.130, 2009, cf. *Informativo* 562 do STF).

– **Isenção por Decreto Legislativo, com base em convênio. Validade.** "CONVÊNIO ICMS 91/91. ISENÇÃO DE ICMS. REGIME ADUANEIRO ESPECIAL DE LOJA FRANCA. *FREE SHOPS* NOS AEROPORTOS. PROMULGAÇÃO DE DECRETO LEGISLATIVO. ATENDIMENTO AO PRINCÍPIO DA LEGALIDADE ESTRITA EM MATÉRIA TRIBUTÁRIA. 1. Legitimidade, na hipótese, da concessão de isenção de ICMS, cuja autorização foi prevista em convênio, uma vez presentes os elementos legais determinantes para vigência e eficácia do benefício fiscal" (STF, RE 539.130, 2009).

⇒ **Descabimento de norma geral de benefício para equiparação ao concedidos por outros Estados.** "Guerra Fiscal: Benefícios Fiscais e Convênio Interestadual O Tribunal deferiu medida cautelar em ação direta de inconstitucionalidade ajuizada pelo Governador do Estado do Amazonas para suspender a vigência das normas contidas no art. 2º da Lei 10.689/93 ('Havendo concessão, por qualquer outro Estado ou pelo Distrito Federal, de benefício fiscal ou eliminação direta ou indireta da respectiva carga tributária, com inobservância da legislação federal que regula a celebração de acordos exigidos para tal fim, e sem que haja aplicação das sanções nela previstas, fica o Poder Executivo autorizado a adotar medidas similares de proteção à economia paranaense'), e nos incisos XXII e XXIII, e §§ 36, 37 e 38 do art. 50 do Decreto 5.141/2001 (Regulamento do ICMS), acrescentados pelo Decreto 986/2007, que cria benefícios e incentivos fiscais, todos do Estado do Paraná. Salientando que o dispositivo da referida lei estadual traduz, em verdade, permissão para que o Estado do Paraná, por meio do Poder Executivo, desencadeie a denominada 'guerra fiscal', repelida por ampla jurisprudência da Corte, entendeu-se caracterizada, em princípio, a ofensa ao disposto no art. 155, § 2º, XII, g, da CF, que exige prévia celebração de convênio entre os Estados-membros e o DF, nos termos de lei complementar, para concessão de isenções, incentivos e benefícios fiscais relativos a crédito do ICMS, e no art. 155, § 2º, IV, V, e VI, da CF, que veda aos Estados e ao Distrito Federal a fixação de alíquotas internas em patamar inferior àquele instituído pelo Senado para a alíquota interestadual. Precedentes citados: ADI 1.247 MC/PA (*DJU* de 8.9.95); ADI 2.021 MC/SP (*DJU* de 25.5.2001)" (STF, ADI-3.936 MC, *Informativo* 480 do STF).

⇒ **Convênio ICMS n. 115/96.** "CONVÊNIO ICMS 115/96 – REDUÇÃO DA BASE DE CÁLCULO DO ICMS NO SERVIÇO DE RADIOCHAMADA – VEDAÇÃO À UTILIZAÇÃO DE CRÉDITOS – NORMA QUE DEVE SER INTERPRETADA À LUZ DO OBJETIVO BUSCADO PELO LEGISLADOR. 1. O convênio ICMS 115/96 foi elaborado com o escopo de autorizar os Estados e o DF a conceder redução de base de cálculo do ICMS tão somente nas prestações de serviços de radiochamada. 2. A vedação à utilização de quaisquer créditos de ICMS, tal como pretendido pelo recorrente, foge ao alcance dos fins buscados pela norma, implicando, ainda, em violação ao princípio da não cumulatividade" (STJ, REsp 805.795, 2007).

⇒ **Convênios ICMS n. 103 e 104/2003.** Autorizaram Estados a dispensar ou reduzir juros e multas e a conceder parcelamento de débitos fiscais de ICM e ICMS desde que o protocolo do pedido e o pagamento da parcela inicial fossem efetuados até 10-12-2003.

– Sobre as cláusulas de tais convênios, vide: PRESTA, Sergio. Comentários aos convênios ICMS 103 e 104/03 – Parcelamento de débitos – ICM e ICMS. *RTFP* 56/78, 2004.

⇒ **A concessão de isenções, incentivos e benefícios fiscais pelos Estados só pode se dar mediante Convênio.** Só mediante previsão em Convênio podem os Estados conceder isenções, incentivos e benefícios fiscais em geral. Há uma enorme gama de julgados do STF em que leis estaduais foram consideradas inconstitucionais por violação a esta norma, destacando, o STF, em várias oportunidades, que são descabidas as manobras para a concessão disfarçada de incentivos, do que são exemplo a concessão de crédito presumido, o estabelecimento, tecnicamente equivocado, de hipóteses de "não incidência" e a concessão de prazo especial para pagamento. O Ministro Gilmar Mendes apresentou proposta de súmula vinculante (PSV 69) para que reste consolidado que "qualquer isenção, incentivo, redução de alíquota ou de base de cálculo, crédito presumido, dispensa de pagamento ou outro benefício relativo ao ICMS, concedido sem prévia aprovação em convênio celebrado no âmbito do Confaz, é inconstitucional". As discussões sobre a matéria, todavia, continuam muito intensas, com inúmeras críticas de caráter político, econômico e jurídico à possível adoção de súmula vinculante sobre a matéria.

• Vide: MARTINS, Ives Gandra; CARVALHO, Paulo de Barros. *Guerra fiscal*. São Paulo: Noeses, 2012.

• Vide: FIORENTINO, Marcelo Fróes Del. As principais guerras fiscais no âmbito do ordenamento jurídico brasileiro: identificação, análise e apresentação de soluções de conformidade (fundamentalmente) com os decisórios provenientes do Egrégio Supremo Tribunal Federal. *RDDT* 202/103-121, 2012.

• Vide.: LEAL, Saul Tourinho. Proposta de súmula vinculante da guerra fiscal: múltiplas perspectivas. *RDDT* 204/79-99, 2012.

– **Quaisquer benefícios.** "... tanto a isenção, como quaisquer outros benefícios e incentivos se submetem ao mesmo regime jurídico. Basta verificar que o art. 150, § 6º, da CRFB/1988 determina que qualquer subsídio ou isenção, redução da base de cálculo, concessão de crédito presumido, em matéria de ICMS, apenas pode ser concedido mediante 'lei específica', dependendo, sempre, de deliberação dos Estados e do Distrito Federal por meio de convênio (art. 155, § 2º, XII, g c/c LC 24/1975. em outras palavras, o mesmo tratamento que deve ser dado à isenção deve se aplicar a quaisquer outros incentivos ou favores fiscais no âmbito do ICMS. A redução de alíquota, de base de cálculo, os créditos presumidos, enfim, todos os benefícios estão submetidos à mesma disciplina da isenção, em especial porque, na prática, idênticos são os efeitos financeiros dela resultantes" (KALUME, Célio Lopes; BATISTA JÚNIOR, Onofre Alves. A não cumulatividade e a necessidade de estorno de créditos de ICMS decorrentes de benefícios fiscais. *RDDT* 215/39, 2013).

– **Incentivos e benefícios.** "... os incentivos e os benefícios fiscais pertencem ao subconjunto das normas tributárias que têm por objetivo desonerar, total ou parcialmente, a tributação que incidiria normalmente, caso concretizado o fato jurídico apto a instaurar a relação jurídica tributária. [...] não conseguimos distinguir nenhuma nota que diferencie 'incentivos' de 'benefícios'. A nosso ver, são sinônimos, ou seja, ostentam o sentido base acima referido, independentemente da espécie a que se refere (isenção, redução de base de cálculo, crédito presumido etc.)" (MIGUEL, Luciano Garcia. A Lei Complementar n. 24/75 e os benefícios fiscais e financeiro-fiscais relacionados ao ICMS. *RDDT* 216/96, 2013).

– **Equiparação entre privilégios fiscais e privilégios financeiros. Subvenções. Similitude quanto aos efeitos.** "37. Os privilégios tributários, que operam na vertente da receita, estão em simetria e pode ser convertidos em privilégios financeiros, a gravar a despesa pública. A diferença entre eles é apenas jurídico-formal. A verdade é que a receita e a despesa são entes de relação, existindo cada qual em função do outro, donde resulta que tanto faz diminuir-se a receita, pela isenção ou dedução, como aumentar-se a despesa, pela restituição ou subvenção, que a mesma consequência financeira será obtida. 38. Atento à conversibilidade dos privilégios fiscais e financeiros o intérprete pode detectar com maior segurança as concessões injustificadas. Porque a manipulação dos diversos incentivos tem sempre o objetivo político de encobrir os nomes dos beneficiários, excluindo-os do orçamento, para atender a certas conveniências políticas e evitar o controle do eleitor. Observou Carl Shoup que, na prática americana, embora as subvenções sejam mais eficientes que as isenções (permitem o controle do cumprimento das condições impostas e o cálculo do gasto público), o legislador muitas vezes opta pelas isenções porque sabe que a subvenção direta, aparecendo no orçamento, não contaria com a aprovação pública; esse comportamento é ilógico, porque a entidade que não merece a subvenção não poderá obter a isenção. No Brasil, durante muitas décadas, adotou-se a política da concessão indiscriminada de isenções e subsídios, instrumentos que permitia a canalização de recursos públicos para setores atrasados e improdutivos da economia, que não chegavam a ser conhecidos e nominados. 39. De modo que se tornou realmente importante desmascarar os diversos privilégios, a fim de que se identificassem os odiosos. O trabalho dos americanos Staley S. Surrey e Paul R. Mc Daniel, ao denominar de 'gasto tributário' (*tax expenditure*) o incentivo sediado na receita e equipará-lo ao verdadeiro gasto representado na despesa (subvenção), contribuiu decisivamente para clarear o assunto, repercutindo sobre a doutrina, a legislação e a jurisprudência de diversos países e fazendo com que o próprio orçamento dos Estados Unidos, após 1975, passasse a conter uma análise especial intitulada *Tax Expenditures*, que inspirou o art. 165, § 6º, da CF. Os tributaristas alemães, por exemplo, se deixaram sensibilizar pelos ensinamentos de Surrey e passaram a se referir às 'subvenções tributárias' (*Steuersubventionem*) que, sendo uma *contraditio in terminis*, demonstra bem que os incentivos fiscais têm a mesma consequência financeira das verdadeiras subvenções, que operam na vertente da despesa, nada mais sendo que subvenção mascarada (*verdeckte Subventionen*), no dizer de Karehnke, subvenção indireta (*indirekte Subvention*), como prefere Jesch, ou subvenção encoberta ou invisível (*verschleierte oder unsichtbare Subventionen*), como remata Tipke, que chegou mesmo a defender a 'derrubada geral dos incentivos'. [...] O art. 150, § 6º, determina que o orçamento seja acompanhado de demonstrativo dos efeitos de todas as renúncias e subvenções, desmascarando, assim, os incentivos camuflados e equiparando os privilégios radicados na receita pública (isenção, dedução, anistia, remissão, isto é, renúncias de receita ou gastos tributários) aos que operam na vertente da despesa (subvenções, restituições de tributos etc.)" (TORRES, Ricardo Lobo. Anulação de incentivos fiscais – efeitos no tempo. *RDDT* 121/127, 2005).

• Vide nota ao art. 150, § 6º, da CF.

– Na ADI 2.549, o STF considerou inconstitucional lei do Distrito Federal que, através de benefício financeiro aos contribuintes locais, procedeu à desoneração tributária relativamente ao ICMS.

– **Contra a equiparação.** "... o benefício fiscal se caracteriza por ser vinculado ao tributo e por ser concedido antes do seu pagamento. O benefício financeiro, por sua vez, não é vinculado ao tributo, mas à receita tributária; é concedido, portanto, após o seu pagamento, com recursos orçamentários. A primeira espécie submete-se à prévia aprovação pelo conjunto dos Estados e do Distrito Federal; a segunda, não. Porém, é necessário salientar que nem todos os benefícios que são denominados pela pessoa política concedente como financeiros realmente são distintos dos benefícios fiscais. Em algumas hipóteses, as condições em que são concedidos tais benefícios desvirtuam a sua natureza jurídica. Somente com a análise do caso concreto poderá o intérprete afirmar, com segurança, se o benefício concedido tem natureza financeira ou fiscal. Entendemos que é critério hábil para firmar a natureza financeira do incentivo, no caso do ICMS, a

total desvinculação com a liquidação da obrigação tributária relativa a esse imposto. [...] o benefício financeiro é concedido com receitas já auferidas pelo ente concedente. Para tanto, deve fazer uso de valores que estão disponíveis no orçamento público para essa finalidade. Assim, entendemos que não tem natureza de benefício financeiro aquele que é concedido de forma que diminua o valor do ICMS incidente em determinadas operações ou prestações. Nessa hipótese, estaremos diante de um benefício fiscal, travestido de benefício financeiro, e, como tal, deve se submeter ao processo de aprovação determinado pela Lei Complementar n. 24/1975" (MIGUEL, Luciano Garcia. A Lei Complementar n. 24/75 e os benefícios fiscais e financeiro-fiscais relacionados ao ICMS. *RDDT* 216/96, 2013).

– "O subsídio tributário é, como o subsídio financeiro, e em momento pré-jurídico, uma atribuição patrimonial a fundo perdido. Podem, entretanto, ambas essas categorias específicas (tributária uma, financeira outra), ser submetidas a um regime jurídico unificado. A subvenção financeira resulta de um contrato translativo de dinheiro do domínio do Estado para o dos particulares, implicando de conseguinte um *dare*, ao contrário do que acontece com as subvenções tributárias, que implicam não prestação do tributo, no todo ou em parte. Se financeiro, o incentivo envolve uma prestação pecuniária; se tributário, uma abstenção do dever de prestar. Os estímulos, subsídios ou subvenções financeiras atuam sob inspiração predominante do regime jurídico contratual de direito público. Por isso, a atuação estatal é, nos estímulos financeiros, indireta: dá-se por intermédio de bancos oficiais, pela concessão de financiamentos, facilidades creditícias, redução de juros, etc. Do incentivo tributário resulta sempre e reversamente a exclusão total ou parcial da tributação. Quando se 'renuncia' ao tributo, a receita sequer se efetiva. Não há ingresso público" (BORGES, José Souto Maior. A lei de responsabilidade fiscal (LRF) e sua inaplicabilidade a incentivos financeiros estaduais. *RDDT* 63/96, 2000).

– **Diferimento.** "Sob o manto do vocábulo linguístico 'diferimento' não acreditamos que haja apenas um instituto jurídico. Muito pelo contrário, conforme tentaremos evidenciar abaixo, dependendo do suporte físico analisado, ou mais simplesmente dos dispositivos do ordenamento jurídico aferidos, encontraremos sob uma mesma expressão vários institutos jurídicos de naturezas distintas. Não acreditamos ser possível apresentar um conceito único e universal sobre diferimento. [...] quando sob o manto da expressão 'diferimento' encontrarmos institutos jurídicos como: substituição tributária, responsabilidade tributária, postergação de pagamento etc., é direito do contribuinte se creditar dos valores que incidiram na operação anterior, independentemente de ter havido recolhimento de tributo. Isto porque, cobrado na operação anterior não significa pago" (MARQUESI JUNIOR, Jorge Sylvio. O direito ao crédito do ICMS e o diferimento – uma análise de suas várias hipóteses, em confronto com o posicionamento do STF e do STJ. *RDDT* 218/98, 2013).

– "Em nível constitucional... há apenas uma menção ao vocábulo linguístico diferimento, prevista no art. 43, § 2º, inciso III: 'Art. 43. Para efeitos administrativos, a União poderá articular sua ação em um mesmo complexo geoeconômico e social, visando a seu desenvolvimento e à redução das desigualdades regionais. §

2º Os incentivos regionais compreenderão, além de outros, na forma da lei: III – isenções, reduções ou diferimento temporário de tributos federais devidos por pessoas física sou jurídicas'. Por sua vez, na Lei Complementar n. 87/1996 nenhuma menção é feita expressamente à expressão diferimento. Ou seja, praticamente todo o seu regramento vem de leis ordinárias estaduais – ou seja, ao menos 27 diplomas normativos diferentes – ou em decretos de mesma origem. No Estado de São Paulo podemos citar como fonte e pesquisa AA Lei n. 6.374/1989 e o Decreto n. 45.490/2000, que instituiu o Regulamento do ICMS, primordialmente em seu Livro II, o qual tem como título 'Da sujeição passiva por substituição, da suspensão e do diferimento'. [...] sob o manto do vocábulo linguístico diferimento há vários institutos jurídicos distintos, é necessário que a doutrina e a jurisprudência analisem cada caso... O autor analisa vários casos tratados na legislação como diferimento, demonstrando que o art. 419 do RICMS/SP traz fenômeno de responsabilidade tributária (diferimento-responsabilidade), enquanto seu art. 430 cria situação de substituição (diferimento-substituição) e o art. 5º da Lei 11.608/2003 simplesmente deixa o pagamento da taxa judiciária para depois (diferimento-postergação do pagamento)" (MARQUEZI JUNIOR, Jorge Sylvio. O diferimento do tributo, sua multiplicidade de espécies jurídicas e o posicionamento de nossos tribunais superiores. *RDDT* 215/121, 2013).

– "A terminologia 'diferimento' é empregada, no direito positivo brasileiro, para designar vários fenômenos jurídicos ocorridos nas legislações que disciplinam os impostos plurifásicos e não cumulativos, como o ICMS. Seu caráter pode ser de isenção, substituição tributária, ou mera postergação da data prevista para o pagamento do tributo. A correta identificação deve ser efetuada em cada caso concreto, mediante exame do diploma normativo pertinente" (CARVALHO, Paulo de Barros. Direito tributário, linguagem e método. 3. ed. São Paulo: Noeses: 2009, p. 738).

– "4. A tradicional jurisprudência da Corte encara a figura do diferimento do ICMS como mero adiamento no recolhimento do valor devido, não implicando qualquer dispensa do pagamento do tributo ou outra forma de benefício fiscal [...]" (STF, ADI 3.702, 2011).

– "... o diferimento, pelo qual se transfere o momento do recolhimento do tributo cujo fato gerador já ocorreu, não se confunde com a isenção ou com a imunidade... ADI 2.056/MS, 2007" (*Informativo* 469, jun. 2007).

– "1. O regime de diferimento, ao substituir o sujeito passivo da obrigação tributária, com o adiamento do recolhimento do imposto, em nada ofende o princípio da não cumulatividade... 3. Na hipótese dos autos, a saída da produção dos agravantes não é tributada pelo ICMS, pois sua incidência é diferida para a próxima etapa do ciclo econômico. Se nada é recolhido na venda da mercadoria, não há que se falar em efeito cumulativo" (STF, RE-AgR 325.623, 2006).

– "O diferimento tributário não constitui um benefício fiscal, até porque não há dispensa do pagamento do tributo (como ocorre com a isenção ou a não incidência), mas técnica de arrecadação que visa otimizar tarefas típicas do fisco, de fiscalizar e arrecadar tributos. Logo, por representar conveniência para o Estado, cabe a ele, exclusivamente, a fiscalização dessas operações. E nem poderia ser diferente, pois ao vendedor, que, via de regra, nessa modalidade de tributação, é pequeno produtor rural (de milho, na espécie), a lei não confere poderes para fiscalizar as atividades da empresa que adquire os seus produtos" (STJ, EREsp 1.119.205, 2010).

– "Constitui uma técnica impositiva de deslocamento da exigência do tributo para momento posterior à ocorrência do originário fato gerador, com a imputação da responsabilidade de seu recolhimento a terceiro. É utilizado para operações de pequeno porte, ou realizadas por contribuintes sem estrutura empresarial, de proporções modestas ou mesmo sem um efetivo estabelecimento, objetivando a simplificação fiscal de determinadas operações. Diversas atividades vêm sendo enquadradas nesta sistemática como, por exemplo, as relativas às seguintes mercadorias: algodão em caroço, café cru, cana-de-açúcar em caule, feijão, mamona, soja, produtos *in natura*, semente, insumos agropecuários, coelho, gado em pé, equino de raça, subprodutos da matança do gado, leite, pescado, resíduos de materiais, metal não ferroso, componentes de processamento de dados. Usualmente, o ICMS fica diferido para operações posteriores como remessa para outro Estado, exportação, industrialização etc. Estudos têm sido realizados a respeito da natureza do diferimento, e sua implicação com o crédito de ICMS (operações anteriores e posteriores), no contexto da não cumulatividade. Ataliba e Cleber Giardino, pioneiramente, procederam a minuciosa análise do instituto, firmando conclusão de que não se trata de retardamento, adiamento ou procrastinação de operação, lançamento, pagamento ou não incidência do ICMS. [...] Ives Gandra da Silva Martins... Salienta que '... na isenção o que pretende efetivamente o legislador é outorgar um benefício, enquanto que no diferimento não há tal intenção, mas mera adoção de técnica arrecadatória que não visa beneficiar o sujeito passivo da relação tributária, mas simplificar a fórmula de recebimento do ICM pelo sujeito ativo da referida relação. [...] Examinando a temática sobre outro enfoque, Marçal Justen Filho obtempera que 'a figura do diferimento não se confunde com a substituição. E isso porque o diferimento importa subsunção do pagamento da prestação tributária à ocorrência de um fato futuro e incerto: nova operação relativa à circulação da mesma mercadoria. A substituição envolve, exclusivamente, alteração do sujeito passivo. Análise das circunstâncias jurídicas demonstra que, antes de verificada nova operação relativa à circulação da mesma mercadoria, inexiste débito ou relação tributária. Isso comprova que o diferimento se insere dentro da categoria da não incidência. Somente haverá fato imponível se e enquanto ocorrer uma operação relativa à circulação da mercadoria, subsequentemente àquela sujeita ao regime do diferimento'" (SOARES DE MELO, José Eduardo. *ICMS teoria e prática*. 4. ed. São Paulo: Dialética, p. 228 e s.).

– "3) diferimento (adiamento, postergação, protelamento) da exigibilidade do crédito tributário para uma etapa, fato ou momento posterior, legalmente previsto, caso em que ocorre a suspensão temporária do pagamento do crédito tributário: o fato gerador ocorre, a obrigação nasce e o tributo torna-se devido, mas, por força de regra jurídica paralela, da mesma natureza daquela que instituiu o tributo, contida no mesmo ou em outro texto legal, seu pagamento fica adiado, postergado ou protelado (enquanto isso suspenso) até que novo fato (legalmente previsto) aconteça, quando, então, sua exigibilidade ocorrerá. Nada tem o diferimento a ver com a data do pagamento do tributo. O que é legalmente diferido, para uma etapa ou fato posterior, é o cumprimento de toda a obrigação de pagar um crédito já configurado, quando então se somará ela, para fins de pagamento, ao valor do crédito relativo ao futuro fato gerador, no prazo para este fixado. O pagamento do crédito diferido se integrará, então, na nova obrigação que, no tempo, se sucederá, e que abrangerá o tributo relativo às duas etapas da circulação do mesmo bem ou objeto tributado. [...] São exemplos...: a) nas saídas de matéria prima de uma empresa a outra, para fins de industrialização por encomenda e posterior retorno (do produto pronto e acabado), ocorre o fato gerador do ICMS e do IPI, devendo eles serem satisfeitos, mas as leis ordinárias, criadoras desses impostos, autorizam que, tanto a remessa como o retorno, sejam feitos mediante diferimento (caso do ICMS) ou suspensão (caso do IPI), devendo, no entanto, ser satisfeitos quando da saída final dos produtos (já prontos e acabados), do estabelecimento encomendante, quando, então, o pagamento é feito abrangendo ambas as operações; b) nas saídas de fumo em folha, promovidas pelo produtor rural ao fabricante do cigarro, o fato gerador do ICMS ocorre, sendo este devido, mas, por determinação da lei, seu pagamento é diferido, para pagamento conjunto, quando da futura saída (venda) do cigarro (pelo fabricante) que, além de pagar o seu próprio imposto, termina por pagar, também, na mesma operação tributada, o do produtor rural, que restou diferido. Nessa situação, em que o produtor da folha difere o pagamento do imposto ao fabricante do cigarro, ocorre uma legítima substituição tributária antecedente (vulgarmente chamada de substituição 'para trás'), em que o produtor rural é o substituído e, o fabricante, o substituto tributário" (VOLKWEISS, Roque Joaquim. *Direito tributário nacional*. 3. ed. Porto Alegre: Livraria do Advogado, 2002, p. 244-245).

– "O diferimento não é figura ligada ao aspecto pessoal da hipótese de incidência do ICMS, nada tendo a ver com substituição tributária. O diferimento é figura que trata de prazo de pagamento do imposto, tendo pertinência com situação existente após a ocorrência o fato gerador. Tal afirmação, novamente com base na legislação do Estado de Minas Gerais, é confirmada pelo art. 9º da Lei estadual n. 6.763/1975, ao estabelecer que 'O Regulamento poderá dispor sobre o lançamento e o pagamento do imposto sejam diferidos para operações ou prestações subsequentes'. É fácil verificar, por meio do dispositivo transcrito, que o que é diferido é o lançamento e o pagamento do imposto e não o seu fato gerador. Por tanto, o caso do diferimento, o sujeito passivo continua sendo o remetente da mercadoria cuja saída se deu com diferimento. Não há que se falar assim em substituição tributária. [...] Como o diferimento é benefício relativo a prazo de pagamento do ICMS e prazo de pagamento pode ser fixado por norma infralegal, todas as normas administrativas de concessão do diferimento são legítimas. É claro que não se pode afastar, em relação às mencionadas normas, a obediência aos princípios que informam a Administração Pública, tais como o da publicidade,

da impessoalidade da razoabilidade... [...] o diferimento não é obrigatório para o contribuinte. Se fosse obrigatório, a sua natureza jurídica não seria de prazo de pagamento ..., mas de substituição tributária o que levaria, como se viu, à invalidade de todas as normas administrativas de concessão do diferimento" (FREITAS, André Luiz Martins. O diferimento do pagamento do ICMS é facultativo. *RDDT* 153/7, 2008).

– "... o diferimento no ICMS nada mais é do que uma forma de isenção conferida e dada operação, e isenção, conforme nossas premissas, é forma de mitigação do espectro da regra tributária (em outras palavras, se há isenção não há incidência relativa aos casos isentos). No caso da importação, como não há incidência na entrada, não haverá crédito de ICMS a ser abatido na saída, sendo que, economicamente, é como se o contribuinte estivesse pagando o imposto pelas duas operações. Sob o prisma jurídico só há incidência uma vez, ou seja, na operação de saída" (SANTI, Eurico Marcos Diniz de; PEIXOTO, Daniel Monteiro. PIS e Cofins na importação, competência: entre regras e princípios. *RDDT* 121/34, 2005).

– **Diferimento independe de convênio.** "Ação Direta de Inconstitucionalidade. Artigos 9º a 11 e 22 da Lei n. 1.963, de 1999, do Estado do Mato Grosso do Sul. 2. Criação do Fundo de Desenvolvimento do Sistema Rodoviário do Estado de Mato Grosso do Sul – FUNDERSUL. Diferimento do ICMS em operações internas com produtos agropecuários. 3. A contribuição criada pela lei estadual não possui natureza tributária, pois está despida do elemento essencial da compulsoriedade. Assim, não se submete aos limites constitucionais ao poder de tributar. 4. O diferimento, pelo qual se transfere o momento do recolhimento do tributo cujo fato gerador já ocorreu, não pode ser confundido com a isenção ou com a imunidade e, dessa forma, pode ser disciplinado por lei estadual sem a prévia celebração de convênio" (STF, ADI 2.056, 2007).

– **"Diferimento" com efeito de dispensa do pagamento. Inconstitucionalidade.** "O decreto estadual prevê hipótese de diferimento do pagamento do ICMS sobre a importação de máquinas e equipamentos destinados à avicultura e à suinocultura para o momento da desincorporação desses equipamentos do ativo permanente do estabelecimento. 4. A tradicional jurisprudência da Corte encara a figura do diferimento do ICMS como mero adiamento no recolhimento do valor devido, não implicando qualquer dispensa do pagamento do tributo ou outra forma de benefício fiscal (ADI n. 2.056, 2007). 5. Os bens do ativo permanente do estabelecimento não fazem parte de qualquer cadeia de consumo mais ampla, restando ausente o caráter de posterior circulação jurídica, uma vez que fadados a permanecer no estabelecimento, estando sujeitos à deterioração, ao perecimento ou à obsolescência. Nesses casos, o fato gerador do ICMS será uma operação, em regra, monofásica, restrita à transferência de domínio do bem entre exportador e importador (destinatário final), cuja configuração fática descaracteriza o conceito de diferimento. [...] 6. O nominado diferimento, em verdade, reveste-se de caráter de benefício fiscal, resultando em forma de não pagamento do imposto, e não no simples adiamento. Assim, o Decreto n. 1.542-R, de 15 de setembro de 2005, do Estado do Espírito Santo, ao conceder forma indireta de benefício fiscal, sem aprovação prévia dos demais Estados-membros, viola o art. 155, § 2º, inciso XII, alínea g, da Constituição Federal" (STF, ADI 3.702, 2011).

– Redução da base de cálculo. Validade quando amparada em convênio. As reduções de bases de cálculo tem sido equiparadas a isenções parciais. Constituem benefícios que reduzem a carga tributária. Sobre as isenções parciais, vide nota ao art. 176 do CTN.

– "O Tribunal conheceu, em parte, de ação direta ajuizada pelo Governador do Estado do Paraná, mas julgou improcedente o pedido nela formulado de declaração de inconstitucionalidade do Decreto 43.891/2004, do Estado de Minas Gerais, que altera o regulamento local do ICMS e concede redução da base de cálculo do imposto nas operações internas de aquisição de farinha de trigo e sua mistura pré-preparada. Entendeu-se que a concessão do referido benefício fiscal ampara-se no Convênio Confaz-ICMS 128/94, que autoriza os Estados e o Distrito Federal a instituir carga tributária reduzida para as operações internas com mercadorias da cesta básica, e que foi respeitada a fixação do limite mínimo de carga tributária de 7% (sete por cento) do ICMS previsto no aludido Convênio" (STF, ADI 3.410, 2006).

– "ICMS: Benefícios Fiscais e Convênio. Por vislumbrar ofensa ao art. 155, § 2º, XII, g, da CF, que exige a prévia celebração de convênio entre os Estados-membros e o DF, nos termos de lei complementar, para concessão de isenções, incentivos e benefícios fiscais relativos a créditos do ICMS, o Tribunal julgou procedente pedido formulado em duas ações diretas de inconstitucionalidade ajuizadas pelo Governador do Estado de São Paulo e pelo Governador do Estado de Minas Gerais para declarar a inconstitucionalidade dos artigos 2º, I, II, §§ 1º e 2º; e 4º, da Lei 13.212/2001 e dos artigos 2º, I e II, §§ 1º e 2º; 3º, I, II e IV; 4º, a e b; e 5º, da Lei 13.214/2001, ambas do Estado do Paraná, que dispõem sobre concessão de crédito presumido, diferimento, isenção e redução de base de cálculo de ICMS. (ADI-2548)" (*Informativo* 447 do STF, out.-nov. 2006).

– "... LEI N. 6.004, DE 14 DE ABRIL DE 1998, DO ESTADO DE ALAGOAS. CONCESSÃO DE BENEFÍCIOS FISCAIS RELATIVOS AO ICMS PARA O SETOR SUCRO-ALCOOLEIRO. ALEGADA VIOLAÇÃO AO ART. 155, § 2º, XII, *G*, DA CONSTITUIÇÃO FEDERAL. Ato normativo que, instituindo benefícios de ICMS sem a prévia e necessária edição de convênio entre os Estados e o Distrito Federal, como expressamente revelado pelo Conselho Nacional de Política Fazendária – CONFAZ, contraria o disposto no mencionado dispositivo constitucional. Ação julgada procedente" (STF, ADI 2.458, 2003).

– "... ICMS. 'GUERRA FISCAL'. BENEFÍCIOS FISCAIS: CONCESSÃO UNILATERAL POR ESTADO-MEMBRO. Lei 2.273, de 1994, do Estado do Rio de Janeiro, regulamentada pelo Decreto estadual n. 20.326/94. C.F., art. 155, § 2º, XII, *g*. I.
– Concessão de benefícios fiscais relativamente ao ICMS, por Estado-membro ao arrepio da norma inscrita no art. 155, § 2º, inciso XII, alínea g, porque não observada a Lei Complementar 24/75, recebida pela CF/88, e sem a celebração de convênio: inconstitucionalidade" (STF, ADI 1.179, 2002).

– "... LEI 244/93, DO ESTADO DO MARANHÃO. ICMS. NÃO INCIDÊNCIA. TRANSMISSÃO, RETRANSMISSÃO, GERAÇÃO DE SOM E IMAGEM ATRAVÉS DE SERVIÇOS DE RÁDIO E TELEVISÃO. A QUESTÃO DA COMPETÊNCIA EXONERATIVA DOS ESTADOS-MEMBROS EM MATÉRIA DE ICMS. LIMITAÇÕES CONSTITUCIONAIS INCIDENTES SOBRE O PODER DE CONCEDER BENEFÍCIOS FISCAIS EM TEMA DE ICMS. PLAUSIBILIDADE JURÍDICA. *PERICULUM IN MORA.* MEDIDA CAUTELAR DEFERIDA. A concessão, mediante ato do poder público local, de isenções, incentivos e benefícios fiscais, em tema de ICMS, depende, para efeito de sua válida outorga, da prévia e necessária deliberação consensual adotada pelos Estados-membros e pelo Distrito Federal, observada, quanto à celebração desse convênio intergovernamental, a forma estipulada em lei complementar nacional editada com fundamento no art. 155, § 2º, XII, g, da Carta Política. Este preceito constitucional, que permite à União Federal fixar padrões normativos uniformes em tema de exoneração tributária pertinente ao ICMS, acha-se teleologicamente vinculado a um objetivo de nítido caráter político-jurídico: impedir a 'guerra tributária' entre os Estados-membros e o Distrito Federal. Plausibilidade jurídica dessa tese sustentada pelo Procurador-Geral da República" (STF, ADI 930, 1993).

– Isenção a título de "não incidência". "... LEI 268, DE 2 DE ABRIL DE 1990, DO ESTADO DE RONDÔNIA, QUE ACRESCENTOU INCISO AO ARTIGO 4º DA LEI 223/89. [...] NÃO INCIDÊNCIA DO ICMS INSTITUÍDA COMO ISENÇÃO. [...] EXIGÊNCIA DE CONVÊNIO ENTRE OS ESTADOS E O DISTRITO FEDERAL. [...] 4. A norma legal impugnada concede verdadeira isenção do ICMS, sob o disfarce de não incidência. 5. O artigo 155, § 2º, inciso XII, alínea g, da Constituição Federal, só admite a concessão de isenções, incentivos e benefícios fiscais por deliberação dos Estados e do Distrito Federal, mediante convênio. Precedentes. Ação julgada procedente, para declarar inconstitucional o inciso VI do artigo 4º da Lei 223, de 02 de abril de 1990, introduzido pela Lei 268, de 02 de abril de 1990, ambas do Estado de Rondônia" (STF, ADI 286, 2002).

– "... ART. 131, X, *D*, DA CONSTITUIÇÃO DO ESTADO DE SANTA CATARINA. HIPÓTESE DE NÃO INCIDÊNCIA DO ICMS. AUSÊNCIA DE CONVÊNIO AUTORIZATIVO. Tendo a norma sob enfoque da Carta catarinense instituído benefício relativo ao ICMS sem a prévia celebração de convênio entre os Estados e o Distrito Federal, contraria o art. 155, § 2º, XII, g, da Constituição Federal. Ação julgada procedente" (STF, ADI 260, 2002).

– Isenção nas saídas internas de veículos, máquinas e equipamentos novos destinados às prefeituras municipais, associações e sindicatos rurais. "ICMS e Vício formal. Por ofensa ao art. 155, § 2º, XII, g, da CF – que exige, em se tratando de ICMS, a celebração de convênio entre os Estados para a concessão de isenções, incentivos e benefícios fiscais –, o Tribunal deferiu medida liminar em ação direta ajuizada pelo Governador do Estado de Mato Grosso para suspender a eficácia da Lei 7.616/02, do mesmo Estado, que concede isenção do ICMS nas saídas internas de veículos, máquinas e equipamentos novos destinados às prefeituras municipais, às associações de pequenos produtores rurais e aos sindicatos de trabalhadores rurais do Estado, para serem utilizados na construção e conservação de rodovias e no atendimento ao serviço público de saúde, educação e limpeza pública. Precedentes citados: ADI 84-MG (*DJU* de 19.4.96); ADI 286-RO (*DJU* de 30.8.2002). ADI (MC) 2.599-MT, Min. Moreira Alves, 7.11.2002. (ADI-2.599)" (*Informativo* 289 do STF, 2002).

– **Cancelamento de notificações.** "... LEI ESTADUAL N. 11.393, DE 03 DE MAIO DE 2000, DO ESTADO DE SANTA CATARINA, QUE TRATA DO CANCELAMENTO DE NOTIFICAÇÕES FISCAIS EMITIDAS COM BASE NA DECLARAÇÃO DE INFORMAÇÕES ECONÔMICO--FISCAIS – DIEF, ANO BASE DE 1998. ALEGAÇÃO DE QUE TAL NORMA VIOLA O DISPOSTO NOS ARTIGOS 1º, 2º, 61, § 1º, INCISO II, ALÍNEA *b*, E 155, § 2º, INCISO XII, ALÍNEA *g*, DA CONSTITUIÇÃO FEDERAL. MEDIDA CAUTELAR (ART. 170, § 1º, DO R.I.S.T.F.). 1. Não há dúvida de que a Lei em questão anula atos administrativos, quando diz: 'Ficam canceladas as notificações fiscais emitidas com base na Declaração de Informações Econômico-Fiscais-DIEF, ano base 1998'. Ora, atos administrativos do Poder Executivo, se ilegais ou inconstitucionais, podem ser anulados, em princípio, pelo próprio Poder Executivo, ou, então, pelo Judiciário, na via própria. Não, assim, pelo Legislativo. 2. Afora isso, o art. 2º da Lei obriga o Estado a restituir, no prazo de trinta dias, os valores eventualmente recolhidos aos cofres públicos, decorrentes das notificações fiscais canceladas. 3. E tudo sem iniciativa do Poder Executivo, o que seria, em princípio, necessário, por se tratar de matéria tributária (artigo 61, II, *b*, da CF). Mesmo que se qualifique a Lei impugnada, como de anistia, que ao Legislativo caberia, em princípio, conceder (art. 48, VIII, da Constituição), não deixaria de ser uma anistia tributária, a exigir a iniciativa do Chefe do Poder Executivo. Até porque provoca repercussão no erário público, na arrecadação de tributos e, consequentemente, na Administração estadual. 4. Havendo, assim, repercussão no orçamento do Estado, diante da referida obrigação de restituir, parece violado, ao menos, o disposto no art. 165, III, da CF, quando atribui ao Poder Executivo a iniciativa da lei orçamentária anual. 5. Por fim, o cancelamento das notificações, de certa forma, traz benefício aos contribuintes de I.C.M.S., sem observância do disposto no art. 155, § 2º, XII, *g*, da CF, que exige Lei Complementar para regular sua concessão, com a ressalva do § 8º do art. 34 do A.D.C.T. 6. Estando preenchidos os requisitos da plausibilidade jurídica da Ação (*fumus boni iuris*) e do *periculum in mora*, a medida cautelar é deferida, para se suspender, *ex tunc*, a eficácia da Lei n. 11.393, de 03.05.2000, do Estado de Santa Catarina. 7. Decisão un." (STF, ADI 2.345, 2002).

– **Incentivo para empresas com pelo menos 30% dos empregados com idade superior a 40 anos. Inconstitucionalidade mesmo assim.** "Contratação de Empregados e Incentivo Fiscal. Por ofensa ao art. 155, § 2º, XII, *g*, da CF – que exige, em se tratando de ICMS, a celebração de convênio entre os Estados para a concessão de isenções, incentivos e benefícios fiscais –, o Tribunal julgou procedente em parte o pedido formulado em ação direta ajuizada pelo Governador do Estado de São Paulo para declarar

a inconstitucionalidade do item I, do § 2º, do art. 1º, da Lei estadual 9.085/95, que concedia incentivo fiscal de ICMS para pessoas jurídicas domiciliadas no referido Estado que possuíssem pelo menos 30% de seus empregados com idade superior a 40 anos. Quanto ao incentivo concedido pela Lei impugnada, nas mesmas condições, sobre o IPVA, em que se alegava ofensa ao princípio da isonomia, o Tribunal julgou improcedente o pedido, por considerar que a norma impugnada objetivou atenuar um quadro característico do mercado de trabalho brasileiro, compensando uma vantagem que os mais jovens possuem. ADI 1.276-SP." (STF, *Informativo* 280 do STF, 2002).

– **Exclusão da incidência sobre o transporte rodoviário de passageiros.** "ICMS e Transporte de Passageiros. O Tribunal julgou procedente o pedido formulado em ação direta ajuizada pelo Governador do Estado de Santa Catarina para declarar a inconstitucionalidade da alínea *d* do inciso X do art. 131 da Constituição do mesmo Estado, que excluía a incidência do ICMS sobre os serviços de transporte rodoviário de passageiros, por ofensa ao art. 155, XII, *g*, da CF, que só admite a concessão de isenções, incentivos e benefícios fiscais mediante deliberação dos Estados e do Distrito Federal, mediante lei complementar. ADI 260." (*Informativo* 274 do STF, 2002).

– **Estabelecimento de imunidade, pela Lei Orgânica do DF, sobre serviços de radiodifusão e demais serviços de telecomunicações.** "... ICMS SOBRE SERVIÇOS DE COMUNICAÇÃO: RADIODIFUSÃO SONORA E DE SONS E DE IMAGENS (ALÍNEA *A* DO INCISO XII DO ART. 21 DA CONSTITUIÇÃO FEDERAL. ARTIGO 132, I, *B*, DA LEI ORGÂNICA DO DISTRITO FEDERAL. AÇÃO DIRETA DE INCONSTITUCIONALIDADE. 1. O art. 132, I, *b*, da Lei Orgânica do Distrito Federal, ao admitir a incidência do ICMS apenas sobre os serviços de comunicação, referidos no inciso XI do art. 21 da CF, vedou sua incidência sobre os mencionados no inciso XII, *a*, do mesmo artigo, ou seja, sobre 'os serviços de radiodifusão sonora e de sons e imagens' (art. 21, XII, *a*, da CF, com a redação dada pela E.C. n. 8, de 15.08.1995). 2. Com isso, estabeleceu, no Distrito Federal, tratamento diferenciado dessa questão, em face do que ocorre nas demais unidades da Federação e do disposto no art. 155, inc. II, da CF, pelos quais o ICMS pode incidir sobre todo e qualquer serviço de comunicação. 3. Assim, ainda que indiretamente, concedeu imunidade, quanto ao ICMS, aos prestadores de serviços de radiodifusão sonora e de sons e de imagens, sem que essa imunidade estivesse prevista na Constituição Federal (art. 155, II), que, ademais, não admite que os Estados e o Distrito Federal concedam, com relação ao ICMS, nem mesmo simples isenções, incentivos e benefícios fiscais, senão com observância da Lei Complementar a que aludem o art. 155, § 2º, inciso XII, letra *g*. 4. Lei Complementar, a de n. 24, de 07.01.1975, já existia, com essa finalidade, antes, portanto, da Constituição de 05.10.1988. 5. E, a esta altura, já está em vigor a Lei Complementar n. 87, de 13.09.1996, cujo art. 1º reitera a incidência do ICMS sobre todo e qualquer serviço de comunicação, regulando também a forma pela qual os Estados e o Distrito Federal concederão isenções, incentivos e benefícios fiscais. 6. Caracterizada a concessão de imunidade não prevista na Constituição Federal, ou, ao menos, a concessão de benefício fiscal não autorizado pela Lei Complementar a que aquela se refere, julga-se procedente a Ação Direta, declarando-se a inconstitucionalidade da expressão 'de que trata o art. 21, XI, da Constituição Federal', constante da alínea *b* do inciso I do art. 132 da Lei Orgânica do Distrito Federal. 7. Plenário: decisão un." (STF, ADI 1.467, 2003).

– **Prazo especial de até cinco anos para pagamento.** "Guerra Fiscal – 1. Por ofensa ao art. 155, § 2º, XII, *g*, da CF – que exige, em se tratando de ICMS, a celebração de convênio entre os Estados para a concessão de isenções, incentivos e benefícios fiscais –, o Tribunal julgou procedente ação direta ajuizada pelo Governador do Estado de São Paulo para declarar a inconstitucionalidade da Lei 1.798/97, do Estado do Mato Grosso do Sul (na redação dada pelas Leis estaduais 2.047/99 e 2.182/00), que instituía o Programa Ações para o Desenvolvimento de Mato Grosso do Sul – PROAÇÃO, conferindo benefícios e incentivos fiscais relativos ao ICMS, e do art. 8º do Decreto 9.115/98, também do Estado do Mato Grosso do Sul, que, regulamentando o referido Programa, instituía benefício alternativo aos genericamente fixados pela Lei estadual impugnada. ADI 2.439-MS, Min. Ilmar Galvão, 13.11.2002 (ADI-2439). Guerra Fiscal – 2. Com o mesmo fundamento acima mencionado, o Tribunal, julgando procedente ação direta ajuizada pelo Governador do Estado de São Paulo, declarou a inconstitucionalidade da Lei 2.273/94, regulamentada pelo Decreto 20.326/94, ambos do Estado do Rio de Janeiro, que, entre outros benefícios fiscais, autorizava o Poder Executivo a conceder a determinados contribuintes do ICMS, nas hipóteses enumeradas, prazo especial de até cinco anos para o pagamento do imposto. ADI 1.179-SP, Min. Carlos Velloso, 13.11.2002. (ADI-1179)" (*Informativo* 290 do STF, 2002).

– **Redução de alíquota mediante concessão de crédito presumido.** O STF enfrentou ADI manejada em face de Decreto do Estado de SP que reduziu em 100% a base de cálculo de ICMS nas saídas internas de leite esterilizado (longa vida) e laticínios e que também concedeu crédito presumido de 1% do valor correspondente às aquisições de leite cru, desde que provenientes de seus produtores. Por entender que na hipótese havia verdadeira redução da alíquota do tributo sem embasamento em convênio interestadual, o STF reconheceu a inconstitucionalidade na hipótese: "INCONSTITUCIONALIDADE. Ação direta. Decreto n. 52.381/2007, do Estado de São Paulo. Tributo. Imposto sobre Circulação de Mercadorias e Serviços – ICMS. Benefícios fiscais. Redução de base de cálculo e concessão de crédito presumido, por Estado-membro, mediante decreto. Inexistência de suporte em convênio celebrado no âmbito do CONFAZ, nos termos da LC 24/75. Expressão da chamada 'guerra fiscal'. Inadmissibilidade. Ofensa aos arts. 150, § 6º, 152 e 155, § 2º, inc. XII, letra *g*, da CF. Ação julgada procedente. Precedentes. Não pode o Estado-membro conceder isenção, incentivo ou benefício fiscal, relativos ao Imposto sobre Circulação de Mercadorias e Serviços – ICMS, de modo unilateral, mediante decreto ou outro ato normativo, sem prévia celebração de convênio intergovernamental no âmbito do CONFAZ" (STF, ADI 4.152, 2011).

– "Arguição de inconstitucionalidade de lei do Distrito Federal, que mediante a instituição de crédito presumido de ICMS, re-

dundou em redução da alíquota efetiva do tributo, independentemente da celebração de convênio com afronta ao disposto no art. 155, § 2º, XII, *g*, da Constituição Federal. Ação Direta julgada procedente" (STF, ADI 1.587, 2000).

– "ICMS – Crédito presumido nas operações de saída de produtos resultantes de abate. Relevância da contestação desse benefício, perante o disposto nos artigos 155, § 2º, XII, *g* e 150, § 6º (cláusula final). Medida cautelar deferida" (STF, ADInMC 1.999-6, 1999).

– "Arguição de inconstitucionalidade de lei do Distrito Federal, que mediante a instituição de crédito presumido de ICMS, redundou em redução da alíquota efetiva do tributo, independentemente da celebração de convênio. Relevância da fundamentação jurídica do pedido baseado na alegação de afronta ao disposto no art. 155, § 2º, XII, *g*, da Constituição Federal. Cautelar deferida" (STF, ADInMC 1.587-7, 1997).

– **Moratória e transação.** "... L. estadual (RS) 11.475, de 28 de abril de 2000, que introduz alterações em leis estaduais (6.537/73 e 9.298/91) que regulam o procedimento fiscal administrativo do Estado e a cobrança judicial de créditos inscritos em dívida ativa da Fazenda Pública estadual... II – Extinção do crédito tributário: moratória e transação: implausibilidade da alegação de ofensa dos artigos 150, § 6º e 155, § 2º, XII, *g*, da CF, por não se tratar de favores fiscais. III... (STF, ADIMC 2.405, 2002).

⇒ **Isenção na venda de água, luz, telefone e gás a templos. Possibilidade sem Convênio.** "ICMS – SERVIÇOS PÚBLICOS ESTADUAIS PRÓPRIOS, DELEGADOS, TERCEIRIZADOS OU PRIVATIZADOS DE ÁGUA, LUZ, TELEFONE E GÁS – IGREJAS E TEMPLOS DE QUALQUER CRENÇA – CONTAS – AFASTAMENTO – 'GUERRA FISCAL' – AUSÊNCIA DE CONFIGURAÇÃO. Longe fica de exigir consenso dos Estados a outorga de benefício a igrejas e templos de qualquer crença para excluir o Imposto sobre Circulação de Mercadorias e Serviços nas contas de serviços públicos de água, luz, telefone e gás" (STF, Pleno, ADI 3.421, Rel. Min. Marco Aurélio, maio 2010). Sobre o conteúdo do julgado: "(Igrejas e Templos: Proibição da Cobrança de ICMS. O Tribunal julgou improcedente pedido formulado em ação direta de inconstitucionalidade ajuizada pelo Governador do Estado do Paraná contra a Lei 14.586/2004, da mesma unidade federativa, que 'proíbe a cobrança de ICMS nas contas de serviços públicos estaduais a igrejas e templos de qualquer culto', desde que o imóvel esteja comprovadamente na propriedade ou posse destes e sejam usados para a prática religiosa. Salientou-se que a proibição de introduzir-se benefício fiscal, sem o assentimento dos demais Estados, teria como objeto impedir competição entre as unidades da Federação e que isso não se daria na espécie. Asseverou-se que, na hipótese, a disciplina não revelaria isenção alusiva a contribuinte de direito, a contribuinte que estivesse no mercado, e sim a contribuintes de fato, de especificidade toda própria, isto é, igrejas e templos, observando-se, ademais, que tudo ocorreria no tocante ao preço de serviços públicos e à incidência do ICMS. Entendeu-se estar-se diante de opção político-normativa possível, não cabendo cogitar de discrepância com as balizas constitucionais relativas ao orçamento, sendo irrelevante o cotejo buscado com a Lei de Responsabilidade Fiscal, isso presente o controle abstrato de constitucionalidade. Concluiu-se que, no caso, além da repercussão quanto à receita, haveria o enquadramento na previsão da primeira parte do § 6º do art. 150 da CF, que remete isenção a lei específica ('Qualquer subsídio ou isenção, redução de base de cálculo, concessão de crédito presumido, anistia ou remissão, relativos a impostos, taxas ou contribuições, só poderá ser concedido mediante lei específica, federal, estadual ou municipal, que regule exclusivamente as matérias acima enumeradas ou o correspondente tributo ou contribuição, sem prejuízo do disposto no art. 155, § 2º, XII, g')" (*Informativo* do STF).

⇒ **Alíquota interna de 7%. Inconstitucionalidade.** "a) É compatível com a regra constitucional específica o estabelecimento da alíquota de ICMS de 7%, nas operações internas, no Estado de São Paulo, com produtos da indústria eletrônica e dados, produzidos naquela ou em outra Unidade da Federação? Não. A alíquota do ICMS nas operações internas não pode ser inferior à alíquota interestadual de 12% fixada pelo Sendo Federal. Lei estadual que preveja alíquota interna menor, sem deliberação específica de todos os Estados que o autorize, fere o artigo 155, § 2º, V e VI, além de implicar concessão de benefícios fiscal sem convênio, o que viola o artigo 155, § 2º, XII, g, e a LC-24/75" (GRECO, Marco Aurélio. ICMS – Incentivos aos bens de informática no Estado de São Paulo. *RFDT* 29/165, 2007).

⇒ **Reação aos benefícios inconstitucionais mediante lei que glosa os créditos.** É comum que os Estados prejudicados pela guerra fiscal editem leis e decretos que impeçam o aproveitamento, perante eles, de créditos apropriados com base no ICMS destacado na operação realizada no Estado de origem mas que não correspondeu a um ônus efetivo por ter deixado de ser pago forte em benefício fiscal ou financeiro oculto. Tais Estados invocam o art. 8º da LC n. 24/75 para justificar essas medidas. As empresas adquirentes de tais produtos, todavia, alegam que não pode ser glosado crédito que foi apropriado com suporte nas notas fiscais, porquanto não lhe compete fiscalizar os benefícios fiscais de que gozam as empresas fornecedores, tampouco cabe ao Estado de destino julgar a regularidade de tais benefícios. Invocam, ainda, a proteção à confiança. O STF tem entendido que o Estado prejudicado pela guerra fiscal deve buscar o reconhecimento da inconstitucionalidade do benefício que o prejudica, não lhe cabendo editar lei determinando a glosa dos créditos, porquanto seria inconstitucional e "inconstitucionalidades não se compensam". Em sentido contrário, pesa o fato de não se conseguir evitar a guerra fiscal de modo eficaz mediante a busca do reconhecimento da inconstitucionalidade das leis dos Estados de origem, na medida em que as ações demoram e que, muitas vezes, perdem seu objeto em face da revogação da lei questionada que, logo, é substituída por outra. Ademais, havendo lei do Estado de destino dizendo da glosa dos créditos provenientes de benefícios concedidos sem amparo em convênio, bem como a previsão da própria LC n. 24/75 no sentido da nulidade do ato a da ineficácia do crédito fiscal atribuído ao estabelecimento recebedor da mercadoria, não há que se falar, propriamente, em proteção da confiança do contribuinte, porquanto tem o dever de conhecer a lei a que está sujeito.

– LC n. 24/75: "Art. 8º – A inobservância dos dispositivos desta Lei acarretará, cumulativamente: I – a nulidade do ato e a ineficácia do crédito fiscal atribuído ao estabelecimento recebedor da mercadoria; II – a exigibilidade do imposto não pago ou devolvido e a ineficácia da lei ou ato que conceda remissão do débito correspondente. Parágrafo único – Às sanções previstas neste artigo poder-se-ão acrescer a presunção de irregularidade das contas correspondentes ao exercício, a juízo do Tribunal de Contas da União, e a suspensão do pagamento das quotas referentes ao Fundo de Participação, ao Fundo Especial e aos impostos referidos nos itens VIII e IX do art. 21 da Constituição federal".

– **Estorno proporcional. Tema 490 do STF:** "O estorno proporcional de crédito de ICMS efetuado pelo Estado de destino, em razão de crédito fiscal presumido concedido pelo Estado de origem sem autorização do Conselho Nacional de Política Fazendária (CONFAZ), não viola o princípio constitucional da não cumulatividade" (STF, RE 628.075, 2020). Decisão do mérito em 2020.

– "ICMS. PRINCÍPIO DA NÃO CUMULATIVIDADE. CONCESSÃO DE CRÉDITO FICTÍCIO PELO ESTADO DE ORIGEM, SEM AUTORIZAÇÃO DO CONFAZ. ESTORNO PROPORCIONAL PELO ESTADO DE DESTINO. CONSTITUCIONALIDADE. O estorno proporcional de crédito de ICMS efetuado pelo Estado de destino, em razão de crédito fiscal presumido concedido pelo Estado de origem sem autorização do Conselho Nacional de Política Fazendária (CONFAZ), não viola o princípio constitucional da não cumulatividade. (Tema 490 da repercussão geral)" (STF, RE 628.075, 2020).

– "O STF tem tratado a questão em termos de impossibilidade de medidas unilaterais, tendo em vista que o sistema constitucional prevê o meio jurisdicional para solução de conflitos entre Estados e também para a avaliação da inconstitucionalidade de leis ou atos normativos estaduais. Há então uma reserva de jurisdição para a solução da guerra fiscal, à qual não pode se sobrepor o Poder Legislativo ou Executivo dos Estados. [...] o Decreto paulista n. 58.918/2013 é absolutamente inconstitucional e afronta o Supremo Tribunal federal que proibiu aos Estados-Membros da Federação 'fazer justiça com as próprias mãos', ensejando reclamação constitucional, além de mandados de segurança" (COÊLHO, Sacha Calmon Navarro; DERZI, Misabel Abreu Machado. Direito de creditamento do ICMS constante de nota fiscal regularmente paga. *RDDT* 222/165, 2014).

– "É frequente que alguns Estados concedam benefícios sem esperar a aprovação dos convênios ou o façam por meio de decreto, o que acarreta sua inconstitucionalidade. Ocorre que vários Estados optaram por não esperar as decisões judiciais acerca de tais normas e passaram a exigir que os contribuintes cancelem os créditos contabilizados quando da aquisição de mercadorias beneficiadas pelos créditos tributários fictícios concedidos no Estado de origem, uma vez que não correspondem a cobranças efetivas. Seis argumentos justificam tais restrições administrativas ao aproveitamento dos créditos tributários fictícios, sendo que os cinco primeiros também se aplicam aos benefícios válidos: 1 – a concorrência desleal decorrente da diferença de carga tributária...; 2 – o dever de tratamento isonômico previsto no mencionado art. 152 da Constituição; 3 – a ofensa ao texto dos arts. 155, § 2º, inciso I, da Constituição, 19 e 20, da Lei Complementar n. 87/1996, que só preveem a compensação do imposto com o valor cobrado em relações anteriores, o que afasta o direito ao crédito quando o imposto for apenas mencionado na nota fiscal, mas sua cobrança tiver sido dispensada por lei do Estado remetente; 4 – ofensa ao princípio do federalismo, pois os creditamentos fictícios acarretam a extensão da eficácia de leis de um Estado ao território de outro; 5 – a mera anuência com o benefício a ser concebido por outro Estado não significa que os demais estejam assumindo os ônus financeiros correspondentes, o que só seria possível se expresso em lei emanada de cada Estado destinatário; 6 – a inconstitucionalidade de alguns dos benefícios, porque não precedidos de convênios ou por serem veiculados por decreto ou até por atos administrativos. Entretanto, a jurisprudência desconsidera os cinco primeiros argumentos e restringe o debate à mera validade das leis concessivas de benefícios, afirmando serem amplamente eficazes em relação aos demais Estados enquanto não houver decisão contrária afirmando a inconstitucionalidade" (WEISS, Fernando Lemme. O conflito fiscal federativo e seu equacionamento. *RDDT* 228/42, 2014, p. 47-48).

– "Não é obrigatória a ciência pelos contribuintes do Estado de destino do regime especial concedido para contribuintes no Estado de origem, pois vige em todo o ordenamento jurídico o princípio da boa-fé ligado com o princípio da segurança jurídica, donde emana a ideia de previsibilidade e lealdade nas ações do Estado. Assim, se determinado ente federado produz norma de regime especial de ICMS, leva os contribuintes a confiadamente realizarem atos de disposição e, mesmo porque o Estado de destino não pode impor o dever aos contribuintes adquirentes de mercadorias ou tomadores de serviços à confirmação com seus fornecedores, a cada operação realizada, do pagamento do ICMS da operação anterior, ou da legalidade de benefícios fiscais do Estado de origem, antes de creditar o ICMS incidente e destacado na nota fiscal, isto equivaleria a transformar o contribuinte em seu fiscal..." (MEDINA, Jefferson Marcos Biagini. A impossibilidade da glosa unilateral de créditos de ICMS pelo Estado de destino nas hipóteses de concessão de benefício fiscal sem amparo em convênio pelo Estado de origem. *RDDT* 220/75, 2014).

– "O 'Estado de destino' pode/deve, sem ser necessária a interveniência do Judiciário, determinar a 'ineficácia' do crédito (destacado e não 'cobrado'), porque os Estados-Membros têm a competência legislativa (plena) para criar e disciplinar o ICMS, inclusive naquilo que disser respeito à apuração e à escrituração do tributo em seu território. Em outras palavras, o Estado (de destino) tão somente detecta que o valor destacado não foi efetivamente 'cobrado' e estabelece que, para fins de apuração de ICMS, em seu território, o crédito a ser levado à escrita fiscal deve ser X e não o valor Y determinado pelo 'Estado de origem', ou seja, o 'Estado de destino' considera (se for o caso) ineficaz o

crédito presumido estabelecido por outro Estado (de origem). A propósito, tomando-se a exata e precisa dicção constitucional, deve-se deixar gizado que a norma da não cumulatividade determina que o valor a ser levado a crédito é o valor 'cobrado' na operação anterior e não o valor 'destacado' no documento fiscal. O art. 8º da LC 24/1975... oferece lastro jurídico suficiente para a legislação estadual. Mais do que isso, o dispositivo é adequado, razoável e suficiente para debelar quaisquer 'guerras fiscais' internas, compatibilizando a estrutura do ICMS estadual com o princípio federativo. [...] Nos termos da norma da não cumulatividade, a dedução permitida tão somente corresponde à carga tributária que sobrecarregou a operação anterior. Se não há débito ou se este não equivale ao que está destacado da nota fiscal, a compensação deve corresponder à carga efetiva e não à carga aparente. Os benefícios antijurídicos concedidos na chamada 'guerra fiscal' fazem com que os valores destacados no documento fiscal traduzam, com o perdão da expressão, uma informação 'ideologicamente falsa', uma vez que não refletem o que foi efetivamente 'cobrado', exatamente em razão dos benefícios 'camuflados' concedidos. Por vezes, é preciso que se diga, a falsidade à ardilosa, pois o 'Estado de origem', ao invés de conceder redução de base de cálculo ou isenção (o que repercutiria diretamente no valor lançado a débito pela operação própria), prevê o lançamento de valores, na escrita fiscal, como crédito, além dos reais" (KALUME, Célio Lopes; BATISTA JÚNIOR, Onofre Alves. A não cumulatividade e a necessidade de estorno de créditos de ICMS decorrentes de benefícios fiscais. *RDDT* 215/39, 2013).

- Vide: CASQUET, Pedro Guilherme Modenese; VICECONTI, Andressa Vianna Santos. Reflexões sobre o atual entendimento jurisprudencial sobre a guerra fiscal e sobre a (definitiva) solução do problema. *RDDT* 221/110, 2014.

- Vide: LESSA, Donovan Mazza; JORGE, Alexandre Teixeira. Guerra fiscal do ICMS e a glosa unilateral de créditos: um "controle de constitucionalidade" em sede administrativa. *RDDT* 232/55, 2015.

– Decreto que considera não cobrado o ICMS, conforme a procedência e autoriza crédito de 7%. Inconstitucionalidade. "1. O Decreto n. 989/203 do Estado do Mato Grosso, considera como não tendo sido cobrado o ICMS nas hipótese em que a mercadoria for adquirida nos Estados do Espírito Santo, de Goiás, de Pernambuco e no Distrito Federal. 2. O contribuinte é titular de direito ao crédito do imposto pago na operação precedente. O crédito há de ser calculado à alíquota de 7% se a ela efetivamente corresponder o percentual de tributo incidente sobre essa operação. Ocorre que, no caso, a incidência dá-se pela alíquota de 12%, não pela de 7% autorizada ao contribuinte mato-grossense" (STF, Plenário, ADI 3.312-3, Min. Eros Grau). Obs.: na *RET* 57/210, set.-out. 2007, há comentário de Fernando Dantas Casillo Gonçalves a esta decisão do STF.

– No sentido de que caberia ao Estado lesado buscar a inconstitucionalidade da lei do outro Estado. "ICMS. OPERAÇÃO INTERESTADUAL. CONCESSÃO DE CRÉDITO PRESUMIDO AO FORNECEDOR NA ORIGEM. PRETENSÃO DO ESTADO DE DESTINO DE LIMITAR O CREDITAMENTO DO IMPOSTO AO VALOR EFETIVA-

MENTE PAGO NA ORIGEM. DESCONSIDERAÇÃO DO BENEFÍCIO FISCAL CONCEDIDO. IMPOSSIBILIDADE. COMPENSAÇÃO. LEI. AUTORIZAÇÃO. AUSÊNCIA... 3. Na hipótese, o Secretário de Estado da Fazenda possui legitimidade para figurar no feito, porquanto, nos termos do art. 22 da Lei Complementar Estadual n. 14/92, compete-lhe proceder à arrecadação e à fiscalização da receita tributária, atribuições que se relacionam diretamente com a finalidade buscada na ação mandamental. 4. O benefício de crédito presumido não impede o creditamento pela entrada nem impõe o estorno do crédito já escriturado quando da saída da mercadoria, pois tanto a CF/88 (art. 155, § 2º, II) quanto a LC 87/96 (art. 20, § 1º) somente restringem o direito de crédito quando há isenção ou não tributação na entrada ou na saída, o que deve ser interpretado restritivamente. Dessa feita, o creditamento do ICMS em regime de não cumulatividade prescinde do efetivo recolhimento na etapa anterior, bastando que haja a incidência tributária. 5. Se outro Estado da Federação concede benefícios fiscais de ICMS sem a observância das regras da LC 24/75 e sem autorização do CONFAZ, cabe ao Estado lesado obter junto ao Supremo, por meio de ADIn, a declaração de inconstitucionalidade da lei ou ato normativo de outro Estado – como aliás foi feito pelos Estados de São Paulo e Amazonas nos precedentes citados pela Ministra Eliana Calmon – e não simplesmente autuar os contribuintes sediados em seu território. Vide ainda: ADI 3312, Rel. Min. Eros Grau. *DJ*. 09.03.07 e ADI 3389/MC, Rel. Min. Joaquim Barbosa. *DJ* 23.06.06)" (STJ, RMS 31.714, 2011).

– "A ineficácia do crédito... não é providência autônoma que possa ser isoladamente deflagrada. Trata-se de decorrência da nulidade do ato emanado do Estado de origem. Leis e atos normativos estaduais estão protegidos pela presunção de constitucionalidade que só pode ser afastada por pronunciamento específico do Poder Judiciário, no caso o Supremo Tribunal Federal. [...] A Constituição Federal consagra uma Federação solidária em que todos os Estados estão em posição de igualdade, o que impede sejam adotados atos unilaterais de bloqueio ou neutralização da eficácia da legislação alheia. O Poder Judiciário é a Instituição nacional competente para editar decisões que inibam a eficácia de quaisquer leis ou atos normativos estaduais. Antes do seu pronunciamento em ação proposta pelo Estado que se julgar afetado (ADI o ACO), qualquer ato unilateral estadual que impute à legislação alheia a pecha de violadora da Constituição ou da LC n. 24/75 agride o Pacto Federativo" (GRECO, Marco Aurélio. ICMS. Glosa unilateral de créditos por operações interestaduais... *RDDT* 148, 2008).

– **Remissão autorizada por Convênio. Tema 817 do STF:** "É constitucional a lei estadual ou distrital que, com amparo em convênio do CONFAZ, conceda remissão de créditos de ICMS oriundos de benefícios fiscais anteriormente julgados inconstitucionais". Decisão do mérito em 2021.

– "ICMS. BENEFÍCIOS FISCAIS JULGADOS INCONSTITUCIONAIS. REMISSÃO DE CRÉDITOS TRIBUTÁRIOS PRECEDIDA DE CONVÊNIOS. POSSIBILIDADE. 1. Recurso extraordinário com repercussão geral reconhecida para definir se é constitucional que os Estados e o Distrito Federal, com amparo em convênios do CONFAZ, concedam remissão

de créditos de ICMS oriundos de benefícios fiscais declarados inconstitucionais. 2. O ICMS é imposto de competência dos Estados e do DF, mas, devido a seu potencial lesivo ao pacto federativo, a Constituição determinou que cabe ao legislador complementar estabelecer a forma como são concedidos e revogados benefícios fiscais a ele relacionados, a fim de impedir a guerra fiscal. O legislador complementar, por sua vez, previu a obrigatoriedade de autorização do CONFAZ, mediante convênio, como pressuposto de validade da lei estadual de desoneração. 3. No caso ora em julgamento, a lei distrital concedeu a remissão de créditos de ICMS devidamente autorizada por dois convênios do CONFAZ. Indevida, portanto, a intervenção desta Corte para limitar a autonomia dos entes quando eles atuam dentro das balizas constitucionais. 4. A hipótese não se confunde com constitucionalização superveniente, uma vez que a lei distrital impugnada não convalidou as leis anteriormente julgadas inconstitucionais. O Distrito Federal apenas concedeu novo benefício fiscal amparado em convênios do CONFAZ. 5. Desprovimento do recurso extraordinário, reconhecendo-se a constitucionalidade da Lei do Distrito Federal n. 4.732/2011, com a redação dada pela Lei n. 4.969/2012, com a fixação da seguinte tese: 'é constitucional a lei estadual ou distrital que, com amparo em convênio do CONFAZ, conceda remissão de créditos de ICMS oriundos de benefícios fiscais anteriormente julgados inconstitucionais'" (STF, RE 851.421, 2022).

• Vide a LC n. 160/2017.

h) definir os combustíveis e lubrificantes sobre os quais o imposto incidirá uma única vez, qualquer que seja a sua finalidade, hipótese em que não se aplicará o disposto no inciso X, *b;*

⇒ **EC n. 33/2001.** Alínea *h* acrescentada pela EC n. 33, publicada em 12 de dezembro de 2001.

– **Regra transitória.** Eis o art. 4º da EC n. 33/2001: "Art. 4º Enquanto não entrar em vigor a lei complementar de que trata o art. 155, § 2º, XII, *h*, da Constituição Federal, os Estados e o Distrito Federal, mediante convênio celebrado nos termos do § 2º, XII, *g*, do mesmo artigo, fixarão normas para regular provisoriamente a matéria".

⇒ **LC n. 192/2022.** A LC n. 192/2022 "Define os combustíveis sobre os quais incidirá uma única vez o Imposto sobre Operações Relativas à Circulação de Mercadorias e sobre Prestações de Serviços de Transporte Interestadual e Intermunicipal e de Comunicação (ICMS), ainda que as operações se iniciem no exterior". Sua disciplina abrange gasolina e etanol anidro combustível, diesel e biodiesel e gás liquefeito de petróleo, inclusive o derivado do gás natural.

i) fixar a base de cálculo, de modo que o montante do imposto a integre, também na importação do exterior de bem, mercadoria ou serviço.

⇒ **EC n. 33/2001.** Alínea *i* acrescentada pela EC n. 33, publicada em 12 de dezembro de 2001.

– Nesta alínea está refletida a ampliação da base econômica do ICMS na importação, realizada pela EC n. 33/2001 mediante alteração na alínea *a* do inciso IX do § 2º deste artigo 155, conforme ressaltado nas notas respectivas. Alcançando, agora, também a importação de "bem", torna-se desnecessário que a coisa móvel importada seja destinada à mercancia para que se sujeite ao ICMS.

⇒ **ICMS na base de cálculo do próprio ICMS. Possibilidade.** O ICMS incide por dentro. O STF já consolidou posição nesse sentido em sede de repercussão geral.

– **Tema 214 do STF:** "I – É constitucional a inclusão do valor do Imposto sobre Circulação de Mercadorias e Serviços – ICMS na sua própria base de cálculo".

– "[...] ICMS. Inclusão do montante do tributo em sua própria base de cálculo. Constitucionalidade. Precedentes. A base de cálculo do ICMS, definida como o valor da operação da circulação de mercadorias (art. 155, II, da CF/1988, c/c arts. 2º, I, e 8º, I, da LC 87/1996), inclui o próprio montante do ICMS incidente, pois ele faz parte da importância paga pelo comprador e recebida pelo vendedor na operação. A Emenda Constitucional n. 33, de 2001, inseriu a alínea *i* no inciso XII do § 2º do art. 155 da Constituição Federal, para fazer constar que cabe à lei complementar 'fixar a base de cálculo, de modo que o montante do imposto a integre, também na importação do exterior de bem, mercadoria ou serviço'. Ora, se o texto dispõe que o ICMS deve ser calculado com o montante do imposto inserido em sua própria base de cálculo também na importação de bens, naturalmente a interpretação que há de ser feita é que o imposto já era calculado dessa forma em relação às operações internas. Com a alteração constitucional a Lei Complementar ficou autorizada a dar tratamento isonômico na determinação da base de cálculo entre as operações ou prestações internas com as importações do exterior, de modo que o ICMS será calculado 'por dentro' em ambos os casos" (STF, RE 582.461, 2011).

– "ICMS. Cálculo por dentro... 1. A base de cálculo do ICMS, definida como o valor da operação de circulação de mercadorias, inclui o próprio montante do ICMS incidente" (STF, ARE 897.254 AgR, 2015).

– "TRIBUTÁRIO. ICMS. BASE DE CÁLCULO. A base de cálculo do Imposto Sobre Circulação de Mercadorias e Prestação de Serviços é o valor da operação, em cujo montante está embutido o próprio tributo (LC 87/96, art. 13, § 1º). Aquele que paga pelo serviço suporta o respectivo preço e também o imposto, de modo que a soma de um e de outro constitui a base de cálculo do tributo. Espécie em que, tendo prestado o serviço sem repassar a carga do tributo, o sujeito passivo da obrigação tributária responde pelo pagamento do imposto" (STJ, EREsp 1.190.858, 2013).

– **Lançamento de ofício de ICMS não destacado.** O cálculo por dentro não autoriza que seja considerado como base valor superior ao valor da operação. ".. a Fazenda Pública do Estado da Bahia – em atitude inédita – passou a majorar a base de cálculo do ICMS ao autuar contribuinte que, no momento da venda da mercadoria ou da prestação do serviço tributável, não procedem à recolha do imposto devido, tampouco destacando-o em nota fiscal, por entenderem (por qualquer razão) que, naquela operação ou prestação de serviço, não haveria a incidência do tributo estadual. ... Ao fiscalizar o contribuinte, o Estado da Bahia majorou o valor da operação (base de cálculo para cobrança do imposto), nele acrescentando o ICMS que entendia devido para, então, alcançar o preço que, a seu ver, deveria ter sido cobrado caso, desde o início, o ICMS tivesse composto o valor da operação. Ora... o STF, ao legitimar o cálculo 'por dentro' do ICMS, deixou bastante claro que o preço é um dado objetivo e corresponde ao montante cobrado pela operação. Do mesmo modo que os Ministros da Suprema Corte vedaram a exclusão do imposto de sua base de cálculo, o mesmo raciocínio conduz à censura da conduta do Estado da Bahia em pretender incluir qualquer elemento estranho ao valor da operação já praticada pelo contribuinte. No entanto, sob a justificativa de estar aplicando o cálculo 'por dentro', a fiscalização adotou como base de cálculo do ICMS não o preço cobrado do consumidor, mas, sim, o resultado da soma do preço (valor da operação) com o próprio ICMS, sobre o qual fez então incidir a alíquota do imposto. Ao somar o imposto devido à receita auferida e fazê-lo incidir sobre este total estava o fisco, a seu ver, realizando o cálculo 'por dentro'. Em outras palavras: o Estado tratou o preço cobrado pela empresa de seus clientes como líquido de imposto e, arbitrando nova base de cálculo, acrescentou o ICMS ao valor da operação como forma de (supostamente) atender à regra de que 'o ICMS incide sobre si mesmo'. [...] a base de cálculo do ICMS é o valor da operação, sem qualquer dedução (e, por conseguinte, tampouco qualquer adição). Tratam-se, afinal, das duas faces da mesma moeda: se nada se pode abater, pois o que vale é o montante cobrado na operação, tampouco se pode adicional qualquer quantia à base tributável" (MOREIRA, André Mendes; TEIXEIRA, Alice Gontijo Santos. O cálculo por dentro do ICMS: entre a indesejada tradição e a inconstitucional inovação. *RDDT* 219/17, 2013).

– **Cobrança do ICMS por dentro e do IPI por fora.** "... e a Lei Complementar n. 87/96, também praticamente repetindo o mesmo texto do DL 406, no inciso I do § 1º do seu artigo 13, assim dispõe: § 1º – Integra a base de cálculo do imposto: I o montante do próprio imposto, constituindo o respectivo destaque mera indicação para fins de controle. [...] Tal regramento destina-se, apenas, para determinar que o ICMS deve ser embutido no preço total da operação (por dentro), e não destacado e adicionado ao preço (por fora), ou seja, para caracterizar o ICMS como um imposto indireto (cujo encargo é transferido ao consumidor) cobrado por dentro do preço, diferenciando-o do IPI, que também se trata de um imposto indireto, mas cobrado por fora. A título de mero auxílio para melhor entendimento, demonstramos a diferença na técnica da tributação entre esses dois impostos com os seguintes exemplos: 1º) ICMS em uma venda de mercadoria pelo preço de R$ 18.000,00, esse será o valor constante da nota fiscal; o ICMS, de 18%, ou seja, de R$ 3.240,00, já está incluído no preço, mas é destacado em um espaço apropriado, para mero controle o consumidor somente paga R$ 18.000,00, vez que o imposto já está embutido no preço, ou seja, já integra sua base de cálculo; 2º) IPI em uma venda de produto industrializado pelo preço de R$ 18.000,00, esse será o preço do produto constante da nota fiscal, mas o IPI, de 18% ..., ou seja, de R$ 3.240,00, será adicionado ao preço do produto, e também destacado em um espaço apropriado o consumidor pagará o valor total de R$ 21.240,00, vez que o imposto não está embutido no preço, ou seja, não integra a base de cálculo. Essa diferença entre a cobrança por dentro e por fora é de grande importância, visto que o IPI, por ser cobrado por fora, não integra o faturamento da empresa para fins de incidência do PIS, da COFINS e do IRPJ, enquanto que o ICMS, ao contrário, por ser cobrado por dentro, integra o faturamento da empresa, sobre ele incidindo esses tributos, o que já foi, até, sumulado pelo E. STJ (Súmulas ns. 68 e 94)" (QUEIROZ REGINA, José Eduardo. Da ilegalidade da forma de cálculo do ICMS incidente sobre fornecimento de energia elétrica pelas concessionárias paulistas. *Rep. IOB de Jur./98*, Verbete 1/12414).

• Vide nota ao art. 47, II, *a*, do CTN acerca do IPI.

– No sentido de que configuraria bitributação. Neste sentido, a ressalva da posição pessoal do Min. Marco Aurélio por ocasião do julgamento, pela 2ª T. do STF, do RE 249.864-5/SP, em março de 2000. Foi ele o relator, curvando-se à posição da maioria, mas sem deixar de referir seu entendimento pessoal em longo voto que serve de referência para a posição contrária. Está transcrito na 6ª edição desta obra.

– "A questão do cálculo por dentro do ICMS é antiga, sendo certo que, já na vigência da Constituição de 1.967, existia a determinação de que o montante do ICM deveria integrar sua própria base de cálculo, conforme dispunha o art. 2º, § 7º do Decreto-lei n. 406/68. O art. 14 do Convênio 66/88 e, mesmo mais recentemente, o art. 13 da Lei Complementar n. 87/96, Lei Nacional do ICMS, repisaram tal prescrição. O cálculo por dentro consubstancia, assim, norma infraconstitucional que prevê a inclusão do montante do imposto (alíquota) na base de cálculo do ICMS. A inclusão do valor da alíquota do montante correspondente à obrigação tributária na base de cálculo seria, então, peculiaridade atinente ao ICMS e, por isso, lícita do ponto de vista constitucional. [...] sobre uma operação relativa à circulação de mercadorias no valor de R$ 100,00 (art. 24), operação esta que se concretizou na saída da mercadoria (art. 2º) do estabelecimento (art. 23) do sujeito passivo (art. 7º), este deve pagar ICMS a alíquota de 18% (art. 34), ou seja, R$ 18,00. O conteúdo, objeto da relação jurídica tributária em comento equivale, portanto, a R$ 18,00. Nesse passo, contudo, sem que tenha irrompido um novo fato jurídico tributário, o Fisco aplica o art. 33 da Lei 6.374/89, subvertendo, de uma só vez, a base de cálculo e a alíquota, ao determinar a inclusão do montante do imposto (alíquota) em sua própria base de cálculo, criando, assim, uma nova obrigação para o mesmo fato imponível: sobre a base de cálculo (R$ 100,00) mais o valor correspondente a alíquota (R$ 18,00) deve incidir, novamente, a alíquota. [...] A nova incidência fica cabalmente demonstrada quando se nota que 18% de 18% é 3,24%, justamente o percentual cobrado a maior em clara e inarredável bitributação" (UELZE, Hugo Barroso. ICMS: Cálculo por dentro. *Rep. IOB de Jur./98*, Verbete 1/12513).

⇒ **Outras rubricas na base de cálculo.** Questiona-se se determinadas despesas vinculadas à operação integram o respectivo valor e, pois, a base de cálculo do ICMS.

– Descontos incondicionais e bonificações. Não inclusão, salvo na substituição tributária. Súmula 457 do STJ: "Os descontos incondicionais nas operações mercantis não se incluem na base de cálculo do ICMS". *DJe* set. 2010.

– "ICMS – MERCADORIAS DADAS EM BONIFICAÇÃO – ESPÉCIE DE DESCONTO INCONDICIONAL – INEXISTÊNCIA DE OPERAÇÃO MERCANTIL – ART. 13 DA LC 87/96 – NÃO INCLUSÃO NA BASE DE CÁLCULO DO TRIBUTO. 1. A matéria controvertida, examinada sob o rito do art. 543-C do Código de Processo Civil, restringe-se tão somente à incidência do ICMS nas operações que envolvem mercadorias dadas em bonificação ou com descontos incondicionais; não envolve incidência de IPI ou operação realizada pela sistemática da substituição tributária. 2. A bonificação é uma modalidade de desconto que consiste na entrega de uma maior quantidade de produto vendido em vez de conceder uma redução do valor da venda. Dessa forma, o provador das mercadorias é beneficiado com a redução do preço médio de cada produto, mas sem que isso implique redução do preço do negócio. 3. A literalidade do art. 13 da Lei Complementar n. 87/96 é suficiente para concluir que a base de cálculo do ICMS nas operações mercantis é aquela efetivamente realizada, não se incluindo os 'descontos concedidos incondicionais'. 4. A jurisprudência desta Corte Superior é pacífica no sentido de que o valor das mercadorias dadas a título de bonificação não integra a base de cálculo do ICMS... Recurso especial provido para reconhecer a não incidência do ICMS sobre as vendas realizadas em bonificação. Acórdão sujeito ao regime do art. 543-C do Código de Processo Civil e da Resolução 8/2008 do Superior Tribunal de Justiça" (STJ, REsp 1.111.156, 2009).

– "ICMS. SUBSTITUIÇÃO TRIBUTÁRIA. BONIFICAÇÃO. Trata-se, no caso, da base de cálculo a ser considerada em regime de substituição tributária quando o contribuinte substituto concede descontos incondicionais em sua própria operação. A Turma, ao prosseguir o julgamento, por maioria, manteve seu entendimento de que, embora as mercadorias dadas em forma de bônus não integrem a base de cálculo do tributo, considera-se devido o ICMS no regime de substituição tributária, já que não se pode presumir a perpetuação da bonificação na cadeia de circulação no sentido de beneficiar igualmente o consumidor final. Na hipótese de bonificação – concessão de mais mercadorias pelo mesmo preço –, há favorecimento tão somente ao partícipe imediato da cadeia de circulação (próximo contribuinte na cadeia), a não ser que a bonificação seja estendida a toda a cadeia até atingir o consumidor final, o que demandaria prova da repercussão. O mesmo se pode dizer da existência do desconto incondicionado na operação por conta do próprio substituto. Precedente citado: REsp 993.409-MG, *DJe* 21/5/2008. REsp 1.167.564-MG, Rel. Min. Eliana Calmon, julgado em 5/8/2010" (*Informativo* STJ/2010).

• Vide as discussões sobre a incidência ou não de IPI sobre as bonificações, em notas ao art. 47, II, *a*, do CTN.

– Contra. "Incide o ICM sobre as bonificações em mercadorias nas vendas de produtos farmacêuticos, pois, na espécie, ocorre circulação de mercadoria com transferência de sua propriedade, e gravame fiscal para o consumidor" (STF, RE 89.692, 1979).

– Encargos financeiros. Venda financiada *x* venda a prazo. "ICMS. INCIDÊNCIA. VENDAS A PRAZO... 1. É ilegítima a diferenciação entre operações de venda à vista e a prazo, para fins de incidência de ICMS" (STF, RE 329527 AgR-segundo, 2013).

– "3. Incidência do ICMS nas vendas a prazo. Constitucionalidade" (STF, AI 767.241 AgR, 2013).

– "ICMS. ENCARGOS FINANCEIROS INCORPORADOS AOS PREÇOS DAS MERCADORIAS NAS VENDAS A PRAZO. INCIDÊNCIA. PRECEDENTES... 1. A jurisprudência do Supremo Tribunal Federal, que me parece juridicamente correta, considera legítima a não diferenciação entre operações de venda à vista e a prazo, para fins de incidência de ICMS" (STF, RE 278.071 AgR, 2011).

– Súmula 237 do STJ : Nas operações com cartão de crédito, os encargos relativos ao financiamento não são considerados no cálculo do ICMS.

– Súmula 395 do STJ: O ICMS incide sobre o valor da venda a prazo constante da nota fiscal.

– "ICMS. VENDA A PRAZO. INCLUSÃO DOS ENCARGOS FINANCEIROS NA BASE DE CÁLCULO. A Primeira Seção, no julgamento do REsp n. 1.106.462, SP, relator o Ministro Luiz Fux, sob o regime do art. 543-C do CPC, decidiu que a base de cálculo do ICMS sobre a venda a prazo, sem a intermediação de instituição financeira, é o valor total da operação" (STJ, AgRg no AREsp 202.174, 2013).

– "ICMS. ENCARGOS DECORRENTES DE FINANCIAMENTO. SÚMULA 237 DO STJ. ENCARGOS DECORRENTES DE 'VENDA A PRAZO' PROPRIAMENTE DITA. INCIDÊNCIA. BASE DE CÁLCULO. VALOR TOTAL DA VENDA...1. A 'venda financiada' e a 'venda a prazo' são figuras distintas para o fim de encerrar a base de cálculo de incidência do ICMS, sendo certo que, sobre a venda a prazo, que ocorre sem a intermediação de instituição financeira, incide ICMS. 2. A 'venda a prazo' revela modalidade de negócio jurídico único, cognominado compra e venda, no qual o vendedor oferece ao comprador o pagamento parcelado do produto, acrescendo-lhe um *plus* ao preço final, razão pela qual o valor desta operação integra a base de cálculo do ICMS, na qual se incorpora, assim, o preço 'normal' da mercadoria (preço de venda à vista) e o acréscimo decorrente do parcelamento... 3. A venda financiada, ao revés, depende de duas operações distintas para a efetiva 'saída da mercadoria' do estabelecimento (art. 2º do DL 406/68), quais sejam, uma compra e venda e outra de financiamento, em que há a intermediação de instituição financeira, aplicando-se-lhe o enunciado da Súmula 237 do STJ: 'Nas operações com cartão de crédito, os encargos relativos ao financiamento não são considerados no cálculo do ICMS'. ... 8. Recurso especial parcialmente conhecido e, nesta parte, desprovido. Acórdão submetido ao regime do art. 543-C do CPC e da Resolução STJ 08/2008. Proposição de verbete sumular" (STJ, REsp 1.106.462, 2009).

– "... COMPRA E VENDA. FINANCIAMENTO. ICMS. BASE DE CÁLCULO. 1. A Nota Fiscal entregue ao comprador é o documento onde demonstra-se a operação de compra e venda, na saída da mercadoria, expressando o valor para a incidência do ICMS. Compra e venda e financiamento são negócios jurídicos distintos. Os encargos financeiros são desconsiderados na base de cálculo do ICMS. 2. Precedentes iterativos (STF e STJ). 3. Recurso provido" (STJ, REsp 130.017, 1999).

– STF. RE 101.103-RS, relator Min. Aldir Passarinho: o ICMS não incide sobre os encargos financeiros da chamada venda financiada, que compreende, em realidade, dois negócios jurídicos, o de compra e venda e o de financiamento.

– "Se o contrato de financiamento é feito pelo comprador com terceiro, evidentemente os juros e demais custos financeiros não integram a base de cálculo do ICMS. É que neste caso a operação da qual decorre a saída da mercadoria é apenas consubstanciada pelo contrato de compra e venda. O financiamento, embora de algum modo relacionado com a compra e venda, é consubstanciado em contrato inteiramente autônomo – contrato que não se confunde com o de compra e venda, nem permite ao vendedor a prática de fraude consistente na redução do preço da mercadoria com a elevação correspondente dos custos financeiros. [...] Situação mais delicada é a que se configura no caso de serem os contratos de compra e venda e de financiamento, firmados pelas mesmas partes. Em cada uma das operações das quais decorre a circulação de mercadorias do estabelecimento dos contribuintes, podem existir dois contratos entre o vendedor e o comprador da mercadoria: um contrato de compra e venda e um contrato de financiamento. No contrato de compra e venda fica pactuado o preço da mercadoria. E no contrato de financiamento, os juros e outros encargos financeiros. Sempre que tais contratos são celebrados pelas mesmas partes, de um lado o vendedor, que é também o financiador, e de outro o comprador, que é também o tomador do crédito, a lei manda que se considere um único valor para a operação, representado pela soma do preço da mercadoria e dos juros. Essa é a regra que tem por finalidade evitar a fraude consistente no subfaturamento da mercadoria. Entretanto, se assegurada ao comprador a opção pelo pagamento do preço a vista em até 30 dias, os acréscimos financeiros não integram a base de cálculo. Tal opção é na verdade o elemento decisivo. A rigor, fica estabelecido o preço de venda a vista, podendo o pagamento ser feito em até 30 dias. Se o comprador não fizer o pagamento nesse prazo, optando pelo financiamento que o vendedor lhe concede, pagará os custos do financiamento que, neste caso, não integram a base de cálculo do imposto. [...] Os encargos financeiros, e tal caso, são assumidos por opção do comprador, o que afasta inteiramente a possibilidade da prática de fraude pelo vendedor" (MACHADO, Hugo de Brito. A base de cálculo do ICMS nas vendas a prazo. *RDDT* 194/63, 2011).

– "A própria Lei Complementar n. 87/96 estabelece, em seu art. 13, inciso I, que na saída da mercadoria, a base de cálculo do imposto é o valor da operação. [...] Não há, portanto, como se pretender que os encargos financeiros decorrentes de uma operação de financiamento sejam incluídos na base de cálculo do ICMS. Esses valores (encargos financeiros) não serão valor da operação na saída da mercadoria, ainda mais se considerarmos que o fato gerador do ICMS é considerado do tipo instantâneo, que se perfaz em um dado momento de tempo. [...] Ora, o negócio jurídico (compra e venda) está perfeito e acabado no momento em que o cliente compra a mercadoria e é emitido o competente documento fiscal. Eventual operação de financiamento posterior não tem o condão de alterar a situação jurídica nesse momento constituída" (MARREY JR., Pedro Luciano; TOLEDO, José Eduardo Tellini. *RDT* 70/224-228).

– Valor do frete na substituição tributária pra frente. Vide nota ao art. 150, § 7º, da CF.

⇒ Pauta fiscal. "Nos termos da regra da legalidade e dos princípios da capacidade contributiva e da vedação do uso de tributo com efeito de confisco (arts. 145, § 1º, 150, I e IV da Constituição), o cálculo do valor devido a título de tributo deve guardar estrita correspondência com a grandeza econômica expressa no fato gerador. A utilização de presunções e ficções legais somente tem cabimento nas hipóteses expressamente autorizadas em lei e, em princípio, não podem exasperar a carga tributária de modo a anular ou amesquinhar a vantagem econômica proveniente da atividade. Em outras palavras, a utilização da pauta fiscal deve ser motivada, e faz parte de tal motivação registro da idoneidade dos meios utilizados para se chegar aos valores presumidos para compor a base de cálculo do tributo" (STF, AI 632.847, decisão monocrática do Min. Joaquim Barbosa, ago. 2010).

– "ICMS. BASE DE CÁLCULO. SUBSTITUIÇÃO TRIBUTÁRIA PROGRESSIVA. O preço final a consumidor sugerido e divulgado pelo fabricante em revista especializada (ABCFARMA) pode figurar como base de cálculo do ICMS a ser pago pelo contribuinte sujeito ao regime de substituição tributária progressiva nos termos do art. 8º, § 3º, da LC n. 87/1996. Isso não se confunde com a cobrança de ICMS mediante pauta fiscal vedada pela Súm. n. 431-STJ. Precedentes citados do STF: RE 213.396-SP, *DJ* 1º/12/2000; RE 194.382-SP, *DJ* 25/4/2003; do STJ: REsp 1.192.409-SE, *DJe* 1º/7/2010, e RMS 21.844-SE, *DJ* 1º/2/2007. RMS 24.172-SE, Rel. Min. Luiz Fux, julgado em 10/8/2010" (*Informativo* do STJ/2010).

– Súmula 431 do STJ: "É ilegal a cobrança de ICMS com base no valor da mercadoria submetido ao regime de pauta fiscal" (2010).

– "Pauta fiscal não é sanção, e sim mecanismo presuntivo excepcional de apuração da base de cálculo de tributo. Não está no sistema para fins de subverter os valores reais da operação" (HARET, Florence. *Teoria e prática das presunções no direito tributário*. São Paulo: Noeses: 2010, p. 811).

– Produtos farmacêuticos. Impossibilidade. "ICMS. PRODUTOS FARMACÊUTICOS. BASE DE CÁLCULO. PAUTA FISCAL. IMPOSSIBILIDADE... 1. É inadmissível a fixação da base de cálculo de ICMS com supedâneo em pautas de preços ou valores, as chamadas pautas fiscais, as quais se baseiam em valores fixados prévia e aleatoriamente para a apuração da base de cálculo do tributo, consoante entendimento pacífico desta Corte" (STJ, RMS 25.605, 2008).

• Vide notas ao art. 47, II, *a*, do CTN, acerca do IPI.

> **§ 3º À exceção dos impostos de que tratam o inciso II do *caput* deste artigo e o art. 153, I e II, nenhum outro imposto poderá incidir sobre operações relativas a energia elétrica, serviços de telecomunicações, derivados de petróleo, combustíveis e minerais do País.**

⇒ EC n. 33/2001. § 3º com a redação dada pela EC n. 33, de 11 de dezembro de 2001.

– Modificação. A alteração no § 3º, que passou a estabelecer imunidade relativamente a "outro imposto" e não mais a "nenhum outro tributo", como constava na redação original, sepulta as discussões acerca da sujeição ou não das empresas que trabalham nesse ramo da atividade econômica às contribuições sobre o faturamento: Cofins e PIS. É certo que o STF não reconhecia a imunidade. De qualquer forma, agora, a tese dos contribuintes não tem mais sequer como ser sustentada. A par disso, a nova redação abriu espaço para a CIDE sobre operações com combustíveis. Aliás, vide o § 2º do art. 149 e o § 4º do art. 177 da CF, ambos acrescidos pela EC n. 33/2001.

– Redação anterior do § 3º, dada pela EC n. 03/93: "§ 3º À exceção dos impostos de que tratam o inciso II do *caput* deste artigo (ICMS) e o artigo 153, I e II (II e IE), nenhum outro tributo poderá incidir sobre operações relativas a energia elétrica, serviços de telecomunicações, derivados de petróleo, combustíveis e minerais do País".

– Redação original do § 3º: "À exceção dos impostos de que tratam o inciso I, *b*, do *caput* deste artigo e o art. 153, I e II, nenhum outro tributo incidirá sobre operações relativas a energia elétrica, combustíveis líquidos e gasosos, lubrificantes e minerais do País".

⇒ Nenhum outro imposto sobre as aludidas operações. O dispositivo em questão diz que "nenhum outro imposto" poderá incidir sobre "operações relativas a energia elétrica, serviços de telecomunicações, derivados de petróleo, combustíveis e minerais". Outros tributos, que não impostos, ou outras operações, que não as especificadas, não se encontram abrangidos pela imunidade.

– "Parece-nos bem dizer que estamos, *in casu*, diante de uma imunidade objetiva (tanto quanto a do livro, do jornal, do periódico e do papel destinado a sua impressão). Só para nos situarmos melhor no assunto, este tipo de imunidade como leciona Aliomar Baleeiro protege objetivamente a coisa apta ao fim, sem referir-se à pessoa ou entidade. Portanto, § 3º do art. 155 da CF veda outros impostos (mesmo os que recebem o tratamento de contribuições) sobre as aludidas operações, mas não exclui o IR, o IPTU, o imposto sobre transmissão de bens imóveis e de direitos a eles relativos, que nascem de outros fatos econômicos e mais do que isso são pessoais" (CARRAZZA, Roque Antônio. *RDT* 71, São Paulo: Malheiros).

– Princípio da exclusividade tributária. "Esse preceito, fundado no princípio da exclusividade tributária, aplica-se restritamente às operações mercantis envolvendo os serviços e produtos ali enumerados, não se estendendo às movimentações financeiras delas decorrentes. [...] O legislador constituinte federal optou por fixar, nesse caso específico, a imunidade tributária restrita às operações em si mesmas, consideradas a produção, a importação, a distribuição ou o consumo de combustíveis, sem estendê-la a outras operações realizadas pela empresa produtora. Decisão que concluísse de forma diversa incidiria em ampliação indevida, vedada pelos princípios que norteiam a hermenêutica constitucional" (voto condutor do Min. Maurício Corrêa quando do julgamento, pela 2ª T. do STF, do RE 216.286/PR, 2001).

– IPMF. "... IPMF. INCIDÊNCIA SOBRE A MOVIMENTAÇÃO FINANCEIRA DAS EMPRESAS PRODUTORAS DE ÁLCOOL CARBURANTE. PRINCÍPIO DA EXCLUSIVIDADE TRIBUTÁRIA. INCIDÊNCIA. ALEGAÇÃO IMPROCEDENTE. O princípio da exclusividade tributária, previsto no artigo 153, incisos I e II, da Constituição Federal, aplica-se às operações mercantis envolvendo os serviços e produtos pertinentes à energia elétrica, serviços de telecomunicações, derivados de petróleo, combustíveis e minerais do País, não se estendendo às movimentações financeiras delas decorrentes. Precedente. Recurso extraordinário não conhecido".

– Taxa para fixação de postes de iluminação. "Ante a vedação prevista no texto primitivo do art. 155, § 3º, da CF/88, anterior à alteração decorrente da EC 31/2001, a 1ª Turma desproveu recurso extraordinário interposto contra acórdão em que assentada a ilegalidade da cobrança pela Municipalidade de Taxa de Licença e Verificação Fiscal. Reputou-se descaber afastar da imunidade a mencionada taxa alusiva à fixação de postes ao solo para a sustentação de rede elétrica. Concluiu-se que, na redação primitiva da CF/88, a imunidade seria linear" (RE 391.623, *Informativo* 611 do STF, 2010).

– IRPJ e CSLL. "OPERAÇÕES COMBUSTÍVEIS. CSLL E IRPJ. IMUNIDADE. CF/88, ART. 155, § 3º... O Plenário desta Corte, no julgamento da Arguição de Inconstitucionalidade nos autos da Apelação n. 96.04.63660-0/SC, firmou o entendimento de que o § 3º do art. 155 da Constituição Federal somente alcança os tributos mencionados no art. 145 da Magna Carta, não atingindo as contribuições destinadas ao custeio da seguridade social, bem como que o fato gerador constitucionalmente estabelecido para ditas exações – faturamento – não se confunde com operações que, no máximo, podem ser consideradas receitas parciais, subtotais da receita bruta. Assim, as operações relativas a comércio de combustíveis não estão imunes do pagamento da CSLL. A norma imunizante prevista no art. 155, § 3º, da Carta Magna de 1988 não abarca, também, o IRPJ, porquanto tal imposto não possui como base de cálculo as operações de que trata o § 3º do art. 155 da CF/88, nascendo de outros fatos econômicos, conforme o artigo 44 do Código Tributário Nacional. [...]" (TRF4, AC 2000.71.11.002063-0, 2001).

– CSL. "CONTRIBUIÇÃO SOCIAL SOBRE O LUCRO. IMUNIDADE. COMBUSTÍVEIS... 1. As operações relativas a comércio de combustíveis não estão imunes do pagamento da CSLL. 2..." (TRF4, AC 2000.04.01.093307-4, 2003).

– Contribuições previdenciárias. "A imunidade prevista no art. 155, § 3º, da Constituição, diz respeito aos impostos incidentes sobre as operações relativas a combustíveis, não abrangendo as contribuições previdenciárias" (TRF4, AC 2004.04.01.008038-1, 2005).

– PIS. Finsocial. Cofins. Podem ser cobradas. A imunidade das operações referidas não se estende ao faturamento das empresas. STF. Esta questão foi bastante discutida. Muitos foram os acórdãos proferidos por tribunais federais dizendo da não incidência de contribuições sociais sobre o faturamento produto das operações relativas a energia elétrica, serviços de telecomunicações, derivados de petróleo, combustíveis e minerais. Ocorre que as operações é que estão imunes e, por isso, não se sujeitam a outros impostos senão os expressamente previstos neste parágrafo, operações estas que não podem ser equiparadas ao faturamento nem à renda das empresas do ramo, além do que o art. 195 da CF prevê o custeio da Seguridade Social por toda a sociedade. A imunidade das operações de que trata este parágrafo não implica imunidade das empresas que trabalham com tais produtos – Súmula 659 do STF: "É legítima a cobrança da COFINS, do PIS e do FINSOCIAL sobre as operações relativas a energia elétrica, serviços de telecomunicações, derivados de petróleo, combustíveis e minerais do País" (Dec. 24-9-2003, *DJ* 9-10-2003).

– "PIS. Imunidade. Art. 155, § 3º, da Constituição. – O Plenário desta Corte, ao julgar o RE 233.807, assim decidiu: 'CONSTITUCIONAL. TRIBUTÁRIO. COFINS. DISTRIBUIDORAS DE DERIVADOS DE PETRÓLEO, MINERADORAS, DISTRIBUIDORAS DE ENERGIA ELÉTRICA E EXECUTORAS DE SERVIÇOS DE TELECOMUNICAÇÕES. C. F., art. 155, § 3º. Lei Complementar n. 70, de 1991. I – Legítima a incidência da COFINS sobre o faturamento da empresa. Inteligência do disposto no § 3º do art. 155, C.F., em harmonia com a disposição do art. 195, *caput*, da mesma Carta. Precedente do STF: RE 144.971-DF, Velloso, 2ª T., *RTJ* 162/1075. II – R.E. conhecido e provido'. Dessa orientação – que o Plenário aplicou também ao FINSOCIAL (AGRRE 205.355) e ao PIS (RE 230.337) – divergiu o acórdão recorrido. Recurso extraordinário conhecido e provido" (STF, RE 233.884, 2001).

– Em sentido contrário, já superado. Os julgados em sentido contrário tiveram como fundamento, basicamente, as razões alinhadas por Hugo de Brito Machado em artigo sobre o assunto: A imunidade tributária do art. 155, § 3º da Constituição Federal e os conceitos de operação e de faturamento, em *RDDT* 36, set. 1998, p. 59. Em tal sentido, vide, também: TRF4, EIC 96.04.25270-4, 1997; TRF2, AC 0214614, 1996.

– Artigos. Sobre a matéria, consultem-se, ainda, os seguintes artigos: FRANCESCHI, Fernando Ozanan de. PIS e Cofins sobre os combustíveis. *RDDT* 40, jan. 1999; ROCHA, João Luiz Coelho da; ANDRADE, Isabella. As contribuições sociais e a vedação de incidência do art. 155, § 3º, da Constituição Federal. *RDDT* 35, ago. 1998, 46/50; FIGUEIREDO, Lúcia Valle. Produtoras de álcool: imunidade da COFINS: ausência. *Revista da AMB* 2, 1997.

– Empréstimo Compulsório sobre Energia Elétrica. "... II Não obstante a vedação contida no art. 155, § 3º, da Carta Magna, que afasta a incidência de qualquer tributo sobre as operações relativas à energia elétrica, o art. 34, § 12, do ADCT, excepcionou o princípio, ao permitir a cobrança do Empréstimo Compulsório sobre Energia Elétrica (ECE) em favor da Eletrobrás, instituído pela Lei 4.156/62, o que afasta a incidência do cânon inscrito no art. 148 da CF/88" (TRF1, AC 94.01.32066-7, 1994).

⇒ **Operações abrangidas. Questionamentos.** Vejamos, abaixo, os questionamentos sobre as operações imunizadas pelo dispositivo em questão.

– **Derivados de petróleo. Polietileno. Sacos de plástico.** "Agravo regimental. A imunidade prevista no artigo 155, § 3º, da Constituição diz respeito às operações relativas a energia elétrica, combustíveis líquidos e gasosos, lubrificantes e minerais, o que não ocorre no caso, em que as operações sobre sacos de matéria plástica, pela única circunstância de o polietileno ser derivado do petróleo e elemento para a fabricação deles, não são, evidentemente, operações referentes a combustível líquido como é o petróleo. Agravo a que se nega provimento" (STF, Ag. Rg. AI 199.516-3, 1997).

– **Gás de cozinha/ISS.** Veja-se o parecer de André L. Borges Netto e Gustavo Romanowski Pereira sob o título ISS incidente sobre operações com gás de cozinha. Inconstitucionalidade. Imunidade relativa a operações com combustíveis gasosos, em *CDTFP* 18/107ss, São Paulo: RT, 1997).

– **Serviços de transporte.** "... Os serviços de transporte não foram abrangidos pela limitação expressa do § 3º do art. 155 da Constituição" (STF, RE 165.939, excerto do voto do relator, Min. Carlos Velloso).

– "ISS. IMUNIDADE. Serviços de transporte de minerais. CF, art. 155, § 3º. Normas constitucionais concessivas de benefício. Interpretação Restritiva. Recurso improvido" (STF, RE 170.784/MG, Rel. p/ o acórdão Min. Nelson Jobim).

– **Atividades-meio.** "... é de rigor observar que, para a prestação dos serviços de comunicação, as empresas de telecomunicações executam atividades-meio, v.g., aluguel de linhas, instalação, habilitação, religação, manutenção, apoio técnico, transferência de tecnologia, entre outras. Todavia, aqui também incide a imunidade tributária em referência pelos motivos precedentemente expostos, sobretudo porque são atividades preparatórias ou preliminares à execução da prestação de serviços de comunicação, que é fato gerador do ICMS-Comunicação. Por outro giro, são atividades que possibilitam o estabelecimento da relação comunicacional, constituindo-se atividades-meio das prestadoras de serviço de telefonia" (FAVANO, Leandro Colbo. Imunidade tributária sobre as operações relativas a energia elétrica e telecomunicações consagrada no artigo 155, § 3º, da Constituição Federal de 1988. *RET* 57/90, 2007).

– **Telecomunicações. Serviços taxados ou serviços cobráveis.** "No que se refere aos serviços taxados, também conhecidos como serviços cobráveis, cumpre notar que a Portaria do DNAEE. (antiga ANEEL) n. 466/1997, alterada pela Resolução da ANEEL n. 456/2000, estabelece as condições gerais de fornecimento de energia elétrica e, entre outras disposições, determina em seu art. 109 a cobrança de serviços relativos ao fornecimento de energia elétrica, objeto do referido contrato de concessão, *in verbis*: 'Art. 109. Os serviços cobráveis, realizados a pedido do consumidor, são os seguintes: I – vistoria de unidade consumidora; II – aferição de medidor; III – verificação de nível de tensão; IV – religação normal; V – religação de urgência; e VI – emissão de segunda via de fatura'. [...] os denominados serviços taxados ou serviços cobráveis relacionados com as operações relativas a energia elétrica... estão albergados pela imunidade consagrada no art. 155, § 3º, da Constituição Federal. [...] tanto pela imunidade... quanto pela descaracterização do conceito de

serviços estatuído pelo direito privado, também pela ausência de previsão na lista de serviços anexa à Lei Complementar n. 116... a tributação via ISSQN das atividades-meio desenvolvidas pelas empresas de distribuição de energia elétrica e de telecomunicações, denominadas serviços taxados ou serviços cobráveis, não encontra guarida no nosso ordenamento jurídico..." (FAVANO, Leandro Colbo. Imunidade tributária sobre as operações relativas a energia elétrica e telecomunicações consagrada no artigo 155, § 3º, da Constituição Federal de 1988. *RET* 57/90, 2007).

§ 4º Na hipótese do inciso XII, *h*, observar-se-á o seguinte:

⇒ **EC n. 33/2001.** Parágrafo acrescido pela EC n. 33, publicada em 12 de dezembro de 2001.

I – nas operações com os lubrificantes e combustíveis derivados de petróleo, o imposto caberá ao Estado onde ocorrer o consumo;

II – nas operações interestaduais, entre contribuintes, com gás natural e seus derivados, e lubrificantes e combustíveis não incluídos no inciso I deste parágrafo, o imposto será repartido entre os Estados de origem e de destino, mantendo-se a mesma proporcionalidade que ocorre nas operações com as demais mercadorias;

III – nas operações interestaduais com gás natural e seus derivados, e lubrificantes e combustíveis não incluídos no inciso I deste parágrafo, destinadas a não contribuinte, o imposto caberá ao Estado de origem;

⇒ **Extensão da responsabilidade.** Vide Sacha Calmon Navarro Coelho – A tributação pelo ICMS das operações interestaduais com o petróleo e seus derivados – o sentido da imunidade: tributação exclusiva no destino – extensão da responsabilidade do substituto tributário, *RDDT* 76/162/172, 2002.

IV – as alíquotas do imposto serão definidas mediante deliberação dos Estados e Distrito Federal, nos termos do § 2º, XII, *g*, observando-se o seguinte:

a) serão uniformes em todo o território nacional, podendo ser diferenciadas por produto;

⇒ **Regra da uniformidade de alíquotas para o ICMS sobre combustíveis.** Será inconstitucional a legislação de Estado-Membro que promova a majoração, ou mesmo a minoração, das alíquotas do ICMS sobre combustíveis. A regra da uniformidade garante incidência no mesmo percentual em todo o País.

b) poderão ser específicas, por unidade de medida adotada, ou *ad valorem*, incidindo sobre o valor da operação ou sobre o preço que o produto ou seu similar alcançaria em uma venda em condições de livre concorrência;

c) poderão ser reduzidas e restabelecidas, não se lhes aplicando o disposto no art. 150, III, *b*.

§ 5º As regras necessárias à aplicação do disposto no § 4º, inclusive as relativas à apuração e à destinação do imposto,

serão estabelecidas mediante deliberação dos Estados e do Distrito Federal, nos termos do § 2º, XII, g.

⇒ **EC n. 33/2001.** Parágrafo acrescido pela EC n. 33, publicada em 12 de dezembro de 2001.

⇒ **Convênio CONFAZ n. 110/2007.** O Convênio Confaz n. 110/2007 "Dispõe sobre o regime de substituição tributária relativo ao Imposto sobre Operações relativas à Circulação de Mercadorias e sobre Prestações de Serviço de Transporte Interestadual Intermunicipal e de Comunicação (ICMS) devido pelas operações com combustíveis e lubrificantes, derivados ou não de petróleo, relacionados no Anexo VII do Convênio ICMS 142/18, e estabelece os procedimentos para o controle, apuração, repasse, dedução, ressarcimento e complemento do imposto". Procura concentrar a tributação nas refinarias, como contribuintes e como substitutas tributárias. É estabelecida uma câmara de compensação para viabilizar os recolhimentos e a destinação constitucional. Os detalhes desse regime estão sendo analisados pelo STF na ADI 4.171.

– "INCIDÊNCIA DO ICMS NA OPERAÇÃO DE COMBUSTÍVEIS. PARÁGRAFOS 10 E 11 DA CLÁUSULA VIGÉSIMA DO CONVÊNIO ICMS 110/2007, COM REDAÇÃO DADA PELO CONVÊNIO 101/2008 E, MEDIANTE ADITAMENTO, TAMBÉM COM A REDAÇÃO DADA PELO CONVÊNIO 136/2008... III – O Convênio 110/2007, com a redação dos Convênios 101/2008 e 136/2008, atribuiu às refinarias de petróleo (que efetuam a venda de gasolina A às distribuidoras) a responsabilidade tributária pelo recolhimento do ICMS incidente sobre as operações comerciais interestaduais com o álcool etílico anidro combustível (AEAC) e biodiesel (B100), realizadas entre as usinas e destilarias, de um lado, e as distribuidoras de combustíveis, de outro (§ 5º da Cláusula Vigésima Primeira). IV – Os §§ 10 e 11 da Cláusula Vigésima Primeira do Convênio ICMS 110/2007, preveem o estorno do crédito, condizente com a saída de mercadoria sem incidência do ICMS, na forma de recolhimento do valor correspondente ao ICMS diferido, e não mediante anulação escritural. É dizer, em vez de ser determinado o estorno de um crédito, determina-se a realização de um recolhimento. V – A distribuidora não se credita do ICMS diferido que onerou a operação de entrada, já que não há pagamento direto por ela. Isso porque a operação posterior de venda dos combustíveis gasolina tipo C e óleo diesel B5 aos postos em operação interestadual será imune e a distribuidora simplesmente informa à refinaria para o repasse. VI – As matérias passíveis de tratamento via convênio são aquelas especificadas no § 4º do art. 155 da Constituição Federal. Portanto, não poderia o Convênio, a título de estorno, determinar novo recolhimento, inovando na ordem jurídica, transmudando a medida escritural – anulação de um crédito – em obrigação de pagar. VII – Além disso, considerando que o ICMS diferido já fora suportado pelo substituto, na medida em que destacado na operação de aquisição do álcool e do biodiesel, tendo sido recolhido mediante repasse pela refinaria, a determinação de novo recolhimento de valor correspondente, dessa feita, a outro Estado, implica bitributação não autorizada pela Carta Magna. VIII – Inexistência de violação à destinação constitucional do ICMS sobre operações com combustíveis derivados de petróleo (art. 155,

§ 4º, I), na medida em que o montante recolhido a título de estorno diz respeito ao ICMS diferido, incidente sobre o álcool (AEAC) e o biodiesel (B100), e que não compromete o repasse do valor do ICMS presumido sobre a operação final com combustível derivado de petróleo ao Estado de destino. IX – Necessidade, em homenagem à segurança jurídica, da modulação dos efeitos temporais da decisão que declara a inconstitucionalidade dos atos normativos atacados, para que produza efeitos a partir de seis meses contados da publicação do acórdão. X – Ação direta de inconstitucionalidade cujo pedido se julga procedente" (STF, ADI 4.171, 2015).

§ 6º O imposto previsto no inciso III (IPVA):

⇒ **EC n. 42/2003.** § 6º acrescido pela EC n. 42, publicada no DOU de 31 de dezembro 2003.

I – terá alíquotas mínimas fixadas pelo Senado Federal;

⇒ **EC n. 42/2003.** Inciso I integrante do § 6º, acrescido pela EC n. 42, publicada no DOU de 31 de dezembro 2003.

II – poderá ter alíquotas diferenciadas em função do tipo e utilização.

⇒ **EC n. 42/2003.** Inciso II integrante do § 6º, acrescido pela EC n. 42, publicada no DOU de 31 de dezembro 2003.

⇒ **Não está revogada a proibição de diferenciação em razão da procedência.** A EC n. 42/2003 não tocou a vedação constante do art. 152 da CF, de maneira que continua proibida a tributação diferenciada dos veículos importados.

⇒ **Tipo e utilização.** O dispositivo constitucional autoriza a aplicação da seletividade na tributação da propriedade de veículos, de modo que poderão ser atribuídas alíquotas diferenciadas, e.g., conforme se trate de veículo de passeio ou de transporte, e também em função da utilização por pessoa física ou jurídica etc.

SEÇÃO V
DOS IMPOSTOS DO MUNICÍPIO

Art. 156. Compete aos Municípios instituir imposto sobre:

⇒ **Atribuição de competência pelo critério da base econômica e a necessidade de adstrição a ela da lei instituidora do imposto.** Vide nota ao art. 145, I, da CF.

I – propriedade predial e territorial urbana;

⇒ **Disponibilidade econômica da propriedade.** "O IPTU grava a disponibilidade econômica do proprietário, do titular de domínio útil ou do possuidor a qualquer título. Isso explica, por exemplo, a intributação do proprietário que perdeu totalmente a disponibilidade econômica da propriedade, pela incidência de legislação ambiental que proíbe qualquer tipo de atividade econômica no imóvel" (HARADA, Kiyoshi. IPTU: doutrina e prática. São Paulo: Atlas, 2012, p. 115).

⇒ **Propriedade.** Sobre o conceito de propriedade, com sua análise como direito real, vide nota ao art. 153, VI, da CF.

– A instituição do IPTU deve ater-se à tributação da propriedade. Não se pode equiparar à propriedade qualquer outro direito real. O direito de propriedade envolve a faculdade de usar, de gozar e de dispor. É esta revelação de riqueza, relativamente a imóvel urbano, que foi apontada pela Constituição como capaz de ensejar a sujeição do seu titular a um imposto de competência municipal. Assim, não obstante toda a prática em sentido contrário e mesmo a letra do art. 34 do CTN, tenho que o legislador só pode indicar como contribuinte o proprietário e não o titular de outros direitos reais menos densos e que não revelam riqueza na condição de proprietário, ainda que seus titulares exerçam prerrogativas típicas do proprietário, pois sempre serão prerrogativas parciais ou temporárias, como a superfície, as servidões, o usufruto, o uso e o direito do promitente comprador, previstos no art. 1.225, II a VII, do Código Civil (Lei n. 10.406/2002). Esses outros direitos reais são revelações de riqueza em menor grau, não eleitas pela Constituição como ensejadoras, por si só, da instituição do IPTU. Não é por acaso que a propriedade consta como o primeiro dos direitos reais, no art. 1.225, I, diferenciando-se dos demais em razão da sua plenitude.

– **Inconstitucionalidade originária e não recepção dos art. 32 e 34 do CTN no que desbordam do conceito de "propriedade" e, por consequência, de "proprietário".** Entendemos que os arts. 32 e 34 do CTN, no que desbordam do conceito de propriedade e de proprietário, são incompatíveis com o texto constitucional, não ensejando validamente a tributação do domínio útil e da posse, bem como a exigência do IPTU dos respectivos titulares. De fato, note-se que é a riqueza revelada pela propriedade que é dada à tributação. Assim, não se pode tributar senão a propriedade e senão quem revele tal riqueza. A titularidade de qualquer outro direito real revela menor riqueza e, o que importa, não foram os demais direitos reais previstos constitucionalmente como ensejadores da instituição de impostos.

– "O direito de propriedade é o mais amplo dos direitos que recaem sobre a propriedade, sendo a posse e o domínio útil desdobramentos deste, podendo cada um deles ser exercido por pessoas diversas. [...] Ora, ser detentor do domínio útil ou ser possuidor de imóvel em nada se confunde com o ser proprietário. [...] Por outro lado, os enunciados trazidos pelo código tributário nacional impõem uma dificuldade de ordem prática: como conciliar a existência de pessoas diversas relacionando-se com o imóvel (proprietário, enfiteuta e possuidor) e a fenomenologia da incidência tributária? Vale dizer, em 1º de janeiro de um determinado ano, teremos três hipóteses de incidência diversas... ou teremos um caso único de liberdade do ente público em escolher o contribuinte que melhor lhe convier...? A dificuldade e construir uma resposta é decorrência da incongruência lógica da previsão contida no Código Tributário Nacional. [...] Vale ressaltar que quando o constituinte quis criar uma 'pluralidade' de fatos geradores em uma mesma rubrica, assim o fez expressamente, como é o caso do IOF que, em verdade, representa quatro impostos diversos, cada um com sua própria materialidade... [...] a materialidade do ITR e do IPTU é exclusivamente o ser proprietário de imóvel rural e o ser proprietário de imóvel urbano, respectivamente. [...] quanto aos imóveis em que a propriedade é de um ente público e o domínio útil é de um particular

(como nos ditos terrenos de marinha), não haverá a incidência do IPTU ou do ITR, seja por confusão entre o sujeito ativo da relação jurídica tributária e o proprietário do imóvel, seja em razão da imunidade prevista no artigo 150, inciso VI, alínea *a*, da Constituição Federal" (SEOANE, Diego Sales. IPTU e ITR – não incidência sobre o domínio útil e a posse de imóvel. *RDDT* 215/78, ago. 2013). Obs: o autor ensina que, quando do advento do CTN, o art. 29 da CF/1946 previa que pertenceriam aos Município os impostos "predial e territorial, urbano", sem especificar mais nada. O artigo 19 da CF/1946 previa a competência dos Estados para decretar impostos sobre "propriedade territorial, exceto a urbana". Para o IPTU, portanto, havia margem para uma tributação que desbordasse da propriedade. Mas logo que entrou em vigor a Constituição de 1967, seu art. 25 fez referência expressa à "propriedade predial e territorial urbana".

– "Tendo em conta o conceito de propriedade, já definido no âmbito do sistema constitucional, entendemos consentâneo com o sistema tributário vigente anunciar que o artigo 32 do Código Tributário Nacional é inconstitucional. Isso porque o dispositivo legal desfigurou a competência municipal para instituição do IPTU, permitindo a incidência do imposto sobre relações jurídicas diversas daquela designada por propriedade. [...] A posse, como ocorre com a propriedade, também resulta de comandos normativos que perfazem uma relação jurídica atribuindo ao sujeito ativo dessa relação poderes sobre um bem. Não há na posse, contudo, todos os atributos que acompanham a propriedade, não há o domínio pleno. [...] Mesmo a denominada posse *ad usucapionem*, que exprime a intenção na aquisição, pelo seu titular, da propriedade, não é outra senão a relação jurídica de posse, conforme determinado pelos preceitos pertinentes. Tal classificação identifica, apenas, os requisitos que devem apresentar a relação de posse necessários e suficientes ao surgimento de uma relação de propriedade, nos termos do regramento civil. Perfazendo, assim, mera relação de posse, o certo é que pode haver, apenas, a expectativa do aperfeiçoamento da relação de propriedade com um novo titular. Sendo assim, é defeso ao intérprete desviar a hipótese de incidência do IPTU a pretexto de atingir capacidade contributiva que se revela em outra relação jurídica, não contemplada na norma constitucional de competência tributária. As considerações já articuladas aplicam-se, integralmente, ao domínio útil – que designa o direito do enfiteuta em contraposição ao do senhorio (proprietário) na enfiteuse, também contemplado pelo artigo 32 do Código Tributário Nacional. A enfiteuse, como relação jurídica que é, conforma-se tendo uma relação de propriedade subjacente. A amplitude dos poderes conferidos ao enfiteuta em prejuízo do proprietário não suplanta a relação de propriedade, que remanesce, apesar de limitada. Por todo o exposto, revela-se clarividente a inconstitucionalidade do Código Tributário Nacional, quanto à descrição levada a efeito por tal diploma do núcleo da hipótese de incidência do IPTU, haja vista que tanto a posse quanto o domínio útil não se incluem na competência atribuída aos municípios para instituição desse tributo" (GAVALDÃO JR., Jayr Viégas. A inconstitucionalidade do artigo 32 do CTN. In: PEIXOTO, Marcelo Magalhães (coord.). *IPTU, aspectos jurídicos relevantes*. Quartier Latin, 2002, 306/309).

– Referindo a possibilidade de incidência em face da titularidade do domínio útil ou da posse. "... entendo que o legislador constituinte empregou a palavra 'propriedade' em sua acepção comum abarcando prédios, fazendas, terras, lotes etc. com abstração de seu aspecto estritamente jurídico. Aliás, em outras passagens a Constituição Federal refere-se à propriedade em seu sentido comum. Como assinala acertadamente Aires Fernandino Barreto, a Carta Política, ao garantir o direito de propriedade (art. 5º, XXII); ao prescrever a função social da propriedade (art. 5º, XXIII); ao permitir o uso temporário da propriedade privada pelo agente público no caso de iminente perigo público (ar. 5º, XXV); ao vedar a penhora sobre pequena propriedade rural (art. 5º, XXVI); ao vedar para fins de reforma agrária a desapropriação de pequena e média propriedade rural e a propriedade produtiva (art. 185, I e II), certamente não deixou de dar proteção à enfiteuse, ao usufruto e à posse. E quando diz que a propriedade deve cumprir a função social (arts. 182 e 186), não deixou infensas a esse dever a enfiteuse e a posse. [...]... não se está pretendendo interpretar o texto constitucional de baixo para cima. Apenas estamos apontando o possível sentido comum atribuído pelo legislador constituinte à palavra 'propriedade' ao deferir aos Municípios a tributação de propriedade predial e territorial urbana. Embora sedutora a tese de utilização da expressão... em seu sentido estritamente jurídico, tal posicionamento cria, na prática, obstáculos ao lançamento tributário pela dificuldade de identificar o proprietário do imóvel urbano que, às vezes, nem mais existe. E mais, tributar o titular de domínio despojado da posse do imóvel, porque já a transferiu ao compromissário comprador, ofenderia o princípio da capacidade contributiva. Por isso, concordamos com João Damasceno Borges de Miranda, quando diz: 'A terminologia 'propriedade' utilizada na Constituição Federal é sob a forma vulgar, caricata, correta, comum; de maneira que a regra-matriz de incidência sujeita passivamente ao seu alcance todo aquele que detém qualquer direito de uso, gozo, fruição e de disposição relativamente ao imóvel, seja pleno ou limitado. É nessa relação patrimonial que encontramos o substrato econômico tributável'. [...] Afinal, o IPTU não grava o imóvel, mas a sua disponibilidade econômica" (HARADA, Kiyoshi. *IPTU*: doutrina e prática. São Paulo: Atlas, 2012, p. 95/96 e 98).

– "Bens Públicos de Uso Especial e Imunidade. A Turma iniciou julgamento de recurso extraordinário interposto pela Companhia Docas do Estado de São Paulo – CODESP contra acórdão do Tribunal de Alçada do mesmo Estado que entendera incidente o IPTU sobre o patrimônio do Porto de Santos/SP... O Min. Marco Aurélio... asseverou que a recorrente seria o sujeito passivo da obrigação tributária, tendo em conta que o fato gerador do tributo não é apenas a propriedade, mas também o domínio útil ou a posse quando estes não estão na titularidade do proprietário e, no caso, a União, proprietária do imóvel, transferira o domínio útil à recorrente por concessão de obras e serviços. Após, a Turma decidiu afetar o feito a julgamento do Plenário" (STF, 1ª T., *Informativo* 405, 2005).

– **Concessionária detentora de posse precária de imóvel da União. Não é contribuinte.** "2. IPTU. Imóvel da União destinado à exploração comercial. 3. Contrato de concessão de uso. Posse precária e desdobrada. 4. Impossibilidade de a recorrida figurar no polo passivo da obrigação tributária" (STF, RE 451.152, 2006).

– "BEM PÚBLICO. IMÓVEL. (RUAS E ÁREAS VERDES). CONTRATO DE CONCESSÃO DE DIREITO REAL DE USO. CONDOMÍNIO FECHADO. IPTU. NÃO INCIDÊNCIA. POSSE SEM *ANIMUS DOMINI*. AUSÊNCIA DO FATO GERADOR DO TRIBUTO (ARTS. 32 E 34, CTN). 1. A controvérsia refere-se à possibilidade ou não da incidência de IPTU sobre bens públicos (ruas e áreas verdes) cedidos com base em contrato de concessão de direito real de uso a condomínio residencial. 2. O artigo 34 do CTN define como contribuinte do IPTU o proprietário do imóvel, o titular do seu domínio útil ou o seu possuidor a qualquer título. Contudo, a interpretação desse dispositivo legal não pode se distanciar do disposto no art. 156, I, da Constituição Federal. Nesse contexto, a posse apta a gerar a obrigação tributária é aquela qualificada pelo *animus domini*, ou seja, a que efetivamente esteja em vias de ser transformada em propriedade, seja por meio da promessa de compra e venda, seja pela posse *ad usucapionem*. Precedentes. 3. A incidência do IPTU deve ser afastada nos casos em que a posse é exercida precariamente, bem como nas demais situações em que, embora envolvam direitos reais, não estejam diretamente correlacionadas com a aquisição da propriedade. 4. Na hipótese, a concessão de direito real de uso não viabiliza ao concessionário tornar-se proprietário do bem público, ao menos durante a vigência do contrato, o que descaracteriza o *animus domini*. 5. A inclusão de cláusula prevendo a responsabilidade do concessionário por todos os encargos civis, administrativos e tributários que possam incidir sobre o imóvel não repercute sobre a esfera tributária, pois a instituição do tributo está submetida ao princípio da legalidade, não podendo o contrato alterar a hipótese de incidência prevista em lei. Logo, deve-se reconhecer a inexistência da relação jurídica tributária nesse caso" (STJ, REsp 1.091.198, 2011).

– **Imóveis em áreas portuárias. Propriedade da União. Imunidade. Concessionária como possuidora direta.** "Os imóveis situados em áreas portuárias pertencem ao patrimônio da União Federal, razão pela qual gozam da imunidade recíproca prevista no art. 150, VI, *a*, da Constituição Federal. Não é aplicável a exceção prevista no art. 150, § 3º, da Constituição Federal, que se aplica nos casos em que os entes públicos exercem atividades como e fossem particulares... Ainda que superado o óbice constitucional, tem-se que não há previsão legal (art. 32 do Código Tributário Nacional) para a incidência do IPT sobre a posse detida pelas empresa concessionárias das áreas portuárias, que é uma posse que não tem como objetivo a obtenção da propriedade do imóvel, ou seja, é uma posse direta" (CEZAROTI, Guilherme. A imunidade dos imóveis de propriedade da União na posse ou domínio direito de concessionárias de serviço público. *RDDT* 126/28, 2006).

– **Concessionária como titular do domínio útil, sujeita ao IPTU. Codesp.** "O Tribunal iniciou julgamento de recurso extraordinário interposto pela Companhia Docas do Estado de São Paulo – CODESP contra acórdão do extinto Tribunal de Alçada Civil do referido Estado que entendera serem devidos, pela recorrente, o IPTU... sobre imóveis que compõem o acervo do Porto de Santos – v. *Informativo* 405 [...] Quanto ao IPTU, o relator conheceu do recurso, mas negou-lhe provimento. Entendeu, tendo em conta que o Código Tributário Nacional define como contribuinte do imposto o proprietário, o titular do domínio útil e o possuidor do imóvel a qualquer título (art. 34), que, apesar de a União ser proprietária dos imóveis em questão, ante a concessão de obras e serviços, o domínio útil cabe à CODESP, sociedade de economia mista exploradora de atividade econômica, a qual não está abrangida pela regra da imunidade tributária recíproca prevista no art. 150, VI, *a*, da CF, restrita a instituição de imposto sobre patrimônio, renda ou serviços das pessoas jurídicas de direito público, mas sujeita à incidência tributária, em face do disposto no § 2º do art. 173 da CF ('*As empresas públicas e as sociedades de economia mista não poderão gozar de privilégios fiscais não extensivos às do setor privado*'). Ressaltou, ainda, que, nos termos do § 3º do art. 150 da CF, não incide a referida imunidade quando se tem exploração de atividades econômicas regidas pelas normas aplicáveis a empreendimentos privados ou quando haja contraprestação ou pagamentos de preços ou tarifas pelo usuário. Após, pediu vista dos autos o Min. Joaquim Barbosa. (RE-253472)" (*Informativo* 440, 2006).

– Ilhas e terrenos de marinha. Ilhas sede de Municípios. O art. 20, IV, da CF coloca, como bens da União, as ilhas fluviais e lacustres nas zonas limítrofes com outros países, as praias marítimas, as ilhas oceânicas e costeiras, mas, forte na redação que lhe foi atribuída pela EC n. 46/2005, ressalva as ilhas que contenham a sede de Municípios como, e.g., Florianópolis/SC.

– Relativamente às ilhas e terrenos de marinha que constituem bens da União, não haverá propriedade de imóvel urbano a ser tributada, tendo em conta que não haverá proprietários privados e que a União é imune a impostos (art. 150, VI, *a*, da CF). Apenas domínio útil e posse poderão ocorrer, mas a tributação destes depende de se admitir a extrapolação da base econômica que delimita a competência tributária.

– Relativamente às ilhas sede de Municípios, pode-se reconhecer a existência de propriedades privadas e, portanto, de efetivos fatos geradores de IPTU, não havendo mais o óbice anterior à EC n. 46/2005.

– Sobre a taxa de ocupação de terrenos de marinha, vide nota ao art. 145, II, da CF.

– Formas de aquisição da propriedade. Note-se que as formas de aquisição da propriedade imobiliária são o registro do título no Registro de Imóveis, a usucapião ou a acessão conforme constava no art. 530, I a III do Código Civil de 1916 e, hoje, consta nos artigos 1.245, 1.238 e 1.248 do Código Civil em vigor (Lei n. 10.406/2002). Outra forma de aquisição, é a sucessão hereditária (art. 530, IV, do CC/16; art. 1.784 do CC/2002).

– O direito do promitente comprador. O direito do promitente comprador do imóvel, ainda que anteriormente já reconhecida como direito real e, atualmente, previsto como tal no art. 1.225 do CC/2002, não é "propriedade". A propriedade pode advir, posteriormente, quando do exercício do direito do promitente comprador que, ao cumprir suas obrigações, pode compelir o proprietário à transmissão da propriedade ou buscar suprir a falta em Juízo. Não se confundem, pois, tais direitos reais.

⇒ **Predial e territorial.** Diferentemente do ITR, cuja base econômica é a "propriedade territorial rural", o IPTU pode alcançar a propriedade "predial e territorial". Isso significa que, em se tratando de IPTU, tributa-se a riqueza revelada pela propriedade do imóvel como um todo, incluindo as edificações, a que, aliás, está obrigado o proprietário para dar ao imóvel a sua função social.

– "A expressão 'propriedade predial e territorial urbana', como está no texto constitucional vigente, abarca tanto o imóvel urbano construído com o respectivo terreno, como também o terreno sem edificação. Trata-se de um só imposto que, entretanto, se desdobra em tributação da edificação e em tributação do terreno, geralmente por alíquotas diferentes" (HARADA, Kiyoshi. *IPTU*: doutrina e prática. São Paulo: Atlas, 2012, p. 91).

• Vide: HARET, Florence. Ilegitimidade da incidência de IPTU sobre áreas verdes: argumentos tributários e ambientais sobre o tema. *RDDT* 233/63, 2015.

⇒ **Urbana.** Sobre o conceito de imóvel urbano, em contraste com o de imóvel rural, vide notas ao art. 153, VI, da CF e aos arts. 29 e 32 do CTN.

⇒ **Progressividade.** À luz da redação original da Constituição Federal, só se admitia a progressividade do IPTU para fins extrafiscais, forte na sua natureza real e na interpretação do art. 145, § 1º, da CF (vide as notas respectivas). Entretanto, a contar da EC n. 29, de 13 de setembro de 2000, passou a haver expressa autorização, na Constituição, para a progressividade em razão do valor do imóvel e para a variação de alíquotas segundo a localização e o uso do imóvel, conforme se pode ver do § 1º deste art. 156.

⇒ **Vias férreas cedidas.** Vide referência a parecer sobre o assunto em nota ao art. 153, VI, da CF.

⇒ **Sobre o IPTU (FG, BC e contribuintes).** Vide notas aos arts. 32 a 34 do CTN.

⇒ **Classificação. Imposto real ou pessoal?** O IPTU é imposto real, conforme tantas vezes foi afirmado pelo STF. Isso porque tem como critério a simples propriedade do imóvel urbano, sem qualquer consideração relativamente à situação pessoal do proprietário. Por isso, aliás, que o STF dizia da impossibilidade de se instituir IPTU progressivo, eis que não se presta à graduação conforme à capacidade contributiva, não visualizada no mesmo.

– No sentido de que, após a EC n. 29/2000, o IPTU passou a ter também natureza de imposto pessoal: NOGUEIRA, Roberto Wagner Lima. Imposto real [?] e a progressividade no IPTU. *RTFP* 54/24, 2004.

– Sobre a classificação dos impostos em pessoais e reais, objetivos e subjetivos, bem como sobre a questão da subjetivação dos impostos reais, vide nota ao art. 16 do CTN.

II – transmissão *inter vivos*, a qualquer título, por ato oneroso, de bens imóveis, por natureza ou acessão física, e de direitos reais sobre imóveis, exceto os de garantia, bem como cessão de direitos a sua aquisição;

⇒ **Transmissão. Registro imobiliário.** Exige mudança de titularidade, o que, em matéria de propriedade imobiliária, dá-se com o registro da escritura pública na matrícula do imóvel. Nós, sem negar o acerto da afirmação de que a transferência da propriedade e, portanto, o fato gerador do ITBI só ocorrem com o registro da escritura pública na matrícula do imóvel, entendemos que o legislador poderia determinar que o pagamento fosse feito antecipadamente, já por ocasião da lavratura da escritura, como medida de praticabilidade tributária para evitar o inadimplemento. Isso porque toda escritura deve ser levada a registro, de modo que se poderia presumir a iminência do fato gerador, a justificar a antecipação. Mas os tribunais superiores não vê admitindo essa prática.

• Vide MACEDO, José Alberto Oliveira. *ITBI*: aspectos constitucionais e infraconstitucionais. São Paulo: USP, 2009.

– **Tema 1.024 do STF:** "O fato gerador do imposto sobre transmissão *inter vivos* de bens imóveis (ITBI) somente ocorre com a efetiva transferência da propriedade imobiliária, que se dá mediante o registro" (2021).

– "IMPOSTO SOBRE TRANSMISSÃO DE BENS IMÓVEIS – ITBI. FATO GERADOR. COBRANÇA DO TRIBUTO SOBRE CESSÃO DE DIREITOS. IMPOSSIBILIDADE. EXIGÊNCIA DA TRANSFERÊNCIA EFETIVA DA PROPRIEDADE IMOBILIÁRIA MEDIANTE REGISTRO EM CARTÓRIO... ENTENDIMENTO CONSOLIDADO NA JURISPRUDÊNCIA DO SUPREMO TRIBUNAL FEDERAL. CONTROVÉRSIA CONSTITUCIONAL DOTADA DE REPERCUSSÃO GERAL. REAFIRMAÇÃO DA JURISPRUDÊNCIA DO SUPREMO TRIBUNAL FEDERAL" (STF, RE 1.294.969, 2021). Colhe-se do voto condutor: "o fato gerador do imposto sobre transmissão inter vivos de bens imóveis (ITBI) somente ocorre com a transferência efetiva da propriedade imobiliária, que se dá mediante o competente registro".

– O STJ também já decidira que "a pretensão de cobrar o ITBI antes do registro imobiliário contraria o Ordenamento Jurídico".

• Vide nota ao art. 35, I, do CTN, com acórdãos no sentido de que não pode ser exigido antes do registro no cartório imobiliário.

– **Usucapião. Retrocessão.** Vide art. 35 do CTN e respectivas notas sobre a não incidência na aquisição originária da propriedade por usucapião e na retrocessão na desapropriação.

– **Extinção de condomínio. ITBI.** "EXTINÇÃO DE CONDOMÍNIO. DIVISÃO. NATUREZA DECLARATÓRIA. AUSÊNCIA DE COBRANÇA DE ITBI... A extinção de condomínio através da divisão da propriedade é meramente declaratória e não atributiva de propriedade, não gerando cobrança de ITBI. [...]" (TJMG, 8ª CCív. AC 1.0000.00.296590-3/000, Des. Pedro Henriques, out. 2003). Eis excerto do voto condutor: "... tem-se o condomínio quando duas ou mais pessoas exercem, simultaneamente, o domínio sobre certa coisa, incidindo seus direitos sobre um quinhão ideal da coisa, não sobre uma parte determinada. Ressalta-se, também, que é assegurada a qualquer condômino, independentemente de seu quinhão, a faculdade de promover a extinção do condomínio pela divisão. E a ação de divisão, que pode ser tanto amigável, como judicial, tem natureza declaratória, e não atributiva de propriedade, pois apenas de-

clara a porção real da propriedade correspondente à parte ideal, uma vez que os direitos são previamente estabelecidos no título que determinou a indivisão (art. 631 do CC/16)".

– **Partilha (inclusive a desigual).** "A partilha será sempre um corolário da extinção do condomínio seja este um condomínio voluntário, um condomínio em direito sucessório ou um condomínio em regime matrimonial de bens. [...] Na extinção de condomínio de regime matrimonial, os condôminos, por força do exposto sobre condomínio, só se presta a definir, a determinar o que era indeterminado – a composição de cada quota –, não havendo, nessas situações, transmissão de bens, se obedecida a igualdade valor-quota" (MACEDO, José Alberto Oliveira. ITBI e ITD – Competência tributária na partilha. *RET* 47, 2006).

– "... ficando cada um dos cônjuges com um bem, não há que se falar em permuta ou em qualquer ato de transmissão de patrimônio e, consequentemente, e incidência de ITBI sobre eventuais trocas de frações de determinados bens, uma vez que ambos os cônjuges são proprietários do mesmo todo, que apenas foi individualizado por meio da partilha. [...] o ITBI incide sobre as transmissões, a qualquer título, por ato oneroso, de bens imóveis, o que não ocorre na divisão da herança, não havendo como se imputar qualquer tipo de onerosidade ao ato de consenso entre os herdeiros sobre quais bens serão atribuídos a cada um, ao que a exigência do imposto nestas situações há de ser concluída como inconstitucional. [...] nos casos de dissolução da sociedade conjugal ou na herança, o que existe é uma universalidade de bens e de direitos, sendo que a parte cabível a cada um dos herdeiros ou dos cônjuges separados deve manter uma proporção *ad valorem*, não considerada apenas a parcela dos imóveis que farão pare de tal universalidade e que, neste sentido, a pretensão dos municípios de exigir o ITBI sobre a parcela relativa aos imóveis distribuídos de forma excedente à parte cabível ao meeiro ou ao herdeiro é flagrantemente inconstitucional e ilegal..." (BEZERRA, Andréia Cristina; CASQUET, Pedro Guilherme Modenese. Apontamentos sobre a incidência de ITBI e ITCMD na partilha desigual de bens decorrentes de herança ou da extinção do regime conjugal de bens. *RDDT* 205/19-26, 2012).

⇒ *Inter vivos.* A referência a transmissão *inter vivos* afasta a hipótese de sucessão *causa mortis*, cuja tributação é da competência dos Estados, nos termos do art. 155, I, da CF.

⇒ **Ato oneroso.** A referência a "ato oneroso" afasta a hipótese transmissão a título gratuito, como a doação, cuja tributação é da competência dos Estados, nos termos do art. 155, I, da CF.

– "... o ITBI é imposto que, de acordo com a sua matriz definida constitucionalmente, apenas poderá incidir sobre atos onerosos, o que já retira sua incidência nas hipóteses em que, dissolvida a sociedade conjugal ou partilhada a herança, os bens imóveis são atribuídos de forma desigual aos cônjuges separados ou aos herdeiros sem qualquer exigência reversa ou condição por aqueles que a ele teriam direito de propriedade por força dos referidos eventos" (BEZERRA, Andréia Cristina; CASQUET, Pedro Guilherme Modenese. Apontamentos sobre a incidência de ITBI e ITCMD na partilha desigual de bens decorrentes de herança ou da extinção do regime conjugal de bens. *RDDT* 205/19-26, 2012).

– **Serviços educacionais prestados mediante bolsa total.** "... a prestação do serviço e a sua consequente remuneração fazem parte da natureza intrínseca do ISSQN. No caso da prestação de serviços educacionais, o fato gerador do ISSQN emerge na medida em que o prestador de serviço recebe pelo preço do serviço efetivamente executado. No entanto, caso o serviço seja prestado com bolsa de estudo total, seu preço (base de cálculo) será igual a zero, por sua vez, caso a bolsa seja parcial, somente deverá incidir o imposto naquilo que é efetivamente pago pelo aluno bolsista, preço do serviço. Dessa forma, não incide o ISSQN sobe os valores correspondentes às bolsas de estudo. No caso do Prouni, resta patente que inexiste qualquer contraprestação financeira por parte dos alunos, efetivos beneficiários da bolsa, ou do governo Federal, uma vez que os serviços são prestados de forma gratuita ou com desconto parcial" (SILVA, Daniel Cavalcante. Cobrança do Imposto sobre Serviços de Qualquer Natureza (ISSQN) em face das bolsas concedidas pelo programa Universidade para Todos (Prouni): análise sobre a sua legalidade. *RDDT* 221/7, 2014).

⇒ **Bens imóveis por natureza ou acessão física.** Código Civil (Lei n. 10.406/2002): "Art. 79. São bens imóveis o solo e tudo quanto se lhe incorporar natural ou artificialmente".

⇒ **Direitos reais sobre imóveis, exceto os de garantia.** Código Civil (Lei n. 10.406/2002): "Art. 1.225. São direitos reais: I – a propriedade; II – a superfície; III – as servidões; IV – o usufruto; V – o uso; VI – a habitação; VII – o direito do promitente comprador do imóvel; [...]; XI – a concessão de uso especial para fins de moradia (incluído pela Lei 11.481/07); XII – a concessão de direito real de uso (incluído pela MP 759/16); e XIII – a laje (incluído pela MP 759/16)". Obs.: os de garantia são: "VIII – o penhor; IX – a hipoteca; X – a anticrese".

– **Promessa de compra e venda.** Com o novo Código Civil (Lei n. 10.406/2002), o direito do promitente comprador do imóvel passou a constar do rol dos direitos reais, conforme se vê do seu art. 1.225, inciso VII. Ainda assim, não é possível dizer que há a transmissão de um direito real, mas sua constituição. Só haverá transmissão de direito real na cessão da promessa de compra e venda por um promissário a outro.

– **Promessa de compra e venda. Cria, mas não transmite direito real.** "1. É válida a exigência do ITBI por ocasião do contrato de promessa de compra e venda de unidade imobiliária? É relevante para essa incidência o fato de o contato ser registrado no cartório de imóveis? Resposta: não é válida a exigência, pois a simples promessa de compra e venda não transmite a propriedade de direito real preexistente, sendo admissível, no máximo, que ela crie, por ficção, um direito real de garantia à futura aquisição do imóvel. 2. Poderá haver, enfim, dupla incidência do ITBI, na promessa e, de novo, no registro da escritura definitiva, com transmissão de propriedade? Resposta: não, pois a primeira não configura fato gerador do imposto, na medida em que cria (e não transmite) direito real, cuja característica no ramo das incorporações é de garantia a uma futura aquisição" (COÊLHO, Sacha Calmon Navarro; DERZI, Misabel Abreu Machado; COELHO, Eduardo Junqueira. Atividade de incorporação imobiliária. ITBI e ISS: análise da incidência sobre contratos de promessa de compra e venda, contrato de permuta e aquisição do terreno com projeto de construção aprovado. A base de cálculo do ITBI no contrato de incorporação a preço de custo. *RDDT* 224/150, 2014).

– Anteriormente, não consubstanciava direito real: "FATO GERADOR DO IMPOSTO SOBRE A TRANSMISSÃO DE BENS IMÓVEIS E DE DIREITOS A ELE RELATIVOS. COMPROMISSO DE COMPRA E VENDA. O compromisso de compra e venda, no sistema jurídico brasileiro, não transmite direitos reais nem configura cessão de direitos à aquisição deles, razão por que é inconstitucional a lei que tenha como fato gerador de Imposto sobre a Transmissão de Bens Imóveis e de Direitos a Eles Relativos" (STF, Rp 1.121, 1983).

⇒ **Progressividade vedada.** O STF, por considerar o ITBI um imposto real, que não considera as circunstâncias pessoais do contribuinte, pronunciou-se pela inconstitucionalidade da progressividade de alíquotas, conforme se pode ver dos RREE 259.339 e 234.105. Diferentemente do que ocorre com o IPTU, para o ITBI não sobreveio autorização constitucional para a adoção de alíquotas progressivas, de maneira que persiste a vedação. Vide nota ao art. 145, § 1º, da CF.

⇒ **Base de cálculo. Necessidade de subtração dos ônus reais.** "INCIDENTE DE INCONSTITUCIONALIDADE. LEI TRIBUTÁRIA. BASE DE CÁLCULO DO IMPOSTO DE TRANSMISSÃO. SUBTRAÇÃO DOS ÔNUS REAIS. IMPOSSIBILIDADE. 1. É inconstitucional o art. 12, § 3º, da Lei n. 8.821/89-RS, que não exclui da base de cálculo do imposto de transmissão 'os valores de quaisquer dívidas que onerem o bem, título ou crédito transmitido', porque, ignorando a capacidade econômica contributiva objetiva, que 'somente se inicia após a dedução dos gastos à aquisição, produção, exploração e manutenção da renda e do patrimônio' (MISABEL DERZI), a teor do art. 145, § 1º, da CF/88, acaba redundando em confisco (art. 150, IV). 2. Incidente de inconstitucionalidade acolhido. Votos vencidos" (TJRS, Órgão Especial, Inc. 70005713862, Des. Araken de Assis, ago. 2003). Obs: trata-se de acórdão com rica abordagem da matéria, inclusive com valioso voto divergente do Des. Arno Werlang. O inteiro teor consta da *RET* 35/54, 2004.

– **Valor venal. Ausência de confisco.** "A exigência do imposto de transmissão sobre o valor venal, sem dedução da base de cálculo de valores que onerem o bem, igualmente não caracteriza confisco, já que não configurada uma intenção predatória do poder tributante que torne a exação excessivamente onerosa, não absorvendo parte considerável do valor do bem transmitido. Não se aproximando o valor do imposto com o valor da base de cálculo, não há que se falar em confisco, especialmente porque não se discute alíquotas. A base de cálculo dos impostos de transmissão é o valor venal, e não propriamente a transmissão, e aquele é o valor de mercado do bem, tenha ou não gravames temporários. [...] Em suma: o valor venal é o valor que o imóvel alcançaria no mercado, à vista e é exatamente o mesmo que se utiliza o Poder Público municipal para o lançamento do Imposto sobre a Propriedade Urbana, nada tendo a ver com dívidas, nem se confunde com valor liberado ou valor líquido do bem, sob pena de se impor também o desconto das dívidas incidentes para efeitos de pagamento do IPTU, ITR e IPVA" (JANCZESKI, Célio Armando. Base de cálculo dos impostos de transmissão: aspectos controversos. *RTFP* 55/96, 2004).

⇒ **Sobre o ITBI.** Vide arts. 35 a 42 do CTN.

III – serviços de qualquer natureza, não compreendidos no artigo 155, II, definidos em lei complementar.

⇒ **EC n. 3/93.** Inciso com redação dada pela Emenda Constitucional n. 3/93. Sobre a redação revogada do inciso III, vide a última nota a este inciso.

⇒ **O conceito de serviços de qualquer natureza. Não se restringe às obrigações de fazer. Oferecimento de uma utilidade.** Conforme decidido pelo STF no RE 651703, o "artigo 156, III, da CRFB/88, ao referir-se a serviços de qualquer natureza não os adstringiu às típicas obrigações de fazer". Nesse precedente, aparece como elemento conceitual da prestação de serviços de qualquer natureza, isso sim, o "oferecimento de uma utilidade para outrem, a partir de um conjunto de atividades materiais ou imateriais, prestadas com habitualidade e intuito de lucro, podendo estar conjugada ou não com a entrega de bens ao tomador".

– "ISSQN. ART. 156, III, CRFB/88. CONCEITO CONSTITUCIONAL DE SERVIÇOS DE QUALQUER NATUREZA. ARTIGOS 109 E 110 DO CTN. [...] 13. Os tributos sobre o consumo, ou tributos sobre o valor agregado, de que são exemplos o ISSQN e o ICMS, assimilam considerações econômicas, porquanto baseados em conceitos elaborados pelo próprio Direito Tributário ou em conceitos tecnológicos, caracterizados por grande fluidez e mutação quanto à sua natureza jurídica. 14. O critério econômico não se confunde com a vetusta teoria da interpretação econômica do fato gerador, consagrada no Código Tributário Alemão de 1919, rechaçada pela doutrina e jurisprudência, mas antes em reconhecimento da interação entre o Direito e a Economia, em substituição ao formalismo jurídico, a permitir a incidência do Princípio da Capacidade Contributiva. 15. A classificação das obrigações em "obrigação de dar", de "fazer" e "não fazer", tem cunho eminentemente civilista, como se observa das disposições no Título "Das Modalidades das Obrigações", no Código Civil de 2002 (que seguiu a classificação do Código Civil de 1916), em: (i) obrigação de dar (coisa certa ou incerta) (arts. 233 a 246, CC); (ii) obrigação de fazer (arts. 247 a 249, CC); e (iii) obrigação de não fazer (arts. 250 e 251, CC), não é a mais apropriada para o enquadramento dos produtos e serviços resultantes da atividade econômica, pelo que deve ser apreciada *cum grano salis*. 16. A Suprema Corte, ao permitir a incidência do ISSQN nas operações de *leasing* financeiro e *leaseback* (RREE 547.245 e 592.205), admitiu uma interpretação mais ampla do texto constitucional quanto ao conceito de 'serviços' desvinculado do conceito de 'obrigação de fazer' (RE 116.121), verbis: 'EMENTA: RECURSO EXTRAORDINÁRIO. DIREITO TRIBUTÁRIO. ISS. ARRENDAMENTO MERCANTIL. OPERAÇÃO DE *LEASING* FINANCEIRO. ARTIGO 156, III, DA CONSTITUIÇÃO DO BRASIL. O arrendamento mercantil compreende três modalidades, [i] o leasing operacional, [ii] o leasing financeiro e [iii] o chamado lease-

back. No primeiro caso há locação, nos outros dois, serviço. A lei complementar não define o que é serviço, apenas o declara, para os fins do inciso III do artigo 156 da Constituição. Não o inventa, simplesmente descobre o que é serviço para os efeitos do inciso III do artigo 156 da Constituição. No arrendamento mercantil (*leasing* financeiro), contrato autônomo que não é misto, o núcleo é o financiamento, não uma prestação de dar. E financiamento é serviço, sobre o qual o ISS pode incidir, resultando irrelevante a existência de uma compra nas hipóteses do *leasing* financeiro e do *leaseback*. Recurso extraordinário a que se nega provimento.' (grifo nosso)(RE 592905, Relator Min. EROS GRAU, Tribunal Pleno, julgado em 02/12/2009). 17. A lei complementar a que se refere o art. 156, III, da CRFB/88, ao definir os serviços de qualquer natureza a serem tributados pelo ISS a) arrola serviços por natureza; b) inclui serviços que, não exprimindo a natureza de outro tipo de atividade, passam à categoria de serviços, para fim de incidência do tributo, por força de lei, visto que, se assim não considerados, restariam incólumes a qualquer tributo; e c) em caso de operações mistas, afirma a prevalência do serviço, para fim de tributação pelo ISS. 18. O artigo 156, III, da CRFB/88, ao referir-se a serviços de qualquer natureza não os adstringiu às típicas obrigações de fazer, já que raciocínio adverso conduziria à afirmação de que haveria serviço apenas nas prestações de fazer, nos termos do que define o Direito Privado, o que contrasta com a maior amplitude semântica do termo adotado pela constituição, a qual inevitavelmente leva à ampliação da competência tributária na incidência do ISSQN. 19. A regra do art. 146, III, "a", combinado com o art. 146, I, CRFB/88, remete à lei complementar a função de definir o conceito "de serviços de qualquer natureza", o que é efetuado pela LC n. 116/2003. 20. A classificação (obrigação de dar e obrigação de fazer) escapa à *ratio* que o legislador constitucional pretendeu alcançar, ao elencar os serviços no texto constitucional tributáveis pelos impostos (v.g., serviços de comunicação – tributáveis pelo ICMS, art. 155, II, CRFB/88; serviços financeiros e securitários – tributáveis pelo IOF, art. 153, V, CRFB/88; e, residualmente, os demais serviços de qualquer natureza – tributáveis pelo ISSQN, art. 156. III, CRFB/88), qual seja, a de captar todas as atividades empresariais cujos produtos fossem serviços sujeitos a remuneração no mercado" (STF, RE 651.703, 2016).

– "Do exame sistemático da Constituição... serviço é esforço de pessoas desenvolvido em favor de outrem, com conteúdo econômico, sob regime de direito privado, em caráter negocial, tendente a produzir uma utilidade material ou imaterial" (BARRETO, Aires F. *ISS na Constituição e na lei*. 3. ed. São Paulo: Dialética, 2009, p. 64).

– Mas descabe invocar a amplitude constante do art. 71 do CTN, cuja vigência foi efêmera, pois logo revogado pelo Decreto-Lei n. 406/68, porquanto o próprio CTN já surgiu à luz do art. 15 da EC n. 18/65 que estabelecia competir aos Municípios "o impôsto sôbre serviços de qualquer natureza". Não havia, pois, um conceito de serviços para fins tributários que se pudesse tomar como referência do constituinte ao estabelecer a competência municipal. A referência histórica ao fato de o ISS ter vindo substituir o antigo imposto sobre profissões e indústrias também não é referência segura à delimitação da sua base econômica.

– "Se o texto constitucional estipula que a exação municipal só pode incidir sobre serviços de qualquer natureza, a expressão 'de qualquer natureza', pela própria sistemática da Carta Republicana, nada tem a ver com a possibilidade de tais serviços incluírem obrigações de dar. Pelo contrário, o que ela traça é esboço de uma competência tributária cujos limites materiais estão unicamente no conceito de serviço" (REIS, Emerson Vieira. Não incidência do ISS sobre licenciamento ou cessão de direito de uso de programas de computador. *RDDT* 160/25, 2009).

– **Um "fazer" em favor de terceiros.** "Prestar serviços é atividade irreflexiva, reivindicando, a sua composição, o caráter da bilateralidade. Em vista disso, torna-se invariavelmente necessária a existência de duas pessoas diversas, na condição de prestador e de tomador, não podendo cogitar-se de alguém que preste serviço a si mesmo" (CARVALHO, Paulo de Barros. Não incidência do ISS sobre atividades de franquia (*Franchising*). *RET* 56/65, 2007).

– "... não é todo e qualquer 'fazer' que se subsume ao conceito, ainda que genérico, desse preceito constitucional. Serviço é conceito menos amplo, mais estrito que o conceito de trabalho constitucionalmente pressuposto. É como se víssemos o conceito de trabalho como gênero e o de serviço como espécie desse gênero. De toda a sorte, uma afirmação que parece evidente, a partir da consideração dos textos constitucionais que fazem referência ampla aos conceitos, é a de que a noção de trabalho corresponde, genericamente, a um 'fazer'. Pode-se mesmo dizer que trabalho é todo esforço humano, ampla e genericamente considerado. [...] É lícito afirmar, pois, que serviço é uma espécie de trabalho. É o esforço humano que se volta para outra pessoa; é fazer desenvolvido para outrem. O serviço é, assim, um tipo de trabalho que alguém desempenha para terceiros. Não é esforço desenvolvido em favor do próprio prestador, mas de terceiros. Conceitualmente, parece que são rigorosamente procedentes essas observações. O conceito de serviço supõe uma relação com outra pessoa, a quem se serve. Efetivamente, se é possível dizer-se que se fez um trabalho 'para si mesmo', não o é afirmar-se que se prestou serviço 'a si próprio'. Em outras palavras, pode haver trabalho, sem que haja relação jurídica, mas só haverá serviço no bojo de uma relação jurídica" (BARRETO, Aires F. *ISS na Constituição e na lei*. 3. ed. São Paulo: Dialética, 2009, p. 29).

– "... a CF/88 ao utilizar o termo 'serviços' na regra de competência tributária municipal, incorporou o conceito infraconstitucional pré-constitucional de obrigação de fazer, cujo núcleo semântico é o esforço humano empreendido em benefício de outrem;" (ÁVILA, Humberto. Imposto sobre a Prestação de Serviços de Qualquer Natureza. ISS. Normas constitucionais aplicáveis. Precedentes do Supremo Tribunal Federal. Hipótese de incidência, base de cálculo e local da prestação. *Leasing* financeiro: análise da incidência. *RDDT* 122/120, 2005).

– "... para configurar-se a prestação de serviços é necessário acontecer o exercício, por parte de alguém (prestador), de atuação que tenha por objetivo produzir uma utilidade relativamente a outra pessoa (tomador), a qual remunera o prestador (preço do serviço). Prestar serviços é atividade irreflexiva, reivindicando, em sua composição, o caráter da bilateralidade. Em vista disso, torna-se invariavelmente necessária a existência de duas pessoas diversas, na condição de prestador e de tomador, não podendo cogitar-se de alguém que preste serviço a si mesmo" (SILVA, Daniel Cavalcante. Cobrança do Imposto sobre Serviços de Qualquer Natureza (ISSQN) em face das bolsas concedidas pelo programa Universidade para Todos (Prouni): análise sobre a sua legalidade. *RDDT* 221/7, 2014).

• Vide, também: ANDRADE, Valentino Aparecido de. Da obrigação de fazer e sua construção conceitual no direito tributário (o ISS e o *leasing*). *RDDT* 130/86, 2006.

– **Serviço como objeto negocial, como fim.** "... alvo de tributação pelo ISS é o serviço-fim, isto é, o esforço humano prestado a terceiros como fim ou objeto. Não as suas etapas, passos ou tarefas intermediárias promovidas, realizadas 'para' o próprio prestador e não 'para terceiros', ainda que estes os aproveitem (já que, aproveitando-se do resultado final, beneficiam-se das condições que o tornara possível)" (BARRETO, Aires F. ISS e IOF: estremação da incidência: descontos como elementos adjetivos. *RDDT* 163/109, 2009).

– **Prestação de serviço.** "... é forçoso que a atividade realizada pelo prestador apresente-se sob a forma de 'obrigação de fazer'. Eis aí outro elemento caracterizador da prestação de serviços. Só será possível a incidência do ISS se houver um negócio jurídico mediante o qual uma das partes se obrigue a praticar certa atividade, de natureza física ou intelectual recebendo, em troca, remuneração. Por outro ângulo, a incidência do ISS pressupõe atuação decorrente do dever de fazer algo até então inexistente, não sendo exigível quando se tratar de obrigação que imponha a mera entrega, permanente ou temporária, de alguma coisa que já existe" (CARVALHO, Paulo de Barros. Não incidência do ISS sobre atividades de franquia (*Franchising*). *RET* 56/65, 2007).

– "Não se pode considerar a incidência tributária restrita à figura de 'serviço', como uma atividade realizada; mas, certamente, sobre a 'prestação do serviço', porque esta é que tem a virtude de abranger os elementos imprescindíveis à sua configuração, ou seja, o prestador e o tomador, mediante a instauração de relação jurídica de direito privado, que irradia os naturais efeitos tributários. O tributo não incide unicamente sobre utilidade, comodidade, coisa, bem imaterial etc. A circunstância de no âmbito estadual a CF haver estipulado 'prestações e serviços de transporte interestadual e intermunicipal, e de comunicação' (art. 155, II – ICMS); e no âmbito municipal haver omitido o referido vocábulo ('prestações') – só mencionando 'serviços de qualquer natureza' (art. 156, III – ISS) – não significa que também não se estaria cogitando da necessidade de efetiva prestação. O DL 406/68 (art. 8º) estabelecera que o fato gerador do ISS é a prestação de serviço previsto em lista específica. A LC 116/03 (art. 1º) repete essa materialidade, e acrescenta que a incidência ocorre, 'ainda que os serviços não se constituam como atividade preponderante do prestador'" (MELO, José Eduardo Soares de. *ISS – Aspectos teóricos e práticos*. 5. ed. São Paulo: Dialética, 2008, p. 38).

– "Deflui da genérica descrição constitucional que só é tributável a prestação de serviço, e não o seu consumo, a sua fruição, a utilidade ou a sua utilização. Toda vez que o legislador constituinte descreve um fato – ao distribuir competências tributárias

– está fazendo referência à pessoa produtora do fato, ou de alguma maneira a ele ligada por um tipo de conexão constitucionalmente qualificada para produzir não só o efeito de fazer nascer a obrigação tributária, como, ainda, o especial efeito de fazê-la nascer tendo por sujeito passivo uma determinada pessoa. Sendo a síntese do critério material do ISS representada pelo verbo prestar e pelo respectivo complemento serviço, o correto é que o tributo atinja o produtor da ação 'prestar serviço', o agente dessa ação, que inexoravelmente é o prestador do serviço. [...] Em face da Constituição, não se pode admitir liberdade do legislador na deslocação da sujeição passiva porque fazê-lo importaria tornar inócuas as dicções constitucionais e esvaziar totalmente o significado das demarcações constitucionalmente estabelecidas dos fatos, que não são meros pressupostos das obrigações tributárias, mas, muito mais do que isso, devem ser – em homenagem ao princípio da capacidade contributiva, conjugado com o princípio da discriminação rígida das competências – fatos reveladores de riqueza de determinadas pessoas: aquelas pessoas constitucionalmente visadas pelo constituinte..." (BARRETO, Aires F. *ISS na Constituição e na lei*. 3. ed. São Paulo: Dialética, 2009, p. 30).

• Vide: PAÇO, Daniel Hora do: DOUEK, Leonardo Gil. Limite para cobrança e quantificação do ISS – efetiva prestação do serviço. *RDDT* 225/39, 2014.

– **Nem toda prestação de serviço.** "Examinando o conteúdo da expressão 'serviços de qualquer natureza', empregada pelo constituinte para fins de incidência desse gravame, percebe-se, desde logo que o conceito de 'prestação de serviço', nos termos da previsão constitucional, não coincide com o sentido que lhe é comumente atribuído no domínio da linguagem ordinária. Na dimensão de significado daquela frase, não se incluem: a) o serviço público, tendo em vista ser ele abrangido pela imunidade (art. 150, IV, *a*, da Carta Fundamental); b) o trabalho realizado para si próprio, despido que é de conteúdo econômico; c) o trabalho efetuado em relação de subordinação, abrangido pelo vínculo empregatício. Para configurar-se a prestação de serviços, é necessário que aconteça o exercício, por parte de alguém (prestador) de atuação que tenha por objetivo produzir uma utilidade relativamente a outra pessoa (tomador), a qual remunera o prestador (preço do serviço)" (CARVALHO, Paulo de Barros. Não incidência do ISS sobre atividades de franquia (*Franchising*). *RET* 56/65, 2007).

– "... a definição da hipótese de incidência do ISS, além dos elementos positivos do seu aspecto material..., envolve também elementos negativos, igualmente essenciais... O primeiro desses elementos e a não configuração do serviço como uma atividade passível de tributação pelo ICMS. A hipótese de incidência do ISS é necessariamente limitada pela cláusula 'não compreendidos no art. 155, II', constante do artigo 156, inc. III, da Constituição. Também é elemento negativo ... a não configuração do serviço como um serviço público, prestado sob regime de direito público, seja em razão da imunidade constitucional prevista no artigo 150, inc. VI, alínea *a*, seja em razão da reserva constitucional dos serviços específicos e divisíveis à incidência das taxas (artigo 145, inc. II). O terceiro elemento negativo diz respeito a todas as relações que se estabelecem entre pessoas que se obrigam a fazer algo mediante remuneração, à semelhança do que há no contrato de prestação de serviços, mas que têm natureza jurídica distinta... O primeiro exemplo disso é a relação de trabalho... Outro exemplo... é o das relações estabelecidas entre cooperativa e cooperado..." (BRAZUNA, José Luis Ribeiro. Não incidência do ISS sobre serviços prestados por associações não imunes, após a Lei Complementar 116. *RDDT* 155, 2008).

– **O serviço oneroso prestado a terceiro.** "INCORPORAÇÃO IMOBILIÁRIA. CONSTRUÇÃO FEITA PELO INCORPORADOR EM TERRENO PRÓPRIO. ISS. NÃO INCIDÊNCIA. AUSÊNCIA DE PRESTAÇÃO DE SERVIÇO A TERCEIRO. 1. Nos termos da jurisprudência desta Corte, não incide ISS na hipótese de construção feita pelo próprio incorporador, haja vista que, se a construção é realizada por ele próprio, em terreno próprio, não há falar em prestação de serviços a terceiros, mas a si próprio, o que descaracteriza o fato gerador. Precedentes..." (STJ, AgRg no REsp 1.295.814, 2013).

– "INCORPORAÇÃO IMOBILIÁRIA. IMÓVEIS CONSTRUÍDOS SOBRE TERRENO PRÓPRIO E POR CONTA PRÓPRIA DO INCORPORADOR. ISS. INEXISTÊNCIA DE FATO GERADOR. 1. O incorporador imobiliário, tal como definido no art. 29 da Lei 4.591/65, não pode, logicamente, figurar como contribuinte do ISSQN relativamente aos serviços de construção da obra incorporada. Com efeito, se a construção é realizada por terceiro, o incorporador não presta serviço algum, já que figura como tomador. Contribuinte, nesse caso, é o construtor. E se a construção é realizada pelo próprio incorporador, não há prestação de serviços a terceiros, mas a si próprio, o que descaracteriza o fato gerador. É que os adquirentes das unidades imobiliárias incorporadas não celebram, com o incorporador, um contrato de prestação de serviços de construção, mas sim um contrato de compra e venda do imóvel, a ser entregue construído." (STJ, REsp 922.956, 2010).

– "INCORPORAÇÃO IMOBILIÁRIA DIRETA. CONSTRUÇÃO FEITA PELO INCORPORADOR EM TERRENO PRÓPRIO, POR SUA CONTA E RISCO. NÃO INCIDÊNCIA. AUSÊNCIA DE PRESTAÇÃO DE SERVIÇO A TERCEIRO. 1. A incorporação imobiliária é um negócio jurídico que, nos termos previstos no parágrafo único do art. 28 da Lei 4.591/64, tem por finalidade promover e realizar a construção, para alienação total ou parcial, de edificações compostas de unidades autônomas. 2. Consoante disciplina o art. 48 da Lei 4.591/64, a incorporação poderá adotar um dos seguintes regimes de construção: (a) por empreitada, a preço fixo, ou reajustável por índices previamente determinados (Lei 4.591/64, art. 55); (b) por administração ou 'a preço de custo' (Lei 4.591/64, art. 58); ou (c) diretamente, por contratação direta entre os adquirentes e o construtor (Lei 4.591/64, art. 41). 3. Nos dois primeiros regimes, a construção é contratada pelo incorporador ou pelo condomínio de adquirentes, mediante a celebração de um contrato de prestação de serviços, em que aqueles figuram como tomadores, sendo o construtor um típico prestador de serviços. Nessas hipóteses, em razão de o serviço prestado estar perfeitamente caracterizado no contrato, o exercício da atividade enquadra-se no item 32 da Lista de Serviços, configurando situação passível de incidência do ISSQN. 4. Na incorporação direta, por sua vez, o incorporador constrói em terreno próprio, por sua conta e risco, realizando a venda das unidades autônomas por 'preço global', compreensivo da cota de terreno e construção. Ele assume o risco da construção, obrigando-se a entregá-la pronta e averbada no Registro de Imóveis. Já o adquirente tem em vista a aquisição da propriedade de unidade imobiliária, devidamente individualizada, e, para isso, paga o preço acordado em parcelas. 5. Como a sua finalidade é a venda de unidades imobiliárias futuras, concluídas, conforme previamente acertado no contrato de promessa de compra e venda, a construção é simples meio para atingir-se o objetivo final da incorporação direta; o incorporador não presta serviço de 'construção civil' ao adquirente, mas para si próprio. 6. Logo, não cabe a incidência de ISS-QN na incorporação direta, já que o alvo desse imposto é atividade humana prestada em favor de terceiros como fim ou objeto; tributa-se o serviço-fim, nunca o serviço-meio, realizado para alcançar determinada finalidade. As etapas intermediárias são realizadas em benefício do próprio prestador, para que atinja o objetivo final, não podendo, assim, serem tidas como fatos geradores da exação" (STJ, REsp 1.166.039, 2010).

– "... é imprescindível que o contrato bilateral tenha conteúdo econômico, fixando-se um 'preço' em contraprestação à utilidade imaterial fornecida pelo prestador. A necessidade de que a prestação de serviço seja remunerada, apresentando, assim, conteúdo econômico, é decorrência direta do princípio da capacidade contributiva. Com efeito, a hipótese tributária de qualquer exação deve descrever fato realizado por pessoa que manifeste, objetivamente, riqueza. Ao recortar, no plano da realidade social, aqueles fatos que julga de porte adequado para fazerem nascer a obrigação tributária o legislador deve sair à procura de acontecimentos passíveis de serem medidos segundo parâmetros econômicos, uma vez que o vínculo jurídico a eles atrelado deve ter como objeto uma prestação pecuniária. É evidente que de uma ocorrência insusceptível de avaliação patrimonial jamais se conseguirão cifras monetárias que traduzam, de alguma forma, um valor em dinheiro" (CARVALHO, Paulo de Barros. Não incidência do ISS sobre atividades de franquia (*Franchising*). *RET* 56/65, 2007).

– "Só é serviço tributável, destarte, o esforço humano com conteúdo econômico. Somente aqueles fatos que tenham real conteúdo econômico poderão ser erigidos em materialidade da hipótese de incidência do ISS, dado que é a dimensão econômica de cada fato que irá permitir que a sua ocorrência concreta dimensione, de alguma maneira, o tributo, e, portanto, possa ser reconhecida como indício de capacidade contributiva" (BARRETO, Aires F. *ISS na Constituição e na lei*. 3. ed. São Paulo: Dialética, 2009, p. 30).

– "... o ISS... deve, por injunção constitucional, necessariamente incidir sobre a prestação onerosa de serviços, pouco importante se ela deriva de uma ou mais relações [...] o princípio da capacidade contributiva leva a que só sejam consideradas, na composição da base de cálculo deste imposto, os serviços com conotação econômica. Reduzindo a ideia à sua dimensão mais simples, só enquanto presta serviços em caráter negocial, é que o contribuinte poderá ser validamente tributado; nunca quando presta serviços para si próprio. [...] não podemos considerar preço do

serviço o mero ressarcimento de despesas antecipadas ao seu tomador. [...] nos grupos de empresas, não há incidência de ISS quando desempenham, em favor uma das outras, funções de apoio ou administrativas. Isto porque os valores reembolsados entre elas não tipificam 'preço dos serviços', mas meras 'recuperações de despesas administrativas'. Os necessários lançamentos contábeis deverão, no caso, ser realizados por meio da emissão de notas de débitos. Para comprovar os reembolsos das despesas, as notas fiscais faturas poderão ser substituídas por simples recibos" (CARRAZA, Roque Antonio. Grupo de empresas – Autocontrato – Não incidência de ISS – Questões conexas. *RDDT* 94/130-132, 2003).

– "A Constituição prevê vários impostos sobre prestação de serviços; a saber: a) o imposto sobre a prestação de serviços de transporte interestadual e intermunicipal (ICMS-transporte); b) o imposto sobre a prestação de serviços de comunicação (ICMS-comunicação); e, c) os impostos sobre prestações de serviços de outras naturezas (ISS). Os dois primeiros a Carta Magna reservou aos Estados-membros; os últimos, aos Municípios. Ressalte-se, de logo, que as referidas pessoas políticas estão constitucionalmente credenciadas a tributar, por meio de impostos, não propriamente os serviços, mas as prestações onerosas destes serviços. Queremos com tal assertiva significar que, em si mesmos considerados, o transporte transmunicipal, a comunicação ou qualquer outro serviço não fazem nascer nenhum dos tributos em tela. Na realidade, o ICMS-transporte, o ICMS-comunicação e o ISS somente serão devidos, quando, respectivamente, o transporte transmunicipal, a comunicação ou outro serviço resultarem, isto é, forem objeto, de contrato oneroso firmado entre um prestador e um tomador" (CARRAZZA, Roque Antonio. Grupo de empresas – Autocontrato – Não incidência de ISS – Questões conexas. *RDDT* 94/114, 2003).

– "O Imposto sobre Serviços, de acordo com a hipótese de incidência descrita no artigo 156, inciso III, da Constituição Federal, somente pode incidir sobre serviços que guardem as seguintes características: a) contrato bilateral de prestação de serviço; b) onerosidade; c) regime não trabalhista; e d) serviço constante da lista de serviços anexa à LC 116/03" (VILLAÇA, Ana Cristina Othon de Oliveira. Serviços notariais e de registro público e a incidência do ISS. *RDDT* 119/9, 2005).

– **Indispensável autonomia.** "A incidência do ISS reclama efetiva prestação de serviço mediante paga, por pessoa jurídica, ou pessoa física em nome próprio ou com autonomia. O imposto não grava o serviço, mas apenas o serviço prestado sob responsabilidade do contribuinte com indispensável autonomia. O advogado que presta serviço em seu escritório age com autonomia, em nome próprio, porém, isso não acontece com sua secretária, que lhe presta serviços em razão do vínculo empregatício. Outrossim, um representante comercial não trabalha por conta própria, mas sempre por conta de terceiros; porém, ele presta serviços em nome próprio e com autonomia, isto é, age em nome próprio, por isso está sujeito ao pagamento do ISS" (HARADA, Kiyoshi. *ISS: doutrina e prática*. São Paulo: Atlas, 2008, p. 34).

– **Habitualidade não é requisito.** "... a habitualidade não é essencial para a tributação pelo ISS, mas apenas para a caracterização do profissional autônomo, que exerce determinada profissão com certa continuidade. O requisito da habitualidade não tem fundamento na Constituição Federal... [...] Prestado determinado serviço especificado na lista concretiza-se o fato gerador, dando nascimento à obrigação tributária, não importando saber se a prestação daquele serviço constitui ou não atividade preponderante do prestador" (HARADA, Kiyoshi. *ISS: doutrina e prática*. São Paulo: Atlas, 2008, p. 34-35).

– **Serviços públicos prestados por particulares. A questão da imunidade recíproca.** "A imunidade recíproca é uma garantia ou prerrogativa imediata de entidades políticas federativas, e não de particulares que executem, com inequívoco intuito lucrativo, serviços públicos mediante concessão ou delegação, devidamente remunerados. Não há diferenciação que justifique a tributação dos serviços públicos concedidos e a não tributação das atividades delegadas. Ação Direta de Inconstitucionalidade conhecida, mas julgada improcedente" (STF, ADI 3.089, 2008).

– Sobre a extensão da imunidade recíprocas e sobre os serviços prestados por autarquias, empresas públicas, sociedades de economia mista e particulares, vide nota ao art. 150, § 2º, da CF.

– **Serviços notariais. Constitucionalidade da incidência de ISS.** "ISSQN. INCIDÊNCIA SOBRE SERVIÇOS NOTARIAIS E DE REGISTRO. CONSTITUCIONALIDADE. DECISÕES PROFERIDAS EM SEDE DE CONTROLE CONCENTRADO DE CONSTITUCIONALIDADE. PRODUÇÃO DOS EFEITOS A PARTIR DA PUBLICAÇÃO DA ATA DE JULGAMENTO. PRECEDENTES DA CORTE. RECLAMAÇÃO JULGADA PARCIALMENTE PROCEDENTE. 1. O Supremo Tribunal Federal, ao julgar improcedente a ADI 3.089 (*DJe* de 01/08/2008), decidiu, com eficácia vinculante e efeitos retroativos, serem constitucionais os itens 21 e 21.1 da Lista Anexa à Lei Complementar 116/2003, que tratam da tributação dos serviços de registros públicos, cartorários e notariais" (STF, Rcl 6.999 AgR, 2013).

– **No sentido de que os serviços públicos não podem dar ensejo à cobrança de imposto, mas somente de taxa.** "O ISS... só pode incidir sobre fatos decorrentes de contratos de cunho eminentemente privado. O serviço sobre o qual pode recair o imposto é, exclusivamente, o regido pelo direito privado, isto é, o serviço situado no 'mundo dos negócios', cujos timbres são a igualdade das partes contratantes e a autonomia das vontades. A previsão do art. 156, III, da Constituição Federal esgota-se nas prestações de serviço consumadas no âmbito e sob regime privado. Não colhe a prestação de serviço público. Isso é incontroverso, inequívoco, fluindo ainda da classificação jurídica dos tributos, como passaremos a ver. [...] no sistema brasileiro, todo tributo cuja hipótese de incidência expresse fato consistente em atividade estatal jamais poderá assumir a natureza de imposto, ou seja, nenhum imposto poderá incidir sobre situação 'dependente' de atividade estatal. Disso resulta evidente e manifesto que a prestação de serviços públicos –típica e ontológica atividade estatal que é – não pode consistir em hipótese de incidência de imposto; de nenhum imposto, inclusive do imposto sobre serviços" (BARRETO, Aires F. *ISS na Constituição e na lei*. 3. ed. São Paulo: Dialética, 2009, p. 62-63).

– **Locação de bens móveis. Tema 212 do STF:** "É inconstitucional a incidência do Imposto sobre Serviços de Qualquer Natureza- ISS sobre operações de locação de bens móveis, dissociada da prestação de serviços". Decisão de mérito em 2010.

– **Cessão de uso de marca. Tema 1.210.** "MÉRITO NÃO JULGADO. Incidência do Imposto Sobre Serviços (ISS) na cessão de direito de uso de marca" (RE 1.348.288 RG, 2022).

– **Contrato de cessão de direito de uso de software. Ausência de obrigação de fazer. Não incidência.** "... no contrato que pactua a criação de um novo software deveras há de se prever a obrigação de um profissional programador desenvolver um programa de computador, nos termos requisitados pelo contratante, o que caracteriza prestação de serviços (obrigação de fazer). Entretanto, no contrato de cessão de direito de uso de software, não há prestação de serviço, nem transmissão da titularidade, mas a concessão temporária de direito de uso de um programa já existente e não constituído em razão do contrato. Assim, referida licença corresponde a uma obrigação de dar e não de fazer, razão pela qual existem argumentos plausíveis para o questionamento judicial do contribuinte que pretender afastar a incidência do ISSQN sobre os pagamentos de *royalties* relativos à cessão de uso de software" (SANTOS, Ramon Tomazela. A compensação entre os prejuízos e os lucros apurados por controladas e coligadas no exterior e o registro do Imposto de Renda diferido: a mensuração do prejuízo do exterior. *RDDT* 213/110, 2013).

⇒ **Serviços definidos em lei complementar.** O art. 156, III, da CF remete à lei complementar a definição dos serviços de qualquer natureza sujeitos à tributação. A LC está adstrita à base econômica "serviços de qualquer natureza". A par disso, não pode definir como sujeitos ao ISS aqueles atribuídos à competência dos Estados (art. 155, II, da CF). Em face da lei complementar, cabe ao Município, então, mediante lei própria, observada a LC, instituir o tributo. Normalmente, as leis municipais copiam a lista de serviços passíveis de tributação constante da LC, exercendo, pois, plenamente, a sua competência tributária.

– "A expressão *definidos em lei complementar* não autoriza conceituar como serviço o que serviço não é. Admitir que o possa equivale a supor que, a qualquer momento a lei complementar possa dizer que é serviço a operação mercantil, a industrialização, a operação financeira, a venda civil, a cessão de direitos. Em outras palavras, que a lei complementar possa, a seu talante, modificar a CF; que a limitação posta pela CF à competência municipal para só tributar atividades configuradoras de serviço, não tem a menor relevância; que pode ser desobedecida pela lei complementar. A lei complementar tem que se cingir a definir ou a listar atividades que, indubitavelmente, configurem serviço. Será inconstitucional toda e qualquer legislação que pretenda ampliar o conceito de serviço constitucionalmente posto, para atingir quaisquer outros fatos (iluminados pelos contratos respectivos). [...] A lei complementar completa a Constituição; não a modifica" (BARRETO, Aires F. *ISS na Constituição e na lei*. 3. ed. São Paulo: Dialética, 2009, p. 110-111).

– "A determinação constitucional de que os serviços tributáveis pelo Município estejam definidos em lei complementar tem por finalidade dar uniformidade ao sistema tributário nacional e evitar conflitos de competência não só entre municípios, mas entre estes e os Estados, tendo em vista a existência de inúmeras situações em que o fornecimento de mercadoria ocorre com prestação de serviços, sem que seja possível distinguir uma atividade da outra; – no cumprimento da função de evitar conflitos de competência, a lei complementar, ao mesmo tempo em que define os serviços passíveis de tributação pelo Município, explicita o regime que deve ser seguido quando tais serviços são prestados juntamente com o fornecimento de mercadorias, de forma a excluir operações mistas. – o mesmo escopo ostenta o art. 155, § 2º, IX, *b* da CF, ao estabelecer o regime a ser aplicado, sempre que, estando o fornecimento de mercadorias intimamente ligado à prestação de serviço, este serviço não tenha sido definido na lei complementar como de competência municipal" (MARTINS, Ives Gandra da Silva; SOUZA, Fátima Fernandes Rodrigues de. ICMS. Exegese do art. 155, II, § 2º, IX, *b*, da CF. *RFDT* 06/161, 2003).

– "Definir significa limitar, demarcar, determinar a extensão ou os limites dos serviços tributáveis pelo ISS. É diferente de simples conceituação de serviços" (HARADA, Kiyoshi. *ISS:* doutrina e prática. São Paulo: Atlas, 2008, p. 45).

– **LC n. 116/2003.** A Lei Complementar n. 116/2003 traz, em anexo, a lista de serviços tributáveis arrolados em 40 itens, cada qual com seus subitens. Dentre os serviços arrolados, estão, por exemplo, os serviços de informática, de medicina e assistência veterinária, de estética e atividades físicas, de engenharia, arquitetura e construção civil, de manutenção e limpeza, de educação e ensino, de hospedagem, turismo e viagens, de estacionamento, de vigilância, bancários e financeiros, serviços de apoio administrativo, jurídico e contábil, serviços funerários etc. Essa lista vem sendo, pouco a pouco, ampliada pela atribuição de nova redação aos seus subitens ou pelo acréscimo de subitens inéditos. A LC n. 157/2016 assim o fez, acrescentando o subitem 6.06, que submete ao ISS a aplicação de tatuagens, piercings e congêneres. Também a LC n. 175/2020, que fez constar, dentre os serviços relacionados ao setor financeiro, a "Administração de fundos quaisquer, de consórcio, de cartão de crédito ou débito e congêneres, de carteira de clientes, de cheques pré-datados e congêneres" (item 15.01) e o "Arrendamento mercantil (*leasing*) de quaisquer bens, inclusive cessão de direitos e obrigações, substituição de garantia, alteração, cancelamento e registro de contrato, e demais serviços relacionados ao arrendamento mercantil (*leasing*)" (item 15.09). Já a LC n. 183/2021 incluiu o subitem 11.05, inserindo "Serviços relacionados ao monitoramento e rastreamento a distância, em qualquer via ou local, de veículos, cargas, pessoas e semoventes em circulação ou movimento, realizados por meio de telefonia móvel, transmissão de satélites, rádio ou qualquer outro meio, inclusive pelas empresas de Tecnologia da Informação Veicular, independentemente de o prestador de serviços ser proprietário ou não da infraestrutura de telecomunicações que utiliza". Tendo como referência essa lista, e nos limites dela, é que os Municípios poderão, via lei municipal, definir os serviços tributados.

– **DL n. 406/68 e LC n 56/87.** O Decreto-lei n. 406, de 31 de dezembro de 1968, que revogou os arts. 71 a 73 do CTN, alterado posteriormente pela LC n. 56/87, foi recepcionado pela CF/88 e cumpria, com alterações também pela LC n. 100/99, a função de lei complementar definidora dos serviços sobre os quais incidiam o ISS. Estabelecia como fato gerador do imposto a prestação de serviços constante de listagem a ele anexa.

– "IMPOSTO SOBRE SERVIÇOS – ISS... O Decreto-Lei n. 406/68 foi recepcionado como lei complementar pela Constituição da República" (STF, RE 262.598, 2007).

– **Só é válida a inclusão, na lista, do que efetivamente configure prestação de serviço.** "A expressão 'definidos em lei complementar' não autoriza que seja conceituado como serviço aquilo que efetivamente não o é. Indigitada prática subverte a hierarquia do sistema positivo brasileiro, pois o constituinte traçou o quadro dentro do qual os Municípios podem mover-se..." (CARVALHO, Paulo de Barros. Não incidência do ISS sobre atividades de franquia (*Franchising*). *RET* 56/65, 2007).

– **Definir *x* conceituar.** "... a razão está com os que defendem a taxatividade da lista. É importante destacar que *definir* é mais do que *conceituar*. *Conceituar* é a compreensão de uma palavra, concepção ou ideia; já *definir* é a 'operação linguística que busca a determinação clara e precisa de um conceito ou objeto'. O termo empregado na CF foi *definir*, o que nos leva a acreditar que, embora a norma mitigue a competência impositiva dos Municípios, fá-lo por imposição expressa do texto constitucional. [...] não se trata de restrição inconstitucional ao princípio da autonomia municipal, pois a restrição foi estabelecida ano bojo do texto original da CF, não foi fruto de emenda constitucional..." (GRUPENMACHER, Betina Treiger. Imposto sobre serviços – Critério espacial – A questão do domicílio do prestador e o papel do Poder Judiciário enquanto guardião das instituições democrática. In: GRUPENMACHER, Betina Treiger (coord.). *Tributação: democracia e liberdade*. São Paulo: Noeses, 2014, p. 155).

– **Taxatividade da lista.** A lista de serviços anexa à LC n. 116/2003 é taxativa, por imposição constitucional, na medida em que a competência é outorgada para instituir imposto sobre "serviços de qualquer natureza... definidos em lei complementar". Ademais, a redação do art. 1º da LC n. 116/2003 também permite tal exegese. Na vigência do DL n. 406/68 também já definia os serviços em lista e já se consolidara o entendimento do STF no sentido da sua taxatividade. Apenas no período anterior ao advento do DL n. 406/68 (que revogou os arts. 71 a 73 do CTN) é que o inciso VI do § 1º do art. 71, § 1º, VI do CTN, incluído pelo Ato Complementar 34/67, acrescera ao rol de serviços sujeitos ao imposto a possibilidade de tributação das "demais formas de fornecimento de trabalho, com ou sem utilização de máquinas, ferramentas ou veículos". Tal cláusula aberta, que permitia aos municípios tributar quaisquer prestações de serviços, não foi mais repetida na legislação posterior, tendo então se consolidado o entendimento no sentido da taxatividade.

– LC n. 116/2003: "Art. 1º O Imposto Sobre Serviços de Qualquer Natureza, de competência dos Municípios e do Distrito Federal, tem como fato gerador *a prestação de serviços constantes da lista anexa*, ainda que esses não se constituam como atividade preponderante do prestador. § 1º O imposto incide também sobre o serviço proveniente do exterior do País ou cuja prestação se tenha iniciado no exterior do País. ..." (grifei).

– "Os serviços exclusivamente tributáveis pelos Municípios, por intermédio do ISS, acham-se relacionados em lista cuja taxatividade constituindo natural consequência do princípio da legalidade tributária, tem sido reconhecida tanto pela doutrina (Rui Barbosa Nogueira, *in* RT 482/263; Aliomar Baleeiro, *Direito tributário brasileiro*, p. 270, 8ª ed., 1976, Forense) quanto pela jurisprudência do Supremo Tribunal Federal (*RTJ* 68/8 – *RTJ* 89/281 – *RTJ* 97/357 *RDA* 118/155..." (STF, RE 156.568-3, 1993).

– "ISSQN. LC 116/03. PRODUÇÃO DE FITAS E FILMES SOB ENCOMENDA. NÃO INCIDÊNCIA... 2. 'A partir da vigência da Lei Complementar 116/03, em face de veto presidencial em relação ao item 13.01, não mais existe previsão legal que ampare a incidência do ISS sobre a atividade de produção, gravação e distribuição de filmes, seja destinada ao comércio em geral ou ao atendimento de encomenda específica de terceiro, até mesmo porque o item vetado não fazia tal distinção' (REsp 1.308.628/RS, Rel. Min. BENEDITO GONÇALVES, Primeira Turma, 2/8/12)" (STJ, EDcl no AgRg no Ag 1.353.885, 2013).

– "Considerando que o STF firmou diretriz concernente à taxatividade da lista de serviços anexa a lei complementar, a despeito do princípio da autonomia municipal, por vezes, os Municípios fazem tabula rasa da jurisprudência inserindo um item adicional, intitulado 'fornecimento de trabalho, qualificado ou não, não especificado nos itens anteriores'" (MELO, José Eduardo Soares de. *ISS – Aspectos teóricos e práticos*. 5. ed. São Paulo: Dialética, 2008, p. 60).

– "Quando a Carta Magna exige definição dos serviços pela lei complementar no ISS, o faz para reforçar a permanência do entendimento existente ao tempo da Carta anterior e, portanto, agasalhado no art. 97, II e IV, vale dizer, os tipos legais tributários são cerrados, pois devem ser definidos através da indicação exaustiva das notas características desses serviços, sempre necessárias. Essa exigência constitucional tem sua razão de ser na recalcitrância de alguns Municípios e parte minoritária da doutrina, que recusa a definição exigida na Constituição porque deseja tipos abertos, que se descrevem, possibilitando elencos exemplificativos que assegurem limites flexíveis, passíveis de extensão segundo a conveniência do intérprete. Mas a clareza do texto constitucional não deixa dúvidas – os tipos tributários, inclusive os veiculados através de listas taxativas, são definidos como conceitos legais, funcionando como tipos cerrados. [...] Todavia, o legislador complementar, ao elaborar as listas de serviços, por desconhecimento ou comodismo, às vezes encerra certos itens com cláusulas gerais – 'congêneres, demais formas de fornecimento de serviços, outros serviços'–, no que são acompanhados por legisladores municipais. Cláusulas gerais não devem ser consideradas, devendo ser rechaçadas pelo Judiciário" (DOLÁCIO DE OLIVEIRA, Yonne. In: MARTINS, Ives Gandra da Silva (coord.). *Comentários ao Código Tributário Nacional*. São Paulo: Saraiva, 1998, v. 2, p. 10-11).

– **Taxatividade sem prejuízo da interpretação extensiva de cada item, resguardada a pertinência. Serviços bancários. Tema 296 do STF:** "É taxativa a lista de serviços sujeitos ao ISS a que se refere o art. 156, III, da Constituição Federal, admitindo-se, contudo, a incidência do tributo sobre as atividades ine-

rentes aos serviços elencados em lei em razão da interpretação extensiva". Decisão de mérito em 2020.

– **Súmula 424 do STJ:** "É legítima a incidência de ISS sobre os serviços bancários congêneres da lista anexa ao DL n. 406/1968 e à LC n. 56/1987" (2010).

– "2. A Primeira Seção deste Tribunal Superior, ao julgar o REsp 1.111.234/PR, sob o regime dos regime do art. 543-C do CPC, reconheceu que a lista de serviços anexa ao Decreto-Lei 406/1968 e à Lei Complementar 116/2003, para fins de incidência do ISS sobre serviços bancários, é taxativa, admitindo-se, porém, uma leitura extensiva de cada item, para que se possam enquadrar os serviços correlatos nos previstos expressamente, de modo que prevaleça a efetiva natureza do serviço prestado e não a denominação utilizada pela instituição financeira" (STJ, AgRg no REsp 1.311.856, 2013).

– "ISS. SERVIÇOS BANCÁRIOS. Quanto à incidência do ISS sobre serviços bancários, a jurisprudência do STJ já se consolidou no sentido de que a lista de serviços anexa ao DL n. 406/1968 é taxativa, mas admite uma leitura extensiva de cada item com o escopo de enquadrar serviços correlatos àqueles previstos expressamente. Se assim não fosse, a simples mudança de nomenclatura de um serviço determinaria a não incidência do referido imposto. Sucede que aferir a natureza de cada um dos serviços prestados pelo banco recorrente pelo confronto com as previsões constantes da retrocitada lista resultaria no reexame das provas, expressamente vedado na sede especial pela Súm. n. 7-STJ. Precedente citado: AgRg no Ag 577.068-GO, *DJ* 28/8/2006. AgRg no Ag 1.082.014-PB, Rel. Min. Herman Benjamin, julgado em 1º/9/2009" (*Informativo* 405 do STJ, 2009).

– "... ISS. LISTA DE SERVIÇOS. TAXATIVIDADE. INTERPRETAÇÃO EXTENSIVA... 5. A jurisprudência desta Corte sedimentou-se no sentido de que a Lista de Serviços anexa ao Decreto-lei 406/68 para efeito de incidência de ISS sobre serviços bancários é taxativa, admitindo-se, contudo, uma leitura extensiva de cada item, a fim de enquadrar-se serviços idênticos aos expressamente previstos" (STJ, REsp 445.137, 2006).

– "ISSQN. SERVIÇOS BANCÁRIOS. LISTA DE SERVIÇOS. TAXATIVIDADE. VEDAÇÃO À ANALOGIA. INTERPRETAÇÃO EXTENSIVA. 1. Apenas as atividades constantes da Lista de Serviços anexa ao Decreto-Lei n. 406/68 ensejam o pagamento do imposto sobre serviços de competência dos municípios. 2. Cuidando-se de lista exaustiva e não exemplificativa, não se admite a analogia, objetivando alcançar hipóteses de incidência diversas das ali consignadas. Precedentes. 3. Embora taxativa em sua enumeração, a lista de serviços anexa ao Decreto-Lei n. 406/1968 admite interpretação extensiva, dentro de cada item, para permitir a incidência do ISS sobre serviços congêneres àqueles previstos expressamente. Entendimento que se coaduna com a jurisprudência pacífica do STJ (Súmula 424)" (TRF4, EINF 5023748-27.2010.404.7000, 2013).

– "a) Não basta para a incidência de ISS sobre receitas de operações bancárias o fato de que não estejam sendo tributadas pelo IOF. b) Não basta para a incidência de ISS a alegação de que estariam sujeitos ao imposto por configurarem genericamente serviços bancários, sendo necessário para tanto que configurem serviços indicados especificamente na lista de serviços. c) As listas de serviço veiculadas mediante leis complementares conforme o artigo 156, inciso III, *in fine*, configuram elencos taxativos dos tipos de serviço que podem ser tributados pelo Imposto sobre serviços, admitindo-se interpretação extensiva de seus itens concretos, para o fim de alcançar os serviços sob nomenclaturas diferentes, mas que correspondam em sua substância àqueles listados expressamente. d) A incidência do ISS depende da demonstração de pertinência dos serviços concretamente prestados àqueles descritos na Lista de Serviços, devendo constar este cotejo analítico nas autuações fiscais sob pena de nulidade. e) Tal como nas autuações fiscais, as decisões judiciais relativas ao cabimento ou não de ISS relativamente a serviços haverão de trazer a análise concreta de sua pertinência ou discrepância relativamente aos itens da lista veiculada por lei complementar, incumbindo às partes demonstrá-las" (FERRAZ, Roberto; BOARETO, Luiz Alfredo. ISS – A taxatividade das listas... *RDDT* 168/134, 2009).

– **Contra a taxatividade**. Embora reconhecendo ainda dominante na doutrina e na jurisprudência a tese da taxatividade, Aires F. Barreto diverge: "A corrente que sustenta a taxatividade da lista de serviços contida em lei complementar se esvazia dia a dia. A tese correta começa a ser exporta com pioneirismo pelo especialista e procurador do Município de São Paulo Arthur Carlos Pereira Gomes...: '... evidenciam que a lista foi baixada simplesmente para desanuviar a zona cinzenta e não para restringir o campo do imposto sobre serviços, o que constituiria absurdo sem limite... Logo, a taxatividade só alcança a mencionada zona cinzenta, sem retirar do campo do imposto sobre serviços puros, serviços que não constituem fato gerador de imposto federal ou estadual... Em face do exposto podemos afirmar que a lista federal é taxativa tão somente na parte relativa à prestação de serviços consorciada com o fornecimento de mercadorias.' [...] Recentemente, Alexandre da Cunha Ribeiro Filho e Vera Lúcia Ferreira de Mello Henriques... escreveram: 'Da análise dos Textos Constitucionais e dos diplomas federais complementares, podemos declarar, sem qualquer dúvida, que é facultado às administrações locais, examinando as atividades econômicas desenvolvidas por seus contribuintes, proceder à sua inclusão na lei local. Achamos e continuamos firmes no nosso entendimento de que o legislador federal, ao baixar as normas sobre o ISS, não o fez de forma exaustiva, que excluísse qualquer outra conceituação emanada do poder competente.' E demonstram os estudiosos que a validade e eficácia da lista diz respeito, acertadamente, a inibir a tributação municipal no caso de serviços de transporte e comunicação transmunicipal ou no de serviços confundíveis com operações financeiras, ou ainda próximo, ontologicamente, de atividades de industrialização" (BARRETO, Aires F. *ISS na Constituição e na lei*. 3. ed. São Paulo: Dialética, 2009, p. 115-116).

– **A questão dos "congêneres"**. "Outra questão importante relativamente ao *caput* deste artigo 1º, diz respeito à lista de serviços anexa à nova Lei Complementar. Essa lista inova, como visto acima, posto que arrola 40 itens de serviços, cada um desses itens desdobrado em subitens. Portanto, optou o legislador complementar por definir, nos 40 itens, o gênero de serviço a ser tribu-

tado, discriminando, no diversos subitens as espécies integrantes do respectivo gênero, isto é os serviços congêneres. Daí por que inadequada a utilização da expressão 'congêneres' pela nova lista de serviços tributáveis pelo ISS, uma vez que todos os serviços congêneres passíveis de tributação estão expressamente elencados na lista de serviço, que, portanto, é taxativa" (ALVES, Anna Emilia Cordelli. ISS – Aspectos relevantes decorrentes da análise do artigo 1º da Lei Complementar n. 116, de 31 de julho de 2003. *RDDT* 99, 2003).

– "A lista anexa à Lei Complementar n. 56/87 que arrola os serviços sobre os quais incide o ISSQN é taxativa, confortante interpretação ampla e analógica somente quando houver a previsão de um gênero de serviços, seguido de expressão 'e congêneres'. Nos itens 95 e 96, onde estão previstos os serviços bancários as únicas brechas possíveis para serviços correlatos ou assemelhados dizem respeito à cobrança ou recebimento, pelo banco, de crédito de terceiros, não se vislumbrando seja o caso presente onde estão sendo tributadas tarifas relativas a outros serviços" (TAPR, 6ª C.Cív., AC-RN 142.187-4/PR, Juiz Anny Mary Kuss, *DJPR* 3-3-2000). Destaco do voto condutor: "Não estaria equivocado dizer que atualmente a lista de serviços tributáveis pelo ISSQN é mista, ora taxativa, ora utilizando expressões ampliativas, como quando inclui após a descrição de um serviço específico 'demais formas de fornecimento de trabalho', o que não é vedado pela Constituição. Nesse quadro é que devem ser vistas as decisões no sentido de que a lista é taxativa, comportando interpretação ampla e analógica, esta última é pertinente quando houver a previsão e um gênero de serviços, que normalmente vem seguido da expressão 'e congêneres'".

– Sobre a distinção entre analogia e interpretação extensiva, vide nota ao art. 108, I, do CTN.

– **Veto presidencial como impedimento à interpretação extensiva**. "Existindo veto presidencial quanto à inclusão de serviço na Lista de Serviços Anexa ao decreto-lei 406/68, com a redação da Lei Complementar 56/87, é vedada a utilização da interpretação extensiva" (STJ, REsp 1.027.267, 2009).

– "... essa atividade foi objeto de veto presidencial, o que impede a sua inclusão, a partir de interpretação extensiva, em outra modalidade de serviços..." (GOUVEIA, Carlos Marcelo. Considerações a respeito da não incidência do ISS sobre contratos de patrocínio. *RDDT* 202/49-56, 2012).

– **Leis ordinárias**. Ainda que caiba à lei complementar definir os serviços sujeitos ao ISS, são as leis municipais que instituem o imposto, como, em São Paulo, o fez a Lei n. 13.656, de outubro de 2003.

– **Pela inconstitucionalidade da lei municipal que tributa serviços não arrolados no anexo da LC n. 116/2003**. "... os Municípios não poderão instituir ISS sobre serviços que sejam congêneres ou que possuam a mesma natureza daqueles previstos na LC 116/03, sem observar se eles se enquadram efetivamente na esfera de referência semântica dos signos utilizados pelo legislador complementar. Se, a pretexto de tributar serviços listados na Lei Complementar, forem arrolados pelos Municípios novos serviços ali não especificados, ainda que por meio de cláusulas gerais, haverá inconstitucionalidade da norma municipal. É o caso de se desejar tributar qualquer atividade de consultoria ou assessoria de 'qualquer natureza', não contida nos outros itens da lista (17.01). A amplitude da norma já revela a sua inconstitucionalidade, porque a Carta determinou fossem 'definidos' os serviços, não podendo o legislador simplesmente apontar para aquela forma de uso da cláusula geral. Aliás, o ISS já é o imposto sobre serviço de 'qualquer natureza', não havendo necessidade, se a adoção de uma cláusula geral assim tão vaga fosse por si só suficiente, de fazer a discriminação dos serviços tributados" (COSTA, Adriano Soares da. Breves notas sobre a LC n. 116/2003 e as cláusulas gerais: os limites da taxatividade. *RTFP* 56/39, 2004).

– Pela inconstitucionalidade da lei municipal que não especifica os "congêneres". "Nem a Constituição, nem a lei complementar cria o imposto, que é tarefa exclusiva do legislador ordinário da entidade política que recebeu a outorga de competência impositiva. À lei tributária material de cada município cabe definir o fato gerador do ISS, o que importa na elaboração completa da lista de serviços tributáveis, com a explicitação dos diversos serviços que entenda ser abrangidos pela expressão 'congêneres', que continua figurando na atual lista nacional de serviços, anexa à Lei Complementar de n. 116/2003. É comum ver nas legislações municipais a transposição pura e simples da lista anexa à lei de regência nacional do ISS, inclusive reproduzindo a expressão 'congêneres', sem definir quais seriam esses serviços congêneres. Ora, esse fato configura patente inconstitucionalidade, por violação do princípio de legalidade tributária (art. 150, I, da CF). Não há nem pode haver analogia no campo do direito material" (HARADA, Kiyoshi. *ISS:* doutrina e prática. São Paulo: Atlas, 2008, p. 23-24).

– Fundos de investimento. "... a exação instituída pela Lei Complementar n. 116/03 na prestação de serviços de administração de fundos quaisquer (subitem 15.01) tem amparo constitucional. Administrar um fundo não é atividade-meio, não envolve a transformação de risco típica das operações financeiras e não se inclui em qualquer das hipóteses de incidência do IOF. A prestação desse serviço constitui um fazer, independente e autônomo, por pessoa jurídica ou natural que tenha registro na CVM. Assim, administrar um fundo é prestar serviço sujeito ao ISS" (REIS, Emerson Vieira. Incidência do ISS na administração de fundos... *RDDT* 169/30, 2009).

– Serviços de franqueada dos Correios (AGF). Não incidência. "Uma agência franqueada dos Correios (AGF) exerce atividade prevista na CNAE sob n. 5.310-5/02 ('atividade franqueada do Correio Nacional'), mais especificamente definida como 'atividade auxiliar relativa ao serviços postal', pela Lei n. 11.668/2008, regulamentada pelo Decreto n. 6.639/2008. [...] O serviço prestado consiste, unicamente, em auxiliar o serviço postal mediante o oferecimento e a intermediação de vendas de produtos e serviços disponibilizados pela ECT, inclusive os serviços de expediente relativos à produção e preparação dos objetos postados, antes do recebimento (da coleta) desses postados pela Empresa Brasileira de Correios e Telégrafos (ECT). [...] Diante da taxatividade da Lista de Serviços, um serviço somente pode ser tributado pelo ISS se estiver suficientemente definido em lei complementar. No caso da atividade auxiliar relativa ao serviço

postal (atividade de franqueada dos Correios), contemplada na Lei n. 11.668/2008 (regulamentada pelo Decreto n. 6.639/2009), conclui-se pelo seu não enquadramento no subitem 26.01 da Lista de Serviços anexa à Lei Complementar n. 116/2003, na medida em que os serviços ali previstos (coleta, remessa ou entrega de objetos postais) representam autênticos serviços postais, que somente são prestados pela ECT, em razão do privilégio postal conferido pela Constituição Federal e Lei Postal, e ratificado na ADPF n. 4.784. Com efeito, muito embora apresente características (ou obrigações) presentes em vários outros serviços (intermediação, agenciamento, representação, triagem de documentos, apoio administrativo, cobrança, por exemplo), a atividade franqueada dos Correios é um serviço peculiar, independente e autônomo, que não se confunde com o próprio serviço postal (que está previsto no subitem 26.01), bem como com outros serviços tipificados na mesma lista (agenciamento, intermediação, digitação, franquia, v.g.). Inclusive, esse serviço diferenciado até possui regulamentação legal específica, surgida após o advento da LC n. 116/2003, o que reforça ainda mais a falta de previsão na lista de serviços. Em suma, não deve incidir o ISS sobre a atividade auxiliar aos serviços postais, prestada pelas agências franqueadas do Correio, por falta de definição em lei complementar" (MELO, Omar Augusto Leite. Não incidência do ISS sobre a atividade de franqueadas dos Correios (Subitem 26.01 da Lista). *RDDT* 210/73, 2013).

– Serviço dos CRVAs. Não incidência. "Não há como enquadrar os titulares dos CRVAs como 'autoridade delegada' ou meramente 'autoridade'. Considerando discursivamente a análise até aqui desenvolvida o CRVA não é de titularidade do Estado, mas de um terceiro. Esse terceiro executa atividade própria de uma autarquia (Detran). 19 O ato material praticado pelo CRVA somente produzirá efeitos jurídicos se estiver em consonância com a legislação em geral e com a lei de trânsito em particular, e, no presente caso, em especial com as matérias previstas no art. 22 do CTB cuja competência foi delegada ao Detran. Esta autarquia a verdadeira responsável pelos atos materiais praticados pelos CRVAs. Observa-se, portanto, que o ato material praticado pelo CRVA tem natureza de atividade-meio e consiste em uma prestação de serviços ao Detran que por sua vez é quem pratica uma atividade-fim. [...] a natureza jurídica da atividade de CRVA não pode ser confundida com a natureza jurídica da prestação de 'Serviços de registros públicos, cartorários e notariais' previstos no item 21 e subitem 21.1 da Lista Anexa à LC n. 116/03. Se a atividade de CRVA não corresponde à prestação de 'Serviços de registros públicos, cartorários e notariais' e não está prevista na lista anexa à LC n. 116/03, então não incide ISS" (DANILEVICZ, Igor; DANILEVICZ, Thiago. O Imposto sobre Serviços de Qualquer Natureza (ISS) e a prestação de serviços pelos Centros de Registro de Veículos Automotores (CRVAs). *Revista Interesse Público* 79/157, 2013).

⇒ Operações mistas (1): prestação de serviços com fornecimento de mercadorias. Há possível conflito de competências entre os Estados e os Municípios, quanto à cobrança de ICMS ou de ISS, no que diz respeito às chamadas operações mistas, que envolvem tanto a circulação de mercadorias como a prestação de serviços. As operações verdadeiramente mistas apresentam duplo objeto negocial: um dar e um fazer, ambos com certa autonomia. Eram conceituadas pelo art. 71, § 2º, do CTN como aquelas em que havia prestação de serviços "acompanhados do fornecimento de mercadorias", sendo que estabelecia critério para tributação proporcional. O conceito ainda é válido, mas aquele artigo foi revogado porque hoje o que temos é uma sistemática diversa de tributação, em que incide o ICMS ou o ISS sobre o todo, um ou outro.

– "A operação mista pressupõe duplo objeto negocial, visando a prestações diversas embora conexas e complementares uma da outra, envolvendo tanto a prestação de serviços como a circulação de mercadorias. Alcança, portanto, o contrato que tenha por objeto um dar e um fazer, mas não aquele em que alguém se compromete a fazer para dar, em que o fazer constitui apenas meio para a produção e colocação do bem à disposição do comprador" do voto do Min. Joaquim Barbosa, na ADI 4.389, em 2011.

– **"Fazer para dar" não caracteriza operação mista.** Não são operações mistas aquelas cujo objeto seja um fazer para dar, em que o fazer constitui apenas meio para a produção e colocação do bem à disposição do comprador, incidindo sempre o ICMS.

– "Ainda que a lógica do sistema seja relativamente clara e de fácil compreensão, a aplicação dos critérios referidos só levará a uma solução em conformidade com a Constituição quando sejam bem distinguidas as operações mistas daquelas em que a prestação de serviços seja apenas uma das etapas do processo produtivo, sem predominância ou equivalência que justifique atrair a incidência do ISS em detrimento da incidência dos demais impostos passíveis de incidir na espécie" (Excerto do voto da Min. Ellen Gracie na ADI 4.389).

– A matéria está sendo discutida pelo STF, também, na ADI 4.413.

– **ISS ou ICMS sobre o todo.** O art. 155, § 2º, IX, *b*, da Constituição trata especificamente das operações mistas, estabelecendo que o ICMS incidirá sobre o valor total da operação, quando mercadorias forem fornecidas com serviços não compreendidos na competência tributária dos Municípios. Associando-se tal regra com a do art. 156, III, que diz que os Municípios tem competência para instituir impostos sobre serviços de qualquer natureza, definidos em lei complementar, chegamos à conclusão de que as operações mistas em que o serviço envolvido não está arrolado no anexo da LC n. 116/2003 sujeita-se ao ICMS, mas, quando estiver arrolado, sujeita-se ao ISS. Desse modo, aliás, é que a questão se encontra disciplinada na LC n. 87/96, que dispõe sobre o ICMS, e na LC n. 116/2003, que dispõe sobre o ISS. O art. 2º, IV, da LC 87/96 determina que o ICMS incida sobre o fornecimento de mercadorias com prestação de serviços não compreendidos na competência tributária dos Municípios. O art. 1º, *caput* e § 2º, da LC n. 116/2003 estabelece que o ISS tem como fato gerador a prestação de serviços constantes da sua lista anexa e que os serviços nela mencionados não ficam sujeitos ao ICMS, ainda que sua prestação envolva fornecimento de mercadorias. Mas, para que tal possa ocorrer, é indispensável que a prestação de serviços seja o cerne da contratação, tendo caráter nuclear ou predominante.

– "ISS. PRESTAÇÃO DE SERVIÇOS DE MANUTENÇÃO EM ELEVADORES E FORNECIMENTO DE MATERIAIS. OPERAÇÃO MISTA. NÃO INCIDÊNCIA. EXCEÇÃO DO ITEM 14.01 DA LISTA ANEXA À LC 116/03. 1. O Superior Tribunal de Justiça manifestou-se no sentido da necessidade de verificação da atividade da empresa no caso de operações mistas para a definição do imposto a ser recolhido. 'Se a atividade desenvolvida estiver sujeita à lista do ISSQN, o imposto a ser pago é o ISSNQ, inclusive sobre as mercadorias envolvidas, com a exclusão do ICMS sobre elas, a não ser que conste expressamente da lista a exceção' (EDcl no AgRg no AgRg no REsp 1.168.488/SP, Rel. Min. Humberto Martins, Segunda Turma, *DJe* 21/6/10). 2. Na presente hipótese, a execução de serviços de manutenção de elevadores, prevista no item 14.01 da Lista Anexa à LC 116/2003, encontra previsão expressa de incidência do ICMS sobre os materiais empregados no desempenho da atividade" (STJ, AgRg no AREsp 731.694, 2015).

– "DELIMITAÇÃO DA COMPETÊNCIA TRIBUTÁRIA ENTRE ESTADOS E MUNICÍPIOS. ICMS E ISSQN. CRITÉRIOS... 1. Segundo decorre do sistema normativo específico (art. 155, II, § 2º, IX, *b*, e 156, III da CF, art. 2º, IV, da LC 87/96 e art. 1º, § 2º, da LC 116/03), a delimitação dos campos de competência tributária entre Estados e Municípios, relativamente à incidência de ICMS e de ISSQN, está submetida aos seguintes critérios: (a) sobre operações de circulação de mercadoria e sobre serviços de transporte interestadual e internacional e de comunicações incide ICMS; (b) sobre operações de prestação de serviços compreendidos na lista de que trata a LC 116/03 (que sucedeu ao DL 406/68), incide ISSQN; e (c) sobre operações mistas, assim entendidas as que agregam mercadorias e serviços, incide o ISSQN sempre que o serviço agregado estiver compreendido na lista de que trata a LC 116/03 e incide ICMS sempre que o serviço agregado não estiver previsto na referida lista" (STJ, REsp 1.092.206, 2009).

– **Súmula 163 do STJ:** "O fornecimento de mercadorias com a simultânea prestação de serviços em bares, restaurantes e estabelecimentos similares constitui fato gerador do ICMS a incidir sobre o valor total da operação".

– **Súmula 167 do STJ:** "O fornecimento de concreto, por empreitada, para construção civil, preparado no trajeto até a obra em betoneiras acopladas a caminhões, é prestação de serviço, sujeitando-se apenas à incidência do ISS".

– **As ressalvas da lista anexa à LC n. 116/2003.** O ICMS e o ISS, como regra, são excludentes um do outro:, "ou a situação enseja a instituição de ICMS ou de ISS" (voto da Min. Ellen Gracie na ADI 4.389). Importa observar, entretanto, que a lista de serviços anexa à LC n. 116/2003 faz algumas ressalvas. No seu item 14.01, ao submeter ao ISS aos serviços de "Lubrificação, limpeza, lustração, revisão, carga e recarga, conserto, restauração, blindagem, manutenção e conservação de máquinas, veículos, aparelhos, equipamentos, motores, elevadores ou de qualquer objeto", abre um parêntesis: "(exceto peças e partes empregadas, que ficam sujeitas ao ICMS)". Isso também ocorre com outros poucos itens, como o 7.02, relativo aos serviços de construção civil realizados mediante empreitada ou subempreitada, sendo ressalvada a incidência do ICMS sobre o fornecimento de mercadorias produzidas fora do local da prestação dos serviços. Nesses casos expressamente excepcionados na lista anexa à LC n. 116/2003, portanto, serão especificados os valores do serviço e das mercadorias fornecidas, porquanto incidirá o ISS sobre aquele e o ICMS sobre esse.

– Em diversos itens (1.09, 7.02, 7.05, 4.01. 14.03 e 17.11), existem ressalvas da incidência do ICMS sobre mercadorias, partes, peças, alimentos e bebidas, o que demonstra a observância de adequado critério jurídico, uma vez que os aludidos bens deveriam constituir meros elementos (atividade-meio) integrantes da prestação de serviços. Nos demais serviços que compreendam aplicação, emprego ou utilização de bens materiais etc., não se cogita a exigência de ICMS. É o caso dos hospitais que ministram medicamentos, dependem de material cirúrgico, e dos hotéis que fornecem alimentação incluída na diária" (PAULSEN, Leandro; MELO, José Eduardo Soares de. *Impostos federais, estaduais e municipais*. 12. ed. São Paulo: Saraiva, 2022, p. 397-298).

⇒ **Operações mistas (2): prestação de serviços mediante o uso de ferramentas, máquinas ou equipamentos em geral.** Na contratação de serviços, pressupõe-se, via de regra, que o prestador disponha das ferramentas necessárias à realização do trabalho, o que não transforma o negócio em uma operação mista. Há hipóteses, todavia, em que o custo do uso do bem pode ser estimado como sendo superior ao do próprio trabalho envolvido. Nesses casos, a contratação não se faz com foco predominante na habilidade do prestador, na sua perícia em fazer, mas na máquina ou equipamento de que dispõe. Podemos entender, por isso, que haja uma operação mista envolvendo prestação de serviços e locação de bem móvel, como, aliás, muitas vezes é documentado pelas partes desses negócios. Todavia, na ausência de disposição específica a respeito, cabe aplicar sim a analogia para entender-se que, se o serviço consta da lista anexa à LC n. 116/2003 como serviço tributável a título de ISS, incidirá esse imposto sobre o valor total da operação.

– "... a par dos serviços chamados 'puros', ultimados sem o auxílio de qualquer instrumento, há os serviços cuja execução requer o manuseio de ferramentas, máquinas e aparelhos diversos; a maioria dos esforços humanos, dizemos sem medo de errar, cataloga-se certamente nesta segunda categoria. Pois os serviços executados com equipamentos configura uma realidade incindível: não é possível dissociar o esforço humano propriamente do equipamento que o viabiliza e dá suporte. O valor do 'fazer', aí, absorve, inclui o valor pertinente ao uso do equipamento que lhe é inerente. [...] Da mesma forma que serviços com emprego de materiais não são cindíveis em (i) serviço puro e (ii) fornecimento de mercadoria, serviços com emprego de equipamentos não são cindíveis em (i) serviço puro e (ii) locação de bem móvel. [...] imaginemos o prestador de serviço de sonorização que impute parte do preço a título de locação dos equipamentos (mesa de som, autofalantes etc.); ou, ainda, o clássico caso da locadora de guindastes que fornece esse equipamento juntamente com o profissional que irá operá-lo na obra de terceiro. Ao nosso ver, o controle do equipamento locado por um preposto da própria locadora faz toda a diferença, transmuda inexoravelmente a realidade que temos diante dos olhos. O que era 'dar coisa móvel' torna-se 'fazer com coisa móvel'" (ANDRADE, Paulo Roberto. ISS e a locação de bens móveis conjugada com serviços: a necessidade de correta qualificação jurídica dos fatos. *RDDT* 226/125, 2014).

– **Operação mista de prestação de serviços e locação de bem móvel.** Operações vistas desse tipo ocorrem, muitas vezes, na contratação de sonorização de eventos, em que o contratado se responsabiliza por levar o equipamento necessário e selecionar as músicas, e na contratação de guindastes com seu respetivo operador. E há inúmeros outros casos. Quando houver locação com prestação de serviços, sem que esteja especificado o valor correspondente a cada qual, importará determinar o que é predominante na operação, se a locação ou a prestação de serviços.

– "ISS. Natureza da atividade...1. O Tribunal de origem consignou que prevalece, no caso, o serviço de guarda e proteção de veículos de terceiros, não constituindo a atividade da recorrente mera locação, razão pela qual estaria sujeita à incidência do ISS. 2. Para ultrapassar o entendimento do Tribunal *a quo* e acolher a alegação da recorrente, seria imprescindível o revolvimento do conjunto fático-probatório constante dos autos, bem como da legislação ordinária e das cláusulas contratuais" (STF, ARE 745.279 AgR, 2014).

– "IMPOSTO SOBRE SERVIÇOS DE QUALQUER NATUREZA. INCIDÊNCIA EM CONTRATOS MISTOS. LOCAÇÃO DE MAQUINÁRIO COM OPERADORES. RECLAMAÇÃO. ALEGAÇÃO DE DESCUMPRIMENTO DA SÚMULA VINCULANTE 31. DESCABIMENTO. A Súmula Vinculante 31, que assenta a inconstitucionalidade da incidência do Imposto sobre Serviços de Qualquer Natureza – ISS nas operações de locação de bens móveis, somente pode ser aplicada em relações contratuais complexas se a locação de bens móveis estiver claramente segmentada da prestação de serviços, seja no que diz com o seu objeto, seja no que concerne ao valor específico da contrapartida financeira. Hipótese em que contratada a locação de maquinário e equipamentos conjuntamente com a disponibilização de mão de obra especializada para operá-los, sem haver, contudo, previsão de remuneração específica da mão de obra disponibilizada à contratante. Baralhadas as atividades de locação de bens e de prestação de serviços, não há como acolher a presente reclamação constitucional" (STF, Rcl 14.290 AgR, 2014).

⇒ **Aspecto material da hipótese de incidência do ISS.** LC n. 116/2003, art. 1º: "Art. 1º O Imposto Sobre Serviços de Qualquer Natureza, de competência dos Municípios e do Distrito Federal, tem como fato gerador a prestação de serviços constantes da lista anexa, ainda que esses não se constituam como atividade preponderante do prestador. § 1º O imposto incide também sobre o serviço proveniente do exterior do País ou cuja prestação se tenha iniciado no exterior do País. § 2º... § 3º O imposto de que trata esta Lei Complementar incide ainda sobre os serviços prestados mediante a utilização de bens e serviços públicos explorados economicamente mediante autorização, permissão ou concessão, com o pagamento de tarifa, preço ou pedágio pelo usuário final do serviço".

– "A hipótese de incidência do ISS (art. 156, II) é a prestação de qualquer serviço excluído o compreendido na competência tributária dos Estados (art. 155, II) com conteúdo econômico, sob regime de direito privado" (BARRETO, Aires. ISS: serviços de despachos aduaneiros/momento de ocorrência do fato imponível/local da prestação/base de cálculo/arbitramento. *RDT* 66/115, São Paulo: Malheiros).

– **Ocorrência do fato gerador. Desimportância do pagamento dos serviços.** "ISS: exigibilidade. A exigibilidade do ISS, uma vez ocorrido o fato gerador – que é a prestação do serviço –, não está condicionada ao adimplemento da obrigação de pagar-lhe o preço, assumida pelo tomador dele: a conformidade da legislação tributária com os princípios constitucionais da isonomia e da capacidade contributiva não pode depender do prazo de pagamento concedido pelo contribuinte a sua clientela" (STF, AG (AgRg) 228.337-3, 1999).

– **Fracionamento de serviços.** "Esse dispositivo (refere-se o art. 1º da LC 116) possibilita ao Poder Público o fracionamento do serviço prestado pelo contribuinte, e consideração *de per si*, para fins de tributação pelo ISS, de atividades correlatas ao serviço propriamente dito. Isto fica claro pela análise de diversos itens da lista de serviços e respectivos subitens. ... a renovação do cadastro bancário, antes entendida como uma atividade-meio necessária à prestação do serviço bancário propriamente dito, passa a ser considerado serviço autônomo, sujeito também ao ISS. De se ressaltar que determinada atividade somente poderá ser considerada *de per si*, para efeito de incidência do ISS, se possuir conteúdo econômico próprio, sob pena de não caracterização da capacidade contributiva, pressuposto necessário de toda exigência tributária via impostos. Como fórmula de se evitar conflitos de competência intermináveis entre os diversos Municípios, parece-nos possível, diante de serviços complexos ... a adoção do fracionamento..." (ALVES, Anna Emilia Cordelli. ISS – Aspectos relevantes decorrentes da análise do artigo 1º da Lei Complementar n. 116, de 31 de julho de 2003. *RDDT* 99, 2003).

– **Atividades-meio.** "As atividades desenvolvidas como requisito para a realização de outra utilidade qualquer são atividades-meio, ao passo que os atos praticados como fim, acarretando, por si só, uma vantagem material ou imaterial colocada à disposição de outrem, configuram atividades-fim. Apenas a segunda espécie (atividade-fim) deve ser examinada por ao escopo de possível tributação... O alvo da tributação deve limitar-se ao objeto final da contratação, não às suas etapas ou tarefas intermediárias. Muitas vezes, para atingir a finalidade almejada, são requeridas atividades de planejamento organização, administração, assistência técnica, dentre outras, conquanto esse não seja o objetivo contratualmente perseguido. Entre atividade-fim e atividade-meio estabelece-se um nexo indissociável, ficando esta a serviço daquela objeto principal da contratação. [...] Para que não pairem dúvidas sobre o assunto, imaginemos a singela hipótese de uma operação mercantil em que o vendedor do bem o embala para presente. Temos, aí, uma prestação de serviço (realizar o empacotamento de um bem) ligada a um contrato de compra e venda. Seria cabível, então, a exigência de ISS sobre a atividade e embalagem? Obviamente, não! O fim da contratação, no caso, é a aquisição de mercadoria, sendo esse o fato jurí-

dico susceptível de tributação..." (CARVALHO, Paulo de Barros. Não incidência do ISS sobre atividades de franquia (*Franchising*). *RET* 56/65, 2007).

– **Atividade-meio. Construção de obra pública em parceria público-privada. Recomposição do custo.** "... a parcela relativa à recomposição do custo de construção não deve ser caracterizada como uma remuneração decorrente da prestação de serviço. Sendo assim, a nosso ver, é defensável a não inserção dos valores correlatos na base de cálculo do ISSQN. Isso porque, a caracterização da prestação de serviços para efeitos de incidência do ISSQN pressupõe a necessária existência de um caráter remuneratório e negocial correlacionado como serviço prestado. No caso em questão, o ressarcimento da construção não tem esse indispensável caráter remuneratório (preço), na medida em que visa recompor os custos incorridos pelo concessionário na viabilização da PPP. Na realidade, a construção da obra pública pode deixar de se caracterizar como uma prestação de serviço já que não está diretamente voltada para a obtenção de lucro pela concessionária, mas, sim, essencialmente tratando-se de meio para a consecução da finalidade pretendida, que é a remuneração decorrente da operação do empreendimento" (SADDY, André; ROLIM, João Dácio. Regime jurídico de recursos públicos relacionados à parceria público-privada (PPP) para construção de obras e prestação de serviços... sobre as subvenções para investimento. *RDDT* 218/142, 2013).

– **Atividades-meio. Companhias telefônicas.** "ISS. SERVIÇOS DE TELECOMUNICAÇÕES. ATIVIDADE-MEIO. TRIBUTAÇÃO. IMPOSSIBILIDADE... 1. Este Superior Tribunal de Justiça já consolidou o entendimento no sentido de que os serviços de atividade-meio indispensáveis ao alcance da atividade-fim, prestados pelas companhias telefônicas, não são passíveis da incidência do ISS. Precedentes..." (STJ, AgRg no REsp 1.331.306, 2013).

– **Atividades-meio. Serviços de despachos aduaneiros.** "Alvo de tributação é o esforço humano prestado a terceiros como fim ou objeto. Não as suas etapas, passos ou tarefas intermediárias, necessárias à obtenção do fim. [...] somente podem ser tomadas, para compreensão do ISS, as atividades entendidas como fim, correspondentes à prestação de um serviço integralmente considerado em cada item. Não se pode decompor um serviço porque previsto, em sua integridade, no respectivo item específico da lista da lei municipal nas várias ações-meio que o integram, para pretender tributá-las separadamente, isoladamente, como se cada uma delas correspondesse a um serviço autônomo, independente. Isso seria uma aberração jurídica, além de construir-se em desconsideração à hipótese de incidência do ISS" (BARRETO, Aires. ISS: serviços de despachos aduaneiros/momento de ocorrência do fato imponível/local da prestação/base de cálculo/arbitramento. *RDT* 66/114-115, São Paulo: Malheiros).

– **Serviços sujeitos ao ISS.** Vide nota específica adiante com os diversos questionamentos.

– **Não incidência sobre serviços de agenciamento marítimo/ aeroportuário.** Vide: Mirante, Ricardo Fonseca. O ISS e a não incidência sobre prestação de serviços de agenciamento marítimo/aeroportuário, antes da Lei Complementar n. 116/2003. *RDDT* 117/96, 2005).

– Serviços prestados por associações aos seus associados. "... ainda que tenha sido excluída a expressão 'por empresa ou profissional autônomo' da descrição do fato gerador do imposto, no artigo 1º, *caput*, da LC 116/03, isto não implica concluir que o ISS poderá passar a onerar atividades realizadas fora do contexto de um negócio jurídico de prestação de serviço, ainda que envolvam um fazer e o pagamento de uma remuneração em contrapartida. Sendo assim, tal como já ocorria na vigência do DL 406/68, as associações não imunes não estão sujeitas ao pagamento do ISS sobre as receitas auferidas com a realização de serviços em favor dos seus associados, quando tais atividades tiverem pertinência com os objetivos sociais da entidade" (BRAZUNA, José Luis Ribeiro. Não incidência do ISS sobre Serviços Prestados por Associações não Imunes, após a Lei Complementar 116. *RDDT* 155, 2008, p. 57).

⇒ **Aspectos espacial e pessoal. Sujeito ativo.** LC n. 116/2003: "Art. 3º O serviço considera-se prestado e o imposto devido no local do estabelecimento prestador ou, na falta do estabelecimento, no local do domicílio do prestador, exceto nas hipóteses previstas nos incisos I a XXV, quando o imposto será devido no local: ... Art. 4º Considera-se estabelecimento prestador o local onde o contribuinte desenvolva a atividade de prestar serviços, de modo permanente ou temporário, e que configure unidade econômica ou profissional, sendo irrelevantes para caracterizá-lo as denominações de sede, filial, agência, posto de atendimento, sucursal, escritório de representação ou contato ou quaisquer outras que venham a ser utilizadas".

– O Supremo Tribunal Federal em 13 de agosto deste de 2010, no RE 790.283, entendeu que se trata de matéria infraconstitucional: "*ISS. Competência para tributação. Local da prestação do serviço ou do estabelecimento do prestador do serviço. Matéria infraconstitucional. Repercussão geral rejeitada*".

– O STJ firmou posição no sentido de que é sujeito ativo o Município da sede do estabelecimento, como regra, nos termos da LC n. 116/2003.

– Impende considerar-se que tanto o local do estabelecimento do prestador, onde ele se qualifica, se organiza, se prepara, como o da realização dos atos concretos de execução, são relevantes e indispensáveis no contexto da prestação do serviço. A par disso, o art. 146, I, da CF atribui à lei complementar a função, justamente, de dispor sobre conflitos de competência, de maneira que parece adequado que o legislador nacional esclareça o aspecto espacial e a competência para a cobrança nos diversos casos, prevenindo os conflitos.

• Vide: BARRETO, Aires F. ISS – Alguns limites constitucionais do critério espacial. *RDDT* 208/7, 2013.

– **Local da sede do estabelecimento.** "INCIDÊNCIA DE ISS... SUJEITO ATIVO DA RELAÇÃO TRIBUTÁRIA NA VIGÊNCIA DO DL 406/68: MUNICÍPIO DA SEDE DO ESTABELECIMENTO PRESTADOR. APÓS A LEI 116/03: LUGAR DA PRESTAÇÃO DO SERVIÇO... 3. O art. 12 do DL 406/68, com eficácia reconhecida de lei complementar, posteriormente revogado pela LC 116/2003, estipulou que, à exceção dos casos de construção civil e de exploração de rodovias, o local da prestação do serviço é o do estabelecimento prestador. 4. A opção legislativa representa um potente duto de esvaziamento das finanças dos Municípios periféricos do sistema bancário, ou seja, através dessa modalidade contratual se instala um mecanismo altamente perverso de sua descapitalização em favor dos grandes centros financeiros do País. 5. A interpretação do mandamento legal leva a conclusão de ter sido privilegiada a segurança jurídica do sujeito passivo da obrigação tributária, para evitar dúvidas e cobranças de impostos em duplicata, sendo certo que eventuais fraudes (como a manutenção de sedes fictícias) devem ser combatidas por meio da fiscalização e não do afastamento da norma legal, o que traduziria verdadeira quebra do princípio da legalidade tributária. 6. Após a vigência da LC 116/2003 é que se pode afirmar que, existindo unidade econômica ou profissional do estabelecimento prestador no Município onde o serviço é perfectibilizado, ou seja, onde ocorrido o fato gerador tributário, ali deverá ser recolhido o tributo. Acórdão submetido ao procedimento do art. 543-C do CPC e da Resolução 8/STJ" (STJ, REsp 1.060.210, 2013).

– "O Decreto-Lei n. 406/1968 e a Lei Complementar n. 116/2003, ressalta-se, novamente, normas gerais em matéria tributária, criam presunção *iuris et de iure* para a identificação do aspecto espacial da hipótese de incidência do ISSQN (local do estabelecimento prestador ou do domicílio do prestador ou, ainda, o local da execução, para as atividades expressamente ressalvadas nos incisos I A XXII do art. 3º...). Percebe-se que, entre diversas opções possíveis – tais como o local da assinatura do contrato, a sede ou o domicílio do beneficiário do serviço ou de sua utilização, a sede da empresa prestadora, o local da execução –, o legislador escolheu aquela ou aquelas capazes de evitar conflitos, presumindo que o serviço é prestado, em um grande número de casos, no local em que o prestador está estabelecido. ... descabe aferir, no caso concreto, se o serviço foi, ou não, efetivamente realizado no mesmo local do estabelecimento prestador, pois o legislador serviu-se de ficção de que o serviço é prestado no local do estabelecimento prestador. Portanto, é ficto o local em que ocorreu a prestação, não local em que está estabelecido o prestador" (TOFFANELLO, Rafael Dias. Aspecto espacial da hipótese de incidência do Imposto sobre Serviços... *RET* 67/95, 2009).

– **Local das atividades-meio é irrelevante.** "Basta considerar a contratação de uma empresa para coletar o lixo em uma cidade para processá-lo em outra e, finalmente, depositá-lo em aterro sanitário localizado em um terceiro Município. Tudo contratado a preço único por um particular cujo interesse se concentra na retirada dos dejetos de sua porta ou estabelecimento. ... haveria mais de um fato gerador e seriam devidos tributos para os três Municípios? [...] ... a adequada destinação dos resíduos é, em regra, obrigação da empresa coletora e não interesse econômico e juridicamente qualificado do particular contratante. Assim, quando ela destina os resíduos a um aterro sanitário ou, antes, empresta tratamento ao material, está a satisfazer interesse próprio, evitando sanção contra si, e não adimplindo o interesse de cliente pactuado contratualmente. [...] nem todas as etapas do serviços previsto no item 7.09 da lista anexa à Lei Complementar n. 116/2003 representam um núcleo autônomo que cause a incidência do ISS. Representa, na maior parte dos casos, mera etapa de exaurimento do núcleo principal que é a retirada do lixo ou resíduo. Por esse motivo, as localidades em que se desenvolva essas atividades-meio não podem ser tomadas como locais de prestação do serviço, que será o da coleta do lixo o resíduo, por ser a atividade-fim, objeto de interesse econômico e jurídico qualificado. Somente em situações excepcionais, aferidas a partir das cláusulas contratuais, é que se pode falar de várias prestações em locais diferentes. Deve-se, em tais hipóteses, investigar se há interesse jurídico do tomador do serviço quanto à destinação, tratamento, incineração, reciclagem ou separação do lixo coletado, e que seja, por isso, mensurado e quantificado de forma autônoma e diferenciada no contrato, com remuneração específica para tanto, que servirá de base de cálculo. A propriedade do aterro sanitário pode fazer gerar uma nova relação tributária (entre a empresa coletora e o dono do aterro), mas não terá o condão de afetar a relação anteriormente firmada entre o particular e a coletora" (LOPES FILHO, Juraci Mourão. O critério espacial do ISS incidente sobre a coleta, o tratamento e a destinação de lixo. *RDDT* 214/60, 2013).

– **Não importa o local da contratação.** "... a captação de clientela em cada distinta localidade integra o conceito de atividade-meio, não correspondendo, essa captação e a subscrição de contratos dela resultante, na prestação passível de sujeição ao ISS, a qual deve ser buscada no objeto dos contratos firmados pelos tomadores dos serviços. Vale dizer, a captação de clientela volta-se, exclusivamente, à manutenção e à expansão da empresa, mas não se confunde com a prestação de serviços à qual a empresa se propõe. Já a implementação dessa atividade-fim, indubitavelmente, pressupõe a existência de uma estrutura organizacional, muitas vezes integrada por imóveis, bens móveis e equipamentos, além de corpo profissional que pode ser composto por distintas especialidades. À luz do entendimento firmado pelo Superior Tribunal de Justiça, é no local onde se desenvolvam essas atividades (que correspondem à atividade-fim da prestação de serviços) que deve ocorrer a tributação pelo ISS" (ANTUNES, Carlos Soares. A identificação do local da prestação de serviços para o fim de oneração pelo ISS no entendimento do Superior Tribunal de Justiça. *RDDT* 213/24, 2013).

– **Entendimento no sentido de que importaria o local da efetiva prestação do serviço.** "ISS – COMPETÊNCIA TRIBUTÁRIA... 2. A jurisprudência desta Corte é pacífica no sentido de que, para fins de incidência do ISS, importa o local onde foi concretizado o fato gerador, como critério de fixação de competência e exigibilidade do crédito tributário..." (STJ, REsp 797.799, 2007).

– "... ISS. FATO GERADOR. MUNICÍPIO COMPETENTE PARA RECOLHIMENTO DA EXAÇÃO. LOCAL ONDE OCORRE A PRESTAÇÃO DO SERVIÇO. 1. As Turmas que compõem a Primeira Seção do STJ pacificaram o entendimento de que o ISS deve ser recolhido no local da efetiva prestação de serviços, pois é nesse local que se verifica o fato gerador. 2..." (STJ, AgRg no Ag 763.269, 2006).

– "... ISS. COBRANÇA. LOCAL DA PRESTAÇÃO DO SERVIÇO. 1. 'O Município competente para cobrar o ISS é o da ocorrência do fato gerador do tributo, ou seja, o local onde os serviços foram prestados'. Precedentes: EREsp 130.792/CE; Pri-

meira Seção, Relator para acórdão Min. Nancy Andrighi; *DJ* de 12/6/2000, p. 66; AgRg no AgRg no Ag 587.918/RJ; Primeira Turma, Relator Min. Teori Albino Zavascki; *DJ* de 1º/7/2005, p. 373; AgRg no Ag 607.881/PE; Segunda Turma, Relator Min. Franciulli Netto; *DJ* de 20/6/2005, p. 209; AgRg no Ag 595.028/RJ; Primeira Turma, Relator Min. José Delgado; *DJ* de 29/11/2004, p. 239. 3..." (STJ, AgRg no Ag 747.266, 2006).

– "Para serviços concluídos dentro do território dos Municípios brasileiros, vigora o princípio constitucional implícito da territorialidade material real, derivado do art. 156, III, da CF, segundo o qual cada Município é competente para tributar as prestações de serviços concluídas dentro de seu território" (SOUZA, Cristiano Silvestrin de. O local do fato na hipótese de incidência do Imposto sobre Serviços... *RET* 65/32, 2009).

– "Há muito tempo, minoritariamente, mas com o aval de Geraldo Ataliba, vimos defendendo que o ISS, em face do princípio da territorialidade das leis tributárias, só pode ser devido no local em que prestados os serviços. Fortes nessa razão, pensamos que o art. 12, *a*, do Decreto-lei 406/68 é inconstitucional, por invasão de área de competência de outro Município (daquele em que os serviços foram efetivamente prestados). Com efeito, a Constituição Federal não autoriza, pelo contrário repudia, que serviços prestados no Município 'A' possam ser tributados pelo Município 'B', apenas por estar neste último o 'estabelecimento prestador'. Admissão da espécie implica atribuir a lei municipal eficácia extraterritorial, é dizer, supor que a lei de um Município possa ser eficaz em outro, afastando a competência deste, no qual foram prestados os serviços" (BARRETO, Aires F. ISS – conflitos de competência. Tributação de serviços e as decisões do STJ. *RDDT* 60/7, 2000).

– **Crítica à posição anterior do STJ que prestigiava o local da prestação do serviço.** "Equivocada... a ideia de vinculação entre o âmbito territorial de eficácia da lei e o aspecto espacial da hipótese de incidência tributária. O legislador complementar adotou, como critério espacial, o local do estabelecimento do prestador do serviço. Nada há que possa inquinar de inconstitucional tal escolha. O fundamento do STJ ofende, ainda, outra diretriz complementar, desta vez prevista no CTN, art. 102. Ora, sendo o Decreto-lei 406/68 lei materialmente complementar, é possível a concessão de efeitos extraterritoriais às leis municipais. A decisão do Superior também ofende outra norma, esta de natureza constitucional: art. 156, III, § 3º, II. Explicamos. A partir da análise do referido dispositivo constitucional, podemos alcançar perfeitamente, interpretação que imponha como absolutamente correta a opção do art. 12, do Decreto-lei 406/68. Navarro Coelho e Mizabel Derzi extraem do dispositivo constitucional a intenção do legislador constituinte de levar em consideração o estabelecimento prestador para fins de tributação do ISS. O dispositivo constitucional cuida de hipótese de isenção heterônoma a ser concedida pelo legislador nacional complementar. Ora, permitir a concessão de isenção pressupõe competência para instituição e exigência do imposto. Pergunta-se: se adotado o critério único criado pelo STJ, poder-se-ia instituir e cobrar ISS em caso de exportação de serviços? Negativo. Ao invés, adotado o critério do Decreto-lei 406/68, seria perfeitamente possível a cobrança do ISS. Empresa 'A' estabelecida em Belém, executando serviço em Miami/EUA, seria tributada pelo Município de Belém. Daí a razão do § 3º, II, do art. 156, da CF/88, permitir a concessão de isenção do ISS. Destarte, nem a lei, e muito menos a Constituição, possuem palavras inúteis. A previsão do § 3º, II, do art. 156, da CF/88, impõe a adoção do critério eleito pelo art. 12 do Decreto-lei 406/68, sob pena de fazer letra morta do Texto Maior. [...] O entendimento do STJ, data vênia, ofende os seguintes dispositivos constitucionais: art. 5º, II, art. 150, I, art. 146, I e III, *a*, art. 156, II, § 3º, da Carta Política, e o art. 34, § 5º, do ADCT" (TRINDADE, Caio de Azevedo. Aspecto espacial da hipótese de incidência do ISS. Inconstitucionalidade da jurisprudência do Superior Tribunal de Justiça. Instrumentos processuais de impugnação. *RDDT* 95/38e48, 2003).

– **Construção civil. Todos os serviços como uma universalidade. Município de localização da obra.** "ISS – PRESTAÇÃO DE SERVIÇO – CONSTRUÇÃO CIVIL – PROJETO, ASSESSORAMENTO NA LICITAÇÃO E GERENCIAMENTO DA OBRA CONTRATADA – COMPETÊNCIA DO MUNICÍPIO ONDE SE REALIZOU O SERVIÇO DE CONSTRUÇÃO – CONTRATO ÚNICO SEM DIVISÃO DOS SERVIÇOS PRESTADOS. 1. A competência para cobrança do ISS, sob a égide do DL 406/68 era o do local da prestação do serviço (art. 12), o que foi alterado pela LC 116/2003, quando passou a competência para o local da sede do prestador do serviço (art. 3º). 2. Em se tratando de construção civil, diferentemente, antes ou depois da lei complementar, o imposto é devido no local da construção (art. 12, letra *b* do DL 406/68 e art. 3º, da LC 116/2003). 3. Mesmo estabeleça o contrato diversas etapas da obra de construção, muitas das quais realizadas fora da obra e em município diverso, onde esteja a sede da prestadora, considera-se a obra como uma universalidade, sem divisão das etapas de execução para efeito de recolhimento do ISS... 4. Discussão de honorários advocatícios prejudicada em razão da inversão dos ônus da sucumbência. 5. Recurso especial conhecido e provido. 6. Recurso especial decidido sob o rito do art. 543-C do CPC. Adoção das providências previstas no § 7º do art. 543-C do CPC..." (STJ, REsp 1.117.121, 2009).

– "A atividade de construção civil, incluindo as obras hidráulicas e elétricas (itens 7.02 e 7.05 da Lista anexa à LC n. 116/2003), será sempre tributada no local da prestação" (MANGIERI, Francisco Ramos; MELO, Omar Augusto Leite. *ISS na construção civil*. 3. ed. Tributo Municipal, 2012, p. 93).

– **Município do estabelecimento prestador quando desnecessária instalação física para a prestação.** "... a LC n. 116/03 estipulou regra geral de que o imposto considera-se devido no local do estabelecimento prestador... [...] optou-se por criar ficção jurídica na qual o serviço considera-se prestado no Município do estabelecimento prestador, justamente porque é mais prático fiscalizar o prestador que está instalado fisicamente no território municipal, o que dá efetividade à tributação. De tal forma... dúvidas não restam de que, nos serviços prestados sem a necessidade de qualquer tipo de instalação física, o imposto é devido ao Município do estabelecimento prestador" (FERRAZ, Diogo; FILIPPO, Luciano Gomes. Legalidade/Constitucionalidade do Cadastro de Empresas Prestadoras de Outros Municípios – Cepom/RJ. *RDDT* 156/134, 2008).

– **Interpretação do conceito de estabelecimento prestador no Decreto-Lei n. 406/68.** Não havia como simplesmente deixar-se de aplicar o Decreto-Lei n. 406/68. Ou se lhe dava interpretação conforme a Constituição ou se lhe declarava a incompatibilidade com o Texto Constitucional vigente. Entendendo que o Decreto-lei n. 406 podia ser interpretado sem ofensa à outorga de competência constante da Constituição Federal, mediante redefinição do conceito de estabelecimento prestador, o texto de Hugo de Brito Machado: "...o Decreto-lei n. 406/68 determinou, em seu artigo 12, que: 'Art. 12 – Considera-se local da prestação do serviço: *a*) O do estabelecimento prestador ou, na falta de estabelecimento, o do domicílio do prestador;' Para adotar esta solução o legislador considerou, por ficção, que o serviço é sempre prestado no local onde o prestador é estabelecido. Descabe, portanto, aferir-se, no caso concreto, se o serviço foi – ou não – efetivamente realizado no local do estabelecimento prestador, pois o legislador serviu-se da ficção de que o serviço é prestado no local do estabelecimento prestador. É importante destacar que é ficto o local onde ocorreu a prestação, não o local onde está estabelecido o prestador. Sobre este último cabe ampla discussão e dilação probatória. Onde for demonstrado e provado estar o estabelecimento prestador é que, por ficção, será considerada ocorrida a prestação do serviço. [...] Atualmente, portanto, a regra é de que o Imposto sobre Serviços – ISS é devido no Município onde está estabelecido o prestador do serviço. [...] O critério adotado pelo Decreto-lei n. 406/68 deu ensejo à prática de fraudes por parte de alguns contribuintes, que passaram a constituir a sede formal de sua empresa prestadora de serviços em Município do Interior, onde o ISS tem alíquota mais baixa, mas de fato se estabeleceram na Capital. [...] Embora a matéria se encontrasse inicialmente controvertida, prevaleceu a final nas Primeira e Segunda Turmas daquela Corte o entendimento segundo o qual o ISS será devido ao Município no qual efetivamente ocorrer a prestação do serviço, independentemente de onde esteja estabelecido o prestador. [...] Eventual ocorrência de fraude na determinação do estabelecimento não propicia o afastamento da incidência do Decreto-lei n. 406/68. O erro consiste em assumir como estabelecimento aquele formalmente apontado pelo contribuinte. Considerado o estabelecimento como o local onde o contribuinte tem o núcleo econômico de suas atividades, ver-se-á que nenhum empecilho há à aplicação do critério de solução de conflitos adotado pelo DL 406/68. [...] No caso, não há qualquer inconstitucionalidade no artigo 12 do Decreto-lei n. 406/68. E mesmo que houvesse, sua incompatibilidade com a Carta Magna, à evidência, não poderia ser decretada pelo Superior Tribunal de Justiça, mormente se desacompanhada de qualquer declaração formal, o que vilipendia o artigo 97 da Constituição Federal. [...] O Superior Tribunal de Justiça não afirmou que o art. 12, do Decreto-lei n. 406/68 não foi recepcionado pela vigente Constituição. Não enfrentou o disposto no § 5º, do art. 34, do ADCT da CF/88, que expressamente recepcionou a legislação tributária não incompatível com as normas do Sistema Tributário então adotado. Diversamente, disse que o local da prestação dos serviços é que indica o Município competente para a cobrança do ISS, pois de outro modo estará violado o princípio constitucional implícito que atribui ao Município o poder de tributar as prestações ocorridas em seu território. Tem-

-se, portanto, no caso, perfeitamente caracterizada uma declaração implícita de inconstitucionalidade do art. 12 do Decreto-lei n. 406/68, pelo Superior Tribunal de Justiça, sendo indiscutível, pois, nos casos em que assim decide, o cabimento do recurso extraordinário, para o Supremo Tribunal Federal" (MACHADO, Hugo de Brito. Local da ocorrência do fato gerador do ISS. *RDDT* 58/45, 2000).

– **Interpretação do conceito de estabelecimento prestador na LC n. 116/2003. LC 116/2003:** "Art. 4º Considera-se estabelecimento prestador o local onde o contribuinte desenvolva a atividade de prestar serviços, de modo permanente ou temporário, e que configure unidade econômica ou profissional, sendo irrelevantes para caracterizá-lo as denominações de sede, filial, agência, posto de atendimento, sucursal, escritório de representação ou contato ou quaisquer outras que venham a ser utilizadas".

– "O citado art. 4º permite a mais ampla conceituação do que seja estabelecimento prestador de serviço, para sua identificação, devem-se levar em conta diversos fatores que, isolados ou conjugadamente, caracterizam a existência de um estabelecimento como a habitualidade da prestação de serviço em determinado município; a existência de um ponto de contacto com clientes; os cartões de visita; o site na Internet; as contas de telefone, de fornecimento de energia elétrica e de água; a manutenção de pessoal e equipamento necessários à execução de serviços; as informações de tomadores de serviços; as eventuais inscrições em outros órgãos públicos; os anúncios e propagandas etc. Enfim, havendo indícios de que determinado contribuinte mantém apenas formalmente seu estabelecimento em outro município, onde o nível de imposição tributária é menor, cabe ao Fisco promover uma fiscalização eficiente com o fito de desconsiderar o estabelecimento fictício ou virtual, como no conhecido caso do município de Santana do Parnaíba, em que mais de 700 empresas prestadoras de serviço indicavam como seu estabelecimento um mesmo endereço, consistente em uma pequenina sala" (HARADA, Kiyoshi. ISS – O local do fato na hipótese de incidência. *RET* 65/22, 2009).

– **Comentários sobre o texto do art. 3º da LC n. 116/2003.** LC n. 116/2003: "Art. 3º O serviço considera-se prestado e o imposto devido no local do estabelecimento prestador ou, na falta de estabelecimento, no local do domicílio do prestador, exceto nas hipóteses previstas nos incisos I a XXV, quando o imposto será devido no local...".

– "As regras básicas, para efeito de fixação de competência do Município para auferir o ISS e do devedor tributário no tocante ao local do seu estabelecimento, podem ser consideradas de conformidade com os elementos de domicílio e conexão, na forma prevista na Lei Complementar n. 116/03, a saber: (a) o município do estabelecimento prestador (artigo 3º, *caput*); (b) o município do local onde se situar o domicílio do prestador, no caso de inexistência do estabelecimento prestador (artigo 3º, *caput*); (c) o município do local da prestação (serviços previstos nos incisos II a XXII, do artigo 3º); e (d) o município do estabelecimento do tomador ou intermediário do serviço; ou, na falta de estabelecimento, onde ele estiver domiciliado, no caso de serviço proveniente do exterior do país, ou cuja prestação se tenha iniciado no exterior do País (artigo 3º, inciso I). Essa nova sistemática

não resolverá os naturais conflitos que decorrem da prestação de serviços fragmentados... Lógica a ponderação de que para os serviços em que ocorra a impossibilidade de ser determinado, com precisão, o local da sua prestação, revela-se válida a eleição do legislador, ao indicar a regra segundo a qual a competência para a cobrança do ISS seria a do Município em que o prestador está estabelecido" (MELO, José Eduardo Soares de. *ISS – Aspectos teóricos e práticos*. 5. ed. São Paulo: Dialética, 2008, p. 198-200).

– "O conceito de 'estabelecimento', como elemento básico para determinar o local da prestação/Município titular do ISS, deve compreender todos os bens (máquinas, equipamentos, mobiliário, veículos etc.) e pessoas suficientes para possibilitar a prestação de serviços. A existência efetiva dos referidos elementos é que permite caracterizar um real estabelecimento prestador de serviços... Embora o contribuinte tenha liberdade para instalar sua sede e o estabelecimento prestador de serviços nos locais que sejam de seu exclusivo interesse (princípio da autonomia da vontade que regra os negócios particulares), a atividade somente poderá ficar sujeito à alíquota menos gravosa, se efetivamente possuir de modo concreto (e não apenas 'caixa postal' ou 'virtualmente') um estabelecimento no Município B. Um simples local que nada possui (bens, pessoas, instalações) representará uma mera simulação, cujos efeitos tributários podem ser desconsiderados" (MELO, José Eduardo Soares de. *ISS – Aspectos teóricos e práticos*. 5. ed. São Paulo: Dialética, 2008, p. 187).

– **Dizendo da insuficiência do critério da LC n. 116 e da necessidade de aperfeiçoamento do texto legislativo.** "... a mera adoção da segunda corrente (recolhimento no local da prestação dos serviços), como vem aplicando reiteradamente o Superior Tribunal de Justiça, não é suficiente para dirimir os potenciais conflitos de competência entre os municípios. Tem-se que conceituar os critérios para a aferição de qual o local será considerado como de execução dos serviços: o do contrato, o da execução propriamente dita (e se ocorrer em mais de um município), o da entrega do resultado? [...] A relação dos serviços tributados no local da sua execução permite um controle adequado dos fatos geradores por parte dos Município. [...] 3 ... sempre que possível, deve ser recolhido no município onde efetivamente foram executados os serviços, por se tratar do núcleo (aspecto material) da norma tributária. 4. Na hipótese dos serviços serem executados no território de mais de um município, deverá prevalecer o convênio firmado entre as pessoas jurídicas de direito público interessadas para fins de rateio do imposto. Na omissão, o legislador complementar poderá optar pelo critério da preponderância ou da proporcionalidade, pois ambos atendem o princípio constitucional da territorialidade da lei tributária" (BERNARDES, Flávio Couto. O aspecto espacial da norma tributária do imposto sobre serviços em face da Lei Complementar n. 116/2003. *RDIT* 1/73, 2004).

– **Necessidade de adequação das leis municipais à lei complementar para a cobrança com base em novo aspecto espacial.** "d) O art. 12 do Dec.-lei 406/68 foi revogado pela LC 116, que estabeleceu o critério espacial possível do ISS em virtude de cada critério material. e) Com a promulgação da LC 116, dispositivos de leis municipais com ela conflitantes perderam a eficácia no que diz respeito aos serviços cujo critério espacial possível sofreu alteração, como se depreende do art. 24, I, e respectivo parágrafo único da CF/88. f) Por conta de tal perda de eficácia, devem as lei municipais se adequar aos ditames da LC 116, adequando o critério espacial da exação incidente sobre os serviços tributáveis. g) Tal mudança, por criar gravame antes inexistente par ao contribuinte, deve respeitar o princípio da anterioridade..." (COLNAGO, Cláudio de Oliveira Santos. A LC 116 e os efeitos da alteração do critério espacial possível da regra-matriz de incidência do ISS. *RTFP* 55/70, 2004).

– Substituição tributária no ISS considerando o aspecto espacial. Retenção na fonte. "... como o Município em que está o prestador é irrelevante para fins de incidência do ISS, importando apenas o local da prestação, o lugar em que estabelecido o prestador também não interessa para fins de responsabilidade do imposto por retenção. [...] Em suma, cabe reter o ISS quando a obrigação tenha se verificado no mesmo Município onde se pretende proceder à retenção na fonte desde que seja o mesmo em que estiver situado o tomador do serviço. A obrigação de reter só pode surgir para responsável localizado no mesmo Município e que o contribuinte prestou serviços (ainda que o prestador esteja estabelecido em outro local). [...] 5º) A lei do Município só pode eleger, como responsáveis tributários, tomadores cujos serviços foram prestados ali, ainda que o estabelecimento prestador esteja em local diverso. Logo, se o tomador estiver situado no Município 'A' e tomou serviços de pessoas que os prestam no próprio Município, deve reter o ISS na fonte. A obrigação de reter só pode surgir para o tomador se o Município considerado for o local em que está localizado e se o serviço foi prestado ali, ainda que o prestador esteja estabelecido em outro local. 6º) Não há amparo no sistema para a instituição, pelo Município, de responsabilidade por retenção do ISS na fonte, em relação a tomadores de serviços nele localizados, cuja prestação tenha ocorrido em Município diverso (muito embora os seus prestadores estejam estabelecidos naquele), ou, e relação a serviços ali prestados, estando seus tomadores localizados fora desse Município. 7º) Figurando o tomador na posição de responsável tributário pela retenção do ISS na fonte, a alíquota máxima aplicável será a de 5%, ante a inequívoca consagração desse teto na Lei Complementar n. 116/03. Essa alíquota, no entanto, terá que ceder lugar àquela que, fixada em lei, seria utilizada pelo prestador para pagar o imposto (por hipótese, 2%), pois é o regime do substituído, e não o do substituto, que deve ser aplicado, uma vez que o responsável paga por dívida alheia e não por débito próprio" (BARRETO, Aires F. ISS e responsabilidade tributária. *RDDT* 122/7, 2005).

• Vide, também: MEIRA JÚNIOR, José Julberto. Substituição tributária no ISS (retenção) – considerações gerais para a sua compreensão. *RTFP* 56/177, 2004.

– Lei n. 14.042/2005 do Município de São Paulo. Inscrição das empresas prestadoras sediadas em outro Município. Responsabilidade do tomador de serviços de empresa não inscrita. "Art. 2º A Lei n. 13.701, de 2003, passa a vigorar acrescida do art. 9º-A e 9º-B, com a seguinte redação: 'Art. 9º-A. O prestador de serviço que emitir nota fiscal autorizada por outro Município, para tomador estabelecido no Município de São Paulo, referente aos serviços descritos nos itens 1, 2, 3 (exceto o subitem 3.04), 4 a 6,

8 a 10, 13 a 15, 17 (exceto os subitens 17.05 e 17.09), 18, 19 e 21 a 40, bem como nos subitens 7.01, 7.03, 7.06, 7.07, 7.08, 7.13, 7.18, 7.19, 7.20, 11.03 e 12.13, todos constantes da lista do *caput* do art. 1º desta lei, fica obrigado a proceder à sua inscrição em cadastro da Secretaria Municipal de Finanças, conforme dispuser o regulamento. § 1º Excetuam-se do disposto no *caput* deste artigo os serviços provenientes do exterior do País ou cuja prestação tenha se iniciado no exterior do País. § 2º As pessoas jurídicas estabelecidas no Município de São Paulo, ainda que imunes ou isentas, são responsáveis pelo pagamento do Imposto sobre Serviços de Qualquer Natureza – ISS, devendo reter na fonte o seu valor, quando tomarem ou intermediarem os serviços a que se refere o *caput* deste artigo executados por prestadores de serviços não inscritos em cadastro da Secretaria Municipal de Finanças e que emitirem nota fiscal autorizada por outro Município. § 3º Aplica-se, no que couber, o disposto nos parágrafos do art. 9º aos responsáveis referidos no § 2º deste artigo'. 'Art. 9º-B. A inscrição no cadastro de que trata o art. 9º-A não será objeto de qualquer ônus, especialmente taxas e preços públicos. § 1º O indeferimento do pedido de inscrição, qualquer que seja o seu fundamento, poderá ser objeto de recurso, no prazo máximo de 15 (quinze) dias, contados da data de publicação. § 2º Considerar-se-á liminarmente inscrito no cadastro o sujeito passivo, quando, passados 30 (trinta) dias desde a data em que for requerida a inscrição, não houver decisão definitiva a respeito da matéria'."

– Tema 1.020 do STF: "É incompatível com a Constituição Federal disposição normativa a prever a obrigatoriedade de cadastro, em órgão da Administração municipal, de prestador de serviços não estabelecido no território do Município e imposição ao tomador da retenção do Imposto Sobre Serviços – ISS quando descumprida a obrigação acessória" (RE 1.167.509, 2021). Vê-se do voto condutor: "A norma, ao estipular a 'penalidade' de retenção do ISS pelo tomador dos serviços, nos casos em que o prestador, situado em outro Município, não observar a obrigação acessória de cadastramento na Secretaria Municipal, opera verdadeira modificação do critério espacial e da sujeição passiva do tributo, revelando duas improbidades formais: a usurpação da competência legislativa da União, a quem cabe editar a norma geral nacional sobre a matéria, e a inadequação do móvel legislativo, considerada a exigência constitucional de veiculação por lei complementar".

– Substituição tributária para impor o recolhimento de ISS no Município dos clientes de administradoras de cartão de crédito. "... alguns Municípios almejam qualificar como substitutos tributários do ISS incidente sobre as atividades realizadas pelas administradoras de cartões de crédito ou de débito, as pessoas jurídicas (estabelecimentos) tomadoras do serviço. ... essas medidas – consistentes em estipular a incidência de ISS mediante a deslocação do sujeito passivo natural para o de um descabido substituto – desvirtuam o sistema jurídico, ferindo de morte um dos seus mais relevantes princípios, qual seja, aquele veiculado pelo art. 152 da Constituição de 1988... [...] primeiro, atribui-se ao mecanismo de absorção de dados, genericamente chamado 'POS', o *status* de estabelecimento prestador; segundo, restringe-se e concentra-se nele toda uma cadeia imensa e complexa movimentação de dados, em cujos centros há exames, verificações, controles, estatísticas, cálculos atuariais, parâmetros anteriores, fases da economia, momentos de maior ou menor restrição de crédito, verificação dos índices de inadimplemento das obrigações, possibilidade de expansão da economia, e outras tantas e tantas faixas de verificação e controle, adrede organizadas, para proporcionar resposta rápida aos vários setores, num caminho de volta até chegar ao singelo 'POS'. Em seguida, nesse Município, recusa-se o recolhimento do ISS, como se não fora bom, como se não tenha sido recolhido no local adequado, qual seja naquele em que se localiza o estabelecimento prestador. E, caso recuse o prestador, em função da origem – qualquer que seja, exceto se for o do Município que procede a recusa –, impõe-se a retenção na fonte por parte do tomador dos serviços ou, alternativa ou concomitantemente, que se atribua àquela pequena e singela máquina a qualidade de um estabelecimento prestador. ... o que se pretende é soterrar, é por de parte, é desconsiderar, a primeira parte do art. 3º da Lei Complementar 116/2003, que impõe seja o ISS considerado devido no local do estabelecimento prestador. [...] ocorrerá, fatalmente, o fenômeno da bitributação; .. substituído e substituto ficarão sujeitos a impostos, sob alíquotas que superarão o teto de 5%;" (BARRETO, Aires F. ISS – Alguns limites constitucionais do critério espacial. *RDDT* 208/7, 2013).

– **Aspecto espacial. Diversão pública. Análise do pagamento do ISS como requisito para a chancela de ingressos.** "No caso de diversão pública, o fato prestação de serviço tem seu início com o efetivo exercício, pelos usuários, do direito de participar, ou de assistir aos espetáculos, mediante certo pagamento. O início da prestação de serviços só se dá no momento em que, adentrando o recinto, o assistente (ou participante) adquire esse direito. O fato gerador, consubstanciado no direito de assistir, ou no de participar de todo o espetáculo, só se desencadeia com o início do próprio espetáculo (ainda assim só se tem início da prestação, que se esgota com o término da participação ou assistência). Antes disso qualquer que seja o momento antecedente, não se tem nenhum fato gerador porque prestação de serviços não há. Portanto, nenhum fato submissível a tributo (no caso, ao ISS). [...] Não há amparo legal, destarte, para a imposição de recolhimento do tributo, como requisito para a chancela de ingressos..." (BARRETO, Aires F. Inviabilidade de normas que preveem a exigência de ISS antes de ocorrida a prestação dos serviços. *RDT* 70/84-86).

– **Arrendamento mercantil/*leasing*. Local da decisão sobre a concessão do financiamento.** "INCIDÊNCIA DE ISS SOBRE ARRENDAMENTO MERCANTIL FINANCEIRO... 1. O colendo STF já afirmou (RE 592. 905/SC) que ocorre o fato gerador da cobrança do ISS em contrato de arrendamento mercantil. O eminente Ministro EROS GRAU, relator daquele recurso, deixou claro que o fato gerador não se confunde com a venda do bem objeto do *leasing* financeiro, já que o núcleo do serviço prestado é o financiamento. 2. No contrato de arrendamento mercantil financeiro (Lei 6.099/74 e Resolução 2.309/96 do BACEN), uma empresa especialmente dedicada a essa atividade adquire um bem, segundo especificações do usuário/consumidor, que passa a ter a sua utilização imediata, com o pagamento de contraprestações previamente acertadas, e opção de,

ao final, adquiri-lo por um valor residual também contratualmente estipulado. Essa modalidade de negócio dinamiza a fruição de bens e não implica em imobilização contábil do capital por parte do arrendatário: os bens assim adquiridos entram na contabilidade como custo operacional (art. 11 e 13 da Lei 6.099/74). Trata-se de contrato complexo, de modo que o enfrentamento da matéria obriga a identificação do local onde se perfectibiliza o financiamento, núcleo da prestação do serviços nas operações de *leasing* financeiro, à luz do entendimento que restou sedimentado no Supremo Tribunal Federal. [...] 7. O contrato de *leasing* financeiro é um contrato complexo no qual predomina o aspecto financeiro, tal qual assentado pelo STF quando do julgamento do RE 592.905/SC. Assim, há se concluir que, tanto na vigência do DL 406/68 quanto na vigência da LC 116/2003, o núcleo da operação de arrendamento mercantil, o serviço em si, que completa a relação jurídica, é a decisão sobre a concessão, a efetiva aprovação do financiamento. 8. As grandes empresas de crédito do País estão sediadas ordinariamente em grandes centros financeiros de notável dinamismo, onde centralizam os poderes decisórios e estipulam as cláusulas contratuais e operacionais para todas suas agências e dependências. Fazem a análise do crédito e elaboram o contrato, além de providenciarem a aprovação do financiamento e a consequente liberação do valor financeiro para a aquisição do objeto arrendado, núcleo da operação. Pode-se afirmar que é no local onde se toma essa decisão que se realiza, se completa, que se perfectibiliza o negócio. Após a vigência da LC 116/2003, assim, é neste local que ocorre a efetiva prestação do serviço para fins de delimitação do sujeito ativo apto a exigir ISS sobre operações de arrendamento mercantil. 9. O tomador do serviço ao dirigir-se à concessionária de veículos não vai comprar o carro, mas apenas indicar à arrendadora o bem a ser adquirido e posteriormente a ele disponibilizado. Assim, a entrega de documentos, a formalização da proposta e mesmo a entrega do bem são procedimentos acessórios, preliminares, auxiliares ou consectários do serviço cujo núcleo – fato gerador do tributo – é a decisão sobre a concessão, aprovação e liberação do financiamento. [...] 12. Recurso Especial parcialmente provido para definir que: (a) incide ISSQN sobre operações de arrendamento mercantil financeiro; (b) o sujeito ativo da relação tributária, na vigência do DL 406/68, é o Município da sede do estabelecimento prestador (art. 12); (c) a partir da LC 116/03, é aquele onde o serviço é efetivamente prestado, onde a relação é perfectibilizada, assim entendido o local onde se comprove haver unidade econômica ou profissional da instituição financeira com poderes decisórios suficientes à concessão e aprovação do financiamento – núcleo da operação de *leasing* financeiro e fato gerador do tributo; (d) prejudicada a análise da alegada violação ao art. 148 do CTN; (e) no caso concreto, julgar procedentes os Embargos do Devedor, com a inversão dos ônus sucumbenciais, ante o reconhecimento da ilegitimidade ativa do Município de Tubarão/SC para a cobrança do ISS. Acórdão submetido ao procedimento do art. 543-C do CPC e da Resolução 8/STJ" (STJ, REsp 1.060.210, 2012).

– "ISS. ARRENDAMENTO MERCANTIL *LEASING* FINANCEIRO. COMPETÊNCIA PARA SE EFETUAR A COBRANÇA DO TRIBUTO. INTERPRETAÇÃO DO ART. 12,

A, DO DECRETO-LEI 406/68 (REVOGADO PELA LC 116/2003). ALTERAÇÃO DA ORIENTAÇÃO DA PRIMEIRA SEÇÃO/STJ. LOCAL DO ESTABELECIMENTO PRESTADOR CONSIDERADO COMO LOCAL DA PRESTAÇÃO DO SERVIÇO. AFASTAMENTO DA COMPETÊNCIA DO MUNICÍPIO RECORRIDO. 1. A Primeira Seção/STJ, ao apreciar o REsp 1.060.210/SC (Rel. Min. Napoleão Nunes Maia Filho, *DJe* de 5.3.2013), aplicando a sistemática prevista no art. 543-C do CPC, pacificou entendimento no sentido de que: 'o sujeito ativo da relação tributária, na vigência do DL 406/68, é o Município da sede do estabelecimento prestador (art. 12); (c) a partir da LC 116/03, é aquele onde o serviço é efetivamente prestado, onde a relação é perfectibilizada, assim entendido o local onde se comprove haver unidade econômica ou profissional da instituição financeira com poderes decisórios suficientes à concessão e aprovação do financiamento – núcleo da operação de *leasing* financeiro e fato gerador do tributo'" (STJ, AgRg no AgRg no REsp 1.221.309, 2013).

– "2) o ISS é devido no local da sede da empresa arrendadora: primeiro porque o mandamento legal anterior (artigo 12 do Decreto-lei n. 406/68) e o vigente (artigo 3º da Lei Complementar n. 116/03) são no sentido de que o imposto deve ser recolhido no local do estabelecimento sede; segundo, e independentemente da previsão legal, porque toda a operação de *leasing* é concebida e desenvolvida pelos funcionários da arrendadora em seu estabelecimento – os atos que viabilizam o arrendamento mercantil, são praticados na sede, e os atos praticados fora do local da sede nem mesmo compõem o negócio jurídico do *leasing*; 3) o tributo é devido sobre o valor do serviço prestado, não podendo os valores do financiamento, do aluguel, do veículo e do VRG servirem de critério para dimensioná-lo: primeiro porque eles não mantêm relação razoável de correspondência com o esforço humano empreendido e a base de cálculo deve ser congruente com a materialidade tributária do imposto; segundo porque servem de critério para fixar a base de cálculo de tributos reservados à competência de outros entes federados; 4) a base de cálculo do ISS deve corresponder ao preço do serviço, sendo este composto pelos valores pagos pelo arrendatário como contraprestação pra que a arrendadora recupere o custo do bem arrendado durante o prazo contratual da operação e, adicionalmente, obtenha um retorno sobre os recursos investidos" (ÁVILA, Humberto. Imposto sobre a prestação de serviços de qualquer natureza. Contrato de *leasing* financeiro. Decisão do Supremo Tribunal Federal. Local da prestação e base de cálculo. *RDDT* 182/133, 2010).

• Vide: FIORENTINO, Marcelo Fróes Del. A sujeição ativa tributária no âmbito do ISSQN de conformidade com o entendimento consolidado do E. Superior Tribunal de Justiça consubstanciado no REsp 1.060.210/SC. *RDDT* 215/131, 2013.

– **Serviços de informática. Estabelecimento prestador.** "No caso dos serviços de informática (item 1 da Lista de Serviços), o imposto sempre será devido no local do 'estabelecimentos prestador', uma vez que essa atividade não se encontra nas exceções estampadas nos 20 incisos do artigo 3º. Portanto, .. é fundamental definir o que é 'estabelecimento prestador', ou melhor, interpretar o artigo 4º da Lei complementar n. 116/2003... [...] A Consulente é prestadora de serviços de informática, mais especificamente de licenciamento e cessão de softwares, com sede na cidade de Bauru/SP, onde são projetados, desenvolvidos e atualizados seus programas. Muito embora a Consulente possua escritórios em outros Municípios, inclusive onde os serviços são tomados pelos seus clientes, tais estabelecimentos não possuem uma unidade econômica ou profissional suficientes e necessárias para a conclusão dos serviços, servindo tão somente como um escritório de apoio ou comercial. Vários são os precedentes do Superior Tribunal de Justiça em favor deste entendimento, no sentido de que o ISS é devido na sede do prestador do serviço, quando o serviço é ali desenvolvido e perfectibilizado, ainda que haja outros escritórios ou unidades, ou, até mesmo, filiais formalmente constituídas" (MELO, Omar Augusto Leite. Local de ocorrência do ISS nos serviços de licenciamento, cessão e desenvolvimento de software. *RDDT* 227/177, 2014).

– **Administradoras de cartão de crédito. Onde é devido o ISS?** Importa observar que, atualmente, os cartões de crédito são oferecidos em parceria entre as administradoras e instituições financeiras, sendo oferecidas e contratadas por essas com os clientes, ostentando a bandeira de ambas.

– "... no que se refere às administradoras de cartões de crédito, esse precedente é relevante, pois deixa claro que o ISS não é devido onde, isoladamente, têm domicílio os titulares de cartões de crédito ou onde se realizam as operações com tais cartões, pelos seus usuários. Resta claro que o ISS será devido onde estiver situado o estabelecimento prestador, que será aquele com as condições necessárias para colocação de um cartão de crédito no sistema, para sua utilização por seu titular. Igualmente será devido ao Município em que estiver situado o estabelecimento com condições de credenciar estabelecimentos comerciais ao sistema, bem como de processar e dar o tratamento adequado às informações concernentes às operações realizadas com os cartões de crédito" (RONCAGLIA, Marcelo Marques. O aspecto espacial do ISS nas operações com cartões de crédito frente à jurisprudência do STJ (REsp 1.060.210/SC. *RDDT* 220/96, 2014).

– **Obrigações acessórias também para empresas prestadoras situadas em outro Município.** "... os Municípios têm competência para exigir a colaboração para a fiscalização da ocorrência do fato tributável pelo ISS não apenas em relação aos prestadores de serviços, mas também aos seus tomadores, que estão relacionados à realização da prestação de serviço. Essa possibilidade é confirmada pelo próprio enunciado do art. 122 do Código Tributário Nacional que, ao utilizar uma definição 'mais abrangente' para o sujeito passivo da obrigação tributária acessória, não delimita se esse deve ser apenas aquele que tenha a característica de contribuinte ou se também é possível abarcar o sujeito definido como responsável tributário, nos termos do parágrafo único do art. 121 do mesmo diploma legal, estabelecendo apenas que o sujeito passivo da obrigação tributária acessória 'é a pessoa obrigada às prestações que constituam o seu objeto'. Sendo assim, da mesma forma que o Município pode, no interesse da arrecadação, atribuir ao tomador do serviço prestado em seu território a responsabilidade pela retenção e pelo repasse do ISS incidente sobre essa prestação de serviço, também é plenamente possível que estipule deveres instrumentais relacionados à ocorrência dessa prestação que devam ser cumpridos por esse tomador como forma de colaborar para a fiscalização e a arrecadação desse imposto" (ALVES, Francielli Honorato. A competência municipal para a criação do cadastro de prestadores de outros municípios como norma antievasiva. *RDDT* 225/78, 2014).

• Vide nota ao art. 113, § 2º, do CTN acerca da capacidade colaborativa.

⇒ **Aspecto quantitativo.** A base de cálculo do imposto é o preço do serviço, sendo a alíquota fixada por lei municipal entre os limites mínimo de 2% e máximo de 5%, nos termos dos arts. 156, § 3º, I, da CF/88, I, do ADCT, acrescido pela EC n. 37/2002, e 8º, II, da LC 116/2003. A dedução de custos com materiais ou outras despesas da base de cálculo é exceção prevista na LC n. 116 apenas para casos como os de empreitada de obras de construção civil e reforma de edifícios, estradas etc. Há, ainda, o ISS fixo, devido pelos profissionais liberais e sociedades profissionais com base no art. 9º, §§ 1º e 3º, do DL 406/68, dispositivo que não foi revogado pela LC n. 116/2003, conforme item adiante.

– LC n. 116/2003: "Art. 7º A base de cálculo do imposto é o preço do serviço. § 1º Quando os serviços descritos pelo subitem 3.04 da lista anexa forem prestados no território de mais de um Município, a base de cálculo será proporcional, conforme o caso, à extensão da ferrovia, rodovia, dutos e condutos de qualquer natureza, cabos de qualquer natureza, ou ao número de postes, existentes em cada Município. § 2º Não se incluem na base de cálculo do Imposto Sobre Serviços de Qualquer Natureza: I – o valor dos materiais fornecidos pelo prestador dos serviços previstos nos itens 7.02 e 7.05 da lista de serviços anexa a esta Lei Complementar; II – (VETADO) § 3º (VETADO) Art. 8º As alíquotas máximas do Imposto Sobre Serviços de Qualquer Natureza são as seguintes: I – (VETADO) II – demais serviços, 5% (cinco por cento)". Anexo: "7.02 – Execução, por administração, empreitada ou subempreitada, de obras de construção civil, hidráulica ou elétrica e de outras obras semelhantes, inclusive sondagem, perfuração de poços, escavação, drenagem e irrigação, terraplanagem, pavimentação, concretagem e a instalação e montagem de produtos, peças e equipamentos (exceto o fornecimento de mercadorias produzidas pelo prestador de serviços fora do local da prestação dos serviços, que fica sujeito ao ICMS). [...] 7.05 – Reparação, conservação e reforma de edifícios, estradas, pontes, portos e congêneres (exceto o fornecimento de mercadorias produzidas pelo prestador dos serviços, fora do local da prestação dos serviços, que fica sujeito ao ICMS)".

– **Pela dedução das despesas da base de cálculo do ISS.** "[...] o Imposto sobre Serviços tem fato gerador a prestação de um dos serviços elencados na lista anexa ao Decreto-Lei n. 406/68. Por outro lado, a base de cálculo do imposto é o preço do serviço. ... a prestação de serviço, a atividade humana de cunho intelectual ou material, que vem a ser o fato gerador, e cujo valor é a base de cálculo do imposto. Desta forma, apenas o valor da prestação do serviço em si pode ser considerada base de cálculo do ISS, não podendo ser considerado como tal qualquer dispêndio incorrido pelo prestador do serviço, e posteriormente recebido por este a título de reembolso. Por outro lado, a existência de atos regulamentares da Administração Pública, ampliando a base de cálculo

e o fato gerador do imposto, em flagrante desacordo com o disposto no Decreto-Lei n. 406/68 (que tem *status* de lei complementar) é absolutamente inconstitucional, sendo ato praticado com abuso de poder, na modalidade de excesso de poder" (SILVA, Sérgio André Rocha Gomes da. Da ilegalidade da inclusão, na base de cálculo do imposto sobre serviços, do montante das despesas incorridas para a prestação do serviço. *RDDT* 54/100, 2000).

– **Venda de bilhetes. Valor da remuneração do serviço. Tema 700 do STF:** "É constitucional a incidência de ISS sobre serviços de distribuição e venda de bilhetes e demais produtos de loteria, bingos, cartões, pules ou cupons de apostas, sorteios e prêmios (item 19 da Lista de Serviços Anexa à Lei Complementar 116/2003). Nesta situação, a base de cálculo do ISS é o valor a ser remunerado pela prestação do serviço, independentemente da cobrança de ingresso, não podendo corresponder ao valor total da aposta". Decisão do mérito em 2020.

– **Hospitais. Totalidade do valor cobrados.** Súmula 274 do STJ: "O ISS incide sobre o valor dos serviços de assistência médica, incluindo-se neles as refeições, os medicamentos e as diárias hospitalares".

– **Contra.** "A partir do momento em que a Constituição... elege as materialidades sobre as quais incidirão os impostos..., inexoravelmente ela elege também as respectivas bases de cálculo, já que esta só pode ser a quantificação daquela, com obrigatória referibilidade, sob pena de inconstitucionalidade. Concluímos, então, ser inconstitucional a Súmula 274... ao permitir a incidência sobre materiais, medicamentos e refeições oferecidos pelos hospitais aos seus pacientes. A primeira inconstitucionalidade é gerada pelo desvirtuamento que a Súmula 274... opera no ISS, pois faz com que esse incida sobre riquezas que vão além da prestação de serviço, já que permite a sua incidência sobre materiais, medicamentos e refeições oferecidos pelas entidades hospitalares, que são 'fatos-signos' de competência de outras pessoas políticas" (MEDINA, José Miguel Garcia; RICCI, Henrique Cavalheiro. O ISS e os materiais, medicamentos e refeições oferecidos por hospitais... *RDDT* 165/90, 2009).

– **Hotelaria. Tema 795 do STJ:** (CANCELADO) "Discussão: incidência de ISS sobre a atividade de hotelaria/hospedagem". Decisão em 2010.

– **Todas as parcelas que integram o preço.** "ISS. SERVIÇOS DE HOTELARIA. INCIDÊNCIA... 2. Todas as parcelas que integram o preço do serviço de hotelaria compõem a base de cálculo do ISS. Assim sendo, não há falar em exclusão do valor relativo à hospedagem, pois está consta expressamente na lista de serviços anexa à LC 116/2003" (STJ, AgRg no AREsp 276.474, 2013).

– **Empresas de trabalho temporário. Súmula 524 do STJ:** "No tocante à base de cálculo, o ISSQN incide apenas sobre a taxa de agenciamento quando o serviço prestado por sociedade empresária de trabalho temporário for de intermediação, devendo, entretanto, englobar também os valores dos salários e encargos sociais dos trabalhadores por ela contratados nas hipóteses de fornecimento de mão de obra" (2015).

– "ISS. EMPRESA PRESTADORA DE TRABALHO TEMPORÁRIO. BASE DE CÁLCULO QUE ABRANGE, ALÉM DA TAXA DE AGENCIAMENTO, OS VALORES RELATIVOS AO PAGAMENTO DOS SALÁRIOS E ENCARGOS SOCIAIS REFERENTES AOS TRABALHADORES CONTRATADOS PELA 'EMPRESA DE TRABALHO TEMPORÁRIO'. ESPECIAL EFICÁCIA VINCULATIVA DO ACÓRDÃO PROFERIDO NO RESP 1.138.205/PR. ÓBICE DA SÚMULA N. 168/STJ. 1. A orientação da Primeira Seção/STJ firmou-se no sentido de que 'as empresas de mão de obra temporária podem encartar-se em duas situações, em razão da natureza dos serviços prestados: (i) como intermediária entre o contratante da mão de obra e o terceiro que é colocado no mercado de trabalho; (ii) como prestadora do próprio serviço, utilizando de empregados a ela vinculados mediante contrato de trabalho'. Na primeira hipótese, o ISS incide 'apenas sobre a taxa de agenciamento, que é o preço do serviço pago ao agenciador, sua comissão e sua receita, excluídas as importâncias voltadas para o pagamento dos salários e encargos sociais dos trabalhadores'. Na segunda situação, 'se a atividade de prestação de serviço de mão de obra temporária é prestada através de pessoal contratado pelas empresas de recrutamento, resta afastada a figura da intermediação, considerando-se a mão de obra empregada na prestação do serviço contratado como custo do serviço, despesa não dedutível da base de cálculo do ISS', como ocorre em relação aos serviços prestados na forma da Lei 6.019/74 (REsp 1.138.205/PR, 1ª Seção, Rel. Min. Luiz Fux, *DJe* de 1º.2.2010 – recurso submetido à sistemática prevista no art. 543-C do CPC). No mesmo sentido... 2. 'Não cabem embargos de divergência, quando a jurisprudência do tribunal se firmou no mesmo sentido do acórdão embargado' (Súmula n. 168/STJ). 3. Agravo regimental não provido, com aplicação de multa de 1% (um por cento) sobre o valor corrigido da causa, na forma do art. 557, § 2º, do CPC" (STJ, AgRg nos EAREsp 113.485, 2013).

– "EMPRESA DE MÃO DE OBRA TEMPORÁRIA. BASE DE CÁLCULO DO ISS. LEI N. 6.019/1974. A Primeira Seção do Superior Tribunal de Justiça, no julgamento do REsp 1.138.205/PR, processado sob o regime do art. 543-C do Código de Processo Civil, consolidou o entendimento de que 'nos termos da Lei 6.019, de 3 de janeiro de 1974, se a atividade de prestação de serviço de mão de obra temporária é prestada através de pessoal contratado pelas empresas de recrutamento, resta afastada a figura da intermediação, considerando-se a mão de obra empregada na prestação do serviço contratado como custo do serviço, despesa não dedutível da base de cálculo do ISS' (rel. Min. Luiz Fux, *DJe* de 01/02/2010). Discrepâncias a esse entendimento, manifestadas em acórdãos proferidos anteriormente, já não autorizam o processamento de embargos de divergência" (STJ, AgRg nos EREsp 1.185.275, 2013).

– "ISS. CESSÃO DE MÃO DE OBRA. LEI 6.019/1974. BASE DE CÁLCULO. ABATIMENTO DE SALÁRIOS E ENCARGOS. IMPOSSIBILIDADE. 1. Incide ISS sobre taxa de agenciamento e importâncias relativas a pagamento de salários e encargos sociais de trabalhadores contratados por prestadoras de serviços de fornecimento de mão de obra temporária (Lei 6.019/1974). 2. Entendimento consolidado no julgamento do

REsp 1.138.205/PR, sob o rito do art. 543-C do CPC" (STJ, EREsp 920.665, 2012).

– "IMPOSTO SOBRE SERVIÇOS DE QUALQUER NATUREZA – ISSQN. AGENCIAMENTO DE MÃO DE OBRA TEMPORÁRIA. ATIVIDADE-FIM DA EMPRESA PRESTADORA DE SERVIÇOS. BASE DE CÁLCULO. PREÇO DO SERVIÇO. VALOR REFERENTE AOS SALÁRIOS E AOS ENCARGOS SOCIAIS. 1. A base de cálculo do ISS é o preço do serviço, consoante disposto no artigo 9º, *caput*, do Decreto-Lei 406/68. 2. As empresas de mão de obra temporária podem encartar-se em duas situações, em razão da natureza dos serviços prestados: (i) como intermediária entre o contratante da mão de obra e o terceiro que é colocado no mercado de trabalho; (ii) como prestadora do próprio serviço, utilizando de empregados a ela vinculados mediante contrato de trabalho. 3. A intermediação implica o preço do serviço que é a comissão, base de cálculo do fato gerador consistente nessas 'intermediações'. [...] 6. Consectariamente, nos termos da Lei 6.019, de 3 de janeiro de 1974, se a atividade de prestação de serviço de mão de obra temporária é prestada através de pessoal contratado pelas empresas de recrutamento, resta afastada a figura da intermediação, considerando-se a mão de obra empregada na prestação do serviço contratado como custo do serviço, despesa não dedutível da base de cálculo do ISS. [...] 12... Acórdão submetido ao regime do art. 543-C do CPC e da Resolução STJ 08/2008" (STJ, REsp 1.138.205, 2009).

– **Contra**. "... em relação à tributação pelo ISSQN dos serviços de fornecimento de mão de obra temporária, a jurisprudência dos tribunais tem discrepado: o Colendo Superior Tribunal de Justiça consagra ser base de cálculo do ISSQN, para o caso em questão, o preço do 'serviço, considerado como receita bruta, incluídos os rendimentos auferidos pelos trabalhadores, os tributos e encargos no recrutamento, agenciamento, seleção, colocação e fomento de mão de obra'. Por outro lado, o Egrégio Primeiro Tribunal de Alçada Civil do Estado de São Paulo tem se manifestado no sentido de que 'a base de cálculo do serviço de fornecimento de mão de obra temporária não inclui os rendimentos percebidos pelos trabalhadores e os respectivos encargos previdenciários'. [...] O preço do serviço, base de cálculo do ISSQN, acha-se vinculado ao serviço prestado, sendo sempre proveniente da prestação de serviços. Receitas outras, originadas de outra fonte, não representam o preço do serviço. Em geral, a legislação municipal considera preço do serviço, base de cálculo do ISSQN, a receita bruta a ele correspondente, sem nenhuma dedução, excetuados os descontos ou abatimentos concedidos, independentemente de qualquer condição. [...] Na hipótese específica, os valores correspondentes à paga de salários e de encargos sociais dos trabalhadores temporários, são receitas destes e não da empresa prestadora. Incluir tais valores (salários e encargos) na base de cálculo do ISSQN é ferir a capacidade contributiva e onerar valores não relacionados ao fato gerador da obrigação tributária do imposto municipal. Como tal, esta exigência arbitrária é inconstitucional por extravasar a competência dos municípios e exasperar na exigência fiscal. A base de cálculo do ISSQN, na hipótese de prestação de serviços de fornecimento de mão de obra temporária, limita-se ao valor das comissões auferidas pela empresa fornecedora (prestadora), sendo vedada a inclusão de valores que não adentram para o patrimônio da empresa prestadora (não são receitas)" (MORAES, Bernardo Ribeiro de. ISSQN – fornecimento de mão de obra temporária – base de cálculo, em *RDDT* 60/26, 2000).

– **Construção civil. Dedução do custo dos materiais empregados.** "ISS – CONSTRUÇÃO CIVIL – BASE DE CÁLCULO – MATERIAIS EMPREGADOS – DEDUÇÃO – POSSIBILIDADE. 1. Alinhada à orientação firmada pelo Supremo Tribunal Federal, a jurisprudência desta Corte reconhece a legalidade da dedução do custo dos materiais empregados na construção civil da base de cálculo do Imposto Sobre Serviços (ISS)" (STJ, AgRg nos EAREsp 113.482, 2013).

– **Inclusive dos valores referentes à subempreitada.** "ISS. CONSTRUÇÃO CIVIL. DEDUÇÃO DE VALORES REFERENTES A SUBEMPREITADA E AOS MATERIAIS EMPREGADOS NA OBRA. BASE DE CÁLCULO QUE ABRANGE APENAS O VALOR DO SERVIÇO. PRECEDENTE DA SUPREMA CORTE. RE 603.497/MG. EMBARGOS DE DECLARAÇÃO DA EMPRESA CONTRIBUINTE ACOLHIDOS, COM EFEITOS INFRINGENTES, PARA DAR PROVIMENTO AO RECURSO ESPECIAL... 3. Com efeito, o Supremo Tribunal Federal, no julgamento do Recurso Extraordinário 603.497/MG, realizado em 16.09.2010, com repercussão geral reconhecida, firmou entendimento no sentido de que é possível deduzir da base de cálculo do ISS o valor dos materiais utilizados na prestação de serviço de construção civil. 4. Embargos de Declaração da empresa contribuinte acolhidos, com efeitos modificativos, para dar provimento ao Recurso Especial, a fim de admitir a subtração da base de cálculo do ISSQN do montante referente às subempreitadas e aos materiais aplicados no serviço de construção civil" (STJ, EDcl no AgRg no REsp 1.189.255, 2013).

– **Totalidade do valor cobrado pela concretagem.** "ISSQN. SERVIÇO. CONCRETAGEM. A Turma reiterou seu entendimento de que o custo total do serviço de concretagem é a base de cálculo do ISSQN, não sendo possível a dedução do valor dos materiais utilizados na produção do concreto pela prestadora dos serviços. Sujeita-se essa empresa à tributação exclusiva do referido imposto, conforme a Súm. n. 167-STJ... REsp 1.190.335-MG, Rel. Min. Eliana Calmon, julgado em 5/8/2010" (*Informativo* do STJ/2010).

– **Totalidade do valor cobrado pelo serviço de *marketing*.** "ISS. SERVIÇOS DE *MARKETING*. BASE DE CÁLCULO... 1. A decisão agravada aplicou a jurisprudência desta Corte, no sentido de que a base de cálculo do ISS, nas hipóteses de prestação de serviços de *marketing*, é valor global cobrado pelo serviço. Não sendo legítima a dedução com os chamados 'valores de reembolso' por ausência de previsão legal" (STJ, AgRg no AREsp 227.724, 2012).

– **Valores repassados a terceiros. Empresa de trabalho temporário. Intermediação X cessão de mão de obra. Súmula 524 do STJ:** "No tocante à base de cálculo, o ISSQN incide apenas sobre a taxa de agenciamento quando o serviço prestado por sociedade empresária de trabalho temporário for de intermediação,

devendo, entretanto, englobar também os valores dos salários e encargos sociais dos trabalhadores por ela contratados nas hipóteses de fornecimento de mão de obra".

– "ISS. SERVIÇOS NÃO PRESTADOS PELA DEVEDORA TRIBUTÁRIA. REEMBOLSOS DE IMPORTÂNCIAS 'QUE NÃO SE ENQUADRAM COMO SERVIÇOS PRESTADOS'. NÃO INCIDÊNCIA. 1. 'A base de cálculo do ISS é o preço do serviço, não sendo possível incluir nesse valor importâncias que não serão revertidas para o prestador, mas simplesmente repassadas a terceiros, mediante posterior reembolso" (STJ, REsp 621.067, 2007).

– **Valores repassados a terceiros (médicos, laboratórios, hospitais). Plano de saúde. Exclusão.** "ISS. PLANO DE SAÚDE. BASE DE CÁLCULO. DEDUÇÃO DOS VALORES REPASSADOS AOS PROFISSIONAIS CREDENCIADOS... 1. 'No que se refere à base de cálculo, mostra-se ilegítima a incidência do ISS sobre o total das mensalidades pagas pelo titular do plano de saúde à empresa gestora, pois, em relação aos serviços prestados pelos profissionais credenciados, há a incidência do tributo, de modo que a nova incidência sobre o valor destinado a remunerar tais serviços caracteriza-se como dupla incidência de um mesmo tributo sobre uma mesma base imponível. Por tal razão, o valor repassado aos profissionais credenciados deve ser excluído da base de cálculo do tributo devido pela empresa gestora' (REsp 783.022/MG, Rel. Ministra Denise Arruda, Primeira Turma, *DJe* 16/03/2009)" (STJ, AgRg no AREsp 218.161, 2013).

– **Cooperativa médica.** "ISS. COOPERATIVA. SERVIÇOS MÉDICOS. ATOS NÃO COOPERADOS. TAXA. ADMINISTRAÇÃO. A Turma, ao prosseguir o julgamento, conheceu parcialmente do recurso e, nessa parte, deu-lhe parcial provimento para afastar a incidência do ISS sobre os atos cooperados praticados pela recorrente, bem como para determinar a incidência da exação, no que tange aos atos não cooperados, tão somente sobre a taxa de administração, excluindo-se os valores pagos ou reembolsados aos associados. Argumentou o Min. Relator que o ISS não incide sobre os atos praticados pelas cooperativas médicas consistentes no exercício de atividades em prol dos associados que prestam serviços médicos a terceiros (atos cooperados). Os atos não cooperados, aqueles decorrentes de relação jurídica negocial advinda da venda de planos de saúde a terceiros, sujeitam-se à incidência do ISS, tendo como base de cálculo, tão somente, a receita advinda da cobrança da taxa de administração. Isso porque a receita tributável não abrange o valor pago ou reembolsado aos cooperados, haja vista não constituir parte do patrimônio da cooperativa (art. 79 da Lei n. 5.764/1971, c/c os arts. 86 e 87 do mesmo diploma legal). O eventual inadimplemento quanto ao pagamento de ISS em relação à taxa de administração de alguns contratos é matéria que se encarta no óbice da Súm. n. 7-STJ. O Min. Relator ressalvou seu posicionamento no sentido de que essas entidades não exercem nenhuma espécie de serviço ou fornecimento de mão de obra, mercê de não visarem ao fim lucrativo ensejador da incidência. A forma de associação corporativa implica impor a obrigação tributária aos médicos cooperativados pelos serviços que prestam. Caso as cooperativas empreendam a venda de planos de saúde com o intuito de lucro, devem pagar IOF, excluído, portanto, o ISS, pela ausência de tipicidade do fato gerador e pela interdição de que o mesmo fato possa sustentar duas exações... REsp 875.388, 2007" (*Informativo* 334 do STJ).

– **Serviços portuários. THC (*Terminal Handling Charge*).** "É de se lembrar, como realçado na consulta, que o fenômeno da 'conteinerização', que coincidiu com o período da privatização das operações portuárias (Lei n. 8.630/1999, hoje revogada pela MP n. 595/2012) modificou a forma de remuneração das operações portuárias. Das tarifas denominadas de 'capatazias', passou-se a um conjunto de remunerações relativas aos diversos serviços portuários, cujo valor, pago num primeiro momento pelo armador, é posteriormente repassado para os donos das cargas, sob o título de THC (*Terminal Handling Charge*). Todos estes serviços são incididos pelo ISS e recolhidos pelos operadores portuários, com os recursos antecipados pelos armadores, que, depois, são reembolsados pelos donos das cargas, contratantes de seus serviços. [...] os armadores conseguem não só valores mais razoáveis em benefício dos usuários com a simplificação documental, do que se os contratos fossem celebrados com os donos das cargas. Agem, pois, em nome dos usuários para a contratação dos serviços portuários e pela antecipação de seu pagamento, e são reembolsados por tais serviços já adimplidos juntos aos operadores portuários, contribuintes do ISS, nos termos pactuados. [...] Ora, o THC corresponde ao conjunto de serviços praticados pelos operadores do porto, *sobre os quais já incidiu o ISS*. O seu pagamento pelos armadores e posterior reembolso *não os transforma em novos serviços, mas corresponde à recuperação do que foi antecipado pelos serviços adimplidos. Não há dois conjuntos de serviços, mas um só.* [...] operações de reembolso não são prestação de serviços" (MARTINS, Ives Gandra da Silva. Reembolso de despesas pagas a operadores portuários por armadores estrangeiros não é fato gerador do ISS. *RDDT* 214/135, 2013).

⇒ **Regime de estimativa aplicado ao ISS.** "[...] satisfeitas as condições aqui destacadas: o sujeito passivo cumpriu a obrigação de promover o chamado 'autolançamento' e efetuou o respectivo recolhimento do imposto, calculando-o sobre a base definida na lei própria, qual seja, o preço do serviço. Essa é a regra geral, válida para quase todos os sujeitos passivos. Menos para um grupo considerável de contribuintes que se subordina, compulsoriamente, a um sistema diferenciado, através do qual o valor a ser recolhido, a cada mês, está prefixado pela autoridade administrativa. Nesse modelo extraordinário, o sujeito passivo tem sua receita mensal arbitrada pelo Fisco. Se a estimativa é igual a 100, o ISS tem de ser recolhido sobre esse valor, não importando que tenha sido 80, 100 ou 135 a efetiva receita do contribuinte no mês antecedente. [...] Ao final do período que, de modo geral, corresponde ao exercício civil, chega o momento do acerto de contas. A premissa do ajuste é fazer com que a estimativa se concilie com a base de cálculo legal. Dito de outro modo: a cada mês, o ISS é recolhido de acordo com uma base de cálculo estimada, mas com o acerto de fechamento, o ISS terminaria sendo recolhido em obediência ao preço dos serviços prestados durante o período. Essa é a condição que empresta legitimidade ao sistema, mas não o torna isento de duras críticas. [...] O sistema

está previsto na legislação de importantes Municípios. A formatação a que obedece tem diferenças locais, segundo as respectivas orientações de natureza político-tributária" (PEREIRA, Cláudio Augusto Gonçalves. O ISS e o Regime de Estimativa. *RET* 77/65, 2011).

⇒ **ISS fixo para profissionais liberais e para sociedades profissionais.** A LC n. 116/2003 não revogou por completo o Decreto-lei n. 406/68. O art. 9º, §§ 1º e 3º, desse Decreto-lei permanece em vigor, assegurando aos profissionais liberais e as sociedades profissionais o pagamento de ISS por valor fixo. No caso das sociedades, o valor fixo é multiplicado pelo número de profissionais. Trata-se de regime menos oneroso que o do pagamento do ISS em percentual sobre o preço dos serviços.

– DL 406/68: "Art. 9º A base de cálculo do impôsto é o preço do serviço. § 1º Quando se tratar de prestação de serviços sob a forma de trabalho pessoal do próprio contribuinte, o impôsto será calculado, por meio de alíquotas fixas ou variáveis, em função da natureza do serviço ou de outros fatores pertinentes, nestes não compreendida a importância paga a título de remuneração do próprio trabalho. ... § 3º Quando os serviços a que se referem os itens 1, 4, 8, 25, 52, 88, 89, 90, 91 e 92 da lista anexa forem prestados por sociedades, estas ficarão sujeitas ao imposto na forma do § 1º, calculado em relação a cada profissional habilitado, sócio, empregado ou não, que preste serviços em nome da sociedade, embora assumindo responsabilidade pessoal, nos termos da lei aplicável" (Redação dada pela Lei Complementar n. 56, de 15.12.1987).

– **Súmula 663 do STF:** "Os §§ 1º e 3º do art. 9º do DL 406/68 foram recebidos pela Constituição".

– "ISS. SOCIEDADES PRESTADORAS DE SERVIÇOS PROFISSIONAIS. ADVOCACIA. D.L. 406/68, art. 9º, §§ 1º e 3º. C.F., art. 151, III, art. 150, II, art. 145, § 1º. I. – O art. 9º, §§ 1º e 3º, do DL. 406/68, que cuidam da base de cálculo do ISS, foram recebidos pela CF/88: CF/88, art. 146, III, a. Inocorrência de ofensa ao art. 151, III, art. 34, ADCT/88, art. 150, II e 145, § 1º, CF/88. II. – R.E. não conhecido" (STF, RE 236.604, 1999).

– "ISSQN. SOCIEDADE CIVIL PRESTADORA DE SERVIÇOS PROFISSIONAIS. INTERPRETAÇÃO DO ART. 9º, §§ 1º E 3º, DO DL N. 406/68... 3. O art. 9º, §§ 1º e 3º, do DL n. 406/68, foram recepcionados pela CF/88... 4. 'O STF jamais deu pela incompatibilidade do art. 9º, §§ 1º e 3º, do DL 406/68, com a Constituição pretérita, que consagrava, como é sabido, o princípio da igualdade' [...]. 5. As sociedades civis constituídas por profissionais para executar serviços especializados, com responsabilidade pessoal destes, e sem caráter empresarial, tem direito ao tratamento do art. 9º, § 3º, do DL n. 406/68" (STJ, AGRESP 922.047, 2007).

– "... as pessoas jurídicas que tiverem os objetos sociais correspondente as atividades previstas no art. 9º, § 3º, do Decreto-lei 406/68 não poderão ser descaracterizadas pelas autoridades administrativas, ao argumento que possuem estrutura organizada de maneira empresarial, nem que não há pessoalidade dos sócios na execução da atividade-fim, quer porque não há previsão na legislação civil neste sentido, quer porque a legislação complementar tributária assim não o previu, quer porque o Código Civil é expresso em considerar que mesmo havendo exercício de atividade econômica organizada para prestação de serviços, a sociedade não será considerada empresária se o objeto social corresponder a atividade intelectual de natureza científica..." (RODRIGUES, Rodrigo Dalcin. A incidência do ISSQN dissociada do preço do serviço (por meio de alíquotas fixas ou variáveis). *RDDT* 161/78, 2009).

– "Desde a emenda Constitucional n. 18, de 1965, que introduziu o ISS em nosso sistema tributário e especialmente desde o Código Tributário Nacional [...], os serviços prestados sob a forma de trabalho pessoal do próprio contribuinte sempre tiveram um critério de tributação em que se não leva em conta a remuneração do próprio trabalho. O art. 72 *caput* do CTN já dispunha que a base de cálculo do ISS era o preço do serviço, ressalvando, entre outras hipóteses, a prestação de serviço sob a forma de trabalho pessoal do próprio contribuinte, caso em que se vedava a utilização, como base do imposto, da renda proveniente da remuneração do próprio trabalho. A tributação se fazia, e sempre se fez, com base em valores fixos anuais, tanto para os autônomos como para as sociedades profissionais, desprezado o preço do serviço como critério. [...] A recente Lei Complementar (LC) n. 116, de 31 de julho de 2003 (*DOU* de 1.8.2003) trouxe diversas modificações na disciplina complementar no Imposto sobre Serviços de Qualquer Natureza (ISS). Suscita-se aqui especificamente o problema de saber se teria sido, ou não, revogado o critério de tributação aplicável aos serviços pessoais, prestados por profissionais, em caráter autônomo, ou congregados em sociedades. Algumas prefeituras, entendendo que sim, se apressam a encaminhar projetos de lei às Câmaras Municipais, buscando estabelecer para esses casos a remuneração do próprio trabalho como base de cálculo do ISS. [...] Resulta claro da análise dos textos legais em confronto, que tanto os §§ do artigo 9º do DL 406 como os §§ do artigo 7º da LC 116 veiculam normas especiais não incompatíveis entre si. Com efeito; não há qualquer antinomia entre normas especiais de tributação de profissionais liberais, das sociedades profissionais, e as normas de tributação dos serviços de construção civil. [...] Nem se afirme que a LC 116 disciplinou inteiramente a matéria, pelo que teria revogado a legislação anterior [...] a LC 116 não é norma absoluta, porque, como visto, revogou expressamente algumas disposições do DL 406, mas não seu artigo 9º. Ora lei absoluta se declara absoluta e aplicável a todos os casos. Não revoga nem precisa revogar dispositivos esparsos anteriores. Se o faz é porque não é absoluta. [...] Como conclusão, temos que o critério especial de tributação permanece em vigor, tanto para os profissionais autônomos como para as sociedades profissionais, tendo em vista que os §§ 1º (especialmente) e 3º do artigo 9º do DL 406 continuam em vigor, por não terem sido revogados pela LC 116" (PISANI, José Roberto. ISS – Serviços profissionais – LC n. 116/2003. *RDDT* 97/65, 2003).

– "1) O § 3º do art. 9º do Dec.-lei 406/68, que concede tributação fixa por profissional habilitado em sociedades uniprofissionais, continua em vigor no ordenamento, não tendo sido revogado pela LC 116/03 2) ... As sociedades uniprofissionais que assumam caráter empresarial não fazem jus à tributação fixa do

Dec.-lei 406/68. [...] 4) O novo Código Civil não considera empresário aquele que exerce atividade de natureza intelectual ou científica, ainda que com a cooperação de auxiliares ou colaboradores, salvo se o exercício da profissão constituir elemento de empresa. [...] 6) Para que as sociedades de profissão regulamentada façam jus à tributação fixa do ISS, são requisitos essenciais: 1) a habilitação dos profissionais que exerçam a atividade-fim da sociedade; e 2) que prestem o respectivo exercício sob responsabilidade pessoal. 7) O fato de a sociedade ter muitos sócios e profissionais não lhe acarreta, por si só, o 'elemento de empresa', da mesma forma que a colaboração de estagiários na atividade-fim ou de outros funcionários na atividade-meio. 8) O exercício de atividades estranhas à profissão específica objeto das sociedades uniprofissionais confere o 'elemento empresa' à sociedade, pois a tributação fixa foi criada para beneficiar profissionais liberais no exercício de sua precípua profissão, e não para beneficiar sociedades empresariais, que exerçam atividades estranhas à profissão regulamentada" (CARVALHO, Cristiano; MACHADO, Rafael Bicca. ISS e as sociedades uniprofissionais. *RTFP* 55/158, 2004).

– "(i) o art. 7º da LC n. 116/03 não revogou os §§ 1º e 3º do art. 9º do DL n. 406/68, quer tacitamente, quer de maneira global; (ii) o art. 10 da LC n. 116/03 não revogou expressamente o art. 9º do DL n. 406/68, mas apenas exclui do ordenamento as normas que haviam alterado (e não revogado) o seu § 3º; e (iii) ainda que se admitisse como revogado o § 3º do art. 9º, isso em nada afetaria a vigência e o alcance da norma do respectivo § 1º que bastaria por si só para justificar o regime de pagamento do ISS por alíquotas fixas, independentemente da forma de organização (individualmente ou em sociedade) adotada pelo profissional liberal, o que estaria de acordo com os princípios da isonomia e da capacidade contributiva" (BRAZUNA, José Luis Ribeiro. ISS – Lei Complementar n. 116/2003 e o tratamento dos profissionais liberais e das sociedades profissionais. *RFDT* 06/107, 2003).

– **Requisitos para o pagamento do ISS fixo por sociedades profissionais.** Sendo exigência legal, constante do Decreto-lei n. 406/68, que se trate de sociedades profissionais, sem prejuízo de contarem com empregados e outros colaboradores, importante é que a atividade tenha caráter intelectual e que seja prestada sob a responsabilidade técnica pessoal dos respectivos profissionais. Outra exigências feitas por alguns Municípios, como as de forma, que vedam o tipo de sociedade limitada, que afastam as sociedades pluriprofissionais e também aquelas que contam com diversos colaboradores, não se sustentam, embora reiteradamente chanceladas pela jurisprudência.

– **Tema 918 do STF:** "É inconstitucional lei municipal que estabelece impeditivos à submissão de sociedades profissionais de advogados ao regime de tributação fixa em bases anuais na forma estabelecida por lei nacional". Decisão do mérito em 2019.

– **Sociedades profissionais. Caracterização.** "6. Para a caracterização das sociedades de trabalho passíveis de receber a tributação minorada, o direito positivo exigiu apenas o seguinte: (i) que o serviço prestado em nome da sociedade seja sob a forma de trabalho pessoal do próprio contribuinte; (ii) que todos os sócios sejam habilitados para o exercício a mesma profissão ou de profissões afins; (iii) que a habilitação profissional dos integrantes da sociedade esteja diretamente relacionada com o objeto social da sociedade; (iv) que a sociedade seja formada somente por pessoas físicas. 7. O caráter empresarial de uma sociedade não é requisito para aferir se a sociedade de trabalho tem direito ou não à tributação proporcional prescrita no Decreto-lei 406/1968. Dentre os requisitos prescritos pelo direito positivo brasileiro, o cunho empresarial não se apresenta como fator excludente da tributação minorada. 8. A 'sociedade empresarial' caracteriza-se pela busca do lucro – e não da simples remuneração – podendo conjugar sócios, empregados ou autônomos, independentemente das suas profissões. 8.1. O direito positivo brasileiro define 'empresário' no artigo 966 do Código Civil. A partir deste dispositivo é possível construir o enunciado da norma jurídica que nos dá a definição legal de empresário, a saber: 'dado o fato de o sujeito de direito exercer profissionalmente atividade econômica organizada para a produção ou circulação de bens ou de serviços, excluídos aqueles que exercem profissão intelectual, de natureza científica, literária ou artística, ainda com o concurso de auxiliares ou colaboradores, salvo se o exercício da profissão constituir elemento de empresa; deve ser a qualificação de empresário'... 9. Vê-se, portanto, que, de acordo com o direito positivo brasileiro, não pode ser qualificada como sociedade empresária a que resulta do exercício de profissão intelectual, de natureza científica, literária ou artística, ainda que com o concurso de auxiliares ou colaboradores... 9.1. Logo, não encontra respaldo na Constituição e no sistema tributário nacional o entendimento que nega o tratamento especial voltado para as sociedades de trabalho, sob o fundamento de que a sociedade possui 'cunho' ou 'caráter' empresarial. Note-se que o chamado 'caráter empresarial' sequer é requisito legal determinante para aferir se a sociedade tem direito à tributação proporcional. 9.2. Uma sociedade profissional, para fins de tributação pelo ISS, caracteriza-se por: (i) ser pessoa jurídica que se dedica a um dos serviços previstos na legislação complementar; (ii) prestar serviço em nome da sociedade, sob a forma de trabalho pessoal do próprio contribuinte; (iii) possuir sócios, além de empregados e autônomos, que prestem serviços em nome da sociedade; (iv) os sócios, empregados e autônomos serem habilitados para o exercício da mesma profissão ou de profissões afins; (v) a habilitação profissional dos integrantes da sociedade estar diretamente relacionada com o objeto social da sociedade; e (vi) a sociedade ser formada apenas por pessoas físicas. 9.3. a 'pessoalidade' é demarcada pela prestação do serviço realizada pelo próprio contribuinte, ainda que com a colaboração de outros profissionais, desde que assuma responsabilidade pessoal pelo serviço prestado.... 9.4. O legislador ordinário e o aplicador do Direito não estão livres para criar outras condições senão aquelas já trazidas pelo Decreto-lei 604/1968... 9.6. Também não tem o condão de descaracterizar uma sociedade de profissionais... e pô-las na vala comum das demais sociedades fato de ser expressivo o número de sócios, empregados ou autônomos que prestem serviço em nome da sociedade.... 9.7. ... é irrelevante assim a existência de posição majoritária de um ou de alguns sócios, como o fato de a sociedade possuir uma marca ou um logotipo ou de os sócios receberem *pro labore*. 9.8.... O que se tributa é a prestação de serviço, individualmente ou em sociedade. Haver, ou não, certa

marca destinada a identificar e a particularizar determinada sociedade é absolutamente irrelevante para estremar sociedades profissionais e empresas... 9.9. Sublinhamos que de nada importa se uma sociedade é formada por dois, por 20 ou por 200 profissionais...." (BARRETO, Aires F. ISS na Constituição – sociedades de trabalho. Tributação mitigada, como exigência dos princípios da igualdade e da capacidade contributiva. *RDDT* 222/7, 2014).

– ISS fixo para as sociedades simples e o caso das sociedades limitadas. O tipo societário próprio para as sociedades voltadas a atividades intelectuais é o de sociedades simples. Mas o Código Civil, em seu art. 983, permite que seus sócios optem por adotar tipo societário próprio de sociedades empresárias. As atividades intelectuais relativas ao exercício de profissão, contudo, quando constituírem um dentre tantos fatores de produção necessários à realização do objeto social, não afastam a caracterização da sociedade como empresária. Um dos tipos societários mais utilizados por sociedades médicas é o de sociedades simples, com responsabilidade ilimitada dos sócios e registro no Registro Civil das Pessoas Jurídicas. Outro tipo bastante utilizado é o de sociedades limitadas, com responsabilidade vinculada à quota de cada sócio e registro na Junta Comercial. A adoção do tipo societário de sociedade limitada não transforma, por si só, a sociedade não empresarial em empresarial. Não há correlação necessária, portanto, entre a natureza da sociedade e o tipo societário, ressalvados casos específicos como o das sociedades anônimas e o das cooperativas.

– Entendemos que o regramento da responsabilidade patrimonial dos sócios é irrelevante para fins de enquadramento na sistemática do ISS fixo. A responsabilidade pessoal a que se refere o Decreto-lei 406/68 é a técnica e não a patrimonial. E a responsabilidade técnica não é regida pelo Código Civil ao cuidar dos tipos societários, mas pela legislação específica que cuida do exercício de cada profissão regulamentada. Dar atenção, no ponto, tão somente ao tipo societário, mais uma vez leva a equívocos na aplicação da legislação tributária. Vide, em seguida, transcrição de artigo também nesse sentido. Mas é importante ter conhecimento de que, para a jurisprudência do STJ, ainda que criticável, a adoção do tipo societário de sociedade limitada afasta a possibilidade de pagamento do ISS por valor fixo, submetendo a pessoa jurídica ao pagamento mediante aplicação da alíquota sobre o preço dos serviços prestados.

– No sentido de que o caráter empresarial da atividade afasta o ISS fixo. "ISS. Sociedade médica que pretende recolher o imposto com base no tratamento tributário insculpido no art. 9º, § 3º, do Decreto-Lei n. 406/68. Acórdão proferido pela origem reconhecendo o não preenchimento de requisitos necessários para tanto. Atividade médica exercida como empresarial. Sociedade empresarial. Conclusão firmada à luz do contexto fático-probatório. Incidência na espécie da Súmula n. 279. 1. A pretensão da contribuinte foi afastada pelo Tribunal de origem com base no entendimento de que a recorrente reveste-se da natureza de sociedade empresarial. 2. A verificação em concreto dos requisitos para fazer jus ao tratamento previsto nos §§ 1º e 3º do art. 9º do Decreto-Lei n. 406/68 enseja, inevitavelmente, o reexame de provas. Óbice constante da Súmula n. 279 da Corte"

(STF, AI 632.781 AgR, 2013). Excerto do voto condutor: "De acordo com o que se pode inferir do acórdão proferido pelo Tribunal de origem, a pretensão da contribuinte foi afastada com base no entendimento de que a recorrente reveste-se da natureza de sociedade empresarial. Esse foi o motivo apontado pela instância ordinária para que fosse obstado o tratamento tributário de que trata o art. 9º, §§ 1º e 3º, do Decreto-Lei n. 406/68. Além disso, ainda que a atividade médica possa ser prestada de forma unipessoal, o tratamento tributário vindicado não pode incidir na espécie, uma vez que, no contexto ora sob consideração, o serviço médico possui caráter empresarial. Não é possível contemplar uma sociedade empresarial com a disciplina do art. 9º, § 3º, do Decreto-Lei n. 406/68. Conforme já destacado no juízo monocrático, o contrato social prevê a possibilidade de uma sociedade participar de outras sociedades como sócia ou acionista, não obstante a previsão de divisão dos lucros obtidos. Não há como se olvidar que um eventual acolhimento da pretensão recursal demandaria uma revisitação do cenário fático probatório para reavaliar as conclusões lançadas pela Corte de revisão".

– "1. Hipótese em que o Tribunal de origem afastou o benefício da tributação fixa do ISS instituído nos §§ 1º e 3º do art. 9º do Decreto-Lei 406/1968, pois concluiu, com base na prova dos autos, que a contribuinte tem estrutura empresarial. 2. A tributação fixa do ISS, prevista no art. 9º, § 3º, do DL 406/1968, somente se aplica quando houver responsabilidade pessoal dos sócios e inexistir caráter empresarial na atividade realizada. 3. Na sociedade limitada, a responsabilidade de cada sócio é restrita ao valor de suas quotas (art. 1.052 do CC), o que afasta o benefício da tributação fixa. Precedentes do STJ" (STJ, AgRg no AREsp 352.877, 2013).

– "1. Pretende a parte recorrente, clínica médica, que lhe seja garantido o direito à base de cálculo diferenciada do ISS, nos termos do art. 9º, § 3º do Decreto-lei 406/68. 2. Contudo, a Corte de origem, ao analisar os fatos e as provas dos autos, em especial o contrato social da Clínica Médica agravante, concluiu que a parte recorrente apresenta natureza de organização empresarial, o que impede a concessão do benefício pretendido" (STJ, AgRg no AREsp 309.166, 2013).

– "ISS. TRIBUTAÇÃO FIXA. ART. 9º, § 3º DO DECRETO-LEI 406/68. CARÁTER EMPRESARIAL DA SOCIEDADE RECONHECIDO PELO TRIBUNAL *A QUO*. RESPONSABILIDADE LIMITADA DOS SÓCIOS. AUSÊNCIA DOS REQUISITOS LEGAIS EXIGIDOS PARA A TRIBUTAÇÃO FIXA DO ISS. AGRAVO REGIMENTAL DO CONTRIBUINTE DESPROVIDO. 1. A jurisprudência desta Corte posicionou-se quanto à inadmissibilidade da tributação fixa do ISS, nos termos do art. 9º, § 3º do DL 406/68, para as sociedades empresarias constituídas sob a forma de responsabilidade limitada. 2. O Tribunal *a quo* afirmou, a partir da análise de provas carreadas aos autos, estar demonstrado que a contribuinte não preenche os requisitos legais exigidos para que seja aplicada a tributação fixa do ISS, tendo em vista o caráter empresarial da sociedade, bem como a responsabilidade limitada dos sócios ao valor de suas cotas" (STJ, AgRg no AREsp 215.802, 2012).

– "ISS. TRATAMENTO PRIVILEGIADO PREVISTO NO ART. 9º, §§ 1º E 3º, DO DECRETO-LEI 406/68. SOCIEDADE LIMITADA. ESPÉCIE SOCIETÁRIA EM QUE A RESPONSABILIDADE DO SÓCIO É LIMITADA AO CAPITAL SOCIAL. 1. A orientação da Primeira Seção/STJ pacificou-se no sentido de que o tratamento privilegiado previsto no art. 9º, §§ 1º e 3º, do Decreto-Lei 406/68 somente é aplicável às sociedades uniprofissionais que tenham por objeto a prestação de serviço especializado, com responsabilidade pessoal dos sócios e sem caráter empresarial. Por tais razões, o benefício não se estende à sociedade limitada, sobretudo porque nessa espécie societária a responsabilidade do sócio é limitada ao capital social. Nesse sentido: AgRg nos EREsp 941.870/RS, 1ª Seção, Rel. Min. Hamilton Carvalhido, *DJe* de 25.11.2009" (STJ, AgRg nos EREsp 1.182.817, 2012).

– "... há julgado que afirma que a adoção da espécie societária 'limitada' somente é compatível com sociedades de natureza empresarial... Ora, é certo que a afirmação é falsa. O art. 983 do Código Civil afirma que a sociedade simples pode constituir-se segundo um dos tipos regulados nos arts. 1.039 a 1.092. A letra expressa da Lei permite a compatibilidade do uso do regime da sociedade limitada em sociedade de natureza simples – não empresária. Além do mais, o § 3º do art. 9º do Decreto-lei 406/68, em nenhum momento coloca o tipo societário na hipótese de incidência do ISS/Fixo. [...] O STJ interpreta que as sociedades da espécie limitada não estão sujeitas à tributação do ISS/Fixo porque, segundo o seu entendimento, a responsabilidade de cada sócio seria restrita ao valor de suas quotas... Contudo, data vênia, essa não é a melhor interpretação a ser dada [...] o § 3º do art. 9º do Decreto-lei 406/68 limita a tributação com alíquota específica para as sociedades de profissões regulamentadas (profissional habilitado) e é em relação à legislação específica de cada profissão que se buscará a responsabilidade pessoal do profissional" (HOFFMANN, Daniel Augusto. ISS. Art. 9º, § 3º, do Decreto-lei 406/68. A equivocada interpretação do STJ em relação à sociedade simples quanto à natureza e limitada quanto à espécie. *RDDT* 180/29, 2010).

– **ISS fixo pra as sociedades uniprofissionais e o caso das sociedades pluriprofissionais.** Adequado é o entendimento que firmou, no passado, o STF, ao afirmar que eventual condição pluriprofissional sequer desqualifica a sociedade como uma sociedade profissional para fins de incidência de ISS, porquanto o § 3º do art. 9º do Decreto-lei n. 406/68, com a redação da LC n. 56/87), não circunscreve o regime a uma única atividade profissional, mas às diversas atividades relativas à prestação de serviços profissionais regulamentados. Ainda que a sociedade pluriprofissional possa ser vedada pelas leis reguladoras das diversas profissões de modo a não ensejar a prestação de serviços específicos por não habilitados, tal não tem efeitos automáticos para fins tributários, pois não desqualifica a essência da atividade realizada e objeto de tributação: prestação de serviços de profissão regulamentada. Nos termos do Decreto-lei n. 406/68, a pessoalidade se dá quando da prestação de serviços pelo profissional individualmente. Quando da constituição de sociedade, a prestação é feita em nome da sociedade, tendo, o próprio Decreto-lei n. 406/68, expressamente referido essa circunstância ("forem prestados por sociedade" e "preste serviços em nome da sociedade") e determinado a aplicação, também nesse caso, do regime de recolhimento de ISS *per capta*. Note-se, ainda, que a questão de as sociedades serem uniprofissionais ou pluriprofissionais tampouco deveria importar para fins de cobrança do ISS, por não desqualificarem a natureza da atividade desenvolvida, desde que relacionada ao exercício de profissão regulamentada em caráter pessoal e sob a responsabilidade de cada profissional. Só quando a existência de outros profissionais acabasse por revelar que a profissão seria mero elemento de empresa é que seria adequado caracterizar a sociedade como empresária e não profissional. Mas o STJ vem entendendo, invariavelmente, que só as uniprofissionais se enquadram no ISS fixo.

– "Para efeito de tributação diferenciada pelo ISS, são consideradas sociedades simples de profissionais ou sociedades uniprofissionais aquelas cujos sócios sejam habilitados ao exercício de uma mesma atividade e prestem serviços especializados, assumindo responsabilidade pessoal pelos atos praticados. Nesse tipo de sociedade, a figura do sócio se sobrepõe à figura da empresa. Isso porque, a intenção dos sócios ao se vincularem não é a de constituir uma empresa, mas, sim, racionalizar os custos operacionais decorrentes da realização de seus serviços profissionais. [...] pode-se afirmar que o que distingue a sociedade simples da empresária é a forma como a atividade é explorada: trata-se de simples a sociedade em que a atividade é exercida direta e pessoalmente pelos sócios, conforme sua qualificação profissional, ainda que com o auxílio de colaboradores; e de empresária a que possui sócios com outras qualificações e/ou que dela participem apenas com capital. [...] Não há no Decreto-lei n. 406/1968 ou no Código Civil limites para a atuação dos auxiliares ou colaboradores, vedação à distribuição de lucros ou à abertura de filiais, de modo que, não o tendo feito a lei federal, não o poderá fazer a lei municipal, em respeito ao princípio da hierarquia das leis. [...] Desde que a prestação dos serviços pelos colaboradores (empregados ou autônomos) ocorra sob a supervisão e responsabilidade pessoal dos sócios, não há como considerar a sociedade como empresária. Nem todos os serviços precisam ser prestados com exclusividade pelos sócios. [...] o caráter determinante para se considerar uma sociedade como uniprofissional deve ser a pessoalidade na prestação do serviço, ou seja, o fator que influencia o tomador de serviço na escolha do profissional são as qualificações e atribuições deste e não a estrutura na qual está inserido. Não é o contrato social, o faturamento a sociedade, a existência de filiais ou o auxílio de técnicos ou profissionais de formação diversa no desempenho dos serviços que definem a uniprofissionalidade, mas, sim, a pessoalidade na prestação dos serviços" (SANTO, Luciana Dornelles do Espírito; SCHMIDT, Eduardo da Rocha; PIRES, Alexandra Costa. As sociedades uniprofissionais e o ISS. *RDDT* 210/55, 2013).

– "IMPOSTO SOBRE SERVIÇOS. SOCIEDADE CIVIL. PROFISSIONAIS DE QUALIFICAÇÕES DIVERSAS. BENEFÍCIO FISCAL. DECRETO-LEI 406/68, ART. 9º, § 3º (REDAÇÃO DO DECRETO-LEI 834/69). O art. 9º, § 3º c/c art. 1º do DL. 406/68 (redação do DL 834/69) assegura a tributação do ISS, na forma fixa, quer às sociedades uniprofissionais, quer às pluriprofissionais. Precedentes do STF. Recurso extraordinário não conhecido" (STF, RE 96.475-4, 1982).

– "Na hipótese dos autos, verifica-se que a recorrente está constituída como sociedade limitada, tendo ainda consignado o acórdão recorrido que 'do contrato de fls. 110/113, vê-se que a sociedade é constituída por duas sócias, uma fisioterapeuta e outra bioquímica, em aparente diversidade de áreas de atuação. Não bastasse isso, também a finalidade da sociedade é por demais ampla e refoge à área de fisioterapia, contrariando a impressão primeira que se tem da empresa' (fl. 238)" (STJ, REsp 836.164, 2010).

– **Sociedade de advogados.** O Tema 918, submetido à sistemática da repercussão geral, mas com mérito ainda por ser apreciado pelo STF, diz respeito à "Inconstitucionalidade de lei municipal que estabelece impeditivos à submissão de sociedades profissionais de advogados ao regime de tributação fixa ou *per capita* em bases anuais na forma estabelecida pelo Decreto-Lei n. 406/1968 (recepcionado pela Constituição da República de 1988 com *status* de lei complementar nacional)".

– "ISS. ART. 9º, § 3º, DO DECRETO LEI 406/68. SOCIEDADE DE ADVOGADOS. CARÁTER EMPRESARIAL. INEXISTÊNCIA. POSSIBILIDADE DE RECOLHIMENTO DO ISS SOBRE ALÍQUOTA FIXA... 1. 'Admitida a manutenção do regime de tributação privilegiada após a entrada em vigor da Lei Complementar 116/03, nos termos da jurisprudência desta Corte Superior, que sedimentou compreensão de que o art. 9º, §§ 1º e 3º, do Decreto-Lei 406/68, o qual trata da incidência do ISSQN sobre sociedades uniprofissionais por alíquota fixa, não foi revogado pela Lei Complementar 116/03, quer de forma expressa, quer tácita, não existindo nenhuma incompatibilidade. Precedentes... 2. Para que exista o direito à base de cálculo diferenciada do ISS, nos termos do art. 9º, § 3º do Decreto-lei 406/68, necessário que a prestação dos serviços seja em caráter personalíssimo e que não haja estrutura empresarial. Precedente... 3. Tribunal de origem que, ao analisar os fatos e as provas dos autos, em especial o contrato social da requerida, constatou a ausência de caráter empresarial" (STJ, AgRg no REsp 1.242.490, 2013).

– "ISS. SERVIÇOS ADVOCATÍCIOS. ART. 9º, §§ 1º E 3º, DO DECRETO-LEI N. 406/68. DISSÍDIO JURISPRUDENCIAL. SÚMULA 83/STJ... 1. As sociedades de advogados, qualquer que seja o conteúdo de seus contratos sociais, gozam do tratamento tributário diferenciado previsto no art. 9º, §§ 1º e 3º, do Decreto-Lei n. 406/68 e não recolhem o ISS sobre o faturamento, mas em função de valor anual fixo, calculado com base no número de profissionais integrantes da sociedade" (STJ, AgRg no Ag 923.122, 2007).

– "CONSTITUCIONAL. TRIBUTÁRIO. ISS. SOCIEDADES PRESTADORAS DE SERVIÇOS PROFISSIONAIS. ADVOCACIA. D.L. 406/68, art. 9º, §§ 1º e 3º. C.F., art. 151, III, art. 150, II, art. 145, § 1º. I. – O art. 9º, §§ 1º e 3º, do DL. 406/68, que cuidam da base de cálculo do ISS, foram recebidos pela CF/88: CF/88, art. 146, III, *a*. Inocorrência de ofensa ao art. 151, III, art. 34, ADCT/88, art. 150, II e 145, § 1º, CF/88. II. – R.E. não conhecido" (STF, Plenário, RE 236.604/PR, Min. Carlos Velloso, maio 1999). Vejamos o voto condutor: "A impetrante, ora recorrida, é uma sociedade de advogados, integrada por dois sócios. O Município de Curitiba pretende cobrar-lhe o

ISS sobre o rendimento bruto da sociedade impetrante, 5% sobre o faturamento bruto, recolhidos mensalmente. A impetrante reagiu à cobrança, sustentando que está sujeita ao regime fixo anual, na forma do disposto nos §§ 1º e 3º do art. 9º do D.L. 406/68. [...] Cabendo à lei complementar definir a base de cálculo dos impostos discriminados na Constituição, (C.F./88, art. 146, III, *a*), certo que o DL 406/68 foi recebido como lei complementar, correto afirmar-se que o art. 9º e seus §§, que cuidam da base de cálculo do ISS, foram, também, recebidos pela Constituição vigente. Não configurando os citados dispositivos legais, §§ 1º e 3º, do DL. 406/68, isenção, não há falar em ofensa ao art. 151, III, da CF/88. Aqui, na verdade, incide a regra do § 5º do art. 34, ADCT, porque tem-se a aplicação da legislação anterior à CF/88, porque essa legislação não é incompatível com o sistema tributário nacional da CF/88. Ao contrário, os dispositivos legais citados, o art. 9º e seus §§ seguem a regra do art. 146, III, *a*, da CF/88. Também não há falar que as citadas disposições legais, §§ 1º e 3º, do art. 9º, do DL 406/68, seriam ofensivas ao princípio da igualdade tributária, art. 150, II, da CF Os §§ 1º e 3º, do art. 9º, do DL. 406/68 cuidam de prestação de serviços sob a forma de trabalho pessoal do próprio contribuinte. E se os tais serviços forem prestados por sociedades o imposto será calculado em relação a cada profissional habilitado, sócio, empregado ou não".

– "BASE DE CÁLCULO DO ISSQN. SOCIEDADE DE ADVOGADOS. NATUREZA NÃO EMPRESÁRIA. FORMA FIXA. NULIDADE DO LANÇAMENTO. 1. No Mandado de Segurança Coletivo n. 2009.70.05.002594-0/PR, impetrado pela Ordem dos Advogados do Brasil – Secção do Paraná contra ato do Secretário de finanças do município de Cascavel/PR, a sentença, mantida por esta Corte no julgamento da Apelação/Reexame Necessário n. 0002594-57.2009.404.7005/PR (D.E. 08.11.2010), concedeu parcialmente a segurança, para: ... c) garantir às sociedades de advogados estabelecidas no Município de Cascavel o recolhimento do Imposto Sobre Serviço de Qualquer Natureza de forma fixa, ou seja, calculado com base no número de profissionais vinculados à sociedade, até prova – de ônus do Município – de sua natureza empresarial de acordo com os ditames do Código Civil, em decorrência da presunção *juris tantum* estabelecida pelo art. 16 do Estatuto da OAB. 2. O contrato social, bem como a sua primeira alteração, da agravada estão devidamente registrados na Ordem dos Advogados do Brasil, circunstância que conspira a favor da presunção *juris tantum* da sua natureza simples, não empresarial, pois art. 16 da Lei 8.906/94, ao dispor sobre a sociedade profissional de advogados, prevê que 'Não são admitidas a registro, nem podem funcionar, as sociedades de advogados que apresentem forma ou características mercantis, que adotem denominação de fantasia, que realizem atividades estranhas à advocacia, que incluam sócio não inscrito como advogado ou totalmente proibido de advogar.' Ademais, em nenhuma de suas cláusulas contratuais a sociedade-agravada são empregados termos ou expressões linguísticas que coloquem em dúvida a sua natureza não empresarial e não mercantil, confortando a conclusão de que, realmente, ela, agravada, está constituída sob a forma de sociedade simples, tendo como propósito tão somente o exercício da advocacia. 3. Logo, persiste,

sob todos os aspectos e para todos os efeitos, a natureza de sociedade simples da agravada, não podendo servir de critério definidor da formatação empresarial os termos do contrato social de uma sociedade de advogados, ainda mais quanto eles estão em franca dissonância com a sua atuação, como *in casu*, em que os serviços são prestados sob a forma de trabalho pessoal do próprio contribuinte, no exercício de sua atividade de advocacia, independendo a cota descrita no contrato social" (TRF4, AG 5013831-27.2013.404.0000, 2013).

– "OAB/SC. SOCIEDADE UNIPROFISSIONAL DE ADVOGADOS. IMPOSTO SOBRE SERVIÇOS (ISS). BASE DE CÁLCULO. TRATAMENTO JURÍDICO DIFERENCIADO. Prevalece a orientação do STJ no sentido de que a sociedade uniprofissional de advogados de natureza civil, qualquer que seja o conteúdo de seu contrato social, goza do tratamento tributário diferenciado previsto no art. 9º, §§ 1º e 3º, do Decreto-Lei n. 406/68, não recolhendo o ISS com base no seu faturamento bruto, mas sim no valor fixo anual calculado de acordo com o número de profissionais que a integra" (TRF4, AC 5000180-85.2011.404.7213, 2012).

– "1. A utilização do ISSQN fixo, pelos Municípios, já foi reconhecida como perfeitamente válida e possível pelo Supremo Tribunal Federal (RE n. 149.922 e n. 236.604, AgRE n. 279.424 e n. 214.414). 2. O artigo 9º, do Decreto-lei n. 406/68 tem natureza de norma geral de direito tributário, logo, goza do *status* de lei complementar, nos termos do artigo 146, inciso III, alínea *c*, da Carta Constitucional (STF, Plenário, RE 236.604, *DJ* de 6/8/99). Ademais, o artigo 156, inciso III, também é esclarecedor ao outorgar para a lei complementar a incumbência de definir a tributação do ISSQN. Portanto, a competência para definir a base de cálculo do ISSQN pertence ao Congresso Nacional. 3. O ISSQN fixo deve, sempre, ser sempre mais benéfico do que o ISSQN calculado com base no faturamento (preço do serviço). 4. O valor fixo devido pelas sociedades será obtido pela seguinte operação matemática: multiplicação do *quantum* estipulado para os profissionais individuais, pelo número de pessoas atuantes na sociedade, devidamente habilitadas, sejam elas sócias, empregadas ou não, que prestem serviços profissionais em nome da sociedade, assumindo responsabilidade pessoal pelos serviços prestados. Esse cálculo vem exatamente ao encontro da redação do § 3º, do artigo 9º, do Decreto-lei n. 406/68, que expressamente estabelece que as sociedades ficarão sujeitas ao ISSQN na forma do § 1º, ou seja, com os mesmíssimos valores estipulados para os profissionais individuais" (LIMA, Eduardo Amorim de; MELO, Omar Augusto Leite. Do ISSQN fixo devido pelas sociedades civis prestadoras de serviços profissionais. *RDDT* 95/55, 2003).

– "... de acordo com a corrente doutrinária majoritária, as notas características essenciais definidas em nível de Lei Complementar no DL 406/68, no que se refere à tributação minorada do § 3º do seu art. 9º para as sociedades profissionais, vinculam essa tributação aos requisitos que se seguem. 1. A sociedade deve se enquadrar nos itens arrolados nesse § 3º. 2. Todos os sócios devem possuir habilitação profissional, nos termos da lei aplicável, para a prestação dos serviços do objeto social. 3. Todos os sócios devem prestar os serviços na forma e com responsabilidade pessoal" (OLIVEIRA, Yonne Dolacio de. ISS a tributação minorada das sociedades profissionais. *RDDT* 27/135-137).

– "... ISS. SERVIÇOS ADVOCATÍCIOS. ART. 9º, §§ 1º E 3º, DO DECRETO-LEI N. 406/68... 5. As sociedades de advogados, qualquer que seja o conteúdo de seus contratos sociais, gozam do tratamento tributário diferenciado previsto no art. 9º, §§ 1º e 3º, do Decreto-lei n. 406/68 e não recolhem o ISS sobre o faturamento, mas em função de valor anual fixo, calculado com base no número de profissionais integrantes da sociedade. 6..." (STJ, REsp 724.684, 2005).

– **Notários e registradores. Não sujeição ao ISS fixo.** O STJ já definiu que estão sujeitos ao ISS comum e não ao fixo. A discussão sobre o enquadramento ou não dos notários no ISS fixo tem, efetivamente, caráter infraconstitucional, de modo que o STF não conhece dos recursos sobre a matéria (STF, ARE 683.964 AgR, 2013). O que cabia ao STF definir, e o fez, é que os notários e registradores estão sujeitos ao ISS, não gozando de imunidade. Vide nota ao art. 150, § 2º, da CF.

– "ISS. SERVIÇOS DE REGISTRO PÚBLICO. O regime de tributação previsto no art. 9º, § 1º, do Decreto-lei n. 406, de 1968, não é aplicável aos responsáveis pelos serviços de registro público. Agravo regimental desprovido" (STJ, AgRg no AREsp 150.919, 2013).

– "1. A atividade notarial e de registro submete-se à tributação de ISS por alíquota variável, e não por alíquota fixa" (STJ, AgRg no AREsp 296.647, 2013).

– "1. A Primeira Seção desta Corte Superior firmou entendimento no sentido de que não se aplica aos serviços de registros públicos, cartorários e notariais, a sistemática de recolhimento de ISS prevista no art. 9º, § 1º, do Decreto-Lei 406/68, pois, além de manifesta a finalidade lucrativa, não há a prestação de serviço sob a forma de trabalho pessoal do próprio contribuinte. Precedentes..." (STJ, AgRg nos EDcl no AREsp 374.443, 2013).

– "ISS. PRESTAÇÃO DE SERVIÇOS DE REGISTROS PÚBLICOS (CARTORÁRIO E NOTARIAL). ENQUADRAMENTO NO REGIME ESPECIAL PREVISTO NO ART. 9º, § 1º, DO DECRETO-LEI 406/68. IMPOSSIBILIDADE. PRECEDENTES DAS TURMAS DA PRIMEIRA SEÇÃO/ STJ... 3. A prestação de serviços de registros públicos (cartorário e notarial) não se enquadra no regime especial previsto no art. 9º, § 1º, do Decreto-Lei 406/68, pois, além de manifesta a finalidade lucrativa, não há a prestação de serviço sob a forma de trabalho pessoal do próprio contribuinte, especialmente porque o art. 236 da CF/88 e a legislação que o regulamenta permitem a formação de uma estrutura economicamente organizada para a prestação do serviço de registro público, assemelhando-se ao próprio conceito de empresa" (STJ, REsp 1.328.384, 2013).

– "ISS. ATIVIDADE NOTARIAL E DE REGISTRO PÚBLICO. REGIME DE TRIBUTAÇÃO FIXA. ARTIGO 9º, § 1º, DO DECRETO-LEI N. 406/68. AUSÊNCIA DE PESSOALIDADE NA ATIVIDADE. INAPLICABILIDADE... 2. Os serviços notariais e de registro público, de acordo com o artigo 236 da Constituição Federal, são exercidos em caráter privado por delegação do Poder Público. 3. Ainda que essa delegação seja feita em caráter pessoal, intransferível e haja responsabilidade

pessoal dos titulares de serviços notariais e de registro, tais fatores, por si só, não permitem concluir as atividades cartoriais sejam prestadas pessoalmente pelo titular do cartório. 4. O artigo 20 da Lei n. 8.935/94 autoriza os notários e os oficiais de registro a contratarem, para o desempenho de suas funções, escreventes, dentre eles escolhendo os substitutos, e auxiliares como empregados. Essa faculdade legal revela que a consecução dos serviços cartoriais não importa em necessária intervenção pessoal do tabelião, visto que possibilita empreender capital e pessoas para a realização da atividade, não se enquadrando, por conseguinte, em prestação de serviços sob a forma de trabalho pessoal do próprio contribuinte, nos moldes do § 1º do artigo 9º do Decreto-Lei n. 406/68" (STJ, REsp 1.185.119, 2010).

– "ISS. SERVIÇOS DE REGISTROS PÚBLICOS, CARTORÁRIOS E NOTARIAIS. BASE DE CÁLCULO. ART. 9º, § 1º, DO DL 406/1968. TRIBUTAÇÃO FIXA. MATÉRIA APRECIADA PELO STF. ADI 3.089/DF. 1. Hipótese em que se discute a base de cálculo do ISS incidente sobre serviços de registros públicos, cartorários e notariais. A contribuinte defende tributação fixa, nos termos do art. 9º, § 1º, do DL 406/1968, e não alíquota sobre o preço do serviço (art. 7º, *caput*, da LC 116/2003), ou seja, sobre os emolumentos cobrados dos usuários. 2. O Supremo Tribunal Federal reconheceu a incidência do ISS, *in casu*, ao julgar a ADI 3.089/DF, proposta pela Associação dos Notários e Registradores do Brasil – Anoreg. Na oportunidade, ratificou a competência municipal e afastou a alegada imunidade pretendida pelos tabeliães e cartorários (i) ao analisar a natureza do serviço prestado e, o que é relevante para a presente demanda, (ii) ao reconhecer a possibilidade de o ISS incidir sobre os emolumentos cobrados (base de cálculo), mesmo em se tratando de taxas. 3. O acórdão do Supremo Tribunal Federal, focado na possibilidade de os emolumentos (que são taxas) servirem de base de cálculo para o ISS, afastou, por imperativo lógico, a possibilidade da tributação fixa, em que não há cálculo e, portanto, base de cálculo. 4. Nesse sentido, houve manifestação expressa contrária à tributação fixa no julgamento da ADIn, pois 'descabe a analogia – profissionais liberais, Decreto n. 406/68 –, caso ainda em vigor o preceito respectivo, quando existente lei dispondo especificamente sobre a matéria. O art. 7º da Lei Complementar n. 116/03 estabelece a incidência do tributo sobre o preço do serviço'. 5. Ademais, o STF reconheceu incidir o ISS à luz da capacidade contributiva dos tabeliães e notários. 6. A tributação fixa do art. 9º, § 1º, do DL 406/1968 é o exemplo clássico de exação ao arrepio da capacidade contributiva, porquanto trata igualmente os desiguais. A capacidade contributiva somente é observada, no caso do ISS, na cobrança por alíquota sobre os preços, conforme o art. 9º, *caput*, do DL 406/1968, atual art. 7º, *caput*, da LC 116/2003. 7. Finalmente, o STF constatou que a atividade é prestada com intuito lucrativo, incompatível com a noção de simples 'remuneração do próprio trabalho', prevista no art. 9º, § 1º, da LC 116/2003. 8. A Associação dos Notários e Registradores do Brasil – Anoreg, quando propôs a Ação Direta de Inconstitucionalidade, pretendia afastar o ISS calculado sobre a renda dos cartórios (preço dos serviços, emolumentos cobrados do usuário). 9. A tentativa de reabrir o debate no Superior Tribunal de Justiça, em Recurso Especial, reflete a inconfessável pretensão de reverter, na seara infra-constitucional, o julgamento da Ação Direta de Inconstitucionalidade, o que é, evidentemente, impossível. 10. De fato, a interpretação da legislação federal pelo Superior Tribunal de Justiça – no caso a aplicação do art. 9º, § 1º, do DL 406/1968 – deve se dar nos limites da decisão com efeitos *erga omnes* proferida pelo STF na ADI 3.089/DF. 11. Nesse sentido, inviável o benefício da tributação fixa em relação ao ISS sobre os serviços de registros públicos, cartorários e notariais. 12. Recurso Especial não provido" (STJ, REsp 1.187.464, 2010).

– A 1ª T. do STF não conheceu de RE sobre a matéria por entender que "Verificar se a prestação de serviços da sociedade profissional se enquadra no disposto no § 1º do artigo 9º do Decreto-Lei n. 406/68, demandaria o prévio exame de fatos e provas e de legislação infraconstitucional, o que inviabiliza o extraordinário", conforme se vê do ARE 666567 AgR, 2012.

– "O art. 9º, § 1º, do Decreto-Lei n. 406/1968... fala em 'serviço pessoal' quando se refere ao regime de alíquotas específicas do ISS. Quer dizer, para ter direito ao tratamento tributário benéfico, deve o prestador imprimir aos serviços as suas características personalíssimas. Se ouros profissionais interferem nessa pessoalidade, introduzindo novas habilidades no serviço, então não se poderá mais falar em serviço pessoal. [...] É muito claro que o titular do cartório não preta serviço pessoal, sendo auxiliado por diversos funcionários que efetivamente prestam os mais variados serviços (art. 20 da Lei n. 8.935/1994). [...] É preciso ficar atento, contudo, à definição da legislação municipal. Há leis que admite, por exemplo, o auxílio de até dois profissionais, sem que isso descaracterize o serviço pessoal. Não encontra lastro no Decreto-Lei n. 406/1968, mas a legislação municipal possui tal autonomia para estender o ISS-fixo além da hipótese tratada no Diploma Federal. Precedente perigoso foi o regime adotado pela Prefeitura de São Paulo, que 'autorizou' os cartórios a recolherem um percentual sobre uma base fixa, que não é a mesma coisa que a sistemática ora estudada – já que esta é desvinculada da remuneração recebida, enquanto que aquela leva em conta o preço (sub) estimado do serviço –, mas não deixa de constituir evidente benefício para os cartórios. Para nós, trata-se de ato político, descabido e desrespeitoso com os demais contribuintes do Município. Não é possível direcionar a fúria fiscal para os mais humildes e desonerar justamente aqueles que ostentam real capacidade contributiva. Lamentável a postura do Município de São Paulo!" (MANGIERI, Francisco Ramos; MELO, Omar Augusto Leite. *ISS sobre cartórios*. Edipro, 2008, p. 58-60).

– Conforme Mangieri e Melo, a base de cálculo corresponde às receitas dos notários e registradores, desconsiderando-se os percentuais que, em face de determinadas leis estaduais como a paulista, são repassados ao Estado, à carteira de previdência das serventias e ao fundo especial de despesa do Tribunal de Justiça em decorrência da fiscalização dos serviços. Representam receita dos notários as previstas a esse título e as correspondentes à compensação dos atos gratuitos do registro civil das pessoas naturais. Não integram a base de cálculo, todavia, as complementações de receita mínima das serventias deficitárias. Vide: MANGIERI, Francisco Ramos; MELO, Omar Augusto Leite. *ISS sobre cartórios*. Edipro, 2008, p. 53/54.

– **Pela aplicação do ISS fixo aos notários e registradores**. Era a posição pessoal do Min. Napoleão Nunes Maia Filho, que restou vencido, conforme a ementa que segue: "ISS. A PRESTAÇÃO DE SERVIÇOS DE REGISTROS PÚBLICOS (CARTORÁRIO E NOTARIAL) NÃO SE ENQUADRA NO REGIME ESPECIAL PREVISTO NO ART. 9º, § 1º. DO DECRETO-LEI 406/68, POIS, ALÉM DA FINALIDADE LUCRATIVA, NÃO HÁ A PRESTAÇÃO DE SERVIÇO SOB A FORMA DE TRABALHO PESSOAL DO PRÓPRIO CONTRIBUINTE, UMA VEZ PERMITIDA A FORMAÇÃO DE ESTRUTURA ECONOMICAMENTE ORGANIZADA PARA SEU FUNCIONAMENTO, APROXIMANDO-SE DO CONCEITO DE EMPRESA, À VISTA DO ART. 236 DA CF E DA LEGISLAÇÃO INFRACONSTITUCIONAL APLICÁVEL. RESP. 1.328.384/RS, REL. MIN. MAURO CAMPBELL MARQUES, *DJE* 29.05.2013, REPRESENTATIVO DA CONTROVÉRSIA. RESSALVA DO PONTO DE VISTA DO RELATOR. AGRAVO REGIMENTAL DESPROVIDO. 1. Quanto ao serviço cartorário e notarial, não se justifica a definição da base de cálculo do ISS a partir da receita bruta auferida com a cobrança dos emolumentos, porque o serviço prestado pelo Titular do Cartório, dado o seu traço personalístico, muito mais se aproxima daqueles exercidos por profissionais liberais autônomos, do que daqueles exercidos pelos empresários privados, ajustando-se ao § 1º do art. 9º do DL 406/68, recepcionado pela Constituição Federal (RE 262.598... 2007), e não revogado pela LC 116/03. 2. Ofende, ainda, o princípio da isonomia tributária, pretender tributar os Notários e Registradores, cuja natureza do trabalho desenvolvido é indiscutivelmente pessoal, da forma como são tributadas as sociedades que desenvolvem típica atividade empresarial; é um grande equívoco assimilar atividades públicas (prestadas diretamente pelo Estado ou sob regime de delegação) àquelas exercidas em regime de mercado (atividades empresariais), porque estas se guiam por propósitos, dinâmicas e objetivos que não se conciliam com os que regem aquel'outras. 3. Todavia, a compreensão acima deduzida não foi adotada pela maioria dos integrantes da 1ª Seção desta Corte, que concluiu por reafirmar o entendimento jurisprudencial segundo o qual a prestação de serviços de registros públicos (cartorário e notarial) não se enquadra no regime especial previsto no art. 9º, § 1º do Decreto-Lei 406/68, pois, além de manifesta a finalidade lucrativa, não há a prestação de serviço sob a forma de trabalho pessoal do próprio contribuinte, especialmente porque o art. 236 da CF/88 e a legislação que o regulamenta permitem a formação de uma estrutura economicamente organizada para a prestação do serviço de registro público, assemelhando-se ao próprio conceito de empresa: REsp. 1.328.384... 2013, representativo da controvérsia" (STJ, AgRg no AREsp 305.039, 2013).

– "[...] o fato de o serviço público delegado ser prestado com intuito lucrativo, por si só, não descaracteriza o caráter de trabalho autônomo. Sabemos que existem, por exemplo, advogados e médicos de renome que cobram preços exorbitantes, eufemisticamente denominados de 'honorários', respectivamente, a título de parecer jurídico e de cirurgia de alto risco, em que não é possível, ao senso comum, afastar a ideia de intuito lucrativo. Nem por isso eles perdem a condição de profissionais liberais ou de profissionais autônomos. E o fato de o notário e o oficial de registro contarem com a colaboração de substitutos e escreventes, nos termos do § 3º do art. 20 da Lei 8.935/1994, que regulamentou o art. 236 da CF, também, não é relevante para descaracterizar o trabalho pessoal dos notários e registradores. Estes são pessoas físicas, profissionais de direito, dotados de fé pública e que, para efeito da legislação tributária, recebem tratamento semelhante ao de profissional autônomo (profissional liberal). Como é sabido, a Constituição não autoriza a delegação do serviço público para uma pessoa jurídica, mas apenas à pessoa física que é investida no cargo por meio de concurso público de provas e títulos. Escreventes são meros colaborados do titular do serviço delegado. A presença de outros funcionários que executam simples atividade-meio também, não caracteriza o titular de cartório como um empresário" (HARADA, Kyoshi. ISS. Base de cálculo dos serviços prestados por notários e registradores. *RET* 82/12, 2011).

– "... o prestador de serviço individual deve ser tributado a um valor fixo, e considerando que a atividade desenvolvida por delegado do serviço público notarial e de registro é exercida em caráter exclusivo, respondendo este pessoalmente pelos atos que pratica, é inconstitucional e ilegal a pretensão de alguns Municípios de tributar o serviço respectivo de forma proporcional, calculando o ISS sobre o total dos emolumentos recolhidos, faltando-lhe competência tributária para tanto" (MACHADO SEGUNDO, Hugo de Brito; MACHADO, Raquel Cavalcanti Ramos. A forma de calcular o ISS incidente sobre a atividade de notas e registros públicos. *RDDT* 160/51, 2009).

– "[...] Como o IRPF já incide sobre os emolumentos, que constituem a renda de notários e registradores (art. 44 do CTN), haveria a vedada bitributação (incidência de dois impostos sobre a mesma base de cálculo) se fosse admitida a incidência do ISSQN sobre 'o preço do serviço' [...] Assim é que a tributação deve ser entendida apenas sobre o trabalho pessoal daquele que responde pela delegação e a cobrança do ISSQN de notários e registradores deve se dar da mesma forma feita para os demais profissionais autônomos e liberais: ISSQN sobre base fixa ou valor anual [...]" (ASSUMPÇÃO, Letícia Franco Maculan. O ISSQN sobre atos notariais e de registro. *RET* 82/22, 2011).

⇒ **Serviços sujeitos ao ISS. Questionamentos.** Vejam-se os questionamentos que seguem sobre a incidência ou não do ISS.

– **Locação de bens móveis e cessão de uso.** O item 3 da lista anexa à LC n. 116/2003 diz respeito a "Serviços prestados mediante locação, cessão de direito de uso e congêneres". A locação de bens móveis (subitem 3.01) foi vetada por declarada inconstitucional pelo STF. Mas persistem outros tipos de locações nos demais subitens.

– Lista anexa à LC n. 116/2003: "3 – Serviços prestados mediante locação, cessão de direito de uso e congêneres. 3.01 – (VETADO) 3.02 – Cessão de direito de uso de marcas e de sinais de propaganda. 3.03 – Exploração de salões de festas, centro de convenções, escritórios virtuais, *stands*, quadras esportivas, estádios, ginásios, auditórios, casas de espetáculos, parques de diversões, canchas e congêneres, para realização de eventos ou negócios de qualquer natureza. 3.04 – Locação, sublocação, arrendamento, direito de passagem ou permissão de uso, compartilhado ou não, de ferrovia, rodovia, postes, cabos, dutos e condutos de qualquer natureza. 3.05 – Cessão de andaimes, palcos, coberturas e outras estruturas de uso temporário".

– **Súmula Vinculante 31 do STF:** "É inconstitucional a incidência do imposto sobre serviços de qualquer natureza – ISS sobre operações de locação de bens móveis". *DJe* fev. 2010.

– "IMPOSTO SOBRE SERVIÇOS. NÃO INCIDÊNCIA. LOCAÇÃO DE BENS MÓVEIS. 1. O Plenário deste Tribunal fixou entendimento no sentido de que não incide o Imposto sobre Serviços – ISS sobre contratos de locação de bens móveis. 2. Não se configura, no caso, excepcionalidade suficiente a autorizar a aplicação de efeitos *ex nunc* a declaração de inconstitucionalidade" (STF, AgRAI 748.786, 2009).

– "1. IMPOSTO SOBRE SERVIÇOS. INCIDÊNCIA. LOCAÇÃO DE BENS MÓVEIS. ILEGITIMIDADE. 2. EFEITO *EX NUNC*. IMPOSSIBILIDADE. 1. É firme neste Supremo Tribunal o entendimento de que a locação de bens móveis, por não configurar uma prestação de serviço, não é hipótese de incidência do Imposto sobre Serviços – ISS. 2. No mais, é de se aplicar a jurisprudência desta colenda Corte, que não admite a atribuição de efeitos prospectivos à declaração incidental de inconstitucionalidade no caso em exame, mas apenas em situações extremas" (STF, AgRAI 521.470, 2009).

– "ISS SOBRE A LOCAÇÃO DE BENS MÓVEIS. PRESTAÇÃO DE SERVIÇOS. POSSIBILIDADE... I – A orientação do Tribunal é no sentido de que não pode incidir sobre a locação de bens móveis o imposto sobre serviços, desde que essa atividade não se confunda com a prestação de serviços. II – O acórdão recorrido, com base no conjunto fático-probatório dos autos, entendeu restar configurada a atividade de locação de serviços, sujeita ao ISS. Para se chegar à conclusão contrária à adotada, necessário seria o reexame de matéria de fato, o que atrai a incidência da Súmula 279 do STF" (STF, AgRAI 699.051, 2009).

– "TRIBUTO. FIGURINO CONSTITUCIONAL. A supremacia da Carta Federal é conducente a glosar-se a cobrança de tributo discrepante daqueles nela previstos. IMPOSTO SOBRE SERVIÇOS – CONTRATO DE LOCAÇÃO. A terminologia constitucional do Imposto sobre Serviços revela o objeto da tributação. Conflita com a Lei Maior dispositivo que imponha o tributo considerado contrato de locação de bem móvel. Em Direito, os institutos, as expressões e os vocábulos têm sentido próprio, descabendo confundir a locação de serviços com a de móveis, práticas diversas regidas pelo Código Civil, cujas definições são de observância inafastável – artigo 110 do Código Tributário Nacional" (STF, Plenário, RE 116121/SP, rel. p/ o acórdão Min. Marco Aurélio, out. 2000). Neste precedente, acordaram, os Ministros, dar provimento ao recurso, "declarando, incidentalmente, a inconstitucionalidade da expressão 'locação de bens móveis', constante do item 79 da Lista de Serviços a que se refere o Decreto-Lei n. 406, de 31 de dezembro de 1968, na redação dada pela Lei Complementar n. 56, de 15 de dezembro de 1987, pronunciando, ainda, a inconstitucionalidade da mesma expressão 'locação de bens móveis', contida no item 78 do § 3º do artigo 50 da Lista de Serviços da Lei n. 3.750, de 20 de dezembro de 1971, do Município de Santos/SP."

- Vide também: MACHADO, Hugo de Brito. O ISS e a locação ou cessão de direito de uso. *RDIT* 1/151, jun. 2004; AUGUSTO, Aldemir Ferreira de Paula; OLIVEIRA, Celso Luiz de. Modificações legislativas relativas ao ISSQN – Lei Complementar n. 116/2003 – Considerações propedêuticas das implicações para as distribuidoras de energia elétrica. *Jornal Síntese*, out. 2003, p. 9; TROIANELLI, Gabriel Lacerda. O ISS sobre a locação de bens móveis, *RDDT* 28/7-11, 1998.

– Em sentido contrário, de que configuraria serviço e seria constitucional. "... ISS NA LOCAÇÃO DE BENS MÓVEIS. O que se destaca, *utilitas causa*, na locação de bens móveis, não é apenas o uso e gozo da coisa mas sua utilização na prestação de um serviço. Leva-se em conta a realidade econômica, que é a atividade que se presta com o bem móvel, e não a mera obrigação de dar, que caracteriza o contrato de locação, segundo o artigo 1.188 do Código Civil. Na locação de guindastes, o que tem relevo é a atividade com eles desenvolvidas, que adquire consistência econômica, de modo a tornar-se um índice de capacidade contributiva do Imposto sobre Serviço" (STF, RE 112.947, 1987). Vide também: RE 113.383, RE 107.363, RE 100.779.

- Vide também: ABREU, Rogério Roberto Gonçalves de. ISS e locação de bens móveis. *RTFP* 57/138, ago. 2004; SAMPAIO, Alcides da Fonseca. ISS – a volta ao passado demonstra a plena constitucionalidade de sua incidência sobre a locação de bens móveis. *RDDT* 97/14-15, 2003.

– Cessão de direitos sobre uso de marca. Inaplicabilidade da Súmula Vinculante 31. "A 2ª Turma negou provimento a agravo regimental em reclamação na qual se alegava não ser devido o Imposto sobre Prestação de Serviço – ISS sobre contratos de locação de bens móveis. Reputou-se que a decisão paradigma invocada na reclamação não abrangeria o auto de infração cuja manutenção e inscrição na dívida ativa seria o ato reclamado. Ademais, concluiu-se que se trataria de cessão de direito sobre uso de marca, que não poderia ser considerada locação de bens móveis, mas serviço autônomo, como previsto na Lei Complementar 116/2003. Assim, não haveria a incidência da Súmula Vinculante 31 ('É inconstitucional a incidência do imposto sobre serviços de qualquer natureza – ISS sobre operações de locação de bens móveis.') (Rcl 8623 AgR/RJ)" (*Informativo* 617 do STF, fev. 2011). Obs: afirmar-se que é inaplicável a Súmula Vinculante ao caso, não significa que seja devido o imposto, mas que a reclamação não é a via para discutir isso junto ao STF.

– Pela inconstitucionalidade da cobrança de ISS sobre cessão de direitos. "É totalmente inconstitucional a cobrança, já que cessão de direitos de uso de marcas se trata, em verdade, de locação de bens móveis. O legislador complementar, ao prever o subitem 3.02 da lista de serviços anexa à Lei Complementar n. 116/2003, exorbitou sua tarefa de definir os serviços, aclarar e regular o que estabelecido na Constituição Federal, alterando de forma desmedida as demarcações constitucionais de competência tributária, invadindo ainda, a reserva para a União de instituir impostos sobre fatos não previstos na Constituição Federal, nos termos do art. 154, I" (JÚNIOR, Salvador Cândido Brandão.

Da não incidência do ISS sobre cessão de direito de uso de marcas e de sinais de propaganda. *RDDT* 195/138, 2011).

– Patrocínio, cessão de direitos de imagem e exibição de marcas. "... as atividades de publicidade e propaganda, para fins de tributação do Imposto sobre Serviços, foram desmembradas entre a produção em si da publicidade e da propaganda e a veiculação desse material. No caso do patrocínio, a oneração dar-se-ia a partir da classificação das suas atividades como de veículo de mensagem publicitária, atividade diferente daquela contemplada pela própria publicidade e propaganda, que consistem na efetiva elaboração do material a ser divulgado. ... por não constar em lei complementar a atividade de veiculação de materiais de propaganda e publicidade, pode-se concluir que a atividade desenvolvida pelo patrocinado não deve ser onerada pelo gravame municipal. Aliás, deve-se ressaltar que essa atividade foi objeto de veto presidencial, o que impede a sua inclusão, a partir de interpretação extensiva, em outra modalidade de serviços... [...] essa hipótese não atrai a incidência do Imposto sobre Serviços. Isso por não configurar a cessão do direito de imagem uma prestação de serviço e a veiculação de material publicitário não se encontrar descrita na lista de serviços tributáveis" (GOUVEIA, Carlos Marcelo. Considerações a respeito da não incidência do ISS sobre contratos de patrocínio. *RDDT* 202/49-56, 2012).

– Planos de saúde e seguro-saúde. Sujeição ao ISS. Tema 581 do STF: "As operadoras de planos de saúde realizam prestação de serviço sujeita ao Imposto sobre Serviços de Qualquer Natureza – ISSQN, previsto no art. 156, III, da CRFB/88". Decisão do mérito em 2016.

– "ISSQN. ART. 156, III, CRFB/88. CONCEITO CONSTITUCIONAL DE SERVIÇOS DE QUALQUER NATUREZA. ARTIGOS 109 E 110 DO CTN. AS OPERADORAS DE PLANOS PRIVADOS DE ASSISTÊNCIA À SAÚDE (PLANO DE SAÚDE E SEGURO-SAÚDE) REALIZAM PRESTAÇÃO DE SERVIÇO SUJEITA AO IMPOSTO SOBRE SERVIÇOS DE QUALQUER NATUREZA-ISSQN, PREVISTO NO ART. 156, III, DA CRFB/88. 1. O ISSQN incide nas atividades realizadas pelas Operadoras de Planos Privados de Assistência à Saúde (Plano de Saúde e Seguro-Saúde). [...] 21. ...o conceito de prestação de serviços não tem por premissa a configuração dada pelo Direito Civil, mas relacionado ao oferecimento de uma utilidade para outrem, a partir de um conjunto de atividades materiais ou imateriais, prestadas com habitualidade e intuito de lucro, podendo estar conjugada ou não com a entrega de bens ao tomador. 22. A LC n. 116/2003 imbricada ao *thema decidendum* traz consigo lista anexa que estabelece os serviços tributáveis pelo ISSQN, dentre eles, o objeto da presente ação, que se encontra nos itens 4.22 e 4.23, verbis: "Art. 1º O Imposto Sobre Serviços de Qualquer Natureza, de competência dos Municípios e do Distrito Federal, tem como fato gerador a prestação de serviços constantes da lista anexa, ainda que esses não se constituam como atividade preponderante do prestador. [...] 4.22 – Planos de medicina de grupo ou individual e convênios para prestação de assistência médica, hospitalar, odontológica e congêneres. 4.23 – Outros planos de saúde que se cumpram através de serviços de terceiros contratados, credenciados, cooperados ou apenas pagos pelo operador do plano mediante indicação do beneficiário." 23. A exegese histórica revela que a legislação pretérita (Decreto-Lei n. 406/68) que estabelecia as normas gerais aplicáveis aos impostos sobre operações relativas à circulação de mercadorias e sobre serviços de qualquer natureza já trazia regulamentação sobre o tema, com o escopo de alcançar estas atividades. 24. A LC n. 116/2003 teve por objetivo ampliar o campo de incidência do ISSQN, principalmente no sentido de adaptar a sua anexa lista de serviços à realidade atual, relacionando numerosas atividades que não constavam dos atos legais antecedentes. 25. A base de cálculo do ISSQN incidente tão somente sobre a comissão, vale dizer: a receita auferida sobre a diferença entre o valor recebido pelo contratante e o que é repassado para os terceiros prestadores dos serviços, conforme assentado em sede jurisprudencial. 27. Ex positis, em sede de Repercussão Geral a tese jurídica assentada é: "As operadoras de planos de saúde e de seguro-saúde realizam prestação de serviço sujeita ao Imposto Sobre Serviços de Qualquer Natureza – ISSQN, previsto no art. 156, III, da CRFB/88". 28. Recurso extraordinário DESPROVIDO" (STF, RE 651.703, 2016).

– Internet. Serviço prestado pelos provedores de acesso. No sentido da não incidência de ISS. "A atividade do provedor de Internet consiste em um serviço de valor adicionado, pois aproveita um meio físico de comunicação preexistente a ele acrescentando elementos que agilizam o fenômeno comunicacional. [...] Do mesmo modo que o serviço de acesso à Internet goza de autonomia em relação aos serviços de comunicação ou de telecomunicações, também é autônomo em face dos serviços de informática, de intermediação, dos serviços técnicos em telecomunicação, ou em relação a quaisquer outros serviços constantes da LC 116/2003. Desse modo, não há previsão para a tributação dos serviços de acesso à Internet nem pelo ICMS e nem pelo ISS" (CAMPOS, Carlos Alexandre de Azevedo. ISS e o serviço dos provedores de acesso à internet. *RTFP* 97/135, 2011).

• Vide notas ao art. 155, II da CF acerca da não incidência de ICMS sobre o serviço prestado pelos provedores de acesso à Internet.

– Locação com assistência técnica. Predominância da locação. Não incidência. "IMPOSTO SOBRE SERVIÇO DE QUALQUER NATUREZA – LOCAÇÃO DE BENS MÓVEIS – SÚMULA VINCULANTE 31/STF – CONTRATO DE LOCAÇÃO CONJUGADO COM PRESTAÇÃO DE SERVIÇO DE ASSISTÊNCIA TÉCNICA. 1. Segundo a Súmula Vinculante 31/STJ, 'é inconstitucional a incidência do Imposto sobre Serviços de Qualquer Natureza – ISS sobre operações de locação de bens móveis'. 2. É válida a tributação de ISS sobre os serviços de manutenção e de assistência técnica, em razão de expressa previsão na lista anexa à Lei Complementar 116/2003 (item que 14.02 – 'assistência técnica'). 3. O STF ainda não tratou definitivamente da questão envolvendo a conjugação de locação bem móvel e serviços acessórios, como o prestação de assistência técnica. 4. A existência de prestação de serviço de assistência técnica, em caráter acessório ao contrato de locação de bem móvel, não justifica a incidência do ISS sobre o valor total da operação, sob pena de ofensa à Súmula Vinculante 31/STF" (STJ, REsp 1.194.999, 2010).

– Afretamento de embarcações. Não constitui fato gerador do ISS nem do ICMS.

– "ISS. AFRETAMENTO DE EMBARCAÇÃO. ILEGITIMIDADE DA COBRANÇA. 1. Nos termos do art. 2º da Lei 9.432/97, afretamento a casco nu é o 'contrato em virtude do qual o afretador tem a posse, o uso e o controle da embarcação, por tempo determinado, incluindo o direito de designar o comandante e a tripulação'. Afretamento por tempo é o 'contrato em virtude do qual o afretador recebe a embarcação armada e tripulada, ou parte dela, para operá-la por tempo determinado' e afretamento por viagem é o 'contrato em virtude do qual o fretador se obriga a colocar o todo ou parte de uma embarcação, com tripulação, à disposição do afretador para efetuar transporte em uma ou mais viagens'. 2. No que se refere à primeira espécie – afretamento a caso nu –, na qual se cede apenas o uso da embarcação, a Segunda Turma/STJ, ao apreciar o REsp 792.444/RJ (Rel. Min. Eliana Calmon, *DJ* de 26.9.2007), entendeu que 'para efeitos tributários, os navios devem ser considerados como bens móveis, sob pena de desvirtuarem-se institutos de Direito Privado, o que é expressamente vedado pelo art. 110 do CTN'. E levando em consideração a orientação do STF no sentido de que é inconstitucional a incidência do ISS sobre a locação de bens móveis (RE 116.121/SP, Tribunal Pleno, Rel. Min. Octavio Gallotti, Rel. p/ acórdão Min. Marco Aurélio, *DJ* de 25.5.2001), concluiu no sentido de que é ilegítima a incidência do ISS em relação ao afretamento a casco nu. De fato, no contrato em comento há mera locação da embarcação sem prestação de serviço, o que não constitui fato gerador do ISS. 3. No que tange às demais espécies, consignou-se no precedente citado que: 'Os contratos de afretamento por tempo ou por viagem são complexos porque, além da locação da embarcação, com a transferência do bem, há a prestação de uma diversidade de serviços, dentre os quais se inclui a cessão de mão de obra', de modo que 'não podem ser desmembrados para efeitos fiscais (Precedentes desta Corte) e não são passíveis de tributação pelo ISS porquanto a específica atividade de afretamento não consta da lista anexa ao DL 406/68'. Assim, pode-se afirmar que em tais espécies contratuais (afretamento por tempo e afretamento por viagem) há um misto de locação de bem móvel e prestação de serviço. Contudo, como bem observado no precedente citado, a jurisprudência desta Corte – em hipóteses em que se discutia a incidência do ISS sobre os contratos de franquia, no período anterior à vigência da LC 116/2003 – firmou-se no sentido de que não é possível o desmembramento de contratos complexos para efeitos fiscais (REsp 222.246/MG, 1ª Turma, Rel. Min. José Delgado, *DJ* de 4.9.2000; REsp 189.225/RJ, 2ª Turma, Rel. Min. Francisco Peçanha Martins, *DJ* de 4.9.2001). 4. Por tais razões, mostra-se ilegítima a incidência do ISS sobre o contrato de afretamento de embarcação, em relação às três espécies examinadas" (REsp 1.054.144, 2009).

– "É indiscutível a consistência das teses que afirmam a não incidência do Imposto sobre Serviços de Qualquer Natureza sobre o afretamento de embarcações. O navio realmente é um bem móvel e a locação de bens móveis não pode ser considerada serviço. Por outro lado, mesmo nas modalidades de afretamento nas quais estão incluídos alguns serviços, é evidente a impossibi-

lidade de desmembramento destes, até porque seria impraticável a determinação do valor do imposto, visto como no contrato de afretamento não se faz a separação que seria necessária para se identificar a base de cálculo do imposto. E ainda porque em tais contratos é inegável a predominância da locação do bem móvel, que não cabe de nenhum modo no conceito de serviço" (MACHADO, Hugo de Brito. Não incidência do ISS no afretamento de embarcações. *RDDT* 173/85, 2010).

– "CONTRATOS DE AFRETAMENTO DE EMBARCAÇÃO. ICMS. NÃO INCIDÊNCIA...1. Não incide o ICMS nos contratos de afretamento de embarcação, por não se enquadrarem na hipótese prevista do art. 2º, II, da LC n. 87/96" (STJ, AgRg no REsp 1.091.416, 2013).

– **Locação de vagas em estacionamento.** "Nas locações de vagas para estacionamento de veículos, especialmente no âmbito de centros comerciais ou shopping centers, o condutor do veículo, ao adentrar na garagem do estabelecimento, loca, temporariamente, um espaço comercial em que deixará estacionado o seu automóvel. A locadora, proprietária dos imóveis, cede, portanto, o uso e o gozo desse espaço... Adjeto à obrigação principal da locadora, de ceder o uso e o gozo do espaço para estacionamento, há o dever de guarda do local, que deflui, diretamente, do entendimento jurisprudencial consagrado na Súmula 130 do STJ. Porém, a guarda não é, nem pode ser, a obrigação principal da avença. [...] as atividades de locação de vagas para estacionamento de veículos não estão sujeitas à tributação pelo ISS. A não incidência não decorre de eventual inconstitucionalidade do item 11.01..., mas de adequada interpretação desse dispositivo, em face da distinção entre contratos de locação e de depósito..." (EICHENBERG, Edmundo Cavalcanti. Da não incidência de ISS sobre locação de vagas... *RDDT* 166/36, 2009).

– **Arrendamento mercantil. *Leasing*.** O *leasing*, bem como o agenciamento de *leasing*, está previsto nas posições 15.09 e 10.04 da lista de serviços anexa à LC n. 116/2003.

– **Tema 125 do STF:** "É constitucional a incidência do Imposto sobre Serviços de Qualquer Natureza – ISS sobre as operações de arrendamento mercantil (*leasing* financeiro)". Decisão de mérito em 2009.

– "DIREITO TRIBUTÁRIO. ISS. ARRENDAMENTO MERCANTIL. OPERAÇÃO DE *LEASING* FINANCEIRO. ART. 156, III, DA CONSTITUIÇÃO DO BRASIL. O arrendamento mercantil compreende três modalidades, [i] o leasing operacional, [ii] o *leasing* financeiro e [iii] o chamado *lease back*. No primeiro caso há locação, nos outros dois, serviço [...] No arrendamento mercantil (*leasing* financeiro), contrato autônomo que não é misto, o núcleo é o financiamento, não uma prestação de dar. E financiamento é serviço, sobre o qual o ISS pode incidir, resultando irrelevante a existência de uma compra nas hipóteses do *leasing* financeiro e do *lease back*" (STF, RE 547.245, 2009).

– **Súmula 138 do STJ:** "O ISS incide na operação de arrendamento mercantil de coisas móveis".

– **Súmula 293 do STJ:** "A cobrança antecipada do valor residual garantido (VRG) não descaracteriza o contrato de arrendamento mercantil". Restou cancelada a anterior Súmula 263 do STJ,

que assim dispunha: "A cobrança antecipada do valor residual (VRG) descaracteriza o contrato de arrendamento mercantil, transformando-o em compra e venda a prestação". Vide o REsp 443.143/GO e o REsp 470.632/SP.

– **LC n. 87/96 (ICMS):** "Art. 3º O imposto não incide sobre:... VIII – operações de arrendamento mercantil, não compreendida a venda do bem arrendado ao arrendatário".

– **LC n. 116/2003:** Lista de Serviços anexa: "15.09 – Arrendamento mercantil (*leasing*) de quaisquer bens, inclusive cessão de direitos e obrigações, substituição de garantia, alteração, cancelamento e registro de contrato, e demais serviços relacionados ao arrendamento mercantil (*leasing*)".

– "[...] de 1º.1.1987 até 31.7.2003 (LC n. 56/1987) só os bens móveis arrendados sofriam a tributação municipal; com a LC n. 116/2003, os *leasings* imobiliários também foram contemplados em prol dos Municípios" (MANGIERI, Francisco Ramos; MELO, Omar Augusto Leite. *ISS sobre o leasing*. Ed. Tributo Municipal, 2011, p. 24).

– "O STF decidiu em seção plenária realizada em 02/12/2009, e como repercussão geral, nos Recursos Extraordinários ns. 547.245-SC e 592.905-SC, que o arrendamento mercantil compreende três modalidades: (I) o *leasing* operacional; (II) o *leasing* financeiro e (III) o chamado *lease-back*. No primeiro caso há locação, nos outros dois serviços..." (MARTINS, Ives Gandra da Silva; RODRIGUES, Marilene Talarico Martins. Aspectos relevantes do ISS. *RDDT* 182/158, 2010).

– "... insustentável a tese que nega a incidência do ISS sobre operação de arrendamento mercantil... É que o arrendamento mercantil não se compõe apenas de locação (que é um dos contratos típicos) mas também de outros negócios, constituindo um contrato complexo mas unitário, caracterizando um financiamento" (MACHADO, Brandão. ISS e o arrendamento mercantil. *RDDT* 141/46, 2007).

– "... os municípios têm competência privativa para instituir o Imposto sobre Serviços de Qualquer Natureza incidente no tocante às operações de *leasing*: a) a lista de serviços anexa ao Decreto-lei n. 406/68 (alterado pela LC n. 56/87, que proporcionou nova redação ao item 52, substituído pelo item 79) aponta o *leasing* como fato gerador do ISSQN, pondo fim à controvérsia em relação ao questionamento de sua taxatividade; b) o *leasing* constitui negócio jurídico complexo, uma vez que compreende obrigações de dar e de fazer; c) o *leasing* propicia uma utilidade material à pessoa física ou jurídica que o contrata; d) o *leasing* instaura-se como relação de consumo e, por esta razão, submete-se às normas do Código de Defesa do Consumidor, inclusive ao § 2º do artigo 3º daquele diploma, que define serviço como toda atividade remunerada fornecida no mercado de consumo, abrangidas as de natureza financeira, bancária e securitária; e) não incide ICMS sobre operações de *leasing* nem mesmo por ocasião do exercício da opção de compra, dada a falta de competência tributária dos Estados e do Distrito Federal, em se tratando aquele de serviço constituinte de fato gerador do ISSQN;" (PRADE, Péricles. Competência tributária privativa do Município para instituir o ISSQN nas operações de *leasing*: aspectos revisitados e novos. *RDDT* 96/76, 2003).

– Sobre o aspecto espacial do ISS nas operações de *leasing*, vide o REsp 1.060.210 em nota anterior.

– ***Leasing* internacional.** "... defendemos a tributação do ISS sobre o arrendamento mercantil financeiro, mesmo nas importações, não se aplicando mais o que fora decidido pelo STF no RE n. 206.069. Agora, com relação à importação, via *leasing* financeiro, de aeronaves, peças e equipamentos de aeronaves, o assunto está muito mais 'tranquilo' em prol dos Municípios, eis que o STF, no RE n. 461.968, já havia afastado o ICMS sobre tais operações" (MANGIERI, Francisco Ramos; MELO, Omar Augusto Leite. *ISS sobre o leasing*. Tributo Municipal, 2011, p. 68).

• Vide: FERRAZ, Roberto; BOARETO, Luiz Alfredo; SOUZA NETO, Nelson. ISS sobre leasing... *RDDT* 163/73, 2009.

– **No sentido, superado, de que não configura fato gerador:** MACHADO, Hugo de Brito. O ISS e o arrendamento mercantil. *RDDT* 185/63, 2011; HARADA, Kiyoshi. Imposto sobre serviços e o *leasing* de veículos. *Rep. IOB de Jur.*, Verbete 1/12829; ÁVILA, Humberto. Imposto sobre a Prestação de Serviços de Qualquer Natureza. ISS. Normas constitucionais aplicáveis. Precedentes do Supremo Tribunal Federal. Hipótese de incidência, base de cálculo e local da prestação. *Leasing* financeiro: análise da incidência. *RDDT* 122/120, 2005. Excertos desses artigos constaram na 18ª edição desta obra.

– **Licenciamento ou cessão de direito de uso de programas de computação personalizados. Tema 590:** "É constitucional a incidência do ISS no licenciamento ou na cessão de direito de uso de programas de computação desenvolvidos para clientes de forma personalizada, nos termos do subitem 1.05 da lista anexa à LC n. 116/03". Decisão do mérito em 2021.

– "ISS. Licenciamento ou cessão de direito de uso de programas de computação desenvolvidos para clientes de forma personalizada. Subitem 1.05 da lista anexa à LC n. 116/03. Constitucionalidade... 1. Recentemente, o Tribunal Pleno, no julgamento das ADI ns. 1.945/MT e 5.659/MG, consignou que a tradicional distinção entre *software* de prateleira (padronizado) e por encomenda (personalizado) não é mais suficiente para a definição da competência para a tributação dos negócios jurídicos que envolvam programas de computador em suas diversas modalidades. 2. Na mesma oportunidade, a Corte aduziu que o legislador complementar, adotando critério objetivo, buscou dirimir conflitos de competências em matéria tributária envolvendo *softwares*, estabelecendo, no subitem 1.05 da lista anexa à LC n. 116/03, que estão sujeitos ao ISS o licenciamento e a cessão de direito de uso de programas de computação. Pontuou-se, ademais, que, conforme a Lei n. 9.609/98, o uso de programa de computador no País é objeto de contrato de licença. 3. Ainda naquela ocasião, o Tribunal consignou que, associado a isso, não se pode desconsiderar o fato de que é imprescindível a existência de esforço humano direcionado para a construção de programas de computação, sejam eles de qualquer tipo, configurando-se obrigação de fazer, a qual também se encontra presente nos demais serviços prestados ao usuário, como no *help desk*, nas atualizações etc. Outrossim, asseverou o Tribunal haver prestação de serviço no modelo denominado *Software-as-a-Service* (SaaS). 4. Aplica-se ao presente caso a orientação firmada no julgamento das citadas ações diretas. 5. Foi fixada a seguinte tese para o Tema n. 590 de repercussão geral: '[é] constitucional a incidência do ISS no licenciamento ou na cessão de direito de uso de programas de computação desenvolvidos para clientes de forma personalizada, nos termos do subitem 1.05 da lista anexa à LC n. 116/03'. 6. Recurso extraordinário não provido. 7. Os efeitos da decisão foram modulados nos termos da ata do julgamento" (STF, RE 688.223, 2021). Eis a modulação, conforme o acórdão: "atribuir eficácia *ex nunc*, a contar de 3/3/21, data na qual foi publicada a ata de julgamento das ADI ns. 1.945/MT e 5.659/MG, para: a) impossibilitar a repetição de indébito do ICMS incidente sobre operações com *softwares* em favor de quem recolheu esse imposto até 2/3/21, vedando, nesse caso, que os municípios cobrem o ISS em relação aos mesmos fatos geradores; b) impedir que os estados cobrem o ICMS em relação aos fatos geradores ocorridos até 2/3/21. Determinou-se, ainda, que ficam ressalvadas (i) as ações judiciais em curso em 2/3/21, inclusive as de repetição de indébito e as execuções fiscais em que se discutam a incidência do ICMS, e (ii) as hipóteses de comprovada bitributação relativas a fatos geradores ocorridos até 2/3/21, casos em que o contribuinte terá direito à repetição do indébito do ICMS, respeitado o prazo prescricional, independentemente da propositura de ação judicial até aquela data; e que, no caso de não recolhimento do ICMS ou do ISS, incide o ISS em relação aos fatos geradores ocorridos até 2/3/21".

– **Cessão de uso de programa de computador. Licenciamento de software.** "Apesar da inclusão de programas de computador como serviço pela Lei Complementar n. 116/2003 em seu item 1.05, insta abordar que a elaboração de programas de computadores, inclusive jogos eletrônicos, conforme mencionado no item 1.04 da mesma lei, pode ser enquadrada perfeitamente no conceito de prestação de serviços, desde que o objeto da tributação não seja o produto desenvolvido, e sim o serviços de desenvolvimento prestado, que pode ser desempenhado tanto por pessoas físicas quanto por pessoas jurídicas. ... o item 1.05... é inconstitucional, não devendo incidir a tributação de ISS sobre a comercialização de softwares e tão menos sob suas licenças de utilização, em razão da inaplicabilidade do conceito de serviço *in casu*" (SOARES, Monique da Silva. Comércio eletrônico e tributação. *RET* 111/14, 2016).

– "... a lei complementar não pode tentar fazer incidir ISS sobre o que não seja obrigação de fazer... Desse modo, os municípios podem cobrar ISS sobre tudo o que seja obrigação de fazer, mas nunca sobre licenciamento ou cessão de direito de uso de programa de computador, ou meramente bem móvel" (REIS, Emerson Vieira. Não incidência do ISS sobre licenciamento ou cessão de direito de uso de programas de computador. *RDDT* 160/25, 2009).

– "... como a natureza jurídica do licenciamento de software é a de locação de bens móveis (..) e como locação de bens móveis (obrigação de dar) não é serviço (obrigação de fazer) segundo a citada jurisprudência do STF, logo, o licenciamento de software não é serviço, até porque a toda evidência não envolve nenhuma obrigação de fazer, apenas de dar uma cópia do programa, transmitida seja por CD-ROM's, seja via Internet" (YAMASHITA,

Douglas. Licenciamento de software no Brasil: novas tendências tributárias. *RDDT* 141/62, 2007).

- Vide: MACEDO, José Alberto Oliveira. Licenciamento de software e Software as a Service (SaaS). A impossibilidade do avanço do conceito constitucional de mercadoria como bem imaterial e suas implicações na incidência do ISS, do ICMS e dos Tributos Federais. In: PISCITELLI, Tathiane (Coord.). *Tributação de bens digitais*: a disputa tributária entre estados e municípios. Notas sobre o Convênio ICMS 106/2017 e outras normas relevantes. FGV-SP. São Paulo: Ed. InHouse, 2018, p. 67-137.

– Cessão de uso de dados ou de direitos autorais. Não configura serviço. "IMPOSTO SOBRE SERVIÇOS DE QUALQUER NATUREZA – ISSQN. CESSÃO DE DIREITO AUTORAL. NÃO INCIDÊNCIA. AUSÊNCIA DE PREVISÃO LEGAL... 1. 'O exame de qualquer texto de lei complementar em matéria tributária há de ser efetuado de acordo com as regras constitucionais de competência. É o que ocorre com o Decreto-lei n. 406/68 (com a redação dada pela Lei Complementar n. 56/87) e com a Lei Complementar n. 116/2003, do mesmo modo, com as legislações municipais, cujos termos só podem ser compreendidos se considerada a totalidade sistêmica de ordenamento, respeitando-se os limites impostos pela Constituição à disciplina do ISS' (Paulo de Barros Carvalho. Direito tributário, linguagem e método. São Paulo: Noeses, 2008, p. 682/683). 2. O Imposto sobre Serviços de Qualquer Natureza – ISSQN não incide sobre a cessão de direito autoral, porquanto não se trata de hipótese contemplada na lista anexa à Lei Complementar 116/03. 3. A interpretação extensiva é admitida pela jurisprudência quando a lei complementar preconiza a hipótese de incidência do ISS sobre serviços congêneres, correlatos, àqueles expressamente previstos na lista anexa, independentemente da denominação dada pelo contribuinte. Se o serviço prestado, não se encontra ali contemplado, não constitui fato gerador do tributo e, por conseguinte, não há falar em interpretação extensiva. É natureza do serviço prestado que determina a incidência do tributo. 4. O direito de uso, em sua acepção ampla, tem sua disciplina no Código Civil, regime jurídico absolutamente distinto. Não se confunde com o direito autoral, regulado por lei específica, qual seja, a Lei 9.610/98. Inexiste correlação entre ambos. Nesse contexto, não há falar que a cessão de direito autoral é congênere à de direito de uso, hábil a constituir fato gerador do Imposto sobre Serviços de Qualquer Natureza – ISSQN. 5. A tentativa de aproximar a cessão de direitos autorais da locação de bem móvel, a fim de viabilizar a tributação, além de incabível pelas mesmas razões expostas em relação ao direito de uso, é absolutamente despropositada, tendo em vista a não incidência do ISSQN na hipótese, nos termos do enunciado da Súmula Vinculante 31/STF, que dispõe: 'É inconstitucional a incidência do Imposto sobre Serviços de Qualquer Natureza – ISS sobre operações de locação de bens móveis'" (STJ, REsp 1.183.210, 2013).

– "A aquisição de dados representa a verdadeira aquisição de direitos sobre as pesquisas e investigações e quem os detém – como os direitos autorais – não pode vende-los mas apenas ceder seu uso. Ora, a cessão de uso de dados não corresponde a qualquer prestação de serviços, mas exclusivamente à concessão de permissão de utilização daquele bem – pertencente ao que cede – a terceiros, ao ponto de continuar no ativo, embora realizável a longo prazo... Ora, sobre tal tipo de cessão de uso, locação, arrendamento ou instituto jurídico semelhante, já se posicionou o Supremo Tribunal Federal que não há serviço, mas apenas entrega de um bem imaterial, e esta hipótese – não prevista na Constituição Federal – não poderia ser incorporada, por analogia, na materialidade do tributo municipal – ISS" (MARTINS, Ives Gandra da Silva. Empresa de aquisição de dados sísmicos, que cede seu uso para terceiros – não sujeição ao ISS – aspectos constitucionais e de lei complementar. *RDDT* 121/107, 2005).

– Construção Civil. Empreitada global e fornecimento de materiais pelo empreiteiro. ISS x ICMS. "A empreitada global de construção civil enquadra-se no item 7.02 da Lista de Serviço anexa à LC 116/2003, que prevê: 7.02 – *Execução, por administração, empreitada ou subempreitada, de obras de construção civil, hidráulica ou elétrica e de outras obras semelhantes [...]* (exceto o fornecimento de mercadorias produzidas pelo prestador de serviços fora do local da prestação dos serviços, que fica sujeita ao ICMS). [...] A empreitada global de construção civil corresponde ao contrato em que o empreiteiro assume perante o comitente a obrigação de executar obra [...] fornecendo a mão de obra e os materiais necessários, mediante contraprestação. [...] o objetivo almejado é a obra de construção civil concluída. Trata-se de uma obrigação de resultado, em que os serviços prestados e os materiais utilizados são apenas um meio para a consecução deste resultado. [...] A norma contida na parte final do item 7.02 da Lista de Serviços anexa à LC 116/2003 deve ser interpretada como excluindo da incidência do ISSQN e submetendo à incidência do ICMS apenas aquele *fornecimento de mercadorias produzidas pelo prestador de serviços fora do local da prestação dos serviços* que possa ser caracterizado como uma operação de circulação de mercadorias nos termos do inc. II do art. 155 da CF/1988. O fornecimento de materiais [...] para utilização em sua execução, aí incluídos os componentes pré-fabricados, não constitui operação de circulação de mercadorias, na medida e que: (a) os materiais produzidos [...] não constituem mercadorias, pois não são destinados à mercancia; (b) no fornecimento de materiais fabricados pelo empreiteiro fora do local da obra para utilização em sua execução não há transferência da propriedade dos materiais individualmente considerados, mas apenas circulação física dos materiais do estabelecimento do empreiteiro até o local da obra. Em consequência, no âmbito da empreitada global de construção civil, o fornecimento de materiais produzidos pelo empreiteiro fora do local da obra para utilização em sua execução [...] não está sujeita à incidência do ICMS" (LUMMERTZ, Henry Gonçalves. A não incidência do ICMS no fornecimento de materiais fabricados pelo empreiteiro fora do local da obra. *RTFP* 96/183, 2011).

– "TRIBUTÁRIO. CONSTRUÇÃO CIVIL. MONTAGEM E TRANSPORTE DE PRÉ-MOLDADOS. CONTRATO DE EMPREITADA GLOBAL. NÃO INCIDÊNCIA DE ICMS. I – 'Prevalece nesta Corte entendimento no sentido de que, na construção civil, sob o regime de empreitada global, na utilização de peças pré-moldadas fabricadas pela empresa construtora, para serem montadas em edificação específica, sem comercializá-las individualmente, inexiste base de cálculo para incidência do

ICMS' (REsp 884.501/SP, Rel. Min. Eliana Calmon, *DJe* de 18/09/2008). II – Agravo regimental improvido" (STJ, AgRg no RMS 28.035, 2009).

– **Construção Civil. Subempreitada.** *Bis in idem.* "... os valores correspondentes a subempreitada não devem compor o preço do serviço por razão muito simples: a base de cálculo do ISS deve ser o preço do serviço executado pelo prestador. Assim sendo, o empreiteiro deverá pagar o ISS sobre o valor do serviço por ele efetivamente prestado; e o subempreiteiro, por sua vez, deverá pagar o imposto sobre o valor da subempreitada. Além disso, a incidência do imposto sobre o valor total da empreitada implicará *bis in idem*, já que a subempreitada também sofre tributação. ... a Lei Complementar n. 116/2003 não contemplou expressamente a possibilidade de dedução do valor da subempreitada da base de cálculo do ISS nos serviços de construção civil, limitando-se tão somente à possibilidade de se deduzir da base de cálculo do ISS o valor dos materiais fornecidos pelo prestador dos serviços e construção civil, desde que tenham sido produzidos fora do local da obra. [...] Em construção civil, o que se contrata é a execução da obra pelos melhores meios técnicos à disposição em dado momento. Não há questionamento em quantas etapas serão prestados os serviços. A obra é considerada como um todo em si mesmo, sendo, portanto, indivisível" (PEREIRA, Cláudio Augusto Gonçalves. O ISS e sua base de cálculo nos serviços de construção civil: não inclusão do valor das subempreitadas e dos valores dos materiais fornecidos pelo prestador dos serviços. *RET* 84/83-93, 2012).

– **Franquia.** O STF discute, com repercussão geral, no RE 603.136, rel. Min. Gilmar Mendes, "à luz do art. 156, III, da Constituição Federal, a constitucionalidade, ou não, da incidência do Imposto sobre Serviços de Qualquer Natureza – ISS sobre os contratos de franquia" (Tema 300).

– **Tema 300 do STF:** "É constitucional a incidência de Imposto sobre Serviços de Qualquer Natureza (ISS) sobre contratos de franquia (*franchising*) (itens 10.04 e 17.08 da lista de serviços prevista no Anexo da Lei Complementar 116/2003)". Decisão de mérito em 2020.

– "Tema 300. 2. Tributário. Imposto Sobre Serviços de Qualquer Natureza. 3. Incidência sobre contrato de franquia. Possibilidade. Natureza híbrida do contrato de franquia. Reafirmação de jurisprudência" (STF, RE 603.136, 2020).

– "ISSQN INCIDENTE SOBRE CONTRATOS DE FRANQUIA. INCIDÊNCIA PREVISTA PELA LC N. 116/03. PRECEDENTES. 1. Cuida-se de embargos de declaração recebidos como agravo regimental, em obediência aos Princípios da Economia Processual e da Fungibilidade. EDcl no AgRg no REsp 1.208.878/SP, Rel. Min. Mauro Campbell Marques, Segunda Turma, *DJe* 30.5.2011. 2. Com a edição da LC n. 116/2003, que entrou em vigor a partir de 1º.1.2004, a atividade de franquia passou a ser expressamente prevista no item 17.08 da lista de serviços anexa, ficando, portanto, passível de tributação. Desde então esta Corte tem entendido que incide o ISS sobre os contratos de franquia, por expressa previsão legal. Agravo regimental improvido" (STJ, EDcl no AREsp 124.423, 2012).

– **Contra.** "ISS. FRANQUIA (*FRANCHISING*). NATUREZA JURÍDICA HÍBRIDA (PLEXO INDISSOCIÁVEL DE OBRIGAÇÕES DE DAR, DE FAZER E DE NÃO FAZER). PRESTAÇÃO DE SERVIÇO. CONCEITO PRESSUPOSTO PELA CONSTITUIÇÃO FEDERAL DE 1988. AMPLIAÇÃO DO CONCEITO QUE EXTRAVASA O ÂMBITO DA VIOLAÇÃO DA LEGISLAÇÃO INFRACONSTITUCIONAL PARA INFIRMAR A PRÓPRIA COMPETÊNCIA TRIBUTÁRIA CONSTITUCIONAL... 6. O conceito pressuposto pela Constituição Federal de serviço e de obrigação de fazer corresponde aquele emprestado pela teoria geral do direito, segundo o qual o objeto da prestação é uma conduta do obrigado, cujo antecedente necessário é o repasse a outrem de um bem preexistente, a qualquer título, consoante a homogeneidade da doutrina nacional e alienígena, quer de Direito Privado, quer de Direito Público. [...] 12. A mera inserção da operação de franquia no rol de serviços constantes da lista anexa à Lei Complementar 116/2003 não possui o condão de transmudar a natureza jurídica complexa do instituto, composto por um plexo indissociável de obrigações de dar, de fazer e de não fazer. 13. Destarte, revela-se inarredável que a operação de franquia não constitui prestação de serviço (obrigação de fazer), escapando, portanto, da esfera da tributação do ISS pelos municípios. 14. A afirmação de constitucionalidade da inserção da franquia como serviço e a proposição recursal no sentido de que aquela incide em inequívoca inconstitucionalidade do Subitem 17.08, da relação anexa à Lei Complementar 116/2003, conjura a incompetência imediata do STJ para a análise de recurso que contenha essa antinomia como essência em face da repartição constitucional que fixa os lindes entre esta E. Corte e a Corte Suprema" (STJ, REsp 885.530, 2008).

– "Parece não haver dúvidas de que as obrigações decorrentes de um contrato de franquia vão muito além da 'conduta humana consistente em desenvolver um esforço em favor de terceiro, visando a adimplir uma obrigação de fazer'. Ainda que sejam inerentes à franquia determinados esforços humanos, tais como a prestação de consultorias eventuais e a concessão de treinamentos, esses não são os objetivos principais visados pelas partes. A utilização da marca e *know how* do franqueador pelo franqueado se sobressaem sobre aquelas atividades. Tanto que a primeira característica constante do conceito legal do contrato de franquia é apresentada da seguinte forma 'é o sistema pelo qual um franqueador cede ao franqueado o direito de uso de marca ou patente' (art. 2º da Lei n. 8.955/1994). A complexidade do contrato de *franchising* é inconteste, não sendo possível ao legislador se ater a certas atividades a ele inerentes (de importância muitas vezes secundária) para justificar a incidência do ISS, sob pena de desconfiguração do conceito de serviço e da própria natureza da franquia" (CARDOSO, Alessandro Mendes; COSTA, Rafael Santiago. ISS e contrato de franquia: uma questão ainda controversa e pendente de definição pelo STF. *RDDT* 195/7, 2011).

– "... as alterações introduzidas pela Lei Complementar n. 116/2003 não viabilizam a exigência do ISS sobre as prestações decorrentes dos contratos de franquia. A franquia não é serviço, assim como não o é a cessão de direitos. Quanto às prestações que a ela estejam ligadas, ficam excluídas da tributação por se tratar de atividades-meio, instrumentos que possibilitam o franqueamento e dele são inseparáveis. O contrato de franquia tem por objeto a cessão do direito de uso de marca ou produto, acompanhada, geralmente, de prestações necessárias à implantação, desenvolvimento e manutenção do empreendimento franqueado. Caracteriza-se como um contrato 'complexo', exatamente por constituir-se de direito e obrigações diversificados, indissociáveis entre si. Não configura, portanto, 'serviço': (i) além de não se apresentar como obrigação de 'fazer', visto que na cessão de direito inexiste esforço humano voltado à construção de utilidade material ou imaterial, (ii) inadmissível qualquer tentativa de isolamento das diversas prestações decorrentes do contrato de franquia, pois os deveres que o integram são interligados e dependentes uns dos outros, não comportando desmembramento. A atividade-meio não é fato autônomo, independente da operação jurídica praticada. Ao contrário, apresenta-se incluída naquela, que a abrange como pressuposto à sua concretização" (CARVALHO, Paulo de Barros. Não incidência do ISS sobre atividades de franquia (*franchising*). *RET* 49, 2006).

– "A franquia é um contrato complexo nessa acepção. É inviável nela divisar a conjugação de uma pluralidade de contratos autônomos (senão em acepção que será adiante apontada), que se somam por justaposição. Não se trata da cumulação de contrato de cessão de marca com contrato de transferência de tecnologia e outros contratos, cada um com individualidade própria. Há um plexo de deveres impostos a ambas as partes, onde a transferência de tecnologia é indissociável da cessão do uso de marca e dos demais pactos. Esses deveres não são unilaterais, muito pelo contrário. Incumbe a ambas as partes a execução de inúmeras obrigações de fazer. Isso torna inviável a dissociação de obrigações de fazer, para fins de identificação de 'prestação de serviço'. É impossível, aliás, definir quem presta serviço a quem, no âmbito do contrato de franquia, tal como é inviável apontar remuneração correspondente à prática de um dever específico. ... Por decorrência e relativamente ao conjunto de atividades desenvolvidas pelas partes, em cumprimento aos plexos de deveres de fazer e de não fazer, previstos no contrato de franquia, não se caracteriza prestação de serviços. Nem o franqueado presta serviços ao franqueador, nem vice-versa" (JUSTEN FILHO, Marçal. ISS e as atividades de *franchising*. *RDT* 64/242).

• Vide: MACEDO, José Alberto Oliveira. O conceito de serviço como bem imaterial incorporado pelo direito privado e a jurisprudência do STF, com o julgado RE-RG 603.136 RJ (Franquia), de 2020. In: MATA, Juselder Cordeiro da (Coord.). *Tributação na sociedade moderna*. 2. ed. Arraes Editores, 2020, vol. 2, p. 291-323.

– **Provedor de acesso à internet. Não incidência de ISS.** "ISS. PROVEDOR DE ACESSO À INTERNET. SERVIÇO DE VALOR ADICIONADO. NÃO INCIDÊNCIA. 1. A jurisprudência pacífica desta Corte é no sentido de que não incide o ICMS sobre o serviço prestado pelos provedores de acesso à internet, uma vez que a atividade desenvolvida por eles constitui mero serviço de valor adicionado (art. 61 da Lei n. 9.472/97), consoante teor da Súmula 334/STJ. 2. O ISS incide sobre a prestação serviços de qualquer natureza, não compreendidos aqueles

que cabem o ICMS (art. 156, inciso III, da Constituição Federal). 3. Não havendo expressa disposição acerca do serviço de valor adicionado na lista anexa ao Decreto-Lei 406/68, nem qualquer identidade entre esse serviço e outro congênere nela expressamente previsto, não ocorre a incidência do ISS. 4. Recurso especial não provido" (STJ, REsp 719.635, 2009). Vide nota ao art. 155, II, da CF.

– Inserção de propaganda ou publicidade em qualquer meio. "ISS. Subitem n. 17.25 da Lista anexa à LC n. 116/03, incluído pela LC n. 157/16. Inserção de textos, desenhos e outros materiais de propaganda e publicidade em qualquer meio, exceto em livros, jornais, periódicos e nas modalidades de serviços de radiodifusão sonora e de sons e imagens de recepção livre e gratuita. Constitucionalidade. 1. Cabe a lei complementar dispor sobre conflito de competências entre os entes federados em matéria tributária, o que abrange controvérsias entre estados e municípios a respeito das incidências do ICMS e do ISS. Essa atribuição também é cumprida pela lei complementar a que se refere o art. 156, inciso III, o qual dispõe caber à referida espécie normativa definir serviços de qualquer natureza para fins de incidência do imposto municipal. 2. O legislador complementar, atento a esse papel, estipulou estar abrangida pelo ISS, e não pelo ICMS-comunicação, a prestação do serviço de inserção de textos, desenhos e outros materiais de propaganda e publicidade em qualquer meio, exceto em livros, jornais, periódicos e nas modalidades de serviços de radiodifusão sonora e de sons e imagens de recepção livre e gratuita. Observância de critério objetivo que prestigia o papel da lei complementar. Precedentes. 3. O ato de inserir material de propaganda ou de publicidade em espaço contratado não se confunde com o de veicular ou de divulgar conteúdos por meio de comunicação social. 4. Foi fixada a seguinte tese de julgamento: 'É constitucional o subitem 17.25 da lista anexa à LC n. 116/03, incluído pela LC n. 157/16, no que propicia a incidência do ISS, afastando a do ICMS, sobre a prestação de serviço de 'inserção de textos, desenhos e outros materiais de propaganda e publicidade, em qualquer meio (exceto em livros, jornais, periódicos e nas modalidades de serviços de radiodifusão sonora e de sons e imagens de recepção livre e gratuita)'.' 5. Ação direta de inconstitucionalidade julgada improcedente" (STF, ADI 6.034, 2022).

– **Intermediação entre agências de propaganda e veículos de divulgação.** "ISS. PRESTAÇÃO DE SERVIÇO DE INTERMEDIAÇÃO ENTRE AGÊNCIAS DE PROPAGANDA OU DE PUBLICIDADE... 1. Segundo o Tribunal de origem, a agravante presta serviços de intermediação entre as agências de propaganda ou de publicidade – que as elaboram ou criam – e os proprietários dos veículos de divulgação, a fim de que nos vidros traseiros dos ônibus urbanos sejam afixados painéis ou adesivos, denominados *busdoors*. A prestação desse serviço de agenciamento constitui fato gerador do ISS, porquanto expressamente constante do Item 10.08 da Lista Anexa à Lei Complementar 118/03" (STJ, AgRg no AREsp 271.717, 2013).

• Vide: ANDRADE, Paulo Roberto. Veiculação de publicidade: ISS, ICMS ou nada? *RDDT* 234/84, 2015.

– **Incorporação imobiliárias.** "ISS. HIPÓTESE DE NÃO INCIDÊNCIA. INCORPORADOR QUE, POR CONTA

PRÓPRIA, CONSTRÓI EM SEU PRÓPRIO TERRENO. 1. Não há prestação de serviços a terceiros quando o incorporador, por conta própria, constrói em terrenos de sua propriedade. 2. Inexistência de contrato de empreitada com terceiros. 3. A venda de imóvel pelo incorporador não é, por si só, fato gerador de ISS" (STJ, REsp 1.012.552, 2008).

– "As incorporações imobiliárias, regidas por legislação própria (Lei 4.591/64), dividem-se em três espécies: incorporação por empreitada (art. 55), incorporação por administração (art. 58) e incorporação por contratação direta (art. 48). As incorporações por contratação direta caracterizam-se pelo fato de serem realizadas em terreno do próprio incorporador, que promove a construção das unidades imobiliárias ao final vendidas aos respectivos adquirentes, prontas ou não ('vendas na planta'). A incorporação por contratação direta não se coaduna ao conceito constitucional de serviço, indispensável à incidência do ISSQN, pois a obrigação de fazer que compõe tal negócio é simples meio para alcançar a real finalidade do contrato, qual seja, a venda das unidades imobiliárias. Eventuais vendas de unidades inacabadas ('vendas na planta') não transmudam a natureza do fato jurídico' incorporação por contratação direta' para simples empreitada, nem permitem seja tal fato seccionado para dele extrair uma promessa de compra e venda e uma empreitada, o que reforça a impossibilidade de que sobre ele venha a recair o ISSQN com pretenso arrimo no item 32 da lista anexa ao DL 406/68 e/ou no item 7.02 da lista anexa à LC 116/03" (MASINA, Gustavo. Incorporação por contratação direta... *RDDT* 165/73, 2009).

• Vide, também, o artigo Imposto Sobre Serviços de Qualquer Natureza sobre incorporação de imóveis, dos advogados Cesar Arlei Paludo e Daimar Paulo Somm, em *Revista de Estudos Tributários* 2/53/63, assim ementado: "A Lei n. 4.591, de 16 de dezembro de 1964, ao regulamentar a atividade econômica de incorporação de imóveis, define todos os regimes de construção permitidos, os quais não se confundem para efeitos tributários, ficando vedado ao legislador construir hipótese de incidência que não corresponda ao suporte fático estabelecido pela legislação de regência".

– **Rebocagem.** "ISS. REBOCAGEM MARÍTIMA. O serviço de rebocagem marítima pode ser utilizado na atracação como na desatracação dos navios, bem como conduzi-los a determinados pontos no porto ou trazê-los para dentro ou fora desse. Contudo, o referido serviço não se confunde com o de atracação, nem integra esse serviço. Os navios podem ser atracados sem o auxílio de rebocadores. Assim, no serviço de rebocagem marítima, não incide o ISS, por falta de previsão legal... REsp 514.675" (*Informativo* 179 do STJ, 2003).

– **Fornecimento de energia elétrica.** "... não se pode dizer que a previsão para incidência do ISS nos serviços ora comentados esteja prevista nos itens 17 e 31.01 da lista anexa à LC 116/03. Isto porque tratam os referidos itens da incidência do ISS sobre serviços de apoio técnico e serviços técnicos em eletrônicos, eletrotécnica e congêneres, respectivamente, que correspondem à prestação de serviços especializados para um determinado fim, a saber, a prestação de auxílio técnico. Ou seja, dizem respeito a serviços voltados única e exclusivamente a assessorar seus clientes, os que difere por completo do serviço prestado para fornecimento de energia elétrica, que, como já mencionado, há apenas um meio par ao fornecimento da energia, uma mercadoria já tributada pelo ICMS. [...] a Constituição Federal, em seu art. 155, § 3º, expressamente veda a incidência de qualquer tributo sobre a energia elétrica, que não seja o ICMS, o Imposto de Importação e o Imposto de Exportação. Neste contexto, incidindo o ICMS no fornecimento de energia, deve-se excluir, automaticamente, a incidência do ISS, conforme dispõe a própria Constituição, art. 156, III" (ALVES, Ana Paula Peres. O fornecimento de energia elétrica e a incidência do ISS, sob o prisma da LC 116/03. *RTFP* 57/98, 2004).

– **Compartilhamento de infraestrutura. Não incidência.** "... importa pôr... as conclusões alcançadas de modo a deixar perfeitamente claro da onde se extrai a categórica alegação de não ser o compartilhamento de infraestrutura conduta que dê azo à incidência do ISS: i) O compartilhamento de infraestrutura é obrigação que se impõe ao detentor desta espécie de ativo por força de interesses de ordem pública, sendo que tal atividade se subsume, em tese, ao serviço descrito no subitem 3.04 da lista anexa à Lei Complementar n. 116/03; havendo, pois, possibilidade de se cogitar da incidência deste tributo sobre tais atividades. ii) Demonstrando, todavia, primeiramente, não ser devida a tributação, tem-se que o 'serviço' previsto no subitem 3.04 da lista... não se amolda a tal categoria, conforme seu conteúdo é apreendido na Constituição. Fundamentalmente, por representar obrigação de dar e não de fazer não podem ser consideradas as atividades descritas na lista serviços... iii) Por fim, mesmo que fosse possível contornar o fato de que não se está diante de um serviço, ainda assim não seria devido na presente hipótese o tributo municipal. Isto, pois, as atividades e estudo estão ao albergue da imunidade prevista no art. 155, § 3º. A dicção constitucional 'operações relativas' abarca a cessão de infraestrutura, pois é esta operação requisito/condição necessária para que se prestem as atividades descritas na norma imunizante. Mais ainda, por serem fruto de contratação compulsória, os contratos de compartilhamento não são realizados com o intuito negocial, o que também exclui a incidência do ISS" (GUIMARÃES, Bernardo Strobel. Cessão de infraestrutura em setores regulados pela Anatel, Aneel e ANP e não incidência do imposto sobre serviços nas operações descritas no subitem 3.04 da LC n. 116/2003. *RDDT* 115/38, 2005).

– **Bares e restaurantes. Fornecimento de mercadorias com prestação de serviços. Súmula 163 do STJ. Incidência do ICMS.** Súmula 163 do STJ: "O fornecimento de mercadorias com a simultânea prestação de serviços em bares, restaurantes e estabelecimentos similares constitui fato gerador do ICMS a incidir sobre o valor total da operação".

• Vide art. 155, II, da CF.

– **Dispensação ou manipulação de fórmulas magistrais e farmacopeicas. Comercialização de medicamentos. Tema 379 do STF:** "No tocante às farmácias de manipulação, incide o ISS sobre as operações envolvendo o preparo e o fornecimento de medicamentos encomendados para posterior entrega aos fregueses, em caráter pessoal, para consumo; incide o ICMS sobre os medicamentos de prateleira por elas produzidos, ofertados ao público consumidor". Decisão do mérito em 2020.

– "i) A LC 116... inovou ao relacionar como serviço sujeito ao ISS, em seu Item 4.07 da lista de serviços anexa, a prestação de serviços farmacêuticos. [...] iii) ... Entre as atividades que se enquadra no conceito de serviços farmacêuticos destacamos a prevista no Dec. 85.878/81, que regulamentou a Lei 3.820/60, ou seja, o desempenho de funções de dispensação ou manipulação de fórmulas magistrais e farmacopeicas. [...] vi) A partir de 1º.01.2004, as atividade de manipulação quando realizadas em caráter pessoal, personalizada e individualizada, decorrentes de encomenda, confeccionadas nos termos da prescrição, observando as necessidades de cada paciente, na quantidade prevista para a duração do tratamento e nas dosagens de melhor resultado terapêutico e de dispensação... encontram-se dentro do campo de incidência do Imposto sobre Serviços de Qualquer Natureza, visto que se enquadram no conceito de Serviços Farmacêuticos constante da lista anexa à LC 116/03. vii) Aqueles decorrentes de manipulação realizada para o público em geral sujeitam-se à incidência do ICMS. A manipulação, nesta hipótese, não possui caráter pessoal, ou seja, não se destina ao atendimento de determinadas necessidades do paciente, sendo que o produto dela decorrente é disponibilizado no mercado para aquisição de qualquer pessoa, nos termos da legislação farmacêutica. Assim, o citado produto é considerado mercadoria, cuja dispensação se sujeita à incidência do ICMS. viii) A comercialização de drogas, medicamentos, insumos farmacêuticos e correlatos está fora do campo de incidência do ISS, visto que se caracteriza como atividade tipicamente comercial, sujeita à incidência do ICMS" (FERNANDES, Rodrigo Mineiro. A tributação dos serviços farmacêuticos na farmácia de manipulação. *RTFP* 57/108, 2004).

– "... a Câmara dos Deputados buscou à época, dentro dos trâmites legislativos pertinentes, ampliar o alcance do subitem 4.07 da lista anexa, exatamente para onerar a atividade de manipulação de fórmulas com o ISSQN. Ou seja, a redação original desse subitem, conferida pelo Senado Federal, era 'subitem 4.07 – serviços farmacêuticos' e a pretensão da Câmara dos Deputados foi de alterá-lo para 'subitem 4.07 – serviços farmacêuticos, inclusive de manipulação'. Ora, se a pretensão da Câmara dos Deputados de ampliar o alcance do dispositivo inerente aos 'serviços farmacêuticos' para atingir a manipulação de fórmulas (e, assim, ser alcançado pelo ISSQN) foi, expressamente, rejeitada pelo Senado Federal, ao argumento de poder tratar-se de operação mista (que envolve o fornecimento conjunto de mercadorias e serviços), resta evidenciado que, ao final do processo legislativo de formação desta Lei Complementar, se manteve tal atividade sob a incidência do ICMS" (CASTRO, Danilo Monteiro de. Incidência de ICMS na atividade de manipulação de fórmulas farmacêuticas (vontade explícita do legislador complementar que não pode ser afastada pelo Judiciário). *RDDT* 181/7, 2010).

– "... para resolvermos adequadamente a questão de saber se na atividade de farmácia de manipulação deve incidir o ISSQN ou o ICMS, é fundamental considerar-se a destinação do produto, vale dizer, do medicamento produzido na manipulação. Se esse produto se destina ao tomador do serviço, vale dizer, se ele se destina a quem solicitou a manipulação, evidentemente se está diante de um serviço e o imposto incidente no caso é o ISSQN.

Entretanto, se o produto é destinado ao comércio, é posto na prateleira para ser vendido a qualquer pessoa que o deseje comprar, aí então esse produto é uma mercadoria e o imposto incidente no caso será o ICMS" (MACHADO, Hugo de Brito. ISSQN ou ICMS na manipulação de medicamentos. *RDDT* 178/95, 2010).

– "... existem diversas atividades nas quais podem ser identificadas situações idênticas às que se configuram nas farmácias de manipulação. Entre muitas outras podemos citar a produção de programas de computador, a atividade de alfaiataria, e a da denominada indústria gráfica. Em qualquer delas, se o resultado da atividade é destinado apenas a quem a provoca contratando o serviço, o imposto devido é o ISSQN, mas se o produto da atividade destina-se ao comércio, é posto na prateleira à disposição de quem o pretenda adquirir, o imposto devido será o ICMS" (MACHADO, Hugo de Brito. ISSQN ou ICMS na manipulação de medicamentos. *RDDT* 178/95, 2010).

– **Mandato mercantil *x* distribuição.** Quanto à incidência do ISS nas operações de mandato mercantil e do ICMS nas operações de distribuição, com a devida distinção entre ambas, vide nota ao art. 155, II, CF sob a rubrica Distribuição *x* mandato mercantil. Distinção. ICMS *x* ISS.

– **Distribuição de filmes para videocassete.** "É legítima a incidência do ICMS sobre a comercialização, no varejo, de filmes para videocassete, porquanto, nesta hipótese, a operação se qualifica como de circulação de mercadorias para efeito do disposto no art. 155, II, da CF ('Compete aos Estados e ao Distrito Federal instituir impostos sobre: ... II – operações relativas à circulação de mercadorias e sobre prestações de serviços de transporte interestadual e intermunicipal e de comunicação, ainda que as operações e as prestações se iniciem no exterior;'). Com esse entendimento, a Turma reformou acórdão do Tribunal de Justiça do Estado de São Paulo que considerara a operação de gravação e distribuição de videoteipes como sujeita tão somente ao ISS. Salientou-se que nos casos de gravação de filmes em fitas para a sua distribuição aos cinemas, numa operação de locação, ocorre a incidência do ISS, nos termos da lista de serviços anexa ao DL 406/68, com a redação da LC 56/87. Precedentes citados: RE 176.626-SP (*DJU* de 11.12.98) e RREE 179.560-SP, 194.705-SP e 196.856-SP (julgados em 30.3.99, acórdãos pendentes de publicação, v. *Informativo* 144). Leia em Transcrições do *Informativo* 147 a íntegra do relatório e voto do Min. Ilmar Galvão. RE 164.599-SP, Min. Marco Aurélio, 11.5.99" (*Informativo* 149 do STF, 14-5-1999). Confira a ementa do mencionado acórdão: "ICMS – VENDA DE VÍDEOS. Tratando-se não de simples distribuição de filmes e videoteipes, mas de negócio jurídico a encerrar a comercialização, a compra e venda, em si, incidente é o ICMS" (STF, RE 164.599-7, 1999).

– **Serviços bancários. Análise da lista anexa ao DL 406/68.** "SERVIÇOS BANCÁRIOS – ISS – LISTA DE SERVIÇOS – TAXATIVIDADE – INTERPRETAÇÃO EXTENSIVA. 1. A jurisprudência desta Corte firmou entendimento de que é taxativa a Lista de Serviços anexa ao Decreto-lei 406/68, para efeito de incidência de ISS, admitindo-se, aos já existentes apresentados com outra nomenclatura, o emprego da interpretação extensiva para serviços congêneres. 2. Recurso especial não provido.

Acórdão sujeito ao regime do art. 543-C do CPC e da Resolução STJ 08/08" (STJ, REsp 1.111.234, 2009).

– "ISSQN. SERVIÇOS BANCÁRIOS. LISTA DE SERVI-ÇOS. TAXATIVIDADE. VEDAÇÃO À ANALOGIA. IN-TERPRETAÇÃO EXTENSIVA... 3. Embora taxativa em sua enumeração, a lista de serviços anexa ao Decreto-Lei n. 406/1968 admite interpretação extensiva, dentro de cada item, para permitir a incidência do ISS sobre serviços congêneres àqueles previstos expressamente. Entendimento que se coaduna com a jurisprudência pacífica do STJ (Súmula 424). 4. As contas 7.19.990.001-8 Operações de Crédito – Taxa de Administração e Abertura e 7.19.990.019-0 SFH/SH – Taxas sobre Operações de Crédito enquadram-se nos itens 29 (datilografia, estenografia, expediente, secretaria em geral e congêneres), 43 (taxa cobrada de maneira antecipada pela administração de bens e negócios de clientes), da lista do DL n. 406/1968, bem como no item 96 (elaboração de ficha cadastral)" (TRF4, EINF 5023748--27.2010.404.7000, 2013).

– **Corretoras. Bolsa.** "ISS. INTERMEDIADORAS. CORRE-TORA. BOLSA DE MERCADORIA E FUTUROS. Prosseguindo o julgamento, a Turma decidiu que as empresas que atuam como corretoras na bolsa de mercadoria (bem móvel) e futuros não necessitam de autorização do Banco Central para seu funcionamento. Não sendo consideradas instituições financeiras, mas intermediadoras, essa prestação de serviço está sujeita à incidência da tributação do ISS. REsp 257.239-SP, Min. José Delgado, julgado em 20/3/03" (*Informativo* 166, 2003).

– **Fiança onerosa. Não incidência do ISS.** Sobre o contrato de fiança onerosa não incide ISS, pois não se trata de obrigação de fazer, nem está elencada na lista de serviços do Decreto-lei n. 406/68, redação dada pela Lei Complementar n. 56/87, que é taxativa, sendo vedada a interpretação analógica. (DERZI, Misabel Abreu Machado; COELHO, Sacha Calmon Navarro. A fiança: o Imposto sobre Prestação de Serviços de Qualquer Natureza, o Imposto sobre Operações de Crédito e as contribuições sociais. *RDDT* 41/116, 1999).

– Não incide o ISS por não constar, a outorga de carta de fiança, da lista da Lei Complementar, segundo Pedro Luciano Marrey Jr. & Fernanda Donnabela Camano, Não incidência de tributos (ISS, PIS e Cofins) sobre remuneração obtida por empresa administradora de cartão de crédito, em decorrência de prestação de garantia (carta de fiança) às instituições financeiras, em *RDDT* 31, 1998.

– **Serviços de composição gráfica. Súmula 156 do STJ:** A prestação de serviço de composição gráfica, personalizada e sob encomenda, ainda que envolva fornecimento de mercadorias, está sujeita, apenas, ao ISS. *DJU* 15-4-1996, p. 11631.

– "1. A prestação de serviço de composição gráfica, personalizada e sob encomenda, está sujeita apenas ao ISS, não se submetendo ao ICMS ou ao IPI. Precedentes. 2. Aplicação analógica da Súmula n. 156/STJ" (STJ, AgRg no REsp 1.308.633, 2013).

– "DELIMITAÇÃO DA COMPETÊNCIA TRIBUTÁRIA ENTRE ESTADOS E MUNICÍPIOS. ICMS E ISSQN. CRI-TÉRIOS. SERVIÇOS DE COMPOSIÇÃO GRÁFICA... 2. As operações de composição gráfica, como no caso de impressos personalizados e sob encomenda, são de natureza mista, sendo que os serviços a elas agregados estão incluídos na Lista Anexa ao Decreto-Lei 406/68 (item 77) e à LC 116/03 (item 13.05). Consequentemente, tais operações estão sujeitas à incidência de ISSQN (e não de ICMS), Confirma-se o entendimento da Súmula 156/STJ: 'A prestação de serviço de composição gráfica, personalizada e sob encomenda, ainda que envolva fornecimento de mercadorias, está sujeita, apenas, ao ISS.' Precedentes de ambas as Turmas da 1ª Seção. 3. Recurso especial provido. Recurso sujeito ao regime do art. 543-C do CPC e da Resolução STJ 08/08" (STJ, REsp 1.092.206, 2009).

– "No caso da indústria gráfica, a lei faculta a incidência do ISS em seis determinadas situações fáticas, em rol taxativo: composição gráfica, fotocomposição, clicheria, zincografia, litografia e fotolitografia. Absolutamente nenhum outro serviço gráfico pode ser incluído como gerador do ISS, enquanto não alterada a legislação própria. A indústria gráfica está, salvo as específicas exceções dos seis serviços elencados, sujeita ao IPI e ao ICMS, assegurados todos os benefícios aos adquirentes dos produtos gráficos no que diz respeito aos créditos tributários. O caráter do impresso, se padronizado ou personalizado, não afeta a hipótese de incidência do ISS" (GONÇALVES, Gilberto Rodrigues. O ISS e a indústria gráfica. *RDDT* 118/51, 2005).

• Vide nota adiante sobre a industrialização sob encomenda relativa à fabricação de embalagens, em que o processo industrial envolve impressão, mas tal fazer é uma das tantas fazes necessárias à produção e entrega do objeto contratado, não constituindo objeto negocial autônomo.

– *Call center.* Vide: DIAS, Roberto Moreira. ISS e serviço de *call center*. *RDDT* 125/60, 2006.

– **Agentes de propriedade industrial.** Vide: TROIANELLI, Gabril Lacerda. ISS e serviços prestados por agentes da propriedade industrial. *RDDT* 142/17, 2007.

– **Montagem de elevadores. ISS ou IPI?** "Não incide IPI sobre serviço de montagem de elevadores. Para a Primeira Turma do Superior Tribunal de Justiça (STJ), a montagem de elevadores é um serviço complementar de construção civil, passível de incidência do Imposto sobre Serviços de Qualquer Natureza (ISS), não do Imposto sobre Produtos Industrializados (IPI). A decisão foi tomada pela maioria da Turma ao analisar recurso da fabricante de elevadores Thyssen Sur S/A contra decisão do Tribunal Regional Federal da 4ª Região (TRF4), que entendeu pela incidência do IPI. No recurso, a empresa alegava que a atividade relativa ao fornecimento e montagem de elevadores, feitos sob medida para integrar obras de construção civil, não poderia ser enquadrada no conceito de industrialização, necessário para a cobrança do IPI. Em sua contestação, a Fazenda Nacional alegou que a reunião de elevadores, seus motores, partes e componentes não redunda em edificação, mesmo estando nela incorporados. Segundo a Fazenda, trata-se de montagem de produtos tributados e deve, portanto, ser considerada como industrialização. Produto x serviço: O entendimento da primeira instância foi de que o IPI só pode incidir sobre o conjunto de peças, quando há atividade industrial. Após essa fase, na instalação do elevador, não há montagem industrial, mas sim o serviço prestado por engenheiros. Houve recurso da Fazenda ao TRF4, que entendeu que a atividade se enquadra no conceito de montagem industrial e afastou a prestação de serviço tributável. Ou seja, estaria sujeita ao IPI. Para o ministro Benedito Gonçalves, relator do processo no STJ, mesmo que sejam empregados vários materiais para a composição do elevador, a montagem corresponde à prestação de um serviço técnico especializado de engenharia. 'Verifica-se que da instalação do elevador não se obtém, propriamente, um novo produto ou uma unidade autônoma, mas, sim, uma funcionalidade intrínseca à própria construção do edifício, a ela agregando-se de maneira indissociável, uma vez que, fora do contexto daquela específica obra, o elevador, por si só, não guarda sua utilidade', afirmou o ministro. Legislação: Uma vez que a montagem de elevador é um serviço complementar de construção civil, deve ser enquadrada na prestação de serviço elencada nos itens 32 do Decreto-Lei 406/68 e 7.02 da Lei Complementar 116/03, e está sujeita à incidência do ISS, segundo o relator. Quanto ao conflito de incidência dos dois impostos, o ministro destacou que, se faz parte do ciclo de produção de um bem, a atividade será considerada industrialização e resultará em um produto tributável pelo IPI; quando as atividades forem exercidas de forma personalizada, sob encomenda ou para atender às necessidades do usuário final, haverá prestação de serviço, tributável pelo ISS. Em seu voto, o relator também citou a exceção prevista pela própria legislação referente ao IPI: 'Não se considera industrialização a operação efetuada fora do estabelecimento industrial, consistente na reunião de produtos, peças ou partes e que resulte em edificações (casas, edifícios, pontes, hangares, galpões e semelhantes, e suas coberturas)'. O entendimento do relator foi acompanhado pelos ministros Arnaldo Esteves Lima e Sérgio Kukina. Ficaram vencidos os ministros Ari Pargendler e Napoleão Nunes Maia Filho. Com a decisão, fica restabelecida a sentença de primeiro grau, que descaracterizou a atividade de instalação de elevadores como industrialização" (Notícia do site do STJ de 31 de dezembro de 2013 relativamente ao REsp 1231669, 1ª T., rel. Min. Benedito Gonçalves).

– **Industrialização sob encomenda. ISS ou IPI?** Quando se fala em industrialização por encomenda temos de diferenciar a situação em que a empresa contratada produz com insumos próprios e entrega o produto, em que prevalece a compra e venda de determinada quantidade de produtos industrializados, daquela outra situação em que a empresa contratada realiza a industrialização com insumos ou sobre produto fornecido pela contratante, em que prevalece o fazer como objeto contratual. No primeiro caso, temos uma operação com produtos industrializados, sujeita ao IPI; no segundo caso, temos uma prestação de serviços, sujeita ao ISS. Há quem não se conforme com o fato de a prestação de serviços por terceiros, como etapa do processo industrial da contratante, estar sujeita ao ISS, porquanto tal implica custo não recuperável, enquanto que a incidência do IPI, ainda que em percentual superior, geraria crédito compensável, assumindo, portanto, neutralidade no processo produtivo e deixando de onerar o produto final. É comum argumentar-se, nesses casos, que só a prestação de serviços ao consumidor final é que estaria sujeita ao ISS. Aqui, todavia, parece-me que há um jogo de palavras. O consumidor final do produto industrializado não consome nenhum serviço, mas, isso sim, adquire o produto. O consumidor final do

serviço de industrialização é a indústria que o encomenda de terceiros. As pessoas jurídicas também são consumidoras de serviços e isso independe de o serviço dizer respeito à atividade meio ou à sua própria atividade fim. Reconheça-se, de qualquer modo, que a discussão é grande sobre a matéria. Vale conferir a ADI 4.389, transcrita em parte em nota ao art. 156, III, da CF.

– **Tema 816 do STF:** MÉRITO AINDA NÃO JULGADO. Controvérsia: "a) Incidência do ISSQN em operação de industrialização por encomenda, realizada em materiais fornecidos pelo contratante, quando referida operação configura etapa intermediária do ciclo produtivo de mercadoria".

– **Industrialização de embalagens sob encomenda.** "CONSTITUCIONAL. TRIBUTÁRIO. CONFLITO ENTRE IMPOSTO SOBRE SERVIÇOS DE QUALQUER NATUREZA E IMPOSTO SOBRE OPERAÇÃO DE CIRCULAÇÃO DE MERCADORIAS E DE SERVIÇOS DE COMUNICAÇÃO E DE TRANSPORTE INTERMUNICIPAL E INTERESTADUAL. PRODUÇÃO DE EMBALAGENS SOB ENCOMENDA PARA POSTERIOR INDUSTRIALIZAÇÃO (SERVIÇOS GRÁFICOS). AÇÃO DIRETA DE INCONSTITUCIONALIDADE AJUIZADA PARA DAR INTERPRETAÇÃO CONFORME AO O ART. 1º, *CAPUT* E § 2º, DA LEI COMPLEMENTAR 116/2003 E O SUBITEM 13.05 DA LISTA DE SERVIÇOS ANEXA. FIXAÇÃO DA INCIDÊNCIA DO ICMS E NÃO DO ISS. MEDIDA CAUTELAR DEFERIDA. Até o julgamento final e com eficácia apenas para o futuro (*ex nunc*), concede-se medida cautelar para interpretar o art. 1º, *caput* e § 2º, da Lei Complementar 116/2003 e o subitem 13.05 da lista de serviços anexa, para reconhecer que o ISS não incide sobre operações de industrialização por encomenda de embalagens, destinadas à integração ou utilização direta em processo subsequente de industrialização ou de circulação de mercadoria. Presentes os requisitos constitucionais e legais, incidirá o ICMS" (STF, ADI 4.389 MC, 2011).

– "No caso dos autos, o objeto principal do contrato é a produção e a entrega de embalagens. Este o fim colimado. Por certo que as embalagens devem ter tais ou quais características e que sua produção seja feita sob encomenda, para acondicionamento dos produtos do contratante, contendo a impressão da marca e demais informações necessárias ou úteis. Mas o objetivo final é a produção e a circulação das embalagens como um todo, em grande número, para utilização pela contratante em seu próprio processo produtivo. Podemos ter uma embalagem sem qualquer impressão e não deixará de ser uma embalagem, capaz de acondicionar mercadorias, protegendo-as e facilitando seu transporte. Mas a impressão em um material incapaz de acondicionar uma mercadoria não é uma embalagem. A atividade de impressão de marca e informações na embalagem não constitui senão uma das etapas do processo produtivo e sequer pode ser considerada como das mais importantes. De nada adianta à indústria compradora das embalagens que delas constem as inscrições necessárias, se forem entregues em dimensões inadequadas ao produto que nelas será acondicionado, se o material não for apropriado à sua proteção ou conservação, se não tiver a resistência necessária para o empilhamento e transporte pretendidos. Aliás, conforme bem destacado no parecer de Marco Aurélio

Greco: 'O cerne da contratação não é o 'imprimir papel (ou plástico) em branco com certos dizeres', mas fornecer embalagens de papel (ou plástico) com certas características de tamanho, forma, resistência, qualidades físico químicas etc. e nas quais estejam impressos certos dizeres, desenhos etc.'. Conclui-se, portanto, que a compra de embalagens, ainda que mediante encomenda, não constitui sequer operação mista, não se sujeitando à incidência do ISS..." (STF, voto-vista na ADI 4.389 MC, 2011).

• Vide: MACEDO, José Alberto Oliveira. ISS, ICMS-Mercadoria e o Caso "Embalagens" (ADI-MC 4.389 DF) – A constitucionalização, pelo STF, de critérios que não são constitucionais. In: MACEDO, Alberto; CASTRO, Leonardo Freitas de Moraes e (Coord.). *Tributação indireta empresarial*: indústria, comércio e serviços. São Paulo: Quartier Latin, 2016, p. 809-846.

– Pela incidência do ISS. "INDUSTRIALIZAÇÃO POR ENCOMENDA. BENEFICIAMENTO DE MATÉRIA-PRIMA. INCIDÊNCIA DO ISSQN... 3... no caso dos autos, deve incidir o ISS porquanto, trata-se de serviços personalizados feitos em conformidade com o interesse exclusivo do cliente, distintos dos serviços destinados ao público em geral. 4. Nesta esteira, impende salientar que não interessa se haverá comercialização do produto no futuro, pois isso não é o traço distintivo da incidência do imposto como quer fazer crer o agravante. O que há de aferir é atividade-fim do prestador do serviço, 'tendo em vista que, uma vez concluída, extingue o dever jurídico obrigacional que integra a relação jurídica instaurada entre o 'prestador' (responsável pelo serviço encomendado) e o 'tomador' (encomendante): a empresa que procede ao corte, recorte e polimento de granito ou mármore, de propriedade de terceiro, encerra sua atividade com a devolução, ao encomendante, do produto beneficiado.' [...]" (STJ, AgRg no AREsp 328.624, 2013).

– "PRESTAÇÃO DE SERVIÇO POR ENCOMENDA. ISSQN. INCIDÊNCIA. 1. A 'industrialização por encomenda', elencada na Lista de Serviços da Lei Complementar 116/2003, caracteriza prestação de serviço (obrigação de fazer), fato jurídico tributável pelo ISS" (STJ, AgRg no Ag 1.279.303, 2010).

– "ISSQN. 'INDUSTRIALIZAÇÃO POR ENCOMENDA'. LEI COMPLEMENTAR 116/2003. LISTA DE SERVIÇOS ANEXA. PRESTAÇÃO DE SERVIÇO (OBRIGAÇÃO DE FAZER). ATIVIDADE FIM DA EMPRESA PRESTADORA. INCIDÊNCIA... 2. O aspecto material da hipótese de incidência do ISS não se confunde com a materialidade do IPI e do ICMS. Isto porque: (i) excetuando as prestações de serviços de comunicação e de transporte interestadual e intermunicipal, o ICMS incide sobre operação mercantil (circulação de mercadoria), que se traduz numa 'obrigação de dar' (artigo 155, II, da CF/88), na qual o interesse do credor encarta, preponderantemente, a entrega de um bem, pouco importando a atividade desenvolvida pelo devedor para proceder à tradição; e (ii) na tributação pelo IPI, a obrigação tributária consiste num 'dar um produto industrializado' pelo próprio realizador da operação jurídica. 'Embora este, anteriormente, tenha produzido um bem, consistente em seu esforço pessoal, sua obrigação consiste na entrega desse bem, no oferecimento de algo corpóreo, materializado, e que não decorra de encomenda específica do adquirente' (José Eduardo Soares de Melo, in *ICMS – Teoria e prática*, 8ª

ed., Ed. Dialética, São Paulo, 2005, pág. 65). 3. Deveras, o ISS, na sua configuração constitucional, incide sobre uma prestação de serviço, cujo conceito pressuposto pela Carta Magna *eclipsa ad substantia obligatio in faciendo*, inconfundível com a denominada obrigação de dar. [...] 7. *In casu*, a empresa desenvolve atividades de desdobramento e beneficiamento (corte, recorte e/ou polimento), sob encomenda, de bloco e/ou chapa de granito e mármore (de propriedade de terceiro), sendo certo que, após o referido processo de industrialização, o produto retorna ao estabelecimento do proprietário (encomendante), que poderá exportá-lo, comercializá-lo no mercado interno ou submetê-lo à nova etapa de industrialização. 8. O Item 14, Subitem 14.05, da Lista de Serviços anexa à Lei Complementar 116/2003, ostenta o seguinte teor: '14 – Serviços relativos a bens de terceiros. [...] 14.05 – Restauração, recondicionamento, acondicionamento, pintura, beneficiamento, lavagem, secagem, tingimento, galvanoplastia, anodização, corte, recorte, polimento, plastificação e congêneres, de objetos quaisquer'. 9. A 'industrialização por encomenda' constitui atividade-fim do prestador do aludido serviço, tendo em vista que, uma vez concluída, extingue o dever jurídico obrigacional que integra a relação jurídica instaurada entre o 'prestador' (responsável pelo serviço encomendado) e o 'tomador' (encomendante): a empresa que procede ao corte, recorte e polimento de granito ou mármore, de propriedade de terceiro, encerra sua atividade com a devolução, ao encomendante, do produto beneficiado. 10. Ademais, nas operações de remessa de bens ou mercadorias para 'industrialização por encomenda', a suspensão do recolhimento do ICMS, registrada nas notas fiscais das tomadoras do serviço, decorre do posterior retorno dos bens ou mercadorias ao estabelecimento das encomendantes, que procederão à exportação, à comercialização no mercado interno ou à nova etapa de industrialização. 11. Destarte, a 'industrialização por encomenda', elencada na Lista de Serviços da Lei Complementar 116/2003, caracteriza prestação de serviço (obrigação de fazer), fato jurídico tributável pelo ISSQN, não se enquadrando, portanto, nas hipóteses de incidência do ICMS (circulação de mercadoria – obrigação de dar – e prestações de serviço de comunicação e de transporte transmunicipal)" (STJ, REsp 888.852, 2008).

– "CORTE, RECORTE E POLIMENTO. GRANITO E MÁRMORE. PRESTAÇÃO DE SERVIÇO POR ENCOMENDA. ISSQN. INCIDÊNCIA. 1. O Tribunal de origem consignou que sociedade empresária contratou serviços da recorrida, relacionados ao corte, recorte e polimento de granito e de mármore. A mercadoria pertence à empresa contratante, que a entregou exclusivamente para o beneficiamento. 2. O trabalho executado representa atividade-fim da recorrida, uma vez que, concluído, extingue a relação obrigacional entre as contratantes. Por amoldar-se à hipótese listada no item 14.05 do anexo da Lei Complementar 116/2003, está sujeito à incidência do ISSQN" (STJ, REsp 959.258, 2009).

– "... IPI. PICK-UP. CABINE SIMPLES PARA CABINE DUPLA. A alteração de cabine simples para cabine dupla implica beneficiamento. O beneficiamento pode implicar tanto a incidência do IPI, quando realizado pela indústria no seu interesse próprio e resultar na posterior saída do produto beneficiado, como a incidência do ISS, quando realizado por prestador de serviço a pedido de pessoa física ou da indústria. No caso, tendo sido realizado beneficiamento em favor dos proprietários para o seu uso pessoal, não há que se falar em incidência e cobrança de IPI" (TRF4, 1ª T., maioria, AMS 199904011370289, Juiz Fed. Leandro Paulsen, nov. 2003). Eis excerto do voto condutor: "O art. 3º, parágrafo único, da Lei 4.502/64, refere que 'considera-se industrialização qualquer operação de que resulte alteração da natureza, funcionamento, utilização, acabamento ou apresentação do produto...' A descrição do processo de alteração de uma *pick-up* de cabine simples para cabine dupla, constante do Termo de Verificação Fiscal acostado às fls. 34/36 não deixa dúvidas: '... inicialmente a camioneta é desmontada parte da sua lataria, tirando-se a caçamba, assentos, painel e vidros; em seguida faz-se um, corte na parte traseira da cabine da camionete; logo após a porta; a partir do corte é feita a emenda usando-se chapas de aço no mesmo padrão e espessura do usado pela fabricante na fabricação da camioneta, pela qual produz alongamento da cabine, alterando os vidros laterais, que podem sair com 04 ou 02 vidros, possuindo diferentes tamanhos e formas. Esse processo produz alteração no tamanho da cabine, passando de 03 para 06 passageiros'. Ocorre, por certo, em tal processo, alteração da 'utilização, acabamento ou apresentação do produto'. Verificando-se o Regulamento do IPI, seja o anterior ou o atual, vê-se que a alteração de cabine simples para cabine dupla é caracterizada não como transformação (o que dependeria de que da industrialização exercida sobre matérias-primas o produtos intermediários decorresse a obtenção de espécie nova), mas sim um beneficiamento, assim definido como a industrialização 'que importe em modificar, aperfeiçoar, ou, de qualquer forma, alterar o funcionamento, a utilização, o acabamento ou a aparência do produto'. Entretanto, tal fato não é suficiente para determinar a incidência do IPI. Este imposto tem como base econômica 'operações com produtos industrializados' e como fato gerador, definido no CTN e na 4.502/64 a saída do produto industrializado do estabelecimento industrial. Ocorre que, no caso dos autos não há uma operação com produto industrializado. A *pick-up*, em si, não foi industrializada por nenhuma das partes, mas pela montadora. A transformação dá-se na *pick-up*, mas para uso do seu proprietário. Ainda que assim não fosse, só ocorreria operação com produto industrializado no momento em que, tendo sido feita industrialização por estabelecimento industrial em *pick-up* de sua propriedade – seja diretamente ou mediante serviço de terceiros – a comercializasse com terceiros. E, aliás, neste caso, nenhuma diferença econômica faria a incidência ou não do IPI relativamente ao prestador de serviço, eis que geraria crédito para a indústria, o qual, no sistema da não cumulatividade, anularia a sobreposição. A incidência na prestação de serviços, pois, não teria resultado econômico; juridicamente, contudo, restaria extrapolada a hipótese de incidência do imposto. Aliás, a argumentação da parte e a fundamentação da sentença são bastante consistentes no sentido de demonstrar que a incidência do IPI dependeria de a industrialização ser feita no interesse da indústria que, então, alienaria o produto por ela industrializado, enquanto que, em sendo realizada em favor de terceiro relativamente a bem a este pertencente, está caracterizada a simples prestação de serviço de beneficiamento, dando ensejo à incidên-

cia do ISS. Note-se que o beneficiamento constava da Lista de Serviços anexa ao DL 406/68, no item 72: '72 – Recondicionamento, acondicionamento, pintura, beneficiamento, lavagem, secagem, tingimento, galvanoplastia, anodização, corte, recorte, polimento, plastificação e congêneres, de objetos não destinados à industrialização ou comercialização'. Também na nova LC 116, de 31 de julho de 2003, que dispõe sobre o ISS, o beneficiamento consta na Lista de Serviços sob o número '14.05'. O item 14 diz respeito a 'Serviços relativos a bens de terceiros' e o subitem 14.05 prevê expressamente o beneficiamento, de modo parecido com o item 72 da lista anterior, mas sem a referência a que seja de objetos não destinados à industrialização e à comercialização, no que andou bem. Tem-se, pois, o beneficiamento podendo implicar tanto a incidência do IPI, quando realizado pela indústria no seu interesse próprio e resultar na posterior saída do produto beneficiado, como a incidência do ISS, quando realizado por prestador de serviço a pedido do próprio proprietário, seja pessoa física ou indústria. No caso, dos autos, conforme consta das petições, o serviço se fazia, inclusive, a pedido dos proprietários para seu uso próprio. Agiu, pois, corretamente a empresa ao recolher o ISS".

– "... CONFECÇÃO DE CARTÕES MAGNÉTICOS E DE CRÉDITO – SERVIÇO DE COMPOSIÇÃO GRÁFICA SUJEITO UNICAMENTE AO ISS – VIOLAÇÃO AO DISPOSTO NO § 1º DO ARTIGO 8º DO DECRETO-LEI n. 406/68 – SÚMULA n. 156 DO STJ. ... A elaboração dos cartões com as características requeridas pelo destinatário, que é aquele que encomenda o serviço, tais como a logomarca, a cor, eventuais dados e símbolos, indica de pronto a prestação de um serviço de composição gráfica, enquadrado no item 77 da Lista de Serviços anexa ao Decreto-lei n. 406/68. Há, portanto, nítida violação ao disposto no § 1º do artigo 8º do Decreto-Lei n. 406/68, uma vez que a hipótese dos autos configura prestação de serviços de composição gráfica personalizados, sujeitos apenas à incidência do ISS (Súmulas ns. 156/STJ e 143 do extinto TFR). Considerada a circunstância de se tratar de serviço personalizado, destinados os cartões, de pronto, ao consumidor final, que neles inserirá os dados pertinentes e não raro sigilosos, conclui-se que a atividade não é fato gerador do IPI. Tanto isso é exato que, se forem embaralhadas as entregas, com a troca de destinatários, um estabelecimento não poderá servir-se da encomenda de outro, que veio ter a suas mãos por mero acaso ou acidente de percurso" (STJ, REsp 437.324, 2003).

– "SERVIÇOS GRÁFICOS. ISS. IPI. DL 406/68, ART. 8, PAR 1º SÚMULA 156 DO STJ. Os serviços gráficos personalizados, ainda quando envolvam o fornecimento de mercadorias, ficam sujeitos apenas ao ISS, não incidindo o IPI. *In casu* a atividade de elaboração de cartões de PVC sob encomenda desenvolvida pela autora não se enquadra na hipótese de incidência do IPI, posto que é nítida prestação de serviço" (TRF4, REOAC 1999.70.00.033187-7, 2003).

– "Diferente é a situação do bem feito sob encomenda, a partir de adquirente prévio à sua fabricação, que será feito mediante especificações que diferenciaram esse produto dos demais. No jargão respectivo esse produto será 'customizado' para atender as exigências daquele adquirente específico, sendo que esse produto será único, com características que o diferenciam de todos os outros produtos do mesmo gênero. É o exemplo dos *softwares* elaborados sob encomenda para atender uma empresa específica, diferentemente daqueles softwares produzidos em massa, idênticos em todos os aspectos e colocados nas lojas do ramo para quem quiser comprá-los. [...] a diferença entre obrigação de dar e obrigação de fazer, é que a primeira consubstancia-se na obrigação de entregar alguma coisa a alguém, ao passo que a segunda significa a obrigação de fazer ou deixar de fazer algo. A confusão do legislador a respeito dessa dicotomia costuma gerar conflitos entre o IPI, o ICMS e o ISS. Ao passo que nos dois primeiros impostos, de competências federal e estadual respectivamente, a obrigação objeto da tributação só pode ser a de dar, no ISS, de competência municipal, a obrigação será sempre uma prestação de fazer. Só que muitas vezes essa obrigação de fazer, da qual o serviço é espécie, consubstancia-se também numa entrega de lago ao tomador do serviço. É justamente o que ocorre nos produtos feitos sob encomenda, ou 'customizados'. [...] Mesmo que esses bens feitos sob encomenda seja produzidos por uma indústria, não se estará diante de atividade tributável pelo IPI e sim pelo ISS, pois a obrigação em tela é de fazer algo, é um serviço que se consubstancia numa entrega de um produto final ao tomador. [...] Destarte qualquer produto feito sob encomenda, ainda que industrializado, consubstancia-se numa obrigação de fazer, ainda que essa só se perfaça com a entrega do produto ao tomador. O imposto incidente nessa situação é o Imposto sobre Serviços, de competência municipal e não o IPI ou o ICMS" (PEIXOTO, Marcelo Magalhães. CARVALHO, Cristiano (coord.). *IPI, aspectos jurídicos relevantes.* São Paulo: Quartier Latin, 2003, p. 51-53).

– **Pela incidência do IPI sempre que o bem destinar-se à industrialização ou ao comércio.** "Ao tempo em que o ISS era normatizado pelo Decreto-lei n. 406/1968, ... o item 72 da Lista de Serviços incluía entre os serviços submetidos ao ISS os de: 'Recondicionamento, acondicionamento, pintura, beneficiamento, lavagem, secagem, tingimento, galvanoplastia, anodização, corte, recorte, polimento, plastificação e congêneres de objetos não destinados à industrialização ou comercialização'. [...] Com a promulgação a Lei Complementar n. 226/203 sua Lista de Serviços tributáveis pelo ISS relacionou, no subitem 14.05, as operações antes elencadas no item 72 da Lista da LC 56/1987. ... segundo sua previsão, passaram sujeitar-se ao ISS os serviços de: 'Restauração, recondicionamento, acondicionamento, pintura, beneficiamento, lavagem, secagem, tingimento, galvanoplastia, anodização, corte, recorte, polimento, plastificação e congêneres, de objetos quaisquer'. Cotejando-se esses dois itens da Lista de Serviços tributados pelo ISS, o revogado (72 e o em vigor (14.05), percebe-se que foi suprimida da Lista atual a expressão vocabular 'de objetos não destinados à industrialização ou comercialização'. [...] Destarte, a incidência do ISS na industrialização sob encomenda ganhou denso matiz de legalidade, uma vez que amparada em dispositivo de lei complementar... [...] As modificações promovidas pela LC n. 116/203 no tratamento tributário da industrialização sob encomenda não surtiram qualquer efeito nos domínios da Secretaria da Receita Federal do Brasil... Deveras, a União Federal, por seus órgãos fazendários,

mantém o entendimento de que, na hipótese de os bens ou objetos industrializados sob encomenda irem a ser utilizados em novo processo de industrialização, ou postos no comércio, as operações descritas no subitem 14.05 da Lista de Serviços da LC n. 116/2003 são de industrialização, continuando, pois, no campo de incidência do IPI" (BECKER, Walmir Luiz. A industrialização sob encomenda e as orientações da Receita Federal do Brasil sobre o cabimento de incidências simultâneas do ISS e do IPI sobre essa operação. *RDDT* 215/167, 2013).

– "O valor dos serviços de restauração, acondicionamento, pintura, beneficiamento e outros descritos no subitem 14.05 da Lista de Serviços da LC 116/2003 deve sujeitar-se ao IPI e não ao ISS, sempre que o bem ou objeto sobre o qual estes forem executados destinar-se à industrialização ou ao comércio" (BECKER, Walmir Luiz. A industrialização sob encomenda e as orientações da Receita Federal do Brasil sobre o cabimento de incidências simultâneas do ISS e do IPI sobre essa operação. *RDDT* 215/167, 2013).

– "No campo do ISS, ainda hoje, perpetua-se a confusão entre prestação de serviço enquanto obrigação principal, e prestação de serviço enquanto atividade-meio. Já houve, por exemplo, tentativas de Municípios em tributar isoladamente os diversos serviços interligados, prestados por exploradoras de rodovia pedagiada, tais como os serviços de guincho, de arrecadação do pedágio, de manutenção da rodovia, dentre outros, implicando inadmissível cisão do fato gerador complexo. ... força convirmos que assim como a fronteira entre o ICMS e o ISS, a delimitação entre IPI e o ISS não é clara. O simples esforço humano aplicado sobre bens móveis de qualquer natureza, resultando no acréscimo ou modificação de sua utilidade pela alteração de algumas de suas características, não basta para afirmar que houve industrialização a legitimar a incidência do IPI ou do ISS. [...] o ISS apenas incidirá sobre serviços prestados... sobre as atividades de alvejamento e tingimento de tecidos e artigos têxteis, quando as mercadorias beneficiadas destinarem-se ao uso e consumo diretamente pelos terceiros encomendantes, sem o intuito de revenda, ou seja, quando não destinadas à posterior processo de industrialização ou comercialização pelos mesmos. [...] o Decreto-lei n. 406/1968 detinha redação semelhante àquela hoje prevista na LC n. 116/2003. Porém, a lista de serviços anexa ao Decreto-lei adotava de forma expressa o critério da destinação para delimitar as materialidades do ICMS, do IPI e do ISS... Ocorre que a lista anexa à LC n. 116/203 não utilizou expressamente o critério da destinação para definir o âmbito de incidências do ISS, do ICMS e do IPI, já que houve supressão da expressão 'de objetos não destinados à industrialização ou comercialização' na parte final do item 14.05. Justamente esse silêncio normativo passou a ser interpretado pelos Municípios como uma franca e implícita autorização de fazer incidir ISS sobre as operações de beneficiamento, ainda que realizadas nas etapas que integram o ciclo industrial, ou seja, mesmo quando os produtos se destinarem à industrialização e ou comercialização pelos estabelecimentos encomendantes... Não se deve prestigiar canhestro raciocínio jurídico, pois, a toda evidência, afigura-se incompatível com o critério residual pressuposto constitucionalmente para se extremar os campos materiais de incidência do IPI e do ISS. ... inexiste impedimento para que conste abstratamente na lista de serviços tributáveis pelo ISS, atividades que, objetivamente consideradas, tenham as mesmas características daquelas que configuram industrialização, nos moldes das regras disciplinadoras do IPI (v.g., lavagem, beneficiamento, tingimento). Mas, obviamente, por imperativo constitucional, tais atividades jamais poderão sujeitar-se ao imposto municipal se realizadas numa das etapas do ciclo de industrialização (= industrialização intermediária)" (TAVARES, Alexandre Macedo; DELGADO, José Augusto. Não Incidência do ISS sobre a atividade de beneficiamento (alvejamento e tingimento) de produtos têxteis destinados a posterior comercialização ou industrialização pelos encomendantes. *RDDT* 204/100-114, 2012).

– **No sentido da incidência do IPI.** "IPI. CAMIONETA *PICK--UP*. ALTERAÇÃO DE CABINE 'SIMPLES' PARA 'DUPLA'. ART. 46, PARÁGRAFO ÚNICO, DO CTN, C/C O ART. 3º, II, DO DECRETO N. 87.981/82 (REGULAMENTO DO IPI). INCIDÊNCIA DO TRIBUTO. PRECEDENTES. 1. Recurso Especial interposto contra v. Acórdão segundo o qual não incide o Imposto sobre Produtos Industrializados no processo de colocação de cabine dupla em camionetas de cabine simples para uso exclusivo do proprietário encomendante. 2. A jurisprudência da Primeira Turma do Superior Tribunal de Justiça vem decidindo no sentido de que há incidência do IPI quando constatada a modificação (alteração) de camionetas de cabine simples para cabine dupla, em face de que sua execução importa transformação (industrialização) do veículo (art. 3º, do Decreto n. 87.981/82 (Regulamento do IPI de 1982), c/c o art. 46, parágrafo único, do CTN)" (STJ, REsp 436.330, 2002).

– "IPI... MÓVEIS SOB ENCOMENDA – AFASTAMENTO DA INCIDÊNCIA DO ISS. 1. Constitucionalmente, é o IPI imposto prioritário para incidir em todas as matérias-primas que, trabalhadas, têm sua destinação alterada. 2. A fabricação de móveis de madeira não se confunde com as artes gráficas de impressos personalizados, em que prepondera sob o material a prestação de serviço. 3. A incidência do IPI é tão rigorosa, que até mesmo as madeiras polidas e serradas são geradoras de IPI, segundo a jurisprudência do STF" (STJ, 2ª T., REsp 395.633/RS, Rel. Min. Eliana Calmon, nov. 2002).

– "IPI. TRANSFORMAÇÃO DE CABINE. BENEFICIAMENTO. – A transformação de camionetas de cabine simples para dupla, importa em beneficiamento do produto, que efetivamente, modifica e altera o funcionamento do mesmo, bem como a sua utilização, na forma do disposto no art. 3º do RIPI, aprovado pelo Decreto n. 87.981/82, vigente à época dos fatos geradores, hoje, art. 4º, inciso II do Decreto 4.544/02, bem como do art. 46, parágrafo único do CTN" (TRF4, AMS 61.399, 2003).

– "... muitas vezes, por razões operacionais diversas, como as que dizem respeito à racionalização de custos, logística, dinâmica de mercado, entre outras. estabelecimentos industriais optam por contratar com terceiros a industrialização parcial ou total de seus produtos. Enviam-lhes, então, matérias-primas e demais insumos, ou produtos semiacabados, a fim de que estes os submetam a processo de industrialização. Tem-se, aí, a industrialização sob encomenda. ... não é atividade-fim, mas atividade meio, exercida por outro estabelecimento, que não o fabricante, o qual, neste caso, costuma ser denominado autor da encomenda ou encomendante. Em tais situações, o estabelecimento de terceiro que efetua a operação de industrialização sob encomenda, parcial ou totalmente, não está, necessariamente, prestando serviço previsto no subitem 14.05 da Lista de serviços aprovada pela Lei complementar n. 116/2003. E isto porque o fato de uma operação de industrialização, o beneficiamento, por exemplo, constar da Lista de Serviços não é suficiente para submetê-la a incidência do ISS, como se serviço fosse. Sob pena de ficarem configurados conflitos de competências tributárias, na Lista de Serviços apenas podem estar validamente relacionados serviços que não estejam conectados a outra atividade econômica geradora de tributo de competência exclusiva da União Federal, dos Estados, do Distrito Federal, ou dos Municípios. [...] o processo de industrialização é uno e incindível. Não pode ser desmembrado para fins tributários, para acolher incidência dupla de impostos..." (BECKER, Walmir Luiz. A industrialização sob encomenda e as orientações da Receita Federal do Brasil sobre o cabimento de incidências simultâneas do ISS e do IPI sobre essa operação. *RDDT* 215/167, 2013).

– **Serviço prestado por empresa do mesmo grupo econômico. Incidência.** "Não parece haver dúvida de que o autosserviço, ou seja, aquele serviço prestado pela própria entidade ou pessoa, não enseja a ocorrência do fato gerador do ISS. Isto porque, de acordo com os dizeres de Sérgio Pinto Martins, a exação em comento realmente recai sobre a transferência onerosa de um bem imaterial a terceiro e não sobre a simples atividade. [...] Ocorre que, em ambas as situações suprarreferidas, estamos diante de um único contribuinte que presta serviços para si mesmo, diferentemente de um grupo de empresas (grupo econômico), onde um contribuinte (ou diversos contribuintes) presta (prestam) serviços para os demais membros do grupo, recebendo determinada remuneração por essa atividade, ainda que baseada em preço de custo. Há, portanto, no caso do grupo de empresas, a transferência onerosa de um bem imaterial a terceiro (serviço efetivamente prestado) que enseja a ocorrência do fato gerador do imposto municipal, desde que, obviamente, esse serviço conste da lista anexa à Lei Complementar n. 116/2003. Parece--nos, portanto, que o simples fato de empresas pertencerem ao mesmo grupo de empresas não afastaria a incidência do ISS sobre eventuais serviços prestados entre elas, especialmente se houver pagamento para a realização desse serviços, pois estaríamos diante da ocorrência do fato gerador do ISS (transferência onerosa de bem imaterial a terceiro). Obviamente que se o serviço for prestado a título gratuito faltaria um dos elementos do fato gerador do imposto (aspecto quantitativo) que é a base de cálculo (preço do serviço), impossibilitando qualquer cobrança da exação por parte dos Municípios" (MOREIRA JUNIOR, Gilberto de Castro. Aspectos tributários atuais do *cost-sharing*. *RDDT* 119/47, 2005). Obs.: especificamente sobre o *cost--sharing*, o entendimento do Autor é no sentido da não incidência considerando que não se trata de prestação de serviços, mas de um rateio prévio ou em reembolso posterior de despesas.

⇒ **Cooperativas. Serviços prestados aos próprios associados. Não incidência.** "As cooperativas não sofrem a incidência do ISS, pois prestam serviços para os associados. O art. 4º da Lei

n. 5.764/71 é expresso no sentido de que as cooperativas são constituídas para prestar serviços aos associados. Se a cooperativa faz a intermediação para que os associados prestem os serviços, não está sujeita ao ISS, pois não presta serviços para terceiros, mas para os próprios associados. ... não há circulação de serviços. Não existe bem imaterial na etapa de circulação econômica a ser tributado pelo ISS. O cooperado e a cooperativa não são terceiros, mas pessoas ligadas a uma mesma relação, que é a relação cooperativa ou o ato cooperativo. [...] Se o cooperado já paga o ISS, não pode o mesmo imposto ser exigido da cooperativa, pois, do contrário, seria pago duas vezes pelo mesmo fato gerador. [...] O item 4 da lista de serviços, determinada pela Lei Complementar n. 116/03, não faz referência a serviços de cooperativas. O item 4.22 não trata da cooperativa. Logo, não pode haver incidência do ISS sobre serviços das cooperativas... O item 4.23 da lista de serviços menciona serviços de terceiros..., cooperados. Assim, quem irá pagar o ISS é o cooperado, quando presta serviços constantes da lista e não a cooperativa. O ISS incide, portanto, sobre o serviço do cooperado e não da cooperativa. [...] A lei municipal não poderá estabelecer a incidência do ISS sobre serviços de cooperativas, em razão de que elas não prestam serviços para terceiros e de que a lista de serviços da Lei Complementar n. 116/03 não prevê a incidência de serviços de cooperativas" (MARTINS, Sergio Pinto. As cooperativas e a tributação pelo ISS de acordo com a Lei Complementar n. 116/2003. *Rep. IOB de Jurisprudência* 20/03, 1/18879).

– **Cooperativas. Serviços prestados a terceiros. Incidência. Deduções.** "O § 3º do art. 7º da Lei Complementar n. 116/03 previa que 'na prestação dos serviços a que se referem os subitens 4.22 e 4.23 da lista anexa, quando operados por cooperativas, deduzir-se-ão da base de cálculo os valores despendidos com terceiros, pela prestação de serviços de hospitais, laboratórios, clínicas, medicamentos, médicos, odontólogos e demais profissionais de saúde'. O referido parágrafo foi vetado pelo Presidente da República. As razões do veto foram as seguintes: 'A sanção do dispositivo teria como consequência a introdução de grave distorção tributária no setor de planos de saúde. Ao conceder a dedução... apenas aos planos operados por cooperativas, a incidência do imposto sobre serviços de qualquer natureza caracterizar-se-ia como elemento de concorrência desleal em relação aos demais planos de saúde...' A regra contida no parágrafo vetado interpretava corretamente a forma de dar adequado tratamento tributário ao ato cooperativo, como pretende a alínea *c* do inciso II do art. 146 da Constituição. Trata-se de uma redação esclarecedora e perfeita e não imperfeita, como se afirma no veto. A cooperativa tem característica especial. Não pode ser comparada ou igualada à empresa. Não existe, portanto, concorrência desleal, pois são situações completamente distintas. [...] O parágrafo vetado fazia referência a serviços de cooperativa prestados a terceiros e não aos próprios associados, mediante medicina de grupo ou individual ou outros planos de saúde. Nesse caso, o ISS deve incidir apenas sobre o preço do serviço e não sobre valores despendidos com terceiros pela prestação de serviços de hospitais, laboratórios, clínicas, medi-

camentos, médicos, odontólogos e demais profissionais de saúde. Estes itens são serviços de terceiros e não do próprio contribuinte, pois do contrário o ISS incidirá sobre o serviço do serviço e não o serviço prestado pelo contribuinte. Solução será a cooperativa que opera plano de saúde individualizar na nota fiscal de serviços o que é o seu serviço e importâncias que apenas transitam pela contabilidade da empresa, que representam mera entrada e não receita de prestação de serviços" (MARTINS, Sergio Pinto. As cooperativas e a tributação pelo ISS de acordo com a Lei Complementar n. 116/2003. *Rep. IOB de Jurisprudência* 20/03, 1/18879).

– **No sentido da não sujeição ao ISS.** "As receitas repassadas a terceiros são os valores relativos à remuneração pela produção cooperativista e, a nosso ver, não se sujeitam ao ISS, dado que a base de cálculo do imposto é o preço do serviço, considerando-se como tal, apenas os valores efetivamente percebidos pela cooperativa, descontadas as parcelas repassadas aos cooperativados. Destarte, a incidência de ISS sobre os valores repassados aos cooperativados viola os princípios constitucionais da capacidade contributiva e justiça fiscal, pois esta quantia não se incorpora ao patrimônio da cooperativa, não podendo ser considerada como paradigma para a incidência deste tributo. A cooperativa, bem como qualquer outro contribuinte, só pode recolher tributo sob o dinheiro que fica para si, e nunca para valores que são repassados terceiros. Já as receitas que se incorporam ao capital social, caracterizam-se pelos valores da taxa de administração, provenientes dos serviços prestados pela sociedade para seus associados, e que, por conta de tal fundamento, se constitui como ato cooperativo, o qual, segundo a jurisprudência... não se sujeita à tributação" (VARANDA, Rodrigo. Uma nova reflexão sobre as sociedades cooperativas e o imposto sobre serviços. *RDDT* 163/98, 2009).

– "... não podem, em qualquer hipótese, ser confundidas com sociedades civis prestadoras de serviços, dado que estas entidades organizam-se coletivamente para a atividade, enquanto as sociedades cooperativas apenas representam o interesse individual dos seus associados" (ROSE, Marco Túlio de. A incidência do ISS sobre a atividade de cooperativas. *RET* 14/34, 2000). Obs.: o Autor acrescenta pondera, também, à fl. 32: "... o fato da cooperativa contratar e mesmo cobrar os serviços não significa que seja ela a prestadora dos mesmos". Vale ressaltar a ênfase dada, no artigo, às cooperativas médicas.

– **Cooperativa de serviços médicos. Incidência sobre a taxa e administração. Dedução dos valores pagos aos cooperados.** Vide nota anterior sobre o aspecto quantitativo do ISS. "ISS. COOPERATIVA. SERVIÇOS MÉDICOS. ATOS NÃO COOPERADOS. TAXA. ADMINISTRAÇÃO. A Turma, ao prosseguir o julgamento, conheceu parcialmente do recurso e, nessa parte, deu-lhe parcial provimento para afastar a incidência do ISS sobre os atos cooperados praticados pela recorrente, bem como para determinar a incidência da exação, no que tange aos atos não cooperados, tão somente sobre a taxa de administração, excluindo-se os valores pagos ou reembolsados aos associados. Argumentou o Min. Relator que o ISS não incide sobre os atos praticados pelas cooperativas médicas consistentes no exercício de atividades em prol dos associados que prestam serviços médicos a terceiros (atos cooperados). Os atos não cooperados, aqueles decorrentes de relação jurídica negocial advinda da venda de planos de saúde a terceiros, sujeitam-se à incidência do ISS, tendo como base de cálculo, tão somente, a receita advinda da cobrança da taxa de administração. Isso porque a receita tributável não abrange o valor pago ou reembolsado aos cooperados, haja vista não constituir parte do patrimônio da cooperativa (art. 79 da Lei n. 5.764/1971, c/c os arts. 86 e 87 do mesmo diploma legal). O eventual inadimplemento quanto ao pagamento de ISS em relação à taxa de administração de alguns contratos é matéria que se encarta no óbice da Súm. n. 7-STJ. O Min. Relator ressalvou seu posicionamento no sentido de que essas entidades não exercem nenhuma espécie de serviço ou fornecimento de mão de obra, mercê de não visarem ao fim lucrativo ensejador da incidência. A forma de associação corporativa implica impor a obrigação tributária aos médicos cooperativados pelos serviços que prestam. Caso as cooperativas empreendam a venda de planos de saúde com o intuito de lucro, devem pagar IOF, excluído, portanto, o ISS, pela ausência de tipicidade do fato gerador e pela interdição de que o mesmo fato possa sustentar duas exações...REsp 875.388, 2007" (*Informativo* 334 do STJ).

– **Prestação de serviços internacional. Importação e exportação de serviços.** Vide notas ao § 3º, inciso II, deste art. 156 da CF.

IV – (Revogado pela EC n. 3/93)

§ 1º Sem prejuízo da progressividade no tempo a que se refere o art. 182, § 4º, inciso II, o imposto previsto no inciso I poderá:

⇒ **EC n. 29/2001.** A EC n. 29, de 13 de setembro de 2000, é que deu a atual redação a este artigo.

– **Redação revogada do § 1º:** "§ 1º O imposto previsto no inciso I (IPTU) poderá ser progressivo, nos termos de lei municipal, de forma a assegurar o cumprimento da função social da propriedade".

I – ser progressivo em razão do valor do imóvel; e (inciso acrescentado pela EC n. 29, de 13 de setembro de 2000)

⇒ **Progressividade para fins fiscais.** Vedada à luz da redação original da Constituição, tanto em função da natureza de imposto real de que se reveste o IPTU como em razão da interpretação do art. 145, § 1º, da CF, conforme extensa jurisprudência do STF, está agora admitida expressamente neste inciso acrescentado pela EC n. 29/2000. A EC n. 29/2000 ensejou que se pudesse graduar as alíquotas do IPTU em função da presumida maior capacidade contributiva do proprietário que é titular de imóvel de maior valor, conforme se vê do seu inc. I.

– **Progressivo em razão do valor de *cada* imóvel.** "... quando sustentamos que a progressividade deve ser estabelecida em razão do valor da cada imóvel, e não em razão do valor da totalidade dos imóveis de um mesmo contribuinte, levamos em consideração o fenômeno da repercussão. O proprietário de vários imóveis, embora seja o contribuinte de todos eles, na verdade, geralmente não suporta o ônus do IPTU quando os seus imóveis são alugados, pois transfere o ônus correspondente para os inquilinos, na medida em que o permitam as condições do mercado. [...] Além de ser a progressividade do IPTU em razão do valor de cada imóvel a forma que nos parece melhor para a realização do princípio da capacidade contributiva..., não podemos deixar de considerar que a progressividade em razão do valor total dos imóveis de um mesmo contribuinte pode enfrentar dificuldades de ordem prática e o questionamento quanto a possível conflito de competência tributária" (MACHADO, Hugo de Brito. A progressividade do IPTU e a capacidade contributiva. *RDDT* 203/91-100, 2012).

– **Constitucionalidade da EC n. 29/2000. Tema 94 do STF:** "É constitucional a Emenda Constitucional n. 29, de 2000, no que estabeleceu a possibilidade de previsão legal de alíquotas progressivas para o IPTU de acordo com o valor do imóvel". Decisão de mérito em 2011.

– "IMPOSTO PREDIAL E TERRITORIAL URBANO – PROGRESSIVIDADE – FUNÇÃO SOCIAL DA PROPRIEDADE – EMENDA CONSTITUCIONAL N. 29/2000 – LEI POSTERIOR. Surge legítima, sob o ângulo constitucional, lei a prever alíquotas diversas, presentes imóveis residenciais e comerciais, uma vez editada após a Emenda Constitucional n. 29/2000" (STF, RE 586.693, 2011). Obs.: trata-se de acórdão no regime da repercussão geral.

– "Em conclusão, o Plenário proveu recurso extraordinário interposto pelo Município de São Paulo e reconheceu a constitucionalidade da EC 29/2000 e da Lei municipal 6.989/66, na redação dada pela Lei municipal 13.250/2001, que estabeleceu alíquotas progressivas para o IPTU tendo em conta o valor venal e a destinação do imóvel. O recurso impugnava acórdão o qual provera apelação em mandado de segurança e declarara a inconstitucionalidade da referida Lei municipal 13.250/2001 por vislumbrar ofensa aos princípios da isonomia e da capacidade contributiva, e ao art. 60, § 4º, IV, da CF – v. *Informativo* 433. Após mencionar os diversos enfoques dados pela Corte em relação à progressividade do IPTU, em período anterior à EC 29/2000, concluiu-se, ante a interpretação sistemática da Constituição Federal, com o cotejo do § 1º do seu art. 156 com o § 1º do seu art. 145, que essa emenda teria repelido as premissas que levaram a Corte a ter como imprópria a progressividade do IPTU. Enfatizou-se que a EC 29/2000 veio apenas aclarar o real significado do que disposto anteriormente sobre a graduação dos tributos, não tendo abolido nenhum direito ou garantia individual, visto que a redação original da CF já versava a progressividade dos impostos e a consideração da capacidade econômica do contribuinte, não se tratando, assim, de inovação apta a afastar algo que pudesse ser tido como integrado a patrimônio. Ressaltou-se que o § 1º do art. 145 possuiria cunho social da maior valia, tendo como objetivo único, sem limitação do alcance do que nele estaria contido, o estabelecimento de uma gradação que promovesse justiça tributária, onerando os que tivessem maior capacidade para pagamento do imposto. Asseverou-se, no ponto, que o texto constitucional homenagearia a individualização, determinando que se atentasse à capacidade econômica do contribuinte, a qual haveria de ser aferida sob os mais diversos ângulos, inclusive o valor, em si, do imóvel. Observou-se ser necessário emprestar aos vocábulos da norma constitucional o sentido próprio, não se podendo confundir a referência à capacidade econômica com a capacidade financeira, cedendo a tradicional dicotomia entre tributo pessoal e real ao texto da Carta da República. Frisou-se que essa premissa nortearia a solução de conflitos de interesse ligados à disciplina da progressividade, buscando-se, com isso, alcançar o objetivo da República, a existência de uma sociedade livre, justa e solidária. Aduziu-se que a lei impugnada, por sua vez, teria sido editada em face da competência do Município e com base no § 1º do art. 156 da CF, na redação dada pela EC 29/2000, concretizando, portanto, a previsão constitucional. Salientou-se que o texto primitivo desse dispositivo não se referia ao valor do imóvel e à localização e ao uso respectivos, mas previa a progressividade como meio de se assegurar o cumprimento da função social da propriedade. Nesta assentada, o Min. Celso de Mello registrou haver atualmente um modelo de progressividade que não mais se qualificaria como a simples progressividade-sanção em virtude exatamente da específica vinculação do instituto da progressividade tributária, em tema de IPI, ao cumprimento da função social da propriedade urbana, notadamente quando analisada em face das exigências públicas de adequada ordenação do solo urbano. Reputou que a pretensão de inconstitucionalidade, no presente caso, seria afastada precisamente pelo conteúdo inequívoco do próprio discurso normativo que se encerraria no texto da EC 29/2000, portanto, não mais apenas a progressividade-sanção, mas também, agora, o instituto da progressividade como medida de isonomia, como medida de justiça fiscal. Concluiu que, em face da EC 29/2000, o conteúdo de que se mostraria impregnada a Súmula 668 do STF poderia ser então superada, tendo em vista o fato de que se mostraria plenamente legítimo e possível ao Município adequar o seu modelo pertinente ao IPTU à clausula da progressividade, tal como prevista no § 1º do art. 156 da CF. Alguns precedentes citados: RE 153771/MG (...1996); RE 234105/SP (...2000)".

– "Não há, por outro lado, incompatibilidade entre impostos reais e a progressividade. Todo imposto não deixa de ser pessoal e real ao mesmo tempo, porque sempre será devido por um sujeito de direito em razão de seu patrimônio. A diferenciação, na verdade, mostra-se relativa, razão pela qual, tanto os impostos pessoais, quanto os reais – como é o caso do IPTU – devem ser orientados pelos princípios da capacidade contributiva e da progressividade. [...] A Emenda Constitucional n. 29/00 tem caráter declaratório e, antes de ofender, concretiza e realiza os princípios fundamentais do sistema constitucional tributário. Não há, na Lei Maior, um princípio absoluto que vede a subjetivação, por emenda constitucional, de um imposto real, como é o caso do IPTU, ou que confira a quem quer que seja o direito subjetivo de somente ser tributado com alíquotas progressivas diante de impostos pessoais" (CLÈVE, Clèmerson Merlin; SEHN, Sólon. IPTU e Emenda Constitucional n. 29/2000 – Legitimidade da progressão das alíquotas em razão do valor venal do imóvel. *RDDT* 94/137 e 139, 2003).

– **Progressividade excessiva. Efeito confiscatório vedado.** "IPTU. PROGRESSIVIDADE FISCAL, MAS COM EFEITOS EXTRAFISCAIS, APÓS A EC 29/2000: IMPOSSIBILIDADE De natureza 'fiscal' é, relativamente ao IPTU, a alíquota preconizada nos incisos I e II do § 1º do art. 156 da CF/1988, com a redação que lhe deu a EC 29/2000, e, de natureza 'extrafiscal', é a prevista na introdução do mesmo parágrafo, qual seja, a contemplada no inciso II do § 4º do art. 182 da Constituição, destinada a desestimular o inadequado uso da propriedade territorial urbana, assegurando-se, assim, sua função social. 2. Atenta contra o inciso II do citado § 1º do art. 156 a lei – no caso, o § 3º do art. 5º da LC 07/1973, do Município de Porto Alegre, com a redação que lhe deu a LC 461/2000 –, que mascaradamente passou a adotar, a partir de então, para fins de cálculo do imposto territorial, alíquotas diferenciadas de acordo com a localização do terreno, porém com natureza nitidamente 'extrafiscal', variando de 1,5% a 6% [...], porquanto, por simples cálculo matemático vê-se que, em poucos anos o valor do imóvel tributado é confiscado pelo ente tributante. Alíquotas dessa ordem, na verdade, são compatíveis apenas para os fins do referido inciso II do § 4º do art. 182 da Constituição" (TJRS, AC 70012471538, 2005).

⇒ **Implementação do IPTU progressivo.** "O IPTU progressivo no tempo aparece como o segundo instrumento de intervenção urbanística. As condições e os limites dessa progressividade foram regulamentados pela Lei n. 10.527, de 10-7--2001, conhecida como Estatuto da Cidade (arts. 5º a 7º). Resumidamente, são os seguintes os requisitos para a implementação do IPTU progressivo: (a) O imóvel a ser tributado progressivamente há de estar previamente incluído na área abrangida pelo Plano Diretor da Cidade (§ 4º, que só poderá ser aprovado por 3/5 dos Vereadores, após duas audiências públicas, não podendo ser feita mais de uma alteração anual (arts. 40, § 4º, 41, I, e 46 da LOMSP). (b) A definição da função social da propriedade urbana pela lei especial que aprova o Plano Diretor da Cidade impositivo para cidades com mais de 20.000 habitantes. (c) concessão de prazo para o proprietário construir ou lotear o imóvel incluído no Plano Diretor (§ 4º, I). Esse prazo, segundo o Estatuto da Cidade, não poderá ser inferior a um ano, a partir da notificação (art. 5º, § 4º, I); será de dois anos para o início das obras do empreendimento a contar da aprovação do projeto (art. 5º, § 4º, II). Em se tratando de empreendimento de grande porte, o § 5º desse art. 5º faculta a lei municipal, em caráter excepcional, prever a conclusão em etapas, assegurando-se que o projeto aprovado compreenda o empreendimento como um todo. Assim, os prazos para execução do projeto contam-se para cada uma das etapas. (d) Somente após o descumprimento dos prazos previstos para a apresentação do projeto e a sua execução é que o Município poderá instituir o IPTU progressivo. Vedado fica, porém, o uso de qualquer modalidade de progressividade. Apenas a modalidade da progressividade no tempo poderá ser implementada. A alíquota irá sendo majorada a cada ano que o proprietário descumprir a função social da propriedade urbana limitado, porém, a cinco anos consecutivos (art. 7º o Estatuto da Cidade). De um ao para outro a majoração de alíquota não poderá exceder duas vezes o valor referente ao exercício anterior, respeitado o teto de quinze por cento (art. 7º, § 1º). Atingida a alíquota máxima e persistindo a disfunção social de propriedade urbana, aquela alíquota será mantida até que se promova a desapropriação do imóvel mediante pagamento em títulos da dívida pública (art. 7º, § 2º)" (HARADA, Kiyoshi. *IPTU: doutrina e prática*. São Paulo: Atlas, 2012, p. 106-107).

⇒ **Inconstitucionalidade das leis anteriores a EC n. 29/2000.** Súmula n. 668 do STF: "É inconstitucional a lei municipal que tenha estabelecido, antes da Emenda Constitucional 29/00, alíquotas progressivas para o IPTU, salvo se destinada a assegurar o cumprimento da função social da propriedade urbana".

– **Tema 155:** "É inconstitucional a lei municipal que tenha estabelecido, antes da Emenda Constitucional 29/2000, alíquotas progressivas para o IPTU, salvo se destinada a assegurar o cumprimento da função social da propriedade urbana". Decisão de mérito em 2014.

– "2. A cobrança progressiva de IPTU antes da EC 29/2000 – assunto de indiscutível relevância econômica, social e jurídica – já teve a sua inconstitucionalidade reconhecida por esta Corte, tendo sido, inclusive, editada a Súmula 668 deste Tribunal. 3. Ratificado o entendimento firmado por este Supremo Tribunal Federal, aplicam-se aos recursos extraordinários os mecanismos previstos no § 1º do art. 543-B, do CPC. 4. Questão de ordem resolvida, com a conversão do agravo de instrumento em recurso extraordinário, o reconhecimento da existência da repercussão geral da questão constitucional nele discutida, bem como ratificada a jurisprudência desta Corte a respeito da matéria, a fim de possibilitar a aplicação do art. 543-B, do CPC" (STF, AI 712.743 RG-QO, 2009).

– **Sendo inconstitucional a progressividade, é devida a alíquota mínima.** Hipótese de ser reconhecida a inconstitucionalidade da progressividade de algum tributo, deverá ser exigida a alíquota mínima prevista na respectiva lei.

– **Tema 226 do STF:** "Declarada inconstitucional a progressividade de alíquota tributária, é devido o tributo calculado pela alíquota mínima correspondente, de acordo com a destinação do imóvel". Decisão de mérito em 2015.

– "IPTU. PROGRESSIVIDADE. PERÍODO ANTERIOR À EMENDA CONSTITUCIONAL 29/2000. SÚMULA 688 DO STF. ALÍQUOTA MÍNIMA PREVISTA EM LEI. RECURSO POSTERIOR AO CPC/15. 1. É inconstitucional a lei municipal que tenha estabelecido, antes da emenda constitucional 29/2000, alíquotas progressivas para o IPTU, salvo se destinada a assegurar o cumprimento da função social da propriedade urbana. Súmula 688 do STF. 2. O acórdão prolatado pelo Tribunal de origem, que estipula a alíquota mínima, à luz da progressividade do IPTU em período anterior à EC 29/2000, não diverge do assentado no RE-RG 602.347, de minha relatoria (Tema 226)" (STF, ARE 956.855 AgR, 2016).

– **Progressividade fiscal através de isenções graduais.** "DIREITO TRIBUTÁRIO. IPTU. PROGRESSIVIDADE ANTES DA EC 29/00. IMPOSSIBILIDADE, AINDA QUE PELA VIA ALÍQUOTA DE ISENÇÕES GRADUAIS. 1. O legislador Municipal não poderia, no período anterior a tal emenda constitucional, ter estabelecido graduação progressiva do montante devido pelos contribuintes a título de IPTU, tendo como critério o valor do imóvel. 2. A utilização do instituto da isenção

como instrumento de graduação de alíquotas, com aplicação à generalidade dos contribuintes, não corresponde à sua natureza jurídica. Nesse caso, a isenção deixa de atuar como benefício fiscal. De norma de exceção que é, passa a compor o aspecto quantitativo da norma tributária impositiva, modelando toda a tabela de alíquotas e tendo como efeito a vedada progressividade. 3. Aplicação da Súmula 668 do STF" (STF, RE 355.046, 2011).

⇒ **Progressividade no tempo com finalidade extrafiscal.** Vide nota ao art. 182, § 4º, da CF.

II – ter alíquotas diferentes de acordo com a localização e o uso do imóvel. (inciso acrescentado pela EC n. 29, de 13 de setembro de 2000)

⇒ **Seletividade.** Mesmo diante da jurisprudência do STF que vedava a progressividade do IPTU, doutrinadores do porte de Hugo de Brito Machado já procuravam na diferenciação entre progressividade e seletividade autorização para o estabelecimento de alíquotas diferenciadas em razão do uso do imóvel. Agora, expressamente autorizada, não há mais o que discutir.

– **Mesmo antes da EC n. 29/2000, era válida a seletividade do IPTU. Tema 523 do STF:** "São constitucionais as leis municipais anteriores à Emenda Constitucional n. 29/2000, que instituíram alíquotas diferenciadas de IPTU para imóveis edificados e não edificados, residenciais e não residenciais". Decisão de mérito em 2020.

– "IPTU. Alíquotas diferenciadas. Lei Municipal Anterior à EC 29/2000. Constitucionalidade. Precedentes de ambas as Turmas. 1. Esta Corte, em diversos precedentes de ambas as Turmas, manifestou-se pela possibilidade da instituição de alíquotas diferenciadas de IPTU com base na destinação e situação do imóvel (residencial ou comercial, edificado ou não edificado), em período anterior à edição da Emenda Constitucional n. 29/2000. Entendeu-se que tal prática não se confunde com o estabelecimento de alíquotas progressivas, cuja constitucionalidade, em momento anterior à emenda constitucional, foi reconhecida apenas para assegurar o cumprimento da função social da propriedade. 2. Desse modo, mantenho o entendimento de ambas as Turmas desta Corte e nego provimento ao recurso. Proponho a fixação da seguinte tese em sede de repercussão geral: 'São constitucionais as leis municipais anteriores à Emenda Constitucional n. 29/2000, que instituíram alíquotas diferenciadas de IPTU para imóveis edificados e não edificados, residenciais e não residenciais'" (STF, RE 666.156, 2020).

• Vide notas ao art. 145, § 1º, da CF acerca da distinção entre progressividade e seletividade e das lições que já admitiam esta última antes do surgimento deste inc. II.

– Sobre a progressividade em função do valor venal e da destinação, vide nota ao inciso anterior acerca da Lei municipal n. 13.250/2001 de São Paulo.

– **Alíquota distinta em razão da localização. Crítica.** "A distinção de alíquotas em função da localização do imóvel não encontra uma justificativa plausível, podendo gerar distorções na política tributária municipal. Diminuir a carga tributária de imóveis situados nas periferias poderá atrair grandes especuladores e contribuir para empurrar os pobres para regiões ainda mais distantes. Outrossim, imóveis situados em zonas nobres já têm o valor venal (base de cálculo do IPTU) mais elevado podendo sobre eles incidir a tributação progressiva na forma do *caput*" (HARADA, Kiyoshi. *IPTU:* doutrina e prática. São Paulo: Atlas, 2012, p. 104).

– **Alíquotas distintas em razão do uso residencial ou comercial.** "IMPOSTO PREDIAL E TERRITORIAL URBANO – PROGRESSIVIDADE – FUNÇÃO SOCIAL DA PROPRIEDADE – EMENDA CONSTITUCIONAL N. 29/2000 – LEI POSTERIOR. Surge legítima, sob o ângulo constitucional, lei a prever alíquotas diversas presentes imóveis residenciais e comerciais, uma vez editada após a Emenda Constitucional n. 29/2000" (STF, Pleno, RE 423768, Rel. Min. Marco Aurélio, dez. 2010).

– "Já é uma tradição na legislação municipal adotar alíquotas diferenciadas para favorecer o imóvel de uso residencial, talvez motivado pelo fato de ser a casa asilo inviolável do indivíduo (art. 5º, XI, da CF)" (HARADA, Kiyoshi. *IPTU:* doutrina e prática. São Paulo: Atlas, 2012, p. 104).

– **IPTU ambiental ou ecológico.** "... o IPTU possui, também, grande potencial de promoção da proteção do meio ambiente, é o que já se denomina de IPTU ambiental ou ecológico. Isso se daria de forma análoga ao favorecimento aos munícipes mais carentes, prevendo em lei alíquotas mais baixas ou mesmo isenções para áreas de interesse ambiental, estabelecendo benefícios capazes de fomentar a proteção ao meio ambiente; o que tanto parece se enquadrar perfeitamente na previsão constitucional de *alíquotas diferentes de acordo com a localização e uso do imóvel* como condiz com o estímulo ao cumprimento da função social e ambiental da propriedade" (GONÇALVES, Francysco Pablo Feitosa; CAMPOS, Hélio Sílvio Ourém. A competência tributária municipal e o meio ambiente. *RTFP* 96/19, 2011).

§ 1º-A. O imposto previsto no inciso I do *caput* deste artigo não incide sobre templos de qualquer culto, ainda que as entidades abrangidas pela imunidade de que trata a alínea "b" do inciso VI do *caput* do art. 150 desta Constituição sejam apenas locatárias do bem imóvel. (Incluído pela Emenda Constitucional n. 116, de 2022)

– **Imunidade.** Este novo parágrafo estende a imunidade das instituições religiosas, quanto ao IPTU, aos imóveis de que sejam locatárias. Desse modo, impede a tributação dos imóveis por elas utilizados, ainda que detenham a posse direta, tão somente. Desse modo, quando os templos de qualquer culto forem proprietários ou possuidores direto, o IPTU não recairá sobre o respectivo imóvel.

– **Locatárias ou comodatárias.** Interpretação teleológica do dispositivo leva ao entendimento de que alcança não apenas a locação, mas outros contratos, como o comodato. Isso porque a intenção do constituinte derivado é não onerar a instituição religiosa com tal imposto.

§ 2º O imposto previsto no inciso II (ITBI):

I – não incide sobre a transmissão de bens ou direitos incorporados ao patrimônio de pessoa jurídica em realização de capital, nem sobre a transmissão de bens ou direitos decorrentes

de fusão, incorporação, cisão ou extinção de pessoa jurídica, salvo se, nesses casos, a atividade preponderante do adquirente for a compra e venda desses bens ou direitos, locação de bens imóveis ou arrendamento mercantil;

⇒ **Imunidade.** Tratando-se de proibição constitucional de tributação, constitui norma de imunidade que delimita a competência tributária.

– "... o vocábulo 'nem' divide o dispositivo legal, criando situações distintas. [...] Assim, o ITBI não incide: (a) sobre a transmissão de bens ou direitos incorporados ao patrimônio de pessoa jurídica em realização de capital; e (b) sobre a transmissão de bens ou direitos decorrente de fusão, incorporação, cisão ou extinção de pessoa jurídica, salvo se, nos casos de fusão, incorporação, cisão ou extinção de pessoa jurídica, a atividade preponderante do adquirente for a compra e venda desses bens ou direitos, locação de bens imóveis ou arrendamento mercantil. Portanto, pela simples leitura do inciso I do § 2º do artigo 156 da CRFB/1988, pode-se concluir que a transmissão de bens ou direitos reais sobre bens imóveis à pessoa jurídica em realização de capital é absolutamente imune à cobrança do ITBI, não havendo qualquer exceção" (TRAPLE, Guilherme. A imunidade absoluta à cobrança do ITBI em transmissão de bens ou direitos incorporados ao patrimônio de pessoa jurídica em realização de capital. *RDDT* 203/86-90, 2012).

⇒ **Limitada ao capital integralizado. Tema 796 do STF:** "A imunidade em relação ITBI, prevista no inciso I do § 2º do art. 156 da Constituição Federal, não alcança o valor dos bens que exceder o limite do capital social a ser integralizado". Decisão do mérito em 2020.

⇒ **Exceção: atividade preponderante de compra e venda de bens imóveis. Critérios.** "... para a aplicação da exceção à imunidade do art. 156, § 2º, I, da CF/1988, a jurisprudência tem-se utilizado dos seguintes critérios, ora vistos isoladamente, ora interpretados em conjunto: (a) análise do objeto social da pessoa jurídica; (b) análise da natureza das atividades que geram mais de 50% da receita da pessoa jurídica (sendo que neste item cabe verificar e discutir se houve reconhecimento de receitas); (c) decurso do lapso temporal necessário para verificar a relevância da atividade preponderante: (1) dois anos antes ou depois da aquisição; ou (2) três anos após o início das atividades. Dessa forma, para saber se uma operação se enquadra na imunidade do art. 156, § 2º, I, da CF/1988, faz-se necessário confrontar o histórico imobiliário e societário da sociedade com os critérios descritos acima" (KUGLER, Herbert, Morgenstern; TRISTÃO, Eduardo. A exceção à regra de imunidade do ITB prevista no art. 156, § 2º, da CF/1988. *RTFP* 96/207, 2011).

II – compete ao Município da situação do bem.

§ 3º Em relação ao imposto previsto no inciso III (ISS) do *caput* deste artigo, cabe à lei complementar:

⇒ **EC n. 37/2002.** Parágrafo com redação dada pela Emenda Constitucional n. 37, de 12 de junho de 2002.

⇒ **Redação anterior, dada pela EC n. 3/93:** "§ 3º Em relação ao imposto previsto no inciso III, cabe à lei complementar:"

⇒ **Redação original da CF/88:** "O imposto previsto no inciso III, não exclui a incidência do imposto estadual previsto no art. 155, I, *b*, sobre a mesma operação".

I – fixar as suas alíquotas máximas e mínimas;

⇒ **EC n. 37/2002.** Inciso I com a redação determinada pela EC n. 37, de 12 junho de 2002.

– Redação original decorrente da EC n. 3/93: "I – fixar as suas alíquotas máximas;"

⇒ **Alíquotas máximas.** LC n. 116/2003: "Art. 8º As alíquotas máximas do Imposto Sobre Serviços de Qualquer Natureza são as seguintes: I – (VETADO) II – demais serviços, 5% (cinco por cento)".

– O texto constitucional "se refere às alíquotas máximas, no plural, o que não admite um teto único e fixo de tributação. [...] A Lei Complementar n. 100.. acrescentou o item 101 para permitir a tributação do serviço de exploração de rodovia. Só que, ao acrescentar esse novo serviço, a lei complementar já fixou a sua alíquota máxima por ora, somente um único item de serviços tributáveis, o item 101 da lista anexa à Lei Complementar n. 56/1987, correspondente ao item 22.01 da lista anexa à Lei Complementar n. 116/2003, está submetido à alíquota máxima de 5%" (HARADA, Kiyoshi. Imposto sobre Serviços. Polêmica sobre alíquotas máximas e mínimas. *RET* 47, 2006).

– **Aplicação imediata?** De um lado, pode-se entender que, em sendo, a alíquota máxima, um teto para a tributação, requerido pelo próprio texto constitucional, aplica-se de imediato, não se submetendo à anterioridade, só invocável a favor do contribuinte. De outro, contudo, tem-se que o orçamento dos entes políticos é anual e que violaria a segurança jurídica e a autonomia financeira dos Municípios impor-se, de imediato, a redução das alíquotas durante o exercício de 2003, pois comprometeria a receita esperada e, por consequência, a execução orçamentária.

– **Não havia alíquota máxima genérica no regime anterior.** "2. A Lei Complementar n. 100/99 alterou o Decreto-Lei n. 406/68 e a Lei Complementar n. 56/87, acrescentando serviço sujeito ao Imposto sobre Serviços de Qualquer Natureza (item 101), qual seja, 'exploração de rodovia mediante cobrança de preço dos usuários...'. No que concerne ao serviço mencionado, a referida Lei Complementar uniformizou a cobrança do ISS em todo território nacional, estipulando para tal serviço – e tão somente para ele – uma alíquota máxima de 5%. Essa alíquota máxima não foi estendida aos demais serviços constantes da lista do ISS e, sim, apenas aquele instituído pela Lei Complementar n. 100/99... 3. No caso dos autos, em se tratando de serviços bancários cobrados com base no Decreto-Lei 406/68 (regime anterior à vigência da LC 116/2003), não é aplicável a limitação prevista no art. 4º da LC 100/99. 4. A reforçar essa tese, há que se destacar que, apenas com o advento da EC 37/2002 que, entre outras disposições, alterou o art. 156, § 3º, I, da CF/88 foi estabelecida a previsão de fixação das alíquotas máximas e mínimas do ISS através de lei complementar (federal), em relação aos serviços sujeitos à incidência desse imposto, o que se efetivou apenas com a vigência da LC 116/2003 (que regulamentou o preceito constitucional referido)" (STJ, REsp 1.372.512, 2013).

⇒ **Alíquota mínima de 2% desde 2002. LC 157/2016 e, antes, art. 88 do ADCT.** A fixação da alíquota mínima de ISS, em nível de lei complementar, sobreveio com a LC 157/2016, que a estabeleceu em 2%. Até então, como não havia disposição a respeito na redação original da LC n. 116/2003, vigia a norma do art. 88 do ADCT, decorrente da EC 37/2002, que já estabelecia a alíquota mínima de 2% em caráter transitório. Na prática, portanto, desde 2002 temos a alíquota mínims de 2002 e o impedimento de os Municípios estabelecerem alíquota menor, ainda que mediante o uso de artifícios como a redução da base de cálculo ou a concessão de outros benefícios fiscais.

– Art. 8º-A da LC 116/2003, incluído pela LC 157/2016: "Art. 8º-A. A alíquota mínima do Imposto sobre Serviços de Qualquer Natureza é de 2% (dois por cento). § 1º O imposto não será objeto de concessão de isenções, incentivos ou benefícios tributários ou financeiros, inclusive de redução de base de cálculo ou de crédito presumido ou outorgado, ou sob qualquer outra forma que resulte, direta ou indiretamente, em carga tributária menor que a decorrente da aplicação da alíquota mínima estabelecida no *caput*, exceto para os serviços a que se referem os subitens 7.02, 7.05 e 16.01 da lista anexa a esta Lei Complementar. § 2º É nula a lei ou o ato do Município ou do Distrito Federal que não respeite as disposições relativas à alíquota mínima previstas neste artigo no caso de serviço prestado a tomador ou intermediário localizado em Município diverso daquele onde está localizado o prestador do serviço. § 3º A nulidade a que se refere o § 2º deste artigo gera, para o prestador do serviço, perante o Município ou o Distrito Federal que não respeitar as disposições deste artigo, o direito à restituição do valor efetivamente pago do Imposto sobre Serviços de Qualquer Natureza calculado sob a égide da lei nula".

– ADCT: "Art. 88. Enquanto lei complementar não disciplinar o disposto nos incisos I e III do § 3º do art. 156 da Constituição Federal, o imposto a que se refere o inciso III do *caput* do mesmo artigo: I – terá alíquota mínima de dois por cento, exceto para os serviços a que se referem os itens 32, 33 e 34 da Lista de Serviços anexa ao Decreto-Lei n. 406, de 31 de dezembro de 1968; II – não será objeto de concessão de isenções, incentivos e benefícios fiscais, que resulte, direta ou indiretamente, na redução da alíquota mínima estabelecida no inciso I" (Artigo acrescido pela EC n. 37/2002).

– **Descabimento da redução da base de cálculo e da concessão de outros benefícios que tenham o efeito de reduzir a carga mínima. Inconstitucionalidade.** O art. 88 do ADCT já impedia, expressamente, manobras que implicasse carga inferior a mínimo de 2%. Quanto a essas manobras que podem desequilibrar o pacto federativo, instaurando uma guerra fiscal entre os entes federados, são ricas as dicussões ocorridas relativamente ao ICMS e a vedação constitucional de concessão de benefícios não autorizados por Convênio, valendo analisar o art. 155, § 2º, XII, g, da CF e as respectivas notas.

– "ARGUIÇÃO DE DESCUMPRIMENTO DE PRECEITO FUNDAMENTAL. DIREITO TRIBUTÁRIO. IMPOSTO SOBRE SERVIÇOS DE QUALQUER NATUREZA – ISS-QN. ALÍQUOTA MÍNIMA. ART. 88 DO ADCT. COMPETÊNCIA LEGISLATIVA DA UNIÃO. NORMAS GERAIS

DA LEGISLAÇÃO TRIBUTÁRIA. USURPAÇÃO. BASE DE CÁLCULO. DEFINIÇÃO POR LEI MUNICIPAL. CONCEITO DE RECEITA BRUTA DO PREÇO DO SERVIÇO. PRINCÍPIO FEDERATIVO. FEDERALISMO FISCAL. [...] 5. Reveste-se de inconstitucionalidade formal a lei municipal na qual se define base de cálculo em que se excluem os tributos federais relativos à prestação de serviços tributáveis e o valor do bem envolvido em contratos de arrendamento mercantil, por se tratar de matéria com reserva de lei complementar, nos termos do art. 146, III, "a", da Constituição da República. 6. No âmbito da inconstitucionalidade material, viola o art. 88, I e II, do Ato das Disposições Constitucionais Transitórias do Texto Constitucional, incluído pela Emenda Constitucional 37/2002, o qual fixou alíquota mínima para os fatos geradores do ISSQN, assim como vedou a concessão de isenções, incentivos e benefícios fiscais, que resultasse, direta ou indiretamente, na redução da alíquota mínima estabelecida. Assim, reduz-se a carga tributária incidente sobre a prestação de serviço a um patamar vedado pelo Poder Constituinte. 7. Fixação da seguinte tese jurídica ao julgado: "É inconstitucional lei municipal que veicule exclusão de valores da base de cálculo do ISSQN fora das hipóteses previstas em lei complementar nacional. Também é incompatível com o Texto Constitucional medida fiscal que resulte indiretamente na redução da alíquota mínima estabelecida pelo art. 88 do ADCT, a partir da redução da carga tributária incidente sobre a prestação de serviço na territorialidade do ente tributante." 8. Modulação prospectiva dos efeitos temporais da declaração de inconstitucionalidade, a contar da data do deferimento da medida cautelar em 15.12.2015. 9. Arguição de Descumprimento de Preceito Fundamental parcialmente conhecida a que se dá procedência com a finalidade de declarar a inconstitucionalidade dos arts. 190, §2º, II; e 191, §6º, II e §7º, da Lei 2.614/97, do Município de Estância Hidromineral de Poá" (STF, ADPF 190, 2016).

– "Em relação aos incentivos fiscais, há determinados tributos que não comportam isenções. Para os Municípios, em relação a um deles, não se admitem desonerações absolutas (ISS), por determinar a Constituição que caberá à lei complementar estabelecer alíquotas mínimas ao imposto. O próprio texto da EC 37/2002 não abre espaço para tal política. A alíquota mínima objetiva eliminar a guerra fiscal entre Municípios, quando da atuação do contribuinte em mais de um deles. Por isso, determina que as alíquotas mínimas sejam definidas por lei complementar, entendendo eu, que esta alíquota não poderá ser inferior a 2%, por força do inc. II do art. 88 do ADCT" (MARTINS, Ives Gandra da Silva. Limites da Constituição e da Lei de Responsabilidade Fiscal – Autonomia financeira, administrativa e política das unidades federativas. *RTFP* 97/307, 2011).

– **Questionamento da alíquota mínima em face do pacto federativo.** "A autonomia política dos entes federativos está umbilicalmente ligada a sua autonomia financeira. Esta, por sua vez, depende da livre disposição parar arrecadação e aplicação do produto de seus tributos, de acordo com seus próprios interesses. Nada mais condizente com o interesse local e, *ipso facto*, com a autonomia municipal, do que a manutenção da competência municipal para a instituição das alíquotas dos próprios tributos. A

Magna Carta outorgou aos municípios o direito de instituir as alíquotas do ISS de acordo com o interesse local, limitando apenas as alíquotas máximas. A EC 37 transformou a descentralização política do ISS em 'administrativa' (leia-se: revogável, típica dos estados unitários), ao restringir a autonomia municipal, ignorando que ela faz parte do Pacto Federativo; esbarrou, desta forma, em cláusula pétrea, sendo inconstitucional. [...] A instituição de alíquotas mínimas também fere o princípio da proporcionalidade em todas as suas dimensões: i) é inútil para resolver a pretensa guerra fiscal, porque somente uma alíquota uniforme seria apta para tanto; ii) utilizou-se de um meio mais restritivo do que o necessário, na medida em que abrangeu regiões que em tese nada tema a ver com a pretensão guerra fiscal; e iii) não se compatibiliza com os valores do Estado democrático brasileiro. Descabida, ainda, a comparação com o regime do ICMS, pois vimos que este tem um sistema compatível com a sua natureza, fato inocorrente com o atual regime do ISS. Consequentemente, os contribuintes somente serão obrigados a recolher o ISS na alíquota mínima de 2% se a lei municipal assim dispuser. Lei esta que deverá obedecer, dentre outros, os princípios da irretroatividade e da anterioridade tributária" (BIM, Eduardo Fortunato. A inconstitucionalidade da alíquota mínima para o ISS: a violação do Pacto Federativo pela EC n. 37/02. *RDDT* 94/37, 2003).

II – excluir da sua incidência exportações de serviços para o exterior.

⇒ **EC n. 3/93.** Inciso II acrescido pela EC n. 3/93.

⇒ **Exportação de serviços para o exterior.** A redundância tem o efeito de frisar que não se trata de prestação de serviços intermunicipal ou interestadual, mas internacional. Ocorrerá exportação de serviços quando seja prestado por profissional ou empresa aqui domiciliados para o proveito de tomador de serviço no exterior. Parece-nos desimportante se os atos materiais são realizados aqui ou no exterior, porquanto, de qualquer modo, teremos os elementos necessários à caracterização da exportação de serviços que são o prestador nacional, o tomador estrangeiro e o objeto como sendo o fazer em seu proveito. Importa é que a atividade seja desenvolvida em favor de tomador de serviço para seu proveito no exterior. Mas há acórdão do STJ, adiante reproduzido, que adota posicionamento mais restritivo.

– "Exportar serviço só pode significar que alguém elaborou aqui, por exemplo, um projeto de construção de usina hidrelétrica, para surtir efeito no estrangeiro, por encomenda de um tomador localizado no exterior do país. Se o projeto surgir efeito no Brasil (produzir resultado, na terminologia da lei) de exportação de serviço não se tratará, ficando sujeito ao pagamento do ISS" (HARADA, Kiyoshi. *ISS: teoria e prática*. São Paulo: Atlas, 2008, p. 47).

– **Não incidência. LC n. 116/2003.** A Constituição Federal não imuniza a exportação de serviços da incidência do ISS, remetendo à lei complementar a decisão política de excluir a incidência. A LC n. 116/2003 o fez, afastando a possibilidade de os legisladores municipais determinarem tal incidência e de se fazer qualquer interpretação no sentido de que fosse devido o ISS na exportação de serviços.

– LC 116/2003: "Art. 2º O imposto não incide sobre: I – as exportações de serviços para o exterior do País; [...] Parágrafo único. Não se enquadram no disposto no inciso I os serviços desenvolvidos no Brasil, cujo resultado aqui se verifique, ainda que o pagamento seja feito por residente no exterior".

– **Serviço prestado dentro do país, para empresas estrangeiras. Incidência do ISS.** "ISSQN... SERVIÇO DE RETÍFICA, REPARO E REVISÃO DE MOTORES E DE TURBINAS DE AERONAVES CONTRATADO POR EMPRESA DO EXTERIOR. EXPORTAÇÃO DE SERVIÇOS. NÃO CARACTERIZAÇÃO. SERVIÇO EXECUTADO DENTRO DO TERRITÓRIO NACIONAL. APLICAÇÃO DO ART. 2º, PARÁGRAFO ÚNICO, DA LEI N. LC 116/03... 1. Tratam os autos de mandado de segurança preventivo impetrado por GE CELMA LTDA. com a finalidade de obstar eventual ato do Secretário Municipal de Fazenda de Petrópolis, Estado do Rio de Janeiro, que importe na cobrança de ISSQN sobre prestação de serviços consubstanciada em operações de retificação, reparo e revisão de motores e turbinas de aeronaves, contratadas por empresas aéreas do exterior. Sentença denegou a segurança. [...] 4. Nos termos do art. 2º, inciso I, parágrafo único, da LC 116/03, o ISSQN não incide sobre as exportações de serviços, sendo tributáveis aqueles desenvolvidos dentro do território nacional cujo resultado aqui se verifique, ainda que o pagamento seja feito por residente no exterior. *In casu*, a recorrente é contratada por empresas do exterior e recebe motores e turbinas para reparos, retífica e revisão. Inicia, desenvolve e conclui a prestação do serviço dentro do território nacional, exatamente em Petrópolis, Estado do Rio de Janeiro, e somente depois de testados, envia-os de volta aos clientes, que procedem à sua instalação nas aeronaves. 5. A Lei Complementar 116/03 estabelece como condição para que haja exportação de serviços desenvolvidos no Brasil que o resultado da atividade contratada não se verifique dentro do nosso País, sendo de suma importância, por conseguinte, a compreensão do termo 'resultado' como disposto no parágrafo único do art. 2º. 6. Na acepção semântica, 'resultado' é consequência, efeito, seguimento. Assim, para que haja efetiva exportação do serviço desenvolvido no Brasil, ele não poderá aqui ter consequências ou produzir efeitos. A contrário senso, os efeitos decorrentes dos serviços exportados devem-se produzir em qualquer outro País. É necessário, pois, ter-se em mente que os verdadeiros resultados do serviço prestado, os objetivos da contratação e da prestação. 7. O trabalho desenvolvido pela recorrente não configura exportação de serviço, pois o objetivo da contratação, o resultado, que é o efetivo conserto do equipamento, é totalmente concluído no nosso território. É inquestionável a incidência do ISS no presente caso, tendo incidência o disposto no parágrafo único, do art. 2º, da LC 116/03: 'Não se enquadram no disposto no inciso I os serviços desenvolvidos no Brasil, cujo resultado aqui se verifique, ainda que o pagamento seja feito por residente no exterior'. 8. Recurso especial parcialmente conhecido e não provido" (STJ, REsp 831.124, 2006). Obs.: houve embargos declaratórios contra este julgado, rejeitados.

– "O artigo 156, § 3º, II, da Constituição Federal de 1988 (CF/1988) estabelece caber à lei complementar a exclusão da incidência do ISS sobre 'exportações de serviços para o exterior'.

Em 2003, foi editada a Lei Complementar 116 (LC 116/2003), cujo artigo 2º, I, dispõe que o imposto não incide nessa hipótese. Porém, conforme seu parágrafo único, 'Não se enquadram no disposto no inciso I os serviços desenvolvidos no Brasil, cujo resultado aqui se verifique, ainda que o pagamento seja feito por residente no exterior'. Diante de algumas decisões do Conselho Municipal de tributos paulistano, especificamente voltadas à compreensão do 'resultado' de que fala a LC 116/2003, o tema da exportação de serviços voltou à pauta. [...] interpretação [...] Naquela adotada pelo Conselho Municipal, o resultado do serviço é equiparado à sua plena fruição pelo tomador/beneficiário, ficando em segundo plano os produtos/consequências/efeitos primeiros ou imediatos, acordados e verificados empiricamente, da prestação do serviço. Voltando ao exemplo dos motores e turbinas consertados no Brasil, para tal interpretação, mais importante do que o conserto deles é o fato de que, com o conserto, pode a empresa aérea estrangeira restabelecer suas rotas e dar seguimento às suas atividades normais, baseadas no exterior. Assim, ali se verificaria o resultado do serviço. Já na interpretação alternativa apresentada, admite-se, como resultados do serviço, seu produtos/consequências/efeitos primeiros ou imediatos, decorrências da obrigação inerente à prestação ajustada, com a ressalva de que, nos serviços cujos resultados são informações (a destinatários no exterior), tais resultados não têm como verificar-se no Brasil, i.e., condicionam-se ao alcance de seu destinatário que está fora do país. Talvez se possa dizer que interpretações como a do conselho Municipal atentam a que a compreensão atribuível ao (local do) resultado do serviço não se desvincule do intento constitucional de 'excluir da sua incidência [ISS] exportações de serviços para o exterior' – intento voltado ao incremento de riqueza no país à custa do cliente estrangeiro –, de modo que seja a CF/1988 a guiar a intelecção dos termos da LC 116/2003. Daí, uma noção mais ampla do que seria o resultado do serviço focada não nos seus efeitos (previstos e) verificáveis no Brasil, mas na sua plena fruição por um beneficiário situado no exterior" (GRANATO, Marcelo de Azevedo. O lugar da informação: considerações sobre a interpretação do termo 'resultado' na Lei Complementar 116/2003. *RDDT* 227/73, 2014).

⇒ **Importação de serviços.** O art. 156, III e § 3º, da CF não refere a importação de serviços. Já o art. 155, II e § 2º, IX, *a*, da CF diz que incide ICMS sobre "prestações de serviços de transporte interestadual e intermunicipal e de comunicação, ainda que as operações e as prestações se iniciem no exterior" e que o ICMS incidirá também sobre "o serviço prestado no exterior, cabendo o imposto ao estado onde estiver situado o domicílio ou o estabelecimento do destinatário da mercadoria, bem ou serviço". A LC n. 116/2003 determina a incidência do ISS sobre o serviço proveniente do exterior ou cuja prestação se tenha iniciado no exterior.

– LC 116/2003: "Art. 1º O Imposto Sobre Serviços de Qualquer Natureza, de competência dos Municípios e do Distrito Federal, tem como fato gerador a prestação de serviços constantes da lista anexa, ainda que esses não se constituam como atividade preponderante do prestador. § 1º O imposto incide também sobre o serviço proveniente do exterior do País ou cuja prestação se tenha iniciado no exterior do País".

– A Lei n. 10.865/2004, ao dispor sobre o PIS e a COFINS devidos pelo importador de serviços, adotou conceito mais bem elaborado, colocando como critério básico a prestação de serviço "por pessoa física ou pessoa jurídica residente ou domiciliada no exterior", exigindo, ainda, que sejam "executados no País" ou "cujo resultado se verifique no País". Veja-se: "Art. 1º... § 1º Os serviços a que se refere o *caput* deste artigo são os provenientes do exterior prestados por pessoa física ou pessoa jurídica residente ou domiciliada no exterior, nas seguintes hipóteses: I – executados no País; ou II – executados no exterior, cujo resultado se verifique no País". Obs.: sobre a PIS/Cofins-Importação, vide nota ao art. 195, IV, da CF.

• Vide: XAVIER, Alberto. A tributação da prestação internacional de serviços, em especial de serviços técnicos e de assistência técnica. *RDDT* 235/7, 2015.

– "A regra mostra que o serviço não pode ser iniciado no Brasil, mas no exterior, sendo terminado em nosso país. São serviços iniciados no exterior e concluídos no Brasil. Exemplo pode ser a hipótese de uma empresa encomendar um projeto no exterior, que é realizado todo lá e depois implantado no Brasil. Outro exemplo pode ser de parte do projeto ser feito no exterior e a conclusão é feita no Brasil. Se o serviço já foi completado no exterior, não está sendo prestado no Brasil. A legislação municipal não pode alcançá-lo, diante da regra da territorialidade da lei brasileira, mesmo que haja importação de serviços. O exportador está no exterior, não podendo sujeitar-se à lei tributária brasileira. O legislador elegeu o destino para a incidência do ISS" (MARTINS, Sérgio Pinto. *Manual do Imposto sobre Serviços*. 8. ed. São Paulo: Atlas, 2010, p. 69).

– "Ao aceitar como válida a tributação do serviço proveniente do exterior do país, como preconizada no § 1º do art. 1º da Lei Complementar n. 116/03, estaríamos admitindo a violação do princípio da territorialidade das leis tributárias, uma vez que a legislação municipal brasileira poderia alcançar os fatos ocorridos em território estrangeiro. Um serviço de análise laboratorial, por exemplo, inteiramente executado no exterior, poderia ser tributado pelo município onde estiver domiciliado o seu tomador (§ 1º do art. 1º c.c. inciso I do art. 3º). Seria um caso típico de serviço procedente do exterior, à medida que ele foi totalmente executado no exterior, apenas, com comunicação do seu resultado ao tomador aqui domiciliado. Ora, a Carta Política não autorizou os municípios a tributarem serviços executados no exterior. O art. 156, III, da constituição Federal, que outorga o poder impositivo municipal, sequer fez a ressalva dos serviços iniciados no exterior como o fez em relação ao ICMS, conforme se verifica do art. 155, II. Daí por que o § 1º do art. 1º na parte que se refere ao serviço proveniente do exterior é inconstitucional" (HARADA, Kiyoshi. *ISS:* doutrina e prática. São Paulo: Atlas, 2008, p. 40-41).

– "Trata-se de regra que atribui extraterritorialidade à lei municipal, alcançando, inclusive, o serviço prestado integralmente no exterior. Tributa, em verdade, não só o serviço realizado parcialmente no exterior e parcialmente no País, mas também a impor-

tação de serviço por tomador domiciliado no País ... A regra em questão altera o critério territorial adotado constitucionalmente na partilha de competências tributárias... Pela leitura do texto constitucional, verifica-se que os Estados têm competência para exigir ICMS sobre aqueles serviços, ainda que as operações e as prestações se iniciem no exterior. Já com relação à competência dos Municípios para exigir o ISS, outorga a Constituição à lei complementar competência para excluir da incidência do ISS as exportações de serviços para o exterior (art. 156, § 3º, inciso II). Quer isso dizer que pode a lei complementar criar hipótese de não incidência, isto é, isenção, sobre serviços que, executados no âmbito de determinado Município, seja exportados para o exterior. Veja-se, portanto, que na hipótese constitucionalmente prevista, o serviço é integralmente realizado no território do Município. A regra constitucional supramencionada, não autoriza a determinação ora constante do § 1º do art. 1º da nova Lei Complementar, posto referir-se à incidência de ISS sobre importação de serviços, hipótese, a meu ver, não autorizada constitucionalmente" (ALVES, Anna Emilia Cordelli. ISS – Aspectos relevantes decorrentes da análise do artigo 1º da Lei Complementar n. 116, de 31 de julho de 2003. *RDDT* 99, 2003).

• Vide: RONCAGLIA, Marcelo Marques. O ISS e a importação e exportação de serviços. *RDDT* 129/98, 2006.

• Vide: GRUND, Fabíola Fernandez; RIVERO, Juliana Burkhart. Tributação de valores remetidos ao exterior pela aquisição de software e por serviços de administração e suporte a estes relacionados. *RDDT* 119/19, 2005).

• Vide nota ao art. 98 do CTN sobre o GATS (Acordo Geral sobre o Comércio de Serviços).

– **Base de cálculo do ISS-Importação**. "Dispõe a LC n. 116/2003 que a base de cálculo do imposto é o preço do serviço, sem delimitar o que estaria englobado neste preço, se a totalidade do pagamento ou apenas o valor recebido a título da prestação do serviço. [...] acreditamos ser indevido qualquer reajuste a título de assunção de ônus tributário, para inclusão do próprio ISS em sua base de cálculo. O mesmo se aplica quanto ao cálculo do tributo sobre qualquer outra base que não se refira exatamente à remuneração pelo serviço prestado, como é o caso do valor da remessa reajustado pelo IRRF. Portanto, tendo em vista a ausência de expressa previsão legal sobre o reajustamento da base de cálculo do ISS incidente sobre a importação de serviços, o valor passível de ser utilizado como base de cálculo é aquele correspondente ao preço do serviço prestado, sem os reajustes do IRRF" (VALENTIN NETO, Geraldo; FERRARI, Bruna Camargo. A importação de serviços e o reajustamento da base de cálculo do IRRF. *RDDT* 211/57, 2013).

III – regular a forma e as condições como isenções, incentivos e benefícios fiscais serão concedidos e revogados. (Acrescido pela EC n. 37, de 12 de junho de 2002)

⇒ **Não se pode burlar a alíquota mínima**. O art. 88 do ADCT, acrescido pela EC n. 37/2002, ressaltou que, enquanto a lei complementar não dispusesse a respeito, o ISS "não será objeto de concessão de isenções, incentivos e benefícios fiscais, que resulte, direta ou indiretamente, na redução da alíquota mínima estabelecida no inciso I".

§ 4º ... (Revogado pela Emenda Constitucional n. 3, de 18 de março de 1993)

⇒ **Redação revogada do § 4º:** "Cabe à lei complementar: I – fixar as alíquotas máximas dos impostos previstos nos incisos III e IV; II – excluir da incidência do imposto previsto no inciso IV exportações de serviços para o exterior".

SEÇÃO VI
DA REPARTIÇÃO DAS RECEITAS TRIBUTÁRIAS

⇒ **Repartição de receitas.** A repartição das receitas tributárias opera no plano da destinação do montante arrecadado a título de impostos. É matéria de Direito Financeiro. Há impostos federais que devem ter o seu produto repartido com os Estados e com os Municípios e impostos Estaduais que são repartidos com os Municípios, conforme a disciplina conferida pelos arts. 157 a 160 da CF.

– **Não influi na competência tributária.** A repartição das receitas tributárias não interfere, de modo algum, na competência tributária. As normas de competências constam das Seções III, IV e V, que dispõem sobre os impostos a serem instituídos pela União (arts. 153 e 154), pelos Estados (art. 155) e pelos Municípios (art. 156). Só o ente político competente para instituir cada imposto é que pode instituí-lo e legislar sobre o mesmo, estabelecendo, por exemplo, os aspectos da sua norma tributária impositiva, casos de substituição e de responsabilidade tributárias e obrigações tributárias acessórias. Assim, retenções na fonte, por exemplo, só podem ser instituídas pelo ente político competente para instituir o tributo. Quando o art. 45, parágrafo único, do CTN, prevê que "A lei pode atribuir à fonte pagadora da renda ou dos proventos tributáveis a condição de responsável pelo imposto cuja retenção e recolhimento lhe caibam", não deixa margem senão ao entendimento de que está a se referir à lei federal, da União, ente competente para instituir o imposto sobre a renda. Aliás, o CTN, em seu art. 6º, parágrafo único, dispõe: "Os tributos cuja receita seja distribuída, no todo ou em parte, a outras pessoas jurídicas de direito público pertencerá (sic) à competência legislativa daquela a que tenham sido atribuídos". Vide notas a tal artigo.

– "Tributário. Imposto de renda retido na fonte. O imposto de renda é tributo federal, instituído pela União, de modo que, ao descontá-lo na fonte da remuneração dos seus servidores, o Município está subordinado ao que dispõe a legislação própria de natureza federal; pouco importa que o produto da arrecadação dessa parcela do tributo pertença ao próprio Município (CF, art. 157, I), porque esse dispositivo nada tem a ver com a relação tributária, encerrando norma de direito financeiro..." (STJ, AgRg em Ag 136.969, 1997).

– **Não influi na condição de sujeito ativo.** A condição de destinatários de parcela do produto da arrecadação de impostos da competência de outros entes políticos não eleva os Estados e Municípios a seus sujeitos ativos. Não se pode confundir o plano da relação jurídico-tributária, que se dá entre credor (sujeito ativo: titular das prerrogativas de fiscalizar, lançar e exigir o pagamento) e devedor do tributo (sujeito passivo: obrigado ao pagamento), com o plano da pura e simples destinação dos valores que venham a ser arrecadados (destinatários: aqueles a quem os recursos enviados).

– Sobre as distinções entre competência tributária, capacidade tributária ativa, destinação do produto dos tributos e simples arrecadação, vide notas introdutórias ao Título II do CTN, que cuida da "Competência Tributária", anteriores ao art. 6º do CTN.

Art. 157. Pertencem aos Estados e ao Distrito Federal:

I – o produto da arrecadação do imposto da União sobre renda e proventos de qualquer natureza, incidente na fonte, sobre rendimentos pagos, a qualquer título, por eles, suas autarquias e pelas fundações que instituírem e mantiverem;

⇒ **Os Estados e Municípios enquanto substitutos tributários e destinatários do montante retido.** O art. 157, I, e o art. 158, I, são dispositivos que tratam da repartição de receitas tributárias. Não cuidam, de modo algum, de distribuição de competência tributária. A competência para instituição do IR é da União (art. 153, III), que o faz por lei federal. O sujeito ativo é, também, a União, sendo tal tributo administrado pela RFB. Os Estados, o DF e os Municípios são destinatários do produto da arrecadação do imposto que incide na fonte sobre a renda e proventos pagos por eles. Nesses casos, aliás, os Estados, DF e Municípios figuram enquanto substitutos tributários (obrigados à retenção e ao recolhimento do IR na qualidade de empregadores como qualquer outra pessoa jurídica), mas, em seguida à retenção, em vez de recolherem em favor da União, farão o recolhimento em seu próprio favor por serem destinatários constitucionais da respectiva receita. Por isso, entendíamos que eventual questionamento do IR, mesmo que por servidor estadual, deveria ser dirigido contra o sujeito ativo desse imposto, qual seja, a União, sendo autoridade coatora, em caso de mandado de segurança, exclusivamente, o Delegado da Receita Federal. A jurisprudência, porém, inclinou-se de outro modo, como se verá nas notas que seguem.

– Sobre a distinção entre competência tributária, capacidade tributária ativa, posição de destinatário e simples arrecadador, vide nota introdutória à competência tributária no CTN, antes do art. 6º.

– **Imposto de renda retido quando do pagamento por bens ou serviços. Art. 64 da Lei n. 9.430/96.** O art. 64 da Lei n. 9.430/96 estabelece a incidência do imposto de renda na fonte quando dos pagamentos efetuados pela Administração Federal a pessoas jurídicas fornecedoras de bens e serviços: "Art. 64. Os pagamentos efetuados por órgãos, autarquias e fundações da administração pública federal a pessoas jurídicas, pelo fornecimento de bens ou prestação de serviços, estão sujeitos à incidência, na fonte, do imposto sobre a renda, da contribuição social sobre o lucro líquido, da contribuição para seguridade social – COFINS e da contribuição para o PIS/PASEP". Mas o legislador não poderia ter restringido tal regime de tributação apenas à esfera federal, porquanto implica burla à repartição constitucional de receitas tributárias. Assim, o STF, na linha do que já decidira o TRF4, entendeu que a retenção na fonte deve ser aplicada também aos pagamentos realizados pelos demais entes políticos, resguardando-se a eles a titularidade do quanto retido.

– **Tema 1.130 do STF:** "Pertence ao Município, aos Estados e ao Distrito Federal a titularidade das receitas arrecadadas a título de imposto de renda retido na fonte incidente sobre valores pagos por eles, suas autarquias e fundações a pessoas físicas ou jurídicas contratadas para a prestação de bens ou serviços, conforme disposto nos arts. 158, I, e 157, I, da Constituição Federal". Decisão do mérito em 2021.

– "INCIDENTE DE RESOLUÇÃO DE DEMANDAS REPETITIVAS (IRDR). DIREITO TRIBUTÁRIO. DIREITO FINANCEIRO. REPARTIÇÃO DE RECEITAS ENTRE OS ENTES DA FEDERAÇÃO. TITULARIDADE DO IMPOSTO DE RENDA INCIDENTE NA FONTE SOBRE RENDIMENTOS PAGOS, A QUALQUER TÍTULO, PELOS MUNICÍPIOS, A PESSOAS FÍSICAS OU JURÍDICAS CONTRATADAS PARA PRESTAÇÃO DE BENS OU SERVIÇOS. ART. 158, INCISO I, DA CONSTITUIÇÃO FEDERAL. RECURSO EXTRAORDINÁRIO DESPROVIDO. TESE FIXADA. 1. A Constituição Federal de 1988 rompeu com o paradigma anterior – no qual verificávamos a tendência de concentração do poder econômico no ente central (União) –, implementando a descentralização de competências e receitas aos entes subnacionais, a fim de garantir-lhes a autonomia necessária para cumprir suas atribuições. 2. A análise dos dispositivos constitucionais que versam sobre a repartição de receitas entre os Entes Federados, considerando o contexto histórico em que elaborados, deve ter em vista a tendência de descentralização dos recursos e os valores do federalismo de cooperação, com vistas ao fortalecimento e autonomia dos entes subnacionais. 3. A Constituição Federal, ao dispor no art. 158, I, que pertencem aos Municípios 'o produto da arrecadação do imposto da União sobre renda e proventos de qualquer natureza, incidente na fonte, sobre rendimentos pagos, a qualquer título, por eles, suas autarquias e pelas fundações que instituírem e mantiverem', optou por não restringir expressamente o termo 'rendimentos pagos', por sua vez, a expressão 'a qualquer título' demonstra nitidamente a intenção de ampliar as hipóteses de abrangência do referido termo. Desse modo, o conceito de rendimentos constante do referido dispositivo constitucional não deve ser interpretado de forma restritiva. 4. A previsão constitucional de repartição das receitas tributárias não altera a distribuição de competências, pois não influi na privatividade do ente federativo em instituir e cobrar seus próprios impostos, influindo, tão somente, na distribuição da receita arrecadada, inexistindo, na presente hipótese, qualquer ofensa ao art. 153, III, da Constituição Federal. 5. O direito subjetivo do ente federativo beneficiado com a participação no produto da arrecadação do Imposto de Renda Retido na Fonte – IRRF, nos termos dos arts. 157, I, e 158, I, da Constituição Federal, somente existirá a partir do momento em que o ente federativo competente criar o tributo e ocorrer seu fato imponível. No entanto, uma vez devidamente instituído o tributo, não pode a União – que possui a competência legislativa – inibir ou restringir o acesso dos entes constitucionalmente agraciados com a repartição de receitas aos valores que lhes correspondem. 6. O acórdão recorrido, ao fixar a tese no sentido de

que 'O artigo 158, I, da Constituição Federal de 1988 define a titularidade municipal das receitas arrecadadas a título de imposto de renda retido na fonte, incidente sobre valores pagos pelos Municípios, a pessoas físicas ou jurídicas contratadas para a prestação de bens ou serviços', atentou-se à literalidade e à finalidade (descentralização de receitas) do disposto no art. 158, I, da Lei Maior. 7. Ainda que em dado momento alguns entes federados, incluindo a União, tenham adotado entendimento restritivo relativamente ao disposto no art. 158, I, da Constituição Federal, tal entendimento vai de encontro à literalidade do referido dispositivo constitucional, devendo ser extirpado do ordenamento jurídico pátrio. 8. A delimitação imposta pelo art. 64 da Lei 9.430/1996 – que permite a retenção do imposto de renda somente pela Administração federal – é claramente inconstitucional, na medida em que cria uma verdadeira discriminação injustificada entre os entes federativos, com nítida vantagem para a União Federal e exclusão dos entes subnacionais. 9. Recurso Extraordinário a que se nega provimento. Fixação da seguinte tese para o Tema 1.130: 'Pertence ao Município, aos Estados e ao Distrito Federal a titularidade das receitas arrecadadas a título de imposto de renda retido na fonte incidente sobre valores pagos por eles, suas autarquias e fundações a pessoas físicas ou jurídicas contratadas para a prestação de bens ou serviços, conforme disposto nos arts. 158, I, e 157, I, da Constituição Federal" (STF, RE 1.293.453, 2021).

– **Em defesa da simetria e da isonomia federativas.** "... diversos Estados e Municípios brasileiros vêm lentamente descobrindo a amplitude da competência para cobrança do imposto de renda retido na fonte assegurado pelos incisos I dos artigos 157 e 158 da Constituição de 1988. ... alguns Municípios passaram a adotar para o cálculo e arrecadação do imposto de renda retido na fonte (IRRF) de sua titularidade os critérios disciplinados no artigo 64 da Lei federal n. 9.430/1996 e nas Instruções Normativas da Receita Federal do Brasil que regulamentam a referida norma (antiga IN 480/2004 – alterada pela IN 539/2005 – e atual IN 1.234/2012. [...] Diante destas iniciativas, a Receita Federal do Brasil editou o Parecer Normativo n. 2, de 5 de julho de 2012, imprecando à prática administrativa municipal, estadual e distrital a pecha de inconstitucionalidade, pois estas referidas entidades federativas estariam 'legislando sobre matéria de competência privativa da União'. [...] afigura-se correta a interpretação e a aplicação efetivada pelos municípios e estados..., uma vez que: 1) Os atos são meramente executivos, não inovando no ordenamento jurídico, na medida em que adotam os critérios fixados na legislação federal disponível – ante a falta de normas gerais sobre o tema... 2) Os atos executivos municipais (e estaduais) apenas ordenam os procedimentos internos das respectivas Administrações para aplicação dos critérios fixados na legislação federal vigente... 3) O inciso I do artigo 158 (e inciso do artigo 157) da Constituição de 1988 consagra o sentido original da norma constitucional, como desdobramento da imunidade recíproca do contribuinte de fato, defendida na época da implementação primeira da norma no plano constitucional) como comprovam a *ratio legis* vigente à época e a sua evolução histórica na própria jurisprudência do Supremo Tribunal Federal, visando evitar a interferência e a ineficiência da imposição de tributos federais sobre gastos públicos dos demais entes políticos não centrais da Federação. 4) O sentido e o alcance da norma contida no inciso I do artigo 158 (e inciso do artigo 157) da Constituição de 1988 foram ampliados em relação às normas insertas nas constituições anteriores (1946, 1967 e 1969), passando a assegurar aos Estados, aos Municípios e ao distrito Federal, o imposto de renda sobre rendimentos pagos a qualquer título, não havendo qualquer norma constitucional que restrinja sua arrecadação a rendimentos do trabalho e muito menos aos estipêndios pagos aos funcionários públicos. 5) A Constituição e a própria legislação (federal e nacional, isto é, de normas gerais tributárias) vigente em todos os tempos par ao imposto de renda reconhecem sob o viés técnico ou vulgar a amplitude da expressão 'rendimentos', cujo alcance vai além do próprio conceito de 'renda tributável'. 6) A receita do imposto de renda retido na fonte é receita originária dos Municípios, dos Estados e do Distrito Federal, conforme já reconhecido pelo TCU e, em situações análogas, pelo STF e pelo STJ, inserindo-se a sua arrecadação na competência tributário-administrativa dos entes locais, razão pela qual não se trata de mero repasse, transferência ou delegação tributária ou financeira da esfera federal para os demais entes federados. 7) Havendo competência tributário-administrativa própria, podem (e devem) os entes políticos competentes implementar medidas administrativas (especialmente atos executivos) próprios, visando dar efetividade à arrecadação do imposto constitucionalmente previsto, inclusive como prova de concretização de sua respectiva responsabilidade fiscal. 8) Há na legislação critérios fixados par a retenção na fonte das despesas da Administração direta e Indireta Federal... que abrangem todas as despesas, ou melhor, os 'rendimentos pagos a qualquer título', afigurando-se plenamente aplicável as mesmas à situação jurídico-constitucional dos Estados, dos Municípios e do Distrito Federal, diante da falta de norma geral que discipline a matéria para todos, o que justifica e recomenda a sua adoção, diante da omissão do legislador complementar tributário federal. 9) A omissão legislativa não poderia obstar a aplicação da norma constitucional em sua plenitude, sendo a extensão dos efeitos da norma federal vigente (disponível) em favor dos demais entes federados a que melhor cumpre o mandato de otimização da interpretação e aplicação a constituição (no caso do inciso I dos artigos 157 e 158 da Carta vigente). 10. Esta interpretação e aplicação *in concreto* se compagina ainda com os princípios da simetria, da igualdade e da isonomia federativas, que proíbem a discriminação dos demais entes políticos, pois todos integrantes da Federação está no mesmo patamar de dignidade constitucional" (SILVA, Ricardo Almeida Ribeiro da. Imposto de renda na fonte de titularidade dos Estados, do Distrito Federal e dos Municípios – alcance, limites e instrumentalidade. *RDDT* 219/148, 2013).

– **Em sentido diverso. Parecer Normativo SRFB n. 2/2012:** "IMPOSTO SOBRE A RENDA E PROVENTOS DE QUALQUER NATUREZA. IMPOSTO SOBRE A RENDA RETIDO NA FONTE. COMPETÊNCIA LEGISLATIVA. A competência atribuída à União para instituir o Imposto sobre a Renda, nos termos do inciso III do art. 153 da Constituição Federal, confere a essa pessoa política, em caráter exclusivo, o poder de legislar sobre o referido imposto. Embora a Constituição Fede-

ral, no inciso I do art. 157 e no inciso I do art. 158, destine aos estados, Distrito Federal e municípios o produto da arrecadação do Imposto sobre a Renda Retido na Fonte sobre rendimentos pagos a qualquer título, estes não têm competência para legislar sobre hipóteses de incidência, restringindo se sua atividade à aplicação da legislação federal que disciplina o referido imposto".

– **Parecer PGFN/CAT n. 658/2012:** "O esboço histórico do repasse do produto da arrecadação do imposto de renda retido na fonte sobre os pagamentos feitos aos empregados e servidores públicos (folha), aos Estados, Distrito Federal e Municípios, deixa claro que a regra sempre incidiu em relação aos estipêndios desembolsados pelos entes políticos enquanto empregadores. Assim, afasta se interpretação ampliativa que tem por objetivo avançar sobre outras retenções de imposto de renda na fonte, à exemplo da prevista no artigo 64 da Lei 9.430, de 1996 e da Instrução Normativa SRF (Secretaria da Receita Federal) n. 480, de 15 de dezembro de 2004, em benefício dos demais entes políticos, sob leitura constitucional indevida. O texto atual apenas dá a devida conotação ao instituto, mantendo a orientação nascida com a redação do § 2º do artigo 85, do Código Tributário Nacional. Se valendo do termo 'rendimentos pagos, a qualquer título', para que sejam incluídos pagamentos feitos a título de salários, proventos, pensões, soldos, subsídios, ou qualquer outra nomenclatura existente para designar pagamentos feitos pelas pessoas jurídicas de direito público da administração direta, autarquias e fundações, aos seus servidores ou empregados. [...] O texto do artigo 64 da Lei 9.430, de 1996, é claro ao atribuir à União, suas autarquias e fundações o direito de retenção na fonte do imposto de renda, nos pagamentos efetuados à pessoas jurídicas pelo fornecimento de serviços ou produtos. Não havendo espaço para a ampliação pretendida por outros entes federativos. Imprimir interpretação errônea do texto constitucional implica em usurpação de atribuição exclusiva da administração pública federal".

⇒ **Imposto de renda retido quando do pagamento dos servidores públicos estaduais.** É o caso mais recorrente de retenção de imposto de renda, gerando elevado contencioso em razão de discussão quanto à natureza jurídica das verbas e da incidência ou não do imposto.

⇒ **Conversão de depósitos judiciais em favor dos Estados. Tema 364 do STF:** "É dos Estados e Distrito Federal a titularidade do que arrecadado, considerado Imposto de Renda, incidente na fonte, sobre rendimentos pagos, a qualquer título, por si, autarquias e fundações que instituírem e mantiverem". Decisão do mérito em 2021. Obs.: A questão foi discutida no RE 607.886. Cuidava-se de mandado de segurança em que beneficiário de complementação de aposentadoria questionava a incidência do Imposto de Renda, tendo realizado depósitos judiciais. Extrai-se do voto condutor: "Conheço e provejo o recurso extraordinário, para, reformando o acórdão atacado, determinar a conversão, em renda do Estado do Rio de Janeiro, dos depósitos judiciais realizados no processo".

⇒ **Repetição de indébito proposta por servidor estadual.** Os tribunais adotam orientação ao nosso ver equivocada. Entendem que se deve discutir com o Estado o montante devido, na própria Justiça Estadual. Olvidam que a destinação do produto da arrecadação não altera a competência tributária nem torna o Estado sujeito ativo do tributo.

– Legitimidade passiva do Estado. Súmula 447 do STJ: "Os Estados e o Distrito Federal são partes legítimas na ação de restituição de imposto de renda retido na fonte proposta por seus servidores".

– "IMPOSTO DE RENDA RETIDO NA FONTE. SERVIDOR PÚBLICO ESTADUAL. RESTITUIÇÃO. LEGITIMIDADE PASSIVA DO ESTADO-MEMBRO. PRECEDENTES. INOVAÇÃO RECURSAL. IMPOSSIBILIDADE. ACÓRDÃO RECORRIDO PUBLICADO EM 14.02.2003. O Estado-membro é parte legítima para figurar no polo passivo de ações que versem sobre retenção na fonte de imposto de renda incidente sobre pagamentos feitos a seus servidores, porquanto pertencente a ele o produto da arrecadação" (STF, AI 557.813 ED, 2013).

– Ilegitimidade da União. Competência da Justiça Estadual. Tema 572 do STF: "Compete à Justiça comum estadual processar e julgar causas alusivas à parcela do imposto de renda retido na fonte pertencente ao Estado-membro, porque ausente o interesse da União". Decisão do mérito em 2012.

– "... IMPOSTO DE RENDA RETIDO NA FONTE. SERVIDOR PÚBLICO ESTADUAL. RESTITUIÇÃO. ILEGITIMIDADE PASSIVA DA UNIÃO... 2. O STJ pacificou o entendimento de que a União não possui legitimidade passiva em demandas promovidas por servidores públicos estaduais com o objetivo de obter isenção ou não incidência de imposto de renda retido na fonte, porquanto, nessas hipóteses, por força do que dispõe o art. 157, I, da Constituição Federal, pertencem aos Estados da Federação o produto da arrecadação desse tributo..." (STJ, REsp 874.759, 2006).

– "... IMPOSTO DE RENDA. LEGITIMIDADE PASSIVA DO ESTADO-MEMBRO. [...] 1. O Estado-membro é parte legítima para figurar no polo passivo de demanda ajuizada por servidor estadual, com o fito de obter a restituição de Imposto de Renda retido na fonte" (STJ, REsp 594.689, 2005).

– "MANDADO DE SEGURANÇA. LEGITIMIDADE PASSIVA. DELEGADO DA RECEITA FEDERAL. IMPOSSIBILIDADE. COMPETÊNCIA DA JUSTIÇA ESTADUAL. IMPOSTO DE RENDA RETIDO DA FONTE. [...] 1. A Primeira Seção desta Corte pacificou o entendimento de que compete à Justiça Comum do Estado processar e julgar ação em que servidor público estadual pleiteia a isenção ou a não incidência do Imposto de Renda Retido na Fonte, pois compete aos Estados sua retenção, sendo os referidos entes os destinatários do tributo de acordo com o artigo 157, I, da Constituição Federal. 2. O recurso não merece prosperar, porquanto pacífica a jurisprudência desta Corte Especial no sentido de que pertence aos Estados o produto da arrecadação do imposto sobre a renda retido na fonte, incidente sobre rendimentos por eles pagos, suas autarquias e fundações, tendo os mesmos legitimidade para figurar no polo passivo de ações versando sobre a não incidência desta exação sobre férias convertidas em pecúnia... 3. Resta incólume o teor do acórdão de origem, que extinguiu o feito, por ilegitimi-

dade passiva da Autoridade Coatora Federal, por falta de interesse da União na causa" (STJ, AgRg no REsp 710.439, 2006).

– "... o fato de se estar discutindo sobre imposto de renda (imposto de competência da União) não implica, necessariamente, a competência da Justiça Federal para apreciar eventual mandado de segurança por suposta presença de interesse da União, e isso porque, conforme dicção dos arts.157, I, e 158, I, ambos da Constituição Federal, o IR retido na fonte em razão do pagamento dos servidores públicos pertence ao ente político de cujo funcionalismo ele faça parte, de forma que, no tocante às retenções de IR a fonte com relação a servidores estaduais e municipais, nada há que justifique a impetração do *mandamus* na Justiça Federal, posto não haver interesse da União *in casu* e, acima de tudo, não se tratar de autoridade coatora federal" (CARNEIRO, Daniel Zanetti Marques. A dualidade de competência para apreciar mandado de segurança versando retenção indevida de imposto de renda na fonte pela Administração Pública. *RDDT* 122/25, 2005).

– Mandado de segurança. Litisconsórcio do Delegado da RFB com a autoridade adminstrativa estadual. "MANDADO DE SEGURANÇA EM QUE A ASSOCIAÇÃO DOS SERVIDORES DO TJDFT IMPUGNA O ATO DO PRESIDENTE DAQUELE TRIBUNAL DENEGATÓRIO DO PEDIDO DE ISENÇÃO DO IMPOSTO DE RENDA SOBRE O AUXÍLIO-CRECHE. LITISCONSÓRCIO PASSIVO NECESSÁRIO ENTRE O PRESIDENTE DO TJDFT E O DELEGADO DA RECEITA FEDERAL. ANULAÇÃO DO PROCESSO. 1. A Primeira Seção, ao julgar o REsp 989.419/RS (Rel. Min. Luiz Fux, *DJe* de 18.12.2009), de acordo com a sistemática do art. 543-C do CPC, decidiu que 'os Estados da Federação são partes legítimas para figurar no polo passivo das ações propostas por servidores públicos estaduais, que visam ao reconhecimento do direito à isenção ou à repetição do indébito relativo ao imposto de renda retido na fonte'. A jurisprudência desta Corte também se firmou no sentido da inexistência de interesse da União e da ilegitimidade das autoridades federais para figurar no polo passivo de mandados de segurança impetrados por servidores estaduais ou municipais visando a impedir a retenção na fonte do imposto de renda pelos Estados, Municípios, suas autarquias ou fundações. 2. No caso, todavia, por força dos arts. 21, XIII, e 157, I, da Constituição da República, não pertence ao Distrito Federal o produto da arrecadação do imposto de renda retido na fonte sobre os rendimentos pagos pela União aos servidores do TJDFT, de modo que, particularmente no caso destes autos, em que o Presidente do TJDFT atua como simples responsável tributário pela retenção do imposto de renda, tal autoridade não possui legitimidade exclusiva para figurar no polo passivo do mandado de segurança. 3. O Presidente do TJDFT possui legitimidade passiva ad causam porque praticou o ato denegatório do pedido de isenção do imposto de renda sobre o auxílio-creche. Mas a condição de mero responsável tributário não legitima o Presidente do TJDFT a figurar, de maneira exclusiva, no polo passivo do mandado de segurança; há litisconsórcio passivo necessário com o Delegado da Receita Federal. 4. Considerando-se a necessidade de formação de litisconsórcio passivo necessário entre o Presidente do TJDFT e o Delegado da

Receita Federal, levando-se em consideração, ainda, o princípio da hierarquia, quando esta outra autoridade federal ingressar no polo passivo da relação processual a competência para processar e julgar o mandado de segurança deslocar-se-á para o TRF da 1ª Região, não sendo aplicável ao caso, a partir de então, o art. 109, VIII, da Constituição da República, tampouco o art. 8º, I, c, da Lei n. 11.697/2008. 5. Recurso especial provido para anular os atos decisórios do processo, bem como para determinar a notificação do Delegado da Receita Federal no DF na condição de litisconsorte passivo necessário, com a consequente remessa dos autos ao Tribunal Regional Federal da 1ª Região" (STJ, REsp 1.377.480, 2013).

II – vinte por cento do produto da arrecadação do imposto que a União instituir no exercício da competência que lhe é atribuída pelo art. 154, I.

Art. 158. Pertencem aos Municípios:

I – o produto da arrecadação do imposto da União sobre renda e proventos de qualquer natureza, incidente na fonte, sobre rendimentos pagos, a qualquer título, por eles, suas autarquias e pelas fundações que instituírem e mantiverem;

⇒ **Municípios enquanto destinatários.** Vide nota ao art. 157, I, da CF, em que reunidos os comentários a ambos os dispositivos.

– **Não admite retenções a pretexto de incentivos fiscais.** Vide nota ao art. 160 da CF.

II – cinquenta por cento do produto da arrecadação do imposto da União sobre a propriedade territorial rural, relativamente aos imóveis neles situados, cabendo a totalidade na hipótese da opção a que se refere o art. 153, § 4º, III; (Redação da EC n. 42/2003)

III – cinquenta por cento do produto da arrecadação do imposto do Estado sobre a propriedade de veículos automotores licenciados em seus territórios;

IV – vinte e cinco por cento do produto da arrecadação do imposto do Estado sobre operações relativas à circulação de mercadorias e sobre prestações de serviços de transporte interestadual e intermunicipal e de comunicação.

⇒ **Repasse pelos Estados. Resgate dos certificados. Inconstitucionalidade.** "Ação direta de inconstitucionalidade: medida cautelar: L. estadual (RS) 11.475, de 28 de abril de 2000. [...] IV – Participação dos Municípios na arrecadação de tributos estaduais. [...] 2. Deferimento da suspensão cautelar do § 3º do art. 4º da L. 11.475/2000 ('Os títulos recebidos referentes às parcelas pertencentes aos municípios, previstas no inciso IV do art. 158 da Constituição Federal, serão convertidos em moeda, corrente nacional e repassados a esses, pela Secretaria da Fazenda, no dia do resgate dos certificados'), pois a norma deixa ao Estado a possibilidade de somente repassar aos Municípios os 25% do ICMS só quando do vencimento final do título, que eventualmente pode ter sido negociado" (STF, ADIMC 2.405, 2002).

– **Benefícios fiscais. Tema 1.172 do STF: MÉRITO AINDA NÃO JULGADO.** Controvérsia: "Efeitos da concessão de benefícios fiscais sobre o cálculo da quota devida aos municípios na repartição de receitas tributárias referentes ao Imposto sobre Circulação de Mercadorias e Serviços – ICMS, a depender do modelo de implantação, como nos Programas Fomentar e Produzir do Estado de Goiás".

– "**ICMS: Repasse aos Municípios e Incentivos Fiscais – 1** O Tribunal negou provimento a recurso extraordinário interposto pelo Estado de Santa Catarina contra acórdão do tribunal de justiça local que provera apelação do Município de Timbó, no qual se sustentava ser lícito ao Estado postergar o repasse da parcela do imposto a que se refere o art. 158, IV, da CF [...], em virtude da concessão de incentivos fiscais a particulares. Considerou-se, inicialmente, que, a fim de que a autonomia política conferida aos entes federados pela Constituição seja real, efetiva, e não virtual, é imprescindível que sua autonomia financeira seja preservada, não se permitindo, quanto à repartição de receitas tributárias, condicionamento arbitrário por parte do ente responsável pelos repasses a que eles têm direito. [...] ICMS: Repasse aos Municípios e Incentivos Fiscais – 2 No que respeita à titularidade dos impostos compartilhados, esclareceu-se que o tributo já nasce, por expressa determinação constitucional, com dois titulares no que tange ao produto de sua arrecadação, e que o fato de o Estado-membro possuir competência tributária em relação ao ICMS não lhe confere superioridade hierárquica relativamente ao Município quanto à participação de cada entidade no produto de arrecadação desse imposto. Afastou-se, ademais, a alegação de que o direito do Município estaria condicionado ao efetivo ingresso do tributo no erário estadual, haja vista que somente nesse momento é que passaria a existir como receita pública. Após salientar que receita pública é a entrada que, integrando-se no patrimônio público sem quaisquer reservas, condições ou correspondência no passivo, vem acrescer o seu vulto, como elemento novo e positivo, concluiu-se que a parcela do ICMS prevista no art. 158, IV, da CF, embora arrecadada pelo Estado, integra de pleno direito o patrimônio do Município, não podendo o ente maior dela dispor ao seu arbítrio, sob pena de grave ofensa ao pacto federativo, sanável mediante o emprego do instituto da intervenção federal (CF, art. 34, V, b). Por fim, entendeu-se que a lei em questão ainda viola o disposto no art. 155, § 2º, g, da CF. ... (RE-572762)" (*Informativo* 511 do STF, 2008).

Parágrafo único. As parcelas de receita pertencentes aos Municípios, mencionadas no inciso IV, serão creditadas conforme os seguintes critérios:

I – 65% (sessenta e cinco por cento), no mínimo, na proporção do valor adicionado nas operações relativas à circulação de mercadorias e nas prestações de serviços, realizadas em seus territórios; (Redação dada pela Emenda Constitucional n. 108, de 2020)

Redação revogada: I – três quartos, no mínimo, na proporção do valor adicionado nas operações relativas à circulação de mercadorias e nas prestações de serviços, realizadas em seus territórios;

II – até 35% (trinta e cinco por cento), de acordo com o que dispuser lei estadual, observada, obrigatoriamente, a distribuição de, no mínimo, 10 (dez) pontos percentuais com base em indicadores de melhoria nos resultados de aprendizagem e de aumento da equidade, considerado o nível socioeconômico dos educandos. (Redação dada pela Emenda Constitucional n. 108, de 2020)

Redação revogada: II – até um quarto, de acordo com o que dispuser lei estadual ou, no caso, dos Territórios, lei federal.

Art. 159. A União entregará:

⇒ **Entrega a fundos e programas, para repartição com Estados e Municípios e favorecimento ao Norte, Nordeste e Centro-Oeste.** Fundos de participação dos Estados e dos Municípios. Do produto da arrecadação de determinados impostos, a União entregará percentuais ao Fundo de Participação dos Estados e do Distrito Federal (FPEDF) e ao Fundo de Participação aos Municípios, bem como a programas específicos de financiamento ao setor produtivo das Regiões Norte, Nordeste e Centro-Oeste.

⇒ **Não impede a União de conceder benefícios fiscais, tampouco lhe exige que suplemente a perda dos Estados e Municípios.** Estados e Municípios passaram a afirmar que a concessão de benefícios fiscais pela União, como isenções, quando dizem respeito a impostos cujo produto deva ser com eles compartilhado por determinação constitucional, não poderia implicar redução das transferências, ou seja, que a União teria de suportar ela própria e por completo a renúncia fiscal que realizasse. Chegaram a invocar, inclusive, o art. 151, III, da Constituição Federal, que veda à União a concessão de isenção heterônoma, buscando condicionar a redução das suas transferências à lei própria estadual ou municipal. O STF, corretamente, distinguiu a competência tributária da repartição do produto da sua arrecadação, resguardando o espaço de exercício da competência que envolve a instituição do tributo, bem como a eventual concessão de benefícios e incentivos fiscais.

– **Tema 653:** "É constitucional a concessão regular de incentivos, benefícios e isenções fiscais relativos ao Imposto de Renda e Imposto sobre Produtos Industrializados por parte da União em relação ao Fundo de Participação de Municípios e respectivas quotas devidas às Municipalidades". Decisão de mérito em 2016.

– "TRIBUTÁRIO E FINANCEIRO. FEDERALISMO FISCAL. FUNDO DE PARTICIPAÇÃO DOS MUNICÍPIOS – FPM. TRANSFERÊNCIAS INTERGOVERNAMENTAIS. REPARTIÇÃO DE RECEITAS TRIBUTÁRIAS. COMPETÊNCIA PELA FONTE OU PRODUTO. COMPETÊNCIA TRIBUTÁRIA. AUTONOMIA FINANCEIRA. PRODUTO DA ARRECADAÇÃO. CÁLCULO. DEDUÇÃO OU EXCLUSÃO DAS RENÚNCIAS, INCENTIVOS E ISENÇÕES FISCAIS. IMPOSTO DE RENDA – IR. IMPOSTO SOBRE PRODUTOS INDUSTRIALIZADOS – IPI. ART. 150, I, DA CONSTITUIÇÃO DA REPÚBLICA. 1. Não se haure da autonomia financeira dos Municípios direito subjetivo de índole constitucional com aptidão para infirmar o livre exercício da competência tributária da União, inclusive em relação aos incentivos e renúncias fiscais, desde que observados os parâmetros de controle constitucionais, legislativos e jurisprudenciais atinentes à desoneração. 2. A expressão 'produto da arrecadação' prevista no art. 158, I, da Constituição da República, não permite interpretação constitucional de modo a incluir na base de cálculo do FPM os benefícios e incentivos fiscais devidamente realizados pela União em relação a tributos federais, à luz do conceito técnico de arrecadação e dos estágios da receita pública. 3. A demanda distingue-se do Tema 42 da sistemática da repercussão geral, cujo recurso-paradigma é RE-RG 572.762... 2008. Isto porque no julgamento pretérito centrou-se na natureza compulsória ou voluntária das transferências intergovernamentais, ao passo que o cerne do debate neste Tema reside na diferenciação entre participação direta e indireta na arrecadação tributária do Estado Fiscal por parte de ente federativo. Precedentes. Doutrina. 4. Fixação de tese jurídica ao Tema 653 da sistemática da repercussão geral: 'É constitucional a concessão regular de incentivos, benefícios e isenções fiscais relativos ao Imposto de Renda e Imposto sobre Produtos Industrializados por parte da União em relação ao Fundo de Participação de Municípios e respectivas quotas devidas às Municipalidades.' 5. Recurso extraordinário a que se nega provimento" (STF, RE 705.423, 2016).

⇒ **Dedução de valores do PIN e o Proterra. Tema 1.187:** "É inconstitucional a dedução dos valores advindos das contribuições ao Programa de Integração Nacional – PIN e ao Programa de Redistribuição de Terras e de Estímulo à Agroindústria do Norte e do Nordeste – PROTERRA da base de cálculo do Fundo de Participação dos Municípios – FPM". Decisão do mérito em 2021.

I – do produto da arrecadação dos impostos sobre renda e proventos de qualquer natureza e sobre produtos industrializados, 50% (cinquenta por cento), da seguinte forma: (Redação dada pela Emenda Constitucional n. 112, de 2021)

Redação revogada: I – do produto da arrecadação dos impostos sobre renda e proventos de qualquer natureza e sobre produtos industrializados, 49% (quarenta e nove por cento), na seguinte forma: (Redação da EC n. 84/2014)

a) vinte um inteiros e cinco décimos por cento ao fundo de Participação dos Estados e do Distrito Federal;

b) vinte e dois inteiros e cinco décimos por cento ao fundo de Participação dos Municípios;

c) três por cento, para aplicação em programas de financiamento ao setor produtivo das Regiões Norte, Nordeste e Centro-Oeste, através de suas instituições financeiras de caráter regional, de acordo com os planos regionais de desenvolvimento, ficando assegurada ao semiárido do Nordeste a metade dos recursos destinados à Região, na forma que a lei estabelecer;

d) um por cento ao Fundo de Participação dos Municípios, que será entregue no primeiro decêndio do mês de dezembro de cada ano;

e) 1% (um por cento) ao Fundo de Participação dos Municípios, que será entregue no primeiro decêndio do mês de julho de cada ano; (Redação da EC n. 84/2014)

f) 1% (um por cento) ao Fundo de Participação dos Municípios, que será entregue no primeiro decêndio do mês de setembro de cada ano; (Incluído pela Emenda Constitucional n. 112, de 2021)

II – do produto da arrecadação do imposto sobre produtos industrializados, dez por cento aos Estados e ao Distrito Federal, proporcionalmente ao valor das respectivas exportações de produtos industrializados.

III – do produto da arrecadação da contribuição de intervenção no domínio econômico prevista no art. 177, § 4º, 29% (vinte e nove por cento) para os Estados e o Distrito Federal, distribuídos na forma da lei, observada a destinação a que se refere o inciso II, c, do referido parágrafo.

§ 1º Para efeito de cálculo da entrega a ser efetuada de acordo com o previsto no inciso I, excluir-se-á a parcela da arrecadação do imposto de renda e proventos de qualquer natureza pertencentes aos Estados, ao Distrito Federal e aos Municípios, nos termos do disposto nos arts. 157, I, e 158, I.

§ 2º A nenhuma unidade federada poderá ser destinada parcela superior a vinte por cento do montante a que se refere o inciso II, devendo o eventual excedente ser distribuído entre os demais participantes, mantido, em relação a esses, o critério de partilha nele estabelecido.

§ 3º Os Estados entregarão aos respectivos Municípios vinte e cinco por cento dos recursos que receberem nos termos do inciso II, observados os critérios estabelecidos no art. 158, parágrafo único, I e II.

§ 4º Do montante de recursos de que trata o inciso III que cabe a cada Estado, vinte e cinco por cento serão destinados aos seus Municípios, na forma da lei a que se refere o mencionado inciso.

⇒ **Vigência após a edição da lei complementar.** ADCT: "Art. 93. A vigência do disposto no art. 159, III, e § 4º, iniciará somente após a edição da lei de que trata o referido inciso III" (artigo acrescido pela EC n. 42/2003).

Art. 160. É vedada a retenção ou qualquer restrição à entrega e ao emprego dos recursos atribuídos, nesta seção, aos Estados, ao Distrito Federal e aos Municípios, neles compreendidos adicionais e acréscimos relativos a impostos.

§ 1º A vedação prevista neste artigo não impede a União e os Estados de condicionarem a entrega de recursos: (Renumerado do parágrafo único pela Emenda Constitucional n. 113, de 2021)

Redação revogada: Parágrafo único. A vedação prevista neste artigo não impede a União e os Estados de condicionarem a entrega de recursos:

⇒ **EC n. 29/2000.** Parágrafo único com a redação dada pela EC 29, de 13 de setembro de 2000.

– Redação revogada do parágrafo único. Estabelecia o condicionamento da entrega de recursos ao pagamento de seus créditos, inclusive de suas autarquias, o que, agora, consta do inciso I deste parágrafo único.

– A redação revogada havia decorrido da Emenda Constitucional n. 03/93. Na redação original, só havia autorização para retenção quando houvesse crédito da União, de maneira que os créditos das autarquias não podiam ser invocados para tal fim.

⇒ **Não admite retenções a pretexto de incentivos fiscais. Tema 42 do STF.** A retenção da parcela do ICMS constitucionalmente devida aos municípios, a pretexto de concessão de incentivos fiscais, configura indevida interferência do Estado no sistema constitucional de repartição de receitas tributárias. Decisão de mérito em 2008.

– "ICMS. REPARTIÇÃO DE RENDAS TRIBUTÁRIAS. PRODEC. PROGRAMA DE INCENTIVO FISCAL DE SANTA CATARINA. RETENÇÃO, PELO ESTADO, DE PARTE DA PARCELA PERTENCENTE AOS MUNICÍPIOS. INCONSTITUCIONALIDADE. RE DESPROVIDO. I – A parcela do imposto estadual sobre operações relativas à circulação de mercadorias e sobre prestações de serviços de transporte interestadual e intermunicipal e de comunicação, a que se refere o art. 158, IV, da Carta Magna pertence de pleno direito aos Municípios. II – O repasse da quota constitucionalmente devida aos Municípios não pode sujeitar-se à condição prevista em programa de benefício fiscal de âmbito estadual. III – "Limitação que configura indevida interferência do Estado no sistema constitucional de repartição de receitas tributárias" (STF, RE 572.762, 2008).

⇒ **Alargamento das hipóteses. Inconstitucionalidade.** Vide ementa da ADIn 1.106/SE, transcrita na nota adiante, em que reconhecida a inconstitucionalidade da ampliação das hipóteses de retenção. No caso, estava prevista na lei estadual a retenção em face da constatação de irregularidades administrativas nos Municípios.

– **Vedação de transferências voluntárias a ente que se revelar negligente com a arrecadação de seus próprios impostos. Lei de Responsabilidade Fiscal. Constitucionalidade.** "Lei de Responsabilidade Fiscal – 8. No tocante ao parágrafo único do art. 11 – que veda a realização de transferências voluntárias para o ente que se revelar negligente com a arrecadação de seus próprios impostos –, o Tribunal também indeferiu a cautelar pleiteada por entender juridicamente irrelevante a alegação de ofensa ao art. 160 da CF, uma vez que a norma atacada cuida de transferências voluntárias que não são incompatíveis com restrições impostas aos entes beneficiários das mesmas (CF, art. 160: [...]). ADInMC 2.238... (ADI-2238)" (*Informativo* 267, 2002).

– Sobre a instituição da contribuição de melhoria como condição à transferência voluntária de recursos para obras, vide nota ao Decreto-Lei n. 195/67.

⇒ **Retenção de ICMS por parte de concessionária de energia elétrica. Descabimento.** "Art. 160 da CF: Convênio e Legitimidade para Condicionar Entrega de Recursos. A Turma negou provimento a recurso extraordinário e manteve acórdão do Tribunal de Justiça do Estado de Goiás que, ao confirmar decisão em ação ordinária de nulidade de ato jurídico, declarara nulo convênio firmado entre o Estado de Goiás, CELG – Centrais Elétricas de Goiás S.A., AGM – Associação Goiana dos Municípios e BEG – Banco do Estado de Goiás, que tinha o objetivo de solucionar as obrigações relacionadas com fornecimento de energia elétrica, mediante compensação de crédito de cotas-partes do ICMS. Alegava-se, na espécie, violação ao art. 160, parágrafo único, da CF, porquanto a referida decisão, ao entender que apenas a União poderia condicionar a entrega dos recursos destinados aos Municípios ao pagamento de dívidas, estaria embasada na primitiva redação do dispositivo mencionado, que, após a alteração pela EC 3/93, passara a admitir, para tanto, a legitimidade dos Estados. Sustentava-se, também, a legitimidade da AGM para firmar convênio em nome do recorrido, Município de Santa Helena de Goiás. Não obstante o convênio tenha se dado quando já em vigor a EC 3/93, entendeu-se que ele seria insubsistente, porque assinado por uma associação civil que não tem, pela Constituição, a força de representar os Municípios – representados nesses atos pelos prefeitos –, o que conflita não só com as noções próprias ao direito público, como também com a autonomia municipal, a pressupor atividade direta. Considerou-se, ademais, que o convênio, além de reter parcelas a serem entregues aos Municípios, previra, ainda, compensação dos débitos das prefeituras em benefício da CELG, que também não tem natureza jurídica de autarquia, mas sim de uma sociedade de economia mista. Ter-se-ia, portanto, débito com pessoa jurídica de direito privado e não com pessoa jurídica de direito público..." (STF, *Informativo* 404, 2005).

⇒ **Bloqueio, pelo Estado, de repasse de ICMS a Município em débito. Constitucionalidade. Simetria.** "AÇÃO DIRETA DE INCONSTITUCIONALIDADE. CONSTITUIÇÃO DO ESTADO DE SERGIPE. ICMS. PARCELA DEVIDA AOS MUNICÍPIOS. BLOQUEIO DO REPASSE PELO ESTADO. POSSIBILIDADE. 1. É vedado ao Estado impor condições para entrega aos Municípios das parcelas que lhes compete na repartição das receitas tributárias, salvo como condição ao recebimento de seus créditos ou ao cumprimento dos limites de aplicação de recursos em serviços de saúde (CF, artigo 160, parágrafo único, I e II). 2. Município em débito com o recolhimento de contribuições previdenciárias descontadas de seus servidores. Retenção do repasse da parcela do ICMS até a regularização do débito. Legitimidade da medida, em consonância com as exceções admitidas pela Constituição Federal. 3. Restrição prevista também nos casos de constatação, pelo Tribunal de Contas do Estado, de graves irregularidades na administração municipal. Inconstitucionalidade da limitação, por contrariar a regra geral ditada pela Carta da República, não estando a hipótese amparada, *numerus clausus*, pelas situações excepcionais previstas Declaração de inconstitucionalidade dos §§ 1º e 2º do artigo 20 da Constituição do Estado de Sergipe. Ação julgada procedente em parte" (STF, ADI 1.106/SE, *Informativo* 294 do STF, 2002).

I – ao pagamento de seus créditos, inclusive de suas autarquias; (Redação da EC n. 29/2000)

⇒ **Retenção de quotas do Fundo de Participação dos Municípios em razão de dívidas para com autarquias (INSS). Inovação da EC n. 3/93.** "... FUNDO DE PARTICIPAÇÃO

DOS ESTADOS: RETENÇÃO POR PARTE DA UNIÃO: LEGITIMIDADE: CF, art. 160, parágrafo único, I. I – PASEP: sua constitucionalização pela CF/88, art. 239. Inconstitucionalidade da Lei 10.533/93, do Estado do Paraná, por meio da qual este desvinculou-se da referida contribuição do PASEP: ACO 471/PR, Relator o Ministro S. Sanches, Plenário, 11.4.2002. II – Legitimidade da retenção, por parte da União, de crédito do Estado cota do Fundo de Participação dos Estados em razão de o Estado-membro não ter se manifestado no sentido do recolhimento das contribuições retidas enquanto perdurou a liminar deferida na ACO 471/PR. CF, art. 160, par. único, I. III..." (STF, MS 24.269, 2002).

– **Exigência de tomada de contas especial para inscrição em dívida. Tema 327 do STF:** "A inscrição de entes federados em cadastro de inadimplentes (ou outro que dê causa à negativa de realização de convênios, acordos, ajustes ou outros instrumentos congêneres que impliquem transferência voluntária de recursos), pressupõe o respeito aos princípios do contraditório, da ampla defesa e do devido processo legal, somente reconhecido: a) após o julgamento de tomada de contas especial ou procedimento análogo perante o Tribunal de Contas, nos casos de descumprimento parcial ou total de convênio, prestação de contas rejeitada, ou existência de débito decorrente de ressarcimento de recursos de natureza contratual (salvo os de conta não prestada) e; b) após a devida notificação do ente faltoso e o decurso do prazo nela previsto (conforme constante em lei, regras infralegais ou em contrato), independentemente de tomada de contas especial, nos casos de não prestação de contas, não fornecimento de informações, débito decorrente de conta não prestada, ou quaisquer outras hipóteses em que incabível a tomada de contas especial".

– "1. Não viola o art. 160, I, da Constituição Federal a exigência do julgamento da tomada de contas especial para inscrição, em cadastro de inadimplentes, de ente subnacional que pretende receber recursos da União. 2. É requisito para a inscrição de ente subnacional em cadastro de inadimplentes o julgamento da tomadas de contas especial ou de outro procedimento específico instituído por lei que permita a apuração dos danos ao erário federal e das respectivas responsabilidades, desde que cabível à hipótese e possa resultar em reversão da inadimplência. Garantia do devido processo legal, contraditório e ampla defesa. Inteligência do disposto no art. 5º, LIV, e LV, da Constituição Federal. 3. É dispensável o julgamento ou mesmo a instauração da tomada de contas especial para a inscrição de ente subnacional em cadastro de inadimplentes, quanto tal procedimento não puder resultar em reversão da inadimplência, bastando, nestas hipóteses, a devida notificação do ente faltoso e o decurso do prazo nela previsto. 4. Fixação da seguinte tese em repercussão geral: 'A inscrição de entes federados em cadastro de inadimplentes (ou outro que dê causa à negativa de realização de convênios, acordos, ajustes ou outros instrumentos congêneres que impliquem transferência voluntária de recursos), pressupõe o respeito aos princípios do contraditório, da ampla defesa e do devido processo legal, somente reconhecido: a) após o julgamento de tomada de contas especial ou procedimento análogo perante o Tribunal de Contas, nos casos de descumprimento parcial ou total de convênio, prestação de contas rejeitada, ou existência de débito decorrente de ressarcimento de recursos de natureza contratual (salvo os de conta não prestada) e; b) após a devida notificação do ente faltoso e o decurso do prazo nela previsto (conforme constante em lei, regras infralegais ou em contrato), independentemente de tomada de contas especial, nos casos de não prestação de contas, não fornecimento de informações, débito decorrente de conta não prestada, ou quaisquer outras hipóteses em que incabível a tomada de contas especial.' 4. Recurso extraordinário a que se nega provimento, com fixação de tese em repercussão geral" (STF, RE 1.067.086, 2020).

– **Dívidas previdenciárias *x* regime próprio de previdência.** Em muitas ações, os Municípios se insurgem contra a retenção do FPM pela existência de débito para com o INSS ao argumento de que instituíram regime próprio de previdência para os seus servidores, e que, portanto, o lançamento não poderia subsistir. Há de se ressaltar, contudo, que um regime próprio de previdência exige cobertura das principais situações de risco social, caráter contributivo, forte na EC n. 20/98, e atenção aos requisitos contábeis e atuariais e demais condições estabelecidas pela Lei n. 9.717/98.

– Contudo, em face de decisão recente do STF, parte da dívida dos Municípios não tem sustentação. Refiro-me ao montante exigido pelo INSS a título de contribuição sobre a remuneração dos agentes políticos sob a égide da Lei n. 9.506/97. Vide, a respeito de todas essas questões, notas ao art. 149, § 1º, da CF.

– "Impõe-se considerar, neste ponto, ainda, conforme já ressaltado na decisão de fls. 21/23, que, embora o art. 149, parágrafo único, da Constituição preveja que os Municípios podem instituir contribuição, cobrada de seus servidores, para o custeio de sistemas de previdência e assistência social e o art. 13 da Lei 8.212/91 disponha que os servidores civis dos Municípios são excluídos do Regime Geral de Previdência Social desde que estejam sujeitos a sistema próprio de previdência, o Impetrante não comprovou que efetivamente mantenha sistema de previdência para os seus servidores e que esteja ele sendo cumprido, garantindo ao menos os benefícios básicos como aposentadoria e pensão. E note-se que não bastaria, simplesmente, o Município demonstrar o pagamento de benefícios. Deve-se ter em conta que a Administração, seja de que esfera for, está adstrita ao princípio da legalidade, não podendo as autoridades agirem sem fundamento legal. Daí tira-se que, embora com boas intenções, eventual atuação do Município quanto ao pagamento de aposentadorias, caso ocorresse sem base legal, seria precária e, portanto, insuficiente para afastar o Regime Geral de Previdência Social e, consequentemente, a obrigação de contribuir para o mesmo. Nada tendo sido comprovado nos presentes autos (lei municipal criadora de sistema municipal de previdência, instituição de contribuição dos servidores municipais para o seu custeio, pagamento de benefícios fundamentais diretamente pelo Município), pois, não se pode entender que seus servidores estejam à margem do Regime Geral de Previdência e que, portanto, tenha sido ilegítima a constituição do crédito do INSS. Tenho que restou perfeita, por isso, a síntese constante da ementa do parecer do Ministério Público Federal: 'FUNDO DE PARTICIPAÇÃO DOS MUNICÍPIOS. RETENÇÃO PELA UNIÃO. DÉBITO PARA COM O INSS. FATO POSTERIOR À EDIÇÃO DA EC N. 3. CONSTITUCIONALIDADE. 1. Segundo disposição expressa do parágrafo único do art. 160 da CF/88, na redação da E.C. n. 3/93, a vedação prevista no *caput* do artigo não impede a União de condicionar a entrega de recursos no caso, o FPM ao pagamento de seus créditos, inclusive de suas autarquias. 2. Débito existente da Municipalidade para com a autarquia previdenciária não saldado. Existência de confissão de dívida. 3. Indemonstrada a ilegitimidade da inscrição por suposta não subsunção dos funcionários da impetrante ao Regime Geral de Previdência Social. 4. Denegação da ordem.'" (excerto de sentença por nós prolatada em janeiro de 1997 nos autos do MS 96.0022673-3, que tramitou na 12ª Vara Federal de Porto Alegre). Entendemos, na oportunidade, inexistir direito líquido e certo à liberação do FPM para o Município impetrante.

– "... CONTRIBUIÇÃO PREVIDENCIÁRIA. SERVIDORES MUNICIPAIS. CARGOS EM COMISSÃO. CONVÊNIO. INSUFICIÊNCIA DE PROVAS. FUNDO DE PARTICIPAÇÃO DOS MUNICÍPIOS. Se a lei municipal não criou efetivamente o regime de previdência municipal, e o convênio juntado aos autos não é atualizado, permanecem os servidores vinculados ao RGPS. Retenção pela União, do FPM enquanto não apresentada prova de quitação dos débitos para com a Previdência Social. Legitimidade da medida, à luz do art. 160 e seu parágrafo da Constituição Federal. Provimento parcial à remessa oficial" (TRF4, REOMS 97.04.16429-7, 2000).

II – ao cumprimento do disposto no art. 198, § 2º, incisos II e III.

§ 2º Os contratos, os acordos, os ajustes, os convênios, os parcelamentos ou as renegociações de débitos de qualquer espécie, inclusive tributários, firmados pela União com os entes federativos conterão cláusulas para autorizar a dedução dos valores devidos dos montantes a serem repassados relacionados às respectivas cotas nos Fundos de Participação ou aos precatórios federais. (Incluído pela Emenda Constitucional n. 113, de 2021)

Art. 161. Cabe à lei complementar:

I – definir valor adicionado para fins do disposto no art. 158, parágrafo único, I;

II – estabelecer normas sobre a entrega dos recursos de que trata o art. 159, especialmente sobre os critérios de rateio dos fundos previstos em seu inciso I, objetivando promover o equilíbrio socioeconômico entre Estados e entre Municípios;

III – dispor sobre o acompanhamento, pelos beneficiários, do cálculo das quotas e da liberação das participações previstas nos arts. 157, 158 e 159.

Parágrafo único. O Tribunal de Contas da União efetuará o cálculo das quotas referentes aos fundos de participação a que alude o inciso II.

Art. 162. A União, os Estados, o Distrito Federal e os Municípios divulgarão, até o último dia do mês subsequente ao da arrecadação, os montantes de cada um dos tributos arreca-

dados, os recursos recebidos, os valores de origem tributária entregues e a entregar e a expressão numérica dos critérios de rateio.

Parágrafo único. Os dados divulgados pela União serão discriminados por Estado e por Município; os dos Estados, por Município.

[...]

Art. 167. São vedados:

[...]

IV – a vinculação de receita de impostos a órgão, fundo ou despesa, ressalvadas a repartição do produto da arrecadação dos impostos a que se referem os arts. 158 e 159, a destinação de recursos para as ações e serviços públicos de saúde, para manutenção e desenvolvimento do ensino e para realização de atividades da administração tributária, como determinado, respectivamente, pelos arts. 198, § 2º, 212 e 37, XXII, e a prestação de garantias às operações de crédito por antecipação de receita, previstas no art. 165, § 8º, bem como o disposto no § 4º deste artigo; (Redação da EC n. 42/2003)

⇒ **Afetação de receitas x instituição de tributo com destinação específica.** A afetação constitucional do percentual da arrecadação de imposto a determinada aplicação, nos termos das exceções estabelecidas no art. 198, não autoriza a instituição de imposto afetado ao seu custeio, que restaria, então, descaracterizado como tal, configurando verdadeira contribuição especial cujo suporte constitucional teria de ser encontrado no art. 149 da CF, sob pena de inconstitucionalidade.

– "Não se confunda... a necessária destinação do produto da arrecadação no caso das contribuições, com a existência, no sistema constitucional tributário brasileiro, da vinculação das receitas de alguns impostos. Efetivamente, a criação de tais exceções não contradiz o exposto, mormente, porque nas contribuições a destinação de seu produto a determinadas atividades estatais é pressuposto para sua criação, nasce conjuntamente com a exação e a ele não se desassocia, ao passo que na hipótese de vinculação excepcional da receita dos impostos a órgãos e atividades constitui regra de Direito financeiro e em nada interfere na criação do tributo" (PINTO, Bruno Reis. A contribuição prevista na Lei Complementar n. 10/2001 e sua revogação automática com o exaurimento de sua finalidade. *RDDT* 227/21, 2014).

⇒ **Vedação de vinculação da receita dos impostos ou "princípio da não afetação".** Por força de tal vedação, a majoração de imposto com vinculação a determinada finalidade é inconstitucional, restando indevido o pagamento pela nova alíquota. Note-se que o STF, nesses casos, tem afastado a própria obrigação tributária e não apenas a vinculação, ou seja, entende que a majoração, por ser vinculada, é inconstitucional. Falamos em majoração de imposto e não em instituição porque a instituição de tributo com fato gerador não vinculado e finalidade específica configura contribuição especial e assim considerado em busca de uma interpretação conforme a constituição.

– De outro lado, se diploma legislativo próprio estipular a vinculação de impostos já existentes, tal destinação simplesmente é

que será inconstitucional, não viciando o tributo que fora instituído de forma válida.

– Distinta é a questão da malversação dos recursos advindos do pagamento de impostos. Nestes casos, não se tem um problema tributário, relacionado à instituição do tributo, mas um ilícito a ser apurado administrativa e criminalmente, de maneira que não vicia o tributo em si.

– "Inexiste direito do contribuinte em opor-se ao pagamento, assim como à repetição, em caso de malversação ou desvio da receita arrecadada, urna vez que: 1. O exercício da competência tributária para criação de impostos independe da aplicação da receita, mas, ao contrário, supõe a não vinculação a gastos específicos. Em resumo, o legislador não tem competência para criar impostos finalísticos, vinculados a órgão, fundo ou despesa; 2. se cria o legislador imposto, previamente afetado a certa despesa ou programa, terá o contribuinte direito de opor-se ao pagamento, com fundamento no art. 167, IV, da Constituição; 3. criado o tributo por lei, que não poderá afetar-lhe previamente a receita, não é possível estabelecer, então, uma relação direta entre a importância a pagar ou já paga pelo contribuinte e o desvio dos recursos ou a malversação. A questão resolve-se dentro da esfera do Direito Administrativo Financeiro e Penal pela responsabilização do agente que praticou o ilícito, sem se adentrar no campo do Direito Tributário" (DERZI, Misabel Abreu Machado; COELHO, Sacha Calmon Navarro. Empréstimo compulsório à Eletrobrás. O direito de resistir ao pagamento, se a finalidade se torna difusa ou se o pagamento se destina a financiar a manutenção da empresa estatal. *RDDT* 53/130).

– "A receita de impostos compõe a reserva necessária para fazer frente a toda e qualquer despesa *uti universi...*" (STF, RE 800.282 AgR, 2015).

– **Finalidade da vedação.** Acreditamos que a razão dessa vedação é resguardar a independência do Poder Executivo, que, do contrário, poderia ficar absolutamente amarrado a destinações previamente estabelecidas por lei e, com isso, inviabilizado de apresentar proposta orçamentária apta à realização do programa de governo aprovado nas urnas.

– O princípio da não afetação da receita de impostos tem, pelo menos, duas funções na visão de Misabel Derzi: "A primeira, evidente, é mais técnica. Trata-se de regra complementar à contabilização do orçamento pelo bruto e um dos aspectos da universalidade. As receitas devem formar uma massa distinta e única, cobrindo o conjunto das despesas. Somente assim será possível o planejamento. Se avultam as vinculações, feitas pelo legislador tributário ao criar o imposto, ficando a receita comprometida por antecipação, cassar-se-á a faculdade de programar por meio da lei orçamentária, de planejar e de estabelecer prioridades. Sendo expressão da universalidade, a não afetação da receita também reforça a legalidade, o controle parlamentar e a ideia de planejamento integrado. A segunda função, mais relevante do que a primeira, prende-se ao caráter acentuadamente redistributivo dos impostos" (DERZI, Misabel Abreu Machado. Em nota de atualização na obra de Aliomar Baleeiro *Direito tributário brasileiro*. 11. ed. Rio de Janeiro: Forense, 1999, p. 199-200).

– Constitui uma regra, e não um princípio. Entendemos que a não afetação constitui uma regra, e não um princípio. Não é um fim a ser buscado, mas uma vedação a ser observada pelo legislador, sob pena de inconstitucionalidade da lei que disponha em contrário.

– Não impede a imposição de transparência quanto à aplicação dos recursos. Tema 92: "Não viola o art. 167, IV, da Constituição Federal lei estadual que, ao prever o aumento da alíquota do Imposto sobre Circulação de Mercadorias e Serviços ICMS, impõe ao Chefe do Executivo a divulgação da aplicação dos recursos provenientes desse aumento". Decisão de mérito em 2010.

– Não afetação da receita dos impostos. "O princípio da não afetação tem por enunciado a vedação, dirigida ao legislador, de vincular a receita pública a certas despesas. Aparece explicitamente no art. 167, item IV... O princípio da não afetação se restringe aos impostos, ao contrário do que ocorria no regime de 1967/1969, quando abrangia todos os tributos;" (TORRES, Ricardo Lobo. *Curso de direito financeiro e tributário*. 16. ed. Rio de Janeiro: Renovar, 2009, p. 119-121).

– Demais espécies tributárias. Inaplicabilidade. A não afetação diz respeito apenas a impostos, porque esta espécie tributária é vocacionada a angariar receitas para as despesas públicas em geral. As demais espécies tributárias têm a sua receita necessariamente afetada, mas não a qualquer órgão ou despesa, e sim ao que deu suporte a sua instituição. Se uma contribuição de melhoria, a afetação será ao custeio/pagamento da obra; se uma taxa, à manutenção do serviço ou atividade de polícia; se uma contribuição especial, à finalidade que lhe confere validação constitucional (149 CF); se um empréstimo compulsório, também à finalidade que lhe confere validação (art. 148 da CF).

– Vinculação parcial do ICMS a programas habitacionais. Inconstitucionalidade. "IMPOSTO – VINCULAÇÃO A ÓRGÃO, FUNDO OU DESPESA. A teor do disposto no inciso IV do artigo 167 da Constituição Federal, é vedado vincular receita de impostos a órgão, fundo ou despesa. A regra apanha situação concreta em que lei local implicou majoração do ICMS, destinando-se o percentual acrescido a um certo propósito – aumento de capital de caixa econômica, para financiamento de programa habitacional. Inconstitucionalidade dos artigos 3º, 4º, 6º, 7º, 8º e 9º da Lei n. 6.556, de 30 de novembro de 1989 Estado de São Paulo" (STF, RE 213.739-1, 1998).

– "... ICMS. LEI PAULISTA N. 6.556/89. MAJORAÇÃO DA ALÍQUOTA DO ICMS DE DEZESSETE PARA DEZOITO POR CENTO. VINCULAÇÃO DA RECEITA ADVINDA DO ACRÉSCIMO A ÓRGÃO ESPECÍFICO. IMPOSSIBILIDADE. 1. O Pleno desta Corte, em face da vedação contida no artigo 167, inciso IV, da Constituição Federal, declarou inconstitucional a majoração da alíquota do ICMS destinada ao aumento de capital da Caixa Econômica do Estado de São Paulo, para financiamento de programas habitacionais de interesse da população local. 2. Inconstitucionalidade dos artigos 3º, 4º, 5º, 6º, 7º, 8º e 9º, da Lei n. 6.556, de 30 de novembro de 1989, do Estado de São Paulo" (STF, AgRg AG 228.637).

– Vinculação de cotas do ICMS à garantia de operações de crédito por antecipação de receita. Dação em penhor. Ao município é lícito vincular receita para a prestação de garantia às operações de crédito por antecipação de receita, nos termos do art. 167, IV, da CF/88. No entanto, face a impenhorabilidade do bem público, com previsão na *Lex Legum*, não são válidas a dação em penhor ao credor particular, que ficaria sub-rogado em prerrogativas particulares do Poder Público. Vale dizer, não comportam excussão pelo credor no caso de inadimplemento (HARADA, Kiyoshi. Vinculação, pelo município, das cotas do ICMS para garantia de operações de crédito: efeitos. *Rep. IOB de Jur.*, 1999).

– ICMS recebido pelos Municípios em razão de possuírem reservas indígenas consideradas como unidades de conservação ambiental. Aplicação nas próprias áreas indígenas. Inconstitucionalidade. "Lei estadual que determina que os municípios deverão aplicar, diretamente, nas áreas indígenas localizadas em seus respectivos territórios, parcela (50%) do ICMS a eles distribuída – Transgressão à cláusula constitucional da não afetação da receita oriunda de impostos (CF, art. 167, IV) e ao postulado da autonomia municipal (CF, art. 30, III) – Vedação constitucional que impede, ressalvadas as exceções previstas na própria constituição, a vinculação, a órgão, fundo ou despesa, do produto da arrecadação de impostos – Inviabilidade de o estado-membro impor, ao município, a destinação de recursos e rendas que a este pertencem por direito próprio – Ingerência estadual indevida em tema de exclusivo interesse do município – Doutrina – Precedentes – Plausibilidade jurídica do pedido – Configuração do *periculum in mora* – Medida cautelar deferida" (STF, Plenário, ADIMC 2.355/PR, Min. Celso de Mello, 2002).

– Retorno do ICMS em incentivos para as empresas. "VINCULAÇÃO DE RECEITA DE ICMS A FUNDO. INCONSTITUCIONALIDADE MATERIAL DA LEI EVIDENCIADA. NORMA DE REPRODUÇÃO OBRIGATÓRIA. AFRONTA AO ART. 167, IV, DA CRFB/88, E AO ART. 154, IV, DA CONSTITUIÇÃO ESTADUAL. JURISPRUDÊNCIA PACIFICADA. AÇÃO JULGADA PROCEDENTE. 1. Nos termos da jurisprudência da Corte, é inconstitucional a destinação de receitas de impostos a fundos ou despesas, ante o princípio da não afetação aplicado às receitas provenientes de impostos. 2. Pretensão de, por vias indiretas, utilizar-se dos recursos originados do repasse do ICMS para viabilizar a concessão de incentivos a empresas" (STF, ARE 665.291 AgR, 2016).

– Retorno do ICMS em descontos na tarifa de água. O STF considerou inconstitucional a concessão de desconto na tarifa de água em valor igual ao incremento de recolhimento do ICMS em relação ao exercício fiscal anterior por implicar "burla direta à vedação de vincular a arrecadação de impostos a finalidades específicas e não previstas em nível constitucional, nos termos do art. 167, IV" (STF, ADI 4.511, 2016).

– Vinculação ao pagamento de servidores. Tema 934 do STF: MÉRITO AINDA NÃO JULGADO. Controvérsia: "Constitucionalidade da vinculação de receita arrecadada com multas tributárias para o pagamento de adicional de produtividade fiscal. Mérito ainda não julgado".

DA ORDEM ECONÔMICA E FINANCEIRA

CAPÍTULO I
DOS PRINCÍPIOS GERAIS DA ATIVIDADE ECONÔMICA

Art. 173. Ressalvados os casos previstos nesta Constituição, a exploração direta de atividade econômica pelo Estado só será permitida quando necessária aos imperativos da segurança nacional ou a relevante interesse coletivo, conforme definidos em lei.

[...]

§ 2º As empresas públicas e as sociedades de economia mista não poderão gozar de privilégios fiscais não extensivos às do setor privado.

⇒ **A vedação de privilégios pressupõe atividade econômica e livre concorrência.** "... a regra de imunidade contida no art. 150 deve ser interpretada consoante o art. 173, § 2º, da CF. Este determina que 'As empresas públicas e as sociedades de economia mista não poderão gozar de privilégios fiscais não extensíveis às do setor privado.' Já os parágrafos 2º e 3º do art. 150 estendem a imunidade 'às autarquias e às fundações instituídas e mantidas pelo Poder Público, no que se refere ao patrimônio, à renda e aos serviços, vinculados a suas atividades essenciais ou às delas decorrentes' e a proíbem quanto aos 'relacionados com exploração de atividades econômicas regidas pelas normas aplicáveis a empreendimentos privados'. As normas não são excludentes entre si. para tanto, há de se considerar que, ao se referir a privilégio extensível ao setor privado, o respectivo § 2º do art. 173 pressupõe, necessariamente, a convivência entre empresas do setor público e do setor privado na prestação daquela atividade, o que significa o mesmo que 'livre concorrência', em oposição ao termo 'exclusividade'. mas esse não é o único requisito para a incidência da norma. ... o § 2º deve se ater ao *caput*, e, portanto, incidir somente diante de exercício de atividade econômica. Em ouras palavras, a regra de proibição de privilégios fiscais às empresas públicas e sociedades de economia mista somente incide se se verificar atividade econômica estatal, em um contexto de preservação da livre concorrência. *A contrario sensu*, as empresas públicas e as sociedades de economia mista poderão gozar de privilégios fiscais não extensíveis às do setor privados e prestadoras de serviço público, exercido em regime de exclusividade" (ALMEIDA, Maria Cândida Monteiro de. A imunidade recíproca e sua extensão às empresas públicas. *RDDT* 170/31, 2009).

– Quanto à extensão da imunidade recíproca às empresas públicas que exerçam atividade pública em regime de exclusividade, vide nota ao art. 150, VI, *a*, da CF.

⇒ **Parcelamento em 240 vezes.** A Lei n. 9.639/98 previu a possibilidade de os Estados, Distrito Federal e Municípios parcelarem seus débitos para com o INSS mediante utilização de percentual de suas quotas do Fundo de Participação dos Estados (FPE) e do Fundo de Participação dos Municípios (FPM) em até 240 meses, inclusive assumindo dívidas das suas autarquias, fundações, empresas públicas e sociedades de econo-

mia mista. Para as empresas privadas em geral, o prazo concedido foi de 96 meses. Tal distinção violou frontalmente o art. 173 da Constituição Federal, expresso no sentido de que "as empresas públicas e as sociedades de economia mista não poderão gozar de privilégios fiscais não extensivos às do setor privado". Entretanto, tal inconstitucionalidade, por implicar a invalidade do dispositivo que admite a inclusão dos débitos das empresas públicas e sociedades de economia mista no prazo de 240 meses, não permite que se estenda tal prazo a todas as empresas. Vale, aqui, relembrar que o Supremo Tribunal Federal tem se pronunciado reiteradamente nesse sentido: não se pode estender, a título de isonomia, os benefícios concedidos por lei que a viole e que, portanto, possa ser considerada inconstitucional e, por consequência, inválida, pois esta não produz quaisquer efeitos. Vide notas ao art. 150, II, da CF sobre o princípio da isonomia.

– O art. 10 da Lei n. 8.620/93, já havia previsto a possibilidade de parcelamento dos débitos junto à Seguridade Social, de responsabilidade de empresas públicas ou sociedades de economia mista referentes a competências anteriores a dezembro de 1992, mediante interveniência do Estado ou Município pelo oferecimento das parcelas do FPE e do FPM, em até 240 meses.

Art. 177. [...]

§ 4º A lei que instituir contribuição de intervenção no domínio econômico relativa às atividades de importação ou comercialização de petróleo e seus derivados, gás natural e seus derivados e álcool combustível deverá atender aos seguintes requisitos: (Acrescido pela EC n. 33/2001)

I – a alíquota da contribuição poderá ser:

a) diferenciada por produto ou uso;

b) reduzida e restabelecida por ato do Poder Executivo, não se lhe aplicando o disposto no art. 150, III, "b";

⇒ **Exceções e atenuações às cláusulas pétreas da legalidade e da anterioridade de exercício.** Por ocasião do julgamento da ADI 939, o STF deixou claro que as limitações ao poder de tributar constituem direitos fundamentais das pessoas enquanto contribuintes e, portanto, cláusulas pétreas, não sendo admissível sequer a sua excepcionalização, ainda que por lei complementar. Tendo em conta que a EC n. 33/2001 tem como resultado permitir que a lei estabeleça simplesmente a alíquota máxima do tributo, deixando ao Executivo o poder de transitar livremente abaixo de tal limite, bem como de proceder a restabelecimentos de alíquotas com aplicação imediata, e considerado o precedente do STF, tem-se que a nova alínea *b* do inciso I do § 4º do art. 177, introduzida pela EC n. 33/2001, é inconstitucional.

⇒ **Aplicação da anterioridade mínima de 90 dias. Art. 150, III, *c*, da CF.** A EC n. 42, publicada em 31 de dezembro de 2003, estabeleceu, ao lado e cumulativamente à anterioridade de exercício, a anterioridade mínima de 90 dias para a incidência das leis que instituem ou majoram tributos, aplicando-se, também, às contribuições de intervenção no domínio econômico. A EC n. 42 estabeleceu, como exceções à anterioridade mínima, apenas as constantes da nova redação do § 1º do art.

150 da CF, não fazendo qualquer referência às contribuições de intervenção no domínio econômico, tampouco, particularmente, à CIDE-combustíveis. Assim, embora excepcionada a observância da anterioridade de exercício para a CIDE-combustíveis, terá de se submeter, em eventuais majorações, à anterioridade mínima do art. 150, III, *c*, da CF.

II – os recursos arrecadados serão destinados:

⇒ **Mitigação do preço do gás GLP para famílias de baixa renda.** A Lei n. 14.237/2021 extrapola as finalidades constitucionais, estabelecendo sua destinação também para o "financiamento do auxílio destinado a mitigar o efeito do preço do gás liquefeito de petróleo sobre o orçamento das famílias de baixa renda", conforme a nova redação do art. 1º, § 1º, IV, da Lei n. 10.336/2001.

a) **ao pagamento de subsídios a preços ou transporte de álcool combustível, gás natural e seus derivados e derivados de petróleo;**

b) **ao financiamento de projetos ambientais relacionados com a indústria do petróleo e do gás;**

c) **ao financiamento de programas de infraestrutura de transportes.**

Art. 179 [...] Vide art. 146, III, *d*, da CF e respectivas notas.

CAPÍTULO II
DA POLÍTICA URBANA

Art. 182. A política de desenvolvimento urbano, executada pelo Poder Público municipal, conforme diretrizes gerais fixadas em lei, tem por objetivo ordenar o pleno desenvolvimento das funções sociais da cidade e garantir o bem-estar de seus habitantes.

[...]

§ 4º É facultado ao Poder Público municipal, mediante lei específica para área incluída no plano diretor, exigir, nos termos da lei federal, do proprietário do solo urbano não edificado, subutilizado ou não utilizado, que promova seu adequado aproveitamento, sob pena, sucessivamente, de:

I – parcelamento ou edificação compulsórios;

II – imposto sobre a propriedade predial e territorial urbana progressivo no tempo;

III – desapropriação com pagamento mediante títulos da dívida pública...

⇒ **Extrafiscalidade: progressividade para a promoção do cumprimento da função social da propriedade.** A progressividade no tempo do IPTU, autorizada neste artigo, faz com que atue como instrumento para assegurar o cumprimento da função social da propriedade dos imóveis urbanos. Sobre a progressividade fiscal, vide art. 156, § 1º e respectivas notas.

– Lei da Política Urbana (Lei n. 10.257/2001): critérios para a progressividade extrafiscal. Lei n. 10.257/2001. A Lei n. 10.257/2001 regulamentou os artigos 182 e 183 da CF, estabelecendo as diretrizes gerais da política urbana. Tal lei condiciona a aplicação da progressividade do IPTU ao não cumprimento, pelo proprietário de área urbana tratada em lei municipal específica que determine seu parcelamento, edificação ou utilização compulsórios, após prévia e pessoalmente notificado, dos prazos mínimos de um ano para o protocolo de projeto e de dois anos após a aprovação do projeto para o início das obras do empreendimento, conforme se infere pela interpretação conjunta dos seus artigos 5º e 7º. A par disso, limita a alíquota máxima decorrente da progressividade a 15%. Eis o texto do art. 7º da Lei 10.257: "Art. 7º Em caso de descumprimento das condições e dos prazos previstos na forma do *caput* do art. 5º desta Lei, ou não sendo cumpridas as etapas previstas no § 5º do art. 5º desta Lei, o Município procederá à aplicação do imposto sobre a propriedade predial e territorial urbana (IPTU) progressivo no tempo, mediante a majoração da alíquota pelo prazo de cinco anos consecutivos. § 1º O valor da alíquota a ser aplicado a cada ano será fixado na lei específica a que se refere o *caput* do art. 5º desta Lei e não excederá a duas vezes o valor referente ao ano anterior, respeitada a alíquota máxima de quinze por cento. § 2º Caso a obrigação de parcelar, edificar ou utilizar não esteja atendida em cinco anos, o Município manterá a cobrança pela alíquota máxima, até que se cumpra a referida obrigação, garantida a prerrogativa prevista no art. 8º. § 3º É vedada a concessão de isenções ou de anistia relativas à tributação progressiva de que trata este artigo".

• Vide: GOMES, Mário Soares Caymmi. IPTU progressivo. Art. 182, § 4º, II, da Constituição Federal: norma tributária ou punitiva? *RDDT* 122/67, nov. 2005.

– Plano diretor. "Somente quando houver plano diretor que ordene a cidade com base em lei federal, poderá ser instituída a progressividade do IPTU para assegurar essa ordenação que dê cumprimento à função social da propriedade" (BRITO, Edvaldo. IPTU – Competência para a atualização monetária da base de cálculo no regime jurídico "Plano Real". *CDTFP* 10/85, São Paulo: RT, 1995).

– "... a Constituição Federal de 1988, ao contrário da anterior, optou por disciplinar a progressividade do IPTU e o fez de modo coerente e flexível. Ao invés de adotar um modelo único e geral que, evidentemente, não seria útil a todos os Municípios, dadas as suas características diversificadas, facultou a progressividade mas limitada ao fim de promover o adequado aproveitamento do solo urbano não edificado, subutilizado ou não utilizado, como decidido no Plano Diretor, através de lei, que decidirá sobre as áreas críticas e necessidades reais do Município. Por outras palavras, por interpretação histórica, já que essa progressividade já fora aceita pelo Judiciário, e sistemática, pela combinação do § 1º do art. 156 com o art. 182 da Carta Magna, entendi que a progressividade do IPTU é limitada aos chamados imóveis não construídos ou ociosos existentes no território municipal" (DOLÁCIO DE OLIVEIRA, Yonne. Progressividade do IPTU e princípios da capacidade contributiva e da redistribuição, *CDTFP* 17/40, São Paulo: RT, 1996).

– Progressividade no tempo. Área e valor venal como critérios para a progressividade. Impossibilidade. "IPTU CALCULADO COM BASE EM ALÍQUOTA PROGRESSIVA, EM RAZÃO DA ÁREA DO TERRENO E DO VALOR VENAL DO

IMÓVEL E DAS EDIFICAÇÕES. Ilegitimidade da exigência, nos moldes explicitados, por ofensa ao art. 182, § 4º, II, da Constituição Federal, que limita a faculdade contida no art. 156, § 1º, à observância do disposto em lei federal e à utilização do fator tempo para a graduação do tributo. Recurso conhecido e provido, declarando-se a inconstitucionalidade dos arts. 2º e 3º da Lei Municipal n. 6.747, de 1990" (STF, RE 194.036-1, 1997).

– **Notificação prévia para parcelamento ou edificação**. "O art. 5º do Estatuto da Cidade determina que lei municipal específica para área incluída no plano diretor poderá determinar o parcelamento, a edificação ou a utilização compulsórios de solo urbano não edificado, subutilizado ou não utilizado, devendo fixar as condições e os prazos para implementação da referida obrigação. O proprietário deverá ser notificado pelo Poder Executivo municipal para o cumprimento da obrigação (notificação pessoal ou por edital quando frustrada a primeira hipótese), devendo esta notificação ser averbada no cartório de registro de imóveis, pois o art. 6º determina, mais à frente, que a transmissão do imóvel, por ato inter vivos ou *causa mortis* (posterior à data da notificação), transfere as obrigações de parcelamento, edificação ou utilização previstas no art. 5º, sem interrupção de quaisquer prazos. De acordo com o § 4º do art. 5º em comento, os prazos para implementação da obrigação não poderão ser inferiores a um ano, a partir da notificação, para que seja protocolado o projeto no órgão municipal competente; e dois anos, a partir da aprovação do projeto, para iniciar as obras do empreendimento. Em se tratando de empreendimentos de grande porte, dispõe o § 5º que, em caráter excepcional, a lei municipal específica a que se refere o *caput* pode prever a conclusão em etapas, em seus termos. Ocorre que, se conferidos os mencionados prazos e o proprietário não cumpri-los, ou às suas condições, nos termos do art. 7º do Estatuto da Cidade, pode o Município utilizar-se da aplicação do IPTU progressivo no tempo, com a majoração da alíquota por cinco anos" (BADR, Fernanda Matos. IPTU como instrumento da política de desenvolvimento urbano. *RDDT* 175/75, 2010).

CAPÍTULO III

DA POLÍTICA AGRÍCOLA E FUNDIÁRIA E DA REFORMA AGRÁRIA

Art. 184. Compete à União desapropriar por interesse social, para fins de reforma agrária, o imóvel rural que não esteja cumprindo sua função social...

[...]

§ 5º São isentas de impostos federais, estaduais e municipais as operações de transferência de imóveis desapropriados para fins de reforma agrária.

⇒ **Trata-se de imunidade**. A norma constante deste parágrafo é norma negativa de competência, consubstanciando, pois, autêntica imunidade. Assim é referida pelo STF: RE 168.110, RE 179.696, RE 169.628.

– **Restrita a impostos**. A imunidade é restrita aos "impostos", não alcançando outros tributos relacionados à transferência dos imóveis.

– Sobre a previsão do art. 26-A da Lei n. 8.629/93, que alcança emolumentos, e a vedação de isenção heterônoma, vide nota ao art. 151, III, da CF.

⇒ **Operações com TDAs. Inaplicabilidade**. No sentido de que a imunidade em questão tem por objetivo a proteção do proprietário do imóvel expropriado, não se estendendo à negociação dos títulos decorrentes da desapropriação, há vários precedentes do STF. A posição foi firmada por ocasião do julgamento do RE 169.628-DF, Min. Maurício Corrêa, set. 1999 e, posteriormente, invocada e seguida quando do julgamento do RE 179.696-DF, Min. Néri da Silveira, dez. 1999 e do RE 168.110-DF, Min. Moreira Alves, abr. 2000.

– **Imunidade de TDA: Não Extensão a Terceiros**. "A imunidade prevista no art. 184, § 5º, da CF ('São isentas de impostos federais, estaduais e municipais as operações de transferência de imóveis desapropriados para fins de reforma agrária.') não alcança os títulos da dívida agrária em poder de terceiros. Com esse entendimento, a Turma, ponderando que a referida imunidade tem por objetivo a proteção do proprietário do imóvel expropriado e não se estende à negociação dos títulos decorrentes da desapropriação, conheceu de recurso extraordinário do Ministério Público Federal e deu-lhe provimento para reformar acórdão proferido pelo STJ em mandado de segurança, que estendera ao impetrante, terceiro possuidor de TDA's, a imunidade do art. 184, § 5º, da CF... RE 168.110" (*Informativo* 184 do STF, 2000).

– **TDAs. Imunidade do art. 184, § 5º, da CF. Não aproveita ao terceiro adquirente**. "Recurso extraordinário. Alcance da imunidade tributária relativa aos títulos da dívida agrária. – Há pouco, em 28.09.99, a Segunda Turma desta Corte, ao julgar o RE 169.628, relator o eminente Ministro Maurício Corrêa, decidiu, por unanimidade de votos, que o § 5º do artigo 184 da Constituição, embora aluda a isenção de tributos com relação às operações de transferência de imóveis desapropriados para fins de reforma agrária, não concede isenção, mas, sim, imunidade, que, por sua vez, tem por fim não onerar o procedimento expropriatório ou dificultar a realização da reforma agrária, sendo que os títulos da dívida agrária constituem moeda de pagamento da justa indenização devida pela desapropriação de imóveis por interesse social e, dado o seu caráter indenizatório, não podem ser tributados. Essa imunidade, no entanto, não alcança terceiro adquirente desses títulos, o qual, na verdade, realiza com o expropriado negócio jurídico estranho à reforma agrária, não sendo assim também destinatário da norma constitucional em causa. – Dessa orientação divergiu o acórdão recorrido. Recurso extraordinário conhecido e provido" (STF, RE 168.110, 2000).

TÍTULO VIII

DA ORDEM SOCIAL

CAPÍTULO II

DA SEGURIDADE SOCIAL

SEÇÃO I

DAS DISPOSIÇÕES GERAIS

Art. 194. A seguridade social compreende um conjunto integrado de ações de iniciativa dos Poderes Públicos e da socie-

dade, destinadas a assegurar os direitos relativos à saúde, à previdência e à assistência social.

⇒ **Seguridade social.** A Seguridade Social é a área de atuação do Poder Público que abrange a saúde, a assistência social e a previdência social. Não se trata, pois, de um órgão da Administração Direta ou Indireta de quaisquer das esferas políticas. Vários são os órgãos e pessoas políticas que se ocupam da seguridade social, como, no âmbito federal, a Administração Direta da União, através do Ministério da Saúde, e o INSS (regime geral de previdência social), os Estados e Municípios.

Parágrafo único. Compete ao Poder Público, nos termos da lei, organizar a seguridade social, com base nos seguintes objetivos:

⇒ **Comandos ao legislador. Inexistência de autorização para a dispensa de pagamento de tributo previsto em lei, tampouco para a extensão, pelo Executivo, de tributo a terceiros não apontados por lei como contribuintes.** A "equidade na forma de participação no custeio", a "diversidade da base de financiamento" e o financiamento "por toda a sociedade" são comandos que têm como destinatário o legislador, eis que a ele cabe instituir as contribuições de custeio da seguridade observando tais objetivos e critérios. Não se trata de cláusulas autorizadoras da dispensa do pagamento de contribuição validamente instituída, tampouco da exigência de contribuições sem lei, ou além do que previsto em lei, ainda que a título de interpretação "conforme" ou de aplicação da analogia. Note-se que o art. 108, § 2º, do CTN, enquanto norma geral de direito tributário, estabelece expressamente que o emprego da equidade não poderá resultar na dispensa do pagamento de tributo devido. De outro lado, as contribuições à seguridade social estão, como qualquer outro tributo, sujeitas à legalidade tributária estrita, estabelecida pelo art. 150, I, da CF, de modo que não se pode exigir tributo sem suporte legal suficiente, sendo, o recurso à analogia, vedado expressamente pelo art. 108, § 1º, do CTN.

– "Equidade e generalidade são, pois, relevantes critérios para definir a amplitude dos termos constitucionais, mas esta amplitude terá consequências quando estiver sendo examinada a compatibilidade de uma determinada lei que adote um significado tão amplo que suscite dúvida quanto a ter extravasado a previsão constitucional. Mas o fim não é justificativa para ampliar o conteúdo da decisão tomada pelo Legislador, nem para o intérprete judicial substituir-se ao Legislador. Se o Legislador escolheu, dentro de um universo mais amplo, apenas uma parcela da realidade que, em abstrato, está alcançada pela norma de competência, esta foi a decisão do Poder competente. Decisão de alcançar alguns e decisão de não alcançar outros. Esta eventual 'insuficiência' da previsão pode abrir espaço para críticas à lei, pois não seria o 'melhor meio', ou 'mais eficaz' para atingir os objetivos. Mas não autoriza que se pretenda substituir a decisão do Legislador por outra de conteúdo diverso. Se fosse possível o intérprete judicial 'complementar', 'ampliar', 'alargar' o meio para melhor atingir certo fim, não haveria necessidade da lei, bastaria a Constituição (o que feriria, além de tudo, o art. 150, I, obriga-

toriamente aplicável às contribuições). A lei deixaria de ser a razão da cobrança para tornar-se um pretexto para a cobrança. O prestígio do valor justiça (por excessivo) implicaria eliminar o valor segurança, o que contraria uma das premissas do Estado Democrático de Direito que postula a sua conjugação e não a sua destruição. ... Assim como, se inexistisse lei instituindo uma determinada contribuição, o Judiciário não poderia reconhecer a legitimidade de sua cobrança, assim, também, não poderá reconhecê-la em relação à parcela da realidade concreta que não tiver sido alcançada pela lei existente" (GRECO, Marco Aurélio. *Contribuições (uma figura* sui generis). São Paulo: Dialética, 2000, p. 114-115).

V – equidade na forma de participação no custeio;

⇒ **Equidade na forma de participação no custeio.** A equidade na forma de participação no custeio, como desdobramento do princípio da igualdade, exige atenção às peculiaridades de cada categoria de contribuintes de modo que sejam chamados a participar do custeio da seguridade social conforme a sua capacidade contributiva e outras circunstâncias específicas. O art. 172, IV, do CTN, por exemplo, refere-se a considerações de equidade tendo em vista "características pessoais ou materiais do caso". O § 9º do art. 195 da Constituição, por sua vez, incluído pela EC n. 20/98, com a redação da EC n. 47/2005, indica elementos para a busca da equidade na participação no custeio: "§ 9º As contribuições sociais previstas no inciso I deste artigo poderão ter alíquotas ou bases de cálculo diferenciadas, em razão da atividade econômica, da utilização intensiva de mão de obra, do porte da empresa ou da condição estrutural do mercado de trabalho".

– "A equidade na forma da participação no custeio da previdência social pode ser atingida de duas maneiras: pela diferenciação em razão da capacidade contributiva (paga mais quem tem mais) ou pela discriminação em função do ônus imposto à Previdência (paga mais quem onera mais)" (TROIANELLI, Gabriel Lacerda. Alíquota diferenciada para a CSLL: inconstitucionalidade do artigo 18 da MP 413. *RDDT* 150/46, 2008).

– "26. O princípio da equidade no custeio da seguridade social não se limita tão somente à observância do princípio tributário da capacidade contributiva do sujeito passivo da obrigação tributária, visto que a equidade corresponde à busca de justiça no custeio da seguridade social, privilegiando o primado do trabalho, bem-estar e justiça social. 27. O princípio da equidade na forma de participação no custeio possui um plus especializante em face do princípio da capacidade contributiva, obrigando o legislador ordinário, no exercício de seu mister, a considerar outros fatores da atividade econômica da empresa – como condições de trabalho, número de trabalhadores, benefícios sociais concedidos pelo tomador aos trabalhadores etc. – quando da instituição das contribuições para o custeio da seguridade social, *verbi gratia*, com a instituição de alíquotas diferenciadas, nos termos do art. 195, § 9º, da Constituição" (UGATTI, Uendel Domingues. *O princípio constitucional da contrapartida na Seguridade Social.* São Paulo: LTr, 2003, p. 107-108).

– Sobre a noção de equidade, vide nota ao art. 108, IV, do CTN.

VI – diversidade da base de financiamento;

⇒ **Diversidade da base de financiamento.** A diversidade da base de financiamento é posta como objetivo a ser observado na organização da seguridade social na medida em que o montante de recursos necessário para as ações estatais nas áreas da saúde, previdência e assistência é extremamente elevado. Resta importante buscar diversas fontes de custeio, combinando os recursos orçamentários dos entes políticos com a tributação voltada diretamente a tal finalidade e, no exercício da competência tributária específica para a instituição de contribuições de seguridade social, buscar recursos tendo como referência diferentes manifestações de riqueza, de modo que não se onere demasiadamente determinados atos ou situações. A Constituição, no art. 195, por exemplo, ao submeter determinadas pessoas e situações à tributação para fins de seguridade social, em caráter ordinário, já o faz atentando para a necessidade de diversidade da base de financiamento, eis que prevê a contribuição do empregador sobre a folha de salários e demais rendimentos do trabalho por ele pagos ou creditados a pessoa física, sobre a receita ou o faturamento e sobre o lucro, a contribuição do trabalhador, a contribuição sobre a receita de concursos de prognósticos e, ainda, por força do acréscimo determinado pela EC n. 42/2003, que veio na mesma linha, a contribuição do importador de bens ou serviços. A par disso, o § 4º do art. 195 da CF permite que, mediante lei complementar, se venha a ter novas fontes, decorrentes da instituição de contribuições sobre fatos geradores e bases de cálculo diversos daqueles das contribuições já previstas.

Art. 195. A seguridade social será financiada por toda a sociedade, de forma direta e indireta, nos termos da lei, mediante recursos provenientes dos orçamentos da União, dos Estados, do Distrito Federal e dos Municípios, e das seguintes contribuições sociais:

⇒ **Fontes de custeio da seguridade social. Orçamento da seguridade social.** A seguridade social conta com orçamento próprio, que não se confunde com o orçamento fiscal. É o art. 165 da CF, em seu § 5º, que estabelece: "§ 5º A lei orçamentária anual compreenderá: I – o orçamento fiscal... II – o orçamento de investimento das empresas... III – o orçamento da seguridade social, abrangendo todas as entidades e órgãos a ela vinculados, da administração direta ou indireta, bem como os fundos e fundações instituídos e mantidos pelo Poder Público". O orçamento da seguridade é composto por receitas provenientes de recursos orçamentários dos entes políticos e por contribuições específicas, conforme dispõe o art. 11 da Lei n. 8.212/91. Mas, tendo em conta que os recursos orçamentários dos entes políticos são advindos de impostos, tem-se que o custeio da seguridade dá-se mediante imposições tributárias, algumas não vinculadas previamente a tal finalidade (impostos) e outras instituídas especificamente para tanto, o que, inclusive, justifica a sua cobrança, dando-lhe suporte constitucional (contribuições sociais de seguridade social). Note-se que a Constituição, a princípio, veda a prévia vinculação dos impostos a órgão, fundo ou despesa. Mas, quanto ao custeio da saúde, impõe a aplicação de percentual do produto da arrecadação de impostos, conforme o art. 167, com a redação da EC n. 42/2003.

– No sentido de que a contribuição social incidente sobre a receita de concursos e prognósticos de prevista no art. 195, *caput* e inciso III, da Constituição também constitui financiamento indireto, vide: UGATTI, Uendel Domingues Ugatti. *O princípio constitucional da contrapartida na Seguridade Social.* São Paulo: LTr, 2003, p. 109.

– **Financiamento direto e indireto.** O *financiamento direto* ocorre mediante o pagamento, pelas pessoas físicas e jurídicas, das contribuições instituídas por lei especificamente para o custeio da seguridade social. O art. 195, aliás, estabelece as contribuições que constituem as fontes principais de custeio da seguridade social, cobradas dos empregadores e empresas, dos trabalhadores, dos importadores e também a incidente sobre os concursos de prognósticos (loterias). O *financiamento indireto* faz-se mediante os recursos orçamentários dos entes políticos, provenientes dos impostos. De fato, como a seguridade social se apresenta como uma das principais atuações do Poder Público na área social (inaugura o Título da Ordem Social), há recursos provenientes de impostos que, mediante as leis orçamentárias, são destinados, ao fim e ao cabo, à seguridade social. Aliás, há diretrizes constitucionais nesse sentido. As leis orçamentárias, pois, darão conta do destino dos impostos, conforme a Constituição e os programas de governo.

– Para maior detalhamento dessas questões, inclusive no que diz respeito à interpretação dos arts. 16 e 17 da Lei n. 8.212/91, vide nosso *Direito da Seguridade Social,* 2ª edição, escrito em coautoria com Simone Barbisan Fortes. Livraria do Advogado, 2007.

– "34. A sociedade financia a seguridade social, de forma direta, por intermédio das contribuições para a seguridade instituídas nos incisos I e II do art. 195 da Lei das Leis, bem como na hipótese de eventuais contribuições instituídas pela União, no exercício de sua competência tributária residual... 35. A sociedade financia a seguridade social de forma indireta mediante a respectiva dotação orçamentária dos quatro entes federativos – União, Estados, Distrito Federal e Municípios – e, por exemplo, por meio da contribuição social incidente sobre a receita de concursos e prognósticos, de acordo com o art. 195, *caput* e inciso III, da Constituição" (UGATTI, Uendel Domingues. *O princípio constitucional da contrapartida na Seguridade Social.* LTr, 2003, p. 109).

⇒ **Universalidade do custeio. Financiamento da seguridade social por toda a sociedade (solidariedade).** O financiamento da Seguridade Social por toda a sociedade, por sua vez, revela o seu caráter solidário. Ou seja, podem as pessoas físicas e jurídicas ser chamadas ao custeio em razão da relevância social da seguridade, independentemente de terem ou não relação direta com os segurados ou de serem ou não destinatárias de benefícios. A Seguridade Social, pois, tal como organizada no Brasil, é inspirada no princípio da solidariedade. Aliás, as pessoas jurídicas jamais serão destinatárias de benefícios de previdência social, jamais serão alcançadas por prestações assistenciais ou se utilizarão de serviços de saúde pública. Mas a solidariedade, que exige sacrifício financeiro daqueles que revelam capacidade para contribuir ainda que não beneficiários dos serviços e benefícios da seguridade social, não significa irresponsabilidade dos demais. Todos são solidariamente responsáveis no sentido de que a todos cabe a manutenção do sistema de seguridade social, tal como venha a ser estabelecido por lei. Mas há diferenças entre a saúde e a assistência social, de um lado, e a previdência social, de outro. As ações e serviços de saúde são de acesso universal e igualitário, conforme o art. 196 da Constituição, não demandando contrapartida específica por parte dos usuários. Os serviços e benefícios assistenciais, por sua vez, por determinação expressa do art. 203 da Constituição, também são gratuitos, prestados a quem necessitar, independentemente de contribuição. A previdência social, diferentemente, organizada sob a forma de regime geral, é de filiação obrigatória e tem caráter contributivo, conforme estabelece o art. 201 da Constituição, com a redação da EC n. 20/98. Assim, todos os segurados obrigatórios, que de uma ou outra forma exercem atividade econômica, independentemente do nível de renda que possuam, têm de contribuir para a previdência social. Atualmente, inclusive, o benefício de aposentadoria já não tem mais como requisitos o tempo de trabalho associado a determinado período contributivo de carência, sendo concedido em face do tempo mesmo de contribuição.

– A solidariedade não autoriza a cobrança de tributo sem lei, não autoriza a exigência de quem não tenha sido indicado por lei como sujeito passivo da obrigação tributária, enfim, não autoriza seja desconsiderada a legalidade estrita que condiciona o exercício válido da competência tributária relativamente a quaisquer tributos. A invocação da solidariedade para cobrar contribuição sem que a lei determine constitui argumento esdrúxulo, violador das garantias fundamentais dos contribuintes, quais sejam, das limitações constitucionais ao poder de tributar. Vide nota ao art. 194 da CF.

– "10.1. [...] as contribuições para a manutenção da seguridade social fundamenta-se no princípio da solidariedade. Entretanto, a solidariedade, em si, pode ser compreendida em duas acepções: a solidariedade com os membros de um grupo social e a solidariedade entre os diversos membros da sociedade. 10.2. Primeiramente, solidariedade pode ser entendida como a que aproxima os membros de um determinado grupo, criando entre eles laço de afinidade, capaz de justificar que cada membro do grupo contribua para a manutenção de um sistema de proteção especial voltado para tal grupo. É esta concepção de solidariedade que justifica a cobrança de contribuições sociais propriamente ditas, ou seja, as pertencentes à espécie tributária 'contribuições'. 10.3. Entretanto... novo conceito de solidariedade se impôs. Neste novo conceito, a solidariedade é ampliada para alcançar mais do que o grupo de beneficiados, mas toda a sociedade, é a segunda acepção do princípio da solidariedade. É a solidariedade que justifica a manutenção pelo Estado de um sistema de prestações públicas na área do direito social, independentemente de qualquer prestação por parte dos beneficiados. Reconhece-se na sociedade a existência de situações especiais que demandam prestações públicas, exigindo recursos de toda a sociedade para manter tal sistema de proteção. É a solidariedade que justifica a in-

versalidade das prestações de seguridade social e que se coaduna com a existência de prestações tributárias destinadas para a manutenção de tais prestações" (TOGNETTI, Silvania Conceição. *Contribuições para o financiamento da Seguridade Social: critérios para definição de sua natureza jurídica*. Rio de Janeiro: Renovar, 2004).

– "CONTRIBUIÇÃO PREVIDENCIÁRIA. APOSENTADO QUE RETORNA À ATIVIDADE. AGRAVO IMPROVIDO. I – A contribuição previdenciária do aposentado que retorna à atividade está amparada no princípio da universalidade do custeio da Previdência Social..." (STF, AI 668.531 AgR, 2009).

– "Contribuição previdenciária: aposentado que retorna à atividade: CF, art. 201, § 4º; L. 8.212/91, art. 12: aplicação à espécie, mutatis mutandis, da decisão plenária da ADI 3.105, red. p/acórdão Peluso, *DJ* 18.2.05. A contribuição previdenciária do aposentado que retorna à atividade está amparada no princípio da universalidade do custeio da Previdência Social (CF, art. 195); o art. 201, § 4º, da Constituição Federal 'remete à lei os casos em que a contribuição repercute nos benefícios'" (STF, 1ª T., RE 437640, Rel. Min. Sepúlveda Pertence, set. 2006) O relator, neste voto, reporta-se a voto que proferiu quando do julgamento da ADI 3105: "Creio que essa teoria da contribuição sem causa suficiente pressupõe, com todas as vênias, uma alternativa: ou ela parte de uma assimilação da contribuição previdenciária à taxa, ou pressupõe uma relação sinalagmática, contratual entre a Previdência e o segurado. E, a meu ver, o que se disse aqui hoje contra ambos os termos dessa alternativa dispensa qualquer tentativa de dizer algo de novo: evidentemente, não se cuida de taxa; evidentemente, não se cuida de relação sinalagmática. A leitura invertida do artigo 195, § 4º, segundo a qual não se poderão criar novos benefícios sem a criação da fonte necessária de custeio, data vênia, não me pareceu convincente, porque não se cuida de taxa, mas de tributo vinculado à seguridade social".

– **A solidariedade como referibilidade ampla das contribuições de seguridade social.** Relativamente às contribuições de seguridade social, o texto constitucional estabelece uma atenuação à referibilidade característica das contribuições. De fato, o art. 195 da Constituição, ao trazer normas especiais aplicáveis às contribuições de seguridade social, destaca a obrigação de todos em face da dimensão, relevância e prioridade da ação do Poder Público quanto à saúde, à assistência e à previdência. Ao dizer do financiamento da seguridade social por toda a sociedade, o art. 195 revela o seu caráter solidário, conforme já destacado no item específico em que cuidamos dos traços gerais do financiamento da seguridade social. Com isso, podem as pessoas físicas e jurídicas ser chamadas ao custeio independentemente de terem ou não relação direta com os segurados ou de serem ou não destinatárias de benefícios. Os incisos do art. 195, aliás, bem revelam esta referibilidade ampla, mormente em face da EC n. 42/2003, pois não apenas os trabalhadores e demais segurados (inciso II) são chamados ao custeio do sistema de seguridade, mas também as empresas (inciso I) e os importadores (inciso IV), além de estar prevista a incidência de contribuição sobre o concurso de prognósticos (inciso III). Em suma, em face do traço marcante da solidariedade no custeio da seguridade social, as contribuições que visam ao seu custeio não estão atreladas a determinado grupo. A referibilidade ampla expressamente estabelecida pelo art. 195 da Constituição autoriza que toda a sociedade seja chamada ao seu custeio, desde que estabelecido por lei e, em se cuidando de contribuição ainda não prevista nos incisos I a IV, por lei complementar, pois, conforme visto oportunamente, as contribuições, enquanto tributos, submetem-se às limitações gerais ao poder de tributar e às limitações específicas que lhe são dirigidas.

– "As contribuições parafiscais previstas no art. 195, CF – exceto as contribuições previdenciárias incidentes sobre empresas, empregados e autônomos –, por não se basearem na solidariedade de grupo e no princípio do custo-benefício, mas na solidariedade geral e na capacidade contributiva, se traduzem em verdadeiros impostos afetados" (RIBEIRO, Ricardo Lodi. As contribuições parafiscais e a validação constitucional das espécies tributárias. *RDDT* 174/110, 2010).

⇒ **Natureza tributária das contribuições sociais para a seguridade social.** Quando da discussão, no RE 146.733/SP, sobre a constitucionalidade da Lei n. 7.689/88, que instituiu a contribuição social sobre o lucro prevista no inciso I deste artigo, o Min. Moreira Alves, em voto condutor, afastou as dúvidas sobre a natureza tributária das contribuições sociais para a Seguridade Social: "Sendo, pois, a contribuição instituída pela Lei n. 7.689/88 verdadeiramente contribuição social destinada ao financiamento da seguridade social, com base no inciso I do artigo 195 da Carta Magna, segue-se a questão de saber se essa contribuição tem, ou não, natureza tributária em face dos textos constitucionais em vigor. De efeito, a par das três modalidades de tributos (os impostos, as taxas e as contribuições de melhoria) a que se refere o artigo 145 para declarar que são competentes para instituí-los a União, os Estados, o Distrito Federal e os Municípios, os artigos 148 e 149 aludem a duas outras modalidades tributárias, para cuja instituição só a União é competente: o empréstimo compulsório e as contribuições sociais, inclusive as de intervenção no domínio econômico e de interesse das categorias profissionais ou econômicas. No tocante às contribuições sociais que dessas duas modalidades tributárias é a que interessa para este julgamento, não só as referidas no artigo 149 que se subordina ao capítulo concernente ao sistema tributário nacional têm natureza tributária, como resulta, igualmente, da observância que devem ao disposto nos artigos 146, III, e 150, I e III; mas também as relativas à seguridade social previstas no artigo 195, que pertence ao título 'Da Ordem Social'. Por terem esta natureza tributária é que o artigo 149, que determina que as contribuições sociais observem o inciso III do artigo 150 (cuja letra *b* consagra o princípio da anterioridade), exclui dessa observância as contribuições para a seguridade social previstas no artigo 195, em conformidade com o disposto no § 6º deste dispositivo, que, aliás, em seu § 4º, ao admitir a instituição de outras fontes destinadas a garantir a manutenção ou expansão da seguridade social, determina se obedeça ao disposto no art. 154, I, norma tributária, o que reforça o entendimento favorável à natureza tributária dessas contribuições sociais".

– As contribuições de seguridade social, dentre as quais as destinadas à previdência social, constituem uma subespécie de contribuições sociais, que, por sua vez, constituem subespécies de contribuições. Sobre a classificação dos tributos, vide nota ao art. 145 da Constituição.

⇒ **Sujeição às limitações gerais ao poder de tributar.** A sujeição das contribuições, inclusive as de seguridade social, às limitações constitucionais ao poder de tributar é decorrência necessária da sua natureza tributária. Sendo tributo, submetem-se às respectivas limitações. A par disso, o art. 149 expressamente determina a necessidade de observância da legalidade, da irretroatividade e da anterioridade ao remeter ao art. 150, I e III, da CF. Tal remissão era desnecessária, pois, tratando-se de tributo, necessariamente incidiriam tais limitações. Justifica-se a remissão, contudo, em face das divergências jurisprudenciais acerca da natureza tributária das contribuições anteriormente à Constituição de 1988. A remissão, pois, a par de reafirmar a natureza tributária das contribuições, exige a observância do regime jurídico tributário independentemente de eventual divergência que ainda se estabelecesse. De pronto, faz-se necessário tornar fora de dúvida que a remissão feita ao art. 150, I e III, da CF não dispensa a observância dos incisos II, IV e V, que tratam da isonomia tributária, da vedação do confisco e da proibição de tributo interestadual ou intermunicipal que implique limitação ao tráfego de pessoas ou bens. Além disso, também pode ter aplicação em matéria de contribuições o art. 151, I, da CF, que cuida da uniformidade geográfica como critério que deve necessariamente ser observado pela União no exercício da competência tributária.

– **Inaplicabilidade das imunidades do art. 150, VI, *a*.** As normas do art. 150, VI, da CF são inaplicáveis às contribuições de seguridade social porque constituem regras negativas de competência (imunidades) que alcança apenas os impostos eis que expressamente direcionadas aos mesmos.

– **Limites específicos.** O art. 195, ao cuidar do financiamento da seguridade social, estabelece limitações ao poder de tributar específicas, estabelecendo a anterioridade nonagesimal e a imunidade das entidades beneficentes de assistência social. O § 2º, I, do art. 149 da CF, Acrescido pela EC n. 33/2001, por sua vez, estabelece imunidade relativamente às receitas decorrentes de exportação.

⇒ **Sujeição às normas gerais de direito tributário.** As contribuições, dentre as quais as contribuições de seguridade social, por configurarem tributo, sujeitam-se, ainda, às normas gerais de direito tributário que estão sob reserva de lei complementar (art. 146, III, da CF). Vide nota ao art. 149 da CF.

⇒ **Instituição: lei ordinária *x* lei complementar.** Para a instituição de contribuições ordinárias (nominadas) de seguridade social, quais sejam, as já previstas nos incisos I a IV do art. 195 da Constituição, basta a via legislativa da lei ordinária. Só se fará necessária lei complementar para a instituição de outras contribuições de seguridade não previstas, ou seja, para o exercício da competência residual, forte na exigência constante do art. 195, § 4º, da CF. Tenha-se em conta, aqui, que a remissão feita pelo art. 149 ao art. 146, III, ambos da Constituição, não implica a necessidade de lei complementar para a sua instituição, mas simplesmente a submissão expressa das contribuições às normas gerais de Direito Tributário, entendimento este já consolidado no âmbito do Supremo Tribunal Federal.

– "Enquadrado o tributo no inciso I do artigo 195 da Constituição Federal, é dispensável a disciplina mediante lei complementar" (STF, RE 527.602, 2009).

– "II – Desnecessidade de lei complementar para majoração de alíquota de contribuição cuja instituição ocorreu nos termos do art. 195, I, da CF" (STF, RE 353.296 AgR, 2006).

– "... Não se presume a necessidade de edição de lei complementar, pois esta é somente exigível nos casos expressamente previstos na Constituição. Doutrina. Precedentes. O ordenamento constitucional brasileiro – ressalvada a hipótese prevista no art. 195, § 4º, da Constituição – não submeteu, ao domínio normativo da lei complementar, a instituição e a majoração das contribuições sociais a que se refere o art. 195 da Carta Política. Tratando-se de contribuição incidente sobre servidores públicos federais em atividade – a cujo respeito existe expressa previsão inscrita no art. 40, *caput*, e § 12, c/c o art. 195, II, da Constituição, na redação dada pela EC n. 20/98 – revela-se legítima a disciplinação do tema mediante simples lei ordinária. As contribuições de seguridade social – inclusive aquelas que incidem sobre os servidores públicos federais em atividade –, embora sujeitas, como qualquer tributo, às normas gerais estabelecidas na lei complementar a que se refere o art. 146, III, da Constituição, não dependem, para o específico efeito de sua instituição, da edição de nova lei complementar, eis que, precisamente por não se qualificarem como impostos, torna-se inexigível, quanto a elas, a utilização dessa espécie normativa para os fins a que alude o art. 146, III, *a*, segunda parte, da Carta Política, vale dizer, para a definição dos respectivos fatos geradores, bases de cálculo e contribuintes. Precedente: *RTJ* 143/313-314. [...]" (STF, ADI 2.010-2, 2002, p. 51).

– "... As contribuições do art. 195, I, II, III, da Constituição, não exigem, para a sua instituição, lei complementar. Apenas a contribuição do § 4º do mesmo art. 195 é que exige... dado que essa instituição deverá observar a técnica da competência residual da União (CF, art. 195, § 4º; CF, art. 154, I)" (STF, RE 138.284, 1992). Obs.: no mesmo sentido, RE 146.733 e RE 150.755.

⇒ **Sujeito ativo das contribuições de seguridade social. Pode ser a própria União.** Nenhuma irregularidade há em deixar à própria União a administração de contribuições para a Seguridade Social. O que importa é a destinação dos recursos. Tal ficou claro quando o Supremo Tribunal Federal, no RE 146.733, enfrentou a questão da constitucionalidade da Lei n. 7.689/88, que instituiu a contribuição social sobre o lucro, rejeitando o argumento de que será inválida porque seu art. 6º teria disposto no sentido de que a administração e fiscalização de tal contribuição competiriam à Secretaria da Receita Federal.

• Vide: PAULSEN, Leandro. Contribuições no Sistema Tributário Brasileiro. In: MACHADO, Hugo de Brito. *As contribuições no Sistema Tributário Brasileiro*. Dialética. Fortaleza: Instituto Cearense de Estudos Tributários – ICET, 2003.

– Sobre a diferença entre competência tributária e capacidade tributária ativa e sobre quem tem competência para exigir o cumprimento da obrigação tributária, vide notas ao art. 119 do CTN.

⇒ **EC n. 20/98.** Inciso com redação determinada pela EC n. 20/98. Eis a redação anterior, revogada: "I – dos empregadores, incidente sobre a folha de salários, o faturamento e o lucro".

⇒ **Contribuintes.** A redação original referia apenas o "empregador", mas o STF já vinha entendendo que mesmo as empresas potencialmente empregadoras podiam ser chamadas ao custeio da seguridade social. Jamais concordamos com tal posição, pois implicava tomar por empregador o não empregador. A partir da EC n. 20/98, com a nova redação do inciso I, tornou-se inequívoca a possibilidade de colocar como contribuinte não apenas o empregador, mas também a empresa e entidade equiparada, independentemente da condição de empregadores. Hoje, pois, todos os empregadores e também toda e qualquer empresa, seja ou não empregadora, contribuem, restando aberto, pela própria Constituição, ainda, a possibilidade de equiparação de quaisquer entidades a empresas.

– Não obstante argumentos no sentido de que toda a sociedade deveria financiar a seguridade social em face do *caput* do art. 195, bem como do princípio da isonomia, e de que toda empresa era, ao menos potencialmente, empregadora, certo é que as contribuições ordinárias previstas no art. 195 e passíveis de instituição por lei ordinária tinham de se ater às potencialidades sintáticas e semânticas das normas constitucionais que outorgavam competência para tanto, de maneira que nada justificava, na redação original, ler-se "empregadores" como equivalente a "empresas empregadoras e não empregadoras" ou a "empresas potencialmente empregadoras". Empregadores são as pessoas físicas ou jurídicas que empregam, ou seja, que assalariam empregados. A CLT, inclusive, conceitua empregadores e empregados.

– **Empregador. Conceito legal. CLT.** Decreto-Lei n. 5.452/43 (CLT): "Art. 2º Considera-se empregador a empresa, individual ou coletiva, que, assumindo os riscos da atividade econômica, admite, assalaria e dirige a prestação pessoal de serviço. § 1º Equiparam-se ao empregador, para os efeitos exclusivos da relação de emprego, os profissionais liberais, as instituições de beneficência, as associações recreativas ou outras instituições sem fins lucrativos, que admitirem trabalhadores como empregados. § 2º Sempre que uma ou mais empresas, tendo, embora, cada uma delas, personalidade jurídica própria, estiverem sob a direção, controle ou administração de outra, constituindo grupo industrial, comercial ou de qualquer outra atividade econômica, serão, para os efeitos da relação de emprego, solidariamente responsáveis a empresa principal e cada uma das subordinadas. Art. 3º Considera-se empregado toda pessoa física que prestar serviços de natureza não eventual a empregador, sob a dependência deste e mediante salário. Parágrafo único. Não haverá distinções relativas à espécie de emprego e à condição de trabalhador, nem entre o trabalho intelectual, técnico e manual".

– **Não empregadores enquanto "potencialmente empregadores" sob a égide da redação original.** "COFINS. PESSOA JURÍDICA SEM EMPREGADOS. EXIGÊNCIA. 1. O enunciado do art. 195, *caput*, da CF/88 'a seguridade social será financiada por toda a sociedade' revela a intenção do legislador constituinte de não excluir de ninguém a responsabilidade de custeá-la. O vocábulo 'empregador' constante do inciso I desse artigo abrange a pessoa jurídica empregadora em potencial" (STF, ARegRE 249.841, 2006).

– **Entendendo que só os empregadores estavam obrigados sob a égide da redação original.** "No período anterior ao advento da Emenda Constitucional n. 20, de 15 de dezembro de 1998, o inciso I do art. 195, estabelecia que a Seguridade Social seria custeada, entre outras fontes, por contribuições arcadas por empregadores, conceito este que não permitia abarcar empresas sem empregados, em razão de seu conteúdo semântico estrito" (TRF4, AC 2002.04.01.022313-4, 2003); "1. Inexigível, por empresa sem empregado, as contribuições sociais sobre o lucro e sobre o faturamento, por ausência da qualidade de 'empregadora' conceito que não se confunde com o de 'empresa'. 2. Com a alteração do artigo 195 da Constituição efetuada pela EC 20, de 16-12-98, as empresas sem empregados passam a contribuir para a Seguridade Social. 3. Apelação parcialmente provida" (TRF4, 1ª T, AC 2000.04.01.050220-8/PR, jun/03); "1. Não tendo a qualidade de empregadora, não pode a pessoa jurídica ser obrigada ao pagamento das contribuições previstas no art. 195, I, CF. 2. Segundo entendimento do Supremo Tribunal Federal, não pode o conceito de empregador ser ampliado visando a cobrança de contribuições elencadas no art. 195, I, da CF" (TRF4, AMS 97.04.56498-8-SC, 1999).

– "... as empresas (de qualquer natureza e objeto social) só revestirão a qualidade de efetivos e autênticos contribuintes se e quando forem 'empregadores', ou seja, assalariarem empregados. *A contrario sensu*, inexistindo os empregados, permanecerão caracterizadas como 'não empregadores', e, portanto, estarão excluídas da sujeição passiva das contribuições, ainda que tenham 'faturamento' ou 'lucro'. Nesse passo, a CF especificou as pessoas que, mesmo não tendo empregados, podem ser contribuintes das exações em causa, como é o caso do 'produtor, parceiro, meeiro e o arrendatário rurais, garimpeiro, pescador artesanal e respectivos cônjuges, que exerçam suas atividades em regime de econômica familiar', que 'contribuirão para a seguridade social, mediante a aplicação de uma alíquota sobre o resultado a comercialização da produção e farão jus aos benefícios nos termos da lei' (§ 8º do art. 195)" (SOARES DE MELO, José Eduardo. *Contribuições sociais no sistema tributário*. 2. ed. São Paulo: Malheiros, 1996, p. 120-121).

– "... não empregadores não são contribuintes da contribuição de seguridade social incidente sobre o faturamento, independentemente da forma de sua constituição e atuação, grandeza, etc. [...] casos como o de empresas *holdings*, firmas individuais, prestadores de serviços e quaisquer sociedades civis e comerciais, desde que sem empregados, dizem diretamente com situações de não empregadores e, desse modo, mesmo que tenham fatura-

mento, não serão alcançadas pela contribuição de seguridade social..." (ROCHA, Valdir de Oliveira. Contribuições de Seguridade Social sobre o faturamento – Incidência e não incidência, *IOB* 23/93, p. 471-472).

– **No sentido de que, mesmo após o advento da EC n. 20/98, as empresas sem empregados não devem contribuir.** "... empresas *holdings*, firmas individuais, prestadores de serviços e quaisquer sociedades civis ou comerciais, desde que sem empregados, são não empregadores e, desse modo, mesmo que tenham faturamento, não podem ser alcançadas pela contribuição social prevista no art. 195, I, da CF, mesmo após o advento da EC 20. [...] A contribuição social – tributo vinculado –, só pode ser exigida daquele a quem o Estado, no mínimo, de forma mediata e indireta, beneficie. Constitui uma 'forma de concurso pecuniário às despesas da entidade, mas ela (contribuição) é devida pelo indivíduo com base na vantagem (qualificada como tal pelo legislador, em relação a possível avaliação econômica) por ele recebida, em decorrência da específica atividade administrativa do próprio ente, efetuada no interesse precípuo da coletividade" (FRANCO, Adonilson. Empresas sem empregados – indevida contribuição ao PIS, Cofins e CSLL. *RDDT* 52/7, 2000).

– **Empresa.** O Código Civil trata da empresa tendo como referência a figura do empresário, que conceitua em seu art. 966: "LIVRO II Do Direito de Empresa. TÍTULO I Do Empresário. CAPÍTULO I Da Caracterização e da Inscrição. Art. 966. Considera-se empresário quem exerce profissionalmente atividade econômica organizada para a produção ou a circulação de bens ou de serviços. Parágrafo único. Não se considera empresário quem exerce profissão intelectual, de natureza científica, literária ou artística, ainda com o concurso de auxiliares ou colaboradores, salvo se o exercício da profissão constituir elemento de empresa".

– **Entidade equiparada a empresa.** As entidades equiparadas poderão ser, por exemplo, as cooperativas, as associações e as fundações.

a) a folha de salários e demais rendimentos do trabalho pagos ou creditados, a qualquer título, à pessoa física que lhe preste serviço, mesmo sem vínculo empregatício;

• **EC n. 20/98.** Alínea inserida pela EC n. 20/98.

– **Redação original.** O inciso I referia-se simplesmente a "folha de salários" e nada mais, com o que não era dado ao legislador ordinário estender tal conceito abrangendo, e.g., remuneração paga a quem não mantinha relação de emprego.

– **Antes da EC n. 20/98, só a folha de salários podia ser tributada.** Sob a égide da redação original do art. 195, I, da Constituição, só podia ser tributada a folha de salários, ou seja, os pagamentos feitos a empregados a título salarial. Aliás, o § 4º do art. 201 da Constituição, posteriormente renumerado pela EC n. 20/98 para § 11, referia-se expressamente a empregado e a salário. Reforçava, assim, a interpretação no sentido de se pressupor a relação de emprego. A expressão "folha de salários" pressupõe "salário", ou seja, remuneração paga a empregado, como contraprestação pelo trabalho que desenvolve em caráter não eventual e sob a dependência do empregador. Inicialmente, a contribuição sobre a folha de salários foi disciplinada pela Lei n. 7.787/89; após, pela Lei n. 8.212/91, com redação quase idêntica no particular. Ocorre que tais leis extrapolaram a base econômica possível sob a égide da redação original ao fazerem incidir e ser calculada não apenas sobre a folha de salários, mas também sobre pagamentos a autônomos, administradores e avulsos. Declarada inconstitucional a incidência sobre a remuneração de autônomos, administradores e avulsos, foi editada a LC n. 84/96, no exercício da competência residual da União, ensejando tal exigência de forma válida, como uma nova contribuição social de custeio da seguridade social. Não se fazendo mais necessária lei complementar, após a EC n. 20/98, para determinar a incidência sobre as remunerações não decorrentes de relação de emprego, sobreveio a Lei n. 9.876/99, dando nova redação à Lei n. 8.212/91 e revogando a LC n. 84/96. Sobre a LC n. 84/96, vide nota ao § 4º deste artigo.

⇒ **Grandeza tributável: rendimentos do trabalho** A redação do art. 195, I, da CF, trazida pela EC n. 20/98 com a reestruturação do inciso mediante o acréscimo de alíneas, o outorga competência para instituição de contribuição de seguridade sobre a folha de salários e demais rendimentos do trabalho pagos ou creditados, a qualquer título, à pessoa física, mesmo sem vínculo empregatício. Ou seja, a competência não se limita mais à instituição de contribuição sobre a folha de salários, ensejando, agora, que sejam alcançadas também outras remunerações pagas por trabalho prestado, que não necessariamente salários e que não necessariamente em função de relação de emprego. A folha de salários consubstancia rendimentos do trabalho pagos a empregados; outros rendimentos, pagos a não empregados, também são tributáveis. Fundamental, portanto, para definir os lindes dessa base econômica, é a noção de "rendimentos do trabalho". Assim, os rendimentos pagos, seja a empregados (salário, com a amplitude determinada pelo § 11), seja a sócios-diretores (pró-labore), a autônomos e a avulsos estão sujeitos a serem tributados como contribuição ordinária ou nominada de custeio da seguridade, ou seja, como contribuição já prevista no art. 195, I, *a*, da CF, capaz de instituição mediante simples lei ordinária. Aliás, não se fazendo mais necessária lei complementar, após a EC n. 20/98, para determinar a incidência sobre as remunerações não decorrentes de relação de emprego, sobreveio a Lei n. 9.876/99, dando nova redação à Lei n. 8.212/91 para alcançar os administradores, autônomos e avulsos e revogando expressamente a LC n. 84/96.

⇒ **Existência ou não da relação de emprego.** Como a redação original deste artigo referia simplesmente folha de salários, e salário decorre de relação empregatícia, era fundamental definir, em cada caso, se estava ou não caracterizada uma relação de emprego para verificar a própria possibilidade de tributação. Após a EC n. 20/98, com a nova redação do artigo, cuja alínea *a*, ora em questão, refere expressamente que o vínculo empregatício é irrelevante, a discussão acerca da relação trabalhista se dá não para verificar se pode haver tributação por lei ordinária, mas para verificar se estão sendo pagas todas as contribuições devidas. Isso porque, enquanto sobre a remuneração de contribuintes individuais incide apenas

uma contribuição de 20%, sobre a folha de salários incide contribuição previdenciária de 20% mais a parcela variável de 1% a 3% (SAT) e as contribuições a terceiros: 2,5% (e.g.: SESI/SENAI), 0,3% (SEBRAE), 2,5% (salário-educação) e 0,2% (INCRA). O total devido pela empresa sobre a folha, pois, fica em torno de 28%. Isso sem falarmos nos encargos de natureza trabalhista, como as provisões para o décimo terceiro salário e para o pagamento das férias e seu adicional, a contribuição ao FGTS, as despesas com coberturas de saúde, com transporte etc. Tudo somado, podemos ter cerca de 60% custo adicional para o empresário sobre a folha de salários. Daí por que, muitas vezes, as empresas contabilizam pagamentos a autônomos e a Receita requalifica tais pagamentos como sendo a empregados, lançando, então, as contribuições devidas sobre pagamentos a empregados, em percentual total superior.

– **Competência do Fisco para reconhecer a relação de emprego para fins de lançamento de contribuições previdenciárias.** "ANULATÓRIA DE DÉBITO FISCAL. INSS. COMPETÊNCIA. FISCALIZAÇÃO. AFERIÇÃO. VÍNCULO EMPREGATÍCIO. IMPOSSIBILIDADE. SÚMULA 7/STJ. 1. A autarquia previdenciária por meio de seus agentes fiscais tem competência para reconhecer vínculo trabalhista para fins de arrecadação e lançamento de contribuição previdenciária, não acarretando a chancela aos direitos decorrentes da relação empregatícia, pois matéria afeta à Justiça do Trabalho. 2. O agente fiscal do INSS exerce ato de competência própria quando expede notificação de lançamento referente a contribuições devidas sobre pagamentos efetuados a autônomos, por considerá-los empregados, podendo chegar a conclusões diversas daquelas adotadas pelo contribuinte. 3. 'À evidência, o IAPAS ou o INSS, ao exercer a fiscalização acerca do efetivo recolhimento das contribuições por parte do contribuinte possui o dever de investigar a relação laboral entre a empresa e as pessoas que a ela prestam serviços. Caso constate que a empresa erroneamente descaracteriza a relação empregatícia, a fiscalização deve proceder a autuação, a fim de que seja efetivada a arrecadação. O juízo de valor do fiscal da previdência acerca de possível relação trabalhista omitida pela empresa, a bem da verdade, não é definitivo e poderá ser contestada, seja administrativamente, seja judicialmente' (REsp 515.821/RJ, Relator Ministro Franciulli Netto, publicado no *DJU* de 25.04.05)" (STJ, REsp 575.086, 2006).

– **Requisitos da relação de emprego.** CLT: "Art. 3º Considera-se empregado toda pessoa física que prestar serviços de natureza não eventual a empregador, sob a dependência deste e mediante salário. Parágrafo único. [...]".

– **Atividade fim da empresa. Insuficiência de tal critério.** "... RELAÇÃO EMPREGATÍCIA COMO PRESSUPOSTO PARA O LANÇAMENTO. NULIDADE DA CDA. O fato de os serviços dizerem respeito à atividade fim da Embargante não é suficiente à configuração da relação de emprego, que depende da verificação das características do art. 3º da CLT, ausentes no caso. Com a nulidade da NFLD, também resta nula a respectiva inscrição e a CDA que embasou a execução, cuja extinção se impõe" (TRF4, AC 2001.71.00.015801-7, 2006). A Juíza Federal Ingrid Sliwka, da 3ª Vara de Execuções de Porto Alegre, assim se pronunciara na sentença: "Ocorre que o fato de exercerem atividade que constitui objeto fim da empresa não implica necessariamente a caracterização da relação de emprego, pois todos os requisitos devem estar presentes à sua configuração, como subordinação (direta ou jurídica), pessoalidade, não eventualidade e remuneração".

– **Ausência de vínculo de emprego. Médico x Hospital.** "... CONTRIBUIÇÕES PREVIDENCIÁRIAS. HOSPITAL. MÉDICO RADIOLOGISTA. VÍNCULO EMPREGATÍCIO. INEXISTÊNCIA. 1. Comprovada a inexistência de vínculo empregatício entre os médicos radiologistas e o hospital, pois ausentes os elementos previstos no art. 3º da CLT, inocorre o fato gerador da contribuição previdenciária. 2. Redução da verba honorária para 10% sobre o valor da execução" (TRF4, REO 1999.04.01.008925-8, 1999).

– **Médicos plantonistas.** "... MÉDICOS PLANTONISTAS. RELAÇÃO DE EMPREGO. CONSTITUCIONALIDADE DA CONTRIBUIÇÃO. 1. Cumpre à embargante fazer provar que médicos plantonistas, que substituem as folgas dos titulares, em período que se estende por mais de quatro anos, estão filiados na Previdência na qualidade de autônomos e não são empregados. 2. São devidas ao embargado as diferenças de contribuições sociais. 3. É totalmente impertinente a alegação de inconstitucionalidade da contribuição incidente sobre os pagamentos efetuados a autônomos, já que na CDA não constam créditos fiscais da espécie" (TRF4, AC 1998.04.01.061363-0, 1999).

– **Médico-residente como contribuinte individual.** "... CONTRIBUIÇÃO SOCIAL. CONTRIBUINTE INDIVIDUAL. MÉDICO-RESIDENTE. LEI 10.666/03. ABRANGÊNCIA. 1. O médico-residente é contribuinte individual (inciso X do § 15 do artigo 9º do Decreto 3.048/99. 2. A Lei n. 10.666/03 não criou contribuição social nova para os médicos-residentes (competência residual da União). Ela extinguiu escala transitória de salário-base instituída pela Lei n. 9.876/99, obrigando os médicos-residentes a contribuir com 20% daquilo que obterem como renda mensal, incluída a bolsa instituída pela Lei n. 6.932/71. Disposição válida, porque respeitada a reserva formal exigida pela CF/88 (lei ordinária) para regulamentação de contribuição social por ela instituída (inciso II do artigo 195)" (TRF4, AMS 2003.70.00.037310-5, 2004).

– **Cooperativas médicas. UNIMED.** "CONTRIBUIÇÃO PREVIDENCIÁRIA DOS MÉDICOS PRESTADORES DE SERVIÇO DA UNIMED. RELAÇÃO DE EMPREGO. FALTA DE SUBORDINAÇÃO. 1. Os médicos prestadores de serviço à Unimed, não se enquadram na relação de emprego, conforme preceitua o art. 3º da CLT. 2. Os atos cooperativos não constituem relação empregatícia. 3. Apelação improvida" (TRF4, AC 97.04.22135-5, 1999).

– "... CONTRIBUIÇÃO SOCIAL PREVISTA NO INCISO II DO ART. I DA LEI COMPLEMENTAR N. 84/96. ILEGALIDADE. As cooperativas médicas não estão legalmente obrigadas a descontar e recolher contribuições sobre a remuneração paga aos profissionais médicos pelos serviços que prestam como autônomos. Remessa oficial improvida" (TRF5, REO 04120469-1, 1998).

– **Dentistas. Empresa prestadora de serviços.** "... DENTISTAS COLOCADOS POR EMPRESA PRESTADORA DE SERVIÇOS. VÍNCULO EMPREGATÍCIO RECONHECIDO. 1. Inaplicável à espécie a Lei 6.019/74 por tratar-se de trabalho de dentistas, ou seja, especializado. 2. A empresa que presta os serviços tem nos profissionais o produto oferecido para obtenção de lucro. Logo, com efetividade subordinam-se à orientação da empregadora, além de serem remunerados. 3. Relação contratual regida pela CLT reconhecida, o que importa a existência do fato imponível das contribuições previdenciárias. 4. Apelação e remessa oficial providas" (TRF4, AC 1998.04.01.024111-8, 1999).

– **Diretor-empresário x diretor-empregado.** "CONTRIBUIÇÕES PREVIDENCIÁRIAS. DIRETOR DE SOCIEDADE ANÔNIMA. CONTRIBUINTE EMPRESÁRIO. CONTRIBUINTE INDIVIDUAL... – O diretor não empregado, na redação original da Lei 8.212/91, era considerado como segurado empresário, assim como o membro de conselho de administração e os sócios que participasse de gestão de empresa ou de algum modo nela trabalhassem. – Atualmente, a Lei 8.212/91, com a redação da Lei 9.876/99, ao arrolar os segurados obrigatórios da Previdência Social, refere, na alínea f do inciso V, não como contribuinte empregado, mas como contribuinte individual, 'o diretor não empregado e o membro de conselho de administração de sociedade anônima', sendo que, relativamente às demais sociedades, assim caracteriza apenas o 'sócio solidário, o sócio de indústria, o sócio gerente e o sócio cotista que recebam remuneração decorrente de seu trabalho em empresa urbana ou rural'. – Resta clara a distinção feita pelo legislador ao considerar o diretor de sociedade anônima eleito pelo Conselho de Administração, assim como os próprios membros deste, como contribuinte individual, sujeitando-se a sociedade anônima, então, ao recolhimento das contribuições sobre a remuneração de contribuinte individual e à retenção das contribuições deste enquanto segurado contribuinte individual" (TRF4, AC 2001.70.00.013673-1, 2006).

– "... DIRETORES. SOCIEDADE POR QUOTAS DE RESPONSABILIDADE LIMITADA. CONTRIBUIÇÕES PREVIDENCIÁRIAS. RELAÇÃO DE SUBORDINAÇÃO. PRINCÍPIO DA ISONOMIA. Há que se diferenciar o diretor empregado do diretor que detém poderes de gestão (empresário), que não mantém relação de subordinação com a sociedade, estando descaracterizada, então, a relação de emprego. Para afastar a incidência de contribuição previdenciária sobre a remuneração dos diretores, seria necessária comprovação do fato de exercerem os diretores atividades de empresários. Inexiste ofensa ao princípio da isonomia ao se diferenciar aquele diretor que mantém relação de subordinação com a sociedade daquele que não a tem, pois significa dar tratamento diferenciado àqueles que estão em situações também diversas" (TRF4, AC 97.04.13605-6, 2000).

– Parecer CJ/MPAS n. 2.481/2001: "Diretor Previdenciário e Diretor Comercial. Sociedade por cotas de responsabilidade limitada. Diretor Empregado. A sociedade por cotas é administrada por sócios-gerentes, obrigatoriamente pessoas eu tenham contribuído para a formação do capital social (sócios). Já na sociedade anônima, a administração fica a cargo, além do Conselho de Administração, da Diretoria, sendo que os diretores não precisam ser, necessariamente, acionistas da empresa. Assim, não existe nas sociedades por cotas a figura do diretor não empregado, é exclusivo das sociedades anônimas. Diretor de sociedade limitada apenas pode ser, portanto, diretor empregado".

– "A investidura de certo trabalhador para a gerência da limitada per se não deve induzir a ideia de que tenha de ser empregado, só porque não seja sócio-gerente ou sócio-cotista (aparentemente – desmentida por inúmeros exemplos legais –, condição para que a lei previdenciária o tenha como contribuinte individual). [...] O novo Código Civil disciplina a figura das sociedades limitadas. [...] A gestão das limitadas consta dos arts. 1.060/1.065. Vê-se que é possível atribuir-se a direção ao não sócio, desde que estipulada no contrato social (art. 1.061). Sob investidura formal (art. 1.062), tal pessoa é designada como administrador e provavelmente intitulada como gerente-delegado, ainda que no sentido de não ser o sócio-gerente, mas investido nas funções de gestor superior. [...] Tem-se, pois, que o novo Código Civil admite que as sociedades limitadas sejam dirigidas por terceiros não sócios, sem se imiscuir no enquadramento previdenciário. Ter-se-á, portanto, em cada caso, que examinar o ato formal de investidura para alcançar-se a natureza dessa função, se de empresário ou autônomo (contribuintes individuais), ou empregado. E o que é mais importante e não pode ser desprezado, lembrando-se de Mário de la Cueva, ver-se como ele opera na empresa. Os dois primeiros são independentes no sentido de se limitar apenas ao contrato social, inexistindo na espécie qualquer pessoa que se posicione acima deles para lhes subordinar funcionalmente. No que diz respeito ao último, carece que ele dependa de alguém a hierarquia da empresa para se tê-lo como empregado e isso não acontece com o gerente-delegado com poderes de gestão" (MARTINEZ, Wladimir Novaes. A contribuição previdenciária do gerente-delegado. *RDDT* 123/88, 2005).

⇒ **Na relação de emprego, sobre a folha de salários.** Os empregadores são chamados a contribuir à previdência social tendo como referência, via de regra, o montante da sua folha de salários. Para alguns setores, a contribuição sobre a folha é substituída por outra sobre a receita, nos termos do § 12 deste mesmo art. 195 da CF.

– **Salário como contraprestação na relação de emprego.** DL n. 5.452/43 (CLT): "Art. 2º Considera-se empregador a empresa, individual ou coletiva, que, assumindo os riscos da atividade econômica, admite, assalaria e dirige a prestação pessoal de serviço. [...] Art. 3º Considera-se empregado toda pessoa física que prestar serviços de natureza não eventual a empregador, sob a dependência deste e mediante salário. Parágrafo único. [...]".

– "... o salário de contribuição somente abarca as verbas pagas habitualmente, com caráter contraprestativo do trabalho prestado e que não tenham natureza indenizatória ou de benefício social, independentemente de expressa exclusão legal" (CARDOSO, Alessandro Mendes; RODRIGUES, Raphael Silva. A delimitação do salário de contribuição: evolução da jurisprudência e do entendimento fiscal. *RDDT* 202/07-23, 2012).

– **Requisito da habitualidade.** O § 4º do art. 195 já alargava o conceito de salário para fins de incidência da contribuição. Vejamos a sua redação, com a numeração atual: "Art. 201. [...] § 11.

Os ganhos habituais do empregado, a qualquer título, serão incorporados ao salário para efeito de contribuição previdenciária e consequente repercussão em benefícios, nos casos e na forma da lei". Tem-se, pois, que o conceito de salário recebeu extensão dada pelo próprio texto Constitucional, que compreendeu no mesmo "os ganhos habituais do empregado, a qualquer título". Não há, nem havia, pois, como restringir a incidência, mesmo no período anterior ao advento da EC n. 20/98, ao conceito estrito de salário, mas a tal conceito com a incorporação prevista no então § 4º do art. 201. O que não se podia fazer, isso sim, sob a redação original do art. 195, I, a título de tributação ordinária para fins de custeio da seguridade social, era alcançar as demais remunerações de trabalhadores alheias à relação empregatícia.

– **Tema 20 do STF:** "A contribuição social a cargo do empregador incide sobre ganhos habituais do empregado, quer anteriores ou posteriores à Emenda Constitucional n. 20/1998". Decisão de mérito em 2017.

– A incidência de contribuição sobre a folha de salários tem de ser interpretada com vista à finalidade previdenciária que vem cumprir. Aliás, a combinação do art. 195, I, da Constituição de 1988 com o art. 201, § 4º na redação original e, mais recentemente, § 11, enseja tal abordagem quando tais parágrafos ressaltam que os ganhos habituais do empregado são incorporados ao salário para efeito de contribuição e repercussão em benefícios. O que visa o Constituinte é fazer com que aqueles ganhos que compõem o padrão de vida do empregado, sejam percebidos em dinheiro ou em utilidade, componham a base de cálculo das contribuições e sejam considerados para fins de dimensionamento do valor do benefício previdenciário a ser concedido.

– Não apenas o texto constitucional refere os "ganhos habituais", como os arts. 22, I, e 28 da Lei 8.212/91, referem-se aos "ganhos habituais sob a forma de utilidades", exigindo, pois, a habitualidade, de modo que nem toda utilidade fornecida pelo empregador é base de cálculo. Em se tratando de um benefício isolado, não chega a configurar remuneração sujeita à incidência de contribuição previdenciária.

– "O próprio legislador infraconstitucional à buscou delimitar a base de incidência, reconhecendo a prevalência dos pressupostos da habitualidade e contraprestabilidade, ao elencar no § 9º do artigo 28 da Lei n. 8.212/1991 diversas verbas que, por não possuírem as referidas qualidades, não integram o salário de contribuição. [...] a listagem trazida pela norma não é *numerus clausus*, já que outras verbas ou pagamentos com nomenclaturas diversas, que também não tenham os requisitos necessários à adequação ao conceito de salário de contribuição também estão fora do campo de incidência. [...] E habitualidade deve ser entendida como a situação ou previsão de que a percepção da verba irá se repetir periodicamente, em face de determinado pressuposto previamente determinado entre as partes. [...] A habitualidade é um requisito logicamente decorrente do próprio sistema de cálculo do benefício previdenciário da aposentadoria por idade ou por tempo de contribuição, que tem como base o chamado 'salário de benefício', calculado a partir 'na média aritmética simples dos maiores salários de contribuição, correspondentes a oitenta por cento de todo o período contributivo, multiplicada pelo fator previdenciário. A lei, nesse caso, está dando aplicação a nor ma constitucional que determina que 'os ganhos habituais do empregado, a qualquer título, será incorporados ao salário para efeito de contribuição previdenciária e consequente repercussão em benefícios, nos casos e na forma da lei'" (CARDOSO, Alessandro Mendes; RODRIGUES, Raphael Silva. A delimitação do salário de contribuição: evolução da jurisprudência e do entendimento fiscal. *RDDT* 202/07-23, 2012).

– Requisito do caráter remuneratório ou contraprestacional. "A verba, para ser inclusa na base de cálculo da contribuição previdenciária, deve ser remuneratória ou contraprestativa do trabalho ou serviço prestado, devendo corresponder à totalidade ou à parcela da obrigação do empregador ou contratante em face do labor de outrem. [...] um dos critérios de aferição da natureza da disponibilização mais utilizados é o que diferencia a utilidade 'para o trabalho' da utilidade 'pelo trabalho'. Quando a utilidade é 'para o trabalho' a mesma não tem caráter contraprestacional ou remuneratório, estando vinculada à viabilização da prestação do trabalho (como, por exemplo, as diárias de viagens a trabalho, as ajudas de custo e o adiantamento de despesas necessárias ao serviço). Já no caso de utilidade 'pelo trabalho', a sua disponibilização não visa, totalmente ou preponderantemente, a facilitação da execução do serviço, mas, sim, a remuneração do empregado pelo seu trabalho, estando patente o caráter retributivo" (CARDOSO, Alessandro Mendes; RODRIGUES, Raphael Silva. A delimitação do salário de contribuição: evolução da jurisprudência e do entendimento fiscal. *RDDT* 202/07-23, 2012).

– Abono eventual recebido em parcela única. Não incidência. "1. De acordo com o § 9º, alínea *e*, item 7, do art. 28 da Lei n. 8.212/91, não integram o salário de contribuição, exclusivamente para os fins desta Lei, as importâncias 'recebidas a título de ganhos eventuais e os abonos expressamente desvinculados do salário' (grifou-se). 2. Tendo em vista que a Lei n. 8.212/91 aplica-se, no que couber, à contribuição social devida ao SENAI, contribuição que, aliás, tem a mesma base utilizada para o cálculo das contribuições previdenciárias incidentes sobre a remuneração paga ou creditada a segurados, então no caso deve ser observada a jurisprudência do STJ, que se firmou no sentido de que não incide contribuição previdenciária sobre o abono previsto em acordo coletivo de trabalho e recebido em parcela única durante o ano (ou seja, importância recebida a título de ganho eventual). 3. Ainda que o Tribunal de origem haja reconhecido a natureza remuneratória dos abonos estipulados nos acordos coletivos de trabalho, visto que tais abonos foram previstos nas cláusulas dos acordos coletivos que tratam de reajuste salarial ou, então, nas cláusulas referentes a vale-refeição/alimentação, é fato incontroverso nos autos, inclusive consignado no acórdão recorrido, que os abonos foram recebidos pelos empregados dos Correios em parcela única (ou seja, foram recebidos a título de ganhos eventuais, sem habitualidade)" (STJ, AgRg no REsp 1.386.395, 2013).

– "CONTRIBUIÇÃO PREVIDENCIÁRIA E FGTS. ABONO ÚNICO PREVISTO EM CONVENÇÃO COLETIVA DE TRABALHO. ART. 28, § 9º, 'E', ITEM 7, DA LEI 8.212/91. EVENTUALIDADE E DESVINCULAÇÃO DO SALÁRIO, NO CASO. NÃO INCIDÊNCIA" (STJ, REsp 819.552, 2009).

– Horas extras. Tema 687 do STJ: "As horas extras e seu respectivo adicional constituem verbas de natureza remuneratória, razão pela qual se sujeitam à incidência de contribuição previdenciária". Decisão de mérito em 2014.

– "CONTRIBUIÇÃO PREVIDENCIÁRIA A CARGO DA EMPRESA. REGIME GERAL DE PREVIDÊNCIA SOCIAL. BASE DE CÁLCULO. ADICIONAIS NOTURNO, DE PERICULOSIDADE E HORAS EXTRAS. NATUREZA REMUNERATÓRIA. INCIDÊNCIA. PRECEDENTES DE AMBAS AS TURMAS DA PRIMEIRA SEÇÃO DO STJ. SÍNTESE DA CONTROVÉRSIA. 1. Cuida-se de Recurso Especial submetido ao regime do art. 543-C do CPC para definição do seguinte tema: 'Incidência de contribuição previdenciária sobre as seguintes verbas trabalhistas: a) horas extras; b) adicional noturno; c) adicional de periculosidade'. CONTRIBUIÇÃO PREVIDENCIÁRIA A CARGO DA EMPRESA E BASE DE CÁLCULO: NATUREZA REMUNERATÓRIA. 2. Com base no quadro normativo que rege o tributo em questão, o STJ consolidou firme jurisprudência no sentido de que não devem sofrer a incidência de contribuição previdenciária 'as importâncias pagas a título de indenização, que não correspondam a serviços prestados nem a tempo à disposição do empregador' (REsp 1.230.957/RS, Rel. Ministro Mauro Campbell Marques, Primeira Seção, *DJe* 18/3/2014, submetido ao art. 543-C do CPC). 3. Por outro lado, se a verba possuir natureza remuneratória, destinando-se a retribuir o trabalho, qualquer que seja a sua forma, ela deve integrar a base de cálculo da contribuição. **ADICIONAIS NOTURNO, DE PERICULOSIDADE, HORAS EXTRAS: INCIDÊNCIA. 4.** Os adicionais noturno e de periculosidade, as horas extras e seu respectivo adicional constituem verbas de natureza remuneratória, razão pela qual se sujeitam à incidência de contribuição previdenciária" (STJ, REsp 1.358.281, 2014).

– Adicional noturno. Tema 688 do STJ: "O adicional noturno constitui verba de natureza remuneratória, razão pela qual se sujeita à incidência de contribuição previdenciária". Decisão de mérito em 2014.

– Adicional de periculosidade. Tema 689 do STJ: "O adicional de periculosidade constitui verba de natureza remuneratória, razão pela qual se sujeita à incidência de contribuição previdenciária". Decisão de mérito em 2014.

– "CONTRIBUIÇÃO PREVIDENCIÁRIA A CARGO DA EMPRESA. REGIME GERAL DE PREVIDÊNCIA SOCIAL. BASE DE CÁLCULO. ADICIONAIS NOTURNO, DE PERICULOSIDADE E HORAS EXTRAS. NATUREZA REMUNERATÓRIA. INCIDÊNCIA. PRECEDENTES DE AMBAS AS TURMAS DA PRIMEIRA SEÇÃO DO STJ. SÍNTESE DA CONTROVÉRSIA. 1. Cuida-se de Recurso Especial submetido ao regime do art. 543-C do CPC para definição do seguinte tema: 'Incidência de contribuição previdenciária sobre as seguintes verbas trabalhistas: a) horas extras; b) adicional noturno; c) adicional de periculosidade'. CONTRIBUIÇÃO PREVIDENCIÁRIA A CARGO DA EMPRESA E BASE DE CÁLCULO: NATUREZA REMUNERATÓRIA. 2. Com base no quadro normativo que rege o tributo em questão, o STJ consolidou firme jurisprudência no sentido de que não devem sofrer a incidência de contribuição previdenciária 'as importâncias pagas a título de indenização, que não correspondam a serviços prestados nem a tempo à disposição do empregador' (REsp 1.230.957/RS, Rel. Ministro Mauro Campbell Marques, Primeira Seção, *DJe* 18/3/2014, submetido ao art. 543-C do CPC). 3. Por outro lado, se a verba possuir natureza remuneratória, destinando-se a retribuir o trabalho, qualquer que seja a sua forma, ela deve integrar a base de cálculo da contribuição. ADICIONAIS NOTURNO, DE PERICULOSIDADE, HORAS EXTRAS: INCIDÊNCIA. 4. Os adicionais noturno e de periculosidade, as horas extras e seu respectivo adicional constituem verbas de natureza remuneratória, razão pela qual se sujeitam à incidência de contribuição previdenciária..." (STJ, REsp 1.358.281, 2014).

– **Participação nos lucros. Não incidência.** Quanto à participação dos lucros, salienta-se que a parcela não se insere no conceito de salário, tampouco de ganhos habituais, porque é verba eventual e incerta. Aliás, o próprio art. 7º, inciso XI, da CRFB, ao dispor sobre os direitos fundamentais sociais do trabalhador, assegura a *participação nos lucros, ou resultados, desvinculada da remuneração*. Ou seja, cuida-se de direito que não se confunde com a remuneração pelo trabalho prestado. O art. 28 da Lei n. 8.212/91, em seu § 9º, *j*, aliás, expressamente exclui a participação nos lucros ou resultados da empresa da base de cálculo: "Art. 28. Entende-se por salário de contribuição: [...] § 9º Não integram o salário de contribuição para os fins desta Lei, exclusivamente: (Redação dada pela Lei n. 9.528, de 10-12-1997) [...] j) a participação nos lucros ou resultados da empresa, quando paga ou creditada de acordo com lei específica;". Mas, até a regulamentação do art. 7º, XI, da CF, em 1994, o STF entende que podia ser cobrado, conforme nota adiante.

– "A participação nos lucros da empresa constitui método de remuneração complementar do empregado, com o qual se lhe garante uma parcela dos lucros auferidos pelo empreendimento econômico do qual participa. Por isso mesmo, no direito comparado, e também, na doutrina brasileira, prevalece a teoria que a conceitua como prestação aleatória de natureza salarial; mas, em face do estatuído pelo art. 7º, XI, da nova Constituição, essa participação não mais constitui salário no sistema legal brasileiro. A participação nos lucros da empresa não se confunde com os prêmios arbitrariamente outorgados pelo empregador, porquanto ela decorre de imposição legal, convenção ou acordão coletivo e, bem assim do regulamento da empresa ou de ajuste contratual, sendo devida desde que realizada a condição prevista para a geração do direito do empregado. Como bem acentua Nélio Reis, a participação nos lucros da empresa é perfeitamente compatível com o contrato de trabalho. Se a relação de emprego está configurada pela coexistência dos elementos que a caracterizam, a participação do empregado nos lucros da empresa não transforma o contrato de trabalho em contrato de sociedade, nem o converte em contrato misto. A participação; neste caso, nada mais será do que uma condição, imposta por lei, negociação coletiva ou acordo entre as partes contratantes, integrantes do próprio contrato de trabalho" (SUSSEKIND,

Arnaldo et al. *Instituições de direito do trabalho*. 17. ed. São Paulo: LTr, v. 1, p. 458-459).

– **Formalidades legais.** Lei n. 10.101/2000: "Art. 3º A participação de que trata o art. 2º não substitui ou complementa a remuneração devida a qualquer empregado, nem constitui base de incidência de qualquer encargo trabalhista, não se lhe aplicando o princípio da habitualidade. ... § 2º É vedado o pagamento de qualquer antecipação ou distribuição de valores a título de participação nos lucros ou resultados da empresa em mais de 2 (duas) vezes no mesmo ano civil e em periodicidade inferior a 1 (um) trimestre civil. (Redação dada pela Lei n. 12.832, de 2013)".

– "... as formalidades legais devem ser observadas: o acordo deve ser celebrado antes do pagamento da PLR; deve haver a participação do sindicato dos trabalhadores; e deve-se observar a periodicidade e no máximo dois pagamentos anuais. ... as autoridades administrativas e o Poder Judiciário, a pretexto de tutelar o direito dos trabalhadores, não podem desestimular a distribuição de PLR, em prejuízo dos trabalhadores, acatando teses fazendárias que restringem a ampla liberdade de negociação entre as empresas e seus empregados" (MANEIRA, Eduardo; LIMA, Daniel Serra. Participação nos lucros e resultados: requisitos para a não incidência da contribuição previdenciária na visão do Carf. *RDDT* 224/51, 2014).

– **Período anterior à regulamentação legal. Incidência. Tema 344 do STF:** "Incide contribuição previdenciária sobre as parcelas pagas a título de participação nos lucros no período que antecede a entrada em vigor da Medida Provisória 794/1994, que regulamentou o art. 7º, XI, da Constituição Federal de 1988". Decisão do mérito em 2014.

– "Art. 7º, XI, da CF: Participação nos Lucros e Necessidade de Lei... De início, esclareceu-se que a questão discutida nos autos diria respeito à possibilidade ou não da cobrança de contribuição previdenciária entre a vigência da CF/88 e a Medida Provisória 794/94 – que dispõe sobre a participação dos trabalhadores nos lucros ou resultados das empresas e dá outras providências –, considerando lançamento fiscal anterior a esta, embora posterior àquela. Asseverou-se que a empresa pretendia que fosse levado em conta que, em qualquer circunstância, a participação estaria desvinculada da remuneração, o que inviabilizaria, por esse motivo, a cobrança da contribuição previdenciária incidente sobre essa participação desde a vigência da CF. Entendeu-se que, não obstante o dispositivo constitucional haver garantido a participação nos lucros desvinculada da remuneração, impôs o exercício do direito, como um todo, à disciplina legal. Assim, tratando-se de regra constitucional que necessitaria de integração para o gozo desse exercício, concluiu-se que, se lei veio a disciplinar esse mesmo exercício, somente a partir dessa é que se tornaria possível reconhecer o direito pleiteado pela impetrante. Com isso, reputou-se admissível a cobrança das contribuições previdenciárias até a data em que entrou em vigor a regulamentação do dispositivo. O Min. Marco Aurélio, tendo em conta a regra específica do art. 201, § 11, da CF ('§ 11. Os ganhos habituais do empregado, a qualquer título, serão incorporados ao salário para efeito de contribuição previdenciária e consequente repercussão em benefícios, nos casos e na forma da lei.'), salientou, ainda, não vislumbrar nessa desvinculação cláusula a abolir a incidência de tributos... RE 398.284" (*Informativo* STF n. 521, 2008).

– **Em sentido contrário.** Entendíamos que, ainda que estivesse em discussão período anterior à MP n. 794/94, reeditada e convertida na Lei n. 10.101/2000, que regulamentou a distribuição de lucros, seria correta a consideração de que não se tratava de verba sujeita às contribuições devidas pela empresa, ressalvada a hipótese em que o Fisco tivesse demonstrado a simulação de distribuição de lucro para ocultar efetivo pagamento de ganho habitual desvinculado da sua apuração.

– "... PARTICIPAÇÃO NOS LUCROS... 1. A participação nos lucros ou resultados da empresa não integra a base de cálculo para o salário de contribuição. 2. A Medida Provisória n. 794, de 29.12.94, regulamentou a participação nos lucros, tornando-a obrigatória. 3. O período anterior à regulamentação, em que a participação era facultativa, deve seguir o mesmo tratamento estabelecido com a regulamentação, sob pena de obstar-se o objetivo do Constituinte de 1988 na melhoria da condição social do trabalhador" (TRF4, AC 1998.04.01.055005-0, 1998).

⇒ **Nas relações não empregatícias, os rendimentos do trabalho pagos ou creditados a qualquer título.** Com a EC n. 20/98, passou a haver previsão de tributação, para fins de custeio da seguridade social, não apenas dos pagamentos efetuados a empregados (folha de salários), mas também de quaisquer outros rendimentos pagos a pessoa física por trabalho prestado, ainda que sem vínculo. Assim é que pagamentos de honorários a autônomos e de pró-labore aos sócios-diretores, por exemplo, são validamente tributados, constituindo fato gerador de contribuição previdenciária devida pelas empresas.

– **Remuneração bruta, antes dos descontos tributários da própria contribuição e do imposto de renda.** O STF já considerou a matéria infraconstitucional e não há fundamento legal para a exclusão pretendida. As retenções da própria contribuição previdenciária devida pelo trabalhador e do seu imposto de renda ocorrem para a satisfação das suas obrigações junto à RFB, para a qual são repassados os valores. O trabalhador cumpre tais obrigações com a sua remuneração, que se presta, naquele montante, a tal mister. Não há que se negar o caráter remuneratório das parcelas retidas.

– **Tema 1.221:** "MATÉRIA INFRACONSTITUCIONAL. Possibilidade de exclusão dos valores relativos ao imposto de renda de pessoa física e à contribuição previdenciária do empregado e trabalhador avulso, retidos na fonte pelo empregador, da base de cálculo da contribuição previdenciária patronal e das destinadas ao SAT/RAT e a terceiros" (RE 1.326.559 RG). Considerada matéria infraconstitucional em junho de 2022. Colhe-se da manifestação do relator: "*In casu*, os recorrentes pretendem que a base de cálculo da contribuição previdenciária patronal e dos adicionais de alíquota destinados ao SAT/RAT e a terceiros seja computada sem os valores atinentes ao imposto de renda e à contribuição previdenciária descontados do empregado, ambos retidos na fonte e recolhidos pelo empregador, de modo que apenas os valores líquidos de tributos recebidos pelo empregado expressariam a folha de salários. Da análise dos autos, observo

que a questão foi solucionada pelo Tribunal de origem unicamente mediante a interpretação da legislação infraconstitucional (Lei 8.212/1991), não havendo questão constitucional a ser submetida ao crivo do Supremo Tribunal Federal. Por oportuno, transcrevo trecho do voto condutor do acórdão recorrido, *in verbis*: '*Esta Turma já firmou entendimento no sentido de que não cabe à recorrente/empresa pretender que a contribuição previdenciária incida apenas sobre o valor líquido da remuneração dos segurados empregados. Em julgado, unânime (Apelação Cível n. 5002695-69.2019.4.04.7001/PR), tendo como relator o Des. Federal Rômulo Pizzolatti, a matéria foi decidida nos seguintes termos: Pelo que se vê da petição inicial, a empresa busca afastar a cobrança da contribuição previdenciária patronal e adicionais de alíquota destinados ao SAT/RAT e terceiros sobre a parcela da remuneração dos empregados correspondente à cota parte da contribuição previdenciária por eles devida (Lei n. 8.212, de 1991, art. 20), descontada e recolhida pelo empregador (Lei n. 8.212, de 1991, art. 30, a e b), a pretexto de que tais valores não são efetivamente pagos aos empregados. Ora, a hipótese de incidência da contribuição previdenciária patronal, nos termos do art. 22, I, da Lei n. 8.212, de 1991, é o total das remunerações pagas, devidas ou creditadas aos segurados empregados. Isso quer dizer que a contribuição previdenciária patronal incide sobre o valor total bruto das remunerações, ao passo que a impetrante pretende, na verdade, é que a referida contribuição incida apenas sobre o valor total líquido das remunerações, após o desconto da cota-parte devida pelos trabalhadores a título de contribuição previdenciária. Observa-se, claramente, que a impetrante confunde o plano jurídico da hipótese de incidência tributária (o total das remunerações pagas, devidas ou creditadas a qualquer título, durante o mês, aos segurados empregados e trabalhadores avulsos que lhe prestem serviços – art. 22, I, da Lei n. 8.212, de 1991) com o plano econômico do efetivo desembolso remuneratório (valores líquidos efetivamente alcançados aos trabalhadores pela empresa a título de remuneração, após o desconto da cota do empregado relativa à contribuição previdenciária). Como se vê, trata-se de mal-entendido da impetrante em relação à exata significação do art. 22, I, da Lei n. 8.212, de 1991. As conclusões referentes à contribuição previdenciária patronal também se aplicam aos adicionais de alíquota destinados ao SAT/ RAT e terceiros.' A aludida decisão restou assim ementada: 'EMENTA: MANDADO DE SEGURANÇA. CONTRIBUIÇÃO PREVIDENCIÁRIA PATRONAL. ADICIONAIS DE ALÍQUOTA DESTINADOS AO SAT/RAT E TERCEIROS. DESCONTO DA CONTRIBUIÇÃO PREVIDENCIÁRIA DO EMPREGADO. TOTAL DAS REMUNERAÇÕES. VALORES BRUTOS. 1. As conclusões referentes à contribuição previdenciária patronal também se aplicam aos adicionais de alíquota destinados ao SAT/RAT e terceiros. 2. É devida pela empresa a contribuição previdenciária patronal sobre o total das remunerações pagas, devidas ou creditadas aos segurados empregados e trabalhadores avulsos que lhe prestam serviços, considerado o valor bruto, sendo descabido pretender que a contribuição incida apenas sobre o valor líquido dessas remunerações, após o desconto da cota do empregado relativa à contribuição previdenciária. (TRF4, AC 5002699-09.2019.4.04.7001, SEGUNDA TURMA, Relator RÔMULO PIZZOLATTI, juntado aos autos em 25/03/2020)'*

(Doc. 8, p. 4-5, grifei). Assim, concluir diversamente do acórdão recorrido, quanto a eventual direito de excluir os valores relativos ao imposto de renda e à contribuição previdenciária dos empregados e trabalhadores avulsos, retidos na fonte pelo empregador, da base de cálculo da contribuição previdenciária patronal e das destinadas ao SAT/RAT e a terceiros, demandaria a interpretação da legislação infraconstitucional (Lei 8.212/1991), o que se revela inviável em sede de recurso extraordinário".

– Salário *in natura*. CLT: "Art. 458. Além do pagamento em dinheiro, compreende se no salário, para todos os efeitos legais, a alimentação, habitação, vestuário ou outras prestações 'in natura' que a empresa, por fôrça do contrato ou do costume, fornecer habitualmente ao empregado. Em caso algum será permitido o pagamento com bebidas alcoólicas ou drogas nocivas. (Redação dada pelo Decreto lei n. 229, de 28.2.1967) § 1º Os valôres atribuídos às prestações *in natura* deverão ser justos e razoáveis, não podendo exceder, em cada caso, os dos percentuais das parcelas componentes do salário mínimo (arts. 81 e 82). (Incluído pelo Decreto-lei n. 229, de 28.2.1967) § 2º Para os efeitos previstos neste artigo, não serão considerados como salário as seguintes utilidades concedidas pelo empregador: (Redação dada pela Lei n. 10.243, de 19.6.2001) I – vestuários, equipamentos e outros acessórios fornecidos aos empregados e utilizados no local de trabalho, para a prestação do serviço; (Incluído pela Lei n. 10.243, de 19.6.2001) II – educação, em estabelecimento de ensino próprio ou de terceiros, compreendendo os valores relativos a matrícula, mensalidade, anuidade, livros e material didático; (Incluído pela Lei n. 10.243, de 19.6.2001) III – transporte destinado ao deslocamento para o trabalho e retorno, em percurso servido ou não por transporte público; (Incluído pela Lei n. 10.243, de 19.6.2001) IV – assistência médica, hospitalar e odontológica, prestada diretamente ou mediante seguro saúde; (Incluído pela Lei n. 10.243, de 19.6.2001) V – seguros de vida e de acidentes pessoais; (Incluído pela Lei n. 10.243, de 19.6.2001) VI – previdência privada; (Incluído pela Lei n. 10.243, de 19.6.2001) VII – (VETADO); (Incluído pela Lei n. 10.243, de 19.6.2001) VIII – o valor correspondente ao vale cultura (Incluído pela Lei n. 12.761, de 2012). § 3º A habitação e a alimentação fornecidas como salário utilidade deverão atender aos fins a que se destinam e não poderão exceder, respectivamente, a 25% (vinte e cinco por cento) e 20% (vinte por cento) do salário contratual. (Incluído pela Lei n. 8.860, de 24.3.1994) § 4º Tratando-se de habitação coletiva, o valor do salário-utilidade a ela correspondente será obtido mediante a divisão do justo valor da habitação pelo número de coabitantes, vedada, em qualquer hipótese, a utilização da mesma unidade residencial por mais de uma família. (Incluído pela Lei n. 8.860, de 24.3.1994)".

• Sobre a incidência de contribuição previdenciária sobre utilidades *in natura*, vide as notas adiante.

⇒ **Verbas indenizatórias.** Persiste a importância de se perquirir da natureza de determinadas verbas alcançadas às pessoas que prestam serviços à empresa. Por desbordar da folha de salários e demais rendimentos do trabalho, ficam fora da base econômica prevista no art. 195, I, *a*, por exemplo, os valores pagos a título de auxílio-creche, de auxílio-transporte e as ajudas de custo em geral, desde que realmente voltadas a tais

finalidade, não devendo integrar a base de cálculo da contribuição previdenciária. Dependerá da análise da natureza de cada verba. Certo é que tudo o que tiver caráter indenizatório estará excluído da base de cálculo da contribuição. Sobre verbas indenizatórias, vide, também as notas ao art. 43 do CTN, em que há fartas considerações sobre a não incidência de IR sobre as mesmas.

– Abono e verbas indenizatórias. A MP n. 1.523, que havia alterado o § 2º do art. 22 da Lei n. 8.212/91, incluindo na base de cálculo da contribuição sobre folha de salário "os abonos de qualquer espécie ou natureza, bem como as parcelas denominadas indenizatórias pagas ou creditadas a qualquer título, inclusive em razão da rescisão do contrato de trabalho, ressalvado o disposto no § 9º do art. 28", foi, neste ponto, expressamente rejeitada quando da sua conversão na Lei n. 9.528/97, perdendo, assim, sua eficácia desde a origem. Sobre tal MP, vide José Marcelo Previtalli Nascimento. Contribuição previdenciária/alteração na base de cálculo, *RDDT* 27/89, dez. 1997; e Consultoria Jurídica do Ministério da Previdência e Assistência Social, Contribuição Previdenciária, Parcelas Indenizatórias etc., Incidência, Constitucionalidade, em *RDDT* 28/121, 1998.

– "... o Tribunal, considerando a relevância da arguição de inconstitucionalidade do § 2º do art. 22 da Lei 8.212/91, com a redação dada pela MP 1.523-14 (§ 2º Para os fins desta Lei, integram a remuneração os abonos de qualquer espécie ou natureza, bem como as parcelas denominadas indenizatórias pagas ou creditadas a qualquer título, inclusive em razão da rescisão do contrato de trabalho, ressalvado o disposto no § 9º do art. 28.), por ofensa, à primeira vista, aos artigos 195, I, que fala das contribuições sociais dos trabalhadores, incidente sobre a folha de salários, o faturamento e o lucro, e 204, § 4º (Os ganhos habituais do empregado, a qualquer título, serão incorporados ao salário para efeito de contribuição previdenciária e consequente repercussão em benefícios, nos casos e na forma da lei.) todos da CF, com a interpretação dada, majoritariamente pelo Tribunal, à expressão *folha de salário* constante do inciso I do art. 195 da CF; bem como a conveniência da suspensão do dispositivo atacado à vista do expressivo número de ações de restituição do tributo indevido que eventualmente venham a ser propostas na hipótese de ser julgada procedente a ação direta, deferiu a liminar para suspender a eficácia do mencionado dispositivo. ADI 1.659" (*Informativo* 94 do STF).

– "... como as indenizações e os abonos não se confundem com os salários, foi instituída nova fonte de custeio mediante o artifício de ampliação da base de cálculo, que permite à distorção do fato gerador e, assim, desnaturar o tributo. [...] De fato e como já ressaltado, não se trata agora de contribuição sobre a folha de salário, tal como prevista no inciso I do artigo 195 da Constituição Federal, mas sim de contribuição sobre a folha de indenizações e abonos. [...] Contudo o exercício desta competência tributária, que sequer existe, via ampliação da base de cálculo da contribuição previdenciária sobre a folha de salário e através de medida provisória, acaba de implicar em ofensa também aos princípios da estrita legalidade, da segurança jurídica e da moralidade administrativa, além do dispositivo no artigo 110 do Código Tributário Nacional, que veda a distorção de conceitos e institutos de direito privado" (NASCIMENTO, José Marcelo Previtalli. Contribuição previdenciária. Alteração na base de cálculo. *RDDT* 27/89-95, 1997).

– **Abono assiduidade.** "A contribuição previdenciária não incide sobre o abono assiduidade pago aos empregados do extinto BNH, na forma prevista no Regulamento da empresa, pelo seu caráter não remuneratório. Recurso improvido" (STJ, REsp 389.007, 2002).

– **Ajuda de custo. Caráter indenizatório. Ausência de natureza salarial.** "CONTRIBUIÇÃO PREVIDENCIÁRIA. AJUDA DE CUSTO. UTILIZAÇÃO DE VEÍCULO PRÓPRIO. [...] 4. Tratando-se de uma reparação pelos gastos efetuados pelo empregado para a realização do serviço no interesse do empregador, a ajuda de custo tem natureza indenizatória, não se integrando ao salário. Incorporar-se-á a este, todavia, quando impropriamente paga de forma habitual, como contraprestação pelo serviço realizado. 5. Hipótese em que as verbas pagas pelo Banco do Brasil aos seus empregados a título de ajuda de custo em razão da utilização de veículo próprio para transporte, não ostentam caráter habitual, mas, antes, natureza de reembolso das despesas efetuadas por estes para a realização do serviço, tanto que, para a percepção dos valores pelos empregados, eram exigidos o registro e a demonstração dos gastos havidos com transporte próprio para fins do serviço. 6. Destarte, forçoso concluir que as mencionadas verbas não integraram os salários dos empregados, uma vez que não eram habituais, mas tiveram por escopo indenizar os gastos com combustível despendidos pelos funcionários na realização de serviços externos, afastando a incidência, sobre elas, da contribuição previdenciária. 7. Recurso especial parcialmente conhecido, e, nessa parte, desprovido" (STJ, REsp 603.026, 2004).

– "CONTRIBUIÇÃO PREVIDENCIÁRIA. AJUDA DE CUSTO E MANUTENÇÃO DE VEÍCULOS. CLT, ART. 457, § 2º. 1. As importâncias pagas a empregados a título de ajuda de custo e manutenção de veículos não integram a base de cálculo das contribuições previdenciárias, por não serem consideradas salário, conforme o § 2º do art. 457 da CLT. 2. Ocasionalidade e comprovação dos gastos não são requisitos de ajuda de custo, bastando ficar caracterizado o caráter indenizatório das despesas realizadas pelos empregados. 3. A fraude do contribuinte deve ser comprovada pelo fisco. 4. Apelação e remessa oficial improvidas" (TRF4, AC 96.04.05509-7, 1999).

– "Uma ajuda de custo é um ressarcimento de despesas, que não aumenta o patrimônio dos trabalhadores e, nessas condições não faz parte integrante do salário de contribuição" (MARTINEZ, Wladimir Novaes. Contribuição previdenciária sobre valores indenizatórios. *RDDT* 210/143, 2013).

– **Ajuda de custo. Pagamento habitual.** "A ajuda de custo tem natureza indenizatória enquanto reparação de gastos efetuados pelo empregado na realização do serviço de interesse do empregador, porém, quando paga habitualmente, como contraprestação do serviço prestado, incorpora-se ao salário e se sujeita ao alcance da contribuição previdenciária. No caso, além da habitualidade, a ajuda de custo para deslocamento noturno foi concedida cumulativamente ao vale-transporte, o que afasta de vez a

natureza de reembolso e atrai a incidência da contribuição... REsp 610.866" (STJ, *Informativo* 232, 2004).

– **Ajuda de custo. Trabalho noturno.** "PREVIDENCIÁRIO – CONTRIBUIÇÃO... AJUDA DE CUSTO PARA DESLOCAMENTO NOTURNO... 1... 5. O eventual trabalho noturno não justifica a chamada ajuda de custo, parcela que tecnicamente é uma gratificação. 6. Recurso parcialmente provido" (STJ, REsp 365.984, 2002).

– "CONTRIBUIÇÃO PREVIDENCIÁRIA... AUXÍLIO DESLOCAMENTO. [...] O auxílio deslocamento noturno possui caráter indenizatório, porquanto visa reparar decréscimo patrimonial sofrido pelos funcionários que trabalham em período em que o deslocamento pelos meios ordinários se torna praticamente inviável, quer por não estarem disponíveis ou por questões de segurança. É em prol da manutenção do status patrimonial ou da sua recomposição que o auxílio foi instituído, motivo por que configura indenização, que não integra o salário de contribuição, tampouco se inclui na base de cálculo para o recolhimento da contribuição previdenciária" (TRF4, AC 2001.04.01.062733-2, 2001).

– **Alimentação.** A alimentação fornecida *in natura* no estabelecimento da empresa também não integra a base de cálculo, ainda que não haja vinculação ao Programa de Alimentação do Trabalhador. Anteriormente, entendia-se que o fornecimento de refeição tem sido considerado como salário *in natura*, admitindo-se duas exceções: a) a adesão da empresa ao Programa de Alimentação do Trabalhador – PAT; b) o desconto em folha, de modo que o empregado pague pela alimentação, ainda que por valor módico ou mesmo subsidiado.

– **Alimentação em pecúnia. Tema 1.164 do STJ:** (MÉRITO NÃO JULGADO) Controvérsia: "Definir se incide contribuição previdenciária patronal sobre o auxílio-alimentação pago em pecúnia" (ProAfR no REsp 1.995.437, 2022). Obs.: há determinação de suspensão dos processos relacionados.

– "AJUDA ALIMENTAÇÃO PAGA PELO BANCO DO BRASIL EM ESPÉCIE AOS SEUS EMPREGADOS. INCIDÊNCIA DA CONTRIBUIÇÃO PREVIDENCIÁRIA. FALTA DE COMPROVAÇÃO DA INSCRIÇÃO NO PROGRAMA DE ALIMENTAÇÃO DO TRABALHADOR – PAT. 1. A comprovação da inscrição no PAT não pode ser levada a efeito na instância especial posto interditada pela Súmula 7. 2. O auxílio alimentação que inibe a carga tributária é aquele prestado *in natura*. 3. Deveras, o auxílio alimentação pago em espécie e com habitualidade integra o salário e como tal sofre a incidência da contribuição previdenciária. 4. Interpretação que se harmoniza com o art. 111 do CTN. 5. O auxílio alimentação *in natura* gera despesa operacional ao passo que aquele pago em espécie é salário. 6. Recurso Especial improvido" (STJ, REsp 296.737, 2002).

– "O pagamento do auxílio alimentação efetuado pela empresa mediante crédito em conta-corrente dos seus empregados, está sujeito à incidência da contribuição previdenciária, já que não se configura, na hipótese, o pagamento 'in natura', de natureza não salarial. – A jurisprudência do STJ pacificou o entendimento no sentido de que apenas o pagamento 'in natura' do auxílio alimentação não sofre a incidência da contribuição previdenciária. – Divergência jurisprudencial que desatende as determinações contidas no RISTJ e na Lei 8.038/90. – Incidência da Súmula 83/STJ. – Recurso especial não conhecido" (STJ, Min. Francisco Peçanha Martins, 2002).

– Auxílio alimentação em valor que extrapola os limites estabelecidos. "AUXÍLIO alimentação. LIMITES. A questão diz respeito ao limite do auxílio alimentação, entendendo o INSS que os valores que excederem os limites estabelecidos em instruções normativas devem ser considerados como salário, incidindo sobre este excedente a contribuição previdenciária. As empresas estão jungidas a um programa específico, estabelecido pela Lei n. 6.321/76; é natural que obedeçam às instruções normativas que fixam os valores das refeições, não podendo ficar a critério dos empregadores a fixação desses quantitativos. A lei, ao falar em Programa de Alimentação ao Trabalhador, vincula as empresas em todos os seus itens, inclusive em referência aos valores que, extrapolados, fujam ao controle do programa. Se a lei menciona vinculação e programa e se reporta a regulamento, é claro que há um limite, estabelecido em instruções normativas. Conforme assentado no acórdão recorrido, com base em constatação por meio de laudo pericial, a empresa observou os limites constantes das instruções normativas, corrigindo apenas os valores fixados, em estrita obediência aos índices de atualização, o que afasta o 'plus' sobre o qual seria possível a glosa da fiscalização previdenciária... REsp 345.946" (STJ, *Informativo* 142, 2002).

– Vale-alimentação não descontado. "VALE-ALIMENTAÇÃO. PROGRAMA DE ALIMENTAÇÃO DO TRABALHADOR – PAT. CONTRIBUIÇÃO PREVIDENCIÁRIA. NÃO INCIDÊNCIA. 1. O valor concedido pelo empregador a título de vale-alimentação não se sujeita à contribuição previdenciária, mesmo nas hipóteses em que o referido benefício é pago em dinheiro.[...] 3. O Supremo Tribunal Federal, em situação análoga, concluiu pela inconstitucionalidade da incidência de contribuição previdenciária sobre o valor pago em espécie sobre o vale-transporte do trabalhador, mercê de o benefício ostentar nítido caráter indenizatório. (STF – RE 478.410/SP, Rel. Min. Eros Grau, Tribunal Pleno, julgado em 10.03.2010, *DJe* 14.05.2010) 4. *Mutatis mutandis*, a empresa oferece o ticket refeição antecipadamente para que o trabalhador se alimente antes e ir ao trabalho, e não como uma base integrativa do salário, porquanto este é decorrente do vínculo laboral do trabalhador com o seu empregador, e é pago como contraprestação pelo trabalho efetivado. 5. É que: (a) 'o pagamento *in natura* do auxílio alimentação, vale dizer, quando a própria alimentação é fornecida pela empresa, não sofre a incidência da contribuição previdenciária, por não possuir natureza salarial, esteja o empregador inscrito, ou não, no Programa de Alimentação do Trabalhador – PAT, ou decorra o pagamento de acordo ou convenção coletiva de trabalho' (REsp 1.180.562/RJ, Rel. Min. Castro Meira, Segunda Turma, julgado em 17/08/2010, *DJe* 26/08/2010); (b) o entendimento do Supremo Tribunal Federal é no sentido de que pago o benefício de que se cuida em moeda, não afeta o seu caráter não salarial; (c) 'o Supremo Tribunal Federal, na assentada de 10.03.2003, em caso análogo [...], concluiu que é inconstitucional a incidência da contribuição previdenciária sobre o vale-transporte pago em pecúnia, já que, qualquer que seja a forma

de pagamento, detém o benefício natureza indenizatória'; (d) 'a remuneração para o trabalho não se confunde com o conceito de salário, seja direto (em moeda), seja indireto (*in natura*). Suas causas não são remuneratórias, ou seja, não representam contraprestações, ainda que em bens ou serviços, do trabalho, por mútuo consenso das partes. As vantagens atribuídas aos beneficiários, longe de tipificarem compensações pelo trabalho realizado, são concedidas no interesse e de acordo com as conveniências do empregador. [...] Os benefícios do trabalhador, que não correspondem a contraprestações sinalagmáticas da relação existente entre ele e a empresa não representam remuneração do trabalho, circunstância que nos reconduz à proposição, acima formulada, de que não integram a base de cálculo *in concreto* das contribuições previdenciárias' (CARRAZZA, Roque Antônio. fls. 2583/2585, e STJ)" (STJ, REsp 1.185.685, 2010).

– Alimentação mediante ticket. "No caso, a companhia de fornecimento de gás, por força de acordo coletivo, entregava a seus empregados ticket alimentação de natureza peculiar, pois seu custo era dividido entre ela e eles. Nesse contexto, a Turma, ao prosseguir o julgamento, entendeu, por maioria, que a entrega desse ticket assemelhar se ia ao fornecimento de auxílio alimentação *in natura*, que não sofre a incidência de contribuição social porque não integra o salário (natureza indenizatória)... (REsp 1185685)" (*Informativo* 460 STJ, 2010).

– Alimentação não descontada. "... VALE-TRANSPORTE. DIFERENÇA POSITIVA ENTRE SEIS POR CENTO QUE PODERIA SER DESCONTADO E O QUE EFETIVAMENTE O FOI. INCIDÊNCIA. 1. O vale-transporte, quando descontado no percentual estabelecido em lei do empregado, não integra o salário de contribuição para fins de pagamento da previdência social. 2. Situação diversa ocorre quando a empresa não efetua integralmente tal desconto, pelo que passa a ser devida a contribuição para a Previdência Social, porque tal valor não descontado passou a integrar a remuneração do trabalhador. Precedente STJ: REsp 194229, STJ, 1ª Turma, Min. José Delgado, RS, *DJU* 09-02-1999. 3. Efetuado depósito do tributo, a suspensão do crédito tributário (CTN, art. 151) enseja expedição de certidão positiva de débito com efeitos de negativa e exclusão do CADIN. 4. Apelação e remessa improvidas" (TRF4, AMS 2001.04.01.041860-3, 2002).

– Alimentação descontada em folha. "Quando comprovado pelo empregador que a alimentação fornecida é descontada na folha de salários dos empregados, fica descaracterizada a base de cálculo para recolhimento de contribuição previdenciária, porque não é salário *in natura*, independentemente da adesão do empregador ao Programa de Alimentação do Trabalhador – PAT" (TRF4, AC 1998.04.01.010234-9, 2000).

**– "I – O auxílio alimentação tem natureza jurídica salarial. II – A alimentação paga, não será salário-utilidade, não sofrendo por consequência a incidência de contribuição previdenciária, quando o empregador estiver inscrito no Programa de Alimentação do Trabalhador (PAT)" (TRF4, AC 97.04.52402-1, 2000).

**– "... REFEIÇÕES SUBSIDIADAS. NÃO INCIDÊNCIA. Se o empregador efetua o desconto em folha, as refeições fornecidas aos empregados deixam de ser salário utilidade, mesmo havendo subsídio que torne o preço inferior ao de mercado" (TRF4, AC 1998.04.01.010243-0, 1999).

– **Alimentação** *in natura*. **PAT** – "PROGRAMA DE ALIMENTAÇÃO DO TRABALHADOR – SALÁRIO *IN NATURA* – DESNECESSIDADE DE INSCRIÇÃO NO PROGRAMA DE ALIMENTAÇÃO DO TRABALHADOR – PAT – NÃO INCIDÊNCIA DA CONTRIBUIÇÃO PREVIDENCIÁRIA. 1. Quando o pagamento é efetuado *in natura*, ou seja, o próprio empregador fornece a alimentação aos seus empregados, com o objetivo de proporcionar o aumento da produtividade e eficiência funcionais, não sofre a incidência da contribuição previdenciária, sendo irrelevante se a empresa está ou não inscrita no Programa de Alimentação ao Trabalhador – PAT" (STJ, REsp 1.051.294, 2009).

– "... AUXÍLIO alimentação. PAT. PROGRAMA DE ALIMENTAÇÃO DO TRABALHADOR. DESNECESSIDADE DE COMPROVAÇÃO DE INSCRIÇÃO. SALÁRIO *IN NATURA*. NÃO INCIDÊNCIA DA CONTRIBUIÇÃO PREVIDENCIÁRIA. 1. O auxílio alimentação, quando pago em espécie, integra a base de cálculo da contribuição previdenciária, assumindo feição salarial. Deveras, afasta-se a exação tributária quando o pagamento é efetuado *in natura*; vale dizer: quando o próprio empregador fornece a alimentação aos seus empregados, estando ou não inscrito no Programa de Alimentação do Trabalhador – PAT. Precedentes. 2. Recurso Especial provido" (STJ, REsp 510.070, 2004).

– "... AUXÍLIO alimentação – INCIDÊNCIA DA CONTRIBUIÇÃO PREVIDENCIÁRIA – SITUAÇÃO TEMPORAL ANTECEDENTE À LEI 8.212/91. 1. O auxílio alimentação pode assumir a feição de salário *in natura*, quando pago pelo empregador, ou de natureza indenizatória, quando a empresa possui Programa de Alimentação aprovado pelo Ministério do Trabalho. 2. Só incide a contribuição previdenciária na primeira hipótese. 3. Situação fática nos autos que, antecedendo a Lei 8.212/91, situa-se como indenização devida por força de Acordo Coletivo" (STJ, REsp 261.111, 2002).

– "Não incide contribuição previdenciária sobre o fornecimento pelo empregador de alimentação 'in natura' aos empregados, esteja ou não a empresa inscrita no PAT – Programa de Alimentação do Trabalhador, conforme jurisprudência iterativa do Colendo STJ" (TRF4, AI 2004.04.01.015364-5, 2004).

– "... a legislação atinente ao PAT não impede que o pagamento da alimentação dê-se por meio de vale-refeição ou cartões, mormente se a pessoa jurídica prestadora de serviços de alimentação estiver inscrita no PAT... Daí que o fornecimento de alimentação ao trabalhador, pelo simples fato de ocorrer via cartão, ou por vale-refeição: – não tem o condão de fazer a correspondente verba integrar o salário dos empregados que o recebem, tampouco o salário de contribuição, para fins de apuração da contribuição previdenciária, quando a pessoa jurídica estiver inscrita no PAT; – não impede a dedução da correspondente despesa, no que tange à apuração do IRPJ e da CSL, até porque, em relação a tal dedução, a lei sequer exige inscrição da pessoa jurídica no PAT, tampouco faz distinção entre a alimentação fornecida 'in natura' e aquela objeto de vale-refeição ou cartão; e – não sujeita o res-

pectivo numerário à incidência do IRPF e do IRRF, mesmo que a pessoa jurídica não esteja inscrita no PAT; e – não obsta o exercício do direito à 'dedução dobrada' do IRPJ, na forma da Lei n. 6.321, para as pessoas jurídicas inscritas no PAT" (SILVA, Fabiana Carsoni A. Fernandes da. A alimentação fornecida ao trabalhador, não 'in natura', mas por meio de vale-refeição ou cartão – Análise da legislação tributária e da jurisprudência do Tribunal Superior do Trabalho e do Superior Tribunal de Justiça acerca da matéria. *RDDT* 176/30, 2010).

– Sobre o PAT, vide artigo de Enio Zaha e José Maria Arruda de Andrade, Programa de alimentação do trabalhador (análise do cálculo do incentivo fiscal), *RDDT* 74/25-37, 2001.

– **Aluguel.** "ALUGUEL. IPTU. INCIDÊNCIA. SALÁRIO DE CONTRIBUIÇÃO. Prosseguindo o julgamento, a Turma decidiu que, consignado no acórdão recorrido que os aluguéis do empregado pagos pelo empregador com habitualidade, por tempo indeterminado, não caracterizam ajuda de custo, assim como o IPTU do imóvel locado, verifica-se o caráter remuneratório de referidas parcelas, devendo, por isso, integrarem o salário de contribuição. EDcl no REsp 440.916" (STJ, *Informativo* 167, 2003).

– **Auxílio-doença. Período anterior, suportado pela empresa:** primeiros quinze dias. Lei n. 8.213/91, com a redação da Lei n. 9.876/99: "Art. 43. A aposentadoria por invalidez será devida a partir do dia imediato ao da cessação do auxílio-doença, ressalvado o disposto nos §§ 1º, 2º e 3º deste artigo. [...] § 2º Durante os primeiros quinze dias de afastamento da atividade por motivo de invalidez, caberá à empresa pagar ao segurado empregado o salário".

– **Tema 738 do STJ:** "Sobre a importância paga pelo empregador ao empregado durante os primeiros quinze dias de afastamento por motivo de doença não incide a contribuição previdenciária, por não se enquadrar na hipótese de incidência da exação, que exige verba de natureza remuneratória". Decisão de mérito em 2014.

– "CONTRIBUIÇÃO PREVIDENCIÁRIA A CARGO DA EMPRESA... IMPORTÂNCIA PAGA NOS QUINZE DIAS QUE ANTECEDEM O AUXÍLIO-DOENÇA... 2.3 Importância paga nos quinze dias que antecedem o auxílio-doença. No que se refere ao segurado empregado, durante os primeiros quinze dias consecutivos ao do afastamento da atividade por motivo de doença, incumbe ao empregador efetuar o pagamento do seu salário integral (art. 60, § 3º, da Lei 8.213/91 com redação dada pela Lei 9.876/99). Não obstante nesse período haja o pagamento efetuado pelo empregador, a importância paga não é destinada a retribuir o trabalho, sobretudo porque no intervalo dos quinze dias consecutivos ocorre a interrupção do contrato de trabalho, ou seja, nenhum serviço é prestado pelo empregado. Nesse contexto, a orientação das Turmas que integram a Primeira Seção/STJ firmou-se no sentido de que sobre a importância paga pelo empregador ao empregado durante os primeiros quinze dias de afastamento por motivo de doença não incide a contribuição previdenciária, por não se enquadrar na hipótese de incidência da exação, que exige verba de natureza remuneratória" (STJ, REsp 1.230.957, 2014).

– Em sentido contrário. Nos termos dos arts. 59 e 60 da Lei n. 8.213/91, o direito ao auxílio-doença surge quando da incapacidade para o trabalho por mais de quinze dias consecutivos, sendo devido a partir do 16º dia. Até então, tem a empresa a obrigação de prosseguir pagamento o salário do empregado. Note-se, de fato, que o montante pago pela empresa não o é a título de benefício previdenciário, mas de salário, ainda que o empregado não tenha trabalhado efetivamente. Aliás, na relação empregatícia, há a garantia ao pagamento do salário em várias situações específicas de repouso e de licenças sem que reste descaracterizada tal verba. Basta, aliás, atentar para as férias remuneradas e para o décimo terceiro salário. Assim, considerando que nos primeiros quinze dias da incapacidade o empregador é obrigado a manter o pagamento do salário e que não tem ele a natureza previdenciária própria do benefício de auxílio-doença concedido posteriormente pelo INSS, era razoável o entendimento de que seria devida a contribuição.

– Auxílio-creche/auxílio-babá. O auxílio-creche não integra o salário de contribuição quando pago nas hipóteses em que efetivamente o comportam, isso porque indeniza a despesa decorrente do não oferecimento, pelo empregador, de creche no local de trabalho.

– Súmula 310 do STJ: "O Auxílio-creche não integra o salário de contribuição" (2005).

– Súmula 64 do CARF: "Não incidem contribuições previdenciárias sobre as verbas concedidas aos segurados empregados a título de auxílio-creche, na forma do artigo 7º, inciso XXV, da Constituição Federal, em face de sua natureza indenizatória".

– "CONTRIBUIÇÃO PREVIDENCIÁRIA. AUXÍLIO-CRECHE. NÃO INCIDÊNCIA. SÚMULA 310/STJ. [...] 3. A jurisprudência desta Corte Superior firmou entendimento no sentido de que o auxílio-creche funciona como indenização, não integrando, portanto, o salário de contribuição para a Previdência. Inteligência da Súmula 310/STJ. Precedentes. [...] 4. Recurso afetado à Seção, por ser representativo de controvérsia, submetido ao regime do artigo 543-C do CPC e da Resolução 8/STJ" (STJ, REsp 1.146.772, 2010).

**– "No que tange à questão da incidência da contribuição previdenciária sobre o auxílio-creche e o auxílio-babá, a jurisprudência desta Corte Superior, inicialmente oscilante, firmou entendimento no sentido de que tais benefícios têm caráter de indenização, razão pela qual não integram o salário de contribuição. O artigo 389, § 1º, da CLT impõe ao empregador o dever de manter creche em seu estabelecimento ou a terceirização do serviço e, na sua ausência, a verba concedida a esse título será indenizatória e não remuneratória" (STJ, REsp 549.177, 2004).

**– "1. O reembolso de despesas com creche, chamado de *auxílio-creche*, não é salário utilidade, auferido por liberalidade patronal. 2. É um direito do empregado e um dever do patrão a manutenção de creche ou a terceirização do serviço (art. 389, § 1º, da CLT). 3. O benefício, para estruturar-se como direito, deverá estar previsto em convenção coletiva e autorizado pela Delegacia do Trabalho (Portaria do Ministério do Trabalho 3.296, de 3/9/86). 4. Em se tratando de direito, funciona o auxílio-creche

como indenização, não integrando o salário de contribuição para a Previdência. 5. [...]" (STJ, REsp 365.984, 2002).

**– "1. o chamado auxílio-creche, auxílio-babá ou reembolso-creche só não se incorpora ao salário-contribuição, configurando uma verdadeira indenização, quando a empresa paga esse benefício em substituição a não mantença, por ela, de creche para filhos ou dependentes, de suas empregadas, com limite de idade de até seis anos, existindo prévia estipulação em acordo ou convenção coletiva, e havendo a comprovação da realização da despesa com a creche ou babá por parte da empregada: 2. contrário senso, fora das hipóteses supra, o apelidado auxílio-creche não configura verdadeira indenização, cabendo a incidência da contribuição previdenciária" (SARAIVA FILHO, Oswaldo Othon de Pontes. Contribuições previdenciárias... *RFDT* 37/99, 2009).

– Bolsas de estudo/planos educacionais. O art. 28, § 9º, *t*, da Lei n. 8.212/91, com a redação que lhe deu a Lei n. 12.513/2011, exclui do salário de contribuição "o valor relativo a plano educacional, ou bolsa de estudo, que vise à educação básica de empregados e seus dependentes e, desde que vinculada às atividades desenvolvidas pela empresa, à educação profissional e tecnológica de empregados, nos termos da Lei 9.394..." e desde que não seja utilizado em substituição de parcela salarial e o valor mensal individual não ultrapasse 5% da remuneração do segurado ou uma vez e meia o valor do limite mínimo mensal do salário de contribuição, o que for maior.

– "... é a natureza da verba, em face dos requisitos da onerosidade, da contraprestabilidade e da habitualidade, que define a sua integração ou não ao salário de contribuição, e não o montante envolvido. Caso contrário, essa definição jurídica se tornaria discricionária do legislador infraconstitucional" (CARDOSO, Alessandro Mendes; COSTA, Rafael Santiago. A exclusão do auxílio-educação do salário de contribuição e as alterações trazidas pela Lei n. 12.513/2011. *RDDT* 204/7-19, 2012).

– Anteriormente, admitia-se a exclusão do valor relativo a plano educacional e a cursos de capacitação e de qualificação profissional vinculados às atividades desenvolvidas pela empresa, desde que todos os empregados tivessem acesso. Impunha-se, portanto, distinguir as bolsas concedidas aos próprios empregados para a sua capacitação e qualificação daquelas concedidas a dependentes. As primeiras, concedidas aos empregados, indiscutível e necessariamente revertiam em favor da própria atividade profissional por eles desenvolvida, existindo, portanto, uma comunhão de interesses entre o empregado e a empregadora, restando configurado o seu caráter indenizatório. As últimas não revertiam em favor da capacitação e da qualificação profissional dos empregados, porquanto concedidas em favor dos dependentes. Constituíam, assim, mera vantagem de ordem financeira, configurando, por isso, ganhos habituais que se enquadravam na descrição do aspecto quantitativo da norma tributária impositiva. Aliás, a referida alínea *t* demonstrava a preocupação do legislador com a qualificação dos trabalhadores das empresas, evitando que estas, ao investirem nessa qualificação, que já era onerosa, fossem ainda mais oneradas com a incidência de contribuições previdenciárias. Atente-se, ademais, para o § 2º do art. 458 da CLT, alterado pela Lei n. 10.243/2001, *in verbis*: "... § 2º Para os efeitos previstos neste artigo, não serão considerados como salário as seguintes utilidades concedidas pelo empregador: [...] II – educação em estabelecimento de ensino próprio ou de terceiro, compreendendo os valores relativos a matrícula, mensalidade, anuidade, livros e material didático; [...]". Fica evidente, portanto, que a intenção do legislador novamente foi a de deixar claro que se o empregador tivesse interesse em que o empregado se aperfeiçoasse e desenvolvesse sua capacidade e potencial de trabalho, deveria-se levar em consideração que isto traria benefícios para ambas as partes. A melhora no nível técnico e cultural dos empregados por certo implica melhoria também no trabalho por eles desenvolvidos, uma das razões, aliás, para que a Constituição eleve a educação como direito de todos e obrigue o Poder Público a provê-la (arts. 205 e 208), tudo visando a "garantir o desenvolvimento nacional" (art. 3º, II, da CF), tendo por fundamentos "a dignidade da pessoa humana" e "os valores sociais do trabalho e da livre iniciativa" (art. 1º, II e IV, da CF). Não haveria incidência de contribuições previdenciárias sobre os valores pagos pela empresa diretamente à instituição de ensino, ou relativa a programas de treinamento, com a finalidade de prestar auxílio escolar aos seus empregados. Tratava-se de investimento da empresa na qualificação de seus empregados: verbas empregadas para o trabalho e não pelo trabalho.

– "As verbas referentes a plano educacional constituem verdadeiro investimento da empresa na qualificação de seus empregados, não integrando os seus salários, porquanto não retribuem o trabalho efetivo. São verbas empregadas para o trabalho e não pelo trabalho. Não integram o salário de contribuição" (TRF4, AC 1999.04.01.097756-5, 1999).

– "3. Não constituem salário in natura e, portanto, não sofrem a incidência de contribuição previdenciária as refeições oferecidas pelo empregador que são descontadas do salário do empregado, assim como as cestas básicas e as bolsas de estudos conferidas aos empregados, porquanto não se tratam de retribuição pelo trabalho, cuidando-se de verdadeiro investimento da empresa na qualificação dos trabalhadores" (TRF4, AC 2001.04.01.065285-5, 2004).

– "9. sobre as bolsas de estudo/planos educacionais, de que trata a alínea t do § 9º do art. 28 da Lei n. 8.212/91, só não há incidência de contribuições previdenciárias em relação a bolsas de estudo, quando o curso custeado em favor do empregado beneficia também a empresa, diante da vinculação da bolsa de estudos com a atividade da empresa, configurando, assim, verba para o trabalho e não pelo trabalho" (SARAIVA FILHO, Oswaldo Othon de Pontes. Contribuições previdenciárias... *RFDT* 37/99, 2009).

– **Plano educacional. Ausência de natureza salarial.** "As verbas referentes a plano educacional constituem verdadeiro investimento da empresa na qualificação de seus empregados, não integrando os seus salários, porquanto não retribuem o trabalho efetivo. São verbas empregadas para o trabalho e não pelo trabalho. Não integram o salário de contribuição" (TRF4, AC 1999.04.01.097756-5, 2000).

– **Bolsas de estudos de graduação e pós-graduação. Súmula CARF 149:** "Não integra o salário de contribuição a bolsa de estudos de graduação ou de pós-graduação concedida aos empregados, em período anterior à vigência da Lei n. 12.513, de 2011, nos

casos em que o lançamento aponta como único motivo para exigir a contribuição previdenciária o fato desse auxílio se referir a educação de ensino superior" (CSRF, 2019). Obs.: vinculante, conforme Portaria ME n. 410/2020).

– **Bolsas aos empregados e aos filhos.** "VALORES. BOLSAS. ESTUDO. NÃO INCIDÊNCIA. CONTRIBUIÇÃO PREVIDENCIÁRIA. Os valores pagos pelo empregador com a finalidade de prestar auxílio escolar aos seus empregados ou aos filhos deles não integram o salário de contribuição, portanto não compõem a base de cálculo da contribuição previdenciária. REsp 921.851, 2007" (*Informativo* STJ n. 331).

– **Bolsas de estudo e bolsas a atletas. Ausência de natureza salarial. Descaracterização.** "1. 'O auxílio-educação, embora contenha valor econômico, constitui investimento na qualificação de empregados, não podendo ser considerado como salário *in natura*, porquanto não retribui o trabalho efetivo, não integrando, desse modo, a remuneração do empregado. É verba empregada para o trabalho, e não pelo trabalho.' (REsp 324.178-PR, Relatora Min. Denise Arruda, *DJ* de 17.12.2004). 2. *In casu*, o auxílio-educação é pago pela empresa em forma de reembolso das mensalidades da faculdade, cursos de línguas e outros do gênero, destinados ao aperfeiçoamento dos seus empregados" (STJ, REsp 676.627, 2005).

– "1. Para que incidisse a legislação que dispõe sobre o estágio de estudantes de estabelecimentos de ensino superior, deveria a hipótese vertente se amoldar aos preceitos da Lei n. 6.494/77. 2. A embargante não logrou infirmar a situação fática constatada pela fiscalização previdenciária, que evidenciou não se tratar efetivamente de bolsas de estudos, mas de gratificações a funcionários ou retribuição por serviços prestados em atividades cotidianas, com subordinação e horários estabelecidos pela Universidade. 3. Restando desvirtuadas as finalidades visadas pela Lei n. 6.494/77, pois os bolsistas prestavam atividades inseridas nos fins próprios e inerentes da Universidade, como verdadeiros empregados, não se caracterizando a relação como de aprendizagem profissional e de complementaridade entre os conhecimentos ministrados na instituição de ensino e os praticados, são devidas as contribuições previdenciárias incidentes sobre a remuneração paga a título de 'bolsas de estudos'" (TRF4, EIAC 1998.04.01.066191-0, 2002).

– "Não incidem contribuições previdenciárias sobre as verbas pagas aos empregados a título de bolsa de estudo, não integrando o salário de contribuição" (TRF4, AC 2000.04.01.130560-5, 2000).

– "Se o Município adotou sistema de concessão de bolsas de estudo a vários munícipes, com ou sem relação de trabalho, não podem as bolsas de estudos concedidas a funcionários públicos e seus filhos terem natureza salarial, incidindo sobre elas contribuições previdenciárias. Igualmente, as bolsas concedidas a atletas sem vínculo celetista, nem estatutários, não se tratam de remuneração. Apelação e remessa oficial improvidas" (TRF4, AC 1998.04.01.091187-2, 2000).

– **Cestas básicas e bolsas de estudo. Investimento da empresa na qualificação dos trabalhadores.** "CONTRIBUIÇÕES PREVIDENCIÁRIAS. PRAZO DECADENCIAL. INCIDÊN-

CIA. SALÁRIO *IN NATURA*. AUXÍLIO ALIMENTAÇÃO E BOLSAS DE ESTUDO. 1. Antes do advento da Constituição Federal de 1988, o prazo prescricional/decadencial para as contribuições previdenciárias era de 30 anos, tendo em conta a EC 08/77; 2. No interregno entre a EC 08/77 e a CF/88 as contribuições previdenciárias não ostentavam natureza tributária, qualidade que retomaram com a CF/88, passando a se sujeitar às regras do CTN e, portanto, à prescrição quinquenal. 3. Não constituem salário *in natura* e, portanto, não sofrem a incidência de contribuição previdenciária as refeições oferecidas pelo empregador que são descontadas do salário do empregado, assim como as cestas básicas e as bolsas de estudos conferidas aos empregados, porquanto não se tratam de retribuição pelo trabalho, cuidando-se de verdadeiro investimento da empresa na qualificação dos trabalhadores" (TRF4, AC 2001.04.01.065285-5, 2004).

– Folgas indenizadas. "2. O direito a gozar as folgas integra o patrimônio jurídico do servidor. Há um direito que gera um dever jurídico correlato do empregador; se esse direito não foi satisfeito na forma, modo e tempo estabelecidos, as importâncias equivalentes destinam-se a reparar o dano ao direito de afastamento garantido por lei. Da mesma forma, não sendo exercidas as ausências permitidas pelo abono assiduidade, a verba correspondente tem natureza indenizatória" (TRF4, AC 2002.04.01.020282-9, 2003).

– Lanche. "VERBAS PAGAS A TÍTULO DE LANCHE. INEXISTÊNCIA DE PRESTAÇÃO *IN NATURA*. ART. 28, I E § 9º, DA LEI 8.212/91. 1. Diferentemente da obrigação do recolhimento de contribuição social, decorrente do fornecimento do 'auxílio alimentação' e do 'vale-transporte', o valor da liberal distribuição de singelo 'lanche' não se incorpora ao salário profissional do empregado – não tem a natureza salarial –. Andante, não é devida a contribuição social questionada" (STJ, REsp 186.546, 2001).

– Licença-prêmio e ausências permitidas indenizadas. "LICENÇA-PRÊMIO. AUSÊNCIA PERMITIDA PARA TRATAR DE INTERESSE PARTICULAR (APIP). NATUREZA INDENIZATÓRIA. CONTRIBUIÇÃO PREVIDENCIÁRIA. NÃO INCIDÊNCIA... 3. As verbas recebidas pelo trabalhador a título de licença-prêmio não gozada e de ausência permitida ao trabalho não integram o salário de contribuição para fins de incidência de contribuição previdenciária, visto ostentarem caráter indenizatório pelo não acréscimo patrimonial" (STJ, REsp 802.408, 2008).

– Prestação de serviço médico ou odontológico próprio ou contratado x credenciamento. Nos termos do art. 28, § 9º, da Lei n. 8.212/91, com a redação da Lei n. 9.528/97, não integra o salário de contribuição "o valor relativo à assistência prestada por serviço médico ou odontológico, próprio da empresa ou por ela conveniado, inclusive o reembolso de despesas com medicamentos, óculos, aparelhos ortopédicos, despesas médico-hospitalares e outras similares, desde que a cobertura abranja a totalidade dos empregados e dirigentes da empresa".

– "Mais do que a sutil diferença entre contratar e conveniar, dúvida persiste na distinção entre credenciar e contratar, porque nesta última hipótese nasceria o fato gerador apontado no art. 4º

da Lei n. 10.666/03: a pessoa jurídica deverá reter e recolher as contribuições pessoais do contribuinte individual (11% da remuneração). Sem falar nos 20% da parte patronal. A incerteza tem razão de ser, já que a Lei n. 9.656/98 (Lei Básica dos Planos de Saúde), em seu art. 2º, fala em 'manter serviços próprios' (com frequência designados como autogestão), 'contratar ou credenciar pessoas físicas', distinção repetida no *caput* e no inciso VI do art. 12, § 1º, do art. 17 e, por último, no *caput* do art. 18, fornecendo a nítida e possivelmente falsa impressão de que credenciar não seria contratar. Entretanto, isso não deve induzir o intérprete, porque, por seu turno, o art. 28, § 9º, *q*, da Lei 8.212/91 (Lei do Custeio da Seguridade Social) fala em 'próprio da empresa ou por ela conveniado'. Diante da realidade operacional e da natureza efetiva do *modus operandi* do credenciamento (em que uma empresa pretende controlar a qualidade, a eficiência e a objetividade do atendimento, mas também inibir os seus excessos, deslizes e impropriedades da assistência terceirizada), tem-se que o legislador quis dizer: a) 'próprios' – serviços prestados pelos seus próprios empregados, regularmente registrados como tais na Ficha Registro de Empregados, criando-se um Departamento Médico (tipo autogestão); b) 'contratados' – quando esse atendimento é executado pelas entidades de saúde, cooperativas (pessoas jurídicas) ou pelos profissionais autônomos (contribuinte individuais); c) 'credenciados' – prestadores de serviços apenas selecionados, cadastrados, e acordados no tocante aos protocolos e procedimentos sanitários, remunerados pela empresa; e d) 'conveniados' – modalidade original de credenciamento, sem qualquer interferência de quem tomou a iniciativa do convênio, remunerados pelos usuários e com reembolso quer parcial, quer total ou não" (MARTINEZ, Wladimir Novaes. Ônus fiscais previdenciários da credenciadora de profissionais da saúde. *RDDT* 120/95, set. 2005).

– Ressarcimento de despesas com transporte. Não caracterização de salário. "SALÁRIO DE CONTRIBUIÇÃO. DESPESAS DE QUILOMETRAGEM. A Turma negou provimento ao recurso por entender que o ressarcimento das despesas realizadas a título de quilometragem por empregados que fazem uso de seus veículos particulares não tem natureza salarial, não integrando, assim, o salário de contribuição para fins de previdência social. A utilização de veículo do próprio empregado é um benefício em favor da empresa, por sujeitar seu patrimônio ao risco de depreciações, custos esses que bem podem ser dimensionados com a comparação de valores locatícios de veículos em empresas especializadas, tudo a indicar inexistir excesso de valores indenizados. REsp 395.431, 2002" (STJ, *Informativo* n. 124, 2002).

– "RESSARCIMENTO DE DESPESAS. UTILIZAÇÃO DE VEÍCULO DO EMPREGADO. NATUREZA INDENIZATÓRIA. 1. Considera-se indevida a incidência de contribuição previdenciária sobre os valores pagos pela empresa a seus empregados, quando utilizam veículo próprio na prestação de serviços, face à natureza nitidamente indenizatória da parcela" (TRF4, AC 97.04.63807-8, 2000).

• Vide Auxílio Transporte e Transporte.

– Quebra de caixa. "[...] por maioria, a Turma também entendeu que não há a incidência da contribuição previdenciária no adicional "quebra de caixa", visto ter, no caso, natureza indenizatória. Ressaltou-se que o salário de contribuição tem como base de cálculo a remuneração, considerados os rendimentos destinados a retribuir o trabalho (art. 28, I, da Lei n. 8.212/1991), o que não se verifica na hipótese em questão, visto que o recebimento dessa verba pelo trabalhador tem por objetivo compensar eventual diferença detectada a menor no caixa que opera, daí seu caráter indenizatório. Logo, consignou-se que, no caso, por não se tratar de parcela destinada a retribuir trabalho, mas revestida de nítido caráter indenizatório, torna-se incabível a incidência da contribuição previdenciária sobre os valores pagos a título de "quebra de caixa". Assim, a Turma, prosseguindo o julgamento, por maioria, deu parcial provimento ao recurso em maior extensão, afastando a incidência da contribuição previdenciária na verba "quebra de caixa"... (REsp 942.365)" (*Informativo* 470 STJ, 2010).

– **Salário-maternidade.** CF: "Art. 7º São direitos dos trabalhadores [...] XVIII – licença à gestante, sem prejuízo do emprego e do salário, com a duração de cento e vinte dias". O art. 28, § 2º, da Lei n. 8.212/91 dispõe no sentido de que o salário-maternidade é considerado salário de contribuição. Entendimento contrário baseia-se no fato de que a própria lei autoriza a compensação do valor pago quando do recolhimento das contribuições previdenciárias devidas pela empresa (arts. 71 a 73 da Lei n. 8.212/91), de maneira que não se enquadraria na base econômica do art. 195, I, *a*, da CF.

– "CONTRIBUIÇÃO PREVIDENCIÁRIA. SALÁRIO-MATERNIDADE E FÉRIAS USUFRUÍDAS. AUSÊNCIA DE EFETIVA PRESTAÇÃO DE SERVIÇO PELO EMPREGADO... AUSÊNCIA DE CARÁTER RETRIBUTIVO... NÃO INCIDÊNCIA DE CONTRIBUIÇÃO PREVIDENCIÁRIA... 1. Conforme iterativa jurisprudência das Cortes Superiores, considera-se ilegítima a incidência de Contribuição Previdenciária sobre verbas indenizatórias ou que não se incorporem à remuneração do Trabalhador. 2. O salário-maternidade é um pagamento realizado no período em que a segurada encontra-se afastada do trabalho para a fruição de licença maternidade, possuindo clara natureza de benefício, a cargo e ônus da Previdência Social (arts. 71 e 72 da Lei 8.213/91), não se enquadrando, portanto, no conceito de remuneração de que trata o art. 22 da Lei 8.212/91. 3. Afirmar a legitimidade da cobrança da Contribuição Previdenciária sobre o salário-maternidade seria um estímulo à combatida prática discriminatória, uma vez que a opção pela contratação de um Trabalhador masculino será sobremaneira mais barata do que a de uma Trabalhadora mulher. 4. A questão deve ser vista dentro da singularidade do trabalho feminino e da proteção da maternidade e do recém nascido; assim, no caso, a relevância do benefício, na verdade, deve reforçar ainda mais a necessidade de sua exclusão da base de cálculo da Contribuição Previdenciária, não havendo razoabilidade para a exceção estabelecida no art. 28, § 9º, a da Lei 8.212/91. [...] 7. Da mesma forma que só se obtém o direito a um benefício previdenciário mediante a prévia contribuição, a contribuição também só se justifica ante a perspectiva da sua retribuição futura em forma de benefício (ADI-MC 2.010, Rel. Min. Celso de Mello); destarte, não há de incidir a Contribuição Previdenciária sobre tais verbas.

8. Parecer do MPF pelo parcial provimento do Recurso para afastar a incidência de Contribuição Previdenciária sobre o salário-maternidade. 9. Recurso Especial provido para afastar a incidência de Contribuição Previdenciária sobre o salário-maternidade e as férias usufruídas" (STJ, REsp 1.322.945, 2013).

– "3. O salário-maternidade tem natureza salarial e integra a base de cálculo da contribuição previdenciária, consoante reiterada jurisprudência do STJ" (STJ, REsp 853.730, 2008).

– "6. A Primeira Turma desta Corte consolidou entendimento no sentido de que o salário-maternidade possui natureza salarial, integrando a base de cálculo da contribuição previdenciária" (STJ, REsp 836.531, 2006).

– **Seguro de vida.** Tratando-se de seguro de vida, não se tem remuneração em dinheiro e, tampouco, salário-utilidade. Ainda que constitua um benefício a favor do empregado, não constitui propriamente um ganho nem tem repercussão direta no seu padrão de vida, no seu nível de consumo ou de conforto, razão porque não se adéqua à ideia de salário utilidade, não configurando a grandeza prevista no art. 22, I, e 28 da Lei 8.212/91 e, anteriormente, no art. 135 da CLPS. Tal resta mais evidente quando se atenta para a álea característica de quaisquer contratos de seguro, sendo que, mesmo em se tratando de seguro de vida, é possível que o evento, durante o curso do contrato de trabalho, jamais aconteça. E ainda que tal se dê, em se tratando de seguro de vida, jamais reverterá em favor do empregado, mas dos beneficiários por ele eleitos. Desnecessário, assim, para que se afaste a incidência, que conste do § 9º do art. 28 da Lei 8.212/91. Não configurando a grandeza prevista no art. 22, I, e no *caput* do art. 28, não pode ser considerado como base de cálculo das contribuições da empresa e do empregado, respectivamente. Note-se, ademais, que, atualmente, nem mesmo a CLT considera os seguros de vida como salário utilidade: "Art. 458. [...] § 2º Para os efeitos previstos neste artigo, não serão considerados como salário as seguintes utilidades concedidas pelo empregador: (Redação dada pela Lei n. 10.243, de 19.6.2001) [...] V – seguros de vida e de acidentes pessoais; (Incluído pela Lei n. 10.243, de 19.6.2001) [...]". Note-se, que, em face da natureza de tal benefício, já analisada, viesse norma acrescentar ao § 9º do art. 28 da Lei 8.212/91, expressamente, que o seguro de vida não se insere no conceito de salário de contribuição, seria meramente interpretativa, enquadrando-se na hipótese do art. 106, I, do CTN que, impropriamente, determina aplicação retroativa. Ou seja, sua ausência não implica a interpretação pretendida pelo INSS. Aliás, interpretativo é, neste sentido, o novo § 2º, inciso V, do art. 458 da CLT supratranscrito, com a redação da Lei n. 10.243/2001.

– "... SEGURO DE VIDA EM GRUPO. CONTRIBUIÇÃO PREVIDENCIÁRIA. 1. 'O valor pago pelo empregador por seguro de vida em grupo é atualmente excluído da base de cálculo da contribuição previdenciária em face de expressa referência legal (art. 28, § 9º, 'p' da Lei 8212/91, com a redação dada pela Lei 9.528/97)' (REsp 441096/RS, Min. Eliana Calmon, *DJU* de 04.10.04). [...] A questão já restou sol vida na Primeira Seção no sentido de que 'o valor pago pelo empregador por seguro de vida em grupo é atualmente excluído da base de cálculo da contribui-

ção previdenciária em face de expressa referência legal (art. 28, §
9º, 'p' da Lei 8212/91, com a redação dada pela Lei 9.528/97)'
[...]" (STJ, REsp 696.813, 2005).

– "... SEGURO DE VIDA EM GRUPO. NÃO INCIDÊNCIA
DE CONTRIBUIÇÃO PREVIDENCIÁRIA. Merece acolhimento a alegação de que o seguro de vida em grupo pago pelo
empregador, não enseja a incidência de contribuição previdenciária. O art. 458, § 2º, V, da CLT, é claro ao dispor que o seguro
de vida pago ao trabalhador, como utilidade, não é considerado
salário. Da mesma forma a atual redação do art. 28, § 9º, 'p', da
Lei 8.212/91, dada pela Lei 9.528/97, afasta a incidência da contribuição previdenciária sobre o valor pago à título de previdência complementar, que como tal, é o seguro de vida pago pelo
empregador, com a única diferença de que o beneficiário não é o
próprio empregado, e que por isso, com mais razão, tal verba
não pode ser considerada como salário de contribuição, para fins
de incidência da exação previdenciária, pois o empregado não
usufrui do benefício" (TRF4, AC 200204010455756, 2004).

– **Pela natureza salarial.** "CONTRIBUIÇÃO PREVIDENCI-
ÁRIA. SEGURO DE VIDA EM GRUPO. NATUREZA JU-
RÍDICA DA PARCELA. Incidem contribuições previdenciárias sobre as parcelas pagas a título de seguro de vida em grupo,
uma vez que possuem natureza salarial" (TRF4, AC
2000.71.11.000056-4, 2001).

– **Ferramentas. Taxa de depreciação.** "... ANULATÓRIA DE
DÉBITO. TAXA DEPRECIAÇÃO DE FERRAMENTAS.
CARÁTER INDENIZATÓRIO. CONTRIBUIÇÃO PREVI-
DENCIÁRIA INDEVIDA. 1. Consoante o preceituado no §
2º do art. 458 da CLT, não têm natureza salarial as utilidades nele
arroladas e, consequentemente, não podem ser consideradas
prestações 'in natura' e nem devem ser computadas nas contribuições ao FGTS ou ao INSS. 2. A taxa de depreciação paga aos
empregados, é uma substituição do fornecimento de equipamentos a serem utilizados no local de trabalho, tendo portanto,
caráter indenizatório, e não incidindo sobre esses valores a contribuição previdenciária" (TRF4, AC 2000.04.01.142050-9,
2002).

– **"Utilidades benefício social". Descabimento da incidência.** "...
é inconstitucional a incidência da cota patronal das contribuições
previdenciárias sobre o fornecimento gratuito de bens e serviços
destinados a melhorar as condições sociais dos empregados e dos
trabalhadores autônomos, inclusive daqueles que exercem o cargo
de direção nas empresas. Com efeito, o fornecimento de tais bens
e serviços – que, em virtude de sua natureza gratuita (sem qualquer cunho retributivo), podem ser denominados de utilidades
benefício social – deve ser incentivado e não onerado por meio de
encargos tributários, tendo em vista o que dispõe a Constituição
Federal, em seus artigos 1º (inciso IV), 3º (incisos I e III), 170
(*caput* e incisos III e VIII), 194, 195 (inciso I, alínea 'a'), 197 e 205.
Todavia, por mais imbuídas que estejam na melhoria das condições sociais de seus trabalhadores, ou melhor, no cumprimento de
sua função social, as empresas não podem se dar ao luxo de auxiliá-
-los com o máximo de recursos disponíveis, uma vez que elas têm
por escopo essencial o aferimento de lucro... Assim, as empresas
não só podem como devem canalizar o fornecimento de utilidades
benefício social... por meio do estabelecimento de critérios cons-

tantes dos seus próprios regulamentos internos. Logo, as disposições das alíneas 'n', 'q' e 't' do § 9º do artigo 28 da Lei n. 8.212/91,
são inconstitucionais. Tais previsões legais provocam, ainda, desestímulo ao fornecimento de utilidades benefício social pelas empresas, o que acaba, também, por contrariar a própria finalidade
que lhe dá fundamento, havendo nisso, desrespeito ao princípio
da proporcionalidade..." (SEDRA, Gustavo Podestá. A inconstitucionalidade da incidência de contribuições previdenciárias (cota
patronal) sobre o fornecimento gratuito de utilidades destinadas a
melhorar as condições sociais dos trabalhadores (seguro-saúde,
bolsa-educação, cursos de capacitação profissional, etc. *RDDT*
144/16, 2007).

– **Transporte pago em dinheiro.** "CONTRIBUIÇÃO PREVI-
DENCIÁRIA. INCIDÊNCIA. VALE-TRANSPORTE. MOE-
DA. CURSO LEGAL E CURSO FORÇADO. CARÁTER
NÃO SALARIAL DO BENEFÍCIO. ARTIGO 150, I, DA
CONSTITUIÇÃO DO BRASIL. CONSTITUIÇÃO COMO
TOTALIDADE NORMATIVA. 1. Pago o benefício de que se
cuida neste recurso extraordinário em vale-transporte ou em moeda, isso não afeta o caráter não salarial do benefício. 2. A admitirmos não possa esse benefício ser pago em dinheiro sem que seu
caráter seja afetado, estaríamos a relativizar o curso legal da moeda nacional. 3. A funcionalidade do conceito de moeda revela-se
em sua utilização no plano das relações jurídicas. O instrumento
monetário válido é padrão de valor, enquanto instrumento de pagamento sendo dotado de poder liberatório: sua entrega ao credor libera o devedor. Poder liberatório é qualidade, da moeda enquanto instrumento de pagamento, que se manifesta exclusivamente no plano jurídico: somente ela permite essa liberação indiscriminada, a todo sujeito de direito, no que tange a débitos de
caráter patrimonial. 4. A aptidão da moeda para o cumprimento
dessas funções decorre da circunstância de ser ela tocada pelos
atributos do curso legal e do curso forçado. 5. A exclusividade de
circulação da moeda está relacionada ao curso legal, que respeita
ao instrumento monetário enquanto em circulação; não decorre
do curso forçado, dado que este atinge o instrumento monetário
enquanto valor e a sua instituição [do curso forçado] importa
apenas em que não possa ser exigida do poder emissor sua conversão em outro valor. 6. A cobrança de contribuição previdenciária
sobre o valor pago, em dinheiro, a título de vales-transporte, pelo
recorrente aos seus empregados afronta a Constituição, sim, em
sua totalidade normativa" (STF, RE 478.410, 2010).

– "2. O Superior Tribunal de Justiça reviu seu entendimento
para, alinhando-se ao adotado pelo Supremo Tribunal Federal,
firmar compreensão segundo a qual não incide contribuição
previdenciária sobre o vale-transporte devido ao trabalhador,
ainda que pago em pecúnia, tendo em vista sua natureza indenizatória" (STJ, AgRg no REsp 898.932, 2011).

– "CONTRIBUIÇÃO PREVIDENCIÁRIA. VALE-TRANS-
PORTE. PAGAMENTO EM PECÚNIA. NÃO INCIDÊN-
CIA. PRECEDENTE DO SUPREMO TRIBUNAL FEDE-
RAL. JURISPRUDÊNCIA DO STJ. REVISÃO. NECESSI-
DADE. 1. O Supremo Tribunal Federal, na assentada de
10.03.2003, em caso análogo (RE 478.410/SP, Rel. Min. Eros
Grau), concluiu que é inconstitucional a incidência da contribui-
ção previdenciária sobre o vale-transporte pago em pecúnia, já

que, qualquer que seja a forma de pagamento, detém o benefício natureza indenizatória. Informativo 578 do Supremo Tribunal Federal. 2. Assim, deve ser revista a orientação desta Corte que reconhecia a incidência da contribuição previdenciária na hipótese quando o benefício é pago em pecúnia, já que o art. 5º do Decreto 95.247/87 expressamente proibira o empregador de efetuar o pagamento em dinheiro. 3. Embargos de divergência providos" (STJ, EREsp 816.829, 2011).

– **Súmula 89 do CARF:** "A contribuição social previdenciária não incide sobre valores pagos a título de vale transporte, mesmo que em pecúnia" (2012).

– **Súmula 60 da AGU:** "Não há incidência de contribuição previdenciária sobre o vale-transporte pago em pecúnia, considerando o caráter indenizatório da verba" (2011).

– **Transporte gratuito para os empregados. Ausência de natureza salarial.** "1. O art. 9º da Lei n. 7.418/85 assegura os benefícios desta Lei ao empregador que proporcionar, por meios próprios ou contratados, em veículos adequados ao transporte coletivo, o deslocamento integral de seus trabalhadores. 2. Não cabe, portanto, incidência de contribuição previdenciária sobre a despesa do empregador com o transporte fornecido gratuitamente aos seus empregados" (TRF4, AC 2001.04.01.011469-9, 2002).

– "O fornecimento de transporte aos empregados, através de contratação de empresa de transportes coletivos não configura salário *in natura*, não constituindo base de incidência de contribuição previdenciária, nos termos dos artigos 4º e 33, do Decreto Lei n. 95247/87 e 9º, da Lei n. 7.418/85" (TRF4, AC 1998.04.01.019756-7, 1999).

– "O fornecimento de transporte aos empregados, através de contratação de empresa de transporte coletivo não configura salário *in natura*, não constituindo base de incidência de contribuição previdenciária, nos termos dos artigos 4º e 33, do Decreto Lei n. 95247/87 e 9º, da Lei n. 7418/85" (TRF4, AC 1999.04.01.050067-0, 2000).

⇒ **Reclamatória trabalhista.** As reclamatórias suscitam inúmeras discussões, a começar em razão da norma constitucional que cometeu à própria Justiça do Trabalho a execução das contribuições previdenciárias decorrentes das condenações que impuser. Também se discute a base de cálculo dessas contribuições nas hipóteses de acordos globais. E, ainda, a questão do prazo para constituir o crédito e cobrá-lo, tratado em nota ao art. 173 do CTN.

– **Súmula Vinculante 53 do STF:** "A competência da Justiça do Trabalho prevista no art. 114, VIII, da Constituição Federal alcança a execução de ofício das contribuições previdenciárias relativas ao objeto da condenação constante das sentenças que proferir e acordos por ela homologados".

– **Tema 36 do STF:** "A competência da Justiça do Trabalho prevista no art. 114, VIII, da Constituição Federal alcança somente a execução das contribuições previdenciárias relativas ao objeto da condenação constante das sentenças que proferir, não abrangida a execução de contribuições previdenciárias atinentes ao vínculo de trabalho reconhecido na decisão, mas sem condenação ou acordo quanto ao pagamento das verbas salariais que lhe

possam servir como base de cálculo". Decisão de mérito em 2008.

– **Lei n. 8.212/91.** Com a redação das Leis n. 8.620/93 e n. 11.941/2009: "Art. 43. Nas ações trabalhistas de que resultar o pagamento de direitos sujeitos à incidência de contribuição previdenciária, o juiz, sob pena de responsabilidade, determinará o imediato recolhimento das importâncias devidas à Seguridade Social. § 1º Nas sentenças judiciais ou nos acordos homologados em que não figurarem, discriminadamente, as parcelas legais relativas às contribuições sociais, estas incidirão sobre o valor total apurado em liquidação de sentença ou sobre o valor do acordo homologado. § 2º Considera-se ocorrido o fato gerador das contribuições sociais na data da prestação do serviço. § 3º As contribuições sociais serão apuradas mês a mês, com referência ao período da prestação de serviços, mediante a aplicação de alíquotas, limites máximos do salário de contribuição e acréscimos legais moratórios vigentes relativamente a cada uma das competências abrangidas, devendo o recolhimento ser efetuado no mesmo prazo em que devam ser pagos os créditos encontrados em liquidação de sentença ou em acordo homologado, sendo que nesse último caso o recolhimento será feito em tantas parcelas quantas as previstas no acordo, nas mesmas datas em que sejam exigíveis e proporcionalmente a cada uma delas. § 4º No caso de reconhecimento judicial da prestação de serviços em condições que permitam a aposentadoria especial após 15 (quinze), 20 (vinte) ou 25 (vinte e cinco) anos de contribuição, serão devidos os acréscimos de contribuição de que trata o § 6º do art. 57 da Lei n. 8.213, de 24 de julho de 1991. § 5º Na hipótese de acordo celebrado após ter sido proferida decisão de mérito, a contribuição será calculada com base no valor do acordo. § 6º Aplica-se o disposto neste artigo aos valores devidos ou pagos nas Comissões de Conciliação Prévia de que trata a Lei n. 9.958, de 12 de janeiro de 2000".

– **Acordo global. Incidência sobre o todo.** Idêntica é a discussão sobre a incidência de IR. Vide, em nota ao art. 43, II, do CTN, a transcrição do REsp 958.736, em que o STJ decidiu no sentido de que, não havendo discriminação das parcelas remuneratórias e indenizatórias, incide sobre o montante total do acordo.

– **Súmula AGU n. 67/2012:** "Na Reclamação Trabalhista, até o trânsito em julgado, as partes são livres para discriminar a natureza das verbas objeto do acordo judicial para efeito do cálculo da contribuição previdenciária, mesmo que tais valores não correspondam aos pedidos ou à proporção das verbas salariais constantes da petição inicial".

– **Súmula CARF n. 62:** "A base de cálculo das contribuições previdenciárias será o valor total fixado na sentença ou acordo trabalhista homologado, quando as parcelas legais de incidência não estiverem discriminadas".

– "Se as partes disserem que a verba que está sendo paga no acordo refere-se apenas à indenização, cumprirá ao juiz investigar a origem do pagamento em consonância com a petição inicial, o pedido e as ponderações das partes quanto ao que está sendo pago, verificando se se trata realmente de indenização, antes de homologar o acordo, visto que o magistrado não poderá compactuar com fraudes perpetradas pelas partes com o objetivo de não pagar a contribuição. Caso as partes não especifiquem as verbas em que há a incidência da contribuição, a exação incidirá sobre o total pago. Acordando as partes erroneamente sobre a base de cálculo da contribuição, caberá ao juiz arbitrar sobre o que incide a contribuição, estabelecendo o que se trata de indenização ou de verbas sujeitas ao recolhimento da contribuição previdenciária. As partes não podem dispor sobre contribuição, que tem natureza tributária e depende da observância do princípio da legalidade. O juiz irá homologar o acordo, mas irá arbitrar sobre o que incide ou não incide a contribuição previdenciária, declarando a natureza de cada verba" (MARTINS, Sérgio Pinto. *Execução da contribuição previdenciária na Justiça do Trabalho.* 3. ed. São Paulo: Atlas, 2008, p. 57).

– "CONTRIBUIÇÃO PREVIDENCIÁRIA... INCIDÊNCIA SOBRE ACORDOS TRABALHISTAS... As quantias pagas em acordo trabalhista, não especificadas, quanto aos direitos satisfeitos, reputam-se de natureza remuneratória e sofrem incidência de contribuição previdenciária" (TRF4, AMS 2001.04.01.041575-4, 2001).

– "EMBARGOS À EXECUÇÃO FISCAL. CONTRIBUIÇÃO PREVIDENCIÁRIA. VERBAS DE NATUREZA INDENIZATÓRIA. ART.43, PARÁGRAFO ÚNICO, LEI N. 8.212. SALÁRIO *IN NATURA*. 1. No acordo feito em reclamação trabalhista, cada parcela paga ao empregado deve ser especificada, a fim de verificar-se o fato gerador de contribuição previdenciária e, eventualmente, de imposto de renda. 2. Englobadas todas as parcelas, a incidência ocorrerá sobre o valor total, sob pena de autorizar-se a evasão fiscal. 3. O valor presumido da alimentação, como salário *in natura*, deixa de compor o fato gerador se a empresa tem seu programa aprovado no Ministério do Trabalho e Previdência Social (Lei 8.212/91, art. 28, § 9º, alínea *c*). 4. Apelação improvida" (TRF4, AC 97.04.30996-1, 1999).

• Vide: MARTINEZ, Wladimir Novaes. Dispensa de contribuições no acordo trabalhista. *RDDT* 212/119, maio 2013.

– Sobre a execução das contribuições previdenciárias decorrentes das sentenças proferidas pela Justiça do Trabalho, forte no art. 114, § 3º, da CF, na redação da EC n. 20/99, regulamentado pela Lei n. 10.035/2000, vide notas ao art. 142 do CTN.

– **Reclamatória trabalhista. Acordo. Modificação perpetrada pela Lei n. 8.620/93 no art. 43 da Lei n. 8.212/91.** "O INSS, ao ter ciência de homologação de acordos realizados na Justiça do Trabalho pela empresa, ora embargante, veio a lavrar NFLD referente a contribuições previdenciárias incidentes sobre o valor total do montante pago nos processos trabalhistas. Conforme demonstram às cópias extraídas dos autos trabalhistas (fls. 08 e ss.), o acordo firmado entre as partes destacava, de modo expresso, que os valores pagos pelo empregador aos reclamantes corresponderiam integralmente a parcelas indenizatórias. A autarquia previdenciária, invocando o art. 43 da Lei n. 8.212/91, com a redação dada pela Lei n. 8.620/93, defende a possibilidade de fazer incidir a contribuição previdenciária sobre a totalidade do montante pago no acordo trabalhista, já que ausente qualquer discriminação de quais parcelas assumiriam natureza indenizatória. Dispõe o art. 43 da Lei n. 8.212/91, em sua redação

atual: 'Art. 43. Nas ações trabalhistas de que resultar o pagamento de direitos sujeitos à incidência de contribuição previdenciária, o juiz, sob pena de responsabilidade, determinará o imediato recolhimento das importâncias devidas à Seguridade Social. Parágrafo único. Nas sentenças judiciais ou nos acordos homologados em que não figurarem, discriminadamente, as parcelas legais relativas à contribuição previdenciária, esta incidirá sobre o valor total apurado em liquidação de sentença ou sobre o valor do acordo homologado.' Verifica-se que o art. 43 da Lei n. 8.212/91, com a modificação perpetrada pela Lei n. 8.620/93, veio a estabelecer a presunção legal no sentido de que, inexistindo explicitação acerca da natureza remuneratória e indenizatória das parcelas reconhecidas ou acordadas na Justiça do Trabalho, a contribuição previdenciária viria a incidir sobre a totalidade do montante pago. No caso dos autos, porém, as contribuições previdenciárias sendo cobradas no executivo fiscal ora embargado referem-se a período anterior à inovação introduzida no art. 43 da Lei n. 8.212/91. Referindo-se a autuação a período anterior ao advento da Lei n. 8.620/93, não poderia a autarquia previdenciária ter-se valido da presunção legal nem efetuado a incidência da exação sobre a totalidade do montante pago na esfera trabalhista. Isso não significa dizer que, antes da alteração legal, não estava o INSS autorizado a eventualmente desprezar a natureza indenizatória atribuída às parcelas pagas nos processos trabalhistas. Na verdade, no período anterior ao estabelecimento da presunção legal, caberia a ele efetivamente comprovar o caráter remuneratório dos valores pagos, descaracterizando, com isso, a natureza indenizatória falsamente atribuída pela partes. Ocorre que, *in casu*, não foi minimamente demonstrado pelo INSS o possível caráter salarial aos valores acordados. Aliás, em sua defesa, sequer chega a alegar o caráter não indenizatório do montante pago pela Embargante, atentando-se apenas a invocar o art. 43 da Lei n. 8.212/91, em sua redação atual, o qual, conforme já afirmado, é inaplicável ao presente caso. Assim, a manutenção da sentença se impõe" (TRF4, excerto de voto condutor no REOAC 98.04.04056-5, 2003).

– **Reclamatória trabalhista. Ausência de coisa julgada.** "SEGURO DE ACIDENTE DO TRABALHO – SAT – OFENSA À COISA JULGADA – CONSTITUCIONALIDADE – ALÍQUOTA. Não há ofensa à coisa julgada, porquanto a matéria tributária não foi analisada no processo trabalhista, bem como porque a justiça do trabalho não é competente para solucionar conflitos de natureza tributária. Deixando de ser especificadas as quantias pagas em acordo trabalhista, quanto aos direitos satisfeitos, a incidência da contribuição previdenciária ocorre sobre o total, pois as contribuições previdenciárias são devidas independentemente da vontade das partes, presumindo-se a natureza remuneratória das verbas resultantes de acordos homologados. [...]" (TRF4, AC 1998.04.01.070277-8, 2000).

⇒ **Pagos ou creditados x devidos.** A base econômica que pode ser objeto de tributação restringe-se à remuneração "paga ou creditada", conforme se vê da redação do art. 195, I, *a*, da Constituição. Pagamento é o valor prestado ao trabalhador seja em espécie, seja mediante depósito em conta corrente, ou mesmo "in natura", como utilidades. Creditamento é o lançamento contábil a crédito do trabalhador, ainda que ainda não prestado efetivamente. Não se pode confundir a remuneração paga ou creditada com a que eventualmente seja devida mas que não foi sequer formalizada em favor do trabalhador. A Lei n. 8.212/91, contudo, ao instituir a contribuição sobre a folha, determinou a incidência sobre o total das remunerações "pagas, devidas ou creditadas", extrapolando, assim, a base econômica dada à tributação. Não tem suporte válido o lançamento e a cobrança de contribuição sobre remuneração tida pelos auditores fiscais como devida, mas que não tenha sido paga ou creditada, pois é inconstitucional a expressão "devida" constante do art. 22, I, da Lei n. 8.212/91 na redação da Lei n. 9.876/99.

– Na hipótese de o Fiscal de Contribuições Previdenciárias entender que determinados pagamentos a autônomo encobriam efetiva relação de emprego, poderá efetuar o lançamento das contribuições não recolhidas a este título, mas tomando como base de cálculo apenas os valores efetivamente pagos ou creditados e não os que, considerando o vínculo empregatício, eram devidos mas não foram pagos nem creditados, como o décimo terceiro.

– Nas reclamatórias trabalhistas, a cobrança das contribuições dá-se juntamente com a das diferenças ao empregado, mas a Lei n. 8.212/91, com a redação da Lei n. 11.941/2009, diz que se considera ocorrido o fato gerador na data da prestação de serviços: "Art. 43. Nas ações trabalhistas... § 2º Considera-se ocorrido o fato gerador das contribuições sociais na data da prestação do serviço". Desse modo, são acrescidos juros. Há importante discussão sobre o prazo prescricional, nesse caso, conforme nota ao art. 174 do CTN.

– "[...] se rechaçará a interpretação que considera as expressões 'pagos' ou 'creditados' como sinônimas; caso contrário, seria admitir a legislação possuir palavras inúteis. O termo 'remuneração creditada' não significa valor depositado na conta corrente do trabalhador. Isso expressa apenas mais uma forma de concretizar o pagamento, ou seja, colocar dinheiro (bem fungível) na posse e disposição do credor. O que a legislação quer efetivamente dizer é que se trata da remuneração da qual o trabalhador é credor ou que incorporou seu direito subjetivo pela realização do trabalho contratado. [...] Pelo trabalho, o obreiro adquire direito remuneratório, reflexo biunívoco da obrigação de o empregador remunerá-lo. Mesmo que seja estipulado momento posterior para adimplemento da remuneração, já se encontra transposta para o mundo jurídico a prestação de serviços realizada, conformando a relação obrigacional de crédito e débito entre os contratantes. É a essa realidade que se refere a expressão devidos(as) ou creditado(as), constantes dos artigos 22, inc. I, 28, inc. I, e 30, inc. I, alínea *b*, todos da Lei n. 8.212/91" (MARINHO FILHO, Luciano. Do critério de cálculo de contribuição social na esfera trabalhista. *RDDT* 175/127, 2010).

⇒ **Pagamento a pessoa física.** O art. 195, I, *a*, prevê a contribuição do empregador sobre os rendimentos do trabalho pagos ou creditados à *pessoa física* que lhe preste serviço. Ou seja, a relação contratual, formalizada ou não, deve dar-se com a pessoa física diretamente. Não estão abrangidos pela norma valores pagos a empresas contratadas para a prestação de serviços, ou mesmo a cooperativas de trabalho, pois a relação, nestes casos, dá-se com pessoa jurídica. Não há maiores dificuldades em se identificar se o pagamento ou creditamento foi à pessoa física ou não; basta ver quem foi, nominalmente, o seu beneficiário. Ademais, se o pagamento é feito mediante Recibo de Pagamento a Autônomo, é pagamento a pessoa física; se o pagamento é feito mediante Nota Fiscal de Prestação de Serviços, é pagamento a pessoa jurídica.

– MARCO AURÉLIO GRECO, embora cuidando da geração de crédito relativamente às contribuições sobre a receita (PIS/COFINS), faz abordagem muito clara no sentido de que nem sempre o pagamento por trabalho é pagamento a pessoa física: "Não há dúvida que 'fator trabalho' está ligado a uma variável vinculada às pessoas físicas que vão realizar sua atividade no contexto desse processo e que irá implicar geração de riqueza. Mas há dispêndios ligados ao fator trabalho que não se materializam em pagamento de mão de obra a pessoa física. De fato, se a mesma atividade dentro do mencionado processo for realizada por uma cooperativa de pessoas físicas, ou mediante contratação de pessoa jurídica de fornecimento de mão de obra não vejo dúvida que serão dispendioso com serviços utilizados como insumos. Serão dispêndios relativos ao fator trabalho, por isso geradores de crédito (se submetidos à incidência das contribuições), mas que não se enquadram na exclusão expressa do § 2º do artigo 3º (não são pagamentos de mão de obra a pessoa física)" (GRECO, Marco Aurélio. Não cumulatividade no PIS e na COFINS. In: PAULSEN, Leandro (coord.). *Não cumulatividade das contribuições PIS/Pasep e Cofins*. IET e IOB/Thompson, 2004).

• Vide, *infra*, as notas sobre as cooperativas de trabalho.

– **Cooperativa é pessoa jurídica. Lei n. 9.876, de 26.11.99. Contribuição previdenciária das tomadoras de serviço sobre o valor da nota fiscal ou fatura de serviços prestados por cooperados através de cooperativas de trabalho.** Lei n. 8.212/91, com a redação da Lei n. 9.876/99: "Art. 22. A contribuição a cargo da empresa, destinada à Seguridade Social, além do disposto no art. 23, é de: [...] IV – quinze por cento sobre o valor bruto da nota fiscal ou fatura de prestação de serviços, relativamente a serviços que lhe são prestados por cooperados por intermédio de cooperativas de trabalho".

– **Inconstitucionalidade.** A contribuição devida relativamente aos serviços prestados por cooperativa já teve diferentes regimes jurídicos. À luz da Lei Complementar n. 84/96, a cooperativa de trabalho é que estava obrigada ao pagamento de contribuição de 15% sobre o valor pago a seus cooperados. Com a Lei n. 9.876/99, restou extinta tal contribuição e instituída nova contribuição, também de 15% mas a ser suportada pela empresa tomadora dos serviços e incidindo sobre o valor da Nota Fiscal de Prestação de Serviços. A Lei n. 9.876/99, ao incluir o inciso IV no art. 22 da Lei n. 8.212/91, instituiu contribuição a ser paga pela empresa tomadora de serviços, na posição de contribuinte, sobre o valor da nota fiscal relativa a serviços prestados por cooperativas de trabalho. A Lei n. 10.666/2003, por sua vez, instituiu adicional à referida contribuição relativamente a atividades que permitam a concessão de aposentadoria especial aos cooperados. Tendo em conta que a cooperativa é, por certo, pessoa jurídica e que os pagamentos são feitos à cooperativa contratada e não diretamente aos cooperados, revela-se, na Lei n. 9.876/99, uma nova contribuição que desbordou da base econômica do art. 195, I, *a*, de modo que só por lei complementar poderia ter sido instituída, conforme o art. 195, § 4º, da Constituição. Ou seja, é inconstitucional a contribuição em questão com a agravante de que a Lei n. 9.876/99, simultaneamente à inclusão do inciso III no art. 22 da Lei n. 8.212/91, revogou expressamente a LC n. 84/96 que impunha à própria cooperativa de trabalho, enquanto contribuinte, o pagamento de contribuição de 15% sobre o valor pago a seus cooperados. Assim, temos uma nova contribuição inconstitucional e a anterior que era suportada pelas próprias cooperativas revogada, de modo que nenhuma delas é devida a contar da vigência da Lei n. 9.876/99.

– **Tema 166 do STF:** "É inconstitucional a contribuição previdenciária prevista no art. 22, IV, da Lei 8.212/1991, com redação dada pela Lei 9.876/1999, que incide sobre o valor bruto da nota fiscal ou fatura referente a serviços prestados por cooperados por intermédio de cooperativas de trabalho". Decisão de mérito em 2014.

– "Contribuição Previdenciária. Artigo 22, inciso IV, da Lei n. 8.212/91, com a redação dada pela Lei n. 9.876/99. Sujeição passiva. Empresas tomadoras de serviços. Prestação de serviços de cooperados por meio de cooperativas de Trabalho. Base de cálculo. Valor Bruto da nota fiscal ou fatura. Tributação do faturamento. *Bis in idem*. Nova fonte de custeio. Artigo 195, § 4º, CF. 1. O fato gerador que origina a obrigação de recolher a contribuição previdenciária, na forma do art. 22, inciso IV da Lei n. 8.212/91, na redação da Lei 9.876/99, não se origina nas remunerações pagas ou creditadas ao cooperado, mas na relação contratual estabelecida entre a pessoa jurídica da cooperativa e a do contratante de seus serviços. 2. A empresa tomadora dos serviços não opera como fonte somente para fins de retenção. A empresa ou entidade a ela equiparada é o próprio sujeito passivo da relação tributária, logo, típico 'contribuinte' da contribuição. 3. Os pagamentos efetuados por terceiros às cooperativas de trabalho, em face de serviços prestados por seus cooperados, não se confundem com os valores efetivamente pagos ou creditados aos cooperados. 4. O art. 22, IV da Lei n. 8.212/91, com a redação da Lei n. 9.876/99, ao instituir contribuição previdenciária incidente sobre o valor bruto da nota fiscal ou fatura, extrapolou a norma do art. 195, inciso I, *a*, da Constituição, descaracterizando a contribuição hipoteticamente incidente sobre os rendimentos do trabalho dos cooperados, tributando o faturamento da cooperativa, com evidente *bis in idem*. Representa, assim, nova fonte de custeio, a qual somente poderia ser instituída por lei complementar, com base no art. 195, § 4º – com a remissão feita ao art. 154, I, da Constituição. 5. Recurso extraordinário provido para declarar a inconstitucionalidade do inciso IV do art. 22 da Lei n. 8.212/91, com a redação dada pela Lei n. 9.876/99" (STF, RE 595.838, 2014).

– "A Lei n. 9.876/99, ao modificar a redação do artigo 22, inciso IV, da Lei n. 8.212/91, cria tributo sem fundamento constitucional. [...] Apesar de via calculada sobre o valor bruto da nota fiscal ou fatura de prestação de serviços que lhe são prestados por cooperados por intermédio de cooperativas de trabalho, trata-se de pagamento a pessoa jurídica, e não a pessoa física, pois somente por 'levantamento do véu' pode-se identificar as relações inter-subjetivas dos sócios, operando autonomamente, mas sob a égide dos estatutos da cooperativa" (TORRES, Heleno Taveira. Regime constitucional do cooperativismo e a exigência de contribuições previdenciárias sobre as cooperativas de trabalho. *RDIT* 1/101, 2004).

– **Devolução de sobras. Não incidência.** "... TRIBUTÁRIO – SOCIEDADES COOPERATIVAS – SOBRAS LÍQUIDAS, APURADAS AO FINAL DO EXERCÍCIO SOCIAL – CONTRIBUIÇÃO PREVIDENCIÁRIA RURAL – NÃO INCIDÊNCIA – PRECEDENTES DA SEGUNDA TURMA. Não se ignora a existência de precedentes da Primeira Turma do STJ (REsps 365.849/PR, Min. José Delgado, *DJU* 18.03.2002 e 191.424/RS, Relator Min. Garcia Vieira, *DJU* 15.03.1999), contrários à posição adotada na decisão ora agravada, que concluíram pela possibilidade de cobrança da contribuição previdenciária rural sobre as quantias devolvidas pela cooperativa aos cooperados a título de 'sobras' líquidas apuradas ao final do exercício social. A egrégia Segunda Turma, no entanto, em dois julgados da relatoria deste magistrado, quais sejam, os REsps 192.524/RS, 11.03.2002 e 260.282/RS, *DJU* 17.09.2001, decidiu de modo diverso, que as sobras líquidas não integram a base de cálculo da contribuição previdenciária rural, por não estarem englobadas na base de cálculo da referida exação. Sendo certo que, na relação entre a sociedade cooperativa e seus cooperados, não há intuito lucrativo, prevê a Lei n. 5.764/71 que, ao término do exercício social, deverá a cooperativa verificar o resultado obtido na relação entre as receitas auferidas e as despesas efetuadas. Se verificado um resultado positivo, que os cooperados suportaram excesso no custeio das despesas, prevê o artigo 44, inciso II, da lei supra referida, que as cooperativas, em assembleia geral ordinária, deverão deliberar, dentre outras questões, acerca da 'destinação das sobras apuradas ou rateio das perdas decorrentes da insuficiência das contribuições para cobertura das despesas da sociedade, deduzindo-se, no primeiro caso, as parcelas para os fundos obrigatórios'. Da sistemática operacional que ocorre na sociedade cooperativa, denota-se que esta, ao receber o produto do associado, verifica o preço corrente e estima, também, as despesas que o cooperado estará sujeito a suportar, em vista da circunstância de tornar o produto mais atrativo para a comercialização, como, por exemplo, a secagem e o empacotamento. Nesse momento são emitidas 02 (duas) notas fiscais, uma pelo produtor, em vista do produto entregue – com o valor corrente, descontadas as mencionadas despesas –, e outra pela cooperativa, decorrente da entrada, em confirmação ao recebimento do produto. Observa-se que preço de mercado ou corrente está ligado à comercialização, enquanto que as despesas, para efetivar a venda, estão atreladas à prática de ato cooperativo, razão por que se não confundem. Em vista dessa relação, não resta configurada uma adequação típica autorizadora da cobrança da contribuição previdenciária das sobras líquidas, pois o diploma normativo prevê que a única fase em que ocorre a hipótese de incidência se dá com 'base no valor creditado ou pago aos associados pelo recebimento dos seus produtos, observados na fixação desse valor os preços correntes de venda pelo produtor' (art. 77, III, do Decreto 83.081/79). Agravo regimental improvido" (STJ, AREsp 244.334, 2004).

⇒ **Sujeito ativo das diversas contribuições instituídas com suporte no art. 195, I, *a*, da CF.** Tais contribuições têm a União como sujeito ativo, conforme previa o art. 33 da Lei n. 8.212/91, com a redação da Lei n. 10.256/2001 combinado com a Lei n. 11.457/2007.

⇒ **Empregador na lei de custeio. Empregador doméstico.** Como empregador, o legislador elenca apenas o empregador doméstico no art. 15, II, da Lei n. 8.212/91.

– Lei n. 8.212/91: "Capítulo I DOS CONTRIBUINTES Seção II Da Empresa e do Empregador Doméstico. Art. 15. Considera-se: [...] II – empregador doméstico – a pessoa ou família que admite a seu serviço, sem finalidade lucrativa, empregado doméstico".

– Sobre o conceito de empregador na legislação trabalhista, vide nota ao inciso I deste artigo.

– **Demais empregadores pessoas físicas.** Os demais empregadores pessoas físicas, que também serão segurados, eles próprios, da previdência social, o legislador prefere tratar como equiparados a empresas, conforme o parágrafo único do próprio art. 15. Tal se dá, inclusive, quanto ao empregador rural pessoa física, também equiparado a empresa, cuja contribuição é disciplinada pelo art. 25 da Lei n. 8.212/91.

– Lei 8.212/91: "Art. 15. [...] Parágrafo único. Equipara-se a empresa, para os efeitos desta Lei, o contribuinte individual em relação a segurado que lhe presta serviço, bem como a cooperativa, a associação ou entidade de qualquer natureza ou finalidade, a missão diplomática e a repartição consular de carreira estrangeiras".

⇒ **Contribuição do empregador doméstico.** A contribuição do empregador doméstico é instituída pelo art. 24 da Lei n. 8.212/91: "Capítulo V DA CONTRIBUIÇÃO DO EMPREGADOR DOMÉSTICO. Art. 24. A contribuição do empregador doméstico é de 12% (doze por cento) do salário de contribuição do empregado doméstico a seu serviço". Os empregadores domésticos (pessoa ou família que admite a seu serviço, sem finalidade lucrativa, empregado doméstico) são, pois, contribuintes da previdência social, devendo recolher contribuição de 12% do salário de contribuição do empregado doméstico a seu serviço. Utiliza-se a expressão salário de contribuição, porque há um teto para a base de cálculo da contribuição previdenciária do segurado, estabelecido, a partir de 1º de abril de 2006, em R$ 2.801,82, conforme as Portarias MPS 119/06 e 342/06. Quase na totalidade dos casos, o salário do empregado doméstico é bem inferior ao teto do salário de contribuição, de maneira que, na prática, o salário de contribuição equivalerá ao salário total do empregado. Assim, tanto a contribuição do empregado como a do empregador, ora em questão, incidirão sobre o salário de contribuição do empregado doméstico. O empregador doméstico pagará, como contribuinte, 12% sobre o salário de contribuição do empregado doméstico. A par disso, é responsável pela retenção e recolhimento da contribuição previdenciária que tem como contribuinte o próprio empregado doméstico, e que é de 7,65% para os salários de contribuição até R$ 752,62.

Assim, recolherá, mensalmente, 19,65% do salário do empregado doméstico, 12% como contribuinte, com recursos próprios, e 7,65% como responsável tributário, mediante retenção do salário do empregado doméstico.

– Note-se que a contribuição incide sobre o salário de contribuição do empregado doméstico, de modo que também é calculada sobre o décimo terceiro salário, tendo em vista o § 7º do art. 28 da Lei 8.212/91, com a redação da Lei n. 8.870/94, sendo devida quando do pagamento da última parcela, conforme previsto no Regulamento (Dec. n. 3.048/99, com a redação do Dec. n. 4.729/2003).

– O prazo para pagamento é até o dia 7 do mês seguinte ao da competência, ou seja, ao mês relativamente a cujo salário foi calculada a contribuição, conforme a determinação constante do inciso V do art. 30 da Lei n. 8.212/91, com a redação da LC n. 150/2015.

– **Dedução da contribuição patronal do empregador doméstico do imposto de renda devido.** Vide nota ao art. 44 do CTN.

– **Regime simplificado e unificado de recolhimento de tributos para o empregador doméstico: e-Social, DAE.** A EC n. 72/2013, que estabeleceu a igualdade de direitos trabalhistas entre os trabalhadores domésticos e os demais trabalhadores urbanos e rurais, acrescentou parágrafo único ao art. 7º da CF, prevendo regime simplificado de cumprimento das respectivas obrigações tributárias: "Parágrafo único. São assegurados à categoria dos trabalhadores domésticos os direitos previstos nos incisos IV, VI, VII, VIII, X, XIII, XV, XVI, XVII, XVIII, XIX, XXI, XXII, XXIV, XXVI, XXX, XXXI e XXXIII e, atendidas as condições estabelecidas em lei e observada a simplificação do cumprimento das obrigações tributárias, principais e acessórias, decorrentes da relação de trabalho e suas peculiaridades, os previstos nos incisos I, II, III, IX, XII, XXV e XXVIII, bem como a sua integração à previdência social". Por força da edição da LC n. 150/2015 apontou o direito dos trabalhadores domésticos relativos, e.g., à limitação da carga horária diária e semanal, ao depósito do FGTS e à indenização compensatória no caso de demissão sem justa causa. Para viabilizar o cumprimento das múltiplas obrigações dos empregadores, de caráter tributário e trabalhista, a referida LC n. 150/2015 criou o chamado Simples Doméstico. Trata-se de regime unificado de pagamento de tributos e demais encargos do empregador. Conforme o seu art. 34, assegura o recolhimento mensal, em documento único de arrecadação (Documento de Arrecadação do eSocial: DAE), tanto de encargos trabalhistas (depósito do FGTS e o depósito compensatório da indenização por despedida sem justa causa), como dos seguintes tributos: a) contribuição previdenciária, retida do empregado, de 8% a 11% sobre o seu salário de contribuição; b) contribuição previdenciária patronal de 8% sobre a remuneração do empregado; c) contribuição de 0,8% para o financiamento do seguro contra acidentes do trabalho (SAT); d) imposto sobre a renda retido na fonte.

– A operacionalização do Simples Doméstico dá-se através do sistema *e-Social*. Os empregadores domésticos, através do endereço eletrônico <http://www.esocial.gov.br/>, cadastram seus empregados e emitem, mensalmente, o os Documentos de Arrecadação do eSocial, que é preenchido automaticamente pelo sistema, com o conjunto daquelas obrigações devidamente discriminadas e totalizadas.

– Trata-se de mecanismo efetivamente simplificador, que cumpre a finalidade de tornar mais cômodo e descomplicado o cumprimento das obrigações tributárias do empregador doméstico, não exigindo, do mesmo, qualquer conhecimento específico.

⇒ **Da empresa e dos equiparados na lei de custeio.** A Lei n. 8.212/91 sempre conceituou empresa, fazendo, ainda, equiparações.

– Vejamos o seu art. 15, I, com a redação da Lei n. 9.876/99: "Lei 8.212/91 Capítulo I DOS CONTRIBUINTES Seção II Da Empresa e do Empregador Doméstico. Art. 15. Considera-se: I – empresa – a firma individual ou sociedade que assume o risco de atividade econômica urbana ou rural, com fins lucrativos ou não, bem como os órgãos e entidades da administração pública direta, indireta e fundacional; II [...] Parágrafo único. Equiparam-se a empresa, para os efeitos desta Lei, o contribuinte individual e a pessoa física na condição de proprietário ou dono de obra de construção civil, em relação a segurado que lhe presta serviço, bem como a cooperativa, a associação ou a entidade de qualquer natureza ou finalidade, a missão diplomática e a repartição consular de carreira estrangeiras".

– O texto original do parágrafo único do art. 15 da Lei n. 8.212/91 não equiparava à empresa todo e qualquer contribuinte individual que mantivesse empregado, mas apenas o autônomo e equiparado, além das cooperativas, associações e entidades, missões diplomáticas e repartições consulares, comuns a ambas as redações. Veja-se a redação original da Lei n. 8.212/91: "Art. 15. [...] Parágrafo único. Considera-se empresa, para os efeitos desta lei, o autônomo e equiparado em relação a segurado que lhe presta serviço, bem como a cooperativa, a associação ou entidade de qualquer natureza ou finalidade, a missão diplomática e a repartição consular de carreira estrangeiras".

– Sobre o conceito de empresa no Código Civil, vide nota ao inciso I deste art. 195.

⇒ **Contribuições previdenciárias das empresas e equiparados.** A contribuição das empresas sobre a base econômica prevista no art. 195, I, *a*, da CF encontra-se segmentada em diversas contribuições e adicionais, conforme o tipo de empresa.

⇒ **Contribuição previdenciária de 20% sobre a remuneração de empregados e avulsos.** A principal contribuição devida pelas empresas em geral relativamente à base econômica do art. 195, I, *a*, da Constituição, é de 20% sobre o total das remunerações pagas, devidas ou creditadas a qualquer título, durante o mês, aos segurados empregados e trabalhadores avulsos que lhes prestem serviços, destinadas a retribuir o trabalho, qualquer que seja a sua forma. É instituída pelo art. 22, I, da Lei n. 8.212/91, com a redação da Lei n. 9.876/99. Tal contribuição previdenciária é devida pelas empresas enquanto contribuintes, sem prejuízo do recolhimento da contribuição que são obrigadas a reter de seus empregados e recolher enquanto responsáveis tributários por substituição, conforme abordamos em item específico adiante. Ou seja, a

empresa suporta, com recursos próprios, a contribuição do art. 22, I, pagando ao INSS 20% sobre o total das remunerações dos seus empregados e dos trabalhadores avulsos que lhes tenham prestado serviços durante o mês.

– Lei n. 8.212/91, com a redação da Lei n. 9.876/99: "Capítulo IV DA CONTRIBUIÇÃO DA EMPRESA. Art. 22. A contribuição a cargo da empresa, destinada à Seguridade Social, além do disposto no art. 23, é de: I – vinte por cento sobre o total das remunerações pagas, devidas ou creditadas a qualquer título, durante o mês, aos segurados empregados e trabalhadores avulsos que lhe prestem serviços, destinadas a retribuir o trabalho, qualquer que seja a sua forma, inclusive as gorjetas, os ganhos habituais sob a forma de utilidades e os adiantamentos decorrentes de reajuste salarial, quer pelos serviços efetivamente prestados, quer pelo tempo à disposição do empregador ou tomador de serviços, nos termos da lei ou do contrato ou, ainda, de convenção ou acordo coletivo de trabalho ou sentença normativa". Veja-se o texto original da Lei n. 8.212/91: "Art. 22. [...] I – 20% (vinte por cento) sobre o total das remunerações pagas ou creditadas, a qualquer título, no decorrer do mês, aos segurados empregados, empresários, trabalhadores avulsos e autônomos que lhe prestem serviços".

– **Adicional de 2,5% a cargo das instituições financeiras.** A par da contribuição de 20% sobre os salários dos empregados e a remuneração dos avulsos, o § 1º do art. 22 da Lei n. 8.212/91, com a redação da Lei 9.876/99, institui, ainda, um adicional de 2,5% relativamente às instituições financeiras e demais empresas que arrola: "Art. 22. A contribuição a cargo da empresa, destinada à Seguridade Social, além do disposto no art. 23, é de: [...] § 1º No caso de bancos comerciais, bancos de investimentos, bancos de desenvolvimento, caixas econômicas, sociedades de crédito, financiamento e investimento, sociedades de crédito imobiliário, sociedades corretoras, distribuidoras de títulos e valores mobiliários, empresas de arrendamento mercantil, cooperativas de crédito, empresas de seguros privados e de capitalização, agentes autônomos de seguros privados e de crédito e entidades de previdência privada abertas e fechadas, além das contribuições referidas neste artigo e no art. 23, é devida a contribuição adicional de dois vírgula cinco por cento sobre a base de cálculo definida nos incisos I e III deste artigo (Redação dada pela Lei n. 9.876, de 26.11.99) (*Vide Medida Provisória n. 2.158-35, de 24.8.2001)*". Tais empresas, pois, pagarão 22,5% a título de tal contribuição, estando, ainda, sujeitas, ao adicional ao SAT.

• Vide, em nota ao art. 195, § 9º, da CF, o questionamento acerca da violação à isonomia.

– **Sociedades corretoras de seguros não se sujeitam ao adicional. Não equiparação a agente de seguros. Súmula 584 do STJ:** "As sociedades corretoras de seguros, que não se confundem com as sociedades de valores mobiliários ou com os agentes autônomos de seguro privado, estão fora do rol de entidades constantes do art. 22, § 1º, da Lei n. 8.212/1991, não se sujeitando à majoração da alíquota da Cofins prevista no art. 18 da Lei n. 10.684/2003" (2016).

– "... não sendo as sociedades corretoras de seguros instituições financeiras e, portanto, não alcançadas pelo disposto no § 1º do art. 22 da Lei n. 8.212/1991, não há que se falar na instituição de adicional relativo à contribuição previdenciária incidente sobre a folha de salários. [...] as sociedades corretoras de seguros não podem ser consideradas sociedades corretoras, distribuidoras de títulos e valores mobiliários e nem tampouco agentes autônomos de seguros privados. Não podem ser tributadas à alíquota de 4% pois são corretoras de seguros, instituto regulado por lei própria e que não admite equiparação com a função de agente de seguros, seja porque este último também possui regramento próprio e distinto do primeiro ou seja, ainda, porque a tributação por analogia não é permitida em nosso sistema jurídico" (DABUL, Alessandra. Análise da tributação das sociedades corretoras de seguros: Confins, PIS, CSLL e adicional de contribuição sobre a folha de salários. *RDDT* 208/27, 2013).

– Entidades de previdência privada estão sujeitas ao adicional? Tema 790 do STJ: (CANCELADO) "Discussão: adicional de alíquota de 2,5% atinente à contribuição previdenciária patronal (sobre a folha de salários) exigido das entidades de previdência privada (entre outras), à luz do disposto no artigo 22, § 1º, da Lei 8.212/91". Decisão em 2010.

– Base de cálculo. No RE 593068, o STF reconheceu a repercussão geral da discussão relativa à "exigibilidade da contribuição previdenciária incidente sobre adicionais e gratificações temporárias, tais como 'terço de férias', 'serviços extraordinários', 'adicional noturno', e 'adicional de insalubridade'" justamente em face da sua caracterização, ou não, como remuneração. O mérito ainda pende de julgamento.

– Férias gozadas integram a base de cálculo. Forte em sua natureza remuneratória e salarial, incide a contribuição, conforme vem decidindo o STJ.

– "CONTRIBUIÇÃO PREVIDENCIÁRIA A CARGO DA EMPRESA. REGIME GERAL DA PREVIDÊNCIA SOCIAL. FÉRIAS GOZADAS. INCIDÊNCIA. PRECEDENTES. 1. Não obstante o aresto paradigma, em recentes julgados – que ratificam o entendimento clássico desta Corte –, ambas as Turmas da Primeira Seção/STJ têm entendido que o pagamento de férias gozadas possui natureza remuneratória e salarial, nos termos do art. 148 da CLT, e integra o salário de contribuição..." (STJ, AgRg nos EREsp 1.441.572, 2014).

– Terço constitucional de férias gozadas. Tema 985 do STF: "É legítima a incidência de contribuição social sobre o valor satisfeito a título de terço constitucional de férias". Decisão do mérito em 2020.

– Tema 479 do STJ: "A importância paga a título de terço constitucional de férias possui natureza indenizatória/compensatória, e não constitui ganho habitual do empregado, razão pela qual sobre ela não é possível a incidência de contribuição previdenciária (a cargo da empresa)". Decisão de mérito em 2014.

– "CONTRIBUIÇÃO PREVIDENCIÁRIA A CARGO DA EMPRESA. REGIME GERAL DA PREVIDÊNCIA SOCIAL. DISCUSSÃO A RESPEITO DA INCIDÊNCIA OU NÃO SOBRE AS SEGUINTES VERBAS: TERÇO CONSTITUCIONAL DE FÉRIAS... 1.2 Terço constitucional de férias. No que se refere ao adicional de férias relativo às férias indenizadas,

a não incidência de contribuição previdenciária decorre de expressa previsão legal (art. 28, § 9º, 'd', da Lei 8.212/91 – redação dada pela Lei 9.528/97). Em relação ao adicional de férias concernente às férias gozadas, tal importância possui natureza indenizatória/compensatória, e não constitui ganho habitual do empregado, razão pela qual sobre ela não é possível a incidência de contribuição previdenciária (a cargo da empresa). A Primeira Seção/STJ, no julgamento do AgRg nos EREsp 957.719/SC (Rel. Min. Cesar Asfor Rocha, *DJe* de 16.11.2010), ratificando entendimento das Turmas de Direito Público deste Tribunal, adotou a seguinte orientação: 'Jurisprudência das Turmas que compõem a Primeira Seção desta Corte consolidada no sentido de afastar a contribuição previdenciária do terço de férias também de empregados celetistas contratados por empresas privadas'" (STJ, REsp 1.230.957, 2014).

– Terço constitucional de férias indenizadas. Tema 737 do STJ: No que se refere ao adicional de férias relativo às férias indenizadas, a não incidência de contribuição previdenciária decorre de expressa previsão legal. Decisão de mérito em 2014.

– "CONTRIBUIÇÃO PREVIDENCIÁRIA A CARGO DA EMPRESA... TERÇO CONSTITUCIONAL DE FÉRIAS... 1.2 Terço constitucional de férias. No que se refere ao adicional de férias relativo às férias indenizadas, a não incidência de contribuição previdenciária decorre de expressa previsão legal (art. 28, § 9º, "d", da Lei 8.212/91 - redação dada pela Lei 9.528/97). Em relação ao adicional de férias concernente às férias gozadas, tal importância possui natureza indenizatória/compensatória, e não constitui ganho habitual do empregado, razão pela qual sobre ela não é possível a incidência de contribuição previdenciária (a cargo da empresa). A Primeira Seção/STJ, no julgamento do AgRg nos EREsp 957.719/SC (...), ratificando entendimento das Turmas de Direito Público deste Tribunal, adotou a seguinte orientação: 'Jurisprudência das Turmas que compõem a Primeira Seção desta Corte consolidada no sentido de afastar a contribuição previdenciária do terço de férias também de empregados celetistas contratados por empresas privadas'." (STJ, REsp n. 1.230.957, 2014)

– Décimo terceiro salário integra a base de cálculo. Constitucionalidade da incidência da contribuição mesmo à luz da redação original do art. 195, I, CF. STF. O STF, seguindo a jurisprudência dos tribunais regionais, decidiu pela constitucionalidade da incidência da contribuição social em questão sobre o 13º salário.

– Súmula 688 do STF: "É legítima a incidência da contribuição previdenciária sobre o 13º salário" (2003).

– "1. A gratificação natalina, por ostentar caráter permanente, integra o conceito de remuneração, sujeitando-se, consequentemente, à contribuição previdenciária. A Lei 8.620/1993, em seu art. 7º, § 2º, autorizou expressamente a incidência da contribuição previdenciária sobre o valor bruto do 13º salário" (STJ, AgRg no AREsp 343.983/AL, 2013).

– "CONTRIBUIÇÃO PREVIDENCIÁRIA. GRATIFICAÇÃO NATALINA. INCIDÊNCIA. PRECEDENTES DO TRIBUNAL. 1. A incidência da contribuição sobre a folha de salários na gratificação natalina decorre da própria Carta Federal que, na redação do § 11 (§ 4º na redação original) do art. 201, estabelece que 'os ganhos habituais do empregado, a qualquer título, serão incorporados ao salário para efeito de contribuição previdenciária e consequente repercussão em benefícios, nos casos e na forma da lei'. Este dispositivo, ao ser interpretado levando-se em conta o art. 195, I não permite outra compreensão que não seja a deixa para que a contribuição previdenciária incida sobre a gratificação natalina, sem margem para alegação de ocorrência de bitributação. Precedentes: RE 209.911 e AI 338.207-AgR. 2. Embargos de declaração conhecidos como agravo regimental, ao qual se nega provimento" (STF, EDRE 408.780-2, 2004).

– **Verbas que não integram a base de cálculo (remuneração).** É preciso ter em conta, porém, o § 2º do art. 22, que determina: "§ 2º Não integram a remuneração as parcelas de que trata o § 9º do art. 28". O § 9º do art. 28, com a redação da Lei n. 9.528/97 e da Lei n. 9.711/98, ao estabelecer as verbas que não se incluem no salário de contribuição, aponta, dentre outras, os benefícios da previdência social, nos termos e limites legais, salvo o salário-maternidade, a parcela *in natura* recebida de acordo com os programas de alimentação aprovados pelo Ministério do Trabalho e da Previdência Social, várias importâncias pagas a título indenizatório (férias indenizadas, incentivo à demissão), abono de férias, ganhos eventuais e os abonos expressamente desvinculados do salário, o valor das contribuições efetivamente pago pela pessoa jurídica relativo a programa de previdência complementar, aberto ou fechado, desde que disponível à totalidade de seus empregados e dirigentes, e a parcela recebida a título de vale-transporte. É importante ter em consideração que a MP n. 1.523-14 procurou dar ao § 2º do art. 22 da Lei n. 8.212/91 redação no sentido de que integrariam a remuneração os abonos de qualquer espécie ou natureza, bem como as parcelas denominadas indenizatórias pagas ou creditadas a qualquer título, inclusive em razão da rescisão do contrato de trabalho, mas que o STF suspendeu a sua eficácia por entender que extrapolava a expressão "folha de salário". A par disso, a pretendida alteração do § 2º do art. 22 da Lei n. 8.212/91, pela MP n. 1.523, foi expressamente rejeitada quando da sua conversão na Lei n. 9.528/97.

– **Sobre o salário-maternidade. Tema 72 do STF:** "É inconstitucional a incidência da contribuição previdenciária a cargo do empregador sobre o salário-maternidade". Decisão de mérito em 2020.

– **Tema 739 do STJ:** "O salário-maternidade possui natureza salarial e integra, consequentemente, a base de cálculo da contribuição previdenciária". Decisão de mérito em 2014.

– "CONTRIBUIÇÃO PREVIDENCIÁRIA A CARGO DA EMPRESA. REGIME GERAL DA PREVIDÊNCIA SOCIAL... SALÁRIO-MATERNIDADE... 1.3 Salário-maternidade. O salário-maternidade tem natureza salarial e a transferência do encargo à Previdência Social (pela Lei 6.136/74) não tem o condão de mudar sua natureza. Nos termos do art. 3º da Lei 8.212/91, 'a Previdência Social tem por fim assegurar aos seus beneficiários meios indispensáveis de manutenção, por motivo de incapacidade, idade avançada, tempo de serviço, desemprego involuntário, encargos de família e reclusão ou morte daqueles de quem dependiam economicamente'. O fato de não haver prestação de trabalho durante o período de afastamento da segurada empregada, associado à circunstância de a maternidade ser amparada por um benefício previdenciário, não autoriza conclusão no sentido de que o valor recebido tenha natureza indenizatória ou compensatória, ou seja, em razão de uma contingência (maternidade), paga-se à segurada empregada benefício previdenciário correspondente ao seu salário, possuindo a verba evidente natureza salarial. Não é por outra razão que, atualmente, o art. 28, § 2º, da Lei 8.212/91 dispõe expressamente que o salário maternidade é considerado salário de contribuição. Nesse contexto, a incidência de contribuição previdenciária sobre o salário maternidade, no Regime Geral da Previdência Social, decorre de expressa previsão legal. Sem embargo das posições em sentido contrário, não há indício de incompatibilidade entre a incidência da contribuição previdenciária sobre o salário maternidade e a Constituição Federal. A Constituição Federal, em seus termos, assegura a igualdade entre homens e mulheres em direitos e obrigações (art. 5º, I). O art. 7º, XX, da CF/88 assegura proteção do mercado de trabalho da mulher, mediante incentivos específicos, nos termos da lei. No que se refere ao salário-maternidade, por opção do legislador infraconstitucional, a transferência do ônus referente ao pagamento dos salários, durante o período de afastamento, constitui incentivo suficiente para assegurar a proteção ao mercado de trabalho da mulher. Não é dado ao Poder Judiciário, a título de interpretação, atuar como legislador positivo, a fim estabelecer política protetiva mais ampla e, desse modo, desincumbir o empregador do ônus referente à contribuição previdenciária incidente sobre o salário-maternidade, quando não foi esta a política legislativa. A incidência de contribuição previdenciária sobre salário maternidade encontra sólido amparo na jurisprudência deste Tribunal..." (STJ, REsp 1.230.957, 2014).

– **Sobre o salário-paternidade. Tema 740 do STJ:** "O salário-paternidade deve ser tributado, por se tratar de licença remunerada prevista constitucionalmente, não se incluindo no rol dos benefícios previdenciários". Decisão de mérito em 2014.

– "CONTRIBUIÇÃO PREVIDENCIÁRIA. A CARGO DA EMPRESA. REGIME GERAL DA PREVIDÊNCIA SOCIAL. DISCUSSÃO A RESPEITO DA INCIDÊNCIA OU NÃO SOBRE AS SEGUINTES VERBAS: TERÇO CONSTITUCIONAL DE FÉRIAS; SALÁRIO MATERNIDADE; SALÁRIO-PATERNIDADE; AVISO PRÉVIO INDENIZADO. IMPORTÂNCIA PAGA NOS QUINZE DIAS QUE ANTECEDEM O AUXÍLIO-DOENÇA... 1. Salário-paternidade. O salário-paternidade refere-se ao valor recebido pelo empregado durante os cinco dias de afastamento em razão do nascimento de filho (art. 7º, XIX, da CF/88, c/c o art. 473, III, da CLT e o art. 10, § 1º, do ADCT). Ao contrário do que ocorre com o salário-maternidade, o salário-paternidade constitui ônus da empresa, ou seja, não se trata de benefício previdenciário. Desse modo, em se tratando de verba de natureza salarial, é legítima a incidência de contribuição previdenciária sobre o salário paternidade. Ressalte-se que 'o salário-paternidade deve ser tributado, por se tratar de licença remunerada prevista constitucionalmente, não se incluindo no rol dos benefícios previdenciários'" (STJ, REsp 1.230.957, 2014).

– **Aviso prévio indenizado. Tema 478 do STJ:** "Não incide contribuição previdenciária sobre os valores pagos a título de aviso prévio indenizado, por não se tratar de verba salarial". Decisão de mérito em 2014.

– "CONTRIBUIÇÃO PREVIDENCIÁRIA A CARGO DA EMPRESA. REGIME GERAL DA PREVIDÊNCIA SOCIAL. DISCUSSÃO A RESPEITO DA INCIDÊNCIA OU NÃO SOBRE AS SEGUINTES VERBAS: [...] AVISO PRÉVIO INDENIZADO... 2.2 Aviso prévio indenizado. A despeito da atual moldura legislativa (Lei 9.528/97 e Decreto 6.727/2009), as importâncias pagas a título de indenização, que não correspondam a serviços prestados nem a tempo à disposição do empregador, não ensejam a incidência de contribuição previdenciária. A CLT estabelece que, em se tratando de contrato de trabalho por prazo indeterminado, a parte que, sem justo motivo, quiser a sua rescisão, deverá comunicar a outra a sua intenção com a devida antecedência. Não concedido o aviso prévio pelo empregador, nasce para o empregado o direito aos salários correspondentes ao prazo do aviso, garantida sempre a integração desse período no seu tempo de serviço (art. 487, § 1º, da CLT). Desse modo, o pagamento decorrente da falta de aviso prévio, isto é, o aviso prévio indenizado, visa a reparar o dano causado ao trabalhador que não fora alertado sobre a futura rescisão contratual com a antecedência mínima estipulada na Constituição Federal (atualmente regulamentada pela Lei 12.506/2011). Dessarte, não há como se conferir à referida verba o caráter remuneratório pretendido pela Fazenda Nacional, por não retribuir o trabalho, mas sim reparar um dano. Ressalte-se que, 'se o aviso prévio é indenizado, no período que lhe corresponderia o empregado não presta trabalho algum, nem fica à disposição do empregador. Assim, por ser ela estranha à hipótese de incidência, é irrelevante a circunstância de não haver previsão legal de isenção em relação a tal verba' (REsp 1.221.665...). A corroborar a tese sobre a natureza indenizatória do aviso prévio indenizado, destacam-se, na doutrina, as lições de Maurício Godinho Delgado e Amauri Mascaro Nascimento. Precedentes..." (STJ, REsp 1.230.957, 2014).

– **13º proporcional referente a aviso prévio indenizado. Tema 1.170 do STJ:** (MÉRITO NÃO JULGADO) Controvérsia: "Definir se é cabível a incidência de contribuição previdenciária sobre os valores pagos a empregado a título de décimo terceiro salário proporcional referente ao aviso prévio indenizado" (ProAfR no REsp 1.974.197, 2022). Obs.: há determinação de suspensão da tramitação dos recursos especiais e agravos em recurso especial cujos objetos coincidam com o da matéria afetada.

– **Recolhimento antecipado por duodécimos. Inexistência de previsão.** "CONTRIBUIÇÃO SOCIAL – 13º SALÁRIO – ANOS DE 1989 E 1990 – LEI 7.787/89 – RECOLHIMENTO ANTECIPADO POR DUODÉCIMOS – INOCORRÊNCIA – PRECEDENTES STJ. – Nos precisos termos do art. 3º e seu § 1º, da Lei 7.787/89, inexiste previsão para o recolhimento mensal, por duodécimos, dos débitos previdenciários contraídos na vigência da mencionada lei. – É legítima a cobrança da contribuição previdenciária sobre o 13º salário quando do pagamento da folha de salário no mês de dezembro" (STJ, REsp 254.962, 2002).

– *Stock Options*. **Descontos na aquisição de ações.** "No que concerne aos objetivos dos planos de *Stock Options*, esses podem ser assim sintetizados: incentivar os prestadores de serviços de uma determinada empresa (neles incluídos os empregados e também os terceirizados, os administradores, os diretores e os fornecedores) a aumentar os índices de desempenho das companhias, bem como fomentar o compromisso e a lealdade à empresa. Os planos de opões de ações visam, ainda, à retenção de bons profissionais nas sociedades, pois fazem com que cada indivíduo, em última análise, se torne sócio da companhia. [...] O *Stock Options Plan* consiste... na concessão do direito de compra de ações, no futuro, a preços fixados conforme o valor de mercado presente, geralmente abaixo do custo atual (preço de exercício). Deste modo, o colaborador, após certo prato de carência ou maturação determinado em contrato, poderá exercer o direito de compra das ações. Ou seja, é oferecida a possibilidade desses indivíduos adquirirem ações da companhia no futuro a um preço prefixado no passado, observado obviamente um termo final, a partir do qual não mais poderá ser exercida a opção de compra. [...] a) ... caracterizam-se como contratos mercantis que não se confunde com salário de contribuição, amoldando-se ao disposto no artigo 28, § 9º, alínea 'e', item 7, da Lei n. 8.212/191 (ganhos eventuais e abonos expressamente desvinculados do salário). B) ... não é contraprestação por serviços prestados ou pagamento pelo trabalho. Não há relação de causalidade ou mesmo sinalagma com o trabalho. C) ... tem como característica inequívoca a álea. Os riscos envolvidos no mercado de ações ao por todos conhecidos e atestados pela BVMF. D) os ganhos decorrentes... são inequivocamente eventuais e não habituais. Ademais, o benefício é concedido por mera liberalidade das empresas. e) O... TST e os... TRTs já se posicionaram no sentido de que os valores referentes aos planos de *Stock Options* não configuram salário de contribuição. f) São indevidas, dessarte, as exigências de contribuições sociais sobre o desconto conferido pela empresa na aquisição de suas ações por seus colaboradores por inexistência de legislação brasileira que autorize a tributação dos valores referentes a planos de *Stock Options* por ofensa ao princípio da legalidade estrita em matéria tributária e, por consequência, ao princípio da segurança jurídica" (MOREIRA, André Mendes; QUINTELA, Guilherme Camargos; SAVASSI, Rafael França. Plano de *stock options*. Análise sob o prisma da não incidência de contribuições sociais. *RDDT* 214/32, 2013).

⇒ **Mês de competência e prazo de pagamento.** O art. 30, I, *b*, da Lei 8.212/91, com a redação da Lei n. 9.876/99, estabelece que as contribuições sobre as remunerações dos empregados e avulsos devem ser pagas até o dia 20 do mês seguinte ao da competência: "Art. 30. A arrecadação e o recolhimento das contribuições ou de outras importâncias devidas à Seguridade Social obedecem às seguintes normas: (Redação dada pela Lei n. 8.620, de 5.1.93) I – a empresa é obrigada a: a) arrecadar as contribuições dos segurados empregados e trabalhadores avulsos a seu serviço, descontando-as da respectiva remuneração b) recolher os valores arrecadados na forma da alínea a deste inciso, a contribuição a que se refere o inciso IV do art. 22 desta Lei, assim como as contribuições a seu cargo incidentes sobre as remunerações pagas, devidas ou creditadas, a qualquer título, aos segurados empregados, trabalhadores avulsos e contribuintes individuais a seu serviço até o dia 20 (vinte) do mês subsequente ao da competência;" (redação dada pela Lei 11.933/2009".

– Surgiram dúvidas quanto ao mês a ser considerado como mês de competência, se seria o mês trabalhado ou o mês em que ocorresse o pagamento do empregado. Mas o STJ firmou posição no sentido de que mês de competência é o mês trabalhado, de maneira que o pagamento da contribuição deve ocorrer no mês subsequente ao trabalhado.

– A contribuição sobre o salário de dezembro e sobre o décimo-terceiro salário deve ser paga antecipadamente, até o dia 20 de dezembro, conforme o art. 7º da Lei n. 8.620/93 e o art. 216, § 1º, do Regulamento. Veja-se a lei: "Art. 7º O recolhimento da contribuição correspondente ao décimo-terceiro salário deve ser efetuado até o dia 20 de dezembro ou no dia imediatamente anterior em que haja expediente bancário. [...] § 2º A contribuição de que trata este artigo incide sobre o valor bruto do décimo-terceiro salário, mediante aplicação, em separado, das alíquotas estabelecidas nos arts. 20 e 22 da Lei n. 8.212, de 24 de julho de 1991".

– **No sentido de que o mês de competência é o mês trabalhado.** "CONTRIBUIÇÃO PREVIDENCIÁRIA – PRAZO DE RECOLHIMENTO. 1. O fato gerador da contribuição previdenciária é a relação laboral onerosa, da qual se origina a obrigação de pagar ao trabalhador (até o quinto dia subsequente ao mês laborado) e a obrigação de recolher a contribuição previdenciária aos cofres da previdência. 2. A folha de salário é a base de cálculo da exação, sendo irrelevante para o nascimento do fato gerador o pagamento. 3. Rechaça-se a interpretação aos arts. 3º e 9º da Lei 7.787/89 que conduziria a só pagar o empregador à Previdência dois meses depois do mês trabalhado, ou um mês depois do pagamento dos salários. 4. Recurso improvido" (STJ, REsp 363.250, 2003).

– "1. O fato gerador da contribuição previdenciária do empregado não é o efetivo pagamento da remuneração, mas a relação laboral existente entre o empregador e o obreiro. 2. O alargamento do prazo conferido ao empregador pelo art. 459 da CLT para pagar a folha de salários até o dia cinco (5) do mês subsequente ao laborado não influi na data do recolhimento da contribuição previdenciária, porquanto ambas as leis versam relações jurídicas distintas; a saber: a relação tributária e a relação trabalhista. 3. As normas de natureza trabalhista e previdenciária revelam nítida compatibilidade, devendo o recolhimento da contribuição previdenciária ser efetuado a cada mês, após vencida a atividade laboral do período, independentemente da data do pagamento do salário do empregado. 4. Em sede tributária, os eventuais favores fiscais devem estar expressos na norma de instituição da exação, em nome do princípio da legalidade. 5. Raciocínio inverso conduziria a uma liberação tributária não prevista em lei, toda vez que o empregador não adimplisse com as suas obrigações trabalhistas, o que se revela desarrazoado à luz da lógica jurídica. 6. Recurso desprovido" (STJ, REsp 219.667, 2003).

– **No sentido de que o mês de competência seria o mês do creditamento. Pagamento no segundo mês posterior ao tra-** balhado. "CONTRIBUIÇÃO PREVIDENCIÁRIA DO EMPREGADOR. FATO GERADOR. PRAZO PARA PAGAMENTO. [...] A Constituição Federal, em seu art. 195, prevê as bases econômicas sobre as quais podem incidir contribuições para custeio da Seguridade Social, mediante instituição por lei ordinária. À legislação ordinária é que cabia definir os elementos da hipótese de incidência tributária. Seja sob a égide da Lei 7.787/89 como da Lei 8.212/91, considera-se ocorrido o fato gerador da contribuição sobre a folha de salários por ocasião do pagamento ou creditamento dos salários..." (TRF4, AC 2000.72.01.006014-0, 2001).

⇒ **Responsabilidade solidária relativa às obras de construção civil.** Vide em nota ao art. 124, II, do CTN.

⇒ **Responsabilidade por substituição do tomador de serviços mediante cessão de mão de obra.** Vide em nota ao art. 128 do CTN.

⇒ **Contribuição SAT/RAT (adicional para financiamento da aposentadoria especial, aposentadoria por invalidez e auxílio-acidente).** Além da contribuição de 20% sobre os pagamentos aos segurados empregados e avulsos (22,5% no caso das instituições financeiras etc., conforme visto), as empresas têm a obrigação de pagar, também, um adicional para financiamento da aposentadoria especial, aposentadoria por invalidez e auxílio-acidente, denominado SAT (seguro de acidente do trabalho) ou RAT (riscos ambientais do trabalho). A chamada contribuição ao SAT não constitui propriamente uma contribuição autônoma, havendo quem diga que tampouco seria preciso considerá-la um adicional à contribuição de 20%, mas a parte variável da contribuição das empresas sobre a remuneração dos empregados e avulsos. A Lei 8.212/91, no art. 22, inciso II, com a redação da Lei n. 9.732/98, estabelece as alíquotas adicionais de 1%, 2% ou 3% conforme o grau risco da atividade preponderante da empresa seja considerado leve, médio ou grave.

– "Da análise do dispositivo acima (art. 22 da Lei 8.212/91, com a redação dada pela Lei 9.528/97), extrai-se o entendimento de que não foram criadas duas contribuições previdenciárias incidentes sobre a folha de salários, nem se trata, no inciso II, de um adicional à contribuição prevista no inciso I. Cuida-se, isto sim, de uma única contribuição, a cargo do empregador, incidente sobre as remunerações pagas ou creditadas, durante o mês, aos segurados empregados que lhe prestem serviços. A destinação de parte da contribuição para o financiamento dos benefícios concedidos em decorrência de incapacidade laborativa decorrente dos riscos ambientais do trabalho não descaracteriza a unicidade da contribuição previdenciária, pois estas prestações não são estranhas ao Plano de Benefícios da Previdência Social, ou seja, não há desvio de destinação. A diversidade de alíquotas visa a distribuir entre os contribuintes de forma proporcional, os riscos de cada atividade, não implicando em tratamento discriminatório" (TRF4, excerto do voto condutor nos EIAC 1999.71.00.022739-0, 2001).

– "... a parcela anteriormente destinada exclusivamente ao custeio do seguro-acidente do trabalho, nada mais é do que uma parcela com destinação específica da contribuição originariamente exigida sobre a folha de salários. Não se trata sequer de contribuição adicional, mas de afetação de parcela da arrecadação da contribuição em questão. Assim, a contribuição sobre a folha de salários era na feição originária da Lei 8.212/91 de: 21% para as empresas sujeitas a risco leve (20% genéricos + 1% p/ financiamento das prestações por acidente do trabalho); 22% para as de risco médio (20% genéricos + 2% para o SAT) e 23% (20% genérico + 3%) para as de risco grave" (excerto da petição do INSS perante o TRF4 no AI 2001.04.01.001835-2).

– **Evolução legislativa.** A contribuição denominada SAT surgiu com o art. 15 da Lei n. 6.367/76, que previa um acréscimo na contribuição sobre a folha de salários, no montante de 0,4 a 2,5% dependendo do grau de risco. A Lei n. 7.787/89, em seu art. 3º, inciso II, também cuidou da matéria, fixando alíquota única de 2%. Em seguida, passou-se ao regime atual, estabelecido pela Lei n. 8.212/91. A Lei n. 9.732/98 impôs alterações, mas quanto aos benefícios a serem custeados com a contribuição.

– **Lei n. 8.212/91.** "Art. 22. A contribuição a cargo da empresa, destinada à Seguridade Social, além do disposto no art. 23, é de: [...] II – para o financiamento do benefício previsto nos arts. 57 e 58 da Lei n. 8.213, de 24 de julho de 1991, e daqueles concedidos em razão do grau de incidência de incapacidade laborativa decorrente dos riscos ambientais do trabalho, sobre o total das remunerações pagas ou creditadas, no decorrer do mês, aos segurados empregados e trabalhadores avulsos: a) 1% (um por cento) para as empresas em cuja atividade preponderante o risco de acidentes do trabalho seja considerado leve; b) 2% (dois por cento) para as empresas em cuja atividade preponderante esse risco seja considerado médio; c) 3% (três por cento) para as empresas em cuja atividade preponderante esse risco seja considerado grave. [...] § 3º O Ministério do Trabalho e da Previdência Social poderá alterar, com base nas estatísticas de acidentes do trabalho, apuradas em inspeção, o enquadramento de empresas para efeito da contribuição a que se refere o inciso II deste artigo, a fim de estimular investimentos em prevenção de acidentes".

– **Constitucionalidade da instituição do SAT pelas Leis ns. 7.787/89 e 8.212/91.** Em sendo parte da contribuição das empresas prevista no art. 195, I, *a*, da CF, sua instituição por lei ordinária foi adequada. Encontra amparo, ainda, no art. 7º, XXVIII, da CF. Chegou-se a discutir, de outro lado, se o inciso II do art. 22, ao utilizar-se de conceito jurídico bastante indeterminado ("da atividade preponderante") e implicar norma tributária em branco (necessitando integração por estatísticas que revelem os índices de acidentes do trabalho e os qualifiquem em graus de risco leve, médio e grave), estaria ou não atendendo à legalidade tributária estrita, que não admite delegação de competência normativa ao Executivo. O STF, diferentemente do que entendíamos, decidiu a questão pronunciando-se pela constitucionalidade da contribuição ao SAT sob o entendimento de que a lei dispôs sobre todos os aspectos da hipótese de incidência e que não viola a legalidade tributária deixar ao Executivo a complementação dos conceitos, devendo este, quando da regulamentação, atentar para o conteúdo da lei, sob pena de ilegalidade a ser objeto de controle específico. Sobre a inconstitucionalidade da incidência sobre a remuneração de avulsos, porque instituída antes do advento da EC n. 20/98, vide item específico adiante.

– "... CONTRIBUIÇÃO: SEGURO DE ACIDENTE DO TRABALHO – SAT. Lei 7.787/89, arts. 3º e 4º; Lei 8.212/91, art. 22, II, redação da Lei 9.732/98. Decretos 612/92, 2.173/97 e 3.048/99. CF, artigo 195, § 4º; art. 154, II; art. 5º, II ; art. 150, I. I – Contribuição para o custeio do Seguro de Acidente do Trabalho – SAT: Lei 7.787/89, art. 3º, II; Lei 8.212/91, art. 22, II: alegação no sentido de que são ofensivos ao art. 195, § 4º, c/c art. 154, I, da Constituição Federal: improcedência. Desnecessidade de observância da técnica da competência residual da União, CF, art. 154, I. Desnecessidade de lei complementar para a instituição da contribuição para o SAT. II – O art. 3º, II, da Lei 7.787/89, não é ofensivo ao princípio da igualdade, por isso que o art. 4º da mencionada Lei 7.787/89 cuidou de tratar desigualmente aos desiguais. III – As Leis 7.787/89, art. 3º, II, e 8.212/91, art. 22, II, definem, satisfatoriamente, todos os elementos capazes de fazer nascer a obrigação tributária válida. O fato de a lei deixar para o regulamento a complementação dos conceitos de 'atividade preponderante' e 'grau de risco leve, médio e grave', não implica ofensa ao princípio da legalidade genérica, CF, art. 5º, II, e da legalidade tributária, CF, art. 150, I. IV – Se o regulamento vai além do conteúdo da lei, a questão não é de inconstitucionalidade, mas de ilegalidade, matéria que não integra o contencioso constitucional. V. – Recurso extraordinário não conhecido" (STF, RE 343.446, 2003).

– "VALIDADE CONSTITUCIONAL DA LEGISLAÇÃO PERTINENTE A INSTITUIÇÃO DA CONTRIBUIÇÃO SOCIAL DESTINADA AO CUSTEIO DO SEGURO DE ACIDENTE DO TRABALHO (SAT) – EXIGIBILIDADE DESSA ESPÉCIE TRIBUTÁRIA – RECURSO IMPROVIDO. – A legislação pertinente a instituição da contribuição social destinada ao custeio do Seguro de Acidente do Trabalho (SAT) e os decretos presidenciais que pormenorizaram as condições de enquadramento das empresas contribuintes não transgridem, formal ou materialmente, a Constituição da Republica, inexistindo, em consequência, qualquer situação de ofensa aos postulados constitucionais da legalidade estrita (CF, art. 5º, II) e da tipicidade cerrada (CF, art. 150, I), inocorrendo, ainda, por parte de tais diplomas normativos, qualquer desrespeito as cláusulas constitucionais referentes a delegação legislativa (CF, arts. 2º e 68) e a igualdade em matéria tributaria (CF, arts. 5º, *caput*, e 150, II). Precedente: RE 343.446/SC, Min. Carlos Velloso (Pleno). – O tratamento dispensado a referida contribuição social (SAT) não exige a edição de lei complementar (CF, art. 154, I), por não se registrar a hipótese inscrita no art. 195, 4º, da Carta Política, resultando consequentemente legítima a disciplinação normativa dessa exação tributaria mediante legislação de caráter meramente ordinário" (STF, ARAI 483.561-6, 2004).

– **Incidência sobre a remuneração dos avulsos.** "CONTRIBUIÇÃO PREVIDENCIÁRIA. SEGURO DE ACIDENTE DE TRABALHO (SAT). TRABALHADORES AVULSOS. FOLHA DE SALÁRIOS. ART. 195, I, CF (REDAÇÃO ANTES DA EC 20/98). COMPETÊNCIA RESIDUAL DA UNIÃO FEDERAL. LEI COMPLEMENTAR. DESNECESSIDADE. 1. Incidente de arguição de inconstitucionalidade da expressão 'e trabalhadores avulsos' constante do art. 22, II, da Lei 8.212/91, com a redação da Lei 9.732/98, por suposta violação ao art. 195, I e § 4º, da CF. Os pontos arguidos são os de não integrar a remuneração paga pela impetrante aos trabalhadores avulsos no conceito de 'folha de salários' (art. 195, I, CF, na redação anterior à EC 20/98) para fins de tributação, bem como na necessidade de lei complementar para a instituição de contribuição nova (art. 195, § 4º, CF). 2. O Plenário do Supremo Tribunal Federal, no RE 343.446-2, Rel. Min. Carlos Velloso, *DJ* 04-04--03, assentou não se tratar o SAT (Seguro de Acidente de Trabalho) de contribuição nova, porquanto estabelecer a Constituição Federal o direito do trabalhador ao seguro contra acidentes do trabalho, a cargo do empregador (CF, art. 7º, XXVIII), bem como operar sua incidência, exatamente, sobre a 'folha de salários'. Fundamenta salário como espécie do gênero remuneração, e o fato de a Constituição Federal, no § 11º do art. 201 ('todos os ganhos habituais do empregado, a qualquer título, serão incorporados ao salário para efeito de contribuição previdenciária e consequente repercussão em benefícios, nos casos e na forma da lei'), determinar a incidência da contribuição sobre a remuneração, tida como o conjunto do que é percebido pelo empregado, o salário e outros ganhos. Por fim, tendo afirmado a constitucionalidade do SAT, afastou a alegativa de ofensa ao art. 154, I, c/c o art. 195, § 4º, da CF, por descabida a invocação da técnica da competência residual da União, afirmando a desnecessidade de lei complementar para a instituição da contribuição para o SAT. 3. Tal precedente analisou a questão referente à constitucionalidade da contribuição para o SAT incidente sobre a remuneração paga aos trabalhadores avulsos, antes e depois da EC 20/98, conforme assentado no AG.REG. no RE 450.061-2/MG, 2ª T, Rel. Min. Ellen Gracie, j. 07-03-2006, *DJ* 31-03-2006. 4. Tendo havido pronunciamento do Plenário do Supremo Tribunal Federal acerca da questão objeto deste incidente de arguição de inconstitucionalidade, a teor do parágrafo único do art. 481 do CPC, não se conhece da presente arguição (STJ – REsp 715310/SP, Relator Ministro Teori Albino Zavascki, T1, *DJ* 09.05.2005 p. 314). 5. Não conhecimento do incidente de arguição de inconstitucionalidade da expressão 'e trabalhadores avulsos', contida no inc. II do art. 22 da Lei 8212/91, na redação da Lei 9.732/98, por suposta violação ao art. 195, I e § 4º, da CF" (TRF4, INAMS 2005.72.05.002964-6, 2008).

– **No sentido da inconstitucionalidade.** "SAT. ART. 22, II, DA LEI 8.212/91. REDAÇÃO ORIGINÁRIA E DA LEI 9.528/97. INCONSTITUCIONALIDADE QUANTO AOS 'AVULSOS'. Suscitado incidente de arguição de inconstitucionalidade da expressão 'e trabalhadores avulsos' constante tanto da redação original do art. 22, II, da Lei 8.212/91 como daquela que lhe foi atribuída pela Lei 9.528/97, por violação ao art. 195, I, da CF na sua redação original, que restringia a base econômica tributária à 'folha de salários', pressupondo relação de emprego, forte no critério explicitado pelo art. 110 do CTN, e por violação ao art. 195, § 4º, da CF, por ausência de lei complementar, se considerada contribuição nova" (TRF4, AC 2001.71.00.009233-0, 2007).

– **Atividade preponderante.** Regulamentando o dispositivo legal, três decretos sucederam-se na definição do modo pelo qual se deveria identificar a atividade preponderante com vista ao cálculo da contribuição ao SAT. O Decreto n. 612/92 estabele-

cia o critério do maior número de empregados por estabelecimento. O Decreto n. 2.173/97, por sua vez, previu, como critério para a identificação da atividade preponderante, o maior número de segurados da empresa como um todo, no que foi seguido pelo Decreto n. 3.048/99, art. 202. O STJ, no REsp 464.749/SC, realizou o controle de legalidade preconizado pelo STF, reconhecendo razão à empresa contribuinte quanto à necessidade de verificação da atividade preponderante por estabelecimento, e não por empresa.

– No sentido de que houve uma desvirtuação completa do SAT, pela MP n. 1.729/98, que determina a cobertura dos gastos da aposentadoria especial pelo SAT, frente ao art. 195, § 5º, o que também torna desarrazoada a definição de atividade preponderante, presente no Decreto n. 2.172/97, vide o artigo do Procurador do INSS Eduardo Franco Cândia, SAT, *O Conceito de Atividade Preponderante após a MP n. 1.729/98, Rep. IOB de Jur.*, mar. 1999.

– **MP n. 316/06. Não aprovação. Um único grau de risco para todos os estabelecimentos.** Em agosto de 2006, sobreveio a MP n. 316 dando nova redação ao § 14 do art. 22 da Lei 8.212/91 para determinar a aplicação de "um único grau de risco para todos os estabelecimentos da empresa", mas tal dispositivo não foi convertido em lei, não constando da Lei n. 11.430/2006.

– **Verificação por estabelecimento (CNPJ). Súmula n. 351 do STJ:** A alíquota de contribuição para o Seguro de Acidente do Trabalho (SAT) é aferida pelo grau de risco desenvolvido em cada empresa, individualizada pelo seu CNPJ, ou pelo grau de risco da atividade preponderante quando houver apenas um registro (2008).

– "SEGURO ACIDENTE DO TRABALHO. SAT. CONTRIBUIÇÃO. LEI 8.212/91. BASE DE CÁLCULO. 1. Na base de cálculo da contribuição para o SAT, deve prevalecer a empresa por unidade isolada, identificada por seu CGC. 2. A Lei 8.212/91, art. 22, II, não autoriza seja adotada como base de cálculo a remuneração dos empregados da empresa como um todo. 3. O Decreto 2.173/97 afastou-se da lei para estabelecer além do previsto" (STJ, REsp 499.299, 2003).

– **Pela legalidade do Dec. n. 2.183/97.** "SEGURO DE ACIDENTE DO TRABALHO. ATIVIDADE PREPONDERANTE. GRAU DE RISCO. REGULAMENTAÇÃO. PRINCÍPIOS... 1. A Lei n. 8.212/91, art. 22, inciso II define todos os elementos capazes de fazer nascer obrigação tributária válida, não havendo ofensa ao princípio da legalidade. 2. Os Decretos ns. 356/91, 612/92 e 2.173/97, ao tratarem da atividade econômica preponderante e do grau de risco acidentário, delimitaram conceitos necessários à aplicação concreta da lei n. 8.212/91, não exorbitando o poder regulamentar conferido pela norma, nem violando princípios em matéria tributária" (TRF4, EIAC 1999.04.01.134495-3, 2002).

– **Dec. n. 83.081/79.** "SEGURO DE ACIDENTE DO TRABALHO. TABELA DE RISCO. ENQUADRAMENTO. UNIDADE INDUSTRIAL E ESCRITÓRIO. ATIVIDADE ADMINISTRATIVA. CGC. DECRETO N. 83.081/79. PRECEDENTES. 1. A jurisprudência do extinto e egrégio Tribunal Federal de Recursos pacificou o entendimento no sentido de que 'o grau de risco afeto às atividades desenvolvidas por funcionários de empresa, devem, necessariamente, se compatibilizar com as funções e os locais onde são desenvolvidas as atividades. Não tem procedência equiparar-se a taxa de risco das atividades desenvolvidas em um escritório com as desenvolvidas em uma usina de produção de álcool, tomando-se como taxa única a que tem incidência para o risco desta última. A periculosidade é diferenciada, por isto mesmo, a taxa também o deverá ser'. (AC n. 121362/SP, 5ª Turma, Min. PEDRO ACIOLI, *DJ* de 28/05/87). 2. A alíquota da contribuição para o Seguro de Acidente do Trabalho – SAT – deve corresponder ao grau de risco da atividade desenvolvida em cada estabelecimento da empresa, mesmo quando esta possui um único CGC. 3. No caso de o parque industrial e o escritório da administração tiverem inscrição própria no CGC/MF, o enquadramento na tabela de risco para fins de custeio do SAT será compatível com as tarefas desenvolvidas em cada um deles (art. 40, do Decreto n. 83.081/79)" (STJ, REsp 328.924, 2001).

– **CGC x estabelecimento.** "CONTRIBUIÇÃO PARA O SAT. GRAUS DE RISCO: AFERIÇÃO EM CADA ESTABELECIMENTO, INDEPENDENTEMENTE DA EXISTÊNCIA DE APENAS UM CGC. RECURSO PARCIALMENTE PROVIDO. SUCUMBÊNCIA RECÍPROCA RECONHECIDA. I – A alíquota da contribuição para o SAT deve corresponder ao grau de risco da atividade desenvolvida em cada estabelecimento da empresa, inclusive quando esta possui um único CGC. Precedentes. II – Tendo sido julgado parcialmente procedente o recurso especial, forçoso o reconhecimento da sucumbência recíproca, nos moldes do art. 21 do CPC/73. III – Agravo regimental do Instituto Nacional do Seguro Social improvido e agravo regimental de Arrozeira Floresta Ltda. provido" (STJ, AREsp 478.100, 2004).

– **Graus de risco. Alíquotas. Discussões.** Embora reconhecida como constitucional, pelo STF, a definição dos graus de risco pelo Executivo, isso não afasta a discussão, em cada caso concreto, acerca do correto enquadramento nas inúmeras atividades definidas pelo Anexo V do Dec. n. 3.048/99 como sujeitas às alíquotas de 1%, 2% ou 3%, tampouco sobre a existência de suporte estatístico suficiente para a definição, pelo Executivo, de recolhimento pelas alíquotas maiores (graus de risco médio e grave).

– **Administração pública. Grau de risco médio.** "(SAT) – ADMINISTRAÇÃO PÚBLICA – ALÍQUOTA DE 2% – DECRETO 6.042/07 – LEGALIDADE. 1. O grau de risco médio, para fins de cálculo da alíquota da contribuição para o seguro de acidentes do trabalho (SAT), deve ser atribuído à Administração Pública em geral" (STJ, REsp 1.338.611, 2013).

– **Acréscimo ao SAT para a aposentadoria especial.** Os §§ 6º e 7º do art. 57 da Lei n. 8.213/91, com a redação dada pela Lei 9.032/1994, ao cuidar da aposentadoria especial, impõem, ainda, um *acréscimo, na alíquota do SAT, de 12, 9 ou 6 pontos percentuais* especificamente sobre a remuneração do segurado que exerça atividade que permita a concessão de *aposentadoria especial* após quinze, vinte ou vinte e cinco anos de contribuição. Note-se que o acréscimo percentual é à alíquota do SAT e não simplesmente à contribuição calculada. A situação, pois, difere da que ocorreu com a CSLL, em que a lei previa adicional à contribuição.

⇒ **FAP (fatos acidentário de prevenção). Critério de aumento ou redução da contribuição SAT/RAT.** A Lei n. 10.666/2003 prevê que poderá haver redução de até 50% ou aumento de até 100% em razão do desempenho da empresa relativamente aos níveis de frequência, gravidade e custo dos acidentes de trabalho verificados. Sua implementação, ao final de 2009, gerou perplexidade porquanto implicou reajustes substanciais nas contribuições, sem a exposição de critérios e fundamentos suficientes, conforme abordagens que seguem.

– "A alíquota do SAT das empresas, que vara de 1% (risco leve) até 3% (risco grave), a parir de janeiro de 2009 dependerá do Fator Acidentário de Prevenção – FAP, um número apurado com base em dados trabalhistas e previdenciários da empresa (aqui designada como CNPJ), apurado dentro de um certo período básico de cálculo (RPS, art. 202-A, § 9º) – atualmente, indo de maio de 2004 a dezembro de 2006, mas que será de cinco anos, a contar de janeiro de 2009 – e da média dos mesmos dados do segmento econômico (CNAE). Cada contribuinte, um vez apurado esse FAP, multiplicá-lo pelo SAT definido no art. 22, I, do PCSS, encontrando a nova alíquota. Exemplo: 1,50 (FAP da mpres) x 9,0% (SAT vigente até 31 de dezembro de 2007) = 4,5% (novo SAT). [...] Diante da divulgação do FAP pela Internet (notificação em si mesma discutível), com os seus dados à mão cabe à empresa verificar a procedência dos elementos que se prestaram para o cálculo, entre os quais: a) total de empregados; b) número de acidentes do trabalho; c) duração de cada um dos seus benefícios; e) salário de benefício dos segurados; f) alíquota de contribuição (1% ou 2% ou 3%). Muitos desses dados terão de ser obtidos na APS local. Na medida do possível os dados do segmento econômico, para confronto. Importa significativamente o NTEP – Nexo Técnico Epidemiológico da Lei n. 11.430/06 em relação às obrigações civis (indenização), trabalhistas (gozo de estabilidade no emprego), fundiárias (depósito do FGTS) e previdenciárias (período de carência e art. 120 do PBPS), pois são consideradas as prestações acidentárias auferidas. Também releva salientar que mesmo após o rompimento do vínculo empregatício, num prazo máximo de 37 meses + 15 dias (PBPS, art. 15, §§ 2º e 4º), alegando doença ocupacional adquirida na empresa, o ex-empregado poderá emitir uma CAT, requerer um auxílio-doença acidentário que afetará o FAP da empresa sem que ela tome conhecimento, o que a obriga a manter algum controle" (MARTINEZ, Wladimir Novaes. Contribuição para aposentadoria especial. *RDDT* 156/122, 2008).

– **Majoração disfarçada.** "Para definir a alíquota básica do SAT a ser pago (1%, 2% ou 3%), as empresas apenas têm de enquadrar-se numa das subclasses da Classificação Nacional de Atividades Econômicas (CNAE 2.0), haja vista que o Anexo V do Regulamento da Previdência Social já estabelece a alíquota aplicável a cada uma de tais subclasses. Dessa forma, elas não têm de apurar o grau de risco de suas atividades econômicas preponderantes, mas apenas enquadrá-las numa das subclasses do CNAE. Ocorre que o Decreto 6.957/09, além de instituir o sistema de percentis e pesos diferenciados do FAP, estabeleceu vultosa modificação no Anexo V do RPS: alterou a alíquota aplicável a inúmeras categorias econômicas, vindo a majorar a carga tributária de muitas empresas, sem apresentar qualquer estudo técnico ou mesmo motivação idônea a sustentar tal alteração. [...] 67% das atividades econômicas tiveram aumento de 50%, 100% ou 200% por conta do enquadramento nas alíquotas mais gravosas, de 2% e 3%. Delas, 27% sofreram aumento de 200% na alíquota (reenquadramento da alíquota de 1% para a de 3%); 29%, de 100% (de 1% para 2%); e 44%, de 50% (de 2% para 3%). Enquanto 67% das atividades econômicas tiveram sua alíquota básica majorada, apenas 4,0% tiveram-na reduzida. Tais dados evidenciam que o reenquadramento não se norteou pelo incremento de risco das atividades econômicas e tampouco por critérios técnicos, mas pela ânsia arrecadatória do Fisco, o que vai de encontro aos princípios fundamentais do sistema tributário nacional" (VELLOSO, Andrei Pitten. O FAP e o arbitrário reenquadramento das empresas nas faixas de risco do SAT/RAT. *RDDT* 180/7, 2010).

– **Violações à legalidade tributária. Tema 554 do STF:** "O Fator Acidentário de Prevenção (FAP), previsto no art. 10 da Lei n. 10.666/2003, nos moldes do regulamento promovido pelo Decreto 3.048/99 (RPS) atende ao princípio da legalidade tributária (art. 150, I, CRFB/88)". Decisão de mérito em 2021.

– "CONTRIBUIÇÃO PREVIDENCIÁRIA. SEGURO DE ACIDENTE DO TRABALHO – SAT. ALÍQUOTA DEFINIDA PELO FATOR ACIDENTÁRIO DE PREVENÇÃO – FAT E PELO GRAU DE RISCOS AMBIENTAIS DO TRABALHO – RAT. DELEGAÇÃO AO CONSELHO NACIONAL DA PREVIDÊNCIA PARA REGULAMENTAÇÃO. ALEGAÇÃO DE OFENSA AOS PRINCÍPIOS DA LEGALIDADE, DA ANTERIORIDADE, DA RESERVA DE LEI COMPLEMENTAR E DA MORALIDADE ADMINISTRATIVA. LEI 10.666/03, ARTIGO 10. DECRETO 3.048/89, ART. 202-A, NA REDAÇÃO DO DECRETO 6.957/09. RESOLUÇÕES 1.308/2009 E 1.309/2009, DO CONSELHO NACIONAL DA PREVIDÊNCIA SOCIAL. CF, ARTIGOS 5º, INCISO II; 37; 146, INCISO II; 150, INCISOS I E III, ALÍNEA 'A'; 154, INCISO I, E 195, § 4º. 1. O sistema de financiamento do Seguro de Acidente de Trabalho (SAT) e da Aposentadoria Especial visa suportar os benefícios previdenciários acidentários decorrentes das doenças ocupacionais. 2. A Contribuição Social para o Seguro de Acidente de Trabalho (SAT) tem fundamentado nos artigos 7º, XXVIII, 194, parágrafo único, V, e 195, I, todos da CRFB/88. 3. O sistema impregnado, principalmente, pelos Princípios da Solidariedade Social e da Equivalência (custo-benefício ou prêmio versus sinistro), impõe maior ônus às empresas com maior sinistralidade por atividade econômica. 4. O enquadramento genérico das empresas neste sistema de financiamento se dá por atividade econômica, na forma do art. 22, inciso II, alíneas *a, b e c*, da Lei n. 8.212/91, enquanto o enquadramento individual das empresas se dá por meio do Fator Acidentário de Prevenção (FAP), ao qual compete o dimensionamento da sinistralidade por empresa, na forma do art. 10 da Lei nº 10.666/2003. 5. A Suprema Corte já assentou a constitucionalidade do art. 22, II, da Lei n. 8.212/91, *verbis*: EMENTA: – CONSTITUCIONAL. TRIBUTÁRIO. CONTRIBUIÇÃO: SEGURO DE ACIDENTE DO TRABALHO – SAT. Lei 7.787/89, arts. 3º e 4º; Lei 8.212/91, art. 22, II, redação da Lei 9.732/98. Decretos 612/92, 2.173/97 e 3.048/99. C.F., artigo 195, § 4º; art. 154, II; art. 5º, II; art. 150, I. I. – Contribuição para

o custeio do Seguro de Acidente do Trabalho – SAT: Lei 7.787/89, art. 3º, II; Lei 8.212/91, art. 22, II: alegação no sentido de que são ofensivos ao art. 195, § 4º, c/c art. 154, I, da Constituição Federal: improcedência. Desnecessidade de observância da técnica da competência residual da União, C.F., art. 154, I. Desnecessidade de lei complementar para a instituição da contribuição para o SAT. II. – O art. 3º, II, da Lei 7.787/89, não é ofensivo ao princípio da igualdade, por isso que o art. 4º da mencionada Lei 7.787/89 cuidou de tratar desigualmente aos desiguais. III. – As Leis 7.787/89, art. 3º, II, e 8.212/91, art. 22, II, definem, satisfatoriamente, todos os elementos capazes de fazer nascer a obrigação tributária válida. O fato de a lei deixar para o regulamento a complementação dos conceitos de 'atividade preponderante' e 'grau de risco leve, médio e grave', não implica ofensa ao princípio da legalidade genérica, C.F., art. 5º, II, e da legalidade tributária, C.F., art. 150, I. IV. – Se o regulamento vai além do conteúdo da lei, a questão não é de inconstitucionalidade, mas de ilegalidade, matéria que não integra o contencioso constitucional. V. – Recurso extraordinário não conhecido. (RE 343446, Relator Min. CARLOS VELLOSO, Tribunal Pleno, julgado em 20/03/2003, *DJ* 04-04-2003), o que se aplica as normas ora objurgadas por possuir a mesma ratio. 6... 7. O Fator Acidentário de Prevenção (FAP), previsto no art. 10 da Lei n. 10.666/2003, guarda similaridade com a situação do *leading case* no RE 343446, Relator Min. CARLOS VELLOSO, Tribunal Pleno, julgado em 20/03/2003, *DJ* 04/04/2003, posto norma a ser colmatada pela via regulamentar, segundo metodologia aprovada pelo Conselho Nacional da Previdência Social, *verbis*: Art. 10. A alíquota de contribuição de um, dois ou três por cento, destinada ao financiamento do benefício de aposentadoria especial ou daqueles concedidos em razão do grau de incidência de incapacidade laborativa decorrente dos riscos ambientais do trabalho, poderá ser reduzida, em até cinquenta por cento, ou aumentada, em até cem por cento, conforme dispuser o regulamento, em razão do desempenho da empresa em relação à respectiva atividade econômica, apurado em conformidade com os resultados obtidos a partir dos índices de frequência, gravidade e custo, calculados segundo metodologia aprovada pelo Conselho Nacional de Previdência Social. (grifos nossos) 8. As alíquotas básicas do SAT são fixadas expressamente no art. 22, I, da Lei n. 8.212/91, restando ao Fator Acidentário de Prevenção (FAP), à luz do art. 10 da Lei n. 10.666/2003, a delimitação da progressividade na forma de coeficiente a ser multiplicado por estas alíquotas básicas, para somente então ter-se aplicada sobre a base de cálculo do tributo. 9. O FAP, na forma como prescrito no art. 10 da Lei n. 10.666/2003 ("... conforme dispuser o regulamento, em razão do desempenho da empresa em relação à respectiva atividade econômica, apurado em conformidade com os resultados obtidos a partir dos índices de frequência, gravidade e custo, calculados segundo metodologia aprovada pelo Conselho Nacional de Previdência Social) possui densidade normativa suficiente, posto que fixados os standards, parâmetros e balizas de controle a ensejar a regulamentação da sua metodologia de cálculo de forma a cumprir o princípio da legalidade tributária (art. 150, I, CRFB/88). 10. A composição do índice composto do FAP foi implementada pelo Conselho Nacional de Previdência Social (CNPS), à luz do art. 10 da Lei n. 10.666/2003, órgão do

Ministério da Previdência e Assistência Social, que é instância quadripartite que conta com a representação de trabalhadores, empregadores, associações de aposentados e pensionistas e do Governo, através de diversas resoluções: Resolução MPS/CNPS n. 1.101/98, Resolução MPS/CNPS n. 1.269/06, Resolução MPS/CNPS n. 1.308/09, Resolução MPS/CNPS n. 1.309/09 e Resolução MPS/CNPS n. 1.316/2010. Estas resoluções do CNPS foram regulamentadas pelo art. 202-A, do Decreto n. 3.048/99, com a redação dada pelo Decreto n. 6.957/09, e, mais recentemente, pelo Decreto 14.410/10, cumprindo o disposto no art. 10 da Lei n. 10.666/2003. 11. As resoluções do CNPS foram regulamentadas pelo art. 202-A, do Decreto n. 3.048/99, cumprindo o disposto no art. 10, da Lei n. 10.666/2003, a qual autorizou a possibilidade de redução de até 50% ou majoração em até 100% das alíquotas 1%, 2% e 3%, previstas no art. 22, II, da Lei n. 8.212/91, conforme o desempenho da empresa em relação à respectiva atividade econômica. 12. O FAP destina-se a aferir o desempenho específico da empresa em relação aos acidentes de trabalho, tal como previsto no § 1º, do art. 202-A do Decreto n. 3.048/99. A variação do fator ocorre em função do desempenho da empresa frente às demais empresas que desenvolvem a mesma atividade econômica. Foi regulamentado como um índice composto, obtido pela conjugação de índices parciais e percentis de gravidade, frequência e custo, sendo integrado por três categorias de elementos: (i) os índices parciais (frequência, gravidade e custo); (ii) os percentis de cada índice parcial; (iii) os pesos de cada percentil (art. 202-A do Decreto n. 3.048/99). 13. Segundo essa metodologia de cálculo, as empresas são enquadradas em rankings relativos à gravidade, à frequência e ao custo dos acidentes de trabalho e na etapa seguinte, os percentis são multiplicados pelo peso que lhes é atribuído, sendo os produtos somados, chegando-se ao FAP. 14. A declaração de inconstitucionalidade do art. 10 da Lei n. 10.666/2003 e do artigo 202-A do Decreto n. 3.048/99, não se sustenta quando contrastada com o princípio de vedação do retrocesso. 15. Extrai-se deste princípio a invalidade da revogação de normas legais que concedam ou ampliem direitos fundamentais, sem que a revogação seja acompanhada de uma política substitutiva ou equivalente (art. 5º, § 1º, CRFB/88), posto que invalidar a norma atenta contra os artigos arts. 7º, 150, II, 194, parágrafo único e inc. V, e 195, § 9º, todos da CRFB/88. 16. A sindicabilidade das normas infralegais, artigo 202-A do Decreto n. 3.048/99, com a redação dada pelo Decreto n. 6.957/09, deve pautar-se no sentido de que não cabe ao Pretório Excelso discutir a implementação de políticas públicas, seja por não dispor do conhecimento necessário para especificar a engenharia administrativa necessária para o sucesso de um modelo de gestão das doenças ocupacionais e/ou do trabalho, seja por não ser este o espaço idealizado pela Constituição para o debate em torno desse tipo de assunto, a pretexto de atuar como legislador positivo. 17. A jurisdição constitucional não é atraída pela conformação das normas infralegais (Decreto n. 3.048/99, art. 202-A) com a lei (Lei n. 10.666/2003, art. 10), o que impede a análise das questões relacionadas à, *verbi gratia*, inclusão das comunicações de acidentes de trabalho (CAT) que não geraram qualquer incapacidade ou afastamento; das CATS decorrentes dos infortúnios (acidentes *in itinere*) ocorridos entre a residência e o local de trabalho do empregado e, também, daqueles

ocorridos após o findar do contrato de trabalho, no denominado período de graça; da inclusão na base de cálculo do FAP de todos os benefícios acidentários, mormente aqueles pendentes de julgamento de recursos interpostos pela empresa na esfera administrativa. 18. O SAT, para a sua fixação, conjuga três critérios distintos de quantificação da obrigação tributária: (i) a base de cálculo (remuneração pagas pelas empresas aos segurados empregados e avulsos que lhes prestam serviços), que denota a capacidade contributiva do sujeito passivo; (ii) as alíquotas, que variam em função do grau de risco da atividade econômica da empresa, conferindo traços comutativos à contribuição; e (iii) o FAP, que objetiva individualizar a contribuição da empresa frente à sua categoria econômica, aliando uma finalidade extrafiscal ao ideal de justiça individual, o que atende aos standards, balizas e parâmetros que irão formatar a metodologia de cálculo deste fator, o que ocorreu quanto à regulamentação infralegal trazida pelo art. 202-A do Decreto n. 3.048/99, na redação dada pelo Decreto n. 6.957/09. 19. As empresas que investem na redução de acidentes de trabalho, reduzindo sua frequência, gravidade e custos, podem receber tratamento diferenciado mediante a redução do FAP, conforme o disposto nos artigos 10 da Lei n. 10.666/03 e 202-A do Decreto n. 3.048/99, com a redução decorrente do Decreto n. 6.042/07. Essa foi a metodologia usada pelo Poder Executivo para estimular os investimentos das empresas em prevenção de acidentes de trabalho. 20. O princípio da razoabilidade e o princípio da proporcionalidade encontram-se consagrados no caso *sub judice*, posto que o conjunto de normas protetivas do trabalhador aplicam-se de forma genérica (categoria econômica) num primeiro momento através do SAT e, num segundo momento, de forma individualizada através do FAP, ora objurgado, permitindo ajustes, observado o cumprimento de certos requisitos. 21. O Poder Judiciário, diante de razoável e proporcional agir administrativo, não pode substituir o enquadramento estipulado, sob pena de legislar, isso no sentido ilegítimo da expressão, por isso que não pode ser acolhida a pretensão a um regime próprio subjetivamente tido por mais adequado. 22. O princípio da irretroatividade tributária (Art. 150, III, 'a', CRFB/88) não restou violado, posto que o Decreto n. 3.048/99, na redação dada pelo Decreto n. 6.957/09, editado em setembro de 2009, somente fixou as balizas para o primeiro processamento do FAP, com vigência a partir de janeiro de 2010, ocorrência efetiva do fato gerador, utilizados os dados concernentes aos anos de 2007 e 2008, tão somente elementos identificadores dos parâmetros de controle das variáveis consideradas para a aplicação da fórmula matemática instituída pela nova sistemática. 23. Os princípios da transparência, da moralidade administrativa e da publicidade estão atendidos na medida em que o FAP utiliza índices que são de conhecimento de cada contribuinte, que estão a disposição junto à Previdência Social, sujeitos à impugnação administrativa com efeito suspensivo. 24. O Superior Tribunal de Justiça afastou a alegação de ofensa ao princípio da legalidade (REsp 392.355/RS) e a Suprema Corte reconheceu a constitucionalidade da Lei n. 8.212/91, que remeteu para o regulamento a complementação dos conceitos de 'atividade preponderante' e de 'grau de risco leve, médio e grave' (RE n. 343.446/SC). Restou assentado pelo Supremo que as Leis n. 7.787/89, art. 3º, II, e n. 8.212/91, art. 22, II, definiram, satisfa-

toriamente, todos os elementos capazes de fazer nascer a obrigação tributária válida. O fato de a lei delegar ao regulamento a complementação dos conceitos de 'atividade preponderante' e 'grau de risco leve, médio e grave', não implicou ofensa ao princípio da legalidade genérica, art. 5º, II, e da legalidade tributária, art. 150, I, ambos da CF/88, o que se aplica ao tema ora objurgado por possuir a mesma ratio: TRIBUTÁRIO. CONTRIBUIÇÃO PARA O SEGURO DE ACIDENTE DO TRABALHO – SAT. ART. 22, II, DA LEI N. 8.212/91, NA REDAÇÃO DADA PELA LEI N. 9.528/97. ARTS. 97 E 99, DO CTN. ATIVIDADES ESCALONADAS EM GRAUS, PELOS DECRETOS REGULAMENTARES NS. 356/91, 612/92, 2.173/97 e 3.048/99. SATISFEITO O PRINCÍPIO DA RESERVA LEGAL. – Matéria decidida em nível infraconstitucional, atinente ao art. 22, II, da Lei n. 8.212/91, na redação da Lei n. 9.528/97 e aos arts. 97 e 99 do CTN. – Atividades perigosas desenvolvidas pelas empresas, escalonadas em graus leve, médio e grave, pelos Decretos ns. 356/91, 612/92, 2.173/97 e 3.048/99. – Não afronta o princípio da legalidade, o estabelecimento, por decreto, dos mencionados graus de risco, partindo-se da atividade preponderante da empresa (REsp 392.355/RS, Rel. Ministro HUMBERTO GOMES DE BARROS, PRIMEIRA TURMA, julgado em 04/06/2002, *DJ* 12/08/2002). EMENTA: – CONSTITUCIONAL. TRIBUTÁRIO. CONTRIBUIÇÃO: SEGURO DE ACIDENTE DO TRABALHO – SAT. Lei 7.787/89, arts. 3º e 4º; Lei 8.212/91, art. 22, II, redação da Lei 9.732/98. Decretos 612/92, 2.173/97 e 3.048/99. C.F., artigo 195, § 4º; art. 154, II; art. 5º, II; art. 150, I. I. – Contribuição para o custeio do Seguro de Acidente do Trabalho – SAT: Lei 7.787/89, art. 3º, II; Lei 8.212/91, art. 22, II: alegação no sentido de que são ofensivos ao art. 195, § 4º, c/c art. 154, I, da Constituição Federal: improcedência. Desnecessidade de observância da técnica da competência residual da União, C.F., art. 154, I. Desnecessidade de lei complementar para a instituição da contribuição para o SAT. II. – O art. 3º, II, da Lei 7.787/89, não é ofensivo ao princípio da igualdade, por isso que o art. 4º da mencionada Lei 7.787/89 cuidou de tratar desigualmente aos desiguais. III. – As Leis 7.787/89, art. 3º, II, e 8.212/91, art. 22, II, definem, satisfatoriamente, todos os elementos capazes de fazer nascer a obrigação tributária válida. O fato de a lei deixar para o regulamento a complementação dos conceitos de 'atividade preponderante' e 'grau de risco leve, médio e grave', não implica ofensa ao princípio da legalidade genérica, C.F., art. 5º, II, e da legalidade tributária, C.F., art. 150, I. IV. – Se o regulamento vai além do conteúdo da lei, a questão não é de inconstitucionalidade, mas de ilegalidade, matéria que não integra o contencioso constitucional. V. – Recurso extraordinário não conhecido. (RE 343446, Relator(a): Min. CARLOS VELLOSO, Tribunal Pleno, julgado em 20/03/2003, *DJ* 04/04/2003)... 27. Recurso extraordinário a que se nega provimento. 28. Proposta de Tese de Repercussão Geral: O Fator Acidentário de Prevenção (FAP), previsto no art. 10 da Lei n. 10.666/2003, nos moldes do regulamento promovido pelo Decreto 3.048/99 (RPS) atende ao princípio da legalidade tributária (art. 150, I, CRFB/88)" (STF, RE 677.725, 2021).
– "... as Resoluções 1.308/09 e 1.309/09 do CNPS estabeleceram a metodologia específica de cálculo do FAP, à luz dos critérios predeterminados pelo art. 10 da Lei 10.666/03 e pelo art. 202-A do RPS. [...] no sistema atual, as três alíquotas persistem, mas a Lei 10.666/03 criou um novo critério de quantificação da obrigação tributária, ao facultar ao regulamento reduzir em até 50% ou majorar em até 100% as alíquotas aplicáveis, em função do 'desempenho da empresa em relação à respectiva atividade econômica.'. [...] a sistemática autorizada pela Lei 10.666/03 não se assemelha à instituída pela Lei 8.212/91, que foi apreciada pelo Supremo Tribunal Federal no *leading case* sobre a contribuição ao SAT. Por consequência, é inviável aplicar à conformação atual do SAT o *leading case* do STF sobre a matéria, atinente ao sistema instituído pela Lei 8.212/91, em que não havia qualquer forma de 'relativização de alíquotas'. Na metodologia instituída pela Lei 10.666/03, em que as alíquotas oscilam em função do FAP, o SAT viola escancaradamente os princípios da tipicidade fechada e da reserva absoluta de lei, manifestações precípuas da estrita legalidade tributária..." (VELLOSO, Andrei Pitten. O FAP e o arbitrário reenquadramento das empresas nas faixas de risco do SAT/RAT. *RDDT* 180/7, 2010).
– "... o aumento de alíquotas do RAT por decretos do Poder Executivo, forte na delegação outorgada pelo art. 10 da Lei n. 10.666/03, é inconstitucional, por violar o princípio da legalidade estrita (tipicidade fechada) previsto no art. 150, I, da CRFB, sem que daí decorra qualquer contrariedade ao entendimento consolidado no Supremo Tribunal Federal" (MASINA, Gustavo. A Inconstitucionalidade do art. 10 da Lei n. 10.666/03. O aumento de alíquotas da contribuição prevista no art. 22, II, da Lei n. 8.212/91 por meio de decretos. O FAP – Fator acidentário de prevenção. *RDDT* 178/85, 2010).
– "... não havendo estudo estatístico que comprove, mediante método científico de atestada ilibação, os dados tecnicamente concatenados de forma a espelhar de forma inafastável, o liame entre as doenças e as respectivas atividades econômicas, não há que se falar em majoração da alíquota RAT, pois que a integridade do procedimento estatístico é requisito essencial à validade da alteração, conforme expressamente disposto no artigo 10 da Lei n. 10.666/2003" (BORBA, Rodrigo. Alguns aspectos controvertidos do Fator Acidentário de Prevenção (FAP). *RDDT* 228/155, 2014).
– "... enquanto não disponibilizados os dados necessários para a comparação do desempenho de cada empresa, de forma a viabilizar e confirmar a apuração do índice multiplicador aplicado, padecerá de vício de inconstitucionalidade a aplicação do FAP, e razão da violação aos princípios da ampla defesa e do devido processo legal material" (LAGUNA, Thiago Cerávolo. O Fator Acidentário de Prevenção e a Ofensa aos Princípios da Ampla Defesa e do Devido Processo Legal. *DDT* 177/154, 2010).
– "4.1.1... cabe ao legislador o dever de o conteúdo da obrigação tributária ser determinável a partir da Lei (sujeito fiscal, objeto fiscal, base de cálculo e alíquota), o que não se verifica pelo exame do art. 10 da Lei n. 10.666/03, que possibilita a introdução de novo encargo tributário indeterminável pelo contribuinte. Também está demonstrado que os regulamentos editados a partir da Lei n. 10.666/03 são inconstitucionais porque desbordam da sua função meramente executiva e de fiel execução da legislação, violando o art. 84, IV, da CF/88. Além disso, está demonstrado

que o FAP é inconstitucional, porque atribuiu consequência jurídica nova a fatos ocorridos integralmente no passado, quando nenhuma obrigação existia. O art. 10 da Lei n. 10.666/03 é inconstitucional porque institui uma progressividade na definição das alíquotas da contribuição ao SAT independentemente de autorização constitucional. Por fim, havendo um desvio da finalidade extrafiscal eleita a partir da atuação do Poder Executivo, eventual aumento da contribuição ao SAT, por intermédio do instrumento do FAP, é inconstitucional, justamente porque não há causa que justifique o aumento do tributo com finalidade não arrecadatória. 4.1.2. A análise do plano legal demonstra que o índice do FAP deve ser atribuído por estabelecimento, e não por empresa de forma unificada. Além disso, que a regulamentação do FAP incluiu eventos que não guardam vinculação com as condições ambientais de trabalho, conforme dispõe o art. 10 da Lei n. 10.666/03" (NICHELE, Rafael. Inconstitucionalidade e ilegalidades do FAP – Fator Acidentário de Prevenção. *RDDT* 177/130, 2010).

– "... o art. 10 da Lei n. 10.666/2003 é extremamente vago e impreciso, não produzindo, ao menos, padrões (Standards) capazes de se chegar ao entendimento de que o legislador neste caso tão somente praticou uma declaração regulamentar interna (*intra legem*), pois inexistem critérios legais razoáveis a serem observados pelo regulamento. Ora, permite-se a majoração da alíquota em até 100%, conforme dispuser o regulamento... Nota-se que o único critério para a majoração da alíquota em até 100% decorrerá da vaga e indeterminada expressão 'decorrerá do desempenho da empresa em relação à respectiva atividade econômica'. Mais do que isso, este único e vago critério será preenchido e estruturado por atos administrativos, ou seja, apurados segundo métodos aprovados pelo Conselho da Previdência Social, em conformidade com os resultados obtidos a partir dos índices de frequência, de gravidade e de custo. O que se percebem, com clareza meridiana, é que o legislador, efetivamente, abdicou do exercício da atividade legislativa, realizando o que entendemos por delegação externa, atribuindo ao Poder Executivo a competência de praticar atos de competência exclusiva do poder Legislativo, o que fere o princípio da legalidade tributária, juntamente com a separação dos Poderes (art. 2º) e a impossibilidade de delegação. [...] Não se deve, ainda, olvidar que o Fator Acidentário previdenciário – FAP –, criado pelo impugnado art. 10 da Lei n. 10.666/2003, é aplicado sobre as alíquotas de 1% a 3%, previstas no art. 22, inciso II, da Lei n. 8.212/91, da contribuição do SAT, que já incumbiu ao regulamento a função de definir e esclarecer a expressão 'atividade preponderante' e os graus de risco em 'leve, médio e grave'. Ora, é uma indeterminação sobre outra indeterminação. Significa dizer, por conseguinte, que estamos diante de uma contribuição onde o critério quantitativo relacionado à alíquota está remetido quase que inteiramente – ou totalmente – aos critérios e subjetivismos do Poder Executivo, em total detrimento do princípio da estrita legalidade" (CALCINI, Fábio Pallaretti. FAP – Fator Acidentário Previdenciário: reflexões acerca da legalidade em matéria tributária. *RDDT* 175/56, 2010).

– **Ilegalidade. Travas às bonificações.** "Diante do postulado da preeminência legislativa, revelam-se ilegítimas as restrições infra-

legais à aplicação do FAP, estipuladas pelas Resoluções 1.308/09 e 1.309/09 (e mantidas pela Resolução 1.316/10) do CNPS. Tais restrições são denominadas 'travas a bonificações', pois consistem em limites infralegais à aplicação do critério estipulado pela Lei 10.666/03, impedindo que os contribuintes se beneficiem da redução da carga tributária advinda do seu baixo fatos de acidentalidade. A 'trava de moralidade e invalidez' foi estabelecida pela Resolução 1.308/09 do CNPS, que vedou expressamente a redução da alíquota básica advinda do FAP quando as empresas tenham casos de acidentes com morte ou invalidez permanente, somente permitindo que se afaste essa vedação quando sejam comprovados investimentos de acordo com as regras estipuladas pela autarquia previdenciária. Nova limitação foi estabelecida pela Resolução 1.309/09 do CNPS, a 'trava de rotatividade', criada com o escopo declarado de 'evitar que as empresas que mantêm por mais tempo os seus trabalhadores sejam prejudicadas por assumirem toda a acidentalidade', mas que na realidade objetiva penalizar as empresas com alta taxa de rotatividade, negando-lhes a redução do FAP. Tais limitações às 'bonificações' são flagrantemente ilegítimas, por afrontarem o postulado da preeminência legislativa. [...] a Administração se avoca o poder de quantificar as obrigações tributárias dos contribuintes e decidir se, como e quando aplica os ditames legais" (VELLOSO, Andrei Pitten. O FAP e o Arbitrário Reenquadramento das Empresas nas Faixas de Risco do SAT/RAT. *RDDT* 180/7, 2010).

– **Pela ausência de ofensa à legalidade.** "CONTRIBUIÇÃO AO SAT. PEDIDO DE SUSPENSÃO DE EXIGIBILIDADE DO FAP. AUSÊNCIA DE AFRONTA AO PRINCÍPIO DA LEGALIDADE. 1. A regulamentação da metodologia do FAP através dos Decretos ns. 6.042/07 e 6.957/09 não implica afronta ao princípio da legalidade insculpido no artigo 150, inciso I, da CF, já que as disposições essenciais à cobrança da contribuição se encontram delineadas nas Leis ns. 8.212/91 e 10.666/03. 2. A disposição acerca da flexibilização das alíquotas, que garante a aplicação prática dos fatores de redução (50%) e de majoração (100%) não implica em extrapolamento das disposições legais contidas na Lei n. 10.666/03" (TRF4, AC 5000010-47.2010.404.7214, 2012).

– **FAP como critério de aumento da contribuição previdenciária que possui critério sancionador e que, por isso, seria inválido.** "... o Fator Acidentário de Prevenção (FAP) foi instituído já com a publicação da Lei n. 7.787/1989 que, em seu artigo 4º, previu a contribuição adicional... devida pela empresa em cujo índice de acidente de trabalho fosse superior à média do respectivo setor. Por assim ser, representa verdadeira repressão (punição) às empresas cujos índices de acidentalidade são maiores do que a média apresentada por outras empresas do mesmo setor econômico. [...] FAP constitui evidente repressão por ato ilícito travestido de tributo, pois que a sua base de cálculo leva em consideração a frequência, gravidade e custo dos afastamentos acidentários presumidamente ocorridos por ausência de investimentos em prevenção de acidentes do trabalho por parte da empresa... [...] A natureza punitiva do FAT afronta o disposto no artigo 3º do Código Tributário nacional, que, no intento de conceituar tributos, disciplina que estes não podem representar sanção a ato ilícito" (BORBA, Rodrigo. Alguns aspectos controvertidos do Fator Acidentário de Prevenção (FAP). *RDDT* 228/155, 2014).

⇒ **Contribuição previdenciária das tomadoras de serviço sobre o valor da nota fiscal ou fatura de serviços prestados por cooperados através de cooperativas de trabalho.** Vide nota anterior a esta mesma alínea sob a rubrica "pessoa física".

⇒ **Contribuições em substituição à contribuição sobre o pagamento de empregados e avulsos e ao adicional ao SAT.** Vide nota ao § 13 do art. 195 da CF comentários às contribuições substitutivas anteriores ao advento da EC n. 42/2003, bem como sobre os efeitos da previsão constante do novo parágrafo.

⇒ **Contribuição previdenciária sobre as remunerações de segurados contribuintes individuais (administradores, autônomos etc.).** A contribuição da empresa e equiparados sobre o pagamento de administradores e autônomos, dentre outros contribuintes individuais, só passou a ser prevista constitucionalmente como contribuição ordinária para o custeio da seguridade social a partir da EC n. 20/98, que deu nova redação ao art. 195, I, da Constituição, alterando-lhe a redação e acrescendo-lhe a alínea *a*. Anteriormente, fora instituída contribuição sobre o pagamento de administradores e autônomos pela Lei n. 7.787/89 e também pela própria Lei n. 8.212/91, mas sem suporte constitucional, restando, por isso, reconhecida a sua inconstitucionalidade pelo Supremo Tribunal Federal, conforme visto quando da análise da respectiva norma de competência. Foi instituída mais uma vez, em seguida, como nova contribuição de custeio da seguridade social, desta feita através de lei complementar (LC n. 84/96), no exercício da competência residual estabelecida pelo art. 195, § 4º, da Constituição Federal. Com o advento da EC n. 20/98, não mais se fazendo necessária lei complementar, a Lei n. 9.876/99 revogou a LC n. 84/96 e inseriu a respectiva contribuição, novamente, no texto da própria Lei n. 8.212/91, através da alteração da redação do inciso III do seu art. 22. Tal contribuição previdenciária é devida pelas empresas enquanto contribuintes, sem prejuízo do recolhimento da contribuição que são obrigadas a reter dos contribuintes individuais que lhes prestam serviços, por determinação do art. 4º da Lei n. 10.666/03, conforme abordado adiante. O inciso III do art. 22 estabelece contribuição de 20% sobre o total das remunerações pagas ou creditadas aos segurados contribuintes individuais que lhes prestem serviços, sendo que os contribuintes individuais estão indicados pelo art. 12, inciso V, da Lei n. 8.212/91, com a redação das Leis 9.876/99 e 10.403/02, dentre os quais os já referidos administradores (alínea f) e autônomos (alínea g). O prazo para recolhimento da contribuição sobre o pagamento de contribuintes individuais é o mesmo para o pagamento das contribuições sobre o pagamento de empregados e avulsos, qual seja, até o dia 2 do mês seguinte ao da competência, nos termos do art. 30, I, *b*, da Lei n. 8.212/91, com a redação da Lei n. 9.876/99. As pessoas jurídicas figuram, ainda, como responsáveis por substituição relativamente às contribuições devidas pelos próprios contribuintes individuais que lhes prestem serviços, tendo a

obrigação de retenção e recolhimento, conforme se vê em nota ao art. 195, II, da CF.

– O art. 22, III, da Lei n. 8.212/91, com a redação da Lei 9.876/99, assim dispõe: "Art. 22. A contribuição a cargo da empresa, destinada à Seguridade Social, além do disposto no art. 23, é de: [...] III – vinte por cento sobre o total das remunerações pagas ou creditadas a qualquer título, no decorrer do mês, aos segurados contribuintes individuais que lhe prestem serviços; (Inciso incluído pela Lei n. 9.876, de 26.11.99)".

– A par da contribuição de 20% sobre os salários dos contribuintes individuais que lhes prestem serviços, tal como prevê a Lei também para a hipótese dos empregados e avulsos, o § 1º do art. 22 da Lei n. 8.212/91, com a redação da Lei n. 9.876/99, institui, ainda, um adicional de 2,5% relativamente às instituições financeiras e demais empresas que arrola. Tais empresas, pois, pagarão 22,5% a título de tal contribuição.

– **Distribuição desproporcional de Juros sobre o Capital Próprio como pró-labore.** "Os tratamentos tributários dissonantes que vêm sendo conferidos pelas autoridades fiscais e confirmados pelos julgadores administrativos, de que a distribuição desproporcional de JCP enseja considerar como pró-labore ou como despesa não dedutível o 'excesso' (isto é, o montante de JCP que excede o valor proporcional à participação no capital da empresa que efetua a distribuição), carecem de melhor fundamentação. Quer nos parecer que a distribuição desproporcional de resultados da pessoa jurídica, porquanto não vedada pela legislação (ressalvada a situação particular das sociedades anônimas), depende exclusivamente da anuência dos sócios cotistas. A alocação do resultado da pessoa jurídica, seja proporcional, seja desproporcional, não deve ensejar a mudança da natureza jurídica desse resultado" (SILVEIRA, Rodrigo Maito da; SANTOS, João Victor Guedes. Distribuição desproporcional de juros sobre o capital próprio. *RDDT* 213/140, 2013).

– **Contribuição sobre a remuneração de transportador autônomo. Base de cálculo. Critério para arbitramento.** Acerca do 22, III, da Lei 8.212/91 e da sua regulamentação pelo art. 201, § 4º, do Dec. 3048/99 e pela Portaria n. 1.135/2001, vide nota ao art. 150, I, da CF.

– A Lei n. 11.442/2007 dispõe sobre o transporte rodoviário de cargas por conta de terceiros e mediante remuneração: "Art. 2º A atividade econômica de que trata o art. 1º desta Lei é de natureza comercial, exercida por pessoa física ou jurídica em regime de livre concorrência, e depende de prévia inscrição do interessado em sua exploração no Registro Nacional de Transportadores Rodoviários de Cargas – NTR-C da Agência Nacional de Transportes Terrestres – ANTT, nas seguintes categorias: I – Transportador Autônomo de Cargas – TAC, pessoa física que tenha no transporte rodoviário de cargas a sua atividade profissional; II – Empresa de Transporte Rodoviário de Cargas – ETC, pessoa jurídica constituída por qualquer forma prevista em lei que tenha no transporte rodoviário de cargas a sua atividade principal. [...] Art. 4º O contrato a ser celebrado entre a ETC e o TAC ou entre o dono ou embarcador da carga e o TAC definirá a forma de prestação de serviço desse último, como agregado ou independente. § 1º Denomina-se TAC-agregado aquele que coloca veículo de sua propriedade ou de sua posse, a ser dirigido por ele próprio ou por preposto seu, a serviço do contratante, com exclusividade, mediante remuneração certa. § 2º Denomina-se TAC-independente aquele que presta os serviços de transporte de carga de que trata esta Lei em caráter eventual e sem exclusividade, mediante frete ajustado a cada viagem. Art. 5º As relações decorrentes do contrato de transporte de cargas de que trata o art. 4º desta Lei são sempre de natureza comercial, não ensejando, em nenhuma hipótese, a caracterização de vínculo de emprego. Parágrafo único. Compete à Justiça Comum o julgamento de ações oriundas dos contratos de transporte de cargas".

– **Autônomos, avulsos e administradores à luz da redação original do art. 195, I, CF.** Sob a égide da redação original do art. 195, I, a remuneração paga a autônomos, avulsos e administradores não estava sujeita à incidência da contribuição sobre a folha de salários, pois não se enquadrava em tal conceito. Tal entendimento foi firmado pelo STF, contrariando precedentes de todos os TRFs, que davam uma acepção mais abrangente à expressão folha de salário.

– **Não recepção da contribuição de 10% sobre a remuneração de autônomos então vigente (CLPS).** A contribuição de 10% sobre a remuneração de autônomos, vigente quando do advento da Constituição, estabelecida pelo art. 122, VII, da CLPS (Consolidação das Leis da Previdência Social – Dec. n. 89.312/84), não foi recepcionada pela Constituição de 1988, restando, pois, revogada por ocasião da entrada em vigor do novo Sistema Tributário Nacional. Note-se que a Constituição, no art. 195, I, previra as contribuições que seriam exigidas e não havia compatibilidade material entre a contribuição sobre a remuneração dos autônomos com o seu texto.

– Inconstitucionalidade da contribuição sobre a remuneração de autônomos, administradores e avulsos instituída pelas Leis ns. 7.787/89 e 8.212/91. As Leis ns. 7.787/89 e Lei 8.212/91, posteriores à Constituição de 1988, por sua vez, ao instituírem a contribuição sobre a folha de salários, também fizeram que incidisse e que fosse calculada não apenas sobre a folha de salários, mas também sobre pagamentos a autônomos, administradores e avulsos, o que não lhes era possível fazer, eis que ao legislador ordinário não é dado estender os conceitos previstos nas normas que outorgam competência tributária, nos termos do art. 110 do CTN. Por desbordarem da base econômica que então delimitava a competência tributária outorgada pela redação original do art. 195, I, então vigente, acabaram por instituir contribuição que só seria admissível como contribuição nova, para a qual seria necessária lei complementar.

– **Autônomos e administradores. Lei n. 7.787/89. STF.** "INTERPRETAÇÃO – CARGA CONSTRUTIVA – EXTENSÃO. Se é certo que toda interpretação traz em si carga construtiva, não menos correta exsurge a vinculação à ordem jurídico-constitucional. O fenômeno ocorre a partir das normas em vigor, variando de acordo com a formação profissional e humanística do intérprete. No exercício gratificante da arte de interpretar, descabe 'inserir na regra de direito o próprio juízo – por mais sensato que seja – sobre a finalidade que 'conviria' fosse por ela perseguida' – Celso Antônio Bandeira de Mello – em parecer

inédito. Sendo o Direito uma ciência, o meio justifica o fim, mas não este àquele. CONSTITUIÇÃO – ALCANCE POLÍTICO – SENTIDO DOS VOCÁBULOS – INTERPRETAÇÃO. O conteúdo político de uma Constituição não é conducente ao desprezo do sentido vernacular das palavras, muito menos ao do técnico, considerados institutos consagrados pelo Direito. Toda ciência pressupõe a adoção de escorreita linguagem, possuindo os institutos, as expressões e os vocábulos que a revelam conceito estabelecido com a passagem do tempo, quer por força de estudos acadêmicos quer, no caso do Direito, pela atuação dos Pretórios. SEGURIDADE SOCIAL – DISCIPLINA – ESPÉCIES – CONSTITUIÇÕES FEDERAIS – DISTINÇÃO. Sob a égide das Constituições Federais de 1934, 1946 e 1967, bem como da Emenda Constitucional n. 1/69, teve-se previsão geral do tríplice custeio, ficando aberto campo propício a que, por norma ordinária, ocorresse a regência das contribuições. A Carta da República de 1988 inovou. Em preceitos exaustivos – incisos I, II e III do artigo 195 – impôs contribuições, dispondo que a lei poderia criar novas fontes destinadas a garantir a manutenção ou expansão da seguridade social, obedecida a regra do artigo 154, inciso I, nela inserta (§ 4º do artigo 195 em comento). CONTRIBUIÇÃO SOCIAL – TOMADOR DE SERVIÇOS – PAGAMENTOS A ADMINISTRADORES E AUTÔNOMOS – REGÊNCIA. A relação jurídica mantida com administradores e autônomos não resulta de contrato de trabalho e, portanto, de ajuste formalizado à luz da Consolidação das Leis do Trabalho. Daí a impossibilidade de se dizer que o tomador dos serviços qualifica-se como empregador e que a satisfação do que devido ocorria via folha de salários. Afastado o enquadramento no inciso I do artigo 195 da Constituição Federal, exsurge a desvalia constitucional da norma ordinária disciplinadora da matéria. A referência contida no § 4º do artigo 195 da Constituição Federal ao inciso I do artigo 154 nela insculpido, impõe a observância de veículo próprio – a lei complementar. Inconstitucionalidade do inciso I do artigo 3º da Lei n. 7.787/89, no que abrangido o que pago a administradores e autônomos. Declaração de inconstitucionalidade limitada pela controvérsia dos autos, no que não envolvidos pagamentos a avulsos" (STF, RE 166.772-9, 1994).

– **Autônomos e administradores. Lei n. 8.212/91. STF.** "CUSTEIO DA SEGURIDADE SOCIAL: EXPRESSÕES 'EMPRESÁRIOS' E 'AUTÔNOMOS' CONTIDAS NO INC. I DO ART. 22 DA LEI N. 8.212/91. PEDIDO PREJUDICADO QUANTO ÀS EXPRESSÕES 'AUTÔNOMOS E ADMINISTRADORES' CONTIDAS NO INC. I DO ART. 3º DA LEI N. 7.787/89. 1. O inciso I do art. 22 da Lei n. 8.212/91, de 25.07.91, derrogou o inciso I do art. 3º da Lei n. 7.787/89, de 30.06.89, porque regulou inteiramente a mesma matéria (art. 2º, § 1º, da Lei de Introdução ao Cód. Civil). Malgrado esta revogação, o Senado Federal suspendeu a execução das expressões 'avulsos, autônomos e administradores' contidas no inc. I do art. 3º da Lei n. 7.787/89, pela Resolução n. 15, de 19.04.95 (*DOU* 28.04.95), tendo em vista a decisão desta Corte no RE n. 177.296-4. 2. A contribuição previdenciária incidente sobre a 'folha de salários' (CF, art. 195, I) não alcança os 'autônomos' e 'administradores', sem vínculo empregatício; entretanto, poderiam ser alcançados por contribuição criada por lei complementar (CF, arts. 195, § 4º, e 154, I). Precedentes. 3. Ressalva do Relator que, invocando política judicial de conveniência, concedia efeito prospectivo ou *ex-nunc* à decisão, a partir da concessão da liminar. 4. Ação direta conhecida e julgada procedente para declarar a inconstitucionalidade das expressões 'autônomos' e 'administradores' contidas no inciso I do art. 22 da Lei n. 8.212, de 25.07.91" (STF, ADI 1.102-2, 1995).

– Administradores. Diretor-acionista. Não incidência. "CONTRIBUIÇÃO PREVIDENCIÁRIA. DIRETOR-ACIONISTA. SOCIEDADE ANÔNIMA. VÍNCULO DE EMPREGO. AUSÊNCIA DE SUBORDINAÇÃO. PAGAMENTO *PRO LABORE*. 1. O diretor, ao assumir a condição de acionista, além de representar a empresa, passa a correr com os riscos inerentes ao empreendimento econômico, peculiar ao polo empregador. 2. Em princípio, são incompatíveis a condição de empregado com o exercício do cargo de direção em sociedade anônima. Se existente contrato de trabalho, fica suspenso no período em que exercer a representação da empresa, salvo quando permanecer a subordinação jurídica peculiar ao liame empregatício (Enunciado n. 269 do TST). 3. Afastada a condição de diretor-empregado, ou seja, aquele que, mesmo exercendo a função de diretor da empresa, continua subordinado ao empregador, restam indevidas as contribuições previdenciárias" (TRF4, AC 1999.04.01.134715-2, 2000).

– Autônomos e administradores. Cálculo do montante a repetir. Nas ações em que, por ausência de base, legal válida, antes da LC 84/96, se reconheceu o direito à repetição de indébito relativamente às contribuições sobre a remuneração dos autônomos, administradores e avulsos, surgem discussões acerca de como verificar o montante pago a tal título. O principal, em cada mês de competência relativo ao pagamento da contribuição sobre a remuneração de autônomos e administradores, correspondia a 20% dos salários de contribuição respectivos, ou seja, a 20% do valor que constava do campo 8 (rubrica Empregadores/Autônomos) das guias GRPS e, posteriormente, a 20% do campo 7 das guias DARP.

– Avulsos. Lei n. 7.787/89. STF. "Recurso extraordinário. Contribuição social. Folha de salários. Constituição, art. 195, I. Lei n. 7.787/89, art. 3º, I. Retribuição paga a administradores, trabalhadores autônomos e avulsos. 2. O Plenário do Supremo Tribunal Federal, no julgamento do RE 166.772-9-RS, a 12.5.1994, declarou a inconstitucionalidade das expressões 'autônomos e administradores' constantes do inciso I do art. 3º da Lei n. 7787/89. 3. Pelos mesmos fundamentos, não cabe incidir a contribuição social prevista no dispositivo aludido, quanto à retribuição paga a 'avulsos'. 4. Não se compreendem no art. 195, I, da Constituição, quando se refere a 'folha de salários', as retribuições pagas aos que não se encontram em situação de empregados, *stricto sensu*, relativamente aos 'empregadores', previstos na norma constitucional. Distinção entre as fontes de custeio da seguridade social dos incisos I e II do art. 195, da Constituição. Recurso extraordinário conhecido e provido" (STF, RE 173.428-1, 1994).

– Resolução n. 14/95 do Senado Federal, baixada com base na decisão do STF. Resolução SF n. 14, de abril de 1995: "Art. 1º

Fica suspensa a execução da expressão 'avulsos, autônomos e administradores', contida no inciso I do art. 3º da Lei n. 7.787, de 1989, declarada inconstitucional por decisão definitiva do Supremo Tribunal Federal no Recurso Extraordinário n. 177.296-4/210, conforme comunicação feita pela Corte, nos termos do ofício n. 130-P/MC, STF, de 23 de setembro de 1994. Art. 2º Esta Resolução entra em vigor na data de sua publicação. Art. 3º Revogam-se as disposições em contrário".

– Instituição da contribuição sobre a remuneração de autônomos, administradores e avulso no exercício da competência residual. Declarada inconstitucional a incidência sobre a remuneração de autônomos, administradores e avulsos como contribuição ordinária de seguridade social, eis que não contemplada na redação original do art. 195, I, da CF, foi editada a LC n. 84/96, no exercício da competência residual da União, forte no art. 195, § 4º, da CF, ensejando tal exigência de forma válida, como uma nova contribuição social de custeio da seguridade social.

– Lei Complementar n. 84/96. STF. Sobre a instituição da contribuição sobre a remuneração dos autônomos, empresários e avulsos através de lei complementar, no exercício da competência residual para instituir outras contribuições de custeio da Seguridade Social, vide notas ao art. 195, § 4º, da CF.

⇒ **Contribuição previdenciária sobre as remunerações dos agentes políticos sob a égide da Lei n. 9.506/97.** A Lei n. 9.506/97 pôs os agentes políticos como segurados obrigatórios na qualidade de segurados empregados, acrescendo a alínea "h" ao art. 12 da Lei n. 8.212/91, mas teve sua inconstitucionalidade declarada pelo STF por desbordar da base econômica dada à tributação pela redação original do art. 195, II, da Constituição. Com isso, tem-se por indevidas, sob a vigência da Lei n. 9.506/97, tanto a contribuição paga, e.g., pelos Municípios sobre a remuneração dos agentes políticos (como se integrante da folha de salários dos empregados fosse), como a própria contribuição destes enquanto segurados (enquanto trabalhadores empregados). A Resolução n. 26/2005 do Senado suspendeu os efeitos da lei declarada inconstitucional e a Portaria MPS n. 133/2006 dispôs sobre os seus efeitos.

– Após a decisão do STF e tendo em conta a ampliação das bases econômicas passíveis de serem tributadas, forte na nova redação do art. 195, I, *a*, e II da CF ("do empregador, da empresa e da entidade a ela equiparada... incidente sobre... rendimentos do trabalho pagos ou creditados, a qualquer título, a pessoa física..., mesmo sem vínculo empregatício" e "do trabalhador e demais segurados..."), adveio a Lei n. 10.887/2004, que acresceu a alínea *j* ao inciso I do art. 12 da Lei 8.212/91, novamente incluindo os agentes políticos como segurados obrigatórios do Regime Geral de Previdência Social. Assim, desde a vigência da Lei n. 10.887/2004 tais contribuição são devidas.

– Tema 691 do STF: "Incide contribuição previdenciária sobre os rendimentos pagos aos exercentes de mandato eletivo, decorrentes da prestação de serviços à União, a estados e ao Distrito Federal ou a municípios, após o advento da Lei n. 10.887/2004, desde que não vinculados a regime próprio de previdência". Decisão do mérito em 2017.

– "PREVIDÊNCIA SOCIAL. CONTRIBUIÇÃO SOCIAL: PARLAMENTAR: EXERCENTE DE MANDATO ELETIVO FEDERAL, ESTADUAL ou MUNICIPAL. Lei 9.506, de 30.10.97. Lei 8.212, de 24.7.91. CF, art. 195, II, sem a EC 20/98; art. 195, § 4º; art. 154, I. I. – A Lei 9.506/97, § 1º do art. 13, acrescentou a alínea *h* ao inc. I do art. 12 da Lei 8.212/91, tornando segurado obrigatório do regime geral de previdência social o exercente de mandato eletivo, desde que não vinculado a regime próprio de previdência social. II. – Todavia, não poderia a lei criar figura nova de segurado obrigatório da previdência social, tendo em vista o disposto no art. 195, II, CF. Ademais, a Lei 9.506/97, § 1º do art. 13, ao criar figura nova de segurado obrigatório, instituiu fonte nova de custeio da seguridade social, instituindo contribuição social sobre o subsídio de agente político. A instituição dessa nova contribuição, que não estaria incidindo sobre 'a folha de salários, o faturamento e os lucros' (CF, art. 195, I, sem a EC 20/98), exigiria a técnica da competência residual da União, art. 154, I, *ex vi* do disposto no art. 195, § 4º, ambos da CF. É dizer, somente por lei complementar poderia ser instituída citada contribuição. III. – Inconstitucionalidade da alínea *h* do inc. I do art. 12 da Lei 8.212/91, introduzida pela Lei 9.506/97, § 1º do art. 13" (STF, RE 351.717, 2003).

– **Resolução n. 26/2005 do Senado.** Suspendeu a execução da alínea "h" do inciso I do art. 12 da Lei Federal n. 8.212, de 24 de julho de 1991, acrescentada pelo § 1º do art. 13 da Lei Federal n. 9.506, de 30 de outubro de 1997, em virtude de declaração de inconstitucionalidade em decisão definitiva do Supremo Tribunal Federal, nos autos do Recurso Extraordinário n. 351.717-1 – Paraná.

– **Portaria MPS n. 133/2006.** Considerando a decisão do STF e a Resolução do Senado, a Portaria MPS n. 133/2006 determinou a não constituição de créditos com suporte na alínea *h* do inciso I do art. 12 da Lei 8.212/91 com a redação da Lei n. 9.506/97, bem como o cancelamento ou retificação dos já constituídos. Dispôs também no sentido de que a compensação ou restituição será precedida de retificação da GFIP e, "quando envolver valores descontados, será necessariamente precedido de declaração do exercente de mandato eletivo de que está ciente que esse período não será computado no seu tempo de contribuição para efeito de benefícios de Regime Geral de Previdência Social, bem como da comprovação de devolução dos recursos ao segurado ou de autorização deste", observado, ainda, o prazo prescricional.

– Sobre a filiação dos agentes políticos no período de fevereiro de 1998 a setembro de 2004 na qualidade de facultativos, vide nota ao art. 195, II, da CF.

– **Agente político *x* Diretor de autarquia. Distinção.** "TRIBUTÁRIO. EMBARGOS À EXECUÇÃO FISCAL. DIRETOR DE AUTARQUIA MUNICIPAL. AGENTES POLÍTICOS. CONTRIBUIÇÕES PREVIDENCIÁRIAS. OBRIGATORIEDADE. Os dirigentes das autarquias municipais (entidades da administração indireta), não são agentes políticos, ainda que comissionados, pois exercem atividades administrativas, com vinculação e subordinação hierárquica à Secretaria Municipal. Assim, na qualidade de agentes administrativos, os dirigentes de autarquias estão obrigados a contribuir para o custeio da previdência social, à exceção, se houver sistema municipal de previdência social, ao qual os agentes administrativos municipais estejam vinculados o que, no caso, não foi sequer cogitado" (TRF4, AC 95.04.18026-4, 1999).

– Contribuição sobre a remuneração de transportador autônomo. Base de cálculo. Legalidade. Vide nota ao art. 150, I, da CF.

⇒ **Contribuições a terceiros fiscalizadas e exigidas pela União.** O art. 94 da Lei 8.212/91, com a redação da Lei 9.528/97, previa que o INSS figure como sujeito ativo de contribuições destinadas a terceiros, desde que tivessem a mesma base utilizada para o cálculo das contribuições incidentes sobre a remuneração paga ou creditada a segurados, ficando sujeitas aos mesmos prazos, condições, sanções e privilégios, inclusive no que se refere à cobrança judicial. Tais contribuições a terceiros são aquelas destinadas aos serviços sociais autônomos, bem como a contribuição denominada "salário-educação". Com o advento da Lei n. 11.457/2007, a União passou a ser o sujeito ativo em lugar do INSS. O art. 94 da Lei 8.212/91 está revogado. Vide arts. 149 e 240 da CF.

– **Sobre a folha: base limitada a 20 salários mínimos? Tema 1.074 do STJ:** (MÉRITO NÃO JULGADO) Controvérsia: "Necessidade de se comprovar, no arrolamento sumário, o pagamento do Imposto de Transmissão *Causa Mortis* e Doação – ITCMD como condição para a homologação da partilha ou expedição da carta de adjudicação, à luz dos arts. 192 do CTN e 659, § 2º, do CPC/2015. Decisão de afetação em 2020" (STJ, ProAfR no REsp 1.896.526, 2020). Obs.: há determinação de suspensão dos processos relacionados.

⇒ **INCRA. 0,2%.** Sobre a folha de salários, é exigida contribuição ao Incra, de 0,2%. Durante muito tempo o entendimento predominante foi no sentido de que se tratava de contribuição de seguridade. Em 2006, contudo, o STJ passou a qualificá-la como contribuição de intervenção no domínio econômico. Sobre a contribuição ao INCRA, vide nota ao art. 149 da CF no item relativo às CIDEs.

⇒ **FUNRURAL.** As contribuições ao FUNRURAL eram fontes de custeio do chamado Prorural, programa de seguridade social voltado aos trabalhadores rurais e seus dependentes. Os produtores rurais contribuíam sobre o valor comercial dos produtos rurais (art. 15, I, da LC n. 11/71) e as empresas urbanas sobre a folha de salários (art. 15, II, da LC n. 11/71). Ambas as contribuições foram recepcionadas pela Constituição de 1988, mas já restaram revogadas, a primeira pela Lei n. 8.213/91 (unificação dos regimes previdenciários urbano e rural) e a segunda, antes mesmo, pela Lei n. 7.787/89 (expressamente). Atualmente, são impropriamente chamadas de Funrural as contribuições do produtor rural, tratadas em nota ao § 13 deste art. 195 da CF.

• Vide: SILVA, Francisco de Assis. A Inconstitucionalidade Constante do Funrural ou Novo Funrural, desde sua Origem até as mais Recentes Alterações Legislativas. RET 38/139, 2004.

– "CONTRIBUIÇÃO SOBRE A PRODUÇÃO AGRÍCOLA. FUNRURAL. RECEPÇÃO PELA CONSTITUIÇÃO FEDERAL DE 1988. EXIGIBILIDADE. No regime da Lei Complementar n. 11/71, a previdência dos trabalhadores rurais era custeada por duas modalidades de contribuição ao Funrural, quais sejam, a devida pelos produtores rurais, incidente sobre o valor comercial dos produtos rurais (Lei Complementar n. 11/71, art. 15, I, c/c Lei n. 6.195/74, art. 5º), e a devida pelas empresas vinculadas à previdência social urbana, incidente sobre a folha de salários (Lei Complementar n. 11/71, art. 15, II). A Lei n. 7.787/89 extinguiu a contribuição das empresas urbanas sobre a folha de salários em favor dos trabalhadores rurais, mas não a incidente sobre a comercialização de produtos rurais, que foi recepcionada pela Constituição de 1988 e permaneceu exigível com advento da Lei n. 8.212/91. A nova lei apenas reduziu o campo de abrangência das contribuições sobre o resultado da produção rural, limitando-a aos produtores que desenvolviam a atividade sem empregados, denominados de segurados especiais. Com o advento das Leis 8.540/92 e 8.870/94, foi alargada a base de incidência das contribuições sobre a produção rural, sendo extensível aos produtores empregadores – pessoas físicas e jurídicas – que ficaram desonerados da contribuição sobre a folha de salários de seus empregados. Apelação desprovida" (TRF4, AC 2000.71.04.006047-4, 2002).

– **LC n. 11/71.** A LC n. 11/71 instituiu o Programa de Assistência ao Trabalhador Rural. Seu artigo 15 dispôs sobre as contribuições devidas: "Art. 15. Os recursos para o custeio do Programa de Assistência ao Trabalhador Rural provirão das seguintes fontes: I – da contribuição de 2% (dois por cento) devida pelo produtor sôbre o valor comercial dos produtos rurais, e recolhida: a) pelo adquirente, consignatário ou cooperativa que ficam sub-rogados, para êsse fim, em tôdas as obrigações do produtor; b) pelo produtor, quando êle próprio industrializar seus produtos vendê-los, no varejo, diretamente ao consumidor. II – da contribuição de que trata o art. 3º do Decreto-lei n. 1.146, de 31 de dezembro de 1970, a qual fica elevada para 2,6% (dois e seis décimos por cento), cabendo 2,4% (dois e quatro décimos por cento) ao FUNRURAL. § 1º Entende-se como produto rural todo aquêle que, não tendo sofrido qualquer processo de industrialização provenha de origem vegetal ou animal, ainda quando haja sido submetido a processo de beneficiamento, assim compreendido um processo primário, tal como descaroçamento, pilagem, descascamento ou limpeza e outros do mesmo teor destinado à preparação de matéria-prima para posterior industrialização. § 2º O recolhimento da contribuição estabelecida no item I deverá ser feito até o último dia do mês seguinte àquele em que haja ocorrido a operação de venda ou transformação industrial. § 3º A falta de recolhimento, na época própria da contribuição estabelecida no item I sujeitará, automaticamente, o contribuinte a multa de 10% (dez por cento) por semestre ou fração de atraso, calculada sôbre o montante do débito, à correção monetária dêste e aos juros moratórios de 1% (um por cento) ao mês sôbre o referido montante. [...]".

– **Art. 15, I. Recepção da contribuição ao FUNRURAL dos produtores rurais sobre o valor comercial dos produtos rurais.** A contribuição ao FUNRURAL prevista no inciso I do art. 15 da LC 11/71 foi recepcionada pela Constituição de 1988, forte no princípio da continuidade da ordem jurídica e na sua compatibilidade material com a mesma. O valor comercial dos produtos rurais enquadra-se no conceito de faturamento (art. 195, I, da CF), pois produto da comercialização da produção rural. Havia, pois, compatibilidade material entre a contribuição ao FUNRURAL do art. 15, I, da LC 11/71 com a Constituição Federal.

– "PRORURAL. CONTRIBUIÇÃO INCIDENTE SOBRE A COMERCIALIZAÇÃO DA PRODUÇÃO RURAL. LEI 8.213/91. EXTINÇÃO. REEXAME DE QUESTÕES CONSTITUCIONAIS. IMPOSSIBILIDADE. BASE DE CÁLCULO DA CONTRIBUIÇÃO. INCIDÊNCIA DA SÚMULA 284/STF. MOMENTO DO FATO GERADOR... 1. No que tange à exigibilidade da contribuição incidente sobre a comercialização da produção rural, este Tribunal Superior consolidou entendimento segundo o qual a Lei 7.787/89 não suprimiu o inciso I do art. 15 da LC 11/71, e sim a contribuição prevista no inciso II do mesmo artigo em referência, porque se trata de supressão da contribuição sobre a folha de salários [...]. Assim, a contribuição sobre o valor comercial dos produtos rurais continuou sendo exigível, inclusive com a vigência da Lei 7.787/89, vindo a ser extinta apenas com o advento da Lei 8.213/91. 2. Quanto à argumentação da recorrente no sentido da não recepção, pela nova ordem constitucional, da contribuição incidente sobre a venda da produção rural (art. 25 da Lei 8.212/91), bem como a relativa à ofensa aos arts. 154, I, e 195, § 4º da Carta Magna, verifica-se a impossibilidade de análise, haja vista não ser o recurso especial a via adequada para o reexame de questões constitucionais. 3... 4... esta Corte Superior firmou orientação no sentido de que 'a comercialização do produto consignado ocorre quando pessoa estranha à cooperativa adquire a mercadoria do produtor rural por meio dessa associação, ocorrendo, nessa hipótese, o fato gerador do tributo. A hipótese de incidência da exação não se concretiza com a mera consignação da mercadoria à cooperativa com o fito de comercialização a terceiro' [...]" (STJ, REsp 730.894, 2008).

– "ART. 15, I, DA LC 11/71. RECEPÇÃO PELA CF/88. IDENTIDADE DA BASE DE CÁLCULO. ICMS. A contribuição ao FUNRURAL sobre o valor comercial dos produtos rurais, instituída pelo art. 15, I, da LC 11/71, foi recepcionada pela Constituição Federal de 1988. Não há impedimento constitucional ao *bis in idem* entre imposto e contribuição, mas apenas de impostos entre si (art. 154, I) ou de contribuições de seguridade entre si (art. 195, § 4º, c/c o art. 154, I)" (TRF4, AC 9704436360, 2003).

– **Art. 15, I, da LC n. 11/71. Revogação pela Lei n. 8.213/91.** A contribuição do art. 15, I, da LC n. 11/71 restou extinta como decorrência da unificação dos regimes previdenciários, forte no art. 138 da Lei n. 8.213/91 que dispôs: "Art. 138. Ficam extintos os regimes de Previdência Social instituídos pela Lei Complementar n. 11, de 25 de maio de 1971, e pela Lei n. 6.260, de 6 de novembro de 1975, sendo mantidos, com valor não inferior ao do salário mínimo, os benefícios concedidos até a vigência desta lei. Parágrafo único. Para os que vinham contribuindo regularmente para os regimes a que se refere este artigo, será contado o tempo de contribuição para fins do Regime Geral de Previdência Social, conforme disposto no regulamento".

– "CONTRIBUIÇÃO PARA O FUNRURAL. AQUISIÇÃO DE PRODUTO RURAL. ART. 15, I DA LC 11/1971. EXTINÇÃO. LEI 8.212/1991... 3. Está assentada em ambas as Turmas da 1ª Seção a orientação segundo a qual a contribuição do artigo 15, I, da Lei Complementar 11/71, incidente sobre o valor comercial dos produtos rurais, permaneceu vigente até o advento da Lei 8.213/1991" (STJ, REsp 637.880, 2006).

– **Art. 15, II, da LC n. 11/71. Recepção da contribuição ao FUNRURAL das empresas urbanas sobre a folha de salários.** O art. 3º do Decreto-lei n. 1.146/70, mencionado no inciso II do art. 15 da LC n. 11/71, fazia remissão ao art. 6º da Lei n. 2.613/55, o qual, por sua vez, havia instituído contribuição sobre "a soma paga mensalmente aos seus empregados". Tem-se entendido pela recepção da contribuição do art. 15, II, forte no princípio da continuidade da ordem jurídica e na compatibilidade material de tais contribuições com a Constituição de 1988. O tratamento constitucional específico consta do art. 195 da CF, que previu a contribuição do empregador sobre a folha de salário, o faturamento e o lucro. A incidência de 2,4% sobre "a soma paga mensalmente aos seus empregados" enquadra-se no conceito de folha de salário consagrado no art. 195, demonstrando, pois, a plena compatibilidade material da contribuição ao FUNRURAL do art. 15, II, da LC n. 11/71 com a Constituição Federal.

– "Contribuição ao FUNRURAL. Empregador urbano. Constitucionalidade na vigência da Constituição de 1967. 1. É firme a jurisprudência mais atual do Supremo Tribunal Federal no sentido da constitucionalidade da cobrança ao empregador urbano de contribuição ao FUNRURAL, seja na vigência da Constituição Federal de 1967, seja sob a égide do sistema constitucional atual" (STF, AI 695.964 AgR, 2013).

– "CONTRIBUIÇÃO AO FUNRURAL. ART. 15, II, DA LC 11/71. RECEPÇÃO PELA CF/88. EXTINÇÃO. EMPRESA URBANA. A contribuição ao FUNRURAL sobre 'a soma paga mensalmente aos seus empregados', instituída pelo art. 15, II, da LC 11/71, foi recepcionada pela Constituição Federal de 1988, pois compatível com a base econômica 'folha de salário', estampada no seu art. 195, I. A contribuição ao FUNRURAL, extinta pela Lei 7.787/89, era indevida pelas empresas urbanas" (TRF4, 199804010268380, 2003).

– **Art. 15, II, da LC n. 11/71. Revogação pela Lei n. 7.787/89.** A contribuição do art. 15, II, da LC n. 11/71 foi extinta pelo art. 3º, § 1º, da Lei 7.787/89, que dispôs: "Art. 3º. A contribuição das empresas em geral e das entidades ou órgãos a ela equiparados, destinada à Previdência Social, incidente sobre a folha de salários, será: I – de 20% sobre o total das remunerações pagas ou creditadas... II – ... § 1º A alíquota de que trata o inciso I abrange as contribuições para o salário-família, para o salário-maternidade, para o abono anual e para o PRORURAL, que ficam suprimidas a partir de 1º de setembro, assim como a contribuição básica para a Previdência Social".

– "FUNRURAL. FOLHA DE SALÁRIOS. EMPRESA URBANA. EXTINÇÃO. LEI N. 7.787/89... 1. A Lei n. 7.787/89 eliminou a contribuição sobre a folha de salários disciplinada no art. 15, II, da Lei Complementar n. 11/71. Precedentes. 2. 'Até o advento da Lei n. 7.787/89, é legítimo o recolhimento da contribuição previdenciária para custeio do FUNRURAL por empresas urbanas, já que o referido diploma não exige a vinculação da empresa a atividades rurais' [...]" (STJ, REsp 411.251, 2006).

– **Contribuição do produtor rural. Art. 25, I e II, da lei n. 8.212/91. Lei n. 9.52897. Lei n. 10.256/001.** Vide notas ao art. 195, § 13, da CF.

– **Empresa agroindustrial.** Sobre as contribuições previdenciárias das agroindústrias, vide nota anterior sobre a substituição das contribuições sobre a folha por nova contribuição sobre a receita.

b) a receita ou o faturamento;

⇒ **EC n. 20/98.** Alínea inserida pela EC 20/98.

– **Redação original.** A redação original do art. 195, I, da CF referia-se simplesmente a "faturamento", que possui sentido menos abrangente que "receita".

– O fato de terem surgido, sob a égide da redação original, imposições tributárias sobre a receita bruta das empresas gerou muitas discussões, pois tais imposições desbordavam do conceito de faturamento. Vide, adiante, nota acerca dos conceitos de faturamento e de receita bruta e a análise da Lei n. 9.718/98.

– Como a EC n. 20/98 ampliou a base econômica para permitir a instituição de seguridade social sobre a "receita ou o faturamento", a diferenciação de tais conceitos é desnecessária no que diz respeito às leis supervenientes, que regem o PIS e a COFINS, tanto no regime não cumulativos (Leis ns. 10.637/2002 e 10.833/2003), como no regime cumulativo (Lei n. 12.973/2014 ao alterar a Lei n. 9.718/1998).

⇒ **Legislação. Histórico. Instituição da contribuição sobre o faturamento, com suporte nesta norma constitucional.** A contribuição sobre o faturamento chamada FINSOCIAL foi expressamente recepcionada pelo art. 56 do ADCT para vigência transitória, até que fosse instituída uma nova contribuição de custeio da seguridade sobre tal base econômica. Estava disciplinada pelo Decreto-Lei n. 1.940/82, com as alterações impostas pelo Decreto-Lei n. 2.049/83, Dec. n. 91.236/85 e Lei n. 7.611/87. Após o advento da CF/88, a Lei n. 7.689/88 procurou torná-la definitiva e as Leis n. 7.787/89, 7.894/89 e 8.147/90 vieram alterar-lhe a alíquota, mas o STF entendeu que, em razão da sua recepção com caráter transitório, não poderia ser alterada, razão por que julgou inconstitucionais tais alterações. Surgiu, então, a LC n. 70/91 instituindo a nova contribuição sobre o faturamento, com suporte no art. 195, I, da CF, denominada COFINS. Em 1998, foi editada a Lei n. 9.718/98, cujo objetivo foi ampliar a base de cálculo da COFINS para que abrangesse a totalidade das receitas auferidas pela pessoa jurídica (receita bruta), conforme o § 1º do seu art. 3º, e aumentar sua alíquota. A ampliação da base de cálculo, tendo sido reconhecida como inconstitucional pelo STF, restou revogada pela Lei n. 11.941/2009. Em 2003, através da MP n. 135, convertida na Lei n. 10.833, sobreveio o regime não cumulativo da COFINS, alcançando determinadas empresas. Em 2004, com a Lei n. 10.865/2004, foi instituída a COFINS-Importação, mas com suporte no art. 195, IV, da CF. Cada um desses tributos é objeto de notas específicas que seguem adiante.

– Inconstitucionalidade do alargamento da base de cálculo pra alcançar quaisquer receitas no regime cumulativo pelo art. 3º, § 1º, da Lei n. 9.718/98, anterior à EC n. 20/1998. Tema 110 do STF: "É inconstitucional a ampliação da base de cálculo da contribuição ao PIS e da COFINS prevista no art. 3º, § 1º, da Lei 9.718/98". Decisão de mérito em 2008.

– O alargamento posterior da base econômica passível de ser tributada, de faturamento para "receita ou faturamento", decorrente da EC n. 20/98, não teve o efeito de convalidar legislação anterior que fizera incidir a contribuição sobre a totalidade das receitas auferidas pela pessoa jurídica (conceito mais largo que o de faturamento), com extrapolação inconstitucional da competência outorgada, como fato gerador da contribuição nominada do art. 195, I, da CF. Isso porque a inconstitucionalidade vicia a norma na origem, não se podendo pretender a recepção de norma inválida. Assim decidiu STF no RE 346.084, conforme nota específica adiante sobre a Lei n. 9.718/98.

– Pelo histórico da legislação, vemos que o faturamento já foi considerado como receita da venda de mercadorias e serviços no Decreto-Lei n. 1.940, com a redação do Decreto-Lei n. 2.397/87, como receita da venda de mercadorias e serviços na LC n. 70/91 e como totalidade das receitas na Lei n. 9.718/98. Note-se que, quanto à legislação posterior à EC n. 20/98, a noção a ser considerada não é mais a de faturamento, mas a de receita, mais larga. Assim, não se pode pretender dizer da invalidade das Leis ns. 10.637/2002 e 10.833/2003 por extrapolação ao conceito de faturamento, tendo em conta que, posteriores à EC n. 20/98, podiam já ser instituídas contribuições sobre toda a receita da empresa.

– Decreto-Lei n. 1.940, com a redação do Decreto-Lei n. 2.397/87: Art. 22. O § 1º do art. 1º do Decreto-lei n. 1.940, de 25 de maio de 1982, cujo *caput* foi alterado pelo art. 1º da Lei n. 7.611, de 8 de julho de 1987, passa a vigorar com a seguinte redação, mantidos os seus §§ 2º e 3º e acrescido dos §§ 4º e 5º: "§ 1º A contribuição social de que trata este artigo será de 0,5% (meio por cento) e incidirá mensalmente sobre: a) a receita bruta das vendas de mercadorias e de mercadorias e serviços, de qualquer natureza, das empresas públicas ou privadas definidas como pessoa jurídica ou a elas equiparadas pela legislação do Imposto de Renda".

– LC n. 70/91: "Art. 2º A contribuição de que trata o artigo anterior será de dois por cento e incidirá sobre o faturamento mensal, assim considerado a receita bruta das vendas de mercadorias, de mercadorias e serviços e de serviço de qualquer natureza. Parágrafo único. Não integra a receita de que trata este artigo, para efeito de determinação da base de cálculo da contribuição, o valor: a) do imposto sobre produtos industrializados, quando destacado em separado no documento fiscal; b) das vendas canceladas, das devolvidas e dos descontos a qualquer título concedidos incondicionalmente".

– Lei n. 9.718/98: "Art. 2º As contribuições para o PIS/PASEP e a COFINS, devidas pelas pessoas jurídicas de direito privado, serão calculadas com base no seu faturamento, observadas a le-

gislação vigente e as alterações introduzidas por esta Lei. Art. 3º O faturamento a que se refere o art. 2º compreende a receita bruta de que trata o art. 12 do Decreto-Lei n. 1.598, de 26 de dezembro de 1977. § 1º (Revogado pela Lei n. 11.941, de 2009). § 2º Para fins de determinação da base de cálculo das contribuições a que se refere o art. 2º, excluem-se da receita bruta: [...]".

– Leis ns. 10.637/2002 e 10.833/2003. "3. Aplicação, no tempo, dos efeitos da proclamação de inconstitucionalidade do § 1º do art. 3º da Lei 9.718/98. Leis 10.637/02 e 10.833/03. Identidade de fundamentos. Inexistência. Legislação posterior à EC 20/98" (STF, RE 379.243 ED, 2006). Vide excerto do voto condutor: "... é óbvio, a partir da simples leitura dos pronunciamentos da Corte em torno da inconstitucionalidade do § 1º do art. 3º da Lei n. 9.718/98, que os fundamentos conducentes a esta interpretação encontraram suporte, exclusivamente, na redação do inciso I do art. 195 da Constituição anteriormente ao advento da EC n. 20/98. Portanto, sem adentrar em qualquer outra consideração em torno das Leis ns. 10.637/02 e 10.833/03, pode-se seguramente afirmar, pela data de sua edição – já na vigência da EC n. 20/98 –, que a elas não se aplicam os mesmos fundamentos de inconstitucionalidade afirmados pela Corte em torno do § 1º do art. 3º da Lei n. 9.718/98".

– Lei n. 12.937/2014, atribuiu nova redação à Lei n. 9.718/98 e ao Decreto-Lei n. 1.598/77. Lei n. 9.718, com a nova redação: "Art. 3º O faturamento a que se refere o art. 2º compreende a receita bruta de que trata o art. 12 do Decreto-Lei n. 1.598, de 26 de dezembro de 1977". Dispõe o referido art. 12 do DL n. 1.598/77, com as alterações da Lei 12.973/2014: "Art. 12. A receita bruta compreende: I – o produto da venda de bens nas operações de conta própria; II – o preço da prestação de serviços em geral; III – o resultado auferido nas operações de conta alheia; e IV – as receitas da atividade ou objeto principal da pessoa jurídica não compreendidas nos incisos I a III".

⇒ **Conceito de faturamento: o produto da atividade objeto da empresa.** O STF consolidou orientação no sentido de que o faturamento abrange não só o produto da venda de mercadorias e de serviços (como afirmado inicialmente quando da afirmação da constitucionalidade do art. 1º da LC n. 70/91 e da inconstitucionalidade do § 1º do art. 1º, da Lei n. 9.718/98), mas o produto de "todo o rol das demais atividades que integram o objeto social da empresa" (alcance estabelecido por orientação posterior à luz de toda a casuística apresentada à consideração do tribunal), o que é particularmente relevante para a tributação das seguradoras, das incorporadoras e dos instituições financeiras. O entendimento de que não poderia incidir sobre receitas acidentais, bem como o de que toda e qualquer empresa teria "faturamento", desimportando qual o seu objeto social, restou incorporado pela Lei n. 12.973/2014, que, a par de alterar a Lei n. 9.718/98, também alterou o art. 12 do Decreto-Lei n. 1.598/1977, determinando a incidência da COFINS tanto sobre "o produto da venda de bens nas operações de conta própria", sobre " o preço da prestação de serviços em geral" e sobre "o resultado auferido nas operações de conta alheia", como, expressamente, também sobre "as receitas da atividade ou objeto principal da pessoa jurídica não compreendidas nos incisos I a

III". Isso num momento em que o legislador até poderia ter ampliado a incidência para alcançar qualquer tipo de receita, porquanto já à luz da EC n. 20/98 que ampliou a competência tributária, alterando a redação do art. 195, I, da CF.

– Importa, aqui, atentar para a previsão da base de cálculo como a receita de qualquer atividade que constitua o objeto principal da pessoa jurídica, seja a venda de mercadorias e serviços ou qualquer outra atividade, como a financeira, a de incorporação imobiliária e a de seguros, o que corresponde à interpretação que já vinha sendo feita antes mesmo do advento da Lei n. 12.973/2014, conforme destacamos quando da norma de competência. O fato gerador dessas contribuições ocorre mensalmente com a percepção da receita e a base de cálculo é a dimensão de tal receita que provém da atividade ou objeto principal da pessoa jurídica.

– "RECEITAS QUE INTEGRAM O FATURAMENTO EMPRESARIAL... 1. Esta Corte tem entendido que as receitas decorrentes de atividade de comercialização, administração, incorporação, permuta, locação de bens imóveis sujeitam-se à incidência da COFINS, por integrarem esses valores o faturamento da empresa, compreendido como o resultado econômico da atividade empresarial exercida" (STJ, AgRg no AREsp 367.055, 2013).

– "... o art. 2º da Lei n. 12.973/2014, resultado de conversão da Medida Provisória n. 627/2013, alterou o conceito de receita bruta para fins de determinação das bases de cálculo do PIS e da Cofins no âmbito do regime cumulativo, que passa a compreender o produto da venda de bens, o preço da prestação de serviços, o resultado auferido nas operações de conta alheia, bem como as receitas da atividade ou objeto principal da pessoa jurídica, não compreendidas nos itens anteriores. [...] o art. 2º da Lei 12.973/2014 alterou a redação do artigo 12 do Decreto-Lei n. 12.973/2014, com o objetivo de estabelecer um novo conceito jurídico de receita bruta, que alcança as receitas da atividade ou objeto principal da pessoa jurídica... Adiante, o artigo 52 da Lei n. 12.973/2014 estende o novo conceito de receita bruta para o PIS e a Cofins apurados no regime cumulativo... A principal dificuldade trazida pela inovação legislativa diz respeito à determinação da atividade ou objeto principal da pessoa jurídica, para efeito de computo das respectivas receitas nas bases de cálculo do PIS e da Cofins. A noção de atividade principal tem relação direta com o objeto social destacado no contrato social ou no estatuto social de constituição da pessoa jurídica, que deve guardar correspondência com a atividade efetivamente desenvolvida. Entretanto, é interessante notar que a atividade indicada nos atos constitutivos, ainda que efetivamente exercida na realidade social, não garante a sua preponderância econômica. Para evitar discussões, caberia ao legislador ter determinado se o enquadramento será formal, com base no contrato ou estatuto social, desde que condizente com a realidade, ou baseado na preponderância econômica, a partir de critérios objetivos indicados na própria lei. [...] As ideias expostas no presente trabalho podem ser assim sintetizadas: – não é qualquer receita decorrente da exploração do objeto social da pessoa jurídica que deve ser incluída nas bases de cálculo do PIS e da Cofins, tendo em vista que a Lei n. 12.973/2014 introduz o conceito de 'atividade ou objeto principal'; – a intermediação financeira consiste na atividade típica

das instituições financeiras, que gera o recebimento do chamado spread bancário; – os juros recebidos pela instituição financeira, em virtude das operações de intermediação financeira, devem ser incluídos nas bases de cálculo do PIS e da Cofins; – com relação às demais receitas financeiras, a análise do seu enquadramento no objeto social da pessoa jurídica deve ser realizada de maneira casuística, tendo em vista que o conceito de receita financeira pode abranger os resultados oriundos de diferentes atividades econômicas, que não necessariamente se subsumem ao conceito de receita bruta introduzido pela Lei n. 12.973/2014; – os resultados de aplicações financeiras representam verdadeira remuneração do capital, e não da atividade empresarial típica das sociedades seguradoras; – o caráter obrigatório das aplicações financeiras envolvendo ativos alocados nas reservas técnicas não tem o condão de transformar tais investimentos financeiros na atividade empresarial principal das sociedades seguradoras; – a atividade principal de uma sociedade seguradora envolve justamente a celebração de contratos de seguro, cuja remuneração – denominada de prêmio – consiste na importância paga pelo segurado em contrapartida à transferência do risco" (SANTOS, Ramon Tomazela. Notas sobre a ampliação do conceito de receita bruta pela Lei n. 12.973/2014 e as receitas financeiras das instituições financeiras e sociedades seguradoras. *RDDT* 228/136, 2014, p. 136).

– "... o referido conceito de faturamento abraçado pelo artigo 2º da Lei complementar n. 70/1991, e que antes tinha sido considerado válido pelo supremo Tribunal Federal no julgamento do Recurso Extraordinário n. 150.755, não foi haurido aleatoriamente, mas a partir da evolução legislativa da fatura/duplicada desde a sua primeira aparição no ordenamento jurídico brasileiro, especialmente após a Lei n. 5.474/168, que permitiu a emissão de fatura também para a prestação de serviços, sendo certo que a sua adaptação para abranger todas as vendas, e não apenas aquelas realizadas a prazo, para fins tributários, existe desde 1970, quando foi criado o Sistema Nacional Integrado de Informações Econômico-fiscais e possibilitada a emissão de nota fiscal-fatura. Ou seja, o Supremo não criou nada. Apenas aplicou a lei, como haveria de ser" (ANDRADE, Leonardo Augusto. Desmistificando o PIS e a Cofins das instituições financeiras. *RDDT* 216/61, 2013).

– **Reconhecendo a importância da questão para as empresas que permanecem no regime comum.** "... 2. Reconhecido o direito à repetição de indébito com base na inconstitucionalidade do art. 3º, § 1º, da Lei n. 9.718/98, deve ser reconhecido o mesmo direito após a vigência das Leis ns. 10.637/2002 e 10.833/2003 para as pessoas jurídicas tributadas pelo imposto de renda com base no lucro presumido ou arbitrado, diante da aplicação do art. 8º, II, da Lei n. 10.637/2002 e do art. 10, II, da Lei n. 10.833/2003, que excluem tais pessoas jurídicas da cobrança não cumulativa do PIS e da COFINS. Precedentes... 3... Acórdão submetido ao regime do art. 543-C, do CPC, e da Resolução STJ n. 8/2008" (STJ, REsp 1.354.506, 2013).

– **Tema 595 do STJ:** "Reconhecido o direito à repetição de indébito com base na inconstitucionalidade do art. 3º, § 1º, da Lei n. 9.718/98, deve ser reconhecido o mesmo direito após a vigência das Leis n. 10.637/2002 e 10.833/2003 para as pessoas jurídicas tributadas pelo imposto de renda com base no lucro presumido ou arbitrado, diante da aplicação do art. 8º, II, da Lei n. 10.637/2002 e do art. 10, II, da Lei n. 10.833/2003, que excluem tais pessoas jurídicas da cobrança não cumulativa do PIS e da COFINS". Decisão do mérito em 2013.

– "PIS/PASEP E COFINS. ART. 3º, § 1º, DA LEI N. 9.718/98. DISCUSSÃO A RESPEITO DO CONCEITO DE FATURA-MENTO/RECEITA BRUTA PARA AS PESSOAS JURÍDI-CAS TRIBUTADAS PELO IMPOSTO DE RENDA COM BASE NO LUCRO PRESUMIDO OU ARBITRADO. ART. 8º, II, DA LEI N. 10.637/2002 (PIS) E ART. 10, II, DA LEI N. 10.833/2003 (COFINS)... 2. Reconhecido o direito à repetição de indébito com base na inconstitucionalidade do art. 3º, § 1º, da Lei n. 9.718/98, deve ser reconhecido o mesmo direito após a vigência das Leis n. 10.637/2002 e 10.833/2003 para as pessoas jurídicas tributadas pelo imposto de renda com base no lucro presumido ou arbitrado, diante da aplicação do art. 8º, II, da Lei n. 10.637/2002 e do art. 10, II, da Lei n. 10.833/2003, que ex-cluem tais pessoas jurídicas da cobrança não cumulativa do PIS e da COFINS" (STJ, REsp 1.354.506, 2013).

– **Considerando as receitas do setor financeiro e de seguros como receitas de serviços e, portanto, faturamento no seu sentido estrito:** "PARECER PGFN/CAT/N. 2773/2007. PIS/PA-SEP e COFINS. Base de Cálculo das contribuições devidas pe-las instituições financeiras e seguradoras após o julgamento do RE 357.950-9/RS. Nota Técnica Cosit n. 21, de 28 de agosto de 2006. [...] h) serviços para as instituições financeiras abarcam as receitas advindas da cobrança de tarifas (serviços bancários) e das operações bancárias (intermediação financeira); i) serviços para as seguradoras abarcam as receitas advindas do recebimento dos prêmios; j) as afirmações contidas nas letras *h* e *i* decorrem: do princípio da universalidade na manutenção da seguridade so-cial (*caput* do art. 195 da CR/88), do princípio da capacidade contributiva (§ 1º do art. 145 da CR/88), do item 5 do Anexo sobre Serviços Financeiros do GATS e promulgado pelo Decre-to n. 1.355, de 30.12.94 (art. 98 do CTN), do inc. III do art. 2º da LC n. 116, de 2003 e dos arts. 3º, § 2º e 52 do CDC. 66. Têm--se, então, que a natureza das receitas decorrentes das atividades do setor financeiro e de seguros pode ser classificada como ser-viços para fins tributários, estando sujeita à incidência das con-tribuições em causa, na forma dos arts. 2º, 3º, *caput* e nos §§ 5º e 6º do mesmo artigo, exceto no que diz respeito ao *plus* contido no § 1º do art. 3º da Lei n. 9.718, de 1998, considerado inconsti-tucional por meio do Recurso Extraordinário 357.950-9/RS e dos demais recursos que foram julgados na mesma assentada".

– **Contra.** "II) É equivocado o entendimento defendido pela PGFN no Parecer PGFN/CAT n. 2.773/2007, no sentido de alargar o conceito de faturamento para as instituições financeiras como sendo o resultado das suas atividades operacionais, bem como de alargar o conceito de serviço no que se refere às suas atividades, em função dos seguintes fatos: a) o conceito de fatu-ramento definido nos *leading cases* supracitados não chancela-ram o conceito de faturamento defendido pelo Ministro Cezar Peluso, sendo justamente por esta razão que o Projeto de súmu-la Vinculante n. 06 que pretendia equiparar o conceito de fatura-mento à soma das receitas oriundas das atividades empresariais

sem considerar apenas as receitas advindas das vendas de merca-dorias e prestação de serviços, não foi aprovado pelo STF; b) do mesmo modo, a repercussão geral declarada no RE n. 609.096/RS demonstra que até o presente momento o STF não referen-dou o conceito de faturamento na forma sugerida pelo Ministro Cezar Peluso, o que comprova que as instituições financeiras com coisa julgada favorável no que toca com a declaração de in-constitucionalidade do artigo 3º, inciso I da Lei n. 9.718/1998 não podem ser tributadas com base em receitas distintas daque-las referentes às vendas de mercadorias e/ou prestação de servi-ços. III) De acordo com o entendimento externado pela própria PGFN no Parecer PGFN/CRJ n. 492/2011, no caso de mudan-ça jurisprudencial pelo STF, alterando anterior entendimento sobre a inconstitucionalidade de tributo, somente após a intima-ção do contribuinte sobre a cessão da eficácia de sua anterior coisa julgada é que pode ser retomada a cobrança do tributo, de forma prospectiva" (CARDOSO, Alessandro Mendes; MURI-CI, Gustavo Lanna. A eficácia da coisa julgada: PIS/Cofins das instituições financeiras e a ampliação da base de cálculo pela Lei n. 9.718/98. *RDDT* 213/7, 2013).

– "Não se concebe... a equiparação das atividades privativas das instituições financeiras como prestação de serviços, ao menos sem malferir a definição do conceito de direito privado, adulte-rando o alcance do próprio texto constitucional. Por esta razão, se a pretensão de fazer incidir os PIS e a Cofins, com base na malfadada Lei n. 9.718/1998 sobre operações bancárias não en-contra ressonância no direito brasileiro, não é a sua previsão no Gats (*General Agreeement on Trading in Service*) que legitimaria esta pretensão. Da mesma forma, o disposto no § 2º do artigo 3º do Código de Defesa do consumidor não inclui as atividades privativas das instituições financeiras no conceito de prestação de serviços para fins de competência tributária pois: (i) entendi-mento contrário ofenderia o artigo 195, I, c/c o artigo 110 do Código Tributário Nacional; (ii) o Supremo Tribunal Federal, em controle concentrado de constitucionalidade, excepcionou da aplicação do referido dispositivo o 'custo das operações ati-vas e remuneração das operações passivas praticadas por insti-tuições financeiras na exploração da intermediação de dinheiro na economia'" (ANDRADE, Leonardo Augusto. Desmistifi-cando o PIS e a Cofins das instituições financeiras. *RDDT* 216/61, 2013).

– **Faturamento *x* seguradoras.** "PIS/COFINS: Base de Cálculo e Seguradoras... O Tribunal iniciou julgamento de embargos de declaração em agravo regimental em recurso extraordinário, afe-tado ao Pleno pela 2ª Turma, em que seguradora sustenta que as receitas de prêmios não integram a base de cálculo da COFINS, porquanto o contrato de seguro não envolve venda de mercado-rias ou prestação de serviços... O Min. Cezar Peluso afirmou que o Tribunal estaria sendo instado a definir, de uma vez por todas, o que seria a noção de faturamento constante do art. 195, I, da CF, na redação que precedeu a EC 20/98. Asseverou que a pala-vra faturamento teria um conceito histórico, e, demonstrando o confronto entre a teoria que entende faturamento como sinôni-mo de receita de venda de bens e serviços daquela que o conside-ra resultado das atividades empresariais, reputou a segunda mais conforme ao sentido jurídico-constitucional e à realidade da moderna vida empresarial... Concluiu o relator que a proposta que submetia à Corte seria a de reconhecer que se devesse tributar tão somente e de modo preciso aquilo que cada empresa auferisse em razão do exercício das atividades que lhe fossem próprias e típicas enquanto conferissem o seu propósito e a sua razão de ser. Dessa forma, escapariam à incidência do tributo as chamadas receitas não operacionais em geral, as receitas financeiras atípicas e outras do mesmo gênero, desde que, não constituíssem elemento principal da atividade. Não fugiriam à noção de faturamento, pois, as receitas tipicamente empresariais colhidas por bancos, seguradoras e demais empresas, que, pela peculiaridade do ramo de atuação, não se devotassem, contratual e estritamente, à venda de mercadorias ou à prestação de serviço. Salientou, por fim, não ser necessário desenvolver um rol exaustivo que correlacionasse todas as espécies possíveis de receitas aos variados tipos de atividades e objetos sociais e empresariais, bastando que se estabelecesse, com segurança, o critério jurídico, afirmando-se a tese de que a expressão faturamento corresponderia à soma das receitas oriundas das atividades empresariais típicas. Esta grandeza compreenderia, além das receitas de venda de mercadorias e serviços, as receitas decorrentes do exercício efetivo do objeto social da empresa, independentemente do seu ramo de atividade, sendo que tudo o que desbordasse dessa definição específica não poderia ser tributado. Após, pediu vista dos autos o Min. Marco Aurélio" (STF, EDAgR RE 400.479/RJ, Rel. Min. Cezar Peluso, ago. 2009, cfr. *Informativo* n. 556 do STF, 2009).

• Vide: GIROTTO, Luiz Eduardo de Castilho. A Cofins e a sua Incidência sobre os Segmentos Financeiro e Securitário. *RDDT* 176/122, maio 2010.

– **Faturamento *x* instituições financeiras.** Está submetida ao STF, com repercussão geral, no RE 609096 (Tema 372), a questão da "a exigibilidade, ou não, da contribuição ao PIS e da COFINS sobre as receitas financeiras das instituições financeiras; e a necessidade de observância, ou não, da cláusula da reserva de plenário por decisão que afasta a incidência das disposições expressas no art. 3º, *caput*, e §§ 5º e 6º, da Lei n. 9.718/1998, sem lhes declarar expressamente a inconstitucionalidade".

– **Tema 372 do STF:** MÉRITO AINDA NÃO JULGADO. Controvérsia: "Exigibilidade do PIS e da COFINS sobre as receitas financeiras das instituições financeiras".

– "PIS E COFINS. DECADÊNCIA. ART. 3º, § 1º, DA LEI 9.718/98. ENTIDADES FINANCEIRAS E BANCOS COMERCIAIS. INAPLICABILIDADE. Os bancos comerciais e as entidades financeiras a eles equiparados não se submetem ao § 1º, do art. 3º, da Lei 9.718/98, no que tange ao recolhimento do PIS e da COFINS; Tais entidades são regidas pelos §§ 5º e 6º, do art. 3º da Lei 9.718/98, sendo que o STF expressamente se manifestou sobre a constitucionalidade do *caput* do art. 3º, da Lei 9.718/98; Para as instituições financeiras, a receita financeira constitui receita inerente à sua atividade – intermediação ou aplicação de recursos financeiros próprios ou de terceiros (art. 17, Lei 4595/64) – ocasionando que sua receita bruta operacional equivalha basicamente ao faturamento, estando sujeitas ao regime não cumulativo; Apelação improvida" (TRF4, AMS 2006.71.00.040773-8, 2007).

– "... há de ser feita uma ressalva quanto à tributação do *spread*, pois o que se tributa pelo PIS/Cofins, propriamente, não é o ganho financeiro dos bancos, mas as receitas obtidas com o pagamento de juros pelos tomadores, com as exclusões expressamente permitidas pelo art. 3º da Lei 9.718/98. Com efeito, o chamado *spread* bancário é a diferença entre os juros cobrados pelos bancos nos empréstimos a pessoas físicas e jurídicas e os juros pagos pelos bancos aos investidores que colocam seu dinheiro em aplicações sob sua custódia, ou seja, a diferença entre o custo do dinheiro que o banco toma emprestado e a rentabilidade paga pelo dinheiro que empresta. Traduz-se, portanto, na diferença entre as receitas com juros de seus empréstimos aos tomadores e as despesas correspondentes aos juros que paga ao investidor/poupador. Como decorrência da própria natureza de suas atividades, a maior parte das receitas auferidas pelas bancos corresponde a receitas financeiras, restando uma pequena parte para a remuneração pela prestação dos serviços supra mencionados. As receitas auferidas com os empréstimos, se por um lado, tecnicamente, se amoldam ao conceito de receitas financeiras, pois resultam de atividade secundária das empresas, no caso dos bancos se confunde com as receitas da própria atividade empresarial, razão pela qual a incidência do PIS e da Cofins se justifica plenamente" (BARROS, Maurício. Análise da constitucionalidade e da legalidade da tributação do PIS/Cofins sobre o chamado "*spread* bancário". *RDDT* 175/136, 2010).

– "... a receita decorrente de tais atividades financeiras, tais como desconto de títulos, cobrança de juros, dentre outras, não tem a natureza de serviço já que – como dito – busca remunerar o capital empregado. Assim, por exemplo, quando uma instituição financeira cobra juros em um empréstimo (e tais juros são receitas da entidade), tais valores, evidentemente, não correspondem à prestação de um serviço, mas, sim, à remuneração do próprio capital. [...] as atividades bancárias consistentes na captação e repasse de recursos não representam receita de serviço e, portanto, não devem ser incluídas no faturamento para fins de incidência do PIS e da Cofins desde que entendido como receita de venda de mercadorias e prestação e serviços" (PAZELLO, Fernanda Ramos. PIS e Cofins das instituições financeiras e equiparadas: análise dos conceitos de faturamento e receita financeira. *RDDT* 216/36, 2013).

– "Segundo a Lei n. 4.595/1964, instituições financeiras são as entidades que têm como atividade principal ou acessória a coleta, intermediação ou aplicação de recursos financeiros próprios ou de terceiros. Em decorrência destas atividades típicas, as instituições auferem receitas financeiras, como juros e ganhos cambiais. Estas receitas eram 'isentas' do recolhimento da Cofins, por força do disposto no parágrafo único do artigo 11 da Lei complementar n. 70/1991, mas este regime jurídico foi alterado através de um revogação implícita pela Lei n. 9.718/1998, que passou a servir de fundamento legal para a cobrança. [...] as receitas financeiras não se enquadram no conceito de faturamento como produto decorrente da venda de mercadorias ou serviços, pois não há a presença nem de um nem de outro quando da realização destas operações" (LEÃO, Martha Toribio. A incidência das contribuições sociais sobre as receitas financeiras das instituições financeiras e a jurisprudência do Supremo Tribunal Federal. *DDT* 214/93, 2013).

• Vide: GIROTTO, Luiz Eduardo de Castilho. A Cofins e a sua incidência sobre os segmentos financeiro e securitário. *RDDT* 176/122, 2010.

– Faturamento *x* operações com imóveis. "COFINS. Locação de bens imóveis. Incidência. Agravo regimental improvido. O conceito de receita bruta sujeita à exação tributária envolve, não só aquela decorrente da venda de mercadorias e da prestação de serviços, mas a soma das receitas oriundas do exercício das atividades empresariais" (STF, RE 371.258 AgR, 2006).

– Súmula 423 do STJ: "A Contribuição para Financiamento da Seguridade Social – Cofins incide sobre as receitas provenientes das operações de locação de bens móveis" (2010).

– "ARTIGO 543-C, DO CPC. TRIBUTÁRIO. COFINS. LOCAÇÃO DE BENS MÓVEIS. INCIDÊNCIA... 1. A Contribuição para Financiamento da Seguridade Social – COFINS incide sobre as receitas provenientes das operações de locação de bens móveis, uma vez que 'o conceito de receita bruta sujeita à exação tributária envolve, não só aquela decorrente da venda de mercadorias e da prestação de serviços, mas a soma das receitas oriundas do exercício das atividades empresariais' (Precedente do STF que versou sobre receitas decorrentes da locação de bens imóveis: RE 371.258 AgR, Relator(a): Min. Cezar Peluso, Segunda Turma, julgado em 03.10.2006, *DJ* 27.10.2006)... 3. Consequentemente, a definição de faturamento/receita bruta engloba as receitas advindas das operações de locação de bens móveis, que constituem resultado mesmo da atividade econômica empreendida pela empresa... 7. Recurso especial parcialmente conhecido e, nesta parte, desprovido. Acórdão submetido ao regime do artigo 543-C, do CPC, e da Resolução STJ 08/2008. Proposição de verbete sumular" (STJ, REsp 929.521, 2009).

– No sentido de que não haveria faturamento. "[...] Vem sendo amplamente discutida no Judiciário a tributação da Cofins sobre operações com imóveis. A esta discussão foi acrescentada a possibilidade de tributação sobre os chamados imóveis 'próprios' que seriam aqueles construídos pelo próprio incorporador. [...] Tendo a Lei Complementar n. 70/91, em seu artigo 2º, limitado a incidência da contribuição sobre a venda de mercadorias teria, segundo alguns intérpretes, excluído do seu campo de abrangência a receita proveniente da alienação de imóveis, dado que estes não se enquadram no conceito de mercadoria, coisa móvel destinada ao comércio. [...] Não obstante, algumas decisões distinguem o que denominam imóveis próprios (construídos ou incorporados pela próprio empresário) dos que teriam sido adquiridos pelo comerciante para revenda restringindo, desta forma, a tributação pela Cofins aos atos de intermediação de um mesmo e idêntico bem, excluindo não só a atividade de produção como o valor a ela agregado. Como vimos acima, sem motivo, pois a produção de bens para revenda também caracteriza a atividade comercial. Assim, se o vendedor é comerciante e está no exercício de sua atividade, o bem imóvel por ele vendido é mercadoria para todos os efeitos legais e integra o seu faturamento. [...] Portanto, a Lei Complementar n. 70/91 não interpretou o conceito de mercadoria nem alterou o sentido que lhe atribui o direito

privado; pelo contrário, tornou da legislação em vigor o preciso conceito de mercadoria em nosso direito. Desta forma, dado que a distinção entre imóveis 'próprios' ou outros que venham a ser comercializados pelos empresários não encontra nenhuma especificidade na legislação em vigor, não é lícito ao empresário escolher como e quando será tributado alterando a seu critério a destinação dos imóveis" (BOITEUX, Fernando Netto. A Cofins e os chamados "imóveis próprios". *RDDT* 52/71, 2000).

– Faturamento *x* locação de imóveis próprios. O STJ avaliou a legitimidade da incidência da contribuição para o PIS e da Cofins sobre as receitas obtidas com locação de imóveis por sociedade empresária cuja finalidade social não é a locatícia, ou seja, em operações que não compõem seu objeto social. Assim foi lavrada a ementa do julgado: "TRIBUTÁRIO. PIS/COFINS. INCIDÊNCIA SOBRE RECEITA PROVENIENTE DE ALUGUEL. LEGITIMIDADE, INDEPENDENTEMENTE DE SE TRATAR DE RECEITA NÃO DECORRENTE DO OBJETO SOCIETÁRIO. 1. É pacífico na 1ª Seção o entendimento segundo o qual as receitas provenientes da locação de bens de propriedade das pessoas jurídicas integram a base de cálculo da contribuição para o PIS e da COFINS. Precedentes. Súmula 423/STJ. 2. A circunstância de se tratar de receita decorrente de operação não prevista no objeto societário da empresa contribuinte não é, só por isso, suficiente para excluí-la da incidência das contribuições. 3. Recurso especial provido" (STJ, REsp 1210655, 2011).

– "COFINS. LOCAÇÃO DE IMÓVEIS PRÓPRIOS. Ao locar imóveis próprios, a impetrante está auferindo receita, é certo, mas não é decorrente de venda de mercadorias e/ou de serviços, hipótese de incidência da COFINS" (TRF4, REOMS 1999.70.08.002635-5, 2000).

• Vide: ABRANTES, Emmanuel Garcia; ALVES, Henrique Cunha Costa. O conceito de faturamento e a tributação das receitas advindas da locação de imóveis próprios pelo regime cumulativo de PIS/Cofins à luz da Lei n. 12.973/2014. *RDDT* 235/62, 2015.

– Faturamento *x* locação de imóveis como objeto social. "COFINS. LOCAÇÃO DE BENS MÓVEIS. INCIDÊNCIA. VIOLAÇÃO DO ARTIGO 535, DO CPC. INOCORRÊNCIA. 1. A Contribuição para Financiamento da Seguridade Social – COFINS incide sobre as receitas provenientes das operações de locação de bens móveis, uma vez que 'o conceito de receita bruta sujeita à exação tributária envolve, não só aquela decorrente da venda de mercadorias e da prestação de serviços, mas a soma das receitas oriundas do exercício das atividades empresariais' (Precedente do STF que versou sobre receitas decorrentes da locação de bens imóveis: RE 371.258 AgR...). Precedentes das Turmas de Direito Público do STJ acerca de receitas decorrentes da locação de bens móveis: AgRg no Ag 1.136.371/PR...; AgRg no Ag 1.067.748/RS...; REsp 1.010.388/PR...; e AgRg no Ag 846.958/MG... 2. Deveras, 'a base de incidência da COFINS é o faturamento, assim entendido o conjunto de receitas decorrentes da execução da atividade empresarial e (b) no conceito de mercadoria da LC 70/91 estão compreendidos até mesmo os bens imóveis, com mais razão se há de reconhecer a sujeição das receitas auferidas com a operações de locação de bens móveis à mencionada contribuição' (REsp 1.010.388/PR... e EDcl no REsp 534.190/PR...). 3. Consequentemente, a definição de faturamento/receita bruta engloba as receitas advindas das operações de locação de bens móveis, que constituem resultado mesmo da atividade econômica empreendida pela empresa. 4... 7... Acórdão submetido ao regime do artigo 543-C, do CPC, e da Resolução STJ 08/2008" (STJ, REsp 929.521, 2009).

– "A Contribuição para o Programa de Integração Social – PIS e a Contribuição para Financiamento da Seguridade Social – COFINS incidem sobre as receitas provenientes de locação de bens imóveis, aplicando-se, por analogia, a Súmula n. 423 do Superior Tribunal de Justiça" (STJ, AgRg no REsp 1.232.330, 2013). Obs.: discutiu-se o regime cumulativo.

– **Faturamento *x* locação de lojas e administração de *shopping center*.** "*SHOPPING CENTER* – LEI N. 9.718/98 – INEXISTÊNCIA DE VIOLAÇÃO DO ART. 535 DO CPC – ADMINISTRAÇÃO IMOBILIÁRIA – ATIVIDADE-FIM – COMPRA, VENDA E LOCAÇÃO DE IMÓVEIS – INCIDÊNCIA TRIBUTÁRIA... 2. A obrigação tributária surge com o resultado da atividade-fim do agente passivo, *in casu*, sobre a receita oriunda da intermediação de negócios imobiliários, tais como compras, alugueres, venda de imóveis próprios ou de terceiros. Em outros termos, incide contribuição social sobre o faturamento bruto da administradora de *Shopping Center* (Lei n. 9.718/98)" (STJ, REsp 1.101.974, 2009).

– "VALORES RECEBIDOS POR ADMINISTRAÇÃO DE *SHOPPING CENTER* A TÍTULO DO DENOMINADO 'ALUGUEL PERCENTUAL'. TRIBUTAÇÃO EM RAZÃO DE PIS E COFINS... 2. A divergência que se entende instalada se refere à pretendida incidência de PIS e COFINS sobre o denominado 'aluguel percentual' recebido por administradores de *shoppings*. 3. No contrato de aluguel percentual, que incide sobre o faturamento bruto gerado pela atividade comercial do lojista, é estabelecido percentual a ser pago à empresa administradora ou proprietária do *shopping*. Contudo, o valor que o *shopping* recebe não foi objeto, em momento anterior, de tributação do PIS e da COFINS, no âmbito da própria empresa contribuinte. Em verdade, o percentual aplicado é, apenas, uma técnica ajustada para apurar o valor do aluguel. 4. O fato, por si só, de ser adotado mecanismo incomum (o de percentual sobre o faturamento do locatário) para apurar o valor do aluguel devido não influi na relação jurídica tributária. Há, não se pode obscurecer uma receita para o *shopping center*. Pouco importa que a apuração dessa receita seja feita em forma de percentual ou fixo. O que há de ser considerado é o fato de que o lojista efetua o pagamento de um aluguel ao *shopping center*, em período mensal, em decorrência de um contrato de natureza específica que foi celebrado. 5. Nesse contexto, é de direito que prevaleça a tese dos acórdãos apresentados como paradigmas, isto é, de que há incidência do PIS/COFINS sobre os valores recebidos pelos *shopping centers*, a título de aluguel dos lojistas, seus inquilinos" (STJ, EREsp 662.978, 2006).

– **Faturamento *x* receitas financeiras dos bancos. No sentido de que não haveria faturamento.** "... sob a ótica do conceito estrito de 'faturamento', os bancos só estão sujeitos à incidência da Cofins sobre a receita dos serviços bancários, atualmente com alí-

quota de 4% (vide Lei n. 10.684/2003), devendo restar excluídas as receitas financeiras e outras receitas. [...] alguns poderiam indagar se... modificação trazida atualmente pela Lei n. 11.196/2005, atingindo algumas regras relativas à formação da base de cálculo da Cofins sobre as receitas das instituições financeiras, poderia servir para fazer as vezes do § 1º do art. 3º da Lei n. 9.718/1998, porém de forma regular, já com base na norma de competência ampliada da contribuição (EC n. 33/2001) e que permitiria sua incidência sobre a receita financeira dos bancos e não mais apenas sobre o 'faturamento'... Respondemos pela negativa, e justificamo-nos ao observar a insuficiência das normas trazidas pela Lei n. 11.196/2005 para compor um regime próprio de incidência da contribuição Cofins sobre a receita financeira dos bancos. As normas em questão apenas explicitam quanto à forma de apuração da incidência da contribuição enquanto incidente sobre receitas derivadas de operações em mercados de liquidação futura, normas portanto paralelas à disciplina central pré-fixada pela Lei n. 9.718/1998. Sendo normas acessórias e complementares desse regime, deverão seguir aqui a sorte do principal... [...] a incidência da Cofins só poderá atingir as receitas financeiras ou outras receitas das instituições financeiras caso seja instituída tal incidência por novo diploma legislativo, posterior ao surgimento da norma de competência ampliada pela EC n. 20/98..." (PETRY, Rodrigo Caramori. A Cofins e a tributação sobre as receitas das instituições financeiras. *RDDT* 145/116, 2007).

– **Faturamento *x* receitas financeiras alheias ao objeto da empresa.** "PIS E COFINS – LEI N. 9.718/98... RECEITA BRUTA E FATURAMENTO – A sinonímia dos vocábulos – Ação Declaratória n. 1, Pleno, relator Ministro Moreira Alves – conduz à exclusão de aportes financeiros estranhos à atividade desenvolvida – Recurso Extraordinário n. 357.950-9/RS, Pleno, de minha relatoria" (STF, RE 527.602, 2009).

⇒ **Conceito de receita.** Após a EC n. 20/98, quaisquer receitas do contribuinte podem ser colocadas, por lei, como integrantes da base de cálculo da COFINS. Assim, não apenas as receitas provenientes da venda de mercadorias e serviços, mas também as receitas financeiras, as receitas com *royalties* etc. Tal não convalida a Lei n. 9.718/98, surgida à luz da redação original do art. 195, I, que já teve sua inconstitucionalidade reconhecida pelo STF, conforme nota específica adiante, mas faz com que a Lei n. 10.833/2003, que sobreveio quando já vigente a nova redação do art. 195, I, *a*, dada pela EC n. 20/98, tenha alcançado validamente as diversas receitas da pessoa jurídica, pois não estava mais condicionada pelo conceito estrito de faturamento. A discussão, atualmente, não se circunscreve mais à noção de faturamento, mas à dimensão da própria noção de receita. Embora o conceito de receita seja mais largo que o de faturamento, nem todo ingresso ou lançamento contábil a crédito constitui receita. A análise da amplitude da base econômica "receita" precisa ser analisada sob a perspectiva dos princípios constitucionais tributários, dentre os quais o da capacidade contributiva e o da isonomia. Nem tudo o que contabilmente seja considerado como receita poderá, tão só por isso, ser considerado como "receita tributável". Tampouco é dado à SRF ampliar por atos normativos o que se deva considerar como tal. A receita, para ser tributada, deve constituir riqueza reveladora de capacidade contributiva.

– "9. São diferentes as perspectivas que o vocábulo receita experimenta em diferentes linguagens: realidade autônoma com a tônica no ingresso financeiro (linguagem do texto constitucional); ponto de partida, ou meio que contribui positivamente para a formação do resultado da entidade empresarial (linguagem da lei societária); conceito relativo que exige cotejo com custos e despesas, através de métodos e técnicas uniformizadores da elaboração das demonstrações financeiras para registro e exteriorização do resultado da entidade (linguagem da Ciência Contábil); registro de ingresso público, ou indicativo na formação de preços das utilidades colocadas no mercado (linguagem da Ciência Econômica); entrada definitiva de dinheiro nos cofres do poder público (linguagem da Ciência das Finanças); ingresso pela venda de mercadorias e serviços, acepção restrita em que receita corresponde ao conceito de faturamento (LC n. 70/91), posteriormente ampliada para corresponder a outros ingressos (Lei n. 9.718/98), sendo irrelevante o tipo de atividade e a classificação contábil adotada (linguagem da lei tributária). 10. Embora se alegue que tenha sentido vago, ambíguo e impreciso, o vocábulo receita tem significado certo e determinado, enquanto empregado como base de incidência de contribuição para a seguridade social. É conceito jurídico-substancial, qualificado pelo ingresso financeiro e pela causa jurídica a ele correspondente, que deve ser recortado do universo das possibilidades lógicas. [...] 18. ... é possível anunciar as notas determinantes da realidade pressuposta na Constituição Federal que permitem evidenciar o conteúdo do conceito de receita, enquanto materialidade suscetível de revelar capacidade contributiva apta para sustentar contribuição para a seguridade social. Nessa perspectiva, a configuração da receita exige a presença dos seguintes atributos: (a) conteúdo material: ingresso de recursos financeiros no patrimônio da pessoa jurídica; (b) natureza do ingresso: vinculada ao exercício de atividade empresarial; (c) causa do ingresso: contraprestação em negócio jurídico que envolva a venda de mercadorias ou prestação de serviços, assim como pela cessão onerosa e temporária de bens e direitos e pela remuneração de investimentos; (d) disponibilidade: pela definibilidade do ingresso; e (e) mensuração instantânea e isolada em cada evento, abstraindo-se dos custos e de periodicidade para sua apuração" (MINATEL, José Antônio. *Conteúdo do conceito de receita e regime jurídico para sua tributação*. São Paulo: MP, 2005, p. 253-255).

– "... a receita, constante da nova redação do art. 195, I, à diferença de o faturamento, passa a constituir um conceito 'alargado', qualquer valor auferido, que abrange a classe genérica da receita como base de cálculo. Como classe genérica, receita passa a referir-se às atividades da sociedade que constituem as fontes do resultado, conforme o tipo de atividade por ela exercida" (FERRAZ JUNIOR, Tercio Sampaio. Da distinção entre receita e faturamento por força a alteração introduzida pela EC n. 20/98. *RFDT* 28/9, 2007).

- Vide, também: SEHN, Solon. *Cofins incidente sobre a receita bruta*. São Paulo: Quartier Latin, 2006. Do mesmo autor: O conceito de receita no direito privado e suas implicações no direito tributário (PIS-Cofins, IRPJ, Simples). *RDDT* 127/96, 2006.

– **Receita e capacidade contributiva.** "6. A contribuição pecuniária e compulsória dos particulares, desvinculada de contrapartida pelo exercício de atividade do poder público, só pode advir de realidade dotada de conteúdo econômico, possibilitando dela retirar uma parcela de riqueza (capacidade contributiva) que permita ser solidário na manutenção e custeio das atividades do Estado, extração de riqueza que se faz sem agressão aos direitos fundamentais de liberdade e da propriedade. 7. O conteúdo do conceito de receita, pressuposto pelo constituinte, tem na sua essência a magna diretriz da capacidade contributiva, necessariamente exteriorizada pela disponibilidade de ingresso financeiro proveniente de operações praticadas no exercício da atividade empresarial, seja pela venda de mercadorias ou de serviços, ou pela cessão onerosa e temporária de direitos. 8. Não se deve investigar o atributo da capacidade contributiva unicamente pelo viés das qualidades do sujeito passivo efetivamente colhido pela regra de incidência (capacidade subjetiva ou relativa), sendo fundamental também se conectar nessa análise a existência do conteúdo da materialidade pressuposta (capacidade objetiva ou absoluta) para o tributo investigado" (MINATEL, José Antônio. *Conteúdo do conceito de receita e regime jurídico para sua tributação*. São Paulo: MP, 2005, p. 253).

– "... a tributação sobre a atividade empresarial demonstra-se ajustada quando há capacidade contributiva nesta atividade. Ou seja, o critério para uma tributação que não ofenda o valor de liberdade e livre iniciativa é justamente aquele que se baseia no valor de igualdade baseado na capacidade contributiva dos sujeitos tributados. Aqui encontra-se uma crítica ao sistema brasileiro de tributação sobre a atividade empresarial, que justamente baseia-se em tributos que não guardam relação com a capacidade contributiva [...] o sistema brasileiro mantém a tributação sobre o faturamento..., que tem como fato gerador a mera obtenção de receitas para a empresa. O fato de a empresa possuir ingressos pela comercialização dos seus produtos ou receitas de outras fontes não significa, necessariamente, a existência de capacidade contributiva. Pelo sistema destes tributos, desde a primeira receita obtida na atividade empresarial já há a incidência do tributo, mesmo que a atividade esteja ainda longe de obter lucro. O que quer demonstrar é que, a obtenção de receitas pode ser uma característica econômica, mas que não demonstra capacidade contributiva. Trata-se de uma tributação que incide de maneira a desestimular o novo empreendimento, que desde a emissão de sua primeira nota fiscal já está sendo tributado pelo mero ingresso da receita, sem preocupação com eventual lucro obtido pela empresa" (HACK, Érico. Tributação: compatibilidade com livre-iniciativa e a liberdade na Constituição de 1988. In: GRUPENMACHER, Betina Treiger (coord.). *Tributação*: democracia e liberdade. São Paulo: Noeses, 2014, p. 399).

– **Receita tributável x receita como registro contábil.** Nem tudo o que contabilmente é considerado receita pode sê-lo para fins de tributação. Isso porque a receita, na norma concessiva de competência tributária, denota uma revelação de riqueza. É preciso considerar a receita sob a perspectiva do princípio da capacidade contributiva.

– Tanto o § 1º do art. 3º da Lei n. 9.718/98 (de modo inconstitucional), como o art. 1º da Lei n. 10.833/2003 (validamente), dispõem no sentido de que se deve entender por faturamento o total das receitas auferidas pela pessoa jurídica, independentemente da sua denominação ou classificação contábil. Tal norma vem sendo invocada tanto pelo Fisco, para incluir na base de cálculo rubricas não contabilizadas como receitas, como pelos contribuinte, para excluir da base de cálculo rubricas contabilizadas como receita mas que não seriam tributáveis.

– "... há equívoco nessa tentativa generalizada de tomar o registro contábil como o elemento definidor da natureza dos eventos registrados. O conteúdo dos fatos revela a natureza pela qual espera-se sejam retratados, não o contrário. [...] Equivoca-se a administração pública na tentativa de tributar a receita segundo os mesmos critérios que determinam o seu registro contábil para a tributação do lucro. Em respeito à praticabilidade e facilitação da administração tributária, é possível tolerar procedimentos uniformes partindo da escrituração contábil (receita realizada) para apuração da base de incidência das contribuições, se admitido que essa técnica leva à tributação antecipada de 'receita' ainda não auferida, uma contradição, pois crédito não recebido não é receita. Operando-se, portanto, com tributação antecipada, não pode ela ser definitiva, tolerância que exige como condição mecanismos de ajustes nos períodos subsequentes, mediante exclusão ou compensação que permitam neutralizar o impacto da tributação sobre parcelas não recebidas e já tributadas, evitando ao tributo incidir em realidade desprovida de capacidade de solver a obrigação tributária" (MINATEL, José Antônio. *Conteúdo do conceito de receita e regime jurídico para sua tributação*. São Paulo: MP, 2005, p. 244 e 258).

– "Etimologicamente, 'receita' significa a quantia recebida, apurada ou arrecadada, que acresce ao conjunto de rendimentos da pessoa física, em decorrência direta ou indireta da atividade por ela exercida. Salienta, entretanto, a doutrina, que nem toda entrada é receita. Só pode ser tido como receita o ingresso de recursos que passe a fazer parte do patrimônio do contribuinte. O simples registro na contabilidade da empresa da entrada de determinada importância não a transforma em 'receita'. 'Receita', para fins de incidência de Cofins, é um conceito substancial (jurídico) e não contábil, tanto que a lei prevê ser base de cálculo dessa exação a totalidade das receitas, independentemente de sua classificação contábil. Ademais, o mero ingresso de valores na contabilidade de uma empresa não é fator que demonstre a existência de capacidade contributiva – limite imposto à instituição de tributos, inclusive de contribuições sociais, que têm como fato gerador elemento denotador dessa capacidade, como é o caso do conceito de 'receita'. A distinção entre 'receita' e 'ingresso' é feita por toda a doutrina nacional, já há muitos anos" (MARTINS, Ives Gandra da Silva. PIS e Cofins – não incidência sobre o reembolso, feito pela Eletrobrás com recursos da CDE (Lei n. 10.438/2002 e Decreto n. 4.541/2002) às usinas termelétricas, do custo do carvão mineral nacional utilizado como combustível – sua não inclusão no conceito de receita, base de cálculo das contribuições objeto do art. 195, I, *b*, da CF devidas pela usina. *RDDT* 122/132, 2005).

– "No âmbito normativo da atividade contábil, o Conselho Federal de Contabilidade dispôs sobre os princípios fundamentais da contabilidade, também chamados 'princípios contábeis geralmente aceitos', através da Resolução n. 750/93. Essa norma aborda a receita na seção referente ao princípio da competência e limita-se a dizer que 'as receitas e despesas devem ser incluídas na apuração do resultado do período em que ocorrerem, ...' (art. 9º, *caput*), sendo um pouco mais explícita no § 3º, quando diz: '§ 3º – As receitas consideram-se realizadas: I – nas transações com terceiros, quando estes efetuarem o pagamento ou assumirem compromisso firme de efetivá-lo, quer pela investidura na propriedade de bens anteriormente pertencentes à Entidade, quer pela fruição de serviços por esta prestados; II – quando do desaparecimento, parcial ou total, de um passivo, qualquer que seja o motivo; III – pela geração natural de novos ativos, independentemente da intervenção de terceiros.' Com isto, verificamos que para a contabilidade (1) a receita é algo que integra o resultado do período, (2) que existe quando terceiros efetuem o pagamento de uma transação ou assumam o compromisso firme de efetivá-lo em decorrência de uma venda ou de serviços, (3) podendo também existir pelo desaparecimento de uma dívida ou pela geração natural de ativos. A propósito de praxes e técnicas contábeis, cumpre desde logo afastar qualquer possibilidade de a receita, no sentido da Emenda n. 20, ser um simples lançamento contábil ou aquilo que a contabilidade venha a reconhecer como tal. Na verdade, como tantas vezes já foi apontado nos estudos tributários, seja em doutrina, seja em jurisprudência, a contabilidade nada cria, pois apenas registra, através de métodos científicos e confiáveis e segundo a linguagem das partidas dobradas, os fatos tais como se encontram na realidade fenomênica que lhe é externa, composta esta quase que sempre por fatos e atos jurídicos, de tal maneira que os registros contábeis não podem ser efetuados em contradição com as disposições jurídicas que regem este ou aquele fato objeto de contabilização. No cenário atual, em vista da norma contida no § 1º do art. 3º da Lei n. 9.718 – segundo a qual a receita bruta deve ser entendida independentemente da 'classificação contábil adotada' – interpretações mais desavisadas admitem que toda e qualquer prática contábil possa conduzir à receita, por não ser relevante a classificação contábil praticada. Todavia, como bem adverte Marco Aurélio Greco, receita e faturamento, para efeito de incidência da COFINS e da contribuição ao PIS, são conceitos jurídico-substanciais, de tal modo que essas contribuições somente alcançam o que efetivamente for receita ou faturamento, qualquer que seja a sua forma de contabilização, mas não o inverso, arrematando esse autor com a explicitação de que primeiro é preciso ter a natureza de receita ou faturamento, para que, depois, a forma de contabilizar seja irrelevante" (OLIVEIRA, Ricardo Mariz de. Conceito de receita como hipótese de incidência das contribuições para seguridade social (para efeito da COFINS e da Contribuição ao PIS). *Rep. IOB de Jur.* 1/01, 1/15528).

– "O art. 10 do Decreto-lei n. 1.598 e os arts. 8º e 15, IV, da Lei n. 10.833, a pretexto de regulamentarem os efeitos fiscais dos contratos a longo prazo na apuração dos tributos federais, também violam as regras constitucionais de distribuição de competência tributária, pois determinam a incidência de IRPJ, CSL e contribuições para o PIS e COFINS sobre parcelas que ainda não podem ser consideradas renda ou receita" (BOZZA, Fábio Piovesan. Divergências na contabilização e regime de tributação dos contratos de empreitada a longo prazo. *RDDT* 156/44, 2008).

– Sobre a relação entre os registros contábeis e as bases de cálculo dos tributos, vide, ainda, nota ao art. 195, I, *c*, da CF sobre a tributação do lucro.

– **Regime de competência x regime de caixa**. "... PIS. LEI 10.637/02. RECEITA. REGIMES DE COMPETÊNCIA E DE CAIXA. [...] A faculdade legal de opção pelo regime de competência ou pelo regime de caixa e mesmo a imposição do regime de competência não implicam, em tese, violação à noção de receita. Poderia a empresa se insurgir relativamente a determinadas receitas específicas contabilizadas pelo regime de competência e que não tivessem se confirmado quando da efetiva liquidação ou recebimento dos valores, implicando, assim, pagamento sobre receita inocorrida. Não é o caso, porém, desta ação. E não há suporte para a insurgência genérica contra o regime de competência, até porque não há demonstração contábil no sentido de que o regime de competência implique, sistematicamente, o recolhimento de tributo a maior, sobre receitas superiores às efetivamente ocorridas e mesmo que não haja mecanismos contábeis para compensar o recolhimento antecipado a maior, quando a receita efetiva se verifique inferior à esperada. Não há impedimento a que o legislador determine o pagamento de tributo antes da ocorrência de fato gerador que, se ainda não ocorrido, é iminente" (TRF4, AMS 2003.71.00.077956-2, 2006).

– **Receita auferida x receita realizada**. "28. Receita auferida é conceito jurídico integrante da estrutura da regra de incidência das contribuições da COFINS e do PIS, com a função de dimensionar o conteúdo de suas bases de cálculo, enquanto o conceito de receita realizada tem assento na Ciência Contábil, indicando o critério para registro das operações mercantis, com função de estabelecer regime uniforme para apuração de resultado das entidades empresariais, base de cálculo de outros tributos" (MINATEL, José Antônio. *Conteúdo do conceito de receita e regime jurídico para sua tributação*. São Paulo: MP, 2005, p. 255).

– **PIS e COFINS nas suas próprias bases de cálculo. Tema 1.067**: MÉRITO AINDA NÃO JULGADO. Controvérsia: "Inclusão da COFINS e da contribuição ao PIS em suas próprias bases de cálculo".

– **Créditos presumidos de ICMS como receita. Tema 843 do STF**: "Possibilidade de exclusão da base de cálculo do PIS e da COFINS dos valores correspondentes a créditos presumidos de ICMS decorrentes de incentivos fiscais concedidos pelos Estados e pelo Distrito Federal". Seu mérito ainda não foi julgado.

– "TRIBUTÁRIO. CRÉDITO PRESUMIDO DE ICMS. EXCLUSÃO DA BASE DE CÁLCULO DO IRPJ, DA CSLL, DO PIS E DA COFINS... ENTENDIMENTO FIXADO PELA PRIMEIRA SEÇÃO DO STJ NO ÂMBITO DOS ERESP N. 1.517.492/PR, *DJE* 1º/2/2018... II – A jurisprudência do Superior Tribunal de Justiça é firme no sentido de que o crédito presumido de ICMS não integra a base de cálculo do IRPJ e da CSLL, bem como do PIS e da Cofins, observado que tal crédito não caracteriza, a rigor, acréscimo de faturamento capaz de repercutir na base de cálculo da contribuição. Verifica-se ainda que a inclusão do referido crédito, na base de cálculo dos referidos tributos, acaba por violar o pacto federativo, pois a medida impõe uma limitação na eficácia de benefícios fiscais concedidos pelos estados. Nesse mesmo sentido, destacam-se: (AgInt no AgInt no REsp n. 1.673.954/SC, relator Ministro Mauro Campbell Marques, Segunda Turma, julgado em 22/6/2020, *DJe* 24/6/2020, AgInt no AgInt no REsp n. 1.657.064/PE, relator Ministro Francisco Falcão, Segunda Turma, julgado em 29/4/2020, *DJe* 4/5/2020 e AgInt no REsp n. 1.813.047/RS, relatora Ministra Assusete Magalhães, Segunda Turma, julgado em 10/3/2020, *DJe* 17/3/2020)... IV – Registra-se que a novel legislação (Lei Complementar n. 160/2017), que acrescentou os §§ 4º e 5º ao art. 30 da Lei n. 12.973/2014, estabeleceu condições para excluir os benefícios fiscais de ICMS considerados subvenção para investimento da base de cálculo da tributação incidente sobre o lucro real. V – Deve ser afastada a tese da Fazenda Nacional sobre a aludida incidência" (STJ, AgInt no AREsp 1.958.353, 2022).

– **Valores retidos pelas administradoras de cartões de crédito e débito integram a base de cálculo. Tema 1.024 do STF**: "É constitucional a inclusão dos valores retidos pelas administradoras de cartões na base de cálculo das contribuições ao PIS e da COFINS devidas por empresa que recebe pagamentos por meio de cartões de crédito e débito" (2022).

– "TEMA 1024 DA REPERCUSSÃO GERAL. INCLUSÃO DOS VALORES RETIDOS PELAS ADMINISTRADORAS DE CARTÕES NA BASE DE CÁLCULO DAS CONTRIBUIÇÕES AO PIS E DA COFINS DEVIDAS POR EMPRESA QUE RECEBE PAGAMENTOS POR MEIO DE CARTÕES DE CRÉDITO E DÉBITO. CONSTITUCIONALIDADE. 1. No julgamento dos Recursos Extraordinários 357950, 390840, 358273 e 346084, o Plenário desta SUPREMA CORTE declarou a inconstitucionalidade do artigo 3º, § 1º, da Lei n. 9.718/1998, visto que instituiu nova base de cálculo para a incidência do PIS e da COFINS antes da autorização implementada pela Emenda Constitucional 20/1998. Após a EC 20/1998, a 'receita' da empresa é base válida das contribuições do inc. I do art. 195. 2. A controvérsia colocada neste precedente com repercussão geral reconhecida consiste em saber se o valor total recebido por empresa, mediante venda paga com cartão de crédito e débito, constitui base de cálculo das contribuições ao PIS/COFINS, embora uma parte desse montante seja repassado à administradora de cartão de crédito. 3. A recorrente sustenta que o fato de a administradora repassar à empresa vendedora o valor resultante das vendas, descontando do montante repassado o quantum a que faz jus a título de taxa de administração, retira dessa específica parcela a natureza de receita. 4. Entretanto, o resultado das vendas e/ou prestação de serviços da empresa (que constituem a sua receita) não se modifica, a depender do destino que se dá ao seu resultado financeiro – como é o caso da taxa de administração em foco. 5. Recurso Extraordinário a que se nega provimento. Tese de julgamento: 'É constitucional a inclusão dos valores retidos pelas administradoras de cartões na base de cálculo das contribuições ao PIS e da COFINS devidas por empresa que recebe pagamentos por meio de cartões de crédito e débito'" (STF, RE 1.049.811, 2022).

– **Contra**. "No caso da venda/prestação de serviço liquidada mediante cartão de crédito/débito, o preço da mercadoria/serviço, objeto da relação jurídica de troca, já nasce reduzido pela taxa de intercâmbio da operação cobrada pelo terceiro (administradora de cartão de crédito). O preço, base de cálculo da operação tributável, que vai constituir o ingresso no patrimônio do vendedor/prestador de serviço, será o resultado líquido da operação liquidada com a moeda simbólica. Não há dois momentos, apenas um: uma relação comercial liquidada com moeda simbólica que embute um custo de intermediação a ser suportado pelo contribuinte que aufere o ingresso líquido deste custo. Registre-se que o custo de intermediação representado pela taxa de cartão de crédito/débito assume caráter essencial à relação jurídica subjacente à incidência tributária na medida em que alude à forma de liquidação da obrigação correspondente (pagamento do preço) e não a qualquer outro elemento acidental ou externo à própria configuração do fato imponível 'auferir receita'. O custo de intermediação representado pela taxa de cartão de crédito/débito é inerente ao negócio jurídico gerador do ingresso pois decorre do poder liberatório do instrumento utilizado para liquidar a obrigação assumida pelo comprador/tomador do serviço. A rigor, este custo é resultado do processo do processo de desmaterialização da moeda ou da substituição do papel-moeda pela moeda simbólica. Portanto, o custo de intermediação representado pela taxa de cartão de crédito/débito nas operações comerciais liquidadas através deste instrumento liberatório não constitui receita tributável pelo PIS/Cofins do vendedor/prestador de serviço, na medida em que não constituem ingressos efetivos e incondicionais ao seu patrimônio. Tal valor representa receita auferida pelo contribuinte que o recebe (administradora de cartão de crédito) e por ele deve ser oferecido à tributação de PIS/Cofins" (PONTES, Helenilson Cunha. Taxa de cartão de crédito e débito não constitui receita do vendedor. Disponível em: https://www.conjur.com.br/2019-fev-20/consultor-tributario-taxa-cartao-credito-debito-nao-constitui-receita-vendedor).

– Receita de vendas inadimplidas. Tema 87 do STF: "As vendas inadimplidas não podem ser excluídas da base de cálculo da contribuição ao PIS e da COFINS, visto que integram a receita da pessoa jurídica". Decisão de mérito em 2011.

– "COFINS/PIS. VENDAS INADIMPLIDAS. ASPECTO TEMPORAL DA HIPÓTESE DE INCIDÊNCIA. REGIME DE COMPETÊNCIA. EXCLUSÃO DO CRÉDITO TRIBUTÁRIO. IMPOSSIBILIDADE DE EQUIPARAÇÃO COM AS HIPÓTESES DE CANCELAMENTO DA VENDA. 1. O Sistema Tributário Nacional fixou o regime de competência como regra geral para a apuração dos resultados da empresa, e não o regime de caixa. (art. 177 da Lei n. 6.404/76). 2. Quanto ao aspecto temporal da hipótese de incidência da COFINS e da contribuição para o PIS, portanto, temos que o fato gerador da obrigação ocorre com o aperfeiçoamento do contrato de compra e venda (entrega do produto), e não com o recebimento do preço acordado. O resultado da venda, na esteira da jurisprudência da Corte, apurado segundo o regime legal de competência, constitui o faturamento da pessoa jurídica, compondo o aspecto material da hipótese de incidência da contribuição ao PIS e da COFINS, consistindo situação hábil ao nascimento da obrigação tributária. O inadimplemento é evento posterior que não compõe o critério material da hipótese de incidência das referidas

contribuições. 3. No âmbito legislativo, não há disposição permitindo a exclusão das chamadas vendas inadimplidas da base de cálculo das contribuições em questão. As situações posteriores ao nascimento da obrigação tributária, que se constituem como excludentes do crédito tributário, contempladas na legislação do PIS e da COFINS, ocorrem apenas quando fato superveniente venha a anular o fato gerador do tributo, nunca quando o fato gerador subsista perfeito e acabado, como ocorre com as vendas inadimplidas. 4. Nas hipóteses de cancelamento da venda, a própria lei exclui da tributação valores que, por não constituírem efetivos ingressos de novas receitas para a pessoa jurídica, não são dotados de capacidade contributiva. 5. As vendas canceladas não podem ser equiparadas às vendas inadimplidas porque, diferentemente dos casos de cancelamento de vendas, em que o negócio jurídico é desfeito, extinguindo-se, assim, as obrigações do credor e do devedor, as vendas inadimplidas – a despeito de poderem resultar no cancelamento das vendas e na consequente devolução da mercadoria –, enquanto não sejam efetivamente canceladas, importam em crédito para o vendedor oponível ao comprador" (STF, RE 586.482, 2011).

– "BASE DE CÁLCULO DAS CONTRIBUIÇÕES DO PIS E DA COFINS. VENDAS INADIMPLIDAS. EXCLUSÃO. IMPOSSIBILIDADE. PRECEDENTES. – A jurisprudência do Superior Tribunal de Justiça é no sentido de que as vendas inadimplidas não se equiparam a vendas canceladas para fins de exclusão de tais valores da base de cálculo das contribuições do PIS e da Cofins. A inadimplência não descaracteriza o fato gerador, pois subsiste receita em potencial a ser auferida pela empresa" (STJ, AgRg no AREsp 138.672, 2012).

– "EXCLUSÃO DA BASE CÁLCULO DO PIS E COFINS. VENDAS INADIMPLIDAS. IMPOSSIBILIDADE. EQUIPARAÇÃO COM VENDAS CANCELADAS. INVIÁVEL A UTILIZAÇÃO DA EQUIDADE EM MATÉRIA TRIBUTÁRIA... 2. O Superior Tribunal de Justiça fixou o entendimento segundo o qual a concretização da venda, embora inadimplida, importa em crédito para o vendedor, oponível ao comprador, permanecendo o fato gerador das contribuições ao PIS e à Cofins. Isso porque, há, evidente negócio jurídico, com a completa prestação de serviço, sendo contabilizada como receita para fins fiscais. 3. Não se pode equipar as vendas canceladas com as vendas inadimplidas, quanto a base de cálculo das contribuições ao PIS e Cofins, porquanto significaria o emprego de equidade em matéria tributária, o que é inviável" (STJ, AgRg no REsp 1.055.056, 2010).

– Contra, admitindo o estorno, da base de cálculo, dos créditos baixados por perda, restituição ou compensação. "PIS. COFINS. FATURAMENTO. BASE DE CÁLCULO. VENDAS INADIMPLIDAS. EXCLUSÃO. CONCEITO DE FATURAMENTO E DE RECEITA. PRINCÍPIO DA CAPACIDADE CONTRIBUTIVA. Embora não haja qualquer impedimento a que o legislador estabeleça o regime de competência para a apuração do PIS e da COFINS, certo é que tal não pode implicar tributação daquilo que, inicialmente contabilizado como receita, não se confirme como tal. Isso porque, a Constituição Federal, ao autorizar a tributação das empresas sobre o faturamento e, posteriormente, sobre a receita ou faturamento, o faz em face de que tal grandeza representa um signo presuntivo de capacidade contributiva. É a riqueza que é objeto de tributação. Nesta medida, verificando-se que determinada receita deixe de se confirmar, não é possível deixar de reconhecer que inexistiu a respectiva capacidade contributiva a justificar a imposição tributária. É preciso, pois, admitir que os créditos baixados como perda possam ser estornados da base de cálculo do PIS e da COFINS, ensejando o ressarcimento, via repetição ou compensação, dos valores pagos na presunção de que haveria os respectivos ingressos" (TRF4, AMS 2005.71.11.002457-8, 2007).

– "... o descasamento entre o aspecto temporal (emissão de fatura) e material (auferimento de receita) da hipótese de incidência do PIS/Cofins não autoriza a tributação definitiva naquelas situações em que o aspecto material não se confirma *a posteriori*. Aliás, não é novidade no sistema tributário pátrio a existência de tributos nos quais os aspectos material e temporal da regra-matriz de tributação não sejam coincidentes. [...] Ocorrido evento futuro (*in casu*, a inadimplência definitiva, nos termos do art. 9º da Lei n. 9.430/1996) que impeça a concretização do aspecto material do tributo, passa-se a estar diante de um indébito tributário caos a ocorrência antecipada do aspecto temporal tenha gerado pagamento pretérito da exação. Inatacável, portanto, o direito à compensação do PIS/Cofins antecipadamente recolhidos nas hipóteses em que, legalmente, restar caracterizada a inadimplência definitiva" (MOREIRA, André Mendes; MIRANDA, Tiago Câmara. Direito à compensação do PIS/Cofins incidentes sobre receitas não auferidas por inadimplência definitiva – uma releitura do RE 586.482/RS. *RDDT* 223/25, 2014).

– "... o regime de competência, na forma como informado para as vendas inadimplidas, sem dedução, sem direito de opção ou sem repetição de pleno direito, num verdadeiro isolamento do contribuinte de suas garantias individuais, não tributa fato gerador do PIS e da Cofins, pois inexiste... capacidade contributiva efetiva, pressuposto constitucional para toda exação não vinculada. Simplesmente, onera, ainda mais que o próprio inadimplemento, situações que não exteriorizam a riqueza do contribuinte, por inexistir substrato econômico" (HARET, Florense. PIS e Cofins sobre vendas inadimplidas: breves considerações sobre o julgamento do RE 586.482/RS. *RDDT* 205/41-53, 2012).

– "Em obediência ao regime de competência de exercícios, o faturamento de uma empresa é considerado como 'receita, ainda que não tenha sido efetivamente por ela recebido. O que significa dizer que os tributos que têm esse faturamento como fato gerador são recolhidos aos cofres dos Poderes Tributantes independentemente de a receita ter sido efetivamente recebida pela empresa. ... a obrigação de registrar contabilmente as transações com terceiros, quando estes apenas se comprometerem a efetivar o pagamento dessas transações, explica porque as vendas de mercadorias ou prestações de serviços a prazo (ainda não realizados financeiramente) integram a 'receita' contabilmente escriturada pela empresa, submetendo-as às incidências tributárias mencionadas. Ocorre que parte substancial dessa 'receita'... não se materializa, por diversas razões, a mais usual das quais é a inadimplência. Nessa hipótese, entendemos que os valores correspondentes a tributos pagos indevidamente (indébitos tributários) deverão ser objeto de compensação e/ou restituição pelos Poderes Tributantes, atualizados monetariamente, sob pena de caracterização de enriquecimento ilícito... Admitir o contrário seria afrontar flagrantemente vários princípios ditados por nossa Constituição, tais como: da capacidade contributiva, do não confisco, da proporcionalidade, da moralidade..." (GUERREIRO, Rutnéa Navarro. tributação de receita não recebida. *RDDT* 160/106, 2009).

• Vide também: MINNER, Ricardo. "Vendas inadimplidas" e a hipótese de incidência da Cofins e do PIS. *RDDT* 164/76, 2009.

– **Receita x ingresso.** "Nem todos os valores que entra nos cofres das empresas são receitas. Os valores que transitam pelo caixa das empresas (ou pelos cofres públicos) pode ser de duas espécies: os que configuram receita e os que se caracterizam como meros ingressos (que, na Ciência das Finanças, recebem a designação de movimentos de fundo ou de caixa). Receitas são entradas que modificam o patrimônio da empresa, incrementando-o. Ingressos envolvem tanto as receitas como as somas pertencentes a terceiros (valores que integram o patrimônio de outrem). São aqueles valores que não importam modificação no patrimônio de quem os recebe, para posterior entrega a quem pertencem. Apenas os aportes que incrementam o patrimônio, como elemento novo e positivo, são receitas [...] Estas, e só estas, são tributáveis..." (BARRETO, Aires. ISS – Atividade-meio e Serviço-fim. *RDDT* 5/85).

– "... o conceito de 'receita' não se confunde e nem pode compreender todo o conjunto de ingressos de caixa que venham a ocorrer no curso das atividades desempenhadas pelos contribuintes, na medida em que estas se revestem de distintos fundamentos e origens, sujeitos a apreciação própria. Tais 'entradas', quando não se caracterizarem como fatores de remuneração de atividade econômica desenvolvida, obviamente, não servem de parâmetros para a adequada identificação da contrapartida que o 'faturamento' ou o 'preço do servido' devem representar por outras palavras, elas não compartilham da natureza comum dos valores que irão compor, e conjunto a base de cálculo do ISS, do PIS e da Cofins" (BOTTALLO, Eduardo. *Rep. IOB de Jur.* 23/99, p. 667).

– Ver também: BALEEIRO, Aliomar. Uma introdução à ciência das finanças. 11. ed. Rio de Janeiro: Forense, 1976, p. 130-135.

– **Ingressos obtidos de fornecedores.** "i) salvo na hipótese de recebimento de mercadoria a título de bonificação, eventuais verbas em dinheiro auferidas a título de rebaixa de preço (*sell in* e *sell out*) devem ser consideradas como receita; ii) eventual rateio de despesas de marketing entre fornecedor e consulente, desde que respeitada a proporcionalidade, configura mero reembolso de despesas, não tendo a natureza de receita; iii) o reembolso decorrente de perdas ou avarias ('desconto não devolução'), desde que, no caso concreto, seja possível a comprovação de pertinência entre os valores recebidos e tais perdas, mesmo que amostragem ou média ponderada, não será considerada receita, mas simples reembolso ou indenização. iv) não possui natureza de receita a redução no custo de aquisição de mercadoria, por força de centralização (redução de despesas de logística) oferecida pela consulente aos seus fornecedores, desde que se concretize por meio de desconto ou bonificação de mercadorias, uma vez que o recebimento posterior em dinheiro poderá se receita tributável" (CALCINI, Fábio Pallaretti. PIS. Cofins. Faturamento. Receita. Ingressos obtidos de fornecedores. *RDDT* 213/163, 2013).

– **Receita x faturamento x renda.** "11. Do cotejo com expressões que podem revelar realidades afins, confirma-se não se confundir os conteúdos materiais da receita e do faturamento. Pode haver convergência ou sobreposição de conceitos no ponto em que faturamento é visto como receita, mas unicamente receita proveniente de vendas de mercadorias e serviços. A recíproca nem sempre é verdadeira, pois nem toda receita caracteriza faturamento, como, por exemplo, os juros ou dividendos recebidos. 12. O ingresso financeiro é um dos atributos que permitem qualificar o conteúdo material da receita, mas nem todo ingresso tem natureza de receita. É preciso caráter de definitividade da quantia ingressada, e que tenha como causa o exercício de atividade empresarial. 13. Receita, renda e lucro revelam conteúdos de diferentes realidades e, portanto, não se confundem. Renda e lucro são conceitos relacionais, que expressam resultado positivo pelo confronto entre receitas e custos em período certo de tempo. Por sua vez, receita é conceito isolado, autônomo, depurado instantaneamente, independente de outros confrontos. Pode existir receita e não aparecer o lucro, pois o exame do conteúdo material da receita prescinde da apuração de acréscimo patrimonial" (MINATEL, José Antônio. *Conteúdo do conceito de receita e regime jurídico para sua tributação*. São Paulo: MP, 2005, p. 254).

– **Receita x incentivos. Subvenções.** "'Receita' é conceito substantivo, no qual não se inserem recursos que o contribuinte recebe por determinação do Estado, a título de reembolso por ter adiantado custos que não devem ser por ele suportados, mas por uma conta, ou um fundo administrado pelo próprio Estado (ou por entidade de sua administração indireta), em consideração à necessidade de atender a um interesse público que, na espécie, é o de aumentar as fontes de energia indispensáveis para prover o desenvolvimento nacional. [...] No caso da consulta, o reembolso pela Eletrobrás às usinas, com recursos provenientes da CCC/CDE, destina-se à redução dos custos ou de despesas destas, não sendo possível enquadrá-lo como receita... Não tem, portanto, sustentação conveniente linha de interpretação oficial, que, na ânsia de obter cada vez mais recursos da sociedade, a qualquer título... vem sustentando que um estímulo como, por exemplo, um incentivo fiscal correspondente à eliminação da tributação é uma 'receita'" (MARTINS, Ives Gandra da Silva. PIS e Cofins – não incidência sobre o reembolso, feito pela Eletrobrás com recursos da CDE (Lei n. 10.438/2002 e Decreto n. 4.541/2002) às usinas termelétricas, do custo do carvão mineral nacional utilizado como combustível – sua não inclusão no conceito de receita, base de cálculo das contribuições objeto do art. 195, I, *b*, da CF devidas pela usina. *RDDT* 122/132, 2005).

– **Tema 843 do STF:** "Mérito ainda não julgado. Possibilidade de exclusão da base de cálculo do PIS e da COFINS dos valores correspondentes a créditos presumidos de ICMS decorrentes de incentivos fiscais concedidos pelos Estados e pelo Distrito Federal".

– **Receita do rateio de despesas entre empresas de um mesmo grupo.** Solução de Consulta COSIT n. 8/2012: "Assunto: IMPOSTO SOBRE A RENDA DE PESSOA JURÍDICA – IRPJ. Ementa: RATEIO DE CUSTOS E DESPESAS ENTRE EMPRESAS DO MESMO GRUPO ECONÔMICO. DEDUTIBILIDADE. São dedutíveis as despesas administrativas rateadas se: a) comprovadamente corresponderem a bens e serviços efetivamente pagos e recebidos; b) forem necessárias, usuais e normais nas atividades das empresas; c) o rateio se der mediante critérios razoáveis e objetivos, previamente ajustados, devidamente formalizados por instrumento firmado entre os intervenientes; d) o critério de rateio for consistente com o efetivo gasto de cada empresa e com o preço global pago pelos bens e serviços, em observância aos princípios gerais de Contabilidade; e) a empresa centralizadora da operação de aquisição de bens e serviços apropriar como despesa tão somente a parcela que lhe couber segundo o critério de rateio. [...] FERNANDO MOMBELLI Coordenador-Geral".

– "O rateio de despesas ocorre quando pessoas jurídicas distintas, eu compõem um mesmo grupo empresarial, repartem entre si, por meio de um contrato, valores referentes a certos gastos realizados em comum e não raro contratados em nome de uma única componente do grupo. O objetivo de um contrato de compartilhamento dessa natureza é reduzir custos, uma vez que a gestão dos gastos ficará a cargo de uma única sociedade, usualmente denominada centro de custos ou sociedade-mãe. Posteriormente, as empresas reembolsam a sociedade-mãe quanto aos custos incorridos. [...] seria absolutamente ilógico (e antieconômico) que um grupo empresarial mantivesse estruturas idênticas de trabalho, como RH, contabilidade e jurídico em cada uma de suas empresas, se apenas os empregados de uma delas são capazes de repartir, com base em critérios razoáveis, seu tempo de trabalho de modo a beneficiar as demais. O contrato de rateio de despesas, portanto, pretende racionalizar a divisão desses custos com a infraestrutura. [...] existem bons argumentos no sentido de que o ressarcimento de despesas não se qualifica como receita da sociedade-mãe, desde que os contribuintes consigam comprovar documentalmente: (a) a existência de contrato de rateio; (b) a razoabilidade e adequação do critério adotado no contrato; (c) que as despesas e os custos compartilhados se referem a atividades-meio; e (d) que os critérios estabelecidos foram rigorosamente observados" (LESSA, Donovan Mazza; FONSECA, Fernando Daniel de Moura; LIMA, Daniel Serra. Novas perspectivas sobre o rateio de despesas à luz do entendimento do Carf e da Receita Federal do Brasil. *RDDT* 211/31, 2013).

– **Receita de correção monetária na venda a prazo.** "PIS E COFINS. BASE DE CÁLCULO. CORREÇÃO MONETÁRIA DECORRENTE DE VENDAS A PRAZO. INCIDÊNCIA. 1. Hipótese em que a contribuinte não questiona a constitucionalidade dos conceitos legais de 'faturamento' ou de 'receita bruta operacional', mas, apenas, sustenta que os valores percebidos a título de correção monetária decorrentes de vendas a prazo, por não constituírem acréscimo patrimonial, não podem ser computados na base de cálculo do PIS e da COFINS. 2. Os valores recebidos a título de correção monetária das vendas a prazo ingressam no caixa pelo exercício do objeto social da empresa (comércio de mercadorias e/ou serviços). Compondo o preço da contraprestação ofertada pelo comprador, tais valores integram o preço bruto da mercadoria e, por isso, compõem a base de cálculo do PIS e da COFINS" (STJ, REsp 674.445, 2007).

– **Receita de reversões de provisões e recuperações de créditos baixados como perda. Estorno de despesas lançadas.** "PIS E COFINS. BASE DE CÁLCULO. FATURAMENTO. ESTORNO DE DESPESAS. 1. Compreende-se por receita bruta/faturamento a totalidade das receitas auferidas pela pessoa jurídica, sendo irrelevantes o tipo de atividade por ela exercida e a classificação contábil adotada para as receitas. 2. Consoante o disposto no artigo 3º, § 2º, II, da Lei n. 9.718/98, para se determinar a base de cálculo das contribuições, deve-se excluir da receita bruta as reversões de provisões e recuperações de créditos baixados como perda, que não representem ingresso de novas receitas. 3. O estorno da despesa previamente lançada – pagamento dos juros – pode ser, sim, caracterizado como reversão de provisões, não representando ingresso de novas receitas. Primeiro, pois o estorno da provisão, por si, não configura receita auferida; segundo, porque a reversão dessa provisão destinada ao pagamento dos juros tampouco representa ingresso de novas receitas; em terceiro lugar, porque admitindo-se a tributação, estar-se-ia tributando o contribuinte duas vezes: a primeira quando ingressaram os valores na contabilidade, configurando, sim, receita, e a segunda, quando foram estornados esses valores, sem qualquer substrato jurídico para tanto. 4. Não é possível confundir lucro com receita, nem recuperação de despesas com lucro operacional. O estorno de despesas e provisões, em que pese relacionada à determinação do lucro operacional, ocasionando aumento da posição líquida da empresa, não repercute para fins de determinação da base da cálculo das contribuições em questão, que é o faturamento" (TRF4, AMS 2002.70.00.064862-0, 2004).

– **Receita *x* descontos concedidos, ressarcimentos e reembolsos. Não incidência.** "Descontos obtidos nos preços de mercadorias adquiridas de fornecedores não configuram receita. Também não se subsumem ao conceito de receita os reembolsos e ressarcimentos. Em vista disso, tais fatos não podem ser onerados pelas contribuições PIS e Cofins nem mesmo após as alterações veiculadas pela Lei 9.718/98 e pela EC 20/98. Quanto aos ressarcimentos, caso os mesmos sejam superiores às despesas a que visam ressarcir, poderão, nessa parte, configurar receia, mas não faturamento..." (MACHADO, Hugo de Brito; MACHADO SEGUNDO, Hugo de Brito. Contribuições incidentes sobre o faturamento. PIS e Cofins. Descontos obtidos de fornecedores. Fato gerador. Inocorrência. *RDDT* 113/131, 2005).

– **Desconto-padrão de agência.** "No caso do desconto padrão de agência, os veículos de comunicação, normalmente, emitem a nota fiscal contendo valor total a ser pago pelo anunciante, isto é, o valor devido para o próprio veículo e o valor devido à agência de publicidade. Embora conste da nota fiscal por ele emitida, o desconto padrão de agência não integra o faturamento do veículo de comunicação, na medida em que não é revertido para este, mas, sim, à agência de publicidade. A inclusão na nota não pode desvirtuar a finalidade desse pagamento, que não ingressa efeti-

vamente como receita do veículo, mas é destinado ao pagamento dos serviços prestados pela agência. [...] Os agentes da Fazenda Pública defendem que o desconto de agência deveria integrar o valor do faturamento dos veículos de divulgação, porque representaria uma comissão pela intermediação realizada pela agência para que a publicidade seja veiculada em uma dada empresa de comunicação. Afirmam que, se os serviços de criação e produção de conteúdo publicitário não são contratados pelo veículo de comunicação, a remuneração devida pelo veículo à agência não poderia assumir a natureza de contraprestação por tais serviços, mas, sim, uma comissão. Ocorre que esse raciocínio viola as próprias normas que definem o que é desconto padrão e qual é a sua finalidade. Vale reprisar o conteúdo do item 2.5 das Normas-padrão da Atividade Publicitária, que dispõe expressamente que 'o 'desconto padrão de agência' de que trata o art. 11 da Lei n. 4.680/65 e art. 11 do Decreto 57.690/66 é reservado exclusivamente à Agência, com a finalidade de remunerar seus serviços como criadora/produtora de conteúdo publicitário'. Logo, se o desconto de agência é devido à própria para remunerar seus serviços como criadora/produtora de conteúdo publicitário, não há, sob qualquer fundamento, como pretender incluí-lo no faturamento do veículo de comunicação" (PIRES, Alexandra Costa. A exclusão do desconto-padrão de agência das bases de cálculo do PIS e da Cofins devidos pelos veículos de comunicação. *RDDT* 211/7, 2013).

– **Receita *x* ressarcimento ou recuperação de custos tributários e de outras despesas.** Nem todo ingresso ou lançamento contábil a crédito constitui receita, que, para ser tributada, deve evidenciar riqueza reveladora de cada cidade contributiva. Não pode o Fisco exigir contribuição sobre o simples ressarcimento por tributo pago indevidamente ou sobre o creditamento que visa a compensar custos tributários. Assim, na repetição do indébito tributário, não incide COFINS. Do mesmo modo, não incide COFINS sobre os créditos de ICMS, IPI, PIS e COFINS que evitam a cumulatividade de tais tributos; a sua utilização em compensação com tributo devido, o seu ressarcimento em dinheiro pelo Fisco ou mesmo o ingresso decorrente da cessão a terceiro não integram a base de cálculo das contribuições sobre a receita. Também não poderá incidir sobre os créditos presumidos de IPI, de que trata a Lei n. 9.363/96, que visam a compensar o PIS e a COFINS suportados de fato pelo exportador quando da aquisição de produtos.

– "Em qualquer hipótese, tratando-se de despesa ou custo anteriormente suportado, sua recuperação econômica em qualquer período posterior, enquanto suficiente para neutralizar a anterior diminuição patrimonial, não ostenta qualidade para ser rotulada de receita, pela ausência do requisito da contraprestação por atividade ou de negócio jurídico (materialidade), além de faltar o atributo da disponibilidade de riqueza nova. A recuperação de custo ou de despesa pode ser equiparada aos efeitos da indenização, pela similitude no caráter de recomposição patrimonial... [...] A recuperação de um valor anteriormente registrado como encargo tributário não tem o condão de transformá-lo automaticamente de despesa em receita, ainda que a forma adotada para sua escrituração em conta credora possa contribuir para a configuração de aumento do resultado do exercício da pessoa jurídica no momento da recuperação, efeito que, de concreto, traduz o retorno ao status quo ante, não reunindo condições de materializar ingresso de elemento novo que se qualifique no conceito de receita. [...] se o tributo a ser ressarcido incidiu em etapa econômica do processo produtivo e foi suportado como parte integrante do preço de insumos adquiridos pela empresa, o crédito assim concedido tem função de minimizar os custos de fabricação de produtos em razão de determinada política governamental. Dessa forma, tem nítida natureza de recuperação de custos..., pelo que o valor do ressarcimento do tributo embutido no preço, ou do correspondente direito escriturado como crédito, melhor evidencia a sua índole se contabilizado em conta redutora dos próprios custos, jamais de conta de receita, por faltar-lhe os predicados para tal configuração. [...] 32. Não se qualifica como receita o ingresso financeiro que tem como causa o ressarcimento, ou recuperação de despesas e de custo anteriormente suportado pela pessoa jurídica, enquanto suficiente para neutralizar a anterior diminuição patrimonial. Equipara-se aos efeitos da indenização e, portanto, não ostenta qualidade para que possa ser rotulada de receita, pela ausência do requisito da contraprestação por atividade ou de negócio jurídico (materialidade), além de faltar o *animus* para obtenção de disponibilidade de nova riqueza. 33. A recuperação de tributo, anteriormente registrado como encargo, não tem o condão de transformá-lo automaticamente de despesa em receita. Enquanto há reconhecimento expresso da administração tributária para não incidência das contribuições da COFINS e do PIS 'sobre os valores recuperados a título de tributo pago indevidamente' (ADI-SRF n. 25/2003), equivoca-se no entendimento de que os valores ressarcidos a título de crédito presumido são passíveis de tributação, pela falsa premissa de estarem abrangidos pelo conceito de receita, pois se caracterizam, também, recuperação de custos" (MINATEL, José Antônio. *Conteúdo do conceito de receita e regime jurídico para sua tributação*. São Paulo: MP, 2005, p. 218-219, 222, 224 e 259).

– **Receita x reembolsos e indenizações.** "Receita constitui um ingresso de soma de dinheiro ou qualquer outro bem ou direito susceptível de apreciação pecuniária decorrente de ato, fato ou negócio jurídico apto a gerar alteração positiva do patrimônio líquido da pessoa jurídica que a aufere, sem reservas, condicionamentos ou correspondências no passivo. Daí resulta a não incidência do PIS/Pasep e da Cofins sobre ingressos recebidos a título de reembolso ou de indenização por dano emergente, que não repercutem positivamente no patrimônio líquido de que os recebe. No caso específico dos contratos de seguro, a não incidência abrange não apenas a indenização recebida pelo segurado como também as devoluções de prêmios nos casos de recusar da proposta ou renunciar ao contrato" (SEHN, Solon. Não incidência de PIS/Pasep e da Cofins sobre reembolsos e indenizações. *RDDT* 162/58, 2009).

– "[...] na desapropriação, não há ato de alienação, o que pressupõe ato de vontade do proprietário, como já vimos. Não há ocorrência do fato gerador dessas duas contribuições sociais (PIS e COFINS), que é o faturamento bruto das empresas. A indenização recebida a título de justo preço pela perda compulsória da propriedade nada se assemelha à figura de percepção de preço decorrente de faturamento" (HARADA, Kyoshi. Indenização decorrente de desapropriação. Incidência de tributos. *RET* 79/194, 2011).

– **Receita e custos dos planos de saúde.** "De acordo com o novel § 9º-A do art. 3º da Lei 9.718/1998, para efeito de interpretação o valor referente às indenizações deve ser entendido como o total dos custos assistenciais decorrentes da utilização pelos beneficiários da cobertura oferecida pelos planos de saúde, incluindo-se nesse total os custos de beneficiários da própria operadora e os beneficiários de outra operadora, atendidos por força de transferência de responsabilidade assumida. Corroborou-se, desta forma, o entendimento que já vinha sendo adotado por diversos contribuintes, no sentido de que as operadoras de planos de saúde também poderiam deduzir na base de cálculo do PIS e da Cofins as despesas e custos operacionais relacionados com os atendimentos médicos realizados em seus próprios clientes e não apenas em relação às responsabilidades cedidas para outras operadoras. Em contrapartida, a Lei 12.873/2013 acrescentou à Lei 9.718/1998 o art. 8ª-A, por meio do qual se elevou para 4% a alíquota da Cofins devida pelas operadoras de planos de assistência à saúde; ou seja, ao mesmo tempo em que se reconheceu expressamente a limitação acerca da base de cálculo da aludida contribuição, se elevou a alíquota em um ponto percentual. [...] A majoração da alíquota para 4% produziu efeitos apenas a partir... de 1º de fevereiro de 2014. [...] sob o ponto de vista jurídico, o texto da Lei 12.873/2013, em conjunto com o art. 106, I, do CTN, dá amparo à interpretação de que o dispositivo que trata das deduções na base de cálculo do PIS e da Cofins para os planos de saúde tem caráter interpretativo e, assim sendo, produz efeitos retroativos, muito embora tal efeito pudesse ser contestado sob o fundamento de que a interpretação anteriormente conferida pelas autoridades fiscais se baseava em uma interpretação literal e não de equidade" (CASQUET, Pedro Guilherme Odenese; ANDRADE, Cesar Augusto Seijas de. A possibilidade de atribuição de efeitos retroativos à "nova" base de cálculo do PIS e da Cofins para as operadores de planos de saúde. *RDDT* 230/118, 2014).

– **Receita na securitização de créditos, *factoring* e desconto de duplicatas.** "A aquisição de créditos mercantis (ativos empresariais a receber) não é operação de exclusividade das companhias de securitização: além do fomento mercantil (*factoring*), a atividade de desconto de duplicatas praticada pelas instituições financeiras também organiza-se com base na obtenção desses créditos. Nessas atividades (securitização, *factoring* e desconto de duplicatas) a empresa cessionária paga um valor menor que o exprimido em sua face pela aquisição de determinado título. Essa diferença, denominada deságio, é o que constitui receita bruta dessas empresas. [...] É irrelevante... o regime tributário de lucro real ou presumido, porquanto a receita da atividade de securitização é e sempre será o deságio, justamente porque esse valor representa o produto da venda de bens ou serviços, encaixando-se perfeitamente no conceito previsto na legislação acerca do tema receita. Ora, parece, realmente, difícil, senão impossível, sustentar-se juridicamente que o valor dos recebíveis sejam considerados como receita bruta. [...] Imagine-se o caso da sociedade de securitização que adquira recebível representante de crédito de venda mercantil à prazo, no valor de R$ 10.000,00 e que esse título tenha sido cedido pelo originador com a aplicação de fator deságio de 3%, ou seja, pagando o agente econômico o valor de R$ 300,00 pelo adiantamento do seu crédito. ... a receita bruta a ser considerada é o diferencial havido entre o valor de face e o valor pelo qual aquele ativo foi adquirido, no exemplo acima de R$ 300,00. Note-se que, não se trata de nenhuma dedução da receita bruta, e sim, do próprio conceito de receita. Foi adquirido um ativo que no futuro valerá R$ 10.000,00 por uma valor presente, no caso R$ 9.700,00, o diferencial é o ganho (receita bruta), R$ 300,00. [...] A fazer valer a tributação sobre o valor da face do título, a carga tributária passará a tolher a viabilização da atividade..." (ANDERLE, Ricardo. A insegurança jurídica tributária que ameaça a atividade de securitização de créditos empresariais. *RDDT* 215/157, 2013).

– **IPI na base de cálculo da Cofins e do PIS na substituição tributária pra frente. Veículos.** Vide nota ao art. 195, § 7º, da CF.

– **Exclusão do ICMS da base de cálculo da Cofins e do PIS. Direito à exclusão. Tema 69 do STF:** "O ICMS não compõe a base de cálculo para a incidência do PIS e da COFINS" (2017).

– "EXCLUSÃO DO ICMS NA BASE DE CÁLCULO DO PIS E COFINS. DEFINIÇÃO DE FATURAMENTO. APURAÇÃO ESCRITURAL DO ICMS E REGIME DE NÃO CUMULATIVIDADE. RECURSO PROVIDO. 1. Inviável a apuração do ICMS tomando-se cada mercadoria ou serviço e a correspondente cadeia, adota-se o sistema de apuração contábil. O montante de ICMS a recolher é apurado mês a mês, considerando-se o total de créditos decorrentes de aquisições e o total de débitos gerados nas saídas de mercadorias ou serviços: análise contábil ou escritural do ICMS. 2. A análise jurídica do princípio da não cumulatividade aplicado ao ICMS há de atentar ao disposto no art. 155, § 2º, inc. I, da Constituição da República, cumprindo-se o princípio da não cumulatividade a cada operação. 3. O regime da não cumulatividade impõe concluir, conquanto se tenha a escrituração da parcela ainda a se compensar do ICMS, não se incluir todo ele na definição de faturamento aproveitado por este Supremo Tribunal Federal. O ICMS não compõe a base de cálculo para incidência do PIS e da COFINS. 3. Se o art. 3º, § 2º, inc. I, *in fine*, da Lei n. 9.718/1998 excluiu da base de cálculo daquelas contribuições sociais o ICMS transferido integralmente para os Estados, deve ser enfatizado que não há como se excluir a transferência parcial decorrente do regime de não cumulatividade em determinado momento da dinâmica das operações. 4. Recurso provido para excluir o ICMS da base de cálculo da contribuição ao PIS e da COFINS" (STF, RE 574.706, 2017).

– MODULAÇÃO: "Após o voto da Ministra Cármen Lúcia (Relatora), que acolhia, em parte, os embargos de declaração, para modular os efeitos do julgado cuja produção haverá de se dar após 15.3.2017 – data em que julgado o RE n. 574.706 e fixada a tese com repercussão geral 'O ICMS não compõe a base de cálculo para fins de incidência do PIS e da COFINS' –, ressalvadas as ações judiciais e administrativas protocoladas até a data da sessão em que proferido o julgamento, o julgamento foi suspen-

so". Obs.: a modulação deu-se em ED no RE 574.706, quase quatro anos após, em maio de 2021.

– "TRIBUTO – BASE DE INCIDÊNCIA – CUMULAÇÃO – IMPROPRIEDADE. Não bastasse a ordem natural das coisas, o arcabouço jurídico constitucional inviabiliza a tomada de valor alusivo a certo tributo como base de incidência de outro. COFINS – BASE DE INCIDÊNCIA – FATURAMENTO – ICMS. O que relativo a título de Imposto sobre a Circulação de Mercadorias e a Prestação de Serviços não compõe a base de incidência da Cofins, porque estranho ao conceito de faturamento" (STF, RE 240.785, 2014).

– No livro que organizamos em homenagem à Min. Ellen Gracie, *Repercussão Geral no Recurso Extraordinário*, Porto Alegre: Livraria do Advogado, 2011, consta artigo de ROQUE CARRAZZA que já defendia a exclusão do ICMS da base de cálculo da Cofins. Eis as suas conclusões: "Posto isto, podemos sumular as seguintes conclusões: I – A tributação foi minuciosamente disciplinada na Constituição Federal, que não só apontou os fatos alcançáveis pela ação estatal de exigir tributos, como estabeleceu os limites e condições para seu exercício. II – As contribuições (art. 149, da CF) são tributos, uma vez que devem necessariamente obedecer, seja quanto à instituição, seja quanto ao lançamento e ao modo de cobrança, aos princípios e regras que informam a tributação. III – A União está constitucionalmente credenciada a instituir contribuições sociais para a seguridade social, que, dependendo da materialidade de suas hipóteses de incidência, podem revestir a natureza jurídica de imposto ou de taxa. IV – As contribuições patronais para o custeio da seguridade social são impostos (embora qualificados pela finalidade que devem atingir, vale dizer, o custeio da seguridade social). IVa – Embora a Constituição Federal não tenha explicitamente apontado suas bases de cálculo possíveis, deu diretrizes acerca do assunto, que nem o legislador, nem o intérprete, podem ignorar. IVb – Ao estatuir, em seu art. 195, I, que tais tributos incidirão sobre 'a) a folha de salários e demais rendimentos do trabalho pagos ou creditados, a qualquer título, à pessoa física que lhe preste serviço, mesmo sem vínculo empregatício; b) a receita ou o faturamento; e, c) o lucro', a Constituição Federal apontou-lhes as bases de cálculo possíveis. IVc – Uma das bases de cálculo possíveis das contribuições patronais para o custeio da seguridade social é justamente o faturamento da empresa. V – A COFINS é uma contribuição patronal para o custeio da seguridade social. Instituída pela Lei Complementar n. 70, de 30 de dezembro de 1991, em substituição à chamada contribuição para o FINSOCIAL, tem por base de cálculo o faturamento obtido, mês a mês, pela empresa (cf. art. 1º, da LC 70/1991). VI – Faturamento não é mera caixa vazia dentro da qual o legislador, o intérprete ou o aplicador podem colocar o que bem lhes aprouver. Pelo contrário, tem uma acepção técnica precisa, que o Direito Tributário deve buscar no Direito Comercial. VIa – Faturamento, nas hostes do Direito Comercial, nada mais é do que a expressão econômica de operações mercantis ou similares. Corresponde ao somatório do valor das operações negociais realizadas pelo contribuinte. VIb – Faturar é obter receita bruta, proveniente da venda de mercadorias ou, em alguns casos, da prestação de serviços. VIc – Em suma, faturamento é a contrapartida econômica, auferida como riqueza própria, pela empresa, em consequência do desempenho de suas atividades típicas. VII – Como logicamente as empresas não faturam impostos, segue-se que a base de cálculo da COFINS não pode incluir o valor de exação (no caso, o ICMS) que é apenas arrecadada de terceiros. VIIa – O ICMS não se incorpora ao patrimônio do contribuinte e nem representa ingresso de valor próprio, justamente porque tem passagem transitória por sua contabilidade. VIIb – Os contribuintes da COFINS não faturam ICMS. Este, apenas circula por suas contabilidades, rumo aos cofres públicos estaduais. Noutros falares, o tributo estadual não representa riqueza própria da empresa (que se incorpora ao seu patrimônio), mas simples ingresso de caixa. VIII – A integração, na base de cálculo da COFINS, do valor do ICMS, traz, como inaceitável consequência, que contribuintes passem a calcular a exação, sobre receita que não lhes pertence (mero ingresso), mas ao Estado-membro (ou ao Distrito Federal) onde se deu a operação mercantil e que tem competência para instituí-lo (cf. art. 155, II, da CF). VIIIa – A parcela correspondente ao ICMS pago não tem natureza de faturamento (e, nem mesmo, de receita), mas de mero ingresso (na acepção supra), não podendo, em razão disso, compor a base de cálculo da COFINS. IX – O parágrafo único, do art. 2º, da Lei Complementar n. 70/1991, deve ser interpretado conforme a Constituição, não se podendo admitir que o rol de exclusões nele previsto (valor do IPI e das vendas canceladas, devolvidas e dos descontos conceitos incondicionalmente) seja taxativo, sob pena de afronta manifesta ao próprio *caput* do mesmo dispositivo, bem como ao conceito constitucional de faturamento (art. 195, I, *b*, da CF). IXa – A melhor interpretação, para o parágrafo único em foco, é a de que ele contém uma relação exemplificativa, de sorte que a ausência de previsão específica, no tocante à exclusão do ICMS da base de cálculo da COFINS, não pode ser havida como admissão, a contrario sensu, de que o imposto estadual deve ser incluído na apuração do faturamento da empresa. IXb – Irrelevante, em suma, que o parágrafo único, do art. 2º, da Lei Complementar n. 70/1991, não tenha se referido expressamente ao ICMS, como passível de exclusão da base de cálculo da COFINS. X – Em remate, a inclusão, na base de cálculo da COFINS, do valor corresponde ao ICMS pago pelo contribuinte, abre espaço a que a União Federal se loculpete com uma exação híbrida e teratológica, desajustada dos arquétipos tributários que a Constituição, expressa ou implicitamente, lhe outorgou.

– **Posição em sentido contrário** (obs.: SUPERADA). Entendíamos que não havia suporte na pretensão de exclusão do ICMS da base de cálculo dos tributos sobre a receita. O ICMS é calculado por dentro, o que, com a EC n. 33/2001, passou a contar com suporte constitucional expresso, porquanto previu que cabe à lei complementar "fixar a base de cálculo, de modo que o montante do imposto a integre" (art. 155, § 2º, XII, *i*, da Constituição). A pessoa jurídica contribuinte do ICMS o paga com recursos próprios, ainda que se possa visualizar, pelo destaque do ICMS na nota, a transferência do respectivo ônus financeiro ao consumidor, considerado, por isso, o contribuinte de fato. Integrando o próprio preço das mercadorias que repercute no faturamento, o ICMS compunha indiretamente a base das referidas contribuições. Nesse mesmo sentido, havia farta jurisprudência, inclusive convertida em súmulas do STJ e do extinto TFR, e doutrina.

– **Súmula 68 do STJ** (obs.: SUPERADA). "A parcela relativa ao ICM inclui-se na base de cálculo do PIS".

– **Súmula 94 do STJ** (obs.: SUPERADA). "A parcela relativa ao ICMS inclui-se na base de cálculo do FINSOCIAL". Dos julgados que deram origem à Súmula, destaco o voto condutor do Min. Garcia Vieira por ocasião do julgamento do REsp 15.521-0/DF: "O FINSOCIAL, instituído pelo Decreto-lei n. 1.940, de 25 de maio de 1982 (art. 1º), incide 'sobre a receita bruta das empresas públicas e privadas que realizam venda de mercadorias, bem como das instituições financeiras e das sociedades seguradoras' (§ 1º). Como o ICM integra o preço da mercadoria para qualquer efeito, ele faz parte da receita bruta, base de cálculo do FINSOCIAL (Decreto-lei n. 1.598, de 26.12.1977, art. 12).

– **Súmula n. 258 do extinto TFR** (obs.: SUPERADA). "'Inclui-se na base de cálculo do PIS a parcela relativa ao ICM.' Em relação ao FINSOCIAL a questão é a mesma e assim entendeu o TFR na Remessa *ex officio* n. 114.139-SP, *DJ* de 03.10.88, AC n. 121.614-RJ, *DJ* de 22.11.88 e REO n. 117.923-SP, *DJ* de 03.04.89. Em todos estes acórdãos, entendeu-se que o ICM se inclui na base de cálculo da contribuição para o FINSOCIAL. Nego provimento ao recurso". Relativamente à Cofins, o raciocínio é idêntico.

– "5. A jurisprudência desta Corte consolidou-se no sentido da possibilidade de os valores devidos a título de ICMS integrarem a base de cálculo do PIS e da COFINS. Entendimento firmado nas Súmulas 68 e 94 do STJ" (STJ, REsp 1.195.286, 2013).

– "PIS E COFINS. EXCLUSÃO DO ICMS DA BASE DE CÁLCULO... 3. Está pacificado na jurisprudência que o valor do ICMS apurado no preço de venda de mercadorias deve ser incluído na base de cálculo do PIS e da COFINS. Precedentes do STJ e deste Tribunal. Súmulas 68 e 94 do STJ. 4. A inclusão do valor do ICMS na base de cálculo da contribuição ao PIS e da COFINS não constitui ofensa à Constituição Federal, ante o disposto no art. 195, inciso I, alínea *b*, do texto constitucional. 6. O ICMS, não obstante consistir em imposto indireto, assim como o IPI, dele se diferencia por ser cobrado 'por dentro', ou seja, é embutido no preço total da operação, representado por uma alíquota, a qual, embora destacada, é incluída no preço. 7. Não há dupla tributação ou afronta ao art. 154, inciso I, da Constituição Federal, pela adoção do valor das operações com o ICMS embutido, pois o ICMS incide sobre operações de circulação de mercadorias e o PIS/COFINS sobre a receita. Além disso, o ICMS incide por dentro, de modo que o valor total da operação não pode ser desconsiderado na composição do preço cobrado pela mercadoria" (TRF4, AR 2008.04.00.029102-9, 2013).

– No sentido de que inexistia o direito à exclusão do ICMS da base do PIS e da COFINS, vide ainda a doutrina: AGUIAR, Marcelo Enk de. O ICMS na Base de Cálculo do PIS e da Cofins: tema antigo, roupagem nova. *RET* 111/72-104, set.-out. 2016; LOPES, Anselmo Henrique Cordeiro. A inclusão do ICMS na base de cálculo da Cofins. *RFDT* 27/63, 2007.

– Exclusão do ICMS da base de cálculo do PIS e da Cofins não cumulativos. Tratar-se do PIS e da COFINS cumulativos ou não cumulativos é irrelevante. O Tema 69 aplica-se a ambos, porquanto tem o mesmo amparo constitucional, o art. 195, I, *b*, da CF.

– "... conforme redimensionamento de seu conceito no RE n. 240.785/MG, a receita bruta – independente da amplitude conceitual que lhe é dada pela lei: seja entendida como receita exclusiva de venda de mercadorias e serviços, seja como totalidade de receitas – sempre estará vinculada a um conceito que lhe precede: o conceito de receita bruta (tributável) como sendo exclusivamente receita própria. Para o STF, conforme regra legal extraída a partir da reconstituição da *ratio decidendi* do julgado do RE n. 240.785/MG, o ICMS não é faturamento dos contribuintes justamente porque não é sequer receita dos mesmos e, por esta razão, tanto o conceito de faturamento a que se referia o antigo art. 195, I, da CF/88, quanto o conceito de receita a que se refere este dispositivo constitucional após sua modificação pela EC 20/98, não alcançam a receita derivada do ICMS, pois ambos conceitos pressupõem a figura da receita própria, da receita que incorpora ao patrimônio do contribuinte" (CAMPOS, Carlos Alexandre de Azevedo. Exclusão do ICMS da Base de Cálculo de Tributos Federais. *RDDT* 145/7, 2007).

- Vide, também: MORAES, Allan. ICMS a base de cálculo do PIS e da Cofins não cumulativos. *RDDT* 141/28, 2007.

– Exclusão do ICMS-ST da base de cálculo do PIS e da Cofins. A Lei n. 9.718/98, em seu art. 3º, § 2º, I, prevê que, na apuração da receita bruta para fins de incidência do PIS e da Cofins, excluem-se, dentre outros, o ICMS quando cobrado pelo vendedor dos bens ou prestador dos serviços na condição de substituto tributário. Mas, para o substituído, mediante sujeição à retenção, o que se tem é antecipação do imposto devido na revenda. Assim, observada a *ratio decidendi* do Tema 69 do STF, justifica-se o reconhecimento do direito à exclusão do ICMS-ST suportado da base de cálculo do PIS e da COFINS. Eventual ajuste em razão da diferença entre o preço presumido e o efetivamente praticado terá reflexos no cálculo também do PIS e da COFINS, que terá de ser retificado.

– Tema 1.098 do STF: "É infraconstitucional, a ela se aplicando os efeitos da ausência de repercussão geral, a controvérsia relativa à inclusão do montante correspondente ao ICMS destacado nas notas fiscais ou recolhido antecipadamente pelo substituto em regime de substituição tributária progressiva na base de cálculo da contribuição ao PIS e da COFINS".

– "Imposto Sobre Circulação de Mercadorias e Serviços (ICMS). Substituição tributária progressiva. Destaque nas notas fiscais. Recolhimento antecipado pelo substituto. Base de cálculo. Contribuição ao Programa de Integração Social (PIS) e Contribuição para Financiamento da Seguridade Social (COFINS). Matéria infraconstitucional. Ausência de repercussão geral. Recurso extraordinário a que se nega seguimento. Firmada a seguinte tese de repercussão geral: É infraconstitucional, a ela se aplicando os efeitos da ausência de repercussão geral, a controvérsia relativa à inclusão do montante correspondente ao ICMS destacado nas notas fiscais ou recolhido antecipadamente pelo substituto em regime de substituição tributária progressiva na base de cálculo

da contribuição ao PIS e da COFINS" (STF, RE 1.258.842 RG, 2020).

– "A QUESTÃO DISCUTIDA NOS AUTOS GUARDA IDENTIDADE COM O TEMA 1.098. INAPLICABILIDADE DA TESE ADOTADA NO RE 574.706-ED. MODULAÇÃO DE EFEITOS REALIZADA PELO TRIBUNAL DE ORIGEM. SÚMULA 279/STF. 1. É inviável o recurso extraordinário cuja questão constitucional nele arguida não tiver sido prequestionada. A hipótese atrai a incidência da Súmula 282/STF. Precedentes. 2. A controvérsia acerca da sistemática de compensação de tributos constitui matéria infraconstitucional, não podendo ser apreciada em recurso extraordinário. Precedentes. 3. A pretensa aplicação da tese adotada no RE 574.706-ED à hipótese dos autos também não comporta acolhimento, porquanto o Supremo Tribunal Federal, ao julgar o referido paradigma, não considerou os recolhimentos efetuados mediante o regime de substituição tributária progressiva do ICMS. 4. No caso em exame, a parte recorrente buscou nas instâncias de origem a exclusão do ICMS, em regime de substituição tributária, da base de cálculo do PIS/COFINS, matéria que guarda identidade com a questão analisada no RE 1.258.842, Rel. Min. Presidente. (Tema 1.098) 5. A questão sobre eventual desacerto na modulação realizada pelo tribunal de origem mostra-se insuscetível de ser apreciada por esta Corte" (STF, ARE 1.344.422 ED-AgR, 2022).

– Tema 1.125 do STJ: (MÉRITO NÃO JULGADO) Controvérsia: "Possibilidade de exclusão do valor correspondente ao ICMS-ST da base de cálculo da Contribuição ao PIS e da COFINS devidas pelo contribuinte substituído. Afetação em 2021" (ProAfR no REsp 1.896.678). Obs.: há determinação de suspensão dos processos relacionados.

– Exclusão do ISS da base de cálculo da Cofins e do PIS. Está submetida ao STF, com repercussão geral, no RE 592.616 (Tema 118), rel. o Min. Celso de Mello, a discussão sobre "a constitucionalidade, ou não, da inclusão do Imposto sobre Serviços de Qualquer Natureza – ISS na base de cálculo do PIS e da COFINS". A questão é idêntica à do ICMS. Aplicada a *ratio decidendi* do Tema 69 quanto ao conceito de receita, por coerência, a solução deve ser a mesma, admitindo-se a exclusão do ISS da base de cálculo das contribuições. A circunstância de o ICMS ser não cumulativo e o ISS cumulativo não interfere no conceito de receita. Ambos são tributos sobre o consumo, que incidem por dentro na operação de venda ao consumidor e que são recolhidos aos cofres públicos.

– A questão é objeto do Tema 118 do STF, ainda não julgado. No TRF4, os Desembargadores estão divididos, mas prevalece o entendimento de que, para o ISS, a solução deve ser distinta daquela dada ao ICMS. Seguem ementas e votos vencidos. O STJ, no Tema 634, sob o prisma infraconstitucional, entende que o ISSQN compõe o conceito de receita ou faturamento para fins de adequação à hipótese de incidência do PIS e da COFINS

– Tema 118 do STF: (MÉRITO AINDA NÃO JULGADO). Controvérsia: "Inclusão do ISS na base de cálculo do PIS e da COFINS".

– "PIS E COFINS. BASE DE CÁLCULO. ISS. EXCLUSÃO. INADMISSIBILIDADE. O Supremo Tribunal Federal decidiu questão correlata, atinente à inclusão do ICMS na base de cálculo das contribuições em apreço... Não há jurisprudência da Suprema Corte quanto à inclusão do ISS na base de cálculo da COFINS e da contribuição ao PIS, questão constitucional que consubstancia o Tema n. 118 da Repercussão Geral ('Inclusão do ISS na base de cálculo do PIS e da COFINS'), reconhecida em outubro de 2008 e ainda pendente de julgamento. Diversamente do ICMS, o ISS é um tributo cumulativo. E, ao decidir o Tema n. 69, o STF conferiu acentuada relevância ao caráter não cumulativo do ICMS para declarar a impossibilidade de o valor correspondente a este imposto integrar a base de cálculo do PIS e da COFINS. Mesmo após o julgamento do Tema n. 69, o Superior Tribunal de Justiça não abandonou a orientação firmada, em julgamento proferido nos termos do art. 543-C do CPC/1973, no Recurso Especial nº 1.330.737/SP (Tema n. 634), quando decidiu pela legitimidade da inclusão do valor relativo ao ISS nas bases de cálculos do PIS e da COFINS. Não há razão, pois, para se alterar o entendimento do STJ e deste Colegiado, contrário à exclusão do valor do ISS das bases de cálculo da contribuição ao PIS e da COFINS" (TRF4, AC 5012102-94.2022.4.04.7001, 2022).

– "CONTRIBUIÇÃO PARA PIS E COFINS, BASE DE CÁLCULO. INCLUSÃO DO ISS. O ISS destacado nas notas fiscais emitidas pelo contribuinte compõe a base de cálculo das contribuições para PIS e COFINS de que é sujeito passivo tributário em nome próprio. Aplicação do tema 634 do Superior Tribunal de Justiça. Não se aplica a tese do tema 69 do Supremo Tribunal Federal; a não cumulatividade aplicável ao ICMS não se estende ao ISS" (TRF4, AC 5078815-88.2021.4.04.7000, 2022).

– "2.1 *Exclusão do ISS da base de cálculo do PIS e da COFINS.* A questão envolvendo a exclusão do ISS da base de cálculo das contribuições PIS e COFINS ainda não foi decidida pelo STF (Tema 118), mas guarda, em tudo, similaridade ao Tema 69 de repercussão geral, em que aquela Corte reconheceu o direito à exclusão do ICMS da base de cálculo de tais contribuições sobre a receita. Assim como o ICMS, o ISS é tributo indireto, incidente por dentro na operação de venda, com seu ônus repassado ao consumidor ou contribuinte de fato. Contribuinte de direito é o prestador de serviços. É destacado no documento fiscal, de modo que se pode visualizar o montante devido na operação. É cobrado do tomador de serviços junto com o preço do serviço, de modo que o tomador suporta o ônus financeiro desse imposto. Em matéria penal, tendo em conta o crime de apropriação indébita, o STJ já aplicou ao ISS a orientação firmada pelo STF quanto ao ICMS (STJ, AgRg no AResp 1.792.837, 2021). Não vislumbro a possibilidade de decisão diversa: 'ubi aedem ratio ibi aedem legis dispositio'. Assim, deve ser mantida a sentença" (TRF4, voto vencido na AC 5060897-62.2021.4.04.7100, 2022).

– "o ISS, assim como ICMS, é um tributo indireto que apenas transita pela contabilidade das pessoas jurídicas, sendo posteriormente repassado a terceiros – no caso, aos municípios. Desta forma, resta claro que não pode ser compreendido no conceito constitucional de receita bruta/faturamento das empresas e, por consequência, integrar a base de cálculo da contribuição ao PIS e da COFINS. Assim, resta evidenciada a inconstitucionalidade da inclusão do ISS na base de cálculo do PIS e da COFINS, quer

se considere o faturamento (art. 195, inc. I, da CF – redação original) ou a receita (art. 195, I, 'b' – redação dada pela EC no 20/98). Essa conclusão também se aplica no período de vigência das Leis n. 10.637/02 e 10.833/03 (regime não cumulativo) e até mesmo da Lei n. 12.973/14. Ressalta-se, por oportuno, que as alterações produzidas pela Lei n. 12.973/2014 nas Leis n. 9.718/96, n. 10.637/2002 e n. 10.833/2003 não legitimam a incidência da COFINS e da contribuição ao PIS sobre o ISS, porquanto a lei ordinária não pode alterar conceitos constitucionais (art. 110 do CTN). Desse modo, deve-se respeitar o conceito constitucional de receita, conforme assentou o STF quando do julgamento do RE n. 574.706 relativamente ao ICMS. Nessa senda, concluo que os fundamentos que levaram à exclusão do ICMS da base de cálculo do PIS e da COFINS também autorizam excluir o ISS das contribuições em questão. Por fim, não desconheço que, relativamente à inclusão do ISS na base de cálculo da COFINS e da contribuição ao PIS, a questão constitucional está consubstanciada no Tema n. 118 da Repercussão Geral ('Inclusão do ISS na base de cálculo do PIS e da COFINS'), reconhecida em outubro de 2008 e ainda pendente de julgamento, não havendo determinação de suspensão dos processos semelhantes. Logo, não prospera eventual pedido de sobrestamento do feito" (TRF4, voto vencido na AC 5019467-29.2018.4.04.7200, 2022).

– **Tema 634 do STJ:** "O valor suportado pelo beneficiário do serviço, nele incluindo a quantia referente ao ISSQN, compõe o conceito de receita ou faturamento para fins de adequação à hipótese de incidência do PIS e da COFINS". Decisão do mérito em 2015.

– "PRESTADOR DE SERVIÇO. PIS E COFINS. INCLUSÃO DO ISSQN NO CONCEITO DE RECEITA OU FATURAMENTO. POSSIBILIDADE. INEXISTÊNCIA DE VIOLAÇÃO DOS ARTS. 109 E 110 DO CTN. 1. Para efeitos de aplicação do disposto no art. 543-C do CPC, e levando em consideração o entendimento consolidado por esta Corte Superior de Justiça, firma-se compreensão no sentido de que o valor suportado pelo beneficiário do serviço, nele incluindo a quantia referente ao ISSQN, compõe o conceito de receita ou faturamento para fins de adequação à hipótese de incidência do PIS e da COFINS. 2. A orientação das Turmas que compõem a Primeira Seção deste Tribunal Superior consolidou-se no sentido de que 'o valor do ISSQN integra o conceito de receita bruta, assim entendida como a totalidade das receitas auferidas com o exercício da atividade econômica, de modo que não pode ser dedutível da base de cálculo do PIS e da COFINS' [...]. 3. Nas atividades de prestação de serviço, o conceito de receita e faturamento para fins de incidência do PIS e da COFINS deve levar em consideração o valor auferido pelo prestador do serviço, ou seja, valor desembolsado pelo beneficiário da prestação; e não o fato de o prestador do serviço utilizar parte do valor recebido pela prestação do serviço para pagar o ISSQN – Imposto Sobre Serviços de Qualquer Natureza. Isso por uma razão muito simples: o consumidor (beneficiário do serviço) não é contribuinte do ISSQN. 4. O fato de constar em nota fiscal informação no sentido de que o valor com o qual arcará o destinatário do serviço compreende quantia correspondente ao valor do ISSQN não torna o consumidor contribuinte desse tributo a ponto de se acolher a principal alegação das recorrentes, qual seja, de que o ISSQN não constituiu receita porque, em tese, diz respeito apenas a uma importância que não lhe pertence (e sim ao município competente), mas que transita em sua contabilidade sem representar, entretanto, acréscimo patrimonial. 5. Admitir essa tese seria o mesmo que considerar o consumidor como sujeito passivo de direito do tributo (contribuinte de direito) e a sociedade empresária, por sua vez, apenas uma simples espécie de 'substituto tributário', cuja responsabilidade consistiria unicamente em recolher aos cofres públicos a exação devida por terceiro, no caso o consumidor. Não é isso que se tem sob o ponto de vista jurídico, pois o consumidor não é contribuinte (sujeito passivo de direito da relação jurídico-tributária). 6. O consumidor acaba suportando o valor do tributo em razão de uma política do sistema tributário nacional que permite a repercussão do ônus tributário ao beneficiário do serviço, e não porque aquele (consumidor) figura no polo passivo da relação jurídico-tributária como sujeito passivo de direito. 7. A hipótese dos autos não se confunde com aquela em que se tem a chamada responsabilidade tributária por substituição, em que determinada entidade, por força de lei, figura no polo passivo de uma relação jurídico-tributária obrigacional, cuja prestação (o dever) consiste em reter o tributo devido pelo substituído para, posteriormente, repassar a quantia correspondente aos cofres públicos. Se fosse essa a hipótese (substituição tributária), é certo que a quantia recebida pelo contribuinte do PIS e da COFINS a título de ISSQN não integraria o conceito de faturamento. No mesmo sentido se o ônus referente ao ISSQN não fosse transferido ao consumidor do serviço. Nesse caso, não haveria dúvida de que o valor referente ao ISSQN não corresponderia a receita ou faturamento, já que faticamente suportado pelo contribuinte de direito, qual seja, o prestador do serviço. 8. Inexistência, portanto, de ofensa aos arts. 109 e 110 do CTN, na medida em que a consideração do valor correspondente ao ISSQN na base de cálculo do PIS e da COFINS não desnatura a definição de receita ou faturamento para fins de incidência de referidas contribuições" (STJ, REsp 1.330.737, 2016).

– O STJ, em sede de recursos representativos de controvérsia, decidiu que o ISS também incide por dentro do preço e que tem como contribuinte o prestador de serviço e não o tomador, de modo que a consideração do valor do ISS na base de cálculo do PIS e da COFINS não desnatura a definição de faturamento ou receita, inexistindo direito à sua dedução. Veja-se: "PRESTADOR DE SERVIÇO. PIS E COFINS. INCLUSÃO DO ISSQN NO CONCEITO DE RECEITA OU FATURAMENTO. POSSIBILIDADE. INEXISTÊNCIA DE VIOLAÇÃO DOS ARTS. 109 E 110 DO CTN. 1. Para efeitos de aplicação do disposto no art. 543-C do CPC, e levando em consideração o entendimento consolidado por esta Corte Superior de Justiça, firma-se compreensão no sentido de que o valor suportado pelo beneficiário do serviço, nele incluindo a quantia referente ao ISSQN, compõe o conceito de receita ou faturamento para fins de adequação à hipótese de incidência do PIS e da COFINS. 2. A orientação das Turmas que compõem a Primeira Seção deste Tribunal Superior consolidou-se no sentido de que 'o valor do ISSQN integra

o conceito de receita bruta, assim entendida como a totalidade das receitas auferidas com o exercício da atividade econômica, de modo que não pode ser dedutível da base de cálculo do PIS e da COFINS'... 3. Nas atividades de prestação de serviço, o conceito de receita e faturamento para fins de incidência do PIS e da COFINS deve levar em consideração o valor auferido pelo prestador do serviço, ou seja, valor desembolsado pelo beneficiário da prestação; e não o fato de o prestador do serviço utilizar parte do valor recebido pela prestação do serviço para pagar o ISSQN – Imposto Sobre Serviços de Qualquer Natureza. Isso por uma razão muito simples: o consumidor (beneficiário do serviço) não é contribuinte do ISSQN. 4. O fato de constar em nota fiscal informação no sentido de que o valor com o qual arcará o destinatário do serviço compreende quantia correspondente ao valor do ISSQN não torna o consumidor contribuinte desse tributo a ponto de se acolher a principal alegação das recorrentes, qual seja, de que o ISSQN não constituiu receita porque, em tese, diz respeito apenas a uma importância que não lhe pertence (e sim ao município competente), mas que transita em sua contabilidade sem representar, entretanto, acréscimo patrimonial. 5. Admitir essa tese seria o mesmo que considerar o consumidor como sujeito passivo de direito do tributo (contribuinte de direito) e a sociedade empresária, por sua vez, apenas uma simples espécie de 'substituto tributário', cuja responsabilidade consistiria unicamente em recolher aos cofres públicos a exação devida por terceiro, no caso o consumidor. Não é isso que se tem sob o ponto de vista jurídico, pois o consumidor não é contribuinte (sujeito passivo de direito da relação jurídico-tributária). 6. O consumidor acaba suportando o valor do tributo em razão de uma política do sistema tributário nacional que permite a repercussão do ônus tributário ao beneficiário do serviço, e não porque aquele (consumidor) figura no polo passivo da relação jurídico-tributária como sujeito passivo de direito. 7. A hipótese dos autos não se confunde com aquela em que se tem a chamada responsabilidade tributária por substituição, em que determinada entidade, por força de lei, figura no polo passivo de uma relação jurídico-tributária obrigacional, cuja prestação (o dever) consiste em reter o tributo devido pelo substituído para, posteriormente, repassar a quantia correspondente aos cofres públicos. Se fosse essa a hipótese (substituição tributária), é certo que a quantia recebida pelo contribuinte do PIS e da COFINS a título de ISSQN não integraria o conceito de faturamento. No mesmo sentido se o ônus referente ao ISSQN não fosse transferido ao consumidor do serviço. Nesse caso, não haveria dúvida de que o valor referente ao ISSQN não corresponderia a receita ou faturamento, já que faticamente suportado pelo contribuinte de direito, qual seja, o prestador do serviço. 8. Inexistência, portanto, de ofensa aos arts. 109 e 110 do CTN, na medida em que a consideração do valor correspondente ao ISSQN na base de cálculo do PIS e da COFINS não desnatura a definição de receita ou faturamento para fins de incidência de referidas contribuições" (STJ, REsp 1.330.737, 2015).

⇒ A partir da edição da Lei n. 11.945/2009, norma que modificou a redação das Leis n. 9.718/98, n. 10.637/2002 e n. 10.833/2003, seja no regime cumulativo, seja no regime não cumulativo de recolhimento das contribuições PIS e CO-

FINS, a receita decorrente da transferência onerosa a outros contribuintes dos créditos de ICMS originados de operações de exportação, conforme o disposto no inciso II do § 1º do art. 25 da Lei Complementar n. 87, de 13 de setembro de 1996, encontra se expressamente afastada da base de cálculo das exações.

– **Exclusão do IPI-ST da base de cálculo. Tema 783 do STJ:** (CANCELADO) "Discussão: exclusão do IPI da base de cálculo do PIS e COFINS, no regime da substituição tributária". Decisão em 2009.

– O IPI é excluído da base de cálculo do PIS e da COFINS, sempre foi. O IPI-ST, por sua vez, também deve ser excluído pelo substituído, porquanto recolhido antecipadamente. O pagamento a tempo ou antecipado no regime de substituição tributária para frente não deve criar distinção na apuração da base de cálculo das contribuições sobre a receita.

– **Crédito presumido de ICMS.** "2. A jurisprudência desta Corte Superior é no sentido de que o crédito presumido referente ao ICMS não tem natureza de receita ou faturamento, razão pela qual não pode ser incluído na base de cálculo do PIS e da COFINS. Precedentes..." (STJ, AgRg no AREsp 6.343, 2013).

– "3. De acordo com a jurisprudência do Superior Tribunal de Justiça, o crédito presumido do ICMS configura incentivo voltado à redução de custos, com a finalidade de proporcionar maior competitividade no mercado para as empresas de um determinado Estado-membro, não assumindo natureza de receita ou faturamento" (STJ, AgRg no REsp 1.329.781, 2012).

– "PIS E COFINS. BASE DE CÁLCULO. CRÉDITO DE ICMS. PRINCÍPIO DA CAPACIDADE CONTRIBUTIVA. RAZOABILIDADE. PRINCÍPIO FEDERATIVO. Nem tudo o que contabilmente é considerado receita pode sê-lo para fins de tributação. A receita, na norma concessiva de competência tributária, denota uma revelação de riqueza. É preciso considerar a receita sob a perspectiva do princípio da capacidade contributiva. Não são exigíveis as contribuições ao PIS e à COFINS sobre créditos de ICMS apurados na operação de exportação ou mesmo os valores decorrentes da sua transferência a terceiros, por constituir mera recuperação de custos tributários suportados. Ademais, entendimento contrário ofenderia o princípio federativo, na medida em que tributar crédito de ICMS implica intervir na tributação estadual, afetando a eficácia das imunidades e incentivos e fazendo com que, à impossibilidade de tributação ou renúncia tributária dos Estados corresponda tributação pela União, em transferência de recursos absolutamente desarrazoada, contrária à finalidade das normas de imunidade ou de incentivos" (TRF4, AMS 2005.71.08.009824-3, 2007).

– "O crédito decorrente do ICMS *sub examen*, portanto, não configura receita, mas tributo, embutido nos insumos pagos, mas recuperáveis sob forma de compensação ou restituição. Isto é, o benefício fiscal da imunidade é oferecido por meio de créditos perante a Fazenda Estadual por questões de operacionalidade, já que sua devolução em pecúnia não seria prática, senão inviável. Assim, a incidência do ICMS, que vinha ocorrendo nas sucessivas etapas do processo de industrialização, findou-se na etapa imediatamente anterior, isto é, com a venda da matéria pri-

ma pelo fornecedor à empresa exportadora. Logo, pretender-se computar novamente a parcela de ICMS na base de cálculo da empresa exportadora é medida repudiada pelo direito tributário em razão da ocorrência do *bis in idem*. Ademais, não se pode olvidar que o posicionamento adotado pelo Fisco ofende a regra constitucional de imunidade adrede mencionada, uma vez que o próprio benefício fiscal estaria compondo a base de cálculo das contribuições sob enfoque, o que retiraria da imunidade seu pleno alcance. Em uma palavra, estar-se-ia dando com uma mão e retirando com a outra" (TRF4, excerto de voto na AMSS 2005.71.08.013689-0, 2006).

– **Transferência de créditos de ICMS por empresa exportadora.** Foi decidida pelo STF, com repercussão geral, no RE 606.107 (Tema 283 do STF), a discussão sobre "a constitucionalidade, ou não, da exigência de que o valor correspondente às transferências de créditos do Imposto sobre Circulação de Mercadorias e Serviços – ICMS pela empresa contribuinte seja integrado à base de cálculo das contribuições Programa de Integração Social – PIS e Contribuição para o Financiamento da Seguridade Social – COFINS não cumulativas": "PIS/Cofins e valores recebidos a título de transferência de ICMS por exportadora... Explicitou-se que o conceito constitucional de receita não se confundiria com o conceito contábil. Salientou-se que caberia ao intérprete da Constituição sua definição, à luz de princípios e postulados constitucionais tributários, dentre os quais o princípio da capacidade contributiva. Registrou-se que o aproveitamento dos créditos de ICMS por ocasião da saída imune para o exterior não geraria receita tributável. Tratar-se-ia de mera recuperação do montante pago a título de ICMS na cadeia antecedente, a fim de desonerar a exportadora... (RE-606107)" (*Informativo* n. 707 do STF). Obs.: além de se considerar que o aproveitamento dos créditos não configuraria receita tributável, mas recuperação de custo tributário, também foi abordada a questão sob a perspectiva da imunidade das receitas de exportação, argumento considerado importante também para afastar a tributação no caso, o que se pode ver em nota ao art. 149, § 2º, I, da CF.

– "A empresa possui crédito de ICMS na entrada das mercadorias destinadas à exportação. Como ... há imunidade do tributo sobre a operação que destine mercadoria ao exterior, deterá crédito em sua escrita fiscal. Ora, a recuperação do ônus do ICMS não pode ser considerada faturamento mensal ..., não caracterizando o fato gerador do PIS e da COFINS. [...] defiro a antecipação da tutela ... para o fim de determinar à autoridade coatora a abstenção da exigência do PIS e da COFINS sobre os valores decorrentes dos créditos de ICMS transferidos para terceiros ..." (decisão da Desa. Marga Inge Barth Tessler, do TRF4, nos autos do AI 2005.04.01.038101-4/RS, 2005).

– "CONTABILIZAÇÃO DOS CRÉDITOS DE PIS/COFINS... 23... dentre as formas de registro contábil atualmente adotadas pelas empresas, podem-se destacar três delas. 24. A primeira encontra respaldo do Instituto dos Auditores Independentes do Brasil – Ibracon – que, por meio da Interpretação Técnica n. 01/2004, manifestou entendimento segundo o qual os 'créditos' de PIS/Cofins não devem ser reconhecidos em contas de resultados enquanto inexistentes débitos de PIS/Cofins. No caso dos produtos destinados à revenda (art. 3º, I, das Leis ns.

10.637/2002 e 10.833/2003), o estoque é contabilizado pelo valor líquido dos créditos de PIS/Cofins. 25. Pela segunda forma, reconhece-se um débito no ativo e um crédito em resultado sempre que ocorrer qualquer hipótese-dispêndio previsto no art. 3º dos mencionados diplomas legais, independentemente da ocorrência do fato imponível das contribuições em voga. Sendo produtos adquiridos para revenda, o estoque é contabilizado pelo valor bruto. 26. Por fim, a terceira forma é o controle extracontábil dos débitos e créditos de PIS/Cofins. Neste caso, ao final do período de apuração das contribuições, há um débito no resultado do valor apurado extracontabilmente caso os débitos de PIS/Cofins excedam os créditos. O controle extracontábil já foi admitido pela Secretaria da Receita Federal, 3ª Região Fiscal, em Solução de Consulta n. 18, de 25 de outubro de 2006 (*DOU* 03.11.2006, p. 22). 27... entendemos que o controle extracontábil representa proceder correto. Admitimos a primeira forma em face do princípio contábil da continuidade e repudiamos a segunda... 28. Vejamos a razão pela qual repudiamos a segunda forma de contabilização dos créditos de PIS/Cofins. Cremos que os 'créditos' de PIS/Cofins antes da existência do respectivo débito não podem ser lançamentos em resultado, alterando, consequentemente, o lucro líquido do exercício. 29. Primeiro, porque contraria manifestamente o princípio da prudência, previsto na Resolução CFC n. 750/2003 e, por esta razão, juridicamente legítimo *ex vi* do art. 177 da Lei das S/A. 30. Consoante este preceito, 'o Princípio da Prudência determina a adoção do menor valor para os componentes do Ativo e do maior valor para os do Passivo, sempre que se apresentem alternativas igualmente válidas para a quantificação das mutações patrimoniais que alterem o patrimônio líquido'. 31. Ora, sendo mera expectativa de direito, que, como vimos, pode não vir a ser realizado, não é recomendável alterar, precipitadamente, o resultado e, via de consequência, o patrimônio líquido. 32. Segundo, porque não há que se falar em disponibilidade de renda... [...] 35... não há que se falar em disponibilidade de 'crédito' e PIS/Cofins no momento em que ainda não há o débito respectivo. Reitere-se: a legislação não faculta a possibilidade de alienar para terceiros ou compensar com tributos próprios. [...] 37... Caso seja adotado o controle contábil sugerido pelo Ibracon, no ativo haveria o reconhecimento de 'créditos' de PIS/Cofins, que, como sustentamos alhures, não são direitos ou créditos oponíveis a terceiros ou alienáveis" (CUNHA, Fábio Lima da. Efeitos dos Créditos de PIS/Cofins na Base de Cálculo o IRPJ/CSLL: análise sob a perspectiva das empresas atuantes o mercado interno. *RET* 55/98, 2007).

– **Transferência de créditos acumulado de exportação.** "a) em respeito às determinações constitucionais direcionadas à desoneração das exportações... é inexigível o PIS/Pasep e Cofins sobre valores recebidos pela transferência de saldo acumulado de ICMS decorrente de exportação, mesmo em relação a operações anteriores à vigência das benesses tributárias trazidas pela Medida Provisória n. 451/2008, que, ao alterar as Leis federais n. 9.718/1998, n. 10.637/2002 e n. 10.833/2003, previu expressamente a inexigibilidade sustentada por meio do presente trabalho... d) a exigência do PIS/Pasep e da Cofins apenas das empresas que não possuíam condições de aproveitar os créditos

em razão do desenvolvimento preponderante da atividade exportadora importaria claro desrespeito à isonomia tributária..." (BRITO, Fabiano Carvalho de. Inexigibilidade do PIS/Pasep e da Cofins sobre valores recebidos pela transferência de saldo acumulado de ICMS decorrente de exportação. *RDDT* 166/45, 2009).

– **Crédito presumido de IPI.** Está em discussão no STF, com repercussão geral, no RE 593.544 (Tema 504), rel. o Min. Roberto Barroso, "a possibilidade, ou não, de o crédito presumido do IPI decorrente de exportações, instituído pela Lei 9.363/96, integrar a base de cálculo do PIS e da COFINS". A pretensão da Fazenda de fazer incidir PIS e Cofins sobre os créditos presumidos de IPI mostra-se, do ponto de vista normativo, contraditório. Isso porque se trata de instrumento de incentivo às exportações que visa compensar o custo tributário com as próprias contribuições PIS e Cofins suportadas internamente quando da aquisição, no mercado interno, de produtos para exportação. Os créditos presumidos de IPI não constituem faturamento nem qualquer outra receita tributável das empresas, de modo que não pode haver a incidência. O argumento de que se trataria de receitas de exportação, e, por isso, imune, representa um último e derradeiro argumento apenas para a hipótese de não se reconhecer que sequer receita o crédito presumido de IPI constitui. Se receita fosse, sendo inerente à exportação, por certo que se poderia considerar como uma receita de exportação.

– "CRÉDITO PRESUMIDO DE IPI. PIS E COFINS. BASE DE CÁLCULO. NÃO INCIDÊNCIA. 1. O legislador, em respeito à máxima econômica de que não se exportam tributos, criou o crédito presumido de IPI como um incentivo às exportações, ressarcindo o exportador de parte das contribuições ao PIS e à Cofins incidentes sobre as matérias-primas adquiridas para a industrialização de produtos a serem exportados. 2. O crédito presumido previsto na Lei n. 9.363/96 não constitui receita da pessoa jurídica, mas mera recomposição de custos, razão porque não podem ser considerados na determinação da base de cálculo da contribuição ao PIS e da Cofins. Precedente da Primeira Turma. 3. Seria um contrassenso admitir que sobre o crédito presumido de IPI, criado justamente para desonerar a incidência do PIS e da Cofins sobre as matérias primas utilizadas no processo de industrialização de produtos exportados, incidam essas duas contribuições" (STJ, REsp 1.003.029, 2008).

– "RESSARCIMENTO DE PIS E COFINS EMBUTIDOS NO PREÇO DOS INSUMOS. INCLUSÃO DO CRÉDITO PRESUMIDO NA BASE DE CÁLCULO DE PIS E COFINS. IMPOSSIBILIDADE. LEIS N. 9.363/96 E 9.718/98. 1. O incentivo às exportações criado pela Lei n. 9.363/96 visa ressarcir as contribuições de PIS e COFINS embutidas no preço das matérias-primas, produtos intermediários e materiais de embalagem adquiridos pelo fabricante para a industrialização de produtos exportados, mediante um benefício fiscal consubstanciado no crédito presumido de IPI, para ser lançado na escrita fiscal contra o próprio IPI. 2. A perspectiva adotada pelo criador da norma não pode ser distorcida de modo a colocar na base de cálculo do PIS e da COFINS importâncias que derivam, em última análise, da dispensa do pagamento dessas contribuições. Isso implicaria diminuir o benefício fiscal, fazendo com que a desoneração pretendida ocorra de forma parcial. 3. O crédito presumido instituído pela Lei n. 9.363/96 não constitui receita nova, mas um valor retificador de custo, porquanto a causa de existência do crédito são os insumos empregados no processo produtivo, em cujo preço foram adicionados os valores do PIS e COFINS, de forma cumulativa, os quais devem ser ressarcidos ao industrial exportador. 4. Ainda que se entenda que o crédito presumido é receita, mostra-se um despropósito cobrar PIS e COFINS sobre valores que originam grandezas econômicas a salvo dessas contribuições – as receitas de exportação são isentas de PIS e COFINS. 5. Apelação e remessa oficial desprovidas" (TRF4, AMS 2006.71.00.004213-0, 2007).

– "A estrutura do incentivo e a própria lei acenam para a específica natureza de ressarcimento de contribuições incidentes nos custos de fabricação, portanto crédito concedido com a qualificação de redutor de custos, inabilitando qualquer pretensão de considerá-lo com a natureza de receita. [...] Por revestir a natureza de mera recuperação de custo, o chamado 'crédito presumido' da COFINS e PIS, utilizado para abatimento do IPI, não tem natureza de receita, assim como já reconheceu a administração tributária que também não tem natureza de receita o crédito presumido concedido por lei na apuração de COFINS e PIS das empresas fabricantes de determinados medicamentos, por conta de adesão em regime especial que prevê compromisso de redução de seus preços ao consumidor" (MINATEL, José Antônio. *Conteúdo do conceito de receita e regime jurídico para sua tributação*. São Paulo: MP, 2005, p. 224-225).

– Solução de Consulta n. 202/2004: "o crédito presumido do IPI, uma vez abrangido pelo conceito de receita, e não tendo sido expressamente contemplado pelas hipóteses de exclusão e isenção, sujeita se à incidência da contribuição para o PIS/Pasep [e da Cofins]".

– **Quanto ao ressarcimento em dinheiro e transferência de créditos. Não configuração de receita tributável.** Os créditos apropriados no regime não cumulativo de tributos como o ICMS, o IPI, o PIS e a Cofins não constituem receita da empresa, reveladora de capacidade contributiva e, portanto, tributável. A sua utilização em compensação com tributo devido, o seu ressarcimento em dinheiro pelo Fisco ou mesmo o ingresso decorrente da cessão a terceiro (a admissibilidade ou não desta cessão é outra questão) não integram, pois, a base de cálculo das contribuições sobre a receita.

– **Receita da restituição de indébito. Não incidência, salvo sobre os juros.** ADI SRF 25/2003: "Art. 2º. Não há incidência da... Cofins e da PIS/Pasep sobre os valores recuperados a título de tributo pago indevidamente. Art. 3º. Os juros incidentes sobre o indébito tributário recuperado é receita nova e, sobre ela, incidem o IRPJ, a CSLL, a Cofins e a Contribuição para o PIS/Pasep".

– "... os juros e outros acréscimos remuneratórios, incluídos nos valores dos custos recuperados, merecem tratamento distinto daquele atribuído ao principal, por traduzirem nova disponibilidade decorrente de remuneração (materialidade) do capital subtraído, atributos que permitem enquadrá-los no conceito abrangente de receita, portanto, passíveis de inclusão na base de cálcu-

lo das contribuições do PIS e da COFINS, abstraindo-se, como já acenado de início, do exame da constitucionalidade do alargamento da base de cálculo dessas contribuições, perpetrado pela questionada Lei n. 9.718/98" (MINATEL, José Antônio. *Conteúdo do conceito de receita e regime jurídico para sua tributação*. São Paulo: MP, 2005, p. 226).

– **Receita do contribuinte *x* receita de terceiros. Lei n. 9.718/98, art. 3º, § 2º, inciso III.** O que se deve observar, necessariamente, é que, sendo a receita ou faturamento elencados como riqueza a ser tributada, não é dado ao legislador tributar todo e qualquer ingresso nas contas do contribuinte, na medida em que eventuais ingressos de valores em nome de terceiros não constituem receita sua. Aliás, a Lei n. 9.718/98, em art. 3º, § 2º, inciso III, chegou a determinar a exclusão, da base de cálculo da Cofins e do PIS, dos valores que, computados como receita, tivessem sido transferidos para outra pessoa jurídica. Ocorre que o dispositivo remetia a normas regulamentares que jamais foram editadas, restando, posteriormente, revogado pela MP n. 2.158-35/2001, tornada permanente por força da EC n. 32/2001. Ives Gandra da Silva Martins e Fátima Fernandes Rodrigues de Souza manifestaram-se, então, no sentido de que o referido inciso III constituía simples explicitação dos parâmetros constitucionais para a incidência das contribuições. Mas, se, de um lado, só se pode instituir contribuição sobre a receita do contribuinte e não sobre a receita de terceiros, de outro, não há direito constitucional dos contribuintes de deduzirem da base de cálculo despesas que tenham para com fornecedores de bens e serviços, ou seja, não há direito à tributação sobre o "lucro bruto", conforme pretenderam muitos contribuintes. A questão está em bem distinguir as receitas de terceiros de simples valores destinados ao pagamento de terceiros pelo contribuinte. Hoje, com a Lei n. 12.937/2014, resta claro que só incide sobre o "resultado" das operações em conta alheia e não sobre toda a receita recebida em favor de terceira empresa.

– "Os ingressos contábeis... somente constituirão receita tributável quando se destinarem a incorporar o patrimônio da empresa. Se esta última atuar como mera intermediária pela qual transitam valores destinados a outras pessoas jurídicas, então não haverá que se falar em auferimento de receita. Advertimos, todavia, que tal assertiva deve ser compreendida *cum modus in rebus*, sob pena de conduzir-nos a conclusões absurdas como a de excluir da receita bruta os valores pagos pela pessoa jurídica a seus fornecedores. Uma coisa é receita de terceiros, outra é receita própria que se utiliza para pagar prestadores de serviços ou fornecedores de mercadorias. Ambas não se confundem e têm tratamento tributário diverso. Quando a receita é alheia, contudo, a incidência do PIS/Cofins traz efeitos confiscatórios, violando o art. 150, IV, da Constituição eis que o faturamento efetivamente tributado não pertence ao titular do ingresso – que não terá o seu patrimônio aumentado – mas sim a outrem" (MOREIRA, André Mendes. PIS/Cofins – não incidência sobre receitas de terceiros. *RDDT* 141/37, 2007).

– Lei n. 9.718/98: "Art. 3º O faturamento a que se refere o artigo anterior corresponde à receita bruta da pessoa jurídica. § 1º Entende-se por receita bruta a totalidade das receitas auferidas pela pessoa jurídica, sendo irrelevantes o tipo de atividade por

ela exercida e a classificação contábil adotada para as receitas. §
2º Para fins de determinação da base de cálculo das contribuições a que se refere o art. 2º, excluem-se da receita bruta: ... III
– os valores que, computados como receita, tenha sido transferidos para outra pessoa jurídica, observadas normas regulamentadoras expedidas pelo Poder Executivo". Obs.: O § 1º do art. 1º
e o inciso III do § 2º restaram revogados pela Lei 11.941/09 e
pela MP 2.158-35/01, respectivamente.

– As normas regulamentares não chegaram a ser editadas, tendo
o referido inciso sido extinto antes disso através da MP n. 1.991-
-18/2000. Tal dispositivo, pois, que dependia de regulamentação,
sequer chegou a produzir efeitos. As Turmas do TRF4 divergem
quanto à aplicabilidade do artigo, mas apenas até a sua revogação. Muitas empresas pretenderam dar ao referido inciso III interpretação de tal modo larga que implicaria transformar a CO-
FINS num tributo sobre o "lucro bruto", quando, em verdade,
fosse ele aplicável, teria de se delimitar o conceito de transferência a terceiros tendo em conta a grandeza tributada, de modo a
não esvaziá-la.

– **No sentido de que não era autoaplicável, jamais tendo produzido efeitos.** "3. O artigo 3º, § 2º, III, da Lei 9.718/98, estabeleceu regra de exclusão condicionada a regulamento do Poder
Executivo. 4. Condição não implementada, sendo revogada a
regra de exclusão pela MP 1991-18/2000. 5. Legalidade da norma
contida e condicionada a regulamento" (STJ, REsp 776.965,
2007).

– "PIS E COFINS. BASE DE CÁLCULO. ARTIGO 3º, § 2º,
INCISO III, DA LEI N. 9.718/98. NORMA DEPENDENTE
DE REGULAMENTAÇÃO. REVOGAÇÃO PELA MEDI-
DA PROVISÓRIA N. 1991-18/00. I – O comando legal inserto
no artigo 3º, § 2º, III, da Lei n. 9.718/98 estabelecia a exclusão
da base de cálculo do PIS e da COFINS, das receitas transferidas
a outras pessoas jurídicas, a depender de normas regulamentares
do Poder Executivo. II – Com a edição da Medida Provisória n.
1.991-18/00, o dispositivo em comento foi retirado do mundo
jurídico, antes mesmo de produzir os efeitos pretendidos. Portanto, embora vigente, não teve eficácia, já que não editado o
decreto regulamentador. III – Agravo regimental improvido"
(STJ, ARREsp 534.865, 2004).

– "A regra que previa a exclusão das receitas transferidas a outras
pessoas jurídicas da base de cálculo do PIS e da COFINS, preconizada no art. 3º, § 2º, III, da Lei n. 9.718/98, é norma de eficácia
limitada, dependendo de regulamentação. A inexistência do decreto de execução no período em que o artigo de lei esteve em
vigor impede que o regramento seja aplicado" (TRF4, EIAC
2001.72.01.001285-0, 2004).

– **No sentido da autoaplicabilidade pois a base de cálculo é
matéria exclusivamente legal.** "diante do Princípio da Legalidade tomado em sentido material, a fixação de base de cálculo, em
todas as suas características, é matéria de lei, o regulamento a
que se refere o inc. III do § 2º do art. 3º da Lei 9.718/98 apenas
pode ter como função a regulamentação procedimental a que se
refere Bandeira de Mello. Mas, para que a função eficacial primária prevista neste artigo se concretize, é necessária a edição de
um regulamento disciplinando procedimentos, nesses termos?

Entendo que não. Como a base de cálculo já está desde logo, fixada e indepede de norma regulamentadora, não há nada que
impeça possam, desde logo, ser excluídas da base de cálculo as
receitas transferidas a outra pessoa jurídica. Nesse sentido, a
norma... tem eficácia plena: pode produzir efeitos de resguardo,
desde logo" (PESSÔA, Leonel Cesarino. Eficácia técnica e o
princípio da legalidade. *RTFP* 57/69, 2004).

– **No sentido de que constituía simples explicitação dos parâmetros já existentes.** "... tanto o conceito de faturamento, como
o de receita, ainda que tomados como sinônimos de 'receita bruta', deixam evidente que só podem ser assim considerados os
ingressos destinados a remunerar algum tipo de atividade exercida pela empresa, e não aqueles que pertencem a terceiros e lhes
devem ser repassados... Tanto é assim que o § 2º e o inciso III do
art. 3º supratranscrito, ostentando natureza nitidamente explicitadora, previram a exclusão, na apuração da receita bruta, dos
ingressos correspondentes a receita de terceiros... Embora a explicitação contida nessas normas, à evidência, derive do próprio
conceito de receita bruta, o art. 47, IV, *b*, da Medida Provisória
1.991-18, de 9 de junho de 2000, sucessivamente reeditada, e,
atualmente, o art. 93, I, da MP 2.158-35 de 2001 (com eficácia
mantida pela EC 32/01) pretende revogar o inciso III do § 2º do
art. 3º da Lei 9.718/98, obstando, assim, que a generalidade dos
contribuintes exclua da base de cálculo dessas contribuições as
receitas de terceiros. Ao assim dispor, a medida provisória incide, relativamente à Cofins, em manifesta ofensa ao art. 195, I, da
CF e ao art. 110 do CTN; relativamente ao PIS, em manifesta
ofensa ao art. 239 da CF; em relação a ambas as contribuições, ao
princípio da capacidade contributiva inserto no art. 145, § 1º, da
CF e ao princípio do devido processo legal, consagrado no art.
5º, LIV, da CF. O primeiro ponto a destacar é que a medida provisória é inócua para obstar o direito do contribuinte de excluir
da base de cálculo das contribuições ao PIS e à Cofins por ele
devidas, os ingressos destinados a serem repassados a terceiros,
eis que tal autorização já decorre da materialidade descrita nas
normas constitucionais que estabelecem o objeto dessas duas
contribuições (art. 195, I, da CF e art. 269 da CF)" (MARTINS,
Ives Gandra da Silva; SOUZA, Fátima Fernandes Rodrigues de.
PIS e Cofins – receita de terceiros não integra a base de cálculo
dessas contribuições devidas pelo contribuinte que presta serviços de gerenciamento do benefício de vales-transporte, inclusive
aqueles inerentes ao contrato de comissão mercantil. Conclusão
que se impõe por força da materialidade desses tributos (arts.
195, I, *b*, e 239 da CF.), dos princípios da capacidade contributiva (art. 145, § 1º, da CF), não confisco (art. 150, IV, da CF) e
razoabilidade (art. 5º, LIV, da CF) e da orientação oficial sobre a
matéria. *RDDT* 120/101, 2005).

– **Venda de créditos de telefonia pré-paga.** "7. ... entre a consulente e as operadoras V e O. ... o que existe é uma operação de
entrega pelas operadoras de bens imateriais para venda por parte
da consulente Ao realizar a venda, a consulente se remunera pelo
preço pago pelo consumidor final. [...] Os valores descontados
no momento da entrega do preço constituem mera comissão
pelo serviço de agenciamento ou representação comercial. [...] 8.
No que se refere à AC... não existe uma valor embutido entre a
compra e a posterior venda. O valor de compra e o de venda são

idênticos. A remuneração da consulente ocorre em face da emissão de uma nota fiscal de serviço a ser quitada pela operadora..." (SCAFF, Fernando Facury; GUERREIRO, Renata. Tributação sobre venda de créditos de telefonia pré-paga. Relações distintas com cada operadora. Reflexos na incidência tributária: IRPJ, PIS, Cofins, CSLL e ISS. Obrigações acessórias decorrentes. *RDDT* 154/130, 2008).

– Empresas de trabalho temporário. No sentido de que devem sobre o valor total recebido. "2. Direito Tributário. 3. PIS e COFINS. Empresas prestadoras de serviços terceirizados. Base de cálculo. Inclusão das despesas com pagamento de salários e encargos sociais e trabalhistas referentes à mão de obra que fornece a terceiros" (STF, RE 621.652 AgR, 2012).

– "5. ... a definição de faturamento/receita bruta, no que concerne às empresas prestadoras de serviço de fornecimento de mão de obra temporária (regidas pela Lei 6.019/74), engloba a totalidade do preço do serviço prestado, nele incluídos os encargos trabalhistas e previdenciários dos trabalhadores para tanto contratados, que constituem custos suportados na atividade empresarial. 6. *In casu*, cuida-se de empresa prestadora de serviços de locação de mão de obra temporária (regida pela Lei 6.019/74 e pelo Decreto 73.841/74, consoante assentado no acórdão regional), razão pela qual, independentemente do regime normativo aplicável, os valores recebidos a título de pagamento de salários e encargos sociais dos trabalhadores temporários não podem ser excluídos da base de cálculo do PIS e da COFINS... 8. Recurso especial da Fazenda Nacional provido. Acórdão submetido ao regime do artigo 543-C, do CPC, e da Resolução STJ 08/2008" (STJ, REsp 1.141.065, 2009).

– "1. A base de cálculo do PIS e da COFINS, independentemente do regime normativo aplicável (Leis Complementares 7/70 e 70/91 ou Leis ordinárias 10.637/2002 e 10.833/2003), abrange os valores recebidos pelas empresas prestadoras de serviços de locação de mão de obra temporária (regidas pela Lei 6.019/74 e pelo Decreto 73.841/74), a título de pagamento de salários e encargos sociais dos trabalhadores temporários (Precedente...). 2. Deveras, a definição de faturamento mensal/receita bruta, à luz das Leis Complementares 7/70 e 70/91, abrange, além das receitas decorrentes da venda de mercadorias e da prestação de serviços, a soma das receitas oriundas do exercício das atividades empresariais, concepção que se perpetuou com a declaração de inconstitucionalidade do § 1º, do artigo 3º, da Lei 9.718/98 (Precedentes...). 3. Por seu turno, com a ampliação da base de cálculo do PIS e da COFINS, promovida pelas Leis 10.637/2002 e 10.833/2003, os valores recebidos a título de pagamento de salários e encargos sociais dos trabalhadores temporários subsumem-se na novel concepção de faturamento mensal (total das receitas auferidas pela pessoa jurídica, independentemente de sua denominação ou classificação contábil). 4. Consequentemente, a definição de faturamento/receita bruta, no que concerne às empresas prestadoras de serviço de fornecimento de mão de obra temporária (regidas pela Lei 6.019/74), engloba a totalidade do preço do serviço prestado, nele incluídos os encargos trabalhistas e previdenciários dos trabalhadores para tanto contratados, que constituem custos suportados na atividade empresarial" (STJ, REsp 1.176.749, 2010).

– "IRPJ. CSLL. PIS. COFINS. EMPRESA LOCADORA DE MÃO DE OBRA. BASE DE CÁLCULO. SALÁRIOS E ENCARGOS SOCIAIS E TRABALHISTAS. INCLUSÃO. RECEITA BRUTA... 2. Os valores destinados ao pagamento de salários e demais encargos trabalhistas dos trabalhadores temporários, assim como a taxa de administração cobrada das empresas tomadoras de serviços, devem ser computados na apuração da base de cálculo do IRPJ, CSLL, PIS e COFINS, uma vez que se inserem no conceito de faturamento da empresa locadora de mão de obra" (TRF4, AR 0015798-66.2011.404.0000, 2012).

– "PIS/COFINS/CSLL. EMPRESA DE TRABALHO TEMPORÁRIO. BASE DE CÁLCULO. A empresa de trabalho temporário é ela própria a empregadora e contribuinte, sendo, as obrigações correspondentes, obrigações suas. Aliás, A Lei 6.019/74 é clara no sentido de estabelecer a responsabilidade da tomadora apenas em caráter subsidiário, ou seja, na hipótese de falência da empresa de trabalho temporário. Não há que se dizer, pois, que os valores correspondentes aos salários e encargos não constituam receita da empresa de trabalho temporário. São, ainda que destinados ao pagamento do custos necessários à prestar o objeto do contrato. Tanto são receita sua que se prestam para satisfazer obrigação sua como empregadora e contribuinte. Do contrário, fazendo-se raciocínio econômico de tal envergadura, poderíamos chegar à conclusão de que toda e qualquer empresa simplesmente intermedia a aquisição de bens e serviços, bastando para isso que especifique no contrato os seus custos, de modo que passassem a ser considerados meros repasses. Destaque-se, ainda, que entendimento contrário significaria transformar o PIS e a COFINS em contribuições sobre o LUCRO BRUTO, quando são contribuições que incidem sobre a RECEITA" (TRF4, AMS 2004.70.00.034883-8, 2007).

– No sentido de que só poderia incidir contribuição sobre a "taxa de serviço" ou "honorários de administração". "EMPRESA DE TRABALHO TEMPORÁRIO. CONTRIBUIÇÕES: COFINS/PIS/CSLL. INCIDÊNCIA. SALÁRIOS DOS TRABALHADORES E ENCARGOS SOCIAIS. REPASSE PELA EMPRESA TOMADORA. REAL FATURAMENTO: TAXA DE ADMINISTRAÇÃO. I – 'A empresa que agencia mão de obra temporária age como intermediária entre o contratante da mão de obra e o terceiro que é colocado no mercado de trabalho. A intermediação implica o preço do serviço que é a comissão, base de cálculo do fato gerador consistente nessas 'intermediações'. O implemento do tributo em face da remuneração efetivamente percebida conspira em prol dos princípios da legalidade, justiça tributária e capacidade contributiva [...] Distinção de valores pertencentes a terceiros (os empregados) e despesas, que pressupõem o reembolso. Distinção necessária entre receita e entrada para fins financeiro-tributários. Precedentes do E STJ acerca da distinção. [...]' (REsp 411.580/SP, Rel. Min. Luiz Fux, *DJ* de 16/12/02). II – Os valores referentes ao pagamento de salários e respectivos encargos sociais dos trabalhadores são repassados pela empresa tomadora como meras entradas na empresa de trabalho temporário, uma vez que pertencentes a terceiros, não podendo, pois, ser considerados para fins de incidência tributária" (STJ, REsp 827.194, 2007).

– "TRIBUTÁRIO. COFINS. PIS. CSLL. BASE DE CÁLCULO. EMPRESAS DE TRABALHO TEMPORÁRIO. Os valores referentes ao pagamento dos salários e respectivos encargos sociais, que são repassados pelas empresas tomadoras, não constituem receita da empresa de trabalho temporário, caracterizando-se como meras entradas, pertencentes a terceiros, que transitam momentaneamente pela contabilidade da empresa, sem qualquer efeito patrimonial, não podendo ser consideradas para fins de incidência tributária" (TRF4, AI 2004.04.01.011592-9, 2004).

– "Só é receita da consulente para fins de tributação, aquela que corresponder ao preço de sua intermediação, à semelhança do que ocorre nas agências de turismo e publicidade. A taxa administrativa é, portanto, e de rigor, sua receita própria, sendo esta, pois, sujeita ao IPI/Cofins, CSLL e IRPJ".

– "1) As empresas de mão de obra temporária não podem recolher o PIS e a Cofins com base no valor total da Nota Fiscal/Fatura de serviços, vem que não adquirem disponibilidade jurídica, tampouco econômica sobre essas verbas, que não podem ser compreendidas como receitas por elas auferidas; 2) a incidência... afronta o princípio da capacidade contributiva, igualdade e não confisco, vez que a tributação mostra-se excessivamente onerosa para o setor" (TEIXEIRA, Alessandra Machado Brandão. PIS e Cofins: locação de mão de obra temporária. *RDDT* 94/17, jul. 2003). Obs: a Autora toma como pressuposto do seu raciocínio que as empresas de trabalho temporário recrutam os trabalhadores conforme o perfil exigido pelos seus clientes, sendo que os trabalhadores passam então a prestar serviços à empresa tomadora, nas suas dependências físicas e sob a sua supervisão, cabendo à tomadora o pagamento de seus salários. Entende, assim, que só configura receita da empresa de trabalhos temporários a "taxa de serviço" ou "honorários de administração": "Determina a Lei n. 6.019/74, que as empresas de trabalho temporário é que devem remunerar os empregados locados (art. 4º ..., por elas remunerados e assistidos). Então, por determinação legal, nos dias anteriores ao do vencimento dos salários e demais encargos, as empresas tomadoras ou clientes transferem às de locação de trabalho temporário os valores relativos aos salários e demais encargos sociais. Sendo que esta repassa aos empregados, no dia dos vencimentos dos salários, as importâncias devidas, bem como recolhe os encargos legais incidentes sobre aquela relação de emprego". Entende que isso aumentaria artificialmente a sua receita.

– **Receita** *x* **lucro bruto. Concessionárias de veículos. Tema 594 do STJ:** "As empresas concessionárias de veículos, em relação aos veículos novos, devem recolher PIS e COFINS na forma dos arts. 2º e 3º, da Lei n. 9.718/98, ou seja, sobre a receita bruta/faturamento (compreendendo o valor da venda do veículo ao consumidor) e não sobre a diferença entre o valor de aquisição do veículo junto à fabricante concedente e o valor da venda ao consumidor (margem de lucro)". Decisão do mérito em 2013.

– "CONTROVÉRSIA. ART. 543-C, DO CPC. PIS/PASEP E COFINS. ART. 3º, § 2º, III, DA LEI N. 9.718/98. CONCEITO DE FATURAMENTO/RECEITA BRUTA PARA CONCESSIONÁRIA DE VEÍCULOS. PREÇO DE VENDA AO CONSUMIDOR. IMPOSSIBILIDADE DE SE UTILIZAR A DIFERENÇA ENTRE AQUELE E O VALOR FIXADO PELA MONTADORA/FABRICANTE (MARGEM DE LUCRO)... 2. As empresas concessionárias de veículos, em relação aos veículos novos, devem recolher PIS e COFINS na forma dos arts. 2º e 3º, da Lei n. 9.718/98, ou seja, sobre a receita bruta/faturamento (compreendendo o valor da venda do veículo ao consumidor) e não sobre a diferença entre o valor de aquisição do veículo junto à fabricante concedente e o valor da venda ao consumidor (margem de lucro). Precedentes... 3. Recurso especial não provido. Acórdão submetido ao regime do art. 543-C, do CPC, e da Resolução STJ n. 8/2008" (STJ, REsp 1.339.767, 2013).

– **COFINS e PIS sobre os juros sobre o capital próprio.** Segundo o STF, a matéria é infraconstitucional (STF, ARE 1.286.184 AgR-segundo, 2021). Segundo o STJ, é dedutível no regime da Lei n. 9.718/98, mas não no da Lei n. 10.833/2003.

– "PIS E COFINS. RECEITA BRUTA. JUROS SOBRE CAPITAL PRÓPRIO. [...] a Primeira Seção desta Corte Superior de Justiça, no julgamento do Recurso Representativo da Controvérsia 1.104.184/RS, pacificou o entendimento de que não incide contribuição para o PIS e COFINS sobre juros sobre capital próprio durante a vigência da Lei 9.718/1998, mas referidas exações passaram a ser devidas a partir da entrada em vigor das Leis 10.637/2002 e 10.833/2003" (STJ, AgInt nos EDcl no AREsp 2.030.717, 2022).

– **Tema 454 do STJ:** "Não são dedutíveis da base de cálculo das contribuições ao PIS e COFINS o valor destinado aos acionistas a título de juros sobre o capital próprio, na vigência da Lei n. 10.637/2002 e da Lei n. 10.833/2003". Decisão de mérito em 2015.

– "PIS/PASEP E COFINS. INCIDÊNCIA SOBRE JUROS SOBRE O CAPITAL PRÓPRIO – JCP. 1. A jurisprudência deste STJ já está pacificada no sentido de que não são dedutíveis da base de cálculo das contribuições ao PIS e COFINS o valor destinado aos acionistas a título de juros sobre o capital próprio, na vigência da Lei n. 10.637/2002 e da Lei n. 10.833/2003, permitindo tal benesse apenas para a vigência da Lei n. 9.718/98. Precedentes... 2. Tese julgada para efeito do art. 543-C, do CPC: 'não são dedutíveis da base de cálculo das contribuições ao PIS e COFINS o valor destinado aos acionistas a título de juros sobre o capital próprio, na vigência da Lei n. 10.637/2002 e da Lei n. 10.833/2003'" (STJ, REsp 1.200.492, 2015).

– **Dedução de pagamentos de juros sobre o capital próprio. Lei n. 9.718/98. Possibilidade. Tema 455 do STJ:** "Não incide PIS/COFINS sobre o JCP recebido durante a vigência da Lei 9.718/98 até a edição das Leis 10.637/02 (cujo art. 1º entrou em vigor a partir de 01.12.2002) e 10.833/03, tal como no caso dos autos, que se refere apenas ao período compreendido entre 01.03.1999 e 30.09.2002". Decisão de mérito em 2012.

– "PIS. BASE DE CÁLCULO. FATURAMENTO OU RECEITA BRUTA. IMPOSSIBILIDADE DE INCLUSÃO DOS JUROS SOBRE CAPITAL PRÓPRIO NO CONCEITO DE RECEITA BRUTA, TENDO EM VISTA A DECLARAÇÃO DE INCONSTITUCIONALIDADE, PELO STF, DO ART. 3º, § 1º DA LEI 9.718/98 (RE's 346.084/PR, 357.950/RS, 390.840/MG e 358.273/RS). POSSIBILIDADE

QUE SOMENTE SE AFIGURA APÓS A EDIÇÃO DAS LEIS 10.637/02 E 10.833/03, JÁ NA VIGÊNCIA DA EC 20/98, QUE AMPLIOU A BASE DE CÁLCULO DO PIS/CONFINS PARA INCLUIR A TOTALIDADE DAS RECEITAS AUFERIDAS PELA PESSOA JURÍDICA... 3. A Lei 9.718/98 (regime cumulativo) estatui que a base de cálculo do PIS/CONFINS é o faturamento, sendo este equiparado à receita bruta da pessoa jurídica, tal como apregoam os arts. 2º e 3º. Este último preceito normativo estava acompanhado do § 1º, que dizia: entende-se por receita bruta a totalidade das receitas auferidas pela pessoa jurídica, sendo irrelevantes o tipo de atividade por ela exercida e a classificação contábil adotada para as receitas. Tal dispositivo legal fundamentava a inclusão, pelo Fisco, dos juros sobre capital próprio – JCP – no conceito de receita financeira, fato que permitiria a cobrança do PIS/COFINS sobre ele. 4. Todavia, a técnica adotada pelo legislador ordinário e posteriormente ratificada pelo Fisco foi definitivamente rechaçada pelo Supremo Tribunal Federal, que declarou a inconstitucionalidade do alargamento do conceito de faturamento empreendido pelo art. 3º, § 1º da Lei 9.718/98, tendo em vista o quanto disposto no art. 195 da CRFB, inconstitucionalidade essa que não foi afastada com as modificações efetuadas pela EC 20/98, a qual, grosso modo, constitucionalizou o conceito legal de faturamento ao incluir no Texto Magno, como base de cálculo do PIS/CONFINS, também, a receita (RE's 346.084/PR, 357.950/RS, 358.273/RS e 390.840/MG). 5. Sendo assim, antes da EC 20/98, a definição constitucional do conceito de faturamento envolvia somente a venda de mercadorias, de serviços ou de mercadorias e serviços, não abrangendo a totalidade das receitas auferidas pela pessoa jurídica, tal como o legislador ordinário pretendeu. Somente após a edição da referida emenda constitucional é que se possibilitou a inclusão da totalidade das receitas – incluindo JCP – como base de cálculo do PIS, circunstância materializada com a edição das Leis 10.637/02 e 10.833/03. 6. Em suma, tem-se que não incide PIS/COFINS sobre o JCP recebido durante a vigência da Lei 9.718/98 até a edição das Leis 10.637/02 (cujo art. 1º entrou em vigor a partir de 01.12.2002) e 10.833/03, tal como no caso dos autos, que se refere apenas ao período compreendido entre 01.03.1999 e 30.09.2002" (STJ, REsp 1.104.184, 2012).

– "No período em questão, 2001, independentemente do tipo societário e objeto, os juros sobre capital próprio apresentavam natureza de receita financeira, não sendo possível inclui-lo na base de cálculo do PIS e da COFINS, que, quando da edição da Lei 9.718/1998, incidia tão somente sobre o faturamento, visto que não existia autorização constitucional para o legislador, no exercício de sua competência tributária, instituir contribuição sobre a receita financeira. [...] Ainda sobre a incidência de contribuição ao PIS e da COFINS sobre os juros sobre capital próprio de sociedade que tem por objeto social a participação em outras empresas, ou seja, em que a empresa envolvida era uma empresa holding, cita-se o acórdão proferido pela Segunda Turma, nos autos do AgInt no REsp 1841622/SP..." (STJ, AgInt no AREsp 34.015, 2022).

– "... o fato de o art. 9º da Lei 9.249/95 ter atribuído o *nomen iuris* de 'juros sobre capital próprio' a uma forma de distribuição de resultados a sócios e acionistas da sociedade, não retira dessa distribuição a natureza de dividendo, sob pena de afronta ao princípio da realidade, ou seja, à verdade material... Na verdade, a natureza de dividendos ou de resultados da pessoa jurídica distribuídos a seus sócios ou acionistas é evidenciada na própria Lei 9.249/95, de várias maneiras. O § 1º do art. 9º condiciona o pagamento de juros sobre capital próprio à prévia existência de lucros (atuais, acumulados ou mantidos em reserva) apurados pela sociedade pagadora e passíveis de distribuição, sob essa forma, ou sob a forma de dividendos. Essa condição não é compatível com os juros devidos a título de remuneração do capital mutuado, ou daqueles devidos em razão da mora no cumprimento de uma obrigação. O § 7º, por sua vez, estabelece que os juros sobre capital próprio podem ser imputados no pagamento de dividendos, o que demonstra tratar-se de mera antecipação dos resultados... Na verdade, os juros sobre capital próprio nem configuram juros, nem são pagos sobre capital próprio. Não são juros porque têm natureza de dividendos, e não incidem sobre capital próprio porque o capital da sociedade não se confunde com o de seus sócios e acionistas. Quando uma empresa se financia com recursos próprios, não há sentido em pagar juros aos sócios ou acionistas a pretexto de que estaria se financiando com recursos deles, a menos que se desconsidere a personalidade jurídica da empresa" (MARTINS, Ives Gandra da Silva; SOUZA, Fátima Fernandes Rodrigues de. A figura dos juros sobre capital próprio e as contribuições do PIS e da Cofins. *RDDT* 169/73, 2009).

– "Os juros de remuneração do capital próprio devem ser considerados como receitas operacionais para as pessoas jurídicas beneficiárias, e como despesas operacionais para as que pagarem ou creditarem, em vista da definição legal de que receitas e despesas financeiras integram sempre os resultados operacionais, independentemente do tipo de atividade exercida pela pessoa jurídica. Esta natureza jurídica não desaparece mesmo quando a exclusão dos juros no cômputo da base de cálculo do imposto seja feita no Livro de Apuração do Lucro Real (LALUR), nos casos em que o pagamento ou crédito ocorra à conta de lucros acumulados. Isto pode ocorrer, por exemplo, quando no período atual não haja lucro em montante suficiente. A pessoa jurídica pagadora pode deduzir, para efeito do lucro real tributável pelo imposto de renda, o valor dos juros pagos ou creditados ao seu titular, em caso de firma individual, ou aos seus sócios ou acionistas, em caso de sociedade. A lei declara que o valor dos juros pode ser imputado aos dividendos obrigatórios nas sociedades por ações, de que trata o art. 202 da Lei 6404/76. Todavia, mesmo neste caso, para efeito de dedutibilidade dos dividendos como juros, devem ser eles tratados como despesas financeiras sendo devido o imposto de renda na fonte. A imputação dos juros aos dividendos obrigatórios, quando feita, deve sê-lo sem prejuízo do seu limite mínimo fixado no § 2º do art. 202 (25% do lucro líquido, ou a porcentagem estatutária). Isto significa que, quando os juros forem imputados aos dividendos obrigatórios, caso seu valor represente valor inferior ao dividendo mínimo, não estará afastado o direito dos acionistas a esse mínimo, hipótese em que parte do pagamento será feita a título de juros, debitada à despesa financeira e com retenção do imposto na fonte, e parte como dividendo, debitada a lucros do exercício e sem retenção na fonte, sendo dedutível apenas a primeira dessas partes. A imputação pode ser total ou parcial, mas acarreta diferentes tratamentos em relação ao pagamento que fosse feito como dividendo, quer para a pessoa jurídica pagadora, quer para as pessoas beneficiárias, em virtude de que o valor imputado passa a ser tratado como despesa e receita financeira para todos os efeitos legais" (OLIVEIRA, Ricardo Mariz de. *Guia IOB de Imposto de Renda de Pessoa Jurídica*. IOB, Procedimento IV.9).

– Deliberação n. 207, de 13.12.1996, da CVM. "O parágrafo único do art. 30 da IN n. 11/96 dispõe que, para efeito de dedutibilidade na determinação do lucro real, os juros sobre o capital próprio, pagos ou creditados, ainda que imputados aos dividendos ou quando creditados à conta de reserva específica, deverão ser registrados em contrapartida de despesas financeiras. Aquela determinação é correta porque os juros sobre o capital próprio foram instituídos para dar isonomia entre o capital de terceiros e o capital próprio em termos de dedutibilidade de remuneração. Isso significa que ambos os juros têm a mesma natureza de despesas financeiras. Com a extinção da correção monetária das demonstrações financeiras, a desigualdade agravaria se não fosse instituída a dedutibilidade dos juros sobre o capital próprio. A CVM expediu a Deliberação n. 207, de 12-12-96, publicada no *DOU* de 27 do mesmo mês, onde determina que os juros pagos ou creditados pelas companhias abertas, a título de remuneração do capital próprio devem ser contabilizados diretamente à conta de Lucros Acumulados, sem afetar o resultado do exercício. Os juros recebidos pelas companhias abertas, a título de remuneração do capital próprio, devem ser contabilizados da seguinte forma: a) como crédito da conta de investimentos, quando avaliados pelo método da equivalência patrimonial e desde que os juros sobre o capital próprio estejam ainda integrando o patrimônio líquido da empresa investida ou nos casos em que os juros recebidos já estejam compreendidos no valor pago pela aquisição do investimento e b) como receita, nos demais casos. A CVM mantém entendimento equivocado em afirmar que os juros representam distribuição de resultados, não se tratando de despesas. O argumento mais forte utilizado é o de que a lei permite imputar os juros nos dividendos mínimos obrigatórios. Essa imputação foi colocada para evitar a descapitalização das companhias abertas e não serve como base legal. As companhias abertas que seguirem a Deliberação da CVM correm o risco de terem glosados as deduções de juros sobre o capital próprio e não terem argumentos legais para a defesa. Isso porque o artigo 9º da Lei n. 9.249/1995 dispõe que a pessoa jurídica poderá deduzir, para efeitos da apuração do lucro real, os juros pagos ou creditados individualizadamente a titular, sócios ou acionistas, a título de remuneração do capital próprio. A lei diz expressamente pagos ou creditados. Deixar na conta de Lucros Acumulados não atende a lei porque o fato gerador do imposto de renda na fonte de 15% só ocorre quando os juros forem pagos ou creditados aos sócios ou acionistas ou em reserva específica para aumento de capital. Creditar e debitar a conta de Lucros Acumulados na mesma data de encerramento do período-base é uma sugestão insensata. A Deliberação chega ao absurdo de dizer que os juros devem ser ajustados pela equivalência patrimonial pelas empresas investidoras. A contrapartida da equivalência é excluída na apuração do lucro real enquanto o imposto de renda sobre os juros é retido a título de antecipação da beneficiária pelo lucro real. A Circular n. 2.722, de 25-09-96, do Banco Central, estabeleceu condições para remessa ou capitalização de juros a título de remuneração do patrimônio líquido de que trata o art. 9º da Lei n. 9.249/95. Tanto a remessa como a capitalização não poderão exceder o valor dedutível na apuração do lucro real para efeitos do imposto de renda" (HIGUCHI, Hiromi; HIGUCHI, Fábio Hiroschi. *Imposto de Renda das empresas – Interpretação e prática*. 24. ed. São Paulo: Atlas, 1999).

– Entendendo que os juros sobre o capital próprio não constituem receita financeira e que não se prestam à incidência dos PIS e da COFINS, vide também: Fiorentino, Marcelo Fróes Del. Dividendos *versus* juros sobre o capital próprio e a problemática correlata referente ao disposto no art. 17 da Lei n. 11.051/04. *RDDT* 123/64, dez. 2005. Também: CANAZARO, Fábio. Os juros sobre o capital próprio e a (não) incidência das contribuições PIS e Cofins. *RDDT* 117/32, 2005.

– **Receita de aluguel percentual recebido por** *shopping center*. "VALORES RECEBIDOS POR ADMINISTRAÇÃO DE *SHOPPING CENTER* A TÍTULO DO DENOMINADO 'ALUGUEL PERCENTUAL'. TRIBUTAÇÃO EM RAZÃO DE PIS E COFINS. POSSIBILIDADE. [...] 3. No contrato de aluguel percentual, que incide sobre o faturamento bruto gerado pela atividade comercial do lojista, é estabelecido percentual a ser pago à empresa administradora ou proprietária do *shopping*. Contudo, o valor que o *shopping* recebe não foi objeto, em momento anterior, de tributação do PIS e da COFINS, no âmbito da própria empresa contribuinte. Em verdade, o percentual aplicado é, apenas, uma técnica ajustada para apurar o valor do aluguel. 4. O fato, por si só, de ser adotado mecanismo incomum (o de percentual sobre o faturamento do locatário) para apurar o valor do aluguel devido não influi na relação jurídica tributária. Há, não se pode obscurecer uma receita para o *shopping center*. Pouco importa que a apuração dessa receita seja feita em forma de percentual ou fixo. O que há de ser considerado é o fato de que o lojista efetua o pagamento de um aluguel ao *shopping center*, em período mensal, em decorrência de um contrato de natureza específica que foi celebrado. 5. Nesse contexto, é de direito que prevaleça a tese dos acórdãos apresentados como paradigmas, isto é, de que há incidência do PIS/COFINS sobre os valores recebidos pelos *shopping centers*, a título de aluguel dos lojistas, seus inquilinos" (STJ, EREsp 662.978, 2006).

⇒ **Origem da COFINS. Contribuição ao FINSOCIAL. Recepção expressa. Art. 56 do ADCT.** O art. 56 do ADCT previu que, até que lei nova dispusesse sobre o art. 195, inciso I, a contribuição do FINSOCIAL (DL n. 1.940/82, com as alterações impostas pelo DL n. 2.049/83, Dec. n. 91.236/85 e Lei n. 7.611/87) passaria a integrar a receita da Seguridade Social. Havia, ainda, um Regulamento do FINSOCIAL, denominado RECOFIS, aprovado pelo Decreto n. 92.698/86. O legislador, porém, em vez de criar uma nova contribuição sobre o faturamento, procurou, através da Lei n. 7.689/88, tornar definitiva a contribuição do FINSOCIAL. Mas o Supremo Tribunal Federal considerou inafastável o caráter transitório que o art. 56 do ADCT dera ao FINSOCIAL.

Decidiu, assim, que o FINSOCIAL era exigível, na forma como recepcionado pela Constituição de 1988, Decreto-Lei n. 1.940/82 e alterações ocorridas anteriormente à promulgação da Carta de 5 de outubro, até o advento de lei específica que, dando cumprimento ao art. 56 do ADCT, instituiria nova contribuição sobre o faturamento, prevista no art. 195, inciso I, da CF/88. De fato, quando do julgamento do RE 150.764/1, o Plenário do STF declarou, por maioria, a inconstitucionalidade do artigo 9º da Lei n. 7.689/88, bem como das normas que procuraram majorar a alíquota do FINSOCIAL, quais sejam, do artigo 7º da Lei n. 7.787/89, do art. 1º da Lei n. 7.894/89 e do art. 1º da Lei 8.147/90, dando por exigível o FINSOCIAL na forma do Decreto-Lei n. 1.940/82.

– Recepcionado para vigência transitória e invariável. "CONTRIBUIÇÃO SOCIAL. PARÂMETROS. NORMAS DE REGÊNCIA. FINSOCIAL. BALIZAMENTO TEMPORAL. A teor do disposto no artigo 195 da Constituição Federal, incumbe a sociedade, como um todo, financiar, de forma direta e indireta, nos termos da lei, a seguridade social, atribuindo-se aos empregadores a participação mediante bases de incidência próprias folha de salários, o faturamento e o lucro. Em norma de natureza constitucional transitória, emprestou-se ao FINSOCIAL característica de contribuição, jungindo-se a imperatividade das regras insertas no Decreto-Lei n. 1940/82, com as alterações ocorridas até a promulgação da Carta de 1988, ao espaço de tempo relativo a edição da lei prevista no referido artigo. Conflita com as disposições constitucionais artigos 195 do corpo permanente da Carta e 56 do Ato das Disposições Constitucionais Transitórias preceito de lei que, a título de viabilizar o texto constitucional, toma de empréstimo, por simples remissão, a disciplina do FINSOCIAL. Incompatibilidade manifesta do artigo 9º da Lei n. 7689/88 com o Diploma Fundamental, no que discrepa do contexto constitucional" (STF, RE 150.764-1, 1992).

– FINSOCIAL das empresas exclusivamente prestadoras de serviço. Súmula 658 do STF: "São constitucionais os arts. 7º da Lei 7.787/89 e 1º da Lei 7.894/89 e da Lei 8.147/90, que majoraram a alíquota do Finsocial, quando devida a contribuição por empresas dedicadas exclusivamente à prestação de serviços" (2003).

– "... II. FINSOCIAL: CONTRIBUIÇÃO DEVIDA PELAS EMPRESAS DEDICADAS EXCLUSIVAMENTE A PRESTAÇÃO DE SERVIÇO: EVOLUÇÃO NORMATIVA. 3. Sob a Carta de 1969, quando instituída (DL. 1940/82, art. 1º, § 2º), a contribuição para o FINSOCIAL devida pelas empresas de prestação de serviço – ao contrário das outras modalidades do tributo afetado a mesma destinação –, não constituía imposto novo, da competência residual da União, mas, sim, adicional do Imposto sobre a Renda, da sua competência tributária discriminada (STF, RE 103.778, 18.9.85, Guerra, *RTJ* 116/1138). 4. Como Imposto sobre a Renda, que sempre fora, e que dita modalidade de FINSOCIAL que não incidia sobre o faturamento e, portanto, não foi objeto do art. 56 do ADCT/88 foi recebida pela Constituição e vigeu como tal até que a L. 7.689/88 a substituísse pela contribuição social sobre o lucro, desde então inci-

dente também sobre todas as demais pessoas jurídicas domiciliadas no País. 5. O art. 28 da L. 7.738 visou a abolir a situação anti-isonômica de privilégio, em que a L. 7.689/88 situara ditas empresas de serviço, quando, de um lado, universalizou a incidência da contribuição sobre o lucro, que antes só a elas onerava, mas, de outro, não as incluiu no raio de incidência da contribuição sobre o faturamento, exigível de todas as demais categorias empresariais. III. Contribuição para o FINSOCIAL exigível das empresas prestadoras de serviço, segundo o art. 28 L. 7.738/89: constitucionalidade, porque compreensível no art. 195, I, CF, mediante interpretação conforme a Constituição. 6. O tributo instituído pelo art. 28 da L. 7.738/89 como resulta de sua explícita subordinação ao regime de anterioridade mitigada do art. 195, § 6º, CF, que delas é exclusivo é modalidade das contribuições para o financiamento da Seguridade Social e não, imposto novo da competência residual da União. 7. Conforme já assentou o STF (RREE 146733 e 138284), as contribuições para a Seguridade Social podem ser instituídas por lei ordinária, quando compreendidas as hipóteses do art. 195, I, CF, só se exigindo lei complementar, quando se cuida de criar novas fontes de financiamento do sistema (CF, art. 195, § 4º). 8. A contribuição social questionada se insere entre as previstas no art. 195, I, CF e sua instituição, portanto, dispensa lei complementar: no art. 28 da L. 7.738/89, a alusão a 'receita bruta', como base de cálculo do tributo, para conformar-se ao art. 195, I, da Constituição, há de ser entendida segundo a definição do DL 2.397/87, que é equiparável à noção corrente de 'faturamento' das empresas de serviço" (STF, RE 150.755, 1992).

⇒ **COFINS. Evolução legislativa.** Tendo o FINSOCIAL sido recepcionado com finalidade transitória, até que o Legislativo dispusesse acerca da nova contribuição de custeio da Seguridade Social sobre o faturamento, com suporte no art. 195, I, da CF, em 1991 foi instituída, pela LC n. 70, a contribuição denominada COFINS, com alíquota de 2% sobre o faturamento. A COFINS, pois, sucedeu o FINSOCIAL como contribuição sobre o faturamento. A utilização de lei complementar para cuidar da matéria era desnecessária, pois só outras fontes de custeio, não previstas nos incisos do art. 195, é que exigiriam tal instrumento legislativo, nos termos do § 4º deste art. 195 (vide notas ao *caput* deste artigo e ao § 4º). Embora instituída por lei complementar, pois, podia ser modificada por lei ordinária. É o que ocorreu através da Lei n. 9.718/98, com ampliação da base de cálculo para a receita bruta (inconstitucional por razões materiais) e aumento de alíquota para 3%. Mais recentemente, a Lei n. 12.973/2014 alterou a Lei n. 9.718/98 e também o art. 12 do Decreto-Lei n. 1.598/1977, determinando a incidência da COFINS tanto sobre "o produto da venda de bens nas operações de conta própria" (inciso I), sobre "o preço da prestação de serviços em geral" (inciso II) e sobre "o resultado auferido nas operações de conta alheia" (inciso III), como, expressamente, também sobre "as receitas da atividade ou objeto principal da pessoa jurídica não compreendidas nos incisos I a III" (inciso IV). A MP n. 135/2003, convertida na Lei n. 10.833, de 29 de dezembro de 2003, também dispôs sobre a Cofins, instituindo seu regime não cumulativo, com alíquota de 7,6%.

Há, ainda, regime de tributação monofásica para receitas de determinadas atividades, com concentração da incidência com alíquota bastante elevada na primeira etapa (industrial ou importador) e desoneração das etapas posteriores, com alíquota zero para distribuidores e comerciantes.

– Após o advento da EC n. 42/2003, que acresceu o inciso IV ao art. 195 da Constituição, passando a admitir a instituição de contribuição a cargo do importador de bens e serviços, foram instituídos, ainda, pela Lei n. 10.865/2004, conjuntamente, o PIS/Pasep-Importação e a Cofins-Importação. Tais contribuições não têm a receita como fato gerador, tampouco são dimensionadas com base nela, incidindo, sim, sobre a importação e tendo como bases de cálculo o valor aduaneiro do bem importado ou o montante do pagamento pelo serviço importado, sendo, contudo, compensáveis com o PIS/Pasep e a Cofins devidos internamente no regime não cumulativo. Vide notas ao art. 195, IV, da CF.

⇒ **Instituição da COFINS no regime comum ou cumulativo. LC n. 70/91. Constitucionalidade.** "ARTIGOS 1., 2., 9. (EM PARTE), 10 E 13 (EM PARTE) DA LEI COMPLEMENTAR N. 70, DE 30.12.91. COFINS. [...] Improcedência das alegações de inconstitucionalidade da contribuição social instituída pela Lei Complementar n. 70/91 (COFINS). Ação que se conhece em parte, e nela se julga procedente, para declarar-se, com os efeitos previstos no § 2º do artigo 102 da Constituição Federal, na redação da Emenda Constitucional n. 3, de 1993, a constitucionalidade dos artigos 1º, 2º e 10, bem como das expressões 'a contribuição social sobre o faturamento de que trata esta lei não extingue as atuais fontes de custeio da seguridade social' contidas no artigo 9º, e das expressões 'esta lei complementar entra em vigor na data da sua publicação, produzindo efeitos a partir do primeiro dia do mês seguinte aos noventa dias posteriores, àquela publicação, ...' constantes do artigo 13, todos da Lei Complementar n. 70, de 30 de dezembro de 1991" (STF, ADC-1, 1993).

– **Alteração da LC n. 70/91 por lei ordinária. Leis ns. 9.430/96, 9.715/98 e 9.718/98.** A Cofins é contribuição que tem suporte no inciso I do art. 195 da CF. Para a sua disciplina, não é necessária lei complementar, reservada esta à criação de novas fontes de custeio para a seguridade social, nos termos do § 4º daquele mesmo artigo. Assim, e tal foi reconhecido pelo STF quando do julgamento da ADC-1/DF, a LC 70/91, embora formalmente lei complementar, é materialmente uma lei ordinária, de maneira que sua alteração pode ser feita por lei ordinária. Lembre-se que o fundamento de validade das leis é verificado numa análise direta da sua compatibilidade formal e material com a Constituição Federal. Sendo certo, nesta análise, que lei ordinária pode dispor sobre a Cofins, torna-se até desnecessário questionar-se por qual veículo legislativo já foi ela tratada.

– O STF (RE 419.629/DF) decidiu que são válidas as alterações impostas por lei ordinária ao regime da LC n. 70/91, forte em que não se exige lei complementar para dispor sobre a Cofins, pois é contribuição ordinária de custeio da seguridade social, prevista no inciso I, *b*, do art. 195 da CF. Restou superado, assim, o enten-

dimento equivocado do STJ no sentido de que haveria superioridade hierárquica entre lei complementar e lei ordinária.

– "PIS E COFINS. HIERARQUIA DAS LEIS. CONSTITUCIONALIDADE DAS LEIS 9.715/98 E 9.718/98... I – o Pleno desta Corte já analisou e declarou constitucional as Leis 9.715/98 e 9.718/98. Inocorrência de afronta ao princípio da hierarquia das leis" (STF, RE 400.287 AgR, 2007).

– Sobre o conflito entre lei complementar e lei ordinária, vide nota ao art. 146 da CF.

– **Isenção das sociedades civis de profissões regulamentadas. Revogação pela Lei n. 9.430/96.** O art. 6º, II, da LC n. 70/91, que estabeleceu isenção para "as sociedades civis de que trata o art. 1º do Decreto-Lei n. 2.397, de 21 de dezembro de 1987", foi revogado pelo art. 56 da Lei 9.430/96, conforme item adiante.

– Cabe considerar, relativamente ao período em que vigeu a isenção, que o fato de tal isenção ter sido prevista mediante remissão ao Decreto-Lei n. 2.397/87 gerou discussões acerca de eventual condicionamento da isenção ao regime de tributação adotado pela sociedade. O Parecer Normativo Cosit n. 3/94 pretendia condicionar a isenção da Cofins ao regime de apuração do IRPJ. Os tribunais, contudo, entenderam que a remissão não tinha tal extensão, tendo o STJ editado a Súmula 276 do STJ: "As sociedades civis de prestação de serviços profissionais são isentas da Cofins, irrelevante o regime tributário adotado". Esta Súmula, por referir a isenção da Cofins, já revogada conforme entendimento do STF, está em processo de revisão: "REMESSA. PRIMEIRA SEÇÃO. REVISÃO. SÚM. N. 276-STJ. A Turma, em atenção ao art. 125, § 2º, do RISTJ, remeteu o feito para julgamento na Primeira Seção, já colhido o parecer do MP, para rever o enunciado n. 276 da Súmula do STJ..." (*Informativo* n. 371 do STJ, 2008).

– A isenção da Cofins concedida pelo art. 6º, II, da LC n. 70/1991 às sociedades civis de prestação de serviços profissionais foi revogada tacitamente pelo art. 56 da Lei n. 9.430/1996.

– "Contribuição social sobre o faturamento – COFINS (CF, art. 195, I). 2. Revogação pelo art. 56 da Lei 9.430/96 da isenção concedida às sociedades civis de profissão regulamentada pelo art. 6º, II, da Lei Complementar 70/91. Legitimidade. 3. Inexistência de relação hierárquica entre lei ordinária e lei complementar. Questão exclusivamente constitucional, relacionada à distribuição material entre as espécies legais. Precedentes. 4. A LC 70/91 é apenas formalmente complementar, mas materialmente ordinária, com relação aos dispositivos concernentes à contribuição social por ela instituída. ADC 1, Rel. Moreira Alves, *RTJ* 156/721. 5. Recurso extraordinário conhecido mas negado provimento" (STF, RE 377.457, 2008).

– "III. PIS/COFINS: revogação pela L. 9.430/96 da isenção concedida às sociedades civis de profissão pela LC 70/91. 1. A norma revogada – embora inserida formalmente em lei complementar – concedia isenção de tributo federal e, portanto, submetia-se à disposição de lei federal ordinária, que outra lei ordinária da União, validamente, poderia revogar, como efetivamente revogou. 2. Não há violação do princípio da hierarquia das leis – *rectius*, da reserva constitucional de lei complementar – cujo respeito exige seja observado o âmbito material reservado pela Constituição às leis complementares" (STF, RE 419.629, 2006).

– "AÇÃO RESCISÓRIA. COFINS. SOCIEDADES PRESTADORAS DE SERVIÇOS. SÚMULA 276/STJ. CANCELAMENTO... REVOGAÇÃO DE ISENÇÃO CONCEDIDA PELA LC 70/1991. LEGITIMIDADE. PRECEDENTES DO STJ E DO STF... 3. A Súmula 276/STJ foi cancelada pela Primeira Seção em 12.11.2008, por ocasião do julgamento da AR 3.761/PR. 4. Não se aplica a Súmula 343/STF às ações que versem sobre revogação da isenção da Cofins, tendo em vista a natureza constitucional da matéria discutida. 5. É legítima a revogação, pelo art. 56 da Lei 9.430/1996, do benefício fiscal contido na Lei Complementar 70/1991. Precedentes do STJ e do STF. 6. Embargos de Declaração acolhidos, com efeito modificativo, para julgar procedente o pedido deduzido na Ação Rescisória" (STJ, EDcl nos EDcl nos EDcl na AR 3.701, 2013).

– **Cofins das cooperativas. Operações com terceiros. Isenção e sua revogação.** Vide ampla abordagem sobre as peculiaridades e a capacidade contributiva das cooperativas, a distinção entre atos cooperativos e com terceiros, bem como sobre a sujeição de cada qual aos diversos tributos, em particular à Cofins, a isenção concedida pela LC n. 70/91 e sua revogação pela MP n. 1858/99, em nota ao art. 146, III, *c*, da CF.

– O STF, através do seu Tribunal Pleno, nos RREE 599.362 e 598.085, em 2014, entendeu legítima a revogação da isenção da Cofins por Medida Provisória, considerando que não se tratava do diploma requerido pela Constituição para dispor sobre o adequado tratamento tributário do ato cooperativo e que, portanto, teria nível de lei ordinária.

⇒ **Lei n. 9.718/98.** No regime cumulativo, a COFINS incide com alíquota de 3% sobre a receita de todas as empresas, não havendo direito a abatimentos. Sobreveio quando vigente a redação original do art. 195, I, da CF, antes da EC n. 20/98. Ainda está vigente, embora algumas empresas sejam obrigadas ao recolhimento da Cofins no regime não cumulativo de que trata a Lei n. 10.833/2003, conforme notas ao art. 195, § 12, da CF.

– **Aspectos da norma tributária impositiva no regime comum da Cofins e da PIS/Pasep.** Os dispositivos da Lei n. 9.718/98 se somam aos dispositivos da LC n. 70/91 para estabelecer os aspectos da norma tributária impositiva da Cofins, e aos demais dispositivos da Lei n. 9.715/98 relativamente à contribuição ao PIS/Pasep. O regime não cumulativo é tratado pela Lei n. 10.637/2002, conforme nota ao art. 195, § 12, da CF.

– **Sujeito ativo no regime comum.** Ambas são contribuições que têm a União como sujeito ativo, sendo administradas pela Secretaria da Receita Federal. No que diz respeito à Cofins, não há qualquer delegação da condição de sujeito ativo e, relativamente ao PIS, também não; pelo contrário, há referência expressa à administração e fiscalização pela SRF: "Lei 9.715/98: Art. 10. A administração e fiscalização da contribuição para o PIS/PASEP compete à Secretaria da Receita Federal. Art. 11. O processo administrativo de determinação e exigência das contribuições para o PIS/PASEP, bem como o de consulta sobre a aplicação da respectiva legislação, serão regidos pelas normas do processo administrativo de determinação e exigência dos créditos tributários da União". A contribuição ao PIS/Pasep e à Cofins, no regime comum, em que incidem sobre a receita de cada empresa sem compensações com as contribuições já pagas pelas empresas fornecedoras de bens ou serviços, têm seu regramento básico disposto na Lei n. 9.718/98, que passou a produzir efeitos a contar de fevereiro de 1999.

– **Base de cálculo no regime comum, inclusive com as alterações da Lei n. 12.973/2014.** Dispõem os arts. 2º e 3º da Lei n. 9.718/98, inclusive com as alterações da Lei n. 12.973/2014: "CAPÍTULO I – DA CONTRIBUIÇÃO PARA O PIS/PASEP E COFINS Art. 2º As contribuições para o PIS/PASEP e a COFINS, devidas pelas pessoas jurídicas de direito privado, *serão calculadas com base no seu faturamento*, observadas a legislação vigente e as alterações introduzidas por esta Lei. Art. 3º O faturamento a que se refere o art. 2º compreende a receita bruta de que trata o art. 12 do Decreto Lei n. 1.598, de 26 de dezembro de 1977. [...] § 2º Para fins de determinação da base de cálculo das contribuições a que se refere o art. 2º, excluem-se da receita bruta: I – as vendas canceladas e os descontos incondicionais concedidos; II – as reversões de provisões e recuperações de créditos baixados como perda, que não representem ingresso de novas receitas, o resultado positivo da avaliação de investimento pelo valor do patrimônio líquido e os lucros e dividendos derivados de participações societárias, que tenham sido computados como receita bruta; [...] IV – as receitas de que trata o inciso IV do *caput* do art. 187 da Lei n. 6.404, de 15 de dezembro de 1976, decorrentes da venda de bens do ativo não circulante, classificado como investimento, imobilizado ou intangível; V – (Revogado pela Lei 12.973/2014); VI – a receita reconhecida pela construção, recuperação, ampliação ou melhoria da infraestrutura, cuja contrapartida seja ativo intangível representativo de direito de exploração, no caso de contratos de concessão de serviços públicos". Dispõe o referido art. 12 do Decreto Lei n. 1.598/77, com as alterações da Lei n. 12.973/2014: "Art. 12. A receita bruta compreende: I – o produto da venda de bens nas operações de conta própria; II – o preço da prestação de serviços em geral; III – o resultado auferido nas operações de conta alheia; e IV – as receitas da atividade ou objeto principal da pessoa jurídica não compreendidas nos incisos I a III".

– Relativamente ao PIS/Pasep, reconhecida a inconstitucionalidade do art. 3º, § 1º, da Lei n. 9.718/98, tem-se a vigência da Lei n. 9.715/98: "Art. 3º Para os efeitos do inciso I do artigo anterior considera se faturamento a receita bruta, como definida pela legislação do imposto de renda, proveniente da venda de bens nas operações de conta própria, do preço dos serviços prestados e do resultado auferido nas operações de conta alheia. Parágrafo único. Na receita bruta não se incluem as vendas de bens e serviços canceladas, os descontos incondicionais concedidos, o Imposto sobre Produtos Industrializados – IPI, e o imposto sobre operações relativas à circulação de mercadorias – ICMS, retido pelo vendedor dos bens ou prestador dos serviços na condição de substituto tributário".

– Extrai-se dos dispositivos transcritos que o fato gerador ocorre mensalmente com o faturamento, e que a base de cálculo é a dimensão de tal faturamento.

– **Ampliação da base de cálculo pelo art. 3º, § 1º, da Lei n. 9.718/98. Inconstitucionalidade da ampliação por ofensa ao conceito de faturamento.** A Lei n. 9.718/98, ainda sob a égide da redação original do art. 195, I, da CF, dispôs no sentido de que a Cofins seria calculada com base no faturamento, entendido este como correspondente à receita bruta da pessoa jurídica, deixando claro que se deveria entender por receita bruta a totalidade das receitas auferidas pela pessoa jurídica, sendo irrelevantes o tipo de atividade por ela exercida e a classificação contábil adotada para as receitas. Com isso, desbordou, em verdade, do conceito de faturamento, de que já tratamos em nota anterior. O STF reconheceu a inconstitucionalidade de tal inovação.

– **Tema 110 do STF:** "É inconstitucional a ampliação da base de cálculo da contribuição ao PIS e da COFINS prevista no art. 3º, § 1º, da Lei 9.718/98". Decisão de mérito em 2008. Obs.: a jurisprudência nesse sentido foi reafirmada no RE 585.235 QO.

– "CONSTITUCIONALIDADE SUPERVENIENTE – ARTIGO 3º, § 1º, DA LEI N. 9.718, DE 27 DE NOVEMBRO DE 1998 – EMENDA CONSTITUCIONAL N. 20, DE 15 DE DEZEMBRO DE 1998. O sistema jurídico brasileiro não contempla a figura da constitucionalidade superveniente. TRIBUTÁRIO – INSTITUTOS – EXPRESSÕES E VOCÁBULOS – SENTIDO. A norma pedagógica do artigo 110 do Código Tributário Nacional ressalta a impossibilidade de a lei tributária alterar a definição, o conteúdo e o alcance de consagrados institutos, conceitos e formas de direito privado utilizados expressa ou implicitamente. Sobrepõe-se ao aspecto formal o princípio da realidade, considerados os elementos tributários. CONTRIBUIÇÃO SOCIAL – PIS – RECEITA BRUTA – NOÇÃO – INCONSTITUCIONALIDADE DO § 1º DO ARTIGO 3º DA LEI N. 9.718/98. A jurisprudência do Supremo, ante a redação do artigo 195 da Carta Federal anterior à Emenda Constitucional n. 20/98, consolidou-se no sentido de tomar as expressões receita bruta e faturamento como sinônimas, jungindo-as à venda de mercadorias, de serviços ou de mercadorias e serviços. É inconstitucional o § 1º do artigo 3º da Lei n. 9.718/98, no que ampliou o conceito de receita bruta para envolver a totalidade das receitas auferidas por pessoas jurídicas, independentemente da atividade por elas desenvolvida e da classificação contábil adotada" (STF, RE 346.084, 2006).

– **Alíquota no regime comum.** A alíquota da contribuição ao PIS/Pasep é de 0,65%, conforme previsão constante do art. 1º da MP n. 2.158-35/2001: "Art. 1º A alíquota da contribuição para os Programas de Integração Social e de Formação do Patrimônio do Servidor Público – PIS/Pasep, devida pelas pessoas jurídicas a que se refere o § 1º do art. 22 da Lei n. 8.212, de 24 de julho de 1991, fica reduzida para sessenta e cinco centésimos por cento em relação aos fatos geradores ocorridos a partir de 1º de fevereiro de 1999". A alíquota da 1,65%, prevista na Lei n. 10.637/2002, aplica-se apenas às empresas sujeitas ao regime não cumulativo, adiante abordado. Para as demais, vige a alíquota de 0,65%.

– Mas há entidades relativamente às quais a contribuição ao PIS/Pasep é calculada com base de cálculo e alíquotas diversas, ou seja, com base na folha de salários, à alíquota de 1%, conforme se vê do art. 13 da MP n. 2.158-35/2001: "Art. 13. A contribuição para o PIS/PASEP será determinada com base na folha de salários, à alíquota de um por cento, pelas seguintes entidades: I – templos de qualquer culto; II – partidos políticos; III – instituições de educação e de assistência social a que se refere o art. 12 da Lei n. 9.532, de 10 de dezembro de 1997; IV – instituições de caráter filantrópico, recreativo, cultural, científico e as associações, a que se refere o art. 15 da Lei n. 9.532, de 1997; V – sindicatos, federações e confederações; VI – serviços sociais autônomos, criados ou autorizados por lei; VII – conselhos de fiscalização de profissões regulamentadas; VIII – fundações de direito privado e fundações públicas instituídas ou mantidas pelo Poder Público; IX – condomínios de proprietários de imóveis residenciais ou comerciais; e X – a Organização das Cooperativas Brasileiras – OCB e as Organizações Estaduais de Cooperativas previstas no art. 105 e seu § 1º da Lei n. 5.764, de 16 de dezembro de 1971".

– Quanto à Cofins, a Lei n. 9.718/98 elevou a sua alíquota de 2% para 3%, através do seu art. 8º, que teve a sua constitucionalidade reconhecida pelo STF (RE 336.134/RS, nov. 2002). Veja-se o dispositivo legal: "Art. 8º Fica elevada para três por cento a alíquota da COFINS. §§ 1º a 4º (Revogados pela MP n. 2.158-35/01)". A alíquota da Cofins de 7,6%, conforme estabelecido pela Lei n. 10.833/2003, aplica-se apenas às empresas sujeitas ao regime não cumulativo. Para as demais, vige a alíquota de 3%. Há, pois, dualidade em tudo semelhante à do PIS/Pasep.

– **Aumento de 3% para 4% para as instituições financeiras. Lei n. 10.684/2003:** "Art. 18. Fica elevada para quatro por cento a alíquota da Contribuição para o Financiamento da Seguridade Social – COFINS devida pelas pessoas jurídicas referidas nos §§ 6º e 8º do art. 3º da Lei n. 9.718, de 27 de novembro de 1998".

– **Não se aplica o aumento às corretoras de seguros. Tema 728 do STJ:** "As 'sociedades corretoras de seguros' estão fora do rol de entidades constantes do art. 22, § 1º, da Lei n. 8.212/91". Decisão de mérito em 2015.

– "COFINS. SOCIEDADES CORRETORAS DE SEGURO E SOCIEDADES CORRETORAS, DISTRIBUIDORAS DE TÍTULOS E VALORES MOBILIÁRIOS. INTERPRETAÇÃO DO ART. 22, § 1º, DA LEI 8.212/91 APLICADO À COFINS POR FORÇA DO ART. 3º, § 6º DA LEI N. 9.718/98 E ART. 18 DA LEI 10.684/2003. MAJORAÇÃO DE ALÍQUOTA (4%) PREVISTA NO ART. 18 DA LEI 10.684/2003. 1. Não cabe confundir as 'sociedades corretoras de seguros' com as 'sociedades corretoras de valores mobiliários' (regidas pela Resolução BACEN n. 1.655/89) ou com os 'agentes autônomos de seguros privados' (representantes das seguradoras por contrato de agência). As 'sociedades corretoras de seguros' estão fora do rol de entidades constantes do art. 22, § 1º, da Lei n. 8.212/91. 2. Precedentes no sentido da impossibilidade de enquadramento das empresas corretoras de seguro como sociedades corretoras... 3. Precedentes no sentido da impossibilidade de equiparação das empresas corretoras de seguro aos agentes de seguros privados..." (STJ, REsp 1.400.287, 2015).

– "COFINS. EMPRESA CORRETORA DE SEGURO. ALÍQUOTA. As empresas corretoras de seguro, cujo objeto social é a intermediação, não se enquadram no conceito de sociedades corretoras para os efeitos do art. 22, § 1º, da Lei n. 8.212, de 1991. Agravo regimental desprovido" (STJ, AgRg no AgRg no REsp 1.132.346, 2013).

– "1. 'O Superior Tribunal de Justiça firmou o entendimento de que as Sociedades Corretoras de Seguros, responsáveis por intermediar a captação de interessados na realização de seguros, não podem ser equiparadas aos agentes de seguros privados (art. 22, § 1º, da Lei 8.212), cuja atividade é típica das instituições financeiras na busca de concretizar negócios jurídicos nas bolsas de mercadorias e futuros. Dessa forma, a majoração da alíquota da Cofins (art. 18 da Lei 10.684/2003), de 3% para 4%, não alcança as corretoras de seguro' (AgRg no AREsp 334.240...)" (STJ, AgRg no AREsp 341.247, 2013).

– **Tema 729 do STJ:** "Não cabe confundir as 'sociedades corretoras de seguros' com as 'sociedades corretoras de valores mobiliários' (regidas pela Resolução BACEN n. 1.655/89) ou com os 'agentes autônomos de seguros privados' (representantes das seguradoras por contrato de agência). As 'sociedades corretoras de seguros' estão fora do rol de entidades constantes do art. 22, § 1º, da Lei n. 8.212/91". Decisão de mérito em 2016.

– "COFINS. SOCIEDADES CORRETORAS DE SEGURO. EQUIPARAÇÃO COM AGENTE AUTÔNOMO DE SEGURO. IMPOSSIBILIDADE. INTERPRETAÇÃO DO ART. 22, § 1º, DA LEI 8.212/91 APLICADO À COFINS POR FORÇA DO ART. 3º, § 6º DA LEI N. 9.718/98 E ART. 18 DA LEI 10.684/2003. MAJORAÇÃO DE ALÍQUOTA (4%) PREVISTA NO ART. 18 DA LEI 10.684/2003... 2. Não cabe confundir as 'sociedades corretoras de seguros' com as 'sociedades corretoras de valores mobiliários' (regidas pela Resolução BACEN n. 1.655/89) ou com os 'agentes autônomos de seguros privados' (representantes das seguradoras por contrato de agência). As 'sociedades corretoras de seguros' estão fora do rol de entidades constantes do art. 22, § 1º, da Lei n. 8.212/91. 3. Precedentes no sentido da impossibilidade de enquadramento das empresas corretoras de seguro como sociedades corretoras... 4. Precedentes no sentido da impossibilidade de equiparação das empresas corretoras de seguro aos agentes de seguros privados..." (STJ, REsp 1.391.092, 2016).

– **Aumento de alíquota da Cofins com possibilidade de compensação com a CSLL pelo art. 8º e seu § 1º da Lei 9.718/98. Isonomia e da capacidade contributiva.** A inovação legislativa, realizada pela Lei n. 9.718/98, que aumentou a alíquota da Cofins de 2 para 3%, associando-a à possibilidade de compensação com o que fosse devido pela empresa a título de CSLL (de 8% sobre o lucro), acabou por fazer com que as empresas lucrativas não tivessem o seu ônus tributário modificado, já que a majoração de 1% sobre a receita normalmente equivale a 8% sobre o lucro (que se presume chegar normalmente a 12% sobre a receita), e que as empresas que não apurassem lucro, estas sim, por não terem como compensar o aumento da alíquota da Cofins, passassem a pagar mais tributo. O que pretendeu o legislador, pois, foi fazer com que qualquer empresa, a título de Cofins e CSLL conjuntamente, tendo ou não lucro, suportasse uma carga de 3% sobre a receita. Considerando-se que uma destas contribuições tem como fato gerador o lucro, contudo, a nova sistemática viola a capacidade contributiva. Posteriormente, restou

revogada a possibilidade de compensação, o que, por óbvio, não teria o condão de sanar o vício originário. Mas o STF entendeu inexistente qualquer vício.

– **Tema 95 do STF:** "É constitucional a majoração da alíquota da Cofins de 2% para 3%, instituída no artigo 8º da Lei n. 9.718/1998". Decisão de mérito em 2009.

– "COFINS e Majoração de Alíquota O Tribunal acolheu questão de ordem, suscitada pela Min. Ellen Gracie em agravo de instrumento, do qual relatora, para reconhecer a existência de repercussão geral da matéria debatida em recurso extraordinário interposto contra acórdão proferido pelo Tribunal Regional Federal da 4ª Região que declarara a constitucionalidade do art. 8º da Lei 9.718/98, que elevou de dois para três por cento a alíquota da COFINS. Preliminarmente, reputando atendidos os pressupostos de admissibilidade, deu-se provimento ao agravo, convertendo-o, de imediato, em recurso extraordinário, com base no art. 544, §§ 3º e 4º do CPC, uma vez que presentes, nos autos, todos os subsídios necessários ao exame da controvérsia, salientando que o agravante teria cumprido, na inicial do apelo extremo, a exigência processual da formal e expressa defesa da repercussão geral da matéria. Entendeu-se, no mais, indiscutível a existência de repercussão geral do tema, diante da sua relevância econômica, social e jurídica, asseverando ser fato público e notório a expectativa, por grande parcela do segmento empresarial brasileiro, de um claro e definitivo pronunciamento da atual composição da Corte sobre o impasse quanto à alíquota a ser considerada no cálculo da COFINS. Ademais, considerou-se que a noção de abrangência do tema estaria reforçada em face da recente afetação da controvérsia ao Plenário, pela 2ª Turma, no RE 527602 AgR/SP (v. *Informativo* 486). QOAI 715.423, rel. Min. Ellen Gracie, 11.6.2008" (*Informativo* n. 510 do STF, 2008).

– "COFINS. ART. 8º E § 1º DA LEI N. 9.718/98. ALÍQUOTA MAJORADA DE 2% PARA 3%. COMPENSAÇÃO DE ATÉ UM TERÇO COM A CONTRIBUIÇÃO SOBRE O LUCRO LÍQUIDO – CSLL, QUANDO O CONTRIBUINTE REGISTRAR LUCRO NO EXERCÍCIO. ALEGADA OFENSA AO PRINCÍPIO DA ISONOMIA. Por efeito da referida norma, o contribuinte sujeito a ambas as contribuições foi contemplado com uma bonificação representada pelo direito a ver abatido, no pagamento da segunda (COFINS), até um terço do *quantum* devido, atenuando-se, por esse modo, a carga tributária resultante da dupla tributação. Diversidade entre tal situação e a do contribuinte tributado unicamente pela COFINS, a qual se revela suficiente para justificar o tratamento diferenciado, não havendo que falar, pois, de ofensa ao princípio da isonomia. Não conhecimento do recurso" (STF, RE 336.134, 2002).

– "COFINS: Lei Ordinária e Majoração de Alíquota A Turma, acolhendo proposta suscitada pelo Min. Eros Grau, deliberou afetar ao Plenário julgamento de agravo regimental, do qual relator, interposto pela União contra decisão monocrática que determinara o sobrestamento de recurso extraordinário em que se questiona a constitucionalidade do art. 8º da Lei 9.718/98, que elevou de dois para três por cento a alíquota da COFINS. Entendeu-se que, no caso, não obstante esta Corte tenha assentado a inconstitucionalidade do § 1º do art. 3º da Lei 9.718/98 (RE 346084/PR, *DJU* de 1º.9.2006), o tema relativo à exigência de lei complementar para majorar a referida alíquota não foi apreciado. RE 527.602 AgR/SP, Min. Eros Grau, 30.10.2007" (*Informativo* n. 486 do STF, 2007).

– No sentido da inconstitucionalidade da majoração de alíquota atrelada à possibilidade de compensação, por ofensa ao princípio da capacidade contributiva. "[...] No que diz respeito à majoração da alíquota da COFINS de 2% para 3%, aliada à possibilidade de compensação com o montante devido a título de contribuição social sobre o lucro, carece de suporte a inovação legislativa eis que viola o princípio da capacidade contributiva e o princípio da equidade na forma de participação no custeio, na medida em que onera mais quem revela menos capacidade contributiva (quem tem elevado lucro poderia proceder à compensação e não suportaria qualquer aumento na sua carga tributária, mas quem tivesse lucro pequeno ou não tivesse lucro suportaria efetivo aumento na sua carga tributária). Não há como analisar em separado o aumento da alíquota e a autorização de compensação, pois estão atrelados por força da própria lei, são inovações conjugadas. A invalidade da nova sistemática, impõe-se considerar, ainda, não resta sanada pela posterior modificação atinente à compensação em razão da mesma razão já elencada acima, a norma que nasce inconstitucional não se convalida" (excerto de sentença por nós prolatada nos autos do MS 2000.71.00.028053-0, em fev. 2001).

⇒ **COFINS não cumulativa. Lei n. 10.833/2003.** A MP n. 135/2003, convertida na Lei n. 10.833, de 29 de dezembro de 2003, dispôs sobre a cobrança não cumulativa da Cofins (art. 1º) para as empresas que apuram o imposto de renda com base no lucro real, com aumento da alíquota para 7,6% (art. 2º). Há uma enorme gama de empresas que permanecem regidas pela legislação anterior, como as tributadas pelo imposto de renda com base no lucro presumido ou arbitrado, as optantes pelo Simples, as pessoas jurídicas imunes a impostos e as sociedades cooperativas, dentre outras (art. 10). Reproduziu, assim, o que já havia sido feito com a contribuição ao PIS pela Lei n. 10.637/2002, decorrente da conversão da MP n. 66/2002. A Lei n. 10.833/2003 estabelece um sistema de creditamentos de Cofins mediante a aplicação da alíquota de 7,6% sobre o valor de bens adquiridos para revenda, bens e serviços utilizados como insumo na prestação de serviços e na produção ou fabricação de bens ou produtos destinados à venda, energia elétrica consumida no estabelecimento, aluguéis de prédios, máquinas e equipamentos, despesas financeiras, máquinas, equipamentos e outros bens incorporados ao ativo imobilizado, edificações e benfeitorias nos imóveis utilizados nas atividades da empresa, bens recebidos em devolução, armazenagem de mercadoria e frete na operação de venda (art. 3º). Prevê, ainda, que o crédito não aproveitado em determinado mês poderá sê-lo nos meses subsequentes.

– Aspecto material. O aspecto material é estabelecido pelo art. 1º da Lei n. 10.833/2003: "Art. 1º A Contribuição para o Financiamento da Seguridade Social – Cofins, com a incidência não cumulativa, incide sobre o total das receitas auferidas no mês pela pessoa jurídica, independentemente de sua denominação ou classificação contábil. (Redação dada pela Lei n. 12.973, de 2014)". Mas não incide sobre receitas advindas da exportação de mercadorias e serviços, como decorrência da imunidade constitucional estampada no art. 149, § 2º, I, da CF por força da EC n. 33/2001, bem como sobre outras receitas previstas no art. 6º da Lei n. 10.833/2003.

– Contribuinte. Contribuinte é a pessoa jurídica que auferir as receitas: "Art. 5º O contribuinte da COFINS é a pessoa jurídica que auferir as receitas a que se refere o art. 1º".

– Base de cálculo. No que diz respeito ao aspecto quantitativo (base de cálculo e alíquota), há um tratamento genérico e casos específicos, com alíquotas reduzidas. Conforme a Lei n. 10.833/2003, a base de cálculo da Cofins é o total das receitas auferidas pela pessoa jurídica. Vejamos o art. 1º, § 2º, combinado com o *caput* e o § 1º: "Art. 1º A Contribuição para o Financiamento da Seguridade Social – Cofins, com a incidência não cumulativa, incide sobre o total das receitas auferidas no mês pela pessoa jurídica, independentemente de sua denominação ou classificação contábil (Redação dada pela Lei n. 12.973, de 2014). § 1º Para efeito do disposto neste artigo, o total das receitas compreende a receita bruta de que trata o art. 12 do Decreto-Lei n. 1.598, de 26 de dezembro de 1977, e todas as demais receitas auferidas pela pessoa jurídica com os seus respectivos valores decorrentes do ajuste a valor presente de que trata o inciso VIII do *caput* do art. 183 da Lei n. 6.404, de 15 de dezembro de 1976 (Redação dada pela Lei n. 12.973, de 2014) § 2º A base de cálculo da Cofins é o total das receitas auferidas pela pessoa jurídica, conforme definido no *caput* e no § 1º. (Redação dada pela Lei n. 12.973, de 2014)". A Lei n. 10.833/2003, no § 3º do art. 1º, exclui certas receitas da base de cálculo da Cofins: "Art. 1º [...] § 3º Não integram a base de cálculo a que se refere este artigo as receitas: I – isentas ou não alcançadas pela incidência da contribuição ou sujeitas à alíquota 0 (zero); II – de que trata o inciso IV do *caput* do art. 187 da Lei n. 6.404, de 15 de dezembro de 1976, decorrentes da venda de bens do ativo não circulante, classificado como investimento, imobilizado ou intangível; (Redação dada pela Lei n. 12.973, de 2014) III – auferidas pela pessoa jurídica revendedora, na revenda de mercadorias em relação às quais a contribuição seja exigida da empresa vendedora, na condição de substituta tributária; IV – (Revogado pela Lei n. 11.727, de 2008) V – referentes a: a) vendas canceladas e aos descontos incondicionais concedidos; b) reversões de provisões e recuperações de créditos baixados como perda que não representem ingresso de novas receitas, o resultado positivo da avaliação de investimentos pelo valor do patrimônio líquido e os lucros e dividendos derivados de participações societárias, que tenham sido computados como receita; (Redação dada pela Lei n. 12.973, de 2014) VI – decorrentes de transferência onerosa a outros contribuintes do Imposto sobre Operações relativas à Circulação de Mercadorias e sobre Prestações de Serviços de Transporte Interestadual e Intermunicipal e de Comunicação – ICMS de créditos de ICMS originados de operações de exportação, conforme o disposto no inciso II do § 1º do art. 25 da Lei Complementar n. 87, de 13 de setembro de 1996. (Incluído pela Lei n. 11.945, de 2009).(Produção de efeitos). VII – financeiras decorrentes do ajuste a valor presente de que trata o inciso VIII do *caput* do art. 183 da Lei n. 6.404, de 15 de dezembro de 1976, referentes a receitas excluídas da base de cálculo da Cofins; (Incluído pela Lei n. 12.973, de 2014) VIII – relativas aos ganhos decorrentes de avaliação do ativo e passivo com base no valor justo; (Incluído pela Lei n. 12.973, de 2014) IX – de subvenções para investimento, inclusive mediante isenção ou redução de impostos, concedidas como estímulo à implantação ou expansão de empreendimentos econômicos e de doações feitas pelo poder público; (Incluído pela Lei n. 12.973, de 2014) X – reconhecidas pela construção, recuperação, reforma, ampliação ou melhoramento da infraestrutura, cuja contrapartida seja ativo intangível representativo de direito de exploração, no caso de contratos de concessão de serviços públicos; (Incluído pela Lei n. 12.973, de 2014) XI – relativas ao valor do imposto que deixar de ser pago em virtude das isenções e reduções de que tratam as alíneas 'a', 'b', 'c' e 'e' do § 1º do art. 19 do Decreto-Lei n. 1.598, de 26 de dezembro de 1977; e (Incluído pela Lei n. 12.973, de 2014) XII – relativas ao prêmio na emissão de debêntures. (Incluído pela Lei n. 12.973, de 2014)".

– **Alíquota.** A alíquota da Cofins é, em regra, de 7,6%, forte no art. 2º da Lei n. 10.833/2003: "Art. 2º Para determinação do valor da COFINS aplicar-se-á, sobre a base de cálculo apurada conforme o disposto no art. 1º, a alíquota de 7,6% (sete inteiros e seis décimos por cento)". Mas estabelece diversas exceções em seus parágrafos.

– **Alteração pelo Executivo. Inconstitucionalidade.** O art. 2º, § 3º, da Lei n, 10.833/2003, incluído pela Lei n. 10.865/2004 e alterado pela Lei n. 11.196/2005, ainda autoriza o Executivo a reduzir e a restabelecer a alíquota relativa à receita da venda, dentre outros, de produtos químicos e farmacêuticos e destinados ao uso em laboratório que refere, sem que haja, contudo, previsão constitucional para tanto, eis que apenas quanto aos impostos federais referidos no art. 153, § 1º, da Constituição e quanto às contribuições de intervenção no domínio econômico relativas às atividades de importação e comercialização de combustíveis, previstas no § 4º do art. 177 da CF por força da EC n. 33/2001, é que há atenuação à legalidade tributária. Vejamos, de qualquer forma, o dispositivo legal: "§ 3º Fica o Poder Executivo autorizado a reduzir a 0 (zero) e a restabelecer a alíquota incidente sobre receita bruta decorrente da venda de produtos químicos e farmacêuticos, classificados nos Capítulos 29 e 30, sobre produtos destinados ao uso em hospitais, clínicas e consultórios médicos e odontológicos, campanhas de saúde realizadas pelo Poder Público, laboratório de anatomia patológica, citológica ou de análises clínicas, classificados nas posições 30.02, 30.06, 39.26, 40.15 e 90.18, e sobre sêmens e embriões da posição 05.11, todos da TIPI" (Redação dada pela Lei n. 11.196/2005).

– **Recolhimento. Prazo.** O vencimento da obrigação atinente à COFINS não cumulativa está estabelecido no art. 11 da Lei n. 10.833: "Art. 11. A contribuição de que trata o art. 1º desta Lei deverá ser paga até o 25º (vigésimo quinto) dia do mês subsequente ao de ocorrência do fato gerador. (Redação dada pela Lei n. 11.488, de 2007) Parágrafo único. Se o dia do vencimento de que trata o *caput* deste artigo não for dia útil, considerar-se-á antecipado o prazo para o primeiro dia útil que o anteceder. (Incluído pela Lei n. 11.488, de 2007)".

– **Responsabilidade por substituição.** A Lei n. 10.833/2003, por sua vez, estabelece casos de responsabilidade tributária por substituição, obrigando determinadas empresas à retenção e ao recolhimento da Cofins de que são contribuintes outras empresas. É o que ocorre relativamente à prestação de serviços de limpeza, segurança, vigilância e locação de mão de obra, dentre outros. Vide arts. 30 a 34 e 36 da Lei n. 10.833/2003. "Art. 30. Os pagamentos efetuados pelas pessoas jurídicas a outras pessoas jurídicas de direito privado, pela prestação de serviços de limpeza, conservação, manutenção, segurança, vigilância, transporte de valores e locação de mão de obra, pela prestação de serviços de assessoria creditícia, mercadológica, gestão de crédito, seleção e riscos, administração de contas a pagar e a receber, bem como pela remuneração de serviços profissionais, estão sujeitos a retenção na fonte da Contribuição Social sobre o Lucro Líquido – CSLL, da COFINS e da contribuição para o PIS/PASEP...§ 1º O disposto neste artigo aplica-se inclusive aos pagamentos efetuados por: I – associações, inclusive entidades sindicais, federações, confederações, centrais sindicais e serviços sociais autônomos; II – sociedades simples, inclusive sociedades cooperativas; III – fundações de direito privado; ou IV – condomínios edilícios. § 2º Não estão obrigadas a efetuar a retenção a que se refere o *caput* as pessoas jurídicas optantes pelo SIMPLES. § 3º As retenções de que trata o *caput* serão efetuadas sem prejuízo da retenção do imposto de renda na fonte das pessoas jurídicas sujeitas a alíquotas específicas previstas na legislação do imposto de renda. Art. 31. O valor da CSLL, da COFINS e da contribuição para o PIS/PASEP, de que trata o art. 30, será determinado mediante a aplicação, sobre o montante a ser pago, do percentual de 4,65% (quatro inteiros e sessenta e cinco centésimos por cento), correspondente à soma das alíquotas de 1% (um por cento), 3% (três por cento) e 0,65% (sessenta e cinco centésimos por cento), respectivamente. § 1º As alíquotas de 0,65% (sessenta e cinco centésimos por cento) e 3% (três por cento) aplicam-se inclusive na hipótese de a prestadora do serviço enquadrar-se no regime de não cumulatividade na cobrança da contribuição para o PIS/PASEP e da COFINS. § 2º No caso de pessoa jurídica beneficiária de isenção, na forma da legislação específica, de uma ou mais das contribuições de que trata este artigo, a retenção dar-se-á mediante a aplicação da alíquota específica correspondente às contribuições não alcançadas pela isenção. Art. 32. A retenção de que trata o art. 30 não será exigida na hipótese de pagamentos efetuados a: I – cooperativas, relativamente à CSLL; (Redação dada pela Lei n. 10.865, de 2004) II – empresas estrangeiras de transporte de valores; (Redação dada pela Lei n. 10.865, de 2004) III – pessoas jurídicas optantes pelo SIMPLES. Parágrafo único. A retenção da COFINS e da contribuição para o PIS/PASEP não será exigida, cabendo, somente, a retenção da CSLL nos pagamentos: I – a título de transporte internacional de valores efetuados por empresa nacional; (Redação dada pela Lei n. 10.865, de 2004) II – aos estaleiros navais brasileiros nas atividades de conservação, modernização, conversão e reparo de embarcações pré-registradas ou registradas no Registro Especial Brasileiro – REB, instituído pela Lei n. 9.432, de 8 de janeiro de 1997. Art. 33. A União, por intermédio da Secretaria da Receita Federal, poderá celebrar convênios com os Estados, Distrito Federal e Municípios, para estabelecer a responsabilidade pela retenção na fonte da CSLL, da COFINS e da contribuição para o PIS/PASEP, mediante a aplicação das alíquotas previstas no art. 31, nos pagamentos efetuados por órgãos, autarquias e fundações dessas administrações públicas às pessoas jurídicas de direito privado, pelo fornecimento de bens ou pela prestação de serviços em geral. Art. 34. Ficam obrigadas a efetuar as retenções na fonte do imposto de renda, da CSLL, da COFINS e da contribuição para o PIS/PASEP, a que se refere o art. 64 da Lei n. 9.430, de 27 de dezembro de 1996, as seguintes entidades da administração pública federal: I – empresas públicas; II – sociedades de economia mista; e III – demais entidades em que a União, direta ou indiretamente, detenha a maioria do capital social com direito a voto, e que dela recebam recursos do Tesouro Nacional e estejam obrigadas a registrar sua execução orçamentária e financeira na modalidade total no Sistema Integrado de Administração Financeira do Governo Federal – SIAFI. Parágrafo único. A retenção a que se refere o *caput* deste artigo não se aplica na hipótese de pagamentos relativos à aquisição de: (Redação dada pela Lei n. 11.727, de 2008) I – petróleo, gasolina, gás natural, óleo diesel, gás liquefeito de petróleo, querosene de aviação e demais derivados de petróleo e gás natural; (Incluído pela Lei n. 11.727, de 2008) II – álcool, biodiesel e demais biocombustíveis. (Incluído pela Lei n. 11.727, de 2008). [...] Art. 36. Os valores retidos na forma dos arts. 30, 33 e 34 serão considerados como antecipação do que for devido pelo contribuinte que sofreu a retenção, em relação ao imposto de renda e às respectivas contribuições".

– "... somente após a realização do fato previsto na norma de incidência tributária é possível exigir-se o tributo. Tais postulados constitucionais são expressão de um 'sobreprincípio' tributário, o da segurança jurídica. É em face disso que o mecanismo de retenção de tributos na fonte deve ser visto com muitas reservas, pois constitui-se em uma antecipação do próprio 'fato gerador' do tributo, tendo em vista que somente após realizado o fato típico é que surgirá a relação jurídica tributária. Porém, não nos parece tarefa fácil questionar perante o Poder Judiciário a legalidade da instituição de retenção na fonte das contribuições COFINS, PIS/PASEP e CSSL, na forma prescrita pelo art. 30 e seguintes da Lei n. 10.833/03. Isso porque a sistemática de retenção de tributos na fonte pagadora já é algo tido como aceitável pelos tribunais desde há muito tempo, especialmente em relação ao imposto de renda (que inclusive comporta em sua legislação hipóteses de tributação exclusiva na fonte). A par disso, em casos semelhantes ao presente, os tribunais muitas vezes consideram a sistemática de retenção na fonte uma 'mera técnica de arrecadação tributária', por vezes necessária para a 'racionalização' e 'operacionalização' da cobrança dos tributos. Veja-se, também, que inclusive a Constituição federal foi alterada em 1993, pela Emenda n. 03, para permitir expressamente a tributação de 'fatos futuros', o que alberga o regime de substituição tributária, à semelhança do que ocorre também em geral nas retenções de tributos na fonte pagadora ou geradora de riqueza" (PETRY, Rodrigo. Retenção das Contribuições Cofins, PIS/Pasep e CSSL na Fonte: as Leis ns. 10.833/2003 e 9.430/96. *RET* 35/5, 2004).

– **Recolhimento dos valores retidos. Prazo.** O prazo para recolhimento dos valores retidos consta do art. 35 da Lei n. 10.833/2003: "Art. 35. Os valores retidos no mês, na forma dos arts. 30, 33 e 34 desta Lei, deverão ser recolhidos ao Tesouro Nacional pelo órgão público que efetuar a retenção ou, de forma centralizada, pelo estabelecimento matriz da pessoa jurídica, até o último dia útil do segundo decêndio do mês subsequente àquele mês em que tiver ocorrido o pagamento à pessoa jurídica fornecedora dos bens ou prestadora do serviço. (Redação dada pela Lei n. 13.137, de 2015)".

– **Sobre a não cumulatividade da Cofins.** Vide notas ao art. 195, § 12, da CF.

⇒ **Ressarcimento de créditos. Súmula CARF 125:** "No ressarcimento da COFINS e da Contribuição para o PIS não cumulativas não incide correção monetária ou juros, nos termos dos artigos 13 e 15, VI, da Lei n. 10.833, de 2003" (CSRF, 2018).

⇒ **COFINS no regime monofásico.** Conforme o STF, a discussão é infraconstitucional (STF, RE 762.892 AgR, 2015).

– "CONTRIBUIÇÃO AO PIS E COFINS. REVENDA DE MERCADORIAS. REGIME MONOFÁSICO. CREDITAMENTO. IMPOSSIBILIDADE 1. 'O benefício fiscal previsto no art. 17 da Lei n. 11.033/2004, em razão da especialidade, não derrogou a Lei n. 10.637/2002 e a Lei n. 10.833/2003, bem como não desnaturou a estrutura do sistema de créditos estabelecida pelo legislador para a materialização do princípio da não cumulatividade, quanto à COFINS e à contribuição ao PIS' (EREsp 1.768.224/... 2021)" (STJ, AgInt no REsp 1.904.042, 2021).

– "PIS E COFINS. LEIS NS. 10.637, DE 2002, E 10.833, DE 2003. COMBUSTÍVEIS. DIREITO A CREDITAMENTO. OPERAÇÕES BENEFICIADAS COM ALÍQUOTA ZERO. REGIME DA NÃO CUMULATIVIDADE. LEI 11.033/2004. INAPLICABILIDADE. TEMA REPETITIVO STJ N. 1.093. 1. O contribuinte não tem direito a apuração de créditos de PIS/COFINS na aquisição de mercadorias adquiridas para revenda, cuja aquisição está sujeita ao regime monofásico. Não há cumulatividade a ser combatida na hipótese, o que justifica a vedação ao aproveitamento de créditos estabelecida pelo art. 3º, inciso I, alínea *b*, das Leis 10.637/2002 e 10.833/2003" (TRF4, AC 5017387-58.2019.4.04.7200, 2022).

– "PIS E COFINS... APROVEITAMENTO DE CRÉDITOS DECORRENTES DE OPERAÇÕES ANTERIORES... INAPLICABILIDADE, CONTUDO, NA HIPÓTESE DE INCIDÊNCIA MONOFÁSICA... 2... 'as receitas provenientes das atividades de venda e revenda sujeitas ao pagamento das contribuições ao PIS/PASEP e à COFINS em Regime Especial de Tributação Monofásica não permitem o creditamento pelo revendedor das referidas contribuições incidentes sobre as receitas do vendedor por estarem fora do Regime de Incidência Não Cumulativo, a teor dos artigos 2º, § 1º e incisos; e 3º, I, *b*, da Lei n. 10.637/2002 e da Lei n. 10.833/2003' e..., portanto, 'não se lhes aplicam, por incompatibilidade de regimes e por especialidade de suas normas, o disposto nos artigos 17, da Lei n. 11.033/2004, e 16, da Lei n. 11.116/2005, cujo âmbito de incidência se restringe ao Regime Não Cumulativo, salvo determinação legal expressa'" (STJ, AgRg no REsp 1.218.198, 2016).

– "3. Na chamada incidência monofásica aplica-se uma alíquota concentrada para os fabricantes e importadores e alíquota zero para os demais integrantes da cadeia produtiva" (STJ, REsp 1.200.996, 2013).

– "Com os regimes cumulativo e não cumulativo de apuração e cobrança do PIS e da Cofins, convive a sistemática que convencionou chamar de 'monofásica'. Tal modalidade de apuração e cobrança das contribuições, consiste, basicamente, na estipulação de uma alíquota majorada que incidirá em determinada etapa da cadeia produtiva, ficando as etapas seguintes sujeitas à alíquota zero... Lei n. 9.990/00 – Gasolina...; Lei n. 10.147/00 – Produtos farmacêuticos...; e Lei n. 10.485/02, Veículos... Todavia, a aplicação a tais produtos de alíquotas diferenciadas não significa que os mesmos estejam alheios aos regimes cumulativo e não cumulativo das contribuições. [...] concluímos ser possível, ao produtor ou importador dos bens adstritos ao regime monofásico, tomar créditos em relação aos custos/despesas incorridos..." (MARQUES, Thiago de Mattos. Apuração de créditos de PIS/Cofins no regime monofásico. *RDDT* 154/118, 2008).

– "... a fixação da modalidade monofásica de apuração e cobrança da contribuição para o PIS e da Cofins ocorreu, na maioria dos casos, antes mesmo da criação da sistemática não cumulativa advinda com as MP's ns. 66/02 e 135/03. É possível se inferir desse fato que o regime monofásico foi instituído para substituir a incidência cumulativa das contribuições ao longo de toda a cadeia de produção/importação e distribuição/comercialização daqueles produtos que então foram eleitos para se submeter à concentração da tributação em determinada etapa do ciclo econômico. Vale dizer: o que se objetiva com a fixação da sistemática monofásica de tributação, em geral, é simplesmente concentrar a obrigação pelo recolhimento das contribuições que seriam devidas ao longo da cadeia de circulação econômica em uma determinada etapa – via de regra, na produção ou importação da mercadoria sujeita a tal modalidade de tributação –, sem que isso represente redução da carga incidente sobre os respectivos produtos" (MARQUES, Thiago de Mattos. Apuração de créditos de PIS/Cofins no regime monofásico... *RDDT* 170/129, 2009).

– "PIS. COFINS. ENTIDADES HOSPITALARES E CLÍNICAS MÉDICAS. ALÍQUOTA ZERO. LEI N. 10.147/2000. RECEITAS RELATIVAS AOS MEDICAMENTOS UTILIZADOS NA PRESTAÇÃO DO SERVIÇO. INAPLICABILIDADE. 1... 2. A controvérsia consiste no reconhecimento do direito da clínica médica à exclusão, da base de cálculo do PIS e da Cofins incidentes sobre o faturamento decorrente da prestação de serviços, das receitas correspondentes ao valor dos medicamentos utilizados na prestação daqueles serviços, mediante a aplicação da alíquota zero prevista no artigo 2º da Lei n. 10.147/2000 para as pessoas jurídicas que não ostentam a qualidade de importadores ou fabricantes dos produtos nela referidos. 3. A Lei n. 10.147/200, no art. 2º, deixa claro que a redução das alíquotas a zero incide sobre a receita bruta decorrente da venda dos produtos tributados na forma do respectivo inciso I, do art. 1º, pelas pessoas jurídicas não enquadradas na condição de industrial ou de importador. Concentrou, assim, a cobrança do PIS e da Cofins em uma única etapa – a da industrialização – eximindo do pagamento da contribuição os intermediários e os

revendedores. 4. As entidades hospitalares e as clínicas médicas não têm como atividade básica a venda de medicamentos no atacado ou no varejo, sendo sua atividade precípua a prestação de serviços de natureza médico-hospitalar a terceiros. Destarte, os medicamentos utilizados pela recorrente são insumos imprescindíveis para o desempenho de suas atividades e, por essa razão, integram o seu custo. Assim, as receitas auferidas em razão do pagamento do serviço pelos seus pacientes englobam o valor dos remédios empregados na prestação do serviço, razão pela qual é descabida a aplicação da alíquota zero" (STJ, REsp 1.133.895, 2010).

– Sobre a incompatibilidade do regime monofásico com a apuração de créditos própria do regime não cumulativo, vide nota ao § 12 deste art. 195 da CF.

⇒ **Exportação. Ressarcimento da COFINS sobre insumos de produtos destinados à exportação. Leis ns. 7.714/88 e 9.363/96.** "COFINS E PIS. MATÉRIA-PRIMA ADQUIRIDA PARA PRODUÇÃO DE BENS DESTINADOS À EXPORTAÇÃO. ISENÇÃO. LEI 7.714/88 E LEI 9.363/96. O benefício concedido pela Lei 7.714/88 restringiu-se ao produto final exportado, não sendo incluídos à época, as matérias-primas, os produtos intermediários e o material de embalagem dos produtos destinados à exportação. Somente após a Lei n. 9.363/96 surgiu a possibilidade de ressarcimento da COFINS sobre os bens adquiridos internamente para a industrialização de produtos destinados à exportação" (TRF4, AMS 2000.04.01.056712-4, 2000).

• Vide nota ao art. 46 do CTN acerca do crédito-presumido de IPI.

⇒ **Telefonia. Destaque do PIS e da Cofins. Transferência.** "SERVIÇO PÚBLICO CONCEDIDO. ENERGIA ELÉTRICA. TARIFA. REPASSE DAS CONTRIBUIÇÕES DO PIS E DA COFINS. LEGITIMIDADE. 1. É legítimo o repasse às tarifas de energia elétrica do valor correspondente ao pagamento da Contribuição de Integração Social – PIS e da Contribuição para financiamento da Seguridade Social – COFINS devido pela concessionária" (STJ, REsp 1.185.070, 2010).

– "RECURSO ESPECIAL REPRESENTATIVO DE CONTROVÉRSIA. ART. 543-C, DO CPC. ADMINISTRATIVO. SERVIÇO DE TELEFONIA. DEMANDA ENTRE CONCESSIONÁRIA E USUÁRIO. PIS E COFINS. Repercussão jurídica do ônus financeiro aos usuários. FATURAS TELEFÔNICAS. LEGALIDADE. DISPOSIÇÃO NA LEI 8.987/95. POLÍTICA TARIFÁRIA. LEI 9.472/97. TARIFAS DOS SERVIÇOS DE TELECOMUNICAÇÕES. AUSÊNCIA DE OFENSA A NORMAS E PRINCÍPIOS DO CÓDIGO DE DEFESA DO CONSUMIDOR. DIVERGÊNCIA INDEMONSTRADA. AUSÊNCIA DE SIMILITUDE FÁTICA DOS ACÓRDÃOS CONFRONTADOS. VIOLAÇÃO AO ART. 535 DO CPC. INOCORRÊNCIA. 1. A Concessão de serviço público é o instituto através do qual o Estado atribui o exercício de um serviço público a alguém que aceita prestá-lo em nome próprio, por sua conta e risco, nas condições fixadas e alteráveis unilateralmente pelo Poder Público, mas sob garantia contratual de um equilíbrio econômico-financeiro, remunerando-se pela própria exploração do serviço, e geral e basicamente mediante tarifas cobradas diretamente dos usuários do serviço. 2. O concessionário trava duas espécies de relações jurídicas a saber: (a) uma com o Poder concedente, titular, dentre outros, do *ius imperii* no atendimento do interesse público, ressalvadas eventuais indenizações legais; (b) outra com os usuários, de natureza consumerista reguladas, ambas, pelo contrato e supervisionadas pela Agência Reguladora correspondente. 3. A relação jurídica tributária é travada entre as pessoas jurídicas de Direito público (União, Estados; e Municípios) e o contribuinte, a qual, no regime da concessão de serviços públicos, é protagonizada pelo Poder Concedente e pela Concessionária, cujo vínculo jurídico sofre o influxo da supremacia das regras do direito tributário. 4. A relação jurídica existente entre a Concessionária e o usuário não possui natureza tributária, porquanto o concessionário, por força da Constituição Federal e da legislação aplicável à espécie, não ostenta o poder de impor exações, por isso que o preço que cobra, como *longa manus* do Estado, categoriza-se como tarifa. 5. A tarifa, como instrumento de remuneração do concessionário de serviço público, é exigida diretamente dos usuários e, consoante cediço, não ostenta natureza tributária. Precedentes... 6. O regime aplicável às concessionárias na composição da tarifa, instrumento bifronte de viabilização da prestação do serviço público concedido e da manutenção da equação econômico-financeira, é dúplice, por isso que na relação estabelecida entre o Poder Concedente e a Concessionária vige a normatização administrativa e na relação entre a Concessionária e o usuário o direito consumerista. Precedentes... 7. O repasse de tributos para o valor da tarifa, consectariamente, não obedece ao regime tributário da responsabilidade tributária, por transferência, sucessão ou substituição, senão ao edital, ao contrato de concessão, aos atos de regulação do setor; e ao Código de Defesa do Consumidor (CDC). 8. A legalidade do repasse de tributos há de ser, primariamente, perquirida na lei que ensejou a oferta pública da concessão do serviço público e o respectivo contrato... 12. ... a normação das concessões e das telecomunicações são *lex specialis* em relação ao CDC e ao mesmo se sobrepuja. 13. A legalidade da tarifa e do repasse econômico do custo tributário encartado na mesma, exclui a antijuridicidade da transferência do ônus relativo ao PIS e à COFINS, tanto mais que, consoante reiterada jurisprudência desta Corte, a abusividade do Código de Defesa do Consumidor pressupõe cobrança ilícita, excessiva, que possibilita vantagem desproporcional e incompatível com os princípios da boa-fé e da equidade, inocorrentes no caso *sub judice*. Precedentes ... [...] 42. *In casu*, o reconhecimento da legitimidade do repasse econômico do PIS e da COFINS nas tarifas telefônicas conduz ao desprovimento da pretensão do usuário quanto à repetição do valor *in foco*, com supedâneo no art. 42, parágrafo único, do Código de Defesa do Consumidor" (STJ, REsp 976.836, 2010).

– O PIS e a Cofins não são tributos que incidam sobre cada operação, mas sobre a receita mensal. E o efeito do destaque de tais tributos por fora nas notas fiscais era de diminuir o ônus tributários, fazendo com que incidissem sobre uma espécie de "receita líquida das empresas". Não me parece que haja mesmo norma legal que autorize a dedução, da receita, do valor do tributo que a tem como base de cálculo. Não há previsão de cálculo das contribuições por fora, até porque são tributos diretos e não indiretos. Não há previsão ou determinação legal de fazer repercutir economicamente tal tributo. A prática foi estabelecida há muito tempo, com suporte em normas de cunho infralegal, sem suporte suficiente no âmbito das leis tributárias.

– Especificamente sobre tal controvérsia, vide: SANTIAGO, Igor Mauler. Repasse do Ônus Econômico de tributos Diretos: a controvérsia sobre o PIS e a Cofins das Companhias Telefônicas. *RDDT* 96/36, 2003.

c) o lucro;

⇒ **EC n. 20/98.** Alínea inserida pela EC n. 20/98.

⇒ **Disciplina por MP. Não configuração de violação ao art. 246 da CF.** "CSLL. Adicional instituído por meio de medida provisória. Admissibilidade. Violação ao art. 246 da CF. Não ocorrência. Tributo instituído e regulamentado pela Lei n. 7.689/88. Mero aumento da alíquota pela MP n. 1.807/99. Recurso extraordinário não provido. A Medida Provisória n. 1.807/99 não instituiu, nem regulamentou a Contribuição Social Sobre o Lucro Líquido – CSLL, mas apenas lhe aumentou a alíquota" (STF, RE 403.512, 2008).

⇒ **Redação anterior.** Embora antes da EC n. 20/98 inexistissem as alíneas do inciso I, não houve alteração de fundo quanto à definição da base econômica lucro, referida por esta palavra em ambas as redações.

⇒ **Lucro.** O texto constitucional não qualifica o lucro no art. 195, I, *c*. Deixa assim, certa margem ao legislador ordinário que apenas não poderá determinar a tributação do que não constituir acréscimo patrimonial da empresa.

– "A figura jurídica do 'lucro', evidentemente, não é captada nos quadrantes constitucionais, sendo conformada por tradicionais conceitos de direito privado. Na etimologia latina, *lucrum* equivale a ganho. O clássico Cândido Figueiredo entende lucro como sinônimo de ganho líquido. Para recorrer a outro sistema de ordenamento positivo, lucro (ou *profit*) significa *gain realized from business over and above expenses* – ou seja, 'ganho realizado em atividades econômicas acima e além das despesas', conforme Antônio Roberto Sampaio Dória. O autor explica que '[...] lucros, rendimentos ou ganhos são conceitos que se irmanam sob a acepção mais genérica de renda, fenômeno de índole eminentemente econômica, que o Direito absorve e reveste de contornos próprios (ou seja, juridiciza-o) para aplicação de suas próprias normas, coercitivas, especialmente nas áreas comercial e fiscal'. [...] Embora o constituinte tenha estabelecido a incidência do imposto sobre a renda (art. 153, III), com o qual o lucro mantém conotação, não há que confundir ou mesclar essas duas figuras. O lucro societário – como resultado positivo das atividades empresariais – e a referência à contribuição social não apresentam, inexoravelmente, o lucro (ou renda) pertinente ao imposto de renda; ou, melhor esclarecendo, as bases de cálculo não são necessariamente as mesmas. [...] O lucro fiscal, que ocasiona o fato gerador do imposto de renda, toma como elemento básico o lucro contábil, mas não faz parte de sua íntima estrutura, de modo integral. O lucro contábil, que acarreta o fato gerador da contribuição social prevista no art. 195, I, da CF, é propriamente a base imponível deste tributo; não constitui a base de cálculo do imposto de renda, pois para tal mister se fazem necessárias outras operações numéricas (adições, subtrações, compensações etc.). Em suma, os mencionados ajustes compreendem a própria formação e a apuração do lucro tributável pelo Imposto de Renda, que nem sempre corresponde ao lucro tributável para a contribuição social" (MELO, José Eduardo Soares de. *Contribuições sociais no sistema tributário.* 4. ed. São Paulo: Malheiros, 2003, p. 194-195 e 197-198).

– Temos dois tributos incidindo sobre o lucro das empresas – a CSLL e o IR –, ainda que com critérios distintos para a apuração das respectivas bases de cálculo. E não há impedimento a que tal aconteça, pois é constitucionalmente vedado o *bis in idem* entre impostos (art. 154, I) e o *bis in idem* entre contribuições de seguridade social (art. 195, § 4º c/c o art. 154, I), mas não entre imposto e contribuição.

– **Lucro como registro contábil *x* lucro tributável. A relação entre Contabilidade e Direito Tributário.** "Elementos de contato e de atrito entre Direito e Contabilidade são percebidos, como em nenhuma outra área, quando se trata de tributação e de apuração de resultados societários. Por um lado, o Direito Tributário é impactado por preceitos da ciência contábil, utilizados com critérios para dimensionar a base imponível da tributação direta. Por outro, o Direito de Empresa – particularizado no Direito Societário – recebe da contabilidade o input para partilha dos direitos da atividade econômica. Muitas vezes o Direito toma de empréstimo figuras contábeis, positivando-as; a Lei n. 6.404/76 trata das sociedades por ações e possui um capítulo específico sobre 'exercício social e demonstrações financeiras'; o art. 1.183 do Código Civil determina que a escrituração da sociedade empresária será feita 'em forma contábil', e assim por diante. Os chamados 'princípios de contabilidade geralmente aceitos' surgem, primeiro, como elemento de contato com as legislações tributária e societária. Não quer isso dizer, contudo, que por 'geralmente aceitos', já constituam fontes do Direito ou pertençam à categoria das normas jurídica. Fábio Konder Comparato, em estudo clássico sobre o assunto, reconhece a unção dos princípios contábeis, mas sempre atrelada a uma normatividade técnica, não sobreposta ao Direito, e em alguns casos subsidiária a este como costumes... [...] Por outro lado, no momento em que normas jurídicas incorporam, total ou parcialmente, regras de contabilidade, mediante lei formal aprovada pelo Congresso Nacional, ocorre uma diferença. Agora o próprio Direito alça à condição de suas fontes principais regras contábeis que antes lhe era, no máximo, subsidiárias, como costumes. [...] Pois se há ao menos duas dimensões – societária e tributária – ao redor das quais circundam os usos contábeis positivados, podem ocorrer situações de entrechoque desses sistemas. O importante então será ver as diferentes funções a que servem as dimensões societária e tributária da contabilidade. Lucro tributário e lucro societário são figuras com propósitos distintos no Direito brasileiro.' ... no voto-vista do Recurso Extraordinário 201.456-6/MG, evidenciou-se que o conceito de 'lucro real', utilizado para apuração do IR das empresas, é um conceito legal, e não ontoló-

gico, como se fosse definido em si mesmo, pela simples natureza contábil dos fatos. Por isso, enunciava o referido voto, 'algumas parcelas que, na contabilidade comercial, são consideradas despesas, não são assim consideradas no Balanço Fiscal'..." (CHARNESKI, Heron. Uma lei clara: a Lei n. 11.638/2007 e a estabilização, na contabilidade, de conflitos tributários e societários. *RDDT* 155, 2008).

• Vide, em item adiante, a distinção entre lucro líquido, resultado ajustado e lucro real.

– Sobre a relação entre os registros contábeis e as bases de cálculo dos tributos, vide, ainda, nota ao art. 195, I, *b*, da CF sobre a tributação da receita.

– Sobre a relação entre Contabilidade e Direito Tributário, vide, ainda, nota ao art. 195, parágrafo único, do CTN.

– **Neutralidade tributária da Lei n. 11.638/2007.** "Poucas vezes uma lei tem sido tão clara no Brasil quanto à sua ausência de impactos tributários. A Lei n. 11.638/07 aprofunda a separação existente no país, desde o advento da Lei n. 6.404/76, entre normas contábeis positivadas para atender às relações jurídicas de Direito Societário e às de Direito Tributário. Embora a busca cada vez maior pela convergência de regras contábeis no mundo, em cujo contexto se insere a Lei n. 11.638/07, a convergência plena dessas regras com os sistemas tributários de cada país tem-se mostrado, com algumas exceções, bastante rara. Nesse ponto, o mecanismo de estabilização contábil de conflitos tributários e societários, incorporado ao art. 177, parágrafos 2º e 7º, da Lei n. 6.404/76 pela Lei n. 11.638/07..., represente um aprimoramento do sistema de dois livros que vinha sendo adotado no Brasil, na medida em que permite à sociedade anônima separar, na própria contabilidade, e mediante lançamentos contábeis adicionais devidamente auditados e sem efeitos tributários, o lucro a ser reportado ao Fisco e o lucro a ser reportado ao acionista" (CHARNESKI, Heron. Uma lei clara: a Lei n. 11.638/2007 e a estabilização, na contabilidade, de conflitos tributários e societários. *RDDT* 155, 2008).

⇒ **Legislação.** A Contribuição Social sobre o Lucro, que costuma ser referida pelas siglas CSLL, CSSL ou CSL simplesmente, foi instituída pela Lei n. 7.689, de 15 de dezembro de 1988. Há inúmeras medidas provisórias e leis posteriores que cuidaram da matéria. A IN n. 1.700/2017 dispõe sobre a apuração e o pagamento da Contribuição Social sobre o Lucro Líquido, consolidando a legislação sobre a matéria.

– **Instituição pela Lei n. 7.689/88. Constitucionalidade. Inconstitucionalidade da incidência sobre o resultado de 1988.** A Lei n. 7.689/88 instituiu a contribuição social sobre o lucro, tendo sido reconhecida a sua constitucionalidade pelo STF. Vejamos: "CONTRIBUIÇÃO SOCIAL SOBRE O LUCRO DAS PESSOAS JURÍDICAS. LEI 7.689/88. Não é inconstitucional a instituição da contribuição social sobre o lucro das pessoas jurídicas, cuja natureza é tributária. Constitucionalidade dos artigos 1º, 2º e 3º da Lei 7.689/88. Refutação dos diferentes argumentos com que se pretende sustentar a inconstitucionalidade desses dispositivos legais. Ao determinar, porém, o artigo 8º da Lei 7.689/88 que a contribuição em causa já seria devida a partir do lucro apurado no período-base a ser encerrado em 31 de dezembro de

1988, violou ele o princípio da irretroatividade contido no art. 150, III, *a*, da Constituição Federal, que proíbe que a lei que institui tributo tenha, como fato gerador deste, fato ocorrido antes do início da vigência dela. Recurso extraordinário conhecido com base na letra *b* do inciso III do artigo 102 da Constituição Federal, mas a que se nega provimento porque o mandado de segurança foi concedido para impedir a cobrança das parcelas da contribuição social cujo fato gerador seria o lucro apurado no período-base que se encerrou em 31 de dezembro de 1988. Declaração de inconstitucionalidade do artigo 8º da Lei 7.689/88" (STF, RE 146.733, 1992).

– Súmula 7 do TRF4: "É inconstitucional o art. 8º da Lei n. 7.689 de 15 de dezembro de 1988".

– **Majoração da alíquota pela Lei n. 7.856/89. Incidência já a contar de 1989**. O STF firmou posição, ainda, no sentido da legitimidade da aplicação da majoração de alíquota, de 8 para 10%, decorrente da Lei 7.856/89, já sobre o resultado apurado em 31 de dezembro daquele mesmo ano. É o que noticia a seguinte ementa: "Contribuição social. Lei n. 7.856/89. Art. 2º. Início de sua aplicação. Em 19.02.97, o Plenário desta Corte, ao julgar o RE 197.790, firmou o seguinte entendimento: 'Contribuição social. Lei n. 7.856, de 25 de outubro de 1989, que, no art. 2º, elevou a respectiva alíquota de 8 para 10%. Legitimidade da aplicação da nova alíquota sobre o lucro apurado no balanço do contribuinte encerrado em 31 de dezembro do mesmo ano. Tratando-se de lei de conversão da Medida Provisória n. 86, de 25 de setembro de 1989, da data da edição desta é que flui o prazo de noventa dias previsto no art. 195, § 6º, da CF, o qual, no caso, teve por termo final o dia 24 de dezembro do mesmo ano, possibilitando o cálculo do tributo, pela nova alíquota, sobre o lucro da recorrente, apurado no balanço do próprio exercício de 1989.' Dessa orientação divergiu o acórdão recorrido. Recurso extraordinário conhecido e provido" (STF, 1ª T., RE 177312/RS, Min. Moreira Alves, mar. 1997) Veja-se, ainda, a seguinte ementa, em que fica clara a contagem do prazo: "... O Supremo Tribunal Federal, no julgamento do RE 197.790, decidiu que o aumento de alíquota da contribuição social, previsto no art. 2º da Lei n. 7.856, de 25.10.89, resultante do projeto de conversão da Medida Provisória n. 86, editada em 25.09.89, incidiu sobre o lucro apurado no exercício de 1989, quando já havia decorrido o lapso temporal de noventa dias, contado a partir da medida provisória de que se originou..." (STF, RE 204.271-4, 1997).

⇒ **Aspectos da norma tributária impositiva**. Vejamos os aspectos da contribuição sobre o lucro, conforme a Lei n. 7.689/88, que continua vigendo com diversas alterações.

– **Sujeito ativo**. Trata-se de contribuição que tem como sujeito ativo a própria União, eis que não houve delegação de tal condição a nenhuma outra pessoa jurídica de direito público. Pelo contrário, a lei instituidora previu a sua administração pela Secretaria da Receita Federal, órgão da Administração Direta da União. Atualmente, tal consta do art. 33 da Lei n. 8.212/91, com a redação da Lei n. 11.941/2009.

– **Contribuintes**. Contribuintes são as pessoas jurídicas domiciliadas no país e equiparadas, conforme o art. 4º da Lei 7.689/88:

"Art. 4º São contribuintes as pessoas jurídicas domiciliadas no País e as que lhes são equiparadas pela legislação tributária".

– **Periodicidade. Trimestral ou anual**. A contribuição é trimestral como regra, encerrando-se os períodos de apuração em 31 de março, 30 de junho, 30 de setembro e 31 de dezembro, mas também pode ser anual para as empresas sujeitas à tributação com base no lucro real que adotarem a opção pelo pagamento por estimativa, as quais apuram o lucro real e o resultado ajustado em 31 de dezembro de cada ano, conforme se vê do art. 31 da IN RFB 1700/2017. Seguem, no ponto, o mesmo regime do IRPJ.

– **Base de cálculo: resultado ajustado (CSLL) *x* lucro real (IR)**. Não há que se confundir a base de cálculo da CSLL que é o resultado ajustado (lucro líquido antes da provisão par ao IRPJ ajustado pelas adições, exclusões ou compensações autorizadas pela legislação da CSLL), de um lado, com a base de cálculo do IRPJ, que é o lucro real, de outro. O que difere é justamente que as deduções e compensações admissíveis para a apuração de um não correspondem exatamente àquelas admitidas para fins de apuração da base de cálculo do outro, nos termos do art. 61 da IN 1.700/2017. Vide nota ao art. 44 do CTN sobre a distinção entre lucro real e lucro líquido. Vide, adiante, também, notas específicas sobre a composição da base de cálculo da CSLL.

– Lei n. 7.689/88, com a redação das Leis ns. 8.034/1990 e 12.973/2014: Art. 2º A base de cálculo da contribuição é o valor do resultado do exercício, antes da provisão para o imposto de renda. § 1º Para efeito do disposto neste artigo: a) será considerado o resultado do período-base encerrado em 31 de dezembro de cada ano; b) no caso de incorporação, fusão, cisão ou encerramento de atividades, a base de cálculo é o resultado apurado no respectivo balanço; c) o resultado do período-base, apurado com observância da legislação comercial, será ajustado pela 1 – adição do resultado negativo da avaliação de investimentos pelo valor de patrimônio líquido; 2 – adição do valor de reserva de reavaliação, baixada durante o período-base, cuja contrapartida não tenha sido computada no resultado do período-base; 3 – adição do valor das provisões não dedutíveis da determinação do lucro real, exceto a provisão para o Imposto de Renda; 4 – exclusão do resultado positivo da avaliação de investimentos pelo valor de patrimônio líquido; 5 – exclusão dos lucros e dividendos derivados de participações societárias em pessoas jurídicas domiciliadas no Brasil que tenham sido computados como receita; 6 – exclusão do valor, corrigido monetariamente, das provisões adicionadas na forma do item 3, que tenham sido baixadas no curso de período-base".

• Vide os arts. 33 a 39 e 61 e seguintes da IN n. 1.700/2017.

– **Resultado presumido ou arbitrado**. Poderá a CSLL incidir, também, sobre o resultado presumido, quando tal seja o regime de apuração a que a pessoa jurídica se submete relativamente ao Imposto de Renda. Cuida-se de medida de simplificação da apuração e do recolhimento de tais tributos. Podem optar pelo lucro presumido empresas com receita bruta total, no ano-calendário anterior, até R$ 78.000.000,00 (setenta e oito milhões de reais) e cujas atividades não estejam obrigatoriamente sujeitas à apuração do lucro real, nos termos do art. 13 da Lei n. 9.718/98, com a redação da Lei n. 12.973/2014. Em vez de apurarem o lucro real e o resultado ajustado, apuram o lucro presumido, seguindo o art. 15 da Lei 9.249/95: "A base de cálculo do imposto, em cada mês, será determinada mediante a aplicação do percentual de 8% (oito por cento) sobre a receita bruta auferida mensalmente, observado o disposto no art. 12 do Decreto-Lei n. 1.598, de 26 de dezembro de 1977, deduzida das devoluções, vendas canceladas e dos descontos incondicionais concedidos, sem prejuízo do disposto nos arts. 30, 32, 34 e 35 da Lei n. 8.981, de 20 de janeiro de 1995." A base de cálculo diz-se presumida porque, em verdade, o lucro pode ter sido maior, ou menor, que o percentual da receita apontado por lei. Sobre o lucro presumido, aplica-se a alíquota do imposto, chegando-se ao montante devido. Como o lucro é presumido, a pessoa jurídica fica dispensada da apuração do lucro real.

– De outro lado, a CSLL terá sua base determinada pelo resultado arbitrado quando também no imposto de renda efetue pagamento conforme o lucro arbitrado.

– **Alíquota.** A alíquota padrão da CSL é de 9%, nos termos do art. 3º da Lei n. 7.689/88, com a redação que lhe foi atribuída pela pela Lei n. 13.169/2015. Mas, para as instituições financeiras, a alíquota é maior: 20% para bancos, administradoras de mercado de balcão organizado, bolsas de valores e de mercadorias e futuros, entidades de liquidação e compensação, 15% para distribuidoras de valores mobiliários, corretoras de câmbio e de valores mobiliários, sociedades de crédito, financiamento e investimentos, sociedades de crédito imobiliário, administradoras de cartões de crédito, sociedades de arrendamento mercantil, cooperativas de crédito e associações de poupança e empréstimo, isso desde janeiro de 2022, conforme o art. 3º, I e II-A, da mesma Lei n. 7.689/88, com a redação da Lei n. 14.183/2021. Para as instituições financeiras, a alíquota chegou a ser de 25% duurante a pandemia da Covid, forte na Lei n. 14.183/2021.

– Quando da instituição da CSL, pela Lei n. 7.689/88, a alíquota era de 8%, tendo sido elevada para 10% pela Lei n. 7.856/89. Houve ainda diversas alterações para mais e para menos, inclusive com a instituição de adicionais temporários, conforme se vê da Lei n. 9.249/95 e a MP n. 2.158-35/2001. A alíquota da CSL é de 9% desde 1º de janeiro de 2003, quando assim foi estabelecida pelo art. 37 da Lei n. 10.637/2002.

– O art. 38 da Lei n. 10.637/2002 prevê um bônus de 1% para as empresas adimplentes (bônus de adimplência fiscal) que, nos últimos cinco anos-calendário, não tenham sofrido lançamento de ofício, débitos com exigibilidade suspensa, inscrição em dívida ativa, recolhimentos ou pagamentos em atraso ou falta ou atraso no cumprimento de obrigação acessórias. A negativa do benefício para empresas que ostentem débitos com exigibilidade suspensa nos parece ofensiva aos direitos de acesso ao Judiciário e de petição à Administração, estampados no art. 5º, incisos XXIV e XXXV, da CF. Recorrer ao Judiciário e obter liminar, depositar em juízo o montante exigido ou mesmo impugnar administrativamente o lançamento constituem exercício de direitos constitucionais, não podendo constituir critério de discrímen a justificar óbice ao gozo de benefício fiscal. A previsão, no § 4º do art. 38, de que, na hipótese de decisão definitiva, na esfera administrativa ou judicial, que implique desoneração integral da pessoa jurídica, as restrições atinentes a lançamento ou a débitos

com exigibilidade suspensa serão desconsideradas desde a origem, não é suficiente para sanar o vício.

– **Alíquota de 15% para as instituições financeiras. Crítica.** "5) Capacidade contributiva é sempre atributo do sujeito passivo, jamais do setor ao qual pertence. Atribuir capacidade contributiva a um determinado setor implica afronta ao § 1º do artigo 145 da Constituição Federal. 6) Uma instituição financeira não tem maior capacidade contributiva do que empresas de outros setores, nem onera a Previdência de forma mais pesada do que empresas dedicadas a outras atividades. 7) Consequentemente, não á, no § 9º do artigo 195 da Constituição Federal, razão alguma que justifique a imposição da alíquota de 15% para as instituições financeiras. 8) Ainda que... fosse materialmente legítima, tal distinção teria como razão a atividade econômica, que foi introduzida pela Emenda Constitucional n. 20, de 1998, promulgada, portanto, dentro do prazo abrangido pelo artigo 246 da Constituição Federal. 9) Nesse contexto, o artigo 17 da Medida Provisória n. 413 padece também de inconstitucionalidade formal, uma vez que a matéria nele contida não poderia ser introduzida, devido ao artigo 246 da Constituição, por meio de medida provisória" (TROIANELLI, Gabriel Lacerda. Alíquota diferenciada para a CSLL: inconstitucionalidade do artigo 18 da MP n. 413. *RDDT* 150/46, 2008).

– **Adicional.** O art. 6º da MP n. 1.807/99 instituiu adicional temporário à CSLL. Vide, adiante, item específico sobre a forma de cálculo.

– **Recolhimento.** A CSLL apurada trimestralmente é paga em quota única no último dia do mês subsequente ao do encerramento do período de apuração, podendo o contribuinte optar pelo parcelamento em até três quotas, procedendo-se à sua atualização pela SELIC. Na CSLL anual, há pagamentos mensais por estimativa até o último dia útil do mês subsequente àquele a que se referir e ajuste anual, com pagamento de eventual saldo até o último dia do mês de março do ano subsequente.

⇒ **Questionamentos acerca da base de cálculo.** Assim como quanto ao Imposto de Renda, há diversas discussões sobre a base de cálculo da CSLL.

– **Exclusão do valor da CSLL da sua própria base de cálculo.** "CONSTITUCIONAL. TRIBUTÁRIO. IMPOSTO SOBRE A RENDA E PROVENTOS DE QUALQUER NATUREZA DEVIDO PELA PESSOA JURÍDICA (IRPJ). APURAÇÃO PELO REGIME DE LUCRO REAL. DEDUÇÃO DO VALOR PAGO A TÍTULO DE CONTRIBUIÇÃO SOCIAL SOBRE O LUCRO LÍQUIDO. PROIBIÇÃO. ALEGADAS VIOLAÇÕES DO CONCEITO CONSTITUCIONAL DE RENDA (ART. 153, III), DA RESERVA DE LEI COMPLEMENTAR DE NORMAS GERAIS (ART. 146, III, A), DO PRINCÍPIO DA CAPACIDADE CONTRIBUTIVA (ART. 145, § 1º) E DA ANTERIORIDADE (ARTS. 150, III, A E 195, § 7º). 1. O valor pago a título de contribuição social sobre o lucro líquido – CSLL não perde a característica de corresponder a parte dos lucros ou da renda do contribuinte pela circunstância de ser utilizado para solver obrigação tributária. 2. É constitucional o art. 1º e par. ún. da Lei 9.316/1996, que proíbe a dedução do valor da CSLL para fins de apuração do lucro real, base de cálculo do Imposto sobre a Renda das Pessoas Jurídicas – IRPJ. Recurso extraordinário conhecido, mas ao qual se nega provimento" (STF, RE 582.525, 2013).

– **Dedução de despesas relativas a tributos com exigibilidade suspensa.** "... as despesas registradas para fazer face às obrigações tributárias constituídas, mas com a exigibilidade suspensa, não possuem natureza de provisão, mas sim, de obrigações a pagar, uma vez que, conforme entende a própria SRF, seu valor é devido desde o momento em que se verificou a ocorrência do fato gerador. Não se tratando de provisões, fica evidente que as despesas de tributos com a exigibilidade suspensa não podem ser adicionadas na base de cálculo da CSL com base no art. 13 da Lei n. 9.249/95; ... A regra específica de indedutibilidade de tais despesas contida no art. 41, § 1º, da Lei n. 8.981/95, se aplica somente ao lucro real (base de cálculo do IRPJ). Assim, a despesa de tributos com a exigibilidade suspensa não deve ser adicionada na base de cálculo da CSL, visto que as autoridades fiscais não poderá exigir tributo não previsto em lei expressa" (ROLIM, João Dácio; CARDOSO, Glaydson F. A base de cálculo da CSL e o tratamento fiscal dos tributos com exigibilidade suspensa. *RFDT* 7/55, 2004).

– **Dedução de importâncias enviadas a paraísos fiscais. Impossibilidade como regra.** "... o art. 26 da Lei n. 12.249/2010 prevê que as importâncias pagas, creditadas, entregues, empregadas ou remetidas, direta ou indiretamente, para pessoas físicas ou jurídicas domiciliadas em paraísos fiscais, não serão dedutíveis na apuração do lucro real e da base de cálculo da CSLL, salvo se o contribuinte no país atender cumulativamente aos seguintes requisitos: (i) identificar o beneficiário efetivo das importâncias remetidas; (ii) comprovar a capacidade operacional da parte residente no exterior para a realização da operação; e (iii) apresentar comprovação documental do pagamento do preço, bem como do recebimento dos bens e direitos ou da utilização do serviço. [...] o artigo 26 da Lei n. 12.249/2010 reforça o conjunto de normas jurídicas que impõe um tratamento mais severo às operações realizadas com pessoas físicas ou jurídicas domiciliadas em paraísos fiscais, com o objetivo de desestimular a realização de investimentos em ambientes considerados propícios para a evasão fiscal internacional" (SANTOS, Ramon Tomazela. Os mecanismos de resistência fiscal e as condições para a dedução de despesas em operações com paraísos fiscais – reflexões sobre o artigo 26 da Lei n. 12.249/2010. *RDDT* 230/128, 2014).

– **Neutralização de ajustes por instituições arrendadoras. Ajustes. Súmula CARF 136:** "Os ajustes decorrentes de superveniências e insuficiências de depreciação, contabilizados pelas instituições arrendadoras em obediência às normas do Banco Central do Brasil, não causam efeitos tributários para a CSLL, devendo ser neutralizados extracontabilmente mediante exclusão das receitas ou adição das despesas correspondentes na apuração da base de cálculo da contribuição" (CSRF, 2019). Obs.: vinculante, conforme Portaria ME n. 410/2020).

– **Prejuízo. Base de cálculo negativa.** Toda a tributação relacionada a fatos geradores ditos complexivos dá-se por períodos de tempo, relativamente aos quais se afere a dimensão quantitativa do fato gerador – a base de cálculo – para fins de apuração do montante devido. Note-se que o lucro se insere nessa categoria, eis que não é possível, a cada ingresso, saber se há ou não lucro, produto possível das inúmeras operações realizadas pela pessoa jurídica, só podendo ser aferido ao final de determinado período definido por lei, quando computadas as receitas e as despesas. Por certo que o legislador tem de tributar o lucro por períodos de apuração. A legislação prevê regimes de tributação anual e trimestral. Relevante será, então, o lucro do período. Caso ocorra prejuízo, não ocorrerá o fato gerador, de modo que eventuais adiantamentos poderão ser compensados ou repetidos.

– Relativamente à CSLL, fala-se em "base de cálculo negativa"; relativamente ao IR, fala-se em "prejuízo fiscal".

– **"CONTRIBUIÇÃO SOCIAL SOBRE O LUCRO. APURAÇÃO DE PREJUÍZO FISCAL. BASE DE CÁLCULO. INEXISTÊNCIA. NULIDADE DA CDA. 1.** A pessoa jurídica tributada com base no lucro real mensal que, ao final do exercício, apurar a ocorrência de prejuízo fiscal, não possui base de cálculo para o recolhimento da CSLL. 2. A não configuração da hipótese de incidência da exação ilide a presunção de liquidez e certeza da CDA, que deve ser desconstituída" (TRF4, AC 2002.04.01.012398-0, 2003).

– **Prejuízos acumulados em períodos anteriores. A questão da comunicabilidade dos períodos.** Inexiste direito constitucional à dedução de prejuízos de períodos anteriores, também chamado de comunicação de exercícios. A compensação de base de cálculo negativa é questão legal. Esta, quando admitida, constitui medida de política tributária, visando a minimizar os efeitos da carga tributária.

– **"CONTRIBUIÇÃO SOCIAL SOBRE O LUCRO. BASE DE CÁLCULO: LIMITAÇÕES À DEDUÇÃO DE PREJUÍZOS FISCAIS. ARTIGO 58 DA LEI 8.981/1995: CONSTITUCIONALIDADE. ARTIGOS 5º, INC. II E XXXVI, 37, 148, 150, INC. III, ALÍNEA *B*, 153, INC. III, E 195, INC. I E § 6º, DA CONSTITUIÇÃO DA REPÚBLICA. PRECEDENTE: RECURSO EXTRAORDINÁRIO 344.944. RECURSO EXTRAORDINÁRIO NÃO PROVIDO. 1.** Conforme entendimento do Supremo Tribunal Federal firmado no julgamento do Recurso Extraordinário 344.944, Relator o Ministro Eros Grau, no qual se declarou a constitucionalidade do artigo 42 da Lei 8.981/1995, 'o direito ao abatimento dos prejuízos fiscais acumulados em exercícios anteriores é expressivo de benefício fiscal em favor do contribuinte. Instrumento de política tributária que pode ser revista pelo Estado. Ausência de direito adquirido'. 2. Do mesmo modo, é constitucional o artigo 58 da Lei 8.981/1995, que limita as deduções de prejuízos fiscais na formação da base de cálculo da contribuição social sobre o lucro. 3. Recurso extraordinário não provido" (STF, RE 545.308, 2009).

– **Prejuízo. Incorporação de empresa deficitária por empresa financeiramente saudável. Impossibilidade de compensação de prejuízos.** DL n. 2.341/87. No âmbito empresarial é corriqueira a ocorrência de fusões, cisões e incorporações entre os agentes econômicos. Assim, o DL n. 2.341/87 inviabilizou que as empresas financeiramente saudáveis compensassem prejuízos apurados por empresas incorporadas para fins de redução do resultado ajustado (base de cálculo da CSL) e do lucro real (base de cálculo do IRPJ). [*Art. 33. A pessoa jurídica sucessora por in-*

corporação, fusão ou cisão não poderá compensar prejuízos fiscais da sucedida. Parágrafo único. No caso de cisão parcial, a pessoa jurídica cindida poderá compensar os seus próprios prejuízos, proporcionalmente à parcela remanescente do patrimônio líquido.].

– **Súmula CARF 179:** "É vedada a compensação, pela pessoa jurídica sucessora, de bases de cálculo negativas de CSLL acumuladas por pessoa jurídica sucedida, mesmo antes da vigência da Medida Provisória nº 1.858-6, de 1999" (1ª Turma da CSRF, 2021). Portanto, não reconhece eficácia aos planejamentos tributários através dos quais, mediante incorporação ou fusão, se pretensa transferir bases de cálculo negativas.

– **Prejuízo. Incorporação às avessas. Elisão tributária *x* dissimulação.** "[...] operação denominada 'incorporação às avessas' em que empresa deficitária incorpora empresa financeiramente saudável e compensa seus prejuízos para reduzir a Contribuição Social sobre o Lucro Líquido – CSLL. Nos termos do art. 33 do Dec.-lei 2.341/1987, se a empresa financeiramente saudável incorpora a empresa deficitária, aquela não pode compensar os prejuízos fiscais acumulados por esta para reduzir a base de cálculo da contribuição social. Desse modo, tornou-se recorrente a prática inversa em que a empresa com prejuízos fiscais incorpora a empresa saudável para, com isso, ser possível a compensação dos prejuízos fiscais. [...] a grande diferença entre planejamento fiscal e dissimulação [...] é que nesta o contribuinte tenta esconder o negócio efetivamente praticado com um negócio indireto, alterando um de seus elementos essenciais. Assim, a incorporação às avessas só constitui planejamento tributário se nos casos concretos efetivamente a empresa com prejuízos fiscais tiver incorporado a empresa saudável. Se a incorporação for apenas formal ('de fachada') e, na realidade, o negócio materialmente praticado tenha sido a incorporação da empresa deficitária pela saudável, não será caso de planejamento, mas de dissimulação. E o negócio indireto utilizado para tal é a própria incorporação alterada em seus elementos essenciais, já que nesta operação é fundamental que a empresa incorporadora absorva a incorporada e não o inverso, como acontece nos casos de dissimulação" (NORONHA, Luana. Uma análise constitucionalmente orientada. *RTFP* 96/71, 2011).

• Vide comentários sobre elisão fiscal em notas ao art. 116, par. ún. do CTN.

• Vide mais comentários sobre compensação de prejuízos da empresa incorporadora em notas ao art. 44 do CTN.

– **Dedução/compensação de prejuízos de períodos anteriores. Impossibilidade.** "CONTRIBUIÇÃO SOBRE O LUCRO – COMPENSAÇÃO – LEI 7.689/88 – LEI 8.921/95. I – A Lei n. 7.689/88 não admite a compensação de prejuízos e não colide com as Instruções Normativas ns. 198/88 e 90/92. II – Na fixação da base de cálculo da contribuição social sobre o lucro, o lucro líquido ajustado poderá ser reduzido por compensação da base de cálculo negativa, apurado em períodos anteriores em, no máximo, trinta por cento. A compensação da parcela dos prejuízos fiscais excedentes a 30% (trinta por cento) poderá ser efetuada, integralmente, nos anos calendários subsequentes. Agravo improvido" (STJ, AgRgAI 419.969, 2002).

– "CONTRIBUIÇÃO SOCIAL SOBRE O LUCRO – PREJUÍZOS/LUCROS – COMPENSAÇÃO ENTRE BASES DE CÁLCULO – AUSÊNCIA DE PREVISÃO LEGAL – IMPOSSIBILIDADE – PRECEDENTES STJ... – É ilegítima a compensação dos eventuais prejuízos de períodos-base anteriores, com lucros verificados em exercícios posteriores, na determinação da base de cálculo da contribuição social sobre o lucro, por isso que a incidência do tributo diz respeito ao lucro apurado no mesmo exercício" (STJ, REsp 143.349, 1999).

– "CONTRIBUIÇÃO SOBRE O LUCRO. BASE DE CÁLCULO NEGATIVA. COMPENSAÇÃO. BENEFÍCIO LEGAL. LEI 8.383/91. O direito à compensação da base de cálculo negativa relativa a períodos anteriores constitui benefício legal. Inexiste direito constitucional à comunicação de exercícios. O parágrafo único do art. 44 da Lei 8.383/91 é que passou a ensejar a compensação da base de cálculo negativa de um mês com a do mês subsequente, aplicando-se, contudo, apenas a partir de 1992, conforme o seu art. 97" (TRF4, AMS 200004010003629, 2003).

– "CSL... COMPENSAÇÃO DE BASE DE CÁLCULO NEGATIVA. DEDUÇÃO DA PROVISÃO PARA O IRPJ. [...] A compensação de base de cálculo negativa é questão legal. A tributação, quanto aos fatos geradores complexivos, como no caso, dá-se relativamente a um dado período de tempo que era, para a CSL, anual. Importa, em sendo tributado o lucro, o lucro do período, inexistindo direito constitucional à comunicação de exercícios. Esta, quando admitida, constitui medida de política tributária, visando a minimizar os efeitos da carga tributária. O fato de não ser admitida a dedução da provisão para o IRPJ também não fere o conceito de lucro. O que temos são dois tributos incidindo sobre o lucro das empresas e não há impedimento a que tal aconteça, pois é constitucionalmente vedado o *bis in idem* entre impostos (art. 154, I) e o *bis in idem* entre contribuições de seguridade social (art. 195, § 4º c/c o art. 154, I), mas não entre imposto e contribuição. [...]" (TRF4, AC 20000401056355-6, 2003).

– Há discussão idêntica acerca do IR. Vide farto material em nota ao art. 44 do CTN.

– **Lucro inflacionário. Correção das demonstrações financeiras. Tema 298 do STF:** "É constitucional a sistemática estabelecida no artigo 3º, inciso I, da Lei 8.200/1991 para a compensação tributária decorrente da correção monetária das demonstrações financeiras de pessoas jurídicas no ano-base 1990". Decisão de mérito em 2019.

– "IMPOSTO DE RENDA E CONTRIBUIÇÃO SOCIAL SOBRE O LUCRO LÍQUIDO. LUCRO INFLACIONÁRIO. NÃO INCIDÊNCIA. AGRAVO NÃO PROVIDO. 1. 'Interpretando a Lei n. 7.689/88, a jurisprudência desta Corte, em reiterados precedentes, firmou-se no entendimento de que a Contribuição Social sobre o Lucro Líquido deve incidir apenas sobre o lucro real, não incidindo sobre o lucro inflacionário, que constitui mera atualização das demonstrações financeiras do balanço patrimonial' (EAg 1.019.831/GO, Rel. Min. HAMILTON CARVALHIDO, Primeira Seção, *DJe* 1º/2/11)" (STJ, AgRg no REsp 602.360, 2012).

– "CONTRIBUIÇÃO SOCIAL SOBRE O LUCRO (LEI 7.689/88) – BASE DE CÁLCULO: LUCRO REAL *X* LUCRO INFLACIONÁRIO. 1. Não se confunde lucro inflacionário com lucro real. O primeiro engloba no seu quantitativo os ganhos reais da empresa devidamente atualizados. O ganho real, diferentemente, é unicamente o resultado da atividade econômica. Precedentes. 2. Jurisprudência desta Corte pacificada no sentido de que o imposto de renda e a contribuição social sobre o lucro não podem incidir sobre o lucro inflacionário, apenas sobre o lucro real" (STJ, REsp 899.335, 2008).

– "CONTRIBUIÇÃO SOCIAL SOBRE O LUCRO – CSSL. CORREÇÃO MONETÁRIA . BASE DE CÁLCULO. LEI 7.689/88. EMBARGOS DE DIVERGÊNCIA. DISSENSO JURISPRUDENCIAL SUPERADO. SÚMULA 168/STJ. INCIDÊNCIA... 2. O Superior Tribunal de Justiça, em reiterados precedentes, firmou entendimento segundo o qual a base de cálculo do imposto de renda e da contribuição social sobre o lucro é o lucro real, excluído o lucro inflacionário (Precedentes das Turmas integrantes da Primeira Seção: REsp 415761/PR, Primeira Turma, publicado no *DJ* de 21.10.2002; AgRg no REsp 636344/PB, Primeira Turma, publicado no *DJ* de 04.12.2006; REsp 409300/PR, Segunda Turma, publicado no *DJ* de 01.08.2006; REsp 610963/CE, Segunda Turma, publicado no *DJ* de 05.09.2005; e AgRg no REsp 409384/PR, Primeira Turma, publicado no *DJ* de 27.09.2004). 3. A correção monetária posto não ser um *plus* que se acrescenta, mas um *minus* que se evita, não traduz acréscimo patrimonial, por isso que sua aplicação não gera qualquer incremento no capital, mas tão somente restaura dos efeitos corrosivos da inflação. 4. Os precedentes assentam que: (a) esta contribuição não pode incidir sobre o lucro inflacionário. A contribuição só pode incidir sobre o lucro real, o resultado positivo, o lucro líquido e não sobre a parte correspondente à mera atualização monetária das demonstrações financeiras; (b) o chamado lucro inflacionário não realizado não é lucro real. A correção monetária não representa qualquer acréscimo ao valor corrigido e visa preservar o valor aquisitivo da moeda através do tempo; (c) o artigo 43, do CTN, estabelece que o imposto de competência da União, sobre a renda e proventos de qualquer natureza, tem como fato gerador a aquisição da disponibilidade econômica ou jurídica de renda e de proventos de qualquer natureza, sendo certo que lucro inflacionário não é renda, não é aumento de capital; (d) não se confunde lucro inflacionário com lucro real. O primeiro engloba no seu quantitativo os ganhos reais da empresa devidamente atualizados. O ganho real, diferentemente, é unicamente o resultado da atividade econômica; (e) as demonstrações financeiras devem refletir a situação patrimonial da empresa, com o lucro efetivamente apurado, que servirá de base de cálculo para a cobrança do imposto de renda, da contribuição social sobre o lucro e do imposto sobre o lucro líquido; e (f) a correção monetária não traduz acréscimo patrimonial. Sua aplicação não gera qualquer incremento no capital, mas tão somente o restaura dos efeitos corrosivos da inflação. Por este prisma, não há como fazer incidir, sobre a mera atualização monetária, Imposto de Renda, sob pena de tributar-se o próprio capital" (STJ, AgRg nos EREsp 436.302, 2007).

– Há discussão idêntica acerca do IR. Vide farto material em nota ao art. 44 do CTN.

• Vide nota ao art. 44 do CTN.

– **Lei n. 8.200/91. Extensão à CSLL. Impossibilidade.** "CORREÇÃO MONETÁRIA DAS DEMONSTRAÇÕES FINANCEIRAS ANUAIS. PERÍODO-BASE DE 1990. ARTIGO 1º DA LEI N. 8.200/91. FAVOR FISCAL NÃO APLICÁVEL À CSLL... 2. A Primeira Seção deste Superior Tribunal de Justiça firmou entendimento no sentido de que o favor fiscal previsto no art. 1º da Lei 8.200/91 é aplicável apenas às demonstrações financeiras relativas ao Imposto de Renda da Pessoa Jurídica – IRPJ, sem reflexos para o cálculo do lucro real da CSLL. Precedente: REsp 1.127.610/MG, Rel. Min. Benedito Gonçalves, Primeira Seção, julgado em 23/6/2010, *DJe* 30/6/2010" (STJ, AgRg no Ag 1.228.508, 2013).

– "CSLL. DETERMINAÇÃO DO LUCRO REAL. CORREÇÃO MONETÁRIA DAS DEMONSTRAÇÕES FINANCEIRAS ANUAIS. PERÍODO-BASE DE 1990. ARTIGO 1º DA LEI N. 8.200/91. FAVOR FISCAL NÃO APLICÁVEL À CSLL. ESPECÍFICO PARA O IMPOSTO DE RENDA DA PESSOA JURÍDICA. LEGALIDADE DO ARTIGO 41 DO DECRETO N. 332/91... 2. No caso dos autos, a recorrente visa afastar a incidência da Contribuição Social sobre o Lucro Líquido – CSLL nos valores que considera como mera correção monetária, sem natureza de lucro, exigida pelo Decreto n. 332/91. Afirma que referido regulamento ao vedar a dedução na apuração da base da cálculo da exação dos encargos de depreciação, da amortização, da exaustão e dos custos de bens baixados pertinentes à diferença da correção monetária do IPC *x* BTNF, incorreu em inovação, impondo restrição que a Lei n. 8.200/91 não prevê. 3. Na exegese do artigo 1º da Lei n. 8.200/91, infere-se que a correção monetária das demonstrações financeiras do ano-base 1990 refere-se, especificamente, ao Imposto de Renda da Pessoa Jurídica – IRPJ, consistindo em favor fiscal sem reflexo sobre a apuração da base de cálculo da CSLL. 4. Não há ilegalidade no artigo 41 do Decreto n. 332/91, consonante com a Lei n. 8.200/91, artigo 1º, que, ao cuidar da correção monetária de balanço relativamente ao ano-base de 1990, limitou-se ao IRPJ, não estendendo a previsão legal à CSLL. 5. A base de cálculo da CSLL só sofre a incidência da Lei n. 8.200/91 nos casos estabelecidos em seu artigo 2º, § 5º c/c §§ 3º e 4º, estando harmonizado com essa norma o contido no artigo 41, § 2º, do Decreto n. 332/91. Precedentes... 6. Recurso afetado à Primeira Seção, por ser representativo de controvérsia, submetido ao regime do artigo 543-C do CPC e da Resolução 8/STJ" (STJ, REsp 1.127.610, 2010).

– **Em sentido contrário, admitindo.** "CONTRIBUIÇÃO SOCIAL SOBRE O LUCRO – DEMONSTRAÇÕES FINANCEIRAS DO ANO-BASE DE 1990 – LEI N. 8.200/91 – DEDUÇÃO DA BASE DE CÁLCULO DA CONTRIBUIÇÃO, DA DIFERENÇA DE CORREÇÃO MONETÁRIA (IPC-BTNF) EM RELAÇÃO AOS ENCARGOS DE DEPRECIAÇÃO, AMORTIZAÇÃO OU DO CUSTO DE BEM BAIXADO A QUALQUER TÍTULO – ARTIGO 41 DO DECRETO 332/91. O art. 195, I, da CF, na sua redação original, já elencava o lucro como base econômica a ser tributada para fins de custeio da seguridade social. Atualmente, forte na redação dada pela EC 20/98, consta do inciso I, alínea *c*. O conceito de lucro não pode ser desfigurado por legislação infraconstitucional que, dispondo sobre os critérios de correção das demonstrações financeiras, acabe por dar ensejo à apuração de lucro fictício. A Lei 8.200/91 veio ensejar ressarcimento em razão da atualização das demonstrações financeiras, em 1990, pelo BTNF, que gerara lucro inflacionário. O STF entendeu-a como favor fiscal. A base de cálculo da contribuição sobre o lucro é o resultado do exercício, antes da provisão para o imposto de renda (Lei 7.689/88, art. 2º). Aplicam à CSL os efeitos do art. 3º, I, da Lei 8.200/91, considerando-se sem sustentação o art. 41 do Dec. 332/91" (TRF4, AMS 9704060548, 2003).

– Juros na devolução de depósitos judiciais. Não se tem autorizado a exclusão, ademais, dos juros pagos na devolução de depósitos judiciais, tampouco na repetição de indébitos, forte do precedente do STJ no REsp 1.138.695. Considerando, porém, que esses juros consistem na SELIC, a qual abrange também a própria correção monetária, bem como que a indisponibilidade dos recursos principais ao longo do tempo pode ter gerado custos financeiros ao titular do direito, esse entendimento adotado pelo STJ pode levar à tributação do próprio capital ou de montantes que, em verdade, estejam apenas compensando perdas efetivas e que, portanto, não deveriam ser vistos como lucro.

– "BASE DE CÁLCULO DO IMPOSTO DE RENDA DA PESSOA JURÍDICA – IRPJ E DA CONTRIBUIÇÃO SOCIAL SOBRE O LUCRO LÍQUIDO – CSLL. IMPOSSIBILIDADE DE EXCLUSÃO DOS JUROS SELIC INCIDENTES QUANDO DA DEVOLUÇÃO DE VALORES EM DEPÓSITO JUDICIAL FEITO NA FORMA DA LEI N. 9.703/98 E QUANDO DA REPETIÇÃO DE INDÉBITO TRIBUTÁRIO NA FORMA DO ART. 167, PARÁGRAFO ÚNICO DO CTN. TEMA JÁ JULGADO PELO REGIME DO ART. 543-C, DO CPC, E DA RESOLUÇÃO STJ 08/08. 1. Pacificou-se a jurisprudência da 1ª Seção do STJ no recurso representativo da controvérsia REsp n. 1.138.695 – SC no sentido de que é lícita a tributação tanto dos juros incidentes na devolução dos depósitos judiciais (por sua natureza remuneratória) quanto dos juros incidentes na repetição do indébito tributário (por sua natureza indenizatória de lucros cessantes). 2. O gravo regimental de recurso especial cujo tema foi julgado sob o regime do art. 543-C, do CPC, e da Resolução STJ 08/08 (recurso repetitivo) é manifestamente inadmissível, havendo que incidir o § 2º, do art. 557, do CPC, fixando-se a multa apropriada" (STJ, AgRg no REsp 1.466.618, 2014).

– "RECURSO REPRESENTATIVO DA CONTROVÉRSIA. ART. 543-C, DO CPC. BASE DE CÁLCULO DO IMPOSTO DE RENDA DA PESSOA JURÍDICA – IRPJ E DA CONTRIBUIÇÃO SOCIAL SOBRE O LUCRO LÍQUIDO – CSLL. DISCUSSÃO SOBRE A EXCLUSÃO DOS JUROS SELIC INCIDENTES QUANDO DA DEVOLUÇÃO DE VALORES EM DEPÓSITO JUDICIAL FEITO NA FORMA DA LEI N. 9.703/98 E QUANDO DA REPETIÇÃO DE INDÉBITO TRIBUTÁRIO NA FORMA DO ART. 167, PARÁGRAFO ÚNICO DO CTN... 2. Os juros incidentes na devolu-ção dos depósitos judiciais possuem natureza remuneratória e não escapam à tributação pelo IRPJ e pela CSLL, na forma prevista no art. 17, do Decreto-lei n. 1.598/77, em cuja redação se espelhou o art. 373, do Decreto n. 3.000/99 – RIR/99, e na forma do art. 8º, da Lei n. 8.541/92, como receitas financeiras por excelência. Precedentes... 3. Quanto aos juros incidentes na repetição do indébito tributário, inobstante a constatação de se tratarem de juros moratórios, se encontram dentro da base de cálculo do IRPJ e da CSLL, dada a sua natureza de lucros cessantes, compondo o lucro operacional da empresa a teor art. 17, do Decreto-lei n. 1.598/77, em cuja redação se espelhou o art. 373, do Decreto n. 3.000/99 – RIR/99, assim como o art. 9º, § 2º, do Decreto-Lei n. 1.381/74 e art. 161, IV do RIR/99, estes últimos explícitos quanto à tributação dos juros de mora em relação às empresas individuais. 4. Por ocasião do julgamento do REsp 1.089.720 – RS (Primeira Seção, Rel. Min. Mauro Campbell Marques, julgado em 10.10.2012) este Superior Tribunal de Justiça definiu, especificamente quanto aos juros de mora pagos em decorrência de sentenças judiciais, que, muito embora se tratem de verbas indenizatórias, possuem a natureza jurídica de lucros cessantes, consubstanciando-se em evidente acréscimo patrimonial previsto no art. 43, II, do CTN (acréscimo patrimonial a título de proventos de qualquer natureza), razão pela qual é legítima sua tributação pelo Imposto de Renda, salvo a existência de norma isentiva específica ou a constatação de que a verba principal a que se referem os juros é verba isenta ou fora do campo de incidência do IR (tese em que o acessório segue o principal). Precedente: EDcl no REsp 1.089.720 – RS, Primeira Seção, Rel. Min. Mauro Campbell Marques, julgado em 27.02.2013. 5. Conhecida a lição doutrinária de que juros de mora são lucros cessantes: 'Quando o pagamento consiste em dinheiro, a estimação do dano emergente da inexecução já se acha previamente estabelecida. Não há que fazer a substituição em dinheiro da prestação devida. Falta avaliar os lucros cessantes. O código os determina pelos juros de mora e pelas custas' (BEVILÁQUA, Clóvis. Código Civil dos Estados Unidos do Brasil Comentado, V. 4, Rio de Janeiro: Livraria Francisco Alves, 1917, p. 221). 6. Recurso especial parcialmente provido. Acórdão submetido ao regime do art. 543-C, do CPC, e da Resolução STJ n. 8/2008" (STJ, REsp 1.138.695, 2013).

– "1. Não se trata de verificar se tal ou qual tributo está ou não no campo de incidência do IRPJ ou da CSLL, mas sim da observação de que o valor utilizado para o pagamento do tal ou qual tributo, se não tivesse assim sido utilizado, seria receita, estaria na base de cálculo do IRPJ e da CSLL porque não dedutível. Desse modo, é receita também quando de sua devolução. A regra do art. 7º, da Lei n. 8.541/92 somente foi invocada para demonstrar que não há dedutibilidade na repetição, só no pagamento. 2. Convém rememorar que o IRPJ e a CSLL efetivamente pagos não são dedutíveis do lucro real e da base de cálculo da CSLL, mas são levados em consideração para a determinação dos saldos a pagar dos tributos porque adiantamentos do pagamento dos respectivos débitos apurados nas declarações. Desse modo, é indiferente ao caso o fato de o IRPJ e a CSLL não serem dedutíveis de sua própria base de cálculo. Tal não livra a sua repetição da tributação e, por conseguinte, os juros de mora respectivos... 5. Embargos de declaração rejeitados" (STJ, EDcl no REsp 1.138.695, 2013).

– "1. A metodologia contábil descrita de se classificar o indébito recebido (recuperação de tributos) na mesma linha contábil que o tributo indevidamente pago não infirma a conclusão de que o valor utilizado para o pagamento do IRPJ e da CSLL, se não tivesse assim sido utilizado, continuaria sendo receita e continuaria na base de cálculo do IRPJ e da CSLL. Se continuaria a ser tributado, os acessórios, juros de mora, não poderiam por esse motivo deixar de ser, não se socorrendo da exceção prevista no REsp 1.089.720 – RS (Primeira Seção, Rel. Min. Mauro Campbell Marques, julgado em 10.10.2012)... 3. Embargos de declaração rejeitados" (STJ, EDcl nos EDcl no REsp 1.138.695, 2014).

– **Dedução de despesas com royalties pagos a sócios ou dirigentes. Súmula CARF 117:** "A indedutibilidade de despesas com 'royalties' prevista no art. 71, parágrafo único, alínea 'd', da Lei n. 4.506, de 1964, não é aplicável à apuração da CSLL" (CSRF, 2018). Obs.: vinculante, conforme Portaria MF n. 129/2019).

– **Créditos presumidos de IPI na apuração da base de cálculo.** Na apuração da base de cálculo, não podem ser excluídos os créditos presumidos de IPI do art. 1º da Lei n. 9.363/96.

– "BASE DE CÁLCULO DO IMPOSTO DE RENDA DA PESSOA JURÍDICA E DA CONTRIBUIÇÃO SOCIAL SOBRE O LUCRO LÍQUIDO. CRÉDITO PRESUMIDO DE IPI. LEGALIDADE DA INCLUSÃO. 1. O crédito presumido de IPI previsto no art. 1º da Lei 9.363/96 integra a base de cálculo do IRPJ e da CSLL" (STJ, AgRg no REsp 1.467.009, 2014).

– **Base de cálculo presumida. 32%, 16%, 8% conforme a atividade.** Sobre as bases de cálculo presumidas, vide notas ao art. 44 do CTN, acerca do Imposte Renda.

– "TRIBUTÁRIO. CSLL. LEI N. 10.684/2003. EMPRESA PRESTADORA DE SERVIÇO. BASE DE CÁLCULO DE 32%. 1. O que Lei 10.684/2003 fez foi ter em conta os menores custos das atividades de prestação de serviços, em comparação aos outros setores da economia, para presumir que auferem lucros maiores proporcionalmente à receita, mais consentâneos com a realidade do setor. A inclusão do parágrafo único no art. 20 da Lei 9.249/95 preservou a possibilidade de opção pelo lucro real já no quarto trimestre calendário de 2003. 3. Não há que se falar, pois, em confisco, tampouco em violação à isonomia" (TRF4, AMS 2003.72.00.013082-1, 2006).

– **Prestadoras de serviços hospitalares: 8%.** Ainda quanto à apuração do lucro presumido, vale destacar, quanto o enquadramento das prestadoras de serviços hospitalares no lucro presumido calculado pela alíquota de 8% e não na de 32%, que o STJ firmou posição no sentido de que "serviços hospitalares" se vinculam às atividades desenvolvidas pelos hospitais, mas, não necessariamente, prestados no interior do estabelecimento hospitalar e mediante internação, exigindo, porém, custos diferenciados do simples atendimento médico. A partir da vigência da Lei n. 11.727/2008, esse enquadramento passou a se restringir às prestadoras organizadas sob a forma de sociedades empresárias e ao atendimento das normas da ANVISA.

– A apuração do lucro presumido em percentual diferenciado para a prestação de serviços hospitalares diz respeito tanto à CSL como ao IRPJ. Vide notas a respeito desse ponto ao art. 44 do CTN.

⇒ **Adicional. Forma de cálculo. IN n. 81/99.** "... CSLL. ADICIONAL À CONTRIBUIÇÃO *X* CONTRIBUIÇÃO ADICIONAL. CÁLCULO... Não se confundem o adicional à contribuição, calculado sobre o valor devido, com a contribuição adicional, calculada sobre a mesma base de cálculo. No caso da CSLL, o art. 6º da MP 1.807/99 instituiu adicional à contribuição, calculado, portanto, sobre o valor devido a tal título. Ilegalidade da portaria IN 81/99. [...]" (TRF4, 2ª T., AMSS 2004.72.00.018245-0/SC, Juiz Fed. Leandro Paulsen, nov. 2006) Veja-se excerto do voto condutor: "O art. 6º da MP 1.807/99 e seguintes, até a de n. 2.158/01 diziam: 'A contribuição... será cobrada com adicional... de quatro pontos percentuais...' Qual era a contribuição? De 8% sobre o resultado ajustado das empresas. Calculada a contribuição, pois, e sendo devido tantos reais, dever-se-ia aplicar, ao valor encontrado, o adicional de quatro pontos percentuais. A hipótese não se confunde com as contribuições adicionais, tal qual a prevista no § 1º do art. 22 da Lei 8.212/91, em que é estabelecida a 'contribuição adicional de dois vírgula cinco por cento sobre a base de cálculo definida nos incisos I e III deste artigo'. Veja-se a diferença: – no primeiro caso, da CSLL, tem-se um adicional à contribuição; – no segundo caso, da contribuição previdenciária, tem-se uma contribuição adicional de tantos por cento sobre a mesma base de cálculo. A IN 81/99, pois, ao induzir o recolhimento do adicional à contribuição como se fosse uma contribuição adicional sobre a mesma base de cálculo incorreu em ilegalidade. Reconheço, portanto, como indevidos os pagamentos que foram feitos mediante aplicação, da alíquota do adicional, sobre a base de cálculo da contribuição e não sobre o valor da própria contribuição devida".

– "... o art. 6º das Medidas Provisórias ns. 1.807/99, 1.858-10/99 e 2.158-35/01 dispôs que 'a Contribuição Social sobre o Lucro Líquido – CSLL será cobrada com adicional' de quatro pontos percentuais em relação aos fatos geradores ocorridos de 1º de maio de 1999 a 31 de janeiro de 2000, e de um ponto percentual relativamente aos fatos geradores ocorridos de 1º de fevereiro de 200 a 31 de dezembro de 2002. Já a Instrução Normativa SRF n. 81/99, ao expedir normas administrativas para a cobrança do adicional de quatro pontos percentuais, estabeleceu, em seu art. 1º, que 'a alíquota da Contribuição... será acrescida do adicional', tendo ficado expresso, no art. 2º, § 2º, desse mesmo ato fazendário, que a CSLL será calculada mediante a utilização da alíquota de 12%. [...] a discrepância é notória entre os dois critérios... E o é porque, ao estatuir que a 'Contribuição... será cobrada com adicional', o art. 6º das Medidas Provisórias enfocadas, claramente, elegeu como base de cálculo do adicional o valor da própria contribuição, de modo que na havia necessidade de se reiterar a norma. É bem de ver que esse entendimento, que aqui se formula, quanto à real significação jurídica da palavra 'adicional', não decorre apenas da clareza e precisão do texto do art. 6º das sobreditas Medidas Provisórias, se não que é ínsito à ideia mesma que se intui do vocábulo 'adicional', especialmente quando este, como se dá na espécie, é empregado com a função de substantivo. Tanto é assim que, no dicionário Aurélio, o 'adicional' também é definido como imposto ou taxa que se acrescenta a outro imposto ou taxa. Enfim, o que se pretende deixar evidenciado é que a criação de adicional tributária não está a dizer, de per si, que este será calculado sobre a base de cálculo do próprio tributo. Muito pelo contrário, a noção intrínseca de um adicional dessa natureza conduz, de forma natural, à conclusão de algo que se agrega ao tributo já determinado quantitativamente. Vale dizer: a cobrança de adicional sobre tributo – exceto quando a lei assim o determine – não se vincula, necessariamente, para efeito de sua quantificação, à base de cálculo do imposto ou contribuição adicionado. É que o *quantum debeatur* da obrigação tributária, como é evidente, não se restringe ao conhecimento da base de cálculo ou da alíquota do tributo instituído, sendo indispensável uma operação aritmética com o concurso desses dois fatores... Por isso, se está a sustentar que, através da IN SRF n. 81/99, a Administração tributária fez uma interpretação extensiva do art. 6º da MP n. 1.807/99, ultrapassando, em muito, o núcleo normativo desse dispositivo legal, conferindo-lhe uma abrangência impositiva muito maior do que aquela que legitimamente se poderia inferir de seu comando" (BECKER, Walmir Luiz. Os adicionais da Contribuição Social sobre o Lucro Líquido – CSLL instituídos pelas MPs ns. 1.807,9 e 1.858-10,9 – ilegalidade da regulamentação contida na IN SRF n. 81/99. *RDDT* 119/80, 2005).

⇒ **Recolhimento antecipado por estimativa. Antecipações a maior. Correção. Juros.** – "1. A antecipação é técnica de arrecadação fiscal, permitida em decorrência de política tributária. Os tributos em questão, pelo art. 39 da Lei 8383/91, têm a opção de serem recolhidos através de pagamento por estimativa mensal ou pagamento trimestral sobre o lucro real. 2. Tratando-se de opção do contribuinte, decorre o encargo de seguir as disposições legais referentes à espécie, das quais, ademais, presume-se já tenham conhecimento desde a opção. 3. É exação devida de qualquer forma, variando a forma de recolhimento de acordo com a intenção do contribuinte. Não sendo contribuição indevida e não tendo previsão legal de juros, não há possibilidade de deferi-los, porque não fere o princípio da isonomia" (TRF4, AC 2000.72.02.002608-6, 2004).

– "É incabível a atualização monetária dos recolhimentos efetuados mensalmente por estimativa, com base na Lei n. 9.430/96, a título de imposto de renda pessoa jurídica – IRPJ e contribuição social sobre o lucro líquido – CSLL, porquanto a correção monetária em matéria tributária está sujeita ao princípio da legalidade estrita, não sendo possível sua ocorrência sem lei formal autorizando-a" (TRF4, AMS 1999.72.01.006771-3, 2004).

⇒ **Cooperativas. Isenção.** A Lei 10.865/04 isentou da CSLL, a partir de 1º de janeiro de 2005, as sociedades cooperativas, salvo as de consumo.

⇒ **Instituições financeiras.** Sobre a exclusão das receitas financeiras da base de cálculo do PIS e da COFINS, inclusive para as próprias instituições financeiras, vide nota anterior acerca do conceito de faturamento.

⇒ **EC n. 10/96.** Para financiamento do Fundo Social de Emergência, a alíquota da CSLL foi elevada para 30% relativamente ao lucro das instituições financeiras. Com a EC n. 10/96,

tal elevação foi mantida retroativamente, desde janeiro do próprio ano de 1996, até junho de 1997. Vide arts. 71 e 72 do ADCT.

II – do trabalhador e dos demais segurados da previdência social, podendo ser adotadas alíquotas progressivas de acordo com o valor do salário de contribuição, não incidindo contribuição sobre aposentadoria e pensão concedidas pelo Regime Geral de Previdência Social; (Redação da Emenda Constitucional n. 103/2019)

Redação revogada da EC n. 20/98: "II – do trabalhador e dos demais segurados da previdência social, não incidindo contribuição sobre aposentadoria e pensão concedidas pelo regime geral de previdência social de que trata o art. 201".

Redação do texto original da CF/88: "II – dos trabalhadores;".

⇒ **Regime geral de previdência social (RGPS). INSS.** O regime geral de previdência social alcança todos os trabalhadores que não sejam servidores públicos vinculados a regime próprio de previdência social. Tal se dá em face da importância social da seguridade. A Lei n. 8.213/91 cuida dos benefícios, e a Lei n. 8.212/91 cuida do custeio, instituindo as contribuições previdenciárias. Tendo em conta que o regime geral de previdência social tem caráter contributivo, todos os segurados contribuirão para a previdência, como requisito para a aquisição do direito aos benefícios.

⇒ **Caráter contributivo da previdência social.** A contribuição previdenciária paga pela pessoa física tem uma natureza complexa. Constitui, por certo, um tributo. Deve-se agregar a isso, contudo, que visa à Seguridade Social, mais particularmente, ao custeio da previdência social, assumindo feições retributivas. Se de um lado, o direito adquirido ao benefício só se dá mediante o preenchimento dos requisitos para o seu gozo (no caso da aposentadoria por tempo de serviço, e.g., o tempo de contribuição), de outro, há que se manter relação de proporcionalidade entre as contribuições exigidas e o benefício concedido. Alteração abrupta de regime, atingindo a expectativa do contribuinte quanto ao montante dos proventos de seu futuro benefício, deve ser considerada para fins de restituição do montante pago a maior e isso não pela inconstitucionalidade ou ilegalidade da exigência, à época, pois era válida, mas pelo fato de que a alteração de regime implica o enriquecimento sem causa do Estado que, tendo obtido a receita, não mais estará obrigado à prestação proporcional a ela. Tal questionamento virá à tona relativamente à supressão das aposentadorias integrais e em toda e qualquer hipótese em que, havendo contribuição durante anos sobre determinada base de cálculo, deixe ela de ser considerada para fins de definição do montante do benefício. No passado, relativamente aos trabalhadores vinculados ao Regime Geral de Previdência, houve a redução do teto de contribuição (e de benefício), de 20 para 10 salários, com prejuízo aos trabalhadores que contribuíram longos anos sobre base que acabou por não repercutir em seus benefícios.

– "IPC. EX-DEPUTADA. RESTITUIÇÃO. CONTRIBUIÇÃO. A Lei n. 9.506/97, ao extinguir o Instituto de Previdência dos Congressistas – IPC, omitiu-se quanto à situação dos ex-

-segurados que, embora tenham contribuído para a formação do fundo, não possuíam o direito ao benefício da pensão quando da extinção por não terem completado o prazo de carência de oito anos (Lei n. 7.087/82). Assim cabe ao Judiciário suprir a omissão legal, observados os primados jurídicos aplicáveis e tendo em mira o viés social e político da tutela jurisdicional, consubstanciados na realização da justiça e na pacificação social. Isso posto, a Turma reconheceu que a recorrente, ex-deputada federal, faz jus à devolução das respectivas contribuições que efetuou durante os quatro anos em que exerceu seu mandato (fevereiro de 1987 a janeiro de 1991), visto que é claro, na hipótese, o locupletamento ilícito por parte da União, sucessora daquele instituto. REsp 427.223-DF, Min. João Otávio de Noronha, julgado em 9/9/03" (*Informativo* n. 183 do STJ, 2003).

– Sobre o caráter contributivo da previdência social, vide, ainda, nota ao art. 149, § 1º, da CF.

– **Mudança de regime. Restituição de contribuições. Impossibilidade.** "JUÍZES CLASSISTAS. EXTINÇÃO DA APOSENTADORIA ESPECIAL PREVISTA NA LEI 6.903/81 PELAS DISPOSIÇÕES DA LEI 9.528/97. 1. A Lei 6.903/81 previa aposentadoria especial aos juízes classistas da justiça do trabalho, aplicando-se-lhes o mesmo regime previdenciário dos servidores civis da União. 2. Esta extensão foi afastada pela Lei 9.528/97, que dispõe que os exercentes de tais cargos continuariam abrangidos pelo regime jurídico a que pertenciam antes do exercício da judicatura. 3. Se os Autores estavam vinculados, antes de ocupar o cargo, ao RGPS, restaurada a vinculação, não é cabível a repetição das contribuições pagas a maior, mas tão somente a contagem recíproca entre os diferentes regimes previdenciários" (TRF4, AC 2001.70.00.000508-9, 2002).

⇒ **Contribuintes.** Tanto o trabalhador, nos diversos modos de exercício de atividade econômica, como os demais segurados da previdência são necessariamente postos como contribuintes tendo em conta o caráter contributivo do regime geral de previdência social.

– **Trabalhador.** A partir da EC n. 20/98, não apenas o "trabalhador", mas todo segurado poder ser posto na condição de contribuinte. Antes, contudo, a Constituição referia apenas o "trabalhador" como possível contribuinte, de maneira que a discussão quanto à abrangência de tal termo circunscreve-se ao período passado.

– Entendíamos que se deveria considerar como trabalhador aquele que trabalha, que desenvolve atividade econômica, independentemente de ser empregado, autônomo, empresário, servidor público, agente político etc. Contudo, tendo sido colocado como segurado obrigatório do regime geral de previdência, pela Lei n. 9.506/97, "o exercente de mandato eletivo federal, estadual ou municipal, desde que não vinculado a regime próprio de previdência social", mediante acréscimo da alínea *h* ao art. 12, inciso I, da Lei 8.212/91, o Plenário do STF, ao apreciar o RE 351.717-1/PR, em out. 2003, Min. Carlos Velloso, reconheceu a inconstitucionalidade do novo dispositivo, por entender que a consideração do agente político como "trabalhador" foi indevida, extrapolando o conceito de trabalhador, na medida em que este "seria aquele que prestasse serviço a entidade de direito pri-

vado ou mesmo entidade de direito público, desde que abrangido pelo regime celetista", sendo que a "contribuição social seria devida por esse trabalhador". Ou seja, o Supremo Tribunal Federal, no referido acórdão, considerou que, à luz da redação original do art. 195, II, da CF, somente poderiam ser considerados trabalhadores e, portanto, ser colocado na posição de contribuintes, os empregados. Vide nota ao art. 149, § 1º, acerca dos agentes políticos.

– **Abrange o servidor público federal. Contribuição previdenciária do servidor federal. Esteio no art. 195, II, da CF.** "PREVIDÊNCIA SOCIAL. – Na ADI 1.135, com eficácia *erga omnes* inclusive para esta Corte, entendeu esta que a Medida Provisória 560/94 reviveu constitucionalmente a contribuição social dos servidores públicos ao estabelecer nova tabela progressiva de alíquotas, o que valeu pela própria reinstituição do tributo, devendo, portanto, ser observada a regra da anterioridade mitigada do artigo 195, § 6º, da Constituição, o que implica dizer que essa contribuição, com base na referida Medida Provisória e suas sucessivas reedições, só pode ser exigida após o decurso de noventa dias da data de sua publicação. – Não a teve por inconstitucional formalmente, até porque esta Corte (assim, nos RREE 146733 e 138284, ambos julgados pelo Plenário) só exige lei complementar para a hipótese do § 4º do artigo 195 da Constituição (e isso por causa da determinação, em sua parte final, de obediência ao artigo 154, I) que não é a das fontes de custeio previstas nos incisos I, II (como ocorre no caso) e III do mesmo artigo 195 [...]" (STF, RE 221.731-8, 1999).

– "LEI N. 9783/99. CONTRIBUIÇÃO SOCIAL PARA O CUSTEIO DA PREVIDÊNCIA SOCIAL. INCONSTITUCIONALIDADE... Não há como se sustentar a inconstitucionalidade da Lei n. 9783/99, uma vez que a mesma já sofreu apreciação pelo Supremo Tribunal Federal, o qual reconheceu a legitimidade constitucional da contribuição previdenciária devida pelos servidores públicos em atividade, diferente do que ocorre para os aposentados e pensionistas, também abarcados por esta lei" (TRF4, AC 1999.71.00.028933-4, 2002).

– **Demais segurados da previdência social.** A redação dada ao inciso II do art. 195 da Constituição pela EC n. 20/98 prevê a contribuição não só do trabalhador, mas também "dos demais segurados da previdência social". Chama a atenção o fato de a Constituição não se referir aos usuários dos serviços de saúde. Não o fez, também, relativamente aos titulares de benefícios assistenciais e nem poderia fazê-lo em face do caráter não contributivo da assistência social. Poderão ser tributados, pois, a título de contribuição ordinária para o custeio da seguridade social, dentre as pessoas físicas, além dos trabalhadores, os demais segurados da previdência social especificamente. Os diversos segurados, obrigatórios ou facultativos, não só podem como devem ser colocados por lei como contribuintes com vista ao custeio do regime geral de previdência social, que, nos termos do art. 201 da Constituição, tem caráter contributivo.

– **Conceito de segurado.** Segurados são as pessoas filiadas ao regime geral de previdência social, beneficiários potenciais dos benefícios garantidos pelo sistema.

– Segurados obrigatórios e segurados facultativos. O trabalhador, no sentido restrito adotado pelo Supremo Tribunal Federal (o empregado urbano ou rural e o empregado doméstico), e todas as demais pessoas físicas que exercem atividade econômica (avulsos, autônomos, empresários, produtores rurais) são segurados obrigatórios do regime geral de previdência social, que admite, ainda, segurados facultativos (dona de casa ou estudante). Vide, adiante, o detalhamento dos segurados em nota sobre o Regime Geral de Previdência social.

– Segurados obrigatórios na qualidade de empregado. A Lei n. 8.212/91 qualifica como segurados obrigatórios na qualidade de empregado, dentre outros, aquele que presta serviço de natureza urbana ou rural à empresa, em caráter não eventual, sob sua subordinação e mediante remuneração, inclusive como diretor-empregado; aquele que, contratado por empresa de trabalho temporário, definida em legislação específica, presta serviço para atender a necessidade transitória de substituição de pessoal regular e permanente ou a acréscimo extraordinário de serviços de outras empresas; o servidor público ocupante de cargo em comissão, sem vínculo efetivo com a União, Autarquias, inclusive em regime especial, e Fundações Públicas Federais. Também o fazia quanto ao exercente de mandato eletivo federal, estadual ou municipal, desde que não vinculado a regime próprio de previdência social, mas, como visto quando da análise da norma de competência, o STF acabou reconhecendo a inconstitucionalidade da alínea *h* do art. 12 sob o argumento de que não poderia figurar como segurado por não restar abrangido pela referência constitucional a "trabalhador". Atualmente, alargada a norma de competência para trabalhador e "demais segurados", o exercente de mandato eletivo figura como segurado empregado por força da Lei n. 10.887/2004, que acresceu a alínea *j* ao inciso I do art. 12 da Lei n. 8.212/91.

– Segurado obrigatório na qualidade de empregado doméstico. Como empregado doméstico, a Lei n. 8.212/91 qualifica aquele que presta serviço de natureza contínua a pessoa ou família, no âmbito residencial desta, em atividades sem fins lucrativos.

– Segurados obrigatórios na qualidade de contribuinte individual. Como contribuinte individual, são qualificados, dentre outros, a pessoa física que exerce, por conta própria, atividade econômica de natureza urbana, com fins lucrativos ou não (art. 12, V, alínea *h*), quem presta serviço de natureza urbana ou rural, em caráter eventual, a uma ou mais empresas, sem relação de emprego (art. 12, V, alínea *g*), o titular de firma individual urbana ou rural, o diretor não empregado e o membro de conselho de administração de sociedade anônima, o sócio solidário, o sócio de indústria, o sócio-gerente e o sócio-cotista que recebam remuneração decorrente de seu trabalho em empresa urbana ou rural, e o associado eleito para cargo de direção em cooperativa, associação ou entidade de qualquer natureza ou finalidade, bem como o síndico ou administrador eleito para exercer atividade de direção condominial, desde que recebam remuneração (art. 12, V, alínea *f*).

– Segurados obrigatórios na qualidade de trabalhador avulso. Como trabalhador avulso, consta quem presta, a diversas empresas, sem vínculo empregatício, serviços de natureza urbana ou rural definidos no regulamento.

– Segurados obrigatórios na qualidade de segurado especial. O inciso VII do art. 12 da Lei n. 8.212/91 qualifica como segurado obrigatório especial "a pessoa física residente no imóvel rural ou em aglomerado urbano ou rural próximo a ele que, individualmente ou em regime de economia familiar, ainda que com o auxílio eventual de terceiros a título de mútua colaboração", seja produtor, explorando atividade agropecuária em área de até quatro módulos fiscais ou atuando como seringueiro ou extrativista vegetal, ou pescador artesanal ou, ainda, o cônjuge, companheiro ou filho maior de 16 anos do segurado que trabalhe com o grupo familiar respectivo, conforme a redação atribuída dada a tal inciso pela Lei n. 11.718/2008.

– Lei n. 8.212/91: "Art. 12. São segurados obrigatórios da Previdência Social as seguintes pessoas físicas: [...] VII – como segurado especial: a pessoa física residente no imóvel rural ou em aglomerado urbano ou rural próximo a ele que, individualmente ou em regime de economia familiar, ainda que com o auxílio eventual de terceiros a título de mútua colaboração, na condição de: (Redação dada pela Lei n. 11.718, de 2008). a) produtor, seja proprietário, usufrutuário, possuidor, assentado, parceiro ou meeiro outorgados, comodatário ou arrendatário rurais, que explore atividade: (Incluído pela Lei n. 11.718, de 2008). 1. agropecuária em área de até 4 (quatro) módulos fiscais; ou (Incluído pela Lei n. 11.718, de 2008). 2. de seringueiro ou extrativista vegetal que exerça suas atividades nos termos do inciso XII do *caput* do art. 2º da Lei n. 9.985, de 18 de julho de 2000, e faça dessas atividades o principal meio de vida; (Incluído pela Lei n. 11.718, de 2008). b) pescador artesanal ou a este assemelhado, que faça da pesca profissão habitual ou principal meio de vida; e (Incluído pela Lei n. 11.718, de 2008). c) cônjuge ou companheiro, bem como filho maior de 16 (dezesseis) anos de idade ou a este equiparado, do segurado de que tratam as alíneas *a* e *b* deste inciso, que, comprovadamente, trabalhem com o grupo familiar respectivo. (Incluído pela Lei n. 11.718, de 2008). § 1º Entende-se como regime de economia familiar a atividade em que o trabalho dos membros da família é indispensável à própria subsistência e ao desenvolvimento socioeconômico do núcleo familiar e é exercido em condições de mútua dependência e colaboração, sem a utilização de empregados permanentes. (Redação dada pela Lei n. 11.718, de 2008). [...] § 7º Para serem considerados segurados especiais, o cônjuge ou companheiro e os filhos maiores de 16 (dezesseis) anos ou os a estes equiparados deverão ter participação ativa nas atividades rurais do grupo familiar. (Incluído pela Lei n. 11.718, de 2008). § 8º O grupo familiar poderá utilizar-se de empregados contratados por prazo determinado ou trabalhador de que trata a alínea *g* do inciso V do *caput* deste artigo, à razão de no máximo 120 (cento e vinte) pessoas por dia no ano civil, em períodos corridos ou intercalados ou, ainda, por tempo equivalente em horas de trabalho, não sendo computado nesse prazo o período de afastamento em decorrência da percepção de auxílio-doença.(Redação dada pela Lei 12.873/2013) § 9º Não descaracteriza a condição de segurado especial: (Incluído pela Lei n. 11.718, de 2008). I – a outorga, por meio de contrato escrito de parceria, meação ou comodato, de até 50% (cinquenta por cento) de imóvel rural cuja área total não seja superior a 4 (quatro) módulos fiscais, desde que outorgante e outorgado continuem a exercer a respectiva atividade, individualmente ou em regime de economia familiar; (Incluído pela Lei n. 11.718, de 2008). II – a exploração da atividade turística da propriedade rural, inclusive com hospedagem, por não mais de 120 (cento e vinte) dias ao ano; (Incluído pela Lei n. 11.718, de 2008). III – a participação em plano de previdência complementar instituído por entidade classista a que seja associado, em razão da condição de trabalhador rural ou de produtor rural em regime de economia familiar; (Incluído pela Lei n. 11.718, de 2008). IV – ser beneficiário ou fazer parte de grupo familiar que tem algum componente que seja beneficiário de programa assistencial oficial de governo; (Incluído pela Lei n. 11.718, de 2008). V – a utilização pelo próprio grupo familiar, na exploração da atividade, de processo de beneficiamento ou industrialização artesanal, na forma do § 11 do art. 25 desta Lei; e (Incluído pela Lei n. 11.718, de 2008). VI – a associação em cooperativa agropecuária; e (Redação dada pela Lei 12.873/2013) VII – a incidência do Imposto Sobre Produtos Industrializados – IPI sobre o produto das atividades desenvolvidas nos termos do § 14 deste artigo. (Redação dada pela Lei 12.873/2013) § 10. Não é segurado especial o membro de grupo familiar que possuir outra fonte de rendimento, exceto se decorrente de: (Incluído pela Lei n. 11.718, de 2008). I – benefício de pensão por morte, auxílio-acidente ou auxílio-reclusão, cujo valor não supere o do menor benefício de prestação continuada da Previdência Social; (Incluído pela Lei n. 11.718, de 2008). II – benefício previdenciário pela participação em plano de previdência complementar instituído nos termos do inciso IV do § 9º deste artigo; (Incluído pela Lei n. 11.718, de 2008). III – exercício de atividade remunerada em período não superior a 120 (cento e vinte) dias, corridos ou intercalados, no ano civil, observado o disposto no § 13 deste artigo; (Redação dada pela Lei 12.873/2013) IV – exercício de mandato eletivo de dirigente sindical de organização da categoria de trabalhadores rurais; (Incluído pela Lei n. 11.718, de 2008). V – exercício de mandato de vereador do município onde desenvolve a atividade rural, ou de dirigente de cooperativa rural constituída exclusivamente os segurados especiais, observado o disposto no § 13 deste artigo; (Incluído pela Lei n. 11.718, de 2008). VI – parceria ou meação outorgada na forma e condições estabelecidas no inciso I do § 9º deste artigo; (Incluído pela Lei n. 11.718, de 2008). VII – atividade artesanal desenvolvida com matéria-prima produzida pelo respectivo grupo familiar, podendo ser utilizada matéria-prima de outra origem, desde que a renda mensal obtida na atividade não exceda ao menor benefício de prestação continuada da Previdência Social; e (Incluído pela Lei n. 11.718, de 2008). VIII – atividade artística, desde que em valor mensal inferior ao menor benefício de prestação continuada da Previdência Social. (Incluído pela Lei n. 11.718, de 2008). § 11. O segurado especial fica excluído dessa categoria: (Incluído pela Lei n. 11.718, de 2008). I – a contar do primeiro dia do mês em que: (Incluído pela Lei n. 11.718, de 2008). a) deixar de satisfazer as condições estabelecidas no inciso VII do caput deste artigo, sem prejuízo do disposto no art. 15 da Lei n. 8.213, de 24 de julho de 1991, ou exceder qualquer dos limites estabelecidos no inciso I do § 9º deste artigo; (Incluído pela Lei n. 11.718, de 2008). b) enquadrar-se em qualquer outra categoria de segurado obrigatório do Regime Geral de Previdência Social, ressalvado o disposto nos inci-

sos III, V, VII e VIII do § 10 e no § 14 deste artigo, sem prejuízo do disposto no art. 15 da Lei n. 8.213, de 24 de julho de 1991; (Redação dada pela Lei 12.873/2013) c) tornar-se segurado obrigatório de outro regime previdenciário; e (Redação dada pela Lei 12.873/2013) d) participar de sociedade empresária, de sociedade simples, como empresário individual ou como titular de empresa individual de responsabilidade limitada em desacordo com as limitações impostas pelo § 14 deste artigo; (Incluído pela Lei 12.873/2013) II – a contar do primeiro dia do mês subsequente ao da ocorrência, quando o grupo familiar a que pertence exceder o limite de: (Incluído pela Lei n. 11.718, de 2008). a) utilização de trabalhadores nos termos do § 8º deste artigo; (Incluído pela Lei n. 11.718, de 2008). b) dias em atividade remunerada estabelecidos no inciso III do § 10 deste artigo; e (Incluído pela Lei n. 11.718, de 2008). c) dias de hospedagem a que se refere o inciso II do § 9º deste artigo. (Incluído pela Lei n. 11.718, de 2008). § 12. Aplica-se o disposto na alínea a do inciso V do caput deste artigo ao cônjuge ou companheiro do produtor que participe da atividade rural por este explorada. (Incluído pela Lei n. 11.718, de 2008). § 13. O disposto nos incisos III e V do § 10 e no § 14 deste artigo não dispensa o recolhimento da contribuição devida em relação ao exercício das atividades de que tratam os referidos dispositivos. (Redação dada pela Lei 12.873/2013) § 14. A participação do segurado especial em sociedade empresária, em sociedade simples, como empresário individual ou como titular de empresa individual de responsabilidade limitada de objeto ou âmbito agrícola, agroindustrial ou agroturístico, considerada microempresa nos termos da Lei Complementar n. 123, de 14 de dezembro de 2006, não o exclui de tal categoria previdenciária, desde que, mantido o exercício da sua atividade rural na forma do inciso VII do caput e do § 1º, a pessoa jurídica componha-se apenas de segurados de igual natureza e sedie-se no mesmo Município ou em Município limítrofe àquele em que eles desenvolvam suas atividades. (Incluído pela Lei 12.873/2013) § 15. (VETADO)".

– **Segurado facultativo.** Segurado facultativo, por sua vez, é o maior de 14 (quatorze) anos de idade que se filiar, espontaneamente, ao Regime Geral de Previdência Social, mediante contribuição.

– **Filiação e contribuição relativamente às diversas atividades desenvolvidas pela pessoa física.** Importa considerar, ainda, preliminarmente, a norma constante do art. 12, § 2º, da Lei 8.212/91, que diz da filiação cumulativa relativamente a cada uma das diferentes atividades desempenhadas pela pessoa física: "Art. 12. São segurados obrigatórios da Previdência Social as seguintes pessoas físicas: ... § 2º Todo aquele que exercer, concomitantemente, mais de uma atividade remunerada sujeita ao Regime Geral de Previdência Social é obrigatoriamente filiado em relação a cada uma delas". Assim, a pessoa física que tenha mais de uma atividade econômica recolherá como contribuinte obrigatório relativamente a cada uma delas, observado, sempre, na soma das diversas atividades, o teto mensal correspondente ao maior salário de contribuição que, a partir de 1º de janeiro de 2015, é de R$ 4.663,75 (Portaria Interministerial MPS/MF n. 13, de 9 de janeiro de 2015).

– **O aposentado que continua ou volta a exercer atividade permanece filiado.** O aposentado que permanece em atividade continua recolhendo, o mesmo ocorrendo com aquele que, tendo passado à inatividade, retorna à atividade: "Art. 12. São segurados obrigatórios da Previdência Social as seguintes pessoas físicas: ... § 4º O aposentado pelo Regime Geral de Previdência Social – RGPS que estiver exercendo ou que voltar a exercer atividade abrangida por este Regime é segurado obrigatório em relação a essa atividade, ficando sujeito às contribuições de que trata esta Lei, para fins de custeio da Seguridade Social. (Parágrafo incluído pela Lei n. 9.032, de 28.4.95)". Tal se justifica e viabiliza constitucionalmente em razão da solidariedade que inspira o custeio da seguridade social, conforme abordado em item específico.

– **Tema 1.065:** "É constitucional a contribuição previdenciária devida por aposentado pelo Regime Geral de Previdência Social (RGPS) que permaneça em atividade ou a essa retorne". Decisão do mérito em 2019.

– "CONTRIBUIÇÃO PREVIDENCIÁRIA. APOSENTADO QUE RETORNA À ATIVIDADE. AGRAVO IMPROVIDO. I – A contribuição previdenciária do aposentado que retorna à atividade está amparada no princípio da universalidade do custeio da Previdência Social..." (STF, AI 668.531 AgR, 2009).

– A questão independe de se entender se a aposentadoria voluntária rescinde ou não o contrato de trabalho. De qualquer modo, vejamos: "O Min. Marco Aurélio proferiu voto no sentido de manter a decisão agravada, no que foi acompanhado pelo Min. Ricardo Lewandowski. Asseverou que o acórdão recorrido revela interpretação de normas estritamente legais. Em divergência, os Ministros Sepúlveda Pertence e Carlos Britto, com base em precedentes do Supremo, deram provimento ao agravo regimental ao fundamento de que o pedido de aposentadoria voluntária pelo trabalhador não implica ruptura automática do seu vínculo trabalhista. Ademais, aduziram que a mencionada OJ 177 do TST possui conteúdo constitucional. Após, o julgamento foi interrompido, a fim de se aguardar o voto de desempate da Min. Cármen Lúcia. (AI-567291)" (*Informativo* n. 433 do STF, 2006).

– "A Turma, em conclusão de julgamento, negou provimento a recurso extraordinário em que se sustentava que a exigência de contribuição previdenciária de aposentado pelo Regime Geral de Previdência Social que retorna à atividade, prevista no art. 12, § 4º, da Lei 8.212/91 e no art. 18, § 2º, da Lei 8.213/91, viola o art. 201, § 4º, da CF, na sua redação original ('Os ganhos habituais do empregado, a qualquer título, serão incorporados ao salário para efeito de contribuição previdenciária e consequente repercussão em benefícios, nos casos e na forma da lei.') – v. *Informativo* 393. Considerou-se que a aludida contribuição está amparada no princípio da universalidade do custeio da Previdência Social (CF, art. 195), corolário do princípio da solidariedade, bem como no art. 201, § 11, da CF, que remete, à lei, os casos em que a contribuição repercute nos benefícios. Asseverou-se, ainda, tratar-se de teses cuja pertinência ao caso resulta, com as devidas modificações, da decisão declaratória da constitucionalidade da contribuição previdenciária dos inativos do serviço público (ADI 3105/DF e ADI 3128/DF, *DJU* 18.2.2005). O Min. Car-

los Britto, embora reconhecendo que a aludida contribuição ofende o princípio da isonomia, salientou, no ponto, que o recurso não fora prequestionado (Súmulas 282 e 356 do STF). (RE-437640)" (*Informativo* n. 439 do STF, 2006).

– **Filiação do servidor público ao regime próprio de previdência e ao regime geral quanto às demais atividades que desenvolva.** O servidor público amparado por regime próprio de previdência é excluído do regime geral. Aquele que estiver vinculado a regime próprio de previdência, como servidor público, mas também desenvolver atividade que o caracterize como segurado obrigatório do regime geral de previdência, porém, contribuirá para ambos. O § 1º do art. 13 da Lei 8.212/91 prevê expressamente tais situações: "Art. 13. O servidor civil ocupante de cargo efetivo ou o militar da União, dos Estados, do Distrito Federal ou dos Municípios, bem como o das respectivas autarquias e fundações, são excluídos do Regime Geral de Previdência Social consubstanciado nesta Lei, desde que amparados por regime próprio de previdência social. (Redação dada pela Lei n. 9.876, de 26.11.99) § 1º Caso o servidor ou o militar venham a exercer, concomitantemente, uma ou mais atividades abrangidas pelo Regime Geral de Previdência Social, tornar-se-ão segurados obrigatórios". Assim, quanto à atividade que o caracteriza como segurado obrigatório do regime geral, contribuirá como qualquer outro trabalhador, observado o teto do maior salário de contribuição, como se servidor público não fosse. Na atividade alheia ao serviço público, pois, o servidor está para a previdência social como qualquer outro segurado.

– Essa questão é discutível na medida em que a filiação obrigatória se dá para garantir o amparo previdenciário. Na medida em que o servidor já se encontra vinculado, por força do seu vínculo funcional, a regime próprio – que admite, inclusive, contagem recíproca caso deixe de ser servidor – e desenvolva apenas em caráter eventual outra atividade econômica concomitante, sua filiação ao regime geral não parece adequada a atingir aquele fim.

– **Filiação do servidor ocupante de cargo em comissão.** O servidor ocupante de cargo em comissão, após o advento da EC n. 20/98, passou a ser obrigatoriamente vinculado ao regime geral de previdência social. É o que se vê do § 13 do art. 40 da CF, acrescido pela EC n. 20/98: "§ 13. Ao servidor ocupante, exclusivamente, de cargo em comissão declarado em lei de livre nomeação e exoneração bem como de outro cargo temporário ou de emprego público, aplica-se o regime geral de previdência social".

– **Vinculação obrigatória do servidor comissionado ao RGPS a contar da EC n. 20/98.** "MUNICÍPIO. REGIME DE PREVIDÊNCIA. COMISSIONADOS E TEMPORÁRIOS. OBRAS. SOLIDARIEDADE. REQUISITOS. A exclusão dos servidores do regime geral de previdência pressupunha a existência efetiva de regime próprio de previdência, com prévia fonte de custeio. A contar da EC n. 20/98, os comissionados e temporários restaram automática e obrigatoriamente vinculados ao regime geral. [...]" (TRF4, AMS 2000.72.02.000556-3, 2003).

– "... CARGOS EM COMISSÃO. CONTRIBUIÇÃO À PREVIDÊNCIA SOCIAL. EXIGIBILIDADE. 1... 2. Com o advento da EC n. 20/98, encontra-se expressamente exigível no texto constitucional a vinculação dos ocupantes, exclusivamente, de cargos em comissão ao Regime Geral da Previdência Social" (TRF4, AMS 2000.71.07.000145-9, 2002).

– **No sentido de que a contribuição é inexigível.** "CONTRIBUIÇÃO PREVIDENCIÁRIA. SERVIDORES MUNICIPAIS QUE EXERCEM EXCLUSIVAMENTE CARGO EM COMISSÃO OU TEMPORÁRIOS. 1. É inexigível a contribuição previdenciária incidente sobre a remuneração dos servidores municipais que exercem exclusivamente cargos em comissão ou temporários, prevista no § 13º do art. 40 da CF/88, com a redação dada pela EC n. 20/98. 2. Agravo de instrumento provido" (TRF4, AI 1999.04.01.090148-2, 2000).

– **Período anterior à EC n. 20/98. Regimes alternativos.** "CONTRIBUIÇÃO PREVIDENCIÁRIA. SERVIDOR DE CARGO EM COMISSÃO. REGIME GERAL DA PREVIDÊNCIA SOCIAL. EC N. 20/98. Até a promulgação da EC n. 20/98, o servidor ocupante de cargo em comissão podia estar ligado, alternativamente, a sistema próprio de previdência social ou ao regime geral. A partir desta Emenda Constitucional, passou a ser, obrigatoriamente, vinculado ao regime geral da Previdência Social" (TRF4, AI 1999.04.01.088840-4, 2000, p. 1023).

– "CONTRIBUIÇÃO PREVIDENCIÁRIA. SERVIDORES MUNICIPAIS. CARGOS EM COMISSÃO. CONVÊNIO. São excluídos do Regime Geral da Previdência Social os servidores municipais, abrangidos por sistema próprio de previdência social ou por convênio firmado com regime previdenciário estadual, mesmo que ocupantes de cargos em comissão, e desde que este regime preveja, pelo menos, os benefícios da aposentadoria e da pensão. Apelação e remessa oficial providas" (TRF4, AC 1999.04.01.008265-3, 2000, p. 134).

– **Filiação do agente político.** Vide nota específica adiante, ainda a este inciso, bem como notas ao 195, I, *a*, da CF.

⇒ **Alíquotas progressivas.** A EC n. 103/2019 acrescentou novidade ao dispositivo: "podendo ser adotadas alíquotas progressivas de acordo com o valor do salário de contribuição". Com isso, consolidou o sistema de alíquotas progressivas tendo como critério o valor da base de cálculo, que é o salário de contribuições, correspondente à remuneração do segurado, observado o teto do salário de contribuição estabelecido em lei.

⇒ **Contribuições do segurado empregado, inclusive o doméstico, e do trabalhador avulso.** Os segurados empregados, nos termos dos incisos I e II do art. 11 da Lei n. 8.212/91, e o segurado trabalhador avulso, nos termos do inciso IV, contribuem conforme as disposições do art. 20 da mesma Lei, com a redação das Leis 8.620/93 e 9.032/95, que dispõe: "Capítulo III DA CONTRIBUIÇÃO DO SEGURADO Seção I Da Contribuição dos Segurados Empregado, Empregado Doméstico e Trabalhador Avulso Art. 20. A contribuição do empregado, inclusive o doméstico, e a do trabalhador avulso é calculada mediante a aplicação da correspondente alíquota sobre o seu salário de contribuição mensal, de forma não cumulativa... § 2º O disposto neste artigo aplica-se também aos segurados empregados e trabalhadores avulsos que prestem serviços a microempresas. (Parágrafo incluído pela Lei n. 8.620, de 5-1-1993).

– **Do salário de contribuição como base de cálculo.** A base de cálculo da contribuição previdenciária do empregado e do avulso é o seu salário de contribuição mensal. Analisando-se o art. 28 da Lei 8.212/91, que define o salário de contribuição, vê-se que corresponde à remuneração mensal do empregado, inclusive o doméstico, e do trabalhador avulso, observados os limites mínimo e máximo estabelecidos. Senão vejamos: "Capítulo IX DO SALÁRIO DE CONTRIBUIÇÃO Art. 28. Entende-se por salário de contribuição: I – para o empregado e trabalhador avulso: a remuneração auferida em uma ou mais empresas, assim entendida a totalidade dos rendimentos pagos, devidos ou creditados a qualquer título, durante o mês, destinados a retribuir o trabalho, qualquer que seja a sua forma, inclusive as gorjetas, os ganhos habituais sob a forma de utilidades e os adiantamentos decorrentes de reajuste salarial, quer pelos serviços efetivamente prestados, quer pelo tempo à disposição do empregador ou tomador de serviços nos termos da lei ou do contrato ou, ainda, de convenção ou acordo coletivo de trabalho ou sentença normativa" (Redação dada pela Lei n. 9.528, de 10-12-1997).

– **Tema 833 do STF:** "É constitucional a expressão 'de forma não cumulativa' constante do *caput* do art. 20 da Lei n. 8.212/91". Decisão do mérito em 2021". Obs.: com isso, validou regime de progressividade simples.

– **Ganhos habituais a qualquer título.** É preciso atentar para o § 11 do mesmo do artigo 201 da CF, que antes da EC 20/98 figurava como § 4º ao mesmo artigo, que diz que os ganhos habituais do empregado são incorporados ao salário para efeito de contribuição previdenciária. A respeito, vide nota ao inciso I, *a*, deste artigo.

– **Exclusões da base de cálculo.** O § 9º do art. 28 da Lei 8.212/91 define as verbas que não integram o salário de contribuição: "§ 9º Não integram o salário de contribuição para os fins desta Lei, exclusivamente: ..." (vide na legislação anexa).

– "O termo 'exclusivamente, colhido no início do § 9º do art. 28, representa falta de atenção do legislador, querendo dizer que somente os 31 valores constantes do dispositivo estariam dispensados de contribuição. O rol dos montantes percebidos pelos trabalhadores, entre remuneratórios e não remuneratórios, chega a mais de 300 e praticamente todo mês surge uma nova modalidade de retribuição do trabalho humano. Parcelas reconhecidamente não integrantes do salário de contribuição não fazem parte dessa lista" (MARTINEZ, Wladimir Novaes. Contribuição sobre o aviso prévio indenizado. *RDDT* 164/107, 2009).

– **Décimo terceiro.** Súmula n. 688 do STF: "É legítima a incidência de contribuição previdenciária sobre o 13º salário" (Dec. 24-9-2003, *DJ* 9-10-2003).

– "CONTRIBUIÇÃO PREVIDENCIÁRIA... DÉCIMO-TERCEIRO SALÁRIO... 2. Definida a natureza jurídica da gratificação natalina como sendo de caráter salarial, sua integração ao salário de contribuição para efeitos previdenciários é legal, não se podendo, pois, eximir-se da obrigação tributária em questão" (STJ, AgRg no REsp 895.589, 2008).

– **Cálculo em separado da contribuição sobre o 13º salário. Regimes da Lei n. 8.212/91, da Lei n. 8.620/93 e da Lei n. 8.870/94.**

O Supremo Tribunal Federal, em 2010, no RE 583.029, entendeu que a matéria é infraconstitucional: "Extraordinário. Incognoscibilidade. Contribuição previdenciária incidente sobre o 13º salário. Forma de cálculo. Matéria infraconstitucional. Ausência de repercussão geral. Recurso não conhecido. Não apresenta repercussão geral o recurso extraordinário que, tendo por objeto a forma de cálculo de contribuição previdenciária incidente sobre 13º salário, versa sobre matéria infraconstitucional".

– Entende o STJ que persiste sistemática de apuração e recolhimento sobre o décimo terceiro salário em separado, tal como previsto na Lei 8.620/93, mesmo após o advento da Lei n. 8.870/94.

– O § 7º do art. 28 da Lei n. 8.212/91, já na sua redação original, esclarecia que o décimo terceiro salário integrava o salário de contribuição, ou seja, a base de cálculo da contribuição mensal do trabalhador para a previdência. Note-se que o fato gerador era a percepção de remuneração a cada mês, e a base de cálculo era o chamado salário de contribuição. Assim, no mês de dezembro, teríamos uma ampliação da base de cálculo mediante a integração do décimo terceiro à remuneração normal do empregado, de modo a compor o salário de contribuição do mês. A Lei 8.620/93, contudo, veio estabelecer o cálculo em separado da contribuição ao décimo terceiro: "Art. 7º O recolhimento da contribuição correspondente ao décimo-terceiro salário deve ser efetuado até o dia 20 de dezembro ou no dia imediatamente anterior em que haja expediente bancário. § 2º A contribuição de que trata este artigo incide sobre o valor bruto do décimo-terceiro salário, mediante aplicação, em separado, das alíquotas estabelecidas nos arts. 20 e 22 da Lei n. 8.212, de 24 de julho de 1991. § 3º..." Com isso, teríamos, em dezembro, dois fatos geradores e duas bases de cálculo: 1) a remuneração normal e seu salário de contribuição; 2) a remuneração consistente no décimo terceiro salário com sua base de cálculo própria, qual seja, o próprio décimo terceiro como salário de contribuição específico, em separado. A Lei n. 8.620/93, pois, inovou na matéria. Ocorre que, logo em seguida, a Lei 8.870/94, alterando a redação do § 7º da Lei n. 8.212/91, reiterou que o décimo terceiro salário integraria o salário de contribuição: "§ 7º O décimo-terceiro salário (gratificação natalina) integra o salário de contribuição, exceto para o cálculo de benefício, na forma estabelecida em regulamento". Ora, se "integra" o salário de contribuição, é porque não constitui, por si só, outro salário de contribuição, independente dos valores que já compõem o salário de contribuição a cada mês. Pode-se entender, pois, que a reiteração do § 7º ("integra") pela Lei n. 8.770/94, após o advento da Lei n. 8.620/93, acabou por dar vida curta ao cálculo em separado de contribuição sobre o décimo terceiro, pois, integrando o salário de contribuição, deixou este, novamente, de ser considerado como um salário de contribuição em separado. Assim, o que temos é a ocorrência do fato gerador mensal e o salário de contribuição como sua base de cálculo, integrado inclusive (incorro, aqui, num pleonasmo, pois a redundância se justifica pela necessidade de reforçar que o que integra está incluso) pelo décimo terceiro em dezembro. O § 1º do art. 216 do Regulamento da Previdência Social (Dec. 3.048/99), com a redação do Dec. 4.729/03, determina o cálculo em separado da contribuição sobre o décimo terceiro salário, mas, evidentemente, a Lei

8.212/91, com a redação da Lei 8.770/94 prevalece sobre o regulamento. Discordamos, por isso, da posição do STJ, que é pela aplicação da Lei 8.620/93.

– **Pelo cálculo em separado desde o advento da Lei n. 8.620/93 e mesmo após o advento a Lei n. 8.870/94.** "...CONTRIBUIÇÃO PREVIDENCIÁRIA SOBRE O DÉCIMO-TERCEIRO SALÁRIO. DECRETO N. 612/92. LEI FEDERAL N. 8.212/91. CÁLCULO EM SEPARADO. LEGALIDADE APÓS EDIÇÃO DA LEI FEDERAL N. 8.620/93.1. A Lei n. 8.620/93, em seu art. 7º, § 2º autorizou expressamente a incidência da contribuição previdenciária sobre o valor bruto do 13º salário, cuja base de cálculo deve ser calculada em separado do salário de remuneração do respectivo mês de dezembro (Precedentes: REsp 868.242/RN, *DJe* 12/06/2008; EREsp 442.781/PR, *DJ* 10/12/2007; REsp n. 853.409/PE, *DJU* de 29.08.2006; REsp n. 788.479/SC, *DJU* de 06.02.2006; REsp n. 813.215/SC, *DJU* de 17.08.2006).2. Sob a égide da Lei n. 8.212/91, o E. STJ firmou o entendimento de ser ilegal o cálculo, em separado, da contribuição previdenciária sobre a gratificação natalina em relação ao salário do mês de dezembro, tese que restou superada com a edição da Lei n. 8.620/93, que estabeleceu expressamente essa forma de cálculo em separado.3. *In casu*, a discussão cinge-se à pretensão da repetição do indébito dos valores pagos separadamente a partir de 1994, quando vigente norma legal a respaldar a tributação em separado da gratificação natalina. 4. Recurso especial provido. Acórdão submetido ao regime do art.543-C do CPC e da Resolução STJ 08/2008" (STJ, REsp 1.066.682, 2009).

– **Pelo cálculo conjunto antes do advento da Lei 8.620/93.** "CONTRIBUIÇÃO SOCIAL. GRATIFICAÇÃO NATALINA. EXTENSÃO DE DECRETO REGULAMENTADOR. LEI. N. 8.212/91. DECRETO N. 612/92. LEI N. 8.620/93. 1. O regulamento não pode estender a incidência ou forma de cálculo de contribuição sobre parcela de que não cogitou a lei. Deve restringir-se ao fim precípuo de facilitar a aplicação e execução da lei que regulamenta. 2. No período anterior à Lei n. 8.620/93, o Decreto n. 612/92 (art. 37, § 7º), ao regulamentar o art. 28, § 7º, da Lei n. 8.212/91, extrapolou sua competência ao determinar que a contribuição incidente sobre a gratificação natalina deva ser calculada mediante aplicação, em separado, da tabela de alíquotas prevista para os salários de contribuição. Precedentes. 3. Entretanto, com o advento da Lei n. 8.620/93, a tributação em separado da gratificação natalina galgou *status* legal, nos termos do art. 7º, § 2º, desse diploma normativo. 4..." (STJ, REsp 415.604, 2004).

– "CONTRIBUIÇÃO PREVIDENCIÁRIA INCIDENTE SOBRE O 13º SALÁRIO (GRATIFICAÇÃO NATALINA). LEI N. 8.212/91. DECRETOS NS. 612/92 E 2173/97. CÁLCULO EM SEPARADO. ILEGALIDADE. PRECEDENTES. 1. Recurso especial interposto contra acórdão segundo o qual incide a contribuição previdenciária incidente sobre a gratificação natalina (décimo-terceiro salário), em razão de sua natureza salarial. 2. 'A teor do disposto no § 7º do artigo 28 da Lei n. 8.212 de 1.991, é descabida e ilegal a contribuição previdenciária incidente sobre a gratificação natalina calculada mediante aplicação, em separado, da tabela relativa às alíquotas e salários de contribuição, conforme previsto no § 7º do art. 37 do Decreto n.

612/92.' (REsp 436680/ES, 1ª Turma, *DJ* de 18/11/02, Min. Garcia Vieira) 3. Vastidão de precedentes das 1ª e 2ª Turmas desta Corte Superior. 4. Recurso especial parcialmente provido, nos termos do voto" (STJ, REsp 637.089, 2004).

– Férias usufruídas. "CONTRIBUIÇÃO PREVIDENCIÁRIA. SALÁRIO-MATERNIDADE E FÉRIAS USUFRUÍDAS. AUSÊNCIA DE EFETIVA PRESTAÇÃO DE SERVIÇO PELO EMPREGADO... AUSÊNCIA DE CARÁTER RETRIBUTIVO... NÃO INCIDÊNCIA DE CONTRIBUIÇÃO PREVIDENCIÁRIA... 1. Conforme iterativa jurisprudência das Cortes Superiores, considera-se ilegítima a incidência de Contribuição Previdenciária sobre verbas indenizatórias ou que não se incorporem à remuneração do Trabalhador. [...] 5. O Pretório Excelso, quando do julgamento do AgRg no AI 727.958/MG, de relatoria do eminente Ministro EROS GRAU, *DJe* 27.02.2009, firmou o entendimento de que o terço constitucional de férias tem natureza indenizatória. O terço constitucional constitui verba acessória à remuneração de férias e também não se questiona que a prestação acessória segue a sorte das respectivas prestações principais. Assim, não se pode entender que seja ilegítima a cobrança de Contribuição Previdenciária sobre o terço constitucional, de caráter acessório, e legítima sobre a remuneração de férias, prestação principal, pervertendo a regra áurea acima apontada. 6. O preceito normativo não pode transmudar a natureza jurídica de uma verba. Tanto no salário-maternidade quanto nas férias usufruídas, independentemente do título que lhes é conferido legalmente, não há efetiva prestação de serviço pelo Trabalhador, razão pela qual, não há como entender que o pagamento de tais parcelas possuem caráter retributivo. Consequentemente, também não é devida a Contribuição Previdenciária sobre férias usufruídas. 7. Da mesma forma que só se obtém o direito a um benefício previdenciário mediante a prévia contribuição, a contribuição também só se justifica ante a perspectiva da sua retribuição futura em forma de benefício (ADI-MC 2.010, Rel. Min. Celso de Mello); destarte, não há de incidir a Contribuição Previdenciária sobre tais verbas. [...] 9. Recurso Especial provido para afastar a incidência de Contribuição Previdenciária sobre o salário-maternidade e as férias usufruídas" (STJ, REsp 1.322.945, 2013).

– "... as férias anuais podem ser classificadas em: (1) fruídas ou não; (2) individuais ou coletivas; (3) simples ou em dobro; (4) proporcionais ou integrais; e (5) remuneradas ou reparadas por falta de usufruto. A par desse instituto laborar originário, vicejam: (a) o abono pecuniário do art. 143 da CLT (simples majoração da importância a ser paga); (b) a gratificação de férias prevista no art. 144, inferior ou superior a 20 dias; (c) férias em dobro (art. 137); e (d) as férias indenizadas. [...] Férias anuais fruídas, consideradas conquistas sociais ou simples remunerações, elas fazem parte do salário de contribuição, enquanto vigente o contrato de trabalho, importando o fato de serem integrais, proporcionais, coletivas ou em dobro, se efetivamente foram usufruídas pelo trabalhador. O mesmo raciocínio vale para as férias em dobro desfrutadas durante a manutenção do vínculo empregatício do empregado, na concepção legal que as tem como uma licença legal remunerada pelo empregador. Em resumo, fazem parte desse salário de contribuição: (a) férias simples fruídas; (b) férias em

dobro fruídas; (c) férias proporcionais fruídas; (d) férias coletivas; (e) gratificação de férias acima de 20 dias; (f) gratificação de férias até 20 dias; e (g) 1/3 das férias anuais fruídas. Não fazem parte integrante do salário de contribuição: as férias indenizadas sejam simples, em dobro, as proporcionais ou estendidas; a gratificação de férias, até 20 dias, e a multa do art. 37, § 2º, da CLT. Finalmente, a objeto do art. 28, § 9º, *d*, do PCSS" (MARTINEZ, Wladimir Novaes. Contribuição previdenciária sobre valores indenizatórios. *RDDT* 210/143, 2013).

– Aviso prévio. "... em regra o salário de contribuição tem como base a remuneração do segurado; logo, as verbas que não se enquadrarem no conceito desta estão excluídas do cálculo daquele. Portanto, não incide desconto para a contribuição previdenciária sobre valores com caráter indenizatório. O aviso prévio indenizado tem sua natureza indenizatória reconhecida em outras normas, como o art. 6º, inciso V, da Lei n. 7.713/88, que o isenta do desconto de imposto de renda de pessoas naturais. Deve ser levado em consideração também que, sendo indenizado o aviso prévio, não há trabalho prestado pelo segurado ou seu empregador, logo, também não existe remuneração. Por outro lado, caso o empregado trabalhe durante o período, o valor recebido a título de aviso prévio tem caráter remuneratório e, consequentemente, integra o salário de contribuição. Portanto, o fato de inexistir previsão expressa, em lei ou no regulamento, não altera a natureza jurídica e tampouco retira o caráter indenizatório do aviso prévio indenizado, ou seja, independentemente de estar previsto – ou não – no rol exemplificativo do § 9º do art. 28 da Lei n. 8.212/91, e do art. 214 do Decreto n. 3.048/99, não deve ser utilizado na base de cálculo do salário de contribuição, pois não remunera o trabalho do segurado" (CARDOSO, Oscar Valente. Aviso prévio indenizado e salário de contribuição. *RDDT* 174/102, 2010).

– Diárias. Presunção. O § 8º, por sua vez, aponta as diárias excedentes a cinquenta por cento da remuneração mensal como integrantes do salário de contribuição pelo seu valor total: "§ 8º Integram o salário de contribuição pelo seu valor total: (Redação dada pela Lei n. 9.528, de 10.12.97) a) o total das diárias pagas, quando excedente a cinquenta por cento da remuneração mensal; (Alínea incluída pela Lei n. 9.528, de 10.12.97) b) (VETADA na Lei n. 9.528, de 10.12.97)". Deve-se entender, porém, a alínea *a* do § 8º como enunciadora da presunção de que, em tal hipótese, as diárias estejam, em verdade, cumprindo função remuneratória, e não simplesmente indenizatória por despesas necessárias por ocasião dos deslocamentos. Em havendo comprovação de que a natureza é efetivamente indenizatória, não poderá incidir a contribuição, eis que a revelação de capacidade contributiva a ser tributada é o produto do trabalho, tanto que, no § 9º do mesmo art. 28, há inúmeras verbas indenizatórias expressamente referidas como não integrantes do salário de contribuição.

– "CONTRIBUIÇÃO PREVIDENCIÁRIA DE SERVIDOR PÚBLICO SOBRE DIÁRIAS DE VIAGEM EXCEDENTES A 50% DA REMUNERAÇÃO. ART. 1º DA LEI 9.783/99. EXIGIBILIDADE. A contribuição previdenciária para custeio da previdência social dos servidores públicos e pensionistas da União incide sobre as diárias de viagem que excederem a 50% da remuneração mensal do servidor, nos termos do art. 1º da Lei 9.783/99, tendo em vista a natureza salarial dessa verba por presunção legal de que a parcela representa forma disfarçada de pagamento de salário. Apelação desprovida" (TRF4, AMS 2000.71.00.035014-3, 2004).

- Vide: DALLAZEM, Dalton Luiz. Contribuições sociais – empresas de transporte – diárias para viagens dos empregados. *RDDT* 124/36, 2006.

– Desvio. Incidência ainda que não excedam a 50%. "CONTRIBUIÇÃO PREVIDENCIÁRIA. AJUDAS DE CUSTO E DE TRANSPORTE PAGAS A DIRIGENTES SINDICAIS. As ajudas de custo e de transporte integram o salário de contribuição se não decorrem exclusivamente de mudança de local de trabalho e de viagens e são pagas aos dirigentes sindicais habitualmente como complementação da remuneração, ainda que não excedam a 50% (cinquenta por cento) do salário. Apelação e remessa oficial providas" (TRF4, AC 2001.71.11.000623-6, 2003).

– Seguro de vida em grupo. Nos termos da Súmula CARF 182: "O seguro de vida em grupo contratado pelo empregador em favor do grupo de empregados, sem que haja a individualização do que beneficia a cada um deles, não se inclui no conceito de remuneração, não estando sujeito à incidência de contribuições previdenciárias, ainda que o benefício não esteja previsto em acordo ou convenção coletiva de trabalho" (2ª Turma da CSRF, 2021).

– "CONTRIBUIÇÃO – BASE DE CÁLCULO – INCLUSÃO DO SEGURO DE VIDA EM GRUPO. 1. O valor pago pelo empregador por seguro de vida em grupo é atualmente excluído da base de cálculo da contribuição previdenciária em face de expressa referência legal (art. 28, § 9º, *p*, da Lei 8.212/91, com a redação dada pela Lei 9.528/97). 2. O débito em cobrança é anterior à lei que excluiu da incidência o valor do seguro de vida mas, independentemente da exclusão, por força da interpretação teleológica do primitivo art. 28, inciso I, da Lei 8212/91, pode-se concluir que o empregado nada usufrui pelo seguro de vida em grupo, o que descarta a possibilidade de considerar-se o valor pago, se generalizado para todos os empregados, como sendo salário-utilidade. 3. Recurso especial improvido" (STJ, REsp 441.096, 2004).

– Verbas não abrangidas. Tendo o inciso I posto como regra que a totalidade dos rendimentos integram o salário de contribuição, veio o § 9º do art. 28 arrolar as verbas a serem consideradas como não abrangidas pelo mesmo, tais como os benefícios da previdência social, nos termos e limites legais, salvo o salário-maternidade, a parcela *in natura* recebida de acordo com os programas de alimentação aprovados pelo Ministério do Trabalho e da Previdência Social, nos termos da Lei n. 6.321, de 14 de abril de 1976, as importâncias recebidas a título de férias indenizadas e respectivo adicional constitucional, inclusive o valor correspondente à dobra da remuneração de férias de que trata o art. 137 da Consolidação das Leis do Trabalho – CLT, as importâncias recebidas a título da indenização de que trata o art. 479 da CLT, recebidas a título da indenização de que trata o art. 14 da Lei n. 5.889, de 8 de junho de 1973, recebidas a título de incenti-

vo à demissão, recebidas a título de abono de férias na forma dos arts. 143 e 144 da CLT, recebidas a título de ganhos eventuais e os abonos expressamente desvinculados do salário e recebidos a título de licença-prêmio indenizada, a parcela recebida a título de vale-transporte, na forma da legislação própria etc.

– Wladimir Novaes Martinez, no artigo Algumas Parcelas Não integrantes do Salário de contribuição, em *RDDT* 27, dez. 1997 analisa, uma a uma, as parcelas que não integram o salário de contribuição do empregado. Divide as parcelas em quatro grupos: 1) Pagamentos indenizatórios: desembolsos que reparam o dano causado ao obreiro pela empresa, decorrentes do contrato de trabalho. 2) Ressarcimento de despesas: ocorre quando o obreiro é obrigado a desembolsar certo numerário de seu patrimônio, e depois, tem o direito a reembolsar-se da despesa. 3) Ferramentas de trabalho: não tem caráter remuneratório, indenizatório ou ressarcitório. Dá-se o exemplo com a verba de representação e os cursos profissionalizantes. 4) Valores recebidos por terceiros: originários de terceiros estranhos à relação empregatícia, à exceção da gorjeta que integra a remuneração por expressa determinação legal.

- Vide farto material sobre as parcelas não consideradas remuneratórias em nota ao art. 195, I, *a*, que trata da contribuição das empresas sobre a folha de salários e demais rendimentos do trabalho. As análises constantes de tal alínea certamente são válidas e úteis também para a definição do salário de contribuição do trabalhador, algumas, inclusive, específicas sobre o salário de contribuição, como a referência à Súmula 310 do STJ no que diz respeito ao auxílio-creche.

– Limites mínimo e máximo do salário de contribuição. Os §§ 3º e 4º do art. 28 da Lei 8.212/91 estabelecem o limite mínimo do salário de contribuição como sendo o salário mínimo ou piso da categoria, ou, ainda, o mínimo garantido por lei ao menor aprendiz: "§ 3º O limite mínimo do salário de contribuição corresponde ao piso salarial, legal ou normativo, da categoria ou, inexistindo este, ao salário mínimo, tomado no seu valor mensal, diário ou horário, conforme o ajustado e o tempo de trabalho efetivo durante o mês. (Redação dada pela Lei n. 9.528, de 10.12.97) § 4º O limite mínimo do salário de contribuição do menor aprendiz corresponde à sua remuneração mínima definida em lei". O limite máximo, por sua vez, foi estabelecido por lei com previsão de reajustamento periódico, que deve ser simultâneo e equivalente ao reajuste dos benefícios: "§ 5º O limite máximo do salário de contribuição é de Cr$ 170.000,00 (cento e setenta mil cruzeiros), reajustado a partir da data da entrada em vigor desta Lei, na mesma época e com os mesmos índices que os do reajustamento dos benefícios de prestação continuada da Previdência Social". O § 1º do art. 20 também prevê o reajuste dos salários de contribuição: "Art. 20... § 1º Os valores do salário de contribuição serão reajustados, a partir da data de entrada em vigor desta Lei, na mesma época e com os mesmos índices que os do reajustamento dos benefícios de prestação continuada da Previdência Social. (Parágrafo único renumerado pela Lei n. 8.620, de 5.1.93)" A contar de 1º de maio de 2004, o menor e o maior salário de contribuição são de R$ 350,00 e de R$ 2.801,82, respectivamente, conforme as Portarias n. MPS 119/2006 e 342/2006.

– **Contribuição acima do maior salário de contribuição. Repetição.** "CONTRIBUIÇÃO PREVIDENCIÁRIA. PAGAMENTO ACIMA DO SALÁRIO DE CONTRIBUIÇÃO LIMITE. REPETIÇÃO DO INDÉBITO. Efetuado pagamento de contribuição previdenciária mediante cálculo que teve por base valor superior ao salário de contribuição limite, configurou-se o indébito, exsurgindo o direito do contribuinte à repetição com correção pela UFIR até janeiro de 1996 e, a contar de janeiro de 1996, acrescido tão só da SELIC, que abrange correção e juros" (TRF4, AC 97.04.398689, 2003).

– "CONTRIBUIÇÃO PREVIDENCIÁRIA DO TRABALHADOR. CARÁTER RETRIBUTIVO. REPETIÇÃO DE INDÉBITO. Estando acostadas à inicial as guias comprobatórias dos pagamentos e havendo inclusive demonstrativo das contribuições vertidas aos cofres do INSS, não se pode dizer da ausência de elementos para a prestação jurisdicional. O cálculo do montante a repetir instruirá a inicial da execução. As contribuições do trabalhador à Seguridade Social tem natureza complexa. Constituem tributo, mas também assumem feições retributivas. Efetuado pagamento de contribuições por autônomo acima do valor correspondente ao salário-base possível em face da necessidade de observância de interstício para progressão de classe conforme previsto então na legislação de custeio, impõe-se reconhecer que era indevido, daí exsurgindo o direito à repetição" (TRF4, AC 1999.04.01.012510-0, 2003).

– **Alíquotas progressivas.** A EC n. 103/2019 (Reforma da Previdência) fez constar expressamente do texto do inciso II: "podendo ser adotadas alíquotas progressivas de acordo com o valor do salário de contribuição". Até que sejam alteradas as alíquotas do art. 20 da Lei n. 8.212/91, vigem, as estabelecidas em caráter temporário pelo art. 28 da EC n. 103/2019 (reforma da previdência). Esse dispositivo traz tabela progressiva com alíquotas de 7,5% a 14%.

– **Progressividade gradual.** O § 1º do art. 28 da EC n. 103/2019 determina que as alíquotas sejam aplicadas de forma progressiva sobre o salário de contribuição do segurado, "incidindo cada alíquota sobre a faixa de valores compreendida nos respectivos limites". Consagra, portanto, a progressividade gradual, de maneira que todos suportem a alíquota de 7,5% até um salário mínimo e, no que sobejar, os percentuais das alíquotas superiores que, assim, incidirão apenas sobre suas respectivas faixas, e não sobre o todo. Na tabela vigente, pode-se visualizar com clareza as faixas de alíquotas. Essa progressividade gradual é mais justa, prestigia a preservação do mínimo vital e os níveis de capacidade contributiva, bem como a isonomia. Supera-se assim período em que vigeu tabela com progressividade simples de 8 a 11%, tolerada expressamente pelo STF, que chegou a fixar tese de repercussão geral do Tema 833, afirmando: "É constitucional a expressão 'de forma não cumulativa' constante do *caput* do art. 20 da Lei n. 8.212/91". Com isso, admitiu a progressividade simples das contribuições previdenciárias do empregado, inclusive o doméstico, e do trabalhador avulso, agora superada pelo Congresso com a EC n. 103/2019.

– Anteriormente, o art. 20 da Lei n. 8.212/91, com as alterações posteriores, estabelecia alíquotas de 8 a 11% conforme determinados patamares de salário de contribuição. Com vista à com-

pensação pela incidência da CPMF no saque em conta corrente, a Lei n. 9.311/96, através do seu art. 17, previu redução de alíquota relativamente aos salários e remunerações até três salários mínimos: "Art. 17. Durante o período de tempo previsto no art. 20: ... II – as alíquotas constantes da tabela descrita no art. 20 da Lei n. 8.212, de 24 de julho de 1991, e a alíquota da contribuição mensal, para o Plano de Seguridade Social dos Servidores Públicos Federais regidos pela Lei n. 8.112, de 11 de dezembro de 1990, incidente sobre salários e remunerações até três salários mínimos, ficam reduzidas em pontos percentuais proporcionais ao valor da contribuição devida até o limite de sua compensação;" Em face de tal norma, as alíquotas de 8% e 9% ficaram reduzidas para 7,65% e 8,65%. Foram restabelecidas as alíquotas normais após a extinção da CPMF, conforme Portaria MF/MPS n. 77/2008.

– **Tabela vigente.** A seguir, a tabela vigente em 2023, conforme a Portaria Interministerial MPS/MF n. 26/2023:

ANEXO II

TABELA DE CONTRIBUIÇÃO DOS SEGURADOS EMPREGADO, EMPREGADO DOMÉSTICO E TRABALHADOR AVULSO, PARA PAGAMENTO DE REMUNERAÇÃO A PARTIR DE 1º DE JANEIRO DE 2023

SALÁRIO DE CONTRIBUIÇÃO (R$)	ALÍQUOTA PROGRESSIVA PARA FINS DE RECOLHIMENTO AO INSS
até 1.302,00	7,5%
de 1.302,01 até 2.571,29	9%
de 2.571,30 até 3.856,94	12%
de 3.856,95 até 7.507,49	14%

– **Retenção pelo empregador/empresa.** Ainda que se trate de contribuição que tem como contribuintes o trabalhador empregado doméstico ou empregado e avulso que presta serviços a empresa ou a entidade a ela equiparada, a Lei n. 8.212/91, com as alterações da Lei n. 8.444/92 e da Lei n. 8.620/93, obriga o empregador doméstico e a empresa que os remuneram à retenção e ao recolhimento dos tributos, como substitutos tributários: "Art. 30. A arrecadação e o recolhimento das contribuições ou de outras importâncias devidas à Seguridade Social obedecem às seguintes normas: (Redação dada pela Lei n. 8.620, de 5.1.93) I – a empresa é obrigada a: a) arrecadar as contribuições dos segurados empregados e trabalhadores avulsos a seu serviço, descontando-as da respectiva remuneração; V – o empregador doméstico é obrigado a arrecadar e a recolher a contribuição do segurado empregado a seu serviço, assim como a parcela a seu cargo, até o dia 7 do mês seguinte ao da competência (redação da LC 150/2015)".

– Contribuição social retida em folha. Desconto retroativo. Impossibilidade. Vide nota ao art. 128 do CTN.

– **Prazo para recolhimento do montante retido.** O art. 30, I, alínea *b*, da Lei n. 8.212/91, com a redação da Lei n. 11.933/2009, estabelece que a empresa deve recolher a contribuição retida do empregado e do avulso até o dia 20 do mês seguinte ao da competência, sendo que o inciso V, com a redação da LC 150/2015), c/c o inciso II do mesmo artigo determina que o empregador doméstico deve recolher a contribuição retida do empregador doméstico até o dia 07 do mês seguinte ao da competência.

⇒ **Da contribuição dos segurados contribuinte individual (autônomos etc.) e facultativo.** A Lei n. 8.212/91 vincula obrigatoriamente ao regime geral de previdência social, como contribuintes individuais, os autônomos, administradores e outros, nos termos do inciso V do seu art. 12, com a redação da Lei n. 9.876/99. Em seu art. 14, por sua vez, elenca aqueles que, facultativamente, podem filiar-se ao regime geral de previdência social, quais sejam, os maiores de 14 (quatorze) anos de idade que se filiarem ao Regime Geral de Previdência Social, mediante contribuição, na forma do art. 21, desde que não incluído nas disposições do art. 12, do que são exemplo estudantes e donas de casa.

– **Da base de cálculo. Salário de contribuição.** O contribuinte individual recolhe ou sofre retenção sobre o seu salário de contribuição. O salário de contribuição pode variar entre o mínimo, correspondente ao salário mínimo, e o valor máximo do salário de contribuição, conforme tabela transcrita em nota anterior. O contribuinte individual não tem alternativa: pagará sobre a sua remuneração, observados os limites. O segurado facultativo optará pelo valor que melhor lhe convir, sendo certo que os benefícios são calculados considerando o valor das contribuições.

– Note-se que a Lei n. 8.212/91, na sua redação atual, não prevê mais escala de salários-base para fins de apuração da base de cálculo das contribuições e repercussão em benefícios, com diversas classes e interstícios mínimos para progressão de uma classe para outra. A escala de salários-base existia porque o salário de benefício, base para o cálculo dos benefícios, era calculado pela média dos últimos 36 salários de contribuição do segurado, de modo que não se podia admitir que alguém contribuísse sempre pelo mínimo e, quando chegasse próximo da carência para a obtenção do benefício de aposentadoria, passasse a pagar pelo máximo para obter o maior benefício possível, sem que tivesse contribuído ao longo do tempo para tanto. Após a EC n. 20/98, foi promulgada a Lei n. 9.876/99, que extinguiu o salário-base, salvo para os filiados até o seu advento, sendo que a Lei n. 10.666 extinguiu a própria escala transitória. Só se falará em salário-base, pois, para pagamento de contribuições em atraso relativas a tais períodos.

– Lei n. 10.666/2003: "Art. 9º Fica extinta a escala transitória de salário-base, utilizada para fins de enquadramento e fixação do salário de contribuição dos contribuintes individual e facultativo filiados ao Regime Geral de Previdência Social, estabelecida pela Lei n. 9.876, de 26 de novembro de 1999".

– **Piso e teto do salário de contribuição.** O salário de contribuição pode variar entre os valores mínimo e máximo. Conforme já referido em item anterior, esse valores são, atualmente, de R$ 1.302,00 e R$ 7.507,49, nos termos da Portaria Interministerial MPS/MF n. 26/2023.

– **Alíquota de 20%.** Os arts. 21 e 28 da Lei n. 8.212/91, com a redação da Lei n. 9.876/99, estabelecem a alíquota de 20%, a incidir, relativamente aos segurados contribuintes individuais, sobre a remuneração por eles auferida no mês e, quanto aos segurados facultativos, sobre o valor por eles indicado, observados, em ambos os casos, o valor mínimo e o teto admitidos para o salário de contribuição: "Art. 28. Entende-se por salário de contribuição: ... III – para o contribuinte individual: a remuneração auferida em uma ou mais empresas ou pelo exercício de sua atividade por conta própria, durante o mês, observado o limite máximo a que se refere o § 5º. (Redação dada pela Lei n. 9.876, de 26.11.99) IV – para o segurado facultativo: o valor por ele declarado, observado o limite máximo a que se refere o § 5º. (Inciso incluído pela Lei n. 9.876, de 26.11.99)".

– **Alíquotas de 11% ou 5% se optante pelo PSP.** Há plano simplificado de previdência (PSP), com contribuições inferior e menos benefícios, mediante opção, nos termos do art. 21 da Lei 8.212/91, com a redação da Lei 12.470/11: ""§ 2º No caso de opção pela exclusão do direito ao benefício de aposentadoria por tempo de contribuição, a alíquota de contribuição incidente sobre o limite mínimo mensal do salário de contribuição será de: "I – 11% (onze por cento), no caso do segurado contribuinte individual, ressalvado o disposto no inciso II, que trabalhe por conta própria, sem relação de trabalho com empresa ou equiparado e do segurado facultativo, observado o disposto na alínea *b* do inciso II deste parágrafo; II – 5% (cinco por cento): a) no caso do microempreendedor individual, de que trata o art. 18-A da Lei Complementar n. 123, de 14 de dezembro de 2006; e b) do segurado facultativo sem renda própria que se dedique exclusivamente ao trabalho doméstico no âmbito de sua residência, desde que pertencente a família de baixa renda".

– **Retenção de 11% (20% – dedução de 9%) quando remunerado por pessoa jurídica.** Cabe frisar que, embora a alíquota seja de 20% a cargo do contribuinte individual, há a possibilidade de dedução de até 9%, acarretando, na prática, um encargo de 11% quando preste serviços a pessoas jurídicas, que também contribuem sobre a remuneração daquele. O contribuinte individual que prestar serviço a pessoa jurídica, pois, sofrerá retenção de 11% e não de 20%, salvo se a pessoa jurídica for imune ou isenta (pois, neste caso, não haverá o que deduzir).

– **Inconstitucionalidade da vedação da dedução quando remunerado por entidades beneficentes.** "Violação à isonomia. O contribuinte individual contratado por entidade beneficente de assistência social está em situação dessemelhante da dos demais contribuintes individuais e, inclusive, dos contribuintes empregados, que estão sujeitos à alíquota máxima de 11%, conforme previsto no artigo 20 da Lei n. 8.212/91. Tal situação de desigualdade decorre do sistema de compensação instituído pelo artigo 30, § 4º, da Lei n. 8.212/91, que, apesar de assegurar a isonomia entre os contribuintes empregados e os contribuintes individuais que prestam serviços a empresas que também contribuem para a previdência, acaba por onerar os contribuintes individuais que prestam serviços a empresas isentas. Consequentemente, o contribuinte individual acaba sendo onerado pelo mero fato de a empresa ser isenta. Cria-se, assim, uma situação de ilegítima miscigenação entre a contribuição da empresa (artigo 195, I, da CF) e a contribuição do segurado (artigo 195, II, da CF), que acaba gravando este, que passa a sofrer o ônus econômico da isenção outorgada à empresa, o que carece de qualquer fundamento constitucional. Verifica-se, assim, que o fator de discriminação é ilegítimo, porquanto não se pode instituir um tratamento tributário dessemelhante pelo simples fato de outro contribuinte ser isento. As isenções conferidas a um determinado contribuinte em relação a um tributo não podem legitimar a majoração da carga tributária de outro contribuinte em relação a outro tributo. Portanto, merece guarida a pretensão da parte autora. III – DISPOSITIVO Ante o exposto, concedo a segurança, para declarar o direito de o impetrante estar sujeito à alíquota de 11% em relação aos valores pagos por entidades beneficentes de assistência social e determinar à autoridade coatora que observe tal direito, abstendo-se de impor qualquer sanção ao impetrante em decorrência de seu regular exercício... 23 de abril de 2004" (Juiz Federal Andrei Pitten Velloso, nos autos do MS 2003.71.00.055963-0, 2ª Vara Federal de Porto Alegre).

– Pagamento pelos segurados facultativos. A apuração e recolhimento da contribuição pelos segurados facultativos cabe a eles próprios. Veja-se, neste sentido, o art. 30, inciso II, da Lei 8.212/91, com a redação da Lei 9.876/99: "Art. 30... II – os segurados contribuinte individual e facultativo estão obrigados a recolher sua contribuição por iniciativa própria, até o dia quinze do mês seguinte ao da competência; (Redação dada pela Lei n. 9.876, de 26.11.99)".

– Pagamento pelos segurados contribuintes individuais ou retenção relativamente à remuneração por trabalho prestado a pessoa jurídica. Os contribuintes individuais podem prestar serviços a pessoas físicas, que não estão obrigadas a qualquer retenção, ou a pessoas jurídicas, estas colocadas por lei como responsáveis tributárias, obrigadas à retenção e ao recolhimento. Como os contribuintes individuais prestam serviços, normalmente, a diversas pessoas, físicas e jurídicas, submeter-se-ão às retenções pelas pessoas jurídicas e terão de complementar os valores devidos relativamente à parcela da remuneração, recebida de pessoas físicas, que não tenha sofrido retenção. Se os valores recebidos de pessoas jurídicas superar o teto do salário de contribuição, poderá ocorrer retenção superior à contribuição máxima devida. Em face disso, os contribuintes individuais (autônomo ou outro), nesta nova sistemática, têm de ficar atentos, devendo noticiar às empresas a que prestem serviços as retenções que já tenham sofrido naquele mês por outras empresas, de modo que não seja extrapolado o limite do salário de contribuição. A empresa que recebe do autônomo declarações de retenção prestadas por outras empresas, sabe que não poderá proceder à retenção senão sobre o valor que falte para alcançar o teto do salário de contribuição. Pode o contribuinte individual, também, recolher por conta própria a contribuição, apresentando o comprovante de contribuição pelo teto às pessoas jurídicas, mas que se abstenham de reter.

– De fato, as empresas a que os contribuintes individuais prestem serviços foram colocadas, pelo art. 4º da Lei n. 10.666/2003, na posição de responsáveis tributárias por substituição: "Lei 10.666/2003, art. 4º Fica a empresa obrigada a arrecadar a contribuição do segurado contribuinte individual a seu serviço, descontando-a da respectiva remuneração, e a recolher o valor arrecadado juntamente com a contribuição a seu cargo até o dia dois do mês seguinte ao da competência. § 1º As cooperativas de trabalho arrecadarão a contribuição social dos seus associados

como contribuinte individual e recolherão o valor arrecadado até o dia quinze do mês seguinte ao de competência a que se referir. § 2º A cooperativa de trabalho e a pessoa jurídica são obrigadas a efetuar a inscrição no Instituto Nacional do Seguro Social – INSS dos seus cooperados e contratados, respectivamente, como contribuintes individuais, se ainda não inscritos. § 3º O disposto neste artigo não se aplica ao contribuinte individual, quando contratado por outro contribuinte individual equiparado a empresa ou por produtor rural pessoa física ou por missão diplomática e repartição consular de carreira estrangeiras, e nem ao brasileiro civil que trabalha no exterior para organismo oficial internacional do qual o Brasil é membro efetivo".

– As empresas que contratam autônomos, pois, têm a obrigação de reter e de recolher a contribuição por eles devidas.

– Obrigações da pessoa jurídica e do contribuinte individual e repercussão previdenciária. As contribuições previdenciárias das pessoas físicas têm dupla natureza: de um lado, configuram tributo; de outro, contribuição enquanto segurado. A retenção das contribuições (determinada por lei para o caso de prestação de serviços a pessoa jurídica) constitui espécie de substituição tributária estabelecida para facilitar a arrecadação tributária, em favor do Fisco. Sofrida a retenção pelo contribuinte individual, pois, tem ela de ser considerada para fins de benefício. Não sofrida a retenção, ainda que por omissão da pessoa jurídica tomador do serviço, não terá havido contribuinte, não podendo, pois, a simples prestação de serviço a pessoa jurídica ter efeitos previdenciários por si só. Cabe ao contribuinte individual ficar atento à efetivação ou não da retenção e, inocorrendo, recolher ele próprio a contribuição, até porque o regime de substituição não afasta a sua obrigação.

– "... o fato de a empresa tomadora de serviços ter a obrigação acessória de arrecadar a contribuição do segurado contribuinte individual a seu serviço, descontando-a da respectiva remuneração, não exclui a obrigação principal do próprio segurado de recolher a sua contribuição previdenciária" (CARDOSO, Oscar Valente. As obrigações do prestador e do tomador do serviço no recolhimento das contribuições previdenciárias do contribuinte individual. *RDDT* 170/43, 2009).

– Redução da alíquota para 11% no caso de retenção, por pessoa jurídica contribuinte. Nesse casos de retenção, impõe-se que se atente para o que, na prática, implica a redução da alíquota para 11%. Refiro-me à possibilidade de dedução de 45% da contribuição da empresa incidente sobre a remuneração que tenha pago ou creditado ao contribuinte individual, limitada a dedução a 9% do salário de contribuição: "Capítulo X DA ARRECADAÇÃO E RECOLHIMENTO DAS CONTRIBUIÇÕES Art. 30. A arrecadação e o recolhimento das contribuições ou de outras importâncias devidas à Seguridade Social obedecem às seguintes normas: (Redação dada pela Lei n. 8.620, de 5.1.93)... § 4º Na hipótese de o contribuinte individual prestar serviço a uma ou mais empresas, poderá deduzir, da sua contribuição mensal, quarenta e cinco por cento da contribuição da empresa, efetivamente recolhida ou declarada, incidente sobre a remuneração que esta lhe tenha pago ou creditado, limitada a dedução a nove por cento do respectivo salário de contribuição. (Parágrafo incluído pela Lei n. 9.876, de 26.11.99) § 5º Aplica-se o disposto no § 4º ao cooperado que prestar serviço a empresa por intermédio de cooperativa de trabalho" (Parágrafo incluído pela Lei n. 9.876, de 26-11-1999).

– "O parâmetro para o cálculo do valor a deduzir é a contribuição da empresa sobre o valor pago ou creditado ao segurado. Assim, se, por exemplo, o contribuinte individual recebeu R$ 1.000,00 de certa empresa, ele poderá deduzir de 45% de R$ 200,00, ou seja, R$ 90,00. Assim, sua contribuição, ao invés de R$ 200,00 (20% de R$ 1.000,00), seria no valor de R$ 110,00. Veja que, neste caso, o segurado contribui com o equivalente a 11% do seu salário de contribuição, que é a alíquota máxima dos segurados empregado, avulso e doméstico. A Lei tenta dar tratamento equânime ao individual. Entretanto, esta dedução é limitada, no exemplo, a 9% de R$ 1.000,00, que seria o salário de contribuição do trabalhador. Nesta hipótese, o limite é o valor de R$ 90,00 – idêntico ao calculado como dedução. Tal situação gera, com frequência, certa perplexidade, pois se o limite é exatamente o valor a deduzir, qual a razão da limitação? O problema reside no exemplo dado. A remuneração do trabalhador foi inferior ao teto do salário de contribuição e, por isso, o limite foi igual ao valor da dedução, já que esta nada mais é do que 45% de 20% da remuneração, que é igual aos 9% (45% x 20% = 9%). Quando o exemplo é modificado para, digamos, remuneração de R$ 10.000,00, o limite irá agir. Nesta situação, a contribuição da empresa será de R$ 2.000,00 (20% de R$ 10.000,00). O valor da dedução, a priori, seria de R$ 900,00 (45% de R$ 2.000,00). Todavia, tal valor é restringido a 9% do salário de contribuição do trabalhador, que não é R$ 10.000,00, mas, em valores atuais, de R$ 1.869,34 (Trata-se do limite vigente anteriormente. Desde 1º de maio de 2004, como visto, é de R$ 2.508,72). Daí o limite é de R$ 168,24 (9% de R$ 1.869,34). No segundo exemplo, a remuneração do contribuinte individual extrapola o teto do salário de contribuição, o que faz com que o limite do valor a deduzir tenha função. Caso não fosse assim, teríamos situação absurda, na qual o contribuinte individual não só teria direito à dedução plena de sua contribuição, nada pagando à previdência, como também saldo a seu favor. Também neste exemplo, o resultado final visa a atingir contribuição semelhante ao empregado sobre a alíquota máxima (11%). É exatamente o que ocorre, pois 11% de R$ 1.869,34 = R$ 205,62, que é o valor final da contribuição do segurado (R$ 357,87 – R$ 168,24 = R$ 205,62). Ora, mas, se a ideia é esta, poderia o legislador adotar de uma vez a contribuição de 11% para o contribuinte individual. Bastaria afirmar que o individual que presta serviços à empresa contribuiria com 11%, enquanto que, sobre os valores recebidos de pessoa física, contribuiria com 20%. [...] caberá à empresa já efetuar a retenção da cotização devida pelo individual, na alíquota de 11%, sendo a responsabilidade pelo recolhimento exclusiva desta, cabendo inclusive a aplicabilidade da presunção absoluta de que o desconto foi feito à época devida e de modo correto, imputada a cobrança de quaisquer diferenças somente à empresa, nunca ao segurado (art. 33, § 5º, da Lei n. 8.212/91" (IBRAHIM, Fábio Zambitte. *Curso de direito previdenciário*. Rio de Janeiro: Ímpetus, 2003, p. 155-158).

– Resta claro, pois, que, efetuada a dedução prevista em lei, o montante a ser retido pela pessoa jurídica e recolhido a título de

contribuição do contribuinte individual é de 11% sobre a remuneração que lhe tenha sido destinada, observado como base de cálculo o limite máximo do salário de contribuição.

– **Direito à retenção pela alíquota de 11% mesmo quando da prestação de serviços a pessoas jurídicas desoneradas.** Há ações interessantes no sentido de que a imunidade ou a isenção concedidas a pessoas jurídicas deveriam ser suportadas pelo ente político, e não transferido o seu ônus ao autônomo. Assim, a prestação de serviços a pessoas jurídicas deveria implicar, sempre, retenção de 11%, não se admitindo a alíquota de 20%.

– **Do prazo para pagamento no pagamento direto e na hipótese de retenção.** A empresa que efetua a retenção relativamente aos valores pagos a contribuinte individual tem prazo até o dia dois do mês seguinte ao da competência para efetuar o recolhimento, nos termos do art. 4º da Lei n. 10.666/2003. Já o próprio contribuinte individual e o segurado facultativo têm prazo até o dia quinze do mês seguinte ao da competência para o recolhimento da contribuição ou da sua complementação, nos termos do art. 30, II, da Lei n. 8.212/91.

– **Pagamento *post mortem* para percepção de pensão.** "PREVIDENCIÁRIO. CONCESSÃO. PENSÃO POR MORTE. CONTRIBUINTE INDIVIDUAL. AUTÔNOMO. FALTA DA CONDIÇÃO DE SEGURADO. REGULARIZAÇÃO DAS CONTRIBUIÇÕES POSTERIOR AO ÓBITO. RECOLHIMENTO *POST MORTEM*. ABATIMENTO/COMPENSAÇÃO SOBRE OS PROVENTOS DA PRÓPRIA PENSÃO. IMPOSSIBILIDADE. 1. Enquanto, de acordo com o disposto no inciso II do art. 30 da Lei n. 8.212/91, a responsabilidade pelo pagamento das contribuições previdenciárias incumbia diretamente ao contribuinte individual autônomo, a filiação ao Regime Geral da Previdência Social – RGPS não decorria automaticamente do exercício de atividade remunerada, mas, sim, do exercício da atividade associado ao efetivo recolhimento das contribuições, sendo, por isso, incabível, para fins de obtenção de pensão por morte, a regularização contributiva posterior ao óbito, mediante o recolhimento *post mortem* das contribuições previdenciárias ou mediante o desconto/abatimento das contribuições pretéritas sobre os proventos da própria pensão. Precedentes. 2. Incidente de uniformização conhecido e provido" (TNU, Pedido de Uniformização de Interpretação de Lei Federal, Processo 200550500004280, 2008).

– "PREVIDENCIÁRIO. CONCESSÃO. PENSÃO POR MORTE. CONTRIBUINTE INDIVIDUAL. SÓCIO COTISTA E SÓCIO GERENTE. FALTA DA CONDIÇÃO DE SEGURADO. REGULARIZAÇÃO DAS CONTRIBUIÇÕES POSTERIOR AO ÓBITO. RECOLHIMENTO *POST MORTEM*. ABATIMENTO/COMPENSAÇÃO SOBRE OS PROVENTOS DA PRÓPRIA PENSÃO. IMPOSSIBILIDADE. 1. Enquanto, de acordo com o disposto no inciso II do art. 30 da Lei n. 8.212/91, a responsabilidade pelo pagamento das contribuições previdenciárias incumbia diretamente ao contribuinte individual sócio-gerente, a filiação ao Regime Geral da Previdência Social – RGPS não decorria automaticamente do exercício de atividade remunerada, mas, sim, do exercício da atividade associado ao efetivo recolhimento das contribuições, sendo, por isso, incabível, para fins de obtenção de pensão por morte, a regularização contributiva posterior ao óbito, mediante o recolhimento *post mortem* das contribuições previdenciárias ou mediante o desconto/abatimento das contribuições pretéritas sobre os proventos da própria pensão. Precedentes. 2. Incidente de uniformização conhecido e improvido" (TNU, Pedido de Uniformização de Interpretação de Lei Federal, Processo 200783005268923, 2008).

⇒ **Do produtor, parceiro, meeiro e arrendatário rurais e o pescador artesanal, sobre o resultado da comercialização da produção.** Vide § 8º deste mesmo artigo 195. Vide, também, nota ao art. 195, I, *a*, sobre as contribuições sobre a receita substitutivas de contribuições sobre a folha.

⇒ **Tempo de contribuição *x* tempo de serviço.** A contar da EC n. 20/98, tem-se aposentadoria por tempo de contribuição, e não mais por tempo de serviço. Isso atribui ainda maior importância à contribuição previdenciária do trabalhador, sem a qual não terá amparo previdenciário.

– **Tempo de serviço sem contribuição. Aproveitamento. Indenização. Art. 96, IV, da Lei n. 8.213/91.** A cobrança de contribuições depende de inocorrência de decadência e de prescrição. Mas o fato de não ser mais passível de constituição e de cobrança, não significa direito ao cômputo do período trabalhado para fins de gozo de benefício. Mesmo no regime geral de previdência social, o período trabalhado por profissionais liberais só é contado mediante a comprovação da contribuição, dispensando-se-a apenas quanto ao trabalhador rural, forte no art. 55, § 2º, da Lei 8.213/91. Nos regimes próprios de previdência, a contagem depende, sempre e necessariamente, da comprovação da contribuição. Isso porque o art. 201, § 9º, da CF, assegura a contagem recíproca do tempo de contribuição na administração pública e na atividade privada, rural e urbana, determinando a compensação financeira entre os regimes, de modo que não basta a comprovação do tempo de serviço. Não tendo o servidor contribuído em determinado período, a contagem do tempo trabalhado como tempo de contribuição depende do pagamento da indenização substitutiva facultada pelo art. 96, IV, da Lei 8.213/91. As discussões acerca da decadência ou prescrição, pois, são impertinentes. É imperativo do interesse do próprio segurado proceder à indenização, querendo, para poder obter a contagem do tempo.

– **Necessidade de indenização, mas sem juros e multa.** "CERTIDÃO DE TEMPO DE SERVIÇO. AUTÔNOMO. CONTAGEM RECÍPROCA. INATIVAÇÃO NO SERVIÇO PÚBLICO. CONTRIBUIÇÕES IMPAGAS. INDENIZAÇÃO. JUROS E MULTA 1. Afastada a prefacial de decadência. 2. A Constituição Federal (art. 202, § 9º) exige para a admissão da contagem recíproca em regimes previdenciários distintos o recolhimento das contribuições correspondentes ao tempo trabalhado. Não tendo sido recolhidas as contribuições a tempo e modo, se faz necessária a indenização do período respectivo para o cômputo do tempo de serviço. 3. Sendo o valor da contribuição apurado com base na remuneração percebida por ocasião do requerimento administrativo, não se configura a situação moratória do devedor, razão pela qual não há falar em multa e juros" (TRF4, AC 2002.71.02.000632-0, 2006).

– "CONTRIBUIÇÕES PREVIDENCIÁRIAS. OBRIGATORIEDADE DE INDENIZAÇÃO. CF/88, ART. 202, § 9º. LEI 8.213/91, ART. 96, IV. [...] A indenização deve ser calculada com base na remuneração sobre a qual incidem as contribuições para o regime específico de previdência social a que está filiado o interessado, conforme previsto no art. 45, § 3º, da Lei 8.213/91, sem a incidência de multa e juros moratórios, consoante entendimento da Turma. Embargos infringentes acolhidos em parte" (TRF4, AC 2001.71.02.003107-2, 2004).

– **Tempo como autônomo. Necessidade de indenização.** "TRIBUTÁRIO. CONTRIBUIÇÃO PREVIDENCIÁRIA. SEGURADO EMPRESÁRIO OU AUTÔNOMO. CÔMPUTO DE TEMPO DE SERVIÇO. INDENIZAÇÃO. CRITÉRIOS LEGAIS. – A teor do disposto no art. 45 da Lei n. 8.212, o segurado empresário ou autônomo que pretender ver computado o lapso temporal a descoberto deverá indenizar as contribuições não pagas correspondentes ao período, nos moldes estabelecidos em lei. Em se tratando de verba indenizatória – e não tributária –, os parâmetros para o cálculo de seu valor são definidos por lei, haja vista tratar-se de matéria que não mereceu regramento constitucional específico, não havendo espaço para a invocação de princípios tributários (art. 150, III, *a*, da CF). – Afastada a hipótese de cobrança de tributo que deva ater-se à legislação da época da ocorrência do fato gerador, aplica-se a lei vigente ao tempo do pedido de averbação/inativação (momento em que se fará o levantamento do tempo de serviço computável para fins previdenciários), eis que se trata do exercício de uma faculdade reconhecida ao trabalhador de indenizar o tempo de serviço desprovido de recolhimentos, para a obtenção de benefício previdenciário" (TRF4, AMS 2001.04.01.081007-2, 2006).

– **Tempo de serviço rural para contagem recíproca. Necessidade de indenização.** "AVERBAÇÃO DE TEMPO DE SERVIÇO. RECONHECIMENTO DE TEMPO DE SERVIÇO RURAL DO MENOR DE 14 ANOS. CABIMENTO. CONTAGEM RECÍPROCA. ADMINISTRAÇÃO PÚBLICA. CONTRIBUIÇÕES. NECESSIDADE DE RECOLHIMENTO. INDENIZAÇÃO. PRECEDENTES DESTA CORTE. RECURSO ESPECIAL PARCIALMENTE PROVIDO. 1... 2. Para a contagem recíproca de tempo de contribuição, mediante a junção do período prestado na administração pública com a atividade rural ou urbana, esta Corte de Justiça tem decidido de forma reiterada que se faz indispensável a comprovação de que, à época, os trabalhadores contribuíram para o sistema previdenciário. 3. Não tendo sido recolhidas as contribuições a tempo e modo, e sendo incontroverso que o autor é funcionário público, faz-se necessária a indenização do período rural exercido anteriormente à Lei 8.213/91, para o cômputo na postulada certidão de tempo de serviço. 4. Recurso especial parcialmente provido tão somente para reconhecer o tempo de serviço rural prestado pela parte autora dos 12 (doze) aos 14 (quatorze) anos" (STJ, REsp 798.242, 2006).

– "AVERBAÇÃO DE TEMPO DE SERVIÇO RURAL. ARRENDATÁRIO DE AVIÁRIO. INÍCIO DE PROVA MATERIAL. PROVA TESTEMUNHAL. ENTREVISTA ADMINISTRATIVA. TRABALHO SOMENTE NOS FINS DE SEMANA E FÉRIAS. DESCARACTERIZAÇÃO DA QUALI-

DADE DE SEGURADO ESPECIAL. NÃO RECONHECI-MENTO. EXPEDIÇÃO DE CERTIDÃO. CONTAGEM RECÍPROCA. INDENIZAÇÃO... 3. A atividade rural, na condição de segurado especial, é comprovada mediante início de prova material, que não precisa abarcar todo o período (ano a ano) nem estar exclusivamente em nome próprio, contanto que seja corroborado por prova testemunhal idônea. 4. Tendo sido o autor arrendatário rural de aviário que administrou o seu negócio apenas nos fins de semana e férias, deixando a cargo de parceiros, sócios e de terceiros contratados (diaristas) o efetivo trabalho na avicultura, como demonstrado por entrevista administrativa e pela prova oral colhida, fica descaracterizada a sua qualidade de segurado especial nos interregnos controvertidos. 5. A averbação de tempo de serviço rural prestado até outubro/91, junto ao Regime Geral, independe do recolhimento das contribuições previdenciárias correspondentes, salvo para efeito de carência (art. 55, § 2º, da Lei n. 8.213/91), sendo este exigível apenas para o período posterior a novembro/91 (art. 192 do Regulamento dos Benefícios da Previdência Social aprovado pelo Decreto n. 357/91, atualmente reproduzido no art. 123 do Regulamento da Previdência Social aprovado pelo Decreto n. 3.048/99), na qualidade de facultativo (art. 39, inciso II, da Lei n. 8.213/91, e Súmula n. 272 do STJ), ou, na forma de indenização, para fins de expedição de certidão para contagem recíproca perante o serviço público (regime próprio), diante da necessária compensação financeira entre os regimes de previdência social (art. 201, § 9º, da CF/88, c/c o art. 96, IV, da Lei n. 8.213/91, e entendimento pacífico dos Tribunais Superiores e deste Regional). 6. Decaindo a parte autora do pedido, inverte-se o ônus sucumbencial, arcando esta com os honorários advocatícios arbitrados em sentença e também com as custas processuais não adiantadas" (TRF4, AC 2004.04.01.012867-5, 2006).

– **Tempo de serviço rural anterior à Lei 8.213/91.** Desnecessidade de prova do recolhimento das contribuições para contagem com vista à obtenção de benefício do regime geral de previdência. "RECURSO ESPECIAL. DIVERGÊNCIA. AUSÊNCIA DE IDENTIDADE FÁTICA. PREVIDENCIÁRIO. AVERBAÇÃO DE TEMPO DE SERVIÇO PRESTADO EM ATIVIDADE RURAL PARA FINS DE APOSENTADORIA URBANA POR TEMPO DE SERVIÇO NO MESMO REGIME DE PREVIDÊNCIA. CONTRIBUIÇÃO DURANTE O PERÍODO DE ATIVIDADE RURAL. DESNECESSIDADE. NÃO INCIDÊNCIA DE HIPÓTESE DE CONTAGEM RECÍPROCA. 1... 2. 'O tempo de serviço do segurado trabalhador rural, anterior à data de início de vigência desta Lei, será computado independentemente do recolhimento das contribuições a ele correspondentes, exceto para efeito de carência, conforme dispuser o Regulamento.' (§ 2º do artigo 55 da Lei n. 8.213/91). 3. Em se cuidando de hipótese em que o segurado pretende averbar o tempo em que exerceu atividade rural, para fins de concessão de aposentadoria urbana por tempo de serviço, no mesmo regime de previdência a que sempre foi vinculado, não é exigível a prestação das contribuições relativamente ao tempo de serviço rural exercido anteriormente à vigência da Lei n. 8.213/91, desde que cumprida a carência, exigida no artigo 52 da Lei n. 8.213/91. 4. Contagem recíproca é o direito à contagem de tempo de ser-

viço prestado na atividade privada, rural ou urbana, para fins de concessão de aposentadoria no serviço público ou, vice-versa, em face da mudança de regimes de previdência – geral e estatutário –, mediante prova da efetiva contribuição no regime previdenciário anterior (artigo 202, § 2º, da Constituição da República, na sua redação anterior à Emenda Constitucional n. 20/98). 5. A soma do tempo de atividade rural, para fins de concessão de aposentadoria urbana por tempo de serviço, no mesmo regime de previdência, não constitui hipótese de contagem recíproca, o que afasta a exigência do recolhimento de contribuições relativamente ao período, inserta no artigo 96, inciso IV, da Lei n. 8.213/91. 6. Recurso improvido" (STJ, REsp 635.741, 2004).

⇒ **Inativos e pensionistas. Imunidade no regime geral de previdência.** O inciso II do art. 195 da Constituição, com a redação da EC n. 20/98, ao prever a contribuição do trabalhador e dos demais segurados da previdência social, expressamente estabelece a imunidade das aposentadorias e pensões do regime geral de previdência social, impedindo que haja validamente a instituição de contribuição de seguridade social sobre as mesmas. Aliás, a Lei n. 8.212/91, como regra, não considera como salários de contribuição os benefícios previdenciários.

⇒ **Regimes de previdência dos servidores públicos.** Os arts. 40 e 149, § 1º, da CF cuidam da matéria, inclusive atribuindo competência ao Estados e Municípios para instituírem as respectivas contribuições. Vide notas ao art. 149, § 1º, da CF.

⇒ **Militares.** Vide nota ao art. 149, § 1º, da CF.

III – sobre a receita de concursos de prognósticos.

⇒ **"Receita de concursos de prognósticos"** "Considera-se concurso de prognósticos todo e qualquer concurso de sorteio de números ou quaisquer outros símbolos, loterias e apostas de qualquer natureza, no âmbito federal, estadual, distrital ou municipal, promovidos por órgãos do Poder Público ou por sociedades comerciais ou civis" (MELO, José Eduardo Soares de. *Contribuições sociais no sistema tributário*. 4. ed. São Paulo: Malheiros, 2003, p. 156).

– "Os concursos de prognósticos são os jogos autorizados pelo Poder Público, como a loteria federal (Lei n. 6.717/79). São todos e quaisquer concursos de sorteios de números, loterias, apostas, inclusive as realizadas em reuniões hípicas..." (IBRAHIM, Fábio Zambitte. *Curso de direito previdenciário*. 3. ed. Rio de Janeiro: Ímpetus, 2003, p. 66).

– Cabe destacar que os bingos também restam abrangidos por tal conceito. Assim, as receitas decorrentes de loterias, raspadinhas, bingos e assemelhados são passíveis de tributação, a título ordinário, para fins de custeio da seguridade social.

– **Art. 6º, II, da Lei n. 9.615/98. Adicional de 4,5%. O apostador como contribuinte. Impossibilidade.** "A Constituição indica como aspecto material da exação a ação de se 'auferir receita de concursos de prognósticos' e como sujeito passivo da exação aquele que praticar tal ação (o administrador dos concursos de prognósticos). O concorrente (apostador), que disponibiliza tal receita ao administrador, não poderá ser eleito como sujeito passivo da contribuição. Consequentemente, o adicional de 4,5%

sobre cada bilhete de concursos de prognósticos revela-se ilegítimo, vez que é exigido do apostador, e não do administrador dos concursos de prognósticos" (VELLOSO, Andrei Pitten. Contribuições sobre a receita de concursos de prognósticos. *RDDT* 114/7, 2005).

– Contribuições sobre a receita de concursos de prognósticos. "... podem ser arroladas como contribuições sobre a receita de concursos de prognósticos: a) a contribuição para a Seguridade Social (a única que tem base constitucional, no art. 195, III), que vem sendo cobrada com base em alíquotas (7,95% da renda bruta nos concursos de prognósticos esportivos e de 18,10% nos concursos de prognósticos numéricos) carentes de respaldo legislativo; e b) as inconstitucionais contribuições com destinações diversas, a saber: b-1) nos concursos de prognósticos esportivos, as contribuições de 3,41% para o Fundo de Financiamento ao Estudante de Ensino Superior, de 3,14% para o FUNPEN, de 10,50% para a SNE, de 10% para as Entidades de Prática Desportiva, de 3% ao FNC, de 1,70% ao COB e de 0,30% ao CPB (Circular n. 301, item 6.3); e b-2) nos concursos de prognósticos numéricos, de 7,76% ao FIES, de 3,14% ao FUNPEN, de 3% ao FNC, de 1,70% ao COB e 0,30% ao CPB (Circular n. 302, itens 6.2 e 7.1)" (VELLOSO, Andrei Pitten. Contribuições sobre a receita de concursos de prognósticos. *RDDT* 114/7, 2005).

– 5% sobre apostas em prado. Ausência de base legal. "A cobrança da contribuição, à alíquota de 5%, sobre o 'movimento global de apostas em prado de corridas' e o 'movimento global de sorteio de números ou de quaisquer modalidades de símbolos' prevista nos Decretos ns. 2.173/97 e 3.048/99 carece de respaldo legal, revelando-se igualmente ilegítima" (VELLOSO, Andrei Pitten. Contribuições sobre a receita de concursos de prognósticos. *RDDT* 114/7, 2005).

– Destinação de contribuições ao FNC, COB, CPB, FUNPEN e SNE. Ausência de base constitucional. "...outros atos normativos infralegais (tais como a Portaria MF n. 223/02 e as Circulares da Caixa n. 301/03 e 302/03) passaram a prever contribuições sem respaldo constitucional, tais como as destinadas ao FNC, ao COB, ao CPB, ao FUNPEN, ao SNE, etc., sob a veste de meras 'destinações' de recursos, a exemplo do que ocorria com as empresas que se dedicavam à exploração dos jogos de bingo" (VELLOSO, Andrei Pitten. Contribuições sobre a receita de concursos de prognósticos. *RDDT* 114/7, 2005).

⇒ **Destinação da receita líquida à seguridade social.** O art. 26 da Lei n. 8.212/91 previa que a renda líquida dos concursos de prognósticos constituía receita da Seguridade Social, não fazendo quaisquer condicionamentos ou exceções. Na redação atual, dada pela Lei n 8.436/92, ressalva os valores destinados ao Programa de Crédito Educativo: "Capítulo VII DA CONTRIBUIÇÃO SOBRE A RECEITA DE CONCURSOS DE PROGNÓSTICOS Art. 26. Constitui receita da Seguridade Social a renda líquida dos concursos de prognósticos, excetuando-se os valores destinados ao Programa de Crédito Educativo. (Redação dada pela Lei n. 8.436, de 25.6.92) § 1º Consideram-se concursos de prognósticos todos e quaisquer concursos de sorteios de números, loterias, apostas, inclusive as realizadas em reuniões hípicas, nos âm-

bitos federal, estadual, do Distrito Federal e municipal. § 2º Para efeito do disposto neste artigo, entende-se por renda líquida o total da arrecadação, deduzidos os valores destinados ao pagamento de prêmios, de impostos e de despesas com a administração, conforme fixado em lei, que inclusive estipulará o valor dos direitos a serem pagos às entidades desportivas pelo uso de suas denominações e símbolos. § 3º Durante a vigência dos contratos assinados até a publicação desta Lei com o Fundo de Assistência Social-FAS é assegurado o repasse à Caixa Econômica Federal-CEF dos valores necessários ao cumprimento dos mesmos".

– Inexigibilidade relativamente a administradores de concursos que não o próprio Poder Público. Confisco. "A destinação da renda líquida dos concursos de prognósticos à Seguridade Social, prevista na Lei de Custeio da Seguridade Social, não pode ser exigida de administradores diversos das pessoas políticas, sob pena de caracterização da tributação com efeito de confisco, vedada pela Constituição" (VELLOSO, Andrei Pitten. Contribuições sobre a receita de concursos de prognósticos. *RDDT* 114/7, 2005).

IV – do importador de bens ou serviços do exterior, ou de quem a lei a ele equiparar.

⇒ **EC n. 42/2003.** Inciso IV acrescido pela EC n. 42, publicada no *DOU* de 31 de dezembro 2003.

⇒ **Fundamento: equilíbrio entre a carga tributária interna e a incidente sobre os produtos importados.** "... fica claro que ela (MP 164/04) foi baseada em uma premissa totalmente falsa, tendo em vista que a Cofins e o PIS incidentes sobre a importação, com uma alíquota de 9,25%, não trazem um tratamento isonômico entre os bens e serviços produzidos internamente e os importados, ou seja, a tributação às mesmas alíquotas e possibilidade de desconto de crédito para as empresas sujeitas à incidência não cumulativa. [...] para ser configurada a isonomia pretendida pelo Governo Federal, seria necessário que a importação gerasse par ao importador brasileiro um crédito de 27,25% sobre o valor total de aquisição; mas a sistemática da MedProv 164/04 gera somente um crédito de 22,43%, criando uma oneração real sobre as importações de produtos e serviços de 4,82%, que é a diferença entre os 27,25% que seria o crédito ideal, e os 22,43% que é crédito real" (PRESTA, Sergio. A oneração das importações decorrente da nova incidência e da não cumulatividade do PIS e da Cofins. *RTFP* 58/134, out. 2004). Obs: de tal texto, constam planilhas demonstrativas das incidências e dos créditos gerados.

– Equiparação da tributação da importação com as operações internas. Isonomia x política tributária. "PIS/COFINS – importação. Lei n. 10.865/04... 7. Não há como equiparar, de modo absoluto, a tributação da importação com a tributação das operações internas. O PIS/PASEP-Importação e a COFINS-Importação incidem sobre operação na qual o contribuinte efetuou despesas com a aquisição do produto importado, enquanto a PIS e a COFINS internas incidem sobre o faturamento ou a receita, conforme o regime. São tributos distintos. 8. O gravame das operações de importação se dá não como concretização do princípio da isonomia, mas como medida de política tributária tendente a evitar que a entrada de produtos desonerados tenha efeitos predatórios relativamente às empresas sediadas no País, visando, assim, ao equilíbrio da balança comercial" (STF, RE 559.937, 2013).

⇒ **Instituição por lei ordinária.** Em se tratando de contribuição prevista no próprio art. 195, ainda que por força da EC n. 42/2003, não está sujeita à exigência de lei complementar prevista para o exercício da competência residual do art. 195, § 4º, da CF.

– **Tema 79 do STF. MÉRITO AINDA NÃO JULGADO.** Controvérsia: "a) Reserva de lei complementar para instituir PIS e COFINS sobre a importação. b) Aplicação retroativa da Lei n. 10.865/2004".

– "PIS/COFINS – importação. Lei n. 10.865/04. Vedação de *bis in idem*. Não ocorrência. Suporte direto da contribuição do importador (arts. 149, II, e 195, IV, da CF e art. 149, § 2º, III, da CF, acrescido pela EC 33/01). Alíquota específica ou *ad valorem*. Valor aduaneiro acrescido do valor do ICMS e das próprias contribuições. Inconstitucionalidade. Isonomia. Ausência de afronta. 1. Afastada a alegação de violação da vedação ao *bis in idem*, com invocação do art. 195, § 4º, da CF. Não há que se falar sobre invalidade da instituição originária e simultânea de contribuições idênticas com fundamento no inciso IV do art. 195, com alíquotas apartadas para fins exclusivos de destinação. 2. Contribuições cuja instituição foi previamente prevista e autorizada, de modo expresso, em um dos incisos do art. 195 da Constituição validamente instituídas por lei ordinária. Precedentes" (STF, RE 559.937, 2013).

⇒ **Importador/importação.** A EC n. 42/2003 tornou sujeito à tributação, para fins de custeio da seguridade social, o importador, forte na capacidade contributiva revelada pela importação, na medida em que "importador" é "aquele que importa" (Aurélio).

– **A noção de "importação".** Não é todo e qualquer ingresso físico que implica importação, mas a entrada no território nacional para incorporação à economia interna. Assim, o simples ingresso para trânsito e o ingresso temporário para posterior retorno não implicam importação. Vide notas ao art. 153, I, da CF e ao art. 19 do CTN, em que é trabalhada esta noção.

– **As noções de "bens" e "serviços".** O dispositivo constitucional em questão admite a tributação do importador de "bens ou serviços".

– "Bens" é expressão com sentido extremamente amplo. Na obra de De Plácido e Silva, resta afirmado que "toda coisa, todo direito, toda obrigação, enfim, qualquer elemento material ou imaterial, representando uma utilidade ou uma riqueza, integrado no patrimônio de alguém e passível de apreciação monetária, pode ser designada como bens" (*Vocabulário Jurídico*, 19. ed., Rio de Janeiro, 2002, p. 121). Em se tratando da tributação, contudo, por certo que importam operações reveladoras de capacidade contributiva e, portanto, com representação econômica. A par disso, cuida-se de tributar a importação de bens, ou seja, o ingresso de bens no território nacional para sua incorporação à economia interna, o que indica tratar-se, como regra, de bens

com compleição física, podendo-se, ainda, imaginar abranger a energia elétrica. Assim, "bens", na norma de competência em questão, são aqueles economicamente apreciáveis, assim entendidos quaisquer produtos, primários ou industrializados, sejam ou não destinados ao comércio, qualquer que seja a sua finalidade, aos quais se possa atribuir um valor em moeda.

– "Serviços". José Eduardo Soares de Melo, seguindo a linha de Aires Barreto, assume o conceito constitucional de serviço como prestação de esforço humano a terceiros, com conteúdo econômico, em caráter negocial, sob regime de direito privado, tendendo à obtenção de um bem material ou imaterial. Vide notas ao art. 156, II, da CF, em que tal noção é trabalhada.

⇒ **A noção de "importador" e de "equiparados a importador".** Cabe-nos identificar, ainda, as particularidades da referência ao "importador" ou a "quem a lei a ele equiparar". É importador qualquer pessoa, física ou jurídica (sociedade empresária, sociedade simples, associação etc.), que realize ou em nome de quem seja realizado o ingresso de bem ou serviço no território nacional para sua incorporação à economia interna, ou seja, que promova a importação. De fato, a referência a "importador" não se circunscreve, necessariamente, ao importador como categoria profissional, alcançando, sim, todo aquele que promova a importação, ainda que em caráter eventual e seja qual for a sua finalidade. O texto constitucional deixa, ainda, ao legislador ordinário a possibilidade de, ao definir os aspectos da norma tributária impositiva, colocar no polo passivo não apenas o importador, mas outras pessoas que a ele equiparar. Equiparáveis a importador são, por exemplo: a) o arrematante de produtos importados que tenham sido leiloados pela Receita Federal em razão da aplicação da pena de perdimento por importação irregular ou abandono; b) o destinatário de remessa postal; c) o adquirente de mercadoria entrepostada. Tais hipóteses são extraídas da experiência existente relativamente ao imposto sobre a importação, disciplinado pelos artigos 22 do CTN e 31 do Decreto-Lei n. 37/66.

• Vide notas ao art. 22, I, do CTN.

⇒ **Cobrança que se soma à dos impostos que já incidem sobre a importação de bens e serviços: II, IPI, ICMS e ISS.** A nova base econômica dada à tributação pelo art. 195, IV, permite a cobrança de contribuição para o custeio da seguridade social na importação de bens que já tinham sua importação sujeita ao pagamento do II, do IPI e/ou do ICMS e de serviços que já eram tributados, em parte também pelo ICMS e em outra parte, desde a LC n. 116/2003, pelo ISS.

⇒ **Base de cálculo condicionada constitucionalmente. Valor aduaneiro.** A EC n. 42/2003 também alterou o inciso II do § 2º do art. 149 da Constituição, estabelecendo, como base de cálculo, para a contribuição social no caso de importação, o valor aduaneiro. Vide notas ao respectivo artigo.

⇒ **O PIS/Pasep-Importação e a Cofins-Importação.** O art. 195, IV, da CF, advindo com a EC n. 42/03, ensejou a instituição de contribuição para o custeio da seguridade social a cargo do importador. Tal se deu através da Lei n. 10.865/2004, que instituiu as contribuições denominadas PIS/Pasep-

-Importação e Cofins-Importação. A instituição de ambas deu-se simultaneamente, inferindo-se do tratamento unitário que lhes é atribuído – revelado no fato de que os aspectos das respectivas hipóteses de incidência são os mesmos, com ressalva da alíquota diferenciada – que, na prática, configuram simples percentuais apartados de uma única contribuição sobre a importação. A Lei n. 10.865/2004, em seu art. 20, expressamente, submete as novas contribuições ao processo administrativo fiscal do Dec. n. 70.235/75, que rege os tributos administrados pela Secretaria da Receita Federal, bem como, quanto às questões materiais, em caráter supletivo, à legislação do imposto de renda, do imposto de importação e das contribuições PIS/Pasep e Cofins. De fato, como se verá, em face de incidir sobre a importação de bens e serviços, envolve institutos próprios dos impostos sobre o comércio exterior, assim como mantém relação íntima com as contribuições incidentes sobre a receita internamente (PIS/Pasep e Cofins) por ensejar creditamentos para fins de dedução no pagamento destas.

– Os capítulos I e II dispõem sobre a incidência e o fato gerador, respectivamente. As normas constantes de tais capítulos se completam, sendo indispensáveis à identificação das situações que geram as obrigações tributárias para o importador. O art. 1º dispõe no sentido de que as contribuições incidem sobre a importação de produtos ou serviços, alcançando, pois, toda a base econômica dada à tributação pelo art. 195, IV, da Constituição, que é a importação de bens ou serviços. A referência a produtos implica a abrangência tanto de mercadorias (produtos destinados ao comércio) como de quaisquer outros bens, seja qual for a destinação.

– "Essa contribuição não guarda qualquer relação com as demais contribuições previstas no texto constitucional. Trata-se de exação autônoma e independente, prevista no inciso IV do art. 195, e que se soma às demais contribuições de que tratam os outros três incisos desse mesmo artigo. A despeito disso, o Sr. Presidente da República, através da Medida Provisória n. 164, de 29.01.2004, instituiu a contribuição sobre a importação de bens e serviços do exterior como se esta fosse uma ampliação das bases de cálculo do PIS e da Cofins. Essa impropriedade técnica não chega a macular a incidência da contribuição, mas não deixa de ser uma forma estranha de exercício da competência tributária" (BIANCO, João Francisco. As contribuições para a seguridade social. *RFDT* 8/17, 2004).

– **Lei n. 10.865/2004**: "CAPÍTULO I DA INCIDÊNCIA Art. 1º Ficam instituídas a Contribuição para os Programas de Integração Social e de Formação do Patrimônio do Servidor Público incidente na Importação de Produtos Estrangeiros ou Serviços – PIS/PASEP-Importação e a Contribuição Social para o Financiamento da Seguridade Social devida pelo Importador de Bens Estrangeiros ou Serviços do Exterior – COFINS-Importação, com base nos arts. 149, § 2º, inciso II, e 195, inciso IV, da Constituição Federal, observado o disposto no seu art. 195, § 6º. § 1º Os serviços a que se refere o *caput* deste artigo são os provenientes do exterior prestados por pessoa física ou pessoa jurídica residente ou domiciliada no exterior, nas seguintes hipóteses: I – executados no País; ou II – executados no exterior, cujo re-

sultado se verifique no País. § 2º Consideram-se também estrangeiros: I – bens nacionais ou nacionalizados exportados, que retornem ao País, salvo se: a) enviados em consignação e não vendidos no prazo autorizado; b) devolvidos por motivo de defeito técnico para reparo ou para substituição; c) por motivo de modificações na sistemática de importação por parte do país importador; d) por motivo de guerra ou de calamidade pública; ou e) por outros fatores alheios à vontade do exportador; II – os equipamentos, as máquinas, os veículos, os aparelhos e os instrumentos, bem como as partes, as peças, os acessórios e os componentes, de fabricação nacional, adquiridos no mercado interno pelas empresas nacionais de engenharia e exportados para a execução de obras contratadas no exterior, na hipótese de retornarem ao País. [...] CAPÍTULO II DO FATO GERADOR Art. 3º O fato gerador será: I – a entrada de bens estrangeiros no território nacional; ou II – o pagamento, o crédito, a entrega, o emprego ou a remessa de valores a residentes ou domiciliados no exterior como contraprestação por serviço prestado. § 1º Para efeito do inciso I do *caput* deste artigo, consideram-se entrados no território nacional os bens que constem como tendo sido importados e cujo extravio venha a ser apurado pela administração aduaneira. § 2º O disposto no § 1º deste artigo não se aplica: I – às malas e às remessas postais internacionais; e II – à mercadoria importada a granel que, por sua natureza ou condições de manuseio na descarga, esteja sujeita a quebra ou a decréscimo, desde que o extravio não seja superior a 1% (um por cento). § 3º Na hipótese de ocorrer quebra ou decréscimo em percentual superior ao fixado no inciso II do § 2º deste artigo, serão exigidas as contribuições somente em relação ao que exceder a 1% (um por cento)".

– **Constitucionalidade da Lei n. 10.865/2004, salvo quanto à base de cálculo.** "Recurso extraordinário. Repercussão geral. PIS/COFINS – importação. Lei n. 10.865/04. Vedação de *bis in idem*. Não ocorrência. Suporte direto da contribuição do importador (arts. 149, II, e 195, IV, da CF e art. 149, § 2º, III, da CF, Acrescido pela EC n. 33/2001). Alíquota específica ou *ad valorem*. Valor aduaneiro acrescido do valor do ICMS e das próprias contribuições. Inconstitucionalidade. Isonomia. Ausência de afronta. 1. Afastada a alegação de violação da vedação ao *bis in idem*, com invocação do art. 195, § 4º, da CF. Não há que se falar sobre invalidade da instituição originária e simultânea de contribuições idênticas com fundamento no inciso IV do art. 195, com alíquotas apartadas para fins exclusivos de destinação. 2. Contribuições cuja instituição foi previamente prevista e autorizada, de modo expresso, em um dos incisos do art. 195 da Constituição validamente instituídas por lei ordinária. Precedentes. 3. Inaplicável ao caso o art. 195, § 4º, da Constituição. Não há que se dizer que devessem as contribuições em questão ser necessariamente não cumulativas. O fato de não se admitir o crédito senão para as empresas sujeitas à apuração do PIS e da COFINS pelo regime não cumulativo não chega a implicar ofensa à isonomia, de modo a fulminar todo o tributo. A sujeição ao regime do lucro presumido, que implica submissão ao regime cumulativo, é opcional, de modo que não se vislumbra, igualmente, violação do art. 150, II, da CF. 4 Ao dizer que a contribuição ao PIS/PASEP– Importação e a COFINS-Importação poderão ter alíquotas *ad valorem* e base de cálculo o valor aduaneiro, o constituinte derivado circunscreveu a tal base a respectiva competência. 5. A referência ao valor aduaneiro no art. 149, § 2º, III, *a*, da CF implicou utilização de expressão com sentido técnico inequívoco, porquanto já era utilizada pela legislação tributária para indicar a base de cálculo do Imposto sobre a Importação. 6. A Lei 10.865/04, ao instituir o PIS/PASEP-Importação e a COFINS-Importação, não alargou propriamente o conceito de valor aduaneiro, de modo que passasse a abranger, para fins de apuração de tais contribuições, outras grandezas nele não contidas. O que fez foi desconsiderar a imposição constitucional de que as contribuições sociais sobre a importação que tenham alíquota *ad valorem* sejam calculadas com base no valor aduaneiro, extrapolando a norma do art. 149, § 2º, III, *a*, da Constituição Federal. 7. Não há como equiparar, de modo absoluto, a tributação da importação com a tributação das operações internas. O PIS/PASEP-Importação e a COFINS-Importação incidem sobre operação na qual o contribuinte efetuou despesas com a aquisição do produto importado, enquanto a PIS e a COFINS internas incidem sobre o faturamento ou a receita, conforme o regime. São tributos distintos. 8. O gravame das operações de importação se dá não como concretização do princípio da isonomia, mas como medida de política tributária tendente a evitar que a entrada de produtos desonerados tenha efeitos predatórios relativamente às empresas sediadas no País, visando, assim, ao equilíbrio da balança comercial. 9. Inconstitucionalidade da seguinte parte do art. 7º, inciso I, da Lei 10.865/04: 'acrescido do valor do Imposto sobre Operações Relativas à Circulação de Mercadorias e sobre Prestação de Serviços de Transporte Interestadual e Intermunicipal e de Comunicação – ICMS incidente no desembaraço aduaneiro e do valor das próprias contribuições, por violação do art. 149, § 2º, III, *a*, da CF, Acrescido pela EC n. 33/2001. 10. Recurso extraordinário a que se nega provimento'" (STF, RE 559.937, 2013). Obs.: a inconstitucionalidade da base de cálculo é abordada em nota adiante e, principalmente, em notas ao art. 149, § 2º, III, *a*, da CF.

– Ficções. Embora a referência à incidência sobre produtos estrangeiros, a Lei n. 10.865/2004, tal como o Decreto-Lei n. 37/66, que cuida do Imposto sobre a Importação, também estabelece ficções, considerando estrangeiros os produtos nacionais exportados que retornem ao país, com ressalvas. Com isso, as contribuições acabam incidindo não apenas sobre a importação de produtos estrangeiros, mas também sobre a importação de produtos nacionais. No caso do Imposto sobre a Importação, as ficções apresentam-se inconstitucionais, conforme, inclusive, já foi reconhecido pelo STF, mas isso em face de que a base econômica do imposto sobre a importação é a "importação de produtos estrangeiros". Já na hipótese do PIS/Pasep-Importação e da Cofins-Importação, a base econômica é a "importação de bens ou serviços", sem o qualificativo "estrangeiros", de modo que não há impedimento constitucional à tributação da importação de produto nacional que retorne ao país. Ou seja, a ficção que se mostra inconstitucional relativamente ao Imposto sobre a Importação é válida relativamente ao PIS/Pasep-Importação e à Cofins-Importação, eis que compatível com a norma de competência do art. 195, IV, da Constituição.

– Importação de serviços. Chamam atenção, ainda, as definições quanto ao que se deva considerar como importação de serviços. O § 1º do art. 1º da Lei n. 10.865/2004 coloca como critério básico a prestação de serviço "por pessoa física ou pessoa jurídica residente ou domiciliada no exterior", exigindo, ainda, que sejam "executados no País" ou "cujo resultado se verifique no País".

– Não incidências. O art. 2º da Lei 10.865/2004 refere situações em que não incidem as contribuições. Mas, na maior parte das hipóteses do art. 2º, não poderiam mesmo ser exigidas as contribuições pela falta da ocorrência de importação propriamente, no sentido de entrada do produto para incorporação à econômica interna, conforme tratado quando da análise da base econômica, ou em face da imunidade do importador: "Art. 2º As contribuições instituídas no art. 1º desta Lei não incidem sobre: I – bens estrangeiros que, corretamente descritos nos documentos de transporte, chegarem ao País por erro inequívoco ou comprovado de expedição e que forem redestinados ou devolvidos para o exterior; II – bens estrangeiros idênticos, em igual quantidade e valor, e que se destinem à reposição de outros anteriormente importados que se tenham revelado, após o desembaraço aduaneiro, defeituosos ou imprestáveis para o fim a que se destinavam, observada a regulamentação do Ministério da Fazenda; III – bens estrangeiros que tenham sido objeto de pena de perdimento, exceto nas hipóteses em que não sejam localizados, tenham sido consumidos ou revendidos; IV – bens estrangeiros devolvidos para o exterior antes do registro da declaração de importação, observada a regulamentação do Ministério da Fazenda; V – pescado capturado fora das águas territoriais do País por empresa localizada no seu território, desde que satisfeitas as exigências que regulam a atividade pesqueira; VI – bens aos quais tenha sido aplicado o regime de exportação temporária; VII – bens ou serviços importados pelas entidades beneficentes de assistência social, nos termos do § 7º do art. 195 da Constituição Federal, observado o disposto no art. 10 desta Lei; VIII – bens em trânsito aduaneiro de passagem, acidentalmente destruídos; IX – bens avariados ou que se revelem imprestáveis para os fins a que se destinavam, desde que destruídos, sob controle aduaneiro, antes de despachados para consumo, sem ônus para a Fazenda Nacional; e X – o custo do transporte internacional e de outros serviços, que tiverem sido computados no valor aduaneiro que serviu de base de cálculo da contribuição. XI – valor pago, creditado, entregue, empregado ou remetido à pessoa física ou jurídica a título de remuneração de serviços vinculados aos processos de avaliação da conformidade, metrologia, normalização, inspeção sanitária e fitossanitária, homologação, registros e outros procedimentos exigidos pelo país importador sob o resguardo dos acordos sobre medidas sanitárias e fitossanitárias (SPS) e sobre barreiras técnicas ao comércio (TBT), ambos do âmbito da Organização Mundial do Comércio – OMC. (Incluído pela Lei n. 12.249/2010) Parágrafo único. O disposto no inciso XI não se aplica à remuneração de serviços prestados por pessoa física ou jurídica residente ou domiciliada em país ou dependência com tributação favorecida ou beneficiada por regime fiscal privilegiado, de que tratam os arts. 24 e 24-A da Lei n.

9.430, de 27 de dezembro de 1996. (Incluído pela Lei n. 12.249/2010)".

– As únicas hipóteses que implicam opção do legislador de não tributar são a do inciso III, eis que, querendo, poderia equiparar ao importador o arrematante dos bens apreendidos e leiloados, e a do inciso X, pois o custo do transporte internacional integra o valor aduaneiro e, portanto, poderia integrar a base de cálculo.

– **Aspecto material. Entrada de produtos.** Note-se que, quanto aos produtos importados, as contribuições têm por fato gerador a sua entrada no território nacional, aliás, como ocorre no Imposto sobre a Importação.

– **Na importação de serviços, seu pagamento.** Relativamente à importação de serviços, o fato gerador das contribuições será o pagamento, o creditamento ou a remessa de valores em contraprestação aos serviços prestados. O legislador não colocou, pois, a prestação dos serviços como fato gerador, mas a contraprestação por ela.

– **Não incidência sobre serviços executados no exterior por pessoas domiciliadas no exterior.** "Serviços executados no exterior por pessoas físicas ou jurídicas residentes ou domiciliadas no exterior, como, por exemplo, aqueles que dizem respeito a alojamento em hotéis de empresas estrangeiras sediadas no exterior, mesmo quando utilizados por brasileiros, não representam serviços prestados no país. O serviço é prestado no exterior por empresa do exterior, que recebe o preço pago por brasileiros, na moeda que acordaram, mas no exterior. Não há qualquer execução de serviço no Brasil. O mesmo se pode dizer de locação de veículos, contratação de guias turísticos, uso de aeronaves, etc. Não há, pois, para tais hipóteses, qualquer previsão legal ou constitucional de incidência. [...] Se fosse intenção do legislador dizer que a receita proveniente de serviços prestados no exterior ou com resultados usufruídos no exterior por residentes ou domiciliados no exterior se equipararia a resultado obtido no Brasil, teria que declarar que as receitas recebidas do Brasil por serviços cujos resultados são obtidos no exterior seriam tributadas no país, apesar de todos os atos e serviços serem praticados e usufruídos no exterior. Tal hipótese não é contemplada nem na Constituição Federal, nem na legislação ordinária. [...] não há possibilidade de se tributarem serviços prestados fora do país ou cujos resultados ocorram no exterior. Cobrar COFINS e PIS, seja o pagamento feito diretamente por empresas brasileiras, no exterior, ou por empresas brasileiras no Brasil, não constitui hipótese legal. É que o pagamento não é fato gerador de tributo, mas sim a hipótese prevista na lei. E serviço prestado e realizado no exterior não está perfilado no texto constitucional ou legal. O que importa é, exclusivamente, o resultado do serviço prestado – e não a origem da receita – e o resultado é a consequência do trabalho, que se ocorrido no exterior, não sofre incidência. Apenas se o resultado ocorrer no Brasil, mesmo que o serviço seja prestado no exterior, poderia haver a incidência do PIS (de duvidosa constitucionalidade) e da COFINS. [...] Não vejo como... e possa considerar que há incidência de PIS e COFINS sobre receita de arrendamento de embarcações e aeronaves ou de hotéis de bandeira estrangeira... Os hotéis estão situados em território estrangeiros. As embarcações estrangeiras, mesmo navegando em águas brasileiras, continuam sendo território es-

trangeiro, regido pelas leis de seu país, apenas respeitando, pelo princípio da reciprocidade, os tratados internacionais e acordos que regem a matéria" (MARTINS, Ives Gandra da Silva. Operadoras de turismo – Receita própria é aquela tributada pelas incidências diretas e indiretas... *RFDT* 27/121, 2007).

– "... em relação aos serviços de intermediação de vendas, geralmente prestados por represes comerciais, é uma atividade profissional que depende do relacionamento do representante com os possíveis compradores os produtos. Dessa forma, não faz sentido contratar uma empresa brasileira para prestar serviços de representação comercial na Itália, por exemplo. Da mesma forma, empresas internacionais contratam representantes comerciais brasileiros para prestar os serviços de venda dos produtos estrangeiros aqui no nosso território. Nessa linha de análise da realidade social, poderíamos afirmar que o representante comercial italiano não faz concorrência com o representante comercial brasileiro. O representante domiciliado na Itália atua no mercado italiano, com produtos italianos ou estrangeiros. O representante domiciliado no Brasil atua no mercado brasileiro, com produtos brasileiros ou estrangeiros. Trilhando por esse caminho, a cobrança de PIS-Importação, de Cofins-Importação e de ISS sobre os serviços de representação comercial prestados por pessoas domiciliadas no exterior cujo serviço foi realizado no exterior não seria meio adequado a atingir a finalidade da norma. Não haveria necessidade de igualar a carga tributária com os serviços nacionais. Portanto, adotamos, nesse caso, a teoria do resultado-consumação ao dizer que os serviços de representação comercial realizados integralmente no exterior, por pessoa jurídica domiciliada no exterior, não é passível de tributação no Brasil, porque aqui não foi gerado o resultado – não foi concluído fisicamente no nosso território" (HOFFMANN, Daniel Augusto. PIS-Importação, Cofins-Importação e ISS. Não incidência sobre serviços de intermediação de vendas prestados por pessoas jurídicas domiciliadas no exterior, cujos serviços são realizados exclusivamente fora do País. *RDDT* 210/32, 2013).

– **Entrada presumida de produtos.** O § 1º implica a presunção de entrada do produto supostamente extraviado, com vista a evitar que haja desvios e que, em face disso, o importador ainda se exonere da tributação. Nas hipóteses de extravio que se tenha por efetivo, como ocorre relativamente às malas e remessas postais, sob a guarda das companhias aéreas e dos serviços de correio, o § 2º, I, afasta a presunção de entrada, não ocorrendo, pois, a exigência da contribuição. A hipótese do inciso II do § 2º diz respeito às mercadorias cujo manuseio implique perdas previsíveis, normais nas operações de descarga. Mas o dispositivo admite percentual de quebra bastante rígido, de 1%, quando a legislação do Imposto sobre a Importação estabelece percentual bem superior, de 5%.

– **Aspecto temporal.** Importa considerar, ainda, o momento em que se deverão considerar ocorridos tais fatos geradores para fins de incidência das contribuições, ou seja, o aspecto temporal das hipóteses de incidência. Dispõe a Lei 10.865/04: "Art. 4º Para efeito de cálculo das contribuições, considera-se ocorrido o fato gerador: I – na data do registro da declaração de importação de bens submetidos a despacho para consumo; II – no dia do lançamento do correspondente crédito tributário, quando se tratar de bens constantes de manifesto ou de outras declarações de efeito equivalente, cujo extravio ou avaria for apurado pela autoridade aduaneira; III – na data do vencimento do prazo de permanência dos bens em recinto alfandegado, se iniciado o respectivo despacho aduaneiro antes de aplicada a pena de perdimento, na situação prevista pelo art. 18 da Lei n. 9.779, de 19 de janeiro de 1999; IV – na data do pagamento, do crédito, da entrega, do emprego ou da remessa de valores na hipótese de que trata o inciso II do *caput* do art. 3º desta Lei. Parágrafo único. O disposto no inciso I do *caput* deste artigo aplica-se, inclusive, no caso de despacho para consumo de bens importados sob regime suspensivo de tributação do imposto de importação".

– Quanto a este aspecto da norma tributária impositiva, há plena equivalência ao que é previsto pelo DL n. 37/66 relativamente ao Imposto sobre a Importação. Considerar-se-á ocorrida a entrada dos bens estrangeiros no território nacional quando do registro da Declaração de Importação na hipótese de bens submetidos ao despacho aduaneiro para consumo.

– Conforme já destacamos ao analisar o II, considera-se como mercadoria "despachada para consumo" qualquer mercadoria submetida ao despacho aduaneiro com vista à incorporação à economia nacional.

– Na importação de serviços, considera-se ocorrido o fato gerador quando da sua ocorrência mesmo, ou seja, na data do pagamento, do crédito, da entrega, do emprego ou da remessa de valores em contraprestação ao serviço prestado.

– **O registro antecipado da declaração de importação não altera o aspecto temporal das contribuições.** "PIS/COFINS-IMPORTAÇÃO. FATO GERADOR. LEI 10.865/2004. REGISTRO DA DECLARAÇÃO DE IMPORTAÇÃO. REGULAMENTO ADUANEIRO. REGISTRO ANTECIPADO DA DECLARAÇÃO DE IMPORTAÇÃO. DESPACHO ANTERIOR À OCORRÊNCIA DO FATO GERADOR. BENEFÍCIO FISCAL... 1. O registro antecipado da declaração de importação é mero benefício concedido pela autoridade fiscal ao importador (sob a condição de recolhimento de eventual diferença tributária por ocasião da ocorrência do fato gerador), cuja finalidade específica é propiciar a descarga direta de cargas a granel, não tendo o condão de alterar o momento da ocorrência do fato gerador, para fazê-lo retroagir. A previsão em lei é imprescindível à exigência de recolhimento do tributo antes da ocorrência do fato gerador. 2. O fato imponível das contribuições para o PIS/COFINS-Importação ocorre com a entrada dos bens estrangeiros no território nacional, sendo certo que, para efeitos de cálculo, realiza-se na data do registro da declaração de importação de bens submetidos a despacho para consumo, nos termos da Lei n. 10.865/2004, *in verbis*: 'Art. 3º O fato gerador será: I – a entrada de bens estrangeiros no território nacional; [...]' 'Art. 4º Para efeito de cálculo das contribuições, considera-se ocorrido o fato gerador: I – na data do registro da declaração de importação de bens submetidos a despacho para consumo;[...]' 3. Com efeito, ante a dificuldade na aferição do exato momento em que se realiza a entrada dos bens no território nacional (fato gerador material), a referida lei, para efeito de cálculo das contribuições, estabeleceu, como elemento temporal do fato gerador, a data do registro da declaração de importação, de molde a faci-

litar a arrecadação e a fiscalização pela autoridade administrativa. (Precedente...) 4. O art. 144 do CTN prescreve que o lançamento reporta-se à data da ocorrência do fato gerador da obrigação e rege-se pela lei então vigente, ainda que posteriormente modificada ou revogada, por isso que, considerando-se ocorrido o fato gerador das contribuições na data de registro da declaração de importação, a lei vigente nesse momento rege o lançamento. 5. O despacho aduaneiro, efetuado na data de registro da declaração de importação, coincide com o momento definido por lei como de ocorrência do fato gerador do PIS/COFINS-Importação, sendo certo que, antes da entrada da mercadoria no território nacional, não há importação. 6. *In casu*, os registros foram efetuados na modalidade de Registro Antecipado, vale dizer, houve o registro da declaração de importação, anteriormente à ocorrência do fato gerador das contribuições. 7. O registro antecipado da declaração de importação não tem o condão de alterar o momento da ocorrência do fato gerador, para fazê-lo retroagir" (STJ, REsp 1.118.815, 2010).

– **Sujeito ativo: União.** O PIS/Pasep-Importação e a Cofins-Importação têm como sujeito ativo a própria União. O art. 20 da Lei n. 10.865/2004 expressamente prevê a administração do tributo pela Secretaria da Receita Federal, que é órgão da Administração Direta da União.

– **Contribuinte.** Contribuinte é a pessoa física ou jurídica que promova a entrada dos bens no território nacional, relativamente à importação de bens, e a pessoa física ou jurídica aqui domiciliada contratante dos serviços ou, supletivamente, beneficiária do serviço, relativamente à importação de serviços: "CAPÍTULO III DO SUJEITO PASSIVO Art. 5º São contribuintes: I – o importador, assim considerada a pessoa física ou jurídica que promova a entrada de bens estrangeiros no território nacional; II – a pessoa física ou jurídica contratante de serviços de residente ou domiciliado no exterior; e III – o beneficiário do serviço, na hipótese em que o contratante também seja residente ou domiciliado no exterior. Parágrafo único. Equiparam-se ao importador o destinatário de remessa postal internacional indicado pelo respectivo remetente e o adquirente de mercadoria entrepostada".

– A equiparação, ao importador, do destinatário de remessa postal e do adquirente de mercadoria entrepostada, é válida, conforme expusemos quando da análise da norma de competência.

– **Responsáveis solidários.** São os arrolados no art. 6º: "Art. 6º São responsáveis solidários: I – o adquirente de bens estrangeiros, no caso de importação realizada por sua conta e ordem, por intermédio de pessoa jurídica importadora; II – o transportador, quando transportar bens procedentes do exterior ou sob controle aduaneiro, inclusive em percurso interno; III – o representante, no País, do transportador estrangeiro; IV – o depositário, assim considerado qualquer pessoa incumbida da custódia de bem sob controle aduaneiro; e V – o expedidor, o operador de transporte multimodal ou qualquer subcontratado para a realização do transporte multimodal".

– **Aspecto quantitativo.** O aspecto quantitativo é definido pela indicação das bases de cálculo e das alíquotas a serem aplicadas.

– **Lei n. 10.865/2004:** "CAPÍTULO IV DA BASE DE CÁLCULO Art. 7º A base de cálculo será: I – o valor aduaneiro, na hipótese do inciso I do *caput* do art. 3º desta Lei (redação da Lei 12.865/2013); ou II – o valor pago, creditado, entregue, empregado ou remetido para o exterior, antes da retenção do imposto de renda, acrescido do Imposto sobre Serviços de qualquer Natureza – ISS e do valor das próprias contribuições, na hipótese do inciso II do *caput* do art. 3º desta Lei [...]".

– Na sua redação original, o inciso primeiro, considerado inconstitucional pelo STF no que desbordou do valor aduaneiro (vide em nota ao art. 149, § 2º, III, a, da CF), assim dispunha: "I – o valor aduaneiro, assim entendido, para os efeitos desta Lei, o valor que servir ou que serviria de base para o cálculo do imposto de importação, acrescido do valor do Imposto sobre Operações Relativas à Circulação de Mercadorias e sobre Prestação de Serviços de Transporte Interestadual e Intermunicipal e de Comunicação – ICMS incidente no desembaraço aduaneiro e do valor das próprias contribuições, na hipótese do inciso I do *caput* do art. 3º desta Lei".

– **O valor aduaneiro como base de cálculo na importação de produtos.** Prevê o art. 149, § 2º, III, *a*, da Constituição a incidência da contribuição social sobre a importação tendo por base de cálculo o "valor aduaneiro". A expressão tem sentido próprio há muito previsto na legislação que cuida da tributação do comércio exterior, sendo, inclusive, objeto da cláusula VII do GATT. O valor aduaneiro na importação é o preço normal da mercadoria no mercado internacional posta no porto de chegada, com os encargos de transporte e seguro. A Lei n. 10.865/2004, contudo, ao definir a base de cálculo do PIS/Pasep-Importação e da Cofins-Importação, extrapolou o conceito de valor aduaneiro, determinando que abrangesse, também, o ICMS devido na importação e o montante das próprias contribuições, incorrendo, assim, em inconstitucionalidade já reconhecida pelo STF.

– **Tema 1 do STF:** "É inconstitucional a parte do art. 7º, I, da Lei 10.865/2004 que acresce à base de cálculo da denominada PIS/COFINS-Importação o valor do ICMS incidente no desembaraço aduaneiro e o valor das próprias contribuições". Decisão de mérito em 2013.

– "Repercussão geral. PIS/COFINS – importação. Lei n. 10.865/04... Valor aduaneiro acrescido do valor do ICMS e das próprias contribuições. Inconstitucionalidade. [...] 4 Ao dizer que a contribuição ao PIS/PASEP– Importação e a COFINS-Importação poderão ter alíquotas *ad valorem* e base de cálculo o valor aduaneiro, o constituinte derivado circunscreveu a tal base a respectiva competência. 5. A referência ao valor aduaneiro no art. 149, § 2º, III, *a*, da CF implicou utilização de expressão com sentido técnico inequívoco, porquanto já era utilizada pela legislação tributária para indicar a base de cálculo do Imposto sobre a Importação. 6. A Lei 10.865/04, ao instituir o PIS/PASEP-Importação e a COFINS-Importação, não alargou propriamente o conceito de valor aduaneiro, de modo que passasse a abranger, para fins de apuração de tais contribuições, outras grandezas nele não contidas. O que fez foi desconsiderar a imposição constitucional de que as contribuições sociais sobre a importação que tenham alíquota *ad valorem* sejam calculadas com base no valor aduaneiro, extrapolando a norma do art. 149, § 2º, III, *a*, da Constituição Federal. [...] 9. Inconstitucionalidade da seguinte parte do art. 7º, inciso I, da Lei 10.865/04: 'acres-

cido do valor do Imposto sobre Operações Relativas à Circulação de Mercadorias e sobre Prestação de Serviços de Transporte Interestadual e Intermunicipal e de Comunicação – ICMS incidente no desembaraço aduaneiro e do valor das próprias contribuições, por violação do art. 149, § 2º, III, *a*, da CF, acrescido pela EC 33/01'" (STF, RE 559.937, 2013).

• Vide, em nota ao art. 149, § 2º, III, *a*, toda a discussão acerca da base de cálculo, inclusive o voto da Min. Ellen Gracie como relatora da questão no início de julgamento da matéria pelo STF, bem como a ementa a Arguição de Inconstitucionalidade julgada pela Corte Especial do TRF4.

– **O valor pago como base de cálculo na importação de serviços.** No que diz respeito à importação de serviços, estabeleceu como base de cálculo o valor pago, creditado ou remetido como contraprestação pelos serviços, acrescido do montante do ISS incidente sobre a operação e sobre o montante das próprias contribuições.

– **Alíquotas.** A alíquota do PIS/Pasep-Importação é de 1,65, que antes equivaliam às do PIS e da Cofins internas (1,65% e 7,6%), foram elevadas para 2,1% 3 9,65%, respectivamente, pela MP n. 668/2015, convertida pela Lei 13.137/2015, que deu nova redação ao art. 8º da Lei n. 10.865/2004.

– A lei estabelece percentuais de PIS/Pasep-Importação e de Cofins-Importação diferenciados para alguns itens como produtos farmacêuticos (2,76% e 13,03%), produtos de perfumaria e higiene pessoal (3,52% e 16,48%), papel imune para a impressão de periódicos (0,8% e 3,2%) etc.

– A lei também reduz a zero a alíquota de alguns produtos, como a do papel destinado à impressão de jornais e a da nafta petroquímica, dentre outros. A lista de produtos sujeitos à alíquota zero, constante do § 12 do art. 8º da Lei 10.865/2004, tendo sido seguidamente alterada e ampliada, inclusive pelas Leis n. 12.649/2012 e n. 12.995/2014.

– A Lei n. 10.865/2004, no mesmo art. 8º, também diferencia o tratamento de outros produtos, fixando-lhes alíquota específica, ou seja, determinando um valor fixo por unidade de produto ou por volume. É o caso das embalagens para refrigerantes e cerveja, da própria cerveja, de gasolinas etc.

– **Delegação ao Executivo para redução ou restabelecimento de alíquotas.** Traz, também, no § 11 do art. 8º, autorização ao Executivo para reduzir alíquotas a zero e restabelecê-las relativamente a alguns produtos, como alguns químicos e farmacêuticos e outros destinados ao uso em hospitais, clínicas e consultórios médicos e odontológicos, campanhas de saúde e laboratórios de anatomia patológica, citológica ou de análises clínicas. Esta delegação ao Executivo para integrar a norma tributária impositiva, mexendo em seu aspecto quantitativo, contudo, não encontra suporte constitucional.

– Lei n. 10.865/2004: "Ar. 8º... § 11. Fica o Poder Executivo autorizado a reduzir a 0 (zero) e a restabelecer as alíquotas do PIS/PASEP-Importação e da COFINS-Importação, incidentes sobre: I – produtos químicos e farmacêuticos classificados nos Capítulos 29 e 30 da NCM; II – produtos destinados ao uso em hospitais, clínicas e consultórios médicos e odontológicos, campanhas de saúde realizadas pelo Poder Público e laboratórios de anatomia patológica, citológica ou de análises clínicas, classificados nas posições 30.02, 30.06, 39.26, 40.15 e 90.18 da NCM" (Redação da Lei n. 11.196/2005).

– Adicional de alíquota. Tema 1.047 do STF: "I – É constitucional o adicional de alíquota da Cofins-Importação previsto no § 21 do artigo 8º da Lei n. 10.865/2004; II – A vedação ao aproveitamento do crédito oriundo do adicional de alíquota, prevista no artigo 15, § 1º-A, da Lei n. 10.865/2004, com a redação dada pela Lei 13.137/2015, respeita o princípio constitucional da não cumulatividade. II – A vedação ao aproveitamento do crédito oriundo do adicional de alíquota, prevista no artigo 15, § 1º-A, da Lei n. 10.865/2004, com a redação dada pela Lei 13.137/2015, respeita o princípio constitucional da não cumulatividade". Decisão do mérito em 2020.

– Prazo de recolhimento. As contribuições Cofins-Importação e PIS/Pasep-Importação são pagas, relativamente à importação de bens, na data do registro da Declaração de Importação, aliás como ocorre com o próprio Imposto sobre a Importação. Ou seja, é considerado ocorrido o fato gerador com o registro da Declaração de Importação e, incontinente, é feito o pagamento das novas contribuições e do imposto sobre a importação eletronicamente, através do Siscomex. Também o IPI e o ICMS, quando devidos, são pagos antes do desembaraço. Há prazo específico para o regime de entreposto aduaneiro – em que a mercadoria estrangeira fica em recinto alfandegado com suspensão do pagamento do tributo –, em que é admitida a nacionalização da mercadoria. Neste caso, o pagamento é feito também simultaneamente à consideração da ocorrência do fato gerador, ou seja, no vencimento do prazo de permanência do bem no recinto alfandegado. Já quanto à importação de serviços, o pagamento das contribuições é feito por ocasião do pagamento, crédito, entrega, emprego ou remessa da contraprestação (do preço do serviço), ou seja, simultaneamente à consideração da ocorrência do fato gerador. É o que dispõe o art. 13 da Lei n. 10.865/2004: "CAPÍTULO VII DO PRAZO DE RECOLHIMENTO Art. 13. As contribuições de que trata o art. 1º desta Lei serão pagas: I – na data do registro da declaração de importação, na hipótese do inciso I do *caput* do art. 3º desta Lei; II – na data do pagamento, crédito, entrega, emprego ou remessa, na hipótese do inciso II do *caput* do art. 3º desta Lei; III – na data do vencimento do prazo de permanência do bem no recinto alfandegado, na hipótese do inciso III do *caput* do art. 4º desta Lei".

§ 1º As receitas dos Estados, do Distrito Federal e dos Municípios destinadas à seguridade social constarão dos respectivos orçamentos, não integrando o orçamento da União.

⇒ **Orçamento próprio para a seguridade social.** "Seção II DOS ORÇAMENTOS Art. 165. Leis de iniciativa do Poder Executivo estabelecerão: I – o plano plurianual; II – as diretrizes orçamentárias; III – os orçamentos anuais. [...] § 5º – A lei orçamentária anual compreenderá: I – o orçamento fiscal referente aos Poderes da União, seus fundos, órgãos e entidades da administração direta e indireta, inclusive fundações instituídas e mantidas pelo Poder Público; II – o orçamento de investimento das empresas em que a União, direta ou indiretamente, detenha a maioria do capital social com direito a voto; III – o orçamento da seguridade social, abran-

gendo todas as entidades e órgãos a ela vinculados, da administração direta ou indireta, bem como os fundos e fundações instituídos e mantidos pelo Poder Público".

§ 2º A proposta de orçamento da seguridade social será elaborada de forma integrada pelos órgãos responsáveis pela saúde, previdência social e assistência social, tendo em vista as metas e prioridades estabelecidas na lei de diretrizes orçamentárias, assegurada a cada área a gestão de seus recursos.

⇒ **Elaboração do orçamento da Seguridade Social.** "A ideia de que, aproximando umas das outras, normativamente, as ações de saúde, os serviços assistenciais, o custeio e as prestações previdenciárias, a Constituição pretende criar sem ter criado a seguridade social é mais uma vez confirmada com a disposição do art. 195, § 2º: '...'. O orçamento será, senão único, pelo menos unificado ou integrado, mas não será da seguridade social, já que a essa técnica não corresponde ainda um ministério ou órgão centralizador e sim o de cada uma das três medidas que compõem. Cada uma das áreas administrará o seu próprio orçamento, que será elaborado integrado, propiciando no futuro a decisão político-administrativa de um único e gigantesco órgão controlador das três ações" (MARTINEZ, Wladimir Novaes. *A Seguridade Social na Constituição*. LTr, 1989, p. 59).

§ 3º A pessoa jurídica em débito com o sistema da seguridade social, como estabelecido em lei, não poderá contratar com o Poder Público nem dele receber benefícios ou incentivos fiscais ou creditícios.

⇒ **Devedores da Previdência não podem contratar com o poder público nem receber benefícios e incentivos.** A vedação à contratação insere-se no contexto da habilitação fiscal dos licitantes, nos termos dos arts. 27 e 29 da Lei n. 8.666/93. A restrição aos benefícios ou incentivos fiscais ou creditícios é bastante relevante, porquanto evita que o Estado realize gastos tributários (renúncia de receitas) ou que destine recursos em favor de devedores da Previdência.

– Não se aplicou durante o estado de calamidade pública decorrente de pandemia. A EC n. 106/2020, instituiu regime extraordinário fiscal, financeiro e de contratações para enfrentamento de calamidade pública nacional decorrente de pandemia.

– EC n. 106/2020. "Art. 3º... Parágrafo único. Durante a vigência da calamidade pública nacional de que trata o art. 1º desta Emenda Constitucional, não se aplica o disposto no § 3º do art. 195 da Constituição Federal".

⇒ **Débito com o sistema de Seguridade Social.** Envolve todas as contribuições voltadas ao custeio da Seguridade Social, sejam para o financiamento da previdência, da assistência ou da saúde.

⇒ **Exigência de CND para desembaraço de mercadoria com benefício fiscal. Possibilidade.** "TRIBUTÁRIO. BENEFÍCIO FISCAL – BEFIEX. CERTIDÃO DE QUITAÇÃO DE CONTRIBUIÇÕES E TRIBUTOS FEDERAIS. EXIGÊNCIA. LEGALIDADE. l. Para o desembaraço aduaneiro de mercadoria com benefício fiscal – BEFIEX, é exigível certidão que comprove a quitação de contribuições e tributos federais, independentemente de previsão no ato deferitório, pois a Constituição Federal veda expressamente a fruição de incentivo ou benefício fiscal por pessoa jurídica em débito com o sistema da seguridade social (art. 195, § 3º, regulamentado pelo art. 60 da Lei 9069/95). 2. Apelo improvido" (TRF4, AMS 97.04.03998-0, 2000).

⇒ **Condicionamentos em função da regularidade fiscal.** A par dos condicionamentos constantes deste parágrafo, a lei só poderá exigir a comprovação da regularidade fiscal para a prática de atos quando tal não ofender os direitos constitucionais ao livre exercício de trabalho ou profissão e ao exercício de qualquer atividade econômica.

– **Sobre as Certidões Negativas de Débito.** Vide notas aos arts. 205 e 206 do CTN, nas quais há farto material.

– Sobre os constrangimentos inconstitucionais para forçar o pagamento dos tributos. Vide nota ao art. 156, I, do CTN.

§ 4º A lei poderá instituir outras fontes destinadas a garantir a manutenção ou expansão da seguridade social, obedecido o disposto no art. 154, I.

⇒ **Outras fontes de custeio que não as já nominadas no art. 195, incisos I a IV.** A referência à possibilidade de instituição de outras fontes, claramente, remete ao futuro, ou seja, à instituição de fontes novas de custeio que não as já previstas nos incisos I a IV deste art. 195, excluídas da sua incidência, ainda, as que já existiam quando do advento da CF/88 e que foram por ela expressamente recepcionadas, como o PIS, referido no art. 239 da CF.

⇒ **Competência residual: requisitos para o seu exercício. Remissão ao art. 154, I.** O art. 195, § 4º, da Constituição Federal também autoriza a instituição de outras contribuições que não encontrem suporte nos incisos I a IV, desde que respeitada a técnica de exercício da competência residual posta no art. 154, I, da CF. Após acirrada discussão sobre o sentido da remissão feita pelo § 4º do art. 195 ao inciso I do art. 154 da CF, a matéria restou pacificada pelo Supremo Tribunal Federal que deixou claros os requisitos para a instituição das novas contribuições de seguridade social residuais: 1) exigência de lei complementar; 2) não cumulatividade; 3) fato gerador e base de cálculo distintos das contribuições de seguridade já previstas no art. 195 (incisos I a IV).

⇒ **Exigência de lei complementar.** Quando da análise de qualquer nova contribuição para o custeio da seguridade social ou mesmo da ampliação da hipótese de incidência ou da base de cálculo de contribuição já existente, tem-se de analisar, em primeiro lugar, se a inovação se situa dentre as bases econômicas já previstas no art. 195, I a IV, da Constituição, ou seja, se é possível considerá-la como uma contribuição ordinária ou nominada, passível de instituição mediante lei ordinária. Em não havendo a possibilidade de recondução aos incisos I a IV, estaremos em face de uma nova contribuição de custeio da seguridade social, cuja instituição depende, necessariamente, de lei complementar. Destaque-se que, em se fazendo necessária lei complementar, a instituição de nova contribuição não pode se dar por medida provisória, cuja conversão é feita necessariamente em lei ordinária. Após a EC n. 32/01,

aliás, passou a haver vedação expressa à utilização de medida provisória relativamente às matérias reservadas à lei complementar, conforme se vê do art. 62, § 1º, III, da CF. Há várias contribuições que já restaram censuradas e tiveram sua inconstitucionalidade reconhecida em razão de não terem sido instituídas por lei complementar, violando, pois, o § 4º do art. 195. Assim ocorreu com a contribuição sobre autônomos e administradores, instituída pela Lei n. 7.787/89 e, posteriormente, pela Lei n. 8.212/91.

– "... II. A Contribuição da Lei 7.689, de 15.12.88, é uma contribuição social instituída com base no art. 195, I, da Constituição. As contribuições do art. 195, I, II, III, da Constituição, não exigem, para a sua instituição, lei complementar. Apenas a contribuição do § 4º do mesmo artigo 195 é que exige, para a sua instituição, lei complementar, dado que essa instituição deverá observar a técnica da competência residual da União (CF, art. 195, § 4º; CF, art. 154, I). Posto estarem sujeitas a lei complementar do art. 146, III, da Constituição, porque não são impostos, não há necessidade de que a lei complementar defina o seu fato gerador, base de cálculo e contribuintes (C.F, art. 146, III, *a*)" (STF, RE 138.284, 1992).

– "... 2. Mérito. O art. 195, I, da Constituição prevê a cobrança de contribuição social dos empregadores, incidente sobre a folha de salários, o faturamento e o lucro; desta forma, quando o § 2º do art. 25 da Lei n. 8.870/94 cria contribuição social sobre o valor estimado da produção agrícola própria, considerado o seu preço de mercado, é ele inconstitucional porque usa uma base de cálculo não prevista na Lei Maior. 3. O § 4º do art. 195 da Constituição prevê que a lei complementar pode instituir outras fontes de receita para a seguridade social; desta forma, quando a Lei n. 8.870/94 serve-se de outras fontes, criando contribuição nova, além das expressamente previstas, é ela inconstitucional, porque é lei ordinária, insuscetível de veicular tal matéria. 4. Ação direta julgada procedente, por maioria, para declarar a inconstitucionalidade do § 2º do art. 25 da Lei n. 8.870/94" (STF, ADI 1.103-1, 1996).

– Eis a argumentação da Fazenda Nacional na defesa da dispensa de lei complementar, conforme excerto de contestação relativa à AO 96.0012223-7, firmada pelo Procurador da Fazenda Ricardo Py Gomes da Silveira, é razoável: "Mesmo para a instituição de outras fontes de recursos para a seguridade social, não é exigível a utilização do instrumento legislativo da lei complementar, como parece à primeira leitura do § 4º do citado artigo 195. É que a remissão que esse parágrafo faz ao artigo 154, inciso I, não diz respeito ao processo legislativo, pois, se assim o fizesse, estaria configurada a antinomia na disposição constitucional: instituição de outras fontes de recursos, por lei ordinária, art. 195, § 4º, *e*, por remissão ao art. 154, I, exigência de lei complementar".

⇒ **Não cumulatividade.** Sobre a noção de não cumulatividade, vide nota ao art. 153, § 3º, II.

– A CPMF implicava incidência cumulativa e só foi instituída validamente porque recebeu autorização constitucional específica, forte nas sucessivas emendas constitucionais que deram suporte à sua instituição e prorrogação, conforme se vê dos arts. 75

e seguintes do ADCT. Não era viável instituí-la no exercício da competência residual outorgada pelo art. 195, § 4º, da CF, eis que não superaria o requisito da não cumulatividade, aplicável em face da remissão ao art. 154, I, da CF.

– Inaplicabilidade aos tributos com ciclo de incidência monofásico. "Contribuição social. Constitucionalidade do artigo 1º, I, da Lei Complementar n. 84/96. – O Plenário desta Corte, ao julgar o RE 228.321, deu, por maioria de votos, pela constitucionalidade da contribuição social, a cargo das empresas e pessoas jurídicas, inclusive cooperativas, incidente sobre a remuneração ou retribuição pagas ou creditadas aos segurados empresários, trabalhadores autônomos, avulsos e demais pessoas físicas, objeto do artigo 1º, I, da Lei Complementar n. 84/96, por entender que não se aplica às contribuições sociais novas a segunda parte do inciso I do artigo 154 da Carta Magna, ou seja, que elas não devam ter fato gerador ou base de cálculos próprios dos impostos discriminados na Constituição. – Nessa decisão está ínsita a inexistência de violação, pela contribuição social em causa, da exigência da não cumulatividade, porquanto essa exigência – e é este, aliás, o sentido constitucional da cumulatividade tributária – só pode dizer respeito à técnica de tributação que afasta a cumulatividade em impostos como o ICMS e o IPI – e cumulatividade que, evidentemente, não ocorre em contribuição dessa natureza cujo ciclo de incidência é monofásico –, uma vez que a não cumulatividade no sentido de sobreposição de incidências tributárias já está prevista, em caráter exaustivo, na parte final do mesmo dispositivo da Carta Magna, que proíbe nova incidência sobre fato gerador ou base de cálculo próprios dos impostos discriminados nesta Constituição. – Dessa orientação não divergiu o acórdão recorrido. Recurso extraordinário não conhecido" (STF, RE 258.774-5, 2000).

– "PIS E COFINS. REGIME DA NÃO CUMULATIVIDADE. TRIBUTAÇÃO MONOFÁSICA. AUSÊNCIA DE DIREITO A CRÉDITO PELO SUJEITO INTEGRANTE DO CICLO ECONÔMICO QUE NÃO SOFRE A INCIDÊNCIA DO TRIBUTO. 1. Pretende a agravante valer-se da previsão normativa do art. 17 da Lei 11.033/2004 para apurar créditos segundo a sistemática das Leis 10.637/2002 e 10.833/2003, que disciplinam, respectivamente, o PIS e a Cofins não cumulativos, embora figure como revendedora em cadeia produtiva sujeita à tributação monofásica. 2. O regime jurídico da não cumulatividade pressupõe tributação plurifásica, ou seja, aquela em que o mesmo tributo recai sobre cada etapa do ciclo econômico. Busca-se evitar a incidência em cascata, de modo a que a base de cálculo do tributo, em cada operação, não contemple os tributos pagos em etapas anteriores. 3. Na tributação monofásica, por outro lado, não há risco de cumulatividade, pois o tributo é aplicado de forma concentrada numa única fase, motivo pelo qual o número de etapas passa a ser indiferente para efeito de definição da efetiva carga tributária. Logo, não há razão jurídica para que, nas fases seguintes, o contribuinte se aproveite de crédito decorrente de tributação monofásica ocorrida no início da cadeia [...]. 4. Por não estar inserida no regime da não cumulatividade do PIS e da Cofins, nos termos das Leis 10.637/2002 e 10.833/2003, a recorrente não faz jus à manutenção de créditos prevista no art. 17 da Lei 11.033/2004. Tal fundamento é suficiente para o não

acolhimento da pretensão recursal" (STJ, AgRg no REsp 1.239.794, 2013).

– "[...] 3. O princípio da não cumulatividade dos novos tributos, constante no art. 154, I, c/c o art. 194, § 4º, da CF, aplica-se tão só àquela cumulatividade que resulta da tributação de operações em cadeia, com multiplicidade de incidências, não se referindo tal proibição à cumulação de dois tributos (um imposto e uma contribuição social) já previstos na CF, incidentes sobre o mesmo fato gerador. [...]" (TRF1, 3ª T., AMS 1997.01.00.043974-1/GO, Juiz Antônio Ezequiel, maio 1999, *DJU* de 10-9-1999).

– "... a fixação da modalidade monofásica de apuração e cobrança da contribuição para o PIS e da Cofins ocorreu, na maioria dos casos, antes mesmo da criação da sistemática não cumulativa advinda com as MP's ns. 66/02 e 135/03. É possível se inferir desse fato que o regime monofásico foi instituído para substituir a incidência cumulativa das contribuições ao longo de toda a cadeia de produção/importação e distribuição/comercialização daqueles produtos que então foram eleitos para se submeter à concentração da tributação em determinada etapa do ciclo econômico. Vale dizer: o que se objetiva com a fixação da sistemática monofásica de tributação, em geral, é simplesmente concentrar a obrigação pelo recolhimento das contribuições que seriam devidas ao longo da cadeia de circulação econômica em uma determinada etapa – via de regra, na produção ou importação da mercadoria sujeita a tal modalidade de tributação –, sem que isso represente redução da carga incidente sobre os respectivos produtos" (MARQUES, Thiago de Mattos. Apuração de créditos de PIS/Cofins no regime monofásico... *RDDT* 170/129, 2009). Contudo, tal autor conclui no sentido de que, a partir da Lei 10.865/04 foi contemplada a "possibilidade de o distribuidor ou comerciante de mercadorias sujeitas à incidência monofásica do PIS/Cofins apurar créditos de tais contribuições em conformidade com o disposto nos incisos II e seguintes dos artigos 3º das Leis ns. 10.647/02 e 10.833/03" e que tal deve ser reconhecido porquanto rejeitada a MP n. 451/2008 que vedava tal creditamento. Sobre o regime monofásico, vide nota ao art. 195, I, *b*, da CF.

– Cumulatividade e não cumulatividade da PIS/COFINS-Importação. Inaplicabilidade do § 4º do art. 195. "PIS/COFINS – importação. Lei n. 10.865/04... 3. Inaplicável ao caso o art. 195, § 4º, da Constituição. Não há que se dizer que devessem as contribuições em questão ser necessariamente não cumulativas. O fato de não se admitir o crédito senão para as empresas sujeitas à apuração do PIS e da COFINS pelo regime não cumulativo não chega a implicar ofensa à isonomia, de modo a fulminar todo o tributo. A sujeição ao regime do lucro presumido, que implica submissão ao regime cumulativo, é opcional, de modo que não se vislumbra, igualmente, violação do art. 150, II, da CF" (STF, RE 559.937, 2013).

⇒ **A questão do *bis in idem* e da bitributação.** As vedações à identidade de fato gerador e de base de cálculo ou estão expressas no texto constitucional (caso das contribuições de seguridade social entre si) ou decorrem de uma impossibilidade lógica por força dos próprios traços característicos das espécies tributárias (caso das taxas e das contribuições de melhoria, que pressupõem serviço e obra públicos). A Constituição Federal de 1988 vedou expressamente a bitributação e o *bis in idem* relativamente aos impostos, ao estabelecer competências tributárias a princípio privativas em favor de cada ente político e determinar que eventual exercício da competência residual pela União se desse mediante fato gerador e base de cálculo distintos dos atinentes às bases econômicas já previstas no texto constitucional (art. 154, I). Tal vedação, pois, diz respeito aos impostos entre si, excepcionados, apenas, por expressa autorização constitucional, os impostos extraordinários de guerra (art. 154, II). A reserva de bases econômicas em caráter privativo só passível de ser excepcionada pelo imposto extraordinário de guerra, diz respeito, ressalto, exclusivamente, à competência para a instituição de impostos. A Constituição vedou, igualmente, o *bis in idem* relativamente às contribuições de seguridade social, ao eleger bases econômicas e determinar que o exercício da competência residual se conforme à mesma sistemática da competência residual atinente aos impostos. Enquanto, para os impostos, os novos não podem repetir os já previstos constitucionalmente, para as contribuições de seguridade, as novas não podem repetir as contribuições de seguridade já previstas constitucionalmente (art. 195, I, II e III), o que se extrai da remissão feita pelo art. 195, § 4º, ao art. 154, I, conforme, aliás, restou esclarecido pelo STF, dentre outros, no RE 228.321 e no RE 146.733. Há, pois, uma simetria entre o exercício da competência residual atinente à instituição de impostos e o exercício da competência residual atinente à instituição de contribuições de seguridade social.

– **PIS-Importação e Cofins-Importação.** "Repercussão geral. PIS/COFINS – importação. Lei n. 10.865/04. Vedação de *bis in idem*. Não ocorrência... 1. Afastada a alegação de violação da vedação ao *bis in idem*, com invocação do art. 195, § 4º, da CF. Não há que se falar sobre invalidade da instituição originária e simultânea de contribuições idênticas com fundamento no inciso IV do art. 195, com alíquotas apartadas para fins exclusivos de destinação. 2. Contribuições cuja instituição foi previamente prevista e autorizada, de modo expresso, em um dos incisos do art. 195 da Constituição validamente instituídas por lei ordinária. Precedentes. [...]" (STF, RE 559.937, 2013).

– **Ausência de vedação à instituição de contribuição sobre fato gerador e com base de cálculo de impostos.** Inexiste vedação a que se tenha identidade de fato gerador e base de cálculo entre impostos e contribuições de seguridade social. Assim, o fato de uma contribuição ter fato gerador ou base de cálculo idênticos aos dos impostos não revela, por si só, vício de inconstitucionalidade. Não há vedação expressa nem impedimento decorrente das características de tais espécies tributárias, eis que ambas podem ter fato gerador não vinculado. Não há impedimento, pois, a que haja *bis in idem* ou mesmo bitributação por contribuição de seguridade social relativamente a impostos já instituídos ou que venham a ser instituídos. Tampouco há impedimento ao *bis in idem* entre contribuição de seguridade social relativamente a outras contribuições sociais gerais, de intervenção no domínio econômico ou do interesse das categorias profissionais ou econômicas.

– Em outubro de 1998, apreciando a LC n. 84/96, o STF, por maioria, consagrando posição que já adotara anteriormente, entendeu que a CF/88 não proíbe a coincidência da base de cálculo da contribuição com a base de cálculo de imposto já existente. RE 228.321-RS, Min. Carlos Velloso, 1-10-1998 (*Informativo* n. 125 do STF).

– "... o que veda o art. 195, § 4º, é que quaisquer outras contribuições, para fim de seguridade social, venham a ser instituídas sobre os fenômenos econômicos descritos nos incs. I, II e III do *caput*..." (excerto do voto do Min. Ilmar Galvão no RE 146.733-SP).

– "[...] 2. A vedação constitucional da bitributação, resultante dos arts. 154, I, e 195, § 4º, da CF, impede a criação de imposto ou contribuição social novos com fato gerador ou base de cálculo próprios de imposto ou contribuição social já existentes, não sendo vedada, porém, a criação de uma contribuição social prevista no texto constitucional como fato gerador ou base de cálculo idênticos aos de imposto já existente. [...]" (TRF1, AMS 1997.01.00.043974-1, 1999).

– Não há de se aceitar, pois, a criação de nova contribuição que repita uma já referida no art. 195. Com isso, tem-se que não se deve, também, invocar a teoria de que mera repetição de tributo já existente configura adicional ao mesmo e que, portanto, seria em tese aceitável.

– **Inaplicabilidade da vedação do *bis in idem* aos tributos expressamente recepcionados pela Constituição.** A sistemática do § 4º, inclusive com a vedação do *bis in idem*, não se aplica às contribuições que já existiam quando do advento do texto constitucional e que foram por ele expressamente recepcionadas. Além disso, o art. 240 estabelece ressalva à aplicação do art. 195 relativamente às contribuições destinadas aos serviços sociais vinculados às entidades sindicais.

– **Identidade entre os fatos geradores do PIS/Pasep e da Cofins. Exceção. Art. 239 da CF.** "[...] O Tribunal julgou improcedente a ação quanto ao art. 8º, I, da mencionada Lei (A contribuição será calculada mediante a aplicação, conforme o caso, das seguintes alíquotas: I – 0,65% sobre o faturamento;), rejeitando a tese de ofensa ao art. 154, I, c/c 195, § 4º, ambos da CF, em que se alegava a identidade entre os fatos geradores da contribuição para o PIS/PASEP e da COFINS (LC 70/91), uma vez que tais dispositivos referem-se à criação de novas exações e a contribuição para o PIS/PASEP está autorizada expressamente pela própria Constituição (CF, art. 239). No tocante ao art. 10 da Lei 9.715/98, que confere à Receita Federal a administração e fiscalização da contribuição, o Tribunal também julgou a ação improcedente ao fundamento de que se trata de providência de natureza simplesmente executiva, por economia da administração pública, afastando a alegada inconstitucionalidade por evasão de recursos da seguridade social. ADI 1.417-DF, Min. Octávio Gallotti, 2.8.99" (*Informativo* n. 156 do STF).

– **Identidade entre os fatos geradores. Contribuição previdenciária (quota patronal), contribuições do salário-educação, SAT, Incra e Sebrae.** "Com a decisão do RE 228.321-RS, a questão foi definida explicitamente, com o que não mais poderá o INSS valer-se de sofismas até então correntemente utilizados para justificar a múltipla incidência de contribuições sobre fatos geradores idênticos. No voto vencedor do mesmo Min. Carlos Mário da Silva Velloso, Relator daquele feito, lê-se: 'A duas, porque, quando o § 4º, do art. 195, da CF, manda obedecer a regra da competência residual da União art. 154, I não estabelece que as contribuições não devam ter fato gerador ou base de cálculo de impostos. As contribuições, criadas na forma do § 4º, do art. 195, da CF, não devem ter, isto sim, fato gerador e base de cálculo próprios das contribuições já existentes.' [...] A partir de agora, portanto, a questão está posta com clareza intergiversável: a Constituição Federal proíbe, nos arts. 195, § 4º, e 154, I, a incidência de mais de uma contribuição previdenciária sobre o mesmo fato gerador (regra geral), somente se admitindo tal fenômeno, consequentemente, nos casos expressamente previstos no texto constitucional. [...] Tendo sido instituída a contribuição sobre a folha pela Lei 8.212/91, constituem contribuições adicionais sobre folha vedadas pela Constituição Federal: a) o salário-educação, na medida em que o art. 212 da CF/88 não prevê sua incidência sobre a folha de salários; ... b) o S.A.T. seguro de acidente de trabalho, previsto genericamente no art. 7º, XXVIII, da CF/88, sem que ali se dissesse que incidiria sobre a folha de salário; ... c) a contribuição para o INCRA, não contida na ressalva do art. 240 da CF/88 e, portanto, revogada pela nova Carta; d) a contribuição para o SEBRAE, pelas mesmas razões acima expostas; e) todas as demais contribuições aqui não lembradas (são tantas que é realmente difícil compilá-las) que não tenham tido sua incidência sobre a folha de salários prevista expressamente na Constituição Federal" (CAMPOS, Flávio. Contribuições sociais/reconhecimento expresso da vedação constitucional de bitributação pelo Supremo Tribunal Federal. *Rep. IOB de Jur*. 1998, Verbete 1/12883).

– "... Considerou-se, ainda, que o salário-educação não incide na vedação de identidade de base de cálculo (CF, art. 154, I e art. 195, § 4º) porque tem previsão constitucional expressa (CF, art. 212, § 5º). ADC 3-DF, Min. Nelson Jobim, 2.12.99" (*Informativo* n. 173 do STF).

– **No sentido de que as bases econômicas do art. 195 não podem ser objeto de nenhum outro tributo, salvo as exceções constitucionais.** "A definição da folha de salários como base de cálculo, pelo art. 195, I, da Constituição em vigor, torna inadmissível que essa mesma base venha a ser utilizada para a instituição e cobrança de outro tributo que não se destine ao financiamento da seguridade social. A rigidez do sistema tributário que, cuidadosamente, repartiu as competências e as receitas fiscais, impõe essa exclusividade. O *non bis in idem* teve duas exceções, definidas na própria Constituição. A primeira é a contribuição social para o Fundo de Garantia por Tempo de Serviço enquanto que, a segunda é aquela cuja finalidade era bem outra, mas, com o advento da Lei Suprema de 1988, passou a integrar, como contribuição sobre a folha de salários, o custeio dos programas de saúde, previdência social e assistência social. Trata-se da contribuição para o PIS/Pasep incidente sobre as entidades sem fins lucrativos" (BALERA, Wagner. Contribuição sobre a folha de salários. Remunerações que compõem sua base de cálculo. *RFDT* 10/105, 2004).

⇒ **LC n. 84/96. Contribuição sobre a remuneração de autônomos, empresários e avulsos.** A LC n. 84/96 veio viabilizar, pela via legislativa adequada e como contribuição nova instituída no exercício da competência residual da União (art. 195, § 4º, CF), a exigência de contribuição sobre a remuneração dos autônomos, empresários e avulsos. Atualmente, está revogada expressamente pelo art. 9º da Lei n. 9.876/99.

– "CONTRIBUIÇÕES SOCIAIS: EMPRESÁRIOS, AUTÔNOMOS e AVULSOS. Lei Complementar n. 84, de 18.01.96: CONSTITUCIONALIDADE. I. – Contribuição social instituída pela Lei Complementar n. 84, de 1996: constitucionalidade" (STF, RE 228.321, 1998).

– "A Turma, reconhecendo a constitucionalidade da cobrança da contribuição social prevista no art. 1º, I da LC 84/96 – conforme a orientação firmada pelo Plenário no julgamento do RE 228.321-RS (Sessão de 1º.10.98, v. *Informativo* n. 125) –, recebeu em parte embargos de declaração para, mantendo o resultado do julgamento do acórdão embargado, declarar que a mencionada contribuição não ofende os princípios da não cumulatividade, da liberdade de associação e da livre concorrência. RE (EDcl) 226.663-MG, 231.537-MG, 233.453-MG, Min. Moreira Alves, 29.2.2000" (*Informativo* n. 180 do STF, 2000).

– Sobre a LC n. 84/96, vide, ainda, Marcelo Uchôa da Veiga Junior, Contribuição previdenciária sobre pagamentos a autônomos, avulsos e dirigentes de empresas. Inconstitucionalidade da Lei Complementar n. 84/96 e da legislação que a regulamenta, em *CDTFP* 16/26, São Paulo: RT, 1996; do *Repertório IOB*, Augusto César Pereira da Silva, A contribuição incidente sobre a remuneração dos administradores e autônomos: novas inconstitucionalidades, sob n. 1/10448; José Wilson Ferreira Sobrinho, Contribuição previdenciária da Lei Complementar n. 84/96, sob n. 1/10196; Vittorio Cassone, Contribuições sociais instituídas pela Lei Complementar n. 84/96, sob n. 1/947; Sérgio Pinto Martins, Contribuição à Seguridade Social criada pela Lei Complementar n. 84/96, sob n. 1/9709; Paulo José Leite Farias, Apontamentos sobre as Contribuições de Seguridade Social na Constituição de 1988/Análise da contribuição residual instituída na Lei Complementar n. 84/96, revista *Teia Jurídica*; Alexandre Aguiar Maia, LC n. 84/96 sua inconstitucionalidade, sob n. 1/11249. Vide, ainda, na revista *CDTFP* n. 18, São Paulo: RT, 1997: Arlindo Felipe da Cunha, Contribuição Social instituída pela Lei Complementar n. 84/96; Adonilson Franco, Lei Complementar n. 84/96; Vinicius Tadeu Campanile, As Contribuições Sociais e a Lei Complementar n. 84/96; Antônio Manoel Gonçalves, A Lei Complementar n. 84/96.

– **LC n. 84/96. Incidência sobre comissões pagas a corretores. Súmula 458 do STJ:** "A contribuição previdenciária incide sobre a comissão paga ao corretor de seguros".

– "CONTRIBUIÇÃO SOCIAL. LEI COMPLEMENTAR N. 84/96. INCIDÊNCIA SOBRE AS COMISSÕES PAGAS AOS CORRETORES DE SEGURO. INTERMEDIAÇÃO DE SERVIÇOS. I – Na Lei n. 8.212/91 a definição de segurado, em face da generalidade atribuída ao conceito 'serviços', tem adequação na hipótese da intermediação realizada pelo corretor, em favor das companhias de seguro. II – 'A remuneração percebida pelo corretor pela venda do seguro configura a prestação de serviço autônomo, fato gerador da hipótese de incidência prevista no art. 1º da Lei Complementar n. 84/96' (REsp 600215/RJ, Primeira Turma, 1º/8/2006)" (STJ, REsp 993.599, 2008).

– LC n. 84/96. Não incidência sobre *royalties*. "CONTRIBUIÇÃO SOCIAL INCIDENTE SOBRE *ROYALTIES*. LEI COMPLEMENTAR N. 84/96. CONTRATOS DE TRANSFERÊNCIA DE TECNOLOGIA INDUSTRIAL (*KNOW HOW*). NÃO INCIDÊNCIA. Não incide contribuição social, prevista na Lei Complementar n. 84/96, sobre os *royalties* pagos em decorrência dos contratos de transferência de tecnologia industrial" (TRF4, AC 2000.04.01.038193-4, 2000).

⇒ LC n. 84/96. Regime das cooperativas. À luz da Lei Complementar n. 84/96, as cooperativas de trabalho estavam obrigadas ao pagamento de contribuição de 15% sobre o valor pago a seus cooperados. No caso de pagamento a autônomo que estivesse contribuindo em classe de salário-base sobre a qual incidisse alíquota máxima, podiam as cooperativas optar por efetuar o pagamento de vinte por cento do salário-base.

– Com a Lei 9.876/99, restou extinta tal contribuição e instituída nova contribuição, também de 15%, mas a ser suportada pela empresa tomadora dos serviços e incidindo sobre o valor da Nota Fiscal de Prestação de Serviços, conforme se vê de nota ao art. 195, I, *a*, da CF.

– Pela inconstitucionalidade. "A Lei Complementar 84/96 elegeu como sujeito passivo da contribuição do empregador, devida pelos pagamentos feitos unicamente pelas cooperativas de trabalho aos seus sócios-usuários, mediante a aplicação da alíquota de 15% à correspondente base de cálculo, definida como o total das importâncias pagas, distribuídas ou creditadas a seus cooperados. Não se pode afirmar que se trate de uma lei plenamente inconstitucional. Posta a base de cálculo em confronto com a materialidade da hipótese e respectivo sujeito passivo, que seria a cooperativa, encontramos o exato campo material de incidência da norma assinalada. Assim, no caso da retribuição pelos serviços que prestem a pessoas jurídicas por intermédio delas (i), bem como na hipótese das remunerações pagas, creditadas ou distribuídas (ii), tecnicamente, só se poderia admitir seu alcance para os casos que não configurassem ato cooperativo, porquanto sócios-usuários não prestam serviços à cooperativa, na condição de 'autônomos'; ao contrário, tomam serviços. Erro manifesto é confundir regime jurídico de 'cooperativa' com de 'sociedade empresária'; e, tanto mais, confundir ato cooperativo com ato de trabalho autônomo. Fosse o ato cooperativo que se pretendesse alcançar, o que seria ainda mais incabível, a Lei deveria ter criado regime de substituição tributária na cooperativa, para permitir a retenção antecipada da exação, a título de contribuição individual, e não hipótese de incidência de típica contribuição inovadora do sistema impositivo." Obs.: o autor entende violada a noção de cooperativa, com seus traços específicos, e a isonomia. (TORRES, Heleno Taveira. Regime constitucional do cooperativismo e a exigência de contribuições previdenciárias sobre as cooperativas de trabalho. *RDIT* 1/101, 2004).

– Pela aplicação. "COOPERATIVAS MÉDICAS – CONTRIBUIÇÃO SOCIAL – LC N. 84/96, ARTIGO 1º, INCISO II – INCIDÊNCIA... 3. As Cooperativas são equiparadas à empresa para fins de aplicação da legislação do custeio da previdência social (artigo 12, parágrafo único, do Decreto n. 3.048, de 06/06/99 – Regulamento da Previdência Social). 4. Destarte, o Decreto n. 3.048, de 06.05.99 (Regulamento da Previdência Social) considera como trabalhador autônomo aquele associado a cooperativa que, nessa qualidade, presta serviços a terceiros. Consequentemente, incide *in casu* a regra do inc. I do art. 1º da LC 84/96 que dispõe: 'I – a cargo das empresas e pessoas jurídicas, inclusive cooperativas, no valor de quinze por cento do total das remunerações ou retribuições por elas pagas ou creditadas no decorrer do mês, pelos serviços que lhes prestem, sem vínculo empregatício, os segurados empresários, trabalhadores autônomos, avulsos e demais pessoas físicas;' 5. As Cooperativas médicas estão obrigadas ao recolhimento da contribuição social a ser calculada sobre os valores apurados mensalmente e pagos aos médicos, seus associados, pelos serviços prestados a terceiros. 6. Os médicos, não obstante situados como cooperados, prestam serviços a terceiros em nome da Cooperativa, como autônomos, e dela recebem diretamente os honorários fixados em tabela genérica. 7. As pessoas que mantêm vínculos de associação com as Cooperativas não efetuam pagamento de honorários aos médicos, mas ao revés, engendram adimplemento fixo, mensalmente, de determinada quantia à Cooperativa para que essa administre e ponha à disposição os serviços oferecidos. 8. *In casu*, a relação jurídica de serviço é firmada entre o médico e a Cooperativa, que supervisiona, controla e remunera os serviços prestados pelo profissional. 9. Recurso Especial não conhecido" (STJ, REsp 550.151, 2003). Vide também: TRF4, Primeira Seção, EIAC 97.04.45708-1/RS, Des. Fed. Wellington M. de Almeida, set. 2002.

– Cooperativas de trabalho *x* cooperativas de serviço. Irrelevância da distinção. "CONTRIBUIÇÃO PREVIDENCIÁRIA. ART. 1º, II, DA LC 84/96. COOPERATIVA DE SERVIÇOS MÉDICOS. EXIGIBILIDADE. ART. 3º. AUSÊNCIA DE PROVA. 1. A Constituição Federal de 1988, por meio dos arts. 146, III, *c*, e 174, pretendeu conferir tratamento privilegiado, inclusive em matéria tributária, às cooperativas. Ocorre que do texto constitucional a única conclusão invencível é que os atos cooperativos não tipificam certas hipóteses de tributos, como aqueles que incidem sobre o lucro; todavia, não estão protegidos por norma constitucional que impeça sua tributação, sob o benefício da imunidade ou isenção. 2. Para efeitos de incidência da contribuição previdenciária prevista no art. 1º, II, da Lei Complementar n. 84/96, improcede a distinção entre cooperativas de trabalho e cooperativas de serviço. Embora o destinatário mediato da prestação do serviço médico seja pessoa física, nos casos dos chamados planos corporativos ou empresariais, contratados junto à Cooperativa por pessoa jurídica, haverá inegavelmente prestação de serviços a esta última, pois a UNIMED se compromete a prestar atendimento aos seus empregados ou funcionários, sendo o serviço custeado não só pelos empregados, mas pelo empregador. Precedentes da 1ª Seção desta Corte e do Superior Tribunal de Justiça. 3. Após o advento a EC 20/98

– que alterou a dicção do art. 195 da Carta Magna – a exação inquinada foi recepcionada com *status* materialmente ordinário. 4. Quanto à faculdade conferida pelo art. 3º da Lei Complementar n. 84, de 1996, inexiste prova documental capaz de abalar a presunção de liquidez e certeza da CDA" (TRF4, AC 2001.04.01.046314-1, 2002).

– "COOPERATIVAS DE TRABALHO E COOPERATIVAS DE PRESTAÇÃO DE SERVIÇOS MÉDICOS. DISTINÇÃO. PAGAMENTO DA CONTRIBUIÇÃO SOCIAL. UNIMED. Não tem relevância jurídica a distinção doutrinária entre cooperativas de trabalho e cooperativas de prestação de serviços médicos, pois o que importa, para fins de cobrança da contribuição social, é a existência de uma pessoa jurídica 'intermediária' entre o autônomo e a pessoa jurídica contratante do serviço dele (artigo 1º, II, da LC n. 84/96). Desimporta que a cooperativa de médicos não preste serviços a quem com ela contrata, mas sim que os prestem os médicos cooperados, porque é exatamente por esta razão que a exação é cobrada no momento em que a cooperativa faz a entrega do dinheiro ao médico (autônomo)" (TRF4, EIAC 97.04.09967-3, 2001).

– "CONTRIBUIÇÃO SOCIAL. LEI COMPLEMENTAR N. 84/96. COOPERATIVAS DE TRABALHO. CONSTITUCIONALIDADE. l. É constitucional a contribuição social devida pelas cooperativas de trabalho veiculada pela Lei Complementar n. 84/96. 2. A obediência ao disposto no art. 154, I, da CF/88, não significa que a nova fonte de financiamento da seguridade social deva ser confrontada com os impostos discriminados na Carta Política de 1988, mas sim com as próprias contribuições sociais previstas no texto constitucional. 3. As cooperativas de trabalho devem contribuir nos termos do artigo 1º da LC 84/96, tendo o legislador tratado essa atividade profissional de forma diferenciada para cumprir o preceito contido na letra *c* do inciso III do art. 146 da Carta da República. 4. Os embargos infringentes não podem extrapolar os limites do voto vencido" (TRF4, EIAC 97.04.60301-0, 2001).

• Vide, ainda, do TRF4, AC 97.04.048276-0/PR, Rel. Juíza Tania Escobar, abr. 2000.

– **Sobre a opção pela contribuição sobre o salário-base. Condicionamento no tempo. Ilegalidade.** "TRIBUTÁRIO... CONTRIBUIÇÃO DAS COOPERATIVAS PELA LC 84/96... DIREITO À OPÇÃO PELO RECOLHIMENTO SOBRE OS SALÁRIOS-BASE. [...] Os arts. 1º, II, e 3º da LC 84/96 estabeleceram obrigações alternativas, deixando-se a escolha a critério do sujeito passivo. A LC 84/96 não estabelece prazo para o exercício da opção, não sendo dado ao administrador condicioná-la por atos infralegais" (TRF4, AC 200104010271331, 2003).

⇒ **Lei n. 8.870/94. Novas contribuições sobre a receita em substituição à contribuição sobre a folha.** Vide nota ao § 13 deste art. 195 da CF.

> **§ 5º Nenhum benefício ou serviço da seguridade poderá ser criado, majorado ou estendido sem a correspondente fonte de custeio total.**

⇒ **A reserva do possível como fundamento do § 5º do art. 195. Necessidade de prévia fonte de custeio.** Quaisquer das

áreas da seguridade social – saúde, previdência ou assistência –, identificadas como fundamentais para busca de ideais de igualdade e de dignidade da pessoa humana e animadas pelo dever de solidariedade, implicam prestações por parte do Poder Público, ou seja, demandam iniciativas de governo, políticas públicas, e não apenas abstenção ou tolerância. Exigem que o Estado proveja benefícios e serviços cuja efetivação depende da disponibilidade de recursos financeiros para fazer frente aos respectivos encargos. Diz-se, por isso – e com acerto –, que os direitos sociais a prestações estão sob a "reserva do possível". No passado, houve inúmeros benefícios concedidos sem a indicação das suas fontes de custeio, comprometendo o orçamento público para os exercícios seguintes. No âmbito dos regimes públicos de previdência, por exemplo, as distorções foram enormes, gerando défices elevados, eis que eram garantidas aposentadorias e pensões sem custeio ou com custeio insuficiente, comprometendo o orçamento da União e, principalmente, dos Estados e Municípios, efeitos até hoje sentidos. A Constituição, no seu texto original e também por força das diversas emendas que recebeu, bem incorporou a lição de que, para que se possa realizar e garantir serviços e benefícios, indispensável que haja meios para tanto, sendo que faz constar tal pressuposto de modo expresso e inequívoco neste § 5º do art. 195. Também ao cuidar de cada uma das áreas da seguridade social, deixa evidente a necessidade de se atentar, sempre, para o custeio das ações a serem realizadas relativamente à saúde, à previdência e à assistência, combinando recursos do orçamento da seguridade social com recursos orçamentários dos entes políticos, inclusive com excepcional vinculação de percentuais da receita de impostos, para a viabilização dos serviços de saúde, destacando a necessidade de preservação do equilíbrio financeiro e atuarial da previdência social, e dizendo da participação dos Estados e Municípios, com recursos orçamentários seus, para as ações de assistência social (artigos 198, 201 e 204 da Constituição).Também quanto aos regimes públicos de previdência, o Texto Constitucional estabelece seu caráter não apenas solidário, mas necessariamente contributivo (art. 40 com a redação dada pela EC n. 41/2003), exigindo a participação dos beneficiários no custeio. Tal conjunto de normas se impôs para que a seguridade social passasse a ser tratada com responsabilidade fiscal. A amplitude das ações do Poder Público depende da existência de fontes de custeio.

– **Aplicação a União, Estados, DF e Municípios.** Aplica-se esta norma também aos Estados, Distrito Federal e Municípios, mormente no que diz respeito à criação, por parte dos mesmos, de sistemas próprios de previdência social. Veja-se nota ao art. 149, § 1º, da Constituição.

– "Benefício Previdenciário e Dependentes. Entendendo caracterizada a violação ao § 5º do art. 195 da CF [...], o Tribunal julgou procedente o pedido formulado em ação direta ajuizada pelo Governador do Estado de Rondônia para declarar a inconstitucionalidade do inciso VI do art. 5º da Lei 135/86, do mesmo Estado, na redação dada pela Lei 511/93, que, alterando o Regime de Previdência e Assistência dos Servidores Públicos estaduais, considerava como dependentes do associado os pais que fossem aposentados e pensionistas do INSS cujas rendas não ultrapassassem o valor de dois salários mínimos" (STF, Plenário, *Informativo* STF 296, 2003).

– **Superávit.** Criação de novos benefício com suporte em fontes já existentes. Possibilidade. A exigência do apontamento das fontes e custeio, como pressuposto para a criação ou majoração de benefícios, não implica que necessariamente dependam da instituição de novas contribuições. Na hipótese de as fontes de custeio da seguridade social já existentes apresentarem superávit que suporte ampliação das coberturas e serviços, bastará que se aponte concretamente tal crescimento da arrecadação como fonte de custeio.

– **Princípio da contrapartida.** "15. O art. 195, § 5º, da Constituição Federal é norma constitucional da espécie princípio, uma vez que atua como vetor, diretriz e elemento estruturante do planejamento constitucional para a seguridade social, norteando a atividade do legislador ordinário, intérprete, magistrado e do administrador público. 16. O princípio da contrapartida atua, de forma nítida, como fundamento de validade de todo o sistema de seguridade social, pois todas as prestações, seja nas áreas de saúde, previdência ou assistência social, apenas podem existir ou ser instituídas pelo legislador ordinário com a respectiva previsão da fonte de custeio total, assim como a criação de fontes de custeio encontram-se atreladas às prestações sempre de acordo com o plano atuarial, sob pena de sua nulidade, por absoluta ausência de fundamento de validade. [...] 61. O princípio da contrapartida, em decorrência da unidade da Constituição, não permite a existência de superávit ou déficit – receita superior à despesa ou despesa superior à receita. Na seguridade social, em virtude da total correspondência entre prestações e fontes de custeio, não há que falar em eventual 'sobra de caixa' no custeio do sistema. Dessa forma, desde que seja respeitados os limites da reserva técnica de caixa estabelecidos pelo atuário, a chamada 'sobra de caixa' permitirá o aumento ou extensão das prestações, assim como o déficit do sistema autorizará a majoração ou instituição de contribuições. [... 63. União, Estados, Distrito Federal e os Municípios tão somente possuem capacidade legislativa para a instituição de contribuições de seus servidores se e quando instituírem a respectiva prestação previdenciária ou assistencial em benefício destes, seguindo os limites traçados pelo plano atuarial. 64" (UGATTI, Uendel Domingues. *O princípio constitucional da contrapartida na seguridade social*. LTr, 2003, p. 106 e 113/114).

⇒ **Instituição, majoração e manutenção de contribuições condicionada ao custeio efetivo de serviços e benefícios.** Deve-se ter cuidado com a leitura *a contrario sensu* que se tem feito do § 5º do art. 195 da Constituição no sentido de que não apenas seria vedada a criação, majoração ou extensão de benefício ou serviço da seguridade social sem a correspondente fonte de custeio total, como também não se poderia criar ou majorar as fontes de custeio sem que tal implicasse a criação, majoração ou extensão de benefícios e serviços. Se o § 5º do art. 195, de um lado, estabelece uma vinculação necessária entre as ações públicas de seguridade social e o seu custeio, de outro, não impede que se possa instituir ou aumentar contribuição sem benefício novo. Isso porque se pode ter a necessidade de ampliar o custeio, através de nova contribuição ou da majoração das já existentes, para a própria

manutenção dos benefícios e serviços que estejam a demandar mais recursos. O STF, inclusive, já afastou expressamente a leitura a *contrario sensu* deste § 5º do art. 195, ressaltando que as contribuições não têm caráter sinalagmático, não tendo consistência a resistência à cobrança fundada na inexistência de benefício equivalente para o contribuinte, conforme se pode ver em nota ao *caput* deste artigo 195, sobre a universalidade do custeio. O que não se pode, isso sim, é aumentar o custeio sem que se guarde necessariamente a finalidade justificadora do exercício da competência tributária, qual seja, a aplicação dos recursos na seguridade social. Tem-se, pois, que a instituição de nova fonte não pode ser dissociada do custeio de benefícios já existentes ou a serem, de pronto, implantados; do contrário, a finalidade que lhe dá suporte constitucional estaria ausente.

– "... assim como não cabe a criação de um benefício sem a respectiva fonte de custeio, também não tem sentido existirem fontes que não sejam para atender a benefícios existentes" (GRECO, Marco Aurélio. *Contribuições (uma figura sui generis)*. São Paulo: Dialética, 2000, p. 143).

• Vide precedente do STF admitindo a contribuição previdenciária dos servidores inativos e pensionistas em nota ao art. 195, II, da CF.

– Está com repercussão geral reconhecida no RE 593068 RG, aguardando julgamento de mérito, a questão da discussão da "exigibilidade da contribuição previdenciária incidente sobre adicionais e gratificações temporárias, tais como 'terço de férias', 'serviços extraordinários', 'adicional noturno', e 'adicional de insalubridade', não apenas quanto à caracterização de tais verbas como remuneração, mas também quanto à alegada "impossibilidade de criação de fonte de custeio sem contrapartida de benefício direto ao contribuinte", ou seja, quanto ao "alcance do sistema previdenciário solidário e submetido ao equilíbrio atuarial e financeiro (arts. 40, 150, IV e 195, § 5º da Constituição)".

– **Desaparecimento da causa de majoração.** "CONTRIBUIÇÃO SOCIAL – MAJORAÇÃO PERCENTUAL – CAUSA SUFICIENTE – DESAPARECIMENTO – CONSEQUÊNCIA – SERVIDORES PÚBLICOS FEDERAIS. O disposto no artigo 195, § 5º, da Constituição Federal, segundo o qual 'nenhum benefício ou serviço da seguridade social poderá ser criado, majorado ou estendido sem a correspondente fonte de custeio', homenageia o equilíbrio atuarial, revelando princípio indicador da correlação entre, de um lado, contribuições e, de outro, benefícios e serviços. O desaparecimento da causa da majoração do percentual implica o conflito da lei que a impôs com o texto constitucional. Isto ocorre em relação aos servidores públicos federais, considerado o quadro revelador de que o veto do Presidente da República relativo ao preceito da Lei n. 8.112/90, prevendo o custeio integral da aposentadoria pelo Tesouro Nacional, foi derrubado pelo Congresso, ocorrendo, no interregno, a edição de lei – a de n. 8.162/91 – impondo percentuais majorados. CONTRIBUIÇÃO SOCIAL – SERVIDORES PÚBLICOS. A norma do artigo 231, § 1º da Lei n. 8.112/90 não conflita com a Constituição Federal no que dispõe que 'a contribuição do servidor, diferenciada em função da remuneração mensal, bem como dos órgãos e entidades, será fixada em lei'" (STF, ADIn 790, 1993).

– Aumento temporário de alíquota. Desvio de finalidade. "[...] A CONTRIBUIÇÃO DE SEGURIDADE SOCIAL POSSUI DESTINAÇÃO CONSTITUCIONAL ESPECÍFICA. – A contribuição de seguridade social não só se qualifica como modalidade autônoma de tributo (*RTJ* 143/684), como também representa espécie tributária essencialmente vinculada ao financiamento da seguridade social, em função de específica destinação constitucional. A vigência temporária das alíquotas progressivas (art. 2º da Lei n. 9.783/99), além de não implicar concessão adicional de outras vantagens, benefícios ou serviços – rompendo, em consequência, a necessária vinculação causal que deve existir entre contribuições e benefícios (*RTJ* 147/921) – constitui expressiva evidência de que se buscou, unicamente, com a arrecadação desse *plus*, o aumento da receita da União, em ordem a viabilizar o pagamento de encargos (despesas de pessoal) cuja satisfação deve resultar, ordinariamente, da arrecadação de impostos. [...]" (STF, ADI 2.010-2, 1999, p. 51).

⇒ **Lei estadual que isenta aposentados e pensionistas do custeio do sistema de saúde. Inconstitucionalidade.** "L. est. 2.207/00, do Estado do Mato Grosso do Sul (redação do art. 1º da L. est. 2.417/02), que isenta os aposentados e pensionistas do antigo sistema estadual de previdência da contribuição destinada ao custeio de plano de saúde dos servidores Estado: inconstitucionalidade declarada... IV. Seguridade social: norma que concede benefício: necessidade de previsão legal de fonte de custeio, inexistente no caso (CF, art. 195, § 5º): precedentes" (STF, ADI 3.205, 2006).

– Sobre a inconstitucionalidade da cobrança de contribuição pelos Estados para manutenção de sistema de saúde de seus servidores, vide nota ao art. 149, § 1º, da CF.

§ 6º As contribuições sociais de que trata este artigo só poderão ser exigidas após decorridos noventa dias da data da publicação da lei que as houver instituído ou modificado, não se lhes aplicando o disposto no art. 150, III, *b*.

⇒ **Cláusula pétrea a ser observada inclusive por emendas constitucionais. Tema 107 do STF:** "A Emenda Constitucional 10/1996, especialmente quanto ao inciso III do art. 72 do ADCT, é um novo texto e veicula nova norma, não sendo mera prorrogação da Emenda Constitucional de Revisão 1/1994, devendo, portanto, observância ao princípio da anterioridade nonagesimal, porquanto majorou a alíquota da CSLL para as pessoas jurídicas referidas no § 1º do art. 22 da Lei n. 8.212/1991". Decisão de mérito em 2011.

– "Emenda Constitucional n. 10/96 – Art. 72, inciso III, do Ato das Disposições Constitucionais Transitórias (ADCT) – Contribuição Social sobre o Lucro (CSLL) – Alíquota de 30% (trinta por cento) – Pessoas jurídicas referidas no § 1º do art. 22 da Lei n. 8.212/91 – Alegada violação ao art. 195, § 6º, da Constituição Federal. 1. O poder constituinte derivado não é ilimitado, visto que se submete ao processo consignado no art. 60, §§ 2º e 3º, da Constituição Federal, bem assim aos limites materiais, circunstanciais e temporais dos §§ 1º, 4º e 5º do aludido artigo. 2. A anterioridade da norma tributária, quando essa é gravosa, re-

presenta uma das garantias fundamentais do contribuinte, traduzindo uma limitação ao poder impositivo do Estado. 3. A Emenda Constitucional n. 10/96, especialmente quanto ao inciso III do art. 72 do Ato das Disposições Constitucionais Transitórias – objeto de questionamento – é um novo texto que veicula nova norma, e não mera prorrogação da emenda anterior. 4. Hipótese de majoração da alíquota da CSSL para as pessoas jurídicas referidas no § 1º do art. 22 da Lei n. 8.212/91. 5. Necessidade de observância do princípio da anterioridade nonagesimal contido no art. 195, § 6º, da Constituição Federal" (STF, RE 587.008, 2011).

– Tema 665 do STF: "São constitucionais a alíquota e a base de cálculo da contribuição ao PIS, previstas no art. 72, V, do ADCT, destinada à composição do Fundo Social de Emergência, nas redações da ECR 1/94 e das EC 10/96 e 17/97, observados os princípios da anterioridade nonagesimal e da irretroatividade tributária". Decisão do mérito em 2018.

⇒ **Anterioridade especial, nonagesimal ou mitigada.** A anterioridade prevista neste parágrafo, especificamente para as contribuições sociais destinadas à Seguridade Social, tem sido chamada pela doutrina e pela jurisprudência de anterioridade nonagesimal, especial ou mitigada (foi chamado de anterioridade mitigada pelo Min. Ilmar Galvão no RE 183.119-SC, Rel. o Min. Ilmar Galvão, nov. 1996). Trata-se de norma especial aplicável às contribuições de seguridade social e que consiste na exigência de um interstício de noventa dias entre a publicação da lei e a sua incidência de modo a gerar obrigações tributárias válidas. A aplicação da anterioridade nonagesimal, como regra especial, afasta a aplicação da anterioridade de exercício. Ou seja, para as contribuições de seguridade social, a anterioridade nonagesimal do art. 195, § 6º, é a única norma aplicável a título de anterioridade. Assim, basta a observância do decurso de noventa dias, independentemente da virada de ano, para que se possa ter a incidência válida da nova contribuição de seguridade social.

– Apesar dessa adjetivação "mitigada", que dá uma ideia de menor intensidade relativamente à regra da anterioridade de exercício, note-se que a anterioridade do art. 195, § 6º, da CF constitui garantia mais efetiva ao contribuinte que a do art. 150, III, *b*, isoladamente, pois, em face desta última, os tributos poderiam ser criados em 31 de dezembro de um ano para incidirem sobre fatos geradores ocorridos já a partir do dia 1º de janeiro do ano seguinte, enquanto, no que diz respeito às contribuições para a Seguridade Social, por força do art. 195, § 6º, o início da incidência sempre obedecerá ao intervalo mínimo de noventa dias a contar da publicação da lei que as instituir. Tanto que a EC n. 42/2003 acresceu à anterioridade de exercício a exigência de observância de uma anterioridade mínima de 90 dias para a instituição ou majoração dos tributos em geral (art. 150, III, *c*), de modo a efetivamente preservar o contribuinte contra aumentos repentinos da carga tributária ao final do ano.

– "PIS E COFINS. HIERARQUIA DAS LEIS. CONSTITUCIONALIDADE DAS LEIS 9.715/98 E 9.718/98... PRAZO NONAGESIMAL. OBSERVÂNCIA... II – O prazo nonagesimal (CF, art. 195, § 6º) é contado a partir da publicação da Medida Provisória que houver instituído ou modificado a contribuição. Precedentes. III – Constitucionalidade da exigência do PIS, com as alterações introduzidas pela Lei 9.715/98, para os fatos geradores ocorridos a partir da contagem do prazo nonagesimal da MP 1.212/95" (STF, RE 400.287 AgR, 2007).

– "Exigidas". A previsão de que só poderão ser "exigidas" após noventa dias não deve ser interpretada como relativa ao mero ato de cobrança do que já incidiu. Com a anterioridade especial, garante-se que a lei que institui ou modifica uma contribuição social não incidirá senão sobre fatos geradores ocorridos a partir de 90 dias da edição da lei.

– Afasta a aplicação do art. 150, III, b. Noventa dias em qualquer situação, não importando a mudança de exercício. "CONSTITUCIONAL. TRIBUTÁRIO. CONTRIBUIÇÃO SOCIAL. Med. Prov. 812, de 31.12.94, convertida na Lei n. 8.981/85, arts. 42 e 58. I. – [...] II. – No tocante à contribuição social há de ser observado a anterioridade nonagesimal: CF, art. 195, § 6º, CF. III. – Voto vencido do Ministro Carlos Velloso: ofensa ao princípio da irretroatividade, conforme exposto no julgamento dos RREE 181.664-RS e 197.790-MG, Plenário, 19.02.97. IV. – Agravo não provido" (STF, AgRgPet 2.698/PR, *Informativo* 280 do STF, 2002).

– Art. 150, III, b e c. Sobre as diferenças entre a garantia da anterioridade comum e a da anterioridade mitigada, bem como outras considerações comuns a ambos, e, ainda, sobre a nova anterioridade mínima aplicável aos tributos em geral, vide notas ao art. 150, III, b e c, da Constituição.

⇒ **Modificado. No sentido de que** *modificado* **equivale a** *majorado*: "... Realmente, a regra inscrita no § 6º do art. 195 da Constituição, a estabelecer que as contribuições somente poderão ser exigidas após decorridos noventa dias da publicação da lei que as houver instituído ou modificado, que se relaciona com o princípio da anterioridade, tem por finalidade evitar que o contribuinte seja surpreendido com a criação ou a majoração do tributo. A expressão 'modificado', posta no § 6º do art. 195, da Constituição, deve ser entendida como 'majorado'. Destarte, se não houve majoração da alíquota o que na verdade não ocorreu não há como exigir a aplicação do princípio, interpretada a norma constitucional tendo em vista a sua finalidade" (STF, Plenário, ADI 1.135--9/DF, excerto do voto condutor do relator, o Min. Carlos Velloso, abr. 1995). No caso, haviam sido alterados os limites-tetos de cada faixa de remuneração para fins de incidência da alíquota de contribuição para a seguridade do servidor federal, de maneira que, em vez de acréscimo, havia ocorrido decréscimo na contribuição.

– Incidência sobre o lucro decorrente de exportações incentivadas. Ano-base 1989. "CONTRIBUIÇÃO SOCIAL SOBRE O LUCRO DECORRENTE DE EXPORTAÇÕES INCENTIVADAS. EXPRESSÃO: 'CORRESPONDENTE AO PERÍODO-BASE DE 1989', CONTIDA NO *CAPUT* DO ART. 1º DA LEI N. 7.988, DE 28 DE DEZEMBRO DE 1989, ENQUANTO REFERIDA AO INC. II DO MESMO DISPOSITIVO. Inconstitucionalidade que se declara, sem redução de texto, por manifesta incompatibilidade com o art. 195, § 6º, da Constituição Federal (princípio da anterioridade mitigada).

Recurso não conhecido" (STF, Plenário, RE 183.119-7/SC, Min. Ilmar Galvão, nov. 1996).

– Minoração de coeficientes de redução de alíquotas de PIS e COFINS sobre importação e comercialização de combustíveis. Vide a tese fixada em 2023 quando do julgamento do Tema 1.247 do STF, em que restou decidido que a minoração de coeficientes de redução de alíquotas implicou majoração indireta da carga tributária, sujeita à anterioridade nonagesimal.

– Aumento de alíquota e vinculação de servidores não efetivos ao regime geral por força das EECC n. 20/98 e n. 43/05. Os servidores não efetivos dos entes políticos passaram a estar obrigatoriamente vinculados ao RGPS por força da EC n. 20/98. Além disso, a alíquota das contribuições dos servidores vinculados a regime próprio, por força da EC n. 43/2005, não mais pode ficar aquém da estabelecida para os servidores federais (art. 149, § 1º, da CF). Tais alterações, no que mais gravosas, somente passaram a ter aplicação após o decurso da anterioridade nonagesimal, aplicando-se ao caso o art. 195, § 6º, da CF, que assegura ao contribuinte o conhecimento antecipado da sujeição a novos ônus tributários em matéria de contribuições para a seguridade social.

– Cobrança do PIS de modo mais gravoso. Tema 278 do STF: "I – A contribuição para o PIS está sujeita ao princípio da anterioridade nonagesimal previsto no art. 195, § 6º, da Constituição Federal; II – Nos casos em que a majoração de alíquota tenha sido estabelecida somente na conversão de medida provisória em lei, a contribuição apenas poderá ser exigida após noventa dias da publicação da lei de conversão". Decisão do mérito em 2014.

– O STF decidiu que "A contribuição ao PIS só pode ser exigida, na forma estabelecida pelo art. 2º da EC 17/1997, após decorridos noventa dias da data da publicação da referida emenda constitucional" (STF, RE 848.353 RG, 2016).

– Alteração da contribuição do servidor público federal. "PREVIDÊNCIA SOCIAL. Na ADI 1.135, com eficácia *erga omnes* inclusive para esta Corte, entendeu esta que a Medida Provisória 560/94 reviveu constitucionalmente a contribuição social dos servidores públicos ao estabelecer nova tabela progressiva de alíquotas, o que valeu pela própria reinstituição do tributo, devendo, portanto, ser observada a regra da anterioridade mitigada do artigo 195, § 6º, da Constituição, o que implica dizer que essa contribuição, com base na referida Medida Provisória e suas sucessivas reedições, só pode ser exigida após o decurso de noventa dias da data de sua publicação. [...]" (STF, RE 221.731-8, 1999).

– Prorrogação de tributo temporário. O caso da CPMF. O STF entendeu que a "simples" prorrogação de contribuição de seguridade já existente não se submete à necessidade de observância da anterioridade nonagesimal. Discordamos firmemente de tal posição. Vide em nota ao art. 75 do ADCT.

– Redução da possibilidade de dedução de prejuízos. O STF, ao nosso ver equivocadamente, tem entendido que a redução ou extinção de benefícios fiscais não se submete à observância da anterioridade. Vide nota ao art. 104, II, do CTN.

– Redução de alíquota. SAT. Desnecessidade de observância da anterioridade especial. "REPETIÇÃO DE INDÉBITO. SEGURO OBRIGATÓRIO DE ACIDENTES DO TRABALHO DOS EMPREGADOS. ALÍQUOTA. ALTERAÇÃO. LEI 7.787/89. 1. A anterioridade mitigada prevista no § 6º do art. 195 da CF/88 constitui garantia do contribuinte. Ele é tutelado pela regra. Busca-se evitar a surpresa nos negócios, podendo ocasionar desequilíbrio nos investimentos. 2. Por tal modo, nunca uma norma que reduz tributo haverá de se submeter ao prazo nonagesimal, porque inexistirá o fundamento da tutela que justificaria a aplicação dessa regra. 3. Se a Lei 7.787/89 diminuiu a carga tributária da autora, nesse âmbito terá aplicação imediata. Ressalte-se: a limitação de eficácia prevista expressamente no art. 21 da Lei 7.787/89 circunscreve-se à majoração de alíquota. 4. Apelação provida" (TRF4, 1ª T., Juiz Fábio Bittencourt da Rosa, dez. 1998, *RJTRF4* 33/337). Veja-se do voto condutor: "A anterioridade mitigada prevista no § 6º do art. 195 da CF/88 constitui garantia do contribuinte. Ele é tutelado pela regra. Busca-se evitar a surpresa nos negócios, podendo ocasionar desequilíbrio nos investimentos. Por tal modo, nunca uma norma que reduz tributo haverá de se submeter ao prazo nonagesimal, porque inexistirá o fundamento da tutela que justificaria a aplicação dessa regra". Obs: é importante ter em consideração que o art. 21 da Lei n. 7.787/89 dispunha que a lei produziria efeitos, *quanto à majoração de alíquota*, a partir de 1º de setembro de 1989, o que é ressaltado no voto.

– Prazo de recolhimento da contribuição. A garantia da anterioridade não abrange o prazo para recolhimento da contribuição. Isso porque o prazo não constitui elemento da hipótese de incidência, de maneira que pode ser alterado, inclusive reduzido, sem observância da anterioridade especial. Esta é a posição do STF. Sobre a determinação de pagamentos antecipados, vide nota adiante sob a rubrica "Modificado".

– Antecipação do prazo para recolhimento do PIS e da Cofins. Desnecessidade de observância da anterioridade. "...LEI 8.128/91. REDUÇÃO DO PRAZO PARA RECOLHIMENTO DO PIS E DO FINSOCIAL. INCONSTITUCIONALIDADE. INEXISTÊNCIA. 1... 2. Lei 8.128/91. Redução do prazo para recolhimento do PIS e do FINSOCIAL. Inconstitucionalidade. Inexistência. A alteração do prazo para recolhimento das contribuições sociais não viola o princípio da anterioridade nem implica criação ou aumento do tributo. Omissão. Inexistência. Embargos de declaração rejeitados" (STF, EDAgRgRE 275.791, 2002).

**– "PIS. PRAZO DE RECOLHIMENTO. ALTERAÇÃO PELA LEI N. 8.218/91. ALEGADA CONTRARIEDADE AO ART. 195, § 6º, DA CONSTITUIÇÃO FEDERAL. Improcedência da alegação de que, nos termos do art. 195, 6º, da Constituição, a lei em referência só teria aplicação sobre fatos geradores ocorridos após o término do prazo estabelecido pela norma. A regra legislativa que se limita simplesmente a mudar o prazo de recolhimento da obrigação tributária, sem qualquer outra repercussão, não se submete ao princípio da anterioridade. Recurso extraordinário conhecido e provido" (STF, RE 284.377-6, 2000).

**– "PIS: prazo de recolhimento: alteração pela L. 8.218, de 29.08.91: inaplicabilidade do art. 195, § 6º, da Constituição. A norma legal que simplesmente altera o prazo de recolhimento de tributo, não se sujeita ao princípio da anterioridade especial" (STF, RE 250.194-8, 1999).

**– Sobre o prazo de recolhimento, vide notas ao art. 150, I, da Constituição e ao art. 114 do CTN.

– Determinação de pagamento antecipado. Desnecessidade de observância da anterioridade. "Contribuição Social. Anterioridade nonagesimal. Lei 7.787/89, art. 8º. [...] O disposto no art. 8º da lei em comento, embora não estando previsto na redação original da MP 63/89, não majorou o tributo, tampouco modificou base de cálculo ou fato gerador. Por esta razão, não se lhe aplica o princípio da anterioridade mitigada" (STF, RE 199.198, 2002). Obs.: Lei n. 7.787/89: "Art. 8º A contribuição instituída pela Lei n. 7.689, de 15 de dezembro de 1988, será paga, juntamente com as parcelas do Imposto de Renda Pessoa Jurídica, sob a forma de antecipações, duodécimos ou cotas, observadas, no que couber, as demais condições estabelecidas nos arts. 2º a 7º do Decreto-Lei n. 2.354, de 24 de agosto de 1987".

⇒ **Fatos geradores complexos.** Nos tributos com fato gerador complexo ou de período, como o lucro anual, que depende do resultado de inúmeros ingressos e despesas, ou seja, que não ocorre num dado e certo momento (fato gerador instantâneo), mas se constitui de um complexo de atos ocorridos num dado período de tempo e considerados em conjunto, a lei instituidora ou majoradora tem de ser publicada noventa dias antes do início do período base. Tratando-se da contribuição sobre o lucro, eventual majoração tem de ser publicada até dois de outubro para que possa incidir sobre o lucro do ano seguinte.

**– Em 2011, por ocasião do julgamento do RE 587.008, o STF entendeu inconstitucional, por violação à cláusula pétrea da anterioridade nonagesimal, a EC n. 10/96, que, publicada em 7 de março daquele ano, determinou que a alíquota da contribuição sobre o lucro (CSL) fosse de 30% desde janeiro daquele mesmo ano. Veja-se o voto da Ministra Ellen Gracie: "Não obstante se deva, como regra, prestigiar a jurisprudência deste Tribunal, evitando flutuação de entendimentos e insegurança quanto ao que é válido ou inválido em face da Constituição, tenho que é chegada a hora de avançarmos na compreensão da matéria ora em julgamento. ... as garantias de irretroatividade e de anterioridade tem caráter substancial e não meramente formal. Devem ser interpretadas tendo em conta a situação material reveladora de capacidade contributiva e que é geradora da obrigação tributária. É o aspecto material – e não o aspecto temporal da norma – que deve ser considerado para fins de resguardo da irretroatividade e da anterioridade da lei tributária, seja esta a de exercício (art. 150, III, *a*), a nonagesimal mínima (art. 150, III, *b*) ou a nonagesimal das contribuições de seguridade (art. 195, § 6º). Havendo afirmação constitucional expressa da irretroatividade da lei ao fato gerador, bem como da anterioridade da lei tributária, e considerando-se que tais garantias constituem desdobramentos inequívocos do princípio da segurança jurídica, pode-se concluir que não tem lugar, no direito tributário brasileiro, a chamada retroatividade imprópria. Note-se que o aspecto temporal da norma tributária impositiva, quando não corresponda ao próprio momento da ocorrência material do fato gerador, constitui ficção jurídica voltada a facilitar a aplicação da lei tributária, não servindo, contudo, de referência para a verificação da observância das garantias da irretroatividade e da anterioridade tributárias. Ainda que se considere ocorrido o fato gerador da contribuição social sobre o lucro anual em 31 de dezembro de cada ano, é certo que o fato gerador se forma ao longo do período, desde 1º de janeiro até 31 de dezembro. Aliás, a contribuição é paga, ainda que por estimativa e a título de antecipação, desde janeiro. Só se estará assegurando efetivamente o conhecimento antecipado da lei tributária ao contribuinte, preservando-o do imprevisto e do inesperado e facultando-lhe tempo hábil para a organização das suas atividades em face da carga tributária real, se a garantia constitucional for aplicada com atenção à própria ocorrência material do fato gerador. Assim, tratando-se de tributo com fato gerador complexo ou de período, tenho que só respeita a anterioridade nonagesimal de que cuida o art. 195, § 6º, da Constituição Federal a lei publicada noventa dias antes do início do período. Publicada no curso de um período, só poderá ser aplicada ao período subsequente e, ainda assim, apenas quando sua publicação anteceda em noventa dias o seu início. 7. A Emenda Constitucional n. 10, publicada em 7 de março de 1996, ao determinar a manutenção do aumento da alíquota temporária da CSL retroativamente a janeiro de 1996, violou a própria irretroatividade da lei tributária, porquanto impôs gravame tributário relativamente a fatos já ocorridos. A ofensa à anterioridade, por sua vez, é ainda mais evidente. Se a majoração só poderia produzir efeitos noventa dias após a publicação do texto normativo, ou seja, a contar de 5 de junho de 1996, jamais poderia alcançar o lucro (resultado ajustado) do ano então em curso, resultado das receitas e despesas incorridas desde janeiro daquele ano, anteriores à própria vigência da norma. Sendo assim, reconheço a inconstitucionalidade da EC n. 10/1996 no ponto em que determina a aplicação da alíquota majorada ao período em curso quando do seu advento, sem a observância da anterioridade de 90 dias em relação ao início do período, por violação ao art. 195, § 6º, da Constituição, razão pela qual nego provimento ao recurso extraordinário interposto pela União".

– Anteriormente, o STF vinha admitindo que a nova lei fosse aplicada ao lucro do ano em curso, desde que publicada noventa dias antes de quando se consideraria ocorrido ou fato gerador, ou seja, 31 de dezembro. Veja-se: "... O Supremo Tribunal Federal, no julgamento do RE 197.790, decidiu que o aumento de alíquota da contribuição social, previsto no art. 2º da Lei n. 7.856, de 25.10.89, resultante do projeto de conversão da Medida Provisória n. 86, editada em 25.09.89, incidiu sobre o lucro apurado no exercício de 1989, quando já havia decorrido o lapso temporal de noventa dias, contado a partir da medida provisória de que se originou..." (STF, RE 204.271-4, 1997).

– Veja-se, a respeito dos fatos geradores complexivos, análise realizada nas notas ao art. 150, inciso III, *a*, da Constituição, que dizem respeito à garantia da irretroatividade, mas cujo raciocínio aplica-se à garantia da anterioridade, ora sob apreciação.

⇒ **EC n. 19/1997. Tema 894 do STF:** "A contribuição ao PIS só pode ser exigida, na forma estabelecida pelo art. 2º da EC 17/1997, após decorridos noventa dias da data da publicação da referida emenda constitucional". Decisão do mérito em 2016.

– Eis o texto da EC n. 17/97: "Art. 2º O inciso V do art. 72 do Ato das Disposições Constitucionais Transitórias passa a vigorar com a seguinte redação: 'V – a parcela do produto da arrecadação da contribuição de que trata a Lei Complementar n. 7, de 7 de setembro de 1970, devida pelas pessoas jurídicas a que se refere o inciso III deste artigo, a qual será calculada, nos exercícios financeiros de 1994 a 1995, bem assim nos períodos de 1º de janeiro de 1996 a 30 de junho de 1997 e de 1º de julho de 1997 a 31 de dezembro de 1999, mediante a aplicação da alíquota de setenta e cinco centésimos por cento, sujeita a alteração por lei ordinária posterior, sobre a receita bruta operacional, como definida na legislação do imposto sobre renda e proventos de qualquer natureza'".

⇒ **Medida provisória e termo *a quo* para o respeito à anterioridade especial.** O prazo de noventa dias é contado tendo como referência a data de publicação da medida provisória instituidora ou majoradora da contribuição de seguridade social. Não há dispositivo constitucional que determine que se considere a data da conversão em lei, o que ocorre apenas quanto à anterioridade de exercício relativamente aos impostos, por força do § 2º do art. 62 da CF, acrescentado pela EC n. 32/2001.

– "... é pacífica a jurisprudência do STF no sentido de que o princípio da anterioridade nonagesimal tem como termo inicial a edição da primeira medida provisória que instituiu ou modificou a contribuição para a seguridade social, e não a data da lei conversora da MP" (STF, excerto do voto no AgRegRE 400287-6, 2007).

– "Por ocasião do julgamento do RE 169.740, esta Suprema Corte fixou o entendimento de que o prazo da anterioridade nonagesimal (art. 195, 6º, da Constituição) deve ter como termo *a quo* a edição da MP 63/89 somente em relação àqueles dispositivos que foram repetidos no momento de sua conversão na Lei 7.787/89. Na hipótese de mudança ou introdução de novos dispositivos no momento da conversão, a contagem do termo da noventena deve ter início com a edição desta lei" (STF, RE 199.198, *Informativo* 274 do STF, 2002).

– "DECLARAÇÃO DE INCONSTITUCIONALIDADE DO ARTIGO 18, DA LEI 9.715/98 (ADI 1.417). PRAZO NONAGESIMAL DA LEI 9.715/98 CONTADO DA VEICULAÇÃO DA PRIMEIRA EDIÇÃO DA MEDIDA PROVISÓRIA 1.212/95... 5... é pacífica a jurisprudência da Excelsa Corte, anterior à Emenda Constitucional 32/2001, no sentido de que as medidas provisórias não apreciadas pelo Congresso Nacional, não perdiam a eficácia, quando reeditadas dentro do prazo de validade de 30 (trinta) dias, contando-se a anterioridade nonagesimal, prevista no artigo 195, § 6º, da CRFB/88, da edição da primeira medida provisória (ADI 1.417, Rel. Min. Octávio Gallotti, Tribunal Pleno, julgado em 02.08.1999, *DJ* 23.03.2001). 6. Destarte, até 28 de fevereiro de 1996 (início da vigência das alterações introduzidas pela Medida Provisória 1.212, de 28 de novembro de 1995), a cobrança das contribuições destinadas ao PIS era regida pelo disposto na Lei Complementar 7/70. A partir de março de 1996 e até a publicação da Lei 9.715, de 25 de novembro de 1998, a contribuição destinada ao PIS restou disciplinada pela Medida Provisória 1.212/95 e suas reedições, inexistindo, portanto, solução de continuidade da exigibilidade da exação em tela. 7. Recurso especial desprovido. Acórdão submetido ao regime do artigo 543-C, do CPC, e da Resolução STJ 08/2008" (STJ, REsp 1.136.210, 2009).

- Vide a nota "Reedição de medidas provisórias" ao inc. I do art. 150 da Constituição.

– Lei decorrente de conversão de medida provisória, com alteração do texto. Contagem a partir da publicação da lei. O STF já reconheceu que o art. 3º, I, da Lei n. 7.787/89 não foi reprodução fiel do art. 5º, I, da MP n. 63/89 e que, portanto, o prazo nonagesimal deve ser contado da publicação da lei. Veja-se a ementa: "CONTRIBUIÇÃO SOCIAL PREVISTA NA MEDIDA PROVISÓRIA 63/89, CONVERTIDA NA LEI 7.787/89. VIGÊNCIA DO ARTIGO 3º, I. INTERPRETAÇÃO CONFORME A CONSTITUIÇÃO DO ARTIGO 21. O inciso I do artigo 3º da Lei 7.787/89 não é fruto da conversão do disposto no artigo 5º, I, da Medida Provisória 63/89. E, assim sendo, o período de noventa dias a que se refere o disposto no § 6º do artigo 195 da Constituição Federal se conta, quanto a ele, a partir da data da publicação da Lei 7.787/89, e não de 1º de setembro de 1989. Isso implica dizer que o artigo 21 dessa Lei 7.787/89 ('Art. 21. Esta Lei entra em vigor na data da sua publicação, produzindo efeitos, quanto a majoração de alíquota, a partir de 1º de setembro de 1989') só é constitucional se entendido – interpretação conforme a Constituição – como aplicável apenas aquelas majorações de alíquota fruto de conversão das contidas na Medida Provisória 63/89. Recurso extraordinário conhecido e provido" (STF, RE 169.740, 1995).

§ 7º São isentas de contribuição para a seguridade social as entidades beneficentes de assistência social que atendam às exigências estabelecidas em lei.

⇒ **Imunidade.** Como norma constitucional que proíbe a tributação, para o custeio da seguridade social, das entidades beneficentes, cuida-se de imunidade e não, propriamente, de isenção. A imunidade condiciona o exercício da tributação, enquanto a simples isenção é benefício fiscal concedido pelo legislador e que pode ser revogado. A imunidade ora em questão não está à disposição do legislador, que não pode afastá-la. Na ADI 2.028-DF, em 1999, foi expressamente reconhecido tratar-se de imunidade, posição confirmada no RE 636941, em 2014.

– "9. A isenção prevista na Constituição Federal (art. 195, § 7º) tem o conteúdo de regra de supressão de competência tributária, encerrando verdadeira imunidade. As imunidades têm o teor de cláusulas pétreas, expressões de direitos fundamentais, na forma do art. 60, § 4º, da CF/88, tornando controversa a possibilidade de sua regulamentação através do poder constituinte derivado e/ou ainda mais, pelo legislador ordinário. 10. A expressão 'isenção' equivocadamente utilizada pelo legislador constituinte decorre de circunstância histórica. O primeiro diploma legislativo a tratar da matéria foi a Lei n. 3.577/59, que isentou a taxa de

contribuição de previdência dos Institutos e Caixas de Aposentadoria e Pensões às entidades de fins filantrópicos reconhecidas de utilidade pública, cujos membros de sua diretoria não percebessem remuneração. Destarte, como a imunidade às contribuições sociais somente foi inserida pelo § 7º, do art. 195, CF/88, a transposição acrítica do seu conteúdo, com o viés do legislador ordinário de isenção, gerou a controvérsia, hodiernamente superada pela jurisprudência da Suprema Corte no sentido de se tratar de imunidade" (STF, RE 636.941, 2014).

– "Conquanto o legislador constitucional mencione a palavra 'isentas', há imunidade à contribuição para a seguridade social por parte das entidades beneficentes de assistência social que atendam às exigências estabelecidas em lei, consoante dispõe o art. 195, III, § 7º" (CARVALHO, Paulo de Barros. *Curso de direito tributário*. 27. ed. São Paulo: Saraiva, 2016, p. 204).

– "O art. 195, § 7º, da Superlei, numa péssima redação dispõe que são isentas de contribuições para a seguridade social as entidades beneficentes de assistência social. Trata-se, em verdade, de uma imunidade, pois toda restrição ou constrição ou vedação ao poder de tributar das pessoas políticas com *habitat* constitucional traduz imunidade, nunca isenção, sempre veiculável por lei infraconstitucional" (COÊLHO, Sacha Calmon Navarro. *Curso de direito tributário brasileiro*. 15. ed. Rio de Janeiro: Forense, 2016, p. 127).

- Vide: SARAIVA FILHO, Oswaldo Othon de Pontes. Anotações sobre a imunidade de contribuição para a seguridade social das entidades beneficentes de assistência social. *RFDT* 98, 2019.

- Vide: MARTINS, Ives Gandra da Silva; SOUZA, Fátima Fernandes Rodrigues de. Considerações sobre a imunidade tributária do § 7º do art. 195 da CF. *RDDT* 233/85, 2015.

– Não prejudica as isenções concedidas por lei. "IMPOSTO DE IMPORTAÇÃO. PIS – IMPORTAÇÃO. COFINS – IMPORTAÇÃO. ISENÇÃO DAS IMPORTAÇÕES FEITAS PELO SENAI. VIGÊNCIA DOS ARTS. 12 E 13 DA LEI N. 2.613/55... 2. As importações feitas pelo SENAI gozam da isenção prevista nos arts. 12 e 13 da Lei n. 2.613/55. 3. Irrelevante a classificação do SENAI como entidade beneficente de assistência social ou não, pois sua isenção decorre diretamente da lei (arts. 12 e 13 da Lei n. 2.613/55) e não daquela condição que se refere à imunidade constitucional (art. 195, § 7º, da CF/88). O raciocínio também exclui a relevância de se verificar o cumprimento dos requisitos do art. 55, da Lei n. 8.212/91 (agora dos arts. 1º, 2º, 18, 19, 29 da Lei n. 12.101/2009), notadamente, a existência de remuneração ou não de seus dirigentes" (STJ, REsp 1.430.257, 2014).

– Justificativa da imunidade. "Diante do quadro de abundância de demandas e de escassez de recursos, a imunidade tributária protege e fomenta o voluntariado assistencial privado, como instrumento de correção do desequilíbrio no acesso amplo às utilidades nas áreas de saúde, previdência e assistência" (SORRENTINO, Thiago Buschinelli. Imunidade das entidades assistenciais e filantrópicas sem fins lucrativos após a aparente queda da reserva da lei complementar para dispor sobre a matéria (RE 636.941). *RDDT* 225/163, 2014).

⇒ **Contribuições para a seguridade social. Abrangência.** A imunidade das entidades filantrópicas alcança todas as contribuições para a seguridade social: contribuições previdenciárias, Cofins, CSLL, PIS. A Lei n. 12.101/2009, ao dispor sobre a certificação das entidades beneficentes, deixa claro, em seu art. 1º, que o faz tendo em vista as "contribuições para a seguridade social". Mas seu art. 29 refere apenas as contribuições dos arts. 22 e 23 da Lei n. 8.212/91, deixando de mencionar o PIS, com o que incorre na mesma restrição descabida anteriormente constante do art. 55 da Lei n. 8.212/91.

– **Alcança a contribuição ao PIS. Tema 432 do STF.** A imunidade tributária prevista no art. 195, § 7º, da Constituição Federal abrange a contribuição para o PIS. Decisão de mérito em 2014.

– "REPERCUSSÃO GERAL CONEXA. RE 566.622. IMUNIDADE AOS IMPOSTOS. ART. 150, VI, C, CF/88. IMUNIDADE ÀS CONTRIBUIÇÕES. ART. 195, § 7º, CF/88. O PIS É CONTRIBUIÇÃO PARA A SEGURIDADE SOCIAL (ART. 239 C/C ART. 195, I, CF/88). A CONCEITUAÇÃO E O REGIME JURÍDICO DA EXPRESSÃO 'INSTITUIÇÕES DE ASSISTÊNCIA SOCIAL E EDUCAÇÃO' (ART. 150, VI, C, CF/88) APLICA-SE POR ANALOGIA À EXPRESSÃO 'ENTIDADES BENEFICENTES DE ASSITÊNCIA SOCIAL' (ART. 195, § 7º, CF/88). AS LIMITAÇÕES CONSTITUCIONAIS AO PODER DE TRIBUTAR SÃO O CONJUNTO DE PRINCÍPIOS E IMUNIDADES TRIBUTÁRIAS (ART. 146, II, CF/88). A EXPRESSÃO 'ISENÇÃO' UTILIZADA NO ART. 195, § 7º, CF/88, TEM O CONTEÚDO DE VERDADEIRA IMUNIDADE. O ART. 195, § 7º, CF/88, REPORTA-SE À LEI N. 8.212/91, EM SUA REDAÇÃO ORIGINAL (MI 616/SP, Rel. Min. Nélson Jobim, Pleno, DJ 25/10/2002). O ART. 1º, DA LEI N. 9.738/98, FOI SUSPENSO PELA CORTE SUPREMA (ADI 2.028 MC/DF, Rel. Moreira Alves, Pleno, DJ 16-06-2000). A SUPREMA CORTE INDICIA QUE SOMENTE SE EXIGE LEI COMPLEMENTAR PARA A DEFINIÇÃO DOS SEUS LIMITES OBJETIVOS (MATERIAIS), E NÃO PARA A FIXAÇÃO DAS NORMAS DE CONSTITUIÇÃO E DE FUNCIONAMENTO DAS ENTIDADES IMUNES (ASPECTOS FORMAIS OU SUBJETIVOS), OS QUAIS PODEM SER VEICULADOS POR LEI ORDINÁRIA (ART. 55, DA LEI N. 8.212/91). AS ENTIDADES QUE PROMOVEM A ASSISTÊNCIA SOCIAL BENEFICENTE (ART. 195, § 7º, CF/88) SOMENTE FAZEM JUS À IMUNIDADE SE PREENCHEREM CUMULATIVAMENTE OS REQUISITOS DE QUE TRATA O ART. 55, DA LEI N. 8.212/91, NA SUA REDAÇÃO ORIGINAL, E AQUELES PREVISTOS NOS ARTIGOS 9º E 14, DO CTN. AUSÊNCIA DE CAPACIDADE CONTRIBUTIVA OU APLICAÇÃO DO PRINCÍPIO DA SOLIDARIEDADE SOCIAL DE FORMA INVERSA (ADI 2.028 MC/DF, Rel. Moreira Alves, Pleno, DJ 16-06-2000). INAPLICABILIDADE DO ART. 2º, II, DA LEI N. 9.715/98, E DO ART. 13, IV, DA MP N. 2.158-35/2001, ÀS ENTIDADES QUE PREENCHEM OS REQUISITOS DO ART. 55 DA LEI N. 8.212/91, E LEGISLAÇÃO SUPERVENIENTE, A QUAL NÃO DECORRE DO VÍCIO DE INCONSTITUCIONALIDADE DESTES DISPOSITIVOS LEGAIS, MAS DA IMUNIDADE EM RELAÇÃO À CONTRIBUIÇÃO AO PIS COMO TÉCNICA DE INTERPRETAÇÃO CONFORME À CONSTI-

TUIÇÃO. EX POSITIS, CONHEÇO DO RECURSO EXTRAORDINÁRIO, MAS NEGO-LHE PROVIMENTO CONFERINDO EFICÁCIA ERGA OMNES E EX TUNC. 1. A imunidade aos impostos concedida às instituições de educação e de assistência social, em dispositivo comum, exsurgiu na CF/46, verbis: Art. 31, V, 'b': À União, aos Estados, ao Distrito Federal e aos Municípios é vedado [...] lançar imposto sobre [...] templos de qualquer culto, bens e serviços de partidos políticos, instituições de educação e de assistência social, desde que as suas rendas sejam aplicadas integralmente no país para os respectivos fins. 2. As CF/67 e CF/69 (Emenda Constitucional n. 1/69) reiteraram a imunidade no disposto no art. 19, III, 'c', verbis: É vedado à União, aos Estados, ao Distrito Federal e aos Municípios [...] instituir imposto sobre [...] o patrimônio, a renda ou os serviços dos partidos políticos e de instituições de educação ou de assistência social, observados os requisitos da lei. 3. A CF/88 traçou arquétipo com contornos ainda mais claros, verbis: Art. 150. Sem prejuízo de outras garantias asseguradas ao contribuinte, é vedado à União, aos Estados, ao Distrito Federal e aos Municípios: [...] VI. instituir impostos sobre: [...] c) patrimônio, renda ou serviços dos partidos políticos, inclusive suas fundações, das entidades sindicais dos trabalhadores, das instituições de educação e de assistência social, sem fins lucrativos, atendidos os requisitos da lei; [...] § 4º. As vedações expressas no inciso VI, alíneas 'b' e 'c', compreendem somente o patrimônio, a renda e os serviços, relacionados com as finalidades essenciais das entidades nelas mencionadas; Art. 195. A seguridade social será financiada por toda a sociedade, de forma direta e indireta, nos termos da lei, mediante recursos provenientes dos orçamentos da União, dos Estados, do Distrito Federal e dos Municípios, e das seguintes contribuições sociais: [...] § 7º São isentas de contribuição para a seguridade social as entidades beneficentes de assistência social que atendam às exigências estabelecidas em lei. 4. O art. 195, § 7º, CF/88, ainda que não inserido no capítulo do Sistema Tributário Nacional, mas explicitamente incluído topograficamente na temática da seguridade social, trata, inequivocamente, de matéria tributária. Porquanto ubi eadem ratio ibi idem jus, podendo estender-se às instituições de assistência stricto sensu, de educação, de saúde e de previdência social, máxime na medida em que restou superada a tese de que este artigo só se aplica às entidades que tenham por objetivo tão somente as disposições do art. 203 da CF/88 (ADI 2.028 MC/DF, Rel. Moreira Alves, Pleno, DJ 16-06-2000). 5. A seguridade social prevista no art. 194, CF/88, compreende a previdência, a saúde e a assistência social, destacando-se que as duas últimas não estão vinculadas a qualquer tipo de contraprestação por parte dos seus usuários, a teor dos artigos 196 e 203, ambos da CF/88. Característica esta que distingue a previdência social das demais subespécies da seguridade social, consoante a jurisprudência desta Suprema Corte no sentido de que seu caráter é contributivo e de filiação obrigatória, com espeque no art. 201, todos da CF/88. 6. O PIS, espécie tributária singular contemplada no art. 239, CF/88, não se subtrai da concomitante pertinência ao 'gênero' (plural) do inciso I, art. 195, CF/88, verbis: Art. 195. A seguridade social será financiada por toda a sociedade, de forma direta e indireta, nos termos da lei, mediante recursos provenientes dos orçamentos da União, dos Estados, do Distrito Federal e dos Municípios, e das seguintes contribuições sociais: I – do empregador, da empresa e da entidade a ela equiparada na forma da lei, incidentes sobre: (Redação dada pela Emenda Constitucional n. 20, de 1998) a) a folha de salários e demais rendimentos do trabalho pagos ou creditados, a qualquer título, à pessoa física que lhe preste serviço, mesmo sem vínculo empregatício; (Incluído pela Emenda Constitucional n. 20, de 1998) b) a receita ou o faturamento; (Incluído pela Emenda Constitucional n. 20, de 1998) c) o lucro; (Incluído pela Emenda Constitucional n. 20, de 1998) II – do trabalhador e dos demais segurados da previdência social, não incidindo contribuição sobre aposentadoria e pensão concedidas pelo regime geral de previdência social de que trata o art. 201; (Redação dada pela Emenda Constitucional n. 20, de 1998) III – sobre a receita de concursos de prognósticos; IV – do importador de bens ou serviços do exterior, ou de quem a lei a ele equiparar. (Incluído pela Emenda Constitucional n. 42, de 19.12.2003)... 7. O Sistema Tributário Nacional, encartado em capítulo próprio da Carta Federal, encampa a expressão 'instituições de assistência social e educação' prescrita no art. 150, VI, 'c', cuja conceituação e regime jurídico aplica-se, por analogia, à expressão 'entidades beneficentes de assistência social' contida no art. 195, § 7º, à luz da interpretação histórica dos textos das CF/46, CF/67 e CF/69, e das premissas fixadas no verbete da Súmula n. 730. É que até o advento da CF/88 ainda não havia sido cunhado o conceito de 'seguridade social', nos termos em que definidos pelo art. 203, inexistindo distinção clara entre previdência, assistência social e saúde, a partir dos critérios de generalidade e gratuidade. 8. As limitações constitucionais ao poder de tributar são o conjunto de princípios e demais regras disciplinadoras da definição e do exercício da competência tributária, bem como das imunidades. O art. 146, II, da CF/88, regula as limitações constitucionais ao poder de tributar reservadas à lei complementar, até então carente de formal edição. 9. A isenção prevista na Constituição Federal (art. 195, § 7º) tem o conteúdo de regra de supressão de competência tributária, encerrando verdadeira imunidade. As imunidades têm o teor de cláusulas pétreas, expressões de direitos fundamentais, na forma do art. 60, § 4º, da CF/88, tornando controversa a possibilidade de sua regulamentação através do poder constituinte derivado e/ou ainda mais, pelo legislador ordinário. 10. A expressão 'isenção' equivocadamente utilizada pelo legislador constituinte decorre de circunstância histórica. O primeiro diploma legislativo a tratar da matéria foi a Lei n. 3.577/59, que isentou a taxa de contribuição de previdência dos Institutos e Caixas de Aposentadoria e Pensões às entidades de fins filantrópicos reconhecidas de utilidade pública, cujos membros de sua diretoria não percebessem remuneração. Destarte, como a imunidade às contribuições sociais somente foi inserida pelo § 7º, do art. 195, CF/88, a transposição acrítica do seu conteúdo, com o viés do legislador ordinário de isenção, gerou a controvérsia, hodiernamente superada pela jurisprudência da Suprema Corte no sentido de se tratar de imunidade. 11. A imunidade, sob a égide de CF/88, recebeu regulamentação específica em diversas leis ordinárias, a saber: Lei n. 9.532/97 (regulamentando a imunidade do art. 150, VI, 'c', referente aos impostos); Leis n. 8.212/91, n. 9.732/98 e n. 12.101/09 (regulamentando a imunidade do art. 195, § 7º, referente às contribuições), cujo exato

sentido vem sendo delineado pelo Supremo Tribunal Federal. 12. A lei a que se reporta o dispositivo constitucional contido no § 7º, do art. 195, CF/88, segundo o Supremo Tribunal Federal, é a Lei n. 8.212/91 (MI 616/SP, Rel. Min. Nélson Jobim, Pleno, *DJ* 25/10/2002). 13. A imunidade frente às contribuições para a seguridade social, prevista no § 7º, do art. 195, CF/88, está regulamentada pelo art. 55, da Lei n. 8.212/91, em sua redação original, uma vez que as mudanças pretendidas pelo art. 1º, da Lei n. 9.738/98, a este artigo foram suspensas (ADI 2.028 MC/DF, Rel. Moreira Alves, Pleno, *DJ* 16-06-2000). 14. A imunidade tributária e seus requisitos de legitimação, os quais poderiam restringir o seu alcance, estavam estabelecidos no art. 14, do CTN, e foram recepcionados pelo novo texto constitucional de 1988. Por isso que razoável se permitisse que outras declarações relacionadas com os aspectos intrínsecos das instituições imunes viessem reguladas por lei ordinária, tanto mais que o direito tributário utiliza-se dos conceitos e categorias elaborados pelo ordenamento jurídico privado, expresso pela legislação infraconstitucional. 15. A Suprema Corte, guardiã da Constituição Federal, indicia que somente se exige lei complementar para a definição dos seus limites objetivos (materiais), e não para a fixação das normas de constituição e de funcionamento das entidades imunes (aspectos formais ou subjetivos), os quais podem ser veiculados por lei ordinária, como sois ocorrer com o art. 55, da Lei n. 8.212/91, que pode estabelecer requisitos formais para o gozo da imunidade sem caracterizar ofensa ao art. 146, II, da Constituição Federal, *ex vi* dos incisos I e II, *verbis*: Art. 55. Fica isenta das contribuições de que tratam os arts. 22 e 23 desta Lei a entidade beneficente de assistência social que atenda aos seguintes requisitos cumulativamente: (Revogado pela Lei n. 12.101, de 2009) I – seja reconhecida como de utilidade pública federal e estadual ou do Distrito Federal ou municipal; (Revogado pela Lei n. 12.101, de 2009) II – seja portadora do Certificado e do Registro de Entidade de Fins Filantrópicos, fornecido pelo Conselho Nacional de Assistência Social, renovado a cada três anos; (Redação dada pela Lei n. 9.429, de 26.12.1996)... 16. Os limites objetivos ou materiais e a definição quanto aos aspectos subjetivos ou formais atende aos princípios da proporcionalidade e razoabilidade, não implicando significativa restrição do alcance do dispositivo interpretado, ou seja, o conceito de imunidade, e de redução das garantias dos contribuintes. 17. As entidades que promovem a assistência social beneficente, inclusive educacional ou de saúde, somente fazem jus à concessão do benefício imunizante se preencherem cumulativamente os requisitos de que trata o art. 55, da Lei n. 8.212/91, na sua redação original, e aqueles prescritos nos artigos 9º e 14, do CTN. 18. Instituições de educação e de assistência social sem fins lucrativos são entidades privadas criadas com o propósito de servir à coletividade, colaborando com o Estado nessas áreas cuja atuação do Poder Público é deficiente. Consectariamente, et pour cause, a constituição determina que elas sejam desoneradas de alguns tributos, em especial, os impostos e as contribuições. 19. A *ratio* da supressão da competência tributária funda-se na ausência de capacidade contributiva ou na aplicação do princípio da solidariedade de forma inversa, vale dizer: a ausência de tributação das contribuições sociais decorre da colaboração que estas entidades prestam ao Estado. 20. A Suprema Corte já decidiu que o artigo

195, § 7º, da Carta Magna, com relação às exigências a que devem atender as entidades beneficentes de assistência social para gozarem da imunidade aí prevista, determina apenas a existência de lei que as regule; o que implica dizer que a Carta Magna alude genericamente à 'lei' para estabelecer princípio de reserva legal, expressão que compreende tanto a legislação ordinária, quanto a legislação complementar (ADI 2.028 MC/DF, Rel. Moreira Alves, Pleno, *DJ* 16-06-2000). 21. É questão prejudicial, pendente na Suprema Corte, a decisão definitiva de controvérsias acerca do conceito de entidade de assistência social para o fim da declaração da imunidade discutida, como as relativas à exigência ou não da gratuidade dos serviços prestados ou à compreensão ou não das instituições beneficentes de clientelas restritas. 22. *In casu*, descabe negar esse direito a pretexto de ausência de regulamentação legal, mormente em face do acórdão recorrido que concluiu pelo cumprimento dos requisitos por parte da recorrida à luz do art. 55, da Lei n. 8.212/91, condicionado ao seu enquadramento no conceito de assistência social delimitado pelo STF, mercê de suposta alegação de que as prescrições dos artigos 9º e 14 do Código Tributário Nacional não regulamentam o § 7º, do art. 195, CF/88. 23. É insindicável na Suprema Corte o atendimento dos requisitos estabelecidos em lei (art. 55, da Lei nº 8.212/91), uma vez que, para tanto, seria necessária a análise de legislação infraconstitucional, situação em que a afronta à Constituição seria apenas indireta, ou, ainda, o revolvimento de provas, atraindo a aplicação do verbete da Súmula n. 279. Precedente. AI 409.981-AgR/RS, Rel. Min. Carlos Velloso, 2ª Turma, *DJ* 13/08/2004. 24. A pessoa jurídica para fazer jus à imunidade do § 7º, do art. 195, CF/88, com relação às contribuições sociais, deve atender aos requisitos previstos nos artigos 9º e 14, do CTN, bem como no art. 55, da Lei n. 8.212/91, alterada pelas Lei n. 9.732/98 e Lei n. 12.101/2009, nos pontos onde não tiveram sua vigência suspensa liminarmente pelo STF nos autos da ADI 2.028 MC/DF, Rel. Moreira Alves, Pleno, *DJ* 16-06-2000. 25. As entidades beneficentes de assistência social, como consequência, não se submetem ao regime tributário disposto no art. 2º, II, da Lei n. 9.715/98, e no art. 13, IV, da MP n. 2.158-35/2001, aplicáveis somente àquelas outras entidades (instituições de caráter filantrópico, recreativo, cultural e científico e as associações civis que prestem os serviços para os quais houverem sido instituídas e os coloquem à disposição do grupo de pessoas a que se destinam, sem fins lucrativos) que não preenchem os requisitos do art. 55 da Lei n. 8.212/91, ou da legislação superveniente sobre a matéria, posto não abarcadas pela imunidade constitucional. 26. A inaplicabilidade do art. 2º, II, da Lei n. 9.715/98, e do art. 13, IV, da MP n. 2.158-35/2001, às entidades que preenchem os requisitos do art. 55 da Lei n. 8.212/91, e legislação superveniente, não decorre do vício da inconstitucionalidade desses dispositivos legais, mas da imunidade em relação à contribuição ao PIS como técnica de interpretação conforme à Constituição. 27. *Ex positis*, conheço do recurso extraordinário, mas nego-lhe provimento conferindo à tese assentada repercussão geral e eficácia *erga omnes* e *ex tunc*. Precedentes. RE 93.770/RJ, Rel. Min. Soares Muñoz, 1ª Turma, *DJ* 03/04/1981. RE 428.815-AgR/AM, Rel. Min. Sepúlveda Pertence, 1ª Turma, *DJ* 24/06/2005. ADI 1.802-MC/DF, Rel. Min. Sepúlveda Pertence,

Pleno, *DJ* 13-02-2004. ADI 2.028 MC/DF, Rel. Moreira Alves, Pleno, *DJ* 16-06-2000" (STF, RE 636.941, 2014).

– Ainda que o art. 195, § 7º, da CF remeta aos requisitos de lei, e que se pudesse dizer da sua inaplicação enquanto carente de regulamentação, certo é que todas as normas constitucionais têm ao menos eficácia negativa imediata no sentido de vedarem qualquer tratamento legal que, em vez de ir no sentido da sua implementação, a contradiga, dando à matéria disciplina contrária aos dispositivos constitucionais. Assim, prevista no art. 195, § 7º, da CF a imunidade às contribuições de seguridade social das entidades beneficentes de assistência social, os dispositivos legais que foram editados estabelecendo o pagamento da contribuição ao PIS por tais entidades imunes são absolutamente inconstitucionais, ferindo diretamente o Texto Maior. Duas medidas provisórias incorreram em tal vício: a MP n. 1.212/95 (art. 2º, II, c/c o art. 8º, II), convertida na Lei n. 9.715/98, e a MP n. 2.158/2001 (art. 13, III e IV), tornada permanente pela EC n. 32/2001, que dispuseram no sentido do pagamento de contribuição ao PIS pelos entes imunes.

– "IMUNIDADE. ARTIGO 195, § 7º, DA CF. CONTRIBUIÇÃO AO PIS. INCISO IV DO ART. 13 DA MEDIDA PROVISÓRIA N. 2.158-35. ARGUIÇÃO DE INCONSTITUCIONALIDADE ACOLHIDA EM PARTE. 1. A imunidade das entidades sem fins lucrativos, filantrópica, de caráter beneficente e assistencial foi estabelecida nos termos do artigo 195, § 7º, da Constituição Federal. 2. O Supremo Tribunal Federal atribui ao PIS a natureza de contribuição à seguridade social, sendo, assim, alcançado pela imunidade prevista no art. 195, § 7º, da Constituição de 1988, que contempla as entidades beneficentes de assistência social, que atendam às exigências estabelecidas em lei. 3. Reconhecida a imunidade prevista no artigo 195, § 7º, da CF/88 relativamente à contribuição ao PIS, desde que preenchidos os requisitos do artigo 55 da Lei n. 8.212/91, em sua redação original, não se aplica à entidade beneficiada o disposto no artigo 13, IV, da MP 2.158 35/2001. 4. Incidente de arguição de inconstitucionalidade acolhido em parte para conferir, sem redução de texto, ao inciso IV do artigo 13 da Medida Provisória n. 2.158-35 interpretação conforme à Constituição" (TRF4, ARGINC 2004.70.03.001161-5, DE 30-9-2009).

– **Cofins. IN SRF n. 247/2002 e n. 543/2005. Receitas derivadas de atividades próprias das entidades sem fins lucrativos.** "[...] iv) a IN/SRF 247/02 definiu receitas derivadas das atividades próprias como aquelas decorrentes de contribuições, doações, anuidades ou mensalidades fixadas por lei, assembleia ou estatuto, recebidas de associados ou mantenedores, sem caráter contraprestacional direto, destinadas ao seu custeio e ao desenvolvimento dos seus objetivos sociais; e recentemente a INS/SRF 543/05 não só confirmou este conceito como também exigiu a apresentação do Dacon para as entidades sem fins lucrativos; v) em virtude do princípio da estrita legalidade, a IN/SRF 247/02 não tem a competência para trazer a definição do que seja receita decorrente da atividade das entidades sem fins lucrativos. Qualquer restrição feita por Instruções Normativas sem amparo legal padece de vício formal, devendo ser considerada ilegal, sem que produza efeitos. Mais uma vez temos o problema de a autoridade administrativa estar inovando o ordenamento jurídico utilizando uma instrução normativa" (JANINI, Tiago Cappi. Incidência da Cofins para as entidades sem fins lucrativos: inconstitucionalidades e ilegalidades. *RDDT* 121/100, 2005).

– Não alcança as contribuições a terceiros. A imunidade do art. 195, § 7º, da CF "não abrange as contribuições destinadas a terceiros", como é o caso das contribuições ao SESC, SENAC, SEBRAE, APEX e ABDI (STF, RE 849.126 AgR, 2015).

– Entidade x instituição. Vide, a respeito, em nota ao art. 150, VI, *c*, da CF.

⇒ **Abrange as "entidades beneficentes", ainda que não necessariamente "filantrópicas".** A imunidade alcança as entidades beneficentes, assim compreendidas aquelas que prestam atendimento aos carentes, sem finalidade de lucro. Não se faz necessário, contudo, que se trate de entidade filantrópica, assim entendida aquela que só presta serviços a pessoas carentes e que se mantém exclusivamente de doações. O conceito de entidade beneficente é mais amplo que o de entidade filantrópica, não podendo ser restringido pelo legislador ordinário. Este é o entendimento do STF na ADI 2.028.

– Para Ives Gandra da Silva Martins e Marilene Talarico Martins Rodrigues, instituição filantrópica é toda a organização de pessoas, criada com a finalidade de, ao lado do Estado, prestar assistência aos necessitados, em atendimento aos seus objetivos sociais. É o que se vê do artigo "Imunidade tributária das instituições de assistência social à luz da Constituição Federal", em *RDDT* 38, 1998.

– "As pessoas imunes, na espécie, são as beneficentes, isto é, as que fazem o bem, a título de assistência social, em sentido amplo, sem *animus lucrandi*, no sentido de apropriação do lucro" (COÊLHO, Sacha Calmon Navarro. *Curso de direito tributário brasileiro*. 15. ed. Rio de Janeiro: Forense, 2016, p. 127).

– "Entidade beneficente não possui finalidade lucrativa, mas, além disso, é aquela que dedica suas atividades, ainda que parcialmente, ao atendimento dos necessitados. A gratuidade dos serviços prestados é, portanto, elemento caracterizador da beneficência" (COSTA, Regina Helena. *Curso de direito tributário*. 5. ed. São Paulo: Saraiva, 2015, p. 122).

• Vide, ainda, nota ao art. 150, VI, *c*, acerca de tais conceitos.

– Possibilidade de exercício de atividade econômica deste que revertido o produto à finalidade beneficente. Vide: MARTINS, Ives Gandra. Participação de instituição imune em outra instituição de fins econômicos com reversão de todos os recursos advindos para suas finalidades sociais: permissão constitucional desde que os resultados da atividade econômica seja tributado: orientação da Suprema corte permitindo extensão da imunidade nestas hipóteses, se houver reversão dos recursos para os objetivos sociais. *RDDT* 160/91, 2009.

– Análise dos casos concretos. Matéria infraconstitucional. A análise da presença ou não, nos casos concretos, dos requisitos legais "para enquadramento de pessoa jurídica como entidade beneficente de assistência social para fins de imunidade" teve sua repercussão geral negada pelo STF no RE 642.442 (Tema 459), relator o Ministro Cezar Peluso, em junho de 2011.

⇒ **Requisitos estabelecidos em lei. Papéis da lei ordinária e da lei complementar.** No sentido de conciliar a exigência de lei complementar para a regulamentação de limitações ao poder de tributar, constante do art. 146, II, da CF, com a referência simplesmente aos requisitos de lei no art. 195, § 7º, da CF e tendo em conta a posição do STF no sentido de que, quando a Constituição refere lei, cuida-se de lei ordinária, pois a lei complementar é sempre requerida expressamente, decidiu, o STF, em junho de 2005, no AgRg RE 428.815-0, de modo inequívoco, que as condições materiais para o gozo da imunidade são matéria reservada à lei complementar, mas que os requisitos formais para a constituição e funcionamento das entidades, como a necessidade de obtenção e renovação dos certificados de entidade de fins filantrópicos, são matéria que pode ser tratada por lei ordinária. Na medida cautelar da ADI 2.028/DF, tal posição já havia sido invocada, refletindo entendimento iniciado pelo Ministro Soares Munõz em 1981, relativamente à imunidade a impostos, à luz da Constituição de 1967 com a redação da EC n. 1/69. Em março de 2017, foi julgado o mérito da ADI 2028, consolidando esse entendimento.

– Até o advento da LC n. 187/2021, a Lei n. 12.101/2009 é que dispunha da matéria. Em nível de lei complementar, só havia o art. 14 do CTN, que regula a imunidade genérica a impostos e que acabava sendo aplicado por analogia, exigindo que a entidade não distribuísse nenhuma parcela de seu patrimônio ou de suas rendas, a qualquer título, que aplicasse integralmente no País os seus recursos na manutenção dos seus objetivos institucionais e que mantivesse escrituração de suas receitas e despesas em livros revestidos de formalidades capazes de assegurar sua exatidão. Como o papel da lei ordinária era limitado, o STF, na já referida ADI 4.480, reconheceu a inconstitucionalidade "do art. 13, III, § 1º, I e II, § 3º, § 4º, I e II, e §§ 5º, 6º e 7º; art. 14, §§ 1º e 2º; art. 18, *caput*; art. 31; e art. 32, § 1º, da Lei 12.101/2009, com a nova redação dada pela Lei 12.868/2013".

– Requisitos materiais por lei complementar. Tema 32 do STF: "A lei complementar é forma exigível para a definição do modo beneficente de atuação das entidades de assistência social contempladas pelo art. 195, § 7º, da CF, especialmente no que se refere à instituição de contrapartidas a serem por elas observadas". Decisão de mérito em 2017.

– "AÇÃO DIRETA DE INCONSTITUCIONALIDADE. CONVERSÃO EM ARGUIÇÃO DE DESCUMPRIMENTO DE PRECEITO FUNDAMENTAL. CONHECIMENTO. IMUNIDADE. CONTRIBUIÇÕES SOCIAIS. ARTS. 146, II, e 195, § 7º, DA CONSTITUIÇÃO FEDERAL. REGULAMENTAÇÃO. LEI 8.212/91 (ART. 55). DECRETO 2.536/98 (ARTS. 2º, IV, 3º, VI, §§ 1º e 4º e PARÁGRAFO ÚNICO). DECRETO 752/93 (ARTS. 1º, IV, 2º, IV e §§ 1º e 3º, e 7º, § 4º). ENTIDADES BENEFICENTES DE ASSISTÊNCIA SOCIAL. DISTINÇÃO. MODO DE ATUAÇÃO DAS ENTIDADES DE ASSISTÊNCIA SOCIAL. TRATAMENTO POR LEI COMPLEMENTAR. ASPECTOS MERAMENTE PROCEDIMENTAIS. REGRAMENTO POR LEI ORDINÁRIA. Nos exatos termos do voto proferido pelo eminente e saudoso Ministro Teori Zavascki, ao inaugurar a divergência: 1. '[...] fica evidenciado que (a) entidade beneficente de assistência social (art. 195, § 7º) não é conceito equiparável a entidade de assistência social sem fins lucrativos (art. 150, VI); (b) a Constituição Federal não reúne elementos discursivos para dar concretização segura ao que se possa entender por modo beneficente de prestar assistência social; (c) a definição desta condição modal é indispensável para garantir que a imunidade do art. 195, § 7º, da CF cumpra a finalidade que lhe é designada pelo texto constitucional; e (d) esta tarefa foi outorgada ao legislador infraconstitucional, que tem autoridade para defini-la, desde que respeitados os demais termos do texto constitucional.'. 2. 'Aspectos meramente procedimentais referentes à certificação, fiscalização e controle administrativo continuam passíveis de definição em lei ordinária. A lei complementar é forma somente exigível para a definição do modo beneficente de atuação das entidades de assistência social contempladas pelo art. 195, § 7º, da CF, especialmente no que se refere à instituição de contrapartidas a serem observadas por elas.'. 3. Procedência da ação 'nos limites postos no voto do Ministro Relator'. Arguição de descumprimento de preceito fundamental, decorrente da conversão da ação direta de inconstitucionalidade, integralmente procedente" (STF, ADI 2.028, 2017).

– Antes do advento da LC n. 187/2021, na falta de lei complementar que cuidasse das condições materiais para o gozo da imunidade das contribuições de seguridade social, a aplicação analógica do art. 14 do CTN apresentava-se como mecanismo para que a imunidade do art. 195, § 7º, não reste sem eficácia.

– No sentido de que os requisitos a serem observados eram os previstos no art. 14 do CTN, sendo ilegítimas as ampliações de requisitos formuladas pelo art. 55 da Lei n. 8.212/91, pelo Decreto n. 752/93 e pelo Decreto n. 2.173/97, por inconstitucionais, vide textos de Ives Gandra da Silva Martins na *RDDT* 40, n. 37 e n. 38.

– "Exceto em situações de inequívoco desvio, a autodeterminação do voluntário filantropo acerca do destino a ser dado aos recursos tem precedência sobre a competência do Estado, ao qual é vedado usurpar a gestão da atividade assistencial, direta ou indiretamente" (SORRENTINO, Thiago Buschinelli. Imunidade das entidades assistenciais e filantrópicas sem fins lucrativos após a aparente queda da reserva da lei complementar para dispor sobre a matéria (RE 636.941). *RDDT* 225/163, 2014).

– "A lei (referida no § 7º do art. 195) significa 'lei complementar' (Código Tributário Nacional) que, relativamente à imunidade dos impostos para as instituições de assistência social, estabelece (no art. 14) os requisitos seguintes: I – não distribuírem qualquer parcela de seu patrimônio ou de suas rendas, a título de lucro ou participação no seu resultado; II – aplicarem integralmente no País os seus recursos na manutenção dos seus objetivos institucionais; III – manterem escrituração de suas receitas e despesas em livros revestidos de formalidade, capazes de assegurar sua exatidão" (MELO, José Eduardo Soares de. *Contribuições sociais no sistema tributário*. 2. ed. São Paulo: Malheiros, 1996, p. 201).

– "O princípio lógico da identidade veda a criação de um minotauro jurídico (metade imunidade e metade 'isenção constitucio-nal'), de sorte que o erro constatado no antecedente de uma norma deve ser estendido ao consequente. Explicamos: o § 7º do art. 195 da Constituição Federal fala em isenção e lei ordinária. O erro é evidente, mas coerente, visto que as isenções constituem institutos inseridos dentro da competência tributária das pessoas políticas, razão pela qual podem ser fixadas e alteradas por lei ordinária. Entretanto, ao reconhecermos a imprecisão terminológica da expressão 'isenção', devemos estendê-la ao enunciado 'lei', substituindo-os, coerentemente, por 'imunidade' e 'lei complementar', respectivamente, mantendo-se, assim, congruência com o alcance semântico fixado pelo STF acera da natureza do instituto em questão. O legislador constituinte foi impreciso, é certo, mas não foi incoerente, pois exigiu espécie normativa compatível com o instituto por ele considerado existente (isenção). A correção significativa engendrada pelo Supremo não pode consertar parcialmente o equívoco redacional, sob pena de incorrer em incoerência lógica, desconsiderando a identidade que abrange toda a unidade normativa" (PANDOLFO, Rafael. O art. 195, § 7º, da Constituição Federal e o Minotauro Lógico. *RET* 39/52, 2004).

⇒ **De "assistência social".** O caráter assistencial revela-se pela natureza da atividade que constitui seu objeto social, podendo caracterizar-se como assistencial em sentido estrito ou em sentido amplo. Em sentido estrito são as voltadas diretamente aos fins do art. 203 da CF: serviços ou benefícios que tenham por objetivos a proteção à família, à maternidade, à infância, à adolescência e à velhice, o amparo às crianças e adolescentes carentes, a promoção da integração ao mercado de trabalho, a habilitação e reabilitação de pessoas portadoras de deficiência e a promoção de sua integração à vida comunitária ou, ainda, a subsistência da pessoa portadora de deficiência e do idoso carentes. Em sentido amplo, são consideradas assistenciais também as atividades voltadas à educação e à promoção ou à recuperação da saúde, assim como à própria previdência.

– A Lei n. 12.101/2009 qualifica como entidades beneficentes de assistência social as que preenchem os requisitos por ela estabelecidos seja quanto à prestação de serviços de assistência social em sentido estrito, como de saúde ou educação. Exige das entidades de saúde "ofertar a prestação de seus serviços ao SUS no percentual mínimo de 60% (sessenta por cento)", das entidades de educação a concessão de bolsas na proporção de 1 bolsa integral para cada 5 alunos pagantes. Conforme o art. 203 da Constituição, o que caracteriza a assistência social é a prestação, a quem dela necessitar, independentemente de contribuição, de serviços ou benefícios que tenham por objetivos a proteção à família, à maternidade, à infância, à adolescência e à velhice, o amparo às crianças e adolescentes carentes, a promoção da integração ao mercado de trabalho, a habilitação e reabilitação de pessoas portadoras de deficiência e a promoção de sua integração à vida comunitária ou, ainda, a subsistência da pessoa portadora de deficiência e do idoso carentes. Nada obsta que, guardados tais requisitos, sejam efetivamente considerados como de assistência social serviços de saúde, como o atendimento hospitalar prestado gratuitamente a idosos, crianças e adolescentes carentes por entidade sem fins lucrativos, ou mesmo de educação a pessoas carentes, eis que promove seu desenvolvimento e a integração ao mercado de trabalho.

– **Lei n. 12.101/2009:** "Art. 1º A certificação das entidades beneficentes de assistência social e a isenção de contribuições para a seguridade social serão concedidas às pessoas jurídicas de direito privado, sem fins lucrativos, reconhecidas como entidades beneficentes de assistência social com a finalidade de prestação de serviços nas áreas de assistência social, saúde ou educação, e que atendam ao disposto nesta Lei. Art. 2º As entidades de que trata o art. 1º deverão obedecer ao princípio da universalidade do atendimento, sendo vedado dirigir suas atividades exclusivamente a seus associados ou a categoria profissional".

– A Lei n. 8.212/91, agora revogada, já dispunha: "Art. 55. Fica isenta das contribuições de que tratam os arts. 22 e 23 desta Lei a entidade beneficente de assistência social que atenda aos seguintes requisitos cumulativamente: [...] III – promova a assistência social beneficente, inclusive educacional ou de saúde, a menores, idosos, excepcionais ou pessoas carentes".

– "Para caracterizar-se como assistencial, a atividade deve ter por objetivo reduzir carências de elementos essenciais ao pleno desenvolvimento individual, como saúde e educação. Exceto por atividades frívolas ou ociosas, o Estado não tem legitimidade para usurpar o arbítrio do indivíduo voluntário para determinar exatamente quais atividades são dignas de proteção, de modo a excluir automaticamente as demais" (SORRENTINO, Thiago Buschinelli. Imunidade das entidades assistenciais e filantrópicas sem fins lucrativos após a aparente queda da reserva da lei complementar para dispor sobre a matéria (RE 636.941). *RDDT* 225/163, 2014).

– **Abrangência da educação e da saúde.** A LC n. 187/2021, que dispõe sobre a certificação das entidades beneficentes e regula os procedimentos referentes à imunidade de contribuições à seguridade social de que trata o § 7º do art. 195 da Constituição Federal, traz seções específicas estabelecendo requisitos para as entidades de saúde, para as de educação e para as de assistência social.

– "No que se refere à primeira condição, o ministro asseverou que o Supremo Tribunal Federal (STF) conferiria sentido mais amplo ao termo 'assistência social' constante do art. 203 da CF, a concluir que, entre as formas de promover os objetivos revelados nos incisos desse preceito, estariam incluídos os serviços, estariam incluídos os serviços de saúde e educação. Reputou que toda pessoa jurídica a prestar serviços sem fins lucrativos com caráter assistencial, em favor da coletividade e, em especial, dos hipossuficientes, atuaria em conjunto com o Poder Público na satisfação de direitos fundamentais sociais. Por isso, o constituinte assegurou a imunidade a essas pessoas em relação tanto aos impostos quanto às contribuições sociais, a partir da impossibilidade de tributar atividades típicas do Estado em favor da realização de direitos fundamentais no campo da assistência social" (*Informativo* 855 do STF, RE 566.622, 2017).

– "17. As entidades que promovem a assistência social beneficente, inclusive educacional ou de saúde, somente fazem jus à concessão do benefício imunizante se preencherem cumulativamente os requisitos de que trata o art. 55, da Lei n. 8.212/91, na sua redação original, e aqueles prescritos nos artigos 9º e 14, do CTN" (STF, Pleno, RE 636.941, 2014).

– "ART. 195, § 7º. IMUNIDADE TRIBUTÁRIA. CONTRIBUIÇÃO PREVIDENCIÁRIA PATRONAL. REQUISITOS. ENTIDADE HOSPITALAR DE CARÁTER BENEFICENTE. A Constituição Federal de 1988, no art. 195, § 7º, institui isenção de contribuições para a seguridade social em favor de entidades beneficentes de assistência social que atendam as exigências estabelecidas em lei. O preceito constitucional sobre a imunidade está regulado no art. 55 da Lei 8.212/91, na redação anterior à da Lei 9.732/98, que teve a eficácia suspensa pelo Pleno do STF, na ADI 2.028-5, com base em inconstitucionalidade material por limitar o direito previsto na Constituição. Assim, as entidades que gozam da imunidade do § 7º do art. 195 da CF/88, de acordo com o art. 55 da Lei 8.212/91, são as que prestam serviços relativos à assistência social em sentido amplo (englobando educação e saúde), de forma gratuita às pessoas carentes, em atividade tipicamente filantrópica, ainda que não o façam exclusivamente desta forma, ou seja, mesmo que parte dos serviços sejam prestados a pessoas não carentes mediante pagamento. Na espécie, a entidade promove assistência social na área da saúde em caráter filantrópico e em benefício a pessoas carentes, preenchendo os requisitos legais. Em decorrência, faz jus à imunidade constitucional pretendida. Apelação e remessa oficial desprovidas" (TRF4, AC 2001.71.12.003052-1, 2003).

– "A utilização de critérios materiais para caracterização das atividades assistenciais produz resultados irregulares, devido à ambiguidade das palavras empregadas pelo constituinte ao estabelecer a 'seguridade social'. Embora seja possível escolher com mais segurança sentidos possíveis para 'saúde' e 'previdência', os elementos que compõem o terceiro conjunto constitucional, 'assistência', projetam grande espaço de manobra (*leeway*). A maleabilidade dos conceitos constitucionalmente admissíveis para 'assistência social' fica exposta se considerarmos que é possível perseguir a 'proteção à família, à maternidade, à infância e à adolescência e à velhice' como iniciativas rigorosamente subsumíveis aos dois outros conjuntos que formam a tríade da seguridade social. Também é possível retirar de âmbitos tratados pela Constituição em outros contextos o tipo de prestação útil para alcançar a 'promoção da integração ao mercado de trabalho' (art. 203, III, da Constituição). Nesse ponto, lembro que é factível utilizar a educação para aumentar a utilidade e o rendimento técnico da pessoa, de modo a reforçar sua empregabilidade. Embora 'educação' tenha tratamento ostensivo e enfático fora da tríade de seguridade social, a Constituição não proíbe que esforços acadêmicos auxiliem a combater as carências enfaticamente atacadas no campo assistencial. Penso que a Constituição admite e fomenta a erradicação das deficiências nas áreas de saúde, emprego, avançada idade, pobreza etc., sem prévia definição do tipo de atividade desenvolvida" (SORRENTINO, Thiago Buschinelli. Imunidade das entidades assistenciais e filantrópicas sem fins lucrativos após a aparente queda da reserva da lei complementar para dispor sobre a matéria (RE 636.941). *RDDT* 225/163, 2014).

– **Isenção das receitas das instituições de ensino sem fins lucrativos. Atividades próprias. Mensalidades. Tema 624 do STJ:** "As receitas auferidas a título de mensalidades dos alunos de instituições de ensino sem fins lucrativos são decorrentes de 'atividades próprias da entidade', conforme o exige a isenção estabelecida no art. 14, X, da Medida Provisória n. 1.858/99 (atual MP n. 2.158-35/2001), sendo flagrante a ilicitude do art. 47, § 2º, da IN/SRF n. 247/2002, nessa extensão". Decisão de mérito em 2015.

– "COFINS. CONCEITO DE RECEITAS RELATIVAS ÀS ATIVIDADES PRÓPRIAS DAS ENTIDADES SEM FINS LUCRATIVOS PARA FINS DE GOZO DA ISENÇÃO PREVISTA NO ART. 14, X, DA MP N. 2.158-35/2001. ILEGALIDADE DO ART. 47, II E § 2º, DA INSTRUÇÃO NORMATIVA SRF N. 247/2002. SOCIEDADE CIVIL EDUCACIONAL OU DE CARÁTER CULTURAL E CIENTÍFICO. MENSALIDADES DE ALUNOS. 1. A questão central dos autos se refere ao exame da isenção da COFINS, contida no art. 14, X, da Medida Provisória n. 1.858/99 (atual MP n. 2.158-35/2001), relativa às entidades sem fins lucrativos, a fim de verificar se abrange as mensalidades pagas pelos alunos de instituição de ensino como contraprestação desses serviços educacionais. O presente recurso representativo da controvérsia não discute quaisquer outras receitas que não as mensalidades, não havendo que se falar em receitas decorrentes de aplicações financeiras ou decorrentes de mercadorias e serviços outros (v.g. estacionamentos pagos, lanchonetes, aluguel ou taxa cobrada pela utilização de salões, auditórios, quadras, campos esportivos, dependências e instalações, venda de ingressos para eventos promovidos pela entidade, receitas de formaturas, excursões, etc.) prestados por essas entidades que não sejam exclusivamente os de educação. 2. O parágrafo § 2º do art. 47 da IN 247/2002 da Secretaria da Receita Federal ofende o inciso X do art. 14 da MP n° 2.158-35/01 ao excluir do conceito de 'receitas relativas às atividades próprias das entidades', as contraprestações pelos serviços próprios de educação, que são as mensalidades escolares recebidas de alunos. 3. Isto porque a entidade de ensino tem por finalidade precípua a prestação de serviços educacionais. Trata-se da sua razão de existir, do núcleo de suas atividades, do próprio serviço para o qual foi instituída, na expressão dos artigos 12 e 15 da Lei n. 9.532/97. Nessa toada, não há como compreender que as receitas auferidas nessa condição (mensalidades dos alunos) não sejam aquelas decorrentes de 'atividades próprias da entidade', conforme o exige a isenção estabelecida no art. 14, X, da Medida Provisória n. 1.858/99 (atual MP n. 2.158-35/2001). Sendo assim, é flagrante a ilicitude do art. 47, § 2º, da IN/SRF n. 247/2002, nessa extensão. 4. Precedentes do Conselho Administrativo de Recursos Fiscais – CARF... 5. Precedentes em sentido contrário... Súmula n. 107 do CARF: 'A receita da atividade própria, objeto de isenção da COFINS prevista no art. 14, X, c/c art. 13, III, da MP n. 2.158-35, de 2001, alcança as receitas obtidas em contraprestação de serviços educacionais prestados pelas entidades de educação sem fins lucrativos a que se refere o art. 12 da Lei n. 9.532, da 1997'. 6. Tese julgada para efeito do art. 543-C, do CPC: as receitas auferidas a título de mensalidades dos alunos de instituições de ensino sem fins lucrativos são decorrentes de 'atividades próprias da entidade', conforme o exige a isenção estabelecida no art. 14, X, da Medida Provisória n. 1.858/99 (atual MP n. 2.158-35/2001), sendo flagrante a ilicitude do art. 47, § 2º, da IN/SRF n. 247/2002, nessa extensão" (STJ, REsp 1.353.111, 2015).

– **Pela não abrangência de instituição de educação pela imunidade do art. 195, § 7º.** Assistência social não abrange educação. "[...] ainda que o conceito de assistência social, hodiernamente, seja abrangente da assistência em diversas áreas (médica, hospitalar, odontológica, psicológica, jurídica), como já assinalamos, a 'assistência educacional', a nosso ver, nele não se encontra albergada para efeito de imunidade tributária. A uma porque a Constituição distingue, perfeitamente como antes exposto, os conceitos de assistência social (art. 203) e de educação (art. 205), não cabendo, de modo algum, sustentar-se entroncamento entre ambos para o efeito mencionado, além do fato de que as instituições que se dedicarem a essas atividades, sem finalidade lucrativa, fazem jus à intributabilidade assegurada pelo art. 150, VI, c. A duas porque, quando desejou a Lei Maior imunizar as instituições de educação, o fez, deferindo-lhes a imunidade genérica estampada no art. 150, VI, c; todavia, não agiu do mesmo modo em relação à imunidade concernente às contribuições para a seguridade social, cuja eficácia restringiu às entidades beneficentes de assistência social. Justifica-se o tratamento díspar, em nossa opinião, pelo fato de a assistência social constituir ramo da seguridade social, o mesmo não ocorrendo com a educação" (COSTA, Regina Helena. *Curso de direito tributário*. 7. ed. São Paulo: Saraiva, 2017, p. 130).

– "IMUNIDADES. COFINS. ENTIDADE EDUCACIONAL. As instituições de educação sem fins lucrativos gozam da imunidade do art. 150, VI, c, que alcança tão somente impostos. Apenas as entidades beneficentes de assistência social é que gozam da imunidade do art. 195, § 7º, relativa às contribuições de seguridade social" (TRF4, AC 20007000002975-2, 2003).

– "... ainda que o conceito de assistência social, hodiernamente, seja abrangente da assistência em diversas áreas (médica, hospitalar, odontológica, psicológica, jurídica), a 'assistência educacional', a nosso ver, nele não se encontra albergada para efeito de imunidade tributária. A uma porque a Constituição distingue, perfeitamente como antes exposto, os conceitos de assistência social (art. 203) e de educação (art. 205), não cabendo, de modo algum, sustentar se entroncamento entre ambos par ao efeito mencionado, além do fato de que as instituições que se dedicarem a essas atividades, sem finalidade lucrativa, fazem jus à intributabilidade assegurada pelo art. 150, VI, c. A duas porque, quando desejou a Lei Maior imunizar as instituições de educação, o fez, deferindo lhes a imunidade genérica estampada no art. 150, VI, c; todavia, não agiu do mesmo modo em relação à imunidade concernente às contribuições para a seguridade social, cuja eficácia restringiu às entidades beneficentes de assistência social. Justifica se o tratamento díspar, em nossa opinião, pelo fato de a assistência social constituir ramo da seguridade social, o mesmo não ocorrendo com a educação" (COSTA, Regina Helena. *Curso de direito tributário*. 5. ed. São Paulo: Saraiva, 2015, p. 126).

• Vide também artigo de Clélio Chiesa, Imunidade das instituições de educação sem fins lucrativos à exigência das contribuições destinadas a financiar a seguridade social, *RDDT* 70/22-33, 2001.

– **Assistência à saúde.** "... a Suprema Corte, por três prismas diversos, já declarou que: a) o conceito de assistência social é mais abrangente do que o propiciado pela interpretação 'separatista' das 3 áreas da Seguridade (RE 115.970-RS, *RTJ* 126/843); b) a Saúde (ADIn. 2.028-DF), que tem tratamento constitucional próprio (artigos 196 a 200), integra conceitualmente a assistência social; [...]. Em exegese conciliatória, nos três segmentos da Seguridade Social, o tratamento de cada um deles é apenas preferencial, no que concerne a seu objeto principal, mas não vedava à interpenetração de ações das duas outras áreas. Protege-se a velhice (assistência social) com programas previdenciárias e planos de saúde (saúde e previdência), sendo que até a Educação pode comportar a assistência social, na medida em que a ação é integrativa na formação de jovens par ao mercado de trabalho" (MARTINS, Ives Gandra da Silva. Imunidade de instituições sem fins lucrativos dedicadas à Previdência e Assistência Social. *RDDT* 94/71, 2003).

⇒ **Requisitos formais por lei ordinária**. "... a reserva de lei complementar aplicada à regulamentação da imunidade tributária, prevista no art. 195, § 7º, da Constituição Federal (CF), limita-se à definição de contrapartidas a serem observadas para garantir a finalidade beneficente dos serviços prestados pelas entidades de assistência social, o que não impede seja o procedimento de habilitação dessas entidades positivado em lei ordinária. [...] Aspectos meramente procedimentais referentes à certificação, à fiscalização e ao controle administrativo continuam passíveis de definição em lei ordinária. [..] não há vício formal – tampouco material – nas normas acrescidas ao inciso II do art. 55 da Lei 8.212/1991 pela Lei 9.429/1996 e pela Medida Provisória 2.187/2001, essas últimas impugnadas pelas Ações Diretas de Inconstitucionalidade 2.228 e 2.621. As sucessivas redações do art. 55, II, da Lei 8.212/1991 têm em comum a exigência de registro da entidade no Conselho Nacional de Assistência Social (CNAS), a obtenção do certificado expedido pelo órgão e a validade trienal do documento. Como o conteúdo da norma tem relação com a certificação da qualidade de entidade beneficente, fica afastada a tese de vício formal. Essas normas tratam de meros aspectos procedimentais necessários à verificação do atendimento das finalidades constitucionais da regra de imunidade" (*Informativo* 855 do STF, ADI 2.028, ADI 2.036, ADI 2.621 e ADI 2.228, 2.017).

– **Certificado de Entidade Beneficente de Assistência Social (Cebas). LC n. 187/2021.** Em dezembro de 2021, sobreveio a LC n. 187, dispondo "sobre a certificação das entidades beneficentes e regula os procedimentos referentes à imunidade de contribuições à seguridade social de que trata o § 7º do art. 195 da Constituição Federal", sendo certo, nos termos do seu art. 4º, que alcança as contribuições dos incisos I, III e IV do art. 195 e a do 239 da CF, ou seja, a contribuição previdenciária patronal, a contribuição sobre o lucro e as contribuições sobre a receita, bem como sobre a receita do concurso de prognósticos e sobre a importação. Seu art. 2º estabelece que "Entidade beneficente, para os fins de cumprimento desta Lei Complementar, é a pessoa jurídica de direito privado, sem fins lucrativos, que presta serviço nas áreas de assistência social, de saúde e de educação". Seu art. 3º destaca que farão jus à imunidade "as entidades beneficentes que atuem nas áreas da saúde, da educação e da assistência social, certificadas nos termos desta Lei Complementar" e

"que atendam, cumulativamente", aos requisitos que estabelece. Conforme seu art. 4º, a imunidade "não se estende a outra pessoa jurídica, ainda que constituída e mantida pela entidade à qual a certificação foi concedida". E o art. 5º é categórico: "As entidades beneficentes deverão obedecer ao princípio da universalidade do atendimento, vedado dirigir suas atividades exclusivamente a seus associados ou categoria profissional". O Capítulo II dessa LC traz seções específicas sobre os requisitos relativos às entidades de saúde, de educação e de assistência social em geral. Também traz o Capítulo III, sobre o processo de certificação. Em disposição transitória, seu art. 41 extingue os créditos lançados contra instituições sem fins lucrativos fundados em dispositivos da legislação ordinária declarados incosntitucionais pelo STF nas ADI 2.028 e 4.480.

– **Sumário da LC n. 187/2021.** CAPÍTULO I: DISPOSIÇÕES PRELIMINARES. CAPÍTULO II: DOS REQUISITOS PARA A CERTIFICAÇÃO DA ENTIDADE BENEFICENTE. Seção I: Disposições Preliminares. Seção II: Da Saúde. Subseção I: Dos Requisitos Relativos às Entidades de Saúde. Subseção II: Da Prestação de Serviços ao Sistema Único de Saúde (SUS). Subseção III: Da Prestação de Serviços Gratuitos na Área da Saúde. Subseção IV: Das Ações e dos Serviços de Promoção de Saúde. Subseção V: Do Desenvolvimento de Projetos no Âmbito do Programa de Apoio ao Desenvolvimento Institucional do Sistema Único de Saúde (Proadi-SUS). Subseção VI: Da Prestação de Serviços de Saúde não Remunerados pelo SUS a Trabalhadores. Seção III: Da Educação. Seção IV: Da Assistência Social. Subseção I: Das Entidades de Assistência Social em Geral. Subseção II: Das Entidades Atuantes na Redução de Demandas de Drogas. CAPÍTULO III: DO PROCESSO DE CERTIFICAÇÃO. CAPÍTULO IV: DISPOSIÇÕES GERAIS E TRANSITÓRIAS: CAPÍTULO V: DISPOSIÇÕES FINAIS.

– **A revogada Lei n. 12.101/2009.** A Lei n. 12.101/2009, que cuidava da certificação das entidades beneficentes de assistência social, estabelecia: "DISPOSIÇÕES PRELIMINARES. Art. 1º A certificação das entidades beneficentes de assistência social e a isenção de contribuições para a seguridade social serão concedidas às pessoas jurídicas de direito privado, sem fins lucrativos, reconhecidas como entidades beneficentes de assistência social com a finalidade de prestação de serviços nas áreas de assistência social, saúde ou educação, e que atendam ao disposto nesta Lei. [...] Art. 2º As entidades de que trata o art. 1º deverão obedecer ao princípio da universalidade do atendimento, sendo vedado dirigir suas atividades exclusivamente a seus associados ou a categoria profissional. DA CERTIFICAÇÃO. Art. 3º A certificação ou sua renovação será concedida à entidade beneficente que demonstre, no exercício fiscal anterior ao do requerimento, observado o período mínimo de 12 (doze) meses de constituição da entidade, o cumprimento do disposto nas Seções I, II, III e IV deste Capítulo, de acordo com as respectivas áreas de atuação, e cumpra, cumulativamente, os seguintes requisitos: I – seja constituída como pessoa jurídica nos termos do *caput* do art. 1º; e II – preveja, em seus atos constitutivos, em caso de dissolução ou extinção, a destinação do eventual patrimônio remanescente a entidade sem fins lucrativos congêneres ou a entidades públicas. Parágrafo único. O período mínimo de cumprimento dos requisitos de que trata este artigo poderá ser reduzido se a entidade for prestadora de serviços por meio de contrato, convênio ou instrumento congênere com o Sistema Único de Saúde (SUS) ou com o Sistema Único de Assistência Social (Suas), em caso de necessidade local atestada pelo gestor do respectivo sistema (redação da Lei 12.868/2013)".

– "3. Artigos 1º; 13, parágrafos e incisos; 14, §§ 1º e 2º; 18, §§ 1º, 2º e 3º; 29 e seus incisos; 30; 31 e 32, § 1º, da Lei 12.101/2009, com a nova redação dada pela Lei 12.868/2013, que dispõe sobre a certificação das entidades beneficentes de assistência social e regula os procedimentos de isenção de contribuições para a seguridade social. 4. Revogação do § 2º do art. 13 por legislação superveniente. Perda de objeto. 5. Regulamentação do § 7º do artigo 195 da Constituição Federal. 6. Entidades beneficentes de assistência social. Modo de atuação. Necessidade de lei complementar. Aspectos meramente procedimentais. Regramento por lei ordinária. 7. Precedentes. ADIs 2.028, 2.036, 2.621 e 2.228, bem como o RE-RG 566.622 (tema 32 da repercussão geral). 8. Ação direta de inconstitucionalidade parcialmente conhecida e, nessa parte, julgada parcialmente procedente para declarar a inconstitucionalidade do art. 13, III, § 1º, I e II, § 3º, § 4º, I e II, e §§ 5º, 6º e 7º; art. 14, §§ 1º e 2º; art. 18, *caput*; art. 31; e art. 32, § 1º, da Lei 12.101/2009, com a nova redação dada pela Lei 12.868/2013" (STF, ADI 4.480, 2020).

– Nos termos do art. 21 da Lei n. 12.101/2009, a análise e decisão dos requerimentos de concessão ou de renovação dos certificados das entidades beneficentes de assistência social seriam apreciadas no âmbito do Ministério da Saúde, do Ministério da Educação ou do Ministério do Desenvolvimento Social e Combate à Fome, conforme a finalidade da entidade. Aquelas entidades que atuem em mais de uma área, devem requerer a certificação ou sua renovação ao Ministério responsável pela área de atuação preponderante, assim entendida "aquela definida como atividade econômica principal no Cadastro Nacional da Pessoa Jurídica do Ministério da Fazenda", tudo conforme o art. 22 da mesma Lei.

– O Decreto n. 8.242, de 23 de maio de 2014, regulamentava a Lei n. 12.101/2009, para dispor "sobre o processo de certificação das entidades beneficentes de assistência social e sobre procedimentos de isenção das contribuições para a seguridade social".

– **Recadastramento**. A Lei n. 12.101/2009 estabelecia que os Ministérios da Saúde, da Educação e do Desenvolvimento Social e Combate à Fome deveriam realizar "o recadastramento de todas as entidades sem fins lucrativos, beneficentes ou não, atuantes em suas respectivas áreas em até 180 (cento e oitenta) dias após a data de publicação desta Lei".

– **Renovação da certificação**. A renovação automática da certificação, que a MP n. 446/2008 estabelecera, considerando deferidos todos os pedidos de renovação que estavam pendentes de julgamento, foi rejeitada pelo Congresso. A Lei n. 12.101/2009 estabelecia, em seu art. 35, que "os pedidos de renovação de Certificado de Entidade Beneficente de Assistência Social protocolados e ainda não julgados até a data de publicação desta Lei serão julgados pelo Ministério da área no prazo máximo de 180 (cento e oitenta) dias a contar da referida data". Seu art. 24, ademais, prevê que os requerimentos de renovação devem ser pro-

tocolados no decorrer dos 360 dias que antecedem o termo final de validade do certificado e que a "certificação da entidade permanecerá válida até a data da decisão sobre o requerimento de renovação tempestivamente apresentado".

– **Caráter declaratório do reconhecimento. Súmula 612 do STJ:** "O certificado de entidade beneficente de assistência social (CEBAS), no prazo de sua validade, possui natureza declaratória para fins tributários, retroagindo seus efeitos à data em que demonstrado o cumprimento dos requisitos estabelecidos por lei complementar para a fruição da imunidade" (2018).

– "ENTIDADE FILANTRÓPICA. DECISÃO QUE RECONHECE A IMUNIDADE TRIBUTÁRIA. EFEITOS *EX TUNC*... 1. 'O STJ consolidou seu entendimento no sentido de que o certificado que reconhece a entidade como filantrópica, de utilidade pública, tem efeito *ex tunc*, por se tratar de ato declaratório, consoante orientação consagrada pelo Supremo Tribunal Federal no julgamento do Recurso Extraordinário n. 115.510/RJ' (AgRg no AREsp 291.799/RJ, Rel. Min. Humberto Martins, Segunda Turma, *DJe* 1º/8/13)" (STJ, AgRg no AREsp 355.106, 2013).

– "ENTIDADE DE FINS FILANTRÓPICOS. CONTRIBUIÇÃO PREVIDENCIÁRIA PATRONAL. ISENÇÃO. LEI 3.577/59 E DL 1.572/77. DIREITO ADQUIRIDO... 1. Constatado que a entidade de fins filantrópicos obtivera certificado de isenção da contribuição patronal, sob a égide de lei anterior (Lei 3577/59), tal benefício já se incorporara ao seu patrimônio, constituindo-se em direito adquirido que não poderia ser atingido por Decreto-lei posterior (D.L. 1572/77). 2. Recurso especial conhecido e provido para, reformando o acórdão recorrido, conceder a segurança" (STJ, REsp 77.539, 2002).

– "IMUNIDADE. PREENCHIMENTO DOS REQUISITOS DO ART. 55 DA LEI 8.212/91. CARÁTER DECLARATÓRIO. REMISSÃO DA LEI 9.429/96. A certificação da entidade como de fins filantrópicos não tem caráter constitutivo, mas declaratório. A Lei 9.429/96 estabeleceu a remissão dos débitos das entidades beneficentes que cumpriram os requisitos do art. 55 da Lei 8.212/91" (TRF4, AMS 200004010081136, 2003). Eis excerto do voto condutor: "... não se pode confundir o preenchimento dos requisitos legais com o seu reconhecimento formal. As entidades beneficentes de assistência social que preenchem os requisitos legais, nos termos do art. 195, § 7º, da CF c/c o art. 14 do CTN, são imunes. A certificação do cumprimento dos requisitos do art. 55 da Lei 8.212/91, que também pretende dispor sobre a matéria, não tem eficácia constitutiva, mas declaratória. A par disso, os requisitos formais são meros reconhecimentos de situação já existente. [...] Assim, forte no caráter declaratório do reconhecimento da imunidade e considerando, ainda, que a Lei 9.429/96 expressamente extinguiu os créditos de contribuições devidas desde julho de 1981 pelas entidades beneficentes que tivessem cumprido o disposto no art. 55 da Lei 8.212/91, como a Impetrante cumpriu, estabelecendo, pois, remissão da respectiva dívida, dou provimento à apelação para conceder a segurança".

– **Requisitos supervenientes. Ausência de direito adquirido. Renovação dos certificados. Súmula 352 do STJ:** A obtenção ou a renovação do Certificado de Entidade Beneficente de Assistência Social (Cebas) não exime a entidade do cumprimento dos requisitos legais supervenientes (2008).

– "4. O Superior Tribunal de Justiça possui jurisprudência firmada no sentido de que as entidades beneficentes devem preencher as condições estabelecidas pela legislação superveniente para fins de renovação do Certificado de Entidade Beneficente de Assistência Social – Cebas e consequente fruição da imunidade tributária (Súmula 352 do STJ)" (STJ, AgRg no AREsp 258.388, 2013).

– "4. Pacífica jurisprudência do STJ no sentido de que não há direito adquirido a regime jurídico-fiscal, motivo pelo qual as entidades beneficentes, para a renovação do Certificado de Entidade Beneficente de Assistência Social (CEBAS) e consequente fruição da imunidade concernente à contribuição previdenciária patronal (art. 195, § 7º, da CF), devem preencher as condições estabelecidas pela legislação superveniente (no caso, o art. 55 da Lei 8.212/91). Exegese da Súmula 352/STJ" (STJ, AgRg no AREsp 357.985, 2013).

– "RENOVAÇÃO DO CERTIFICADO DE ENTIDADE BENEFICENTE DE ASSISTÊNCIA SOCIAL – CEBAS. APLICAÇÃO DE VINTE POR CENTO DA RECEITA BRUTA EM GRATUIDADE. EXIGÊNCIA DOS DECRETOS N. 752/1993 E 2.536/1998 E DA RESOLUÇÃO MPAS/CNAS N. 46/1994... 2. O Decreto n. 2.536/1998 e a Resolução MPAS/CNAS n. 46/1994 são regulamentos autorizados pelas Leis n. 8.742/1993 e 8.909/1994. 3. Não há ofensa ao art. 150, inc. I, da Constituição da República, pois esse dispositivo exige lei para instituição ou aumento de tributos e não cuida do estabelecimento de requisito a ser cumprido por entidade beneficente a fim de obter imunidade ao pagamento de tributos. 4. Em precedentes nos quais se discutia a renovação periódica do Certificado de Entidade Beneficente como exigência imposta às entidades beneficentes para a obtenção de imunidade, o Supremo Tribunal Federal firmou entendimento de que não há imunidade absoluta nem ofensa ao art. 195, § 7º, da Constituição da República" (STF, RMS 28.456, 2012).

– **Reconhecendo direito adquirido à imunidade às entidades reconhecidas como de utilidade pública federal sob a égide da legislação anterior. Art. 55, § 1º, da Lei n. 8.212/91.** "RENOVAÇÃO DO CERTIFICADO DE FILANTROPIA. CONCESSÃO DO CERTIFICADO. DIREITO ADQUIRIDO. MATÉRIA PACIFICADA. 1. Consolidou-se a jurisprudência da 1ª Seção no sentido de que a entidade reconhecida como de caráter filantrópico em data anterior ao Decreto-Lei 1.572/77 possui direito adquirido à imunidade prevista no art. 195, § 7º, da Constituição Federal. 2. Recurso especial a que se nega provimento" (STJ, REsp 658.446, 2005).

– "CERTIFICADO DE ENTIDADE BENEFICENTE DE ASSISTÊNCIA SOCIAL. CEBAS. 1. Reconhecida a imunidade tributária em decisão transita, exsurge o *fumus boni juris*, mercê de a eficácia preclusiva do julgado impedir a reapreciação do tema. 2. Deveras, é assente na seção, a reforçar o pleito liminar, a tese de que a entidade reconhecida como de caráter filantrópico em data anterior ao Decreto-lei 1.572/77 tem assegurada a manutenção da isenção à quota patronal da contribuição previ-

denciária, com direito à obtenção do Certificado de Entidade Beneficente de Assistência Social. (MS 9.213/DF, Min. Teori Albino Zavascki, *DJ* de 11/10/2004) 3. *In casu*, foi reconhecida a imunidade tributária da impetrante em 1967, através do processo 065.367/67, sendo considerada de utilidade pública, por ato do Exmo. Sr. Dr. Ministro da Justiça Alfredo Buzaid, desde 1971, exsurgindo o *fumus boni juris*. 4. Sob essa ótica, não obstante o Decreto 1.572/77 de 01/09/1977 tenha revogado a isenção sobredita, o § 1º, do art. 1º ressalvou o direito adquirido das instituições reconhecidas de utilidade. 5. O *periculum in mora* reside no fato de que a cassação atual do benefício concedido em 2003 e revisto por força de recurso do INSS podem ensejar ônus comprometedores à consecução das finalidade da instituição" (STJ, AgRg MS 10.558, 2005).

– **Entidade criada por lei. Dispensa do certificado de filantropia.** Não se exige das entidades de assistência social criadas por lei e mantidas pelo poder público a apresentação dos certificados.

• Vide Advocacia-Geral da União, contribuições previdenciárias: isenção da cota patronal e de terceiros. Entidade criada por lei. *RDDT* 42, 1999.

– **SESI.** "... SERVIÇO NACIONAL DE APRENDIZAGEM INDUSTRIAL – SENAI. SERVIÇO SOCIAL AUTÔNOMO. ENTIDADE SEM FINS LUCRATIVOS... ISENÇÃO. LEI N. 2.613/55. 1. Os 'Serviços Sociais Autônomos', gênero do qual é espécie o SENAI, são entidades de educação e assistência social, sem fins lucrativos, não integrantes da Administração direta ou indireta, e que, assim, não podem ser equiparados à entidades empresariais para fins fiscais. 2. A Lei n. 2.613/55, que autorizou a União a criar a entidade autárquica denominada Serviço Social Rural – S.S.R., em seu art. 12, concedeu à mesma isenção fiscal, ao assim dispor: 'Art. 12. Os serviços e bens do S.S.R. gozam de ampla isenção fiscal como se fossem da própria União'. 3. Por força do inserto no art. 13 do mencionado diploma legal, o benefício incentivo fiscal, de que trata seu art. 12, foi estendido, expressamente, ao SENAI, bem como aos demais serviços sociais autônomos da indústria e comércio (SESI, SESC e SENAC), porquanto restou consignado no mesmo, *in verbis*: 'Art. 13. O disposto nos arts. 11 e 12 desta lei se aplica ao Serviço Social da Indústria (SESI), ao Serviço Social do Comércio (SESC), ao Serviço Nacional de Aprendizagem Industrial (SENAI) e ao Serviço Nacional de Aprendizagem Comercial (SENAC)'. 4. É cediço na Corte que 'o SESI, por não ser empresa, mas entidade de educação e assistência social sem fim lucrativo, e por ser beneficiário da isenção prevista na Lei n. 2.613/55, não está obrigado ao recolhimento da contribuição para o FUNRURAL e o INCRA', exegese esta que, por óbvio, há de ser estendida ao SENAI (Precedentes: REsp 220.625/SC, Min. João Otávio de Noronha, *DJ* de 20/06/2005; REsp 363.175/PR, Min. Castro Meira, *DJ* de 21/06/2004; REsp 361.472/SC, Min. Franciulli Netto, *DJ* de 26/05/2003; AgRg no AG n. 355.012/PR, Min. Humberto Gomes de Barros, *DJ* de 12/08/2002; e AgRg no AG n. 342.735/PR, Min. José Delgado, *DJ* de 11/06/2001)" (STJ, REsp 766.796, 2005).

– "... SERVIÇO SOCIAL DA INDÚSTRIA – SESI. ENTIDADE SEM FINS LUCRATIVOS. CONTRIBUIÇÃO SOCIAL PARA O SALÁRIO-EDUCAÇÃO. INADMISSIBILIDADE.

1. O Sesi, como entidade de educação e assistência sem fins lucrativos, não responde pelo recolhimento da contribuição para o salário-educação. Precedentes do STJ. 2..." (STJ, REsp 262.195, 2005).

– "COFINS. SESI. IMUNIDADE. ART. 195, § 7º, DA CF/88. ART. 14 DO CTN... Os programas desenvolvidos pelo SESI, desde a sua instituição, são voltados à área social. A venda de produtos farmacêuticos e cestas básicas a preços menores do que os praticados no mercado não extrapolam os objetivos institucionais da entidade, ao contrário, são atuações voltadas eminentemente ao interesse público, como previsto no Decreto-Lei n. 9.403/46. A entidade, também aplica seus recursos inteiramente no território nacional, bem como submete-se ao controle do Tribunal de Contas da União. Deste modo, não resta dúvida de que preenche todos os requisitos previstos no artigo 14 do CTN, razão porque é beneficiário da imunidade tributária prevista no art. 195, § 7º, da CF/88" (TRF4, AC 2001.71.08.000290-8, 2002).

– **Fundações de apoio às instituições de ensino superior.** Quanto à imunidade dessas fundações, vide o parecer de Ives Gandra da Silva Martins, Imunidade tributária das fundações de apoio às instituições de ensino superior/inconstitucionalidade de disposições da Lei n. 9.532/97/requisito exclusivo para o gozo da imunidade do art. 14 do Código Tributário Nacional, em *RDDT* 37, 1998.

– **Lei n. 8.212/91, art. 55. Validade no que simplesmente explicitavam o conceito de entidade beneficente e no que não extrapolavam as condições constantes do art. 14 do CTN.** As condições materiais para o gozo das imunidades estão sob reserva de lei complementar, aplicando-se, na ausência de regulamentação específica por lei complementar, o art. 14 do CTN, por analogia. O art. 55 da Lei n. 8.212/91 também cuidava da matéria, mas já foi revogado pela Lei n. 12.101/2009. Apenas explicitando o conceito de entidade beneficente de assistência social e reproduzindo as condições já constantes do art. 14 do CTN, pareciam válidos os incisos III, IV e V do art. 55 da Lei 8.212/91. Vejamos o seu texto: "Art. 55... III – promova a assistência social beneficente, inclusive educacional ou de saúde, a menores, idosos, excepcionais ou pessoas carentes; IV – não percebam seus diretores, conselheiros, sócios, instituidores ou benfeitores, remuneração e não usufruam vantagens ou benefícios a qualquer título; V – aplique integralmente o eventual resultado operacional na manutenção e desenvolvimento de seus objetivos institucionais, apresentando anualmente ao Conselho Nacional da Seguridade Social relatório circunstanciado de suas atividades. V – aplique integralmente o eventual resultado operacional na manutenção e desenvolvimento de seus objetivos institucionais apresentando, anualmente ao órgão do INSS competente, relatório circunstanciado de suas atividades" (Redação da Lei 9.528/97).

– O § 6º do art. 55 da Lei n. 8.212/91 dispunha: "§ 6º A inexistência de débitos em relação às contribuições sociais é condição necessária ao deferimento e à manutenção da isenção de que trata este artigo, em observância ao disposto no § 3º do art. 195 da Constituição" (redação da MP 2.187/2001). Tal dispositivo instituía condição material ao gozo da imunidade por veículo inapropriado, que não lei complementar. Note-se que a imunidade constitui norma negativa de competência tributária e, portanto,

não se insere dentre os benefícios ou incentivos fiscais a que se refere o art. 195, § 3º, da CF.

– **O art. 55 da Lei n. 8.212/91 não se refere ao PIS. Aplicação por analogia.** O art. 55 da Lei n. 8.212/91, ao regular a "isenção" do art. 195, § 7º, da CF, o fez relativamente às contribuições referidas pelos arts. 22 e 23 da própria Lei n. 8.212/91, ou seja, alcançando as contribuições previdenciárias, a Cofins e a CSLL. Pela simples leitura e remissões do art. 55, portanto, careceria de regulamentação a imunidade relativamente ao PIS. Ocorre que tal lacuna pode ser resolvida aplicando se o art. 55 da Lei n. 8.212/91 também à contribuição ao PIS por analogia, método preferencial de integração da legislação tributária, nos termos do art. 108, I, do CTN. A analogia não se presta para exigir tributo não previsto em lei (§ 1º do art. 108 do CTN); no mais, pode ser utilizada em matéria tributária. Ademais, não há o óbice do art. 111 do CTN, seja porque o art. 55 da Lei n. 8.212/91 cuida de aspectos formais, seja porque a imunidade do art. 195, § 7º, da CF não se confunde com a simples isenção. A imunidade é regra negativa de competência tributária, a isenção, simples benefício fiscal.

– O STF reconheceu a imunidade ao PIS, atendidos os requisitos do art. 55 a Lei n. 8.212/91, conforme se vê do julgado do Tribunal Pleno, RE 636.941, rel. Min. Luiz Fux, fev. 2014.

– O art. 17 da MP n. 2.158/2001 chegou a determinar expressamente a aplicação do art. 55 da Lei n. 8.212/91 relativamente ao PIS, mas não como regulamentação de imunidade, e, sim, para pagamento sobre a folha. Vejamos: MP n. 2.158-35/2001: "Art. 13. A contribuição para o PIS/PASEP será determinada com base na folha de salários, à alíquota de um por cento, pelas seguintes entidades: [...] III – instituições de educação e de assistência social a que se refere o art. 12 da Lei n. 9.532, de 10 de dezembro de 1997; IV – instituições de caráter filantrópico, recreativo, cultural, científico e as associações, a que se refere o art. 15 da Lei n. 9.532, de 1997; [...] Art. 17. Aplicam se às entidades filantrópicas e beneficentes de assistência social, para efeito de pagamento da contribuição para o PIS/PASEP na forma do art. 13 e de gozo da isenção da COFINS, o disposto no art. 55 da Lei 8.212, de 1991".

⇒ **Lei n. 9.732/98.** Exigência de filantropia e outros requisitos materiais. A inconstitucionalidade da Lei n. 9.732/98 foi afirmada pelo STF em juízo de adequação material ao texto constitucional quando do julgamento da ADI 2.028. O Min. Marco Aurélio já afirmava também a inconstitucionalidade formal. Vide nota acerca da abrangência das entidades beneficentes, conceito mais amplo que o de filantrópicas.

– Na ADI 2.028-DF, o Ministro Marco Aurélio, em sua decisão liminar, mantida pelo Plenário, bem expôs o alcance da imunidade, dizendo da invalidade da Lei n. 9.732/98, que, ao dar nova redação ao art. 55 da Lei n. 8.212/91, pretendeu restringir a imunidade às entidades filantrópicas: "[...] No preceito, cuida-se de entidades beneficentes de assistência social, não estando restrito, portanto, às instituições filantrópicas. Indispensável, é certo, que se tenha o desenvolvimento da atividade voltada aos hipossuficientes, àqueles que, sem prejuízo do próprio sustento e o da família, não possam dirigir-se aos particulares que atuam no ramo buscando lucro, dificultada que está, pela insuficiência de estrutura, a prestação do serviço pelo Estado. Ora, no caso, chegou-se à mitigação do preceito, olvidando-se que nele não se contém a impossibilidade de reconhecimento do benefício quando a prestadora de serviços atua de forma gratuita em relação aos necessitados, procedendo à cobrança junto àqueles que possuam recursos suficientes. A cláusula que remete à disciplina legal – e, aí, tem-se a conjugação com o disposto no inc. II do art. 146 da Carta da República, pouco importando que nela própria não se haja consignado a especificidade do ato normativo – não é idônea a solapar o comando constitucional, sob pena de caminhar-se no sentido de reconhecer a possibilidade de o legislador comum vir a mitigá-lo, a temperá-lo. As exigências estabelecidas em lei não podem implicar verdadeiro conflito com o sentido, revelado pelos costumes, da expressão 'entidades beneficentes de assistência social'. Em síntese, a circunstância de a entidade, diante, até mesmo, do princípio isonômico, mesclar a prestação de serviços, fazendo-o gratuitamente aos menos favorecidos e de forma onerosa aos afortunados pela sorte, não a descaracteriza, não lhe retira a condição de beneficente. Antes, em face à escassez de doações nos dias de hoje, viabiliza a continuidade dos serviços, devendo ser levado em conta o somatório de despesas resultantes do funcionamento e que é decorrência do caráter impiedoso da vida econômica. Portanto, também sob o prisma do vício de fundo, tem-se a relevância do pedido inicial, notando-se, mesmo, a preocupação do Excelentíssimo Ministro de Estado da Saúde com os ônus indiretos advindos da normatividade da Lei n. 9.732/98, no que veio a restringir, sobremaneira, a imunidade constitucional, praticamente inviabilizando – repita-se uma vez que não são comuns, nos dias de hoje, as grandes doações, a filantropia pelos mais aquinhoados – a assistência social, a par da precária prestada pelo Estado, que o § 7º do art. 195 da Constituição Federal visa a estimular".

– Entendendo que a imunidade somente alcançaria as entidades prestadoras de serviços exclusivamente aos necessitados: Fábio Zambitte Ibrahim, Considerações sobre a imunidade do § 7º do art. 195 da CF/188, referente às entidades beneficentes de assistência social, em *RDDT* 53/34, 2000.

⇒ **Lei n. 10.260/2001.** Estabelecimentos de ensino. Aplicação do benefício em bolsas de estudo. Restrição ao gozo da imunidade. Inconstitucionalidade. "1. O art. 19 da Lei n. 10.260/01, quando determina que o valor econômico correspondente à exoneração de contribuições seja obrigatoriamente destinado a determinada finalidade está, na verdade, substituindo por obrigação de fazer (conceder bolsas de estudo) a obrigação de dar (pagar a contribuição patronal) de que as entidade beneficentes educacionais estão expressamente dispensadas. 2. O art. 12, *caput*, da Lei n. 10.260/01, ao fixar condições para o resgate antecipado dos certificados, teve como objetivo excluir da possibilidade de acesso ao crédito imediato dos valores correspondentes a tais certificados aquelas entidades que apresentem débitos para com a previdência. Tal medida, antes de agressiva ao texto constitucional, corresponde a atitude de necessária prudência, tendente a evitar que devedores da previdência ganhem acesso antecipado a recursos do Tesouro Nacional. 3. O inciso IV do referido art. 12,

quando condiciona o resgate antecipado a que as instituições de ensino superior 'não figurem como litigantes ou litisconsortes em processos judiciais em que se discutam contribuições sociais arrecadadas pelo INSS ou contribuições relativas ao salário-educação', aparentemente afronta a garantia constitucional inserida no art. 5º, XXXV" (STF, ADI 2.545).

– **Lei n. 12.101/2009. Certificação das entidades beneficentes de assistência social.** A Lei n. 12.101/2009 dispunha sobre a certificação das entidades beneficentes de "assistência social".

– **LC n. 187/2021.** Certificação das entidades beneficentes de assistência social. Atualmente, temos lei complementar cuidando da matéria.

⇒ **Entidade imune como responsável tributária.** "... tais entidades não ficam desobrigadas de promover a retenção de tributos na fonte, na qualidade de responsáveis, sendo os benefícios tributários exclusivos aos diretamente relacionados com os objetivos institucionais, previstos em seus atos constitutivos" (MELO, José Eduardo Soares de. *Contribuições sociais no sistema tributário*. 2. ed. São Paulo: Malheiros, 1996, p. 201). José Eduardo afirma isso ao tratar especificamente desta imunidade do § 7º do art. 195 da CF.

– Sobre os entes imunes enquanto responsáveis tributários, vide nota ao art. 9º, § 1º, do CTN.

⇒ **Diretores remunerados por atividade de magistério. Possibilidade.** Vide em nota ao art. 14 do CTN.

> **§ 8º O produtor, o parceiro, o meeiro e o arrendatário rurais e o pescador artesanal, bem como os respectivos cônjuges, que exerçam suas atividades em regime de economia familiar, sem empregados permanentes, contribuirão para a seguridade social mediante a aplicação de uma alíquota sobre o resultado da comercialização da produção e farão jus aos benefícios nos termos da lei.**

⇒ **EC n. 20/98.** Parágrafo com esta nova redação determinada pela EC n. 20/98.

– **Redação revogada:** "§ 8º O produtor, o parceiro, o meeiro e o arrendatário rurais, o garimpeiro e o pescador artesanal, bem como os respectivos cônjuges, que exerçam suas atividades em regime de economia familiar, sem empregados permanentes, contribuirão para a seguridade social mediante a aplicação de uma alíquota sobre o resultado da comercialização da produção e farão jus aos benefícios nos termos da lei".

⇒ **Segurados especiais.** Os segurados especiais estão abrangidos pela norma do art. 195, II, da CF, que diz da instituição de contribuição do trabalhador e demais segurados, já analisada. Recolherão à seguridade como pessoas físicas seguradas do regime geral. O destaque está no fato de que o § 8º do art. 195 da Constituição Federal, considerando as peculiaridades da atividade econômica de tais segurados, prevê que a contribuição de tais segurados se dê sobre o resultado da comercialização da sua produção.

– Lei n. 8.212/91, com a redação da Lei n. 11.718/2008: "Art. 12. São segurados obrigatórios da Previdência Social as seguintes pessoas físicas: [...] VII – como segurado especial: a pessoa física residente no imóvel rural ou em aglomerado urbano ou rural próximo a ele que, individualmente ou em regime de economia familiar, ainda que com o auxílio eventual de terceiros a título de mútua colaboração, na condição de: a) produtor, seja proprietário, usufrutuário, possuidor, assentado, parceiro ou meeiro outorgados, comodatário ou arrendatário rurais, que explore atividade: 1. agropecuária em área de até 4 (quatro) módulos fiscais; ou 2. de seringueiro ou extrativista vegetal que exerça suas atividades nos termos do inciso XII do *caput* do art. 2º da Lei n. 9.985, de 18 de julho de 2000, e faça dessas atividades o principal meio de vida; b) pescador artesanal ou a este assemelhado, que faça da pesca profissão habitual ou principal meio de vida; e c) cônjuge ou companheiro, bem como filho maior de 16 (dezesseis) anos de idade ou a este equiparado, do segurado de que tratam as alíneas *a* e *b* deste inciso, que, comprovadamente, trabalhem com o grupo familiar respectivo".

– Contribuição do segurado especial. A Lei n. 8.212/91 estabelece tal contribuição em seu art. 25, incisos I e II, §§ 3º e 4º, 10 e 11, estes últimos acrescidos pela Lei n.11.718/2008. A incidência da contribuição sobre o resultado da comercialização da produção é válida relativamente aos segurados especiais na condição de segurados, pois, além de esta não estar delimitada pelo texto da alínea *a* do inciso I do art. 195 da Constituição, tendo por base constitucional, sim, o inciso II do art. 195, há a previsão expressa do § 8º do mesmo artigo do texto constitucional.

– Tema 723 do STF: "É constitucional, formal e materialmente, a contribuição social do segurado especial prevista no art. 25 da Lei 8.212/1991". Decisão do mérito em 2020.

– "CONTRIBUIÇÃO SOCIAL. SEGURADO ESPECIAL. ARTIGO 195, § 8º, DA CF/1988. RESULTADO DA COMERCIALIZAÇÃO DA PRODUÇÃO. ART. 25 DA LEI 8.212/1991, DESDE SUA REDAÇÃO ORIGINÁRIA. RECEITA BRUTA. BASE DE CÁLCULO. REPERCUSSÃO GERAL RECONHECIDA. 1. Em razão dos vícios de inconstitucionalidade apontados por esta CORTE nos REs 363.852 e 596.177, somente o empregador rural pessoa física foi excluído como sujeito passivo da contribuição previdenciária prevista no artigo 25 da Lei 8.212/1991, de modo que o tributo continuou a existir, com plena vigência e eficácia em relação aos segurados especiais. 2. A base de cálculo compilada no artigo 25, I e II, da Lei 8.212/1991, editado para regulamentar o § 8º do artigo 195 da CF, fixando a alíquota de 3% (três por cento) da receita bruta proveniente da comercialização da produção do produtor rural sem empregados, por observar a base de cálculo que foi definida pelo próprio texto constitucional, é plenamente constitucional em relação ao segurado especial. 3. É absolutamente legítima a previsão, em lei ordinária, da contribuição do segurado especial tendo por base a receita bruta proveniente da comercialização da sua produção. Diferentemente do que sustenta o recorrente, tal exação tem por fundamento constitucional o § 8º, e não o § 4º do art. 195. 4. Recurso extraordinário desprovido, com afirmação de tese segundo a qual 'É constitucional, formal e materialmente, a contribuição social do segurado especial prevista no art. 25 da Lei 8.212/1991'" (STF, RE 761.263, 2020).

⇒ **Requisitos constitucionais para a contribuição sobre o resultado da produção.** São requisitos constitucionais para que seja exigida contribuição de tais segurados, enquanto pessoas físicas, sobre o resultado da comercialização da produção, exercerem suas atividades em regime de economia familiar, sem empregados permanentes.

⇒ **Empregados permanentes.** "SEGURADO ESPECIAL. VITIVINICULTORES. ART. 25 DA LEI. 8.212/91 E ART. 12, VII, E § 1º. DA LEI 8.212/91. ART. 195, § 8º, DA CONSTITUIÇÃO FEDERAL. l. O art. 12, inc. VII, e § 1º, da Lei 8.212/91. admitem interpretação conforme a Constituição Federal. Alegação de inconstitucionalidade rejeitada. 2. A expressão 'empregados permanentes' disposta no art. 195, § 8º. da CF/88, aplica-se aos empregados contratados ciclicamente em atividades que exigem ano após ano o concurso destes empregados para sua efetiva realização. 3..." (TRF4, AMS 1998.04.01.078951-3, 2000).

⇒ **Necessidade de comercialização. Parceria para engorda. Não incidência quanto aos animais que retornam.** "CONTRIBUIÇÃO SOCIAL (ART. 25 DA LEI 8.212/91). PRODUTOR RURAL. OPERAÇÃO DE RETORNO DE ANIMAIS CRIADOS EM PARCERIA AGRÍCOLA. 1. A contribuição previdenciária pelo empregador rural pressupõe comercialização. O simples retorno de crias submetidas a processo de engorda à empresa, por si só não revela comercialização, sendo certo que o direito tributário vale-se dos conceitos privados. Deveras, opera-se a comercialização na oportunidade em que o produtor vende à empresa, por força da parceria, parte dos animais submetidos também à engorda, observadas as características da 'parceria avícola'. 2. A empresa, na qualidade de responsável tributária, retém a contribuição previdenciária incidente sobre a quota-parte que adquire do produtor (segurado especial) e a repassa à Autarquia Previdenciária, nos termos da legislação de regência. 3. Sobre a quota-parte dos animais que simplesmente retornam à empresa, não sendo a esta vendida pelo produtor parceiro, não pode haver incidência da citada exação, porquanto não há qualquer comercialização, pressuposto da tributação, *in casu*. 4. O adquirente, o consignatário e a cooperativa não são contribuintes do tributo em comento, sendo meros responsáveis tributários, por substituição. Contribuinte é o parceiro produtor rural, impondo-se a incidência tributária tão somente na hipótese de comercialização da produção pelo produtor rural" (STJ, REsp 587.703, 2004).

– "OPERAÇÕES DE RETORNO DE AVES E LEITÕES. CONTRATO DE PARCERIA. CONTRIBUIÇÕES PREVIDENCIÁRIAS. 1. A operação de retorno para a agroindústria de aves e leitões nos contratos de parceria para engorda, caracterizado no contrato que os animais estiveram, tão somente, na posse, sem propriedade, do parceiro produtor, que deles não podia dispor, não configura comercialização, relativamente a parcela que toca à agroindústria nos resultados da parceria, não ocorrendo, nesta parcela, fato gerador da contribuição previdenciária incidente sobre comercialização" (TRF4, AC 1998.04.01.079167-2, 2000).

⇒ **Base de cálculo. Não incidência sobre o frete.** "CONTRIBUIÇÃO SOBRE AQUISIÇÃO DE PRODUTO RURAL. BASE DE CÁLCULO. NÃO INCIDÊNCIA SOBRE O VALOR DO FRETE. Os valores pagos a título de frete não integram o valor comercial dos produtos rurais adquiridos, restando excluídos da base de cálculo da contribuição previdenciária. A base de cálculo *in casu* é o valor comercial do produto rural, correspondente ao preço pelo qual é vendido pelo produtor, que não é necessariamente igual ao custo final para o adquirente. O espírito da Lei é de que a contribuição tenha por base o valor bruto recebido pelo produtor rural, não se devendo, pois, entender que o frete integre tal valor. Precedentes desta Corte e do Colendo STJ" (TRF4, AC 2003.04.01.029715-8, 2004).

– Redução de alíquota. "CONTRIBUIÇÃO SOBRE A RECEITA BRUTA DECORRENTE DA COMERCIALIZAÇÃO DA PRODUÇÃO RURAL DE SEGURADO ESPECIAL. ART. 25, DA LEI N. 8.212/91. REDUÇÃO DA ALÍQUOTA. LEI N. 8.540/92. NECESSIDADE DE REGULAMENTAÇÃO. DECRETO N. 789/93. EXIGÊNCIA. *VACATIO LEGIS*. 1. Contribuição sobre a receita bruta proveniente da comercialização da produção do segurado especial. Fixação da alíquota em 3% pelo art. 25, da Lei n. 8.212/91, dispositivo que foi modificado pela Lei n. 8.540/92, de 22.12.92, que reduziu este percentual para 2,1%. 2. Lei cuja eficácia depende de regulamentação prevista em seu próprio corpo legislativo, visando preparar o Fisco e o contribuinte para a modificação da exação. Possibilidade. Regulamento de execução. 3. O art. 4º, da Lei n. 8.540/92, dispôs que a lei dependia de regulamentação por parte do Poder Executivo, por isso que foi editado o Decreto n. 789, de 31.03.93, com esta finalidade, o qual em seu art. 3º, preconizou que suas disposições entrariam em vigor em 1º.04.93. 4. Distinção entre eficácia e vigência. No caso de leis que necessitam de regulamentação, sua eficácia opera-se após a entrada em vigor do respectivo decreto ou regulamento. O regulamento transforma a estática da lei em condição dinâmica. É lícito ao regulamento, sem alterar o mandamento legal, estabelecer o termo *a quo* de incidência da novel norma tributária. Uma vez prometido pela lei um termo inicial, ele não pode ser interpretado de forma a surpreender o contribuinte, nem o Fisco, posto que a isso corresponde violar a *ratio essendi* do princípio da anterioridade e da própria legalidade. 5. A redução do percentual de 3% para 2,1% decorrente da Lei n. 8.540/92, regulamentada pelo Decreto n. 789, de 31.03.93, que entrou em vigor em 1º.04.93, a partir de então tem-se por aplicável a partir da data em que entrou em vigor o regulamento de execução. 6. O art. 99 do CTN determina que a interpretação dos Decretos seja a mesma aplicada às Leis, por isso que a redução da alíquota e sua vigência deve ser interpretada restritivamente na forma do art. 111, do CTN. 7. Recurso especial provido" (STJ, REsp 408.621, 2002).

⇒ **Contribuições dos produtores rurais pessoa jurídica e dos produtores rurais pessoa física.** Vide notas ao art. 195, § 13, da CF.

> § 9º As contribuições sociais previstas no inciso I do *caput* deste artigo poderão ter alíquotas diferenciadas, em razão da atividade econômica, da utilização intensiva de mão de obra, do porte da empresa ou da condição estrutural do mercado de trabalho, sendo também autorizada a adoção de bases de cálculo diferenciadas apenas no caso das alíneas "b" e "c" do inciso I do *caput*. (Redação dada pela EC n. 103, de 2019).

> Redação revogada da EC n. 47/2005: "§ 9º As contribuições sociais previstas no inciso I do *caput* deste artigo poderão ter alíquotas ou bases de cálculo diferenciadas, em razão da atividade econômica, da utilização intensiva de mão de obra, do porte da empresa ou da condição estrutural do mercado de trabalho."

> Redação original da EC n. 20/98: "§ 9º As contribuições sociais previstas no inciso I deste artigo poderão ter alíquotas ou bases de cálculo diferenciadas, em razão da atividade econômica ou da utilização intensiva de mão de obra."

⇒ **Diferenciação de alíquotas para as contribuições sobre a folha e rendimentos do trabalho, sobre a receita e sobre o lucro.** As alíquotas das três subespécies de contribuições de seguridade social poderão ser diferenciadas, conforme a autorização e os critérios estabelecidos pelo § 9º.

– Inaplicabilidade ao PIS. "Não tem aplicação a regra inserta na EC 20/98 (inserindo o § 9º, ao art. 195, da CF, dispondo sobre alíquotas e bases de cálculo diferenciadas, em razão da atividade econômica ou da utilização intensiva da mão de obra); sequer a consideração da EC 42/03 (acrescendo o § 12 ao art. 195, definindo setores de atividade econômica que permitem a sistemática não cumulativa), porque aplicam se a específicas contribuições à seguridade social (no caso, Cofins, CSLL), e não ao PIS, que possui fundamento distinto (art. 239 da CF)" (MELO, José Eduardo Soares de. A não cumulatividade do IPI, ICMS, PIS, Cofins. *RFDT* 10/123, 2004).

⇒ **Diferenciação de bases de cálculo só para as contribuições sobre a receita e sobre o lucro.** O dispositivo é claro: "sendo também autorizada a adoção de bases de cálculo diferenciadas apenas no caso das alíneas 'b' e 'c' do inciso I do *caput*", referindo-se apenas às contribuições sobre a receita e o lucro, que poderão ter suas bases diferenciadas.

⇒ **A contribuição sobre a folha e rendimentos do trabalho não pode ter sua base diferenciada.** A nova redação do § 9º, dada pela EC n. 103/2019, já não autoriza que as contribuições previdenciárias, da alínea "a", tenham base de cálculo diferenciada. Note-se que a autorização para diferenciação da base consta apenas ao final do dispositivo e se refere apenas às contribuições sobre a receita e sobre o lucro ("no caso das alíneas 'b' e 'c' do inciso I").

– Essa supressão da autorização para diferenciação da base das contribuições sobre a folha e rendimentos do trabalho, associada à revogação do § 13, revela que já não há suporte constitucional para que se dispense as empresas de contribuírem sobre essa base, sendo inválida a substituição. Trata-se de uma escolha política delicada, porquanto há muito há demandas pela desoneração da folha, em prol do pleno emprego. De qualquer modo, na Reforma da Previdência, implementada pela EC n. 103/2019, predominou a preocupação com o custeio da previdência e a necessidade de se lhe restituir o equilíbrio financeiro.

⇒ **Critérios.** O texto constitucional estabelece os critérios justificadores de alíquotas ou bases de cálculo diferenciadas. Não se trata de uma autorização aberta, mas condicionada pelos critérios elencados. Ademais, haverá de se justificar cada discriminação pelos critérios da razoabilidade e da proporcionalidade, que exigem, por exemplo, o concerto entre o elemento de discrímen e a finalidade almejada pelo legislador.

– Não impossibilitaria diferenciações com fundamento em outros critérios, desde que o critério e a finalidade se sustentem constitucionalmente. "Reza o § 9º do art. 195 da Carta Magna que as contribuições sociais para a seguridade social incidentes sobre o empregador, empresas ou pessoas a ela equiparadas, poderão ter alíquotas ou bases de cálculo diferenciadas, em razão da atividade econômica ou da utilização intensiva de mão de obra. ...tal dispositivo constitucional não é uma norma imperativa ou cogente, representa, apenas, uma faculdade para que as legislações das contribuições para a seguridade social possam, se assim desejar o legislador, trazer alíquotas e bases de cálculo diferenciadas, tendo como alguns dos critérios, para essa discriminação, a função da atividade econômica do contribuinte ou a utilização intensiva de mão de obra, sem que com isto fosse cogitado acerca de ferimento ao princípio da vedação de discriminação arbitrária entre contribuinte, princípio previsto no art. 150, II, da Lei Maior. Obviamente que a Constituição não veda que o legislador venha estabelecer diferentes incidências sobre os diversos sujeitos passivos das contribuições para a seguridade social por outros motivos, desde que as discriminações sejam objetivas e razoáveis, quer sejam por razões fiscais, quer sejam por razões extrafiscais" (SARAIVA FILHO, Oswaldo Othon de Pontes. Cofins e os questionamentos acerca da não cumulatividade e do aumento de alíquota. *RFDT* 7/81, 2004).

– Não dispensaria atenção ao § 5º, tampouco permitiria oneração de contribuintes que não demandassem benefícios diversos. "... esse tratamento diferenciado autorizado pelo § 9º do artigo 195 da Constituição da República de obedecer aos parâmetros constitucionais estabelecidos nos já mencionados artigos 194, V, e 195, § 5º, do Texto Constitucional. Assim, se de um lado a Constituição autoriza... a instituição de alíquotas diferenciadas..., de outro impõe... que haja correspondência entre os valores arrecadados e a sua destinação. Disso deriva a imperatividade de observância do Princípio da Referibilidade sempre que o legislador instituir a distinção de tratamento que lhe faculta o § 9º do art. 195 da Constituição. Assim, essa disparidade só se legitima se os contribuintes onerados de forma distinta demandarem benefícios da Seguridade Social de forma diversa dos demais em razão dos quaro fatores trazidos expressamente pelo § 9º do referido preceito constitucional: (a) atividade econômica; (b) utilização intensiva de mão de obra; (c) porte da empresa; ou (d) condição estrutural do mercado de trabalho" (SILVA, Lívia Balbino Fonseca; TEDESCO, Paulo Camargo. A instituição de alíquota majorada para instituições financeiras e equiparadas pela Medida Provisória n. 413/2008, convertida na Lei n. 11.727/2008. *RDDT* 162/14, 2009).

– Atividade econômica. "Ter uma atividade econômica significa que o contribuinte desenvolve economicamente determinada atividade, dentro dos tradicionais ramos da indústria, comércio ou prestação de serviços, com o intuito de obtenção de lucro. Se o contribuinte vai ter um tratamento diferenciado por realizar determinada atividade econômica, os fundamentos desta diferenciação devem ser justificados ou razoáveis, sob pena de criação de privilégios ou discriminações. Também é possível que no

momento da aplicação concreta da norma surjam casos que não se adaptem àquilo que foi pensado pelo legislador, criando situações anti-isonômicas. O governo pode adotar uma política de incentivo de determinado ramo da economia com o objetivo de desenvolvê-lo, caso seja incipiente, ou de aprimorá-lo, para que resulte na implementação de novas tecnologias e melhora do produto final, ou mesmo para simplesmente mantê-lo, em caso de patente concorrência predatória internacional" (CEZAROTI, Guilherme. Análise da aplicação de alíquotas diferenciadas de contribuições sociais para instituições financeiras. *RDDT* 202/57-66, 2012).

– Utilização intensiva de mão de obra. "Quanto a utilização intensiva de mão de obra, é razoável crer que a política tributária poderá favorecer determinado grupo de contribuintes que tenham potencial para criação de um grande número de empregos, mas não é para onerar mais aqueles que invistam em tecnologia, sob pena de impedir o próprio desenvolvimento do conhecimento técnico. Ao impedir o desenvolvimento do conhecimento, não é só um determinado grupo de contribuintes que é prejudicado, mas todo o suporte de desenvolvimento e pesquisa em empresas e faculdades, que o próprio governo procura incentivar com benefícios fiscais. O critério para aplicação do princípio da capacidade contributiva não pode atuar contra outros objetivos de política fiscal e econômica" (CEZAROTI, Guilherme. Análise da aplicação de alíquotas diferenciadas de contribuições sociais para instituições financeiras. *RDDT* 202/57-66, 2012).

– Porte da empresa. A referência ao "porte da empresa" diz respeito à sua caracterização como microempresa, pequena empresa, empresa de médio ou de grande portes.

– Condição estrutural do mercado de trabalho. "Condição" significa situação, estado ou circunstância. "Estrutural", por sua vez, é o que diz respeito à organização ou disposição dos elementos essenciais de algo. "Mercado de trabalho" são as oportunidades decorrentes da oferta e procura de emprego.

⇒ **Distinção no setor de bebidas, sem razão que a sustente. Arts. 49 a 52 da Lei n. 10.833/2003. Inconstitucionalidade.** "A dita Lei n. 10.833/03, no seu artigo 49, estabeleceu um tratamento diferenciado para o recolhimento das contribuições pelas pessoas jurídicas que promovam a industrialização dos produtos [...] (refrigerantes, cervejas e extratos concentrados para a elaboração de refrigerante), com a aplicação de alíquotas específicas incidentes sobre o faturamento, sem permitir a dedução de créditos. [...] Como uma segunda opção... no seu art. 52, introduziu a possibilidade dos industriais dos produtos mencionados no artigo 49 realizarem o recolhimento dos valores das contribuições por unidade de livro do produto produzido, opção essa a ser feita por meio de um Regime Especial de apuração das contribuições. [...] 2. A diferenciação apontada se mostra injustificável e não razoável, na medida em que não há, na ordem constitucional vigente, nenhum critério jurídico que possa motivar o tratamento diferenciado dentro do mesmo setor de bebidas, ofendendo, a contrario sensu, o disposto no artigo 195, § 9º, que prevê tratamento igual dentro do setor econômico. 3. A capacidade contributiva é o critério eleito pelo constituinte para justificar o tratamento diferenciado, não tendo esta sido observada pelo legislador ordinário. 4. Em tese, poderia justificar tratamento tributário diferenciado a uma classe de pessoas de um determinado setor econômico, critérios de extrafiscalidade, ligados à política de proteção do consumidor e do meio ambiente, mas no caso, a diferenciação se mostra desproporcional e não razoável, na medida em que dentro do próprio setor de indústria de bebidas de refrigerantes e de cervejas, estabelece uma discriminação tributando com maior gravidade as bebidas produzidas em lata e em garrafa PET, que são menos danosas ao meio ambiente e asseguram uma maior proteção à saúde e ao consumidor, que as garrafas de vidro retornáveis, que são mais danosas ao meio ambiente e que apresentam um risco potencial maior de prejuízos aos consumidores" (REIS, Elcio Fonseca; FREIRE JÚNIOR, Evaristo Ferreira. As inconstitucionalidades dos artigos 49 a 52 da Lei n. 10.833/2003 – Tributação diferenciada das indústrias de refrigerantes e cervejas. *RDIT* 1/59, 2004).

⇒ **Amparo para distinções entre segmentos.** "PIS E COFINS. LEI 9.718/98. ALEGAÇÃO DE VIOLAÇÃO AO PRINCÍPIO DA ISONOMIA POR TRATAMENTO DIFERENCIADO EM FAVOR DE DETERMINADOS SEGMENTOS ECONÔMICOS NO TOCANTE À POSSIBILIDADE DE DEDUÇÕES E EXCLUSÕES DA BASE DE CÁLCULO. INOCORRÊNCIA. O tratamento tributário diferenciado em relação ao PIS e COFINS, dispensado pela legislação tributária em favor de determinados segmentos econômicos, que confere apenas às cooperativas, instituições financeiras e revendedoras de veículos a possibilidade de deduções e exclusões da base de cálculo das contribuições, não fere o princípio da isonomia, porquanto o art. 195, § 9º, da Constituição Federal, com a redação dada pela EC n. 20/98, prevê a possibilidade das contribuições sociais para a seguridade social a cargo das empresas, incidentes sobre a folha de salários, a receita ou faturamento e o lucro, terem alíquotas ou bases de cálculo diferenciadas em razão da atividade econômica ou da utilização intensiva de mão de obra. Agravo de instrumento desprovido" (TRF4, AI 2003.04.01.000333-3, 2003).

– **Instituições financeiras. Adicional de 2,5% à contribuição previdenciária. Constitucionalidade.** Comentamos esse adicional em nota ao art. 195, I, *a*, da CF.

– **Tema 204 do STF:** "É constitucional a previsão legal de diferenciação de alíquotas em relação às contribuições previdenciárias incidentes sobre a folha de salários de instituições financeiras ou de entidades a elas legalmente equiparáveis, após a edição da Emenda Constitucional n. 20/1998". Decisão de mérito em 2016.

– "CONTRIBUIÇÃO PREVIDENCIÁRIA. FOLHA DE SALÁRIO. INSTITUIÇÕES FINANCEIRAS E ASSEMELHADAS. DIFERENCIAÇÃO DE ALÍQUOTAS. CONTRIBUIÇÃO ADICIONAL DE 2,5%. ART. 22, § 1º, DA LEI 8.212/91. CONSTITUCIONALIDADE. 1. A jurisprudência do STF é firme no sentido de que a lei complementar para instituição de contribuição social é exigida para aqueles tributos não descritos no altiplano constitucional, conforme disposto no § 4º do artigo 195 da Constituição da República. A contribuição incidente sobre a folha de salários esteve expressamente

previsto no texto constitucional no art. 195, I, desde a redação original. O artigo 22, § 1º, da Lei 8.212/91 não prevê nova contribuição ou fonte de custeio, mas mera diferenciação de alíquotas, sendo, portanto, formalmente constitucional. 2. Quanto à constitucionalidade material, a redação do art. 22, § 1º, da Lei 8.212 antecipa a densificação constitucional do princípio da igualdade que, no Direito Tributário, é consubstanciado nos subprincípios da capacidade contributiva, aplicável a todos os tributos, e da equidade no custeio da seguridade social. Esses princípios destinam-se preponderantemente ao legislador, pois nos termos do art. 5º, *caput*, da CRFB, apenas a lei pode criar distinções entre os cidadãos. Assim, a escolha legislativa em onerar as instituições financeiras e entidades equiparáveis com a alíquota diferenciada, para fins de custeio da seguridade social, revela-se compatível com a Constituição. 3. Fixação da tese jurídica ao Tema 204 da sistemática da repercussão geral: 'É constitucional a previsão legal de diferenciação de alíquotas em relação às contribuições previdenciárias incidentes sobre a folha de salários de instituições financeiras ou de entidades a elas legalmente equiparáveis, após a edição da EC 20/98'" (STF, RE 598.572, 2016).

– **Tema 470 do STF:** "É constitucional a contribuição adicional de 2,5% (dois e meio por cento) sobre a folha de salários instituída para as instituições financeiras e assemelhadas pelo art. 3º, § 2º, da Lei 7.787/1989, mesmo considerado o período anterior à Emenda Constitucional 20/1998". Decisão do mérito em 2018.

– "INSTITUIÇÕES FINANCEIRAS. ALÍQUOTA ADICIONAL DE 2,5% SOBRE A CONTRIBUIÇÃO PREVIDENCIÁRIA INCIDENTE NA FOLHA DE SALÁRIOS. § 2º DO ART. 3º DA LEI 7.787/1989. CONSTITUCIONALIDADE. EXAÇÃO FUNDADA NOS PRINCÍPIOS DA SOLIDARIEDADE, EQUIDADE E CAPACIDADE CONTRIBUTIVA. POSTULADOS CONSTITUCIONAIS QUE NORTEIAM A SEGURIDADE SOCIAL. APORTES ORIGINADOS DE DISTINTAS FONTES DE CUSTEIO. INEXIGIBILIDADE DE CONTRAPARTIDA. PODER JUDICIÁRIO. ATUAÇÃO COMO LEGISLADOR POSITIVO. IMPOSSIBILIDADE. I – É constitucional a alíquota adicional de 2,5% (dois e meio por cento), estabelecida pelo § 2º do art. 3º da Lei 7.787/1989, incidente sobre a folha de salários de bancos e entidades assemelhadas. II – É defeso ao Poder Judiciário atuar na condição anômala de legislador positivo, com base no princípio da isonomia, para suprimir ou equiparar alíquotas de tributos recolhidos pelas instituições financeiras em relação àquelas suportadas pelas demais pessoas jurídicas" (STF, RE 599.309, 2018).

– O STF entende válida a fixação de alíquota maior de contribuição social sobre o lucro para instituições financeiras, forte no art. 195, § 9º, da CF, porquanto "pode-se afirmar que, objetivamente consideradas, as pessoas jurídicas enquadradas no conceito de instituições financeiras ou legalmente equiparáveis a essas auferem vultoso faturamento ou receita – importante fator para a obtenção dos lucros dignos de destaque e para a manutenção da tenacidade econômico financeira", de modo que "a atividade econômica por elas exercida é fator indicativo de sua riqueza; sobressai do critério de discrimen utilizado na espécie a maior capacidade contributiva dessas pessoas jurídicas" (STF, RE 231.673 AgR, 2016).

– "CONTRIBUIÇÃO PREVIDENCIÁRIA. FOLHA DE SALÁRIO. INSTITUIÇÕES FINANCEIRAS E ASSEMELHADAS. DIFERENCIAÇÃO DE ALÍQUOTAS. CONTRIBUIÇÃO ADICIONAL DE 2,5%. ART. 22, § 1º, DA LEI 8.212/91. CONSTITUCIONALIDADE. 1. A jurisprudência do STF é firme no sentido de que a lei complementar para instituição de contribuição social é exigida para aqueles tributos não descritos no altiplano constitucional, conforme disposto no § 4º do artigo 195 da Constituição da República. A contribuição incidente sobre a folha de salários esteve expressamente prevista no texto constitucional no art. 195, I, desde a redação original. O artigo 22, § 1º, da Lei 8.212/91 não prevê nova contribuição ou fonte de custeio, mas mera diferenciação de alíquotas, sendo, portanto, formalmente constitucional. 2. Quanto à constitucionalidade material, a redação do art. 22, § 1º, da Lei 8.212 antecipa a densificação constitucional do princípio da igualdade que, no Direito Tributário, é consubstanciado nos subprincípios da capacidade contributiva, aplicável a todos os tributos, e da equidade no custeio da seguridade social. Esses princípios destinam se preponderantemente ao legislador, pois nos termos do art. 5º, *caput*, da CRFB, apenas a lei pode criar distinções entre os cidadãos. Assim, a escolha legislativa em onerar as instituições financeiras e entidades equiparáveis com a alíquota diferenciada, para fins de custeio da seguridade social, revela se compatível com a Constituição. 3. Fixação da tese jurídica ao Tema 204 da sistemática da repercussão geral: 'É constitucional a previsão legal de diferenciação de alíquotas em relação às contribuições previdenciárias incidentes sobre a folha de salários de instituições financeiras ou de entidades a elas legalmente equiparáveis, após a edição da EC 20/98'" (STF, RE 598.572, 2016).

– **Entendendo que violaria a isonomia.** "A objeção que frequentemente é posta ela União... tem dois fundamentos básicos, quais sejam, (i) o setor financeiro tem maiores lucros e maior capacidade contributiva e (ii) deixar de tributá-los de forma mais onerosa implicaria afastar o princípio da solidariedade no financiamento da seguridade social. O primeiro argumento... carece de substrato econômico... Não é possível afirmar que as instituições financeiras, como grupo, apresentam uma capacidade contributiva maior do que os demais setores econômicos, seja porque outras empresas auferem receitas ou lucros maiores, de forma individual, seja porque também há pequenos empreendedores dentro deste grupo... Improcede, igualmente, a objeção de que o afastamento da aplicação de alíquotas majoradas para o setor financeiro deixa de lado o princípio da solidariedade no financiamento da seguridade social... porque estar empresas permanecem recolhendo as contribuições sociais em suas alíquotas básicas, aplicáveis a todos os contribuintes. ... a seguridade social não deixará de ser regularmente financiada como consequência do reconhecimento da inconstitucionalidade de alíquotas diferenciadas de contribuições sociais. [...] a instituição de alíquotas majoradas para empresas do setor financeiro não observa, de forma como levada a cabo ela legislação até o presente momento, o princípio da igualdade e nem mesmo o da capacidade contributiva. Não há suporte

econômico para os critérios de diferenciação jurídica eleitos pelo legislador para diferenciação das instituições financeiras como grupo (desigualdade vertical), nem para a equiparação de entes tão diferentes dentro do mesmo grupo (desigualdade horizontal)" (CEZAROTI, Guilherme. Análise da aplicação de alíquotas diferenciadas de contribuições sociais para instituições financeiras. *RDDT* 202/57-66, 2012).

⇒ **Tema 515 do STF:** "É constitucional a majoração diferenciada de alíquotas em relação às contribuições sociais incidentes sobre o faturamento ou a receita de instituições financeiras ou de entidades a elas legalmente equiparáveis". Decisão de mérito em 2018.

– "Alcance do art. 195, § 9º, da CF/88. COFINS. Alíquotas diferenciadas em razão da atividade econômica. Instituições financeiras e entidade a elas legalmente equiparadas. Entes objetivamente considerados. Maior capacidade contributiva. Ausência de afronta aos princípios da isonomia, da capacidade contributiva e da vedação de confisco. Lei nº 10.684/03. Alíquota diferenciada. Majoração. Constitucionalidade. 1. O art. 195, § 9º, da CF/88 autoriza, expressamente, desde a edição da EC n. 20/98, em relação às contribuições sociais previstas no art. 195, I, da CF/88 (o que inclui a COFINS), a adoção de alíquotas ou de bases de cálculo diferenciadas em razão, dentre outros critérios, da atividade econômica desenvolvida pelo contribuinte. 2. A imposição de alíquotas diferenciadas em razão da atividade econômica pode estar fundada nas funções fiscais ou nas funções extrafiscais da exação. *A priori*, estando fundada nas funções fiscais, deve a distinção corresponder à capacidade contributiva; estando embasada nas funções extrafiscais, deve ela respeitar a proporcionalidade, a razoabilidade e o postulado da vedação do excesso. Em todo caso, a norma de desequiparação e seu critério de discrímen (a atividade econômica) devem respeitar o conteúdo jurídico do princípio da igualdade. 3. O tratamento constante do art. 18 da Lei n. 10.684/03 é legítimo. O próprio texto constitucional permite que o faturamento ou a receita possam ser utilizados como signos presuntivos de riqueza – ambas as expressões são aptas, portanto, para receber tributação. Ele ainda possibilita, de maneira expressa (desde a EC n. 20/98), a utilização da atividade econômica como critério de discriminação para a imposição de alíquotas diferenciadas das contribuições para a seguridade social previstas no art. 195, I, da CF/88. Ademais, o fator de desigualação eleito (à primeira vista, a atividade econômica) retrata traço existente nas pessoas jurídicas referidas nos §§ 6º e 8º do art. 3º da Lei n. 9.718/98 que as diferencia das demais, além de possuir correlação lógica, em abstrato, com a desequiparação estabelecida, isto é, a majoração da alíquota da COFINS. 4. Não invalida o dispositivo legal impugnado a existência de algum segmento econômico que, individualmente considerado, tenha maior capacidade contributiva em comparação com o setor financeiro. Embora, *a priori*, esse outro segmento também deva ter maior colaboração para o custeio da seguridade social, é imprescindível também ter em mente que a imposição de alíquotas diferenciadas (art. 195, § 9º, da CF/88) deve ser sopesada não apenas com a função fiscal da exação, mas também com suas finalidades extrafiscais, constitucionalmente amparadas. Nesse sentido, é possível que o legislador deixe de exigir essa maior colaboração visando, ponderadamente, a outros preceitos constitucionais, como, por exemplo, equalizar as desigualdades sociais. Sobre o assunto: ADI n. 1.276/SP, Tribunal Pleno, Relatora a Ministra Ellen Gracie, *DJ* de 29/11/02. 5. A mera existência de alguma instituição financeira (ou de pessoa jurídica a ela legalmente equiparável) com faturamento ou receita relativamente inferior à de instituição congênere ou de eventual época adversa por que passa o setor financeiro, por si só, não macula a validade do dispositivo questionado. Isso porque sua feição genérica e abstrata revela-se compatível com os princípios da isonomia e da capacidade contributiva. De mais a mais, não pode o Poder Judiciário, a pretexto de conceder tratamento em conformidade com o princípio da capacidade contributiva, excluir determinada pessoa jurídica, por razões meramente individuais, do âmbito de aplicação da alíquota majorada da COFINS prevista no dispositivo impugnado, sob pena de se conceder privilégio odioso. 6. O art. 18 da Lei n. 10.684/03 está condizente com a justiça tributária, com a equidade na forma de participação no custeio da seguridade social e com a diversidade de sua base de financiamento. 7. Tomando por base a função fiscal da COFINS, é proporcional e razoável entender que os contribuintes que exercem atividade econômica reveladora de grande capacidade contributiva contribuam com maior grau para o custeio da seguridade social. No caso, esse maior grau de colaboração dá-se tanto pela incidência da exação sobre os vultosos faturamentos ou sobre as volumosas receitas que auferem as pessoas jurídicas enquadradas no conceito de instituições financeiras ou as entidades legalmente equiparáveis a elas quanto pela imposição de uma alíquota diferenciada, que, em consonância com a justiça tributária, é superior à aplicável às demais pessoas jurídicas (levando-se em conta o regime comum da contribuição). 8. A jurisprudência da Corte aponta para o sentido da constitucionalidade do dispositivo legal ora combatido. Recentemente, o Tribunal Pleno, no exame do RE n. 598.572/SP..., reconheceu ser constitucional o adicional de 2,5% na contribuição sobre a folha de salários das instituições financeiras e demais entidades legalmente equiparáveis a elas (art. 22, § 1º, da Lei n. 8.212/91). Na ocasião, fixou-se a seguinte tese: 'é constitucional a previsão legal de diferenciação de alíquotas em relação às contribuições previdenciárias incidentes sobre a folha de salários de instituições financeiras ou de entidades a elas legalmente equiparáveis, após a edição da EC n. 20/98'. 9. Recurso extraordinário ao qual se nega provimento. 10. Em relação ao tema n. 515 da Gestão por Temas da Repercussão Geral do portal do STF na internet, proponho a seguinte tese: É constitucional a previsão legal de diferenciação de alíquotas em relação às contribuições sociais incidentes sobre o faturamento ou a receita de instituições financeiras ou de entidades a elas legalmente equiparáveis" (STF, RE 656.089, 2018).

– **Majoração de alíquota da COFINS-Importação para alguns setores por lei ordinária. Validade.** "A COFINS-Importação. Majoração da alíquota em 1%. Lei n. 12.715/2012... [...] plenamente constitucional a majoração da alíquota da contribuição por meio de lei ordinária. 2 Possibilidade de tratamento diferenciado quando presente política tributária de extrafiscalidade devidamente justificada" (STF, RE 969.735 AgR, 2017).

§ 10. A lei definirá os critérios de transferência de recursos para o sistema único de saúde e ações de assistência social da União para os Estados, o Distrito Federal e os Municípios, e dos Estados para os Municípios, observada a respectiva contrapartida de recursos.

⇒ **EC n. 20/98.** § 9º acrescentado pela EC n. 20/98.

§ 11. São vedados a moratória e o parcelamento em prazo superior a 60 (sessenta) meses e, na forma de lei complementar, a remissão e a anistia das contribuições sociais de que tratam a alínea "a" do inciso I, e o inciso II do *caput*. (Redação dada pela EC n. 103, de 2019)

Redação anterior revogada: § 11. É vedada a concessão de remissão ou anistia das contribuições sociais de que tratam os incisos I, a, e II deste artigo, para débitos em montante superior ao fixado em lei complementar". Obs.: O § 11 fora acrescentado pela EC n. 20/98.

§ 12. A lei definirá os setores de atividade econômica para os quais as contribuições incidentes na forma dos incisos I, b; e IV do *caput*, serão não cumulativas.

⇒ **EC n. 42/2003.** § 12 acrescido pela EC n. 42, publicada no *DOU* de 31 de dezembro 2003.

⇒ **Setores da atividade econômica.** A atividade econômica pode ser dividida em três setores principais: primário (produção agrícola, pecuária e extrativista), secundário (indústria) e terciário (comércio e serviços). Mas há muitas outras classificações mais específicas, como a que subdivide a que se colhe da *Revista Exame* (http://exame.abril.com.br/negocios/setores): agropecuária, atacado, autoindústria, aviação, bebidas e fumo, bens de capital, bens de consumo, brinquedos e jogos, calçados, cinema, concessionárias, consultorias, cosméticos, entretenimento, indústria da construção, indústria de livros, indústria de petróleo, indústria digital, indústria eletroeletrônica, indústria naval, indústria em geral, mídia, mineração, moda, montadoras, papel e madeira, química e petroquímica, redes de farmácias, serviços de saúde, serviços diversos, setor de educação, setor de esportes, setor de seguros, setor financeiros, shopping centers, siderurgia e metalurgia, supermercados, telecomunicações, têxteis, transporte e logística, turismo, varejo.

– O art. 10, § 12, da Lei n. 10.833/2003 prevê que será estabelecida não cumulatividade para os setores da atividade econômica definidos por lei, mesmo critério eleito pelo § 9º para autorizar a diferenciação de alíquotas ou bases de cálculo das contribuições de seguridade em geral. O legislador, todavia, estabelece o regime não cumulativo como regra e define as pessoas jurídicas, bem como as receitas que continuam sujeitas ao regime cumulativo, nos termos dos arts. 8º da Lei n. 10.637/2002 e 10 da Lei n. 10.833/2003. Esse último, e.g., mantém atreladas ao regime comum ou cumulativo da Cofins as sociedades cooperativas, exceto as de produção agropecuária, as receitas decorrentes de prestação de serviços de telecomunicações, as receitas decorrentes de venda de jornais e periódicos e de prestação de serviços das empresas jornalísticas e de radiodifusão sonora e de sons e imagens, as receitas decorrentes de prestação de serviços de transporte coletivo rodoviário, metroviário, ferroviário e aquaviário de passageiros, as receitas decorrentes de serviços prestados por hospital, pronto-socorro, clínica médica, odontológica, de fisioterapia e de fonoaudiologia, e laboratório de anatomia patológica, citológica ou de análises clínicas, as receitas decorrentes de prestação de serviços de educação infantil, ensinos fundamental e médio e educação superior, as receitas decorrentes de prestação de serviço de transporte coletivo de passageiros, efetuado por empresas regulares de linhas aéreas domésticas, e as decorrentes da prestação de serviço de transporte de pessoas por empresas de táxi aéreo, as receitas decorrentes de prestação de serviços das empresas de call center, telemarketing, telecobrança e de teleatendimento em geral, as receitas decorrentes da prestação de serviços das agências de viagem e de viagens e turismo etc.

– Há empresas atuantes em um mesmo setor econômico submetidas a regimes diferentes, dependendo do seu porte. Isso porque o critério básico utilizado pelo art. 3º da Lei n. 10.637/2002 e pelo art. 3º da Lei n. 10.833/2003 para o enquadramento das pessoas jurídicas no regime não cumulativo não é o da atividade econômica, mas, isso sim, estarem ou não sujeitas ao imposto de renda pelo lucro real. Na prática, portanto, o legislador submete ao regime não cumulativo as empresas maiores, com receita total anual superior a R$ 78.000.000,00 (setenta e oito milhões de reais), nos termos do art. 14 da Lei n. 9.718/98, com a redação da Lei n. 12.814/2013, mantendo no regime cumulativo do PIS e da Cofins, disciplinado pelas Leis n. 9.715/98 e n. 9.718/98, as pessoas jurídicas tributadas pelo imposto de renda com base no lucro presumido, dentre outras.

– Há empresas sujeitas a ambos os regimes, cumulativo quanto às receitas de determinadas atividades que realiza, não cumulativo quanto às demais receitas. Quando apenas parte das receitas da empresa for sujeita à incidência não cumulativa, os créditos terão de ser apurados em relação aos respectivos custos específicos. É o que se vê do § 7º do art. 3º da Lei n. 10.833/2003: "§ 7º Na hipótese de a pessoa jurídica sujeitar se à incidência não cumulativa da COFINS, em relação apenas à parte de suas receitas, o crédito será apurado, exclusivamente, em relação aos custos, despesas e encargos vinculados a essas receitas".

– "O dispositivo em questão remete à legislação ordinária o papel de definir setores da economia para os quais o PIS/COFINS incidentes sobre a receita bruta (assim como as contribuições que tributam a importação de bens e serviços) serão exigidos de forma não cumulativa. Todavia, o suporte constitucional do PIS/COFINS em análise permanece o mesmo – art. 195, I, *b*. De resto, a criação da tributação não cumulativa não visa a aumentar a carga tributária das empresas, mas tão somente tornar mais racional a tributação de alguns setores nos quais a cumulatividade estava desempenhando papel pernicioso, laborando em desfavor da competitividade e do crescimento das empresas" (COÊLHO, Sacha Calmon Navarro; DERZI, Misabel Abreu Machado. Fungibilidade entre os regimes cumulativo e não cumulativo do PIS/Cofins. *RDDT* 150/113, 2008).

– "Ter uma atividade econômica significa que o contribuinte desenvolve economicamente determinada atividade, dentro dos tradicionais ramos da indústria, comércio ou prestação de serviços, com o intuito de obtenção de lucro", conforme se pode ver, com maior detalhamento, na lição de CEZAROTI e outros em nota ao § 9º deste artigo.

– **Serviços de transporte.** O art. 10 da Lei n. 10.833/2003 mantém atreladas ao regime comum ou cumulativo do PIS e da Cofins as receitas decorrentes da "prestação de serviços de transporte coletivo".

– "... com o objetivo de explicitar o comando dos arts. 10, XII, e 15, V, ambos da Lei n. 10.833/03, a Receita Federal editou o ADI/RFB n. 23/08 que, para fins de sujeição ou enquadramento à sistemática cumulativa e não cumulativa de incidência das contribuições PIS/Pasep e COFINS, promoveu diferenciação entre receitas decorrentes de prestadores de transporte coletivo de passageiros, apartando o transporte de passageiros regular e essencial do transporte de passageiros em regime de fretamento ou em caráter turístico. À parte a questão atinente à razoabilidade ou não de uma pretensa diferenciação substancial entre referida categoria de contribuintes (*rectius*, de atividades), o que sobreleva notar é que, na norma primária (a lei regulamentada ou interpretada), não há elementos indicativos de uma intenção legislativa neste sentido, de forma que, por imperativos de legalidade e obediência à finalidade dos atos normativos infralegais, ao que parece, não caberia ao indigitado ato declaratório interpretativo promover referida diferenciação entre tais prestadores de serviço, diferenciação esta que, acaso reputada materialmente legítima (à luz da igualdade tributária), deveria ser veiculada através de lei. [...] cremos que a diferenciação promovida pelo ADI/RFB n. 23/08 não ostenta foros de juridicidade, desconsiderando, outrossim, postulados básicos da hermenêutica jurídica..." (CARNEIRO, Daniel Zanetti Marques. PIS e Cofins nos serviços de transporte coletivo – Análise crítica do ADI/RFB n. 23, de 11 de fevereiro de 2008. *RDDT* 155/18, 2008).

– **Prestadoras de serviço em geral.** Incompatibilidade com o regime não cumulativo. A constitucionalidade da aplicação do regime não cumulativo às empresas prestadoras de serviços foi questionada sob alegação de violação à igualdade e à capacidade contributiva. As prestadoras de serviços alegavam a incompatibilidade da atividade com o regime não cumulativo, porquanto a prestação de serviços não se dá mediante uma cadeira econômica. Tendo como insumo basicamente a mão de obra, não conseguiam calcular créditos, de modo que o regime não cumulativo, para essas empresas, teve o efeito quase que eclusivamente de elevar a alíquota e a carga tributária além da sua capacidade contributiva e com ofensa à isonomia. Com isso, buscaram o reconhecimento do direito a permanecerem no regime comum. Mas o STF não lhes reconheceu razão.

– "TRIBUTÁRIO. PIS. COFINS. REGIME NÃO CUMULATIVO. PRESTADORA DE SERVIÇOS. DUPLICAÇÃO DA CARGA TRIBUTÁRIA. PRINCÍPIOS DA RAZOABILIDADE, DA CAPACIDADE CONTRIBUTIVA, DA ISONOMIA E DA LIVRE CONCORRÊNCIA. A questão não é de inconstitucionalidade em tese das leis que estabeleceram os regimes não cumulativos do PIS e da COFINS, mas da sua aplicação a caso concreto quando os seus efeitos implicam violação a princípios constitucionais. Pretendesse o legislador simplesmente aumentar as contribuições sobre o faturamento/receita, teria elevado as alíquotas anteriormente estabelecidas pelo art. 1º da MP 2.158-3/01 (0,65%) e pelo art. 8º da Lei 9.718/98 (3%). Não foi esta, contudo, a intenção. O estabelecimento dos regimes não cumulativos visou, isto sim, a melhor distribuir a carga tributária ao longo da cadeia econômica de produção e comercialização de cada produto. Daí a elevação da alíquota associada à possibilidade de apuração de créditos compensáveis para a apuração do valor efetivamente devido. No caso específico da Autora, que tem por objetivo social principal a prestação de serviços, a submissão ao novo regime não cumulativo implicou um aumento de mais de 100% no ônus tributário decorrente da incidência do PIS e da COFINS. Isso porque, como empresa prestadora de serviços, os créditos que pode apurar não são significativos. O acréscimo do ônus tributário, não corresponde a aumento da capacidade contributiva da Autora, que não teve alteração. Implica, ainda, tratamento diferenciado relativamente aos demais contribuintes, sujeitos ou ao regime comum ou ao regime não cumulativo em atividade econômica em que a apuração de créditos é significativa. O critério de discriminação (regime de tributação pelo Imposto de Renda, se pelo lucro real ou não), no caso concreto, mostra-se falho e incapaz de levar ao resultado pretendido de distribuição do ônus tributário ao longo de uma cadeia de produção e circulação, comprometendo a própria função do regime não cumulativo, o que evidencia violação não apenas à isonomia como à razoabilidade. Por fim, também cria obstáculos à livre concorrência, porquanto empresas dedicadas à mesma atividade que a Autora continuam submetidas ao regime comum, não tendo sido oneradas pelo advento do regime não cumulativo. Direito da autora de permanecer recolhendo as contribuições pelo regime comum (cumulativo) relativamente às suas receitas provindas da prestação de serviços e de compensar os valores pagos a maior" (TRF4, AC 2004.71.08.010633-8, 2007).

– "... seja pela afetação da livre concorrência ou pela falta de motivação, seja pela dissonância quanto ao disposto no § 9º, do art. 195, combinado com o inciso VIII, do art. 170, da CF, a mudança do regime de cumulatividade com alíquota de 3% para o de não cumulatividade com alíquota de 76% em empresas com uso intenso de mão de obra e consequente volume baixo de créditos de COFINS e PIS viola a igualdade e a racionalidade do sistema, merecendo reforma mesmo no Judiciário. À objeção de que o Judiciário não pode atuar como legislador, mas apenas negativamente eliminando e não criando dispositivos, responde se com a indicação de que neste caso está a decisão apenas devolvendo o regime jurídico originário e geral, afastando a inconstitucionalidade que se verifica na ausência do pressuposto de ao exigido pela norma de competência" (FERRAZ, Roberto. A igualdade no aproveitamento de créditos na Cofins e PIS não cumulativos. *RDDT* 149, 2008).

– "Não cumulatividade das contribuições incidentes sobre o faturamento... Empresas prestadoras de serviços. Manutenção das empresas prestadoras de serviços tributadas com base no lucro presumido ou arbitrado na sistemática cumulativa... 16. Não é razoável declarar a inconstitucionalidade da legislação por conta das imperfeições sistêmicas e fazer com que tudo retorne para o regime cumulativo. Nem é sensato permitir que o Poder Judiciário diga que todo o setor de prestação de serviço deva, necessariamente, ficar submetido ao regime cumulativo. Também não é correto declarar uma inconstitucionalidade em menor extensão

para atingir apenas determinados contribuintes. Afinal, o sistema tributário é traçado para ser universal" (STF, RE 607.642, 2020).

– **Não cumulatividade conforme o regime de tributação do IR.** "A distinção, violadora da livre concorrência, entre empresas que atuam na mesma seara econômica manifesta se pela exclusão do regime não cumulativo das empresas tributadas pelo lucro presumido e arbitrado. [...] Instala-se, então, entre as empresas do mesmo setor uma desigualdade que anteriormente não existia, criando um elemento artificial que permite a determinados contribuintes ocupar uma posição mais vantajosa na disputa pela clientela no mercado, em direta afronta ao princípio da livre concorrência" (SCAFF, Fernando Facury. PIS e Cofins não cumulativos e os direitos fundamentais. *RDDT* 151/15, 2008).

– "... concluímos pela manifesta ilegalidade e inconstitucionalidade da exigência da Contribuição ao PIS, com base na Lei n. 10.637/02, fruto de conversão da Medida Provisória n. 66/02, na medida em que: i) a Lei n. 10.637/02, ao favorecer as empresas que possuem cadeia produtiva e possibilidade de escrituração de créditos em detrimento de determinadas atividades, afrontou o princípio da isonomia, da capacidade contributiva (artigos 5º; 150, II; 145, § 1º da CF/88). E, mais grave, ao tratar desigualmente os contribuintes que se encontram em situação similar, de forma a propiciar estabelecimento de preços diferenciados para a mesma atividade, uma vez que majorou a carga tributária das empresas prestadoras de serviços, mantendo para as demais empresas do mesmo setor, sujeitas à sistemática do lucro presumido, a sistemática anterior do PIS, afrontou o princípio da livre concorrência, constitucionalmente previsto no artigo 170 da Lei Maior; ii) os artigos 8º, II, e 11, § 3º, da Lei n. 10.637/02 determinam que as empresas que apurarem o Imposto de Renda devido com base no lucro presumido ou arbitrado não estão abrangidas pela nova sistemática do PIS. Assim, a determinação da tributação diferenciada de acordo com o regime de apuração do lucro para efeito de cálculo do imposto de renda devido a que estão sujeitas as empresas – lucro real, lucro presumido ou lucro arbitrado – acaba por ofender também, o princípio constitucionalmente assegurado da isonomia e o disposto no art. 195, § 9º, da Constituição Federal; iii) ainda, a Lei n. 10.637/02 padece de vício de inconstitucionalidade formal, na medida em que, tanto ela como a Medida Provisória n. 66/02, inobservaram o disposto no artigo 246 da Constituição Federal, que veda expressamente a adoção de medida provisória na regulamentação de artigo da Constituição cuja redação tenha sido alterada por meio de emenda constitucional. Assim, conclui-se pela manifesta impossibilidade de alteração da base de cálculo e alíquota da contribuição ao PIS, tendo em vista que esta se rege pelo art. 195 da Constituição Federal, cuja redação foi alterada pela Emenda Constitucional n. 20/98; iv) como se não bastasse, trata-se da instituição de nova contribuição social incidente sobre o valor agregado e, neste caso, deveria ter sido veiculada por Lei Complementar, em razão do que reza o artigo 195, § 4º combinado com o artigo 154, I, ambos da Constituição Federal; e v) por fim, em verdade, a Lei n. 10.637/02 majorou a contribuição anteriormente prevista na Medida Provisória n. 66/02 razão pela qual deveria, no mínimo, ser contado o prazo nonagesimal da edição da Lei e respectivos vetos e não da edição da Medida Provisória n. 66/02, já que foi reformulado o seu texto em prejuízo do contribuinte" (DIAS, Karem Jureidini; GODOY, Carmen Silvia Vieira Franco de. Da inexigibilidade do PIS com base na Lei n. 10.637/2002. *RDDT* 93, 2003).

– "No que tange aos arts. 8º da Lei n. 10.637 e 10 da Lei n. 10.833, os quais excluíram de forma expressa do regime de incidência não cumulativa as pessoas jurídicas tributadas pelo IRPJ com base no lucro presumido ou arbitrado, argumentam os litigantes inexistir razão plausível para a diferenciação operada pela lei, havendo, com isso, flagrante ofensa ao princípio da isonomia tributária. Entretanto... existe uma justificativa objetiva, razoável e plausível para a escolha feita pelo legislador, e essa justificativa... consubstancia se justamente na meta de estimular a eficiência econômica gerando condições para um crescimento mais acelerado da economia brasileira, com o que a não cumulatividade do PIS e da Cofins visou, em última análise, a corrigir distorções relevantes decorrentes da cobrança cumulativa do referido tributo, como, e.g., a indução à verticalização artificial das empresas, em detrimento da distribuição da produção por um número maior de empresas mais eficientes. Assim... insta ter em mente que as metas e critérios que nortearam a diferenciação... guardam consonância com os objetivos constitucionais da República Federativa do Brasil, de forma que não há falar se em afronta ao princípio da igualdade, posto não ter havido arbitrariedade na discriminação operada" (CARNEIRO, Daniel Zanetti Marques. A não cumulatividade do PIS e da Cofins. *RDDT* 116/32, 2005).

⇒ **Não cumulatividade entre diferentes contribuições ou interna.** O § 12 do art. 195 é a única referência constitucional à não cumulatividade referente às contribuições de seguridade social sobre o faturamento ou receita e sobre a importação.

– Pode-se interpretar o § 12 de modo estreito ou amplo. O primeiro restringe o sentido da norma à não cumulatividade entre a PIS/Cofins-Importação, cobrada quando do desembaraço aduaneiro de produtos importados, e o PIS e a Cofins devidos sobre a receita auferida pela pessoa jurídica. O segundo permite vislumbrar, também, uma chancela constitucional a que as contribuições PIS e Cofins sobre a receita sejam não cumulativas elas próprias, na linha do que vem ocorrendo pelas já referidas leis instituidoras de tal regime.

– A Lei n. 10.865/2004, instituidora da PIS/Cofins-Importação, permite a apuração de créditos para compensação com o montante devido a título da PIS/Cofins interna não cumulativa. Seus arts. 15 a 18 disciplinam a matéria de modo complexo e detalhado. Destaco suas linhas gerais: "Art. 15. As pessoas jurídicas sujeitas à apuração da contribuição para o PIS/PASEP e da COFINS, nos termos dos arts. 2º e 3º das Leis ns. 10.637, de 30 de dezembro de 2002, e 10.833, de 29 de dezembro de 2003, poderão descontar crédito, para fins de determinação dessas contribuições, em relação às importações sujeitas ao pagamento das contribuições de que trata o art. 1º desta Lei, nas seguintes hipóteses: (Redação dada pela Lei n. 11.727, de 2008) (Produção de efeitos) I – bens adquiridos para revenda; II – bens e serviços utilizados como insumo na prestação de serviços e na produção ou fabricação de bens ou produtos destinados à venda, inclusive

combustível e lubrificantes; III – energia elétrica consumida nos estabelecimentos da pessoa jurídica; IV – aluguéis e contraprestações de arrendamento mercantil de prédios, máquinas e equipamentos, embarcações e aeronaves, utilizados na atividade da empresa; V – máquinas, equipamentos e outros bens incorporados ao ativo imobilizado, adquiridos para locação a terceiros ou para utilização na produção de bens destinados à venda ou na prestação de serviços. (Redação dada pela Lei n. 11.196, de 2005 [...] Art. 18. No caso da importação por conta e ordem de terceiros, os créditos de que tratam os arts. 15 e 17 desta Lei serão aproveitados pelo encomendante".

– O STF não chegou a abordar o art. 195, § 12, da CF ao analisar a PIS/Cofins-Importação. De qualquer modo, sob a perspectiva da isonomia, disse da validade de a não cumulatividade entre as contribuições sobre a importação e as internas não ser aplicável a todas as empresas, mas apenas às que se sujeitam ao regime interno não cumulativo: "Repercussão geral. PIS/Cofins – importação. Lei n. 10.865/04. [...] O fato de não se admitir o crédito senão para as empresas sujeitas à apuração do PIS e da COFINS pelo regime não cumulativo não chega a implicar ofensa à isonomia, de modo a fulminar todo o tributo. A sujeição ao regime do lucro presumido, que implica submissão ao regime cumulativo, é opcional, de modo que não se vislumbra, igualmente, violação do art. 150, II, da CF" (STF, RE 559.937, 2013).

– "... o art. 15 da Lei n. 10.865/2004 prescreve que as empresas que apuram o PIS/Cofins com observância da sistemática não cumulativa podem se creditar 'em relação às importações sujeitas ao pagamento das contribuições' nas hipóteses que se traduzam em importação de bens para revenda, insumos, energia elétrica, máquinas e equipamentos para o ativo etc. É possível notar desta regra que o pagamento do PIS/Cofins-importação é pressuposto da apropriação dos créditos de PIS/Cofins não cumulativo. Isso fica ainda mais claro quando o § 1º do art. 15 fixa que o direito a crédito 'aplica-se em relação às contribuições efetivamente pagas'. [...] embora esteja correta a assertiva fazendária constante da solução de Consulta n. 16, de 2011, no sentido de que a adesão da empresa contribuinte a parcelamento, nele incluindo débitos de PIS/COFINS-importação não confere a esta empresa o direito à apuração de créditos de PIS/COFINS no regime da não cumulatividade, esta afirmação não é conclusiva e não encerra o assunto. Se é verdade que a simples adesão ao parcelamento, nele inserindo débitos de PIS/Cofins-importação, não confere à empresa contribuinte o direito a se creditar de PIS/Cofins, é igualmente verdade que o pagamento de cada uma das parcelas permite à empresa se creditar em relação ao PIS/Cofins-importação efetivamente pago naquela parcela. [...] À medida que forem efetuados os pagamentos a título de PIS/Cofins-importação no contexto do parcelamento, terá a empresa contribuinte o direito a apropriar os cabíveis créditos de PIS/Cofins. Esta conclusão não contraria o posicionamento do Fisco federal, apenas o complementa" (MARQUES, Thiago de Mattos. Apuração de créditos de PIS/Cofins em decorrência do parcelamento de débitos de PIS/Cofins-importação. *RDDT* 222/125, 2014).

– **PIS e COFINS não cumulativas.** O regime não cumulativo do PIS e da Cofins, no plano interno, foi instituído pelas medidas provisórias que restaram convertidas nas Leis n. 10.637/2002 e n. 10.833/2003, antes do surgimento do § 12 do art. 195 da CF, que é produto da Emenda Constitucional n. 42/2003. Ainda que se entenda que o § 12 cuida da não cumulatividade entre o PIS/Cofins-Importação e o PIS/Cofins interno, de modo que se compensem, tal não leva a qualquer conclusão no sentido da impossibilidade de estabelecimento, por lei simplesmente, da não cumulatividade do PIS/Cofins no plano interno, porquanto tal regime de tributação constitui opção política do legislador, não encontrando vedação ou empecilho constitucional. Vide, adiante, nota específica com a análise da apropriação de créditos em tal regime.

– "... os preceitos da Medida Provisória n. 135, de 2003, convertida na Lei n. 10.833, do mesmo ano, não regulamentaram diretamente o preceptivo do art. 195, inciso I, alínea *b*, da Constituição Federal, com a redação dada pela Emenda Constitucional n. 20, de 1998, o que fizeram os acoimados preceptivos da MP 135 foi, simplesmente, modificar a disciplina legal do que se entende por faturamento... Ademais, o art. 195 da Constituição Federal, com a redação dada pela EC n. 20, de 1998, não prevê a não cumulatividade para as contribuições sociais para a seguridade social sobre o faturamento ou receita bruta. A previsão dessa não cumulatividade, para a COFINS, é iniciativa da Medida Provisória de n. 135, de 2003. [...] Portanto, a nova disciplina, atacada de descurar o art. 246 do Estatuto Político, não é, em verdade, regulamento da Constituição, mas simples alteração de regramento de matéria da esfera da lei infraconstitucional..." (SARAIVA FILHO, Oswaldo Othon de Pontes. Cofins e os questionamentos acerca da não cumulatividade e do aumento de alíquota. *RFDT* 07/81, 2004).

– **Núcleo essencial da não cumulatividade.** "... não é ele (o legislador) obrigado a adotar tal técnica, transformada em princípio, no momento em que foi constitucionalizada, pois o constituinte outorgou-lhe uma faculdade e não um poder-dever. Uma vez, todavia, adotado, descaberia ao legislador ordinário desfigurar o princípio constitucional, à luz de uma concepção de que 'quem pode o mais pode o menos'. É que, embora sejam diversas as formas de adoção desta técnica, erigida em princípio, sua espinha dorsal baseia-se na inteligência de que apenas aquela carga tributária correspondente à operação realizada pelo contribuinte, que acrescenta um valor e/ou bens a operação com terceiros, pois com quantificação definida pelo grau de sua agregação valorativa e componencial à operação, é que poderia ser exigida. Em outras palavras, a carga trazida pelas operações anteriores, cuja agregação valorativa-componencial não teve participação do contribuinte, terá que ser desconsiderada por variada técnica desonerativa. Desta forma, uma vez adotado o princípio da não cumulatividade, qualquer que seja a técnica de arrecadação, não há como o legislador ordinário desfigurar o comando constitucional, adotando um novo princípio, ou seja, o da 'semicumulatividade', da 'não cumulatividade circunstancial' ou 'inacumulatividade relativa', sob o falso motivo de que estaria obedecendo a determinação constitucional da não cumulatividade. Não há, na hipótese, 'meio princípio da não cumulatividade', pois dele não cuidou o constituinte e nem outorgou a faculdade de o legislador supremo submeter-se ao legislador inferior, sob a alegação

de que foi criado um 'semiprincípio' da não cumulatividade, com aplicação sujeite aos humores do poder ou a sua necessidade crescente de recursos" (MARTINS, Ives Gandra da Silva. Duas reflexões sobre PIS-Cofins. *RDDT* 224/105, 2014).

– "Feita a eleição dos setores da atividade econômica, a liberdade do legislador muda de natureza e se queda mais restritiva, pois a Constituição, expressamente, afirma 'serão não cumulativas'. Portanto, há determinação constitucional que se tenha, de fato e de direito, verdadeira e eficaz não cumulatividade, a qual não pode ser adotada pela metade, ao contrário, há de ser plena. [...] não se pode restringir sobremaneira os créditos de PIS e Cofins como tem feito o legislador e, principalmente, a Receita Federal do Brasil mediante expedição de atos infralegais, em total subversão constitucional, sufocando a noção de não cumulatividade" (CALCINI, Fábio Pallaretti. PIS e Cofins. Algumas ponderações acerca da não cumulatividade. *RDDT* 176/41, 2010).

– **Não cumulatividade mitigada e suas inconsistências.** "... é possível afirmar que toda a norma que prescreve disposições capazes de neutralizar o ônus tributário no curso do ciclo de operações é regra que busca a não cumulatividade. Em razão disso e considerando que a Lei n. 10.637 traz regra com âmbito de aplicação mais restrito que as regras de não cumulatividade postas no Texto Constitucional, ouso afirmar que se está diante de uma norma de não cumulatividade mitigada" (MARQUES, Leonardo Nunes. A contribuição ao PIS e a sistemática da cobrança 'não cumulativa' inserida pela Medida Provisória n. 66/2002 e Lei n. 10.637/2002. *RDDT* 93, 2003).

– "A concessão parcial de créditos cria uma figura atípica, porque os princípios estruturadores da não cumulatividade impõem o confronto da totalidade do montante de tributos suportados (contribuições incidentes nas aquisições de bens, serviços, dispêndios), *versus* a totalidade dos fatos geradores (montante do PIS apurado em razão de receitas decorrentes das atividades societárias)" (MELO, José Eduardo Soares de. A não cumulatividade do IPI, ICMS, PIS, Cofins. *RFDT* 10/123, 2004).

– "O que as Leis n. 10.637/2002 e n. 10.833/2003 criaram não foi um sistema não cumulativo, mas um brutal aumento de alíquota adoçado por um restritíssimo direito a crédito. A ideia de não cumulatividade foi afastada quando a legislação fez uma indicação absolutamente pontual e excepcional dos bens e serviços que autorizam a apuração de crédito, carecendo de justificativa jurídica a fundamentar essas disparidades. [...] Ao restringir o direito ao crédito a determinados bens e serviços escolhidos ao seu talante, o legislador infraconstitucional descaracterizou o conceito constitucional de não cumulatividade, usurpando a competência tributária que lhe foi atribuída, em claro excesso à 'liberdade de conformação' da Constituição Federal. [...] a rigor técnico, sequer se pode caracterizar esta operação como de não cumulatividade, mas de singelo 'sistema legal de abatimento de alguns créditos'" (SCAFF, Fernando Facury. PIS e Cofins não cumulativos e os direitos fundamentais. *RDDT* 151/15, 2008).

– "A chamada não cumulatividade da contribuição ao PIS não é plena, sendo determinado na própria lei quais operações geram valores passíveis de serem tomados do crédito, podendo até apresentar um saldo residual, o qual poderá ser compensado com outros tributos administrados pela Secretaria da Receita Federal – SRF. Decorrência imediata de tal procedimento é o fato de que algumas empresas foram, inegavelmente, beneficiadas (exportadoras) em comparação à maioria (prestadoras de serviços) que tiveram majorada sua carga tributária. Ademais, tal sistemática parece nos muito mais com uma espécie de crédito prêmio do que não cumulatividade [...] a Lei n. 10.637/02 impingiu, em total confronto com a Lei Maior, tratamento desigual entre contribuintes que se encontram na mesma situação, concedendo crédito em algumas operações determinadas e negando em outras sem qualquer discrímen jurídico econômico. [...] o conceito de crédito prêmio anteriormente defendido fica evidente, pois caso se tratasse de não cumulatividade, como nos casos dos impostos ditos indiretos (ICMS e IPI), o contribuinte poderia se creditar de todos os valores recolhidos nas cadeiras anteriores e não de algumas hipóteses expressamente determinadas pelo legislador. Nesse sentido, ressalta-se que as hipóteses em que o IPI e o ICMS não geram crédito para posterior compensação são exceções determinadas expressamente em lei; por outro lado, no caso da Lei n. 10.638/02, o que ocorre é exatamente o inverso, em que as situações que podem gerar crédito são determinadas na lei, enquanto as demais operações não" (ANAN JUNIOR, Pedro; VATARI, Luis Cláudio Yukio. Contribuição ao PIS – Não cumulatividade – Aspectos inconstitucionais. *RDDT* 96/59 62, 2003).

– O STF chancelou a não cumulatividade das contribuições PIS e COFINS tal como posta pelo legislador. O STF analisou diversos temas de repercussão geral enfrentando as contradições e a ineficácia do regime da não cumulatividade das contribuições PIS e COFINS, sobretudo em face das muitas restrições à apropriação de créditos. Em linhas gerais, sustentou a validade das respectivas leis.

– Tema 34 do STF: "É constitucional a previsão em lei ordinária que introduz a sistemática da não cumulatividade a COFINS dado que observa os princípios da legalidade, isonomia, capacidade contributiva global e não confisco".

– "COFINS. NÃO CUMULATIVIDADE. MEDIDA PROVISÓRIA 135/2003. LEI N. 10.833/2003. LEGALIDADE. ISONOMIA. CAPACIDADE CONTRIBUTIVA E NÃO CONFISCO. 1. Não há impedimento da Medida Provisória n. 135/2003 estabelecer normas relativas à COFINS, não incidindo a coibição do art. 246 da Constituição. **2.** A majoração da alíquota de 3% para 7,6%, para as empresas optantes pela tributação considerado o lucro real foi realizada juntamente com a instituição da não cumulatividade da COFINS e o direito ao aproveitamento de créditos (o artigo 3º da Lei n. 10.833). **3.** É constitucional a previsão em lei ordinária que introduz a sistemática da não cumulatividade a COFINS dado que observa os princípios da legalidade, isonomia, capacidade contributiva global e não confisco" (STF, RE 570.122, 2020).

– Tema 179 do STF: "Em relação às contribuições ao PIS/COFINS, não viola o princípio da não cumulatividade a impossibilidade de creditamento de despesas ocorridas no sistema cumulativo, pois os créditos são presumidos e o direito ao desconto somente surge com as despesas incorridas em momento posterior ao início da vigência do regime não cumulativo". Decisão de mérito em 2020.

– "PRINCÍPIOS DA NÃO CUMULATIVIDADE, ISONOMIA E RAZOABILIDADE. DIREITO A CREDITAMENTO. CONTRIBUIÇÕES PARA A SEGURIDADE SOCIAL INCIDENTES SOBRE O FATURAMENTO. PIS. COFINS. REGIMES CUMULATIVO E NÃO CUMULATIVO. TRANSIÇÃO. 1. Fixação de tese de julgamento ao Tema 179 da sistemática da repercussão geral: 'Em relação às contribuições ao PIS/COFINS, não viola o princípio da não cumulatividade a impossibilidade de creditamento de despesas ocorridas no sistema cumulativo, pois os créditos são presumidos e o direito ao desconto somente surge com as despesas incorridas em momento posterior ao início da vigência do regime não cumulativo'. **2.** Não cabe ao Poder Judiciário imiscuir-se no mérito das políticas fiscais para equiparar contribuintes por meio da uniformização de alíquotas, com base no princípio da isonomia, haja vista que não dispõe tipicamente de função legislativa" (STF, RE 587.108, 2020).

– Tema 337 do STF: "Não obstante as Leis n. 10.637/02 e 10.833/03 estejam em processo de inconstitucionalização, é ainda constitucional o modelo legal de coexistência dos regimes cumulativo e não cumulativo, na apuração do PIS/Cofins das empresas prestadoras de serviços". Decisão do mérito em 2020.

– "Não cumulatividade das contribuições incidentes sobre o faturamento... Empresas prestadoras de serviços. Manutenção das empresas prestadoras de serviços tributadas com base no lucro presumido ou arbitrado na sistemática cumulativa. Critério de discrímen com empresas que apuram o IRPJ com base no lucro real. Isonomia. Ausência de afronta. Vedação de créditos com gastos de mão de obra. Respaldo na técnica da não cumulatividade. Exclusão da norma geral de receitas da prestação de serviços. Finalidade almejada. Imperfeições legislativas. Ausência de racionalidade e coerência do legislador na definição das atividades sujeitas à não cumulatividade. Ausência de coerência em relação a contribuintes sujeitos aos mesmos encadeamentos econômicos na prestação de serviços. Invalidade da norma. Ausência de evidência. Processo de inconstitucionalização. Momento da conversão. Impossibilidade de precisão. Técnica de controle de constitucionalidade do 'apelo ao legislador' por 'falta de evidência' da ofensa constitucional. 1. As medidas provisórias que originaram as Leis ns. 10.637/02 e 10.833/03 não vieram regulamentar uma emenda constitucional específica, mas tão somente instituir nova disciplina tributária envolvendo contribuições que já eram cobradas anteriormente. 2. A norma constitucional que cuidou da contribuição não cumulativa (art. 195, § 12, da Constituição) foi introduzida pela Emenda Constitucional n. 42/2003. O art. 246 da Constituição foi objeto da Emenda Constitucional n. 32/2001 e só a regulamentação das emendas constitucionais promulgadas entre 1º de janeiro de 1995 a 12 de setembro de 2001, data da publicação da Emenda Constitucional n. 32, é que não pode ser efetivada por medidas provisórias. 3. No momento em que surgiu a não cumulatividade do PIS/Cofins, não havia nenhum indicativo constitucional quanto ao perfil e à amplitude do mecanismo. 4. Com a edição da Emenda Constitucional n. 42/03, a não cumulatividade das contribuições incidentes sobre o faturamento ou a receita não pôde mais ser interpretada exclusivamente pelas prescrições das leis ordinárias. É de se extrair um conteúdo semântico mínimo da expressão 'não cumulatividade', o qual deve pautar o legislador ordinário, na esteira da jurisprudência da Corte. Precedentes. 5. O § 12 do art. 195 da Constituição autoriza a coexistência dos regimes cumulativo e não cumulativo. Ao cuidar da matéria quanto ao PIS/Cofins, o texto constitucional referiu apenas que a lei definirá os setores de atividade econômica para os quais as contribuições serão não cumulativas, deixando de registrar a fórmula que serviria de ponto de partida à interpretação do regime. Diferentemente do IPI e dos ICMS, não há no texto constitucional a escolha dessa ou daquela técnica de incidência da não cumulatividade das contribuições sobre o faturamento ou a receita. 6. Ao exercer a opção pela coexistência da cumulatividade e da não cumulatividade, o legislador deve ser coerente e racional, observando o princípio da isonomia, a fim de não gerar desequilíbrios concorrenciais e discriminações arbitrárias ou injustificadas. A racionalidade é pressuposto do ordenamento positivo e de sua interpretação, conforme sedimentado na jurisprudência da Corte. 7. Diante de contribuições cuja materialidade é a receita ou o faturamento, a não cumulatividade dessas contribuições deve ser vista como técnica voltada a afastar o 'efeito cascata' na atividade econômica, considerada a receita ou o faturamento auferidos pelo conjunto de contribuintes tributados sequencialmente ao longo do fluxo negocial dos bens ou dos serviços. 8. Os objetivos propalados na exposição de motivos das Leis ns. 10.637/02 e 10.833/03 de harmonização, de neutralidade tributária e de correção dos desequilíbrios na concorrência devem direcionar o legislador no processo gradual de inserção da cobrança não cumulativa para todos os contribuintes de um setor econômico, mediante a graduação das bases de cálculo e das alíquotas (art. 195, § 9º CF), de modo a não acentuar ainda mais as distorções geradas pela cumulatividade. 9. O modelo legal, em sua feição original, abstratamente considerado, embora complexo e confuso, mormente quanto às técnicas de deduções (crédito físico, financeiro e presumido) e aos itens admitidos como créditos, não atenta, a priori, contra o conteúdo mínimo de não cumulatividade que pode ser extraído do art. 195, § 12, da Constituição. 10. O § 9º do art. 195, ao autorizar alíquotas ou bases de cálculo diferenciadas em razão de determinados critérios (atividade econômica, utilização intensiva de mão de obra, porte da empresa ou condição estrutural do mercado de trabalho), não exime o legislador de observar os princípios constitucionais gerais, notadamente a igualdade. 11. A manutenção das pessoas jurídicas que apuram o IRPJ com base no lucro presumido ou arbitrado na sistemática cumulativa (Lei n. 9.718/98) e a inclusão automática daquelas obrigadas a apurar o IRPJ com base no lucro real no regime da não cumulatividade, por si sós, não afrontam a isonomia ou mesmo a capacidade contributiva. 12. A não cumulatividade do PIS/Cofins, por si só, é incapaz de autorizar, a favor do contribuinte, crédito que decorra de gasto com mão de obra paga a pessoa física. Isso porque o valor recebido pela pessoa física em razão de sua mão de obra não é onerado com PIS/Cofins. 13. As Leis ns. 10.637/02 e 10.833/03, com as redações originais, adotaram a sistemática de regular a não cumulatividade como norma geral (art. 1º), incluindo todos os setores da ativi-

dade econômica no novo regime de apuração do PIS/Cofins. Em seguida, nos arts. 8º e 10, respectivamente, as referidas leis trouxeram uma norma especial excludente. 14. Longe de atingir as finalidades almejadas, as sucessivas alterações legislativas acabaram por acentuar as imperfeições e a ausência de racionalidade na seleção das atividades econômicas do setor de prestação de serviços que comporiam a não cumulatividade (norma geral) e a cumulatividade (norma especial excludente), como determina o art. 195, § 12, da Constituição. A sistemática legal, que originariamente foi pensada com o objetivo de eliminar a possibilidade de ocorrência do efeito cascata, na atualidade, se insere muito mais no contexto de mera política de concessão de benefícios fiscais de redução dos montantes mensais a serem recolhidos. 15. No estágio jurídico atual, não há como afirmar, de forma peremptória, que as desonerações de diversas atividades do setor de serviços não se fizeram à custa de um brutal aumento da carga tributária de contribuintes sujeitos aos mesmos encadeamentos econômicos na prestação de serviços. 16. Não é razoável declarar a inconstitucionalidade da legislação por conta das imperfeições sistêmicas e fazer com que tudo retorne para o regime cumulativo. Nem é sensato permitir que o Poder Judiciário diga que todo o setor de prestação de serviço deva, necessariamente, ficar submetido ao regime cumulativo. Também não é correto declarar uma inconstitucionalidade em menor extensão para atingir apenas determinados contribuintes. Afinal, o sistema tributário é traçado para ser universal. 17. Dadas a ausência de elementos que possam corroborar e evidenciar que o legislador, no momento da elaboração da lei, estaria em condições de identificar o estado de inconstitucionalidade e a dificuldade de se precisar o momento exato em que teria se implementado a conversão do estado de inconstitucionalidade em uma situação de invalidade, é de se adotar, para o caso concreto, a técnica de controle de constitucionalidade do 'apelo ao legislador por falta de evidência de ofensa constitucional'. 18. Embora a Lei n. 10.637/02, em seu estágio atual, não satisfaça a justiça e a neutralidade desejadas pelo legislador, a sistemática legal da não cumulatividade tem grande relevância na prevenção dos desequilíbrios da concorrência (art. 146-A, CF) e na modernização do sistema tributário brasileiro, devendo ser mantida, no momento, a validade do art. 8º da Lei n. 10.637/02, bem como do art. 15, V, da Lei n. 10.833/03, devido à falta de evidência de uma conduta censurável do legislador. 19. É necessário advertir o legislador ordinário de que as Leis ns. 10.637/02 e 10.833/04, inicialmente constitucionais, estão em processo de inconstitucionalização, decorrente, em linhas gerais, da ausência de coerência e de critérios racionais e razoáveis das alterações legislativas que se sucederam no tocante à escolha das atividades e das receitas atinentes ao setor de prestação de serviços que se submeteriam ao regime cumulativo da Lei n. 9.718/98 (em contraposição àquelas que se manteriam na não cumulatividade). 20. Negado provimento ao recurso extraordinário. 21. Em relação ao Tema n. 337 da Gestão por Temas da Repercussão Geral do portal do STF na internet, fixa-se a seguinte tese: 'Não obstante as Leis n. 10.637/02 e 10.833/03 estejam em processo de inconstitucionalização, ainda é constitucional o modelo legal de coexistência dos regimes cumulativo e não cumulativo na apuração do PIS/Cofins das empresas prestadoras de serviços'" (STF, RE 607.642, 2020).

– **Tema 707 do STF:** "Revela-se constitucional o artigo 3º, § 3º, incisos I e II, da Lei n. 10.637/2003, no que veda o creditamento da contribuição para o Programa de Integração Social, no regime não cumulativo, em relação às operações com pessoas jurídicas domiciliadas no exterior". Decisão do mérito em 2020.

– "PIS – REGIME NÃO CUMULATIVO – OPERAÇÃO COM PESSOA JURÍDICA DOMICILIADA NO EXTERIOR – CREDITAMENTO – LIMITAÇÃO – LEI Nº 10.637/2003. Revela-se constitucional o artigo 3º, § 3º, incisos I e II, da Lei n. 10.637/2003, no que veda o creditamento da contribuição para o Programa de Integração Social, no regime não cumulativo, em relação a operações com pessoas jurídicas domiciliadas no exterior" (STF, RE 698.531, 2020).

– **Tema 756 do STF:** "I. O legislador ordinário possui autonomia para disciplinar a não cumulatividade a que se refere o art. 195, § 12, da CF/1988, respeitados os demais preceitos constitucionais, como a matriz constitucional das contribuições ao PIS e Cofins e os princípios da razoabilidade, da isonomia, da livre concorrência e da proteção à confiança; II. É infraconstitucional, a ela se aplicando os efeitos da ausência de repercussão geral, a discussão sobre a expressão 'insumo' presente no art. 3º, II, das Leis 10.637/2002 e 10.833/2003 e sobre a compatibilidade, com essas leis, das IN/SRF 247/2002 (considerada a atualização pela IN/SRF 358/2003) e 404/2004; III. É constitucional o § 3º do art. 31 da Lei 10.865/2004". Ainda não publicado, o tema foi analisado no RE 841.979 em novembro de 2022. Eis o resumo constante do *Informativo* 1.077 do STF: "O § 12 do art. 195 da CF/1988 (1) autoriza a coexistência dos regimes cumulativo e não cumulativos da contribuição para os Programas de Integração Social e de Formação do Patrimônio do Servidor Público (PIS/Pasep) e da Contribuição para o Financiamento da Seguridade Social (Cofins), contudo, ao exercer essa opção e ao disciplinar o regime não cumulativo, o legislador deve ser coerente e racional, observando o princípio da isonomia, a fim de não gerar desequilíbrios concorrenciais e discriminações arbitrárias ou injustificadas (2). Nesse contexto, são válidas as disposições previstas nas Leis 10.637/2002 e 10.833/2003 que: (i) estabeleceram como se deve aproveitar o crédito decorrente, dentre outros itens, de ativos produtivos, de edificações e de benfeitorias (art. 3º, § 1º, III); e (ii) impossibilitaram o aproveitamento de créditos quanto ao valor de mão de obra paga a pessoa física e ao da aquisição de bens ou serviços não sujeitos ao pagamento da contribuição ao PIS/Pasep ou da Cofins, inclusive no caso de isenção, esse último quando revendidos ou utilizados como insumo em produtos ou serviços sujeitos à alíquota zero, isentos ou não alcançados pela contribuição (art. 3º, § 2º, I e II). Por outro lado, não se depreende diretamente do texto constitucional o que se deve entender pelo vocábulo 'insumo' para fins da não cumulatividade da contribuição ao PIS e da Cofins, cabendo à legislação infraconstitucional dispor sobre o assunto. A revogação total da possibilidade de crédito, sem a limitação temporal específica estabelecida no *caput* do art. 31 da Lei 10.865/2004, não ofende a irretroatividade tributária ou a proteção da confiança. Já a proibição contida no § 3º desse dispositivo legal vale para todos os contribuintes inseridos no regime não cumulativo das contribuições, respeitou a anterioridade nonagesimal e está dentro do poder de conformação do legislador (3) (4). Ademais, quando do início da produção dos efeitos desse dispositivo, os contribuintes só possuíam direito adquirido a crédito da contribuição ao PIS/Pasep e da Cofins em relação ao valor dos aluguéis ou das contraprestações de arrendamento mercantil concernentes aos meses decorridos até a véspera daquela data. De qualquer forma, inexiste direito adquirido a regime jurídico, inclusive em sede de matéria tributária. Com base nesses entendimentos, o Plenário, por maioria, ao apreciar o Tema 756 da repercussão geral, negou provimento ao recurso extraordinário... Precedentes citados: ADI 3184; RE 354870 AgR; RE 634573 AgR e RE 1043313 (Tema 939 RG)".

– **Apuração de créditos no regime não cumulativo das contribuições sobre a receita.** Quanto à não cumulatividade das contribuições PIS/Pasep e Cofins, importa ter em consideração alguns aspectos: a) a não cumulatividade do PIS e da Cofins surgiu por força de leis ordinárias e a EC n. 42/2003, ao acrescer o § 12 ao art. 195 da Constituição, apenas a refere, sem estabelecer critérios a serem observados; b) a receita é fenômeno que diz respeito a cada contribuinte individualmente considerado, não havendo que se falar propriamente em ciclo ou cadeia econômica; c) a não cumulatividade em tributo sobre a receita é uma ficção que, justamente por ter em conta a receita, induz uma amplitude maior que a da não cumulatividade dos impostos sobre operações com produtos industrializados ou mesmo sobre a circulação de mercadorias. Restará claro da legislação, a par disso, que, diferentemente do que ocorre na não cumulatividade do IPI e do ICMS, no caso do PIS/Pasep e da Cofins, não há creditamento de valores destacados nas operações anteriores, mas apuração de créditos calculados em relação a bens e serviços utilizados como insumos; d) o direito à apuração de créditos foi estabelecido pelas Leis n. 10.637/2002 e n. 10.833/2003, combinando rol de despesas que geram crédito (art. 3º dessas leis) com rol de despesas que não geram crédito.

– Marco Aurélio Greco chama atenção para a necessidade de se interpretar os dispositivos da legislação específica tendo como referência, sempre e necessariamente, a base econômica que é objeto de tributação – a receita –, a racionalidade da sua incidência e a necessária coerência interna do seu regime jurídico: "... como não há – subjacente à noção e receita – um ciclo econômico a ser considerado (posto ser fenômeno ligado a uma única pessoa), os critérios para definir a dedutibilidade de valores devem ser construídos em função da realidade 'receita' como figura atrelada subjetivamente ao contribuinte, isoladamente considerado. [...] enquanto o processo formativo de um produto aponta no sentido de eventos de caráter físico a ele relativos, o processo formativo de uma receita aponta na direção de todos os elementos (físicos ou funcionais) relevantes para sua obtenção. Vale dizer, o universo de elementos captáveis pela não cumulatividade de PIS/COFINS é mais amplo do que aquele, por exemplo, do IPI" (GRECO, Marco Aurélio. Não cumulatividade no PIS e na Cofins. In: PAULSEN, Leandro (coord.). *Não cumulatividade das contribuições PIS/Pasep e Cofins*. IET e IOB/THOMSON, 2004).

– As Leis n. 10.637/2002 (PIS não cumulativa) e n. 10.833/2003 (Cofins não cumulativa) elevaram a alíquota do PIS para 1,65% e da Cofins para 7,6% e definiram suas bases de cálculo como a totalidade da receita bruta das pessoas jurídicas, mas autorizaram o desconto de créditos de PIS calculados em relação a bens adquiridos para revenda, bens e serviços utilizados como insumo, inclusive combustíveis e lubrificantes, aluguéis pagos a pessoa jurídica, despesas financeiras, máquinas e equipamentos adquiridos etc. Não dá direito a crédito o valor da mão de obra paga a pessoa física e o da aquisição de bens ou serviços não sujeitos ao pagamento da contribuição, inclusive no caso de isenção, esse último quando revendidos ou utilizados como insumo em produtos ou serviços sujeitos à alíquota 0 (zero), isentos ou não alcançados pela contribuição. O crédito apropriado não aproveitado em determinado mês pode ser aproveitado nos meses subsequentes, comunicando-se, pois, os períodos. Não há previsão de correção monetária de tais créditos. Esse sistema não cumulativo é aplicado às empresas tributadas pelo imposto de renda com base no lucro real, mas não alcança determinados setores de atividade econômica, nos termos do art. 8º da Lei n. 10.637/2002 e do art. 10 da Lei n. 10.833/2003.

– "... não obstante tenha o legislador adotado claramente o método subtrativo – vez que admitiu a redução do valor devido de PIS/Cofins mediante a dedução de créditos das mesmas contribuições –, a metodologia de determinação dos créditos não se constitui em base contra base (subtração direta), nem tampouco em imposto contra imposto (subtração indireta), inaugurando uma sistemática totalmente inédita de não cumulatividade, mediante a subtração de créditos cuja determinação não se relaciona a ajustes de base de cálculo ou a desconto do tributo devido na operação precedente. [...] advém de lei ordinária, apesar de atualmente encontrar guarida na Constituição Federal" (MARTINS, Ives Gandra da Silva; CASTAGNA, Ricardo; MARTINS, Rogério Gandra da Silva. Direito a escrituração de créditos do PIS e da Cofins em relação às despesas com *marketing* e publicidade e com taxa de emissão de boletos de administradoras de cartões de crédito. *RDDT* 208/75, 2013).

• Vide: CALCINI, Fábio Pallaretti. PIS. Cofins. Não cumulatividade, créditos e os impactos no setor do comércio. *RDDT* 234/25, 2015.

– **Modos de resolver o problema quanto à apuração de créditos: reconhecimento do caráter exemplificativo das despesas geradoras de crédito ou extensão do conceito de insumo.** A validade do sistema não cumulativo das contribuições PIS e Cofins depende da autorização da apuração de créditos quanto ao conjunto das despesas que, oneradas pelas contribuições, sejam efetuadas pela pessoa jurídica, independentemente de se enquadrarem em tal ou qual inciso do art. 3º da Lei n. 10.637/2002 e do art. 3º da Lei n. 10.833/2003, de modo que sejam compensados com os valores devidos a título das mesmas contribuições quando cobradas sobre o conjunto das receitas da mesma pessoa jurídica. Temos duas alternativas para a resolução dessa questão sem a necessidade de declaração de inconstitucionalidade material das leis instituidoras. A primeira alternativa está em reconhecer caráter exemplificativo ao rol autorizador de créditos do PIS e da Cofins, de modo que outras despesas nele não previstas expressamente também ensejem a apropriação de créditos, com o que se estará emprestando razoabilidade ao regime e preservando a validade do diploma legal. Outra possibilidade, mais co-

mum nos trabalhos doutrinários, está na adequação do conceito de insumo previsto no art. 3º, II, das Leis n. 10.637/2002 e n. 10.833/2003 às características das contribuições sobre a receita, de modo que alcance todos os gastos que são efetuados para realização da atividade da pessoa jurídica. Já a vedação expressa do direito à apuração de créditos relativamente aos gastos com mão de obra junto a pessoas físicas não nos parece irrazoável, porquanto as pessoas físicas não estão mesmo sujeitas ao PIS e à Cofins quanto aos seus rendimentos, de modo não há que se assegurar crédito para compensar ônus inexistente das despesas a tal título.

– **Caráter exemplificativo das hipóteses legais de apuração.** A metodologia para o PIS e para a Cofins, por certo, apresenta nuances distintas daquela adotada para o IPI e o ICMS. Os créditos assegurados ao contribuinte no IPI e no ICMS são correspondentes ao montante da exação incidente na aquisição matéria-prima, produto intermediário ou material de embalagem, ou de mercadorias a serem revendidas. E são devidamente deduzidos dos débitos fiscais decorrentes da saída dos produtos industrializados ou das mercadorias. As contribuições PIS e Cofins, diferentemente, valem-se de um método próprio, em que o contribuinte deduz das contribuições devidas créditos por ele próprio apurados relativamente a despesas incorridas (art. 3º das Leis n. 10.637/2002 e n. 10.833/2003). As contribuições PIS e Cofins não incidem sobre operações; incidem sobre a receita, que é apurada mês a mês. Não há destaque e transferência jurídica a cada operação. A solução legislativa adotada para consagrar a não cumulatividade é o estabelecimento da apuração de uma série de créditos pelo próprio contribuinte para dedução do valor a ser recolhido a título de PIS e de Cofins. Mas o legislador não é livre para definir o conteúdo da não cumulatividade. Seja com suporte direto na lei ordinária (não havia vedação a isso) ou no texto constitucional (passou a haver autorização expressa), certo é que a instituição de um sistema de não cumulatividade deve guardar atenção a parâmetros mínimos de caráter conceitual. A não cumulatividade pressupõe uma realidade de cumulação sobre a qual se aplica sistemática voltada a afastar a sobreposição tributária. Lembre-se de que, fortes na não cumulatividade, as alíquotas das contribuições foram mais do que dobradas (de 0,65% para 1,65%, de 3% para 7,6%), de modo que os mecanismos compensatórios têm de ser efetivos. Ainda que não haja uma sistemática constitucionalmente definida para o cálculo dos créditos de PIS e COFINS (para o IPI e para o ICMS há definição constitucional), certo é que temos de extrair um conteúdo mínimo do que se possa entender por não cumulatividade. Do contrário, a não cumulatividade acobertaria simples aumento de alíquotas, além do que o conteúdo da previsão constitucional ficaria ao alvedrio do legislador ordinário, o que subverte a hierarquia das normas. Pois bem, para que se possa falar em não cumulatividade, temos de pressupor mais de uma incidência. Apenas quando tivermos múltiplas incidências é que se justifica a técnica destinada a evitar que elas se sobreponham pura e simplesmente, onerando em cascata as atividades econômicas. Efetivamente, só se pode assegurar a apuração de créditos relativamente a despesas que, configurando receitas de outras empresas, tenham implicado pagamento de PIS e de COFINS anteriormente. E só podem apurar créditos aqueles que estão sujeitos ao pagamento das contribuições PIS e COFINS não cumulativas. De outro lado, contudo, tratando-se de tributo direto que incide sobre a totalidade das receitas auferidas pela empresa, configurem ou não faturamento, ou seja, digam ou não respeito à atividade que constitui seu objeto social, impõe-se que se permita a apuração de créditos relativamente a todas as despesas realizadas junto a pessoas jurídicas sujeitas à contribuição, necessárias à obtenção da receita. É que, em matéria de PIS e de COFINS sobre a receita, com suporte na ampliação da base econômica ditada pela EC n. 20/98, não se pode trabalhar limitado à ideia de crédito físico. O legislador, nos arts. 3º da Lei n. 10.637/2002 e 3º da Lei n. 10.833/2003, bem como na sua regulamentação por atos infralegais, foi por demais casuístico, trabalhando desnecessariamente com um conceito de insumo sob a perspectiva física de utilização ou consumo na produção ou integração ao produto final. Assim, embora tenha admitido créditos relativamente ao consumo de energia elétrica, aluguéis de prédios, máquinas e equipamentos utilizados nas suas atividades etc., não alcançou a universalidade dos dispêndios que implicaram pagamento de PIS e Cofins por empresas que antecederam a contribuinte na cadeia produtiva. É preciso, portanto, buscar interpretação que impeça o estabelecimento de critério restritivo para apuração de créditos e extensivo para a apuração da base de cálculo das contribuições, que incidem sobre o total das receitas auferidas pela pessoa jurídica. A coerência de um sistema de não cumulatividade de tributo direto sobre a receita exige que se considere o universo de receitas e o universo de despesas necessárias para obtê-las, considerados à luz da finalidade de evitar sobreposição das contribuições e, portanto, de eventuais ônus que a tal título já tenham sido suportados pelas empresas com quem se contratou. O crédito, em matéria de PIS e COFINS, não é um crédito meramente físico, que pressuponha, como no IPI, a integração do insumo ao produto final ou seu uso ou exaurimento no processo produtivo. A perspectiva é mais ampla e disso depende a razoabilidade do sistema instituído e, após a EC n. 42/2003, o próprio respeito ao critério constitucional. Tenho que a solução está em atribuir ao rol de dispêndios ensejadores de créditos constante dos arts. 3º da Lei n. 10.637/2002 e 3º da Lei n. 10.833/2003 e da respectiva regulamentação (e.g., IN n. 404/2004) caráter meramente exemplificativo. Restritivas são as vedações expressamente estabelecidas por lei. O art. 111 do CTN é inaplicável ao caso, porquanto não se trata, aqui, de suspensão ou exclusão do crédito tributário, outorga de isenção ou dispensa do cumprimento de obrigações tributárias acessórias. Trata-se de decorrência do próprio sistema de não cumulatividade instituído por lei e previsto constitucionalmente. Não se trata de estender qualquer previsão legal, mas de reconhecer o caráter casuístico e exemplificativo do rol estampado em lei.

– "... devido à circunstância de o regime não cumulativo do PIS e da Cofins ser mais amplo do que aquele relacionado ao IPI e ao ICM/ICMS, as hipóteses de crédito contidas nos incisos do art. 3º das Leis Federais ns. 10.637/02 e 10.833/03 devem ser tratadas como meramente exemplificativas e não taxativas. Até porque, como visto, diferentemente do que ocorre com o ISS, inexiste na Carta de 1988 dispositivo normativo que diga que para

as contribuições sociais não cumulativas compete ao legislador ordinário listar denotativamente os tipos de créditos apropriáveis pelos contribuintes. [...] os atributos inferidos do *caput* do art. 3º destas leis e dos respectivos parágrafos 2º, 3º, 7º e 13 indicam que a apropriação de crédito do PIS e da Cofins deve pautar-se minimamente pelos seguintes critérios: i) o critério que exige a ocorrência da incidência positiva da contribuição na aquisição de bens e serviços; ii) o critério que exige que esta aquisição se faça de pessoa jurídica estabelecida no Brasil; iii) o critério que exige a não ocorrência de produto furtado, roubado, inutilizado, deteriorado ou destruído" (LUNARDELLI, Pedro Guilherme Accorsi. Não cumulatividade do PIS e da Cofins. Apropriação de créditos. Definição de critérios jurídicos. *RDDT* 180/114, 2010).

– "... em se tratando de tributo direto que incide sobre a totalidade das receitas auferidas pela empresa, independentemente de sua classificação contábil – portanto, afetas ou não à atividade empresarial –, os créditos devem ser apurados relativamente a todas as despesas realizadas junto a pessoas jurídicas sujeitas à contribuição, necessárias à obtenção da receita" (MARTINS, Ives Gandra da Silva; CASTAGNA, Ricardo; MARTINS, Rogério Gandra da Silva. Direito a escrituração de créditos do PIS e da Cofins em relação às despesas com *marketing* e publicidade e com taxa de emissão de boletos de administradoras de cartões de crédito. *RDDT* 208/75, 2013). Obs.: ao analisar o direito à apropriação de créditos relativamente a despesas com *marketing*, os autores destacam que, além de constituírem insumo porquanto necessárias à operação da empresa, "não estão *expressamente vedados* pelo legislação de regência destas contribuições".

– "... não obstante o rol do art. 3º seja taxativo, isto não impede uma interpretação extensiva de seus termos..." (SILVA, Fabiana Carsoni Alves Fernandes da. Os créditos da contribuição ao PIS e da Cofins e os dispêndios relativos à obtenção, renovação e manutenção de licença ambiental. *RDDT* 212/42, 2013).

– **Conceito de insumo adequado às contribuições sobre a receita. Lei n. 10.833/2003:** "Art. 3º Do valor apurado na forma do art. 2º a pessoa jurídica poderá descontar créditos calculados em relação a: [...] II – bens e serviços, utilizados como insumo na prestação de serviços e na produção ou fabricação de bens ou produtos destinados à venda, inclusive combustíveis e lubrificantes, exceto em relação ao pagamento de que trata o art. 2º da Lei n. 10.485, de 3 de julho de 2002, devido pelo fabricante ou importador, ao concessionário, pela intermediação ou entrega dos veículos classificados nas posições 87.03 e 87.04 da TIPI" (Redação atual, atribuída pela Lei n. 10.865/2004). Eis as redações revogadas, a atribuída pela Lei n. 10.684/2003 e a original: "II – bens e serviços utilizados como insumo na fabricação de produtos destinados à venda ou na prestação de serviços, inclusive combustíveis e lubrificantes"; "II – bens e serviços utilizados como insumo na fabricação de produtos destinados à venda ou à prestação de serviços, inclusive combustíveis e lubrificantes".

• Vide: MEDEIROS, Anete Mair Maciel. A elasticidade do conceito de insumo para fins de apuração dos créditos não cumulativos do PIS e da Cofins. *RDDT* 235/39, 2015.

– **Temas 779 e 780 do STJ:** "(a) é ilegal a disciplina de creditamento prevista nas Instruções Normativas da SRF ns. 247/2002 e 404/2004, porquanto compromete a eficácia do sistema de não cumulatividade da contribuição ao PIS e da COFINS, tal como definido nas Leis 10.637/2002 e 10.833/2003"; e "(b) o conceito de insumo deve ser aferido à luz dos critérios de essencialidade ou relevância, ou seja, considerando-se a imprescindibilidade ou a importância de determinado item – bem ou serviço – para o desenvolvimento da atividade econômica desempenhada pelo Contribuinte". Decisão de mérito em 2018.

– "PIS E COFINS. CONTRIBUIÇÕES SOCIAIS. NÃO CUMULATIVIDADE. CREDITAMENTO. CONCEITO DE INSUMOS. DEFINIÇÃO ADMINISTRATIVA PELAS INSTRUÇÕES NORMATIVAS 247/2002 E 404/2004, DA SRF, QUE TRADUZ PROPÓSITO RESTRITIVO E DESVIRTUADOR DO SEU ALCANCE LEGAL. DESCABIMENTO. DEFINIÇÃO DO CONCEITO DE INSUMOS À LUZ DOS CRITÉRIOS DA ESSENCIALIDADE OU RELEVÂNCIA. RECURSO ESPECIAL DA CONTRIBUINTE PARCIALMENTE CONHECIDO, E, NESTA EXTENSÃO, PARCIALMENTE PROVIDO, SOB O RITO DO ART. 543-C DO CPC/1973 (ARTS. 1.036 E SEGUINTES DO CPC/2015). 1. Para efeito do creditamento relativo às contribuições denominadas PIS e COFINS, a definição restritiva da compreensão de insumo, proposta na IN 247/2002 e na IN 404/2004, ambas da SRF, efetivamente desrespeita o comando contido no art. 3º, II, da Lei 10.637/2002 e da Lei 10.833/2003, que contém rol exemplificativo. 2. O conceito de insumo deve ser aferido à luz dos critérios da essencialidade ou relevância, vale dizer, considerando-se a imprescindibilidade ou a importância de determinado item – bem ou serviço – para o desenvolvimento da atividade econômica desempenhada pelo contribuinte. 3. Recurso Especial representativo da controvérsia parcialmente conhecido e, nesta extensão, parcialmente provido, para determinar o retorno dos autos à instância de origem, a fim de que se aprecie, em cotejo com o objeto social da empresa, a possibilidade de dedução dos créditos relativos a custo e despesas com: água, combustíveis e lubrificantes, materiais e exames laboratoriais, materiais de limpeza e equipamentos de proteção individual-EPI. 4. Sob o rito do art. 543-C do CPC/1973 (arts. 1.036 e seguintes do CPC/2015), assentam-se as seguintes teses: (a) é ilegal a disciplina de creditamento prevista nas Instruções Normativas da SRF ns. 247/2002 e 404/2004, porquanto compromete a eficácia do sistema de não-cumulatividade da contribuição ao PIS e da COFINS, tal como definido nas Leis 10.637/2002 e 10.833/2003; e (b) o conceito de insumo deve ser aferido à luz dos critérios de essencialidade ou relevância, ou seja, considerando-se a imprescindibilidade ou a importância de terminado item – bem ou serviço – para o desenvolvimento da atividade econômica desempenhada pelo Contribuinte" (STJ, REsp 1.221.170, 2018).

– "PIS E COFINS. CREDITAMENTO. LEIS N. 10.637/2002 E 10.833/2003. NÃO CUMULATIVIDADE. ART. 195, § 12, DA CF. MATÉRIA EMINENTEMENTE CONSTITUCIONAL. INSTRUÇÕES NORMATIVAS SRF 247/02 e SRF 404/04. EXPLICITAÇÃO DO CONCEITO DE INSUMO. BENS E SERVIÇOS EMPREGADOS OU UTILIZADOS DIRETAMENTE NO PROCESSO PRODUTIVO. BENEFÍCIO FISCAL. INTERPRETAÇÃO EXTENSIVA. IMPOSSIBILIDADE. ART. 111 CTN. 1. A análise do alcance do conceito de não cumulatividade, previsto no art. 195, § 12, da CF, é vedada neste Tribunal Superior, por se tratar de matéria eminentemente constitucional, sob pena de usurpação da competência do Supremo Tribunal Federal. 2. As Instruções Normativas SRF 247/02 e SRF 404/04 não restringem, mas apenas explicitam o conceito de insumo previsto nas Leis 10.637/02 e 10.833/03. 3. Possibilidade de creditamento de PIS e COFINS apenas em relação aos bens e serviços empregados ou utilizados diretamente sobre o produto em fabricação. 4. Interpretação extensiva que não se admite nos casos de concessão de benefício fiscal (art. 111 do CTN)" (STJ, REsp 1.020.991, 2013).

– Decidiu o STJ que geram direito a crédito as "despesas e custos inerentes à aquisição de combustíveis, lubrificantes e peças de reposição utilizados em veículos próprios dos quais faz uso a empresa para entregar as mercadorias que comercializa" (STJ, REsp 1.235.979, 2014). Assim, também, os "materiais de limpeza/desinfecção e os serviços de dedetização usados no âmbito produtivo de contribuinte fabricante de gêneros alimentícios" (STJ, REsp 1.246.317, 2015).

– **Essencial ou relevante é tudo o que não é irrelevante, tudo o que diz respeito à atividade da empresa, meio e fim, desde que não haja desvio do seu objeto social.** "2. Mérito. Tema 779 do STJ. PIS e COFINS. Créditos decorrentes de insumos. A coerência do sistema de não cumulatividade das contribuições sobre a receita (art. 195, § 12, da CRFB) exige que se tenha em conta o universo de receitas e o universo de despesas necessárias para obtê-las, considerados à luz da finalidade de se evitar a sobreposição das contribuições devidas sobre a receita com aquelas suportadas indiretamente nas despesas, que são receitas de outras pessoas jurídicas também sujeitas às contribuições em questão. O crédito, em matéria de PIS e COFINS, não é meramente físico, não pressupõe, como no IPI, a integração de matéria-prima, produto intermediário ou material de embalagem ao produto final ou seu uso ou exaurimento no processo produtivo. Alcança, isso sim, as diversas despesas incorridas para o desenvolvimento da atividade econômica da empresa, extrapolando o produto ou o serviço em si. O sistema não cumulativo das contribuições sobre a receita (PIS e COFINS) é disciplinado pelas Leis 10.637/2002 e 10.833/2003, que estabelecem rol de despesas geradoras de crédito com referência, inclusive, a energia, aluguéis, arrendamento mercantil, edificações, armazenagem, frete, fardamento, uniforme, entre outros. O STJ entendeu que o rol do art. 3º de cada uma dessas leis, embora não deva ser considerado meramente exemplificativo, contém uma cláusula de abertura em seu inciso II, ao permitir o cálculo de créditos sobre os insumos, assim considerados sob a perspectiva da atividade da empresa. Ao analisar o Tema 779, na sistemática de recursos repetitivos, assentou que 'O conceito de insumo deve ser aferido à luz dos critérios de essencialidade ou relevância, ou seja, considerando-se a imprescindibilidade ou a importância de determinado item – bem ou serviço – para o desenvolvimento da atividade econômica desempenhada pelo Contribuinte', afirmando, ainda, que violam a lei os atos normativos que comprometam a eficácia do sistema de não cumulatividade (IN ns. 247/2002 e 404/2004). Note-se que o STJ, ao definir insumo para os fins de cálculo de créditos das contribuições PIS e COFINS, foca naquilo que é essencial ou relevante 'para o desenvolvimento da atividade econômica' do contribuinte. Há coerência e precisão nesse entendimento, porquanto é a atividade econômica do contribuinte que gera a sua receita. Insumo essencial é aquele sem o qual a atividade econômica não ocorreria. Mas não se limita a isso a noção de insumo no âmbito da tributação da receita. Também os insumos relevantes ensejam a tomada de crédito; e relevante é o que importa, o que contribui para que a empresa possa operar, realizar o seu objeto social e, com isso, gerar receita. Em outras palavras, insumos essenciais ou relevantes para a atividade da empresa são aqueles bens ou serviços, assim entendidas também as utilidades, sem os quais a atividade econômica ou não poderia ocorrer em absoluto (essenciais) ou não se daria do modo como ocorre, na dimensão, qualidade, agilidade, valor agregado ou visibilidade consideradas, pelo empresário, como próprias do seu modelo de negócio (relevantes). Admitindo, o STJ, a tomada de créditos relativos a insumos essenciais ou relevantes, disso decorre que apenas as despesas irrelevantes, ou seja, aquelas das quais se poderia prescindir sem prejuízo à atividade econômica da empresa, é que não ensejam o cálculo de créditos, na medida em que, ao dela se desviarem, em verdade, sequer podem ser consideradas insumos dessa atividade. As despesas com insumos inerentes à realização da atividade econômica, quando já oneradas pelas contribuições PIS e COFINS suportadas pelos fornecedores, devem ensejar a apropriação de créditos compensáveis com as contribuições devidas sobre a receita, sob pena de cumulatividade. No caso dos autos, a contribuinte pretende o creditamento, a título de PIS e de COFINS, sobre gastos com as operações de compra de insumos ou prestação de serviços essenciais ou relevantes à produção, notadamente com equipamentos de segurança e uniformes, seguros, despesas gerais com manutenção, alimentação, limpeza e higiene pessoal, despesas de vendas, despesas com publicidade. Com efeito, as despesas indicadas pela impetrante podem ser classificadas como essenciais e relevantes, tendo em vista seu objeto social, relacionado à fabricação de móveis, estando de acordo, portanto, com a atividade empresarial desenvolvida pela pessoa jurídica. Nessa linha, os custos em análise, por impactarem a atividade empresarial desempenhada pela postulante, agregando facilidades, qualidade, visibilidade e, via de consequência, valor aos bens e serviços produzidos, se amoldam ao conceito de insumo para fins de creditamento" (TRF4, voto na AC/REO 5008442-34.2018.4.04.7001, 2022).

– Marco Aurélio Greco ressalta que o inciso II do art. 3º, ao se referir genericamente a bens e serviços utilizados como insumos, permite o cálculo de crédito relativamente a tudo o que diga respeito à receita da empresa numa perspectiva dinâmica: "Em suma, o inciso II do artigo 3º das Leis em exame consagra o direito à dedução de todos os dispêndios ligados a bens e serviços cujo grau de inerência em relação aos fatores de produção diga respeito: 'a) à sua existência para o contribuinte; b) ao seu fazer funcionar; c) ao seu continuar existindo e funcionando com as qualidades originais; e d) ao ter uma existência e um fun-

cionamento com melhores qualidades, pois, ao passar a ter novas qualidades, o bem ou serviço passa a ser – em certa medida – 'novo' perante o contribuinte'. A aplicação do critério acima exposto conduz à conclusão de que um conjunto determinável de dispêndios está abrangido pelo dispositivo. Assim, por exemplo, todos aqueles ligados a bens e serviços que se apresentem como necessários para o funcionamento do fator de produção, cuja aquisição ou consumo configura *conditio sine qua non* da própria existência e/ou funcionamento estão abrangidos. Também estão abrangidos os bens e serviços ligados à ideia de continuidade ou manutenção do fator de produção, bem como os ligados à sua melhoria. Ficam de fora da previsão legal os dispêndios que se apresentem num grau de inerência que configure mera conveniência da pessoa jurídica contribuinte (sem alcançar perante o fator de produção o nível de uma utilidade ou necessidade) ou, ainda, que ligados a um fator de produção, não interfiram com o seu funcionamento, continuidade, manutenção e melhoria" (GRECO, Marco Aurélio. Não cumulatividade no PIS e na Cofins. In: PAULSEN, Leandro (coord.). *Não cumulatividade das contribuições PIS/Pasep e Cofins*. IET e IOB/THOMSON, 2004).

– "Considerando que insumo, do ponto de vista léxico e econômico, configura aquilo que integra um produto ou serviço produzido, e tendo em vista que essa acepção é coerente com a divisão dos itens geradores de crédito, listados nos incisos dos arts. 3º das Leis ns. 10.637/2002 e 10.833/2003, pode-se concluir que insumo é todo o gasto que possua vinculação com a produção, ainda que de forma indireta. [...] O critério da essencialidade, embora seja um caminho para tal aferição, nem sempre se mostra adequado, porque pode ocorrer de um gasto ser essencial, mas não ser vinculado à produção. E, por fim, não pode a essencialidade ser aferida a partir de critérios subjetivos, pois é competência do gestor da empresa definir se um determinado gasto deve ou não ser incorrido, não cabendo a qualquer terceiro ingerir na administração do negócio para aferir se um gasto é ou não essencial, isto é, se agrega ou não valor ou utilidade ao produto. A relação de pertinência com a produção, necessária à caracterização de um gasto como insumo, deve ser aferida de forma objetiva..." (FAJERSZTAJN, Bruno. PIS e Cofins. Uma proposta objetiva para a definição do conceito de insumo. *RDDT* 230/18, 2014).

– "No âmbito da legislação concernente às contribuições em referência o conceito de insumo é bem mais amplo, exatamente porque o fato gerador dessas contribuições é mais amplo do que o do IPI e até do que o do ICMS. Por isto mesmo, não podia a administração Tributária adotar em ato normativo infralegal um conceito restrito de insumo... Como as contribuições PIS/PASEP e Cofins incidem sobre a receita bruta, tudo o que seja necessário para o auferimento desta deve ser considerado insumo. E tal como acontece com as despesas no contexto da legislação do imposto de renda das pessoas jurídicas tributadas com base no lucro real, o ser necessário deve ser entendido como ser efetivo, ter realmente ocorrido" (MACHADO, Hugo de Brito. Do conceito de insumo no contexto da não cumulatividade dos tributos. *RDDT* 227/66, 2014).

– "... em regra, a fiscalização federal tem adotado o conceito restritivo de insumos para validar os créditos das contribuições, seguindo as disposições contidas em seus atos normativos. Entretanto, insumos, para fins de créditos das contribuições, não podem ser definidos como as matérias-primas, os produtos intermediários, materiais de embalagem e quaisquer outros bens que sofram alterações, conceito esse transportado da legislação do IPI. O conceito de insumos disposto na legislação do IPI se encontra intimamente ligado a materialidade deste tributo, que é a industrialização de produtos. Já a materialidade das contribuições ao PIS/Pasep e à Cofins é totalmente diversa do mencionado imposto, incidindo sobre toda a receita bruta auferida pela pessoa jurídica, não havendo embasamento para justificar a adoção analógica do conceito restritivo contido na legislação do IPI" (WILD, Rafaela Sabino Caliman. Do conceito de "insumos" para fins de crédito das contribuições para o PIS e a Cofins não cumulativas. *RDDT* 208/104, 2013).

– "O regime... deve viabilizar o impedimento ou, ao menos, a atenuação da tributação cumulativa, de modo que as despesas, os custos e os insumos incorridos na produção de receitas (e não de produtos) possam gerar créditos dessas contribuições. A interpretação do termo 'insumo' empregado nas Leis n. 10.637/2002 e 10.833/2003 pelos órgãos julgadores e pela receita Federal derivava da interpretação da não cumulatividade do IPI, e até do IR, restando distorcida a aplicação das leis retromencionadas, porquanto a natureza jurídica daqueles impostos é deveras distinta da natureza das contribuições. E mais, a materialidade do PIS e da Cofins é aferição de receitas, a qual ocorre a partir de uma séria de atos e negócios jurídicos praticados pelo contribuinte, os quais se manifestam por operações complexas e até mesmo circulares, ou seja, de maneira demasiadamente distinta dos ciclos que lastreiam as materialidades do IPI ou do IR. [...] as despesas, custos e insumos necessários e utilizados para a produção da receita devem gerar créditos das contribuições por ser esta, e somente esta, a interpretação plausível dos comandos legais que listam os créditos a serem apurados pelos contribuintes do PIS e da Cofins não cumulativos" (PARISI, Fernanda Drummond. Reflexões sobre créditos de PIS e Cofins calculados sobre fretes de vendas na sistemática não cumulativa. *RDDT* 215/99, 2013).

– "... somente dispêndios que configuram mera conveniência do contribuinte ou não interfiram de alguma forma no processo produtivo com a finalidade de contribuir na obtenção de receita, não serão considerados insumos. Os demais devem ser considerados insumos para a obtenção de crédito, possuindo noção abrangente. [...] a expressão insumo deve estar vinculada as dispêndios realizados pelo contribuinte que, de forma direta ou indireta, contribua para o pleno exercício de sua atividade econômica (indústria, comércio ou serviços) visando à obtenção de receita. Portanto, não se restringe a alguns itens vinculados tão somente ao desgaste físico para fins de produção, mas também aqueles fatores econômicos onerados pelas contribuições e que contribuam – direta ou indiretamente – para a obtenção de receita (insumo sob critério funcional, físico e econômico). Ora, a própria legislação demonstra o caráter abrangente do conceito de insumo ao dispor que haverá crédito de bens ou serviços utilizados como insumo na prestação de serviços, 'inclusive combustíveis e lubrificantes'. Equivale dizer, o legislador apresentou um critério não restritivo para os insumos, já que se utiliza de expressão inclusiva de um insumo específico que são os combustíveis e lubrificantes, concedendo o crédito até mesmo par ao prestador de serviços (em atividade em que não há aplicação direta e desgaste), pois, inexiste qualquer exceção neste dispositivo" (CALCINI, Fábio Pallaretti. PIS e Cofins. Algumas ponderações acerca da não cumulatividade. *RDDT* 176/41, 2010).

– **Despesas com administradoras de cartões de crédito e débito e emissão de boletos, marketing e publicidade, sítios na internet, aluguéis, equipamentos de proteção individual etc.** As discussões pontuais sobre o direito à apuração de crédito de PIS e COFINS nem deveriam existir. O empresário opera para a realização do seu objeto. O que é feito nesse sentido é ao menos relevante e gerará direito à apuração de crédito desde que a despesa tenha sido onerada por essa contribuição, forte na própria ideia de que o crédito se presta a evitar a sobreposição do tributo. Não cabe ao Judiciário analisar cada item para verificar se é mesmo indispensável ou útil, se a atividade poderia ou não ocorrer de outro modo. Importa a atividade tal qual prestada. Assim é que temos votado no sentido de admitir créditos sobre a despesas com administradoras de cartões de crédito e débito e emissão de boletos, marketing e publicidade, sítios na internet, aluguéis, equipamentos de proteção individual e muitas outras. Não geram direito a crédito, de outro lado, aquelas não oneradas pelo PIS e pela COFINS, como as despesas com tributos, com folha de salários (vedada expresssamente pela lei), com serviços prestados por autônomos etc.

– "... tanto a taxa para a emissão de boletos quanto as despesas com administradoras de cartões de crédito encerram meios de pagamento mais eficientes, modernos e largamente utilizados pelas redes de comércio e serviços que não apenas permitem maior comodidade aos clientes, mas também interferem na própria competitividade do estabelecimento comercial e, em última análise, na sua maior capacidade de produção de receitas e de desempenho de sua atividade empresarial. [...] a falta desta opção de meio de pagamento – sobretudo em lojas de comércio e prestação massificada de serviços – seria fatal para sua competitividade, desempenho e própria continuidade" (MARTINS, Ives Gandra da Silva; CASTAGNA, Ricardo; MARTINS, Rogério Gandra da Silva. Direito a escrituração de créditos do PIS e da Cofins em relação às despesas com marketing e publicidade e com taxa de emissão de boletos de administradoras de cartões de crédito. *RDDT* 208/75, 2013).

• Vide: BECKER, Valmir Luiz. Direito à apropriação de créditos das contribuições PIS/Cofins não cumulativas sobre as despesas com taxas de administração pagas às administradoras de cartões de crédito. *RDDT* 232/163, 2015.

– "O *marketing* congrega todos os esforços estratégicos e de comunicação, assumindo papel de vital importância para a própria sobrevivência de inúmeras atividades econômicas. Sem dúvida, as despesas com propaganda e marketing se mostram necessárias para a realização das transações ou operações exigidas em variados segmentos empresariais inseridos numa economia de mercado. Mostram-se tais despesas, assim, totalmente usuais ou normais, razão pela qual, sob nosso entendimento, desde que se mostrem essenciais à manutenção da fonte produtora, enquadram-se no conceito de insumo definido no artigo 3º das Leis ns. 10.637/2002 e 10.833/2003 para fins de apropriação de créditos do PIS e da Cofins no regime da não cumulatividade" (MARTINS, Ives Gandra da Silva; CASTAGNA, Ricardo; MARTINS, Rogério Gandra da Silva. Direito a escrituração de créditos do PIS e da Cofins em relação às despesas com marketing e publicidade e com taxa de emissão de boletos de administradoras de cartões de crédito. *RDDT* 208/75, 2013).

– "... o 'aluguel' a que aludem as Leis n. 10.637/2002 e 10.833/2003 deve ser compreendido como o somatório de todos os itens que compõem a remuneração do locador e que são pagos pelo locatário em função do vínculo contratual-locatício. [...] considero que os valores desembolsados pela empresa locatária a título, por exemplo, de IPTU e taxas de condomínio integram a base dos créditos de PIS/Cofins a serem calculados em relação às despesas com aluguel. Na verdade, sempre que o locatário assumir no contexto dos ajustes de locação de prédios, máquinas ou equipamentos outras obrigações inicialmente a cargo do locador, haverá a percepção de receita por este último – receita de aluguel, posto decorrer de um ajuste locatício. e, em contrapartida a esta percepção de receita de aluguel pelo locador, fará o locatário jus à apuração dos correspondentes créditos de PIS/Cofins" (MARQUES, Thiago de Mattos. Apuração de créditos de PIS/Cofins sobre aluguel de prédios, máquinas e equipamentos. *DDT* 202/134-144, 2012).

– "PIS E COFINS. EMPRESAS DE PRESTAÇÃO DE SERVIÇOS DE MÃO DE OBRA. DESPESAS COM VALE--TRANSPORTE, VALE-ALIMENTAÇÃO E FARDAMENTO. DESPESAS QUE SÓ FORAM EQUIPARADAS A INSUMO A PARTIR DA EDIÇÃO DA LEI 11.898/2009. IMPOSSIBILIDADE DE CREDITAMENTO ANTES DA EDIÇÃO DA REFERIDA NORMA... 2. Muito embora entenda que o conceito de insumo deve ser alargado para abranger tanto os elementos diretos como indiretos de uma produção, a meu ver, as despesas com vale-transporte, vale-refeição e fardamento não possuem a natureza de insumo, nem em seu conceito mais amplo, pois não são elementos essenciais da produção, razão pela qual entendo que o inciso II do art. 3º das Leis 10.637/02 e 10.833/03, por si só, não autorizava o creditamento pretendido pelo contribuinte. 3. Assim, apenas a partir da edição da Lei 11.898/09, que incluiu o inciso X no art. 3º das Leis 10.637/02 e 10.833/03 equiparando as despesas com vale-transporte, vale--refeição e fardamento a insumo, possibilitou-se o creditamento na forma postulada pelo ora recorrente. 4. Não possuindo as referidas despesas natureza de insumo e não havendo expressa autorização legal ao creditamento para o período postulado pelo recorrente, não merece reparos o acórdão objurgado" (STJ, AgRg no REsp 1.230.441, 2013).

– "... insumo é (i) todo bem ou serviço essencial e necessário à realização/produção de outro bem ou serviço, (ii) definido como tal a partir da integração deste bem ou serviço como fator de produção empregado, direta ou indiretamente, em determinado processo produtivo, e (iii) que a ele esteja associado de maneira que, uma vez suprimido, dificulte ou até mesmo torne inviável o regular exercício do objeto econômico escolhido pela pessoa jurídica. [...] é conceito relacional, na medida em que

pode variar de empresa para empresa de acordo com a atividade exercida. Sua natureza repousa na percepção como elemento diretamente responsável pela produção de bens ou produtos destinados à venda, ainda que não entre em contato direto com os bens produzidos, atendidas as demais exigências legais. [...] 'Equipamento de Proteção Individual – EPI' pode ser considerado todo e qualquer dispositivo ou produto, de uso individual, utilizado pelo trabalhador, destinado à proteção de riscos suscetíveis de ameaçar a segurança e a saúde no desenvolvimento de suas atividades profissionais. O empregador está obrigado a fornecer aos seus empregados, a título gratuito, todos os EPIs necessários e adequados aos riscos aos quais a sua atividade os deixe expostos. Esta é a melhor dicção do art. 166 da CLT [...] além de ser obrigatório o fornecimento dos EPIs, o empregador também está obrigado a observar os prazos de validade para regular a periódica troca dos equipamentos, garantir que os equipamentos que fornece possuam o respectivo Certificado de Aprovação – CA e, não menos importante, fiscalizar o uso por parte dos trabalhadores, dentre outros deveres. [...] os gastos com EPIs, mesmo em relação àqueles que não estão previstos em normas técnicas regulatórias de observância obrigatória, geram direito a crédito das contribuições sempre que provada a relação e a relevância de seu uso perante determinado processo produtivo" (BELUCCI, Mauricio. PIS/Cofins: Abatimento de créditos relativos aos gastos com aquisição de equipamentos de proteção individual – EPI. *RDDT* 222/153, 2014).

– "PIS E COFINS. REGIME DA NÃO CUMULATIVIDADE. DESPESAS DE FRETE RELACIONADAS À TRANSFERÊNCIA INTERNA DE MERCADORIAS ENTRE ESTABELECIMENTOS DA EMPRESA. CREDITAMENTO. IMPOSSIBILIDADE. 1. Controverte-se sobre a possibilidade de utilização das despesas de frete, relacionadas à transferência de mercadorias entre estabelecimentos componentes da mesma empresa, como crédito dedutível na apuração da base de cálculo das contribuições à Cofins e ao PIS, nos termos das Leis 10.637/2002 e 10.833/2003. 2. A legislação tributária em comento instituiu o regime da não cumulatividade nas aludidas contribuições da seguridade social, devidas pelas empresas optantes pela tributação pelo lucro real, autorizando a dedução, entre outros, dos créditos referentes a bens ou serviços utilizados como insumo na produção ou fabricação de bens ou produtos destinados à venda. 3. O direito ao crédito decorre da utilização de insumo que esteja vinculado ao desempenho da atividade empresarial. As despesas de frete somente geram crédito quando relacionadas à operação de venda e, ainda assim, desde que sejam suportadas pelo contribuinte vendedor. 4. Inexiste, portanto, direito ao creditamento de despesas concernentes às operações de transferência interna das mercadorias entre estabelecimentos de uma única sociedade empresarial" (STJ, REsp 1.147.902, 2010).

– "VALOR DO PIS/COFINS. AQUISIÇÃO DE VEÍCULOS PELA CONCESSIONÁRIA PARA REVENDA. DESCONTOS DE CRÉDITOS CALCULADOS EM RELAÇÃO A FRETE NA OPERAÇÃO DE VENDA. EXEGESE DOS ARTIGOS 2º, 3º, INCISOS I E IX, E 15, INCISO II, DA LEI N. 10.833/2003. – Na apuração do valor do PIS/COFINS, permite--se o desconto de créditos calculados em relação ao frete também quando o veículo é adquirido da fábrica e transportado para a concessionária – adquirente – com o propósito de ser posteriormente revendido" (STJ, REsp 1.215.773, 2012).

– "As despesas com fretes para transporte de produtos em elaboração ou produtos acabados entre estabelecimentos do contribuinte pagos ou creditados às pessoas jurídicas, mediante conhecimento de transporte ou notas fiscais de serviços, geram créditos básicos de PIS e Cofins, a partir da competência de fevereiro de 2004, possíveis de dedução da contribuição devida ou ressarcimento/compensação" (BOTTALLO, Eduardo domingos; CARDOSO, Claudia Petit. PIS, Cofins e não cumulatividade. *RDDT* 214/53, 2013).

– "... a compra e venda é negócio jurídico que se concretiza pela *traditio*, ou seja, pela entrega da mercadoria ao comprador/consumidor. Assim, o transporte – frete – da mercadoria para fins de sua comercialização é elemento essencial para a consecução do objeto social do comerciante. Os fretes de venda são todos aqueles transportes segmentados em etapas e trajetos – diversos ou não – que antecedem a venda ou revenda da mercadoria. Serão eles necessários e suficientes para fazerem com que a mercadoria chegue ao seu destino: as mãos do consumidor final! [...] os fretes de venda... operam como insumos usados na produção da receita aferida pela empresa no desempenho de sua atividade social – comercial – e dessa forma, geram o direito à tomada dos créditos do PIS e da Cofins, calculados sobre esta despesa de transporte incorrida pelo vendedor, independentemente de serem fretes relativos ao transporte de mercadorias entre estabelecimentos próprios, ou destes para os consumidores finais" (PARISI, Fernanda Drummond. Reflexões sobre créditos de PIS e Cofins calculados sobre fretes de vendas na sistemática não cumulativa. *RDDT* 215/99, 2013).

– "... os gastos relacionados à obtenção, renovação e manutenção de licença ambiental de operação estão relacionados diretamente ao processo produtivo das empresas que detêm essas licenças; de fato, sobreditos dispêndios são intrínsecos ao processo produtivo das pessoas jurídicas potencialmente poluidoras ou degradadoras do meio ambiente, já que, sem eles, a produção pode parar, ou sequer ter início, por falta de cumprimento das exigências legais, de natureza regulatória, a que estas pessoas jurídicas se sujeitam; daí que os dispêndios atrelados à obtenção, renovação e manutenção da licença de operação geram crédito da contribuição ao PIS e da Cofins, com fundamento nos arts. 3ºs, incisos II ou VI, das Leis ns. 10.637/2002 e 10.833/2003, desde que não incidam em quaisquer barreiras previstas em lei" (SILVA, Fabiana Carsoni Alves Fernandes da. Os créditos da contribuição ao PIS e da Cofins e os dispêndios relativos à obtenção, renovação e manutenção de licença ambiental. *RDDT* 212/42, 2013).

– "... os valores pagos pelas editoras de livros pela aquisição de direitos autorais se aplicam perfeitamente ao critério da essencialidade. Não há como negar que não existe livro sem conteúdo. Não há insumo mais importante para a indústria literária do que o conteúdo do livro a ser vendido. Um livro não é um apanhado de papel, cola e tinta. Livro é o conjunto inseparável de papel, cola, tinta e, especialmente, conteúdo literário. [...] as editoras de livros que cumprem integralmente com os requisitos previstos em lei não só podem como devem utilizar a despesa decorrente

da aquisição de direito autoral como crédito a ser abatido do valor das contribuições ao PIS e à Cofins a ser pago" (MATARAZZO, Giancarlo; MARTONE, Rodrigo. A possibilidade de creditamento do PIS e da Cofins pela sistemática não cumulativa sobre a aquisição de direitos autorais. *RDDT* 226/53, 2014).

– "Para garantir o retorno financeiro do arrendador, a Resolução n. 2.309/1996 instituiu a figura do valor residual garantido (VRG), que consiste no valor mínimo a ser recebido pela arrendadora em caso de venda do bem arrendado a terceiros no mercado, na hipótese de a arrendatária não exercer a opção de compra no término do prazo contratual. [...] o VRG poderá ser liquidado em caráter antecipado, em qualquer momento durante a vigência do contrato de arrendamento mercantil. Em decorrência disso, tornou-se prática recorrente no mercado a antecipação do VRG em parcelas diluídas nas contraprestações mensais, sem que isso configurasse o exercício prematuro da opção de compra por parte da arrendatária, o que, por conseguinte, desvirtuaria o contrato de arrendamento mercantil financeiro para caracterizá-lo, à vista de sua essência econômica, como uma compra e venda a prazo. [...] antes do término do contrato de arrendamento mercantil, a pessoa jurídica apenas poderá descontar créditos de PIS e Cofins em relação ao valor da contraprestação mensal, sem levar em consideração o valor antecipado a título de VRG. Porém, após o término do contrato, a pessoa jurídica arrendatária poderá descontar os créditos de PIS e Cofins em relação aos valores antecipados a título de VRG, que estarão contabilizados em seu ativo, como determina a Portaria MF n. 140/1984. No mais, o regime jurídico a ser seguido para o desconto dos créditos de PIS e Cofins dependerá do exercício, ou não, da opção de compra pelo arrendatário. Caso exerça a opção de compra, o contribuinte poderá efetuar o desconto dos créditos de PIS e Cofins em relação à parcela do VRG paga ao arrendador, que equivale ao preço desembolsado pela arrendatária pelo exercício da opção de compra. Nestes caso, os créditos de PIS e Cofins deverão ser registrados com base nos respectivos encargos de depreciação, desde que atendidos os demais requisitos previstos na legislação em vigor. Por outro lado, caso não exerça a opção de compra, a arrendatária poderá descontar os créditos de PIS e Cofins em relação à parcela do VRG efetivamente apropriada pelo arrendador, após a venda do bem no mercado. Neste caso, os créditos serão registrados com base no próprio artigo 3º, inciso V, das leis ns. 10.637/2002 e 10.833/2003, que autoriza o seu desconto em relação à contraprestação de arrendamento mercantil" (SANTOS, Ramon Tomazela. Os créditos de PIS e Cofins calculados sobre as contraprestações de arrendamento mercantil e a antecipação do Valor Residual Garantido (VRG). *RDDT* 210/100, 2013).

– Insumos recicláveis. Tema 304 do STF: "São inconstitucionais os arts. 47 e 48 da Lei n. 11.196/2005, que vedam a apuração de créditos de PIS/COFINS na aquisição de insumos recicláveis".

– A Lei n. 11.196/2005, a um só tempo, vedou a utilização de créditos de PIS e Cofins nas aquisições de desperdícios, resíduos ou aparas de plástico, de papel ou cartão, de vidro, de ferro ou aço, de cobre, de níquel, de alumínio, de chumbo, de zinco e de estanho, em seu art. 47, e suspendeu a incidência do PIS e da Cofins na venda desses insumos para pessoa jurídica que apure o imposto de renda com base no lucro real (sujeita ao regime não cumulativo), em seu art. 48. Com isso, as contribuições deixaram de onerar a aquisição, o que teria justificado o afastamento da apuração de crédito.

⇒ **ICMS-ST suportado na entrada gera direito a crédito.** "REGIME NÃO CUMULATIVO. CRÉDITO DE ICMS-ST. PIS/COFINS. ENTENDIMENTO DA PRIMEIRA TURMA DO STJ. 1. A orientação da Primeira Turma deste STJ é a de que o contribuinte faz jus aos créditos da contribuição ao PIS e à COFINS pretendidos, seja porque independem da incidência de tais contribuições sobre o montante do ICMS-ST recolhido pelo substituto na etapa anterior, seja porque o valor do imposto estadual antecipado caracteriza custo de aquisição" (STJ, AgInt no REsp 1.947.385, 2022).

– Entendemos que não há o direito ao crédito e por várias razões, valendo destacar que o ICMS-ST tem a própria adquirente como contribuinte substituída e que não é despesa onerada pelo PIS e pela COFINS.

⇒ **Entradas com e sem tributação.** A não cumulatividade, conceitualmente, justifica a apropriação de créditos quando a entrada tenha sido onerada com o tributo. Sem tal ônus, o cálculo depende de determinação legal expressa.

– **Despesas com mão de obra paga a pessoa física.** A vedação expressa do direito à apuração de créditos relativamente aos gastos com mão de obra junto a pessoas físicas não nos parece irrazoável, porquanto as pessoas físicas não estão mesmo sujeitas ao PIS e à Cofins quanto aos seus rendimentos, de modo que não há que se assegurar crédito para compensar ônus inexistente das despesas a tal título.

– "... a geração de emprego e a manutenção no quadro de pessoal de um grande número de trabalhadores penaliza o contribuinte, pois sua contratação não gera crédito. A consequência dessa norma é um verdadeiro desestímulo às empresas a criar e a manter empregos, sendo, na verdade, um estímulo à mecanização. Esta norma vai ao encontro do que determina a Constituição Brasileira e os pactos internacionais a que o Brasil aderiu..." (SCAFF, Fernando Facury. PIS e Cofins não cumulativos e os direitos fundamentais. *RDDT* 151/15, 2008).

– **Despesas com insumos adquiridos de pessoas físicas. Ausência de direito a cálculo de crédito.** "4 – Quanto à violação ao princípio da isonomia, verifica-se que as contribuições sociais para o PIS/PASEP e a COFINS têm como fato gerador o faturamento mensal, assim entendido o total das receitas auferidas pela pessoa jurídica, independentemente de sua denominação ou classificação contábil, conforme os artigos 1º de ambos os regramentos, da Lei n. 10.637/2002 e n. 10.833/2003. Da leitura dos dispositivos citados extrai-se não estarem incluídos entre os contribuintes daquelas exações as pessoas físicas. Por essa razão, o art. 3º, ao definir as hipóteses em que se poderá descontar do imposto devido determinados créditos – calculados através da incidência da mesma alíquota da exação sobre os bens e serviços utilizados como insumos – limita-os às aquisições de bens e serviços efetuadas de pessoas jurídicas. Considerando que o tributo onera apenas as pessoas jurídicas, não faria sentido, a pretexto de tratar-se com isonomia os produtores pessoas físicas e jurídicas,

que o citado artigo 3º de ambos os regramentos concedesse crédito quanto às aquisições efetuadas de pessoas físicas, que jamais recolheram as contribuições para o PIS/PASEP e COFINS [...] 9 – Entretanto, ainda que se reconheça aplicável à hipótese a regra da não cumulatividade, tal qual definida nos regramentos do IPI e ICMS, não se verificariam inconstitucionais, em face dessa regra, os artigos 3º, § 3º, I e II, da Lei n. 10.637/2002 e da Lei n. 10.833/2003, por excluírem o creditamento quando os bens e serviços utilizados como insumos forem adquiridos de pessoas físicas. A conclusão se extrai da premissa já assentada de que as pessoas físicas não se incluem entre os sujeitos passivos das contribuições para o PIS/PASEP e COFINS, logo, ainda que se entenda estarem abrigadas as contribuições sociais em exame pelo princípio da não cumulatividade, nos moldes traçados pelos regramentos do IPI e do ICMS, não haveria o creditamento pretendido, quando, como na hipótese, na etapa anterior do processo produtivo não tenha havido a incidência do imposto" (TRF5, INAC 395425/01, 2011).

⇒ **Saídas com e sem tributação. Efeitos quanto à apuração e manutenção de crédito.** "3.1. Entrada tributada e saída sem tributação. [...] o art. 17 da Lei 11.033/04 garante expressamente que as vendas efetuadas com suspensão, isenção, alíquota zero ou não incidência do PIS/Pasep e da Cofins não impedem a manutenção, pelo vendedor, dos créditos vinculados a essas operações. Do disposto neste preceito normativo, resta evidente o direito ao crédito no caso de compra de mercadorias tributadas mas com saída não tributada. [...] 3.2. Entrada sem tributação e saída tributada. [...] A própria Receita Federal recentemente reconhece este crédito: 'Crédito. Vedação. É vedada a apuração de créditos da Cofins não cumulativa quando da aquisição de insumos não sujeitos ao pagamento da contribuição, excetuando-se desta regra apenas as hipóteses de aquisições de insumos isentos utilizados em produtos com saídas sujeitas ao pagamento'. A correta interpretação do art. 3º, § 2º, da Lei 10.833/03 deve ser feita sob a ótica do princípio da não cumulatividade, sem a restrição do crédito no caso da entrada sem tributação e saída tributada. 3.3. Entrada sem tributação e saída sem tributação. [...] A cadeia representada não sofre a dupla incidência do PIS/Cofins... é a hipótese que não gera direito ao crédito" (JANINI, Tiago Cappi. PIS/Cofins: análise acerca da possibilidade de crédito nas operações com entrada ou saída sem tributação. Aplicação à Zona Franca de Manaus. *RDDT* 123/80, 2005).

– **Direito de crédito nas entradas e saídas isentas ou com alíquota zero.** "Como a Consulente é comerciante, três situações se apropositam: a) quando comprar mercadorias tributadas mas às mesmas der saída com suspensão, não incidência, isenção, base reduzida, ou alíquota zero, fará jus ao crédito (manutenção de crédito) advindo das aquisições, de conformidade com o art. 16 da MP n. 106 de 6 de agosto de 2004; b) quando comprar mercadorias isentas, não tributadas ou com alíquota zero, abrem-se duas alternativas. Se as saídas forem tributadas, a Consulente deve tomar o crédito como se tais mercadorias tivessem sido tributadas (crédito presumido pela aplicação da alíquota de saída ao valor da entrada, como é da técnica não cumulativa do PIS/Cofins) sob pena de, não o fazendo, inserir-se no regime supercumulativo, de resto legalmente inexistente tributação de 9,25% contra crédito zero). Agora, se as mercadorias inicialmente referidas nesta alínea *b* igualmente forem isentas (o que significa o mesmo que alíquota zero), não haverá nem débito real, nem crédito presumido (zero contra zero) a teor do art. 3º, § 2º, inciso II, da Lei n. 10.833/03. Ali a expressão não tributos refere-se ao campo da não incidência natural ou pura [...]. Em havendo isenção ou alíquota zero, o crédito somente será mantido, o presumido, se a saída for tributada, para que seja reconstituído o princípio da não cumulatividade. Se a saída das mercadorias for isenta (ou com alíquota zero) repita-se mais uma vez, não há falar em crédito presumido, obviamente. Não se mantém 'o que inexiste'. Tudo se passa longe da incidência e da não cumulatividade. Inexistirá crédito e não existirá débito" (COÊLHO, Sacha Calmon Navarro; DERZI, Misabel Abreu Machado. PIS/Cofins: direito de crédito nas entradas e saídas isentas ou com alíquota zero. *RDDT* 115/143, 2005).

⇒ **Tributação monofásica *X* não cumulatividade.** São diversos os questionamentos que envolvem o direito a créditos envolvendo produtos com tributação monofásica de PIS e COFINS.

– **Na etapa desonerada, não há direito a crédito. Tema 1.093 do STJ:** "1. É vedada a constituição de créditos da Contribuição para o PIS/PASEP e da COFINS sobre os componentes do custo de aquisição (art. 13, do Decreto-Lei n. 1.598/77) de bens sujeitos à tributação monofásica (arts. 3º, I, 'b' da Lei n. 10.637/2002 e da Lei n. 10.833/2003). 2. O benefício instituído no art. 17, da Lei 11.033/2004, não se restringe somente às empresas que se encontram inseridas no regime específico de tributação denominado REPORTO. 3. O art. 17, da Lei 11.033/2004, diz respeito apenas à manutenção de créditos cuja constituição não foi vedada pela legislação em vigor, portanto não permite a constituição de créditos da Contribuição para o PIS/PASEP e da COFINS sobre o custo de aquisição (art. 13, do Decreto-Lei n. 1.598/77) de bens sujeitos à tributação monofásica, já que vedada pelos arts. 3º, I, 'b' da Lei n. 10.637/2002 e da Lei n. 10.833/2003. 4. Apesar de não constituir créditos, a incidência monofásica da Contribuição para o PIS/PASEP e da COFINS não é incompatível com a técnica do creditamento, visto que se prende aos bens e não à pessoa jurídica que os comercializa que pode adquirir e revender conjuntamente bens sujeitos à não cumulatividade em incidência plurifásica, os quais podem lhe gerar créditos. 5. O art. 17, da Lei 11.033/2004, apenas autoriza que os créditos gerados na aquisição de bens sujeitos à não cumulatividade (incidência plurifásica) não sejam estornados (sejam mantidos) quando as respectivas vendas forem efetuadas com suspensão, isenção, alíquota 0 (zero) ou não incidência da Contribuição para o PIS/PASEP e da COFINS, não autorizando a constituição de créditos sobre o custo de aquisição (art. 13, do Decreto-Lei n. 1.598/77) de bens sujeitos à tributação monofásica". Decisão do mérito em 2022.

– "PIS/PASEP E COFINS. TRIBUTAÇÃO MONOFÁSICA. CREDITAMENTO. IMPOSSIBILIDADE. INAPLICABILI-DADE DO PRINCÍPIO DA NÃO CUMULATIVIDADE PARA AS SITUAÇÕES DE MONOFASIA. *RATIO DECIDENDI* DO STF NO TEMA DE REPERCUSSÃO GERAL N. 844 E NA SÚMULA VINCULANTE N. 58/STF. VIGÊNCIA DOS ARTS. 3º, I, 'B', DAS LEIS N. 10.637/2002 E N. 10.833/2003 (COM A REDAÇÃO DADA PELOS ARTS. 4º E 5º, DA LEI N. 11.787/2008) FRENTE AO ART. 17 DA LEI 11.033/2004 COMPROVADA PELOS CRITÉRIOS CRONOLÓGICO, DA ESPECIALIDADE E SISTEMÁTICO. ART. 20, DA LINDB. CONSEQUÊNCIAS PRÁTICAS INDESEJÁVEIS DA CONCESSÃO DO CREDITAMENTO. 1. Há pacífica jurisprudência no âmbito do Supremo Tribunal Federal, sumulada e em sede de repercussão geral, no sentido de que o princípio da não cumulatividade não se aplica a situações em que não existe dupla ou múltipla tributação (v.g. casos de monofasia e substituição tributária), a saber: Súmula Vinculante n. 58/STF: 'Inexiste direito a crédito presumido de IPI relativamente à entrada de insumos isentos, sujeitos à alíquota zero ou não tributáveis, o que não contraria o princípio da não cumulatividade'; Repercussão Geral Tema n. 844: 'O princípio da não cumulatividade não assegura direito de crédito presumido de IPI para o contribuinte adquirente de insumos não tributados, isentos ou sujeitos à alíquota zero'. 2. O art. 17, da Lei n. 11.033/2004, muito embora seja norma posterior aos arts. 3º, § 2º, II, das Leis ns. 10.637/2002 e 10.833/2003, não autoriza a constituição de créditos de PIS/PASEP e COFINS sobre o custo de aquisição (art. 13, do Decreto-Lei n. 1.598/77) de bens sujeitos à tributação monofásica, contudo permite a manutenção de créditos por outro modo constituídos, ou seja, créditos cuja constituição não restou obstada pelas Leis ns. 10.637/2002 e 10.833/2003. 3. Isto porque a vedação para a constituição de créditos sobre o custo de aquisição de bens sujeitos à tributação monofásica (creditamento), além de ser norma específica contida em outros dispositivos legais – arts. 3º, I, 'b' da Lei n. 10.637/2002 e da Lei n. 10.833/2003 (critério da especialidade), foi republicada posteriormente com o advento dos arts. 4º e 5º, da Lei n. 11.787/2008 (critério cronológico) e foi referenciada pelo art. 24, § 3º, da Lei n. 11.787/2008 (critério sistemático). 4. Nesse sentido, inúmeros precedentes da Segunda Turma deste Superior Tribunal de Justiça que reconhecem a plena vigência dos arts. 3º, I, 'b' da Lei n. 10.637/2002 e da Lei n. 10.833/2003, dada a impossibilidade cronológica de sua revogação pelo art. 17, da Lei n. 11.033/2004... 5. Também a douta Primeira Turma se manifestava no mesmo sentido, antes da mudança de orientação ali promovida pelo AgRg no REsp. n. 1.051.634... 6. O tema foi definitivamente pacificado com o julgamento dos EAREsp. n. 1.109.354... e dos EREsp. n. 1.768.224... (... julgados em 14.04.2021) estabelecendo-se a negativa de constituição de créditos sobre o custo de aquisição de bens sujeitos à tributação monofásica (negativa de creditamento). 7. Consoante o art. 20, do Decreto-Lei n. 4.657/1942 (Lei de Introdução às Normas do Direito Brasileiro – LINDB): '[...] não se decidirá com base em valores jurídicos abstratos sem que sejam consideradas as consequências práticas da decisão'. É preciso compreender que o objetivo da tributação monofásica não é desonerar a cadeia, mas concentrar em apenas um elo da cadeia a tributação que seria recolhida de toda ela caso fosse não cumulativa, evitando os pagamentos fracionados (dupla tributação e plurifasia). Tal se dá exclusivamente por motivos de política fiscal. 8. Em todos os casos analisados (cadeia de bebidas, setor farmacêutico, setor de autopeças), a autorização para a constituição de créditos sobre o custo de aquisição de bens sujeitos à tributação monofásica, além de comprometer a arrecadação da cadeia, colocaria a Administração Tributária e o fabricante trabalhando quase que exclusivamente para financiar o revendedor, contrariando o art. 37, *caput*, da CF/88 – princípio da eficiência da administração pública – e também o objetivo de neutralidade econômica que é o componente principal do princípio da não cumulatividade. Ou seja, é justamente o creditamento que violaria o princípio da não cumulatividade. 9. No contexto atual de pandemia causada pela COVID-19, nunca é demais lembrar que as contribuições ao PIS/PASEP e COFINS possuem destinação própria para o financiamento da Seguridade Social (arts. 195, I, 'b' e 239, da CF/88), atendendo ao princípio da solidariedade, recursos estes que em um momento de crise estariam sendo suprimidos do Sistema Único de Saúde – SUS e do Programa Seguro Desemprego para serem direcionados a uma redistribuição de renda individualizada do fabricante para o revendedor, em detrimento de toda a coletividade. A função social da empresa também se realiza através do pagamento dos tributos devidos, mormente quando vinculados a uma destinação social. 10. Teses propostas para efeito de repetitivo: 10.1. É vedada a constituição de créditos da Contribuição para o PIS/PASEP e da COFINS sobre os componentes do custo de aquisição (art. 13, do Decreto-Lei n. 1.598/77) de bens sujeitos à tributação monofásica (arts. 3º, I, 'b' da Lei n. 10.637/2002 e da Lei n. 10.833/2003). 10.2. O benefício instituído no art. 17, da Lei 11.033/2004, não se restringe somente às empresas que se encontram inseridas no regime específico de tributação denominado REPORTO. 10.3. O art. 17, da Lei 11.033/2004, diz respeito apenas à manutenção de créditos cuja constituição não foi vedada pela legislação em vigor, portanto não permite a constituição de créditos da Contribuição para o PIS/PASEP e da COFINS sobre o custo de aquisição (art. 13, do Decreto-Lei n. 1.598/77) de bens sujeitos à tributação monofásica, já que vedada pelos arts. 3º, I, 'b' da Lei n. 10.637/2002 e da Lei n. 10.833/2003. 10.4. Apesar de não constituir créditos, a incidência monofásica da Contribuição para o PIS/PASEP e da COFINS não é incompatível com a técnica do creditamento, visto que se prende aos bens e não à pessoa jurídica que os comercializa que pode adquirir e revender conjuntamente bens sujeitos à não cumulatividade em incidência plurifásica, os quais podem lhe gerar créditos. 10.5. O art. 17, da Lei 11.033/2004, apenas autoriza que os créditos gerados na aquisição de bens sujeitos à não cumulatividade (incidência plurifásica) não sejam estornados (sejam mantidos) quando as respectivas vendas forem efetuadas com suspensão, isenção, alíquota 0 (zero) ou não incidência da Contribuição para o PIS/PASEP e da COFINS, não autorizando a constituição de créditos sobre o custo de aquisição (art. 13, do Decreto-Lei n. 1.598/77) de bens sujeitos à tributação monofásica" (STJ, REsp 1.895.255, 2022).

– **Na etapa onerada, há direito ao crédito pela alíquota ordinária.** "PIS E COFINS. REGIME MONOFÁSICO. NÃO CUMULATIVIDADE. INDÚSTRIA QUE PAGA A ALÍ-

QUOTA MONOFÁSICA MAJORADA. APROPRIAÇÃO DE CRÉDITOS PELAS ALÍQUOTAS ORDINÁRIAS. 1. O estabelecimento industrial que produz itens submetidos ao regime monofásico de tributação de PIS e COFINS, com alíquota majorada, apropria-se de créditos calculados mediante aplicação da alíquota ordinária. 2. O sistema monofásico concentra a carga tributária em determinada fase, em regra, desonerando as posteriores. 3. O crédito presumido instituído pela Lei 10.147/04 somente pode ser utilizado nos limites da norma que o instituiu, não competindo o Poder Judiciário estender as ossibilidade da sua utilização" (TRF4, AC 5007206-12.2016.4.04.7100, 2022).

– "PIS E COFINS. REGIME MONOFÁSICO E NÃO CUMULATIVIDADE. AUSÊNCIA DE DIREITO DE CREDITAMENTO. LEI 11.033/2004. INAPLICABILIDADE. 1. Os arts. 149, § 4º e 195, § 9º da CF amparam a instituição de regime de tributação monofásico para as contribuições ao PIS e COFINS. 2. A não cumulatividade invocada pelo contribuinte é uma técnica de tributação que visa impedir que incidências sucessivas nas diversas operações de uma cadeia econômica de produção ou comercialização de um produto impliquem ônus tributário muito elevado, decorrente da tributação da mesma riqueza diversas vezes. 3. O contribuinte não tem direito a apuração de créditos de PIS/COFINS na aquisição de mercadorias adquiridas para revenda, cuja aquisição está sujeita ao regime monofásico. Não há cumulatividade a ser combatida na hipótese, o que justifica a vedação ao aproveitamento de créditos estabelecida pelo art. 3º, inciso I, alínea *b*, das Leis 10.637/2002 e 10.833/2003. 4. O direito ao aproveitamento de crédito derivado de vendas efetuadas com suspensão, isenção, alíquota 0 (zero) ou não incidência da Contribuição para o PIS/PASEP e da COFINS, consagrado pelo art. 17 da Lei 11.033/04 não é aplicável ao regime monofásico de tributação" (TRF4, AC 5018747-76.2020.4.04.7108, 2022).

⇒ **Normas de transição. Contrato a preço predeterminado. Manutenção no regime comum. Art. 2º da IN n. 468/2004. Violação do princípio da legalidade.** "[...] Cuida-se de recurso especial interposto pelo contribuinte, questionando o poder regulamentar da Secretaria da Receita Federal, na edição da Instrução Normativa n. 468/04, que regulamentou o art. 10 da Lei n. 10.833/03. 2. O art. 10, inciso XI, da Lei n. 10.833/03 determina que os contratos de prestação de serviço firmados a preço determinado antes de 31.10.2003, e com prazo superior a 1 (um) ano, permanecem sujeitos ao regime tributário da cumulatividade para a incidência da COFINS. [...] A Secretaria da Receita Federal, por meio da Instrução Normativa n. 468/04, ao definir o que é 'preço predeterminado', estabeleceu que 'o caráter predeterminado do preço subsiste somente até a implementação da primeira alteração de preços' e, assim, acabou por conferir, de forma reflexa, aumento das alíquotas do PIS (de 0,65% para 1,65%) e da COFINS (de 3% para 7,6%). 4. Somente é possível a alteração, aumento ou fixação de alíquota tributária por meio de lei, sendo inviável a utilização de ato infralegal para este fim, sob pena de violação do princípio da legalidade tributária. 5. No mesmo sentido do voto que eu proferi, o Ministério Público Federal entendeu que houve ilegalidade na regulamentação da lei pela Secretaria da Receita Federal, pois 'a simples aplicação da cláusula de reajuste prevista em contrato firmado anteriormente a 31.10.2003 não configura, por si só, causa de indeterminação de preço, uma vez que não muda a natureza do valor inicialmente fixado, mas tão somente repõe, com fim na preservação do equilíbrio econômico-financeiro entre as partes, a desvalorização da moeda frente à inflação' (Fls. 335, grifo meu). Mantenho o voto apresentado, no sentido de dar provimento ao recurso especial" (STJ, REsp 1.089.998, 2011).

– "... A Instrução Normativa somente considera como preço predeterminado aquele 'fixado em moeda nacional' e que não sofre qualquer tipo de reajuste, periódico ou não. A partir do momento em que ocorre o reajuste, o inciso XI, *b*, deixa de ser aplicável e as receitas do contrato passam a ser tributadas pelo regime não cumulativo. Consideramos que o art. 2º da referida IN é ilegal porque o mesmo interpreta o art. 10, XI, *b*, da lei como se essa somente houvesse dado proteção aos contratos de longo prazo que não contenham qualquer cláusula de reajuste. [...] é ilegal e inválido o art. 2º da IN SRF n. 468/04. Consideramos que determinados tipos de reajustes previstos nas cláusulas dos contratos de longo prazo de fornecimento de bens e serviços não descaracteriza a predeterminação do preço. Tudo dependerá do conteúdo e da funcionalidade da cláusula do reajuste" (ROLIM, João Dácio; GODOI, Marciano Seabra. PIS/Cofins – art. 10, XI, *b*, da Lei n. 10.833/2003: a questão do preço predeterminado. *RDDT* 120/123, 2005).

– **Caracterização do preço predeterminado.** "a) O Direito Civil fornece elementos suficientes para o hermeneuta encontrar a correta definição de 'preço predeterminado', não sendo passível às normas infralegais, promover a alteração de tais conceitos; b) a aplicação de cláusulas de reajuste não descaracteriza a predeterminação do preço, já que tais cláusulas visam, tão somente, repor o valor originário da moeda acordado contratualmente; c) a aplicação de cláusulas de revisão de preço em decorrência de eventos extraordinários igualmente não descaracteriza a predeterminação do preço, tendo em visa que este tipo de cláusula busca a mera recomposição do preço, traduzindo-o ao novo contexto fático e, assim, preservando sua equivalência original; d) as Instruções Normativas, na qualidade de atos infralegais, são normas complementares, não podendo inovar, modificar ou alterar a ordem jurídica vigente, como buscou fazer a Instrução Normativa n. 468/04. Referida Instrução Normativa é absolutamente ilegal, em razão de haver criado novos critérios para a definição de preço predeterminado, violando assim o princípio constitucional da legalidade; e) finalmente, ao buscar retroagir seus efeitos até fevereiro de 2004, mais uma vez a Instrução Normativa n. 468/04 afrontou um princípio constitucional, desta vez o da irretroatividade das leis, albergado pelo artigo 150, III, *a*, da Carta Maior" (BEHRNDT, Marco Antônio; PANZARINI FILHO, Clóvis. PIS/Cofins – a ilegalidade da IN 468/04 ao conferir novo conceito de preço predeterminado nos contratos a longo prazo. *RDDT* 115/70, 2005).

– **O preço predeterminado não resta descaracterizado pela aplicação de indexador (IGPM).** "... a mera atualização monetária de valores não torna o preço de um contrato 'indeterminado' a ponto de refugir ao disposto no art. 10, XI, da Lei n. 10.833/03. Correção monetária é mera reposição do valor de compra da moeda, não importando em novação de contrato firmado previamente" (COÊLHO, Sacha Calmon Navarro; DERZI, Misabel Abreu Machado. PIS/Cofins: Regime Cumulativo X não Cumulativo. Contratos de longo prazo. Reajuste pelo IGP-M. Instruções Normativas n. 468/2004 e n. 658/2006. *RDDT* 145/148, 2007).

– **Bens incorporados ao ativo fixo. Sistemática. Evolução legislativa. Restrição pela Lei n. 10.865/2004. Irretroatividade. Tema 244 do STF:** "Surge inconstitucional, por ofensa aos princípios da não cumulatividade e da isonomia, o artigo 31, cabeça, da Lei n. 10.865/2004, no que vedou o creditamento da contribuição para o PIS e da COFINS, relativamente ao ativo imobilizado adquirido até 30 de abril de 2004". Decisão de mérito em 2020.

– "... os bens existentes em 1º de dezembro de 2002 no ativo permanente das empresas estão aptos a gerar o creditamento pelos encargos de depreciação e amortização para a contribuição ao PIS/Pasep e os bens existentes em 1º de fevereiro de 2004 no ativo permanente das empresas estão aptos a gerar o creditamento pelos encargos de depreciação e amortização para a COFINS" (STJ, REsp 1.256.134, 2012).

– "INCIDENTE DE ARGUIÇÃO DE INCONSTITUCIONALIDADE. SISTEMÁTICA NÃO CUMULATIVA DO PIS E DA COFINS. CREDITAMENTO REFERENTE À DEPRECIAÇÃO DE BENS INCORPORADOS AO ATIVO IMOBILIZADO. ART. 31, *CAPUT*, DA LEI 10.865/2004. LIMITAÇÃO TEMPORAL. OFENSA AO DIREITO ADQUIRIDO E À IRRETROATIVIDADE DA LEI TRIBUTÁRIA. PRINCÍPIO DA SEGURANÇA JURÍDICA. INCONSTITUCIONALIDADE. 1 – A não cumulatividade do PIS/COFINS depende, para sua efetivação, de um conjunto de deduções, previstas em lei, que digam respeito a determinadas operações realizadas pela empresa, que possam representar a incidência de contribuições em etapas anteriores da cadeia produtiva. 2 – As deduções elencadas no art. 3º das Leis 10.637/2002 e 10.833/2003 não figuram na ordem tributária como benesse fiscal, mas como pressupostos da não cumulatividade, uma contrapartida ao aumento das alíquotas de PIS e COFINS. Outra não pode ser a interpretação, pois, pretendendo a lei criar um sistema não cumulativo, deve estabelecer as hipóteses em que o contribuinte terá direito a créditos compensáveis, como uma decorrência da regra da não cumulatividade. 3 – A ocorrência de qualquer das hipóteses mencionadas no *caput* do art. 3º das Leis 10.637/2002 e 10.833/2003 é por si suficiente para fazer surgir o direito de crédito em favor do contribuinte, que se incorpora ao patrimônio da empresa. 4 – O art. 31, *caput*, da Lei 10.865/2004 limitou temporalmente o aproveitamento dos créditos decorrentes das aquisições de bens para o ativo imobilizado realizadas até 30 de abril de 2004. 5 – No entanto, os créditos decorrentes da aquisição de bens para o ativo imobilizado se tornaram parte do patrimônio da empresa antes da edição da Lei 10.865/2004. Assim, as disposições do art. 31, *caput*, da referida lei, acabaram por atingir fatos pretéritos, ofendendo o direito adquirido e a regra da irretroatividade da lei tributária. 6 – A vedação do aproveitamento de créditos, instituída por lei no curso da sistemática da não cumulatividade, quando inúmeros contribuintes já haviam realizado investimentos em maquinário, equipamentos, entre outros, ofende o Princípio da Segurança Jurídica e a regra da não surpresa, implícitos na Carta de 1988. 7 – Declarada a inconstitucionalidade do art. 31, *caput*, da Lei 10.865/2004" (TRF4, INAMS 2005.70.00.000594-0, 2008).

– "... vejamos a sucessão de regimes quanto à apuração e desconto de créditos dos encargos de depreciação e amortização de máquinas e equipamentos e a restrição temporal imposta posteriormente pela Lei 10.865/04. Relativamente ao PIS, o regime não cumulativo adveio com a MP 66/02, convertida na Lei 10.637/02, que, nos termos do seu art. 68, inciso II, entrou em vigor, quanto aos seus artigos 1º a 6º, a contar de 1º de dezembro de 2002. Seu artigo 3º, incisos VI e VII e § 1º, inciso III, dispõem: Art. 3º Do valor apurado na forma do art. 2º a pessoa jurídica poderá descontar créditos calculados em relação a: VI – máquinas e equipamentos adquiridos para utilização na fabricação de produtos destinados à venda, bem como a outros bens incorporados ao ativo imobilizado; VII – edificações e benfeitorias em imóveis de terceiros, quando o custo, inclusive de mão de obra, tenha sido suportado pela locatária; § 1º O crédito será determinado mediante a aplicação da alíquota prevista no *caput* do art. 2º desta Lei sobre o valor: (Redação dada pela Lei n. 10.865, de 2004) [...] III – dos encargos de depreciação e amortização dos bens mencionados nos incisos VI e VII do *caput*, incorridos no mês; Relativamente à COFINS, a MP 135/03, convertida na Lei 10.833/03, estabeleceu seu regime não cumulativo, sendo que, nos termos do seu art. 93, I, entrou em vigor em 1º de fevereiro de 2004, dispondo: 'Art. 3º Do valor apurado na forma do art. 2º a pessoa jurídica poderá descontar créditos calculados em relação a: VI – máquinas, equipamentos e outros bens incorporados ao ativo imobilizado adquiridos para utilização na produção de bens destinados à venda, ou na prestação de serviços; VII – edificações e benfeitorias em imóveis próprios ou de terceiros, utilizados nas atividades da empresa; [...] § 1º Observado o disposto no § 15 deste artigo e no § 1º do art. 52 desta Lei, o crédito será determinado mediante a aplicação da alíquota prevista no *caput* do art. 2º desta Lei sobre o valor: (Redação dada pela Lei n. 10.925, de 2004) III – dos encargos de depreciação e amortização dos bens mencionados nos incisos VI e VII do *caput*, incorridos no mês'. O art. 15 da Lei 10.833/03 previu, ainda, a aplicação à contribuição ao PIS/PASEP não cumulativa dos incisos VI e VII do seu art. 3º, em parte mais restritivos que a legislação anterior. A Lei 10.865/04, por sua vez, vedou o desconto de créditos relativos à depreciação ou amortização de bens e direitos de ativos imobilizados adquiridos até 30 de abril de 2004: 'Art. 31. É vedado, a partir do último dia do terceiro mês subsequente ao da publicação desta Lei, o desconto de créditos apurados na forma do inciso III do § 1º do art. 3º das Leis n. 10.637, de 30 de dezembro de 2002, e 10.833, de 29 de dezembro de 2003, relativos à depreciação ou amortização de bens e direitos de ativos imobilizados adquiridos até 30 de abril de 2004. § 1º Poderão ser aproveitados os créditos referidos no inciso III do § 1º do art. 3º das Leis n. 10.637, de 30 de dezembro de 2002, e 10.833, de 29 de dezembro de 2003, apurados sobre a depreciação ou amortização de bens e direitos de ativo imobili-

zado adquiridos a partir de 1º de maio. § 2º O direito ao desconto de créditos de que trata o § 1º deste artigo não se aplica ao valor decorrente da reavaliação de bens e direitos do ativo permanente. § 3º É também vedado, a partir da data a que se refere o *caput*, o crédito relativo a aluguel e contraprestação de arrendamento mercantil de bens que já tenham integrado o patrimônio da pessoa jurídica'. Tal dispositivo foi expresso no sentido de restringir as compensações antes admitidas. De fato, os contribuintes que incorporaram bens ao ativo imobilizado, ou realizaram edificações e benfeitorias em imóveis na vigência das Leis anteriores, que lhes ensejava o creditamento dos encargos de depreciação e amortização incorridos a cada mês, restaram surpreendidos pela Lei 10.865/04, que impediu o creditamento relativamente a encargos de depreciação e amortização supervenientes relativos aos mesmos atos já praticados e relativamente aos quais lhes era assegurado o desconto de créditos. Tal viola a segurança jurídica, aplicando-se, ao caso, o art. 150, III, *a*, no sentido de impedir a restrição de creditamentos relativamente a encargos de depreciação e amortização dos bens já incorporados e de edificações já realizadas, de modo que se preserve a irretroatividade. O direito ao desconto mensal de créditos relativamente a tais fatos passados não pode ser afetado pela legislação posterior, que só poderá dispor sobre incorporações ou edificações futuras. [...] Impende, pois, reconhecer o direito à apropriação dos créditos que não o foram na época oportuna em razão das restrições legais tidas por inconstitucionais" (JFRS, sentença no MS 2006.71.00.016399-0, 2006).

– "O art. 3º, VI, da MP 66/02, posteriormente convertida na Lei 10.637/02, admitiu o crédito relativamente a máquinas e equipamentos adquiridos para utilização na fabricação de produtos destinados à venda, bem assim a outros bens incorporados ao ativo imobilizado, mediante aplicação da alíquota de 1,65% sobre o valor dos encargos de depreciação e amortização dos bens em questão, incorridos mensalmente. A SRF regulamentou a matéria através da IN 209/02, art. 8º, III, da IN 247/02, art. 66, III, *a*, e da IN 358/03, que deu nova redação ao art. 66 da IN 247/02, esclarecendo que todos os bens que integrassem o ativo imobilizado davam direito a crédito, independentemente de sua destinação. Através do Ato Declaratório Interpretativo SRF 2/03, art. 4º, restou esclarecido, ainda, que a apuração dos créditos independia da data de aquisição dos bens (não se restringia a bens adquiridos a contar da MP 66/02). Ao se estabelecer a não cumulatividade da Cofins, através da MP 135/03, art. 3º, IV (convertida na Lei 10.833/03), passou-se a admitir créditos relativamente aos bens que integrasse o ativo fixo imobilizado e que, cumulativamente, fosse utilizados na produção de bens ou serviços, regra aplicável também ao PIS, restringindo, pois, o regime anterior desta contribuição. Foi editada, então, a IN SRF 404/04 neste sentido, cumulando a necessidade de registro como ativo imobilizado e utilização na produção de bens e serviços. A MP 164/04, ao instituir o PIS-Importação e a Cofins-Importação, em seu art. 15, fez o mesmo relativamente às máquinas, equipamentos e outros bens importados para incorporação ao ativo imobilizado a serem utilizados na produção de bens destinados à venda ou prestação de serviços. A Lei 10.865/04 alterou o sistema de apuração do crédito, autorizando o contribuinte ao desconto do crédito em 4 anos (1/48 a cada mês), estendendo tal sistema às aquisições domésticas através do acréscimo do § 14 ao art. 3º da Lei 10.833/03. O art. 31 da Lei 10.865/04 vedou, a partir do último dia do terceiro mês subsequente ao da sua publicação, o desconto de créditos relativos à depreciação ou amortização de bens e direitos de ativos imobilizados adquiridos até 30.04.2004, admitindo relativamente aos adquiridos a partir de 1º de maio. Tal implicou retroatividade, alcançando efeitos presentes de fatos passados" (OLIVEIRA, Gustavo G. de. A vedação aos créditos de PIS e Cofins imposta pela Lei n. 10.865/2004 – violação ao princípio da irretroatividade. *RTFP* 58/146, 2004).

– "b) A Lei n. 10.865/04 é inconstitucional ao estabelecer marco temporal para a tomada de créditos pelos contribuintes, relativos à depreciação ou amortização de bens e direitos de ativos imobilizados adquiridos até 30 de abril de 2004. O tratamento estabelecido pelo artigo 31 da Lei n. 10.865/04 é ofensivo ao princípio da isonomia, da segurança jurídica, da capacidade contributiva e da irretroatividade das leis. c) A Lei n. 10.865/04 é inconstitucional ao vedar o crédito relativo a aluguel e contraprestação de arrendamento mercantil de bens que já tenham integrado o patrimônio da pessoa jurídica. O tratamento estabelecido no § 3º do artigo 31 da Lei n. 10.865/04 é ofensivo ao princípio da isonomia, da segurança jurídica, da capacidade contributiva e da irretroatividade das leis" (DABUL, Alessandra. PIS e Cofins – vedações impostas pela Lei n. 10.865, de 30 de abril de 2004 – inconstitucionalidades. *RDDT* 113/7, 2005).

– **No sentido da validade da revogação com efeitos imediatos.** "A Lei n. 10.865, de 2004, estabeleceu apenas um termo a partir do qual seria permitido o creditamento, e antes do qual seria vedado, revogando o tratamento anteriormente dispensado pelas Leis n. 10.637/02 e 10.833/03. Como não se cuida de benefício que exija o preenchimento de determinados requisitos pelo favorecido, tais como nas hipóteses de isenções condicionais, em que a revogação da lei concessiva não afeta o direito isencional, se este deflui não diretamente da lei, mas da satisfação, pelo destinatário da norma, dos requisitos nela postos, é possível sua revogação por lei posterior. O mesmo raciocínio se aplica à (im)possibilidade de desconto dos créditos decorrentes da reavaliação de bens e direitos do ativo permanente e relativos a aluguel e contraprestação de arrendamento mercantil de bens que já tenham integrado o patrimônio da pessoa jurídica" (TRF4, AG 2005.04.01.034597-6, 2005).

⇒ **Crédito presumido de PIS/Cofins.** A Lei n. 12.865/2013, em seus arts. 31 e 32, concede a pessoas jurídicas sujeitas ao regime não cumulativo que desconte crédito presumido calculado mediante percentuais que estabelece sobre a receita decorrente da venda no mercado interno ou da exportação dos produtos classificados nos códigos 1208.10.00, 15.07, 1517.10.00, 2304.00, 2309.10.00 e 3826.00.00 e de lecitina de soja classificada no código 2923. 20.00, todos da Tipi. Esses créditos presumidos são apurados e registrados em separado, e podem ser aproveitados "inclusive na hipótese de a receita decorrente da venda dos referidos produtos estar desonerada da Contribuição para o PIS/Pasep e da Cofins".

– Outro crédito presumido é o previsto na Lei n. 10.925/2004: "Art. 8º As pessoas jurídicas, inclusive cooperativas, que produzam mercadorias de origem animal ou vegetal, classificadas nos capítulos 2, 3, exceto os produtos vivos desse capítulo, e 4, 8 a 12, 15, 16 e 23, e nos códigos 03.02, 03.03, 03.04, 03.05, 0504.00, 0701.90.00, 0702.00.00, 0706.10.00, 07.08, 0709.90, 07.10, 07.12 a 07.14, exceto os códigos 0713.33.19, 0713.33.29 e 0713.33.99, 1701.11.00, 1701.99.00, 1702.90.00, 18.01, 18.03, 1804.00.00, 1805.00.00, 20.09, 2101.11.10 e 2209.00.00, todos da NCM, destinadas à alimentação humana ou animal, poderão deduzir da Contribuição para o PIS/Pasep e da Cofins, devidas em cada período de apuração, crédito presumido, calculado sobre o valor dos bens referidos no inciso II do *caput* do art. 3º das Leis ns. 10.637, de 30 de dezembro de 2002, e 10.833, de 29 de dezembro de 2003, adquiridos de pessoa física ou recebidos de cooperado pessoa física" (Redação da Lei n. 11.051, de 2004).

– "6 – O crédito presumido de que trata o art. 8º da Lei n. 10.925/2004 se cuida de benefício fiscal tendente a incentivar determinados setores produtivos, diminuindo custos fiscais, em compasso com as políticas de desenvolvimento governamentais. Trata-se, portanto, de instrumento de intervenção estatal, a exibir natureza extrafiscal, com vistas a fomentar, estrategicamente, determinados setores produtivos. No caso específico, a iniciativa preserva o interesse de setores da agroindústria na produção de alimentos, atividade que, dadas as repercussões que pode gerar, tais como escassez ou abundância de gêneros alimentícios de primeira necessidade, de indubitável interesse estratégico..." (TRF5, INAC 395425/01, 2011).

⇒ **Aproveitamento de créditos extemporâneos.** Modos de aproveitamento do crédito extemporâneo de PIS e de Cofins. "O direito ao aproveitamento de créditos extemporâneos de PIS e Cofins pode ser exercido, basicamente, por meio de três procedimentos distintos: a) a retificação das declarações fiscais anteriores para abater os respectivos créditos de PIS e Cofins, o que gerará um recolhimento a maior passível de restituição ou compensação com outros tributos administrados pela RFB; b) o registro extemporâneo dos créditos de PIS e Cofins no mês corrente, para apropriação direta no próprio regime não cumulativo; e c) a par das alternativas principais acima, é possível adotar uma variante do procedimento 9ª) acima, que consiste em retificar o Dacon para incluir os créditos de PIS e Cofins nos períodos-bases competentes, mas sem utilizá-los para compensação contra as contribuições devidas no próprio mês. Assim, o contribuinte deixaria os créditos de PIS e Cofins incluídos extemporaneamente como saldo acumulado para posterior utilização. Em tese, o procedimento acima é factível sob o enfoque prático, uma vez que o programa gerador do Dacon contém campos específicos para a indicação tanto dos créditos apurados no período, quanto dos créditos efetivamente utilizados no mesmo período. Nesse artigo, o autor expõe as vantagens e desvantagens de cada opção" (SANTOS, Ramon Tomazela. O aproveitamento de créditos extemporâneos da contribuição ao PIS e da Cofins. *RDDT* 216/108, 2013).

– "De acordo com as leis do PIS/COFINS não cumulativos, o período a partir do qual a acumulação do saldo credor gera direito à sua restituição em dinheiro ou compensação com tributos de outras espécies (na hipótese e empresas exportadoras...) é o trimestre (art. 16 da Lei n. 11.116/05 – os arts. 5º, § 2º da Lei n. 10.637/02 e 6º, § 2º da Lei n. 10.833/03 determinam que a devolução em dinheiro será possível após o decurso do trimestre, mas chegam a autorizar a compensação, pela empresa exportadora, do saldo acumulado antes do fim dos três meses). O período trimestral não foi uma criação do legislador do PIS/Cofins. Trata-se da mesma regra utilizada para a apuração de saldo credor do IPI... [...] Passado um trimestre sem que o saldo credor possa ser utilizado, o contribuinte passa a fazer jus, alternativamente: a) à compensação com débitos de PIS/COFINS cumulativos (posto que os tributos possuem a mesma natureza constitucional, não modificando a mesma o regime de apuração de ambos); b) à restituição em espécie desse saldo credor, mediante requerimento feito junto à RFB" (COÊLHO, Sacha Calmon Navarro; DERZI, Misabel Abreu Machado. Fungibilidade entre os regimes cumulativo e não cumulativo do PIS/Cofins. *RDDT* 150/113, 2008).

– **Prazo para aproveitamento de créditos extemporâneos.** "SOLUÇÃO DE DIVERGÊNCIA N. 21, DE 29 DE JULHO DE 2011... Os direitos creditórios referidos no art. 3º da Lei n. 10.637, de 30 de dezembro de 2002, e no art. 3º da Lei n. 10.833, de 29 de dezembro de 2003, estão sujeitos ao prazo prescricional previsto no art. 1º do Decreto n. 20.910, de 06 de janeiro de 1932. Os fatos geradores dos direitos creditórios referidos no art. 3º da Lei n. 10.637, de 2002, e no art. 3º da Lei n. 10.833, de 2003, têm natureza completiva e aperfeiçoam-se no último dia do mês da apuração. O termo de início para contagem do prazo prescricional relativo aos direitos creditórios referidos no art. 3º da Lei n. 10.637, de 2002, e no art. 3º da Lei n. 10.833, de 2003, é o primeiro dia do mês subsequente ao de sua apuração; DISPOSITIVOS LEGAIS: art. 1º do Decreto n. 20.910, de 06 de janeiro de 1932; art. 3º da Lei n. 10.637, de 30 de dezembro de 2001; art. 3º da Lei n. 10.833, de 29 de dezembro de 2003. FERNANDO MOMBELLI Coordenador-Geral".

– **Correção monetária e utilização dos créditos de PIS/Cofins.** "CORREÇÃO MONETÁRIA. CRÉDITO ESCRITURAL. PIS. COFINS. Em relação aos créditos de PIS e Cofins apurados sob a forma do art. 3º das Leis ns. 10.637/2002 e 10.833/2003, só há permissão para que sejam deduzidos do montante a ser pago referente à respectiva contribuição. Contudo, se apurado saldo credor acumulado ao final do trimestre, há a possibilidade de compensação com outras espécies de tributo que sejam administradas pela Receita Federal (art. 16 da Lei n. 11.116/2005). Já quanto à correção monetária de créditos escriturais do IPI, é certo que a Primeira Seção, em recurso repetitivo, assentou que ela é somente devida se o direito ao crédito não foi exercido em momento oportuno. Sucede que esse mesmo raciocínio pode ser estendido aos créditos escriturais de PIS e Cofins, sujeitos ao art. 3º das Leis ns. 10.637/2002 e 10.833/2003, visto que, também nesses casos, não há previsão legal que permita a correção monetária. Precedente citado: REsp 1.035.847-RS, *DJe*

3/8/2009. REsp 1.203.802-RS. Rel. Min. Herman Benjamin, julgado em 9/11/2010" (*Informativo* STJ, 2010).

⇒ **Glosa de ressarcimento de PIS/PASEP. Súmula CARF 159:** "Não é necessária a realização de lançamento para glosa de ressarcimento de PIS/Pasep e Cofins não cumulativos, ainda que os ajustes se verifiquem na base de cálculo das contribuições" (CSRF, 2019). Obs.: vinculante, conforme Portaria ME n. 410/2020).

§ 13. Revogado pela EC n. 103/2019 (Reforma da Previdência).

Redação revogada: "Aplica-se o disposto no § 12 inclusive na hipótese de substituição gradual, total ou parcial, da contribuição incidente na forma do inciso I, *a*, pela incidente sobre a receita ou o faturamento".

⇒ Obs.: o § 13 fora acrescido pela EC n. 42, publicada no *DOU* de 31 de dezembro 2003, vigendo até a sua revogação pela EC n. 103/2019.

⇒ Revogação da desoneração da folha. Esse dispositivo deve ser lido em conjunto com o § 9º do próprio art. 195, que também teve sua redação alterada e que já não mais autoriza a diferenciação de base de cálculo para a contribuição sobre a folha e rendimentos do trabalho. Nesse sentido, a desoneração da folha foi afastada, em prol dos contas da previdência, embora ainda seja viável diferenciação de alíquotas para atividades com uso intensivo de mão de obra, dentre outros critérios previstos também no § 9º.

– **Revogação das contribuições substitutivas.** Em razão da elevada carga tributária incidente sobre a folha de salários, que encarece e, por isso, inibe a contratação de empregados, o art. 195, § 13, da Constituição previa a "substituição gradual, total ou parcial", da contribuição sobre a folha por uma nova contribuição sobre a receita ou faturamento. Esse dispositivo, contudo, restou revogado pela Reforma da Previdência realizada através da EC n. 103, de 2019, de maneira que não mais existe essa diretriz constitucional, sendo que as contribuições substitutivas a que nos referiremos na sequência entraram em processo de extinção, já sendo previsto o término da sua vigência. Entendemos, inclusive, que as contribuições substitutivas restaram revogadas. Ainda assim, as contribuições substitutivas de que tratam a Lei n. 12.546/2011 tiveram a sua vigência prorrogada para o final de 2023 pela Lei n. 14.288/2021.

⇒ **Desoneração da folha de salários e demais remunerações de trabalho prestado por pessoa física.** As preocupações com a carga tributária sobre a folha de salários são constantes. Nossa constituição elege a busca do pleno emprego como princípio da ordem econômica (art. 170, VIII, da CF), mas a elevada carga tributária, ao onerar demasiadamente a contratação de empregados, somada aos também elevados encargos trabalhistas, encarece e dificulta as contratações, além de induzir à informalidade. Daí a importância de se buscar outra matriz tributária, em que o financiamento da seguridade social não tenha o valor da folha de salários como referência. Com vista à alteração desta realidade, sem que tal implique, contudo, perda de receitas, é que a EC n. 42/2003 autorizava a substituição total ou parcial da tributação sobre a base econômica prevista no art. 195, I, *a*, pela tributação sobre a receita ou o faturamento. Mas a EC n. 103/2019 deu um passo atrás, revogando o § 13 do art. 195 da CF.

– Temos aproximadamente 28% a ser recolhido pela empresa como contribuinte, sendo que, em alguns casos, pode inclusive extrapolar esse patamar. São 20% de contribuição previdenciária, mais adicional de 1% a 3% a título de SAT, podendo essa variação ampliar-se para 0,3% a 6% em função do FAP. Isso sem falar nos adicionais relativos a atividades especiais e também nas contribuições a terceiros (2,5% (e.g.: SESI/SENAI), 0,3% (SEBRAE), 2,5% (salário-educação) e 0,2% (INCRA). Há, ainda, os encargos de natureza trabalhista, como as provisões para o décimo terceiro salário e para o pagamento das férias e do seu adicional, a contribuição ao FGTS, as despesas com transporte, com alimentação, plano de saúde etc. Somando-se os encargos tributários e trabalhistas, poderemos ter em torno de 60%, ou até mais, de custo adicional para o empresário sobre a folha de salários. Note-se, ainda, que o próprio empregado sofre também o desconto de contribuição previdenciária e de imposto de renda, o que reduz os seus rendimentos líquidos, em aproximadamente 30% (contribuição previdenciária de 8 a 11% e imposto de renda conforme a tabela mensal, com progressividade gradual compreendendo faixa isenta e faixas com alíquotas progressivas de 7,5% a 27,5%). Desse modo, cria-se um abismo entre os valores efetivamente disponíveis para o empregado e quanto o empregador tem de despender para a sua contratação. Muitas vezes, o custo do empregado para a empresa é o dobro dos rendimentos líquidos do empregado.

– "... para determinadas empresas, notadamente as que possuem um número reduzido de empregados, a contribuição previdenciária substitutiva trouxe tão somente malefícios, pois estão tendo sua eficiência econômica comprometida. [...] com fulcro nas disposições constantes dos arts. 150, II, da CF/1988 (princípio da isonomia); 150, IV, da CF/1988 (princípio do não confisco no âmbito tributário); 170, IV, parágrafo único, da CF/1988 (princípio da ordem econômica baseada na livre concorrência), manifestamos nosso entendimento pela possibilidade de que as empresas questionem judicialmente a substituição temporária da contribuição previdenciária patronal no percentual de 20% incidente sobre a folha de salários, por um percentual de 2,0% ou 1,0% incidente sobre a receita bruta mensal (Lei n. 12.546/2011 e alterações) quando, ao invés de uma desoneração, houver um aumento da carga tributária, devidamente demonstrado contabilmente" (TESSARI, Cláudio. A Lei n. 12.546/2011, suas alterações, e a possibilidade jurídica das empresas questionarem a mudança da base de cálculo da contribuição previdenciária quando, ao invés de uma desoneração, houver um aumento da carga tributária, recentes decisões judiciais. *RDDT* 224/29, 2014).

⇒ **Validade da instituição de contribuições substitutivas após o advento da EC n. 42/2003.** Apenas após a EC n. 42/2003, que acresceu o § 13 ao art. 195 da Constituição, é que se passou a ensejar a substituição total ou parcial da contribuição ordinária prevista no art. 195, I, *a*, pela do art. 195, I, *b*, como instrumento para a desoneração da contratação formal de trabalhadores. Anteriormente ao advento da EC n.

42/2003, esse tipo de substituição era incompatível com o texto constitucional, pois só poderiam ser instituídas novas contribuições com observância da técnica de exercício da competência residual, prevista no art. 195, § 4º, que exige lei complementar, não cumulatividade e fato gerador e base de cálculo diversas das contribuições já previstas nos incisos do art. 195. Após a EC n. 103/2019, por sua vez, mais uma vez, já não há mais suporte para as contribuições substitutivas.

– **Inconstitucionalidade das contribuições substitutivas instituídas anteriormente ao advento da EC n. 42/2003.** Antes do advento da EC n. 42/2003 já havia um movimento de substituição das contribuições sobre a folha por novas contribuições sobre a receita. Efetivamente, não obstante a autorização constitucional seja recente, há muito vinha o legislador procedendo à substituição das contribuições sobre o pagamento de empregados e avulsos (20% sobre a remuneração dos empregados e avulsos mais o adicional de 1% a 3% a título de SAT) por novas contribuições sobre a receita bruta relativamente a diversas atividades. Tal substituição foi inconstitucional pois não era autorizada, nem mesmo a título de substituição, a instituição de outras contribuições sobre a receita além da Cofins e do PIS/PASEP, que têm suporte no art. 195, I, *b*, e no art. 239 da CF, tampouco se podia instituir novas contribuições senão por lei complementar, forte nos condicionamentos constantes do art. 195, § 4º, da CF. Desse modo, há diversas contribuições inválidas sendo exigidas, devendo-se ter bem presente que o advento da EC n. 42/2003 não tem o efeito de convalidar tais normas que jamais tiveram validade e que, portanto, não puderam ser recepcionadas.

– "... quase todas elas são inconstitucionais... quais sejam: i) contribuição dos clubes de futebol (Lei n. 9.528/1997); ii) contribuição do produtor rural pessoa jurídica (Leis ns. 8.870/1994 e 10.256/2001); iii) contribuição da agroindústria (Lei n. 8.870/1994); iv) contribuição da agroindústria (Lei n. 10.256/2001; v) contribuição do produtor rural pessoa física (Leis n. 8.540/1992 e 10.256/2001; vi) contribuição dos empregadores rurais ao Sinal (Leis n. 8.540/1992, 8.870/1994 e alterações). [...] inconstitucionalidades que contaminam as incidências *sui generis* sobre a receita...: a) as normas de competência das contribuições sociais que atingem a 'receita ou o faturamento' não autorizam a criação de outras contribuições sobre as mesmas hipóteses/bases de cálculo; b) as incidências adicionais sobre a receita não autorizadas... representam a criação de contribuições sociais residuais, porém violando os limites indicados no § 4º do art. 195 da Constituição; c) o art. 195, § 9º, da Constituição (inserido pela EC n. 20/1998) não tem o condão de permitir casos de *bis in idem* sobre a 'receita ou o faturamento' afora os já autorizados expressamente pela Constituição; d) o art. 149, § 2º, III, da Constituição (inserido pela EC n. 33/2001) também não tem o condão de permitir casos de *bis in idem* sobre a 'receita ou o faturamento afora os já autorizados expressamente pela Constituição" (PETRY, Rodrigo Caramori. A contribuição previdenciária sobre a "folha de salários" e sua substituição por incidências adicionais sobre as receitas das atividades rurais. *RDDT* 142/62, 2007).

⇒ **CPRB. Contribuição substitutiva sobre a receita bruta.** A contribuição substitutiva sobre a receita bruta beneficiou alguns setores que passaram a recolher um pequeno percentual sobre a receita bruta em lugar de recolher a contribuição patronal sobre a folha de salários.

– A CPRB foi instituída pela Lei n. 12.546/2011. Mas tal substituição, que chegou a alcançar diversos setores, como o de tecnologia da informação (TI), de tecnologia da informação e comunicação (TIC) e serviços de *call center*, transporte rodoviário e ferroviário de cargas, jornalístico e de radiodifusão sonora de sons e imagens, acabou por ser restringida por força da MP n. 774/2017 e de outros diplomas, tendo sucessivamente aprazado seu termo final de vigência, embora, desde EC n. 103/2019, já nos pareça carecer de suporte constitucional, em razão da revogação do § 13 do art. 195 da CF.

– **Regime híbrido: parte sobre a folha, parte sobre a receita em caráter substitutivo.** Como há empresas que tem por objeto tanto atividades sujeitas às contribuições substitutivas como outras atividades, o art. 9º da Lei n. 12.546/2011 estabelece critérios para que paguem pelas duas modalidades, ocorrendo a substituição quanto à parcela da receita bruta das atividades referidas nos arts. 7º e 8º. O Decreto n. 7.828/2012 regulamenta a matéria.

– "empresas com atividades mistas... submetem-se desde 1º de agosto de 2012 a um regime híbrido: sujeição parcial à contribuição sobre o faturamento (no tocante exclusivamente às receitas auferidas com a atividade submetida à nova incidência) e sujeição parcial à contribuição sobre a folha de salário (esta reduzida na proporção da participação da receita com atividades secundária sem face da receita total)" (SILVA, Rogério Pires da. Contribuição previdenciária de empresas de tecnologia da informação e da comunicação (TI/TIC) e as recentes modificações legislativas. *RDDT* 208/147, 2013).

– "... com relação a empresas que exercem atividades mistas e cuja atividade preponderante esteja sujeita à contribuição previdenciária substitutiva por força do seu enquadramento no CNAE, o § 9º do já mencionado artigo 9º da Lei 12.546/2011 cria um regime especial de tributação, em que a atividade submetida à contribuição sobre a receita bruta absorve integralmente as outras atividades. [...] A falta de lógica na alteração legislativa já trouxe casos concretos em que se evidenciou a falta de isonomia na sua aplicação. Isso porque o fato de uma empresa recolher a contribuição na forma sobre a receita bruta por força de seu enquadramento no CNAE traz duas consequências iniciais: (i) a primeira delas é a de que se as atividades secundárias também forem desoneradas, porém com uma alíquota ainda mais favorável que a atividade preponderante, elas serão encampadas pela alíquota desta última, o que coloca a empresa em uma situação de desequilíbrio com outras que realizem o mesmo tipo de atividade. Já se conhece um caso concreto em que tal desequilíbrio ocorreu... em que o órgão fazendário decidiu que determinada empresa, cuja atividade preponderante estaria enquadrada no sistema da contribuição substitutiva por força do seu enquadramento no CNAE sob o código 4.313-4/00 (sujeita, portanto, a uma alíquota de 2%), deveria recolher a contribuição sob a mesma alíquota também para as receitas auferidas com o trans-

porte rodoviário de cargas, para a qual originalmente estaria prevista a alíquota de 1%. No entanto, se na hipótese a empresa restou prejudicada em relação a sua atividade secundária, na medida em que a atividade preponderante tinha prevista na legislação uma alíquota mais gravosa, a situação se inverte nas hipóteses (ii) em que a atividade secundária é que deveria ser tributada por uma alíquota mais gravosa ou até mesmo pelo anterior sistema de apuração e recolhimento de contribuições previdenciárias, sem nenhum tipo de desoneração. [...] Nestes casos, mais uma vez, os contribuintes que realizam atividades rigorosamente idênticas, ou, ainda, produzem produtos idênticos que são igualmente postos a mercado, estariam sujeitos a uma carga tributária diversa; ainda mais grave, da forma como editada a referida lei, esta legitima os desequilíbrios de concorrência, podendo, inclusive, ser utilizada como forma de planejamento tributário lícito, mas cuja edição legislativa não ultrapassaria o mais largo crivo de constitucionalidade, porque contrária ao princípio da neutralidade" (CASQUET, Pedro Guilherme Modenese; PEREIRA, Natália Affonso. A contribuição previdenciária substitutiva: novas reflexões sobre os seus aspectos controvertidos. *RDDT* 226/145, 2014).

– **Exclusão do ICMS da base de cálculo da CPRB.** Temos que se impunha observar a *ratio decidente* do Tema 69 do STF, por coerência, também quanto à CPRB, autorizando-se a exclusão do ICMS da sua base. Afinal, tanto a COFINS como a CPRB são contribuições sobre a receita e não parece juridicamente admissível trabalharmos com duas noções constitucionais de receita, sem que haja razões para tanto, ou autorizar a não observância da base constitucional amparados na afirmação de que a opção pelo regime substitutivo é opcional. O caráter opcional nos parece irrelevante, pois tangencia a discussão da base econômica. Mas o STF e o STJ se inclinaram em sentido diverso, ao nosso ver, inconsistente e contraditório.

– **Tema 1.048 do STF:** "É constitucional a inclusão do Imposto Sobre Circulação de Mercadorias e Serviços – ICMS na base de cálculo da Contribuição Previdenciária sobre a Receita Bruta - CPRB". Decisão de mérito em 2021.

– "ICMS. INCLUSÃO NA BASE DE CÁLCULO DA CONTRIBUIÇÃO PREVIDENCIÁRIA SOBRE A RECEITA BRUTA. POSSIBILIDADE. DESPROVIMENTO DO RECURSO EXTRAORDINÁRIO. 1. A Emenda Constitucional 42/2003 inaugurando nova ordem previdenciária, ao inserir o parágrafo 13 ao artigo 195 da Constituição da República, permitiu a instituição de contribuição previdenciária substitutiva daquela incidente sobre a folha de salários e pagamentos. 3. Diante da autorização constitucional, foi editada a Lei 12.546/2011 (objeto de conversão da Medida Provisória 540/2011), instituindo contribuição substitutiva (CPRB), com o escopo de desonerar a folha de salários/pagamentos e reduzir a carga tributária. Quando de sua instituição, era obrigatória às empresas listadas nos artigos 7º e 8º da Lei 12.546/2011; todavia, após alterações promovidas pela Lei 13.161/2015, o novo regime passou a ser facultativo. 4. As empresas listadas nos artigos 7º e 8º da Lei 12.546/2011 têm a faculdade de aderir ao novo sistema, caso concluam que a sistemática da CPRB é, no seu contexto, mais benéfica do que a contribuição sobre a folha de pagamentos. 5.

Impossibilidade da empresa optar pelo novo regime de contribuição por livre vontade e, ao mesmo tempo, se beneficiar de regras que não lhe sejam aplicáveis. 5. Impossibilidade de a empresa aderir ao novo regime, abatendo do cálculo da CPRB o ICMS sobre ela incidente, pois ampliaria demasiadamente o benefício fiscal, pautado em amplo debate de políticas públicas tributárias, em grave violação ao artigo 155, § 6º, da CF/1988, que determina a edição de lei específica para tratar sobre redução de base de cálculo de tributo. 6. Recurso Extraordinário a que se nega provimento. Tema 1.048, fixada a seguinte tese de repercussão geral: 'É constitucional a inclusão do Imposto Sobre Circulação de Mercadorias e Serviços – ICMS na base de cálculo da Contribuição Previdenciária sobre a Receita Bruta – CPRB'" (STF, RE 1.187.264, 2021).

– **Tema 1.135:** "É constitucional a inclusão do Imposto Sobre Serviços de Qualquer Natureza – ISS na base de cálculo da Contribuição Previdenciária sobre a Receita Bruta – CPRB". Decisão do mérito em 2021.

– "ISS. INCLUSÃO NA BASE DE CÁLCULO DA CONTRIBUIÇÃO PREVIDENCIÁRIA SOBRE A RECEITA BRUTA. POSSIBILIDADE. DESPROVIMENTO DO RECURSO EXTRAORDINÁRIO. 1. A Emenda Constitucional 42/2003 inaugurando nova ordem previdenciária, ao inserir o parágrafo 13 ao artigo 195 da Constituição da República, permitiu a instituição de contribuição previdenciária substitutiva daquela incidente sobre a folha de salários e pagamentos. 2. Diante da autorização constitucional, foi editada a Lei 12.546/2011 (objeto de conversão da Medida Provisória 540/2011), instituindo contribuição substitutiva (CPRB), com o escopo de desonerar a folha de salários/pagamentos e reduzir a carga tributária. Quando de sua instituição, era obrigatória às empresas listadas nos artigos 7º e 8º da Lei 12.546/2011; todavia, após alterações promovidas pela Lei 13.161/2015, o novo regime passou a ser facultativo. 3. As empresas listadas nos artigos 7º e 8º da Lei 12.546/2011 têm a faculdade de aderir ao novo sistema, caso concluam que a sistemática da CPRB é, no seu contexto, mais benéfica do que a contribuição sobre a folha de pagamentos. 4. Impossibilidade da empresa optar pelo novo regime de contribuição por livre vontade e, ao mesmo tempo, se beneficiar de regras que não lhe sejam aplicáveis. 5. Impossibilidade de a empresa aderir ao novo regime, abatendo do cálculo da CPRB o ISS sobre ela incidente, pois ampliaria demasiadamente o benefício fiscal, pautado em amplo debate de políticas públicas tributárias, em grave violação ao artigo 155, § 6º, da CF/1988, que determina a edição de lei específica para tratar sobre redução de base de cálculo de tributo. 6. Recurso Extraordinário a que se nega provimento. Tema 1.135, fixada a seguinte tese de repercussão geral: 'É constitucional a inclusão do Imposto Sobre Serviços de Qualquer Natureza – ISS na base de cálculo da Contribuição Previdenciária sobre a Receita Bruta – CPRB'" (STF, RE 1.285.845, 2021).

⇒ **Tema 994 do STJ:** "É constitucional a inclusão do Imposto Sobre Circulação de Mercadorias e Serviços – ICMS na base de cálculo da Contribuição Previdenciária sobre a Receita Bruta – CPRB". Decisão do mérito em 2022.

– "REVISÃO DA TESE FIRMADA NO TEMA 994/STJ. RECURSO ESPECIAL REPETITIVO. CÓDIGO DE PROCES-

SO CIVIL DE 2015. APLICABILIDADE. CONTRIBUIÇÃO PREVIDENCIÁRIA SOBRE A RECEITA BRUTA – CPRB. LEI N. 12.546/2011. INCLUSÃO DO ICMS NA BASE DE CÁLCULO. RETORNO DOS AUTOS PARA RETRATAÇÃO. ART. 1.040, II, DO CPC/2015. ENTENDIMENTO CONTRÁRIO FIXADO PELO SUPREMO TRIBUNAL FEDERAL EM SEDE DE REPERCUSSÃO GERAL (TEMA 1.048/STF). RESSALVA DE POSICIONAMENTO PESSOAL QUANTO À DESNECESSIDADE DA ADEQUAÇÃO. EFEITO CONSTITUTIVO SUFICIENTE DO PRECEDENTE VINCULANTE... II – Em juízo de retratação, provocado por emissão de entendimento vinculante adverso do Supremo Tribunal Federal no Tema 1.048/STF (RE 1.187.264/SP RG), impõe-se a alteração da tese repetitiva fixada no Tema 994/STJ, que passa a vigorar com a seguinte redação: 'É constitucional a inclusão do Imposto Sobre Circulação de Mercadorias e Serviços – ICMS na base de cálculo da Contribuição Previdenciária sobre a Receita Bruta – CPRB'. III – Superado o entendimento encartado em tese repetitiva por ulterior posicionamento vinculante contrário do Supremo Tribunal Federal, impõe-se o ajuste do seu enunciado – e não o seu mero cancelamento –, porquanto, embora de duvidosa utilidade prática sob a ótica do direito material envolvido, a ausência de precedente qualificado deste Superior Tribunal obstaria a negativa de seguimento, na origem, aos recursos especiais interpostos (art. 1.030, I, *b*, do CPC/2015), impactando, desfavoravelmente, a gestão do acervo recursal das Cortes ordinárias" (STJ, REsp 1.638.772, 2022).

⇒ **Exclusão do PIS e da COFINS da base da CPRB. Tema 1.186:** MÉRITO AINDA NÃO JULGADO. Controvérsia: "Exclusão dos valores relativos ao PIS e à COFINS da base de cálculo da Contribuição Previdenciária sobre a Receita Bruta (CPRB)". Obs.: está em discussão no RE 1.341.464.

⇒ **Alíquotas.** Vale ter em conta que a contribuição substitutiva sobre a receita não é idêntica para todos os setores abrangidos pela substituição. As alíquotas variam: 1,5%, 2%, 4,5%, conforme a atividade.

– Setor da construção civil. Vide: VALENTE, Vagner Aparecido Nóbrega. A desoneração da folha de pagamentos e seus reflexos no segmento da construção civil. *RDDT* 214/125, 2013.

– Retenção substitutiva de 3,5%. A Lei n. 12.715/2012, incluindo na Lei n. 12.546/2011 o § 6º do art. 7º e o § 5º do art. 8º, determinou que a retenção na fonte nos casos de cessão de mão de obra para a execução dos serviços sujeitos à contribuição substitutiva dar-se-á mediante a retenção de 3,5% do valor bruto da nota fiscal ou fatura.

• Vide: MARINHO, Rodrigo César de Oliveira. Base de cálculo da retenção previdenciária na construção civil, sob o regime da "contribuição substitutiva". *RDDT* 232/150, 2015.

• Vide: MARTINEZ, Wladimir Novaes. Contribuições previdenciárias: medida do fato gerador na cessão de mão de obra na construção civil. *RDDT* 220/134, 2014.

⇒ **FUNRURAL. Contribuição do produtor rural pessoa física enquanto empregador sobre a receita bruta. Art. 25 da Lei n. 8.212/91. Leis n. 9.528/97 e n. 10.256/2001.** O art. 25 da Lei n. 8.212/91, com a redação que lhe foi atribuída pelas

Leis n. 9.528/97, n. 10.256/01 e n. 11.718/08, institui contribuição para o produtor rural pessoa física empregador sobre a receita bruta da comercialização da produção. O art. 25-A equipara a tal empregador rural, o consórcio simplificado de produtores rurais que contrate trabalhadores para prestação de serviços, exclusivamente, aos seus integrantes, submetendo tal consórcio à mesma contribuição. Note-se que não se trata de contribuição do empregador rural enquanto segurado (art. 195, II, da CF), mas enquanto empregador, com amparo no art. 195, I, *a*, da CF. Constava de modo inequívoco que tal contribuição era devida pelo empregador rural pessoa física em substituição à contribuição sobre o pagamento de empregados e avulsos e ao adicional ao SAT.

– **Tema 202 do STF:** "É inconstitucional a contribuição, a ser recolhida pelo empregador rural pessoa física, incidente sobre a receita bruta proveniente da comercialização de sua produção, prevista no art. 25 da Lei 8.212/1991, com a redação dada pelo art. 1º da Lei 8.540/1992". Decisão de mérito em 2011.

– "CONTRIBUIÇÃO SOCIAL PREVIDENCIÁRIA. EMPREGADOR RURAL PESSOA FÍSICA. INCIDÊNCIA SOBRE A COMERCIALIZAÇÃO DA PRODUÇÃO. ART. 25 DA LEI 8.212/1991, NA REDAÇÃO DADA PELO ART. 1º DA LEI 8.540/1992. INCONSTITUCIONALIDADE. I – Ofensa ao art. 150, II, da CF em virtude da exigência de dupla contribuição caso o produtor rural seja empregador. II – Necessidade de lei complementar para a instituição de nova fonte de custeio para a seguridade social. III – RE conhecido e provido para reconhecer a inconstitucionalidade do art. 1º da Lei 8.540/1992, aplicando-se aos casos semelhantes o disposto no art. 543-B do CPC" (STF, RE 596.177, 2011).

– "CONTRIBUIÇÃO SOCIAL – COMERCIALIZAÇÃO DE BOVINOS – PRODUTORES RURAIS PESSOAS NATURAIS – SUB-ROGAÇÃO – LEI N. 8.212/91 – ARTIGO 195, INCISO I, DA CARTA FEDERAL – PERÍODO ANTERIOR À EMENDA CONSTITUCIONAL N. 20/98 – UNICIDADE DE INCIDÊNCIA – EXCEÇÕES – COFINS E CONTRIBUIÇÃO SOCIAL – PRECEDENTE – INEXISTÊNCIA DE LEI COMPLEMENTAR. Ante o texto constitucional, não subsiste a obrigação tributária sub-rogada do adquirente, presente a venda de bovinos por produtores rurais, pessoas naturais, prevista nos artigos 12, incisos V e VII, 25, incisos I e II, e 30, inciso IV, da Lei n. 8.212/91, com as redações decorrentes das Leis n. 8.540/92 e n. 9.528/97. Aplicação de leis no tempo – considerações" (STF, RE 363.852, 2010).

• Vide: CARDOSO, Oscar Valente. O contribuinte do Funrural após o julgamento do RE 363.852 pelo STF. *RDDT* 181/116, out. 2010 e vide *RET* 74/10. Também: ÁVILA, Humberto. Contribuição social do produtor rural pessoa física. Lei n. 8.540/92. Incidência sobre o resultado da comercialização da produção. Exame de constitucionalidade relativo às regras de competência e aos princípios da igualdade e da proibição de confisco. *RDDT* 126/87, mar. 2006. CALCINI, Fábio Pallaretti. Funrural: Tributação sobre as receitas da agroindústria. inconstitucionalidade da Lei n. 10.256/2001. *RDDT* 180/41, 2010.

– **Inaplicabilidade aos lançamentos de sub-rogação da pessoa jurídica. Súmula CARF 150:** "A inconstitucionalidade declarada por meio do RE 363.852/MG não alcança os lançamentos de sub-rogação da pessoa jurídica nas obrigações do produtor rural pessoa física que tenham como fundamento a Lei n. 10.256, de 2001" (CSRF, 2019). Obs.: vinculante, conforme Portaria ME n. 410/2020).

– **Análise da Lei n. 10.256/2001. Tema 669 do STF:** "É constitucional formal e materialmente a contribuição social do empregador rural pessoa física, instituída pela Lei 10.256/2001, incidente sobre a receita bruta obtida com a comercialização de sua produção". Decisão do mérito em 2017.

– "EC 20/98. NOVA REDAÇÃO AO ARTIGO 195, I DA CF. POSSIBILIDADE DE EDIÇÃO DE LEI ORDINÁRIA PARA INSTITUIÇÃO DE CONTRIBUIÇÃO DE EMPREGADORES RURAIS PESSOAS FÍSICAS INCIDENTE SOBRE A COMERCIALIZAÇÃO DA PRODUÇÃO RURAL. CONSTITUCIONALIDADE DA LEI 10.256/2001. 1. A declaração incidental de inconstitucionalidade no julgamento do RE 596.177 aplica-se, por força do regime de repercussão geral, a todos os casos idênticos para aquela determinada situação, não retirando do ordenamento jurídico, entretanto, o texto legal do artigo 25, que, manteve vigência e eficácia para as demais hipóteses. 2. A Lei 10.256, de 9 de julho de 2001 alterou o artigo 25 da Lei 8.212/91, reintroduziu o empregador rural como sujeito passivo da contribuição, com a alíquota de 2% da receita bruta proveniente da comercialização da sua produção; espécie da base de cálculo receita, autorizada pelo novo texto da EC 20/98. 3. Recurso extraordinário provido, com afirmação de tese segundo a qual é constitucional formal e materialmente a contribuição social do empregador rural pessoa física, instituída pela Lei 10.256/01, incidente sobre a receita bruta obtida com a comercialização de sua produção" (STF, RE 718.874, 2017). Foram opostos embargos declaratórios, mas o STF os rejeitou, deixando de modular os efeitos sob o argumento de que "A inexistência de alteração de jurisprudência dominante torna incabível a modulação de efeitos do julgamento" (2018).

– **Inconstitucionalidade também da Lei n. 10.256/2001.** "FUNRURAL. EMPREGADOR RURAL PESSOA FÍSICA. ART. 25 DA LEI N. 8.212/91. LEIS 8.540/92 E 9.528/97 DECLARADAS INCONSTITUCIONAIS PELO STF. EC N. 20/98. LEI N. 10.256/2001. INCONSTITUCIONALIDADE PARCIAL. 1. O Supremo Tribunal Federal, no RE n. 363.852/MG, representativo da controvérsia da repercussão geral, declarou a inconstitucionalidade das Lei n. 8.540/92 e 9.528/97, que deram nova redação aos arts. 12, V e VII, 25, I e II, e 30, IV, da Lei n. 8.212/91, até que legislação nova, arrimada na EC n. 20/98, institua a contribuição, desobrigando a retenção e recolhimento da contribuição social ou o recolhimento por subrogação sobre a 'receita bruta proveniente da comercialização da produção rural' de empregadores, pessoas naturais. 2. Reconhecida pelo STF a existência de repercussão geral da matéria relativa à contribuição social do empregador rural pessoa física incidente sobre comercialização da produção rural, no julgamento do RE n. 596177/RS... 3. Uma vez rejeitado o pedido de modulação cronológica dos efeitos do RE n. 363.852/MG, inverossímil solução jurídica diversa no RE n. 596177/RS, pendente de julgamento e tratando de matéria símil, tornando despicienda qualquer manifestação da Corte Especial deste Tribunal Regional a respeito da inconstitucionalidade do artigo 1º da Lei n. 8.540/92, a genetizar novel redação aos artigos 12, incisos V e VII, 25, incisos I e II, e 30, inciso IV, da Lei n. 8.212/91, com a redação imprimida pela Lei n. 9.528/97. 4. Receita e faturamento não são sinônimos, segundo o STF no julgamento dos RE's n. 346084, 358273, 357950 e 390840, em 09/11/2005. 5. Evidenciada a necessidade de lei complementar à instituição da nova fonte de custeio em data pretérita à Emenda Constitucional n. 20/98. 6. A EC n. 20/98 acrescentou o vocábulo 'receita' no art. 195, inciso I, *b*, da CF/88, e, a partir da previsão constitucional da fonte de custeio, a exação pode ser instituída por lei ordinária, conforme RREEs 146733 e 138284. 7. O STF não fez menção à Lei n. 10.256/2001, porque se tratava de recurso em Mandado de Segurança ajuizado em 1999, mas declarou inconstitucional o art. 25 da Lei n. 8.212/91, com a redação dada por essa lei, em razão da deficitária alteração por ela promovida. 8. Afastada a redação das Leis n. 8.540/92 e 9.528/97, a Lei n. 10.256/2001, na parte que modificou o *caput* do art. 25 da Lei n. 8.212/91, não tem arrimo na EC n. 20/98, pois termina em dois pontos e não estipulou o binômio base de cálculo/fato gerador, nem definiu alíquota. Nasceu capenga, natimorta, pois somente à lei cabe eleger estes elementos dimensionantes do tributo, conforme art. 9º, I, do CTN, art. 150, I, e 195, *caput*, ambos da CF/88. 9. A declaração do STF, enquadrada em regras exegéticas, foi com redução de texto, embora não expressa, haja vista a presunção de legitimidade da lei, em conciliação com o art. 194, I, e 195, *caput*, da CF/88, dada a universalidade da cobertura, atendimento e obrigatoriedade do financiamento da Seguridade Social por toda a sociedade, induzindo à imprescindibilidade do custeio também pelo segurado especial. 10. Declarada inconstitucional a Lei n. 10.256/2001, com redução de texto, para abstrair do *caput* do art. 25 da Lei n. 8.212/91 as expressões 'contribuição do empregador rural pessoa física, em substituição à contribuição de que tratam os incisos I e II do art. 22', e 'na alínea *a* do inciso V', fica mantida a contribuição do segurado especial, na forma prevista nos incisos I e II do art. 25 da Lei n. 8.212/91. 11. Exigível a contribuição do empregador rural pessoa física sobre a folha de salários, com base no art. 22 da Lei n. 8.212/91, equiparado a empresa pelo parágrafo único do art. 15 da mesma lei, porque revogado o seu § 5º pelo art. 6º da Lei n. 10.256/2001, que vedava a exigibilidade. 12. Tem direito o empregador rural pessoa física, à restituição ou compensação da diferença da contribuição recolhida com base na comercialização da produção rural e a incidente sobre a folha de salários. 13. Acolhido parcialmente o incidente de arguição de inconstitucionalidade do art. 1º da Lei n. 10.256/2001, com redução de texto, na parte que modifica o *caput* do artigo 25 da Lei n. 8212/91, por afronta à princípios insculpidos na Constituição Federal" (TRF4, ARGINC 2008.70.16.000444-6, 2011).

– "Em respeito à legalidade tributária, para que se dê a instituição validade de um tributo, é preciso que a lei contenha todos os elementos essenciais da obrigação tributária (sujeitos passivos, base de cálculo e alíquota), mas a Lei 10.256/01 não os contém. [...] Há uma relação necessária entre o *caput* e os incisos dos dispositivos legais, de forma que uns não subsistem sem os outros,

razão pela qual a Lei 10.256/01 não pode *destacar* incisos de lei anterior e incorporá-los ao seu próprio texto, mesmo porque a alteração do *caput* não tem o condão de convalidar os incisos declarados inconstitucionais" (ÁVILA, Humberto. Contribuição do produtor rural pessoa física sobre a receita bruta proveniente da comercialização de sua produção. Subsistência da inconstitucionalidade após a Lei n. 10.256/2001. *RDDT* 185/128, 2011).

– "A contribuição social do produtor rural pessoa física empregadora, exigida com base no artigo 25 da Lei 8.212/91, mesmo após o advento da Lei n. 10.256/2001, é dotada de inconstitucionalidade formal e material: (i) quer por corresponder a uma nova fonte de custeio criada por singela lei ordinária; (ii) quer por violar o princípio da isonomia fiscal, que reclama idêntico tratamento tributário aos empregadores rurais e urbanos; (iii) quer por ter a mesma base imponível e destinação constitucional da Cofins, aplicando em reprovável *bis in idem* não recepcionado pelo texto constitucional; e (iv) quer por ignorar a taxativa e única situação em que o produtor rural pode, a rigor do artigo 195, § 8º, da Constituição de 1988, compulsoriamente vir a ser chamado a contribuir para a seguridade social mediante a aplicação de alíquota sobre o resultado de comercialização de sua produção, isto é, quanto exerça suas atividades em regime de economia familiar, sem empregados permanentes" (TAVARES, Alexandre Macedo; BODNAR, Zenildo. A (in)constitucionalidade do Funrural exigido do empregador rural pessoa física. *RDDT* 188/7, 2011).

– **Efeito repristinatório.** O TRF4 tem destacado que o reconhecimento da inconstitucionalidade da contribuição sobre a receita bruta da comercialização da produção faz com que, no respectivo período, seja devida a contribuição sobre o pagamento de salários. Todavia, equivoca-se ao determinar que os contribuintes, nas ações de repetição de indébito, só possam obter a restituição da diferença entre tais montantes. Entendemos tal decisão extrapola o objeto da lide. Estamos cuidando de processos em que se discute a contribuição sobre a receita da comercialização, considerada inconstitucional. A procedência deve implicar a repetição do todo. Não há como impor o cálculo do devido a título de outra contribuição para limitar a repetição apenas à diferença. Desborda do processo. Ademais, se é devida outra contribuição, cabe ao contribuinte pagá-la espontaneamente ou ao Fisco lançá-la de ofício. Não é papel do Judiciário equacionar tal questão. Ademais, o entendimento da Primeira Seção acabará por impedir as execuções por cálculo do exequente, levando a liquidações por arbitramento complexas em que caberá ao Judiciário definir o valor devido a título de contribuição sobre a folha que sequer foi discutida nos autos. É confundir a jurisdição com o apoio ao Fisco, com o zelo pelos interesses do erário. É transformar o Juiz em agente fiscal. Tais liquidações serão morosas e acabarão por inviabilizar ou retardar as execuções, com violação do acesso à Justiça e à razoável duração do processo. Teremos então, a situação lamentável de o contribuinte ganhar, mas não levar. A jurisdição sem efetividade.

– **Equiparação a empregador rural. Art. 25-A da Lei n. 8.212/91.** "5. Arguição de Inconstitucionalidade da contribuição prevista no art. 22-A da Lei n. 8.212/91, com a redação imprimida pela Lei n. 10.256/2001, porque incongruente com a sujeição passiva da matriz constitucional desenhada no art. 195,

§ 8º, da CF/88 e genetizar fonte de custeio similar a do art. 195, I, da CF/88 (bitributação) incidente sobre o faturamento ou receita de pessoa jurídica, resultante do efeito translativo das apelações por se tratar de normas de ordem pública" (TRF4, AC 2006.70.11.000309-7, 2007).

⇒ **Contribuição do produtor pessoa física que exerça suas atividades em regime de economia familiar.** Vide o § 8º deste art. 195 da CF, e que tratamos da contribuição de tal produtor enquanto segurado especial.

⇒ **Contribuição da pessoa jurídica dedicada à produção rural. Art. 25, I e II, da Lei n. 8.870/94.** Dispôs a Lei n. 8.870/94, em seu art. 25: "Art. 25 – A contribuição prevista no art. 22 da Lei n. 8.212, de 24 de julho de 1991, devida à seguridade social pelo empregador, pessoa jurídica, que se dedique à produção rural, passa a ser a seguinte: I – dois e meio por cento da receita bruta proveniente da comercialização de sua produção; II – um décimo por cento da receita bruta proveniente da comercialização de sua produção, para o financiamento da complementação das prestações por acidente de trabalho".

– "ART. 25, *CAPUT*, INCISOS I E II, E § 1º, DA LEI N. 8.870/94. CONTRIBUIÇÃO À SEGURIDADE SOCIAL SOBRE A PRODUÇÃO RURAL, EQUIVALENTE A FATURAMENTO. SAT. SENAR. EMPREGADOR PESSOA JURÍDICA. COFINS. DUPLA INCONSTITUCIONALIDADE (CF, ART. 195, I, E SEU § 4º). BITRIBUTAÇÃO. 1. O STF, ao julgar a ADIn n. 1.103-1/DF, em 18-12-1996, *DJU* de 25-04-97, na qual a Confederação Nacional da Indústria visava a declaração de inconstitucionalidade do *caput* e parágrafos do art. 25 da Lei n. 8.870/94, não conheceu da ação quanto ao *caput*, 'por falta de pertinência temática entre os objetivos da requerente e a matéria impugnada', declarando inconstitucional o § 2º desse dispositivo legal: 'sobre o valor estimado da produção agrícola própria, considerado seu preço de mercado', nova fonte de custeio da Seguridade Social não prevista no art. 195, I, somente autorizada pelo art. 195, § 4º, mediante lei complementar, prevista no art. 154, I, da Lei Magna. 2. Na oportunidade, como visto, não foi julgada a inconstitucionalidade do *caput* e também dos incisos I e II do art. 25 da Lei n. 8.870/94, estes objeto da presente arguição. 3. A modificação da base de cálculo das contribuições sociais do empregador rural pessoa jurídica para a produção rural foi motivada pelo maior retorno financeiro, pois a contribuição sobre a folha de pagamento, dada a histórica informalidade das relações de trabalho desenvolvidas no meio rural e a mecanização da produção agrícola, não satisfazia a necessária e obrigatória previsão de cobertura total de financiamento da previdência e assistência social do homem do campo. 4. O art. 25, *caput*, incisos I e II e § 1º da Lei 8.870/94, ao enquadrar o empregador, pessoa jurídica, como contribuinte sobre a receita bruta proveniente da comercialização de sua produção rural, à alíquota de 2,5%, 0,1% para o SAT e 0,25% para o SENAR, contrariou frontalmente os artigos 195, §§ 4º e 8º, da CF/88, ocasionando dupla inconstitucionalidade sob o aspecto material, não se tratando de um simples alargamento da sujeição passiva para atingir contribuinte diverso, mas também bitributação, porque fez incidir novamente o tributo sobre o faturamento, que é previsto no artigo 195, § 8º, da Carta Magna. 5. O Produ-

tor rural pessoa jurídica é equiparado a empresa, assim como a receita bruta da comercialização da produção rural é equiparada a faturamento, sobre o qual já incide a COFINS (art. 195, I, *b*), esgotando a possibilidade constitucional de instituição de contribuição, através de lei ordinária, sobre a mesma base de cálculo. 6. O art. 195, § 4º, c/c 154, I, da CF/88 impede a superposição de contribuição à Seguridade Social com mesmo fato gerador. Não se assemelha o caso concreto à admissão constitucional da mesma base de cálculo para a COFINS (art. 195, I), PIS (art. 239), contribuição aos entes de cooperação integrantes do sistema S (art. 240), hipóteses em que a Carta Magna autoriza a superposição tributária sobre fatos geradores símeis, em razão de terem fundamentos de validade diferenciados, possuindo gênese em dispositivos dispersos. 7. Igualmente atingido pela inconstitucionalidade o § 1º do art. 25 da Lei n. 8.870/94, que modificou a base de cálculo da contribuição ao SENAR para 0,1% sobre a produção rural, aumentada para 0,25% pela Lei n. 10.256/2001, subsiste a contribuição nos moldes do art. 3º, I, da Lei n. 8.315/91, que criou esse serviço, à alíquota de 2,5% sobre a folha de salários. 8. Muito embora entenda o STF que o conceito de faturamento engloba o produto da venda da produção, nos moldes da Lei 8.870/94, há de ser insofismavelmente reconhecida a inconstitucionalidade ventilada porque o art. 195, § 4º da CF/88 possibilita a genetização de outras fontes de custeio que não aquelas previstas expressamente. 9. Acolhida a arguição de inconstitucionalidade, integralmente, para declarar inconstitucional o art. 25, *caput*, incisos I e II e § 1º da Lei 8.870/94" (TRF4, INAMS 1999.71.00.021280-5, Rel. Álvaro Eduardo Junqueira, publicado em 6-12-2006).

– **Pela constitucionalidade.** "CONTRIBUIÇÃO INSTITUÍDA PELA LEI N. 8.870/94. ART. 25, INCISOS I E II. COFINS. BASE DE CÁLCULO. BITRIBUTAÇÃO. A contribuição sobre a comercialização dos produtos rurais, instituída com base no inciso I do art. 195 da CF/88, não sendo portanto contribuição social nova, porque proveniente do faturamento, e tendo ela natureza tributária diversa do imposto, a ela é inaplicável o disposto no § 4º desse mesmo artigo 195 ('A lei poderá instituir outras fontes destinadas a garantir a manutenção ou expansão da seguridade social, obedecido o disposto no art. 154, I'), que determina a observância do § 4º do art. 154" (TRF4, AMSS 1999.71.00.024408-9, 2003).

⇒ **Contribuição das agroindústrias (1). Art. 25, § 2º, da Lei n. 8.870/94.** O STF reconheceu a inconstitucionalidade do § 2º do mesmo art. 25 da n. Lei 8.870/94, que, para as empresas agroindustriais, fez incidir a contribuição, quanto à folha de salários de sua parte agrícola, sobre o valor estimado da produção agrícola própria, considerado seu preço de mercado.

– Lei n. 8.870/94: "Art. 25... § 2º. O disposto neste artigo se estende às pessoas jurídicas que se dediquem a produção agroindustrial, quanto à folha de salários de sua parte agrícola, mediante o pagamento da contribuição prevista neste artigo, a ser calculada sobre o valor estimado da produção agrícola própria, considerado seu preço de mercado".

– "CONTRIBUIÇÃO DEVIDA À SEGURIDADE SOCIAL POR EMPREGADOR, PESSOA JURÍDICA, QUE SE DEDICA À PRODUÇÃO AGRO-INDUSTRIAL (§ 2º DO

ART. 25 DA LEI N. 8.870, DE 15.04.94, QUE ALTEROU O ART. 22 DA LEI N. 8.212, DE 24.07.91): CRIAÇÃO DE CONTRIBUIÇÃO QUANTO À PARTE AGRÍCOLA DA EMPRESA, TENDO POR BASE DE CÁLCULO O VALOR ESTIMADO DA PRODUÇÃO AGRÍCOLA PRÓPRIA, CONSIDERADO O SEU PREÇO DE MERCADO. DUPLA INCONSTITUCIONALIDADE (CF, art. 195, I E SEU § 4º) PRELIMINAR: PERTINÊNCIA TEMÁTICA. 1. Preliminar: ação direta conhecida em parte, quanto ao § 2º do art. 25 da Lei n. 8.870/94; não conhecida quanto ao *caput* do mesmo artigo, por falta de pertinência temática entre os objetivos da requerente e a matéria impugnada. 2. Mérito. O art. 195, I, da Constituição prevê a cobrança de contribuição social dos empregadores, incidentes sobre a folha de salários, o faturamento e o lucro; desta forma, quando o § 2º do art. 25 da Lei n. 8.870/94 cria contribuição social sobre o valor estimado da produção agrícola própria, considerado o seu preço de mercado, é ele inconstitucional porque usa uma base de cálculo não prevista na Lei Maior. 3. O § 4º do art. 195 da Constituição prevê que a lei complementar pode instituir outras fontes de receita para a seguridade social; desta forma, quando a Lei n. 8.870/94 serve-se de outras fontes, criando contribuição nova, além das expressamente previstas, é ela inconstitucional, porque é lei ordinária, insuscetível de veicular tal matéria. 4. Ação direta julgada procedente, por maioria, para declarar a inconstitucionalidade do § 2º da Lei n. 88.870/94" (STF, ADI 1.103, 1996).

– **Efeitos da declaração de inconstitucionalidade.** "Prosseguindo o julgamento iniciado em 19-11-2002 (*Informativo* n. 140), a 2ª Turma, por maioria, após voto vista do Des. Vilson Darós e retificação de voto pelo Des. João Surreaux Chagas que, anteriormente acompanhava o posicionamento firmado pelo relator Des. Dirceu de Almeida Soares, negou provimento à apelação do INSS, por entender que o Plenário do STF julgou procedente em parte a ADIn n. 1.103-1, declarando inconstitucional o dispositivo da Lei n. 8.870/94 (§ 2º, art. 25). O efeito produzido pela declaração de inconstitucionalidade de lei ou ato normativo federal ou estadual, no controle abstrato, opera-se *ex tunc*, ou seja, retroage à data do ingresso da lei ou ato normativo no mundo jurídico, o que ocorre com sua publicação. No caso dos autos, para salvaguardar valor constitucional relevante, qual seja, o da segurança jurídica, faz-se necessário reconhecer, todavia, que as relações jurídicas constituídas durante a vigência do § 2º do art. 25 da Lei n. 8.870/94 não devem ser afetadas, porquanto em tal período presumia-se a constitucionalidade da lei. Portanto, a contribuinte, agroindústria, deve voltar a efetuar os recolhimentos da contribuição previdenciária de acordo com os parâmetros do art. 22 da Lei n. 8.212/91 somente a partir da publicação da decisão proferida na ADIn, convalidando-se os atos praticados enquanto da vigência da Lei n. 8.870/94, sendo inexigíveis, de forma retroativa, as diferenças decorrentes da restauração da exigência fiscal" (TRF4, AC 2002.04.01.043991-0, 2002).

– "Dizer-se que a empresa, independentemente da quantidade de estabelecimentos e atividades desenvolvidas, constitui uma única entidade contribuinte e como tal deve ser considerada, pretendendo que por empresa se entenda a pessoa jurídica, é cometer um verdadeiro despautério. [...] A empresa, esta sim, pode ser tratada como uma unidade econômica, e em consequência, como um contribuinte único da Seguridade Social. A pessoa jurídica, não. Esta pode possuir uma ou várias empresas. Pode possuir uma Fazenda onde se cultiva a cana de açúcar, estabelecida em zona rural, e ao mesmo tempo ser proprietária também de um hotel, numa das grandes capitais do país. Não é razoável admitir-se que, para fins de contribuições previdenciárias, esteja tal pessoa jurídica obrigada a pagar as contribuições sobre a folha de salário dos que trabalham na agricultura, pelo simples fato de possuir a mesma pessoa jurídica também uma empresa hoteleira. Isto seria violar flagrantemente a norma albergada pelo art. 25, da Lei n. 8.870/94. Como ninguém será obrigado a fazer ou a deixar de fazer alguma coisa senão em virtude de lei, tem-se de concluir que a norma segundo a qual a empresa, independentemente da quantidade de estabelecimentos e atividades desenvolvidas, constitui uma única entidade contribuinte e como tal deve ser considerada, pretendendo que por empresa se entenda a pessoa jurídica, albergada como está em simples ato administrativo normativo, de categoria infralegal, é absoluta e indiscutivelmente desprovida de validade jurídica. [...] Também desprovida de validade jurídica é a norma segundo a qual a empresa que desenvolve atividade de produção rural e industrializa a própria produção, ainda que apenas parte dela é empresa agroindustrial, mesmo que também adquira produção de terceiros para a industrialização, devendo contribuir com base na folha de salários em conformidade com o art. 22 da Lei n. 8212/91. Com efeito, essa norma não tem nenhuma base legal, e atropela flagrantemente o art. 25, da Lei n. 8.870/94. A declaração de inconstitucionalidade do § 2º, desse art. 25, apenas fez retornar a situação da questão no tratamento que antes dessa lei já era dado pela jurisprudência. Além disto, tem-se de considerar que antes não existia a norma do art. 25, *caput*, que sobreviveu à declaração de inconstitucionalidade, e não pode de modo nenhum ser desconsiderada" (MACHADO, Hugo de Brito. Contribuição previdenciária das agroindústrias – Declaração de inconstitucionalidade do § 2º do art. 25, da Lei n. 8.870/94 – Seu Alcance. Inexistência de efeitos retroativos em prejuízo do contribuinte. *RDDT* 56/89, 2000).

– **Inexigibilidade de contribuição entre abril de 1994 e outubro de 2001.** No sentido de que, com o reconhecimento da Inconstitucionalidade do art. 25, § 2º, da Lei n. 8.870/94 pelo STF na ADI 1.103 – considerando que o regime anterior fora revogado e que só com o advento da Lei n. 10.256/2001, observada a anterioridade nonagesimal, é que foi novamente instituído novo regime de tributação –, restou inexigível contribuição previdenciária (parcela empregador) pelas empresas agroindustriais relativamente ao período compreendido entre abril de 1994 a outubro de 2001: CARVALHO, Luiz Gustavo Santana de; WANDERLEY, Ricardo Antônio de Barros. Algumas considerações sobre a contribuição social devida ao INSS pela agroindústria [parcela empregador]. *RTFP* 58/73, 2004.

– **Remissão de débitos atinentes às diferenças entre o regime do art. 25, § 2º, da Lei n. 8.870/97 e o do art. 22 da Lei n. 8.212/91. Lei n. 10.736/2003.** A Lei n. 10.736, de 15 de setembro de 2003, concedeu remissão de débito previdenciário do período de abril de 1994 a abril de 1997, em face do recolhimento com base na Lei n. 8.870, de 15 de abril de 1994, pelas agroindústrias: "Art. 1º Ficam extintos os créditos previdenciários, constituídos ou não, inscritos ou não em dívidas ativas, ajuizados ou não, com exigibilidade suspensa ou não, contra as pessoas jurídicas que se dediquem à produção agroindustrial em decorrência da diferença entre a contribuição instituída pelo § 2º do art. 25 da Lei n. 8.870, de 15 de abril de 1994, declarada inconstitucional pelo Supremo Tribunal Federal, e a contribuição a que se refere o art. 22 da Lei n. 8.212, de 24 de julho de 1991, em razão dos fatos geradores ocorridos entre a data de publicação daquela Lei e a da declaração de sua inconstitucionalidade. § 1º (VETADO) § 2º A extinção, total ou parcial, de processos de execução, embargos à execução fiscal ou anulatórias de ato declaratório de dívida, em decorrência da aplicação do disposto neste artigo, não implicará a qualquer das partes condenação em honorários, custas e quaisquer outros ônus de sucumbência, e acarretará a desistência de eventual recurso que tenha por razão a divergência de valor ou quanto a exigibilidade daquela diferença. § 3º Será revisto, a pedido da pessoa jurídica interessada, o parcelamento de débito em vigor, inclusive os objeto de Refis, cujo acordo celebrado contenha crédito resultante daquela diferença, para dele ser excluído o valor do saldo remanescente extinto por esta Lei. Art. 2º As pessoas jurídicas mencionadas no art. 1º que até a data de publicação desta Lei não tenham pago ou não confessado e nem incluído em acordo para pagamento parcelado, no período de abril de 1994 a abril de 1997, a contribuição instituída pelo art. 25 da Lei n. 8.870, de 15 de abril de 1994, não se beneficiarão da extinção de créditos previdenciários estabelecida nesta Lei".

– Remissão de débitos de cooperativas de produção rural. Art. 25-A, *caput*, da Lei n. 8.870/94. Lei n. 10.736/2003. A Lei n. 10.736, de 15 de setembro de 2003, concedeu remissão de débitos previdenciários das cooperativas de produção rural relativos a trabalhadores contratados na forma do art. 25-A, *caput*, da Lei n. 8.870/94: "Art. 5º Ficam também extintos, na forma desta Lei, os créditos previdenciários, porventura existentes, oriundos da aplicação dos incisos I e II, do art. 22, da Lei n. 8.212, de 24 de julho de 1991, devidos por cooperativas de produção rural e relativos, exclusivamente, a trabalhadores cuja contratação, embora anterior à vigência da Lei n. 10.256, de 9 de julho de 2001, haja ocorrido na forma do art. 25-A, *caput*, da Lei n. 8.870, de 15 de abril de 1994. Parágrafo único. Fica vedada a restituição de quaisquer valores decorrentes da aplicação do contido neste artigo". Sobre a remissão de débitos atinente ao § 2º do art. 25, vide nota ao art. 195, § 4º, da CF.

– Agroindústrias (2). Lei n. 10.256/2001. Art. 22-A da Lei n. 8.212/91. A Lei n. 8.212/91, em seu art. 22-A, incluído pela Lei n. 10.256/2001, vigente após noventa dias da sua publicação, nos termos do art. 1º da Lei n. 10.993/2004, prevê contribuição específica para as agroindústrias incidente sobre o valor da receita bruta proveniente da comercialização da produção, em substituição à contribuição sobre o pagamento de empregados e avulsos e ao adicional ao SAT. Incide sobre a receita bruta proveniente da comercialização da produção, em sobreposição à Cofins, sem que houvesse, à época da sua instituição, a autorização atualmente constante do novo § 13 do art. 195 da Constituição, acrescentado pela EC n. 42/2003. Trata-se, pois, de nova contri-

buição instituída sem lei complementar e sem vedação à proibição de incidência sobre o mesmo fato gerador e base de cálculos das contribuições ordinárias ou nominadas, ou seja, sem a observância dos requisitos indispensáveis ao exercício da competência residual. É, pois, inconstitucional tal contribuição substitutiva da contribuição sobre o pagamento de empregados e avulsos, de modo que as agroindústrias se sujeitam, em verdade, às contribuições supostamente substituídas.

⇒ **Contribuição previdenciária dos clubes de futebol profissional. Lei n. 9.528/97.** A Lei n. 8.212/91, em seu art. 22, §§ 6º a 11, com a redação da Lei n. 9.528/97, dá tratamento específico aos clubes de futebol profissional. Prevê que a contribuição é devida pela associação desportiva que mantém equipe de futebol profissional em substituição à contribuição sobre os pagamentos a empregados e avulsos e ao adicional ao SAT. Incide, esta contribuição dos clubes de futebol sobre a "receita bruta" decorrente de espetáculos esportivos, de patrocínio, licenciamento de uso de marcas e símbolos e de publicidade. Ocorre que a Lei n. 9.528/97 adveio anteriormente à EC n. 42/2003, que acresceu o § 13 ao art. 195 da Constituição, sendo, pois, como já referido, inconstitucional. A Lei n. 9.528/97 acabou por sobrepor à Cofins (contribuição sobre a receita instituída com suporte no art. 195, I, *b*, da Constituição) uma nova contribuição sobre a receita, infringindo, desta forma, o art. 195, § 4º, da CF. Sendo inconstitucional a contribuição sobre a receita bruta, substitutiva da contribuição sobre o pagamento de empregados e avulsos, os clubes se sujeitam à contribuição supostamente substituída, devida por quaisquer empresas e equiparados, inclusive entidades de qualquer natureza ou finalidade.

– "CONTRIBUIÇÃO PREVIDENCIÁRIA. CLUBES DE FUTEBOL PROFISSIONAL. BASE DE CÁLCULO. RECEITAS DE PATROCÍNIO E PUBLICIDADE. INCONSTITUCIONALIDADE. LEI N. 8.212/1991, ART. 22, § 6º. CF, ART. 195, INCISO I E § 4º. 1. A partir da Lei n. 9.528/1997, a contribuição previdenciária devida pelos clubes de futebol profissional deixou de incidir sobre a folha de salários, passando a recair sobre a receita bruta decorrente de espetáculos esportivos e de verbas de patrocínio, publicidade e licenciamento de uso de marcas e símbolos. **2.** Segundo a redação original do artigo 195 da Constituição Federal, a base de cálculo da contribuição a cargo da empresa incidia sobre a folha de salários, o faturamento e o lucro. Mesmo sob a ótica da equiparação entre faturamento e receita bruta proveniente da venda de mercadorias e serviços, considerada constitucional pelo STF, na ADC n. 1, não é possível alargar o conceito de faturamento, para que nele se incluam os valores recebidos em decorrência de contratos de patrocínio e publicidade, sob pena de violar o dispositivo constitucional. **3.** A CF/88 admite a instituição de outras fontes de custeio da seguridade social, além das mencionadas no inciso I do art. 195, de acordo com o § 4º desse dispositivo, porém exige o atendimento dos requisitos postos no art. 154, inciso I (veiculação por lei complementar, não cumulatividade e fato gerador e base de cálculo diversos das contribuições já previstas nos incisos do art. 195). Em se tratando de nova fonte de custeio – receitas de patrocínio e publicidade –, a contribuição dos clubes de futebol profissional não poderia ter sido criada por lei ordinária. 4. A Emenda Constitucional n. 20/1998, que considera todas as receitas do contribuinte como integrantes da base de cálculo das contribuições de seguridade social, inclusive receitas financeiras, não possui o condão de legitimar legislação anterior. Isso porque o ordenamento constitucional posterior não recepciona lei inválida, originalmente viciada por inconstitucionalidade. 5. Suscita-se o incidente de arguição de inconstitucionalidade do art. 22, § 6º, da Lei n. 8.212/1991, perante a Corte Especial" (TRF4, AC 2002.71.13.001664-1, 2009).

– **Regime anterior, da Lei n. 5.939/1973.** "O regime especial de contribuição previdenciária empresarial instituído pela Lei n. 5.939, de 1973, relativamente à associações desportivas não mantenedoras de clube de futebol, somente foi revogado pela Lei n. 9.528, de 10 de dezembro de 1997" (STJ, REsp 1.171.442, 2013).

§ 14. O segurado somente terá reconhecida como tempo de contribuição ao Regime Geral de Previdência Social a competência cuja contribuição seja igual ou superior à contribuição mínima mensal exigida para sua categoria, assegurado o agrupamento de contribuições. (Incluído pela EC n. 103, de 2019)

TÍTULO IX
DAS DISPOSIÇÕES CONSTITUCIONAIS GERAIS

Art. 239. A arrecadação decorrente das contribuições para o Programa de Integração Social, criado pela Lei Complementar n. 7, de 7 de setembro de 1970, e para o Programa de Formação do Patrimônio do Servidor Público, criado pela Lei Complementar n. 8, de 3 de dezembro de 1970, passa, a partir da promulgação desta Constituição, a financiar, nos termos que a lei dispuser, o programa de seguro-desemprego e o abono de que trata o § 3º deste artigo.

§ 1º ... § 2º ... § 3º ... § 4º ...

⇒ **PIS enquanto contribuição de seguridade social.** O STF já classificou o PIS como contribuição de seguridade social. Senão vejamos: "1. A Cofins e a contribuição para o PIS, na presente ordem constitucional, são modalidades de tributo que não se enquadram na de imposto. Como contribuições para a seguridade social, não estão alcançadas pelo princípio da exclusividade consagrado no § 3º do art. 155 da mesma Carta" (STF, RE 227.098-5, 1998).

– "A Constituição de 1988, no art. 239, recepcionou o PIS tal como o encontrou em 05-10-88, dando-lhe, aliás, feição de contribuição de seguridade social, já que lhe deu destinação previdenciária" (STF, excerto de voto do RE 148.754).

⇒ **Recepção expressa do PIS. Possibilidade de alteração por lei ordinária.** Tratando-se de contribuição de seguridade social com recepção expressa pelo art. 239 da CF/88, paralelamente às normas de competência do art. 195, havia várias abordagens possíveis deste tópico, desde a sua imutabilidade até a necessidade de lei complementar para alterá-la. Consolidou-se, contudo, o entendimento de que a contribuição ao PIS pode ser alterada e que, para tanto, basta lei ordinária.

– "PIS. ART. 239 DA CONSTITUIÇÃO. LEI 9.715/98. CONSTITUCIONALIDADE. AGRAVO IMPROVIDO. I – O art. 239 da Constituição da República não implicou o engessamento da contribuição ao PIS, apenas recepcionou-a expressamente, podendo ser regularmente alterada pela legislação infraconstitucional ordinária" (STF, RE 482.606 ED-AgR, 2008).

– "I. Medida provisória: força de lei: idoneidade para instituir tributo, inclusive contribuição social (PIS)" (STF, RE 234.463-7, 1999). Vejam-se, adiante, em notas sobre as alterações no prazo de vencimento do PIS, referências a julgados do STF que tratam de leis ordinárias reguladoras do PIS sem qualquer censura ao veículo legislativo.

– **Alteração por Medida Provisória.** "Contribuição para o PIS. Medida Provisória n. 517/94. Fundo Social de Emergência. Matéria estranha à MP. Receita bruta. Conceito Inalterado. Constitucionalidade reconhecida. Recurso provido. A Medida Provisória n. 517/94 não dispõe sobre Fundo Social de Emergência, mas sobre exclusões e deduções na base de cálculo do PIS" (STF, RE 346.983, 2010). Obs.: igual é a ementa do RE 525.874.

⇒ **Identidade de fato gerador e base de cálculo com a Cofins e, antes, com o Finsocial.** A questão já foi sobejamente discutida no STF, que entende que a Constituição admitiu expressamente tal identidade ao recepcionar o PIS.

– "... No tocante ao PIS/PASEP, é a própria Constituição Federal que admite que o faturamento do empregador seja base de cálculo para essa contribuição social e outra, como, no caso, é a COFINS. De feito, se o PIS/PASEP, que foi caracterizado, pelo artigo 239 da Constituição, como contribuição social por lhe haver dado esse dispositivo constitucional permanente destinação previdenciária, houvesse exaurido a possibilidade de instituição, por lei, de outra contribuição social incidente sobre o faturamento dos empregadores, essa base de cálculo, por já ter sido utilizada, não estaria referida no inciso I do artigo 195 que é o dispositivo da Constituição que disciplina, genericamente, as contribuições sociais, e que permite que, nos termos da lei (e, portanto, de lei ordinária), seja a seguridade social financiada por contribuição social incidente sobre o faturamento dos empregadores" (excerto do voto condutor do Min. Moreira Alves na ADC 1-1/DF).

– "Por outro lado, a existência de duas contribuições sobre o faturamento está prevista na própria Carta (art. 195, I, e 239), motivo singelo, mas bastante, não apenas para que não se possa falar em inconstitucionalidade, mas também para infirmar a ilação de que a contribuição do artigo 239 satisfaz a previsão do artigo 195, I, no que toca a contribuição calculada sobre o faturamento" (excerto do voto do Min. Ilmar Galvão no RE 150.164-1).

⇒ **LC n. 07/70.** A LC n. 07/70 estabelecia três regimes distintos: a) entidades sem fins lucrativos: pagamento de na forma da lei, cuja regulamentação se deu pela Res. BACEN 174/71, fixando a contribuição em 1% sobre a folha de salários; b) empresas prestadoras de serviço: pagamento do chamado PIS-Repique, ou seja, 5% do Imposto de Renda devido por tais empresas eram destinados ao PIS, além do que pagavam contribuição para o PIS equivalente aos 5% do IR; c) empresas comerciais: pagamento de 0,50%, elevado pela LC 17/73 para até 0,75%, sobre o faturamento do sexto mês anterior.

– LC n. 07/70. Entidades beneficentes. 1% sobre a folha. Vide item adiante específico sobre tais entidades.

– LC n. 07/70. Empresas prestadoras de serviço. PIS-Repique. "PIS. PRESTADORAS DE SERVIÇO... 2. De acordo com a sistemática estabelecida na LC 07/70, as empresas exclusivamente prestadoras de serviço recolhiam a contribuição na modalidade PIS-Dedução e PIS-Repique, no percentual de 5% incidente sobre a base de cálculo do imposto de renda. 3. Hipótese em que os documentos trazidos aos autos (alteração do contrato social, guias DARF e Demonstrativos de Resultado demonstraram que a autora desenvolve atividades comerciais e sempre recolheu o PIS sobre o faturamento" (TRF4, AC 2002.72.06.001518-7, 2005).

– LC n. 07/70. Empresas comerciais. Semestralidade e correção monetária da base de cálculo. A questão da semestralidade foi definida pelo STJ em 29 de maio de 2001, quando da conclusão do julgamento do REsp 144.708. A 1ª Seção, na oportunidade, conduzida pela relatora Min. Eliana Calmon, acolheu a tese dos contribuintes de que a contribuição para o PIS, no período compreendido entre janeiro de 1971, quando da sua instituição pela LC 07/70, até o final de 1995, com o advento da MP 1.212/95, se dava com base no faturamento do sexto mês anterior ao recolhimento, sem correção monetária sobre a base de cálculo. Em 2010, foi editada a Súmula 468. Em razão disso, suprimimos notas com indicações doutrinárias sobre a matéria.

– Súmula 468 do STJ: "A base de cálculo do PIS, até a edição da MP n. 1.212/1995, era o faturamento ocorrido no sexto mês anterior ao do fato gerador" (2010).

– Súmula 15 do CARF: A base de cálculo do PIS, prevista no artigo 6º da Lei Complementar n. 7, de 1970, é o faturamento do sexto mês anterior, sem correção monetária. (Vinculante – Portaria MF n. 383/2010)

– "PIS. SEMESTRALIDADE. ART. 6º, PARÁGRAFO ÚNICO, DA LC 7/70. NORMA QUE SE REFERE À BASE DE CÁLCULO DO TRIBUTO. 1. O art. 6º, parágrafo único, da Lei Complementar 7/70 não se refere ao prazo para recolhimento do PIS, mas à base de cálculo do tributo, que, sob o regime da mencionada norma, é o faturamento do sexto mês anterior ao da ocorrência do fato gerador. 2... Acórdão sujeito ao regime do art. 543-C do CPC e do art. 8º da Resolução STJ 8/2008" (STJ, REsp 1.127.713, 2010).

– "PIS SEMESTRAL – PRAZO PARA RECOLHIMENTO E BASE DE CÁLCULO – L.C. N. 07/70 – CORREÇÃO MONETÁRIA – NÃO INCIDÊNCIA SOBRE A BASE DE CÁLCULO. O parágrafo único do art. 6º da L.C. n. 07/70 não se refere a prazo para recolhimento do chamado PIS-SEMESTRAL ou PIS-FATURAMENTO, mas a sua base de cálculo que, por questão de política legislativa, desagregou-se do momento de ocorrência do fato gerador, contrariamente ao que sucede, em geral, com os tributos. Inexistente texto legal permitindo a atualização da base de cálculo do tributo em epígrafe, haja vista tanto a L.C. n. 07/70, quanto a Lei n. 7691/88 terem silenciado a respeito, indevida a correção monetária do valor

apurado levando-se em conta o período do sexto mês anterior ao fato gerador até a data do seu recolhimento. Jurisprudência que se assentou em compreensão oposta àquela revelada pelo acórdão embargado" (STJ, EDivREsp 278.794, 2003).

– Preconizávamos entendimento diverso do trilhado pela 1ª Seção do STJ, pois, se a base de cálculo é a perspectiva dimensível do fato gerador revelador de riqueza, não nos parecia possível considerar o faturamento de um determinado mês como fato gerador da obrigação tributária e tomar-se o valor de faturamento ocorrido seis meses antes como base de cálculo, além do que a LC n. 7/70, no *caput* do art. 6º, referia-se ao mês de efetivação dos depósitos, e não ao da ocorrência do fato gerador, dizendo apenas que os recolhimentos deveriam começar a ser feitos em julho. A única interpretação que nos parecia possível, por isso, era a de que seis meses seriam o prazo para pagamento. Entretanto, a matéria está superada pela manifestação definitiva da Corte Superior que padronizará o julgamento dos feitos.

⇒ **Decreto-Lei n. 2.303/1986. Inconstitucionalidade.** "INCIDENTE DE INCONSTITUCIONALIDADE – CONTRIBUIÇÃO PARA O PIS – ART. 33 DO DECRETO-LEI N. 2.303/86. 1 – O inciso II do artigo 55 da Constituição de 1969 não dava suporte à edição de Decreto-Lei que tratasse de contribuição para o PIS, pois, no período em que vigente a Emenda Constitucional 8/77, as contribuições sociais não possuíam natureza tributária e não se qualificavam como matéria pertinente a finanças públicas. 2 – Inconstitucionalidade do art. 33 do Decreto-Lei n. 2.303, de 21 de novembro de 1986, declarada, em face do art. 55 da Constituição de 1969" (TRF4, INAC 2000.70.00.027272-5, 2006).

– "ARGUIÇÃO DE INCONSTITUCIONALIDADE. CONTRIBUIÇÃO PARA O PROGRAMA DE INTEGRAÇÃO SOCIAL (PIS). ART. 33 DO DECRETO-LEI 2303/1986. PESSOA JURÍDICA SEM FINS LUCRATIVOS. APLICAÇÃO DOS MESMOS FUNDAMENTOS UTILIZADOS PELO SUPREMO TRIBUNAL FEDERAL PARA DECLARAR A INCONSTITUCIONALIDADE DOS DECRETOS-LEIS N.S. 2.445 E 2.449/1988. IMPOSSIBILIDADE DE UTILIZAÇÃO DE DECRETO-LEI PARA NORMATIZAR A MATÉRIA. 1. O Supremo Tribunal Federal, no julgamento do RE n. 148.754-2/RJ, em 24.06.1993, decidiu pela inconstitucionalidade dos Decretos-Leis ns. 2.445 e 2.449/1988, em face da Constituição Federal de 1967, com as alterações da Emenda Constitucional n. 01/1969, sob o fundamento de que a contribuição para o Programa de Integração Social (PIS), na época, não tinha natureza tributária, tampouco era considerada receita pública, o que afastou a classificação da matéria como de finanças públicas ou de tributo, para fins de edição de decreto-lei pelo Presidente da República. 2. Essas conclusões se aplicam, à exatidão, para declarar a inconstitucionalidade do art. 33 do Decreto-Lei 2.303/1986, que impôs a exação às entidades sem fins lucrativos, sem autorização constitucional para tanto. 3. A referida norma legal não possui natureza meramente interpretativa, visto que dispõe sobre alíquota e base de cálculo da contribuição para o PIS, devida pelas entidades sem fins lucrativos. 4. Inconstitucionalidade do art. 33 do Decreto-Lei 2.303/1986, que se declara" (TRF1, AI 2001.34.00.024492-5, 2009).

⇒ **Decretos-leis n. 2.445/88 e n. 2.449/88. Inconstitucionalidade.** Os DDLL foram declarados inconstitucionais pelo descabimento do tratamento da matéria por tal via legislativa, de modo que nenhum aspecto do regime jurídico que estabeleceram teve suporte de validade, considerando devido o PIS ainda na forma da LC n. 07/70.

– "ART. 55-II DA CARTA ANTERIOR. CONTRIBUIÇÃO PARA O PIS. DECRETOS-LEIS 2.445 E 2.449, DE 1988. INCONSTITUCIONALIDADE. I – Contribuição para o PIS: sua estranheidade ao domínio dos tributos e mesmo aquele, mais largo, das finanças públicas. Entendimento, pelo Supremo Tribunal Federal, da EC n. 8/77 (*RTJ* 120/1190). II – Trato por meio de Decreto-Lei: impossibilidade ante a reserva qualificada das matérias que autorizavam a utilização desse instrumento normativo (art. 55 da Constituição de 1969). Inconstitucionalidade dos Decretos-Leis 2.445 e 2.449 de 1988, que pretenderam alterar a sistemática da contribuição para o PIS" (STF, Plenário, RE 148754-2/RJ, Rel. p/ o acórdão Min. Francisco Rezek, jun. 1993). Obs: muito se pode colher dos votos proferidos por ocasião do julgamento deste RE 148754-2/RJ. Embora suscitada pelo relator, Min. Carlos Velloso, a questão da natureza tributária do PIS sob a égide da EC n. 08/77 à CF/67, a maioria entendeu que não havia razão para alterar a jurisprudência já consolidada do STF no sentido de que, no período entre a EC n. 08/77 e o advento da CF/88, as contribuições sociais não possuíam natureza tributária. O próprio relator, aliás, ainda que para discordar da jurisprudência da Corte, noticiou-a com clareza: "Reconheço que o Supremo Tribunal Federal, a partir da EC n. 8, de 1977, passou a entender que a contribuição em apreço perdera a natureza tributária, dado que a mencionada EC n. 8, de 1977, ao reformular o inciso I do § 2º do art. 21 da CF/67, e ao acrescentar novo inciso ao art. 43 inciso X ali inscrevendo as contribuições sociais, excluiu ditas contribuições da categoria de tributos. Esse entendimento o Supremo Tribunal o adotou a partir do voto proferido pelo Sr. Ministro Moreira Alves, no RE n. 86.595-BA, que cuidava da contribuição do FUNRURAL (*RTJ* 87/271). No julgamento do RE 100.790-SP, Relator o Sr. Ministro Francisco Rezek, que cuidou especificamente do PIS, o Supremo Tribunal, em sessão plenária, assentou o entendimento acima indicado (*RTJ* 120/1190). No Ag. 96.932 (AgRg) SP, Relator o Sr. Ministro Alfredo Buzaid, a 1ª Turma reiterara o entendimento (*RTJ* 111/1152). A 2ª Turma, no RE 103.089-5-SP, Relator o Sr. Ministro Aldir Passarinho, decidiu, em 1.12.87, que o PIS, deve ser 'considerado tributo até o advento da Emenda Constitucional n. 8/77, perdendo tal natureza jurídica a partir de então' (*DJ* de 15.04.88; Ementário n. 1497-2)". O Min. Néri da Silveira também relembrou: "Tal discussão perdeu, todavia, significação, como registrei, neste Plenário, no julgamento do Recurso Extraordinário 99.720. Na oportunidade, firmou a Corte o entendimento segundo o qual, antes da Emenda Constitucional n. 8, publicada em 14 de abril de 1977, se haveria de ter como predominante o reconhecimento do caráter tributário dessas contribuições; com a Emenda Constitucional n. 8, entretanto, essas contribuições deixaram de ter natureza tributária". Ficou assentado, ainda, que a *contribuição para o PIS, nos moldes da contribuição para o FGTS, não se enquadrava no conceito de finanças públicas*, uma vez que, além de não ser considerada, à época, tributo, não ingressava no erário público, deixando de constituir, assim, receita pública. Neste sentido, vale conferir os votos dos Ministros Francisco Rezek, Néri da Silveira e Moreira Alves. O Min. Sepúlveda Pertence, neste ponto, adotou posição um pouco diversa, mas com o mesmo resultado prático: "... não creio que o problema de saber se se trata ou não de matéria de finanças públicas seja a rigor uma indagação autônoma relativamente à de natureza tributária ou não da contribuição questionada. A meu ver, afirmada por homenagem a jurisprudência consolidada sob o regime à luz do qual se há de examinar a questão, a natureza não tributária do PIS, não vejo como compreender a disciplina dessa contribuição social na esfera material das finanças públicas. Para ser 'finanças públicas', ela teria de ser tributo, porque, obviamente, não se trata de receita derivada". Dessa forma, resultou do julgamento que, por não constituir tributo nem outro tipo de receita pública, não poderia ser disciplinada por Decreto-Lei, de utilização restrita às matérias elencadas no art. 55 da Constituição de 1967/69.

– A Resolução do Senado Federal n. 49/95 suspendeu a execução dos Decretos-leis n. 2.445/88 e n. 2.449/88 declarados inconstitucionais.

– **Vigeu a LC n. 07/70 até março de 2006, quando passou a viger a MP n. 1.212/95.** "2. A contribuição social destinada ao PIS permaneceu exigível no período compreendido entre outubro de 1995 a fevereiro de 1996, por força da Lei Complementar 7/70, e entre março de 1996 a outubro de 1998, por força da Medida Provisória 1.212/95 e suas reedições (REsp. 1.136.210/PR, Rel. Min. Luiz Fux, *DJ* 01.02.2010, julgado sob o rito do art. 543-C do CPC e da Res. 8/STJ)" (STJ, AgRg nos EDcl no Ag 1.425.633, 2013).

– "PIS. EXIGIBILIDADE DA CONTRIBUIÇÃO NO PERÍODO DE OUTUBRO DE 1995 A OUTUBRO DE 1998. DECLARAÇÃO DE INCONSTITUCIONALIDADE DOS DECRETOS-LEIS 2.445/88 e 2.449/88 (RE 148.754). RESTAURAÇÃO DOS EFEITOS DA LEI COMPLEMENTAR 7/70. DECLARAÇÃO DE INCONSTITUCIONALIDADE DO ARTIGO 18, DA LEI 9.715/98 (ADI 1.417). PRAZO NONAGESIMAL DA LEI 9.715/98 CONTADO DA VEICULAÇÃO DA PRIMEIRA EDIÇÃO DA MEDIDA PROVISÓRIA 1.212/95.1. A contribuição social destinada ao PIS permaneceu exigível no período compreendido entre outubro de 1995 a fevereiro de 1996, por força da Lei Complementar 7/70, e entre março de 1996 a outubro de 1998, por força da Medida Provisória 1.212/95 e suas reedições. 2. A contribuição destinada ao Programa de Integração Social – PIS disciplinada pela Lei Complementar 7/70, foi recepcionada pelo artigo 239, da Constituição da República Federativa do Brasil de 1988 (RE 169.091, Rel. Min. Sepúlveda Pertence, Tribunal Pleno, julgado em 07.06.1995, *DJ* 04.08.1995). 3. O reconhecimento, pelo Supremo Tribunal Federal, da inconstitucionalidade formal dos Decretos-Leis 2.445/88 e 2.449/88 (RE 148.754, Rel. Min. Carlos Velloso, Rel. p/ Acórdão Ministro Francisco Rezek, Tribunal Pleno, julgado em 24.06.1993, *DJ* 04.03.1994) teve o condão de restaurar a sistemática de cobrança do PIS disciplinada na Lei

Complementar 7/70, no período de outubro de 1995 a fevereiro de 1996 (Precedentes do Supremo Tribunal Federal... Precedentes do Superior Tribunal de Justiça... 4. É que a norma declarada inconstitucional é nula ab origine, não se revelando apta à produção de qualquer efeito, inclusive o de revogação da norma anterior, que volta a viger plenamente, não se caracterizando hipótese de repristinação vedada no § 3º, do artigo 2º, da Lei de Introdução ao Código Civil. 5. Outrossim, é pacífica a jurisprudência da Excelsa Corte, anterior à Emenda Constitucional 32/2001, no sentido de que as medidas provisórias não apreciadas pelo Congresso Nacional, não perdiam a eficácia, quando reeditadas dentro do prazo de validade de 30 (trinta) dias, contando-se a anterioridade nonagesimal, prevista no artigo 195, § 6º, da CRFB/88, da edição da primeira medida provisória [...]. 6. Destarte, até 28 de fevereiro de 1996 (início da vigência das alterações introduzidas pela Medida Provisória 1.212, de 28 de novembro de 1995), a cobrança das contribuições destinadas ao PIS era regida pelo disposto na Lei Complementar 7/70. A partir de março de 1996 e até a publicação da Lei 9.715, de 25 de novembro de 1998, a contribuição destinada ao PIS restou disciplinada pela Medida Provisória 1.212/95 e suas reedições, inexistindo, portanto, solução de continuidade da exigibilidade da exação em tela. 7. Recurso especial desprovido. Acórdão submetido ao regime do artigo 543-C, do CPC, e da Resolução STJ 08/2008" (STJ, REsp 1.136.210, 2009).

⇒ **Lei n. 8.218/91. Alterações no prazo de recolhimento. Não sujeição à anterioridade.** "PIS: prazo de recolhimento: alteração pela L. 8.218, de 29.8.91: inaplicabilidade do art. 195, § 6º, e ausência de violação aos arts. 5º, XXXVI, e 150, III, a, da Constituição. I – A norma legal que simplesmente altera o prazo de recolhimento de tributo não se sujeita ao princípio da anterioridade especial (CF, art. 195, § 6º). II – Não há falar em 'direito adquirido' ao prazo de recolhimento anteriormente previsto, pois, como se sabe, o STF não reconhece a existência de direito adquirido a regime jurídico. III – A circunstância de o fato disciplinado pela norma – isto é, o pagamento do tributo – haver de ocorrer após a sua edição é suficiente para afastar a alegada violação ao princípio da irretroatividade (CF, art. 150, III, a)" (STF, RE 219.878-5, 2000).

⇒ **MP n. 1.212/95. Irretroatividade e anterioridade nonagesimal. Ofensa.** Tendo a MP n. 1.212/95 (posteriormente convertida na Lei n. 9.715/98) sido publicada em 29 de novembro de 1995, somente a partir de 28 de fevereiro de 1996 é que puderam incidir as inovações dela constantes. Entretanto, tal não significa que nada fosse devido em tal período. De fato, até a incidência da contribuição ao PIS segundo o novo regime da MP n. 1.212/95 e suas reedições, tem-se que considerar que continuou vigendo a legislação anterior, qual seja, a LC n. 07/70 com suas alterações, excluídos os DDLL n. 2.445 e n. 2.449, de 1988, cuja inconstitucionalidade foi reconhecida pelo STF. Relativamente ao período de outubro de 1995 a fevereiro de 1996, pois, também se aplica a LC n. 07/70, de modo que o direito à repetição diz respeito a eventual diferença paga a maior.

– "Recurso extraordinário. 2. Contribuição para o Programa de Integração Social – PIS. 3. Inconstitucionalidade da expressão 'aplicando-se aos fatos geradores ocorridos a partir de 1º de outubro de 1995', inscrita no art. 18, da Lei n. 9.715/98, por ofensa ao princípio da irretroatividade das leis, por retroagir a data anterior ao início de vigência da MP n. 1.212, publicada em 29.11.1995. ADI 1.417, a 02.8.1999, Relator o Ministro OCTÁVIO GALLOTTI" (STF, EDAgRgRE 227.149-9, 2000).

– A IN SRF n. 06, de janeiro de 2000, reconheceu a necessidade de observância da anterioridade entre out. 1995 e fev. 1996 e determinou a desconstituição dos lançamentos que, relativamente a tal período, tiveram como base a MP n. 1.212/95: "Art. 1º Fica vedada a constituição de crédito tributário referente à contribuição para o PIS/PASEP, baseado nas alterações introduzidas pela Medida Provisória n. 1.212, de 1995, no período compreendido entre 1º de outubro de 1995 e 29 de fevereiro de 1996, inclusive. Parágrafo único. Aos fatos geradores ocorridos no período compreendido entre 1º de outubro de 1995 e 29 de fevereiro de 1996 aplica-se o disposto na Lei Complementar n. 7, de 7 de setembro de 1970, e n. 8, de 3 de dezembro de 1970. Art. 2º Os Delegados e Inspetores da Receita Federal deverão rever, de ofício, os lançamentos referentes à matéria mencionada no artigo anterior, para fins de alterar, total ou parcialmente, o respectivo crédito tributário. Art. 3º Os Delegados da Receita Federal de Julgamento subtrairão a aplicação do disposto na Medida Provisória n. 1.212, de 1995, quando o crédito tributário tenha sido constituído com base em sua aplicação, no período referido no art. 1º, cujos processos estejam pendentes de julgamento".

⇒ **Lei n. 9.718/98. Alterações na base de cálculo.** A alteração ocorrida na base de cálculo do PIS foi idêntica à da Cofins. Vide comentários comuns a ambas as contribuições em notas ao art. 195, I, b, da CF.

⇒ **Lei n. 10.637/2002. PIS não cumulativo.** Vide notas ao art. 195, § 12, da CF.

⇒ **Aspectos da norma tributária impositiva do PIS.** Quanto aos aspectos no regime comum, vide notas ao art. 195, I, b, da CF; no regime não cumulativo, notas ao art. 195, § 12, da CF.

⇒ **Base de cálculo do PIS.** Há diversas discussões envolvendo as bases de cálculo do PIS e da COFINS, em regra, com soluções únicas.

– **PIS e COFINS na base de cálculo do PIS. Tema 1.067 do STF: MÉRITO AINDA NÃO JULGADO.** Controvérsia: "Inclusão da COFINS e da contribuição ao PIS em suas próprias bases de cálculo".

– **ICMS na base de cálculo do PIS.** O ICMS é cobrado "por dentro", diferentemente do IPI, cobrado "por fora". Assim, o ônus atinente ao ICMS está embutido no preço cobrado, enquanto o atinente ao IPI é cobrado do adquirente do produto como um adicional. Daí por que não se poderia afastar o ICMS da base de cálculo do PIS e da Cofins, enquanto o IPI não a integra. Mas, no tema 69, o STF reconheceu que o ICMS não integra a base de cálculo da COFINS, o que também se aplica ao PIS. Vide nota ao art. 195, I, b, da CF.

– **Súmula 68 do STJ:** "A parcela relativa ao ICM inclui-se na base de cálculo do PIS".

– **Súmula 258 do extinto Tribunal Federal de Recursos:** "Inclui-se na base de cálculo do PIS a parcela relativa ao ICM". O STJ, seguindo tal orientação, entendeu da mesma forma, também editando.

– **Consideração da variação cambial positiva. Caráter confiscatório.** "... a definição extensiva dada pela Lei n. 10.637/02 ao termo faturamento acaba por incluir a variação cambial dos ativos/passivos cotados em moeda estrangeira, na base de cálculo da Contribuição ao PIS, apenas quando estes gerem receita, tendo, dessa forma, caráter confiscatório – artigo 150, IV, da Constituição Federal" (ANAN JUNIOR, Pedro; VATARI, Luis Cláudio Yukio. Contribuição ao PIS – Não cumulatividade – Aspectos inconstitucionais. *RDDT* 96/63, 2003).

– **Prestadora de Serviços. Base de cálculo. Faturamento, e não a chamada "taxa administrativa". Descabimento.** "TRIBUTÁRIO. PIS. PASEP. FINSOCIAL. BASE DE CÁLCULO. EMPRESA PRESTADORA DE SERVIÇOS. TAXA ADMINISTRATIVA. Não prospera a pretensão da impetrante, empresa prestadora de serviços, de ter a base de cálculo do PIS, PASEP e FINSOCIAL calculada sobre a chamada 'taxa administrativa', uma vez que essa nada mais é que o lucro bruto da sociedade e não receita bruta e/ou faturamento. As leis que estabelecem a base de cálculo do PIS, PASEP e FINSOCIAL não levaram em conta os custos necessários ao auferimento das receitas, sob pena de base de cálculo transmudar-se para o lucro bruto das empresas, que é inadmissível" (TRF4, AMS 95.04.25040-8, 2000).

– **Entidade desportiva. Bingo. Receita.** "PIS. BINGO. ENTIDADE DESPORTIVA. LEI 9.615/98. LEI 9.718/98. LEI 9.718/98. EXISTÊNCIA DE BASE DE CÁLCULO DA EXAÇÃO. 1. Regra geral, o recolhimento do PIS por entidade desportiva obedece o art. 2º, II, da Lei 9.715/98 (alterado pelo art. 13 da MP 2.037/00, convertida na Lei 10.637/02), ou seja, incide exclusivamente sobre a folha de salários. 2. Optando a entidade pela exploração do jogo de bingo, nos moldes da Lei Pelé (Lei 9.615/98), o resultado então auferido configura faturamento, sobre o qual incidirá o PIS nos moldes da Lei 9.718/98. 3. A destinação prevista para os valores contabilizados é fato completamente alheio à relação jurídico tributária, eis que a receita pertence à sociedade e, posteriormente, é que será repassada" (TRF4, AC 2000.71.05.002529-0, 2004).

– **Transporte internacional. Exclusão das receitas da base de cálculo.** "PIS. TRANSPORTE INTERNACIONAL. EXCLUSÃO DAS RESPECTIVAS RECEITAS DA BASE DE CÁLCULO. MP 1.212/95. O direito à exclusão das receitas correspondentes ao transporte internacional da base de cálculo da contribuição ao PIS não pode ser condicionado ou restringido sem que tais condicionamentos ou restrições constem da lei. [...]" (TRF4, AMSS 2001.04.01.037521-5, 2003). Eis excerto do voto condutor: "A MP 1.212/95 estabeleceu a exclusão, da base de cálculo da contribuição ao PIS, das receitas correspondentes ao transporte internacional de cargas ou passageiros, o que restou chancelado quando da sua conversão na Lei 9.715/98, em seu artigo 4º: [...] A Lei 9.004/95, referida no *caput* do art. 4º, dizia da desoneração das exportações mediante a exclusão do valor da receita de exportação de mercadorias nacionais da receita opera-

cional bruta para fins de cálculo da contribuição ao PIS, inclusive quando da venda a empresa comercial exportadora. Não constava, de nenhuma dessas leis, os condicionamentos exigidos pela autoridade, quais sejam, operação direta com empresa estrangeira e receita proveniente do exterior. Não há, pois, como admitir se tais condicionamentos. A exclusão da base de cálculo do PIS deve dar se conforme a previsão legal, bastando, pois, forte no inciso III do art. 4º da MP 1.212/95 e, posteriormente, da Lei 9.715/98, que se trate de 'receitas correspondentes ao transporte internacional de cargas ou passageiros', irrelevante o domicílio da empresa contratante e a origem dos recursos para o pagamento do transporte. Reconheço, pois, o direito à exclusão à luz do art. 4º, III, da MP 1.212/95 e da sua conversão na Lei 9.715/98. Os pagamentos efetuados em desconformidade com tal faculdade, pois, foram indevidos, gerando, sim, o direito à compensação".

– *Factoring.* "PIS E COFINS. BASE DE CÁLCULO. FATURAMENTO/RECEITA BRUTA. ATIVIDADE EMPRESARIAL DE *FACTORING*. 'AQUISIÇÃO DE DIREITOS CREDITÓRIOS'. EXIGIBILIDADE DAS EXAÇÕES. 1. 'A Contribuição para Financiamento da Seguridade Social – COFINS, ainda que sob a égide da definição de faturamento mensal/receita bruta dada pela Lei Complementar 70/91, incide sobre a soma das receitas oriundas do exercício da atividade empresarial de *factoring*, o que abrange a receita bruta advinda da prestação cumulativa e contínua de 'serviços' de aquisição de direitos creditórios resultantes das vendas mercantis a prazo ou de prestação de serviços' (REsp 776.705/RJ, Rel. Min. Luiz Fux, Primeira Seção, *DJe* 25/11/2009)" (STJ, AgRg no REsp 1.231.459, 2013).

– "COFINS. BASE DE CÁLCULO. FATURAMENTO/RECEITA BRUTA. ATIVIDADE EMPRESARIAL DE *FACTORING*. 'AQUISIÇÃO DE DIREITOS CREDITÓRIOS'. ITENS I, ALÍNEA C, E II, DO ATO DECLARATÓRIO (NORMATIVO) COSIT 31/97. LEGALIDADE. 1. A Contribuição para Financiamento da Seguridade Social – COFINS, ainda que sob a égide da definição de faturamento mensal/receita bruta dada pela Lei Complementar 70/91, incide sobre a soma das receitas oriundas do exercício da atividade empresarial de factoring, o que abrange a receita bruta advinda da prestação cumulativa e contínua de 'serviços' de aquisição de direitos creditórios resultantes das vendas mercantis a prazo ou de prestação de serviços. 2. *In casu*, cuida-se de mandado de segurança impetrado, em 11.07.1999, em que se discute a higidez do disposto no Itens I, alínea *c*, e II, do Ato Declaratório (Normativo) COSIT 31/97, que determinam que a base de cálculo da COFINS, devida pelas empresas de fomento comercial (*factoring*), é o valor do faturamento mensal, compreendida, entre outras, a receita bruta advinda da prestação cumulativa e contínua de 'serviços' de aquisição de direitos creditórios resultantes das vendas mercantis a prazo ou de prestação de serviços, computando-se como receita o valor da diferença entre o valor de aquisição e o valor de face do título ou direito adquirido. 3. A Lei 9.249/95 (que revogou, entre outros, o artigo 28, da Lei 8.981/95), ao tratar da apuração da base de cálculo do imposto de renda das pessoas jurídicas, definiu a atividade de *factoring* como a prestação cumulativa e contínua de serviços de assessoria creditícia, mercadológica, gestão de crédito, seleção de riscos, administração de contas a pagar e a receber, compra de direitos creditórios resultantes de vendas mercantis a prazo ou de prestação de serviços (artigo 15, § 1º, III, *d*). 4. Deveras, a empresa de fomento mercantil ou de *factoring* realiza atividade comercial mista atípica, que compreende o oferecimento de uma plêiade de serviços, nos quais se insere a aquisição de direitos creditórios, auferindo vantagens financeiras resultantes das operações realizadas, não se revelando coerente a dissociação das aludidas atividades empresariais para efeito de determinação da receita bruta tributável. 5. Consequentemente, os Itens I, alínea *c*, e II, do Ato Declaratório (Normativo) COSIT 31/97, coadunam-se com a concepção de faturamento mensal/receita bruta dada pela Lei Complementar 70/91 (o que decorra das vendas de mercadorias ou da prestação de serviços de qualquer natureza, vale dizer a soma das receitas oriundas das atividades empresariais, não se considerando receita bruta de natureza diversa, definição que se perpetuou com a declaração de inconstitucionalidade do § 1º, do artigo 3º, da Lei 9.718/98)" (STJ, REsp 776.705, 2009).

– **Contra.** "Na verdade, sobre o preço de aquisição de direitos creditórios *stricto sensu*..., não deve incidir nem o Imposto sobre Operações de Crédito [...] nem as Contribuições do PIS (Lei Complementar n. 7/70 na redação da MP 1.212/95 e suas reedições e alterações) e do COFINS (Lei Complementar n. 70/91) pois aquele preço não corresponde a juros por empréstimo nem à remuneração de prestação de serviço, compondo o lucro tributável pelo Imposto de Renda e Contribuição Social sobre o Lucro como receita operacional de fomento mercantil" (ROLIM, João Dácio. Da tipologia da atividade de *factoring* e as incidências do PIS, Cofins, ISS e IOF – Lei n. 9.532/97 e Ato Declaratório Normativo n. 31/97. *RDDT* 33, 1998).

– **Definição de *factoring*:** "A empresa de *factoring*, por sua vez, especializa-se em receber os créditos adquiridos de seus vários clientes, e obtém ganhos de escala, ao centralizar as operações de cobrança e recebimento, que seriam muito mais dispendiosas se efetuadas isoladamente por cada um dos clientes, que na maioria dos casos, ainda hoje, são empresas de pequeno e médio porte ou microempresas. Nesta operação, há um deságio no valor dos créditos cedidos, correspondente à remuneração da empresa cessionária e aos custos e riscos da própria atividade" (ROLIM, João Dácio. Da tipologia da atividade de factoring e as incidências do PIS, Cofins, ISS e IOF – Lei n. 9.532/97 e Ato Declaratório Normativo n. 31/97. *RDDT* 33, 1998).

⇒ **Entidades sem fins lucrativos.** A contribuição ao PIS, como contribuição de seguridade social que é, encontra-se abrangida pela imunidade do art. 195, § 7º, da CF, que beneficia as entidades beneficentes de assistência social. Assim, os dispositivos de lei que determinaram a cobrança de contribuição ao PIS de entidades imunes, são, no ponto, inconstitucionais. Vide nota ao art. 195, § 7º, da CF. Mas nem toda sociedade sem fins lucrativos é imune, e.g., as cooperativas e associações ou mesmo entidades supostamente beneficentes que não cumpram as condições para o gozo da imunidade.

– LC n. 07/70. Resolução Bacen 174/71, DDLL n. 2.445/88 e n. 2.449/88, MP n. 1.212, Lei n. 9.715. A Lei Complementar n. 07/70 instituiu o Programa de Participação Social com o intuito de realizar a aproximação do empregado no desenvolvimento das empresas. O Fundo de Participação responsável pela execução do PIS tinha suas fontes de custeio previstas no art. 3º do mesmo diploma legal, estabelecendo no seu § 4º que: "Lei Complementar n. 7/70 Art. 3º. [...] § 4º – As entidades de fins não lucrativos, que tenham empregados assim definidos pela Legislação Trabalhista, contribuirão para o Fundo na forma da lei". Em 25 de fevereiro de 1971, o Banco Central do Brasil tornou pública a Resolução n. 174, através da qual o Conselho Monetário Nacional aprovou o Regulamento do PIS elaborado pela Caixa Econômica Federal, conforme a autorização contida no artigo 11 da Lei Complementar n. 07/70. No § 5º do art. 4º da Resolução n. 174/71 foi instituída a contribuição ao PIS em relação às sociedades sem fins lucrativos, dispondo que: "Resolução BACEN n. 174/71 Art. 4º. [...] § 5º – As entidades de fins não lucrativas que tenham empregados assim definidos pela Legislação Trabalhista, contribuirão para o Fundo com uma quota fixa de 1%, incidente sobre a folha de pagamento mensal". Em 24 de novembro de 1986, foi publicado o Decreto-Lei n. 2.303, que no seu artigo 33 praticamente repetiu o texto contido no art. 4º, § 5º, da Resolução n. 174, conforme segue transcrito: "Decreto-Lei n. 2.303/86 Art. 33 – As entidades de fins não lucrativos, que tenham empregados assim definidos pela legislação trabalhista, continuarão a contribuir para o Programa de Integração Social – PIS à alíquota de 1% (um por cento), incidente sobre a folha de pagamento". O Decreto-Lei n. 2.445 de 29 de junho de 1988, modificado pelo Decreto-Lei n. 2.449, também previa, no seu artigo 1º, IV, que as entidades sem fins lucrativos deveriam contribuir para o PIS em 1% sobre a folha de pagamento dos seus empregados. Ocorre que o Supremo Tribunal Federal teve oportunidade de se manifestar (RE 148.754, RE 150.356-4) a respeito da contribuição ao PIS exigida durante a vigência do Decreto-Lei n. 2.445, decidindo que a cobrança da exação era constitucional e legítima, mas somente nos termos da Lei Complementar n. 7/70. Decidiu o STF, naquela ocasião, que os Decretos-Leis 2.445 e 2.449/88 careciam de suporte de validade, padecendo de inconstitucionalidade formal, uma vez que foram editados com fundamento no art. 55, inciso II, da Carta de 1967/69, mas tratam de matéria que não se afeiçoava à hipótese. Mereceram, portanto, censura as modificações impostas pelos Decretos-Leis ns. 2.445 e 2.449, de 1988, pois versaram sobre matéria não elencada nos incisos do art. 55 da Constituição de 1967, com redação dada pela EC n. 1/69. É preciso reconhecer que o DL 2.303/86 tinha o mesmo vício dos Decretos-Leis 2.445 e 2.449. Assim, os diplomas inconstitucionais sequer ingressaram validamente no ordenamento jurídico, de maneira que a contribuição para o PIS incidiu na forma da legislação que até então disciplinava a matéria. Em novembro de 1995, foi editada a Medida Provisória n. 1.212, posteriormente convertida na Lei n. 9.715, modificando novamente a sistemática da contribuição ao PIS.

– "PIS COOPERATIVAS. LC 07/70, RES 174/71, DDLL 2.303/86, 2.445/88 E 2.449/88. Afastando, o título executivo, apenas os efeitos dos DDLL 2.445 e 2.449, de 1988, por razões de ordem formal, nos termos da jurisprudência do STF, mas sendo devido pelas cooperativas enquanto entidades sem lucrativos, tanto sob a sua vigência quanto sob a égide da legislação anterior que com o seu afastamento prosseguiu aplicável, o PIS de 1% sobre a folha de salários, não há que se pretender a repetição dos valores pagos especificamente a tal título. Inexistência, nos autos, de discussão e de provimento judicial acerca da inconstitucionalidade da Resolução 174/71" (TRF4, AC 2001.71.05.002007-6, 2005).

– **Inexistência de base legal válida até a MP n. 1.212/95.** "PIS – INSTITUIÇÕES SEM FINS LUCRATIVOS – FORMA DE CÁLCULO DA CONTRIBUIÇÃO (ART. 3º, § 4º LC 07/70). 1. A LC 07/70, ao estabelecer a cobrança do PIS, explicitou que as entidades sem fins lucrativos contribuiriam para a exação na forma da lei (art. 3º, § 4º). 2. Sem lei alguma, senão pela MP 1.212, de 28/11/95, passou-se a cobrar o PIS de acordo com a Resolução 174/71 do Conselho Monetário Nacional, de absoluta ilegalidade, porque somente a lei, em sentido formal e material, pode cumprir a determinação constante da LC 07/70" (STJ, REsp 326.406, 2002).

– "CONTRIBUIÇÃO PARA O PIS. ENTIDADES SEM FINS LUCRATIVOS. COOPERATIVAS. LEI COMPLEMENTAR N. 7/70. RESOLUÇÃO N.174/71 DO CONSELHO MONETÁRIO NACIONAL. ALÍQUOTA DE 1% SOBRE A FOLHA DE SALÁRIOS MENSAL. OFENSA AO PRINCÍPIO DA LEGALIDADE. Não se trata, na verdade, de discussão sobre imunidade ou isenção da contribuição para o PIS, que teria, ou não, sido concedida às entidades sem fins lucrativos, mas sim da própria inexistência da contribuição no que tange àquelas pessoas jurídicas. Não poderia mera resolução do Conselho Monetário Nacional fixar elementos essenciais da contribuição, já que, se a Lei Complementar, ao estabelecer normas gerais sobre a contribuição para o PIS, determina que tal ou qual definição deverá ser feita 'na forma da lei', deverá ela ser levada a efeito por lei ordinária e não por resolução, pois que em matéria tributária vigora o princípio da legalidade estrita. O poder regulamentar concedido pela citada Lei Complementar à Caixa Econômica Federal, sob a aprovação do Conselho Monetário Nacional, restringe-se, como se depreende da simples leitura do artigo 11 daquele dispositivo, a normas para o 'recolhimento e a distribuição dos recursos, assim como as diretrizes e os critérios para a sua aplicação'. Os Decretos n. 2.445/88 e 2.449/88 foram declarados inconstitucionais pelo Supremo Tribunal Federal e tiveram sua eficácia suspensa pela Resolução n. 49/95 do Senado Federal. Tal entendimento somente poderá ser aplicado até o início da vigência da Medida Provisória n. 1.212, de 28 de novembro de 1995, respeitado o disposto no artigo 195, § 6º, da Constituição Federal, a qual prevê, expressamente, que 'a contribuição para o PIS/PASEP será apurada mensalmente' (art. 2º) 'pelas entidades sem fins lucrativos definidas como empregadoras pela legislação trabalhista, inclusive as fundações, com base na folha de salários' (art. 2º, inciso II), e será calculada com base na alíquota de 'um por cento sobre a folha de salários' (art. 8º, inciso II). Impõe-se considerar que, não obstante as resoluções impugnadas não sejam válidas em face da Lei Complementar n. 7/70, esta, por outro lado, tem plena aplicação, motivo pelo qual pode ser cobrada das cooperativas tanto a contribuição para o PIS sobre o faturamento, quando exercerem atividades lucrativas (atos não cooperativos), nos termos do artigo 3º, letra

b, como aquela calculada com base no imposto devido pela renda obtida com essas atividades, como dispõe a letra *a* do citado dispositivo, em decorrência da interpretação do artigo 111 da Lei n. 5.764/71. Recurso especial parcialmente provido. Decisão por maioria de votos" (STJ, REsp 141.858, 2001).

– MP n. 2.158-35/2001. Também 1% sobre a folha de salários. A MP n. 2.158-35/2001, tornada permanente por força da EC n. 32/2001, dispõe: "Art. 13. A contribuição para o PIS/PASEP será determinada com base na folha de salários, à alíquota de um por cento, pelas seguintes entidades: III – instituições de educação e de assistência social a que se refere o art. 12 da Lei n. 9.532, de 10 de dezembro de 1997; IV – instituições de caráter filantrópico, recreativo, cultural, científico e as associações, a que se refere o art. 15 da Lei n. 9.532, de 1997".

– **Cooperativa.** "2. As cooperativas contribuem para o PIS sobre a folha de salários e, em relação aos atos praticados com não associados, sobre o faturamento, nos termos do art. 2º, inciso II e parágrafo único da MP 1.212/95, sem que a exação constitua afronta ao princípio da isonomia, consoante interpretação conjugada com o art. 195, *caput*, da CF. 3. São devidos honorários à razão de 10% sobre o valor da causa, na esteira dos precedentes da Turma. 4. Apelação da União provida, improvida a apelação das autoras" (TRF4, AC 2002.04.01.012121-0, 2004).

– **Operações com não cooperados. Indevido o PIS até a edição da MP n. 1.212/95.** "... a inconstitucionalidade dos aludidos Decretos-Leis torna indevido a exigência de recolhimento a título de PIS incidente sobre a receita bruta operacional das cooperativas resultante de operações praticadas com não cooperados, até a edição da MP1212/95, visto que o Ato Declaratório 14/85 da Secretaria da Receita Federal não tem amparo legal. 3. É possível a veiculação, por Medida Provisória, de normas que alteram a sistemática do PIS, consoante precedentes do STF. [...]" (TRF4, AC 1999.04.01.085684-1, 2000).

– "Não são atos cooperativos a manutenção de empregados, e as operações realizadas com os não associados. Como as leis isentivas são de interpretação restritiva e literal, mantém-se a exigência da contribuição para o PIS, para os atos não cooperativos, afinal, a exação foi, expressamente, recepcionada, pela nova Carta, em todas as suas circunstâncias legislativas, nos termos do art. 239. Segurança Negada. Apelação da Autora conhecida, à qual se nega provimento" (TRF4, AMS 1999.04.01.052433-9, 2000).

– **Cooperativa de crédito.** "... PIS. COOPERATIVA DE CRÉDITO. LEI N. 5.764/71... 2. O ato cooperativo não gera faturamento para a sociedade. O resultado positivo decorrente desses atos pertence, proporcionalmente, a cada um dos cooperados. Inexiste, portanto, receita que possa ser titularizada pela cooperativa e, por consequência, não há base imponível para o PIS. 3. Já os atos não cooperativos geram faturamento à sociedade, devendo o resultado do exercício ser levado à conta específica para que possa servir de base à tributação (art. 87 da Lei n. 5.764/71). 4. Toda a movimentação financeira das cooperativas de crédito, incluindo a captação de recursos, a realização de empréstimos aos cooperados bem como a efetivação de aplicações financeiras no mercado, constitui ato cooperativo, circunstância a impedir a incidência da contribuição ao PIS. 5. Salvo previsão normativa em sentido contrário (art. 86, parágrafo único, da Lei n. 5.764/71), estão as cooperativas de crédito impedidas de realizar atividades com não associados. 6. Atualmente, por força do art. 23 da Resolução BACEN n. 3.106/2003, as cooperativas de crédito somente podem captar depósitos ou realizar empréstimos com associados. Assim, somente praticam atos cooperativos e, por consequência, não titularizam faturamento, afastando-se a incidência do PIS. 7. A reunião em cooperativa não pode levar à exigência tributária superior à que estariam submetidos os cooperados caso atuassem isoladamente, sob pena de desestímulo ao cooperativismo. 8. Qualquer que seja o conceito de faturamento (equiparado ou não a receita bruta), tratando-se de ato cooperativo típico, não ocorrerá o fato gerador do PIS por ausência de materialidade sobre a qual possa incidir essa contribuição social" (TRF4, AC 2003.72.00.009618-7, 2005).

⇒ **Incorporação e venda de imóveis.** Houve larga discussão sobre se as empresas que trabalhavam com incorporação e venda de imóveis tinham ou não faturamento e, pois, eram ou não contribuintes da Cofins e do PIS. O entendimento que predominou é no sentido de que sempre foram contribuintes. Vide notas sobre a matéria ao art. 195, I, *b*, da CF.

– "TRIBUTÁRIO – PIS – VENDA DE IMÓVEIS. I – A venda de imóveis é fato gerador da contribuição PIS (LC 7/70, Art. 3º)" (STJ, REsp 190.190, 2001).

⇒ **Emenda Constitucional n. 17/97. PIS devido pelas instituições financeiras.** Essa Emenda, publicada no *DOU* de 25-11-1997, alterou o inciso V do art. 72 do ADCT, dispondo sobre a contribuição da Lei Complementar n. 7/70, inclusive no que diz respeito à alíquota e à base de cálculo, relativamente às obrigações das instituições financeiras, sociedades de crédito e congêneres, conforme se verifica da remissão feita pelo inciso V ao inciso III que, por sua vez, remete aos contribuintes a que se refere o § 1º do art. 22 da Lei n. 8.212/91.

– **Alteração da base de cálculo e da alíquota.** "... há que se considerar inconstitucional a alteração, por meio do art. 72, V, do ADCT, da base de cálculo e da alíquota da contribuição ao PIS prevista na Lei Complementar n. 7/70, tanto pela ofensa ao artigo 150, I, como ao artigo 48, I, da Constituição Federal. Quanto à base de cálculo, aliás, é indiscutível, sob pena de ofensa aos princípios da tipicidade e da reserva absoluta da lei formal tributária, que esta deva ser prevista em todos os seus elementos essenciais em lei. O inciso V do art. 72 do ADCT, ao prever como base de cálculo do PIS: ... a receita bruta operacional, como definida na legislação do imposto sobre a renda e proventos de qualquer natureza ..., não define, no entanto, a base de cálculo em todos seus elementos essenciais, já que a receita bruta de seguradoras, bancos e demais instituições financeiras tem peculiaridades em face das quais, até mesmo para benefício da Fazenda, torna necessária uma regulação diversa daquela contida na legislação do imposto sobre renda" (TROIANELLI, Gabriel Lacerda, A inconstitucionalidade do PIS exigido nos termos da Emenda Constitucional n. 17/97. *RDDT* 29/45-51, 1998). Nesse artigo, o autor diz, ainda, da ocorrência de ofensa aos princípios da irretroatividade, pois haveria incidência sobre fatos geradores configurados antes da vigência da EC, publicada em nov. 1997, e da anterioridade, seja comum ou mitigada.

– **EC n. 17/97. Desrespeito à irretroatividade e à anterioridade especial.** Inconstitucional a EC n. 17/97, publicada em novembro, por desrespeitar os princípios da irretroatividade e da anterioridade mitigada, ao determinar sua aplicação desde julho de 1997 (FERREIRA SOBRINHO, José Wilson. Emenda Constitucional n. 17/97, defeito jurídico relativamente ao PIS. *Rep. IOB de Jur.*, 1999).

– **PIS *x* arts. 165, § 9º, da CF e 36 do ADCT.** Sobre outra possível inconstitucionalidade do PIS conforme estabelecido na EC n. 17/97: O art. 165, § 9º, da CF prevê a necessidade de legislação complementar para a instituição de fundos. Por sua vez, o art. 36 do ADCT estabelece que os fundos extinguir-se-iam em 2 anos, caso não fossem ratificados pelo Congresso Nacional. Até o momento, não há lei complementar regulando o Fundo de Estabilização Fiscal, não podendo, assim, qualquer norma sobre o PIS surtir efeitos (TROIANELLI, Gabriel Lacerda. A permanência da inconstitucionalidade do PIS exigido nos termos da Emenda Constitucional n. 17/97. *RDDT* 42, 1999).

– **MP n. 517/94. Lei n. 9.701/98.** "PIS. INSTITUIÇÕES FINANCEIRAS. CONTRIBUIÇÃO. ECR 1/94. EC 10/96 E EC 17/97. MP 517/94 E REEDIÇÕES CONVOLADA NA LEI 9.701/98. INCONSTITUCIONALIDADE INDEMONSTRADA. 1. Estando a contribuição para o PIS/PASEP autorizada expressamente pela própria Constituição – seja no art. 239 ou no art. 195-I –, pode ser alterada, por lei ordinária ou medida provisória, sem veiculação de lei complementar. Precedente: STF, ADI 1.417-DF, Relator Ministro Gallotti, *Informativo* STF 156, de 6-8-99, p. 1, ao julgar a MP 1.212 e reedições que se convolou na Lei n. 9.715/98. 2. *Contrario sensu*, não residindo a matriz constitucional na ECR 1/94, EC 10/96 e EC 17/97, que trataram da destinação do produto arrecadado ao Fundo Social de Emergência, não há maltrato ao art. 246 da CF. 3. O PIS devido pelas instituições financeiras, na esteira do Fundo Social de Emergência, tem origem na MP 517 de 31-05-94 e reedições convolada na Lei n. 9.701/98, que alteraram a sistemática da LC 7/70, e sobre as quais não vislumbro mácula de inconstitucionalidade. A Lei 9.701/98 foi alterada pela 9.718/98, alterada pela MP 1.807 e reedições, última anotada de 1.858-9. 4. Apelação improvida" (TRF4, AMS 200.04.01.121875-7, 2001).

⇒ **PASEP. Estados e Municípios. Vinculação obrigatória após a CF/88.** A contribuição ao PASEP não era considerada como de natureza tributária antes do advento da Constituição de 1988. Assim, Estados e Municípios podiam aderir ou não ao regime, conforme entendessem conveniente. Após o advento da Constituição de 1988, assumiram caráter tributário, conforme vem afirmando o STF em reiterados julgamentos, de modo que se tornou obrigatória a contribuição ao PASEP e inconstitucionais as leis locais que pretenderam excluir os Estados e Municípios do regime. O STF entende, ainda, conforme se pode ver da a seguir transcrita ACO 580, que se trata de contribuição com base constitucional própria, não sujeita aos arts. 149 e 195 da CF.

– "... o Estado do Paraná, que, durante a vigência da Lei Complementar n. 8, de 3 de dezembro de 1970, se obrigara, por força da Lei n. 6.278, de 23/05/72, a contribuir para o Programa de Formação do Patrimônio do Servidor Público, já não poderia se eximir da contribuição, mediante sua Lei n. 10.533, de 30/11/93, pois, com o advento da Constituição Federal de 1988, a contribuição deixou de ser facultativa, para ser obrigatória, nos termos do art. 239. 3. Ação julgada improcedente, declarando-se, incidentalmente, a inconstitucionalidade da Lei paranaense n. 10.533, de 30/11/93, e, em consequência, a exigibilidade da contribuição do PASEP, pela União Federal, ao Estado do Paraná. 4..." (STF, ACO 471-3, 2002).

– "VINCULAÇÃO DO ESTADO DE MINAS GERAIS AO PASEP. INCONSTITUCIONALIDADE INCIDENTAL DO ARTIGO 1º DA LEI ESTADUAL 13.270, DE 27 DE JULHO DE 1999. 1. A Lei Complementar 8/70, em seu artigo 8º, previa a faculdade de adesão ao Programa de Formação do Patrimônio do Servidor Público – PASEP, de natureza não tributária, instituído com o objetivo de distribuir a receita entre os servidores da União, Estados, Municípios e o Distrito Federal. 2. O advento da nova ordem constitucional transmudou a natureza da contribuição, que passou à categoria de tributo, tornando-se obrigatória. Arrecadação que, na atual destinação, tem por objeto o financiamento do seguro-desemprego e o abono devido aos empregados menos favorecidos (CF, artigo 239, § 3º). Precedente. 3. O PASEP, sendo contribuição instituída pela própria Carta da República, não se confunde com aquelas que a União pode criar na forma dos seus artigos 149 e 195, nem se lhe aplicam quaisquer dos princípios ou restrições constitucionais que regulam as contribuições em geral. Improcedência da ação. Declarada, *incidenter tantum*, a inconstitucionalidade do artigo 1º da Lei 13.270, de 27 de julho de 1999, do Estado de Minas Gerais" (STF, ACO 580, 2002).

– No sentido de que a adesão era voluntária e que tal não se alterara com o advento da Constituição, posição esta já superada, consultem-se: TRF4, AMS 1999.71.08.009578-1; TRF4, AI 1999.04.01.086697-4.

– Inconstitucionalidade do Decreto-lei n. 2.052/83, que incluiu como contribuintes do PASEP entidades controladas pelo Poder Público. "O Tribunal iniciou julgamento de recurso extraordinário em que se discute, em face da Constituição pretérita (CF/67, com a EC 1/69, art. 55, II), a constitucionalidade do art. 14, VI, do Decreto-lei 2.052/83, que incluiu, como contribuintes do PASEP, 'quaisquer outras entidades controladas, direta ou indiretamente, pelo Poder Público'. Trata se, na espécie, de recurso interposto por companhia de seguros contra acórdão do TRF da 4ª Região que decidira pelo enquadramento da recorrente como contribuinte do PASEP, por ser ela controlada pelo Poder Público. O Min. Carlos Velloso, relator, conheceu e deu provimento ao recurso para declarar a inconstitucionalidade do art. 14, VI, do referido Decreto lei. Embora ressalvando seu entendimento pessoal a respeito do tema, o relator aplicou ao caso, *mutatis mutandis*, a orientação fixada pelo Supremo no julgamento do RE 148.754/RJ (*DJU* de 4.3.94) no sentido de que o PIS – da mesma forma o PASEP –, por ter perdido a natureza tributária a partir da EC 8/77 e por não se inserir no âmbito das finanças

públicas, não poderia ser alterado por decreto-lei. Após os votos dos Ministros Eros Grau, Joaquim Barbosa e Carlos Britto, acompanhando o voto do relator, pediu vista dos autos o Min... RE 379.154... 2005" (*Informativo* 402 do STF).

– **Sociedade de economia mista. Contribuição ao PIS, e não ao PASEP.** "SOCIEDADE DE ECONOMIA MISTA. PASEP X PIS. ART. 173 DA CF. O art. 173 da CF, desde a sua redação original, submete as sociedades de economia mista ao regime jurídico próprio das empresas privadas quanto às suas obrigações trabalhistas e tributárias. Em face da sua eficácia negativa, a impedir a recepção de qualquer dispositivo que lhe seja contrário, por inadequação material, tem se que o BANRISUL não está sujeito ao pagamento de contribuição ao PASEP, mas ao PIS. Possibilidade de compensação entre ambas, mormente em face da Lei 10.637/02, que permite a compensação, no regime do lançamento por homologação, com quaisquer tributos administrados pela SRF" (TRF4, AC 2000.04.01.065087-8, 2003).

– **No sentido da contribuição ao PASEP.** "CONTRIBUIÇÃO PARA O PASEP. SOCIEDADE DE ECONOMIA MISTA. EXPLORADORA DE ATIVIDADE ECONÔMICA. LC 08/70. DL 2052/83. ART. 173, § 1º, DA CF. 1. As sociedades de economia mista contribuem para o PASEP, nos termos da LC 08/70, bem como de acordo com o art. 14, IV, do Decreto-lei 2052/83. 2. Essa exigência não ofende o disposto no art. 173, § 1º, II, da CF/88, porquanto a ideia do legislador foi a de fazer com que as empresas paraestatais que explorem atividade econômica, não gozem de privilégios não estendidos às empresas privadas. Entretanto, isto não quer dizer que esses entes da Administração estejam afastados dos princípios e normas de direito público" (TRF4, AC 95.04.60106-5, 1999).

– **Base de cálculo do PASEP. Inconstitucionalidade.** Vide: MELO, Omar Augusto Leite. Inconstitucionalidades na base de cálculo do Pasep devido pelos Municípios. *RDDT* 130/121, 2006.

Art. 240. Ficam ressalvadas do disposto no art. 195 as atuais contribuições compulsórias dos empregadores sobre a folha de salários, destinadas às entidades privadas de serviço social e de formação profissional vinculadas ao sistema sindical.

⇒ **Exceção ao art. 195 da CF. Pressuposto e consequências.** "O art. 240 da CF só faz sentido na medida em que considerarmos que o Constituinte compreendeu as contribuições dos empregadores sobre a folha de salários, destinadas às entidades privadas de serviço social e de formação profissional vinculadas ao sistema sindical como contribuições de seguridade social. Só nesta perspectiva é que poderíamos imaginar a incidência, relativamente a elas, do art. 195 da CF, afastada pela expressa disposição do art. 240. Seriam, assim, contribuições assistenciais, buscando o atendimento dos objetivos elencados no art. 203, com destaque para a promoção da integração ao mercado de trabalho. Cabe ressaltar que, estando tais finalidades dentre os objetivos a serem buscados pelo Poder Público relativamente à Ordem Social, pode a União se desincumbir de seu dever diretamente ou viabilizar a outra pessoa jurídica, pública ou privada, desde que sem fins lucrativos, que o faça mediante receita de cunho tributário, eis que, de qualquer forma, se terá a instituição da contribuição para uma finalidade que é do interesse público, não restando desfigurada. É o caso dessas contribuições. Como consequência do art. 240 da Constituição, as contribuições nele referidas então existentes – só assim se pode interpretar a referências às 'atuais contribuições' –, quais sejam, SESC, SESI, SENAC e SENAI, mesmo consideradas como de seguridade social, podem continuar a ser calculadas sobre a folha de salários, ao lado da contribuição estabelecida pela Lei 8.212/91, e a ser disciplinadas por lei ordinária, além do que estão sujeitas à anterioridade comum e não à especial. Estes os efeitos da não aplicação, a tais contribuições, do art. 195, ou seja, das regras especiais que este traz" (PAULSEN, Leandro. Contribuições no Sistema Tributário Brasileiro. In: MACHADO, Hugo de Brito. *As contribuições no Sistema Tributário Brasileiro*. São Paulo: Dialética. Fortaleza: Instituto Cearense de Estudos Tributários – ICET, 2003).

– **Desnecessidade de lei complementar e de observância da vedação do *bis in idem*.** "CONTRIBUIÇÃO AO SENAR. A identificação do SENAR com o SENAI e com o SENAC por força do art. 62 do ADCT e a ressalva constante do art. 240 da CF afastam discussões acerca da necessidade, e.g., de observância do § 4º do art. 195, que exige lei complementar para instituição de contribuições de Seguridade Social (incluindo as de assistência social) e que veda o *bis in idem*" (TRF4, AMS 2003.04.01.057293-5, 2006).

– **Desnecessidade de lei complementar.** A ressalva afasta discussões acerca da necessidade, e.g., de observância do § 4º do art. 195, que exige lei complementar para instituição de contribuições de Seguridade Social (incluindo as de assistência social).

– **Ausência de vedação quanto à identidade de fato gerador e base de cálculo.** Também é efeito da ressalva constante do art. 240 superar qualquer discussão sobre a vedação da identidade de base de cálculo e fato gerador com as contribuições dos incisos I, II e III do art. 195, pois este é inaplicável como um todo, inclusive seu § 4º.

⇒ **Atuais contribuições. Só as contribuições ao SESI, SENAI, SESC e SENAC.** "O art. 240, por delimitação constante expressamente do seu próprio texto, como já frisado, aplica-se às então 'atuais contribuições', já elencadas, de modo que não alcança as contribuições posteriormente criadas, quais sejam, o SENAR, SEBRAE, SEST, SENAT e SESCOOP. Quanto a estas, devem ser analisadas, uma a uma, tanto no que diz respeito à sua finalidade, de modo a identificar-se se efetivamente se caracterizam como de seguridade social ou não, como no que diz respeito ao cumprimento dos requisitos para a sua instituição, o que depende da subespécie em que forem enquadradas. Caso classificadas como de seguridade social, aplicar-se-lhes-ão as regras atinentes ao exercício da competência residual estabelecidas pelo art. 195, § 4º, da CF mediante a remissão ao seu art. 154, I" (PAULSEN, Leandro. Contribuições no Sistema Tributário Brasileiro. In: MACHADO, Hugo de Brito. *As contribuições no Sistema Tributário Brasileiro*. São Paulo: Dialética. Fortaleza: Instituto Cearense de Estudos Tributários – ICET, 2003).

– Aproveitaremos este artigo, contudo, para veicularmos comentários acerca das diversas contribuições do denominado Sistema "S", sejam ou não objeto de incidência do art. 240 da CF.

⇒ **Contribuições destinadas às entidades vinculadas ao sistema sindical:** SESC, SESI, SENAC, SENAI, SENAR, SEBRAE, SEST, SENAT, SESCOOP, APEX-BRASIL e ABDI. Após o advento da Constituição Federal de 1988, além dos já tradicionais serviços sociais autônomos SESC/SENAC e SESI/SENAI, surgiram o SEBRAE, voltado a estimular o surgimento e desenvolvimento das pequenas empresas, o SENAR, relacionado à formação profissional nas atividades rurais, o SENAT e o SEST, específicos da área de transporte rodoviário, e o SESCOOP, específico para a aprendizagem do cooperativismo. Em 2003, foi autorizada, ainda, a criação do APEX-BRASIL, com o objetivo de promover a execução de políticas de promoção de exportações e, em 30 de dezembro de 2004, a Lei n. 11.080 autorizou a criação do serviço social autônomo denominado Agência Brasileira de Desenvolvimento Industrial – ABDI, com a finalidade de promover a execução de políticas de desenvolvimento industrial. Para o custeio de cada um deles, há uma contribuição instituída, eventualmente na forma de adicional a outra que a precedeu.

⇒ **Natureza das contribuições do sistema "S".** Há, ainda, divergência na doutrina e na jurisprudência acerca do exato enquadramento das contribuições em referência, se são contribuições sociais gerais ou de seguridade social ou, ainda, se configuram contribuições do interesse das categorias profissionais ou econômicas ou mesmo de intervenção no domínio econômico. Conforme a primeira nota a este artigo 240 (Exceção ao art. 195), entendemos que as contribuições existentes por ocasião do advento da Constituição devem ser consideradas como de assistência social. As demais precisam ser analisadas individualmente. A contribuição ao SEBRAE, e.g., conforme entendimento do STF, é contribuição de intervenção no domínio econômico.

– **No sentido de que são contribuições de assistência social, portanto, de Seguridade Social.** "Como se percebe, entendo que tais contribuições especiais não se enquadram naquelas de interesse das categorias, mas sim na das contribuições sociais, na medida em que todo o sistema 'S' é dedicado a dar condições de integração na sociedade dos que frequentam tais escolas de aprendizado. É interessante notar que, no art. 203 da lei suprema, versado na dicção seguinte: 'A assistência social será prestada a quem dela necessitar, independentemente de contribuição à seguridade social, e tem por objetivos: ... III. A promoção da integração ao mercado de trabalho; IV...' a presunção da integração ao mercado de trabalho é postada, em especial relevo, na ação do Estado e da sociedade. Ora, o sistema 'S' tem como escopo maior exatamente a integração da juventude no mercado de trabalho, razão pela qual entendo que a natureza jurídica da contribuição para o sistema 'S' não está entre aquelas voltadas para o interesse das categorias, mas sim entre as de natureza social, lembrando-se que a assistência social, a saúde e a previdência conformam a Seguridade no direito brasileiro" (MARTINS, Ives Gandra da Silva. Contribuições sociais para o sistema "S" – Constitucionalização da imposição por força do artigo 240 da

Lei Suprema – recepção pela nova ordem do artigo 577 da CLT. *RDDT* 57/124, 2000).

– No sentido de que as contribuições ao SESC e SENAC seriam contribuições do interesse das categorias profissionais ou econômicas. "... CONTRIBUIÇÕES SOCIAIS DE INTERESSE DE CATEGORIA PROFISSIONAL. DECRETOS-LEIS N. 9.853/46 E 8.621/46. SESC E SENAC... 1... 2. As contribuições para o SESC e SENAC são contribuições sociais de interesse de categoria profissional ou econômica, previstas no art. 149 da CF/88. 3..." (TRF4, AMS 2000.72.00.007437-3, 2001).

⇒ **Os serviços sociais autônomos como destinatários do produto das contribuições. Discussão sobre a existência de litisconsórcio necessário na ações sobre a matéria.** Sobre a configuração ou não de litisconsórcio necessário entre o sujeito ativo e o destinatário em ação visando ao não pagamento do tributo, de um lado, e em ação visando à compensação ou repetição de indébito, vide nota ao art. 119 do CTN. Também é relevante a distinção entre competência tributária, condição de sujeito ativo e condição de destinatário do produto, o que se vê em nota ao art. 6º do CTN.

⇒ **SESC/SENAC.** O Decreto-lei n. 9.853/46 atribuiu à Confederação Nacional do Comércio o encargo de criar e organizar o SESC, prevendo a obrigação dos empregadores vinculados a tal sistema sindical de pagar uma contribuição mensal ao SESC. O Decreto-lei n. 8.621/46, por sua vez, estabeleceu o fato gerador da contribuição ao SENAC, prevendo que os estabelecimentos comerciais com atividades vinculadas à Confederação Nacional do Comércio ficavam obrigados ao pagamento mensal de contribuição de 1% sobre a remuneração paga a seus empregados.

– **Prestadoras de serviço. Aplicabilidade do art. 577 da CLT. Contribuição devida.** As empresas prestadoras de serviço vinculadas, por força de lei e em razão da pertinência das suas atividades com as empresas comerciais, à Confederação Nacional do Comércio, sempre recolheram contribuições ao SESC e ao SENAC, embora o Decreto-lei n. 9.853/46 se referisse a empresas "comerciais". Lançada a discussão quanto a estarem ou não obrigadas ao pagamento, o STJ, embora tenha se inclinado inicialmente no sentido da inexistência da obrigação, modificou sua posição em julgado da Primeira Seção.

– **Súmula 499 do STJ:** "As empresas prestadoras de serviços estão sujeitas às contribuições ao Sesc e Senac, salvo se integradas noutro serviço social" (*DJe* mar. 2013).

– **Tema 496 do STJ:** "As empresas prestadoras de serviços estão sujeitas às contribuições ao Sesc e Senac, salvo se integradas noutro serviço social". Decisão de mérito em 2012.

– "CONTRIBUIÇÃO AO SESC E SENAC. EMPRESAS PRESTADORAS DE SERVIÇOS EDUCACIONAIS. INCIDÊNCIA... 2. As empresas prestadoras de serviço são aquelas enquadradas no rol relativo ao art. 577 da CLT, atinente ao plano sindical da Confederação Nacional do Comércio – CNC e, portanto, estão sujeitas às contribuições destinadas ao SESC e SENAC. Precedentes... 3. O entendimento se aplica às empresas prestadoras de serviços educacionais, muito embora integrem a Confederação Nacional de Educação e Cultura... 4. A lógica em

que assentados os precedentes é a de que os empregados das empresas prestadoras de serviços não podem ser excluídos dos benefícios sociais das entidades em questão (SESC e SENAC) quando inexistente entidade específica a amparar a categoria profissional a que pertencem. Na falta de entidade específica que forneça os mesmos benefícios sociais e para a qual sejam vertidas contribuições de mesma natureza e, em se tratando de empresa prestadora de serviços, há que se fazer o enquadramento correspondente à Confederação Nacional do Comércio – CNC, ainda que submetida a atividade respectiva a outra Confederação, incidindo as contribuições ao SESC e SENAC que se encarregarão de fornecer os benefícios sociais correspondentes" (STJ, REsp 1.255.433, 2012).

– "... as empresas prestadoras de serviços estão incluídas entre as que devem recolher contribuição para o SESC e para o SENAC, porquanto enquadradas no plano sindical da Confederação Nacional do Comércio, conforme a classificação do artigo 577 da CLT e seu anexo, recepcionados pela Constituição Federal (art. 240). Precedentes..." (STJ, REsp 887.238, 2006).

– "... 4. Os artigos 3º, do Decreto-Lei 9853 de 1946 e 4º, do Decreto-Lei 8621/46 estabelecem como sujeitos passivos da exação em comento os estabelecimentos integrantes da Confederação a que pertence e sempre pertenceu a recorrente (antigo IAPC; DL 2381/40), conferindo 'legalidade' à exigência tributária. 5. Os empregados do setor de serviços dos hospitais e casas de saúde, ex-segurados do IAPC, antecedente orgânico das recorridas, também são destinatários dos benefícios oferecidos pelo SESC e pelo SENAC. 6. As prestadoras de serviços que auferem lucros são, inequivocamente estabelecimentos comerciais, quer por força do seu ato constitutivo, oportunidade em que elegeram o regime jurídico próprio a que pretendiam se submeter, quer em função da novel categorização desses estabelecimentos, à luz do conceito moderno de empresa. 7..." (STJ, REsp 431.347, 2002).

– "Sob o manto do Estatuto Básico e da inteligência que o Supremo vem dando às normas constitucionais que regem as contribuições sociais, é lícito asseverar que ninguém, nenhuma categoria de empregadores poderá se furtar de contribuir para as entidades de formação profissional e assistência social vinculadas ao sistema sindical. A isenção ou a não incidência que se pretende reconhecer à empresa prestadora de serviços, passando ela a não recolher nenhuma contribuição para os entes nominados no art. 240 da CF, implica a violação direta do disposto na cabeça do art. 195, da CF sobre ser atentatória ao princípio isonômico e ao da capacidade contributiva como fixados no art. 5º, 150, II, e 145, § 1º. [...] A inteligência do contexto das normas constitucionais – art. 240, art. 195, *caput*, e das leis infraconstitucionais – art. 3º do DL 9.853/46 e art. 4º do DL 8.621/46, as quais se reportam ao art. 577 da C.L.T., leva à convicção de que as empresas prestadoras de serviços figuram no polo passivo tributário das contribuições destinadas ao Sesc e ao Senac. É que a seguridade social deve ser financiada por toda a sociedade, de forma direta e indireta (art. 195, CF), e os empregadores devem contribuir sobre a folha de salários, para o custeio dos entes privados de formação profissional e serviço social (art. 240, CF), sem que o Texto Básico tenha feito qualquer exceção no episódio. (Quando o Texto quis, fê-lo de modo expresso – art. 195, § 7º). Essa foi a exegese e o norte que o Supremo deu aos textos constitucionais que tratam das contribuições sociais. Ninguém, pois, nenhuma atividade econômica, pode ficar fora do âmbito de incidência das contribuições sociais. Interpretação diversa maltrata, além dos preceitos anteriormente citados, o princípio da igualdade – o genérico (art. 5º) e o específico (art. 150, II), e o princípio da capacidade contributiva (art. 145, § 1º). Modernamente, não só o direito do trabalho, como o direito tributário e o direito comercial têm na prestação de serviços uma verdadeira venda de bens imateriais, o que a faz participar do conceito de empresa mercantil" (ARZUA, Heron. As contribuições das prestadoras de serviços ao Sesc e Senac, em *RDDT* 55/78, 2000).

– "... os estabelecimentos que comercializam serviços estão obrigados ao pagamento da referida contribuição social ao Sesc e ao Senac? [...] entendo que aquelas contribuições dos Ds.-Ls. (*sic*) citados, foram constitucionalizadas, nos termos das categorias enunciadas no recepcionado artigo 577, referido expressamente no de número 570 da CLT, e só por emenda constitucional poderão ser mudados. E todas as categorias enunciadas no art. 577 da CLT, no que concerne a CNC – e principalmente às do artigo 6º – devem contribuir para o sistema 'S', por força de sua manutenção na ordem constitucional, em face do artigo 240 da Carta Magna e da recepção dos artigos 570 e 577 da CLT. O terceiro e último aspecto preambular diz respeito à possibilidade de as categorias de serviços mencionadas no grupo 6º poderem deixar de recolher as contribuições sociais para a Confederação mencionada no apêndice, porque não albergariam atividades comerciais, mas de serviços. O argumento – embora respaldado por algumas decisões, que, todavia, não enfrentaram a questão fundamental da constitucionalização das contribuições para o sistema 'S' e a recepção da classificação categorial do artigo 577, claramente recepcionado por inteligência pretoriana – não se sustenta. Trago à reflexão questão em que ofertei parecer sobre ICM, na qual mostrava que não há serviço que não tenha integração de mercadorias ou mercadorias em que não haja prestação de serviços para mostrar que a 'teoria da preponderância' é que definiu a lista de serviços, considerando certas mercadorias fornecidas com serviços sujeitas ao ISS e certos serviços prestados com fornecimento de mercadorias como sujeitos ao ICM, em função das operações geradoras da incidência dos dois tributos. [...] O pobre argumento de que a circulação de serviços é diferente da circulação de mercadorias não resiste a lógica dos fatos, pois toda a prestação de serviços, mesmo que consista na elaboração de um parecer jurídico, implica fornecimento de mercadorias (folhas de papel ou disquetes para computadores) e todo o fornecimento de mercadorias implica uma prestação de serviços. Nesta linha, é de se compreender que a recepcionalidade da legislação pretérita e a constitucionalização do sistema 'S' impõem que todas as categorias enunciadas no grupo 6º do apêndice do artigo 577 da CLT recolham suas contribuições sociais ao Sesc e Senac, pois assim determina a lei, assim determina o texto supremo e assim a própria doutrina e jurisprudência passou a entender.[...] Isto posto, de forma sintética, passo a responder a única questão formulada, ou seja, sim. As empresas referidas no grupo 6º do artigo 577 da CLT, referente a CNC, estão obrigadas a recolher as contribuições sociais do sistema 'S' ao Sesc e ao Senac, nos termos dos D.-Ls. 9.853/46 (artigo 3º) e 8.621/46 (artigo 4º)..." (MARTINS, Ives Gandra da Silva. Contribuições sociais para o sistema "S" – Constitucionalização da imposição por força do artigo 240 da Lei Suprema – recepção pela nova ordem do artigo 577 da CLT. *RDDT* 57/124, 2000).

– **No sentido da impossibilidade da cobrança das empresas prestadoras de serviço.** "2. O saudoso e distinto Tribunal Federal de Recursos e as Primeira e Segunda Turmas desta Corte Superior firmaram entendimento de que as empresas prestadoras de serviço de vigilância, por não exercerem atividade comercial, mas, sim, eminentemente civil, não estão sujeitas ao recolhimento da contribuição social destinada ao SESC e ao SENAC. 3. Ponto basilar da irresignação do agravante que finca-se nas modificações advindas com o 'Novo Código Civil', instituído por meio da Lei n. 10.406, de 10/01/02. Com razão quando afirma que o Poder Judiciário deverá se adequar às alterações introduzidas pelo vindouro Codex. 4. É princípio basilar do Direito que a lei nova só tem eficácia quando adentra no ordenamento jurídico. No caso, o 'Novo Código Civil' ainda é 'letra morta', sem valor jurídico, não podendo ser aplicado aos casos vigentes, visto que o mesmo só entrará em vigor em 11/01/03" (STJ, AgRgAI 446.259, 2002).

– "1. A contribuição ao SESC/SENAC, instituída pelos Decretos-Leis n. 9.853/46 e 8.621/46 e recepcionada pelo art. 240 da Constituição, é perfeitamente válida e exigível em relação às empresas comerciais. O art. 577 da CLT e o quadro de atividades econômicas e categorias profissionais não se ressente de inconstitucionalidade, servindo como paradigma para o enquadramento sindical e a constituição de sindicatos. 2. Não pode ser exigida a contribuição ao SESC/SENAC das empresas prestadoras de serviços, por não estarem perfeitamente indicadas na legislação instituidora do tributo como sujeitos passivos da obrigação tributária. 3. Segundo o princípio da legalidade, a norma tributária deve conter todos os elementos da obrigação tributária de forma clara e inequívoca, não podendo dar azo a discussões semânticas ou ao preenchimento de lacunas por meios de integração. 4. O critério da finalidade da contribuição serve como parâmetro para o legislador criar o tributo, obedecidos os princípios gerais e as limitações constitucionais ao poder de tributar, assim como as normas gerais em matéria tributária; não serve, porém, para a autoridade fazendária eleger qual é o contribuinte" (TRF4, EIAC 2000.04.01.131080-7, 2002).

– "... os Decretos-lei 9.853/46 (art. 3º) e 8.621/46 (art. 4º), deliberadamente adotaram aquilo a que preambularmente emprestamos a alcunha de hipótese de incidência condicionada. Diz-se condicionada, porquanto, nos exatos termos da norma jurídica de incidência das contribuições ao Sesc e ao Senac, não basta que uma dada empresa encampe a natureza de um estabelecimento comercial, mostrando-se necessário, ainda, que esteja enquadrada como integrante de entidades sindicais, de acordo com o mapa de enquadramento sindical a que se refere o art. 577 da CLT. Portanto, se, por sua própria natureza, o estabelecimento não for comercial – caso das empresas prestadoras de serviço –, nem é preciso ir adiante, pois o primeiro elemento da hipótese de incidência inexistirá. Em outras palavras, a prévia caracterização de um estabelecimento como 'comercial' apresenta-se como uma verdadeira *conditio sine qua non* para a análise do segundo elemento da hipótese de incidência – atividade inclusa em mapa de enquadramento sindical a que se refere o art. 577 da CLT –, de modo que somente se atendidos simultaneamente estes pressupostos é que uma empresa estará obrigatoriamente vinculada ao recolhimento das contribuições em foco. Assim, o simples fato das empresas de segurança e vigilância, por exemplo, estarem inclusas no 3º Grupo dos Agentes Autônomos do Comércio, do Plano da Confederação Nacional do Comércio, não pode ser considerada como causa suficiente e determinante para legitimar, em relações às mesmas, a pretensa cobrança das contribuições ao Sesc e Senac. A uma, porque não sendo um estabelecimento comercial, pouco importa sua atividade estar inclusa no mapa de enquadramento sindical a que faz alusão o art. 577 da CLT, já que não se subsume ao primeiro elemento da hipótese de incidência (ser proprietário de estabelecimento comercial/empregador do setor mercantil). A duas, porque com o advento da novel Carta Política Nacional (CF, art. 8º, I a V), restou sepultado o caráter obrigatório do referido mapa de enquadramento sindical. E, a três, porque é basilar a noção de que mero ato administrativo não tem o condão de atribuir a sujeição passiva de uma obrigação tributária, já que o disciplinamento normativo desta matéria, por força dos primados da estrita legalidade (CF, art. 150, I) e da tipicidade cerrada da tributação (CTN, art. 97, III), integra o campo material da reserva absoluta de lei formal" (TAVARES, Alexandre Macedo. A exigibilidade da contribuição ao Sesc e Senac das empresas prestadoras de serviço à luz da impossibilidade jurídica de tributação por analogia, *RDDT* 69/22--33, 2001).

• Vide, ainda, BUSCHMANN, Marcus Vinicius. As contribuições para o Sesc e Senac e a sua não incidência sobre prestadoras de serviços. *RDDT* 62, 2000.

– Serviços educacionais. "CONTRIBUIÇÃO AO SESC E SENAC. EMPRESAS PRESTADORAS DE SERVIÇOS EDUCACIONAIS. INCIDÊNCIA. [...] 2. As empresas prestadoras de serviço são aquelas enquadradas no rol relativo ao art. 577 da CLT, atinente ao plano sindical da Confederação Nacional do Comércio – CNC e, portanto, estão sujeitas às contribuições destinadas ao SESC e SENAC. Precedentes... 3. O entendimento se aplica às empresas prestadoras de serviços educacionais, muito embora integrem a Confederação Nacional de Educação e Cultura, consoante os seguintes precedentes... 4. A lógica em que assentados os precedentes é a de que os empregados das empresas prestadoras de serviços não podem ser excluídos dos benefícios sociais das entidades em questão (SESC e SENAC) quando inexistente entidade específica a amparar a categoria profissional a que pertencem. Na falta de entidade específica que forneça os mesmos benefícios sociais e para a qual sejam vertidas contribuições de mesma natureza e, em se tratando de empresa prestadora de serviços, há que se fazer o enquadramento correspondente à Confederação Nacional do Comércio – CNC, ainda que submetida a atividade respectiva a outra Confederação, incidindo as contribuições ao SESC e SENAC que se encarregarão de fornecer os benefícios sociais correspondentes. 5. Recurso especial parcialmente conhecido e, nessa parte, provido. Acór-

dão submetido ao regime do art. 543-C, do CPC, e da Resolução STJ n. 8/2008" (STJ, REsp 1.255.433, 2012).

– Prestadora de serviços médicos. "CONTRIBUIÇÕES PARA O SESC E O SENAC. EMPRESA PRESTADORA DE SERVIÇOS. EXIGIBILIDADE. 1. As empresas prestadoras de serviços médicos e hospitalares estão incluídas dentre aquelas que devem recolher, a título obrigatório, contribuição para o Sesc e para o Senac, por estarem subsumidas no conceito de estabelecimento/empresa comercial" (STJ, REsp 638.835, 2007).

– Escritórios de advocacia. Não vinculação à Confederação Nacional de Comércio. Inexigibilidade. "CONTRIBUIÇÕES PARA O SESC E SENAC. ESCRITÓRIO DE ADVOCACIA. As contribuições para o SESC e SENAC são devidas pelas empresas ligadas à Confederação Nacional de Comércio, sendo que tal enquadramento é dado pelo artigo 577 da CLT e seu quadro anexo. No caso em tela, o agravado é uma sociedade civil, cujo objeto é prestação de serviços na área jurídica e consultoria. Da análise do Quadro da Confederação Nacional de Comércio, depreende-se que as sociedades de advogados não são abrangidas por tal entidade sindical. Segundo o enquadramento dado pelo artigo 577 da CLT, o agravado está abarcado na Confederação Nacional das Profissões Liberais. Dessa forma, não deve, o mesmo, recolher as contribuições devidas ao SESC e SENAC" (TRF4, AI 2001.04.01.089885-6, 2002).

– Comunicação. Radiodifusão. Publicidade. Propaganda. "CONTRIBUIÇÕES SOCIAIS. SESC. EMPRESA DE PUBLICIDADE. HONORÁRIOS. 1. O recolhimento das contribuições ao SESC não se restringe às empresas prestadoras de serviço. No entanto, encontra exceção à premissa para aquelas cuja atividade são de radiodifusão, publicidade e comunicação, porquanto não se vinculem a Confederação Nacional do Comércio. Orientação desta Corte e do STJ (REsp 479.062/PR, 1ª Turma, Min. Denise Arruda, *DJU* de 05.09.2005, p. 207)" (TRF4, AC 2005.70.00.015655-3, 2007).

⇒ **SENAI/SESI.** O SENAI foi criado pelo Decreto-Lei n. 4.048/42, e o SESI, pelo Decreto-Lei n. 9.403/46.

– 500 empregados de toda a empresa. "SENAI – ADICIONAL DE CONTRIBUIÇÃO: DL N. 4.048/42. 1. A interpretação que prevaleceu nos Tribunais, bem assim no STJ, é a de que o art. 6º do DL n. 4.048/42 deve ser entendido como sendo a exigência dos quinhentos empregados em toda a empresa, matriz e filial. 2. Recurso não conhecido" (STJ, REsp 43.624, 2000).

– Empresas de construção civil. Contribuem ao SESI/SENAI. "... EMPRESAS DA CONSTRUÇÃO CIVIL. CONTRIBUIÇÃO PARA O SESI/SENAI. ENQUADRAMENTO COMO EMPRESAS INDUSTRIAIS. 1... 4. As empresas de construção civil são entidades inequivocamente industriais, quer à luz do contrato social, quer por força do seu enquadramento na CNI (Confederação Nacional das Indústrias). 5. Deveras, sobremodo influente sob o ângulo fático que os trabalhadores da indústria da indústria da construção civil pertencem a um dos segmentos mais beneficiados pela atuação do SESI, em sede de assistência social, e pelo SENAI, na formação profissional, por meio de inúmeros cursos, sendo certo que na cidade onde possui sede a recorrente, existe até um Centro de Treinamento exclusivo de Construção Civil. 6. ... 9. ... a vinculação da construção civil ao SESI e SENAI data de cerca de 60 anos. A circunstância da recorrente recolher ISS não a socorre como fundamento para afastamento das contribuições devidas ao SESI/SENAI. Os tributos são distintos, cada um com seu fundamento de validade específico na Constituição Federal e, ademais, não são excludentes entre si. 10. A Primeira Seção desta Corte pacificou o entendimento no sentido de que as atividades de comércio e indústria da construção civil, engenharia civil e incorporação estão sujeitas à COFINS porque caracterizam compra e venda de mercadorias. 11. A Primeira Turma no REsp 244.903/CE, relator Ministro Garcia Vieira, esposou entendimento de que a atividade de construção civil pode se classificar como atividade industrial. 12. Recurso Especial não conhecido, porquanto ausente o prequestionamento, ausência de similitude na divergência, mercê de a tese da recorrente ser contrária à jurisprudência predominante do Tribunal" (STJ, REsp 524.239, 2003).

– Empresas de construção civil. No sentido da impossibilidade de cobrança das contribuições ao SENAI, SESI E SEBRAE. Vide: GONÇALVES, Fernando Dantas Casillo. Contribuições para o SENAI, SESI e SEBRAE: impossibilidade da cobrança nas empresas de construção civil. *Rep. IOB de Jur.* 1/01, 1/15679.

– Armazéns gerais. Vinculação à Confederação nacional do Comércio. Inexigibilidade da contribuição ao SESI e ao SENAI. "... CONTRIBUIÇÃO AO SESI E SENAI. ARMAZÉNS GERAIS. ART. 577 CLT. Os armazéns gerais, de acordo com o quadro anexo do art. 577 da CLT, estão compreendidos no grupo de empresas que realizam atividades referentes à Confederação Nacional do Comércio, qual seja, no 4º grupo, de Comércio Armazenador, não lhes sendo exigível a contribuição ao SESI e ao SENAI" (TRF4, AI 2001.04.01.079558-7, 2002).

– O SESI como beneficiário de isenção e, posteriormente, de imunidade. Relativamente aos impostos, vide nota ao art. 150, VI, *c*, e § 4º, da CF; relativamente às contribuições, vide art. 195, § 7º, da CF.

⇒ **SEBRAE.** A Lei n. 8.029/90 autorizou o Poder Executivo a desvincular da Administração Pública Federal o então Centro Brasileiro de Apoio à Pequena Empresa – CEBRAE –, mediante sua transformação em serviço social autônomo, bem como autorizou a instituição de adicional às contribuições relativas ao SESC, SENAC, SESI e SENAI para financiar a execução da política de apoio às micro e pequenas empresas. Tal foi implementado, surgindo o SEBRAE. Através da Lei n. 8.154/90, foi instituído referido adicional à alíquota de 0,1% para 1991, 0,2% para 1992 e 0,3% a partir de 1993.

– Natureza de contribuição de intervenção no domínio econômico. Constitucionalidade. Tema 227 do STF: "A contribuição destinada ao Serviço Brasileiro de Apoio às Micro e Pequenas Empresas – Sebrae possui natureza de contribuição de intervenção no domínio econômico e não necessita de edição de lei complementar para ser instituída". Decisão de mérito em 2013. "3. Contribuição para o SEBRAE. Desnecessidade de lei complementar. 4. Contribuição para o SEBRAE. Tributo destinado a viabilizar a promoção do desenvolvimento das micro e pequenas

empresas. Natureza jurídica: contribuição de intervenção no domínio econômico. 5. Desnecessidade de instituição por lei complementar. Inexistência de vício formal na instituição da contribuição para o SEBRAE mediante lei ordinária. 6. Intervenção no domínio econômico. É válida a cobrança do tributo independentemente de contraprestação direta em favor do contribuinte. 7. Recurso extraordinário não provido. 8. Acórdão recorrido mantido quanto aos honorários fixados" (STF, RE 635.682, 2013).

– "CONTRIBUIÇÃO: SEBRAE: CONTRIBUIÇÃO DE INTERVENÇÃO NO DOMÍNIO ECONÔMICO. Lei 8.029, de 12.4.1990, art. 8º, § 3º. Lei 8.154, de 28.12.1990. Lei 10.668, de 14.5.2003. CF, art. 146, III; art. 149; art. 154, I; art. 195, § 4º. I. – As contribuições do art. 149, CF – contribuições sociais, de intervenção no domínio econômico e de interesse de categorias profissionais ou econômicas – posto estarem sujeitas à lei complementar do art. 146, III, CF, isto não quer dizer que deverão ser instituídas por lei complementar. A contribuição social do art. 195, § 4º, CF, decorrente de 'outras fontes', é que, para a sua instituição, será observada a técnica da competência residual da União: CF, art. 154, I, *ex vi* do disposto no art. 195, § 4º. A contribuição não é imposto. Por isso, não se exige que a lei complementar defina a sua hipótese de incidência, a base imponível e contribuintes: CF, art. 146, III, *a*. Precedentes: RE 138.284/CE, Ministro Carlos Velloso, *RTJ* 143/313; RE 146.733/SP, Ministro Moreira Alves, *RTJ* 143/684. II. – A contribuição do SEBRAE – Lei 8.029/90, art. 8º, § 3º, redação das Leis 8.154/90 e 10.668/03 – é contribuição de intervenção no domínio econômico, não obstante a lei a ela se referir como adicional às alíquotas das contribuições sociais gerais relativas às entidades de que trata o art. 1º do D.L. 2.318/86, SESI, SENAI, SESC, SENAC. Não se inclui, portanto, a contribuição do SEBRAE, no rol do art. 240, CF. III. – Constitucionalidade da contribuição do SEBRAE. Constitucionalidade, portanto, do § 3º, do art. 8º, da Lei 8.029/90, com a redação das Leis 8.154/90 e 10.668/03. IV. – R.E. conhecido, mas improvido" (STF, Plenário, maioria, RE 396.266-3, Min. Carlos Velloso, nov. 2003). Eis excerto do voto do relator: "A contribuição que estamos cuidando é, na verdade, uma contribuição de intervenção no domínio econômico, não obstante a lei a ela se referir como adicional às alíquotas das contribuições sociais relativas às entidades de que trata o art. 1º do D.L. 2.318, de 1986. A autora recorrente, pois, tem razão quando afirma que citada contribuição não está incluída no rol do art. 240 da CF, dado que é ela 'totalmente autônoma – e não um adicional', desvinculando-se da contribuição ao SESI-SENAI, SESC-SENAC. Não sendo contribuição de interesse das categorias profissionais ou econômicas, mas contribuição de intervenção no domínio econômico, a sua instituição está jungida aos princípios gerais da atividade econômica, CF, arts. 170 a 181. E se o SEBRAE tem por finalidade 'planejar, coordenar e orientar programas técnicos, projetos e atividades de apoio às micro e pequenas empresas, em conformidade com as políticas nacionais de desenvolvimento, particularmente as relativas às áreas industrial, comercial e tecnológica' (Lei 8.029/90, art. 9º, incluído pela Lei 8.154/90), a contribuição instituída para a realização desse desiderato está conforme aos princípios gerais da atividade econômica consagrados na Constituição. Observe-se, de outro lado, que a contribuição tem como sujeito passivo empresa comercial ou industrial, partícipes, pois, das atividades econômicas que a Constituição disciplina (CF, art. 170 e seguintes). Com propriedade, anotou o acórdão: '[...] As contribuições de interesse das categorias profissionais ou econômicas destinam-se ao custeio de entidades que tem por escopo fiscalizar ou regular o exercício de determinadas atividades profissionais ou econômicas, bem como representar, coletiva ou individualmente, categorias profissionais, defendendo seus interesses. Evidente, no caso, a necessidade de vinculação entre a atividade profissional ou econômica do sujeito passivo da relação tributária e a entidade destinatária da exação. Já as contribuições de intervenção do domínio econômico, como a sua própria denominação já alerta, são instrumentos de intervenção no domínio econômico, que devem ser instituídos levando em consideração os princípios gerais da atividade econômica arrolados e disciplinados nos arts. 170 a 181 da Constituição Federal. A Lei n. 8.154/90, que promoveu alterações na Lei n. 8.029/90, assim disciplinou a competência do SEBRAE: 'Art. 9º. Compete ao serviço social autônomo a que se refere o artigo anterior planejar, coordenar, e orientar programas técnicos, projetos e atividades de apoio às micro e pequenas empresas, em conformidade com as políticas nacionais de desenvolvimento, particularmente as relativas às áreas industrial, comercial e tecnológica'. A leitura do artigo deixa claro que não possui o SEBRAE qualquer finalidade de fiscalização ou regulação das atividades das micro e pequenas empresas, mas de incentivo à sua criação e desenvolvimento, em conformidade com o disposto no art. 179 da Constituição Federal, acreditando em seu potencial de influenciar positivamente as áreas industrial, comercial e tecnológica, estas também de interesse das empresas que contribuem ao SESC/SENAC, SESI/SENAI. Conclui-se, portanto, que a contribuição para o SEBRAE é daquelas de intervenção na atividade econômica. Ora, se o texto constitucional impõe que os entes federados dispensem tratamento jurídico diferenciado às microempresas e empresas de pequeno porte para incentivá-las, não é crível que a contribuição instituída em seu benefício seja arcada somente por pessoas jurídicas que se encaixem nessas categorias, impondo às mesmas tratamento diferenciado sim, porém mais oneroso que às demais empresas concorrentes, em detrimento das que se pretende ver impulsionadas. Caracterizadas fundamentalmente pela finalidade a que se prestam, as contribuições de intervenção na atividade econômica, conforme já consagrado pela jurisprudência, não exigem vinculação direta do contribuinte ou a possibilidade de auferir benefícios com a aplicação dos recursos arrecadados.[...]' (fls. 302-303). Do exposto, conheço do recurso, mas lhe nego provimento".

– "A contribuição ao SEBRAE, com finalidade específica, embora intitulada adicional às contribuições ao SESC, SENAC, SESI e SENAI, é contribuição nova, distinta. Cabe notar que a contribuição ao SEBRAE sequer se caracteriza como contribuição assistencial, eis que destinada a financiar a política de apoio às micro e às pequenas empresas, o que se insere na perspectiva de incentivo a tais empresas prescrita expressamente em diversos artigos do Título da Ordem Econômica, vinculada, ainda, à busca do pleno emprego. Caracterizando-se como contribuição de intervenção no domínio econômico, não se lhe aplicam os dis-

positivos do art. 195 da CF, específico para as contribuições de seguridade social. Sua incidência sobre a folha de salários, pois, não encontra óbice no art. 195, § 4º, da CF, não implicando o *bis in idem* nele vedado, voltado apenas às contribuições de seguridade entre si e que, assim, não impede que contribuições especiais não voltadas à seguridade social, ou seja, sociais gerais, de intervenção no domínio econômico, do interesse das categorias profissionais ou econômicas, incidam sobre as bases econômicas previstas nos incisos I a III do art. 195. Ressalto que a referência à contribuição a SEBRAE como adicional às já referidas não inflúi na identificação da sua natureza, feita com suporte na finalidade para a qual foi instituída, tendo o único efeito de fazer com que, quando aquelas não forem devidas, a contribuição 'adicional' também não o seja, como acontece relativamente às empresas de transporte que passaram a contribuir ao SEST e SENAT em lugar de contribuir ao SESI e ao SENAI e que, portanto, não mais têm a obrigação de contribuir ao SEBRAE" (PAULSEN, Leandro. Contribuições no Sistema Tributário Brasileiro. In: MACHADO, Hugo de Brito. *As contribuições no Sistema Tributário Brasileiro*. São Paulo: Dialética. Fortaleza: Instituto Cearense de Estudos Tributários – ICET, 2003).

– **Recepção pela EC n. 33/2001. Tema 325 do STF:** "As contribuições devidas ao SEBRAE, à APEX e à ABDI com fundamento na Lei 8.029/1990 foram recepcionadas pela EC 33/2001". Decisão do mérito em 2020.

– **É adicional ao SEST.** "EMPRESA PRESTADORA DE SERVIÇOS DE TRANSPORTE. SEST/SENAT. CONTRIBUIÇÃO SEBRAE. LEGALIDADE... I – Com o advento da Lei 8.706/93, não houve a criação de novo encargo a ser suportado pelos empregadores, mas tão somente a alteração do destinatário das contribuições devidas pelas empresas de transporte ao SESI/SENAI, não alterando a sistemática de recolhimento da contribuição para o SEBRAE. II – A constitucionalidade da contribuição SEBRAE foi decidida por esta Corte, no julgamento do RE 396.266/SC, Rel. Min. Carlos Velloso" (STF, AI 596.552 AgR, 2007).

– "... ADICIONAL PARA O SEBRAE. LEI 8.209/90, ALTERADA PELA LEI N. 8.154/90. PRINCÍPIO DA LEGALIDADE. IMPOSSIBILIDADE DE INTERPRETAÇÃO EXTENSIVA QUANTO AOS SUJEITOS PASSIVOS. REVISÃO DO ENTENDIMENTO PELA 1ª SEÇÃO DO STJ NO SENTIDO DA INCIDÊNCIA. PRECEDENTES. 1. O art. 8º, § 3º, da Lei n. 8.209/90, com a redação da Lei n. 8.154/90, impõe que o SEBRAE (Serviço Social Autônomo) será mantido por um adicional cobrado sobre as alíquotas das contribuições sociais relativas às entidades de que trata o art. 1º do Decreto-Lei n. 2.318, de 30 de dezembro de 1986, isto é, as que são recolhidas ao SESI, SENAI, SESC e SENAC. 2. As empresas transportadoras rodoviárias não contribuem para as entidades acima referidas por força do art. 7º da Lei n. 8.706/93. As suas responsabilidades de igual natureza são para o SEST e SENAT, também serviços sociais autônomos, porém, sem nenhuma vinculação com o SESI, SESC, SENAC e SENAI. 3. O legislador, por opção que não abre ao intérprete e aplicador da lei investigar, não incluiu a incidência do adicional destinado ao SEBRAE sobre as contribuições para o SEST e o SENAT. A homenagem ao princípio da legalidade impede que, por construção jurisprudencial, exponha-se o rol dos sujeitos passivos obrigados ao cumprimento do adicional para o SEBRAE. 4. Por determinação legal, de forma expressa, só são sujeitos passivos tributários da referida contribuição adicional, as empresas que contribuem para o SESC, SENAC, SESI e SENAI. O princípio da solidariedade social prevista na Constituição Federal pode ser limitado, no tocante às obrigações tributárias, pela lei. 5. No entanto, apesar do entendimento que este Relator vinha externando no sentido acima esposado, por entender ser o que se harmoniza com o ordenamento jurídico, a 1ª Seção do STJ pacificou posicionamento no sentido de que as empresas prestadoras de serviço, no exercício de atividade tipicamente comercial, estão sujeitas ao recolhimento da contribuição social destinada ao SESC e ao SENAC, sendo exigível, portanto, a contribuição ao SEBRAE das empresas de transporte rodoviário vinculadas ao SEST/SENAT. Acompanhamento deste Relator à nova posição. 6..." (STJ, REsp 651.132, 2004).

– **No sentido de que não seria adicional ao SEST.** "...1. A empresa transportadora é obrigada ao recolhimento da contribuição ao SENAT, nos termos da Lei n. 8.706/93. 2. Sendo a contribuição ao SEBRAE um adicional às contribuições ao SESC e SENAC, descabe exigi-la de empresa transportadora que por falta de previsão legal" (TRF4, AC 2001.70.00.028761-7, 2003).

– "SEBRAE. CONTRIBUIÇÃO SOCIAL. EMPRESAS DE TRANSPORTE RODOVIÁRIO. SEST. SENAT. O SEBRAE/RS é, em última análise, o destinatário das contribuições arrecadadas pelo INSS. Assim, mesmo que caiba ao SEBRAE Nacional a distribuição dos recursos repassados pela Autarquia-ré, a presença da unidade estadual do Serviço, juntamente com o INSS, completa o polo passivo da demanda. A Lei n. 8.029, de 1990, ao criar o SEBRAE, instituiu um adicional às contribuições ao SESI, SENAI, SESC e SENAC, já existentes. Os sujeitos passivos que recolhem o adicional do SEBRAE são aqueles que também contribuem para as entidades referidas no Decreto-Lei n. 2.318/86. O SEST e o SENAT são dois novos serviços destinados a assistência social aos trabalhadores das empresas de transporte rodoviário. A Lei n. 8.706/93, que os criou, não autorizou o cálculo do SEBRAE sobre essas novas contribuições, como ocorreu com o Decreto-Lei n. 2.318. O SEBRAE não é adicional das contribuições do SEST e o SENAT, já que não há previsão legal para tanto" (TRF4, AC 2001.71.12.003646-8, 2003).

– No sentido de que, com a criação do SEST e do SENAT, as empresas de transporte rodoviário só devem contribuir para tais serviços, sendo descabido o adicional em favor do SEBRAE, vide, também, Manoel Luís da Rocha Neto, Da cobrança indevida da contribuição para o SEBRAE relativa às empresas de transporte, em *RDDT* 35, 1998.

– **É adicional ao SESCOOP.** "... SEBRAE. CRIAÇÃO DO SISTEMA NACIONAL DE APRENDIZAGEM DO COOPERATIVISMO (SESCOOP). EXIGIBILIDADE DO ADICIONAL DESTINADO AO SEBRAE. PRECEDENTES... 3. O mero redirecionamento da contribuição destinada antes ao SESI e ao SENAI para o SESCOOP (Serviço Nacional de Aprendizagem do Cooperativismo) não tem o condão de afastar a exigibi-

lidade do adicional destinado ao SEBRAE. 4..." (STJ, REsp 824.268, 2006).

– **No sentido de que não seria adicional ao SESCOOP.** "... 1. As cooperativas não estão obrigadas ao recolhimento da contribuição ao SEBRAE, a partir de 01-01-1999, porque a legislação de regência em momento algum elenca o recolhimento de contribuição ao SESCOOP como hipótese de incidência de tal exação. 2. Não há como considerar válida a exação, a partir da instituição do SESCOOP, mediante a interpretação conjunta da Lei n. 8.029/90 com a Medida Provisória n. 1.715/98. O recurso a métodos interpretativos para a identificação do sujeito passivo de tributo implica reconhecer que a lei é falha, imperfeita ou obscura quanto a elemento nuclear da obrigação tributária, o que se revela incompatível com o princípio da legalidade estrita" (TRF4, AC 2000.71.04.002996-0, 2003).

– **Cobrança da contribuição ao SEBRAE das empresas de médio e grande porte.** "EMPRESA PRESTADORA DE SERVIÇOS. CONTRIBUIÇÃO SEBRAE. LEGALIDADE. PRECEDENTES. I – A contribuição para o SEBRAE configura contribuição de intervenção no domínio econômico, dispensando-se que o contribuinte seja virtualmente beneficiado" (STF, AI 604.712 AgR, 2009).

– "CONTRIBUIÇÃO PARA O SEBRAE. CONTRIBUIÇÃO DE INTERVENÇÃO NO DOMÍNIO ECONÔMICO. EMPRESA PRESTADORA DE SERVIÇOS DE TRANSPORTE. SEST/SENAT. MICRO E PEQUENA EMPRESA. Esta colenda Corte, no julgamento do RE 396.266, Rel. Min. Carlos Velloso, consignou o entendimento de que a contribuição para o SEBRAE configura contribuição de intervenção no domínio econômico. Logo, são insubsistentes as alegações da agravante no sentido de que empresa fora do âmbito de atuação do SEBRAE, por estar vinculada a outro serviço social (SEST/SENAT) ou mesmo por não estar enquadrada como pequena ou microempresa, não pode ser sujeito passivo da referida contribuição. Precedente: RE 396.266, Rel. Min. Carlos Velloso" (STF, RE 401.823 AgR, 2004).

– O Min. Carlos Velloso, nos Embargos de Declaração no RE 396.266-3, destacou a participação do sujeito passivo empresa comercial ou industrial nas atividades econômicas e que a atuação do SEBRAE no sentido de influenciar positivamente as áreas industrial, comercial e tecnológica seria do interesse das empresas que contribuem ao SESC/SENAC e ao SESI/SENAI, não havendo o requisito de que aufiram propriamente benefícios diretos. Ou seja, procurou estabelecer um juízo de referibilidade.

– **Posição, já superada, no sentido de que não seria devida pelas empresas de médio e grande portes.** "1. A contribuição para SEBRAE, disciplinada na Lei n. 8.154/90, é contribuição social de interesse de categoria profissional ou econômica, prevista no art. 149 da CF/88. 2. A exação, apesar de constitucional, não é exigível das empresas de médio e grande porte, porquanto estas não são beneficiárias das atividades desenvolvidas pelo SEBRAE. [...]" (TRF4, AC 2000.72.05.003646-0, 2001).

– "CONTRIBUIÇÃO AO SEBRAE. Caso em que empresa não é beneficiária das atividades desenvolvidas pelo SEBRAE, assim como não é integrante da categoria econômica interessada no recolhimento da exação. Tutela antecipada para suspender a exigibilidade da contribuição" (TRF4, AI 1999.04.01.0732799, 1999).

⇒ **SENAR. Lei n. 8.315/91.** O art. 62 do ADCT determinou a criação do "Serviço Nacional de Aprendizagem Rural (SENAR) nos moldes da legislação relativa ao Serviço Nacional de Aprendizagem Industrial (SENAI) e ao Serviço Nacional de Aprendizagem do Comércio (SENAC), sem prejuízo das atribuições dos órgãos públicos que atuam na área", o que foi feito pela Lei n. 8.315/91 "com o objetivo de organizar, administrar e executar em todo o território nacional o ensino da formação profissional rural e a promoção social do trabalhador rural, em centros instalados e mantidos pela instituição ou sob forma de cooperação, dirigida aos trabalhadores rurais" (art. 1º).

– **Tema 801 do STF:** MÉRITO AINDA NÃO JULGADO. Controvérsia: "Constitucionalidade da incidência da contribuição destinada ao SENAR sobre a receita bruta proveniente da comercialização da produção rural, nos termos do art. 2º da Lei 8.540/1992, com as alterações posteriores do art. 6º da Lei 9.528/1997 e do art. 3º da Lei 10.256/2001".

– "CONTRIBUIÇÃO PREVIDENCIÁRIA. CONTRIBUIÇÃO PARA O SENAR. LEI N. 8540/92. ALTERAÇÃO DE ALÍQUOTA. PRAZO DE VIGÊNCIA. DECRETO REGULAMENTADOR... A contribuição para o SENAR é compulsória e decorre de imposição legal, pois, criada pela Lei 8315/91, tendo sido recepcionada pela atual Constituição em seu artigo 62 do ADCT, tendo como finalidade a administração e execução da formação rural do trabalhador rural. Estando previsto no art. 4º, da Lei n. 8.540/92, que a mesma seria regulamentada no prazo de noventa (90) dias, na falta da edição do respectivo regulamento no prazo legalmente assinalado, a redução de alíquota aplica-se desde a data de vigência da lei, despicienda a regulamentação, para contribuição em comento tornar-se aplicável. [...]" (TRF4, AC 2000.04.01.124000-3, 2000).

– "... CONTRIBUIÇÕES À CNA (CONFEDERAÇÃO NACIONAL DA AGRICULTURA), À CONTAG (CONFEDERAÇÃO NACIONAL DOS TRABALHADORES NA AGRICULTURA) E AO SENAR (SERVIÇO NACIONAL DE APRENDIZAGEM RURAL). 1... 2. A contribuição para o SENAR é compulsória e decorre de imposição legal, pois, criada pela Lei 8315/91, tendo sido recepcionada pela atual Constituição em seu artigo 62 do ADCT, tendo como finalidade a administração e execução da formação rural do trabalhador rural. É devida por aqueles que exercem atividades rurais juntamente com o recolhimento do imposto territorial rural – ITR" (TRF4, AC 2000.04.01.006699-8, 2000).

– Sobre a inconstitucionalidade da Lei n. 8.315/91, sob os aspectos formal e material, bem como da Lei n. 8.540/92, vide Wagner Balera, Contribuições. *RDT* 66/145. São Paulo: Malheiros. Obs.: entende que havia necessidade de lei complementar, além do que teria sido utilizada a mesma base de cálculo de outro tributo e que teria ocorrido desvio de finalidade de parte da receita constitucional destinada à seguridade social.

– **Substituição da folha pela receita bruta como base de cálculo. Lei n. 8.870/94.** "CONTRIBUIÇÃO PREVIDENCIÁRIA INSTITUÍDA PELA LEI N. 8.870/94. ART. 25, INCISOS I E II. ART. 195, I E § 4º DA CONSTITUIÇÃO FEDERAL. OFENSA AO ART. 154, I DA CONSTITUIÇÃO FEDERAL/88 NÃO CARACTERIZADA. SENAR. CONTRIBUIÇÃO DE INTERESSE DA CATEGORIA ECONÔMICA. 4. Restando a contribuição previdenciária sobre folha de salários dos empregadores rurais substituída pela contribuição sobre a receita bruta proveniente da comercialização de sua produção, e tendo o art. 25 da Lei 8.870/94 promovido a mesma substituição em relação à contribuição de interesse da categoria econômica, não há qualquer inconstitucionalidade na contribuição instituída em favor do SENAR nos moldes do § 1º do art. 25 da Lei n. 8.870/94" (TRF4, AMS 1999.71.04.002628-8, 2003).

– Não obstante o acórdão referido, entendemos que a referida substituição de base de cálculo é inconstitucional. Vide a discussão acerca da constitucionalidade da substituição de fato gerador e base de cálculo realizada pela Lei n. 8.870/94 em nota ao art. 195, § 4º, da CF.

– Sobre a imunidade das receitas de exportação, vide art. 149, § 2º, I, da CF.

– **Empresa agroindustrial. Folha de salários x receita bruta.** "... EMPRESA AGROINDUSTRIAL (CRIADORA DE ANIMAIS E COMERCIANTE DE RAÇÕES). CONTRIBUIÇÕES PREVIDENCIÁRIAS. SENAR. SAT. LEGALIDADE. HONORÁRIOS. 1. Exercendo a Embargante atividades urbanas e rurais, deve contribuir sobre a folha de salários dos seus empregados, e não sobre a receita bruta proveniente da comercialização da produção rural, pois não se enquadra exclusivamente como produtora rural. 2. A contribuição ao SENAR foi recolhida sobre 0,1% da receita bruta proveniente da venda de mercadorias da produção rural e não sobre 2,5% sobre o montante da remuneração paga a todos os empregados, como deveria. 3..." (TRF4, AC 2001.04.01.085388-5, 2002).

– "... EMPRESA AGROINDUSTRIAL (CRIADORA DE ANIMAIS E COMERCIANTE DE RAÇÕES)... SENAR... 2. A contribuição ao SENAR foi recolhida sobre 0,1% da receita bruta proveniente da venda de mercadorias da produção rural e não sobre 2,5% sobre o montante da remuneração paga a todos os empregados, como deveria. 3..." (TRF4, AC 2001.04.01.085388-5, 2002).

⇒ **SEST e SENAT. Lei n. 8.706/93.** Estes serviços sociais autônomos constituem desmembramento do SESI e do SENAI, cuja atividade anteriormente incluía a área dos serviços de transporte rodoviário. A Lei n. 8.706/93 cometeu à Confederação Nacional do Transporte a criação, organização e administração do Serviço Social do Transporte (SEST) e do Serviço Nacional de Aprendizagem do Transporte (SENAT), com personalidade jurídica de direito privado. O art. 2º diz competir ao SEST atividades voltadas à promoção social do trabalhador em transporte rodoviário e dos transportadores autônomos, notadamente nos campos da alimentação, saúde, cultura, lazer e segurança no trabalho. O art. 3º diz competir ao SENAT atividades voltadas à aprendizagem do trabalhador em transporte rodoviário e do transportador autônomo, notadamente nos campos de preparação, treinamento, aperfeiçoamento e formação profissional.

– Contribuição ao SEST e ao SENAT. O art. 7º da Lei n. 8.706/93 prevê que as empresas de transporte rodoviário, em vez de contribuírem para o SESI e para o SENAI, passariam a contribuir ao SEST e ao SENAT, assim como os transportadores autônomos passaram a recolher 1,5% e 1% sobre o salário de contribuição. Resta claro do § 1º deste artigo que o sujeito ativo da contribuição é o INSS, responsável pela arrecadação e fiscalização. Com o advento da Lei n. 11.457/2007, o sujeito passou a ser a União.

– Natureza. Contribuição de intervenção no domínio econômico. "CONTRIBUIÇÕES AO SEST/SENAT. EMPRESAS DE TRANSPORTE. 1. Em se tratando de contribuição de intervenção no domínio econômico, que dispensa seja o contribuinte virtualmente beneficiado, deve ser paga pelas empresas à vista do princípio da solidariedade social (CF/88. art. 195, *caput*). 2. Permanecem incólumes as contribuições devidas pelas empresas transportadoras, antes destinadas ao SESI/SENAI, agora dirigidas ao SEST/SENAT" (TRF4, AI 2000.04.01.051840-0, 2002).

– Inexistência de violação à legalidade. "CONTRIBUIÇÃO AO SEST/SENAT. DECRETO 1.007/93. VIOLAÇÃO AO PRINCÍPIO DA LEGALIDADE TRIBUTÁRIA. INEXISTÊNCIA. DESNECESSIDADE DE INSTITUIÇÃO POR LEI COMPLEMENTAR. O pagamento das contribuições compulsórias das empresas de transporte rodoviário ao SEST/SENAT deve observar a hipótese de incidência, base de cálculo e alíquota anteriormente utilizados pelas empresas de transportes quando do pagamento de contribuições para o SESI/SENAI" (TRF4, AMS 2001.71.12.00072-3, 2002).

– Inconstitucionalidade porque novas contribuições não poderiam incidir sobre a folha de salários. "... a sua exigibilidade é manifestamente inconstitucional, em razão de que o art. 240 da Carta Política dispõe que somente as contribuições compulsórias dos empregadores destinadas às entidades privadas de serviço social e de formação profissional existentes na época da promulgação da Constituição Federal de 1988 podem incidir sobre a folha de salários. [...] As contribuições ao Sest e Senat foram instituídas em 1993, posteriormente à promulgação da atual Constituição Republicana e, com efeito, não podem incidir sobre todas as remunerações pagas aos empregados, o que torna indevida a sua exigência. [...] o art. 62 do ADCT somente permite instituir o Sinal nos moldes a legislação relativa ao Senai e Senac, não podendo assim de forma alguma as contribuições ao Sest/Senat desrespeitarem os mandamentos do art. 240 da atual Carta Política. [...] Se a Lei 8.706/93 apenas alterou a destinação das contribuições do Sesi e Senai recolhidas pelas empresas de transporte rodoviário, aquelas tornaram-se indevidas, uma vez que houve uma desvinculação de suas receitas reconhecidas pela Constituição Federal" (OLIVEIRA, André Felix Ricotta de. Das contribuições devidas ao Sest e Senat e algumas considerações sobre suas regras-matrizes tributárias. *RTFP* 58/163, 2004).

– Adicional ao SEBRAE. Sobre o adicional incidente sobre as contribuições ao SEST e SENAT, destinado ao SEBRAE, vide em nota sobre o SEBRAE.

⇒ **SESCOOP.** A MP n. 1.715/1998 autorizou a criação do Serviço Nacional de Aprendizagem do Cooperativismo – SESCOOP. Tal MP foi sendo reeditada, sendo que a última foi a MP n. 2.168-40, de 24 de agosto de 2001, que assumiu caráter permanente por força da EC n. 32/2001. Dispôs o art. 8º da MP n. 2.168-40 que o SESCOOP teria personalidade jurídica de direito privado, sendo composto por entidades vinculadas ao sistema sindical, sem prejuízo da fiscalização da aplicação de seus recursos pelo Tribunal de Contas da União, e que teria como objetivo organizar, administrar e executar em todo o território nacional o ensino de formação profissional, desenvolvimento e promoção social do trabalhador em cooperativa e dos cooperados.

– O art. 10 da MP 2.168-40/01 dispõe: "Art. 10. Constituem receitas do SESCOOP: I – contribuição mensal compulsória, a ser recolhida, a partir de 1º de janeiro de 1999, pela Previdência Social, de dois vírgula cinco por cento sobre o montante da remuneração paga a todos os empregados pelas cooperativas; ... § 1º A contribuição referida no inciso I deste artigo será recolhida pela Previdência Social, aplicando-se-lhe as mesmas condições, prazos, sanções e privilégios, inclusive no que se refere à cobrança judicial, aplicáveis às contribuições para a Seguridade Social, sendo o seu produto posto à disposição do SESCOOP. § 2º A referida contribuição é instituída em substituição às contribuições, de mesma espécie, devidas e recolhidas pelas sociedades cooperativas e, até 31 de dezembro de 1998, destinadas ao: I – Serviço Nacional de Aprendizagem Industrial – SENAI; II – Serviço Social da Indústria – SESI; III – Serviço Nacional de Aprendizagem Comercial – SENAC; IV – Serviço Social do Comércio – SESC; V – Serviço Nacional de Aprendizagem do Transporte – SENAT; VI – Serviço Social do Transporte – SEST; VII – Serviço Nacional de Aprendizagem Rural – SENAR. § 3º A partir de 1º de janeiro de 1999, as cooperativas ficam desobrigadas de recolhimento de contribuições às entidades mencionadas no § 2º, excetuadas aquelas de competência até o mês de dezembro de 1998 e os respectivos encargos, multas e juros".

– Constitucionalidade. "SERVIÇO NACIONAL DE APRENDIZAGEM DO COOPERATIVISMO. CONTRIBUIÇÃO PARA O SEU FINANCIAMENTO. INÉPCIA PARCIAL DA INICIAL. CONTRIBUIÇÃO DE INTERVENÇÃO NO DOMÍNIO ECONÔMICO. ESTÍMULO AO COOPERATIVISMO COMO FORMA DE ORGANIZAÇÃO DA ATIVIDADE ECONÔMICA. ARTS. 149 E 174, § 2º, DA CONSTITUIÇÃO. POSSIBILIDADE DE INSTITUIÇÃO POR LEI ORDINÁRIA. AUSÊNCIA DE EXAME DA RECEPÇÃO OU NÃO DA EXAÇÃO PELA EMENDA 33/2001. 1. Ação direta que argui a inconstitucionalidade dos arts. 7º, 8º, 9º e 11 da MP 1.715-1/1998 (após reedições, arts. 8º, 9º, 10 e 12 da MP 2.168-40/2001) que autorizaram a criação do Serviço Nacional de Aprendizagem do Cooperativismo – SESCOOP – e, para financiá-lo, instituíram uma contribuição substitutiva das anteriormente pagas pelas sociedades cooperativas às entidades do chamado 'Sistema S'. 2. Ação não conhecida quanto aos dispositivos que autorizaram a criação do SESCOOP, previram a sua estrutura e determinaram sua regulamentação pelo Poder Executivo, limitada a argumentação da autora a impugnar a contribuição instituída para o seu financiamento. Inteligência dos arts. 3º, I, e 4º, da Lei 9.868/1999. 3. Embora economicamente a contribuição para o SESCOOP substitua aquelas anteriormente pagas pelas cooperativas a outras entidades (SENAI, SESI, SESC, SENAT, SEST e SENAR), sem aumento da carga tributária, juridicamente existe contribuição nova. 4. A contribuição para o SESCOOP tem natureza jurídica de contribuição de intervenção no domínio econômico (art. 149 da Constituição) destinada a incentivar o cooperativismo como forma de organização da atividade econômica, com amparo no § 2º do artigo 174 da Carta Política. 5. As contribuições de intervenção no domínio econômico sujeitam-se às normas gerais de direito tributário a serem instituídas por lei complementar, mas podem ser criadas por lei ordinária. Precedente: RE 138.284, Rel. Min. Carlos Velloso, Tribunal Pleno, *DJ* 28.8.1992; RE 635.682, Rel. Min. Gilmar Mendes, Tribunal Pleno, *DJe* 24.5.2013; AI 739.715 AgR, Rel. Min. Eros Grau, Segunda Turma, *DJe* 19.6.2009. 6. Não há vedação constitucional para a destinação de recursos públicos – como o produto da arrecadação de uma contribuição – a entes privados, embora sempre com finalidade pública e dever de prestação de contas. O próprio parágrafo único do artigo 170 da Carta Política, ao estabelecer o dever de prestação de contas, cogita da utilização e arrecadação de dinheiros públicos por pessoa privada. 7. O estímulo ao cooperativismo é finalidade pública, por expressa previsão constitucional – 'a lei apoiará e estimulará o cooperativismo' (art. 174, § 2º, da CF) – e o dever de prestar contas ao TCU está previsto, em caráter meramente didático, pois existiria de qualquer forma, no caput do artigo 8º da MP 2.168-40. 8. A Constituição não pretendeu tornar imutáveis as contribuições compulsórias referidas no seu artigo 240, vedando ao legislador sua alteração ou, até mesmo, sua extinção. O que se pretendeu foi, tão somente, deixar claro que a simples previsão de contribuições sociais destinadas à seguridade social pelo artigo 195 da Carta, em especial aquela incidente sobre a folha de pagamentos, não implicava a extinção das contribuições destinadas aos serviços sociais e de formação profissional. 9. O âmbito do art. 213 da Constituição é a destinação dos recursos públicos gerais, oriundos dos impostos, às entidades de ensino, não abrangendo contribuições com finalidade específica dirigida ao financiamento de entidades semipúblicas como o SESCOOP, cuja atividades de ensino constituem meio de intervenção da União no domínio econômico, para apoio ao cooperativismo. 10. Ação direta parcialmente conhecida e, nessa extensão, julgada improcedente. 11. Exame efetuado apenas quanto à compatibilidade da instituição da contribuição para o SESCOOP com o texto constitucional vigente ao tempo da edição da MP 1.715/1998, não abrangendo se ela teria ou não sido recepcionada pela Emenda 33/2001, que introduziu rol de possíveis bases de cálculo para as contribuições sociais e de intervenção no domínio econômico" (STF, ADI 1.924, 2020).

– A contribuição ao SESCOOP como substitutiva das demais contribuições ao sistema "S". "CONTRIBUIÇÕES AO SEST/SENAT. SUBSTITUIÇÃO PELO SESCOOP. A MP 2.168-40/01 é inequívoca, em seu art. 10, no sentido de que a contribuição ao SESCOOP foi 'instituída em substituição às contribuições, de mesma espécie, devidas e recolhidas pelas sociedades cooperativas e, até 31 de dezembro de 1998, destinadas' ao SENAI, SESI, SENAC, SESC, SENAT, SEST e SENAR" (TRF4, AMS 2003.72.03.001839-7, 2006).

– Adicional ao SEBRAE inexigível das cooperativas após sua vinculação ao SESCOOP. "COOPERATIVAS. CONTRIBUIÇÃO PARA O SEBRAE. Com a edição da Medida Provisória n. 1.898-13/99, as cooperativas são contribuintes do SESCOOP – Serviço Nacional de Aprendizagem do Cooperativismo. Não é crível que continuem a recolher um adicional das contribuições ao SESC, SENAC, SESI e SENAI, mesmo não contribuindo mais para estas entidades. Agravo desprovido" (TRF4, AI 2001.04.01.002746-8, 2001).

⇒ **Apex-Brasil.** A Lei n. 10.668, de 14 de maio de 2003, autorizou o Poder Executivo a instituir o Serviço Social Autônomo Agência de Promoção de Exportações do Brasil – Apex-Brasil, na forma de pessoa jurídica de direito privado sem fins lucrativos, de interesse coletivo e de utilidade pública, com o objetivo de promover a execução de políticas de promoção de exportações, em cooperação com o Poder Público, especialmente as que favoreçam as empresas de pequeno porte e a geração de empregos. Trata-se, em verdade, de desmembramento do SEBRAE, que mantinha uma unidade administrativa denominada Agência de Promoção de Exportações – Apex. Foi determinada a transferência ao Apex-Brasil dos empregados e recursos orçamentários da Apex. A par disso, a Lei n. 10.668/2003 alterou a redação da Lei n. 8.029/90 para ensejar o custeio das suas atividades por adicional às contribuições ao SENAI, SENAC, SESI e SESC.

– Recepção pela EC n. 33/2001. Tema 325 do STF: "As contribuições devidas ao SEBRAE, à APEX e à ABDI com fundamento na Lei 8.029/1990 foram recepcionadas pela EC 33/2001". Decisão do mérito em 2020.

– "CONTRIBUIÇÕES DESTINADAS AO SERVIÇO BRASILEIRO DE APOIO ÀS MICRO E PEQUENAS EMPRESAS (SEBRAE), À AGÊNCIA BRASILEIRA DE PROMOÇÃO DE EXPORTAÇÕES E INVESTIMENTOS (APEX) E À AGÊNCIA BRASILEIRA DE DESENVOLVIMENTO INDUSTRIAL (ABDI). RECEPÇÃO PELA EMENDA CONSTITUCIONAL 33/2001. DESPROVIMENTO DO RECURSO EXTRAORDINÁRIO. 1. O acréscimo realizado pela EC 33/2001 no art. 149, § 2º, III, da Constituição Federal não operou uma delimitação exaustiva das bases econômicas passíveis de tributação por toda e qualquer contribuição social e de intervenção no domínio econômico. 2. O emprego, pelo art. 149, § 2º, III, da CF, do modo verbal 'poderão ter alíquotas' demonstra tratar-se de elenco exemplificativo em relação à presente hipótese. Legitimidade da exigência de contribuição ao SEBRAE – APEX – ABDI incidente sobre a folha de salários, nos moldes das Leis 8.029/1990, 8.154/1990, 10.668/2003 e 11.080/2004, ante a alteração promovida pela EC 33/2001 no art. 149 da Constituição Federal. 3. Recurso Extraordinário a que se nega provimento. Tema 325, fixada a seguinte tese de repercussão geral: 'As contribuições devidas ao SEBRAE, à APEX e à ABDI com fundamento na Lei 8.029/1990 foram recepcionadas pela EC 33/2001'" (STF, RE 603.624, 2020).

ATO DAS DISPOSIÇÕES CONSTITUCIONAIS TRANSITÓRIAS

ZONA FRANCA DE MANAUS

Art. 40. É mantida a Zona Franca de Manaus, com suas características de área livre de comércio, de exportação e importação, e de incentivos fiscais, pelo prazo de vinte e cinco anos, a partir da promulgação da Constituição.

Parágrafo único. Somente por lei federal podem ser modificados os critérios que disciplinaram ou venham a disciplinar a aprovação dos projetos na Zona Franca de Manaus.

⇒ **Manutenção dos incentivos para a Zona Franca de Manaus até 2073.** A vigência temporária do art. 40 do ADCT, inicialmente fixada em 25 anos contados a partir da Constituição, foi prorrogada por 10 anos e, recentemente, por mais 50 anos, conforme os arts. 92 e 92-A do ADCT, acrescidos pelas EECC ns. 42/2003 e 84/2014.

– ADCT: Art. 92. São acrescidos dez anos ao prazo fixado no art. 40 deste Ato das Disposições Constitucionais Transitórias. (Artigo acrescido pela EC n. 42/2003).

– ADCT: Art. 92-A. São acrescidos 50 (cinquenta) anos ao prazo fixado pelo art. 92 deste Ato das Disposições Constitucionais Transitórias. (Artigo acrescido pela EC n. 83/2014).

⇒ **Zona Franca de Manaus.** "A Constituição Federal se refere especificamente a Zona Franca de Manaus no art. 40 do ADCT, no qual preserva as características de área de livre comércio, de importação e de exportação, além dos incentivos fiscais anteriormente concedidos, pelo prazo de 25 anos a partir da promulgação da CF. O objetivo do art. 40 do ADCT foi o de prosseguir com a política de governos anteriores de incentivar a ocupação econômica e populacional da região amazônica mediante a criação de um polo industrial local. Somente com o estabelecimento de condições econômicas apropriadas é que a população teria condições para se fixar no local, com atividades além das extrativistas. Verifica-se, portanto, que há todo um arcabouço constitucional para a política de redução das desigualdades socioeconômicas entre as diferentes regiões do País, bem como uma referência expressa a Zona Franca de Manaus como região destinatária de um regime tributário diferenciado que atraia investimento para o local" (CEZAROTI, Guilherme. Argumentação jurídica e o direito ao crédito presumido de IPI dos insumos e matérias-primas isentos adquiridos na Zona Franca de Manaus. *RDDT* 221/42, fev. 2014).

– "A necessidade de proteger a região amazônica e auxiliar seu desenvolvimento está na origem do Decreto-Lei n. 288/1967, que deu nascimento à Zona Franca de Manaus e aos incentivos constitucionalizados... Já à época havia um movimento mundial para a internacionalização da região, como patrimônio da humanidade. [...] O DL 288/1967 nasceu como decreto-lei, mas é considerado pelos doutrinadores, após a EC 1/1969, com eficácia de lei complementar, pois cuida simultaneamente de matéria tributária envolvendo todos os entes federativos. [...] E assim foi recepcionada a referida lei pela Constituição de 1988, mas em patamar mais elevado, de vez que foram constitucionalizados os dispositivos do DL 288/1967. Vale dizer, todos os seus dispositivos passaram a ser norma constitucional de exceção, com garantia, inicialmente, de assim permanecerem até 2013, e pela EC 42/1966, até 2023. Em outras palavras, tudo, tudo, tudo o que foi outorgado à Zona Franca de Manaus, em 1967, ficou assegurado, como sistema constitucional de exceção, até 2023, fugindo, pois, à normatividade tributária constitucional estatuída no capítulo I do Título VII da Lei Suprema, no que disponha diversamente. [...] não só os tributos existentes ao tempo do DL 288/1967, mas alterações de seus regimes e mesmo novos tributos encontravam-se abrangidos pelo art. 40 do ADCT, que teve por escopo assegurar o tratamento diferenciado à Zona Franca de Manaus. Note-se que o parágrafo único do referido dispositivo só cuidou de autorizar que lei federal que viesse a modificar 'critérios de aprovação', ou seja, critérios 'que disciplinam ou venham a disciplinar' a 'aprovação de projetos', mas jamais autorizou a modificar 'o regime jurídico dos tributos existentes' nem negou 'a possibilidade de criação de novos tributos incentivados'. Com fundamento nessa norma, somente aspectos exógenos podem ser alterados, vale dizer, critérios formais de aprovação. nunca o próprio mérito dos estímulos" (MARTINS, Ives Gandra da Silva. Empresa Sediada na Zona Franca de Manaus Que Usufrui Benefícios Fiscais... *RET* 85/219-245, maio-jun. 2012).

– Sobre os incentivos concedidos, desde a década de 1960, no âmbito da Superintendência para Execução do Plano de Valorização Econômica da Amazônia – SPVEA (criada pela Lei n. 1.806/53) e, posteriormente, da Sudam (criada pela Lei 5.173/66, extinta pela MP n. 2.157-5/01 e recriada), inclusive com quadro sinótico com as referências legais e períodos, vide: POLTRONIERI. Evolução legislativa do incentivo fiscal de redução de imposto de renda e a Sudam. *RTFP* 54/255, fev. 2004.

– A Lei n. 11.196/2005, art. 31, estabeleceu incentivos para pessoas jurídicas que tivessem projeto aprovado para instalação, ampliação, modernização ou diversificação enquadrado em setores da economia considerados prioritários para o desenvolvimento regional, em microrregiões menos desenvolvidas localizadas nas áreas de atuação das extintas Sudene e Sudam, no que diz respeito aos bens adquiridos de 2006 a 2013, como depreciação acelerada e desconto de créditos de PIS/Cofins. A Lei 12.712/2012, alterando o referido artigo 31, estendeu esse período até 2018.

– **Não abrange a Amazônia Ocidental.** Apesar de o Decreto-lei n. 356/68, em seu art. 1º, ter estendido à Amazônia Ocidental os mesmos benefícios conferidos à ZFM, tais privilégios não foram observados pelo Constituinte Originário que, no art. 40 do ADCT, somente garantiu a manutenção dos incentivos fiscais à ZFM. Por esse motivo, tem-se que o Decreto-lei n. 356/68 não foi recepcionado pela nova ordem jurídica.

– "A Amazônia Ocidental está localizada no centro geográfico da Amazônia Continental, ocupando uma área de 2.194.599 km2, que corresponde a 25,7% do território brasileiro, tendo 4.542.000 habitantes, segundo estimativas para 1998. A região compreende os estados do Amazonas, Acre, Rondônia e Roraima, fazendo fronteira com a Bolívia, Colômbia, Peru, República da Guiana e Venezuela" (Disponível em: <http://www.suframa.gov.br/opinveste/amoc.htm>. Acesso em: 2007).

⇒ **Inconstitucionalidade da revogação e da mitigação dos incentivos da ZFM.** "CONVÊNIOS SOBRE ICMS NS. 01, 02 E 06 DE 1990: REVOGAÇÃO DE BENEFÍCIOS FISCAIS INSTITUÍDOS ANTES DO ADVENTO DA ORDEM CONSTITUCIONAL DE 1998, ENVOLVENDO BENS DESTINADOS À ZONA FRANCA DE MANAUS. 1. Não se há cogitar de inconstitucionalidade indireta, por violação de normas interpostas, na espécie vertente: a questão está na definição do alcance do art. 40 do Ato das Disposições Constitucionais Transitórias, a saber, se esta norma de vigência temporária teria permitido a recepção do elenco pré-constitucional de incentivos à Zona Franca de Manaus, ainda que incompatíveis com o sistema constitucional do ICMS instituído desde 1988, no qual se insere a competência das unidades federativas para, mediante convênio, dispor sobre isenção e incentivos fiscais do novo tributo (art. 155, § 2º, inciso XII, letra 'g', da Constituição da República). 2. O quadro normativo pré-constitucional de incentivo fiscal à Zona Franca de Manaus constitucionalizou-se pelo art. 40 do Ato das Disposições Constitucionais Transitórias, adquirindo, por força dessa regra transitória, natureza de imunidade tributária, persistindo vigente a equiparação procedida pelo art. 4º do Decreto-Lei n. 288/1967, cujo propósito foi atrair a não incidência do imposto sobre circulação de mercadorias estipulada no art. 23, inc. II, § 7º, da Carta pretérita, desonerando, assim, a saída de mercadorias do território nacional para consumo ou industrialização na Zona Franca de Manaus. 3. A determinação expressa de manutenção do conjunto de incentivos fiscais referentes à Zona Franca de Manaus, extraídos, obviamente, da legislação pré-constitucional, exige a não incidência do ICMS sobre as operações de saída de mercadorias para aquela área de livre comércio, sob pena de se proceder a uma redução do quadro fiscal expressamente mantido por dispositivo constitucional específico e transitório. 4. Ação direta de inconstitucionalidade julgada procedente" (STF, Tribunal Pleno, ADI 310, Rel. Min. Cármen Lúcia, fev. 2014).

– "ZONA FRANCA DE MANAUS – MANUTENÇÃO – INCENTIVOS FISCAIS. Ao primeiro exame, concorrem o sinal do bom direito e o risco de manter-se com plena eficácia medida provisória que, alterando a redação de dispositivo de lei aprovada pelo Congresso Nacional – do artigo 77 da Lei n. 9.532, de 10 de dezembro de 1997 – projeta no tempo a mitigação do quadro de incentivos fiscais assegurado relativamente à Zona Franca de Manaus, por vinte e cinco anos, mediante preceito constitucional" (STF, ADIMC 1.799, 2002).

– **Isenção quanto a mercadorias utilizadas ou consumidas na área.** "... CONTRIBUIÇÃO E ADICIONAL DO IAA – DL 308/67. 1. As mercadorias que, saindo do território nacional,

destinam-se à Zona Franca de Manaus, têm tratamento tributário idêntico ao dado às mercadorias estrangeiras. 2. O DL 288/67, ao criar a Zona Franca de Manaus, isentou de todos os tributos as mercadorias, estrangeiras ou nacionais, se utilizadas ou consumidas naquela área. 3. Isenção de contribuição impugnada (precedentes)" (STJ, REsp 193.172, 2001).

– **Isenção de IPI.** "... IPI. ZONA FRANCA DE MANAUS. ISENÇÃO. ARTIGO 9º DO DECRETO-LEI N. 288/67. O artigo 9º do Decreto-Lei n. 288/67 é expresso ao determinar a isenção do imposto sobre produtos industrializados de todas as mercadorias produzidas na Zona Franca de Manaus, quer se destinem ao seu consumo interno, quer a comercialização em qualquer ponto do território nacional, norma perfeitamente aplicável ao caso dos autos" (TRF4, AMSS 2001.70.03.001306-4, 2003).

– **Direito ao creditamento na entrada quando da aquisição proveniente da Zona Franca.** A questão relativa à existência, ou não, de direito a creditamento de IPI na entrada de produtos adquiridos da Zona Franca de Manaus, em exceção ao entendimento do STF em sentido contrário, teve sua repercussão geral reconhecida pelo STF em 2010 e ainda pende de julgamento de mérito. Vide nota ao art. 153, § 3º, II, da CF.

– **Apuração de crédito-presumido de IPI da Lei n. 9.393/96.** "... VENDAS À ZONA FRANCA DE MANAUS. EQUIPARAÇÃO À EXPORTAÇÃO. CRÉDITO PRESUMIDO DE IPI. ART. 40 DO ADCT. LEIS 9..363/96 E 10.276/01. Para efeitos fiscais, a exportação de mercadorias destinadas à Zona Franca de Manaus equivale a uma exportação de produto brasileiro para o estrangeiro, a teor dos arts. 4º do DL 288/67 e 40 do ADCT. Precedentes do STJ. Repercute, assim, na apuração do crédito presumido de IPI previsto nas Leis 9.363/96 e 10.276/01" (TRF4, AMS 2003.71.07.005374-6, 2006).

– "... VENDAS À ZONA FRANCA DE MANAUS. INCLUSÃO NA BASE DE CÁLCULO DO CRÉDITO PRESUMIDO DE IPI ÀS EXPORTAÇÕES. POSSIBILIDADE. EQUIPARAÇÃO ÀS VENDAS PARA O EXTERIOR. ART. 40 DO ADCT. LEIS 9.363/96 E 10.276/01. 3. A teor dos arts. 4º do DL 288/67 e 40 do ADCT, para efeitos fiscais, a exportação de mercadorias destinadas à Zona Franca de Manaus equivale a uma exportação de produto brasileiro para o estrangeiro. Precedentes do c. STJ. 4. Havendo equiparação dos produtos destinados à Zona Franca de Manaus com aqueles exportados para o exterior, as receitas das vendas efetuadas a tal área, por serem equivalentes a operações de exportação, podem ser incluídas no cálculo do crédito presumido de IPI previsto nas Leis 9.363/96 e 10.276/01" (TRF4, AMS 2003.72.01.002999-7, 2005).

– **Envio de mercadorias à Zona Franca de Manaus equiparado à exportação. DL n. 288/67.** Dispõe o art. 4º do Decreto-Lei n. 288/67: "A exportação de mercadorias de origem nacional para consumo ou industrialização na Zona Franca de Manaus, ou reexportação para o estrangeiro, será para todos os efeitos fiscais, constantes na legislação em vigor, equivalente a uma exportação brasileira para o estrangeiro".

– "CONVÊNIOS SOBRE ICMS NS. 01, 02 E 06 DE 1990: REVOGAÇÃO DE BENEFÍCIOS FISCAIS INSTITUÍDOS

ANTES DO ADVENTO DA ORDEM CONSTITUCIONAL DE 1998, ENVOLVENDO BENS DESTINADOS À ZONA FRANCA DE MANAUS. 1. Não se há cogitar de inconstitucionalidade indireta, por violação de normas interpostas, na espécie vertente: a questão está na definição do alcance do art. 40 do Ato das Disposições Constitucionais Transitórias, se esta norma de vigência temporária teria permitido a recepção do elenco pré-constitucional de incentivos à Zona Franca de Manaus, ainda que incompatíveis com o sistema constitucional do ICMS instituído desde 1988, no qual se insere a competência das unidades federativas para, mediante convênio, dispor sobre isenção e incentivos fiscais do novo tributo (art. 155, § 2º, inciso XII, letra 'g', da Constituição da República). 2. O quadro normativo pré-constitucional de incentivo fiscal à Zona Franca de Manaus constitucionalizou-se pelo art. 40 do Ato das Disposições Constitucionais Transitórias, adquirindo, por força dessa regra transitória, natureza de imunidade tributária, persistindo vigente a equiparação procedida pelo art. 4º do Decreto-Lei n. 288/1967, cujo propósito foi atrair a não incidência do imposto sobre circulação de mercadorias estipulada no art. 23, inc. II, § 7º, da Carta pretérita, desonerando, assim, a saída de mercadorias do território nacional para consumo ou industrialização na Zona Franca de Manaus. 3. A determinação expressa de manutenção do conjunto de incentivos fiscais referentes à Zona Franca de Manaus, extraídos, obviamente, da legislação pré-constitucional, exige a não incidência do ICMS sobre as operações de saída de mercadorias para aquela área de livre comércio, sob pena de se proceder a uma redução do quadro fiscal expressamente mantido por dispositivo constitucional específico e transitório. 4. Ação direta de inconstitucionalidade julgada procedente" (STF, ADI 310, 2014).

– "PIS E COFINS. RECEITAS DECORRENTES DE EXPORTAÇÕES. ZONA FRANCA DE MANAUS. EQUIVALÊNCIA. DL. N. 288/67. [...] 3. Esta Corte possui entendimento assente no sentido de que as operações envolvendo mercadorias destinadas à Zona Franca de Manaus são equiparadas à exportação, para efeitos fiscais, conforme disposições do Decreto-lei n. 288/67" (STJ, REsp 802.474, 2009).

– **Exclusão das empresas estabelecidas na Zona Franca de isenção de PIS/COFINS. MP n. 2.037-24. Suspensão.** "ZONA FRANCA DE MANAUS – PRESERVAÇÃO CONSTITUCIONAL. Configuram-se a relevância e o risco de manter-se com plena eficácia o diploma atacado se este, por via direta ou indireta, implica a mitigação da norma inserta no artigo 40 do Ato das Disposições Constitucionais Transitórias da Carta de 1988 [...]. Suspensão de dispositivos da Medida Provisória n. 2.037-24, de novembro de 2000" (STF, ADIMC 2.348, 2002).

– "PIS E COFINS. PRODUTOS DESTINADOS À ZONA FRANCA DE MANAUS. [...] 4. Nos termos do art. 40 do Ato das Disposições Constitucionais Transitórias – ADCT, da Constituição de 1988, a Zona Franca de Manaus ficou mantida 'com suas características de área de livre comércio, de exportação e importação, e de incentivos fiscais, por vinte e cinco anos, a partir da promulgação da Constituição'. Ora, entre as 'características' que tipificam a Zona Franca destaca-se esta de que trata o art. 4º do Decreto-lei 288/67, segundo o qual 'a exportação de mercadorias de origem nacional para consumo ou industrializa-

ção na Zona Franca de Manaus, ou reexportação para o estrangeiro, será para todos os efeitos fiscais, constantes da legislação em vigor, equivalente a uma exportação brasileira para o estrangeiro'. Portanto, durante o período previsto no art. 40 do ADCT e enquanto não alterado ou revogado o art. 4º do DL 288/67, há de se considerar que, conceitualmente, as exportações para a Zona Franca de Manaus são, para efeitos fiscais, exportações para o exterior. Logo, a isenção relativa à COFINS e ao PIS é extensiva à mercadoria destinada à Zona Franca..." (STJ, REsp 1.084.380, 2009).

– "... ISENÇÃO. PIS E COFINS. PRODUTOS DESTINADOS À ZONA FRANCA DE MANAUS. [...] III – O art. 5º da Lei 7.714/88, com a redação dada pela Lei 9.004/95, bem como o art. 7º da Lei Complementar 70/91 autorizam a exclusão, da base de cálculo do PIS e da COFINS respectivamente, dos valores referentes às receitas oriundas de exportação de produtos nacionais para o estrangeiro. IV – Havendo equiparação dos produtos destinados à Zona Franca de Manaus com aqueles exportados para o exterior, infere-se que a isenção relativa à COFINS e ao PIS é extensiva à mercadoria destinada à Zona Franca" (STJ, REsp 823.954, 2006).

– **Descabimento da conversão de isenção em alíquota zero.** "Qualquer redução nos direitos dos estabelecimentos sediados na ZFM por alteração de critérios, formas de aquisição ou exclusão de benefícios é manifestamente inconstitucional. É o que ocorre com a transformação de isenção em alíquota zero, cuja consequência é retirar o direito a redito escritural, amputando direitos assegurados pelo referido art. 40 do ADCT. É de se lembrar que os incentivos fiscais, mesmo que concedidos após 1988, conforme as garantias do art. 40 do ADCT, desde que estejam integrados ao princípio que o inspirou essa norma da Constituição, ou seja, de desenvolvimento regional, não podem ser retirados, depois de incluídos nesse regime, enfraquecendo o desiderato maior do constituinte. Por este prisma, à evidência, para a ZFM e para os produtos recebidos de importação direta do exterior ou de outras regiões do país, em face da equiparação legal, somente o regime isencional pode ser aplicado. Tal regime não poderá ser modificado até 2023, nem mesmo à luz do § 9º do art. 195, que não cuida de distinção tributária regional, nem de contribuições incidentes sobre importações (inciso IV), as quais não se confundem com as do inciso I (folha de salários, rendimentos, receita ou faturamento e lucro). É de se realçar, mais uma vez, que as importações têm tratamento diferenciado na lei suprema (inciso IV do mesmo artigo), e que as aquisições no mercado interno são equiparadas à importação na Zona Franca de Manaus. Nitidamente, nenhuma lei infraconstitucional poderia reduzir os benefícios assegurados pela lei suprema, com eliminação do direito ao crédito escritural, nos incentivos relativos às importações, por adoção de imposição não incentivada (alíquota zero), que subtraiu de compradores da Zona Franca aquele direito" (MARTINS, Ives Gandra da Silva. Inteligência do art. 40 do ADCT e dos incisos I e IV do § 9º da Lei Suprema – Inconstitucionalidade do art. 80 da Lei n. 11.051/04 – Constitucionalidade de Vigência dos arts. 14 e 14-A da Lei n. 10.865/04. *RDDT* 155/126, 2008).

– Descabimento da retenção de tributos circulatórios. "... nas aquisições realizadas na zona Franca de Manaus por pessoas de direito público ou privado, não pode haver retenção na fonte de COFINS e PIS, por força da imunidade, a meu ver, ou da isenção, no dizer de muitos magistrados. As imunidades constitucionais do artigo 40 do ADCT – visto que as desonerações tributárias constitucionalizadas são imunidades e não isenções –, que abrangem todos os tipos de tributos circulatórios nas variadas operações realizadas para fora e dentro da zona Franca de Manaus, devem ser respeitadas por tantos quantos operam com empresas da área, não se admitindo que haja retenções de tributos circulatórios, que não incidem ou não podem ser exigidos na Zona Franca de Manaus" (MARTINS, Ives Gandra da Silva. Mercadorias Fabricadas e comercializadas dentro da Zona Franca de Manaus – Imunidade constitucional da Cofins e do PIS – Artigo 40 do ADCT da CF. *RDDT* 205/54-69, 2012).

– **Desoneração também das operações internas à Zona Franca, forte na isonomia.** "... soa desigual a exigência das contribuições para o PIS e para a COFINS sobre a receita de operações de venda realizada entre empresas situadas dentro da Zona Franca de Manaus, enquanto as empresas situadas fora do espaço geográfico da ZFM, quando realizam a mesma operação com empresas localizadas na ZFM, não sofrem tributação. [...] Se o princípio buscado no caso da zona Franca de Manaus é o desenvolvimento regional e a eliminação ou a mitigação das desigualdades regionais, vulnera o princípio da isonomia tributária quando estabelece um tratamento para as empresas situadas fora da ZFM quando vendem seus produtos para empresas situadas dentro do seu território e outro quando há a comercialização entre empresas situadas dentro da sua área" (OLIVEIRA JÚNIOR, Ananias Ribeiro de. A inexistência de relação jurídica entre a União e as empresas situadas na Zona Franca de Manaus no que se refere ao pagamento do PIS/COFINS sobre as vendas realizadas dentro do território da ZFM. *RDDT* 204/20-32, 2012).

– **REINTEGRA. Súmula 640 do STJ:** "O benefício fiscal que trata do Regime Especial de Reintegração de Valores Tributários para as Empresas Exportadoras (REINTEGRA) alcança as operações de venda de mercadorias de origem nacional para a Zona Franca de Manaus, para consumo, industrialização ou reexportação para o estrangeiro" (2020).

⇒ **Cláusula de nação mais favorecida x zonas de livre comércio.** Vide nota ao art. 19 do CTN.

Art. 41. Os Poderes Executivos da União, dos Estados, do Distrito Federal e dos Municípios reavaliarão todos os incentivos fiscais de natureza setorial ora em vigor, propondo aos Poderes Legislativos respectivos as medidas cabíveis.

§ 1º Considerar-se-ão revogados após dois anos, a partir da data da promulgação da Constituição, os incentivos que não forem confirmados por lei.

⇒ **Crédito-prêmio de IPI.** Vide notas ao art. 49 do CTN.

§ 2º A revogação não prejudicará os direitos que já tiverem sido adquiridos, àquela data, em relação a incentivos concedidos sob condição e com prazo certo.

§ 3º Os incentivos concedidos por convênio entre Estados, celebrados nos termos do art. 23, § 6º, da Constituição de 1967, com a redação da Emenda Constitucional n. 1, de 17 de outubro de 1969, também deverão ser reavaliados e reconfirmados nos prazos deste artigo.

[...]

CONTRIBUIÇÃO PROVISÓRIA SOBRE MOVIMENTAÇÃO FINANCEIRA: CPMF

Art. 74. A União poderá instituir contribuição provisória sobre movimentação ou transmissão de valores e de créditos e direitos de natureza financeira. (Artigo acrescido pela EC 12/96)

§ 1º A alíquota da contribuição de que trata este artigo não excederá a vinte e cinco centésimos por cento, facultado ao Poder Executivo reduzi-la ou restabelecê-la, total ou parcialmente, nas condições e limites fixados em lei.

§ 2º À contribuição de que trata este artigo não se aplica o disposto nos arts. 153, § 5º, e 154, I, da Constituição.

§ 3º O produto da arrecadação da contribuição de que trata este artigo será destinado integralmente ao Fundo Nacional de Saúde, para financiamento das ações e serviços de saúde.

§ 4º A contribuição de que trata este artigo terá sua exigibilidade subordinada ao disposto no art. 195, § 6º, da Constituição, e não poderá ser cobrada por prazo superior a dois anos.

⇒ **IPMF X CPMF.** A CPMF (Contribuição Provisória sobre Movimentação ou Transmissão de Valores e de Créditos e Direitos de Natureza financeira) substituiu o IPMF (Imposto Provisório sobre a Movimentação ou a Transmissão de Valores e de Créditos e Direitos de Natureza Financeira), imposto que fora instituído pela LC n. 77/93 com suporte em competência temporária outorgada pela EC n. 3/93. Esgotado o período de vigência do IPMF, a competência respectiva não foi prorrogada, sobrevindo, contudo, por obra da EC n. 12/96, a competência para a instituição da CPMF, sendo, então, instituída tal contribuição através da Lei n. 9.311/96, tributo temporário que teve, não obstante as prorrogações ocorridas, sua vigência cessada em 31 de dezembro de 2007.

⇒ **IPMF. EC n. 3/93.** A EC n. 3/2003 autorizou a instituição do IPMF, conforme segue: "Art. 2º A União poderá instituir, nos termos de lei complementar, com vigência até 31 de dezembro de 1994, imposto sobre movimentação ou transmissão de valores e de créditos e direitos de natureza financeira. § 1º A alíquota do imposto de que trata este artigo não excederá a vinte e cinco centésimos por cento, facultado ao Poder Executivo reduzi-la ou restabelecê-la, total ou parcialmente, nas condições e limites fixados em lei. § 2º Ao imposto de que trata este artigo não se aplica o art. 150, III, *b* e VI, nem o disposto no § 5º do art. 153 da Constituição. § 3º O produto da arrecadação do imposto de que trata este artigo não se encontra sujeito a qualquer modalidade de repartição com outra entidade federada. § 4º Do produto da arrecadação do imposto de que trata este artigo serão destinados vinte por cento para custeio de programa de habitação popular".

– **Constitucionalidade do IPMF, salvo quanto à não observância da anterioridade.** "Direito Constitucional e Tributário. Ação Direta de Inconstitucionalidade de Emenda Constitucional e de Lei Complementar. IPMF. Imposto Provisório sobre a Movimentação ou a Transmissão de Valores e de Créditos e Direitos de Natureza Financeira IPMF. Arts. 5º, § 2º, 60, § 4º, incisos I e IV, 150, incisos III, *b*, e VI, *a*, *b*, *c* e *d*, da Constituição Federal. I Uma Emenda Constitucional, emanada, portanto, de Constituinte derivada, incidindo em violação à Constituição originária, pode ser declarada inconstitucional, pelo Supremo Tribunal Federal, cuja função precípua é de guarda da Constituição (art. 102, I, a, da CF). II A Emenda Constitucional n. 3, de 17-3-1993, que, no art. 2º, autorizou a União a instituir o IPMF, incidiu em vício de inconstitucionalidade, ao dispor, no § 2º desse dispositivo, que, quanto a tal tributo, não se aplica 'o art. 150, III, *b* e VI', da Constituição, porque, desse modo, violou os seguintes princípios e normas imutáveis (somente eles, não outros): 1º o princípio da anterioridade, que é garantia individual do contribuinte (art. 5º, § 2º, art. 60, § 4º, inciso IV, e art. 150, III, *b* da Constituição); 2º o princípio da imunidade tributária recíproca (que veda à União, aos Estados, ao Distrito Federal e aos Municípios a instituição de impostos sobre o patrimônio, rendas ou serviços uns dos outros) e que é garantia da Federação (art. 60, § 4º, inciso I, e art. 150, VI, *a*, da CF); 3º a norma que, estabelecendo outras imunidades, impede a criação de impostos (art. 150, III) sobre: b) templos de qualquer culto; c) patrimônio, renda ou serviços dos partidos políticos, inclusive suas fundações, das entidades sindicais dos trabalhadores, das instituições de educação e de assistência social, sem fins lucrativos, atendidos os requisitos da lei; e d) livros, jornais, periódicos e o papel destinado a sua impressão; III Em consequência, é inconstitucional, também, a Lei Complementar n. 77, de 13.7.1993, sem redução de textos, nos pontos em que determinou a incidência do tributo no mesmo ano (art. 28) e deixou de reconhecer as imunidades previstas no art. 150, VI, *a*, *b*, *c* e *d* da CF (arts. 3º, 4º e 8º do mesmo diploma, LC n. 77/93). IV Ação Direta de Inconstitucionalidade julgada procedente, em parte, para tais fins, por maioria, nos termos do voto do Relator, mantida, com relação a todos os contribuintes, em caráter definitivo, a medida cautelar, que suspendera a cobrança do tributo no ano de 1993" (STF, ADI 939).

⇒ **CPMF. A base econômica "movimentação ou transmissão de valores e de créditos e direitos de natureza financeira".** A base econômica dada à tributação pela EC n. 12/96 não se confunde com a do IOF, cujo suporte constitucional consta do art. 153, V, da CF. Ao referir simplesmente a movimentação ou transmissão de valores e de créditos e direitos de natureza financeira, o art. 74 do ADCT ensejou a tributação de quaisquer movimentações, a qualquer título, fossem lançamentos a crédito ou a débito, como simples saques em conta-corrente, inclusive entre contas de um mesmo titular, eis que a norma referiu não apenas transmissão, mas também simples movimentações.

– **A CPMF era contribuição de seguridade social.** A EC n. 12/96 incluiu o art. 74 no ADCT, autorizando a União a instituir contribuição sobre movimentação ou transmissão de créditos e direitos de natureza financeira, tendo como finalidade financiar ações e serviços de saúde. Alterações constitucionais posteriores previram a sua destinação também à previdência (art. 75, § 2º, do ADCT, incluído pela EC n. 21/99) e ao combate à pobreza (art. 80, inciso I, do ADCT, incluído pela EC n. 31/2000). Tais destinações constitucionais persistiram, inclusive com a prefixação do percentual pertinente a cada área, conforme se vê do art. 84 do ADCT. Tivemos, pois, a partir da EC n. 12/96, mais uma norma de competência autorizadora da instituição de contribuição de seguridade social, ainda que temporária. Sobre a desvinculação das receitas, vide notas ao art. 76 do ADCT.

– O art. 84 prorrogou a incidência da CPMF e o art. 85 afastou a sua incidência em determinados casos. ADCT: "Art. 85. A contribuição a que se refere o art. 84 deste Ato das Disposições Constitucionais Transitórias não incidirá, a partir do trigésimo dia da data de publicação desta Emenda Constitucional, nos lançamentos: I – em contas correntes de depósito especialmente abertas e exclusivamente utilizadas para operações de: a) câmaras e prestadoras de serviços de compensação e de liquidação de que trata o parágrafo único do art. 2º da Lei n. 10.214, de 27 de março de 2001; b) companhias securitizadoras de que trata a Lei n. 9.514, de 20 de novembro de 1997; c) sociedades anônimas que tenham por objeto exclusivo a aquisição de créditos oriundos de operações praticadas no mercado financeiro; II – em contas correntes de depósito, relativos a: a) operações de compra e venda de ações, realizadas em recintos ou sistemas de negociação de bolsas de valores e no mercado de balcão organizado; b) contratos referenciados em ações ou índices de ações, em suas diversas modalidades, negociados em bolsas de valores, de mercadorias e de futuros; III – em contas de investidores estrangeiros, relativos a entradas no País e a remessas para o exterior de recursos financeiros empregados, exclusivamente, em operações e contratos referidos no inciso II deste artigo. § 1º O Poder Executivo disciplinará o disposto neste artigo no prazo de trinta dias da data de publicação desta Emenda Constitucional. (Artigo acrescido pela EC 37/02) § 2º O disposto no inciso I deste artigo aplica-se somente às operações relacionadas em ato do Poder Executivo, dentre aquelas que constituam o objeto social das referidas entidades.§ 3º O disposto no inciso II deste artigo aplica-se somente a operações e contratos efetuados por intermédio de instituições financeiras, sociedades corretoras de títulos e valores mobiliários, sociedades distribuidoras de títulos e valores mobiliários e sociedades corretoras de mercadorias" (Artigo acrescido pela EC n. 37/2002).

⇒ **Instituição da CPMF. Desnecessidade de observância da técnica de competência residual.** A tributação da base econômica "movimentação ou transmissão de valores e de créditos e direitos de natureza financeira" tem caráter cumulativo, incidindo a cada operação e implicando múltipla tributação dos mesmos valores, de modo que a instituição da contribuição no exercício da competência residual, com base no art. 195, § 4º, da CF, seria inválida por não atender ao requisito da não cumulatividade constante do art. 154, I, da Constituição, aplicável às contribuições residuais de seguridade social. Daí a necessidade da emenda constitucional criando a nova norma de competência, o que permitiu a instituição da chamada CPMF (Contribuição Provisória sobre Movimentação Financeira) como contribuição temporária constitucionalmente prevista, não submetida aos requisitos de exercício da competência residual. De fato, em face da norma de competência específica, não se faz necessária lei complementar, tampouco a observância do critério da não cumulatividade. Simples lei ordinária dispõe validamente sobre tal contribuição. A EC n. 12/96, aliás, fez constar expressamente do § 2º do art. 74 do ADCT a inaplicabilidade do art. 154, I. Tendo em conta que a técnica de exercício da competência residual não constitui cláusula pétrea, não havia mesmo impedimento a que emenda constitucional sujeitasse à tributação nova base econômica dispensando atenção aos critérios da competência residual.

– "CPMF. EMENDA CONSTITUCIONAL N. 12/96. INCONSTITUCIONALIDADE. Na dicção da ilustrada maioria, não concorre, na espécie, a relevância jurídico constitucional do pedido de suspensão liminar da Emenda Constitucional n. 12/96, no que prevista a possibilidade de a União vir a instituir a contribuição sobre a movimentação ou transmissão de valores e de créditos e direitos de natureza financeira, sem a observância do disposto nos artigos 153, § 5º, e 154, inciso I, da Carta Federal. Relator vencido, sem o deslocamento da redação do acórdão" (STF, Plenário, ADIMC 1497-8/DF, rel. Min.Marco Aurélio; vencidos o relator e o Min. Ilmar Galvão).

– **Lei n. 9.311/96. Aspectos da norma tributária impositiva.** A CPMF foi instituída pela Lei n. 9.311, de 24 de outubro de 1996, com suporte no art. 74 do ADCT, que previu a sua cobrança por dois anos. Tal prazo foi sendo sucessivamente prorrogado para a sua cobrança até dezembro de 2007. A cada prorrogação de prazo pelas emendas constitucionais, também restou expressamente prorrogada a vigência da Lei n. 9.311/96.

– Lei n. 9.311/96: "Art. 1º É instituída a Contribuição Provisória sobre Movimentação ou Transmissão de Valores e de Créditos e Direitos de Natureza Financeira – CPMF. Parágrafo único. Considera-se movimentação ou transmissão de valores e de créditos e direitos de natureza financeira qualquer operação liquidada ou lançamento realizado pelas entidades referidas no art. 2º, que representem circulação escritural ou física de moeda, e de que resulte ou não transferência da titularidade dos mesmos valores, créditos e direitos".

– **Aspecto material.** Após definir, no parágrafo único do seu art. 1º, "movimentação ou transmissão de valores e de créditos e direitos de natureza financeira" como "qualquer operação liquidada ou lançamento realizado pelas entidades referidas no art. 2º, que representem circulação escritural ou física de moeda, e de que resulte ou não transferência da titularidade dos mesmos valores, créditos e direitos", a Lei n. 9.311/96 estabelecia, em seu art. 2º, os fatos geradores da CPMF. Já seu inciso I, por exemplo, alcançava os lançamentos a débito (saques) nos diversos tipos de contas bancárias (correntes de depósito, correntes de empréstimo, de depósito de poupança, de depósito judicial e de depósitos em consignação em pagamento). A par disso, o inciso IV tinha redação bastante abrangente: "IV – o lançamento, e qualquer outra forma de movimentação ou transmissão de valores e de créditos e direitos de natureza financeira, não relaciona-

dos nos incisos anteriores, efetuados pelos bancos comerciais, bancos múltiplos com carteira comercial e caixas econômicas;". Em seu art. 3º, a Lei n. 9.311/96 dizia da não incidência da contribuição em diversos casos. Tendo em conta que não incidência, como fenômeno jurídico, prescinde de previsão legal, verificando-se pelo simples fato da não configuração da hipótese de incidência, tínhamos, em verdade, no art. 3º, ora a simples projeção de imunidades constitucionalmente estabelecidas, ora a concessão de isenções. De qualquer modo, constituem situações que, seja a título de imunidade (há proibição constitucional da tributação) ou de isenção (em que o legislador, por razões de política tributária, opta por desonerar determinadas pessoas ou operações, excluindo o crédito tributário respectivo, nos termos do art. 175, I, do CTN), ou mesmo impropriamente de não incidência, não haverá a exigência da CPMF.

– **Operação simbólica de câmbio.** O STF tem precedente no sentido de que se trata de matéria infraconstitucional, razão pela qual não conhece do mérito da questão: 2ª T, AI 786930, rel. Min. Cármen Lúcia, ago. 2010.

– "CPMF. CONVERSÃO DE CRÉDITOS ESTRANGEIROS EM INVESTIMENTO. OPERAÇÃO SIMBÓLICA DE CÂMBIO. INCIDÊNCIA. 1. A Contribuição Provisória sobre Movimentação ou Transmissão de Valores de Créditos e Direitos de Natureza Financeira – CPMF, enquanto vigente, incidia sobre a conversão de crédito decorrente de empréstimo em investimento externo direto (contrato de câmbio simbólico), uma vez que a tributação aperfeiçoava-se mesmo diante de operação unicamente escritural [...]. 2. O fato jurídico ensejador da tributação pela CPMF (instituída pela Lei 9.311/96) abarcava qualquer operação liquidada ou lançamento realizado por instituições financeiras, que representasse circulação escritural ou física de moeda, quer resultasse ou não em transferência da titularidade dos valores, créditos ou direitos (artigo 1º, parágrafo único). 3... 4. Deveras, a conversão do passivo (decorrente de empréstimo) da empresa domiciliada no Brasil em investimento externo direto no seu capital social reclama a realização de procedimentos cambiais, traçados pelo Banco Central do Brasil (Circular BACEN 2.997/2000), com o intuito de garantir a fiscalização e controle da origem e natureza dos capitais que ingressam no País. 5. Assim, a conversão dos créditos (oriundos de empréstimo) em investimento externo direto concretiza-se mediante a realização de operações simultâneas de compra e venda de moeda estrangeira (sem expedição de ordem de pagamento do ou para o exterior), consubstanciadas em lançamentos fictícios de entrada e saída de recursos, a saber: (i) a transferência, pela empresa brasileira receptora do investimento (devedora do empréstimo), ao investidor não residente ou investidor externo (credor do empréstimo), do valor correspondente ao pagamento da dívida principal e juros, para quitação e baixa na pendência; e (ii) o recebimento, pela empresa receptora (devedora na primeira transação), da quantia, disponibilizada pelo investidor externo (credor naquela), para integrar o capital societário. 6. Destarte, sobressai a transferência (eminentemente jurídica) de valores entre os sujeitos envolvidos no negócio jurídico discriminado, uma vez que, quando a empresa devedora, ao invés de quitar a sua dívida, converte seu passivo em capital social para a empresa credora, ocorre efetiva circulação escritural de valores. 7. Consequentemente, conquanto se considere inexistente a movimentação física dos valores pertinentes, a ocorrência de circulação escritural da moeda constituía fato imponível ensejador da tributação pela CPMF. 8. Outrossim, a teor do disposto nos artigos 3º (hipóteses de isenção) e 8º (hipóteses de alíquota zero), da Lei 9.311/96, a conversão de crédito (decorrente de empréstimo) em investimento externo direto (operação simbólica de câmbio) não se encontra albergada por qualquer norma exonerativa, sendo de rigor a interpretação literal da legislação tributária que disponha sobre outorga de isenção ou exclusão do crédito tributário (artigo 111, incisos I e II, do CTN). 9... Acórdão submetido ao regime do artigo 543-C, do CPC, e da Resolução STJ 08/2008" (STJ, REsp 1.129.335, 2010).

– "CONVERSÃO DE CRÉDITOS ESTRANGEIROS EM INVESTIMENTO. OPERAÇÃO 'SIMBÓLICA' DE CÂMBIO. CPMF. INCIDÊNCIA. CIRCULAR-BACEN N. 2997/2000. 1. O fato gerador da CPMF pressupõe movimentação de valores dos titulares, nas contas mantidas nas instituições financeiras, que representem circulação escritural ou física de moeda; por isso há hipótese de incidência ainda que não haja transferência de valores pelos titulares. 2. A jurisprudência desta Corte consolidou-se no sentido de que as operações simbólicas de câmbio estão sujeitas à incidência de CPMF..." (STJ, AgRgAg 1.119.315, 2009).

– **Transferência de ativos para nova sociedade.** "CPMF. TRANSFERÊNCIA DE RECURSOS RELATIVOS À TOTALIDADE DOS PLANOS GERIDOS PELO HSBC SEGUROS PARA O HSBC VIDA E PREVIDÊNCIA. LC N. 109/2001. DESTINAÇÃO PARA RESGUARDAR POUPANÇA QUE ESTÁ SENDO FORMADA PELOS BENEFICIÁRIOS. INCIDÊNCIA. [...] 7. Para bem ser definida a incidência da CPMF na hipótese fática discutida, é irrelevante o fato posto por lei ao HSBC Seguros para administrar planos de previdência privada, obrigando-o, no prazo legalmente estabelecido, a transferir os planos sob sua responsabilidade para o HSBC Vida e Previdência, constituído especialmente para geri-los. 8. Nos moldes do art. 2º da Lei n. 9.311/96, o fato gerador da CPMF está vinculado a que o negócio jurídico do qual trata implique movimentação ou transmissão de valores e de créditos e direitos financeiros de forma voluntária. Foi o que ocorreu. 9. Na espécie, ocorre a circulação, isto é, a movimentação financeira no sentido técnico-jurídico exigido pelos arts. 1º, parágrafo único, e 2º da Lei n. 9.311/96" (STJ, REsp 822.881, 2007).

– **Aspecto pessoal. Sujeito ativo.** O sujeito ativo da CPMF era a própria União que a administrava por meio da Secretaria da Receita Federal, nos termos dos arts. 11 e 12 da Lei n. 9.311/96.

– **Aspecto pessoal. Contribuintes.** Sujeitos passivos, na qualidade de contribuintes, eram os titulares das contas cujos lançamentos constituem fato gerador do tributo, os beneficiários das operações de liquidação ou pagamento feitas por sua conta e ordem por instituição financeira e demais pessoas referidas no art. 4º da Lei n. 9.311/96.

– **Cooperativas.** Vide nota ao art. 146, III, c, da CF.

– **Substitutos tributários: instituições financeiras.** O recolhimento da CPMF não era feito pelos próprios contribuintes, mas pelos substitutos tributários aos quais a lei atribuía a obrigação de proceder à retenção e ao recolhimento dos montantes devidos, viabilizando operacionalmente tal tributo. Eram sujeitos passivos, na qualidade de responsáveis tributários por substituição, as instituições financeiras, tal como arrolado no art. 5º da Lei n. 9.311/96.

– **Aspecto quantitativo.** Constituía base de cálculo da CPMF o valor do lançamento ou da movimentação ou transmissão feitas por outra forma, bem como o valor das demais operações referidas como fatos geradores, conforme o art. 6º da Lei n. 9.311/96. A alíquota da CPMF sempre foi limitada constitucionalmente. Quando do seu advento, a EC n. 12/96 estabeleceu a alíquota de vinte e cinco centésimos por cento (0.25%), conforme se vê do § 1º do art. 74 da CF. Contudo, com as prorrogações, vieram também aumentos de alíquota e adicional. Houve aumento provisório para 0,38% e redução para 0,30%, conforme se vê do § 1º do art. 75 da CF, acrescido pela EC n. 21/99. Quando da criação do Fundo de Combate e Erradicação da Pobreza, através da EC n. 31/2002, foi criado adicional de 0,08%, conforme se vê do art. 84, § 2º, do ADCT. Tal adicional acabou sendo incorporado à alíquota da CPMF. De fato, quando da sua extinção em dezembro de 2007, a alíquota era de 0,38%, conforme o art. 90 do ADCT, acrescido pela EC n. 42/03.

– **Alíquota zero. Instituições financeiras. Empresas de arrendamento mercantil.** "EMPRESAS DE ARRENDAMENTO MERCANTIL – EQUIPARAÇÃO A INSTITUIÇÕES FINANCEIRAS – INCIDÊNCIA DE ALÍQUOTA ZERO DE CPMF – ART. 8º, INCISO III, DA LEI N. 9.311/96. 1. Na hipótese em exame, as empresas de arrendamento mercantil financeiro são equiparadas a instituições financeiras. Aplica-se, consequentemente, alíquota zero da Contribuição Provisória sobre Movimentação ou Transmissão de Valores e de Créditos e Direitos de Natureza Financeira, CPMF, na forma do disposto no art. 8º, inciso III, da Lei n. 9.331/96. 2. O artigo 3º, inciso XXVI, da Portaria n. 134, de junho de 1999, do Ministro de Estado da Fazenda, não faz distinção no tocante às operações realizadas pela empresa de arrendamento mercantil; não sendo, portanto, cabível a interpretação de que a redução da alíquota zero somente se aplica às operações financeiras. 3. A jurisprudência desta Corte já se pronunciou no sentido da incidência da alíquota zero de CPMF em arrendamento mercantil independentemente de se tratar de operações financeiras. (REsp 411586/PR; Rel. Min. João Otávio de Noronha, DJ 16.11.2006) Recurso especial provido" (STJ, REsp 826.075, 2007).

⇒ **Submissão à anterioridade nonagesimal.** A EC n. 12/96 tornou inequívoca a submissão à anterioridade nonagesimal, o que também já se poderia inferir pelo fato de se tratar de contribuição de seguridade social. Apesar da garantia constitucional inequívoca, o STF entendeu que a anterioridade não condiciona a prorrogação da CPMF, conforme se verá no item seguinte.

Art. 75. É prorrogada, por trinta e seis meses, a cobrança da contribuição provisória sobre movimentação ou transmissão de valores e de créditos e direitos de natureza financeira de que trata o art. 74, instituída pela Lei n. 9.311, de 24 de outubro de 1996, modificada pela Lei n. 9.539, de 12 de dezembro de 1997, cuja vigência é também prorrogada por idêntico prazo. (Artigo acrescido pela EC 21/99)

§ 1º Observado o disposto no § 6º do art. 195 da Constituição Federal, a alíquota da contribuição será de trinta e oito centésimos por cento, nos primeiros doze meses, e de trinta centésimos, nos meses subsequentes, facultado ao Poder Executivo reduzi-la total ou parcialmente, nos limites aqui definidos.

§ 2º O resultado do aumento da arrecadação, decorrente da alteração da alíquota, nos exercícios financeiros de 1999, 2000 e 2001, será destinado ao custeio da previdência social.

§ 3º É a União autorizada a emitir títulos da dívida pública interna, cujos recursos serão destinados ao custeio da saúde e da previdência social, em montante equivalente ao produto da arrecadação da contribuição, prevista e não realizada em 1999.

⇒ **O caráter temporário e as prorrogações até o final de 2007.** O caráter temporário da CPMF sempre esteve marcado nas respectivas normas de competência desde o seu advento com a EC n. 12/96 que, ao acrescer o art. 74 do ADCT, previu a sua cobrança por prazo não superior a dois anos. Entretanto, desde então, houve sucessivas prorrogações, todas, como não poderia deixar de ser, por emenda constitucional. A EC n. 21/99 acresceu o art. 75 ao ADCT prorrogando por trinta e seis meses a cobrança. A EC n. 37/2002, ao acrescer o art. 84 ao ADCT, prorrogou até dezembro de 2004. A EC n. 42/2003, por sua vez, prorrogou até 31 de dezembro de 2007, conforme se vê do *caput* do art. 90 do ADCT, por ela acrescido.

– ADCT: Art. 90. O prazo previsto no *caput* do art. 84 deste Ato das Disposições Constitucionais Transitórias fica prorrogado até 31 de dezembro de 2007. (Artigo acrescido pela EC n. 42/2003).

– **Constitucionalidade da prorrogação. Tema 51 (RG-STF):** "A Emenda Constitucional 42/2003 não introduziu aumento de alíquota para cobrança da CPMF e, portanto, não violou o princípio da anterioridade nonagesimal". Decisão de mérito em 2009.

– "2. Emenda Constitucional n. 42/2003 que prorrogou a CPMF e manteve alíquota de 0,38% para o exercício de 2004. 3. Alegada violação ao art. 195, § 6º, da Constituição Federal. 4. A revogação do artigo que estipulava diminuição de alíquota da CPMF, mantendo-se o mesmo índice que vinha sendo pago pelo contribuinte, não pode ser equiparada à majoração de tributo. 5. Não incidência do princípio da anterioridade nonagesimal. 6. Vencida a tese de que a revogação do inciso II do § 3º do art. 84 do ADCT implicou aumento do tributo para fins do que dispõe o art. 195, § 6º da CF. 7. Recurso provido" (STF, RE 566.032, 2009).

– "AÇÃO DIRETA DE INCONSTITUCIONALIDADE. CONTRIBUIÇÃO PROVISÓRIA SOBRE MOVIMENTAÇÃO OU TRANSMISSÃO DE VALORES E DE CRÉDITOS E DIREITOS DE NATUREZA FINANCEIRA-CPMF (ART. 75 E PARÁGRAFOS, ACRESCENTADOS AO ADCT PELA EMENDA CONSTITUCIONAL N. 21, DE 18 DE MARÇO DE 1999). 1 – O início da tramitação da proposta de emenda no Senado Federal está em harmonia com o disposto no art. 60, inciso I da Constituição Federal, que confere poder de iniciativa a ambas as Casas Legislativas. 2 – Proposta de emenda que, votada e aprovada no Senado Federal, sofreu alteração na Câmara dos Deputados, tendo sido promulgada sem que tivesse retornado à Casa iniciadora para nova votação quanto à parte objeto de modificação. Inexistência de ofensa ao art. 60, § 2º da Constituição Federal no tocante à alteração implementada no § 1º do art. 75 do ADCT, que não importou em mudança substancial do sentido daquilo que foi aprovado no Senado Federal. Ofensa existente quanto ao § 3º do novo art. 75 do ADCT, tendo em vista que a expressão suprimida pela Câmara dos Deputados não tinha autonomia em relação à primeira parte do dispositivo, motivo pelo qual a supressão implementada pela Câmara dos Deputados deveria ter dado azo ao retorno da proposta ao Senado Federal, para nova apreciação, visando ao cumprimento do disposto no § 2º do art. 60 da Carta Política. 3 – Repristinação das Leis ns. 9.311/96 e 9.539/97, sendo irrelevante o desajuste gramatical representado pela utilização do vocábulo 'prorrogada' no *caput* do art. 75 do ADCT, a revelar objetivo de repristinação de leis temporárias, não vedada pela Constituição. 4 – Rejeição, também, das alegações de confisco de rendimentos, redução de salários, bitributação e ofensa aos princípios da isonomia e da legalidade. 5 – Ação direta julgada procedente em parte para, confirmando a medida cautelar concedida, declarar a inconstitucionalidade do § 3º do art. 75 do ADCT, incluído pela Emenda Constitucional n. 21, de 18 de março de 1999" (STF, ADI 2.031, 2002).

– O STF decidiu corretamente quanto à repristinação, na medida em que não há impedimento à repristinação expressa, sendo irrelevante a referência à simples prorrogação, pois inequívoco o sentido da norma.

⇒ **Observância da anterioridade para fins de prorrogação, aumento de alíquota ou reinstituição.** Entendemos que qualquer alteração na CPMF, inclusive sua prorrogação, estavam sujeitas à observância da anterioridade nonagesimal, nos termos do art. 195, § 6º, da CF, a qual, por consistir em garantia fundamental do contribuinte, constitui cláusula pétrea protegida de forma absoluta pelo art. 60, § 4º, IV, da Constituição. Assim, havendo inovação legislativa de qualquer nível, mesmo constitucional, só poderia ter vigência pós a noventena. Mas o STF entendeu desnecessária a observância da anterioridade nonagesimal quando da prorrogação da CPMF, conforme acórdão adiante transcrito.

– **Prorrogação sem a observância da anterioridade.** "CPMF. EMENDA CONSTITUCIONAL 21/1999. ART. 195, § 6º, DA CF/88. PRINCÍPIO DA ANTERIORIDADE NONAGESIMAL. INAPLICABILIDADE À SIMPLES PRORROGAÇÃO DO TRIBUTO. O princípio da anterioridade nonagesimal não é aplicável ao caso de simples prorrogação de lei que instituiu ou modificou contribuição social" (STF, AI 392.574 AgR, 2008).

– "AÇÃO DIRETA DE INCONSTITUCIONALIDADE. CONTRIBUIÇÃO PROVISÓRIA SOBRE MOVIMENTAÇÃO OU TRANSMISSÃO DE VALORES E DE CRÉDITOS E DIREITOS DE NATUREZA FINANCEIRA-CPMF (ARTS. 84 E 85, ACRESCENTADOS AO ADCT PELO ART. 3º DA EMENDA CONSTITUCIONAL N. 37, DE 12 DE JUNHO DE 2002). 1 – Impertinência da preliminar suscitada pelo

Advogado-Geral da União, de que a matéria controvertida tem caráter *interna corporis* do Congresso Nacional, por dizer respeito à interpretação de normas regimentais, matéria imune à crítica judiciária. Questão que diz respeito ao processo legislativo previsto na Constituição Federal, em especial às regras atinentes ao trâmite de emenda constitucional (art. 60), tendo clara estatura constitucional. 2 – Proposta de emenda que, votada e aprovada na Câmara dos Deputados, sofreu alteração no Senado Federal, tendo sido promulgada sem que tivesse retornado à Casa iniciadora para nova votação quanto à parte objeto de modificação. Inexistência de ofensa ao art. 60, § 2º da Constituição Federal no tocante à supressão, no Senado Federal, da expressão 'observado o disposto no § 6º do art. 195 da Constituição Federal', que constava do texto aprovado pela Câmara dos Deputados em 2 (dois) turnos de votação, tendo em vista que essa alteração não importou em mudança substancial do sentido do texto (Precedente: ADC n. 3, rel. Min. Nelson Jobim). Ocorrência de mera prorrogação da Lei n. 9.311/96, modificada pela Lei n. 9.539/97, não tendo aplicação ao caso o disposto no § 6º do art. 195 da Constituição Federal. O princípio da anterioridade nonagesimal aplica-se somente aos casos de instituição ou modificação da contribuição social, e não ao caso de simples prorrogação da lei que a houver instituído ou modificado. 3 – Ausência de inconstitucionalidade material. O § 4º, inciso IV do art. 60 da Constituição veda a deliberação quanto a proposta de emenda tendente a abolir os direitos e garantias individuais. Proibida, assim, estaria a deliberação de emenda que se destinasse a suprimir do texto constitucional o § 6º do art. 195, ou que excluísse a aplicação desse preceito a uma hipótese em que, pela vontade do constituinte originário, devesse ele ser aplicado. A presente hipótese, no entanto, versa sobre a incidência ou não desse dispositivo, que se mantém incólume no corpo da Carta, a um caso concreto. Não houve, no texto promulgado da emenda em debate, qualquer negativa explícita ou implícita de aplicação do princípio contido no § 6º do art. 195 da Constituição" (STF, ADI 2.666, 2002). Vide, também, a ADI 2.031 em nota ao art. 75, cuidando de prorrogação anteriormente ocorrida.

– No sentido de que se fazia necessário observar a anterioridade nonagesimal: COELHO, Werner Nabiça. A CPMF e a quebra da segurança jurídica. *RTFP* 58/141, out. 2004; e NASCIMENTO, José Marcelo Previtalli. A Anterioridade Nonagesimal e a Prorrogação da CMPF. *RDDT* n. 32, maio 1998.

– **Prorrogação de alíquota (revogação da redução já prevista) sem observância da anterioridade.** "CONTRIBUIÇÃO PROVISÓRIA SOBRE MOVIMENTAÇÃO FINANCEIRA – EMENDA CONSTITUCIONAL N. 42/2003. O Plenário assentou não implicar afronta à anterioridade nonagesimal a prorrogação da Contribuição Provisória sobre Movimentação Financeira por meio da Emenda Constitucional n. 42/2003. Recurso Extraordinário n. 566.032/RS, com repercussão geral. Ressalva de entendimento pessoal, no que vencido no precedente" (STF, RE 631.205 AgR, 2014).

– "1. Recurso extraordinário. 2. Emenda Constitucional n. 42/2003 que prorrogou a CPMF e manteve alíquota de 0,38% para o exercício de 2004. 3. Alegada violação ao art. 195, § 6º, da Constituição Federal. 4. A revogação do artigo que estipulava

diminuição de alíquota da CPMF, mantendo-se o mesmo índice que vinha sendo pago pelo contribuinte, não pode ser equiparada à majoração de tributo. 5. Não incidência do princípio da anterioridade nonagesimal. 6. Vencida a tese de que a revogação do inciso II do § 3º do art. 84 do ADCT implicou aumento do tributo para fins do que dispõe o art. 195, § 6º da CF" (STF, RE 566.032, 2009).

– **Em sentido contrário.** "... CPMF. MAJORAÇÃO DE ALÍQUOTA PELA EC 42/2003. APLICAÇÃO COM OBSERVÂNCIA DO 195, § 6º, DA CONSTITUIÇÃO. A cobrança da CPMF pela alíquota majorada de 0,08% (estabelecida para o exercício financeiro de 2004 na EC 32/02) para 0,38% (estabelecida pela EC 42/03), depende do decurso do prazo de noventa dias a contar da publicação da EC 42/03, em observância à anterioridade nonagesimal mínima do art. 195, § 6º, da CF, que constitui garantia de conhecimento antecipado quanto ao agravamento da carga tributária em matéria de contribuições de seguridade social. Não se aplicam ao caso os precedentes do STF que disseram da não submissão das prorrogações da CPFM à anterioridade, enfocando emendas constitucionais anteriores. Neste caso, não se está discutindo a prorrogação da CPMF, até porque a EC 32/02 já previa sua cobrança no exercício financeiro de 2004. Discute-se, aqui, diferentemente, o aumento de alíquota de 0,08% para 0,38%" (TRF4, AMS 2005.70.00.018985-6, 2006).

– **Reinstituição e anterioridade.** Não se pode considerar como prorrogação a reinstituição posterior ao término da sua cobrança. Como tributo temporário, não persiste após o seu termo "ad quem". Estabelecida que seja, novamente, sua cobrança, ainda que a emenda constitucional venha a determinar a cobrança nos exatos termos da legislação anterior, repristinando-a, terá de ser considerada, para todos os efeitos, como tributo novo, especialmente para fins de verificação da observância da anterioridade.

DESVINCULAÇÃO DAS RECEITAS DA UNIÃO: DRU

Art. 76. São desvinculados de órgão, fundo ou despesa, até 31 de dezembro de 2023, 30% (trinta por cento) da arrecadação da União relativa às contribuições sociais, sem prejuízo do pagamento das despesas do Regime Geral da Previdência Social, às contribuições de intervenção no domínio econômico e às taxas, já instituídas ou que vierem a ser criadas até a referida data. (Redação dada pela EC n. 93/2016)

§ 1º (Revogado pela EC n. 93/2016).

§ 2º Excetua-se da desvinculação de que trata o *caput* a arrecadação da contribuição social do salário-educação a que se refere o § 5º do art. 212 da Constituição Federal.

§ 3º (Revogado pela EC n. 93/2016).

⇒ **Desvinculação de Receitas.** O regime jurídico próprio de cada espécie tributária impõe condicionamentos à aplicação dos respectivos recursos, ora total, ora parcialmente. A arrecadação dos impostos federais, por exemplo, deve ser repartida com Estados e Municípios através dos respectivos fundos, além do que têm de ser cumprida a aplicação de percentuais mínimos em educação e saúde. As contribuições, por sua vez, ao se legitimarem pela sua finalidade, devem ser aplicadas em ações que as concretizem. Para que o Executivo tivesse maior discricionariedade na eleição da aplicação que fosse mais adequada à conjuntura de cada momento, em 2000 teve início a desvinculação parcial do produto da arrecadação de tributos. Veiculada por Emenda Constitucional e com caráter temporário, teve a sua validade reconhecida pelo STF e acabou por ser sucessivamente reiterada e, em 2016, estendida às receitas dos Estados.

– "1. TRIBUTO. Contribuição social. Art. 76 do ADCT. Emenda Constitucional n. 27/2000. Desvinculação de 20% do produto da arrecadação. Admissibilidade. Inexistência de ofensa a cláusula pétrea. Negado seguimento ao recurso. Não é inconstitucional a desvinculação de parte da arrecadação de contribuição social, levada a efeito por emenda constitucional" (STF, RE 537.610, 2009).

– **Desvinculação de Receitas da União: DRU.** A desvinculação foi estabelecida pela EC n. 27/2000, que acrescentou o art. 76 no ADCT, alcançando, então, 20% da arrecadação de impostos e contribuições sociais da União para o período de 2000 a 2003. Com a EC n. 42/2003, a desvinculação passou a alcançar não apenas impostos e contribuições sociais, mas também contribuições de intervenção no domínio econômico, sendo estendida, ainda, para o período de 2003 a 2007. As Emendas Constitucionais ns. 56/2007 e 68/2011 prorrogaram o prazo da desvinculação de receitas, colocando como termo final a data de 31 de dezembro de 2015. A EC n. 93/2016 ampliou para 30% a desvinculação, aplicando-a às contribuições sociais e interventivas e às taxas.

– "3.2.3.1. Desvinculação de Receitas da União – DRU (CF88/ADCT, art. 76) Tendo em vista a elevada quantidade de Leis que estipulam vinculações de receitas, restam poucos recursos livres disponíveis para o governo federal financiar políticas públicas discricionárias. Nesse contexto, estabeleceu-se, por meio da EC n. 93/2016, a desvinculação de determinados recursos – os quais então tornam-se passíveis de serem aplicados livremente e sendo agregados sob o código de Fonte de Recursos '00 – Recursos Ordinários'. O art. 76 do Ato das Disposições Constitucionais Transitórias – ADCT da Constituição Federal de 1988 – CF/88 estabelece a desvinculação de 30% dos recursos arrecadados a título de taxas, contribuições econômicas e contribuições sociais (exceto as contribuições sociais do empregador e a do trabalhador para os Regimes de Previdência Social Geral e Próprio do Servidor Público, bem como a contribuição social do salário educação)" (BRASIL. *Manual Técnico do Orçamento MTO 2021*. Secretaria de Orçamento Federal da Secretaria Especial de Fazenda do Ministério da Economia. Disponível em <https://www1.siop.planejamento.gov.br/mto/lib/exe/fetch.php/mto2021:mto2021-versao3.pdf>).

– **Desvinculação de Receitas dos Estados: DRE.** A EC n. 93/2016, ao acrescentar o E, para a desvinculação de impostos, taxas e multas nos âmbitos Estadual e Municipal, também acrescentou os art. 96-A e 96-B ao ADCT.

⇒ **Desvinculação relativamente aos impostos.** Não obstante, numa primeira leitura, parecesse descabida a previsão de desvinculação dos impostos a órgão, fundo ou despesa, na medi-

da em que o próprio art. 167, IV, da CF, já veda tal vinculação, é preciso ter em consideração que há vinculações de impostos a fundos e despesas estabelecidas pela própria Constituição. O artigo 76, portanto, foi aplicado a tais vinculações previstas no Texto Constitucional, excepcionadas as previstas nos §§ 1º e 2º. Exemplo é a determinação do *caput* do art. 212, com a redação da EC n. 14/96, de que a União aplique na manutenção e no desenvolvimento do ensino não menos de dezoito por cento da receita resultante de impostos. Por força do art. 76, 20% da receita dos impostos restou desvinculada desta despesa.

⇒ **Desvinculação relativamente às contribuições especiais.** Quanto à desvinculação da arrecadação das contribuições sociais, pode, em um primeiro momento, parecer que tal artifício empregado pelo constituinte derivado tenha descaracterizado por completo a natureza da espécie tributária. No entanto, tal desvio de finalidade, por ter sido veiculado através de emenda constitucional formalmente incorporada ao Texto Básico, e por se tratar de situação temporária, parece estar legitimado. Refira-se que as limitações ao poder de reforma constitucional encontram-se elencados no art. 60, § 4º, da CF/88, incluídas aí, como direitos fundamentais, as limitações constitucionais ao poder de tributar. Não há outras limitações. Ora, ainda que entendamos que a desvinculação do produto das contribuições, mesmo que a parcial, as transforme em típicos impostos, o instrumento da Emenda Constitucional legitima a inovação. Note-se que não haveria a vedação da criação de novos impostos por Emenda Constitucional, ainda que sem observância das normas relativas ao exercício da competência residual da União, pois estas só vinculam o legislador infraconstitucional, e não o Poder Constituinte Derivado. Em suma, ainda que tecnicamente inadequada e inconveniente, a determinação constante deste artigo, tendo advindo de Emenda Constitucional, foi válida. Em sentido contrário, vide transcrição que segue.

– "A Emenda Constitucional 27, de 22 de março de 2000, acrescentou o artigo 76 ao Ato das Disposições Constitucionais Transitórias, instituindo a desvinculação de arrecadação de impostos e contribuições sociais da União. [...] Desde já fica demonstrado que as contribuições sociais mostram-se vinculadas ao custeio das finalidades a que se propuseram, não podendo, a *contrario sensu*, perder essa destinação. [...] Pelo amplo suporte doutrinário, tornam-se inevitáveis as conclusões de que não se pode admitir que as contribuições sociais sejam cobradas desvinculadas de suas finalidades em razão de sua natureza parafiscal, e, principalmente, pela previsão constitucional acerca da necessidade do respeito desta destinação. E, como será examinado a seguir; uma destinação diferente da constitucionalmente estabelecida pode tornar ilegítima a cobrança pelo Poder Público das contribuições sociais. [...] Dentro da situação trazida, a Emenda Constitucional n. 27, de 22 de março de 2000, reveste-se de flagrante inconstitucionalidade ao determinar a desvinculação de 20% da arrecadação oriunda das contribuições sociais. [...] Verifica-se, portanto, que o constituinte derivado se voltou contra a Constituição Federal de 1988 ao tentar desvincular 20% da arrecadação das contribuições sociais. Não lhe é dada a possibilidade de desvirtuar o Sistema Tributário Nacional como a EC 27/2000 estaria fazendo. Retirar a destinação específica de 20% das contribuições sociais implica inexoravelmente retirar a razão de ser destes tributos e atentar contra o direito fundamental do cidadão de possuir um sistema tributário constitucionalmente reconhecido. Conforme se infere do exposto, além de desnaturar por completo o sistema tributário nacional, a retirada da destinação específica de 20% das contribuições sociais, como estabelece a Emenda Constitucional n. 27/2000, acaba por transformá-las em verdadeiros impostos, uma vez que os elementos distintivos entre as contribuições sociais e os impostos decorrem justamente das destinações específicas das receitas obtidas pelas primeiras" (OLIVEIRA, Marcelo Ribeiro de; RÊGO, Bruno Noura de Moraes. As contribuições sociais e a inconstitucionalidade da Emenda Constitucional n. 27. *Revista Dialética de Direito Tributário* 58/57, 2000).

– Sobre a matéria, vide, ainda, Júnia Roberta Gouveia Sampaio, Emenda Constitucional n. 27 – descaracterização das contribuições sociais, *Revista Dialética de Direito Tributário* 64/114, 2001.

– **Desvinculação da CPMF.** Desde a EC n. 27/2000, o art. 76 do ADCT previu a desvinculação de vinte por cento da arrecadação de impostos e contribuições sociais da União. Trata-se de dispositivo em nível constitucional, excepcional e temporário. A desvinculação foi prorrogada até 2007 pela EC n. 42/2003, que lhe deu nova redação. A modificação da destinação dos recursos – ainda que implique a sua aplicação a finalidades distintas daquelas que justificam a instituição das contribuições – não chegou a atingir nenhuma cláusula pétrea, de maneira que, tendo sido veiculada através de emenda constitucional formalmente incorporada ao Texto Básico, se mostrou válida. Note-se que a desvinculação foi parcial e temporária.

– **Alterações da finalidade e desvio na destinação dos recursos.** Vide notas ao art. 149 acerca das alterações na finalidade das contribuições especiais e do desvio na aplicação dos recursos, em que são analisadas suas consequências. Há, inclusive, abordagem da EC n. 27, de 21 de março de 2000.

– "A Lei n. 9.438, de 26.02.97, lei orçamentária anual, ao prever a estimativa da receita a ser destinada ao Fundo Nacional de Saúde estabeleceu a título de transferência da CPMF um determinado montante dos recursos a serem arrecadados para juros e encargos de financiamento e para a amortização de encargos de financiamento. Tal destinação indevida de recursos não passou desapercebida no Congresso Nacional, que por duas oportunidades demonstrou a inconstitucionalidade ... só resta concluir que o contribuinte pode opor-se ao pagamento da CPMF, em razão da inconstitucionalidade da destinação do dinheiro arrecadado que não está migrando para a saúde. Esta inconstitucionalidade acarreta a própria inconstitucionalidade da cobrança da CPMF. Noutros termos, enquanto os recursos da CPMF não forem integralmente destinados à saúde, não estão os contribuintes sujeitos ao seu recolhimento, sob pena de restar descumprida a Emenda Constitucional n. 12/96" (RÊGO, Bruno Noura de Moraes. Da inconstitucionalidade da destinação dos recursos da CPMF. *RDDT* 35/22-25, 1998).

– **Eventual inconstitucionalidade não acarretaria restituição. Tema 277 do STF:** "I – A eventual inconstitucionalidade de desvinculação de receita de contribuições sociais não acarreta a devolução ao contribuinte do montante correspondente ao percentual desvinculado, pois a tributação não seria inconstitucional ou ilegal, única hipótese autorizadora da repetição do indébito tributário; II – Não é inconstitucional a desvinculação, ainda que parcial, do produto da arrecadação das contribuições sociais instituídas pelo art. 76 do ADCT, seja em sua redação original, seja naquela resultante das Emendas Constitucionais 27/2000, 42/2003, 56/2007, 59/2009 e 68/2011". Decisão do mérito em 2014.

– "DESVINCULAÇÃO DE RECEITAS DA UNIÃO – DRU. ART. 76 DO ATO DAS DISPOSIÇÕES CONSTITUCIONAIS TRANSITÓRIAS. AUSÊNCIA DE CORRELAÇÃO ENTRE A ALEGADA INCONSTITUCIONALIDADE DA DRU E O DIREITO À DESONERAÇÃO TRIBUTÁRIA PROPORCIONAL À DESVINCULAÇÃO. ILEGITIMIDADE PROCESSUAL. AUSÊNCIA DE DIREITO LÍQUIDO E CERTO. RECURSO EXTRAORDINÁRIO AO QUAL SE NEGA PROVIMENTO. 1. A questão nuclear deste recurso extraordinário não é se o art. 76 do ADCT ofenderia norma permanente da Constituição da República, mas se, eventual inconstitucionalidade, conduziria a ter a Recorrente direito à desoneração proporcional à desvinculação das contribuições sociais recolhidas. 2. Não é possível concluir que, eventual inconstitucionalidade da desvinculação parcial da receita das contribuições sociais, teria como consequência a devolução ao contribuinte do montante correspondente ao percentual desvinculado, pois a tributação não seria inconstitucional ou ilegal, única hipótese autorizadora da repetição do indébito tributário ou o reconhecimento de inexistência de relação jurídico-tributária. 3. Não tem legitimidade para a causa o contribuinte que pleiteia judicialmente a restituição ou o não recolhimento proporcional à desvinculação das receitas de contribuições sociais instituída pelo art. 76 do ADCT, tanto em sua forma originária quanto na forma das alterações promovidas pelas Emendas Constitucionais n. 27/2000, 42/2003, 56/2007, 59/2009 e 68/2011. Ausente direito líquido e certo para a impetração de mandados de segurança" (STF, RE 566.007, 2014).

DESVINCULAÇÃO DAS RECEITAS DOS ESTADOS: DRE

Art. 76-A. São desvinculados de órgão, fundo ou despesa, até 31 de dezembro de 2023, 30% (trinta por cento) das receitas dos Estados e do Distrito Federal relativas a impostos, taxas e multas, já instituídos ou que vierem a ser criados até a referida data, seus adicionais e respectivos acréscimos legais, e outras receitas correntes. (Acrescentado pela EC n. 93/2016)

Parágrafo único. Excetuam se da desvinculação de que trata o *caput*:

I – recursos destinados ao financiamento das ações e serviços públicos de saúde e à manutenção e desenvolvimento do ensino de que tratam, respectivamente, os incisos II e III do § 2º do art. 198 e o art. 212 da Constituição Federal;

II – receitas que pertencem aos Municípios decorrentes de transferências previstas na Constituição Federal;

III – receitas de contribuições previdenciárias e de assistência à saúde dos servidores;

IV – demais transferências obrigatórias e voluntárias entre entes da Federação com destinação especificada em lei;

V – fundos instituídos pelo Poder Judiciário, pelos Tribunais de Contas, pelo Ministério Público, pelas Defensorias Públicas e pelas Procuradorias Gerais dos Estados e do Distrito Federal.

DESVINCULAÇÃO DAS RECEITAS DOS MUNICÍPIOS: DRM

Art. 76-B. São desvinculados de órgão, fundo ou despesa, até 31 de dezembro de 2023, 30% (trinta por cento) das receitas dos Municípios relativas a impostos, taxas e multas, já instituídos ou que vierem a ser criados até a referida data, seus adicionais e respectivos acréscimos legais, e outras receitas correntes. (Acrescentado pela EC n. 93/2016)

Parágrafo único. Excetuam se da desvinculação de que trata o *caput*:

I – recursos destinados ao financiamento das ações e serviços públicos de saúde e à manutenção e desenvolvimento do ensino de que tratam, respectivamente, os incisos II e III do § 2º do art. 198 e o art. 212 da Constituição Federal;

II – receitas de contribuições previdenciárias e de assistência à saúde dos servidores;

III – transferências obrigatórias e voluntárias entre entes da Federação com destinação especificada em lei;

IV – fundos instituídos pelo Tribunal de Contas do Município.

ALÍQUOTA MÍNIMA DE ISS

Art. 88. Enquanto lei complementar não disciplinar o disposto nos incisos I e III do § 3º do art. 156 da Constituição Federal, o imposto a que se refere o inciso III do *caput* do mesmo artigo: (Incluído pela Emenda Constitucional n. 37, de 2002)

⇒ **LC 157/2016.** Sobreveio a LC 157/2016, estabelecendo a alíquota mínima em 2%, de modo que cessou a vigência transitória do art. 88 do ADCT. Vide nota ao art. 156, § 3º, I, da CF.

I – terá alíquota mínima de dois por cento, exceto para os serviços a que se referem os itens 32, 33 e 34 da Lista de Serviços anexa ao Decreto-Lei n. 406, de 31 de dezembro de 1968; (Incluído pela Emenda Constitucional n. 37, de 2002)

II – não será objeto de concessão de isenções, incentivos e benefícios fiscais, que resulte, direta ou indiretamente, na redução da alíquota mínima estabelecida no inciso I. (Incluído pela Emenda Constitucional n. 37, de 2002)

⇒ **Redução da base de cálculo e outros benefícios que tenham o efeito de reduzir a carga mínima. Inconstitucionalidade.** Vide nota ao art. 156, § 3º, I, da CF, em que é analisada a alíquota mínima tanto à luz do art. 88 do ADCT como da LC 157/16. "ARGUIÇÃO DE DESCUMPRIMENTO DE PRECEITO FUNDAMENTAL. DIREITO TRIBUTÁRIO. IMPOSTO SOBRE SERVIÇOS DE QUALQUER NATUREZA – ISSQN. ALÍQUOTA MÍNIMA. ART. 88 DO ADCT. COMPETÊNCIA LEGISLATIVA DA UNIÃO. NORMAS GERAIS DA LEGISLAÇÃO TRIBUTÁRIA. USURPAÇÃO. BASE DE CÁLCULO. DEFINIÇÃO POR LEI MUNICIPAL. CONCEITO DE RECEITA BRUTA DO PREÇO DO SERVIÇO. PRINCÍPIO FEDERATIVO. FEDERALISMO FISCAL. [...] 5. Reveste-se de inconstitucionalidade formal a lei municipal na qual se define base de cálculo em que se excluem os tributos federais relativos à prestação de serviços tributáveis e o valor do bem envolvido em contratos de arrendamento mercantil, por se tratar de matéria com reserva de lei complementar, nos termos do art. 146, III, 'a', da Constituição da República. 6. No âmbito da inconstitucionalidade material, viola o art. 88, I e II, do Ato das Disposições Constitucionais Transitórias do Texto Constitucional, incluído pela Emenda Constitucional 37/2002, o qual fixou alíquota mínima para os fatos geradores do ISSQN, assim como vedou a concessão de isenções, incentivos e benefícios fiscais, que resultasse, direta ou indiretamente, na redução da alíquota mínima estabelecida. Assim, reduz-se a carga tributária incidente sobre a prestação de serviço a um patamar vedado pelo Poder Constituinte. 7. Fixação da seguinte tese jurídica ao julgado: 'É inconstitucional lei municipal que veicule exclusão de valores da base de cálculo do ISSQN fora das hipóteses previstas em lei complementar nacional. Também é incompatível com o Texto Constitucional medida fiscal que resulte indiretamente na redução da alíquota mínima estabelecida pelo art. 88 do ADCT, a partir da redução da carga tributária incidente sobre a prestação de serviço na territorialidade do ente tributante'. 8. Modulação prospectiva dos efeitos temporais da declaração de inconstitucionalidade, a contar da data do deferimento da medida cautelar em 15.12.2015. 9. Arguição de Descumprimento de Preceito Fundamental parcialmente conhecida a que se dá procedência com a finalidade de declarar a inconstitucionalidade dos arts. 190, § 2º, II; e 191, § 6º, II e § 7º, da Lei 2.614/97, do Município de Estância Hidromineral de Poá" (STF, ADPF 190, 2016).

CÓDIGO TRIBUTÁRIO NACIONAL

LEI N. 5.172, DE 25 DE OUTUBRO DE 1966

⇒ **Denominação Código Tributário Nacional.** A Lei n. 5.172/66 foi denominada Código Tributário Nacional pelo Ato Complementar n. 36/67, baixado pelo Presidente da República no uso das atribuições que lhe conferia o art. 30 do Ato Institucional n. 2, que, em seu art. 7º, dispôs: "Art. 7º A Lei n. 5.172, de 25 de outubro de 1966, e alterações posteriores passa a denominar-se 'Código Tributário Nacional'".

⇒ **Nível de lei complementar.** O art. 19, § 1º, da Constituição de 1967 passou a exigir lei complementar para tratar de normas gerais de Direito Tributário, o que foi repetido no art. 18, § 1º, da redação dada pela EC n. 1/69 e, posteriormente, pelo art. 146, III, da CF/88.

– "Não excede recordar que a Lei n. 5.172/66 – o Código Tributário Nacional – foi aprovada como lei ordinária da União, visto que naquele tempo a lei complementar não apresentava o caráter ontológico-formal que só foi estabelecido com o advento da Constituição de 1967. Todavia, com as mutações ocorridas no ordenamento anterior, a citada lei adquiriu eficácia de lei complementar, pelo motivo de ferir matéria reservada, exclusivamente, a esse tipo de ato legislativo. E, com tal índole, foi recepcionada pela Constituição de 1988" (CARVALHO, Paulo de Barros. *Curso de direito tributário*. 27. ed. São Paulo: Saraiva, 2016, p. 80).

– "... quer a doutrina mais tradicional que, implantados, primeiro em 1967 e, depois, em 1988, novos regimes constitucionais, a lei em exame, mesmo não tendo sido aprovada com o *quorum* especial e qualificado do art. 69 da Carta Suprema, assumiu, *ipso facto*, a natureza de lei complementar, por versar sobre matérias que estão hoje reservadas a esta modalidade de ato normativo. *Data maxima venia*, assim não nos parece. A nosso ver, a Lei n. 5.172/66 continua, sim, sendo formalmente uma simples lei ordinária: materialmente, entretanto, é lei de cunho nacional... Evidentemente, a matéria de que a lei em questão cuida (normas gerais em matéria de legislação tributária) passou a ser privativa de lei complementar, por determinação, primeiro, do art. 18, § 1º, da Carta de 1967/69 e, agora, do art. 146 da atual Constituição. Desta forma, a Lei nacional n. 5.172/66 só poderá ser revogada ou modificada por lei formalmente complementar" (CARRAZA, Roque Antônio. *Curso de direito constitucional tributário*. 9. ed. São Paulo: Malheiros, 1997, p. 494-495, nota 25).

– **Contrariedade ao CTN não pode ser examinada no âmbito do recurso especial por se tratar de matéria constitucional.** Tendo em conta que a reserva de lei complementar é estabelecida pela Constituição, a sua inobservância pelo legislador ordinário implica inconstitucionalidade. São diversos os precedentes do STF e também de outros tribunais em que declararam a inconstitucionalidade de leis ordinárias que dispuseram contrariamente às normas gerais de direito tributário, invadindo o âmbito material destas. São exemplos: 1) Lei n. 9.528/97, ao dar nova redação ao art. 35 da Lei n. 8.212/91, reduzindo multa, mas de modo que não se aplicasse retroativamente, não observando, assim, o art.

106, II, do CTN e, por isso, violando o art. 146, III, *b*, da CF; 2) arts. 45 e 46 da Lei n. 8.212/91, ao estabelecerem prazos decadencial e prescricional diversos dos estabelecidos pelos arts. 173 e 174 do CTN, e, por isso, violando o art. 146, III, *b*, da CF; 3) art. 3º da Lei 9.718/98, que ampliou a base de cálculo da Cofins, por não observância do disposto no art. 110 do CTN e extrapolação da base econômica estabelecida pelo art. 195, I, *b*, da CF. Vide notas aos respectivos artigos da CF e do CTN.

– "Nunca houve dúvida a respeito da recepção, pela Emenda Constitucional n. 1, de 1969, da Lei n. 5.172, de 1966, já então denominada Código Tributário Nacional, por força do Ato Complementar n. 36/67, com essa peculiaridade: a de que se tratava de uma lei ordinária com força de lei complementar. Lei ordinária porque obedeceu ao respectivo processo de formação. Com força de lei complementar porque só outra lei complementar poderia afetar as normas gerais de direito tributário nela embutidas. Uma lei ordinária não poderia fazê-lo. *Quid*, se uma lei ordinária avançasse nessa matéria para modificar normas gerais de direito tributário contidas na Lei 5.172, de 1966? A melhor doutrina sempre identificou esse fenômeno como hipótese de inconstitucionalidade (Celso Ribeiro Bastos, *Lei Complementar – Teoria e comentários*, São Paulo: Saraiva, 1985, p. 56). O vício resulta do fato de que a lei ordinária, nesse caso, usurpa competência que a Constituição Federal reservou para a lei complementar. O Egrégio Tribunal Federal de Recursos declarou a inconstitucionalidade do Decreto-Lei n. 1.582, de 1977, porque, ao definir o fato gerador do imposto sobre transportes rodoviários, deixou de observar o artigo 68, I, do Código Tributário Nacional (Arguição de Inconstitucionalidade na AMS n. 89.825/ RS, Min. Carlos Velloso, Revista do Tribunal Federal de Recursos n. 129, p. 335/367). O Colendo Supremo Tribunal Federal fez o mesmo (RE n. 101.084/PR, Min. Moreira Alves, Revista Trimestral de Jurisprudência n. 122, p. 394/398), seguindo igual procedimento quando decretou a inconstitucionalidade da Lei n. 7.040, de 1982, por ofensa à Lei Orgânica da Magistratura Nacional (LEX n. 145, p. 109/134). Fica assim evidente que a lei ordinária deriva sua validade diretamente da Constituição, de modo que, se invadir área reservada à lei complementar, afronta o texto básico, caracterizando-se como inconstitucional (Revista do Tribunal Regional Federal da 4ª Região n. 12, p. 43/45). Voto, por isso, no sentido de não conhecer do recurso especial" (STJ, RE 98.578, 1997).

⇒ **Código de Defesa do Contribuinte.** O Projeto de Lei Complementar n. 17/2022, que tramita na Câmara dos Deputados, também institui um código de defesa dos contribuintes, traçando normas gerais sobre direitos e garantias do contribuinte, bem como estabelecendo deveres para a Fazenda Pública. O Projeto de Lei Complementar n. 646, que começou a tramitar em 1999, já tratava do Código de Defesa do Contribuinte. A Lei Complementar n. 939/2003, do Estado de São Paulo, instituiu o Código de direitos, garantias e obrigações do contribuinte no âmbito daquele Estado (vide em: <www.legislacao.sp.gov.br>).

– "Buscando consolidar o quadro dos direitos do contribuinte em face da Administração Fiscal, assistimos no último quarto do século que passou e no início deste século XXI, a introdução, em vários países, de normas codificadas de direitos do contribuinte, criando o seu próprio Estatuto. Assim é que, entre outras, podemos enumerar: – Canadá – *Declaration of Taxpayer Rights* – 1985; – Estados Unidos – *Taxpayer Bill of Rights* – 1998; – Espanha – *Ley de Derecos y garantias de los Contribuyentes* – 1998; – Itália – *Statuto Del Diritti Del Contribuente* – 2000" (TAVOLARO, Agostinho Toffoli. Estatuto do contribuinte. *RTFP* 58/82, 2004).

• Vide, ainda: ABRÃO, Carlos Henrique. Código de Defesa do Contribuinte. *RTFP* 55/183, 2004.

⇒ **Código de Defesa do Consumidor.** O contribuinte não pode ser equiparado a um consumidor, de modo que à sua situação se aplique o Código de Defesa do Consumidor. Tem o contribuinte o dever fundamental de pagar tributos, de contribuir para a manutenção do Estado, com vista à promoção dos direitos fundamentais. O Estado é um instrumento da sociedade, implementando políticas públicas e prestando serviços públicos voltados às pessoas em geral, com vista a que se possa alcançar maior desenvolvimento econômico, social e cultural.

– "1. Não se aplica o Código de Defesa do Consumidor às relações jurídicas tributárias" (STJ, REsp 673.374, 2007).

– "... o comando insculpido no artigo 52, § 1º, do Código de Defesa do Consumidor, é aplicável, apenas, às relações de consumo, de natureza contratual, não alcançando, portanto, as multas tributárias..." (STJ, AgRg no REsp 671.494, 2005).

– **Súmula CARF 51:** As multas previstas no Código de Defesa do Consumidor não se aplicam às relações de natureza tributária. 2010.

Art. 1º Esta Lei regula, com fundamento na Emenda Constitucional n. 18, de 1º de dezembro de 1965, o sistema tributário nacional e estabelece, com fundamento no art. 5º, XV, *b*, da Constituição Federal, as normas gerais de direito tributário aplicáveis à União, aos Estados, ao Distrito Federal e aos Municípios, sem prejuízo da respectiva legislação complementar, supletiva ou regulamentar.

⇒ **Conteúdo.** O Código Tributário cumpre a função de estabelecer as normas gerais de direito tributário a que se refere o art. 146, III, da Constituição. Assim, aborda os institutos jurídicos peculiares às relações jurídico-tributárias, atribuindo uniformidade às questões estruturais relacionadas à tributação em todos os âmbitos: federal, estadual e municipal. Vide notas ao art. 146, III, da CF.

– "Não se trata de lei de tributação, mas sim de lei sobre leis de tributação" (PONTES DE MIRANDA, Francisco C. *Comentários à Constituição de 1967 com a Emenda n. 1, de 1969*. 3. ed. Rio de Janeiro: Forense, 1987, p. 383).

– "A grande valia do Código Tributário Nacional foi ter sistematizado a disciplina jurídica básica do tributo, dando-lhe organicida-

de e condições de aplicação. Superou, por assim dizer, o caos que vigia antes da sua implementação, quando a União, os Estados e os Municípios, aos milhares, cada qual possuía a 'sua legislação', com seus 'conceitos' e os seus 'prazos' e onde cada tributo tinha a 'sua lei' e o 'seu regulamento'. Depois do Código – que tem os seus defeitos, como toda obra humana, mormente se jurídica – a disciplina básica do tributo foi unificada. Presentemente os conceitos nucleares estão postos e explicitados. Desde a obrigação, sua origem e natureza, até a extinção do crédito tributário, passando pelo lançamento, os pontos comuns possuem uma só regulação jurídica. No Código, que é lei de normas gerais – *lex legum* – ou *loi de cadre* como diriam os franceses, encontram orientação não só os juízes, os funcionários e os contribuintes – os aplicadores e os destinatários de normas jurídicas tributárias – mas os próprios legisladores das três ordens do governo. É obra cuja preservação se impõe. A sua aplicação deve ser constante, e toda relação jurídica que se travar a partir da imposição unilateral pelo Estado de deveres pecuniários, tendo por 'fato gerador' situações lícitas, deve cair sob sua égide. Caso contrário, estaremos solapando e dificultando e desracionalizando e complicando a tarefa de aplicação do direito aos casos concretos. A obrigação tributária, no Direito Tributário brasileiro, em vigor, possui definição positiva, ao nível da legislação complementar da Constituição (CTN). A definição é vinculante e obrigatória para o intérprete" (COELHO, Sacha Calmon Navarro. *Curso de direito tributário brasileiro*. 3. ed. Rio de Janeiro: Forense, 1999, p. 140-141).

LIVRO PRIMEIRO
SISTEMA TRIBUTÁRIO NACIONAL

⇒ **Sistema Tributário Nacional.** Sobre a noção de sistema e o conteúdo do plexo normativo que estrutura o Sistema Tributário Nacional, vide em nota à epígrafe do Capítulo I (Do Sistema Tributário Nacional) do Título VI (Da Tributação e do Orçamento) da Constituição, que precede o art. 145 da Constituição Federal.

TÍTULO I
DISPOSIÇÕES GERAIS

Art. 2º O sistema tributário nacional é regido pelo disposto na Emenda Constitucional n. 18, de 1º de dezembro de 1965, em leis complementares, em resoluções do Senado Federal e, nos limites das respectivas competências, em leis federais, nas Constituições e em leis estaduais, e em leis municipais.

Art. 3º Tributo é toda prestação pecuniária compulsória, em moeda ou cujo valor nela se possa exprimir, que não constitua sanção de ato ilícito, instituída em lei e cobrada mediante atividade administrativa plenamente vinculada.

⇒ **Noção constitucional de tributo.** Geraldo Ataliba, no livro Hipótese de Incidência Tributária, após dizer que o conceito de tributo cunhado pelo CTN está adequado à noção de tributo que se pode extrair do texto constitucional, critica o fato de o CTN tê-lo conceituado porque tal dá a impressão de que poderia tê-lo feito de forma diversa, alterando sua essência, quando, em verdade, o legislador não tem esse poder.

– "... há um conceito implícito de tributo na Carta da República. [...] o intérprete, o cientista do direito, deve partir das normas constitucionais, das prescrições constitucionais, para insculpir seu conceito de tributo. Não podemos apontar esse conceito a partir de um artigo específico, mas o entendimento constitucional para o que seja tributo existe..." (BECHO, Renato Lopes. *Lições de direito tributário*. São Paulo: Saraiva, 2011, p. 101).

– A Constituição Federal, ao estabelecer as competências tributárias, as limitações ao poder de tributar e a repartição de receitas tributárias, permite que se extraia do seu próprio texto qual o conceito de tributo por ela considerado. Cuida-se de prestações em dinheiro exigidas compulsoriamente, pelos entes políticos, de quem revele capacidade contributiva ou que se relacione direta ou indiretamente a atividade estatal específica, com vista à obtenção de recursos para o financiamento geral do Estado ou para o financiamento de atividades ou fins realizados e promovidos pelo próprio Estado ou por terceiros no interesse público, com ou sem promessa de devolução. Tais características se evidenciam quando da leitura do Capítulo "Do Sistema Tributário Nacional". A outorga de competência se dá para que os entes políticos obtenham receita através da instituição de impostos (art. 145, I, 153, 154, 155 e 156), taxas (art. 145, II, e 150, V), contribuições de melhoria (art. 145, III), empréstimos compulsórios (art. 148) e contribuições especiais (arts. 149 e 195). Em todas as normas ali existentes, verifica-se que estamos cuidando de obrigações em dinheiro, tanto que há diversas referências à base de cálculo e à alíquota, bem como à distribuição de receitas e reserva de percentuais do seu produto para aplicação em tais ou quais áreas. Tributa-se porque há a necessidade de recursos para manter as atividades a cargo do Poder Público ou, ao menos, atividades que são do interesse público, ainda que desenvolvidas por outros entes. Obrigação que não seja pecuniária, como a de prestar serviço militar obrigatório, de trabalhar no Tribunal do Júri ou nas eleições, não constitui tributo. Mesmo aquelas obrigações relacionadas com a tributação e, inclusive, alcançadas pela denominação de obrigações tributárias, conforme a dimensão conferida ao termo pelo art. 113 do Código Tributário Nacional, mas que sejam de fazer, não fazer ou de tolerar, como as obrigações acessórias de prestar Declaração de Ajuste do Imposto de Renda, de não proceder ao transporte de mercadoria desacompanhada de nota e de admitir a presença de auditor fiscal e a análise dos livros fiscais, não se confundem com a obrigação de pagar tributo. De outro lado, o art. 150, I, da Constituição Federal exige que a instituição e a majoração os tributos se dê por força de lei, o que revela a sua natureza compulsória de obrigação *ex lege*, marcada pela generalidade e cogência da lei, que independe da concorrência da vontade do sujeito passivo quanto à constituição da relação jurídica. A lei que institui tributo não apenas cuida do montante a ser pago, como impõe tal obrigação ao contribuinte compulsoriamente. A adequada consideração do traço da compulsoriedade faz com que não se caracterize como tributárias as receitas patrimoniais relativas a uso ou exploração, em caráter privado, de bens públicos (taxa de ocupação de terreno de marinha e compensação financeira pela exploração de re-

cursos minerais), porquanto, nestes casos, não se trata simplesmente de bens de uso comum do povo, tampouco a utilização é feita sem a exclusão dos demais, havendo, isto sim, a adesão a um regime remuneratório. Vê-se, ainda, que as diversas outorgas de competência se fazem em face de simples manifestações de riqueza do contribuinte (critério da base econômica na distribuição das competências atinentes a impostos), de serviços específicos e divisíveis prestados pelos entes políticos, ainda que não utilizados efetivamente, do exercício efetivo do poder de polícia, da realização de obra que implique riqueza para os proprietários de imóveis ou, ainda, em face da simples necessidade de buscar meios para custear determinadas atividades vinculadas a finalidades previstas no texto constitucional. Não guardam, as diversas espécies tributárias, nenhuma relação com o cometimento de ilícitos pelos contribuintes. Daí se extrai, portanto, a noção de que tributo não constitui sanção de ato ilícito. Por isso, não há que se confundir o tributo em si com as multas pela prática de ato ilícito, fundadas no poder de punir, e não no poder fiscal. Isso sem prejuízo de que as multas pelo descumprimento da legislação tributária, embora não constituindo tributos, sejam consideradas, por dispositivo expresso do CTN, obrigação tributária principal, ao lado do tributo, para que se submetam ao mesmo regime de constituição, discussão administrativa, inscrição em dívida ativa e execução.

⇒ **Toda prestação que se enquadre no conjunto dos requisitos do art. 3º do CTN.** Nem toda prestação pecuniária prevista em lei constitui tributo, mas, sim, toda prestação pecuniária que reúna o conjunto dos requisitos constantes do art. 3º do CTN. Há prestações pecuniárias previstas em lei que não constituem tributo por ausência, e.g., do caráter compulsório, como a compensação financeira pela exploração de recursos minerais, que pressupõe a decisão do particular de explorar bem público e pagar à União a participação que lhe cabe, ou a chamada taxa de ocupação de terrenos de marinha, uma espécie de aluguel pago pelo particular por utilizar-se de bem público em caráter privado (sobre a taxa de ocupação e sua natureza, vide nota ao art. 145, II, da CF). Cabe referir, ainda, a necessidade de se considerar que tributo, necessariamente, é obrigação pecuniária voltada ao custeio das atividades dos entes políticos ou outras atividades do interesse público. Assim, evidencia-se que a contribuição tradicional do FGTS, depositada em conta vinculada em favor de cada trabalhador, não tem natureza tributária (vide nota ao art. 149 da CF).

– **As receitas patrimoniais não têm caráter tributário.** Vide nota ao art. 145, II, da CF acerca do "Uso de bem público", abordando a compensação financeira pela exploração de recursos minerais e a taxa de ocupação de terrenos de marinha, que não têm natureza tributária.

– "2. OUTORGA ONEROSA DO DIREITO DE CRIAR SOLO. PRESTAÇÃO DE DAR CUJA SATISFAÇÃO AFASTA OBSTÁCULO AO EXERCÍCIO, POR QUEM A PRESTA, DE DETERMINADA FACULDADE. ATO NECESSÁRIO. ÔNUS. Não há, na hipótese, obrigação. Não se trata de tributo. Não se trata de imposto. Faculdade atribuível ao proprietário de imóvel, mercê da qual se lhe permite o exercício do direito de construir acima do coeficiente único de aproveitamento adotado em determinada área, desde que satisfeita prestação de dar que consubstancia ônus. Onde não há obrigação não pode haver tributo. Distinção entre ônus, dever e obrigação e entre ato devido e ato necessário" (STF, RE 387.047, 2008).

⇒ **Prestação pecuniária, em moeda ou expressa em moeda**. A obrigação tributária é de prestar dinheiro ao Estado. Não são tributos o serviço militar obrigatório, o trabalho no Tribunal do Júri, o trabalho nas eleições e toda a obrigação que, embora decorra de lei, não seja pecuniária.

– **Estampilha, papel selado etc.** "... o legislador pode ter pretendido, na parte destacada do artigo 3º do CTN, introduzir o comando contido no artigo 162 do mesmo diploma, significando o seguinte: tributo é uma prestação pecuniária em moeda, cheque, vale postal, estampilha, papel selado ou por processo mecânico. Essa interpretação não retira a procedência das críticas à definição legal, pois todos os itens elencados no artigo 162 do CTN são, na realidade, pagamento sem moeda, em dinheiro, já incluídos na voz pecúnia" (BECHO, Renato Lopes. Sobre o pagamento de tributo "em moeda ou cujo valor nela se possa exprimir". *RDDT* 179/136, 2010).

⇒ – **Possibilidade de extinção do crédito por vias alternativas ao pagamento**. O CTN prevê, em seu art. 156, a possibilidade de extinção do crédito tributário não apenas mediante pagamento, mas também, por exemplo, através de transação, compensação e dação em pagamento de bens imóveis. Mas o meio de liberação não altera a essência pecuniária do tributo, até porque sempre se reportará a uma valor em moeda correspondente à obrigação tributária.

⇒ **Compulsória, prevista em lei: obrigação "ex lege"**. O Estado exige os tributos compulsoriamente das pessoas. O art. 150, I, da CF, diz que a sua instituição ou majoração será feita por lei. E a lei a todos obriga. A obrigação de pagar tributo não decorre, pois, da vontade do contribuinte que, aliás, será irrelevante nessa matéria, do que é prova o art. 123 do CTN.

– **Opção por regimes distintos de tributação**. A obrigação de pagar tributo é compulsória. Mas o legislador, por vezes, cria regimes tributários simplificados que dependem da manifestação de opção pelo contribuinte, como são o caso do recolhimento do imposto de renda da pessoa jurídica pelo lucro presumido ou da adesão ao Simples Nacional pelas microempresas e empresas de pequeno porte.

– "Em regra, as obrigações tributárias são *ex lege*, mas, excepcionalmente, podem depender da manifestação de vontade do contribuinte. A participação da vontade do contribuinte pode ocorrer não só no lançamento tributário, senão, também, na própria formação da relação tributária, como se dá, por exemplo, no campo dos benefícios fiscais. [...] O contribuinte que formalizar sua adesão ao 'Simples' estará sujeito ao pagamento de um percentual sobre sua receita bruta, pouco importado que tenha ou não praticado o fato gerador dos impostos substituídos. Sem a manifestação de vontade do contribuinte, pouco importa sua receita – o imposto simplificado não incide; sem sua adesão, incidem os demais impostos, mas não o 'Simples'. [...] Por intermédio do mecanismo do 'lucro presumido', previsto para o Imposto de Redá das Pessoas Jurídicas... deixam-se de lado os critérios

gerais para, em seu lugar, aplicar o critério do 'lucro presumido', apurado a partir da receita bruta mensal auferida na atividade. Somente com a concordância do contribuinte o regime do 'lucro presumido' pode ser aplicado, nos estritos termos da lei, razão pela qual a adesão do contribuinte pode ser considerada como condição para a incidência do mecanismo" (BATISTA JÚNIOR, Onofre Alves Batista. *Transações administrativas*. Quartier Latin, 2007, p. 319-323).

– **Prevista em lei. Requisito de existência x requisito de validade**. O art. 3º do CTN, ao se referir à instituição por lei, refere-se a um requisito de validade e não de existência do tributo. Requisito de existência do tributo é a compulsoriedade. Efetivamente, a exigência de lei pelo art. 150, I, da CF, como já ocorria nas constituições anteriores, constitui limitação constitucional à instituição de tributos. Instituído tributo sem lei, será inconstitucional a norma infralegal instituidora e, portanto, inválida, restando sem sustentação a sua cobrança. Uma exigência pecuniária, compulsória, que não seja sanção de ilícito, cobrada pela Administração com base em uma Portaria, será, sim, tributo (os requisitos de existência estão satisfeitos), ainda que inválido (não satisfeita a exigência do observância da legalidade estrita). Impende ter bem presente, ainda, que há prestações pecuniárias previstas em lei que não constituem tributo por ausência do caráter compulsório no que diz respeito à constituição do vínculo, o que se explica pelo fato de as relações da Administração serem regidas pelo princípio da legalidade, mesmo as não tributárias.

– **Confissão de dívida tributária não impede a discussão da obrigação tributária quanto aos seus aspectos jurídicos**. Justamente porque a obrigação tributária decorre da lei, e não da vontade do contribuinte, a confissão de dívida tributária não impede a sua discussão em juízo, fundada, e.g., em inconstitucionalidade, não incidência ou isenção. A confissão não inibe o questionamento da relação jurídico-tributária. Isso não significa que a confissão seja desprovida de valor. Terá valor, sim, mas quanto aos fatos, que não poderão ser infirmados por simples reconsideração do contribuinte, mas apenas se demonstrado vício de vontade. A irrevogabilidade e irretratabilidade terá apenas esta dimensão. Assim, e.g., se confessada dívida relativamente a contribuição sobre o faturamento, será irrevogável e irretratável no que diz respeito ao fato de que houve, efetivamente, faturamento no montante considerado; entretanto, se a multa era ou não devida, se a legislação era ou não válida, são questões que poderão ser discutidas.

– A apresentação de declaração pelo contribuinte não impede que, em caso de erro quanto ao fato informado, como no caso em que o contribuinte incluiu na declaração lotes dos quais não era proprietário, prevaleça o fato verdadeiro sobre o confessado.

– "No direito privado, é regra geral que as obrigações nascem e são originadas de manifestação da vontade das pessoas que participam da relação jurídica. São, pois, obrigações *ex voluntate*. No Direito Tributário, porém, isto não ocorre. Há uma oura categoria de obrigações que, ao inverso daquelas, nascem por força de lei. Neste caso, o vínculo obrigacional resulta de um fato ou de uma situação previamente definida em lei, que, uma vez ocorrendo, faz surgir a obrigação. São as chamadas obrigações *ex lege*. [...] O princípio da legalidade exige que lei em sentido formal e material seja a fonte exclusiva na criação e no aumento dos tributos, e ainda que nela estejam descritos todos os elementos necessários e suficientes à configuração da obrigação [...] se se pode admitir que, em direito privado, tenha eficácia uma confissão determinada por um erro de direito, não se pode absolutamente admitir em Direito Tributário que uma obrigação possa surgir se a lei... for declarada inconstitucional, com exclusão do crédito tributário. A simples declaração do contribuinte é inútil. Nada vale. Se a obrigação não existe, porque a lei foi declarada inconstitucional, a declaração do contribuinte não pode criá-la, nem a Administração pode exigir o crédito tributário, pela confissão do contribuinte. Nesse caso, a confissão não pode ter validade jurídica, se, o contribuinte confessa que deve o tributo e o Supremo Tribunal Federal declara a lei inconstitucional e, portanto, não há obrigação de pagá-lo. Os direitos fundamentais assegurados pela Constituição – entre os quais está o direito à jurisdição, para que possa o contribuinte levar a sua questão ao Poder Judiciário – são direitos erigidos a cláusulas pétreas da lei maior, não podendo a lei infraconstitucional retirar esses direitos" (MARTINS, Ives Gandra da Silva; RODRIGUES, Marilene Talarico Martins. Arbitramento. Arbítrio sem fundamentação legal – inteligência de princípios e normas constitucionais sobre a hipótese de imposição de imposto de renda e outros tributos. *RDDT* 220/140, 2014).

• Vide decisão do STF sobre a inconstitucionalidade da lei que atribui ao pedido de parcelamento efeito de renúncia a defesa judicial em nota ao art. 155-A do CTN.

– "Reconhecida a imunidade tributária, não prevalece o princípio da confissão irretratável da dívida, art. 63, § 2º, do Decreto-Lei n. 147/67" (STF, REx 92.983, 1980).

– "CONFISSÃO DO DÉBITO. DISCUSSÃO NA ESFERA JUDICIAL... 1. A confissão de dívida que acompanha o pedido de parcelamento não impede a discussão do débito na esfera judicial. 2..." (TRF4, AC 2004.04.01.017396-6, 2004).

– "... CONFISSÃO DE DÍVIDA FISCAL. NULIDADE DE CLÁUSULAS CONTRATUAIS. ADMISSIBILIDADE. [...] 3. São nulas as cláusulas constantes de Contrato de Confissão de Dívida que atribuem à Confissão o caráter de irretratabilidade e onde o devedor renuncia a qualquer contestação quanto ao valor do indébito, pois a obrigação tributária resulta da lei. [...]" (TRF4, AC 95.04.19433-8, 1995).

– "... CONFISSÃO DE DÉBITO. PARCELAMENTO ADMINISTRATIVO. DISCUSSÃO JUDICIAL. A confissão de débito, feita como condição do respectivo parcelamento administrativo, não impede sua discussão, porque a obrigação tributária resulta da lei, nada valendo o crédito tributário que dela destoe..." (TRF4, MS 92.04.34874-7, 1993).

– "... PARCELAMENTO. INCONSTITUCIONALIDADE. O parcelamento de débito confessado na via administrativa não impede o reconhecimento, na via judicial, da inconstitucionalidade da exação" (TRF4, AMS 94.04.27838-6, 1995).

– "Dada a natureza eminentemente *ex lege* da obrigação tributária, o recolhimento de tributo feito pelo contribuinte em razão de confissão de débito, imposta como condição para que obtenha, do Estado-credor, um documento, uma providência ou

qualquer outro tipo de benefício, não impede que, em momento posterior, venha ele a postular a respectiva restituição, amparado na falta de suporte legal ou constitucional deste pagamento" (BOTTALLO, Eduardo Domingos. *IPI – Princípios e estrutura*. São Paulo: Dialética, 2009, p. 152).

– "Confissão é uma declaração a respeito da ocorrência de um fato que ocorreu e cuja descrição pode ser fiel ao fato acontecido, pode ocultar fatos, no todo ou parcialmente, ocorrer erros ou falhas no testemunho ou, até mesmo, falsidade. Consequentemente, a confissão seja de quem a faça, não é um ato jurídico declaratório de uma vontade (negócio jurídico), porém uma declaração de ciência, um ato jurídico declaratório de uma verdade, o que permite a retificação do documento, se houver erro na matéria fática, dentro dos prazos para a retratação" (SEIXAS FILHO, Aurélio Pitanga. Natureza jurídica da obrigação tributária. *RFDT* 40/81, 2009).

– "[...] quando a norma contida na legislação pertinente ao parcelamento de dívidas tributárias diz que a confissão é irretratável, tal norma deve ser interpretada no sentido de que uma vez feita a confissão não pode o sujeito passivo da obrigação tributária desfazê-la simplesmente, retirando as afirmações que fizera sobre o fato. [...] A interpretação da irretratabilidade em termos de absoluta impossibilidade de revogação implicaria atribuir-se à confissão da dívida tributária, natureza contratual que ela não tem. Aliás, ainda que a confissão tivesse natureza contratual, não se poderia admitir que a dívida de tributo dela se originasse. O tributo, ou é devido como simples consequência da incidência da norma, ou não é, se incidência não houve. A vontade do sujeito passivo, bem como a vontade da Administração Tributária, não podem ter a virtude de criar a dívida. [...] Do exposto, podem ser extraídas as seguintes conclusões: a) se o fato confessado não corresponde à hipótese de incidência tributária, e, portanto, mesmo efetivamente existente, não é capaz de gerar a obrigação tributária, a confissão é absolutamente irrelevante; b) se o fato confessado é, em princípio, capaz de gerar a obrigação tributária porque corresponde à hipótese de incidência do tributo, o efeito da confissão é o de comprovar tal fato; c) havendo erro quanto ao fato confessado, e comprovado inequivocamente que o fato confessado não corresponde ao efetivamente ocorrido, tem-se de admitir a prevalência do verdadeiro sobre o confessado" (MACHADO, Hugo de Brito. *Temas de direito tributário*. São Paulo: RT, 1993, p. 148-150).

– "... a obrigação tributária é uma obrigação de estrito direito público, absolutamente indisponível quer por parte da administração, como por parte do contribuinte, não compromissível nem transigível. [...] não se pode absolutamente admitir em Direito Tributário que uma obrigação possa surgir sem uma norma positiva de lei que a crie, sem uma causa jurídica que a justifique, em virtude de uma simples declaração, voluntária ou involuntária, de um indivíduo" (PUGLIESE, Mário. *La prova nel proceso tributário*. Padova: Cedam, 1935, p. 97, apud NOGUEIRA, Ruy Barbosa. *Curso de direito tributário*. 14. ed. São Paulo: Saraiva, 1995, p. 55).

– "... sempre que a cobrança do tributo não estiver de acordo com a lei ou com a Constituição, não importa tenha o contribuinte confessado débito, pois que o consentimento do particular não tem o condão de criar obrigação tributária" (OSORIO DE ALMEIDA JUNIOR, Fernando. A confissão de dívida fiscal meio inábil ao surgimento de obrigação tributária. *RDDT* 32/29, 1998).

– "... como fruto de uma relação jurídica obrigacional de Direito Público, e por isso mesmo absolutamente vinculada ao texto de lei, é ela – obrigação tributária – um ônus genuinamente indisponível, intransacionável e não compromissível por singela declaração defeituosa (v.g., confissão de dívida) do contribuinte. Logo, sempre que o débito fiscal confessado e parcelado não encontrar seu insubstituível fundamento de validade em uma norma jurídica de incidência tributária, mas pura e simplesmente numa defeituosa declaração de vontade do contribuinte, assistir-lhe-á, a rigor do Sistema Tributário Nacional, o subjacente direito à retratação (no todo ou em parte) da confissão realizada, e, consectariamente, inteiramente abertas estarão às portas do Poder Judiciário, quer para discussão acerca da própria subsistência da malsinada confissão, quer acerca do quantum *debeatur* (principal + acréscimos) que lhe vem sendo exigido pelo Fisco, ou até mesmo para o natural exercício do seu consequente direito de ação de repetição do indébito tributário" (TAVARES, Alexandre Macedo. O parcelamento de débito tributário e a ineficácia das condicionantes cláusulas de "confissão irretratável" e de "renúncia de discussão administrativa e judicial" do objeto parcelado. *RDDT* 123/9, 2005).

– **Confissão de dívida tributária não pode ser simplesmente reconsiderada ou infirmada quanto aos seus aspectos fáticos, ressalvado o reconhecimento judicial da sua nulidade, e.g., em caso de erro.** "AUTO DE INFRAÇÃO LAVRADO COM BASE EM DECLARAÇÃO EMITIDA COM ERRO DE FATO NOTICIADO AO FISCO E NÃO CORRIGIDO. VÍCIO QUE MACULA A POSTERIOR CONFISSÃO DE DÉBITOS PARA EFEITO DE PARCELAMENTO. POSSIBILIDADE DE REVISÃO JUDICIAL. [...] 5. A confissão da dívida não inibe o questionamento judicial da obrigação tributária, no que se refere aos seus aspectos jurídicos. Quanto aos aspectos fáticos sobre os quais incide a norma tributária, a regra é que não se pode rever judicialmente a confissão de dívida efetuada com o escopo de obter parcelamento de débitos tributários. No entanto, como na situação presente, a matéria de fato constante de confissão de dívida pode ser invalidada quando ocorre defeito causador de nulidade do ato jurídico (v.g. erro, dolo, simulação e fraude). Precedentes: REsp 927.097/RS, Primeira Turma, Rel. Min. Teori Albino Zavascki, julgado em 8.5.2007; REsp 948.094/PE, Rel. Min. Teori Albino Zavascki, Primeira Turma, julgado em 06/09/2007; REsp 947.233/RJ, Rel. Min. Luiz Fux, Primeira Turma, julgado em 23/06/2009; REsp 1.074.186/RS, Rel. Min. Denise Arruda, Primeira Turma, julgado em 17/11/2009; REsp 1.065.940/SP, Rel. Min. Francisco Falcão, Primeira Turma, julgado em 18/09/2008. 6... Acórdão submetido ao regime do art. 543-C, do CPC, e da Resolução STJ n. 8/2008" (STJ, REsp 1.133.027, 2010).

⇒ **Não constitui sanção de ato ilícito.** O art. 3º do CTN não deixa dúvida de que não se confundem o tributo, exigido porque a todos cabe contribuir para as despesas públicas

conforme as previsões legais, e a multa, que tem caráter punitivo por uma infração à legislação.

– **Falta de inscrição imobiliária como causa para acréscimo de IPTU. Impossibilidade.** "Acréscimo no valor do IPTU, a título de sanção por falta de inscrição imobiliária. Sanção por ilícito administrativo. Multa administrativa e multa tributária. Não pode ser exigida multa administrativa, por falta de inscrição imobiliária, a título de tributo. CTN, art. 3º Inaplicável, na espécie, o art. 113, § 3º, do CTN" (STF, RE 112.910, 1992).

– "... não há base para que, como penalidade pela falta de muros e passeios no imóvel, sejam aumentadas as alíquotas do IPTU. Não pode tal majoração servir como substitutivo de multa administrativa" (STF, RE 109.538, 1988).

– **O descumprimento da função social da propriedade como pressuposto para a progressividade do IPTU. Extrafiscalidade.** "... há, na Constituição Federal, uma indicação de que haverá a possibilidade de se utilizar o tributo como pena. A leitura do artigo 182, § 4º, da Constituição aponta para esta hipótese, ao prever: '§ 4º – É facultado ao Poder Público municipal, mediante lei específica para a área incluída no plano diretor, exigir, nos termos da lei federal, do proprietário do solo urbano não edificado, subutilizado ou não utilizado, que promova seu adequado aproveitamento, sob pena, sucessivamente, de: ... II – imposto sobre a propriedade predial e territorial urbana progressivo no tempo;' Poder-se-ia tentar alegar que o Constituinte apena seria conferido ao plano diretor natureza indicativa, não sendo ilícita sua inobservância, mas sendo certamente indesejada. [...] Não obstante, o constituinte é expresso ao se referir ao imposto como uma 'pena'. [...] não há como colocar e dúvida que a progressividade no tempo do IPTU é uma 'pena' que ocorrerá apenas depois da exigência de parcelamento ou edificação compulsórios. A partir daí, seu descumprimento se torna um ilícito e, se o IPTU progressivo apena socorre no passo seguinte, evidencia-se, sim, seu caráter sancionatório" (SCHOUERI, Luís Eduardo. *Direito Tributário*. 2. ed. São Paulo: Saraiva, 2012, p. 141-142).

– **Infração de trânsito como critério para o dimensionamento do IPVA. Extrafiscalidade. Possibilidade.** O STF admite que o legislador conceda descontos ao contribuinte que não tenha cometido infrações. Entende que constitui utilização extrafiscal do tributo para o fim estimular o cumprimento das leis de trânsito. Vide em nota ao art. 155, III, da CF.

– **Número de acidentes como critério de graduação do FAP.** Vide nota ao art. 195, I, *a*, da CF.

– **Multas pelo descumprimento da legislação tributária.** Não há que se confundir o tributo em si com a receita, também derivada e compulsória, que são as multas por prática de ato ilícito, fundadas no poder de punir, e não no poder fiscal.

– As multas pelo descumprimento da legislação tributária não são tributos, mas são consideradas, por dispositivo expresso do CTN, obrigação tributária principal, ao lado do tributo. Isso para que se submetam, tanto o tributo como as multas tributárias, ao mesmo regime de constituição, discussão administrativa, inscrição em dívida ativa e execução. Vide art. 113, § 1º, do CTN.

– **Ilicitude subjacente ao fato gerador. Desimportância.** O tributo não é sanção de ato ilícito e, portanto, não poderá o legislador colocar, abstratamente, o ilícito como gerador da obrigação tributária ou dimensionar o montante devido em razão da ilicitude (e.g., definir alíquota maior para o IR relativamente à renda advinda do jogo do bicho). Entretanto, a ilicitude subjacente é irrelevante. A aquisição de renda e a promoção da circulação de mercadorias, e.g., são, abstratamente consideradas, fatos lícitos e passíveis de serem tributados. Se a renda foi adquirida de modo ilegal, se a mercadoria não poderia ser vendida no País, são fatos que desbordam da questão tributária, são ilicitudes subjacentes que não afastam a tributação. Vide nota ao art. 118, I, do CTN, em que há a transcrição de acórdão do STF sobre a matéria.

⇒ **Atividade administrativa.** A referência feita pelo art. 3º do CTN à cobrança mediante atividade administrativa plenamente vinculada é consentânea com o art. 119 do CTN que dispõe inequivocamente que apenas pessoas jurídicas de direito público podem figurar como sujeito ativo de obrigação tributária. Nenhum vício há nesses dispositivos. Isso porque o poder de tributar é prerrogativa do Poder Público que o faz para custear suas ações no interesse da sociedade. A destinação do produto até pode visar a dar meios para que entidade privada, sem fins lucrativos, exerça atividade do interesse público, mas a fiscalização tributária, que implica exercício do poder de polícia, tem de ser necessariamente realizada pela Administração, sob pena de inconstitucionalidade. Assim, somente mediante atividade administrativa pode ser exigido o pagamento do tributo.

– **Plenamente vinculada.** Ocorrido o fato gerador da obrigação tributária, a autoridade administrativa tem o dever de apurá-lo, de constituir o crédito tributário, através do lançamento, e de exigir o cumprimento da obrigação pelo contribuinte. Não há que se dizer, por certo, que inexistam juízos de oportunidade e de conveniência, o que se impõe em face de limitações quanto à capacidade de trabalho, a exigir que se estabeleçam prioridades, e à análise custo-benefício, tudo a ser disciplinado normativamente, como é o caso das leis que dispensam a inscrição e o ajuizamento de débitos de pequeno valor. Além disso, a plena vinculação significa que a autoridade está adstrita ao cumprimento irrestrito da legislação tributária, incluindo todos os atos regulamentares, como instruções normativas e portarias. É por isso, e.g., que o art. 141 do CTN diz que o crédito tributário regularmente constituído somente se modifica ou extingue, ou tem sua exigibilidade suspensa ou excluída, nos casos previstos no Código, fora dos quais não pode ser dispensada a sua efetivação ou as respectivas garantias, sob pena de responsabilidade funcional.

– "O magistério dominante inclina-se por entender que, nos confins da estância tributária, hão de existir somente atos vinculados, fundamento sobre o qual exaltam o chamado princípio da vinculabilidade da tributação. Entretanto, as coisas não se passam bem assim. O exercício da atuosidade administrativa, nesse setor, se opera também por meio de atos discricionários, que são, aliás, mais frequentes e numerosos. O que acontece é que os expedientes de maior importância, aqueles que dizem mais de perto aos fins últimos da pretensão tributária, são pautados por uma estrita vinculabilidade, caráter que, certamente, influenciou a doutrina no sentido de chegar à radical generalização. Podemos isolar um catálogo extenso de atos administrativos, no ter-

reno da fiscalização dos tributos, que respondem, diretamente, à categoria dos discricionários, em que o agente atua sob critérios de conveniência e oportunidade, para realizar os objetivos da política administrativa planejada e executada pelo Estado. Compreendido com essa ressalva, nada haverá de extravagante em proclamarmos o vigor do princípio da vinculabilidade da tributação" (CARVALHO, Paulo de Barros. *Curso de direito tributário*. 27. ed. São Paulo: Saraiva, 2016, p. 179).

– "... o legislador referiu-se, no art. 3º do CTN, à cobrança *plenamente* vinculada. Assim, não há regra hermenêutica que permita seu amesquinhamento, sua redução, sua aplicação a apenas alguma parte do amplo quadro de cobrança do tributo. Ao que parece, a intenção do legislador era determinar que em todas as fases de cobrança do tributo, os agentes administrativos envolvidos, cada um em sua zona de atuação, cumprisse estritamente os deveres legais de seu cargo, sempre aplicando a lei, nunca substituindo-a por seus interesses pessoais, por critérios de conveniência e oportunidade ou permitindo que sua atuação ofereça vantagens ou desvantagens a quem quer que seja. [...] ao definir o tributo (art. 3º) estabeleceu que sua cobrança será vinculada. Significa dizer: os agentes públicos envolvidos nessa tarefa não poderão agir motivados por pressupostos de conveniência e oportunidade, mas estarão sujeitos a cumprir os estritos termos da lei" (BECHO, Renato Lopes. A cobrança do tributo como atividade administrativa plenamente vinculada. *RDDT* 219/88, 2013).

– Atividade vinculada e instruções normativas. Vide nota ao art. 100, I, do CTN.

⇒ **Receita pública ou, pelo menos, destinação no interesse da sociedade.** O conceito trazido pelo CTN não refere à condição de receita pública que é inerente ao tributo, receita esta que pode ser destinada ao próprio ente tributante ou a terceiros, pessoas de direito público ou mesmo de direito privado, desde que sem fins lucrativos, que exerçam atividade do interesse público, como é o caso dos sindicatos (art. 8º, IV) e dos organismos sociais autônomos (art. 240 da CF). É por esta característica que se afasta a natureza tributária das contribuições ao FGTS que, implicando depósito em conta vinculada em nome do empregado, caracteriza-se como vantagem trabalhista, sujeita a prazo prescricional próprio estabelecido por lei ordinária.

– "As contribuições ao FGTS não têm natureza tributária. O FGTS, originalmente concebido como substitutivo da estabilidade no emprego, tem natureza social trabalhista, e destina-se a constituir um pecúlio para o trabalhador. O fato de suas contribuições serem cobradas e sua aplicação ser administrada pelo Estado não as transforma em receita pública, como já afirmou, enfaticamente, o supremo Tribunal Federal (Pleno, RE 100.249, 1988...)" (TRF4, excerto de voto relativo ao AI 2005.04.01.054558-8, 2006).

Art. 4º A natureza jurídica específica do tributo é determinada pelo fato gerador da respectiva obrigação, sendo irrelevantes para qualificá-la:

⇒ Após a CF/88, exige-se a análise não só do fato gerador, como também da finalidade e da promessa de restituição.

Após a CF/88, com o reconhecimento de que temos cinco espécies tributárias, com critérios de validação constitucional distintos, art. 4º do CTN revelou-se absolutamente insuficiente para distingui-las. Continua servindo de suporte na distinção entre impostos, taxas e contribuições de melhoria, mas não se presta à identificação das contribuições especiais e dos empréstimos compulsórios, pois estes são identificados a partir da presença ou não, na lei instituidora, de destinação legal do produto e de promessa de devolução. Sobre a classificação dos tributos, vide notas ao art. 145 da CF. Vide, ainda, artigos 148 e 149 da CF.

– Análise do fato gerador e da base de cálculo. Como os diversos aspectos da norma tributária impositiva têm de ser harmônicos, sendo, o aspecto quantitativo, uma dimensão do aspecto material (fato gerador), a análise de ambos é fundamental para distinguir as taxas das contribuições de melhoria e, ambas, dos impostos, contribuições e empréstimos compulsórios. A base de cálculo é reveladora e merece muita atenção para que o legislador, e.g., não institua um imposto sob o pretexto de estar instituindo uma taxa. É que, nas taxas, o fato gerador será a atividade estatal e o aspecto quantitativo um valor correspondente ao custo de tal atividade. Nas contribuições de melhoria, por sua vez, teremos como fato gerador a valorização imobiliária associada à realização de obra púbica e como aspecto quantitativo o rateio do custo da obra limitado à valorização individual do imóvel do contribuinte. Nos impostos, contribuições e empréstimos compulsórios, por fim, poderemos ter como fatos geradores situações reveladoras da riqueza dos contribuintes e como aspecto quantitativo um percentual dessa riqueza, de modo que é possível distingui-los das taxas e das contribuições de melhoria.

– "... faz-se mister analisarmos a hipótese de incidência e a base de cálculo para que possamos ingressar na intimidade estrutural da figura tributária, não bastando, para tanto, a singela verificação do fato gerador, como ingenuamente supôs o legislador do nosso Código Tributário... Por certo, tomada a sentença (CTN, art. 4º) como verdadeira, não encontraríamos método para diferenciar impostos de impostos e desses as taxas, entregando-nos, imbeles, aos desacertos assíduos do político. [...] no direito brasileiro, o tipo tributário se acha integrado pela associação lógica e harmônica da hipótese de incidência e da base de cálculo. O binômio, adequadamente identificado, com revelar a natureza própria do tributo que investigamos, tem a excelsa virtude de nos proteger da linguagem imprecisa do legislador" (CARVALHO, Paulo de Barros. *Curso de direito tributário*. 27. ed. São Paulo: Saraiva, 2016, p. 54-55).

– "Sendo a base de cálculo a expressão econômica da materialidade do tributo, deve prestar-se a medir, de modo adequado, o fato descrito na hipótese de incidência, em ordem a possibilitar a correta quantificação do dever tributário, a cargo do contribuinte. [...] o critério de medição da base de cálculo deve estar voltado, com razoabilidade e proporcionalidade, para o critério material possível da regra-matriz do tributo que está sendo considerado. Noutras palavras, a base de cálculo deve conter critério de mensuração de uma grandeza ínsita ao evento descrito na hipótese de incidência tributária. [...] é inconstitucional incluir na base de calculo do tributo – pouco importando por meio de que

artifício, ficção ou presunção – valores que extrapolam sua materialidade, descaracterizando-o" (CARRAZZA, Roque Antonio. ICMS-comunicação: sua não incidência sobre a denominada tarifa de assinatura básica mensal – Questões conexas. *RDDT* 155/84, 2008).

– "Centrar-nos-emos no exame do binômio 'hipótese e incidência – base de cálculo', posto serem estes elementos os diretamente atrelados ao critério material da norma de competência tributária, que denunciam a observância (ou não) pelo legislador ordinário do delineamento material da competência pelo constituinte. E mais, saliente-se que a análise conjunta destes elementos (binômio) faz-se necessária à medida que é do cotejamento de ambos que se extrai o real evento tributado, bem como a dimensão em que o é feito. Realmente, enquanto o critério material é o núcleo da hipótese de incidência, que descreve abstratamente um fato do particular ou uma atividade estatal, enquanto fato gerador do tributo, a base de cálculo mensura a intensidade daquela conduta praticada (ou pela Administração ou pelo particular/contribuinte). Logo, a base de cálculo deve ter uma correlação lógica e direta com a hipótese de incidência do tributo, identificando-o (confirmando-o, ou do contrário, infirmando--o), bem como mensurando-o" (UHDRE, Dayana de Carvalho. Da inconstitucionalidade do art. 31 da Lei 8.212/91 – Da não sustentabilidade do entendimento do STJ à luz dos preceitos instituidores da competência tributária. In: GRUPENMACHER, Betina Treiger (coord.). *Tributação: democracia e liberdade*. São Paulo: Noeses, 2014, p. 321-322).

• Vide notas ao § 2º do art. 145 da Constituição, em que se refere o acolhimento da tese de Becker segundo a qual o exame da base de cálculo é essencial à distinção das espécies tributárias.

– Análise do conjunto dos aspectos da norma tributária impositiva. A norma tributária impositiva é analisada sob diversos aspectos (material, espacial, temporal, subjetivo e quantitativo) com vista a sua melhor compreensão e aplicação, mas não se pode olvidar que todos compõem uma única norma, nenhum efeito produzindo isoladamente.

I – a denominação e demais características formais adotadas pela lei;

⇒ **Denominação.** A denominação não deve ser levada em consideração na análise da natureza jurídica específica do tributo, pois o que importa é a imposição tributária com as seus aspectos tal como estabelecidos, e não o nome que, arbitrariamente, o legislador lhe dê. Do contrário, estaríamos sujeitos a violações das limitações ao poder de tributar, que constituem garantias dos indivíduos ou, de outro lado, a considerar inconstitucional exercício, em verdade, regular de competência tributária.

– Paulo de Barros Carvalho vê na advertência feita pelo legislador um reconhecimento de que muitas vezes, ao nominar os tributos, ele não aplica os termos técnico-jurídicos com precisão. E acrescenta: "Os nomes com que venha a designar prestações pecuniárias que se enquadrem na definição do art. 3º do Código Tributário Nacional hão de ser recebidos pelo intérprete sem aquele tom de seriedade e de certeza que seria de esperar... As leis não são feitas por cientistas do Direito e sim por políticos... O produto de seu trabalho, por conseguinte, não trará a marca do rigor técnico e científico que muitos almejam encontrar" (CARVALHO, Paulo de Barros. *Curso de direito tributário*. 27. ed. São Paulo: Saraiva, 2016, p. 55).

– "... 1. Não importa o *nomen iuris* destinado a esta ou aquela exação cobrada pelo Estado; o que dirá se a exação é ou não tributo será o regime legal que a instituiu e a mantém. 2..." (TRF4, QUOREO 1999.04.01.011626-2, 2001).

– **Requalificação dos tributos. Fundamentos e limites.** A presunção de validade das leis e a consequente necessidade de se buscar uma interpretação que a preserve, conforme à Constituição, faz com que, diante de uma figura tributária, se deva proceder à sua análise à vista dos aspectos da norma tributária impositiva, e não à denominação e às demais características formais que a lei arbitrariamente lhe atribua, tal como os orienta, inclusive, o inciso I do art. 4º do CTN. Os limites da interpretação conforme estão na própria caracterização das diversas figuras tributárias; para a requalificação do tributo como espécie diversa daquela enunciada expressamente na lei, impõe-se que reúnam os seus traços típicos, evidenciando-se a dissimulação engendrada pelo legislador. Haverá hipóteses em que, mesmo não se identificando com a figura apontada na lei como tendo sido instituída, também não se enquadrará em nenhuma outra, impondo-se, então, a conclusão por uma tributação sem suporte constitucional.

– Dar ao tributo o tratamento jurídico da espécie correspondente à sua denominação, sem análise do seu fato gerador, pode implicar sérios equívocos que, segundo se vê da jurisprudência, muitas vezes violam direitos do contribuinte e, em outros casos, podem ser prejudiciais ao próprio erário. Vejam-se, neste ponto, os seguintes exemplos: a) um verdadeiro imposto, denominado taxa: se lhe déssemos o tratamento desta, não estaria sujeito às imunidades constitucionais, prejudicando os entes que por ela estariam cobertos; b) um verdadeiro imposto, denominado contribuição: teria tolerada a definição de seu fato gerador e de sua base de cálculo de forma idêntica ao de outro imposto já existente, enquanto é expressamente vedado que dois impostos, mesmo que um seja instituído no exercício da competência residual da União, tenham fato gerador e base de cálculo idênticos; c) uma taxa denominada imposto: se a tratássemos como imposto, aceitaríamos que sua base de cálculo não tivesse relação alguma com o serviço o que, em se verificando que se tratava de taxa efetivamente, seria impositivo.

– "... a retipificação ou requalificação jurídica do tributo, via interpretação conforme a Constituição, como foi analisado, apresenta-se problemática na questão das espécies tributárias. Tendo em vista a rigidez normativa entre elas, haurida dos próprios conceitos constitucionais, sobre possuir cada uma contornos bastante peculiares, haverá grande dificuldade de se impor uma requalificação ainda dentro do sentido normativo da lei tributária e do seu escopo. Nesse mister, a pretensão, portanto, parece esbarrar na proporcionalidade-limite da aplicação do critério da interpretação conforme a Constituição ante a exigência de adequação entre meios e fins perseguidos na lei (elementos indissociáveis) em contraposição à tentativa de se aproveitar aquele tributo sob uma nova 'roupagem' jurídica. Cada espécie, portan-

to, à exceção dos impostos (que possuem finalidades remotas), possui a sua própria proporcionalidade interna, isto é, uma harmonia entre meios e fins, conforme os contornos jurídicos estabelecidos nas normas constitucionais. Com efeito, a quebra dessa proporcionalidade representará a própria alteração da essência do tributo, o que representará para o aplicador do direito situação flagrante e ilegítima de citação legislativa" (ALMEIDA JÚNIOR, Fernando Osório. *Interpretação conforme a Constituição e direito tributário*. São Paulo: Dialética, 2002, p. 59).

– "TAXA DE CONTROLE E FISCALIZAÇÃO AMBIENTAL – NATUREZA JURÍDICA DE CONTRIBUIÇÃO ESPECIAL DE INTERVENÇÃO NO DOMÍNIO ECONÔMICA – CONSTITUCIONALIDADE. 1. Conforme o art. 4º do CTN, o fato do legislador dar à entidade que cria nome diverso daquele que ela representa não lhe mudará a natureza. 2. Embora a Lei 10.165/00 referir-se à exação criada como taxa, veio, na realidade, instituir uma contribuição de intervenção no domínio econômico, com suporte no art. 149 da CRFB/88, estando tal finalidade representada pela defesa do meio ambiente, princípio da ordem econômica estampado no art. 170, VI, CRFB/88. 3. É exação vinculada cobrada com base em atividade estatal de caráter geral pelo IBAMA: monitoramento de atividade potencialmente poluidora. 4. O sujeito passivo é a empresa potencialmente poluidora ou utilizadoras de recursos naturais e o fato gerador é o mero exercício desta atividade. O controle e fiscalização, embora constem na lei como fato gerador do tributo, é a finalidade para a qual é ele instituído" (TRF4, AMS 2002.72.00.000625-0, 2003). O STF, contudo, entendeu tratar-se efetivamente de taxa.

– **Criação de novo tributo como simples adicional.** "A nomenclatura utilizada na lei, no que se lançou mão do vocábulo adicional, não me impressiona porque não se trata, a rigor, de um adicional. O que houve foi a criação de uma contribuição nova. Aí, surge o questionamento: seria possível criar essa contribuição nova..." (excerto do voto do Min. Marco Aurélio por ocasião do julgamento, pelo STF, do RE 396.266-3, relativo à contribuição ao SEBRAE, em nov. 2003).

II – a destinação legal do produto da sua arrecadação.

⇒ **Destinação legal.** Já houve tempo em que os próprios impostos eram identificados pela destinação do seu produto, o que se vê do Decreto-Lei n. 1.804/39, conforme nota ao art. 16 do CTN. O CTN procurou limpar a matéria do que se consideravam, na época, questões de Direito Financeiro. Assim, destacou que a espécie tributária seria definida pela análise do fato gerador (se não vinculado à atividade estatal, imposto; se vinculado a serviço ou exercício do poder de polícia, taxa; se vinculado a obra pública, contribuição de melhoria), vedando a consideração da destinação legal. Tal se fazia satisfatório diante da circunscrição dos tributos às três espécies enunciadas no art. 5º do Código. Entretanto, a partir do momento em que a Constituição Federal de 1988 emprestou indiscutível caráter tributário às contribuições especiais e aos empréstimos compulsórios, colocando como traços distintivos dessas espécies tributárias relativamente às demais a sua finalidade (que autoriza a instituição de tais tributos e vincula a aplicação do seu produto), a destinação legal do produto da arrecadação passou a ser aspecto relevante para a determinação da natureza específica do tributo.

– A "destinação legal" ou "finalidade" é, atualmente, critério importantíssimo para identificar determinadas espécies tributárias como as contribuições especiais e empréstimos compulsórios, pois constitui seu critério de validação constitucional. A competência é atribuída em função das finalidades a serem perseguidas.

– "Aquele conceito, que existe em matéria tributária, de que é irrelevante a destinação (art. 4º, inciso II, do Código Tributário nacional) agora é negado. Negamos tal conceito ao dizer que o destino é extremamente relevante: a destinação dos recursos é fundamental para saber-se o que é um serviço técnico, até onde vai a referibilidade. Mas não a destinação fática, e sim a destinação legal, que é muito importante. Há quem negue a possibilidade de cobrar a CIDE, considerando que os recursos não têm a destinação que deveriam ter. O fato de os recursos não possuírem a destinação determinada pode implicar uma responsabilização do administrador. Se for criada uma CIDE voltada a uma determinada atuação, se os recursos são desviados, não significa que a CIDE tornou-se inconstitucional. O desvio é que gerará responsabilidade daquele que o provocou. Então, não estamos aqui pregando que se deve examinar para onde foi o recurso. Não é examinar o produto da arrecadação nesse sentido e, sim, a destinação legal, para a qual foi criada a CIDE; a fundamentação desta contribuição é que se torna relevante" (SCHOUERI, Luís Eduardo. Exigências da CIDE sobre *royalties* e assistência técnica ao exterior. *RET* 37/144, 2004).

⇒ **Desvio do produto da arrecadação.** O desvio do produto da arrecadação, implicando destinação para finalidade diversa da que justificou a instituição do tributo, pode demonstrar a inexistência, em concreto, da atividade que se visa a custear ou sua realização em intensidade desproporcional ao custeio, implicando a invalidade total ou parcial da exação. Discute-se se isso implica inconstitucionalidade superveniente da contribuição ou a simples perda de eficácia da norma tributária impositiva. Vide nota introdutória à CF intitulada *Inconstitucionalidade superveniente*. Vide, também, notas ao art. 149 acerca da finalidade e da destinação.

– Somente por Emenda Constitucional se pode desvincular o produto da arrecadação de contribuições, relativamente às quais a finalidade constitui critério de validação constitucional. Vide nota ao art. 76 do ADCT.

– Desvios decorrentes de ilícitos penais e administrativos geram a responsabilização criminal e/ou funcional do responsável, não viciando, contudo, as imposições tributárias. O desvio, nestes termos, não pode ser invocado como fundamento para repetição de tributo pago ou para afastar obrigação tributária.

Art. 5º Os tributos são impostos, taxas e contribuições de melhoria.

⇒ **Importância da identificação correta das espécies tributárias.** A classificação dos tributos (enquadramento em cada espécie tributária e mesmo nas suas subespécies) é essencial para a identificação do regime jurídico que lhes é aplicável. Exemplificativamente: a) exige-se lei complementar para instituir impostos novos da competência residual da União, mas não para que ela institua novas contribuições de intervenção no domínio econômico; b) impostos podem variar conforme a riqueza do contribuinte, mas taxas devem refletir o custo da atividade estatal; c) não podem ser criados dois impostos com mesmo fato gerador e base de cálculo, nem duas contribuições de seguridade social com mesmo fato gerador e base de cálculo, mas não há óbice constitucional a que seja criada contribuição social com fato gerador idêntico a de imposto já existente. É preciso, portanto, distinguir uma espécie da outra.

⇒ **Cinco espécies tributárias.** Além dos impostos, taxas e contribuições de melhoria, há, ainda, as contribuições (especiais) e os empréstimos compulsórios.

– "A Constituição não procedeu... a uma classificação, mas a uma tipologia de tributos, definindo uns por características atinentes à estrutura (impostos, taxas), outros por características ligadas à função (contribuições), outros por traços referentes simultaneamente a um ou outro dos citados aspectos (contribuição de melhoria) e outros ainda por aspectos de regime jurídico alheios quer à estrutura, quer à função, como é o caso dos empréstimos compulsórios" (XAVIER, Alberto. *Temas de direito tributário*, p. 26).

– **São cinco as espécies tributárias.** O art. 145 da CF – que diz da competência da União, Estados, DF e Municípios para a instituição de impostos, taxas e contribuições de melhoria – não arrola taxativamente todas as espécies de tributos, que abrangem, ainda, o empréstimo compulsório e as contribuições (sociais, de intervenção no domínio econômico, de interesse de categorias profissionais ou econômicas e de iluminação pública municipal), conforme os arts. 148, 149 e 149-A. Note-se que descaberia referência ao empréstimo compulsório e às contribuições sociais já no art. 145 da Constituição porque se limitou a cuidar dos tributos da competência de todos os entes políticos, em que não se enquadram os empréstimos compulsórios e contribuições. Daí terem merecido artigos próprios.

– "De efeito, a par das três modalidades de tributos (os impostos, as taxas e as contribuições de melhoria) a que se refere o artigo 145 para declarar que são competentes para instituí-los a União, os Estados, o Distrito Federal e os Municípios, os artigos 148 e 149 aludem a duas outras modalidades tributárias, para cuja instituição só a União é competente: o empréstimo compulsório e as contribuições sociais, inclusive as de intervenção no domínio econômico e de interesse das categorias profissionais ou econômicas. No tocante às contribuições sociais que dessas duas modalidades tributárias é a que interessa para este julgamento, não só as referidas no artigo 149 que se subordina ao capítulo concernente ao sistema tributário nacional têm natureza tributária, como resulta, igualmente, da observância que devem ao disposto nos artigos 146, III, e 150, I e III; mas também as relativas à seguridade social previstas no artigo 195, que pertence ao título 'Da Ordem Social'. Por terem esta natureza tributária é que o artigo 149, que determina que as contribuições sociais observem o inciso III do artigo 150 (cuja letra *b* consagra o princípio da anterioridade), exclui dessa observância as contribuições para a seguridade social previstas no artigo 195, em conformidade com o disposto no § 6º deste dispositivo, que, aliás, em seu § 4º, ao admitir a instituição de outras fontes destinadas a garantir a manutenção ou expansão da seguridade social, determina se obedeça ao disposto no art. 154, I, norma tributária, o que reforça o entendimento favorável à natureza tributária dessas contribuições sociais" (voto condutor, no STF, do REx 146.733-9).

– É preciso, pois, forte no texto constitucional, ter reservas ao art. 5º do CTN, que dispõe: "Art. 5º. Os tributos são impostos, taxas e contribuições de melhoria". A classificação realizada pelo CTN data de 1966, quando o entendimento acerca da natureza das diversas exações não havia amadurecido suficientemente. Basta ver, segundo o art. 4º do CTN, que a natureza jurídica específica do tributo deveria ser inferida da análise tão somente do seu fato gerador, critério insuficiente para a identificação das contribuições sociais e dos empréstimos compulsórios, definidos pela Constituição Federal de 1988 não em função do seu fato gerador, mas da sua finalidade, conforme se vê de nota adiante e das notas aos arts. 148 e 149 da CF.

– **Critérios classificatórios: fato gerador, destinação e promessa de devolução.** "... é possível chegar-se a uma proposta classificatória das espécies tributárias, baseada na presença ou ausência de (i) vinculação obrigatória da materialidade a uma atividade estatal, (ii) destinação obrigatória da receita, e (iii) previsão de obrigatória restituição dos valores. Tácio Lacerda Gama bem observa que, ao adotarmos estes três critérios classificatórios, teremos três classificações distintas, cada uma correspondendo a um dos critérios eleitos. Nesta toada, teremos em uma classificação, tributos vinculados e não vinculados (materialidade relativa a uma atividade estatal), em outra, tributos com ou sem destinação específica, e por fim, uma em que de um lado estão os tributos cuja arrecadação é restituível, e do outro, os que não são. Combinando esses elementos, verificamos a possibilidade das seguintes espécies de conotações: tributos não vinculados, não destinados e não restituíveis; tributos não vinculados, não destinados e restituíveis; tributos não vinculados, destinados e não restituíveis; tributos não vinculados, destinados e restituíveis; tributos vinculados, não destinados e não restituíveis; tributos vinculados, não destinados e restituíveis; tributos vinculados, destinados e não restituíveis, e tributos vinculados, destinados e restituíveis. Dentro deste cenário, impostos seriam tributos não vinculados, não destinados e não restituíveis; taxas seriam tributos vinculados, destinados e não restituíveis; contribuições de melhoria, a seu turno, tributos vinculados, não destinados e não restituíveis; empréstimos compulsórios seriam tributo não vinculados, destinados e restituíveis; e as contribuições seriam tributos não vinculados, destinados e não restituíveis" (UHDRE, Dayana de Carvalho. Da inconstitucionalidade do art. 31 da Lei 8.212/91 – Da não sustentabilidade do entendimento do STJ à luz dos preceitos instituidores da competência tributária. *In*: GRUPENMACHER, Betina Treiger (coord.). *Tributação: democracia e liberdade*. São Paulo: Noeses, 2014, p. 304-305).

– Acerca da distinção com atenção ao fato gerador e à base de cálculo, vide nota ao art. 4º do CTN.

– **Espécies e subespécies tributárias.** Vejam-se as espécies e subespécies tendo como referência os dispositivos constitucionais que outorgam competência para a instituição de cada uma:

a) impostos
   a.1. ordinários (arts. 145, I, 153, 155 e 156)
   a.1.1. sobre a importação e a exportação
   a.1.2. sobre a renda
   a.1.3. sobre o patrimônio e a transmissão de bens
   a.1.4. sobre a produção e a circulação
   a.1.5. sobre operações financeiras
   a.2. residuais (art. 154, I)
   a.3. extraordinários de guerra (art. 154, II)
b) taxas
   b.1. pelo exercício do poder de polícia (art. 145, II, primeira parte)
   b.2. pela prestação de serviços públicos específicos e divisíveis (art. 145, II, segunda parte)
c) contribuições de melhoria (art. 145, III)
d) contribuições
   d.1. sociais
   d.1.1. gerais (art. 149, primeira parte, e §§ 2º, 3º e 4º)
   d.1.2. de seguridade social
   d.1.2.1. ordinárias (art. 149, primeira parte, e §§ 2º a 4º, c/c art. 195, I a IV)
   d.1.2.1.1. para a saúde e assistência social
   d.1.2.1.2. para a previdência social
   d.1.2.1.2.1. do Regime Geral de Seguridade Social
   d.1.2.1.2.1.1. das pessoas jurídicas sobre a remuneração do trabalho
   d.1.2.1.2.1.2. das pessoas jurídicas sobre a receita, substitutiva da contribuição sobre a remuneração do trabalho
   d.1.2.1.2.1.3. dos segurados sobre a remuneração do trabalho percebida
   d.1.2.1.2.2. dos regimes próprios dos servidores públicos (arts. 40 e 149, § 1º)
   d.1.2.2. extraordinárias dos servidores públicos (arts. 149, § 1º, B)
   d.1.2.3. residuais (art. 149, primeira parte, c/c art. 195, § 4º)
   d.1.2.4. provisória (arts. 74 a 90 do ADCT)
   d.2. de intervenção no domínio econômico (arts. 149, segunda parte, e §§ 2º a 4º, e 177, § 4º)
   d.3. do interesse das categorias profissionais ou econômicas (art. 149, terceira parte)
   d.4. de iluminação pública municipal e distrital (art. 149-A)
e) empréstimos compulsórios
   e.1. extraordinários de calamidade ou guerra (art. 148, I)
   e.2. de investimento (art. 148, II)

TÍTULO II
COMPETÊNCIA TRIBUTÁRIA

⇒ **Poder fiscal e competência tributária.** Os entes políticos que compõem a Federação recebem diretamente da Constituição – e só dela – as suas parcelas do poder fiscal. A Constituição é que define a competência tributária da União, dos Estados, do DF dos Municípios, mediante normas concessivas de competência tributária e normas proibitivas de tributação (imunidades). A competência tributária é o produto da aplicação simultânea de tais normas: as primeiras autorizam; as últimas, restringem.

– "... a competência resulta da conjugação da norma atributiva de competência com a norma de incompetência (imunidade)... Perante um a regra atributiva de competência, o legislador está numa situação de potestade; e os cidadãos, num estado de sujeição. perante uma regra de imunidade (de competência negativa), o legislador encontra-se num estado de impotência (não competência), e os particulares, numa situação de imunidade (não sujeição)" (VELLOSO, Andrei Pitten. *Constituição tributária interpretada*. 2. ed. Livraria do Advogado: 2012, p. 25).

– **Competências comuns e privativas**. "... as taxas e as contribuições de melhoria são atribuídas às pessoas políticas, titulares do poder de tributar, de forma genérica e comum e os impostos de forma privativa e discriminada. Como corolário lógico temos que os impostos são enumerados pelo nome e discriminados na Constituição, um a um. São nominados e atribuídos privativamente, portanto, a cada uma das pessoas políticas, enquanto as taxas e as contribuições de melhoria são indiscriminadas, são inominadas e são atribuídas em comum às pessoas políticas. Vale dizer, os impostos têm nome e são *numerus clausus*, em princípio. As taxas e as contribuições de melhoria são em número aberto, *numeros apertus*, e são inumeráveis. Dissemos que os impostos em princípio são enumerados porque, após a Constituinte, outros podem ser criados com base na competência residual, excepcionalmente" (COÊLHO, Sacha Calmon Navarro. *Comentários à Constituição de 1988/Sistema Tributário*. 3. ed. Forense, 1991, p. 4).

– **Pela ausência de competências comuns, mesmo quanto a taxas e contribuições de melhoria**. "A nosso ver, a atual Constituição Federal brasileira adotou, somente as competências institucionais privativas e residual, relativamente a todas as arrecadações pecuniárias compulsórias previstas no seu Sistema Tributário. A confusão vem ocorrendo relativamente às taxas e às contribuições de melhoria, entendendo alguns, especialmente na formulação de questões para concursos públicos, que, à vista do artigo 145, II e III, tais espécies tributárias se enquadram na competência comum, partindo do fato de que, segundo aqueles dispositivos, todas as pessoas jurídicas de direito público interno podem instituí-las ou criá-las. Não concordamos com essa precipitada e equivocada conclusão. [...] O que caracteriza a competência comum não é [...] o nome [...] legalmente dado à espécie tributária. [...] Com efeito, o fato gerador, tanto da taxa, como da contribuição de melhoria, é sempre a prestação, por pessoas jurídicas de direito público interno, de um serviço, específico e divisível, porém no âmbito das atribuições de cada uma, tal como previsto nos artigos 77 e 81 do Código, de tal forma que cada uma dessas pessoas presta os seus próprios serviços, por eles cobrando, também, segundo bases de cálculo próprias. Não há, pois, como confundir, entre si, quer os serviços geradores de taxas quer os de contribuições de melhoria, prestados pela União, pelos Estados, pelo Distrito Federal e pelos Municípios ainda que sejam cobradas com o mesmo nome" (VOLKWEISS,

Roque Joaquim. *Direito tributário nacional*. 3. ed. Porto Alegre: Livraria do Advogado, 2002, p. 87-88).

CAPÍTULO I
DISPOSIÇÕES GERAIS

Art. 6º A atribuição constitucional de competência tributária compreende a competência legislativa plena, ressalvadas as limitações contidas na Constituição Federal, nas Constituições dos Estados e nas Leis Orgânicas do Distrito Federal e dos Municípios, e observado o disposto nesta Lei.

⇒ **A Constituição Federal outorga competências. Cabe aos entes políticos instituir os tributos**. "... a Constituição Federal não cria tributos, mas tão somente outorga tal aptidão a entes públicos especificados, que podem ou não exercê-la, segundo os seus próprios interesses políticos e econômicos. Trata-se, portanto, de uma faculdade, e não de uma imposição constitucional. Não são raros, aliás, os exemplos de pessoas políticas que se abstêm de exercer a competência de que dispõem, como é o caso da União Federal, que até o momento não instituiu o imposto sobre grandes fortunas (CF, art. 153, VII)" (MENEZES, Paulo Lucena de. *Comentários ao Código Tributário Nacional*. Coord. Ives Gandra da Silva Martins. São Paulo: Saraiva, 1998, v. 1, p. 38).

– "Tem a doutrina como incontroverso que a Constituição Federal não cria tributos, limitando-se tão só à outorga de competência, através da qual o ente político se investe das condições para instituí-lo. No plano normativo, porém, o processo de instituição de tributo tem início na Constituição mesma. A rigidez do sistema assim o exige. Compartimentos estanques estão estruturados no Estatuto Supremo, sem que se conceda ao legislador complementar ou ordinário possibilidade de dispor além daquelas fronteiras. [...] A estruturação parcial de tributo na própria Constituição pode ser vista quer em se tratando de impostos, quer diante de taxas, quer em face de contribuições. Em análise destas, tivemos o ensejo de asseverar que a Constituição não apenas permite (outorga competência), mas, em certos casos, estabelece a que título permite e, em outros, vai mais longe: dispõe de quem pode ser exigida. Em outras palavras, descreve genericamente as hipóteses de incidência do tributo, às quais estará limitada a pessoa política competente ou, indo adiante, circunscreve a eleição do sujeito passivo a certas categorias adrede definidas" (BARRETO, Aires F. In: MARTINS, Ives Gandra da Silva (coord.). *Comentários ao Código Tributário Nacional*. São Paulo: Saraiva, 1998, v. 1, p. 537-538).

– Sobre o papel da lei complementar de intermediação entre a norma constitucional de competência e a legislação ordinária em matéria de impostos, vide nota ao art. 146, III, *a*, da CF.

– **Competência tributária e responsabilidade fiscal**. A Lei de Responsabilidade Fiscal (LC n. 101/2000) prevê que constituem "requisitos essenciais da responsabilidade na gestão fiscal a instituição, previsão e efetiva arrecadação de todos os tributos da competência constitucional do ente da Federação" (art. 11, *caput*). A opção política de instituir ou não determinado tributo da competência do ente político, portanto, depende de haver condições para isso. Se o ente político estiver com superávit, arrecadando mais do que necessita para dar conta dos seus compromissos, poderá reduzir a carga tributária e até mesmo extinguir tributos. Do contrário, ficando no vermelho ao final de cada exercício e tendo de se valer de operações de crédito para financiamento das suas despesas correntes, terá de exercer toda a sua competência tributária, o que não autorizará, em nenhuma hipótese, patamares confiscatórios. Aplicar a legislação tributária e exigir de modo eficiente os tributos é uma obrigação sempre, sendo certo que constitui não apenas requisito de responsabilidade fiscal, mas também de igualdade. A isonomia, diga-se, não se restringe à igualdade formal, na lei, estendendo-se, isso sim, para a igualdade na aplicação da lei e, portanto, na efetividade da tributação.

⇒ **Competências *x* limitações.** O art. 6º merece críticas. Não se pode pensar em uma competência constitucional ilimitada que venha a sofrer cortes em função das limitações também previstas no Texto Maior, até porque a própria norma de competência é, por definição, delimitação de poder. As limitações constitucionais ao poder de tributar, antes de limitar as competências tributárias, as moldam, ou seja, servem de referencial à determinação dos seus lindes, do seu conteúdo. As chamadas limitações ao poder de tributar constituem-se em elementos essenciais definidores das próprias competências tributárias. Vide notas ao art. 150 da CF.

– As competências tributárias estão estabelecidas à exaustão na Constituição Federal e somente nela, de maneira que nenhuma outra norma que componha o nosso ordenamento jurídico, de qualquer nível que seja, pode alterá-las, nem mesmo as Constituições Estaduais.

– **Ressalvadas também as limitações impostas pelas Constituições Estaduais e pelas Leis Orgânicas.** "São impróprias, contudo, as ressalvas que o dispositivo faz, na sequência, ao exercício da competência tributária. Os veículos legislativos por ele relacionados não são hábeis para restringir a competência tributária ofertada diretamente pela Constituição Federal às pessoas políticas" (MENEZES, Paulo Lucena de. In: MARTINS, Ives Gandra da Silva (coord.). *Comentários ao Código Tributário Nacional.* São Paulo: Saraiva, 1998, v. 1, p. 43).

– **Autonomia tributária dos entes políticos. Estado *x* Município.** Com a CF/88, também os Municípios passaram a ser considerados entes da federação, o que gerou várias críticas. Têm eles competências tributárias decorrentes da própria Constituição Federal e que não podem ser cerceadas pelos Estados, sequer através da Constituição Estadual. Isso porque o pacto federativo é estabelecido pela Constituição Federal, que estabelece a autonomia de cada um dos entes políticos.

– **Súmula 69 do STF:** "A Constituição Estadual não pode estabelecer limite para o aumento de tributos municipais".

Parágrafo único. Os tributos cuja receita seja distribuída, no todo ou em parte, a outras pessoas jurídicas de direito público pertencerá à competência legislativa daquela a que tenham sido atribuídos.

⇒ **A repartição de receitas tributárias não influi na competência para tributar.** A repartição de receitas tributárias (arts. 157 a 162 da CF), não se confunde com a "repartição" do poder de tributar, através da atribuição, pela Constituição, de competências a cada um dos entes políticos.

– "Não é porque a receita de certo tributo venha a ser distribuída a outras pessoas de direito público (ou privado) que a exação deixa de pertencer à competência de quem a recebeu originariamente. Nem poderia ser diferente, dado o princípio da indelegabilidade das competências tributárias..." (CARVALHO, Paulo de Barros. *Curso de direito tributário.* 27. ed. São Paulo: Saraiva, 2016, p. 234).

– Não obstante a repartição da receita tributária com outros entes políticos, o dimensionamento da carga tributária, seja pela fixação de alíquotas, seja pela concessão de isenções e outros benefícios fiscais, continua sendo da competência legislativa do ente a que tenha sido atribuída, não estando condicionado à concordância dos demais entes políticos, nem obrigando o ente competente a suportar, com a sua própria quota, exclusivamente, a renúncia fiscal.

– Os arts. 157, I, e 158, I, da CF dizem que pertence aos Estados e aos Municípios o produto da arrecadação do imposto sobre a renda que retenham na fonte. Mas isso não retira da União a sua competência legislativa e regulamentadora, tampouco as funções de fiscalizar e exigir o pagamento quando não tenha havido retenção. Sobre a legitimidade passiva para as ações dos servidores com o objetivo de suspender a exigibilidade ou de obter repetição de indébito nesses casos, vide as súmulas do STJ e súmulas e temas de repercussão geral do STF em notas específicas aos arts. 157, I, e 158, I, da CF.

Art. 7º A competência tributária é indelegável, salvo atribuição das funções de arrecadar ou fiscalizar tributos, ou de executar leis, serviços, atos ou decisões administrativas em matéria tributária, conferida por uma pessoa jurídica de direito público a outra, nos termos do § 3º do art. 18 da Constituição.

⇒ **Competência tributária, sujeito ativo da obrigação e exercício das prerrogativas de fiscalização e cobrança.** Não se pode confundir a parcela de poder fiscal de cada ente federado, ou seja, a sua competência tributária estabelecida pela CF, com a posição de sujeito ativo que a lei pode atribuir a outra pessoa jurídica de direito público e com o exercício das prerrogativas inerentes a tal posição, como a fiscalização e cobrança do tributo, de que cuida o art. 119 do CTN.

– "A competência tributária, em síntese, é uma das parcelas entre as prerrogativas legiferantes de que são portadoras as pessoas políticas, consubstanciada na faculdade de legislar para a produção de normas jurídicas sobre tributos. [...] Não se confunde com a capacidade tributária ativa. Uma coisa é poder legislar, desenhando o perfil jurídico de um gravame ou regulando os expedientes necessários à sua funcionalidade; outra é reunir credenciais para integrar a relação jurídica, no tópico de sujeito ativo. O estudo da competência tributária é um momento anterior à existência mesma do tributo, situando-se no plano constitucional. Já a capacidade tributária ativa, que tem como contranota a capacidade tributária passiva, é tema a ser considerado no ensejo do desempenho das competências, quando o legislador elege as pessoas componentes do vínculo abstrato, que se instala no instante em que acontece, no mundo físico, o fato previsto na hipótese normativa. [...] É perfeitamente possível que a pessoa habilitada para legislar sobre tributos edite a lei, nomeando outra entidade para compor o liame, na condição de sujeito titular de direitos subjetivos, o que nos propicia reconhecer que a capacidade tributária ativa é transferível" (CARVALHO, Paulo de Barros. *Curso de direito tributário*. 27. ed. São Paulo: Saraiva, 2016, p. 222-223).

– "... a Constituição, que oferece os fins, isto é, o tributo e respectiva receita, também oferece os meios para a pessoa jurídica de direito público constitucional. Ao lado da competência tributária (poder de baixar normas jurídicas tributárias), a entidade tributante recebe funções tributárias, decorrentes do próprio dever da Administração de aplicar as leis tributárias, de executar leis, atos ou decisões administrativas, onde se acham as funções de fiscalizar e de arrecadar o tributo criado pela lei. Não podemos confundir, portanto, essas duas ordens diversas, tanto pelo fundamento como pela finalidade: o poder fiscal, ou competência tributária, advindo da soberania, que se concretiza com a decretação da norma jurídica tributária; e as funções fiscais, decorrência do dever de administração, que se concretizam com o exercício da fiscalização e da arrecadação do tributo. A competência tributária acha-se ligada ao Poder Legislativo; as funções fiscais estão ligadas ao Poder Executivo" (MORAES, Bernardo Ribeiro de. *Compêndio de direito tributário*. 4. ed. Rio de Janeiro: Forense, 1995, p. 265).

⇒ **Indelegabilidade da competência tributária.** "Se a Constituição delineou o Estado sob uma determinada forma, estabelecendo um modelo preciso e rígido, a hipotética delegabilidade de competências não só permitiria desfazer esse desenho, como tornaria letra morta o próprio texto constitucional, que poderia ser refeito segundo as oportunidades e conveniências do poder dominante. A consequência de tais medidas seria nefasta, como é facilmente perceptível: a precisa conformação do Estado, com a atribuição de competências a órgãos determinados, não é aleatória. Ao se estabelecer essa repartição de atribuições, na verdade se está elegendo um *modus operandi* que, pressupõe-se, é aquele que mais favorece o exercício das funções estatais na busca da realização dos interesses coletivos. A alteração dessa estrutura, por conseguinte, põe em risco a consecução dos objetivos visados pelo Estado" (MENEZES, Paulo Lucena de. In: MARTINS, Ives Gandra da Silva. *Comentários ao Código Tributário Nacional*. São Paulo: Saraiva, 1998, v. 1, p. 47).

⇒ **Delegação da posição de sujeito ativo.** A posição de credor na relação tributária e as respectivas funções de editar normas complementares, fiscalizar, lançar, inscrever em dívida ativa e cobrar (atribuições administrativas) são delegáveis. Por vezes a União, ao instituir um tributo, coloca como sujeito ativo uma autarquia, o que implica delegação de tal condição que, naturalmente, caberia ao próprio ente político. O ente que delega funções fiscais pode reservá-las também para si, como ocorre no caso da delegação feita pela União para os Municípios relativamente ao ITR, autorizada pelo art. 153, §

4º, III, da CF (acrescido pela EC n. 42/2002). No âmbito do Simples Nacional, por sua vez, há o compartilhamento da fiscalização pelos diversos entes políticos, conforme se vê em nota ao art. 146, parágrafo único, da CF.

– "Es claro que no pueden confundirse el sujeto que detenta el poder o potestad tributaria [...] y el sujeto que goza de la titularidad del crédito tributario. Pues aunque puedan coincidir ambas titularidades, y de hecho frecuentemente así sucede, sus diferencias son notables: en primer lugar, son titulares que se desenvuelven e planos diferentes, en el propio del imperium o la supremacía (poder tributario), la primera, en el marco de la relación crédito-deuda, la segunda; en segundo término, son titulares, tanto desde un punto de vista lógico como de Derecho positivo [...], no necesariamente coincidetes" (GONZÁLES, Eusebio; GONZÁLEZ, Teresa. *Derecho tributario*. Salamanca: Plaza Universitaria Ediciones, 2004, v. 1, p. 224).

– **Quem pode receber a delegação: pessoa jurídica de direito público.** A condição de sujeito ativo e o exercício das respectivas funções fiscais (fiscalização, constituição, inscrição e cobrança mediante atividade administrativa plenamente vinculada) são prerrogativas de pessoas jurídicas de direito público forte, também, na previsão constante do art. 119 do CTN.

– Vale lembrar a redação do art. 84 do CTN, constante do Capítulo sobre a Distribuição de Receitas Tributárias: "Art. 84. A lei federal pode cometer aos Estados, ao Distrito Federal ou aos Municípios o encargo de arrecadar os impostos de competência da União, cujo produto lhes seja distribuído no todo ou em parte. Parágrafo único. O disposto neste artigo aplica-se à arrecadação dos impostos de competência dos Estados, cujo produto estes venham a distribuir, no todo ou em parte, aos respectivos Municípios".

– A referência constante do art. 7º do CTN ao "art. 18, § 3º" já não mais persiste, pois dizia respeito à Constituição de 1946, que dispunha: "Art. 18. Cada Estado se regerá pela Constituição e pelas leis que adotar, observados os princípios estabelecidos nesta Constituição... § 3º Mediante acordo com a União, os Estados poderão encarregar funcionários federais da execução de lei e serviços estaduais ou de atos e decisões das suas autoridades; e, reciprocamente, a União poderá, em matéria da sua competência, cometer a funcionários estaduais encargos análogos, provendo às necessárias despesas".

§ 1º A atribuição compreende as garantias e os privilégios processuais que competem à pessoa jurídica de direito público que a conferir.

⇒ **Comunicação das garantias e privilégios.** Esta comunicação das garantias e privilégios ocorre porque são instrumentos para a cobrança dos tributos.

– "Para que possa se tornar efetiva, a delegação de funções tributária é acompanhada das garantias e dos privilégios processuais..." (MORAES, Bernardo Ribeiro de. *Compêndio de direito tributário*. 4. ed. Rio de Janeiro: Forense, 1995, p. 268).

§ 2º A atribuição pode ser revogada, a qualquer tempo, por ato unilateral da pessoa jurídica de direito público que a tenha conferido.

⇒ **A qualquer tempo.** A faculdade de revogação a qualquer tempo abrange a hipótese de o convênio ter sido firmado por prazo certo. É a posição de Bernardo Ribeiro de Moraes, *Compêndio*, p. 268.

– "Há de se investigar no caso concreto, contudo, se o exercício dessa prerrogativa não atenta contra ato jurídico perfeito ou direito adquirido do ente delegado" (MENEZES, Paulo Lucena de. In MARTINS, Ives Gandra da Silva. *Comentários ao Código Tributário Nacional*. São Paulo: Saraiva, 1998, v. 1, p. 50).

§ 3º Não constitui delegação de competência o cometimento, a pessoas de direito privado, do encargo ou da função de arrecadar tributos.

⇒ **Cometimento da arrecadação a pessoas de direito privado.** A posição de arrecadador – assim considerada a pessoa encarregada do recebimento dos pagamentos efetuados pelos contribuintes para o repasse ao sujeito ativo, pode ser ocupada por qualquer pessoa jurídica. É o caso dos bancos, que, por força de contratos com os sujeitos ativos das obrigações tributárias, estão autorizados a receber pagamentos de tributos. O arrecadador recebe os pagamentos e os repassa ao sujeito ativo, sendo remunerado pelo serviço que presta. Poder-se-ia imaginar, além dos bancos, a arrecadação por casas lotéricas ou por qualquer outra pessoa jurídica cuja participação pudesse dar comodidade aos contribuintes e à administração tributária. Os cartórios também figuram como arrecadadores no caso de protestos de Certidões de Dívida Ativa (vejam-se notas ao art. 202, parágrafo único, do CTN). O arrecadador não tem nenhuma ingerência na relação jurídico-tributária; dela não participa nem é destinatário dos recursos, não fiscaliza a regularidade dos pagamentos, não cobra, não normatiza, apenas recebe e repassa os pagamentos. Simplesmente presta um serviço ao sujeito ativo da relação tributária. Qualquer pessoa jurídica pode, portanto, desempenhar tal atividade, mesmo que se trate de pessoa jurídica de direito privado com finalidade de lucro.

⇒ **Cobrança em cartório, mediante protesto das CDAs.** O Tabelião exerce sua atividade por delegação do poder público, fazendo-o como pessoa física. Embora seja exigida a inscrição do tabelionato no CNPJ, não tem ele personalidade jurídica. O § 3º do art. 7º do CTN, ora comentado, fala do cometimento da arrecadação do crédito tributário a "pessoa de direito privado", não restringindo à pessoa jurídica. A Lei n. 9.492/97 arrola a CDA como título sujeito a protesto extrajudicial, conforme o parágrafo único do seu art. 1º, acrescido pela Lei n. 12.767/2012 e considerado constitucional pelo STF na ADI 5.135. Com isso, viabiliza o uso de tal expediente para a cobrança do crédito tributário.

• Vide: CAVALCANTE, Diego Lopes. O protesto extrajudicial de certidão de dívida ativa: o reconhecimento da constitucionalidade por parte do STF. *RFTD* 87, 2017.

– **A Lei n. 9.492/97, com a redação da Lei n. 12.767/2012:** "Define competência, regulamenta os serviços concernentes ao protesto de títulos e outros documentos de dívida. Art. 1º Protesto é o ato formal e solene pelo qual se prova a inadimplência e o descumprimento de obrigação originada em títulos e outros do-

cumentos de dívida. Parágrafo único. Incluem-se, entre os títulos sujeitos a protesto as certidões de dívida ativa da União, dos Estados, do Distrito Federal, dos Municípios e das respectivas autarquias e fundações públicas. Art. 2º Os serviços concernentes ao protesto, garantidores da autenticidade, publicidade, segurança e eficácia dos atos jurídicos, ficam sujeitos ao regime estabelecido nesta Lei. Art. 3º Compete privativamente ao Tabelião de Protesto de Títulos, na tutela dos interesses públicos e privados, a protocolização, a intimação, o acolhimento da devolução ou do aceite, o recebimento do pagamento, do título e de outros documentos de dívida, bem como lavrar e registrar o protesto ou acatar a desistência do credor em relação ao mesmo, proceder às averbações, prestar informações e fornecer certidões relativas a todos os atos praticados, na forma desta Lei. [...] Art. 21. O protesto será tirado por falta de pagamento, de aceite ou de devolução...".

– **Portaria PGFN n. 429/2014:** "Disciplina a utilização do protesto extrajudicial por falta de pagamento de certidões de dívida ativa da União ou do Fundo de Garantia do Tempo de Serviço – FGTS de responsabilidade da Procuradoria-Geral da Fazenda Nacional. A Procuradora-Geral da Fazenda Nacional, no uso das atribuições que lhe conferem o art. 10, inciso I, do Decreto-Lei n. 147, de 3 de fevereiro de 1967, e o art. 72, incisos XIII e XVII, do Regimento Interno da Procuradoria-Geral da Fazenda Nacional, aprovado pela Portaria do Ministro de Estado da Fazenda n. 257, de 23 de junho de 2009, e tendo em vista o disposto no parágrafo único do artigo 1º da Lei n. 9.492, de 10 de setembro de 1997, acrescentado pela Lei n. 12.767, de 27 de dezembro de 2012, resolve: 'Art. 1º As certidões de dívida ativa da União e do FGTS, de valor consolidado de até R$ 50.000,00 (cinquenta mil reais), poderão ser encaminhadas para protesto extrajudicial por falta de pagamento, no domicílio do devedor. § 1º Entende-se por valor consolidado o resultante da atualização do respectivo débito originário, somado aos encargos e acréscimos legais ou contratuais, vencidos até a data de seu encaminhamento para protesto. § 2º Os créditos não ajuizados levados a protesto terão o respectivo encargo legal reduzido para 10% (dez por cento), nos termos do art. 3º do Decreto-Lei n. 1.569, de 8 de agosto de 1977, ou 5%, nos termos da Lei n. 8.844, de 20 de janeiro de 1994, conforme o caso. Art. 2º As certidões de dívida ativa da União serão encaminhadas por meio de sistema eletrônico aos Tabelionatos de Protesto de Títulos juntamente com os respectivos documentos de arrecadação. Art. 3º Não serão encaminhados a protesto os créditos cuja exigibilidade esteja suspensa ou em processo de concessão de parcelamento. Art. 4º O protesto somente será realizado junto aos Tabelionatos de Protesto de Títulos nos quais não seja necessário o pagamento antecipado, ou em qualquer outro momento, de despesas pela entidade protestante. Parágrafo único. A desistência e o cancelamento de protesto solicitados diretamente pelas unidades da Procuradoria-Geral da Fazenda Nacional – PGFN não implicam ônus para o devedor. [...] Art. 7º O protesto será retirado com o pagamento total ou a suspensão da exigibilidade do crédito. § 1º A PGFN encaminhará ao Tabelionato responsável anuência para a retirada do protesto nos casos de suspensão da exigibilidade do crédito ou de pagamento integral pelo devedor após a lavratura do protesto. § 2º A retirada do protesto está condicionada ao recolhimento pelo devedor de custas e emolumentos cartorários junto ao Tabelionato de Protestos. Art. 8º Os devedores poderão solicitar acesso aos documentos mantidos sob guarda dos Tabelionatos de Protesto, observado o disposto no art. 35 da Lei nº 9.492, de 10 de setembro de 1997. Art. 9º A Coordenação--Geral da Dívida Ativa da União expedirá as orientações concernentes ao cumprimento desta Portaria. Art. 10. Esta portaria entra em vigor na data de sua publicação. Art. 11. Fica revogada a Portaria PGFN n. 321, de 06 de abril de 2006".

– **Pagamento junto ao Tabelionato de Protesto.** Ainda a Portaria PGFN n. 429/2014: "Art. 5º Do encaminhamento da certidão de dívida até a lavratura do protesto, o pagamento pelo devedor se dará junto ao Tabelionato de Protesto, nos termos da Lei n. 9.492, de 10 de setembro de 1997. § 1º No período a que se refere o *caput*, não será admitido o parcelamento ou reparcelamento do débito. § 2º Realizado o pagamento, o Tabelionato recolherá na rede bancária o respectivo valor à Fazenda Nacional até o primeiro dia útil subsequente, mediante a utilização do documento de arrecadação encaminhado pela PGFN. Art. 6º Após a lavratura do protesto, o devedor deverá efetuar o pagamento diretamente na rede bancária mediante emissão de documento de arrecadação respectivo".

– **Portaria PGFN n. 396/2016:** "Art. 1º O Regime Diferenciado de Cobrança de Créditos (RDCC) consiste no conjunto de medidas, administrativas ou judiciais, voltadas à otimizaçãod os processos de trabalho relativos à cobrança da Dívida Ativa da União, observados critérios de economicidade e racionalidade, visando outorgar maior eficiência à recuperação do crédito inscrito... Art. 10. As Certidões de Dívida Ativa dos devedores incluídos no Regime Diferenciado de Cobrança de Créditos poderão ser encaminhadas para protesto extrajudicial por falta de pagamento. Parágrafo único. Não serão encaminhados a protesto os créditos cuja exigibilidade esteja suspensa, com garantia integral ou em processo de concessão de parcelamento. Art. 11. Aos devedores incluídos no Regime Diferenciado de Cobrança de Créditos aplicam-se, no que couber, as disposições da Portaria PGFN n. 429, de 4 de julho de 2014".

– "CERTIDÃO DE DÍVIDA ATIVA. PROTESTO EXTRAJUDICIAL. CORREGEDORIA-GERAL DA JUSTIÇA DO ESTADO DO RIO DE JANEIRO. LEGALIDADE DO ATO EXPEDIDO. Inexiste qualquer dispositivo legal ou regra que vede ou desautorize o protesto dos créditos inscritos em dívida ativa em momento prévio à propositura da ação judicial de execução, desde que observados os requisitos previstos na legislação correlata. Reconhecimento da legalidade do ato normativo expedido pela Corregedoria-Geral da Justiça do Estado do Rio de Janeiro" (CNJ, Pedido de Providências 0004537-54.2009.2.00.0000, 2010).

– **Constitucionalidade.** "Direito tributário. Ação direta de inconstitucionalidade. Lei n. 9.492/1997, art. 1º, parágrafo único. Inclusão das certidões de dívida ativa no rol de títulos sujeitos a protesto. Constitucionalidade. 1. O parágrafo único do art. 1º da Lei n. 9.492/1997, inserido pela Lei n. 12.767/2012, que inclui as Certidões de Dívida Ativa – CDA no rol dos títulos sujeitos a protesto, é compatível com a Constituição Federal, tanto do

ponto de vista formal quanto material. 2. Em que pese o dispositivo impugnado ter sido inserido por emenda em medida provisória com a qual não guarda pertinência temática, não há inconstitucionalidade formal. É que, muito embora o STF tenha decidido, na ADI 5.127 (Rel. Min. Rosa Weber, Rel. p/ acórdão Min. Edson Fachin, j. 15.10.2015), que a prática, consolidada no Congresso Nacional, de introduzir emendas sobre matérias estranhas às medidas provisórias constitui costume contrário à Constituição, a Corte atribuiu eficácia *ex nunc* à decisão. Ficaram, assim, preservadas, até a data daquele julgamento, as leis oriundas de projetos de conversão de medidas provisórias com semelhante vício, já aprovadas ou em tramitação no Congresso Nacional, incluindo o dispositivo questionado nesta ADI. 3. Tampouco há inconstitucionalidade material na inclusão das CDAs no rol dos títulos sujeitos a protesto. Somente pode ser considerada 'sanção política' vedada pelo STF (cf. Súmulas nº 70, 323 e 547) a medida coercitiva do recolhimento do crédito tributário que restrinja direitos fundamentais dos contribuintes devedores de forma desproporcional e irrazoável, o que não ocorre no caso do protesto de CDAs. 3.1. Em primeiro lugar, não há efetiva restrição a direitos fundamentais dos contribuintes. De um lado, inexiste afronta ao devido processo legal, uma vez que (i) o fato de a execução fiscal ser o instrumento típico para a cobrança judicial da Dívida Ativa não exclui mecanismos extrajudiciais, como o protesto de CDA, e (ii) o protesto não impede o devedor de acessar o Poder Judiciário para discutir a validade do crédito. De outro lado, a publicidade que é conferida ao débito tributário pelo protesto não representa embaraço à livre iniciativa e à liberdade profissional, pois não compromete diretamente a organização e a condução das atividades societárias (diferentemente das hipóteses de interdição de estabelecimento, apreensão de mercadorias, etc.). Eventual restrição à linha de crédito comercial da empresa seria, quando muito, uma decorrência indireta do instrumento, que, porém, não pode ser imputada ao Fisco, mas aos próprios atores do mercado creditício. 3.2. Em segundo lugar, o dispositivo legal impugnado não viola o princípio da proporcionalidade. A medida é adequada, pois confere maior publicidade ao descumprimento das obrigações tributárias e serve como importante mecanismo extrajudicial de cobrança, que estimula a adimplência, incrementa a arrecadação e promove a justiça fiscal. A medida é necessária, pois permite alcançar os fins pretendidos de modo menos gravoso para o contribuinte (já que não envolve penhora, custas, honorários, etc.) e mais eficiente para a arrecadação tributária em relação ao executivo fiscal (que apresenta alto custo, reduzido índice de recuperação dos créditos públicos e contribui para o congestionamento do Poder Judiciário). A medida é proporcional em sentido estrito, uma vez que os eventuais custos do protesto de CDA (limitações creditícias) são compensados largamente pelos seus benefícios, a saber: (i) a maior eficiência e economicidade na recuperação dos créditos tributários, (ii) a garantia da livre concorrência, evitando-se que agentes possam extrair vantagens competitivas indevidas da sonegação de tributos, e (iii) o alívio da sobrecarga de processos do Judiciário, em prol da razoável duração do processo. 4. Nada obstante considere o protesto das certidões de dívida constitucional em abstrato, a Administração Tributária deverá se cercar de algumas cautelas para evitar desvios e abusos no manejo do instrumento. Primeiro, para garantir o respeito aos princípios da impessoalidade e da isonomia, é recomendável a edição de ato infralegal que estabeleça parâmetros claros, objetivos e compatíveis com a Constituição para identificar os créditos que serão protestados. Segundo, deverá promover a revisão de eventuais atos de protesto que, à luz do caso concreto, gerem situações de inconstitucionalidade (e.g., protesto de créditos cuja invalidade tenha sido assentada em julgados de Cortes Superiores por meio das sistemáticas da repercussão geral e de recursos repetitivos) ou de ilegalidade (e.g., créditos prescritos, decaídos, em excesso, cobrados em duplicidade). 5. Ação direta de inconstitucionalidade julgada improcedente. Fixação da seguinte tese: 'O protesto das Certidões de Dívida Ativa constitui mecanismo constitucional e legítimo, por não restringir de forma desproporcional quaisquer direitos fundamentais garantidos aos contribuintes e, assim, não constituir sanção política'" (STF, ADI 5.135, 2016, publicado em 2018).

– **Tema 777 do STJ:** "A Fazenda Pública possui interesse e pode efetivar o protesto da CDA, documento de dívida, na forma do art. 1º, parágrafo único, da Lei 9.492/1997, com a redação dada pela Lei 12.767/2012". Decisão de mérito em 2019.

– "PROCESSUAL CIVIL E ADMINISTRATIVO. VIOLAÇÃO DOS ARTS. 948 E 949 DO CPC/2015. NÃO CONFIGURAÇÃO. CERTIDÃO DA DÍVIDA ATIVA. PROTESTO. ART. 1º, PARÁGRAFO ÚNICO, DA LEI 9.492/1997, COM A REDAÇÃO DA LEI 12.767/2012. LEGALIDADE. 1. Trata-se de Recurso Especial interposto contra acórdão que determinou o cancelamento do protesto da CDA, por considerar ilegal tal medida. TESE CONTROVERTIDA ADMITIDA 2. Sob o rito dos arts. 1036 e seguintes do CPC, admitiu-se a seguinte tese controvertida: 'legalidade do protesto da CDA, no regime da Lei 9.492/1997'. NECESSIDADE DE SUBMISSÃO DO PRESENTE FEITO AO RITO DOS RECURSOS REPETITIVOS, NÃO OBSTANTE A DECISÃO DO STF QUE RECONHECEU A CONSTITUCIONALIDADE DO PROTESTO DA CDA 3. O acórdão hostilizado, oriundo da 9ª Câmara de Direito Público do TJ/SP, foi proferido em 22.8.2016 e aborda o protesto da CDA efetivado na vigência da Lei 12.767/2012. Nele está consignado que a Corte local, naquela época, concluíra pela constitucionalidade do art. 1º, parágrafo único, da Lei 9.492/1976. 4. Registra-se que o tema da compatibilidade do art. 1º, parágrafo único, da Lei 9.492/1997 (redação dada pela Lei 12.767/2012) com a Constituição Federal não é, nem poderia, ser objeto do Recurso Especial. De todo modo, é importante esclarecer que, a esse respeito, o e. STF concluiu o julgamento da ADI 5.135/DF, confirmando a constitucionalidade da norma, fixando a tese de que 'O protesto das Certidões de Dívida Ativa constitui mecanismo constitucional e legítimo, por não restringir de forma desproporcional quaisquer direitos fundamentais garantidos aos contribuintes e, assim, não constituir sanção política' (ADI 5.135... 2018). 5. Não obstante reconhecer como constitucional o protesto da CDA, o órgão fracionário do Tribunal *a quo* afastou a aplicação do dispositivo de lei federal que o prevê por reputá-lo ilegal, na medida em que, a seu ver, a Certidão de Dívida Ativa goza do atributo da exequibilidade, dispensando a realização do protesto. Segundo concluiu o órgão colegiado, o meio próprio para a cobrança de tributos é a Execução Fiscal disciplinada pela Lei 6.830/1980. 6. A análise feita no acórdão recorrido, portanto, embora tenha reconhecido a constitucionalidade do protesto da CDA, examinou o tema sob perspectiva exclusivamente legal, mediante exegese sistemática da compatibilidade do art. 1º, parágrafo único, da Lei 9.492/1997 (com a redação da Lei 12.767/2012) com outros dispositivos de lei federal (notadamente o CPC/1973 e a Lei 6.830/1980), o que enseja o conhecimento do recurso. [...] RESOLUÇÃO DA CONTROVÉRSIA. 2ª TESE: POSSIBILIDADE DE PROTESTO DA CDA. ACOLHIMENTO. 10. Passando-se à análise do protesto da CDA, sob o enfoque da compatibilidade do art. 1º, parágrafo único, da Lei 9.492/1997 (redação dada pela Lei 12.767/2012) com a legislação federal que disciplina o específico processo executivo dos créditos da Fazenda Pública (Lei 6.830/1980), a questão não é nova, tendo sido analisada pelo e. STJ no REsp 1.126.515/PR, cujos fundamentos se mantêm no atual quadro normativo positivo e seguem abaixo reproduzidos. 11. A norma acima, já em sua redação original (ou seja, aquela contida na data de entrada em vigor da Lei 9.492/1997), rompeu com antiga tradição existente no ordenamento jurídico, consistente em atrelar o protesto exclusivamente aos títulos de natureza cambial (cheques, duplicatas etc.). 12. O uso dos termos 'títulos' e 'outros documentos de dívida' possui, claramente, concepção muito mais ampla que a relacionada apenas aos de natureza cambiária. Como se sabe, até atos judiciais (sentenças transitadas em julgado em Ações de Alimentos ou em processos que tramitaram na Justiça do Trabalho) podem ser levados a protesto, embora evidentemente nada tenham de cambial... 13. Não bastasse isso, o protesto, além de representar instrumento para constituir mora e/ou comprovar a inadimplência do devedor, é meio alternativo para o cumprimento da obrigação. 14. Com efeito, o art. 19 da Lei 9.492/1997 expressamente dispõe a respeito do pagamento extrajudicial dos títulos ou documentos de dívida (isto é, estranhos aos títulos meramente cambiais) levados a protesto. 15. Assim, conquanto o Código de Processo Civil (art. 585, VII, do CPC/1973, art. 784, IX, no novo CPC) e a Lei 6.830/1980 atribuam exequibilidade à CDA, qualificando-a como título executivo extrajudicial apto a viabilizar o imediato ajuizamento da Execução Fiscal (a inadimplência é presumida iuris tantum), a Administração Pública, no âmbito federal, estadual e municipal, vem reiterando sua intenção de adotar o protesto como meio alternativo para buscar, extrajudicialmente, a satisfação de sua pretensão creditória. 16. Tal medida ganha maior importância quando se lembra, principalmente, que o Poder Judiciário lhe fecha as portas para o exercício do direito de ação, por exemplo, ao extinguir, por alegada falta de interesse processual, demandas executivas de valor reputado baixo (o Tribunal de Justiça do Estado de São Paulo é exemplo significativo disso, como faz prova o Incidente de Assunção de Competência discutido nos autos do RMS 53720/SP e do RMS 54712/SP, os quais discorrem precisamente sobre o cabimento do Mandado de Segurança contra ato judicial – isto é, a sentença extintiva de Execução Fiscal, proferida em escala industrial naquela Corte de Justiça, que habitualmente equipara o baixo valor da causa à própria falta de interesse processual). 17. Sob essa ótica, não se considera legítima nenhuma manifestação do Poder Judiciário tendente a suprimir a adoção de meio extrajudicial para cobrança dos créditos públicos (como se dá com o protesto da CDA, no contexto acima definido). Acrescente-se, no ponto, que a circunstância de a Lei 6.830/1980 disciplinar a cobrança judicial da dívida ativa dos entes públicos não deve ser interpretada como uma espécie de 'princípio da inafastabilidade da jurisdição às avessas', ou seja, engessar a atividade de recuperação dos créditos públicos, vedando aos entes públicos o recurso a instrumentos alternativos (evidentemente, respeitada a inafastável observância ao princípio da legalidade) e lhes impondo apenas a via judicial – a qual, como se sabe, ainda luta para tornar-se socialmente reconhecida como instrumento célere e eficaz. 18. A verificação quanto à utilidade ou necessidade do protesto da CDA, como política pública para a recuperação extrajudicial de crédito, cabe com exclusividade à Administração Pública. Ao Poder Judiciário só é reservada a análise da sua conformação (ou seja, da via eleita) ao ordenamento jurídico. Dito de outro modo, compete ao Estado decidir se quer protestar a CDA; ao Judiciário caberá examinar a possibilidade de tal pretensão, relativamente aos aspectos constitucionais e legais. 19. Ao dizer ser imprescindível o protesto da CDA, sob o fundamento de que a lei prevê a utilização da Execução Fiscal, o Poder Judiciário rompe não somente com o princípio da autonomia dos poderes (art. 2º da CF/1988), como também com o princípio da imparcialidade, dado que, reitero, a ele institucionalmente não impende qualificar as políticas públicas como necessárias ou desnecessárias. 20. Reitera-se, assim, que o protesto pode ser empregado como meio alternativo, extrajudicial, para a recuperação do crédito. O argumento de que há lei própria que disciplina a cobrança judicial da dívida ativa (Lei 6.830/1980), conforme anteriormente mencionado, é um sofisma, pois tal não implica juízo no sentido de que os entes públicos não possam, mediante lei, adotar mecanismos de cobrança extrajudicial. Dito de outro modo, a circunstância de o protesto não constituir providência necessária ou conveniente para o ajuizamento da Execução Fiscal não acarreta vedação à sua utilização como instrumento de cobrança extrajudicial. 21. É indefensável, portanto, o argumento de que a disciplina legal da cobrança judicial da dívida ativa impede, peremptoriamente, a Administração Pública de instituir ou utilizar, sempre com observância do princípio da legalidade, modalidade extrajudicial para cobrar, com vistas à eficiência, seus créditos. 22. No que diz respeito à participação do devedor na formação do título executivo extrajudicial, observa-se que não se confunde o poder unilateral de o Fisco constituir o crédito tributário com a situação posterior da inscrição em dívida ativa. Esta última não é feita 'de surpresa', ou de modo unilateral, sem o conhecimento do sujeito passivo. 23. A inscrição em dívida ativa ou decorre de um lançamento de ofício, no qual são assegurados o contraditório e a ampla defesa (impugnação e recursos administrativos, que serão ou não apresentados por manifestação volitiva do autuado), ou de confissão de dívida pelo devedor. Vale o mesmo raciocínio para os créditos fiscais de natureza não tributária. 24. Em qualquer desses casos, o sujeito passivo terá concorrido para a consolidação do crédito tributário. Neste ponto, acrescenta-se que, ao menos nas hipóteses (hoje majoritárias) em que a constituição do crédito tributário se dá mediante o denominado autolançamento (entrega de DCTF, GIA, etc., isto é, documentos de con-

fissão de dívida), a atitude do contribuinte de apurar e confessar o montante do débito é equiparável, em tudo e por tudo, ao do emitente de cheque, nota promissória ou letra de câmbio. Como não admitir, nesse contexto, o respectivo protesto? 25. Haveria razoabilidade no questionamento do protesto se este fosse autorizado para o simples 'auto de lançamento', porque este sim pode ser feito unilateralmente (isto é, sem a participação prévia da parte devedora) pela autoridade administrativa. Mas não é disso que tratam os autos, e sim da certidão de dívida ativa, que somente é extraída, como mencionado, depois de exaurida a instância administrativa (lançamento de ofício) ou de certificado que o contribuinte não pagou a dívida por ele mesmo confessada (DCTF, GIA, etc.). 26. Deve ser levada em conta, ainda, a publicação, no *DOU* de 26.5.2009, do 'II Pacto Republicano de Estado por um sistema de Justiça mais acessível, ágil e efetivo'. Trata-se de instrumento voltado a fortalecer a proteção aos direitos humanos, a efetividade da prestação jurisdicional, o acesso universal à Justiça e também o aperfeiçoamento do Estado Democrático de Direito e das instituições do Sistema de Justiça. CONSIDERAÇÕES ADICIONAIS 27. É importante demonstrar que o legislador vem continuamente instituindo meios alternativos para viabilizar o cumprimento das obrigações de natureza pecuniária fora do âmbito judicial, ora pressupondo relação de contemporaneidade com a tramitação de demandas, ora concebendo-os como medidas antecedentes da utilização do Poder Judiciário. 28. Cite-se, por exemplo, a Lei 11.382/2006, que incluiu o art. 615-A no CPC/1973, autorizando que a parte demandante obtenha certidão comprobatória do ajuizamento da execução, 'para fins de averbação no registro de imóveis, registro de veículos ou registro de outros bens sujeitos à penhora ou arresto' – o referido dispositivo foi reproduzido no art. 828 do CPC/2015. 29. Registre-se que o novo CPC, em seu art. 517, expressamente passou a prever que qualquer decisão judicial transitada em julgado 'poderá ser levada a protesto, nos termos da lei, depois de transcorrido o prazo para pagamento voluntário previsto no art. 523'. Não se pode, a partir daí, conceber a formação de jurisprudência que entenda desnecessária a realização do protesto diante da possibilidade de instauração da fase de cumprimento de sentença. 30. Por outro lado, o art. 25 da Lei 13.606/2018 acrescentou o art. 25-B à Lei 10.522/2002, instituindo rito administrativo para a cobrança dos créditos fiscais, segundo o qual, em caso de não pagamento da quantia devida, no prazo de cinco dias, contados da notificação da inscrição em dívida ativa, faculta-se à Fazenda Nacional (i) o registro dessa pendência nos órgãos que operam bancos de dados e cadastros relativos a consumidores e aos serviços de proteção de créditos e congêneres, e (ii) a averbação, inclusive por meio eletrônico, da CDA nos órgãos de registro de bens e direitos sujeitos a arresto ou penhora, tornando-os indisponíveis. 31. Nesse panorama contemporâneo, portanto, mostra-se absolutamente coerente a superação do entendimento que restringe o protesto aos títulos cambiários. TESE REPETITIVA 32. Para fins dos arts. 1.036 e seguintes do CPC, fica assim resolvida a controvérsia repetitiva: 'A Fazenda Pública possui interesse e pode efetivar o protesto da CDA, documento de dívida, na forma do art. 1º, parágrafo único, da Lei 9.492/1997, com a redação dada pela Lei 12.767/2012'" (STJ, REsp 1.686.659, 2019).

– Mecanismo alternativo de cobrança. "O protesto extrajudicial mineiro foi adotado como 'mecanismo alternativo de cobrança' e diz respeito a uma política de Estado para reduzir o volume de ações de valor reduzido que poluem o Judiciário mineiro, bem como que propiciam mais prejuízos ao Erário do que benefícios, razão pela qual, em homenagem à economicidade e ao interesse público, merece ser utilizado. [...] em Minas Gerais, existe lei expressa, suficientemente densificada pela autoridade competente, estabelecendo o poder/dever de utilização de outros meios de cobrança, permitindo o não ajuizamento de execução fiscal. Nesse compasso, prestando verdadeira homenagem aos princípios constitucionais da moralidade, eficiência administrativa e economicidade, o Estado estabelece o poder/dever da Administração Pública se valer da 'cobrança administrativa' seguida do 'protesto da CDA'. [...] quando o Estado protesta CDA, ele não ajuíza executivo fiscal. [...] 52,15% da quantidade de execuções fiscais representam apenas 1,12% do montante (valor) da dívida ativa tributária. Nesse compasso, a solução legal beneficia o Estado, o contribuinte, os jurisdicionados e o próprio Poder Judiciário... para resgatar débitos de valor inferior a R$ 15.000,00, assustadoramente, o Estado despende quase três vezes mais do que resgataria (isso se todos pagassem)! Para piorar o quadro, o resgate que se consegue, face às dificuldades de um processo judicial, é inferior a 5%. [...] para resgatar pouco mais de 1,5 milhão de reais, o Estado gasta mais de 800 milhões de reais! [...] Para pequenas dívidas, o estado gasta muito para receber muito pouco, ou seja, trata-se de mecanismo desarrazoado para cobrança de créditos de pequeno valor. [...] A Lei Federal n. 9.492/97, indubitavelmente, ampliou o rol de documentos protestáveis, tornando possível quaisquer outros documentos de dívida especialmente os títulos executivos judiciais e extrajudiciais. O protesto de títulos não deve/pode ser feito tão somente por quem deseja requerer falência de devedor, mas o simples inadimplemento de obrigação pode lastrear o protesto do título. A legislação vigente não especifica finalidades que possam restringir o mecanismo do protesto... em Minas Gerais, é perfeitamente jurídico e possível o protesto da CDA" (BASTISTA JÚNIOR, Onofre Alves. O protesto de CDA como mecanismo alternativo de cobrança de créditos tributários de pequena monta no estado de Minas Gerais. *RDDT* 211/137, 2013).

– "... o uso do protesto tem surtido efeitos concretos e, portanto, se mostrado eficaz para que os entes da Federação obtenham a satisfação dos seus créditos antes mesmo do ajuizamento da ação de execução fiscal; logo, tal medida, além de legal, encontra-se em simetria com o princípio da eficiência, igualmente previsto no art. 37, *caput*, da Constituição Federal, pois, visa-se, por seu intermédio, obter a solução que melhor atende ao interesse público, elevando a relação custo/benefício do trabalho público. Isso considerando que não raro são ajuizadas execuções de valor antieconômico, cujo gasto para a cobrança é superior ao valor do próprio débito perseguido, inclusive como forma de se evitar a prescrição e eventual responsabilização funcional, as quais acabam por abarrotar o Judiciário de processos... Ora, priorizar o ajuizamento de execução fiscal nesses termos, sem a prévia dução de medidas extrajudiciais eficazes para a obtenção do crédito fiscal, traduz má gestão administrativa e, conforme Celso Antô-

nio Bandeira de Mello, o 'princípio da eficiência' é uma faceta de um princípio mais amplo á superiormente tratado, de há muito, no Direito italiano: o princípio da 'boa administração'" (SANTOS, Daniela Marcellino dos. A legalidade do protesto extrajudicial de créditos tributários. *RDDT* 225/18, 2014).

• Vide: BIM, Eduardo Fortunato. A juridicidade do protesto extrajudicial de Certidão de Dívida Ativa. *RDDT* 157/45, 2008; GODOI, Marilei Fortuna. In: MELO FILHO, João Aurino de et al. *Execução fiscal aplicada*. 4. ed. Salvador: JusPodivm, 2015, p. 90; SANTOS, Daniela Marcellino dos. A legalidade do protesto extrajudicial de créditos tributários. *RDDT* 225/18, 2014.

⇒ **Cessão de créditos tributários. No sentido da invalidade.** "Destaca-se, inicialmente, o disposto na parte final do art. 286 do CC, que veda a cessão de crédito se a ela se opuser a natureza da obrigação, o que se apresenta no caso em questão, já que o crédito tributário é cercado de privilégios e garantias especiais (arts. 183 a 193, CTN), decorrendo, daí, o seu caráter indisponível apregoado pela melhor doutrina. [...] Quanto aos créditos tributários não constituído, um outro argumento que demonstra ser juridicamente impossível sua cessão é o fato de o lançamento tributário ter sido definido pelo CTN como 'procedimento administrativo' constitutivo do crédito e como atividade privativa de autoridade administrativa (art. 142, *caput*). [...] o próprio ato de inscrição do débito tributário em Dívida Ativa, cujo registro é minuciosamente disciplinado no CTN (art. 202) e na Lei 6.830, de 22.09.1980 (Lei de Execução Fiscal – art. 2º), foi qualificado por esta última como 'ato de controle administrativo da legalidade' do crédito tributário (art. 2º, § 3º), constituindo-se, destarte, ato privativo da Administração. [...] a cessão do crédito tributário inscrito (em Dívida Ativa) implicaria a 'baixa' da inscrição em dívida ativa e, embora o débito não tenha sido pago, a Fazenda Pública não poderia se recusar a expedir certidão negativa de débitos (art. 205, CTN), o contribuinte cujo crédito foi cedido não ficaria impedido de participar de licitação ou de contratar com a Administração Pública (art. 193, CTN)..." (RAMOS FILHO, Carlos Alberto de Moraes. Da impossibilidade de cessão de créditos tributários no Direito brasileiro. *RTFP* 66, 2006).

– Entendendo desaconselhável a cessão, mas viável o mandato endosso. "Não recomendamos a cessão. [...] Não há dúvida de que os atos acima enumerados são intransferíveis, incessíveis e privativos da Administração: o lançamento, o procedimento administrativo regular de discussão do lançamento; a constituição do título executivo, por meio da inscrição em Dívida Ativa. Parece nos clara a incessibilidade absoluta dos créditos parcelados, mas ainda não inscritos em dívida ativa. É que, não sendo a confissão de dívida, que formalizou o parcelamento da dívida, originariamente, um título executivo extrajudicial, evidente que não poderá transmudar se em tal, simplesmente, por ter o direito dele decorrente sido cedido a terceiros. [...] Cedido o crédito tributário, não há dúvida de que ele conserva o seu conteúdo original e mesmo a sua natureza. Mas questão diferente é saber se as garantias, privilégios e preferências que o qualificam são atributos objetivos e inerentes à natureza do crédito tributário, nesse caso acompanhando o crédito cedido ou se são personalíssimos conferidos à pessoa estatal e a suas autarquias, em razão específica das funções que exercem. [...] entendemos não ser conveniente, para alcançar com segurança os objetivos almejados... o uso da cessão onerosa de credito tributário. Parece-nos mais viável, no momento... a utilização de mandato endosso. [...] o mandato outorgado pela Fazenda Pública, para que terceiro efetue a cobrança dos tributos, em nada alteraria a situação original, vez que ela manteria a titularidade do crédito, com todos os seus privilégios, preferências e garantias, agindo o mandatário, como uma sua extensão, ou seja, como se ela própria estivesse praticando o ato. [...] A utilização de mandato oneroso irrevogável para antecipar receita [...] não configura indevidamente, empréstimo ou crescimento da dívida estatal. Ao contrário, apenas se antecipa a liquidez de créditos parcelados ou de liquidação duvidosa. A antecipação é definitiva, por acertada a cláusula *del credere*, o risco da insolvência corre por conta do mandatário. [...] Não tem sentido, assim, reclamar para efetivação da operação a intervenção do Senado Federal, ou o enquadramento da espécie entre dos limites globais da dívida dos Municípios" (COÊLHO, Sacha Calmon Navarro. A questão da cessibilidade a terceiros, pelo município, de créditos tributários inscritos em dívida ativa ou parcelados administrativamente. *RDDT* 128/117, 2006).

– Incompetência do Senado Federal para autorizar a cessão de créditos tributários para cobrança. Res. SF n. 33/2006. A Resolução SF n. 33/2006, que autorizou a cessão, para cobrança, da dívida ativa a instituições financeiras, foi considerada inconstitucional pelo STF.

– "AÇÃO DIRETA DE INCONSTITUCIONALIDADE. DIREITO TRIBUTÁRIO. DÍVIDA ATIVA. CESSÃO A INSTITUIÇÕES FINANCEIRAS POR ENDOSSO-MANDATO. IMPUGNAÇÃO DA RESOLUÇÃO DO SENADO FEDERAL 33/2006. INTELIGÊNCIA DO INCISO VII DO ART. 52 DA CONSTITUIÇÃO FEDERAL. AÇÃO DIRETA DE INCONSTITUCIONALIDADE JULGADA PROCEDENTE. 1. Não caracterização como operação de crédito, para fins de submissão ao disposto no art. 52, inciso VII, da Constituição Federal, da autorização prevista pela Resolução do Senado Federal 33/2006, de cessão da Dívida Ativa de Estados, do Distrito Federal e de Municípios a instituições financeiras mediante emprego de endosso-mandato e antecipação de receita. 2. A leitura constitucional do conceito de operações de crédito, incluída a por antecipação de receita, deve atentar para o de responsabilidade fiscal. 3. Alteração na forma de cobrança da Dívida Ativa tributária e não tributária demanda tratamento estritamente legal. 4. Ação Direta de Inconstitucionalidade julgada procedente" (STF, ADI 3.786, 2019). Eis o dispositivo: "Diante do tanto quanto exposto, JULGO PROCEDENTES as Ações Diretas de Inconstitucionalidade 3.786 e 3.845, declarando a inconstitucionalidade da integralidade da Resolução 33/2006 do Senado Federal".

– "RESOLUÇÃO N. 33, DE 2006 Autoriza a cessão, para cobrança, da dívida ativa dos Municípios a instituições financeiras e dá outras providências. O Senado Federal resolve: Art. 1º Podem os Estados, Distrito Federal e Municípios ceder a instituições financeiras a sua dívida ativa consolidada, para cobrança por endosso-mandato, mediante a antecipação de receita de até o valor de face dos créditos, desde que respeitados os limites e condições estabelecidos pela Lei Complementar n. 101, de 4 de maio de 2000, e pelas Resoluções ns. 40 e 43, de 2001, do Senado Federal. Art. 2º A instituição financeira endossatária poderá parcelar os débitos tributários nas mesmas condições em que o Estado, Distrito Federal ou Município endossante poderia fazê-lo. Art. 3º A instituição financeira endossatária prestará contas mensalmente dos valores cobrados. Art. 4º Uma vez amortizada a antecipação referida no art. 1º, a instituição financeira repassará mensalmente ao Estado, Distrito Federal ou Município o saldo da cobrança efetivada, descontados os custos operacionais fixados no contrato. Art. 5º O endosso-mandato é irrevogável enquanto não amortizada a antecipação referida no art. 1º Art. 6º Esta Resolução entra em vigor na data de sua publicação. Senado Federal, em 13 de julho de 2006".

– "O QUE A RESOLUÇÃO FORMALMENTE ESTABELECE A resolução do Senado Federal pretende estabelecer a possibilidade de outorga de mandato para realizar a cobrança da dívida ativa, pura e simplesmente. A transferência não seria da dívida, mas de sua persecução administrativa ou judicial, em nome do mandatário. Chamar este negócio jurídico de mandato-endosso apenas acresceu um adjetivo e talvez, tenha descortinado um pouco o não se tratar absolutamente de mandato. É realmente curiosa a qualificação deste suposto mandato pelo endosso, que é o instrumento clássico de translação de títulos de crédito. Ora, o legislador parece ter traído aí seu desígnio verdadeiro de permitir a venda do crédito. Essa conferência de mandado enriquecido por um endosso – que só pode ser de um título – para uma instituição financeira cobrar dívida ativa tem uma sutil contrapartida chamada antecipação. É bonito eufemismo para preço, ainda que o nome preço não seja em si depreciativo e, por isso mesmo, não demande eufemismos. Essa antecipação será, posteriormente, acrescida daquilo que a instituição financeira conseguir efetivamente receber além do que antecipara. Então, o cobrador descontará os custos administrativos da operação. É notável que se abstenha o legislador de falar em remuneração, lucros ou qualquer outro termo apropriado a caracterizar melhor o que a instituição ganhará com o negócio. São necessários pudores, porque ninguém está supondo tratar-se de ilegalidade, nem, por outro lado, de filantropia. Esse mecanismo deve apresentar bons resultados, desde que o ente público não vise com isso a burlar leis ou conceder vantagens indevidas a particulares. É certo que as instituições financeiras buscarão com muito empenho receber os créditos para cuja cobrança recebeu o peculiar mandato. Também é razoável dizer que esta outorga de cobrança pode ser menos onerosa que a criação e manutenção de estruturas de procuradorias municipais, principalmente. Contudo, esse barateamento da cobrança é, por enquanto, mera especulação, porque nada permite afirmá-la ou negá-la a partir de elementos objetivos. Outro ponto a ser sumariamente abordado, até porque não é intuito desse texto aprofundar-se no tema, é a conformidade da medida com a constituição. Já se ajuizou uma Ação Direta de Inconstitucionalidade contra a resolução, inclusive. Quanto à cobrança da dívida ativa de natureza tributária da União, o art. 131, § 3º, da CF, estabelece que será feita pela

Procuradoria-Geral da Fazenda Nacional, conforme dispuser a lei. Essa remessa à disciplina em lei deixa aberta a porta para delegações da representação em juízo quanto à execução da dívida. No que tange à cobrança em juízo das dívidas ativas das autarquias federais, a lei ordinária disciplina a quem cabe fazê-la, atribuindo-a no momento à Procuradoria-Geral Federal, órgão inserto na Advocacia-Geral da União e abrangente de várias procuradoria especializadas ou não. O art. 132 da CF atribui aos procuradores dos estados a representação judicial destes entes federados. Não o faz com exclusividade, nem privatividade, abrindo-se a possibilidade teórica de delegação das funções. Com efeito, não parece razoável ver privatividade ou exclusividade onde a constituição não a impôs. Os artigos 25 a 28 da CF, que compõem um capítulo dedicado aos Estados Federados, não dedicam uma só linha ao tratamento da representação em juízo deles. Aí, não se vêm prescrições específicas quanto à matéria, nem vedações. Compreende-se que a matéria pode ser disciplinada nas Constituições Estaduais, não se tratando de matérias cujo tratamento esteja vedado na repartição de competências. NEGÓCIO JURÍDICO QUE EFETIVAMENTE SE PREVIU A tentativa de escamotear a cessão do crédito público foi deveras engenhosa, mas é descortinável. O preço é o elemento pior disfarçado terminologicamente na Resolução do Senado Federal. Tudo indica que o intuito de não caracterizar cessão de crédito fundamentou-se na manutenção da natureza tributária de certos créditos. Aquilo que o Senado Federal chamou de antecipação do valor do crédito para cuja cobrança outorgou-se mandato a instituição financeira é o preço do crédito cedido, nada mais. Simula-se que a instituição financeira somente antecipa o que receberá quando obtiver êxito na cobrança, ou o que espera receber. O documento normativo do Senado Federal permite às instituições financeiras conceder parcelamento nos mesmos moldes em que poderia ser feito pelos estados e municípios cedentes do créditos. Aqui, desnatura-se o mandato, porque se o mandatário age em nome do mandante e nos seus interesses, o parcelamento seria concedido por este último. Admitindo-se que a concessão de parcelamento caberá à instituição financeira formalmente mandatária, deve-se aceitar que o crédito é dela, que está tomando atitude de disposição. Tal disponibilidade fica bastante evidente quando se constata que a concessão de parcelamento é, obviamente, posterior à chamada antecipação dos valores a serem cobrados. Não poderia ocorrer diversamente, pois somente após o pagamento pela cessão do crédito o cessionário pode dispor dele como bem entender, inclusive admitindo o seu pagamento parcelado. Ocorre que cessão de crédito acarreta extinção de uma relação jurídica e criação de outra, sem a necessidade de interveniência do devedor. Ocorre novação subjetiva quanto ao credor, de forma bastante enquadrável naquilo disposto nos arts. 360 e 361, do Código Civil. No caso em evidência, se se vende uma CDA extingue-se o crédito público, com o recebimento do preço. A relação havida entre o cessionário e o devedor é outra e totalmente independente da origem da dívida. Compra-se um título. Mesclaram-se elementos de direito civil, comercial, tributário, sem muita harmonia, como se fosse possível obter as vantagens de cada qual, desprezando-se os empecilhos. O sistema tem freios formais, contudo. Se a configuração vai na linha dos institutos civis, importa aceitar as normas

pertinentes e, ademais, que a essência do negócio o caracteriza, não a aparência ou o nome. Configurou-se a venda de um título extrajudicial, tomado em abstrato, ou seja, abstraindo-se os antecedentes. Então, a instituição financeira não estará cobrando um crédito público, porque este já foi liquidado por ela mesma, por meio do que chamou-se antecipação, que é preço" (CORREIA, Andrei Lapa de Barros. Disponível em: <http://jus2.uol.com.br/doutrina/texto.asp?id=8855>. Acesso em: 31 out. 2022).

> ### Art. 8º O não exercício da competência tributária não a defere a pessoa jurídica de direito público diversa daquela a que a Constituição a tenha atribuído.

⇒ **A instituição e a arrecadação dos tributos é requisito de responsabilidade na gestão fiscal, conforme a Lei de Responsabilidade Fiscal.** A LC n. 101/2000, que estabelece normas de finanças públicas voltadas para a responsabilidade na gestão fiscal, traz dispositivo que coloca a instituição de todos os tributos da competência do ente político como requisito da responsabilidade na gestão fiscal: "Art. 11. Constituem requisitos essenciais da responsabilidade na gestão fiscal a instituição, previsão e efetiva arrecadação de todos os tributos da competência constitucional do ente da Federação".

• **O não exercício de competência tributária não a transfere a outro ente político.** O não exercício da competência tributária (parcela do Poder Fiscal do Estado) não implica perda do poder respectivo. A competência pode ser exercida a qualquer tempo.

– "... ISS MUNICIPAL SOBRE LIGAÇÕES TELEFÔNICAS LOCAIS. Cuida-se de imposto, e o sendo, há que se verificar qual a entidade competente para exigi-lo sob o aspecto constitucional tributário. Em matéria de competência, o não exercício por seu titular não confere a outra entidade tributante qualidade para utilizá-la (art. 8º do CTN). Ilegítima a cobrança, por município, de imposto sobre telecomunicações, de privativa competência federal" (TRF2, AMS 91.02.05382-9, 1993).

– **Invasão de competência.** O exercício, por um ente político, de competência reservada a outro implica invasão de competência. De fato, a Constituição delimita rigidamente o poder de tributar de União, Estados, Distrito Federal e Municípios, não podendo eles extrapolar o que lhes foi outorgado sob o pretexto de que a competência não foi exercida pelo outro ente federado.

– **ITCMD. Autor da doação ou da herança domiciliado no exterior ou bens situados no exterior.** A ausência de lei complementar para regular a competência dos Estados quanto à instituição de ITCMD nas hipóteses em que o doador tiver domicílio ou residência no exterior e na em que o *de cujus* possuía bens, era residente ou domiciliado ou teve o seu inventário processado no exterior, prevista no art. 155, § 1º, I e II, da CF, não os impede de instituir esse imposto diretamente por lei ordinária, conforme já destacamos em nota ao art. 146, III, a, da CF. Mas muitos estados não previram tal incidência. Isso porém, não permite que a União usurpe essa competência dos Estados como aconteceu com a edição da Lei de Repatriação, em que o patrimônio mantido no exterior e não declarado, ainda que produto de doação ou herança, acabou sendo submetido ao imposto de renda. Vide nota ao art. 155, § 1º, I e II, da CF.

CAPÍTULO II
LIMITAÇÕES DA COMPETÊNCIA TRIBUTÁRIA

SEÇÃO I
DISPOSIÇÕES GERAIS

Art. 9º É vedado à União, aos Estados, ao Distrito Federal e aos Municípios:

I – instituir ou majorar tributos sem que a lei o estabeleça, ressalvado, quanto à majoração, o disposto nos arts. 21, 26 e 65;

II – cobrar imposto sobre o patrimônio e a renda com base em lei posterior à data inicial do exercício financeiro a que corresponda;

III – estabelecer limitações ao tráfego, no território nacional, de pessoas ou mercadorias, por meio de tributos interestaduais ou intermunicipais;

IV – cobrar imposto sobre:

a) o patrimônio, a renda ou os serviços uns dos outros;

b) templos de qualquer culto;

c) o patrimônio, a renda ou serviços dos partidos políticos, inclusive suas fundações, das entidades sindicais dos trabalhadores, das instituições de educação e de assistência social, sem fins lucrativos, observados os requisitos fixados na Seção II deste Capítulo; (Nova redação conforme a LC 104/01, vigente desde a publicação em 11/01/01)

d) papel destinado exclusivamente à impressão de jornais, periódicos e livros.

⇒ **Limitações constitucionais ao poder de tributar: art. 150 da CF.** Vide diretamente as limitações constantes do art. 150 da CF/88.

§ 1º O disposto no inciso IV não exclui a atribuição, por lei, às entidades nele referidas, da condição de responsáveis pelos tributos que lhes caiba reter na fonte, e não as dispensa da prática de atos, previstos em lei, asseguratórios do cumprimento de obrigações tributárias por terceiros.

⇒ **Ente imune como substituto tributário.** Assim como o gozo de imunidade não dispensa do cumprimento de obrigações acessórias nem da sujeição à fiscalização tributária (art. 194, parágrafo único, do CTN), também não exime o ente imune de figurar como substituto ou como responsável tributário, com todas as obrigações daí decorrentes, inclusive respondendo com recursos próprios na hipótese de descumprimento da obrigação de reter e repassar tributo e na de infringir suas obrigações de colaboração enquanto responsável tributário. Note-se que a retenção de tributos na fonte, na qualidade de responsável tributário, se efetuada adequadamente, nenhum ônus acarreta às entidades imunes, pois a operação se dá com dinheiro do contribuinte. A previsão constante deste § 1º, portanto, justifica-se plenamente, cons-

tituindo válida regulação das imunidades enquanto limitações constitucionais ao poder de tributar.

– **Substituto tributário não é contribuinte.** O substituto tributário fica obrigado ao recolhimento de tributo que não incide sobre o próprio patrimônio, a própria renda ou os próprios serviços. Diferentemente, fica obrigado ao pagamento de tributo que grava outrem. A obrigação do substituto, pois, é de colaborar com o Fisco, realizando os atos instrumentais que levam ao ingresso dos recursos nos cofres públicos, mas não propriamente de contribuir para as despesas públicas. A posição de substituto tem pressuposto de fato próprio e implica obrigações e deveres específicos, inclusive o de prestar o montante devido em lugar do contribuinte, mas sempre com a possibilidade de retenção ou ressarcimento perante ele. Assim, nenhuma ofensa há à imunidade, que impede seja o ente colocado na posição de contribuinte dos impostos, ou seja, que seja gravado o seu patrimônio, a sua renda ou seus serviços.

– **Reconhecendo a responsabilidade.** "A responsabilidade ou a substituição tributária não alteram as premissas centrais da tributação, cuja regra-matriz continua a incidir sobre a operação realizada pelo contribuinte. Portanto, a imunidade tributária não afeta, tão somente por si, a relação de responsabilidade tributária ou de substituição e não exonera o responsável tributário ou o substituto. Recurso extraordinário conhecido, mas ao qual se nega provimento" (STF, RE 202.987, 2009). Do voto condutor: "A questão de fundo está em se saber se a imunidade tributária se aplica às relações jurídicas formadas com fundamento na responsabilidade tributária ou na substituição tributária, que levam à sujeição passiva indireta... A imunidade se traduz na conformação negativa da competência tributária. Nas áreas demarcadas pela imunidade – materiais, espaciais, temporais, quantitativas ou pessoais –, os entes federados ficam proibidos de instituir tributos. As áreas que fiam excluídas da aptidão para instituir impostos, portanto, referem-se tão somente às operações realizadas pela entidade imune. Quer dizer, o Estado não pode colocar o SESI como contribuinte de imposto que grave seu patrimônio, sua renda ou seus serviços, desde que imanentes às funções institucionais que lhe são atribuídas pela Constituição e pela legislação de regência. [...] Seja na substituição, seja na responsabilidade tributária, não há o deslocamento da sujeição tributária passiva direta. Os substitutos e os responsáveis não são, nem passam a ser, contribuintes do tributo... Entendo que a imunidade tributária não alcança a entidade na hipótese de ser ela eleita responsável ou substituta tributária. Em ambos os casos, a entidade não é contribuinte do tributo. Não são suas operações que se sujeitam à tributação. Os fatos jurídicos tributários se referem a outras pessoas, contribuintes, como o produtor-vendedor no caso dos autos. Se estas pessoas não gozarem da imunidade, descabe estender-lhes a salvaguarda constitucional. Vale dizer, a eleição da entidade como sujeito passivo indireto não avança sobre qualquer das áreas constitucionalmente resguardadas pela Constituição contra a tributação, na medida em que o tributo incidirá sobre operações alheias e sujeitará diretamente pessoas estranhas à entidade beneficiada. Não se trata, também, de investigar a pessoa que suporta a carga tributária para estabelecer o alcance da imunidade. No quadro aqui examinado, a busca pelo contribuinte de fato é irrelevante, já que existe um contribuinte de direito, que é o produtor-vendedor. Descabe estender-lhe o benefício, se ele não gozar da imunidade (cf. o RE 111.427...) Anoto que a situação é muito parecida com o quadro enfrentado pela Administração pública quando licita para adquirir bens e contratar serviços. A circunstância de as mercadorias serem vendidas, e os serviços, prestados ao Estado, não exonera as entidades privadas, atuantes no mercado e vocacionadas à obtenção de lucro, do dever fundamental de pagar tributos e, assim, contribuir para o sustentáculo financeiro dos entes federados. Ao considerar a entidade-recorrente como substituta, o estado-recorrido não violou as normas que dispõem sobre a imunidade tributária."

– "... o responsável, no caso a Assembleia Legislativa Estadual, se não reteve nem recolheu o tributo devido oportunamente, deve responder pelo seu pagamento porque a lei lhe impôs essa obrigação, porém, como em verdade não assume a condição do contribuinte, titular da disponibilidade econômica ou jurídica da renda, poderá. se assim lhe aprouver, exercer o direito de regresso" (STJ, REsp 153.664, 2000).

– **Reconhecendo a responsabilidade por sucessão.** O STF entendeu que o IPTU devido pela RFFSA (sociedade de economia mista contribuinte) pode ser cobrado da sua sucessora, a União, ainda que esta seja imune, porquanto o IPTU diz respeito a período anterior à sucessão: "CONSTITUCIONAL. TRIBUTÁRIO. IMUNIDADE TRIBUTÁRIA RECÍPROCA. INAPLICABILIDADE À RESPONSABILIDADE TRIBUTÁRIA POR SUCESSÃO. ART. 150, VI, A DA CONSTITUIÇÃO. A imunidade tributária recíproca não exonera o sucessor das obrigações tributárias relativas aos fatos jurídicos tributários ocorridos antes da sucessão (aplicação "retroativa" da imunidade tributária). Recurso Extraordinário ao qual se dá provimento" (STF, RE 599.176, 2014).

– **Não há imunidade às obrigações acessórias.** "6. A imunidade tributária não autoriza a exoneração de cumprimento das obrigações acessórias. A condição de sujeito passivo de obrigação acessória dependerá única e exclusivamente de previsão na legislação tributária" (STF, RE 627.051, 2014). Vide, em nota ao art. 115 do CTN, sobre a autonomia das obrigações tributárias.

§ 2º O disposto na alínea "a" do inciso IV aplica-se, exclusivamente, aos serviços próprios das pessoas jurídicas de direito público a que se refere este artigo, e inerentes aos seus objetivos.

⇒ **CF/88.** Vide art. 150, §§ 2º e 3º, da CF.

Art. 10. É vedado à União instituir tributo que não seja uniforme em todo o território nacional, ou que importe distinção ou preferência em favor de determinado Estado ou Município.

⇒ **CF/88.** Vide art. 151, I, da CF.

Art. 11. É vedado aos Estados, ao Distrito Federal e aos Municípios estabelecer diferença tributária entre bens de qualquer natureza, em razão da sua procedência ou destino.

⇒ **CF/88.** Vide art. 152 da CF.

DISPOSIÇÕES ESPECIAIS

Art. 12. O disposto na alínea *a* do inciso IV do art. 9º, observado o disposto nos seus §§ 1º e 2º, é extensivo às autarquias criadas pela União, pelos Estados, pelo Distrito Federal, ou pelos Municípios, tão somente no que se refere ao patrimônio, à renda ou aos serviços vinculados às suas finalidades essenciais, ou delas decorrentes.

⇒ **CF, art. 150, §§ 2º e 3º.** Vide o texto da Constituição e respectivas notas.

Art. 13. O disposto na alínea *a* do inciso IV do art. 9º não se aplica aos serviços públicos concedidos, cujo tratamento tributário é estabelecido pelo poder concedente, no que se refere aos tributos de sua competência, ressalvado o que dispõe o parágrafo único.

⇒ **Prestação de serviços públicos por paticular.** Os serviços públicos não são necessariamente prestados pelo próprio estado, mas por ele assegurados à população. A par da prestação pela Administração direta, podemos ter os serviços públicos a cargo da Administração indireta e, ainda, transferidos à iniciativa privada ou mesmo a pessoas físicas. Os instrumentos para essa delegação são a concessão e a permissão.

⇒ **Concessionárias de serviços públicos.** Impende distinguir a tributação das concessionárias, que não estão abrangidas pela imunidade do art. 150, VI, *a* c/c o § 2º do mesmo artigo, da tributação dos bens públicos eventualmente utilizados pelas mesmas.

– **Serviços prestados por concessionárias. Tributação. Inexistência de imunidade.** "A imunidade recíproca é uma garantia ou prerrogativa imediata de entidades políticas federativas, e não de particulares que executem, com inequívoco intuito lucrativo, serviços públicos mediante concessão ou delegação, devidamente remunerados. Não há diferenciação que justifique a tributação dos serviços públicos concedidos e a não tributação das atividades delegadas" (STF, ADI 3.089, 2008).

– "ISSQN SOBRE SERVIÇOS DE REGISTROS PÚBLICOS, CARTORÁRIOS E NOTARIAIS... Ação Direta de Inconstitucionalidade ajuizada contra os itens 21 e 21.1 da Lista Anexa à Lei Complementar 116/2003, que permitem a tributação dos serviços de registros públicos, cartorários e notariais pelo Imposto sobre Serviços de Qualquer Natureza – ISSQN... As pessoas que exercem atividade notarial não são imunes à tributação, porquanto a circunstância de desenvolverem os respectivos serviços com intuito lucrativo invoca a exceção prevista no art. 150, § 3º, da Constituição. O recebimento de remuneração pela prestação dos serviços confirma, ainda, capacidade contributiva. [...] Ação Direta de Inconstitucionalidade conhecida, mas julgada improcedente" (STF, ADI 3.089, 2008).

– "I.S.S. INCIDENTE SOBRE ATIVIDADES PORTUÁRIAS... CONCESSIONÁRIA DE SERVIÇOS... As atividades portuárias consistem em serviços sujeitos ao tributo municipal – ISS – eis que não compreendidos dentre os da competência federal e estadual. Ademais, estão arrolados genericamente na lista do Decreto-Lei n. 406/68, com os acréscimos do Decreto-

-Lei n. 834/69. A CODESP não goza, por sua condição de concessionária de serviço público federal, de isenção quanto ao referido imposto. [...]" (TRF3, AC 91.03.0279993-6, 1995).

– "Em relação às concessionárias de serviços públicos, o direito brasileiro, desde a Constituição de 1937, veda a outorga de imunidade tributária. A atual Carta Magna é expressa, não podendo ser objeto de imunidade empreendimentos em que se receba contraprestação por tarifa ou preço público, tipo de remuneração feita pelo usuário ao concessionário de serviços públicos" (BELLO, Raquel Discacciati. Imunidade tributária das empresas prestadoras de serviços públicos. *Revista de Informação Legislativa* 132/182, 1996).

– **Bens públicos de uso especial sob uso de concessionárias.** O STF, no início de 2017, ao julgar o RE 434.251 e o RE 601.720, entendeu que a cobrança de IPTU sobre imóveis públicos utilizados por concessionárias de serviços públicos é válida. Conforme o *Informativo* 861 do STF: "O Colegiado pontuou que a imunidade recíproca prevista no art. 150, VI, 'a' (1), da Constituição Federal (CF) não foi concebida com o propósito de permitir que empresa privada atue livremente no desenvolvimento de atividade econômica e usufrua de vantagem advinda da utilização de bem público. Asseverou que a referida previsão decorre da necessidade de observar-se, no contexto federativo, o respeito mútuo e a autonomia dos entes. Não cabe estendê-la para evitar a tributação de particulares que atuam no regime da livre concorrência. Nesse contexto, salientou que, uma vez verificada atividade econômica, nem mesmo as pessoas jurídicas de direito público gozam da imunidade (CF, art. 150, § 3º). Assentou que o IPTU representa relevante custo operacional, comum a todos que exercem a atividade econômica da recorrida. Afastar tal ônus de empresa que atua no setor econômico, a partir de extensão indevida da imunidade recíproca, implica desrespeito ao princípio da livre concorrência (CF, art. 170, IV) (3), por conferir ao particular uma vantagem inexistente para os concorrentes. Ademais, ressaltou que a hipótese de incidência do IPTU não se limita à propriedade do imóvel, pois inclui o domínio útil e a posse do bem. O mesmo entendimento vale para o contribuinte do tributo, que não se restringe ao proprietário do imóvel, mas alcança tanto o titular do domínio útil quanto o possuidor a qualquer título. Nesse sentido, o Colegiado ponderou que não há falar em ausência de legitimidade da empresa ora recorrida para figurar em polo passivo da relação jurídica tributária". A ementa, em maio de 2017, ainda não tinha sido publicada.

– Entendíamos, diferentemente, que a empresa cessionária não é contribuinte de IPTU, de modo que a discussão deveria se centrar em gozar ou não, a própria União, da imunidade no caso de ceder bem imóvel a empresa privada, forte no que dispõe o art. 150, § 3º, da CF. Houve um precedente do STF cuja ementa encampou esse entendimento: "Imunidade tributária recíproca. Imóvel pertencente à União que se encontra em posse precária de concessionária de serviço público. Utilização do bem na atividade-fim. Impossibilidade de cobrança de IPTU. Precedentes. 1. Não se admite o recurso extraordinário quando os dispositivos constitucionais que nele se alega violados não estão devidamente prequestionados. Incidência das Súmulas 282 e 356/STF. 2. A imunidade tributária constante do art. 150, VI, *a*, da Cons-

tituição Federal alcança o imóvel pertencente à União que se encontra em posse precária de concessionária de serviço público para ser utilizado na atividade fim a qual essa se destina" (STF, ARE 947.142 AgR, 2016).

– "IPTU. IMÓVEIS QUE COMPÕEM O ACERVO PATRIMONIAL DO PORTO DE SANTOS, INTEGRANTES DO DOMÍNIO DA UNIÃO. Impossibilidade de tributação pela Municipalidade, independentemente de encontrarem se tais bens ocupados pela empresa delegatária dos serviços portuários, em face da imunidade prevista no art. 150, VI, *a*, da Constituição Federal. Dispositivo, todavia, restrito aos impostos, não se estendendo às taxas" (STF, RE 253.394, 2002).

– "3. No que diz respeito aos arts. 32 e 34 do CTN, que disciplinam as hipóteses de incidência e a sujeição passiva do tributo, a jurisprudência desta Corte Superior é no sentido de que somente é inexigível o IPTU da cessionária de imóvel pertencente à União, quando esta detém a posse mediante relação pessoal, sem animus domini. 4. No caso, concluiu se que o bem imóvel utilizado pela CEMIG na execução do serviço de fornecimento de energia elétrica está registrado em seu nome e não era de propriedade de qualquer pessoa jurídica de direito público, além de poder ser onerado, conforme a disposição do art. 242 da Lei das Sociedades Anônimas" (STJ, AgRg no AREsp 70.675, 2013).

– "... não há fundamento constitucional para a incidência do... IPTU sobre a infraestrutura dos serviços públicos. Por esse motivo, qualquer tentativa dos Municípios de pretender efetivar tal cobrança deverá ser afastada, por inconstitucional. Os argumentos para a inconstitucionalidade dessa cobrança são dois: i) a utilização dos espaços administrados pela Municipalidade pelo prestador do serviço público, seja ele quem for – o titular ou a iniciativa privada a quem foi concedida a prestação, tem a natureza jurídica de servidão administrativa; e esse instituto, embora seja direito real de uso, não se encontra entre as hipóteses de incidência do IPTU – propriedade, domínio útil ou posse. ii) ainda que se admita a servidão como hipótese de incidência do IPTU, no caso da prestação dos serviços públicos se verificará a imunidade recíproca, prevista no artigo 150, VI, 'a' do Texto Constitucional, que veda a tributação do patrimônio entre os Entes Federados; isso porque, sempre, haja concessão, permissão ou não, o titular do direito de servidão será sempre uma pessoa jurídica de direito público" (FERNANDES, Edison Carlos. Cobrança do IPTU sobre infraestrutura dos serviços públicos. In: PEIXOTO, Marcelo Magalhães (coord.). *IPTU* – Aspectos jurídicos relevantes. São Paulo: Quartier Latin, 2002, p. 122-123).

– "... se o Poder Concedente é o proprietário dos imóveis reversíveis, decerto qualquer exigência relativa ao IPTU incidente sobre os aludidos bens é inconstitucional. [...] os Municípios não podem exigir o recolhimento do IPTU sobre os imóveis reversíveis quando estes forem bens públicos necessários ao desempenho de funções essenciais à implementação e operação dos serviços objeto de concessão. Além disso, se comprovada a propriedade de tais imóveis pelo Poder Concedente, será necessário respeitar se o princípio constitucional da imunidade recíproca, o que tornará inconstitucional qualquer tentativa de cobrança do IPTU incidente sobre os aludidos imóveis, pelos

Municípios" (GUSMÃO, Daniela. Incidência do IPTU em imóveis de concessionárias de serviços públicos. In: PEIXOTO, Marcelo Magalhães (coord.). *IPTU – Aspectos jurídicos relevantes*. São Paulo: Quartier Latin, 2002, p. 100).

– Sobre serem ou não contribuintes em razão da qualidade de possuidoras precárias ou de titulares do domínio útil. Vide nota ao art. 156, III, da CF.

⇒ **Delegatários de serviço público. Tabeliães, notários e registradores. Sujeição à tributação. Tema 688.** É constitucional a incidência do ISS sobre a prestação de serviços de registros públicos, cartorários e notariais, devidamente previstos em legislação tributária municipal. Decisão do mérito em 2013.

– No RE 756.915, em que fixada a tese, o ministro relator, ao reiterar a jurisprudência já firmada pelo tribunal, frisou: "... a atividade em questão não se encontra ao abrigo da imunidade recíproca (art. 150, VI, *a*), uma vez que o serviço está compreendido na exceção prevista no art. 150, § 3º, da Constituição Federal, que afasta o benefício quanto às atividades desenvolvidas com intuito lucrativo. Ainda que os serviços notariais e de registro sejam prestados, na forma do art. 236 da Constituição, por delegação do poder público, essa condição não é suficiente para resguardá-los da possibilidade de sofrer tributação, notadamente pelo imposto previsto no art. 156, III, do texto constitucional em vigor. A incidência do ISS sobre Serviços de registros públicos, cartorários e notariais está prevista nos itens 21 e 21.1 da Lista de serviços anexa à Lei Complementar n. 116, de 31 de julho de 2003. As disposições foram objeto da ADI 3.089, Redator para o acórdão o Min. Joaquim Barbosa. A ação foi julgada improcedente para reconhecer a constitucionalidade da cobrança do referido tributo sobre tais situações". Eis a ementa, que é muito concisa: "Tributário. 2. Imposto Sobre Serviços de Qualquer Natureza (ISSQN). Incidência sobre serviços de registros públicos, cartorários e notariais. Constitucionalidade. 3. Imunidade recíproca. Inaplicabilidade. 4. Constitucionalidade da lei municipal. 5. Repercussão geral reconhecida. Recurso provido. Reafirmação de jurisprudência" (STF, RE 756.915 RG, 2013).

– "1. Os serviços notariais e de registro público têm natureza de serviços públicos, frente aos critérios: a) orgânico – trata-se de serviço de titularidade do Estado, prestado mediante delegação, de acordo com o artigo 236 da Constituição; b) formal – submete-se a regime diferenciado, com contornos nitidamente públicos – é disciplinado por lei específica (artigo 236, § 2º, da CF), exige-se concurso público para a seleção dos agentes delegatários (artigo 236, § 3º, da CF) e sofre fiscalização do Poder Judiciário (artigo 236, § 1º, da CF); e c) material – constitui atividade necessária à satisfação da coletividade. [...] 10. Os itens 21 e 21.1 da lista anexa à Lei Complementar 116, de 31 de julho de 2003, ao definirem os serviços notariais e de registro público como fato gerador do Imposto sobre Serviços, incorrem em flagrante violação aos artigos 150, VI, 'a', e 145, II, § 2º, da Constituição Federal" (VILLAÇA, Ana Cristina Othon de Oliveira. Serviços notariais e de registro público e a incidência do ISS. *RDDT* 119/9, 2005).

– "... o ISSQN instituído pelo § 3º do artigo 1º da Lei Complementar n. 116/03 não se refere à incidência do tributo sobre serviços públicos disponibilizados pelos entes estatais. A sua incidência, na verdade, dá-se sobre o serviço prestado pelo particular, com intuito lucrativo, mas que conjuga na sua execução a utilização de um bem ou serviço público concedido pelo ente estatal. Sendo a tributação de uma atividade exercida pelo particular, efetuada em termos econômicos, apesar de algumas prerrogativas inerentes aos contratos administrativos, não se aplica ao caso a imunidade prevista pelo artigo 150, VI, 'a' da Constituição Federal. Além da incidência do ISSQN sobre os serviços que se utilizem na sua prestação de bens ou serviços públicos concedidos pelo poder estatal, existe a possibilidade dos Municípios exigirem também preços públicos sobre a utilização de bens de domínio público. Tendo em vista a distinta natureza das duas formas de cobrança, entendemos não ser possível alegar a existência de uma dupla tributação. Contudo, no caso de concessionárias de serviços públicos privativos, existem sólidos argumentos para se questionar a cobrança de preço público, uma vez que a utilização do bem público no caso se dá em interesse da coletividade, beneficiária do sérvio, o que retiraria o fundamento da sua exigência" (CARDOSO, Alessandro Mendes. A incidência do ISSQN e de preço público sobre a exploração econômica de serviços públicos concedidos. *RDDT* 115/7, 2005).

Parágrafo único. Mediante lei especial e tendo em vista o interesse comum, a União pode instituir isenção de tributos federais, estaduais e municipais para os serviços públicos que conceder, observado o disposto no § 1º do art. 9º.

⇒ **Pela não tributação do serviço público, ainda quando prestado por particular.** "'A prestação do serviço público incumbe ao Poder Público que, por razão de conveniência administrativa, concede ao particular a faculdade de prestá-lo. A atribuição ao particular em nada altera a natureza jurídica da atividade realizada. Da mesma forma, a circunstância de o serviço público estar sendo prestado por um concessionário em nada altera a natureza jurídica da remuneração, que continua sendo taxa. [...] a Constituição elegeu a taxa de serviços como única possível remuneração para a prestação de serviços públicos específicos e divisíveis, isto é, aqueles serviços que, ainda que gerais, possam ser referenciados diretamente a alguém, que será o sujeito passivo da taxa e que responderá por parte do custo total do serviço na exata medida de sua fruição. [...] Assim, se este serviço... está fora do alcance de aplicação do artigo 173, por não se tratar de atividade econômica, mas sim de serviço público com conteúdo econômico, não se lhe aplicará, também, a vedação constante do § 2º do art. 173, estando a prestação do referido serviço ao abrigo da imunidade relativamente à incidência de impostos, posto que remunerado por taxa. [...] Pela distinção posta com clareza pela Constituição traçando uma linha muito clara entre atividade econômica – exercida pelo Estado, ou por terceiros que lhe façam as vezes – e prestação de serviço público – pelo próprio Estado ou por terceiros –, emerge claro que o desígnio constitucional foi o de excluir do campo de abrangência da imunidade o exercício de atividades econômicas e não a prestação de serviço público. A meu ver, não importa quem presta o serviço público, se o Estado, se uma empresa pública ou sociedade de economia mista ou mesmo se uma empresa particular, concessionária de serviço público. A natureza pública do serviço e seu regime jurídico constitucional, prevalecem em qualquer hipótese. Nesse sentido, sujeitar a prestação de serviço público à incidência do ISS, quando esse serviço seja prestado por particular, é negar a natureza mesma da imunidade recíproca" (ALVES, Anna Emilia Cordelli. ISS – Aspectos relevantes decorrentes da análise do artigo 1º da Lei Complementar n. 116, de 31 de julho de 2003. *RDDT* 99, 2003).

⇒ **Vedação constitucional à concessão de isenção heterônoma.** A concessão de isenção de tributos estaduais e municipais pela União não é mais possível em face da vedação constante do art. 151, III, da CF.

Art. 14. O disposto na alínea "c" do inciso IV do art. 9º é subordinado à observância dos seguintes requisitos pelas entidades nele referidas:

⇒ **Requisitos para a imunidade a impostos, a serem cumpridos pelos partidos políticos, entidades sindicais e instituições de educação e de assistência social.** Dispõe o art. 150, VI, *c*, da CF: "VI – instituir impostos sobre: [...] c) patrimônio, renda ou serviços dos partidos políticos, inclusive suas fundações, das entidades sindicais dos trabalhadores, das instituições de educação e de assistência social, sem fins lucrativos, atendidos os requisitos da lei". Esse é o dispositivo regulamentado pelo art. 14 do CTN.

– **Únicos requisitos materiais exigíveis.** Este art. 14 do CTN foi recepcionado pela Constituição de 1988, com nível de lei complementar, forte na sua compatibilidade material com o texto constitucional e com a previsão, no art. 146, II, da CF, de que a regulamentação das limitações ao poder de tribunal é reservada à lei complementar. O art. 14 estabelece os únicos requisitos ou condições materiais exigíveis para o gozo da imunidade prevista no art. 150, VI, *c*, da Constituição Federal, não cabendo à lei ordinária dispor sobre a matéria. Poderá o legislador ordinário, isto, sim, estabelecer requisitos formais quanto à constituição e funcionamento dos entes imunes. Vide notas ao art. 150, VI, *c*, da CF.

– **Não aplicação aos templos de qualquer culto.** O dispositivo refere a alínea *c* e não à alínea *b*, referente aos templos de qualquer culto. Há doutrina no sentido de que a imunidade dos templos é incondicionada. Sobre a inaplicabilidade das condições do art. 14 do CTN às Igrejas, especialmente no que diz respeito ao inciso II, que exige a aplicação dos recursos no País, forte no caráter universal de certas igrejas, vide nota ao art. 150, VI, *b*, da CF.

– **Exigências para a imunidade a contribuições de seguridade social.** Art. 195, § 7º, da CF. LC n. 187/2022. Dispõe o art. 195, § 7º, da CF: "§ 7º São isentas de contribuição para a seguridade social as entidades beneficentes de assistência social que atendam às exigências estabelecidas em lei". Essa imunidade pressupõe a efetiva realização da atividade beneficente de assistência social, razão pela qual o texto constitucional utilizou-se da expressão "exigências", como que a reforçar que os requisitos, nes-

se caso, envolvem contrapartidas em serviços. A LC n. 187/2021 é que regula tais requisitos ao dispor sobre a certificação das entidades beneficentes. Vide em nota ao art. 195, § 7º, da CF.

– Antes do advento da LC n. 187/2021, aplicava-se o art. 14 do CTN, por analogia, também à imunidade relativa às contribuições de seguridade social das entidades beneficentes de assistência social prevista no art. 195, § 7º, da CF. A utilização da analogia em matéria tributária, aliás, tem suporte no art. 108, I, do CTN.

– O STF, à época, reconheceu validade de lei ordinária quanto ao tratamento dos requisitos formais, destacando, contudo, a reserva de lei complementar para dispor sobre as condições materiais da imunidade, apontando como aplicável o art. 14 do CTN. Vide art. 195, § 7º, da CF e respectivas notas.

I – não distribuírem qualquer parcela de seu patrimônio ou de suas rendas, a qualquer título; (Nova redação conforme a LC n. 104/01, vigente desde a publicação em 11-1-2001)

⇒ **Redação revogada:** "I – não distribuírem qualquer parcela de seu patrimônio ou de suas rendas, a título de lucro ou participação no seu resultado".

⇒ **Não distribuição de lucro.** Importa destacar que a não distribuição de lucro, a ausência de fins lucrativos, não deve ser confundida com ausência de atividade econômica ou de resultado positivo. Já decidiu o STF que "sua característica não é a ausência de atividade econômica, mas o fato de não destinarem os seus resultados positivos à distribuição de lucros" (STF, ADIMC 1.802, 2004). Também a doutrina esclarece esse ponto. RENÉ ÁVILA ensina: "A expressão constitucional *sem fins lucrativos* refere-se à finalidade da instituição e não ao eventual *superavit* obtido por entidade que não tenha por fim o lucro: a finalidade é relevante e o *superavit* não" (ÁVILA, René Bergmann. Lei 9.532/97 comentada e anotada; Síntese, 1998, nota n. 90, p. 97). Desde que os resultados positivos sejam investidos nos fins da instituição, nenhum desvio de finalidade haverá.

– "... é difícil conceber que uma entidade sem fins lucrativos com a intenção de desenvolver com eficiência um determinado objetivo social, não vise ter resultado positivo ao final do exercício. Por meio do resultado positivo, a entidade, como qualquer organização que dependa de recursos financeiros para funcionar, tem meios de se proteger dos períodos de dificuldade na obtenção de receita. O resultado positivo, da mesma maneira, também garante à organização que se adapte à dinâmica das demandas sociais que lhes são impostas, mediante o investimento de seus recursos em projeto sociais que garantam melhor resultado à população. A título de exemplo, registre-se que só com a obtenção de um resultado positivo, por exemplo, que um hospital sem fins lucrativos pode se manter. Afinal, diante do alto custo dos serviços de saúde, de um lado, e dos módicos valores pagos pelo SUS, de outro, não são poucas as dificuldades encontradas ao longo do ano para tais entidades manterem sua conta no 'azul'. Portanto, a determinação constitucional para que a entidade não tenha objetivo de lucro não significa que não possa aferir resultado positivo. A observância desse comando constitucional, na realidade, está relacionada com as intenções que dão impulso às ações realizadas por seus dirigentes. Seu espírito é voltado ao altruísmo e ao desinteresse econômico pessoal? Ou, por outro lado, existem intenções econômico-financeiras e privatísticas por baixo das pretensões altruístas formalizadas no estatuto da entidade? No primeiro caso, a organização educacional e assistencial é formada por instituidores que, efetivamente, objetivam a consecução de tais ações sem fins lucrativos. Nessa hipótese, não haverá no fluxo financeiro da entidade remessa que represente vantagem descabida aos dirigentes" (ARAÚJO, José Antônio Gomes de. A imunidade tributária e o caráter sem fins lucrativos das entidades de assistência social e de educação. In: GRUPENMACHER, Betina Treiger (coord.). *Tributação: democracia e liberdade*. São Paulo: Noeses, 2014, p. 908-909).

– "Deve ser exigida da fiscalização... certa cautela na qualificação dos fatos que atestariam eventual prática com intento lucrativo realizada pela entidade. Assim é necessário porque existem situações que, mesmo podendo aparentar serem comprobatórias da distribuição de vantagem aos dirigentes, não são. Cite-se como exemplo que o dirigente de uma entidade de assistência social imune (art. 150, VI, c – CF), acaso a jornada de trabalho permita, não está impedido de exercer sua profissão de medito na instituição. É assegurado a esse profissional, pelo art. 5º, inciso XIII, da Constituição Federal, o livre exercício de sua atividade laborativa. Da mesma maneira, o conhecimento profissional especializado do dirigente, ou mesmo seu vínculo de confiança para com os demais colaboradores, podem representar um excepcional valor agregado em favor das ações e objetivos da entidade imune. Assim, quando o benefício proporcionado pelo dirigente contratado como profissional for substancialmente superior àquele que se obteria na contratação de profissional similar vindo do mercado, não pareceria razoável conjecturar pela concessão de vantagens indevidas. O fundamental, nesse caso, é que sua atuação esteja informada pelo princípio da moralidade, de maneira que toda sua atuação como dirigente ou profissional, seja de fácil demonstração. [...] A distribuição dos lucros aos dirigentes, que desencadeia a cassação da imunidade ou o seu não deferimento pelo órgão fiscal competente, não pode ser confundida com a proibição de remuneração aos dirigentes. O pagamento de remuneração pela entidade, aos seus funcionários ou aos dirigentes, não é elemento que desvirtua sua natureza. Medida que contrarie essa prática, afrontaria a tutela dos 'valores sociais do trabalho e da livre iniciativa' (CF/1988, arts. 1º, IV e 170), e ainda, da 'propriedade privada' (CF/1988, art. 5º, XXII e 170, II). Para que fique registrada a impropriedade do entendimento em contrário, o artigo 4º, inciso VI da Lei das Organizações da sociedade Civil de Interesse Público (Lei 9.790/99), autoriza que os dirigentes dessas entidades sejam remunerados pelos serviços que realizam, desde que os valores recebidos sejam compatíveis com os do mercado. É óbvio que as instituições de educação e assistência social sem fins lucrativos referidas na regra de imunidade compõem um conjunto muito mais extenso de organizações sociais. De qualquer maneira, tal preceptivo já em 1999 revelava a necessidade que se impunha a essas entidades. Só em outubro do ano passado com a Lei 12.868/2013, depois de quatorze anos da edição da

Lei 9.790/99, foi instituída norma jurídica expressa autorizando a remuneração dos dirigentes pelas entidades que fossem certificadas como beneficentes. Como a obtenção desse certificado é uma das exigências para as entidades fruírem das imunidades às contribuições da seguridade social (art. 195, § 7º, da Constituição Federal), a partir d e então o ordenamento jurídico passou a autorizar que as entidades que remunerem seus dirigentes – desde que observem as demais exigências instituídas na Lei 12.101, alterada pela 12.868, – consigam a imunidade das contribuições. A novel legislação fez o mesmo em relação à imunidade aos impostos que na interpretação da União era regulamentada pelo artigo 12 da lei 9.532/97. Nesse último caso, entretanto, a alteração chegou atrasada, pois há muito tempo os tribunais vêm afastando a exigência da não remuneração dos dirigentes, sob o fundamento de que os requisitos para a fruição dessa imunidade são os catalogados no artigo 14 do código Tributário nacional e não os da Lei 9.532/97. A questão, portanto, relativamente à remuneração do dirigente, parece estar superada, sendo que sua ocorrência não pode ser óbice, nem para a obtenção das imunidades das contribuições (art. 195, § 7º...), nem para a imunidade dos impostos (art. 150, VI, alínea 'c'...). Se já haviam argumentos contundentes capazes de autorizar às entidades imunes aos impostos à remunerarem seus dirigentes, com a edição da Lei 12.868/2013, não parece haver mais qualquer dúvida a respeito" (ARAÚJO, José Antônio Gomes de. A imunidade tributária e o caráter sem fins lucrativos das entidades de assistência social e de educação. In: GRUPENMACHER, Betina Treiger (coord.). *Tributação: democracia e liberdade*. São Paulo: Noeses, 2014, p. 910-914).

⇒ **Remuneração dos Diretores.** MACHADO, Hugo de Brito; MACHADO SEGUNDO, Hugo de Brito. Imunidade tributária dos sindicatos. Condições. Remuneração de diretores. Irrelevância das regras estatutárias. *RDDT* 231/135, 2014.

⇒ **Remuneração dos Diretores por atividade de magistério. Possibilidade.** "2. A vedação imposta pelo inciso IV do art.55 da Lei n. 8.212/91 não impede que os dirigentes da sociedade mantenedora percebam contra-prestação salarial por serem empregados da entidade mantida, na qual, regularmente registrados, exercerem atividades de magistério ou orientação educacional. 3. Apelo e remessa oficial improvidos" (TRF4, AMS 96.04.62886-0, 2000).

⇒ **Remuneração de executivos.** "... a remuneração de executivos não afeta a imunidade das entidades beneficentes sem fins lucrativos, desde que não haja benefícios ou distribuição de lucros da entidade mantida para a entidade mantenedora. Houve época, em que se entendia que nem mesmo os executivos poderiam ter qualquer remuneração, apesar de serem profissionais contratados. Hoje, a questão está superada. Encontra-se – para tais efeitos – a regulada pelos artigos 9º e 14 do CTN com as alterações da LC 104/01. Referidos dispositivos do CTN elencam, portanto, as únicas condições que as entidades que desenvolvam tais atividades devem preencher para gozar da desoneração em tela, e que representam verdadeiras balizas a que se deve ater o legislador ordinário. [...] O que a norma legal veda é a remuneração daquele que exerce atividades de diretor ou conselheiro de uma entidade imune, ou seja, proíbe remuneração por atribuições inerentes a esses cargos de estrutura diretiva das mantenedoras enquanto apenas cuidando das entidades mantidas. Não, porém, da atividade profissional exercida, no desempenho das funções de diretor executivo ou superintendentes da mantida, que exigem habilitação profissional, conhecimento específico e titulação necessária para essas finalidades, nas formas das leis que regem a profissão do administrador de empresas. E o mesmo ocorre com chefes de departamento, coordenadores, gerentes etc., que com aquele não se confundem. Desta forma, o artigo 14 do CTN é respeitado..." (MARTINS, Ives Gandra da Silva. Imunidade de instituições sem fins lucrativos dedicadas à Previdência e Assistência Social. *RDDT* 94/64 e 66-67, 2003).

II – aplicarem integralmente, no País, os seus recursos na manutenção dos seus objetivos institucionais;

⇒ **Aplicação da totalidade das receitas líquidas.** "para que gozem da imunidade constitucional, as entidades vinculadas à consulente devem aplicar a totalidade das suas receitas nos seus objetivos institucionais, entendendo-se por receitas, as receitas líquidas, após a dedução das despesas, inclusive aquelas de publicidade e divulgação" (MARTINS, Ives Gandra da silva. Títulos de capitalização, cuja comercialização por entidades de assistência social sem fins lucrativos, tem os resultados, deduzidas as despesas, destinados exclusivamente a seus objetivos sociais – imunidade tributária das receitas. *RDDT* 215/180, 2013).

III – manterem escrituração de suas receitas e despesas em livros revestidos de formalidades capazes de assegurar sua exatidão.

⇒ **A escrituração necessária para a verificação dos demais requisitos.** "2. A escrituração exigível nos termos do inciso III do art. 14 do CTN é aquela fundada em um instrumento ou meio adequado para verificar, com exatidão, que os demais requisitos constantes nos incisos I e II estão sendo compridos" (STJ, AgRg no AREsp 100.911, 2012).

– Sujeição à fiscalização tributária. Os entes imunes sujeitam-se à fiscalização tributária como as demais pessoas, contribuintes ou não. Aliás, o CTN, ao cuidar da Administração Tributária, em seu art. 194, dispõe que a legislação tributária regulará os poderes das autoridades administrativas em matéria de fiscalização e que se aplica "às pessoas naturais ou jurídicas, contribuintes ou não, inclusive às que gozem de imunidade tributária ou de isenção de caráter pessoal". E seu art. 195 destaca a prerrogativa das autoridades de examinarem livros, arquivos e documentos, e determina que a escrituração e os comprovantes dos lançamentos nela efetuados sejam conservados até a prescrição dos créditos tributários.

§ 1º Na falta de cumprimento do disposto neste artigo, ou no § 1º do art. 9º, a autoridade competente pode suspender a aplicação do benefício.

⇒ **Não há discricionariedade da autoridade para aplicar ou suspender.** "... não se pode deixar de criticar a dicção do § 1º do art. 14, CTN, por levar ao equivocado entendimento segundo o qual a autoridade administrativa pode 'suspender' a aplicação da imunidade – o que se apresenta inadequado diante do significado das situações de intributabilidade determinadas pela própria Constituição. Em verdade, tratando-se de tema constitucional, sobre o qual mesmo o legislador infraconstitucional pouco pode interferir (somente para conter a eficácia da norma, estabelecendo requisitos a serem atendidos pelos sujeitos beneficiados, quando assim autorizado), não se permite ao administrador fiscal outorgar, suspender ou indeferir a aplicação da imunidade. Ou ela se aplica, por se adequar a situação de fato à hipótese constitucional e por atendidos os requisitos legais, se postos, nada mais restando à Administração Fiscal senão declará-la, ou não se aplica, por não ter ocorrido a subsunção da situação de fato à norma constitucional ou por não terem sido cumpridas as exigências legais" (COSTA, Regina Helena. *Curso de direito tributário.* 5. ed. São Paulo: Saraiva, 2015, p. 112).

⇒ **Ônus da prova do descumprimento dos requisitos.** "Na própria configuração oficial do lançamento, a lei institui a necessidade de que o ato jurídico administrativo seja devidamente fundamentado, o que significa dizer que o Fisco tem que oferecer prova concludente da ocorrência do evento na estrita conformidade com a previsão genérica da hipótese normativa. Seguindo adiante, vindo o sujeito passivo a contestar a fundamentação do ato aplicativo lavrado pelo Fisco, o ônus de exibir a improcedência dessa iniciativa impugnatória volta a ser, novamente, da Fazenda, a quem quadrará provar o descabimento jurídico da impugnação, fazendo remanescer a exigência. [...] É nesse sentido que o pressuposto do descumprimento de quaisquer das hipóteses dos requisitos exigidos pelo art. 14 do Código Tributário Nacional que dá ensejo à suspensão da imunidade tributária deverá ser relatado de maneira transparente e cristalina, revestido com os meios de prova admissíveis nesse setor do direito" (CARVALHO, Paulo de Barros. Imunidades condicionadas e suspensão de imunidades: análise dos requisitos do artigo 14 do Código Tributário Nacional impostos às instituições de educação sem fins lucrativos. *RET* 80/7, 2011).

– **Termo inicial da suspensão: data da infração.** O art. 32 da Lei n. 9.430/96, ao regular a suspensão da imunidade, estabelece que "terá como termo inicial a data da prática da infração" (§ 5º).

– Lei n. 9.430/96: "Capítulo IV PROCEDIMENTOS DE FISCALIZAÇÃO Seção I Suspensão da Imunidade e da Isenção Art. 32. A suspensão da imunidade tributária, em virtude de falta de observância de requisitos legais, deve ser procedida de conformidade com o disposto neste artigo. § 1º Constatado que entidade beneficiária de imunidade de tributos federais de que trata a alínea *c* do inciso VI do art. 150 da Constituição Federal não está observando requisito ou condição previsto nos arts. 9º, § 1º, e 14, da Lei n. 5.172, de 25 de outubro de 1966 – Código Tributário Nacional, a fiscalização tributária expedirá notificação fiscal, na qual relatará os fatos que determinam a suspensão do benefício, indicando inclusive a data da ocorrência da infração. § 2º A entidade poderá, no prazo de trinta dias da ciência da notificação, apresentar as alegações e provas que entender necessárias. § 3º O Delegado ou Inspetor da Receita Federal decidirá sobre a procedência das alegações, expedindo o ato declaratório suspensivo do benefício, no caso de improcedência, dando, de sua decisão, ciência à entidade. § 4º Será igualmente expedido o ato suspensivo se decorrido o prazo previsto no § 2º sem qualquer manifestação da parte interessada. § 5º A suspensão da imunidade terá como termo inicial a data da prática da infração. § 6º Efetivada a suspensão da imunidade: I – a entidade interessada poderá, no prazo de trinta dias da ciência, apresentar impugnação ao ato declaratório, a qual será objeto de decisão pela Delegacia da Receita Federal de Julgamento competente; II – a fiscalização de tributos federais lavrará auto de infração, se for o caso. § 7º A impugnação relativa à suspensão da imunidade obedecerá às demais normas reguladoras do processo administrativo fiscal. § 8º A impugnação e o recurso apresentados pela entidade não terão efeito suspensivo em relação ao ato declaratório contestado. § 9º Caso seja lavrado auto de infração, as impugnações contra o ato declaratório e contra a exigência de crédito tributário serão reunidas em um único processo, para serem decididas simultaneamente. § 10. Os procedimentos estabelecidos neste artigo aplicam-se, também, às hipóteses de suspensão de isenções condicionadas, quando a entidade beneficiária estiver descumprindo as condições ou requisitos impostos pela legislação de regência. § 11 (*Revogado.*) § 12. A entidade interessada disporá de todos os meios legais para impugnar os fatos que determinam a suspensão do benefício. (Incluído pela Lei 11.941/2009)".

– Esse termo inicial constante do art. 32 da Lei n. 9.430/96 corresponde àquele previsto, pela LC n. 187/2021, para a suspensão da imunidade a contribuições de seguridade social, porquanto o art. 38, § 6º, dessa lei complementar estabelece que "os efeitos do cancelamento da imunidade retroagirão à data em que houver sido praticada a irregularidade pela entidade".

– **No sentido da irretroatividade do ato administrativo de suspensão da imunidade.** "... o artigo 14 do Código Tributário Nacional, em seu § 1º, [...] não disciplina a forma como deve se dar tal suspensão, nem os efeitos dela decorrentes. Por isso, com o escopo de regulamentar o assunto, foi editada a Lei 9.430, de 27 de dezembro de 1996, que, no art. 32, dispõe sobre o procedimento de suspensão da imunidade e também sobre os efeitos do ato administrativo e da suspensão. Ocorre que... a União não tem competência para, mediante lei ordinária, editar normas gerais de direito tributário concernentes às chamadas limitações constitucionais ao poder de tributar, sendo esta reservada à lei complementar. Logo, estamos diante de vício formal que compromete a constitucionalidade da referida lei. Quanto aos aspectos de ordem material, o art. 32, § 5º, da Lei n. 9.430/1996 determina que a suspensão da imunidade terá como termo inicial a data da prática da infração, ou seja, os efeitos do ato declaratório retroagirão para alcançar fatos ocorridos antes da sua expedição. Observa-se aí mais um vício que macula o mencionado diploma, pois, além de representar manifesta ofensa ao direito adquirido, entra em conflito com o § 1º do art. 14 do CTN, segundo o qual a autoridade administrativa pode 'suspender a aplicação do benefício'. Ora, 'suspender' é muito diferente de 'cassar' ou 'anular'

o benefício. Na suspensão, não se admite que os efeitos retroajam. Suspender significa sustar, sobrestar, impedir, não dar prosseguimento, parar, interromper. Seus efeitos, portanto, somente poderão contar-se *ex nunc*" (CARVALHO, Paulo de Barros. Imunidades condicionadas e suspensão de imunidades: análise dos requisitos do artigo 14 do Código Tributário Nacional impostos às instituições de educação sem fins lucrativos. *RET* 80/7, 2011).

§ 2º Os serviços a que se refere a alínea c do inciso IV do art. 9º são exclusivamente os diretamente relacionados com os objetivos institucionais das entidades de que trata este artigo, previsto nos respectivos estatutos ou atos constitutivos.

⇒ **CF, art. 150, § 4º** Vide texto da Constituição e respectivas notas.

Art. 15. Somente a União, nos seguintes casos excepcionais, pode instituir empréstimos compulsórios:

⇒ **Empréstimos compulsórios na CF/88.** A Constituição outorga competência à União para instituir empréstimos compulsórios em casos de calamidade ou guerra externa e de investimento urgente e de relevante interesse nacional. Vide art. 148 da CF.

I – guerra externa, ou sua iminência;

II – calamidade pública que exija auxílio federal impossível de atender com os recursos orçamentários disponíveis;

III – conjuntura que exija absorção temporária de poder aquisitivo.

⇒ **O inciso III está revogado. A finalidade de absorção de poder aquisitivo já não autoriza a instituição de empréstimo compulsório.** Não é mais autorizada a instituição de empréstimo compulsório para a absorção temporária de poder aquisitivo, pois tal hipótese não consta do rol taxativo constante do art. 148 da CF. O inciso III não foi recepcionado pela CF/88, por ser materialmente incompatível com o seu art. 148, razão pela qual está revogado.

Parágrafo único. A lei fixará obrigatoriamente o prazo do empréstimo e as condições de seu resgate, observando, no que for aplicável, o disposto nesta Lei.

⇒ **Fixação obrigatória, sob pena de invalidade.** A definição do prazo do empréstimo é fundamental para a sua revelação como verdadeiro empréstimo. A lei complementar instituidora do empréstimo (art. 148, II, da CF) tem, necessariamente, de estabelecer, concretamente, quando a restituição ocorrerá; do contrário, não se terá tributação válida.

TÍTULO III
IMPOSTOS

⇒ **Critério de apresentação dos impostos.** O CTN traça normas gerais sobre impostos e, após, define o fato gerador, base de cálculo e contribuintes dos impostos discriminados na Constituição. Enquanto a CF arrola os impostos segundo a competência dos entes políticos, o CTN o faz dividindo-os conforme o objeto da tributação.

CAPÍTULO I
DISPOSIÇÕES GERAIS

Art. 16. Imposto é o tributo cuja obrigação tem por fato gerador uma situação independente de qualquer atividade estatal específica, relativa ao contribuinte.

⇒ **Conceito de imposto.** "A definição do art. 16 encerra conceito puramente jurídico, mas que coincide com a noção teórica. Por esta, a nosso ver, imposto é a prestação de dinheiro que, para fins de interesse coletivo, uma pessoa jurídica de Direito Público, por lei, exige coativamente de quantos lhe estão sujeitos e têm capacidade contributiva, sem que lhes assegure qualquer vantagem ou serviço específico em retribuição desse pagamento" (BALEEIRO, Aliomar. *Direito tributário brasileiro*. 11. ed. Ed. Rio de Janeiro: Forense, 1999, p. 197).

– **Conceito financeiro de imposto: tributo destinado a atender indistintamente às necessidades de ordem geral.** Antes do advento da Emenda Constitucional n. 18/65 à Constituição de 1946 e do CTN, porém, a legislação previa a utilização da palavra *imposto* segundo a destinação do tributo. Veja-se, nesse sentido, o texto do art. 1º, § 2º, do Decreto-Lei n. 2.416/40, que repetiu, no ponto, o Decreto-Lei n. 1.804/39, ambos dispondo sobre normas orçamentárias, financeiras e de contabilidade: "Art. 1º Orçamento será uno, incorporando-se obrigatoriamente à receita todos os tributos, rendas e suprimentos de fundos, e incluindo-se na despesa todas as dotações necessárias ao custeio dos serviços públicos... § 2º A designação de imposto fica reservada para os tributos destinados a atender indistintamente às necessidades de ordem geral da administração pública...". Assim é que era diferenciado da taxa, designação reservada, pelo mesmo artigo, para os tributos exigidos como remuneração de serviços específicos prestados ao contribuinte, ou postos à disposição, ou ainda para as contribuições destinadas ao custeio de atividades especiais do Estado ou do Município, provocadas por conveniências de caráter geral ou de determinados grupos de pessoas. A identificação dos tributos pela sua destinação teria restado superada com o CTN, que elegeu o fato gerador como determinante da sua natureza jurídica, dizendo irrelevantes tanto a destinação quanto a denominação. Mas o art. 167, IV, da CF/88, ao vedar a vinculação do produto de impostos a órgão, fundo ou despesa, endossa aquele antigo conceito financeiro de imposto. Ademais, com o advento da CF/88, a destinação do produto tomou novamente relevância, porquanto indispensável para a identificação das contribuições especiais e dos empréstimos compulsórios, muitas vezes constituindo o único critério de distinção de tais figuras relativamente aos impostos.

– **IPVA x pedágio.** É muito comum notar-se a inconformidade de contribuintes com o pagamento de pedágio sob o argumento de que já pagam o Imposto sobre a Propriedade de Veículos Automotores. A inconsistência de tal raciocínio é evidente, pois o IPVA é um imposto como outro qualquer, sem destinação específica, sendo que a sua receita vai servir às despesas públicas como um todo. Não há qualquer vinculação do IPVA com a conservação de rodovias e nem poderia haver em face da sua natureza e da vedação constante do art. 167, IV, da CF.

⇒ **Identificação do *imposto* pelo seu fato gerador.** Nos termos do art. 4º do CTN, o fato gerador do tributo é que define a sua natureza jurídica: se imposto, taxa, contribuição etc.

– O fato gerador do imposto não está ligado a nenhuma atividade estatal específica que o Poder Público lhe dirija. Acha-se ligado, sim, "a uma atividade ou situação, exclusivamente relacionada ao sujeito passivo", que denote capacidade contributiva. "A administração pública ou o Estado não intervém na concretização da situação de fato prevista em lei, que sempre será alheia a uma atividade estatal dirigida ao contribuinte" (MORAES, Bernardo Ribeiro de. *Compêndio*. Rio de Janeiro: Forense, 1995, v. 1, p. 420).

– "... o contribuinte ou responsável tributário, ao pagá-lo, não espera qualquer contraprestação efetiva ou potencial de natureza pessoal. A definição traz, no seu bojo, uma imprecisão ao falar em 'atividade específica relativa ao contribuinte', pois a mesma definição é válida para o responsável tributário, ou seja, para qualquer sujeito passivo da obrigação tributária, nos termos do art. 121 do CTN" (MARTINS, Ives Gandra da Silva. *Comentários ao Código Tributário Nacional*. São Paulo: Saraiva, 1998, v. 1, p. 154).

⇒ **Classificação dos impostos.** Vejamos algumas das classificações dos impostos propostas pela doutrina, muitas das quais se prestam para classificar outras espécies tributárias também. De qualquer modo, é preciso ter em conta advertência comum a qualquer classificação: "... não há um único método que leve a uma classificação que seja 'verdadeira' ou definitiva. Elas são úteis ou não. É inegável que as classificações desempenham um importante papel no domínio do conhecimento jurídico em geral. Elas têm as vantagens de toda divisão do trabalho humano porque permitem que um aspecto de um determinado objeto possa ser melhor e mais profundamente explorado. Todavia, essa vantagem pode se converter num perigo se o sujeito que as faz perde, durante a construção do conhecimento, a noção do todo, tratando uma parte como se ela fosse uma representação do todo" (ANDRADE FILHO, Edmar Oliveira. *Infrações e sanções tributárias*. São Paulo: Dialética, 2003, p. 9).

– **Ordinários e extraordinários,** conforme sejam permanentes, constituindo receitas constantes do Estado, ou temporários, instituídos para satisfazer necessidades excepcionais de recursos (vide o art. 154, inciso II, sobre o imposto extraordinário de guerra, de competência da União).

– **Principais e adicionais,** conforme possuam autonomia, independendo de outra relação jurídica tributária, ou constituam mera majoração de imposto já existente, ao qual estão intimamente relacionados e do qual são dependentes, sendo calculados sobre a mesma base de cálculo ou até sobre o próprio montante do imposto principal a recolher (a redação original do inciso II do art. 155 previa a instituição, pelos Estados, de adicional de

5% do que fosse pago à União a título de imposto de renda por pessoas físicas ou jurídicas domiciliadas nos respectivos territórios/importa atentar para o fato de que, muitas vezes, os adicionais apresentam-se de forma velada, como se um novo tributo fosse, somente sendo identificados mediante análise criteriosa e comparativa do seu fato gerador).

– **Diretos e indiretos**, conforme, segundo os vários enfoques desta classificação, seja possível ou não a determinação prévia da pessoa do contribuinte, ocorra ou não confusão entre o contribuinte de direito e o contribuinte de fato – aquele que suporta o ônus tributário –, o que se costuma referir como possibilidade ou não de transferência do ônus econômico, incidência sobre fatos que denotam capacidade contributiva real (riqueza em si) ou presumida (riqueza manifestada por atos instantâneos de fruição).

– **Fiscais e extrafiscais**, conforme tenham por finalidade principal proporcionar recursos financeiros ou induzir determinados comportamentos. Sobre a extrafiscalidade, vide nota introdutória à CF.

– **Fixos, proporcionais e progressivos**, conforme o montante a pagar seja fixo – determinado por lei em montante certo e inflexível – ou variável, neste caso segundo a base de cálculo (alíquota fixa) ou segundo a alíquota, que é crescente (com progressão contínua ou por escalas).

– **Instantâneos, complexos e continuados**, conforme o fato gerador seja um fato isolado (transmissão de bens imóveis), um conjunto de fatos considerados como um todo (renda obtida ao longo do ano), ou uma situação continuada no tempo (propriedade territorial).

– **Reais e pessoais; objetivos e subjetivos.** Não nos parece que haja muita clareza na doutrina e na jurisprudência acerca dos critérios para a distinção entre impostos reais e pessoais. O art. 145, § 1º, da CF dá um indicativo ao facultar à administração a identificação do patrimônio, rendimentos e atividades econômicas do contribuinte como meio de dar caráter pessoal aos impostos e graduá-los segundo a capacidade econômica dos contribuintes. Assim, leva-nos ao entendimento de que pessoal é o imposto que considera as circunstâncias específicas relativas a cada contribuinte para o dimensionamento do montante a pagar. Enquanto a locução "imposto pessoal" nos remete à pessoa e, portanto, à consideração as circunstâncias subjetivas do contribuinte, a locução "imposto real" nos parece inapropriada. Isso porque somos levados a pensar nas "coisas" como se estivéssemos cuidando de impostos que incidissem sobre determinados bens, quando, em verdade, não é disso que se trata. Impostos reais não são aqueles incidentes sobre bens, mas quaisquer impostos quando gravam determinada revelação de riqueza considerada de modo isolado, sem atenção às circunstâncias da pessoa que é seu titular. Nos parece melhor, portanto, substituirmos a referência a "impostos reais" por "impostos objetivos". Adiante há nota sobre a distinção entre impostos subjetivos e objetivos e sobre a subjetivação dos ditos "impostos reais". Vale referir, ainda, que, muitas vezes, impostos que supostamente seriam pessoais, acabam assumindo caráter de tal modo objetivo que perdem qualquer grau de pessoalidade ou de subjetivação. Exemplo é o imposto de renda sobre rendimentos financeiros, com tributação exclusiva na fonte em percentual fixo, que não se comunica para fins de ajuste e que, portanto, é retido e recolhido sem qualquer consideração quanto ao titular de tais rendimentos, qual o seu nível de renda, se mantém dependentes, de tem despesas médicas ou de educação etc. Vide as citações a seguir e, também, as notas ao art. 145, § 1º, da CF.

– "São impostos reais aqueles cujo aspecto material da hipótese de incidência limita-se a descrever um fato, ou estado de fato, independentemente do aspecto pessoal, ou seja, indiferente ao eventual sujeito passivo e suas qualidades. A hipótese de incidência é um fato objetivamente considerado, com abstração feita das condições jurídicas do eventual sujeito passivo; estas condições são desprezadas, não são consideradas na descrição do aspecto material da hipótese de incidência... São impostos pessoais, pelo contrário, aqueles cujo aspecto material da hipótese de incidência leva em consideração certas qualidades, juridicamente qualificadas, dos possíveis sujeitos passivos. Em outras palavras, estas qualidades jurídicas influem, para estabelecer diferenciações de tratamento legislativo, inclusive do aspecto material da hipótese de incidência. Vale dizer: o legislador, ao descrever a hipótese de incidência, faz refletirem-se decisivamente, no trato do aspecto material, certas qualidades jurídicas do sujeito passivo. A lei, nestes casos, associa tão intimamente os aspectos pessoal e material da hipótese de incidência, que não se pode conhecer este sem considerar aquele" (ATALIBA, Geraldo. *Hipótese de incidência tributária*. São Paulo: RT, p. 125).

– "Como noção, pode-se dizer que impostos reais são aqueles que incidem sobre um objeto material, uma coisa (*res*, em latim); impostos pessoais, aqueles em que a tributação incide devido a certas características da pessoa do sujeito passivo. [...] Exemplo de imposto pessoal é o imposto de renda. De impostos reais, o IPI, o ICMS e os impostos sobre o patrimônio (IPTU, ITR etc.)" (DIFINI, Luiz Felipe Silveira. *Manual de direito tributário*. São Paulo: Saraiva, 2003, p. 28).

– Schoueri critica a classificação atual e propõe nova perspectiva para a classificação dos tributos em reais e pessoais: "... essa classificação já não pode ser aceita, quando se vê que o IPTU muitas vezes é isento no caso de ser o único imóvel de um proprietário que tenha atingido determinada idade, ou aposentado. Nesses casos, é evidente que critérios pessoais acabaram por afetar a própria incidência do tributo que, nesse sentido, perde a categoria de tributo real. Do mesmo modo, o Imposto de Renda muitas vezes deixa de lado os aspectos pessoais do contribuinte. É o caso da incidência exclusiva na fonte, em rendimentos de aplicações financeiras. Mais adequado, portanto, seria falar em tributos reais para versar sobre aqueles cuja obrigação está garantida por um direito real e pessoais aqueles não garantidos. Assim, no caso de tributos reais, o fisco tem, entre seus privilégios ou garantias, o gravame sobre o bem que revela a capacidade contributiva captada pelo legislador" (SCHOUERI, Luís Eduardo. *Direito tributário*. 2. ed. São Paulo: Saraiva, 2012, p. 150).

– Lapatza apresenta uma distinção entre impostos reais e pessoais um tanto diferente. A tributação de determinado tipo de renda, considerada em separado, por exemplo, é vista por ele como uma tributação real. Só teria cunho pessoal a tributação que, pelo seu próprio objeto, necessariamente tivesse em conta a situação subjetiva do contribuinte. Eis as suas palavras: "Los impuestos reales son aquellos que gravan una manifestación de la riqueza que, utilizando la conocida expresión de Sáinz de Bujanda, puede ser pensada sin ponerla en relación con una determinada persona. Así, por ejemplo, la renta que produce un edifício, o una finca rústica, o la fabricación de cervezas, o el consumo de gasolina. Dentro de la imposición directa, el nombre de impuestos reales se aplica a los que gravan una renta o un producto que procede de una determinada fuente, sin ponerlo en relación, al menos inmediatamente de forma que no puede ser pensada sin ella, con la persona que la recibe. Por ejemplo, a los que gravan la renta de una finca rústica, de un edifício, de otras formas de capital (dinero dado a préstamo, bienes muebles arrendados, etc.), del trabajo (sueldos, honorários de profesionales, etc.) o del ejercicio de una industria o comercio. El nombre de impuestos reales nace precisamente refiriéndose a la realidad cuyo producto se grava, es decir, al suelo, a los edifícios, a la industria, etc. [...] Son impuestos personales aquellos que gravan una manifestación de la riqueza que, utilizando de nuevo palabras de Sáinz de Baranda (sic), no puede ser pensada sin ponerla en relación com una determinada persona. Así, por ejemplo, los impuestos que gravan la renta global (proceda de donde proceda) de una persona física o jurídica o los que gravan el património total de una persona. En nuestro ordenamiento actual son obviamente impuestos personales el Impuesto sobre la Renta de las Personas Físicas y el Impuesto sobre Sociedades. Asimismo, es un impuesto personal el Impuesto sobre el Patrimonio que grava el patrimonio de las personas físicas" (LAPATZA, José Juan Ferreiro. *Curso de derecho financiero español*. Madrid. Barcelona: Marcial Pons, 2000, v.1, p. 198-200).

– "Se llaman impuestos personales aquellos impuestos en cuyos hechos imponibles tienen importancia cualidades personales del 'contribuyente'. (...) Se llaman impuestos reales, al contrario, los impuestos para los cuales son indiferentes las cualidades personales del contribuyente. Estas cualidades pueden ser el sexo, la edad, el estado civil y de familia, la religión, la nacionalidad, la residencia o el domicilio, la profesión" (JARACH, D. *El hecho imponible*: teoría general del derecho tributario sustantivo. 2. ed. Buenos Aires: Abeledo-Perrot, 1971, p. 195).

– "... impostos pessoais são aqueles cujas hipóteses de incidência leva em conta características pessoais do contribuinte. É o caso típico do Imposto de Renda Pessoa Física, que varia em função de aspectos pessoais do contribuinte, como o número de dependentes, as despesas com saúde e educação, entre outros. Impostos reais, por outro lado, são aqueles cuja hipótese de incidência toma em consideração características, não da pessoa do contribuinte, mas da coisa tributada, isto é, do bem sobre o qual recai o tributo. Exemplo clássico de imposto real é o IPTU, cuja exigência se baseia em peculiaridades do respectivo imóvel, como a metragem, a topografia etc." (BATISTA, Clayton Rafael. É possível a progressividade de alíquotas do ITCMD? *RDDT* 132, 2006).

– "Os impostos pessoais são aqueles em que, para definição do fato gerador, são levadas em consideração certas condições pessoais do sujeito passivo, como por exemplo, saúde, encargos de família, despesas para realização do fato tributado, etc. Nos impostos pessoais essas características ou condições pessoais estão diretamente ligadas ao fato tributado e a sua quantificação, por isso que o fato tributado é expressão econômica da própria capacidade contributiva do sujeito passivo. Poder-se-ia dizer que essas condições pessoais têm um vínculo direto com a expressão econômica do fato tributado. Por trás palavras, a quantificação da expressão econômica do fato tributado depende diretamente dessas condições pessoais, na medida em que o fato tributado é expressão econômica objetiva da capacidade contributiva do sujeito passivo. Assim, v.g., o acréscimo patrimonial, fato gerador do IRPF, constituído pela renda líquida, só pode ser concebido e mensurado, financeiramente, depois de consideradas as despesas necessárias tanto para obtenção dos rendimentos, como para mantença da fonte produtora dos mesmos rendimentos que compõem ou contribuem para o acréscimo patrimonial. [...] Os impostos reais são aqueles em que a definição do fato gerador leva em consideração apenas a realidade tributável se qualquer vinculação com a pessoa do sujeito passivo. Considera-se o fato tributável isoladamente se considerações a respeito das condições pessoais do contribuinte exatamente porque não há condições pessoais que se liguem diretamente ao fato tributado. Dito de outro modo, o fato gerador não tem vinculação direta com as condições pessoais do contribuinte e não é um dado objetivo de mensuração e expressão da capacidade de contribuir do sujeito passivo. No máximo pode significar um dado indireto da capacidade contributiva, ou um sinal exterior de riqueza que pode não corresponder à realidade da capacidade de contribuir, ao contrário do que ocorre nos impostos pessoais. Os impostos indiretos, como o ICMS e o IPI, são tributos reais, porque seu fato gerador não é de nenhuma forma expressão econômica da capacidade contributiva do sujeito passivo, até porque, neles, a carga tributária é transferida a terceiro, o chamado contribuinte de fato. Nos impostos diretos, alguns, como o IPTU e o IPVA, são reais, porque também não são a expressão direta e imediata da capacidade de contribuir, não passando de um indício exterior de riqueza" (voto do Des. Adão Cassiano, do TJRS, na AP 70012471538, 2006).

– "Classificação, menos usual, mas que pode contribuir muito para a compreensão da matéria é a proposta por José Juan Ferreiro Lapatza, em sua obra *Curso de derecho financiero español*. Vol. I. Madrid. Barcelona: Marcial Pons, 2000, p. 198/200, entre impostos objetivos e subjetivos. Essa classificação considera que um imposto tradicionalmente classificado como pessoal, tal qual o imposto de renda, pode ser tratado de modo subjetivo ou objetivo. Também um imposto tipicamente real pode ser subjetivado. Assim é que o legislador pode fazer com que, no imposto de renda, se considere efetivamente as condições subjetivas do contribuinte, levando em conta a universalidade dos seus rendimentos e admitindo a dedução de despesas com dependentes, com saúde, com contribuição previdenciária, circunstâncias que dizem da situação específica de cada contribuinte em particular. Mas também pode dar-lhe tratamento de cunho objetivo, como ocorre com o imposto de renda exclusivo na fonte sobre rendimentos financeiros, em que nenhuma circunstância pessoal do contribuinte é levada em conta, aplicando-se alíquota única, sem nenhum ajuste posterior. Se a legislação do IPTU, de outro lado, determinar minoração do imposto quando se tratar de imóvel residencial ocupado por família numerosa, ou por aposentado que viva exclusivamente dos seus proventos ou acometido de doença grave, estará subjetivando o imposto real... 4. Tais classificações têm cunho doutrinário. Assumem relevância porque se entende que os impostos ditos pessoais e subjetivos consideram com maior precisão a verdadeira capacidade do contribuinte de fazer frente ao ônus tributário. Isso porque passam da consideração de uma capacidade contributiva simplesmente presumida pela dimensão econômica do fato gerador para a consideração da capacidade contributiva real, aferida a partir de outros aspectos, pessoais e concretos, que dizem respeito à pessoa do contribuinte e às suas atividades" (excerto de voto proferido pela Ministra Ellen Gracie nos autos do RE 562.045, 2011).

– A subjetivação dos impostos reais e dos impostos pessoais. Lapatza traça lindes menos rígidos na distinção entre impostos objetivos e subjetivos, dizendo que são objetivos aqueles que gravam uma determinada riqueza sem ter em conta a situação pessoal do sujeito passivo e que são subjetivos aqueles em que a situação pessoal do sujeito passivo é levada em conta de uma ou outra forma na hora de determinar a existência e a quantia da obrigação tributária (p. 198). E, ao tratar da distinção entre impostos reais e pessoais, como visto acima, refere que os impostos reais podem subjetivar-se e que os pessoais são ainda mais vocacionados à subjetivação: "Naturalmente, si un impuesto de producto refiere la renta o producto a la fuente, al objeto de donde procede, el impuesto se puede establecer sin tener en cuenta para nada la persona que percibe esa renta. El impuesto puede ser totalmente objetivo. Pero también un impuesto real o de producto se puede establecer de tal forma que sean tenidas en cuenta las circunstancias y características del sujeto perceptor. El impuesto puede subjetivizar-se. Así, un impuesto que grave los rendimientos (sueldos, salarios, honorarios profesionales, etc.) del trabajo puede tener en cuenta las circunstancias personales y familiares del contribuyente autorizando, por ejemplo, ciertas deducciones en la cuota a los titulares de família numerosa. Sin embargo, la subjetivación de los impuestos reales puede ofrecer dificultades y acarrear ciertas injusticias, ya que tales impuestos no pueden tener en cuenta la total capacidad econômica de una persona y si sólo rentas parciales. [...] es obvio que los impuestos personales pueden subjetivizarse más adecuadamente que los reales; pueden, en definitiva, acercarse mucho mejor a la efectiva capacidad del sujeto pasivo. La adaptación del sistema tributário a este principio dependerá así en gran medida del desarrollo, estructura y efectividad de los impuestos personales" (LAPATZA, José Juan Ferreiro. *Curso de derecho financiero español*. Madrid. Barcelona: Marcial Pons, 2000, v. 1, p. 198-200).

– "Não se pode falar *a priori* em imposto de natureza pessoal ou real, direto ou indireto tendo em vista a ausência de classificação legal nesse sentido. Apenas o exame do respectivo fato gerador em todos os seus aspectos, principalmente, o seu aspecto quantitativo (base de cálculo e alíquota) permitirá a identificação de um imposto de natureza pessoal ou de natureza real. [...] Há uma tendência de personalização de imposto que, outrora, eram

considerados como protótipos de imposto de natureza real. Essa tendência acentuou-se a partir do advento a Súmula 539 do STF nos seguintes termos: 'É constitucional a lei do Município que reduz o Imposto Predial Urbano sobre imóvel ocupado pela residência do proprietário, que não possua outro'" (HARADA, Kiyoshi. *ITBI*: doutrina e prática. São Paulo: Atlas, 2010, p. 149 e 151).

Art. 17. Os impostos componentes do sistema tributário nacional são exclusivamente os que constam deste Título, com as competências e limitações nele previstas.

⇒ **Impostos nominados e residuais na CF de 1988.** Atualmente, os impostos componentes do Sistema Tributário Nacional estão previstos nos arts. 153 (União), 155 (Estados/Distrito Federal) e 156 (Municípios) da Constituição Federal, devendo-se lembrar, ainda, da competência da União para instituir impostos extraordinários de guerra e da sua competência residual, previstas no art. 154 da Carta Magna.

– Veja-se a função da lei complementar relativamente à definição dos principais elementos dos impostos em notas ao art. 146, III, *a*, da CF. Além dos impostos tratados pelo CTN, há lei complementar específica para o ISS (LC n. 116/2003) e para o ICMS (LC n. 87/96).

Art. 18. Compete:

I – à União instituir, nos Territórios Federais, os impostos atribuídos aos Estados e, se aqueles não forem divididos em Municípios, cumulativamente, os atribuídos a estes;

⇒ **CF.** Vide o art. 147 da Constituição Federal, que dispõe neste sentido.

II – ao Distrito Federal e aos Estados não divididos em Municípios instituir, cumulativamente, os impostos atribuídos aos Estados e aos Municípios.

⇒ **Distrito Federal.** O Distrito Federal reúne as competências estaduais e municipais, por força direta do art. 155, que estabelece os impostos dos Estados e do Distrito Federal, e também do art. 147 da Constituição, que diz: "ao Distrito Federal cabem os impostos municipais".

Art. 18-A. Para fins da incidência do imposto de que trata o inciso II do *caput* do art. 155 da Constituição Federal, os combustíveis, o gás natural, a energia elétrica, as comunicações e o transporte coletivo são considerados bens e serviços essenciais e indispensáveis, que não podem ser tratados como supérfluos. (Incluído pela LC n. 194, de 2022)

⇒ **Reconhecimento da essencialidade dos combustíveis, da energia, das comunicações e do trasporte coletivo.** O ICMS é tributo que pode ser seletivo, mas essa seletividade, que implica selecionar categorias de mercadorias e serviços para lhes atribuir alíquotas distintas, tem de ser orientada pelo critério da essencialidade, forte em determinação constante do art. 155, § 2º, III, da Constituição. O reconhecimento da essencialidade dos combustíveis, da energia, das comunicações e do transporte coletivo, portanto, serve de diretriz para a aplicação da seletividade em matéria de ICMS e, também, de IPI, porquanto sujeito necessariamente à seletividade pelo mesmo critério.

⇒ **A LC n. 87/96 também passou a estabelecer a essencialidade desses itens.** A LC n. 194/2022 acrescentou o art. 32-A à LC n. 87/96: "Art. 32-A. As operações relativas aos combustíveis, ao gás natural, à energia elétrica, às comunicações e ao transporte coletivo, para fins de incidência de imposto de que trata esta Lei Complementar, são consideradas operações de bens e serviços essenciais e indispensáveis, que não podem ser tratados como supérfluos. § 1º Para efeito do disposto neste artigo: I – é vedada a fixação de alíquotas sobre as operações referidas no *caput* deste artigo em patamar superior ao das operações em geral, considerada a essencialidade dos bens e serviços; II – é facultada ao ente federativo competente a aplicação de alíquotas reduzidas em relação aos bens referidos no *caput* deste artigo, como forma de beneficiar os consumidores em geral; e III – é vedada a fixação de alíquotas reduzidas de que trata o inciso II deste parágrafo, para os combustíveis, a energia elétrica e o gás natural, em percentual superior ao da alíquota vigente por ocasião da publicação deste artigo. § 2º No que se refere aos combustíveis, a alíquota definida conforme o disposto no § 1º deste artigo servirá como limite máximo para a definição das alíquotas específicas (*ad rem*) a que se refere a alínea *b* do inciso V do *caput* do art. 3º da Lei Complementar n. 192, de 11 de março de 2022".

Parágrafo único. Para efeito do disposto neste artigo: (Incluído pela Lei Complementar n. 194, de 2022)

I – é vedada a fixação de alíquotas sobre as operações referidas no *caput* deste artigo em patamar superior ao das operações em geral, considerada a essencialidade dos bens e serviços; (Incluído pela Lei Complementar n. 194, de 2022)

⇒ **Alíquotas para combustíveis, energia, comunicações e transporte coletivo superiores à alíquota geral são, inclusive, inconstitucionais.** Sendo essenciais essas mercadorias e serviços, qualquer alíquota que lhes seja atribuída, além da alíquota geral, ofende a seletividade conforme a essencialidade do produto, imposta pelo art. 155, § 2º, III, da Constituição e, agora, orientada pelo art. 18-A do CTN.

– **Tema 745 do STF:** "Adotada, pelo legislador estadual, a técnica da seletividade em relação ao Imposto sobre Circulação de Mercadorias e Serviços – ICMS, discrepam do figurino constitucional alíquotas sobre as operações de energia elétrica e serviços de telecomunicação em patamar superior ao das operações em geral, considerada a essencialidade dos bens e serviços".

– Em comentários ao art. 155, § 2º, III, da CF, comentamos esse caso, inclusive com referência às ADIs 7.123 e 7.117, que enfrentam a questão da energia elétrica e dos serviços de comunicação, e às ADIs 7.118 e 7.120, em que discutida a tributação dos combustíveis.

II – é facultada ao ente federativo competente a aplicação de alíquotas reduzidas em relação aos bens referidos no *caput* deste artigo, como forma de beneficiar os consumidores em geral; e (Incluído pela Lei Complementar n. 194, de 2022)

– **A seletividade conforme a essencialidade implica alíquotas menores para essas mercadorias e serviços.** A aribuição de alíquota reduzida a essas mercadorias e serviços considerados essenciais concretiza a seletividade conforme idealizada pelo constituinte, ou seja, orientada pelo critério da essencialidade. Para o ICMS, porém, a seletividade não é imperativa, de modo que o legislador estadual pode optar por submetê-los à alíquota padrão aplicável à generalidade das mercadorias.

III – é vedada a fixação de alíquotas reduzidas de que trata o inciso II deste parágrafo, para os combustíveis, a energia elétrica e o gás natural, em percentual superior ao da alíquota vigente por ocasião da publicação deste artigo. (Incluído pela Lei Complementar n. 194, de 2022)

⇒ **Teto para o ICMS de combustíveis e energia.** Nesse inciso III, o CTN proíbe que, em eventual aumento futuro das alíquotas de ICMS, os combustíveis e a energia sejam tributados de modo mais pesado que à época da publicação da LC n. 194/2022. Veja-se que a referência é a publicação do artigo, ocorrida em 23 de junho de 2022.

CAPÍTULO II
IMPOSTOS SOBRE O COMÉRCIO EXTERIOR

⇒ **Regulamentação das atividades aduaneiras e do comércio exterior.** O Decreto n. 6.759/2009, regulamenta a administração das atividades aduaneiras, e a fiscalização, o controle e a tributação das operações de comércio exterior. A IN SRF n. 680/2006, com inúmeras alterações, inclusive as da IN RFB n. 2.104/2022, disciplina o despacho aduaneiro de importação.

⇒ **Fiscalização e controle do comércio exterior.** "A fiscalização e o controle sobre o comércio exterior, essenciais à defesa dos interesses fazendários nacionais, serão exercidos pelo Ministério da Fazenda" (art. 237 da CF).

– "... o controle aduaneiro sobre os fluxos (tráfego) de bens e pessoas de que trata o art. 237 da CRFB/1988, em nossa interpretação, visa ao resguardo dos múltiplos interesses do Estado conhecidos como Primários (difusos) (saúde, segurança pública, meio ambiente, dentre outros) e Secundários (arrecadação pelo fato signo importação)" (BREDA, Felippe Alexandre Ramos. Considerações sobre os procedimentos especiais de fiscalização aduaneiros. *RDDT* 220/7, 2014).

– **Proibição de importações. Competência do Ministério da Fazenda.** O STF entende que, por força do art. 237 da CF, o Ministério da Fazenda pode disciplinar o comércio exterior, e.g., proibindo, através de atos normativos, a importação de determinados produtos. Além da ementa que segue transcrita, vide nota ao art. 150, II, da CF.

– "I. – A importação de produtos estrangeiros sujeita-se ao controle governamental. Inocorrência de ofensa ao princípio isonômico no fato de não ter sido autorizada a importação de equipamentos usados. II. – Competência do Ministério da Fazenda para indeferir pedidos de guias de importação no caso de ocorrer a possibilidade de a importação causar danos à economia nacional. III. – RREE conhecidos e providos" (STF, RE 228.549-1, 1998).

– "Veículos usados. Proibição de sua importação (Portaria do DECEX n. 08/91). É legítima a restrição imposta, à importação de bens de consumo usados, pelo Poder Executivo, ao qual foi claramente conferida, pela Constituição, no art. 237, a competência para o controle do comércio exterior, além de guardar perfeita correlação lógica e racional o tratamento discriminatório, por ela instituído" (STF, RE 224.861, 1998).

– Sobre a importação de pneus usados, vide, do STF, a STA 118 AgR, 2007, e ADPF 101, 2009.

– **Lei estadual autorizadora da atividade *x* proibição de importação de equipamento pela SECEX.** "1. A despeito de a Lei estadual 11.348/00 ter permitido a exploração de atividades utilizadoras de máquinas eletronicamente programadas, a discussão adstringe-se à possibilidade de importação do referido equipamento. 2. Assim, não há que se invocar ilegalidade no ato indeferitório da licença de importação, visto estar amparado em ato normativo infralegal respeitante ao poder legislativo da Administração, no gozo de sua liberdade de conformação, não havendo, nesse contexto, a Portaria vulnerado, em aspecto algum, a Lei estadual" (TRF4, AI 2001.04.085658-8, 2003).

⇒ **Siscomex.** O Siscomex é o Sistema Integrado de Comércio Exterior. Através do Siscomex, criado pelo Decreto n. 660/92, foi informatizado todo o processamento administrativo das importações e exportações, fazendo-se, através dele o registro, acompanhamento e controle de todas as etapas das operações de comércio exterior. O acesso ao Siscomex para a operacionalização de uma importação ou exportação pode dar-se na própria empresa, desde que previamente cadastrada e equipada para tanto, através do Banco do Brasil ou, ainda, de um despachante aduaneiro. O REI é o Registro de Exportadores e Importadores da Secretaria de Comércio Exterior, sendo que a inscrição se dá automaticamente quando da realização da primeira operação internacional da empresa.

– **Órgãos gestores.** Os órgãos gestores do Siscomex são a Secex, a SRF e o Bacen, que o desenvolveram, implantaram e o administram conjuntamente. O Siscomex integra as atividades afins desses órgãos, atinentes às diversas etapas das operações: licenciamento, desembaraço, operações de câmbio etc. A Secretaria de Comércio Exterior – Secex – é órgão do Ministério do Planejamento, Indústria e Comércio Exterior, estando na sua competência propor alíquotas para o imposto de importação e suas alterações. Na Secex, é ao Departamento de Operações de Comércio Exterior que cabe autorizar operações de importação e exportação e regulamentar os procedimentos operacionais das atividades relativas ao comércio exterior.

– **Órgãos anuentes.** Também atuam através do Siscomex os chamados órgãos anuentes, que realizam a análise das operações sujeitas à autorização prévia nas suas respectivas áreas de atuação, como o Ministério da Saúde, o Departamento da Polícia Federal, o Ministério do Exército, o Ibama etc.

⇒ **SISCOSERV.** "A Lei n. 12.546, de 14 de dezembro de 2011, instituiu a obrigação de prestar informações ao Sistema Integrado de Comércio Exterior de Serviços (Siscoserv). Com o advento dessa Lei, o importador e o exportador de serviços (residentes no Brasil) têm o dever de informar ao Ministério da Indústria e Comércio, as transações que consistem na aquisição de serviços, intangíveis e outras operações que produzam variações no patrimônio de pessoas físicas jurídicas ou dos entes despersonalizados. O dever de cumprir com a obrigação acessória em questão foi regulamentado pela IN SRF n. 1.277/2012 e alterações posteriores, sendo que a Secretaria de Comércio de Serviços, juntamente com a Secretaria da Receita Federal, vêm editando os Manuais do Siscoserv por meio de portarias conjuntas baixadas pelas duas instituições. Em 30 de dezembro de 2013 foi aprovada a 8ª versão do Munual do Siscoserv, que foi introduzida pela Portaria Conjunta RFB/SCS n. 1.895/2013" (TEIXEIRA, Alessandra M. Brandão; SOUZA, Bárbara Amaranto de. O Siscoserv e a tributação da importação dos serviços: confissão de dívida? *RDDT* 233/24, 2015).

⇒ **INCOTERMS.** Os Incoterms (*International Commercial Terms*) são os termos que designam, em inglês, de forma sumária, cláusulas usuais no comércio internacional atinentes a direitos e obrigações do vendedor e do comprador quanto a fretes, seguros e outros encargos próprios do comércio internacional. Definem, assim, as responsabilidades contratuais de cada parte. A ICC (*International Chamber of Commerce*), desde 1936, regulamenta os Incoterms, sendo que a padronização do seu uso facilita e confere segurança às contratações. Periodicamente, a ICC publica Brochura com a atualização dos Incoterms. Mas não constitui a única fonte. Os Estados Unidos possuem regulamentação própria sobre Incoterms. Vejam-se, exemplificativamente, os seguintes Incoterms: FOB (*FREE ON BOARD*), em que as obrigações do vendedor encerram-se quando a mercadoria transpõe a amurada do navio no porto de embarque, ficando, daí em diante, por conta e sob a responsabilidade do comprador; CFR (*COST AND FREIGHT*), segundo o qual é obrigação do vendedor contratar e pagar o frete internacional, sendo que a responsabilidade sobre a mercadoria é transferida ao comprador também no momento da transposição da amurada do navio no porto de embarque; CIF (*COST, INSURANCE AND FREIGHT*), cláusula que obriga o vendedor, tanto pela contratação e pagamento do frete como do seguro marítimo por danos durante o transporte, sendo que a obrigação sobre a mercadoria passa ao comprador no momento da transposição da amurada do navio no porte de embarque. A própria legislação, por vezes, utiliza-se dos Incoterms. Basta ver o art. 2º do Decreto-Lei n. 1.578/77 que, ao tratar da base de cálculo do imposto de exportação, prevê que é o preço normal que o produto alcançaria em uma venda em condições de livre concorrência no mercado internacional, destacando, no seu § 1º, que "O preço à vista do produto, FOB ou posto na fronteira, é indicativo do preço normal".

⇒ **Tratados de integração regional.** Os diversos tipos revelam distintos graus de integração.

– **Zonas preferenciais.** Consistem na "Redução de tarifas para determinados produtos, sem abranger o universo tarifário, nem implicar a eliminação total dos direitos aduaneiros e outras restrições à importação. Fixa-se uma margem de preferência para os países integrantes do Tratado" (MELO, José Eduardo. *Importação e exportação no direito tributário*. 2. ed. São Paulo: RT, 2012, p. 48).

– **Zonas de livre comércio.** Consistem na "Eliminação ou redução de tarifas, e de barreiras (não tarifárias) entre os países que dela participam, tendo cada um deles sua política comercial em relação aos países não membros, havendo o Gatt definido as Zonas como um grupo de dois ou mais territórios aduaneiros entre os quais se eliminam os direitos aduaneiros, e as demais regulamentações comerciais restritivas, com relação ao essencial dos intercâmbios comerciais dos produtos originários dos territórios constitutivos da referida Zona" (MELO, José Eduardo. *Importação e exportação no direito tributário*. 2. ed. São Paulo: RT, 2012, p. 49).

– **União aduaneira.** Consiste na "Adoção de Tarifa Externa Comum (TEC), tendo o Gatt definido como a formação de um território aduaneiro, em substituição a dois ou mais outros, quando essa substituição tem por consequências: que os direitos e outras restrições ao comércio sejam eliminados para substancialmente todo o comércio dos bens produzidos nesses países; que substancialmente os mesmos gravames aduaneiros e outras disposições de comércio sejam aplicáveis por cada Estado-membro ao comércio com países de fora da União" (MELO, José Eduardo. *Importação e exportação no direito tributário*. 2. ed. São Paulo: RT, 2012, p. 49).

– "Este instituto consiste em tratados pelos quais dois ou mais países consentem em adotarem tarifas mútuas ou idênticas, com o fim de constituírem um bloco econômico" (VALÉRIO, Valter Paldes. *Programa de direito tributário*: parte especial. 7. ed. Sulina, 1991, p. 28-30).

– **Mercado comum.** Consiste na "Livre circulação de mercadorias e de fatores produtivos (capital e mão de obra)" (MELO, José Eduardo. *Importação e exportação no direito tributário*. 2. ed. São Paulo: RT, 2012, p. 49).

– **União econômica.** Consiste num "estágio mais avançado da integração, na qual os países-membros procedem também à coordenação e à harmonização de suas políticas econômica, fiscal e monetárias, de forma a abolir as discriminações resultantes das disparidades existentes entre as políticas" (MELO, José Eduardo. *Importação e exportação no direito tributário*. 2. ed. São Paulo: RT, 2012, p. 49).

⇒ **Institutos jurídicos peculiares.** O manejo da matéria relativa à tributação do comércio exterior exige algumas noções específicas, conforme se vê das notas que seguem.

⇒ **Portos e as zonas francas.** "São lugares de importação de produtos estrangeiros onde a cobrança do imposto é livre de um modo geral ou particular relativamente a determinado país, visando a dois objetivos: favorecer o desenvolvimento ou o abastecimento de certas regiões, atraindo para aí as importações, ou permitir a utilização do porto por um país encravado. [...]" (VALÉRIO, Valter Paldes. *Programa de direito tributário*: parte especial. 7. ed. Ed. Sulina, 1991, p. 28-30).

⇒ **Entreposto aduaneiro.** "O instituto do entreposto aduaneiro é o que permite a entrada e depósito no País, de produto estrangeiro, em local determinado, com suspensão do pagamento do imposto e sob controle alfandegário ou aduaneiro. O produto depositado no entreposto poderá ser, no todo ou em parte, reexportado ou despachado para consumo, mediante o cumprimento das exigências legais e regulamentares" (VALÉRIO, Valter Paldes. *Programa de direito tributário*: parte especial. 7. ed. Ed. Sulina, 1991, p. 28-30).

⇒ **Entreposto industrial.** "O instituto do entreposto industrial é o que consiste na permissão, a empresa que importa produto estrangeiro sob o regime de *drawback*, transformá-lo, sob controle aduaneiro, em produto destinado à exportação, e, se for o caso, ao mercado interno... No entreposto industrial, como no aduaneiro, a vantagem é a de o importador somente pagar o imposto à medida que o produto importado ou elaborado no País deixa o estabelecimento" (VALÉRIO, Valter Paldes. *Programa de direito tributário*: parte especial. 7. ed. Ed. Sulina,1991, p. 28-30).

⇒ **Admissão temporária.** Na admissão temporária, um bem ingressa com prazo determinado para retorno à origem. Vem cumprir uma finalidade específica, sem intenção de incorporação definitiva à economia nacional, como é o caso dos bens trazidos para demonstração em feiras e dos automóveis de turistas que ingressam no território nacional apenas para o período de férias.

– "... consiste na importação de bens que devem permanecer no País por prazo fixo determinado, com suspensão de tributos, bens estes que deverão cumprir uma finalidade. Os bens devem ser minuciosamente identificados, para assim possibilitar uma eventual taxação, caso seja descumprido o prazo ou a finalidade. [...] Exemplo frequente de admissão temporária existe quanto aos veículos importados para uso e circulação na zona franca ou zona de livre comércio e que saem do território especial por período certo. Caso não haja retorno, passam a incidir todos os tributos" (CALMON, Eliana. In: FREITAS, Vladimir Passos de. *Código Tributário Nacional comentado*. São Paulo: RT, 1999, p. 56).

– "Nos regimes temporários – em que expressão correta não seria a 'importação' do bem, embora diplomas legislativos e regulamentos, às vezes, utilizem-na, mas sim admissão temporária, pois o bem só se considera 'importado' quando passa a pertencer definitivamente ao País –, é de se entender que o bem permaneceu por algum tempo no território nacional e voltou, sendo a licença de importação desnecessária, pois não houve a internação para o consumo" (MARTINS, Ives Gandra da Silva. Repetro – admissão temporária de embarcações para pesquisa e lavra de petróleo – inteligência do artigo 7º, parágrafo único, da Portaria Secex n. 36/2007. *RDDT* 212/127, 2013).

– **Admissão temporária para utilização econômica.** Há modalidade de admissão temporária de bens para utilização econômica, de que trata o art. 79 da Lei 9.430/96, em que, como regra, ocorre o "pagamento dos impostos incidentes na importação proporcionalmente ao tempo de sua permanência em território nacional". O fato gerador considera-se ocorrido, nesse caso, "na data do registro da declaração de admissão temporária para utilização econômica", conforme se vê do art. 73, IV, do Regulamento Aduaneiro (Decreto n. 6.759/2009).

– **Submissão à lei vigente por ocasião do desembarque.** "... REGIME ADUANEIRO. ADMISSÃO TEMPORÁRIA. DESEMBARAÇO. DECRETO 91030/85. LEI 9.069/95. PREENCHIMENTO DAS CONDIÇÕES. LEI VIGENTE... 1. As condições para o desembaraço aduaneiro, de bens importados sob o Regime Especial de Admissão Temporária, devem ser preenchidas no momento da entrada dos bens importados no país. Momento este em que a autoridade fazendária, por atividade vinculada, verifica se preenchidas todas as condições necessárias à entrada regular da mercadoria no país. 2. Não havendo guia de importação nos autos, a apelante deve se sujeitar ao regime legal vigente na data do desembarque da mercadoria (Lei n. 9.069/95), não podendo invocar direito adquirido à legislação vigente anterior (Decreto n. 91.030/85). 3. Inexistente a ilegalidade apontada. 4. Apelação improvida" (TRF4, AMS 96.04.23378-5, 2001).

– **Extrapolação do prazo sem o retorno ao exterior e sem que providenciada guia de importação. Multa.** "... IMPORTAÇÃO. ADMISSÃO TEMPORÁRIA DE MERCADORIA ESTRANGEIRA. NÃO REEXPORTAÇÃO NO PRAZO. NÃO OBSERVÂNCIA DOS PROCEDIMENTOS DE IMPORTAÇÃO. EXIGÊNCIA TRIBUTOS E MULTAS. ARTS. 521, II, "B", E 526, II, DO DECRETO N. 91.030/85... I – Se os equipamentos importados pelo regime de admissão temporária não forem reexportados no prazo, considera-se correta a exigência do tributo devido e a aplicação da multa do art. 521, II, 'b', do Decreto n. 91.030/85. II – Se a importadora não observou os procedimentos de importação, não sendo providenciada a guia de importação, antes do término do prazo da admissão temporária, é cabível a aplicação da multa do artigo 526, II, do Decreto n. 91.030/85. III – No caso *sub judice*, a importadora que trouxe mercadoria pelo regime de admissão temporária é a responsável pelos tributos e multas decorrentes da não reexportação no prazo legal, pouco importando se, posteriormente, intermediou a venda dos equipamentos a terceiro beneficiário de isenção tributária. IV – ..." (STJ, REsp 379.302, 2004).

– **Excluem-se as multas não contempladas no Termo de Responsabilidade.** "BENS IMPORTADOS. REGIME DE ADMISSÃO TEMPORÁRIA ESGOTADO. TERMOS DE RESPONSABILIDADE. PRAZO. MULTAS. 1. O Termo de Responsabilidade firmado, quando da admissão temporária de bens importados, faz as vezes de um reconhecimento explícito do débito acaso não seja engendrada a prorrogação prevista. 2. Superado o prazo sem prorrogação tempestiva, incidem os consectários previstos no Termo de Responsabilidade passível de ensejar o lançamento e consequente execução fiscal, excluídas as multas não contempladas, porquanto do contrário haveria infração ao *due process of law*. 3. *In casu*, os tributos exigidos no executivo fiscal são previstos em lei, cujo conhecimento não é dado ao contribuinte (*nemo ius ignorare censetur*) escusar-se sob a alegação de ignorância, mercê de contemplados no Termo de Responsabilidade insindicável por esta Corte Superior, na via especial (Súmulas 05 e 07 do STJ), mas aferido na instância *a quo*, tanto que nesta foram excluídas as sanções não previstas. [...] 5.

O v. aresto recorrido funda-se na suficiência do Termo de Responsabilidade, respondendo à indagação da parte acerca do rito seguido para alcançar-se o quantum *debeatur* exigido" (STJ, REsp 750.142, 2007).

– **Extrapolação do prazo. Nacionalização a destempo não afasta a multa.** "... CONTROLE DO COMÉRCIO EXTERIOR. REGIME DE ADMISSÃO TEMPORÁRIA. PRORROGAÇÃO. NACIONALIZAÇÃO. Não há direito subjetivo do contribuinte à prorrogação do prazo de admissão temporária. Descumprida a obrigação de retorno tempestivo do bem à origem, correta a aplicação da multa de 50% sobre o imposto de importação. Nacionalização requerida a destempo, ainda quando deferida, não afasta a multa; pelo contrário, fica condicionada à sua quitação" (TRF4, AC 200004010050103, 2003).

– **Expiração do prazo de permanência. Reexportação.** "REGIME ADUANEIRO DE ADMISSÃO TEMPORÁRIA. EXPIRAÇÃO DO PRAZO DE PERMANÊNCIA DOS BENS. EXECUÇÃO DO TERMO DE RESPONSABILIDADE. 1. Comprovada a reexportação de 95% (noventa e cinco por cento) das cintas e selos importados sob o regime aduaneiro especial de admissão temporária, bem como que 5% (cinco por cento) dos envoltórios haviam sido perdidos durante as operações de amarração das toras de madeira, o que não foi impugnado pela Fazenda Nacional, incabível a tributação. 2. Inocorrência de prejuízo ao Erário, tendo em vista que os envoltórios perdidos não foram nacionalizados, não tendo se consumado o fato gerador do tributo cobrado. 3. Apelação da impetrante provida. Apelação da Fazenda Nacional e remessa oficial não providas" (TRF1, AMS 2000.33.00.033356-8, 2004).

– **Nacionalização da mercadoria.** "NACIONALIZAÇÃO DE MERCADORIA OBJETO DE REGIME DE ADMISSÃO TEMPORÁRIA. PAGAMENTO DA MULTA PELA NÃO REEXPORTAÇÃO NO PRAZO POR TERCEIRO. No caso de nacionalização dos bens por terceiro, a este caberá promover o despacho para consumo, bem como responder pela infração das mercadorias que despachar, sendo que o desembaraço somente poderá ser feito quando todas as exigências fiscais advindas do regime de admissão temporária estiverem satisfeitas. Exegese dos artigos 307, V e 500, IV do Decreto 91.030/85" (TRF4, AMS 2001.70.08.001756-9, 2001).

– *Leasing* x **admissão temporária.** *Leasing* operacional x *leasing* financeiro. "... DESEMBARAÇO ADUANEIRO. IPI. *LEASING* FINANCEIRO. REGIME DE ADMISSÃO TEMPORÁRIA. ISENÇÃO. CONSULTA. 1. A Lei n. 6.099/74, regulamentadora do arrendamento mercantil, estabelece expressamente que o mesmo não se confunde com o regime de admissão temporária. 2. O Decreto n. 2.889/98 permite o regime de admissão temporária em operações de *leasing* ou arrendamento mercantil internacional. Entretanto, procedendo-se a uma interpretação *contrario sensu* do artigo 7º, conclui-se que o regime de admissão temporária se aplica somente ao *leasing* operacional, cujo arrendamento é feito diretamente com o fabricante. 3. Excluído o *leasing* financeiro do regime suspensivo dos tributos, seu tratamento jurídico se conformará ao regime comum de importação, qual seja, o de pagamento dos tributos incidentes, sem possibilidade de suspensão. 4. Não há que ser estendida a isenção outorgada pela Lei n. 8191/91 aos equipamento médicos objeto do contrato de arrendamento mercantil, isso porque a isenção decorre da lei e deve se interpretada literalmente, de acordo com o artigo 111 do CTN. 5. A consulta formulada pela impetrante não suspende a exigibilidade do crédito, conforme determina a Decreto n. 70235/72, artigo 49" (TRF4, AMS 2000.70.08.001038-8, 2002).

– Sobre a incidência de ICMS nas operações de leasing internacional, vide nota ao art. 155, § 2º, IX, *a*, da CF.

– *Leasing* e legalidade da cobrança de ISS e II. "[...] Alegada insubmissão do arrendamento mercantil, que seria um serviço, ao fato gerador do imposto de importação (art. 153, I, da Constituição). Inconsistência. Por se tratar de tributos diferentes, com hipóteses de incidência específicas (prestação de serviços e importação, entendida como a entrada de bem em território nacional – art. 19 do CTN), a incidência concomitante do II e do ISS não implica bitributação ou de violação de pretensa exclusividade e preferência de cobrança do ISS. [...] Recurso extraordinário conhecido, mas ao qual se nega provimento" (STF, RE 429.306, 2011).

– Introdução irregular de mercadoria em situação que ensejaria a admissão temporária. Vide, com esta redação, nota adiante acerca do perdimento.

⇒ **Território aduaneiro: zonas primária e secundária.** Dec. n. 6.759/2009: "DO TERRITÓRIO ADUANEIRO Art. 2º O território aduaneiro compreende todo o território nacional. Art. 3º A jurisdição dos serviços aduaneiros estende-se por todo o território aduaneiro e abrange [...]: I – a zona primária, constituída pelas seguintes áreas demarcadas pela autoridade aduaneira local: a) a área terrestre ou aquática, contínua ou descontínua, nos portos alfandegados; b) a área terrestre, nos aeroportos alfandegados; e c) a área terrestre, que compreende os pontos de fronteira alfandegados; e II – a zona secundária, que compreende a parte restante do território aduaneiro, nela incluídas as águas territoriais e o espaço aéreo".

⇒ **Trânsito aduaneiro.** No regime de trânsito aduaneiro, admite-se que a mercadoria ingresse no território nacional de passagem, apenas com vista ao seu transporte para outro país. É o que ocorre quando a mercadoria seja importada através de um porto brasileiro, por uma empresa de outro país que faça fronteira com o Brasil, quando terá de transitar do porto até a fronteira para seguir ao seu destino. Nesse caso, não há importação e não será devido o tributo, salvo se ocorrer desvio de rota ou sumiço da mercadoria.

– "... trânsito aduaneiro: o regime especial de trânsito aduaneiro é o que permite o transporte de mercadoria, sob controle aduaneiro, do local de origem ao local de destino, dentro do território aduaneiro, com suspensão de tributos..." (GODOY, Walter. *Os direitos dos contribuintes*. 2. ed. Porto Alegre: Síntese, 2003, p. 113).

– "TRÂNSITO ADUANEIRO DE BENS E EQUIPAMENTOS DESTINADOS AO BENEFICIAMENTO DE EMBARCAÇÃO. Destinados os bens e equipamentos ao beneficiamento/transformação de rebocador estacionado no território nacional em iate, caracteriza-se a operação de trânsito aduaneiro,

a qual justifica o transporte das mercadorias com suspensão de tributos, consoante o art. 255, inc. I, do Decreto n. 91.030/85 (Regulamento Aduaneiro)" (TRF4, REOMS 2001.72.08.02078-0, 2002).

– **Não comprovação da chegada ao destino.** "IMPOSTO DE IMPORTAÇÃO... TERMO DE RESPONSABILIDADE – DECLARAÇÃO DE TRÂNSITO ADUANEIRO – DTA... 3. O art. 74, § 1º do Decreto-lei 37/66 dispõe que a mercadoria cuja chegada ao destino não for comprovada ficará sujeita aos tributos vigorantes na data da assinatura do termo de responsabilidade. Não restou abstraído no acórdão recorrido que se tratava de mercadoria cuja chegada ao destino não foi comprovada" (STJ, AgRg no REsp 742.847, 2008).

– **Cumprimento irrestrito da rota estabelecida.** "A Autoridade Aduaneira que concede esse regime e, como medida de segurança, lacra o container da carga importada quando do seu ingresso em território nacional. O roteiro de viagem declarado pela empresa transportadora deve ser obedecido, sob pena de que tal desobediência seja considerada desvio de rota. O desvio de rota ou a violação do lacre são causas para interrupção do regime, com o perdimento da mercadoria transportada" (SAAVEDRA, Luis Alberto. Da pena de perdimento. *RET* 57/22, 2007).

– **Desvio de rota.** "PERDIMENTO DE MERCADORIA. DESVIO DA ROTA LEGAL. ROMPIMENTO DO LACRE. PRESUNÇÃO DE RESPONSABILIDADE. HONORÁRIOS ADVOCATÍCIOS. – Para que se dê a apreensão de mercadorias e a decretação da pena de perdimento, é prescindível a prova da participação e consequente responsabilidade da parte autora. Isso porque, em casos dessa natureza, presume-se a especialização do agente de comércio exterior, que deve conhecer as normas e os riscos concernentes à sua atividade, acautelando-se, inclusive, no que diz respeito à segurança e transporte das mercadorias sob sua responsabilidade. Trata-se atividade profissional especializada e, como tal, sujeita a riscos específicos, em relação aos quais a lei traz disposições específicas. – Em face das dificuldades de fiscalização, dispôs a lei que a responsabilidade por infrações da legislação tributária independe da intenção do agente ou do responsável e da efetividade, natureza e extensão dos efeitos do ato. – Era ônus do autuado justificar a ausência de sua responsabilidade em face do desvio da rota legal, comprovando a inexistência de dolo ou culpa. Todavia, assim não procedeu, limitando-se a alegar a responsabilidade do transportador e a ocorrência de ação delituosa. – O disposto no artigo 136 do CTN objetiva evitar a fraude fiscal, atribuindo ao agente infrator da legislação tributária responsabilidade pela transgressão de hipótese legal, salvo prova que o exima, a fim de evitar a má-fé, sob a alegação de aparente inocência. Precedentes desta Corte. – O Juízo criminal entendeu não comprovada indubitavelmente a autoria do delito. Todavia, julgou estreme de dúvidas a ocorrência do desvio da rota legalmente preestabelecida, bem como da violação do contêiner, pelo que tenho que entendo configurado o disposto no artigo 514, I, e XVII do Regulamento Aduaneiro, a ensejar o perdimento dos bens em questão. – Verificada a ocorrência de desvio da rota legal de mercadoria estrangeira em regime de trânsito aduaneiro, bem como o demonstrado rompimento do lacre e violação da carga, configurado o disposto em lei, ensejando, sim, a apreensão da mercadoria e a consequente decretação da pena de perdimento. – Não resta desassistida a parte autora, uma vez que, comprovada a boa-fé, tem o direito de pleitear o ressarcimento junto à contratada dos serviços de transporte. – Verba honorária fixada em 10% do valor atualizado da causa, consoante disposto no artigo 20 do CPC e em conformidade com os parâmetros desta Turma" (TRF4, AC 2001.04.01.035681-6, 2003).

– **Desvio de rota. Motivo justificado.** "REGULAMENTO ADUANEIRO. ART. 513, VI. PENA DE PERDIMENTO. DESVIO DE ROTA. DTA. A pena de perdimento do veículo terrestre, utilizado no trânsito de mercadoria estrangeira, que se desvia da sua rota legal, deve ocorrer apenas se inexistente o motivo justificado (art. 513, VI, Regulamento Aduaneiro). Apelo e remessa improvidos" (TRF4, AC 1998.04.01.057736-4, 2000).

– **Roubo de carga. Exclusão da responsabilidade tributária.** "IMPOSTOS DE IMPORTAÇÃO. TRANSPORTE DE CARGA. ROUBO. FORÇA MAIOR. SITUAÇÃO PREVISÍVEL, PORÉM INEVITÁVEL. AUSÊNCIA DE COMPROVAÇÃO DO DESCUIDO POR PARTE DO TRANSPORTADOR. CAUSA DE EXCLUSÃO DA RESPONSABILIDADE. 1. O roubo, na linha do que vem professando a jurisprudência desta Corte, é motivo de força maior a ensejar a exclusão da responsabilidade do transportador que não contribuiu para o evento danoso, cuja situação é também prevista pela legislação aduaneira. 2. Assim, a responsabilidade, mesmo que tributária, deve ser afastada no caso em que demonstrada a configuração da força maior dosada com a inexistência de ato culposo por parte do transportador ou seu preposto. 3. Embargos de divergência conhecidos e providos" (STJ, Corte Especial, EREsp 1172027/RJ, Rel. Ministra Maria Thereza de Assis Moura, dez. 2013). Extrai-se do voto condutor: "Importante ressaltar o nexo causal como ponto principal da imputação danosa e suas consequências de reparação, na medida em que ninguém pode ser punido por fato que não deu causa. Naturalmente, se comprovada a cumplicidade ou mesmo a atuação ainda que culposa do transportador na causação do resultado, os efeitos de exclusão não podem ser operados para exemi-lo da responsabilidade. [...] No caso concreto, portanto, não consta que o transportador deixou de dispender o cuidado necessário a ponto de facilitar a ação de terceiro no evento danoso, circunstância que retira, no meu entender, sua responsabilidade em virtude da ausência do nexo causal, mesmo considerando a hipótese de a atividade de transporte envolver a perda da carga em virtude da prática do crime de roubo. Por isso que, com a devida vênia do entendimento contrário, a responsabilidade do transportador, mesmo que tributária, deve ser afastada no caso em que demonstrada a configuração da força maior dosada com a inexistência de ato culposo por parte do transportador ou seu preposto".

– "O registro do fato em Boletim de Ocorrência perante a autoridade policial não é suficiente para a exclusão de responsabilidade tributária. Na falta de comprovação de força maior, pelo interessado, sua responsabilidade não pode ser excluída, a teor do art. 480 do RA/1985. A legislação vigente permite à autoridade aduaneira responsabilizar o transportador, de acordo com o disposto no art. 478, § 1º, do RA/1985, no caso de não chegada da mercadoria, em Regime de Trânsito Aduaneiro, na unidade da SRF de destino" (3º CC, 3ª C., Proc. 10831.006963/00-61, Rec. 128324, 2005).

– **Falta de mercadoria importada com destino ao Paraguai em trânsito interno.** "... IMPOSTO DE IMPORTAÇÃO. MERCADORIA EM TRÂNSITO DESTINADA AO PARAGUAI. AVARIA OU EXTRAVIO...ISENÇÃO. IRRESPONSABILIDADE DO TRANSPORTADOR. PRECEDENTES. 1... 2. A jurisprudência do Superior Tribunal de Justiça é pacífica no sentido de que: 'indevido o imposto de importação sobre mercadoria importada, com destino ao Paraguai, quando verificada sua falta em trânsito no território nacional.' (REsp 171621/SP, Min. FRANCISCO PEÇANHA MARTINS); b) 'no caso de avaria ou falta de mercadoria importada ao abrigo de isenção do tributo, o transportador não pode ser responsabilizado' (REsp 22735/RJ, Min. HELIO MOSIMANN); c) 'no caso de extravio de mercadoria importada ao abrigo de isenção (ou redução) do tributo, não é responsável o transportador pelo valor deste. O artigo 60, parágrafo único, do Decreto-Lei n. 37, de 18 de novembro de 1966, estabelece que havendo dano ou avaria ou extravio, caberá indenização à Fazenda Nacional pelo que deixar de recolher. Existindo isenção, não há o que indenizar. É ilegal o artigo 30, par. 3º, do Decreto n. 63.431, de 1968, que manda ignorar a isenção ou redução se se verificar avaria ou extravio (Código Tributário Nacional, artigos 94, § 1º, e 99).' (REsp 11428/RJ e 18945/RJ. Min. DEMÓCRITO REINALDO); d) 'o transportador não pode ser responsabilizado por tributo, em caso de avaria ou falta de mercadorias, se toda ela foi importada sob o regime de isenção'. [...] 4. Recurso não conhecido" (STJ, RE 362.910, 2002).

⇒ **Cláusula da nação mais favorecida.** Vide nota ao art. 98 do CTN.

⇒ *Drawback.* **Modalidades: restituição, suspensão e isenção.** Decreto-Lei n. 37/1966: "Art.78 – Poderá ser concedida, nos termos e condições estabelecidas no regulamento: I – restituição, total ou parcial, dos tributos que hajam incidido sobre a importação de mercadoria exportada após beneficiamento, ou utilizada na fabricação, complementação ou acondicionamento de outra exportada; II – suspensão do pagamento dos tributos sobre a importação de mercadoria a ser exportada após beneficiamento, ou destinada à fabricação, complementação ou acondicionamento de outra a ser exportada; III – isenção dos tributos que incidirem sobre importação de mercadoria, em quantidade e qualidade equivalente à utilizada no beneficiamento, fabricação, complementação ou acondicionamento de produto exportado. § 1º – A restituição de que trata este artigo poderá ser feita mediante crédito da importância correspondente, a ser ressarcida em importação posterior. [...]".

– "O *drawback* é um regime aduaneiro especial que elimina a incidência de tributos na importação de insumos aplicados na fabricação, beneficiamento ou acondicionamento de produtos destinados à exportação. Sua finalidade é propiciar a redução dos custos tributários na industrialização de produtos que serão exportados, de forma a possibilitar ao empresário brasileiro competir, no mercado internacional, em igualdade de condições com seus concorrentes de outros países. [...] O *drawback* representa atualmente um dos mais importantes incentivos às exportações brasileiras de produtos manufaturados, tendo ganhado força após o término dos subsídios fiscais às exportações no final da década de 1980. Seu fundamento normativo é o art. 78 do Decreto-lei n. 37/1966... Do dispositivo supratranscrito é possível aferir a existência de três modalidades distintas de drawback: restituição, suspensão e isenção" (COÊLHO, Sacha Calmon Navarro; MOREIRA, André Mendes; GAIA, Patrícia Dantas. Drawback-suspensão: a dispensável vinculação física entre os insumos importados com o benefício e os produtos finais posteriormente exportados. *RDDT* 221/139, 2014).

– "Optou a disciplinação infralegal, o regulamento, por denominar como *drawback* três institutos distintos, cujo traço de identidade é o de possibilitar importações vinculadas a exportação, embora sejam diferentes o tratamento jurídico, o mecanismo operativo e também as respectivas denominações correntes no plano internacional. A matriz desses institutos está prevista no art. 78 do Decreto-lei n. 37/66, que ainda hoje dispõe sobre a estrutura fundamental do imposto de importação" (Parecer de Osiris de Azevedo Lopes Filho sobre a identidade e a distinção básicas entre as modalidades *drawback* previstas no art. 78 do DL n. 37/66 e na Portaria n. 36/82, do Ministro da Fazenda, sob o título Execução do Regime Aduaneiro Especial, em *RET* 13/141-151, maio-jun. 2000). O artigo de Osiris de Azevedo deixa muito claro o que é *drawback*, suas modalidades e características. Ele trata em rubricas específicas, ainda que de forma sucinta, o *drawback* típico, a reposição de estoques ou exportação prévia e o *drawback* como beneficiamento ou aperfeiçoamento ativo. Saliente-se, todavia, que atualmente o regime de *drawback* encontra-se regulamentado nos arts. 383 e seguintes do Decreto n. 6.759/09 – o "regulamento aduaneiro".

– "Chama-se *drawback* a faculdade de o importador obter a devolução dos direitos alfandegários pagos pela matéria-prima quando a reexporta, já transformada em artigos industrializados. Vale por uma proteção ao trabalho nacional sobre produção primária estrangeira..." (BALEEIRO, Aliomar. *Uma introdução à ciência das finanças*. 14. ed. Rio de Janeiro: Forense, 1990, p. 294-295).

– "A legislação brasileira permite duas modalidades de *drawback*: *drawback* suspensão e *drawback* isenção. No primeiro, os bens importados com suspensão são absorvidos pelo produto nacional que vai ser exportado, hipótese em que há absorção do produto estrangeiro, mas esta incidência sofre suspensão até a exportação. Se não houver exportação, há exigência do crédito fiscal" (CALMON, Eliana. *Código Tributário Nacional comentado*. Coord. Vladimir Passos de Freitas. São Paulo: RT, 1999, p. 57).

– "... o *drawback*-suspensão, apesar do nome, ostenta natureza de uma isenção, mais especificamente, de uma isenção sob condição resolutiva. Obviamente, de mesma natureza se reveste a modalidade para fornecimento no mercado interno. Contudo, nesta hipótese, outros são os requisitos para o gozo do benefício. Em síntese, conforme a legislação, a beneficiária do regime tem o ônus de (1) participar e vencer licitação internacional; (2) importar os insumos por sua conta e ordem; (3) fabricar o pro-

duto final e (4) fornecê-lo no mercado interno ao licitante, para dele (5) receber o pagamento pelo bem em moeda conversível, (6) por meio de financiamento obtido pela licitante junto a instituição financeira estrangeira oficial ou da qual o Brasil faça parte ou pelo BNDES com capital alienígena. A falta ou desvirtuamento desses pressupostos impede a fruição válida do benefício" (DINIZ, Guilherme Soares. *Drawback*-suspensão para fornecimento no mercado interno: natureza jurídica, requisitos e condições. *RDDT* 173/75, 2010).

– **Súmula CARF 100:** "O Auditor-Fiscal da Receita Federal do Brasil tem competência para fiscalizar o cumprimento dos requisitos do regime de *drawback* na modalidade suspensão, aí compreendidos o lançamento do crédito tributário, sua exclusão em razão do reconhecimento de benefício, e a verificação, a qualquer tempo, da regular observação, pela importadora, das condições fixadas na legislação pertinente" (CSRF, 2013). Obs.: vinculante, conforme Portaria MF n. 277/2018.

– **Nova modalidade. *Drawback* integrado. Tributos internos.** "O *drawback* integrado traz agora, a possibilidade de que as aquisições no mercado interno sejam feitas com suspensão dos tributos, independentemente de haver ou não importação pela empresa beneficiária. Ou: independentemente de essa empresa ser ou não habilitada em outro regime suspensivo para industrialização e exportação. O art. 12, *caput*, da Lei n. 11.945/2009 prescreve, neste sentido. Perceba-se a referência legal a aquisição em mercado interno *ou* importação, com a utilização da conjunção disjuntiva "ou"; e, ainda, a ressalva "de forma combinada ou não". Assim, as aquisições internas podem estar combinadas a importações, mas isso não é necessário, passando os exportadores que adquirem exclusivamente insumos internos a também contar com o regime suspensivo. Redação semelhante está no art. 43, XV, do Regulamento do IPI – Decreto n. 7.212, de 15 de junho de 2010. [...] Ainda no § 1º do art. 12 da Lei n. 11.945/2009 há o inciso II, que restringe o benefício do *drawback* integrado: o regime não alcança as hipóteses previstas nos incisos IV a IX do art. 3º da Lei 10.637/2002, e nos incisos III a IX do art. 3º da Lei n. 10.833/2003, e nos incisos III a V do art. 15 da Lei n. 10.865/2004" (FOLLONI, *André*. O regime aduaneiro especial *drawback* integrado. *RDDT* 185/7, 2011).

– "A partir da edição das Leis n. 11.945/2009 e 12.350/2010 foi ainda criado o regime de drawback-integrado, que estende o alívio da carga tributária não só aos insumos importados, mas também àqueles adquiridos no mercado interno. Em outras palavras, o exportador nacional passou a poder usufruir do benefício tanto na importação do insumo como quando o adquire no mercado interno, em determinadas situações." Portaria n. 23/2011 da Secretaria de Comércio Exterior (COÊLHO, Sacha Calmon Navarro; MOREIRA, André Mendes; GAIA, Patrícia Dantas. *Drawback*-suspensão: a dispensável vinculação física entre os insumos importados com o benefício e os produtos finais posteriormente exportados. *RDDT* 221/139, 2014).

– **Atribuições da Secex e da SRFB.** O STJ manteve acórdão que entendeu caber à Secretaria de Comércio Exterior (SECEX) verificar o cumprimento dos requisitos e condições necessários à concessão do *drawback*, sendo que a Secretaria da Receita Federal do Brasil (SRFB) não pode rever tais decisões. Concedido o regime de *drawback* pela SECEX, a SRFB não poderia lavrar auto de infração tendo como pressuposto o seu descumprimento.

– "REGIME DE *DRAWBACK*. COMPETÊNCIA PARA VERIFICAÇÃO DO CUMPRIMENTO DOS REQUISITOS E CONDIÇÕES. ARTIGOS DE LEI NÃO PREQUESTIONADOS E QUE NÃO TRATAM DA POSSIBILIDADE DE A RECEITA FEDERAL REVISAR A DECISÃO DA SECRETARIA DE COMÉRCIO EXTERIOR – SECEX... 2. No caso dos autos, a controvérsia a ser a solucionada é a competência da Receita Federal para, revendo o ato concessivo de *drawback*, lançar os tributos não recolhidos, sob a motivação de que não teriam sido cumpridos os requisitos e as condições necessárias à concessão desse regime, embora a Secretaria de Comércio Exterior – SECEX tenha entendido pelo regular cumprimento e procedido ao despacho concessivo de isenção de Imposto de Importação – II e do Imposto sobre Produtos Industrializados – IPI. E, a respeito, o TRF da 1ª Região decidiu: 'os autos de infração padecem de nulidade, pois a Secretaria da Receita Federal do Brasil não possui atribuição para revisar as decisões da Secretaria de Comércio Exterior – SECEX. Acrescente-se ainda que a exigência de vinculação física das mercadorias não se aplica ao *drawback* genérico'... 4. À luz da Súmula 282 do STF, por ausência de prequestionamento, o recurso não pode ser conhecido quanto à tese de violação dos arts. 111, 155 e 175 do CTN, do art. 6º da Lei n. 10.593/2002, os arts. 75 e 78 do DL n. 37/1966 e os arts. 314 e 325 do Decreto n. 91.030/1985; dispositivos esses que, ademais, não conferem competência à Receita Federal para verificar os requisitos necessários à concessão do regime de *drawback*; providência essa a cargo da Secretaria de Comércio Exterior – SECEX. 5. De outro lado, o acórdão recorrido está em conformidade com o entendimento deste Tribunal Superior, no sentido de ser desnecessária a identidade física das mercadorias objeto do regime de *drawback*" (STJ, AgIntREsp 1.842.145, 2021).

– "... ao Decex (então órgão da SNE) compete a concessão do regime de drawback. Segunda, como corriqueiro, cabe à Secretaria da receita Federal a fiscalização, qualquer tempo, do regular cumprimento, pela importadora (beneficiária do ato concessório), dos requisitos e condições fixados pela legislação pertinente. Até hoje não houve mudança significativa na questão, mantendo-se a dualidade de competências, conforme se depreende do atual Regulamento aduaneiro (Decreto n. 6.759/2009). Apenas cabe frisar que o Decex é atualmente órgão da secretaria de Comércio Exterior (Secex), integrante do Ministério do Desenvolvimento, Indústria e Comércio Exterior. [...] a competência fiscalizadora do Decex é de natureza auxiliar da Secretaria da receita Federal do Brasil... Tanto é verdade que a SRFB não está vinculada à conclusão do Decex. [...] a análise da legalidade levada a cabe pelo Decex não exclui o posterior controle de legalidade do ato concessório pela SRFB. Sem prejuízo, a competência fiscalizadora da SRFB não se restringe ao controle de legalidade do ato concessório. Ela determina que também se verifique o implemento da condição resolutiva. [...] a competência fiscalizatória da SRFB deve obedecer aos prazos decadenciais tanto para anulação do ato concessório (atividade controladora), se for o caso, quanto para a constituição do crédito

tributário, aplicando-se sempre o art. 173, I, do CTN, ante a ausência de qualquer pagamento antecipado" (DINIZ, Guilherme Soares. *Drawback*-suspensão para fornecimento no mercado interno: competência fiscalizatória da Secretaria da Receita Federal do Brasil (SRFB). *RDDT* 179/56, 2010).

– **Caráter sinalagmático**. "... OPERAÇÃO *DRAWBACK* – DESEMBARAÇO ADUANEIRO – CERTIDÃO NEGATIVA – DESEMBARAÇO ADUANEIRO. *Drawback* ('arrastar de volta', em tradução literal) é a operação pela qual o contribuinte se compromete a importar mercadoria, assumindo o compromisso de a exportar após beneficiamento. O Estado, de sua vez, interessado em agregar valor à mercadoria, aceita o compromisso, concedendo benefícios fiscais ao importador. Isto significa, a operação resulta de um negócio sinalagmático, em que o importador assume a obrigação de beneficiar e reexportar e o Estado, de sua parte, outorga o benefício fiscal. Apresentada a certidão negativa, antes da concessão do benefício por operação *Drawback*, não é lícito condicionar-se à apresentação de novo certificado negativo o desembaraço aduaneiro da respectiva importação" (STJ, REsp 196.161, 1999).

– **Princípio da identidade x princípio da equivalência ou da fungibilidade. Suficiência da equivalência**. "*DRAWBACK*. SODA CÁUSTICA. EMPREGO DE MATÉRIA-PRIMA IDÊNTICA NA FABRICAÇÃO DO PRODUTO EXPORTADO. BENEFÍCIO FISCAL. 1. É desnecessária a identidade física entre a mercadoria importada e a posteriormente exportada no produto final, para fins de fruição do benefício de drawback, não havendo nenhum óbice a que o contribuinte dê outra destinação às matérias-primas importadas quando utilizado similar nacional para a exportação" (STJ, REsp 413.564, 2006).

– "*DRAWBACK*. PRINCÍPIO DA IDENTIDADE. ADOÇÃO, EXCEPCIONALMENTE, DO PRINCÍPIO DA EQUIVALÊNCIA. AUSÊNCIA DE PREJUÍZO FISCAL. 1. Nos termos do Decreto-Lei n. 37/66 e do Decreto n. 91.030/85, o regime aduaneiro especial denominado *drawback* constitui um incentivo à exportação, e ao mesmo tempo um benefício fiscal ao importador, consubstanciado na isenção, restituição ou suspensão dos tributos incidentes sobre a importação. 2. Caso em que a empresa executada, optante do regime de *drawback* suspensão, utilizou-se do insumo importado – soda cáustica – para outras finalidades e, quando da exportação, utilizou-se de similar nacional, também soda cáustica, o que, numa análise mais restritiva, configurou infração, porquanto o contribuinte não teria cumprido o regime a que se submeteu. 3. O *drawback* constitui um incentivo à exportação e a legislação de regência da matéria deve ser interpretada em consonância com a sua finalidade, que é a exportação e que foi efetivada. Assim, conquanto a modalidade de *drawback* suspensão adote o princípio da identidade, entendido como a obrigatoriedade da mercadoria a exportar conter insumo importado, o princípio se aplica quando possível a identificação física do insumo importado (é ou não importado), adotando-se, no mais, a equivalência. O fato de utilizar ou não o insumo importado, tratando-se de insumo que é transformado quando da utilização no produto final, não desvirtua o regime isencional, que prevê como regra básica, em todas as suas modalidades, a efetivação da exportação. 4. O ato declaratório n.

20/96, que consigna não haver necessidade do insumo estrangeiro nas mercadorias exportadas para os fins do gozo do regime de *drawback* isenção (que também adota o princípio da identidade), já sinaliza para a adoção do princípio da equivalência, sendo que, não se vislumbra – nem isso foi ressalvado pelo Fisco, embora referido pela embargante – qual o prejuízo fiscal que o procedimento acarretou" (TRF4, AC 97.04.55958-5, 2000).

– "Frente aos constantes apelos do setor industrial, o legislador federal mitigou expressamente o princípio da vinculação física, em favor da fungibilidade, por meio da Lei n. 12.350/2010, que alterou o art. 17 da Lei n. 11.774/2008... O dispositivo legal, que pende de regulamentação para produzir efeitos, foi introjetado no Regulamento Aduaneiro pelo Decreto n. 8.010/2013: ..." (COÊLHO, Sacha Calmon Navarro; MOREIRA, André Mendes; GAIA, Patrícia Dantas. *Drawback*-suspensão: a dispensável vinculação física entre os insumos importados com o benefício e os produtos finais posteriormente exportados. *RDDT* 221/139, 2014).

• Vide também: PARISI, Fernanda Drummond. Regime aduaneiro de *drawback* suspensão e o princípio da fungibilidade na importação de produtos *in natura*. *RDDT* 235/74, 2015.

– **No sentido da necessidade de preservação da identidade.** "TAXA DE MELHORAMENTO DOS PORTOS. LEI N. 3.421/58. *DRAWBACK*. SUSPENSÃO. ISENÇÃO... DECRETO-LEI N. 37/66. DECRETO N. 91.030/85, ARTS. 314 E 315. 1. No regime aduaneiro especial de incentivo à exportação denominado *drawback*, na modalidade suspensão, previsto nos artigos 314 e 315 do Regulamento Aduaneiro, o importador tem obrigação de exportar a mesma mercadoria após beneficiamento, industrialização ou como complementação ou acondicionamento de outra a ser exportada, caracterizando descumprimento a substituição por mercadoria de origem nacional, mesmo que de idêntica qualidade" (TRF4, AC 98.04.01411-4, 1999).

– **Não exportação de parte dos bens importados. Cobrança dos tributos sobre a diferença.** "... IPI. IMPORTAÇÃO VINCULADA À EXPORTAÇÃO. *DRAWBACK*... O fato de não terem sido reenviados ao exterior a totalidade dos bens importados, no prazo assinado, não retira a validade do benefício, apenas determina a incidência tributária sobre o montante importado que não atendeu aos requisitos do benefício. Inteligência do art. 78, inc. III, *in fine*, do Decreto-Lei n. 37/66. 4. No caso dos autos, a execução deverá prosseguir para a cobrança da diferença apurada entre os produtos finais 'a exportar', declarados na ocasião do requerimento do benefício, e aqueles efetivamente exportados, abrangidos pela isenção" (TRF4, AC 2003.04.01.002647-3, 2003).

– **Agregação de valor. Embalagem. Desnecessidade da comprovação.** "... *DRAWBACK*. DECRETO 102/91. REGULAMENTO ADUANEIRO ART. 315, IV. Se o regulamento vai além do conteúdo da lei, ou se afasta dos limites que esta lhe traça, comete ilegalidade. Pois o conteúdo e o alcance dos decretos restringem-se aos das leis em função das quais sejam expedidos. Inteligência do artigo 99 do CTN. O Decreto n. 102/91 ao modificar a redação do artigo 315 impôs limitação ao regime do *drawback* não existente no Decreto-lei 37/66. O benefício do

drawback pode ser concedido à mercadoria (sacos de juta) destinada a embalagem, acondicionamento ou apresentação de produto a exportar. Não sendo legítima a restrição, porque contrária ao princípio da hierarquia das leis, segundo a qual deveriam tais embalagens propiciar comprovadamente uma agregação de valor ao produto final" (TRF4, REOMS 1997.04.01.001448-1, 2000).

– O *drawback* afasta a incidência da Taxa de Classificação. Vide nota ao art. 145, § 2º, da CF.

– O *drawback* afasta a possibilidade de creditamento de IPI. Vide nota ao art. 153, § 3º, II, da CF.

– **Reapresentação de CND na fase de exportação. Desnecessidade. Súmula 569 do STJ:** "Na importação, é indevida a exigência de nova certidão negativa de débito no desembaraço aduaneiro, se já apresentada a comprovação da quitação de tributos federais quando da concessão do benefício relativo ao regime de *drawback*."

– **Quebra do compromisso. Exigibilidade do II.** "REGIME ADUANEIRO ESPECIAL DE *DRAWBACK* SUSPENSÃO – DESCUMPRIMENTO – INCIDÊNCIA DO IMPOSTO DE IMPORTAÇÃO E DO IPI – DESNECESSIDADE DE LANÇAMENTO – INEXISTÊNCIA DE VIOLAÇÃO AO ART. 142 DO CTN... 2. O regime de *drawback*, instituído pelo Decreto-lei 37/66, consiste na suspensão ou eliminação de tributos incidentes sobre insumos importados para utilização em produto a ser exportado, servindo de incentivo às exportações. 3. Para ter direito ao benefício, a empresa apresenta a declaração de importação, identificando, assim, a natureza da operação, o importador, o país de procedência, as especificações do produto e o código da receita dos tributos devidos, além do termo de responsabilidade. Outros documentos detalham a exportação, cujas condições ficam registradas em Ato Concessório. 4. Na operação de *drawback* há fato gerador e incidência do Imposto de Importação e do IPI, quando do desembaraço aduaneiro, com suspensão da exigibilidade, até a efetiva comprovação da exportação, nos moldes acordados. 5. Descumpridas as condições, tornam-se exigíveis os impostos suspensos, independentemente de constituição formal do crédito tributário (lançamento), o que afasta a alegada infringência ao art. 142 do CTN" (STJ, REsp 463.481, 2004).

– "*DRAWBACK*. MODALIDADE SUSPENSÃO... Quebrando o compromisso assumido no Termo de Responsabilidade, em sua totalidade ou na parte em que não restar comprovada a exportação, exsurge então a exigibilidade dos tributos que estavam suspensos" (TRF4, AC 1998.04.01.018221-7, 2001).

– **Pela desnecessidade de lançamento no caso de quebra do compromisso.** "... *DRAWBACK* SUSPENSÃO. DESCUMPRIMENTO. INCIDÊNCIA DO IMPOSTO DE IMPORTAÇÃO E DO IPI. DESNECESSIDADE DE LANÇAMENTO. INEXISTÊNCIA DE VIOLAÇÃO DO ART. 142 DO CTN... 4. Na operação de drawback, há fato gerador e incidência do Imposto de Importação e do IPI, quando do desembaraço aduaneiro, com suspensão da exigibilidade, até a efetiva comprovação da exportação, nos moldes acordados. 5. Descumpridas as condições, tornam-se exigíveis os impostos suspensos, independentemente de constituição formal do crédito tributário (lançamento), o que afasta a alegada infringência ao art. 142 do CTN" (STJ, REsp 463.481, 2004).

– **Em sentido contrário.** "Justamente por existir uma declaração do importador descrevendo uma condição para a exigibilidade dos tributos suspensos representada no descumprimento do ato concessório, data *maxima venia*, não estão presentes na declaração de importação e no termo de responsabilidade elaborados de forma similar ao acima transcritos elementos essenciais para a constituição do crédito tributário, tais sejam: a confissão incondicionada de pagar tributo, a identificação da matéria tributável e a certeza do crédito tributário no âmbito administrativo. [...] Não existe confissão incondicionada de dívida e reconhecimento do dever de efetuar o seu pagamento, como ocorre em algumas DCTFs, nos quais os contribuintes declaram o valor do tributo e sua obrigação de efetuar o pagamento até a data de vencimento, mas uma confissão de dever pagar o valor dos tributos suspensos somente se satisfeito um requisito expressamente previsto na declaração de importação e no termo de responsabilidade relacionado ao inadimplemento do benefício fiscal. [...] O art. 72 do Decreto-Lei n. 37/1966 deve ser interpretado em consonância com o art. 142 do CTN... .. não existe no termo de responsabilidade a constituição de crédito tributário, porque não contém todos os elementos previstos no art. 142 do CTN..." (GONÇALVES, Fernando Dantas Casillo. *Drawback* suspensão – Inadimplemento das condições previstas no ato concessório... Jurisprudência comentada. *RET* 55, maio-jun. 2007, p. 29).

– **Opção pela nacionalização do produto, sem multa.** "IMPORTAÇÃO DE INSUMOS PELO REGIME DRAWBACK. NÃO UTILIZAÇÃO. NACIONALIZAÇÃO. IMPOSIÇÃO DE MULTA. DESCABIMENTO... 2. Não constitui infração ao Regulamento Aduaneiro a utilização, no mercado interno, dos insumos importados pelo regime de drawback, não utilizados integralmente na fabricação dos produtos a serem exportados, desde que comunicado o fato à Cacex para regular nacionalização do produto, e mediante a quitação dos tributos correspondentes. 3. Descabe, dessa forma, a aplicação de multa por infração administrativa ao controle das importações, prevista no art. 526 do Decreto n. 91.030/1985" (TRF3, REOMS 167.259, 2007).

– *Drawback* **interno.** "No caso do *drawback* para fornecimento no mercado interno..., basicamente se trata da suspensão de tributos federais para incorporação de ativos que necessitam de elevado capital financeiro e voltados para determinados ramos da economia, notadamente os industriais intensivos. A despeito de este *drawback* haver sido instituído pela Lei n. 8.032, de 12 de abril de 1990, suas origens remontam ao Decreto-Lei n. 1.335/74, modificado pelo Decreto-Lei n. 1.398/75, pois consideram como elemento-chave não uma efetiva exportação *a posteriori*, mas sim a entrada de divisas em moedas conversíveis. Entretanto, a legislação do início da década de 1990 é que o agregou efetivamente como espécie do gênero *drawback*, de modo que vem sendo usado principalmente em grandes empreendimentos siderúrgicos, petroquímicos e de infraestrutura. A Portaria Secex n. 14, de 17 de novembro de 2004, de certa maneira, foi o instrumento regulamentador do benefício tributário e definiu os requisitos necessários para sua concessão e

fruição, sendo posteriormente substituída pela Portaria Secex n. 25, de 27 de novembro de 2008. Os requisitos são os seguintes: a) Importação de matérias-primas, produtos intermediários e componentes. b) Fabricação de máquinas e equipamentos no Brasil. c) existência de licitação internacional. d) fornecimento no mercado interno, por vencedor de licitação internacional, de máquinas e equipamentos. e) Pagamento em moeda conversível, através de financiamento por arte de instituição internacional da qual faça parte o Brasil, entidade governamental estrangeira ou pelo BNDES. [...] 1... não está restrito às empresas públicas ou de economia mista. pelo contrário, todas as empresas brasileiras que tenham empreendimentos correspondentes aos requisitos estabelecidos nos regulamentos aplicáveis podem pleiteá-lo. 2. A MP n. 418, convertida na Lei n. 11.732, foi o mecanismo utilizado pelo aparelho político estatal para dirimir a dúvida que vinha se arrastando há anos e gerando insegurança para a execução de diversos empreendimentos industriais. O Decreto n. 6.702 definiu todos os requisitos necessários para o perfeito adimplemento das obrigações acessórias para a consecução do benefício..." (GANDARA, Leonardo André. *Drawback* para fornecimento no mercado interno... *RDDT* 168/101, 2009).

– "... há o *drawback* interno, e, tendo-se em vista o impingido pelo Decreto n. 541/1992, pode-se caracterizá-lo como aquele concedido em um regime especial de suspensão de IPI, na compra de insumos no mercado interno e visando à industrialização de produtos destinados à exportação. A forma de aplicação e de habilitação, no entanto, está descrita na Instrução Normativa da Receita Federal n. 84/1992" (NEVES, Luís Gustavo Bregalda; LEITE, Rafael de Mamede Oliveira Ramos da Costa. A prática do *drawback* nas relações internas e internacionais. *RET* 55, 2007, p. 24).

– "O benefício fiscal denominado *drawback* foi instituído pelo art. 37 do Decreto-lei n. 33/66... Em sua versão original, o *drawback* só atingia produtos destinados a posterior exportação, nos termos do inciso II... Mais tarde, foi estendido às matérias-primas aos produtos intermediários e aos componentes importados para fabricação de máquinas e equipamentos a serem fornecidos no mercado interno, atendidas as condições impostas pelo art. 5º da Lei n. 8.032/90, assim redigido: 'Art. 5º O regime aduaneiro especial de que trata o inciso II do art. 78 do Decreto-Lei n. 37, de 18 de novembro de 1966, poderá ser aplicado à importação de matérias-primas, produtos intermediários e componentes destinados à fabricação, no País, de máquinas e equipamentos a serem fornecidos no mercado interno, em decorrência de licitação internacional...' O benefício ficou conhecido como *drawback* para fornecimento no mercado interno ou, simplesmente *drawback* interno" (LESSA, Igor Mauler Santiago; MAZZA. Donovan. A anulação de atos concessórios de *drawback* interno face à isonomia entre as empresas públicas e privadas, ao conceito de licitação internacional e aos princípios da segurança jurídica e da proteção da confiança. *RDDT* 141/95, 2007).

⇒ *Dumping.* "Existe *dumping* quando um país se vê invadido por mercadorias de outro a preço vil, isto é, abaixo do custo da produção, ou abaixo do preço do local de origem, a mesma época e em iguais condições, com o que se alcança destruir a concorrência, para mais tarde elevar o valor monopolisticamente..." (BALEEIRO, Aliomar. *Uma introdução à ciência das finanças*. 14. ed. Rio de Janeiro: Forense, 1990, p. 294-295).

– O item 2º do art. VI do GATT dispõe: "*com o fim de neutralizar ou impedir* dumping *a parte contratante poderá cobrar sobre o produto objeto de um* dumping *um direito antidumping que não exceda a margem de dumping desse artigo [...]*". A Lei n. 9.019/95, com as alterações da MP n. 2.158-35/01, tornada permanente porque em vigor quando da publicação da EC n. 32/2001, e da MP n. 135/2003, convertida na Lei n. 10.833/2003, dispõe sobre os direitos *antidumping* e os direitos compensatórios por subsídios, conforme previstos em acordos internacionais, aplicados mediante a cobrança de importância, em moeda corrente do País, correspondente ao percentual da margem de *dumping* ou do montante de subsídios.

– Conceitos de *dumping*, de direito *antidumping* e de direito compensatório constam do Regulamento Aduaneiro.

– **Indeferimento de licença de importação quando verificado** *dumping*. "LEI 9.019/95. LICENÇA DE IMPORTAÇÃO. PRÁTICA DE DUMPING. PROCESSO ADMINISTRATIVO. DESNECESSIDADE NO CASO. COMPETÊNCIA DO DECEX. LICENCIAMENTO NÃO AUTOMÁTICO. 1. A Constituição Federal dispõe que dentre os objetivos da República Federativa do Brasil, esteio de garantir o desenvolvimento nacional; sendo que um dos instrumentos para garantia desse desenvolvimento é exatamente o que vem previsto no art. 237 da Constituição Federal e consiste na: Fiscalização e o controle sobre o comércio exterior, essenciais à defesa e aos interesses fazendários nacionais, serão exercidos pelo Ministério da Fazenda. 2. O dumping evidente, aferido pelo DECEX, cuja atribuição é realizar o acompanhamento dos preços praticados nas importações, em sendo a mercadoria sujeita ao regime de licenciamento não automático, impõe a negativa da licença requerida. Precedente: (REsp 855881/RS, julgado em 15/03/2007, DJ 02/08/2007 p. 380, unânime) 3. A Lei n. 9.019/95, que dispõe sobre a aplicação dos direitos previstos no Acordo *Antidumping*, não contém comandos impositivos à instauração de processo administrativo para a apuração do fato relativo à prática de *dumping prima face* evidente. 4. A constatação, por si só, da prática lesiva concorrencial possui o condão de afastar a necessidade do prévio procedimento administrativo, isto porque até que se desenvolva o processo e ocorra a liberação de mercadoria, evidentemente, a situação consolidar-se-á. 5. *In casu*, houve a constatação de diferença de preço (para menor) entre o valor considerado normal em importações de cabos de aço e cadeados e aquele declarado nas faturas comerciais referentes às mercadorias importadas pela autora, consoante trecho da sentença à fl. 207" (STJ, REsp 1.048.470, 2010).

– **Direitos** *antidumping* **e compensatórios. Natureza não tributária.** "... os Direitos *Antidumping* e Compensatórios são legal e constitucionalmente identificados como exações não tributárias. Isto porque, o *Dumping*, consistindo num 'preço inferior praticado com ilicitude' (art. 695, I, do Regulamento Aduaneiro), faz com que o Direito *Antidumping* recoloque esse 'preço' (exportado) no patamar normal ou legal, ou seja, no lugar costumeiramente praticado no mercado interno, pelo que essa exação

não pode ter natureza tributária. Se, ao preço praticado pelo *dumping* (ilegal), se soma uma parcela que faltava para recolocar o preço em seu estado normal (legal), serão, os Direitos *Antidumping* e compensatórios, um 'sobrepreço', um 'preço complementar'. Logo, uma exação não tributária. [...] a própria Lei n. 9.019/95, no art. 1º, parágrafo único, distingue os Direito *Antidumping* dos direitos Compensatórios (exações não tributárias), das exações de natureza tributária" (CASSONE, Vittorio. *Dumping*. Direitos *antidumping* e compensatórios. Conceito e natureza jurídica. *RFDT* 07/09, 2004).

– "... o direito *antidumping* é exigido no momento da importação, juntamente com o imposto de importação. É imediata a suspeita de que se trata de um adicional ao imposto de importação – e, portanto, um tributo. Ocorre que, se for um tributo, não há como explicar o fato de que não é cobrado em qualquer importação, mas apenas sobre importações oriundas do país investigado; ademais, a legislação prevê até mesmo a imposição de direitos retroativos. Daí por que a doutrina vem negando a tais direitos a natureza tributária, ali enxergando uma 'imposição paratarifária de direito econômico internacional que reequilibra, para o mercado interno, um equilíbrio de competitividade rompido', fundamentando-se não ser possível 'circundar a natureza jurídica de um instituto jurídico importado diretamente por meio de uma norma de direito Internacional econômica', sendo daí 'imposição paratarifária de intervenção no domínio Econômico, fundada na função de incentivo do Estado'" (SCHOUERI, Luís Eduardo. *Direito tributário*. 2. ed. São Paulo: Saraiva, 2012, p. 146-147).

– "... cuidar-se-á da descaracterização tributária do direito antidumping e do direito compensatório, podendo-se, afirmar, desde logo, não ter a presente matéria natureza tributária. [...] O direito *antidumping* e o direito compensatório são direito alfandegário, direito aduaneiro? Sim! ...Todo direito aduaneiro é direito tributário? Não! O direito aduaneiro *antidumping* e o direito aduaneiro compensatório não têm natureza tributária. [...] Isso porque a matéria de que se trata transpira práticas comerciais extraterritoriais desleais. [...] a existência da prática de *dumping* ou de subsídio configura prática desleal de comércio e se circunscreve ao campo da defesa comercial" (ASSIS, Francisco Arnoldo de. *Comércio exterior*. Rio de Janeiro: Lumen Juris: 2002, p. 117-122).

– **Não há direito subjetivo à suspensão da exigibilidade mediante oferecimento de garantia administrativa.** "MS. DIREITO *ANTIDUMPING* PROVISÓRIO. GARANTIA ADMINISTRATIVA. A aplicação do direito *antidumping* provisório destina-se a proteger o mercado interno de danos causados por práticas comerciais, tal como no caso, de importação de mercadorias em valor inferior ao exigido no mercado interno do país exportador, prática que potencializa dificuldades de concorrência enfrentadas pelo produto de origem nacional. É certo que o Poder Judiciário pode exercer controle de legalidade ao perquirir o preenchimento dos requisitos formais e substanciais para a utilização desse instrumento de defesa do mercado, contudo inexiste direito líquido e certo à suspensão da exigibilidade desse direito provisório mediante garantia administrativa (depósito em dinheiro ou fiança bancária), porque se cuida de ato discricionário da Câmara de Comércio Exterior (Camex), conforme determina o art. 3º da Lei n. 9.019/1995. A prestação da garantia, por si só, não implica a referida suspensão da exigibilidade. Precedentes citados: MS 14.670-DF, *DJe* 18/12/2009, e MS 14.691-DF, *DJe* 18/12/2009. MS 14.857-DF, Rel. Min. Herman Benjamin, julgado em 12/5/2010" (*Informativo* STJ).

– **Competência e qualificação técnica da Secex para a análise de dumping.** "DEFESA COMERCIAL – DUMPING – DECRETO N. 1.602/95 – COMPETÊNCIA DA SECEX – EXAME DE DADOS ESPECÍFICOS, CÁLCULOS E PROJEÇÕES ECONOMÉTRICAS – REVISÃO PELO JUDICIÁRIO – COMPARAÇÃO ENTRE MÉDIAS PONDERADAS E PREÇOS ISOLADOS – EXCEPCIONALIDADE – DETERMINAÇÃO DO VALOR NORMAL – AUSÊNCIA DE VIOLAÇÃO AO ART. 535 DO CPC.1. O art. 3º do Decreto n. 1.602/95 atribui à Secretaria de Comércio Exterior – Secex a competência para conduzir o processo de investigações de dumping, como também investigar pedido de inexigibilidade dos direitos antidumping, o que exige apurado conhecimento técnico devido à natureza e complexidade dos cálculos e informações técnicas sobre a indústria nacional e os produtos importados. 2. A prática de dumping caracteriza-se pela entrada no mercado nacional de bem exportado por um preço inferior ao praticado nas operações internas do mercado do país exportador (valor normal). 3. Na aplicação dos direitos antidumping, é necessário, além da constatação, a prova de que a indústria nacional sofrerá dano pela entrada dos bens importados. 4. Na avaliação do que seja valor normal, considera-se o preço de produto similar, praticado nas operações mercantis de consumo interno no país exportador (art. 5º do Decreto n. 1.602/95). 5. Hipótese em que o valor normal só foi determinado com base em projeções e modelos econométricos, considerando-se não ter a República Popular da China economia de mercado. 6. O Poder Judiciário não pode substituir-se à Secex, órgão administrativo especializado nas investigações relativas a dumping, cabendo-lhe apenas o controle da aplicação das normas procedimentais estabelecidas. 7. Exorbitância do Tribunal *a quo*, ao comparar médias ponderadas de valor normal com preços individuais de produtos importados em operações isoladas, fugindo da sua esfera de atuação" (STJ, REsp 1.105.993, 2010).

SEÇÃO I
IMPOSTO SOBRE A IMPORTAÇÃO

⇒ **Legislação específica.** A competência para a instituição do Imposto sobre a Importação consta do art. 153, I, da Constituição da República Federativa do Brasil (CF). A CF refere-se expressamente a tal imposto, ainda, no art. 153, § 1º, para atenuar a legalidade, e no art. 150, § 1º, para excepcionar a observância das anterioridades de exercício e nonagesimal mínima. Os arts. 19 e 22 do CTN estabelecem as normas gerais atinentes ao Imposto sobre a Importação, definindo os arquétipos para o fato gerador, base de cálculo e contribuintes. O diploma instituidor do Imposto sobre a Importação é o Decreto-Lei n. 37, de 18 de novembro de 1966, ainda em vigor, com diversas alterações em seu texto,

principalmente as decorrentes do Decreto-Lei n. 2.472/88. O Decreto n. 6.759/2009 regulamenta a administração das atividades aduaneiras e a fiscalização, o controle e a tributação das operações de comércio exterior, anteriormente disciplinados, sucessivamente, pelo Decreto n. 91.030/85 e pelo Decreto n. 4.543/2002. O Decreto n. 6.759/2009 é, pois, o atual Regulamento Aduaneiro. Há, ainda, numerosa legislação esparsa, valendo referir, exemplificativamente, o Decreto 92.930/86, que promulga o Acordo sobre a Implementação do artigo VII do GATT (*General Agreement on Tariffs and Trade* (Acordo Geral de Tarifas Aduaneiras e Comércio). – sobre valoração aduaneira –, a IN n. 327/2003, que estabelece normas e procedimentos para a declaração e o controle do valor aduaneiro de mercadoria importada, a IN n. 80/96, que institui a Nomenclatura de Valor Aduaneiro e Estatística – NVE –, que tem por finalidade identificar a mercadoria submetida a despacho aduaneiro de importação, para efeito de valoração aduaneira, e aprimorar os dados estatísticos de comércio exterior, e o Decreto n. 660/92, que criou o Siscomex – Sistema de Comércio Exterior –, sistema informatizado de controle das importações e exportações. Há, ainda, as Resoluções da Camex atualizando a Tarifa Externa Comum e estabelecendo alterações nas alíquotas do Imposto sobre a Importação.

⇒ **Função extrafiscal do imposto de importação.** Trata-se de imposto com aplicação marcadamente extrafiscal, embora nem sempre tenha sido assim. Hamilton Dias de Souza destaca que na "antiguidade, os impostos aduaneiros justificavam-se apenas como meio de auferir receitas, apresentando tais tributos um traço comum, tanto na Grécia, como em Roma e na Índia: a finalidade puramente arrecadatória de sua imposição". O mesmo autor indica que a utilização do imposto de importação com fins de proteção da economia local teve seu primeiro registro no século XIV, nas Repúblicas de Gênova e Veneza, e que, após a formação das grandes monarquias, quando se visava à unidade nacional, passou-se a relacionar o desenvolvimento com o comércio exterior, "erigindo-se verdadeiras barreiras à entrada de produtos estrangeiros", tendo, nesta época surgido, então, a chamada tarifa Colbert de 1664, a primeira com propósitos nitidamente protecionistas. No Brasil, como bem destacado pelo saudoso Aliomar Baleeiro, em seu *Direito tributário brasileiro*, 11. ed., Forense, 1999, p. 212, a importância do imposto de importação como fonte de receita foi, inicialmente, predominante, mas, com o passar do tempo, tal papel cedeu espaço à aplicação como instrumento da política econômica e monetária.

– Na medida em que se pode, através do manejo das alíquotas do imposto de importação, onerar mais ou menos o ingresso de mercadorias estrangeiras no território nacional, até o ponto de inviabilizar economicamente determinadas operações, revela-se o potencial de tal instrumento tributário na condução e no controle do comércio exterior. A indústria nacional e o equilíbrio da balança comercial estarão sempre em jogo. A necessidade constante de superávit em face da necessidade de pagamento de juros da dívida externa também constitui uma variável importante, ainda que seja muito mais saudável desenvolver uma política de incentivo às exportações do que de restrição demasiada às importações; com a primeira, incentiva-se mais e mais o desenvolvimento da economia nacional; com a segunda, corre-se o risco de acobertar a ineficiência.

– A disputa entre mercantilistas e fisiocratas tem, hoje, sob o conceito da globalização, novas roupagens e variáveis cada vez mais complexas a serem consideradas pelos condutores das políticas de comércio exterior. De qualquer forma, o imposto de importação constitui instrumento importante nessa área, sendo que a sua utilização, com finalidade extrafiscal, sobreleva, em importância, a função arrecadatória.

– "... 1. Imposto de Importação. Função predominantemente extrafiscal, por ser muito mais um instrumento de proteção da indústria nacional do que de arrecadação de recursos financeiros, sendo valioso instrumento de política econômica. 2. A Constituição Federal estabelece que é da competência privativa da União legislar sobre comércio exterior e atribui ao Ministério da Fazenda a sua fiscalização e o seu controle, atribuições essas essenciais à defesa dos interesses fazendários nacionais" (STF, RE 205.211-6).

⇒ **Classificação como imposto direto ou indireto. Transferência do encargo.** "... o Imposto de Importação é um tributo indireto, pois a carga tributária tende a ser suportada por terceiro, muito embora não ocorra a transferência de forma clara e objetiva. Com efeito, o ônus pelo tributo gerado se integra ao preço, sem destaque formal. É o que se denomina, em linguagem vulgar, de 'imposto por dentro'" (CALMON, Eliana. *Código Tributário Nacional*. Coord. Vladimir Passos de Freitas. São Paulo: RT, 1999, p. 49).

– Entendemos que o imposto de importação é imposto direto, suportado pelo importador. O fato de, adiante, em operação futura, acabar refletindo no preço de revenda da mercadoria no mercado interno constitui simples repercussão econômica insuficiente para caracterizá-lo como imposto indireto. Vide a classificação dos impostos em nota ao art. 16 do CTN.

⇒ **Licenciamento e despacho aduaneiro de importação.** A compreensão do procedimento de importação de mercadorias é importante para a aplicação das normas tributárias pertinentes. Vejamos as definições constantes do Regulamento Aduaneiro (Decreto n. 6.759/2009), sabendo-se, ainda, que a IN SRF n. 680/2006 disciplina o despacho aduaneiro de importação, cuidando dos controles prévios ao registro da Declaração de Importação (DI), do registro da DI, da seleção para conferência aduaneira, da conferência aduaneira e da entrega da mercadoria ao importador. Em nota, adiante, vide sobre os regimes especiais de tributação.

– **Do Licenciamento de Importação. Automático ou não automático.** Decreto n. 6.759/2009: "Art. 550. A importação de mercadoria está sujeita, na forma da legislação específica, a licenciamento, por meio do Siscomex".

– O licenciamento das importações pode ser automático ou não automático. Costuma-se designar a Licença de Importação por LI. De regra, o licenciamento é feito automaticamente através do Siscomex que, analisando as informações prestadas pelo importador, efetua o registro da declaração de importação e enseja a emissão, pelo próprio importador, do Extrato da Declaração, documento a ser entregue à Aduana. O licenciamento, nesta modalidade, deve ser efetuado como condição, tão somente, para o desembaraço aduaneiro da mercadoria. Para certos casos, entretanto, a legislação exige autorização prévia de órgãos da Administração Pública, como ocorre, e.g., nas importações sujeitas à obtenção de cota tarifária, nas importações de bens objeto de arrendamento mercantil, de mercadorias usadas, que envolvam exame de similaridade e nas amparadas por benefícios como o *drawback* e o Befiex. Tal licenciamento não automático, qualificado pela anuência, deve preceder o embarque dos bens do exterior. As informações quanto à importação pretendida são informadas através do Siscomex e alocadas para o órgão competente ao qual caiba a análise. Mediante o número do protocolo, o importador, posteriormente, acessa novamente o sistema de modo a verificar se o licenciamento foi deferido, se está sob exigência formulada pelo órgão anuente como condição para o licenciamento ou se foi indeferido. Em sendo deferido, pode ser realizada a operação, ficando o sistema apto a, oportunamente, proceder ao registro da declaração de importação e emitir o Extrato da Declaração, a ser entregue à Aduana para fins de desembaraço.

– **Despacho de Importação.** Decreto n. 6.759/2009: "Art. 542. Despacho de importação é o procedimento mediante o qual é verificada a exatidão dos dados declarados pelo importador em relação à mercadoria importada, aos documentos apresentados e à legislação específica. Art. 543. Toda mercadoria procedente do exterior, importada a título definitivo ou não, sujeita ou não ao pagamento do imposto de importação, deverá ser submetida a despacho de importação, que será realizado com base em declaração apresentada à unidade aduaneira sob cujo controle estiver a mercadoria [...]... Art. 544. O despacho de importação poderá ser efetuado em zona primária ou em zona secundária [...]. Art. 545. Tem-se por iniciado o despacho de importação na data do registro da declaração de importação. § 1º O registro da declaração de importação consiste em sua numeração pela Secretaria da Receita Federal do Brasil, por meio do Siscomex. [...] Art. 546. O despacho de importação deverá ser iniciado em [...]: I – até noventa dias da descarga, se a mercadoria estiver em recinto alfandegado de zona primária; II – até quarenta e cinco dias após esgotar-se o prazo de permanência da mercadoria em recinto alfandegado de zona secundária; e III – até noventa dias, contados do recebimento do aviso de chegada da remessa postal".

– **Da Declaração de Importação.** Decreto n. 6.759/2009: "Art. 551. A declaração de importação é o documento base do despacho de importação... § 1º A declaração de importação deverá conter: I – a identificação do importador; e II – a identificação, a classificação, o valor aduaneiro e a origem da mercadoria. § 2º A Secretaria da Receita Federal do Brasil poderá: I – exigir, na declaração de importação, outras informações, inclusive as destinadas a estatísticas de comércio exterior; e II – estabelecer diferentes tipos de apresentação da declaração de importação, apropriados à natureza dos despachos, ou a situações específicas em relação à mercadoria ou a seu tratamento tributário".

– Da Conferência Aduaneira. Decreto n. 6.759/2009, atualizado até a redação do Dec. n. 8.010/2013: "Art. 564. A conferência aduaneira na importação tem por finalidade identificar o importador, verificar a mercadoria e a correção das informações relativas a sua natureza, classificação fiscal, quantificação e valor, e confirmar o cumprimento de todas as obrigações, fiscais e outras, exigíveis em razão da importação. Parágrafo único. A fim de determinar o tipo e a amplitude do controle a ser efetuado na conferência aduaneira, serão adotados canais de seleção... Art. 565. A conferência aduaneira poderá ser realizada na zona primária ou na zona secundária... Art. 566. A verificação da mercadoria, no curso da conferência aduaneira ou em outra ocasião, será realizada por Auditor-Fiscal da Receita Federal do Brasil, ou sob a sua supervisão, por Analista-Tributário, na presença do viajante, do importador ou de seus representantes... § 2º A verificação de bagagem ou de outra mercadoria que esteja sob a responsabilidade do transportador poderá ser realizada na presença deste ou de seus prepostos, dispensada a exigência da presença do viajante ou do importador... Art. 568. Na verificação da mercadoria, poderão ser adotados critérios de seleção e amostragem... Art. 569. Na quantificação ou identificação da mercadoria, a fiscalização aduaneira poderá solicitar perícia, observado o disposto no art. 813 e na legislação específica".

– Desembaraço Aduaneiro. Decreto n. 6.759/2009, atualizado até a redação do Dec. n. 8.010/2013: "Art. 571. Desembaraço aduaneiro na importação é o ato pelo qual é registrada a conclusão da conferência aduaneira... § 1º Não será desembaraçada a mercadoria: I – cuja exigência de crédito tributário no curso da conferência aduaneira esteja pendente de atendimento, salvo nas hipóteses autorizadas pelo Ministro de Estado da Fazenda, mediante a prestação de garantia... II – enquanto não apresentados os documentos referidos nos incisos I a III do *caput* do art. 553... Art. 572. Quando se tratar de mercadoria sujeita a controle especial, a depósito ou a pagamento de qualquer ônus financeiro ou cambial, o desembaraço aduaneiro dependerá do prévio cumprimento dessas exigências... Art. 573. O eventual desembaraço de mercadoria objeto de apreensão anulada por decisão judicial não transitada em julgado dependerá, sempre, da prestação prévia de garantia, na forma de depósito ou fiança idônea, do valor das multas e das despesas de regularização cambial emitidas pela autoridade aduaneira, além do pagamento dos tributos devidos... Art. 574. Não serão desembaraçadas mercadorias que sejam consideradas, pelos órgãos competentes, nocivas à saúde, ao meio ambiente ou à segurança pública, ou que descumpram controles sanitários, fitossanitários ou zoossanitários... devendo tais mercadorias ser obrigatoriamente devolvidas ao exterior ou... destruídas, sob controle aduaneiro... Art. 576. Após o desembaraço aduaneiro, será autorizada a entrega da mercadoria ao importador, mediante a comprovação do pagamento do ICMS, salvo disposição em contrário...".

– Liberação e emissão do comprovante de importação. Realizado o desembaraço, que se dá à vista do Extrato da Declaração de Importação e após as necessárias conferências, procede-se à liberação das mercadorias e à emissão do Comprovante de Importação a serem entregues ao importador.

– Retenção da mercadoria até que cumpridas as obrigações. Validade. Não há que se confundir a apreensão – que ocorre quando verificada irregularidade que enseje a aplicação da pena de perdimento – com a simples retenção do produto até que cumpridas condições para a conclusão do desembaraço e liberação, como a apresentação de documentação e o pagamento dos tributos devidos.

– O registro da Declaração de Importação faz-se através do Siscomex. O recolhimento do imposto sobre a importação, também através do Siscomex, constitui ato contínuo ao registro da declaração de importação, ocorrendo eletronicamente, *on-line*, mediante débito na conta do importador. Isso porque Regulamento Aduaneiro (Decreto n. 6.759/2009), em seu art. 107, determina que o imposto será pago na data do registro da declaração de importação. Aliás, o pagamento do II, assim como do IPI e do ICMS, é condição para o desembaraço aduaneiro do produto, sem que, com isso, haja qualquer ofensa à Súmula 323 do STF. De fato, sendo tais tributos devidos por força da própria operação de importação, a exigência do seu pagamento para a liberação do produto não é descabida nem configura meio impróprio para a satisfação do crédito tributário. Não se cuida, pois, de constrangimento passível de ser encarado como "sanção política". Vide a IN SRF n. 680/2006, que dispõe sobre o despacho aduaneiro de importação.

– Tema 1.042 do STF: "É constitucional vincular o despacho aduaneiro ao recolhimento de diferença tributária apurada mediante arbitramento da autoridade fiscal". Decisão de mérito em 2020.

– "IMPORTAÇÃO – TRIBUTO E MULTA – MERCADORIA – DESPACHO ADUANEIRO – ARBITRAMENTO – DIFERENÇA – CONSTITUCIONALIDADE. Surge compatível com a Constituição Federal o condicionamento, do desembaraço aduaneiro de bem importado, ao pagamento de diferença tributária apurada por arbitramento da autoridade fiscal" (STF, RE 1.090.591, 2020).

– "AÇÃO DIRETA DE INCONSTITUCIONALIDADE. ART. 163, § 7º, DA CONSTITUIÇÃO DE SÃO PAULO: INOCORRÊNCIA DE SANÇÕES POLÍTICAS. AUSÊNCIA DE AFRONTA AO ART. 5º, INC. XIII, DA CONSTITUIÇÃO DA REPÚBLICA. 1. A retenção da mercadoria, até a comprovação da posse legítima daquele que a transporta, não constitui coação imposta em desrespeito ao princípio do devido processo legal tributário. 2. Ao garantir o livre exercício de qualquer trabalho, ofício ou profissão, o art. 5º, inc. XIII, da Constituição da República não o faz de forma absoluta, pelo que a observância dos recolhimentos tributários no desempenho dessas atividades impõe se legal e legitimamente. 3. A hipótese de retenção temporária de mercadorias prevista no art. 163, § 7º, da Constituição de São Paulo, é providência para a fiscalização do cumprimento da legislação tributária nesse território e consubstancia exercício do poder de polícia da Administração Pública Fazendária, estabelecida legalmente para os casos de ilícito tributário. Inexiste, por isso mesmo, a alegada coação indireta do contribuinte para satisfazer débitos com a Fazenda Pública. 4. Ação Direta de Inconstitucionalidade julgada improcedente" (STF, ADI 395, 2007). Obs.: sobre o conteúdo desde julgado, vide, na nota seguinte, a manifestação de Hugo de Brito Machado.

– No sentido de que é válida apenas quando desacompanhada de documentação e até que seja identificado o proprietário. "Uma leitura atenta do acórdão proferido na ADIn 395-0... nos deixa ver que a jurisprudência da Corte Maior não foi modificada. Apenas ficou esclarecido que a apreensão de mercadorias é admitida apenas como forma para que o Fisco possa identificar a pessoa que tem a posse da mercadoria. Com o referido acórdão, o Supremo afirmou a constitucionalidade do art. 163, V, § 7º, da Constituição do Estado de São Paulo, que estabelecem: 'Art. 163. Sem prejuízo de outras garantias asseguradas ao contribuinte, é vedado ao Estado: [...] V – estabelecer limitações ao tráfego de pessoas ou bens... § 7º Para efeitos do inciso V, não se compreende como limitação ao tráfego de bens a apreensão de mercadorias, quando desacompanhadas de documentação fiscal idônea, hipótese em que ficarão retidas até a comprovação da legitimidade de sua posse pelo proprietário'. Como se vê a norma tida como constitucional realmente o é, pois só autoriza a retenção de mercadorias quando desacompanhadas de documentação fiscal idônea e somente até que seja comprovada a legitimidade de sua posse pelo proprietário. Em outras palavras, essa norma não autoriza a retenção de mercadorias como forma de garantir o pagamento de tributo" (MACHADO, Hugo de Brito. A pena de perdimento de bens e a insubsistência do fato gerador da obrigação tributária. *RET* 57/7, 2007).

– No sentido de que só se justifica até a lavratura do auto de infração. "1. A apreensão de mercadoria em razão de ilícito tributário só pode se dar por tempo suficiente à lavratura do auto de infração. Confeccionado o ato administrativo, nada justifica a retenção dos bens apreendidos, que devem ser imediatamente restituídos ao transportador autuado, como, aliás, é do teor da Súmula 323 do STF..." (TJDF, REO 2005.01.1.132745-6, 2007).

– No sentido de que a reclassificação tarifária não impediria a liberação da mercadoria. "MERCADORIA IMPORTADA. DIVERGÊNCIA NA CLASSIFICAÇÃO TARIFÁRIA. RETENÇÃO PELO FISCO. LIBERAÇÃO CONDICIONADA À APRESENTAÇÃO DE GARANTIA E COBRANÇA DE MULTA. IMPOSSIBILIDADE...1. 'Não se exige garantia para liberação de mercadoria importada, retida por conta de pretensão fiscal de reclassificação tarifária, com consequente cobrança de multa e diferença de tributo'" (STJ, AgRg no REsp 1.227.611, 2013).

– "IMPORTAÇÃO. MERCADORIA APREENDIDA. RECLASSIFICAÇÃO TARIFÁRIA. LIBERAÇÃO. GARANTIA. INEXIGIBILIDADE. 1. Não se exige garantia para liberação de mercadoria importada, retida por conta de pretensão fiscal de reclassificação tarifária, com consequente cobrança de multa e diferença de tributo. Precedentes do STJ. 2. Debate-se simples cobrança de diferença de crédito tributário. Não é o caso de possível pena de perdimento, que admitiria a obrigatoriedade da garantia, como já decidiu a Segunda Turma (REsp 1.105.931/SC, Rel. Min. Mauro Campbell Marques, *DJe* 10/2/2011)" (STJ, AgRg no REsp 1.263.028, 2012).

– "IMPOSTO DE IMPORTAÇÃO – QUESTIONAMENTO QUANTO À CLASSIFICAÇÃO TARIFÁRIA – LIBERAÇÃO DA MERCADORIA CONDICIONADA À PRESTAÇÃO DE GARANTIA – ART. 12 DO DECRETO 2.498/98 – APLICAÇÃO ANALÓGICA DA SÚMULA 323/STF... 4. O Fisco não pode utilizar-se da retenção de mercadoria importada como forma de impor o recebimento da diferença de tributo ou exigir caução para liberar a mercadoria. Aplicação analógica da Súmula 323/STF. 5. Em se tratando de imposto recolhido a menor, o Fisco deverá cobrar a diferença com os devidos acréscimos, mediante lavratura de auto de infração e consequente lançamento" (STJ, REsp 700.371, 2007).

– Interrupção do despacho com formalização de exigência fiscal: oportunidade de regularização. A interrupção do despacho aduaneiro mediante exigência fiscal apontada no Siscomex enseja ao importador que acate e efetue o pagamento correspondente, assegurando o prosseguimento do despacho aduaneiro.

**– "Na conferência aduaneira, a autoridade aduaneira realiza uma fiscalização inicial da validade da norma individual e concreta inserida pelo sujeito passivo no sistema jurídico por meio do registro da DI. Se não estiver de acordo com a regularidade formal e material do autolançamento realizado pelo importador, a diferença do crédito tributário deve ser objeto de lançamento de ofício suplementar no curso de despacho aduaneiro. Contudo, antes de lavrar o lançamento suplementar, a IN SRF n. 680/2006 autoriza a interrupção do despacho aduaneiro e a formalização da exigência fiscal diretamente no Siscomex, que, em caso de concordância do sujeito passivo, deve ser paga independentemente de procedimento administrativo fiscal: 'Formalização de Exigências e Retificação da DI. Art. 42. As exigência formalizadas pela fiscalização aduaneira e o seu atendimento pelo importador, no curso do despacho aduaneiro, deverão ser registrados no Siscomex. § 1º Sem prejuízo do disposto no *caput*, na hipótese de a exigência referir-se a crédito tributário ou direito comercial, o importador poderá efetuar o pagamento correspondente, independentemente de formalização de processo administrativo fiscal.' Não há, na formalização da exigência no Siscomex, violação do devido processo legal ou do direito de questionamento da interpretação aduaneira por parte do sujeito passivo. O pagamento direto, sem procedimento administrativo fiscal, é uma faculdade do contribuinte, caso considere devida a exigência formalizada no despacho. Em caso de discordância, o sujeito passivo tem assegurado o direito de apresentação de uma manifestação de inconformidade, quando a autoridade aduaneira poderá reconsiderar a exigência ou lavrar o auto de lançamento no prazo de oito dias: 'Art. 42 [...] § 2º Havendo manifestação de inconformidade, por parte do importador, em relação à exigência de que trata o § 1º, o crédito tributário ou direito comercial será constituído mediante lançamento em auto de infração, que será lavrado em até 8 (oito) dias. (Redação dada pela Instrução Normativa RFB n. 1.813, de 13 de julho de 2018)' Esse auto de lançamento, como qualquer outro, pode ser impugnado na forma do Decreto n. 70.235/1972, o que instaura a fase contenciosa perante a Delegacia da Receita Federal de Julgamento..." (SEHN, Sólon. *Curso de direito aduaneiro*. Rio de Janeiro: Forense, 2021, p. 233-234).

– Críticas à "manifestação de inconformidade". "Urge analisar a questão da continuidade do procedimento de despacho aduaneiro quando ocorre a exigência de créditos tributários, não tributários, ou diferenças destes, como condição necessária para a conclusão do procedimento de importação por meio de liberação das mercadorias. Nesse rumo, a informação da exigência dos créditos tributários ao contribuinte é efetuada junto ao Siscomex, e tem por base o que disciplina a Instrução Normativa RFB n. 680/2006: 'Art. 42. As exigências formalizadas pela fiscalização aduaneira e o seu atendimento pelo importador, no curso do despacho aduaneiro, deverão ser registradas no Siscomex'. [...] extrai-se então o que dispõe o Decreto n. 6.759, de 2009 (Regulamento Aduaneiro), *in litteris*: 'Art. 570 [...] § 2º Na hipótese de a exigência referir-se a crédito tributário ou a direito antidumping ou compensatório, o importador poderá efetuar o pagamento correspondente, independente de processo. (Redação dada pelo Decreto n. 8.010, de 2013) § 3º Havendo manifestação de inconformidade por parte do importador, em relação à exigência de que trata o § 2º, o Auditor-Fiscal da Receita Federal do Brasil deverá efetuar o respectivo lançamento, na forma prevista no Decreto n. 70.235, de 6 de março de 1972.' [...] Quanto à figura jurídica denominada manifestação de inconformidade, que surgiu com redação no Decreto n. 4.543/2002, Regulamento Aduaneiro de 2002, tenho comigo que é imprópria e estranha na legislação aduaneira vigente, obscura, de conceito nela inexistente e não se trata de pedido de reconsideração, mas na verdade uma súplica de auto de infração... inconformado com a exigência fiscal, o fato é que o importador de posse do auto de infração pode exercer seu direito de impugnar o lançamento (auto de infração), formando o litígio... Apresentada a impugnação pelo importador, surge então a oportunidade de liberação das mercadorias nos termos do que estabelece a Portaria MF n. 389, de 1979, a qual ocorre mediante prestação de garantia prevista na indigitada Portaria. Assim, com a petição junto ao Chefe da Unidade da RFB de despacho aduaneiro, anexado por sua vez o comprovante da impugnação e a respectiva garantia do valor exigido por meio de auto de infração, a autoridade administrativa competente, por decorrência, tem o prazo de cinco dias para liberação. Em suma, essa engenharia de liberação mediante litígio, somente ocorre se o importador obtiver o auto de infração, (lançamento de ofício)..." (VEPPO, Walter Machado. Interrupção do despacho aduaneiro de importação – revisão de ofício na conferência aduaneira – aspectos controvertidos. In: SARTORI, Ângela; TESSER, Daniel Bettamio; GUIMARÃES, Thaís. *Controvérsias atuais do direito aduaneiro*. São Paulo: Aduaneiras, 2022, p. 509-533).

– Procedimento especial de fiscalização. "O início do Procedimento Especial de Fiscalização, tanto da IN n. 1.169 quanto da IN n. 228, implica retenção das mercadorias importadas até término do Procedimento. Ressalte-se que a prestação de garantia, ao caso da IN n. 228, é admitida. Ainda que o Regulamento Aduaneiro permita o oferecimento de caução (garantia), para fins de liberação de mercadoria, em vários de seus dispositivos, aludidas INs determinam a retenção de mercadorias em procedimento especial de fiscalização, de forma antecipada, sem qualquer conclusão quanto à imputação de fraude que permeia em aludido procedimento inquisitorial. Com efeito, a IN/SRF n. 206/2002, revogada pela IN/RFB n. 1.169/2011, previa a possibilidade de garantia para liberação de mercadorias, se existisse apenas divergência quanto ao valor aduaneiro e não verificada a fraude, ora, então, abolida pela IN n. 1.169/2011. Autorização essa que destoava do inciso II do art. 80 da MP n. 2158-35/2001, o qual condiciona a entrega de mercadorias à prestação de garantia, em caso de o valor das importações ser incompatível com o capital social ou o patrimônio líquido do importador ou do adquirente. Por seu turno, a IN/SRF n. 228/2002, mais uma vez contrariamente à Lei que pretender regulamentar (§ 1º do art. 81 da Lei n. 9.430/1996), determina a prestação de garantia, obstando ao desembaraço das mercadorias, enquanto 'não comprovada a origem lícita, a disponibilidade e a efetiva transferência, se for o caso, dos recursos necessários à prática das operações, bem assim a condição de real adquirente ou vendedor'. Nesse ponto, consigne-se a incongruência do procedimento de fiscalização da IN/SRF n. 228/2002, que visa dar aplicabilidade a depuração das empresas irregulares do âmbito de atuação do Comércio Exterior, pois este não prevê a interrupção do desembaraço aduaneiro, quiçá a apreensão de mercadorias, quanto mais o perdimento, mas exige, por absurdo, garantia pelo 'preço da mercadoria... acrescido do frete e seguro internacional, e será fixada pela unidade de despacho no prazo de dez dias úteis contado da data da instauração do procedimento especial', extremamente danosa e prejudicial às atividades de Comércio Exterior" (BREDA, Felippe Alexandre Ramos. Considerações sobre os procedimentos especiais de fiscalização aduaneiros. *RDDT* 220/7, 2014).

⇒ **Regimes de tributação.** O despacho aduaneiro de importação comporta diversos regimes de tributação, além do Regime de Tributação Comum.

– Regime de tributação simplificada. Os bens objeto de remessa postal ou de encomenda aérea internacional sujeitam-se, quando de valor até US$ 3.000,00, ao Regime de Tributação Simplificada – RTS, instituído pelo Decreto-Lei n. 1.804/80 e regulamentado pela Portaria MF n. 156/1999 e pela IN SRF n. 96/1999. Aplica-se ao destinatário pessoa física ou jurídica. No caso de tratar-se de medicamentos importados por pessoa física para uso próprio, o limite sobe para US$ 10.000,00, e é desonerado, sujeitando-se à alíquota de 0%, forte na IN RFB n. 1.625/2016. Toma-se como base de cálculo o valor aduaneiro da totalidade dos bens que integrem a remessa ou encomenda, assim considerado o valor de aquisição, representado pela fatura comercial. Caso o custo de transporte e respectivo seguro não estiverem incluídos no preço de aquisição, não tendo sido suportados pelo remetente, serão acrescidos ao preço de aquisição para definição do valor aduaneiro. Se não houver fatura ou não se mostrar idônea, a autoridade arbitrará o valor aduaneiro tendo por base o preço de bens idênticos ou similares. O Regime de Tributação Simplificada implica a cobrança exclusiva do Imposto de Importação, pela alíquota de 60%, independentemente da classificação tarifária dos bens, à exceção dos medicamentos destinados a pessoa física, sujeitos à alíquota de zero por cento. Remessas ou encomendas de até US$ 50,00 (cinquenta dólares), que tenham como remetente e como destinatário pessoas físicas,

são isentas do Imposto de Importação, nos termos do art. 1º, §
2º, da Portaria MF n. 156/99, ressalvada a "encomenda expressa
transportada por empresa de transporte expresso internacional",
pois a ela não se aplica o disposto no § 2º do art. 1º, por força da
Portaria MF n. 454/2015. No RTS, embora a alíquota do II seja
elevada (60%), há isenção quanto aos demais tributos federais
normalmente incidentes nas importações, quais sejam, o IPI-
-Importação e o PIS/COFINS-Importação. É cobrado ICMS-
-Importação. O Imposto de Importação e o ICMS-Importação
são pagos perante a própria agência de correio, como condição
para a retirada dos bens. Bens sujeitos a restrições de quantidade,
valor ou tipo, que estejam fora dos limites de aplicação do RTS,
serão liberados mediante o regime comum de importação. Bebidas alcoólicas, fumo e produtos de tabacaria, e.g., não se submetem a tal regime.

– O STJ entende que o condicionamento da isenção aos US$
50,00 e à condição de pessoa física do destinatário ampara-se na
autorização comtida nos arts. 1º, § 4º, e 2º, II, do Decreto-lei n.
1.804/80: "IMPOSTO DE IMPORTAÇÃO. REGIME DE
TRIBUTAÇÃO SIMPLIFICADA. ISENÇÃO. REMESSA
POSTAL INTERNACIONAL. ART. 1º, § 2º, DA PORTA-
RIA MF 156/99 E ART. 2º, § 2º, DA IN/SRF 96/99. LEGALI-
DADE PERANTE OS ARTS. 1º, § 4º, E 2º, II, DO DECRE-
TO-LEI 1.804/80. AGRAVO INTERNO IMPROVIDO... II.
Na origem, trata-se de Mandado de Segurança, objetivando o
reconhecimento da isenção do Imposto de Importação incidente sobre 'remessa postal internacional da mercadoria cartas do
jogo Magic: The Gathering, no valor de US$ 49,70, mesmo sen-
do o remetente pessoa jurídica'. Invoca o impetrante, em seu
favor, o disposto no art. 2º do Decreto-lei 1.804/80, que prevê a
isenção do imposto de importação dos bens contidos em remessas postais internacionais de até cem dólares americanos, quando
destinadas a pessoas físicas, não se exigindo que também o remetente seja pessoa física. O Tribunal de origem manteve a sentença concessiva da segurança. Nesta Corte, mediante decisão monocrática, o Recurso Especial da Fazenda Nacional foi provido,
para denegar a segurança. III. Nos termos da jurisprudência da
Segunda Turma, 'a isenção disposta no art. 2º, II, do Decreto-lei
n. 1.804/80, se trata de uma faculdade concedida ao Ministério
da Fazenda que pode ou não ser exercida, desde que limitada ao
valor máximo da remessa de US$ 100 (cem dólares americanos
– uso da preposição 'até') e que a destinação do bem seja para
pessoa física (pessoa jurídica não pode gozar da isenção). Essas
regras, associadas ao comando geral que permite ao Ministério
da Fazenda estabelecer os requisitos e condições para a aplicação
da alíquotas (art. 1º, § 4º, do Decreto-lei n. 1.804/80), permitem
concluir que o valor máximo da remessa para o gozo da isenção
pode ser fixado em patamar inferior ao teto de US$ 100 (cem
dólares americanos), 'v.g'. US$ 50 (cinquenta dólares norte-
-americanos), e que podem ser criadas outras condições não vedadas (desde que razoáveis) para o gozo da isenção como, por
exemplo, a condição de que sejam remetidas por pessoas físicas.
Nessa linha é que foi publicada a Portaria MF n. 156, de 24 de
junho de 1999, onde o Ministério da Fazenda, no uso da competência que lhe foi atribuída, estabeleceu a isenção do Imposto de
Importação para os bens que integrem remessa postal interna-

cional no valor de até US$ 50 (cinquenta dólares dos Estados
Unidos da América), desde que o remetente e o destinatário sejam pessoas físicas. O art. 2º, § 2º, da Instrução Normativa SRF
n. 96, de 4 de agosto de 1999, ao estabelecer que 'os bens que
integrem remessa postal internacional de valor não superior a
US$ 50.00 (cinquenta dólares dos Estados Unidos da América)
serão desembaraçados com isenção do Imposto de Importação,
desde que o remetente e o destinatário sejam pessoas físicas'
apenas repetiu o comando descrito no art. 1º, § 2º, da Portaria
MF n. 156/99, que já estava autorizado pelo art. 1º, § 4º e pelo
art. 2º, II, ambos do Decreto-lei n. 1.804/80' (STJ, REsp
1.732.276...). IV. Desse modo, são legais, ante a autorização contida nos arts. 1º § 4º e 2º, II, do Decreto-lei 1.804/80, os requisitos estabelecidos no art. 1º, § 2º, da Portaria 156/99, do Ministro de Estado da Fazenda, e no art. 2º, § 2º, da Instrução Normativa 96/99, da Secretaria da Receita Federal, para a isenção do
imposto de importação dos bens contidos em remessas postais
internacionais de até US$ 50,00 (cinquenta dólares americanos),
quando remetente e destinatário são pessoas físicas. Precedentes
do STJ, (REsp 1.724.510...)" (STJ, AgInt no REsp 1.680.882,
2020).

– **Regime de tributação especial para bagagens.** Os *bens que o
viajante porta no mesmo meio de transporte em que viaja, que não
tenham finalidade* comercial ou industrial, são *designados* bagagem acompanhada (Note-se, todavia, que certos bens, mesmo
quando portados pelo viajante, não são considerados bagagens,
como *veículos automotores em geral, motocicletas, bicicletas com
motor, embarcações e aeronaves etc, nos termos do art. 2º, § 3º, da
IN RFB n. 1.059/2010.*) e se submetem a regras próprias de tributação. Há isenção para roupas e outros objetos de uso ou consumo pessoal, bem como para livros e periódicos. Também há
isenção para outros bens importados por via aérea ou marítima
no valor global de até U$ 500,00 ou por via terrestre no valor
global de até U$ 300,00 (limite terrestre esse que será de apenas
US$ 150,00 a partir de julho de 2015) e que não ultrapassem a
quantidade de 12 litros de bebidas alcoólicas, 10 maços de cigarros e 25 charutos, dentre outros limites. Essas cotas de isenção
são concedidas uma única vez por mês a cada viajante, mesmo
que tenham sido utilizadas apenas em parte na primeira entrada.
Também estão isentas as aquisições em lojas francas de aeroportos
e de portos de chegada no Brasil até US$ 500.00. Nas lojas fran-
cas de fronteira, que estão em processo de implantação, a isenção ficará limitada a US$ 300,00, nos termos da Portaria MF n.
307/2014. Nesses casos, a quota não é mensal, aplicando-se integralmente em cada ingresso no país. O valor do bem deve ser
comprovado pelo viajante mediante apresentação da fatura comercial, sendo que, na sua ausência ou no caso de se mostrar
inidônea, será arbitrado pela autoridade aduaneira. Para a bagagem acompanhada que ultrapassar as cotas de isenção, bem
como para as roupas e objetos de uso pessoal novos integrantes
de bagagem desacompanhada, que chegarem ao País dentro do
prazo de três meses anteriores ou até seis meses posteriores à
chegada do viajante e que forem provenientes dos países de sua
estada ou procedência, aplica-se o Regime de Tributação Especial para Bagagens, que implica pagamento do imposto de importação de 50% do valor excedente da cota, exclusivamente,

não sendo cobrados outros tributos. O viajante que trouxer bagagem acompanhada sujeita à tributação deve ser informar em Declaração Eletrônica de Bens de Viajante (e-DBV), disponível no endereço eletrônico da receita federal (www.receita.fazenda.gov.br) e também acessível através de terminais de autoatendimento. A matéria é regulada pelos artigos arts. 87, 101, 102, 155 a 168, 689, 702 e 713 do Regulamento Aduaneiro (Decreto n. 6.759/2009), pela Portaria MF n. 440/2010 e pelas Instruções Normativas ns. 1.059/2010 e 1.385/2013.

– Regime de tributação unificada. A importação por microempresa optante pelo Simples Nacional, por via terrestre, de mercadorias procedentes do Paraguai, submete-se ao Regime de Tributação Unificada – RTU. Nesse caso, aplica-se a alíquota única de 25% sobre o preço de aquisição das mercadorias importadas, correspondendo 7,88% ao II, 7,87% ao IPI, 7,60% à COFINS-Importação e 1,65% ao PIS-Pasep-Importação, tudo nos termos da Lei n. 11.898/2009 e do Decreto n. 6.956/2009.

⇒ **Pena de perdimento. Importação ou exportação irregulares. Apreensão de mercadorias.** Vide nota ao art. 136 do CTN.

Art. 19. O imposto, de competência da União, sobre a importação de produtos estrangeiros tem como fato gerador a entrada destes no território nacional.

⇒ **Base econômica tributada.** O art. 153, I, da CF estabelece a base econômica passível de ser tributada: "I – importação de produtos estrangeiros;" Vide, além das notas a seguir, as notas ao respectivo artigo.

⇒ **Importação. Entrada no território nacional. Incorporação do bem à economia interna.** A noção de importação tem como núcleo a incorporação à economia nacional, não bastando o mero ingresso físico, de modo que a impropriamente chamada "importação temporária", ou seja, a entrada de produto no território nacional em trânsito para outro País ou para simples participação em feira e posterior retorno à origem, não pode ser posta por lei como configuradora do fato gerador do Imposto sobre a Importação.

– "... não é fato gerador qualquer entrada de mercadoria estrangeira no Brasil. A entrada há de ser referida a mercadoria que se destine a uso ou consumo internos, mesmo porque, se assim não fosse, o simples trânsito de bens destinados a outro país poderia ser o pressuposto de fato da obrigação tributária. Embora a redação do artigo 31 do Anteprojeto de Código Tributário Nacional seja criticável, por excesso, torna ela bem explícita a hipótese de incidência do imposto de importação, como se verifica de seu texto, que reza: 'Art. 31 – Compete privativamente à União instituir imposto de importação, tendo como fato gerador da respectiva obrigação tributária principal a entrada, no território nacional, de mercadoria indicada na lei tributária, de procedência estrangeira, para fins de consumo no referido território, qualquer que seja o título jurídico a que se fizer a importação e independentemente de se verificar transmissão da propriedade da mercadoria do exportador para o importador ou consignatário'..." (DIAS DE SOUZA, Hamilton. *Estrutura do Imposto de Importação no Código Tributário Nacional*. Resenha Tributária, 1980, p. 20).

– "... o fato gerador do imposto de importação não se consuma com a simples entrada física da mercadoria ou produto no território nacional. O bem, ou mercadoria, há de integrar-se na economia nacional... A aplicação da pena de perdimento impede, portanto, que se consume o fato gerador do imposto de importação. Impede que se complete a importação em sentido jurídico. Realmente, aplicada a pena de perdimento, o bem passa a ser propriedade do Fisco, que poderá enviá-lo de volta para o exterior, ou fazer a doação do bem, ou, ainda, levá-lo a leilão. Se o bem é devolvido ao exterior, resultará absolutamente inexistente a importação.feita a doação, pode-se admitir que se completa a importação, mas mesmo assim não se completa o fato gerador do imposto, pois quem introduz a mercadoria, ou produto, na economia nacional, é a própria União, que é imune, restando, assim, o fato indiscutivelmente, fora do âmbito constitucional do imposto de importação. Finalmente, se o bem é levado a leilão, o fato gerador do imposto somente se completa com a respectiva arrematação, ato que permitirá a sua introdução na economia nacional" (MACHADO, Hugo de Brito. A pena de perdimento de bens e a insubsistência do fato gerador da obrigação tributária. *RET* 57/7, 2007).

– "DL 37/66: Art. 1º... § 4º O imposto não incide sobre mercadoria estrangeira: [...] III – que tenha sido objeto de pena de perdimento, exceto na hipótese em que não seja localizada, tenha sido consumida ou revendida."

– Sobre a base econômica do imposto de importação, incluindo a definição do que seja importação, vide nota ao art. 153, I, da CF.

• Vide, adiante, nota sobre o aspecto material do II, com transcrição da legislação.

– Importação definitiva x importação temporária. Importação definitiva é o ingresso do produto para incorporação à economia nacional; importação temporária é como impropriamente se designa o ingresso, em regime de admissão temporária, para permanência por prazo determinado, após o quê retornará à origem.

– Devolução de mercadoria nacional exportada. Não incidência. "1. O fato gerador do imposto de importação é, consoante o art. 19 do CTN e o art. 1º do DL 37/66, a entrada de produto estrangeiro em território nacional. O § 1º do art. 1º do DL 37/66 também considera estrangeira, para fins de incidência do imposto de importação, a mercadoria nacional ou estrangeira exportada que retornar ao Brasil, salvo se tal retorno, dentre outras hipóteses, ocorrer por fatores alheios à vontade do exportador, consoante exceção prevista na alínea "e" do referido dispositivo, com reprodução no art. 70, V, do Decreto n. 4.345/2002 (Regulamento Aduaneiro de 2002). 2. A devolução das mercadorias na hipótese ocorreu por fator alheio à vontade do exportador, eis que não é razoável cogitar que este tenha dirigido sua vontade livre e consciente no envio equivocado de mercadorias para o exterior, sobretudo em razão dos incômodos suportados por ambos, importador e exportador, e as despesas que este terá de arcar no reenvio de mercadorias ao estrangeiro. Assim, o caso está albergado pela exceção prevista na alínea *e* do § 1º do art. 1º do Decreto-Lei n. 37/66, não havendo que se falar em incidência de imposto de importação" (STJ, REsp 1.213.245, 2010).

– **Substituição de mercadoria defeituosa.** "1. Discute-se nos autos questão atinente à ocorrência ou não de fato gerador de imposto de importação quando da importação de mercadoria em substituição a outra anteriormente importada, porém devolvida ao exterior em razão de defeito. 2. O imposto de importação foi recolhido quando da importação da mercadoria defeituosa, sendo que proceder à nova cobrança quando da entrada da outra mercadoria que veio para substituir a primeira configura *bis in idem* e atenta contra o direito do consumidor de usufruir da garantia do bem contratualmente firmada com o fornecedor do produto. 3. Se a reimportação de mercadoria exportada temporariamente para fins de conserto, reparo ou restauração – na forma dos arts. 92, parágrafo único do Decreto-Lei n. 37/66 (na redação anterior ao Decreto-Lei n. 2.472/88) e art. 7º, II e III, do Decreto n. 63.433/68 – não constitui fato gerador do imposto de importação, igualmente há de se reconhecer a inexistência de fato gerador da exação quando, ao invés de reimportar, ocorrer a substituição da mercadoria defeituosa por outra idêntica, porém sem o defeito, providência que, inclusive, é mais favorável ao contribuinte e em nada prejudica o Fisco, uma vez que na primeira operação o tributo em questão já foi recolhido regularmente" (STJ, REsp 953.655, 2010).

⇒ **Território nacional.** "Importar, como já vimos, significa portar para dentro, trazer para dentro. Sendo da União a competência para instituir tal imposto, temos como coordenada genérica de espaço, o território nacional" (LACOMBE, Américo Masset. *Imposto de importação*. São Paulo: RT, 1979, p. 23).

– **Só o território geográfico.** "... o Regulamento Aduaneiro adota um conceito administrativo, considerando território aduaneiro aquele sobre o qual a Aduana tem jurisdição. Esse conceito abrange, apenas, o território geográfico, excluído o que, por extraterritorialidade, é considerado território pátrio" (SOUZA, Fátima Fernandes Rodrigues de. In: MARTINS, Ives Gandra da Silva (coord.). *Comentários ao Código Tributário Nacional*. São Paulo: Saraiva, 1998, v. I, p. 167).

– Excluem-se, portanto, para os fins do imposto de importação, as representações diplomáticas no exterior, bem como as aeronaves e as embarcações brasileiras.

⇒ **Produto. Mercadorias e outros bens.** Tanto o dispositivo que outorga competência para a instituição do imposto sobre a importação – art. 153, I, da CF – como a norma geral – art. 19 do CTN – referem-se a "produto", de modo que o CTN enseja a instituição do imposto de importação em toda a amplitude da sua base econômica. Ocorre que a Constituição simplesmente outorga competências, enquanto o CTN dispõe sobre fato gerador, base de cálculo e contribuintes dos impostos a título de normas gerais, mas não os institui, o que cabe à lei ordinária. O ente político, através do seu legislador ordinário, é que estabelece todos os aspectos da norma tributária impositiva, instituindo, assim, o imposto. O legislador ordinário, pois, é que define o aspecto material da hipótese de incidência, observado o arquétipo desenhado nas possibilidades colocadas pelo CTN. E o Decreto-Lei n. 37/66, que institui o imposto sobre a importação, refere-se a "mercadoria". Havendo, já naquela época, sentido técnico para tais expressões (produto e mercadoria), conforme exposto quando da análise da base econômica estampada no art. 153, I, da Constituição, não se pode desconsiderá-lo. O legislador instituiu, inequivocamente, imposto sobre a entrada de "mercadoria", tão somente. Ou seja, embora pudesse ter instituído imposto tendo como fato gerador a entrada de qualquer produto, tomou por fato gerador, apenas, a entrada de produto destinado ao comércio. Não é esta, contudo, a posição dominante. A maior parte da doutrina ainda entende que se deve tomar a referência à mercadoria, do Decreto-Lei n. 37/66, como a produto. O Fisco exige o tributo na entrada de qualquer produto, independentemente de configurar ou não mercadoria.

– "... o termo 'produto' abrange tanto a mercadoria (aquele que é importado para integrar o processo industrial ou comercial, com destino ao consumo) quanto o bem (aquele que é destinado ao uso do próprio importador)" (SOUZA, Fátima Fernandes Rodrigues de. In: MARTINS, Ives Gandra da Silva (coord.). *Comentários ao Código Tributário Nacional*. São Paulo: Saraiva, 1998, v. I, p. 169).

– **Decreto-Lei n. 37/66. Referência à importação de "mercadoria".** Decreto-lei n. 37/66, art. 1º: "O Imposto sobre a Importação incide sobre mercadoria estrangeira e tem como fato gerador sua entrada no Território Nacional. [...]" (*Caput* com redação dada pelo Decreto-Lei n. 2.472, de 01/09/88).

– Uma análise detida do Decreto-Lei n. 37/66 reforça a opção do legislador pela incidência sobre mercadoria, e não sobre produto. Tanto na redação original, como na redação dada pelo Decreto-Lei n. 2.472/88, refere-se à incidência sobre mercadoria estrangeira. Nos artigos 31 e 32, que tratam dos contribuintes e responsáveis, o Decreto-Lei n. 37/66 mantém a terminologia, referindo-se, invariavelmente, ao importador que promova a entrada de "mercadoria", ao adquirente de "mercadoria" entreposta, ao transportador de "mercadoria" procedente do exterior, ao depositário incumbido da custódia de "mercadoria" sob controle aduaneiro e ao adquirente ou cessionário de "mercadoria" beneficiada com isenção ou redução do imposto. De outro lado, o Decreto-Lei n. 37/66 utiliza-se do termo "produto" ao referir-se ao imposto sobre produtos industrializados, conforme se vê do seu art. 10, que diz que a isenção do imposto sobre a importação prevista neste capítulo implica a isenção do imposto sobre produtos industrializados, e do art. 155, em que se refere à cobrança dos impostos sobre a exportação, importação e sobre produtos industrializados. E, por vezes, num mesmo artigo, utiliza-se do termo "mercadoria" ao se referir ao imposto sobre a importação e do termo "produto" ao se referir ao Imposto sobre a Exportação e ao Imposto sobre Produtos Industrializados. É o que se vê dos seus arts. 78 e 89.

– Redação original do DL 37/66, antes da alteração pelo DL n. 2.472: "Art. 1º O impôsto de importação incide sôbre mercadoria estrangeira e tem como fato gerador sua entrada no território nacional. Parágrafo único. Considerar-se-á entrada no território nacional, para efeito da ocorrência do fato gerador, a mercadoria que constar como tendo sido importada e cuja falta venha a ser apurada pela autoridade aduaneira".

– **No sentido de que a referência a "mercadoria" seria restritiva.** "A Constituição, quando confere à União competência para instituir o imposto de importação (art. 21, item I), refere-se à importação de produtos estrangeiros. Da mesma forma o Código Tributário Nacional, no seu art. 19, utiliza-se da expressão 'importação de produtos estrangeiros'. Já o Decreto-lei 37, de 18.11.1966, que continua sendo a lei básica do imposto de importação, afirma que a incidência do tributo é sobre mercadoria estrangeira. O problema então a ser resolvido é averiguar se o núcleo do antecedente normativo do imposto de importação consiste em importar produtos estrangeiros ou importar mercadorias estrangeiras. [...] Cabendo à lei ordinária instituir o tributo poderá ela restringir o núcleo do antecedente normativo fixado constitucionalmente. O núcleo da hipótese de incidência do imposto de importação é, por conseguinte, importar mercadoria estrangeira. [...] Na estrutura normativa do imposto de importação, temos como núcleo da hipótese de incidência importar mercadoria estrangeira. Não se alegue que todos os produtos estão incluídos no núcleo, em razão das diversas isenções concedidas a bagagens, bens de uso pessoal, bens de capital de interesse para o desenvolvimento econômico, etc. Poder-se-ia dizer que, tendo a lei isentado, pressupõe-se a tributação. Isentou exatamente porque se assim não fizesse, haveria tributação. Se examinarmos, no entanto, o Decreto-lei 37, veremos que tal afirmação é totalmente improcedente. O art. 15, por exemplo, concede isenção à União, aos Estados, ao Distrito Federal e aos Municípios, isentando pessoas que gozam de imunidade. Ora, tal regra isentiva é inócua, não tendo o seu ingresso no sistema jurídico provocado qualquer abalo, ou modificação neste. Não sendo inconstitucional permanece válida, mas só terá efeito no mundo jurídico na eventualidade de uma emenda constitucional que não consagre ou revogue o princípio da imunidade tributária recíproca. Assim, se podemos verificar uma isenção atuando sobre a imunidade, podemos constatar a isenção atuando sobre a não incidência. Se a isenção é uma não incidência legalmente qualificada, podemos admitir que a lei qualifique, de forma expressa, uma não incidência implícita, por não estar tal fato descrito na hipótese legal. Assim, a eventual isenção dada às bagagens, bens de capital, etc., atua sobre uma não incidência, por não estarem tais bens descritos no núcleo do antecedente normativo do imposto de importação" (LACOMBE, Américo Masset. *Imposto de Importação*. São Paulo: RT, 1979, p. 13, 21 e 22-23).

– **No sentido de que a referência à "mercadoria" alcança quaisquer produtos.** "1. As expressões mercadoria e produto, no contexto do Decreto-Lei 33/66, foram utilizadas com o mesmo sentido. 2... 3. A importação de produtos em geral, ainda que destinados ao ativo fixo e não ao comércio, sujeita-se ao imposto de importação" (STJ, REsp 392, 1994).

– "A Constituição de 1988 (art. 153) e o art. 19 do CTN utilizam-se da expressão produto, mais ampla do que mercadoria, enquanto o Decreto-lei n. 37/66, no art. 1º, emprega o termo mercadoria. Mas a doutrina não vê, nisso, com razão, nenhuma limitação da lei ordinária de caráter isencional ou não exercício pleno de sua competência" (Misabel Derzi em nota de atualização à obra de Aliomar Baleeiro, *Direito tributário brasileiro*, 11. ed., Rio de Janeiro: Forense, 1999, p. 214).

– "... não há diferença entre bens e mercadorias para efeito do tributo aduaneiro, embora a Constituição Federal e o Código Tributário nacional se refiram a 'produtos' e o artigo 1º do Decreto-Lei n. 37 de 1966 a 'mercadorias'. Pretendeu-se que a legislação de nível ordinário teria utilizado parte de sua competência, de sorte a que o imposto incidisse apenas sobre uma espécie de bens: as mercadorias. Tal distinção é, todavia, improcedente, dada a subjetividade do conceito de mercadorias, cuja caracterização depende do destino que o comerciante pretenda dar ao bem, que não se coaduna com o sistema aduaneiro, que normalmente considera os produtos independentemente da finalidade que lhes irá dar o importador, bem como por serem considerados como tributáveis inúmeros bens que certamente não são mercadorias, como roupas e objetos pessoais de passageiros e bens de capital para uso de quem realiza a importação. A solução, de resto, é a mesma que se verifica na Argentina, salientando FONROUGE que 'la expresión mercaderias, mencionadas en este capítulo y en otros aspectos aduaneros, incluye 'las mercancias, bienes, articulos, productos, materias primas, frutos, animales, o efectos similares de cualquier género, espécie, matéria o calidad', segun el texto del art. 137 de la ley de aduana'" (DIAS DE SOUZA, Hamilton. *Estrutura do imposto de importação no Código Tributário Nacional*. Resenha Tributária, 1980, p. 29-30).

– **Possibilidade de alcançar intangíveis.** "Penso que o 'produto' pode resultar de uma determinada atividade (física, mecânica, digital etc.), compreendendo as elaborações artesanais, naturais, intelectuais, artísticas, de natureza corpórea; e também intangível, como é o caso de um *software* – (abrangendo instruções em linguagem natural ou codificada, apresentadas de forma digitalizada), bem como a energia elétrica" (MELO, José Eduardo Soares de. *A importação no direito tributário: impostos, taxas, contribuições*. São Paulo: Revista dos Tribunais, 2003, p. 47).

– **Energia, telecomunicações, combustíveis e minerais. Incidência do II.** O § 3º do art. 155 da CF deixa claro que o II incide também sobre operações relativas a energia elétrica, serviços de telecomunicações, derivados de petróleo, combustíveis e minerais do País.

⇒ **Produto "estrangeiro". Produto nacional reimportado.** Tendo em conta que o CTN refere-se a "produto estrangeiro", e não a produto proveniente do exterior, tem-se que a reimportação de produto nacional anteriormente exportado não está sujeita ao imposto de importação.

– Por extrapolar o conceito de produto estrangeiro, foi declarada a inconstitucionalidade do art. 93 do Decreto-Lei n. 37/66 pelo STF e suspensa a eficácia do dispositivo pela Resolução n. 436/87. O Decreto-Lei n. 2.472/88, ao introduzir novo parágrafo no art. 1º do mesmo Decreto-lei n. 37/66, incorreu novamente no apontado vício, equiparando indevidamente a mercadoria nacional à mercadoria estrangeira, o que já foi reconhecido pelos TRFs. Vide nota ao art. 153, I, da CF com a transcrição dos precedentes.

• Vide item anterior sobre a não incidência sobre a devolução e mercadoria nacional exportada.

⇒ **Aspecto material.** O aspecto material da hipótese de incidência do imposto sobre a importação, pois, forte no CTN, pode ser a entrada do produto estrangeiro, ou seja, de qualquer bem produzido no exterior, pela natureza ou pelo homem, não estando restrito, pois, aos produtos destinados ao comércio (mercadorias), aos produtos industrializados, tampouco a produtos corpóreos, mas alcançando, sim, produtos para a incorporação no ativo fixo das empresas ou mesmo para consumo pelo importador, produtos naturais, bem como eventuais produtos intangíveis, no território nacional, assim considerado o território geográfico, excluídas, pois, do conceito de território pátrio, as representações diplomáticas no exterior, as aeronaves e as embarcações brasileiras, enfim, o ingresso por nossas fronteiras, para incorporação à econômica interna, ou seja, o ingresso para industrialização, comércio, uso ou consumo. Assim, alcança, dentre outras, a importação de energia elétrica, o que, por sinal, decorre expressamente do art. 155, § 3º, da CF, que dispõe no sentido de que, salvos o ICMS, o imposto sobre a importação (II) e o imposto sobre a exportação (IE), nenhum outro imposto poderá incidir "sobre operações relativas a energia elétrica, serviços de telecomunicações, derivados de petróleo, combustíveis e minerais do País".

– Decreto-Lei n. 37/66. "Art. 1º O Imposto sobre a Importação incide sobre mercadoria estrangeira e tem como fato gerador sua entrada no Território Nacional. *(Caput com redação dada pelo Decreto-Lei n. 2.472, de 01/09/88)* § 1º Para fins de incidência do imposto, considerar-se-á também estrangeira a mercadoria nacional ou nacionalizada exportada, que retornar ao País, salvo se: *(Parágrafo acrescido pelo Decreto-Lei n. 2.472, de 01/09/88)* a) enviada em consignação e não vendida no prazo autorizado; b) devolvida por motivo de defeito técnico, para reparo ou substituição; c) por motivo de modificações na sistemática de importação por parte do país importador; d) por motivo de guerra ou calamidade pública; e) por outros fatores alheios à vontade do exportador. [...] § 4º O imposto não incide sobre mercadoria estrangeira: (Incluído pela Lei n. 10.833, de 29.12.2003) I – destruída sob controle aduaneiro, sem ônus para a Fazenda Nacional, antes de desembaraçada; (Redação dada pela Lei n. 12.350, de 20 de dezembro de 2010) II – em trânsito aduaneiro de passagem, acidentalmente destruída; ou (Incluído pela Lei n. 10.833, de 29.12.2003) III – que tenha sido objeto de pena de perdimento, exceto na hipótese em que não seja localizada, tenha sido consumida ou revendida. (Incluído pela Lei n. 10.833, de 29.12.2003)".

– Entrada presumida. Falta da mercadoria. Granéis. Decreto-lei n. 37/66. "Art. 1º... § 2º – Para efeito de ocorrência do fato gerador, considerar-se-á entrada no Território Nacional a mercadoria que constar como tendo sido importada e cuja falta venha a ser apurada pela autoridade aduaneira. *(Parágrafo único renumerado para § 2º pelo Decreto-Lei n. 2.472, de 01/09/88)* § 3º Para fins de aplicação do disposto no § 2º deste artigo, o regulamento poderá estabelecer percentuais de tolerância para a falta apurada na importação de granéis que, por sua natureza ou condições de manuseio na descarga, estejam sujeitos à quebra ou

decréscimo de quantidade ou peso. *(Parágrafo acrescido pelo Decreto-Lei n. 2.472, de 01/09/88)*".

– A falta ou ausência do produto importado constitui situação distinta da ocorrência de simples perdas normais de manuseio e transporte de mercadoria a granel, tolerada pelo legislador. Na hipótese de falta de mercadoria, em qualquer percentual, é devido o respectivo imposto, incidindo, ainda, multa de 50% sobre o imposto devido, nos termos do art. 106, II, *d*, do Decreto-lei n. 37/66.

– Já na importação de granéis, há uma pequena tolerância em razão das possíveis perdas decorrentes da "sua natureza ou condições de manuseio na descarga". A Lei n. 10.833/2003, ao dispor sobre a legislação aduaneira, estabelece: "Art. 66. As diferenças percentuais de mercadoria a granel, apuradas em conferência física nos despachos aduaneiros, não serão consideradas para efeito de exigência dos impostos incidentes, até o limite de 1% (um por cento), conforme dispuser o Poder Executivo" *(Em face do limite de 1% estabelecido pelo art. 66 da Lei 10.833/2003, o Executivo já não tem ampla margem para regular a matéria. A redação do art. 1º, do § 3º, do DL 37/66 era mais ampla, remetendo ao regulamento "estabelecer percentuais de tolerância para a falta apurada na importação de granéis que, por sua natureza ou condições de manuseio na descarga, estejam sujeitos à quebra ou decréscimo de quantidade ou peso".)*. O Regulamento Aduaneiro (Decreto 6.759/2009), atualmente, reproduz o limite de 1% estabelecido pelo art. 66 da Lei 10.833/2003, tanto ao cuidar do II como do IPI e da PIS/COFINS-Importação, conforme seus arts. 72, § 3º, 238, § 3º, e 251, § 2º, II. Em face do limite de 1% estabelecido pelo art. 66 da Lei n. 10.833/2003, o Executivo já não tem ampla margem para regular a matéria. A redação do art. 1º, do § 3º, do Decreto-Lei n. 37/66 era mais ampla, remetendo ao regulamento "estabelecer percentuais de tolerância para a falta apurada na importação de granéis que, por sua natureza ou condições de manuseio na descarga, estejam sujeitos à quebra ou decréscimo de quantidade ou peso".

– Mercadoria sujeita a perdimento. Quando o produto é submetido à pena de perdimento, inviabiliza-se a sua incorporação à economia nacional, de modo que a importação não chega a ser concluída, não configurando fato gerador do Imposto de Importação. Descabida, nestes casos, a cobrança do Imposto de Importação que, já tendo sido recolhido ou depositado, deve ser restituído ou liberado. O art. 1º, § 4º, III, do Decreto-Lei n. 37/66, com a redação da Lei n. 10.833/2003, determina que "o imposto não incide sobre mercadoria estrangeira... que tenha sido objeto de pena de perdimento, exceto na hipótese em que não seja localizada, tenha sido consumida ou revendida".

– Entrada pela Zona Franca de Manaus. A Zona Franca de Manaus é uma área de livre comércio em favor da qual vigem diversos benefícios fiscais, conforme se pode ver em notas ao art. 40 do ADCT. O art. 6º do Decreto-Lei n. 288/67 determinou a equiparação da saída de bens de origem estrangeira da Zona Franca de Manaus para comercialização em outro ponto do território nacional à importação.

– "3. Sendo a Zona Franca de Manaus – ZFM uma área de livre comércio de importação e exportação e de incentivos fiscais especiais (art. 1º, do Decreto-Lei n. 288/67), a saída da ZFM da mercadoria importada com isenção equivale, sob o ponto de vista tributário, a uma nova importação, agora tributada (art. 37, do Decreto-Lei n. 1.455/76 e o art. 6º, do Decreto-Lei n. 288/67). Desse modo, o fato gerador do Imposto de Importação – II e do Imposto sobre Produtos Industrializados – IPI é a saída dos bens da área da Zona Franca de Manaus" (STJ, REsp 834.401, 2010).

– Devolução da mercadoria estrangeira. "Na espécie, a importação não se perfectibilizou, porquanto não houve a nacionalização da mercadoria por meio da Declaração de Importação. Dessa forma, a devolução da mercadoria importada dar-se-á nos termos da Portaria do Ministério da Fazenda n. 306/95 e das Instruções Normativas da Secretaria da Receita Federal n. 41/95 e 60/95. Não se tendo perfectibilizada a importação, não há falar em fato gerador de imposto, de forma que inexistiu prejuízo ao erário" (TRF4, AI 2001.04.01.066213-7, 2001).

– Mercadoria avariada. Irrelevância. "IMPOSTO DE IMPORTAÇÃO. MERCADORIA AVARIADA... 3. O fato gerador do imposto de importação se dá com a entrada da mercadoria importada em território nacional. A avaria da mercadoria não afasta ocorrência do fato gerador" (TRF4, AMS 2000.70.03.003696-5, 2003).

– Mercadoria destruída. O art. 1º do DL n. 37/66, em seu § 4º, ainda deixa claro que não incide o Imposto de Importação sobre mercadoria estrangeira "destruída sob controle aduaneiro, sem ônus para a Fazenda Nacional, antes de desembaraçada" e "em trânsito aduaneiro de passagem, acidentalmente destruída", tudo nos termos dos seus incisos I e II, com a redação que lhes foi dada pelas Leis ns. 10.833/2003 e 12.350/2010.

– Roubo posterior no transporte interno. "1. O roubo, na linha do que vem professando a jurisprudência desta Corte, é motivo de força maior a ensejar a exclusão da responsabilidade do transportador que não contribuiu para o evento danoso, cuja situação é também prevista pela legislação aduaneira. 2. Assim, a responsabilidade, mesmo que tributária, deve ser afastada no caso em que demonstrada a configuração da força maior dosada com a inexistência de ato culposo por parte do transportador ou seu preposto" (STJ, EREsp 1.172.027, 2013).

– Entrada de nova mercadoria em substituição a mercadoria defeituosa. "1. Discute-se nos autos questão atinente à ocorrência ou não de fato gerador de imposto de importação quando da importação de mercadoria em substituição a outra anteriormente importada, porém devolvida ao exterior em razão de defeito. 2. O imposto de importação foi recolhido quando da importação da mercadoria defeituosa, sendo que proceder à nova cobrança quando da entrada da outra mercadoria que veio para substituir a primeira configura *bis in idem* e atenta contra o direito do consumidor de usufruir da garantia do bem contratualmente firmada com o fornecedor do produto. 3. Se a reimportação de mercadoria exportada temporariamente para fins de conserto, reparo ou restauração – na forma dos arts. 92, parágrafo único do Decreto-Lei n. 37/66 (na redação anterior ao Decreto-Lei n. 2.472/88) e art. 7º, II e III, do Decreto n. 63.433/68 – não constitui fato gerador do imposto de importa-

ção, igualmente há de se reconhecer a inexistência de fato gerador da exação quando, ao invés de reimportar, ocorrer a substituição da mercadoria defeituosa por outra idêntica, porém sem o defeito, providência que, inclusive, é mais favorável ao contribuinte e em nada prejudica o Fisco, uma vez que na primeira operação o tributo em questão já foi recolhido regularmente" (STJ, REsp 953.655, 2010).

– "... EXPORTAÇÃO TEMPORÁRIA PARA REPARO. RETORNO DE MERCADORIA NOVA. DEVOLUÇÃO AO EXTERIOR. 1. Correto o procedimento adotado pela impetrante de exportar temporariamente as mercadorias defeituosas para conserto, mediante autorização da Receita Federal. 2. Não configura nova importação o retorno de mercadorias substituídas pelo exportador estrangeiro desde que sua destinação, quantidade e valor não tenham sido alterados, nos termos do art. 85, II, do Regulamento Aduaneiro, restando configurada a boa-fé da impetrante. 3. Ante a inexistência de disposição legal, deve ser afastado o ato administrativo que não autorizou a devolução das mercadorias ao exterior" (TRF4, AMS 2001.70.00.033514-4, 2002).

– Não incidência: trânsito, feiras. "Não é, portanto, qualquer entrada de produto estrangeiro no território nacional que está apta a configurar fato gerador do imposto de importação. Somente a que represente a exteriorização daquele fato econômico que o constituinte incluiu na esfera de competência da União, ou seja, somente a exteriorização de uma operação de importação. Assim, não pode, a lei ordinária, por exemplo, instituir imposto de importação sobre o regular trânsito, pelo território nacional, de produtos estrangeiros destinados a outros países, pois, nessa hipóteses, trata-se de mera entrada física, e não de importação. Igualmente, o fato gerador não ocorre quando o bem ingressa no território nacional exclusivamente para ser exibido em feiras internacionais. Tampouco se configura a hipótese de incidência em relação a recipientes que servem ao acondicionamento dos produtos importados, e que, concluída a importação, retornam ao exterior" (SOUZA, Fátima Fernandes Rodrigues de. In: MARTINS, Ives Gandra da Silva (coord.). *Comentários ao Código Tributário Nacional*. São Paulo: Saraiva, 1998, v. I, p. 166).

– Sobre os institutos do trânsito aduaneiro e da admissão temporária, vide nota específica anterior ao art. 19 do CTN.

– Bagagem. Uso pessoal. "PENA DE PERDIMENTO. INAPLICABILIDADE. ARTIGO 514, X, DO REGULAMENTO ADUANEIRO – DECRETO N. 91.030/85. MERCADORIA IMPORTADA. USO PESSOAL. DANO AO ERÁRIO. INOCORRÊNCIA. I. Ocorrendo diferença entre o valor do bem declarado e o efetivamente praticado na importação de mercadorias de uso pessoal, constantes de bagagem acompanhada, não há que se falar em dano ao erário, nem tão pouco na aplicação da pena de perdimento descrita no artigo 514, inciso X, do Decreto n. 91.030/85" (STJ, REsp 408.701, 2004). Do voto condutor, vê-se que o entendimento de que era cabível, na hipótese, a pena de multa, mas não o perdimento.

– Bagagem. Instrumento de trabalho. "... IMPOSTO DE IMPORTAÇÃO. BAGAGEM. FRANQUIA. MERCADORIA

DE USO PROFISSIONAL. ART. 8º DO DECRETO-LEI N. 1.455/76. As únicas proibições de destinação para as mercadorias desembaraçadas como bagagem é o depósito para fins comerciais, a exposição à venda ou a venda propriamente dita. Dentre elas não existe nenhuma cujo conceito se aproxime do emprego dado pelo recorrido às mercadorias por ele importadas, que foi o de utilizá-las como instrumento de trabalho. A expressão 'de uso pessoal', assim, não contraria a expressão 'de uso profissional', uma vez que, nos precisos termos do artigo 1º, inciso III, do Decreto-lei n. 1.455/76, observado o limite de U\$100,00 (cem dólares), fica isento de tributos para a bagagem, o passageiro que ingressa no país com 'objetos de uso próprio, doméstico ou profissional'" (STJ, REsp 178.888, 2002).

– *Leasing* x **admissão temporária.** Vide nota anterior ao art. 19 do CTN sobre a admissão temporária.

⇒ **Aspecto espacial.** Relativamente ao Imposto sobre a Importação, o aspecto espacial é inerente à descrição do próprio aspecto material. Conforme já ressaltado, o fato gerador ocorre por ocasião da entrada do produto estrangeiro "no território nacional", assim considerado o território geográfico, excluídas, pois, do conceito de território pátrio, o que decorre de extraterritorialidade, como as representações diplomáticas no exterior, as aeronaves e as embarcações brasileiras.

⇒ **Aspecto temporal. Momento em que se deve considerar ocorrido o fato gerador.** O aspecto temporal do Imposto sobre a Importação, nos casos de mercadoria que se submete ao despacho aduaneiro normal (mercadoria despachada para consumo), corresponde ao momento *do registro da declaração de importação* para fins de desembaraço, e não a qualquer outro momento, sendo irrelevante, por exemplo, a data da expedição da licença de importação. Ou seja, é por ocasião do registro da declaração de importação, realizado eletronicamente através do Siscomex, que se considera ocorrido o fato gerador do Imposto sobre a Importação, de modo que dá ensejo à incidência da legislação vigente naquele momento, já que este imposto não se submete às anterioridades de exercício (art. 150, III, *b*, da CF) e nonagesimal mínima (art. 150, III, *c*, da CF). Outra é a situação no caso de entrada presumida, em que se considera a data em que apurada a falta, conforme item específico adiante.

– **Mercadoria despachada para consumo. Art. 23 do DL n. 37/66.** Consoante dispõe o art. 23 do Decreto-Lei n. 37/66, o fato gerador do Imposto sobre a Importação considera-se ocorrido, como regra, na data do registro da declaração de importação para o desembaraço na repartição aduaneira:

– Arts. 23 e 44 do Decreto-Lei n. 37/66: "Art. 23. Quando se tratar de mercadoria despachada para consumo, considera-se ocorrido o fato gerador na data do registro, na repartição aduaneira, da declaração a que se refere o artigo 44. Parágrafo único. A mercadoria ficará sujeita aos tributos vigorantes na data em que a autoridade aduaneira efetuar o correspondente lançamento de ofício no caso de: (redação da Lei n. 12.350/2010) I – falta, na hipótese a que se refere o § 2º do art. 1º; e II – introdução no País sem o registro de declaração de importação, a que se refere o inciso III do § 4º do art. 1º."; "Art. 44. Toda mercadoria proce-

dente do exterior por qualquer via, destinada a consumo ou a outro regime, sujeita ou não ao pagamento do imposto, deverá ser submetida a despacho aduaneiro, que será processado com base em declaração apresentada à repartição aduaneira no prazo e na forma prescritos em regulamento" (redação do Decreto-Lei n. 2.472/88).

– Considera-se como mercadoria "despachada para consumo" qualquer mercadoria submetida ao despacho aduaneiro com vista à incorporação à economia nacional, de modo que o artigo regula o aspecto temporal para as importações que seguem o procedimento normal. Excluem-se os casos de admissão temporária, que sequer configuram importação propriamente, e as hipóteses em que não ocorre o despacho aduaneiro, como no caso do abandono da mercadoria ou mesmo de apreensão de mercadoria objeto de contrabando ou descaminho.

– "2. É cediço na jurisprudência da Corte que 'No caso de importação de mercadoria despachada para consumo, o fato gerador, para o imposto de importação, consuma-se na data do registro da declaração de importação'" (STJ, EDcl no REsp 1.000.829, 2010).

– "1. Nos termos do art. 23 do Decreto-Lei n. 37, de 18 de novembro de 1966, na importação de mercadoria despachada para consumo, o fato gerador do imposto de importação consuma-se na data do registro da declaração de importação. 2. A expressão 'mercadoria despachada para consumo' deve ser compreendida como produto de admissão aduaneira definitiva, ou seja, ingresso de bem a ser incorporado ao aparelho produtivo nacional" (STJ, EDecREsp 313.117, 2004).

– **Ausência de incompatibilidade com o art. 19 do CTN.** Ao longo do tempo, a jurisprudência foi-se firmando no sentido de que o art. 23 do Decreto-Lei n. 37/66, embora pudesse revogar o art. 19 da Lei n. 5.172/66, pois, na época, o CTN não tinha nível de lei complementar, eis que a Constituição então vigente não exigia lei complementar para dispor sobre o fato gerador de impostos nela previstos, na verdade sequer é incompatível com o mesmo. Isso porque veio simplesmente explicitar qual o momento em que se deve considerar a mercadoria como internalizada no território nacional para consumo, ou seja, o art. 23 do Decreto-Lei n. 37/66 veio dispor sobre outro aspecto da hipótese de incidência tributária: o aspecto temporal. Aliás, o extinto Tribunal Federal de Recursos, ainda em 1978, consolidou seu entendimento neste sentido editando a Súmula 4. O STJ vem reiterando esse entendimento referindo genericamente que "deve ser observada a alíquota do Imposto de Imprtação vigente à época do desembarado aduaneiro da mercadoria importada, data em que se consuma o fato gerador do tributo" (STJ, AgIntREsp 1.502.556, 2021).

– **Súmula 4 do TFR:** "É compatível com o art. 19 do Código Tributário nacional a disposição do artigo 23 do Decreto-lei n. 37, de 18.11.1966".

– "... IMPORTAÇÃO... FATO GERADOR... III – Fato gerador do imposto de importação: a entrada do produto estrangeiro no território nacional (CTN, art. 19). Compatibilidade do art. 23 do D.L. 37/66 com o art. 19 do CTN. Súmula 4 do antigo

T.F.R." (STF, RE 225.602-8, 1998). Vide, do STF, também, a AMS 77.786.

– Aplicação da alíquota vigente por ocasião do registro da declaração de importação. "O imposto de importação é de política econômica, não é um imposto arrecadatório, e, no mais das vezes, o aumento ou a diminuição das alíquotas do imposto de importação diz respeito à competitividade interna, no mercado interno brasileiros, dos produtos nacionais com os produtos estrangeiros. O momento importante da importação é quando a mercadoria começa a entrar no País, e não quando foi adquirida no exterior, porque é exatamente neste momento que ela vai operar no sentido da política econômica, ou seja, a necessidade ou não de ter uma alíquota de dez, de vinte ou de trinta, considerando, principalmente, que essas alíquotas são graduadas normalmente para assegurar a competitividade do produto interno com o produto internacional e compensar, em alguns casos, subsídios indiretos ou diretos que os países de origem possam dar aos produtos que aqui venham ser competidos. [...] Então, este é o sentido: permitir que as mercadorias importadas entrem com a alíquota do momento em que se consubstancia a entrada. O Decreto n. 37, de 1966, fixou o momento para isso, que é a data do registro, na repartição aduaneira, da declaração a que se refere o art. 44, que cuida da chamada declaração de importação. É a alíquota daquele momento, porque é naquele momento que se saberá quais são as necessidades competitivas em relação ao mercado interno" (excerto de voto do RE 225.602-8, 1998).

– Veja-se o voto do Min. Amarílio Benjamin quando do julgamento do Incidente de Uniformização de Jurisprudência na AMS 79.570/SP que deu origem à Súmula 4 do TFR: "Penso que o Decreto-Lei n. 37 e o Código Tributário Nacional se completam na definição do fato gerador do imposto de importação, e a razão é muito simples: o Código tem como fato gerador a entrada da mercadoria no território nacional. Obedecido o dispositivo na sua letra, o intérprete teria que encontrar um critério que, na realidade, materializasse a ocorrência da situação a que a lei se refere, isto é, seria a entrada da mercadoria no território nacional o momento em que o navio ou veículo transportador cruzou a linha ou o limite do território nacional? Seria a chegada ao porto ou ponto de desembarque? Dentro dessas indagações, as mais diversas hipóteses surgiriam, dando lugar sempre a dúvidas. Por isso, entendo que o art. 23 do Decreto-Lei n. 37 completa e explica a disposição do art. 19, esclarecendo que se tem como entrada no território nacional a data do registro ou a data da declaração para o desembaraço. É uma fórmula prática e que, na verdade, põe a lei de acordo com os fatos. Na hipótese, além disso, há que ressaltar ainda que a orientação do Decreto-Lei n. 37, de algum modo, corresponde a outras disposições legais. Como é sabido, o fato de a mercadoria entrar ou chegar ao porto e ser levada para os armazéns, não implica no início do despacho aduaneiro. O importador pode desinteressar-se. Pode, do mesmo modo, em relação à mercadoria que adquiriu do estrangeiro, requerer regime especial, como o de entreposto, e o desembaraço não se inicia e não se tem como aplicável a alíquota dessa data, relativamente à cobrança do tributo. O art. 23, nessas condições, está perfeitamente justificado pelo sistema legal do imposto de

importação e corresponde a um complemento necessário do art. 19 do Código Tributário Nacional".

– "IMPOSTO DE IMPORTAÇÃO. MOMENTO DO FATO GERADOR. VARIAÇÃO DE ALÍQUOTA. AUSÊNCIA DE REGISTRO... 1. O fato gerador, para o imposto de importação, consuma-se na data do registro da declaração de importação... 3. *In casu*, o Juízo Singular consignou que: 'Em atendimento a determinação deste Juízo, a impetrante, às fls. 44/46, esclareceu que, à data da impetração, ainda não tinha ocorrido o registro da Declaração de Importação. [...] Como, no caso vertente, a Portaria MP 50/94, que instituiu o adicional, foi editada em momento anterior ao da data do registro da DI, não há que se falar em direito adquirido, regendo-se a hipótese pelo chamado 'ius novum'.'" (STJ, REsp 1.016.132, 2009).

– Desimportância da data do Termo de Responsabilidade relativo à mercadoria em trânsito aduaneiro. "IMPOSTO DE IMPORTAÇÃO – FATO GERADOR... – TERMO DE RESPONSABILIDADE – DECLARAÇÃO DE TRÂNSITO ADUANEIRO – DTA... 3. O art. 74, § 1º do Decreto-lei 37/66 dispõe que a mercadoria cuja chegada ao destino não for comprovada ficará sujeita aos tributos vigorantes na data da assinatura do termo de responsabilidade. Não restou abstraído no acórdão recorrido que se tratava de mercadoria cuja chegada ao destino não foi comprovada. 4. No caso de importação de mercadoria despachada para consumo, o fato gerador, para o imposto de importação, consuma-se na data do registro da Declaração de Importação – DI, inclusive a ingressada no país em regime suspensivo de tributação (art. 23 c/c 44 do Decreto-lei 37/66 e art. 87, I, "a", do Decreto 91.030/85 – Regulamento Aduaneiro). 5. Não prospera, pois, a tese de que, em se tratando de regime aduaneiro especial, o fato gerador do imposto de importação consuma-se na data da assinatura do Termo de Responsabilidade constante da Declaração de Trânsito Aduaneiro – DTA" (STJ, AgRgREsp 742.847, 2008).

– Desimportância da data da obtenção da licença ou, antigamente, da guia de importação. "... IMPOSTO DE IMPORTAÇÃO. VEÍCULO. FATO GERADOR. GUIA PARA IMPORTAÇÃO. ALÍQUOTA APLICÁVEL. CF, ARTIGOS 150, III, 'A', E 153, § 1º CTN, ARTIGO 19. DECRETO-LEI 37/66 (ART. 23). DECRETO 1.427/95. DECRETO 1.391/95. 1. Desinfluente a data da expedição da guia de importação para concretização do fato gerador. O contribuinte não tem direito ao regime fiscal vigente na data da emissão da guia referenciada. A alíquota do Imposto de Importação é a vigente no dia do registro alfandegário para o desembaraço e entrada da mercadoria no território nacional. A política de comércio exterior orienta o aumento ou redução da alíquota aplicável na concretização do fato gerador" (STJ, REsp 174.444, 2001).

– "... uma empresa, por exemplo, ao obter uma guia de importação, tem uma expectativa apenas quanto à manutenção da alíquota, porque até o momento que antecede o desembaraço aduaneiro, quando é assinada a declaração, é possível haver mudança de alíquota, mesmo que frustrada seja a expectativa do importador. A situação cria embaraços e não poucas vezes até vexame financeiro, mas por coerência de princípio não pode ser rompida, a não ser que se altere o fato gerador do imposto" (CALMON, Eliana

Calmon. In: FREITAS, Vladimir Passos de. *Código Tributário Nacional comentado*. São Paulo: RT, 1999, p. 63).

– **No sentido de que o aumento de alíquota não poderia atingir negócios já realizados. Segurança jurídica.** A invocação da segurança jurídica para impedir a imposição de alíquota majorada após a contratação da importação não logrou acolhida no STF. Mas há consistente doutrina e precedentes de outros tribunais em sentido contrário.

– "Quando se tenha de resolver questão de direito intertemporal, a entrada da mercadoria no território nacional não pode ser vista como um fato isolado. Ela decorre de um conjunto de outros fatos que não podem ser ignorados, para que se faça efetiva irretroatividade das leis como manifestação do princípio da segurança jurídica. Obtida a guia de importação, ou forma equivalente de autorização da importação, se necessária, ou efetuado o contrato de câmbio, e efetivada a aquisição do bem no exterior, o importador tem direito a que a importação se complete no regime jurídico então vigente. Se ocorre redução de alíquota do imposto de importação antes do desembaraço aduaneiro, é razoável admitir-se que o imposto seja pago à alíquota menor. Se ocorre aumento, devem ser respeitadas as situações jurídicas já constituídas. O art. 150, inciso III, alínea 'a', combinado com o art. 5º, inciso XXXVI, da Constituição Federal o determinam. Se o importador já está juridicamente vinculado a situação cujo desfazimento lhe causará prejuízo significativo, evidentemente está incorporado ao seu patrimônio o direito de ter consumada a importação à luz do regime jurídico, inclusive tributário, então vigente. Salvo se as alterações desse regime jurídico o favoreçam, pois neste caso não se aplica o princípio da irretroatividade" (MACHADO, Hugo de Brito. A supremacia constitucional como garantia do contribuinte. *RDDT* 68, 2001, p. 44-60).

– No sentido de que a irretroatividade da lei tributária é garantia mínima, que não anula ou se sobrepõe à garantia fundamental da proteção ao ato jurídico perfeito e ao direito adquirido, vide: ROLIM, João Dácio. Os direitos fundamentais e o fato gerador da obrigação tributária/majoração do imposto de importação/princípios ético-jurídicos da Constituição e a responsabilidade sem culpa do Estado. *Cadernos de Direito Tributário e Finanças Públicas* 12/93, São Paulo: RT, 1995.

– "... IMPOSTO DE IMPORTAÇÃO. AUMENTO DE ALÍQUOTA. DEC. 1391/95. ATO JURÍDICO PERFEITO. 1. Alteração das alíquotas do imposto de importação de veículos não pode atingir os negócios já constituídos preteritamente, sob pena de malferimento dos princípios da segurança jurídica (não surpresa) e do ato jurídico perfeito (art. 5º, inc. XXXVI, CF/88). 2. Compatibilidade entre os princípios e garantias constitucionais com os de natureza tributária (art. 19, CTN/88 e DL 37/66). 3. A elevação da alíquota imposta pelo Dec. 1.391/95 configura violação ao direito líquido e certo do importador" (TRF4, AMS 96.04.41595, 1996).

– "... Há relevância do fundamento se mero ato administrativo, Decreto n. 1.427, de 30 de março de 1995, majorou alíquota de importação de veículos estrangeiros sem nenhuma ressalva a outros artigos basilares da Constituição, como o artigo 174 (planejamento determinante para a Administração e indicativo para o setor privado) e artigo 37 (moralidade da Administração Pública, no qual estão albergadas a boa-fé e a legalidade), ferindo o princípio da segurança jurídica" (TRF3, AGMS 95.03.042325, 1995).

– "... a necessidade de proteger a indústria nacional ou aliviar a balança cambial do país, não justifica que negócios normalmente encetados, sem qualquer eiva de ilicitude, sejam surpreendidos com uma elevação abrupta da tributação, prejudicando, ou até mesmo inviabilizando, atividades comerciais legitimamente iniciadas, como ocorreu no ano de 1995, com as importações de automóveis. Sendo necessária, realmente, a elevação da alíquota do imposto de importação, as autoridades administrativas competentes para tal providência devem levar em consideração todos os interesses (legítimos) que serão afetados com esta alteração, para fixar um prazo razoável para a entrada em vigor da nova alíquota, respeitando-se, desta forma a expectativa de direito dos importadores que será devidamente acobertada com um mínimo de *vacatio legis*. Em seu tempo, o Conselho de Política Aduaneira, órgão criado pela Lei n. 3.244 de 1957 com a competência de alterar as alíquotas do imposto de importação..., quando achava conveniente, resguardava a alíquota reformada para as mercadorias estrangeiras que já houvessem sido embarcadas até o dia da publicação da Resolução que alterava a situação jurídica anterior" (SEIXAS FILHO, Aurélio Pitanga. Imposto de importação. Incidência. *Vacatio legis*. *RFDT* 08/129, 2004).

– **Mercadorias que não são despachadas para consumo.** Não se consideram despachados para consumo bens objeto de admissão temporária, que, via de regra, sequer configuram importação propriamente, bens em trânsito aduaneiro, que também não configura importação, e aqueles relativamente aos quais nem mesmo ocorre o despacho aduaneiro, como no caso do abandono da mercadoria ou mesmo de apreensão de mercadoria objeto de contrabando ou descaminho. Ressalto que há modalidade de admissão temporária de bens para utilização econômica, de que trata o art. 79 da Lei n. 9.430/96, em que, como regra, ocorre o "pagamento dos impostos incidentes na importação proporcionalmente ao tempo de sua permanência em território nacional". O fato gerador considera-se ocorrido, nesse caso, "na data do registro da declaração de admissão temporária para utilização econômica", conforme se vê do art. 73, IV, do Regulamento Aduaneiro (Decreto 6.759/2009). Também não se consideram despachadas para consumo mercadorias objeto de "regimes aduaneiros especiais, como o Recof, em que a mercadoria entra no País, com suspensão do pagamento dos tributos, e é utilizada na industrialização de produtos (incorporada à economia, portanto) que depois serão, em grande parte, exportados, mas não há o registro de uma DI de consumo" (Arnaldo Diefenthaeler Dornelles, Auditor Fiscal da Receita Federal do Brasil).

– **Entrada presumida. Art. 23, parágrafo único, do Decreto-Lei n. 37/66.** No caso de entrada presumida no território nacional, de que nos dá conta o § 2º do art. 1º do Decreto-Lei n. 37/88, o elemento temporal é estabelecido no parágrafo único do mesmo artigo 23, com a redação da Lei n. 12.350/2010: "A mercadoria ficará sujeita aos tributos vigorantes na data em que a autoridade aduaneira efetuar o correspondente lançamento de ofício no caso de: I – falta, na hipótese a que se refere o § 2º do art. 1º; e II – introdução no País sem o registro de declaração de importação, a que se refere o inciso III do § 4º do art. 1º".

– Parágrafo único do art. 1º, renumerado para § 2º pelo Decreto-Lei n. 2.472, de 01/09/88, com a seguinte redação: "Para efeito de ocorrência do fato gerador, considerar-se-á entrada no Território Nacional a mercadoria que constar como tendo sido importada e cuja falta venha a ser apurada pela autoridade aduaneira".

– "... IMPOSTO DE IMPORTAÇÃO... 1. Não obstante o fato gerador do imposto de importação se dê com a entrada da mercadoria estrangeira em território nacional, torna-se necessária a fixação de um critério temporal a que se atribua a exatidão e certeza para se completar o inteiro desenho do fato gerador. Assim, embora o fato gerador do tributo se dê com a entrada da mercadoria em território nacional, ele apenas se aperfeiçoa com o registro da Declaração de Importação no caso de regime comum e, nos termos precisos do parágrafo único, do artigo 1º, do Decreto-Lei n. 37/66, 'com a entrada no território nacional a mercadoria que contar como tendo sido importada e cuja a falta seja apurada pela autoridade aduaneira'" (STJ, RE 362.910, 2002).

Art. 20. A base de cálculo do imposto é:

I – quando a alíquota seja específica, a unidade de medida adotada pela lei tributária;

⇒ **Alíquota específica.** A alíquota específica é o montante em dinheiro exigido por unidade de medida estabelecida para cada produto. Ou seja, em se tratando de alíquota específica, teremos, e.g., um imposto de tantos reais por tonelada. Assim, sendo fixado, pela legislação, o montante devido a título de Imposto sobre a Importação como sendo determinado montante em dinheiro por unidade de medida do produto (quantidade, peso ou volume), bastará verificar a medida e multiplicar pela quantia indicada.

II – quando a alíquota seja "ad valorem", o preço normal que o produto, ou seu similar, alcançaria, ao tempo da importação, em uma venda em condições de livre concorrência, para entrega no porto ou lugar de entrada do produto no País;

⇒ **Alíquota *ad valorem*.** A hipótese mais comum é a deste inciso II do art. 20, qual seja, a da instituição do Imposto sobre a Importação mediante a imposição de alíquota *ad valorem*, ou seja, mediante a previsão de um percentual a incidir sobre a base de cálculo.

⇒ **Base de cálculo das alíquotas *ad valorem*: valor aduaneiro.** A base de cálculo do Imposto sobre a importação é o valor aduaneiro do produto, cuja apuração é regulada por tratado internacional. A referência, no inciso II, ao "preço normal que o produto, ou seu similar, alcançaria, ao tempo da importação, em uma venda em condições de livre concorrência, para entrega no porto ou lugar de entrada do produto no País" faz com que nem sempre a base de cálculo corresponda ao montante exato da operação realizada. Ainda que na apuração do valor aduaneiro se observe a Primazia do Valor da Transação, por vezes é necessário lançar mão de outros métodos de aferição, de modo a evitar a sonegação.

– A referência, no art. 20, II, do CTN, ao preço para entrega no porto ou lugar de entrada do produto no País indica para uma base de cálculo que extrapola o preço do produto para alcançar os custos de transporte e de seguro, remetendo ao chamado preço CIF (*Cost, Insurance And Freight*). Essa sigla representa cláusula comercial que obriga o vendedor tanto pela contratação e pagamento do frete como do seguro marítimo por danos durante o transporte. A adoção do preço CIF resta desdobrada na legislação aduaneira, conforme se vê dos arts. 76 a 89 do Decreto n. 6.759/2009, o que resta autorizado pelo art. 8º do Acordo de valoração Aduaneira.

– Toda mercadoria submetida a despacho de importação está sujeita ao controle do correspondente valor aduaneiro. O valor aduaneiro (a referência de preço para cada mercadoria para fins de incidência do Imposto sobre a Importação) é estabelecido observando-se o inciso VII, n. 2, do GATT, nos termos do Decreto 92.930/86, que promulgou o Acordo sobre a Implementação do Código de Valoração Aduaneira do GATT, e da IN SRF 16/98. Aliás, o art. 2º do Decreto-Lei n. 37/66, com a redação determinada pelo Decreto-Lei n. 2.472/88, refere expressamente a cláusula VII do GATT: "Art. 2º – A base de cálculo do imposto é: I – quando a alíquota for específica, a quantidade de mercadoria, expressa na unidade de medida indicada na tarifa; II – quando a alíquota for 'ad valorem', o valor aduaneiro apurado segundo as normas do art. 7º do Acordo Geral sobre Tarifas Aduaneiras e Comércio – GATT".

– Dec. n. 6.759/2009: "Art. 76. Toda mercadoria submetida a despacho de importação está sujeita ao controle do correspondente valor aduaneiro. Parágrafo único. O controle a que se refere o *caput* consiste na verificação da conformidade do valor aduaneiro declarado pelo importador com as regras estabelecidas no Acordo de Valoração Aduaneira. Art. 77. Integram o valor aduaneiro, independentemente do método de valoração utilizado [...]: I – o custo de transporte da mercadoria importada até o porto ou o aeroporto alfandegado de descarga ou o ponto de fronteira alfandegado onde devam ser cumpridas as formalidades de entrada no território aduaneiro; II – os gastos relativos à carga, à descarga e ao manuseio, associados ao transporte da mercadoria importada, até a chegada aos locais referidos no inciso I; e III – o custo do seguro da mercadoria durante as operações referidas nos incisos I e II" (redação do Dec. n. 7.213/2010).

– "IMPOSTO DE IMPORTAÇÃO. VALORAÇÃO ADUANEIRA. MÉTODO DE AFERIÇÃO... 2. [...] assentou o aresto recorrido que: "1. No que pertine à valoração aduaneira, o preço normal é a base de cálculo *ex vi* do art. 20-II do CTN ("Art. 20 – A base de cálculo do imposto é [...] II – quando a alíquota seja *ad valorem*, o preço normal que o produto, ou seu similar, alcançaria, ao tempo da importação, em uma venda de livre concorrência, para entrega no porto ou lugar de entrada do produto no País"), do Acordo Geral de Tarifas e Comércio (GATT), que introduziu a valoração aduaneira, e da própria legislação ordinária que incorporou, por força do Tratado GATT, o estabelecido no art. VII. 2. A valoração aduaneira foi uma das formas revestidas de caráter legal, aplicável aos países que transacionam entre si, com a intenção de protegê-los quanto à remessa ao exterior de divisas indevidas, descaminho, contrabando, e corrigir a sonegação de impostos a serem recolhidos aos erários públicos respectivos, como já esclarecido, este sistema foi ratificado pelo Brasil em Tratado Internacional do GATT, e deve ser observado pela lei que lhes sobrevenha. Estas normas foram implementadas e sua aplicação normatizada pelo Decreto n. 1.355, de 30 de dezembro de 1994, Decreto n. 2.498, de 13 de fevereiro de 1998, Portaria n. 28 de 16 de fevereiro de 1998, Instruções Normativas n. 16, 17 e 18, todas de 16 de fevereiro de 1998. 3. Em consequência, cabível o Fisco recusar fé aos documentos apresentados pelo importador e efetuar arbitramento dos valores das mercadorias, respeitado o art. 148, do CTN, não ofendendo o ordenamento a exigência de garantia para imediato desembaraço aduaneiro (IN-SRF 16/98, art. 21) das mercadorias sujeitas à determinação de valor tributável pelo Fisco. Caso em que deverá o douto juízo monocrático formalizar a caução oferecida" (STJ, REsp 727.825, 2006).

– Valor aduaneiro. Acordo de Valoração Aduaneira. "2. Breve histórico do Acordo de Valoração Aduaneira. Em 1947, na Conferência das Nações unidas sobre Comércio e Emprego, em Genebra, estabeleceu-se o Acordo Geral sobre Tarifas e Comércio (GATT), que visava ao crescimento do comércio por meio de eliminação das barreiras comerciais, bem como de qualquer outro tipo de protecionismo... O Acordo sobre a Implementação do art. VII do GATT, comumente denominado Acordo de Valoração Aduaneira, da maneira como hoje se encontra, resultou de várias negociações efetuadas no âmbito da Rodada Tóquio, realizada entre 1973 e 1979. [...] Na Rodada Uruguai de Negociações Comerciais Multilaterais, concluída em 1994, o acordo de Valoração Aduaneira tornou-se parte integrante do Acordo Geral sobre Tarifas Aduaneiras e Comércio (GATT), passando a ser obrigatório para todos os membros da Organização Mundial de Comércio (OMC), criada nesta ocasião. 3. Valos Aduaneiro no Brasil. O texto da Constituição Federal de 1988 foi promulgado quando o Brasil já havia aderido ao Acordo sobre a Implementação do art. VII do GATT, na versão aprovada na Rodada de Tóquio, em 1979. O texto deste acordo já havia sido aprovado pelo Congresso Nacional, mediante o Dec. Leg. 9, de 08.05.1981, e promulgado pelo Poder Executivo mediante o Dec. 92.930, de 16.07.1986. [...] O Dec-lei 37, de 18.11.1966, com a redação dada pelo Dec-lei 2.472, de 1º.09.1988, estabelece em seu art. 2º que a base de cálculo do imposto de importação, quando a alíquota for *ad valorem*, é o valor aduaneiro apurado segundo as normas do art. VII do Acordo Geral sobre Tarifas Aduaneiras e Comércio (GATT), Acordo de Valoração Aduaneira (AVA), DA Organização Mundial do Comércio (OMC). O Congresso Nacional aprovou, mediante o Dec. Leg. 30, de 15.12.1994, a Ata Final que incorpora os resultados da Rodada Uruguai de negociações comerciais Multilaterais do GATT, assinada em Marraqueche, em 12.04.1994. O Poder Executivo, mediante o Dec. 1.355, de 31.12.1994, promulgou a Ata Final que incorpora os resultados da Rodada Uruguaia de Negociações Comerciais Multilaterais do GATT, a qual contém o Acordo de Valoração Aduaneira constante do Anexo 1ª ao Acordo Constitutivo da OMC. O referido Acordo de Valoração Aduaneira, possuindo *status* de lei, estabelece as normas internas sobre valoração aduaneira no Brasil. O valor aduaneiro significa, portanto, o valor para fins de incidência de direitos aduaneiros *ad valorem* sobre mercadorias importadas, ou seja, o valor que vai servir de base de cálculo para a incidência dos tributos que oneram uma operação de comércio exterior. Ressalte-se ainda que o valor aduaneiro da mercadoria não se confunde nem com o valor faturado, nem com o valor para fins de licenciamento das importações, embora na maioria das vezes possa ter o mesmo valor" (MACEDO, Leonardo Correia Lima. Acordo de valoração aduaneira: variações cambiais e empresas vinculadas. *RTFP* 54/245, 2004).

– "O AVA-Gatt estabeleceu seis métodos para a apuração do valor aduaneiro dos produtos importados, que são os seguintes: (i) o primeiro método é o do valor da transação; (ii) o segundo método é o do valor de mercadorias idênticas, (iii) o terceiro método é o do valor de mercadorias similares; (iv) o quarto método é o do valor dedutivo; (v) o quinto método é o do valor computado; e, por fim (vi) o sexto método é o do valor com base em critérios razoáveis. [...] as disposições do AVA-Gatt foram criadas para valorar as mercadorias objetos de operações de compra e venda, não existindo regras claras para os casos de importações temporárias, em que não ocorre transferência de propriedade do bem. [...] a Receita Federal em lavrando autos de infração contra os importadores questionando o método de valoração aduaneira declarado. [...] Ressalte-se que esses autos de infração lavrados pela Receita Federal não chegam a questionar a valoração aduaneira (valor do bem declarado) propriamente dita, mas apenas o método utilizado. Isso quer dizer que a Receita Federal concorda, muitas vezes expressamente, com a valoração aduaneira realizada pelo contribuinte, mas discorda do método de valoração aduaneira que o contribuinte utilizou. Utilizando-se o primeiro método (utilizado pelos contribuinte) ou o sexto método (indicado pela Receita Federal) o valor final do bem importado seria o mesmo. O que se questiona é exclusivamente o método utilizado. A Receita Federal vem enquadrando o suposto incorreto uso de método de valoração aduaneira como hipótese que acarreta a multa prevista no inciso III do artigo 711 do Regulamento Aduaneiro, equivalente a 1% (um por cento) sobre o valor aduaneiro da mercadoria. O fundamento da penalidade seria o contribuinte 'omitir ou prestar de forma inexata ou incompleta informação de natureza administrativo-tributária, cambial ou comercial necessária à determinação do procedimento de controle aduaneiro apropriado'. Esses autos de infração lavrados pela Receita Federal têm causado grande desconforto nos contribuintes, pois hoje, na prática, o primeiro método vem sendo utilizado para apurar o valor aduaneiro na maior parte das importações. O desconforto dos contribuinte torna-se ainda mais relevante quando se considera, como mencionado anteriormente, que inexistem manifestações expressas da Receita Federal no sentido de proibir o uso do primeiro método ou de determinar a aplicação de outro método qualquer. Não há qualquer ato normativo da Receita Federal que, com clareza, procure estabelecer qual seria o método correto. Ainda que se entenda que o primeiro método efetivamente não é aplicável aos casos de regimes aduaneiros especiais, o procedimento utilizado pela Receita Federal não foi o mais condizente com o princípio da boa-fé na relação entre Administração Tributária e contribuintes administrados" (TERCIOTTI, Maurício; PIRES, Jeniffer Adelaide Marques; ALMEIDA, Juliana Velasco Gomes de. Valoração aduaneira em regimes aduaneiros especiais e recentes autos de infração da Receita Federal. *RDDT* 221/78, 2014).

• Vide nota ao art. 149, § 2º, da CF.

– Primazia do Valor da Transação. Normalmente, a base de cálculo é o próprio valor da transação, forte no Princípio da Primazia do Valor de Transação que inspira o Acordo de Valoração Aduaneira. Mas sé possível que se tenha de aferi-la por outros meios, valendo-se de arbitramento como modo de evitar a sonegação.

– "IMPORTAÇÃO. SUBFATURAMENTO. VALOR ADUANEIRO. CRITÉRIO SUBSIDIÁRIO. APURAÇÃO DE DIFERENÇAS DE TRIBUTOS. HONORÁRIOS. COMPENSAÇÃO. LEI 8.906/94. O art. 1º do Acordo Geral sobre Tarifas Aduaneiras e Comércio (Código de Valoração Aduaneira) prevê que o valor aduaneiro das mercadorias importadas será o 'valor da transação' (critério principal). Equivocado, na hipótese dos autos, o critério adotado pela autoridade administrativa, que se valeu do valor unitário médio de mercadorias idênticas importadas (patins), em vez do valor de transação mais baixo, para calcular a diferença dos tributos a serem recolhidos pela empresa. Com o advento da Lei n. 8.906/94 restou esclarecida a questão acerca da titularidade dos honorários, estes pertencentes aos advogados e não às partes, circunstância a obstar a compensação" (TRF4, AC 2000.71.01.000324-5, 2002).

– Preço de referência e pauta de valor mínimo. "O Congresso Nacional aprovou o Acordo sobre a Implementação do Artigo VII do Acordo Geral sobre Tarifas Aduaneiras e Comércio (Código de Valoração Aduaneira e seu Protocolo Adicional promulgado pelo Decreto n. 92.930/86), que, como se vê, dispõe rigidamente sobre a base de cálculo do imposto de importação. Em razão disso, não mais prevalece a legislação ordinária (arts. 91 e 92 do Regulamento Aduaneiro) na parte em que atribui a órgãos do Poder Executivo a fixação de 'preço de referência' (que era adotado no interesse de proteger o similar nacional e equalizar os preços de oferta quanto externamente díspares) e a 'pauta de valor mínimo' (arbitramento a base de cálculo do imposto para prevenir *dumping* e práticas tendentes a eliminar a livre concorrência pela oferta por preços abaixo do mercado" (SOUZA, Fátima Fernandes Rodrigues de. In: MARTINS, Ives Gandra da Silva (coord.). *Comentários ao Código Tributário Nacional*. São Paulo: Saraiva, 1998, v. I, p. 712).

– "Cabe à Secretaria de Comércio Exterior – Secex, o antigo conselho de Política Aduaneira, a tarefa de fixar o preço de mercado, o que pode ser feito tomando como referência o preço constante da fatura comercial, também chamado de *preço normal*; ou atribuindo o órgão, a seu talante, um valor que entende ser o correto, *preço referência*; e, finalmente, firmando uma pauta de valores mínimos por intermédio da Comissão Executiva, um dos órgãos do Conselho de Política Aduaneira" (CALMON, Eliana. In: FREITAS, Vladimir Passos de. *Código Tributário Nacional comentado*. São Paulo: RT, 1999, p. 55).

– Desconsideração do valor da fatura quando não mereça fé. "TRATADO DO GATT. VALORAÇÃO ADUANEIRA. VALOR CONSTANTE DA FATURA COMERCIAL. DES-

CONSIDERAÇÃO... 1. O Tratado do GATT, no seu art. VIII, estabelece regras para a valoração aduaneira de mercadorias importadas, para efeito de se calcular o valor do Imposto de Importação e do IPI vinculado à importação. 2. O primeiro método de valoração leva em conta o valor da fatura comercial, que se presume seja o valor real da operação de importação. Não obstante, sempre que as informações ou documentos do contribuinte não mereçam fé, pode a autoridade competente proceder à valoração aduaneira por outros métodos, igualmente listados no Tratado do GATT, desde que comprove que o preço final da transação não corresponde ao valor real da mercadoria ou bem adquirido no exterior. 3. No caso concreto, o acórdão recorrido afirmou expressamente que não estavam presentes os requisitos para se acatar o valor constante da fatura comercial como base de cálculo dos impostos incidentes sobre o comércio exterior. A recorrente defende que não havia razão para se desconsiderar o valor da fatura, e que a autoridade arbitrou a base de imposição tributária por simples presunção" (STJ, REsp 1.187.730, 2010).

– Desconto concedido pelo exportador. Desconsideração. "... IMPOSTO IMPORTAÇÃO. BASE DE CÁLCULO. PREÇO NORMAL. INCLUSÃO DE DESCONTOS. O CTN, em seu art. 20, inc. II, prevê que, quando a alíquota seja *ad valorem*, a base de cálculo do imposto de importação será o preço normal que o produto ou seu similar alcançaria ao tempo da importação, em uma venda sob condições de livre concorrência, para entrega no porto ou em lugar de entrada do produto no País. No caso de importação de produto com desconto concedido ao importador pelo exportador, o valor constante da fatura não se identifica com a base de cálculo do imposto de importação, ou seja, o valor da mercadoria importada com o desconto não corresponde ao preço normal que o produto alcançaria nos termos do disposto no art. 20 do CTN" (TRF4, AMS 97.04.30250-9, 2000).

– Inclusão dos valores e royalties e de direitos de licença pagos ao exterior. "... autoridades fiscais, mediante inadequada interpretação extensiva das normas vigentes, têm exigido dos contribuintes importadores a adição, ao valor aduaneiro das mercadorias importadas, dos valores de royalties e de direitos de licença pagos ao exterior, mesmo naqueles casos em que tal pagamento não tem qualquer relação com a operação de importação. São exemplos desta inapropriada prática os royalties e os direitos de licença pagos com base em valores fixos, dos contribuintes que pagam royalties e direitos com base na receita líquida de venda de mercadorias no mercado interno e daquelas situações em que a remessa dos royalties e a operação de importação são feitas por pessoas jurídicas distintas. [...] as normas vigentes não exigem a adição... Pelo contrário, o AVA estabelece duas condições cumulativas para a sua adição ao valor aduaneiro, a saber, (i) que os royalties e os direitos de licença sejam relacionados com as mercadorias importadas, objeto da valoração aduaneira, ou seja, com a própria operação de importação; e (ii) que o pagamento desses valores, realizado direta ou indiretamente ao exportador, seja uma condição de venda destas mercadorias. [...] o valor aduaneiro de mercadorias importadas, para fins fiscais, deve ser composto basicamente pelo valor da transação, sendo possível apenas a adição dos royalties e dos direitos de licença se o seu pagamento configurar condição para a realização da operação de importação e, cumulativamente, quando constituir grandeza diretamente relacionada à própria operação de importação" (FARINA FILHO, Sérgio; SIMONE, Diego Caldas R. de; TARANDACH, Fabio. Os limites para a inclusão dos *royalties* no valor aduaneiro de mercadorias importadas. *RDDT* 220/125, 2014).

– **Pessoas vinculadas. Valor aduaneiro e preço de transferência.** Grupos econômicos internacionais, por vezes, realizam transações entre suas empresas, situadas em países distintos, o que enseja manipulação de preços, com potencial reflexo sobre a tributação, seja no que diz respeito aos tributos sobre o comércio exterior, seja quanto ao imposto sobre a renda. Sobre os preços de transferência em matéria de IRPJ, vide nota ao art. 44 do CTN.

– "O valor de transação entre pessoas vinculadas somente será aceito e as mercadorias valoradas pelo método primeiro, se o importador puder demonstrar que o valor de transação se aproxima muito de um dos seguintes critérios relacionados no art. 1º, § 2º, (b), do AVA" (MACEDO, Leonardo Correia Lima. Acordo de valoração aduaneira: variações cambiais e empresas vinculadas. *RTFP* 54/245, 2004).

– **Os serviços de capatazia compõem o valor aduaneiro. Tema 1.014 do STJ:** "Os serviços de capatazia estão incluídos na composição do valor aduaneiro e integram a base de cálculo do imposto de importação". Decisão do mérito em 2020.

– "RECURSO ESPECIAL REPETITIVO. ARTS. 1.036 E SEGUINTES DO CPC/2015 (ART. 543-C, DO CPC/1973). PROCESSUAL CIVIL. TRIBUTÁRIO. IMPOSTO DE IMPORTAÇÃO. COMPOSIÇÃO DO VALOR ADUANEIRO. INCLUSÃO DAS DESPESAS COM CAPATAZIA. I – O acordo Geral Sobre Tarifas e Comércio (GATT 1994), no art. VII, estabelece normas para determinação do 'valor para fins alfandegários', ou seja, 'valor aduaneiro' na nomenclatura do nosso sistema normativo e sobre o qual incide o imposto de importação. Para implementação do referido artigo e, de resto, dos objetivos do acordo GATT 1994, os respectivos membros estabeleceram acordo sobre a implementação do acima referido artigo VII, regulado pelo Decreto n. 2.498/1998, que no art. 17 prevê a inclusão no valor aduaneiro dos gastos relativos a carga, descarga e manuseio, associados ao transporte das mercadorias importadas até o porto ou local de importação. Esta disposição é reproduzida no parágrafo 2º do art. 8º do AVA (Acordo de Valoração Aduaneira). II – Os serviços de carga, descarga e manuseio, associados ao transporte das mercadorias importadas até o porto ou local de importação, representam a atividade de capatazia, conforme a previsão da Lei n. 12.815/2013, que, em seu art. 40, definiu essa atividade como de movimentação de mercadorias nas instalações dentro do porto, compreendendo o recebimento, conferência, transporte interno, abertura de volumes para a conferência aduaneira, manipulação, arrumação e entrega, bem como o carregamento e descarga de embarcações, quando efetuados por aparelho portuário. III – Com o objetivo de regulamentar o valor aduaneiro de mercadoria importada, a Secretaria da Receita Federal editou a Instrução Normativa SRF 327/2003, na qual ficou explicitado que a carga, descarga e manuseio das mercadorias importadas no território nacional estão incluídas na determinação do 'valor aduaneiro' para o fim da incidência tributária da exação. Posteriormente foi editado o Decreto n. 6.759/2009, regulamentando as atividades aduaneiras, fiscalização, controle e tributação das importações, ocasião em que ratificou a regulamentação exarada pela SRF. IV – Ao interpretar as normas acima citadas, evidencia-se que os serviços de capatazia, conforme a definição acima referida, integram o conceito de valor aduaneiro, tendo em vista que tais atividades são realizadas dentro do porto ou ponto de fronteira alfandegado na entrada do território aduaneiro. Nesse panorama, verifica-se que a Instrução Normativa n. 327/2003 encontra-se nos estreitos limites do acordo internacional já analisado, inocorrendo a alegada inovação no ordenamento jurídico pátrio. V – Tese julgada para efeito dos arts. 1.036 e seguintes do CPC/2015 (art. 543-C, do CPC/1973): Os serviços de capatazia estão incluídos na composição do valor aduaneiro e integram a base de cálculo do imposto de importação. VI – Recurso provido. Acórdão submetido ao regime dos arts. 1.036 e seguintes do CPC/2015 (art. 543-C, do CPC/1973)" (STJ, REsp 1.799.306, 2020).

> **III – quando se trate de produto apreendido ou abandonado, levado a leilão, o preço da arrematação.**

⇒ **Leilão administrativo. Preço da arrematação e não o valor aduaneiro.** No caso de apreensão ou abandono e leilão realizado pela autoridade administrativa, a base de cálculo será o preço da arrematação, multiplicando-se, então, pela alíquota correspondente ao produto. Difere da hipótese normal, pois não será relevante o valor aduaneiro.

– **Aplicação exclusivamente ao leilão administrativo.** "3. A utilização do preço da arrematação como base de cálculo do imposto de importação restringe-se aos leilões promovidos pela autoridade aduaneira nos quais são alienados os bens abandonados e aqueles que sofrem apreensão liminar para posterior imposição de pena de perdimento (art. 20, III, do CTN e art. 63 do Decreto-Lei 37/66). 4. A situação apresentada pela recorrente em nada se assemelha, para fins de analogia, com a hipótese contemplada na lei tributária a que se busca equiparação, pois: a) não se trata de leilão realizado pela autoridade aduaneira, mas pelo Poder Judiciário; e b) não se cuida de mercadoria abandonada ou objeto de pena de perdimento, mas de mercadoria penhorada em ação de execução" (STJ, REsp 1.089.289, 2009).

> **Art. 21. O Poder Executivo pode, nas condições e nos limites estabelecidos em lei, alterar as alíquotas ou as bases de cálculo do imposto, a fim de ajustá-lo aos objetivos da política cambial e do comércio exterior.**

⇒ **Base de cálculo. Reserva legal.** A autorização constante do art. 21 do CTN relativamente à alteração da base de cálculo não encontra mais suporte constitucional, não tendo sido recepcionada. Tratava-se de exceção ao princípio da legalidade que, entretanto, não mais existe em nosso Sistema Tributário, pois o art. 153, § 1º, da Constituição Federal só confere ao Poder Executivo a alteração das alíquotas e, mesmo assim, atendidas as condições e os limites estabelecidos em lei.

– "... essa mudança de postura teve início sob a ordem jurídica anterior, com a promulgação do Código de Valoração Aduaneira e seu Protocolo Adicional (Dec. n. 92.930/86), e foi refletida na nova Carta que então se elaborava" (SOUZA, Fátima Fernandes Rodrigues de. In: MARTINS, Ives Gandra da Silva (coord.). *Comentários ao Código Tributário Nacional*. São Paulo: Saraiva, 1998, v. I, p. 173).

⇒ **Fixação das alíquotas pelo Executivo.** O art. 153, § 1º, da CF autoriza o Poder Executivo a alterar as alíquotas desde que atendidas as condições e os limites estabelecidos em lei.

– Delegação à CAMEX. A CAMEX é uma Câmara do Conselho de Governo que assessora o Presidente da República na formulação de diretrizes da ação governamental que extrapola as competências de um único Ministério, tendo por objetivo a formulação, adoção, implementação e a coordenação de políticas e atividades relativas ao comércio exterior de bens e serviços, incluindo o turismo, nos termos do art. 7º da Lei n. 9.649/98. A Lei n. 8.085/90, com a redação dada pelo art. 52 da MP 2.158-35/01, tornada permanente pela EC n. 32/2001, após reiterar a necessidade de observância das condições e dos limites estabelecidos na Lei n. 3.244/57, modificados pelos Decretos-Leis ns. 63/66, e 2.162/84, estabelece que o "Presidente da República poderá outorgar competência à CAMEX para a prática dos atos previstos neste artigo." Vide, também, o Decreto 7.096/10, que aprova a Estrutura Regimental do Ministério do Desenvolvimento, Indústria e Comércio Exterior.

– A Lei n. 8.085/90 dispõe: "Art. 1º O Poder Executivo poderá, atendidas as condições e os limites estabelecidos na Lei n. 3.244, de 14 de agosto de 1957, modificada pelos Decretos-Leis ns. 63, de 21 de novembro de 1966, e 2.162, de 19 de setembro de 1984, alterar as alíquotas do imposto de importação. Parágrafo único. O Presidente da República poderá outorgar competência à CAMEX para a prática dos atos previstos neste artigo" (Parágrafo único com a redação dada pelo art. 52 da MP n. 2.158-35/2001).

– Sobre a competência para alteração das alíquotas, vide Oswaldo Othon de Pontes Saraiva Filho – Impostos aduaneiros: competência para alterar alíquotas, *Repertório IOB de Jurisprudência* 1/01, 1/16521.

• Vide art. 153, § 1º, da CF e respectivas notas.

– Impossibilidade de o Executivo alterar alíquotas estabelecidas em tratados internacionais. Inaplicabilidade, no caso, do art. 153, § 1º, da CF. "... o referido dispositivo constitucional encerra uma faculdade para que o Poder Executivo altere as alíquotas do Imposto de Importação nos limites e condições da lei. Esta lei a que se refere o dispositivo só pode ser entendida como lei interna que tratasse de tarifa nacional, porque somente nesta hipótese seria possível atribuição legal de competência a ato do Executivo. Vale dizer, no caso de tratados, celebrados com base em ato privativo do Presidente da República em face da comunidade internacional, não há lugar para delegação interna, da qual decorreria ato unilateral que teria o condão de alterar as tarifas acordadas no âmbito do interesse comum dos Estados-membros como um todo unitário. Portanto, não há que se falar na possibilidade de alteração das alíquotas do imposto de importação com fundamento na regra do § 1º do art. 153 da CF/88, para que não contrarie o disposto na segunda parte do *caput* do art. 98 do CTN" (SOUZA, Hamilton Dias de. Limites de alteração tarifá-

ria frente ao Mercosul e ao GATT (OMC), *Repertório IOB de Jurisprudência*, 2ª quinzena de março de 1996, n. 6/96, p. 139).

– Condições e limites para alteração das alíquotas. A Lei 3.244, de 1957, em seu art. 3º, estabelece as condições e os limites para alteração das alíquotas do imposto de importação, tendo sido alterada pelo art. 1º do Decreto-Lei n. 2.162, de 1984. Quando do julgamento, pelo Plenário do STF, em nov. 1998, do RE 225.602-8/CE, ficou claro que aquela Corte reconhece a Lei 3.244/57 como cumpridora desse papel, conforme expressa referência feita pelos Ministros Carlos Velloso, Maurício Corrêa e Marco Aurélio. Vide, ainda, o art. 2º do DL 63. Há, também, autorizações legais expressas para que o Poder Executivo reduza a zero a alíquota do imposto de importação em certos casos, do que é exemplo o art. 3º, § 5º, da Lei 11.484/2007, relativo ao Programa de Apoio ao Desenvolvimento Tecnológico da Indústria de Semicondutores – Padis.

– Lei n. 3.244/57: "Art. 3º Poderá ser alterada dentro dos limites máximos e mínimo do respectivo capítulo, a alíquota relativa a produto: a) cujo nível tarifário venha a se revelar insuficiente ou excessivo ao adequado cumprimento dos objetivos da Tarifa; b) cuja produção interna for de interesse fundamental estimular; c) que haja obtido registro de similar; d) de país que dificultar a exportação brasileira para seu mercado, ouvido previamente o Ministério das Relações Exteriores; e) de país que desvalorizar sua moeda ou conceder subsídio à exportação de forma a frustrar os objetivos da Tarifa. § 1º – Nas hipóteses dos itens 'a', 'b' e 'c' a alteração da alíquota, em cada caso, não poderá ultrapassar, para mais ou para menos, a 30% (trinta por cento) 'ad-valorem'. § 2º – Na ocorrência de 'dumping', a alíquota poderá ser elevada até o limite capaz de neutralizá-lo." DL n. 2.162/84: "Art. 1º Fica alterado para 60% (sessenta por cento) 'ad valorem' o limite para mais estabelecido pelo § 1º do artigo 3º da Lei 3.244, de 14 de agosto de 1957, dispensada a observância do limite máximo do respectivo capítulo a que se refere o *caput* do mesmo artigo".

– "... IMPOSTO DE IMPORTAÇÃO. MAJORAÇÃO DE ALÍQUOTA. LEGALIDADE. 1. No caso da compra de veículos importados, a majoração da alíquota de imposto de importação de 32% (trinta e dois por cento) para 70% (setenta por cento), nos termos do Decreto n. 1.427/95, não ofende o disposto no art. 3º da Lei n. 3.244/57, visto que restou respeitado o limite de aumento estabelecido neste regramento. 2. Sendo *ad valorem* a natureza da alíquota aplicada para majoração da exação, a diferença de alíquota, a teor do art. 20, II, do CTN, deve ser relacionada ao preço normal da mercadoria, e não ao percentual das alíquotas anteriormente aplicadas. 3. Recurso não provido" (STJ, REsp 174.836, 2005).

– Controle judicial. "IMPOSTO DE EXPORTAÇÃO. MAJORAÇÃO DE ALÍQUOTA. ATO DO EXECUTIVO. MOTIVAÇÃO. MÉRITO. REEXAME PELO JUDICIÁRIO. IMPOSSIBILIDADE. TERATOLOGIA. INEXISTÊNCIA. LEI 9.716/1998. VIOLAÇÃO. 1. Hipótese em que o Executivo majorou para 150% a alíquota do Imposto sobre a exportação de armas e munições para as Américas do Sul e Central. Justificou adequadamente o aumento, ressaltando a necessidade de combate ao contrabando consistente no retorno ilegal ao Brasil de armamento aqui mesmo fabricado, fato de grande e notório impacto na Segurança Pública (motivação transcrita no acórdão recorrido). 2. Em harmonia com a ordem constitucional (art. 153, § 1º, da CF), o DL 1.578/1977, com a redação dada pela Lei 9.716/1998, fixou a alíquota básica do Imposto de Exportação em 30% e admitiu sua redução e majoração pelo Executivo (até o teto de 150%) 'para atender os objetivos da política cambial e do comércio exterior'. 3. O Tribunal de origem, apesar de reconhecer a existência de motivação, julgou que a majoração não atingiu os referidos objetivos. 4. Cabe ao Judiciário aferir se o Executivo motivou adequadamente a alteração de alíquota do Imposto de Exportação e observou o limite legal, e não valorar essa motivação ou determinar qual seria a forma adequada de atender às políticas cambial e de comércio exterior. 5. Inexiste teratologia que evidencie nulidade do ato, o que impede a intervenção do Judiciário no mérito da decisão" (STJ, REsp 614.890, 2009).

– "O ato discricionário que define as alíquotas do imposto de importação pode perfeitamente ser objeto de controle de legalidade, através da verificação de que os fins visados pelo Poder Executivo não estão incluídos entre aquelas definições na lei, quando então restará comprovada a existência de desvio de poder bem como a ilegalidade e a nulidade do referido ato" (RICARDO DOS SANTOS, João Marcelo Máximo. *RDDT* 82, jul. 2002, p. 52).

– **Motivação das alterações de alíquota. Requisito do ato**. A matéria está tratada, também, em nota ao art. 153, § 1º, da CF, inclusive com referência e transcrição a precedente do STF.

– "IMPOSTO DE IMPORTAÇÃO. MAJORAÇÃO DE ALÍQUOTA... MOTIVAÇÃO. TRANSPARÊNCIA. OBSERVÂNCIA... 4. A Lei n. 3.244/1957 não exige que a motivação conste expressamente do ato que majora a alíquota do Imposto de Importação, bastando que a justificativa do Poder Executivo figure no procedimento administrativo de sua formação. 5. *In casu*, relativamente à Resolução CAMEX N. 65/2011, o Ministério do Desenvolvimento, Indústria e Comércio Exterior ainda informou em seu sítio eletrônico os motivos da majoração, assegurando a necessária transparência" (STJ, AgInt no REsp 1.502.556, 2021).

– "... essa autorização dada ao Executivo para alterar alíquotas não é um cheque em branco, de vez que o próprio dispositivo constitucional, ao determinar 'atendidas as condições e limite estabelecidos em lei', deixa nítido que a atuação do Executivo deve conter-se dentro dos balizamentos legais, impondo-se a motivação do ato para permitir que seja contrastado com a lei autorizadora. Com efeito, a motivação assume particular importância como meio de fiscalizar a conformidade do ato à lei, pondo a nu motivos contraditórios ou ilógicos, com fim diverso do objetivo legal, o que caracteriza a ilegitimidade por desvio de poder. Por motivação se entende a indicação não só do texto legal autorizativo da edição do ato administrativo, mas também da indicação do pressuposto de fato que permite a prática do ato" (SOUZA, Fátima Fernandes Rodrigues de. In: MARTINS, Ives Gandra da Silva (coord.). *Comentários ao Código Tributário Nacional*. São Paulo: Saraiva, 1998, v. I, p. 174).

– "I. Sendo a Resolução, um ato administrativo vinculado, ou seja, autorizado por força de lei, deve o agente administrativo proceder que em seu texto esteja presente a motivação, deixando claro o cumprimento desta, a fim de que aquela produza efeitos válidos. II. A Resolução 2.457 do Conselho de Política Aduaneira apresenta-se desprovida de motivação do que se depreende sua ineficácia, conforme entendimento jurisprudencial consolidado na Súmula 97 do Extinto TFR. III. Remessa oficial improvida" (TRF3, REO 03034027, 1997).

– "Exige-se expressa motivação às resoluções do Conselho de Política Aduaneira, que abrange a base legal e os fatos que lhe deram origem, para a fixação de pauta de valor mínimo para a incidência de tributos" (TRF4, AC 92.04.05726, 1995).

– **Súmula 97 do extinto TFR**: "As resoluções do Conselho de Política Aduaneira, destinadas à fixação de pauta de valor mínimo, devem conter motivação expressa" (1981).

⇒ **Alíquota zero como "favor governamental"**. "IPI. ISENÇÃO. II. APLICAÇÃO DE ALÍQUOTA ZERO. IMPORTAÇÃO DE BENS DESTINADOS AO ATIVO FIXO DA EMPRESA... NECESSIDADE DE TRANSPORTE POR MEIO DE EMBARCAÇÃO DE BANDEIRA BRASILEIRA... 1. Há direito à isenção de IPI prevista no art. 1º da Lei 8.191/91 quando os bens importados tiverem sido transportados por embarcação de bandeira brasileira, haja vista que o mencionado dispositivo deve ser interpretado em consonância com o art. 2º do Decreto-Lei 666/69... 3. Esse entendimento aplica-se, igualmente, à pretensão de incidência de alíquota zero do Imposto de Importação, tendo em vista que, enquadrando-se no conceito de "favores governamentais", não há como afastar a determinação constante no Decreto-Lei 666/69 para o aproveitamento do benefício. 4. Apenas a Superintendência Nacional da Marinha Mercante poderia liberar o transporte dos bens para embarcação de outra nacionalidade, consoante se observa no § 2º do art. 3º do Decreto-Lei 666/69" (STJ, REsp 806.427, 2008).

⇒ **Ex tarifário**. O chamado "Ex tarifário" é o produto objeto de uma exceção tarifária. Alguns produtos são beneficiados pela redução do imposto de importação na condição de "Ex-tarifário", assim considerados quando demonstrado que o produto não possui similar nacional e que é importante para a inovação tecnológica das empresas brasileiras. Conforme o art. 118 do Regulamento, a redução do imposto só beneficiará mercadoria sem similar nacional e transportada em navio de bandeira brasileira. Há interessante acórdão do STJ reconhecendo que "A concessão do 'ex tarifário' equivale à uma espécie de isenção parcial" e que "Em consequência, sobressai o caráter declaratório do pronunciamento da Administração". Desse modo, "se o produto importado não contava com similar nacional desde a época do requerimento do contribuinte, que cumpriu os requisitos legais para a concessão do benefício fiscal, conforme preconiza o art. 179, *caput*, do CTN, deve lhe ser assegurada a redução do imposto de importação, mormente quando a internação do produto estrangeiro ocorre antes da superveniência do ato formal de reconhecimento por demora decorrente de questões meramente burocráticas".

– A Resolução Camex n. 61, de 2015, por exemplo, reduziu para 2% as alíquotas *ad valorem* do imposto de importação na condição de Ex-tarifário para autopeças sem produção nacional equivalente, no âmbito do Regime de Autopeças Não Produzidas.

– **Reconhecimento retroativo à data do requerimento.** "IMPOSTO DE IMPORTAÇÃO. CONCESSÃO DE 'EX TARIFÁRIO'. MERCADORIA SEM SIMILAR NACIONAL. PEDIDO DE REDUÇÃO DE ALÍQUOTA. RECONHECIMENTO POSTERIOR DO BENEFÍCIO FISCAL. MORA DA ADMINISTRAÇÃO. PRINCÍPIO DA RAZOABILIDADE. APLICAÇÃO. RECURSO ESPECIAL CONHECIDO E PROVIDO. SENTENÇA RESTABELECIDA. 1. A concessão do benefício fiscal denominado "ex tarifário" consiste na isenção ou redução de alíquota do imposto de importação, a critério da administração fazendária, para o produto desprovido de similar nacional, sob a condição de comprovação dos requisitos pertinentes. 2. 'O princípio da razoabilidade é uma norma a ser empregada pelo Poder Judiciário, a fim de permitir uma maior valoração dos atos expedidos pelo Poder Público, analisando-se a compatibilidade com o sistema de valores da Constituição e do ordenamento jurídico, sempre se pautando pela noção de Direito justo, ou justiça' (Fábio Pallaretti Calcini, O princípio da razoabilidade: um limite à discricionariedade administrativa. Campinas: Millennium Editora, 2003). 3. A injustificada demora da Administração na análise do pedido de concessão de 'ex tarifário', somente concluída mediante expedição da portaria correspondente logo após a internação do bem, não pode prejudicar o contribuinte que atuou com prudente antecedência, devendo ser assegurada, em consequência, a redução de alíquota do imposto de importação, nos termos da legislação de regência. 4. A concessão do 'ex tarifário' equivale à uma espécie de isenção parcial. Em consequência, sobressai o caráter declaratório do pronunciamento da Administração. Com efeito, se o produto importado não contava com similar nacional desde a época do requerimento do contribuinte, que cumpriu os requisitos legais para a concessão do benefício fiscal, conforme preconiza o art. 179, *caput*, do CTN, deve lhe ser assegurada a redução do imposto de importação, mormente quando a internação do produto estrangeiro ocorre antes da superveniência do ato formal de reconhecimento por demora decorrente de questões meramente burocráticas. 5. Recurso especial conhecido e provido. Sentença restabelecida" (STJ, REsp 1.174.811, 2014).

– **Critérios administrativos. Insindicabilidade.** "IMPOSTO DE IMPORTAÇÃO. ENQUADRAMENTO DE EQUIPAMENTO IMPORTADO NA EXCEÇÃO TARIFÁRIA 001 DA RESOLUÇÃO N. 10/2005 DA CAMEX. IMPOSSIBILIDADE. CAPACIDADE SUPERIOR ÀQUELA PREVISTA PARA A CONCESSÃO DO BENEFÍCIO. INTERPRETAÇÃO LITERAL. ART. 111 DO CTN. 1... a Corte *a quo* resolveu a demanda entendendo que "o maquinário importado pelo impetrante não se enquadra na hipótese da exceção tarifária n. 001 da resolução n. 10/2005 da CAMEX, porquanto se trata de equipamento com maior capacidade de processamento de barras de aço chato do que aquele descrito na norma supra referida". 2. Quanto à alegada afronta do art. 4º, *caput* e § 2º, da Lei n. 3.244/57, a ausência de manifestação do Tribunal de origem em

relação a ele inviabiliza o conhecimento do recurso no ponto, haja vista a incidência da Súmula 211/STJ. 3. Não compete ao Poder Judiciário adentrar nos motivos pelos quais a Camex, em sua Resolução n. 10/2005, limitou o benefício a equipamentos com determinada capacidade, sobretudo porque a redução de alíquota do Imposto de Importação, em razão de sua natureza extrafiscal, está afeta às políticas sociais e econômicas elaboradas pelo Poder Executivo, cujo mérito administrativo, conforme comezinha lição de direito administrativo, não se sujeita ao controle jurisdicional, salvo quanto à sua constitucionalidade e legalidade" (STJ, REsp 1.145.540, 2010).

⇒ **Política tributária da importação.** As alíquotas do Imposto sobre a Importação sempre foram estabelecidas de forma seletiva, conforme os interesses comerciais brasileiros. Bens de capital, de informática e outros que possam contribuir para o aumento da produção da indústria nacional são taxados de forma leve ou até com alíquota zero, assim como equipamentos médicos, enquanto itens de consumo sofisticados podem ser taxados com alíquotas elevadas, na medida em que seu ingresso no País, com a correspondente saída de dólares, é menos interessante para os interesses nacionais, com o que se inibe que pesem negativamente nas metas de superávit da balança comercial. Assim, têm-se tabelas extensas com detalhada identificação e codificação dos diversos produtos e atribuição, a cada um deles, de alíquota própria.

– **Alíquotas. TAB e TEC.** Até dezembro de 1994, as alíquotas do Imposto sobre a Importação compunham a chamada Tarifa Aduaneira Brasileira/TAB (Vide Decreto Legislativo n. 30/94 e Decreto n. 1.355/94). A contar de janeiro de 1995, passou a vigorar a Tarifa Externa Comum/TEC, em substituição à TAB. É que, por força do Tratado de Assunção, que criou o Mercosul, estabeleceu-se uma política comercial comum dos países do bloco relativamente a terceiros Estados ou agrupamentos de Estados, o que envolveu a padronização da identificação dos produtos através da adoção da Nomenclatura Comum do Mercosul (NCM) e a elaboração de uma Tarifa Externa Comum/TEC. A Resolução GECEX n. 165/2021 altera a Nomenclatura Comum do MERCOSUL, os códigos tarifácios e as alíquotas do Imposto de Importação que compõem a Tarifa Externa Comum – TEC, conforme estabelecido na Resolução n. 18/2020 do Grupo Mercado Comum do MERCOSUL. A Resolução GECEX n. 272/2021, por sua vez, altera a NCM e a FEC para adaptação às odificações do Sistema Harmonizado (SH-2022). Conforme decisões do Conselho do Mercado Comum, cada Estado pôde estabelecer uma Lista de Exceções à TEC. Entre os países integrantes do Mercosul, as importações estão desoneradas, provando-se a procedência dos bens mediante Certificado de Origem do Mercosul.

– "Embora o Tratado de Assunção tenha sido ratificado internamente e, portanto, se constitua em legislação com eficácia interna, implantou um programa de desgravação progressivo para todos os produtos (exceto os especificamente discriminados nas Listas de Exceção) para vigorar durante um prazo pré-fixado, correspondente a um período de transição (até 31.12.94, conforme art. 3º), findo o qual seria estabelecida uma Tarifa Externa Comum e a adoção de uma política comercial comum em relação a terceiros Estados ou agrupamentos de Estados (art. 1º). Portanto, o Tratado de Assunção continha normas de caráter provisório, com prazo de vigência previamente definido no seu próprio corpo. Por tal razão é que, em cumprimento aos objetivos fixados no Tratado de Assunção e em sua complementação, nova reunião foi realizada pelos Estados-Partes em 17.12.94, de cujas resoluções resultaram o Protocolo de Ouro Preto, que aprovou a Estrutura Institucional do Mercosul, criando e estabelecendo funções para o Conselho do Mercado Comum (órgão superior do Mercosul) e para o Grupo Mercado Comum (órgão executivo), dentre outras. Dentre estas resoluções encontram-se as Decisões do Conselho do Mercado Comum, das quais merecem destaque a Decisão n. 25/94, que aprovou o projeto de Código Aduaneiro do Mercosul, e a de n. 22, do mesmo dia 17.12.94, que criou a TEC, com prazo de vigência determinado para 1º de janeiro de 1994, data em que a TEC passou a substituir as respectivas tarifas nacionais dos Estados-membros. Tal Protocolo, contudo, não foi, ainda, ratificado pelo Congresso Nacional, de modo que, embora vigente, poderia ser colocada em discussão sua eficácia a nível de direito interno, o que não entendemos se verifique. Em 23.12.94 foi baixado o Decreto n. 1.343, que alterou a TAB, para o fim de aplicação da TEC. Por meio deste instrumento foram alteradas, a partir de 1º de janeiro de 1995, as alíquotas do Imposto de Importação, bem como a nomenclatura da TAB que passou a ser designada por TEC e respectiva Lista de Exceção. Dentre os fundamentos deste Decreto encontra-se a Decisão n. 22/94 antes referida, que criou a TEC no seio do MERCOSUL mas que, não só não foi ratificada (porque inserida no Protocolo de Ouro Preto) como também não foi publicada, de modo que também este ato poderia ser impugnado, até mesmo quanto à validade da instituição da TEC no ordenamento jurídico nacional. Quanto às listas de exceção, a Decisão n. 7/94 autorizou a sua manutenção até 1º de janeiro de 2001, com um número máximo de 300 itens tarifários" (DIAS DE SOUZA, Hamilton. Limites de alteração tarifária frente ao Mercosul e ao GATT (OMC). *Repertório IOB de Jurisprudência*, 2ª quinzena de março de 1996, n. 6/96, p. 142).

– "... a aplicação da TEC, com a consequente regra geral da desoneração dos produtos importados intrabloco e a uniforme aplicação de alíquotas àqueles advindos de terceiros países ou blocos de países, será excepcionada caso haja ameaça de grave dano à econômica nacional, mediante cláusula de salvaguarda prevista pelo artigo 2, do anexo IV, do Tratado de Assunção, *in verbis*: 'Se as importações de determinado produto causarem dano ou ameaça de dano grave a seu mercado, como consequência de um sensível aumento, em um curto período, das importações desse produto provenientes dos outros Estados Partes, o país importador solicitará ao Grupo Mercado Comum a realização de consultas com vistas a eliminar essa situação'" (HILÚ NETO, Miguel. *Imposto sobre Importações e Imposto sobre Exportações*. São Paulo: Quartier Latin, 2003, p. 240-241).

– "... 5. A aplicação da Tarifa Externa Comum, exatamente por ser externa, não visa os países integrantes do próprio Mercosul, mas apenas a outros países, como os Estados Unidos da América (TRF, 5ª Região, Pleno, MS 49206-PE, Rel. p/ acórdão Juiz Castro Meira). 6. As normas do Decreto 1.343/94 deverão ser inter-

pretadas como vinculação ao firmado no tratado de Assunção, de cujos propósitos, é o estabelecimento de uma Tarifa Externa Comum e a adoção de uma política comercial comum em relação a terceiros estados ou agrupamentos de estados e a coordenação de posições em foros econômico-comerciais regionais e internacionais, não havendo, em consequência, qualquer desvio de finalidade do ato de alteração" (TRF5, AC 00596488, 1997).

– **Certificado de Origem do Mercosul.** Para que não haja a oneração das importações feitas de Países do Mercosul, de maneira que a mercadoria seja desembaraçada sem o pagamento de II, é necessária a apresentação do Certificado de Origem, que dá conta de que o produto efetivamente é produzido num dos Países-Membros do Mercosul.

– "DESEMBARAÇO ADUANEIRO – IMPOSTO DE IMPORTAÇÃO – REDUÇÃO DE ALÍQUOTA – ACORDO FIRMADO ENTRE BRASIL E ARGENTINA – CERTIFICADO DE ORIGEM EXPEDIDO APÓS O EMBARQUE DA MERCADORIA – IRREGULARIDADE SANADA. O art. 10 do 17º Protocolo Adicional ao Acordo de Complementação Econômica n. 14, celebrado entre Brasil e Argentina, aprovado pelo Decreto n. 929, de 14.9.1993, que prevê a data de embarque da mercadoria como termo final para a emissão do Certificado de origem, não elide a regra do art. 24 do mesmo texto legal que autoriza a anulação e substituição dos certificados em que se evidenciarem erros involuntários, destes não devendo resultar sanções" (STJ, REsp 668.462, 2008).

– "... IMPORTAÇÃO. CONSERVAS DE PESCADOS. PREFERÊNCIA TARIFÁRIA. DECRETO N. 770/93. Mercadoria importada do Equador por empresa do Uruguai, e de lá reexportada para o Brasil. Hipótese em que não há direito ao tratamento tributário preferencial" (TRF4, AMS 1999.04.01.077848-9, 1999).

⇒ **Isenções.** O DL n. 37/66 traz capítulo sobre as Isenções e Reduções. O art. 11 estabelece: "quando a isenção ou redução for vinculada à qualidade do importador, a transferência de propriedade ou uso, a qualquer título, dos bens obriga, na forma do regulamento, ao prévio recolhimento dos tributos e gravames cambiais, inclusive quando tenham sido dispensados apenas estes gravames". Essa exigência se estende pelo prazo de cinco anos da data da outorga da isenção ou redução. O art. 12, por sua vez, assenta que "a isenção ou redução, quando vinculada à destinação dos bens, ficará condicionada ao cumprimento das exigências regulamentares, e, quando for o caso, à comprovação posterior do seu efetivo emprego nas finalidades que motivarem a concessão". Conforme o STJ, em acórdão transcrito na sequência, o art. 11 do Decreto-Lei n. 37/66 trata da isenção vinculada à qualidade do importador e o art. 12, do mesmo decreto, trata da isenção vinculada à destinação dos bens, sendo que "um regime não se confunde com o outro, são excludentes", daí decorrendo que, "uma vez escolhido um regime, não há como se pretender utilizar as benesses do outro".

– "IMPOSTO DE IMPORTAÇÃO – II. IMPOSTO SOBRE PRODUTOS INDUSTRIALIZADOS – IPI. ISENÇÃO CONCEDIDA A ENTIDADE ESPORTIVA NA IMPORTA-

ÇÃO DE MOTOCICLETAS. ISENÇÃO VINCULADA À QUALIDADE DO IMPORTADOR. ART. 11, DO DECRETO-LEI N. 37/66. TRANSFERÊNCIA DO BEM A TERCEIRO MEDIANTE CONTRATO DE CESSÃO DE USO. PROPÓSITO DE BURLAR A NORMA TRIBUTÁRIA CONCESSIVA DA ISENÇÃO. RESPONSABILIDADE TRIBUTÁRIA SOLIDÁRIA. ARTS. 26 C/C 32, DO DECRETO-LEI N. 37/66... 2. O art. 11, do Decreto-Lei n. 37/66, trata da isenção vinculada à qualidade do importador e o art. 12, do mesmo decreto, trata da isenção vinculada à destinação dos bens. Um regime não se confunde com o outro, são excludentes. Uma vez escolhido um regime, não há como se pretender utilizar as benesses do outro. Na Declaração de Importação que consta das e-STJ fls. 23 e 24, o registro feito é o de que a importação se deu sob o amparo do art. 13, da Lei n. 7.752/89, ou seja, foi concedida isenção vinculada à qualidade do importador, já que foi concedida especificamente para a pessoa jurídica de natureza desportiva para uso próprio. 3. Desta forma, tendo a federação importadora e o atleta cessionário optado pela isenção prevista no art. 13, da Lei n. 7.752/89 (qualidade do importador), são irrelevantes os argumentos levantados pelo recorrente no sentido de que a utilização das motos importadas somente poderia ter sido realizada pelos pilotos credenciados na federação (destinação dos bens). 4. Em relação ao art. 32, parágrafo único, 'a', do Decreto-Lei n. 37/66, o recorrente deve ser mantido na condição de responsável pelo pagamento do imposto. Isto porque, conforme o pressuposto fático fixado nos autos, e em atenção ao art. 144, do CTN ('O lançamento reporta-se à data da ocorrência do fato gerador da obrigação e rege-se pela lei então vigente'), o fato gerador da responsabilidade tributária (cessão da mercadoria) ocorreu já na vigência do dispositivo legal que colocava na condição de responsável solidário o adquirente ou cessionário de mercadoria beneficiada com isenção (vigência do Decreto-Lei n. 2.472/88)" (STJ, REsp 1.633.389, 2021).

⇒ **Recolhimento.** O recolhimento do Imposto sobre a Importação, através do Siscomex, constitui ato contínuo ao registro da declaração de importação, ocorrendo eletronicamente, *on line*, mediante débito na conta do importador. Isso porque o Regulamento Aduaneiro (Decreto n. 6.759/2009), em seu art. 107, determina que o imposto será pago na data do registro da declaração de importação. Aliás, o pagamento do Imposto sobre a Importação – assim como dos demais tributos incidentes na importação (IPI-Importação, ICMS-Importação, PIS/COFINS-Importação, AFRMM e, se for o caso, CIDE-combustíveis etc.) e ainda de outros encargos (e.g. direitos *antidumping*, direitos compensatórios e medidas de salvaguarda) – é condição para o desembaraço aduaneiro do produto, sem que, com isso, haja qualquer ofensa à Súmula 323 do STF. De fato, sendo tais tributos devidos por força da própria operação de importação, a exigência do seu pagamento para a liberação do produto não é descabida nem configura meio impróprio para a satisfação do crédito tributário. Não se cuida, portanto, de constrangimento passível de ser encarado como "sanção política". Havendo, porém, divergência na classificação tarifária, o STJ vem entendendo que a mercadoria não deve ser retida, tampouco ter a sua liberação condicionada à prestação de garantia, sendo o caso de lavratura de auto de infração.

– "MERCADORIA IMPORTADA. DIVERGÊNCIA NA CLASSIFICAÇÃO TARIFÁRIA. RETENÇÃO PELO FISCO. LIBERAÇÃO CONDICIONADA À APRESENTAÇÃO DE GARANTIA E COBRANÇA DE MULTA. IMPOSSIBILIDADE. PRECEDENTES DO STJ. AGRAVO NÃO PROVIDO. 1. 'Não se exige garantia para liberação de mercadoria importada, retida por conta de pretensão fiscal de reclassificação tarifária, com consequente cobrança de multa e diferença de tributo' (...)" (STJ, AgRg no REsp 1.227.611, 2013).

– "TRIBUTÁRIO. IMPORTAÇÃO. MERCADORIA APREENDIDA. RECLASSIFICAÇÃO TARIFÁRIA. LIBERAÇÃO. GARANTIA. INEXIGIBILIDADE. 1. Não se exige garantia para liberação de mercadoria importada, retida por conta de pretensão fiscal de reclassificação tarifária, com consequente cobrança de multa e diferença de tributo. Precedentes do STJ. 2. Debate-se simples cobrança de diferença de crédito tributário. Não é o caso de possível pena de perdimento, que admitiria a obrigatoriedade da garantia, como já decidiu a Segunda Turma [...]" (STJ, AgRg no REsp 1.263.028, 2012).

Art. 22. Contribuinte do imposto é:

I – o importador ou quem a lei a ele equiparar;

⇒ **Importador.** O importador, ou pessoa a ele equiparada, é o contribuinte do imposto de importação. E isso inclusive quando, embora não submetida ao despacho de importação, reste comprovada a entrada em território nacional, hipótese em que será cobrado o tributo e aplicada multa.

– "... o importador é o contribuinte em qualquer hipótese, não só quando a importação seja regular. Imagine uma introdução clandestina de mercadoria (não tem DI e muito menos desembaraço) em que a fiscalização comprova a entrada em território nacional, mas não consegue alcançar a mercadoria para aplicação da pena de perdimento. Nesses casos aplica-se uma multa equivalente ao valor da mercadoria, em substituição à pena de perdimento, conforme disciplina o art. 23, § 3º, do Decreto-lei 1.455, de 1976, que diz: '§ 3º As infrações previstas no caput serão punidas com multa equivalente ao valor aduaneiro da mercadoria, na importação, ou ao preço constante da respectiva nota fiscal ou documento equivalente, na exportação, quando a mercadoria não for localizada, ou tiver sido consumida ou revendida, observados o rito e as competências estabelecidos no Decreto n. 70.235, de 6 de março de 1972 (Redação dada pela Lei n. 12.350, de 2010)'. Mas cobram-se também os tributos, que não estão excluídos da hipótese de incidência (é por isso que o inciso III do § 4º do art. 1º do DL n. 37, de 1966, foi modificado pela Lei 10.833, de 2003, para esse texto: '§ 4º O imposto não incide sobre mercadoria estrangeira: (Incluído pela Lei n. 10.833, de 29.12.2003) III – que tenha sido objeto de pena de perdimento, exceto na hipótese em que não seja localizada, tenha sido consumida ou revendida (Incluído pela Lei n. 10.833, de 29.12.2003))'" (Comentário de Arnaldo Diefenthaeler Dornelles, Auditor Fiscal da Receita Federal do Brasil, transcrito em nota de pé de página em nosso livro: PAUL-

SEN, Leandro; MELO, José Eduardo Soares de. *Impostos federais, estaduais e municipais*. 12. ed. São Paulo: Saraiva, 2022, p. 28).

– **Pessoa física ou jurídica que promove a entrada do produto no território nacional.** O DL n. 37/66, instituindo o imposto, dispõe, já com a redação dada pelo DL n. 2.472/88: "Art. 31. É contribuinte do imposto: I – o importador, assim considerada qualquer pessoa que promova a entrada de mercadoria estrangeira no Território Nacional".

– A referência ao importador como sendo "qualquer pessoa que promova a entrada da mercadoria" demonstra que o legislador não distingue o importador como categoria profissional, mas em sentido amplo, abrangendo todo aquele, pessoa física ou jurídica, sociedade empresária ou sociedade simples, que realize ou em nome de quem seja realizado o ingresso da mercadoria estrangeira no território nacional.

– "A lei, atualmente, é o art. 31 do Decreto-Lei n. 37/66, com a redação que lhe deu o Decreto-Lei n. 2.474, de 1º-9-1988, que arrola como contribuinte, em primeiro lugar, o importador. Esse vocábulo não é utilizado no texto com sentido de categoria profissional, e sim com o fito de abranger qualquer pessoa que promova a entrada de produto estrangeiro no território brasileiro. Embora via de regra seja um comerciante ou um industrial, pode ser, também, qualquer pessoa física ou jurídica que esteja importando bens para seu próprio uso ou consumo, inclusive o passageiro, quanto a bens que não se enquadrem na quota isenta por lei a título de bagagem, ainda que não revelem destinação comercial" (SOUZA, Fátima Fernandes Rodrigues de. In: MARTINS, Ives Gandra da Silva (coord.). *Comentários ao Código Tributário Nacional*. São Paulo: Saraiva, 1998, v. I, p. 178).

– **Importação através de uma *trading*.** Na importação através de uma empresa de *trading*, esta figura como importadora por conta e ordem de terceiro, com recursos deste.

– "A *trading* trata de todos os procedimentos fiscais e alfandegários das importações cuidando da logística, ajustando o transporte das mercadorias, identificando o armador, selecionando a seguradora promovendo o despacho aduaneiro, efetuando o pagamento dos tributos e dos encargos portuários, obtendo licenças eventualmente exigidas pelos órgãos públicos, partilhando as mercadorias, acertando a armazenagem e a respectiva entrega aos destinatários, sendo remunerada pela prestação dos serviços. A legislação estabelece todas as obrigações e responsabilidades das empresas importadoras (como é o caso das tradings), relativamente às importações 'por conta e ordem de terceiros', no que concerne a aspectos de natureza documental (licenciamento, fatura, conhecimento de transporte), aduaneira (nacionalização, liberação alfandegária), portuária (armazenagem), tributária (classificação tarifária), recolhimento de tributos etc. A RFB elucida que a escolha entre importar mercadoria estrangeira por conta própria ou por meio de um intermediário contratado para esse fim é livre e perfeitamente legal... Em termos operacionais, o importador (*trading*) firma contrato com o cliente, que assume as devidas responsabilidades; o conhecimento de carga é consignado ou endossado à empresa, mas na fatura comercial, emitida pelo exportador, figura como *importer* (importadora), e o cliente como *buyer* (comprador); ou, ainda, expressão similar para designar aquele que adquire, custeia, ordena a importação,

bem como contrata o câmbio" (MELO, José Eduardo. *Importação e exportação no direito tributário*. 2. ed. São Paulo: RT, 2012, p. 58-59).

– Regulamento Aduaneiro: "Art. 106. É responsável solidário: ... III – o adquirente de mercadoria de procedência estrangeira, no caso de importação realizada por sua conta e ordem, por intermédio de pessoa jurídica importadora (Decreto-Lei n. 37, de 1966, art. 32, parágrafo único, alínea *c*, com a redação dada pela Lei n. 11.281, de 2006, art. 12)".

– **Importação por encomenda.** Na importação por encomenda, a importadora age em nome próprio e com recursos próprios, ainda que haja encomendante predeterminado.

– Lei n. 11.281/2006: "Art. 11. A importação promovida por pessoa jurídica importadora que adquire mercadorias no exterior para revenda a encomendante predeterminado não configura importação por conta e ordem de terceiros. § 1º A Secretaria da Receita Federal: I – estabelecerá os requisitos e condições para a atuação de pessoa jurídica importadora na forma do *caput* deste artigo; e II – poderá exigir prestação de garantia como condição para a entrega de mercadorias quando o valor das importações for incompatível com o capital social ou o patrimônio líquido do importador ou do encomendante. § 2º A operação de comércio exterior realizada em desacordo com os requisitos e condições estabelecidos na forma do § 1º deste artigo presume-se por conta e ordem de terceiros, para fins de aplicação do disposto nos arts. 77 a 81 da Medida Provisória n. 2.158-35, de 24 de agosto de 2001. § 3º Considera-se promovida na forma do *caput* deste artigo a importação realizada com recursos próprios da pessoa jurídica importadora, participando ou não o encomendante das operações comerciais relativas à aquisição dos produtos no exterior (Incluído pela Lei n. 11.452/2007)".

– Regulamento Aduaneiro: "Art. 106. É responsável solidário: ... IV – o encomendante predeterminado que adquire mercadoria de procedência estrangeira de pessoa jurídica importadora (Decreto-Lei n. 37, de 1966, art. 32, parágrafo único, alínea "d", com a redação dada pela Lei n. 11.281, de 2006, art. 12)".

⇒ **Equiparados a importador. Destinatário de remessa postal e adquirentes de bens em entrepostos aduaneiros.** No art. 31 do Decreto-Lei n. 37/66, com a redação dada pelo Decreto-Lei n. 2.472/88, constam, além do importador, o destinatário de remessa postal e o adquirente de mercadoria entrepostada: "Art. 31 – É contribuinte do imposto: ... II – o destinatário de remessa postal internacional indicado pelo respectivo remetente; III – o adquirente de mercadoria entrepostada".

– "É também considerado contribuinte (do imposto de importação) o destinatário da remessa postal internacional indicado pelo respectivo remetente, sempre que a encomenda revele destinação comercial ou exceda o mínimo para efeito de desoneração fiscal, bem como o adquirente de mercadoria entrepostada. Tais pessoas, inegavelmente, mantêm, como exige o art. 121, I, do CTN, relação direta com a situação que constitui o fato gerador do imposto, que, no caso, é a entrada que represente importação, razão pela qual são equiparadas ao importador, revestindo a condição de contribuintes" (SOUZA, Fátima Fernandes Rodrigues de. In: MARTINS, Ives Gandra da Silva (coord.). *Comentários ao Código Tributário Nacional*. São Paulo: Saraiva, 1998, v. I, p. 179).

– "... o Decreto-lei 37/66 indica espécie *sui generis* de sujeito passivo que, embora não sendo importador, ao mesmo se equipara, tais como o arrematante de mercadoria estrangeira leiloada, o destinatário de mercadoria estrangeira remetida pelo correio e os adquirentes de bens nas localidades dos entrepostos aduaneiros, dentre outros, de tal forma que passa a ser tratado como se contribuinte fosse" (CALMON, Eliana. In: FREITAS, Vladimir Passos de. *Código Tributário Nacional comentado*. São Paulo: RT, 1999, p. 69).

– **Regime de entreposto aduaneiro.** O inciso III do art. 31 do Decreto-Lei n. 37/66 cuida do adquirente de mercadoria entrepostada, porque, no regime de entreposto aduaneiro – em que a mercadoria estrangeira fica em recinto alfandegado com suspensão do pagamento do imposto –, é admitida a nacionalização da mercadoria.

– Decreto n. 6.759/2009: "Art. 404. O regime especial de entreposto aduaneiro na importação é o que permite a armazenagem de mercadoria estrangeira em recinto alfandegado de uso público, com suspensão do pagamento dos impostos federais, da contribuição para o PIS/PASEP-Importação e da COFINS-Importação incidentes na importação [...]. Art. 405. O regime permite, ainda, a permanência de mercadoria estrangeira em: I – feira, congresso, mostra ou evento semelhante, realizado em recinto de uso privativo, previamente alfandegado para esse fim [...]; II – instalações portuárias de uso privativo misto, previstas na alínea "b" do inciso II do § 2º do art. 4º da Lei n. 8.630, de 1993 [...]; III – plataformas destinadas à pesquisa e lavra de jazidas de petróleo e gás natural em construção ou conversão no País, contratadas por empresas sediadas no exterior [...]; e IV – estaleiros navais ou em outras instalações industriais localizadas à beira-mar, destinadas à construção de estruturas marítimas, plataformas de petróleo e módulos para plataformas [...]".

⇒ **Responsáveis tributários.** Acerca dos sujeitos passivos na qualidade de responsáveis tributários, o Decreto-Lei n. 37/66, com a redação dada pelo Decreto-Lei n. 2.472/88, pela MP n. 2.158-35/01 e pela Lei n. 11.281/2006, dispõe no art. 32: "Art. 32. É responsável pelo imposto: I – o transportador, quando transportar mercadoria procedente do exterior ou sob controle aduaneiro, inclusive em percurso interno; II – o depositário, assim considerada qualquer pessoa incumbida da custódia de mercadoria sob controle aduaneiro. Parágrafo único. É responsável solidário: a) o adquirente ou cessionário de mercadoria beneficiada com isenção ou redução do imposto; b) o representante, no País, do transportador estrangeiro. c) o adquirente de mercadoria de procedência estrangeira, no caso de importação realizada por sua conta e ordem, por intermédio de pessoa jurídica importadora; d) o encomendante predeterminado que adquire mercadoria de procedência estrangeira de pessoa jurídica importadora".

⇒ **Agente marítimo. Ausência de responsabilidade.** O agente marítimo não é indicado como responsável tributário pelo Decreto-Lei n. 37/66, não se equiparando ao transportador,

conforme já assentado na Súmula 192 do extinto TFR e reafirmado pelo STJ.

– **Súmula 192 do TFR.** "O agente marítimo, quando no exercício exclusivo das atribuições próprias, não é considerado responsável tributário, nem se equipara ao transportador para efeitos do Decreto-lei n. 37, de 1966" (Súmula 192 do TFR, *DJ* 27-11-1985, *RTFR* n. 132).

– **No sentido de que a assinatura de termo de responsabilidade não implica responsabilidade tributária.** "O agente marítimo não é considerado responsável pelos tributos devidos pelo transportador, nos termos da Súmula 192 do ex-TFR. – O termo de compromisso firmado por agente marítimo não tem o condão de atribuir-lhe responsabilidade tributária, em face do princípio da reserva legal previsto no art. 121, II, do CTN. – Recurso especial não conhecido" (STJ, REsp 252.457, 2002).

– **Infrações e multas.** DL n. 37/66, com a redação da Lei n. 10.833/2003: "Art. 107. Aplicam-se ainda as seguintes multas: I – de R$ 50.000,00 (cinquenta mil reais), por contêiner ou qualquer veículo contendo mercadoria, inclusive a granel, ingressado em local ou recinto sob controle aduaneiro, que não seja localizado; II – de R$ 15.000,00 (quinze mil reais), por contêiner ou veículo contendo mercadoria, inclusive a granel, no regime de trânsito aduaneiro, que não seja localizado; III – de R$ 10.000,00 (dez mil reais), por desacato à autoridade aduaneira; IV – de R$ 5.000,00 (cinco mil reais): a) por ponto percentual que ultrapasse a margem de 5% (cinco por cento), na diferença de peso apurada em relação ao manifesto de carga a granel apresentado pelo transportador marítimo, fluvial ou lacustre; b) por mês-calendário, a quem não apresentar à fiscalização os documentos relativos à operação que realizar ou em que intervier, bem como outros documentos exigidos pela Secretaria da Receita Federal, ou não mantiver os correspondentes arquivos em boa guarda e ordem; c) a quem, por qualquer meio ou forma, omissiva ou comissiva, embaraçar, dificultar ou impedir ação de fiscalização aduaneira, inclusive no caso de não apresentação de resposta, no prazo estipulado, a intimação em procedimento fiscal; d) a quem promover a saída de veículo de local ou recinto sob controle aduaneiro, sem autorização prévia da autoridade aduaneira; e) por deixar de prestar informação sobre veículo ou carga nele transportada, ou sobre as operações que execute, na forma e no prazo estabelecidos pela Secretaria da Receita Federal, aplicada à empresa de transporte internacional, inclusive a prestadora de serviços de transporte internacional expresso porta-a-porta, ou ao agente de carga; e f) por deixar de prestar informação sobre carga armazenada, ou sob sua responsabilidade, ou sobre as operações que execute, na forma e no prazo estabelecidos pela Secretaria da Receita Federal, aplicada ao depositário ou ao operador portuário; V – de R$ 3.000,00 (três mil reais), ao transportador de carga ou de passageiro, pelo descumprimento de exigência estabelecida para a circulação de veículos e mercadorias em zona de vigilância aduaneira; VI – de R$ 2.000,00 (dois mil reais), no caso de violação de volume ou unidade de carga que contenha mercadoria sob controle aduaneiro, ou de dispositivo de segurança; VII – de R$ 1.000,00 (mil reais): a) por volume depositado em local ou recinto sob controle aduaneiro, que não seja localizado; b) pela importação de mercadoria estrangeira atentatória à moral, aos bons costumes, à saúde ou à ordem pública, sem prejuízo da aplicação da pena prevista no inciso XIX do art. 105; c) pela substituição do veículo transportador, em operação de trânsito aduaneiro, sem autorização prévia da autoridade aduaneira; d) por dia, pelo descumprimento de condição estabelecida pela administração aduaneira para a prestação de serviços relacionados com o despacho aduaneiro; e) por dia, pelo descumprimento de requisito, condição ou norma operacional para habilitar-se ou utilizar regime aduaneiro especial ou aplicado em áreas especiais, ou para habilitar-se ou manter recintos nos quais tais regimes sejam aplicados; f) por dia, pelo descumprimento de requisito, condição ou norma operacional para executar atividades de movimentação e armazenagem de mercadorias sob controle aduaneiro, e serviços conexos; e g) por dia, pelo descumprimento de condição estabelecida para utilização de procedimento aduaneiro simplificado; VIII – de R$ 500,00 (quinhentos reais): a) por ingresso de pessoa em local ou recinto sob controle aduaneiro sem a regular autorização, aplicada ao administrador do local ou recinto; b) por tonelada de carga a granel depositada em local ou recinto sob controle aduaneiro, que não seja localizada; c) por dia de atraso ou fração, no caso de veículo que, em operação de trânsito aduaneiro, chegar ao destino fora do prazo estabelecido, sem motivo justificado; d) por erro ou omissão de informação em declaração relativa ao controle de papel imune; e e) pela não apresentação do romaneio de carga (*packing-list*) nos documentos de instrução da declaração aduaneira; IX – de R$ 300,00 (trezentos reais), por volume de mercadoria, em regime de trânsito aduaneiro, que não seja localizado no veículo transportador, limitada ao valor de R$ 15.000,00 (quinze mil reais); X – de R$ 200,00 (duzentos reais): a) por tonelada de carga a granel em regime de trânsito aduaneiro que não seja localizada no veículo transportador, limitada ao valor de R$ 15.000,00 (quinze mil reais); b) para a pessoa que ingressar em local ou recinto sob controle aduaneiro sem a regular autorização; e c) pela apresentação de fatura comercial em desacordo com uma ou mais de uma das indicações estabelecidas no regulamento; e XI – de R$ 100,00 (cem reais): a) por volume de carga não manifestada pelo transportador, sem prejuízo da aplicação da pena prevista no inciso IV do art. 105; e b) por ponto percentual que ultrapasse a margem de 5% (cinco por cento), na diferença de peso apurada em relação ao manifesto de carga a granel apresentado pelo transportador rodoviário ou ferroviário. § 1º O recolhimento das multas previstas nas alíneas *e*, *f* e *g* do inciso VII não garante o direito a regular operação do regime ou do recinto, nem a execução da atividade, do serviço ou do procedimento concedidos a título precário. § 2º As multas previstas neste artigo não prejudicam a exigência dos impostos incidentes, a aplicação de outras penalidades cabíveis e a representação fiscal para fins penais, quando for o caso. Art. 108. Aplica-se a multa de 50% (cinquenta por cento) da diferença de imposto apurada em razão de declaração indevida de mercadoria, ou atribuição de valor ou quantidade diferente do real, quando a diferença do imposto for superior a 10% (dez por cento) quanto ao preço e a 5% (cinco por cento) quanto a quantidade ou peso em relação ao declarado pelo importador. Parágrafo único. Será de 100% (cem por cento) a multa relativa a falsa declaração correspondente ao valor, à natureza e à quantidade".

– **Sujeito passivo da multa. Súmula CARF 185:** "O Agente Marítimo, enquanto representante do transportador estrangeiro no País, é sujeito passivo da multa descrita no artigo 107, inciso IV, alínea 'e' do Decreto-Lei 37/66" (CSRF, 2021). Obs.: vinculante, conforme Portaria ME n. 12.975/2021.

– **Súmula CARF 186:** "A retificação de informações tempestivamente prestadas não configura a infração descrita no artigo 107, inciso IV, alínea 'e' do Decreto-Lei n. 37/66" (CSRF, 2021). Obs.: vinculante, conforme Portaria ME n. 12.975/2021.

– **Súmula CARF 187:** "O agente de carga responde pela multa prevista no art. 107, IV, 'e' do DL n. 37, de 1966, quando descumpre o prazo estabelecido pela Receita Federal para prestar informação sobre a desconsolidação da carga" (CSRF, 2021). Obs.: vinculante, conforme Portaria ME n. 12.975/2021.

⇒ **Responsabilidade do transportador pela falta de mercadoria importada. Incidência do II sobre o todo.** A responsabilidade do transportador alcança, inclusive, o fato gerador presumido, qual seja, a hipótese de falta da mercadoria, de que trata o art. 1º, § 2º, do Decreto-Lei n. 37/66, que dispõe: "§ 2º Para efeito de ocorrência do fato gerador, considerar-se-á entrada no território nacional a mercadoria que constar como tendo sido importada e cuja falta venha a ser apurada pela autoridade aduaneira".

– "IMPORTAÇÃO – IMPOSTO – FATO GERADOR – FALTA DE MERCADORIAS – RESPONSABILIDADE – TRANSPORTADOR. Verificada a falta da mercadoria procedente do exterior, no todo ou em parte, concretiza-se o fato gerador do imposto de importação, configurando-se a responsabilidade do transportador (DL 37/66, art. 1º, § 2º e 32, I). A lei presume que a mercadoria faltante foi internada no país, sendo essa a única forma de evitar a fraude fiscal. A responsabilidade do transportador pelos tributos devidos é, no entanto, objetiva, resultando da simples ocorrência do fato gerador, independentemente de sua culpa pela falta apurada" (TRF4, AC 1998.04.01.050723-4, 2000).

– **Contra a responsabilização do transportador no caso de mercadoria em trânsito.** "IMPOSTO DE IMPORTAÇÃO. EXTRAVIO DE PARTE DA MERCADORIA. RESPONSABILIDADE DO TRANSPORTADOR. TRÂNSITO PELO TERRITÓRIO BRASILEIRO. 1. As mercadorias transportadas foram importadas por empresa sediada no Paraguai, o que as eximiu de despacho aduaneiro no Brasil. Estavam, apenas e tão só, em trânsito pelo território nacional, o que inviabiliza a ocorrência do fato gerador do imposto de importação. 2. A entrada de produto estrangeiro no território nacional há de ser entendida em termos. Não basta a entrada física, simplesmente. Assim, pode o navio atracar no porto, ou a aeronave pousar no aeroporto, trazendo produtos estrangeiros a bordo, sem que se considere ocorrido o fato gerador do imposto de importação, desde que tais produtos não se destinem ao Brasil e aqui estejam apenas de passagem. 3. Não havendo incidência do tributo, inviável a responsabilização do transportador pelo pagamento do valor, na falta de mercadoria. A ficção legal de que trata o parágrafo único do artigo 86 do Regulamento Aduaneiro é de ser desprezada na hipótese presente, no entendimento pacífico dos tribunais brasileiros. 4. A possibilidade de internamento de produtos estrangeiros por via oblíqua (o transportador desviá-los ao invés de entregá-los ao adquirente do outro País) não pode ser considerada. Não se pode admitir, gratuitamente, que a empresa transportadora tenha alguma participação efetiva na falta, desaparecimento, substituição das mercadorias, entregando-as sub-reticiamente ao consumo interno. Para isso há necessidade de prova, a cargo da ré, o que inocorreu no caso" (TRF4, AC 2001.04.01.061186-5, 2001).

– Ausência de responsabilidade do transportador quanto à quebra normal, dentro do percentual de tolerância. Não haverá responsabilidade quanto à mercadoria a granel até o percentual de quebra tolerado. Dispõe o Decreto-Lei n. 2.472/88, em seu art. 10: "O regulamento fixará percentuais de tolerância para exclusão da responsabilidade tributária em casos de perda inevitável de mercadoria em operação, sob controle aduaneiro, de transporte, carga e descarga, armazenagem, industrialização ou qualquer manipulação". O Regulamento Aduaneiro, por sua vez, assim dispõe em seu art. 702, § 4º: "§ 4º Para efeito da aplicação do disposto na alínea "c" do inciso III, fica fixado o limite de tolerância de cinco por cento para exclusão da responsabilidade tributária em casos de perda inevitável de mercadoria em operação, sob controle aduaneiro, de transporte, carga, descarga ou armazenagem". Importa considerar, todavia, que o percentual de tolerância foi reduzido para 1% pelo art. 66 da Lei 10.833/2003, conforme já referido quando da análise do aspecto material do imposto. Quando a quebra está dentro dos limites, não pode ser considerada como violadora de qualquer dever de colaboração do transportador, mas como inerente à sua operação. Daí por que não gera responsabilidade.

– "IMPOSTO DE IMPORTAÇÃO – MERCADORIA TRANSPORTADA A GRANEL – QUEBRA INFERIOR A 5% – RESPONSABILIDADE TRIBUTÁRIA – AGENTE MARÍTIMO – NÃO OCORRÊNCIA... 2. Não é atribuída ao transportador, nos casos de mercadorias importadas – a granel, com perda inferior a 5% (cinco por cento), a responsabilidade pelo recolhimento da multa a que alude o parágrafo único do artigo 60 do Decreto-Lei n. 37/66, nem o pagamento do imposto" (STJ, EDcl nos EDcl no AgRg no Ag 857.563, 2008).

– "... a jurisprudência desta colenda Corte pacificou-se no sentido de ser presumida a ausência de responsabilidade do transportador nos casos de mercadorias importadas a granel, com perda inferior a 5% (cinco por cento), não lhe sendo imputável o recolhimento da multa, a que alude o parágrafo único, do art. 60, do Decreto-lei n. 37/66, bem como conduzem a que também não se tenha como exigível o pagamento do tributo" (STJ, AgRegREsp 202.937, 2002).

– "TRIBUTÁRIO. IMPOSTO DE IMPORTAÇÃO. TRANSPORTE MARÍTIMO DE PRODUTO À GRANEL. QUEBRA. RESPONSABILIDADE TRIBUTÁRIA. DECRETO-LEI N. 37/66, ART. 48, 60, PARÁGRAFO ÚNICO, E 169. LEI n. 6.562/78, ART. 2º INSTRUÇÃO NORMATIVA 12/76... 1. À palma de transporte de produtos à granel, mantendo-se a quebra dentro do limite admitido como natural pelas autoridades fiscais, presumida a ausência de culpa do transportador, inocorre a responsabilidade para o recolhimento do tributo na importação. 2. No caso, não superando a quebra os 5% previstos como naturais, de logo, descabendo o pagamento da indenização cogitada no Parágrafo único, art. 60, Dec.Lei 37/66, as mesmas razões que justificam o reconhecimento da dispensa da multa, conduzem à conclusão lógica de que, também, não se tenha como exigível o pagamento do tributo. Na falta superior ao percentual aludido, somente o excesso poderá ser tributado" (STJ, REsp 171.472, 2001).

• Vide nota ao art. 19, I, do CTN sobre o fato gerador presumido.

– Desembarque em diversos portos. Compensação das quantidades. "... IMPOSTO DE IMPORTAÇÃO. MERCADORIA IMPORTADA E TRANSPORTADA A GRANEL. DESEMBARQUE, EM PARCELAS, EM DIVERSOS PORTOS. QUEBRA. DIFERENÇAS COMPENSADAS. DECRETO-LEI 37, DE 1966, ART. 169, INCISO II. Não se pode responsabilizar a importadora, se a mercadoria importada e transportada a granel e desembarcada, em partes, em diversos portos, em quantidade maior e, no último, a menor, compensando, assim, o excesso verificado nos primeiros portos, ficando a diferença, a final, dentro do limite permitido em lei" (TRF1, REO 95.01.25290-6, 1995).

II – o arrematante de produtos apreendidos ou abandonados.

⇒ **Arrematante.** A previsão do arrematante como contribuinte é para a hipótese em que não seja ultimado o despacho aduaneiro, ou seja, para quando tenha ocorrido a decretação da perda do produto ingressado irregularmente, mediante contrabando ou descaminho, ou do produto abandonado, assim considerado aquele não desembaraçado no prazo legal. Mas o legislador ordinário não exerceu a prerrogativa de obrigar o arrematante como contribuinte. Isso poderia se dar no caso de, ao bem importado irregularmente, ser aplicada pena de perdimento em razão de contrabando ou de descaminho ou, ainda, de simples abandono do produto cujo desembaraço não foi providenciado no prazo legal, e restar arrematado em leilão.

– Na sua redação original, o art. 31 do Decreto-Lei n. 37/66 estabelecia como contribuinte, também, na linha da previsão constante do CTN, o arrematante de mercadoria apreendida ou abandonada. Atualmente, não há referência. O DL n. 37/66, art. 1º, III e o Dec. n. 6.759/2009, em seu art. 71, III, esclarecem que não incide o imposto sobre mercadoria estrangeira objeto de pena de perdimento.

– Dec. n. 6.759/2009: "DO ABANDONO DE MERCADORIA OU DE VEÍCULO Art. 642. Considera-se abandonada a mercadoria que permanecer em recinto alfandegado sem que o seu despacho de importação seja iniciado no decurso dos seguintes prazos [...]: I – noventa dias: a) da sua descarga; b) do recebimento do aviso de chegada da remessa postal internacional sujeita ao regime de importação comum; II – quarenta e cinco dias: a) após esgotar-se o prazo de sua permanência em regime de entreposto aduaneiro; b) após esgotar-se o prazo de sua permanência em recinto alfandegado de zona secundária; e c) da sua chegada ao País, trazida do exterior como bagagem, acompanhada ou desacompanhada; e III – sessenta dias da notificação a que se refere o art. 640. § 1º Considera-se também abandonada a mercadoria que permaneça em recinto alfandegado, e cujo despacho de importação: I – não seja iniciado ou retomado no prazo de trinta dias da ciência [...]: a) da relevação da pena de perdimento aplicada; ou b) do reconhecimento do direito de iniciar ou de retomar o despacho; ou II – tenha seu curso interrompido durante sessenta dias, por ação ou por omissão do importador [...]."

SEÇÃO II
IMPOSTO SOBRE A EXPORTAÇÃO

⇒ **Legislação.** A competência para a instituição do imposto sobre a exportação consta do art. 153, II, da CF, sendo, ainda, referido expressamente na atenuação à legalidade pelo art. 153, § 1º, da CF e na excepcionalização da observância das anterioridades de exercício e nonagesimal mínima, nos termos do art. 150, § 1º, da CF. Os arts. 23 a 28 do CTN estabelecem as normas gerais atinentes ao Imposto sobre a Exportação, definindo o arquétipo para o fato gerador, base de cálculo e contribuintes. O diploma básico do Imposto sobre a Exportação é o Decreto-Lei n. 1.578/77, que instituiu o imposto, dispondo sobre todos os elementos da sua hipótese de incidência. Tal Decreto-Lei, recepcionado pela Constituição de 1988, tem sofrido inúmeras alterações, como as determinadas pela Lei n. 9.716/98 e pela MP n. 2.158-35/01. Deve-se considerar, ainda, o disposto no art. 8º do DL 1.578/77: "Art. 8º – No que couber, aplicar-se-á, subsidiariamente, ao imposto sobre a exportação a legislação relativa ao imposto de importação". O art. 10 do DL n. 1.578/77, por sua vez, com a redação dada pela MP n. 2.158-35, de 24 de agosto de 2001, tornada permanente porque em vigor quando da publicação da EC n. 32/2001, prevê: "Art. 10. A CAMEX expedirá normas complementares a este Decreto-Lei, respeitado o disposto no § 2º do art. 1º, *caput* e § 2º do art. 2º, e arts. 3º e 9º".

⇒ **Procedimento da exportação.** A Portaria Secex n. 23, de 14 de julho de 2011 consolida em um único documento todas as normas emitidas pela Secex sobre o tratamento administrativo das importações e exportações e sobre o regime especial de *drawback*.

– Uma operação de exportação inicia-se, normalmente, pela obtenção do Registro de Operação de Crédito (RC), com informações de caráter cambial e financeiro, a ser aprovado pelo Banco do Brasil ou pelo DECEX, conforme a fonte do financiamento. Obtido o Registro de Operação de Crédito, o exportador tem um prazo para o embarque da mercadoria, para o que é necessário que promova, previamente, o Registro de Exportação (RE) e as solicitações para o desembaraço. O Registro de Exportação pode ser comum ou simplificado, dependendo do valor da operação, compreendendo as informações comerciais, cambiais e fiscais da operação de exportação, devidamente identificada. O despacho aduaneiro é feito pela Secretaria da Receita Federal. Dá-se mediante a chamada Declaração para Despacho Aduaneiro – DDE –, preenchida pelo exportador através do Siscomex, já estando as mercadorias à disposição da fiscalização aduaneira. A autoridade, então, feitas as necessárias verificações documentais e, eventualmente, físicas, autoriza o trânsito, embarque ou transposição de fronteira, cuja realização é confirmada através de averbação, podendo, ainda, ser expedido o chamado Comprovante de Exportação.

– Sobre o procedimento da exportação, conforme a Portaria Secex 12/03, vide: PRESTA, Sergio. A nova regulamentação das operações com exportação. *RTFP* 54/271, 2004.

Art. 23. O imposto, de competência da União, sobre a exportação, para o estrangeiro, de produtos nacionais ou nacionalizados tem como fato gerador a saída destes do território nacional.

⇒ **Base econômica tributada.** O art. 153, II, da CF estabelece a base econômica passível de ser tributada: "II – exportação, para o exterior, de produtos nacionais ou nacionalizados;". Vide notas ao respectivo artigo.

⇒ **Exportação.** "... interessa é que esteja saindo em virtude de exportação, isto é, para o fim de integrar-se à economia interna de outro país" (SOUZA, Fátima Fernandes Rodrigues de. In: MARTINS, Ives Gandra da Silva (coord.). *Comentários ao Código Tributário Nacional*. São Paulo: Saraiva, 1998, v. I, p. 182).

– **"Exportação para o estrangeiro" ou "exportação para o exterior".** "O imposto incide, obviamente, sobre a exportação para o exterior. A CF 67/69 falava em exportação para o estrangeiro. O pleonasmo é reminiscência do regime de 1891, em que os Estados-membros, titulares de competência impositiva, procuraram, infrutiferamente, tributar o que cognominavam de 'exportação interestadual'" (TORRES, Ricardo Lobo. *Curso de direito financeiro e tributário*. 16. ed. Rio de Janeiro: Renovar, 2009, p. 375).

– Vale lembrar que o art. 150, V, da CF proíbe aos entes federados que estabeleçam limitações ao tráfego de pessoas ou bens por meio de tributos interestaduais ou intermunicipais.

– **Sobre a exportação no MERCOSUL.** Vide o artigo de Edison Carlos Fernandes, Tratamento do imposto sobre exportação nas normas tributárias do Mercado Comum do Sul – Mercosul, *RDDT* 70/34-41, 2001.

⇒ **Produto nacional ou nacionalizado.** Nacionais são os produzidos no próprio país. "Nacionalizados" são os produtos estrangeiros que tenham ingressado regularmente para incorporação à econômica nacional (na linguagem do Regulamento Aduaneiro, os produtos importados em caráter definitivo), submetendo-se ao despacho para consumo.

– Eis a definição constante do novo Regulamento Aduaneiro (Dec. n. 6.759/09): "Art. 212... § 1º Considera-se nacionalizada a mercadoria estrangeira importada a título definitivo". A referência, no art. 212, à importação "a título definitivo" é imprópria, tendo o sentido de ingresso que não configura, propriamente, importação, pois o seu objeto retornará à origem ou prosseguirá até outro destino fora do País.

– "Entende-se por produto nacionalizado tanto aquele transformado, beneficiado ou subdividido e acondicionado em território nacional, como o introduzido no País e desembaraçado junto a autoridade aduaneira, mediante o pagamento dos tributos incidentes" (SOUZA, Fátima Fernandes Rodrigues de. In: MAR-TINS, Ives Gandra da Silva (coord.). *Comentários ao Código Tributário Nacional*. São Paulo: Saraiva, 1998, v. I, p. 183).

– "A incidência é sobre o produto nacional, ou seja, originário de produção no território brasileiro, ou nacionalizado – o produto estrangeiro que passa a integrar a mercadoria nacional" (TORRES, Ricardo Lobo. *Curso de direito financeiro e tributário*. 16. ed. Rio de Janeiro: Renovar, 2009, p. 375).

⇒ **Território nacional.** Impende esclarecer, ainda, que "território", da mesma forma como se põe em face do imposto sobre a importação, é o geográfico, excluídos aqueles decorrentes de ficção legal, como as representações diplomáticas no exterior, as aeronaves e as embarcações brasileiras.

⇒ **Aspecto material.** O aspecto material do Imposto sobre a Exportação há de ser a exportação para o exterior, assim considerada a saída do produto nacional ou nacionalizado para fins de incorporação à economia interna de outro país. A exportação temporária, em regime de suspensão de impostos, em que não se tem a incorporação à economia de outro país, sequer constitui propriamente uma exportação, não se sujeitando à incidência do imposto.

– O DL n. 1.578/77, que institui o Imposto sobre a Exportação, repete o CTN, dispondo em seu art. 1º, com as alterações das Leis 9.019/95 e 9.716/98: "Art.1º – O Imposto sobre a Exportação, para o estrangeiro, de produto nacional ou nacionalizado tem como fato gerador a saída deste do território nacional. [...] § 3º O Poder Executivo relacionará os produtos sujeitos ao imposto (Parágrafo incluído pela Lei n. 9.716, de 26.11.1998)". Em não constando determinado produto das tabelas de alíquotas do IE e não sendo possível enquadrá-lo sequer pelo gênero, a norma tributária estará incompleta, impedindo o surgimento da obrigação tributária, ainda que se possa entender ocorrido o fato gerador. De fato, se, em face da ausência de alíquota, não se puder apurar o conteúdo da obrigação, esta não surge.

– **Energia, telecomunicações, combustíveis e minerais. Incidência do IE.** O § 3º do art. 155 da CF deixa claro que o IE incide também sobre operações relativas a energia elétrica, serviços de telecomunicações, derivados de petróleo, combustíveis e minerais do País.

⇒ **Aspecto espacial.** O aspecto espacial, no Imposto sobre a Exportação, é inerente à descrição do próprio aspecto material: saída do produto nacional ou nacionalizado do "território nacional", assim considerado o território geográfico, excluídas, pois, do conceito de território pátrio, as representações diplomáticas no exterior, as aeronaves e as embarcações brasileiras.

⇒ **Aspecto temporal. Registro de Venda.** Considera-se ocorrido o fato gerador no ato da expedição da guia de exportação ou documento equivalente, nos termos do art. 1º, § 1º, do DL n. 1.578/77: "§ 1º Considera-se ocorrido o fato gerador no momento da expedição da Guia de Exportação ou documento equivalente". Em face da implantação do Siscomex (Sistema Integrado de Comércio Exterior) e do consequente processamento eletrônico dos diversos atos inerentes ao comércio exterior, não há mais guias de exportação. O STF tem

entendido que o equivalente da guia de exportação é o "registro da exportação" junto ao Siscomex, ressaltado que o "registro de exportação" não pode ser confundido com o "registro de venda", este irrelevante para a incidência do imposto. Tal decorre, também, expressamente, do art. 213 do Regulamento Aduaneiro. Mas o STJ tem precedentes da 1ª e da 2ª Turmas no sentido de que importa o registro de vendas. Tratando-se de interpretação e aplicação de lei federal, é da competência do STJ definir a questão.

– Regulamento Aduaneiro (Dec. n. 6.759/2009): "Art. 213. O imposto de exportação tem como fato gerador a saída da mercadoria do território aduaneiro [...]. Parágrafo único. Para efeito de cálculo do imposto, considera-se ocorrido o fato gerador na data de registro do registro de exportação no Sistema Integrado de Comércio Exterior (Siscomex) [...]".

– **Registro de exportação.** "IMPOSTO DE EXPORTAÇÃO. FATO GERADOR: REGISTRO NO SISTEMA INTEGRADO DE COMÉRCIO EXTERIOR – SISCOMEX... 2. Não é qualquer registro no Siscomex que corresponde à expedição do documento equivalente à guia de exportação prevista no § 1º, *in fine*, do art. 1º do Decreto-lei 1.578/77, como determinante da ocorrência do fato gerador do tributo. Somente o Registro de Exportação corresponde e se equipara à Guia de Exportação. 3. Editada a Resolução 2.112/94 do Banco Central do Brasil depois dos registros de venda, mas antes dos registros de exportação, submetem-se as operações respectivas às alíquotas nelas fixadas, visto que tal fixação se dera antes da ocorrência do fato gerador" (STF, AI 578.372 AgR, 2010).

– "... IMPOSTO DE EXPORTAÇÃO. AÇÚCAR. RESOLUÇÕES NS. 2.112/94 E 2.136/94... ALEGADA OFENSA AO PRINCÍPIO DA IRRETROATIVIDADE DA LEI TRIBUTÁRIA. [...] No presente caso, os registros de exportação foram realizados em fevereiro e abril/95, posteriormente, portanto, à edição da MP n. 655/94 e da Resolução n. 2.136/94, do BACEN, que fixou a alíquota do IE em 2% para açúcares de cana, não havendo espaço para falar-se em incidência retroativa da lei tributária. Registre-se, por fim, ser irrelevante que, no caso, a venda do açúcar houvesse sido registrada no Siscomex antes da edição da MP 655/94, já que não se trata de ato equiparado à guia de exportação, para o efeito acima mencionado. O acórdão recorrido, dissentindo do entendimento exposto, não pode subsistir. Recurso conhecido e provido" (STF, RE 235.858, *Informativo* 294 do STF, 2002).

– "Exportação de açúcar. Imposto de exportação. Fato gerador: registro no sistema integrado de comércio exterior – Siscomex. Ocorrência antes da edição das Resoluções 2.112/94 e 2.136/94, que majoraram a alíquota do referido tributo. Impossível a retroatividade dessas normas para atingir as operações de exportação já registradas, sob pena de ofensa ao princípio do direito adquirido (art. 5º, XXXVI, da Constituição). Precedente da Turma. Recurso extraordinário provido" (STF, 1ªT., RE 223.796/PE, Min. Ellen Gracie, *Informativo* 246, out. 2001). Eis o voto condutor: "O que se verifica e dá margem a controvérsias, como a dos autos, é a existência de mais de um tipo de registro no Siscomex. Conforme se depreende das alegações da Fazenda, precedem o Registro de Exportação – embora não necessariamente em todas as operações – o Registro de Venda (RV) e o Registro de Crédito (RC). Após a efetivação do Registro de Exportação e finalizada a operação de exportação, a documentação é complementada, ainda por um Comprovante de Exportação (CE) que relaciona todos os registros de exportação, objeto de um mesmo despacho aduaneiro. Na hipótese, o contribuinte tendo já realizado a inserção no sistema de alguns Registros de Venda, antes da edição da Resolução n. 2.112, de 13/10/94, alterada pela Resolução n. 2.136, de 28/12/94, ambas do Conselho Monetário Nacional, entendeu que tal providência o colocava ao abrigo das alíquotas introduzidas pelas referidas Resoluções. Não é, todavia, qualquer registro no Siscomex que corresponde à expedição do documento equivalente à guia de exportação previsto no § 1º, *in fine* do art. 1º do DL 1.578/77, como determinante da ocorrência do fato gerador do tributo. Os Registros de Venda invocados pela exportadora não tem essa estatura. Somente o Registro de Exportação corresponde e se equipara à Guia de Exportação. Logo, havendo as Resoluções n. 2 2.112/94 e 2.136/94 sido editadas após os registros de venda, mas antes dos registros de exportação submetem-se as operações respectivas às alíquotas nelas fixadas, posto que tal fixação se deu antes da ocorrência do fato gerador. Essa distinção não foi feita pelo acórdão atacado que deferiu a segurança. [...] Na espécie, segundo as regras do Sicomex (sic), o que equivale à guia de exportação e, via de consequência, ao fato da exportação, ao fato da saída do território nacional, é o registro de exportação; não o anterior registro de venda".

– **Registro de vendas**. "IMPOSTO DE EXPORTAÇÃO. AÇÚCAR. FATO GERADOR. REGISTRO DA VENDA NO SISCOMEX ANTES DA EXPEDIÇÃO DA RESOLUÇÃO DO BACEN 2.163/1995. 1. É pacífico nesta Corte o entendimento de que o fato gerador do Imposto de Exportação sobre o açúcar ocorre com o registro de vendas no Siscomex, sendo este efetivado em 30.03.1995, antes da publicação da Resolução 2.163/1995, que majorou a alíquota da exação, cuja vigência se iniciou em 31.05.1995. Não pode tal deliberação onerar ato jurídico celebrado à luz de ordenamento anterior" (STJ, AgRg no Ag 830.231, 2008).

– "2. A jurisprudência do STJ tem afirmado que o fato gerador do imposto de exportação é contado do registro de venda no Siscomex... 3. O registro de venda do negócio jurídico celebrado que produz efeitos no exterior não se confunde com o registro de exportação, momento este em que a lei considera ocorrida a saída da mercadoria exportada. Aquele antecede a este e tem por finalidade apenas o exercício de controle fiscal" (STJ, REsp 964.151, 2008).

Art. 24. A base de cálculo do imposto é:

I – quando a alíquota seja específica, a unidade de medida adotada pela lei tributária;

⇒ **Alíquota específica.** A alíquota específica é o montante considerado devido por unidade de medida do produto (quantidade, peso ou volume), bastando, em tal caso, verificar a medida e multiplicar pela quantia indicada de modo a obter o montante a ser recolhido.

II – quando a alíquota seja "ad valorem", o preço normal que o produto, ou seu similar, alcançaria, ao tempo da exportação, em uma venda em condições de livre concorrência.

Parágrafo único. Para os efeitos do inciso II, considera-se a entrega como efetuada no porto ou lugar da saída do produto, deduzidos os tributos diretamente incidentes sobre a operação de exportação e, nas vendas efetuadas a prazo superior aos correntes no mercado internacional, o custo do financiamento.

⇒ **Alíquota *ad valorem*. Base de cálculo: preço FOB.** Normalmente, tem-se a hipótese deste inciso II do art. 24, qual seja, a da instituição do imposto sobre a exportação mediante a imposição de alíquota *ad valorem*, a incidir sobre o "preço normal que o produto, ou seu similar, alcançaria, ao tempo da exportação, em uma venda em condições de livre concorrência", considerada "a entrega como efetuada no porto ou lugar da saída do produto, deduzidos os tributos diretamente incidentes sobre a operação de exportação e, nas vendas efetuadas a prazo superior aos correntes no mercado internacional, o custo do financiamento". A base de cálculo, pois, não é, necessariamente, o preço pelo qual foi realizada a exportação, mas o preço FOB do produto. FOB é um Incoterm (*International Commercial Term*), uma sigla, que designa a cláusula padrão no comércio internacional em que as obrigações do vendedor encerram-se quando a mercadoria transpõe a amurada do navio no porto de embarque, ficando, daí em diante, por conta e sob a responsabilidade do comprador, não obrigando o vendedor pela contratação e pagamento de frete e de seguro, de modo que indica o preço da mercadoria sem tais custos. Por isso, FOB (FREE ON BOARD).

– O art. 2º do DL n. 1.578/77, que institui o tributo, com a redação da MP n. 2.158-35/2001, tornada permanente por força da EC 32/01, faz referência expressa ao preço FOB do produto: "Art. 2º A base de cálculo do imposto é o preço normal que o produto, ou seu similar, alcançaria, ao tempo da exportação, em uma venda em condições de livre concorrência no mercado internacional, observadas as normas expedidas pelo Poder Executivo, mediante ato do Conselho Monetário Nacional (Redação determinada pela Medida Provisória n. 2.158-35, de 24.8.2001) § 1º O preço à vista do produto, FOB ou posto na fronteira, é indicativo do preço normal. § 2º Quando o preço do produto for de difícil apuração ou for susceptível de oscilações bruscas no mercado internacional, o Poder Executivo, mediante ato do Conselho Monetário Nacional, fixará critérios específicos ou estabelecerá pauta de valor mínimo, para apuração de base de cálculo (Redação determinada pela Medida Provisória n. 2.158-35, de 24.8.2001) § 3º Para efeito de determinação da base de cálculo do imposto, o preço de venda das mercadorias exportadas não poderá ser inferior ao seu custo de aquisição ou produção, acrescido dos impostos e das contribuições incidentes e de margem de lucro de quinze por cento sobre a soma dos custos, mais impostos e contribuições" (Parágrafo incluído pela Lei n. 9.716, de 26.11.1998).

Art. 25. A lei pode adotar como base de cálculo a parcela do valor ou do preço, referidos no artigo anterior, excedente de

valor básico, fixado de acordo com os critérios e dentro dos limites por ela estabelecidos.

⇒ **Faculdade do legislador.** O art. 2º da Lei n. 5.072/66 adotava o critério preconizado pelo art. 25 do CTN, tendo, porém, sido revogado pelo Decreto-Lei n. 1.578/77.

Art. 26. O Poder Executivo pode, nas condições e nos limites estabelecidos em lei, alterar as alíquotas ou as bases de cálculo do imposto, a fim de ajustá-lo aos objetivos da política cambial e do comércio exterior.

⇒ **Exceção à exigência de lei ordinária válida apenas para a fixação de alíquotas. Art. 153, § 1º, da CF.** O art. 153, § 1º, da CF autoriza o Poder Executivo a alterar as alíquotas desde que atendidas as condições e os limites estabelecidos em lei. Não há mais suporte constitucional para alteração da base de cálculo pelo Executivo. Vide art. 153, § 1º, da CF e respectivas notas.

– **Pauta mínima para apuração da base de cálculo. CMN, DL n. 1.578/77. Revogação.** No sentido da revogação da delegação e competência ao Conselho Monetário Nacional para fixar os critérios específicos ou estabelecer pauta mínima para a apuração da base de cálculo do IE, decorrente do art. 2º do Decreto-Lei n. 1.578/77, forte em que o art. 153, § 1º, da CF não mais atribui competência ao Poder Executivo para alteração na base de cálculo do IE, é a posição de: SOUZA, Fátima Fernandes Rodrigues de. In: MARTINS, Ives Gandra da Silva (coord.). *Comentários ao Código Tributário Nacional.* São Paulo: Saraiva, 1998, v. I, p. 184.

⇒ **Alíquota, condições e limites para alterações.** A alíquota do imposto sobre a exportação é fixada, em caráter geral, pelo art. 3º do DL n. 1.578/77, com a redação determinada pela Lei n. 9.716/98. O *caput* e o parágrafo único do referido art. 3º estabelecem, ainda, as condições e os limites para que o Executivo altere as alíquotas.

– DL n. 1.578/77, com a redação determinada pela Lei n. 9.716/98: "Art. 3º A alíquota do imposto é de trinta por cento, facultado ao Poder Executivo reduzi-la ou aumentá-la, para atender aos objetivos da política cambial e do comércio exterior. Parágrafo único. Em caso de elevação, a alíquota do imposto não poderá ser superior a cinco vezes o percentual fixado neste artigo".

– **Ilegalidade da elevação de alíquota dissociada dos objetivos da política cambial e do comércio exterior.** Não obstante o caráter aberto do condicionamento – "para atender aos objetivos da política cambial e do comércio exterior" –, já houve casos de controle judicial de majoração de alíquotas, com anulação da respectiva resolução por vício na sua motivação.

– "IMPOSTO DE EXPORTAÇÃO. ARMAS E MUNIÇÕES. SUAS PARTES E ACESSÓRIOS. EXTRAFISCALIDADE. A majoração da alíquota do Imposto de Exportação sobre armas e munições (e também sobre suas partes e acessórios), promovida pela Resolução n. 17/2001 da Câmara de Comércio Exterior, afigura-se dissociada dos objetivos da política cambial e do comércio exterior, contidos na Lei n. 9.716/98 em conformidade com o disposto no § 1º do art. 153 da CF/88, motivo por que

não deve subsistir a ilegal elevação da alíquota do tributo de 0% para 150%" (TRF4, AMSS 2001.71.00.031631-0, 2003).

⇒ **Exceção ao princípio da anterioridade.** As alterações no Imposto de Exportação, incluindo a majoração de alíquotas, não se submetem às garantias de anterioridade, forte no art. 150, § 1º, da CF.

Art. 27. Contribuinte do imposto é o exportador ou quem a lei a ele equiparar.

⇒ **Sujeito ativo.** O sujeito ativo do imposto sobre a importação, ou seja, o seu credor, titular das prerrogativas atinentes à regulamentação, fiscalização, lançamento e execução é a própria União.

⇒ **Sujeito passivo. Contribuinte. Exportador.** "... é a pessoa que expede a mercadoria ou a leva consigo para fora do País. [...] o termo não está a indicar uma categoria profissional. Pode tratar-se de comerciante ou não; pessoa física ou jurídica; praticar com habitualidade ou esporadicamente o ato de exportar" (SOUZA, Fátima Fernandes Rodrigues de. In: MARTINS, Ives Gandra da Silva (coord.). *Comentários ao Código Tributário Nacional.* São Paulo: Saraiva, 1998, v. I, p. 186).

– O DL n. 1.578/77: "Art. 5º O contribuinte do imposto é o exportador, assim considerado qualquer pessoa que promova a saída do produto do território nacional".

Art. 28. A receita líquida do imposto destina-se à formação de reservas monetárias, na forma da lei.

⇒ **Não recepção pela CF/88.** A previsão constante do art. 28, reproduzida no art. 9º do DL n. 1.578/77, quanto à destinação da receita do Imposto de Importação, tinha suporte na EC n. 18/65 à Constituição Federal de 1946. Atualmente, além da ausência de referência constitucional a respeito deste ponto específico, há a vedação expressa, no art. 167, inciso IV, da CF/88, à vinculação da receita de impostos a órgão, fundo ou despesa.

CAPÍTULO III

IMPOSTOS SOBRE O PATRIMÔNIO E A RENDA

SEÇÃO I

IMPOSTO SOBRE A PROPRIEDADE TERRITORIAL RURAL

⇒ **Legislação.** A competência para a instituição, pela União, do Imposto sobre a Propriedade Territorial Rural (ITR), consta do art. 153, VI, da CF. A Constituição, no § 4º do mesmo artigo 153, ainda estabelece critérios a serem observados na sua instituição, bem como caso de imunidade. Os arts. 29 a 31 do CTN estabelecem as normas gerais atinentes ao ITR, definindo arquétipos para o fato gerador, para a base de cálculo e para o contribuinte. O art. 15 do DL n. 57/66 complementa o art. 32 do CTN, excepcionando-o. Dispõe sobre o ITR a Lei n. 9.393, de 19 de dezembro de 1996. O Decreto 4.382/02, regulamenta a sua tributação, fiscalização, arrecadação e administração. A Instrução Normativa SRF n. 256/2002 também dispõe sobre normas de tributação relativas ao ITR. A Lei n. 11.250/2005 dispõe sobre a celebração de convênio entre a União e os Municípios para a delegação das atribuições de fiscalização, lançamento e cobrança do ITR, o que é detalhado pela IN SRF n. 643/2006. O Dec. n. 6.433/2008, por sua vez, dispõe sobre o termo de opção pelos Municípios e seus efeitos. A IN SRF n. 1.640/2016, com suas alterações, inclusive as impostas pela IN RFB n. 1.954/2020, pela IN RFB n. 2.2026/2021 e pelo ADE Ascif n. 1/2021, disciplina, com maior detalhamento, a celebração desses convênios para a delegação das atribuições relativas ao ITR. Além disso, a Confederação Nacional dos Municípios editou a Nota Técnica n. 16/2014 com orientações acerca da adesão para fins de assunção da fiscalização e do lançamento do ITR.

– Anteriormente, o ITR era regido pela Lei 8.847/94 (aplicável a partir de 2005 em razão da anterioridade cfr. STF, 2ª T., RE 448.558/PR, Min. Gilmar Mendes, nov. 2005) e, antes desta ainda, pelo Estatuto da Terra, que estabelecia que a base de cálculo seria o valor declarado pelo contribuinte salvo quando impugnado pelo Fisco, conforme o art. 50 da Lei 4.504 com a redação da Lei n. 6.746/79. Também cuidavam da matéria o Dec. n. 84.685/80 e a Portaria Interministerial n. 560/90.

⇒ **Tributo sujeito a lançamento por homologação.** No regime da Lei n. 9.393/96, o ITR apresenta-se como tributo sujeito a lançamento por homologação, conforme determinação inequívoca constante do *caput* do seu art. 10: "Art. 10. A apuração e o pagamento do ITR serão efetuados pelo contribuinte, independentemente de prévio procedimento da administração tributária, nos prazos e condições estabelecidos pela Secretaria da Receita Federal, sujeitando-se a homologação posterior". Apenas quando não apurado pelo contribuinte ou apurado de modo incorreto é que será lançado de ofício, nos termos do art. 14 da Lei n. 9.393/96, utilizando-se, então, de informações sobre o preço das terras nos termos da Portaria SRF n. 447/2002, que aprovou o Sistema de Preços de Terras – SIPT.

– No regime anterior, da Lei n. 4.504/64, o ITR era sujeito a lançamento por declaração. Vide: TRF4, AC 2002.70.04.001762-9/PR.

⇒ **Sujeito ativo. União.** O art. 15 da Lei n. 9.393/96 é expresso no sentido de que compete à Secretaria da Receita Federal a administração do ITR, incluídas as atividades de arrecadação, tributação e fiscalização. Por se referir a órgão da Administração Direta da União, tem-se que é esta o sujeito ativo da relação tributária.

– **Possibilidade de opção pelos Municípios.** A EC n. 42/2003, ao acrescentar o inciso III ao § 4º do art. 153 da Constituição previu a possibilidade de lei vir a ensejar aos Municípios a opção pela condição de sujeito ativo do ITR, hipótese em que passarão a auferir a totalidade da arrecadação. Vide notas a tal dispositivo constitucional.

⇒ **Obrigações acessórias.** Há obrigações acessórias relacionadas, especificamente, ao ITR, mas que não dispensam o contribuinte de, ele próprio, calcular e pagar o imposto devido, independentemente de prévio procedimento da administração tributária. Ou seja, não fazem do ITR um tributo sujeito a lançamento por declaração, sendo, indubitavelmente, tributo sujeito a lançamento por homologação.

– **DIAC.** O contribuinte tem a obrigação de comunicar ao órgão local da SRF as informações cadastrais correspondentes a cada imóvel e qualquer alteração ocorrida, o que se faz através do Documento de Informação e Atualização Cadastral do ITR – DIAC –, conforme se vê do art. 6º da Lei n. 9.393/96. As informações prestadas integram o Cadastro de Imóveis Rurais – Cafir.

– Lei n. 9.393/96: Das Informações Cadastrais. Entrega do DIAC. "Art. 6º O contribuinte ou o seu sucessor comunicará ao órgão local da Secretaria da Receita Federal (SRF), por meio do Documento de Informação e Atualização Cadastral do ITR – DIAC, as informações cadastrais correspondentes a cada imóvel, bem como qualquer alteração ocorrida, na forma estabelecida pela Secretaria da Receita Federal. § 1º É obrigatória, no prazo de sessenta dias, contado de sua ocorrência, a comunicação das seguintes alterações: I – desmembramento; II – anexação; III – transmissão, por alienação da propriedade ou dos direitos a ela inerentes, a qualquer título; IV – sucessão *causa mortis*; V – cessão de direitos; VI – constituição de reservas ou usufruto. § 2º As informações cadastrais integrarão o Cadastro de Imóveis Rurais – CAFIR, administrado pela Secretaria da Receita Federal, que poderá, a qualquer tempo, solicitar informações visando à sua atualização. § 3º Sem prejuízo do disposto no parágrafo único do art. 4º, o contribuinte poderá indicar no DIAC, somente para fins de intimação, endereço diferente daquele constante do domicílio tributário, que valerá para esse efeito até ulterior alteração".

– **DIAT.** A par disso, tem a obrigação de entregar, anualmente, o Documento de Informação e Apuração do ITR – DIAT – correspondente a cada imóvel, o que é determinado pelo art. 8º da Lei n. 9.393/96, ressalvados os contribuintes cujo imóvel se enquadre em imunidade ou isenção.

– Lei n. 9.393/96: Da Declaração Anual. "Art. 8º O contribuinte do ITR entregará, obrigatoriamente, em cada ano, o Documento de Informação e Apuração do ITR – DIAT, correspondente a cada imóvel, observadas data e condições fixadas pela Secretaria da Receita Federal. § 1º O contribuinte declarará, no DIAT, o Valor da Terra Nua – VTN correspondente ao imóvel. § 2º O VTN refletirá o preço de mercado de terras, apurado em 1º de janeiro do ano a que se referir o DIAT, e será considerado autoavaliação da terra nua a preço de mercado. § 3º O contribuinte cujo imóvel se enquadre nas hipóteses estabelecidas nos arts. 2º e 3º fica dispensado da apresentação do DIAT".

– **DITR.** Tanto a DIAC como a DIAT compõem a Declaração do Imposto sobre a Propriedade Territorial Rural (DITR), instituída pela IN SRF n. 256, de 11 de dezembro de 2002, que dispõe sobre normas de tributação relativas ao Imposto sobre a Propriedade Territorial Rural.

– IN SRF n. 256/0202: "Declaração do Imposto sobre a Propriedade Territorial Rural Disposições Gerais Art. 36. O sujeito passivo, inclusive o isento, ou a pessoa imune deve apresentar anualmente, em modelo aprovado pela SRF, a Declaração do Imposto sobre a Propriedade Territorial Rural (DITR) correspondente a cada imóvel rural, composta pelos seguintes documentos: I – Documento de Informação e Atualização Cadastral do ITR (Diac), mediante o qual o sujeito passivo, inclusive o isento, ou a pessoa imune deve prestar à SRF as informações cadastrais correspondentes a cada imóvel rural e a seu titular; II – Documento de Informação e Apuração do ITR (Diat), mediante o qual o sujeito passivo deve prestar à SRF as informações necessárias ao cálculo do ITR e apurar o valor do imposto correspondente a cada imóvel rural. § 1º As informações constantes no Diac integrarão o Cafir, cuja administração cabe à SRF, que pode, a qualquer tempo, solicitar informações visando à sua atualização. § 2º A inscrição do imóvel rural no Cafir e os efeitos dela decorrentes não geram qualquer direito ao proprietário, ao titular do domínio útil e ao possuidor a qualquer título. § 3º As pessoas isentas ou imunes do ITR estão dispensadas de preencher o Diat. Art. 37. Os termos, locais, formas, prazos e condições para a apresentação da DITR serão fixados anualmente pela SRF em ato administrativo próprio".

– A IN SRF n. 554, de 12 de julho de 2005, dispôs sobre a sua entrega relativamente ao exercício de 2005, em que o prazo para apresentação foi de 8 de agosto a 30 de setembro daquele ano.

– **Desatualização cadastral.** A eventual desatualização das informações cadastrais não implica a possibilidade de tributação de quem já não mais era proprietário. Vide nota ao art. 29 do CTN.

Art. 29. O imposto, de competência da União, sobre a propriedade territorial rural tem como fato gerador a propriedade, o domínio útil ou a posse de imóvel por natureza, como definido na lei civil, localizado fora da zona urbana do Município.

⇒ **Base econômica x fato gerador. Propriedade x propriedade, domínio útil ou a posse.** O art. 153, VI, da CF outorga competência à União para instituir imposto sobre a "propriedade territorial rural". Esta, a "propriedade territorial rural", é a base econômica dada à tributação, a "propriedade" é a revelação de riqueza passível de ser tributada. Impõe-se, assim, forte no art. 110 do CTN, ter em conta o que é "propriedade" de modo a determinar o âmbito da competência tributária e poder analisar criticamente o art. 29 do CTN, que extrapola tal conceito ao colocar como fato gerador também o domínio útil ou a posse. Vide as notas ao art. 153, VI, da CF.

– O art. 1º da Lei n. 9.393/96 dispõe: "Art. 1º O imposto sobre a Propriedade Territorial Rural – ITR, de apuração anual, tem como fato gerador a propriedade, o domínio útil ou a posse de imóvel por natureza, localizado fora da zona urbana do município, em 1º de janeiro de cada ano. § 1º [...]". Na instituição do ITR restou inequívoco, pois, tratar-se de imposto anual, bem como o seu aspecto temporal: 1º de janeiro.

– Situação em que o gozo da propriedade está comprometido. Há situações em que, embora proprietário, o titular do direito não consegue gozar das prerrogativas inerentes à propriedade por força de situações externas, tampouco consegue dispor do bem. Nesses casos, tem-se entendido que ele não revela capacidade contributiva própria de proprietário, não ocorrendo o fato gerador do

ITR. Como exemplo, temos o caso de imóveis rurais invadidos por "sem terras" e dos imóveis alagados por indroelétricas.

– **Imóvel rural invadido por sem-terra.** "5. A questão jurídica de fundo cinge-se à legitimidade passiva do proprietário de imóvel rural, invadido por 80 famílias de sem-terra, para responder pelo ITR. 6. Com a invasão, sobre cuja legitimidade não se faz qualquer juízo de valor, o direito de propriedade ficou desprovido de praticamente todos os elementos a ele inerentes: não há mais posse, nem possibilidade de uso ou fruição do bem. 7. Direito de propriedade sem posse, uso, fruição e incapaz de gerar qualquer tipo de renda ao seu titular deixa de ser, na essência, direito de propriedade, pois não passa de uma casca vazia à procura de seu conteúdo e sentido, uma formalidade legal negada pela realidade dos fatos. 8. Por mais legítimas e humanitárias que sejam as razões do Poder Público para não cumprir, por 14 anos, decisão judicial que determinou a reintegração do imóvel ao legítimo proprietário, inclusive com pedido de Intervenção Federal deferido pelo TJPR, há de se convir que o mínimo que do Estado se espera é que reconheça que aquele que – diante da omissão estatal e da dramaticidade dos conflitos agrários deste Brasil de grandes desigualdades sociais – não tem mais direito algum não pode ser tributado por algo que só por ficção ainda é de seu domínio. 9. Ofende o Princípio da Razoabilidade, o Princípio da Boa-Fé Objetiva e o bom senso que o próprio Estado, omisso na salvaguarda de direito dos cidadãos, venha a utilizar a aparência desse mesmo direito, ou o resquício que dele restou, para cobrar tributos que pressupõem a incolumidade e existência nos planos jurídico (formal) e fático (material). 10. Irrelevante que a cobrança do tributo e a omissão estatal se encaixem em esferas diferentes da Administração Pública. União, Estados e Municípios, não obstante o perfil e personalidade próprios que lhes conferiu a Constituição de 1988, são parte de um todo maior, que é o Estado brasileiro. Ao final das contas, é este que responde pela garantia dos direitos individuais e sociais, bem como pela razoabilidade da conduta dos vários entes públicos em que se divide e organiza, aí se incluindo a autoridade tributária. 11. Na peculiar situação dos autos, considerando a privação antecipada da posse e o esvaziamento dos elementos da propriedade sem o devido processo de Desapropriação, é inexigível o ITR ante o desaparecimento da base material do fato gerador e a violação dos Princípios da Razoabilidade e da Boa-Fé Objetiva" (STJ, REsp 963.499, 2009).

– **Áreas alagadas.** Súmula 45 do CARF: "O Imposto sobre a Propriedade Territorial Rural não incide sobre áreas alagadas para fins de constituição de reservatório de usinas hidroelétricas".

⇒ **Imóvel rural. Localização x destinação.** Conforme já discorremos na análise do art. 153, VI, da CF, o CTN se utiliza do critério da localização, mas o DL n. 57/66, editado quando ainda não se fazia necessária lei complementar para cuidar da matéria, estabeleceu exceção no sentido de que não se considere como urbano, para fins de pagamento de IPTU, o imóvel utilizado a atividade rural, sujeitando-o, também, ao ITR. O STF já aplicou este DL n. 57/66. O STJ tem destacado que o DL n. 57/66 foi recepcionado como lei complementar e também o tem aplicado. O art. 1º, § 2º, da Lei n. 9.393/96, define imóvel rural pela localização, dizendo ser a área contínua, formada de uma ou mais parcelas de terra, localizada na zona rural do município.

– Observe-se que a localização do imóvel em área urbana atrai a incidência do IPTU, salvo se o proprietário comprovar a exploração extrativa, vegetal, agrícola, pecuária ou agroindustrial (STJ, AgRg no Ag 993.224, 2008). Quando a prova dos autos não é suficiente, no entendimento do tribunal local, o STJ mantém a incidência do IPTU, e não do ITR (STJ, AgInt nos EDcl no REsp 1.886.777, 2021). E, também, já chancelou entendimento de que "o Certificado de Cadastro de Imóvel Rural – CCIR, emitido pelo INCRA, representa mero cadastramento imobiliário perante a autarquia, não sendo suficiente à comprovação da exploração" (STJ, AgInt nos EDcl no REsp 1.886.777, 2021, conforme se extrai do voto condutor, onde transcreve o acórdão recorrido). Advirta-se, ainda, que, por demandar prova, a matéria não é passível de enfrentamento em sede de exceção de pré-executividade (STJ, AgInt no AREsp 1.725.859, 2021), conforme o STJ reconheceu em sede de execução para pagamento de IPTU (STJ, AgInt no AREsp 1.725.859, 2021).

– **DL n. 57/66.** "Art. 15. O disposto no art. 32 da Lei n. 5.172, de 25 de outubro de 1966, não abrange o imóvel de que, comprovadamente, seja utilizado em exploração extrativa vegetal, agrícola, pecuária ou agro-industrial, incidindo assim, sôbre o mesmo, o ITR e demais tributos com o mesmo cobrados".

– O STF afirmou o nível de lei complementar do art. 15 do DL n. 57/66, posterior ao CTN e anterior à CF/67, que sujeitou ao ITR o imóvel que, mesmo situado na zona urbana do Município, "seja utilizado em exploração, extrativa vegetal, agrícola, pecuária ou agro-industrial". Assim, no RE 140.773-5, disse da inconstitucionalidade da Lei 5.868/72 também pelo fato de que, ao eleger o critério da destinação, limitou-o, quando aos imóveis situados na zona urbana, àqueles com área superior a 1 (um) hectare. O STJ, em 2006, decidiu reafirmando a aplicação do art. 15 do DL n. 57/66. Vide notas aos arts. 29 e 32 do CTN.

– O art. 15 do DL n. 57/66 foi revogado pelo art. 12 da Lei n. 5.868/72, mas essa lei revogadora acabou sendo julgada inconstitucional por violação à reserva de lei complementar, de modo que o referido art. 15 do DL n. 57/66 manteve a sua vigência.

– "2. R.E. conhecido, pela letra 'b', mas improvido, mantida a declaração de inconstitucionalidade do art. 12 da Lei federal n. 5.868, de 12.12.1972, no ponto em que revogou o art. 15 do Decreto-lei n. 57, de 18.11.1966" (STF, RE 140.773, 1998).

– **STJ. Adotando o critério da destinação em face do disposto no DL n. 57/66.** "DISCUSSÃO ACERCA DA INCIDÊNCIA DE IPTU OU ITR... IMÓVEL LOCALIZADO EM ÁREA URBANA. EXPLORAÇÃO DE ATIVIDADE AGROINDUSTRIAL... V. É firme o entendimento desta Corte no sentido de que 'não incide IPTU, mas ITR, sobre imóvel localizado na área urbana do Município, desde que comprovadamente utilizado em exploração extrativa, vegetal, agrícola, pecuária ou agroindustrial (art. 15 do DL 57/1966). 2. Recurso Especial provido. Acórdão sujeito ao regime do art. 543-C do CPC e da Resolução 8/2008 do STJ' (STJ, REsp 1112646, 2009). No mesmo sentido: STJ, AgInt no AREsp 1.377.458... 2019. VI. O Tribunal de origem, com base no exame dos elementos fáticos dos autos,

manteve a sentença de parcial procedência, consignando que, 'ao responder os questionamentos realizados pela própria Municipalidade Requerida, no item 3 de fl. 158, em conclusão ao trabalho técnico (fl. 168), o Perito Judicial informa que: 'A GLEBA 1 enquadra-se na Lei 5.172-66 e no Código Tributário do Município de Cariacica e está sujeita a tributação do Imposto Predial e Territorial Urbano (IPTU) por ser confrontante a BR 101 – Rodovia do Contorno. As demais áreas são destinadas à exploração agrícola, pecuária, extrativa vegetal ou agroindustrial conforme documentação em anexo, sendo classificadas como rurais e com incidência do ITR (Imposto Territorial Rural). A área composta por partes das glebas 3, 4 e 17 onde funcionam a planta industrial com benfeitorias (ruas pavimentadas, iluminação, rede de água e esgoto e galpões da indústria do lixo etc.) foi construída e é mantida pela empresa requerente, não se enquadrando no Código Tributário Nacional (CTN – Lei n. 5172/66, seção II, § primeiro), onde os melhoramentos são construídos ou mantidos pelo Poder Público.' (fl. 729)'. Tal entendimento, firmado pelo Tribunal *a quo*, no sentido de que o IPTU somente deve incidir sobre a Gleba 1, não pode ser revisto, pelo Superior Tribunal de Justiça, por exigir o reexame da matéria fático-probatória dos autos" (STJ, AgInt no AREsp 1.513.783, 2021).

– "IMÓVEL SITUADO EM ÁREA DE EXPANSÃO URBANA. AUSÊNCIA DE COMPROVAÇÃO DE EXERCÍCIO DE ATIVIDADE AGROPECUÁRIA... 3. O Superior Tribunal de Justiça, no REsp 1.112.646/SP, submetido à sistemática dos recursos repetitivos, consolidou o entendimento de que não incide IPTU, mas ITR, sobre imóvel localizado na área urbana do município, desde que comprovadamente utilizado em exploração extrativa, vegetal, agrícola, pecuária ou agroindustrial (art. 15 do DL 57/1966). 4. Com base na prova dos autos, o Colegiado de origem entendeu não comprovada a destinação rural do imóvel pertencente à apelada, de forma a incidir a cobrança de IPTU, e não de ITR. Para modificar a conclusão do aresto, seria necessário o reexame do acervo fático-probatório, inviável ante o óbice da Súmula 7/STJ" (STJ, AgInt nos EDcl no REsp 1.886.777, 2021).

– "IPTU OU ITR. IMÓVEL LOCALIZADO EM ÁREA URBANA. NATUREZA DO IMÓVEL... 1. A jurisprudência desta Corte Superior é no sentido de que incide o ITR e, não, o IPTU sobre imóveis nos quais são comprovadamente utilizados em exploração extrativa, vegetal, agrícola, pecuária ou agroindustrial, ainda que localizados em áreas consideradas urbanas por legislação municipal. 2. Hipótese em que o acórdão recorrido é claro em afirmar que o imóvel possui como atividade preponderante o beneficiamento e a comercialização de arroz, e que não se trata de atividade agropecuária ou agroindustrial" (STJ, AgRg no AREsp 323.705, 2013).

– "IMÓVEL NA ÁREA URBANA. DESTINAÇÃO RURAL. IPTU. NÃO INCIDÊNCIA. ART. 15 DO DL 57/1966. RECURSO REPETITIVO. ART. 543-C DO CPC. 1. Não incide IPTU, mas ITR, sobre imóvel localizado na área urbana do Município, desde que comprovadamente utilizado em exploração extrativa, vegetal, agrícola, pecuária ou agroindustrial (art. 15 do DL 57/1966)" (STJ, REsp 1.112.646, 2009).

– "IPTU. VIOLAÇÃO DO ART. 32, § 1º, DO CTN. NÃO OCORRÊNCIA. IMÓVEL SITUADO NA ZONA URBANA. ART. 15 DO DECRETO 57/66. CRITÉRIO DA DESTINAÇÃO ECONÔMICA. NECESSIDADE DE COMPROVAÇÃO. AGRAVO REGIMENTAL DESPROVIDO. 1. O critério da localização do imóvel é insuficiente para que se decida sobre a incidência do IPTU ou ITR, sendo necessário observar-se o critério da destinação econômica, conforme já decidiu a Egrégia 2ª Turma, com base em posicionamento do STF sobre a vigência do DL n. 57/66 (AgRg no Ag 498.512/RS, 2ª Turma, Min. Francisco Peçanha Martins, *DJ* de 16.5.2005). 2. Não tendo o agravante comprovado perante as instâncias ordinárias que o seu imóvel é destinado economicamente à atividade rural, deve incidir sobre ele o Imposto Predial e Territorial Urbano" (STJ, AgRg no REsp 679.173, 2007).

– **Cabe ao Município definir as áreas urbana e rural**. Embora caiba ao Município delimitar as áreas urbana e rural, não há grande risco de manipulação com repercussão prejudicial à União no que diz respeito à cobrança do ITR. Isso porque o Município não estabelece a área urbana (e, por exclusão, a área rural) livremente, mas com atenção aos requisitos previstos no §§ 1º e 2º do art. 32 do CTN.

⇒ **Aspecto temporal.** A propriedade é fato gerador do tipo continuado, pois não ocorre em um determinado momento, mas perdura no tempo. Infere-se claramente do art. 1º da Lei n. 9.393/96 que se considera ocorrido o fato gerador do ITR em 1º de janeiro de cada ano. Nesta data, pois, é que incide a legislação vigente acerca do ITR, gerando a obrigação tributária respectiva.

– **Alienação ocorrida em março. Desimportância.** "IMPOSTO TERRITORIAL RURAL. EXECUÇÃO FISCAL. FATO GERADOR. ALIENAÇÃO DO IMÓVEL. O fato gerador do Imposto Territorial Rural, sob a égide da Lei n. 8.847/93, dava-se em 1º de janeiro do exercício de lançamento. A alienação de imóvel rural, em 30/03/95, não tem o condão de eximir o alienante do pagamento dessa exação referente ao exercício de 1995" (TRF4, AI 2000.04.01.102858-0, 2002).

Art. 30. A base de cálculo do imposto é o valor fundiário.

⇒ **Valor da terra nua tributável – VTNt.** A base de cálculo do ITR é o Valor da Terra Nua tributável. O VTN é o valor da terra nua que pode ser economicamente aproveitável (nua: portanto, sem considerar-se o que a ela se agrega, como as construções, instalações, benfeitorias, culturas, pastagens e florestas plantadas; aproveitável: é a passível de exploração agrícola, pecuária, granjeira, aquícola ou florestal, excluídas, pois, e.g., as áreas de preservação permanente e as imprestáveis. A Lei n. 9.393/96 detalha tais conceitos em seu art. 10: "Art. 10 [...] § 1º Para os efeitos de apuração do ITR, considerar-se-á: I – VTN, o valor do imóvel, excluídos os valores relativos a: a) construções, instalações e benfeitorias; b) culturas permanentes e temporárias; c) pastagens cultivadas e melhoradas; d) florestas plantadas; II – área tributável, a área total do imóvel, menos as áreas: a) de preservação permanente e de reserva legal, previstas na Lei n. 12.651, de 25 de maio de 2012; (Redação dada pela Lei n. 12.844, de 2013);

b) de interesse ecológico para a proteção dos ecossistemas, assim declaradas mediante ato do órgão competente, federal ou estadual, e que ampliem as restrições de uso previstas na alínea anterior; c) comprovadamente imprestáveis para qualquer exploração agrícola, pecuária, granjeira, aquícola ou florestal, declaradas de interesse ecológico mediante ato do órgão competente, federal ou estadual; (Vide Medida Provisória n. 2.166-67, de 24 de agosto de 2001) d) sob regime de servidão ambiental; (Redação dada pela Lei n. 12.651, de 2012) e) cobertas por florestas nativas, primárias ou secundárias em estágio médio ou avançado de regeneração; (Incluído pela Lei n. 11.428, de 2006); f) alagadas para fins de constituição de reservatório de usinas hidrelétricas autorizada pelo poder público. (Incluído pela Lei n. 11.727, de 2008) III – VTNt, o valor da terra nua tributável, obtido pela multiplicação do VTN pelo quociente entre a área tributável e a área total; IV – área aproveitável, a que for passível de exploração agrícola, pecuária, granjeira, aquícola ou florestal, excluídas as áreas: a) ocupadas por benfeitorias úteis e necessárias; b) de que tratam as alíneas do inciso II deste parágrafo (Redação dada pela Lei n. 11.428, de 2006); V – área efetivamente utilizada, a porção do imóvel que no ano anterior tenha: a) sido plantada com produtos vegetais; b) servido de pastagem, nativa ou plantada, observados índices de lotação por zona de pecuária; c) sido objeto de exploração extrativa, observados os índices de rendimento por produto e a legislação ambiental; d) servido para exploração de atividades granjeira e aquícola; e) sido o objeto de implantação de projeto técnico, nos termos do art. 7º da Lei n. 8.629, de 25 de fevereiro de 1993; VI – Grau de Utilização – GU, a relação percentual entre a área efetivamente utilizada e a área aproveitável. § 2º As informações que permitam determinar o GU deverão constar do DIAT. § 3º Os índices a que se referem as alíneas *b* e *c* do inciso V do § 1º serão fixados, ouvido o Conselho Nacional de Política Agrícola, pela Secretaria da Receita Federal, que dispensará da sua aplicação os imóveis com área inferior a: a) 1.000 ha, se localizados em municípios compreendidos na Amazônia Ocidental ou no Pantanal mato-grossense e sul-mato-grossense; b) 500 ha, se localizados em municípios compreendidos no Polígono das Secas ou na Amazônia Oriental; c) 200 ha, se localizados em qualquer outro município. § 4º Para os fins do inciso V do § 1º, o contribuinte poderá valer-se dos dados sobre a área utilizada e respectiva produção, fornecidos pelo arrendatário ou parceiro, quando o imóvel, ou parte dele, estiver sendo explorado em regime de arrendamento ou parceria. § 5º Na hipótese de que trata a alínea "c" do inciso V do § 1º, será considerada a área total objeto de plano de manejo sustentado, desde que aprovado pelo órgão competente, e cujo cronograma esteja sendo cumprido pelo contribuinte. § 6º Será considerada como efetivamente utilizada a área dos imóveis rurais que, no ano anterior, estejam: I – comprovadamente situados em área de ocorrência de calamidade pública decretada pelo Poder Público, de que resulte frustração de safras ou destruição de pastagens; II – oficialmente destinados à execução de atividades de pesquisa e experimentação que objetivem o avanço tecnológico da agricultura".

– **Fixação do valor da terra nua por IN. Legalidade.** "... ITR. VALOR DA TERRA NUA. FIXAÇÃO VIA INSTRUÇÃO NORMATIVA DA RECEITA FEDERAL. LEGALIDADE. É legal a Instrução Normativa n. 42/96 da Receita Federal que fixa o valor da terra nua para o lançamento do ITR, nos termos do § 2º do art. 3º da Lei 8847/94" (STJ, REsp 412.977, 2002). Obs.: a Lei n. 8.847/94 disciplinava o ITR antes da Lei n. 9.393/96.

• Vide sobre a distinção entre a definição em abstrato dos aspectos da norma tributária impositiva, que cabe à lei, e a definição "em concreto", que diz respeito à aplicação da lei, em nota ao art. 150, I, da CF.

– **Atualização monetária do valor fundiário.** Ainda que se entendesse que o valor fundiário deveria ser fixado por lei, através de Plantas de Valores, tal como ocorre com o IPTU, por certo que a atualização monetária anual de tal tabela poderia ser efetuada por ato infralegal, desde que em percentual não superior ao da inflação. Isso porque a atualização monetária da base de cálculo não constitui majoração de tributo (art. 97, § 2º, do CTN), não estando submetida, dessa forma, à reserva legal (art. 150, I, da CF).

– Nesse sentido, mas abordando o IPTU, o STJ editou a Súmula 160. Vide nota ao art. 150, I, da CF sob a rubrica *Atualização monetária*.

– **Áreas de preservação permanente e de reserva legal.** É necessário recorrer ao Código Florestal para compreender o alcance das áreas de preservação permanente e de reserva legal. O novo Código Florestal (Lei n. 12.651/2012) cuida da matéria em seus arts. 4º e 12, com a redação alterada pela Lei n. 12.727/2012. Seu art. 18 cuida do registro. No Código Florestal revogado (Lei n. 4.771/65), a matéria era tratada nos arts. 1º, 2º e 16.

– **Reserva Legal.** A área de reserva legal é a "área localizada no interior de uma propriedade ou posse rural, delimitada nos termos do art. 12, com a função de assegurar o uso econômico de modo sustentável dos recursos naturais do imóvel rural, auxiliar a conservação e a reabilitação dos processos ecológicos e promover a conservação da biodiversidade, bem como o abrigo e a proteção de fauna silvestre e da flora nativa", nos termos do art. 3º, III, do novo Código Florestal. Sua disciplina jurídica é detalhada a partir do art. 12º de tal diploma, com a redação da Lei n. 12.727/2012: "CAPÍTULO IV DA ÁREA DE RESERVA LEGAL Seção I Da Delimitação da Área de Reserva Legal Art. 12. Todo imóvel rural deve manter área com cobertura de vegetação nativa, a título de Reserva Legal, sem prejuízo da aplicação das normas sobre as Áreas de Preservação Permanente, observados os seguintes percentuais mínimos em relação à área do imóvel, excetuados os casos previstos no art. 68 desta Lei: I – localizado na Amazônia Legal: a) 80% (oitenta por cento), no imóvel situado em área de florestas; b) 35% (trinta e cinco por cento), no imóvel situado em área de cerrado; c) 20% (vinte por cento), no imóvel situado em área de campos gerais; II – localizado nas demais regiões do País: 20% (vinte por cento). [...] Art. 15. Será admitido o cômputo das Áreas de Preservação Permanente no cálculo do percentual da Reserva Legal do imóvel, desde que: I – o benefício previsto neste artigo não implique a conversão de novas áreas para o uso alternativo do solo; II – a área a ser com-

putada esteja conservada ou em processo de recuperação, conforme comprovação do proprietário ao órgão estadual integrante do Sisnama; e III – o proprietário ou possuidor tenha requerido inclusão do imóvel no Cadastro Ambiental Rural – CAR, nos termos desta Lei. § 1º O regime de proteção da Área de Preservação Permanente não se altera na hipótese prevista neste artigo. [...] Art. 18. A área de Reserva Legal deverá ser registrada no órgão ambiental competente por meio de inscrição no CAR de que trata o art. 29, sendo vedada a alteração de sua destinação, nos casos de transmissão, a qualquer título, ou de desmembramento, com as exceções previstas nesta Lei... § 4º O registro da Reserva Legal no CAR desobriga a averbação no Cartório de Registro de Imóveis...".

– **Área de Preservação Permanente – APP.** A área de preservação permanente (APP) é a "área protegida, coberta ou não por vegetação nativa, com a função ambiental de preservar os recursos hídricos, a paisagem, a estabilidade geológica e a biodiversidade, facilitar o fluxo gênico de fauna e flora, proteger o solo e assegurar o bem-estar das populações humanas", nos termos do art. 3º, II, do novo Código Florestal. Sua disciplina jurídica é detalhada a partir do art. 12 de tal diploma, com a redação da Lei n. 12.727/2012): "Da Delimitação das Áreas de Preservação Permanente. Art. 4º Considera-se Área de Preservação Permanente, em zonas rurais ou urbanas, para os efeitos desta Lei: I – as faixas marginais de qualquer curso d'água natural perene e intermitente, excluídos os efêmeros, desde a borda da calha do leito regular, em largura mínima de: a) 30 (trinta) metros, para os cursos d'água de menos de 10 (dez) metros de largura; b) 50 (cinquenta) metros, para os cursos d'água que tenham de 10 (dez) a 50 (cinquenta) metros de largura; c) 100 (cem) metros, para os cursos d'água que tenham de 50 (cinquenta) a 200 (duzentos) metros de largura; d) 200 (duzentos) metros, para os cursos d'água que tenham de 200 (duzentos) a 600 (seiscentos) metros de largura; e) 500 (quinhentos) metros, para os cursos d'água que tenham largura superior a 600 (seiscentos) metros; II – as áreas no entorno dos lagos e lagoas naturais, em faixa com largura mínima de: a) 100 (cem) metros, em zonas rurais, exceto para o corpo d'água com até 20 (vinte) hectares de superfície, cuja faixa marginal será de 50 (cinquenta) metros; b) 30 (trinta) metros, em zonas urbanas; III – as áreas no entorno dos reservatórios d'água artificiais, decorrentes de barramento ou represamento de cursos d'água naturais, na faixa definida na licença ambiental do empreendimento; IV – as áreas no entorno das nascentes e dos olhos d'água perenes, qualquer que seja sua situação topográfica, no raio mínimo de 50 (cinquenta) metros; V – as encostas ou partes destas com declividade superior a 45º, equivalente a 100% (cem por cento) na linha de maior declive; VI – as restingas, como fixadoras de dunas ou estabilizadoras de mangues; VII – os manguezais, em toda a sua extensão; VIII – as bordas dos tabuleiros ou chapadas, até a linha de ruptura do relevo, em faixa nunca inferior a 100 (cem) metros em projeções horizontais; IX – no topo de morros, montes, montanhas e serras, com altura mínima de 100 (cem) metros e inclinação média maior que 25º, as áreas delimitadas a partir da curva de nível correspondente a 2/3 (dois terços) da altura mínima da elevação sempre em relação à base, sendo esta definida pelo plano horizontal determinado por planície ou espelho d'água adjacente ou, nos relevos ondulados, pela cota do ponto de sela mais próximo da elevação; X – as áreas em altitude superior a 1.800 (mil e oitocentos) metros, qualquer que seja a vegetação; XI – em veredas, a faixa marginal, em projeção horizontal, com largura mínima de 50 (cinquenta) metros, a partir do espaço permanentemente brejoso e encharcado. [...] Do Regime de Proteção das Áreas de Preservação Permanente. Art. 7º A vegetação situada em Área de Preservação Permanente deverá ser mantida pelo proprietário da área, possuidor ou ocupante a qualquer título, pessoa física ou jurídica, de direito público ou privado... Art. 9º É permitido o acesso de pessoas e animais às Áreas de Preservação Permanente para obtenção de água e para realização de atividades de baixo impacto ambiental".

– **Registro da área de reserva legal no órgão competente.** O STJ considera imprescindível que a área de reserva legal esteja averbada na matrícula do imóvel para que possa ser considerada na apuração do ITR. Entende que "tal formalidade revela natureza constitutiva, e não apenas declaratória" (STJ, AgInt no REsp 1.469.929, 2021).

– "IMPOSTO TERRITORIAL RURAL. RESERVA LEGAL. AVERBAÇÃO NA MATRÍCULA NECESSÁRIA... 1. O Tribunal de piso assim se manifestou (fls. 351-352, e-STJ, grifos acrescidos): '[...] como a averbação da área de reserva legal nos imóveis de matrículas n. 3.000 e 7.673 apenas ocorreu em 06-10-2009 (evento 1, MATRIMÓVEL8 e MATRIMÓVEL12), é devido o ITR do ano-calendário 2005.' [...] 3. Quanto ao mérito em sentido estrito, a irresignação não procede. Corretamente decidiu o Tribunal de origem, haja vista que as Turmas da Primeira Seção do STJ pacificamente consideram imprescindível a averbação da área de reserva legal na matrícula do imóvel para o gozo do benefício isencional vinculado ao ITR..." (STJ, AgInt no REsp 1.889.306, 2021).

– Código Florestal (Lei n. 12.651/2012, com a redação da Lei n. 12.727/2012): "Art. 18. A área de Reserva Legal deverá ser registrada no órgão ambiental competente por meio de inscrição no CAR de que trata o art. 29, sendo vedada a alteração de sua destinação, nos casos de transmissão, a qualquer título, ou de desmembramento, com as exceções previstas nesta Lei. § 1º A inscrição da Reserva Legal no CAR será feita mediante a apresentação de planta e memorial descritivo, contendo a indicação das coordenadas geográficas com pelo menos um ponto de amarração, conforme ato do Chefe do Poder Executivo. § 2º Na posse, a área de Reserva Legal é assegurada por termo de compromisso firmado pelo possuidor com o órgão competente do Sisnama, com força de título executivo extrajudicial, que explicite, no mínimo, a localização da área de Reserva Legal e as obrigações assumidas pelo possuidor por força do previsto nesta Lei. § 3º A transferência da posse implica a sub-rogação das obrigações assumidas no termo de compromisso de que trata o § 2º. § 4º O registro da Reserva Legal no CAR desobriga a averbação no Cartório de Registro de Imóveis, sendo que, no período entre a data da publicação desta Lei e o registro no CAR, o proprietário ou possuidor rural que desejar fazer a averbação terá direito à gratuidade deste ato".

– **Especificação da área de reserva legal como condição para sua consideração.** Em sede de Embargos de Divergência, restou definido pela Primeira Seção do STJ que a especificação e o registro da reserva legal é, sim, condição necessária para que a respectiva área seja excluída da base de cálculo do tributo. Desde então, é incontroverso que "É imprescindível a averbação da área de reserva legal no registro do imóvel para gozo do benefício fiscal do ITR." "Quanto às áreas de preservação permanente, no entanto, como são instituídas por disposição legal, não há nenhum condicionamento para que ocorra a isenção do ITR". Aliás, "É pacífico nesta Corte o entendimento segundo o qual é inexigível, para as áreas de preservação permanente, a apresentação do Ato Declaratório Ambiental com vistas à isenção do ITR. Por outro lado, quando de trata de área de reserva legal, é imprescindível a sua averbação no respectivo registro imobiliário".

– "ITR. ISENÇÃO. ART. 10, § 1º, II, A, DA LEI 9.393/96. AVERBAÇÃO DA ÁREA DA RESERVA LEGAL NO REGISTRO DE IMÓVEIS. NECESSIDADE. ART. 16, § 8º, DA LEI 4.771/65. 1. Discute-se nestes embargos de divergência se a isenção do Imposto Territorial Rural (ITR) concernente à Reserva Legal, prevista no art. 10, § 1º, II, a, da Lei 9.393/96, está, ou não, condicionada à prévia averbação de tal espaço no registro do imóvel. O acórdão embargado, da Segunda Turma e relatoria do Ministro Mauro Campbell Marques, entendeu pela imprescindibilidade da averbação. 2. Nos termos da Lei de Registros Públicos, é obrigatória a averbação 'da reserva legal' (Lei 6.015/73, art. 167, inciso II, n. 22). 3. A isenção do ITR, na hipótese, apresenta inequívoca e louvável finalidade de estímulo à proteção do meio ambiente, tanto no sentido de premiar os proprietários que contam com Reserva Legal devidamente identificada e conservada, como de incentivar a regularização por parte daqueles que estão em situação irregular. 4. Diversamente do que ocorre com as Áreas de Preservação Permanente, cuja localização se dá mediante referências topográficas e a olho nu (margens de rios, terrenos com inclinação acima de quarenta e cinco graus ou com altitude superior a 1.800 metros), a fixação do perímetro da Reserva Legal carece de prévia delimitação pelo proprietário, pois, em tese, pode ser situada em qualquer ponto do imóvel. O ato de especificação faz-se tanto à margem da inscrição da matrícula do imóvel, como administrativamente, nos termos da sistemática instituída pelo novo Código Florestal (Lei 12.651/2012, art. 18). 5. Inexistindo o registro, que tem por escopo a identificação do perímetro da Reserva Legal, não se pode cogitar de regularidade da área protegida e, por conseguinte, de direito à isenção tributária correspondente" (STJ, EREsp 1.027.051, 2013). Vide também: EDcl no AgRg no AREsp 386.653, AgRg nos EDcl no REsp 1.342.161 e EDcl no AgRg no REsp 1.315.220, 2014.

– "ITR. ISENÇÃO. ART. 10, § 1º, II, a, DA LEI 9.393/96. AVERBAÇÃO DA ÁREA DA RESERVA LEGAL NO REGISTRO DE IMÓVEIS. NECESSIDADE. ART. 16, § 8º, DA LEI 4.771/65. 1. Discute-se nestes embargos de divergência se a isenção do Imposto Territorial Rural (ITR) concernente à Reserva Legal, prevista no art. 10, § 1º, II, a, da Lei 9.393/96, está, ou não, condicionada à prévia averbação de tal espaço no registro do imóvel. O acórdão embargado, da Segunda Turma e relatoria do Ministro Mauro Campbell Marques, entendeu pela imprescindibilidade da averbação. 2. Nos termos da Lei de Registros Públicos, é obrigatória a averbação 'da reserva legal' (Lei 6.015/73, art. 167, inciso II, n. 22). 3. A isenção do ITR, na hipótese, apresenta inequívoca e louvável finalidade de estímulo à proteção do meio ambiente, tanto no sentido de premiar os proprietários que contam com Reserva Legal devidamente identificada e conservada, como de incentivar a regularização por parte daqueles que estão em situação irregular. 4. Diversamente do que ocorre com as Áreas de Preservação Permanente, cuja localização se dá mediante referências topográficas e a olho nu (margens de rios, terrenos com inclinação acima de quarenta e cinco graus ou com altitude superior a 1.800 metros), a fixação do perímetro da Reserva Legal carece de prévia delimitação pelo proprietário, pois, em tese, pode ser situada em qualquer ponto do imóvel. O ato de especificação faz-se tanto à margem da inscrição da matrícula do imóvel, como administrativamente, nos termos da sistemática instituída pelo novo Código Florestal (Lei 12.651/2012, art. 18). 5. Inexistindo o registro, que tem por escopo a identificação do perímetro da Reserva Legal, não se pode cogitar de regularidade da área protegida e, por conseguinte, de direito à isenção tributária correspondente" (STJ, EREsp 1.027.051, 2013).

– Anteriormente ao novo Código Florestal, já existia a discussão quanto à necessidade de Ato Declaratório do IBAMA e de registro da reserva. A Súmula 41 do Carf é no sentido de que "A não apresentação do Ato Declaratório Ambiental (ADA) emitido pelo Ibama, ou órgão conveniado, não pode motivar o lançamento de ofício relativo a fatos geradores ocorridos até o exercício de 2000". Entende o Carf que, a partir do exercício de 2001, a redução da base de cálculo passou a estar condicionada à apresentação do ADA (Carf, Recurso 343.991). A 1ª e a 2ª Turmas do STJ têm acórdãos no sentido de que é desnecessário ato declaratório do Ibama.

– "TRIBUTÁRIO E AMBIENTAL. ITR. ISENÇÃO. RESERVA LEGAL. AVERBAÇÃO. IMPRESCINDIBILIDADE. NECESSIDADE DE INTERPRETAÇÃO EXTRAFISCAL DA RENÚNCIA DE RECEITA. 1. A controvérsia sob análise versa sobre a (im)prescindibilidade da averbação da reserva legal para fins de gozo da isenção fiscal prevista no art. 10, inc. II, alínea "a", da Lei n. 9.393/96. 2. O único bônus individual resultante da imposição da reserva legal ao contribuinte é a isenção no ITR. Ao mesmo tempo, a averbação da reserva funciona como garantia do meio ambiente. 3. Desta forma, a imposição da averbação para fins de concessão do benefício fiscal deve funcionar a favor do meio ambiente, ou seja, como mecanismo de incentivo à averbação e, via transversa, impedimento à degradação ambiental. Em outras palavras: condicionando a isenção à averbação atingir-se-ia o escopo fundamental dos arts. 16, § 2º, do Código Florestal e 10, inc. II, alínea "a", da Lei n. 9.393/96. 4. Esta linha de argumentação é corroborada pelo que determina o art. 111 do Código Tributário Nacional – CTN (interpretação restritiva da outorga de isenção), em especial pelo fato de que o ITR, como imposto sujeito a lançamento por homologação, e em razão da

parca arrecadação que proporciona (como se sabe, os valores referentes a todo o ITR arrecadado é substancialmente menor ao que o Município de São Paulo arrecada, por exemplo, a título de IPTU), vê a efetividade da fiscalização no combate da fraude tributária reduzida. 5. Apenas a determinação prévia da averbação (e não da prévia comprovação, friso e repito) seria útil aos fins da lei tributária e da lei ambiental. Caso contrário, a União e os Municípios não terão condições de bem auditar a declaração dos contribuintes e, indiretamente, de promover a preservação ambiental. 6. A redação do § 7º do art. 10 da Lei n. 9.393/96 é inservível para afastar tais premissas, porque, tal como ocorre com qualquer outro tributo sujeito a lançamento por homologação, o contribuinte jamais junta a prova da sua glosa – no imposto de renda, por exemplo, junto com a declaração anual de ajuste, o contribuinte que alega ter tido despesas médicas, na entrega da declaração, não precisa juntar comprovante de despesa. Existe uma diferença entre a existência do fato jurígeno e sua prova. 7. A prova da averbação da reserva legal é dispensada no momento da declaração tributária, mas não a existência da averbação em si. 8. Mais um argumento de reforço neste sentido: suponha-se uma situação em que o contribuinte declare a existência de uma reserva legal que, em verdade, não existe (hipótese de área tributável declarada a menor); na suspeita de fraude, o Fisco decide levar a cabo uma fiscalização, o que, a seu turno, dá origem a um lançamento de ofício (art. 14 da Lei n. 9.393/96). Qual será, neste caso, o objeto de exame por parte da Administração tributária? Obviamente será o registro do imóvel, de modo que, não havendo a averbação da reserva legal à época do período-base, o tributo será lançado sobre toda a área do imóvel (admitindo inexistirem outros descontos legais). Pergunta-se: a mudança da modalidade de lançamento é suficiente para alterar os requisitos da isenção? Lógico que não. E se não é assim, em qualquer caso, será preciso a preexistência da averbação da reserva no registro. 9. É de afastar, ainda, argumento no sentido de que a averbação é ato meramente declaratório, e não constitutivo, da reserva legal. Sem dúvida, é assim: a existência da reserva legal não depende da averbação para os fins do Código Florestal e da legislação ambiental. Mas isto nada tem a ver com o sistema tributário nacional. Para fins tributários, a averbação deve ser condicionante da isenção, tendo eficácia constitutiva. 10. A questão ora se enfrenta é bem diferente daquela relacionada à necessidade de ato declaratório do Ibama relacionado à área de preservação permanente, pois, a toda evidência, impossível condicionar um benefício fiscal nestes termos à expedição de um ato de entidade estatal. 11. No entanto, o Código Florestal, em matéria de reserva ambiental, comete a averbação ao próprio contribuinte proprietário ou possuidor, e isto com o objetivo de viabilizar todo o rol de obrigações previstas no art. 44 daquele diploma normativo" (STJ, REsp 1.027.051, 2011).

– **No sentido contrário. Desnecessidade.** "ITR. BASE DE CÁLCULO. EXCLUSÃO DA ÁREA DE PRESERVAÇÃO PERMANENTE E RESERVA LEGAL. ISENÇÃO. PRINCÍPIO DA LEGALIDADE TRIBUTÁRIA. LEI N. 9.393/96. VIOLAÇÃO DO ART. 535 DO CPC. NÃO OCORRÊNCIA. 1. A área de reserva legal é isenta do ITR, consoante o disposto no art. 10, § 1º, II, "a", da Lei 9.393, de 19 de dezembro de 1996, por isso que ilegítimo o condicionamento do reconhecimento do referido benefício à prévia averbação dessa área no Registro de Imóveis.(Precedentes...) 2... 3. A isenção não pode ser conjurada por força de interpretação ou integração analógica, máxime quando a lei tributária especial reafirmou o benefício através da Lei n. 11.428/2006, reiterando a exclusão da área de reserva legal de incidência da exação (art. 10, II, "a" e IV, "b")... 4. A imposição fiscal obedece ao princípio da legalidade estrita, impondo ao julgador, na apreciação da lide, ater-se aos critérios estabelecidos em lei. 5. Consectariamente, decidiu com acerto o acórdão *a quo* ao firmar entendimento no sentido de que, *litteris*: 'Assim, entendo que deve ser promovida a subtração da área de reserva legal. Embora não houvesse a averbação da área demarcada como reserva legal na época do fato gerador (1998), o que só ocorreu em 2002, entendo que deve haver a subtração de 20% da área do imóvel. Deve-se considerar como área de reserva apenas o limite mínimo de 20% estabelecido pelo art. 16 da Lei n. 4771/65, e é o caso dos autos. Mesmo enquanto não averbada, havia a proteção legal sobre o mínimo de 20% da área rural...'" (STJ, REsp 969.091, 2010).

– **No sentido de que a averbação da área de reserva legal supre a falta do ato declaratório ambiental. Súmula CARF 122:** "A averbação da Área de Reserva Legal (ARL) na matrícula do imóvel em data anterior ao fato gerador supre a eventual falta de apresentação do Ato declaratório Ambiental (ADA)" (CSRF, 2018). Obs.: vinculante, conforme Portaria MF n. 129/2019.

– **Áreas em estado de calamidade pública. Lei 9.393/96:** "Art. 10. [...] § 6º Será considerada como efetivamente utilizada a área dos imóveis rurais que, no ano anterior, estejam: I – comprovadamente situados em área de ocorrência de calamidade pública decretada pelo Poder Público, de que resulte frustração de safras ou destruição de pastagens".

– "IMPOSTO TERRITORIAL RURAL – ART. 10, § 6º, I, DA LEI 9.393/96 – RECONHECIMENTO DE ESTADO DE CALAMIDADE PÚBLICA – CONCESSÃO DO BENEFÍCIO FISCAL. 1. Discute-se nos autos se o benefício fiscal previsto no art. 10 da Lei 9.393/96 pode ser aplicado aos fatos geradores do ITR que se aperfeiçoaram antes de decreto que tornou público estado de calamidade na região do Município de Itabaiana.2. O ato de decretação de calamidade pública tem efeito meramente declaratório, de maneira que, reconhecida a situação de catástrofe natural em que se encontra a propriedade do recorrido, pode ele se valer do benefício" (STJ, REsp 1.150.496, 2010).

⇒ **Alíquotas.** A Lei n. 9.393/96 traz, anexa, a Tabela de Alíquotas do ITR, com graduação conforme a combinação de dois critérios: a área total do imóvel e o grau de utilização, de modo que as alíquotas variam de 0,03% para pequenos imóveis produtivos até 20% para latifúndios improdutivos.

– O art. 153, § 4º, da CF determina que o ITR seja progressivo, com alíquotas fixadas para desestimular a manutenção de propriedades improdutivas. Mas o STF entende válida a graduação que considera, também, a área do imóvel, de modo que grandes propriedades paguem imposto progressivamente superior. Vide notas ao art. 153, § 4º, da CF.

– Definição da tabela de alíquotas do ITR. MP n. 399/2003 e Lei n. 8.847/94. Necessidade de observância da anterioridade. Vide sobre o RE 448.558, 2005, pertinente ao ponto, em nota ao art. 150, III, *b*, da CRFB.

⇒ **Quitação do ITR com TDAs.** Sobre a possibilidade de compensação do montante devido a título de ITR com Títulos da Dívida Agrária, vide comentários ao art. 170 do CTN.

Art. 31. Contribuinte do imposto é o proprietário do imóvel, o titular de seu domínio útil, ou o seu possuidor a qualquer título.

⇒ **Proprietário. Titular do domínio útil ou possuidor a qualquer título. Inadequação à base econômica.** A "propriedade" é a base econômica concedida à tributação, devendo ser colocado como contribuinte o titular de tal riqueza, qual seja, o proprietário, necessariamente. A indicação do titular do domínio útil e do possuidor como contribuintes extrapola a competência tributária, embora, até hoje, isso não tenha sido reconhecido pelos tribunais. Vide nota ao art. 153, VI, da CF.

– **Cobrança do promitente vendedor.** "9. [...] não se vislumbra a carência da ação executiva ajuizada em face do promitente vendedor, para cobrança de débitos tributários atinentes ao ITR, máxime à luz da assertiva de que inexistente, nos autos, a comprovação da translação do domínio ao promitente comprador através do registro no cartório competente. 13... Acórdão submetido ao regime do artigo 543-C, do CPC, e da Resolução STJ 08/2008. Proposição de verbete sumular" (STJ, REsp 1.073.846, 2009).

– **Ex-proprietário.** Não se pode exigir o ITR daquele que, tendo sido proprietário do imóvel, já não mais ostentava essa posição jurídica por ocasião da ocorrência do fato gerador.

– **Irrelevância, para fins de sujeição passiva, do cadastro no INCRA.** "Já o fato de o apelado não ter efetuado a modificação no cadastro do imóvel não tem o condão de torná-lo responsável pelo pagamento do ITR uma vez que este tem como fato gerador 'a propriedade, o domínio útil ou a posse de bem imóvel por natureza ou por acessão física, como definido na lei civil, localizado fora da zona urbana do Município' (CTN, art. 29) e não o cadastramento no INCRA" (TRF4, AC 2000.70.00.003647-1, 2002).

– "A atualização do cadastro rural constitui-se em obrigação meramente acessória, cujo descumprimento não implica na exigência do imposto territorial rural" (TRF4, AC 96.04.49416-3, 1997).

– "1. É da responsabilidade do adquirente o adimplemento dos créditos tributários relativos às exações cujo fato gerador seja a propriedade, salvo quando conste do título prova de sua quitação (art. 130, CTN-66). 2. Se o cadastro de contribuintes da exequente estava desatualizado, isto não gera o direito de cobrar tributo de quem não mais é o responsável segundo a lei" (TRF4, AC 90.04.20433-4, 1995).

– **Responsabilidade do sucessor alcança o ITR. Obrigação** *propter rem.* Vide nota ao art. 130 do CTN.

SEÇÃO II
IMPOSTOS SOBRE A PROPRIEDADE PREDIAL E TERRITORIAL URBANA

Art. 32. O imposto, de competência dos Municípios, sobre a propriedade predial e territorial urbana tem como fato gerador a propriedade, o domínio útil ou a posse de bem imóvel por natureza ou por acessão física, como definido na lei civil, localizado na zona urbana do Município.

⇒ **Base econômica tributada.** O art. 156, I, da CF estabelece a base econômica passível de ser tributada: "propriedade predial e territorial urbana".

– **Não recepção do art. 32 do CTN no que desborda do conceito de "propriedade".** Entendemos que o art. 32 do CTN, no que desborda do conceito de propriedade, é incompatível com o texto constitucional. De fato, note-se que é a riqueza revelada pela propriedade que é dada à tributação. Assim, não se pode tributar senão a propriedade e senão quem revele tal riqueza. A titularidade de qualquer outro direito real revela menor riqueza e, o que importa, não foram os demais direitos reais previstos constitucionalmente como ensejadores da instituição de impostos.

• Vide nota ao art. 156, I, da CF acerca da extensão da base econômica "propriedade predial e territorial urbana", que dá suporte à instituição do IPTU.

– **Propriedade.** A propriedade constitui direito real disciplinado pelo Código Civil. Seu art. 1.228 estabelece: "O proprietário tem a faculdade de usar, gozar e dispor da coisa, e o direito de reavê-la do poder de quem quer que injustamente a possua ou detenha".

– **Domínio útil. Enfiteuse.** "O *domínio útil* compreende os direitos de utilização e disposição, inclusive de alienação, conferidos ao foreiro, relativamente a prédio enfitêutico; contrapondo-se ao 'domínio direto' (restrito à substância do bem). [...] A enfiteuse (aforamento ou emprazamento) constituía um direito real sobre coisa alheia, significando a atribuição do proprietário (senhorio direto) a outrem do domínio útil do imóvel (terras não cultivadas, terrenos destinados à edificação, terrenos de marinha e acrescidos), mediante o recebimento de pensão, ou foro, anual, certo e invariável, por parte daquele que o adquire (enfiteuta), nos termos dos arts. 678 e 680 do antigo Código Civil. Apesar de o vigente Código Civil (Lei Federal n. 10.406, de 10.1.2002) ter proibido a constituição de enfiteuses e subenfiteuses (art. 2.038), sendo substituídos pelo direito de superfície (art. 1.369 do Código Civil), permanece o direito adquirido às enfiteuses em vigor, aplicando-se os decorrentes efeitos fiscais" (PAULSEN, Leandro; MELO, José Eduardo Soares de. *Impostos federais, estaduais e municipais*. 12. ed. São Paulo: Saraiva, 2022, p. 266-367).

– **Posse.** Dispõe o Código Civil: "Art. 1.196. Considera-se possuidor todo aquele que tem de fato o exercício, pleno ou não, de algum dos poderes inerentes à propriedade".

– "A *posse* deflui do conceito de possuidor, como sendo todo aquele que tem de fato o exercício, pleno ou não, de algum dos poderes inerentes à propriedade (art. 1.196 do Código Civil); o que não ocorre com o mero detentor, que, achando-se em relação de dependência para com outro, conserva a posse em nome deste e em cumprimento de ordens ou instruções suas (art. 1.198, Código Civil)" (PAULSEN, Leandro; MELO, José Eduardo Soares de. *Impostos federais, estaduais e municipais*. 12. ed. São Paulo: Saraiva, 2022, p. 367).

– **Posse desdobrada, decorrente de direito pessoal, não é suficiente.** "A Constituição de 1988... atribuiu aos Municípios a competência para instituição do imposto sobre a *propriedade* urbana. Nessa linha, ao mesmo tempo em que outorga uma competência, a Constituição a delimita, não cabendo ao aplicador da lei extrapolar os conceitos empregados no texto constitucional. [...] não se pode chegar a outra conclusão, senão, pela impossibilidade de se tributar, na qualidade de sujeito passivo direto do IPTU, o simples cessionário de uso u locatário de imóvel, público ou particular, porquanto a simples posse decorrente de direito pessoal – contrato de cessão e uso ou locação – não se confunde com a propriedade, esta sim contida no campo de tributação municipal, nos termos do art. 156, inc. I, da Constituição" (AYRES, João Paulo Santarosa de Araújo; SANTOS, André Felipe Batista dos; CAMPOS, Marcelo Hugo de Oliveira. A imunidade tributária recíproca e o pacto federativo: análise crítica do RE n. 434.251. *RDDT* 221/58, 2014).

– **Posse com "animus domini", não a mera posse direta por disposição contratual.** "Quando se trata de posse desdobrada – o caso da locação e do comodato –, o possuidor direto não responde" (excerto de voto do Ministro Moreira Alves quando do julgamento, pelo STF, do RE 253.394, 2003). Obs.: vide, também, STF, RE 451.152, 2006.

– "3. No que diz respeito aos arts. 32 e 34 do CTN, que disciplinam as hipóteses de incidência e a sujeição passiva do tributo, a jurisprudência desta Corte Superior é no sentido de que somente é inexigível o IPTU da cessionária de imóvel pertencente à União, quando esta detém a posse mediante relação pessoal, sem *animus domini*. 4. No caso, concluiu-se que o bem imóvel utilizado pela CEMIG na execução do serviço de fornecimento de energia elétrica está registrado em seu nome e não era de propriedade de qualquer pessoa jurídica de direito público, além de poder ser onerado, conforme a disposição do art. 242 da Lei das Sociedades Anônimas" (STJ, AgRg no AREsp 70.675, 2013).

– "1. Nos termos da jurisprudência desta Corte, o bem imóvel de domínio da União, ocupado por cessionária de uso de área, não se sujeita a incidência de IPTU, haja vista que a posse, nessa situação, não é dotada de *animus domini*. 2. O cessionário do direito de uso não é contribuinte do IPTU, haja vista que é possuidor por relação de direito pessoal, não exercendo *animus domini*, sendo possuidor do imóvel como simples detentor de coisa alheia" (STJ, AgRg no REsp 1.034.641, 2013).

– "IPTU. CONTRIBUINTE. AUSÊNCIA DE *ANIMUS DOMINI*. CONDOMÍNIO. MERO ADMINISTRADOR... 2. O fato gerador do IPTU, conforme dispõe o art. 32 do CTN, é a propriedade, o domínio útil ou a posse. O contribuinte da exação é o proprietário do imóvel, o titular do seu domínio ou seu possuidor a qualquer título (art. 34 do CTN). 3. A jurisprudência do STJ é pacífica no sentido de que somente a posse com *animus domini* é apta a gerar a exação predial urbana, o que não ocorre com o condomínio, *in casu*, que apenas possui a qualidade de administrador de bens de terceiros. 4. 'Não é qualquer posse que deseja ver tributada. Não é a posse direta do locatário, do comodatário, do arrendatário de terreno, do administrador de bem de terceiro, do usuário ou habitador (uso e habitação) ou do possuidor clandestino ou precário (posse nova etc.). A posse prevista no Código Tributário como tributável é a de pessoa que já é ou pode ser proprietária da coisa.' (in *Curso de direito tributário*, Coordenador Ives Gandra da Silva Martins, 8ª Edição – Imposto Predial e Territorial Urbano, p. 736/737)" (STJ, REsp 1.327.539, 2012).

– "O caso de contrato de concessão de uso (negócio jurídico bilateral de natureza pessoal), para fins tributários, não se equipara ao domínio útil de bem, não caracterizando expressão de *animus dominis*. Não exterioriza propriedade, nem abre espaço para se considerar o cessionário como possuidor, em razão de que não se considera como contribuinte do IPTU do imóvel que ocupa" (PAULSEN, Leandro; MELO, José Eduardo Soares de. *Impostos federais, estaduais e municipais*. 12. ed. São Paulo: Saraiva, 2022, p. 366).

– **Inscrição de unidade autônoma de imóvel para fins de IPTU independe de abertura de nova matrícula no registro imobiliário.** "IPTU. TRIBUTAÇÃO SOBRE NOVAS UNIDADES AUTÔNOMAS CONSTRUÍDAS EM EDIFÍCIO RESIDENCIAL. DESNECESSIDADE DA INSCRIÇÃO PRÉVIA INDIVIDUALIZADA NO REGISTRO DE IMÓVEIS. LEGALIDADE DA EXAÇÃO. INTELIGÊNCIA DOS ARTS. 32, 34 E 116, INCISO I, DO CTN. 1. Cinge-se a controvérsia em se estabelecer a possibilidade de o fisco, verificando alteração em imóvel pré-existente, que se dividiu em unidades autônomas, poder proceder a novas inscrições de IPTU, sem que haja registro das novas unidades em cartório de imóveis. 2. O art. 32 do CTN estabelece que o fato gerador do IPTU é a propriedade, o domínio útil ou a posse. O art. 34 do referido diploma preconiza que o 'Contribuinte do imposto é o proprietário do imóvel, o titular do seu domínio útil, ou o seu possuidor a qualquer título.' 3. É absolutamente dispensável qualquer exigência de prévio registro imobiliário das novas unidades para que se proceda ao lançamento do IPTU individualizado, uma vez que basta a configuração da posse de bem imóvel para dar ensejo à exação. Vários são os precedentes do STJ nesse sentido, dentre eles: REsp 735.300, 2008. 4. É suficiente para ensejar a cobrança do IPTU a verificação das unidades autônomas acrescidas ao imóvel, uma vez ser 'cediço que os impostos reais (IPTU e ITBI, em especial) referem-se aos bens autonomamente considerados.' (...)" (STJ, REsp 1.347.693, 2013).

⇒ **Zona urbana.** "Certo, portanto, de que o fato gerador do IPTU é a propriedade predial e territorial urbana, conclui-se ser de importância vital para o município a delimitação de seu perímetro urbano, a fim de que também se evitem conflitos com a União, dado que a zona rural é objeto de competência tributária da mesma (CF, art. 153, VI). Destarte, a delimitação da zona urbana ou perímetro urbano, como alguns preferem, há de ser realizada por lei municipal. Esta, por sua vez, deverá estar submissa às condições consignadas pelo CTN, no seu art. 32, §§ 1º e 2º" (PEREIRA DE SANTANA, Selma.

Delimitação de zona urbana e IPTU. *Cadernos de Direito Tributário e Finanças Públicas* 18/123-124, São Paulo: RT, 1997).

– Os §§ 1º e 2º deste artigo estabelecem os critérios a serem observados pela Lei Municipal para a delimitação da zona urbana, com repercussão direta na abrangência do IPTU. Este artigo, com isso, ao mesmo tempo, previne conflitos de competência entre os Municípios (IPTU) e a União (ITR) e dá critérios para a sua resolução caso se verifiquem.

– "IPTU. ITR. INCIDÊNCIA. CRITÉRIO DA LOCALIZAÇÃO DO IMÓVEL INSUFICIENTE. NECESSIDADE DE SE OBSERVAR, TAMBÉM, A DESTINAÇÃO DO IMÓVEL... 1. O critério da localização do imóvel não é suficiente para que se decida sobre a incidência do IPTU ou ITR, sendo necessário observar-se, também, a destinação econômica, conforme já decidiu a Egrégia 2ª Turma, com base em posicionamento do STF sobre a vigência do Decreto-Lei 57/66. 2... 3. Necessidade de comprovação perante as instâncias ordinárias de que o imóvel é destinado à atividade rural. Do contrário, deve incidir sobre ele o IPTU..." (STJ, AgRg no Ag 993.224, 2008).

– **Parcelamento do solo urbano.** Vide: DOMINGUES, Rafael Augusto Silva. IPTU e parcelamento do solo urbano – necessária leitura urbanística do direito de propriedade para a definição da hipótese de incidência tributária. *RDDT* 231/82, 2014.

– **Imóvel situado na zona urbana, mas destinado a atividade rural.** DL n. 57/66. Sujeição ao ITR. Vide nota ao art. 29 do CTN.

⇒ **Imóvel sujeito a preservação ambiental.** A legislação do ITR exclui as áreas de preservação permanente e de reserva legal da base de cálculo do imposto. Mas as legislações municipais normalmente silenciam a respeito das áreas que, por razões ambientais, não são passíveis de edificação.

– "1. Hipótese em que se questiona a violação do artigo 32, I e II, do CTN, e dos artigos 5º, I, II, XXII, 156, § 1º, II, da Constituição Federal, ao argumento de que não deve incidir IPTU sobre área de preservação permanente interna a empreendimento imobiliário urbano. 2... 3. A restrição à utilização da propriedade referente a área de preservação permanente em parte de imóvel urbano (loteamento) não afasta a incidência do Imposto Predial e Territorial Urbano, uma vez que o fato gerador da exação permanece íntegro, qual seja, a propriedade localizada na zona urbana do município. Cuida-se de um ônus a ser suportado, o que não gera o cerceamento total da disposição, utilização ou alienação da propriedade, como ocorre, por exemplo, nas desapropriações. Aliás, no caso dos autos, a limitação não tem caráter absoluto, pois poderá haver exploração da área mediante prévia autorização da Secretaria do Meio Ambiente do município. 4. Na verdade, a limitação de fração da propriedade urbana por força do reconhecimento de área de preservação permanente, por si só, não conduz à violação do artigo 32 do CTN, que trata do fato gerador do tributo. O não pagamento da exação sobre certa fração da propriedade urbana é questão a ser dirimida também à luz da isenção e da base de cálculo do tributo, a exemplo do que se tem feito no tema envolvendo o ITR sobre áreas de preservação permanente, pois, para esta situação, por exemplo, há lei federal permitindo a exclusão de áreas da sua base de cálculo (artigo 10, § 1º, II, 'a' e 'b', da Lei 9.393/96). 5. Segundo o acórdão recorrido, não há lei prevendo o favor legal para a situação dos autos, fundamento bastante para manter o decisum, pois o artigo 150, § 6º, da Constituição Federal, bem como o artigo 176 do Código Tributário Nacional exigem lei específica para a concessão de isenção tributária" (STJ, REsp 1.128.981, 2010).

– "IPTU. TERRENO DE PRAIA. ÁREA DE PRESERVAÇÃO AMBIENTAL PERMANENTE E *NON AEDIFICANDI*. Descabimento da cobrança do tributo, pois o caso não é de simples restrição administrativa, pois o terreno de praia que não serve para construir, para nada serve" (TJRS, AC 70042261115, 2011).

– "Normas ambientais que impedem a construção ou o desmatamento abrangendo a maior parte da propriedade ou a sua totalidade caracterizam verdadeira interdição de uso da propriedade. Essa interdição não se confunde com a mera limitação administrativa que implica restrição ao uso da propriedade imposta genericamente a todos os proprietários no interesse da coletividade como, por exemplo, os recuos de prédios, os gabaritos de construção etc. [...] os imóveis esvaziados em seu conteúdo econômico não podem ser tributados, sob pena de afronta aos princípios da isonomia tributária, da capacidade contributiva e da proibição de efeito confiscatório" (HARADA, Kiyoshi. *IPTU:* doutrina e prática. São Paulo: Atlas, 2012, p. 141-142).

§ 1º Para os efeitos deste imposto, entende-se como zona urbana a definida em lei municipal, observado o requisito mínimo da existência de melhoramentos indicados em pelo menos dois dos incisos seguintes, construídos ou mantidos pelo Poder Público:

I – meio-fio ou calçamento, com canalização de águas pluviais;

II – abastecimento de água;

III – sistema de esgotos sanitários;

IV – rede de iluminação pública, com ou sem posteamento para distribuição domiciliar;

V – escola primária ou posto de saúde a uma distância máxima de 3 (três) quilômetros do imóvel considerado.

§ 2º A lei municipal pode considerar urbanas as áreas urbanizáveis, ou de expansão urbana, constantes de loteamentos aprovados pelos órgãos competentes, destinados à habitação, à indústria ou ao comércio, mesmo que localizados fora das zonas definidas nos termos do parágrafo anterior.

⇒ **Consideram urbanas áreas urbanizáveis que ainda não cumprem os requisitos do § 1º.** No § 1º, temos áreas urbanas assim identificadas pela infraestrutura que apresentam; no § 2º, autoriza-se a equiparação a urbana das áreas ainda não servidas por tal infraestrutura, mas que sejam urbanizáveis ou de expansão urbana e que constem de loteamentos aprovados, voltados à habitação, à indústria ou ao comércio.

– **Súmula 626 do STJ:** "A incidência do IPTU sobre imóvel situado em área considerada pela lei local como urbanizável ou de expansão urbana não está condicionada à existência dos melhoramentos elencados no art. 32, § 1º, do CTN" (2018).

⇒ **Observância dos requisitos pela lei municipal.** "É importante... que o legislador municipal respeite os requisitos exigidos pelo § 2º, do art. 32, do CTN para considerar como áreas urbanas as áreas de expansão urbana, sob pena de inconstitucionalidade por invasão da esfera de competência impositiva da União" (HARADA, Kiyoshi. *IPTU:* doutrina e prática. São Paulo: Atlas, 2012, p. 134).

⇒ **Sítio de recreio situado em zona de expansão urbana.** "2. A jurisprudência desta Corte é pacífica no sentido de que é legal a cobrança do IPTU dos sítios de recreio, localizados em zona de expansão urbana definida por legislação municipal, nos termos do arts. 32, § 1º, do CTN c/c arts. 14 do Decreto-lei n. 57/66 e 29 da Lei 5.172/66, mesmo que não contenha os melhoramentos previstos no art. 32, § 1º, do CTN" (STJ, AgRg no REsp 783.794, 2009).

Art. 33. A base do cálculo do imposto é o valor venal do imóvel.

⇒ **Valor venal. Planta de valores.** "Por plantas fiscais de valores entendem-se os padrões de avaliação de imóveis, por metro quadrado, segundo fatores tais como localização, acabamento e antiguidade. São utilizadas principalmente na cobrança do IPTU como elemento de configuração da base de cálculo, componente do critério quantitativo da regra-matriz de incidência tributária. As plantas fiscais de valores foram criadas pela lei, em virtude da impossibilidade fática do Fisco determinar, caso a caso, o valor venal dos imóveis, base de cálculo do imposto de que tratamos, sujeito ao lançamento de ofício. A jurisprudência não costuma discutir a validade da planta como presunção, mas apenas a necessidade de sua veiculação por meio de instrumento introdutor adequado, já que o princípio da legalidade não permite que nenhum dos critérios da regra-matriz de incidência seja fixado em veículo infralegal" (FERRAGUT, Maria Rita. *Presunções no direito tributário.* São Paulo: Dialética, 2001, p. 135).

– "A Planta fiscal do IPTU é norma presuntiva, que estatui valor, que poderia vir a ser, mas não é. Determina um quantum – fato conhecido – para substituir o preço real de venda – fato desconhecido – na posição sintática de base de cálculo na regra-matriz de incidência do IPTU. Tem em vista o preço provável, e não havendo outra forma de determinação, apura o valor com base nessa probabilidade. Assim, nesse caso, tomamos verdadeiramente a presunção como técnica para apurar o tributo, ressaltando pois a praticabilidade, em termos arrecadatórios, de seu uso. A função prática da norma presuntiva no âmbito do IPTU de todo útil para a autoridade municipal, não significa que ela pode fazer acriteriosamente, sem delimitações de direito. Claro está que a base de cálculo estipulada em pauta não pode ultrapassar o valor real de venda do imóvel, superestimando o bem. Assim, comprovado pelo contribuinte excesso de exação, cabe ao fisco restituir ao contribuinte a diferença entre o valor fixado a maior em pauta e o preço efetivo do imóvel. A base de cálculo pautada com base nas pesquisas da ABNT e do IBAPE deverá ser sempre igual ou inferior àquela que realmente acontece, nunca o contrário. O excedente é tributação fictícia, e não presumida, pois parte daquilo que não é para arrecadar. Esse valor pago a maior é, pois, ficção, e logo é tributo inconstitucional e indevido" (HA-

RET, Florence. *Teoria e prática das presunções no direito tributário*. São Paulo: Noeses, 2010, p. 837-838).

– No sentido de que a planta fiscal de valores deve constar de lei. "... O valor venal dos imóveis de uma cidade pode ser atualizado por lei, mas não por decreto do prefeito. O prefeito só pode corrigir monetariamente os valores já fixados de acordo com a lei anterior. Recurso extraordinário conhecido e provido" (STF, RE 92.335/SP, *RTJ* 96/880).

– "... contrariando as decisões anteriormente firmadas, o Supremo Tribunal Federal, a partir do RE n. 87.763-1 (*DJU*, 23.11.1979, Pleno, sendo relator o Min. Moreira Alves), passou a considerar as plantas e pautas de valores para fins de IPTU contrárias à Constituição, se não aprovadas por lei, abrindo exceção apenas para as meras atualizações de valores imobiliários feitas pelo Executivo que se restringissem aos índices de correção monetária. Da ementa se lê: '... Para se atribuir outro valor venal ao imóvel, que não o decorrente do ano anterior mais correção monetária, é mister lei, não bastando para isso simples decreto...' A Corte Suprema foi posta à frente do seguinte aporema: a praticidade exige que a Administração estabeleça presunções (padrões, esquemas, somatórios ou pauta de valores), sem as quais não é possível aplicar a lei em massa *x* tais presunções são ofensivas à legalidade estrita e ao princípio da justiça tributária individual. E optou por uma solução intermediária (no citado RE n. 87.763-1, Pleno, *DJU* de 23.11.1979), segundo a qual as padronizações e pautas de valores genéricos são presunções que devem ser estabelecidas em lei. Mas, com razoável prudência, o STF não inviabilizou a execução da lei, porque estabilizou os valores atribuídos aos imóveis em exercícios anteriores e permite que a Administração os atualize nominalmente (independentemente de lei) nos mesmos índices da correção monetária. Entende a Corte que fica vedado ao Poder Executivo apenas majorar, em termos reais, os valores atribuídos aos imóveis em exercício anteriores" (DERZI, Misabel Abreu Machado. Nota de atualização à obra de Aliomar Baleeiro. *Direito tributário brasileiro*. 11. ed. Rio de Janeiro: Forense, 1999, p. 250 e 252).

– Súmula 13 do TASP: "O Imposto Predial e Territorial urbano só pode ser majorado por lei, sendo insuficiente a que autorize o Poder Executivo a editar Plantas Genéricas contendo valores que alterem a base de cálculo do tributo" (IUJ 344.128, 1987).

– No sentido de que basta a fixação, por lei, do valor venal como base de cálculo, cabendo ao Executivo o estabelecimento da planta de valores. Deve-se diferenciar o plano da instituição do tributo com o da aplicação da norma tributária impositiva. A instituição do IPTU, no que diz respeito a sua base de cálculo, dá-se previsão de que será calculado com base no valor venal do imóvel. O estabelecimento da "Planta de Valores" é simples providência administrativa que viabiliza a aplicação da norma aos milhares de proprietários urbanos, pois a avaliação individualizada de cada imóvel seria impossível. A "Planta de Valores" enseja que se presuma o valor de cada imóvel conforme as suas características e localização. Vide nota ao art. 150, I, da CF sobre a definição em abstrato e em concreto.

– "... as plantas genéricas de valores do IPTU, forma de presunção da avaliação dos imóveis, podem ser veiculadas por ato infra-legal, sem nenhuma afronta ao Princípio da Legalidade, diferentemente do atual posicionamento do Judiciário sobre a matéria. Em atendimento ao primado democrático da autotributação, como autolimitação da liberdade individual, basta a previsão em lei municipal de que a base de cálculo do IPTU é o valor venal do imóvel, como determina o art. 33, do CTN. As plantas genéricas são, apenas, ordens administrativas aos agentes fiscais, regulamentando-se a forma de aplicação da previsão legal genérica e abstrata, ou seja, como a autoridade administrativa chegará à base calculada" (CUNHA, Carlos Renato. As plantas genéricas de valores do IPTU e o princípio da legalidade: reflexões sobre democracia e liberdade, diante das recentes decisões judiciais que suspenderam leis municipais de atualização dos valores imobiliários. In: GRUPENMACHER, Betina Treiger (coord.). *Tributação: democracia e liberdade*. São Paulo: Noeses, 2014, p. 99).

– "... a planta de valores: – é ato simplesmente declaratório; não atribui valor a nenhum imóvel, mas revela, espelha o valor que nele existe (ou que ele tem); – não altera, por isso, a lei, não excedendo o limite que nela se contém; – se, eventualmente, em algum caso concreto, sua aplicação, mediante o prosseguimento do lançamento, levar a tal resultado, a ordem jurídica prevê correção administrativa ou judicial; – nesse caso, o que se compromete é ou uma interpretação da planta, ou parte da mesma, ou a própria planta concretamente individualizada; jamais a ideia de planta, ou a competência que o Executivo recebe da lei, para expedi-la; – além do mais, a planta se insere na categoria de atos administrativos incumbentes ao Executivo, para instrumentar a ação dos agentes menores da Administração; – é ato de execução da lei. Ato privativo, por sua natureza, do Executivo; não altera a lei, mas dispõe no sentido de sua fiel 'execução' (como o quer o n. III do art. 81 da Constituição); – é providência concreta administrativa para orientação dos funcionários; – é ato de aplicação do Direito. Como observa Celso Antônio Bandeira de Mello, não assume função inaugural, não invade o campo da lei, pela circunstância de constituir-se em instrumento de sua aplicação não a um só caso singular, mas a uma generalidade de casos; – além de tudo, como o princípio constitucional da isonomia não se volta apenas ao legislador, mas a todos os órgãos do Estado, a planta funciona como excelente e indispensável instrumento promotor da isonomia e acautelador de desigualações injustificadas ou ingualações anti-isonômicas. Em conclusão, vê-se que não é só razoável como até prudente e necessário que o Executivo fixe em decreto plantas genéricas de valores, a serem aplicadas pelos atos individuais do lançamento, como garantia da objetividade dos direitos, exclusão de qualquer subjetivismo e evitação do arbítrio" (ATALIBA, Geraldo. Avaliação de imóveis para lançamento de imposto – Ato administrativo por natureza – Caráter regulamentar da planta de valores – Atualização de valores imobiliários. *RDT* 7-8/54 e 55, *apud* FURLAN, Valéria C. P. *IPTU*. São Paulo: Malheiros, 2000, p. 181).

– "... sendo a base de cálculo um elemento integrante do aspecto quantitativo a hipótese de incidência normativa tributária, deverá, nesta qualidade, estar prevista em lei. Doutra parte, escapa da alçada legislativa a tarefa de concretizar a base de cálculo *in concreto* do IPTU, isto é, de apurar o valor venal do imóvel. Com efeito, ao Executivo atribui-se a função de aplicar a norma ao caso concreto, e, na espécie, incumbe apurar o valor venal do imóvel para fins do aludido imposto, ainda que, para tanto, tenha que recorrer às plantas genéricas de valores" (FURLAN, Valéria C. P. *IPTU*. São Paulo: Malheiros, 2000, p. 106).

– "... as plantas genéricas de valores apenas fixam critérios genéricos para que se torne possível a apuração do valor venal do imóvel, o que de forma alguma implica alteração da base de cálculo do IPTU... a lei explicita a base de cálculo *in abstracto* e a Administração, por meio da planta genérica de valores, dá os critérios genéricos e abstratos que permitem a apuração da base de cálculo *in concreto* – melhor dizendo, a constatação do valor real do imóvel" (FURLAN, Valéria C. P. *IPTU*. São Paulo: Malheiros, 2000, p. 182).

– **Atualização monetária do valor venal.** O valor venal constante da Planta Genérica de Valores pode ser atualizado anualmente por Decreto, desde que a lei o preveja e que a atualização se dê em percentual não superior ao da inflação. A simples atualização monetária da base de cálculo não constitui majoração do tributo (art. 97, § 2º, do CTN), não estando submetida, dessa forma, à reserva legal (art. 150, I, da CF).

– **Súmula 160 do STJ:** "É defeso, ao Município, atualizar o IPTU, mediante decreto, em percentual superior ao índice oficial de correção monetária".

• Vide, também, nota ao art. 150, I, da CF, sob a rubrica *Atualização monetária*, em que há transcrição inclusive de julgado do STF sobre a matéria.

– **Atualização da base de cálculo do IPTU de São Paulo pela Lei n. 15.889/2013.** A Lei n. 15.889/2013 do Município de São Paulo aumentou a base de cálculo do IPTU em 20% para imóveis residenciais e 35% para imóveis não residenciais e terrenos, mediante atualização dos valores unitários do metro quadrado da construção e terreno, que haviam sofrido a última revisão geral no ano de 2009 (Lei n. 15.044/2009). Contra essa elevação, o PSDB ajuizou a ADI n. 0201865-26.2013.8.26.0000, cuja liminar foi analisada e concedida pelo Órgão Especial do tribunal em razão da sua relevância, em 11 de dezembro de 2013. Além da verossimilhança quanto a vícios formais, também foi reconhecida verossimilhança na alegação de que "Apesar de a capacidade contributiva ser presumida em razão do valor venal do imóvel, a planta de valores eleva demasiadamente e sem critério o valor venal da maioria estarrecedora dos imóveis, violando os Princípios da Capacidade Contributiva e do Não Confisco, o que imputa inconstitucionalidade ao imposto." É relator o Desembargador Péricles Piza.

– "O presidente do Supremo Tribunal Federal (STF), ministro Joaquim Barbosa, negou seguimento (arquivou) aos pedidos de Suspensão de Liminar (SL) 745 e 746, apresentados contra a decisão do Tribunal de Justiça de São Paulo (TJ-SP) que, em liminar, suspendeu os efeitos da Lei municipal 15.889/2013, que alterou a fórmula de cálculo do Imposto Predial e Territorial Urbano (IPTU) da capital paulista. Os pedidos foram impetrados pela Prefeitura de São Paulo e pela Câmara Municipal de São Paulo, respectivamente, que alegavam que a decisão do TJ-SP

causa gravíssimo risco de ruptura social e de ruína institucional" (Notícia de 20 de dezembro de 2013 do site do STF).

– **Atualização da base de cálculo do IPTU de Porto Alegre.** No Município de Porto Alegre, a LC n. 07/73, com a redação da LC n. 731/2014, é expressa no sentido de que o fato gerador do IPTU "ocorre no dia 1º de janeiro de cada ano". Sua base de cálculo é o valor venal, sendo que, anualmente, é publicado decreto estabelecendo os preços do metro quadrado de terrenos e de construções (para o exercício de 2015, foi estabelecido pelo Decreto n. 18.885, de 18 de dezembro de 2014).

⇒ **Alíquotas. Progressividade fiscal e extrafiscal do IPTU.** Vide arts. 156, § 1º, e 182, § 4º, II, da CF e respectivas notas.

Parágrafo único. Na determinação da base de cálculo, não se considera o valor dos bens móveis mantidos, em caráter permanente ou temporário, no imóvel, para efeito de sua utilização, exploração, aformoseamento ou comodidade.

Art. 34. Contribuinte do imposto é o proprietário do imóvel, o titular do seu domínio útil, ou o seu possuidor a qualquer título.

⇒ **Contribuintes. Só o proprietário.** A riqueza revelada pela propriedade predial e territorial urbana é que é dada à tributação. Assim, não se pode tributar senão a propriedade e senão quem revele tal riqueza. A titularidade de qualquer outro direito real revela menor riqueza e, o que importa, não foram os demais direitos reais previstos constitucionalmente como ensejadores da instituição de impostos. Vide nota ao art. 156, I, da CF acerca da extensão da base econômica "propriedade predial e territorial urbana", que dá suporte à instituição do IPTU. O CTN, todavia, alarga o rol dos possíveis contribuintes.

– **Proprietário, titular do domínio útil ou possuidor.** O art. 34 do CTN dá margem a que a lei municipal coloque no polo passivo da relação tributária o proprietário e, também, o titular do domínio útil e o possuidor.

– **Ex-proprietário.** "EXTINÇÃO DA EXECUÇÃO AJUIZADA CONTRA PARTE ILEGÍTIMA. VERBA HONORÁRIA. O IPTU é devido em razão de posse, domínio útil ou propriedade do imóvel urbano. É ilegítima para responder pelo pagamento do Imposto Predial e Territorial Urbano a parte que não possui a posse, o domínio útil ou a propriedade do imóvel, uma vez que o tenha alienado a terceiro, antes do período correspondente ao débito. A execução ajuizada contra parte ilegítima acarreta ao exequente o ônus sucumbencial, uma vez que seu ato obrigou aquele que não era devedor a opor-se ao feito executivo por meio dos embargos" (TRF4, AC 2001.71.00.005376-1, 2002).

– **Ausência de alteração da inscrição do imóvel.** "IPTU. DEVOLUÇÃO. MODIFICAÇÃO. IMÓVEL. A Turma decidiu que descabe a devolução de IPTU pago se o contribuinte não requereu junto à Administração a alteração da inscrição do imóvel, comunicando as modificações feitas no loteamento. REsp 302.672-SP, Min. Eliana Calmon, julgado em 20/6/02" (STJ, 2ª T., *Informativo STJ* n. 139, 2002).

– Acerca do ITR há discussão interessante sobre a importância, para fins de sujeição passiva, do cadastro no INCRA. Vide nota ao art. 31 do CTN.

– **Domínio útil. Enfiteuse.** "IPTU. ENFITEUSE. A Turma conheceu do recurso e deu-lhe provimento por entender que a hipótese trata de imóvel de domínio da recorrida, não importando, para o deslinde da questão, que seja ele regido pela enfiteuse, em que o domínio indireto é da União, porque é contribuinte do IPTU não só o *dominus*, mas também o titular do domínio útil, o que descarta a possibilidade de escapar à abordagem quanto ao sujeito passivo da relação tributária referente a esse imposto. REsp 267.099-BA, Min. Eliana Calmon, julgado em 16/4/02" (STJ, *Informativo STJ* n. 130, 2002).

– Concessionária como possuidora e como titular do domínio útil. Vide notas aos arts. 150, § 3º, e 156, III, da CF.

– **Possuidor. Apenas o que tenha "animus domini". Comodatário não é contribuinte.** "A jurisprudência desta Corte em torno do art. 34 do CTN, dispositivo que estabelece o sujeito passivo do IPTU, entende ser da responsabilidade exclusiva do proprietário o pagamento do referido imposto. Somente contribui para o IPTU o possuidor que tenha *animus domini*. Assim, jamais poderá ser chamado de contribuinte do IPTU o locatário ou o comodatário. No caso dos autos, apesar de o possuidor ser protegido pela imunidade tributária, como reconhecido pelo acórdão de origem, nessa parte mantido em razão da aplicação da Súm. n. 7-STJ, é relevante notar que o Município de São Paulo é, ao mesmo tempo, proprietário do imóvel e titular do tributo cobrado. Haveria, nesse caso, uma espécie de confusão entre o credor e o devedor, restando indevido o tributo. Isso posto, a Turma decidiu que o comodatário não é contribuinte do IPTU do imóvel que ocupa. REsp 325.489-SP, Min. Eliana Calmon, julgado em 19/11/02" (STJ, *Informativo STJ* n. 155, 2002).

– **Promitente comprador.** "IPTU. COBRANÇA... LEGITIMIDADE PASSIVA. DILAÇÃO PROBATÓRIA. CONTRATO DE PROMESSA DE COMPRA-E-VENDA. PROPRIETÁRIO E POSSUIDOR. CONCOMITÂNCIA... 4. Ademais, o possuidor, na qualidade de promitente-comprador, pode ser considerado contribuinte do IPTU, conjuntamente com o proprietário do imóvel, responsável pelo seu pagamento. [...] 5. O art. 34 do CTN estabelece que contribuinte do IPTU 'é o proprietário do imóvel, o titular do seu domínio útil, ou o seu possuidor a qualquer título'. 6. A existência de possuidor apto a ser considerado contribuinte do IPTU não implica a exclusão automática, do polo passivo da obrigação tributária, do titular do domínio (assim entendido aquele que tem a propriedade registrada no Registro de Imóveis)" (STJ, REsp 979.970, 2008).

– **Usufrutuário, usuário, titular do direito de habitação, locatário, arrendatário, comodatário.** "a) o *usufrutuário* (art. 718, Código Civil) é contribuinte porque tem direito a posse, uso, administração e percepção dos frutos do imóvel; b) o *usuário* e o *titular do direito de habitação* (arts. 1.412 a 1.416, Código Civil) não são contribuintes porque apenas usam coisas e percebem seus frutos quando o exigirem as necessidades suas e de sua família; e habitam gratuitamente casa alheia e não possuem a titularidade do imóvel e sequer a posse com *animus domini*; c) o *lo-*catário, o *arrendatário* e o *comodatário* de bens imóveis não são contribuintes, porque somente possuem a posse direta do imóvel, não podendo transferir, locar ou ceder a terceiros. A circunstância de terem se obrigado a suportar os ônus do imposto não os qualifica como contribuintes, especialmente porque as convenções particulares não podem ser opostas à Fazenda Pública (art. 123, CTN). A posse é que exterioriza o domínio, não aquela exercida pelo locatário ou pelo comodatário, meros titulares de direitos pessoais limitados em relação à coisa. [...] d) *o promitente comprador do imóvel* somente será contribuinte se se tratar de promessa irretratável de venda, houver pago as parcelas contratuais e se encontrar habilitado a lavrar escritura, ou promover a adjudicação compulsória; [...] e) *o cessionário do direito de uso* é possuidor por relação de direito pessoal e, como tal, não é contribuinte relativamente ao imóvel que ocupa" (PAULSEN, Leandro; MELO, José Eduardo Soares de. *Impostos federais, estaduais e municipais*. 12. ed. São Paulo: Saraiva, 2022, p. 371-372).

– **Arrendatário.** "IPTU. RESPONSABILIDADE TRIBUTÁRIA. ARRENDATÁRIA. ÁREA PORTUÁRIA PERTENCENTE À UNIÃO. IMPOSSIBILIDADE. PRECEDENTES. 1. Conforme jurisprudência do STJ, o cessionário do direito de uso do imóvel é possuidor por relação de direito pessoal, não sendo, portanto, contribuinte do IPTU, uma vez que exerce a posse sem animus domini. 2. É inviável atribuir a responsabilidade tributária pelo recolhimento de IPTU à arrendatária de subconcessionária de área do Porto de Santos, pertencente à União" (STJ, AgRg no AREsp 349.019, 2013).

– "ARRENDATÁRIA. CODESP. PORTO DE SANTOS. IPTU. ILEGITIMIDADE DA COBRANÇA. AUSÊNCIA DO ANIMUS DOMINI. PRECEDENTES. 1. A arrendatária de imóvel do Porto de Santos não é contribuinte de IPTU, nos termos do artigo 34 do CTN, pois ausente a posse com *animus domini* do imóvel. Precedentes..." (STJ, AgRg no REsp 1.173.678, 2011).

– "IPTU. VIOLAÇÃO DOS ARTS. 32, 34 E 128 DO CTN... 1. 'O IPTU é imposto que tem como contribuinte o proprietário ou o possuidor por direito real que exerce a posse com *animus* definitivo' (REsp 325.489/SP, 2ª Turma, Rel. Min. Eliana Calmon, *DJ* de 24.2.2003). 2. O arrendatário, que figura como simples parte em contrato de arrendamento portuário, de natureza meramente obrigacional, não pode ser considerado sujeito passivo do Imposto Predial e Territorial Urbano – IPTU" (STJ, AgRg no Ag 1.009.182, 2008).

– **Locatário.** "Imposto Predial e Territorial Urbano. Contribuinte. Locatário. Há um só contribuinte do imposto predial e territorial urbano, que pode ser o proprietário do imóvel, o titular do domínio útil ou o possuidor, nesta ordem; embora possuidor, o locatário é estranho à relação jurídico-tributária, se o Município identificou o proprietário como contribuinte do imposto, e não tem, por isso, legitimidade para litigar a respeito. Recurso especial não conhecido" (Ac da 2ª T. do STJ no REsp 172.522, 1999).

– **Cessionário.** "2. O IPTU é inexigível de cessionária de imóvel pertencente à União, quando esta detém a posse mediante relação pessoal, sem animus domini" (STJ, AgRg no REsp 1.337.903, 2012).

⇒ **Cabe ao legislador municipal definir o contribuinte.** Súm. 399 do STJ: "Cabe à legislação municipal estabelecer o sujeito passivo do IPTU" (*DJe* 7-10-2009).

– **Lei municipal que estabelece diversos contribuintes simultâneos. Possibilidade.** "1. Segundo o art. 34 do CTN, consideram-se contribuintes do IPTU o proprietário do imóvel, o titular do seu domínio útil ou o seu possuidor a qualquer título. 2. A jurisprudência desta Corte Superior é no sentido de que tanto o promitente comprador (possuidor a qualquer título) do imóvel quanto seu proprietário/promitente vendedor (aquele que tem a propriedade registrada no Registro de Imóveis) são contribuintes responsáveis pelo pagamento do IPTU. Precedentes... 3. 'Ao legislador municipal cabe eleger o sujeito passivo do tributo, contemplando qualquer das situações previstas no CTN. Definindo a lei como contribuinte o proprietário, o titular do domínio útil, ou o possuidor a qualquer título, pode a autoridade administrativa optar por um ou por outro visando a facilitar o procedimento de arrecadação' (REsp 475.078/SP, Rel. Min. Teori Albino Zavascki, *DJ* 27.9.2004). 4... Acórdão sujeito ao regime do art. 543-C do CPC e da Resolução STJ 08/08" (STJ, REsp 1.110.551, 2009).

⇒ **Responsabilidade do superficiário.** A Lei n. 10.257/2001, que regulamenta os arts. 182 e 183 da CF, estabelecendo diretrizes gerais da política urbana, prevê, em seu art. 21, que o proprietário urbano poderá conceder a outrem o direito de superfície do seu terreno, abrangendo o direito de utilizar o solo, o subsolo ou o espaço aéreo relativo ao terreno, por tempo determinado ou indeterminado, mediante escritura pública registrada no cartório de registro de imóveis, e atribui ao chamado "superficiário" responsabilidade pelos tributos incidentes sobre a propriedade superficiárias. Veja-se o § 3º do art. 21: "§ 3º O superficiário responderá integralmente pelos encargos e tributos que incidirem sobre a propriedade superficiária, arcando, ainda, proporcionalmente à sua parcela de ocupação efetiva, com os encargos e tributos sobre a área objeto da concessão do direito de superfície, salvo disposição em contrário do contrato respectivo".

SEÇÃO III
IMPOSTO SOBRE A TRANSMISSÃO DE BENS IMÓVEIS E DE DIREITOS A ELES RELATIVOS

Art. 35. O imposto, de competência dos Estados, sobre a transmissão de bens imóveis e de direitos a eles relativos tem como fato gerador:

⇒ **Competência dos Estados para o imposto sobre a transmissão** *causa mortis* **e doação de bens e direitos, e dos Município para o imposto sobre a transmissão** *inter vivos* **de bens imóveis.** A competência tributária dos Estados e dos Municípios está posta constitucionalmente do seguinte modo: "Art. 155. Compete aos Estados e ao Distrito Federal instituir impostos sobre: I – transmissão *causa mortis* e doação, de quaisquer bens ou direitos;" (ITCMD); "Art. 156. Compete aos Municípios instituir imposto sobre: ... II – transmissão 'inter vivos', a qualquer título, por ato oneroso, de bens imóveis, por natureza ou acessão física, e de direitos

reais sobre imóveis, exceto os de garantia, bem como cessão de direitos a sua aquisição;" (ITBI).

– O CTN não dispõe sobre a transmissão *causa mortis* e doação de bens móveis e intangíveis, de modo que aos Estados caberá exercer a competência legislativa plena na matéria enquanto não houver lei complementar, conforme nota ao art. 155, I, da CF.

– No **Estado do Rio Grande do Sul**, o imposto foi instituído pela **Lei n. 8.821/89**, sob a sigla **ITCD**. Seu art. 2º define como fato gerador a "transmissão *causa mortis* e a doação, a qualquer título, de: I – propriedade ou domínio útil de bens imóveis e de direitos a eles relativos; II – bens móveis, títulos e créditos, bem como dos direitos a eles relativos." E esclarece, no § 1º desse artigo, que se considera doação "qualquer ato ou fato em que o doador, por liberalidade, transmite bens, vantagens ou direitos de seu patrimônio, ao donatário que os aceita, expressa, tácita ou presumidamente, incluindo-se as doações efetuadas com encargos ou ônus". Em seu § 2º, acrescido pela Lei n. 14.136/2012, ainda dispõe: "considera-se doação a transmissão de bem ou direito em favor de pessoa sem capacidade financeira, inclusive quando se tratar de pessoa civilmente incapaz ou relativamente incapaz".

⇒ **Reforma agrária. Transferência de imóveis. Imunidade.** "São isentas de impostos federais, estaduais e municipais as operações de transferência de imóveis desapropriados para fins de reforma agrária" (art. 184, § 5º, da Constituição Federal).

I – a transmissão, a qualquer título, da propriedade ou do domínio útil de bens imóveis, por natureza ou por acessão física, como definidos na lei civil;

⇒ **Transmissão da propriedade imobiliária.** No novo Código Civil (Lei n. 10.406/2002), continua-se tendo a transferência da propriedade imobiliária pelo registro do título no Registro de Imóveis. Senão vejamos: "Art. 1.245. Transfere-se entre vivos a propriedade mediante o registro do título translativo no Registro de Imóveis. § 1º Enquanto não se registrar o título translativo, o alienante continua a ser havido como dono do imóvel. § 2º Enquanto não se promover, por meio de ação própria, a decretação de invalidade do registro, e o respectivo cancelamento, o adquirente continua a ser havido como dono do imóvel".

– O Código Civil de 1916 já dizia da aquisição da propriedade imóvel pela transcrição do título de transferência no registro do imóvel, ressaltando que os atos sujeitos à transcrição não transferiam o domínio antes de tal transcrição.

– **ITBI. Ocorrência do fato gerador com o registro imobiliário. Impossibilidade de exigência anterior.** A jurisprudência orientou-se no sentido de que os Municípios não podem exigir o ITBI antes do registro da estrituca pública na matrícula no imóvel, forte em que é nesse momento que ocorre a transferência da propriedade e, portanto, o fato gerador do ITBI. Nos parece que se deixou escapar algo importantíssimo: não obstante o fato gerador ocorra por ocasião do registro, nada impede que o legislador estabeleçaca a obrigação do contribuinte de antecipar o pagamento em face do fato gerador iminente. Perceba-se, também, que a exigência do pagamento como requisito para a lavratura da escritura pública não é desarrazoada, porquanto inibe a inadimplência, reduzindo os custos de fiscalização e de cobrança do imposto.

– **Tema 1.124 do STF:** "O fato gerador do imposto sobre transmissão *inter vivos* de bens imóveis (ITBI) somente ocorre com a efetiva transferência da propriedade imobiliária, que se dá mediante o registro". Decisão do mérito em 2021.

– "IMPOSTO SOBRE TRANSMISSÃO DE BENS IMÓVEIS – ITBI. FATO GERADOR... EXIGÊNCIA DA TRANSFERÊNCIA EFETIVA DA PROPRIEDADE IMOBILIÁRIA MEDIANTE REGISTRO EM CARTÓRIO" (STF, ARE 1.294.969 RG, 2021).

– "O registro imobiliário é indispensável para a exigência do ITBI, seja ele elemento integrante do aspecto nuclear do fato gerador, seja ele elemento exteriorizador do aspecto temporal do fato gerador" (HARADA, Kiyoshi. *ITBI:* doutrina e prática. São Paulo: Atlas, 2010, p. 127).

– "Ora, a transmissão da propriedade imobiliária só se opera com o registro do título de transferência no Registro de Imóveis competente, de conformidade com o art. 1.245 do Código Civil. O conceito de 'transmissão de propriedade imobiliária', como estabelecido na lei civil, por ter sido utilizado pela Constituição Federal para definir competência impositiva dos Municípios, é vinculante dentro do Direito Tributário (art. 110 do CTN). Do contrário, a discriminação constitucional de impostos seria inócua. Loco, inconstitucional esse § 1º, bem como o art. 14, que impõe aos notários a obrigação de verificar a correção da DTI e a prova de pagamento do imposto devido. Do mesmo vício padecem os demais dispositivos relacionados aos notários ou que versem sobre pagamento do imposto antes da ocorrência do fato gerador. Inaplicável ao ITBI a figura do fato gerador fictício previsto no § 7º do art. 150 da CF por se tratar de imposto de incidência monofásica. Lembramos que essa inconstitucionalidade existe na própria Lei n. 11.154/89 que rege o ITBI" (HARADA, Kiyoshi. ITBI – Aumento ilegal. Exame crítico do Decreto n. 46.228/05. *RFDT* 19, 2006).

– **Em sentido contrário:** "O 'imposto de transmissão de propriedade' foi instituído pela Lei n. 1.507, de 26 de setembro de 1867, tendo como fato gerador, no que pertine às transmissões por ato entre vivos, o negócio jurídico que acarretava a transferência do bem ou direito que tinha por objeto. Naquela época, a exemplo do que se dá em nossos dias, já existia a necessidade de se proceder ao registro do instrumento que o corporificava, para conferir-lhe oponibilidade *erga omnes*, sem que tal transcrição exercesse qualquer influência sobre a relação jurídico-tributária surgida no momento da realização do contrato. Esse tributo foi recepcionado pela Constituição de 1891 com tais características, as quais foram mantidas até hoje por todas as Cartas Políticas que a sucederam. Em tais condições, o vocábulo 'transmissão' empregado em todas as Constituições como suporte para a incidência do ITBI não tem o mesmo conteúdo da 'transmissão' disciplinada no Código Civil, que, vale lembrar, é de 1916. Consequentemente, não se há de invocar o disposto no art. 110 do CTN para, cotejando-o com disposições encontradas no Código Civil, sustentar que o fato gerador do ITBI seja o registro do instrumento no RGI, entendimento que não se afeiçoa aos aspectos material, pessoal e temporal de sua hipótese de incidência, bem como à base de cálculo desse tributo. Assim sendo, o fato gerador do ITBI não ocorre no momento do registro da escritura no RGI, mas, sim, no momento da celebração do negócio jurídico que origina a transferência do bem imóvel" (SAMPAIO, Alcides da Fonseca. ITBI: momento de incidência na compra e venda de imóveis. *RDDT* 25/35-36, 1997). Obs.: este artigo aborda todo o histórico do ITBI, com expressa crítica à posição do STJ acerca da matéria).

– **ITCD.** *Saisine.* **Ocorrência do fato gerador com o óbito.** "ITCD – FATO GERADOR – PRINCÍPIO DA *SAISINE* – SÚMULA 112/STF. 1. Cinge-se a controvérsia em saber o fato gerador do ITCD – Imposto de Transmissão *Causa Mortis*. 2. Pelo princípio da *saisine*, a lei considera que no momento da morte o autor da herança transmite seu patrimônio, de forma íntegra, a seus herdeiros. Esse princípio confere à sentença de partilha no inventário caráter meramente declaratório, haja vista que a transmissão dos bens aos herdeiros e legatários ocorre no momento do óbito do autor da herança. 3. Forçoso concluir que as regras a serem observadas no cálculo do ITCD serão aquelas em vigor ao tempo do óbito do *de cujus*" (STJ, REsp 1.142.872, 2009).

⇒ **A qualquer título. Atos e negócios que podem ensejar a transmissão da propriedade imóvel.** A transmissão da propriedade ocorre com o registro de escritura de compra e venda, de dação em pagamento ou permuta, carta de arrematação, adjudicação ou remição.

– **Doações.** "Sendo a doação um contrato em que uma pessoa, por liberalidade, transfere bens ou vantagens de seu patrimônio para outra, que os aceita, conforme estabelece o art. 538 do CC, cada operação perfaz um ato jurídico completo e independente, de modo que, para efeitos tributários, cada contrato deve ser considerado isoladamente. É dizer: para cada contrato haverá um fato gerador e o seu valor global corresponderá à base de cálculo do ITCMD, independentemente de o dinheiro ser entregue de uma só vez ou parceladamente. É por isso que haverá tantos fatos geradores distintos quantos sejam os donatários. De toda sorte, a controvérsia relativa à tributação das doações coletivas demanda um exame do caso concreto para que, havendo a ocorrência de sucessivas doações entre o mesmo doador e donatário em um certo período..., reste caracterizado o *animus fraudandi*, apto a atrair a incidência do art. 116, parágrafo único, do CTN. Do contrário, via de regra, a doação deve ser considerada de maneira individualizada, para efeitos de ITCMD" (MANEIRA, Eduardo; JORGE, Alexandre Teixeira. O ITCMD nas doações coletivas. *RDDT* 228/31, 2014, p. 40-41).

– **Doação com cláusula de reversão caso o doador sobrevivesse ao donatário.** Doação com cláusula de reversão é doação com condição resolutória, sujeita, portanto, ao art. 117, II, do CTN, que diz que os atos jurídicos condicionais reputam-se perfeitos e acabados, sendo resolutória a condição, desde o momento da prática do ato ou da celebração do negócio.

– **Não incidência na cessão de direito de superfície para fundos de investimento imobiliário.** Vide: SOUSA, Leandro Eloy. A não incidência de ITBI e ITCMD na cessão de direito de superfície para Fundos de Investimento Imobiliário (FII). *RDDT* 231/45, 2014.

⇒ **Desapropriação e usucapião. Aquisição originária da propriedade. Não incidência.** O imposto em questão não incide nos casos de aquisição originária da propriedade, como na usucapião e na desapropriação. Isso porque, nesses casos, inocorre "transmissão".

– "... se o usucapião é forma originária de aquisição da propriedade, não encerrando transmissão, inadmissível falar-se em incidência do imposto de transmissão previsto no art. 35 do CTN, agora de competência dos municípios, por força do disposto no inciso II do art. 156 da Constituição Federal de 1988" (SALLES, José Carlos de Moraes. *Usucapião de bens imóveis e móveis*. 2. ed. São Paulo: RT, 1992, p. 186-188).

• Vide, ainda, no mesmo sentido: *RTJ* 117/652, *RT* 439/214, 623/58 e 635/6, *RJTJESP* 94/3, 107/239, 107/321 e 112/283.

– **Retrocessão na desapropriação.** "Para nós, não há, realmente, justificativa para a cobrança do imposto de transmissão de bens imóveis, nos casos de retrocessão. Com efeito, na retrocessão ocorre o desfazimento da desapropriação, por não haver sido o bem utilizado na finalidade para a qual fora a expropriação levada a efeito. Reincorpora-se, portanto, o bem ao patrimônio do expropriado, mediante devolução do preço pago pelo expropriante, devidamente corrigido. Há, pois, a devolução das partes à situação anterior à desapropriação, ou seja, ao *statu quo ante*. Não ocorre, portanto, nova transmissão, inexistindo, consequentemente, fato gerador do imposto de transmissão" (SALLES, José Carlos de Moraes. *A desapropriação à luz da doutrina e da jurisprudência*. 3. ed. São Paulo: RT, 1995, p. 740-741). Obs: o autor noticia decisões conflitantes do STF, publicadas nas *RDA* 73/156 e *RDA* 73/160.

II – a transmissão, a qualquer título, de direitos reais sobre imóveis, exceto os direitos reais de garantia;

⇒ **Direitos reais.** O STF já admitia, antes mesmo da CF/88, a incidência do imposto sobre a transferência do domínio útil. É o que resta cristalizado na **Súmula 326 do STF**: "É legítima a incidência do Imposto de Transmissão *Inter Vivos* sobre a transferência do domínio útil".

– **Rol dos direitos reais à luz do novo Código Civil (Lei n. 10.406/2002).** "Art. 1.225. São direitos reais: I – a propriedade; II – a superfície; III – as servidões; IV – o usufruto; V – o uso; VI – a habitação; VII – o direito do promitente comprador do imóvel; [...] XI – a concessão de uso especial para fins de moradia; (Incluído pela Lei n. 11.481, de 2007) XII – a concessão de direito real de uso; e (Redação dada pela Medida Provisória n. 759. de 2016) XIII – a laje. (Incluído pela Medida Provisória n. 759. de 2016)".

– **Rol dos direitos reais de garantia à luz do novo Código Civil (Lei n. 10.406/2002).** "Art. 1.225. São direitos reais: [...] VIII – o penhor; IX – a hipoteca; X – a anticrese." "Art. 1.419. Nas dívidas garantidas por penhor, anticrese ou hipoteca, o bem dado em garantia fica sujeito, por vínculo real, ao cumprimento da obrigação."

⇒ **Promessa de compra e venda.** Vide nota ao art. 156, II, da CF sobre a possibilidade de considerá-lo transmissão de direito real, abrangido, assim, pela base econômica do ITBI.

– "... o compromisso de compra e venda não enseja a ocorrência do fato gerador, porque ele não tem o condão de transferir a propriedade. Portanto, inconstitucionais as leis municipais que incluem o compromisso de compra e venda na descrição legislativa do fato gerador do ITBI. Diferente a hipótese de compromisso irretratável e irrevogável levado a registro, quando, então, o fato é alcançado pelo inciso II do art. 35 do CTN, ou seja, pela transmissão de direito real..." (HARADA, Kiyoshi. *ITBI*: doutrina e prática. São Paulo: Atlas, 2010, p. 127).

• Vide o artigo "O compromisso de compra e venda e o aspecto temporal da hipótese de incidência do ITBI, de Flávio Melo Monteiro", *RDDT* 83/36, 2002.

– **Resilição de promessa de compra e venda. Não incidência.** "1. O fato gerador do ITBI é o registro imobiliário da transmissão da propriedade do bem imóvel motivo pelo qual não incide referida exação sobre o registro imobiliário de escritura de resilição de promessa de compra e venda, contrato preliminar que poderá ou não se concretizar em contrato definitivo" (STJ, AgRg no AgRg no REsp 764.808, 2007).

III – a cessão de direitos relativos às transmissões referidas nos incisos I e II.

⇒ **Cessão de direitos.** "O legislador equiparou a cessão de direitos imobiliários à transmissão de propriedade atento à realidade de nossos dias em que as cessões de direitos configuram instrumentos de transmissão econômica de bens imóveis. Como a norma do inciso III suprarreferido tem sua matriz constitucional no art. 156, II, *in fine* da CF, nenhuma objeção poderá ser feita" (HARADA, Kiyoshi. *ITBI:* doutrina e prática. São Paulo: Atlas, 2010, p. 125).

– **Cessão de promessa de compra e venda.** "ITBI. FATO GERADOR. COBRANÇA DO TRIBUTO SOBRE CESSÃO DE DIREITOS. IMPOSSIBILIDADE" (STF, ARE 1.294.969 RG, 2021). Consta do voto condutor: "os recorridos impetraram mandado de segurança com pedido de 'declaração de nulidade da exigência de recolhimento de ITBI pelos Impetrantes por conta da cessão de direitos atinentes ao instrumento de compromisso de compra e venda de imóvel [...]'... O acórdão recorrido, ao manter a sentença concessiva da segurança, consignou que referida obrigação tributária nasce com o registro no cartório de imóveis... Como se observa, o acórdão recorrido está em sintonia com o entendimento pacífico desta Corte no sentido de que, o fato gerador do imposto sobre transmissão *inter vivos* de bens imóveis (ITBI) somente ocorre com a transferência efetiva da propriedade imobiliária, que se dá mediante o competente registro".

– "ITBI – PROMESSA DE CESSÃO – NÃO INCIDÊNCIA. Promessa de cessão de direitos à aquisição de imóvel não é fato gerador de ITBI" (STJ, AgRg no REsp 327.188, 2002).

Parágrafo único. Nas transmissões "causa mortis", ocorrem tantos fatos geradores distintos quantos sejam os herdeiros ou legatários.

⇒ **Tributações dos quinhões ou legados, considerados individualmente.** "Ao determinar a existência de diversas relações jurídicas obrigacionais tributárias quantos forem os herdeiros ou legatários, o legislador complementar determina que a sujeição passiva do imposto seja limitada à quota-parte transmitida. Aliomar Baleeiro afirma que a lei complementar, mediante o disposto no referido parágrafo único, teria adotado a tendência a considerar o imposto como tributo de caráter direto e pessoal sobre o herdeiro, e não o imposto real sobre o monte ou espólio. Portanto, a base de cálculo seria o valor líquido dos quinhões e legados e não a herança bruta, como outrora" (FERNANDES, Regina Celi Pedrotti Vespero. *Imposto sobre Transmissão* Causa Mortis *e Doação – ITCMD*. São Paulo: RT, 2002, p. 63).

⇒ **Modalidade de lançamento. Por declaração.** "IMPOSTO DE TRANSMISSÃO *CAUSA MORTIS*... ARROLAMENTO SUMÁRIO. CONSTITUIÇÃO DO CRÉDITO TRIBUTÁRIO POR DECLARAÇÃO DO CONTRIBUINTE. INÉRCIA. LANÇAMENTO DE OFÍCIO... 2. O fato gerador do imposto *causa mortis* se dá com a transmissão da propriedade, que, no direito pátrio, coincide com a morte, por força do direito de sucessão (art. 1.572 do CC/1916). Precedentes. 3. No Estado do Rio de Janeiro, a Lei 1.427/89 estabelece que, quando o inventário se processar sob a forma de rito sumário o imposto de transmissão será objeto de declaração do contribuinte nos 180 (cento e oitenta) dias subsequentes à ciência da homologação da partilha ou da adjudicação. 4. Não havendo tal declaração no prazo legal, nasce para o Fisco o direito de proceder ao lançamento de ofício (art. 149, II, do CTN), o que deverá ocorrer no prazo quinquenal do art. 173, I, do CTN..." (STJ, REsp 752.808, 2007).

– "Examino, aqui, a tributação, incidente sobre a transmissão *causa mortis*..., concentrando o exame na forma de lançamento adotada (ou adotável). [...] ainda há muita confusão teórica sobre estes aspectos do imposto sobre heranças, confusão que é aumentada pela existência de normas processuais que disciplinam o 'cálculo do imposto' nos processos de inventário e partilha (arts. 1.102 e art. 1.103, ambos do Código de Processo Civil, CPC) e que são objeto de antigas súmulas do Supremo Tribunal Federal (por exemplo, Súmulas 113, 114 e 115, entre outras). Ademais, alterações na legislação processual permitiram 'o inventário e a partilha por escritura pública' (art. 982 do CPC, na redação da Lei n. 11.441, de 2007), chamado *inventário extrajudicial*, o que suscita ainda mais dúvidas a respeito do lançamento do ITCMD. [...] Não se deve confundir a competência estadual para definir a forma de lançamento do ITCMD *Causa Mortis*, que decorre da competência para instituir o imposto, e a disciplina do processo de inventário (ou de arrolamento) de bens. As normas processuais devem se limitar a disciplinar o procedimento judicial, por meio do qual se formaliza a partilha dos bens entre os herdeiros. [...] as questões tributárias se mostram acessórias ao processo de inventário e partilha. [...] A persistência na adoção do lançamento jurisdicional...

não mais se justifica. Com efeito, na medida em que se constata a tendência à retirada do inventário e da partilha do âmbito judicial, é de se questionar sobre a eficiência do lançamento jurisdicional..." (MUZZI FILHO, Carlos Victor. Imposto sobre transmissões *causa mortis*: lançamento e decadência. *RDDT* 212/29, 2013).

– **Por declaração, no inventário; por homologação, no arrolamento.** "... há uma tradição em nosso Direito Processual, que, de modo incomum, instituiu a possibilidade de lançamento jurisdicional, mas esta tradição não se sobrepõe à competência tributária outorgada pela Constituição Federal aos Estados, competência que, de resto, é instrumento para a viabilização da própria autonomia política destes Estado. Nada impede, pois, que o legislador estadual, exercendo sua competência legislativa plena, preveja que o lançamento do ITCMD *Causa Mortis* ocorra independentemente do processo de inventário e partilha de bens, não sendo vinculantes para os Estados as regras processuais que cuidam do lançamento jurisdicional do imposto sobre heranças. [...] registre-se como exemplos de legislações que adotam o lançamento nos moldes preconizados pelo CPC, dentre outros, as dos estados de São Paulo (art. 17 da Lei Estadual n. 10.705, de 2000), do rio de Janeiro (arts. 8º e 13 da Lei Estadual n. 1.427, de 1989), do Rio Grande do Sul (art. 16 da Lei n. 8.821/1989) e do Paraná (art. 10 da lei 8.927, de 1988). Por outro lado, preveem lançamentos realizados exclusivamente pela autoridade fiscal, por exemplo, os Estados do Ceará (arts. 12 e 13 a Lei Estadual n. 13.417, de 2003), de Minas Gerais (art. 17 da Lei Estadual n. 14.941, de 2003) e ainda o distrito federal (Lei distrital n. 3.804, de 2006). Em todos estes casos, isto é, seja sob a forma jurisdicional, seja sob a forma administrativa, o lançamento do ITCMD *Causa Mortis*, normalmente, assume a modalidade de lançamento por declaração, prevista no art. 149 do CTN, visto que ao sujeito passivo se impõe a obrigação de fornecer informações sobre a situação de fato (morte do autor da herança, patrimônio do autor da herança, herdeiro etc.), impondo-se à autoridade (judicial ou administrativa) o cálculo do tributo devido" (MUZZI FILHO, Carlos Victor. Imposto sobre transmissões *causa mortis*: lançamento e decadência. *RDDT* 212/29, 2013).

– "... nos casos de inventário, o particular é quem auxilia na construção da norma individual e concreta mediante as declarações que apresenta no processo de inventário (Primeira e Últimas Declarações), sem, contudo, antecipar o pagamento do imposto. Assim, pode ser afirmado que, em razão de o particular prestar informações sobre matéria de fato indispensáveis à efetivação do lançamento, embora não o fazendo diretamente à autoridade administrativa, mas tendo esta conhecimento das mesmas antes da homologação do cálculo, aquiescendo ou impugnando-as, tratar-se-ia de lançamento misto, também denominado por declaração, por não haver antecipação de pagamento. Ao contrário, o recolhimento do imposto somente se dará após a homologação judicial do cálculo, que será precedida de vista pela autoridade administrativa, para análise e eventuais impugnações. O mesmo já não ocorre nos casos de arrolamento, pois nestes o particular, além de construir a norma individual e concreta, prestando todas as informações necessárias, antecipa o pagamento do tributo. Somente antes de serem expedidos e entregues às partes o Formal de Partilha ou Alvarás referentes aos bens por ele abrangidos, é que a fazenda Pública tomará conhecimento do processo de arrolamento, sem que eventuais questões sejam conhecidas ou apreciadas nos autos judiciais do arrolamento, a teor da determinação contida no art. 1.034, *caput*, do CPC. O arrolamento caracteriza-se, portanto, como lançamento por homologação em face do adiantamento do pagamento do tributo, sob condição resolutória" (FERNANDES, Regina Celi Pedrotti Vespero. *Imposto sobre Transmissão Causa Mortis e Doação – ITCMD*. São Paulo: RT, 2002, p. 123-124).

– Competência no arrolamento sumário. Vide: FERREIRA FILHO, Marcílio da Silva. A cobrança de ITCMD no arrolamento sumário: perspectivas da norma de competência na jurisprudência do STJ. *RDDT* 234/73, 2015.

⇒ **Decadência no ITCMD.** Vide nota ao art. 173, I, do CTN.

Art. 36. Ressalvado o disposto no artigo seguinte, o imposto não incide sobre a transmissão dos bens ou direitos referidos no artigo anterior:

I – quando efetuada para sua incorporação ao patrimônio de pessoa jurídica em pagamento de capital nela subscrito;

II – quando decorrente da incorporação ou da fusão de uma pessoa jurídica por outra ou com outra.

Parágrafo único. O imposto não incide sobre a transmissão aos mesmos alienantes, dos bens e direitos adquiridos na forma do inciso I deste artigo, em decorrência da sua desincorporação do patrimônio da pessoa jurídica a que foram conferidos.

Art. 37. O disposto no artigo anterior não se aplica quando a pessoa jurídica adquirente tenha como atividade preponderante a venda ou locação de propriedade imobiliária ou a cessão de direitos relativos à sua aquisição.

§ 1º Considera-se caracterizada a atividade preponderante referida neste artigo quando mais de 50% (cinquenta por cento) da receita operacional da pessoa jurídica adquirente, nos 2 (dois) anos anteriores e nos 2 (dois) anos subsequentes à aquisição, decorrer de transações mencionadas neste artigo.

§ 2º Se a pessoa jurídica adquirente iniciar suas atividades após a aquisição, ou menos de 2 (dois) anos antes dela, apurar-se-á a preponderância referida no parágrafo anterior, levando em conta os 3 (três) primeiros anos seguintes à data da aquisição.

§ 3º Verificada a preponderância referida neste artigo, tornar-se-á devido o imposto, nos termos da lei vigente à data da aquisição, sobre o valor do bem ou direito nessa data.

§ 4º O disposto neste artigo não se aplica à transmissão de bens ou direitos, quando realizada em conjunto com a da totalidade do patrimônio da pessoa jurídica alienante.

Art. 38. A base de cálculo do imposto é o valor venal dos bens ou direitos transmitidos.

⇒ **ITBI. Valor venal como valor da transação, salvo se não merecer fé e se fizer necessário arbitramento específico.** Tema 1.113 do STJ: "a) a base de cálculo do ITBI é o valor do

imóvel transmitido em condições normais de mercado, não estando vinculada à base de cálculo do IPTU, que nem sequer pode ser utilizada como piso de tributação; b) o valor da transação declarado pelo contribuinte goza da presunção de que é condizente com o valor de mercado, que somente pode ser afastada pelo fisco mediante a regular instauração de processo administrativo próprio (art. 148 do CTN); c) o Município não pode arbitrar previamente a base de cálculo do ITBI com respaldo em valor de referência por ele estabelecido unilateralmente". Decisão do mérito em 2022.

– "IMPOSTO SOBRE TRANSMISSÃO DE BENS IMÓVEIS (ITBI). BASE DE CÁLCULO. VINCULAÇÃO COM IMPOSTO PREDIAL E TERRITORIAL URBANO (IPTU). INEXISTÊNCIA. VALOR VENAL DECLARADO PELO CONTRIBUINTE. PRESUNÇÃO DE VERACIDADE. REVISÃO PELO FISCO. INSTAURAÇÃO DE PROCESSO ADMINISTRATIVO. POSSIBILIDADE. PRÉVIO VALOR DE REFERÊNCIA. ADOÇÃO. INVIABILIDADE. 1. A jurisprudência pacífica desta Corte Superior é no sentido de que, embora o Código Tributário Nacional estabeleça como base de cálculo do Imposto Predial e Territorial Urbano (IPTU) e do Imposto sobre Transmissão de Bens Imóveis (ITBI) o 'valor venal', a apuração desse elemento quantitativo faz-se de formas diversas, notadamente em razão da distinção existente entre os fatos geradores e a modalidade de lançamento desses impostos. 2. Os arts. 35 e 38 do CTN dispõem, respectivamente, que o fato gerador do ITBI é a transmissão da propriedade ou de direitos reais imobiliários ou a cessão de direitos relativos a tais transmissões e que a base de cálculo do tributo é o 'valor venal dos bens ou direitos transmitidos', que corresponde ao valor considerado para as negociações de imóveis em condições normais de mercado. 3. A possibilidade de dimensionar o valor dos imóveis no mercado, segundo critérios, por exemplo, de localização e tamanho (metragem), não impede que a avaliação de mercado específica de cada imóvel transacionado oscile dentro do parâmetro médio, a depender, por exemplo, da existência de outras circunstâncias igualmente relevantes e legítimas para a determinação do real valor da coisa, como a existência de benfeitorias, o estado de conservação e os interesses pessoais do vendedor e do comprador no ajuste do preço. 4. O ITBI comporta apenas duas modalidades de lançamento originário: por declaração, se a norma local exigir prévio exame das informações do contribuinte pela Administração para a constituição do crédito tributário, ou por homologação, se a legislação municipal disciplinar que caberá ao contribuinte apurar o valor do imposto e efetuar o seu pagamento antecipado sem prévio exame do ente tributante. 5. Os lançamentos por declaração ou por homologação se justificam pelas várias circunstâncias que podem interferir no específico valor de mercado de cada imóvel transacionado, circunstâncias cujo conhecimento integral somente os negociantes têm ou deveriam ter para melhor avaliar o real valor do bem quando da realização do negócio, sendo essa a principal razão da impossibilidade prática da realização do lançamento originário de ofício, ainda que autorizado pelo legislador local, pois o fisco não tem como possuir, previamente, o conhecimento de todas as variáveis determinantes para a composição do valor do imóvel transmitido. 6. Em face do princípio da boa-fé objetiva, o valor da transação declarado pelo contribuinte presume-se condizente com o valor médio de mercado do bem imóvel transacionado, presunção que somente pode ser afastada pelo fisco se esse valor se mostrar, de pronto, incompatível com a realidade, estando, nessa hipótese, justificada a instauração do procedimento próprio para o arbitramento da base de cálculo, em que deve ser assegurado ao contribuinte o contraditório necessário para apresentação das peculiaridades que amparariam o quantum informado (art. 148 do CTN). 7. A prévia adoção de um valor de referência pela Administração configura indevido lançamento de ofício do ITBI por mera estimativa e subverte o procedimento instituído no art. 148 do CTN, pois representa arbitramento da base de cálculo sem prévio juízo quanto à fidedignidade da declaração do sujeito passivo. 8. Para o fim preconizado no art. 1.039 do CPC/2015, firmam-se as seguintes teses: a) a base de cálculo do ITBI é o valor do imóvel transmitido em condições normais de mercado, não estando vinculada à base de cálculo do IPTU, que nem sequer pode ser utilizada como piso de tributação; b) o valor da transação declarado pelo contribuinte goza da presunção de que é condizente com o valor de mercado, que somente pode ser afastada pelo fisco mediante a regular instauração de processo administrativo próprio (art. 148 do CTN); c) o Município não pode arbitrar previamente a base de cálculo do ITBI com respaldo em valor de referência por ele estabelecido unilateralmente" (STJ, REsp 1.937.821, 2022).

⇒ **Valor venal não é necessariamente o valor do negócio realizado.** "ITBI. BASE DE CÁLCULO. VALOR VENAL DO IMÓVEL. APURAÇÃO POR ARBITRAMENTO POSSIBILIDADE. 1. A jurisprudência desta Corte superior de justiça aponta no sentido de que o valor da base de cálculo do ITBI é o valor real da venda do imóvel ou de mercado, sendo que nos casos de divergência quanto ao valor declarado pelo contribuinte pode-se arbitrar o valor do imposto, por meio de procedimento administrativo fiscal, com posterior lançamento de ofício, desde que atendidos os termos do art. 148 do CTN. 2... 3. Ademais, a municipalidade levou em consideração a legislação local, que determina a incidência do ITBI tanto sobre as áreas de terras quanto as benfeitorias (áreas de florestas)" (STJ, AgRg no AREsp 263.685, 2013).

– "... a Constituição nem o Código Tributário Nacional insistem que o valor venal coincida com o valor da efetiva transação imobiliária, onde até fatores subjetivos poderiam interferir na sua fixação. Tampouco exigem a fixação da base de cálculo em seu limite máximo, representado pelo exato valor e mercado, mesmo porque a questão do nível de imposição é matéria que se insere no âmbito da política tributária. [...] No caso da base de cálculo do IPTU/ITBI não há, nem pode haver precisão matemática na apuração do chamado 'valor venal do imóvel'. Daí a imprescindibilidade de visualizar um instrumento jurídico, capaz de determinar, em cada caso concreto, a base de cálculo... tanto quanto possível, próximo da realidade imobiliária local, e, ao mesmo tempo, propiciar ao sujeito passivo elementos que possibilitem a impugnação do valor venal atribuído ao seu imóvel... Daí as chamadas Plantas Genéricas de Valores – PGVs – onde estão estabelecidos os critérios de apuração do valor venal de uma infinidade

de imóveis semelhantes ou afins, para fins de lançamento do IPTU. É com base nessas PGVs que o órgão competente do Executivo vai atribuir a base de cálculo *in concreto*, em relação a cada imóvel tributado" (HARADA, Kiyoshi. ITBI – Aumento ilegal. Exame crítico do Decreto n. 46.228/05. *RFDT* 19, 2006).

– "Conceituamos o valor venal como sendo aquele preço que seria alcançado em uma operação de compra e venda à vista, em condições normais do mercado imobiliário, admitindo-se a diferença de até 10% para mais ou para menos" (HARADA, Kiyoshi. *ITBI: doutrina e prática.* São Paulo: Atlas, 2010, p. 144).

– **Entendendo que a base de cálculo não pode ser distinta do valor efetivamente praticado no negócio jurídico.** "... ITBI não pode ter como base de cálculo o valor de venda 'normal' que o imóvel alcançaria (no condicional) em uma negociação obtida no mercado. Essa base só serve para o IPTU, que é um imposto sobre a propriedade imobiliária urbana, e não sobre a sua transmissão. Para fins de ITBI, interessa saber por quanto foi efetivamente transmitido o imóvel. Por conseguinte, cai por terra a postura fiscal municipal de se exigir o ITBI com uma base de cálculo divorciada daquela realmente praticada entre o alienante e adquirente do direito real transmitido onerosamente e entre vivos... Aliás, é no mínimo curioso, ou imoral mesmo (!), perceber que as legislações municipais do ITBI, ao mesmo tempo em que fixam e vinculam a base mínima do ITBI com a do valor do IPTU, também preveem a prevalência do valor real, quando este se demonstrar superior àquele fixado para fins de IPTU. Em outras palavras, na visão destes fiscos Municipais, a base de cálculo do ITBI somente corresponderá àquele da efetiva transmissão quando este for mais benéfico ao Município e prejudicial ao contribuinte, jogando no lixo os princípios constitucionais da moralidade administrativa e da igualdade e, principalmente, o conceito de Estado de Direito..." (MELO, Omar Augusto Leite. Base de cálculo do ITBI sobre as transmissões decorrentes de integralização do capital social. *RDDT* 226/115, 2014).

– "... no caso da transmissão imobiliária decorrente da conferência de bens imóveis no capital social de uma pessoa jurídica, o valor da transação é exatamente o valor declarado e admitido entre os sócios da sociedade adquirente. Ainda que os imóveis tenham sido transmitidos por um valor abaixo do valor de mercado ou do valor venal do IPTU, ele deve ser mantido, pois não houve nenhum subfaturamento, sonegação ou ilícito, afastando o cabimento do arbitramento fiscal (artigo 148 do CTN)" (MELO, Omar Augusto Leite. Base de cálculo do ITBI sobre as transmissões decorrentes de integralização do capital social. *RDDT* 226/115, 2014).

⇒ **Utilização das bases do IPTU e do ITR ou de cadastro próprio.** "... cada Estado-membro apura o valor venal de seus imóveis de uma determinada forma. Ocorre, entretanto, de o Estado-membro valer-se do valor venal apurado pelo Município, baseado em seu cadastro imobiliário, para fins de cobrança do Imposto Predial e Territorial Urbano, quando se cuidar de imóvel urbano, e o apurado pela União, quando se tratar de Imposto Territorial Rural, se imóvel rural. Todavia, nada impede que os Estados-membros apurem o valor venal, por intermédio de seus agentes, segundo critérios administrativos predeterminados" (FERNANDES, Regina Celi Pedrotti Vespero. *Imposto sobre Transmissão* Causa Mortis e *Doação – ITCMD*. São Paulo: RT, 2002, p. 64-65).

– "... na ausência de PGV específica para lançamento de ITBI por homologação cabe ao contribuinte valer-se da PGV editada para fins de lançamento do IPTU. Aliás, seria até estranho que cada imóvel tivesse dois valores distintos: um para lançamento do IPTU e outro para lançamento do ITBI. A base de cálculo, que é um dado objetivo e real, não deve variar em função deste ou daquele imposto; o quantum do tributo desejado pelo sujeito ativo deve, no caso, ser mensurado pela dosagem da alíquota incidente sobre a base de cálculo. [...] o Município não pode contemplar dois valores venais distintos para o mesmo imóvel, principalmente se a legislação adotou tanto para o IPTU como para o ITBI o mesmo conceito doutrinário de valor venal. A base de cálculo para um e para outro imposto deve ser a mesma, dosando-se o aspecto quantitativo do fato gerador com a alteração da respectiva alíquota" (HARADA, Kiyoshi. *ITBI:* doutrina e prática. São Paulo: Atlas, 2010, p. 145 e 170).

– **Validade quando inferior ao valor venal.** "... IMPOSTO SOBRE TRANSMISSÃO *CAUSA MORTIS* E DOAÇÃO. BASE DE CÁLCULO. COMPETÊNCIA DE LEI ESTADUAL. AUSÊNCIA DE VIOLAÇÃO DO ART. 38 DO CTN. 1. Tratando-se de tributo de competência estadual (art. 155, inciso I, alínea 'a'), nada obsta que lei estadual, em relação ao imposto sobre transmissão *causa mortis* e doação, defina base de cálculo menor do que a prevista em lei complementar federal, não havendo, portanto, por que falar em violação do art. 38 do CTN. 2..." (STJ, REsp 343.578, 2006).

– **ITCMD. Promessa de compra e venda. Falecimento do promitente. Saldo credor. Súmula 590 do STF:** "Calcula-se o Imposto de Transmissão *Causa Mortis* sobre o saldo credor da promessa de compra e venda de imóvel, no momento da abertura da sucessão do promitente vendedor".

– "IMPOSTO DE TRANSMISSÃO *CAUSA MORTIS* – IMÓVEL ALIENADO PELO *DE CUJUS* MEDIANTE PROMESSA DE COMPRA E VENDA. 1. No direito brasileiro somente a transcrição transfere juridicamente a propriedade. A promessa particular de compra e venda não transfere o domínio senão quando devidamente registrada. 2. O imposto de transmissão *mortis causa*, entretanto, findo o enfoque eminentemente civil, grava o benefício econômico deixado aos herdeiros, guiando-se pelo critério do fenômeno econômico. 3. Imóvel vendido por compromisso de compra e venda não registrado, com pagamento do preço fixado pelo *de cujus*, não gera imposto de transmissão *mortis causa*" (STJ, REsp 177.453, 2001).

⇒ **Hasta pública. Valor da arrematação e não o da avaliação judicial.** "IMÓVEL ALIENADO JUDICIALMENTE. VALOR VENAL CORRESPONDENTE AO VALOR DA ARREMATAÇÃO. CRITÉRIO PARA CÁLCULO DO ITBI. VALOR DA ARREMATAÇÃO. PRECEDENTES. 1. É entendimento pacífico do Superior Tribunal de Justiça que, nas hipóteses de alienação judicial do imóvel, seu valor venal corresponde ao valor pelo qual foi arrematado em hasta

pública, inclusive para fins de cálculo do ITBI" (STJ, AgRg no REsp 1.317.793, 2013).

– "ITBI. ARREMATAÇÃO JUDICIAL. BASE DE CÁLCULO. VALOR DA ARREMATAÇÃO E NÃO O VENAL... 1. A arrematação representa a aquisição do bem alienado judicialmente, considerando-se como base de cálculo do ITBI aquele alcançado na hasta pública..." (STJ, REsp 1.188.655, 2010).

– "... já se decidiu no âmbito desta Corte que o cálculo daquele imposto 'há de ser feito com base no valor alcançado pelos bens na arrematação, e não pelo valor da avaliação judicial' (REsp. n. 2.525/PR, Min. ARMANDO ROLEMBERG, *DJ* de 25/6/1990, p. 6027). Tendo em vista que a arrematação corresponde à aquisição do bem vendido judicialmente, é de se considerar como valor venal do imóvel aquele atingido em hasta pública. Este, portanto, é o que deve servir de base de cálculo do ITBI" (STJ, REsp 863.893, 2006).

⇒ **Valor do bem na data da avaliação. Súmula 113 do STF:** "O Imposto de Transmissão *Causa Mortis* é calculado sobre o valor dos bens na data da avaliação."

– **Súmula 114 do STF.** "O Imposto de Transmissão *Causa Mortis* não é exigível antes da homologação do cálculo."

Valor na data da abertura da sucessão. STJ. "... IMPOSTO DE TRANSMISSÃO *CAUSA MORTIS*. BASE DE CÁLCULO. I – Embora a Súmula 113 do STF estabeleça que o referido imposto é calculado sobre o valor dos bens na data da avaliação, a jurisprudência posterior daquela Corte assentou ser possível a fixação de tal momento na data da transmissão dos bens" (STJ, REsp 15.071, 1994).

– **Valor do quinhão hereditário.** "... a teor do disposto no parágrafo único do art. 35, ao estabelecer a existência de diversas relações jurídicas obrigacionais tributárias, quantos forem os herdeiros ou legatários, o legislador complementar determina que a sujeição passiva do imposto seja limitada à quota-parte transmitida a cada herdeiro ou legatário. E os quinhões hereditários – leia-se as bases de cálculo – somente poderão ser conhecidos no final do procedimento de inventário, com o esboço de partilha, consoante dispõe a legislação processual civil vigente. [...] feitas essas considerações, pode ser afirmado que a base de cálculo do imposto é o valor do quinhão hereditário, apurado no final do processo de inventário" (FERNANDES, Regina Celi Pedrotti Vespero. *Imposto sobre Transmissão* Causa Mortis e *Doação – ITCMD*. São Paulo: RT, 2002, p. 96-97).

– **Não incidência de ITCM sobre a meação do viúvo.** "IMPOSTO SOBRE TRANSMISSÃO *CAUSA MORTIS* E DOAÇÃO. INCIDÊNCIA SOBRE MEAÇÃO PARTILHÁVEL. VIÚVA MEEIRA. ILEGITIMIDADE PASSIVA... 3. No entanto, a Segunda Turma ultrapassou esses óbices e julgou o mérito da demanda, manifestando-se no sentido de ser impossível a cobrança do imposto sobre herança em relação à viúva meeira e sua ilegitimidade passiva processual" (ST, EDcl no AgRg no REsp 821.904, 2009).

⇒ **Não incidência sobre a meação na separação, só sobre o que superar a meação.** "IMPOSTO DE TRANSMISSÃO POR DOAÇÃO – SEPARAÇÃO JUDICIAL – MEAÇÃO. 1. Na separação judicial, a legalização dos bens da meação não está sujeita a tributação. 2. Em havendo a entrega a um dos cônjuges de bens de valores superiores à meação, sem indícios de compensação pecuniária, entende-se que ocorreu doação, passando a incidir, sobre o que ultrapassar a meação, o Imposto de Transmissão por Doação, de competência dos Estados (art. 155, I, da CF)" (STJ, REsp 723.587, 2005).

Art. 39. A alíquota do imposto não excederá os limites fixados em resolução do Senado Federal, que distinguirá, para efeito de aplicação de alíquota mais baixa, as transmissões que atendam à política nacional de habitação.

⇒ **Progressividade de alíquotas do ITBI. Inconstitucionalidade.** O STF tem decidido no sentido de que o ITBI, como imposto real não revelador de capacidade contributiva, não comporta variação progressiva de alíquotas, conforme se pode ver de notas ao art. 145, § 1º, da CF. Porém, não se pode ter certeza de que esse entendimento vá perdurar. Lembre-se que, relativamente ao Imposto sobre a Transmissão *Causa Mortis* e Doações (ITCMD), a posição do STF também era no sentido de que teria natureza real e que, por isso, seria descabida sua progressividade, mas, em 2013, acabou por superar esse entendimento e a admiti-la (STF, RE 562.045, 2013).

– "Para a exigência do imposto, logo, não são considerados os aspectos pessoais do contribuinte, mas sim as características da coisa (bem e/ou direito) tributada. É, portanto, imposto real. E, em se tratando de imposto real, o princípio da capacidade contributiva... não é suficiente para autorizar a aplicação de alíquota progressivas em função do valor da base de cálculo. Enfim, no caso do ITCMD, a progressividade de alíquotas com base no valor do bem ou direito transmitido não é compatível com a Constituição Federal de 1988, considerando-se que não há, no texto constitucional, qualquer preceito que autorize, explícita ou implicitamente, a imposição de progressividade nestes moldes. [...] A Resolução n. 9/92 do Senado Federal... não é capaz de alterar esta realidade. Ela não encontra fundamento na Constituição Federal – pelo contrário, excede a competência que lhe foi conferida pelo art. 155, § 1º, IV, da CF" (BATISTA, Clayton Rafael. É Possível a Progressividade de Alíquotas do ITCMD? *RDDT* n. 132, 2006).

– **Papel da Resolução do Senado. Extrapolação pelo CTN.** O art. 155, § 1º, IV, da CF determina, tão somente, que as alíquotas máximas do ITCMD serão fixadas pelo Senado Federal.

– "... a parte final do art. 39 do CTN exorbita a prescrição constitucional, ao determinar que o Senado Federal distinguirá, para efeito de aplicação de alíquota mais baixa, as transmissões que atendam à política nacional de habitação, pois a Constituição Federal determina somente a fixação de alíquotas máximas. Poder-se-ia argumentar que o legislador complementar buscou com essa medida assegurar o cumprimento do princípio da capacidade contributiva, determinando que a alíquota do imposto seja mais baixa para atender àqueles contribuintes com menor poder aquisitivo e que dependam de auxílio governamental para a aquisição da casa própria" (FERNANDES, Regina Celi Pe-

drotti Vespero. *Imposto sobre Transmissão* Causa Mortis *e Doação – ITCMD*. São Paulo: RT, 2002, p. 66).

⇒ **Resoluções do Senado.** Cabe considerarmos a recepção da Resolução n. 99/81 e edição da Resolução n. 9, de 5 de maio de 1992.

– **Resolução n. 99/81:** "Art. 1º As alíquotas máximas do imposto de que trata o inciso I do art. 23 da Constituição Federal, serão as seguintes, a partir de 1º de janeiro de 1982: I – transmissões compreendidas no sistema financeiro de habitação a que se refere a Lei n. 4.380, de 21 de agosto de 1964 e legislação complementar: a) sobre o valor efetivamente financiado: 0,5% (meio por cento); b) sobre o valor restante: 2% (dois por cento), II – demais transmissões a título oneroso: 2% (dois por centro); III – quaisquer outras transmissões: 4% (quatro por cento)".

– **Resolução n. 9/92:** "Art. 1º A alíquota máxima do imposto de que trata a alínea *a*, inciso I, do art. 155 da Constituição Federal será de oito por cento, a partir de 1º de janeiro de 1992. Art. 2º As alíquotas dos impostos, fixadas em lei estadual, poderão ser progressivas em função do quinhão que cada herdeiro efetivamente receber, nos termos da Constituição Federal".

– "No art. 2º da Resolução 9/92, o Senado Federal pretendeu legitimar a progressividade das alíquotas... Observe-se que o referido artigo, além de não mencionar a doação, extrapola o comando constitucional, pois este determina ao Senado Federal somente a fixação da alíquota máxima dos impostos. Não outorgou o legislador constituinte poderes ao Senado para determinar fosse progressivas as alíquotas..." (FERNANDES, Regina Celi Pedrotti Vespero. *Imposto sobre Transmissão* Causa Mortis *e Doação – ITCMD*. São Paulo: RT, 2002, p. 67).

⇒ **Alíquota vigente no Município de São Paulo.** No Município de São Paulo, é a Lei n. 11.154/91 que dispões sobre o ITBI, cuidando da alíquota aplicável em seu art. 10, com a redação da Lei n. 16.098/2014. Sua alíquota padrão é de 3% (até o início de 2015 era de 2%). Mas fica em 0,5% nas transmissões "compreendidas no Sistema Financeiro de Habitação – SFH, no Programa de Arrendamento Residencial – PAR e de Habitação de Interesse Social – HIS" até certo limite (aproximadamente R$ 65.000,00); nas superiores, a faixa até o limite é tributada à razão de 0,5%, e a faixa acima do limite, à razão de 3%.

⇒ **Isenção. Competência para a apreciação.** "ARROLAMENTO SUMÁRIO *POST MORTEM*. RECONHECIMENTO JUDICIAL DA ISENÇÃO DO ITCMD. IMPOSSIBILIDADE. ARTIGO 179, DO CTN.1. O juízo do inventário, na modalidade de arrolamento sumário, não detém competência para apreciar pedido de reconhecimento da isenção do ITCMD (Imposto sobre Transmissão *Causa Mortis* e Doação de quaisquer Bens ou Direitos), à luz do disposto no *caput* do artigo 179, do CTN, *verbis*: 'Art. 179. A isenção, quando não concedida em caráter geral, é efetivada, em cada caso, por despacho da autoridade administrativa, em requerimento com o qual o interessado faça prova do preenchimento das condições e do cumprimento dos requisitos previstos em lei ou contrato para concessão. [...]' 2... 4. Consequentemente, em sede de inventário propriamente dito (procedimento mais complexo que o destinado ao arrolamento), compete ao Juiz apreciar o pedido de isenção do Imposto sobre Transmissão *Causa Mortis*, a despeito da competência administrativa atribuída à autoridade fiscal pelo artigo 179, do CTN [...]. 5. É que a prévia oitiva da Fazenda Pública, no inventário propriamente dito, torna despiciendo o procedimento administrativo... 6. Por seu turno, os artigos 1.031 e seguintes, do CPC, estabelecem o procedimento a ser observado no âmbito do arrolamento sumário, cujo rito é mais simplificado que o do arrolamento comum previsto no artigo 1.038 e o do inventário propriamente dito, não abrangendo o cálculo judicial do imposto de transmissão *causa mortis*... 10. Assim, falecendo competência ao juízo do inventário (na modalidade de arrolamento sumário), para apreciar pedido de reconhecimento de isenção do ITCMD, impõe-se o sobrestamento do feito até a resolução da *quaestio* na seara administrativa, o que viabilizará à adjudicatária a futura juntada da certidão de isenção aos autos. 12. Recurso especial fazendário provido, anulando-se a decisão proferida pelo Juízo do inventário que reconheceu a isenção do ITCMD. Acórdão submetido ao regime do artigo 543-C, do CPC, e da Resolução STJ 08/2008" (STJ, REsp 1.150.356, 2010).

> **Art. 40. O montante do imposto é dedutível do devido à União, a título do imposto de que trata o art. 43, sobre o provento decorrente da mesma transmissão.**

> **Art. 41. O imposto compete ao Estado da situação do imóvel transmitido, ou sobre que versarem os direitos cedidos, mesmo que a mutação patrimonial decorra de sucessão aberta no estrangeiro.**

> **Art. 42. Contribuinte do imposto é qualquer das partes na operação tributada, como dispuser a lei.**

⇒ **Normalmente, o comprador.** "A maioria das legislações municipais optou pela eleição do comprador como contribuinte do ITBI nas operações de compra e venda de bens imóveis, e eleição do cedente em relação à cessão de direitos a eles relativos. O legislador tributário seguiu a tradição da legislação civil. O Código Civil imputa ao adquirente as despesas da escritura, e ao vendedor as de tradição, na ausência de pacto em contrário (art. 1.129). Outrossim, o art. 862, na ausência de convenção em contrário, atribui ao adquirente as despesas da transcrição dos títulos de transmissão da propriedade e ao devedor as da inscrição do ônus real" (HARADA, Kiyoshi. *ITBI*: doutrina e prática. São Paulo: Atlas, 2010, p. 143).

⇒ **Na transmissão *causa mortis*, os herdeiros.** "Para o caso de doação, o dispositivo não merece ressalvas. Todavia, o mesmo não ocorre para a transmissão *causa mortis*, posto uma das partes ser o falecido e este, como se sabe, jamais poderá ser o sujeito passivo do imposto. Corrobora esse entendimento o fato de o parágrafo único do art. 35 da Lei Complementar estabelecer a sujeição passiva dos herdeiros e legatários" (FERNANDES, Regina Celi Pedrotti Vespero. *Imposto sobre Transmissão* Causa Mortis e Doação – ITCMD. São Paulo: RT, 2002, p. 70-71).

– **Renúncia incondicionada.** Em havendo renúncia incondicionada, não há que se falar em surgimento de obrigação tributária relativamente ao herdeiro ou legatário originário, mas apenas relativamente àquele que acabe por ser o beneficiário da herança.

– "... se houve renúncia à herança, ou sua desistência antes da aceitação não haverá incidência do ITBI, desde que essa renúncia ou desistência não seja feita a favor desse ou daquele herdeiro, mas a favor do montante-mor. o caso, não há transmissão de direitos reais. Há apenas diminuição do número de pessoas na partilha do monte-mor" (HARADA, Kiyoshi. *ITBI*: doutrina e prática. São Paulo: Atlas, 2010, p. 175).

– **Renúncia em favor de terceiro.** O mesmo não se dará no caso de renúncia em favor de alguém, com direcionamento da herança, pois, neste caso, não se pode falar, propriamente, em renúncia, mas em aceitação e subsequente doação, implicando a ocorrência de dois fatos geradores: o do imposto sobre a transmissão *causa mortis* e o do imposto sobre doação.

– "Para que a renúncia seja caracterizada, necessário ser pura e simples, ou seja, se condição nem termo, pois, se houver cláusulas criando ônus ou o herdeiro pretender beneficiar outrem, não se pode falar em renúncia, mas sim e aceitação, com subsequente transmissão. É o que ocorre muitas vezes quando os filhos herdeiros renunciam em favor do cônjuge meeiro viúvo. [...] Nos casos de renúncia a favor de outro herdeiro ou do cônjuge supérstite, o que ocorre na realidade é a aceitação da herança e posterior doação. Nesse caso, há incidência do imposto sobre a transmissão *causa mortis* em razão da aceitação da herança e sobre a transmissão *inter vivos* a título gratuito (doação) na segunda transmissão" (FERNANDES, Regina Celi Pedrotti Vespero. *Imposto sobre Transmissão* Causa Mortis e *Doação – ITCMD*. São Paulo: RT, 2002, p. 91).

> ## SEÇÃO IV
> ## IMPOSTO SOBRE A RENDA E PROVENTOS DE QUALQUER NATUREZA

⇒ **Legislação.** A competência para a instituição do imposto sobre a renda e proventos de qualquer natureza (IR) consta do art. 153, III, da CF, além do que, no § 2º do mesmo artigo, a Constituição estabelece os critérios a serem observados na sua instituição: generalidade, universalidade e progressividade. Os arts. 43 a 45 do CTN estabelecem as normas gerais atinentes ao imposto sobre a renda e proventos, definindo os arquétipos para o fato gerador, base de cálculo e contribuintes. A Lei n. 4.506/64 dispõe "sôbre o impôsto que recai sôbre as rendas e proventos de qualquer natureza". O Imposto sobre a Renda da Pessoa Física (IRPF) tem suporte, ainda, no âmbito da legislação ordinária, nas Leis ns. 7.713/88 e 9.250/95, dentre outras. O Imposto sobre a Renda da Pessoa Jurídica (IRPJ), por sua vez, tem suporte nas Leis ns. 8.981/95 e 9.430/96, dentre outras. O Decreto n. 9.580/2018 regulamenta a tributação, a fiscalização, a arrecadação e a administração, tanto do imposto sobre a renda e proventos de qualquer natureza, abrangendo IRPF e IRPJ. Os Regulamentos anteriores constavam dos Decretos n. 3.000/99, n. 1.041/94 e n. 85.450/80. A IN RFB n. 1.500/2014 "Dispõe sobre normas gerais de tributação relativas ao Imposto sobre a Renda das Pessoas Físicas", tendo recebido diversas alterações, inclusive pela IN RFB n. 1.869/2019.

⇒ **Critérios constitucionais: pessoalidade, progressividade, generalidade, universalidade.** A Constituição determina que a instituição do imposto de renda se dê mediante a observância de determinados critérios. Do art. 145, § 1º, e do art. 153, § 2º, I, da CF, extrai-se a necessidade de dar ao imposto de renda caráter pessoal e de graduá-lo conforme a capacidade econômica do contribuinte. Isso porque a renda, como acréscimo novo, é a base que melhor revela a capacidade contributiva efetiva do contribuinte que suportará o imposto. A cobrança progressiva tendo como referência as diversas faixas ou níveis de renda, realiza o princípio da capacidade contributiva. A par disso, a consideração das circunstâncias específicas de cada contribuinte, como despesas médicas e com educação, para dimensionamento do montante a pagar, fazem do Imposto de Renda o imposto pessoal por excelência. Ademais, todos devem ser chamados a pagar o imposto de renda, submetendo o conjunto das suas rendas à tributação. Vide notas aos respectivos artigos.

⇒ **Regimes de competência e de caixa.** "Denomina-se regime de competência, ou econômico, o critério de apuração do lucro tributável que toma em consideração as despesas e as receitas tendo em vista os fatos a que correspondem, no período em que tais fatos acontecem. O regime de caixa, por seu turno, é o critério de apuração do lucro tributável que toma em consideração as receitas e as despesas tendo em vista os efetivos pagamentos e recebimentos" (MACHADO, Hugo de Brito. Dedutibilidade de tributos com exigibilidade suspensa. *RDDT* 3/46, 1995).

– "Com relação às pessoas jurídicas, a legislação concernente às sociedades anônimas é incisiva ao estabelecer como regra para a tributação da renda o regime de competência, de modo que a locução adquirir disponibilidade jurídica passa a compor-lhes o aspecto material da hipótese. [...] diversamente, na legislação regedora da tributação incidente sobre as pessoas naturais adota-se, de forma inequívoca e como regra, o regime de caixa... Nesse sentido, no caso de pessoas naturais, somente a efetiva entrega de recursos ao beneficiário ou o depósito do numerário em instituição financeira em conta de sua titularidade ou por ele manipulável são fatos aptos a atrair a incidência do imposto. Daí dizer-se que, relativamente ao IRPF, a locução adquirir disponibilidade econômica de renda ou proventos adere e integra de forma indissociável ou intrínseca o aspecto material da hipótese de incidência" (SILVA, Paulo Roberto Coimbra. O imposto de renda pessoa física e sua cobrança nas execuções trabalhistas. *RFDT* 40/87, 2009).

– "4. A fixação do regime de competência para a quantificação da base de cálculo do tributo e do regime de caixa para a dedução das despesas fiscais não implica em majoração do tributo devido, inexistindo violação ao conceito de renda fixado na legislação federal. 5. Os depósitos judiciais utilizados para suspender a exigibilidade do crédito tributário consistem em ingressos tributários, sujeitos à sorte da demanda judicial, e não em receitas tributárias, de modo que não são dedutíveis da base de cálculo do

IRPJ até o trânsito em julgado da demanda" (STJ, REsp 1.168.038, 2010).

– **Tema 368 do STF:** "O Imposto de Renda incidente sobre verbas recebidas acumuladamente deve observar o regime de competência, aplicável a alíquota correspondente ao valor recebido mês a mês, e não a relativa ao total satisfeito de uma única vez". Decisão de mérito em 2014.

– Sobre o imposto de renda sobre rendimentos recebidos acumuladamente, vide nota ao art. 44 do CTN.

⇒ **Imposto de Renda Pessoa Física (IRPF).** O Imposto sobre a Renda e Proventos de Qualquer Natureza devido pelas pessoas físicas (IRPF) tem suporte nas Leis ns. 7.713/88 e 9.250/95 e alterações, bem como no Regulamento do Imposto de Renda aprovado pelo Decreto 3.000/99. A IN RFB n. 1.500/2014 "Dispõe sobre normas gerais de tributação relativas ao Imposto sobre a Renda das Pessoas Físicas".

– **Periodicidade anual, com antecipações mensais e ajuste.** Trata-se de imposto anual, sobre a renda e proventos do ano-calendário, sendo que a legislação impõe ao contribuinte que, durante o próprio curso do ano-calendário, faça antecipações mensais de pagamento conforme a renda e proventos auferidos. Considera-se ocorrido o fato gerador em 31 de dezembro do ano-calendário. Encerrado o ano-calendário, o contribuinte tem até o dia 30 de abril do ano subsequente para apurar o imposto efetivamente devido relativo ao ano-calendário encerrado e, compensados os valores adiantados mensalmente, apresentar declaração de ajuste (obrigação acessória) apontando se há saldo a restituir (em caso de pagamento antecipado a maior) ou a pagar (em caso de pagamento antecipado a menor). Se ainda houver saldo a pagar, deverá fazê-lo no mesmo prazo (até 30 de abril), conforme o art. 104 do RIR/99, ou optar pelo parcelamento, efetuando o pagamento da primeira parcela. Caso haja saldo a restituir, bastará aguardar o creditamento dos valores pelo fisco na conta corrente que tenha indicado na declaração de ajuste, o que, inexistindo qualquer inconsistência na declaração, costuma ocorrer dentro de alguns poucos meses. As tributações exclusivas na fonte (e.g. sobre investimentos financeiros) e isoladas (e.g. ganho de capital) têm tratamento distinto.

– **Antecipações mensais mediante retenção ou pagamento do carnê-leão.** O contribuinte que perceber rendimentos de pessoa jurídica, terá o imposto de renda retido por ocasião do pagamento, nos termos do art. 7º da Lei n. 7.713/1988. O imposto retido nessa sistemática ao longo do ano (ano-calendário), será deduzido do montante a pagar por ocasião do ajuste anual. As pessoas físicas que percebem rendimentos de outras pessoas físicas devem providenciar o pagamento mensal do imposto de renda através do denominado carnê-leão. Cabe a si próprias apurar o montante devido e realizar o recolhimento respectivo.

– "[...] as pessoas físicas em geral, profissionais liberais com mais frequência, que recebam rendimentos de outras pessoas físicas ou do exterior, sem vínculo empregatício, estão sujeitas ao carnê-leão, devendo fazer o pagamento mensal do Imposto, sempre que o rendimento líquido ultrapassar o limite de isenção da tabela acima. Para apurar o rendimento base de cálculo do recolhimento mensal obrigatório destes contribuintes (carnê-

-leão), recomenda-se a escrituração do Livro Caixa, no qual serão permitidas as deduções autorizadas (por dependentes, de previdência oficial, pensão alimentícia paga, despesas de custeio, etc.) [...] Os contribuintes sujeitos ao regime do carnê-leão também devem apresentar a Declaração de Ajuste anual" (GODOY, Walter. *Os direitos dos contribuintes*. 2. ed. Porto Alegre: Síntese, 2003, p. 123).

– "... CF/69. IMPOSTO DE RENDA PESSOA FÍSICA. DUPLA FONTE PAGADORA. RECOLHIMENTO TRIMESTRAL. DL n. 2.396/87 E 2.419/88. CONSTITUCIONALIDADE. [...] 3. Não ofendia a Carta decaída, tampouco configurava instituição irregular de empréstimo compulsório, a sistemática de recolhimento do imposto de renda, na fonte, mês a mês ou o seu pagamento trimestral, para posterior reajuste anual. 4..." (STF, RE 140.671, 2004).

⇒ "IMPOSTO DE RENDA – HIPÓTESE DE INCIDÊNCIA – AGRAVO REGIMENTAL – ANTECIPAÇÕES – RECOLHIMENTO – POSSIBILIDADE. 1. O fato gerador do Imposto de Renda realiza-se no decorrer do ano-base ao qual se refere sua declaração (ato complexo). Ou seja, não ocorre ele no último dia do exercício financeiro em relação ao qual deve o contribuinte realizar a apuração do eventual quantum devido. 2. É no transcorrer do ano de referência que se verificam as disponibilidades econômicas e jurídicas que justificam a tributação da renda; podendo, por conseguinte, ser ela antecipada, de forma que sua apuração final poderá ser postergada para o ano seguinte" (STJ, AgRg no REsp 281.088, 2007).

– **Ano-calendário *x* exercício.** Ano-calendário ou ano-base é o ano em que percebidos a renda e os proventos tributados. Exercício é o ano seguinte, em que é apresentada a declaração e efetuado o ajuste. Assim, o IR ano-calendário 2014 corresponde ao IR exercício 2015. Nas declarações de ajuste sempre consta o exercício e o ano-calendário.

⇒ **Imposto de Renda da Pessoa Jurídica (IRPJ).** O Imposto sobre a Renda e Proventos de Qualquer Natureza devido pelas pessoas jurídicas (IRPJ) comporta diversas formas de tributação, sendo que a renda tributável será o lucro real, presumido ou arbitrado, com alíquota de 15% mais um adicional de 10%. Tem suporte nas Leis ns. 8.981/95 e 9.430/96, dentre outras. O Decreto n. 3.000, de 26 de março de 1999, regulamenta tributação, fiscalização, arrecadação e administração do IRPJ, sendo que a IN RFB n. 1700/2017 detalha o seu regime. A respeito da base de cálculo e das alíquotas, vide nota ao art. 44 do CTN.

– **Periodicidades trimestral ou anual, com antecipações mensais e ajuste.** O IRPJ tem período de apuração trimestral, podendo, a pessoa jurídica que pagar com base no lucro real, optar pelo período anual, com antecipações mensais, conforme os arts. 1º a 6º da Lei n. 9.430/96 e 220/221 do RIR 99. No imposto trimestral, considera-se ocorrido o fato gerador ao final de cada trimestre civil; no anual, em 31 de dezembro do ano-calendário.

– "... O imposto de renda tem como fato gerador a aquisição da disponibilidade econômica ou jurídica da renda (CTN, artigo 43, inciso I). No caso, esta disponibilidade é adquirida pela pessoa jurídica ao longo do exercício social e pode o fisco exigir o seu pagamento antecipado, a exemplo do que acontece com as retenções na fonte, no recebimento mensal de salários ou vencimentos. As antecipações do imposto de renda das pessoas jurídicas... não ferem nenhum dispositivo do CTN" (STJ, REsp 38.265-3).

> **Art. 43. O imposto, de competência da União, sobre a renda e proventos de qualquer natureza tem como fato gerador a aquisição da disponibilidade econômica ou jurídica:**

⇒ **Aquisição.** "Aquisição" é o ato de adquirir, ou seja, de obter, conseguir, passar a ter. "Disponibilidade" é a qualidade ou estado do que é disponível, do que se pode usar livremente, é a "qualidade dos valores e títulos integrantes do ativo dum comerciante, que podem ser prontamente convertidos em numerário" (AURÉLIO, 2009), de que "pode dispor imediatamente ou converter em numerário" (*Dicionário Houaiss*, 2009, p. 696).

⇒ **Disponibilidade econômica ou jurídica.** Disponibilidade é a qualidade do que está disponível. Há disponibilidade econômica quando se dispõe da renda pela posse de dinheiro em papel moeda ou em depósito bancário. Há disponibilidade jurídica quando se dispõe da posição de credor dos rendimentos, podendo exigi-lo. A disponibilidade jurídica resta caracterizada, e.g., para o locador de imóvel quando há o recebimento, pela imobiliária, do aluguel pago pelo locatário, ainda que a imobiliária não tenha prestado contas ao locador.

– Sendo fato gerador do imposto a "aquisição da disponibilidade econômica ou jurídica de renda ou proventos de qualquer natureza", não alcança a "mera expectativa de ganho futuro ou em potencial". Também não configura aquisição da disponibilidade econômica ou jurídica de renda ou proventos a simples posse de numerário alheio.

– "A disponibilidade, tão comum ao conceito de renda, tem sentido vernacular e técnico todo próprio. O fato gerador do imposto sobre a renda, sob pena de não se poder assentar esta última, é a aquisição da disponibilidade econômica ou jurídica, fenômeno sempre concreto e que não pode, à mercê de ficção jurídica extravagante, insuplantável, ser deturpada, a ponto de se dizer que, onde não há disponibilidade econômica ou jurídica, entenda-se já acontecido o fenômeno..." (STF, excerto de voto-vista na ADIn 2.588-1, 2006).

– "DISPONIBILIDADE ECONÔMICA E JURÍDICA DA RENDA... 4. Não se deve confundir disponibilidade econômica com disponibilidade financeira da renda ou dos proventos de qualquer natureza. Enquanto esta última se refere à imediata 'utilidade' da renda, a segunda está atrelada ao simples acréscimo patrimonial, independentemente da existência de recursos financeiros. 5. Não é necessário que a renda se torne efetivamente disponível (disponibilidade financeira) para que se considere ocorrido o fato gerador do imposto de renda, limitando-se a lei a exigir a verificação do acréscimo patrimonial (disponibilidade econômica)" (STJ, REsp 983.134, 2008).

– "Disponibilidade é a qualidade do que é disponível. Disponível é aquilo de que se pode dispor. Entre as diversas acepções de dispor, as que podem aplicar-se à renda são: empregar, aproveitar, servir-se, utilizar-se, lançar mão de, usar. Assim, quando se fala em aquisição de disponibilidade de renda deve entender-se aquisição de renda que pode ser empregada, aproveitada, utilizada, etc." (COSTA, Alcides Jorge. Imposto sobre a renda... *RDT* 40/105).

– "O vocábulo *disponibilidade* deriva do latim *disponere*, dispor, ou seja, bens e direitos livres de qualquer obstáculo à sua utilização. De igual modo a palavra *disponibilidade* encerra diversos significados, tais como: I) qualidade ou propriedade de quem está disponível; e II) qualidade ou propriedade do que está livre de encargos, condições, gravames ou outros limites ao exercício. Encontramos como elemento semântico comum a todas essas acepções a noção de disponibilidade como poder de disposição do titular do patrimônio. Dessa forma, não basta a mera aquisição da renda, esta deve estar desembaraçada de ônus ou limitações, melhor dizendo, disponível. A disponibilidade será, assim, a qualidade daquilo que não possui impeditivos ao seu uso. Se existirem obstáculos a serem removidos, não haverá disponibilidade, mesmo que exista ação ou execução. Mesmo que exista um direito oponível ao devedor, não ocorrerá a situação capaz de permitir a incidência do imposto de renda. Não basta ser credor de renda indisponível, nem possuir ação, execução, expectativa de direito, promessa ou estar vinculado à condição suspensiva ou resolutiva. É absolutamente necessária a presença atual de disponibilidade de renda que se incorporou a título definitivo no patrimônio do contribuinte. Renda disponível é, portanto, renda realizada. [...] Designa-se por disponibilidade econômica a percepção efetiva da renda ou provento. Seria a possibilidade de dispor material e diretamente da riqueza sem a presença de nenhum impedimento. Como assevera Rubens Gomes de Souza, trata-se do 'rendimento realizado, isto é, dinheiro em caixa'. Poder-se-ia entendê-lo sob a forma de utilização do regime de caixa. A disponibilidade jurídica configura-se, inicialmente, conforme Hugo de Brito Machado, como o crédito da renda ou proventos. Assim, a disponibilidade econômica é a riqueza realizada e efetiva, enquanto que a disponibilidade jurídica é aquela adquirida na qual o beneficiário tem título jurídico que 'lhe permite obter a realização em dinheiro'. Ressalte-se que se trata de título definitivo, no qual a riqueza é adquirida de modo definitivo, porém ainda não efetiva. Não se confunde, contudo, com promessa, expectativa, probabilidade ou direito sujeito à condição ou encargo futuro. Se não houver existência de direito irretratável, líquido e exigível, não haverá a disponibilidade da renda e, portanto, não será possível a incidência do Imposto de Renda" (CALIENDO, Paulo. Imposto sobre a renda incidente nos pagamentos acumulados e em atraso de débitos previdenciários. *Interesse Público* 24/101, 2004).

– "É preciso notar desde logo que o código não colocou as duas palavras – 'econômica' e 'jurídica' – como termos sinônimos e substituíveis um pelo outro, nem os mencionou como complementares, até porque não aludiu à 'disponibilidade econômica e jurídica', mas, sim, à 'disponibilidade econômica ou jurídica', isto é, como disponibilidades alternativas, de maneira a que uma ou outra possa gerar a incidência do imposto de renda" (OLIVEIRA, Ricardo Mariz de. *Fundamentos do Imposto de Renda*. Quarter Latin, 2008, p. 289).

– "A disponibilidade econômica ocorre com o recebimento da renda, a sua incorporação ao patrimônio, a possibilidade de utilizar, gozar ou dispor dela. Por sua vez, a disponibilidade jurídica dá-se com a aquisição de um direito não sujeito a condição suspensiva, ou seja, o acréscimo ao patrimônio ainda não está economicamente disponível, mas já existe um título para o seu recebimento, como, por exemplo, os direitos de crédito (cheque, nota promissória, etc.)" (CARDOSO, Oscar Valente. A controversa incidência do imposto de renda sobre juros de mora decorrentes de condenação judicial. *RDDT* 153/55, 2008).

– "A disponibilidade 'econômica' [...] verifica-se quando o titular do acréscimo patrimonial que configura renda o tem em mãos, já separado de sua fonte produtora e fisicamente disponível: numa palavra, é o dinheiro em caixa. Ao passo que a disponibilidade 'jurídica' [...] verifica-se quando o titular do acréscimo patrimonial que configura renda, sem o ter ainda em mãos separadamente da sua fonte produtora e fisicamente disponível, entretanto já possui um título jurídico apto a habilitá-lo a obter a disponibilidade econômica" (SOUSA, Rubens Gomes de. *Pareceres 1 – Imposto de Renda*. Resenha Tributária, 1975, p. 248).

– "... expressão aquisição de disponibilidade jurídica de renda. Não basta, apenas, que seja adquirido o direito de auferir o rendimento (ou a sua titularidade). É necessário que a aquisição desse direito assuma a forma de faculdade de adquirir disponibilidade econômica, mediante a tomada de iniciativa ou a prática de ato, que estejam no âmbito do arbítrio do interessado, a qualquer momento; em outras palavras, a disponibilidade jurídica não ocorre com o aperfeiçoamento do direito à percepção do rendimento, sendo, mais do que isso, configurada somente quando o seu recebimento em moeda ou quase-moeda dependa somente do contribuinte" (CANTO, Gilberto Ulhôa. Apud OLIVEIRA, Ricardo Mariz de. *Fundamentos do Imposto de Renda*. Quarter Latin, 2008, p. 296).

– "... quando o aumento de patrimônio decorre de um ato não regulado... ou mesmo de um ato contrário ao direito..., é impossível falar em aquisição de disponibilidade jurídica, porque o direito não assegura a possibilidade de cobrar o ganho do jogo ou o ganho da exploração da prostituição. Não há como, nestes casos, aludir à aquisição de disponibilidade jurídica no sentido da formação de um direito transformável em disponibilidade econômica pelo posterior recebimento. Mas nestes casos é possível constatar-se a existência do fato nuclear necessário à ocorrência do fato gerador – o aumento patrimonial –, cuja aquisição, entretanto, se dá apenas economicamente, ou seja, em decorrência de uma situação de fato e não jurídica.[...] Por conseguinte, já que ambas as espécies de disponibilidade agregam uma disponibilidade nova ao patrimônio, o elemento efetivamente distintivo entre disponibilidade jurídica e disponibilidade econômica é unicamente a circunstância do fato causador do aumento patrimonial ser ou não ser regido pelo direito" (OLIVEIRA, Ricardo Mariz de. *Fundamentos do Imposto de Renda*. Quarter Latin, 2008, p. 301).

– "O conceito de disponibilidade remete ao direito de propriedade, enunciado no Código Civil a partir das prerrogativas do proprietário de usar, gozar e dispor de seus bens (art. 524). Ao lado do *jus utendi* e do *jus fruendi*, surge o *jus abutendi* como a prerrogativa de alienar ou transferir o bem a terceiros, bem assim, de dividi-lo ou gravá-lo. Na linguagem corrente, pode-se traduzir o conceito jurídico de *dispor*, como o faz o Dicionário Aurélio, pelas expressões *usar livremente* ou *fazer o que se quer*. Por conseguinte, se alguém está impedido de utilizar-se de dinheiro, de que tem aparentemente a posse, como melhor lhe aprouver, de fazer dele o que quiser, esse alguém carece da liberdade própria ao verdadeiro titular de disponibilidade econômica. [...] A posse, seja legítima ou ilegítima, de bens de terceiros não gera, por si só, disponibilidade econômica e, em consequência, não se constitui em fato gerador de imposto de renda" (Primeiro Conselho de Contribuintes, Segunda Câmara, Acórdão n. 102--44.977, voto condutor do Conselheiro Luiz Fernando Oliveira de Moraes).

– "– crédito, pagamento, remessa, entrega ou emprego de renda ou proventos são ações positivas da fonte produtora desses fatores de acréscimo patrimonial, em benefício de outrem intitulado juridicamente ao recebimento dos mesmos; – pagamento é ato de extinção de obrigação pré-existente no âmbito do direito privado, de modo que somente existe pagamento quando se trate de dívida vencida; – remessa, entrega e emprego são modalidades ou tipos de pagamento, de modo que somente ocorrem na mesma circunstância de haver obrigação a ser solvida; – crédito é ato de quase-pagamento de dívida vencida, pois a pessoa devedora da mesma a disponibiliza para o respectivo credor, em conta individual deste, para eu este receba o que lhe é devido quando lhe aprouver; – a renda (ou provento) do beneficiário do pagamento (inclusive por remessa, entrega ou emprego) ou do crédito, que nele esteja contida, somente é tributável quando o beneficiário tenha adquirido a respectiva disponibilidade econômica ou jurídica, com a passagem do direito do patrimônio da fonte pagadora para o seu patrimônio" (OLIVEIRA, Ricardo Mariz de. Os importantes conceitos de pagamento, crédito, remessa, entrega e emprego da renda (a propósito do Imposto de Renda na fonte e de lucros de controladas e coligadas no exterior. *RFDT* 22, 2006).

– "... IMPOSTO DE RENDA – VARIAÇÕES CAMBIAIS CONSIDERADAS COMO RENDA ANTES DO PAGAMENTO DA OBRIGAÇÃO – MOMENTO DA DISPONIBILIDADE ECONÔMICA – INCIDÊNCIA DO TRIBUTO. O Imposto de Renda só incide sobre os ganhos decorrentes de variações cambiais quando realizado o pagamento das obrigações financeiras relativas àquelas variações, porque é a partir daí que serão incluídos na receita e na apuração do lucro real obtido" (STJ, REsp 320.455, 2001).

I – de renda, assim entendido o produto do capital, do trabalho ou da combinação de ambos;

II – de proventos de qualquer natureza, assim entendidos os acréscimos patrimoniais não compreendidos no inciso anterior.

⇒ **Renda e proventos de qualquer natureza: acréscimo patrimonial.** Chama atenção no art. 43 do CTN a referência a "acréscimo patrimonial" como elemento comum e nuclear dos conceitos de renda e proventos. Pode-se dizer, pois, que o fato gerador do imposto de renda é a aquisição da disponibilidade de acréscimo patrimonial produto do capital, do trabalho, da combinação de ambos (renda) ou de qualquer outra causa (proventos). Note-se que se está cuidando, sempre e necessariamente, do "patrimônio material do contribuinte" (STJ, REsp 748.868).

– CC: "Art. 91. Constitui universalidade de direito o complexo de relações jurídicas, de uma pessoa, dotadas de valor econômico."

– "... o conceito jurídico de patrimônio nos é dado pelo art. 91 do Código Civil de 2002: é ele que vale para fins do imposto de renda. [...] recorde-se que o patrimônio é o complexo de todas as relações jurídicas do seu titular, desde que dotadas de valor econômico. Assim sendo, nem todos os bens de uma pessoa participam do seu patrimônio, tais como o seu direito à própria imagem, o seu direito de ir e vir, o seu direito de expressão das suas ideias, os seus direitos personalíssimos e todos os outros que não tenham valor econômico" (OLIVEIRA, Ricardo Mariz de. *Fundamentos do Imposto de Renda*. Quarter Latin, 2008, p. 67 e 201).

– Sobre os conceitos de renda e proventos de qualquer natureza, vide notas ao art. 153, III, da CF.

– Sobre os conceitos de rendimentos, faturamento, receita, vide nota ao § 1º deste art. 43 do CTN.

– **Configuração do acréscimo patrimonial.** Acréscimo patrimonial significa riqueza nova, de modo que corresponde ao que sobeja de todos os investimentos e despesas efetuados para a obtenção do ingresso, o que tem repercussão na apuração da base de cálculo do imposto.

– Sendo o acréscimo patrimonial o fato gerador do Imposto de Renda, certo é que nem todo o ingresso financeiro implicará a sua incidência. Tem-se que analisar a natureza de cada ingresso para verificar se realmente se trata de renda ou proventos novos, que configure efetivamente acréscimo patrimonial. As indenizações em geral, como se verá adiante, não configuram o fato gerador do Imposto de Renda.

– "... propomos a definição da palavra 'renda' e da expressão 'proventos de qualquer natureza' como a mutação patrimonial que se constitui num acréscimo de seus elementos, acréscimos estes originados do trabalho, do capital, da aposentadoria ou de qualquer outra fonte gerador de riqueza nova. A 'renda e os proventos de qualquer natureza' podem originar-se de itens patrimoniais já existentes (é o caso do produto do capital) ou de outras fontes que não estes. Segundo, nos parece, para que haja acréscimo patrimonial não existe, necessariamente, a obrigatoriedade deste ser gerador por elementos patrimoniais pré--existentes. Decorre do nosso pensamento, assentado acima, que os valores recebidos a título de doações e herança podem sofrer a incidência do imposto sobre a renda e proventos de qualquer natureza, uma vez que aludidos eventos representam um incremento de direitos reais e pessoais para as pessoas" (MOSQUERA, Roberto Quiroga. *Renda e proventos de qual-*

quer natureza: o imposto e o conceito constitucional. São Paulo: Dialética, 1996, p. 110).

– "As definições de diferentes autores para aferir a renda, como acréscimo de riqueza, podem ser reunidas em dois grandes grupos. Ambos têm em comum o objetivo de estremá-la do capital, assim como a nota essencial de acréscimo, ou ganho auferido durante certo período de tempo, a saber: – como excedente, considerado o fluxo de satisfações e serviços, representados por seu valor monetário, englobadas as entradas e saídas em um período determinado. Completando a noção de Irving Fisher para incluir no fluxo de riqueza consumida a ideia do fluxo de bens ou serviços meramente disponível de Hewett, Bulhões Pedreira entende que essa concepção é a que melhor se ajusta ao modelo constitucional brasileiro; – como acréscimo de valor ou de poder econômico ao patrimônio, apurado pela comparação dos balanços de abertura e encerramento do período. Defendida por George Shwanz, desde 1894, aperfeiçoada por Haig e Simons, essa concepção, adotada em parte pelo Código Tributário Nacional, é criticada por alguns, porque ela pode levar ao equívoco de supor que qualquer acréscimo de valor – advindo de doação ou herança, por exemplo, que é simples capital transferido, e subtraído ao campo da competência tributária federal – configure renda (Cf. BALEEIRO, Aliomar... Também BULHÕES PEDREIRA...)" (DERZI, Misabel Abreu Machado. *Os conceitos de renda e de patrimônio*. Belo Horizonte: Del Rey, 1992, p. 21).

– **Nem todo ingresso acresce.** "... nem todo dinheiro que ingressa no universo da disponibilidade financeira do contribuinte integra a base de cálculo do IR, mas única e exclusivamente os aportes de recursos que vão engrossar, com uma conotação de permanência, o patrimônio de quem os recebe..." (CARRAZZA, Roque Antonio. *Imposto sobre a Renda*. 3. ed. São Paulo: Malheiros, 2009, p. 190).

– **Indenizações.** Vide item específico adiante.

– **Transferências patrimoniais.** Vide item específico adiante.

⇒ **Imposto sobre a renda "produto do capital".** Há diversos acréscimos patrimoniais que são fruto do capital do contribuinte.

– **Ganho de capital na compra e venda de imóveis.** O ganho de capital decorrente da compra e venda de imóveis é tributado à alíquota de 15%. Cabe ao contribuinte efetuar o cálculo *on line* no portal da receita, proceder ao pagamento e, posteriormente, informar na declaração anual, embora não para fins de ajuste, mas apenas para conhecimento do Fisco.

– "O imposto incide sobre o lucro, ou o acréscimo patrimonial resultante da valorização de bens móveis ou imóveis e de direitos, que consiste, em linhas gerais, na diferença entre o preço pelo qual o bem ingressou no patrimônio do particular (denominado custo de aquisição) e o preço pelo qual foi posteriormente alienado por meio de qualquer das operações definidas nas Leis ns. 7.713/88 e 9.532/97: compra e venda, permuta, adjudicação, desapropriação, dação em pagamento, doação, procuração em causa própria, promessa de compra e venda, cessão de direitos ou promessa de cessão de direitos e contratos afins, transmissão *causa mortis* e transmissão na dissolução de sociedade conjugal ou união estável. [...] conhecido o resultado da diferença entre o custo de aquisição e o preço de alienação não se terá desde logo, como se poderia supor, a definição da base de cálculo do tributo: a determinação do ganho de capital sobre o qual incidirá o IR ainda exigirá a aplicação dos chamados fatores de redução. Alguns desses fatores são simples... como aqueles definidos no art. 18 da Lei n. 7.713/88. Outros fatores, definidos no art. 40 da Lei n. 11.196/95, são bem mais complexos. [...] há ainda, situações de isenção... Entre tantas particularidades, talvez a principal diferença na tributação do ganho de capital em relação à tributação dos rendimentos do trabalho esteja na definição da data e da forma de pagamento do imposto. Como foi dito, a lei determina a tributação destacada, ou exclusiva, dos ganhos de capital, diferente da regra de tributação anual de rendimentos. O imposto, no caso, é apurado e recolhido em separado, em momento determinado (até o último dia do mês subsequente ao da percepção dos ganhos), tem alíquota única (de 15% por cento) e o valor recolhido não pode ser lançado ou abatido na declaração anual de ajuste (cf. arts. 21 e §§ 1º e 2º, da Lei n. 8.981/95)" (ZANUTO, José Maria. Incidência do Imposto de Renda sobre Ganhos de Capital Resultantes da Alienação de Bens. *RDDT* 174/69, 2010).

– **Só incide quando da realização do ganho de capital.** Como o fato gerador do imposto de renda é a aquisição da disponibilidade econômica ou jurídica de renda ou proventos de qualquer natureza, não pode ser exigido antes do surgimento de tal disponibilidade. Assim, a simples valorização imobiliária não implica fato gerador do imposto de renda. Haverá fato gerador quando, transferido o imóvel, o alienante adquirir a disponibilidade do preço correspondente.

– "... não é a simples valorização de um bem, móvel ou imóvel, componente de um determinado patrimônio particular que pode levar ao pagamento de imposto de renda sobre ganho de capital. Enquanto integrante de um patrimônio, um bem, qualquer que seja a sua natureza, destinação ou valor, não é algo distinto desse patrimônio. Mesmo que se possa considerá-lo isoladamente para reconhecer que, em razão, por exemplo, de uma situação excepcional do mercado imobiliário, o bem teve uma valorização extraordinária em um determinado exercício financeiro, essa situação não produz, juridicamente, renda ou ganho de capital para o proprietário capaz de determinar a incidência do imposto de renda. Apenas, portanto, no momento da alienação, ou seja, no momento em que o bem deixar de compor um capital para transmitir-se a um terceiro pode ser dimensionada a renda acrescida ao patrimônio do proprietário resultante da valorização desse bem. É apenas nesse momento, enfim, que se dará a ocorrência do fato gerador do IR sobre os ganhos de capital auferidos pelo proprietário instalando-se então, nesse mesmo instante, a obrigação de pagamento do imposto" (ZANUTO, José Maria. Incidência do Imposto de Renda sobre Ganhos de Capital Resultantes da Alienação de Bens. *RDDT* 174/69, 2010).

– **É preciso conhecer o custo da aquisição e o preço da venda.** "... para que se possa apurar o ganho de capital na alienação de bens e direitos é imprescindível que sejam conhecidos (i) o valor da alienação, assim entendido o preço efetivo da operação; e (ii) o custo de aquisição, que equivale ao valor pago, ou em sua ausência, a um dos valores elencados no art. 129 do RIR/1999. Não sendo conhecido um desse elementos, notadamente o preço de venda dos bens ou direitos, não é possível determinar o ganho de capital, não sendo devido, por conseguinte, o imposto correspondente" (MATOS, Gustavo Martini de; BRAZ, Carolina Luisa Falk. O imposto sobre ganhos de capital nas alienações sem preço determinado por pessoas físicas. *RDDT* 216/47, 2013).

– **Direito de acrescer ao custo de aquisição as benfeitorias e eventual contribuição de melhoria paga.** As benfeitorias realizadas no imóvel constituem despesas que refletem no seu preço de venda. Os valores correspondentes, porém, tendo sido incorridos pelo proprietário, tem de ser acrescidos ao custo de aquisição, sob pena de ser tributado ganho de capital em dimensão que não corresponda a efetivo acréscimo patrimonial. Do mesmo modo, cabe ao proprietário considerar também o montante pago a título de contribuição de melhoria.

– DL n. 195/67: "Art. 17. Para efeito do impôsto sôbre a renda, devido, sôbre a valorização imobiliária resultante de obra pública, deduzir-se-á a importância que o contribuinte houver pago, a título de Contribuição de Melhoria".

– **Correção do custo de aquisição para apuração do ganho de capital.** O art. 40 da Lei n. 11.196/2005 estabeleceu "fatores de redução do ganho de capital" em função do tempo decorrido entre janeiro de 1996, ou a data da aquisição do imóvel, se anterior, até novembro de 2005, quando publicada a lei: "Art. 40. Para a apuração da base de cálculo do imposto sobre a renda incidente sobre o ganho de capital por ocasião da alienação, a qualquer título, de bens imóveis realizada por pessoa física residente no País, serão aplicados fatores de redução (FR1 e FR2) do ganho de capital apurado. § 1º A base de cálculo do imposto corresponderá à multiplicação do ganho de capital pelos fatores de redução, que serão determinados pelas seguintes fórmulas: I – FR1 = 1/1,0060m1, onde "m1" corresponde ao número de meses-calendário ou fração decorridos entre a data de aquisição do imóvel e o mês da publicação desta Lei, inclusive na hipótese de a alienação ocorrer no referido mês; II – FR2 = 1/1,0035m2, onde "m2" corresponde ao número de meses-calendário ou fração decorridos entre o mês seguinte ao da publicação desta Lei ou o mês da aquisição do imóvel, se posterior, e o de sua alienação. § 2º Na hipótese de imóveis adquiridos até 31 de dezembro de 1995, o fator de redução de que trata o inciso I do § 1º deste artigo será aplicado a partir de 1º de janeiro de 1996, sem prejuízo do disposto no art. 18 da Lei n. 7.713, de 22 de dezembro de 1988." Note-se que o efeito de correção do custo de aquisição cobriu período muito pequeno, de 1996 a 2005 tão somente.

– A inexistência de autorização legal para correção plena do custo de aquisição, por índices que correspondam ao processo inflacionário e que cubram todo o período entre a aquisição e a venda, implica tributação de ganho inflacionário ilusório, acabando por atingir o próprio patrimônio adquirido e não apenas o ganho com ele obtido. Vide nota ao art. 44 do CTN sobre o lucro inflacionários e os ganhos ilusórios.

– "... a mudança de valor do bem capaz de determinar a incidência do imposto de renda deverá ser a mudança efetiva ou variação real de valor. As alterações meramente nominais, resultantes da desvalorização monetária provocada pela inflação, não podem significar ganho de capital tributável pelo imposto de renda. Ainda que, e termos nominais, o valor do bem em um exercício futuro seja superior ao de exercícios passados, a mudança de valor, nesse caso, não significa elevação real ou variação efetiva do preço do bem necessária para caracterizar uma mais-valia patrimonial" (ZANUTO, José Maria. Incidência do Imposto de Renda sobre ganhos de capital resultantes da alienação de bens. *RDDT* 174/69, 2010).

– **Custo de aquisição por não residentes.** "i) A legislação do Imposto de Renda traz regra de equiparação de tratamento fiscal concernente à apuração dos ganhos de capital auferidos por residentes e não residentes, regra esta que deve ser interpretada no sentido de que não residentes investindo no Brasil sejam tratados da mesma maneira que pessoas físicas residentes investindo no exterior. [...] vii) No que se refere à comprovação do custo do não residente em operações de alienação, deve-se levar em consideração que o valor registrado no BACEN constitui apenas meio subsidiário de prova, muito embora a prática demonstre que contribuintes e autoridades fiscais em grande medida dele utilizam-se para efeitos de apuração dos ganhos de capital. Vii) Em que pese o disposto na assertiva anterior, é importante frisar que não raros são os casos em que o valor registrado no BACEN não reflete com perfeição o custo de aquisição da participação societária detida pelo não residente, o que acontece, por exemplo, quando o investimento foi adquirido de outro não residente por valor superior ou inferior ao registrado no BACEN, situação em que o registro original mantém-se inalterado; ix) Destarte, caso haja divergência entre o valor pelo qual foi originalmente adquirido o investimento detido pelo não residente e o valor registrado no BACEN para efeitos de controle regulatório, tanto contribuintes como autoridades fiscais possuem o poder-dever de, por meio de documentação hábil e idônea, comprovar o efetivo custo da participação societária alienada" (SANTOS, João Victor Guedes. Aspectos polêmicos da apuração do ganho de capital de não residentes. *RDDT* 208/91, 2013).

– **Isenção do ganho de capital nas alienações de imóveis de até R$ 35.000,00.** Nos termos da Lei n. 11.196/2005, são isentas as alienações de imóveis de até R$ 35.000,00 (art. 38, ao dar nova redação ao art. 22 da Lei 9.250/95).

– Lei 11.196, 21.11.05 "CAPÍTULO VIII DO IMPOSTO DE RENDA DA PESSOA FÍSICA – IRPF Art. 38. O art. 22 da Lei 9.250/95, de 26 de dezembro de 1995, passa a vigorar com a seguinte redação: 'Art. 22. Fica isento do imposto de renda o ganho de capital auferido na alienação de bens e direitos de pequeno valor, cujo preço unitário de alienação, no mês em que esta se realizar, seja igual ou inferior a: I – R$ 20.000,00 (vinte mil reais), no caso de alienação de ações negociadas no mercado de balcão; II – R$ 35.000,00 (trinta e cinco mil reais), nos demais casos".

– **Isenção do ganho de capital nas alienações do único imóvel de até R$ 440.000,00. Lei 9.250/95:** "Art. 23. Fica isento do imposto de renda o ganho de capital auferido na alienação do único imóvel que o titular possua, cujo valor de alienação seja de até R$ 440.000,00 (quatrocentos e quarenta mil reais), desde que não tenha sido realizada qualquer outra alienação nos últimos cinco anos".

– Isenção do ganho de capital na alienação de imóvel para aquisição de outro em até 180 dias. Nos termos da Lei n. 11.196/2005, também é isenta a alienação de imóvel residencial para aquisição de outro dentro de 180 dias (art. 39), sendo, portanto, esta isenção, condicional.

– Lei 11.196, 21.11.05. "CAPÍTULO VIII DO IMPOSTO DE RENDA DA PESSOA FÍSICA – IRPF Art. 39. Fica isento do imposto de renda o ganho auferido por pessoa física residente no País na venda de imóveis residenciais, desde que o alienante, no prazo de 180 (cento e oitenta) dias contado da celebração do contrato, aplique o produto da venda na aquisição de imóveis residenciais localizados no País. § 1º No caso de venda de mais de 1 (um) imóvel, o prazo referido neste artigo será contado a partir da data de celebração do contrato relativo à 1ª (primeira) operação. § 2º A aplicação parcial do produto da venda implicará tributação do ganho proporcionalmente ao valor da parcela não aplicada. § 3º No caso de aquisição de mais de um imóvel, a isenção de que trata este artigo aplicar-se-á ao ganho de capital correspondente apenas à parcela empregada na aquisição de imóveis residenciais. § 4º A inobservância das condições estabelecidas neste artigo importará em exigência do imposto com base no ganho de capital, acrescido de: I – juros de mora, calculados a partir do 2º (segundo) mês subsequente ao do recebimento do valor ou de parcela do valor do imóvel vendido; e II – multa, de mora ou de ofício, calculada a partir do 2º (segundo) mês seguinte ao do recebimento do valor ou de parcela do valor do imóvel vendido, se o imposto não for pago até 30 (trinta) dias após o prazo de que trata o *caput* deste artigo. § 5º O contribuinte somente poderá usufruir do benefício de que trata este artigo 1 (uma) vez cada 5 (cinco) anos".

– Permuta de imóveis. "PERMUTA DE IMÓVEIS. IRPJ. CSLL. PIS E COFINS. INEXIGIBILIDADE... 2. O entendimento do Tribunal Regional está em consonância com a jurisprudência do STJ no sentido de que o contrato de troca ou permuta não deverá ser equiparado na esfera tributária à compra e venda, pois não haverá auferimento de receita, faturamento ou lucro na troca. Precedentes" (STJ, AgInt no AgInt no REsp 1.639.798, 2021).

– "PERMUTA DE IMÓVEIS. NÃO EQUIPARAÇÃO À COMPRA E VENDA. INEXISTÊNCIA DE RECEITA/FATURAMENTO, RENDA OU LUCRO. CONTRIBUIÇÃO AO PIS, À COFINS, AO IRPJ E À CSLL. DESCABIMENTO. HARMONIA COM O POSICIONAMENTO DO STJ. 1. O acórdão recorrido encontra-se em consonância com o entendimento desta Corte, no sentido de que o contrato de troca ou permuta não deverá ser equiparado na esfera tributária ao contrato de compra e venda, pois não haverá auferimento de receita, faturamento ou lucro na troca. Precedentes..." (STJ, AgInt no REsp 1.800.971, 2020).

– "IRPJ. CSLL. PIS E COFINS. PERMUTA DE IMÓVEIS. 1. O valor decorrente do recebimento de imóveis dados como parte do pagamento nas operações de permuta de imóveis não se enquadra no conceito de receita bruta, não se justificando a inclusão destes valores na base de cálculo do IRPJ, CSLL, PIS e COFINS. 2. Somente a torna eventualmente recebida nas operações de permuta deve ser oferecida à tributação do IRPJ, pelas empresas optantes pelo lucro presumido" (TRF4, 5001178-40.2021.4.04.7007, 2022).

– Alienação de bens na falência. "[...] para que seja devido o imposto de renda é necessário que ocorra um acréscimo patrimonial, e uma aquisição de disponibilidade desse acréscimo. Durante o processo de liquidação dos ativos e pagamentos das dívidas da empresa falida, não se pode, em princípio, cogitar de acréscimo patrimonial, nem muito menos de aquisição de disponibilidade, posto que a empresa falida fica, desde a decretação da falência, privada da disponibilidade de seus bens, e somente ao final se poderá saber se o produto da alienação dos ativos foi suficiente, ou não, para o pagamento de todas as dívidas. E somente na hipótese, de ocorrência praticamente impossível, de o produto da alienação dos bens da empresa falida ser superior ao valor necessário para o pagamento das dívidas, e a devolução do capital dos sócios ou acionistas, é que se terá um resultado qualificável como acréscimo patrimonial. E somente nessa hipótese é que os sócios ou acionistas da empresa falida adquirem, ao final, a disponibilidade desse acréscimo" (MACHADO, Hugo de Brito. A massa falida e o Imposto de Renda das Pessoas Jurídicas. *RDDT* 190/45, 2011).

– "[...] a falência é causada exatamente pela insolvência. Presume-se a insolvabilidade por meio da insolvência aparente. A decretação da falência dá-se, assim, em consequência não apenas da inexistência de acréscimo patrimonial, ou seja, inexistência de incremento patrimonial, de riqueza nova, mas mais do que isso, em decorrência da presunção de inexistência de patrimônio líquido. Ocorre, presuntivamente, fenômeno oposto, ou seja, ausência de patrimônio líquido, sendo o valor do passivo superior ao do ativo. Para que houvesse renda tributável, mister seria comprovar-se não apenas a existência de patrimônio líquido mas ainda o aumento desse patrimônio. [...] a legislação manda desapossar o falido de seus bens, perdendo o devedor inteiramente a disponibilidade jurídica e econômica de seu patrimônio. A massa falida, que esse patrimônio compõe, está disponível apenas para pagar os credores, sua realização voltada exclusivamente à redução ou eliminação do passivo. A realização do ativo não significa, portanto, lucro, ganho de capital, mas, ao contrário, liquidação do patrimônio. E mais, o falido sequer tem a disposição jurídica ou econômica desses bens ou do produto de sua venda, estando afetados ao pagamento de credores. Onde está o acréscimo ao patrimônio líquido, fato necessário à incidência do imposto sobre a renda? Onde está a disponibilidade da renda do falido? Onde está a capacidade econômica tributável do falido?" (COÊLHO, Sacha Calmon Navarro; MANEIRA, Eduardo. Falência e Imposto sobre a Renda no Brasil. *RDDT* 190/130, 2011).

– Incidência restrita aos casos de alienação voluntária. "... o conceito de alienação para fins de apuração do ganho de capital não deve abranger os casos de perda involuntária da propriedade. Do contrário, estaria havendo uma tributação em casos de perda da propriedade sem ou contra a vontade do titular, em virtude de lei ou de disposição da autoridade, o que nos parece configurar um contrassenso. [...] O indivíduo é livre para praticar ou não as situações descritas como hipóteses de incidência dos tributos. Isso decorre diretamente dos princípios da legalidade tributária e da autonomia privada. Vale dizer, a liberdade de fazer ou não fazer alguma coisa é ampla, só encontrando limites na lei. [...] A tributação do ganho de capital. só deve ocorrer naqueles casos nos quais houve uma verdadeira alienação, ou seja, onde o proprietário (alienante), por ato de vontade própria, transmite a outra pessoa (adquirente) o seu direito sobre uma coisa. Não pode haver tributação do ganho de capital quando a perda da propriedade não decorreu de uma alienação, mas se dá em virtude de transmissão independente da vontade do proprietário, como nos casos de desapropriação, arrematação, adjudicação, usucapião ou de prescrições da lei penal" (GUTIERREZ, Miguel Delgado. Do conceito de alienação para fins de apuração do ganho de capital. *RDDT* 230/94, 2014).

– **Transferências patrimoniais. No sentido da não incidência.** Vide item específico adiante.

– **Diferença entre o valor das quotas recebidas e o valor da aquisição. Súmula CARF 118:** "Caracteriza ganho tributável por pessoa jurídica domiciliada no país a diferença positiva entre o valor das ações ou quotas de capital recebidas em razão da transferência do patrimônio de entidade sem fins lucrativos para entidade empresarial e o valor despendido na aquisição de título patrimonial" (CSRF, 2018). Obs.: vinculante, conforme Portaria MF n. 129/2019.

– **Alienação de participação societária e de American Depositary Receipts por não residentes**. Vide: SANTOS, Ramon Tomazela. O ganho de capital auferido por não residentes – a alienação indireta de participação societária e a alienação de *American Depositary Receipts* – análise do artigo 26 da Lei 10.833/2003. *RDDT* 235/128, 2015.

– **Venda isolada de veículo por pessoa física.** "... IMPOSTO DE RENDA. PESSOA FÍSICA. VENDA DE VEÍCULO AUTOMOTOR. HABITUALIDADE. AUSÊNCIA. AQUISIÇÃO. FINANCIAMENTO. ACRÉSCIMO PATRIMONIAL. INEXISTÊNCIA. I – A venda de veículo automotor por pessoa física, em operação isolada, não é tributável, posto que ausente a habitualidade e a tipificação da mais-valia como hipótese de incidência do Imposto de Renda. II – Da mesma forma, a aquisição de um bem mediante financiamento, por não se configurar acréscimo patrimonial, não está sujeita ao Imposto de renda" (STJ, REsp 127.339, 2000).

– **Distribuição de lucros e dividendos não é tributada.** Lei n. 9.249/1995: "Art. 10. Os lucros ou dividendos calculados com base nos resultados apurados a partir do mês de janeiro de 1996, pagos ou creditados pelas pessoas jurídicas tributadas com base no lucro real, presumido ou arbitrado, não ficarão sujeitos à incidência do imposto de renda na fonte, nem integrarão a base de cálculo do imposto de renda do beneficiário, pessoa física ou jurídica, domiciliado no País ou no exterior. § 1º No caso de quotas ou ações distribuídas em decorrência de aumento de capital por incorporação de lucros apurados, a partir do mês de janeiro de 1996, ou de reservas constituídas com esses lucros, o custo de aquisição será igual à parcela do lucro ou reserva capitalizado, que corresponder ao sócio ou acionista. (Incluído pela Lei n. 12.973, de 2014) § 2º A não incidência prevista no **caput** inclui os lucros ou dividendos pagos ou creditados a beneficiários de todas as espécies de ações previstas no art. 15 da Lei n. 6.404, de 15 de dezembro de 1976, ainda que a ação seja classificada em conta de passivo ou que a remuneração seja classificada como despesa financeira na escrituração comercial. (Incluído pela Lei n. 12.973, de 2014) § 3º Não são dedutíveis na apuração do lucro real e da base de cálculo da CSLL os lucros ou dividendos pagos ou creditados a beneficiários de qualquer espécie de ação prevista no art. 15 da Lei n. 6.404, de 15 de dezembro de 1976, ainda que classificados como despesa financeira na escrituração comercial. (Incluído pela Lei n. 12.973, de 2014)".

• Vide: GASPERIN, Carlos Eduardo Makoul. Dividendos isentos: análise crítica do Parecer PGFN/CAT 202/2013, da Instrução Normativa RFB n. 1.397/2013 e da Medida Provisória 627/2013. *RDDT* 225/7, 2014.

⇒ Tramita, no Congresso, o Projeto de Lei n. 2.337/2021, de autoria do Governo, para cobrança de imposto de renda sobre a distribuição de lucros e dividendos, tendo como contrapartida a redução do IRPJ.

• Vide: SCAFF, Fernando Facury. *A reforma tributária e a tributação dos lucros, dividendos e prolabore.* Disponível em: https://www.conjur.com.br/2022-nov-14/justica-tributaria-reforma-tributaria-tributacao-lucrosx-dividendos-prolabore. Acesso em: 18 nov. 2022.

– **A participação do administrador no lucro da pessoa jurídica não está coberta pela isenção.** "ADMINISTRADOR DE SOCIEDADE. PARTICIPAÇÃO NOS LUCROS. IMPOSTO DE RENDA. INCIDÊNCIA. INAPLICABILIDADE DA ISENÇÃO INSTITUÍDA PELO ART. 10 DA LEI 9.249/1995... 3. A Segunda Turma, por ocasião do julgamento do REsp 884.999/BA, Rel. Min. Mauro Campbell Marques, na assentada de 16/9/2008 reconheceu que não se aplica o disposto no art. 10 da Lei 9.249/1995, que prevê a não incidência do Imposto de Renda sobre os lucros distribuídos, à participação atribuída a administrador com base no lucro apurado pela pessoa jurídica, por caracterizar participação nos resultados, porquanto tributável nos termos do parágrafo único do art. 2º do Decreto-Lei 1.814/1980" (STJ, REsp 1.680.742, 2017).

– "ADMINISTRADOR DE SOCIEDADE. PARTICIPAÇÃO NOS LUCROS. IMPOSTO DE RENDA. INAPLICABILIDADE DA ISENÇÃO INSTITUÍDA PELO ART. 10 DA LEI N. 9.249/95. INCIDÊNCIA DO ART. 2º DO DECRETO LEI N. 1.814/80 POR CARACTERIZAR PARTICIPAÇÃO NOS RESULTADOS. 1. Esta Corte, pela Segunda Turma, na assentada do dia 16.09.2008, já definiu no REsp 884.999-BA, que não se aplica o disposto no art. 10 da Lei n. 9.249/95 (não incidência do imposto de renda sobre os lucros distribuídos) à participação atribuída a administrador com base no lucro apurado pela pessoa jurídica, por caracterizar participação nos resultados, tributável nos termos do parágrafo único do art. 2º do Decreto Lei n. 1.814/80. A partir daí, ambas as Turmas responsáveis pelo julgamento de matéria tributária passaram a adotar de forma pacífica o entendimento" (STJ, AgRg no REsp 1.396.769, 2013).

– **Projeto para a volta da tributação.** A tributação de lucros e dividendos é objeto do Projeto de Lei n. 2.337/2021, de autoria do Governo, que pretende retomar a sua tributação com alíquota de 15%.

– **Distribuição de lucros e dividendos no Regime Tributário de Transição.** "Regime Tributário de Transição. Lucros e dividendos pagos ou creditados pelas pessoas jurídicas. Art. 15 da Lei n. 11.941, de 27 de maio de 2009, e art. 10 da Lei n. 9.249, de 26 de dezembro de 1995. O lucro a ser considerado para fins de isenção prevista no art. 10 da Lei n. 9.249, de 1995, é o lucro fiscal obtido com a aplicação do regime Tributário de Transição, de que trata o art. 15 da Lei n. 11.941, de 2009, e não o lucro societário obtido com base nas regras contábeis da Lei n. 6.404, de 1º de dezembro de 1976 com as alterações trazidas pela Lei n. 11.638, de 28 de dezembro de 2007" (PARECER/PGFN/CAT/n. 202/2013. Distribuição de lucros e dividendos pagos pelas pessoas jurídicas – isenção – limite – regime tributário de transição. *RDDT* 213/180, 2013).

– **Distribuição de lucro no regime do art. 35 da Lei n. 7.713/88. IRLL. Retenção na fonte.** "... IMPOSTO DE RENDA. RETENÇÃO NA FONTE. SÓCIO COTISTA. A norma insculpida no artigo 33 da Lei n. 7.713/88 mostra-se harmônica com a Constituição Federal quando o contrato social prevê a disponibilidade econômica ou jurídica imediata, pelos sócios, do lucro líquido apurado, na data do encerramento do período-base. Nesse caso, o citado artigo exsurge como explicitação do fato gerador estabelecido no artigo 43 do Código Tributário Nacional, não cabendo dizer da disciplina, de tal elemento do tributo, via legislação ordinária. Interpretação de norma conforme o Texto Maior. IMPOSTO DE RENDA. RETENÇÃO NA FONTE. ACIONISTA. O artigo 35 da Lei n. 7.713/88 é inconstitucional, ao revelar como fato gerador do imposto de renda na modalidade 'desconto na fonte', relativamente aos acionistas, a simples apuração, pela sociedade e na data do encerramento do período-base, do lucro líquido, já que o fenômeno não implica qualquer das espécies de disponibilidade versadas no artigo 43 do Código Tributário Nacional, isto diante da Lei n. 6.404/76. IMPOSTO DE RENDA RETENÇÃO NA FONTE TITULAR DE EMPRESA INDIVIDUAL. O artigo 35 da Lei n. 7.713/88 encerra explicitação do fato gerador, alusivo ao imposto de renda fixado no artigo 43 do Código Tributário Nacional, mostrando-se harmônico, no particular, com a Constituição Federal. Apurado o lucro líquido da empresa, a destinação fica ao sabor de manifestação de vontade única, ou seja, do titular, fato a demonstrar a disponibilidade jurídica. Situação fática a conduzir à pertinência do princípio da despersonalização. RECURSO EXTRAORDINÁRIO – CONHECIMENTO – JULGAMENTO DA CAUSA. A observância da jurisprudência sedimentada no sentido de que o Supremo Tribunal Federal, conhecendo do recurso extraordinário, julgará a causa aplicando o direito à espécie (verbete n. 456 da Súmula), pressupõe decisão formalizada, a respeito, na instância de origem. Declarada a inconstitucionalidade linear de um certo artigo, uma vez restringida a pecha a uma das normas nele insertas ou a um enfoque determinado, impõe-se a baixa dos autos para que, na origem, seja julgada a lide com apreciação das peculiaridades. Inteligência da

ordem constitucional, no que homenageante do devido processo legal, avesso, a mais não poder, às soluções que, embora práticas, resultem no desprezo à organicidade do Direito" (STF, Plenário, RËx 172.058).

– No caso de sociedade por quotas de responsabilidade limitada, portanto, o STF entendeu ser necessário verificar a disciplina da disponibilidade do lucro líquido caso a caso, à luz do contrato social. Vê-se que procurou dar uma interpretação ao dispositivo legal que preservasse a sua constitucionalidade em tese, como, aliás, aconselham as regras de hermenêutica. Acórdão posterior, proferido na mesma linha e à luz do precedente, tem ementa que sintetiza a posição do STF: "IMPOSTO DE RENDA. RETENÇÃO NA FONTE. LUCRO LÍQUIDO APURADO. ACIONISTA, SÓCIO-QUOTISTA E TITULAR DE EMPRESA INDIVIDUAL. ARTIGO 35 DA LEI 7.713/88. O Supremo Tribunal, examinando o artigo 35 da Lei 7.713/88, julgou inconstitucional a expressão 'o acionista', por entender que no regime das sociedades anônimas a destinação do lucro depende de deliberação da assembleia geral. Considerou, entretanto, legítima a incidência tributária, quanto ao titular de empresa individual, porque nela o destino do lucro líquido depende tão só da vontade de seu titular, circunstância que demonstra total disponibilidade do lucro apurado. Já com relação ao sócio quotista, decidiu que a norma 'mostra-se harmônica com a Constituição Federal quando o contrato social prevê a disponibilidade econômica ou jurídica imediata, pelos sócios, do lucro líquido apurado, na data do encerramento do período-base'" (STF, RËx 193.380-1, 1996).

– "PRESUNÇÃO DE DISTRIBUIÇÃO DE LUCRO – SOCIEDADE POR QUOTAS DE RESPONSABILIDADE LIMITADA – ART. 35 DA LEI 7.713/88 – PRECEDENTE DO STF (RE 172.058-1/SC)... 4. O pagamento do Imposto de Renda na fonte é modalidade que se adequa às sociedades por quotas de responsabilidade limitada, cujo lucro é distribuído entre os sócios. 5. Se a distribuição dos lucros, no final do exercício, depende da vontade dos sócios, é inaplicável o art. 35 da Lei 7.713/88. 6. Hipótese em que ficou abstraído no acórdão recorrido, a partir da análise dos contratos sociais das empresas autoras, a imediata disponibilidade dos lucros pelos sócios no momento do encerramento do período-base de apuração do tributo" (STJ, REsp 729.398, 2007).

– **Aplicações financeiras. Tributação exclusiva na fonte.** Os rendimentos de capital (renda fixa e renda variável) são tributados pelo imposto sobre a renda exclusivamente na fonte por alíquotas que variam de 15% a 22,5%, conforme o prazo da aplicação: até 180 dias, 22,5%; de 181 a 360 dias, 20%; de 361 a 720 dias, 17,5%; acima de 720 dias, 15% (Art. 1º da Lei n. 11.033/2004. Há normas especiais nos parágrafos de tal artigo). As rendas advindas de prêmios e sorteios em dinheiro são tributadas à alíquota de 30%.

– Sobre a tributação exclusiva, vide nota introdutória ao Imposto de Renda, anterior ao art. 43 do CTN.

– **Rendimentos de depósito judicial.** "... RENDIMENTOS DE DEPÓSITO JUDICIAL – INCIDÊNCIA DE IMPOSTO DE RENDA – PRETENDIDA VULNERAÇÃO AOS ARTIGOS

43, 114, 116, INCISO II E 117, INCISO I, TODOS DO CÓDIGO TRIBUTÁRIO NACIONAL – ALEGADA DIVERGÊNCIA JURISPRUDENCIAL. – O depósito judicial não é, desde logo, pagamento liberatório da obrigação, pois, visa a garantir o juízo e demonstrar, em princípio, a um tempo, a solvibilidade do contribuinte e seu propósito não procrastinatório. Enquanto permanece depositado, dúvida não há que produz rendimentos que caracterizam o fato gerador do imposto de renda. Inocorrência de violação ao artigo 43 do Código Tributário Nacional. [...]" (STJ, REsp 142.031, 2001).

– **Juros sobre o capital próprio.** "Juros sobre o capital próprio, que nos habituamos a identificar por suas iniciais – JCP –, foi uma criação do legislador brasileiro em 1995 (hoje copiada fora do País) dentro do programa governamental que cristalizou o Plano Real de combate à inflação. Por isso, ao ser extinta a correção monetária do ordenamento jurídico nacional, a notícia pública foi de que a medida visava a compensar a falta de dedução do saldo devedor da correção monetária das demonstrações financeiras, eis que com a invocação surgiu uma nova hipótese de dedução do lucro tributável pelo imposto de renda. Não se tratou de notícia falsa, pois a existência de patrimônio líquido superior ao montante do ativo permanente (e outras contas) gerava até então saldo devedor de correção monetária, que a lei permitia deduzir do lucro tributável como perda que era em virtude da inflação. Todavia, a permissão para deduzir os JCP trouxe uma consequência inerente mais relevante do que ser tão somente uma medida de política fiscal destinada a evitar sobrecarga tributária. Realmente, a possibilidade de as pessoas jurídicas pagarem juros aos seus sócios ou acionistas e de os deduzirem do lucro sujeito à tributação foi o reconhecimento de um tratamento isonômico com o existente quando a empresa tem que recorrer a capitais de terceiros e incorre em despesas financeiras. Em suma, a lei passou a dar aos juros atribuído aos prórpios sócios ou acionistas, porque mantiveram recursos no patrimônio da pessoa jurídica de que participam, uma identidade econômica e jurídica com os juos pagos a pessoas estranhas ao capital social (ou mesmo a pessoas participantes do capital social, mas que também aportem recursos a título diverso). Não obstante, quando surgiu a Lei n. 9.249 a novidade representada pelos JCP suscitou admiração e uma espécie de perplexidade, pois a função do contrato de sociedade é a reunião de esforços de sócios com vistas à realização de algum empreendimento econômico e a partilha dos lucros assim gerados, sendo inclusive vedada qualquer norma societária que proíba a distribuição de lucros apurados. Essa circunstância – sócios ou acionistas sendo remunerados pela pessoa jurídica de que participam, pelo capital nela mantido, e não por distribuição dos seus lucros – fez com que os JCP fossem identificados, sob o prisma econômico, com lucros ou dividendos distribuídos, e assim eles são considerados pelas prática contábeis. Todavia, perante o direito positivo, JCP têm natureza jurídica de despesas financeiras, porque assim foram instituídos pelo art. 9º da Lei n. 9.249, que explicitamente os trata como despesas e permite que sejam (ou não) imputados ao dividendo mínimo obrigatório" (OLIVEIRA, Ricardo Mariz. Juros sobre o capital próprio – natureza, legislação e jurisprudência. In: PEIXOTO, Marcelo Magalhães; QUINTELLA, Caio Cesar Nader (coord.). *Juros sobre o capital próprio*: aspectos tributários e societários. São Paulo: MP, 2022, p. 415-416).

– Lei n. 9.249/1995: "Art. 9º A pessoa jurídica poderá deduzir, para efeitos da apuração do lucro real, os juros pagos ou creditados individualizadamente a titular, sócios ou acionistas, a título de remuneração do capital próprio, calculados sobre as contas do patrimônio líquido e limitados à variação, *pro rata dia*, da Taxa de Juros de Longo Prazo – TJLP. § 1º O efetivo pagamento ou crédito dos juros fica condicionado à existência de lucros, computados antes da dedução dos juros, ou de lucros acumulados e reservas de lucros, em montante igual ou superior ao valor de duas vezes os juros a serem pagos ou creditados.(Redação dada pela Lei n. 9.430, de 1996) § 2º Os juros ficarão sujeitos à incidência do imposto de renda na fonte à alíquota de quinze por cento, na data do pagamento ou crédito ao beneficiário. § 3º O imposto retido na fonte será considerado: I – antecipação do devido na declaração de rendimentos, no caso de beneficiário pessoa jurídica tributada com base no lucro real; II – tributação definitiva, no caso de beneficiário pessoa física ou pessoa jurídica não tributada com base no lucro real, inclusive isenta, ressalvado o disposto no § 4º; § 4º (Revogado pela Lei n. 9.430, de 1996) § 5º No caso de beneficiário sociedade civil de prestação de serviços, submetida ao regime de tributação de que trata o art. 1º do Decreto-Lei n. 2.397, de 21 de dezembro de 1987, o imposto poderá ser compensado com o retido por ocasião do pagamento dos rendimentos aos sócios beneficiários. § 6º No caso de beneficiário pessoa jurídica tributada com base no lucro real, o imposto de que trata o § 2º poderá ainda ser compensado com o retido por ocasião do pagamento ou crédito de juros, a título de remuneração de capital próprio, a seu titular, sócios ou acionistas. § 7º O valor dos juros pagos ou creditados pela pessoa jurídica, a título de remuneração do capital próprio, poderá ser imputado ao valor dos dividendos de que trata o art. 202 da Lei n. 6.404, de 15 de dezembro de 1976, sem prejuízo do disposto no § 2º. § 8º Para fins de cálculo da remuneração prevista neste artigo, serão consideradas exclusivamente as seguintes contas do patrimônio líquido: (Redação dada pela Lei n. 12.973, de 2014) I – capital social; II – reservas de capital; III – reservas de lucros; IV – ações em tesouraria; e V – prejuízos acumulados. §§ 9º e 10 (Revogados pela Lei n. 9.430, de 1996). § 11. O disposto neste artigo aplica-se à Contribuição Social sobre o Lucro Líquido. (Incluído pela Lei n. 12.973, de 2014) § 12. Para fins de cálculo da remuneração prevista neste artigo, a conta capital social, prevista no inciso I do § 8º deste artigo, inclui todas as espécies de ações previstas no art. 15 da Lei n. 6.404, de 15 de dezembro de 1976, ainda que classificadas em contas de passivo na escrituração comercial. (Incluído pela Lei n. 12.973, de 2014)"

– O Projeto de Lei n. 2.337/2021, de autoria do Governo, cuida, dentre outros temas, da tributação dos juros sobre o capital próprio.

• Vide, por todos: PEIXOTO, Marcelo Magalhães; QUINTELLA, Caio Cesar Nader (coord.). *Juros sobre o capital próprio*: aspectos tributários e societários. São Paulo: MP, 2022. Nesse livro, encontram-se artigos sobre a natureza jurídica do JCP, as consequências jurídicas da distribuição desprorporcional de JCP, a relação dos JCP com a tributação das subvenções para investimento, os JCP retroativos, a dedutivilidade dos JCP extemporâneos, a jurisprudência do CARF, a obrigatoriedade do pagamento de JCP, o cálculo dos JCP, os JCP nos acordos para evitar a bitributação e sobre o pagamento de JCP a investidores não residentes.

• Vide o histórico legislativo da incidência do IR sobre dividendos e a abordagem da sua incidência sobre os juros sobre o capital próprio em: FIORENTINO, Marcelo Fróes Del. Dividendos *versus* juros sobre o capital próprio e a problemática correlata referente ao disposto no art. 17 da Lei n. 11.051/04. *RDDT* 123/64, dez. 2005. Vide, também, nota ao art. 195, I, *b*, da CF sobre a incidência de PIS/Cofins sobre a receita de juros sobre o capital próprio.

– "A) Os juros sobre o capital próprio não têm natureza jurídica de 'juros', mas de meros resultados da companhia sujeitos a regime especial de distribuição e a tratamento fiscal específico de acordo com a legislação de regência. B) As autoridades fazendárias entendem que os juros sobre o capital próprio têm natureza jurídica de 'juros' e, por isso, tais valores devem ser tratados como receitas (recebedor) ou despesas (pagador) 'financeiras'. C) A legislação de regência do IRPJ e da CSL trata os juros sobre o capital próprio de forma híbrida para fins de tributação, de forma a neutralizar os efeitos fiscais da dedutibilidade conferida pela legislação por ocasião de seu pagamento. D) A legislação de regência do PIS/Cofins isenta expressamente do pagamento destes tributos os resultados positivos de equivalência patrimonial e os lucros e dividendos decorrentes de investimentos avaliados pelo custo de aquisição. E) O Decreto n. 5.164/04 é manifestamente ilegítimo por pretender criar, ao arrepio da legislação de regência do PIS/Cofins e dos juros sobre o capital próprio, hipótese de incidência não prevista em lei (na hipótese dos investimentos avaliados pelo método da equivalência patrimonial), ao mesmo tempo em que pretende restringir isenção concedida por lei (na hipótese dos investimentos avaliados pelo custo de aquisição)" (SOUZA, André Ricardo Passos de. O PIS/Cofins e os juros sobre o capital próprio. *RDDT* 114/23, 2005).

– "... o ponto de partida para a qualificação de determinado rendimento envolve o exame do negócio jurídico subjacente. O intérprete não deve olhar diretamente par ao rendimento. Ao contrário, é preciso primeiro compreender a natureza jurídica da operação, para, então, qualificar o rendimento dela proveniente. [...] o valor pago a título de JCP deve ser qualificado como *dividendo*. [...] (i) o JCP consiste em um mecanismo de integração adotado pela Lei n. 9.249/195 para eliminar a dupla tributação econômica do lucro empresarial e mitigar os efeitos do tratamento tributário distinto conferido ao capital próprio e ao capital de terceiros; (ii) o patrimônio líquido a ser considerado para efeito de cálculo do JCP deve ser apurado em conformidade com do disposto na legislação societária e nas regras contábeis, com a observância dos ajustes expressamente prescritos pela lei tributária; (iii) a dedução da despesa ocorre no momento em que a pessoa jurídica aprova e efetua o pagamento do JCP ao sócio ou acionista, de modo definitivo e incondicional, ainda que a deliberação societária que aprove o pagamento do JCP preveja que o prazo de cômputo abrangerá lapso temporal superior a um ano-calendário, como objetivo de remunerar o capital invertido em períodos pretéritos; (iv) os dividendos pagos à conta de lucros de períodos anteriores (reservas de lucros)somente integram o valor do patrimônio líquido até a data de sua efetiva distribuição; (v) o lucro apurado no próprio exercício social ainda não representa o capital aplicado pelo sócio ou acionista na sociedade, motivo pelo qual o respectivo valor ainda não deve, necessariamente, ser computado no cálculo do JCP; (vi) o JCP deve ser qualificado como dividendos no âmbito do artigo 10, salvo nos casos em que há previsão expressa no *Protocolo*" (SANTOS, Ramon Tomazela. Aspectos controvertidos atuais dos juros sobre o capital próprio (JCP): impacto das mutações no patrimônio líquido, o pagamento acumulado e a sua qualificação nos acordos internacionais de bitributação. *RDDT* 214/108, 2013).

– "Os JCP estão sujeitos a um regime jurídico autônomo quanto à remuneração dos investimentos societários. Mesmo que nominalmente atrelados pelo legislador à denominação de 'juros', a sua classificação mais adequada... é de uma modalidade *sui generis* de distribuição de resultados. Estaria, pois, mais próximos à noção de dividendo do que ao conceito de juros convencionais. .. os JCP são calculados sobre contas que não compõem o passivo exigível da pessoa jurídica. Com efeito, os JCP são determinados mediante a aplicação da... TJLP sobre contas patrimoniais que foram parte do passivo não exigível da sociedade. Esse passivo não exigível – ou patrimônio líquido – corresponde às obrigações da pessoa jurídica perante seus sócios ou acionistas. [...] diferentemente do que ocorre com os juros propriamente ditos, a distribuição de JCP apenas se mostra possível quando a pessoa jurídica pagadora possui lucros, sejam estes lucros correntes ou lucros acumulados e reservas de lucros. [...] a deliberação CVM n. 207/1996 estipulou que os JCP pagos ou creditados pelas companhias abertas fossem contabilizados diretamente à conta de lucro ou prejuízo acumulado, sem afetar o resultado do exercício" (SILVEIRA, Rodrigo Maito da; SANTOS, João Victor Guedes. Distribuição desproporcional de juros sobre o capital próprio. *RDDT* 213/140, 2013).

– **Distribuição desproporcional do JCP.** Vide em nota ao art. 195, I, *a*, a respeito da contribuição paga a contribuintes individuais, excerto específico sobre o ponto extraído do artigo: SILVEIRA, Rodrigo Maito da; SANTOS, João Victor Guedes. Distribuição desproporcional de juros sobre o capital próprio. *RDDT* 213/140, 2013.

– **Pagamento de JCP acumulados.** "A questão a respeito da possibilidade de pagamento de JCP acumulados, isto é, de se calcular o valor a ser pago (englobando o resultado de períodos pretéritos) há muito tempo vem sendo discutida. [...] o fisco vem ainda promovendo autuações para glosar as despesas que considera extrapolar os limites de dedutibilidade, por serem calculadas sobre os resultados auferidos em períodos passados.... O entendimento do fisco pode ser resumido no seguinte raciocínio: i) embora seja uma faculdade, sendo lícito à empresa deliberar o momento adequado de pagamento, os efeitos fiscais decorrentes da decisão de remunerar os sócios com pagamento de JCP são postos coativamente pela legislação fiscal; ii) o art. 9º da Lei n. 9.249... vincula a possibilidade de dedução dos valores pagos ao seu efetivo pagamento ou crédito; iii) o art. 9º da Lei n. 9.249, por ser regra atinente à apuração do lucro rela, está sujeito também à regra geral do regime de competência, estampada no art. 6º do Decreto-lei n. 1.598, de 26 de dezembro de 1977; iv) o art. 29 da Instrução Normativa SRF n. 11, de 21 de fevereiro de 1996, ao incluir no seu texto menção expressa à necessidade de ser 'observado o regime de competência' nada mais fez do que explicitar a necessária vinculação do cálculo dos limites de dedução ao período-base em que ocorrer o pagamento ou o crédito dos JCP; v) o art. 29 não teria incorrido em qualquer ilegalidade, porque, apesar de o art. 9º não mencionar a necessidade de observância do regime de competência, ele decorre de uma necessidade lógica inerente ao próprio sistema vigente de apuração do lucro real; vi) assim, ao pretender calcular o JCP a ser pago, tomando por base elementos patrimoniais referentes a períodos passados, os contribuintes almejariam recuperar despesas não suportadas no passado, uma vez que, pelo regime de competência, a apuração de receitas e despesas está casada ao período em que elas foram incorridas, de modo que a dedução das despesas só se pode referir ao período em que também houver o pagamento ou crédito de JCP. [...] A argumentação fiscal impõe o manejo da figura da renúncia tácita... A legislação tributária que trata do JCP, seja a Lei n. 9.249, sejam os demais atos normativos, em nenhum momento fixam qualquer lapso temporal para o exercício dessa via alternativa de remuneração dos sócios e do tratamento fiscal dela reflexo. A legislação societária igualmente nada fala a respeito da necessidade de deliberar sobre o seu pagamento ou não, quando da realização da Assembleia-Geral ordinária anual. Portanto, revela-se de todo inapropriado tratar, na hipótese, o mero silencia a esse respeito, como renúncia à prerrogativa concedida pela Lei n. 9.249. O silêncio puro e simples só pode manifestar a renúncia tácita caso a legislação imponha a necessidade de manifestação expressa em sentido inverso, o que, de novo, não se observa no caso dos JCP. Não se deve confundir a inércia, que é uma forma negativa de exercício de direitos, com a renúncia tácita, mormente em hipóteses que as circunstâncias – no caso, o pagamento de JCP acumulados – demonstram exatamente a intenção oposta do contribuinte" (MASAGÃO, Fernando Mariz. A presunção de renúncia tácita pelo pagamento de JCP acumulados – análise da hipótese à luz do Código Civil. *RDDT* 222/49, 2014).

• Vide também: MOREIRA, André Mendes; FONSECA, Fernando Daniel de Moura. Da possibilidade de pagamento de juros sobre capital próprio apurados com base em exercícios anteriores – dedutibilidade do IRPJ. *RDDT* 235/29, 2015.

– Juros sobre o capital próprio na Sociedade em Conta de Participação. Dedução dos pagamentos da base de cálculo. "... perante os agentes do mercado em que a SCP atua, sua existência é irrelevante, neutra, porque o contratante juridicamente habilitado é o sócio ostensivo. Mas, perante o Fisco, a existência da SCP não pode ser tida como um fato indiferente, que não tem a aptidão de produzir consequências jurídicas. Afinal, como justificar que determinada receita ou despesa não deva integra a conta de resultado do sócio ostensivo, mas sim ser tributada separadamente? Como exigir que o Fisco reconheça ao resultado líquido que o sócio ostensivo entrega ao sócio participante, que sequer

possui uma quota ou ação do capital social daquele, a natureza de dividendos, atualmente isentos de tributação pelo IRPJ e pela CSLL? Isto só é possível porque a SCP gera, sim, efeitos jurídicos perante o Fisco. Após a edição do Decreto-lei n. 2.303, as autoridades fiscais não podem ignorar que a SCP é tida como pessoa jurídica para fins tributários. E por fins tributários ou fiscais, entenda-se a alocação de receitas e/ou de despesas pelo sócio ostensivo que tenham relação direta com o empreendimento comum, objeto da conta de participação. Por esta razões, acreditamos serem plenamente possíveis o pagamento e a dedução fiscal dos juros sobre capital pela SCP em favor de seus sócios" (BOZZA Fábio Piovesan. Sociedade em conta de participação: natureza, regime jurídico e tributação pelo Imposto de Renda. *RDDT* 145/36, 2007).

• Vide arts. 991 a 996 e 1.162 do CC.

– Rendimentos auferidos em contratos de mútuo entre controladas e coligadas. "IMPOSTO DE RENDA PESSOA JURÍDICA. OPERAÇÃO DE MÚTUO ENTRE CONTROLADORAS, CONTROLADAS, COLIGADAS OU INTERLIGADAS. ISENÇÃO. ART. 77, II, DA LEI 8.981/95. DISPOSITIVO REVOGADO TÃO SOMENTE PELO ART. 94, III, DA LEI 10.833/03. EMBARGOS REJEITADOS. 1. 'A incompatibilidade implícita entre duas expressões de direito não se presume; na dúvida, se considera uma norma conciliável com a outra (Carlos Maximiliano. Hermenêutica e Aplicação do Direito. 20. ed. Rio de Janeiro: Forense, 2011, p. 291). 2. O art. 77, inciso II, da Lei 8.981/95, que previa isenção do imposto de renda sobre os rendimentos auferidos nas operações de mútuo realizadas entre controladoras, controladas, coligadas ou interligadas, não foi revogado tacitamente pelo art. 5º da Lei 9.779/99, mas tão somente, e de forma expressa, pelo art. 94, inciso III, da Lei 10.833/03. 3. Embargos de divergência rejeitados" (STJ, EREsp 1.050.430, 2013).

– "1) A isenção de IRRF sobre os rendimentos auferidos em contratos de mútuo entre empresas controladoras, controladas, coligadas e interligadas, concedida pelo inciso II do art. 77 da Lei n. 8.981/95 não foi revogada pelo art. 5º da Lei n. 9.779/99, o que somente aconteceu com a edição da Lei n. 10.833/03. 2) Nesse período, a fonte pagadora não estava obrigada a efetuar a retenção do imposto quando do pagamento de juros à empresa beneficiária, que, por sua vez, deveria oferecer tal receita à tributação por meio de sua declaração de ajuste. 3) As Instruções Normativas da Secretaria da Receita Federal ns. 07/99, 123/99 e 25/01 não encontram respaldo na Lei n. 9.799/99, de modo que extrapolam o poder regulamentar do Poder Executivo, motivo pelo qual não são aptas a autorizar a exigência de IRRF sobre os contratos de mútuo entre empresas coligadas até o início da vigência da Lei n. 10.833/03" (LESSA, Donovan Mazza. Da não incidência do IRRF sobre rendimentos decorrentes de contrato de mútuo entre empresas coligadas, até o advento da Lei n. 10.833/03. *RDDT* 132, 2006).

– Operação de *hedge/swap.* Está sob repercussão geral, no RE 596286 (Tema 185), rel. o Min. Marco Aurélio, a questão da "constitucionalidade, ou não, do art. 5º da Lei n. 9.779/99, que prevê a incidência do imposto de renda sobre os resultados financeiros verificados na liquidação de contratos de swap para fins de hedge".

– Os contratos de *swap* (troca) com finalidade de *hedge* (cerca, barreira, limite) visam a eliminar os risco de uma operação inicial realizada a termo, sujeita as oscilações de preços e/ou de câmbio. São chamadas operações de cobertura. Assim, faz-se um contrato de *swap/hedge* em que se figura na posição oposta à do contrato original (se antes vendedor, neste comprador), garantindo que, se houver perda no contrato original (e.g. preço inferior à cotação da mercadoria quando da entrega – perda como vendedor), haverá ganho na operação de cobertura (ganho na posição de comprador), e vice-versa. Garante-se com isso a segurança do resultado inicialmente pretendido, anulando prejuízos decorrentes da variação de preços prejudicial, ainda que ao custo de afastar a possibilidade de um lucro mais elevado quando a variação de preços fosse favorável. Há dois negócios autônomos, o primeiro relacionado à compra ou venda de determinada mercadoria a termo e o segundo aquele em que o contratante do primeiro negócio visa a lhe dar cobertura, anulando os riscos que lhe são inerentes. No endereço eletrônico <http://www.cosif.com.br/publica.asp?arquivo=20041207swap> está disponível artigo muito esclarecedor sobre a matéria, inclusive chamando atenção para a utilização indevida de contratos de swap/hedge de modo a dissimular distribuição de lucros ou transferência de resultados, inclusive entre empresas controladora e controlada, de modo a fugir da tributação sobre o lucro.

– "O hedge (que, em Inglês, literalmente significa 'cerca, muro, barreira, limite') é... uma proteção ou cobertura de risco. '... a mesma parte assume posições contrapostas, ora de vendedor, ora de comprador, de maneira a compensar os respectivos riscos de variações de preços.' ... o que caracteriza, fundamentalmente, o hedge é a chamada liquidação por diferença. Noutros dizeres, as partes, ao celebrarem a operação de hedge, consideram, sempre, uma diferença de preço entre o fechamento e a liquidação, permitindo-se que, no lugar da efetiva entrega das mercadorias negociadas, proceda-se à chamada liquidação por diferença, mediante o pagamento da variação entre a cotação do registro do contrato e a do dia anterior ao da liquidação. [...] Neles as partes não querem apenas comprar bens ou ativos financeiros. Querem, sim, proteger-se, o mais possível, da variação de preços. [...] o hedge pode ser utilizado por agricultores, comerciantes, industriais, instituições financeiras etc. O que estamos querendo significar é que os mercados futuros podem alcançar mercadorias (*commodities*), moeda, ações, ativos financeiros etc. [...] ...normais das vezes os contratos de hedge são celebrados nas Bolsas (de Mercadorias e de Futuros), as quais, embora não assumam a posição de partes, proporcionam aos hedgers e aos especuladores local adequado, regras estáveis e divulgação instantânea para este tipo de avanço. [...] Nada impede, todavia, que as operações de hedge venham realizadas fora de Bolsa" (CARRAZZA, Roque Antonio. *Imposto sobre a Renda*. 3. ed. São Paulo: Malheiros, 2009, p. 442-444).

– "CONTRATOS DE *SWAP* PARA FINS DE COBERTURA HEDGE. DESAFETAÇÃO DO RESP N. 1.1498.100/RJ. IMPOSTO DE RENDA. INCIDÊNCIA. ART. 5º DA LEI N. 9.779/99... 1. A afetação do REsp n. 1.149.100/RJ a julgamento na sistemática do art. 543-C do CPC/1973 foi cancelada pelo relator, o qual entendeu que, diante das peculiaridades do caso concreto, o recurso não se prestava a julgamento sob aquele rito. 2. A jurisprudência desta Corte possui entendimento consolidado no sentido de que o art. 5º da Lei n. 9.779/90 estabelece que os rendimentos auferidos em aplicação ou operação financeira de renda fixa, mesmo as firmadas com cobertura hedge realizadas por meio de *swap*, são sujeitas à incidência de imposto de renda. Assim, despicienda a perquirição sobre o significado patrimonial dos acréscimos obtidos de tais operações, pois o legislador classificou-os como rendimentos, afastando a norma de não-incidência constante do art.77, V, da Lei n. 8.981/95. Precedentes..." (STJ, AgInt no AREsp 1.228.296, 2018).

– "OPERAÇÕES DE *SWAP* COM COBERTURA HEDGE. IMPOSTO DE RENDA. INCIDÊNCIA. LEI 9.779/99. 1. Mandado de segurança visando impedir a retenção, na fonte, do imposto de renda incidente sobre operação de hedge por meio de *swap*, nos termos do artigo 5º, da Lei 9.779/99. 2. As operações de *swap* com cobertura hedge representam aplicação de determinada quantia em moeda nacional em negócio cuja rentabilidade leva em conta uma moeda estrangeira, o que evita maiores prejuízos para a empresa contratante (*hedger*), que possua dívidas em moeda estrangeira, ficando sujeita à oscilação da referida moeda. Seu escopo original é servir para cobertura de riscos provenientes da taxa cambial flutuante, não obstante prestar-se também para a especulação financeira, desde que se aposte na elevação da moeda estrangeira cuja variação remunera aquele investimento e inexista passivo em tal moeda. 3. Os fatos geradores específicos do imposto de renda são as várias situações descritas nas leis ordinárias, como, por exemplo, os rendimentos auferidos nas diversas modalidades de aplicações financeiras, podendo ser complexivos, quando se constituem em diversos fatos materiais sucessivos, que são geralmente tributados em conjunto, principalmente pelo regime de declaração de rendimentos, ainda que recolhidos antecipadamente. Por seu turno, há os fatos geradores simples, que se constituem de circunstâncias materiais isoladas, tributadas em separado, pelo regime na fonte, como por exemplo o imposto sobre Operações de Crédito, Câmbio e Seguro e o Imposto de Renda Retido na Fonte. 4. A operação de *swap* constitui típica operação ensejadora do fato gerador simples do imposto sobre a renda, posto que representa acréscimo patrimonial, obtido na troca de financiamentos em taxas diversas, sobre um montante principal, daí por que ser tributado na fonte. 5. As razões de política fiscal apresentadas na Exposição de Motivos anexa à Medida Provisória 1.788/98, que deu origem à Lei 9.779/99, merecem ser destacadas, senão vejamos, *verbis*: 8 – As novas normas têm por objetivo evitar a postergação ao pagamento do imposto sobre os ganhos e rendimentos auferidos pelos referidos fundos, tendo em vista a previsão de distribuição de lucros e a consequente incidência do imposto de renda na fonte. O artigo 5º trata da incidência do imposto de renda na fonte sobre os rendimentos auferidos em aplicações ou operações financeiras de renda fixa ou variável, incluindo, nessa forma de tributação, as de *hedge*, realizadas por meio de *swap* como forma de equalização com as demais operações realizadas no mercado financeiro, mantida, no entanto, a possibilidade de se reconhecer, integralmente nos balanços da empresa, eventuais perdas incorridas nessas operações.' 6. *In casu*, verifica-se que o contrato foi celebrado entre a empresa e a instituição financeira em 11.04.2000, com data de vencimento aprazada para 15.05.2000. 7. A lei que se aplica é a da data do fato gerador, consoante o seu art. 105, *verbis*: 'A legislação tributária aplica-se imediatamente aos fatos geradores futuros e aos pendentes, assim entendidos aqueles cuja ocorrência tenha tido início mas não esteja completa nos termos do art. 116'. 8. A violação ao princípio da anterioridade, previsto no art. 104 do CTN, não resta evidenciada, porquanto a Lei 9.779/99, embora publicada em 19/01/1999, teve sua eficácia plena em dezembro/1998, com a edição da MP 1.788/98 de 29/12/98. Por isso que a referida norma se coaduna com o art. 104 do CTN que assim determina: "Entram em vigor no primeiro dia do exercício seguinte àquele em que ocorra a sua publicação os dispositivos de lei, referentes a impostos sobre o patrimônio ou a renda." 9. Forçoso concluir que a MP n. 1.788/98, convertida na Lei 9.779/99, é aplicável ao presente contrato de *swap*, não obstante o contrato tenha sido firmado sob a vigência da lei anterior, posto que a obrigação tributária surge com o fato gerador. Ocorrido o fato gerador, o tributo passa a ser devido de acordo com a alíquota, base de cálculo e demais elementos descritos em lei. Consectariamente, constituído o fato gerador do IR, verificado o momento da liquidação do contrato e a base de cálculo, inexistindo o resultado positivo auferido nesta mesma data, consoante dispõe o art. 74, § 1º, da Lei 8.981/95, exsurge o quantum e a favor de quem foi apurada a diferença positiva. 10. Verifica-se que a operação de *swap*, *in casu*, com cobertura hedge proporcionou vantagens econômicas para a empresa recorrida, diante da desvalorização da moeda nacional (Real) em face do Dólar norte-americano, quando do vencimento da operação" (STJ, REsp 859.022, 2008).

– "... a Lei n. 9.799/99, ao determinar que o regime do imposto de renda na fonte passaria a ser aplicado inclusive sobre os rendimentos obtidos com as mencionadas operações de cobertura, não resultou na tributação do patrimônio das pessoas jurídicas que celebram contratos de swap com o fito de ser proteger das oscilações do mercado... Na verdade, o legislador pretendeu, coma alteração legislativa implementada... evitar a utilização deste legítimo instrumento de proteção do empresariado nacional frente à instabilidade cambial como mais uma forma de especulação, a alavancar ainda mais os lucros dos que atuam no mercado financeiro sem efetivamente desenvolver atividades produtivas, de tal sorte que a exação tributária em comento apresenta-se legal e legítima, e plena harmonia com o ordenamento jurídico pátrio" (SILVA, Anderson Bitencourt. A incidência do imposto de renda na fonte sobre as operações de *swap* para fins de cobertura (*hedge*): análise da legalidade do art. 5º da Lei n. 9.779/99, *RDDT* 123/14, 2005).

– "... o *hedge* é, em última análise, um contrato de cobertura contra riscos decorrentes da normal variação dos preços. Em termos mais técnicos, tem por finalidade ilidir riscos inerentes às operações de venda e compra, com execução diferida. [...] De consequência, as operações de *hedge* levadas a efeito, no exterior, em mercado de balcão tanto as realizadas em bolsas continuam a ter

seus resultados líquidos, positivos ou negativos, computados no lucro real..." (CARRAZA, Roque Antônio. Imposto de Renda Operações de *Hedge* Internacional. *RDDT* 27, 1997).

• Vide: SANTOS, Ramon Tomazela. Operações com finalidade de cobertura (*hedge*) e a proteção de fluxo de caixa de transações prováveis. *RFDT* 102, 2019. Também: XAVIER, Alberto. Regime tributário de operações de *hedge* realizadas em mercado de balcão: a distinção entre *hedge* interno e internacional. *RDDT* 233/7, 2015.

– **Stock options**. "... as *stock options* representam o abandono do modelo de remuneração, despontando como oportunidade de remuneração variável, que pode ser extremamente rentável para o funcionário, via distribuição de lucros. Tal modelo, que consiste na opção de compra, pelo funcionário, de ações da companhia... exige o atendimento de alguns requisitos para afastar eventual reconhecimento de vínculo trabalhista e autuação da Receita Federal. [...] tem como objetivo primordial reter talentos nas empresas, dividir o risco empresarial e também os ganhos decorrentes da atividade empresarial. [...] O valor recebido com a venda das ações consubstancia-se em ganho de capital que... são os ganhos decorrentes da alienação de bens ou direitos de qualquer natureza. A alíquota do IR neste caso é de 15%... Ressalte-se, portanto, que a tributação das stock options é bastante inferior à alíquota máxima que incide sobre a base de cálculo dos rendimentos tributáveis das pessoas físicas, normalmente de 27,5% no caso de rendimentos diversos. Discute-se, entretanto, se o Imposto de Renda (IR) deve incidir no momento do exercício da opção de compra das ações, ou apenas no momento de sua realização. Entendemos que a *stock options* somente geram efeito tributário no momento da sua realização, que deve incidir sobre a diferença entre o valor efetivamente desembolsado pelo contribuinte e o realizado no momento da venda. Só porque, até que as ações sejam realizadas, não há evento tributário... isso porque, até que as ações sejam realizadas, não há evento tributário, pois o período estabelecido em contrato para que o direito de opção seja exercido (*vested*) guarda relação com uma realidade volátil e, no efetivo momento da compra pelo optante, o valor da ação provavelmente terá se alterado e não será mais o valor estabelecido quando da assinatura do contrato. Sendo assim, apenas quando realizadas, vendidas pelo optante, o valor da venda das ações deverá ser oferecido à tributação... Ocorre que a Receita Federa por vezes tem visto o *stock options plan* como um planejamento tributário indevido, que buscaria, na realidade, disfarçar uma relação empregatícia, com vistas a afastar a incidência de contribuições sociais e demais encargos trabalhistas. [...] A penalidade que vem sendo aplicada, repise-se, no caso de desconsideração do planejamento tributário abusivo é a multa prevista no § 1º do art. 44 da Lei n. 9.430/96, ou seja, de 150%, o que, por óbvio, é absolutamente desproporcional. Desproporcional porque não leva em consideração o dolo ou intuito de fraude, sonegação ou conluio, que deve existir para que possa ser aplicada uma multa tão... Para que seja válida a sua implementação pelas empresas, alguns requisitos legais devem ser respeitados e a opção de compra de ações deve ser necessariamente onerosa, não se admite, portanto, nenhum subsídio por parte da empresa na compra das ações, doação ou garantia de que será auferido algum benefício econômico por parte do beneficiário dessas ações. [...] No caso de desconsideração do *stock options plan* pela Receita Federal, além dos tributos devidos, deverá ser aplicada multa de, no máximo, 75%, respeitando-se assim o art. 112 do Código Tributário nacional e demais dispositivos legais e constitucionais" (CUNHA, Luiza Fontoura da. *Stock options*: uma análise sobre sua tributação. *RDDT* 203/101-113, 2012).

– **Ganho em operações com TDAs.** "2. O recebimento de indenização em virtude de desapropriação para fins de reforma agrária não entra no cômputo do rendimento bruto da pessoa física ou do lucro real da pessoa jurídica, mesmo se for apurada nessa transferência ganho de capital, consoante o art. 22, parágrafo único da Lei n. 7.713/88 e art. 184, § 5º, da CF/88. Outrossim, não é tributada a operação financeira consistente na obtenção do rendimento do TDA. 3. Essas "isenções" têm recebido amparo neste STJ e foram estendidas pela jurisprudência aos terceiros portadores do título no que diz respeito ao resgate do seu valor principal ou dos valores correspondentes a juros compensatórios e moratórios ali previstos. Precedentes... 4. Ocorre que no caso concreto o que se pretende ver livre da tributação é a própria operação de compra e venda dos títulos no mercado. Essa operação é completamente diferente da aquisição do título como indenização *pro soluto* da desapropriação realizada, ou do recebimento dos juros que remuneram o título enquanto não vencido o principal, ou do recebimento do valor do título quando de seu vencimento. Trata-se de uma mera compra e venda de título no mercado especulativo que pode gerar lucro ou prejuízo comparando-se o preço de aquisição com o preço de venda. O lucro gerado é ganho de capital que deve submeter-se à tributação pelo imposto de renda como qualquer outro título mobiliário. Não há aí qualquer impacto na justa e prévia indenização visto que a tributação somente ocorre quando o título for alienado com lucro (ganho de capital) pelo expropriado ou pelo portador" (STJ, REsp 1.124.133, 2013).

⇒ **Transferências patrimoniais. No sentido da não incidência.** Para haver tributação pelo Imposto de Renda, o acréscimo deve ser produzido pelo contribuinte, a qualquer título, configurando renda ou proventos de qualquer natureza. As simples transferências patrimoniais, ocorridas, e.g., na transmissão de herança, na doação, na remissão de dívidas ou na integralização do capital de empresas, não podem constituir fato gerador do imposto de renda. Aliás, a CF expressamente coloca a transmissão gratuita de bens e direitos por herança ou por doação como situação sujeita ao ITCMD, da competência estadual, nos termos do seu art. 155, I.

– "... a amplitude redacional do inciso II não impede que se depure o conceito de renda ou provento tributável, para dele serem excluídas as transferências patrimoniais. Para espancar dúvidas, especialmente face à letra do inciso II do art. 43 do CTN, pode-se demonstrar a procedência da distinção feita recorrendo-se à distinção entre o capital social e renda ou provento, porque ninguém em sã consciência vai dizer que o capital aportado pelos sócios à pessoa jurídica seja valor tributável pelo imposto de renda, a despeito de representar um aumento no patrimônio desta, e a despeito de que, lido o inciso II do art. 43 do CTN, poderia ser considerado como provento de qualquer natureza. Também ninguém cometerá o desatino de afirmar que o capital inicial trazido para a sociedade quando da sua constituição seja receita ou renda dela. Pois exatamente o mesmo ocorre com todas as espécies de transferências patrimoniais. [...] As demais transferências patrimoniais – subvenções, doações, ágios etc. – equiparam-se ao capital social por também virem de fora e sem qualquer participação do patrimônio societário ou do seu titular em benefício direto dos patrimônios de onde proveem. [...] Ora, a renda... entra no patrimônio através das receitas, embutidas nestas como partes integrantes delas. [...] as transferências patrimoniais distinguem-se das receitas porque, ao contrário destas, que são produtos do esforço do próprio patrimônio ou do seu titular, aquelas são injetadas de fora para dentro do patrimônio, para que este passe a contar com novos recursos necessários à produção de suas receitas e, por conseguinte, para frutificar. [...] os valores das indenizações obtidas em condenações judiciais, ou através de transação judicial ou mesmo de pagamento espontâneo por reconhecimento da obrigação legal, por exemplo, nos casos de danos morais ou de ofensas a direitos sem cunho econômico. Estes casos, no fundo e na sua essência, são casos de transferências patrimoniais, eis que nem todas transferências patrimoniais decorrem de ato voluntário, mas todas são não contraprestacionais. Assim, são transferências patrimoniais forçadas pela sentença condenatória ou pelo reconhecimento da necessidade do cumprimento da lei, independentemente de prévia condenação" (OLIVEIRA, Ricardo Mariz de. *Fundamentos do Imposto de Renda*. Quarter Latin, 2008, p. 149/150 e 210/211).

– "... Modesto Carvalhosa entende que não pode haver tributação das doações e heranças pelo imposto de renda. Para o jurista, a renda deve provir de uma fonte patrimonial já pertencente à própria pessoa anteriormente. Portanto, 'somente constitui renda tributável, aquela originada no patrimônio preexistente da própria pessoa, ou seja, a obtida a título oneroso, entendida esta última palavra como o esforço ou o risco da aplicação de um patrimônio material ou imaterial, numa determinada atividade, pelo próprio indivíduo que irá pagar o tributo (aplicação de capital = juros; trabalho = salário)'. Conclui o autor no sentido de que o acréscimo patrimonial que tiver sua origem em doações ou heranças não é renda, pois tanto a doação quanto a herança não são frutos do patrimônio que já era de titularidade do contribuinte, mas constituem capital que se transmitiu de uma pessoa qualquer para a titularidade do contribuinte. Bulhões pedreira entende que as doações e as heranças devem ser objeto de tributação por impostos sobre o patrimônio e não sobre a renda. Para ele, a distinção entre renda e capital é fundamental na determinação dos limites do poder impositivo da União e no exercício de sua competência de impor tributos sobre a renda e proventos de qualquer natureza. A discriminação constitucional de rendas separa nitidamente o imposto sobre a renda dos impostos sobre o patrimônio, ou seja, sobre o capital. Segundo o jurista, o conceito constitucional de renda não permite à lei ordinária sujeitar ao imposto de renda as doações e heranças, consideradas por ele modalidades de transferências de capital. Na transferência de capital, conforme o autor, há fluxo de bens e serviços de um patrimônio para outro. O estoque de bens e serviços acumulado em um patrimônio se reduz, aumentando em igual valor o estoque do beneficiário da transferência de capital. Ou seja, uma das partes na transação sofre redução no seu estoque de bens e serviços em benefício da outra. O fluxo de moeda, bens ou serviços conceituado como transferência de capital não pode ser definido como rendimento sujeito à tributação, pois, se assim fosse, não se estaria tributando a renda, e sim o próprio capital. Concorda com esse entendimento Hugo de Brito Machado, segundo o qual as transferências patrimoniais, entre as quais menciona as doações e as heranças, a contribuição para o capital social das pessoas jurídicas, a restituição do capital aplicado nas pessoas jurídicas e as indenizações, podem configurar acréscimos patrimoniais, porém não configuram renda. Na mesma senda, Ricardo Mariz de Oliveira entende que nas transferências patrimoniais não há rendimento para o receptor da transferência, embora haja aumento no seu patrimônio. Rubens Gomes de Sousa, por sua vez, entende que uma determinada soma de riqueza, para constituir renda, deve provir de uma fonte patrimonial determinada e já pertencente ao próprio titular da renda. Assim, o dinheiro recebido por herança ou doação não seria renda, pois não provém de uma fonte preexistente no patrimônio do indivíduo que a recebe" (GUTIERREZ, Miguel Delgado. O perdão de dívida e a sua tributação pelo Imposto de Renda. *RDDT* 221/93, 2014).

– Transmissão hereditária. "IR. LUCRO IMOBILIÁRIO. HERANÇA. A Turma reiterou o entendimento de não incidência do imposto de renda sobre venda de imóvel havido por herança, mormente se fundamentado na Portaria n. 80/1979 – MF, ademais declarada ilegal por esta Corte, pois não poderia fixar tal cálculo de imposto por ser matéria submetida à reserva legal... REsp 1.042.739-RJ, Rel. Min. Castro Meira, julgado em 26/8/2008" (*Informativo* 0365).

– "ARGUIÇÃO DE INCONSTITUCIONALIDADE – DIREITO TRIBUTÁRIO – IMPOSTO DE RENDA -TRANSMISSÃO HEREDITÁRIA – ATUALIZAÇÃO DE BENS PELO VALOR DE MERCADO – GANHOS DE CAPITAL – ARTIGO 23, § 1º, DA LEI 9.532/97 – INCONSTITUCIONALIDADE – ARTIGO 155, INCISO I, DA CONSTITUIÇÃO FEDERAL – OCORRÊNCIA DE INVASÃO DA ESFERA DE COMPETÊNCIA TRIBUTÁRIA ATRIBUÍDA AOS ESTADOS – BI-TRIBUTAÇÃO. I – Conforme ensina a melhor doutrina, a opção, na Constituição Federal de 1988, pela instituição de um imposto, de competência estadual, para tributação – global e única – de toda e qualquer transmissão *causa mortis*, operou-se como decorrência de uma adesão anterior a um sistema específico de tributação, usualmente adotado em grande parte do mundo civilizado, que considera de maneira independente e autônoma as formas de aquisição patrimonial derivadas do fenômeno morte e as tributa como uma operação singular. **II –** Nesse sentido, o Legislador Constituinte destinou aos fenômenos jurídicos consubstanciados em transmissão de bens ou direitos por força de morte um tratamento jurídico-tributário diferenciado e específico, reunindo em uma só espécie tributária – Imposto sobre Transmissão *causa mortis* – de competência atribuída aos Estados, toda e qualquer oneração tributária relacionada àquele fato jurídico. **III –**

A pretensão da União Federal de tributar, como se ganho de capital fosse, a diferença a maior encontrada entre o valor de mercado, lançado na declaração de bens do espólio adquirente, e o valor de aquisição constante na declaração de bens do falecido/transmitente, esbarra não apenas na dicção literal do artigo 155, I, da Constituição Federal, mas na própria ideologia do sistema que foi encampado pelo Legislador Constituinte de 1988, que, como já consignado, teve em mente considerar de forma autônoma e independente, para fins de tributação, a forma de transmissão de bens ou direitos em referência, decorrente de morte. **IV –** Se o Imposto de Transmissão *Causa Mortis* e Doação é calculado tomando-se por base o valor atualizado dos bens – vale dizer, valor de mercado, obtido mediante avaliação – significa isso, noutros termos, que a tributação abrange o fato jurídico eleito pelo legislador ordinário da lei 9.532/97 como gerador do imposto de renda sobre ganho de capital, qual seja, a diferença a maior entre o valor de mercado e o valor de aquisição dos bens ou direitos. Ocorrência de 'bi-tributação', na medida em que a real intenção que se identifica no âmbito do artigo 23 da lei 9.532/97 é efetivamente de tributar, a título de 'imposto de renda sobre ganhos de capital', a mesma situação fático-jurídica que enseja a incidência do Imposto de Transmissão *Causa Mortis*. **V –** Decorrência do princípio federativo, a repartição constitucional de competências tributárias acarreta duas relevantes consequências inafastáveis: a) o não exercício da competência tributária pela pessoa que é dela titular não legitima qualquer outra a exercitá-la; b) é absolutamente vedada a invasão de competência alheia, ainda que de forma dissimulada, para fazer incidir, sobre fatos jurídicos postos sob competência de uma pessoa política, imposto não relacionado diretamente a tais fatos e de competência de outro ente tributante. Hipótese dos autos enquadrada na segunda situação, caracterizando o procedimento da União invasão da esfera de competência tributária atribuída aos estados-membros. **VI –** Inconstitucionalidade do artigo 23, § 1º, da Lei 9.532/97 declarada" (TRF1, Incidente de Inconstitucionalidade 1998.38.00.027179-5, 2007).

– Participação acionária na sucessão *causa mortis*. "GANHO DE CAPITAL. PARTICIPAÇÃO ACIONÁRIA. SUCESSÃO *CAUSA MORTIS*. ALIENAÇÃO ONEROSA APÓS A REVOGAÇÃO DA ISENÇÃO. SUJEIÇÃO AO PAGAMENTO DE IMPOSTO DE RENDA. 1. 'O art. 4º, 'b', do Decreto-Lei 1.510/1976 concedeu isenção apenas para transmissão da participação acionária 'mortis causa', não ampliando abrangência para momento posterior – ressalvada, exclusivamente, a hipótese em que a própria aquisição por herança se desse durante a vigência do Decreto-Lei 1.510/1976 e o sucessor permanecesse na respectiva posse pelo período de cinco anos, necessariamente anteriores à revogação do benefício pela Lei 7.713/1988, e depois promovesse a sua alienação onerosa (note-se: única hipótese em que o benefício seria mantido em favor do sucessor, segundo a jurisprudência do STJ, mas agora em virtude da incidência do art. 4º, 'd', da citada norma)' (REsp 1.650.844/SP... 15.8.2022)" (STJ, AgInt no REsp 1.769.884, 2022).

– Doações. Perdão de dívidas. "O perdão de dívidas, também designado de remissão de dívida, é um modo de extinção de obrigações. O perdão da dívida pode ser a título gratuito ou oneroso. A causa de uma remissão a título gratuito é, quase sempre, a doação. Ou seja, o credor que perdoa uma dívida, sem nada receber, pratica ato de liberalidade pelo qual desfalca o seu patrimônio de um valor ativo e aumenta o do devedor pela eliminação do valor negativo que pesava no seu passivo. No perdão de dívida a título gratuito há uma transferência de capital. Ocorre um fluxo de bens e direitos de um patrimônio para outro. O patrimônio do credor se reduz, aumentando em igual valor o patrimônio do devedor, beneficiário da transferência de capital. Por isso, entendemos que a remissão de dívidas a título gratuito não pode ser objeto de tributação pelo imposto de renda e, no caso das pessoas jurídicas, pelos mesmos motivos acima expostos, pela CSLL. Tal entendimento é confirmado pelo disposto no art. 55, I, do atual Regulamento do Imposto de Renda" (GUTIERREZ, Miguel Delgado. O perdão de dívida e a sua tributação pelo Imposto de Renda. *RDDT* 221/93, 2014).

– **Doação como adiantamento de legítima.** IMPOSTO DE RENDA SOBRE GANHOS DE CAPITAL. DOAÇÃO. ART. 3º, § 3º, DA LEI 7.713/88. ART. 23 DA LEI 9.532/97. ART. 43, II, DO CTN. ARGUIÇÃO DE INCONSTITUCIONALIDADE. 1. Imposto de Renda sobre a diferença entre o valor de mercado e o valor histórico constante na declaração de bens dos doadores, de imóveis doados a herdeiros a ser suportado pelo doador, nos termos do art. 23, § 1º, da Lei n. 9.532/97 e do art. 3º, § 3º, da Lei n. 7.713/88. 2. O art. 544 do Código Civil de 2002 prevê que a doação para descendente importa em adiantamento de legítima e a consignação em Escritura Pública de Doação de que disso não se trata é irrelevante. 3. O art. 3º, § 3º, da Lei n. 7.713/88, ao prever a incidência do Imposto de Renda sobre ganhos de capital do doador na doação conflita com o art. 22, III, da mesma norma legal, que exclui do ganho de capital as transferências *causa mortis* e as doações em adiantamento da legítima. 4. A lei ordinária, ao estabelecer que a doação constitui acréscimo patrimonial para o doador, contraria a definição do fato gerador do Imposto de Renda, previsto no art. 43, II, do CTN, norma hierárquica de lei complementar. 5. Suscitada a arguição de inconstitucionalidade, perante a Corte Especial deste TRF4, por adstrição ao princípio da hierarquia, do art. 3º, § 3º, da Lei n. 7.713/88 e do art. 23, § 1º e § 2º, II, da Lei n. 9.532/97, apesar de se tratar de caso de colisão da lei ordinária com a lei complementar, que, no máximo, geraria ofensa reflexa à Constituição (TRF4, REOAC 2004.70.01.005114-0, 2009).

– **Doação remuneratória.** "Se não há qualquer dúvida sobre a não tributabilidade das doações pelo imposto de renda das pessoas físicas face à ordem constitucional e às leis vigentes, merece exame especial o caso das doações remuneratórias. [...] À figura das doações remuneratórias refere-se o art. 540 do novo Código Civil que, aliás, reproduz o art. 1.167 do Código anterior. [...] verifica-se que enquanto que a doação por merecimento nunca perde o caráter de liberalidade, a doação remuneratória só não a perde na parte excedente ao valor dos serviços remunerados. Na doação em contemplação do merecimento não há remuneração de qualquer espécie, seja de serviços, seja de qualquer outra realidade, pelo que o ato é exclusivamente realizado a título gratuito. Ao invés, a doação remuneratória pressupõe uma prestação de serviço que os bens ou valores doados têm por objetivo, ainda que em parte, remunerar. [...] a figura da doação remuneratória traz embutida, implicitamente, na atribuição patrimonial global uma parcela que não é transferida a título de liberalidade, mas, sim, a título de remuneração de serviços e que, por conseguinte, reveste indiscutivelmente a natureza jurídica de renda" (XAVIER, Alberto. A distinção entre doação remuneratória e doação em contemplação do merecimento para efeitos fiscais. *RDDT* 209/141, 2013).

– **Integralização de capital de pessoa jurídica por valor superior ao da aquisição.** "IMPOSTO DE RENDA. 1. Há incidência tributária sobre o negócio jurídico que resulta na incorporação de bens de sócios para aumentar o capital da pessoa jurídica. 2. Aplicação do princípio da legalidade. Aumento de renda" (STJ, REsp 1.027.799, 2008).

– "IMPOSTO DE RENDA. INTEGRALIZAÇÃO DE CAPITAL SOCIAL. TRANSFERÊNCIA DE IMÓVEL. INCIDÊNCIA. DL 1641/78. Havendo integralização de capital de pessoa jurídica mediante a transferência de bem de pessoa física, a diferença entre o valor da aquisição e da alienação, representativo das cotas, constitui acréscimo patrimonial tributável. O imposto incide sobre o *plus* entre o valor da aquisição e o valor da integralização" (TRF4, EIAC 95.04.03051-3, 2000).

– **Incorporação de ações.** Vide: MONTOURI, André Duarte. Incorporação de ações: tributação de ganhos de capital? *RDDT* 234/15, 2015.

– **Inconstitucionalidade da incidência de IR sobre as transmissões patrimoniais, ainda que fundada na diferença de valor entre o valor da operação e o da declaração de bens. Crítica ao art. 23 da Lei n. 9.532/97, art. 23.** "O imposto de renda sobre ganhos de capital não realizados, decorrentes de transferência da propriedade por sucessão, doação ou dissolução da sociedade conjugal, fortalece a tendência do direito tributário brasileiro de descaracterizar a incidência sobre a aquisição da disponibilidade econômica ou jurídica do contribuinte, transformando-a em imposto indireto. [...] o art. 23 da Lei 9.532/97 torna-se manifestamente ilegítimo diante do texto básico, eis que se transforma em imposto de transmissão *causa mortis* e doação camuflado e em imposto *inter vivos* disfarçado" (TORRES, Ricardo Lobo. A incidência do Imposto de Renda na transferência de direito de propriedade. *RDDT* 32/78, 1998).

– "... o artigo 23 da Lei n. 9.532/97 ao instituir, nas transferência de bens por herança ou doação em adiantamento da legítima, a incidência do imposto de renda sobre a diferença entre o valor atribuído à operação e o constante da declaração de bens não se coaduna com o sistema tributário vigente, sendo o seu § 2º manifestamente inconstitucional" (BERNARDON, Celso Luiz; GERENT, Dílson. *RET* 2/64-68).

– Pela inconstitucionalidade do art. 23 e §§, da Lei n. 9.532/97, por instituir um tributo camuflado sobre a transmissão de propriedade, tanto *inter vivos* como *causa mortis*, o que constitui bitributação (TORRES, Ricardo Lobo Torres. A Incidência do Imposto de Renda na Transferência de Direito de Propriedade. *RDDT* 32, 1998).

– **No sentido da constitucionalidade**. Rebatendo os argumentos de inconstitucionalidade do art. 23 da Lei 9.532/97, de bitributação, pois tem base somente na mais-valia verificada; de falta de capacidade contributiva e de tributação de ganhos de capital não realizados, pois o reconhecimento da mais-valia é voluntário e depende da capacidade contributiva do donatário em posterior alienação, e não do doador; da pretensão de tributar como mais--valia a diferença entre o valor histórico do bem e o valor de mercado quando da alienação, uma vez que nada impede a atualização monetária desse bem, que evidentemente não pode ser tributada (LEMKE, Gisele. O imposto de renda incidente sobre heranças, legados e doações em adiantamento da legítima. *RDDT* 36, 1998).

⇒ **Imposto sobre a renda "produto do trabalho"**. A remuneração do trabalho constitui renda e, por isso, é tributável. Essa remuneração costuma dar-se a título de salário ou de honorários profissionais. Há inúmeras discussões acerca das diversas rubricas recebidas pelo trabalhador, centrando-se, em regra, em saber se têm caráter remuneratório, configurando renda tributável, ou se têm caráter indenizatório. Não se deve perder de vista que o imposto em questão incide sobre a renda e sobre os proventos de qualquer natureza, de modo que só não poderá incidir se os valores percebidos não configurarem acréscimo patrimonial, mas mera recomposição do patrimônio. A casuística é vasta e os posicionamentos jurisprudenciais muito variados. Vejam-se, adiante, as notas específicas sobre as verbas de natureza indenizatória, que não se submetem ao IR.

– As remunerações percebidas pela pessoa física, tal qual o salário, horas extras, férias gozadas, terço de férias gozadas, 13º salário e gratificação semestral constituem renda do trabalho, sujeitando-se ao imposto de renda. Do mesmo modo, constituem rendimentos do trabalho as remunerações percebidas por profissionais liberais por serviços prestados. Diferenças salariais ou de vencimentos de servidores também se sujeitam ao imposto.

– **Salário, vencimentos e diferenças remuneratórias**. "DIFERENÇAS SALARIAIS PAGAS EM ATRASO. URV. CONVERSÃO. IMPOSTO DE RENDA PESSOA FÍSICA...1. Nos termos da jurisprudência desta Corte, as diferenças apuradas a título de URV (11,98%) apresentam natureza salarial e sujeitam--se à incidência do imposto de renda" (STJ, REsp 1.249.904, 2013).

– "Incide imposto de renda sobre os valores recebidos a título de horas extras e diferenças salariais em razão da natureza remuneratória dessas verbas" (STJ, AgRg no REsp 1.296.231, 2013).

– "3. As diferenças resultantes da conversão do vencimento de servidor público estadual em URV, por ocasião da instituição do Plano Real, possuem natureza remuneratória, o que atrai a incidência do imposto de renda" (STJ, REsp 1.271.309, 2013).

– **Horas-extras. Súmula 463 do STJ:** "Incide imposto de renda sobre os valores percebidos a título de indenização por horas extraordinárias trabalhadas, ainda que decorrentes de acordo coletivo". *DJe* set. 2010.

– "IMPOSTO DE RENDA. SOBRE HORAS EXTRAS. Incide imposto de renda sobre os valores recebidos a título de horas extras em razão de sua natureza remuneratória" (STJ, AgRg no REsp 1.288.334, 2013).

– "4. A Corte regional reconheceu a incidência do imposto de renda sobre as verbas relativas a horas extras e todos os seus reflexos, tais como descanso semanal remunerado, férias, 13º salário e aviso prévio, entendimento que se coaduna com os precedentes desta Corte" (STJ, AgRg no REsp 1.226.211, 2011).

– **Horas extras. Plantão médico**. "IMPOSTO DE RENDA. INCIDÊNCIA SOBRE VERBA PAGA COMO CONTRAPRESTAÇÃO DE PLANTÕES MÉDICOS. 1. A Lei n. 1.575/2011 do Estado do Amapá, apesar de considerar a verba correspondente a plantões médicos como indenizatória, não transmuta a natureza jurídica desta verba para fins de imposto de renda. Precedente: RMS n. 50.738... 2016. 2. Isto porque, como bem o ressaltou a Corte de Origem (e-STJ fls. 72): 'apesar de a redação do art. 5º da Lei Estadual n. 1.575/2011 prever que a remuneração dos plantões médicos possui natureza indenizatória, não há como fechar os olhos à realidade, posto que tais pagamentos são habituais, comutativos e de caráter eminentemente retributivo do serviço prestado mês a mês e não se prestam a ressarcir qualquer gasto ou despesa extraordinária realizada pelo servidor [...]'. 3. A verba assim instituída se assemelha àquela paga por horas extras aos demais trabalhadores da iniciativa privada ou servidores públicos, constituindo evidentemente remuneração, pois corresponde à paga pelo serviço prestado fora dos horários habituais. Para estes casos (hora extra) é pacífica a jurisprudência deste STJ no sentido da incidência do imposto de renda, a saber: EREsp. n. 695.499... 2007; EREsp 670514... 2008; EREsp. n. 515.148... 2006" (STJ, RMS 52.051, 2021).

– **Horas extras (IHT). Petrobrás**. "IMPOSTO DE RENDA. INDENIZAÇÃO DE HORAS TRABALHADAS – IHT. PETROBRÁS. CARÁTER REMUNERATÓRIO. 1. A verba intitulada 'Indenização por Horas Trabalhadas' – IHT, paga aos funcionários da Petrobrás, malgrado fundada em acordo coletivo, tem caráter remuneratório e configura acréscimo patrimonial, o que enseja a incidência do Imposto de Renda (Precedentes da Primeira Seção...)... 6.. Acórdão submetido ao regime do artigo 543-C, do CPC, e da Resolução STJ 08/2008" (STJ, REsp 1.049.748, 2009).

– **Adicional de insalubridade**. "1. Incide Imposto de Renda sobre as verbas recebidas a título de horas-extras e adicional de insalubridade, ante seu caráter remuneratório, o que importa em acréscimo patrimonial" (STJ, REsp 615.327, 2007).

– **Abono-assiduidade**. "... IMPOSTO DE RENDA. VERBAS INDENIZATÓRIAS. ABONO-ASSIDUIDADE. NÃO INCIDÊNCIA. PRESCRIÇÃO. HONORÁRIOS ADVOCATÍCIOS. FAZENDA PÚBLICA. LIMITES DO § 3º DO CPC. INAPLICABILIDADE. 1. O abono-assiduidade convertido em pecúnia tem natureza indenizatória, sobre ele não incidindo o Imposto de Renda. Precedentes da Corte. 2. O prazo para que seja pleiteada a restituição do imposto de renda incidente sobre valores referentes a verbas de caráter indenizatório começa a fluir decorridos 5 (cinco) anos, contados a partir da ocorrência do fato gerador, acrescidos de mais um quinquênio computados desde o termo final do prazo atribuído ao Fisco para verificar o quantum devido a título de tributo. 3. Agravo regimental improvido" (TRF4, AGRGREsp 463.170, 2003).

– Abono pecuniário pela conversão em dinheiro de férias e licença-prêmio. "... esta Corte Superior firmou o entendimento segundo o qual o abono pecuniário decorrente da conversão de direito que não foi oportunamente gozado pelo servidor, ainda que por opção própria, quando dotado de natureza indenizatória e destituído de capacidade de incremento patrimonial, não enseja a incidência de Imposto de Renda da Pessoa Física (IRPF), a exemplo do que ocorre com as verbas obtidas a partir da conversão em pecúnia de 'licença-prêmio'. Acerca do assunto, destaco os precedentes a seguir: AgRg no Ag n. 356.587... 2003; EDcl no REsp n. 930.345... /2010 e REsp n. 1.684.537... 2017" (STJ, AgInt no AREsp 1.387.601, 2019).

– Súmula 125 do STJ: "O pagamento de férias não gozadas por necessidade do serviço não está sujeito à incidência do Imposto de Renda".

– Súmula 136 do STJ: "O pagamento de licença prêmio não gozada por necessidade do serviço não está sujeito ao imposto de renda".

– "2. As verbas recebidas a título de férias e licenças prêmios não gozadas por necessidade de serviço ou mesmo por opção do empregado possuem caráter indenizatório, de modo que não sofrem incidência de imposto de renda (Súmulas n. 125 e 136/STJ)" (STJ, REsp 886.085, 2007).

- Vide: STF, REsp 233.376. Vide o parecer da Procuradoria-Geral da Fazenda Nacional/Coordenadoria-Geral da Representação Judicial: Imposto de renda – verbas recebidas a título de férias e licença prêmio não gozadas – não incidência. *RDDT* 117/124, 2005.

– Súmula 386 do STJ: "São isentas de imposto de renda as indenizações de férias proporcionais e o respectivo adicional" (*DJe* 1º-9-2009).

– Abono de permanência. Tema 424 do STJ: "Sujeitam-se a incidência do Imposto de Renda os rendimentos recebidos a título de abono de permanência a que se referem o § 19 do art. 40 da Constituição Federal, o § 5º do art. 2º e o § 1º do art. 3º da Emenda Constitucional 41/203, e o art. 7º da Lei 10.887/2004". Decisão de mérito em 2010.

– "ABONO DE PERMANÊNCIA. INCIDÊNCIA DE IMPOSTO DE RENDA. 1. Sujeitam-se incidência do Imposto de Renda os rendimentos recebidos a título de abono de permanência a que se referem o § 19 do art. 40 da Constituição Federal, o § 5º do art. 2º e o § 1º do art. 3º da Emenda Constitucional 41/2003, e o art. 7º da Lei 10.887/2004. Não há lei que autorize considerar o abono de permanência como rendimento isento" (STJ, REsp 1.192.556, 2010).

– "2. Esta Seção manifestou-se sobre a natureza jurídica do abono de permanência, quando prestigiou, no acórdão embargado, o entendimento da Segunda Turma, que, ao julgar o REsp 1.105.814/SC, sob a relatoria do Ministro Humberto Martins, reconhecera a incidência do imposto de renda sobre o aludido abono com base nas seguintes razões de decidir: 'O abono de permanência trata-se apenas de incentivo à escolha pela continuidade no trabalho em lugar do ócio remunerado. Com efeito,

é facultado ao servidor continuar na ativa quando já houver completado as exigências para a aposentadoria voluntária. A permanência em atividade é opção que não denota supressão de direito ou vantagem do servidor e, via de consequência, não dá ensejo a qualquer reparação ou recomposição de seu patrimônio. O abono de permanência possui, pois, natureza remuneratória por conferir acréscimo patrimonial ao beneficiário e configura fato gerador do imposto de renda, nos termos do artigo 43 do Código Tributário Nacional'. Com efeito, o abono de permanência é produto do trabalho do servidor que segue na ativa, caracterizando inegável acréscimo patrimonial, o que enseja a incidência do imposto de renda. Não cabe a alegação de que o abono de permanência corresponderia a verba indenizatória, pois não se trata de ressarcimento por gastos realizados no exercício da função ou de reparação por supressão de direito..." (STJ, EDcl no REsp 1.192.556, 2010).

– Décimo terceiro salário. "... incide Imposto de Renda sobre o 13º salário, ainda que decorrente da rescisão do contrato de trabalho, ante sua natureza salarial (art. 26 da Lei n. 7.713/1988 e art. 16 da Lei n. 8.134/190)" (STJ, EDREsp 515.148, 2006).

– Férias gozadas, terço de férias gozadas, décimo terceiro. "IMPOSTO DE RENDA. ADICIONAL DE 1/3 (UM TERÇO) DE FÉRIAS GOZADAS. INCIDÊNCIA DA EXAÇÃO. 1. A jurisprudência tradicional do STJ é pacífica quanto à incidência do imposto de renda sobre o adicional (1/3) de férias gozadas... 2. A conclusão acerca da natureza do terço constitucional de férias gozadas nos julgamentos da Pet 7.296/PE e do REsp 1.230.957/RS, por si só, não infirma a hipótese de incidência do imposto de renda, cujo fato gerador não está relacionado com a composição do salário de contribuição para fins previdenciários ou com a habitualidade de percepção dessa verba, mas, sim, com a existência, ou não, de acréscimo patrimonial, que, como visto, é patente quando do recebimento do adicional de férias gozadas" (STJ, REsp 1.459.779, 2015).

– "TERÇO CONSTITUCIONAL DE FÉRIAS. BENEFÍCIO GOZADO. IMPOSTO DE RENDA. INCIDÊNCIA. Incide imposto de renda sobre o terço constitucional de férias quando são gozadas, visto que tem natureza salarial. Inúmeros precedentes" (STJ, AgRg no AREsp 408.040, 2013).

– Direito de arena. Os valores recebidos pelos atletas profissionais a título de direito de arena, disciplinado pelos art. 42 da Lei n. 9.615/98 (Lei Pelé) e pelo seu art. 42-A, acrescentado pela Lei n. 14.205/2021, também se sujeitam à incidência do imposto, porquanto não têm caráter reparador de qualquer dano ou lesão, constituindo, isso sim, "autêntico rendimento extra, corolário da compulsoriedade da transferência, para o atleta, de parte do montante arrecadado na competição, denotando nítido conteúdo de acréscimo patrimonial". Veja-se: "IMPOSTO SOBRE A RENDA DE PESSOA FÍSICA – IRPF. DIREITO DE ARENA. ART. 42, *CAPUT* E § 1º, DA LEI N. 9.615/98 ('LEI PELÉ'). ALEGADA NATUREZA INDENIZATÓRIA DA PARCELA. NÃO CONFIGURAÇÃO. ACRÉSCIMO PATRIMONIAL. ARTS. 43, I, DO CTN, E 3º, § 4º, DA LEI N. 7.713/88. HIPÓTESE DE INCIDÊNCIA DO IRPF CARACTERIZADA. I – Consoante o decidido pelo Plenário desta Corte na sessão realizada em 09.03.2016, o regime recursal será determinado pela data da publicação do provimento jurisdicional impugnado. Aplica-se, *in casu*, o Código de Processo Civil de 1973. II – Nos termos do art. 42, *caput*, da Lei n. 9.615/98, com a redação dada pela Lei n. 12.395/11, o direito de arena consiste na prerrogativa e na titularidade exclusivas, que as entidades de prática esportiva (clubes, associações) detêm, de '[...] negociar, autorizar ou proibir a captação, a fixação, a emissão, a transmissão, a retransmissão ou a reprodução de imagens, por qualquer meio ou processo, de espetáculo desportivo de que participem'. III – Não há dano ou lesão passível de reparação econômica. Isso porque o esportista profissional é remunerado, previamente, para abdicar da exclusividade do exercício de um direito disponível, nos termos pactuados, constituindo o valor correspondente ao direito de arena autêntico rendimento extra, corolário da compulsoriedade da transferência, para o atleta, de parte do montante arrecadado na competição, denotando nítido conteúdo de acréscimo patrimonial. IV – Somente fará jus à parcela relativa ao direito de arena o esportista profissional que mantiver relação laboral com entidade de prática desportiva, formalizada em contrato de trabalho. A verba em questão retribui e decorre da própria existência do contrato de labor e dele deflui, em negócio jurídico que lhe integra, remunerando e acrescendo os ganhos do atleta em contrapartida pela autorização dada para o uso da sua imagem. V – Tanto antes quanto após as alterações da Lei n. 9.615/98, o direito de arena apresenta feição jurídica ontologicamente distinta da insígnia indenizatória. A legislação superveniente, de 2011, ao fixar a natureza civil da parcela, afastou apenas o cunho salarial, sem desnaturar ou infirmar sua índole insitamente remuneratória. VI – A denominação conferida a determinada verba não condiciona o alcance dos seus efeitos tributários, cuja perquirição independe do epíteto que lhe seja atribuído, a teor do disposto nos arts. 43, I, § 1º, do CTN, e 3º, § 4º, da Lei n. 7.713/88. VII – A remuneração percebida pelos atletas profissionais a título de direito de arena sujeita-se à incidência do Imposto sobre a Renda de Pessoa Física – IRPF" (STJ, REsp 1.679.649, 2018).

– **Verbas indenizatórias percebidas pelos trabalhadores.** Vide item específico adiante sobre as indenizações.

⇒ **A questão dos "juros moratórios".** A natureza dos juros moratórios ainda não restou definida de modo satisfatório pela jurisprudência. Falta coerência aos julgados. Em alguns casos, se lhes considera verba indenizatória; em outros, remuneratória. Não faz sentido. Não se consegue compreender a *ratio decidendi* e universalizá-la. Fica-se na casuística. Justiça aleatória. A seguir, a situação atual, conforme os temas analisados pelo STF e pelo STJ em sede de repercussão geral e de recursos repetitivos.

– Entendemos que os juros legais moratórios, devidos em razão do atraso no cumprimento de obrigações, deveriam ser considerados como tendo, sempre, caráter indenizatório, independentemente da natureza da verba principal. Note-se que a falta da disponibilidade dos recursos no momento oportuno implica diversos transtornos para o titular do direito, que pode ser levado a atrasar compromissos, assumindo encargos de multa ou de juros perante seus credores, ou até mesmo a buscar recursos no mercado financeiro, o que implica suportar juros remuneratórios e custos tributários (imposto sobre operações de crédito). Daí por que é bastante consistente a compreensão de que os juros legais, de caráter moratório, constituem uma prefixação legal da indenização devida ao credor de modo a compensar as presumidas perdas decorrentes do atraso no pagamento. Note-se, por derradeiro, que algumas taxas legais de juros, como a SELIC, são aplicadas com exclusividade, cumprindo, a um só tempo, o papel de atualizar monetariamente os valores originais e de compensar o atraso no pagamento, de modo que sua natureza é híbrida. A Corte Especial do Egrégio TRF4, considerando a matéria questão constitucional, entendeu que "Os juros legais moratórios são, por natureza, verba indenizatória dos prejuízos causados ao credor pelo pagamento extemporâneo de seu crédito" (AI 5020732-11.2013.404.0000, adiante transcrita).

– "A natureza indenizatória dos juros de mora era expressamente atestada pelo Código Civil de 1916 (art. 1.061), e continua a sê-lo pelo atual (art. 404). É conferir: 'Art. 1.061. As perdas e danos, nas obrigações de pagamento em dinheiro, consistem nos juros da mora e custas, sem prejuízo da pena convencional.' 'Art. 404. As perdas e danos, nas obrigações de pagamento em dinheiro, serão pagas com atualização monetária segundo índices oficiais regularmente estabelecidos, abrangendo juros, custas e honorários de advogado, sem prejuízo da pena convencional. Parágrafo único. Provado que os juros da mora não cobrem o prejuízo, e não havendo pena convencional, pode o juiz conceder ao credor indenização suplementar.' Nenhuma diferença substancial há entre os dois dispositivos, senão a autorização do Código atual para que o juiz – verificando que os juros de moera não bastam para recompor o patrimônio lesado... condene o devedor em indenização suplementar (expressão que, permita se a insistência, reforça o caráter indenizatório dos juros de mora). [...] Não sendo frutos, produtos ou rendimentos do dinheiro, os juros de moera não são acessórios da parcela que lhes subjaz... Não havendo nessa verba 'qualquer conotação de riqueza nova', é descabida a exigência de imposto de renda" (SANTIAGO, Igor Mauler. Intributabilidade dos juros de mora pelo imposto de renda... *RDDT* 160/60, 2009).

– "A expressão juros moratórios, que é própria do Direito Civil, designa a indenização pelo atraso no pagamento da dívida. O Código Civil de 1916 estabelecia que as perdas e danos, nas obrigações de pagamento em dinheiro, consistem nos juros de mora e custas, sem prejuízo da pena convencional. E o Código Civil vigente estabelece: 'Art. 404. As perdas e danos, nas obrigações de pagamento em dinheiro, serão pagas com atualização monetária segundo índices oficiais regularmente estabelecidos, abrangendo juros, custas e honorários de advogado, sem prejuízo da pena convencional. Parágrafo único. Provado que os juros de mora não cobrem o prejuízo, e não havendo pena convencional, pode o juiz conceder ao credor indenização complementar.' Como se vê, o legislador previu que o não recebimento das datas correspondentes dos valores em dinheiro aos quais se tem direito implica prejuízo. E o fez com absoluto acerto, pois é natural que as pessoas planejem suas finanças pessoais considerando o que devem pagar e o que têm direito de receber em determinadas datas. Assim, se alguém deixa de receber o que lhe é devido, pode deixar de comprar à vista e ser obrigado a comprar a prazo, pagamento um preço mais elevado, configurando desta forma evidente perda patrimonial. E pode também ser obrigado a pagar com atraso uma dívida, tendo de pagar multa e juros de mora, o que também configura perda patrimonial. Não se trata de lucro cessante, nem de dado simplesmente moral, que evidentemente também pode ocorrer. Trata-se de perda patrimonial efetiva, decorrente do não recebimento, nas datas correspondentes, dos valores aos quais tinha direito. Perda que o legislador presumiu e tratou como presunção absoluta, que não admite prova em contrário, e cuja indenização com os juros de mora independe de pedido do interessado. [...] trata-se de caso típico de não incidência, sendo desnecessário, portanto, dispositivo de lei que especificamente o estabeleça" (MACHADO, Hugo de Brito. Não incidência do imposto de renda sobre juros de mora. *RDDT* 215/113, 2013).

– "Todas as verbas salariais são rendas tributáveis, assim como outros rendimentos do trabalho, do capital ou da combinação de ambos. Contudo, os juros pela mora indenizam a não percepção de renda pelo contribuinte e, portanto, são indenizatórios, restabelecendo 'jure et de jure' o 'status quo ante' ao inadimplemento da obrigação do 'solvens'... Sendo os juros moratórios decorrentes de um ilícito civil, assim considerado o não pagamento a tempo e hora, jamais poderão ser alçados à condição de fato jurígeno de qualquer tributo, mormente do imposto de renda, porque não é renda, mas reparação pelo seu não recebimento a tempo e hora" (COÊLHO, Sacha Calmon Navarro. A não incidência do imposto de renda sobre juros de mora nas reclamatórias trabalhistas. *RDDT* 161/93, 2009).

– **Tema 808 do STF. Juros no pagamento de remuneração em atraso a empregados e servidores.** Tese: "Não incide imposto de renda sobre os juros de mora devidos pelo atraso no pagamento de remuneração por exercício de emprego, cargo ou função". Decisão do mérito em 2021. Esse tema foi apreciado no RE 855.091. O STF considerou que "os juros de mora devidos em razão do atraso no pagamento de remuneração por exercício de emprego, cargo ou função visam, precipuamente, a recompor efetivas perdas (danos emergentes)", porquanto "esse atraso faz com que o credor busque meios alternativos ou mesmo heterodoxos, que atraem juros, multas e outros passivos ou outras despesas ou mesmo preços mais elevados, para atender a suas necessidades básicas e às de sua família". Eis o acórdão: "Imposto de renda. Juros moratórios devidos em razão do atraso no pagamento de remuneração por exercício de emprego, cargo ou função. Caráter indenizatório. Danos emergentes. Não incidência. 1. A materialidade do imposto de renda está relacionada com a existência de acréscimo patrimonial. Precedentes. 2. A palavra indenização abrange os valores relativos a danos emergentes e os concernentes a lucros cessantes. Os primeiros, correspondendo ao que efetivamente se perdeu, não incrementam o patrimônio de quem os recebe e, assim, não se amoldam ao conteúdo mínimo da materialidade do imposto de renda prevista no art. 153, III, da Constituição Federal. Os segundos, desde que caracterizado o acréscimo patrimonial, podem, em tese, ser tributados pelo imposto de renda. 3. Os juros de mora devidos em razão do atraso no pagamento de remuneração por exercício de emprego, cargo ou função visam, precipuamente, a recompor efetivas perdas (da-

nos emergentes). Esse atraso faz com que o credor busque meios alternativos ou mesmo heterodoxos, que atraem juros, multas e outros passivos ou outras despesas ou mesmo preços mais elevados, para atender a suas necessidades básicas e às de sua família. 4. Fixa-se a seguinte tese para o Tema nº 808 da Repercussão Geral: 'Não incide imposto de renda sobre os juros de mora devidos pelo atraso no pagamento de remuneração por exercício de emprego, cargo ou função'" (STF, RE 855.091, 2021).

– "ARGUIÇÃO DE INCONSTITUCIONALIDADE. TRIBUTÁRIO. IMPOSTO DE RENDA SOBRE JUROS DE MORA. NÃO RECEPÇÃO DO ART. 16, § ÚNICO, DA LEI N. 4.506/64 PELA CF/88. INCONSTITUCIONALIDADE, SEM REDUÇÃO DE TEXTO, DO § 1º DO ART. 3º DA LEI N. 7.713/88, DO ART. 16, § ÚNICO, DA LEI N. 4.506/64, E DO ART. 43, INCISO II E § 1º, DO CTN (LEI N. 5.172/66), POR AFRONTA AO INCISO III DO ART. 153 DA CF/88. 1. O art. 16, § único, da Lei n. 4.506/64, ao tratar como 'rendimento de trabalho assalariado os juros de mora e quaisquer outras indenizações pelo atraso no pagamento das remunerações previstas neste artigo', contraria, frontalmente, o disposto no inciso III do art. 153 da CF/88, que é taxativo em só permitir a incidência do imposto de renda sobre 'renda e proventos de qualquer natureza'. Juros moratórios legais são detentores de nítida e exclusiva natureza indenizatória, e portanto não se enquadram no conceito de renda ou proventos. Hipótese de não recepção pela Constituição Federal de 1988. 2. Inconstitucionalidade do art. 43, inciso II e § 1º, do CTN (Lei n. 5.172/66), sem redução de texto, originada pela interpretação que lhe é atribuída pelo Superior Tribunal de Justiça – STJ, com efeito vinculante, de forma a autorizar que sobre verba indenizatória, *in casu* os juros de mora legais, passe a incidir o imposto de renda. 3. Inconstitucionalidade sem redução de texto reconhecida também com relação ao § 1º do art. 3º da Lei n. 7.713/88 e ao art. 43, inciso II e § 1º, do CTN (Lei n. 5.172/66). 4. Os juros legais moratórios são, por natureza, verba indenizatória dos prejuízos causados ao credor pelo pagamento extemporâneo de seu crédito. A mora no pagamento de verba trabalhista, salarial e previdenciária, cuja natureza é notoriamente alimentar, impõe ao credor a privação de bens essenciais, podendo ocasionar até mesmo o seu endividamento a fim de cumprir os compromissos assumidos. A indenização, por meio dos juros moratórios, visa à compensação das perdas sofridas pelo credor em virtude da mora do devedor, não possuindo qualquer conotação de riqueza nova a autorizar sua tributação pelo imposto de renda" (TRF4, Arguição de Inconstitucionalidade 5020732-11.2013.404.0000, 2013).

– **Lei n. 4.506/64:** "Art. 16. Serão classificados como rendimentos do trabalho assalariado tôdas as espécies de remuneração por trabalho ou serviços prestados no exercício dos empregos, cargos ou funções referidos no artigo 5º do Decreto lei número 5.844, de 27 de setembro de 1943, e no art. 16 da Lei número 4.357, de 16 de julho de 1964, tais como: [...] I – Salários, ordenados, vencimentos... II – Adicionais... Parágrafo único. Serão também classificados como rendimentos de trabalho assalariado os juros de mora e quaisquer outras indenizações pelo atraso no pagamento das remunerações previstas neste artigo".

– Lei n. 7.713/88: "Art. 6º Ficam isentos do imposto de renda os seguinte rendimentos percebidos por pessoas físicas: [...] VI – o montante dos depósitos, juros, correção monetária e quotas partes creditadas em contas individuais pelo Programa de Integração Social e pelo Programa de Formação do Patrimônio do Servidor Público".

– Juros sobre benefício previdenciário pago com atraso. A jurisprudência do STJ mudou para reconhecer, atualmente, a não incidência, forte na natureza alimentar da verba principal: "I. O acórdão submetido a juízo de retratação, proferido pela Segunda Turma do STJ, manteve decisão monocrática que dera provimento ao Recurso Especial, em parte, a fim de reconhecer a incidência de imposto de renda sobre os juros de mora decorrentes do pagamento, com atraso, de prestações de benefício previdenciário. II. O Supremo Tribunal Federal, no julgamento do RE 855.091/RS, sob o regime de repercussão geral, firmou a tese de que 'não incide imposto de renda sobre os juros de mora devidos pelo atraso no pagamento de remuneração por exercício de emprego, cargo ou função', e, diante da nova orientação da Suprema Corte, a Primeira Seção do STJ, ao julgar, sob o rito dos recursos repetitivos, o REsp 1.470.443/PR, realizou a compatibilização da jurisprudência desta Casa, firmada em repetitivos e precedentes da Primeira Seção, ao que decidido pelo Pretório Excelso... III. Nesse contexto, retornaram os autos – por determinação da Vice-Presidência do STJ, para fins do disposto no art. 1.040, II, do CPC/2015 –, em face do aludido julgado do Supremo Tribunal Federal, sob o regime de repercussão geral. IV. No caso, impõe-se a observância do que decidido pelo STF, encampado pela segunda tese repetitiva fixada no aludido REsp 1.470.443/PR ('Os juros de mora decorrentes do pagamento em atraso de verbas alimentares a pessoas físicas escapam à regra geral da incidência do Imposto de Renda, posto que, excepcionalmente, configuram indenização por danos emergentes – Precedente: RE 855.091-RS'). V. Agravo Regimental provido, em juízo de retratação, previsto no art. 1.040, II, do CPC/2015, para negar provimento ao Recurso Especial" (STJ, AgRg no REsp 1.418.499, 2022).

– Tema 470 do STJ. Juros sobre verbas trabalhistas em atraso. Tese: "Não incide Imposto de Renda sobre os juros moratórios legais vinculados a verbas trabalhistas reconhecidas em decisão judicial". Decisão de mérito em 2011.

– "JUROS DE MORA LEGAIS. NATUREZA INDENIZATÓRIA. NÃO INCIDÊNCIA DE IMPOSTO DE RENDA. Não incide imposto de renda sobre os juros moratórios legais em decorrência de sua natureza e função indenizatória ampla" (STJ, REsp 1.227.133, 2011).

⇒ Tema 878 do STJ. Em regra, incidência, mas com exceções: pagamento de verbas alimentares em atraso e quando acessório de verbas principais indenizatórias. Tese: "1.) Regra geral, os juros de mora possuem natureza de lucros cessantes, o que permite a incidência do Imposto de Renda – Precedentes: REsp. n. 1.227.133-RS, REsp. n. 1.089.720-RS e REsp. n. 1.138.695-SC; 2.) Os juros de mora decorrentes do pagamento em atraso de verbas alimentares a pessoas físicas escapam à regra geral da incidência do Imposto de Renda, posto que, excepcionalmente, configuram indenização por danos emergentes – Precedente: RE n. 855.091-RS; 3.) Escapam à regra geral de incidência do Imposto de Renda sobre juros de mora aqueles cuja verba principal seja isenta ou fora do campo de incidência do IR – Precedente: REsp. n. 1.089.720-RS". Decisão do mérito em 2021.

– "IMPOSTO DE RENDA DA PESSOA FÍSICA – IRPF. ANÁLISE DA INCIDÊNCIA SOBRE JUROS DE MORA. ADAPTAÇÃO DA JURISPRUDÊNCIA DO STJ AO QUE JULGADO PELO STF NO RE N. 855.091-RS (TEMA N. 808-RG). PRESERVAÇÃO DE PARTE DAS TESES JULGADAS NO RESP. N. 1.089.720-RS E NO RECURSO REPRESENTATIVO DA CONTROVÉRSIA RESP. N. 1.227.133-RS. PRESERVAÇÃO DA TOTALIDADE DA TESE JULGADA NO RECURSO REPRESENTATIVO DA CONTROVÉRSIA RESP. N. 1.138.695-SC. INTEGRIDADE, ESTABILIDADE E COERÊNCIA DA JURISPRUDÊNCIA. ART. 926, DO CPC/2015. CASO CONCRETO DE JUROS DE MORA DECORRENTES DE BENEFÍCIOS PREVIDENCIÁRIOS PAGOS EM ATRASO. NÃO INCIDÊNCIA DO IMPOSTO DE RENDA... 2. O Supremo Tribunal Federal no julgamento do RE n. 855.091/RS (Tribunal Pleno, Rel. Min. Dias Toffoli, julgado em 15.03.2021), apreciando o Tema n. 808 da Repercussão Geral, em caso concreto onde em discussão juros moratórios acrescidos a verbas remuneratórias reconhecidas em reclamatória trabalhista, considerou não recepcionada pela Constituição Federal de 1988 a parte do parágrafo único do art. 16, da Lei n. 4.506/64 que determina a incidência do imposto de renda sobre juros de mora decorrentes de atraso no pagamento das remunerações previstas no artigo, ou seja, rendimentos do trabalho assalariado (remunerações advindas de exercício de empregos, cargos ou funções). Fixou-se então a seguinte tese: Tema n. 808 da Repercussão Geral: 'Não incide imposto de renda sobre os juros de mora devidos pelo atraso no pagamento de remuneração por exercício de emprego, cargo ou função'. 3. O dever de manter a jurisprudência deste Superior Tribunal de Justiça íntegra, estável e coerente (art. 926, do CPC/2015) impõe realizar a compatibilização da jurisprudência desta Casa formada em repetitivos e precedentes da Primeira Seção ao que decidido no Tema n. 808 pela Corte Constitucional. Dessa análise, após as derrogações perpetradas pelo julgado do STF na jurisprudência deste STJ, exsurgem as seguintes teses, no que concerne ao objeto deste repetitivo: 3.1.) Regra geral, os juros de mora possuem natureza de lucros cessantes, o que permite a incidência do Imposto de Renda – Precedentes: REsp. n. 1.227.133-RS, REsp. n. 1.089.720-RS e REsp. n. 1.138.695-SC; 3.2.) Os juros de mora decorrentes do pagamento em atraso de verbas alimentares a pessoas físicas escapam à regra geral da incidência do Imposto de Renda, posto que, excepcionalmente, configuram indenização por danos emergentes – Precedente: RE n. 855.091-RS; 3.3.) Escapam à regra geral de incidência do Imposto de Renda sobre juros de mora aqueles cuja verba principal seja isenta ou fora do campo de incidência do IR – Precedente: REsp. n. 1.089.720-RS. 4. Registre-se que a 1ª (3.1.) tese é mera reafirmação de repetitivos anteriores, a 2ª (3.2.) tese é decorrente daquela julgada pelo Supremo Tribunal Federal e a 3ª (3.3.) tese é a elevação a repetitivo de tese já adotada pela Primeira Seção. Já o que seria a 4ª tese

(3.4.) foi suprimida por versar sobre tema estranho a este repetitivo (imposto de renda devido por pessoas jurídicas), além do que também está firmada em outro repetitivo, o REsp. n. 1.138.695-SC (Primeira Seção, Rel. Min. Mauro Campbell Marques, julgado em 22.05.2013)" (STJ, REsp 1.470.443, 2021).

– **Tema 962 do STF. Juros na repetição do indébito tributário. Natureza indenizatória.** Tese: "É inconstitucional a incidência do IRPJ e da CSLL sobre os valores atinentes à taxa Selic recebidos em razão de repetição de indébito tributário". Decisão do mérito em 2021.

– O acórdão do julgado (RE 1.063.187/SC) restou publicado em 16-12-2021. Os embargos de declaração interpostos pela União no referido RE foram julgados no dia 2-5-2021, com publicação no *DJE* em 16-5-2022 e restaram acolhidos em parte, modulando os efeitos da decisão embargada, para: "(i) esclarecer que a decisão embargada se aplica apenas nas hipóteses em que há o acréscimo de juros moratórios, mediante a taxa Selic em questão, na repetição de indébito tributário (inclusive na realizada por meio de compensação), seja na esfera administrativa, seja na esfera judicial; (ii) modular os efeitos da decisão embargada, estabelecendo que ela produza efeitos ex nunc a partir de 30/9/21 (data da publicação da ata de julgamento do mérito), ficando ressalvados: a) as ações ajuizadas até 17/9/21 (data do início do julgamento do mérito); b) os fatos geradores anteriores a 30/9/21 em relação aos quais não tenha havido o pagamento do IRPJ ou da CSLL a que se refere a tese de repercussão geral, nos termos do voto do Relator. Plenário, Sessão Virtual de 22.4.2022 a 29.4.2022".

– **O STJ não reconhecia natureza indenizatória aos juros na repetição do indébito. Tema 505 do STJ:** "Quanto aos juros incidentes na repetição do indébito tributário, inobstante a constatação de se tratarem de juros moratórios, se encontram dentro da base de cálculo do IRPJ e da CSLL, dada a sua natureza de lucros cessantes, compondo o lucro operacional da empresa". Decisão de mérito em 2013. Essa tese foi fixada por ocasião do julgamento do REsp 1.138.695, 2013, mas está superada pelo Tema 962 do STF.

– **Tema 504 do STJ. Juros no levantamento de depósitos judiciais.** Tese: "Os juros incidentes na devolução dos depósitos judiciais possuem natureza remuneratória e não escapam à tributação pelo IRPJ e pela CSLL". Decisão do mérito em 2013.

– Entendemos que é incoerente reconhecer natureza indenizatória aos juros na repetição do indébito tributário e remuneratória no levantamento de depósitos feitos para suspender a exigibilidade do crédito tributário que, nos termos da legislação federal, também são transferidos ao Tesouro e devolvidos no caso de o contribuinte vencer a ação. De qualquer modo, o STJ vem fazendo a distinção. Já o TRF4 tem precedente dando tratamento único aos juros moratórios tanto na repetição como no levantamento de depósitos.

– "2. Os juros incidentes na devolução dos depósitos judiciais possuem natureza remuneratória e não escapam à tributação pelo IRPJ e pela CSLL, na forma prevista no art. 17, do Decreto-lei n. 1.598/77, em cuja redação se espelhou o art. 373, do Decreto n. 3.000/99 – RIR/99, e na forma do art. 8º, da Lei n.

8.541/92, como receitas financeiras por excelência" (STJ, REsp 1.138.695, 2013).

– "IRPJ... DEPÓSITOS JUDICIAIS. 4. Assegurado ao contribuinte o levantamento de depósito, devidamente atualizado, o valor acrescido ao montante depositado também é indenização, porquanto, assim como no indébito, o contribuinte ficou sem a disponibilidade dos recursos e é indenizado pelas despesas que isso pode ter gerado" (TRF4 5080199-77.2021.4.04.7100, 2022).

⇒ **Indenizações.** Está bastante sedimentada, ainda, a jurisprudência no sentido de que as verbas que, por serem indenizatórias, apenas reparam uma perda, constituindo mera recomposição do patrimônio, não ensejam a incidência de imposto de renda. Isso porque não constitui riqueza nova, capaz de ensejar acréscimo patrimonial. E o legislador ordinário não pode, discricionariamente, definir como remuneratória verba que não o seja, sob pena de inconstitucionalidade. Mas, quando não apontada expressamente pelo legislador a natureza das diversas rubricas, a análise específica de cada qual, com vista a verificar se é remuneratória ou indenizatória, não é matéria constitucional, porquanto a violação à constituição, se existente, seria indireta, sendo que o STF negou repercussão geral a questões como essa (STF, AI 705941 RG, Relator Min. Cezar Peluso, nov. 2009). Nem tudo o que se costuma denominar de indenização, mesmo material, efetivamente corresponde a simples recomposição de perdas.

– Conforme Eduardo Gomes Philippsen, em importante artigo adiante transcrito, apenas a "indenização-reposição do patrimônio" é que ficaria ao largo da incidência do IR, o mesmo não ocorrendo com a "indenização-reposição dos lucros" (lucros cessantes) e com a "indenização-compensação" (dano moral ou extrapatrimonial). Veja-se, contudo, a casuística e o entendimento dos tribunais sobre cada verba, pois o STJ tem entendido, e.g., que não incide sequer sobre a indenização por dano moral.

– "Como se demonstrou no precedente invocado, o caráter indenizatório de certo pagamento não é determinante para que se possa afirmar ou afastar a ocorrência do fato gerador do imposto de renda. O acréscimo patrimonial, esse sim, indica a configuração da hipótese de incidência tributária" (Do voto do Min. Teori Albino Zavascki quando do julgamento pela 1ª T do STJ do REsp 928561/RJ, 2009).

– "... o pagamento de indenizações não pode sofrer a incidência do Imposto sobre a Renda, visto que não há a criação de riqueza nova, mas tão somente o retorno a estado patrimonial anterior maculado pela ocorrência do dano. Não há nesse caso mudança na capacidade contributiva do contribuinte, mas tão somente, retorno à situação anterior" (CALIENDO, Paulo. Imposto sobre a Renda incidente nos pagamentos acumulados e em atraso de débitos previdenciários. *Interesse Público* n. 24/101, 2004).

– "... na indenização o direito ferido é transformado numa quantia de dinheiro. O patrimônio da pessoa lesada, longe de aumentar de valor, é simplesmente reposto no estado em que se encontrava antes da ocorrência do evento (*status quo ante*) ou, no caso dos lucros cessantes, ilide os efeitos detrimentosos da conduta do causador do dano. Sendo assim, tributar, por meio de IR, indenização recebida acaba por desfalcá-la, tornando-a injusta. Dito de outro modo, o pagamento efetuado a título de reparação de danos, sejam emergentes sejam negativos (lucros cessantes), embora portador de conteúdo econômico, não é evento relevante para fins de tributação por meio de IR" (CARRAZZA, Roque Antonio. *Imposto sobre a Renda*. 3. ed. São Paulo: Malheiros, 2009, p. 194-195).

– "... deve-se sempre investigar a origem das chamadas indenizações, para detectar se realmente estão reconstituindo uma perda patrimonial ou dano emergente. Se isso ocorrer, não devem ser submetidas à tributação pelo IRPJ, CSLL, contribuição ao PIS e à COFINS, ICMS e ISS. Caso sejam relativas a lucros cessantes ou acréscimos patrimoniais, devem ser submetidas à tributação;" (MELHEM; Marcel Gulin; MELHEM, Michel Gulin. Tributação de indenizações – IRPJ, CSLL, PIS, COFINS, ISS, ICMS. *RET* 85/118-127, 2012).

• Vide nota ao art. 153, III, da CF, sobre o conceito de renda.

– **Espécies de indenizações: reposição do patrimônio/reposição dos lucros/compensação.** Incidência sobre indenizações por danos emergentes e por lucros cessantes. "4) A palavra indenização, da forma como é utilizada ordinariamente no mundo jurídico, designa realidades distintas. A identificação das distintas espécies de indenização é fundamental para que se possa ter a devida compreensão dos diferentes efeitos jurídicos por elas produzidos. 5) A indenização por dano patrimonial do tipo emergente recompõe o patrimônio lesado; esta espécie pode ser denominada de indenização-reposição do patrimônio; já a indenização por dano patrimonial do tipo lucro cessante recompõe não o patrimônio, mas o seu acréscimo que certamente ocorreria no futuro; trata-se de indenização-reposição dos lucros; por fim, a indenização por dano moral nada recompõe, pois paga o dano de natureza extrapatrimonial com bem de natureza diversa; chamamos essa espécie de indenização-compensação. 6) É correto afirmar que a indenização pelo dano patrimonial, do tipo emergente (indenização-reposição do patrimônio), não caracteriza acréscimo patrimonial; não é correto, contudo, estender a mesma conclusão às demais espécies de indenização – indenização-reposição do lucro (lucros cessantes) e indenização-compensação (dano moral ou extrapatrimonial)" (PHILIPPSEN, Eduardo Gomes. A incidência do Imposto de Renda sobre indenizações. *Revista da AJUFERGS* 2/137, Porto Alegre, 2006).

– "De uma maneira geral, a doutrina e a jurisprudência tendem a excluir as indenizações do campo de incidência do imposto de renda, seja da pessoa física, seja da pessoa jurídica. A tendência geral de exclusão das indenizações do campo de incidência do imposto de renda deriva da suposição de que elas não passam de reposição de componentes do patrimônio, o que, portanto, afasta a exigência básica de ter havido aumento patrimonial para que esse imposto possa incidir. Se a premissa é verdadeira, sua extensão é discutível e merece meditação. [...] algumas indenizações têm a natureza de rendimentos, integrando-se no conceito de proventos de qualquer natureza, e outras não. [...] somente podem ser rendimentos as indenizações que tiverem relação com alguma posição patrimonial específica, à qual venha a se acrescer,

com ou sem substituição. É necessário, também, para que as indenizações possam ser rendimentos, que tenham alguma relação com um bem do patrimônio, tomados ele e seu valor como referenciais para identificação do acréscimo à posição anterior. [...] as indenizações de danos materiais, de perdas e danos em geral e outras que possam ter referencial em alguma posição patrimonial e um bem existente nessa posição, a cuja posição possam vir a ser acrescidas, são rendimentos, portanto, proventos de qualquer natureza sujeitos à tributação. Quanto à indenização por lucros cessantes, embora mais tênue a sua referência a uma determinada posição patrimonial e a sua referibilidade a um bem do patrimônio, estas existem no sentido de que a indenização representa um acréscimo à posição e ao bem que, se não houvesse o fato causador da indenização, teriam produzido o lucro e sido os elementos anteriores de comparação" (OLIVEIRA, Ricardo Mariz de. *Fundamentos do Imposto de Renda*. Quarter Latin, 2008, p. 201 e 210-211).

– "Se entiende que no hay riqueza nueva si el beneficio económico, que alguien obtiene en determinadas circunstancias, representa tan sólo el reintegro de una pérdida sufrida o de un daño experimentado. En aplicación de esta idea se ha considerado que tienen el caracter de renta los intereses de mora correspondientes a los frutos del capital indebidamente retenido por el deudor, y o los intereses compensatorios, en cuanto sirven o concurren para reintegrar una disminución patrimonial; que la pena convenida por incumplimiento de una obligación no es susceptible de imposición en la parte que compensa el daño emergente, y sí en el exceso que compense el lucro cesante; que constituye renta la suma pagada a título de gratificación al empleado que cesa en el servicio, y no la cantidad satisfecha a título de resarcimiento en caso de despido injustificado" (GIANNINI, Achille Donato. *Intituzioni di diritto tributario*. Edição espanhola. Madrid: Editorial de Derecho Financiero, 1957).

– **Indenização por perdas e danos materiais.** "[...] Indenizar é tornar inteiro. Indene e o que não sofreu dano. Vem do latim, *indenis*. Derivou de *in+damnum*, sem dano. Indenização é a ação de tornar inteiro, vale dizer, de tornar sem dano. Da linguagem comum à linguagem técnica, jurídica, o sentido é pacífico. Indenização é 'ressarcimento, reparação, compensação'. É 'a reparação do prejuízo de uma pessoa, em razão da inexecução ou da deficiente execução de uma obrigação ou da violação de um direito absoluto'. A indenização, em última análise, 'consiste em o ofensor colocar materialmente o patrimônio do ofendido no estado em que se encontrava se não fora a lesão' [...] A desapropriação é apenas uma das causas do dever jurídico de indenização. Retira do patrimônio de alguém um elemento, e quem a pratica tem, por isto mesmo, o dever de repor o patrimônio do qual retirou aquele elemento no estado em que antes se encontrava. Certo que, em se tratando de desapropriação, a ideia de que a indenização deve restabelecer por inteiro o patrimônio, restou realçada pela norma da Constituição, que garante prévia e justa indenização ao proprietário do bem desapropriado. Na formação da jurisprudência sobre o assunto tornou-se lugar comum o argumento segundo o qual o imposto de renda não incide porque, se incidisse, a indenização não seria completa, e assim não seria justa. É evidente, porém, que toda indenização há de ser completa, e justa. O direito à indenização é sempre o mesmo, quer se trate de uma desapropriação, quer se trate de um prejuízo, ou outro dano qualquer. [...] É razoável equiparar-se a cassação imotivada de uma concessão de serviço público a uma desapropriação, mas isto não tem nenhuma relevância no deslinde da questão de saber se incidem tributos sobre a indenização respectiva. Na verdade sobre a indenização não incidem os tributos em referência porque o recebimento de indenização não configura fato gerador de nenhum deles. Com efeito, indenização não é renda ou provento de qualquer natureza, e por isto não configura o fato gerador do imposto de renda. Não é lucro, e por isto não configura o fato gerador do dever de pagar a contribuição social sobre a lucro. Nem é faturamento, e por isto não configura a fato gerador do dever jurídico de pagar a Cofins" (MACHADO, Hugo de Brito. Âmbito constitucional e fato gerador do tributo. Imposto de renda, contribuição sobre o lucro e COFINS. Indenização por perdas e danos materiais. Hipótese de não incidência, *RDDT* 53/105, 2000).

– **Indenização de lucros cessantes. Acréscimo patrimonial. Incidência.** "... mesmo que caracterizada a natureza indenizatória do *quantum* recebido, ainda assim incide Imposto de Renda, se der ensejo a acréscimo patrimonial, como ocorre na hipótese de lucros cessantes" (STJ, EREsp 695.499, 2007).

– **Prestação continuada por morte.** "IMPOSTO DE RENDA. ACIDENTE DE TRÂNSITO. INDENIZAÇÃO. PRESTAÇÕES CONTINUADAS. TRIBUTAÇÃO DEVIDA... Renda aprovado pelo Decreto 3.000, de 26 de março de 1999, não entra no cômputo do rendimento bruto a indenização reparatória por danos físicos, invalidez ou morte, ou por bem material danificado ou destruído, em decorrência de acidente, até o limite fixado em condenação judicial, exceto no caso de pagamento de prestações continuadas. Com base na referida norma, esta Turma já proclamou que incide Imposto de Renda sobre a indenização reparatória por morte, decorrente de acidente de trânsito, paga em prestações continuadas..." (STJ, REsp 929.235, 2010).

– **Dano moral. Não incidência. Súmula 498 do STJ:** "Não incide imposto de renda sobre a indenização por danos morais".

– "... 1. A verba percebida a título de dano moral tem a natureza jurídica de indenização, cujo objetivo precípuo é a reparação do sofrimento e da dor da vítima ou de seus parentes, causados pela lesão de direito, razão pela qual torna-se infensa à incidência do imposto de renda, porquanto inexistente qualquer acréscimo patrimonial.(Precedentes...). 2. *In casu*, a verba percebida a título de dano moral adveio de indenização em reclamação trabalhista.3. Deveras, se a reposição patrimonial goza dessa não incidência fiscal, *a fortiori*, a indenização com o escopo de reparação imaterial deve subsumir-se ao mesmo regime, porquanto *ubi eadem ratio, ibi eadem legis dispositio*. 4... 6. Acórdão submetido ao regime do art.543-C do CPC e da Resolução STJ 08/2008" (STJ, REsp 1.152.764, 2010).

– No sentido de que a quantia recebida a título de indenização por danos morais sofridos não caracteriza hipótese de incidência do Imposto de Renda, vide também o AgRg no Ag 1021368/RS (1ª T do STJ) e o REsp 1068456/PE (2ª T. do STJ), bem como o artigo de Victor Humberto Maizman, Imposto de Renda: da natureza tributária do pagamento de indenização por danos morais em face das condenações oriundas do contrato de trabalho. *RET* 12/35, 2000.

– **Dano moral. No sentido da não incidência mesmo quando paga a indenização em forma de pensão mensal.** "DIREITO CIVIL. AÇÃO DE INDENIZAÇÃO POR DANOS MATERIAIS E MORAIS DECORRENTES DE ACIDENTES DE VEÍCULOS. TRANSAÇÃO CELEBRADA PELAS PARTES INSTITUINDO PENSIONAMENTO, MEDIANTE INCLUSÃO EM FOLHA DE PAGAMENTO MENSAL. RETENÇÃO INDEVIDA DE IMPOSTO DE RENDA NA FONTE. Diante de transação em que as partes instituem pensionamento mensal, com inclusão em folha de pagamento, pondo fim a demanda indenizatória, os pagamentos conservam a natureza indenizatória da origem da obrigação, não havendo fundamento para retenção do imposto de renda na fonte" (STJ, REsp 1.012.843, 2008).

– **Dano moral. Aposentadoria ou pensão excepcional de anistiado. Caráter indenizatório.** "PENSÃO PERCEBIDA POR SUCESSOR DE MILITAR ANISTIADO POLÍTICO. IMPOSTO DE RENDA. ISENÇÃO INSTITUÍDA PELA LEI 10.599/2002 C/C DECRETO 4.897/2003.1. O Ministro de Estado da Defesa e os Comandantes das Forças Armadas são partes legítimas para figurarem no polo passivo de mandado de segurança em que se pleiteia a interrupção dos descontos relativos ao imposto de renda efetuados nos proventos e pensões militares de anistiados políticos (RMS 26959, Rel. Min. Eros Grau, Rel. p/ Acórdão Ministro Menezes Direito, Tribunal Pleno, julgado em 26.03.2009, *DJe*-089 DIVULG 14.05.2009 PUBLIC 15.05.2009). 2. O imposto de renda não incide sobre os proventos de aposentadoria percebidos pelos anistiados políticos, nem sobre as pensões recebidas por seus dependentes, *ex vi* do disposto no artigo 9º, parágrafo único, da Lei 10.599/2002, c/c o artigo 1º, § 1º, do Decreto 4.897/2003 [...] 3. Segurança concedida" (STJ, MS 11.253, 2009).

– "... APOSENTADORIA EXCEPCIONAL DE ANISTIADO. ART. 8º ADCT/CF. NATUREZA INDENIZATÓRIA. IMPOSTO DE RENDA. NÃO INCIDÊNCIA. – Através do artigo 8º da ADCT/CF, o Poder Constituinte Originário estabeleceu uma forma de indenização, mediante benefício mensal, de essência diversa dos benefícios previdenciários existentes em nosso ordenamento jurídico. – A aposentadoria excepcional do anistiado tem natureza eminentemente indenizatória, porquanto visa reparar os danos causados pelo Poder Público ao anistiado face à perseguição política. Tendo caráter indenizatório, não há acréscimo patrimonial de qualquer espécie a ensejar a incidência do imposto de renda previsto no artigo 43 do Código Tributário Nacional" (TRF4, AMS 2001.71.00.010484-7, 2003).

– **Dano moral à pessoa jurídica:** "... uma pessoa jurídica pode ser atingida em seu bom conceito, em sua credibilidade, mas não se pode falar em dano simplesmente moral, ou dano moral puro, em se tratando de uma pessoa jurídica, posto que esta não tem sentimento, não sofre a dor moral, e por isto mesmo não tem direito a indenização. Terá direito à indenização, isto sim, se houver repercussão econômica. Uma pessoa jurídica não pode ser vítima de um dano simplesmente moral, ou dano moral puro. [...] É certo que o Superior Tribunal de Justiça sumulou sua jurisprudência no sentido de que a pessoa jurídica pode sofrer dano moral. A análise dos julgados dos quais resultou esse entendimento, porém, nos leva à conclusão de que o dano moral ali mencionado não é dano simplesmente moral, ou dano moral puro. É dano moral com repercussão econômica potencial. [...] Do sentimento de dissabor, como elemento simplesmente subjetivo, sem qualquer possibilidade de repercussão econômica, não padece a pessoa jurídica, que por isto mesmo não tem direito à indenização pelo dano simplesmente moral, ou dano moral puro. Por outro lado, o adequado tratamento da questão de saber se o imposto de renda incide sobre a indenização exige que se estabeleça a distinção entre a indenização que nada acrescenta ao patrimônio de quem a recebe, e aquela que na verdade consubstancia um acréscimo patrimonial. A indenização de um dano econômico, ou material, ou patrimonial, sendo como é mera reposição, nada acrescenta ao patrimônio, e por isto é caso de não incidência do imposto de renda. Já a indenização da repercussão econômica do dano moral, e a indenização do lucro cessante, incrementam o patrimônio econômico de quem as recebe, e por isto mesmo podem ser fato gerador do imposto de renda. Em se tratando de indenização do dano moral com repercussão econômica, assim como de indenização por lucro cessante, o que está sendo indenizada, ou tornada inteira, é a renda. Se não tivesse ocorrido o fato causa da repercussão econômica negativa, o lucro se teria formado normalmente, maior portanto, e estaria sujeito à incidência do imposto. Do mesmo modo, se não tivesse ocorrido o fato causa do lucro cessante, teria ocorrido o lucro que seria tributável. A indenização, é evidente, nestes casos faz inteiro o lucro, ou renda, que seria tributável. Há de ser tributada portanto" (MACHADO, Hugo de Brito. Dano moral à pessoa jurídica e o imposto de renda. *RDDT* 54, 2000, p. 67).

– **Pela incidência sobre o valor percebido por dano moral.** Para fins de tributação, importa a capacidade contributiva das pessoas, assim entendida a capacidade econômica de pagar tributo. Está em questão, pois, o "patrimônio material do contribuinte" (Teori Zavascki) e não o seu patrimônio moral. Eventuais acréscimos ou decréscimos no patrimônio moral do contribuinte são irrelevantes para fins de tributação. Quando, em face de um dano ou prejuízo moral (irrelevante para a tributação), advém uma compensação material (relevante para a tributação), tem-se a incidência do imposto de renda. Note-se que, por força do art. 118, I, do CTN, não há que se perquirir sobre a causa subjacente: se advém do trabalho, se é produto de ilícito, se configura compensação por dano moral, não deixa de constituir fato signo presuntivo de capacidade econômica colocado por lei como gerador de obrigação tributária. Mas o STJ firmou posição no sentido de que a indenização por dano moral não se sujeita ao imposto de renda, conforme visto em item anterior, embora tivesse precedentes dizendo da incidência.

– "IMPOSTO DE RENDA. REPARAÇÃO POR DANOS MORAIS. NATUREZA. REGIME TRIBUTÁRIO DAS INDENIZAÇÕES. DISTINÇÃO ENTRE INDENIZAÇÃO POR DANOS AO PATRIMÔNIO MATERIAL E AO PATRIMÔNIO IMATERIAL. PRECEDENTES. 1. O imposto sobre renda e proventos de qualquer natureza tem como fato gerador, nos termos do art. 43 do CTN, os 'acréscimos patrimoniais', assim entendidos os acréscimos ao patrimônio material do contribuinte. 2. Indenização é a prestação destinada a reparar ou recompensar o dano causado a um bem jurídico. Os bens jurídicos lesados podem ser (a) de natureza patrimonial (= integrantes do patrimônio material) ou (b) de natureza não patrimonial (= integrantes do patrimônio imaterial ou moral), e, em qualquer das hipóteses, quando não recompostos in natura, obrigam o causador do dano a uma prestação substitutiva em dinheiro. 3. O pagamento de indenização pode ou não acarretar acréscimo patrimonial, dependendo da natureza do bem jurídico a que se refere. Quando se indeniza dano efetivamente verificado no patrimônio material (= dano emergente), o pagamento em dinheiro simplesmente reconstitui a perda patrimonial ocorrida em virtude da lesão, e, portanto, não acarreta qualquer aumento no patrimônio. Todavia, ocorre acréscimo patrimonial quando a indenização (a) ultrapassar o valor do dano material verificado (= dano emergente), ou (b) se destinar a compensar o ganho que deixou de ser auferido (= lucro cessante), ou (c) se referir a dano causado a bem do patrimônio imaterial (= dano que não importou redução do patrimônio material). 4. A indenização que acarreta acréscimo patrimonial configura fato gerador do imposto de renda e, como tal, ficará sujeita a tributação, a não ser que o crédito tributário esteja excluído por isenção legal, como é o caso das hipóteses dos incisos XVI, XVII, XIX, XX e XXIII do art. 39 do Regulamento do Imposto de Renda e Proventos de Qualquer Natureza, aprovado pelo Decreto 3.000, de 31.03.99. Precedentes. 5. 'Se o objeto da indenização é o elemento moral, porque a ação danosa atingiu precisamente o patrimônio moral, não há dúvida de que o recebimento de indenização implica evidente crescimento do patrimônio econômico e, assim, enseja a incidência dos tributos que tenham como fato gerador esse acréscimo patrimonial' (Hugo de Brito Machado, Regime Tributário das Indenizações, obra coletiva, Coord. Hugo de Brito Machado, p. 109). Em idêntico sentido, na obra citada: Gisele Lemke, p. 83; Hugo de Brito Machado Segundo e Paulo de Tarso Vieira Ramos, p. 124; Fábio Junqueira de Carvalho e Maria Inês Murgel, p. 74. E ainda: Leandro Paulsen, Direito Tributário – Constituição e Código Tributário à Luz da Doutrina e da Jurisprudência, 5. ed., Porto Alegre, Livraria do Advogado, 2003, p. 655. 6. Configurando fato gerador do imposto de renda e não estando abrangido por norma isentiva (salvo quando decorrente de acidente do trabalho, o que não é o caso), o pagamento a título de dano moral fica sujeito à incidência do tributo" (STJ, REsp 748.868, 2007).

– "No âmbito do imposto de renda, em nosso sistema jurídico-tributário, os conceitos de patrimônio e de renda são rigorosamente conceitos econômicos, de natureza material. Não há patrimônio moral, para fins tributários, nem o imposto de renda incide sobre algo que tenha apenas valor moral. O tributo é prestação pecuniária e incide sobre riqueza expressa em moeda. [...] Não integram o patrimônio, para fins tributários, os elementos de valor exclusivamente moral, ainda que eventualmente possam ser convertidos em elementos de valor econômico. [...] O direito ao lazer, do qual é manifestação o direito à licença prêmio, ou às férias, é direito que não integra o patrimônio, no sentido estrito que lhe atribui o Direito Tributário. Direito de conteúdo moral pode, é certo, ter esse conteúdo convertido em pecúnia, pelo recebimento da indenização, que neste caso é induvidoso auferimento de renda, vale dizer, acréscimo patrimonial, ou acréscimo do patrimônio, no sentido que lhe atribui o Direito Tributário" (MACHADO, Hugo de Brito. *Temas de direito tributário*. São Paulo: RT, 1994, p. 197-199).

– **Indenização por desapropriação. Não incidência. Súmula CARF 42:** Não incide o imposto sobre a renda das pessoas físicas sobre os valores recebidos a título de indenização por desapropriação.

– "IMPOSTO DE RENDA. INDENIZAÇÃO DECORRENTE DE DESAPROPRIAÇÃO. VERBA INDENIZATÓRIA. NÃO INCIDÊNCIA. VIOLAÇÃO DO ART. 535 DO CPC NÃO CONFIGURADA. 1. A incidência do imposto de renda tem como fato gerador o acréscimo patrimonial (art. 43 do CTN), sendo, por isso, imperioso perscrutar a natureza jurídica da verba percebida, a fim de verificar se há efetivamente a criação de riqueza nova: a) se indenizatória, que, via de regra, não retrata hipótese de incidência da exação; ou b) se remuneratória, ensejando a tributação. Isto porque a tributação ocorre sobre signos presuntivos de capacidade econômica, sendo a obtenção de renda e proventos de qualquer natureza um deles. 2. Com efeito, a Constituição Federal, em seu art. 5º, assim disciplina o instituto da desapropriação: 'XXIV – a lei estabelecerá o procedimento para desapropriação por necessidade ou utilidade pública, ou por interesse social, mediante justa e prévia indenização em dinheiro, ressalvados os casos previstos nesta Constituição;' 3. Destarte, a interpretação mais consentânea com o comando emanado da Carta Maior é no sentido de que a indenização decorrente de desapropriação não encerra ganho de capital, porquanto a propriedade é transferida ao poder público por valor justo e determinado pela justiça a título de indenização, não ensejando lucro, mas mera reposição do valor do bem expropriado. 4. Representação. Arguição de Inconstitucionalidade parcial do inciso II, do § 2º, do art. 1º, do Decreto-lei Federal n. 1641, de 7.12.1978, que inclui a desapropriação entre as modalidades de alienação de imóveis, suscetíveis de gerar lucro a pessoa física e, assim, rendimento tributável pelo imposto de renda. Não há, na desapropriação, transferência da propriedade, por qualquer negócio jurídico de direito privado. Não sucede, aí, venda do bem ao poder expropriante. Não se configura, outrossim, a noção de preço, como contraprestação pretendida pelo proprietário, 'modo privato'. O 'quantum' auferido pelo titular da propriedade expropriada é, tão só, forma de reposição, em seu patrimônio, do justo valor do bem, que perdeu, por necessidade ou utilidade pública ou por interesse social. Tal o sentido da 'justa indenização' prevista na Constituição (art. 153, § 22). Não pode, assim, ser reduzida a justa indenização pela incidência do imposto de renda. Representação procedente, para declarar a inconstitucionalidade da expressão 'desapropriação', contida no art. 1º, § 2º, inciso II, do Decreto-lei n. 1641/78 (Rp 1260, Relator(a): Min. Néri da Silveira, Tribunal Pleno, julgado em 13/08/1987, *DJ* 18/11/1988) 4. *In casu*, a ora recorrida percebeu verba decorrente de indeni-

zação oriunda de ato expropriatório, o que, manifestamente, consubstancia verba indenizatória, razão pela qual é infensa à incidência do imposto sobre a renda. 5. Deveras, a jurisprudência do Superior Tribunal de Justiça firmou-se no sentido da não incidência da exação sobre as verbas auferidas a título de indenização advinda de desapropriação, seja por necessidade ou utilidade pública ou por interesse social, porquanto não representam acréscimo patrimonial. 6. Precedentes... Recurso especial desprovido. Acórdão submetido ao regime do art. 543-C do CPC e da Resolução STJ 08/2008" (STJ, REsp 1.116.460, 2009).

– "REPRESENTAÇÃO. ARGUIÇÃO DE INCONSTITUCIONALIDADE PARCIAL DO INCISO II, DO § 2º, DO ART. 1º, DO DECRETO-LEI FEDERAL N. 1641, DE 7.12.1978, QUE INCLUI A DESAPROPRIAÇÃO ENTRE AS MODALIDADES DE ALIENAÇÃO DE IMÓVEIS, SUSCETÍVEIS DE GERAR LUCRO A PESSOA FÍSICA E, ASSIM, RENDIMENTO TRIBUTÁVEL PELO IMPOSTO DE RENDA. Não há, na desapropriação, transferência da propriedade, por qualquer negócio jurídico de direito privado. Não sucede, aí, venda do bem ao poder expropriante. Não se configura, outrossim, a noção de preço, como contraprestação pretendida pelo proprietário, 'modo privato'. O 'quantum' auferido pelo titular da propriedade expropriada é, tão só, forma de reposição, em seu patrimônio, do justo valor do bem, que perdeu, por necessidade ou utilidade pública ou por interesse social. Tal o sentido da 'justa indenização' prevista na constituição (art. 153, § 22). Não pode, assim, ser reduzida a justa indenização pela incidência do imposto de renda. Representação procedente, para declarar a inconstitucionalidade da expressão 'desapropriação', contida no art. 1º, § 2º, inciso II, do decreto-Lei n. 1.641/78" (STF, Representação 1.260/DF, 1988).

– "3. O imposto de renda não incide sobre as verbas auferidas a título de indenização por desapropriação, porquanto não representam acréscimo patrimonial. 4. Os juros compensatórios e moratórios integram a indenização por desapropriação, e, consequentemente, não estão sujeitos à incidência do referido imposto" (STJ, REsp 673.273, 2005).

– "Desapropriação. Juros compensatórios. Não incidência do Imposto de Renda. Constituição Federal, artigos 153, III, art. 5º, XXIV, e 182, § 3º Leis ns. 7.713/88 e 8.218/91. Súmulas 12 e 102/STJ. 1. Os juros compensatórios não configuram, como os moratórios, a objetiva remuneração do capital, mas o valor indenizatório pecuniário, devido pela antecipada perda do uso e gozo decorrente do apossamento de bem expropriado pela Administração Pública. Integram, pois, a indenização pela perda da propriedade do bem expropriado. 2. O imposto incidente sobre a 'renda e os proventos de qualquer natureza', alcança a 'disponibilidade nova', inexistente na desapropriação causadora da obrigação de indenizar pela perda de direitos (da propriedade), reparando ou compensando pecuniariamente os danos sofridos, sem aumentar o patrimônio anterior ao gravame expropriatório. Não ocorre a alteração da capacidade contributiva. Os juros moratórios, na desapropriação, também integram a indenização. 3. A título de incidência do Imposto de Renda é ilegal a retenção na fonte de parcelas correspondentes aos juros compensatórios e moratórios integrativos do 'justo preço' do bem expropriado. 4.

Recurso improvido" (REsp 93.153-SP, 1ª T., 06/96) Voto condutor, do Min. Luiz Pereira: "... na desapropriação, *stricto sensu*, não há renda nova, mas a 'transformação de riqueza', dela decorrendo a indenização ou reparação pela perda de direitos (da propriedade): ou seja uma compensação pecuniária pelo dano sofrido, sem que o patrimônio do expropriado aumente o valor patrimonial anterior ao gravame expropriatório. Justapõe-se a mesma ordem de ideias no pertencente aos moratórios, mero acertamento pelo retardamento, sem perder a sua filiação às consequências jurídicas da obrigação cativa ao 'justo preço'. Logo, também integra a indenização que, sabidamente, é infesta à tributação. Contrapõe-se, assim, a interdição para a aplicação das Leis n. 7.713/88 (art. 7º, I, II, §§ 1º) e 8.218/91 (art. 27, I, II e III), cujas previsões não albergam o pagamento indenizatório resultante da desapropriação".

– **Valores recebidos em função de contrato de trabalho ou de sua rescisão.** Há muitas discussões acerca da natureza dos diversos valores recebidos pelo empregado. A questão é saber se podem ser considerados acréscimo patrimonial para fins de incidência do Imposto de Renda. Quanto ao salário, propriamente, inexiste dúvida de que constitui renda tributável. As verbas que possam ser consideradas indenizatórias não configuram fato gerador do imposto. Discussão semelhante é travada relativamente à contribuição previdenciária, onde importa o enquadramento nos conceitos de salário ou de remuneração pelo trabalho, conforme se pode ver de nota ao art. 195, II, da CF. Vide *RET* 70/09.

– **Terço constitucional de férias (adicional de férias). Tema 881 do STJ:** "Incide imposto de renda sobre o adicional de 1/3 (um terço) de férias gozadas". Decisão do mérito em 2015.

– "IMPOSTO DE RENDA. ADICIONAL DE 1/3 (UM TERÇO) DE FÉRIAS GOZADAS. INCIDÊNCIA DA EXAÇÃO. 1. A jurisprudência tradicional do STJ é pacífica quanto à incidência do imposto de renda sobre o adicional (1/3) de férias gozadas. Precedentes... 2. A conclusão acerca da natureza do terço constitucional de férias gozadas nos julgamentos da Pet 7.296/PE e do REsp 1.230.957/RS, por si só, não infirma a hipótese de incidência do imposto de renda, cujo fato gerador não está relacionado com a composição do salário de contribuição para fins previdenciários ou com a habitualidade de percepção dessa verba, mas, sim, com a existência, ou não, de acréscimo patrimonial, que, como visto, é patente quando do recebimento do adicional de férias gozadas" (STJ, REsp 1.459.779, 2015).

– **Ausências permitidas convertidos em pecúnia.** "IMPOSTO DE RENDA – FÉRIAS, ABONOS, FOLGAS E LICENÇAS-PRÊMIO CONVERTIDAS EM PECÚNIA – NÃO FRUIÇÃO POR FORÇA DE APOSENTADORIA. 1. O empregado celetista, assim como o servidor público, ao optarem pela conversão em pecúnia do direito às férias, abonos, folgas e licença-prêmio, estão na verdade, utilizando esse direito. 2. Os benefícios, quando convertidos em pecúnia, não se transmudam em salário, contraprestação e constituem-se em indenização, isentas de Imposto de Renda" (STJ, REsp 267.539, 2002).

– **Gratificação espontânea por tempo de serviço.** "2. Incide o imposto de renda sobre 'gratificação espontânea por tempo de serviço' paga por empresa privada a seu empregado, eis que pos-

sui caráter remuneratório" (TRF4, AC 1999.04.01.016490-6, 2000).

– **Ajuda de custo.** "IMPOSTO DE RENDA PESSOA FÍSICA. VERBAS PERCEBIDAS POR PARLAMENTARES A TÍTULO DE AJUDA DE CUSTO E PELO COMPARECIMENTO A SESSÕES EXTRAORDINÁRIAS. NATUREZA JURÍDICA INDENIZATÓRIA. NÃO INCIDÊNCIA. PRECEDENTES. 1. O fato gerador do imposto de renda é a aquisição de disponibilidade econômica ou jurídica decorrente de acréscimo patrimonial (art. 43 do CTN). Dentro deste conceito não se enquadram os valores recebidos por parlamentares a título de ajuda de custo pelo comparecimento às convocações extraordinárias e pelos gastos de início e fim de sessão legislativa, tendo em vista sua natureza jurídica indenizatória. Precedentes..." (STJ, REsp 1.141.761, 2010).

– "AUXÍLIO CONDUÇÃO. IMPOSTO DE RENDA. NÃO INCIDÊNCIA... 1. A incidência do imposto de renda tem como fato gerador o acréscimo patrimonial, sendo, por isso, imperioso perscrutar a natureza jurídica da verba paga pela empresa sob o designativo de auxílio condução, a fim de verificar se há efetivamente a criação de riqueza nova: a) se indenizatória, que, via de regra, não retrata hipótese de incidência da exação; ou b) se remuneratória, ensejando a tributação. Isto porque a tributação ocorre sobre signos presuntivos de capacidade econômica, sendo a obtenção de renda e proventos de qualquer natureza um deles. 2. O auxílio condução consubstancia compensação pelo desgaste do patrimônio dos servidores, que utilizam-se de veículos próprios para o exercício da sua atividade profissional, inexistindo acréscimo patrimonial, mas uma mera recomposição ao estado anterior sem o incremento líquido necessário à qualificação de renda (Precedentes...) 3... 8. Recurso especial da União Federal desprovido. Acórdão submetido ao regime do art. 543-C do CPC e da Resolução STJ 08/2008" (STJ, REsp 1.096.288, 2009).

– **Ajuda de custo. Valor fixo. Não comprovação de despesas. Tributação.** "1. Autuação fiscal com base nos arts. 676 e 678, do Regulamento do Imposto de Renda, RIR/80 (Decreto n. 85.450/80), e arts. 889 e 894 do Regulamento do Imposto de Renda, RIR/94 (Decreto n. 1.041/94), referente a rendimentos percebidos pelo exercício de atividade parlamentar de Deputado Estadual, denominados de "ajuda de custo", por ter sido indevidamente classificados pela fonte pagadora e pelo contribuinte como 'Rendimentos Isentos de Imposto de Renda'. 2. A finalidade e as características de tais rendimentos não satisfazem a condição prevista no art. 6º, XX, da Lei n. 7.713/88, para gozo de isenção, devendo, com isso, serem incluídos na base de cálculo do Imposto de Renda os valores correspondentes à aludida verba. 3. O imposto foi pago. Por via de ação repetitória de indébito busca-se a sua devolução sob o argumento de não incidir imposto de renda sobre a verba em questão recebida por parlamentares. A remuneração recebida pelo recorrente não é esporádica. Ela tem caráter permanente, quantia fixa, pagamento mensal e é usada pelo contribuinte de acordo com as suas necessidades e conveniências. 4. O conceito de renda inclui qualquer aumento de receita, de lucro, ou seja, o ingresso ou auferimento de algo a título oneroso, conforme preceitua art. 43, do CTN. 5. *In* *casu*, o Autor, na condição de Deputado Estadual, incorporou, mensalmente à sua remuneração, valores sob a rubrica denominada 'ajuda de custo', destinada, ao 'ressarcimento de despesas' em seu gabinete. Tal 'ajuda', nos termos em que processada, constitui contornos inequívocos de proventos, pois que subjacentemente importou acréscimo patrimonial (CTN, art. 43, II). 6. Em consequência, não se pode considerar como indenização o ingresso que tem nítida feição de 'mais valia', isto é, uma realidade econômica nova, que se agregou ao patrimônio individual preexistente, constituindo, por assim dizer, um plus em relação à situação anterior. 7. O ingresso a título de 'ajuda de custo', no caso em tela, não possui mínima aparência de indenização, por não se destinar, objetivamente, à recomposição de qualquer dano. Ao contrário, constitui um verdadeiro prêmio que se agrega à azienda individual preexistente, sendo, pois, um verdadeiro acréscimo patrimonial que excede os limites legais, sujeitando-se, assim, à incidência do Imposto de Renda. 8. Recurso não provido" (STJ, REsp 509.872, 2003).

– **Auxílio-condução pago a Oficiais de Justiça.** "1. Não incide Imposto de Renda sobre o auxílio-condução pago aos Oficiais de Justiça como mecanismo de ressarcimento pelas despesas (combustíveis, veículos próprios) por eles realizadas para o cumprimento de diligências, por se tratar de verba indenizatória" (STJ, AgRg no REsp 1.296.710, 2013).

– "OFICIAL DE JUSTIÇA. AUXÍLIO-CONDUÇÃO. NÃO INCIDÊNCIA DE IMPOSTO DE RENDA. 1. Não incide Imposto de Renda sobre o auxílio-condução pago aos oficiais de Justiça como mecanismo de ressarcimento pelas despesas (combustíveis, veículos próprios) por eles realizadas para o cumprimento de diligências. Precedentes do STJ" (STJ, AgRg no REsp 1.385.723, 2013).

– **Auxílio-creche e bolsas de estudo.** "1. O imposto sobre renda e proventos de qualquer natureza tem como fato gerador, nos termos do art. 43 e seus parágrafos do CTN, os 'acréscimos patrimoniais', assim entendidos os acréscimos ao patrimônio material do contribuinte. 2. No caso, os valores recebidos a título de "auxílio-creche", possuem natureza indenizatória e não representam acréscimo patrimonial, já que constituem simples reembolsos de despesas efetuadas pelos servidores por conta de obrigação legalmente imposta à Administração Pública" (STJ, REsp 1.019.017, 2009).

– "1. A verba decorrente do recebimento de auxílio-creche, por possuir natureza indenizatória, não é passível de incidência de imposto de renda" (STJ, REsp 625.506, 2007).

– "1. As verbas referentes ao auxílio pré-escolar têm caráter indenizatório e não se conciliam com os conceitos de 'renda' ou 'proventos de qualquer natureza', constantes do art. 43 do CTN. Descabida a incidência de Imposto de Renda" (TRF4, AG 2008.04.00.034945-7, 2008).

– "... REPETIÇÃO DO INDÉBITO. IMPOSTO DE RENDA. BOLSA DE PESQUISA DO CNPQ. INTELIGÊNCIA DO ART. 22, II, DO RIR/80. 1– As bolsas de estudos, aí incluídas as bolsas de aperfeiçoamento, especialização e pesquisa, pagas pelo Conselho Nacional de Desenvolvimento Científico e Tecnológico – CNPq, não se sujeitam à incidência do Imposto

de Renda, por inexistir vínculo empregatício entre o bolsista e aquela entidade. 2– Eventual vantagem econômica, decorrente dos direitos sobre patentes e invenções, não restou provada nos presentes autos" (TRF4, AC 96.04.05250-0, 2000).

– **Bolsa. Curso de formação para delegado. Incidência.** "IMPOSTO. RENDA. BOLSA. ESTUDO. Cinge-se a questão na pretensão da Fazenda Nacional em ver reconhecida a incidência de imposto de renda sobre as verbas recebidas a título de bolsa de estudo para a participação em curso de formação de delegado da Polícia Civil. Para o Min. Relator, no caso dos autos, quanto à quantia recebida pelos participantes em curso de formação, candidatos aprovados em concurso público para ingresso em cargo de delegado da Polícia Civil, o art. 14 da Lei n. 9.624/1998 afirma que o participante pode optar pela percepção do vencimento e das vantagens de seu cargo efetivo em substituição ao auxílio financeiro, o que demonstra sua natureza salarial, passível de incidência do imposto de renda, pois não consiste em verbas destinadas exclusivamente para proceder a estudos ou pesquisas nos termos do art. 26 da Lei n. 9.250/1995, a qual prevê essa isenção fiscal. Com esse entendimento, a Turma deu provimento ao recurso. REsp 640.281-RN, Min. Herman Benjamin, julgado em 19/6/2007" (*Informativo STJ* n. 324).

– **Verbas parlamentares de auxílio gabinete e hospedagem. Súmula CARF 87:** "O imposto de renda não incide sobre as verbas recebidas regularmente por parlamentares a título de auxílio de gabinete e hospedagem, exceto quando a fiscalização apurar a utilização dos recursos em benefício próprio não relacionado à atividade legislativa". Aprovada em dez. 2012.

– **Estabilidade provisória. Quebra. Indenização.** "NÃO INCIDÊNCIA DO IMPOSTO DE RENDA SOBRE VERBA DECORRENTE DA ESTABILIDADE PROVISÓRIA (DIRIGENTE SINDICAL), TENDO EM VISTA SEU CARÁTER INDENIZATÓRIO... 1. Esta egrégia Corte Superior firmou entendimento de que a verba paga a título de indenização por rompimento do contrato de trabalho no período de estabilidade provisória (decorrente de imposição legal e não de liberalidade do empregador) não pode sofrer a incidência do imposto de renda" (STJ, AgRg no REsp 1.215.211, 2013).

– "2. O instituto da estabilidade provisória tem caráter de proteção ao trabalhador contra despedida arbitrária. Havendo rescisão contratual, é indenizatória a verba então recebida. 3. Sobre verbas indenizatórias não incide imposto de renda" (TRF4, AC 2000.70.00.031332-6, 2002).

– **Incidência sobre o todo quando firmado acordo global, sem discriminação das verbas salariais e indenizatórias.** "IMPOSTO SOBRE A RENDA – IRPF. RECLAMAÇÃO TRABALHISTA. CONDENAÇÃO AO PAGAMENTO DE VERBAS DE RESCISÃO DE CONTRATO DE TRABALHO. AUSÊNCIA DE LIQUIDAÇÃO DOS VALORES. ACORDO FIRMADO ENTRE AS PARTES. IMPROCEDÊNCIA DA REPETIÇÃO DE INDÉBITO FISCAL. ISENÇÃO. INTERPRETAÇÃO RESTRITIVA. ACORDO DAS PARTES. IMPOSSIBILIDADE... 6. *In casu*, em reclamação trabalhista, houve condenação da ex-empregadora ao pagamento de verbas rescisórias de contrato de trabalho, em que parte das parcelas era passível de incidência do imposto de renda e outras não, porquanto abrangidas pela norma isentiva. Não obstante, supervenientemente, as partes homologaram acordo na Justiça do Trabalho, em um 'montante global', que incorporou as diversas verbas devidas, houve recolhimento do imposto de renda, que o autor pretende restituir. 7. Na impossibilidade de separar os valores no tocante a cada verba, para aferir o caráter indenizatório ou não, impõe a incidência do Imposto de Renda sobre o todo, porquanto a isenção decorre da lei expressa, vedada a sua instituição por vontade das partes, através de negócio jurídico. 8. Inteligência, ademais, do art. 123, do Código Tributário Nacional, no sentido de que 'salvo disposições de lei em contrário, as convenções particulares, relativas à responsabilidade pelo pagamento de tributos, não podem ser opostas à Fazenda Pública, para modificar a definição legal do sujeito passivo das obrigações tributárias correspondentes'" (STJ, REsp 958.736, 2010).

– **Pagamento por liberalidade na rescisão.** "RESCISÃO DO CONTRATO DE TRABALHO. INDENIZAÇÃO POR LIBERALIDADE DO EMPREGADOR. NATUREZA REMUNERATÓRIA. IMPOSTO DE RENDA. INCIDÊNCIA... 2. As verbas concedidas ao empregado por mera liberalidade do empregador quando da rescisão unilateral de seu contrato de trabalho implicam acréscimo patrimonial por não possuírem caráter indenizatório, sujeitando-se, assim, à incidência do imposto de renda. Precedentes... 3. Acórdão submetido ao regime do art. 543-C do CPC e da Resolução STJ 08/2008" (STJ, REsp 1.102.575, 2009).

– **"Indenizações" pagas por liberalidade quando da rescisão. Incidência.** "VERBAS INDENIZATÓRIAS PAGAS PELO EMPREGADOR – RESCISÃO DO CONTRATO DE TRABALHO – INCIDÊNCIA DO IMPOSTO DE RENDA. 1. A Primeira Seção desta Corte, revendo seu posicionamento, pacificou entendimento no sentido de que o imposto de renda incide sobre as verbas recebidas por força da rescisão do contrato de trabalho sem justa causa, quando pagas por liberalidade do empregador, já que tais importâncias representam acréscimo patrimonial tipificado no art. 43 do CTN" (STJ, AgRg nos EREsp 923.775, 2008).

– "2. As verbas auferidas por ocasião de rescisão de contrato de trabalho a título de 'indenização especial' (gratificações, gratificações por liberalidade e por tempo de serviço) são passíveis da incidência de imposto de renda" (STJ, REsp 953.285, 2007).

– **Gratificações pagas por liberalidade quando da rescisão. Incidência.** "A jurisprudência dominante do Superior Tribunal de Justiça, no entanto, firmou-se no sentido de que a indenização compensatória pela dispensa sem justa causa configura hipótese de incidência do Imposto de Renda prevista no inciso II do art. 43 do Código Tributário Nacional, ficando isenta, nos termos do art. 6º, V, da Lei 7.713/88, tão somente a indenização que não exceder o limite garantido por lei ou por dissídio coletivo e convenções trabalhistas. Partindo-se da premissa de que a verba indenizatória denominada 'gratificação especial' foi paga de maneira espontânea (por mera liberalidade da ex-empregadora) – conforme já definido pelo Tribunal de origem, que, aliás, é soberano no exame de matéria fático-probatória..." (STJ, EDcl no REsp 964.204, 2008).

– "IMPOSTO DE RENDA. RESCISÃO DO CONTRATO DE TRABALHO. DEMISSÃO SEM JUSTA CAUSA. VERBAS INDENIZATÓRIAS. INDENIZAÇÃO POR LIBERALIDADE DA EMPRESA... 1. Firmou-se a jurisprudência desta Seção no sentido de que a gratificação por liberalidade da empresa, paga por ocasião da extinção do contrato de trabalho sem justa causa, não tem natureza indenizatória e, consequentemente, é passível de incidência do Imposto de Renda" (STJ, EREsp 646.874, 2007).

• Vide, ainda, de Eduardo Bottallo, Imposto sobre a renda e verbas pagas a empregados em razão de rescisão de contratos de trabalho. *RDT* 63/230 e ss., São Paulo: Malheiros).

– **Benefício Diferido por Desligamento.** "2. [...] é cediço no STJ que o 'Benefício Diferido por Desligamento' (verba que corresponde às parcelas vertidas exclusivamente pelo empregador à entidade de previdência privada), recebido pelo empregado por ocasião da rescisão do contrato de trabalho sem justa causa, a título de indenização especial, configura acréscimo patrimonial passível de ser tributado pelo imposto de renda. Isto porque constitui liberalidade do empregador não prevista na legislação trabalhista..." (STJ, AgRg no Ag 913.248, 2008).

– **Rateio do patrimônio na liquidação de entidade de previdência privada. Súmula 590 do STJ:** "Constitui acréscimo patrimonial a atrair a incidência do imposto de renda, em caso de liquidação de entidade de previdência privada, a quantia que couber a cada participante, por rateio do patrimônio, superior ao valor das respectivas contribuições à entidade em liquidação, devidamente atualizadas e corrigidas" (2017).

– **Valores pagos quando da reintegração de empregado.** "IMPOSTO DE RENDA PESSOA FÍSICA RETIDO NA FONTE. DISPENSA SEM JUSTA CAUSA. VERBAS SALARIAIS PAGAS EM DECORRÊNCIA DA PROCEDÊNCIA DE RECLAMAÇÃO TRABALHISTA. REINTEGRAÇÃO DE EMPREGADO AFASTADO INJUSTAMENTE COM PAGAMENTO DOS DIREITOS E VANTAGENS DECORRENTES... 1. Os valores a serem pagos em razão de decisão judicial trabalhista, que determina a reintegração do ex-empregado, assumem a natureza de verba remuneratória, atraindo a incidência do imposto sobre a renda. Isso porque são percebidos a título de salários vencidos, como se o empregado estivesse no pleno exercício de seu vínculo empregatício (Precedentes...) 2... 3... entendendo o tribunal ser a reintegração inviável, os valores a serem percebidos pelo empregado amoldam-se à indenização prevista no artigo 7º, I, da Carta Maior, em face da natureza eminentemente indenizatória, não dando azo a qualquer acréscimo patrimonial ou geração de renda, posto não ensejar riqueza nova disponível, mas reparações, em pecúnia, por perdas de direitos, afastando a incidência do imposto sobre a renda. 4... 5... Acórdão submetido ao regime do art.543-C do CPC e da Resolução STJ 08/2008" (STJ, REsp 1.142.177, 2010).

⇒ **Planos de demissão e de aposentadoria incentivada (PDV e PAI). Verbas indenizatórias.** As verbas recebidas como incentivo à demissão ou à aposentadoria de servidores públicos civis vem sendo consideradas como indenizatórias. As verbas pagas por pessoas jurídicas de direito privado, contudo, não.

Tampouco as complementações salariais para assegurar a paridade com o salário da ativa.

– Não incidência nos programas públicos de demissão ou aposentadoria. Súmula 215 do STJ. "A indenização recebida pela adesão a programa de incentivo à demissão voluntária não está sujeita à incidência do imposto de renda."

– "PROCESSO CIVIL E TRIBUTÁRIO – IMPOSTO DE RENDA – VERBAS INDENIZATÓRIAS *X* VERBAS DE NATUREZA SALARIAL – DISTINÇÃO. 1... 4. Os contribuintes vêm questionando a incidência do tributo nas seguintes hipóteses: a) quando da adesão ao Plano de Demissão Voluntária – PDV (ou Plano de Demissão Incentivada – PDI) ou Plano de Aposentadoria Voluntária – PAV (ou Plano de Aposentadoria Incentivada) – tendo ambos natureza indenizatória, afasta-se a incidência do Imposto de Renda sobre os valores recebidos quando da adesão ao plano e sobre férias, licença-prêmio e abonos-assiduidade não gozados (Súmulas 215 e 125/STJ); ..." (STJ, REsp 448.843, 2002).

– "Incentivo à demissão voluntária. Ajuda de custo. Indenização. Imposto de renda. Não incidência. A importância paga a servidor público como incentivo à demissão voluntária não está sujeita à incidência do imposto de renda porque não é renda e nem representa acréscimo patrimonial. Recurso improvido" (STJ, REsp 57.319, 1994).

– Súmula 54 do TRF4: "Os valores recebidos a título de incentivo à demissão voluntária não se sujeitam à incidência do imposto de renda" (*DJU* de 22-4-1998).

– Incidência quanto às verbas pagas por mera liberalidade. "IMPOSTO DE RENDA. RESCISÃO DO CONTRATO DE TRABALHO. INDENIZAÇÃO PAGA POR LIBERALIDADE DO EMPREGADOR. NATUREZA REMUNERATÓRIA. INCIDÊNCIA. INDENIZAÇÃO PAGA NO CONTEXTO DE PROGRAMA DE DEMISSÃO VOLUNTÁRIA – PDV. NATUREZA INDENIZATÓRIA. NÃO INCIDÊNCIA... 1. Nas rescisões de contratos de trabalho são dadas diversas denominações às mais variadas verbas. Nessas situações, é imperioso verificar qual a natureza jurídica de determinada verba a fim de, aplicando a jurisprudência desta Corte, classificá-la como sujeita ao imposto de renda ou não. 2. As verbas pagas por liberalidade na rescisão do contrato de trabalho são aquelas que, nos casos em que ocorre a demissão com ou sem justa causa, são pagas sem decorrerem de imposição de nenhuma fonte normativa prévia ao ato de dispensa (incluindo-se aí Programas de Demissão Voluntária – PDV e Acordos Coletivos), dependendo apenas da vontade do empregador e excedendo as indenizações legalmente instituídas. Sobre tais verbas a jurisprudência é pacífica no sentido da incidência do imposto de renda já que não possuem natureza indenizatória. Precedentes... 3. 'Os Programas de Demissão Voluntária – PDV consubstanciam uma oferta pública para a realização de um negócio jurídico, qual seja a resilição ou distrato do contrato de trabalho no caso das relações regidas pela CLT, ou a exoneração, no caso dos servidores estatutários. O núcleo das condutas jurídicas relevantes aponta para a existência de um acordo de vontades para por fim à relação empregatícia, razão pela qual inexiste margem para o exercício

de liberalidades por parte do empregador. [...] Inexiste liberalidade em acordo de vontades no qual uma das partes renuncia ao cargo e a outra a indeniza [...]' (REsp 940.759 – SP, Primeira Seção, Rel. Min. Luiz Fux, julgado em 25.3.2009). 'A indenização recebida pela adesão a programa de incentivo à demissão voluntária não está sujeita à incidência do imposto de renda'. Enunciado n. 215 da Súmula do STJ. 4. Situação em que a verba denominada 'gratificação não eventual' foi paga por liberalidade do empregador e a chamada 'compensação espontânea' foi paga em contexto de PDV. 5... Acórdão submetido ao regime do art. 543-C do CPC e da Resolução STJ 08/2008" (STJ, REsp 1.112.745, 2009).

– Programas de demissão voluntária de empresas privadas. Incidência. Inaplicabilidade da Súmula 215. "IR. DEMISSÃO VOLUNTÁRIA. EMPRESA PRIVADA. SÚM. N. 215– STJ. REVISÃO. Em questão de ordem, a Turma decidiu remeter à Primeira Seção o julgamento do REsp referente à incidência do IR sobre valores percebidos por ex-empregados de pessoa jurídica de direito privado, quantias decorrentes de adesão desses empregados a programa de demissão voluntária, ante o entendimento firmado na Súm. 215-STJ (a indenização recebida pela adesão a programa de incentivo à demissão voluntária não está sujeita à incidência do imposto de renda). É que, no AgRg no REsp 883.678-SP, *DJ* 29/6/2007, firmou-se o entendimento na Turma de que, em se tratando de verbas indenizatórias pagas por pessoas jurídicas de direito privado, sejam referentes a programas de demissão voluntária sejam pagas quando da rescisão unilateral de contrato de trabalho, não há isenção do imposto de renda porque da Lei n. 9.468/1997 prevê esse benefício a servidores públicos civis, a título de incentivo, o que não se coaduna com a literalidade do enunciado sumular. Sendo assim, aquela Seção deverá pronunciar-se sobre a necessidade ou não de revisão da referida súmula. REsp 940.759-SP, Min. Luiz Fux, julgado em 18/9/2007" (*Informativo STJ* n. 332).

– Complementação temporária de proventos. Há programas em que o empregado que se aposenta pelo Regime Geral de Seguridade Social continua a ter a sua renda complementada pelo empregador até que atenda aos requisitos exigidos pelo seu programa de previdência complementar. A complementação temporária, quando decorrente de adesão a programa de incentivo à aposentadoria, pode apresentar caráter indenizatório, mas quando prevista em acordo coletivo, não inserida em programa específico de incentivo à aposentadoria, configura simples acréscimo patrimonial tributável.

– "IRRF – ADESÃO DE EMPREGADO A PLANO DE APOSENTADORIA INCENTIVADA – ELETROCEEE – COMPLEMENTAÇÃO TEMPORÁRIA DE PROVENTOS – NATUREZA DE PROVENTOS – INCIDÊNCIA DO TRIBUTO... 2. Os valores recebidos a título de complementação de aposentadoria pela Companhia Estadual de Energia Elétrica – CEEE têm natureza de proventos de aposentadoria, pois as verbas visam a resguardar a paridade com o salário da ativa, e não houve renúncia ao direito pelo empregado, de maneira que se constituem renda, nos termos do art. 43 do Código Tributário Nacional" (STJ, REsp 972.244, 2007).

– "APOSENTADORIA VOLUNTÁRIA INCENTIVADA. ELETROCEEE. COMPLEMENTAÇÃO TEMPORÁRIA DE PROVENTOS. GRATIFICAÇÃO POR INATIVIDADE. NATUREZA REMUNERATÓRIA. IMPOSTO DE RENDA. INCIDÊNCIA. 1. Verba denominada 'Complementação Temporária de Proventos', oferecida pelo CEEE para incentivar a adesão do empregado ao programa de aposentadoria, com o nítido escopo de substituir o benefício de complementação a ser pago pela entidade de previdência privada, enquanto não preenchidos os requisitos para aquele fim. 2. O fato de o valor da complementação corresponder à diferença entre o valor da aposentadoria integral pago pelo INSS, independentemente do empregado ter se aposentado proporcionalmente, e o que era percebido pelo mesmo quando em atividade, não possui o condão de transformar a verba em indenização pela renúncia a determinado direito, e ao desabrigo da exação devida, uma vez patente sua finalidade de manutenção da paridade salarial, ainda que aquém da sua integralidade, constituindo inequívoco acréscimo patrimonial. 3. Consectariamente, resta demonstrada a semelhança da verba 'Complementação Temporária de Proventos' com a gratificação por inatividade, de caráter remuneratório, enquadrando-se no conceito de 'proventos de qualquer natureza' previsto no artigo 43, do CTN, pelo que configura hipótese de incidência do imposto de renda... 5. *In casu*, imperiosa se faz a incidência do imposto de renda sobre a verba denominada complementação temporária de proventos, haja vista sua natureza remuneratória" (STJ, AgRg no AgRg no REsp 815.202, 2006).

– "IMPOSTO DE RENDA... COMPLEMENTAÇÃO TEMPORÁRIA. CEEE... A complementação temporária paga exclusivamente com base em acordo coletivo de trabalho e não por força do plano de aposentadoria incentivada, não se reveste de caráter indenizatório. [...]" (TRF4, AC 200071000065709, 2003). Veja-se excerto do voto condutor: "Cuida-se de caso específico em que é paga complementação temporária de proventos não como parcela indenizatória pela adesão ao programa de aposentadoria incentivada, mas exclusivamente com base em acordo coletivo de trabalho, beneficiando a todos os empregados da CEEE enquanto não preenchidas as exigências para usufruição do benefício previdenciária, tenham ou não se aposentado por força do programa de aposentadoria incentivada. Nesta situação, não há sequer como justificar a existência de um dano que o empregado esteja sofrendo ou arcando mediante sua aposentação precoce, a ponto de qualificar como indenizatória a complementação provisória do benefício previdenciária. Bem colocados estão os argumentos do Magistrado *a quo*: '... a tal 'complementação temporária de proventos' não é algo que seja pago ao empregado tão somente porque tenha aderido a programa de demissão voluntária ou aposentadoria incentivada, mas tão somente porque houve uma liberalidade do empregador nesse sentido, surgindo a obrigatoriedade do pagamento não dos termos de lei ou para recomposição do patrimônio do trabalhador, mas tão somente porque há a norma coletiva que prevê dito pagamento. Não interessa aqui se dito benefício de 'complementação temporária de proventos' tem ou não natureza salarial, ou se é benefício de previdência privada. O que interessa aqui ser ou não dito pagamento 'indenização'. A tese da parte autora não

encontra sustentação nos fatos, porque não se trata de 'indenização'. Nada está sendo indenizado como forma de reparação de dano, de evitar uma perda. Não há dúvida que tal pagamento se constitui em renda do empregado, como proventos da inatividade. Como renda, os valores não são indenização. Como não são indenização, sujeitam-se ao regime próprio do imposto de renda, havendo portanto configuração do fato gerador desse imposto e incidência do mesmo sobre a base de cálculo legalmente prevista, incluindo-se aí os pagamentos recebidos a título de 'complementação temporária de proventos'.' (fl. 288) Assim sendo, não tendo natureza indenizatória, há a incidência de imposto de renda sobre os valores recebidos a título de complementação temporária de proventos".

⇒ **Vedação do *bis in idem*. Benefícios previdenciários. Contribuição no período entre leis: 7.713/88 a 9.250/95.** A legislação que trata do Imposto de Renda permite a dedução das contribuições a planos de previdência, inclusive complementar, da base de cálculo do IR, determinando, contudo, a tributação do benefício. Assim era no regime da Lei n. 4.506/64, arts. 16, XI, e 18, I, e do Decreto-Lei n. 1.642/78, arts. 1º, II, 2º e 4º Com a Lei n. 7.713/88, a situação inverteu-se, passando-se a impedir a dedução e isentar o benefício, regime este que vigeu entre janeiro de 1989 e dezembro de 1995, A partir de janeiro de 1996, por força da Lei n. 9.250/95, retomou-se a situação anterior, admitindo-se a dedução da contribuição na base de cálculo do IR e tributando o benefício. Como os benefícios de previdência complementar, via de regra, são percebidos após longo tempo de contribuição, as pessoas que se aposentaram a contar de 1996 submetem-se à incidência do IR sobre o seu benefício complementar, embora, entre janeiro de 1989 a dezembro de 1995 (sete anos), não tenham tido a possibilidade de deduzir suas contribuições da base de cálculo do IR. Tal causou perplexidade, sendo que os tribunais têm-se pronunciado no sentido de impedir a dupla tributação fazendo com que o montante atualizado das contribuições vertidas pelo trabalhador no período "entre leis", que não foi deduzido da base de cálculo do IR na época, seja afastado da incidência do imposto de renda após a aposentadoria, subtraindo-se-o da base de cálculo.

– Nos cálculos, normalmente o montante das contribuições vertidas no período "entre leis", atualizado monetariamente, esgota-se pela exclusão do seu valor da base de cálculo do IR em até dois anos após a aposentadoria.

– Deve-se considerar que aqueles que se aposentaram antes de dezembro de 1995, em vez de terem sido prejudicados pelo *bis in idem*, em verdade provavelmente tenham se beneficiado da combinação de regimes ao não terem tido seus benefícios complementares tributados logo em seguida à aposentadoria. Pode ocorrer que os valores das contribuições não deduzidas quando da contribuição já tenham se esgotado quando da percepção de complementação isenta até dezembro de 1995, o que precisa ser apurado e pode resultar inclusive em liquidação zero.

– **Súmula 556 do STJ:** "É indevida a incidência de imposto de renda sobre o valor da complementação de aposentadoria pago por entidade de previdência privada e em relação ao resgate de contribuições recolhidas para referidas entidades patrocinadoras no período de 1º-1-1989 a 31-12-1995, em razão da isenção concedida pelo art. 6º, VII, b, da Lei n. 7.713/1988, na redação anterior à que lhe foi dada pela Lei n. 9.250/1995" (*DJe* dez. 2015).

– "1. A Primeira Seção, por ocasião do julgamento do REsp 1.012.903-RJ, sob o regime do art. 543-C, do CPC, pacificou a orientação de que 'por força da isenção concedida pelo art. 6º, VII, b, da Lei 7.713/88, na redação anterior à que lhe foi dada pela Lei 9.250/95, é indevida a cobrança de imposto de renda sobre o valor da complementação de aposentadoria e o do resgate de contribuições correspondentes a recolhimentos para entidade de previdência privada ocorridos no período de 1º.01.1989 a 31.12.1995'" (STJ, AgRg no Ag 1.290.731, 2012).

– "IMPOSTO DE RENDA. APOSENTADORIA COMPLEMENTAR. PREVIDÊNCIA PRIVADA. APLICAÇÃO DAS LEIS 7.713/88 E 9.250/96. SÚMULA 343/STF. INAPLICABILIDADE... 5. A jurisprudência desta Corte consolidou-se no sentido de que, quer se trate da percepção de benefícios decorrentes de aposentadoria complementar, quer se trate de resgate de contribuições quando do desligamento do associado do plano de previdência privada, deve-se perquirir sob qual regime estavam sujeitas as contribuições efetuadas. 6. Portanto, tendo as contribuições sido recolhidas sob o regime da Lei 7.713/88 (janeiro de 1989 a dezembro de 1995), com a incidência do imposto no momento do recolhimento, os benefícios e resgates daí decorrentes não serão novamente tributados, sob pena de violação à regra proibitiva do *bis in idem*. Por outro lado, caso o recolhimento tenha se dado na vigência da Lei n. 9.250/95 (a partir de 1º de janeiro de 1996), sobre os resgates e benefícios referentes a essas contribuições incidirá o imposto. 7. Destarte, revela-se inequívoca a afronta ao artigo 485, V, do CPC, tendo em vista a negativa de vigência do artigo 6º, VI, 'b', da Lei 7.713/88, afigurando-se evidente o direito dos autores à isenção pretendida, na medida em que o acórdão regional assentou ter havido incidência do imposto de renda na fonte na contribuição para a formação do fundo de aposentadoria, e, ainda, que o autor contribuiu para o regime de previdência privada parcialmente sob a égide do dispositivo legal revogado pela Lei 9.250/95, razão pela qual se deve excluir da incidência do imposto de renda o valor do benefício que, proporcionalmente, corresponder às parcelas de contribuições efetuadas no período de 01.01.89 a 31.12.95, cujo ônus tenha sido exclusivamente do participante (Precedentes...). 8. Recurso especial provido, para determinar o retorno dos autos à instância ordinária para que o Tribunal de origem se pronuncie a respeito do mérito da ação rescisória, uma vez ultrapassado o óbice da Súmula 343/STF. Acórdão submetido ao regime do art. 543-C do CPC e da Resolução STJ 08/2008" (STJ, REsp 1.001.779, 2009).

– "IMPOSTO DE RENDA. PREVIDÊNCIA PRIVADA. MIGRAÇÃO DE PLANO. ADIANTAMENTO PARCIAL. RESERVA MATEMÁTICA. SUPORTE FÁTICO DIVERSO DO TRATADO NO RECURSO REPRESENTATIVO DE CONTROVÉRSIA DE N. 1.012.903-RJ. MESMO ENTENDIMENTO. 1. Hipótese em que se discute a possibilidade de cobrança de imposto de renda sobre o montante obtido pelos beneficiários de planos de previdência privada, a título de adiantamento parcial da 'reserva matemática', por ocasião da migração

de um tipo de plano de benefícios para outro. 2. A Primeira Seção, no julgamento do REsp 1.012.903-RJ, consolidou entendimento no sentido de que 'por força da isenção concedida pelo art. 6º, VII, b, da Lei 7.713/88, com redação anterior à que lhe foi dada pela Lei 9.250/95, é indevida a cobrança de imposto de renda sobre o valor da complementação de aposentadoria e o do resgate de contribuições correspondentes a recolhimentos para entidade de previdência privada ocorridos no período de 1º.01.1989 a 31.12.1995'. 3. Em face da especificidade da situação ora tratada, em que é conferida ao beneficiário a antecipação de parte da reserva matemática (saldo destinado ao pagamento dos benefícios de aposentadoria), como incentivo à migração de um plano de previdência complementar para outro, diferenciando-se (ainda que minimamente) do suporte fático em que se fundou o recurso repetitivo acima mencionado (recebimento direto da complementação de aposentadoria), e ainda considerando que demandas com tal objeto são recorrentes nos Tribunais Regionais Federais e nesta Corte, verifica-se ser necessária a apreciação do presente recurso especial pelo regimento do artigo 543-C do CPC, a fim de se estender o entendimento já fixado por esta Seção à situação específica ora tratada. 4. Também com relação ao recebimento antecipado de 10% (dez por cento) da reserva matemática do Fundo de Previdência Privada como incentivo para a migração para novo plano de benefícios, deve-se afastar a incidência do imposto de renda sobre a parcela recebida a partir de janeiro de 1996, na proporção do que já foi anteriormente recolhido pelo contribuinte, a título de imposto de renda, sobre as contribuições vertidas ao fundo durante o período de vigência da Lei 7.713/88. Precedentes... 5. Recurso afetado à Seção, por ser representativo de controvérsia, submetido ao regime do artigo 543-C do CPC e da Resolução 8/STJ" (STJ, REsp 1.111.177, 2009).

– "LIQUIDAÇÃO EXTRAJUDICIAL DE ENTIDADE FECHADA DE PREVIDÊNCIA PRIVADA. RATEIO DO PATRIMÔNIO. INCIDÊNCIA DE IMPOSTO DE RENDA. 1. Pacificou-se a jurisprudência da 1ª Seção do STJ no sentido de que, por força da isenção concedida pelo art. 6º, VII, b, da Lei 7.713/88, na redação anterior à que lhe foi dada pela Lei 9.250/95, é indevida a cobrança de imposto de renda sobre o valor da complementação de aposentadoria e o do resgate de contribuições correspondentes a recolhimentos para entidade de previdência privada ocorridos no período de 1º.01.1989 a 31.12.1995 [...]. 2. A quantia que couber por rateio a cada participante, superior ao valor das respectivas contribuições, constitui acréscimo patrimonial (CTN, art. 43) e, como tal, atrai a incidência de imposto de renda. 3... Acórdão sujeito ao regime do art. 543-C do CPC e da Resolução STJ 08/08" (STJ, REsp 760.246, 2008).

– **Prescrição da ação que busca evitar o *bis in idem*.** "... o recebimento do resgate ou da aposentadoria complementar pelo segurando, após o advento da citada Lei n. 9.250/95, que tenha efetivamente contribuído para entidade de previdência privada no período compreendido entre janeiro de 1989 e dezembro de 1995, constitui condição *sine qua non* para a recuperação do referido *bis in idem*. Sem que tais elementos estejam devidamente configurados, não terá o segurado qualquer direito seu violado e, por conseguinte, não haverá pretensão alguma a ser legitimamente aduzida em juízo. [...] o termo inicial do prazo de prescrição pertinente à repetição do *bis in idem* perpetrado pelo art. 33 da Lei n. 9.250/95... somente poderá se dar após a efetivação do resgate ou aposentadoria do segurado perante aquela entidade de previdência privada. Antes do aperfeiçoamento de todos esses pressupostos, em face do postulado da *actio nata*, o associado contribuinte terá mera expectativa de direito, sem pretensão a ser exercitada...” (CARVALHO, Waldemar Cláudio de. Breves considerações acerca do termo inicial do prazo de prescrição pertinente à repetição do *bis in idem* tributário motivado pelo art. 3 da Lei n. 9.250/95. *RFDT* 27/111, 2007).

– **Renda antecipada.** A FUNCEF ofereceu aos seus segurados a possibilidade de migração para um novo plano em que poderiam perceber a chamada “renda antecipada”, benefício único, pago à vista, de caráter facultativo, representado pela retirada, em espécie, de até 10% do valor do saldo da conta necessário à cobertura dos benefícios de renda vitalícia ou benefício proporcional diferido, implicando redução da renda vitalícia na mesma proporção utilizada. Para fins de incidência de IR, deve ser considerado tal como o pagamento dos benefícios mensais ou mesmo o rateio da liquidação de entidade de previdência privada, afastando-se a incidência apenas e tão somente se ainda não afastada a incidência sobre montante correspondente ao das contribuições vertidas pelo trabalhador ao plano de previdência complementar entre janeiro de 1989 e dezembro de 1995 e na medida da contribuição havida em tal período, corrigida.

– “IMPOSTO DE RENDA. CONTRIBUIÇÃO PARA A PREVIDÊNCIA PRIVADA. RESGATE DE CONTRIBUIÇÕES. LEIS N. 9.250, DE 1995 E 7.713, DE 1988. COISA JULGADA. Incide imposto de renda no resgate das contribuições para plano de previdência privada descontadas a partir de 1º de janeiro de 1996, conforme dispõe o artigo 33 da Lei n. 9250/95, excluídos os valores pagos no período de 1º de janeiro de 1989 a 31 de dezembro de 1995, eis que já tributados na fonte, conforme dispõe o art. 6º da Medida Provisória n. 1943-52, de 26-07-2000. A migração de um plano de benefícios para outro, dentro da mesma entidade de previdência privada, no caso, a FUNCEF, com a percepção de 10% a título de Renda Antecipada, configura resgate de contribuições de que trata a Medida Provisória n. 1943-52/00, porquanto referida renda importa redução proporcional da complementação de aposentadoria percebida. [...]” (TRF4, AMS 2002.72.00.002129-8, 2003).

– “... IMPOSTO DE RENDA. LEI N. 7.713/88. LEI N. 9.250/95. FUNCEF. PLANO ‘REB’. RESGATE. *BIS IN IDEM*. DEDUÇÃO DA BASE DE CÁLCULO. PRESCRIÇÃO. CORREÇÃO MONETÁRIA. 1. O benefício da renda antecipada constitui retirada de um percentual contábil que serve para o custeio do benefício de previdência privada, para o qual foram vertidas contribuições tanto do participante quanto da patrocinadora, merecendo solução idêntica àquela adotada na hipótese do resgate de contribuições, ou seja, sobre aquelas recolhidas sob a égide da Lei n. 7713/88 (1989 a 1995) não incide imposto de renda, porquanto já tributadas na fonte. 2. O impetrante deve valer-se dos mecanismos próprios da legislação do IRPF para o aproveitamento das deduções a que tem direito,

observada a prescrição decenal” (TRF4, AMSS 2002.70.00.063508-9, 2003).

– **Resgate de contribuições.** A Medida Provisória 1.943-52, reeditada sob o n. 2.159-70, de 24.08.2001, e tornada permanente por força da EC 32/01, procurou corrigir a situação de resgate das contribuições no desligamento de plano de previdência privada, dispondo: “Art. 7º Exclui-se da incidência do imposto de renda na fonte e na declaração de rendimentos o valor do resgate de contribuições de previdência privada, cujo ônus tenha sido da pessoa física, recebido por ocasião de seu desligamento do plano de benefícios da entidade, que corresponder às parcelas de contribuições efetuadas no período de 1º de janeiro de 1989 a 31 de dezembro de 1995”.

– “... PLANO DE PREVIDÊNCIA PRIVADA. IMPOSTO DE RENDA. LEIS NS. 7.713/88 E 9.250/95. ISENÇÃO. MEDIDA PROVISÓRIA N. 2.159-70/01 (ORIGINÁRIA N. 1.459/96). HONORÁRIOS ADVOCATÍCIOS. PRECEDENTES. 1. O resgate das contribuições recolhidas sob a égide da Lei n. 7.713/88 anterior à Lei n. 9.250/95 não constitui aquisição de renda, já que não configura acréscimo patrimonial. Ditos valores recolhidos a título de contribuição para entidade de previdência privada, antes da edição da Lei n. 9.250/95, eram parcelas deduzidas do salário líquido dos beneficiários, que já havia sofrido tributação de imposto de renda na fonte. Daí por que, a incidência de nova tributação por ocasião do resgate, configuraria bitributação. 2. A Lei n. 9.250/95 só vale em relação aos valores de poupança resgatados concernentes ao ano de 1996, ficando livres da incidência do imposto de renda, ‘os valores cujo o ônus tenha sido da pessoa física, recebido por ocasião do seu desligamento do plano de previdência, correspondentes às parcelas das contribuições efetuadas no período de 1º de janeiro de 1989 a 31 de dezembro de 1995’, nos moldes do art. 7º, da MP n. 1559-22 (hoje n. 2.159-70/01). 3. Não incide o Imposto de Renda sobre o resgate das contribuições recolhidas pelo contribuinte para planos de previdência privada quando o valor corresponde aos períodos anteriores à vigência do art. 33, da Lei n. 9.250/95, o qual não pode ter aplicação retroativa. 4. O sistema adotado pelo art. 33, em combinação com o art. 4º, V, e 8º, II, ‘e’, da Lei n. 9.250/95, deve ser preservado, por a tanto permitir o ordenamento jurídico tributário, além de constituir incentivo à previdência privada. 5. Os dispositivos supra-indicados, por admitirem a dedutibilidade para o efeito ou apuração do cálculo do imposto de renda, das contribuições pagas pelos contribuintes a entidades de previdência privada, legitimam a exigência do mesmo contribuinte sujeitar-se ao imposto de renda, na fonte e na declaração, quando receber os benefícios ou por ocasião dos resgates das operações efetuadas. As regras acima, porém, só se aplicam aos recolhimentos e recebimentos operados após a vigência da referida Lei. 6. Os recebimentos de benefícios e resgates decorrentes de recolhimentos feitos antes da Lei n. 9.250/95, conforme exposto, não estão sujeitos ao imposto de renda, mesmo que a operação ocorra após a vigência da lei. Precedentes desta Corte Superior. 7. O art. 20, do CPC, em seu § 3º, determina que os honorários advocatícios sejam fixados em um mínimo de 10% (dez por cento) e um máximo de 20% (vinte por cento) sobre o valor da condenação. Fixação do percentual de

10% (dez por cento) de verba honorária advocatícia, sobre o valor da condenação. 8. Recurso parcialmente provido" (STJ, REsp 541.013, 2003).

– Liquidação de entidade de previdência privada. Rateio. Incidência no que supere as reservas constituídas pelas contribuições. Reserva matemática. "IMPOSTO DE RENDA. RATEIO DO PATRIMÔNIO. EXTINÇÃO DO FUNDO... 1. O patrimônio das entidades fechadas de previdência privada é formado não apenas pelas contribuições de seus participantes, mas também pelas quantias recolhidas pelo patrocinador/instituidor e pelos frutos dos investimentos feitos pelo fundo. 2. Em caso de liquidação da entidade, é possível que o valor do rateio para os participantes seja superior às reservas constituídas por suas contribuições. Assim, a parte que exceder as contribuições efetuadas pelos participantes no período de vigência da Lei 7.713/88, bem como o montante decorrente da liquidação do patrimônio da entidade distribuído aos beneficiários, constituirão acréscimo patrimonial (art. 43, II, do CTN), consequentemente, estarão sujeitos à incidência do Imposto de Renda" (STJ, AgRg no Ag 838.872, 2007).

– "... IMPOSTO DE RENDA – DISSOLUÇÃO DE ENTIDADE DE PREVIDÊNCIA PRIVADA – RATEIO. 1. O patrimônio de entidade imune ao Imposto de Renda, se rateado entre os associados, quando liquidado, não serve de base de cálculo para o referido imposto. 2. Importâncias recebidas que não se subsumem no conceito de renda (art. 43 do CTN). 3. Recurso especial provido" (STJ, REsp 413.291, 2002).

– Aposentadoria anterior à Lei n. 7.713/88. "IMPOSTO DE RENDA. COMPLEMENTAÇÃO DE APOSENTADORIA. ISENÇÃO... 1. Encontra-se pacificado no Superior Tribunal de Justiça o entendimento de que incide o imposto de renda sobre a complementação de aposentadoria nas hipóteses em que a data da aposentação deu-se antes da entrada em vigor da Lei 7.713/88, pois até o surgimento desse diploma normativo não se tributavam as contribuições realizadas pelos beneficiários da complementação" (STJ, AR 4.088, 2013).

– "IMPOSTO DE RENDA. CONTRIBUIÇÃO PARA A PREVIDÊNCIA PRIVADA. PENSÃO POR MORTE. COMPLEMENTAÇÃO DE BENEFÍCIO. ART. 6º, VII, 'A' DA LEI N. 7.713/1988 REVOGADO PELO ART. 32 DA LEI 9.250/1995. IMPRESCINDIBILIDADE DE TRIBUTAÇÃO QUANDO DAS CONTRIBUIÇÕES VERTIDAS PELO PARTICIPANTE AO FUNDO DE PREVIDÊNCIA PRIVADA OU QUANDO DA PERCEPÇÃO DO BENEFÍCIO... 10. *In casu*, o contribuinte faleceu em 1987, ressoando inequívoca a ausência de contribuição ao fundo de previdência privada sob a égide da Lei 7.713/88, por isso que não se cogita de não incidência do imposto de renda sobre os valores recebidos a título de pensão por morte... 12. Acórdão submetido ao regime do art. 543-C do CPC e da Resolução STJ 08/2008" (STJ, REsp 1.086.492, 2010).

§ 1º A incidência do imposto independe da denominação da receita ou do rendimento, da localização, condição jurídica ou nacionalidade da fonte, da origem e da forma de percepção.

(Parágrafo acrescentado pela LC 104/2001, vigente desde a publicação em 11-1-2001)

⇒ **Não importa o "nomen juris", mas a natureza da verba recebida.** "IMPOSTO DE RENDA... 2. Não é o *nomen juris*, mas a natureza jurídica da verba que definirá a incidência tributária ou não. O fato gerador de incidência tributária sobre renda e proventos, conforme dispõe o art. 43 do CTN, é tudo que tipificar acréscimo ao patrimônio material do contribuinte" (STJ, EREsp 976.082, 2008).

⇒ **Receita ou rendimento.** Os §§ 1º e 2º do art. 43 referem-se a "receita" ou rendimento. Receita, contudo, é palavra com sentido bem mais largo que o de renda ou proventos, enfim, que o de acréscimo patrimonial, eis que receita é qualquer quantia recebida. De fato, receita vem do latim "recepta", significando "coisas recebidas" (AURÉLIO). Assim, não considera as saídas, as despesas. De qualquer modo, não se pode perder de vista que a definição do fato gerador está condicionada pela base econômica dada à tributação pelo art. 153, III, da CF, que se refere a "rendas ou proventos de qualquer natureza", e não a receitas. Não se pode, pois, dar ao dispositivo infraconstitucional sentido que desborde da norma de competência, sob pena de inconstitucionalidade. Nunca é demais lembrar, a par disso, que o legislador infraconstitucional não pode alterar os conceitos utilizados pelas normas constitucionais que outorgam competências.

– "... 'renda' não é o mesmo que 'rendimento'. De fato, este é qualquer ganho isoladamente considerado, ao passo que aquela é o excedente de riqueza obtido pelo contribuinte entre dois marcos temporais (geralmente um ano), deduzidos os gastos e despesas necessários à sua obtenção e mantença" (CARRAZZA, Roque Antonio. *Imposto sobre a Renda*. 3. ed. São Paulo: Malheiros, 2009, p. 190).

– "O faturamento é considerado o mero ingresso ou soma de faturas. Inexiste nesse caso a consideração do saldo existente entre ingressos e saídas. Capital, por sua vez, significa investimento permanente... Ganho representa novamente uma apresentação de ingressos, sem a referente consideração das saídas" (CALIENDO, Paulo. Imposto sobre a Renda incidente nos pagamentos acumulados e em atraso de débitos previdenciários. *Interesse Público* 24/101, 2004).

– Inconstitucionalidade do alargamento da base de cálculo. "Pela introdução dos §§ 1º e 2º retrocitados, alarga-se o campo de imposição do referido tributo, com a expressão 'receita ou rendimento', o que vale dizer, é acrescentado fato gerador inexistente no texto anterior, qual seja, o correspondente à equiparação de receita a rendimento para efeitos da determinação da disponibilidade econômica ou jurídica. [...] Parece-me, pois, nitidamente inconstitucional a distensão da base de cálculo veiculada pela Lei Complementar n. 104/01. Ora, em face da jurisprudência da Suprema Corte que, em variadas decisões, declarou não poder o legislador infraconstitucional alterar conceitos explícitos ou implícitos formatados pela Constituição, entendo ser difícil passar pelo teste da constitucionalidade a mudança idealizada exclusivamente por agentes fiscais. [...] Ora, toda a conformação do que seria 'disponibilidade' para o imposto sobre a renda foi oferecida pelo CTN, que distinguiu seu fato gerador dos demais elencados na competência da União. O artigo 43 do CTN não é lei reguladora e modificadora da Constituição, mas apenas 'explicitadora' e sempre foi entendido como exteriorizador de efetivo acréscimo resultante de um diferencial entre receitas e despesas, capaz de gerar 'disponibilidades' tributáveis. Jamais admitiu, o autor do Código Tributário, que receita obtida com idêntica despesa ou até maior pudesse ser tributada, pois haveria, nesta hipótese, uma tributação sobre uma 'não renda' [...] Em outras palavras, o artigo 43, §§ 1º e 2º na redação nova da Lei Complementar 104/01 constitui alteração de princípio constitucional que distingue o imposto de renda (pessoal) dos demais impostos (reais), realizada pelo legislador inferior. A lei menor está subordinada à lei maior e não esta à lei menor. O artigo 43, no passado, explicitou a Constituição. O novo altera-o, não por emenda constitucional, mas por veículo pequeno sem ter o Congresso Nacional forças para tanto. Considero pois a incidência obrigatória do imposto de renda sobre receitas, nos termos da Lei Complementar n. 104/01 de notória violação ao texto supremo, esperando seja em breve declarada sua inconstitucionalidade" (MARTINS, Ives Gandra da Silva. Imposto de Renda e o artigo 43 do CTN. *RDDT* 68/77-79, 2001).

– **Impossibilidade da conversão do IR em imposto sobre receita.** "O projeto de lei complementar original que visava modificar o CTN foi remetido pelo Presidente da República ao Congresso nacional através da Mensagem n. 1459, de 7 de outubro de 1999. Esse projeto, que recebeu o n. 77/99, propunha mudança também no texto do art. 44 do CTN, o qual passaria a ter a seguinte redação: 'Art. 44. A base de cálculo do imposto é o montante: I – da receita ou do rendimento, ou da soma de ambos, deduzidos os valores admitidos em lei, observados os limites por ela fixados, em função da atividade econômica; e II – do acréscimo patrimonial, de qualquer natureza. [...]' Como se vê há uma indissociável relação de interdependência entre o art. 43 e o art. 44 do Projeto de lei enviado ao Congresso Nacional. Ocorre que esse texto não se tornou direito positivo. Tivesse isso ocorrido certamente o imposto sobre a renda teria se convertido em imposto sobre receitas O texto da 'Exposição de Motivos' do Projeto de Lei Complementar n. 77, subscrito pelo Ministro da Fazenda enfatiza esse propósito quando afirma: 'A nova redação dos arts. 43 e 44, que tratam do imposto sobre a renda, adota como base primária de incidência a renda em seu conceito bruto, assim entendido a receita ou rendimento, possibilitando, assim, a instituição, por meio de lei ordinária, de um imposto de renda mínimo.' Não tendo sido votada e aprovada a nova redação ao art. 44 do CTN mas tendo sido votados e aprovados os acréscimos ao texto do art. 43 foi quebrada a pertinência lógica entre eles estabelecida pelo projeto. Logo, o propósito inicial de converter o imposto sobre a renda em imposto sobre receita não vingou. Assim, parece extreme de dúvidas que as modificações trazidas pela Lei Complementar n. 104/01 não convertem o imposto sobre a renda em imposto sobre a receita como pode supor uma leitura isolada e apressada de seu texto. A nova lei não operou essa conversão porque manteve inalterada a redação do *caput* do art. 43 que, como é sabido, indica de forma expressa que o critério material do imposto é sempre um acréscimo patrimonial. Logo, o

imposto só pode incidir sobre acréscimo patrimonial, representado pela diferença entre valores positivos e negativos ao cabo de determinado período. Se a nova redação ao art. 44 do CTN fosse aprovada, alguma incompatibilidade existiria porque teríamos um artigo, o 43, prescrevendo a tributação sobre acréscimos patrimoniais e outro, o 44, autorizando a lei ordinária a instituir um imposto sobre a receita. Diante desse quadro, admitir que o imposto possa vir a incidir sobre simples receitas é supor que a nova lei modificou a materialidade tributável do imposto. Talvez tenha sido esta a verdadeira intenção inicial do legislador, mas o Congresso Nacional entendeu que essa 'conversão' seria inconstitucional e não a aprovou. O texto aprovado não justifica ou legitima, por si só essa modificação. Ora, se o *caput* autoriza que seja instituído imposto que recaia exclusivamente sobre acréscimo patrimonial, não pode um parágrafo mandar tributar a receita e o rendimento, sob pena de contraste lógico inconciliável entre ambos" (ANDRADE FILHO, Edmar Oliveira. O Imposto de Renda na Lei Complementar n. 104/01. *RDDT* 67/38-39, 2001).

– "Por sua amplitude e pela textura aberta de seus termos, o § 1º acima transcrito guarda grande semelhança com o texto do art. 51 da Lei n. 7.450/85, o qual determina que, no campo de incidência do imposto estão todos os ganhos e rendimentos de capital, qualquer que seja a denominação que lhes seja dada, independentemente da natureza, da espécie ou da existência de título ou contrato escrito, bastando que decorram de ato ou negócio que, pela sua finalidade, tenha os mesmos efeitos previstos na norma específica de incidência do imposto de renda. Em verdade, o preceito do art. 51 da Lei n. 7.450/85 é muito mais abrangente que o da Lei Complementar n. 104/01, porque aquela é verdadeira norma antielisão enquanto esta visa a atender aos princípios da generalidade e universalidade inscritos no inciso I do § 2º do art. 153 da Constituição Federal. O texto do § 1º acima transcrito é praticamente idêntico ao do § 4º do art. 3º da Lei 7.713/88, reproduzido no art. 38 do atual Regulamento do Imposto de Renda aprovado pelo Decreto n. 3.000/99... A Lei 7.713/88 dispôs sobre a tributação dos rendimentos e ganhos de capital percebidos a partir de 1º de janeiro de 1989 por pessoas físicas residentes ou domiciliadas no Brasil. O âmbito de aplicação da Lei Complementar n. 104 é muito mais amplo porque ela veicula normas gerais de direito tributário com fundamento de validade no art. 146 da Constituição Federal e, nessa condição, constitui o fundamento de validade dos atos normativos que tratam do imposto de renda das pessoas físicas, das pessoas jurídicas e dos domiciliados ou residentes no exterior, em relação à tributação na fonte. Uma análise mais acurada revelará que existem diferenças importantes entre os textos normativos confrontados. De fato, comparando-se os textos de uma e de outra lei, constata-se que o texto da Lei Complementar é muito mais abrangente porque se refere a receitas e rendimentos, enquanto a antiga lei apenas faz referência aos rendimentos. Por outro lado, a Lei n. 7.713/88 estipula que para a configuração do fato imponível do imposto de renda é necessário que o sujeito passivo tenha um 'benefício' o que não consta do texto da Lei Complementar n. 104/01" (ANDRADE FILHO, Edmar Oliveira. O Imposto de Renda na Lei Complementar n. 104/01. *RDDT* 67/36-37, 2001).

– "... o que está presente neste fragmento normativo é a intenção de fazer com que 'a aquisição da disponibilidade econômica ou jurídica... de renda' e 'de proventos de qualquer natureza...', passe a ser compreendida – como se isso fosse possível – como 'a aquisição da disponibilidade econômica ou jurídica... de... receita ou de rendimento', ao menos quando oriundos do exterior. Este tipo de iniciativa, que aparentemente pode ser qualificada singela e inocentemente de ignorância relativamente às coisas do direito, na verdade encobre desiderato firme e convicto no sentido de fazer prevalecer a noção de que o direito tributário no Brasil, pode ser livre e desembaraçadamente concebido e desenhado normativamente, no plano infraconstitucional. Nada mais néscio. E tudo para fugir das amarras severamente estabelecidas pelo texto constitucional, facilmente dedutíveis de sua compreensão sistemática, e que têm precisamente a função de conter o exercício de uma competência instrumental, como é a competência tributária impositiva... O conceito de renda não se encontra à disposição do legislador infraconstitucional" (GONÇALVES, José Artur Lima. Imposto de Renda – o artigo 43 do CTN e a Lei Complementar 104/01. *RDDT* 67/111, 2001).

⇒ **Aspecto espacial. Extraterritorialidade**. O imposto sobre a renda e proventos de qualquer natureza caracteriza-se pela extraterritorialidade, ou seja, por alcançar fatos geradores ocorridos não apenas no território nacional como fora dele. Trata-se de imposto da União e não há vedação constitucional alguma a que o legislador estabeleça tal tributação. Pelo contrário, há quem defenda que o critério da universalidade, previsto no art. 153, § 2º, I, da CF, a impõe. O § 1º do art. 43 do CTN, decorrente da LC n. 104/2001, consagra a extraterritorialidade.

– "... a tributação por via do IR pode sofrer temperamentos no concernente à observância da territorialidade, permitindo-se a extraterritorialidade da lei nacional para alcançar fatos jurídicos (auferir renda) ocorridos fora do território nacional, tomando-se como critérios de conexão o local em que a renda foi auferida, residência ou nacionalidade. Trata-se da regra *world wide income tax* adotada universalmente para alcançar a renda onde quer que ela seja produzida..." (GRUPENMACHER, Betina Treiger. Imposto sobre Serviços – Critério Espacial – A Questão do domicílio do Prestador e o Papel do Poder Judiciário Enquanto Guardião das Instituições Democrática. *In*: GRUPENMACHER, Betina Treiger (coord.). *Tributação*: democracia e liberdade. São Paulo: Noeses, 2014, p. 180).

– **Sobre a tributação em bases universais**. A tributação em bases universais também é designada por tributação em base global, contrapondo-se ao critério puro e simples da territorialidade. Vide nota ao art. 153, § 2º, I, da CF, acerca da tributação internacional sobre a renda, territorialidade *x* base global.

– "O QUE É TRIBUTAÇÃO EM BASES UNIVERSAIS? Significa a tributação de todos os rendimentos e ganhos de capital, independentemente de onde foram gerados (em qualquer parte do mundo), isto é, não importa se foram gerados no país ou no exterior. Devem ser tributados no país onde a pessoa é residente ou onde tem seu domicílio tributário" (Clair M. Hickmann).

– "Os sistemas fiscais modernos ao adotarem o elemento de conexão residência e, simultaneamente, estabelecendo uma obrigação tributária ilimitada, segundo a qual o residente de um país (pessoa física ou jurídica) passa a ser tributado por todos os seus rendimentos, tanto de fonte interna quanto de fonte externa, acaba por preconizar, conjuntamente, o princípio da universalidade (*world-wide-income*). [...] Pode-se, assim dizer, que a denominação renda mundial, como critério de sujeição pessoal, disciplina o âmbito do gravame da globalidade da renda auferida, a partir do nexo vincular criado pela norma substantiva. Ou seja, o contribuinte responde, ante o país de residência, domicílio ou nacionalidade, por toda renda produzida, sem interessar o lugar de produção, se interno ou externo, a partir da conexão pessoal criada pela ultraterritorialidade das normas de direito tributário internacional. O princípio da universalidade não exclui o princípio da territorialidade, ambos de complementam, pois aquele possibilita o alcance ultraterritorial das normas tributárias, mantendo-se, em inteira consonância com este, pelo fato da conexão entre a pessoa e o território ser fundamental." (ANCELES, Eliana Karsten. Transparência fiscal internacional (Controlled foreing Corporations – CFC): uma visão analítica à luz da sistemática jurídico-tributária brasileira. *RFDT* 08/77, 2004).

– "No Brasil tributava-se a renda mundial dos residentes pessoas físicas há mais de 30 anos; a renda global das pessoas jurídicas, no entanto, somente passou a ser tributada a partir de 1º.01.1996, introduzida que foi pelo art. 25 da Lei 9.249, de 26.12.1995. [...] a aplicação do princípio da residência demanda da administração fiscal despesas que somente podem tornar favorável as relações custo-benefício se se apresentarem em grande volume. Não obstante tenha o Departamento do Tesouro Americano, ao analisar o *e-commerce*, favorecido a adoção do princípio da residência, afirmando que a tributação com base na fonte pode perder sua razão de ser e se tornar obsoleta, parece-nos que justamente o contrário deverá suceder, pois a arrecadação dos impostos sobre o *e-commerce* deverá, a nosso ver, utilizar-se em lagar escala da fonte de pagamento como único meio de chegar ao *disappearing taxpayer*" (TAVOLARO, Agostinho Toffoli. O princípio da fonte no direito tributário internacional atual. *RTFP* 55/229, 2004).

• Vide análise ampla sobre o sistema de tributação dos rendimentos auferidos no exterior, tratamento dos dividendos, dos ganhos de capital, investimentos estrangeiros diretos, remessas ao exterior etc. em: D'EÇA, Fernando Luiz da Gama Lobo. Sistema tributário do Brasil na tributação da companhia versus sócios ou acionistas. *RTFP* 54/49, 2004.

• Vide: SANTOS, Ramon Tomazela. A Ação 3 do Projeto BEPS e o regime brasileiro de tributação em bases universais na Lei n. 12.973/2014. *RFTD* 88, 2017.

– **Elementos de conexão**. "... estabelecido o elemento de conexão com um sujeito ou objeto ligado à produção de renda no exterior (renda internacional), à soberania estatal é dado instituir tributo sobre tal renda, ainda que lá auferida por não residente. Em outras palavras, a legislação de um país pode sujeitar as rendas de não residente à tributação, desde que estabelecida alguma espécie de nexo, de ligação entre o Estado que exerce o poder de tributar e a renda objeto da tributação ou seu titular, de tal modo que possa fundadamente exercer seu poder de coerção sobre o sujeito passivo que vier a ser designado. A exigência de um elemento de conexão indicativo do vínculo jurisdicional tem como ponto de partida o âmbito espacial da aplicação das normas tributárias, que se limita ao território do Estado sobre o qual ele exerce sua jurisdição. Acontece que o vínculo, apesar de ter o território como ponto de partida, pode ser pessoal (subjetivo), prendendo-se à residência, domicílio ou nacionalidade de quem praticou ou encontra-se de algum modo ligado ao fato submetido à tributação ou rela (objetivo) afeto ao local em que se praticou o fato que gerou o objeto da tributação" (ANDRADE, André Martins de. Os limites da tributação universal da rena e a ADI n. 2.588. *RFDT* 29/9, 2007).

– **Territorialidade (fonte) *x* universalidade (residência ou nacionalidade).** "6 No que concerne à delimitação da competência tributária internacional em matéria de impostos sobre a renda e o capital, para procedê-la os Estados se inspiram no princípio da territorialidade em sentido material e, bem mais frequentemente, nos dias de hoje, também no princípio da universalidade. Inspirando-se no princípio a territorialidade, em sentido material, adotam o critério da fonte, segundo o qual são tributadas todas as renas produzidas no seu território, assim como todos os bens nele situados. Inspirando-se no princípio da universalidade, adotam o critério da residência, podendo também adotar o critério da nacionalidade. O critério da residência consiste em submeter à tributação as pessoas que residem no Estado, pela totalidade de suas rendas e de seus bens, o critério da nacionalidade significa que as pessoas que detêm a nacionalidade do Estado serão por este tributadas, também pela totalidade de suas rendas e de seus bens. [...] 8 O critério da residência... reveste-se de importância crescente na atualidade" (BORGES, Antônio de Moura. Delimitação a competência tributária internacional em matéria de impostos sobre a renda e o capital. *RFDT* 25/93, 2007).

– A lei determina a tributação em bases universais tanto para a pessoa física como para a pessoa jurídica. A Lei n. 7.713/88, no § 4º do seu art. 3º, estabeleceu a extraterritorialidade para o imposto de renda das pessoas físicas, em redação muito semelhante à atribuída posteriormente, pela Lei Complementar n. 104/2001, ao § 1º do art. 43 do CTN. A Lei n. 9.249/95, a partir do seu art. 25, dispõe sobre o cômputo dos lucros, rendimentos e ganhos de capital auferidos no exterior na determinação do lucro real das pessoas jurídicas. A Lei n. 12.973/2014 dispõe sobre a tributação em bases universais das pessoas jurídicas a partir do seu art. 76, cuidando da situação das controladoras em seus arts. 77 e s. e da situação das coligadas em seus arts. 81 e s.

– **IRPF.** Lei 7.713/88: "Art. 3º [...] § 4º A tributação independe da denominação dos rendimentos, títulos ou direitos, da localização, condição jurídica ou nacionalidade da fonte, da origem dos bens produtores da renda, e da forma de percepção das rendas ou proventos, bastando, para a incidência do imposto, o benefício do contribuinte por qualquer forma e a qualquer título".

– **IRPJ.** Lei n. 9.249/95: "Art. 25. Os lucros, rendimentos e ganhos de capital auferidos no exterior serão computados na determinação do lucro real das pessoas jurídicas correspondente ao balanço levantado em 31 de dezembro de cada ano... Art. 26. A pessoa jurídica poderá compensar o imposto de renda incidente, no exterior, sobre os lucros, rendimentos e ganhos de capital computados no lucro real, até o limite do imposto de renda incidente, no Brasil, sobre os referidos lucros, rendimentos ou ganhos de capital...".

– Lei n. 12.973/2014: "CAPÍTULO VIII DISPOSIÇÕES GERAIS SOBRE A TRIBUTAÇÃO EM BASES UNIVERSAIS Art. 76. A pessoa jurídica controladora domiciliada no Brasil ou a ela equiparada, nos termos do art. 83, deverá registrar em subcontas da conta de investimentos em controlada direta no exterior, de forma individualizada, o resultado contábil na variação do valor do investimento equivalente aos lucros ou prejuízos auferidos pela própria controlada direta e suas controladas, direta ou indiretamente, no Brasil ou no exterior, relativo ao ano-calendário em que foram apurados em balanço, observada a proporção de sua participação em cada controlada, direta ou indireta. [...] CAPÍTULO IX DA TRIBUTAÇÃO EM BASES UNIVERSAIS DAS PESSOAS JURÍDICAS **Seção I Das Controladoras** Art. 77. A parcela do ajuste do valor do investimento em controlada, direta ou indireta, domiciliada no exterior equivalente aos lucros por ela auferidos antes do imposto sobre a renda, excetuando a variação cambial, deverá ser computada na determinação do lucro real e na base de cálculo da Contribuição Social sobre o Lucro Líquido – CSLL da pessoa jurídica controladora domiciliada no Brasil, observado o disposto no art. 76. [...] **Seção II Das Coligadas** Art. 81. Os lucros auferidos por intermédio de coligada domiciliada no exterior serão computados na determinação do lucro real e da base de cálculo da CSLL no balanço levantado no dia 31 de dezembro do ano-calendário em que tiverem sido disponibilizados para a pessoa jurídica domiciliada no Brasil, desde que se verifiquem as seguintes condições, cumulativamente, relativas à investida...".

– BISPO, Rafael Minervino; ALVARENGA, Christiane Alves. Lucros no exterior: posicionamento atual do Supremo Tribunal Federal e possíveis desdobramentos. *RDDT* 210/88, 2013.

– **Súmula STF 585:** Não incide o Imposto de Renda sobre a remessa de divisas para pagamento de serviços prestados no exterior, por empresa que não opera no Brasil.

– Observação à Súmula 585 constante do site do STF: "No julgamento do RE 101066 (*DJ* de 19/10/1965) o Tribunal Pleno, por unanimidade, não conheceu do recurso, entendendo inaplicável a Súmula 585 após a vigência do Decreto-Lei 1418/1975. Nesse sentido veja RE 104225 (*DJ* de 22/11/1985), RE 100275 (*RTJ* 113/267) e RE 103566 (*RTJ* 112/1380)".

– **Súmula STF 586:** Incide Imposto de Renda sobre os juros remetidos para o exterior, com base em contrato de mútuo.

– **Súmula STF 587:** Incide Imposto de Renda sobre o pagamento de serviços técnicos contratados no exterior prestados no Brasil.

⇒ **Convenções internacionais para evitar a dupla tributação.** Existem inúmeras convenções bilaterais para evitar a bitributação, em que é acordado critério comum para que a tributação se dê em apenas dos países.

– "É bem conhecida na área acadêmica a metáfora de Klaus Vogel, saudoso professor das universidades de Heidelberg e Munique, segundo a qual o espectro de atuação do acordo internacional para evitar a bitributação serve como uma máscara colocada sobre o direito interno, para encobrir determinadas partes. Assim, os preceitos normativos do direito interno que continuarem visíveis, por corresponderem aos buracos recortados na máscara, permanecem aplicáveis ao caso concreto, ao passo que os demais têm a sua aplicação contida pelo acordo internacional. Frise-se que a parte da lei interna encoberta pela máscara deixa de ser aplicada ao caso concreto, sem que seja revogada. Em consequência, os acordos internacionais para evitar a bitributação limitam-se a indicar o ordenamento jurídico competente para tributar determinado rendimento que guarde conexão com ambos Estados... Porém, a tributação efetiva sempre será realizada com base no direito interno do Estado competente, em virtude da insuficiência da norma convencional para dar origem à obrigação tributária. Logo, pode-se dizer que há um possível conflito de pretensões impositivas entre os Estados, mas não um autêntico conflito de normas. Nesta linha, os preceitos normativos introduzidos por meio de acordos internacionais para evitar a bitributação têm características de normas de estrutura, na medida em que delimitam e atribuem competência tributária" (SANTOS, Ramon Tomazela. A qualificação dos serviços técnicos e de assistência técnica nos acordos internacionais para evitar a bitributação da renda – Análise crítica do acórdão proferido pelo Superior Tribunal de Justiça no Recurso Especial n. 1.161.467-RS. *RDDT* 208/113, 2013).

– Sobre a necessidade de integração econômica e tributária entre os diversos países, vide: ELALI, André. Direito Tributário numa economia globalizada – Tributação e integração econômica internacional: um exame do entendimento do STJ sobre os acordos que impedem a dupla tributação da renda no âmbito internacional. *RTFP* 68, maio-jun. 2006. Vide, também: BORGES, Antônio de Moura. Possíveis soluções para o problema da dupla tributação internacional. *RFDT* 27/37, 2007.

– "Divergências de interpretação de dispositivos dos acordos de tributação ou de qualificação de rendimentos de pessoas por parte dos Estados signatários podem ter como resultado justamente a bitributação (conflito positivo) ou, ainda, a dupla isenção (conflito negativo). [...] enquanto a interpretação dirige-se à compreensão da norma, a qualificação direciona-se ao conhecimento do fato. [...] pensamos que a qualificação dos rendimentos deverá ser realizada em conformidade com a *lex fori*, o seja, de acordo com a lei interna do Estado em que aplica o tratado" (BELLAN, Daniel Vitor. O instituto da qualificação no Direito Tributário Internacional. *RDDT* 120/43, 2005).

• Vide: FARIA, Luiz Alberto Gurgel de; RÜBINGER-BETTI, Gabriel. Uso abusivo de tratados contra a dupla tributação: perspectivas de aplicação da Ação n. 6 do Projeto BEPS ao Brasil. *RFDT* 92, 2018.

• Vide: SANTOS, Ramon Tomazela. Os acordos de bitributação e a interpretação jurídica não representacionalista. *RFDT* 97, 2019.

• Vide: ROLIM, João Dácio. A (des)necessidade de um conceito harmônico de 'beneficiário efetivo' nos acordos para evitar a dupla tributação. Um caso brasileiro e o direito comparado. *RDDT* 179/78, 2010.

• Vide: KOURY, Paulo Arthur Cavalcante. Os tratados contra a bitributação e os resultados no exterior. *RDDT* 235/110, 2015.

• Vide: SANTOS, Ramon Tomazela. As pensões nos acordos internacionais para evitar a dupla tributação da renda celebrados pelo Brasil – análise do artigo 18 da Convenção Modelo da OCDE. *RDDT* 232/126, 2015.

– **Alcançam o IR e a CSL.** "Embora de diferentes espécies tributárias a CSL e o IR são tributos substancialmente semelhantes, pois ambos incidem sobre a mesma base de cálculo... Vale notar que apenas os TDTs celebrados pelo Brasil, com Portugal e Bélgica, incluem, no rol de tributos visados do art. 2º, o IR e a CSL... Não obstante o entendimento manifestado pela Secretaria da Receita Federal, o Conselho de Contribuintes já analisou a matéria e reconheceu que os TDTs assinados antes de dezembro de 1989 – data da instituição da SL – abrangem tanto a CSL quanto o IR, especificamente ao analisar o TDT Brasil/Espanha... Assim, a interpretação do art. 2º, § 2º, da TDT – Brasil/Dinamarca, em conformidade com os comentários da OCDE, o precedente do Conselho de Contribuintes, o princípio *pacta sunt servanda*, o princípio da boa-fé e a proteção da confiança dos administrados, leva à conclusão de que estão abrangidos pelas suas normas o IR e a CSL exigidos pelo Fisco Brasileiro. Da mesma forma, todos os TDTs assinados antes de 16 de dezembro de 1988 estendem-se ao IR e à CSL, bem como os TDTs Brasil/Portugal e Brasil/Bélgica, que expressamente se aplicam à CSL" (OKUMA, Alessandra. A interpretação dos tratados para evitar a dupla tributação – TDTs e sua extensão à contribuição social sobre o lucro. *RET* 67/54, 2009).

– **Convenção Modelo OCDE.** As convenções da OCDE são o que se denomina de *soft law*, ou seja, não são de adoção obrigatória. De qualquer modo, costumam ser adotadas total ou parcialmente pela maior parte dos países. Sobre o conceito de *Soft Law*, vide nota ao art. 98 do CTN.

– "9. [...] o Brasil, apesar de adotar na prática o Modelo OCDE (na sua versão inicial de 1963, e nas versões posteriormente revistas), não é Estado membro daquela organização, razão pela qual é muito mais tênue a força interpretativa dos comentários, que não têm perante os tribunais brasileiros valor superior ao da doutrina em geral. 10. Saliente-se, em segundo lugar, que o Brasil adotou sistematicamente nas negociações dos seus tratados contra a dupla tributação o método de imputação (*credit method*), regulado no art. 23-B da Convenção Modelo e não o método da isenção regulado no art. 23-A, quanto ao qual se têm suscitado recentemente os mais sérios problemas a respeito do fenômeno da dupla não tributação" (XAVIER, Alberto. Dupla não tributação. *RTFP* 58/269, 2004).

– **Modelo OCDE. Conceito de residente. Certificado de residência.** "Trata-se de saber se o art. 4º, § 1º, da convenção Modelo permite restringir o conceito de 'residente' num Estado àquelas pessoas que sejam efetivamente tributadas nesse Estado. A questão pressupõe a interpretação do alcance da frase *person who, under the laws of that state, is liable to tax therein. Liable to tax* significa a sujeição potencial ao imposto, ou a sujeição efetiva, como é interpretação de certos Estados? (cf. OCDE, Comentários, art. 4º, §§ 8.2 e 8.3). 116. Os tratados brasileiros utilizam a expressão 'sujeita a imposto', a qual significa que, de harmonia com as regras gerais de incidência de um determinado imposto (no caso, o Imposto de Renda), certa entidade é considerada 'contribuinte' (*taxpayer*), ou seja, que é idônea a figurar como sujeito passivo. Referida expressão não tem o significado de exigir uma tributação efetiva, admitindo-se que um contribuinte, 'sujeita a imposto' pelas regras gerais de incidência, se beneficie de isenção objetiva ou subjetiva. 'sujeito a imposto' significa, em suma, suscetível de tributação.' 7. O Brasil adota a prática, frequente noutros Estados, de exigir certificado de residência no outro Estado como condição de aplicação do tratado. Por conseguinte, menos ainda exige, como condição de aplicação do tratado, a prova de que as pessoas tenham sido efetivamente tributadas no outro Estado" (XAVIER, Alberto. Dupla não tributação. *RTFP* 58/269, 2004).

– "Nos termos da legislação brasileira, o conceito de residência e nacionalidade das pessoas jurídicas confunde-se ao longo de sua aplicação. Na forma dos arts. 75, 1.126, 1.134 do Código Civil e o art. 147 do RIR/1999, (i) uma pessoa jurídica nacional do Brasil será sempre residente e (ii) uma pessoa jurídica não residente será sempre estrangeira. Desse modo, o critério de comparabilidade e discrímen do art. 150, II, da CF não se coaduna com qualquer distinção entre 'residência' e 'nacionalidade', devido à equiparação da legislação de capital estrangeiro, o que coloca contribuintes brasileiros e estrangeiros na mesma posição, quando se trata de distribuição de lucros de empresas constituídas no Brasil aos seus sócios" (TORRES, Heleno Taveira. Aplicação do princípio da não discriminação tributária no STF e os tratados para evitar dupla tributação. *RET* 85/9-22, 2012).

– **Modelo OCDE. Conceito de beneficiário efetivo.** "A origem do termo beneficiário efetivo decorre da expressão em inglês *beneficial owner*, existente na lei doméstica dos países que adotam o sistema jurídico de *common law*, principalmente o Reino Unido, surgir pela primeira vez no contexto da *trust law* para diferenciar o conceito de *legal ownership* – que se referia basicamente aos atributos formais da propriedade do *trustee* – do conceito de *beneficial ownership* detido pelos verdadeiros/últimos beneficiários, que podiam exercer seu direito em relação à propriedade perante terceiros. [...]... o conceito de beneficiário efetivo trazido pelo § 1º do art. 26 da Lei n. 12.249/2010 é extremamente vago e segue os moldes dos Comentários da OCDE. Em nossa opinião, tal conceito possui aplicação e alcance extremamente restritos, só sendo aplicável para as situações envolvendo a questão da dedutibilidade de pagamentos realizados por pessoa jurídica sediada no Brasil feitos para residentes em jurisdições com tributação favorecida ou sob regime fiscal privilegiado, para fins da apuração do IRPJ e CSSL, i.e., 'regras de subcapitalização brasileiras'. Dessa forma, o artigo 26 em comento não é dotado do caráter geral para abranger toda e qualquer situação envolvendo remessas ou pagamentos ao exterior, i.e., não abrange todas as operações internacionais. [...] ele não se aplica – em hipótese alguma – às relações jurídicas abarcadas por acordos contra a bitributação celebrados pelo Brasil, bem como não se estende para situações jurídicas que não aquelas envolvendo as jurisdições descritas na IN RFB n. 1.307/2010..." (CASTRO, Leonardo Freitas de Moraes e. Beneficiário efetivo no direito tributário

brasileiro: escopo e limites do artigo 26, § 1º, da Lei n. 12.249/2010 nas operações internacionais. *RDDT 205/85-98*, 2012).

– **Modelo OCDE. Conceito de empresa enquanto atividade econômica e não como pessoa jurídica.** "... o artigo 7º dos acordos internacionais abrange a totalidade dos rendimentos decorrentes do exercício de uma atividade econômica, desde que não contemplados expressamente em artigos que versem acerca de categorias específicas... o intérprete dos acordos internacionais não pode cair na armadilha de considerar o termo *empresa* como equivalente à *pessoa jurídica*, posto que a análise conjunta dos artigos 3º, 4º e 7º da Convenção Modelo evidencia que o termo *empresa* é utilizado, no texto convencional, como *empreendimento econômico*" (SANTOS, Ramon Tomazela. A qualificação dos serviços técnicos e de assistência técnica nos acordos internacionais para evitar a bitributação da renda – Análise crítica do acórdão proferido pelo Superior Tribunal de Justiça no Recurso Especial n. 1.161.467-RS. *RDDT* 208/113, jan. 2013). Obs.: o autor analisa os arts. 7º e 12 da Convenção Modelo da OCDE.

– **Estabelecimento permanente.** "... o 'princípio' do estabelecimento permanente é um critério válido e coerente para a distribuição de poder tributário entre países signatários de uma convenção sobre a tributação da renda e do capital. Contudo, parece-nos que ele não é nada além disso. Um critério razoável. E não um princípio fundamental de Direito Internacional Tributário. Veja-se que, ao se afirmar que o tal 'princípio' é norma fundamente da tributação internacional, se pretende afastar a possibilidade de sua ponderação contra outros critérios também legitimamente válidos e coerentes de tributação dos lucros das empresas, como seria a tributação, exclusiva ou concorrente, de tais rendimentos pelo país de fonte, bandeira que sempre foi levantada pelos países em desenvolvimento, especialmente os latino-americanos. Acompanhamos o entendimento de Luís Eduardo Schoueri quando afirma que 'não se busca a residência ou fonte, por si mesmas; o que se procura é um elemento que indique suficiente conexão com o Estado (pertinência econômica), sendo a residência ou fonte, pois, índices de capacidade contributiva'. Francisco Dornelles verbalizou a posição dos países em desenvolvimento...: '... Adotando-se o princípio da necessidade da existência de estabelecimento permanente para permitir o exercício do poder de tributar do Estado de fonte dos lucros, só é alcançado pelo Estado de fonte o resultado das atividades desenvolvidas com regularidade e com alto grau de integração no referido Estado. [...] o institvo do 'estabelecimento permanente', embora seja geralmente apontado como uma expressão do princípio da fonte, está, na verdade, muito mais vinculado ao princípio do domicílio do que a qualquer outro. Com efeito, o instituto em exame constitui uma versão, aplicável às empresas, da regra da residência permanente, que é um dos indicadores do princípio do domicílio no tocante às pessoas físicas.' [...] o tão falado 'princípio' do estabelecimento permanente não é mais do que um critério de alocação de poder tributário. Por uma questão histórica, principalmente de exercício de poder político pelos países desenvolvidos, acabou se cristalizando na redação dos artigos 7 do Modelo OCDE e do Modelo ONU. Contudo, mesmo assim, não passa de um critério de alocação de poder tributário que prevaleceu no curso do desenvolvimento da tributação internacional Não se trata de nenhum 'princípio' com carga axiológica que oriente o Direito Internacional Tributário" (ROCHA, Sergio André. Imperialismo fiscal internacional e o "princípio" do estabelecimento permanente. *RDDT* 211/155, 2013).

• Vide também: ROCHA, Sergio André. Estabelecimento permanente pessoal "à brasileira": tributação de lucros auferidos através de comissários, mandatário se representantes. *RDDT* 213/153, 2013.

– **Solução de Consulta Interna n. 18/2013.** Art. 74 da MP n. 2158-35/2001. Vide: SCHOUERI, Luís Eduardo. Lucros no exterior e acordos de bitributação: reflexões sobre a Solução de Consulta Interna n. 18/2013. *RDDT* 219/67, 2013.

– GALHARDO, Luciana Rosanova; ASSEIS, Pedro Augusto do Amaral Abujamra. Lucros no exterior: um novo capítulo. *RDDT* 220/86, 2014.

– **Convenções Brasil-Alemanha e Brasil-Canadá. Lucro da empresa estrangeira como lucro operacional.** TRIBUTÁRIO. CONVENÇÕES INTERNACIONAIS CONTRA A BITRIBUTAÇÃO. BRASIL-ALEMANHA E BRASIL-CANADÁ. ARTS. VII E XXI. RENDIMENTOS AUFERIDOS POR EMPRESAS ESTRANGEIRAS PELA PRESTAÇÃO DE SERVIÇOS À EMPRESA BRASILEIRA. PRETENSÃO DA FAZENDA NACIONAL DE TRIBUTAR, NA FONTE, A REMESSA DE RENDIMENTOS. CONCEITO DE "LUCRO DA EMPRESA ESTRANGEIRA" NO ART. VII DAS DUAS CONVENÇÕES. EQUIVALÊNCIA A "LUCRO OPERACIONAL". PREVALÊNCIA DAS CONVENÇÕES SOBRE O ART. 7º DA LEI 9.779/99. PRINCÍPIO DA ESPECIALIDADE. ART. 98 DO CTN. CORRETA INTERPRETAÇÃO. 1. A autora, ora recorrida, contratou empresas estrangeiras para a prestação de serviços a serem realizados no exterior sem transferência de tecnologia. Em face do que dispõe o art. VII das Convenções Brasil-Alemanha e Brasil-Canadá, segundo o qual 'os lucros de uma empresa de um Estado Contratante só são tributáveis nesse Estado, a não ser que a empresa exerça sua atividade em outro Estado Contratante por meio de um estabelecimento permanente aí situado', deixou de recolher o imposto de renda na fonte. 2. Em razão do não recolhimento, foi autuada pela Receita Federal à consideração de que a renda enviada ao exterior como contraprestação por serviços prestados não se enquadra no conceito de 'lucro da empresa estrangeira', previsto no art. VII das duas Convenções, pois o lucro perfectibiliza-se, apenas, ao fim do exercício financeiro, após as adições e deduções determinadas pela legislação de regência. Assim, concluiu que a renda deveria ser tributada no Brasil – o que impunha à tomadora dos serviços a sua retenção na fonte –, já que se trataria de rendimento não expressamente mencionado nas duas Convenções, nos termos do art. XXI, *verbis*: 'Os rendimentos de um residente de um Estado Contratante provenientes do outro Estado Contratante e não tratados nos artigos precedentes da presente Convenção são tributáveis nesse outro Estado'. 3. Segundo os arts. VII e XXI das Convenções contra a Bitributação celebrados entre Brasil-Alemanha e Brasil-Canadá, os rendimentos não expressamente mencionados na Convenção serão tributáveis no Estado de onde se originam. Já os expressamente

mencionados, dentre eles o 'lucro da empresa estrangeira', serão tributáveis no Estado de destino, onde domiciliado aquele que recebe a renda. 4. O termo 'lucro da empresa estrangeira', contido no art. VII das duas Convenções, não se limita ao 'lucro real', do contrário, não haveria materialidade possível sobre a qual incidir o dispositivo, porque todo e qualquer pagamento ou remuneração remetido ao estrangeiro está – e estará sempre – sujeito a adições e subtrações ao longo do exercício financeiro. 5. A tributação do rendimento somente no Estado de destino permite que lá sejam realizados os ajustes necessários à apuração do lucro efetivamente tributável. Caso se admita a retenção antecipada – e portanto, definitiva – do tributo na fonte pagadora, como pretende a Fazenda Nacional, serão inviáveis os referidos ajustes, afastando-se a possibilidade de compensação se apurado lucro real negativo no final do exercício financeiro. 6. Portanto, 'lucro da empresa estrangeira' deve ser interpretado não como 'lucro real', mas como 'lucro operacional', previsto nos arts. 6º, 11 e 12 do Decreto-lei n. 1.598/77 como 'o resultado das atividades, principais ou acessórias, que constituam objeto da pessoa jurídica', ai incluído, obviamente, o rendimento pago como contrapartida de serviços prestados. 7. A antinomia supostamente existente entre a norma da convenção e o direito tributário interno resolve-se pela regra da especialidade, ainda que a normatização interna seja posterior à internacional. 8. O art. 98 do CTN deve ser interpretado à luz do princípio *lex specialis derrogat generalis*, não havendo, propriamente, revogação ou derrogação da norma interna pelo regramento internacional, mas apenas suspensão de eficácia que atinge, tão só, as situações envolvendo os sujeitos e os elementos de estraneidade descritos na norma da convenção. 9. A norma interna perde a sua aplicabilidade naquele caso especifico, mas não perde a sua existência ou validade em relação ao sistema normativo interno. Ocorre uma 'revogação funcional', na expressão cunhada por Heleno Torres, o que torna as normas internas relativamente inaplicáveis àquelas situações previstas no tratado internacional, envolvendo determinadas pessoas, situações e relações jurídicas específicas, mas não acarreta a revogação, *stricto sensu*, da norma para as demais situações jurídicas a envolver elementos não relacionadas aos Estados contratantes. 10. No caso, o art. VII das Convenções Brasil-Alemanha e Brasil-Canadá deve prevalecer sobre a regra inserta no art. 7º da Lei 9.779/99, já que a norma internacional é especial e se aplica, exclusivamente, para evitar a bitributação entre o Brasil e os dois outros países signatários. Às demais relações jurídicas não abarcadas pelas Convenções, aplica-se, integralmente e sem ressalvas, a norma interna, que determina a tributação pela fonte pagadora a ser realizada no Brasil. 11. Recurso especial não provido" (STJ, REsp 1.161.467, 2012).

– **Convenção Brasil-Chile para evitar a dupla tributação**. Por meio do Decreto n. 4.852/2003, foi promulgada Convenção para evitar a dupla tributação e prevenir a evasão fiscal em relação ao IR, entre o Brasil e a República do Chile.

– **Convenção Brasil-Espanha. Ausência de cláusula para evitar a dupla "não tributação".** "26. Foi precisamente em relação a uma situação de dupla não tributação por razões de lei interna que se suscitou o único caso sobre o qual o Fisco brasileiro se manifestou expressamente. A questão surgiu a respeito da interpretação do § 4º do art. 23 do tratado entre o Brasil e a Espanha que estabelece o seguinte: '4. Quando um residente do Brasil receber dividendos que de acordo com as disposições da presente convenção sejam tributáveis na Espanha, o Brasil isentará de imposto esses dividendos' (Ato Declaratório Interpretativo da Secretaria da Receita Federal 6, de 2002). 28. Sucede que a lei espanhola prevê a isenção de retenção na fonte dos dividendos distribuídos a residentes no exterior por sociedades que revistam natureza de 'Entidade de Tenência de Valores Estrangeiros' – ETVE. 29. O Fisco brasileiro considerou que a expressão 'sejam tributáveis na Espanha' pressupõe uma tributação efetiva, pelo que considerou não estar obrigado a reconhecer a isenção prevista no citado § 4º do art. 23 do tratado com a Espanha. 30. Consideramos que referida interpretação viola o tratado entre o Brasil e a Espanha, que não contém nenhuma disposição tendente a evitar a dupla não tributação por razões de lei interna. Como já se referiu, os comentários da OCDE aos arts. 23-A e 23-B (§ 34) não autorizam o Estado de residência a recusar a aplicação do método de isenção em razão de isenção concedida pelo outro Estado. 31. Tenha-se também presente que nenhum dos tratados celebrados contêm as chamadas cláusulas *subject to tax*, em nenhuma das suas modalidades" (XAVIER, Alberto. Dupla não tributação. *RTFP* 58/269, 2004).

– **Convenção Brasil-França.** Vide artigo Serviços técnicos prestados por empresa francesa e imposto de renda na fonte, de Luciana Rosanova Galhardo, em *RDDT* 31, 1998.

– **Convenção Brasil-Suécia para evitar a dupla tributação.** "... IMPOSTO DE RENDA. DISTRIBUIÇÃO DE LUCROS. QUOTISTAS DOMICILIADOS NO BRASIL E NA SUÉCIA. TRATAMENTO ISONÔMICO. ART. 24 DA CONVENÇÃO BRASIL E SUÉCIA PARA EVITAR DUPLA TRIBUTAÇÃO. FATO GERADOR. CONSUMAÇÃO. 5. O art. XXIV da Convenção assinada pelo Brasil e Suécia para evitar dupla tributação, adotando o princípio da não discriminação tributária, estabelece que 'os nacionais de um Estado contratante não ficarão sujeitos no outro Estado contratante a nenhuma tributação ou obrigação correspondente, diferente ou mais onerosa do que aquelas a que estiverem sujeitos os nacionais desse outro Estado que se encontrem na mesma situação'. Dispõe, ainda, que 'as empresas de um Estado contratante, cujo capital pertencer ou for controlado, total ou parcialmente, direta ou indiretamente, por uma ou várias pessoas residentes do outro Estado Contratante, não ficarão sujeitas, no primeiro Estado, a nenhuma tributação ou obrigação correspondente diversa ou mais onerosa de que aquelas a que estiverem ou puderem estar sujeitas as outras empresas da mesma natureza desse primeiro Estado'. 6. O princípio da não discriminação tributária visa, unicamente, 'eliminar desigualdades ante os nacionais dos Estados contratantes, que se agrega ao ordenamento interno por força de tratado internacional que o veicule' (Heleno Taveira Torres, in 'Princípio da Territorialidade e Tributação dos não residentes no Brasil. Prestações de Serviços no Exterior. Fonte de Produção e Fonte de Pagamento', in *Direito Tributário Internacional Aplicado* [obra coletiva], p. 71/108, Edit. Quartier Satin). 7. Reconhecimento pela instância *a quo* de que os lucros apurados pelos recorrentes ocorreram no período de 01.01.1989 a 31.12.1993.

Fatos que não são contestados pelo Fisco. 8. Resulta tratamento fiscal brasileiro anti-isonômico, com base na legislação vigente à época da apuração dos lucros, exigir a incidência de imposto de renda sobre esses negócios jurídicos. 9. Aplicação e interpretação sistêmica dos artigos 35 da Lei n. 7.713/88, 75 e 77 da Lei 8.383/91; do art. XXIV da Convenção assinada pelo Brasil e pela Suécia para evitar a dupla tributação e homenagear o princípio da não discriminação, aprovado pelo Decreto n. 77.053, de 19.01.1976. 10. Recurso conhecido e provido" (STJ, REsp 602.725, 2004).

– **Convenção Brasil-Japão para evitar a dupla tributação.** "IR. TÉCNICO. FUTEBOL. CONTRATO. EXTERIOR. A Turma, prosseguindo o julgamento, por maioria, entendeu incabível a bitributação de renda por serviço prestado por técnico de futebol contratado no exterior (Japão), mormente por já ter sido tributado lá na fonte, país com o qual o Brasil estabeleceu acordo bilateral (art. 8º da Lei n. 7.713/1988). REsp 882.785-RS... rel. para acórdão Min. Herman Benjamin, julgado em 27/5/2008" (*Informativo STJ* n. 0357, 2008).

– "IMPOSTO DE RENDA. REMESSA DE JUROS AO EXTERIOR. CONVENÇÃO INTERNACIONAL ENTRE BRASIL E JAPÃO. CONTRATO COM FILIAL SEDIADA NO PANAMÁ. BITRIBUTAÇÃO. O Decreto n. 61.899, de 14 de dezembro de 1967 que promulga a Convenção para evitar dupla tributação firmado entre Brasil e Japão dispõe que os juros pagos por empresa no Brasil à empresa sediada no Japão são tributados no Brasil à alíquota de 12.5% do montante bruto dos juros. No caso dos autos a remessa de juros foi feita à empresa estabelecida no Panamá. O fato da empresa panamenha ser filial da empresa japonesa não lhe retira a personalidade jurídica. Aquela é sujeita de direitos e obrigações dentro do Panamá. Tanto é assim que o financiamento da impetrante foi obtido junto a empresa sediada no Panamá, sendo que os juros foram para esse país remetidos. À empresa panamenha não se aplicam as leis japonesas. A República do Panamá é Estado soberano, sendo que as empresas domiciliadas em seu território devem obediência as leis nacionais. Não há nos autos qualquer indício de que a verba recebida no Panamá seria, de imediato, transferida para o Japão, quando, só então submeter-se-ia às leis nipônicas. Com isso, não se cogita em bitributação já que a remessa de juros à empresa sediada no Panamá está isenta do pagamento do imposto de renda naquele país" (TRF4, AMS 2001.04.01.045430-9, 2001).

– **Convenção Brasil-África do Sul.** Através do Decreto n. 5.922/06, foi promulgada Convenção para evitar a dupla tributação e prevenir a evasão fiscal em relação ao IR, entre o Brasil e a República da África do Sul.

⇒ **Tributação dos investimentos estrangeiros.** "... por meio dos arts. 81 e 82 da Lei 8.981, de 20.01.1995, o legislador criou um tratamento tributário diferenciado para os investimentos cursados por meio dos antigos anexos I a V e nos fundos de Renda Fixa – Capital Estrangeiro – Anexo VI, criados ao amparo do Dec.-lei 2.285/86 e Resolução 2.034/93, atualmente substituídos pela conta de investimento estrangeiro. O art. 81, anteriormente citado, é a pedra fundamental da tributação dos investidores estrangeiros no mercado financeiro e de capitais, pois elegeu duas hipóteses de incidência específicas para fins de tributação. Esse tratamento diferenciado decorre da escolha da hipótese de incidência do Imposto de Renda como rendimento e ganho de capital, onde: – Rendimento: considera-se qualquer valor que constitua remuneração de capital aplicado, tais como juros, prêmios, comissões, ágio e deságio, bem como resultados positivos auferidos em aplicações nos fundos e clubes de investimento, em operações de *swap*, registradas ou não em bolsa, e nas operações realizadas em mercado de liquidação futura, fora de bolsa; – Ganho de capital: considera-se o resultado positivo auferido nas operações realizadas em bolsas de valores, de mercadorias, de futuros e assemelhadas, com exceção das operações conjugadas; e nas operações com ouro, ativo financeiro, fora de bolsa. [...] o legislador tributário nos arts. 81 e 82 da Lei 8.981/95 criou duas hipóteses de incidência tributária totalmente distintas para os investimentos efetuados por meio da conta de investimento estrangeiro. A primeira chamou de rendimento e abrange a grande parte dos investimentos realizados no mercado financeiro, fora do recinto bursátil. A segunda chamou de ganho de capital, restrita às operações cursadas nas bolsas, inclusive as operações realizadas com ouro, ativo financeiro, comercializado fora de bolsa. Além de criar hipóteses de incidência distintas, concedeu benefício fiscal, aplicando alíquotas reduzidas para os rendimentos auferidos pelo investidor estrangeiro, por meio da conta de investimento estrangeiro, determinando que o Imposto de Renda na fonte sobre tais rendimentos incidirá a alíquotas menores do que as praticadas para residentes e domiciliados no País, e dando aos ganhos de capital a isenção de Imposto de Renda" (RAFFAELLI, Paulo Cesar Pimentel. Aspectos tributários do investimento estrangeiro no mercado financeiro e de capitais. *RTFP* 57/257, 2004). Obs.: o artigo conta com quadro demonstrativo do tratamento tributário dispensado ao investimento efetuado por residente e domiciliado no exterior, abordando os diversos impostos e contribuições.

– **Ganhos de capital por não residentes.** Vide artigo de Luciana Rosanova Galhardo e Giancarlo Chamma Matarazzo, Ganho de capital – não residentes – garantias dos investimentos estrangeiros no Brasil, *RDDT* 74/89-96, 2001.

• Vide: ROCHA, Serio André. A sujeição passiva no IRRF de não residentes. *RDDT* 234/128, 2015.

⇒ **Remessa de capital para o exterior.** "... IMPOSTO SUPLEMENTAR DE RENDA. REMESSA DE LUCROS PARA O EXTERIOR. ATUALIZAÇÃO CAMBIAL. LEIS NS. 4.131/62 E 4.390/64. ATUALIZAÇÃO MONETÁRIA. LEI n. 6.899/81. INAPLICABILIDADE. 1. Impossibilidade de ser feito desconto pelo valor histórico do recolhimento, impondo-se a atualização cambial do valor retido, 'a fim de que o valor do momento do recolhimento corresponda ao valor da remessa dos dividendos'" (STJ, REsp 57.294, 2002).

– "... IMPOSTO SUPLEMENTAR DE RENDA – REMESSA DE CAPITAL PARA O EXTERIOR – FORMA DE CÁLCULO: LEI 4.131/62, COM A REDAÇÃO DA LEI 4.390/64. 1. A interpretação do art. 43, § 2º da lei específica não permite que se faça a cobrança do Imposto Suplementar de Renda

como preconizado no Parecer CST 77/78, em que se incluía na base de cálculo, em cada remessa, o valor do imposto pago na remessa antecedente. 2. Interpretação legal que se harmoniza com o preconizado na Instrução Normativa 49, de 14/07/82. 3. Recurso improvido" (STJ, REsp 221.531, 2001).

⇒ **Remessa ao exterior para pagamento de serviços técnicos e de assistência técnica sem transferência de tecnologia. Royalties. ADI RFB n. 5/2014.** "Propomo-nos... a apresentar reflexões a respeito da mudança de posicionamento do Fisco no ADI RFB n. 5/2014, com o objetivo de verificar a compatibilidade das suas disposições com a adequada interpretação dos artigos 7º ('lucro das empresas'), 12 ('royalties'), 14 ('profissões independentes') e 21 ('outros rendimentos') dos acordos de bitributação celebrados pelo Brasil. [...] o ADI RFB n. 5/2014 representa uma importante evolução... na medida em que considera, com elogiável e necessária prudência, a vontade manifestada pelos Estados contratantes por ocasião da divisão do poder de tributar os serviços técnicos e de assistência técnica. Como as redações dos protocolos dos acordos de bitributação que contemplam o 'conceito estendido de royalties' não são idênticas e uniformes, afigura-se indispensável o exame casuístico do contrato de prestação de serviço técnico e de assistência técnica à luz de cada pacto convencional, para a correta classificação dos rendimentos nas regras distributivas correspondentes. A aplicação harmônica das regras convencionais, tanto para impedir ou limitar a tributação na fonte, quanto para aplicar o mecanismo de eliminação da dupla tributação no país de residência, permitirá o adequado cumprimento do tratado internacional por ambos os Estado contratantes. Na qualidade de ato expedido pela RFB que interpreta e esclarece a aplicação dos acordos de bitributação, a observância de suas disposições inibe a imposição de encargos e penalidades contra o contribuinte em caso de futura mudança de posicionamento, na forma do artigo 100, parágrafo único, do CTN" (SANTOS, Ramon Tomazela. Os rendimentos de prestação de serviços técnicos e de assistência técnica, com ou sem transferência de tecnologia, nos acordos de bitributação – reflexões a respeito do Ato Declaratório Interpretativo RFB n. 5/2014. *RDDT* 229/127, 2014).

⇒ **Retenção na fonte do IR relativamente ao sócio residente no exterior.** "... IMPOSTO DE RENDA. PESSOA JURÍDICA DOMICILIADA NO EXTERIOR. DISTRIBUIÇÃO DE LUCROS. RETENÇÃO NA FONTE. PRETENSÃO DE TRATAMENTO IDÊNTICO AOS CONTRIBUINTES NACIONAIS. INVIABILIDADE. 1. Considerando que, no ordenamento jurídico brasileiro, inexiste superioridade hierárquica dos tratados e convenções internacionais em relação à Lei Ordinária, válida a exigência do Imposto de Renda na fonte, relativamente ao sócio residente no exterior, tendo em vista a expressa previsão na legislação posterior à 'Convenção Internacional entre Brasil e Suécia para evitar dupla tributação entre a renda' (Decreto n. 77.053/76). 2. Não vislumbrada a violação ao princípio constitucional da isonomia tributária, pois inexiste relação de similitude entre o sócio, residente e domiciliado em território estrangeiro, súdito do Reino da Suécia e o sócio residente e domiciliado no Brasil. 3. Apelação improvida" (TRF4, AC 97.04.26084-9, 2000).

⇒ **Rendimentos pagos a *Data Center* no exterior.** Vide: XAVIER, Alberto. Da tributação dos rendimentos pagos a titulares de *Data Center* residentes no exterior. *RDDT* 234/7, 2015.

> **§ 2º Na hipótese de receita ou de rendimento oriundos do exterior, a lei estabelecerá as condições e o momento em que se dará sua disponibilidade, para fins de incidência do imposto referido neste artigo. (Parágrafo acrescentado pela LC n. 104/2001, vigente desde a publicação em 11-1-2001)**

⇒ **Receita ou rendimento.** Vide a discussão sobre a inconstitucional extensão da base de cálculo à receita em nota ao § 1º deste art. 43 do CTN.

⇒ **Empresas vinculadas no exterior. Controladas e coligadas. Definições na Lei das S.A. e no CC.** A questão envolve o investimento em controladas ou coligadas no exterior, impondo-se ter em conta o que são empresas controladas e coligadas, conforme a lei brasileira. A diferença essencial reside na participação com controle ou sem controle. A empresa controladora tem meios jurídicos para dispor dos lucros da controlada, porquanto sua vontade é hegemônica. A empresa coligada não tem meios jurídicos para dispor, por sua exclusiva vontade, do lucro da pessoa jurídica a ela relacionada, só auferindo lucros quando houver deliberação da sociedade pela sua efetiva distribuição. Neste segundo caso, das coligadas, inexistirá disponibilidade econômica imediata, assim como não haverá sequer disponibilidade jurídica sobre o patrimônio em análise até que as competentes deliberações societárias venham a ser tomadas por aqueles que efetivamente tem poder para decidir os rumos da empresa.

– Lei n. 6.404/76, com a redação das Leis n. 11.941/2009 e n. 14.195/2021: "CAPÍTULO XX Sociedades Coligadas, Controladoras e Controladas SEÇÃO I Informações no Relatório da Administração. Art. 243. O relatório anual da administração deve relacionar os investimentos da companhia em sociedades coligadas e controladas e mencionar as modificações ocorridas durante o exercício. § 1º São coligadas as sociedades nas quais a investidora tenha influência significativa. § 2º Considera-se controlada a sociedade na qual a controladora, diretamente ou através de outras controladas, é titular de direitos de sócio que lhe assegurem, de modo permanente, preponderância nas deliberações sociais e o poder de eleger a maioria dos administradores. § 3º A companhia aberta divulgará as informações adicionais, sobre coligadas e controladas, que forem exigidas pela Comissão de Valores Mobiliários. § 4º Considera-se que há influência significativa quando a investidora detém ou exerce o poder de participar nas decisões das políticas financeira ou operacional da investida, sem controlá-la. § 5º É presumida influência significativa quando a investidora for titular de 20% (vinte por cento) ou mais dos votos conferidos pelo capital da investida, sem controlá-la".

– Lei n. 12.973/2014: "Seção III Da Equiparação à Controladora Art. 83. Para fins do disposto nesta Lei, equipara-se à condição de controladora a pessoa jurídica domiciliada no Brasil que detenha participação em coligada no exterior e que, em conjunto com pessoas físicas ou jurídicas residentes ou domiciliadas no Brasil ou no exterior, consideradas a ela vinculadas, possua mais de 50% (cinquenta por cento) do capital votante da coligada no exterior".

– Código Civil: "Art. 1.098. É controlada: I – a sociedade de cujo capital outra sociedade possua a maioria dos votos nas deliberações dos quotistas ou da assembleia geral e o poder de eleger a maioria dos administradores; II – a sociedade cujo controle, referido no inciso antecedente, esteja em poder de outra, mediante ações ou quotas possuídas por sociedades ou sociedades por esta já controladas. Art. 1.099. Diz-se coligada ou filiada a sociedade de cujo capital outra sociedade participa com dez por cento ou mais, do capital da outra, sem controlá-la".

– **Apuração dos lucros auferidos no exterior: Método de Equivalência Patrimonial (MEP).** A legislação brasileira, há muito, reconhece o método de equivalência patrimonial, mas como critério do balanço patrimonial das investidoras com controladas ou coligadas no exterior, e não para fins tributários, porquanto o art. 23 do Decreto-Lei n. 1.598/77 dispunha: "*Art. 23. A contrapartida do ajuste de que trata o artigo 22, por aumento ou redução no valor de patrimônio líquido do investimento, não será computada na determinação do lucro real. (Redação dada pelo Decreto-lei n. 1.648, de 1978)*". A Lei n. 9.249/95, art. 25, § 6º, preservou essa disciplina legal. O art. 74 da MP n. 2.158-35/2001 não adentrou o aspecto quantitativo, limitando-se a dispor sobre o aspecto temporal da norma tributária impositiva, ou seja, sobre o momento em que se deve considerar adquirida a disponibilidade dos lucros auferidos por controlada ou coligada no exterior para fins de apuração do lucro real: na data do balanço no qual tiverem sido apurados. De qualquer modo, reiterou a tributação dos lucros auferidos por controlada ou coligada no exterior. O art. 7º da IN SRF n. 213/2002 é que estabeleceu a tributação pelo método de equivalência patrimonial, mas o fez inovando, extrapolando a disciplina legal e, assim, incorrendo em ilegalidade, sendo, no ponto, inválida. Eis o teor dessa IN: "Equivalência patrimonial Art. 7º A contrapartida do ajuste do valor do investimento no exterior em filial, sucursal, controlada ou coligada, avaliado pelo método da equivalência patrimonial, conforme estabelece a legislação comercial e fiscal brasileira, deverá ser registrada para apuração do lucro contábil da pessoa jurídica no Brasil. § 1º Os valores relativos ao resultado positivo da equivalência patrimonial, não tributados no transcorrer do ano-calendário, deverão ser considerados no balanço levantado em 31 de dezembro do ano-calendário para fins de determinação do lucro real e da base de cálculo da CSLL". Ou seja, a utilização do método de equivalência patrimonial, por força da IN RFB n. 213/2002, constituiu inovação infralegal, porquanto prosseguiam aplicáveis à espécie o art. 25 da Lei n. 9.249/95 e o art. 23 do DL n. 1.598/77, que neutralizava os efeitos da equivalência patrimonial sobre a apuração do lucro para fins tributários e determinava os ajustes, adições, exclusões e compensações passíveis de aplicação.

– Lei n. 9.249/95: "Art. 25. Os lucros, rendimentos e ganhos de capital auferidos no exterior serão computados na determinação do lucro real das pessoas jurídicas correspondente ao balanço levantado em 31 de dezembro de cada ano... § 2º Os lucros auferidos por filiais, sucursais ou controladas, no exterior, de pessoas jurídicas domiciliadas no Brasil serão computados na apuração do lucro real com observância do seguinte: I – as filiais, sucursais e controladas deverão demonstrar a apuração dos lucros que auferirem em cada um de seus exercícios fiscais, segundo as normas da legislação brasileira; II – os lucros a que se refere o inciso I serão adicionados ao lucro líquido da matriz ou controladora, na proporção de sua participação acionária, para apuração do lucro real; [...] § 3º Os lucros auferidos no exterior por coligadas de pessoas jurídicas domiciliadas no Brasil serão computados na apuração do lucro real com observância do seguinte: I – os lucros realizados pela coligada serão adicionados ao lucro líquido, na proporção da participação da pessoa jurídica no capital da coligada; II – os lucros a serem computados na apuração do lucro real são os apurados no balanço ou balanços levantados pela coligada no curso do período-base da pessoa jurídica; [...] § 6º Os resultados da avaliação dos investimentos no exterior, pelo método da equivalência patrimonial, continuarão a ter o tratamento previsto na legislação vigente, sem prejuízo do disposto nos §§ 1º, 2º e 3º".

– Decreto-Lei n. 1.598/77: "Art. 23. A contrapartida do ajuste de que trata o artigo 22, por aumento ou redução no valor de patrimônio líquido do investimento, não será computada na determinação do lucro real. (Redação dada pelo Decreto-lei n. 1.648, de 1978). Parágrafo único. Não serão computadas na determinação do lucro real as contrapartidas de ajuste do valor do investimento ou da amortização do ágio ou deságio na aquisição, nem os ganhos ou perdas de capital derivados de investimentos em sociedades estrangeiras coligadas ou controladas que não funcionem no País".

– Lei n. 7.689/88: "Art. 2º A base de cálculo da contribuição é o valor do resultado do exercício, antes da provisão para o imposto de renda. § 1º Para efeito do disposto neste artigo: [...] c) o resultado do período-base, apurado com observância da legislação comercial, será ajustado pela: 4 – exclusão do resultado positivo da avaliação de investimentos pelo valor de patrimônio líquido".

– Lei n. 12.973/2014: "CAPÍTULO VIII DISPOSIÇÕES GERAIS SOBRE A TRIBUTAÇÃO EM BASES UNIVERSAIS Art. 76. A pessoa jurídica controladora domiciliada no Brasil ou a ela equiparada, nos termos do art. 83, deverá registrar em subcontas da conta de investimentos em controlada direta no exterior, de forma individualizada, o resultado contábil na variação do valor do investimento equivalente aos lucros ou prejuízos auferidos pela própria controlada direta e suas controladas, direta ou indiretamente, no Brasil ou no exterior, relativo ao ano-calendário em que foram apurados em balanço, observada a proporção de sua participação em cada controlada, direta ou indireta. § 1º Dos resultados das controladas diretas ou indiretas não deverão constar os resultados auferidos por outra pessoa jurídica sobre a qual a pessoa jurídica controladora domiciliada no Brasil mantenha o controle direto ou indireto. § 2º A variação do valor do investimento equivalente ao lucro ou prejuízo auferido no exterior será convertida em reais, para efeito da apuração da base de cálculo do imposto de renda e da CSLL, com base na taxa de câmbio da moeda do país de origem fixada para venda, pelo Banco Central do Brasil, correspondente à data do levantamento de balanço da controlada direta ou indireta. § 3º Caso a moeda do país de origem do tributo não tenha cotação no Brasil, o seu valor será convertido em dólares dos Estados Unidos da América e, em seguida, em reais".

⇒ **No que consiste o MEP.** A equivalência patrimonial é composta por diversos eventos: a) apuração de lucro líquido ou prejuízo da controlada; b) ganhos ou perdas efetivos em decorrência da existência de reservas de capital na controlada; c) ganhos ou perdas efetivos em decorrência de ajustes nos exercícios anteriores na controlada; d) variação cambial de investimento na controlada; e) variação da percentagem de participação no capital social da controlada; e f) reavaliação dos ativos da controlada. Por conseguinte, a tributação diretamente incidente sobre o resultado do método da equivalência patrimonial não considerará apenas o lucro, recaindo sobre todos esses elementos.

– "O método de equivalência patrimonial – MEP ('equity method') constitui um mecanismo de avaliação do valor das participações societárias permanentes consideradas relevantes, baseado na evolução do patrimônio líquido da sociedade investida. Assim, se o patrimônio líquido dessa sociedade investida aumenta, por ter apurado lucro no exercício, o valor da participação societária da investidora também aumentará. O inverso é igualmente verdadeiro: a apuração de prejuízo no exercício e a consequente diminuição do patrimônio líquido da sociedade investida acabam sendo refletidas no valor da participação societária da investidora. [...] No Brasil, o MEP foi introduzido pela Lei n. 6.404/76, sendo de observância obrigatória, para fins fiscais, por todas as pessoas jurídicas submetidas à sistemática do lucro real e detentoras de controle ou influência significativa em empresas controladas ou coligadas (art. 248 da Lei n. 6.404/76 c/c o art. 67, inc. XI, do Decreto Lei n. 1.598/77)" (BOZZA, Fábio Piovesan. Tratamento fiscal do ágio na aquisição de investimentos. *RDDT* 178/54, 2010).

– **Súmula CARF 137:** "Os resultados positivos decorrentes da avaliação de investimentos pelo método da Equivalência Patrimonial não integram a base de cálculo do IRPJ ou da CSLL na sistemática do lucro presumido" (CSRF, 2019). Obs.: vinculante, conforme Portaria ME n. 410/2020.

– **Súmula CARF 146:** "A variação cambial ativa resultante de investimento no exterior avaliado pelo método da equivalência patrimonial não é tributável pelo IRPJ e CSLL" (CSRF, 2019). Obs.: vinculante, conforme Portaria ME n. 410/2020.

– **Ilegalidade da IN RFB n. 213/2002,** que determinou a utilização do MEP sem amparo legal. *A utilização anterior*, sem amparo legal, do Método de Equivalência Patrimonial para quantificar o valor a ser tributado, não pode ser superada pela superveniente Lei n. 12.973/2014, que passou a lançar mão do método da equivalência patrimonial como método de apuração da base de cálculo dos tributos incidentes sobre o lucro. A admissão de tal tese implicaria vulneração do princípio da irretroatividade consagrado pelo art. 150, III, *a*, da CF. A utilização do método de equivalência patrimonial, por força da IN RFB n. 213/2002, não restara consagrado no art. 74 da MP n. 2.158-35/2001, que disciplinara exclusivamente o momento em que se consuma o fato gerador dos tributos em debate, pois determina que os lucros *serão considerados disponibilizados para a controladora ou coligada no Brasil na data do balanço no qual tiverem sido apurados.* Em tal texto legal, há referência à apuração do lucro, embora sem especificação do seu modo de apuração, prosseguindo aplicáveis à espécie o art. 25 da Lei n. 9.249/95 e o art. 23 do DL n. 1.598/77, com a redação da época dos anos-base, que neutralizava os efeitos da equivalência patrimonial sobre a apuração do lucro para fins tributários e determinava os ajustes, adições, exclusões e compensações passíveis de aplicação. O que se extrai da leitura dos textos é que a tributação autorizada era aquela incidente sobre os efetivos lucros auferidos pelas empresas investidas (no caso dos autos as controladas), que, nos moldes da MP n. 2.158-35/2001, deveriam ser considerados consumados por ocasião do balanço no qual tivessem sido apurados. Esse método de apuração determinando a adição dos lucros da empresa controlada aos da controladora estava adequadamente previsto pela IN n. 38/96 até o advento da ilegal IN n. 213/2002, cujo art. 7º fez com que a Receita Federal passasse a fazer incidir a alíquota dos tributos diretamente sobre o resultado da equivalência patrimonial. A direta aplicação da alíquota sobre o resultado do método da equivalência patrimonial, fundada unicamente em norma infralegal, incorria em ilegalidade.

⇒ Ao passar a utilizar o método da equivalência patrimonial para calcular o tributo devido, a Receita Federal desbordou dos limites da lei ordinária então vigente, a qual determinava o acréscimo do efetivo lucro da controlada para determinação do *quantum debeatur*. A legislação vigente anteriormente à Lei n. 12.973/2014 limitava a tributação ao lucro da investidora devidamente acrescido do lucro efetivamente apurado pela empresa investida no exterior. A direta aplicação da alíquota sobre o resultado do método da equivalência patrimonial, fundada unicamente em norma infralegal, implicava ilegalidade.

– "3. É ilícita a tributação, a título de IRPJ e CSLL, pelo resultado positivo da equivalência patrimonial, registrado na contabilidade da empresa brasileira (empresa investidora), referente ao investimento existente em empresa controlada ou coligada no exterior (empresa investida), previsto no art. 7º, § 1º, da Instrução Normativa SRF n. 213/2002, somente no que exceder a proporção a que faz jus a empresa investidora no lucro auferido pela empresa investida, na forma do art. 1º, § 4º, da Instrução Normativa SRF n. 213, de 7 de outubro de 2002. 4. Muito embora a tributação de todo o resultado positivo da equivalência patrimonial fosse em tese possível, ela foi vedada pelo disposto no art. 23, *caput* e parágrafo único, do Decreto-Lei n. 1.598/77, para o Imposto de Renda da Pessoa Jurídica – IRPJ, e pelo art. 2º, § 1º, 'c', 4, da Lei n. 7.689/88, para a Contribuição Social sobre o Lucro Líquido – CSLL, mediante artifício contábil que elimina o impacto do resultado da equivalência patrimonial na determinação do lucro real (base de cálculo do IRPJ) e na apuração da base de cálculo da CSLL, não tendo essa legislação sido revogada pelo art. 25, da Lei n. 9.249/95, nem pelo art. 1º, da Medida Provisória

n. 1.602, de 1997 (convertida na Lei n. 9.532/97), nem pelo art. 21, da Medida Provisória n. 1.858-7, de 29, de julho de 1999, nem pelo art. 35, Medida Provisória n. 1.991-15, de 10 de março de 2000, ou pelo art. 74, da Medida Provisória n. 2.158-34, de 2001 (edições anteriores da atual Medida Provisória n. 2.158-35, de 24 de agosto de 2001)" (STJ, REsp 1.211.882, 2011).

– No âmbito do AgInt nos EResp 1.554.106/BA, a Min. Assusete Magalhães aprofundou a análise do tema dissecando a jurisprudência do próprio Superior Tribunal de Justiça acerca do tema: "Em Contabilidade, o balanço patrimonial, como o próprio nome sugere, deve estar sempre em equilíbrio: a somatória do lado esquerdo do balanço (ativo) deverá ser sempre igual à do lado direito (passivo mais patrimônio líquido). Daí resulta que não existe 'balanço patrimonial positivo'. Ademais, lucro e balanço patrimonial jamais se aproximam. O balanço patrimonial retrata a situação das contas patrimoniais da empresa, já o lucro é o resultado positivo do encontro de contas de resultado, apurado, não no balanço patrimonial, mas na demonstração de resultado do exercício. [...] Em leitura apressada, poder-se-ia supor a existência de divergência jurisprudencial dentro da própria Segunda Turma, na medida em que alguns precedentes ressalvam a possibilidade de tributação, a título de IRPJ e CSLL, do resultado positivo da equivalência patrimonial, naquilo que não ultrapassar a parcela decorrente do lucro da empresa investida, e outros não o fazem. O exame do inteiro teor dos acórdãos, porém, revela que, em momento algum, a Segunda Turma superou o entendimento firmado no aludido REsp 1.211.882/RJ, sendo este precedente citado como fundamento em praticamente todos os acórdãos. [...] A questão é puramente semântica. Pode-se dizer que o art. 7º, § 1º, da Instrução Normativa SRF 213/2002 é ilegal, porque permite a tributação outros resultados que não os decorrentes do lucro da investida; ou pode-se dizer que é ilegal a tributação do resultado de equivalência patrimonial, previsto no art. 7º, § 1º, do aludido ato normativo, em relação ao que exceder a proporção a que faz jus a empresa investidora no lucro auferido pela empresa investida. A interpretação das assertivas conduz à mesma conclusão: a de que a tributação pura e simples do resultado de equivalência patrimonial, sem perquirir da origem daquele resultado, extrapola a regra do art. 25 da Lei 9.249/95".

– "O art. 7º, § 1º, da IN SRF n. 213/02 previu de forma expressa a tributação do resultado positivo da equivalência patrimonial, o que demonstra que a matéria foi regulamentada de modo contrário ao que dispõe o art. 25, § 6º, da Lei n. 9.249/95. [...] vários são os eventos que compõem a equivalência patrimonial, a saber: i) apuração de lucro líquido ou prejuízo na controlada; ii) ganhos ou perdas efetivos em decorrência da existência de reservas de capital na controlada; iii) ganhos ou perdas efetivos em decorrência de ajustes nos exercício anteriores na controlada; iv) variação cambial de investimento na controlada; v) variação da porcentagem de participação no capital social da controlada e vi) reavaliação dos ativos na controlada. Enquanto a Lei n. 9.249/95 autoriza somente a tributação dos lucros auferidos no exterior, a IN SRF n. 213/02 determina que seja tributado também o resultado positivo da equivalência patrimonial, que abrange, além dos lucros, todos os outros eventos antes indicados. [...] Caso se tribute, além do lucro, a totalidade do resultado positivo da equivalência patrimonial, o IRPJ e a CSLL incidirão sobre valores que não representam nem renda nem lucro, mas tão somente a variação do valor do investimento naquela empresa no exterior, sobretudo em razão das oscilações cambiais. Assim, a tributação poderia decorrer de uma simples variação cambial no Brasil, sem que houvesse qualquer variação do patrimônio no exterior. Eventual ganho de capital tributável (ou perda), embora retratado anualmente por equivalência patrimonial, somente se concretizará e poderá ser aferido quando da realização do investimento, não tendo nenhuma relação com o lucro ou prejuízo apurado a cada ano, de modo que o simples resultado da equivalência patrimonial não pode ser objeto de tributação pelo IRPJ ou pela CSLL" (CEZAROTTI, Ghilherme. Lucros auferidos no exterior: a tributação do resultado da equivalência patrimonial pela IN SRF n. 213/02. *RDDT* 97/56, 2003).

- Vide: MACHADO, Guilherme Costa Val. Apontamentos acerca da tributação dos lucros no exterior conforme a Lei n. 12.973, de 2014. *RDDT* 234/56, 2015.

- Disponibilidade de lucros auferidos por controlada ou coligada no exterior. O art. 74 da MP n. 2.158-35/2001, atualmente revogado pela Lei n. 12.973/2014, dispunha: "Art. 74. Para fim de determinação da base de cálculo do imposto de renda e da CSLL, nos termos do art. 25 da Lei n. 9.249, de 26 de dezembro de 1995, e do art. 21 desta Medida Provisória, os lucros auferidos por controlada ou coligada no exterior serão considerados disponibilizados para a controladora ou coligada no Brasil na data do balanço no qual tiverem sido apurados, na forma do regulamento. *Parágrafo único. Os lucros apurados por controlada ou coligada no exterior até 31 de dezembro de 2001 serão considerados disponibilizados em 31 de dezembro de 2002, salvo se ocorrida, antes desta data, qualquer das hipóteses de disponibilização previstas na legislação em vigor*".

⇒ O STF disse da inconstitucionalidade da tributação, na data do balanço, do lucro de mera coligada em país sem tributação favorecida, por não entender presente, no caso, a disponibilidade imediata, dependente de deliberação societária (ADI 2.258). Para os demais casos, reconheceu a constitucionalidade (controladas em paraíso fiscal) ou não alcançou quórum suficiente para a declaração da inconstitucionalidade (coligadas em paraíso fiscal e controlada em país sem tributação favorecida) (RE 541.090, 2013).

- Inconstitucionalidade do art. 74: coligadas em países sem tributação favorecida. Na ADI 2.588, o STF considerou que o art. 74 da MP n. 2.158-35/2001 não pode ser aplicado às empresas coligadas que estejam situadas em países sem tributação favorecida. Note-se que, neste caso, "a data do balanço no qual os lucros tenham sido amealhados pela coligada" não representará imediato e proporcional acréscimo patrimonial à empresa que se situa em território nacional. A coligada brasileira não possui direito potestativo de converter tais lucros em rendimentos próprios imediatamente, porquanto não exerce o controle sobre as deliberações da empresa estrangeira.

- Constitucionalidade do art. 74. Ainda na ADI 2.588, o STF afirmou a constitucionalidade da norma para as controladas em paraísos fiscais e não conseguiu maioria absoluta para o reconhecimento da inconstitucionalidade quanto às controladas em países sem tributação favorecida e às coligadas em paraísos fiscais.

- Situação extrema: controladas em paraíso fiscal. Quanto às empresas controladas que estão sediadas em paraísos fiscais, o art. 74 da MP n. 2.158-35/2001 é constitucional, porquanto as controladoras têm amplo poder de deliberação sobre as pessoas jurídicas estrangeiras, inclusive podendo realizar seus lucros de forma imediata. Não há qualquer sujeição a decisões de terceiro, porquanto gozam da maioria do capital votante e, além disso, optaram por instalar suas controladas em paraísos fiscais revelando elevada probabilidade de que seus atos sejam tendentes a promover evasão fiscal. No Tema 537 do STF foi firmada tese que reafirma esse entendimento de aplicação do art. 74 da MP n. 2.158-35 às empresas nacionais controladoras de pessoas jurídicas sediadas em países de tributação favorecida ou desprovidos de controles societários e fiscais adequados.

- Situações intermediárias: controladas em países sem tributação favorecida e coligadas em paraísos fiscais. Quanto às controladas em países sem tributação favorecida e às coligadas em paraísos fiscais, o dispositivo é constitucional, porquanto o STF, no RE 541.090, não alcançou maioria absoluta para declarar a sua inconstitucionalidade.

- Tema 537 do STF. Fixada a seguinte tese: "O art. 74 da MP 2.158-35 aplica-se às empresas nacionais controladoras de pessoas jurídicas sediadas em países de tributação favorecida ou desprovidos de controles societários e fiscais adequados, sendo inconstitucional o parágrafo único do mesmo dispositivo legal, o qual não incide sobre os lucros apurados até 31.12.2001". Decisão do mérito em 2013. Obs.: Redação da tese aprovada nos termos do item 2 da Ata da 12ª Sessão Administrativa do STF, realizada em 9-12-2015.

**- "TRIBUTÁRIO. INTERNACIONAL. IMPOSTO DE RENDA E PROVENTOS DE QUALQUER NATUREZA. PARTICIPAÇÃO DE EMPRESA CONTROLADORA OU COLIGADA NACIONAL NOS LUCROS AUFERIDOS POR PESSOA JURÍDICA CONTROLADA OU COLIGADA SEDIADA NO EXTERIOR. LEGISLAÇÃO QUE CONSIDERA DISPONIBILIZADOS OS LUCROS NA DATA DO BALANÇO EM QUE TIVEREM SIDO APURADOS ('31 DE DEZEMBRO DE CADA ANO'). ALEGADA VIOLAÇÃO DO CONCEITO CONSTITUCIONAL DE RENDA (ART. 143, III DA CONSTITUIÇÃO). APLICAÇÃO DA NOVA METODOLOGIA DE APURAÇÃO DO TRIBUTO PARA A PARTICIPAÇÃO NOS LUCROS APURADA EM 2001. VIOLAÇÃO DAS REGRAS DA IRRETROATIVIDADE E DA ANTERIORIDADE. MP 2.158-35/2001, ART. 74. LEI 5.720/1966, ART. 43, § 2º (LC 104/2000). 1. Ao examinar a constitucionalidade do art. 43, § 2º do CTN e do art. 74 da MP 2.158/2001, o Plenário desta Suprema Corte se dividiu em quatro resultados: 1.1. Inconstitucionalidade incondicional, já que o dia 31 de dezembro de cada ano está dissociado de qualquer ato jurídico ou econômico necessário ao pagamento de participação nos lucros; 1.2. Constitucionalidade incondicional, seja em razão do caráter antielisivo (impedir 'planejamento tributário') ou antievasivo (impedir sonegação) da normatização, ou devido à submissão obrigatória das empresas nacionais investidoras ao Método de Equivalência Patrimonial – MEP, previsto na Lei das Sociedades por Ações (Lei 6.404/1976, art. 248); 1.3. Inconstitucionalidade condicional, afastada a aplicabilidade dos textos impugnados apenas em relação às empresas coligadas, porquanto as empresas nacionais controladoras teriam plena disponibilidade jurídica e econômica dos lucros auferidos pela empresa estrangeira controlada; 1.4. Inconstitucionalidade condicional, afastada a aplicabilidade do texto impugnado para as empresas controladas ou coligadas sediadas em países de tributação normal, com o objetivo de preservar a função antievasiva da normatização. 2. Orientada pelos pontos comuns às opiniões majoritárias, a composição do resultado reconhece: 2.1. A inaplicabilidade do art. 74 da MP 2.158-35 às empresas nacionais coligadas a pessoas jurídicas sediadas em países sem tributação favorecida, ou que não sejam 'paraísos fiscais'; 2.2. A aplicabilidade do art. 74 da MP 2.158-35 às empresas nacionais controladoras de pessoas jurídicas sediadas em países de tributação favorecida, ou desprovidos de controles societários e fiscais adequados ('paraísos fiscais', assim definidos em lei); 2.3. A inconstitucionalidade do art. 74 par. ún., da MP 2.158-35/2001, de modo que o texto impugnado não pode ser aplicado em relação aos lucros apurados até 31 de dezembro de 2001. Ação Direta de Inconstitucionalidade conhecida e julgada parcialmente procedente, para dar interpretação conforme ao art. 74 da MP 2.158-35/2001, bem como para declarar a inconstitucionalidade da clausula de retroatividade prevista no art. 74, par. ún., da MP 2.158/2001" (STF, ADI 2.588, 2013).

– "IMPOSTO DE RENDA. LUCROS PROVENIENTES DE INVESTIMENTOS EM EMPRESAS COLIGADAS E CONTROLADAS SEDIADAS NO EXTERIOR. ART. 74 DA MEDIDA PROVISÓRIA 2.158-35/2001. 1. No julgamento da ADI 2.588/DF, o STF reconheceu, de modo definitivo, (a) que é legítima a aplicação do art. 74 da Medida Provisória n. 2.158-35/2001 relativamente a lucros auferidos por empresas controladas localizadas em países com tributação favorecida (= países considerados 'paraísos fiscais'); e (b) que não é legítima a sua aplicação relativamente a lucros auferidos por empresas coligadas sediadas em países sem tributação favorecida (= não considerados 'paraísos fiscais'). Quanto às demais situações (lucros auferidos por empresas controladas sediadas fora de paraísos fiscais e por empresas coligadas sediadas em paraísos fiscais), não tendo sido obtida maioria absoluta dos votos, o Tribunal considerou constitucional a norma questionada, sem, todavia, conferir eficácia *erga omnes* e efeitos vinculantes a essa deliberação. 2. Confirma-se, no presente caso, a constitucionalidade da aplicação do *caput* do art. 74 da referida Medida Provisória relativamente a lucros auferidos por empresa controlada sediada em país que não tem tratamento fiscal favorecido. Todavia, por ofensa aos princípios constitucionais da anterioridade e da irretroatividade, afirma-se a inconstitucionalidade do seu parágrafo único, que trata dos lucros apurados por controlada ou coligada no exterior até 31 de dezembro de 2002" (STF, RE 541.090, 2013).

– **Súmula CARF 78:** "A fixação do termo inicial da contagem do prazo decadencial, na hipótese de lançamento sobre lucros disponibilizados no exterior, deve levar em consideração a data em que se considera ocorrida a disponibilização, e não a data do auferimento dos lucros pela empresa sediada no exterior". Aprovada em dez. 2012.

– **Súmula CARF 94:** "Os lucros auferidos no exterior por filial, sucursal, controlada ou coligada serão convertidos em reais pela taxa de câmbio, para venda, do dia das demonstrações financeiras em que tenham sido apurados tais lucros, inclusive a partir da vigência da MP n. 2.158-35, de 2001 aprovada pela 1ª Turma da CSRF em dez. 2013".

– Nas edições anteriores desta obra, encontram-se inúmeras transcrições doutrinárias a respeito deste assunto.

– **Considerando o conteúdo de acordos internacionais com a Espanha e a Argentina.** "Seja por sua superioridade hierárquica às MedProv 2.518-34/35, seja porque são normas especiais em relação às Medidas Provisórias, os acordos para evitar a bitributação prevalecem sobre as Medidas Provisórias. No presente estudo, foram analisados os acordos celebrados pelo Brasil com a Espanha e com a Argentina. [...] pertence ao Estado da residência da empresa que aufere os lucros a competência para tributá-los. Como o Brasil não é o Estado de residência das coligadas ou controladas, o art. 74 infringe o art. 7º dos acordos para evitar a bitributação celebrados pelo Brasil com a Espanha e a Argentina. Ainda que se admitisse que o art. 74 tratasse de distribuição fictícia ou presumida de dividendos, verifica-se que os dois acordos de bitributação admitem a definição de dividendos apenas pela legislação do Estado da fonte, nunca pela legislação do Estado da residência, como é o caso do art. 74, que, portanto, é inaplicável. Outrossim, os acordos sempre se referem a 'dividendos pagos', o que nunca seria equiparável à ficção ou presunção absoluta do art. 74, mas remeteria, no máximo, ao disposto no art. 1º, § 2º, *b*, da Lei 9.532/97, que considera pago o lucro mediante crédito, entrega, remessa ou emprego do valor respectivo" (AMARAL, Antonio Carlos Rodrigues. Tributação de lucros no exterior: disponibilidade de renda e tratados internacionais. *RTFP* 67, 2006).

– Sobre esses tratados, vide também: PEREIRA, Marco Antônio Chazaine. A tributação de lucros auferidos no exterior e a aplicação individualizada dos tratados internacionais. Críticas ao Entendimento do CARF. *RET* 85/23-56, 2012.

– **No sentido da existência de disponibilidade.** "É amplamente aceita como um truísmo a ideia de que não detêm os sócios a titularidade dos lucros, que, enquanto não distribuídos, pertencem à sociedade que os produziu. Inobstante, não é menos verdade que os sócios da controladora detêm um direito à participação sobre esses lucros, Omo, de resto, sobre o conjunto de valores que compõem o patrimônio líquido da subsidiária. Esse direito, que é autônomo e distinto em relação ao direito aos dividendos, encontra sua representação jurídica na titularidade de ações e quotas, cuja tradução econômica corresponde ao valor das entradas iniciais dos sócios, acrescidas ou diminuídas pelo montante proporcional à participação dos referidos sócios no patrimônio líquido da sociedade. [...] Resulta, portanto, que, ainda que formalmente ocorra a interposição de uma ou mais pessoas jurídicas entre a figura do empresário e os resultados da exploração empresarial indiretamente exercida, tais resultados implicam o enriquecimento daquele na medida de sua apuração, visto se traduzirem em acréscimo patrimonial cuja realização financeira (em moeda) depende exclusivamente de um ato de vontade do próprio investidor, já que sobre este ativo (investimento), ao qual se agrega o incremento patrimonial reflexo (lucro da subsidiária), goza ele de plena titularidade" (MARTINS DE ANDRADE, André. Os limites da tributação universal da rena e a ADI n. 2.588. *RFDT* 29/9, 2007).

– **No sentido da constitucionalidade do art. 74 da MP n. 2.158/2001 e do § 5º do art. 25 da Lei n. 9.249/95.** Destaca que o art. 74 aplica-se, tão somente, ao investimento avaliado pelo método da equivalência patrimonial – MEP: "... só se pode falar de disponibilidade econômica e acréscimo patrimonial, em virtude de lucro apurado no balanço da investida, mas ainda não pago ao investidor, se este estiver obrigado a avaliar o investimento pelo MEP, pois, em caso de avaliação pelo custo de aquisição, não há dúvida de que só se poderia considerar ocorrida a disponibilidade econômica pós o efetivo recebimento dos dividendos pela investidora. Disso não divergiu a Secretaria da Receita Federal, ao proferir sua interpretação sobre o art. 74 em tela, na Instrução Normativa n. 213, 7 de outubro de 2002." Discorre sobre o método de equivalência patrimonial, destacando que, inicialmente, os investimentos eram avaliados pelo custo de aquisição, razão pela qual os lucros das empresas investidas só eram reconhecidos pelas investidoras quando efetivamente recebidos, mas que, por influência americana e inglesa, foi desenvolvida a ideia de consolidação de balanços calcada, principalmente, no afastamento da figura da entidade jurídica e a adoção do conceito de entidade econômica. Vale a leitura (SOUZA JÚNIOR, Alberto Pinto. A disponibilidade de lucros oriundos do exterior. *RFDT* 2/49, 2003).

– **Irretroatividade. Tema 537 do STF.** Fixada a seguinte tese: "O art. 74 da MP 2.158-35 aplica-se às empresas nacionais controladoras de pessoas jurídicas sediadas em países de tributação favorecida ou desprovidos de controles societários e fiscais adequados, sendo inconstitucional o parágrafo único do mesmo dispositivo legal, o qual não incide sobre os lucros apurados até 31.12.2001". Decisão do mérito em 2013.

– "Como a tributação universal do IRPJ foi introduzida somente a partir de 01.01.1996, para efeitos dos lucros auferidos por controlada ou coligada no exterior apurados nos balanços de 31.12.1996, 31.12.1997, 31.12.1998, 31.12.199, 31.12.2000 e 31.12.2001 e a Medida Provisória teve eficácia para o IRPJ apenas a partir de 10.01.2002, o art. 74 das MedProv 2.158-34/35 é inconstitucional por ofensa ao princípio da irretroatividade qualificado pelo princípio da anterioridade. 4. Para os períodos-base anteriores a 2001, uma vez que a tributação universal da CSL foi introduzida somente a partir de 27.09.1999 pela MedProv 1.858-6/99, para efeitos dos lucros auferidos por controlada ou coligada no exterior apurados nos balanços de 31.12.1999 e 31.12.2000 e a Medida Provisória teve eficácia para a CSL apenas a partir de 72.10.2001, o art. 74 da MedProv 2.158-35 é inconstitucional por ofensa ao princípio da irretroatividade qualificado pelo princípio da anterioridade nonagesimal" (AMARAL, Antonio Carlos Rodrigues. Tributação de lucros no exterior: disponibilidade de renda e tratados internacionais. *RTFP* 67, 2006).

– **Prejuízos. Compensação. Lei n. 9.429/95, art. 25, § 5º.** "IRPJ. CSLL. INVESTIMENTO. EXTERIOR. Discutiu-se o cômputo dos prejuízos e lucros na base de cálculo do IRPJ e da CSLL apurados em empresas controladas e coligadas situadas no exterior. [...] havendo a disponibilidade econômica ou jurídica da renda, seu valor mostra-se apto a compor a base de cálculo do IRPJ (*vide* art. 43, *caput* e parágrafos, do CTN). Todavia, se houver prejuízos e perdas, é possível a compensação ser feita pela investidora, o que se dá no limite dos lucros auferidos no exterior das respectivas coligadas e controladas, nos respectivos balanços. Se os lucros são considerados disponibilizados na data do balanço, os eventuais prejuízos já foram contabilizados nos próprios balanços das coligadas e controladas; pois, se assim não fosse, não haveria como apurar a ocorrência de lucro. [...] REsp 1.161.003-RS, Rel. Min. Mauro Campbell Marques, julgado em 7/10/2010" (*Informativo STJ*, 2010).

– "Afora algumas limitações peculiares de caráter nitidamente antielisivo, a única disposição que verdadeiramente distorce o sistema e se mostra destituída de qualquer fundamento constitucional idôneo, e por ter caráter totalmente discriminatório, é a que estabelece que os prejuízos ou perdas decorrentes de operações realizadas no exterior por meio de filiais, sucursais, coligadas ou controladas no exterior não podem ser compensados com os lucros realizados pelas pessoas jurídicas residentes no Brasil" (D'EÇA, Fernando Luiz da Gama Lobo. Sistema tributário do Brasil na tributação da companhia versus sócios ou acionistas. *RTFP* 54/49, 2004).

– **Compensação de prejuízos de controladas com lucros de controladas no exterior.** "Se por um lado é certo que os prejuízos sofridos no exterior por controladas diretas ou indiretas não podem ser compensados com lucros auferidos no Brasil por sua controladora, por outro lado, a legislação não é tão clara sobre se os prejuízos sofridos no exterior por controladas diretas ou indiretas poderiam ser compensados com lucros auferidos também no exterior por outras controladas. Com efeito, nos termos do art. 25, § 5º, da Lei 9.249/95, os prejuízos decorrentes de controladas, no exterior, 'não serão compensados com lucros auferidos no Brasil'. Já o art. 4º da IN 213/2001 dispõe que 'é vedada a compensação de prejuízos de filiais, sucursais, controladas ou coligadas, no exterior, com os lucros auferidos pela pessoa jurídica no Brasil'. Note-se que enquanto a Lei 9.249/95 veda a compensação de prejuízos alienígenas com 'lucros auferidos no Brasil', a IN 213/2002 veda a compensação de prejuízos estrangeiros com 'lucros auferidos pela pessoa jurídica no Brasil'. [...] Ora, como 'onde a lei não distingue, não pode o intérprete distinguir' e como a IN 213/2002 não distingue entre resultados positivos – que são os lucros – e resultados negativos – que são os prejuízos –, é de se concluir que apenas através da consolidação dos resultados das controladas indiretas na controlada direta, os prejuízos apurados no exterior poderiam ser compensados com lucros auferidos igualmente no exterior" (YAMASHITA, Douglas. Controladas indiretas no exterior: controvérsias de seu regime tributário. *RDDT* 179/28, 2010).

⇒ **Salário percebido no exterior.** "A disposição acerca da não tributação dos salários recebidos no exterior, conferida às pessoas de nacionalidade brasileira que prestam serviços como assalariados em outro país, deve ser tido como ponto de partida para a análise do texto escrito, a fim de que o intérprete possa dar o verdadeiro sentido da norma, cuidando de conciliar com o sentido jurídico do diploma. O Decreto-Lei n. 1.380/74 tem em mira evitar a dupla tributação dos rendimentos do trabalho assalariado recebido no exterior pelos empregados que optarem pela condição de residência no Brasil, para efeitos de imposto de renda, embora residam no exterior. Assim, o exame da *quaestio* não se circunscreve tão só à análise da expressão 'rendimentos recebidos no exterior', mas, como a própria recorrente reconhece, se deve verificar se o espírito da lei foi afrontado (fl. 88). A interpretação do verdadeiro espírito do diploma normativo nos conduz à impossibilidade de dupla incidência do tributo no Brasil e no exterior. Assim, a transferência para o Brasil dos rendimentos percebidos no exterior, na hipótese dos autos, poderia nos conduzir ao equívoco de que por ser oriundo de trabalho assalariado no exterior a isenção do imposto de renda seria de rigor. Todavia, não há nos autos elementos no sentido de que esse tributo tenha sido recolhido no país alienígena, de maneira que não há evidência da hipótese de dupla tributação autorizadora da aplicação da regra do mencionado Decreto-Lei. Conforme os termos do parecer trazido à colação pelos recorrentes fica evidenciado que a par dos pressupostos específicos da isenção, deve ser incluída 'a necessária imputação do rendimento ao estabelecimento permanente no exterior' (fl. 103). Essa exigência se justifica para afastar a dupla tributação, a qual, na espécie, repita-se, não se verificou. Recurso especial não conhecido. Decisão un." (STJ, REsp 134.115, 2001).

– "IMPOSTO DE RENDA. PESSOA FÍSICA QUE TRANSFERE RESIDÊNCIA PARA O EXTERIOR PARA PRESTAR SERVIÇO ASSALARIADO. RENDIMENTOS NÃO TRIBUTÁVEIS. ART. 13, §§ 1º E 2º, DO RIR/80. EXEGESE. 1. A finalidade da não tributação dos rendimentos das pessoas físicas que transferem residência a fim de prestar serviços, como assalariados, a filiais, sucursais, agências ou representações no exterior de pessoas jurídicas domiciliadas no Brasil, prescrita nos §§ 1º e 2º do art.13 do RIR/80, é evitar a bitributação. 2. Descaracterizada a existência de unidade autônoma da empresa brasileira no exterior, sendo os pagamentos efetuados pela matriz, e não havendo alegação de tributação alienígena, incabível a inclusão na hipótese de não tributação" (TRF4, AC 2000.04.01.011961-9, 2000).

Art. 44. A base de cálculo do imposto é o montante, real, arbitrado ou presumido, da renda ou dos proventos tributáveis.

⇒ **IRPF. Rendimentos tributáveis.** O art. 3º da Lei 7.713/88, ao estabelecer a base de cálculo para o imposto de renda da pessoa física, toma o rendimento bruto e admite determinadas deduções.

– Lei n. 7.713/88: "Art. 3º O imposto incidirá sobre o rendimento bruto, sem qualquer dedução, ressalvado o disposto nos arts. 9º a 14 desta Lei. § 1º Constituem rendimento bruto todo o produto do capital, do trabalho ou da combinação de ambos, os alimentos e pensões percebidos em dinheiro, e ainda os proven-

tos de qualquer natureza, assim também entendidos os acréscimos patrimoniais não correspondentes aos rendimentos declarados. § 2º Integrará o rendimento bruto, como ganho de capital, o resultado da soma dos ganhos auferidos no mês, decorrentes de alienação de bens ou direitos de qualquer natureza, considerando-se como ganho a diferença positiva entre o valor de transmissão do bem ou direito e o respectivo custo de aquisição corrigido monetariamente, observado o disposto nos arts. 15 a 22 desta Lei. § 3º Na apuração do ganho de capital serão consideradas as operações que importem alienação, a qualquer título, de bens ou direitos ou cessão ou promessa de cessão de direitos à sua aquisição, tais como as realizadas por compra e venda, permuta, adjudicação, desapropriação, dação em pagamento, doação, procuração em causa própria, promessa de compra e venda, cessão de direitos ou promessa de cessão de direitos e contratos afins. § 4º A tributação independe da denominação dos rendimentos, títulos ou direitos, da localização, condição jurídica ou nacionalidade da fonte, da origem dos bens produtores da renda, e da forma de percepção das rendas ou proventos, bastando, para a incidência do imposto, o benefício do contribuinte por qualquer forma e a qualquer título. § 5º Ficam revogados todos os dispositivos legais concessivos de isenção ou exclusão, da base de cálculo do imposto de renda das pessoas físicas, de rendimentos e proventos de qualquer natureza, bem como os que autorizam redução do imposto por investimento de interesse econômico ou social. § 6º Ficam revogados todos os dispositivos legais que autorizam deduções cedulares ou abatimentos da renda bruta do contribuinte, para efeito de incidência do imposto de renda".

– **No caso do servidor público, sua remuneração bruta limitada pelo teto. Tema 639:** "Subtraído o montante que exceder o teto e o subteto previsto no art. 37, inciso XI, da Constituição, tem-se o valor para base de cálculo para a incidência do imposto de renda e da contribuição previdenciária". Decisão de mérito em 2015. Essa tese foi estabelecida pelo STF no RE 675.978 em 2015. Extrai-se do voto condutor que o objeto da ação é "a questão relativa à definição da base de cálculo para os descontos previdenciários e o imposto de renda de servidores, a saber, se o total calculado como remuneração/pensão (antes da aplicação do redutor do valor do teto ou subteto) ou se o total a ser percebido, quer dizer, tomando-se o valor remuneratório após o decote do excesso ao teto ou subteto". A relatora destacou a manifestação da União no sentido de que o abate teto incide "sobre o rendimento bruto do servidor, sendo mantido o paralelismo entre as contraprestações salariais (valor bruto servindo de limite ao valor bruto – e não valor bruto como limite ao valor líquido". E prosseguiu seu voto, concluindo: "A base de cálculo sobre a qual incidirão os descontos previdenciários e o imposto de renda é a remuneração/subsídios/proventos/pensões ou outras espécies remuneratórias dos servidores públicos (valor bruto) fixada após a definição do valor a ser recebido por força da observância do teto/subteto constitucional, definidos em lei".

– Por certo que, para os fins específicos do imposto de renda, identificada a remuneração bruta, deve-se deduzir a contribuição previdenciária para, então, alcançar-se a base de cálculo da retenção de IRRF.

– **Deduções da base de cálculo.** Determinadas despesas tem de ter a sua dedução autorizada, porquanto são indispensáveis à própria obtenção da renda, não configurando esta, até o limite daquelas, qualquer acréscimo patrimonial. E, na tributação da pessoa física, é também indispensável que sejam admitidas deduções referentes à saúde e à educação, consagrados nos arts. 196 e 205 da Constituição como direitos de todos e deveres do Estado. Há, ainda, deduções por dependentes. A legislação também enseja a opção por uma declaração simplificada, com dedução pré-definida, sem a necessidade de comprovação das respectivas despesas.

– Sobre a inafastabilidade das deduções, há interessante artigo de Fábio Augusto Junqueira de Carvalho e Maria Inês Caldeira Pereira da Silva Murgel, Reflexões sobre o Imposto de Renda das Pessoas Físicas, em *RDDT* 37, outubro/98, que pode ser assim resumido: O autor, em tal estudo, trata dos limites colocados ao legislador na tributação de renda da pessoa física, analisando, inclusive, as deduções necessárias em virtude de perdas patrimoniais (caso fortuito e força maior) e as despesas ordinárias. Primeiramente, tendo em vista as inúmeras definições conflitantes que existem, o autor demonstra que o acréscimo patrimonial é um dos elementos do conceito de renda aceito por grande parte da doutrina e da jurisprudência. Assim, verifica que o legislador utilizou o total dos rendimentos percebidos pelo contribuinte como base de cálculo do imposto de renda (e não apenas o efetivo acréscimo patrimonial), com a intenção de facilitar a arrecadação, a fiscalização e o próprio controle do sujeito passivo. No entanto, ao fazer isso, o Fisco está violando o princípio da pessoalidade (art. 145, § 1º, CF) e da capacidade contributiva, ao proibir a dedução de toda e qualquer despesa efetiva e tributando, na verdade, o que não é acréscimo patrimonial. Só pode haver dedução das parcelas permitidas em lei.

– **Súmula CARF 86:** "É vedada a retificação da Declaração de Ajuste Anual do Imposto sobre a Renda da Pessoa Física que tenha por objeto a troca de forma de tributação dos rendimentos após o prazo previsto para a sua entrega". Aprovada em dez. 2012.

– **Pensão alimentícia. Súmula CARF 98 (REVOGADA):** "A dedução de pensão alimentícia da base de cálculo do Imposto de Renda Pessoa Física é permitida, em face das normas do Direito de Família, quando comprovado o seu efetivo pagamento e a obrigação decorra de decisão judicial, de acordo homologado judicialmente, bem como, a partir de 28 de março de 2008, de escritura pública que especifique o valor da obrigação ou discrimine os deveres em prol do beneficiário" (Súmula aprovada pela 2ª Turma da CSRF em 2013, mas revogada conforme Ata da Sessão Extraordinária de 3-9-2018, *DOU* de 11-9-2018).

– **Dependentes. Súmula CARF 13:** "Menor pobre que o sujeito passivo crie e eduque pode ser considerado dependente na Declaração do Imposto de Renda da Pessoa Física, desde que o declarante detenha a guarda judicial".

– **Despesas com educação. Dedução limitada.** O art. 8º, II, "b", da Lei n. 9.250/92 autoriza a dedução, da base de cálculo, do pagamento de "despesas com instrução do contribuinte e de seus dependentes, efetuados a estabelecimentos de ensino, rela-

tivamente à educação infantil, compreendendo as creches e as pré-escolas; ao ensino fundamental; ao ensino médio; à educação superior, compreendendo os cursos de graduação e de pós-graduação (mestrado, doutorado e especialização); e à educação profissional, compreendendo o ensino técnico e o tecnológico", mas até limite bastante modesto que, para o ano-calendário de 2015, foi de R$ 3.561,50.

– "1. A jurisprudência do STF é no sentido de que não pode o Poder Judiciário estabelecer isenções tributárias, redução de impostos ou deduções não previstas em lei, ante a impossibilidade de atuar como legislador positivo. 2. Assim, não é possível ampliar os limites estabelecidos em lei para a dedução, da base de cálculo do IRPF, de gastos com educação (...)" (STF, RE 606.179 AgR, 2013).

– **Entendendo que o limite seria inconstitucional.** "... a educação é, em si e pela sua importância, um objetivo específico a ser perseguido. Mais que isso, é um dever do Estado, da família e da sociedade, que deverá ser promovido e incentivado. Trata-se de um direito amplo, não só ao ensino formal, mas que inclui em seu bojo o pleno desenvolvimento da pessoa e o preparo para o exercício da cidadania. Não se restringe às instituições de ensino, mas abrange o ambiente familiar e laboral, os movimentos sociais e organizações da sociedade civil, e deverá se inspirar nos ideais de liberdade e solidariedade humana. Ora, se a Constituição da República expressamente determina que a educação será promovida e incentivada, não será à Luz deste preceito que deveremos analisar a limitação às deduções das despesas a ela inerentes? E se a educação é um dever da família e da sociedade, como devemos encarar aquele que investe parcelas significativas de seus recursos próprios para concretização deste direito? Devemos onerá-lo, como um privilegiado que desdenha o serviço público de educação ofertado pelo Estado, considerando tal parcela de riqueza despendida como reveladora de capacidade contributiva? Ou tratá-lo como um patriota, que faz da educação de seus filhos o cumprimento de um dever e de um objetivo fundamental, assim como determina o artigo 205 da Constituição? Que se dirá, então, nesta mesma seara, daquele que investe seus recursos na educação daqueles que não são seus dependentes? Não estará ele, concretamente, contribuindo para a construção de uma sociedade solidária e mais justa, nos moldes previstos pelo artigo 3º, inciso primeiro da Constituição da República? [...] não apenas os limites às deduções das despesas com educação, enquanto limites de valor global, são inconstitucionais, como também a limitação do rol das despesas com educação às despesas pagas a estabelecimentos de ensino formal... Despesas com livros, jornais e/ou revistas, em papel ou eletrônicos; materiais didáticos, equipamentos e uniformes, despesas com atividades culturais como teatros, cinema e museus; atividades desportivas de cunho educacional; despesas ligadas à prevenção e promoção da saúde; despesas efetuadas com educação no exterior; todas elas, dentre outras que contribuam para a formação intelectual, física e moral do indivíduo enquanto cidadão participativo e solidário, deverão ser amplamente deduzidas, para o fim de cálculo do IRPF, já que convergem fatalmente à realização dos nossos objetivos supremos" (BACH, Marcel Eduardo Cunico. A (in)constitucionalidade das restrições à dedutibilidade das despesas com educação à luz dos objetivos fundamentais da República Federativa do Brasil. In: GRUPENMACHER, Betina Treiger (coord.). *Tributação: democracia e liberdade*. São Paulo: Noeses, 2014, p. 582-587).

– "1ª) É flagrante a inconstitucionalidade do dispositivo legal que limita o direito à dedução dos gastos com educação na determinação da base de cálculo do imposto de renda de pessoa física. 2ª) Não se trata de incentivo fiscal, mas de limitação constitucional da competência tributária, fazendo-se com que o imposto incida sobre a renda e não sobre despesas. 3ª) Admitir a exclusão ou a limitação do abatimento dos gastos com educação implica, na prática, admitir um imposto sobre os gastos com educação, o que deixa ainda mais evidente o absurdo da limitação questionada. 4º) Mesmo que se pudesse admitir que o direito à dedução dos gastos com educação na determinação da base de cálculo do imposto de renda constitui um incentivo fiscal, ainda assim, em face do que está expresso na Constituição Federal o legislador não poderia excluir ou limitar esse direito sem afrontar a Constituição" (MACHADO, Hugo de Brito. Gastos com educação e imposto de renda. *RDDT* 165/81, 2009).

– "... embora o ensino seja livre à iniciativa privada [...], é dever do Estado, aqui considerado em sua acepção ampla, assegurar a prestação gratuita do serviço público de ensino em todos os níveis. [...] assim como fez com relação aos gastos do contribuinte com os serviços de saúde, deveria a lei ter estipulado que a dedução das despesas com educação será integral, sem qualquer limite, contudo tal não se deu. [...] Qualquer gasto do contribuinte com educação é resultado direto da omissão do Estado em cumprir o correspondente dever prestacional e, portanto, não deveria ser tributado, já que a respectiva verba foi subtraída de seus rendimentos. Não se deve olvidar que o imposto em tela incide sobre a 'renda' e não sobre os 'rendimentos' ou a 'receita bruta' do contribuinte. lembremos também que a renda tributável constituir-se no eventual saldo positivo resultante do encontro entre os rendimentos e as despesas dedutíveis verificados no período (teoria do incremento patrimonial dinâmico)" (CARNEIRO, Bernardo Lima Vasconcelos. A inconstitucionalidade do limite de dedução dos gastos com educação no imposto de renda pessoa física. *RDDT* 203/32-53, 2012).

– **Despesas médicas em geral.** O art. 8º, II, "a", da Lei 9.250/92 autoriza a dedução, da base de cálculo, dos pagamentos efetuados a "médicos, dentistas, psicólogos, fisioterapeutas, fonoaudiólogos, terapeutas ocupacionais e hospitais, bem como as despesas com exames laboratoriais, serviços radiológicos, aparelhos ortopédicos e próteses ortopédicas e dentárias". As despesas médicas podem ser deduzidas por completo.

– **Súmula CARF 180:** "Para fins de comprovação de despesas médicas, a apresentação de recibos não exclui a possibilidade de exigência de elementos comprobatórios adicionais" (2ª Turma da CSRF, 2021).

– **Súmula CARF 40:** "A apresentação de recibo emitido por profissional para o qual haja Súmula Administrativa de Documentação Tributariamente Ineficaz, desacompanhado de elementos de prova da efetividade dos serviços e do correspondente pagamento, impede a dedução a título de despesas médicas e enseja a qualificação da multa de ofício".

– **Dedução de despesas escrituradas em Livro Caixa.** O art. 8º, II, *g*, da Lei n. 9.250/92 autoriza a dedução, da base de cálculo, das "despesas escrituradas no Livro Caixa, previstas nos incisos I a III do art. 6º da Lei n. 8.134, de 27 de dezembro de 1990, no caso de trabalho não assalariado, inclusive dos leiloeiros e dos titulares de serviços notariais e de registro." Diz, ainda, o art. 6º da Lei n. 8.134/90: "Art. 6º O contribuinte que perceber rendimentos do trabalho não assalariado, inclusive os titulares dos serviços notariais e de registro, a que se refere o art. 236 da Constituição, e os leiloeiros, poderão deduzir, da receita decorrente do exercício da respectiva atividade: [...] III – as despesas de custeio pagas, necessárias à percepção da receita e à manutenção da fonte produtora...".

– **Tabela mensal do Imposto sobre a Renda da Pessoa Física.** A parcela a deduzir e as alíquotas progressivas são fixadas para o adiantamento mensal e para o ajuste anual. A tabela para o ajuste anual corresponde à soma das tabelas mensais vigentes no respectivo ano-calendário. A tabela para fins de recolhimento mensal consta da Lei n. 11.482/2007, com a redação da Lei n. 12.649/2011. Quanto à correção da tabela para o ano-calendário de 2015, houve dissenso entre o Executivo e o Legislativo. Aquele pretendia corrigi-la em 4,5%, abaixo da inflação de 2014, que fechou o ano em 6,41% conforme o IPCA; esse pretendia o incide de 6,5%. Após negociação entre os poderes, foi editada a MP n. 670/2015, convertida na Lei n. 13.149/2015, em que as faixas foram reajustadas em percentuais distintos: a mais baixa, sujeita à alíquota de 7,5% de IR, recebeu correção de 6,5%, com percentuais inferiores a isso para as faixas subsequentes, sendo que a faixa mais alta, de 27,5%, foi reajustada em apenas 4,5%. Tal tabela vigeu de abril de 2015 até abril de 2023. A atualização subsequente, em índices inferiores à inflação do período, consolidou o aumento da carga tributária, passando a viger a contar de maio de 2023, nos termos da MP n. 1.171/2023. De qualquer modo, a jurisprudência é no sentido de que os contribuintes não têm direito à atualização integral, ficando a critério do legislativo esse juízo, de modo que, quando a correção legal fica abaixo da inflação, não se consegue corrigi-la em juízo. Consultem-se as tabelas no sítio oficial da RFB.

⇒ A partir de maio do ano-calendário de 2023: **Tabela Progressiva Mensal**

Base de Cálculo (R$)	Alíquota (%)	Parcela a Deduzir do IR (R$)
Até 2.112,00	–	–
De 2.112,01 a 2.826,65	7,5	158,40
De 2.826,66 a 3.751,05	15	370,40
De 3.751,06 a 4.664,68	22,5	651,73
Acima de 4.664,68	27,5	884,96

– **Tabela anual do Imposto de Renda, em separado, sobre a participação dos trabalhadores nos lucros ou resultados das empresas.** A participação é regulada pela Lei n. 10.101/2000, cujo art. 3º, com a redação da Lei n. 12.832/2013, estabelece que será tributada pelo imposto sobre a renda exclusivamente na fonte, em separado dos demais rendimentos recebidos, no ano do recebimento ou crédito, com base em tabela progressiva anual específica, não integrando a base de cálculo do imposto devido na declaração de ajuste anual.

⇒ **Participação nos lucros tabela de tributação exclusiva na fonte**

Valor do PLR anual (em R$)	Alíquota (%)	Parcela a deduzir do IR (em R$)
de 0,00 a 6.000,00	–	–
de 6.000,01 a 9.000,00	7,5	450,00
de 9.000,01 a 12.000,00	15	1.125,00
de 12.000,01 a 15.000,00	22,5	2.025,00
acima de 15.000,00	27,5	2.775,00

– Atualização das tabelas e limites de dedução do IR. O STF entende que a ausência de correção ou a correção abaixo nos índices inflacionários "não afronta os princípios da proibição do confisco ou da capacidade contributiva, bem como que não cabe ao Poder Judiciário autorizar a correção monetária da tabela progressiva do Imposto de Renda" (STF, ARE 966.484 AgR, 2016). Também firmou entendimento no sentido de que descabe a correção monetária da tabela do imposto de renda através de demanda judicial, haja vista inexistir direito constitucional à sua atualização: "... CORREÇÃO MONETÁRIA DAS TABELAS DO IMPOSTO DE RENDA. LEI N. 9.250/1995. NECESSIDADE DE LEI COMPLEMENTAR E CONTRARIEDADE AOS PRINCÍPIOS DA CAPACIDADE CONTRIBUTIVA E DO NÃO CONFISCO... 2. A vedação constitucional de tributo confiscatório e a necessidade de se observar o princípio da capacidade contributiva são questões cuja análise dependem da situação individual do contribuinte, principalmente em razão da possibilidade de se proceder a deduções fiscais, como se dá no imposto sobre a renda. Precedentes. 3. Conforme jurisprudência reiterada deste Supremo Tribunal Federal, não cabe ao Poder Judiciário autorizar a correção monetária da tabela progressiva do imposto de renda na ausência de previsão legal nesse sentido. Entendimento cujo fundamento é o uso regular do poder estatal de organizar a vida econômica e financeira do país no espaço próprio das competências dos Poderes Executivo e Legislativo..." (STF, RE 388.312, 2011).

– Entendendo que se impõe constitucionalmente. "... com o decorrer dos anos, o valor tido como mínimo necessário para satisfação das obrigações do cidadão e os limites das faixas de incidência do IRPF foram corrigidos de forma substancialmente inferior à inflação do período. É dizer, a regra do IRPF discrepa da inflação verificada, oferecendo um índice ilusório, quando muito, artificial. A partir de estudo realizado pelo sindicato nacional dos auditores-fiscais da Receita Federal do Brasil, constata-se que, de acordo com a evolução do IPCA..., no período de janeiro de 1996 até dezembro de 2013, já descontadas todas as correções da tabela do imposto, ainda resta uma perda

do poder aquisitivo da moeda brasileira da ordem de 62%. [...] À medida em que as Tabelas de Incidência do Imposto de renda da Pessoa física deixam de ser corrigidas, anualmente, ou se corrigidas com índices menores de inflação, resultam em exigência de Imposto de Renda sobre uma não renda, além dos dispêndios incorridos pelo contribuinte com dependentes e educação, pois a dedução desses itens além de não representarem as despesas incorridas, sempre bem superiores, não geram, por conseguinte, 'aquisição de disponibilidade econômica ou jurídica', que é o fato gerador do tributo. Constituem, ao contrário, desembolsos, decréscimo patrimonial, ou seja: perda da disponibilidade econômica e jurídica, para efeitos de incidência do Imposto de Renda. A não correção da Tabela..., portanto, na medida em que limita os índices de correção e veda o abatimento das reais despesas com dependentes e com educação, o legislador subverte o conceito constitucional de renda, estabelecendo a incidência do tributo sobre valores que importam diminuição do patrimônio do contribuinte. Essas importâncias podem constitui renda tributária para aqueles que as auferem, na exata dimensão do que corresponder ao acréscimo de seu patrimônio, mas, efetivamente, não significam qualquer acréscimo patrimonial para quem delas fica privado. [...] produzindo como efeito reflexo a dilapidação do patrimônio atingindo diretamente a capacidade contributiva... Além disso, essa tributação interfere no direito ao mínimo existencial, que o Estado é obrigado a respeitar, exatamente para a sobrevivência de maneira digna de todo ser humano (art. 1º, III, da CF)" (MARTNS, Ives Gandra da Silva; RODRIGUES, Marilene Talarico Martins. ADI n. 5.096. Correção da tabela de incidência do imposto sobre a renda para pessoas físicas. Aplicação da técnica de interpretação conforme a Constituição. *RDDT* 229/165, 2014).

– Deduções diretamente do imposto a pagar. A lei também estabelece montante a ser deduzido do próprio imposto devido, conforme o patamar dos rendimentos auferidos, de modo que cada faixa de rendimentos seja tributada pelo seu percentual específico para todos os contribuintes, resguardando-se o caráter gradual da progressividade do imposto. Ou seja, cada contribuinte está submetido às diversas alíquotas, incidindo cada qual relativamente à parcela de seus rendimentos que alcance a faixa de renda correspondente. O contribuinte com rendimentos que alcançam a faixa dos 7,5%, e.g., não paga 7,5% sobre todos os seus rendimentos, mas apenas sobre o que ultrapassa a faixa de isenção, nada pagando no limite dos rendimentos isento. Já o que ultrapasse a faixa dos 7,5%, pagará 15% sobre os valores que superem o limite da faixa de 7,5% e não alcancem a faixa dos 22,5% e assim por diante.

– Dedução, do imposto a pagar, do montante de contribuição paga como empregador doméstico sobre a remuneração do empregado. Conforme o art. 12, VII, da Lei 9.250/95, com a redação da Lei n. 13.097/2015, pode ser deduzido do imposto apurado a contribuição patronal paga à Previdência Social pelo empregador doméstico, estando a dedução limitada "a) a um empregado doméstico por declaração, inclusive no caso da declaração em conjunto; b) ao valor recolhido no ano-calendário a que se referir a declaração;", aplicando-se "somente ao modelo completo de Declaração de Ajuste Anual;" e não podendo exceder "a) ao valor da contribuição patronal calculada sobre um salário mínimo mensal; b) ao valor do imposto apurado", ficando condicionado "à comprovação da regularidade do empregador doméstico junto ao regime geral de previdência social quando se tratar de contribuinte individual".

– **Rendimentos isentos.** A legislação estabelece diversas isenções no art. 6º da Lei n. 7.713/88, como a alimentação e o transporte fornecidos gratuitamente pelo empregador e as diárias destinadas ao pagamento de despesas de alimentação. Também arrola como isentas, verbas que, em verdade, sequer poderiam estar sujeitas ao imposto, seja por comporem a materialidade de outro imposto, seja por não configurarem acréscimo patrimonial. São os casos do valor dos bens adquiridos por doação ou herança, de um lado, e das indenizações por acidente de trabalho e por rescisão de contrato de trabalho, de outro.

– **Súmula CARF 68:** "A Lei n. 8.852, de 1994, não outorga isenção nem enumera hipóteses de não incidência de Imposto sobre a Renda da Pessoa Física". Obs: essa lei conceitua a remuneração dos servidores civis, excluindo determinadas verbas, como diárias, adicional de férias, adicional noturno, adicional por tempo de serviço, conversão de licença-prêmio em pecúnia etc.

– **Aposentadoria voluntária do anistiado reintegrado ao serviço público.** Os Temas 788 e 789 de recursos repetitivos, que versavam sobre a matéria, foram cancelados porque os recursos paradigma foram desafetados e não surgiram outros para servirem de paradigma.

– **Tema 789 do STJ:** (CANCELADO) "Discussão: isenção do imposto de renda e da contribuição previdenciária sobre os proventos de aposentadoria pagos aos já anistiados que, após reintegração ao serviço público e implemento do tempo de serviço, aposentaram-se voluntariamente". Decisão em 2010.

– **Tema 788 do STJ:** (CANCELADO) "Discussão: isenção do imposto de renda e da contribuição previdenciária sobre os proventos de aposentadoria pagos aos já anistiados que, após reintegração ao serviço público e implemento do tempo de serviço, aposentaram-se voluntariamente". Decisão em 2010.

– **Isenção de Imposto de Renda aos peritos da ONU. Tema 535 do STJ:** "São isentos do Imposto de Renda os rendimentos do trabalho recebidos por técnicos a serviço das Nações Unidas, contratados no Brasil para atuar como consultores no âmbito do Programa das Nações Unidas para o Desenvolvimento – PNUD. 'Peritos' a que se refere o Acordo Básico de Assistência Técnica com a Organização das Nações Unidas, suas Agências Especializadas e a Agência Internacional de Energia Atômica, promulgado pelo Decreto 59.308/66, estão ao abrigo da norma isentiva do imposto de renda. O Acordo Básico de Assistência Técnica atribuiu os benefícios fiscais decorrentes da Convenção sobre Privilégios e Imunidades das Nações Unidas, promulgada pelo Decreto 27.784/50, não só aos funcionários da ONU em sentido estrito, mas também aos que a ela prestam serviços na condição de 'peritos de assistência técnica', no que se refere a essas atividades específicas". Decisão de mérito em 2012.

– "ISENÇÃO DO IMPOSTO DE RENDA SOBRE OS RENDIMENTOS AUFERIDOS POR TÉCNICOS A SERVIÇO DAS NAÇÕES UNIDAS, CONTRATADOS NO BRASIL PARA ATUAR COMO CONSULTORES NO ÂMBITO DO PNUD/ONU. 1. A Primeira Seção do STJ, ao julgar o REsp 1.159.379/DF, sob a relatoria do Ministro Teori Albino Zavascki, firmou o posicionamento majoritário no sentido de que são isentos do imposto de renda os rendimentos do trabalho recebidos por técnicos a serviço das Nações Unidas, contratados no Brasil para atuar como consultores no âmbito do Programa das Nações Unidas para o Desenvolvimento – PNUD. No referido julgamento, entendeu o relator que os 'peritos' a que se refere o Acordo Básico de Assistência Técnica com a Organização das Nações Unidas, suas Agências Especializadas e a Agência Internacional de Energia Atômica, promulgado pelo Decreto 59.308/66, estão ao abrigo da norma isentiva do imposto de renda. Conforme decidido pela Primeira Seção, o Acordo Básico de Assistência Técnica atribuiu os benefícios fiscais decorrentes da Convenção sobre Privilégios e Imunidades das Nações Unidas, promulgada pelo Decreto 27.784/50, não só aos funcionários da ONU em sentido estrito, mas também aos que a ela prestam serviços na condição de 'peritos de assistência técnica', no que se refere a essas atividades específicas. 2. Considerando a função precípua do STJ – de uniformização da interpretação da legislação federal infraconstitucional –, e com a ressalva do meu entendimento pessoal, deve ser aplicada ao caso a orientação firmada pela Primeira Seção" (STJ, REsp 1.306.393, 2012).

– **Doenças graves. Isenção. Rendimentos da aposentadoria. Lei n. 7.713/88, com a redação da Lei n. 11.052/2004:** "Art. 6º Ficam isentos do imposto de renda os seguinte rendimentos percebidos por pessoas físicas: [...] XIV – os proventos de aposentadoria ou reforma motivada por acidente em serviço e os percebidos pelos portadores de moléstia profissional, tuberculose ativa, alienação mental, esclerose múltipla, neoplasia maligna, cegueira, hanseníase, paralisia irreversível e incapacitante, cardiopatia grave, doença de Parkinson, espondiloartrose anquilosante, nefropatia grave, hepatopatia grave, estados avançados da doença de Paget (osteíte deformante), contaminação por radiação, síndrome da imunodeficiência adquirida, com base em conclusão da medicina especializada, mesmo que a doença tenha sido contraída depois da aposentadoria ou reforma".

• Vide: ROCHA, Paulo Victor Vieira da; TAKANO, Caio Augusto. Benefícios fiscais para portadores de moléstia grave. In: HARET, Florence; MENDES, Guilherme Adolfo. *Tributação na Saúde*. Ribeirão Preto: Ed. Altai, 2013.

– **Não se estende aos rendimentos dos ativos. Tema 1.037 do STJ:** "Não se aplica a isenção do imposto de renda prevista no inciso XIV do artigo 6º da Lei n. 7.713/1988 (seja na redação da Lei n. 11.052/2004 ou nas versões anteriores) aos rendimentos de portador de moléstia grave que se encontre no exercício de atividade laboral". Decisão do mérito em 2020.

– "RECURSO ESPECIAL SOB O RITO DOS RECURSOS REPETITIVOS. ARTS. 43, INC. I E II, E 111, INC. II, DO CÓDIGO TRIBUTÁRIO NACIONAL – CTN. ART. 6º, INC. XIV e XXI DA LEI N. 7.713/88. IMPOSTO DE RENDA. ISENÇÃO. PORTADOR DE MOLÉSTIA GRAVE NO EXERCÍCIO DE ATIVIDADE LABORAL. DESCABIMENTO. RECURSO ESPECIAL CONHECIDO E PROVIDO. RECURSO JULGADO SOB A SISTEMÁTICA DO ART.

1.036 E SEGUINTES DO CPC/2015 C/C O ART. 256-N E SEGUINTES DO REGIMENTO INTERNO DO STJ. 1. O objeto da presente demanda é definir se a isenção do imposto de renda prevista no inciso XIV do artigo 6º da Lei n. 7.713/1988 é aplicável aos rendimentos de portador de moléstia grave que se encontre no exercício de sua atividade laboral. 2. O julgamento da ADI n. 6.025/DF pelo STF – cujo acórdão ainda não foi publicado –, afirmando a impossibilidade de o Poder Judiciário atuar como legislador positivo a fim de promover a extensão da isenção em questão aos trabalhadores em atividade, não impede que o STJ fixe tese sob a sistemática dos recursos repetitivos. Isso porque a Suprema Corte apreciou a matéria apenas sob o enfoque constitucional, julgando improcedente a ação em que se pugnava pela declaração da inconstitucionalidade da limitação do benefício do art. 6º, XIV, da Lei n. 7.713/1988 às pessoas físicas já aposentadas. Os dois recursos especiais afetados como repetitivos no STJ foram interpostos em processos em que não se tocou na questão constitucional; de fato, nem sequer houve a interposição de recurso extraordinário. Em suma, a decisão do STF de não declarar inconstitucional a norma não resolve a questão da interpretação do dispositivo sob o prisma da legislação infraconstitucional, mais especificamente, do CTN e da Lei n. 7.713/1988. Tal posicionamento contou com a concordância do MPF em seu parecer. 3. Conforme informações prestadas pelo Núcleo de Gerenciamento de Precedentes deste Tribunal (e-STJ, fls. 157-163), continuam a chegar em quantidade exorbitante no STJ recursos especiais versando sobre essa matéria, devido à divergência ainda reinante sobre o tema nos Tribunais Regionais Federais, sendo imperativo que esta Corte Superior exerça sua função primordial de uniformizar a interpretação da lei federal no Brasil, evitando que prossigam as controvérsias sobre matéria de tão alto relevo e repercussão no cotidiano da população. 4. O precedente vinculante firmado sob a sistemática dos recursos repetitivos permite o uso de algumas ferramentas extremamente úteis a fim de agilizar os processos similares que correm nas instâncias inferiores, o que nem sempre ocorre com o julgamento proferido em ação direta de inconstitucionalidade – ADI, a despeito do teor do parágrafo único do art. 28 da Lei n. 9.868/1999. Exemplos dessas ferramentas que permitem a concretização do princípio da razoável duração do processo (art. 5º, inc. LXXVIII, da CF/1988) são: a) o art. 332 do CPC, que elenca a contrariedade a precedente firmado em julgamento de recursos repetitivos dentre as hipóteses em que o juiz deve dispensar a citação do réu e julgar liminarmente improcedente o pedido; b) os arts. 1.030, 1.039 e 1.040 do CPC, segundo os quais a existência de uma tese vinculante fixada sob a sistemática dos recursos repetitivos traz um óbice fundamental à subida ao STJ de recursos especiais semelhantes, além de permitir a imediata baixa dos processos que estejam nesta corte e nos tribunais locais às instâncias inferiores. Assim, é de suma importância que o STJ firme uma tese com caráter vinculante a fim de pacificar a presente controvérsia, o que também contou com a concordância do MP. 5. O REsp n. 1.116.620/BA, ao julgar o Tema 250/STJ, abordou temas afins aos tratados no presente recurso. No entanto, a tese central ali girava em torno de fixar se o rol de doenças do art. 6º, inc. XIV, da Lei n. 7.713/88 era exemplificativo (*numerus apertus*) ou taxativo (*numerus clausus*). Discutia-se,

portanto, acerca da possibilidade de interpretar o dispositivo legal de forma a abarcar moléstias não previstas expressamente na norma. Não houve, na ocasião, qualquer debate sobre a interpretação da norma com relação à questão de saber se a isenção nela fixada abrange ou não os trabalhadores que estejam na ativa. Essa matéria, portanto, não foi ali resolvida, razão pela qual a divergência permanece existindo nos Tribunais Regionais Federais. 6. No âmbito do STJ, a jurisprudência é pacífica e encontra-se consolidada há bastante tempo no sentido da não extensão da isenção do art. 6º, XIV, da Lei n. 7.713/1988 à renda das pessoas em atividade laboral que sofram das doenças ali enumeradas. Precedentes do STJ. 7. O art. 6º da Lei n. 7.713/1988 isenta do imposto de renda alguns rendimentos que elenca nos incisos, sendo que o inciso XIV refere-se aos 'proventos de aposentadoria ou reforma motivada por acidente em serviço e os percebidos pelos portadores de moléstia profissional'. A partícula 'e' significa que estão isentos os proventos de aposentadoria ou reforma motivada por acidente em serviço e os [proventos] percebidos pelos portadores de moléstia profissional. Ou seja, o legislador valeu-se do aditivo 'e' para evitar a repetição do termo 'proventos', e não para referir-se à expressão 'rendimentos' contida no caput. 8. Não procede o argumento de que essa interpretação feriria o art. 43, inc. I e II, do Código Tributário Nacional, que estabeleceria o conceito de renda para fins tributários, abrangendo as expressões 'renda' (inc. I) e 'proventos' (inc. II). A expressão 'renda' é o gênero que abrange os conceitos de 'renda' em sentido estrito ('assim entendido o produto do capital, do trabalho ou da combinação de ambos'), e de 'proventos de qualquer natureza' ('assim entendidos os acréscimos patrimoniais não compreendidos no inciso anterior'). O legislador pode estabelecer isenções específicas para determinadas situações, não sendo necessário que toda e qualquer isenção se refira ao termo 'renda' no sentido mais amplo. 9. Como reza o art. 111, inciso II, do CTN, a legislação que disponha sobre isenção tributária deve ser interpretada literalmente, não cabendo ao intérprete estender os efeitos da norma isentiva, por mais que entenda ser uma solução que traga maior justiça do ponto de vista social. Esse é um papel que cabe ao Poder Legislativo, e não ao Poder Judiciário. 10. O acórdão recorrido usou o fundamento de que o legislador teria usado o termo 'proventos' em decorrência do estado da arte da Medicina no momento da edição da Lei n. 7.713/1988. Argumentou que, em tal época, as doenças elencadas, por sua gravidade, implicariam sempre a passagem do trabalhador à inatividade, e que a evolução subsequente desse ramo do saber teria ditado a necessidade de se ajustar a expressão linguística da lei à nova realidade social, porque pessoas acometidas daquelas doenças atualmente poderiam trabalhar, graças ao progresso da Medicina. O argumento perde sentido, ao se recordar que a isenção do art. 6º, XIV, da Lei n. 7.713/1988 foi objeto de duas alterações legislativas específicas que mantiveram o conceito estrito de proventos, a demonstrar que o intuito do legislador foi manter o âmbito limitado de incidência do benefício. 11. Tese jurídica firmada: 'Não se aplica a isenção do imposto de renda prevista no inciso XIV do artigo 6º da Lei n. 7.713/1988 (seja na redação da Lei n. 11.052/2004 ou nas versões anteriores) aos rendimentos de portador de moléstia grave que se encontre no exercício de atividade laboral.' [...] 13. Recurso julgado sob a sistemática do art. 1.036

e seguintes do CPC/2015 e art. 256-N e seguintes do Regimento Interno deste STJ" (STJ, REsp 1.814.919, 2020).

- Vide: CUNHA, Fabrício Sousa. A isenção do imposto de renda prevista no inciso XIV do art. 6º da Lei n. 7.713/88 e a ADI n. 6.025 proposta pela Procuradoria-Geral da República. *RFDT* 97, 2019.

- Vide: SARAIVA FILHO, Oswaldo Othon de Pontes. Exame da constitucionalidade do art. 6º, XIV, da Lei n. 7.713/1988 – análise da pretensão de extensão, via judicial, da isenção do IR aos rendimentos dos trabalhadores da ativa em razão de doença grave. *RFDT* 96, 2018.

– Súmula 598 do STJ: "É desnecessária a apresentação de laudo médico oficial para o reconhecimento judicial da isenção do imposto de renda, desde que o magistrado entenda suficientemente demonstrada a doença grave por outros meios de prova" (2017).

– Súmula 627 do STJ: "O contribuinte faz jus à concessão ou à manutenção da isenção do imposto de renda, não se lhe exigindo a demonstração da contemporaneidade dos sintomas da doença nem da recidiva da enfermidade" (2018).

– "... tal isenção contém uma gravíssima distorção. Sua disciplina legislativa destoou da sua função, porque, incompreensivelmente, para não dizer insensivelmente, excluiu de forma arbitrária contribuintes em situações similares: contribuintes que possuem moléstias graves, mas cujos rendimentos não derivam de aposentadoria. Afinal, neste quadro normativo, pode-se ter uma pessoa que possua rendimentos de alugueres, que nunca pode trabalhar justamente em razão de uma moléstia grave, mas que, infelizmente, será tributado. O espaço, aqui, é pouco para demonstrar o quanto é odiosa e injustificada a discriminação que acabou produzindo essa norma, cujo intuito era justamente promover a inclusão e o bem estar de certos contribuintes" (FISCHER, Octavio Campos. Tributação, Ações Afirmativas e Democracia. In: GRUPENMACHER, Betina Treiger (coord.). *Tributação: democracia e liberdade*. São Paulo: Noeses, 2014, p. 595).

– Súmula CARF 43: "Os proventos de aposentadoria, reforma ou reserva remunerada, motivadas por acidente em serviço e os percebidos por portador de moléstia profissional ou grave, ainda que contraída após a aposentadoria, reforma ou reserva remunerada, são isentos do imposto de renda".

– Súmula CARF 63: "Para gozo da isenção do imposto de renda da pessoa física pelos portadores de moléstia grave, os rendimentos devem ser provenientes de aposentadoria, reforma, reserva remunerada ou pensão e a moléstia deve ser devidamente comprovada por laudo pericial emitido por serviço médico oficial da União, dos Estados, do Distrito Federal ou dos Municípios".

– Cegueira monocular. Súmula CARF 121: "A isenção do imposto de renda prevista no art. 6º, inciso XIV, da Lei n. 7.713, de 1988, referente à cegueira, inclui a cegueira monocular" (CSRF, 2018). Obs.: vinculante, conforme Portaria MF n. 129/2019.

– Doenças. Rol taxativo. Interpretação extensiva *x* analogia. "É consabido que este Superior Tribunal, em julgamento de recurso repetitivo, incluiu, na cegueira tratada naquele mesmo inciso, tanto a bilateral como a monocular, ao entender que o necessário respeito à literalidade da legislação tributária não veda

sua interpretação extensiva. Contudo, é diferente a hipótese dos autos, pois o acórdão recorrido utilizou interpretação analógica entre a cegueira e a surdez para considerar a última também passível de isentar seu portador de IR, o que não é permitido: a cegueira é moléstia prevista na norma, mas a surdez, não. Relembre-se que há outro julgado em recurso repetitivo neste Superior Tribunal a firmar que o rol de moléstias do referido dispositivo legal é taxativo (*numerus clausus*), a restringir a concessão de isenção às situações lá enumeradas. Anote-se que o art. 111 do CTN apenas permite a interpretação literal às disposições sobre isenção. Esse foi o entendimento acolhido pela maioria da Turma. [...]" (*Informativo STJ* 472, 2011).

– Tributação isolada e tributação exclusiva na fonte. Há rendas tributadas em separado, como o ganho de capital (arts. 138, 142 e 852 do RIR/99), e rendas tributadas exclusivamente na fonte, como as decorrentes de aplicações financeiras e rendimentos do trabalho recebidos acumuladamente. Nesses casos, o montante tributado não se comunica com os demais rendimentos para efeito de ajuste, ou seja, ficam tais rendimentos à margem do ajuste, sendo apenas informados, na declaração, em campos específicos, a sua percepção e o imposto oportunamente pago ou suportado.

⇒ **Tema 1.174 do STF.** MÉRITO AINDA NÃO JULGADO. Controvérsia: "Incidência da alíquota de 25% (vinte e cinco por cento) do imposto de renda exclusivamente na fonte, sobre as pensões e os proventos de fontes situadas no País, percebidos por pessoas físicas residentes no exterior".

– Rendimentos financeiros. Os rendimentos de capital (renda fixa e renda variável) são tributados pelo imposto sobre a renda por alíquotas que variam de 15% a 22,5%, conforme o prazo da aplicação: até 180 dias, 22,5%; de 181 a 360 dias, 20%; de 361 a 720 dias, 17,5%; acima de 720 dias, 15% (art. 1º da Lei n. 11.033/2004). As rendas advindas de prêmios e sorteios em dinheiro são tributadas à alíquota de 30%.

– "IMPOSTO DE RENDA PESSOA JURÍDICA. TRIBUTAÇÃO ISOLADA. APLICAÇÕES FINANCEIRAS DE RENDA FIXA E VARIÁVEL. ARTIGOS 29 E 36, DA LEI 8.541/92. LEGALIDADE. 1. A tributação isolada e autônoma do imposto de renda sobre os rendimentos auferidos pelas pessoas jurídicas em aplicações financeiras de renda fixa, bem como sobre os ganhos líquidos em operações realizadas nas bolsas de valores, de mercadorias, de futuros e assemelhadas, à luz dos artigos 29 e 36, da Lei 8.541/92, é legítima e complementar ao conceito de renda delineado no artigo 43, do CTN, uma vez que as aludidas entradas financeiras não fazem parte da atividade-fim das empresas (Precedentes do STJ...). 2. A referida sistemática de tributação do IRPJ afigura-se legítima, porquanto 'as pessoas jurídicas que auferiram ganhos em aplicações financeiras a partir de 1º de janeiro de 1993 estão sujeitas ao pagamento do imposto de renda mesmo que, no geral, tenham sofrido prejuízos (art. 29), sendo proibida a compensação.' (REsp 389.485/PR, Rel. Min. Garcia Vieira, *DJ* de 25.03.2002) 3. *In casu*, cuida-se de mandado de segurança preventivo que objetiva a não retenção do imposto de renda incidente sobre os rendimentos de aplicações financeiras auferidos por pessoa jurídica (artigo 36, da Lei 8.541/92), enquanto houver prejuízo fiscal a compensar, razão pela qual não merece prosperar a pretensão recursal... 7. Acórdão submetido ao regime do artigo 543-C, do CPC, e da Resolução STJ 08/2008" (STJ, REsp 939.527, 2009).

- Vide: KINCHESCKI, Cristiano. Tributação dos Fundos de Investimento Imobiliário e de seus Cotistas: Imposto de Renda e Imposto sobre Operações Relativas a Títulos e Valores Mobiliários. *RDDT* 180/20, 2010.

– **IRPJ e CSL sobre rendimentos financeiros até os índices de atualização monetária. Tema 1.160 do STJ:** (MÉRITO NÃO JULGADO) Controvérsia: "A possibilidade de incidência do Imposto de Renda retido na fonte e da Contribuição Social sobre o Lucro Líquido sobre o total dos rendimentos e ganhos líquidos de operações financeiras, ainda que se trate de variações patrimoniais decorrentes de diferença de correção monetária". (REsp 1.996.013, 1.996.014, 1.996.685, 1.996.784 e 1.986.304, 2022). Obs.: há determinação de suspensão dos processos relacionados.

– **Rendimentos do trabalho recebidos acumuladamente a partir do ano-calendário 2010. Tributação exclusivamente na fonte.** A Lei n. 12.350/2010 acrescentou o art. 12-A à Lei n. 7.713/88 determinando a tributação em separado, exclusiva na fonte, dos pagamentos acumulados já a partir do ano-base de 2010, ainda que os pagamentos digam respeito a anos-base anteriores. E estabeleceu critérios de cálculo muito favoráveis ao contribuinte que reduz em muito os valores devidos. Além de poder deduzir da base de cálculo os gastos com honorários advocatícios e outras despesas com a ação judicial, o número de meses pretéritos a que se refiram os valores recebidos acumuladamente passou a ser utilizado como multiplicador incidente sobre as faixas de tributação previstas na tabela básica do IR. Por conseguinte, o contribuinte submete-se a uma nova tabela cujos valores das faixas serão substancialmente superiores aos da originária, obtendo-se tributação inferior àquela a que estaria sujeito no regime anterior. Embora não se trate de efetiva aplicação das "alíquotas vigentes às épocas próprias", os efeitos econômicos obtidos são até mais benéficos aos contribuintes do que aqueles apurados através da execução de sentenças em que restou determinada a aplicação do regime de competência. Eis a redação atual do art. 12-A da lei 7.713/88, tal como atribuída pelas Leis 13.149/15 e 12.350/10; "Art. 12-A. Os rendimentos recebidos acumuladamente e submetidos à incidência do imposto sobre a renda com base na tabela progressiva, quando correspondentes a anos-calendário anteriores ao do recebimento, serão tributados exclusivamente na fonte, no mês do recebimento ou crédito, em separado dos demais rendimentos recebidos no mês. § 1º O imposto será retido pela pessoa física ou jurídica obrigada ao pagamento ou pela instituição financeira depositária do crédito e calculado sobre o montante dos rendimentos pagos, mediante a utilização de tabela progressiva resultante da multiplicação da quantidade de meses a que se refiram os rendimentos pelos valores constantes da tabela progressiva mensal correspondente ao mês do recebimento ou crédito...".

– **Rendimentos acumulados parciais e tributação exclusiva.** Supondo que haja débito relativo a diferenças de trinta meses pagos de uma só vez, o cálculo se dá mediante indicação de tal número de meses, o que servirá para calcular a tabela aplicável.

A lei não regula os pagamentos parcelados. Aplicando-se o critério legal sem distinção no caso de o pagamento ser realizado em diversas vezes, a cada vez incidiria a tabela como se o pagamento fosse total, considerando o número total de meses, com o que a faixa de isenção seria utilizada pelo contribuinte tantas vezes quantas fossem os pagamentos parciais, com distorção, em favor do contribuinte, na apuração do montante devido. Por isso, sendo parcial o pagamento, a Receita orienta a fonte à indicação do número de meses proporcionalmente ao percentual da dívida que está sendo paga. No caso de pagar-se metade de um débito de 30 meses, a indicação de 15 meses como número a ser considerado para a multiplicação da tabela é critério razoável, mas que não corresponde exatamente ao ocorrido, porque, em verdade, não se está pagamento quinze meses e sim, 50% do montante devido relativamente a cada um dos 30 meses. Sobre os regimes de competência e de caixa, vide nota introdutória ao art. 43 do CTN.

– **Rendimentos acumulados efetuados até o ano-calendário 2009. Tributação por regime de competência.** A discussão sobre a aplicabilidade do regime de competências em detrimento do regime de caixa no IRPF incidente sobre verbas acumuladas só é relevante quanto aos pagamentos efetuados até o ano-calendário de 2009. A discussão, para frente, resta prejudicada em razão da nova sistemática de tributação exclusiva na fonte de que tratamos na nota anterior. Até o ano-calendário de 2009, os artigos 12 da Lei n. 7.713/88 e 42 da Lei n. 8.541/92 determinavam a incidência do imposto quando os valores devidos por força de decisão judicial quando se tornassem disponíveis para o beneficiário e conforme a tabela da época do pagamento. Note-se que os dispositivos referidos estabeleceram o aspecto temporal do IR tendo em conta a disponibilidade do acréscimo patrimonial para o trabalhador, em conformidade, portanto, com o art. 43, I e II, do CTN e 153, III, da CF. Quando das competências trabalhadas, tal montante não fora reconhecido como devido pelo empregador, tampouco havia sentença declarando o direito e condenando o empregador ao pagamento ou recebimento dos valores. Porém, o entendimento que se consolidou nos tribunais, inclusive no STF, com efeito de repercussão geral, é no sentido de que incidência deve ser decomposta conforme o período a que se refere cada verba, pelo regime de competência. Nas edições anteriores desta obra há farta transcrição de material doutrinário e jurisprudencial sobre o tema.

– **Tema 368:** "O Imposto de Renda incidente sobre verbas recebidas acumuladamente deve observar o regime de competência, aplicável a alíquota correspondente ao valor recebido mês a mês, e não a relativa ao total satisfeito de uma única vez". Decisão de mérito em 2014.

– "IMPOSTO DE RENDA – PERCEPÇÃO CUMULATIVA DE VALORES – ALÍQUOTA. A percepção cumulativa de valores há de de ser considerada, para efeito de fixação de alíquotas, presentes, individualmente, os exercícios envolvidos" (STF, RE 614.406, 2014).

– **Atualização para fins de retenção do IR. Tema 894 do STJ:** "Até a data da retenção na fonte, a correção do IR apurado e em valores originais deve ser feita sobre a totalidade da verba acumulada e pelo mesmo fator de atualização monetária dos valores recebidos acumuladamente, sendo que, em ação trabalhista, o critério utilizado para tanto é o FACDT – fator de atualização e conversão dos débitos trabalhistas". Decisão em 2014.

– "RECURSO REPRESENTATIVO DA CONTROVÉRSIA. ART. 543-C, DO CPC. PROCESSUAL CIVIL. VIOLAÇÃO AO ART. 535, DO CPC. ALEGAÇÕES GENÉRICAS. SÚMULA N. 284/STF. TRIBUTÁRIO. EMBARGOS À EXECUÇÃO DE SENTENÇA CONTRA A FAZENDA PÚBLICA. IMPOSTO DE RENDA DA PESSOA FÍSICA – IRPF. VERBAS RECEBIDAS ACUMULADAMENTE. REGIME DE COMPETÊNCIA. CORREÇÃO MONETÁRIA. FACDT. SELIC... 2. O valor do imposto de renda, apurado pelo regime de competência e em valores originais, deve ser corrigido, até a data da retenção na fonte sobre a totalidade de verba acumulada, pelo mesmo fator de atualização monetária dos valores recebidos acumuladamente (em ação trabalhista, como no caso, o FACDT – fator de atualização e conversão dos débitos trabalhistas). A taxa SELIC, como índice único de correção monetária do indébito, incidirá somente após a data da retenção indevida. 3. Sistemática que não implica violação ao art. 13, da Lei n. 9.065/95, ao art. 61, § 3º, da Lei n. 9.430/96, ao art. 8º, I, da Lei n. 9.250/95, ou ao art. 39, § 4º, da Lei n. 9.250/95, posto que se refere à equalização das bases de cálculo do imposto de renda apurados pelo regime de competência e pelo regime de caixa e não à mora, seja do contribuinte, seja do Fisco. 4. Tema julgado para efeito do art. 543-C, do CPC: 'Até a data da retenção na fonte, a correção do IR apurado e em valores originais deve ser feita sobre a totalidade da verba acumulada e pelo mesmo fator de atualização monetária dos valores recebidos acumuladamente, sendo que, em ação trabalhista, o critério utilizado para tanto é o FACDT'. 5. Recurso especial parcialmente conhecido e, nessa parte, não provido. Acórdão submetido ao regime do art. 543-C do CPC e da Resolução STJ 08/2008" (STJ, REsp 1.470.720, 2014).

– **O novo regime de tributação exclusiva na fonte dos valores percebidos acumuladamente, estabelecido pela Lei n. 12.350/2010 ao acrescentar o art. 12-A à Lei n. 7.713/88, não pode ser aplicado retroativamente.** "IMPOSTO DE RENDA PESSOA FÍSICA. RENDIMENTOS PERCEBIDOS DE FORMA ACUMULADA. NOVO REGIME DE TRIBUTAÇÃO, EXCLUSIVO NA FONTE. IRRETROATIVIDADE. Princípio da isonomia. Art. 12-A da Lei n. 7.713/1988. Prescrição. Matéria apreciada pela Turma, de forma unânime. Não conhecimento do recurso. 1. Somente aos rendimentos recebidos de forma acumulada a partir de 1º de janeiro de 2010 pode ser aplicado o novo regime de tributação, exclusivo na fonte, do imposto de renda incidente sobre rendimentos percebidos de forma acumulada, quando correspondentes a períodos anteriores ao recebimento, conforme a previsão do § 7º do art. 12-A da Lei n. 7.713/1988. 2. A aplicação retroativa do novo regime de tributação contraria não somente o princípio geral de vigência das normas jurídicas, mas também as disposições dos arts. 105 e 106 do CTN. 3. Aplica-se a legislação tributária, imediatamente, aos fatos geradores futuros e aos pendentes, observando-se o princípio constitucional da anterioridade, quando a lei instituir ou majorar tributo. 4. A retroatividade da norma tributária constitui

exceção, justamente porque atinge fatos cujos efeitos já estão consolidados. O art. 106 do CTN trata de hipóteses em que a lei tributária pode ser aplicada a ato ou fato pretérito, sem ferir o direito adquirido, o ato jurídico perfeito e a coisa julgada. O caso presente, todavia, não se amolda às situações reguladas nos incisos do art. 106 do CTN. 5. O art. 12-A da Lei n. 7.713/1988 não é interpretativo, exatamente porque cria novo regime de tributação, em contraste com a regra geral que determina a incidência do imposto de renda no momento em que é recebido o rendimento. 6. Não cabe invocar o disposto no art. 144, § 1º, do CTN, para justificar a aplicação pretérita do art. 12-A da Lei n. 7.713/1988, porque não se trata de novo critério de apuração, mas de regime especial de tributação, exclusivo na fonte. 7. O fator de diferenciação adotado pela Lei – a data de recebimento das verbas – não implica tratamento desigual aos contribuintes, visto que adota critério objetivo, aplicável a todos que se encontrem na mesma situação. Não se pode olvidar que o objetivo da Lei é o de estancar a litigiosidade em torno dessa questão, de forma que se mostra razoável o fator temporal escolhido pelo legislador para a aplicação do novo regime de tributação do imposto de renda sobre rendimentos recebidos acumuladamente. 8. Os embargos infringentes devem ser providos, para afastar a aplicação do disposto no art. 12-A da Lei n. 7.713/1988" (TRF4, EINF 5019718-91.2011.404.7200, 2013).

– **Remuneração recebida com atraso. Multa indevida, salvo de houver atraso posterior.** "IMPOSTO DE RENDA RETIDO NA FONTE. IMPORTÂNCIAS PAGAS EM DECORRÊNCIA DE SENTENÇA TRABALHISTA... 3. É indevida a imposição de multa ao contribuinte quando não há, por parte dele, intenção deliberada de omitir os valores devidos a título de imposto de renda ou de não recolhê-los. *A contrario sensu*, a multa é devida quando é feita a declaração, mas não é feito o respectivo recolhimento. 4. Hipótese em que, por ocasião do Ajuste Anual, haveria de recolher o débito declarado, sob pena da multa correspondente prevista no art. 44, I da Lei n. 9.430/96 e juros aplicáveis" (STJ, REsp 704.845, 2008).

⇒ **Imposto de Renda da Pessoa Jurídica (IRPJ). Bases de cálculo e alíquota.** A pessoa jurídica submete-se ao imposto de renda calculado com base no lucro real. Pode, contudo, optar por pagar o imposto com base no lucro presumido. Na hipótese de descumprimento das obrigações acessórias que permitem um controle sobre a apuração do lucro, o Fisco poderá arbitrá-lo. Vide, em seguida, cada modalidade. A alíquota padrão é de 15%. Há, ainda, um adicional de 10% sobre o montante do lucro real que superar, no mês, R$ 20.000,00, conforme o art. 2º, §§ 1º e 2º da Lei 9.430/96. Há rendas tributadas exclusivamente na fonte e em separado, como as provenientes de aplicações financeiras (vide, a respeito, nota introdutória ao art. 43 da CF).

– "Nos institutos do lucro presumido e do lucro arbitrado, em matéria de imposto de renda, o que, na verdade, sucede é a adoção, por lei, de uma base de cálculo substitutiva da base de cálculo primária, que é o lucro real. A base de cálculo substitutiva já não é, em rigor, o lucro, mas uma realidade diferente – um certo percentual do faturamento. [...] No lucro presumido, a própria lei prevê duas bases de cálculo alternativas, em que a substituição de uma por outra depende apenas da vontade do contribuinte; no lucro arbitrado a lei prevê uma base de cálculo principal ou de primeiro grau e outra subsidiária, ou de segundo grau, que se substitui à primeira, não por opção do contribuinte ou do Fisco, mas por impossibilidade objetiva de aplicação da primeira" (XAVIER, Alberto. *Do lançamento, teoria geral do ato, do procedimento e do processo tributário*. Rio de Janeiro: Forense, 1998, p. 128).

– **Descabimento da combinação de regimes.** "3. 'Não é possível para a empresa alegar em juízo que é optante pelo lucro presumido para em seguida exigir as benesses a que teria direito no regime de lucro real, mesclando os regimes de apuração' (AgRg nos EDcl no AgRg no Ag 1105816/PR, Rel. Min. Mauro Campbell Marques, Segunda Turma, *DJe* 15/12/2010). No mesmo sentido: AgRg no REsp 1.372.737/PE, Rel. Min. Humberto Martins, Segunda Turma, *DJe* 28/06/2013" (STJ, AgRg no REsp 1.232.768, 2013).

– **Lucro real.** Esta forma de tributação pressupõe maiores rigores formais para a apuração efetiva do lucro da pessoa jurídica, mediante consideração das suas receitas e das deduções cabíveis. Apura-se efetivamente o lucro ocorrido, calculando-se sobre ele o montante devido a título de IRPJ.

– Não há que se confundir lucro real, apurado para fins de pagamento do IRPJ, com o lucro líquido de uma empresa, apurado conforme as normas gerais de contabilidade para fins societários e de mercado. O que difere é que as deduções e compensações admissíveis para a apuração do lucro líquido não correspondem exatamente àquelas admitidas para fins de apuração da base de cálculo do IRPJ, ou seja, do lucro real. Assim, obtido o lucro líquido, fazem-se as adequações necessárias (adições, exclusões e compensações) para a apuração do lucro real.

– "A base de cálculo do imposto de renda das pessoas jurídicas resulta de procedimento complexo, integrada que é por ingressos e saídas de recursos, acréscimos e decréscimos no valor intrínseco de bens, tudo computado dentro de certo período – cremos, anual, pressuposto pela Constituição, de modo insuperável. Por meio da contabilidade comercial – registros dos valores de cada um desses elementos – elaborada a partir de determinações da lei societária, obtém-se o 'lucro líquido do exercício' (categoria definida na chamada lei das sociedades por ações). O lucro líquido do exercício, assim obtido, sofre a incidência da lei tributária que prescreve certos ajustes – por adições, exclusões ou compensações –, resultando na categoria definida como 'lucro real', esse sim, representativo da base de cálculo do imposto sobre a renda da pessoa jurídica" (GONÇALVES, José Artur Lima. *Imposto sobre a Renda, pressupostos constitucionais*. 1. ed., 2ª tiragem. São Paulo: Malheiros, 2002, p. 198-199).

– "A determinação do lucro real será precedida da apuração do lucro líquido de cada período-base com observância das disposições das leis comerciais e fiscais. O lucro líquido do exercício referido no conceito acima é a soma algébrica do lucro operacional, dos resultados não operacionais e das participações, e deverá ser determinado com observância dos preceitos da lide comercial. [...] a determinação da base real exige demonstrações financeiras, ajustando-se o lucro líquido apurado no Demonstrativo de Resultados... As adições, fundamentalmente, são representadas por despesas contabilizadas e indedutíveis para a apuração do Lucro Real; a tributação de resultados contábeis, anteriormente diferidos, também ensejam adições. [...] o segundo tipo de ajustes, dentre os ajustes para a apuração da base de cálculo do Imposto de Renda pelo Lucro Real, são as exclusões. [...] As exclusões, em parte, são representadas pelas receitas não tributáveis, contabilizadas; excluem-se, também, os valores cuja tributação pode ser diferida, entre outras. [...] Além das adições e exclusões, referidas no conceito do lucro real, há um terceiro ajuste, denominado de compensação. Este refere-se unicamente ao prejuízo fiscal ('Lucro Real' negativo do períodos anteriores), que diminui a base de cálculo do IR – Lucro Real em períodos futuros até se esgotar" (RECKTENVALD, Gervásio; ÁVILA, René Bergmann. *Manual de auditoria fiscal, teoria e prática*. Porto Alegre: Síntese, 2002, p. 110-117).

– Sobre as peculiaridades da legislação tributária em relação à legislação comercial, vide nota ao art. 195, parágrafo único, do CTN.

– Há diversos questionamentos que envolvem aspectos da apuração do lucro real, abordados adiante em itens específicos.

⇒ **Dedução da CSLL. Impossibilidade. Tema 75 do STF:** "É constitucional a proibição de deduzir-se o valor da Contribuição Social sobre o Lucro Líquido CSLL do montante apurado como lucro real, que constitui a base de cálculo do Imposto de Renda de Pessoa Jurídica IRPJ". Decisão de mérito em 2013.

– **Descontos e abatimentos concedidos por instituição financeira como despesas operacionais. Súmula CARF 139:** "Os descontos e abatimentos, concedidos por instituição financeira na renegociação de créditos com seus clientes, constituem despesas operacionais dedutíveis do lucro real e da base de cálculo da CSLL, não se aplicando a essa circunstância as disposições dos artigos 9º a 12 da Lei n. 9.430/1996" (CSRF, 2019). Obs.: vinculante, conforme Portaria ME n. 410/2020).

– **Dedução de custos de operação com pessoa vinculada no exterior. Preço de Revenda menos Lucro. Súmula CARF 115:** "A sistemática de cálculo do 'Método do Preço de Revenda menos Lucro com margem de lucro de sessenta por cento (PRL 60)' prevista na Instrução Normativa SRF n. 243, de 2002, não afronta o disposto no art. 18, inciso II, da Lei n. 9.430, de 1996, com a redação dada pela Lei n. 9.959, de 2000" (CSRF, 2018). Obs.: vinculante, conforme Portaria MF n. 129/2019.

– Atualmente, a matéria é regulada pela IN RFB n. 1.312/2012, que "Dispõe sobre os preços a serem praticados nas operações de compra e de venda de bens, serviços ou direitos efetuadas por pessoa física ou jurídica residente ou domiciliada no Brasil, com pessoa física ou jurídica residente ou domiciliada no exterior, consideradas vinculadas".

– **Recolhimentos por estimativa quando da sujeição ao lucro real anual.** A apuração do lucro real faz-se ao final do período, em 31 de dezembro, mas a empresa tem de fazer recolhimentos antecipados mensais, por estimativa, com base na receita bruta ou em balancete. Os recolhimentos mensais são feitos até o final do mês subsequente àquele a que disser respeito a estimativa.

Quando da apuração final, será apurada a existência de saldo a ser recolhido até o final de março do ano subsequente.

– "Estimativa é forma presuntiva de positivar a base de cálculo de determinado tributo. Não é sanção, mas forma de apurar a base de cálculo, segundo uma técnica instituída em determinado regime jurídico de exceção. E é excepcional tendo em vista que todo regime de estimativa requer motivação fática que faça exigência desta forma de apuração. Só é admitido quando, por decorrência da hipótese jurídica escolhida pelo legislador e por conta de imposições pragmáticas, não for viável fazer apuração das informações necessárias para a determinação da base de cálculo do tributo. [...] A Fazenda Pública presume ocorrência de fato jurídico incerta e futura, predeterminando o valor a ser recolhido por estimativa. Efetivado o fato, o contribuinte deverá, ao final do período em lei estabelecido, apurar os valores efetivos pagos nas operações que realizou. A Administração pode presumir a ocorrência do fato desde que seja garantido efetivo e integral ressarcimento dos valores pagos a maior, isto é, sendo fácil, prática, incondicionada e absoluta sua devolução" (HARET, Florence. *Teoria e prática das presunções no direito tributário*. São Paulo: Noeses, 2010, p. 812).

– **Súmula CARF 82:** "Após o encerramento do ano-calendário, é incabível lançamento de ofício de IRPJ ou CSLL para exigir estimativas não recolhidas". Aprovada em dez. 2012.

– **Súmula CARF 84:** "Pagamento indevido ou a maior a título de estimativa caracteriza indébito na data de seu recolhimento, sendo passível de restituição ou compensação". Aprovada em dez. 2012.

– **Lucro presumido.** A tributação pelo lucro presumido envolve a utilização de base substitutiva, tendo como referência a receita bruta da empresa, sobre a qual é aplicado percentual que configurará o lucro presumido, conforme o tipo de atividade. Empresas com receita bruta total, no ano-calendário anterior, até R$ 78.000.000,00 (setenta e oito milhões de reais) e cujas atividades não estejam obrigatoriamente sujeitas à apuração do lucro real, podem optar pelo regime de tributação com base no lucro presumido, como medida de simplificação da apuração e do imposto, nos termos do art. 13 da Lei n. 9.718/98, com a redação da Lei n. 12.814/2013. Em vez de apurarem o lucro real, apuram lucro presumido mediante aplicação de um percentual sobre a receita bruta auferida, seguindo o art. 15 da Lei 9.249/95. Esse percentual é de 8% como regra geral, mas de 32% para as prestadoras de serviços, contando, ainda, com algumas outras exceções.

– **Receita a ser considerada.** "Os regimes jurídicos do lucro real e do lucro presumido devem ter como característica única considerar a receita própria como aquela incidida pelo imposto de renda, sem qualquer dedução das próprias despesas, no regime do lucro presumido e com deduções no regime do lucro real. Repasse de receitas de terceiros não constitui receita própria em qualquer dos dois regimes. A mera escrituração – para efeitos de repasse – no regime de lucro real não torna, somente por este fato, tal circulação de recursos receitas próprias da empresa" (MARTINS, Ives Gandra da Silva. *Et al*. Empresas de trabalho temporário. Base de cálculo de PIS, COFINS, IRPJ e CSLL... *RDDT* 156, 2008, p. 143).

• Vide: AVVAD, Pedro Afonso Gutierrez; FERRAS, Diogo. IRPJ, lucro presumido e permuta imobiliária: análise do Parecer Normativo Cosit n. 9/2014. *RDDT* 233/120, 2015.

– **Exclusão do ICMS da base de cálculo. Tema 1.008 do STJ:** (MÉRITO NÃO JULGADO) Controvérsia: "Possibilidade de inclusão de valores de ICMS nas bases de cálculo do Imposto sobre a Renda de Pessoa Jurídica – IRPJ e da Contribuição Social sobre o Lucro Líquido – CSLL, quando apurados pela sistemática do lucro presumido" (ProAfR no REsp 1.767.631, 2019). Obs.: há determinação de suspensão dos processos relacionados.

– **Percentuais de 8% ou 1,6%, 16%, 32% sobre a receita.** O art. 15 da Lei 9.249/95 dispõe: "Art. 15. A base de cálculo do imposto, em cada mês, será determinada mediante a aplicação do percentual de 8% (oito por cento) sobre a receita bruta auferida mensalmente, observado o disposto no art. 12 do Decreto-Lei n. 1.598, de 26 de dezembro de 1977, deduzida das devoluções, vendas canceladas e dos descontos incondicionais concedidos, sem prejuízo do disposto nos arts. 30, 32, 34 e 35 da Lei n. 8.981, de 20 de janeiro de 1995. (Redação dada pela Lei n. 12.973, de 2014) § 1º Nas seguintes atividades, o percentual de que trata este artigo será de: I – um inteiro e seis décimos por cento, para a atividade de revenda, para consumo, de combustível derivado de petróleo, álcool etílico carburante e gás natural; II – dezesseis por cento: a) para a atividade de prestação de serviços de transporte, exceto o de carga, para o qual se aplicará o percentual previsto no *caput* deste artigo; b) para as pessoas jurídicas a que se refere o inciso III do art. 36 da Lei n. 8.981, de 20 de janeiro de 1995, observado o disposto nos §§ 1º e 2º do art. 29 da referida Lei; III – trinta e dois por cento, para as atividades de: a) prestação de serviços em geral, exceto a de serviços hospitalares e de auxílio diagnóstico e terapia, patologia clínica, imagenologia, anatomia patológica e citopatologia, medicina nuclear e análises e patologias clínicas, desde que a prestadora destes serviços seja organizada sob a forma de sociedade empresária e atenda às normas da Agência Nacional de Vigilância Sanitária – Anvisa; (redação da alínea "a" dada pela Lei 11.727/08) b) intermediação de negócios; c) administração, locação ou cessão de bens imóveis, móveis e direitos de qualquer natureza; d) prestação cumulativa e contínua de serviços de assessoria creditícia, mercadológica, gestão de crédito, seleção de riscos, administração de contas a pagar e a receber, compra de direitos creditórios resultantes de vendas mercantis a prazo ou de prestação de serviços (*factoring*); e) prestação de serviços de construção, recuperação, reforma, ampliação ou melhoramento de infraestrutura vinculados a contrato de concessão de serviço público. (Incluído pela Lei n. 12.973, de 2014) § 2º No caso de atividades diversificadas será aplicado o percentual correspondente a cada atividade. § 3º As receitas provenientes de atividade incentivada não comporão a base de cálculo do imposto, na proporção do benefício a que a pessoa jurídica, submetida ao regime de tributação com base no lucro real, fizer jus. § 4º O percentual de que trata este artigo também será aplicado sobre a receita financeira da pessoa jurídica que explore atividades imobiliárias relativas a loteamento de terrenos, incorporação imobiliária, construção de prédios destinados à venda, bem como a venda de imóveis construídos ou adquiridos para a revenda, quando decorrente da comercialização de imóveis e for apurada por meio de índices ou coeficientes previstos em contrato (§ 4º incluído pela Lei n. 11.196, de 2005)".

– **Revenda de veículos usados. Súmula CARF 85:** "Na revenda de veículos automotores usados, de que trata o art. 5º da Lei n. 9.716, de 26 de novembro de 1998, aplica-se o coeficiente de determinação do lucro presumido de 32% (trinta e dois por cento) sobre a receita bruta, correspondente à diferença entre o valor de aquisição e o de revenda desses veículos". Aprovada em dez. 2012.

– **Serviços em geral x serviços hospitalares.** A base de cálculo da prestação de serviços é de 32%, enquanto a dos serviços hospitalares é de 8%, conforme o art. 15, § 1º, III, a, da Lei n. 9.249/95. Sua nova redação, dada pela Lei 11.727/08, estendeu a alíquota de 8% para os serviços "de auxílio diagnóstico e terapia, patologia clínica, imagenologia, anatomia patológica e citopatologia, medicina nuclear e análises e patologias clínicas, desde que a prestadora destes serviços seja organizada sob a forma empresária e atenda às normas da Agência Nacional de Vigilância Sanitária – Anvisa".

– **Súmula CARF 142:** "Até 31.12.2008 são enquadradas como serviços hospitalares todas as atividades tipicamente promovidas em hospitais, voltadas diretamente à promoção da saúde, mesmo eventualmente prestadas por outras pessoas jurídicas, excluindo-se as simples consultas médicas" (CSRF, 2019). Obs.: vinculante, conforme Portaria ME n. 410/2020.

– **Atividades hospitalares, com custos diferenciados, dentro ou fora de hospital.** "IMPOSTO DE RENDA E CONTRIBUIÇÃO SOCIAL SOBRE O LUCRO. BASE DE CÁLCULO. PESSOA JURÍDICA. SERVIÇOS HOSPITALARES. CONCEITO. ART. 15, § 1º, III, 'A', DA LEI 9.249/1995. RECURSO REPETITIVO. ART. 543-C DO CPC. ENQUADRAMENTO... 1. A Primeira Seção pacificou o entendimento de que a) 'deve-se entender como 'serviços hospitalares' aqueles que se vinculam às atividades desenvolvidas pelos hospitais, voltados diretamente à promoção da saúde. Em regra, mas não necessariamente, são prestados no interior do estabelecimento hospitalar, excluindo-se as simples consultas médicas, atividade que não se identifica com as prestadas no âmbito hospitalar, mas nos consultórios médicos'; e b) 'duas situações convergem para a concessão do benefício: a prestação de serviços hospitalares e que esta seja realizada por instituição que, no desenvolvimento de sua atividade, possua custos diferenciados do simples atendimento médico, sem, contudo, decorrerem estes necessariamente da internação de pacientes' (REsp 951.251/PR, Rel. Min. Castro Meira, DJ de 3.6.2009). 2. Orientação reafirmada no julgamento do REsp 1.116.399/BA (sessão de 28.10.2009), sob o rito dos recursos repetitivos (art. 543-C do CPC)" (STJ, AgRg no AREsp 520.545, 2014).

– **Em regra, dentro da estrutura hospitalar.** "1. Para fins de enquadramento no regime de tributação especial do IRPJ de que cuida o art. 15, § 1º, III, a, da Lei 9.249/95, segundo entendimento da Primeira Seção do Superior Tribunal de Justiça, 'devem ser considerados serviços hospitalares 'aqueles que se vinculam às atividades desenvolvidas pelos hospitais, voltados diretamente à promoção de saúde', de sorte que, 'em regra, mas não necessariamente, são prestados no interior do estabelecimento hospitalar, excluindo-se as simples consultas médicas, atividade que não se identifica com as prestadas no âmbito hospitalar, mas nos consultórios médicos" (REsp 1.116.399/BA, Rel. Min. Benedito Gonçalves, DJ 24/2/10)" (STJ, AgRg no AREsp 301.944, 2013).

– **A partir da Lei n. 11.727/2008, exige-se organização sob a forma de sociedade empresária e atenção às normas da ANVISA.** Somente as sociedades empresárias hospitalares e congêneres é que estão excepcionadas da alíquota de 32%, podendo apurar o lucro presumido pela alíquota geral de 8%. O dispositivo legal exige inequivocamente que a prestadora seja organizada "sob a forma empresária". A sociedade empresarial é aquela registrada na junta comercial e que exerce atividade econômica organizada para a produção ou a circulação de bens ou de serviços (art. 966 do Código Civil). A sociedade limitada e a sociedade anônima, por exemplo, têm forma empresarial; já a sociedade simples não. Desse modo, a sociedade simples de médicos deve apurar o lucro presumido pela alíquota de 32%.

– "LEI 9.249/95. IRPJ E CSLL COM BASE DE CÁLCULO REDUZIDA. CONDIÇÃO DA PRESTADORA DE SERVIÇOS HOSPITALARES. AUSÊNCIA DE COMPROVAÇÃO. LEI N. 11.727/2008. CONSTITUIÇÃO SOB A FORMA DE SOCIEDADE EMPRESÁRIA. REQUISITOS LEGAIS. SÚMULA 7/STJ. 1. Cinge-se a controvérsia no reconhecimento do direito da empresa recorrente ao recolhimento do imposto de renda pessoa jurídica e da contribuição social sobre o lucro líquido, no mesmo patamar exigido das entidades prestadoras de serviços hospitalares, previsto nos artigos 15, § 1º, III, "a" (IRPJ) e 20 da Lei n. 9.249/95 (CSLL), antes das alterações introduzidas pela Lei n. 11.727/2008. 2. A Primeira Seção, por ocasião do julgamento do REsp 1.116.399/BA sob o rito do art. 543-C do CPC, reiterou o entendimento de que o conceito de 'serviços hospitalares' previsto no art. 15, § 1º, III, 'a', da Lei n. 9.249/95, também abrange serviços não prestados no interior do estabelecimento hospitalar e que não impliquem em manutenção de estrutura para internação de pacientes. 3. O Tribunal de origem concluiu que, a despeito da descrição das atividades da recorrente em seu objeto social como 'prestação de serviços médicos especializados nas áreas de nefrologia e diálise', o Auto de Constatação demonstrou que tanto os equipamentos quanto o pessoal especializado não pertencem à parte autora, mas sim ao Hospital Santa Casa de Misericórdia de Ponta Grossa/PR. 4. A partir da vigência da Lei n. 11.727/2008, que alterou a redação do art. 15, § 1º, III, "a", da Lei n. 9.249/95, houve determinação legal para que o benefício fiscal concedido restrinja-se à prestadora de serviço 'organizada sob a forma de sociedade empresária e atenda às normas da Agência Nacional de Vigilância Sanitária – ANVISA'. 5. Em atenção à exigência legal, a Corte regional assentou que a demandante não cumpre a novel exigência legal, de modo que a modificação do julgado quanto ao preenchimento dos requisitos legais demandaria incursão na seara fática dos autos, o que encontra inafastável óbice na Súmula 7/STJ" (STJ, AgRg no REsp 1.475.062, 2014).

– **Não alcança consultórios voltados a simples consultas, mesmo quando estabelecidos dentro de hospitais.** "ATIVIDADE DE SIMPLES CONSULTAS MÉDICAS EXCLUÍDAS DO BENEFÍCIO. 1. Cabe esclarecer que a redução da base de cálculo de IRPJ na hipótese de prestação de serviços hospitalares prevista no artigo 15, § 1º, III, 'a', da Lei 9.249/95 não contempla a pura e simples atividade de consulta médica realizada por profissional liberal, ainda que no interior do estabelecimento hospitalar. Por decorrência lógica, também é certo que o benefício em tela não se aplica aos consultórios médicos situados dentro dos hospitais que só prestem consultas médicas. 2. Para evitar eventuais dúvidas sobre o alcance do julgado, faz-se oportuno constar do acórdão embargado que não é extensível o benefício aos consultórios médicos somente pelo fato de estarem localizados dentro de um hospital, onde apenas sejam realizadas consultas médicas que não envolvam qualquer outro procedimento médico" (STJ, EDcl nos EDcl no REsp 951.251, 2010).

– **Caráter objetivo do benefício.** "[...] 2. Por ocasião do julgamento do RESP 951.251-PR, da relatoria do eminente Ministro Castro Meira, a 1ª Seção, modificando a orientação anterior, decidiu que, para fins do pagamento dos tributos com as alíquotas reduzidas, a expressão 'serviços hospitalares', constante do artigo 15, § 1º, inciso III, da Lei 9.249/95, deve ser interpretada de forma objetiva (ou seja, sob a perspectiva da atividade realizada pelo contribuinte), porquanto a lei, ao conceder o benefício fiscal, não considerou a característica ou a estrutura do contribuinte em si (critério subjetivo), mas a natureza do próprio serviço prestado (assistência à saúde). Na mesma oportunidade, ficou consignado que os regulamentos emanados da Receita Federal referentes aos dispositivos legais acima mencionados não poderiam exigir que os contribuintes cumprissem requisitos não previstos em lei (a exemplo da necessidade de manter estrutura que permita a internação de pacientes) para a obtenção do benefício. Daí a conclusão de que 'a dispensa da capacidade de internação hospitalar tem supedâneo diretamente na Lei 9.249/95, pelo que se mostra irrelevante para tal intento as disposições constantes em atos regulamentares'. 3. Assim, devem ser considerados serviços hospitalares 'aqueles que se vinculam às atividades desenvolvidas pelos hospitais, voltados diretamente à promoção da saúde', de sorte que, 'em regra, mas não necessariamente, são prestados no interior do estabelecimento hospitalar, excluindo-se as simples consultas médicas, atividade que não se identifica com as prestadas no âmbito hospitalar, mas nos consultórios médicos'. 4. Ressalva de que as modificações introduzidas pela Lei 11.727/08 não se aplicam às demandas decididas anteriormente à sua vigência, bem como de que a redução de alíquota prevista na Lei 9.249/95 não se refere a toda a receita bruta da empresa contribuinte genericamente considerada, mas sim àquela parcela da receita proveniente unicamente da atividade específica sujeita ao benefício fiscal, desenvolvida pelo contribuinte, nos exatos termos do § 2º do artigo 15 da Lei 9.249/95. 5. Hipótese em que o Tribunal de origem consignou que a empresa recorrida presta serviços médicos laboratoriais (fl. 389), atividade diretamente ligada à promoção da saúde, que demanda maquinário específico, podendo ser realizada em ambientes hospitalares ou similares, não se assemelhando a simples consultas médicas,

motivo pelo qual, segundo o novel entendimento desta Corte, faz jus ao benefício em discussão (incidência dos percentuais de 8% (oito por cento), no caso do IRPJ, e de 12% (doze por cento), no caso de CSLL, sobre a receita bruta auferida pela atividade específica de prestação de serviços médicos laboratoriais). 6. Recurso afetado à Seção, por ser representativo de controvérsia, submetido ao regime do artigo 543-C do CPC e da Resolução 8/STJ" (STJ, REsp 1.116.399, 2009).

– **No sentido de que exigiria internação e estrutura complexa.** "CONCEITO. SERVIÇOS HOSPITALARES. A jurisprudência da Primeira Seção define como serviços hospitalares, para efeito do art. 15, § 1º, III, *a*, da Lei n. 9.249/1995, o complexo de atividades exercidas pela pessoa jurídica que proporcione internamento do paciente para tratamento de saúde, com oferta de todos os processos exigidos para a prestação desses serviços ou do especializado. No caso, trata-se de clínica cujo objeto social é a prestação de serviços profissionais de medicina em instituto de radiodiagnóstico, e o acórdão recorrido noticia que ela não dispõe de aparelhagem nem serviços próprios para efetuar a internação de pacientes. Assim, a atividade não se enquadra no conceito de serviços hospitalares. A Turma, por maioria, deu provimento ao recurso da Fazenda Nacional. Precedentes citados: REsp 832.906-SC, *DJ* 27/11/2006; REsp 841.131-RS, *DJ* 18/12/2006, e REsp 853.739-PR, *DJ* 14/12/2006. REsp 913.594-RS, Min. Teori Albino Zavascki, julgado em 16/10/2007" (*Informativo STJ* n. 336).

– "IMPOSTO DE RENDA PESSOA JURÍDICA SOBRE O LUCRO PRESUMIDO... ENQUADRAMENTO NO CONCEITO DE ATIVIDADE HOSPITALAR. ALÍQUOTA DE 8%. ART. 15, § 1º, III, 'A', DA LEI N. 9.249/95... 5. Para se beneficiar da alíquota diferenciada de 8% para o IRPJ, a pessoa jurídica há de ser enquadrada, conceitualmente, como entidade hospitalar, isto é, expressar estrutura complexa que possibilite, em condições favoráveis, a internação do paciente para tratamento médico" (STJ, REsp 898.913, 2007).

– **Retratabilidade da opção pelo lucro presumido. Direito à tributação pelo lucro real. Lei n. 9.430/96.** "A cada ano, a empresa deve optar por algum dos regimes de tributação do Imposto de Renda. Simples e lucro presumido, todavia, elegeram como base imponível a receita, e não o lucro, hipótese de incidência prefigurada na Constituição Federal. Por isso, sua observância jamais poderia ser exigida do contribuinte. No entanto, a lei impõe que a opção pelos aludidos regimes vincule o contribuinte por todo o exercício, alterando o fato gerador da obrigação, que deixa de ser o lucro para ser a opção pelo regime, já que irretratável. Isso denota o cunho exclusivamente contratual da obrigação. A obrigação tributária, contudo, deve ter berço legal, o que faculta a migração para o lucro real a qualquer tempo, por ser o único regime que se coaduna com a ordem tributária econômica, notadamente com os princípios que fomentam a atividade das Microempresas (ME) e das Empresas de Pequeno Porte (EPP), consagrados na Constituição" (TEDESCO, Paulo Camargo. A inconstitucionalidade da irretratabilidade imposta à opção pelos regimes de tributação do Imposto de Renda simples e lucro presumido. *RTFP* 58/105, 2004).

– "... havia quem sustentasse a irretratabilidade da opção, asseverando que a Lei 9.430/96, art. 26, estabeleceu que a opção pelo lucro presumido será manifestada com o pagamento da primeira e única cota do imposto devido correspondente ao primeiro período de apuração de cada ano-calendário, devendo permanecer a mesma por todo o ano-calendário. Na verdade, o legislador não pode impor ao contribuinte um critério diverso do lucro real, salvo, é claro, na hipótese de impossibilidade de apuração deste. Se a pessoa jurídica sofrer prejuízo e, mesmo assim, for obrigada a pagar porque havia feito uma opção que a lei considera irretratável, o fato do dever jurídico de pagar esse imposto terá deixado de ser a venda, ou o acréscimo patrimonial. Será, simplesmente, a opção pelo regime jurídico da tributação com base no lucro presumido. Em outras palavras, a impossibilidade de voltar atrás na opção pelo regime do lucro presumido descaracteriza o imposto, que deixa de ser uma obrigação *ex lege* e passa a ser uma obrigação contratual. Obrigação que nasce, não do fato da renda, mas do fato de manifestação de vontade. [...] A tributação com base no lucro presumido há de ser, sempre, uma opção. [...] Em qualquer hipótese, o contribuinte tem o direito de demonstrar que não ocorreu o fato gerador do imposto, vale dizer, a renda, ou que esta é realmente menor do que a base de cálculo definida pelo critério do lucro presumido, e, assim, afastar a presunção, que há de ceder espaço para a realidade" (MACHADO, Hugo de Brito. Opção pelo lucro presumido. *Repertório IOB de Jurisprudência*/98, Verbete 1/12986).

– **Definitividade da opção.** "3. A proibição do art. 26 da Lei n. 9.430/96 significa a vedação de retorno ao regime do lucro real após a adesão ao lucro presumido pelo restante do ano em curso, conforme reza o art. 3º da mesma Lei" (STJ, REsp 710.856, 2005).

– "I – Efetuada a apuração do imposto de renda por meio do lucro presumido, com a entrega da Declaração Simplificada de Rendimentos e Informações, resta impossibilitada a sua retificação posterior, com a opção pelo lucro real, ante a verificação de prejuízos por parte do contribuinte, porquanto o regime tributário eleito, de livre escolha, tornou-se definitivo. Inteligência dos arts. 13, *caput* e § 2º, e 18, inciso III, da Lei n. 8.541/92" (STJ, REsp 751.389, 2005).

– "Para o contribuinte que, no início do ano, tem dúvida a respeito de qual das duas modalidades de tributação (lucro real e lucro presumido) lhe será mais vantajosa, a Lei 8.541/92 ainda possibilita a tributação mensal por estimativa, para posterior ajuste no final do ano. Com efeito, uma vez exercida a opção de tributação pelo lucro presumido com a entrega da declaração anual de encerramento, esta se torna definitiva" (excerto de sentença do Juiz Federal Francisco Donizete Gomes, prolatada em 30 de maio de 2003 nos autos dos Embargos à Execução n. 1999.71.00.008425-6, em tramitação na 2ª Vara de Execuções Fiscais de Porto Alegre).

– **Lucro arbitrado.** O IRPJ é apurado sobre o lucro arbitrado em caráter excepcional, quando a pessoa jurídica tributada com base no lucro real não cumprir corretamente as respectivas obrigações acessórias (manter escrituração na forma das leis comerciais e fiscais, elaborar e apresentar as demonstrações exigidas...), houver fraude ou vícios comprometedores da idoneidade da apuração realizada, tiver ocorrido opção indevida pelo lucro presumido ou a empresa optante não cumprir as obrigações acessórias relativas à sua determinação, enfim, quando não for possível apurar adequadamente o imposto com base no lucro real ou presumido. Não seria o descumprimento das obrigações acessórias ou mesmo o ardil do contribuinte que o dispensariam do ônus tributário. Como fazer, e.g., quando não haja forma de se apurar sequer a receita da pessoa jurídica, por ausência ou vícios graves na sua contabilidade? Para contornar tais situações, a legislação autoriza o cálculo do imposto sobre o lucro arbitrado. O art. 51 da Lei 8.981/95, e.g., dispõe no sentido de que "O lucro arbitrado das pessoas jurídicas, quando não conhecida a receita bruta, será determinado através de procedimento de ofício, mediante a utilização de uma das seguintes alternativas de cálculo: I – 1,5 (um inteiro e cinco décimos) do lucro real referente ao último período em que a pessoa jurídica manteve escrituração de acordo com as leis comerciais e fiscais, atualizado monetariamente; II – 0,04 (quatro centésimos) da soma dos valores do ativo circulante, realizável a longo prazo e permanente, existente no último balanço patrimonial conhecido, atualizado monetariamente...".

– Decreto n. 3000/1999 (RIR/99): "SUBTÍTULO V: LUCRO ARBITRADO. CAPÍTULO I: HIPÓTESES DE ARBITRAMENTO. Art. 529. A tributação com base no lucro arbitrado obedecerá as disposições previstas neste Subtítulo. Art. 530. O imposto, devido trimestralmente, no decorrer do ano-calendário, será determinado com base nos critérios do lucro arbitrado, quando (Lei n. 8.981, de 1995, art. 47, e Lei n. 9.430, de 1996, art. 1º): I – o contribuinte, obrigado à tributação com base no lucro real, não mantiver escrituração na forma das leis comerciais e fiscais, ou deixar de elaborar as demonstrações financeiras exigidas pela legislação fiscal; II – a escrituração a que estiver obrigado o contribuinte revelar evidentes indícios de fraudes ou contiver vícios, erros ou deficiências que a tornem imprestável para: a) identificar a efetiva movimentação financeira, inclusive bancária; ou b) determinar o lucro real; III – o contribuinte deixar de apresentar à autoridade tributária os livros e documentos da escrituração comercial e fiscal, ou o Livro Caixa, na hipótese do parágrafo único do art. 527; IV – o contribuinte optar indevidamente pela tributação com base no lucro presumido; V – o comissário ou representante da pessoa jurídica estrangeira deixar de escriturar e apurar o lucro da sua atividade separadamente do lucro do comitente residente ou domiciliado no exterior (art. 398); VI – o contribuinte não mantiver, em boa ordem e segundo as normas contábeis recomendadas, Livro Razão ou fichas utilizados para resumir e totalizar, por conta ou subconta, os lançamentos efetuados no Diário".

– "3. A autoridade tributária é autorizada a arbitrar o lucro da pessoa jurídica (base de cálculo do imposto de renda), quando, entre outras hipóteses, o contribuinte optante da tributação com base no lucro presumido não cumprir as obrigações acessórias relativas à sua determinação (Decreto-Lei n. 1.648/78, artigo 7º, inciso II). Ao Fisco, portanto, lícito se afigura proceder ao arbitramento com base em investigações da má conduta das empresas, desde que a escrituração contábil se revele imprestável ao propósito da apuração do lucro real" (STJ, REsp 690.675, 2007).

– "Lucro arbitrado. O imposto será determinado com base nos critérios do lucro arbitrado, quando o contribuinte submetido à tributação com base no lucro real não mantiver escrituração na forma das leis comerciais, ou deixar de elaborar as demonstrações financeiras exigidas pela legislação fiscal" (1º CC, 3ª C., Proc. 10580.001496/2001-06, Rec. 131.821, Rel. Maurício Prado de Almeida, *DOU* 5-4-2006).

– "Em matéria de lucro arbitrado, há, pois, que distinguir a atividade administrativa de declaração dos pressupostos da aplicação da base de cálculo subsidiária ou de segundo grau, definida em lei, da atividade administrativa de natureza instrutória indiciária, que ocorrerá subsidiariamente à verificação da impossibilidade de aplicação da própria base de cálculo substitutiva. Ocorre, assim, um processo de progressiva adaptação à realidade: num primeiro momento tenta aplicar-se a base de cálculo principal ou de primeiro grau – que é o lucro real, demonstrado face à escrituração do contribuinte; num segundo momento, demonstrada a impossibilidade da sua apuração pela escrituração do contribuinte, a lei determina a substituição da base de cálculo principal por uma base de cálculo subsidiária, ainda definida em lei e que é um percentual da receita bruta; num terceiro momento, demonstrada a impossibilidade de apuração da própria base de cálculo subsidiária – a receita bruta – a lei admite, ainda e também a título subsidiário, uma livre atividade administrativa instrutória baseada em métodos indiciários de caráter alternativo. A passagem de uma fase para a fase subsequente depende sempre, de demonstração, pelo Fisco, dos respectivos pressupostos legais no cumprimento do seu dever de fundamentação dos atos administrativos: a imprestabilidade da escrituração, para legitimar a substituição do lucro real pelo percentual da receita bruta como base de cálculo legal do tributo; a impossibilidade de apuração da receita bruta, para legitimar a substituição da sua prova direta por uma prova indiciária" (XAVIER, Alberto. *Do lançamento, teoria geral do ato, do procedimento e do processo tributário*. Rio de Janeiro: Forense, 1998, p. 129).

– **Súmula CARF 59:** "A tributação do lucro na sistemática do lucro arbitrado não é invalidada pela apresentação, posterior ao lançamento, de livros e documentos imprescindíveis para a apuração do crédito tributário que, após regular intimação, deixaram de ser exibidos durante o procedimento fiscal".

– **Súmula CARF 96:** "A falta de apresentação de livros e documentos da escrituração não justifica, por si só, o agravamento da multa de ofício, quando essa omissão motivou o arbitramento dos lucros. Aprovada pela 1ª Turma da CSRF em dez. 2013".

– **Súmula CARF 97:** "O arbitramento do lucro em procedimento de ofício pode ser efetuado mediante a utilização de qualquer uma das alternativas de cálculo enumeradas no art. 51 da Lei n. 8.981, de 20 de janeiro de 1995, quando não conhecida a receita bruta. Aprovada pela 1ª Turma da CSRF em dez. 2013".

– **O lucro arbitrado não é opção do contribuinte. Só tem lugar no lançamento de ofício.** Embora o RIR/99 trate também do "Arbitramento pelo Contribuinte", não se trata de abrir ao contribuinte outra opção de tributação, porquanto resta submetido às mesmas hipóteses típicas do arbitramento, que pressupõe a

ausência de elementos contábeis idôneos para a apuração do lucro real.

– Decreto n. 3.000/1999 (RIR/99): "Arbitramento pelo Contribuinte. Art. 531. Quando conhecida a receita bruta (art. 279 e parágrafo único) e desde que ocorridas as hipóteses do artigo anterior, o contribuinte poderá efetuar o pagamento do imposto correspondente com base no lucro arbitrado, observadas as seguintes regras (Lei n. 8.981, de 1995, art. 47, §§ 1º e 2º, e Lei n. 9.430, de 1996, art. 1º): I – a apuração com base no lucro arbitrado abrangerá todo o ano-calendário, assegurada, ainda, a tributação com base no lucro real relativa aos trimestres não submetidos ao arbitramento, se a pessoa jurídica dispuser de escrituração exigida pela legislação comercial e fiscal que demonstre o lucro real dos períodos não abrangidos por aquela modalidade de tributação; II – o imposto apurado na forma do inciso anterior, terá por vencimento o último dia útil do mês subsequente ao do encerramento de cada período de apuração".

– "O lucro arbitrado, ainda que conhecida a receita bruta, não é uma opção pura e simples do contribuinte como ocorre com a opção pelo lucro presumido. Além de ter receita bruta conhecida, é indispensável a ocorrência de força maior como não manter escrituração contábil na forma da lei ou esta ser imprestável. O parágrafo de uma lei não pode ser interpretado isoladamente porque está vinculado ao *caput* do artigo. Assim, os §§ 1º e 2º do art. 47 da lei n. 8.981, de 1995, terão que ser interpretados em conjunto com o *caput*. Com isso, se a pessoa jurídica possui escrituração contábil regular e apresenta a DIPJ com base no lucro arbitrado, o fisco não é obrigado a aceitá-la" (HIGUCHI, Hiromi; HIGUCHI, Fábio Hiroshi; HIGUCHI, Celso Hiroyuki. *Imposto de Renda das Empresas*. 35. ed. IR Publicações, 2010, p. 98).

– "A tributação com base no lucro arbitrado somente será admitida em caso de lançamento de ofício (com exceção da permissão ao contribuinte do art. 531) e, quando conhecida a receita bruta, será determinado mediante a aplicação dos mesmos percentuais estabelecidos pelo art. 519, RIR/99, para o lucro presumido, acrescidos de 20%, exceção para as instituições financeiras (45%). Portanto, a modalidade de arbitramento do lucro, se conhecida a receita bruta, calcula o lucro pelos mesmos critérios do lucro presumido (exceção das empresas imobiliárias), mas com acréscimo de 20%, resultando assim, por efeito do arbitramento, um acréscimo de imposto neste percentual, em relação ao valor do imposto calculado pelo lucro presumido, além de não poder aproveitar qualquer destinação ou dedução a título de incentivo fiscal, o que vale também para o lucro presumido. Porém, sendo o arbitramento efetuado pelo Fisco, o contribuinte sofrerá a sanção da multa de ofício, e a exigência tributária ficará ainda mais gravosa, em relação ao lucro presumido com apresentação espontânea da declaração. A autoridade arbitrará o lucro da pessoa jurídicas, na forma dos arts. 532 a 535 do RIR/99, inclusive empresa individual equiparada à pessoa jurídica (não optante pelo regime do SIMPLES), que servirá de base de cálculo do imposto, quando ocorrerem as situações previstas no art. 530 do RIR/99" (GODOY, Walter. *Os direitos dos contribuintes*. 2. ed. Porto Alegre: Síntese, 2003, p. 125).

⇒ **Tributação do indébito tributário. IR e CSLL.** "Com a edição do Ato Declaratório Interpretativo n. 25, de 24 de dezembro de 2003... a Secretaria da Receita Federal firmou o seu entendimento sobre a tributação de indébitos tributários, definindo quais os tributos e quando incidem sobre os valores repetidos. [...] 41. Em face do exposto, fica demonstrado o acerto da solução dada pelo ADI 25/03 à questão da tributação do indébito tributário, pois: i. quanto ao ASPECTO MATERIAL das hipóteses de incidência: a) os valores restituídos a título de tributo pago indevidamente serão tributados pelo IRPJ e pela CSLL, somente se, em períodos anteriores, tiverem sido computados como despesas dedutíveis do lucro real e da base de cálculo da CSLL, seja qual for o fundamento para a repetição do indébito; b) não há que se falar em incidência da COFINS e da Contribuição para o PIS/Pasep sobre os valores recuperados a título de tributo pago a maior, já que tais valores, no período em que foram reconhecidos como despesas, não influenciaram a base tributável dessas contribuições; ii. Quanto ao ASPECTO TEMPORAL das hipóteses de incidência: a) a sentença condenatória que define o valor a ser restituído é um título líquido, certo e exigível de um direito, razão pela qual é na data do seu trânsito em julgado que o indébito passa a ser receita tributável pelo IRPJ e pela CSLL; b) no caso de a sentença condenatória não definir o valor a ser restituído (sentença ilíquida), o indébito passa a ser receita tributável pelo IRPJ e pela CSLL: 1) na data do trânsito em julgado da sentença que julgar os embargos à execução, fundamentado no excesso de execução (art. 741, inciso V, do CPC); ou 2. na data da expedição do precatório, se a Fazenda Pública deixar de oferecer embargos; iii. Quanto aos JUROS DE MORA incidentes sobre o indébito: a) os juros sobre o indébito é receita nova e, sobre ela, incidem tanto o IRPJ e a CSLL, seja qual for a modalidade de apuração, como também, a Contribuição para o PIS/Pasep e a COFINS; b) no momento em que o valor a ser restituído se torna um crédito líquido e certo, passa a ser tributável a receita decorrente dos juros de mora (incidentes sobre o indébito) até ali incorridos, sendo que, a partir daí, os juros incorridos em cada mês deverão ser reconhecidos pelo regime de competência como receita tributável do respectivo mês; iv. Quanto à COMPENSAÇÃO do indébito tributário: a) na data do trânsito em julgado da sentença declaratória do direito à compensação, os créditos compensáveis passam a ser receitas tributáveis do IRPJ e da CSLL – logicamente, quando tais valores tiverem sido reconhecidos anteriormente como despesas dedutíveis das bases tributáveis desses tributos" (SOUZA JÚNIOR, Alberto Pinto. A tributação do indébito tributário. *RFDT* 11/169, 2004).

⇒ **Compensação de prejuízos passados. Depende de autorização legal expressa. Leis ns. 8.981/95 e 9.430/96.** Toda a tributação relacionada a fatos geradores ditos complexivos dá-se por períodos de tempo, relativamente aos quais se afere a dimensão quantitativa do fato gerador – a base de cálculo – para fins de apuração do montante devido. O fato gerador do imposto de renda e a correspondente grandeza econômica tributada é o acréscimo patrimonial havido em determinado período. Inexiste direito constitucional à dedução de prejuízos de períodos anteriores. O conceito de renda tem de ser tomado em atenção ao fato de que a tributação se faz por períodos certos de tempo. Pode o legislador, tranquilamente, determinar o pagamento sobre a renda de determinado trimestre, ou de determinado ano, sem prever a comunicação dos períodos. A possibilidade de dedução de eventual prejuízo de período anterior depende de previsão expressa em lei. O STF já se pronunciou neste sentido, entendendo válida lei que limitou a compensação dos prejuízos.

– A compensação de prejuízos de períodos passados na apuração do lucro surgiu com a Lei n. 154/47. Também trataram da matéria os Decretos-Leis ns. 1.493/76 e 1.598/77. Até então, podia-se compensar livremente todo o prejuízo dos períodos anteriores, valendo, pois, a técnica da comunicabilidade (ou não independência) dos períodos. Com o advento da Lei n. 8.981/95, em seguida alterada pela Lei n. 9.065/95, restou limitada a compensação a 30% da base de cálculo. A Lei n. 9.430/96 eliminou a possibilidade de compensação.

– "Conforme o art. 43 do Código Tributário Nacional, o IR tem como fato gerador a aquisição de disponibilidade econômica ou jurídica – acréscimo patrimonial. Tal acréscimo real de patrimônio de uma empresa é aferido em um determinado período de apuração ou exercício, para o qual leva-se em conta o lucro líquido do exercício ajustado pelas adições, exclusões ou compensações daquele período-base, as quais são prescritas ou autorizadas pela legislação tributária. Importa ter presente que a compensação do prejuízo deve ser integral dentro do período-base ou de apuração, porquanto se busca apurar a situação atual do contribuinte pessoa jurídica. Decorre daí que, para a incidência do IRPJ ou da contribuição social sobre o lucro, é necessária a determinação do patrimônio e do prejuízo ocorrido no período de apuração. A possibilidade de compensação de prejuízos de exercícios passados em exercícios subsequentes é mero instrumento de política fiscal, o qual não gera direito adquirido" (excerto de parecer oferecido pela Procuradora da República no Rio Grande do Sul, Maria Emília Corrêa da Costa, nos autos do MS 97.0004205-7, 1997).

– **No sentido de que a compensação dos prejuízos passados se impõe:** "... a compensação de prejuízos passados, longe de ser um favor fiscal – situação em que seria revogável a qualquer momento, desde que observados os princípios constitucionais da anterioridade tributária e da irretroatividade específica (segundo a qual bastaria a lei nova estar em vigor antes do início do período-base) –, constitui-se num mecanismo inseparável e obrigatório na tributação dos resultados das pessoas jurídicas. À tributação da renda não basta a aferição de resultados positivos, mês a mês, ou mesmo ano a ano, mas a efetiva constatação da mais-valia patrimonial verificada no decurso do tempo. E tal mais-valia patrimonial era medida, segundo a lei vigente à época em que os prejuízos foram sendo apurados, num lapso temporal nunca inferior a 4 anos, prejuízos esses que por isso mesmo não podem ser desprezados até que sejam inteiramente compensados segundo a lei vigente ao tempo que tal direito fora adquirido, sem novas proibições, restrições ou adiamentos. Do contrário estar-se-á tributando pretensa renda, enquanto a empresa, na realidade, possa estar experimentando um verdadeiro decréscimo patrimonial, o que não se coaduna com a Constituição (art. 150, III), nem com a lei complementar tributária (CTN, art. 43). Sob outro enfoque, também se dirá, e parece-me com acerto, que a postergação de legítimas deduções implicará a automática antecipação de imposto de renda que só seria devido em tempo futuro, o que significaria a criação, por vias transversas, de um autêntico empréstimo compulsório, sem as cautelas materiais e formais estabelecidas pelo art. 148 da CF. É que não se trata de nenhuma das espécies de compulsório admitidas no referido dispositivo constitucional, e nem a criação se deu mediante lei complementar, como seria necessário" (MORSCHBACHER, José. Compensação de prejuízos no Imposto de Renda – Inconstitucionalidade da limitação da Lei 8.981/95. *Cadernos de Direito Tributário e Finanças Públicas* 10/111-112, RT, 1995). Obs: vide, também, do mesmo eminente tributarista, Restituição de tributos indevidos por compensação, *Cadernos de Direito Tributário e Finanças Públicas* 11/70, RT, 1995; e ZAHA, Enio. Prejuízos fiscais – atualização monetária. *RDDT* 68/38-43, 2001.

– Lei n. 8.981/95. Limitação da compensação a 30%. Validade. STF. O STF já reconheceu a constitucionalidade da limitação estabelecida pela Lei n. 8.981/95, embora a questão permaneça controvertida.

– "1. Tributário. Imposto de Renda e Contribuição Social sobre o Lucro. Compensação de prejuízos. Constitucionalidade dos arts. 42 e 58 da Lei n. 8.981/95. Recurso extraordinário não provido. Precedentes. É constitucional a limitação de 30% para compensação dos prejuízos apurados nos exercícios anteriores, conforme disposto nos arts. 42 e 58 da Lei n. 8.981/95. 2. Tributário. Contribuição Social sobre o Lucro. Publicação da MP n. 812 em 31.12.94. Art. 195, § 6º, da CF/88. Violação aos princípios da anterioridade e da irretroatividade. Inexistência. Precedentes. Não viola os princípios da anterioridade e irretroatividade tributárias o fato de a Medida Provisória n. 812 ter sido publicada no sábado, 31.12.94, desde que observado o princípio da anterioridade nonagesimal" (STF, RE 229.412 AgR, 2009).

– "... IMPOSTO DE RENDA E CONTRIBUIÇÃO SOCIAL. MEDIDA PROVISÓRIA N. 812, DE 31.12.94, CONVERTIDA NA LEI N. 8.981/95. ARTIGOS 42 E 58, QUE REDUZIRAM A 30% A PARCELA DOS PREJUÍZOS SOCIAIS APURADOS EM EXERCÍCIOS ANTERIORES, A SER DEDUZIDA DO LUCRO REAL, PARA APURAÇÃO DOS TRIBUTOS EM REFERÊNCIA. ALEGAÇÃO DE OFENSA AOS PRINCÍPIOS DO DIREITO ADQUIRIDO E DA ANTERIORIDADE E AOS ARTS. 148 E 150, IV, DA CF. Diploma normativo que foi editado em 31.12.94, a tempo, portanto, de incidir sobre o resultado do exercício financeiro encerrado, ante a não comprovação de haver o Diário Oficial sido distribuído no sábado, depois das dezenove horas, o que teria impedido a publicação, no mesmo dia, do referido diploma normativo. Descabimento da alegação de ofensa aos dispositivos constitucionais invocados. O mesmo é de dizer-se relativamente ao princípio da anterioridade, salvo no que concerne à contribuição social, circunscrita que se acha à anterioridade nonagesimal, prevista no art. 195, § 6º, da CF, dispositivo que, todavia, não foi apontado como ofendido. Ausência, em nosso sistema jurídico, de direito adquirido a regime jurídico, notadamente ao regime

dos tributos, que se acham sujeitos à lei vigente à data do respectivo fato gerador. Recurso não conhecido" (STF, RE 247.633, 2000).

– Tema 117 do STF: "É constitucional a limitação do direito de compensação de prejuízos fiscais do IRPJ e da base de cálculo negativa da CSLL". Decisão de mérito em 2019.

– Súmula CARF 3: "Para a determinação da base de cálculo do Imposto de Renda das Pessoas Jurídicas e da Contribuição Social sobre o Lucro, a partir do ano-calendário de 1995, o lucro líquido ajustado poderá ser reduzido em, no máximo, trinta por cento, tanto em razão da compensação de prejuízo, como em razão da compensação da base de cálculo negativa".

– Súmula CARF 36: (Vinculante – Portaria MF 383/2010): "A inobservância do limite legal de trinta por cento para compensação de prejuízos fiscais ou bases negativas da CSLL, quando comprovado pelo sujeito passivo que o tributo que deixou de ser pago em razão dessas compensações o foi em período posterior, caracteriza postergação do pagamento do IRPJ ou da CSLL, o que implica em excluir da exigência a parcela paga posteriormente".

– Inaplicabilidade, quanto à CSLL, relativamente ao balanço de 1994. Anterioridade nonagesimal. "1. Contribuição Social sobre o Lucro. A sistemática instituída pela Lei 8.981/95, resultante da conversão da Medida Provisória 812, editada em 31 de dezembro de 1994, que limitou a trinta por cento a compensação dos prejuízos fiscais verificados em períodos-base anteriores com o lucro líquido apurado no encerramento do ano-calendário, para efeito da base de cálculo do tributo, não pode ser aplicada ao balanço contábil encerrado no último dia do exercício de 1994, em face da norma do artigo 195, § 6º, da Constituição, que consagra o princípio da anterioridade nonagesimal. 2. Na disciplina da Lei 8.541/92, podia o contribuinte compensar os prejuízos fiscais com o lucro real apurado em até quatro anos-calendários subsequentes ao da apuração, sem qualquer limite. 3. Vícios no julgado. Inexistência. Embargos de declaração rejeitados" (STF, EDARegRE 308.899, 2003).

– Compensação de prejuízos fiscais da atividade rural sem limitação. "A legislação fiscal concede à atividade rural alguns reflexos tributários peculiares, especialmente, dois incentivos fiscais: (i) depreciação acelerada incentivada; e (ii) compensação de prejuízos fiscais sem a limitação de 30%. A depreciação incentivada acelerada está prevista no art. 6º da Medida Provisória n. 2.159-70, de agosto de 2001: 'Art. 6º Os bens do ativo permanente imobilizado, exceto à terra nua, adquiridos por pessoa jurídica que explore a atividade rural, para uso nessa atividade, poderão ser depreciados integralmente no próprio ano da aquisição.' Bem por isso, ao contrários das atividades em geral, permite expressamente a legislação que se deprecie no próprio ano de aquisição os bens adquiridos por pessoa jurídica que explore atividade rural, salvo a aquisição de terra nua. [...] Temos, ainda, na atividade rural, a peculiar permissão legal para a compensação integral dos prejuízos fiscais sem a limitação de 30%... Para o gozo, no entanto, de tais incentivos fiscais ligados à atividade rural, é preciso o cumprimento de certos requisitos legais. Entre eles, temos a própria caracterização como atividade rural, que traz à discussão, especialmente para a agroindústria, entre outras matérias: (i) o fato de o contribuinte exercer a atividade rural por meio de equipamentos altamente mecanizados, complexos a desqualificaria? (ii) o que seriam equipamentos e utensílios usualmente empregados na atividade rural?; e (iii) o contrato de parceria impede a caracterização como atividade rural? [...] Considera a legislação como rural a transformação de produtos advindos desta atividade, desde que esta modificação não altere as características do produto 'in natura'. [...] o art. 22-A da Lei n. 8.212/91, considera a agroindústria produtor rural pessoa jurídica. [...] plenamente possível compreender como instrumento para a exploração de atividade rural, todo aquele equipamento e utensílio que tenha pertinência e adequação para a transformação de produtos advindos de referida exploração econômica, desde que tais procedimentos (mesmo que industriais) mantenham as características e composição do produto 'in natura'. Daí por que o emprego de utensílios modernos e que se valem de tecnologia não possui qualquer vedação 'de per si'. Ao contrário, a atividade rural cada vez mais tem evoluído no sentido de aumentar produtividade e qualidade. [...] a exploração da atividade rural, capaz de viabilizar o gozo da depreciação acelerada incentivada e compensação de prejuízos, inclusive pela agroindústria, não depende para sua configuração do emprego de equipamentos e utensílios rústicos, sendo possível, em especial, a partir da Lei n. 9.250/1995, o uso de alta tecnologia, desde que a transformação não altere a composição do produto *in natura*, além da permissão para os contratos de parceria" (CALCINI, Fábio Pallaretti. IRPJ/CSLL. Depreciação incentivada acelerada e prejuízos fiscais na atividade rural. Agroindústria. Jurisprudência do Carf. *RDDT* 211/42, 2013).

– Lei n. 8.981/95, decorrente da conversão da MP n. 812/94. Ausência de violação à irretroatividade e à anterioridade. STF. STJ. "Não ofende o princípio da irretroatividade das leis a aplicação, no cálculo do imposto de renda de pessoa jurídica referente ao exercício de 1994, da Medida Provisória 812, publicada no Diário Oficial da União de 31.12.94 (convertida na Lei 8.981/95), que limita em 30% a parcela dos prejuízos verificados em exercícios anteriores para efeito de dedução do lucro real apurado (MP 812/94, art. 42). Todavia, a majoração da contribuição social incidente sobre o lucro das empresas, também prevista na MP 812/94 (art. 58), não pode alcançar o balanço de 31.12.94, uma vez que está sujeita ao princípio da anterioridade nonagesimal. RE 232.084-SP, Min. Ilmar Galvão, 4.4.2000" (*Informativo STF* 184, 2000).

– "IMPOSTO DE RENDA DE PESSOAS JURÍDICAS – COMPENSAÇÃO DE PREJUÍZOS FISCAIS – LEI N. 8.921/95 – MEDIDA PROVISÓRIA N. 812/94 – PRINCÍPIO DA ANTERIORIDADE. A Medida Provisória n. 812, convertida na Lei n. 8.921/95, não contrariou o princípio constitucional da anterioridade. Na fixação da base de cálculo da contribuição social sobre o lucro, o lucro líquido ajustado poderá ser reduzido por compensação da base de cálculo negativa, apurada em períodos bases anteriores em, no máximo, trinta por cento. A compensação da parcela dos prejuízos fiscais excedentes a 30% poderá ser efetuada, integralmente, nos anos calendários subsequentes. A vedação do direito à compensação de prejuízos

fiscais pela Lei n. 8.981/95 não violou o direito adquirido, vez que o fato gerador do imposto de renda só ocorre após o transcurso do período de apuração que coincide com o término do exercício financeiro. Recurso improvido" (STJ, REsp 254.364, 2000).

– Compensação de prejuízos apurados até 1994. "... COMPENSAÇÃO – PREJUÍZOS FISCAIS – POSSIBILIDADE. A parcela dos prejuízos fiscais apurados até 31/12/94, não compensados, poderá ser utilizada nos anos subsequentes. Com isso, a compensação passa a ser integral. Recurso improvido" (STJ, REsp 229.086, 1999).

⇒ **Compensação de prejuízos de empresa incorporadora. Impossibilidade.** "... COMPENSAÇÃO. LUCRO DE EMPRESA INCORPORADA A SER COMPENSADO COM PREJUÍZO DA EMPRESA INCORPORADORA. AUSÊNCIA DE PREVISÃO LEGAL. REVOGAÇÃO DO DECRETO-LEI N. 1.598/77 PELO DECRETO-LEI N. 1.730/79 (ART. 1º, IX, § 5º). PRINCÍPIO DA LEGALIDADE. PRECEDENTES. 1. A empresa incorporadora não pode compensar prejuízos apurados em determinado exercício com lucros obtidos por empresa incorporada, para fins de imposto de renda, por ausência de previsão legal. 2. O art. 64, § 5º, do DL n. 1598/77, foi expressamente revogado pelo art. 1º, IX, § 5º, do DL n. 1730/79, inviabilizando-se a compensação pretendida. 3. O silêncio da lei sobre determinada situação não gera direitos para as partes que compõem a relação jurídico-tributária. 4. O resultado de cada pessoa jurídica – incorporada e incorporadora – deve ser considerado separadamente, respeitado, sempre, o momento da ocorrência do fato gerador. 5. A homenagem ao princípio da legalidade tributária exige expressa disposição na lei da conduta a ser praticada pelo ente tributante e pelo contribuinte. 6. Compensação não permitida. Precedentes da Primeira Turma: REsps 382585/RS e 54348/RJ. 7. Recurso não provido" (STJ, REsp 435.306, 2002).

– Compensação integral quando da apuração do último resultado. Incorporação. Art. 514 do RIR/99. "Consoante se infere da leitura do art. 514 do Regulamento do Imposto de Renda – RIR/99 (aprovado pelo Decreto n. 3.000/99), a pessoa jurídica sucessora por incorporação, fusão ou cisão não pode compensar, na apuração do seu lucro real, prejuízos fiscais auferidos pela sucedida, muito embora a suceda em direitos e obrigações... Referida norma busca seu fundamento volitivo na tentativa de impedir a realização de planejamentos tributários postos em prática à época, que consistiam na incorporação de empresas com estoques elevados de prejuízos fiscais, com o único fim de utilizá-los na compensação com seus lucros. Contudo, muito embora referida medida represente uma norma antielisiva de extrema eficácia para o Erário, cria situação de extrema injustiça. [...] mediante uma interpretação sistemática e teleológica de toda a disciplina analisada, constata-se claramente que a limitação à compensação prevista no art. 15 da Lei n. 9.065/95 não alcança a última apuração de resultado por parte da sociedade a ser incorporada, isto porque: a) o intuito da norma é, nitidamente, diferir e escalonar o aproveitamento dos estoques de prejuízos fiscais, de forma a assegurar um fluxo de arrecadação mínimo e não impedi-lo; b) a norma limitadora e as decisões, proferidas pelo STJ e pelo Conselho de Contribuintes possuem como permissão básica na sua fundamentação a continuidade das empresas; e c) por estar expressamente vedada a possibilidade da sucessora (sociedade incorporadora) compensar o saldo de prejuízos fiscais que anteriormente pertencia à sociedade incorporada, qualquer limitação ao aproveitamento deste estoque por parte desta em sua última declaração representará, indubitavelmente, tributação de seu patrimônio e não da renda. Neste sentido, em recente decisão, o primeiro Conselho de Contribuintes deparando-se com questão idêntica, à unanimidade, afastou a limitação de 30% (trinta por cento) na compensação de prejuízos fiscais por ocasião da apresentação da última declaração de empresa extinta em processo de incorporação em textual: 'Incorporação – Declaração Final da Incorporada – Limitação de 30% na Compensação de Prejuízos – Inaplicabilidade. No caso de compensação de prejuízos fiscais na última declaração de rendimentos da incorporada, não se aplica a norma de limitação a 30% do lucro líquido ajustado.' (Processo n. 13.502.000495/00-96, Acórdão 108-06.683)" (Bezerra, Maurício Dantas. Da inaplicabilidade da limitação à compensação de prejuizos fiscais nos casos de incorporação, fusão e cisão de sociedades. *RDDT* 96/56--57, 2003).

– **Compensação do prejuízo acumulado da incorporadora com o lucro da incorporada. Impossibilidade.** "IR. INCORPORAÇÃO. EMPRESAS. A empresa incorporadora não pode compensar prejuízos apurados em determinado exercício com os lucros obtidos pela empresa incorporada para fins de imposto de renda, por ausência de previsão legal para tal fim. O resultado de cada empresa deve ser considerado separadamente, levando em conta, sempre, o momento do fato gerador. Precedentes citados: REsp 382.585-RS, *DJ* 25/3/02, e REsp 54.348-RJ, *DJ* 24/10/94. REsp 435.306-SP, Min. José Delgado, julgado em 15/8/02" (STJ, *Informativo STJ* n. 142, 2002).

⇒ **Lucro inflacionário. Ganhos ilusórios**. A questão do lucro inflacionário diz respeito a períodos nos quais, em face da significativa perda do poder aquisitivo da moeda, a legislação determina a indexação das demonstrações financeiras das empresas, o que, por vezes, gera resultados que não representam acréscimo patrimonial, não revelando efetiva capacidade contributiva. Tomam relevância, no ponto, também, as discussões relativas à idoneidade dos indexadores oficiais.

– "ILLUSORY GAINS... The foundation concept of income postulates that people cannot be better off unless gains that they derive are real economic benefits. To tax a gain as income when, in reality, there is no actual improvement in a taxpayer's economic position conceptually lacks logic and is inequitable. Such gains are illusory. [...] Inflationary Gains. Gains that are (at least in part) attributable to inflation arise when the value of assets increases during periods when an economy is enduring inflation. In this environment, the inflation component of a nominal gain may be unrealised or realised, depending on whether the asset is held or sold. If capital gains are recognised as income only when they are realised, the longer that the assets are held in a period of inflation, the greater the inflation component of the gain is likely to be. The increase in the value of na asset only confers rights on the owner of the asset to the extenty that the gain enables the owner to command additional resources. Only the real gain (that is, that component of the total gain that remains after the effect of inflation has been removed) provides additional economic power. [...] Summary. The analyses in this chapter demonstrate a flaw in the legal concept of income, which illogically encompasses flows of receipts when there is no underlying real economic gain. Although a flow may point to a benefit or gain to a person, no true net benefit or economic gain exists if a disbenefit or loss offsets the flow elsewhere and that disbenefit is not subsequently rectified. The rationale and methodology of the foundation concept of income ensures that nominal or illusory gains, which do not represent real economic benefits obtained by a person, are excluded from the person's income" (HOLMES, Kevin. *The Concept of Income: a multi-disciplinary analysis*. IBFD Publications BV.: Amsterdam, 2000, p. 341-378).

– "... el incremento económico debe ser efectivo, no solo nominal o aparente; por tanto, no es renta la revaloración de un bien o de un conjunto de bienes que se produzca como consecuencia de la devaluación del dinero, como en las hipótesis en que una sociedad mercantil, para adecuar su contabilidad al cambio producido en el valor del dinero, eleva la cifra del capital social mediante el aumento del valor nominal de las acciones o con la emisión y distribución de acciones gratuitas" (GIANNINI, Achille Donato. *Intituzioni di diritto tributario*. Edição española. Madrid: Editorial de Derecho Financiero, 1957).

– **Correção monetária das demonstrações financeiras.** A Lei n. 7.730/1989 estabeleceu a atualização monetária das demonstrações financeiras mediante aplicação da OTN. Posteriormente, restou substituído tal indexador pelo BTN, com a Lei n. 7.799/1989 e pelo INPC, pela Lei n. 8.200/1991, respectivamente. A Lei n. 9.249/1995 revogou a correção monetária das demonstrações financeiras.

– **Tema 311 do STF:** "Índice para correção monetária das demonstrações financeiras das pessoas jurídicas no ano-base de 1990".

– "IMPOSTO DE RENDA – BALANÇO PATRIMONIAL – ATUALIZAÇÃO – OTN – ARTIGOS 30 DA LEI N. 7.730/89 E 30 DA LEI N. 7.799/89. Mostra-se inconstitucional a atualização prevista no artigo 30 da Lei n. 7.799/89 no que, desconsiderada a inflação, resulta na incidência do Imposto de Renda sobre lucro fictício. APLICAÇÃO DA LEI NO TEMPO – REPERCUSSÃO GERAL. Na dicção da ilustrada maioria, é possível observar o instituto da repercussão geral quanto a recurso cujo interesse em recorrer haja surgido antes da criação do instituto – vencido o relator" (STF, RE 221.142, 2013).

– **Tema 713 do STJ:** (CANCELADO) "Discussão: índice aplicável à correção monetária das demonstrações financeiras do ano-base de 1989, para fins de apuração da base de cálculo do Imposto de Renda da Pessoa Jurídica (IRPJ e da Contribuição Social sobre o Lucro (CSSL)" (2013).

– **Tema 712 do STJ:** (CANCELADO) "Discussão: índice aplicável à correção monetária das demonstrações financeiras do ano-base de 1989, para fins de apuração da base de cálculo do

Imposto de Renda da Pessoa Jurídica (IRPJ) e da Contribuição Social sobre o Lucro (CSSL)" (2013).

– **Quanto à supressão da correção monetária pela Lei n. 9.249/1995.** "Supressão da correção monetária pelo art. 4º da Lei n. 9.249/95. Controvérsia que repousa na esfera da legalidade. Impossibilidade de o Poder Judiciário atuar como legislador positivo. Precedentes. 1. A pacífica jurisprudência da Corte reconhece que não tem ressonância constitucional as alegações de suposta deformação do critério material de incidência do Imposto sobre a Renda em virtude da supressão da correção monetária implementada pela Lei n. 9.249/95. 2. Não cabe ao Poder Judiciário, na ausência de previsão legal nesse sentido, autorizar a correção monetária das demonstrações financeiras, sob pena de atuar como legislador positivo. 3. Agravo regimental não provido" (STF, RE 508.024 AgR, 2013).

– **Legislação.** O art. 21 do Decreto n. 332/91 dispôs sobre a correção monetária das demonstrações financeiras, tendo em vista o disposto nas Leis ns. 7.799/1989 e 8.200/1991. "Do lucro inflacionário. Art. 21. Considera-se lucro inflacionário, em cada período-base, o saldo credor da conta de correção monetária ajustado pela diminuição das variações monetárias e das receitas e despesas financeiras computadas no lucro líquido do período-base. § 1º O ajuste será procedido mediante a dedução, do saldo credor da conta de correção monetária, de valor correspondente à diferença positiva entre a soma das despesas financeiras com as variações monetárias passivas e a soma das receitas financeiras com as variações monetárias ativas. § 2º Lucro inflacionário acumulado é a soma do lucro inflacionário do período-base com o saldo de lucro inflacionário a tributar transferido do período-base anterior. § 3º O lucro inflacionário a tributar será registrado em conta especial do livro de apuração do Lucro Real, e o saldo transferido do período-base anterior será corrigido monetariamente, com base na variação do valor do FAP entre o mês do balanço de encerramento do período-base anterior e o mês do balanço do exercício da correção".

– Lei n. 7.730/89: "Art. 30. No período-base de 1989, a pessoa jurídica deverá efetuar a correção monetária das demonstrações financeiras de modo a refletir os efeitos da desvalorização da moeda observada anteriormente à vigência desta Lei. § 1º Na correção monetária de que trata este artigo a pessoa jurídica deverá utilizar a OTN de NCz$ 6,92 (seis cruzados novos e noventa e dois centavos)".

– Lei n. 7.799/1989: "Art. 29. A correção monetária de que trata esta Lei será efetuada a partir do balanço levantado em 31 de dezembro de 1988. Art. 30. Para efeito da conversão em número de BTN, os saldos das contas sujeitas à correção monetária, existentes em 31 de janeiro de 1989, serão atualizados monetariamente tomando-se por base o valor da OTN de NCz$ 6,92".

– Lei n. 8.200/1991: "Art. 1º Para efeito de determinar o lucro real – base de cálculo do imposto de renda das pessoas jurídicas – a correção monetária das demonstrações financeiras anuais, de que trata a Lei n. 7.799, de 10 de julho de 1989, será procedida, a partir do mês de fevereiro de 1991, com base na variação mensal do Índice Nacional de Preços ao Consumidor (INPC). § 1º A correção de que trata este artigo somente produzirá efeitos fis-

cais quando efetuada no encerramento do período-base. § 2º A correção aplica-se, inclusive, aos valores decorrentes da correção especial prevista no art. 2º desta Lei".

– Lei n. 9.249/1995: "Art. 4º Fica revogada a correção monetária das demonstrações financeiras de que tratam a Lei n. 7.799, de 10 de julho de 1989, e o art. 1º da Lei n. 8.200, de 28 de junho de 1991. Parágrafo único. Fica vedada a utilização de qualquer sistema de correção monetária de demonstrações financeiras, inclusive para fins societários".

– **Pela utilização de índice que melhor reflete a inflação.** "CORREÇÃO MONETÁRIA. DEMONSTRAÇÕES FINANCEIRAS. IPC. Com o congelamento de preços, o BTNF e o IPC passaram a representar índices diversos e a atualização monetária com base no primeiro representava valor bem ínfimo ao IPC. O IPC é o índice que melhor reflete a inflação do período. Recurso provido" (STJ, 1ª T., REsp 98.579/RS, Min. Garcia Vieira, unân., nov. 1997). Vejamos o excerto do voto condutor: "O lucro real da empresa, apurado em 31.12.90, foi aumentado, artificialmente, porque inflação não é lucro, não é renda, não é acréscimo patrimonial e sobre ela não pode incidir o imposto de renda. no começo do ano de 1990, o BTNF e o IPC representavam variação idêntica da inflação, mas, com o congelamento de preços, passaram a representar índices diversos e a atualização monetária com base no primeiro (BTNF) representava valor bem ínfimo ao IPC. O próprio legislador, ao editar a Lei n. 8.200, de 28 de junho de 1991, reconheceu o erro, ao estabelecer no artigo 3º da citada norma legal que a parcela da correção monetária das demonstrações financeiras das empresas, referente ao período-base de 1990, corresponde à diferença verificada naquele ano entre o IPC e o BTN, poderia ser deduzida na determinação do lucro real, em quatro períodos, a partir de 1993, sendo computada na determinação do lucro real, a partir de 1993, de acordo com o critério utilizado para a determinação do lucro inflacionário realizado, quando se tratar de saldo credor".

– **Ano-base de 1989. Afastamento do OTN. Direito à aplicação de outro indexador.** O STF julgou a matéria em 20 de novembro de 2013, nos RREE 208526 e 256304, de relatoria do ministro Marco Aurélio, bem como nos RREE 215142 e 221142, atribuindo-lhes os efeitos da repercussão geral anteriormente reconhecida no RE 242689, de relatoria do Min. Gilmar Mendes. As empresas alegaram que "ampliação artificial da base de cálculo do imposto sobre a renda e, consequentemente, aplicado tributação de realidade que não corresponde a uma aquisição de renda, e sim ao patrimônio." O Tribunal reconheceu "a inconstitucionalidade do artigo 30, § 1º, da Lei 7.730/1989 e do artigo 30 da Lei 7.799/1989, que estabeleceram a Obrigação do Tesouro Nacional (OTN) no valor de NCz$ (cruzados novos) 6,92 para o ano-base de 1989 como balizador da correção monetária das demonstrações financeiras de pessoas jurídicas daquele ano e de anos subsequentes". "O relator, no fim da votação, esclareceu questão relativa à adoção de outro índice de correção monetária, o Índice de Preços ao Consumidor (IPC), medido pelo Instituto Brasileiro de Geografia e Estatística (IBGE), em substituição ao índice fixado pela legislação impugnada". Mas "os ministros Ricardo Lewandowski e Roberto Barroso, ao acompanharem o voto do relator, destacaram que a decisão proferida não fixava um índice específico de correção monetária, ficando essa decisão para a fase de execução". Tudo conforme notícia publicada no site do STF em seguida à votação.

– "IMPOSTO DE RENDA – BALANÇO PATRIMONIAL – ATUALIZAÇÃO – OTN – ARTIGOS 30 DA LEI N. 7.730/89 E 30 DA LEI N. 7.799/89. Surge inconstitucional a atualização prevista no artigo 30 da Lei n. 7.799/89 no que, desconsiderada a inflação, resulta na incidência do Imposto de Renda sobre lucro fictício" (STF, RE 208.526, 2013).

– "1. Uniformização de entendimento pela Primeira Seção desta Corte no sentido de que é válida a aplicação do IPC para a correção das demonstrações financeiras do período-base de 1990, exercício de 1991, por ter refletido a real inflação do período, ao tempo em que considerou possível a aplicação retroativa da Lei 8.200/91 (ADIn 712-2) e indevido o escalonamento previsto no art. 3º, I da Lei 8.200/91 e arts. 39 e 41 do Decreto 332/91 (REsp 133.069/SC)2. Aplicação do mesmo raciocínio jurídico no que se refere às demonstrações financeiras do período-base de 1989, exercício de 1990: aplicação do IPC de janeiro/89 (42, 72% e, como reflexo lógico, de fevereiro/89 (10,14%) 3. Recurso especial conhecido e provido" (REsp 396.468, 2002).

• Vide, também: GODOI, Marciano Seabra de; ROLIM, João Dácio. Imposto sobre a Renda, Inflação e Correção Monetária do Balanço: os Expurgos de 1989 e de 1990 e a Jurisprudência do STF. *RDDT* 130, 2006.

– **Ano-base 1990. BTN-F.** "CONSTITUCIONAL E TRIBUTÁRIO. DEMONSTRAÇÕES FINANCEIRAS REFERENTES AO ANO-BASE 1990. CORREÇÃO MONETÁRIA. CONSTITUCIONALIDADE DA SISTEMÁTICA ESTABELECIDA NO ART. 3º, INC. I, DA LEI N. 8.200/1991. RECONHECIMENTO POSTERIOR DE INCIDÊNCIA DE ÍNDICE DIVERSO DO ADOTADO À ÉPOCA. BENEFÍCIO TRIBUTÁRIO DIFERIDO NO TEMPO. DEDUÇÃO NA DETERMINAÇÃO DO LUCRO REAL. OPÇÃO POLÍTICO-LEGISLATIVA ADOTADA PARA TORNAR MENOS GRAVOSA A CARGA TRIBUTÁRIA DECORRENTE DA ALTERAÇÃO DE INDEXADORES ECONÔMICOS INCIDENTES NA ESPÉCIE. NÃO CARACTERIZAÇÃO DE EMPRÉSTIMO COMPULSÓRIO. AUSÊNCIA DE CONTRARIEDADE AOS PRINCÍPIOS DA CAPACIDADE CONTRIBUTIVA, DO NÃO CONFISCO, DA IRRETROATIVIDADE, DA ISONOMIA E DO DIREITO ADQUIRIDO. RECURSO CONHECIDO E PROVIDO" (STF, RE 201.512, 2015).

– "IMPOSTO DE RENDA. DEMONSTRAÇÕES FINANCEIRAS. CORREÇÃO MONETÁRIA. LEI 8.200/91 (ART. 3º, I, COM A REDAÇÃO DADA PELA LEI 8.682/93). CONSTITUCIONALIDADE. A Lei 8.200/91, (1) em nenhum momento, modificou a disciplina da base de cálculo do imposto de renda referente ao balanço de 1990, (2) nem determinou a aplicação, ao período-base de 1990, da variação do IPC; (3) tão somente reconheceu os efeitos econômicos decorrentes da metodologia de cálculo da correção monetária. O art. 3º, I (L. 8.200/91), prevendo hipótese nova de dedução na determinação do lucro real, constituiu-se como favor fiscal ditado por opção

política legislativa. Inocorrência, no caso, de empréstimo compulsório" (STF, RE 201.465, 2002).

– **O lucro inflacionário na visão contábil.** A questão do lucro inflacionário também não é pacífica entre os Contadores. Inúmeros foram os artigos da lavra de Contadores publicados nas revistas especializadas. Houve, inclusive, uma polêmica no *Informativo Dinâmico IOB*, consistente na sucessão de inúmeros artigos em que profissionais da área mantiveram discussões severas sobre o tema, um procurando infirmar as conclusões do outro. A respeito da matéria, vejam-se, de Lopes de Sá, publicados no *Informativo Dinâmico IOB*, Lucro inflacionário, expressão fantasiosa (Edição 8), Ilogicidade do lucro inflacionário e sua lesão ao patrimônio (Edição 24), Razões conceituais sobre a falsidade do lucro inflacionário (Edição 54); de Eliseu Martins, em Uma velha prova de que o lucro inflacionário não é ficção (Edição 4); de Mitsuo Narahashi, Lucro inflacionário (Edição 47); de Ariovaldo dos Santos, Finalmente, o caminho para o entendimento contábil sobre o lucro inflacionário (Edição 17), Lucro inflacionário: perplexidade e ilogicidade contábil (Edição 34), Lucro inflacionário não é saldo credor de correção monetária. Vejam-se, a seguir, algumas posições.

– "... contabilmente o lucro inflacionário é uma fantasia numérica e não encontra qualquer apoio na doutrina dos grandes mestres, nem na opinião de ilustres profissionais de nosso País. Falta-lhe todos os atributos para que se caracterize como lucro, ou sejam: 1) o aumento efetivo da riqueza; 2) os componentes fundamentais de formação do crédito (custos e receitas efetivas); 3) a ação da gestão; e 4) a criação de um estado de prosperidade. Não existe esse tipo de lucro em doutrina contábil, senão na maquinação fantasiosa de um processo de correção monetária, imposto à nossa legislação por cópia de um modelo vetusto, importado, decadente e criticado pelos mais insignes tratadistas como Zappa, Masi, Baxter etc. [...] Tributa-se o nada, ou seja, a lei cria um artifício que violenta a Contabilidade, a realidade patrimonial, e baseado nessa mentira a transforma em um objeto de incidência" (SÁ, A. Lopes de. Lucro inflacionário e renda tributável. *Cadernos de Direito Tributário e Finanças Públicas* 10/113-115, RT, 1995). Do mesmo autor, vide, também, Razões conceituais sobre a falsidade do lucro inflacionário, *Cadernos de Direito Tributário e Finanças Públicas* 11/30 e ss., RT, 1995, em cujo apêndice há cálculo hipotético exemplificativo da ocorrência de lucro inflacionário.

– "Lucro inflacionário é uma expressão criada pela legislação do Imposto sobre a Renda para denominar a parcela do saldo credor da correção monetária do balanço cuja tributação pode ser diferida" (NARAHASHI, Mitsuo. Lucro inflacionário. *Informativo Dinâmico IOB*, edição 47).

– "... lucro inflacionário e saldo credor de correção monetária não devem ser tomados como sinônimos; na prática, é possível, mas pouco provável, que se tenha lucro inflacionário igual ao saldo credor de correção monetária; lucro inflacionário só existe quando o saldo da correção monetária é credor; quando houver saldo credor da correção monetária poderá haver lucro inflacionário" (SANTOS, Ariovaldo dos. Lucro inflacionário não é saldo credor de correção monetária).

– **Compensação do lucro inflacionário na base de cálculo de período superveniente**. O reconhecimento de tributação excessiva decorrente do chamado lucro inflacionário leva à conclusão de que o contribuinte efetuou pagamento a maior. Disso, decorreria o seu direito à repetição do indébito tributário, nos termos do art. 165 do CTN. A compensação das diferenças percentuais de correção monetária na base de cálculo de períodos-base subsequentes, ou seja, a sua dedução por ocasião do cálculo do tributo vincendo relativo a outro exercício, somente poderia se dar com expresso amparo legal. De fato, a base de cálculo é um dos elementos componentes da regra matriz de incidência tributária e está adstrita à apuração do tributo devido em cada período. Os tribunais não reconhecem a existência de um direito constitucional à comunicabilidade do exercício, dependendo de previsão legal específica.

– "... Se é verdade que a aplicação do BTNF, corrigido pelo IRVF, nas demonstrações financeiras das empresas, relativas ao ano-base de 1990, resultou em apuração de lucro fictício, gerando pagamento a maior de tributos, o caminho a ser percorrido pelo contribuinte é a repetição do indébito, na conformidade do código tributário nacional. [...] Decisões reiteradas, contudo, do Tribunal, admitindo a dedução imediata e total, reclamam acatamento por parte do relator, a fim de que se unifique a interpretação do direito no seio deste órgão judicial" (TRF1, AC 94.01.26098, 1995).

⇒ **Deduções ou não da base de cálculo do IRPJ**. Há muitas discussões acerca de se tal ou qual rubrica pode ser deduzida da base de cálculo do imposto.

– **Imposto retido na fonte. Súmula CARF 80**: "Na apuração do IRPJ, a pessoa jurídica poderá deduzir do imposto devido o valor do imposto de renda retido na fonte, desde que comprovada a retenção e o cômputo das receitas correspondentes na base de cálculo do imposto". Aprovada em dez. 2012.

– **Arrendamento mercantil. Súmula CARF 79**: "A partir da vigência da Lei n. 9.249, de 1995, a dedução de contraprestações de arrendamento mercantil exige a comprovação da necessidade de utilização dos bens arrendados para produção ou comercialização de bens e serviços". Aprovada em dez. 2012.

– **Indedutibilidade da CSLL da base de cálculo**. "2. É constitucional o art. 1º e respectivo parágrafo único da Lei n. 9.316/1996, que proíbe a dedução do valor da Contribuição Social sobre Lucro Líquido para fins de apuração do lucro real, por sua vez base de cálculo do Imposto sobre a Renda das Pessoas Jurídicas" (STF, ARE 749.235 AgR, 2015).

– "1. O valor pago a título de contribuição social sobre o lucro líquido – CSLL não perde a característica de corresponder a parte dos lucros ou da renda do contribuinte pela circunstância de ser utilizado para solver obrigação tributária. 2. É constitucional o art. 1º e par. ún. da Lei 9.316/1996, que proíbe a dedução do valor da CSLL para fins de apuração do lucro real, base de cálculo do Imposto sobre a Renda das Pessoas Jurídicas – IRPJ" (STF, RE 582.525, 2013).

– **Dedução do ICMS da base de cálculo do lucro presumido**. "A base de cálculo do IRPJ e da CSL no regime do lucro presumido... consiste no resultado da aplicação de percentuais sobre a denominada receita bruta. [...] a apuração pelo regime do lucro presumido, embora consista em medida de estimativa de base tributável que acarreta um distanciamento do princípio da capacidade contributiva em favor da praticidade e da simplificação tributárias, não autoriza que o legislador eleja como base imponível elementos que, mesmo antes da apuração da base estimada, se sabe não representar acréscimo de patrimônio do contribuinte, como é o caso da receita de terceiros que tem, como reconhecido pelo STF no RE n. 240.785/MG, a receita derivada do ICMS como exemplo. [...] considerando que o STF reconheceu que o ICMS não consiste em receita do contribuinte, a interpretação que deve ser dada ao termo 'receita bruta', prevista como base de cálculo do IRPJ e da CSL no regime do lucro presumido, respectivamente, pelos arts. 15 da Lei 9.249/95 e 29 da Lei 9.430/96, bem como pelo art. 224 do RIR/99, é aquela que leve em consideração esta neutralidade do ICMS em relação ao resultado tributável, ou seja, a interpretação em favor da não inclusão do ICMS da receita bruta também em relação a estes tributos, e não apenas em relação à Cofins da LC 70/91" (CAMPOS, Carlos Alexandre de Azevedo. Exclusão do ICMS da base de cálculo de tributos federais. *RDDT* 145/7, 2007).

• Vide nota ao art. 195, I, *b*, da CF sobre a exclusão do ICMS da base faturamento, matéria polêmica mas com súmula do STJ em sentido contrário, diversos julgados do STF contrários e repercussão geral reconhecida para ser novamente analisada.

– **Indedutibilidade dos créditos de PIS/Cofins da base de cálculo do IRPJ e da CSL**. "1. Ambas as Turmas da Primeira Seção possuem precedentes com entendimento de que os créditos escriturais de PIS e COFINS decorrentes do sistema não cumulativo adotado pela Lei 10.833/03 não podem ser excluídos da base de cálculo do IRPJ e da CSLL" (STJ, AgRg no REsp 1.213.374, 2013).

– "Os créditos escriturais de PIS e COFINS decorrentes do sistema não cumulativo adotado pela Lei 10.833/03 não podem ser excluídos da base de cálculo do IRPJ e da CSLL por ausência de previsão legal expressa, sob pena de violação do art. 111 do CTN, segundo o qual as exclusões tributárias interpretam-se literalmente. 2. O art. 3º, § 10, da Lei 10.833/03 tem o objetivo específico de evitar a não cumulatividade relativamente à contribuição ao PIS e à COFINS, nada interferindo na apuração do IRPJ e da CSLL, submetidos que estão a distintos fatos geradores e também a bases de cálculo diferenciadas. 3. Como os créditos não cumulativos de PIS e COFINS acrescem a receita da empresa, poderiam, em tese, ser tributados por essas contribuições, o que reduziria significativamente a abrangência do princípio da não cumulatividade, já que boa parte dos créditos auferidos na entrada seriam subtraídos na incidência tributária pela saída da mercadoria do estabelecimento. Justamente para evitar que a nova sistemática se transformasse em um 'arremedo' ou mero simulacro de não cumulatividade foi que o dispositivo deixou a salvo da incidência do PIS e da COFINS o próprio crédito escritural dessas contribuições gerado pela entrada do produto no estabelecimento, nada interferindo na apuração do IRPJ e da CSLL" (STJ, REsp 1.210.647, 2011).

– **Permitindo**. "... os créditos de PIS/Cofins não têm natureza jurídica de receitas. São meros componentes negativos para fins de cálculo das contribuições devidas... 45... pode-se asseverar que o art. 3º, § 10, da Lei n. 10.833/2003 não representa uma exclusão para fins de ajuste do lucro líquido, seja porque, de fato, os crédito de PIS/COFINS não são receita, seja porque seu âmbito de aplicação é restrito às contribuições ao PIS/CO-FINS" (CUNHA, Fábio Lima da. Efeitos dos Créditos de PIS/Cofins na Base de Cálculo o IRPJ/CSLL: Análise sob a perspectiva das empresas atuantes o mercado interno. *RET* 55/98, 2007). Posição de tal autor sobre a contabilização dos créditos de PIS/Cofins, vide em nota ao art. 195, I, *b*, da CF.

– **Dedução de créditos não utilizados**. "... o IRPJ somente pode incidir sobre riqueza nova, representada por acréscimo patrimonial auferido pelo contribuinte. O mesmo ocorre com a CSL, até mesmo por força do artigo 28 da Lei n. 9.430/1996, cuja base imponível é o lucro, aqui também traduzido por riqueza nova. Admitir o contrário resulta em tributação de patrimônio. O mecanismo escolhido pela legislação tributária brasileira para evitar que o patrimônio seja tributado é a permissão de a pessoa jurídica efetuar exclusões e deduções de custos e despesas necessárias ao regular desempenho das suas atividades e à manutenção da respectiva fonte produtora. [...] considerando que os créditos de um tributo decorram de dispêndios incorridos ao adquirir bens que serão utilizados em seu processo produtivo/atividade comercial, o seu não aproveitamento, em comprovada situação de inviabilidade fática no ano-calendário, representa, em última análise, efetivo custo tributário para o contribuinte e há de ser considerado como tal para fins fiscais. Referido custo tributário, ao não ser passível de aproveitamento no ano-calendário a que corresponda, impacta diretamente a apuração do IRPJ e da CSL devidos pelo contribuinte. Isso porque, como efetivo custo que se tornou para fins tributários, deverá ser excluído das bases de cálculo... A vedação à exclusão desse custo pelo § 3º do artigo 289 do RIR/1999 faria com que a imperante tivesse seu patrimônio, e não a sua renda, tributado, constituindo flagrante ilegalidade e inconstitucionalidade" (CHIAVASSA, Tércio. Os créditos tributários não recuperáveis e o seu enquadramento como custo de aquisição. *RDDT* 219/98, 2013).

– "... enquanto não transferido ou restituído o saldo de créditos acumulados de ICMS, não há que se falar em disponibilidade econômica ou jurídica de renda, não há acréscimo patrimonial e, portanto, não pode haver incidência de IRPJ e CSLL. [...] permitir que tais custos sejam acumulados na escrita fiscal do contribuinte, sem possibilidade legal de recuperação e, por outro lado, não admitir sua consideração como custo de aquisição, para fins de apuração do lucro real e da base de cálculo da CSLL, implica em ofensa ao princípio da capacidade contributiva e aos conceitos constitucionais de renda e lucro, bem como aos preceitos do artigo 110 do Código. [...] os contribuintes importadores submetidos às normas previstas na Resolução n. 13/2012 vêm acumulando créditos de ICMS em suas operações, em decorrência do grande disparate entre as alíquotas pagas no desembaraço aduaneiro (internas) e as incidentes nas saídas interestaduais de mercadorias e produtos submetidos às regras previstas na citada Resolução (4%). Como os Estados impedem a transferência dos créditos acumulados de ICMS, ao contrários das normas gerais veiculadas pela Lei complementar n. 87/1996, os con-

tribuintes são obrigados a mantê-los em sua escrita fiscal, sem transferi-los a terceiros. Nessa linha, os créditos acumulados de ICMS devem ser reconhecidos como custos de aquisição das mercadorias e insumos importados, nos termos do § 3º do artigo 289 do RIR/1999, pois, por completa impossibilidade jurídica, não são recuperados na escrita fiscal dos contribuintes" (ELIAS, Eduardo Arrieiro. A Resolução n. 13 do Senado Federal, o acúmulo de créditos de ICMS nas operações interestaduais com mercadorias importadas e a possibilidade de dedução dos créditos acumulados na apuração do IRPJ e da CSLL pela sistemática do lucro real. *RDDT* 227/48, 2014).

– **Indedutibilidade do crédito presumido de IPI**. "IMPOSTO DE RENDA DA PESSOA JURÍDICA – IRPJ E CONTRIBUIÇÃO SOCIAL SOBRE O LUCRO LÍQUIDO – CSLL. BASE DE CÁLCULO. INCLUSÃO DO CRÉDITO PRESUMIDO DE IPI PREVISTO NO ART. 1º, DA LEI N. 9.363/96... 2. O crédito presumido de IPI como ressarcimento às contribuições ao PIS e COFINS (art. 1º, da Lei n. 9.363/96) integra a base de cálculo do IRPJ e da CSLL. Precedente: REsp 1.349.837--SC, Segunda Turma, Rel. Min. Humberto Martins, julgado em 06.12.2012" (STJ, REsp 1.320.467, 2013).

– **Dedução dos tributos com exigibilidade suspensa**. "3ª) O valor dos tributos constitui, indiscutivelmente, despesa que como tal deve ser considerada na determinação da base de cálculo do IRPJ e da CSLL. Sua dedutibilidade é, portanto, indiscutível. O que pode ser questionado é o regime ao qual se submete a dedutibilidade, se o regime de competência ou o regime de caixa. 4ª) Admitida a constitucionalidade do § 1º do art. 41 da Lei n. 8.981/95, é razoável entender-se que os tributos com exigibilidade suspensa em virtude de causas que denotem a incerteza da dívida tributária devem ser considerados na determinação da base de cálculo do IRPJ e da CSLL do período em que ocorrer o pagamento, vale dizer, pelo regime de caixa. 5ª) Os tributos com exigibilidade suspensa em virtude de moratória, ou parcelamento, devem ser considerados na determinação da base de cálculo do IRPJ e da CSLL do período em que se tornarem devidos, vale dizer, pelo regime de competência. 6ª) Atenção especial merece a questão da dedutibilidade do valor do tributo com exigibilidade suspensa que seja objeto de depósito para garantia do juízo, porque neste caso está presente a incerteza da dívida, mas, por outro lado, configura-se o desembolso por parte da empresa, que perde a disponibilidade desse valor, como ocorre a sua disponibilidade para fazenda, embora sem caráter definitivo. 7ª) Ainda em relação ao caso de depósito para garantia do juízo, dizer-se que o valor do depósito pode ser considerado despesa no período de apuração em que é efetuado não quer dizer que se esteja adotando o regime de competência, pois a sua efetivação pode ocorrer em período posterior àquele no qual se deu o fato gerador do tributo. 8ª) A nosso ver, o valor do tributo com exigibilidade suspensa por qualquer causa jurídica, se feito o depósito para garantia do juízo, deve ser considerado na apuração da base de cálculo do IRPJ e da CSLL no período em que for feito o depósito" (MACHADO, Hugo de Brito. O lucro como base de cálculo do IRPJ e da CSLL e os tributos com exigibilidade suspensa. *RDDT* 182/21, 2010).

– Dedução de depósito suspensivo da exigibilidade. Impossibilidade. Súmula CARF 58: "As variações monetárias ativas decorrentes de depósitos judiciais com a finalidade de suspender a exigibilidade do crédito tributário devem compor o resultado do exercício, segundo o regime de competência, salvo se demonstrado que as variações monetárias passivas incidentes sobre o tributo objeto dos depósitos não tenham sido computadas na apuração desse resultado".

– "1. 'Os depósitos judiciais utilizados para suspender a exigibilidade do crédito tributário consistem em ingressos tributários, sujeitos à sorte da demanda judicial, e não em receitas tributárias, de modo que não são dedutíveis da base de cálculo do IRPJ até o trânsito em julgado da demanda' (REsp 1.168.038/SP, Rel. Min. Eliana Calmon, Primeira Seção, *DJe* 16/06/10)" (STJ, AgRg no Ag 1.415.040, 2013).

– "IMPOSTO SOBRE A RENDA – REGIME DE TRIBUTAÇÃO – DESPESAS DEDUTÍVEIS – REGIME DE CAIXA – DEPÓSITOS JUDICIAIS – INGRESSOS TRIBUTÁRIOS – IMPOSSIBILIDADE DE DEDUÇÃO ANTES DO TRÂNSITO EM JULGADO DA DEMANDA... 2. O art. 110 do CTN estabelece restrições ao exercício da competência tributária pelo legislador do Ente Federativo, matéria nitidamente constitucional, razão pela qual a competência para o exame de sua violação compete ao Supremo Tribunal Federal. Precedentes. 3. Compete ao legislador fixar o regime fiscal dos tributos, inexistindo direito adquirido ao contribuinte de gozar de determinado regime fiscal. 4. A fixação do regime de competência para a quantificação da base de cálculo do tributo e do regime de caixa para a dedução das despesas fiscais não implica em majoração do tributo devido, inexistindo violação ao conceito de renda fixado na legislação federal. 5. Os depósitos judiciais utilizados para suspender a exigibilidade do crédito tributário consistem em ingressos tributários, sujeitos à sorte da demanda judicial, e não em receitas tributárias, de modo que não são dedutíveis da base de cálculo do IRPJ até o trânsito em julgado da demanda. 6. Recurso especial conhecido em parte e não provido" (STJ, REsp 1.168.038, 2010).

– "Não ofendem o princípio do livre acesso ao Judiciário (CF, art. 5º, XXXV) os artigos 7º e 8º da Lei 8.541/92, que somente admitem, para fins de apuração do lucro real das empresas, as importâncias correspondentes aos tributos efetivamente pagos, excluindo, portanto, valores em depósito judicial (CTN, art. 151, II). Com esse entendimento, a Turma negou provimento a agravo regimental oferecido contra decisão denegatória do processamento de recurso extraordinário interposto por pessoa jurídica de direito privado, sujeita ao pagamento do imposto de renda calculado sobre o lucro real mensalmente apurado, em que se alegava que estas normas constituíam penalização exacerbada aos que discutem judicialmente a legalidade de exações. AG (AgRg) 206.085-RS, Min. Octávio Gallotti, 22.6.99" (*Informativo STF* 154, 25-6-1999).

– "APURAÇÃO DO LUCRO REAL. IMPOSSIBILIDADE DE DEDUÇÃO DE DESPESAS RELATIVAS A TRIBUTOS CUJA EXIGIBILIDADE ESTEJA SUSPENSA, HAJA OU NÃO DEPÓSITO JUDICIAL. 1. Os arts. 7º e 8º da Lei 8.541/92 não contrariam as disposições do Código Tributário Nacional, porquanto o depósito judicial é efetuado como garantia do juízo, para suspender a exigibilidade de um crédito tributário, não caracterizando pagamento de tributo, razão pela qual não pode ser deduzido para o fim de apuração do lucro real – base de cálculo do Imposto de Renda das Pessoas Jurídicas" (STJ, REsp 636.093, 2007).

– Direito à dedução das despesas não apenas pagas mas também incorridas. "IRPJ. LUCRO REAL. DESPESA OPERACIONAL. FÉRIAS. EMPREGADOS. REGIME DE COMPETÊNCIA. AQUISIÇÃO DO DIREITO. CONCEITO DE DESPESA INCORRIDA. 1. Cuida-se, na origem, de Ação Declaratória proposta com a finalidade de obter provimento jurisdicional que reconheça o direito à dedutibilidade de despesas incorridas pela aquisição do direito às férias dos empregados, na apuração do IRPJ do ano-base de 1978 (fl. 12). 2. A controvérsia posta, desde a inicial, diz respeito ao período em que essa dedução é possível, e não propriamente à existência desse direito, o que se tornou inquestionável. 3. Uma vez adquirido o direito às férias, a despesa em questão corresponde a uma obrigação líquida e certa contraída pelo empregador, embora não realizada imediatamente. Dispõe o art. 134 da CLT que 'As férias serão concedidas por ato do empregador, em um só período, nos 12 (doze) meses subsequentes à data em que o empregado tiver adquirido o direito'. 4. De acordo com o § 1º do art. 47 da Lei 4.506/1964, são necessárias as despesas pagas ou incorridas para realizar as transações ou operações exigidas pela atividade da empresa. Tais despesas são consideradas operacionais e a legislação autoriza seu abatimento na apuração do lucro operacional (art. 43 da Lei 4.506/1964). 5. Se a lei permite a dedução das despesas pagas e das incorridas, não só as que já foram efetivamente adimplidas são dedutíveis. Despesa incorrida é aquela que existe juridicamente e possui os atributos de liquidez e certeza. 6. Na legislação tributária, prevalece a regra do regime de competência, de modo que as despesas devem ser deduzidas no lucro real do período-base competente, ou seja, quando jurídica ou economicamente se tornarem devidas. 7. Com a aquisição do direito às férias pelo empregado, a obrigação de concedê-las juntamente com o pagamento das verbas remuneratórias correspondentes passa a existir juridicamente para o empregador. Nesse momento, a pessoa jurídica incorre numa despesa passível de dedução na apuração do lucro real do ano-calendário em que se aperfeiçoou o direito adquirido do empregado" (STJ, REsp 1.313.879, 2013).

– Passivo de despesas com fornecedores. "Em inúmeros casos de fiscalização, o contribuinte é surpreendido com notificações para esclarecimentos sobre manutenções de valores em seu passivo contábil em conta de fornecedores. Não sendo demonstrada pelo contribuinte justificativa plausível para a manutenção desses valores, a fiscalização as considera como passivo fictício em decorrência de omissões de receitas. Supõe a fiscalização que os valores tidos no passivo da empresa à conta de fornecedores, em verdade, já estariam pagos, mas que não foram baixados contra a conta de disponibilidades (caixa e bancos) no ativo do contribuinte em função da inexistência de saldo devedor destas contas últimas, o que representaria então a omissão de receitas. Nesses casos, a fiscalização constitui lançamento tributário sob o motivo de prática de omissão de receita, através da manutenção de passivo fictício. [...] 3 – Obrigações já pagas e mantidas no passivo sem a correspondente baixa (lançamento a débito na conta fornecedores e crédito na conta caixa/bancos), sem qualquer justificativa plausível pelo contribuinte, ensejam a tributação por presunção, desde que referidas obrigações pagas sejam provadas no lançamento tributário pela fiscalização. 4 – Provas utilizadas pela fiscalização como declaração dos fornecedores de que a obrigação já estaria paga, ou mesmo duplicatas que demonstram a extinção da relação obrigacional do contribuinte com o fornecedor, são plenamente aceitáveis, vez que o sistema do direito positivo as entende como válidas" (TREVISAN, Vinicius Monte Serrat; TREVISAN, Paulo Roberto. A prova do indício no lançamento tributário quando identificado o passivo fictício. *RDDT* 219/107, 2013).

– **Dedutibilidade de despesa com** *royalties* **pagos a sócio.** "... IR. DEDUÇÃO DE *ROYALTIES* NA APURAÇÃO DO LUCRO. DISTRIBUIÇÃO DISFARÇADA DE LUCRO. ANOS-CALENDÁRIO DE 1986 A 1988. RIR/80. 1. Evidenciando-se a necessidade de contrato para exploração de patente de invenção e de modelo de utilidade, a dedução da respectiva despesa com 'royalties', por ocasião da apuração do lucro tributável, foi adequada, até porque não extrapolou o limite previsto no art. 233 do RIR/80. 2. Não se pode considerar distribuição disfarçada de lucro (art. 8º do DL 2.065/83) o pagamento de 'royalties' a sócio pessoa jurídica quando a empresa, realmente, produziu e comercializou o produto, tendo pago, a tal título, valor inferior ao próprio limite regulamentar para dedução da base de cálculo do Imposto de Renda" (TRF4, AC 97.04.04431-3, 2001).

• Vide: CAVALCANTE, Miquerlam Chaves. Dedutibilidade de despesa com *royalties* pagos a sócios – análise finalística da legislação. *RDDT* 203/114-118, 2012.

– **Reembolsos. Compartilhamento de despesas/***Cost Sharing***.** "... o contrato de rateio de custos e despesas, baseado que é no conceito de reembolso, não se harmoniza com a aferição de lucros (remuneração), isto é, não é 'renda' para fins de IRPJ, não é 'lucro', para fins de CSL, e também não é 'receita', para fins de PIS e Cofins. Os valores reembolsados na realização da atividade objeto de rateio, inclusive, sequer se adequam ao conceito de 'preço', para fins da base de cálculo do ISS, tampouco constituem 'prestação de serviços', para fins do aspecto material da hipótese de incidência do referido imposto de competência municipal (obrigação de fazer com caráter econômico). Ademais, as despesas reembolsadas pela usufrutuária à líder podem ser consideradas dedutíveis para fins de apuração da base de cálculo do IRPJ e da CSLL, desde que tais despesas sejam usuais, normais, necessárias e comprovadas, e que sejam estabelecidos critérios objetivos para tal, formalizados em contrato de rateio de despesas e acompanhados de documentação idônea (nota de débito e relatório de rateio)" (CASTRO, Leonardo Freitas de Moraes e. Tratamento tributário aplicável aos contratos de rateio/compartilhamento de custos e despesas (*Cost Sharing Agreements*): IRPJ, CSLL, PIS, COFINS, ISS e critérios para dedutibilidade de despesas. *RDDT* 177/90, 2010).

– "... as despesas envolvidas nos contratos de compartilhamento de despesas são dedutíveis para fins de apuração do IRPJ e da CSLL, desde que cada empresa participante do acordo, inclusive a líder, apropriem como despesas tão somente as parcelas que lhes competirem nos termos do contratado. Tal entendimento decorre da jurisprudência (principalmente administrativa) já consolidada sobre o assunto e do recente posicionamento da RFB por meio da solução n. 23/2013, que vincula as autoridades fiscais federais de modo geral. Apesar disso, diversos requisitos devem ser atendidos para que a dedutibilidade seja admitida, além da comprovação da necessidade das despesas (art. 299 do RIR/1999). Merece destaque, neste sentido, a exigência de definição prévia, mediante instrumento formal, dos critérios de rateio, bem como a apropriação das despesas por cada participante do acordo proporcionalmente aos benefícios auferidos em função do compartilhamento" (BARRETO, Arthur Pereira Muniz. Tratamento tributário dos contratos de compartilhamento de custos e despesas e a Solução de Divergência n. 23, de 2013. *RDDT* 224/17, 2014).

• Vide: ROCHA, Sergio André. Aspectos fiscais do reembolso de despesas e do compartilhamento de custos. *RDDT* 132, 2006.

– **Dedução das subvenções.** "[...] As subvenções correntes, que a lei tributária trata como direcionadas para o custeio ou para a operação, são aquelas concedidas à pessoa jurídica para que esta possa fazer frente aos seus custos, por assim dizer, comuns, ordinários, como, por exemplo, necessidades de caixa ou determinados *deficits* operacionais. As subvenções para investimentos, por sua vez, caracterizam-se pela destinação dos recursos à empresa para que sejam aplicados em sua expansão, em alocação de valores para implementação de seu parque industrial, ou ainda, por exemplo, para que desenvolva novas atividades econômicas. [...] Observamos pela distinção feita acima – e tal distinção provém da própria legislação, ... – que as subvenções correntes (para custeio ou operação) são consideradas transferências de renda, que integram as receitas operacionais, e por isso devem ser oferecidas à tributação. Ao contrário, as subvenções para investimentos são transferências de capital e, como tal, creditadas à conta de reserva de capital, com o que restarão excluídas da incidência tributária, eis que não farão parte da determinação do lucro real. [...] Como se pode notar, somente as subvenções correntes haviam sido tratadas pela Lei n. 4.506/64, restando um vácuo quanto as subvenções para investimentos, que foi posteriormente preenchido pelo Decreto-Lei n. 1.598/77, com a alteração promovida pelo Decreto-Lei n. 1.730/79. Mesmo antes da edição dos Decretos-Leis já se podia extrair do ordenamento o tratamento das duas espécies de subvenção, posto que a mencionada Lei federal somente determinava integrarem a receita bruta operacional as subvenções correntes, de modo que obrigatoriamente restariam excluídas, a contrário senso e à míngua de disposição legal, as de investimentos. De qualquer modo, após a edição dos Decretos-Leis, dúvida não poderá haver. Em face da literalidade dos dispositivos legais, as subvenções correntes, para custeio ou para operação, integram a receita bruta operacional e são consideradas na determinação do lucro real. Quanto as subvenções para investimentos, inclusive aquelas oriundas de isenção ou redução de impostos, concedidas como estímulo à implantação ou expansão de empreendimentos econômicos, estas não serão computadas na apuração do lucro real, desde que obedecidas as duas condições constantes do dispositivo legal, quais sejam, registradas como reserva de capital (com as restrições ali previstas) ou feitas em cumprimento de obrigação de garantir a exatidão do balanço patrimonial. É de se notar que, em princípio, as duas espécies de subvenção deveriam integrar a receita bruta operacional e, desse modo, contar na apuração do lucro real, que é base de cálculo do Imposto sobre a Renda" (PIZOLIO, Reinaldo. Imposto de renda pessoa jurídica e subvenções para investimentos. *RDDT* 52/147, 2000).

– "i) Os descontos de ICMS decorrentes do pagamento ou liquidação antecipada de tais débitos podem ser considerados, juridicamente, como subvenção para investimento. ii) Contudo, para que a natureza jurídica de tais valores descontados seja tal, é necessário que a empresa destine a integralidade de tal subvenção para investimentos (e, portanto, não faça a distribuição de tais valores aos sócios de nenhuma forma); bem como aplique efetiva e especificamente tais valores nos investimentos previstos na implantação ou expansão do empreendimento econômico no estado concedente do incentivo fiscal, nos termos daquela lei... iv) No momento da apuração do lucro real, tais valores recebidos a título de subvenção para investimento deverão ser excluídos do lucro líquido, não sendo tributados pelo IRPJ, CSLL, por expressa menção dos arts. 15, § 3º, e 16 da Lei n. 11.941/09, tampouco pelo PIS e COFINS, por também não se adequarem ao conceito jurídico de receita, sendo considerados meros ingressos que não se agregam ao patrimônio da pessoa jurídica titular do projeto incentivado... vi) Inexistindo qualquer tipo de investimento futuro ou despesas futuras relacionadas à implementação do projeto, entendemos que os valores mantidos na conta 'receitas de subvenção' ou 'outras receitas' (antiga conta 'reserva de capital') deverão ser oferecidos à tributação, sendo onerados pelo IRPJ, CSLL, PIS e COFINS, pois nesse momento a empresa não terá mais a presunção de investimento em projeto no Estado" (CASTRO, Leonardo Freitas de Moraes e. Contabilização e Tributação das Subvenções para Investimento Recebidas como Desconto de ICMS antecipadamente Pago – Entendimento após as Leis ns. 11.638/07 e 11.941/09. *RDDT* 179/90, 2010).

• Vide: SEHN, Sólon. Subvenções para investimentos: pressupostos de exclusão do lucro real para fins de apuração do IRPJ e da CSLL. *RDDT* 233/131, 2015.

– **Recomposição do custo de construção de empreendimento.** "A parcela relacionada à recomposição do custo de construção do empreendimento pode ser categorizada como uma subvenção para investimento mediante transferência de recursos do Poder Público para o Ente Privado, mesmo no âmbito de uma concessão administrativa (não patrocinada) desde que haja uma intenção do poder concedente neste sentido e que os valores sejam contabilizados na conta de reserva de lucros, a teor do que prescreve o art. 18 da Lei n. 11.941/2009. Com este tratamento contábil, pode-se sustentar que a referida parcela fica exonerada de tributação enquanto não ocorrer a sua 'realização' mediante a distribuição de resultados aos sócios. O mesmo entendimento é aplicável ao PIS/COFINS, por força da previsão contida no art.

21 da Lei n. 11.941/2009. Além disso, como as referidas parcelas se referem à recomposição de custos antecipados pela Consulente com a construção de ativos pertencentes ao patrimônio público, consideramos que não possuem a natureza de 'receitas' auferidas. Dessa forma, ainda que não sejam contabilizadas como subvenção de investimentos e que passe a receber o tratamento de 'recuperação de despesas' não é devida a incidência de tributos" (SADDY, André; ROLIM, João Dácio. Regime jurídico de recursos púbicos relacionados à parceria púbico-privada (PPP) para construção de obras e prestação de serviços... sobre as subvenções para investimento. *RDDT* 218/142, 2013).

– **Capitalização da mais valia de ajuste de avaliação patrimonial. Submissão ao imposto.** "... caso a companhia opte pela capitalização da mais valia lançada na conta de 'Ajuste de Avaliação patrimonial', deverá oferecê-la a tributação do IRPJ e da CSLL, uma vez que isso implicará em realização integral do ganho evidenciado nos laudos" (SILVA, David Gonçalves de Andrade; ELIAS, Eduardo Arrieiro. Efeitos societários fiscais e contábeis da extinção da reserva de reavaliação de bens pela Lei 11.638/2007, da criação do grupo 'ajuste de avaliação patrimonial' e da utilização do custo atribuído (deemed cost). *RDDT* 224/40, 2014).

⇒ **Arbitramento do IR.** Há vários questionamentos envolvendo o lançamento do IR por arbitramento.

– **Omissão de receitas. Sinais exteriores de riqueza.** Lei 8.021/90: "Art. 6º O lançamento de ofício, além dos casos já especificados em lei, far-se-á arbitrando-se os rendimentos com base na renda presumida, mediante utilização dos sinais exteriores de riqueza. § 1º Considera-se sinal exterior de riqueza a realização de gastos incompatíveis com a renda disponível do contribuinte".

– **Depósitos bancários.** O art. 42 da Lei 9.430/96 estabelece presunção de omissão de receita quando da identificação de depósitos cuja origem não seja comprovada. O Fisco não pode tomar qualquer ingresso isolado e diminuto do contribuinte como receita tributável. Lançamento a crédito constante de extrato bancário atinente a pessoa física (que não tem obrigação legal de manter contabilidade) é indício de rendimento tributável. Mas deve ser oportunizado ao contribuinte que demonstre a natureza do ingresso, comprovando, se for o caso, tratar-se de valores indenizatórios ou de outras verbas não tributáveis.

– Dispõe o art. 42 da Lei 9.430/96: "Caracterizam-se também omissão de receita ou de rendimento os valores creditados em conta de depósito ou de investimento mantida junto a instituição financeira, em relação aos quais o titular, pessoa física ou jurídica, regularmente intimado, não comprove, mediante documentação hábil e idônea, a origem dos recursos utilizados nessas operações".

– No **Tema 842** de repercussão geral (RE 855.649), em 2021, o STF fixou a tese de que "O artigo 42 da Lei n. 9.430/96 é constitucional". Considerou que "o artigo 42 da Lei n. 9.430/96 não ampliou o fato gerador do tributo; ao contrário, trouxe apenas a possibilidade de se impor a exação quando o contribuinte, embora intimado, não conseguir comprovar a origem de seus rendimentos". Ressaltou que, do contrário, "para se furtar da obrigação de pagar o tributo e impedir que o Fisco procedesse ao lançamento tributário, bastaria que o contribuinte fizesse mera alegação de que os depósitos efetuados em sua conta corrente pertencem a terceiros, sem se desincumbir do ônus de comprovar a veracidade de sua declaração", o que "impediria a tributação de rendas auferidas, cuja origem não foi comprovada, na contramão de todo o sistema tributário nacional, em violação, ainda, aos princípios da igualdade e da isonomia". E mais: "a omissão de receita resulta na dificuldade de o Fisco auferir a origem dos depósitos efetuados na conta corrente do contribuinte, bem como o valor exato das receitas/rendimentos tributáveis, o que também justifica atribuir o ônus da prova ao correntista omisso". Eis o acórdão: "IMPOSTO DE RENDA. DEPÓSITOS BANCÁRIOS. OMISSÃO DE RECEITA. LEI 9.430/1996, ART. 42. CONSTITUCIONALIDADE. RECURSO EXTRAORDINÁRIO DESPROVIDO. 1. Trata-se de Recurso Extraordinário, submetido à sistemática da repercussão geral (Tema 842), em que se discute a Incidência de Imposto de Renda sobre os depósitos bancários considerados como omissão de receita ou de rendimento, em face da previsão contida no art. 42 da Lei 9.430/1996. Sustenta o recorrente que o 42 da Lei 9.430/1996 teria usurpado a norma contida no artigo 43 do Código Tributário Nacional, ampliando o fato gerador da obrigação tributária. 2. O artigo 42 da Lei 9.430/1996 estabelece que caracterizam-se também omissão de receita ou de rendimento os valores creditados em conta de depósito ou de investimento mantida junto a instituição financeira, em relação aos quais o titular, pessoa física ou jurídica, regularmente intimado, não comprove, mediante documentação hábil e idônea, a origem dos recursos utilizados nessas operações. 3. Consoante o art. 43 do CTN, o aspecto material da regra matriz de incidência do Imposto de Renda é a aquisição ou disponibilidade de renda ou acréscimos patrimoniais. 4. Diversamente do apontado pelo recorrente, o artigo 42 da Lei 9.430/1996 não ampliou o fato gerador do tributo; ao contrário, trouxe apenas a possibilidade de se impor a exação quando o contribuinte, embora intimado, não conseguir comprovar a origem de seus rendimentos. 5. Para se furtar da obrigação de pagar o tributo e impedir que o Fisco procedesse ao lançamento tributário, bastaria que o contribuinte fizesse mera alegação de que os depósitos efetuados em sua conta corrente pertencem a terceiros, sem se desincumbir do ônus de comprovar a veracidade de sua declaração. Isso impediria a tributação de rendas auferidas, cuja origem não foi comprovada, na contramão de todo o sistema tributário nacional, em violação, ainda, aos princípios da igualdade e da isonomia. 6. A omissão de receita resulta na dificuldade de o Fisco auferir a origem dos depósitos efetuados na conta corrente do contribuinte, bem como o valor exato das receitas/rendimentos tributáveis, o que também justifica atribuir o ônus da prova ao correntista omisso. Dessa forma, é constitucional a tributação de todas as receitas depositadas em conta, cuja origem não foi comprovada pelo titular. 7. Recurso Extraordinário a que se nega provimento. Tema 842, fixada a seguinte tese de repercussão geral: 'O artigo 42 da Lei 9.430/1996 é constitucional'" (STF, RE 855.649, 2021).

– **Súmula CARF 26:** "A presunção estabelecida no art. 42 da Lei n. 9.430/96 dispensa o Fisco de comprovar o consumo da renda representada pelos depósitos bancários sem origem comprovada".

– **Súmula CARF 29:** (Vinculante – Portaria MF 383/2010): "Todos os cotitulares da conta bancária devem ser intimados para comprovar a origem dos depósitos nela efetuados, na fase que precede à lavratura do auto de infração com base na presunção legal de omissão de receitas ou rendimentos, sob pena de nulidade do lançamento".

– **Súmula CARF 30:** "Na tributação da omissão de rendimentos ou receitas caracterizada por depósitos bancários com origem não comprovada, os depósitos de um mês não servem para comprovar a origem de depósitos havidos em meses subsequentes".

– **Súmula CARF 32:** "A titularidade dos depósitos bancários pertence às pessoas indicadas nos dados cadastrais, salvo quando comprovado com documentação hábil e idônea o uso da conta por terceiros".

– **Súmula CARF 38:** (Vinculante – Portaria MF 383/2010): "O fato gerador do Imposto sobre a Renda da Pessoa Física, relativo à omissão de rendimentos apurada a partir de depósitos bancários de origem não comprovada, ocorre no dia 31 de dezembro do ano-calendário".

– **Súmula CARF 61:** "Os depósitos bancários iguais ou inferiores a R$ 12.000,00 (doze mil reais), cujo somatório não ultrapasse R$ 80.000,00 (oitenta mil reais) no ano-calendário, não podem ser considerados na presunção da omissão de rendimentos caracterizada por depósitos bancários de origem não comprovada, no caso da pessoa física".

– **Súmula CARF 95:** "A presunção de omissão de receitas caracterizada pelo fornecimento de recursos de caixa à sociedade por administradores, sócios de sociedades de pessoas, ou pelo administrador da companhia, somente é elidida com a demonstração cumulativa da origem e da efetividade da entrega dos recursos". Aprovada pela 1ª Turma da CSRF em dez. 2013.

– **Intimação dirigida ao espólio para comprovar origem de depósitos. Súmula CARF 120:** "Não é válida a intimação para comprovar a origem de depósitos bancários em cumprimento ao art. 42 da Lei n. 9.430, de 1996, quando dirigida ao espólio, relativamente aos fatos geradores ocorridos antes do falecimento do titular da conta bancária" (CSRF, 2018). Obs.: vinculante, conforme Portaria MF n. 129/2019.

– **Intimação desatendida considerada para a presunção de omissão não deve gerar multa isolada. Súmula CARF 133:** "A falta de atendimento a intimação para prestar esclarecimentos não justifica, por si só, o agravamento da multa de ofício, quando essa conduta motivou presunção de omissão de receitas ou de rendimentos" (CSRF, 2019). Obs.: vinculante, conforme Portaria ME n. 410/2020.

– **Súmula CARF 144:** "A presunção legal de omissão de receitas com base na manutenção, no passivo, de obrigações cuja exigibilidade não seja comprovada ('passivo não comprovado'), caracteriza-se no momento do registro contábil do passivo, tributando-se a irregularidade no período de apuração correspondente"

(CSRF, 2019). Obs.: vinculante, conforme Portaria ME n. 410/2020.

– Sobre a aplicação de multa comum ou qualificada nos casos de omissão de receita, vide notas ao art. 136 do CTN.

– **Acréscimo patrimonial a descoberto.** "Constitui rendimento bruto sujeito ao imposto de renda o valor do acréscimo patrimonial não justificado pelos rendimentos tributáveis, não tributáveis ou tributáveis exclusivamente na fonte. A tributação de acréscimo patrimonial a descoberto só pode ser elidida mediante prova em contrário" (1º CC, 6ª C., Proc. 10768.008308/98-35, Rec. 138.603, Rel. Sueli Efigênia Mendes de Britto, *DOU* 28-11-2005).

– **Súmula CARF 67:** "Em apuração de acréscimo patrimonial a descoberto a partir de fluxo de caixa que confronta origens e aplicações de recursos, os saques ou transferências bancárias, quando não comprovada a destinação, efetividade da despesa, aplicação ou consumo, não podem lastrear lançamento fiscal".

– **Empréstimos internacionais oriundos de paraíso fiscal.** "... nem a fiscalização nem qualquer auditoria poderia presumir omissão de receita ou suprimento indireto de caixa, pautada única e exclusivamente no fato de se tratar de empréstimos internacionais advindos de empresa localizada em país de tributação favorecida, ao invés de instituição financeira local, ou reconhecida nacional ou internacionalmente. Pretender extrair de empréstimos efetuados do exterior a ilação de omissão de renda, quando se demonstra claramente a transparência e o registro de tal operação, é estender a presunção a situações fáticas as quais inequivocamente não se aplica, sendo ainda veementemente rechaçado pela doutrina e pela jurisprudência 'presumir o fato gerador do tributo' à luz do princípio da legalidade e por violar o arquétipo legal e constitucional do Imposto de Renda" (MARTINS, Ives Gandra da Silva; MARTINS, Rogério Vidal Gandra da Silva; LOCATELLI, Soraya David Monteiro. Empréstimos contratados de empresas localizadas em paraíso fiscal em fase pré-operacional ou inicial – não caracterização de hipótese de omissão de receita. Impossibilidade material. *RDDT* 226/76, 2014).

– **Patrimônio Líquido Negativo.** "... IRPJ. CSLL. PATRIMÔNIO LÍQUIDO NEGATIVO OU PASSIVO A DESCOBERTO. CORREÇÃO MONETÁRIA. NÃO INCIDÊNCIA DOS TRIBUTOS. Conforme a Resolução CFC 1.049/05, 'c) o Patrimônio Líquido compreende os recursos próprios da Entidade, e seu valor é a diferença positiva entre o valor do Ativo e o valor do Passivo. Quando o valor do Passivo for maior que o valor do Ativo, o resultado é denominado Passivo a Descoberto. Portanto, a expressão Patrimônio Líquido deve ser substituída por Passivo a Descoberto.' A correção monetária do Passivo a Descoberto, no sentido referido pela Resolução referida, não constitui fato gerador nem pode ser considerado na apuração da base de cálculo do IRPJ e da CSLL, pois não revela renda ou lucro. As Leis 7.799/89, o art. 387, II, do RIR/80, e o art. 2º da Lei 7.689/88 não podem ser interpretados em desconformidade com as bases econômicas outorgadas à tributação" (TRF4, 2ª T., AC 2000.71.07.006834-7/RS, Juiz Fed. Leandro Paulsen, abr. 2006) Eis excerto do voto condutor: "Os conceitos são inequívocos, constituindo o Patrimônio Líquido a diferença positiva

entre o Ativo e Passivo. Quando a diferença é negativa, o que corresponderia a um *Patrimônio Líquido Negativo*, substitui-se tal denominação outrora utilizada para designar tal resultado de *Passivo a Descoberto*. Não estamos, aqui, reitero, cuidando do passivo a descoberto a que eventualmente também se refere por ocasião da verificação de dívidas da empresa a que não corresponderam entrada de recursos ou de bens e que pode, em tais circunstâncias, revelar omissão de receitas. Estamos, aqui, cuidando do Passivo a Descoberto enquanto Patrimônio Líquido Negativo. Ora, não se pode interpretar a legislação tributária, particularmente os arts. 4º, 10, 11, 12, 15, 16 e 19 da Lei 7.799/89 e 387, II, do RIR ou mesmo o art. 2º da Lei 7.689/88 que fundamentam, respectivamente, o Auto de Infração de IRPJ e de CSLL, como autorizadores da consideração da correção monetária do Passivo a Descoberto como geradora da obrigação de pagar IRPJ ou CSLL pois simplesmente lucro não configura. Pelo contrário! Não é renda, não é lucro, não é acréscimo patrimonial, mas, sim, prejuízo acrescido. Não havendo determinação expressa e inequívoca e implicando, interpretação no sentido da tributação da correção monetária do Patrimônio Líquido Negativo ou Passivo a Descoberto violação aos conceitos de renda e de lucro constantes dos arts. 513, III, e 195, I, da CF, tenho que procede a irresignação da embargante, merecendo acolhida seu recurso para que se reconheça indevidos o IRPJ e a CSLL objeto dos Autos de Infração que resultaram na inscrição em dívida ativa e nas CDA sob execução, que, assim, são nulas".

– **Passivo não comprovado.** Súmula CARF 54: "A constatação de existência de 'passivo não comprovado' autoriza o lançamento com base em presunção legal de omissão de receitas somente a partir do ano-calendário de 1997".

– **Tributação reflexa do sócio.** "IMPOSTO DE RENDA. TRIBUTAÇÃO REFLEXA. ARBITRAMENTO DO LUCRO EM VIRTUDE DO DESCUMPRIMENTO DE OBRIGAÇÃO ACESSÓRIA. LEGISLAÇÃO QUE VISA EVITAR PRÁTICAS EVASIVAS... 2. *In casu*, a tributação reflexa do recorrido, pessoa física cotista, decorreu da presunção da distribuição do lucro apurado, em procedimento de arbitramento, em pessoa jurídica optante do regime do lucro presumido, em face do descumprimento de obrigação acessória, consistente na insuficiente comprovação documental da receita bruta anual declarada. 3. A autoridade tributária é autorizada a arbitrar o lucro da pessoa jurídica (base de cálculo do imposto de renda), quando, entre outras hipóteses, o contribuinte optante da tributação com base no lucro presumido não cumprir as obrigações acessórias relativas à sua determinação (Decreto-Lei n. 1.648/78, artigo 7º, inciso II). Ao Fisco, portanto, lícito se afigura proceder ao arbitramento com base em investigações da má conduta das empresas, desde que a escrituração contábil se revele imprestável ao propósito da apuração do lucro real. 4. O Regulamento para a cobrança e fiscalização do Imposto sobre a Renda e Proventos de Qualquer Natureza, Decreto n. 85.450/80, reproduzindo o teor do artigo 9º, do Decreto-Lei n. 1.648/78, dispôs que 'o lucro arbitrado se presume distribuído em favor dos sócios ou acionistas de sociedades não anônimas, na proporção da participação no capital social, ou ao titular da empresa individual'. 5. É cediço na Corte que a presunção legal, *juris tantum*, de distribuição do lucro arbitrado aos sócios da pessoa jurídica pode ser ilidida pelos mesmos, mediante apresentação de prova inequívoca de que a quantia arbitrada não lhes foi repassada, afigurando-se, caso contrário, legal a incidência do imposto de renda..." (STJ, REsp 690.675, 2007).

– "... IMPOSTO DE RENDA – TRIBUTAÇÃO REFLEXA – QUADRO QUE EXPÕE OMISSÃO DE RECEITA POR PARTE DOS INTEGRANTES DA PESSOA JURÍDICA – ARBITRAMENTO DO LUCRO – LEGISLAÇÃO QUE VISA EVITAR PRÁTICAS EVASIVAS – DETRIMENTO DO INTERESSE PÚBLICO – IMPOSSIBILIDADE. – A legislação tributária permite o arbitramento do lucro quando a escrituração contábil se afigure imprestável aos fins de apuração do lucro real. – A presunção, com força na fiscalização da Administração Tributária, de que os lucros auferidos foram distribuídos aos sócios, ou ex-sócios, da pessoa jurídica, é presunção *juris tantum*. Entretanto, em nenhum momento processual houve impugnação da prova apresentada no tocante à omissão de receita. – A interpretação isolada do art. 43 do CTN não pode ser levada a efeito de forma a infirmar que visa a evitar práticas evasivas. – Recurso desprovido" (STJ, REsp 397.992, 2002).

– "... ARBITRAMENTO DO LUCRO DA PESSOA JURÍDICA. TRIBUTAÇÃO REFLEXA. SÓCIO-COTISTA. ÔNUS DA PROVA. 1. Nos precisos termos do art. 403, do RIR/80, o lucro arbitrado da pessoa jurídica se presume distribuído em favor dos sócios na proporção da participação no capital social. 2. Tratando-se de presunção legal estabelecida em benefício do Fisco, o afastamento da tributação não prescinde de prova inequívoca a ser produzida pelos sócio-cotistas. Ausente esta, sofrem as consequências do arbitramento. 3. Recurso especial provido" (STJ, REsp 388.337, 2002).

– **Ausência de culpa do contribuinte. Descabimento.** "... IMPOSTO DE RENDA. ARBITRAMENTO. INUNDAÇÃO. 1. Caso em que, ocorrida a inundação e a perda do documentário fiscal, o contribuinte tomou as necessárias e normais providências relacionadas ao sinistro: comunicou à Polícia Civil e à Receita Federal, fatos estes incontroversos. 2. O arbitramento não se justifica pela pura e simples perda do documentário fiscal, mas pela culpa do contribuinte, a qual não se demonstrou" (TRF4, AC 97.04.23350-7, 2000).

– **Declaração retificadora. Desconsideração.** "... EMBARGOS À EXECUÇÃO FISCAL. IMPOSTO DE RENDA PESSOA JURÍDICA. DECLARAÇÃO RETIFICADORA. LUCRO REAL MENSAL. BALANCETES. LEI N. 8.981/95. 1. A lei expressamente prevê a possibilidade de apuração do lucro real e da base de cálculo da contribuição social sobre o lucro com base em balancetes mensais, não sendo dispensada a realização do balanço mensal no dia 31 de dezembro ou na data do encerramento das atividades. Lei n. 8.981/95, arts. 35 e 37. 2. A diferença da base de cálculo de PIS e COFINS apontada pela fiscalização, não é motivo suficiente para desconsiderar a declaração retificadora, mas sim razão para deflagrar a atuação dos fiscais na contabilidade da empresa para que, apurado o equívoco, fosse cobrado o imposto eventualmente devido e aplicadas sanções legais, se fosse o caso. 3. Remessa oficial e apelação improvidas" (TRF4, AC 2001.04.01.013236-7, 2003).

– **Transportador autônomo. Incidência sobre 40% do rendimento.** "IRPF. TRANSPORTE DE CARGA. LEI N. 7.713/88, ART. 9º HONORÁRIOS ADVOCATÍCIOS. CUSTAS. 1. Nos termos do art. 9º, inciso I, o imposto de renda pessoa física incide sobre 40% do rendimento bruto obtido pelo transportador autônomo de cargas. 2. Honorários mantidos em 10% sobre o valor da execução, de acordo com a jurisprudência desta Corte. 3. Inobstante o artigo 39 da Lei de Execução Fiscal disponha que a Fazenda Pública é isenta do pagamento de custas e emolumentos, impõe-se à Fazenda Nacional o pagamento das referidas despesas perante a Justiça Estadual" (TRF4, REOAC 2001.04.01.063489-0, 2003).

– **Transações internacionais entre partes vinculadas. Preço de transferência.** *Arms Length Principle* **(ALP).** São recorrentes as operações de comércio internacional entre empresas vinculadas, integrantes de grupos multinacionais, sendo que a manipulação dos preços pode implicar transferência do lucro para empresa no exterior, mediante superfaturamento das importações ou subfaturamento das importações. O instituto do preço de transferência visa a neutralizar essa manipulação, considerando essas operações, para fins fiscais, especialmente de IRPJ sobre o lucro real, por valor semelhante ao praticado entre empresas independentes. Há diversos métodos de apuração do preço de transferência: I – Método dos Preços Independentes Comparados – PIC; II – Método do Preço de Revenda menos Lucro – PRL; III – Método do Custo de Produção mais Lucro – CPL; IV – Método do Preço sob Cotação na Importação (PCI). A matéria é regulada pelo art. 18 da Lei n. 9.430/96, alterada pela Lei n. 12.715/2012 e pela Instrução Normativa SRF n. 243/2002.

– Há propostas baseadas em sistema desenvolvido desde 2018 no âmbito da OCDE e do Reino Unido, no sentido de alterar-se a legislação para a adoção de novos métodos, o TNMM e o Profit Split, alcançando-se intangíveis, estabelecendo-se critérios para a seleção do método mais apropriado a cada caso e limitando-se a dedutibilidade de royalties.

– "O ideal que norteia todo o processo de controle sobre os preços de transferência toma por base a aplicação do princípio *arm's length*, que corresponde ao preço de mercado ou preço de livre concorrência, e.e., o preço praticado entre empresas independentes, em condições análogas. Ocorre, todavia, que as transferências de preços podem envolver condições divergentes daquelas de livre concorrência, violando-se o princípio *arm's length*. Assim, para recuperar tais condições de mercado e manter a concretização desse princípio, são aplicados os métodos de controle sobre os preços de transferência pelo fisco, como garantia de atendimento a interesses fiscais (recompondo a base de cálculo dos impostos) e extrafiscais (efetivando o princípio da livre concorrência)" (TORRES, Heleno Taveira. Controle sobre preços de transferência. Legalidade e uso de presunções no arbitramento da base de cálculo dos tributos. O direito ao emprego do melhor método. Limites ao uso do PRL-60 na importação. *RFDT* 06/21, 2003).

– "Ao se falar em controle de preços de transferência, inegavelmente uma das primeiras conexões que se busca estabelecer é com o chamado padrão 'arm's length', expressão que em sua literalidade significa 'à distância de um braço'. [...] o parâmetro

'arms length' consiste 'em tratar os membros de um grupo multinacional como se eles atuasse como entidades separadas, não como partes inseparáveis de um negócio único'. O racional por trás desse critério é atingir uma neutralidade de preços em transações comerciais entre partes relacionadas de tal modo que os valores praticados possam se assemelhar ao máximo àqueles adotados em transações nas quais a relação entre as partes não tem o condão de influenciar os preços, o que no limite quer dizer que, pela aplicação do critério 'arm's length', visa-se aproximar os preços praticados em transações entre partes relacionadas àqueles incorridos por partes independentes. Ocorre que, da forma como incorporados ao direito brasileiro pela Lei 9.430/1996, os métodos para controle de preços de transferência divergiram de forma substancial em relação às diretrizes adotadas internacionalmente e recomendadas pela própria OCDE em suas *Guidelines* e aos parâmetros 'arm's legnth', especialmente quando levadas em consideração as seguintes características da legislação brasileira de preços de transferência: (i) adoção de margens predeterminadas para cômputo dos preços parâmetros; (ii) utilização de medidas ponderadas; e (iii) a prefixação de taxas de juros. [...] no contexto do 'Plano Brasil Maior'... foi publicada a Medida Provisória n. 563, de 3 de abril de 2012... posteriormente convertida na Lei n. 12.715, de 17 de setembro de 2012... por meio da qual foi promovida uma atualização das regras de preços de transferência, até então disciplinadas apenas pela Lei 9.430/1996... Dentre as alterações promovidas... destaca-se... a criação de dois novos métodos de controle de preços de transferência nas hipóteses de importação ou exportação de *commodities* que tenham cotação internacional em bolsa de mercadorias ou congêneres, o Preço sob cotação na Importação (PCI) e o preço sob cotação na Exportação (Pecex). Tais métodos foram posteriormente regulamentados pela Instrução Normativa n. 1.312, de 28 de dezembro de 2012 (IN 1.312/2012). [...] a instituição dos métodos PCI e Pecex... mostrou-se justamente como uma evolução... ao conseguir conciliar a praticabilidade na aplicação dos controles de preços de transferência com a realidade econômica de mercado ('arm's length'), o que, desde a publicação da Lei 9.430/1996, parecia não ser possível" (ASSEIS, Pedro Augusto do Amaral Abujamra. Os métodos PCI e Pecex: análise do critério "arm's length" à luz do princípio da praticabilidade. *RDDT* 226/132, 2014).
– "1. pressupostos subjetivos: – presença de pessoas dotadas de personalidade jurídica distinta (mesmo que para fins fiscais), vinculadas por relações de reciprocidade, nos termos do art. 24 da Lei n. 9.430/96; – ou em qualquer operação cuja pessoa não residente encontre-se localizada em país com tributação favorecida ou onde seja protegido o sigilo de dados societários (art. 4º da Lei n. 10.451/02). 2. pressupostos objetivos: – operação de transferência de preços; – divergência relevante de preços, em face do valor normal. 3. elemento de estraneidade: – presença necessária de sujeito não residente (vinculado ou situado em países com tributação favorecida)" (TORRES, Heleno Taveira. Controle sobre preços de transferência. Legalidade e uso de presunções no arbitramento da base de cálculo dos tributos. O direito ao emprego do melhor método. Limites ao uso do PRL-60 na importação. *RFDT* 06/21, 2003).

– "O método do preço de transferência pretende determinar em lei critérios aptos a fixar, presumindo, o preço justo da transação, ou melhor, o valor razoável pela transferência de bens, direitos ou coisas entre empresas, independentemente e serem elas de um mesmo grupo societário ou por completo distintas" (HARET, Florence. *Teoria e prática das presunções no direito tributário*. São Paulo: Noeses, 2010, p. 837).

– "Em matéria de controle fiscal de preço de transferência... o legislador adotou margens rígidas de lucro, deixando de lado princípios constitucionais, consubstanciados na liberdade para negociar e na liberdade para concorrer" (VIEIRA, Iure Pontes. Incompatibilidade entre o Direito Tributário e o direito da concorrência: análise do controle do preço de transferência. *RDDT* 220/62, 2014).

– "Diversas empresas, no exercício de suas atividades, adquirem insumos de pessoas vinculadas situadas no exterior. Para fins de cálculo do IRPJ e da CSL, os custos, despesas e encargos relativos a bens, serviços e direitos, constantes de documentos de importação ou de aquisição, nas operações efetuadas com pessoas vinculadas, somente serão dedutíveis na determinação do lucro real até o valor que não seja superior ao preço determinado de acordo com os métodos previstos no art. 18 da Lei n. 9.430/96. Esse preço de bens, serviços ou direitos adquiridos de pessoas vinculadas chama-se preço de transferência, legalmente regulamentado com o objetivo de evitar que a empresa situada no Brasil pague um preço superior àquele corrente no mercado nas suas compras ou receba um valor inferior ao de mercado nas suas vendas ao exterior para empresas vinculadas. [...] o art. 12, § 11, da IN SRF n. 243/02, ao estabelecer uma fórmula de cálculo do preço de transferência pelo método PRL diferente daquela prevista no art. 18, II, da Lei n. 9.430/96, violou o princípio da legalidade" (BORGES, Alexandre Siciliano; CEZAROTI, Guilherme. O método PRL de cálculo dos preços de transferência e a IN SRF n. 243/02. *RDDT* 99, 2003).

– "Dependendo da profundidade da produção realizada no País, o revendedor/contribuinte, com base na faculdade prevista no § 4º do art. 18 da Lei n. 9.430/96, poderá escolher a modalidade do método PRL que lhe for mais conveniente, de 20% ou de 60% de margem de revenda. 5. Nos casos em que, por um lado, o valor agregado na produção local não couber na margem de revenda de 20%, mas que, pelo seu montante reduzido tampouco justificar a aplicação da margem de 60%, o contribuinte poderá requerer a alteração da percentagem, com base no art. 20 da Lei n. 9.430/96. 6. A IN n. 32/2001 estabeleceu a forma de cálculo do preço de revenda pelo método PRL, na hipótese de produção local, em perfeita consonância com o disposto na Lei n. 9.430/96, com a alteração introduzida pela Lei n. 9.959/2000. Diferentemente, as alterações substanciais, introduzidas na forma de cálculo pela IN n. 243/2002, são manifestamente ilegais, além de contrárias ao próprio interesse nacional e aos interesses dos contribuintes. 7. Os valores de frete e de seguro não entram no cálculo do preço de transferência, nas duas modalidades (CIF e FOB), nem o imposto de importação. Se os custos efetivos de frete e seguro forem suportados pelo importador/revendedor (FOB), os mesmos poderão ser integralmente deduzidos para os efeitos do imposto de renda, da mesma forma que o imposto de importação" (ROTHMANN, Gerd Willi. Preços de transferência – método de preço de revenda menos lucro... *RDDT* 165/37, 2009).

– "... constata-se que a sequência de Medidas Provisórias, promovida pelo Executivo no final do ano de 2009, acabou por redundar ambiente de extrema incerteza na matéria dos preços de transferência, exigindo que se considerem, em separado, os períodos em análise e a situação de cada contribuinte. [...] Para o exercício de 2010, haverá que se distinguir os períodos anterior e posterior ao transcurso do prazo constitucional de 120 dias para apreciação de Medidas Provisórias" (SCHOUERI, Luís Eduardo. Preços de transferência, medidas provisórias e princípio da anterioridade. *RDDT* 182/40, nov. 2010). Obs: a análise feita nesse artigo é detalhada, cuidando dos métodos PRL, PIC, CPL e PVL.

• Vide: SANTOS, Ramon Tomazela. As regras brasileiras de subcapitalização e os acordos internacionais de bitributação – a incompatibilidade da Lei n. 12.249/2010 com o princípio *arm's lenght* e com a cláusula de não discriminação. *RDDT* 234/107, 2015; VIEIRA, Iure Pontes. Incompatibilidade entre o Direito Tributário e o direito da concorrência: análise do controle do preço de transferência. *RDDT* 220, 2014; FERNANDES, Andresa Guimarães Torquato. Do conceito de prêmio introduzido na legislação de preço de transferência aplicada a commodities pela Lei n. 12.715/2012. *RDDT* 218/18, 2013; FOLLONI, André. O novo-velho regime dos preços de transferência, a questão dos juros e outras remessas. *RDDT* 177/07, 2010.

– **Preço de revenda menos lucro (PRL). Ilegalidade da IN SRF n. 243/2002.** "TRANSAÇÕES INTERNACIONAIS ENTRE PARTES VINCULADAS. PREÇOS DE TRANSFERÊNCIA. BASE DE CÁLCULO DO IRPJ E DA CSLL. MÉTODO DO PREÇO DE REVENDA MENOS LUCRO – PRL60. CÁLCULO DA INSTRUÇÃO NORMATIVA SRF 243/2002. ILEGALIDADE. ART. 18, II, DA LEI 9430/96... 3. O controle de preços de transferência tem como fundamento a necessidade de prevenir a erosão das bases tributáveis através da manipulação de preços nas operações transnacionais praticadas entre partes vinculadas, e para isso estabelece métodos para estimar um preço-parâmetro para tais operações. 4. O art. 12, § 11, da IN SRF 243/02 desbordou da mera interpretação do art. 18, II, da Lei 9.430/96, na medida em que criou novos conceitos e métricas a serem considerados no cálculo do preço-parâmetro, não previstos, sequer de forma implícita, no texto legal então vigente. 5..." (STJ, AREsp 511.736, 2022). Consta do voto condutor: "O que se verifica, em síntese, é que, sob a IN 32/01, o preço-parâmetro era obtido pela aplicação do percentual de 60% sobre a média dos preços líquidos de venda do bem produzido no Brasil (e não do bem importado), diminuída do valor agregado localmente (art. 12, § 11, II, da IN 32/01). A partir da IN 243/02, o preço-parâmetro passou a ser obtido mediante a aplicação do percentual de 60% sobre a participação do bem importado na média dos preços líquidos de venda do bem produzido, sendo esta margem subtraída da parcela do preço de venda atribuída ao bem importado (participação do item importado no preço do bem produzido – art. 12, § 11, e incisos, da IN 243/02). A IN 243/02 lança, sem dúvida, um novo olhar sobre o artigo 18, inciso II, da

Lei 9.430/96, em clara alteração quanto ao entendimento da instrução normativa anterior. Pela IN 32/01, a 'participação do bem, serviço ou direito importado no preço de venda do bem produzido' não era um elemento relevante para o cálculo do preço-parâmetro. É certo que a alteração da interpretação da lei não implica, em si, inconstitucionalidade ou ilegalidade, desde que a nova interpretação seja consonante com a lei interpretada e não seja aplicada a fatos geradores pretéritos. A diferença fundamental entre a interpretação que levou à IN 32/01 e a que deu origem à IN 243/02 está no referencial sobre o qual recai a margem de lucro presumida na lei: na primeira, seria o preço de venda do bem que é produzido com o item importado cujo controle de preços se almeja fazer, diminuído do valor agregado no país; na segunda, a margem de lucro recai sobre o que seria o preço de revenda do próprio item importado, estimado mediante a 'participação do bem, serviço ou direito importado no preço de venda do bem produzido'." De outro voto, colhe-se: "Reconheço que o art. 18, II, da Lei n. 9.430/1996 (com a redação dada pela Lei n. 9.959/2000), ao disciplinar a metodologia de cálculo a ser empregada na definição do preço de transferência, adotou redação que, na prática, gerava distorções na mensuração do valor parâmetro do insumo importado. Isso porque, de fato, o dispositivo legal desconsiderava, em seu texto, o grau de participação do insumo importado no produto final, após a adição do valor agregado. Segundo o razoável argumento da Fazenda Nacional, 'numa produção, com vários insumos (às vezes centenas, milhares) compondo o produto final, o cálculo do preço parâmetro deve ponderar o peso que o insumo importado teve na fabricação do produto final' (e-STJ fl. 832). Particularmente, concordo com a recorrida nesse aspecto, ou seja, comungo do pensamento de que a fórmula de cálculo estabelecida pela IN SRF n. 243/2002 realmente seria mais adequada para aferir o correto 'preço de transferência' e mais eficiente quanto a evitar a prática de manipulação dos preços em operações com pessoas vinculadas". O STJ concluiu, porém, que não cabia ao Executivo aperfeiçoar a base estabelecida em lei e que, ao inovar, incorreu em ilegalidade.

• Vide nota ao art. 148 do CTN, sobre arbitramento.

– **Preço de transferência e juros.** "O Brasil adotou, em 1996, um regime jurídico de preços de transferência que atribui competência exclusiva ao Bacen para realizar o juízo de adequação da taxa de juros escolhida pelas partes. A decisão do Bacen, que admite o registro do contrato, gera a oponibilidade da taxa de juros acordada às autoridades fazendárias. Esta é a regra geral. A regre residual aplicável consiste em uma presunção absoluta de taxa de juros acima da qual não se admitia a dedução das despesas financeiras de juros pagos (Libor + 3%). Este é o regime vigente atualmente. A MP 563/2012 propôs a alteração do enunciado normativo do artigo 22 da lei 9.430/96 de modo a estender a regra da presunção absoluta de uma taxa de juros acima da qual não é possível deduzir despesas com o pagamento de juros, antes de natureza residual, à totalidade dos casos, alterando-se, apenas, a taxa de juros adicional à Libor, que passará a ser fixada pelo ministro da fazenda com base em uma média de mercado. [...] o recurso às presunções absolutas será inconstitucional nas situações em que sua aplicação resultar uma carga tributária superior àquela que seria devida caso se recorresse a um critério que pudesse captar a realidade econômica dos fatos em transações entre partes independentes (padrão *arm's length*)" (PEREIRA, Roberto Codorniz Leite. O novo tratamento tributário dos juros contratados por partes vinculadas em empréstimos internacionais: análise crítica das alterações promovidas pela MP 563/2012 ao artigo 22 da Lei 9.430/1996. *RDDT* 205/117-128, 2012).

– Operações *back to back*. Solução de Consulta n. 9 DE 01/11/2012. "Operações *back to back* – Estão sujeitas a controle de preços de transferência as operações comerciais ou financeiras realizadas entre pessoas vinculadas, sediadas em diferentes jurisdições tributárias, ou quando uma das partes for residente ou domiciliada em país de tributação favorecida ou beneficiada por regime fiscal privilegiado. ASSUNTO: IMPOSTO SOBRE A RENDA DE PESSOA JURÍDICA – IRPJ. Embora não se enquadrem no conceito de importação e de exportação – por não ocorrer entrada e saída de mercadorias no território nacional –, as operações *back to back* submetem-se à legislação de preços de transferência quando: a) ocorrer aquisição ou alienação de bens à pessoa vinculada residente ou domiciliada no exterior; ou b) ocorrer aquisição ou alienação de bens à pessoa residente ou domiciliada em país ou dependência com tributação favorecida, ou beneficiada por regime fiscal privilegiado, ainda que não vinculada. Para fins de aplicação da legislação de preços de transferência às operações *back to back*, deverá ser demonstrado que a margem de lucro de toda a transação, praticada entre vinculadas, é consistente com a margem praticada em operações realizadas com empresas independentes. DISPOSITIVOS LEGAIS: Arts. 18, 19 e 23 da Lei n. 9.430, de 27 de dezembro de 1996 e Instrução Normativa SRF n. 243, de 11 de Novembro de 2002. FERNANDO MOMBELLI Coordenador-Geral."

– *Safe harbour/safe haven*. "O *safe harbour*, também conhecido como *safe haven*, consiste em uma espécie de dispensa aos contribuintes que se enquadrarem em determinadas situações indicadas pelo legislador e, em consequência disso, estarão desobrigados a realizar eventuais ajustes de preços de transferência. Como o próprio nome sugere, é como se o contribuinte estivesse em um 'porto seguro' e, por isso, ainda que tenham extrapolado os limites de preços de mercado aceitáveis, o Fisco não deverá cobrar do mesmo qualquer ajuste em sua base de cálculo para fins de recolhimento de imposto. [...] os principais objetivos das regras de *safe harbour* são aumentar a certeza e reduzir os custos dos contribuintes de cumprimento de obrigações tributárias. Visa ainda, diminuir os custos da administração, que poderá concentrar a sua auditoria em casos mais relevantes e que apresentem maior risco tributário à sua administração. As regras do *safe harbour* estabelecem que, se um contribuinte obtiver uma margem bruta dentro de um intervalo, percentual ou quantia determinada pelo legislador, ele não será obrigado a seguir uma regra complexa e onerosa, como é no caso de aplicar os ajustes de preços de transferência. Os contribuintes poderão ou não adotar a regras do *safe harbour*, isso ficará a seu critério. Além disso, a utilização das regras do *safe harbour* poderá apresentar riscos, tais como arbitrariedade na definição de parâmetros ou maior risco de evasão fiscal ou bitributação" (CAMPOS, Fabrício Costa Resende de; LIRA, Fernanda Vasconcelos Silva. Preços de transferência no Brasil e os impactos econômicos das

novas margens de safe harbour. *RDDT* 221/34, 2014). O autor refere a legislação brasileira acerca da matéria: Lei n. 9.430/1996, art. 19; IN n. 243/2002, art. 35; Lei n. 10.833/2003, art. 45; Lei n. 12.715/2012; IN n. 1.312/2012, art. 48.

– Sobre a necessidade de alteração legislativa para aplicação do *safe harbour rule* na importação, para o uso do método PIC (Preço sob Cotação na Importação) por fornecedor e para a ampliação do uso do método CPL (Custo de Produção mais Lucro) (GUIMARÃES, Ariane Costa. As alterações na legislação dos preços de transferência. *RDDT* 212/7, 2013).

– Importação por encomenda *x* importação por conta e ordem de terceiros. "... a adoção da 'importação por encomenda' em detrimento da ação da 'importação por conta e ordem de terceiros' apresenta ao menos duas vantagens do ponto de vista estritamente fiscal: i. inexistência – em relação à 'importação por encomenda' – da 'responsabilidade solidária' do 'PIS-Importação' e da 'Cofins-importação' a 'conectar' o 'contribuinte' (importador) ao 'terceiro/responsável tributário' (adquirente da mercadoria importada) na seara da 'importação por conta e ordem de terceiros'; e ii. não aplicação – relativamente aos 'sujeitos de direito' envolvidos na 'importação por encomenda' – da regra de preço de transferência obtida a partir da análise do disposto no art. 4º da Lei n. 10.451/02, com todas as consequências tributárias benéficas daí advindas" (FIORENTINO, Marcelo Fróes Del. Importação por encomenda e o aparente benefício decorrente do abrandamento das regras de preços de transferência. *RDDT* 131, 2006).

Art. 45. Contribuinte do imposto é o titular da disponibilidade a que se refere o art. 43, sem prejuízo de atribuir a lei essa condição ao possuidor, a qualquer título, dos bens produtores de renda ou dos proventos tributáveis.

⇒ **Sujeito ativo.** Sujeito ativo do imposto sobre a renda é a própria União Federal, cabendo a administração do imposto à Secretaria da Receita Federal.

⇒ **Contribuintes pessoas físicas.** São contribuintes do IRPF as pessoas físicas residentes ou domiciliadas no Brasil, nos termos do art. 1º da Lei n. 7.713/88: "Art. 1º Os rendimentos e ganhos de capital percebidos a partir de 1º de janeiro de 1989, por pessoas físicas residentes ou domiciliados no Brasil, serão tributados pelo imposto de renda na forma da legislação vigente, com as modificações introduzidas por esta Lei".

– Decreto n. 9.850/2018: "REGULAMENTO DO IMPOSTO SOBRE A RENDA E PROVENTOS DE QUALQUER NATUREZA. LIVRO I DA TRIBUTAÇÃO DAS PESSOAS FÍSICAS. TÍTULO I DOS CONTRIBUINTES E RESPONSÁVEIS. CAPÍTULO I DOS CONTRIBUINTES. Art. 1º As pessoas físicas que perceberem renda ou proventos de qualquer natureza, inclusive rendimentos e ganhos de capital, são contribuintes do imposto sobre a renda, sem distinção de nacionalidade, sexo, idade, estado civil ou profissão (Lei n. 4.506, de 30 de novembro de 1964, art. 1º; Lei n. 5.172, de 25 de outubro de 1966 – Código Tributário Nacional, art. 43 e art. 45; Lei n. 7.713, de 22 de dezembro de 1988, art. 2º; Lei n. 8.383, de 30 de dezembro de 1991, art. 4º; e Lei n. 9.250, de 26 de dezembro de 1995, art. 3º, parágrafo único). § 1º São também contribuintes as pessoas físicas que perceberem rendimentos de bens de que tenham a posse como se lhes pertencessem, de acordo com a legislação em vigor (Lei n. 5.172, de 1966 – Código Tributário Nacional, art. 43 e art. 45). § 2º As pessoas físicas residentes no exterior terão suas rendas e seus proventos de qualquer natureza, inclusive os ganhos de capital, percebidos no País tributados de acordo com as disposições contidas nos Capítulos V e VI do Título I do Livro III. Art. 2º O imposto sobre a renda será devido à medida que os rendimentos e os ganhos de capital forem percebidos, observado o disposto no art. 78 (Lei n. 8.134, de 27 de dezembro de 1990, art. 2º)".

– As pessoas físicas que percebem rendimentos de outras pessoas físicas devem providenciar o pagamento mensal do imposto de renda por meio do denominado carnê-leão. Por si próprias, apuram o montante devido e realizam o recolhimento mensal respectivo, procedendo, posteriormente, ao ajuste anual até o final do mês de abril do exercício subsequente. No caso de percepção de rendimentos pagos por pessoas jurídicas, a sistemática é diversa, eis que teremos, então, a pessoa jurídica como responsável tributária por substituição. Aliás, o principal caso de responsabilidade tributária atinente ao IRPJ diz respeito, justamente, à retenção na fonte do imposto devido, quando do pagamento de pessoas físicas por pessoas jurídicas, nos termos do art. 7º da Lei n. 7.713/88. O imposto retido nessa sistemática ao longo do ano (ano-calendário), será deduzido do montante a pagar por ocasião do ajuste anual, realizado até o final de abril do ano subsequente (o ano do exercício), verificando, então, o contribuinte, se ainda resta algo a recolher ou se tem direito à restituição, nos termos dos arts. 787 e 790 do RIR/99.

– Lei n. 7.713/88: "Art. 7º Ficam sujeito à incidência do imposto de renda na fonte, calculado de acordo com o disposto no art. 25 desta Lei: I – os rendimentos do trabalho assalariado, pagos ou creditados por pessoas físicas ou jurídicas; II – os demais rendimentos percebidos por pessoas físicas, que não estejam sujeitos à tributação exclusiva na fonte, pagos ou creditados por pessoas jurídicas. § 1º O imposto a que se refere este artigo será retido por ocasião de cada pagamento ou crédito e, se houver mais de um pagamento ou crédito, pela mesma fonte pagadora, aplicar--se-á a alíquota correspondente à soma dos rendimentos pagos ou creditados à pessoa física no mês, a qualquer título".

– "[...] as pessoas físicas em geral, profissionais liberais com mais frequência, que recebam rendimentos de outras pessoas físicas ou do exterior, sem vínculo empregatício, estão sujeitas ao carnê-leão, devendo fazer o pagamento mensal do Imposto, sempre que o rendimento líquido ultrapassar o limite de isenção da tabela acima. Para apurar o rendimento base de cálculo do recolhimento mensal obrigatório destes contribuintes (carnê--leão), recomenda-se a escrituração do Livro Caixa, no qual serão permitidas as deduções autorizadas (por dependentes, de previdência oficial, pensão alimentícia paga, despesas de custeio, etc.) [...] Os contribuintes sujeitos ao regime do carnê-leão também devem apresentar a Declaração de Ajuste anual".

⇒ **Contribuintes pessoas jurídicas.** "REGULAMENTO DO IMPOSTO SOBRE A RENDA E PROVENTOS DE QUALQUER NATUREZA. LIVRO II DA TRIBUTAÇÃO DAS PESSOAS JURÍDICAS. TÍTULO I DOS CONTRIBUINTES. Art. 158. São contribuintes do imposto sobre a renda e terão seus lucros apurados de acordo com este Regulamento (Decreto-Lei n. 5.844, de 1943, art. 27): I – as pessoas jurídicas, a que se refere o Capítulo I deste Título ; e II – as empresas individuais, a que se refere o Capítulo II deste Título. § 1º O disposto neste artigo aplica-se independentemente de a pessoa jurídica estar regularmente constituída, bastando que configure uma unidade econômica ou profissional (Decreto-Lei n. 5.844, de 1943, art. 27, § 2º; e Lei n. 5.172, de 1966 – Código Tributário Nacional, art. 126, caput, inciso III). § 2º As entidades submetidas aos regimes de liquidação extrajudicial e de falência ficam sujeitas às normas de incidência do imposto aplicáveis às pessoas jurídicas, em relação às operações praticadas durante o período em que perdurarem os procedimentos para a realização de seu ativo e o pagamento do passivo (Lei n. 9.430, de 1996, art. 60). § 3º As empresas públicas e as sociedades de economia mista, e as suas subsidiárias, são contribuintes nas mesmas condições das demais pessoas jurídicas (Constituição, art. 173, § 2º ; e Lei n. 6.264, de 18 de novembro de 1975, art. 1º e art. 2º). § 4º As sociedades cooperativas de consumo que tenham por objeto a compra e o fornecimento de bens aos consumidores ficam sujeitas às mesmas normas de incidência do imposto sobre a renda aplicáveis às demais pessoas jurídicas (Lei n. 9.532, de 1997, art. 69). § 5º Fica sujeito à tributação aplicável às pessoas jurídicas o fundo de investimento imobiliário nas condições previstas no art. 831 (Lei n. 9.779, de 1999, art. 2º). § 6º Exceto se houver disposição em contrário, a expressão pessoa jurídica, quando empregada neste Regulamento, compreende todos os contribuintes a que se refere este artigo".

⇒ **Consórcio. Empresas consorciadas recolhem Imposto de Renda e demais tributos federais. Lei n. 12.402/2011.** Em 2 de maio de 2011 foi editada a Lei n. 12.402 (conversão da MP n. 510/2010), a qual teve como intuito aclarar a sistemática de tributação aplicável às empresas que constituam consórcio. A norma, em verdade, apenas repetiu o método até então aplicado pela Receita Federal, ou seja, após a distribuição dos valores oriundos do empreendimento consorcial entre as consorciadas cada uma destas irá apurar individualmente o seu lucro real e resultado ajustado de forma proporcional para fins de IR e CSL. Administrativamente a questão já era tratada pela IN n. 834/2008 da Receita Federal, porém a norma conta com especificidades como a instituição de solidariedade entre as empresas consorciadas para fins de cumprimento das obrigações tributárias originadas pela atuação direta e em nome próprio concretizada pelo consórcio. Dispõe a Lei n. 12.402/2011: "Art. 1º As empresas integrantes de consórcio constituído nos termos do disposto nos arts. 278 e 279 da Lei n. 6.404, de 15 de dezembro de 1976, respondem pelos tributos devidos, em relação às operações praticadas pelo consórcio, na proporção de sua participação no empreendimento, observado o disposto nos §§ 1º a 4º, § 1º O consórcio que realizar a contratação, em nome próprio, de pessoas jurídicas e físicas, com ou sem vínculo empregatício, poderá efetuar a retenção de tributos e o cumprimento das respectivas obrigações acessórias, ficando as empresas consorciadas solidariamente responsáveis. § 2º Se a retenção de tributos ou o cumprimento das obrigações acessórias relativos ao consórcio forem realizados por sua empresa líder, aplica-se, também, a solidariedade de que trata o § 1º. § 3º O disposto nos §§ 1º e 2º abrange o recolhimento das contribuições previdenciárias patronais, da contribuição prevista no art. 7º da Lei n. 12.546, de 14 de dezembro de 2011, inclusive a incidente sobre a remuneração dos trabalhadores avulsos, e das contribuições destinadas a outras entidades e fundos, além da multa por atraso no cumprimento das obrigações acessórias. (Redação dada pela Lei n. 12.995, de 2014.) § 4º O disposto neste artigo aplica-se somente aos tributos administrados pela Secretaria da Receita Federal do Brasil".

– No sentido de que a regra de sujeição passiva tributária relativa aos consórcios, estabelecida pelo art. 1º da MP n. 510/2010, deveria vir por lei complementar, vide: FIORENTINO, Marcelo Fróes Del; FIORENTINO, Luiz Carlos Fróes Del. A tributação dos consórcios, de conformidade com a Lei n. 12.402/2011, e a apresentação de possíveis questionamentos... *RDDT* 192/47, 2001.

– **Efeitos da ausência de personalidade jurídica.** "[...] Pela nossa parte aderirmos, sem qualquer hesitação, à teoria contratual pluralista, única que se ajusta aos caracteres essenciais do consórcio, tal como definido no direito brasileiro; (i) inexistência de personalidade jurídica e (ii) responsabilidade de cada consorciado por suas obrigações, sem presunção de solidariedade. [...] No consórcio a titularidade de direitos (e das obrigações) é individual, pois na inexistência da personalidade jurídica do consórcio, os efeitos dos atos jurídicos imputam-se diretamente na esfera jurídica de cada consorciado, *uti singuli*. [...] A verdade, porém, é que a lei pode autorizar ou impor que os direitos individuais sejam exercidos coletivamente, em conjunto, pelos consorciados e que as obrigações individuais sejam cumpridas coletivamente, em conjunto, pelos consorciados. [...] é inequívoca a conclusão de que consórcio não foi incluído na enumeração, necessariamente taxativa dos contribuintes do imposto de renda, pelo que não tem personalidade jurídica tributária. Corolário lógico de o consórcio não, ser contribuinte do imposto de renda é que ao consórcio não é imputável um lucro tributável autonomamente, como se se tratasse de uma pessoa jurídica, devendo '[...] os rendimentos decorrentes das atividades (principais e acessórias) desses consórcios ser computados nos resultados das empresas consorciadas, proporcionalmente à participação de cada uma no empreendimento' (ADN n. 21, de 8 de novembro de 1984)" (XAVIER, Alberto. Consórcio: natureza jurídica e regime tributário. *RDDT* 64/7, 2001).

⇒ **Falência e IR. Interpretação da Lei n. 9.430/96.** "Com a decretação da falência o falido é desapossado de seu patrimônio, assim como dos resultados do seu negócio, caso tenha sido autorizada a continuidade pelo juízo falimentar. Não há, assim, possibilidade de surgirem pretensas obrigações fiscais do falido em face do imposto sobre a renda. Afinal, o falido não preenche as condições mínimas para ocupar o polo passivo da relação tributária, uma vez que dispõe o Código Tributário Nacional (arts. 43-45) ser contribuinte do imposto o titular da disponibilidade a que se refere o art. 43 [...], ou seja, a pessoa que demonstra ter capacidade econômica de contribuir (art. 145, § 1º, da CF). [...] O devedor falido perde, em qualquer hipótese, a disponibilidade econômica e jurídica dos bens, assim como dos frutos do negócio continuado. Conserva apenas a titularidade nua (meramente nominal) daqueles mesmos bens. [...] assim está redigido o art. 60 da Lei 9.430/96: Art. 60. As entidades submetidas aos regimes de liquidação extrajudicial e falência sujeitam-se às normas de incidência dos impostos e contribuições de competência da União aplicáveis às pessoas jurídicas, em relação às operações praticadas durante o período em que perdurarem os procedimentos para a realização do ativo e o pagamento do passivo. [...] A Lei 9.430/96 deve ser interpretada de modo a se conciliar com a Constituição Federal. Ela não converte, nem poderia converter, o que não é renda – acréscimo patrimonial, riqueza nova – em renda. As ficções jurídicas nessa matéria são inaceitáveis. Embora as operações existentes no processo falimentar não sejam passíveis de gerar impostos sobre renda ou lucro, a Lei 9.430/96 altera, de qualquer maneira, a situação da empresa falida, que deverá cumprir seus deveres acessórios, informando e prestando declarações ao Fisco federal ... (cf. Misabel Derzi e Sacha Calmon, Da não incidência do imposto de renda sobre as operações realizadas no curso do processo de falência)" (DERZI, Misabel Abreu Machado. Sobre os ganhos de capital de falidos, mortos e outros sinistrados/impossibilidade. *RDT* 71).

⇒ **Coligadas e controladas, filiais e sucursais situadas no exterior.** Vide nota ao art. 43, § 2º, deste Código.

> **Parágrafo único.** A lei pode atribuir à fonte pagadora da renda ou dos proventos tributáveis a condição de responsável pelo imposto cuja retenção e recolhimento lhe caibam.

⇒ **A fonte como substituta tributária e pagadora. Retenção do IR.** "... quando a lei atribui a uma outra pessoa, indiretamente ligada ao fato gerador da obrigação tributária, a responsabilidade pelo pagamento do tributo, não cria uma relação obrigacional tributária autônoma, mas simplesmente uma relação obrigacional tributária inerente àquela da qual depende cuja estrutura agora tornada complexa passa a integrar. [...] A falta de consideração de que a obrigação tributária pode em certos casos configurar um complexo de relações jurídicas interligadas pode levar o tributarista a situações de perplexidade... Não se justifica a perplexidade. Na verdade o contribuinte não é excluído da relação obrigacional tributária pela norma que atribui à fonte pagadora da renda a responsabilidade pelo pagamento do imposto respectivo, e por isto mesmo não fica na curiosa situação de ser contribuinte sem ser sujeito passivo. Continua sendo contribuinte e, como tal, sujeito passivo da relação obrigacional tributária, embora sem responsabilidade pelo pagamento do imposto, eis que tal responsabilidade foi por lei atribuída à fonte pagadora, sem qualquer ressalva. É certo que no pagamento da renda instaura-se, em decorrência da norma que instituiu o imposto de renda na fonte, uma relação jurídica entre a União e a fonte pagadora. Tal relação, porém, não tem existência autônoma até porque não se justifica por si mesma, posto que não se trata de um imposto diverso. [...] Exatamente porque não se trata de um imposto diverso, a relação que se estabelece entre a União e a fonte pagadora da renda é apenas um desdobramento da relação obrigacional tributária nascida com a aquisição da disponibilidade da renda, que tem como objeto o imposto sobre renda e proventos de qualquer natureza, como sujeito ativo a União e como contribuinte o beneficiário da renda. Juntamente com essas duas, em decorrência da norma que estabelece a responsabilidade de fonte pagadora da renda, surge uma terceira relação jurídica ligando a fonte pagadora da renda, na condição de responsável tributário e o beneficiário da renda, na condição de contribuinte. [...] o beneficiário da renda continua sendo contribuinte, e exatamente nessa condição é sujeito passivo da relação obrigacional tributária, só que nesta, agora formada por um complexo de relações jurídicas, a responsabilidade pelo pagamento do imposto é atribuída à fonte pagadora, que é também sujeito passivo dessa relação obrigacional tributária, na condição de responsável. Trata-se, no caso, de sujeição passiva plural, embora não existente a responsabilidade plural. O contribuinte segue sendo titular do débito (*schuld*) do tributo, embora a responsabilidade (*haftung*) seja da fonte pagadora.[...] Isto não quer dizer que também a fonte pagadora da renda não tenha legitimidade processual para questionar a exigência do imposto se o considerar indevido. Como titular da responsabilidade pelo pagamento respectivo, tem a fonte pagadora da renda legitimidade para discutir a exigência, porque também ela é sujeito passivo da obrigação tributária" (MACHADO, Hugo de Brito. O contribuinte e o responsável no imposto de renda na fonte, *RDDT* 70/109-116, 2001).

– Retenção pelas pessoas jurídicas que pagam salários e outros rendimentos a pessoas físicas (IRRF). Lei n. 7.713/88: "Art. 7º Ficam sujeitos à incidência do imposto de renda na fonte, calculado de acordo com o disposto no art. 25 desta Lei: I – os rendimentos do trabalho assalariado, pagos ou creditados por pessoas físicas ou jurídicas; II – os demais rendimentos percebidos por pessoas físicas, que não estejam sujeitos à tributação exclusiva na fonte, pagos ou creditados por pessoas jurídicas. § 1º O imposto a que se refere este artigo será retido por ocasião de cada pagamento ou crédito e, se houver mais de um pagamento ou crédito, pela mesma fonte pagadora, aplicar-se-á a alíquota correspondente à soma dos rendimentos pagos ou creditados à pessoa física no mês, a qualquer título".

– Retenção por órgãos, autarquias e fundações federais que pagam pessoas jurídicas por bens ou serviços. Lei n. 9.430/96: "Seção V Arrecadação de Tributos e Contribuições. Retenção de Tributos e Contribuições. Art. 64. Os pagamentos efetuados por órgãos, autarquias e fundações da administração pública federal a pessoas jurídicas, pela fornecimento de bens ou prestação de serviços, estão sujeitos à incidência, na fonte, do imposto sobre a renda, da contribuição social sobre o lucro líquido, da contribuição para seguridade social – COFINS e da contribuição para o PIS/PASEP. § 1º A obrigação pela retenção é do órgão ou entidade que efetuar o pagamento".

– Retenção também por órgãos, autarquias e fundações estaduais e municipais. Vide nota aos arts. 157, I, e 158, I, da CF.

⇒ **Prova da retenção. Súmula CARF 143:** "A prova do imposto de renda retido na fonte deduzido pelo beneficiário na apuração do imposto de renda devido não se faz exclusivamente por meio do comprovante de retenção emitido em seu nome pela fonte pagadora dos rendimentos" (CSRF, 2019). Obs.: vinculante, conforme Portaria ME n. 410/2020.

⇒ **Ausência de retenção e recolhimento.** Ainda se discute acerca de quem deverá suportar a cobrança do imposto de renda que deveria ter sido retido e não o foi. Há dois sujeitos passivos obrigados ao pagamento: o substituto e o contribuinte. O Fisco pode exigir o pagamento do tributo impago de qualquer um deles, eis que a legislação não afasta expressamente a possibilidade de cobrança do contribuinte por ocasião do ajuste anual. Há precedentes em todos os sentidos, conforme se vê a seguir.

• Vide sobre considerações sobre a substituição tributária em geral em nota ao art. 128 do CTN.

– A ausência de retenção não dispensa o contribuinte do pagamento. Cuida-se de retenção por conta do imposto devido. A ausência de retenção não afasta a obrigação de declarar e de efetuar o respectivo ajuste.

– Súmula CARF 12: "Constatada a omissão de rendimentos sujeitos à incidência do imposto de renda na declaração de ajuste anual, é legítima a constituição do crédito tributário na pessoa física do beneficiário, ainda que a fonte pagadora não tenha procedido à respectiva retenção".

– "IMPOSTO DE RENDA RETIDO NA FONTE... 1. O Superior Tribunal de Justiça vem entendendo que cabe à fonte pagadora o recolhimento do tributo devido. Porém, a omissão da fonte pagadora não exclui a responsabilidade do contribuinte pelo pagamento do imposto, o qual fica obrigado a declarar o valor recebido em sua declaração de ajuste anual" (STJ, REsp 704.845, 2008).

– "FALTA DE RETENÇÃO DO TRIBUTO PELA FONTE PAGADORA. IMPOSSIBILIDADE DE EXCLUSÃO DA RESPONSABILIDADE DO CONTRIBUINTE... Cabe ao empregador reter, na fonte, o Imposto de Renda incidente sobre as verbas salariais pagas ao trabalhador; no entanto, a falta de retenção do imposto pela Fonte Pagadora não exclui a responsabilidade do contribuinte, que fica obrigado a informar, na sua declaração de ajuste anual, os valores recebidos. Constatada a não retenção do imposto após a data fixada para a entrega da referida declaração, a exação pode ser exigida do contribuinte, caso ele não tenha submetido os rendimentos à tributação" (STJ, REsp 669.172, 2007).

– "... IMPOSTO DE RENDA. FONTE PAGADORA. AUSÊNCIA DE RETENÇÃO. RESPONSABILIDADE TRIBUTÁRIA. SUBSTITUIÇÃO TRIBUTÁRIA. CONTRIBUINTE. RECOLHIMENTO. PAGAMENTO. 1. A falta de retenção pela fonte pagadora dos rendimentos, não isenta o contribuinte de Imposto de Renda do seu pagamento, porque a fonte não o substitui, sendo mera responsável subsidiária pela retenção e antecipação do recolhimento. 2. O contribuinte tem relação pessoal e direta com a situação que constitui o fato gerador. É uma sujeição passiva direta. O responsável não, aí tem-se uma sujeição passiva indireta" (TRF4, EIAC 1998.04.01.0261-9, 2000). Obs.: o voto condutor é bastante extenso, com fartas transcrições doutrinárias acerca do assunto. O eminente Juiz ressalta que a ausência de retenção resulta no pagamento do imposto, pelo contribuinte, por ocasião da declaração de ajuste. Veja-se: "... a fonte pagadora apenas antecipa, para o contribuinte, a parcela relativa ao imposto de renda devido, que deverá ser computada quando do ajuste anual, por expressa disposição legal. Assim, se a fonte pagadora não efetuou a retenção e o recolhimento a que estava obrigada, no momento do ajuste anual, cabe ao contribuinte declarar a efetiva variação patrimonial. Mas, não havendo o respectivo recolhimento, o Fisco poderá, ao invés de homologar os cálculos do contribuinte, constituir o crédito e exigi-lo. [...] a fonte pagadora não teve a disponibilidade econômica, o montante todo foi repassado ao próprio contribuinte de fato. Tratar-se-ia de mera antecipação de recolhimento, cuja averiguação se dá no momento do ajuste anual, com a declaração de imposto de renda. Deve-se ressaltar também que, embora conste dos vários Regulamentos do Imposto de Renda: 'o imposto sobre os rendimentos do trabalho assalariado deverá ser recolhido pela fonte pagadora' – RIR/66, art. 118; RIR/75, art. 363; RIR/80, art. 574; RIR/94, art. 791; RIR/99, art. 717), responsabiliza-se o terceiro (fonte pagadora) pela retenção e recolhimento, mas não pelo pagamento. Tanto assim que, por exemplo, no RIR/94 – Dec. n. 1.041, de 11 de janeiro de 1994, o art. 919 estabelece a obrigatoriedade do recolhimento do imposto de renda na fonte, mas, segundo o seu parágrafo único: 'quando se tratar de imposto devido como antecipação e a fonte pagadora comprovar que o beneficiário já incluiu o rendimento em sua declaração, aplicar-se-á a penalidade prevista no art. 984 (multa), além dos juros e multa de mora pelo atraso, calculados sobre o valor do imposto que deveria ter sido retido, sem obrigatoriedade do recolhimento deste'. Por quê? Porque no ajuste anual, o contribuinte acabará por satisfazer a sua obrigação tributária. O Regulamento não determina que a fonte pagadora será responsável pelo pagamento, só pela retenção e pelo recolhimento antecipado, em nome do contribuinte. Há casos em que se exclui totalmente a responsabilidade do contribuinte original. Aqui, todavia, penso ser o caso de reconhecer-se a responsabilidade supletiva da fonte, porquanto não feita a retenção e o recolhimento. Saliente-se que tal responsabilidade é pela retenção e pelo recolhimento e não pelo pagamento. Quanto a este, remanesce a responsabilidade do contribuinte. [...] Assim, penso que o contribuinte do imposto de renda continua a ser aquele que deve satisfazer a obrigação tributária, porquanto não houve o recolhimento antecipado por parte do responsável pela retenção".

– **Não dispensa o pagamento do tributo pelo contribuinte, mas dispensa a multa.** "IMPORTÂNCIAS PAGAS EM DECORRÊNCIA DE SENTENÇA TRABALHISTA. IMPOSTO DE RENDA. RESPONSABILIDADE PELA RETENÇÃO E RECOLHIMENTO DO IMPOSTO. A falta de cumprimento do dever de recolher na fonte, ainda que importe em responsabilidade do retentor omisso, não exclui a obrigação do pagamento pelo contribuinte, que auferiu a renda, de oferecê-la

à tributação, por ocasião da declaração anual, como aliás, ocorreria se tivesse havido recolhimento na fonte. Em que pese ao erro da fonte não constituir fato impeditivo de que se exija a exação daquele que efetivamente obteve acréscimo patrimonial, não se pode chegar ao extremo de, ao afastar a responsabilidade daquela, permitir também a cobrança de multa deste" (STJ, REsp 644.223, 2005).

– **No sentido de que, caso não seja feita a retenção, o Fisco deve promover a cobrança contra a fonte pagadora, e não contra o trabalhador.** "... IMPOSTO DE RENDA... RESPONSABILIDADE TRIBUTÁRIA. SUBSTITUTO TRIBUTÁRIO... 1. O responsável tributário é aquele que, sem ter relação direta com o fato gerador, deve efetuar o pagamento do tributo por atribuição legal nos termos do artigo 121, parágrafo único, II, c/c 45, parágrafo único, do Código Tributário Nacional (Precedentes 1ª e 2ª Turmas). 2. O contribuinte não pode responder pelo erro se o tributo não foi retido na fonte, posto que o responsável principal é o substituto legal tributário que, à luz da lei, deveria ter recolhido o imposto de renda, ressalvado eventual regresso, *in casu*, inexistente" (STJ, REsp 502.739, 2003).

– "... IMPOSTO DE RENDA. RETENÇÃO NA FONTE. SUBSTITUIÇÃO TRIBUTÁRIA. RESPONSABILIDADE PELO PAGAMENTO. ARTS. 45, § ÚNICO DO CTN, 103 DO D.L. 5.844/43 E 576 DO DEC. 85.450/80. 1. O substituto tributário do imposto de renda de pessoa física responde pelo pagamento do tributo, caso não tenha feito a retenção na fonte e o recolhimento devido" (STJ, REsp 153.664, 2000). Obs.: a ementa diz respeito a mandado de segurança em que o impetrante, servidor da Assembleia Legislativa Estadual, insurgiu se contra a cobrança direta do imposto de renda pela Receita Federal, dizendo que a responsabilidade pelo não recolhimento do imposto era da fonte pagadora, de modo que o acolhimento da sua pretensão implicou o reconhecimento de que a responsabilidade da fonte pagadora exclui a do empregado. Reconheceu se à fonte pagadora, porém, a possibilidade de exercer o direito de regresso. Veja-se excerto do voto condutor: "Referindo-se expressamente ao mencionado decreto e afirmando ser irrelevante a circunstância de a fonte pagadora não ter procedido à retenção do imposto, o acórdão fez tabula rasa dos dispositivos legais invocados pelo recorrente, inclusive, do art. 45, par. único, do CTN consoante o qual a condição de responsável pelo imposto cuja retenção e recolhimento lhe incumbem, pode ser atribuída, por lei, à fonte pagadora, como ocorre no caso presente... Sendo assim, o responsável, no caso a Assembleia Legislativa Estadual, se não reteve nem recolheu o tributo devido oportunamente, deve responder pelo seu pagamento porque a lei lhe impôs essa obrigação, porém, como em verdade não assume a condição do contribuinte, titular da disponibilidade econômica ou jurídica da renda, poderá. se assim lhe aprouver, exercer o direito de regresso".

⇒ **Insurgência do contribuinte contra retenção indevida.** "... IMPOSTO DE RENDA RETIDO NA FONTE – SUBSTITUIÇÃO TRIBUTÁRIA – RETENÇÃO INDEVIDA. 1. O INSS, ao recolher o Imposto de Renda incidente sobre os valores por ele pagos, age como substituto tributário. 2. Tendo efetivado o recolhimento, possível reclamação pelo equívoco da retenção deve ser dirigida ao sujeito que detém a disponibilidade econômica, a UNIÃO" (STJ, REsp 398.232, 2002).

– **Descabimento de cobrança da fonte quando deixou de reter por força de ordem judicial.** "... IMPOSTO DE RENDA RETIDO NA FONTE – PAGAMENTO POR ORDEM JUDICIAL – RECOLHIMENTO VIA DEPÓSITO JUDICIAL SEM RETENÇÃO. 1. Esta Corte ostenta inúmeros precedentes no sentido de que o substituto tributário é pessoalmente responsável pelo imposto recolhido na fonte pagadora. 2. Se a fonte pagadora obedece a ordem judicial e efetua depósito dos rendimentos, não pode ser responsabilizada pela falta de recolhimento. 3. Obrigação que não abstrai a responsabilidade do contribuinte" (STJ, REsp 383.263, 2003).

– **Repetição de IR indevidamente retido. Compensação com valores eventualmente já devolvidos. Alegação de excesso de execução pela União.** "IMPOSTO DE RENDA DE PESSOA FÍSICA RETIDO NA FONTE – COMPENSAÇÃO COM VALOR APURADO NA DECLARAÇÃO DE AJUSTE ANUAL – POSSIBILIDADE... 1. A Primeira Seção desta Corte reconheceu a possibilidade de compensação de valores de imposto de renda indevidamente retidos na fonte com valores apurados na declaração de ajuste anual, afastando a preclusão, quando a matéria é alegada em embargos à execução. 2. Firmou-se o entendimento nesse sentido, com fundamento no teor do art. 741, inciso VI, do Código de Processo Civil, que permite a parte, nos embargos à execução, alegar qualquer questão impeditiva, modificativa ou extintiva da obrigação, inexistindo, assim, a preclusão quanto à verificação do excesso de execução quando da apuração do quantum debeatur, na fase de liquidação de sentença. 3. O fato de caber à União a apresentação das declarações de ajuste anual, a fim de demonstrar fatos impeditivos, modificativos e extintivos do direito à restituição dos valores indevidamente retidos a título de IRPF, não exclui a possibilidade de apuração do *quantum debeatur*, na fase de liquidação de sentença. 4. Embargos de divergência providos" (STJ, EREsp 786.888, 2008).

⇒ **Retenção por ocasião do cumprimento de sentença.** O Juízo não é fonte pagadora. Ao se determinar o pagamento de diferença remuneratória, caberá à fonte, condenada ao pagamento, efetuar a retenção e depositar em Juízo o montante líquido, comprovando o recolhimento dos tributos retidos (IR e contribuição previdenciária).

– **Pagamentos de precatórios ou de requisições de pequeno valor. Lei n. 10.833/2003. Retenção pela instituição financeira.** A Lei n. 10.833/2003, em seu art. 27, determina que o imposto de renda sobre os rendimentos pagos em cumprimento de decisão da Justiça Federal, mediante precatório ou requisição de pequeno valor, será retido na fonte pela instituição financeira responsável pelo pagamento, incidindo a alíquota de três por cento, sem quaisquer deduções. Assim, o alvará é expedido normalmente, pelo montante integral, cabendo à CEF a retenção por ocasião do pagamento. O referido dispositivo dispõe, ainda, que é dispensada a retenção quando o beneficiário declarar que os rendimentos são isentos ou não tributáveis. As retenções, tanto de pessoas físicas como de pessoas jurídicas, serão consideradas quando do ajuste. O imposto retido será considerado como antecipação do

imposto apurado na declaração de ajuste anual das pessoas físicas, ou deduzido do apurado no encerramento do período de apuração ou na data da extinção, no caso de beneficiário pessoa jurídica. É importante ter em conta que o § 4º do art. 27 diz da inaplicabilidade deste novo regime aos depósitos efetuados pelos TRFs antes de 1º de janeiro de 2004.

– **Lei n. 10.833/2003, com a redação da Lei n. 10.865/2004:** "Art. 27. O imposto de renda sobre os rendimentos pagos, em cumprimento de decisão da Justiça Federal, mediante precatório ou requisição de pequeno valor, será retido na fonte pela instituição financeira responsável pelo pagamento e incidirá à alíquota de 3% (três por cento) sobre o montante pago, sem quaisquer deduções, no momento do pagamento ao beneficiário ou seu representante legal. § 1º Fica dispensada a retenção do imposto quando o beneficiário declarar à instituição financeira responsável pelo pagamento que os rendimentos recebidos são isentos ou não tributáveis, ou que, em se tratando de pessoa jurídica, esteja inscrita no SIMPLES. § 2º O imposto retido na fonte de acordo com o *caput* será: I – considerado antecipação do imposto apurado na declaração de ajuste anual das pessoas físicas; ou II – deduzido do apurado no encerramento do período de apuração ou na data da extinção, no caso de beneficiário pessoa jurídica. § 3º A instituição financeira deverá, na forma, prazo e condições estabelecidas pela Secretaria da Receita Federal, fornecer à pessoa física ou jurídica beneficiária o Comprovante de Rendimentos Pagos e de Retenção do Imposto de Renda na Fonte, bem como apresentar à Secretaria da Receita Federal declaração contendo informações sobre: I – os pagamentos efetuados à pessoa física ou jurídica beneficiária e o respectivo imposto de renda retido na fonte; II – os honorários pagos a perito e o respectivo imposto de renda retido na fonte; III – a indicação do advogado da pessoa física ou jurídica beneficiária...".

– **Condenação em lucros cessantes. Lei n. 8.981/95:** "CAPÍTULO V Da Tributação do Imposto de Renda na Fonte. Art. 60. Estão sujeitas ao desconto do Imposto de Renda na fonte, à alíquota de cinco por cento, as importâncias pagas às pessoas jurídicas: I – a título de juros e de indenizações por lucros cessantes, decorrentes de sentença judicial; II – (revogado) Parágrafo único. O imposto descontado na forma deste artigo será deduzido do imposto devido apurado no encerramento do período-base".

⇒ **Retenção do IR sobre honorários pagos por precatório.** "IMPOSTO DE RENDA – SOCIEDADE DE ADVOGADOS – ALÍQUOTA APLICÁVEL – ATUAÇÃO INDIVIDUAL DO ADVOGADO. 1. A questão controvertida refere-se a quem cabe a responsabilidade tributária pelo pagamento do imposto de renda sobre honorários advocatícios, se ao advogado ou à sociedade de advogados, da qual faz parte. 2. Em conformidade com a jurisprudência pacífica desta Corte, somente a ausência de indicação da sociedade, no instrumento de mandato, impõe a retenção do Imposto de Renda Pessoa Física em decorrência do pagamento dos honorários, levando-se em consideração o fato de que os serviços foram prestados individualmente pelos advogados. Precedentes do STJ. 3. No caso dos autos, consta do acórdão recorrido que o advogado atuou no feito individualmente e que levantou as verbas honorárias por meio de alvará em momento anterior a criação da sociedade, o que determina a retenção do imposto de renda pessoa física" (STJ, AgRg no REsp 1.147.607, 2010).

– "PRECATÓRIO. HONORÁRIOS ADVOCATÍCIOS. PAGAMENTO PARCELADO. RETENÇÃO NA FONTE. EXIGÊNCIA QUANTO ÀS PARCELAS ANTERIORES. POSSIBILIDADE. 1. Trata-se de mandado de segurança impetrado contra ato do Presidente do Tribunal de Justiça do Estado do Ceará, o qual impediu o pagamento da 4ª parcela de precatório referente a honorários advocatícios, sob o fundamento de não ter havido a comprovação do pagamento do imposto de renda incidente sobre as três parcelas anteriormente percebidas. 2. O imposto de renda incide sobre o pagamento de honorários advocatícios por meio de precatórios requisitórios, na medida em que essa situação está qualificada como aquisição de disponibilidade jurídica de renda, prevista no art. 43, I, do CTN. 3. A interpretação a ser atribuída ao art. 46 da Lei 8.451/92 deve ser aquela mais adequada à finalidade do instituto da retenção, que é conferir maior efetividade à sistemática de recolhimento do tributo. Desse modo, permite-se que a entidade pagadora efetue os descontos na fonte, enquanto os rendimentos não tiverem sido repassados por completo aos beneficiários. 4. No caso, deve-se salientar que não se trata de créditos de natureza diversa, mas de honorários advocatícios decorrentes de uma única demanda, em que houve o mero parcelamento do pagamento do requisitório. Com essa consideração, afasta-se o argumento de que a entidade pagadora estaria fazendo as vezes da Receita Federal. 5. Ademais, mesmo que não houvesse a retenção, a obrigação tributária persistiria, sendo dever do sujeito passivo informar ao Fisco os rendimentos percebidos, quando da realização do ajuste na declaração do imposto de renda. 6. Recurso ordinário em mandado de segurança não provido" (STJ, RMS 31.784, 2010).

⇒ **Retenção no pagamento de honorários pela fonte.** "IRRF – PAGAMENTO DE HONORÁRIOS ADVOCATÍCIOS ORIUNDOS DE DECISÃO JUDICIAL – ALEGADA NEGATIVA DE VIGÊNCIA DO ART. 46 DA LEI N. 8.541/92 – EXCEÇÃO CONTIDA NO INCISO II DO § 1º DO DISPOSITIVO NÃO AFASTA A RESPONSABILIDADE PELA RETENÇÃO... 1. É entendimento assente neste Tribunal que exceção contida no inciso II do § 1º do art. 46 da Lei n. 8.541/92 não ilide a autoaplicação das disposições contidas no *caput* do mesmo dispositivo; ou seja, que a retenção do imposto de renda na fonte cabe à pessoa física ou jurídica, obrigada ao pagamento dos honorários advocatícios, no momento em que o rendimento se torne disponível para o beneficiário" (STJ, REsp 1.053.270, 2008).

⇒ **Retenção do ganho de capital obtido por estrangeiro na venda de bens localizados no Brasil. Inconsistência.** "a fonte pagadora do preço, valor de liquidação ou valor de reembolso não tem conhecimento do custo de aquisição do direito real ou pessoal, o que a impossibilita de verificar a realização ou não de ganho de capital. [...] Com a edição da Lei 10.833/03, pretendeu-se alterar a sistemática...: 'Art. 26. O adquirente, pessoa física ou jurídica residente ou domiciliada no Brasil, ou o procurador, quando o adquirente for residente ou domiciliado no exterior, fica responsável pela retenção e recolhimento do imposto de renda incidente sobre o ganho

de capital... auferido por pessoa... residente ou domiciliada no exterior que alienar bens localizados no Brasil.' A realização do ganho de capital não se coaduna com a sistemática de fonte, pelo que entendemos ser o dispositivo acima colacionado inconstitucional. Ainda que assim não fosse, não pode ser responsabilizado pela retenção e recolhimento do imposto o procurador. [...] Mesmo que o procurador do adquirente tenha participado do negócio que tenha dado lugar a ganho de capital, não haveria meios de este saber o custo de aquisição do bem, salvo se informado pelo alienante..." (NUNES, Renato. Ganho de capital em investimentos estrangeiros – incidência, apuração e sujeitos passivos do imposto sobre a renda. *RDDT* 154/92, 2008).

CAPÍTULO IV
IMPOSTOS SOBRE A PRODUÇÃO E A CIRCULAÇÃO

SEÇÃO I
IMPOSTO SOBRE PRODUTOS INDUSTRIALIZADOS

⇒ **Legislação.** A competência para a instituição, pela União, do Imposto sobre Produtos Industrializados consta do art. 153, inciso IV, da CF. A CF, no § 3º do mesmo art. 153, com o acréscimo determinado pela EC n. 42/2003, ainda estabelece os critérios a serem observados na sua instituição. A Lei n. 4.502/64, com suas alterações posteriores, em seus 127 artigos, institui o imposto. O Decreto n. 7.212/2010 é o novo Regulamento do IPI (RIPI), regulamentando a cobrança, fiscalização, arrecadação e administração do IPI, tendo revogado o Decreto n. 4.544/2002. O Decreto n. 8.950/2016 cuida da Tabela de Incidência do IPI (Tipi), estabelecendo as alíquotas aplicáveis a cada produto.

⇒ **Histórico. De "imposto de consumo" a imposto sobre produtos industrializados.** O IPI, originariamente, era denominado, ainda que impropriamente, Imposto de Consumo. Surgiu com a Lei n. 25, de 3 de dezembro de 1891, tendo como fato gerador a saída de produtos do estabelecimento fabril. Por força do DL n. 34, de 18 de novembro de 1966, passou a denominar-se Imposto sobre Produtos Industrializados.

⇒ **Lançamento por homologação.** O IPI é imposto sujeito a lançamento por homologação, cabendo ao contribuinte a responsabilidade pela verificação da sua ocorrência, cálculo e recolhimento, independentemente de qualquer ato do Fisco. Este só atuará quando o pagamento não for realizado ou for insuficiente, ensejando o lançamento de ofício, nos termos dos arts. 20 e 21 da Lei n. 4.502/64.

Art. 46. O imposto, de competência da União, sobre produtos industrializados tem como fato gerador:

⇒ **Três impostos distintos.** "O art. 46 do CTN, sob a denominação de 'imposto sobre produtos industrializados', alberga três impostos distintos, dos quais apenas um pode ser considerado IPI em sentido estrito: aquele cujo aspecto material da hipótese de incidência é 'industrializar produto e celebrar operação jurídica que promova a transferência de sua propriedade ou posse'. A segunda modalidade tributária, contemplada no citado art. 46, é a de adicional do imposto de importação, a cargo de quem traz do exterior produtos industrializados, e a terceiro, de imposto compreendido na competência residual da União, tendo como hipótese de incidência a arrematação de produtos industrializados apreendidos ou abandonados e levados a leilão" (BOTTALLO, Eduardo Domingos. *IPI – Princípios e estrutura.* São Paulo: Dialética, 2009, p. 32).

I – o seu desembaraço aduaneiro, quando de procedência estrangeira;

⇒ **IPI-Importação. Discussão acerca da sua constitucionalidade.** Vide nota ao art. 153, IV, da CF.

– Não abrangido pelo Simples Nacional. O IPI incidente sobre as operações internas é tributo abrangido pelo Simples Nacional, nos termos do art. 13, II, da LC n. 123/2006, de modo que, sendo optante, a empresa não recolherá separadamente o IPI. O IPI-Importação não está abrangido pelo Simples Nacional, conforme expressamente dispõe o art. 13, § 1º, inciso XII, da LC n. 123/2006. Mas o pagamento do imposto no caso de importação por microempresa optante pelo Simples Nacional, por via terrestre, de mercadorias procedentes do Paraguai, pode ocorrer através de Regime de Tributação Unificada – RTU. Nesse caso, aplica-se a alíquota única de 25% sobre o preço de aquisição das mercadorias importadas, sendo que 7,87% correspondem ao IPI, 7,60%, nos termos da Lei n. 11.898/2009 e do Decreto n. 6.956/2009.

⇒ **Fato gerador. Desembaraço.** "Considerando que a Constituição não distingue a origem do produto industrializado, o campo de incidência do IPI recai tanto sobre produtos nacionais ou importados. Nessa senda, a definição legal dos fatos geradores abarca tanto o desembaraço aduaneiro de produto de procedência estrangeira, quanto a saída do produto de estabelecimento equiparado a industrial. Caso fosse afastada a tributação, certamente estaria configurada a violação ao princípio da isonomia, visto que o importador desfrutaria de condição mais vantajosa que o produtor nacional, que recolhe o tributo quando se dá a saída do estabelecimento" (Excerto do voto condutor no TRF4, dos EDEI 5002923-29.2010.404.7205, 2013).

– "... IPI. FATO GERADOR... 3. O desembaraço aduaneiro de mercadoria importada é fato gerador de IPI, quando for o produto industrializado de procedência estrangeira. 4. Recurso improvido" (STJ, REsp 273.205, 2000).

– Importação para uso ou comércio. "... A finalidade da importação (uso particular ou para fins comerciais) não tem relevância para a incidência do tributo" (TRF3, AMS 3103734, 1995).

– Importação por compra e venda ou arrendamento. "4. O fato gerador do IPI incidente sobre mercadoria importada é o desembaraço aduaneiro, consoante a dicção do art. 46, I, do CTN, sendo irrelevante se adquirida a título de compra e venda ou arrendamento, ainda que ocorra apenas a utilização temporária do bem" (STJ, AgRg no AREsp 90.395, 2012).

– Pela não incidência no negócio de leasing sem opção de compra. "... o critério para determinar se deve incidir o ICMS ou o IPI na importação é o mesmo para os dois impostos e se apresenta bastante simples: se na operação interna examinada incidir imposto, deverá ele incidir também na importação; pelo contrário, se na operação interna analisada não incidir imposto, também não deverá o mesmo incidir na importação. [...] nas hipóteses em que a importação se der por meio de leasing no qual não exista a opção de compra pelo arrendatário ao término do contrato, estaremos diante de uma situação substancialmente semelhante a uma locação de bem móvel, não devendo, portanto, incidir o IPI. Indevido o imposto nas operação internas, também o será nas importações" (TROIANELLI, Gabriel Lacerda. A não incidência de IPI na importação de bem mediante 'leasing' sem opção de compra. *RDDT* 154/40, 2008).

– Aspecto temporal. Vide notas ao art. 19 do CTN sobre o aspecto temporal do imposto de importação.

⇒ **Importação de produto brasileiro exportado.** "Como o imposto de importação não pode incidir sobre em tal caso, posto que não se trata de importação de produtos estrangeiros, e a exportação dos produtos brasileiros ocorre sem a incidência de impostos, poderia a exportação destes ser feita com o propósito de sua posterior importação, simplesmente como uma forma de fugir aos impostos. Justifica-se pois, plenamente, a incidência do IPI no desembaraço aduaneiro na importação de produtos brasileiros, salvo quando essa importação decorra de fatores alheios à vontade do exportador brasileiro, hipótese, aliás, em que a própria legislação estabelece a isenção do imposto" (MACHADO, Hugo de Brito. O IPI e a importação de produtos industrializados. *RDDT* 69/77-85, 2001).

II – a sua saída dos estabelecimentos a que se refere o parágrafo único do art. 51;

⇒ **Saída do produto industrializado do estabelecimento industrial.** Nos termos do art. 46 do CTN, combinado com seu art. 51, o IPI tem como fato gerador a saída dos produtos industrializados do estabelecimento industrial ou daquele a ele equiparado por lei ou, ainda, do estabelecimento comercial que forneça produtos industrializados a estabelecimento industrial. A Lei n. 4.502/64, art. 2º, § 2º, deixa claro ser despiciendo perquirir-se sobre a finalidade do produto, ou seja, se é destinado ao comércio, à incorporação ao ativo fixo do adquirente ou a qualquer outra finalidade.

– Lei n. 4.502/64, art. 2º, § 1º: "§ 1º O imposto é devido sejam quais forem as finalidades a que se destine o produto ou o título jurídico a que se faça a importação ou de que decorra a saída do estabelecimento produtor".

– Saída por força de uma operação. Quando o produto sai do estabelecimento não por força de um negócio jurídico, mas para a ele retornar, como na saída de produto para feira, e.g., a legislação autoriza a saída com suspensão do imposto, conforme se vê do art. 11 do DL 400/68, repetido pelos incisos II e III do art. 42 do Decreto n. 7.212/2010.

– DL n. 400/68: "Art. 11. Em casos justificados, a critério do Ministro da Fazenda, poderão sair, com suspensão do impôsto, os produtos nacionais ou estrangeiros remetidos, por estabelecimentos industriais ou equiparados, diretamente a armazéns gerais, a depósitos fechados, próprios ou de terceiros, ou a exposição noutro local, obedecidas as normas regulamentares".

– "A incidência do IPI não se dá sobre o produto industrializado, isto é, sobre a coisa em si. O Imposto sobre Produtos Industrializados incide, ou pode incidir, sobre a saída de produto industrializado do estabelecimento industrial que o fabricou, ou de estabelecimento equiparado a industrial, que o importou. [...] não é a saída física, mas apenas a saída jurídica de produto de estabelecimento contribuinte do IPI que é capaz de propiciar a incidência desse imposto" (BECKER, Walmir Luiz. A industrialização sob encomenda e as orientações da Receita Federal do Brasil sobre o cabimento de incidências simultâneas do ISS e do IPI sobre essa operação. *RDDT* 215/167, 2013).

– **Saída para feira e para testes.** "IPI... SAÍDA PARA EXPOSIÇÃO E PARA TESTES. SUSPENSÃO. 1... 3. As notas fiscais de saída de veículos dirigida a feira de exposição são beneficiadas com a suspensão do imposto. As notas fiscais foram emitidas em nome da própria empresa em face da impossibilidade de emissão da nota em favor do local expositor (Parque Anhembi – SP). 4. Também são beneficiadas com a suspensão do IPI as saídas de veículos destinadas a testes (Código 6.99). A ocorrência de erro na fundamentação legal (art. 36, XI, do RIPI/82) não prejudica ao interessado, especialmente porque a descrição contida na nota permite à autoridade fiscal visualizar a ocorrência de hipótese de suspensão do imposto (art. 36, VII, do RIPI/82). 5..." (TRF4, AC 2000.04.01.126037-3, 2002).

– **Saída do produto e subsequente furto ou roubo. Incidência.** "IPI. FATO GERADOR. MOMENTO DA OCORRÊNCIA. SAÍDA DO PRODUTO DO ESTABELECIMENTO INDUSTRIAL OU EQUIPARADO. ROUBO DE CARGA APÓS O FATO GERADOR. INAPLICABILIDADE DO ART. 174, V, DO RIPI-98. EXIGÊNCIA DO TRIBUTO. 1... 3. A legislação tributária define o fato gerador do IPI como sendo a saída do produto industrializado do estabelecimento industrial ou equiparado, seja qual for o título jurídico de que decorra essa saída do estabelecimento produtor (art. 46, II, do CTN; art. 2º, II e § 2º, da Lei n. 4.502/64; e art. 32, II, do Decreto n. 2.637/98 – RIPI-98). 4. O roubo ou furto de mercadorias é risco inerente à atividade do industrial produtor. Se roubados os produtos depois da saída (implementação do fato gerador do IPI), deve haver a tributação, não tendo aplicação o disposto no art. 174, V, do RIPI-98. O prejuízo sofrido individualmente pela atividade econômica desenvolvida não pode ser transferido para a sociedade sob a forma do não pagamento do tributo devido" (STJ, REsp 734.403, 2010).

– "FATO GERADOR. IPI. SAÍDA DA MERCADORIA. SUBTRAÇÃO. PROVEITO ECONÔMICO. INDIFERENÇA. 1. O fato gerador do IPI ocorre com a saída da mercadoria do estabelecimento industrial, nos termos do disposto nos artigos 46, II e 51 do Código Tributário Nacional. 2. À lei é indiferente se o contribuinte teve ou não proveito econômico com a mercadoria, sendo bastante que se caracterize o fato gerador. 3. Inexistindo previsão legal que ampare o procedimento adotado pela embargante, merece ser mantida a exigência fiscal" (TRF4, AC 2008.71.11.000508-1, 2009).

– **Contra.** "... a hipótese de incidência do IPI não é a mera saída do produto industrializado do estabelecimento industrial, mas a realização de operação que transfira a posse ou a propriedade de produtos industrializados. Assim sendo, quando os produtos industrializados forem furtados ou roubados após a sua saída do estabelecimento industrial, mas antes da sua colocação à disposição do adquirente, não há ocorrência do fato imponível do IPI, a justificar a incidência deste imposto" (CEZAROTI, Guilherme. O furto e o roubo diante da legislação do IPI. *RDDT* 79/59, 2002).

– "... a saída a que se refere a lei tributária nada mais é do que o momento no qual se tem como concretizada a operação de venda. Não se trata de saída como simples fato. Isto, aliás, está evidenciado em diversos dispositivos da legislação tributária. Trata-se de saída como momento no qual geralmente o comprador assume a posse e, consequentemente, a propriedade do produto. Momento no qual se consuma a compra e venda mercantil nos termos do direito aplicável. Ocorre que, em se tratando de venda para entrega do produto no estabelecimento do comprador, a saída deste do estabelecimento do vendedor não materializa aquela situação jurídica, nos termos da lei aplicável. Em outras palavras, aquela situação jurídica não se materializa enquanto o produto estiver em poder do vendedor, ainda que fora de seu estabelecimento, sendo transportado" (MACHADO, Hugo de Brito. O IPI e o roubo de produtos industrializados. *RDDT* 179/67, 2010).

– **Saída do produto industrializado de estabelecimento de comerciante interposto entre indústrias.** Para que se preserve a cadeia de créditos de IPI e, portanto, sua não cumulatividade, também incide o imposto na saída do estabelecimento de comerciante de produtos sujeitos a imposto que os forneça às indústrias (comerciante este que é contribuinte nos termos do art. 51, III, do CTN).

⇒ **Saída interna do produto industrializado do estabelecimento importador.** O STJ entende que não há *bis in idem* nem bitributação na incidência, primeiramente, na importação, por ocasião do desembaraço aduaneiro do produto industrializado e, na sequência, também internamente, quando da sua saída do estabelecimento do importador (STJ, Corte Especial, EREsp 1.403.532-SC, Rel. para o acórdão Min. Mauro Campbell Marques, out. 2015). Afirmou que "a primeira tributação recai sobre o preço de compra onde embutida a margem de lucro da empresa estrangeira e a segunda tributação recai sobre o preço da venda, onde já embutida a margem de lucro da empresa brasileira importadora". Com isso, reviu posicionamento anterior no sentido de que descaberia a incidência do IPI na saída que constituísse simples revenda do produto importado, na medida em que não haveria nenhuma forma de industrialização a autorizar tal incidência interna (STJ, EREsp 1.411.749, 2014).

– **Tema 906 do STF:** "É constitucional a incidência do Imposto sobre Produtos Industrializados – IPI no desembaraço aduaneiro de bem industrializado e na saída do estabelecimento importador para comercialização no mercado interno". Decisão do mérito em 2020.

– **Tema 912 do STJ:** "Os produtos importados estão sujeitos a uma nova incidência do IPI quando de sua saída do estabelecimento importador na operação de revenda, mesmo que não tenham sofrido industrialização no Brasil". Decisão do mérito em 2015.

– "EMBARGOS DE DIVERGÊNCIA EM RECURSO ESPECIAL. DIREITO TRIBUTÁRIO. RECURSO REPRESENTATIVO DA CONTROVÉRSIA. ART. 543-C, DO CPC. IMPOSTO SOBRE PRODUTOS INDUSTRIALIZADOS – IPI. FATO GERADOR. INCIDÊNCIA SOBRE OS IMPORTADORES NA REVENDA DE PRODUTOS DE PROCEDÊNCIA ESTRANGEIRA. FATO GERADOR AUTORIZADO PELO ART. 46, II, C/C 51, PARÁGRAFO ÚNICO DO CTN. SUJEIÇÃO PASSIVA AUTORIZADA PELO ART. 51, II, DO CTN, C/C ART. 4º, I, DA LEI N. 4.502/64. PREVISÃO NOS ARTS. 9, I E 35, II, DO RIPI/2010 (DECRETO N. 7.212/2010). 1. Seja pela combinação dos artigos 46, II e 51, parágrafo único do CTN – que compõem o fato gerador, seja pela combinação do art. 51, II, do CTN, art. 4º, I, da Lei n. 4.502/64, art. 79, da Medida Provisória n. 2.158-35/2001 e art. 13, da Lei n. 11.281/2006 – que definem a sujeição passiva, nenhum deles até então afastados por inconstitucionalidade, os produtos importados estão sujeitos a uma nova incidência do IPI quando de sua saída do estabelecimento importador na operação de revenda, mesmo que não tenham sofrido industrialização no Brasil. 2. Não há qualquer ilegalidade na incidência do IPI na saída dos produtos de procedência estrangeira do estabelecimento do importador, já que equiparado a industrial pelo art. 4º, I, da Lei n. 4.502/64, com a permissão dada pelo art. 51, II, do CTN. 3. Interpretação que não ocasiona a ocorrência de *bis in idem*, dupla tributação ou bitributação, porque a lei elenca dois fatos geradores distintos, o desembaraço aduaneiro proveniente da operação de compra de produto industrializado do exterior e a saída do produto industrializado do estabelecimento importador equiparado a estabelecimento produtor, isto é, a primeira tributação recai sobre o preço de compra onde embutida a margem de lucro da empresa estrangeira e a segunda tributação recai sobre o preço da venda, onde já embutida a margem de lucro da empresa brasileira importadora. Além disso, não onera a cadeia além do razoável, pois o importador na primeira operação apenas acumula a condição de contribuinte de fato e de direito em razão da territorialidade, já que o estabelecimento industrial produtor estrangeiro não pode ser eleito pela lei nacional brasileira como contribuinte de direito do IPI (os limites da soberania tributária o impedem), sendo que a empresa importadora nacional brasileira acumula o crédito do imposto pago no desembaraço aduaneiro para ser utilizado como abatimento do imposto a ser pago na saída do produto como contribuinte de direito (não cumulatividade), mantendo-se a tributação apenas sobre o valor agregado... 5. Tese julgada para efeito do art. 543-C, do CPC: 'os produtos importados estão sujeitos a uma nova incidência do IPI quando de sua saída do estabelecimento importador na operação de revenda, mesmo que não tenham sofrido industrialização no Brasil'. 6. Embargos de divergência em Recurso especial não providos. Acórdão submetido ao regime do art. 543-C do CPC e da Resolução STJ 08/2008" (STJ, EREsp 1.403.532, 2015).

– **Contra a incidência generalizada na saída interna do produto importado.** "... somente se poderia cogitar nova incidência do IPI na revenda de produtos importados acabados se o país de origem não for signatário do Gatt. Sendo o país de origem signatário do Açodo Geral de Tarifas e Comércio, podemos admitir a incidência do IPI na revenda do produto importado nas seguintes situações: (a) caso a venda fosse realizada para estabelecimentos industriais (artigo 51, III, do CTN); e (b) caso fosse promovida qualquer operação que modificasse a natureza ou a finalidade nos produtos importados, ou ainda o aperfeiçoasse para consumo" (CARNEIRO, Rogério David. O GATT e a incidência do IPI na revenda de produtos importados. *RDDT* 223/153, 2014).

• Vide também: SOUZA, João Paulo de Andrade. O Fato Gerador do IPI nas Operações de Comercialização, no Mercado Interno, de Produtos de Procedência Estrangeira. *RET* 111/31-39, 2016.

⇒ **IPI x ISS.** A compreensão de que a base econômica do IPI são as "operações com produtos industrializados", por força da combinação do art. 153, IV, com o § 3º, inciso II, da CF, conforme visto anteriormente, mostra-se fundamental para que não se confundam os âmbitos de tributação do IPI e do ISS e não se prossiga incorrendo em equívocos. O beneficiamento realizado em bem do cliente, por exemplo, não constitui "operação com produto industrializado", mas industrialização por força de um negócio jurídico implicando prestação de serviço sujeita ao ISS, e não ao IPI.

– José Eduardo Soares de Melo afirma que, no IPI, a obrigação tributária decorre da realização de "operações" no sentido jurídico (ato de transmissão de propriedade ou posse), relativo a um bem anteriormente elaborado (esforço humano que consistiu numa transformação ou criação de uma nova utilidade). A obrigação consiste num "dar o produto industrializado", pelo próprio realizador da operação jurídica. Embora este, anteriormente, tenha produzido um bem, consistente em seu trabalho pessoal, sua obrigação principal consiste na entrega desse bem, no oferecimento de algo corpóreo, materializado, que não decorra de encomenda específica do adquirente (MELO, José Eduardo Soares. *A importação no direito tributário*. São Paulo: RT, 2003, p. 91).

– "... durante a vigência do DL 406/68, referidos conflitos de incidência eram dirimidos por meio de ressalvas constantes da lista que definia os serviços tributáveis pelo ISS, bem como em razão da norma contida no § 1º, do art. 8º, daquele diploma; [...]; com a edição da LC 116/03, as ressalvas acerca da incidência do ISS, constantes de alguns dos itens da lista de serviços, deixaram de existir. Outrossim, o § 1º, do art. 8º, do DL 406/68, foi revogado, o que supostamente teria viabilizado a incidência concomitante do ISS e do IPI sobre prestações de serviços e operações com produtos industrializados; esse raciocínio, entretanto, não é válido, tendo em vista que as normas constitucionais relativas à repartição de competências impedem que o mesmo pressuposto de incidência... seja onerado por mais de uma pessoa política, eis que a competência tributária é conferida com exclusividade a cada uma dessas pessoas; ... a incidência do ISS e do IPI... continua a observar as seguintes regras: estando inserida no ciclo de produção de um bem, a atividade será considerada industrialização, cujo resultado é um produto industrializado tributável pelo IPI, objeto de um negócio jurídico; nas hipótese em que tais atividades forem exercidas de forma personalizada, sob encomenda ou para atender às necessidades de usuário final, tratar-se-á de prestação de serviço, tributável apenas pelo ISS" (BARTHEM NETO, Hélio. LC 116/03 – Conflitos de incidência entre o ISS e o IPI. *RDDT* 123/31, 2005).

• Vide a análise das bases econômicas de cada imposto em notas aos arts. 153, IV, e 156, I, da CF.

– Industrialização por encomenda. Vide nota ao art. 156, III, da CF.

⇒ **Saída com suspensão do IPI.** "... os contribuintes-vendedores não podem exercer qualquer controle sobre seus clientes, nem têm qualquer poder de fiscalização da utilidade dada por eles a seus produtos. Estes apenas realizam seu papel de elaboração de insumos conforme as normas legais atinentes, informando clara e expressamente qual seu propósito e sua utilização. Exceto em casos específicos, a responsabilidade do vendedor termina com a retirada da mercadoria pelo adquirente ou por um terceiro agindo à sua conta e ordem. Nesse momento transmite-se ao adquirente a propriedade, responsabilidade, riscos e ônus sobre a coisa, efetivando-se o contrato de compra e venda e exaurindo-se as obrigações do vendedor. No que se refere ao IPI, a lei, a jurisprudência e a doutrina são unânimes em reconhecer que, ocorrendo a transferência da propriedade da mercadoria, é extinta a responsabilidade do vendedor. A exceção a esta regra seria a existência de um conluio entre o vendedor e o adquirente para fraudar o Fisco. [...] caso o adquirente dê outro destino ao produto adquirido da empresa vendedora, nada por esta fazer. Nem mesmo lhe é possível saber, de antemão, qual o fim a ser dado a seu produto" (DUARTE FILHO, Paulo César Teixeira. Responsabilidade do adquirente/destinatário de mercadorias saídas com suspensão de IPI – Desvio de finalidade das mercadorias e declarações falsas aos vendedores/remetentes. *RDDT* 179/126, 2010).

⇒ **Aspecto temporal da hipótese de incidência.** Em se tratando de tributo com fato gerador instantâneo, desnecessário seria o tratamento legal do aspecto temporal, considerando-se ocorrido o fato gerador no momento mesmo em que ocorresse a situação de fato definida em lei como geradora da obrigação tributária, qual seja, a saída do produto industrializado do estabelecimento industrial. Mas o legislador acabou por definir diversas ficções, conforme se vê a seguir.

– Lei n. 4.502/64: "Art. 2º [...] § 1º Quando a industrialização se der no próprio local de consumo ou de utilização do produto, fora de estabelecimento produtor, o fato gerador considerar-se-á ocorrido no momento em que ficar concluída a operação industrial. [...]".

– O art. 36 do Decreto n. 7.212/10 (Ripi) indica as diversas situações com suas referências legais.

⇒ **Aspecto espacial da hipótese de incidência.** Não há dispositivo legal tratando especificamente do aspecto espacial da hipótese de incidência tributária do IPI. Em sendo assim, aplica-se o critério da territorialidade, de maneira que, em se tratando de tributo federal, considerar-se-á gerador da obrigação tributária a saída da mercadoria do estabelecimento industrial ocorrida dentro do território nacional, em qualquer parte dele e só nele. Há de se considerar, porém, que o IPI também tem como fato gerador, além da saída do produto industrializado do estabelecimento industrial, o seu desembaraço aduaneiro, quando de procedência estrangeira. Ou seja, o IPI também incide na importação de produto industrializado, sendo que o art. 46, I, do CTN prevê fato gerador específico para esta hipótese: o desembaraço aduaneiro. Tal desembaraço ocorrerá no território nacional, mas, indiretamente, por força desse fato gerador especial do IPI, tem-se a tributação da saída do produto industrializado do estabelecimento do fornecedor estrangeiro, numa espécie de extraterritorialidade do IPI.

⇒ **Período de apuração e prazo para pagamento.** Vide nota ao art. 49, parágrafo único, deste Código.

III – a sua arrematação, quando apreendido ou abandonado e levado a leilão.

⇒ **Inaplicabilidade.** A arrematação não encontra concretização na legislação ordinária nem no Ripi.

Parágrafo único. Para os efeitos deste imposto, considera-se industrializado o produto que tenha sido submetido a qualquer operação que lhe modifique a natureza ou a finalidade, ou o aperfeiçoe para o consumo.

⇒ **Produto industrializado.** Tem-se como elemento nuclear de tal definição, pois, a modificação da natureza ou da finalidade do produto ou o seu aperfeiçoamento para consumo. A Lei n. 4.502/64 e o Decreto n. 7.212/2010 (Ripi) atribuem dimensão bastante larga ao que se deve considerar por produto industrializado, de modo que possa abranger a transformação, o beneficiamento, a montagem, o acondicionamento ou reacondicionamento e a renovação ou recondicionamento. Tal elasticimento, contudo, desborda do sentido possível dos termos constantes do art. 46, parágrafo único, do CTN, particularmente no que diz respeito ao acondicionamento ou reacondicionamento, conforme nota adiante.

– Sobre a dimensão da base econômica "operações com produtos industrializados", vide notas ao art. 153, IV, da CF.

– **Lei n. 4.502/64.** O art. 3º, parágrafo único, da Lei n. 4.502/64, refere que "considera-se industrialização qualquer operação de que resulte alteração da natureza, funcionamento, utilização, acabamento ou apresentação do produto, salvo: I – conserto de máquinas, aparelhos e objetos pertencentes a terceiros; II – acondicionamento destinado apenas ao transporte do produto; III – o preparo de medicamentos oficinais ou magistrais, manipulados em farmácias, para venda no varejo, diretamente a consumidor, assim como a montagem de óculos, mediante receita médica; IV – a mistura de tintas entre si, ou com concentrados de pigmentos, sob encomenda do consumidor usuário, realizada em estabelecimento varejista, efetuada por máquina automática ou manual, desde que fabricante e varejista não sejam empresas interdependentes, controladoras, controladas ou coligadas".

– **Dec. n. 7.212/2010. Regulamento do IPI.** "Art. 3º Produto industrializado é o resultante de qualquer operação definida neste Regulamento como industrialização, mesmo incompleta, parcial ou intermediária (Lei n. 5.172, de 25 de outubro de 1966, art. 46, parágrafo único, e Lei n. 4.502, de 1964, art. 3º). Art. 4º Caracteriza industrialização qualquer operação que modifique a natureza, o funcionamento, o acabamento, a apresentação ou a finalidade do produto, ou o aperfeiçoe para consumo, tal como (Lei n. 5.172, de 1966, art. 46, parágrafo único, e Lei n. 4.502, de 1964, art. 3º, parágrafo único): I – a que, exercida sobre matérias-primas ou produtos intermediários, importe na obtenção de espécie nova (transformação); II – a que importe em modificar, aperfeiçoar ou, de qualquer forma, alterar o funcionamento, a utilização, o acabamento ou a aparência do produto (beneficiamento); III – a que consista na reunião de produtos, peças ou partes e de que resulte um novo produto ou unidade autônoma, ainda que sob a mesma classificação fiscal (montagem); IV – a que importe em alterar a apresentação do produto, pela colocação da embalagem, ainda que em substituição da original, salvo quando a embalagem colocada se destine apenas ao transporte da mercadoria (acondicionamento ou reacondicionamento); ou V – a que, exercida sobre produto usado ou parte remanescente de produto deteriorado ou inutilizado, renove ou restaure o produto para utilização (renovação ou recondicionamento). Parágrafo único. São irrelevantes, para caracterizar a operação como industrialização, o processo utilizado para obtenção do produto e a localização e condições das instalações ou equipamentos empregados".

– **Montagem. Deve gerar produto novo, unidade autônoma.** "IPI. LANCHA. MONTAGEM DE MOTOR AO CASCO DA EMBARCAÇÃO. INDUSTRIALIZAÇÃO NÃO CARACTERIZADA... 2. Partindo-se da premissa de que o fato que ensejaria a operação de industrialização (montagem) seria a geração de um novo produto ou unidade autonomamente considerada, torna-se indispensável constatar se tal conjunto passa a ter, ou não, outra denominação para fins de classificação fiscal. 3. Tendo ficado caracterizado nos autos, de acordo com o laudo pericial realizado, que a reunião das unidades autônomas não se enquadraria em um novo produto, para fins de classificação fiscal da Tipi, não há falar, assim, em incidência do IPI" (STJ, REsp 931.031, 2009).

– **Montagem industrial X instalação de elevadores.** No sentido de que a instalação de elevadores em obra de construção civil constitui serviço e não industrialização, vide nota ao art. 156, III, da CF.

– **No sentido de que o simples acondicionamento ou embalagem não pode configurar fato gerador do IPI.** "Realmente, o conceito de produto industrializado independe de lei. É um conceito pré-jurídico. Mesmo assim, para evitar ou minimizar conflitos, a Lei Complementar pode e deve estabelecer os seus contornos. Assim, é que o Código Tributário Nacional estabeleceu que para efeitos deste imposto, considera-se industrializado o produto que tenha sido submetido a qualquer operação que lhe modifique a natureza ou a finalidade, ou o aperfeiçoe para o consumo. [...] Não obstante, o Regulamento do IPI ampliou tal conceito, incluiu nele operações como o simples acondicionamento, ou embalagem, que na verdade não lhe modificam a natureza, nem a finalidade, nem o aperfeiçoam para o consumo. Isto constitui evidente abuso do poder regulamentar, em afronta ao disposto no parágrafo único, do art. 46 do CTN" (MACHADO, Hugo de Brito. *Comentários ao Código Tributário Nacional*. São Paulo: Atlas, 2003, v. 1, p. 468-470).

– **Recondicionamento.** "IPI. FATO GERADOR. 1. O IPI incide sobre produtos industrializados. Estes, pela lei, são os que sejam submetidos a qualquer tipo de operação que lhes modifique a natureza ou a finalidade, aperfeiçoando-os para o consumo. 2. O equipamento usado que passa por recondicionamento deve ser considerado, para fins de tributação do IPI, como melhorado para fins de consumo, quando originário do estrangeiro. 3. O desembaraço aduaneiro de mercadoria importada é fato gerador de IPI, quando for o produto industrializado de procedência estrangeira. 4. Recurso improvido" (STJ, REsp 273.205, 2000).

– **Reciclagem.** "Não nos parece que a reciclagem seja um serviço, no sentido em que essa palavra é utilizada na Constituição Federal para a atribuição de competência tributária aos Municípios. A reciclagem, a nosso ver, é atividade que tem como objeto um produto, um bem material que é reaproveitado para o desempenho de atividade econômica, e, por isto mesmo, ao menos um princípio, não configura um servir, um fazer, capaz de comportar-se no conceito de serviço. [...] Na legislação concernente ao Imposto sobre Produtos Industrializados temos o conceito de renovação, ou recondicionamento, que aplicado ao lixo muito se assemelha ao de reciclagem. A distinção nos parece residir apenas em que a renovação, ou recondicionamento, diz respeito a determinado produto que segue sendo ele mesmo, renovado, enquanto a reciclagem pode ser a forma de obtenção de um produto novo. A legislação do IPI considera industrialização, para os fins de incidência desse imposto, qualquer operação que modifique a natureza, o funcionamento, o acabamento, a apresentação ou a finalidade do produto, tal como a que, exercida sobre o produto usado ou parte remanescente de produto deteriorado ou inutilizado, renove ou restaure o produto para utilização. É possível, portanto, em princípio, considerar-se a reciclagem uma forma de industrialização..." (MACHADO, Hugo de Brito. Reciclagem de lixo e tributação. *RFDT* 27/9, 2007).

⇒ **Bacalhau enquanto produto industrializado.** Está submetida ao STF, com repercussão geral, no RE 627280 (Tema 502), rel. o Min. Roberto Barroso, "à luz dos princípios constitucionais da isonomia, da seletividade, da extrafiscalidade, bem como da regra da estrita legalidade, a incidência, ou não, de IPI sobre o processo de produção de bacalhau seco e salgado, a fim de esclarecer se se trata de atividade efetivamente capaz de 'modificar a natureza, o funcionamento, a apresentação, a finalidade do produto, ou o aperfeiçoe para consumo' ou, diversamente, se se trata simplesmente de atividade material necessária à preservação do bem durante o transporte do local de captura para o local de venda, bem como a importância, ou não, dessa distinção para fins de aplicação de acordo internacional – GATT, aprovado pelo Decreto Legislativo n. 30/1994 e pelo Decreto n. 301.355/1994".

– A questão está em saber se o processo de salga do bacalhau constitui aperfeiçoamento do produto para consumo ou se é mero modo de conservação para fins de transporte. Ainda que o bacalhau tenha de ser dessalgado para preparação, não é substituível, nas receitas que o utilizam, por peixe fresco. O processo de salga agrega valor ao produto, atribuindo-lhe características específicas que o distinguem enquanto opção para diversos pratos. Veja-se uma receita de bolinho de bacalhau: "Para saber a quantidade de bacalhau numa refeição, calcule entre 150g e 250g por pessoa. O bacalhau é vendido seco e salgado, portanto, para usá-lo, é necessário dessalgar e hidratar. Após essa operação, a carne readquire a maciez e aumenta em até 20% o seu peso. Depois de cortar o bacalhau em postas, lave bem em água corrente para tirar o sal que recobre o peixe. Coloque-o num recipiente fundo, sobrepondo as partes de modo que a pele (no caso de não ter sido retirada ou mesmo que restem apenas pedaços) fique virada para baixo, evitando que desmanche. Cubra com água. Depois, cubra o vasilhame com filme plástico e guarde-o na geladeira. É fundamental trocar a água 3 ou 4 vezes por dia. O tempo médio para dessalga depende da altura das postas (ou lombos) do bacalhau. A média é de 24 a 48 horas. O ponto certo é quando o sal já foi praticamente eliminado. Para perceber, prove a água antes e depois do processo e compare a diminuição do sal. Outra opção: com uma faquinha delicada, ou mesmo com as mãos, tire uma lasquinha da carne de dentro do lombo e experimente para confirmar se o sal já foi eliminado. Depois de tirar o sal, coloque-o de molho em leite para hidratá-lo e deixar a carne mais macia. Se ainda for preciso retirar o excesso de sal, coloque-o de molho em água misturada com 1/4 xícara (chá) de fubá ou ferva-o com 1 colher (sobremesa) de farinha de trigo. A farinha absorverá todo o sal". Fonte: Comida e Receitas – <http://www.comidaereceitas.com.br/dicas/como-preparar-o-bacalhau.html#ixzz2OkAUOicx>.

– "4. Se o bacalhau passa por um processo de salga, sofrendo aplicação de água hidratada e salmoura, após ser aberto, lavado e eviscerado, entendo que tal procedimento se encaixa perfeitamente no inciso II, do art. 4º, do Decreto n. 5.544/02, ou seja, houve um beneficiamento do produto com a modificação da sua aparência e apresentação. 5. O bacalhau seco, salgado ou em salmoura foi incluído na Tabela do Imposto Sobre Produtos Industrializados (Tipi), prevista no Decreto n. 4.070/01, na Seção I, Capítulo 3, e inserido nas classificações 0305.49.10, 0305.51.00 e 0305.62.00. 6. Segundo o art. 6º, da Lei 10.451/02, o campo de incidência do IPI abrange todos os produtos com alíquota, ainda que zero, relacionados na Tabela de Incidência do Imposto sobre Produtos Industrializados (Tipi). 7. Somente pode ser dado benefício fiscal às mercadorias importadas de países signatários do GATT cujo similar nacional tiver o mesmo benefício. Como no Brasil o bacalhau seco, salgado ou em salmoura, é considerado produto industrializado para fins de incidência do IPI, não há que se falar em ofensa ao referido princípio. 8. Inexistência de ofensa ao art. 153, § 3º, I, da CF/88. 9. Nessas condições (seco, salgado ou em salmoura), o bacalhau é considerado um produto que sofre processo de industrialização, de forma que não há

qualquer ilegalidade na exigência do IPI na sua importação, quando do desembaraço aduaneiro" (TRF2, AMS 200651110005478, 2008).

– "O processo de secagem e salga do peixe enquadra-se na hipótese de incidência do Imposto Sobre Produtos Industrializado (IPI). A Tabela do Imposto Sobre Produtos Industrializados (Decreto n. 4.070/2001) inclui os peixes secos e salgados, nas classificações 03.05.49.10, 03.05.51.00 e 03.05.62.00, como produtos que sofrem um processo de industrialização (todos na alíquota de 5%). [...] O bacalhau seco e eviscerado, sem cabeça e salgado é produto industrializado, pois tais operações alteraram a apresentação que o peixe tinha quando pescado" (TRF2, AC 200351010261174, 2008).

– "1. O bacalhau seco e salgado não se apresenta como retirado da natureza. O peixe passou por operações de evisceração, retirada de cabeça, limpeza, secagem e, finalmente, a salga. A sua aparência foi indiscutivelmente modificada. 2. O Poder Executivo incluiu o peixe seco e salgado na Tabela de Incidência do Imposto Sobre Produtos Industrializados, através de decreto; a Lei n. 4.502/1964 considerou industrialização qualquer operação que altere a apresentação da mercadoria. 3. Assim, o bacalhau seco e eviscerado, sem cabeça e salgado é produto industrializado, pois tais operações alteraram a apresentação que o peixe tinha quando pescado. 4. A apelada submete-se ao recolhimento do IPI quando do desembaraço aduaneiro do produto (peixe seco e salgado) de procedência estrangeira, nos termos do artigo 2º da Lei n. 4.502/1964 e artigo 34 do Decreto n. 4.544/2002" (TRF2, AMS 200251100098843, 2007).

– "4. Ainda que consistindo em técnica rudimentar, não há dúvida de que a secagem e a salga do peixe na salmoura constitui aperfeiçoamento do produto para o consumo, incidindo no conceito de industrialização, conforme as balizas do parágrafo único do art. 46 do CTN. 5. Salvo na presença de isenção legal, é cabível a incidência do IPI sobre a importação de bacalhau" (TRF3, AMS 00024371120034036104, 2011).

Art. 47. A base de cálculo do imposto é:

I – no caso do inciso I do artigo anterior, o preço normal, como definido no inciso II do art. 20, acrescido do montante:

a) **do Imposto sobre a Importação;**

b) **das taxas exigidas para entrada do produto no País;**

c) **dos encargos cambiais efetivamente pagos pelo importador ou dele exigíveis;**

⇒ **Base de cálculo na importação.** Na importação, a base de cálculo é o valor que serve de base para o cálculo do imposto sobre a importação (o preço CIF, ou seja, o preço do produto em condições de livre concorrência para entrega no porto ou lugar de entrada do produto no País, incluindo, pois, os custos de seguro e de frete), acrescido do montante do próprio Imposto sobre a Importação e dos encargos cambiais efetivamente pagos pelo importador ou deste exigíveis. Há discussões sobre a própria constitucionalidade do Imposto sobre Produtos Industrializados em operações de importação, se seria viável sua incidência quando não há industriais envolvidos em nenhum dos polos do negócio, nem como exportador estrangeiro nem como importador.

– Sobre a base de cálculo do Imposto de Importação, o valor aduaneiro, vide art. 20 do CTN e respectivas notas.

– Lei n. 4.502/64, alterada pela Lei 7.798/89. "Art. 14. Salvo disposição especial, constitui valor tributável: I – quanto aos produtos de procedência estrangeira, para o cálculo efetuado na ocasião do despacho; a) o preço da arrematação, no caso de produto vendido em leilão; b) o valor que servir de base, ou que serviria se o produto tributado fôsse para o cálculo dos tributos aduaneiros, acrescido de valor dêste e dos ágios e sobretaxas cambiais pagos pelo importador".

– Sobre a base de cálculo do Imposto de Importação, vide art. 20 do CTN e respectivas notas.

⇒ **Prazo para pagamento do IPI Importação.** Relativamente ao IPI incidente sobre a importação, o prazo não está definido em lei ordinária, sendo certo que nenhuma irregularidade há nisso, porquanto não está mesmo sob reserva legal. Está estabelecido no Decreto n. 7.212/2010 (RIPI) que, em seu art. 262, I, prevê que o imposto será recolhido antes da saída do produto da repartição que processar o despacho. Mas o STJ tem entendido que se aplica também à importação a regra geral estabelecida no art. 52, I, da Lei 8.383/91. Deste modo, atualmente, o prazo seria até o último dia útil da quinzena subsequente ao mês de ocorrência dos fatos geradores. Entendemos que a Lei 8.383/91 não cuidou de tal hipótese, pois se refere ao IPI incidente nas operações internas, o que resta claro em face das referências, nas suas diversas redações, ao decêndio, à quinzena e ao mês de ocorrência do fato gerador, ou seja, aos períodos de apuração do IPI nas operações internas. Assim, temos que é plenamente aplicável o RIPI.

– Decreto n. 7.212/10 (Ripi): "Art. 262. O imposto será recolhido: I – antes da saída do produto da repartição que processar o despacho, nos casos de importação;".

II – no caso do inciso II do artigo anterior:

a) o valor da operação de que decorrer a saída da mercadoria;

⇒ **Base de cálculo nas operações internas: o valor da operação.** Nas operações internas, temos o valor da operação como base de cálculo. Para alguns produtos, contudo, a legislação estabelece valor fixo, conforme nota específica adiante.

– Lei n. 4.502/64, alterada pela Lei n. 7.798/89. "Art. 14. Salvo disposição especial, constitui valor tributável: [...] II – quanto aos produtos nacionais, o valor total da operação de que decorrer a saída do estabelecimento industrial ou equiparado a industrial. § 1º O valor da operação compreende o preço do produto, acrescido do valor do frete e das demais despesas acessórias, cobradas ou debitadas pelo contribuinte ao comprador ou destinatário. § 2º Não podem ser deduzidos do valor da operação os descontos, diferenças ou abatimentos, concedidos a qualquer título, ainda que incondicionalmente. § 3º Será também considerado como cobrado ou debitado pelo contribuinte, ao comprador ou destinatário, para efeitos do disposto no § 1º, o valor do

frete, quando o transporte for realizado ou cobrado por firma coligada, controlada ou controladora (Lei n. 6.404) ou interligada (Decreto-Lei n. 1.950) do estabelecimento contribuinte ou por firma com a qual este tenha relação de interdependência, mesmo quando o frete seja subcontratado. § 4º Será acrescido ao valor da operação o valora das matérias-primas, produtos intermediários e material de embalagem, nos casos de remessa de produtos industrializados por encomenda, desde que não se destinem a comércio, a emprego na industrialização ou no acondicionamento de produtos tributados, quando esses insumos tenham sido fornecidos pelo próprio encomendante, salvo se se tratar de insumos usados. Art. 15. O valor tributável não poderá ser inferior: I – ao preço normal de venda por atacado a outros compradores ou destinatários, ou na sua falta, ao preço corrente no mercado atacadista do domicílio do remetente, quando o produto for remetido, para revenda, a estabelecimento de terceiro, com o qual o contribuinte tenha relações de interdependência (art. 42); II – a 70% (setenta por cento).do preço de venda aos consumidores, não inferior ao previsto no inciso anterior: a) quando o produto for remetido a outro estabelecimento do mesmo contribuinte, o qual opere exclusivamente na venda a varejo; b) quando o produto for vendido a varejo pelo próprio estabelecimento produtor."

– **Cobrança do IPI "por fora".** "... importa sinalar que o valor do IPI registrado na nota fiscal não integra o preço da mercadoria, constituinte parcela adicional, cobrada destacadamente do consumidor e repassada ao Fisco. A empresa vendedora é simples depositária do tributo, constituindo-se em crime de apropriação indébita o não repasse da verba. A seu turno, o ICMS integra o preço final da mercadoria, isto é, compõe, junto com outros elementos (custos, despesas de transporte, etc.) o valor final cobrado do adquirente. A referência ao valor devido a título de ICMS, em apartado na nota fiscal, visa apenas indicar, para fins de controle, o *quantum* a ser compensado, se for o caso, pelo comprador, em função da não cumulatividade. Noutras palavras, o IPI é tributo cobrado 'por fora', o que significa que a alíquota destacada é excluída do preço. O ICMS, não obstante tratar-se de um imposto indireto, assim como o IPI, dele se diferencia por ser cobrado 'por dentro', ou seja, é embutido no preço total da operação, consistindo em uma alíquota, que embora destacada, é incluída no preço. E o preço, como se pode concluir, é o produto da venda, computável como receita da empresa, inserindo-se no faturamento e, portanto, somando para a base de cálculo do PIS e Cofins" (TRF4, AMS 2001.71.07.002057-4, 2002).

– Sobre o assunto, vide também nota ao art. 155, § 2º, XII, *i*, da CF.

– No sentido de que o IPI não integra a base de cálculo do ICMS, vide art. 155, § 2º, XI, da CF.

– **A transferência deve ocorrer na operação, pelo destaque do IPI devido. Transferência posterior é descabida.** "O contribuinte do IPI que deixa de recolher e de destacar o tributo, em operações sujeitas à as incidência, em virtude de erro de interpretação da legislação pertinente, é o único responsável pelo recolhimento do tributo e encargos moratórios... Não há qualquer obrigação do adquirente das mercadorias de suportar o IPI recolhido posteriormente pelo vendedor, visto que isso representa alteração do preço pelo qual as mercadorias foram adquiridas. [...] a pretensão unilateral de repassar ao adquirente o imposto posteriormente recolhido, não constou de acordo sobre o preço do produto, razão pela qual é manifestamente indevida. O IPI não foi considerado na formação do preço e, se o fosse, caberia ao comprador decidir se tal preço justificaria ou não a operação. E se se justificasse, à evidência, os próprios preços que o comprador praticaria nas suas operações com terceiros seriam alterados, pelo aumento decorrente do acréscimo impositivo" (MARTINS, Ives Gandra da Silva. Saída de mercadorias com suspensão do IPI – Posterior resposta a consulta pela incidência – Impossibilidade de repasse ao adquirente. *RDDT* 150/102, 2008).

– **Vendas a prazo: valor total.** O STJ entende que, na venda a prazo, "em que o vendedor recebe o preço em parcelas, o IPI incide sobre a soma de todas essas, ainda que o valor seja maior do que o cobrado em operações de venda à vista, pois esse total corresponde ao valor da operação". Mas a "venda a prazo" não se confunde com a "venda financiada", em que "o comprador obtém recursos de instituição financeira para pagar a aquisição da mercadoria e o IPI incide apenas sobre o valor efetivamente pago ao vendedor da mercadoria, não englobando os juros pagos ao financiador, sobre o qual incidirá apenas o IOF" (STJ, REsp 1.586.158, 2016).

– **Descontos incondicionais.** Na redação original do art. 14 da Lei n. 4.502/64, instituidora do IPI, os descontos, diferenças ou abatimentos só eram incluídos no preço do produto, para fins de cálculo do imposto, caso concedidos sob condição. A Lei n. 7.798/89, ao acrescentar o § 2º ao art. 14, determinou que não podem ser deduzidos do valor da operação os descontos, diferenças ou abatimentos, concedidos a qualquer título, "ainda que incondicionalmente". Também o ICMS enseja discussões semelhantes, inclusive já objeto da Súmula 457 do STJ. Na legislação relativa à PIS/Cofins, Leis ns. 9.718/98, 10.637/2002 e 10.833/2003, há previsão expressa de que os descontos incondicionais não integram a receita tributável. Na Lei 10.637/2002, e.g., a base de cálculo é prevista nos §§ 2º e 3º do art. 1º: "§ 2º A base de cálculo da Contribuição para o PIS/Pasep é o total das receitas auferidas pela pessoa jurídica, conforme definido no *caput* e no § 1º (Redação dada pela Lei n. 12.973, de 2014). § 3º Não integram a base de cálculo a que se refere este artigo, as receitas: V – referentes a: a) vendas canceladas e aos descontos incondicionais concedidos;" É verdade que há tributos em que a base de cálculo não é propriamente o valor da operação, mas o valor de mercado do bem, inclusive com o acréscimo de outras rubricas, como no imposto de importação, em que a base é o "preço normal que o produto alcançaria" em uma "venda em condições de livre concorrência". Nesse caso, todavia, o próprio CTN assim define a sua base de cálculo, conforme se vê do art. 20, II. Para o IPI, o CTN colocou, como base de cálculo possível, "a) o valor da operação de que decorrer a saída da mercadoria;", permitindo a adoção do preço corrente da mercadoria tão somente na falta do valor da operação: "b) na falta do valor a que se refere a alínea anterior, o preço corrente da mercadoria, ou sua similar, no mercado atacadista da praça do remetente;". "Valor da operação", que é concreto e diz respeito ao negócio jurídico

(operação é negócio jurídico) não equivale a "valor do produto" considerado como o que costuma valer no mercado. Importa aferir o negócio realizado. Claro que aqui estamos falando da base de cálculo estabelecida. Na hipótese de haver vícios na documentação, é possível o arbitramento, mas em caráter excepcional, nos termos do art. 148 do CTN.

– **Tema 84 do STF:** "É formalmente inconstitucional, por ofensa ao artigo 146, inciso III, alínea *a*, da Constituição Federal, o § 2º do artigo 14 da Lei n. 4.502/1964, com a redação dada pelo artigo 15 da Lei n. 7.798/1989, no ponto em que prevê a inclusão de descontos incondicionais na base de cálculo do Imposto sobre Produtos Industrializados IPI, em descompasso com a disciplina da matéria no artigo 47, inciso II, alínea *a*, do Código Tributário Nacional". Decisão de mérito em 2014.

– "IMPOSTO SOBRE PRODUTOS INDUSTRIALIZADOS – VALORES DE DESCONTOS INCONDICIONAIS – BASE DE CÁLCULO – INCLUSÃO – ARTIGO 15 DA LEI N. 7.798/89 – INCONSTITUCIONALIDADE FORMAL – LEI COMPLEMENTAR – EXIGIBILIDADE. Viola o artigo 146, inciso III, alínea 'a', da Carta Federal norma ordinária segundo a qual hão de ser incluídos, na base de cálculo do Imposto sobre Produtos Industrializados – IPI, os valores relativos a descontos incondicionais concedidos quando das operações de saída de produtos, prevalecendo o disposto na alínea 'a' do inciso II do artigo 47 do Código Tributário Nacional" (STF, RE 567.935 RG, 2014).

– "IMPOSTO SOBRE PRODUTOS INDUSTRIALIZADOS – INCIDÊNCIA SOBRE O VALOR DA OPERAÇÃO – DEDUÇÃO DE DESCONTOS INCONDICIONAIS... 2. A base de cálculo do IPI, nos termos do art. 47, II, 'a', do CTN, é o valor da operação de que decorrer a saída da mercadoria. 3. A Lei 7.798/89, ao conferir nova redação ao § 2º do art. 14 da Lei 4.502/64 (RIPI) e impedir a dedução dos descontos incondicionais, permitiu a incidência da exação sobre base de cálculo que não corresponde ao valor da operação, em flagrante contrariedade à disposição contida no art. 47, II, 'a', do CTN. Os descontos incondicionais não compõem a real expressão econômica da operação tributada, sendo permitida a dedução desses valores da base de cálculo do IPI. 4. A dedução dos descontos incondicionais é vedada, no entanto, quando a incidência do tributo se dá sobre valor previamente fixado, nos moldes da Lei 7.798/89 (regime de preços fixos), salvo se o resultado dessa operação for idêntico ao que se chegaria com a incidência do imposto sobre o valor efetivo da operação, depois de realizadas as deduções pertinentes. 5. Recurso especial não provido. Sujeição do acórdão ao regime do art. 543-C do CPC e da Resolução STJ 8/2008" (STJ, REsp 1.149.424, 2010).

– **Bonificações.** A questão relativa às bonificações não parece desafiar questionamento relativo à violação do art. 153, IV, da CF; quando muito, do art. 146, III, *a*, da CF, na medida em que a lei de normas gerais estabelece como base o valor da operação e, no caso, não há valor. Mas o art. 47, II, *b*, do CTN diz que, na falta do valor, a base é o preço corrente da mercadoria no mercado atacadista. Assim, não parece haver violação à base econômica prevista na Constituição, tampouco à base de cálculo modelada pelo CTN. Consistente é o questionamento atinente à capacidade contributiva.

– "IPI. BASE DO CÁLCULO. DESCONTOS INCONDICIONAIS. BONIFICAÇÕES. OFENSA AO ART. 47 DO CTN. VIOLAÇÃO DO ART. 535 DO CPC. INEXISTÊNCIA... 2. Na forma estabelecida no art. 47 do CTN, o IPI tem por base de cálculo o valor da operação consubstanciado no preço final da operação de saída da mercadoria do estabelecimento industrial. 3. 'O Direito Tributário vale-se dos conceitos privatísticos sem contudo afastá-los, por isso que o valor da operação é o preço e, este, é o quantum final ajustado consensualmente entre comprador e vendedor, que pode ser o resultado da tabela com seus descontos incondicionais' (REsp 477.525-GO, relator Ministro Luiz Fux, *DJ* de 23.6.2003). 4. 'Revela *contraditio in terminis* ostentar a Lei Complementar que a base de cálculo do imposto é o valor da operação da qual decorre a saída da mercadoria e a um só tempo fazer integrar ao preço os descontos incondicionais. *Ratio essendi* dos precedentes quer quanto ao IPI, quer quanto ao ICMS' (REsp 477.525-GO). 5. Entendimento aplicável nas hipóteses de bonificações, porquanto tais benefícios, na essência, não se diferenciam dos descontos incondicionais..." (STJ, REsp 510.551, 2007).

– "IPI. BONIFICAÇÃO. EXCLUSÃO DA BASE DE CÁLCULO. 1. As bonificações, graciosamente concedidas aos clientes do contribuinte, não integram a base de cálculo do IPI, que, nos termos dos artigos 46, II, e 47, II, 'a', do Código Tributário Nacional, é o 'valor da operação de que decorrer a saída da mercadoria'" (STJ, REsp 872.365, 2006).

– "Não é elemento constitutivo da base de cálculo do ICMS o valor que poderia ser obtido caso as mercadorias bonificadas tivessem sido postas no comércio. [...] a base de cálculo do ICMS somente pode ser o efetivo valor da operação mercantil realizada, ou seja, devem ser excluídos elementos a ele estranhos, tais como o valor intrínseco das mercadorias entregues a título de descontos incondicionais bonificados. [...] Tanto a Constituição Federal de 1988 quanto o Código Tributário Nacional, impedem a inclusão dos descontos incondicionais na base de cálculo do IPI, colocando como única base imponível cabível e válida o valor do qual decorre a saída da mercadoria. Isto porque somente integra a operação tributável o valor pelo qual os produtos industrializados foram vendidos, ficando excluído da base de cálculo do IPI o valor intrínseco daqueles que foram entregues ao comprador sob a forma de descontos incondicionais bonificados" (GRILLO, Fabio Artigas. IPI e ICMS: regime jurídico dos descontos incondicionais bonificados. *RFDT* 25/147, 2007).

– **Entendendo que não se confundem o desconto incondicional e as bonificações.** "Desconto, em geral, é termo que designa qualquer abatimento feito pelos comerciantes no preço de suas mercadorias. Em matéria tributária, costuma-se distinguir entre descontos condicionais e incondicionais, que, por sua vez, distinguem-se das bonificações em produtos ou mercadorias. [...] Diferentemente do ICMS, COFINS e PIS/PASEP, a legislação do IPI continua a prever a integração, na base de cálculo, dos descontos, mesmo se concedidos incondicionalmente. [...] Como descontos incondicionais considera-se aqueles que são anotados no documento fiscal, não sujeitos a condição. [...] te-

mos para nós que a não integração os descontos incondicionais, na base de cálculo do IPI, encontra fundamentos constitucionais e não infraconstitucionais, na medida em que se fundamenta nos princípios da livre-iniciativa e da livre concorrência (art. 170, *caput* e inciso IV, CF/88), e mesmo porque é sabido que, desde o Plano Real, o Governo Federal busca preservar a inflação em baixo nível, favorecendo a sociedade como um todo. [...] Entretanto, penso que não se deve confundir 'descontos incondicionais' com algumas situações de 'bonificações' dadas através de doação de 'produtos' ou 'mercadorias' na medida e que, aqui sim, estar-se-ia infringindo o art. 47, II, 'a', do CTN, cuja disposição, pertinente ao IPI, estabelece que a base de cálculo do imposto é definida (art. 146, III, 'a', da CF/88) como 'o valor da operação de que decorrer a saída da mercadoria'. E a 'mercadoria' (ou 'produto', para o IPI) deve ser considerada como um todo que sai do estabelecimento, e não somente sobre uma parte dela. [...] enquanto os descontos incondicionais não podem integrar a base de cálculo do IPI, a bonificação em produtos ou mercadorias não se identifica com os 'descontos incondicionais' propriamente ditos ('no preço'), motivo pelo qual a base de cálculo do IPI, nas bonificações a esse título, deve corresponder à totalidade do produto objeto da operação, pois fazem parte integrante dos elementos caracterizadores do fato gerador do tributo" (CASSONE, Vittorio. Base de cálculo: distinção entre descontos incondicionais e bonificação em mercadorias. *RFDT* 29/147, 2007).

– **Juros e correção monetária na venda financiada.** "IPI. BASE DE CÁLCULO. INCLUSÃO DE JUROS E CORREÇÃO MONETÁRIA, DECORRENTES DA VENDA FINANCIADA DO PRODUTO... 1. Os juros e correção monetária decorrentes da venda financiada dos produtos não podem ser incluídos na base de cálculo do IPI, pois não fazem parte do processo de industrialização e produção. Precedente específico da Primeira Turma. 2..." (STJ, REsp 207.814, 2002).

– **Correção monetária na compra e venda para entrega futura e IPI.** Veja-se o artigo IPI e ICMS/Contrato de Compra e Venda para Entrega Futura/Adiantamento, Saldo e Respectivas Correções Monetárias, da lavra de Ruy Barbosa Nogueira, na *RDDT* 27, 1997.

– "ICMS. Base de cálculo. Venda para Entrega Futura. Atualização. Valor da mercadoria na data da saída efetiva... 3. Controvérsia gravitante em torno da validade do Decreto Estadual n. 34.104/1991... que deu nova redação ao art. 116 do RICMS, determinando a atualização da base de cálculo do ICMS, incidente sobre vendas à ordem ou para entrega futura, com base no valor vigente da mercadoria na data da efetiva saída do estabelecimento. 4. Precedente do Supremo Tribunal Federal, no sentido de que 'a consideração do tributo a partir do valor do negócio jurídico, atualizado na data da saída da mercadoria do estabelecimento, além de alimentar a nefasta cultura inflacionária, discrepa da ordem natural das coisas, resultando em indevido acréscimo ao total da operação, porque não querido pelas partes e em violência ao princípio da não cumulatividade. O figurino constitucional do tributo impõe, como base de cálculo, o montante da operação relativa à circulação da mercadoria, à quantia recebida pelo vendedor' (Recurso Extraordinário

n. 210.876-6/RS, Pleno, Relator Ministro Marco Aurélio, *DJ* 08.11.2002, j. 05.09.2002)" (STJ, REsp 652.504, 2006).

– **Frete. Inclusão na base de cálculo. Art. 15 da Lei 7.798/89. Inconstitucionalidade.** "3. A alteração do art. 14 da Lei n. 4.502/64 pelo art. 15 da Lei n. 7.798/89 para fazer incluir, na base de cálculo do IPI, o valor do frete realizado por empresa coligada, não pode subsistir, tendo em vista os ditames do art. 47 do CTN, o qual define como base de cálculo o valor da operação de que decorre a saída da mercadoria, devendo-se entender como 'valor da operação' o contrato de compra e venda, no qual se estabelece o preço fixado pelas partes" (STJ, AgRg no Ag 703.431, 2006).

– "... IPI... INCLUSÃO DO VALOR DO FRETE NA BASE DE CÁLCULO. IMPOSSIBILIDADE. CONTRARIEDADE DO ART. 47 DO CTN... 5. O frete não integra o ciclo de produção e não compõe a base de cálculo do IPI, configurando-se despesa de transporte que não se apresenta como componente da operação da qual decorre o fato gerador do imposto. Ofensa ao teor do art. 47 do CTN reconhecida. 6..." (STJ, REsp 654.127, 2004).

– "IPI. BASE DE CÁLCULO. FRETES. ARTIGO 14, §§ 1º E 3º, DA LEI N. 4.502/64, NA REDAÇÃO DA LEI N. 7.798/89, ARTIGO 15. LEI ORDINÁRIA. CONFLITO. ARTIGO 47, II, A, DO CTN. LEI COMPLEMENTAR. RESERVA LEGISLATIVA. ARGUIÇÃO DE INCONSTITUCIONALIDADE. 1. Os §§ 1º e 3º do art. 14 da Lei n. 4.502/64, integrados ao texto por obra da redação que lhe deu o art. 15 da Lei n. 7.798/89, ao estipular que o valor do frete constitui parte do preço da operação de que decorrer a saída do estabelecimento produtor (artigo 47, II do CTN), colidiu com a disposição expressa no inciso II, alínea 'a', do art. 47 do CTN (o qual define a base de cálculo do tributo), operando vício de constitucionalidade, porque a referida lei ordinária invadiu competência constitucionalmente reservada à lei complementar (art. 146, III, 'a'). 2. Precedentes jurisprudenciais. 3. Inconstitucionalidade dos §§ 1º e 3º do artigo 14 da Lei n. 4.502/64 declarada" (TRF4, INAC 96.04.28893-8, 2004).

– "O art. 15 da Lei 7.798/89 promoveu modificações no art. 14 da Lei 4.505/64, incluindo na base de cálculo do IPI o valor do frete. Tal previsão encontra-se prescrita no § 1º do art. 131 do Dec. 4.544/2002. No momento em que a Lei Ordinária dispôs sobre a base de cálculo, violou o art. 146, III, *a*, da Carta Magna, haja vista tratar-se de matéria reservada à Lei Complementar. Demais disso, usurpou competência dos Estados e do Distrito Federal, vez que o frete decorre de etapa sujeita à tributação do ICMS, consubstanciando verdadeira bitributação. Há violação ainda quanto ao art. 110 do CTN, na medida em que o legislador ao incluir o frete na base de cálculo do IPI acabou modificando o conceito de industrialização, conceito dado pelo Direito Privado e pelo próprio art. 46, parágrafo único, do CTN" (FUSO, Rafael Correia. Não inclusão do frete na base de cálculo do IPI. *RTFP* 67, 2006).

– **Frete executado pelo próprio contribuinte. Limitação ao preço de mercado** "IPI. VALOR DO FRETE DESTACADO NAS NOTAS FISCAIS. ART. 63, § 1º, IV, DO RIPI/82. Quando os serviços de frete e carreto forem executados pelo próprio contribuinte ou por firma com que tenha relação de interdependência, não poderão tais despesas exceder os níveis normais de preços em vigor, no mercado local, para serviços semelhantes, constantes de tabelas divulgadas pelos órgãos sindicais de transporte, em suas publicações periódicas, sendo-lhe aplicáveis somente as disposições deste inciso III do artigo 63, § 1º, do RIPI" (TRF4, EIAC 96.04.59232-7, 2002).

– **Frete por empresas coligadas ou interligadas.** "IMPOSTO SOBRE PRODUTOS INDUSTRIALIZADOS. DESCONTOS INCONDICIONAIS/BONIFICAÇÃO. INCLUSÃO NA BASE DE CÁLCULO. IMPOSSIBILIDADE. OFENSA AO ART. 47 DO CTN... 3. A alteração do art. 14 da Lei n. 4.502/64 pelo art. 15 da Lei n. 7.798/89 para fazer incluir, na base de cálculo do IPI, o valor do frete realizado por empresa coligada, não pode subsistir, tendo em vista os ditames do art. 47 do CTN, o qual define como base de cálculo o valor da operação de que decorre a saída da mercadoria, devendo-se entender como 'valor da operação' o contrato de compra e venda, no qual se estabelece o preço fixado pelas partes" (STJ, AgRg no Ag 703.431, 2006).

– **Base de cálculo na industrialização por encomenda.** "Solução de consulta n. 8, de 17 de março de 2009: Assunto: Imposto sobre Produtos Industrializados – IPI ementa: Industrialização por Encomenda. Base de Cálculo. Suspensão. Caracteriza industrialização qualquer operação que modifique a natureza, o funcionamento, o acabamento, a apresentação ou a finalidade do produto, ou o aperfeiçoe para consumo. Na industrialização por encomenda, a base de cálculo do IPI incidente na saída do estabelecimento executor é o valor da operação, não incluído, entretanto, o valor dos insumos que o executor tenha recebido do encomendante, desde que este destine a comércio os produtos recebidos do executor, ou os empregue como matéria-prima ou produto intermediário em nova industrialização. Poderão sair com suspensão do IPI os produtos industrializados por encomenda, desde que, cumulativamente: o executor da encomenda não tenha utilizado, na respectiva fabricação, produtos de sua industrialização ou importação, os bens produzidos sejam remetidos ao estabelecimento encomendante e este os destine a comércio ou empregue, como insumo, em uma nova industrialização que dê origem a saída de produto tributado."

• Vide, porém, em nota ao art. 156, III, da CF, os precedentes no sentido de que, quando fornecido o produto e insumos, há prestação de serviço e, por isso, incidência do ISS e não do IPI.

⇒ **Tributação por classes. Inconstitucionalidade.** "ART. 3º DA LEI N. 7.798/89 – MATÉRIA RESERVADA À LEI COMPLEMENTAR – OFENSA AOS ARTS. 146, III, 'A' DA CONSTITUIÇÃO E 47, II, 'A', DO CTN. 1 – O art. 3º da Lei n. 7.798/89, que possibilitou que o Poder Executivo estabeleça, para determinados, a tributação por classes, conflita com os arts. 146, III, 'a' da Constituição e 47, II, 'a', do CTN. 2 – O art. 47 do CTN utiliza a expressão 'valor da operação', que corresponde ao preço do produto enquanto elemento do contrato de compra e venda. Não se trata apenas de um elemento referencial para o poder tributante, mas de definição clara e precisa da base de cálculo do tributo, a qual a lei ordinária não pode desbordar" (TRF4, INAC 2003.71.12.002280-6, 2007).

⇒ **Pauta fiscal e valor pré-fixado. Impossibilidade.** "Está submetida ao STF, com repercussão geral, no RE 602917 (Tema 324), rel. a Min. Rosa Weber, a questão da "constitucionalidade, ou não, do art. 3º da Lei n. 7.798/89, que possibilita ao Poder Executivo estabelecer, em relação a outros produtos dos capítulos 21 e 22 da Tabela de Incidência do Imposto sobre Produtos Industrializados – Tipi, aprovada pelo Decreto n. 97.410/88, classes de valores correspondentes ao IPI a ser pago, em face da exigência de lei complementar".

– O inciso II do art. 47 do CTN estabelece como base de cálculo do IPI o valor da operação. Por isso, a utilização de pautas fiscais com valores prefixados não parece encontrar amparo nas normas gerais, só se prestando validamente a subsidiar lançamento na hipótese de haver desconformidade entre o preço constante da documentação e o preço efetivamente praticado, ou seja, só como subsídio para arbitramento, quando este se impõe pela impossibilidade de verificar o valor da operação ou de aceitar o valor indicado como tal e que se verifique não corresponder ao efetivamente praticado, forte no art. 148 do CTN. A definição da base de cálculo por lei complementar implica delimitação do âmbito de discricionariedade do legislador ordinário na instituição do tributo. Vide, também, nota ao art. 155, § 2º, XII, *i*, da CF.

– "... DELEGAÇÃO DE COMPETÊNCIA A MINISTRO DE ESTADO – BASE DE CALCULO – PAUTAS FISCAIS – CTN (ART. 97). – A Fixação de base de cálculo para o IPI deve resultar de dispositivo legal. O Sistema Tributário Brasileiro não admite delegação de competência, para este fim. – A utilização de pautas, fixando 'preço mínimo' ou 'preço de mercado', só se admite em caso de ser inidônea a documentação oferecida pelo contribuinte. – O Decreto-Lei 1.593/77, outorgando competência ao Ministro da Fazenda, para fixar pauta fiscal, é incompatível com a reserva legal explicitada no art. 97 do CTN" (STJ, REsp 24.861, 1993).

– "IPI. BEBIDAS. 'PAUTAS FISCAIS' DE VALORES PRÉ-FIXADOS. ALÍQUOTA ESPECÍFICA. DESPREZO À BASE DE CÁLCULO DO TRIBUTO. CTN, ART. 47, INC. II ALÍNEA 'A'. A adoçõo de Pautas Fiscais contendo valores pré-fixados para o IPI, instituídas por Atos Declaratórios e Instruções Normativas do Secretário da Receita Federal, estabelecendo a exigência em valor fixo, desconsiderando o preço da operação de saída dos produtos, além de violar o princípio da legalidade, insculpido no art. 97 do CTN, conflita com o disposto no art. 47, inc. II, alínea *a*, do mesmo Código, que define como base de cálculo do imposto em questão 'o valor da operação de que decorrer a saída da mercadoria'. Excetuam-se, todavia, as situações previstas no art. 148 do CTN, que autorizam o lançamento por arbitramento de valores. Subsiste a exação em conformidade com os aspectos quantitativos (base de cálculo e alíquota) estabelecidos no art. 47 do CTN e na Tabela de Incidência do IPI (Tipi), uma vez que o fato gerador apresenta-se perfeito e acabado" (TRF4, AMS 2002.70.09.000348-1, 2003).

– "A faculdade prevista no art. 153, § 1º, da CF sinaliza que o IPI deve, necessariamente, observar o regime de alíquotas variáveis, não sendo, portanto, admissível sua cobrança por meio de valores fixos, já que nada autoriza interpretar o texto constitucional como apto a possibilitar que elas venham a ser abolidas pela legislação ordinária, ainda que em relação a uns poucos e determinados produtos. Ademais, o sistema de valores fixos é incompatível com as exigências do princípio da capacidade contributiva (art. 145, § 1º, da CF) o que, também por este aspecto, compromete sua adoção pelo legislador" (BOTTALLO, Eduardo Domingos. *IPI – Princípios e estrutura.* São Paulo: Dialética, 2009, p. 80).

– "Assim, as previsões do Código Tributário Nacional, que declaram ser fato gerador do IPI 'a sua saída [dos produtos industrializados] dos estabelecimentos' (art. 46, II) e sua base de cálculo 'o valor da operação de que decorrer a saída da mercadoria' (art. 47, II, *a*), não são frutos de elaboração originária desse diploma, mas sim adequadas explicitações que, por isso, não podem ser afastadas ou ignoradas nem pelas normas gerais, nem muito menos pela legislação ordinária. O artigo. 153, § 1º, da Lei Maior, como vimos, facultou ao Poder Executivo alterar as alíquotas do IPI 'atendidas as condições e os limites estabelecidos em lei'. Ao fazê-lo, deixou claro que este imposto deve, necessariamente, observar o regime de alíquotas variáveis. Nada autoriza interpretar o texto constitucional como apto a possibilitar que, a pretexto de variar as alíquotas, estas venham a ser abolidas, pela legislação ordinária, ainda que em relação a uns poucos e determinados produtos. Nem mesmo razões ligadas a interesses de fiscalização poderiam legitimar esta posição, ao argumento de que a cobrança do IPI, pelo sistema de valores fixos, em alguns setores da produção industrial, melhor atende ao escopo de combater a sonegação ou desestimular a elisão fiscal. Por mais respeitáveis que sejam, estes motivos encontram, a nosso ver, intransponível barreira nas exigências estabelecidas pela Constituição. Em suma, a cobrança do IPI por valores fixos, que, em última análise, correspondem a verdadeiras pautas fiscais, não é possibilitada pelo ordenamento jurídico vigente" (BOTTALLO, Eduardo Domingos. *Fundamentos do IPI.* São Paulo: RT, 2002, p. 82-83).

– **No sentido de que pautas fiscais e valor fixo não se confundem.** "IPI fixo e 'pauta' são conceitos que não se confundem. O IPI fixo, tal como instituído pelos Decretos ns. 3.070/99 e 4.544/2002, resulta da aplicação da alíquota – flexibilizada pelo Poder Executivo, no exercício da competência prevista no art. 153, § 1º, da Constituição – sobre o preço normal da operação de venda do cigarro. A tributação por 'pauta' consiste na pré-fixação arbitrária do valor que servirá de base para o cálculo do tributo devido, sendo, por isso, rejeitada pelo Poder Judiciário" (GALVÃO, Ilmar. Regime de tributação de cigarros pelo IPI. *RDDT* 155, 2008, p. 117).

– **Valor fixo. Bebidas. Tributação por classes. Art. 3º da Lei n. 7.798/89. Inconstitucionalidade. Tema 324 do STF:** "É constitucional o artigo 3º da Lei 7.798/1989, que estabelece valores pré-fixados para o IPI". Decisão do mérito em 2020.

– "TEMA 324. CONSTITUCIONAL. TRIBUTÁRIO. IMPOSTO SOBRE PRODUTOS INDUSTRIALIZADOS –

IPI. CÁLCULO. ESTABELECIMENTO DE VALORES PREFIXADOS ('PAUTAS FISCAIS'). RESERVA DE LEI COMPLEMENTAR. INEXISTÊNCIA. CONSTITUCIONALIDADE DO ARTIGO 3º DA LEI ORDINÁRIA 7.798/1989. 1. O Imposto sobre Produtos Industrializados, previsto nos artigos 153, IV e § 3º, da Constituição Federal e 46 a 51 do CTN, é de competência da União e incide sobre o produto que tenha sido submetido a qualquer operação que lhe modifique a natureza ou a finalidade, ou o aperfeiçoe para o consumo (art. 46, parágrafo único, do CTN). 2. O artigo 146, III, *a*, da CF/1988 dispõe que compete à lei complementar definir normas gerais acerca da definição de tributos e dos respectivos fatos geradores, bases de cálculo e contribuintes. O Código Tributário Nacional (Lei 5.172/1966), recepcionado pela Constituição de 1988 como lei complementar, regulamentou o IPI, definindo que a base de cálculo do imposto é o valor da operação de que decorre a saída da mercadoria. 3. A Lei 7.798/1989, objeto de conversão da Medida Provisória 69, de 19 de junho de 1989, trouxe em seu artigo 3º que o Poder Executivo poderá estabelecer classes de valores a serem pagos a título de IPI, para determinadas bebidas e alimentos. 4. As chamadas 'pautas fiscais' estabelecem valores de referência para a base de cálculo do imposto e têm como escopo facilitar a tributação e evitar a evasão fiscal. O Fisco utiliza valores prefixados para enquadramento do produto, buscando eliminar a possibilidade de manipulação dos preços da operação. 5. Tal mecanismo, enfim, facilita a fiscalização tributária e evita a sonegação fiscal. 6. A reserva legal no âmbito do direito tributário significa que todos os aspectos da regra matriz da hipótese de incidência tributária, seja os elementos antecedentes da norma (material, temporal e espacial), seja os consequentes (quantitativo e pessoal), devem ser taxativamente regulados por lei em sentido estrito. 7. Entretanto, tanto a doutrina tributária mais moderna, quanto esta CORTE SUPREMA, vêm empregando ideia mais flexível do princípio da legalidade tributária, permitindo, por vezes, o complemento de determinado aspecto da obrigação tributária mediante ato infralegal, desde que a lei trace limites à regulamentação pelo Executivo. 8. Quanto ao tema, veja-se trecho do voto do ilustre Min. DIAS TOFFOLI nos autos do RE 838.284 que, julgado sob o rito da repercussão geral (Tema 829), fixou a tese de que Não viola a legalidade tributária a lei que, prescrevendo o teto, possibilita o ato normativo infralegal fixar o valor de taxa em proporção razoável com os custos da atuação estatal, valor esse que não pode ser atualizado por ato do próprio conselho de fiscalização em percentual superior aos índices de correção monetária legalmente previstos. 9. A Lei 7.798/1989 tratou apenas de regulamentar o que já estava disposto no CTN, conceituando, portanto, o que seria valor da operação para fins de definição da base de cálculo do IPI. A legislação aplicável ao IPI cuidou de trazer todos os aspectos da regra matriz de incidência tributária, de forma que ao Poder Executivo foi delegada apenas a possibilidade de esmiuçar o conceito de valor da operação para fins de se determinar o valor de IPI a ser pago. 10. Não houve qualquer alteração da base de cálculo; apenas se instituiu uma técnica de tributação que leva em consideração o próprio valor da operação comumente verificado no mercado, em respeito, portanto, ao que determina o CTN. 11. Do mesmo modo, não há falar em usurpação do arquétipo constitucional e legal que regulamenta a matéria. Confirma esse entendimento o disposto no artigo 1º da Lei 8.218/1991, que, ao delegar ao Ministro da Economia, Fazenda e Planejamento a possibilidade de alterar os valores do IPI, impôs que a alteração deve se dar até o limite que corresponder ao que resultaria da aplicação da alíquota a que o produto estiver sujeito na TIPI sobre o valor tributável. 12. Assim, a instituição de classes de valores utiliza como parâmetro o preço convencional do produto (valor médio costumeiramente cobrado). Logo, é evidente que o preço do produto não perdeu seu caráter essencial na definição do valor a ser cobrado, o que demonstra a compatibilização da Lei 7.798/1989 com a sistemática do CTN. 13. Recurso extraordinário a que se dá provimento, para julgar improcedente o pedido inicial. Tese de repercussão geral: 'É constitucional o artigo 3º da Lei 7.798/1989, que estabelece valores pré-fixados para o IPI'" (STF, RE 602.917, 2020).

– "INCIDENTE DE ARGUIÇÃO DE INCONSTITUCIONALIDADE – TRIBUTÁRIO – ART. 3º DA LEI N. 7.798/89 – MATÉRIA RESERVADA À LEI COMPLEMENTAR – OFENSA AOS ARTS. 146, III, 'A' DA CONSTITUIÇÃO E 47, II, 'A', DO CTN.1 – O art. 3º da Lei n. 7.798/89, que possibilitou que o Poder Executivo estabeleça, para determinados, a tributação por classes, conflita com os arts. 146, III, 'a' da Constituição e 47, II, 'a', do CTN. 2 – O art. 47 do CTN utiliza a expressão 'valor da operação', que corresponde ao preço do produto enquanto elemento do contrato de compra e venda. Não se trata apenas de um elemento referencial para o poder tributante, mas de definição clara e precisa da base de cálculo do tributo, a qual a lei ordinária não pode desbordar" (TRF4, IAIAC 2003.71.12.002280-6, 2007). Excerto do voto do relator: "Parece claro o conflito existente entre o art. 3º da Lei n. 7.798/89 e os arts. 146, III, 'a' da Constituição e 47, II, 'a', do CTN. Nem mesmo uma interpretação sistemática do texto constitucional permite concluir que o § 1º do art. 153, que autoriza ao Poder Executivo, atendidas as condições e os limites estabelecidos em lei, alterar as alíquotas de alguns impostos, dentre eles, o IPI, também autoriza, de forma implícita, a alteração da base de cálculo, a partir do entendimento de que são indissociáveis alíquota e base de cálculo. O art. 146 não deixa dúvida, cabe a lei complementar estabelecer definição de tributos e de suas espécies, bem como, em relação aos impostos discriminados na Constituição, a definição dos respectivos fatos geradores, *bases de cálculo* e contribuintes. 2 – Por outro lado, também não é razoável entender que o art. 47 do CTN se referiria a uma técnica de arrecadação e não à definição dos limites tributários, no que diz respeito à base de cálculo do IPI. O referido dispositivo utiliza a expressão 'valor da operação', que corresponde ao preço do produto enquanto elemento do contrato de compra e venda. Não se trata apenas de um elemento referencial para o poder tributante, mas de definição clara e precisa da base de cálculo do tributo, da qual a lei ordinária não pode desbordar".

– "IPI. BEBIDAS. LEGITIMIDADE. ART. 166 DO CTN. VALOR FIXO. PAUTA FISCAL. INCONSTITUCIONALIDADE. O distribuidor, não contribuinte do IPI, que adquire o produto da indústria com incidência do IPI, suportando o respectivo ônus por força de repercussão jurídica evidenciada no destaque do valor do IPI devido na nota, tem legitimidade para demandar acerca do valor devido. Titular do direito à restituição, nos termos do art. 166 do CTN, é o contribuinte de fato quando haja a repercussão jurídica que retira do contribuinte de direito a possibilidade de obter a restituição do que não suportou, de modo que, sendo titular do direito à restituição, por certo pode antecipar-se à incidência, buscando não pagar o indevido. O art. 153, IV, da CF, outorga competência para a instituição de tributo sobre produtos industrializados e que seu § 1º autoriza a alteração das alíquotas pelo Poder Executivo, nas condições e limites estabelecidos por lei. A par disso, o art. 146, III, alínea *a*, da CF estabelece que cabe à lei complementar dispor sobre a base de cálculo dos impostos previstos no texto constitucional. Para o Imposto de Importação, o CTN estabeleceu como base de cálculo o valor aduaneiro, de modo que pode não corresponder ao valor exato da operação de importação. Para o IPI, contudo, o art. 47, II, *a*, estabelece como base de cálculo possível 'o valor da operação de que decorrer a saída da mercadoria' e o art. 47, III, *b*, apenas 'na falta do valor... o preço corrente da mercadoria, ou sua similar, no mercado atacadista da praça do remetente'. Sendo assim, não se sustentam os valores fixos (pauta fiscal), ainda que devam corresponder 'ao que resultaria da aplicação da alíquota a que o produto estiver sujeito na Tipi, sobre o valor tributável numa operação normal de venda', porquanto tem por referência não o valor da operação propriamente, mas o valor 'normal de venda', ou seja, uma valor presumido e não um valor real. Suscitado Incidente de Arguição de Inconstitucionalidade do art. 3º da Lei n. 7.798/89, por violação ao disposto no art. 146, III, *a*, da CF/88 c/c o art. 47, II, *a*, do CTN" (TRF4, AC 2003.71.12.002280-6, 2007).

– **Valor fixo do IPI na saída de cigarros.** "... a partir da edição do Decreto n. 3.070/99, o IPI sobre cigarros – que, até então, possuía base de cálculo especial, expressa em percentual sobre o preço de venda do produto no varejo, na forma prevista no DL n. 34/66, diploma normativo que havia sido recepcionado pela Constituição como de natureza complementar – passou a ser calculado sobre o preço normal da operação de venda, isto é, pelo critério previsto no CTN... De outra parte, a alíquota a que ficou sujeito o produto foi a que já constava da Tipi instituída por lei, não se podendo falar em inconstitucionalidade nem, tampouco, em ilegalidade. [...] A escolha do imposto de valor fixo resultou, nesse caso – insista-se – de opção legislativa não arbitrária, já que, como visto, se tomou, para base de cálculo, o valor da operação, conforme disposto em lei complementar, e, para alíquota, percentual previsto em lei ordinária, aplicado pelo Poder Executivo, no exercício de competência prevista na Constituição e com absoluto respeito ao limite por esta estabelecido" (GALVÃO, Ilmar. Regime de tributação de cigarros pelo IPI. *RDDT* 155/177, 2008). Vide, ainda, nota ao art. 146-A da CF.

– "... o art. 153, § 1º, da constituição não impõe critério de fixação ou de alteração de alíquota, podendo, perfeitamente, esta modificação ocorrer em percentual, ou com graduação do *quantum* do imposto (alíquota específica) dentro de certos parâmetros, desde que observados, como sucede no caso vertente, as condições e limites estabelecidos em lei ordinária federal. Enfatize-se que, no caso dos Decretos n. 3.070/1999 e n. 4.544/2002, os valores fixados, por eles, situam-se aquém do limite estabelecido pela Lei n. 8.218/1991, limite este constituído pelo que 'resultaria da aplicação da alíquota a que o produto estiver sujeito na Tipi sobre o valor tributável'" (SARAIVA FILHO, Oswaldo Othon de Pontes. *RFDT* 36/27, 2008).

– Sobre a compatibilidade com o CTN da cobrança de IPI por valor fixo desde o Dec. 3.070/99, em face da base de cálculo especial prevista já no DL 34/66, diploma que entrou em vigor simultaneamente ao CTN, vide também: Xavier, Alberto. A tributação do IPI sobre cigarros. *RDDT* 118/9, 2005.

b) na falta do valor a que se refere a alínea anterior, o preço corrente da mercadoria, ou sua similar, no mercado atacadista da praça do remetente;

⇒ **Hipótese excepcional.** O CTN só autoriza que se tome como base de cálculo o valor de mercado não houver elementos que apontem o valor da operação. Ou seja, cuida-se de hipótese supletiva, que se afeiçoa à previsão do art. 148 do CTN atinente ao arbitramento. Esta alínea não autoriza, de modo algum, a imposição de pautas fiscais, do que cuidamos em nota específica à alínea *a*.

⇒ **Preço no mercado atacadista.** "Para compreender que o imposto é realmente um imposto antecedente às etapas de circulação da mercadoria da fonte de produção ao consumo, é de se destacar que a letra 'b' do inciso II faz menção a que, na falta do valor do inciso I 'prevalece o preço constante' não no varejo, mas, sim, 'no mercado atacadista', em clara demonstração de que o IPI incide sobre a circulação inicial da fábrica, mas não pode, em nenhum momento, ser assemelhado ao ICMS que percorre toda a cadeia circulatória iniciada na fábrica, e concluída no varejo. Até por que, o próprio industrial, ao vender sua produção, também é contribuinte do ICMS. Tais premissas são importantes para que se compreenda que qualquer lei ordinária que explicite a lei complementar acerca do IPI não pode ter como referência o valor definido no varejo, mas, sim, apenas o 'valor da operação' que dá início à circulação. vale dizer, o valor da indústria, e não do comércio. Da conformação do produto industrializado e não das operações subsequentes que levam da produção ao consumo. [...] Como se percebe, na inexistência de preço de fábrica, confiável é o valor de mercado atacadista que prevalece, sendo tal valor a distensão máxima permitida pelo legislador complementar. E exatamente dentro dos quadrantes deste artigo que o legislador ordinário pode atual, não podendo alargar, distender a base de cálculo máxima permitida pelo legislador complementar, além dos limites lá estabelecidos" (MARTINS, Ives Gandra da Silva. Hipótese de imposição do IPI à luz dos artigos 47 e 51 do CTN. Base de cálculo não pode superar venda do mercado atacadista. preço de varejo fora do campo de incidência do IPI. Ilegalidade e Inconstitucionalidade da Lei n. 11.727/208... *RDDT* 203/162--181, 2012).

III – no caso do inciso III do artigo anterior, o preço da arrematação.

Art. 48. O imposto é seletivo em função da essencialidade dos produtos.

⇒ **Seletividade.** O art. 153, § 3º, inciso I, da CF impõe que o IPI seja seletivo em função da essencialidade do produto. Sobre o conceito de seletividade e casuística respectiva, vide as notas ao referido dispositivo.

– **Tabela de IPI (TIPI).** As alíquotas do IPI estão estabelecidas na chamada Tipi – Tabela de Incidência do Imposto sobre Produtos Industrializados –, de que cuida o Decreto n. 11.158/2022, que dispõe: "Art. 1º Fica aprovada a Tabela de Incidência do Imposto sobre Produtos Industrializados – TIPI, anexa a este Decreto. Art. 2º A TIPI tem por base a Nomenclatura Comum do Mercosul – NCM. Art. 3º A NCM constitui a Nomenclatura Brasileira de Mercadorias – NBM, baseada no Sistema Harmonizado – SH, para todos os efeitos previstos no art. 2º do Decreto-Lei n. 1.154, de 1º de março de 1971".

– Na TIPI, são identificados os produtos tendo por base a Nomenclatura Comum do Mercosul (NCM), e atribuídas as respectivas alíquotas, sendo que o critério para a variação tem de ser a essencialidade do produto.

– **Enquadramento dos produtos na Tipi.** Na análise da Tipi para fins de enquadramento de um determinado produto, seguem-se os critérios da especialidade e da essencialidade.

– "Tipi. [...] a Tabela de Incidência do IPI – Tipi, veiculada mediante decreto executivo, configura inovação no ordenamento jurídico, ex vi do disposto no artigo 153, § 1º, da Carta Magna, que autoriza a mitigação do princípio da legalidade estrita no que pertine à definição das alíquotas do Imposto sobre Produtos Industrializados, tributo com evidente carga extrafiscal. 4. A Tipi é ato normativo (de caráter geral e abstrato) oriundo do Poder Executivo que elenca e classifica os produtos industrializados cuja saída enseja a tributação pelo IPI, correlacionando as alíquotas aplicáveis, de acordo com os critérios da essencialidade e especificidade, observando-se as disposições contidas nas respectivas notas complementares, excluídos os produtos a que corresponde a notação 'NT' (não tributado)" (STJ, REsp 953.519, 2008).

– **Regras de classificação dos produtos para enquadramento na Tipi.** Conforme o Decreto 8950/2016: "REGRAS GERAIS PARA INTERPRETAÇÃO DO SISTEMA HARMONIZADO A classificação das mercadorias na Nomenclatura rege-se pelas seguintes Regras: 1. Os títulos das Seções, Capítulos e Subcapítulos têm apenas valor indicativo. Para os efeitos legais, a classificação é determinada pelos textos das posições e das Notas de Seção e de Capítulo e, desde que não sejam contrárias aos textos das referidas posições e Notas, pelas Regras seguintes: 2. a) Qualquer referência a um artigo em determinada posição abrange esse artigo mesmo incompleto ou inacabado, desde que apresente, no estado em que se encontra, as características essenciais do artigo completo ou acabado. Abrange igualmente o artigo completo ou acabado, ou como tal considerado nos termos das disposições precedentes, mesmo que se apresente desmontado ou por montar. b) Qualquer referência a uma matéria em determinada posição diz respeito a essa matéria, quer em estado puro, quer misturada ou associada a outras matérias. Da mesma forma, qualquer referência a obras de uma matéria determinada abrange as obras constituídas inteira ou parcialmente por essa matéria. A classificação destes produtos misturados ou artigos compostos efetua-se conforme os princípios enunciados na Regra 3. 3. Quando pareça que a mercadoria pode classificar-se em duas ou mais posições por aplicação da Regra 2 b) ou por qualquer outra razão, a classificação deve efetuar-se da forma seguinte: a) A posição mais específica prevalece sobre as mais genéricas. Todavia, quando duas ou mais posições se refiram, cada uma delas, a apenas uma parte das matérias constitutivas de um produto misturado ou de um artigo composto, ou a apenas um dos componentes de sortidos acondicionados para venda a retalho, tais posições devem considerar-se, em relação a esses produtos ou artigos, como igualmente específicas, ainda que uma delas apresente uma descrição mais precisa ou completa da mercadoria. b) Os produtos misturados, as obras compostas de matérias diferentes ou constituídas pela reunião de artigos diferentes e as mercadorias apresentadas em sortidos acondicionados para venda a retalho, cuja classificação não se possa efetuar pela aplicação da Regra 3 a), classificam-se pela matéria ou artigo que lhes confira a característica essencial, quando for possível realizar esta determinação. c) Nos casos em que as Regras 3 a) e 3 b) não permitam efetuar a classificação, a mercadoria classifica-se na posição situada em último lugar na ordem numérica, dentre as suscetíveis de validamente se tomarem em consideração. 4. As mercadorias que não possam ser classificadas por aplicação das Regras acima enunciadas classificam-se na posição correspondente aos artigos mais semelhantes. 5. Além das disposições precedentes, as mercadorias abaixo mencionadas estão sujeitas às Regras seguintes: a) Os estojos para câmeras fotográficas, instrumentos musicais, armas, instrumentos de desenho, joias e artigos semelhantes, especialmente fabricados para conterem um artigo determinado ou um sortido, e suscetíveis de um uso prolongado, quando apresentados com os artigos a que se destinam, classificam-se com estes últimos, desde que sejam do tipo normalmente vendido com tais artigos. Esta Regra, todavia, não diz respeito aos artigos que confiram ao conjunto a sua característica essencial. b) Sem prejuízo do disposto na Regra 5 a), as embalagens que contenham mercadorias classificam-se com estas últimas quando sejam do tipo normalmente utilizado para o seu acondicionamento. Todavia, esta disposição não é obrigatória quando as embalagens sejam claramente suscetíveis de utilização repetida. 6. A classificação de mercadorias nas subposições de uma mesma posição é determinada, para efeitos legais, pelos textos dessas subposições e das Notas de subposição respectivas, bem como, *mutatis mutandis*, pelas regras precedentes, entendendo-se que apenas são comparáveis subposições do mesmo nível. Na acepção da presente Regra, as Notas de Seção e de Capítulo são também aplicáveis, salvo disposições em contrário. REGRAS GERAIS COMPLEMENTARES (RGC) 1. As Regras Gerais para Interpretação do Sistema Harmonizado se aplicarão, mutatis mutandis, para determinar dentro de cada posição ou subposição, o item aplicável e, dentro deste último, o subitem correspondente, entendendo-se que apenas são comparáveis desdobramentos regionais (itens e subitens) do mesmo nível. 2. As embalagens que contenham mercadorias e que sejam claramente suscetíveis de utilização repetida, mencionadas na Regra 5 b), seguirão seu próprio regime de classificação sempre que estejam submetidas aos regimes aduaneiros especiais de admissão temporária ou de exportação temporária. Caso contrário, seguirão o regime de classificação das mercadorias. REGRA GERAL COMPLEMENTAR DA TIPI (RGC/TIPI) (RGC/TIPI-1) As Regras Gerais para Interpretação do Sistema Harmonizado se aplicarão, 'mutatis mutandis', para determinar, no âmbito de cada código, quando for o caso, o 'Ex' aplicável, entendendo-se que apenas são comparáveis 'Ex' de um mesmo código".

– "Para fins de classificação das mercadorias importadas, a interpretação do conteúdo das posições e desdobramentos da Nomenclatura Comum do Mercosul é feita com observância das Regras Gerais para Interpretação do Sistema Harmonizado, das Regras Gerais complementares e das Notas Complementares e, subsidiariamente, das notas Explicativas do Sistema Harmonizado de Designação e de Codificação de Mercadorias, exaradas pela Organização Mundial das Aduanas, que, na atualidade, traduzidas para o português, residem na instrução normativa da RFB 1.202/2011. [...] No Brasil, emprega-se a Nomenclatura Comum do Mercosul – NCM, cujos códigos contém parte que se refere ao Sistema Harmonizado (os seis primeiros dígitos da esquerda para a direita) e, os dois últimos dígitos (o item, que é o sétimo, e o subitem, que é o oitavo dígito), que são da lavra do Mercosul. [...] não raro, temos ações fiscais desclassificando bens sem o mínimo de rigor técnico e sem amparo, da mesma forma, em prova técnica apta a tanto, cujo ônus probatório sequer fora levado em conta. São atos administrativos estribados em presunção de certeza e legitimidade, mas de duvidosa legalidade, exatamente por virem desamparados de calço técnico adequado, na medida em que as perícias realizadas unilateralmente e sob o manto inquisitivo, já que efetivadas em procedimento de fiscalização sem que o contraditório tenha sido instaurado (art. 14 do Decreto 70.235/1972). É dizer, muitas vezes o contribuinte é chamado para impugnar o auto de infração e já se depara com a realização de uma prova técnica (pericial) completa da qual não participou ou apresentou qualquer questionamento (quesitos), cujo contexto fático é extremamente controvertido. [...] Não podemos admitir... seja desde logo indeferido o pedido de perícia ao argumento de que a prova técnica, unilateral realizada, seja suficiente para dirimir a questão, e a presunção de legitimidade do ato administrativo seja irrefutável, se cotejo de prova quanto aos fatos controversos, legitimador, então, do direito ao ônus probatório pelo contribuinte. [...] afora o fato da necessidade inexorável de realização de prova técnica, chamada a Fazenda para a defesa do ato praticado, deverá demonstrar efetivamente o fundamento da prática de seu ato e não simplesmente repetir o conteúdo administrativo motivador que a levou a adotar determinada classificação fiscal como a correta..." (BREDA, Felippe Alexandre Raos. Ônus probatório nas lides tributário-aduaneiras. *RDDT* 205/27-40, 2012).

– **Especificidade e essencialidade.** "A interpretação da Tipi é direcionada no sentido da especificidade, de modo que a classificação mais específica prevalecerá sobre a mais genérica. Em se tra-

tando de embalagens para produtos industrializados, o grau de essencialidade é definido em razão do produto que acondiciona e não da embalagem em si considerada" (PROCURADORIA-GERAL DA REPÚBLICA. IPI – princípio da seletividade em função da essencialidade do produto – destinação ou finalidade do produto industrializado. *RDDT* 214/153, 2013).

– "IMPOSTO SOBRE PRODUTOS INDUSTRIALIZADOS... CLASSIFICAÇÃO TRIBUTÁRIA. ALÍQUOTA. Tratando-se de produto com enquadramento específico na Tabela de Incidência do Imposto Sobre Produtos Industrializados (Tipi) – alimentos para cães e gatos, acondicionados para venda a retalho – é indevida a sua inclusão em código diverso, de caráter genérico" (STJ, EREsp 1.307.904, 2013).

– "IPI. TIPI. CLASSIFICAÇÃO. ESPECIFICIDADE. ESSENCIALIDADE DO PRODUTO. A classificação na Tipi rege-se pelos critérios da especificidade e da essencialidade. As embalagens para alimentos, incluindo embalagens plásticas para alimentos, têm classificação própria, com alíquota zero, justificada pela essencialidade do produto" (TRF4, AMS 199904011070002, 2003).

– "IMPOSTO SOBRE PRODUTOS INDUSTRIALIZADOS – IPI. CLASSIFICAÇÃO DO PRODUTO PARA FIXAÇÃO DE ALÍQUOTA. A incidência da alíquota do IPI é determinada pelas características peculiares do produto, sendo que a regra específica supera aquela considerada geral" (TRF4, AC 1999.70.07.002875-6, 2002).

– "... IMPOSTO SOBRE PRODUTOS INDUSTRIALIZADOS... CLASSIFICAÇÃO. ALÍQUOTA... 1. A regra de interpretação adotada pela Tipi estabelece que a posição mais específica prevalece sobre a mais genérica e os produtos que possam ser enquadrados em mais de uma posição específica devam ser classificados pela sua característica essencial" (TRF4, AC 1999.04.01.085400-5, 2000).

– **Se há item próprio e específico, não se justifica enquadramento em código genérico.** "2. Os produtos industrializados pela contribuinte – alimentos para cães e gatos, acondicionados para venda a retalho – têm enquadramento próprio e específico na Tabela do Imposto sobre Produtos Industrializados – Tipi (Código 2309.10.00), razão pela qual é inadequada a sua inclusão no código genérico (2309.90.10), de caráter residual. Não há como considerar específico um código que se refere a diversos tipos de animais em relação a um outro que se refere somente a cães e gatos. O fato de o alimento ser completo é irrelevante. Precedentes... 3. O código específico para os alimentos para cães e gatos, completos ou não, é o código 2309.10.00, se acondicionados para venda a retalho, e 23.09.90.90, se não acondicionados para venda a retalho, ambos sujeitos à alíquota de 10% (dez por cento). Superado o entendimento jurisprudencial em sentido contrário contido nos precedentes..." (STJ, REsp 1.225.283, 2013).

– "IPI. RAÇÃO PARA ANIMAIS. TIPI. ENQUADRAMENTO. 1. Os produtos industrializados pela impetrante – alimentos para cães e gatos, acondicionados para venda a retalho – têm enquadramento próprio e específico na Tabela do Imposto sobre Produtos Industrializados – Tipi (Código 2309.10.00), razão pela qual é inadequada a sua inclusão em código genérico, de caráter residual" (STJ, REsp 1.087.925, 2011).

– **Classificação pelo produto completo.** "... IPI... CLASSIFICAÇÃO DO PRODUTO. ISENÇÃO. [...] A classificação se faz pelo produto completo, ainda quando se apresente e seja transportado desmontado. [...]" (TRF4, AC 200004010117775, 2003).

⇒ **Alíquotas positivas, alíquota zero e NT.** A Tipi, ao especificar as alíquotas aplicáveis a cada produto, atribui-lhes a condição de não tributados (NT), tributados à alíquota zero (0%) e tributados com alíquotas específicas (15%, 30% etc.). Há produtos que se enquadram genericamente de acordo com o gênero a que pertencem (Outros: NT, Outros: 27% etc.).

⇒ **Condições e limites para alterações pelo Executivo.** O Executivo pode alterar as alíquotas do IPI, observadas as condições e os limites estabelecidos por lei e desde que respeitada a anterioridade nonagesimal, nos termos dos arts. 153, § 1º, e 150, III, *c*, da CF. O DL n. 1.199/71 é que, dispondo sobre a tabela do IPI (Tipi), estabelece os limites para as alterações de alíquotas pelo Executivo.

– DL n. 1.199/71: "Art. 4º O Poder Executivo, em relação ao Impôsto sôbre Produtos Industrializados, quando se torne necessário atingir os objetivos da política econômica governamental, mantida a seletividade em função da essencialidade do produto, ou, ainda, para corrigir distorções, fica autorizado: I – a reduzir alíquotas até 0 (zero); II – a majorar alíquotas, acrescentando até 30 (trinta) unidades ao percentual de incidência fixado na lei; III – a alterar a base de cálculo em relação a determinados produtos, podendo, para êsse fim, fixar-lhes valor tributável mínimo". Obs.: o inciso III, evidentemente, não foi recepcionado pela Constituição, que não mais permite que o Executivo disponha sobre a base de cálculo dos impostos, mas tão somente que altere as alíquotas, observadas as condições e os limites estabelecidos por lei (art. 153, § 1º, da CF).

– A graduação das alíquotas entre zero e trinta pontos percentuais além do estabelecido no DL 1.199/71, como meio para o atingimento dos objetivos da política econômica, não dispensa a manutenção da seletividade em função da essencialidade do produto.

– "... IMPOSTO SOBRE PRODUTOS INDUSTRIALIZADOS – IPI. AÇÚCAR DE CANA. POLÍTICA NACIONAL DE PREÇOS UNIFICADOS. LEI 8.393/91. DECRETO 420/92. EXTRAFISCALIDADE. 1. Cessada a política nacional de unificação dos preços do açúcar de cana, não se retorna ao regime anterior em que havia 'tributação pela alíquota zero', porquanto a função extrafiscal, revelada no caso dos autos, autoriza o Poder Executivo a fixar as alíquotas, respeitadas as disposições legais, em prol do interesse nacional. 2. O art. 2º da Lei 8.393/91 não impôs taxativamente a fixação da alíquota em 18% (dezoito por cento), mas apenas explicitou que esta não poderia ser fixada em percentual superior. 3. Recurso especial conhecido e improvido" (STJ, REsp 437.666, 2003).

– **Motivação da alteração.** Sobre a motivação dos atos de alteração das alíquotas, sob pena de invalidade, vide nota ao art. 153, § 1º, da CF.

Art. 49. O imposto é não cumulativo, dispondo a lei de forma que o montante devido resulte da diferença a maior, em determinado período, entre o imposto referente aos produtos saídos do estabelecimento e o pago relativamente aos produtos nele entrados.

⇒ **Não cumulatividade.** Vide art. 153, § 3º, inciso II, da CF e respectivas notas.

⇒ **Créditos de IPI.** Há diversos créditos de IPI. O crédito apropriado na entrada de produtos adquiridos pela indústria, inerente à não cumulatividade do imposto, é denominado de crédito básico. Mas há, também, incentivos fiscais através dos quais a lei determina a apropriação de créditos de IPI que de outro modo não existiriam, como o crédito-prêmio do DL n. 461/69, extinto em 1990, e o crédito presumido da Lei n. 9.363/96, ambos incentivos às exportações.

– **Direito à correção monetária.** Vide notas ao art. 153, § 3º, II, da CF.

– **Crédito básico *x* crédito presumido. Distinção.** "O Regulamento do Imposto sobre Produtos Industrializados denomina os créditos fiscais decorrentes do sistema de apuração do imposto de créditos básicos, para distingui-los de outros créditos não associados, diretamente, ao processo de industrialização, ou melhor dizendo, ao Princípio da Não Cumulatividade. [...] O Regulamento do IPI, para fins de distinção, classifica os créditos escriturais do imposto nas seguintes categorias: 1) Créditos Básicos. 2) Créditos Por Devolução ou retorno de Mercadorias. 3) Créditos como Incentivos. 4) Créditos de Outra Natureza. 5) Créditos Presumidos. [...] Créditos Básicos, conforme vimos, são aqueles diretamente associados ao Princípio da Não cumulatividade e ao processo de industrialização. [...] O crédito presumido do IPI, a título de ressarcimento pelo PIS/PASEP e COFINS constitui, na realidade, um incentivo à exportação de produtos industrializados nacionais. De acordo com o art. 153, § 3º inciso III, a exportação de produtos industrializados ao exterior goza de imunidade do IPI. Contudo, essas operações, vitais para economia brasileira, são oneradas pelo PIS/PASEP e pela COFINS incidentes sobre as aquisições de insumos empregados na industrialização de produtos destinados à exportação. A fim de reduzir esse ônus, a legislação do IPI prevê a concessão de um crédito presumido do imposto, para as empresas produtoras e exportadoras de mercadorias nacionais, como ressarcimento do PIS/PASEP e da COFINS, nas aquisições, no mercado interno, de matérias-primas, produtos intermediários e material de embalagem a serem utilizados no processo produtivo. A concessão desse crédito presumido estende-se, inclusive, nos casos de vendas à empresa comercial exportadora, com o fim específico de exportação para o exterior. O crédito presumido será o resultado da aplicação do percentual de 5,37% [...] sobre a relação entre o valor total das aquisições de matérias-primas, produtos intermediários e material de embalagem e a receita de exportação e a receita operacional bruta do produtor exportador" (REIS, Maria

Lúcia Américo dos; BORGES, José Cassiano. *O IPI ao alcance de todos*. Rio de Janeiro: Forense, 1999, p. 166-167 e 173-174).

– **Direito a créditos de IPI. Prazo prescricional quinquenal. Incidência do DL 20.910/32. Inaplicabilidade do art. 168 do CTN.** "IPI... DIREITO AO CREDITAMENTO. PRESCRIÇÃO QUINQUENAL. 1. É uníssona na 1ª Seção a tese de que a prescrição, em ações que visam o recebimento de créditos de IPI relativos à aquisição de insumos isentos, não tributados ou sujeitos à alíquota zero, é quinquenal. 2. O *thema iudicandum* não versa pedido de restituição do indébito tributário, mas de reconhecimento de aproveitamento de crédito, decorrente da regra da não cumulatividade, estabelecida pelo texto constitucional, razão pela qual não há que se cogitar da aplicação do artigo 168, do CTN, incidindo à espécie o Decreto n. 20.910/32, que estabelece o prazo prescricional de cinco anos, contados a partir do ajuizamento da ação. 3. Precedentes jurisprudenciais do STJ: REsp 504.186/PR, Segunda Turma, Min. Eliana Calmon, *DJ* de 11/10/2004; RESP 541.633/SC, Segunda Turma, Min. Castro Meira, *DJ* de 11/10/2004; RESP 554.794/SC, Segunda Turma, Min. João Otávio de Noronha, *DJ* de 11/10/2004; AgRg no AG 571.450/SC, Primeira Turma, Min. Denise Arruda, *DJ* de 27/09/2004 e RESP 627.789/PR, Primeira Turma, Min. Teori Albino Zavascki, *DJ* de 23/08/2004. 4. Embargos de divergência acolhidos" (STJ, EDivREsp 427.448, 2005).

⇒ **Crédito-presumido de IPI na exportação. Lei n. 9.363/96. Regime.** O crédito-presumido de que trata a Lei 9.363/96 não se confunde com o crédito básico. Quanto ao crédito-presumido, é impertinente a invocação da não cumulatividade do IPI e do seu regime. O crédito-presumido de IPI de que trata a Lei 9.363/96 constitui incentivo à exportação, visando ao afastamento dos efeitos da cumulatividade da contribuição ao PIS e da COFINS. O crédito-presumido pressupõe a exportação de produto industrializado, mas independe de estar ou não a aquisição dos insumos sujeita ao IPI. Importa, sim, que os insumos tenham sido onerados pela contribuição ao PIS e pela COFINS, eis que o crédito-prêmio visa ao ressarcimento destas, de modo que tal circunstância deve ser considerada na apuração do crédito-presumido. Na apuração da base de cálculo do crédito-presumido, consideram-se apenas os insumos utilizados na industrialização do produto exportado. A Portaria MF 093/04 dispõe sobre o cálculo e a utilização do crédito presumido.

– A Lei n. 9.363/96 foi clara ao conceder o benefício do crédito presumido como modo de ressarcimento das contribuições "incidentes sobre as respectivas aquisições, no mercado interno, de matérias-primas, produtos intermediários e material de embalagem, para utilização no processo produtivo" (art. 1º), estabelecendo, ainda, que a "base de cálculo do crédito presumido será determinada mediante a aplicação, sobre o valor total das aquisições de matérias-primas, produtos intermediários e material de embalagem referidos no artigo anterior, do percentual correspondente à relação entre a receita de exportação e a receita operacional bruta do produtor exportador.

– **Suspensão do benefício em 1999. MP n. 1.807-02/99.** Não há direito adquirido ao regime jurídico do crédito-presumido de IPI, que constitui benefício fiscal, podendo ser concedido, suspenso ou revogado por lei. Daí por que a suspensão pela MP n. 1.807/99 (MP n. 2.158/01) não é, por si só, inválida. Mas eventual comprometimento de negócio já formalizado pode ser discutido, em concreto, sob a perspectiva da proteção à confiança (segurança jurídica em seu conteúdo de confiança no tráfego jurídico). Além disso, a suspensão do benefício, que implicou aumento da carga tributária quanto ao IPI, só poderia ter gerado efeitos com a observância da anterioridade, forte no art. 150, III, *b*, da CF c/c o art. 178 do CTN. Em nota a tais artigos há referência a julgados no STF no sentido da aplicação da garantia da anterioridade não só ao aumento de tributos mas também à redução de incentivos.

– No sentido da invalidade ou da necessidade de observância da anterioridade: "... não pode ser admitida a aplicação da suspensão do crédito presumido para o período de 1º de abril de 1999 até 31 de dezembro de 1999, por implicar ofensa ao art. 178 do CTN, mormente em razão de determinar expressamente a observância do prazo estipulado no art. 104. [...] Mesmo se o prazo do art. 178 não fosse aplicado... por resultar da suspensão a modificação do regime jurídico da Cofins e PIS incidentes na exportação e ainda o aumento de carga fiscal suportada pelo exportador, haveria de ter sido respeitado o termo inicial de sua aplicação, o prazo de 90 (noventa dias) contados da publicação da MP 1.807-2/1999, prescrito pelo princípio da anterioridade nonagesimal previsto no art. 195, § 6º, da Constituição Federal. [...] A inconstitucionalidade do art. 12 da MP 1.805-2/1999, além disso, advém da ofensa ao princípio da proporcionalidade. [...] a suspensão do crédito presumido não foi adequada para quaisquer fins objetivados pelo Governo Federal em face do interesse público, pois, além de tratado com descaso o setor da exportação, após manifestações de incentivo das autoridades governamentais, teve o efeito inafastável de abalar o aumento das exportações para o ano de 1999, pois acarretou a redução na ordem de 6,1% quando comparadas às exportações do ano de 1998. [...] A perda repentina do incentivo fiscal também resulta a inconstitucionalidade do art. 12 da MP 1.807-2/1999 pelo direito Adquirido previsto no art. 5º, XXXVI..., pois a suspensão contada a partir de 1º de abril de 1999 atingiu exportações negociadas com importadores estrangeiros em período anterior, nas quais o preço de venda definido no negócio foi estipulado em razão do recebimento do incentivo fiscal" (GONÇALVES, Fernando Dantas Casillo. Exportação – Crédito presumido da Lei n. 9.363/1996 – Medida Provisória n. 1.807-2/1999 e reedições – Suspensão do incentivo entre abril a dezembro de 1999 – Inconstitucionalidades. *RET* 50, 2006).

– **Fornecedor pessoa física ou jurídica. Súmula STJ n. 494:** "O benefício fiscal do ressarcimento do crédito presumido do IPI relativo às exportações incide mesmo quando as matérias-primas ou os insumos sejam adquiridos de pessoa física ou jurídica não contribuinte do PIS/Pasep". 2012.

– "1. O crédito presumido de IPI, instituído pela Lei 9.363/96, não poderia ter sua aplicação restringida por força da Instrução Normativa SRF 23/97, ato normativo secundário, que não pode inovar no ordenamento jurídico, subordinando-se aos limites do texto legal. 2. A Lei 9.363/96 instituiu crédito presumido de IPI para ressarcimento do valor do PIS/Pasep e Cofins, ao dispor que: 'Art. 1º A empresa produtora e exportadora de mercadorias nacionais fará jus a crédito presumido do Imposto sobre Produtos Industrializados, como ressarcimento das contribuições de que tratam as Leis Complementares ns. 7, de 7 de setembro de 1970, 8, de 3 de dezembro de 1970, e de dezembro de 1991, incidentes sobre as respectivas aquisições, no mercado interno, de matérias-primas, produtos intermediários e material de embalagem, para utilização no processo produtivo. Parágrafo único. O disposto neste artigo aplica-se, inclusive, nos casos de venda a empresa comercial exportadora com o fim específico de exportação para o exterior'. 3. O artigo 6º, do aludido diploma legal, determina, ainda, que 'o Ministro de Estado da Fazenda expedirá as instruções necessárias ao cumprimento do disposto nesta Lei, inclusive quanto aos requisitos e periodicidade para apuração e para fruição do crédito presumido e respectivo ressarcimento, à definição de receita de exportação e aos documentos fiscais comprobatórios dos lançamentos, a esse título, efetuados pelo produtor exportador'. 4. O Ministro de Estado da Fazenda, no uso de suas atribuições, expediu a Portaria 38/97, dispondo sobre o cálculo e a utilização do crédito presumido instituído pela Lei 9.363/96 e autorizando o Secretário da Receita Federal a expedir normas complementares necessárias à implementação da aludida portaria (artigo 12). 5. Nesse segmento, o Secretário da Receita Federal expediu a Instrução Normativa 23/97 (revogada, sem interrupção de sua força normativa, pela Instrução Normativa 313/2003, também revogada, nos mesmos termos, pela Instrução Normativa 419/2004), assim preceituando: 'Art. 2º Fará jus ao crédito presumido a que se refere o artigo anterior a empresa produtora e exportadora de mercadorias nacionais. § 1º O direito ao crédito presumido aplica-se inclusive: I – Quando o produto fabricado goze do benefício da alíquota zero; II – nas vendas a empresa comercial exportadora, com o fim específico de exportação. § 2º O crédito presumido relativo a produtos oriundos da atividade rural, conforme definida no art. 2º da Lei n. 8.023, de 12 de abril de 1990, utilizados como matéria-prima, produto intermediário ou embalagem, na produção bens exportados, será calculado, exclusivamente, em relação às aquisições, efetuadas de pessoas jurídicas, sujeitas às contribuições PIS/Pasep e Cofins'. 6. Com efeito, o § 2º, do artigo 2º, da Instrução Normativa SRF 23/97, restringiu a dedução do crédito presumido do IPI (instituído pela Lei 9.363/96), no que concerne às empresas produtoras e exportadoras de produtos oriundos de atividade rural, às aquisições, no mercado interno, efetuadas de pessoas jurídicas sujeitas às contribuições destinadas ao PIS/Pasep e à Cofins. 7. Como de sabença, a validade das instruções normativas (atos normativos secundários) pressupõe a estrita observância dos limites impostos pelos atos normativos primários a que se subordinam (leis, tratados, convenções internacionais, etc.), sendo certo que, se vierem a positivar em seu texto uma exegese que possa irromper a hierarquia normativa sobrejacente, viciar-se-ão de ilegalidade e não de inconstitucionalidade (Precedentes do Supremo Tribunal Federal: ADI 531 AgR, Rel. Min. Celso de Mello, Tribunal Pleno, julgado em 11.12.1991, DJ 03.04.1992; e ADI 365 AgR, Rel. Min. Celso de Mello, Tribunal Pleno, julgado em 07.11.1990, DJ 15.03.1991). 8. Consequentemente, sobressai a 'ilegalidade' da instrução normativa que extrapolou os limites impostos pela Lei 9.363/96, ao excluir, da base de cálculo do benefício do crédito presumido do IPI, as aquisições (relativamente aos produtos oriundos de atividade rural) de matéria-prima e de insumos de fornecedores não sujeito à tributação pelo PIS/Pasep e pela Cofins Precedentes. [...] 9. É que: (i) 'a Cofins e o PIS oneram em cascata o produto rural e, por isso, estão embutidos no valor do produto final adquirido pelo produtor-exportador, mesmo não havendo incidência na sua última aquisição'; (ii) 'o Decreto 2.367/98 – Regulamento do IPI –, posterior à Lei 9.363/96, não fez restrição às aquisições de produtos rurais'; e (iii) 'a base de cálculo do ressarcimento é o valor total das aquisições dos insumos utilizados no processo produtivo (art. 2º), sem condicionantes' (REsp 586392/RN). [...] 12. A oposição constante de ato estatal, administrativo ou normativo, impedindo a utilização do direito de crédito de IPI (decorrente da aplicação do princípio constitucional da não cumulatividade), descaracteriza referido crédito como escritural (assim considerado aquele oportunamente lançado pelo contribuinte em sua escrita contábil), exsurgindo legítima a incidência de correção monetária, sob pena de enriquecimento sem causa do Fisco (Aplicação analógica do precedente da Primeira Seção submetido ao rito do artigo 543-C, do CPC: REsp 1035847/RS, Rel. Min. Luiz Fux, julgado em 24.06.2009, DJe 03.08.2009). [...] 15. Recurso especial da empresa provido para reconhecer a incidência de correção monetária e a aplicação da Taxa Selic. 16. Recurso especial da Fazenda Nacional desprovido. 17. Acórdão submetido ao regime do artigo 543-C, do CPC, e da Resolução STJ 08/2008" (STJ, REsp 993.164, 2010).

– Entendíamos, inicialmente, que a referência, na IN 23/97, a que a apuração de crédito se dará "em relação às aquisições, efetuadas de pessoas jurídicas, sujeitas às contribuições PIS/Pasep e Cofins" era inerente ao benefício instituído, que visa justamente a compensar o ônus da incidência de tais tributos, pressupondo, portanto, que onerem os insumos. A orientação do STJ, porém, é diversa e considera justamente o fato de que tais contribuições oneram o produto adquirido de pessoa física, ainda que não seja esta contribuinte.

– **Não tributação das operações internas. Desimportância.** "... IPI. CRÉDITO-PRESUMIDO. LEI 9.363/96. NÃO TRIBUTAÇÃO DAS OPERAÇÕES INTERNAS. DESIMPORTÂNCIA. CORREÇÃO MONETÁRIA. HONORÁRIOS. O crédito-presumido de IPI previsto na Lei 9.363/96 constitui benefício fiscal que visa a desonerar as exportações, compensando os ônus atinentes ao PIS e à COFINS que encareceriam o produto nacional. Pode ser compensado com o IPI devido nas operações internas ou ressarcido em moeda na impossibilidade de compensação. A não tributação das operações internas não infirma o crédito presumido. Considerando-se que houve óbice oposto pela Administração à pretendida restituição administrativa, impõe-se garantir-se a correção monetária para que tenha efetividade a prestação jurisdicional e se impeça o enriquecimento sem causa da União em detrimento do contribuinte" (TRF4, AC 200004010013428, 2003).

– **Beneficiário. Art. 1º da Lei n. 9.363/96. IN n. 23/97. Ilegalidade.** "CRÉDITO PRESUMIDO DO IPI. AQUISIÇÃO DE MATÉRIAS-PRIMAS E INSUMOS DE PESSOA FÍSICA. LEI 9.363/96 E IN/SRF 23/97. LEGALIDADE. 1. A IN/SRF

23/97 extrapolou a regra prevista no art. 1º da Lei 9.363/96, ao excluir da base de cálculo do crédito presumido do IPI as aquisições, relativamente aos produtos da atividade rural, de matéria-prima e de insumos de pessoas físicas, que, naturalmente, não são contribuintes diretos do PIS/PASEP e da COFINS. 2. Entendimento que se baseia nas seguintes premissas: a) a COFINS e o PIS oneram em cascata o produto rural e, por isso, estão embutidos no valor do produto final adquirido pelo produtor-exportador, mesmo não havendo incidência na sua última aquisição; b) o Decreto 2.367/98 – Regulamento do IPI –, posterior à Lei 9.363/96, não fez restrição às aquisições de produtos rurais; c) a base cálculo do ressarcimento é o valor total das aquisições dos insumos utilizados no processo produtivo (art. 2º), sem condicionantes. 3. Regra que tentou resgatar exigência prevista na MP 674/94 quanto à apresentação das guias de recolhimentos das contribuições do PIS e da COFINS, mas que, diante de sua caducidade, não foi renovada pela MP 948/95 e nem na Lei 9.363/96" (STJ, REsp 586.392, 2004).

– Empresa fabricante que coloca seus produtos no exterior através de empresa comercial. "... EXPORTAÇÃO. CRÉDITO PRÊMIO DE IPI. LEI 9.363/96. FABRICANTE. EXPORTAÇÃO ATRAVÉS DE *TRADING COMPANY*. 1. Tendo em conta a tradicional abrangência dos fabricantes de produtos destinados ao exterior pelos benefícios à exportação, o interesse do legislador em desonerar as exportações e o dever de observância da isonomia, tem-se que já a redação do *caput* do art. 1º da MP 948/95, ao se referir a empresa produtora e exportadora, abrangia tanto a empresa fabricante de produtos destinados ao exterior que promovesse por si a exportação como a empresa fabricante de produtos destinados ao exterior que colocasse seus produtos no mercado exterior através de empresa comercial. 2. Apelação provida" (TRF4, AC 2000.04.01.108328-1, 2001).

– Transferência de créditos-prêmio. DL 64.833/69. Vide artigo de Gabriel Lacerda Troianelli e Juliana Gueiros, A permanência do direito à transferência de créditos-prêmio de IPI nos termos do artigo 3º, § 2º, *b*, do Decreto n. 64.833/69, *RDDT* 70/61-71, 2001.

– Empresa simplesmente comercial que adquire o produto para exportar. Ausência do direito. "IPI. CRÉDITO PRESUMIDO. LEI 9.363/1996. ART. 1º EMPRESA COMERCIAL QUE ADQUIRE BEM NO MERCADO INTERNO. BENEFÍCIO. NÃO FRUIÇÃO... 2. O benefício fiscal previsto no art. 1º da Lei 9.363/1996 foi concebido como incentivo aos fabricantes de produtos nacionais destinados à exportação. Assim, somente as empresas que produzem os bens exportados são beneficiadas. 3. A teleologia do benefício fiscal em favor do fabricante é prestigiada pelo STJ, que reconhece o direito em favor do comerciante que produz o bem por meio de terceiros. Ou seja, o crédito presumido é, excepcionalmente, direito da empresa que adquire as matérias-primas, envia-as a terceiro fabricante e, posteriormente, exporta o produto acabado. 4. Hipótese em que a recorrente é simples empresa comercial que adquire o produto acabado no mercado interno e, em seguida, exporta-o. Não se trata da indústria que fabrica o bem. Tampouco é mercadoria produzida por terceiro, por conta da recorrente.5. Inviável interpretar extensivamente o benefício fiscal para abarcar empresa

que não industrializa o produto exportado (art. 111 do CTN)" (STJ, REsp 546.491, 2009).

– Empresas exportadoras de mercadorias nacionais adquirentes de matéria-prima rural. "1. As empresas importadoras e exportadoras de mercadorias nacionais adquirentes de matéria-prima rural fazem jus, mediante crédito presumido de IPI, ao benefício fiscal de ressarcimento dos valores pagos a título de PIS/Pasep e Cofins, não se aplicando as Instruções Normativas 23/97, 303/03 e 419/04 da Receita Federal, conforme entendimento fixado em recurso especial julgado sob o regime do art. 543-C do CPC" (AgRg nos EDcl no REsp 1.254.402, 2013).

– Empresa com filiais. "... CRÉDITO PRESUMIDO DO IPI. MP 948/95. LEI 9363/96. CORREÇÃO MONETÁRIA DO CRÉDITO. MULTA E JUROS DE MORA. COMPENSAÇÃO. HONORÁRIOS. 1. O legislador, ao editar a MP n. 948/95 e, posteriormente, a Lei n. 9.363/96, teve a intenção de fortalecer as exportações, reduzindo o custo das mercadorias ao deferir o crédito presumido do IPI, não havendo razão, até mesmo por uma questão de isonomia, em diferenciar a pessoa jurídica detentora de apenas um estabelecimento das que possuem diversas filiais, mesmo antes da MP n. 1.484/96. 2. Inadmissível a correção monetária dos créditos escriturais por ausência de previsão legal. Precedentes do STJ, do STF e da 1ª Seção desta Corte (EIAC n. 2000.04.01.011990-5/SC, julgado em 03.05.2002)" (TRF4, AC 1999.71.08.009145-3, 2002).

– Transferência para filial. "Quando o crédito fiscal do IPI for incentivado para exportação do produto final pode o contribuinte transferir o crédito excedente de uma filial para outra ou para a matriz ainda que em outro Estado" (TRF1, AMS 2003.38.00.023742-2, 2006).

– Cálculo do crédito presumido. Receita de Exportação. Revenda de mercadorias ao exterior. "... a Lei n. 9.363/96 é clara ao atribuir, exclusivamente ao Ministro de Estado da Fazenda, competência para baixar as instruções necessárias ao cumprimento de suas disposições, inclusive quanto à definição da Receita de Exportação (RE). E com essa finalidade o Sr. Ministro da Fazenda expediu a referida Portaria n. 38/97, que foi bem explícita na definição de receita de exportação, para fins de crédito presumido, estabelecendo que esta corresponde ao produto de venda de mercadorias nacionais para o exterior e para empresa comercial exportadora, com o fim específico de exportação, aí consideradas, evidentemente, as mercadorias revendidas. [...] o coordenador-geral do sistema de tributação é que, ao interpretar a Lei n. 9.363/96, extrapolou de suas atribuições, invadindo a esfera de competência do Ministro da Fazenda, com o intuito de estabelecer um novo conceito de receita de exportação. [...] o coordenador-geral do sistema de tributação determinou que fossem desconsideradas as receitas provenientes de revendas de mercadorias ao exterior, reduzindo, com isso, o benefício fiscal. [...] a IN/SRF n. 69/01, nasceu viciada, na essência, da mesma ilegalidade aqui apontada, pois não cabe ao Secretário da Fazenda inovar na conceituação de Receita de Exportação (RE), que já estava estabelecida pelo Ministro da Fazenda" (MACHADO, Luís Antônio Licks Missel. Crédito presumido de IPI. Lei n. 9.363/96. Ilegalidade das alterações introduzidas na sistemática de cálculo pelo ADN/Cosit n. 13/98 e Portaria MF n. 64/03. *RET* 36/5, 2004).

– **Produtos NT não geram direito ao crédito presumido. Súmula CARF 124:** "A produção e a exportação de produtos classificados na Tabela de Incidência do IPI (TIPI) como 'não tributados' não geram direito ao crédito presumido de IPI de que trata o art. 1º da Lei n. 9.363, de 1996".

– **Consideração dos custos com combustíveis e energia. Descabimento no regime da Lei 9.363/96.** É posição firme na jurisprudência que o art. 147, inc. I, do Ripi/1998, reproduzido n. 226, inc. I, do Decreto n. 7.212/2010 (Ripi/10), ao se referir às matérias-primas e aos produtos intermediários que "embora não se integrando ao novo produto, forem consumidos no processo de industrialização", não alcança os combustíveis, energia elétrica, gases e lubrificantes utilizados para o funcionamento do parque industrial do contribuinte. Não se pode, pois, dar à Lei n. 9.363/96 outra interpretação senão aquela que, conforme a legislação do IPI, tem prevalecido. Assim, apenas no regime alternativo de que cuida a Lei n. 10.276/2001, por força de autorização legal expressa, é que o cálculo do benefício pode ter em conta a energia e o combustível consumidos no processo produtivo.

– **Súmula CARF 19:** "Não integram a base de cálculo do crédito presumido da Lei n. 9.363, de 1996, as aquisições de combustíveis e energia elétrica uma vez que não são consumidos em contato direto com o produto, não se enquadrando nos conceitos de matéria-prima ou produto intermediário".

– "IPI. CRÉDITO PRESUMIDO. ART. 1º DA LEI N. 9.363/96. ENERGIA ELÉTRICA. IMPOSSIBILIDADE DE CREDITAMENTO... 2. A energia elétrica consumida no processo produtivo, por não sofrer ou provocar ação direta mediante contato físico com o produto, não integram o conceito de 'matérias-primas' ou 'produtos intermediários' para efeito da legislação do IPI e, por conseguinte, para efeito da obtenção do crédito presumido de IPI, como ressarcimento das contribuições ao PIS/PASEP e à Cofins, na forma do art. 1º, da Lei n. 9.363/96. Precedentes... 4. Inaplicabilidade do EREsp 899485/RS, Primeira Seção, Rel. Min. Humberto Martins, julgado em 13/08/2008, que admitiu o creditamento de ICMS pela energia elétrica, posto tratar de hipótese distinta já que a legislação do ICMS (art. 33, II, 'b', da Lei Complementar n. 87/96) não exige o contato físico do insumo com o produto, mas apenas o consumo no processo de industrialização" (STJ, REsp 1.331.033, 2013).

– "... Apenas no regime alternativo de que cuida a Lei 10.276/901, por força de autorização legal expressa, é que o cálculo do benefício pode ter em conta a energia e o combustível consumidos no processo produtivo. No regime da Lei 9.363/96, tal não é admitido. [...]" (TRF4, AMS 2005.72.05.002481-8, 2006).

– **Súmula CARF 128. Receitas de exportação.** Enunciado: "No cálculo do crédito presumido de IPI, de que tratam a Lei n. 9.363, de 1996 e a Portaria MF n. 38, de 1997, as receitas de exportação de produtos não industrializados pelo contribuinte incluem-se na composição tanto da Receita de Exportação – RE, quanto da Receita Operacional Bruta – ROB, refletindo nos dois lados do coeficiente de exportação – numerador e denominador" (CSRF, 2018). Obs.: vinculante, conforme Portaria ME n. 129/2020.

– **Súmula CARF 183. Atividades anteriores à fase industrial.** Enunciado: "O valor das aquisições de matérias-primas, produtos intermediários, materiais de embalagem, energia elétrica e combustíveis, empregados em atividades anteriores à fase industrial do processo produtivo, não deve ser incluído na base de cálculo do crédito presumido do IPI, de que tratam as Leis ns. 9.363/96 e 10.276/01" (CSRF, 2021). Obs.: vinculante, conforme Portaria ME n. 12.975/2021.

– **Regime alternativo ao da Lei n. 9.363/96. Lei n. 10.276/2001. Consideração dos custos com combustíveis e energia.** "Art. 1º Alternativamente ao disposto na Lei 9.363/96, a pessoa jurídica produtora e exportadora de mercadorias nacionais para o exterior poderá determinar o valor do crédito presumido do Imposto sobre Produtos Industrializados (IPI), como ressarcimento relativo às contribuições para os Programas de Integração Social e de Formação do Patrimônio do Servidor Público (PIS/Pasep) e para a Seguridade Social (Cofins), de conformidade com o disposto em regulamento. § 1º A base de cálculo do crédito presumido será o somatório dos seguintes custos, sobre os quais incidiram as contribuições referidas no *caput*: I – de aquisição de insumos, correspondentes a matérias-primas, a produtos intermediários e a materiais de embalagem, bem assim de energia elétrica e combustíveis, adquiridos no mercado interno e utilizados no processo produtivo; II – correspondentes ao valor da prestação de serviços decorrente de industrialização por encomenda, na hipótese em que o encomendante seja o contribuinte do IPI, na forma da legislação deste imposto. § 2º O crédito presumido será determinado mediante a aplicação, sobre a base de cálculo referida no § 1º, do fator calculado pela fórmula constante do Anexo. § 3º Na determinação do fator (F), indicado no Anexo, serão observadas as seguintes limitações: I – o quociente será reduzido a cinco, quando resultar superior; II – o valor dos custos previstos no § 1º será apropriado até o limite de oitenta por cento da receita bruta operacional. [...]".

– **Vendas à Zona Franca de Manaus geram direito a crédito-presumido.** "VENDAS À ZONA FRANCA DE MANAUS. EQUIPARAÇÃO À EXPORTAÇÃO. CRÉDITO PRESUMIDO DE IPI. ART. 40 DO ADCT. LEIS 9.363/96 E 10.276/01. Para efeitos fiscais, a exportação de mercadorias destinadas à Zona Franca de Manaus equivale a uma exportação de produto brasileiro para o estrangeiro, a teor dos arts. 4º do DL 288/67 e 40 do ADCT. Precedentes do STJ. Repercute, assim, na apuração do crédito presumido de IPI previsto nas Leis 9.363/96 e 10.276/01" (TRF4, AMS 2003.71.07.005374-6, 2006).

⇒ **Crédito-prêmio de IPI na exportação. DL n. 491/69.** As discussões sobre o crédito-prêmio de IPI foram intensas e prolongadas. O STF, no RE 577.348-5/RS, em 2009, firmou posição no sentido de que o crédito-prêmio vigeu até 1990 (dois anos após a publicação da CF/88), forte no art. 41, § 1º, do ADCT, que previu a extinção dos benefícios setoriais que não fossem confirmados por lei posterior.

– O movimento para ver reconhecida a permanência do crédito-prêmio foi intenso, incluindo a edição, pelo Senado, da Resolução n. 71/2005, que, a pretexto de afastar a aplicação de atos infralegais antigos tidos por inconstitucionais pelo STF, procurou afirmar a vigência do crédito-prêmio. Também se alegava que o crédito-prêmio teria sido reinstituído pela Lei n. 8.402/92. Tendo em conta a posição do STF pela revogação em 1990, suprimimos, nesta edição, as notas sobre as diversas teses.

– "IMPOSTO SOBRE PRODUTOS INDUSTRIALIZADOS. CRÉDITO-PRÊMIO. DECRETO-LEI 491/1969 (ART. 1º). ART. 41, § 1º, DO ADCT... I – O Supremo Tribunal Federal, por ocasião do julgamento do RE 577.348/RS, assentou que, se o 'crédito-prêmio' do IPI não foi extinto por norma infraconstitucional, deixou ele de existir por força do disposto no § 1º do art. 41 do ADCT" (STF, RE 561.485 ED, 2013). Vide, também, o RE 577.348-5/RS e, do STJ, o EREsp 417.073.

– **Não revogação do crédito-prêmio pelos atos infralegais.** A Portaria n. 176/84 foi expedida com suporte em delegação legislativa inconstitucional. De fato, havendo vedação expressa à delegação no art. 6º da Constituição então em vigor, estando a administração subordinada à legalidade, submetendo-se a questão tributária, com maior ênfase, à legalidade e tendo em conta as disposições do art. 97 do CTN, não havia como se ensejar a delegação feita pelos DDLL e a disciplina da matéria por ato normativo expedido por Ministro de Estado. Aliás, a delegação, reproduzida em mais de um Decreto-Lei, teve sua inconstitucionalidade estampada em acórdão proferido pelo Plenário do STF. Vide o RE-208260 e o RE 180.828 e, do STJ, o REsp 799.022/RS.

> **Parágrafo único. O saldo verificado, em determinado período, em favor do contribuinte, transfere-se para o período ou períodos seguintes.**

⇒ **Saldo credor em cada período de apuração. Manutenção para compensação com IPI futuro.** O recolhimento do IPI é feito por períodos de apuração. Sendo o débito inferior aos créditos de IPI apurados pelo contribuinte, haverá um saldo em seu favor que se transfere para o período seguinte e assim sucessivamente.

– **Período de apuração.** O período de apuração do IPI, desde 1º de outubro de 2004, é mensal entre 1º de janeiro e 30 de setembro de 2004, foi quinzenal; anteriormente, era decendial. É o que dispõe o art. 1º da Lei n. 8.850/94 com a redação das Leis ns. 10.833/2003 e 11.033/2004. Para as microempresas e empresas de pequeno porte, já era mensal, conforme o art. 2º da Lei n. 9.493/97, com a redação da Lei n. 10.833/2003, cabendo considerar, contudo, que o IPI incidente sobre as operações internas é tributo abrangido pelo Simples Nacional, nos termos do art. 13, II, da LC n. 123/2006, de modo que, sendo optante, a empresa não recolherá separadamente o IPI. O IPI-Importação não está abrangido pelo Simples Nacional, conforme expressamente dispõe o art. 13, § 1º, inciso XII, da LC n. 123/2006.

– Lei n. 8.850/94, com a redação da Lei n. 11.774/08 e da Lei n. 11.933/09: "Art. 1º O período de apuração do Imposto sobre Produtos Industrializados – IPI, incidente na saída dos produtos dos estabelecimentos industriais ou equiparados a industrial, passa a ser mensal. § 1º (Revogado) § 2º O disposto neste artigo não se aplica ao IPI incidente no desembaraço aduaneiro dos produtos importados".

– Lei n. 8.850/94 com a redação das Leis ns. 10.833/2003 e 11.033/2004: "Art. 1º O período de apuração do Imposto sobre

Produtos Industrializados – IPI, incidente nas saídas dos produtos dos estabelecimentos industriais ou equiparados a industrial, passa a ser: I – de 1º de janeiro de 2004 a 30 de setembro de 2004: quinzenal; e II – a partir de 1º de outubro de 2004: mensal. Parágrafo único. O disposto nos incisos I e II do *caput* não se aplica aos produtos classificados no capítulo 22, nas posições 84.29, 84.32, 84.33, 87.01 a 87.06 e 87.11 e no código 2402.20.00, da Tabela de Incidência do IPI – Tipi aprovada pelo Decreto n. 4.542, de 26 de dezembro de 2002, em relação aos quais o período de apuração é decendial".

– Lei n. 9.493/97, com a redação da Lei n. 10.833/2003: "Art. 2º As microempresas e as empresas de pequeno porte, conforme definidas no art. 2º da Lei n. 9.841, de 5 de outubro de 1999, recolherão o IPI da seguinte forma: I – o período de apuração é mensal; e II – o pagamento deverá ser efetuado até o último dia útil do mês subsequente ao de ocorrência dos fatos geradores. Parágrafo único. O disposto no art. 1º da Lei n. 8.850, de 28 de janeiro de 1994, e no inciso I do art. 52 da Lei n. 8.383, de 30 de dezembro de 1991, não se aplica ao IPI devido pelas microempresas e empresas de pequeno porte de que trata o *caput* e ao incidente sobre os produtos importados".

– **Prazo para pagamento.** O prazo para pagamento do imposto é até o último dia útil da quinzena subsequente ao mês de ocorrência dos fatos geradores. No período de 1º de janeiro até 30 de setembro de 2004, o prazo foi até o último dia útil do decêndio subsequente à quinzena de ocorrência dos fatos geradores. No período anterior, era até o último dia útil do decêndio subsequente ao de ocorrência do fato gerador. Vê-se, assim, que a lei foi adaptando o prazo conforme as alterações ocorridas no período de apuração.

– Lei n. 8.383/91, com a redação das Leis ns. 8.850/94, 11.774/2008 e 11.933/2009: "Art. 52. Em relação aos fatos geradores que vierem a ocorrer a partir de 1º de novembro de 1993, os pagamentos dos impostos e contribuições relacionados a seguir deverão ser efetuados nos seguintes prazos: I – Imposto sobre Produtos Industrializados – IPI: a) no caso dos produtos classificados no código 2402.20.00, da Nomenclatura Comum do Mercosul – NCM, até o 10º (décimo) dia do mês subsequente ao mês de ocorrência dos fatos geradores, observado o disposto no § 4º deste artigo; b) (revogada); c) no caso dos demais produtos, até o 25º (vigésimo quinto) dia do mês subsequente ao mês de ocorrência dos fatos geradores, pelas demais pessoas jurídicas, observado o disposto no § 4º deste artigo".

⇒ **Saldo credor ao final de cada trimestre. Manutenção para compensação com outros tributos.** Ao final de cada trimestre do ano civil, se persistir crédito em favor do contribuinte, poderá ser utilizado para compensação com outros tributos, conforme autorizado pelo art. 11 da Lei n. 9.779/99: "Art. 11. O saldo credor do Imposto sobre Produtos Industrializados – IPI, acumulado em cada trimestre-calendário, decorrente de aquisição de matéria-prima, produto intermediário e material de embalagem, aplicados na industrialização, inclusive de produto isento ou tributado à alíquota zero, que o contribuinte não puder compensar com o IPI devido na saída de outros produtos, poderá ser utilizado de conformidade com o disposto nos arts. 73 e 74 da Lei n. 9.430, de 27 de dezembro de 1996, observadas normas expedidas pela Secretaria da Receita Federal do Ministério da Fazenda".

Art. 50. Os produtos sujeitos ao imposto, quando remetidos de um para outro Estado, ou do ou para o Distrito Federal, serão acompanhados de nota fiscal de modelo especial, emitida em séries próprias e contendo, além dos elementos necessários ao controle fiscal, os dados indispensáveis à elaboração da estatística do comércio por cabotagem e demais vias internas.

Art. 51. Contribuinte do imposto é:

⇒ **Sujeito ativo.** O sujeito ativo do IPI, em se tratando de imposto federal e não sendo indicada nenhuma outra pessoa jurídica de direito público para tal posição, é a própria União. A Lei n. 4.502/64, em seus arts. 91 e 93, indicava, como órgão que procederia à fiscalização, o Departamento de Rendas Internas, não mais existente. O Decreto n. 7.212/10 (Ripi), em seu art. 505, seguindo o que já dispunham os regulamentos anteriores (Dec. n. 4.544/2002, art. 427, e Dec. n. 2.637/98, arts. 403 e 404), deixa claro que a direção dos serviços de fiscalização do imposto compete, atualmente, à Secretaria da Receita Federal, sendo, a fiscalização externa, realizada pelos Auditores Fiscais da Receita Federal.

⇒ **Sujeito passivo. Contribuintes.** Quanto aos sujeitos passivos, cabe destacar, desde já, conforme análise que fizemos da base econômica, que só pode ser tributada a operação com produto que tenha sido industrializado por uma das partes do negócio jurídico, de maneira que não é dado fazer incidir o tributo em outras situações, tampouco colocar como contribuinte senão a pessoa que pratica a industrialização ou que com ela realiza a operação. A indicação, como contribuintes, de outras pessoas, como o importador e o comerciante, pode revelar, no caso concreto, inadequação à base econômica dada à tributação, ou seja, tributação sem suporte na norma de competência. O CTN, contudo, abriu oportunidade para tais equívocos, o que se reflete na legislação ordinária e no Regulamento do IPI.

– **Responsáveis tributários.** É largo o rol de responsáveis tributários, forte em inúmeras previsões legais esparsas. A sua visualização fica melhor no Regulamento do IPI, que, em seus arts. 25/30, arrola todos os casos com a devida referência legislativa.

– Decreto n. 7.212/10 (Ripi): "Responsáveis Art. 25. São obrigados ao pagamento do imposto como responsáveis: I – o transportador, em relação aos produtos tributados que transportar, desacompanhados da documentação comprobatória de sua procedência (Lei n. 4.502, de 1964, art. 35, inciso II, alínea 'a'); II – o possuidor ou detentor, em relação aos produtos tributados que possuir ou mantiver para fins de venda ou industrialização, nas mesmas condições do inciso I (Lei n. 4.502, de 1964, art. 35, inciso II, alínea 'b'); III – o estabelecimento adquirente de produtos usados cuja origem não possa ser comprovada pela falta de marcação, se exigível, de documento fiscal próprio ou do documento a que se refere o art. 372 (Lei n. 4.502, de 1964, art. 35, inciso II, alínea 'b', e art. 43); [...] Responsável como Contribuinte Substituto Art. 26. É ainda responsável, por substituição, o industrial ou equiparado a industrial, mediante requerimento,

em relação às operações anteriores, concomitantes ou posteriores às saídas que promover, nas hipóteses e condições estabelecidas pela Secretaria da Receita Federal do Brasil [...]. Responsabilidade Solidária Art. 27. São solidariamente responsáveis: I – o contribuinte substituído, na hipótese do art. 26, pelo pagamento do imposto em relação ao qual estiver sendo substituído, no caso de inadimplência do contribuinte substituto [...]; II – o adquirente ou cessionário de mercadoria importada beneficiada com isenção ou redução do imposto pelo seu pagamento e dos acréscimos legais [...]; III – o adquirente de mercadoria de procedência estrangeira, no caso de importação realizada por sua conta e ordem, por intermédio de pessoa jurídica importadora, pelo pagamento do imposto e acréscimos legais [...]; [...] Art. 28. São solidariamente responsáveis com o sujeito passivo, no período de sua administração, gestão ou representação, os acionistas controladores, e os diretores, gerentes ou representantes de pessoas jurídicas de direito privado, pelos créditos tributários decorrentes do não recolhimento do imposto no prazo legal (Decreto-Lei n. 1.736, de 20 de dezembro de 1979, art. 8º). Art. 29. São solidariamente responsáveis os curadores quanto ao imposto que deixar de ser pago, em razão da isenção de que trata o inciso IV do art. 55 [...]. Responsabilidade pela Infração Art. 30. Na hipótese dos incisos III e IV do art. 27, o adquirente de mercadoria de procedência estrangeira responde conjunta ou isoladamente pela infração (Decreto-Lei n. 37, de 1966, art. 95, incisos V e VI, Medida Provisória n. 2.158-35, de 2001, art. 78, e Lei n. 11.281, de 2006, art. 12)".

I – o importador ou quem a lei a ele equiparar;

⇒ **Importador.** O IPI, na importação, é tributo direto que tem o importador como contribuinte. Importador é a pessoa que promove a entrada da mercadoria no território nacional, seja pessoa física ou jurídica, qualquer que seja a sua finalidade.

– A Lei n. 4.502/64 trata o importador como equiparado a produtor: "Art. 4º Equiparam-se a estabelecimento produtor, para todos os efeitos desta Lei: I – os importadores e os arrematantes de produtos de procedência estrangeira".

– Decreto n. 7.212/2010 (Ripi): "Contribuintes Art. 24. São obrigados ao pagamento do imposto como contribuinte: I – o importador, em relação ao fato gerador decorrente do desembaraço aduaneiro de produto de procedência estrangeira (Lei n. 4.502, de 1964, art. 35, inciso I, alínea 'b')".

– **No sentido de que a pessoa física pode ser contribuinte. Tema 643 do STF:** "Incide o imposto de produtos industrializados na importação de veículo automotor por pessoa natural, ainda que não desempenhe atividade empresarial e o faça para uso próprio". Decisão do mérito em 2016.

– **Tema 695 do STJ:** "Incide IPI sobre veículo importado para uso próprio, haja vista que tal cobrança não viola o princípio da não cumulatividade nem configura bitributação". Redação conforme a alteração realizada em 2019.

– "RECURSO ESPECIAL AFETADO PARA FINS DE REVISÃO DO TEMA N. 695/STJ. INCIDÊNCIA DO IPI SOBRE VEÍCULO IMPORTADO PARA USO PRÓPRIO. TESE FIXADA EM REPERCUSSÃO GERAL. TEMA N.

643/STF. I – Diante dos princípios da segurança jurídica, da proteção da confiança e da isonomia, faz-se necessária a modificação da tese adotada no julgamento do presente recurso, julgado sob o rito dos recursos especiais repetitivos, Tema n. 695/STJ, consagrado na não incidência de IPI sobre a importação de veículo por pessoa física para uso próprio. II – A tese fixada passa a ser a seguinte: Incide IPI sobre veículo importado para uso próprio, haja vista que tal cobrança não viola o princípio da não cumulatividade nem configura bitributação. III – Recurso especial improvido. Tema n. 695 modificado nos termos da tese acima" (STJ, REsp 1.396.488, 2019).

– "O direito de compensar o tributo devido em uma operação com o cobrado nas operações anteriores só se aplica a *operações de mesma natureza*, ou seja, operações de industrialização do produto. E a venda ao consumidor tem natureza diversa, pois ele não participa da produção do bem tributado: adquire-o para fruir dele. Por essa razão, o consumidor suporta o custo dos tributos devidos (em regra geral) por meio da chamada repercussão tributária. Caso não tenha sido pago IPI no país, porque o produto foi importado acabado, não existirá crédito a ser compensado. Da realidade descrita acima decorre a consequência lógica: o importador (consumidor) deve o imposto por inteiro. O mesmo valor que iria dever se o bem fosse produzido no nosso país, pois quem se credita do imposto é o produtor, não o consumidor, ainda que este sofra os efeitos econômicos da incidência tributária" (BOITEUX, Fernando Netto. A incidência do IPI na importação para uso próprio. *RDDT* 193/23, 2011).

– Existem precedentes anteriores do STF, hoje superados, no sentido de que só poderia ser contribuinte do IPI na importação o industrial importador, de modo que pudesse creditar-se do imposto e repassá-lo em operação posterior. Entendemos que se trata de decisões isoladas fundadas em argumentos precários, porquando a não cumulatividade não é argumento para decidir sobre a incidência ou não, mas para compensar tributo já suportado de modo a evitar sobreposição de carga tributária. Num dos precedentes, consta: "1. Não incide o IPI em importação de veículo automotor para uso próprio, por pessoa física. Aplicabilidade do princípio da não cumulatividade" (STF, AgRRE 501.773, 2008); noutro: "I. – Veículo importado por pessoa física que não é comerciante nem empresário, destinado ao uso próprio: não incidência do IPI: aplicabilidade do princípio da não cumulatividade: CF, art. 153, § 3º, II. Precedentes do STF relativamente ao ICMS, anteriormente à EC 33/2001..." (STF, AgRegRE 255.682, 2005). Vê-se do voto condutor deste último que o fundamento da decisão consistia em aplicar ao IPI o mesmo raciocínio que o STF aplicava ao ICMS antes da EC n. 33/2001, ou seja, considerar que o contribuinte de direito seria exclusivamente o industrial (no ICMS era o comerciante) e não o consumidor, sendo que só aquele poderia se valer do mecanismo da não cumulatividade, inerente à cobrança de tal imposto por exigência constitucional. Como o importador pessoa física não é contribuinte ordinário do imposto, acabaria suportando a carga do tributo em imposição direta supostamente incompatível com o critério da não cumulatividade.

– **Quem encomenda importação. Lei n. 11.281/2006.** "... na... encomenda de importação a ser realizada por uma *trading*, já in-

cide IPI quando do desembaraço da mercadoria importada (e a empresa encomendante é responsável solidária por esse tributo). Logo, o que não se aceita é que, além desta responsabilidade solidária atribuída à empresa encomendante, ainda lhe seja exigido IPI na saída de mercadorias de seu estabelecimento, por ter a Lei n. 11.281/06 a equiparado a estabelecimento industrial, sem qualquer motivação plausível para tanto. [...] o legislador não pode, a seu bel-prazer, escolher quem será o sujeito passivo a integrar uma determinada obrigação tributária se essa pessoa não guarda qualquer relação com a hipótese de incidência descrita na norma. E é exatamente essa a situação que se vislumbra quando da equiparação de estabelecimento comercial (varejista ou atacadista), que adquire produtos importados por intermédio de *tradings*, a estabelecimento industrial, já que tais produtos, dentro do estabelecimento da empresa encomendante, não passam por qualquer modificação ou aperfeiçoamento a motivar a incidência do IPI. [...] a Lei ordinária em questão desrespeita dispositivo legal hierarquicamente superior, qual seja, o inciso I, do parágrafo único do art. 121 do CTN (norma com status de lei complementar) que exige relação pessoal e direta entre o contribuinte e a situação que constitua o respectivo fato gerador, além de conflitar com o art. 153, IV, da Constituição Federal que estabelece o fundamento de validade constitucional do IPI. [...] a norma prevista no art. 13 da Lei Ordinária federal n. 11.281/06 é... inconstitucional..." (CASTRO, Danilo Monteiro. Ilegalidade e Inconstitucionalidade do art. 13 da Lei n. 11.281/06 (a figura do encomendante de importação equiparado a estabelecimento industrial). *RDDT* 132, 2006).

II – o industrial ou quem a lei a ele equiparar;

⇒ **Equiparação.** Em nota ao *caput* destacamos que o legislador não é livre para estabelecer equiparações, não podendo desbordar da base econômica tributável e da capacidade contributiva por ela revelada.

– Lei n. 4.502/64: "Art. 3º Considera-se estabelecimento produtor todo aquêle que industrializar produtos sujeitos ao impôsto. Parágrafo único... Art. 4º Equiparam-se a estabelecimento produtor, para todos os efeitos desta Lei: I – os importadores e os arrematantes de produtos de procedência estrangeira; II – as filiais e demais estabelecimentos que negociem com produtos industrializados por outros do mesmo contribuinte; III – os que enviarem a estabelecimento de terceiro, matéria-prima, produto intermediário, moldes, matrizes ou modelos destinados à industrialização de produtos de seu comércio. [...] § 2º Excluem-se do disposto no inciso II os estabelecimentos que operem exclusivamente na venda a varejo".

– Decreto n. 7.212/2010 (RIPI): "Contribuintes Art. 24. São obrigados ao pagamento do imposto como contribuinte: [...] II – o industrial, em relação ao fato gerador decorrente da saída de produto que industrializar em seu estabelecimento, bem como quanto aos demais fatos geradores decorrentes de atos que praticar (Lei n. 4.502, de 1964, art. 35, inciso I, alínea a); III – o estabelecimento equiparado a industrial, quanto ao fato gerador relativo aos produtos que dele saírem, bem como quanto aos demais fatos geradores decorrentes de atos que praticar (Lei n. 4.502, de 1964, art. 35, inciso I, alínea *a*)".

⇒ **Importador equiparado a industrial.** Sobre a incidência de IPI operação interna de colocação do produto estrangeiro no mercado, vide nota ao art. 46, II, do CTN.

III – o comerciante de produtos sujeitos ao imposto, que os forneça aos contribuintes definidos no inciso anterior;

⇒ **O comerciante como contribuinte do IPI.** A previsão do comerciante que forneça produtos aos industriais visa a preservar a não cumulatividade do tributo enquanto persistir a cadeia de produção. Mas comerciante não é industrial, de modo que não poderia ser tributado como se fosse. Deveria o legislador resolver a questão de outro modo, quem sabe determinando ao industrial que adquirisse matéria-prima, produto intermediário ou material de embalagem de comerciante a apuração de crédito presumido.

– Lei n. 4.502/64: "Art. 4º Equiparam-se a estabelecimento produtor, para todos os efeitos desta Lei: ... II – as filiais e demais estabelecimentos que negociem com produtos industrializados por outros do mesmo contribuinte; III – os que enviarem a estabelecimento de terceiro, matéria-prima, produto intermediário, embalagens e recipientes para acondicionamento, moldes, matrizes ou modelos destinados à industrialização de produtos de seu comércio. [...] § 2º Excluem-se do disposto no inciso II os estabelecimentos que operem exclusivamente na venda a varejo".

– Decreto n. 7.212/10 (Ripi): "Contribuintes Art. 24. São obrigados ao pagamento do imposto como contribuinte: ... III – o estabelecimento equiparado a industrial, quanto ao fato gerador relativo aos produtos que dele saírem, bem como quanto aos demais fatos geradores decorrentes de atos que praticar (Lei n. 4.502, de 1964, art. 35, inciso I, alínea *a*); e IV – os que consumirem ou utilizarem em outra finalidade, ou remeterem a pessoas que não sejam empresas jornalísticas ou editoras, o papel destinado à impressão de livros, jornais e periódicos, quando alcançado pela imunidade prevista no inciso I do art. 18 (Lei n. 9.532, de 1997, art. 40)".

IV – o arrematante de produtos apreendidos ou abandonados, levados a leilão.

Parágrafo único. Para os efeitos deste imposto, considera-se contribuinte autônomo qualquer estabelecimento de importador, industrial, comerciante ou arrematante.

⇒ **Em relação ao fato gerador que decorra de ato que praticar.** Decreto n. 7.212/10 (RIPI): "Contribuintes Art. 24. São obrigados ao pagamento do imposto como contribuinte: ... Parágrafo único. Considera-se contribuinte autônomo qualquer estabelecimento de importador, industrial ou comerciante, em relação a cada fato gerador que decorra de ato que praticar (Lei n. 5.172, de 1966, art. 51, parágrafo único)".

SEÇÃO II
IMPOSTO ESTADUAL SOBRE OPERAÇÕES RELATIVAS À CIRCULAÇÃO DE MERCADORIAS

Arts. 52 a 58. (Revogados)

⇒ **ICMS. Detalhamento constitucional e Lei Complementar n. 87/96.** O ICMS é o imposto cujo regime jurídico é mais detalhado pela Constituição, em seu art. 155, II e § 2º, para onde remetemos o leitor. Diversos pontos são disciplinados por Resoluções do Senado Federal, como as alíquotas interestaduais. Os dispositivos do CTN que cuidavam do fato gerador, base de cálculo e contribuintes do antigo ICM estão revogados desde 1966. O Decreto-Lei n. 406/68 cuidou do tema durante quase três décadas. Após o advento da Constituição de 1988, sobreveio a Lei Complementar n. 87/96 – Lei Kandir –, que dispõe atualmente sobre esse imposto, disciplinando, inclusive, os demais temas reservados à lei complementar pelo art. 155, § 2º, XII, da CF. Já recebeu inúmeras alterações e acréscimos, inclusive pela LC n. 190/2022. E temos, ainda, as leis, decretos e normas complementares de cada um dos Estados e do Distrito Federal.

SEÇÃO III
IMPOSTO MUNICIPAL SOBRE OPERAÇÕES RELATIVAS À CIRCULAÇÃO DE MERCADORIAS

Arts. 59 a 62. (Revogados pelo Ato Complementar n. 31/66)

SEÇÃO IV
IMPOSTO SOBRE OPERAÇÕES DE CRÉDITO, CÂMBIO E SEGURO, E SOBRE OPERAÇÕES RELATIVAS A TÍTULOS E VALORES MOBILIÁRIOS

⇒ **Legislação.** A competência para a instituição dos impostos sobre operações de crédito, câmbio e seguro ou relativas a títulos ou valores mobiliários consta do art. 153, V, da CF, sendo, ainda, referidos expressamente tais impostos na atenuação à legalidade, pelo art. 153, § 1º, da CF, e na excepcionalização da observância das anterioridades de exercício e nonagesimal mínima, pelo art. 150, § 1º, da CF. O § 5º do art. 153 da CF estabelece, ainda, a incidência única e a alíquota mínima relativa ao ouro quando definido como ativo financeiro ou instrumento cambial. Os arts. 63 a 66 do CTN estabelecem as normas gerais atinentes a tais impostos, definindo os arquétipos para os fatos geradores, bases de cálculo e contribuintes. Os impostos sobre operações de crédito, câmbio e seguro ou relativas a títulos ou valores mobiliários têm suporte, no âmbito da legislação ordinária, nos seguintes diplomas, dentre outros: Lei n. 5.143/66; Lei n. 8.894/94; DL 1.783/80; Lei n. 7.766/89; Lei n. 8.033/90; Lei n. 9.532/97, art. 58; Lei n. 9.718/98, art. 15; Lei n. 9.779/99, art. 13. O Decreto n. 6.306, de 14 de dezembro de 2007, regulamenta o Imposto sobre Operações de Crédito, Câmbio e Seguro, ou relativas a Títulos ou Valores Mobiliários – IOF –, tendo recebido diversas alterações e acréscimos, inclusive pelo Decreto n. 11.153/2022.

⇒ **IOF.** O chamado IOF, em verdade, são quatro impostos distintos sobre bases econômicas específicas, todas previstas no art. 153, V, da CF. Em face das suas peculiaridades, cada um desses quatro impostos tem uma pluralidade de fatos geradores e bases de cálculo.

• Vide as notas ao art. 153, V, da CF.

– IOF-Crédito. IOF-Câmbio. IOF-Seguro. IOF-Títulos e Valores Mobiliários. A denominação IOF é utilizada inclusive na legislação. Contudo, transmite uma ideia equivocada, na medida em que inexiste competência para instituir imposto sobre operações financeiras, genericamente consideradas, tampouco existe tal imposto. Existem, sim, o Imposto sobre Operações de Crédito, o Imposto sobre Operações de Câmbio, o Imposto sobre Operações de Seguro e, ainda, o Imposto sobre Operações Relativas a Títulos ou Valores Mobiliários. O art. 2º do Decreto n. 6.306/2007 (Regulamento do IOF) retrata essas quatro incidências.

Art. 63. O imposto, de competência da União, sobre operações de crédito, câmbio e seguro, e sobre operações relativas a títulos e valores mobiliários tem como fato gerador:

I – quanto às operações de crédito, a sua efetivação pela entrega total ou parcial do montante ou do valor que constitua o objeto da obrigação, ou sua colocação à disposição do interessado;

⇒ **Aspecto material do IOF-Crédito.** O Imposto sobre Operações de Crédito tem como fato gerador a entrega ou colocação do montante à disposição do tomador. O conceito de operações de crédito é importante para a delimitação da incidência do IOF, conforme se vê das discussões que seguem. Sobre o sentido da expressão "operações de crédito", vide nota ao art. 153, V, da CF.

– O DL n. 1.783/80 instituiu o imposto, dispondo: "Art. 1º O imposto incidente, nos termos do art. 63 do Código Tributário Nacional, sobre operações de crédito, câmbio e seguro, e sobre operações relativas a títulos e valores mobiliários será cobrado às seguintes alíquotas: I – empréstimos sob qualquer modalidade, aberturas de crédito e descontos de títulos: 0,5% ao mês sobre o valor da operação ou percentual proporcional equivalente quando for cobrado de uma só vez;". A Lei n. 9.532/97 estabeleceu a incidência sobre operações de *factoring*, dispondo: "Art. 58. A pessoa física ou jurídica que alienar, à empresa que exercer as atividades relacionadas na alínea 'd' do inciso III do § 1º do art. 15 da Lei n. 9.249, de 1995 (*factoring*), direitos creditórios resultantes de vendas a prazo, sujeita-se à incidência do imposto sobre operações de crédito, câmbio e seguro ou relativas a títulos e valores mobiliários – IOF às mesmas alíquotas aplicáveis às operações de financiamento e empréstimo praticadas pelas instituições financeiras. § 1º O responsável pela cobrança e recolhimento do IOF de que trata este artigo é a empresa de *factoring* adquirente do direito creditório. § 2º O imposto cobrado na hipótese deste artigo deverá ser recolhido até o terceiro dia útil da semana subsequente à da ocorrência do fato gerador". A Lei n. 9.779/99, por sua vez, forte no pressuposto já estabelecido, dispõe expressamente no sentido de tornar inequívoca a incidência nas operações realizadas sem a participação de instituições financeiras: "Art. 13. As operações de crédito correspondentes a mútuo de recursos financeiros entre pessoas jurídicas ou entre pessoa jurídica e pessoa física sujeitam-se à incidência do IOF segundo as mesmas normas aplicáveis às operações de financiamento e empréstimos praticadas pelas instituições financeiras". A Lei n.

8.033/90, ao dispor sobre os fatos geradores do IOF, previa, ainda, a sua incidência sobre "saques efetuados em cadernetas de poupança". Contudo, tal não configura operação de crédito nem as outras bases econômicas do imposto, tendo o STF, em razão disso, declarado a sua inconstitucionalidade, conforme já destacado quando da análise da base econômica desse imposto. Também recebeu censura a exigência do imposto sobre saques de depósitos judiciais, eis que não constitui operação de crédito. A análise foi de legalidade.

– O art. 3º do Decreto n. 6.306/2007 (Regulamento do IOF) reúne e regulamenta tais incidências: "TÍTULO II DA INCIDÊNCIA SOBRE OPERAÇÕES DE CRÉDITO CAPÍTULO I DO FATO GERADOR Art. 3º O fato gerador do IOF é a entrega do montante ou do valor que constitua o objeto da obrigação, ou sua colocação à disposição do interessado (Lei n. 5.172, de 1966, art. 63, inciso I). [...] § 2º O débito de encargos, exceto na hipótese do § 12 do art. 7º, não configura entrega ou colocação de recursos à disposição do interessado. § 3º A expressão "operações de crédito" compreende as operações de: I – empréstimo sob qualquer modalidade, inclusive abertura de crédito e desconto de títulos (Decreto-Lei n. 1.783, de 18 de abril de 1980, art. 1º, inciso I); II – alienação, à empresa que exercer as atividades de *factoring*, de direitos creditórios resultantes de vendas a prazo (Lei n. 9.532, de 1997, art. 58); III – mútuo de recursos financeiros entre pessoas jurídicas ou entre pessoa jurídica e pessoa física (Lei n. 9.779, de 1999, art. 13)".

• Vide: SCHOUERI, Luís Eduardo; GALDINO, Guilherme. IOF-crédito sobre as cessões de crédito: descontos de títulos, *factoring* e solução de divergência COSIT n. 9/2016. *RFDT* 93, 2018.

– Mútuo oneroso. "Longe de expressar riqueza, o mútuo demonstra a falta desta, haja vista que uma pessoa necessita que outro lhe ceda provisoriamente a coisa fungível. Não há acréscimo patrimonial ou signo presuntivo de riqueza, na medida em que a coisa fungível recebida deverá ser restituída no mesmo gênero, qualidade e quantidade. O patrimônio do mutuário permanece o mesmo, pois ao mesmo tempo em que a coisa fungível ingressa no seu patrimônio, surge uma obrigação de dar (restituir) no mesmo gênero, qualidade e quantidade. Assim, para o mutuário, certo é que não há signo de riqueza passível de tributação. Por outro lado, o mutuante que recebe juros pela coisa fungível (mútuo oneroso) tem um acréscimo patrimonial e, portanto, é passível de tributação. Neste caso, o fato presuntivo de riqueza não é o mútuo, mas sim o montante recebido a título de juros. O entregar dinheiro (ou outro bem fungível) não é, em si, um signo de riqueza passível de tributação. Justamente por isso, em caso de mútuo gratuito, não há também para o mutuante um signo presuntivo de riqueza passível de tributação. Assim, o mútuo gratuito, por não configurar fato presuntivo de riqueza tanto para o mutuante como para o mutuário, não pode servir de materialidade tributária, sob pena de ofensa ao princípio da capacidade contributiva objetiva. É caso, portanto, de não incidência tributária. [...] o artigo 13 da Lei n. 9.799/1999 deve ser interpretado no sentido de estender a materialidade do IOF Crédito aos mútuos onerosos praticados por pessoas jurídicas não financeiras, não havendo que se falar em incidência tributária quando celebrados mútuos gratuitos. [...] o mútuo gratuito é instrumento amplamente utilizado entre pessoas jurídicas pertencentes a um mesmo grupo econômico, haja vista a necessidade de fluxo financeiro entre elas. [...] O fluxo monetário nestas situações, longe de configurar uma exteriorização de riqueza das partes envolvidas, é apenas uma realocação temporária do capital do grupo econômico (existe a obrigação da devolução, ainda que a título gratuito), não havendo que se falar em incidência do IOF Crédito" (SEOANE, Diego Sales. Não incidência do IOF sobre mútuos gratuitos. *RDDT* 212/37, 2013).

– Não exige que envolva instituição financeira. Conforme nota ao art. 153, V, da CF, o STF já afirmou a validade da cobrança do IOF mesmo quando a operação de mútuo não seja realizada com instituição financeira. Ademais, "com a edição da Lei n. 9.779/99, o legislador estendeu a incidência do IOF às operações de crédito correspondentes a mútuo de recursos financeiros entre pessoas jurídicas ou entre pessoa jurídica e pessoa física, cuidando, ainda, de determinar expressamente que estas operações estariam submetidas às mesmas normas aplicáveis às operações de financiamento e empréstimos praticadas pelas instituições financeiras (art. 13)" (TRF4, AC 5020436-78.2017.4.04.7200, 2021).

– **Não se exige uma operação específica de mútuo. Conta corrente entre empresas coligadas.** O STJ decidiu que não há exigência de que seja uma operação específica de mútuo, razão porque entende que estão compreendidas "também as operações realizadas ao abrigo de contrato de conta corrente entre empresas coligadas com a previsão de concessão de crédito".

– "IOF. TRIBUTAÇÃO DAS OPERAÇÕES DE CRÉDITO CORRESPONDENTES A MÚTUO DE RECURSOS FINANCEIROS ENTRE PESSOAS JURÍDICAS. ART. 13, DA LEI N. 9.779/99. 1. O art. 13, da Lei n. 9.779/99 caracteriza como fato gerador do IOF a ocorrência de "operações de crédito correspondentes a mútuo de recursos financeiros entre pessoas jurídicas" e não a específica operação de mútuo. Sendo assim, no contexto do fato gerador do tributo devem ser compreendidas também as operações realizadas ao abrigo de contrato de conta corrente entre empresas coligadas com a previsão de concessão de crédito" (STJ, REsp 1.239.101, 2011).

– **Contra.** "Versa o estudo sobre a questão de saber se os fluxos financeiros recíprocos realizados entre sociedade domiciliada no Brasil (SB) e sociedade domiciliada no exterior (SE), subsidiária integral da SB, estão ou não sujeitos à incidência do imposto sobre operações financeiras incidente sobre operações de crédito (IOF) com fundamento no art. 13 a Lei n. 9.799/1999. [...] O art. 586 do Código Civil define o contrato de mútuo como 'o empréstimo de coisas fungíveis', estabelecendo que 'o mutuário é obrigado a restituir ao mutuante o que dele recebeu em coisa do mesmo gênero, qualidade e quantidade'. [...] o contrato de conta-corrente não se encontra regulado pelo legislador brasileiro. [...] Na terminologia própria do contrato de conta-corrente: (i) as partes designam-se correntistas ou correspondentes; (ii) os fluxos financeiros são as remessas realizadas por um remetente em favor de um recipiente; (iii) a contabilização dos fluxos financeiros em que as remessas consistem faz-se sob a forma de artigos ou partida de 'deve' e 'haver'; e (iv) o encerramento da conta faz-se por meio de balanço provisório ou definitivo tendente a apurar o saldo decorrente da soma aritmética dos artigos ou partidas de 'deve' e 'haver'. [...] resulta claramente a sua distinção face à figura do mútuo. [...] No mútuo existe uma rigorosa predeterminação tanto da identidade do credor e do devedor, quanto do valor a restituir. Ao invés, no contrato de conta-corrente não existe predeterminação nem do credor, nem do devedor, pois sendo o crédito apenas exigível por ocasião do encerramento da conta, a posição ativa ou passiva na relação jurídica depende das partidas de 'deve' e 'haver' que ao longo do contrato se forem formando entre as partes. [...] Também não há predeterminação do valor a ser liquidado por diferença. [...] além de a conta-corrente propriamente dita constituir tipo contratual distinto do mútuo de recursos financeiros o que, por si só, bastaria para afastar a incidência do IOF do art. 13 da lei n. 9.799/1999, tributação também deve ser afastada sempre que revistam natureza substancialmente mercantil as operações que subjazem aos fluxos financeiros a que respeitam. [...] como é o caso do contrato de comissão mercantil implícito em tais relações" (XAVIER, Alberto. A distinção entre o contato de conta-corrente e mútuo de recursos financeiros para efeitos de IOF. *RDDT* 208/15, 2013).

– "... embora o legislador tributário tenha autonomia tanto para prescrever os efeitos tributários, quanto para construir conceitos jurídicos próprios, não se pode presumir que, ao utilizar a expressão 'mútuo de recursos financeiros', o artigo 13 da Lei n. 9.779/1999 criou um conceito específico de mútuo para o Direito Tributário. Assim como o mito do legislador racional (ente capaz de construir o ordenamento jurídico perfeito) não garante a incorporação direta dos conceitos do Direito privado, também não nos parece razoável assumir, em caráter absoluto, que o legislador está despreocupado com a uniformidade e coerência do ordenamento jurídico. Por isso, deixando-se de lado as soluções aprioristicas, optamos por verificar, mediante atividade de interpretação, se o legislador utilizou, ou não, o conceito de mútuo do Direito privado. [...] concluímos que o legislador tributário, ao construir a hipótese normativa do artigo 13 da Lei n. 9.779/1999, vinculou-se ao contrato típico de mútuo, tal como definido no âmbito do Direito privado, o que impede a incidência do IOF sobre outros negócios jurídicos, como o contrato de conta-corrente" (SANTOS, Ramon Tomazela. A autonomia do direito tributário e os conceitos de direito privado: a incidência do IOF/Crédito sobre os contratos de mútuo de recursos financeiros. *RDDT* 224/132, 2014).

• Vide: MOREIRA, André Mendes; GAIA, Patrícia Dantas. A não incidência do IOF-crédito sobre os contratos de conta corrente entre empresas do mesmo grupo econômico. *RDDT* 232/28, 2015.

– **Saque em caderneta de poupança.** Não consubstancia operação de crédito, razão por que não pode ser considerado fato gerador do IOF à luz do art. 153, V, da CF. Em razão disso, O STF reconheceu a inconstitucionalidade do art. 1º da Lei 8.033/90, conforme transcrito em nota ao art. 153, V, da CF.

– **Depósito judicial. Não incidência. Súmula STJ 185:** "Nos depósitos judiciais, não incide o Imposto sobre Operações Financeiras".

– O STJ considerou ilegal a exigência do imposto sobre saques de depósitos judiciais, pois não constitui operação de crédito. A IN SRF n. 224/2002, hoje revogada, chegou a determinar, inclusive, o cancelamento dos lançamentos atinentes à suposta incidência sobre depósitos voluntários para garantia de instância e depósitos judiciais levantados pelo depositante. A atual IN 907/2009 é clara quanto à não incidência: "Art. 12. O IOF sobre operações relativas a títulos ou valores mobiliários: *a)* depósito em caderneta de poupança e depósito judicial".

– IN SRF n. 224/2002 (já revogada): "Art. 1º Os Delegados e Inspetores da Receita Federal deverão rever de ofício os lançamentos referentes ao Imposto sobre Operações de Crédito, Câmbio e Seguro, ou relativas a Títulos ou Valores Mobiliários (IOF) incidente sobre depósitos voluntários para garantia de instância e depósitos judiciais, quando o seu levantamento se der em favor do depositante, a que se refere o item 3 da Instrução Normativa SRF n. 62, de 1990, para fins de alterar, total ou parcialmente, o respectivo crédito tributário".

– "... IOF. CAIXA ECONÔMICA FEDERAL. DEPÓSITOS JUDICIAIS. 1... 3. A homenagem ao princípio da legalidade não autoriza a incidência do IOF na liberação de depósitos judiciais para garantia da instância. Tais procedimentos não são operações financeiras para fins de tributação. 4. Recurso improvido" (STJ, REsp 226.027, 1999).

– **Cédula de Crédito Bancário (CCB).** "... a Cédula de Crédito Bancário – CCB (regulamentada pela Lei n. 10.931/2004) é título representativo de dívida (i.e., promessa de pagamento em dinheiro) decorrente de operação de crédito, não diferindo de uma operação convencional de empréstimo para fins de incidência do IOF-crédito" (CASTRO, Leonardo Freitas de Moraes e. IOF sobre empréstimos concedidos por meio de cédula de crédito bancário e notas promissórias comerciais: importantes diferenciações sobre os aspectos material e quantitativo de sua hipótese de incidência. *RDDT* 229/68, 2014).

– **O *commercial paper* está sujeito ao IOF-títulos e não ao IOF-crédito.** Vide nota ao inciso IV.

⇒ **Aspecto espacial do IOF-Crédito.** O Imposto sobre Operações de Crédito incide sobre operações ocorridas no território nacional. No silencio das leis que tratam da matéria, é o que se presume, forte no alcance ordinário da legislação federal brasileira.

⇒ **Aspecto temporal do IOF-Crédito.** O legislador não estabelece qualquer ficção no que diz respeito ao aspecto temporal da hipótese de incidência do Imposto sobre Operações de Crédito. Assim, considerar-se-á ocorrida no momento mesmo em que ocorre o fato previsto no aspecto material, ou seja, no momento em que, nos termos do art. 63, I, do CTN, ocorre a efetivação das operações de crédito "pela entrega total ou parcial do montante ou do valor que constitua o objeto da obrigação, ou sua colocação à disposição do interessado". Po-

rém, há acórdão do STJ tomando por ocorrido o fato gerador no momento da celebração do contrato de financiamento.

– O Decreto n. 6.306/07 (Regulamento do IOF) detalha a sua ocorrência nas diversas operações de crédito, conforme se vê do § 1º do seu art. 3º: "Art. 3º O fato gerador do IOF é a entrega do montante ou do valor que constitua o objeto da obrigação, ou sua colocação à disposição do interessado (Lei n. 5.172, de 1966, art. 63, inciso I). § 1º Entende-se ocorrido o fato gerador e devido o IOF sobre operação de crédito: I – na data da efetiva entrega, total ou parcial, do valor que constitua o objeto da obrigação ou sua colocação à disposição do interessado; II – no momento da liberação de cada uma das parcelas, nas hipóteses de crédito sujeito, contratualmente, à liberação parcelada; III – na data do adiantamento a depositante, assim considerado o saldo a descoberto em conta de depósito; IV – na data do registro efetuado em conta devedora por crédito liquidado no exterior; V – na data em que se verificar excesso de limite, assim entendido o saldo a descoberto ocorrido em operação de empréstimo ou financiamento, inclusive sob a forma de abertura de crédito; VI – na data da novação, composição, consolidação, confissão de dívida e dos negócios assemelhados, observado o disposto nos §§ 7º e 10 do art. 7º; VII – na data do lançamento contábil, em relação às operações e às transferências internas que não tenham classificação específica, mas que, pela sua natureza, se enquadrem como operações de crédito".

– **Celebração do contrato de financiamento.** "IMPOSTO SOBRE OPERAÇÕES FINANCEIRAS – IOF. CONTRATO DE FINANCIAMENTO MEDIANTE ABERTURA DE CRÉDITO ENTRE EMPRESA E O BANCO NACIONAL DE DESENVOLVIMENTO – BNDES. DECRETO N. 1.764/95. ART. 110 DO CTN. INCIDÊNCIA NO MOMENTO DA CELEBRAÇÃO DO CONTRATO. I – A norma que reduziu a zero a alíquota do imposto incidente nas operações de crédito do BANCO NACIONAL DE DESENVOLVIMENTO – BNDES, o Decreto n. 1.764/95, não pode, *data maxima venia*, retroagir para atingir contratos ajustados em datas anteriores, ainda que não tenham sido entregues os valores correspondentes ao pacto de financiamento realizado antes do início da vigência da referida norma. II – Ante a impossibilidade de alteração dos conceitos advindos do Direito Privado (art. 110 do CTN), o que importa, *in casu*, para fins de incidência da norma tributária, é o momento da celebração do contrato de financiamento com o BNDES, porquanto vinculador da vontade das partes, para fins de ocorrência do fato gerador do Imposto sobre Operações Financeiras – IOF. III – Recurso especial provido" (STJ, REsp 324.361, 2004).

⇒ **Cobrança e recolhimento.** Dec. n. 6.306/2007 (Regulamento): "CAPÍTULO V DA COBRANÇA E DO RECOLHIMENTO, Art. 10. O IOF será cobrado: I – no primeiro dia útil do mês subsequente ao de apuração, nas hipóteses em que a apuração da base de cálculo seja feita no último dia de cada mês; II – na data da prorrogação, renovação, consolidação, composição e negócios assemelhados; III – na data da operação de desconto; IV – na data do pagamento, no caso de operação de crédito não liquidada no vencimento; V – até o décimo dia subsequente à data da caracterização do descumprimento ou da falta de comprovação do cumprimento de condições, total ou parcial, de operações isentas ou tributadas à alíquota zero ou da caracterização do desvirtuamento da finalidade dos recursos decorrentes das mesmas operações; VI – até o décimo dia subsequente à data da desclassificação ou descaracterização, total ou parcial, de operação de crédito rural ou de adiantamento de contrato de câmbio, quando feita pela própria instituição financeira, ou do recebimento da comunicação da desclassificação ou descaracterização; VII – na data da entrega ou colocação dos recursos à disposição do interessado, nos demais casos. Parágrafo único. O IOF deve ser recolhido ao Tesouro Nacional até o terceiro dia útil subsequente ao decêndio da cobrança ou do registro contábil do imposto (Lei n. 11.196, de 21 de novembro de 2005, art. 70, inciso II, alínea 'b')."

– Mútuo acessório para financiamento do próprio IOF. O IOF-Crédito deve ser pago, na sua totalidade, logo que realizada a operação de crédito. Os tomadores de crédito, em face disso, por vezes financiam com a instituição concedente do crédito um mútuo acessório para financiamento do próprio IOF, o que tem sido admitido pelo STJ. A Segunda Seção dessa Corte, em sede de recurso repetitivo, julgou os REsps 1.251.331/RS e 1.255.573/RS, publicados em outubro de 2013, no sentido de que "Podem as partes convencionar o pagamento do Imposto sobre Operações Financeiras e de Crédito (IOF) por meio de financiamento acessório ao mútuo principal, sujeitando-o aos mesmos encargos contratuais". Não se considera abusivo, portanto, tal mútuo acessório, podendo ser pactuado e se sujeitar aos mesmos encargos contratuais do mútuo principal.

⇒ **IOF. Isenção na aquisição de automóveis por taxistas. Retenção na fonte indevida. Repetição.** "TRIBUTÁRIO – IOF – RECOLHIMENTO INDEVIDO – AQUISIÇÃO DE VEÍCULOS AUTOMOTORES – TRANSPORTE DE PASSAGEIROS – ISENÇÃO FISCAL – INTERPRETAÇÃO – PROTEÇÃO AO ERÁRIO PÚBLICO – ACÓRDÃO RECORRIDO QUE RECONHECEU A ILEGALIDADE DO RECOLHIMENTO – AÇÃO DE REPETIÇÃO DE INDÉBITO – FINALIDADE – PROIBIÇÃO AO LOCUPLETAMENTO INDEVIDO. 1. O art. 72, da Lei 8.383/91 concede benefício fiscal em favor dos motoristas profissionais que atuam na exploração do serviço de transporte de passageiros, comumente conhecidos como taxistas e que preencheram os requisitos legais, liberando-os do IOF quando da aquisição de veículos para fins laborais. 2. Reconhecido no aresto recorrido que os Recorridos estavam enquadrados na categoria profissional beneficiada pelo favor fiscal, referindo-se, inclusive, à prova que estes fizeram junto à Secretaria de Receita Federal no sentido de que a operação de compra de veículos automotores, *in casu*, impunha-se a isenção legal. 5. Ilegalidade consequente do recolhimento efetuado na fonte na época da operação. Adequação da ação de repetição de indébito ajuizada, visando a devolução de um valor que não deveria ter sido pago. 6. Recurso Especial desprovido" (STJ, REsp 516.589, 2003).

⇒ **IOF. Isenção sobre mútuo para fins habitacionais.** "Fins habitacionais está inerentemente à habitação. habitação, por sua vez, está relacionada à ideia de prover ou ofertar a alguém uma residência, uma moradia. Desta forma, a aquisição, oferta, construção, melhoria ou reforma de imóveis residenciais estão inelutavelmente ligadas à noção de habitação. Já infraestrutura e saneamento básico devem ser interpretados de modo a abrangerem o conjunto de obras mínimas necessárias para dar condições dignas de moradia para as pessoas. Assim, no caso, as obras de infraestrutura e saneamento básico, precisam, necessariamente, ter ligação com a habitação. Ressalta-se que na aplicação da isenção do IOF não cabe fazer qualquer referência ao art. 111, II, do CTN. Como já exposto acima, a função deste artigo é de tão somente vedar o uso dos incisos I e II do art. 108 do mesmo diploma legal. Assim, basta que os motivos tenham cunho habitacional para que incida a regra de isenção" (KUGLER, Herbert Morgenstern. A interpretação da isenção de IOF prevista no art. 9º, I, do Decreto 6.306/07. *RDDT* 169/59, 2009).

II – quanto às operações de câmbio, a sua efetivação pela entrega de moeda nacional ou estrangeira, ou de documento que a represente, ou sua colocação à disposição do interessado, em montante equivalente à moeda estrangeira ou nacional entregue ou posta à disposição por este;

⇒ **Aspecto material do IOF-Câmbio.** A Lei n. 8.894/94 limita-se a dizer da incidência sobre operações de câmbio, interpretando-se, pois, conforme o inciso II do art. 63 do CTN. Daí a redação do *caput*, art. 11 do Decreto n. 6.306/2007 (Regulamento do IOF): "TÍTULO III DA INCIDÊNCIA SOBRE OPERAÇÕES DE CÂMBIO CAPÍTULO I DO FATO GERADOR Art. 11. O fato gerador do IOF é a entrega de moeda nacional ou estrangeira, ou de documento que a represente, ou sua colocação à disposição do interessado, em montante equivalente à moeda estrangeira ou nacional entregue ou posta à disposição por este (Lei n. 5.172, de 1966, art. 63, inciso II). Parágrafo único. Ocorre o fato gerador e torna-se devido o IOF no ato da liquidação da operação de câmbio".

– Incide tanto na compra como na venda. "IMPOSTO SOBRE OPERAÇÕES DE CÂMBIO – ART. 63 DO CTN – DECRETO-LEI 1.784/80, DECRETO 995/93 E LEI 8.894/94 – INCIDÊNCIA SOBRE AQUISIÇÃO DE MOEDA ESTRANGEIRA. 1. O fato gerador do IOF é a efetiva entrega da moeda nacional ou estrangeira ou de documento representativo de seu valor, ou sua colocação à disposição do interessado em montante equivalente à moeda estrangeira ou nacional entregue ou posta a disposição por este (art. 63 do CTN). 2. O IOF incide tanto na compra como na venda de moeda estrangeira. 3. O Decreto-lei 1.783/80 não previu apenas a incidência nas hipóteses de venda de moeda estrangeira (remessa ao exterior) e, portanto, não o extrapolou o Decreto 995/93, enquanto a Lei 8.894/94 não criou nova incidência tributária. 4. *Leading case* da Segunda Turma no REsp 621.482/SP, Min. João Otávio de Noronha" (STJ, REsp 702.398, 2006).

– Câmbio simbólico. Não incidência. "Desde 2011, a repactuação (e, portanto, também a novação) ensejam a realização de câmbio simbólico simultâneo perante o BACEN, o que gera modificações no ROF. As mudanças nos contratos de mútuo passivo internacional, registrados até 31 de dezembro de 2012, e que visem modificar (i) taxa de juros, (ii) parte interveniente anuente, (iii) garantidor dos empréstimos, ou (iv) prazo de pagamento; acarretam a 'repactuação' (i.e., alteração) desse contrato. Porém, quando a alteração contratual implica substituição de credor ou do objeto, em razão de prévia extinção da obrigação anterior com *animus novandi*, ocorrerá a novação do contrato de mútuo. Em nossa opinião, o câmbio simbólico simultâneo (e, portanto, a codificação do ROF) em razão de mera repactuação não é suficiente para ensejar a realização da variação cambial ativa para fins de tributação de ganho de capital pelo IRPJ e CSLL, uma vez que inexiste, nesse caso, 'liquidação da operação'. Ademais, cumpre relembrar que as receitas decorrentes de variação cambial são 'receitas financeiras' e, portanto, não serão oneradas pelo PIS/Cofins em nenhum dos regimes (cumulativo ou não cumulativo). [...] em qualquer hipótese de realização de câmbio simbólico, inexiste incidência de IOF-Câmbio, ainda que haja novação, por não se consubstanciar o aspecto material da hipótese de incidência de tal imposto federal em tais casos" (CASTRO, Leonardo Freitas de Moraes. Efeitos tributários da alteração, da repactuação e da novação de contrato de mútuo passivo internacional (empréstimo externo) registrado no Banco Central do Brasil a partir de 2013. *RDDT* 230/76, 2014).

– "A Resolução CMN n. 3.912/2010, como já se viu, passou a exigir a contratação de operações simultâneas de câmbio, sem emissão de ordens de pagamento, nas migrações internas de investimentos estrangeiros no Brasil de ativos de renda variável para aqueles de renda fixa, com a finalidade exclusiva de sujeitar aqueles agentes econômicos a uma nova incidência fiscal. [...] As operações de câmbio correspondem aos negócios jurídicos de compra ou venda de moeda estrangeira que permitem a uma parte remeter recursos financeiros de um país para outro. [...] as operações simultâneas de câmbio sem entrega de moeda (câmbio simbólico) revelam características de fato que as singularizam em relação às operações de câmbio (em geral). [...] as operações em causa ocorrem apenas 'no papel', sendo incapazes de caracterizar, juridicamente, uma efetiva operação de compra e venda. [...] Extrapolou, pois, os limites de sua competência, que no máximo permitiriam a alteração das alíquotas do imposto, nas faixas previamente delimitadas e sempre com relação aos fatos geradores estabelecidos pela lei. [...] foram inconstitucionais as cobranças do IOF sobre todas as operações simultâneas de câmbio realizadas por imposição daquele normativo, nas migrações de investimentos estrangeiros de ativos de renda variável para ativos de renda fixa, ocorridas entre 7 de outubro de 2010 e 28 de junho de 2013" (BARBOSA, Hermano Notaroberto. Extrafiscalidade às avessas: inconstitucionalidade da resolução CMN n. 3.912/2000 e seus efeitos sobre o IOF/câmbio. *RDDT* 223/89, 2014).

– "Num contrato de 'câmbio simbólico', então, é nota essencial deste a inexistência de obrigação de o vendedor da moeda estrangeira entregá-la ao comprador e deste de pagar o preço correspondente, razão pela qual somos de opinião de que as operações realizadas exclusivamente em cumprimento à legislação cambial, para fins de conversão de crédito em investimento so-

cietário, são fictas e, como tais, em nenhuma hipótese constituem fato jurídico tributário do IOF/Câmbio" (NUNES, Renato; MEDAGLIA, Felipe. A não incidência de IOF sobre as operações de câmbio simbólico. *RDDT* 179/145, 2010).

⇒ **Aspeto espacial do IOF-Câmbio.** Importa que a efetivação do contrato de câmbio, pela entrega da moeda ou pela sua colocação à disposição do interessado, ocorram no território nacional.

– **Contratação no exterior não afasta a incidência.** O STJ tem entendido que a contratação do câmbio no exterior não afasta a incidência: "2. A liquidação de contrato de câmbio contratado no exterior constitui fato gerador do IOF, de acordo com o artigo 63, II, do CTN. Precedentes" (STJ, AgRg no Ag 1.155.910, 2010). No mesmo sentido: STJ, REsp 1.140.477, 2010.

⇒ **Aspecto temporal do IOF-Câmbio.** Na ausência de ficção legal quanto ao momento em que se deva considerar ocorrido o fato gerador do IOF-Câmbio, o aspecto temporal corresponde ao momento da exata ocorrência do fato gerador, ou seja, da situação descrita no aspecto material da norma. Assim, há que se entender como ocorrido no momento da realização da operação de câmbio (entrega da moeda nacional ou documento que a represente, ou sua colocação à disposição do interessado). O fato gerador considera-se ocorrido, pois, com a realização da operação de câmbio, efetivada pela sua liquidação. Eis o texto do parágrafo único do art. 11 do Decreto n. 6.306/2007 (Regulamento do IOF): "Art. 1. O fato gerador do IOF é a entrega de moeda... Parágrafo único. Ocorre o fato gerador e torna-se devido o IOF no ato da liquidação da operação de câmbio". O momento da liquidação da operação de câmbio, pois, é que se tem como referência para a verificação das leis e normas complementares aplicáveis, o que assume importância decisiva na medida em que o IOF-Câmbio pode ter sua alíquota alterada a qualquer momento, com incidência imediata, sem a necessidade de observância das anterioridades de exercício e nonagesimal mínima.

– No mesmo sentido: MELO, José Eduardo Soares. *A importação no direito tributário*. São Paulo: RT, 2003, p. 118.

– "IMPOSTO SOBRE OPERAÇÕES FINANCEIRAS. INCIDÊNCIA. ALÍQUOTA. PORTARIAS 111/94 E 534/94. 1. A hipótese de incidência do imposto discutido encontra-se claramente definida no art. 63 do Código Tributário nacional. 2. O aspecto temporal do fato gerador encontra-se perfeitamente definido no art. 63, II, do CTN. 2. Antes da liquidação do contrato de câmbio (troca da moeda) não existe o fato gerador. Ele não é complexivo e sucessivo. Ocorre no momento da entrega da moeda. Quando verificou-se esse fato, no caso dos autos, a alíquota já não era de 3%, mas de 7%, alterada por ato do Poder Executivo, na forma do permissivo constitucional, para atender interesse nacional. 4. Apelação improvida" (TRF4, AMS 95.04.43376-6, 1998). Ponderou a relatora em seu voto: "Com certeza há alterações nos planos econômicos da empresa, o que em certa medida abala o princípio da segurança jurídica. No entanto, quando se trata do tributo em questão e sua finalidade extrafiscal privilegia-se o interesse nacional em detrimento do primeiro princípio.

Ou seja, nesse caso, nessa circunstância, prepondera o interesse público. E essa é vontade do constituinte originário. Tanto que o Imposto sobre Operações Financeiras sofre essa exceção. Pode o Poder Executivo alterar suas alíquotas sem observância do princípio da anterioridade. Aqui a norma privilegia o interesse econômico da Nação. E ao Poder Judiciário fosse permitido afirmar a alíquota aplicável no sentido de privilegiar o interesse econômico da empresa e seus planejamentos financeiros, então seria este Poder que deveria ter recebido a outorga constitucional de avaliar a necessidade de alteração de alíquota".

⇒ **Cobrança e recolhimento.** Cabe, ainda, referir que a exigência do IOF-Câmbio é realizada pelo substituto tributário na data da liquidação da operação de câmbio, cabendo-lhe efetuar o recolhimento ao Tesouro Nacional até o terceiro dia útil da semana subsequente.

– Decreto n. 6.306/2007 (Regulamento do IOF): "DA COBRANÇA E DO RECOLHIMENTO Art. 17. O IOF será cobrado na data da liquidação da operação de câmbio. Parágrafo único. O IOF deve ser recolhido ao Tesouro Nacional até o terceiro dia útil subsequente ao decêndio da cobrança ou do registro contábil do imposto (Lei n. 11.196, de 2005, art. 70, inciso II, alínea 'b')".

III – quanto às operações de seguro, a sua efetivação pela emissão da apólice ou do documento equivalente, ou recebimento do prêmio, na forma da lei aplicável;

⇒ **Aspecto material do IOF-Seguro.** O CTN, ao estabelecer os aspectos materiais potenciais para a hipótese de incidência do IOF-Seguro, prevê a efetivação das respectivas operações pela emissão da apólice ou recebimento do prêmio. A Lei 5.143/66 ao instituir o imposto, opta pelo recebimento do prêmio como situação necessária e suficiente ao surgimento da obrigação tributária. Eis o seu art. 1º: "Art. 1º O Imposto sobre Operações Financeiras incide nas operações de crédito e seguro, realizadas por instituições financeiras e seguradoras, e tem como fato gerador: [...] II – no caso de operações de seguro, o recebimento do prêmio".

– O Decreto n. 6.306/2007 (Regulamento do IOF) esclarece o alcance da expressão "operações de seguro" e destaca a ocorrência do fato gerador com o recebimento "total ou parcial" do prêmio: "TÍTULO IV DA INCIDÊNCIA SOBRE OPERAÇÕES DE SEGURO CAPÍTULO I DO FATO GERADOR Art. 18. O fato gerador do IOF é o recebimento do prêmio (Lei n. 5.143, de 1966, art. 1º, inciso II). § 1º A expressão 'operações de seguro' compreende seguros de vida e congêneres, seguro de acidentes pessoais e do trabalho, seguros de bens, valores, coisas e outros não especificados (Decreto-Lei n. 1.783, de 1980, art. 1º, incisos II e III)...".

⇒ **Aspecto espacial do IOF-Seguro.** Não há particularidades quanto ao aspecto espacial do IOSeguro, que obedece à territorialidade, de modo que são juridicamente relevantes, de modo a implicar o surgimento de obrigação tributária, as operações de seguro realizadas no território nacional.

⇒ **Aspecto temporal do IOF-Seguro.** Em se tratando de fato gerador instantâneo e não havendo ficção legal quanto ao momento em que se deva considerá-lo ocorrido, a ocorrência mesmo do fato descrito na norma implica, no seu próprio momento, o surgimento da obrigação tributária. Daí a norma meramente interpretativa do § 2º do art. 18 do Decreto n. 6.306/2007: "Art. 18. O fato gerador do IOF é o recebimento do prêmio (Lei n. 5.143, de 1966, art. 1º, inciso II). [...] § 2º Ocorre o fato gerador e torna-se devido o IOF no ato do recebimento total ou parcial do prêmio".

⇒ **Cobrança e recolhimento.** Relativamente à cobrança e recolhimento do IOF-Seguro, dispõe o Decreto n. 6.306/2007 (Regulamento do IOF): "CAPÍTULO V DA COBRANÇA E DO RECOLHIMENTO Art. 24. O IOF será cobrado na data do recebimento total ou parcial do prêmio. Parágrafo único. O IOF deve ser recolhido ao Tesouro Nacional até o terceiro dia útil subsequente ao decêndio da cobrança ou do registro contábil do imposto" (Lei n. 11.196, de 2005, art. 70, inciso II, alínea *b*).

IV – quanto às operações relativas a títulos e valores mobiliários, a emissão, transmissão, pagamento ou resgate destes, na forma da lei aplicável.

⇒ **Aspecto material do IOF-Títulos e Valores Mobiliários.** O CTN enseja a colocação de diversos atos relacionados aos títulos e valores mobiliários no aspecto material da hipótese de incidência do imposto. Quando do advento da Lei n. 8.033/90, cujo art. 1º, inciso I, instituiu a incidência do imposto sobre a "transmissão ou resgate de títulos e valores mobiliários, públicos e privados, inclusive de aplicações de curto prazo, tais como letras de câmbio, depósitos a prazo com ou sem emissão de certificado, letras imobiliários, debêntures e cédulas hipotecárias", foi levado ao Judiciário questionamento no sentido de que estaria constituindo imposto sobre o patrimônio. O STF, contudo, entendeu que a norma não incidia sobre os títulos em si, mas sobre as operações com eles praticadas, forte no art. 2º, I, da mesma lei, estando, pois, em conformidade com o art. 63, IV, do CTN, conforme noticiado e transcrito quando da análise da base econômica, em nota ao art. 153, V, da CF. A Lei n. 8.894/94 não se utiliza da melhor técnica, limitando-se a dizer da incidência sobre operações relativas a títulos e valores mobiliários, sendo que, ao dispor sobre o valor das operações, em seu art. 2º, II, alíneas "a" e "b", refere aquisição, resgate, cessão, repactuação e pagamento para liquidação de títulos e valores mobiliários. Vide o texto do art. 1º da Lei n. 8.894/94 em nota ao art. 64, IV, do CTN.

– Decreto n. 6.306/2007 (Regulamento do IOF): "TÍTULO V DA INCIDÊNCIA SOBRE OPERAÇÕES RELATIVAS A TÍTULOS OU VALORES MOBILIÁRIOS CAPÍTULO I DO FATO GERADOR Art. 25. O fato gerador do IOF é a aquisição, cessão, resgate, repactuação ou pagamento para liquidação de títulos e valores mobiliários (Lei n. 5.172, de 1966, art. 63, inciso IV, e Lei n. 8.894, de 1994, art. 2º, inciso II, alíneas 'a' e 'b'). § 1º Ocorre o fato gerador e torna-se devido o IOF no ato da realização das operações de que trata este artigo. § 2º Aplica-se o disposto neste artigo a qualquer operação, independentemente da qualidade ou da forma jurídica de constituição do beneficiário da operação ou do seu titular, estando abrangidos, entre outros, fundos de investimentos e carteiras de títulos e valores mobiliários, fundos ou programas, ainda que sem personalidade jurídica, e entidades de previdência privada" (§ 2º com a redação do Dec. n. 6.613/2008).

– Acerca das mudanças introduzidas pela Lei n. 12.431/2011 no regime tributário das debêntures (IR e IOF), vide: STUBRE, Walter. O novo regime legal das debêntures no Brasil e as mudanças introduzidas no tratamento tributário desses títulos. *RTFP* 101/203, 2011.

– O *commercial paper* está sujeito ao IOF-títulos e não ao IOF-crédito. "No que tange à incidência do IOF na emissão de Notas Promissórias comerciais, Notas Comerciais ou simplesmente *commercial papers*, deve-se, antes de mais nada, fazer um esclarecimento preliminar. A Nota Promissória é regulamentada pelo Decreto n. 2.044/1908, sendo um título representativo de dívida (i.e., promessa de pagamento em dinheiro) decorrente de operação de crédito. Todavia, o *commercial paper*, também conhecido como 'Nota Promissória Comercial' ou simplesmente 'Nota Comercial', é um valor mobiliário que confere um direito de crédito ao seu titular perante a companhia emissora de tal título. Os *commercial papers* são uma alternativa às operações de empréstimos bancários convencionais, uma vez que, geralmente, permitem a eliminação da intermediação financeira, conferindo maior agilidade às captações por parte das empresas. eles podem ser emitidos por qualquer empresa sociedade por ações (S.A.), não financeira, de capital fechado ou aberto. A principal diferença entre o *commercial paper* e as debêntures, reside no fato de que os primeiros são instrumentos de financiamento de curto e médio prazo (máximo de 180 dias, se emitidos por companhia fechada, e de 360 dias, se emitido por companhia aberta), para atender necessidades de capital de giro, enquanto os segundos são utilizados para financiamentos de longo prazo (i.e., superiores a 360 dias). Contudo, há doutrinadores que alertam par ao fato de que a debênture é um 'título de crédito abstrato', distinto da nota promissória (e, consequentemente, do *commercial paper*), em razão de suas características específicas e emissão em bloco. A regulamentação da emissão dos *commercial papers* para distribuição pública é dada pela Instrução CVM n. 134/1990 que, inclusive, utiliza o termo 'nota promissória'. Por tal razão, é imperioso que não se perca de vista que, essencialmente, o *commercial paper* é uma nota promissória, porém emitida como valor mobiliário (e, portanto, suscetível de oferta pública). [...] por se tratado como um valor mobiliário, o *commercial paper* está sujeito ao IOF-títulos e não ao IOF-crédito. [...] todavia, de acordo com o art. 33 do Riof, nota-se que o IOF-títulos sobre o *commercial paper* incide à alíquota zero" (CASTRO, Leonardo Freitas de Moraes e. IOF sobre empréstimos concedidos por meio de cédula de crédito bancário e notas promissórias comerciais: importantes diferenciações sobre os aspectos material e quantitativo de sua hipótese de incidência. *RDDT* 229/68, 2014).

⇒ **Aspecto espacial do IOF-Títulos e Valores Mobiliários.** Mais uma vez, aqui, tem-se o aspecto espacial identificado com o território federal, tendo em conta tratar-se de tributo

da competência da União e inexistir qualquer cláusula de extraterritorialidade.

⇒ **Aspecto temporal do IOF-Títulos e Valores Mobiliários.** Inexiste dispositivo legal estabelecendo ficção quanto ao momento em que se deva considerar ocorridos os fatos geradores do IOTVM. Assim, o aspecto temporal se mantém identificado com o momento mesmo de ocorrência dos fatos geradores, tal como esclarecido pelo Decreto n. 6.306/2007 (Regulamento do IOF): "Art. 25. O fato gerador do IOF é a aquisição, cessão, resgate, repactuação ou pagamento para liquidação de títulos e valores mobiliários (Lei n. 5.172, de 1966, art. 63, inciso IV, e Lei n. 8.894, de 1994, art. 2º, inciso II, alíneas 'a' e 'b'). § 1º Ocorre o fato gerador e torna-se devido o IOF no ato da realização das operações de que trata este artigo".

⇒ **Cobrança e recolhimento** Cabe aos responsáveis tributários por substituição exigirem o IOF na data da liquidação financeira da operação com títulos e valores mobiliários e efetuarem o recolhimento até o terceiro dia útil da semana subsequente.

– Decreto n. 6.306/07 (Regulamento do IOF): "Art. 35. O IOF será cobrado na data da liquidação financeira da operação. § 1º No caso de repactuação, o IOF será cobrado na data da ocorrência do fato gerador. § 2º No caso da cessão de que trata o art. 32-A, o IOF será cobrado na data da ocorrência do fato gerador, exceto na hipótese do § 2º do mesmo artigo, quando a cobrança será efetuada na data da liquidação financeira da oferta pública. (Redação dada pelo Decreto n. 7.412, de 2010) § 3º O IOF deve ser recolhido ao Tesouro Nacional até o terceiro dia útil subsequente ao decêndio da cobrança ou do registro contábil do imposto. (Incluído pelo Decreto n. 7.412, de 2010)".

Parágrafo único. A incidência definida no inciso I exclui a definida no inciso IV, e reciprocamente, quanto à emissão, ao pagamento ou resgate do título representativo de uma mesma operação de crédito.

⇒ **Crédito representado por título. Incidência apenas do IOF-Crédito.** Na hipótese de o crédito restar representado por um título, não haverá incidência cumulativa do imposto sobre operações de crédito e do imposto sobre operações com títulos ou valores mobiliários, mas apenas do primeiro.

Art. 64. A base de cálculo do imposto é:

I – quanto às operações de crédito, o montante da obrigação, compreendendo o principal e os juros;

⇒ **Base de cálculo do IOF-Crédito.** Conforme o art. 64, I, do CTN, a base de cálculo é "o montante da obrigação, compreendendo o principal e os juros". Nos contratos de abertura de crédito, quando "não ficar definido o valor do principal a ser utilizado pelo mutuário", "a base de cálculo é o somatório dos saldos devedores diários apurado no último dia de cada mês, inclusive na prorrogação ou renovação".

– Lei n. 8.894/94, com a redação da Lei n. 12.543/2011: "Art. 1º O Imposto sobre Operações de Crédito, Câmbio e Seguro, ou relativas a Títulos e Valores Mobiliários será cobrado à alíquota máxima de 1,5% ao dia, sobre o valor das operações de crédito e relativos a títulos e valores mobiliários. § 1º No caso de operações envolvendo contratos derivativos, a alíquota máxima é de 25% (vinte e cinco por cento) sobre o valor da operação. § 2º O Poder Executivo, obedecidos os limites máximos fixados neste artigo, poderá alterar as alíquotas tendo em vista os objetivos das políticas monetária e fiscal".

II – quanto às operações de câmbio, o respectivo montante em moeda nacional, recebido, entregue ou posto à disposição;

⇒ **Base de cálculo do IOF-Câmbio.** A base de cálculo do imposto sobre operações de câmbio equivale ao montante da operação de câmbio, em moeda nacional. É o que dispõe o art. 64, inciso II, do CTN. O art. 5º da Lei n. 8.894/94 refere-se a tal valor como sendo o de liquidação da operação cambial.

– Lei n. 8.894/94: "Art. 5º O Imposto sobre Operações de Crédito, Câmbio e Seguro, ou relativas a Títulos e Valores Mobiliários (IOF), incidente sobre operações de câmbio será cobrado à alíquota de vinte e cinco por cento sobre o valor de liquidação da operação cambial".

III – quanto às operações de seguro, o montante do prêmio;

⇒ **Base de cálculo do IOF-Seguro.** O CTN define como base de cálculo o montante do prêmio. O DL 1.783/80, por sua vez, nos incisos II (seguros de vida e congêneres e de acidentes pessoais e do trabalho) e III (seguros de bens, valores, coisas e outros não especificados) do seu art. 1º, determinou o cálculo "sobre o valor dos prêmios pagos".

– Decreto n. 6.306/2007 (Regulamento do IOF): "CAPÍTULO III DA BASE DE CÁLCULO E DA ALÍQUOTA Da Base de Cálculo Art. 21. A base de cálculo do IOF é o valor dos prêmios pagos (Decreto-Lei n. 1.783, de 1980, art. 1º, incisos II e III)".

IV – quanto às operações relativas a títulos e valores mobiliários:

a) na emissão, o valor nominal mais o ágio, se houver;

b) na transmissão, o preço ou o valor nominal ou o valor da cotação em bolsa, como determinar a lei;

c) no pagamento ou resgate, o preço.

⇒ **Base de cálculo do IOF-Títulos e Valores Mobiliários.** Forte no arquétipo estabelecido pelo CTN, dispõe a Lei n. 8.894, com a redação da Lei n. 12.543/2011: "Art. 1º O Imposto sobre Operações de Crédito, Câmbio e Seguro, ou relativas a Títulos e Valores Mobiliários será cobrado à alíquota máxima de 1,5% ao dia, sobre o valor das operações de crédito e relativos a títulos e valores mobiliários. § 1º ... § 2º... Art. 2º Considera-se valor da operação: I – nas operações de crédito, o valor do principal que constitua o objeto da obrigação, ou sua colocação à disposição do interessado; II – nas operações relativas a títulos e valores mobiliários: a) valor de aquisição, resgate, cessão ou repactuação; b) o valor do pagamento para a liquidação das operações referidas na alínea anterior, quando inferior a noventa e cinco por cento do valor inicial da operação, expressos, respectivamente, em quantidade de

Unidade Fiscal de Referência (Ufir) diária. c) o valor nocional ajustado dos contratos, no caso de contratos derivativos. § 1º Serão acrescidos ao valor do resgate ou cessão de títulos e valores mobiliários os rendimentos periódicos recebidos pelo aplicador ou cedente durante o período da operação, atualizados pela variação acumulada da Ufir diária no período. § 2º O disposto no inciso II, alínea a, aplica-se, inclusive, às operações de financiamento realizadas em bolsas de valores, de mercadorias, de futuros e assemelhadas".

– O Decreto n. 6.306/2007 (Regulamento do IOF), por sua vez, estabelece: "CAPÍTULO III DA BASE DE CÁLCULO E DA ALÍQUOTA Da Base de Cálculo Art. 28. A base de cálculo do IOF é o valor (Lei n. 8.894, de 1994, art. 2º, II): I – de aquisição, resgate, cessão ou repactuação de títulos e valores mobiliários; II – da operação de financiamento realizada em bolsas de valores, de mercadorias, de futuros e assemelhadas; III – de aquisição ou resgate de cotas de fundos de investimento e de clubes de investimento; IV – do pagamento para a liquidação das operações referidas no inciso I, quando inferior a noventa e cinco por cento do valor inicial da operação. § 1º Na hipótese do inciso IV, o valor do IOF está limitado à diferença positiva entre noventa e cinco por cento do valor inicial da operação e o correspondente valor de resgate ou cessão. § 2º Serão acrescidos ao valor da cessão ou resgate de títulos e valores mobiliários os rendimentos periódicos recebidos, a qualquer título, pelo cedente ou aplicador, durante o período da operação. § 3º O disposto nos incisos I e III abrange quaisquer operações consideradas como de renda fixa".

Art. 65. O Poder Executivo pode, nas condições e nos limites estabelecidos em lei, alterar as alíquotas ou as bases de cálculo do imposto, a fim de ajustá-los aos objetivos da política monetária.

⇒ **Atenuação à legalidade estrita apenas quanto às alíquotas.** O § 1º do art. 153 da Constituição Federal de 1988 só permite ao Executivo a alteração das alíquotas do IOF, jamais das suas bases de cálculo. A definição das bases de cálculo dos impostos discriminados na Constituição, aliás, é matéria reservada à lei complementar, conforme se vê do art. 146, inciso III, *a*, da Constituição. Aliás, desde a EC n. 08/77 já não é dado ao Executivo alterar a base de cálculo.

⇒ **Necessidade de motivação. Invalidade dos Decretos ns. 6.339 e 6.345, de 2008.** "O ato com o qual o Presidente da República elevou alíquotas do IOF em janeiro de 2008 é, todavia, inteiramente desprovido de qualquer motivação. Nem mesmo a motivação genérica. Nada. Nenhuma palavra está colocada para indicar a finalidade que se pretendeu alcançar com aquele aumento. [...] dita elevação de alíquotas deu-se com os Decretos ns. 6.339, de 3 de janeiro de 2008, e 6.345, de 4 de janeiro de 2008, que não indicam a finalidade para a qual foram editados. [...] E isto, por si só, é causa de nulidade desses atos" (MACHADO, Hugo de Brito. Inconstitucionalidade do aumento do IOF com desvio de finalidade. *RDDT* 154/51, 2008).

• Vide notas ao art. 153, § 1º, da CF.

⇒ **Ajuste aos objetivos das políticas monetárias.** Lei n. 8.894/94: "Art. 1º O Imposto sobre Operações de Crédito, Câmbio e Seguro, ou relativas a Títulos e Valores Mobiliários será cobrado à alíquota máxima de 1,5% ao dia, sobre o valor das operações de crédito e relativos a títulos e valores mobiliários. § 2º O Poder Executivo, obedecidos os limites máximos fixados neste artigo, poderá alterar as alíquotas tendo em vista os objetivos das políticas monetária e fiscal".

– A referência à política monetária remete à extrafiscalidade, enquanto que à política fiscal, à fiscalidade.

– **Política monetária.** É o conjunto de ações governamentais relativas ao controle da quantidade de dinheiro circulante. Política fiscal é o conjunto de ações governamentais que dizem respeito à relação entre receitas e despesas.

– **Política fiscal.** Conforme esclarecido no sítio oficial do Tesouro Nacional, é conceito amplo: "Política fiscal reflete o conjunto de medidas pelas quais o Governo arrecada receitas e realiza despesas de modo a cumprir três funções: a estabilização macroeconômica, a redistribuição da renda e a alocação de recursos. A função estabilizadora consiste na promoção do crescimento econômico sustentado, com baixo desempenho e estabilidade de preços. A função redistributiva visa assegurar a distribuição equitativa da renda. Por fim, a função alocativa consiste no fornecimento eficiente de bens e serviços públicos, compensando as falhas de mercado". Disponível em: <https://www.gov.br/tesouronacional/pt-br/estatisticas-fiscais-e-planejamento/sobre-politica-fiscal>. Acesso em: 21 nov. 2022.

– **Descabimento da elevação para fins exclusivamente fiscais.** "... o Código estabelece uma finalidade a ser alcançada com a alteração do IOF, que é o ajustamento desse imposto aos objetivos da política monetária. Indispensável, portanto, que o ato administrativo com o qual o Poder Executivo altere esse imposto não pode prescindir de motivação, pois com o exame desta é que se poderá exercer o controle de constitucionalidade desse ato administrativo. [...] Em se tratando de um decreto essa motivação geralmente é colocada sob a forma de considerando. E no caso do aumento de alíquotas do IOF essa motivação, para que o ato seja válido, deve indicar qual é o objetivo da política monetária ao qual o imposto está sendo com ele ajustado. Não basta a indicação genérica, a dizer que o aumento de alíquotas está sendo feito para ajustar o imposto aos objetivos da política monetária, porque indicação assim, excessivamente genérica, não se presta como elemento de controle. [...] se é certo que os referidos Decretos aumentaram o IOF com a finalidade de elevar a arrecadação de receitas tributárias da União, resta evidente a inconstitucionalidade por desvio de finalidade. [...] a única razão pela qual o IOF está a salvo do princípio da estrita legalidade e da correspondente atribuição constitucional de competência ao Poder Executivo para alterar as alíquotas desse imposto, é precisamente a sua utilização como instrumento extrafiscal, ou instrumento regulatório" (MACHADO, Hugo de Brito. Inconstitucionalidade do aumento do IOF com desvio de finalidade. *RDDT* 154/51, 2008).

– Extinta a CPMF em dezembro de 2007, o Executivo, logo em seguida, promoveu aumento significativo das alíquotas do IOF para compensar a perda de arrecadação. Mas o STF chancelou esse aumento. Vide: STF, RE 800.282 AgR, 2015.

⇒ **Exceção às anterioridades de exercício e nonagesimal mínima.** As alterações no IOF podem ter efeitos imediatos, não devendo observância às regras de anterioridade, seja a de exercício (150, III, *b*), seja a nonagesimal mínima (150, III, c), como se pode ver expressamente do art. 150, § 1º, da CF.

⇒ **Alíquotas do IOF-Crédito.** Cabe ao legislador estabelecer a alíquota máxima e as condições e requisitos para a sua alteração pelo Executivo. A Lei n. 8.894/94 o fez, definindo base de cálculo, o valor das operações de crédito; como alíquota máxima 1,5% ao dia; como condições para a alteração da alíquota, o atendimento aos objetivos das políticas monetária e fiscal.

– A alíquota de 1,5% ao dia, por certo, se praticada, mostrar-se-ia demasiadamente onerosa e insuportável, revelando excesso, irrazoabilidade e desproporcionalidade, de modo a configurar confisco vedado pelo art. 150, IV, da CF. O limite estabelecido pelo legislador, pois, por confiscatório, dá ao Executivo um âmbito quase que irrestrito de dimensionamento do IOF-Crédito, permitindo-lhe a livre graduação da alíquota.

– A alíquota máxima prevista na Lei n. 8.894/94 é de 1,5% ao dia, mas trata-se de patamar absolutamente gravoso e excessivo, sendo que o Executivo é que define as alíquotas para cada tipo de operação, forte na autorização do art. 153, § 1º, da CF, sempre em percentuais muito inferiores a isso. O Decreto n. 7.458/2011 definiu a alíquota em 0,0082% ao dia. A tomada de crédito por pessoa física, que vinha sendo tributada à alíquota de 0,0041%, foi recolocada no patamar de 0,0082% pelo Decreto n. 8.392/2015. Aliás, vê-se o uso extrafiscal deste imposto justamente na flutuação das alíquotas, porquanto, desde 2007, já houve sete alterações, para cima e para baixo, nas alíquotas do IOF relativo aos empréstimos a pessoas físicas, conforme a conjuntura econômica.

– Há, também, diversas operações sujeitas à alíquota zero, conforme os artigos 6º a 8º do Decreto n. 6.306/2007 (Regulamento do IOF).

– **0,00041% ao dia, mais 0,38%.** "Na operação de empréstimo, sob qualquer modalidade, quando ficar definido o valor do principal a ser utilizado pelo mutuário, a base de cálculo é o principal entregue ou colocado à sua disposição, e a alíquota do IOF-crédito no caso de mutuário pessoa jurídica será de 0.0041% ao dia. [...] Adicionalmente, haverá a incidência da alíquota de 0.38% sobre as operações de crédito, independentemente do prazo da operação, seja o mutuário pessoa física ou pessoa jurídica, nos termos do § 15 do art. 7º do Riof. [...] convém apontar que, nos casos de mútuo com valor definido e prazo determinado, o IOF-crédito terá como limite o valor resultante da aplicação da alíquota diária a cada valor de principal, prevista para a operação, multiplicada por 365 dias, acrescida da alíquota adicional de 0.38%, não obstante a forma de pagamento do principal (i.e., à vista ou parcelado), conforme art. 7º, § 1º, e § 14 do Riof. Portanto, a alíquota máxima do IOF-crédito seria de 1.4965% mais 0.38%, totalizando 1.8765% para contratos de 365 dias ou mais de duração, sendo arredondada para 1.88%. Nessas hipóteses, a alíquota máxima será aplicável no momento da concessão do referido mútuo, não havendo incidência periódica do referido imposto, mas tão somente, em um único momento, ainda que o contrato dure, por exemplo, dez anos ou mais. É importante notar ainda que, para os contratos sem prazo de duração (prazo indeterminado), desde que o montante principal emprestado tenha sido definido no contrato, vale a regra da alíquota máxima de 1.88% (composta por 0.0041% ao dia multiplicado por 365 dias acrescido dos 0.38% adicionais), incidindo tal tributo no momento da concessão ou colocação à disposição dos valores à mutuária, conforme dispõe o art. 7º, § 14, do Riof..." (CASTRO, Leonardo Freitas de Moraes e. IOF sobre empréstimos concedidos por meio de cédula de crédito bancário e notas promissórias comerciais: importantes diferenciações sobre os aspectos material e quantitativo de sua hipótese de incidência. *RDDT* 229/68, 2014).

– **Das isenções** Há, ainda, várias operações de crédito isentas de IOF-Crédito, como a realizada para fins habitacionais, inclusive infraestrutura e saneamento básico, nos termos do Decreto-Lei n. 2.407/88, e a realizada para aquisição de automóveis de passageiros nacionais com até 127 HP, por taxistas e pessoas portadoras de deficiência física, nos termos da Lei n. 8.383/91. O art. 9º do Decreto n. 6.306/07 (Regulamento do IOF) traz listagem completa dos casos de isenção.

⇒ **Alíquotas do IOF-Câmbio.** A alíquota máxima, nos termos do art. 5º da Lei 8.894/94, é estabelecida em 25%. Tal alíquota de 25% mostra-se indiscutivelmente confiscatória, dada a sua demasiada onerosidade, que atenta contra o patrimônio do contribuinte. O percentual não se justifica, incorrendo em violação aos princípios da vedação do excesso e da proporcionalidade. Mas o Poder Executivo, utilizando sua prerrogativa de reduzir e restabelecer a alíquota fixada nesse artigo. A alíquota praticada é bastante inferior ao limite legal de 25% estabelecido pelo art. 5º da Lei n. 8.894/94, tendo sido fixada em 0,38%, nos termos do art. 15-B do Decreto n. 6.306/2007 (Regulamento do IOF), com a redação do Decreto n. 8.325/2014. Mas esse dispositivo ainda traz inúmeras exceções. Para as operações de câmbio relativas ao ingresso no País de receitas de exportação de bens e serviços, a alíquota é zero. O câmbio em operação com cartões de crédito internacional, por sua vez, sujeita-se à alíquota de 6,38%. À mesma alíquota de 6,38% sujeitam-se as operações de câmbio que consistem na aquisição de moeda estrangeira, saques em moeda estrangeira no exterior, compras nos cheques de viagem e carregamento de cartões pré-pagos, unificando-se a carga tributária relacionada aos gastos no exterior. Há, ainda, caso de redução do IOF-Câmbio.

⇒ **Alíquotas do IOF-Seguros. Alíquota máxima.** A alíquota máxima é de 25%, nos termos do art. 15 da Lei 9.718/98: "Art. 15. A alíquota do Imposto sobre Operações de Crédito, Câmbio e Seguro, ou relativas a Títulos ou Valores Mobiliários – IOF nas operações de seguro será de vinte e cinco por cento". Ocorre que se trata de imposto que, nos termos do art. 153, § 1º, da CF, pode ter suas alíquotas alteradas pelo Executivo, desde que observados os limites e condições estabelecidos por lei. Vigem, por força disso, alíquotas reduzidas.

– A alíquota aplicável às operações de seguro em geral é de 7,38%. Mas é de 2,38% a alíquota para os seguros privados de assistência à saúde e de 0% a alíquota para casos especiais como resseguro, seguro obrigatório vinculado a financiamento habitacional, seguro de crédito à exportação etc. Para os seguros de vida, de acidentes pessoais e do trabalho, 0,38%, conforme o art. 22 do Decreto n. 6.306/2007 (Regulamento do IOF).

– **Isenções.** Há diversas isenções relativamente ao IOF-Seguro, destacando-se a que beneficia os seguros rurais, estabelecida pelo DL 73/66: "Art. 19. As operações de Seguro Rural gozam de isenção tributária irrestrita, de quaisquer impostos ou tributos federais". Vide o art. 22, III, da LC n. 137/2003. O Decreto n. 6.306/07, arrola os casos de isenção em seu art. 23.

⇒ **Alíquotas do IOF-Títulos e Valores Mobiliários.** Lei 8.894/94: "Art. 1º [...] Parágrafo único. O Poder Executivo, obedecidos os limites máximos fixados neste artigo, poderá alterar as alíquotas tendo em vista os objetivos das políticas monetária e fiscal".

– "Art. 1º [...] § 2º O Poder Executivo, obedecidos os limites máximos fixados neste artigo, poderá alterar as alíquotas tendo em vista os objetivos das políticas monetária e fiscal" (redação da Lei n. 12.543/2011).

– Os arts. 30 a 32 do Dec. n. 6.306/2007 definem diversas alíquotas inferiores, inclusive alíquota zero, conforme o tipo de operação.

Art. 66. Contribuinte do imposto é qualquer das partes na operação tributada, como dispuser a lei.

⇒ **Sujeito ativo.** Sujeito ativo do IOCrédito, do IOCâmbio, do IOSeguros e do IOTítulos e Valores Mobiliários é a própria União, sendo o tributo administrado pela Secretaria da Receita Federal.

– DL n. 2.471/88: "Art. 3º Compete à Secretaria da Receita Federal a administração da contribuição e do adicional a que alude o art. 1º, bem assim do imposto sobre operações de crédito, câmbio e seguro e sobre operações relativas a títulos e valores mobiliários (IOF), incluídas as atividades de arrecadação, tributação e fiscalização. § 1º No exercício das atribuições que lhe são transferidas na forma deste artigo, a Secretaria da Receita Federal, por intermédio de seus agentes fiscais, poderá proceder ao exame de documentos, livros e registros, independentemente de instauração de processo. § 2º O processo administrativo de determinação e exigência dos tributos referidos neste artigo, bem assim o de consulta sobre a aplicação da respectiva legislação, serão regidos pelas normas expedidas nos termos do art. 2º do Decreto-Lei n. 822, de 5 de setembro de 1969. § 3º O disposto no parágrafo anterior aplica-se, inclusive, aos processos instaurados anteriormente à vigência deste Decreto-Lei".

– Regulamento: "Art. 59. Compete à Secretaria da Receita Federal do Brasil a administração do IOF, incluídas as atividades de arrecadação, tributação e fiscalização (Decreto-Lei n. 2.471, de 1988, art. 3º)".

⇒ **Sujeitos passivos do IOF-Crédito. Contribuintes.** Em face da redação aberta do art. 66 do CTN, o legislador ordinário pode colocar tanto aquele que empresta como o que toma o empréstimo como contribuinte do imposto. A Lei n. 8.894/94, ao instituir o Imposto sobre Operações de Crédito, dispôs no sentido de que são contribuintes os tomadores de crédito: "Art. 3º São contribuintes do imposto: I – os tomadores de crédito, na hipótese prevista no art. 2º, inciso I;". Relativamente às operações de *factoring*, a Lei 9.532/97 elenca como contribuinte a pessoa física ou jurídica que alienar os direitos creditórios, conforme se vê do seu art. 58: "Art. 58. A pessoa física ou jurídica que alienar, à empresa que exercer as atividades relacionadas na alínea 'd' do inciso III do § 1º do art. 15 da Lei n. 9.249, de 1995 (*factoring*), direitos creditórios resultantes de vendas a prazo, sujeita-se à incidência do imposto...".

– O Decreto n. 6.306/2007 (Regulamento do IOF) detalha tais situações: "TÍTULO II DA INCIDÊNCIA SOBRE OPERAÇÕES DE CRÉDITO CAPÍTULO II DOS CONTRIBUINTES E DOS RESPONSÁVEIS Dos Contribuintes Art. 4º Contribuintes do IOF são as pessoas físicas ou jurídicas tomadoras de crédito (Lei n. 8.894, de 1994, art. 3º, inciso I, e Lei n. 9.532, de 1997, art. 58). Parágrafo único. No caso de alienação de direitos creditórios resultantes de vendas a prazo a empresas de factoring, contribuinte é o alienante pessoa física ou jurídica".

– **Responsáveis tributários.** Temos, sempre, a figura do responsável tributário por substituição no Imposto sobre Operações de Crédito, figurando como substituto, invariavelmente, aquele que concede o crédito. É como dispõe a legislação, para as diversas operações, de modo que figurarão na condição de responsáveis por substituição as instituições financeiras, as empresas de *factoring* e as demais pessoas jurídicas que concederem crédito. Quanto às operações com instituições financeiras, dispõe o DL 1.783/80: "Art. 3º São responsáveis pela cobrança do imposto e pelo seu recolhimento ao Banco Central do Brasil, ou a quem este determinar, nos prazos fixados pelo Conselho Monetário Nacional: I – nas operações de crédito, as instituições financeiras;". Quanto às operações de *factoring*, dispõe a Lei n. 9.532/97: "Art. 58. [...] § 1º O responsável pela cobrança e recolhimento do IOF de que trata este artigo é a empresa de *factoring* adquirente do direito creditório". Quanto às demais operações de crédito que não sejam realizadas por instituições financeiras, dispõe a Lei n. 9.779/99: "Art. 13. § 2º Responsável pela cobrança e recolhimento do IOF de que trata este artigo é a pessoa jurídica que conceder o crédito".

– O Decreto n. 6.306/2007 (Regulamento do IOF) retrata os substitutos em artigo único: "Dos Responsáveis Art. 5º São responsáveis pela cobrança do IOF e pelo seu recolhimento ao Tesouro Nacional: I – as instituições financeiras que efetuarem operações de crédito (Decreto-Lei n. 1.783, de 1980, art. 3º, inciso I); II – as empresas de factoring adquirentes do direito creditório, nas hipóteses da alínea 'b' do inciso I do art. 2º (Lei n. 9.532, de 1997, art. 58, § 1º); III – a pessoa jurídica que conceder o crédito, nas operações de crédito correspondentes a mútuo de recursos financeiros (Lei n. 9.779, de 1999, art. 13, § 2º)".

⇒ **Sujeitos passivos do IOF-Câmbio. Contribuintes.** O CTN deixa ao legislador ordinário a liberdade de colocar na posição de contribuinte qualquer das partes da operação de câmbio. A Lei 8.894/94, ao instituir o imposto, identifica como

contribuinte, nas operações referentes a transferências financeiras para o exterior, o comprador de moeda estrangeira e, nas operações referentes a transferências financeiras do exterior para cá, o vendedor da moeda estrangeira. É o que infere do seu art. 6º: "Art. 6º São contribuintes do IOF incidente sobre operações de câmbio os compradores ou vendedores da moeda estrangeira na operação referente a transferência financeira para ou do exterior, respectivamente. Parágrafo único. As instituições autorizadas a operar em câmbio são responsáveis pela retenção e recolhimento do imposto". O Decreto n. 6.306/2007 (Regulamento do IOF) cuida de deixar clara a aplicação do critério legal, inclusive nas operações de câmbio manual, bem como de esclarecer o que se considera por "transferências financeiras".

– Regulamento: "CAPÍTULO II DOS CONTRIBUINTES E DOS RESPONSÁVEIS Dos Contribuintes Art. 12. São contribuintes do IOF os compradores ou vendedores de moeda estrangeira nas operações referentes às transferências financeiras para o ou do exterior, respectivamente (Lei n. 8.894, de 1994, art. 6º). Parágrafo único. As transferências financeiras compreendem os pagamentos e recebimentos em moeda estrangeira, independentemente da forma de entrega e da natureza das operações".

– **Responsáveis.** O recolhimento do tributo cabe aos substitutos tributários, que terão de exigir do contribuinte o montante do imposto, por ocasião da liquidação da operação de câmbio, e vertê-lo aos cofres públicos. Nesse sentido, é a disposição do parágrafo único do art. 6º da Lei n. 8.894/94: "Art. 6º São contribuintes... Parágrafo único. As instituições autorizadas a operar em câmbio são responsáveis pela retenção e recolhimento do imposto". O Regulamento, em seu art. 13, praticamente repete o texto legal: "Dos Responsáveis Art. 13. São responsáveis pela cobrança do IOF e pelo seu recolhimento ao Tesouro Nacional as instituições autorizadas a operar em câmbio (Lei n. 8.894, de 1994, art. 6º, parágrafo único)".

– "IOF. ARTS. 121 E 66 DO CTN. ARTS. 2º E 3º DO DECRETO-LEI N. 1.783/80. DISTINÇÃO ENTRE O CONTRIBUINTE E O RESPONSÁVEL PELA COBRANÇA E RECOLHIMENTO DO IMPOSTO... 2. Nos termos do art. 2º do Decreto-lei n. 1.783/80, são contribuintes do IOF "os tomadores do crédito, os segurados, os compradores de moeda estrangeira e os adquirentes de títulos e valores mobiliários". E, segundo o art. 3º, III, do mesmo Decreto-lei, a instituição autorizada a operar em câmbio é responsável pela sua cobrança e pelo seu recolhimento ao Banco Central do Brasil, ou a quem este determinar, nos prazos fixados pelo Conselho Monetário Nacional" (STJ, REsp 642.375, 2007).

⇒ **Sujeitos passivos do IOF-Seguro. Contribuintes.** O art. 66 do CTN enseja a colocação, como contribuinte, de qualquer das partes da operação tributada, sendo que o DL 1.783/80, ao dispor sobre as diversas incidências, estabelece, como contribuintes do IOSeguro, os segurados: "Art. 2º São contribuintes do imposto... os segurados...". O Decreto n. 6.306/07 (Regulamento do IOF), aliás, é claro ao cuidar do IOSeguro: "CAPÍTULO II DOS CONTRIBUINTES E DOS RESPONSÁVEIS Dos contribuintes Art. 19. Contribuintes do IOF são as pessoas físicas ou jurídicas seguradas (Decreto-Lei n. 1.783, de 1980, art. 2º)".

– **Responsáveis.** O já referido DL 1.783/80, com a redação alterada pelo DL 2.471/88, atribui a responsabilidade pela exigência e pelo recolhimento do imposto ao segurador ou às instituições financeiras a quem a esse encarregar a cobrança do prêmio, os quais figuram, pois, como responsáveis tributários por substituição. Vejamos: "Art. 3º São responsáveis pela cobrança do imposto e pelo seu recolhimento ao Tesouro Nacional, nos prazos e condições fixados pela Secretaria da Receita Federal: ... II – nas operações de seguro, o segurador ou as instituições financeiras a quem este encarregar da cobrança do prêmio;". O Decreto n. 6.306/2007 (Regulamento do IOF) repete a norma: "Art. 20. São responsáveis pela cobrança do IOF e pelo seu recolhimento ao Tesouro Nacional as seguradoras ou as instituições financeiras a quem estas encarregarem da cobrança do prêmio (Decreto-Lei n. 1.783, de 1980, art. 3º, inciso II, e Decreto-Lei n. 2.471, de 1º de setembro de 1988, art. 7º). Parágrafo único. A seguradora é responsável pelos dados constantes da documentação remetida para cobrança".

⇒ **Sujeitos passivos do IOF-Títulos e Valores Mobiliários. Contribuintes.** Deixando o CTN, em seu art. 66, ampla liberdade para o legislador definir o contribuinte do imposto, dispõe a Lei n. 8.894/94: "Art. 3º São contribuintes do imposto: ... II – os adquirentes de títulos e valores mobiliários e os titulares de aplicações financeiras, na hipótese prevista no art. 2º, inciso II, alínea a; III – as instituições financeiras e demais instituições autorizadas a funcionar pelo Banco Central do Brasil, na hipótese prevista no art. 2º, inciso II, alínea *b*". Estabelece a lei, pois, que serão contribuintes do imposto os adquirentes de títulos e valores mobiliários e os titulares de aplicações financeiras na hipótese de "a) ... aquisição, resgate, cessão ou repactuação", e que são contribuintes as instituições financeiras e demais autorizadas a funcionar na hipótese de "b) ... pagamento para a liquidação das operações referidas na alínea anterior, quando inferior a noventa e cinco por cento do valor inicial da operação, expressos, respectivamente, em quantidade de Unidade Fiscal de Referência (Ufir) diária".

– Decreto n. 6.306/2007 (Regulamento do IOF): "CAPÍTULO II DOS CONTRIBUINTES E DOS RESPONSÁVEIS Dos Contribuintes Art. 26. Contribuintes do IOF são: I – os adquirentes, no caso de aquisição de títulos ou valores mobiliários, e os titulares de aplicações financeiras, nos casos de resgate, cessão ou repactuação (Decreto-Lei n. 1.783, de 1980, art. 2º e Lei n. 8.894, de 1994, art. 2º, inciso II, alínea 'a', e art. 3º, inciso II) (Redação dada pelo Decreto n. 7.412, de 2010); II – as instituições financeiras e demais instituições autorizadas a funcionar pelo Banco Central do Brasil, na hipótese prevista no inciso IV do art. 28 (Lei n. 8.894, de 1994, art. 3º, inciso III)."

– **Responsáveis.** Quanto à responsabilidade tributária, dispõe o DL n. 1.783/80 em seu art. 3º, inciso IV: "Art. 3º São responsáveis pela cobrança do imposto e pelo seu recolhimento ao Banco Central do Brasil, ou a quem este determinar, nos prazos fixados pelo Conselho Monetário Nacional: ... IV – nas opera-

ções relativas a títulos ou valores mobiliários, as instituições autorizadas a operar na compra e venda de títulos e valores mobiliários e, nas operações de contratos derivativos, as entidades autorizadas a registrar os referidos contratos (Redação dada pela Lei n. 12.543, de 2011)". Dispõe, ainda, o art. 28 da MP 2.158-35/01, tornada permanente por força da EC n. 32/01: "Art. 28. Fica responsável pela retenção e pelo recolhimento dos impostos e das contribuições, decorrentes de aplicações em fundos de investimento, a pessoa jurídica que intermediar recursos, junto a clientes, para efetuar as referidas aplicações em fundos administrados por outra pessoa jurídica. § 1º A pessoa jurídica intermediadora de recursos deverá manter sistema de registro e controle, em meio magnético, que permita a identificação de cada cliente e dos elementos necessários à apuração dos impostos e das contribuições por ele devidos. § 2º O disposto neste artigo somente se aplica a modalidades de intermediação de recursos disciplinadas por normas do Conselho Monetário Nacional". O Decreto n. 6.306/2007 (Regulamento do IOF) detalha a matéria em seu art. 27.

Art. 67. A receita líquida do imposto destina-se à formação de reservas monetárias, na forma da lei.

⇒ **Não recepção. Art. 167, IV, da CF.** Sendo vedada, pelo art. 167, IV, da CF, a vinculação da receita de impostos a órgão, fundo ou despesa, o art. 67 do CTN não tem suporte de validade. Sobre tal vedação, vide nota ao art. 145, I, da CF.

SEÇÃO V
IMPOSTO SOBRE SERVIÇOS DE TRANSPORTES E COMUNICAÇÕES

Arts. 68 a 70. (Revogados)

⇒ **A Lei Complementar n. 87/96.** A Lei Complementar n. 87, de 13 de setembro de 1996, dispõe sobre o imposto dos Estados e do Distrito Federal sobre operações relativas à circulação de mercadorias e sobre prestações de serviços de transporte interestadual e intermunicipal e de comunicação, e dá outras providências.

SEÇÃO VI
IMPOSTO SOBRE SERVIÇOS DE QUALQUER NATUREZA

Arts. 71 a 73. (Revogados pelo Decreto-Lei n. 406/68)

⇒ **ISS.** Sobre o ISS, vide art. 156, inciso III, e § 3º, da CF, bem como as respectivas notas.

CAPÍTULO V
IMPOSTOS ESPECIAIS

SEÇÃO I
IMPOSTO SOBRE OPERAÇÕES RELATIVAS A COMBUSTÍVEIS, LUBRIFICANTES, ENERGIA ELÉTRICA E MINERAIS DO PAÍS

Arts. 74 a 75. (Revogados)

⇒ **Imposto sobre vendas a varejo de combustíveis líquidos e gasosos, exceto óleo diesel.** A CF/88 outorgava aos Municípios, em seu art. 156, inciso III, competência para instituir imposto sobre vendas a varejo de combustíveis líquidos e gasosos, exceto óleo diesel. Entretanto, a EC n. 93/93, ao dar nova redação ao inciso III do art. 156 e revogar o inciso IV, suprimiu tal competência.

⇒ **Operações relativas a energia elétrica, serviços de telecomunicações, derivados de petróleo, combustíveis e minerais do País. Sujeição apenas ao ICMS, II e IE.** Dispõe o art. 155, § 3º, da CF: "§ 3º À exceção dos impostos de que tratam o inciso II do *caput* deste artigo e o artigo 153, I e II, nenhum outro tributo poderá incidir sobre operações relativas a energia elétrica, serviços de telecomunicações, derivados de petróleo, combustíveis e minerais do País".

SEÇÃO II
IMPOSTOS EXTRAORDINÁRIOS

Art. 76. Na iminência ou no caso de guerra externa, a União pode instituir, temporariamente, impostos extraordinários compreendidos ou não entre os referidos nesta Lei, suprimidos, gradativamente, no prazo máximo de 5 (cinco) anos, contados da celebração da paz.

⇒ **CF, art. 154, II.** Vide art. 154, inciso II, da CF.

TÍTULO IV
TAXAS

⇒ **Art. 145, II, da CF.** A Constituição Federal outorga a todos os entes políticos competência para a instituição de taxas. Quando o CTN repete norma constitucional, viabiliza-se a discussão da questão diretamente em face da Constituição. Vide o texto constitucional e respectivas notas.

– "... em recurso extraordinário, não cabe examinar a alegação de ofensa ao artigo 77 do C.T.N., adstrito que está essa espécie de recurso a questões constitucionais. E quando esse Código tem norma de mera repetição de norma constitucional, a questão se examina, como no caso, em recurso extraordinário em face desta e não daquela. Agravo a que se nega provimento" (STF, AgRegAI 210.773, 1998).

– "1. Os artigos 77 e 78 do CTN reproduzem dispositivos constitucionais (arts. 145 e 153, § 3º, II, respectivamente), implicando sua interpretação a apreciação de questão constitucional, inviável em sede de Recurso Especial" (STJ, REsp 798.425, 2008).

– "... não merece seguimento recurso especial que instaura discussão acerca dos requisitos da especificidade e divisibilidade das taxas sob a alegação de infringência dos arts. 77 e 79 do CTN, por reproduzirem preceitos constitucionais" (STJ, AgRg no Ag 947.862, 2008).

– "ESPECIFICIDADE E DIVISIBILIDADE. MATÉRIA DE ÍNDOLE CONSTITUCIONAL... 1. Está assentada na Primeira Seção a orientação segundo a qual a controvérsia acerca da divisibilidade e especificidade de taxas é insuscetível de apreciação em recurso especial, porquanto os arts. 77 e 79 do CTN re-

petem preceito constitucional contido no art. 145 da Carta vigente. Precedentes: REsp 723515/RJ, 1ª T., Min. Francisco Falcão, *DJ* de 19.06.2006; REsp 896643/PR, 2ª T., Min. Humberto Martins, *DJ* de 12.03.2007" (STJ, REsp 967.157, 2007).

Art. 77. As taxas cobradas pela União, pelos Estados, pelo Distrito Federal ou pelos Municípios, no âmbito de suas respectivas atribuições, têm como fato gerador o exercício regular do poder de polícia, ou a utilização, efetiva ou potencial, de serviço público específico e divisível, prestado ao contribuinte ou posto à sua disposição.

Parágrafo único. A taxa não pode ter base de cálculo ou fato gerador idênticos aos que correspondam a imposto, nem ser calculada em função do capital das empresas.

⇒ **Norma de competência e fato gerador da taxa.** Vide art. 145, II, da CF e respectivas notas.

⇒ **Base de cálculo das taxas.** Vide art. 145, § 2º, da CF e respectivas notas.

Art. 78. Considera-se poder de polícia atividade da administração pública que, limitando ou disciplinando direito, interesse ou liberdade, regula a prática de ato ou abstenção de fato, em razão de interesse público concernente à segurança, à higiene, à ordem, aos costumes, à disciplina da produção e do mercado, ao exercício de atividades econômicas dependentes de concessão ou autorização do Poder Público, à tranquilidade pública ou ao respeito à propriedade e aos direitos individuais ou coletivos.

Parágrafo único. Considera-se regular o exercício do poder de polícia quando desempenhado pelo órgão competente nos limites da lei aplicável, com observância do processo legal e, tratando-se de atividade que a lei tenha como discricionária, sem abuso ou desvio de poder.

⇒ **Art. 145, II, da CF.** Sobre a competência para instituir taxa de exercício de poder de polícia e seus condicionamentos, vide notas ao art. 145, II, da CF.

⇒ **Exercício "regular" do poder de polícia.** O qualificativo "regular" não integra a definição do fato gerador da taxa de polícia, constante do art. 145, inciso II, da Constituição Federal.

– No sentido indicado por este parágrafo, equivale a em conformidade com o direito, a juridicamente válido e legítimo. Por isso a expressão é despicienda. Vale lembrar que os atos administrativos – aliás, toda a atividade administrativa – gozam de presunção de legitimidade e de veracidade. Ensina Maria Sylvia Di Pietro, em *Direito Administrativo*, 4ª edição, Atlas, 1994, p. 164: "A presunção de legitimidade diz respeito à conformidade do ato com a lei; em decorrência desse atributo, presumem-se, até prova em contrário, que os atos administrativos foram emitidos com observância da lei. A presunção de veracidade diz respeito aos fatos; em decorrência desse atributo, presumem-se verdadeiros os fatos alegados pela Administração. Assim ocorre com relação às certidões, atestados, declarações, informações por ela fornecidos, todos dotados de fé pública".

– É claro que o Poder Público só pode e deve agir nos limites da lei, sem abuso ou desvio. Se não for assim, não só não poderá ser cobrada taxa, como a própria atividade ilegal terá de cessar, se necessário mediante ação judicial movida pelo prejudicado.

– Regular, pois, no parágrafo em comento, não está no sentido de "continuado".

– "... o Pretório Excelso nunca desvinculou a validade de uma taxa de polícia da ocorrência de fiscalizações regulares. O que admitiu a Corte, no caso do IBAMA, foi apenas a presunção da realização das inspeções em função do aparato da citada autarquia federal" (COÊLHO, Sacha Calmon Navarro; MANEIRA, Eduardo; MAIA, Marcos Correia Piqueira. A interpretação equivocada dos precedentes em relação às taxas de fiscalização de postes e orelhões. *RDDT* 212/110, 2013).

– A redação do art. 145, inciso II, da Constituição, não repetindo a expressão "regular", ao se referir ao exercício do poder de polícia, foi bastante feliz.

– **Com observância do processo legal.** "... corresponde à cláusula do *due process of law* que a Constituição norte-americana assegura aos cidadãos como uma garantia em relação ao modo de proceder da administração pública. Portanto o poder de polícia só será legítimo se o órgão executante tiver competência, agir dentro dos limites desta e empregar meios também autorizados por lei" (NOGUEIRA, Ruy Barbosa. *Curso de direito tributário*. 14. ed. São Paulo: Saraiva, 1995, p. 161).

Art. 79. Os serviços públicos a que se refere o art. 77 consideram-se:

I – utilizados pelo contribuinte:

a) efetivamente, quando por ele usufruídos a qualquer título;

b) potencialmente, quando, sendo de utilização compulsória, sejam postos à sua disposição mediante atividade administrativa em efetivo funcionamento;

II – específicos, quando possam ser destacados em unidades autônomas de intervenção, de utilidade ou de necessidade públicas;

III – divisíveis, quando suscetíveis de utilização, separadamente, por parte de cada um dos seus usuários.

⇒ **Art. 145, II, da CF.** Vide notas ao art. 145, II, da CF.

Art. 80. Para efeito de instituição e cobrança de taxas, consideram-se compreendidas no âmbito das atribuições da União, dos Estados, do Distrito Federal ou dos Municípios aquelas que, segundo a Constituição Federal, as Constituições dos Estados, as Lei Orgânicas do Distrito Federal e dos Municípios e a legislação com elas compatível, competem a cada uma dessas pessoas de direito público.

⇒ **Art. 145, II, da CF.** Vide nota ao art. 145, II, da CF sob a rubrica "Competência para instituir taxas como função da competência político-administrativa".

TÍTULO V
CONTRIBUIÇÃO DE MELHORIA

⇒ **Histórico e fundamentos da contribuição de melhoria.** Vide nota ao art. 145, III, da CF.

⇒ **Outorga de competência para a instituição de contribuições de melhoria. Art. 145, III, da CF.** A Constituição Federal outorga a todos os entes políticos competência para a instituição de contribuições de melhoria. Vide o texto constitucional e respectivas notas.

– **Contribuição de melhoria x contrato. Regime jurídico distinto.** "Obra pública: o particular que assumiu por contrato a obrigação de ressarcir a sociedade de economia mista executora dos custos de obra pública de seu interesse não pode opor à validade da obrigação livremente contraída a possibilidade, em tese, da instituição para a hipótese de contribuição de melhoria" (STF, RE 236.310, 1998). Vide também: STJ, REsp 766.107/PR.

⇒ **Normas gerais sobre contribuição de melhoria: arts. 81 e 82 do CTN e DL 195/67.** O DL 195/67, editado logo após o CTN, trouxe normas gerais atinentes às contribuições de melhoria. Por disciplinar a matéria de modo completo, poder-se-ia entender que teria revogado os arts. 81 e 82 do CTN. Mas o STJ firmou posição no sentido de que continuam em vigor ao lado do DL 195/67. Assim, o CTN e o DL 195/97 têm sido aplicados de modo complementar um ao outro.

– "CONTRIBUIÇÃO DE MELHORIA. PLENO VIGOR DOS ARTS. 81 E 82 DO CTN E DL 195/1967... 2. A jurisprudência do STJ é pacífica no sentido de que: i) os artigos 81 e 82 do CTN estão em pleno vigor" (STJ, AgRg no Ag 1.159.433, 2010).

– "II – Importante destacar que, tanto os arts. 81 e 82 do CTN, quanto os dispositivos do Decreto-lei n. 195/67, ainda continuam em vigor, os quais exigem a valorização do imóvel para a cobrança da contribuição de melhoria" (STJ, AgRgREsp 1.079.924, 2008).

– "CONTRIBUIÇÃO DE MELHORIA. ARTS. 81 E 82 DO CTN. DECRETO-LEI 195/67... 2. De acordo com a jurisprudência desta Corte, continuam em vigor os arts. 81 e 82 do Código Tributário Nacional, bem como as disposições do Decreto-Lei 195/67, os quais regulamentam a contribuição de melhoria" (STJ, REsp 671.560, 2007).

– "Os arts. 81 e 82 do CTN, por não encerrarem qualquer conflito com a sobredita norma constitucional, persistem em vigor (segundo o princípio da recepção), bem assim o constante do Decreto-lei n. 195, de 24 de fevereiro de 1967, que 'dispõe sobre a cobrança da contribuição de melhoria'" (OLIVEIRA, José Jayme de Macedo. Contribuição de melhoria: aspectos pouco e/ou muito debatidos. *RDDT* 228/93-95, 2014).

– "... as disposições do Código Tributário Nacional, em sede de contribuição de melhoria, e do Decreto-lei 195/67, foram recepcionadas pela Carta de 1988, vigendo até que nova legislação venha a ser editada" (LEONETTI, Carlos Araújo. *A contribuição de melhoria na Constituição de 1988*. Florianópolis: Diploma Legal, 2000, p. 119).

– **Validade do Decreto-Lei n. 195/67.** O DL 195/67 foi editado antes da entrada em vigor da Constituição de 1967, portanto, ainda sob a égide da Constituição de 1946, que dizia da competência da União para legislar sobre normas gerais de direito financeiro, sem, contudo, exigir lei complementar para tanto.

– "Este Decreto-lei foi editado com fulcro no art. 9º, § 2º, do Ato Institucional n. 4, de 7 de dezembro de 1996, que outorgou competência ao Presidente da República, para, no recesso do Congresso Nacional, 'expedir decretos com força de lei sobre matéria administrativa e financeira'. Apesar de a edição deste Decreto-lei (24 de fevereiro) ser posterior à promulgação da Carta de 1967 (24 de janeiro), como esta entrou em vigor, apenas, em 15 de março de 1967, por força do disposto em se art. 189, aquele nasceu, ainda, sob o império da Constituição de 1946" (LEONETTI, Carlos Araújo. *A contribuição de melhoria na Constituição de 1988*. Florianópolis: Diploma Legal, 2000, na nota 300, p. 95).

– **Súmula 496 do STF:** "São válidos, porque salvaguardados pelas Disposições Constitucionais Transitórias da Constituição Federal de 1967, os Decretos-Leis expedidos entre 24 de janeiro e 15 de março de 1967".

– **Nível de lei complementar.** O DL n. 195/67 dispõe sobre normas gerais atinentes à contribuição de melhoria, que, obviamente, se inserem no âmbito das normas gerais de direito tributário, para as quais as Constituições de 1967 e a de 1988 passaram a exigir lei complementar. Como o juízo de recepção da legislação vigente pelos novos textos constitucionais diz respeito à adequação material tão somente, o DL n. 195/67, sendo com elas compatível, continuou em vigor, não tendo sido revogado. Assim e considerando que, atualmente, só lei complementar pode cuidar da matéria, o DL n. 195/67 assumiu nível de lei complementar, pois não poderá ser revogado nem alterado por lei ordinária, pois esta seria inválida por ofensa ao art. 146, III, da CF.

Art. 81. A contribuição de melhoria cobrada pela União, pelos Estados, pelo Distrito Federal ou pelos Municípios, no âmbito de suas respectivas atribuições, é instituída para fazer face ao custo de obras públicas de que decorra valorização imobiliária, tendo como limite total a despesa realizada e como limite individual o acréscimo de valor que da obra resultar para cada imóvel beneficiado.

⇒ **Legalidade. Depende de lei específica instituidora da contribuição relativamente a cada obra.** Vide nota ao art. 150, I, da CF.

⇒ **Rol de obras autorizadoras da instituição de contribuição de melhoria.** DL 195/67: "Art. 2º Será devida a Contribuição de Melhoria, no caso de valorização de imóveis de propriedade privada, em virtude de qualquer das seguintes obras públicas: I – abertura, alargamento, pavimentação, iluminação, arborização, esgotos pluviais e outros melhoramentos de praças e vias públicas; II – construção e ampliação de parques, campos de desportos, pontes, túneis e viadutos; III – construção ou ampliação de sistemas de trânsito rápido inclusive tôdas as obras e edificações necessárias ao funcionamento do sistema; IV – serviços e obras de abastecimento de água potável, esgotos, instalações de redes elétricas, telefônicas, transportes e comunicações em geral ou de suprimento de gás, funiculares, ascensores e instalações de comodidade pública; V – proteção contra sêcas, inundações, erosão, ressacas, e de saneamento de drenagem em geral, diques, cais,

desobstrução de barras, portos e canais, retificação e regularização de cursos d'água e irrigação; VI – construção de estradas de ferro e construção, pavimentação e melhoramento de estradas de rodagem; VII – construção de aeródromos e aeroportos e seus acessos; VIII – aterros e realizações de embelezamento em geral, inclusive desapropriações em desenvolvimento de plano de aspecto paisagístico".

– **Rol exemplificativo.** "... com vistas ao supra-aludido rol constante do art. 2º do Decreto-lei n. 195/1967, é induvidosa a necessidade de norma infraconstitucional elencar as obras públicas suscetíveis de enquadramento no tipo gerador de contribuição de melhoria, máxime porque a Lei Maior assim não reza (como o faz, por exemplo, tocante ao serviços sujeitos ao ISS, no art. 156, inc. III). Se desse modo agiu o decreto-lei, a única e válida compreensão aponta no sentido do caráter exemplificativo de tal enumeração, 'meramente didática' e com 'função aclaradora'. [...] se a Lei Maior confere às pessoas políticas brasileiras o poder para instituir contribuição de melhoria, salta à vista a impropriedade de norma infraconstitucional reduzir tais obras a um rol 'numerus clausus', na medida em que ou deixa de enumerar algumas e/ou, pior, inclui o que não seja obra (cf. o inciso IV da disposição em tela, que alinha 'serviços [?] e obras de abastecimento de água potável'). Além do mais, avulta aí clara afronta à autonomia municipal, porquanto sua competência tributária ficaria ao alvedrio do Congresso nacional, que poderia elastecer ou diminuir o rol da sobras públicas passíveis de inserção no fato gerador de contribuição de melhoria..." (OLIVEIRA, José Jayme de Macedo. Contribuição de melhoria: aspectos pouco e/ou muito debatidos. *RDDT* 228/93, 2014, p. 97-98).

⇒ **Fato gerador misto. Obra e valorização imobiliária.** Dispõe o DL 195/67: "Art. 1º A Contribuição de Melhoria, prevista na Constituição Federal tem como fato gerador o acréscimo do valor do imóvel localizado nas áreas beneficiadas direta ou indiretamente por obras públicas."

– Considerando que fato gerador é a situação definida em lei como necessária e suficiente ao surgimento da obrigação principal (art. 114 do CTN), tem-se que o fato gerador da contribuição de melhoria é misto. Pressupõe tanto a realização da obra (fato vinculado à atividade do Poder Público) como a valorização imobiliária (fato que diz respeito ao contribuinte). Realmente, a atividade do Poder Público, por si só, embora necessária, não é suficiente para o surgimento da obrigação tributária, pois se exige, também, a valorização imobiliária decorrente; da mesma maneira, a valorização imobiliária, embora necessária, não é suficiente para o surgimento da obrigação tributária, pois tem de ter decorrido da obra pública. Não é correto, pois, dizer-se que o fato gerador da contribuição de melhoria é vinculado ou que é não vinculado, pois qualquer destes enquadramentos levaria a equívoco. O fato gerador da contribuição de melhoria, em verdade, é misto.

– "... as contribuições de melhoria levam em conta a realização de obra pública que, uma vez concretizada, determine a valorização dos imóveis circunvizinhos. A efetivação da obra pública por si só não é suficiente. Impõe-se um fator exógeno que, acrescentado à atuação do Estado, complemente a descrição factual. E a valorização imobiliária nem sempre é corolário da realização de obras públicas" (CARVALHO, Paulo de Barros. *Curso de direito tributário*. 27. ed. São Paulo: Saraiva, 2016, p. 64).

– "... o fato gerador do tributo é a valorização dos imóveis em decorrência de obra pública..." (LEONETTI, Carlos Araújo. *A contribuição de melhoria na Constituição de 1988*. Florianópolis: Diploma Legal, 2000, p. 118).

– "... a contribuição de melhoria pode ser instituída em razão de obras públicas (art. 145, III). Sem 'obras públicas' executadas materialmente, não se poderá exigir o referido tributo. Sem melhoria também não se poderá exigi-la, pois a contribuição é de melhoria. [...] É inconcebível falar-se em contribuição de melhoria diante de uma obra não executada" (MORAES, Bernardo Ribeiro de. *Compêndio*. 4. ed. Rio de Janeiro: Forense, 1995, v. 1, p. 585 e 600).

– **No sentido de que o fato gerador é a valorização imobiliária.** "1. Esta Corte consolidou o entendimento no sentido de que a contribuição de melhoria incide sobre o quantum da valorização imobiliária" (STF, AI 694.836 AgR, 2009).

– "2. O fato gerador da contribuição de melhoria não é a realização da obra, mas sim a decorrente valorização imobiliária" (STJ, REsp 1.137.794, 2009).

– "1. O fato gerador da contribuição de melhoria é a valorização do imóvel, não cabendo sua fixação meramente sobre o valor da obra realizada. Precedentes do STJ e do STF" (STJ, AgRgAg 1.068.310, 2009).

– "CONTRIBUIÇÃO DE MELHORIA. FATO GERADOR. VALORIZAÇÃO DO IMÓVEL. ARTS. 81 E 82, DO CTN. DL N. 195/67. PRECEDENTES DO STJ E DO STF. 1. A entidade tributante, ao exigir o pagamento de contribuição de melhoria, tem de demonstrar o amparo das seguintes circunstâncias: a) a exigência fiscal decorre de despesas decorrentes de obra pública realizada; b) a obra pública provocou a valorização do imóvel; c) a base de cálculo é a diferença entre dois momentos: o primeiro, o valor do imóvel antes da obra ser iniciada; o segundo, o valor do imóvel após a conclusão da obra. 2. 'É da natureza da contribuição de melhoria a valorização imobiliária' (Geraldo Ataliba). 3. Diversidade de precedentes jurisprudenciais do STJ e do STF. 4. Adoção, também, da corrente doutrinária que, no trato da contribuição da melhoria, adota o critério de mais valia para definir o seu fato gerador ou hipótese de incidência (no ensinamento de Geraldo Ataliba, de saudosa memória). 5. Recurso provido" (STJ, REsp 615.495, 2004).

– **No sentido de que o fato gerador é a realização da obra.** "O fato gerador da contribuição de melhoria é a efetiva prestação de um serviço estatal, consistente numa obra pública, e não, como equivocadamente e sem convicção se vem pregando, a valorização imobiliária (no mercado imobiliário) dela decorrente. [...] O que se pode admitir é que a base de cálculo da contribuição de melhoria seja a efetiva valorização do imóvel beneficiado, desde que como tal se entenda o valor que automaticamente a ele se agrega, do custo da realização da obra pública" (VOLKWEISS, Roque Joaquim. *Direito tributário nacional*. 3. ed. Porto Alegre: Livraria do Advogado, 2002, p. 71).

⇒ **Aspecto temporal.** O aspecto temporal diz com o momento em que se deve considerar ocorrido o fato gerador da obriga-

ção tributária. Como, na contribuição de melhoria, o fato gerador é a valorização imobiliária decorrente de obra pública, não se pode considerá-lo ocorrido antes da realização da obra. Assim, de um lado, a lei instituidora deve ser precedente e a cobrança da contribuição superveniente à conclusão da obra e à valorização imobiliária que lhe seja inerente.

– **A instituição da contribuição deve preceder a obra.** "Obras já iniciadas ou concluídas antes da lei tributária não permitem a cobrança da contribuição de melhoria" (MORAES, Bernardo Ribeiro de. *Compêndio*. 4. ed. Rio de Janeiro: Forense, 1995, v. 1, p. 606). Do contrário, haveria ofensa ao princípio da irretroatividade, pois a lei pegaria "fato gerador" ocorrido antes da sua vigência.

– **A incidência pressupõe a conclusão da obra.** "CONTRIBUIÇÃO DE MELHORIA. OBRA INACABADA. HIPÓTESE DE INCIDÊNCIA E FATO GERADOR DA EXAÇÃO. OBRA PÚBLICA EFETIVADA. VALORIZAÇÃO DO IMÓVEL. NEXO DE CAUSALIDADE. INOCORRÊNCIA. DIREITO À RESTITUIÇÃO. 1. Controvérsia que gravita sobre se a obra pública não finalizada dá ensejo à cobrança de contribuição de melhoria. 2. Manifesta divergência acerca do atual estágio do empreendimento que deu origem à exação discutida, sendo certo é vedado à esta Corte Superior, em sede de Recurso Especial, a teor do verbete Sumular n. 07/STJ, invadir a seara fática-probatória, impondo-se adotar o entendimento unânime da época em que proferido o julgamento pelo Tribunal *a quo*, tanto pelo voto vencedor, como pelo vencido, de que quando foi instituída a contribuição de melhoria a obra ainda não havia sido concluída porquanto pendente a parte relativa à pavimentação das vias que circundavam o imóvel de propriedade da recorrente. 3. A base de cálculo da contribuição de melhoria é a diferença entre o valor do imóvel antes da obra ser iniciada e após a sua conclusão (Precedentes do STJ: RESP n. 615495/RS, Rel. Min. José Delgado, *DJ* de 17.05.2004; REsp 143996/SP; Rel. Min. Francisco Peçanha Martins, *DJ* de 06.12.1999) 4. Isto porque a hipótese de incidência da contribuição de melhoria pressupõe o binômio valorização do imóvel e realização da obra pública sendo indispensável o nexo de causalidade entre os dois para sua instituição e cobrança. 5. Consectariamente, o fato gerador de contribuição de melhoria se perfaz somente após a conclusão da obra que lhe deu origem e quando for possível aferir a valorização do bem imóvel beneficiado pelo empreendimento estatal... 7. Revela-se, portanto, evidente o direito de a empresa que pagou indevidamente a contribuição de melhoria, uma vez que incontroversa a não efetivação da valorização do imóvel, haja vista que a obra pública que deu origem à exação não foi concluída, obter, nos termos do art. 165, do CTN, a repetição do indébito tributário" (STJ, REsp 647.134, 2006).

– 3. "Só depois de pronta a obra e verificada a existência da valorização imobiliária que ela provocou é que se torna admissível a tributação por via de contribuição de melhoria" (CARRAZZA, Roque Antônio. *Curso de direito constitucional tributário*. 30. ed. São Paulo: Malheiros, 2015, p. 658).

– "Obras por fazer, de execução futura e incerta, não podem dar ensejo à cobrança de contribuição de melhoria. É inequívoco que a Constituição Federal (art. 145, III), ao conferir aos entes político-constitucionais a criação de contribuição de melhoria, fê-lo, tão só, como 'decorrência de obras públicas', o que implica a preteridade da execução destas, relativamente à imposição tributária. É, assim, pressuposto indeclinável desta última a concreta valorização imobiliária do imóvel servido, em virtude de obra concluída precedentemente à imposição tributária. Em outras palavras, a contribuição de melhoria só pode ser exigida diante de obra pública concluída, que tenha provocado valorização ao imóvel considerado. Não pode ser exigida em face da mera possibilidade de obra futura, de obra a realizar, de obra em andamento, de obra não concluída. Nem, muito menos, de valorização imobiliária suposta, potencial, passível de vir a ocorrer, se e quando a obra for concluída. Não pode ser exigida diante de possível a futura execução de obra, eventualmente acarretadora de mais-valia imobiliária" (BARRETO, Aires F. In: MARTINS, Ives Gandra da Silva (coord.). *Comentários ao Código Tributário Nacional*. São Paulo: Saraiva, 1998, v. 1, p. 586).

– "... a despeito de, muitas vezes, ocorrer em etapas na proporção do andar da obra, a valorização dos imóveis deve verificar-se assim que terminada a construção, ou, em outros termos, implicar instantâneas modificações nas condições de conforto, de melhor uso e de aproveitamento dos imóveis lindeiros, de forma a configurar-se a imprescindível relação de causa e efeito entre uma e outra (obra e valorização)" (OLIVEIRA, José Jayme de Macedo. Contribuição de melhoria: aspectos pouco e/ou muito debatidos. *RDDT* 228/93, 2014, p. 97-98).

– **A valorização só pode ser aferida após a conclusão da obra.** "CONTRIBUIÇÃO DE MELHORIA. FATO GERADOR. OBRA INACABADA. VALORIZAÇÃO IMOBILIÁRIA. INEXISTÊNCIA. Impossível apreender a existência de valorização imobiliária com as obras ainda em andamento. O 'benefício', a 'valorização' são, *in casu*, apenas potencial, eis que nada se efetivou. É a valorização imobiliária causada pela obra pública a hipótese de incidência da contribuição de melhoria. Ensina-nos Geraldo Ataliba que essa valorização é o único critério objetivo, isônomo e mensurável, para a aplicação do art. 145, III, da Constituição Federal. 'Sua base imponível é a valorização; a medida da valorização é o critério do tributo. Valorização é a diferença positiva de valor de um imóvel entre dois momentos: antes e depois da obra' (Hipótese de incidência tributária, 5. ed., págs. 150/151. São Paulo: Malheiros, 1993)" (1º TACSP, 3ª Câm., AC 473.444-3, rel. Juiz Franco de Godoi).

– **Cobrança em face de conclusão parcial.** "A contribuição de melhoria só comporta lançamento após a execução da obra. Excepcionalmente poderá ser cobrada quando já concluída parcialmente e em relação aos imóveis por ela valorizados" (TJSC, AC 96.011096-8, 1997).

⇒ **Aspecto espacial. Zona de influência dentro do território do ente tributante.** O aspecto espacial da hipótese de incidência assume contornos bastante especiais em se tratando de contribuição de melhoria. Isso porque é preciso ter em consideração, necessariamente, não apenas o território da entidade tributante, mas a chamada zona de influência, que é a área beneficiada diretamente pela obra pública. Se o fato gerador é a valorização imobiliária decorrente de obra pública, por óbvio que só se verificará na região beneficiada por tal obra.

– Limita-se ao território do ente tributante, independentemente da zona de influência. É o que se tira da análise de Aires F. Barreto: "... impasses alguns poderão ocorrer quando obras, realizadas por Estados ou por Municípios, representarem parte de complexo interestadual ou intermunicipal. Isto porque não será desusado supor que a realização de obra no Estado ou no Município A (que se ligará a obras realizadas no Estado ou no Município B) já enseja valorização em imóveis situados além da sua área territorial de competência e sobre a qual não se poderá cogitar de impor o tributo" (BARRETO, Aires F. In: MARTINS, Ives Gandra da Silva (coord.). *Comentários ao Código Tributário Nacional*. São Paulo: Saraiva, 1998, v. 1, p. 585).

⇒ **Contribuinte.** O dispositivo é claro no sentido de que o contribuinte é o proprietário dos imóveis "do domínio privado" é que são contribuintes, de modo que não alcança os entes políticos e suas autarquias. Nesse sentido, é a disposição do art. 3º, § 3º, do DL 195/67: "§ 3º A Contribuição de Melhoria será cobrada dos proprietário de imóveis do domínio privado, situados nas áreas direta e indiretamente beneficiadas pela obra." O art. 8º, § 1º, ainda dispõe que, no caso da enfiteuse, responde pela contribuição o enfiteuta. Tendo em vista o tratamento inequívoco da matéria, não vemos espaço para alargamento da condição de contribuinte pela legislação ordinária de cada ente tributante. Entretanto, Leonetti pensa diferentemente, conforme se vê a seguir.

– "Apesar de o dispositivo supramencionado se referir, apenas e expressamente, aos proprietários, isto é, às pessoas (físicas ou jurídicas e aos entes a estas equiparados) que forem titulares do direito real de propriedade ou domínio, previsto no art. 524 e ss. Do Código Civil, entendemos perfeitamente possível enquadrar neste conceito os enfiteutas, ou titulares de domínio útil (relativamente aos imóveis objeto de aforamento como, v.g.., os terrenos de marinha) e os demais possuidores que, apesar de não terem título de domínio sobre o bem, agem como se o tivessem, sem que se ofendam as normas insculpidas nos arts. 109 e 110 do CTN. [...] o exame atendo da Constituição e da legislação infraconstitucional, sem perder-se de vista os contornos do instituto e sob a orientação da regra insculpida no art. 5º da Lei de Introdução ao Código Civil, conduzem, inexoravelmente, à conclusão de que, ao lado do proprietário propriamente dito, i.é., o detentor de título de domínio sobre o bem beneficiado pela obra pública, alinham-se o enfiteuta e os possuidores que se comportam como se verdadeiros proprietários fossem, uma vez que o patrimônio destes também é aumentado. [...] se o requisito da valorização imobiliária está implícito na Constituição, como entendem alguns doutrinadores, por óbvio esta não exclui, do rol de contribuintes do tributo, aqueles que, mesmo sem revestirem a condição (formal, por sua própria natureza) de proprietários do bem valorizado, têm seu patrimônio aumentado, em razão da obra pública" (LEONETTI, Carlos Araújo. *A contribuição de melhoria na Constituição de 1988*. Florianópolis: Diploma Legal, 2000, p. 115-116).

– "... com esteio no princípio da capacidade contributiva (CF, art. 145, § 1º), poderão ser erigidos como contribuintes, além do proprietário, o titular do domínio útil, o usufrutuário e o compromissário-comprador imitido na posse" (BARRETO, Aires F. In: MARTINS, Ives Gandra da Silva (coord.). *Comentários ao Código Tributário Nacional*. São Paulo: Saraiva, 1998, v. 1, p. 589).

– Sujeito passivo da contribuição de melhoria é a pessoa vinculada diretamente ao imóvel beneficiado pela obra pública: proprietário, titular do domínio útil ou possuidor do imóvel. Importa a pessoa vinculada ao imóvel na data da ocorrência do fato gerador, pois a geração é, a princípio, de natureza pessoal. Somente através do instituto da responsabilidade tributária é que se pode gerar terceiros, como o adquirente. É a posição de Bernardo Ribeiro de Moraes em seu *Compêndio*, p. 617.

– **Domínio privado; público, não.** "... tendo em mira que o Decreto-lei n. 196/1967 (veiculador de normas gerais aplicáveis às contribuições de melhoria) reza, em seu art. 3º, parágrafo 3º, que 'a contribuição de melhoria será cobrada dos proprietários de imóveis do domínio privado', forçoso o remate de que não há hipótese de incidência deste tributo referentemente ao patrimônio público. As razões pelas quais o legislador não incluiu o poder público como sujeito passivo da mesma podem ser (a) a falta da finalidade lucrativa ou do enriquecimento do ente estatal; (b) as atividades estatais não configurarem atividade econômica que indique capacidade contributiva, mesmo porque toda a receita disponível destina-se à realização de seus próprios fins; (c) ou, simplesmente, o fato de escapar da lógica jurídica um Município cobrar, por exemplo, contribuição de melhoria por valorização de imóvel que pertence ao próprio, ou à União, quando a obra pública for efetuada com recursos de ambos" (OLIVEIRA, José Jayme de Macedo. Contribuição de melhoria: aspectos pouco e/ou muito debatidos. *RDDT* 228/93, 2014, p. 101).

– **Solidariedade entre os coproprietários.** DL n. 195/67: "Art. 8º [...] § 4º Os bens indivisos, serão considerados como pertencentes a um só proprietário e àquele que fôr lançado terá direito de exigir dos condôminos as parcelas que lhes couberem".

– **Responsabilidade tributária do adquirente.** A dívida relativa à contribuição de melhoria acompanha o imóvel, sendo de responsabilidade do adquirente. Nesse sentido, é expresso o DL n. 195/67: "Art. 8º Responde pelo pagamento da Contribuição de Melhoria o proprietário do imóvel ao tempo do seu lançamento, e esta responsabilidade se transmite aos adquirentes e sucessores, a qualquer título, do domínio do imóvel".

⇒ **Aspecto quantitativo.** Sendo a contribuição de melhoria um tributo vinculado a uma atividade estatal consistente na realização de obra da qual tenha havido valorização do imóvel do contribuinte a revelar capacidade contributiva, impõe-se que, na estruturação do aspecto quantitativo da exação, seja levada em consideração essa melhoria, ou seja, o incremento verificado no valor do imóvel. Isso tem implicação na base de cálculo da exação e também serve de parâmetro limitador do ônus tributário.

– Conforme o DL n. 195/67, é feito o rateio do custo total ou parcial da obra entre os proprietários de imóveis situados na sua zona de influência. Quanto ao montante devido por cada qual, estabelece critérios para a sua definição, em seu art. 3º: "Art. 3º [...] § 1º A apuração, dependendo da natureza das obras, far-se-á levando em conta a situação do imóvel na zona de influência, sua

testada, área, finalidade de exploração econômica e outros elementos a serem considerados, isolada ou conjuntamente. § 2º A determinação da Contribuição de Melhoria far-se-á rateando, proporcionalmente, o custo parcial ou total das obras, entre todos os imóveis incluídos nas respectivas zonas de influência".

– Mas não se admite que os critérios do art. 3º, § 1º, sejam considerados isoladamente, sem que estejam no contexto da aferição da valorização imobiliária. Veja-se precedente: "CONTRIBUIÇÃO DE MELHORIA. PAVIMENTAÇÃO DE VIA PÚBLICA. CUSTO DA OBRA. NULIDADE DO LANÇAMENTO. APELAÇÃO PROVIDA. O lançamento efetuado com base no custo da obra em função da testada do imóvel beneficiado é absolutamente nulo, porquanto o fato gerador da contribuição de melhoria é a valorização imobiliária resultante da realização da obra pública" (TAPR, AC 136.869-4, 1999). Veja-se excerto do voto condutor: "... através de edital de tomada de preços de 'orçamento e demais elementos relativos às obras de pavimentação asfáltica', a autoridade impetrada estabeleceu que o 'valor a ser cobrado é de R$ 9,65 [...] por metro quadrado', e que 'o valor da contribuição de melhoria correspondente a cada imóvel foi calculado em função da testada (metragem linear da frente do imóvel) do imóvel diretamente beneficiado, vezes a metade da largura da rua onde encontra-se o imóvel' (*verbis*, fls. 31 e 42). Como visto, a municipalidade pretende, através de contribuição de melhoria, recuperar despesas que efetuou na pavimentação da via pública sem considerar o benefício aos imóveis atingidos como integrantes da apuração do tributo. Ora, a contribuição de melhoria não é um tributo sobre mero benefício, mas sim sobre valorização imobiliária resultante de obra pública. [...] Inviável, assim, a exigência da contribuição de melhoria sem a comprovação de que a obra haja ocasionado a valorização do imóvel avizinhado, pois a recuperação das despesas resultantes da pavimentação da via pública deve ser promovida com recursos provenientes de impostos, arrecadados de toda a coletividade".

– **Tem de considerar a valorização. Não pode ser fixada exclusivamente com base no custo.** A base de cálculo da contribuição deve ter em conta a valorização do imóvel do contribuinte, não sendo suficiente uma estimativa global de valorização que não se confirme.

– "Este Supremo Tribunal firmou entendimento de que a base de cálculo da contribuição de melhoria é o quantum da valorização imobiliária" (STF, ARE 752.656, 2013).

– "O acórdão recorrido está em harmonia com a jurisprudência desta Suprema Corte que entende que a valorização do imóvel é requisito indispensável para a incidência da contribuição de melhoria" (STF, ARE 642.279, 2013).

– "DECISÃO... 6. O Tribunal *a quo* decidiu pela ilegalidade da lei municipal que fixou a base de cálculo da contribuição de melhoria no custo da obra e não na valorização imobiliária. Esse entendimento não diverge da jurisprudência deste Supremo Tribunal Federal segundo a qual a contribuição de melhoria incide sobre o quantum da valorização imobiliária. [...] 7. Não há, pois, divergência entre a decisão agravada, embasada nos dados constantes do acórdão recorrido, e a jurisprudência deste Supremo

Tribunal Federal. 8. Pelo exposto, nego seguimento a este agravo..." (STF, decisão nos autos do AI 633.395/RS, 2008).

– "1. Essa Corte Superior tem entendido que a base de cálculo da contribuição de melhoria é a efetiva valorização imobiliária dela decorrente, inadmitida sua cobrança com base exclusivamente no custo da obra. Cabe ainda, ao ente tributante, o ônus da prova da referida valorização" (STJ, AgRg no REsp 1.304.925, 2012).

– "PAVIMENTAÇÃO DE VIA PÚBLICA. CONTRIBUIÇÃO DE MELHORIA. BASE DE CÁLCULO. VALORIZAÇÃO DO IMÓVEL. ÔNUS DA PROVA. ENTIDADE TRIBUTANTE. 1. A base de cálculo da contribuição de melhoria é a efetiva valorização imobiliária, a qual é aferida mediante a diferença entre o valor do imóvel antes da obra ser iniciada e após a sua conclusão, inadmitindo-se a sua cobrança com base tão somente no custo da obra realizada. (Precedentes...) 2. 'A entidade tributante, ao exigir o pagamento de contribuição de melhoria, tem de demonstrar o amparo das seguintes circunstâncias: a) a exigência fiscal decorre de despesas decorrentes de obra pública realizada; b) a obra pública provocou a valorização do imóvel; c) a base de cálculo é a diferença entre dois momentos: o primeiro, o valor do imóvel antes da obra ser iniciada; o segundo, o valor do imóvel após a conclusão da obra.' (Precedente: REsp 615.495/RS, Rel. Min. José Delgado, Primeira Turma, julgado em 20/04/2004, *DJ* 17/05/2004) 3. *In casu*, a cobrança da contribuição de melhoria, instituída em decorrência da pavimentação asfáltica de via pública, levou em conta, tão somente o valor total da obra, calculado à proporção da área beneficiada, sem atentar para a valorização imobiliária... 4. Deveras, o contribuinte, acaso discorde da base de cálculo indicada pela Municipalidade, tem o ônus de comprovar que o valor da valorização imobiliária é diverso, ou que a mesma não ocorreu. Não obstante, cabe ao Município, prioritariamente, demonstrá-la nos moldes legais, dando azo à eventual impugnação por parte do proprietário" (STJ, REsp 1.076.948, 2010).

– "... a base de cálculo para cobrança da contribuição de melhoria é a diferença entre os valores inicial e final do imóvel beneficiado" (STJ, REsp 1.137.794, 2009).

– "Se, nos termos da Constituição Federal, a contribuição de melhoria tem por fato gerador a valorização imobiliária decorrente de obra pública, não se pode tomar o custo da obra como parâmetro de sua exigência. Deveras, custo da atividade estatal é base de cálculo de taxa, nunca de contribuição de melhoria. [...] O traço específico da contribuição está no fato mesmo de que se trata de tributo que, necessariamente, conjuga uma circunstância intermediária (valorização) com a atuação estatal. Logo, sua base de cálculo também tem de conjugar esses dois elementos. A base imponível não pode tomar qualquer valorização imobiliária; só pode considerar aquela específica valorização decorrente da obra pública. [...] Por base de cálculo da contribuição de melhoria devemos entender a variação positiva do valor do imóvel, decorrente da obra pública. [...] Se, para obter o montante da valorização, é necessário apurar o valor do imóvel antes da obra e o valor do imóvel depois da obra, uma das apurações poderia ser feita com base no IPTU, que já nos fornece a primeira dessas duas incógnitas. como apurar o sobrevalor que foi agregado a esse valor 'inicial', em decorrência de obra pública? Esta tarefa

seria similar à de atualização dos valores venais contidos em 'plantas genéricas de valores', isto é, o conjunto de tabelas, listas e mapas que a maioria dos grandes Municípios adota para fixar e calcular o valor venal (fiscal) dos imóveis. Seriam levados em conta, portanto, dentre outros, (a) os preços correntes das transações no mercado imobiliário, coletados por meio de pesquisas às imobiliárias, ao acervo de anúncios, ou extraídos das guias do imposto sobre a transmissão de bens imóveis; (b) os preços das desapropriações; (c) a presença de equipamentos urbanos etc.; tudo isso comparado com os dados anteriores à obra. Não se olvide que, para o cálculo da contribuição, interessa não apenas o valor 'novo', mas, também, a variação havida. A plus-valia assim encontrada seria depurada das parcelas de valorização que foram provocadas por outras variáveis que não a obra pública" (BARRETO, Aires F. In: MARTINS, Ives Gandra da Silva (coord.). *Comentários ao Código Tributário Nacional*. São Paulo: Saraiva, 1998, v. 1, p. 580, 589 e 603). Obs: não se esqueça de que esse autor entende inexistir limite global para a contribuição de melhoria. Vide rubrica respectiva adiante.

– **Prova da valorização. Valorização real x valorização presumida. Ônus da prova é do fisco.** "CONTRIBUIÇÃO DE MELHORIA. REQUISITOS. NEXO DE CAUSALIDADE ENTRE A OBRA E A VALORIZAÇÃO DO IMÓVEL. PROVA QUE COMPETE AO ENTE TRIBUTANTE... 1. É assente nesta Corte o entendimento segundo o qual é imprescindível para a instituição da contribuição de melhoria lei prévia e específica; e valorização imobiliária decorrente da obra pública, sendo da administração pública o ônus da referida prova" (STJ, AgRg no AREsp 539.760, 2014).

– "CONTRIBUIÇÃO DE MELHORIA. VALORIZAÇÃO DO IMÓVEL. NÃO COMPROVAÇÃO... 7. Não havendo prova da efetiva valorização imobiliária decorrente de obra pública, e levando-se em conta que a valorização não pode ser presumida, não cabe a cobrança da contribuição de melhoria" (STJ, AgRg no AREsp 538.554, 2014).

– "TRIBUTÁRIO. CONTRIBUIÇÃO DE MELHORIA. REQUISITOS. NEXO DE CAUSALIDADE ENTRE A OBRA E A VALORIZAÇÃO DO IMÓVEL. PROVA QUE COMPETE AO ENTE TRIBUTANTE... 1. Para ser válida a contribuição de melhoria, é imprescindível, além da realização de obra pública e da efetiva constatação de valorização do imóvel, a comprovação de nexo de causalidade entre esses dois fatos, ou seja, a prova de que a valorização decorreu estritamente da obra levada a efeito pelo ente tributante, a quem compete o ônus da prova" (STJ, AgRg no AREsp 417.697, 2013). Excerto do voto condutor: "Inicialmente, do acórdão recorrido (fls. 510/519), destaca-se o seguinte trecho: '... a simples alegação de que a valorização do imóvel se presume em razão da pavimentação não é causa bastante a autorizar a tributação pretendida, vez que, além de individualizada, deve ser apurado o *quantum* da valorização, cabendo ao fisco a demonstração do valor atribuído ao bem antes da obra e depois da realização da mesma'".

– **No sentido de que o ônus da prova é do contribuinte.** "CONTRIBUIÇÃO DE MELHORIA – BASE DE CÁLCULO – VALORIZAÇÃO PRESUMIDA DO IMÓVEL – PRESUNÇÃO *JURIS TANTUM* A CARGO DO PARTICU-

LAR... 2... a valorização presumida do imóvel, diante da ocorrência da obra pública, é estipulada pelo Poder Público competente quando efetua o lançamento da contribuição de melhoria, podendo o contribuinte discordar desse valor presumido. 3. A valorização presumida do imóvel não é o fato gerador da contribuição de melhoria mas, tão somente, o critério de quantificação do tributo (base de cálculo), que pode ser elidido pela prova em sentido contrário da apresentada pelo contribuinte" (STJ, AgRg no REsp 613.244, 2008).

⇒ **Limites do valor da contribuição de melhoria.** O montante exigido a título de contribuição de melhoria está sujeito a um limite individual e outro total. Decorrem da própria natureza do tributo. Além da valorização imobiliária, o proprietário do imóvel situado na zona de influência não se distingue dos demais contribuintes, não se justificando que dele se exija valor superior; além do custo da obra, nenhuma receita se justifica. A opção entre instituir ou não a contribuição e, instituindo, buscar o custo parcial ou total da obra junto aos proprietários de imóveis situados na sua zona de influência constitui uma escolha política do legislador.

– DL n. 195/67: "Art. 3º A Contribuição de Melhoria a ser exigida pela União, Estado, Distrito Federal e Municípios para fazer face ao custo das obras públicas... § 2º A determinação da Contribuição de Melhoria far-se-á rateando, proporcionalmente, o custo parcial ou total das obras, entre todos os imóveis incluídos nas respectivas zonas de influência. [...] Art. 4º A cobrança da Contribuição de Melhoria terá como limite o custo das obras, computadas as despesas de estudos, projetos, fiscalização, desapropriações, administração, execução e financiamento, inclusive prêmios de reembolso e outras de praxe em financiamento ou empréstimos e terá a sua expressão monetária atualizada na época do lançamento mediante aplicação de coeficientes de correção monetária...".

– "A materialidade da contribuição de melhoria é a valorização imobiliária decorrente da obra pública e a base econômica deve observar dois limites: (i) custo global da obra e (ii) valorização individual de cada imóvel" (STF, ARE 776.484, 2013).

– "CONTRIBUIÇÃO DE MELHORIA. BASE DE CÁLCULO. VALORIZAÇÃO DO IMÓVEL. 1. O valor a ser pago a título de contribuição de melhoria deve corresponder à valorização do imóvel, decorrente da obra realizada, observados os limites do art. 81 do CTN" (STJ, REsp 1.075.101, 2009).

– "... estamos certos de que a contribuição de melhoria te seus limites individual e total, ainda que a eles não se refira a Constituição Federal, porque tais limites decorrem de sua própria natureza jurídica específica" (MACHADO, Hugo de Brito. *Curso de direito tributário*. 36. ed. São Paulo: Malheiros, 2015, p. 453).

– "Cremos que os limites subsistem. Não é função da Constituição Federal definir os detalhes do regime jurídico dos tributos. [...] A rigor, os limites total e individual da contribuição de melhoria estão incorporados à razão de ser dessa espécie tributária. [...] não fossem os limites total e individual, o tributo em questão não passaria de imposto incidente sobre obra pública. A limitação de valores é o que distingue tais espécies, porquanto a contribuição de melhoria tem natureza de recuperação do investimento feito com recursos coletivos. Funciona, basicamente, guardadas as proporções, como um ressarcimento, feito pelos particulares beneficiados à sociedade que somou recursos para a realização da obra. Daí o limite global ser indispensável. A cobrança ilimitada de contribuição de melhoria equivaleria a imposto, que neste caso não poderia atrelar-se ao custo da obra, já que a receita dos impostos, na maioria dos casos é desvinculada de órgãos, fundos ou despesas (CF, art. 167, IV). A limitação individual... serve para assegurar justiça fiscal, capacidade contributiva e isonomia material" (NUNES, Cleucio Santos. Exigência de Contribuição de Melhoria os Casos de Transferências de Receitas para Execução de Obra Pública. *RDDT* 156, 2008, p. 29).

– **Limite individual.** Luciano Amaro posiciona-se no sentido de que decorre do próprio texto constitucional, ainda que implicitamente, a existência de limite à contribuição em questão, sendo que o valor da melhoria não pode ser desconsiderado na sua quantificação (AMARO, Luciano. *Direito tributário brasileiro*. 15. ed. São Paulo: Saraiva, 2009, p. 47). Em pé de página, invocando o RE 116.148-5, anota: "Na vigência da Emenda n. 23/83, que também não deixava expresso o limite atinente à valorização do imóvel, o Supremo Tribunal Federal decidiu que essa limitação subsistia".

– "... a justificativa para a cobrança da contribuição de melhoria está no fato de que aqueles proprietários foram, afinal, mais beneficiados pela obra. Assim, é justo que eles financiem seu custo. Não se justifica, entretanto, que eles ultrapassem aquele custo" (SCHOUERI, Luís Eduardo. *Direito tributário*. 2. ed. São Paulo: Saraiva, 2012, p. 185).

– **Se o valor individual for superior a 3% do valor do imóvel, deve ser parcelado.** Dispõe o DL n. 195/67: "Art. 12. A Contribuição de Melhoria será paga pelo contribuinte da forma que a sua parcela anual não exceda a 3% (três por cento) do maior valor fiscal do seu imóvel, atualizado à época da cobrança. § 1º O ato da autoridade que determinar o lançamento poderá fixar descontos para o pagamento à vista, ou em prazos menores que o lançado. § 2º As prestações da Contribuição de Melhoria serão corrigidos monetariamente, de acordo com os coeficientes aplicáveis na correção dos débitos fiscais. § 3º O atraso no pagamento das prestações fixadas no lançamento sujeitará o contribuinte à multa de mora de 12% (doze por cento), ao ano".

– **Limite global.** "CONTRIBUIÇÃO DE MELHORIA... 6. É entendimento do STJ no sentido de que o valor a ser pago a título de contribuição de melhoria deve corresponder à valorização do imóvel, decorrente da obra realizada, observados os limites estabelecidos no art. 81 do CTN. O custo da obra será considerado, segundo a doutrina e jurisprudência majoritárias, para limitar o valor global a ser pago pelos beneficiários" (STJ, AgRg no AREsp 538.554, 2014).

– "Parece-nos que a contribuição de melhoria mudou, apenas, no pertinente à eliminação do limite global. Com isso, esse tributo ressurge aprimorado, porquanto a previsão desse teto – constante das Constituições anteriores – deformava a pureza do instituto como doutrinariamente concebido. É sabido que obras há acarretadoras de grande valorização imobiliária, embora de custo pouco expressivo; contrariamente, outras são geradoras de pequena valorização, embora o custo das obras seja altíssimo. Concebida e prevista para recuperar o enriquecimento sem causa de proprietários de imóveis valorizados por obras públicas, nenhum sentido teria – como não tem – limitar-se a recuperação pela sociedade (representada pelo Estado) apenas de parte da valorização de imóvel (para a qual o proprietário não deu causa). Se a obra foi custeada pela sociedade, se não se deve ao proprietário a desusada valorização do imóvel, o montante da valorização deve reverter à sociedade, pouco importando o custo da obra" (BARRETO, Aires F. In: MARTINS, Ives Gandra da Silva (coord.). *Comentários ao Código Tributário Nacional*. São Paulo: Saraiva, 1998, v. 1, p. 574).

– "... se a cobrança exceder o custo da obra respectiva, ter-se-á não uma contribuição de melhoria, mas sim um imposto sobre a valorização havida. [...] contribuição cobrada em valor superior à valorização do imóvel 'representaria, em 'ultima ratio', medida confiscatória praticada pelo poder público, postura que agrediria o princípio constitucional da proibição de confisco', como sublinha o Professor Carlos Roberto Marques, mesmo porque 'a contribuição não é captação de riqueza, como o imposto, mas apenas indenização de custo', conforme bem destaca o Professor Ruy Barbosa Nogueira" (OLIVEIRA, José Jayme de Macedo. Contribuição de melhoria: aspectos pouco e/ou muito debatidos. *RDDT* 228/93, 2014, p. 103).

Art. 82. A lei relativa à contribuição de melhoria observará os seguintes requisitos mínimos:

I – publicação prévia dos seguintes elementos:

***a)* memorial descritivo do projeto;**

***b)* orçamento do custo da obra;**

***c)* determinação da parcela do custo da obra a ser financiada pela contribuição;**

***d)* delimitação da zona beneficiada;**

***e)* determinação do fator de absorção do benefício da valorização para toda a zona ou para cada uma das áreas diferenciadas, nela contidas;**

II – fixação de prazo não inferior a 30 (trinta) dias, para impugnação, pelos interessados, de qualquer dos elementos referidos no inciso anterior;

III – regulamentação do processo administrativo de instrução e julgamento da impugnação a que se refere o inciso anterior, sem prejuízo da sua apreciação judicial.

§ 1º A contribuição relativa a cada imóvel será determinada pelo rateio da parcela do custo da obra a que se refere a alínea 'c', do inciso I, pelos imóveis situados na zona beneficiada em função dos respectivos fatores individuais de valorização.

§ 2º Por ocasião do respectivo lançamento, cada contribuinte deverá ser notificado do montante da contribuição, da forma e dos prazos de seu pagamento e dos elementos que integraram o respectivo cálculo.

⇒ **Cabe ao Fisco apurar e demonstrar a valorização por ocasião do lançamento.** Vide nota ao art. 10 do DL n. 195/67, em seguida ao CTN.

⇒ **A falta de notificação se estende e contamina a CDA.** Vide nota ao art. 10 do DL n. 195/67, em seguida ao CTN.

⇒ **Edital. Necessidade de editais prévios em relação à obra.** O DL 195/67 regula a publicação do edital e seus arts. 6º e 7º cuidam da sua impugnação: "Art. 5º Para cobrança da Contribuição de Melhoria, a Administração competente deverá publicar o Edital, contendo, entre outros, os seguintes elementos: I – Delimitação das áreas direta e indiretamente beneficiadas e a relação dos imóveis nelas compreendidos; II – memorial descritivo do projeto; III – orçamento total ou parcial do custo das obras; IV – determinação da parcela do custo das obras a ser ressarcida pela contribuição, com o correspondente plano de rateio entre os imóveis beneficiados. Parágrafo único. O disposto neste artigo aplica-se, também, aos casos de cobrança da Contribuição de Melhoria por obras públicas em execução, constantes de projetos ainda não concluídos. Art. 6º Os proprietários de imóveis situados nas zonas beneficiadas pelas obras públicas tem o prazo de 30 (trinta) dias, a começar da data da publicação do Edital referido no artigo 5º, para a impugnação de qualquer dos elementos dêle constantes, cabendo ao impugnante o ônus da prova. Art. 7º A impugnação deverá ser dirigida à Administração competente, através de petição, que servirá para o início do processo administrativo conforme venha a ser regulamentado por decreto federal".

– A referência, no artigo 5º do DL 195/67, ao memorial descritivo "do projeto" e ao "orçamento" total ou parcial do custo das obras nos leva ao entendimento de que o edital tem de ser anterior à realização da obra. Aliás, considerando-se que a contribuição de melhoria tem fato gerador misto (vide nota ao art. 1º deste Decreto-Lei), a instituição posterior à obra implicaria retroatividade. Ainda que entendêssemos que o fato gerador fosse a valorização imobiliária decorrente da obra pública, por certo que, realizada a obra, a valorização teria se verificado, sendo que a instituição posterior do tributo implicaria, também sob esta perspectiva, retroatividade vedada pelo art. 150, III, *a*, da CF.

– Embora o art. 5º do DL n. 195/67 não se refira à "publicação prévia", tal como fazia o art. 82 do CTN, nada mudou, pois a necessidade de que a publicação do edital seja prévia decorre, como visto, da análise do fato gerador do tributo e da necessidade de observância da irretroatividade.

– "CONTRIBUIÇÃO DE MELHORIA. ASSENTAMENTO DE GUIAS E SARJETAS. VALORIZAÇÃO DO IMÓVEL. NECESSIDADE. CTN E DECRETO-LEI n. 195/67. CF/88. RECEPÇÃO. Contribuição de melhoria. Assentamento de guias e sarjetas. Município de Itaquacetuba. O art. 145, III, da atual Constituição Federal não derrogou os arts. 81 e 82 do CTN, nem o decreto-lei 195/67. Prevalece a exigência de editais prévios em relação à obra. A valorização do imóvel é pressuposto para a sua cobrança. Ação Civil Pública procedente. Recursos não providos" (1º TACSP, AC 549.669-7, 1995).

– **Em sentido diverso, entendendo que o edital pode ser posterior à obra, desde que anterior à cobrança.** "CONTRIBUIÇÃO DE MELHORIA. EDITAL. O art. 82 da Lei 5.172, de 1966, foi revogado pelo art. 5º do DL 195, de 1967, porque à época as normas gerais de direito tributário ainda não tinham o *status* ou a força de LC (EC 1, de 1969, art. 18, § 1º); no novo regime, o edital que antecede a cobrança da contribuição de melhoria pode ser publicado depois da realização" (STJ, REsp 89.791, 1998).

– "CONTRIBUIÇÃO DE MELHORIA. A publicação prévia do edital é necessária para cobrança da contribuição e não para realização da obra. Precedentes do STF" (STJ, REsp 8.417, 1995).

– "... a lei deve ser prévia à obra; a cobrança deve ser precedida de edital, mas não se exige que este anteceda a própria obra" (SCHOUERI, Luís Eduardo. *Direito tributário*. 2. ed. São Paulo: Saraiva, 2012, p. 188).

– "Quanto ao momento de apresentação do edital que deve ser publicado pelo ente tributante, não há previsão legal se o mesmo deve ser apresentado no início, durante ou depois da efetivação da obra. Ante esta falta de regulamentação expressa em relação ao momento de apresentação do edital, não se pode afirmar que é indispensável sua apresentação logo no início da obra, o que, muitas vezes, é mesmo inviável, considerando a impossibilidade de determinação e valorização dos imóveis beneficiados" (CAVALCANTE, Denise Lucena. As distorções da contribuição de melhoria no Brasil. In: GRUPENMACHER, Betina Treiger (coord.). *Tributação*: democracia e liberdade. São Paulo: Noeses, 2014, p. 125).

⇒ **Lançamento dos montantes individuais e notificação dos contribuintes.** Os arts. 10 e 11 do DL 195/67 cuidam do lançamento e da notificação do proprietário para impugná-lo: "Art. 10. O órgão encarregado do lançamento deverá escriturar, em registro próprio, o débito da Contribuição de Melhoria correspondente a cada imóvel, notificando o proprietário, diretamente ou por edital, do: I – valor da Contribuição de Melhoria lançada; II – prazo para o seu pagamento, suas prestações e vencimentos; III – prazo para a impugnação; IV – local do pagamento. Parágrafo único. Dentro do prazo que lhe fôr concedido na notificação do lançamento, que não será inferior a 30 (trinta) dias, a contribuinte poderá reclamar, ao órgão lançador, contra: I – o êrro na localização e dimensões do imóvel; II – o cálculo dos índices atribuídos; III – o valor da contribuição; IV – o número de prestações. Art. 11. Os requerimentos de impugnação de reclamação, como também quaisquer recursos administrativos não suspendem o início ou prosseguimento das obras e nem terão efeito de obstar a administração a pratica dos atos necessários ao lançamento e cobrança da contribuição de melhoria".

– **Cabe ao Fisco apurar e demonstrar a valorização por ocasião do lançamento.** "PAVIMENTAÇÃO DE VIA PÚBLICA. CONTRIBUIÇÃO DE MELHORIA. BASE DE CÁLCULO. VALORIZAÇÃO DO IMÓVEL. ÔNUS DA PROVA. ENTIDADE TRIBUTANTE. 1. A base de cálculo da contribuição de melhoria é a efetiva valorização imobiliária, a qual é aferida mediante a diferença entre o valor do imóvel antes da obra ser iniciada e após a sua conclusão, inadmitindo-se a sua cobrança com base tão somente no custo da obra realizada. [...] 2. 'A entidade tributante, ao exigir o pagamento de contribuição de melhoria,

tem de demonstrar o amparo das seguintes circunstâncias: a) a exigência fiscal decorre de despesas decorrentes de obra pública realizada; b) a obra pública provocou a valorização do imóvel; c) a base de cálculo é a diferença entre dois momentos: o primeiro, o valor do imóvel antes da obra ser iniciada; o segundo, o valor do imóvel após a conclusão da obra.' (Precedente: REsp 615.495/RS, 1ª T., Rel. Min. José Delgado, julgado em 20-4-2004, *DJ* 17-5--2004) 3. *In casu*, a cobrança da contribuição de melhoria, instituída em decorrência da pavimentação asfáltica de via pública, levou em conta, tão somente o valor total da obra, calculado à proporção da área beneficiada, sem atentar para a valorização imobiliária... 4. Deveras, o contribuinte, acaso discorde da base de cálculo indicada pela Municipalidade, tem o ônus de comprovar que o valor da valorização imobiliária é diverso, ou que a mesma não ocorreu. Não obstante, cabe ao Município, prioritariamente, demonstrá-la nos moldes legais, dando azo à eventual impugnação por parte do proprietário" (STJ, REsp 1.076.948, 2010).

– "CONTRIBUIÇÃO DE MELHORIA. BASE DE CÁLCULO. VALORIZAÇÃO DO IMÓVEL... 3. Esta Corte é uníssona no entendimento de que cabe ao ente tributante a demonstração da real valorização do bem" (STJ, REsp 1.137.794, 2009).

– "CONTRIBUIÇÃO DE MELHORIA – CTN – ARTIGOS 81 E 82 – DEMONSTRAÇÃO DA VALORIZAÇÃO DO IMÓVEL – ATRIBUIÇÃO DO PODER TRIBUTANTE. 1. O poder tributante deve demonstrar a valorização do imóvel decorrente da realização da obra pública realizada no local da situação do bem, ao lançar a contribuição de melhoria" (STJ, REsp 1.099.996, 2009).

– "CONTRIBUIÇÃO DE MELHORIA. FATO GERADOR. PAVIMENTAÇÃO DO ASFALTO. VALORIZAÇÃO DO IMÓVEL. AFERIÇÃO POR RACIOCÍNIO LÓGICO. IMPOSSIBILIDADE... 2. A contribuição de melhoria pressupõe a valorização do imóvel, devidamente apurada e demonstrada pelo Fisco. A singela alegação de que a pavimentação asfáltica necessariamente acarretou ganho em favor do proprietário é insuficiente para viabilizar a imposição tributária, mesmo porque se faz necessária a identificação do *quantum*" (STJ, AgRgEDclAg 1.107.172, 2009).

– **Sem notificação, não há crédito válido.** "EXECUÇÃO FISCAL. CONTRIBUIÇÃO DE MELHORIA. AUSÊNCIA DE NOTIFICAÇÃO DO DEVEDOR DO LANÇAMENTO DO TRIBUTO. PROCEDIMENTO ADMINISTRATIVO DEFICIENTE. VÍCIO QUE CONTAMINA A CONSTITUIÇÃO DO CRÉDITO TRIBUTÁRIO. PRESUNÇÃO DE LIQUIDEZ E CERTEZA DA CDA AFASTADA. [...] 1. Agravo regimental interposto contra decisão que negou provimento a agravo de instrumento porquanto o Tribunal *a quo*, em consonância com a jurisprudência desta Casa, extinguiu execução fiscal por vício em sua constituição, qual seja, não há comprovação quanto à notificação do devedor do lançamento da contribuição de melhoria. 2. Defende o agravante que a dívida ativa regularmente inscrita goza de presunção de certeza e liquidez, não precisando ela vir acompanhada da prova de notificação ou de qualquer outro ato administrativo para se constituir em instrumento apto aos fins executivos, competindo ao executado o ônus de provar a inexigibilidade total ou parcial da quantia que está sendo cobrado. 3. Com efeito, o título executivo possui presunção de certeza e liquidez *juris tantum*, admitindo prova em contrário quando questionada sua validade em sede de execução. Contudo, o vício alegado é antecedente à inscrição, isto é, refere-se à não ocorrência do procedimento de notificação ao contribuinte do lançamento, fato esse que contamina a constituição do crédito tributário. Precedentes. 4. No caso dos autos, o Tribunal *a quo* atestou a ausência da notificação do lançamento. Por conseguinte, inexistindo a notificação do contribuinte, o lançamento não se perfaz, o que torna nula a execução fiscal nele fundada" (STJ, AgRg no Ag 1.265.138, 2010).

– Impugnação administrativa e revisão judicial. "CONTRIBUIÇÃO DE MELHORIA... BASE DE CÁLCULO. VALORIZAÇÃO DO IMÓVEL. PRESUNÇÃO *IURIS TANTUM*. ÔNUS DA PROVA... 4. O lançamento da contribuição de melhoria deve ser precedido de processo específico, conforme descrito no art. 82 do Código Tributário Nacional. 5. Cabe ao Poder Público apresentar os cálculos que irão embasar a cobrança da contribuição de melhoria, concedendo, entretanto, prazo para que o contribuinte, em caso de discordância, possa impugná-los administrativamente. Trata-se, pois, de um valor presumido, cujo cálculo está a cargo da própria Administração. 6. O procedimento administrativo não exclui a revisão pelo Judiciário" (STJ, REsp 671.560, 2007).

TÍTULO VI
DISTRIBUIÇÕES DE RECEITAS TRIBUTÁRIAS

Art. 84. A lei federal pode cometer aos Estados, ao Distrito Federal ou aos Municípios o encargo de arrecadar os impostos de competência da União cujo produto lhes seja distribuído no todo ou em parte.

Parágrafo único. O disposto neste artigo, aplica-se à arrecadação dos impostos de competência dos Estados, cujo produto estes venham a distribuir, no todo ou em parte, aos respectivos Municípios.

⇒ **Repartição de receitas tributárias na Constituição de 1988.** A Constituição de 1988 trata detalhadamente da repartição das receitas tributárias em seus arts. 157 a 162.

– Fundos de Participação. As Leis Complementares 62 e 91, com atualizações pela LC n. 143/2013, dispõem sobre o Fundo de Participação dos Estados (FPE) e sobre o Fundo de Participação dos Municípios (FPM).

– Revogação expressa. Os arts. 86 a 89 e 93 a 95 do CTN foram expressamente revogados pelo art. 6º da LC n. 143/2013.

LIVRO SEGUNDO
NORMAS GERAIS DE DIREITO TRIBUTÁRIO

TÍTULO I
LEGISLAÇÃO TRIBUTÁRIA

CAPÍTULO I
DISPOSIÇÕES GERAIS

SEÇÃO I
DISPOSIÇÃO PRELIMINAR

Art. 96. A expressão "legislação tributária" compreende as leis, os tratados e as convenções internacionais, os decretos e as normas complementares que versem, no todo ou em parte, sobre tributos e relações jurídicas a eles pertinentes.

⇒ **Legislação tributária.** A legislação tributária abrange todas as normas que disciplinam o fenômeno tributário, sejam internacionais ou internas, tenham nível de lei ou constituam atos normativos editados para a operacionalização do seu cumprimento. Abrange, ainda, os convênios e decisões normativas, bem como as práticas reiteradas dos órgãos administrativos que, na aplicação da lei, acabam por gerar nos contribuintes a confiança de que determinado modo de proceder seja o correto, razão pela qual o CTN lhes reconhece como "normas complementares". Vejam-se os arts. 100, *caput* e parágrafo único, e 146 do CTN.

• Vide a obra *Fontes do direito tributário*, de Tárek Moysés Moussallem, São Paulo: Max Limonad, 2001.

SEÇÃO II
LEIS, TRATADOS E CONVENÇÕES INTERNACIONAIS E DECRETOS

Art. 97. Somente a lei pode estabelecer:

⇒ **Reserva legal absoluta.** A legalidade estrita em matéria tributária constitui garantia fundamental prevista no art. 150, I, da CF, que é autoaplicável. O art. 97 do CTN esclarece o conteúdo que depende de disciplina por lei ordinária, não admitindo disposição inovadora por ato normativo infralegal.

– "O exame do art. 96 do CTN combinado com o art. 59 da Carta Magna nos oferece as seguintes conclusões: 1ª) toda a matéria mencionada no art. 97 (lei e como tipificar) e no art. 98 (tratados e convenções internacionais) constitui matéria privativa da lei; **2ª)** a matéria não contida no art. 97 refere-se aos deveres instrumentais (obrigação tributária acessória na linguagem do CTN), que podem ser disciplinados por meio de decretos e de 'normas complementares' administrativas, sempre vinculados à lei" (DOLÁCIO DE OLIVEIRA, Yonne. In: MARTINS, Ives Gandra da Silva (coord.). *Comentários ao Código Tributário Nacional*. São Paulo: Saraiva, 1998, v. 2, p. 3).

– "... à lei instituidora do gravame é vedado deferir atribuições legais a normas de inferior hierarquia, devendo, ela mesma, desenhar a plenitude da regra-matriz da exação, motivo por que é inconstitucional certa prática, cediça no ordenamento brasileiro, e consistente na delegação de poderes para que órgãos administrativos completem o perfil jurídico de tributos" (CARVALHO, Paulo de Barros. *Curso de direito tributário*. 27. ed. São Paulo: Saraiva, 2016, p. 81).

– Medidas provisórias e leis delegadas. Tendo força de lei ordinária, podem dispor sobre matéria tributária, desde que observadas as condições que legitimam sua utilização. Vide notas ao art. 150, inciso I, da CF.

I – a instituição de tributos, ou a sua extinção;

⇒ **Instituição mediante definição dos aspectos da norma tributária impositiva.** A lei deve ensejar ao aplicador da norma a identificação dos aspectos da norma tributária impositiva: material, espacial, temporal, pessoal e quantitativo. Mas nem todos precisam estar expressos na lei. Os aspectos espacial, temporal e pessoal ativo, aliás, frequentemente, não estão expressos, sendo inferidos diretamente da norma constitucional de competência e do próprio aspecto material. Vide nota aos arts. 150, I, da CF e 114 do CTN.

– "Um tributo não se encontra criado pela simples autorização legal para cobrá-lo, com determinada denominação. A norma jurídica tributária deve conter todos os elementos instituidores do tributo, a fim de dar condições para que a administração o exija, de forma vinculada e obrigatória" (RIBEIRO DE MORAES, Bernardo. *Compêndio.* Rio de Janeiro: Forense, 1995, v. 1, p. 372).

– "... criar um tributo corresponde a enunciar os critérios da hipótese – material, espacial e temporal – sobre os critérios da consequência – subjetivo (sujeitos ativo e passivo da relação) e quantitativo (base de cálculo e alíquota)" (CARVALHO, Paulo de Barros. *Curso de direito tributário.* 27. ed. São Paulo: Saraiva, 2016, p. 81).

– "... confirma o art. 97 o caráter do tipo normativo tributário como tipo cerrado, indicando os elementos essenciais a serem definidos pelo legislador na instituição e majoração dos tributos: fato gerador da obrigação tributária principal, seu sujeito passivo, fixação da alíquota e da sua base de cálculo" (DOLÁCIO DE OLIVEIRA, Yonne. In: MARTINS, Ives Gandra da Silva (coord.). *Comentários ao Código Tributário Nacional.* São Paulo: Saraiva, 1998, v. 2, p. 5).

⇒ **Prazo de recolhimento.** O prazo de recolhimento não integra os aspectos da hipótese de incidência, não estando sob reserva legal. Sobre a diferença entre o prazo de recolhimento e o aspecto temporal da HI, vide nota ao art. 114 do CTN.

– "... É pacífica a jurisprudência desta Corte no sentido de que a definição de prazo para recolhimento de tributo pode ser delegada pela lei ao regulamento, porquanto não se inclui entre as matérias sujeitas à reserva legal pelo art. 97 do C.T.N" (STJ, RE 84.554, 1997).

• Vide, ainda, notas ao art. 150, inciso I, da Constituição.

– Quanto ao prazo de 30 dias, aplicável na ausência de disposição expressa em lei, vide art. 160 do CTN.

II – a majoração de tributos, ou sua redução, ressalvado o disposto nos arts. 21, 26, 39, 57 e 65;

⇒ **Majoração.** Envolve tanto a definição da base de cálculo como da alíquota, ou mesmo do valor fixo de determinado tributo. A ressalva diz respeito aos tributos que podem ter as suas alíquotas graduadas pelo Executivo, por exceção estabelecida, atualmente, no art. 153, § 1º, da CF.

III – a definição do fato gerador da obrigação tributária principal, ressalvado o disposto no inciso I do § 3º do art. 52, e de seu sujeito passivo;

⇒ **Fato gerador.** A instituição dos tributos inicia-se pela definição do seu aspecto material, ou fato gerador. Vide o art. 114 do CTN.

IV – a fixação de alíquota do tributo e da sua base de cálculo, ressalvado o disposto nos arts. 21, 26, 39, 57 e 65;

⇒ **Aspecto quantitativo da norma tributária impositiva.** A alíquota e a base de cálculo dos tributos são os critério que, normalmente, constituem o seu aspecto quantitativo. Sobre a fixação de alíquota pelo Executivo em casos expressamente autorizados, vide art. 153, § 1º, da CF.

V – a cominação de penalidades para as ações ou omissões contrárias a seus dispositivos, ou para outras infrações nela definidas;

⇒ **Exige-se lei para fixação de multas.** A necessidade de lei para a cominação de penalidades decorre diretamente do art. 5º, II, da CF, e não propriamente do art. 150, I, da CF, que diz respeito à instituição de tributo que, por definição, não se confunde com a sanção por ato ilícito. Sobre as multas em matéria tributária, vide art. 161 do CTN.

– "MULTA. DCTF. INSTRUÇÃO NORMATIVA. A Instrução Normativa n. 129 da Receita Federal não poderia ter instituído multa pelo atraso na entrega da DCTF, tendo em vista tratar-se de matéria reservada à lei" (TRF4, AC 2000.04.01.045125-0, 2000).

– "... a obrigação tributária principal, *ex vi* do § 1º do art. 113 do CTN, tem por objeto o pagamento do tributo ou penalidade pecuniária, merecendo as duas hipóteses o mesmo tratamento legal. Verifica-se no caso em foco igual pressão dos valores certeza e segurança, como ocorre em relação aos tributos, de modo a exigir que a definição de infração tributária e a fixação da respectiva penalidade sejam enunciadas exclusivamente pela lei" (DOLÁCIO DE OLIVEIRA, Yonne. In: MARTINS, Ives Gandra da Silva (coord.). *Comentários ao Código Tributário Nacional.* São Paulo: Saraiva, 1998, v. 2, p. 27).

– **Instrução Normativa não pode alargar a incidência de multa.** "2. Ao meu sentir, todavia, o art. 57 da MP 2.158-35/2001 prevê apenas a aplicação da multa pela não apresentação da DIMOB. A Instrução Normativa da Receita Federal, por sua vez, alarga o texto normativo para impor a mesma pena de multa para a entrega a destempo da DIMOB. Entretanto, nos termos do art. 97, V e VI do CTN, somente a lei pode estabelecer a cominação de penalidades ou eventual redução ou dispensa das mesmas. 3. Havendo excesso do Ato Administrativo que estipula a imposição de multa não só pelo não fornecimento da DIMOB mas também pela sua entrega a destempo, situação não prevista no art. 57 da MP 2.158-35/2001, não merece reparos o acórdão impugnado que afastou a punição fustigada. 4. Recurso Especial da FAZENDA NACIONAL desprovido" (STJ, REsp 1.322.275, 2013).

– **Norma penal em branco. Multa por descumprimento de obrigações acessórias previstas em regulamentos.** "... a exemplo do Direito Penal Tributário, no Direito Tributário Penal é possível a presença das normas penais em branco, de modo que o tipo vem sendo complementado normalmente com invocação de descumprimento a obrigações acessórias previstas em regulamentos. Se em tais situações é admissível a previsão de crime ou delito, com maior razão a de infração à ordem administrativo-tributária" (NOBRE JÚNIOR, Edilson Pereira. As sanções tributárias numa perspectiva jurisprudencial. *RDDT* 209/42, 2013).

– "... o inciso V do art. 97 prevê duas modalidades de infração, ambas subordinadas à primazia da lei. O legislador, assim, deverá: 1) definir, na mesma lei, as infrações representadas por ações ou omissões contrárias a seus dispositivos, fixando as penalidades; 2) definir infrações por violação a outras leis ou a atos normativos de grau hierárquico inferior referentes aos deveres jurídicos instrumentais (obrigações acessórias), fixando, também, as respectivas penalidades. Temos aqui as violações a atos normativos da Administração" (DOLÁCIO DE OLIVEIRA, Yonne. In: MARTINS, Ives Gandra da Silva (coord.). *Comentários ao Código Tributário Nacional*. São Paulo: Saraiva, 1998, v. 2, p. 27-28).

VI – as hipóteses de exclusão, suspensão e extinção de créditos tributários, ou de dispensa ou redução de penalidades.

⇒ **Exigência constitucional de lei específica para desoneração do contribuinte.** Vide art. 150, § 6º, CF e respectivas notas.

⇒ **Lei ordinária para implementar hipóteses já previstas no CTN.** O art. 146, III, da CF, reserva à lei complementar dispor sobre normas gerais de direito tributário, no que se inserem as normas relativas à exclusão, suspensão e extinção de créditos tributários. A matéria é disciplinada pelo CTN em seus artigos 151 (moratória, depósito, recurso administrativo, liminares, parcelamento), 156 (pagamento, compensação, remissão, prescrição e decadência, dação em pagamento de bens imóveis etc.) e 175 (isenção e anistia), pois recepcionado como lei de normas gerais. Caberá à lei ordinária, assim, implementar essas hipóteses, concedendo as isenções, dispondo sobre os parcelamentos, disciplinando os depósitos, autorizando as dações em pagamento de bens imóveis etc. Porém, vide nota ao art. 156 do CTN, com entendimento do STF admitindo a constitucionalidade de lei ordinária que admitira nova causa de extinção do crédito tributário, por ser considerada um *minus* relativamente à remissão.

– "SUPRESSÃO DE INSTÂNCIA ADMINISTRATIVA – DECRETO 1514/95 – OFENSA AO PRINCÍPIO DA RESERVA LEGAL. É defesa a veiculação, por decreto, de qualquer alteração das hipóteses de suspensão do crédito tributário, dentre elas a interposição de recurso administrativo, sob pena de afronta ao princípio da estrita legalidade. Recurso improvido" (STJ, REsp 330.415, 2001).

§ 1º Equipara-se à majoração do tributo a modificação da sua base de cálculo, que importe em torná-lo mais oneroso.

⇒ **Elemento quantitativo.** Lembre-se que a base de cálculo, juntamente com a alíquota, compõem o elemento ou aspecto quantitativo da hipótese de incidência tributária.

§ 2º Não constitui majoração de tributo, para os fins do disposto no inciso II deste artigo, a atualização do valor monetário da respectiva base de cálculo.

⇒ **Atualização monetária e legalidade.** Exige-se lei para a instituição e majoração de tributos (150, I, CF). O aspecto quantitativo da obrigação tributária (o *quantum* devido) é determinado, via de regra, pela definição de uma base de cálculo e de uma alíquota. Para que seja corrigida monetariamente a base de cálculo, faz-se necessário previsão legal, conforme têm entendido os tribunais. A exigência de lei, contudo, não alcança a definição do indexador para atualização monetária. A lei prevê, pois, que haverá correção, e isso é suficiente. Se a própria lei não definir o indexador, não haverá óbice a que ato normativo o faça, pois não estaremos cuidando de instituição ou majoração de tributo. A matéria está desenvolvida em nota ao art. 150, I, da CF.

– "CORREÇÃO MONETÁRIA. TERMO INICIAL. DIA ÚTIL SUBSEQUENTE AO DA OCORRÊNCIA DO FATO GERADOR. POSSIBILIDADE. LEI 8.012/1990... I – A previsão de correção monetária de determinada obrigação tributária incidente entre a ocorrência do seu fato gerador e a data de seu vencimento não constitui indevida majoração de tributo. Possibilidade que encontra amparo na jurisprudência desta Corte firmada no julgamento do RE 172.394/SP, Relator para o acórdão o Ministro Ilmar Galvão" (STF, RE 425.809 AgR, 2013).

– "A atualização monetária prevista na Lei 7.738/89 – incidente sobre o valor do imposto de renda de pessoa jurídica no período base encerrado em 88, relativo ao exercício de 89 (art. 15, parágrafo único) – não viola os princípios constitucionais da legalidade, da anterioridade, do direito adquirido e da irretroatividade tributária. Com base nesse entendimento, a Turma manteve acórdão do TRF/4ª Região que, dando pela constitucionalidade do art. 15, da Lei 7.738/89, afastara a alegação do recorrente de que a correção monetária teria sido extinta pela Lei 7.730/89, vigente à época do fato gerador e, consequentemente, o seu direito ao pagamento nominal do imposto, sem qualquer indexação. Precedentes citados: RREE 193.490-RS (*DJU* de 2.5.97), 185.104-SC (*DJU* de 29.9.95) e 164.855-DF (*RTJ* 148/301). RE 268.003-PR, Min. Moreira Alves, 23.5.2000. (RE-2680003)" (*Informativo* 190 do STF, 2000). Eis a ementa: "Imposto de renda. Correção monetária prevista na Lei 7.738/89 (art. 15, parágrafo único). Constitucionalidade. – O disposto no artigo 15, parágrafo único, da Lei 7.738/89 não viola os princípios constitucionais da legalidade, da anterioridade, do respeito ao direito adquirido e da irretroatividade tributária (art. 150, III, *b*, da Constituição). Precedentes do S.T.F. Recurso extraordinário não conhecido" (STF, RE 268.003, 2000).

– "... 1. Legítima a cobrança da correção monetária nos débitos fiscais, porque a legislação do tempo do fato gerador já estabelecia obrigação de quantia sujeita a atualização. 2. Pela lei impugnada, somente ocorreu a substituição do indexador, o que não ofende ao direito adquirido do contribuinte, nem ao princípio da anterioridade, pois não constitui majoração de tributo a atualização do valor monetário da respectiva base de cálculo" (STF, AGRRE 176.200, 1996). Obs.: veja-se, ainda, o acórdão da 2ª T. do STF no RE 208.280-5, Min. Maurício Corrêa, abr. 1997.

– "PIS. BASE DE CÁLCULO. SEMESTRALIDADE. LC N. 07/70. CORREÇÃO MONETÁRIA. NÃO INCIDÊNCIA. LEI N. 7.691/88... A base de cálculo do PIS não pode sofrer atualização monetária sem que haja previsão legal para tanto. A incidência de correção monetária da base de cálculo do PIS, no regime semestral, não tem amparo legal. A determinação de sua exigência é sempre dependente de lei expressa, de forma que não é dado ao Poder Judiciário aplicá-la, uma vez que não é legislador positivo, sob pena de determinar obrigação para o contribuinte ao arrepio do ordenamento jurídico-tributário. Ao apreciar o SS n. 1853/DF, o Exmo. Sr. Ministro Carlos Velloso, Presidente do STF, ressaltou que 'A jurisprudência do STF tem-se posicionado no sentido de que a correção monetária, em matéria fiscal, é sempre dependente de lei que a preveja, não sendo facultado ao Poder Judiciário aplicá-la onde a lei não determina, sob pena de substituir-se ao legislador (V: RE n. 234003/RS, Min. Maurício Corrêa; *DJ* 19.05.2000)'. A opção do legislador de fixar a base de cálculo do PIS como sendo o valor do faturamento ocorrido no sexto mês anterior ao da ocorrência do fato gerador é uma opção política que visa, com absoluta clareza, beneficiar o contribuinte, especialmente, em regime inflacionário. A 1ª Seção, deste Superior Tribunal de Justiça, em data de 29/05/01, concluiu o julgamento do REsp 144.708/RS, da relatoria da em. Ministra Eliana Calmon (seguido dos REsps 248.893/SC e 258.651/SC), firmando posicionamento pelo reconhecimento da característica da semestralidade da base de cálculo da contribuição para o PIS, sem a incidência de correção monetária..." (STJ, RE 386.983, 2002).

– **UFIR/IRPJ.** "1. É pacífica a jurisprudência do S.T.F., no sentido da constitucionalidade do art. 79 da Lei 8.383/91, que instituiu a UFIR como índice de correção monetária do imposto de renda de pessoa jurídica. É que a simples substituição de indexador, para tal fim, não implica majoração de tributo ou de sua base de cálculo" (STF, RE 225.061, 1998).

– "Não há inconstitucionalidade na utilização da UFIR, prevista na Lei n. 8.383/91, para atualização monetária da contribuição social sobre o lucro, por não representar majoração de tributo ou modificação da base de cálculo e do fato gerador. A alteração operada foi somente quanto ao índice de conversão, pois persistia a indexação dos tributos conforme prevista em norma legal..." (STF, RE 201.618-7, 1997).

• Vide notas ao art. 150, I, da CF.

– **SELIC.** Sobre a SELIC, vide notas ao art. 161, § 1º, do CTN.

⇒ **Conversão do débito em unidades fiscais:** "ICMS. Correção monetária. Conversão do débito em unidades fiscais (UFESP). Lei do Estado de São Paulo n. 6.374/89. – O Plenário desta Corte, ao julgar os RREE 154273 e 172394, não acolheu as alegações de ofensa aos princípios constitucionais da legalidade e da vedação da delegação de poderes. E no julgamento do RE 172394 também não acolheu a alegação de ofensa ao princípio constitucional da não cumulatividade. – A questão relativa ao princípio que veda o confisco (art. 150, IV, da Carta Magna) não foi prequestionada (Súmulas 282 e 356). – No que diz respeito, porém, à competência para a fixação de índices de correção monetária de créditos fiscais, o Plenário deste Tribunal, ao terminar o julgamento do RE 183.907, firmou o entendimento de que as unidades federadas, embora sejam incompetentes para essa fixação em per-

centuais superiores aos fixados pela União para o mesmo fim, podem proceder à atualização apenas parcial de seus créditos fiscais por não estarem impedidas de conceder incentivos fiscais, que a tanto vale a renúncia à correção monetária plena. Portanto, há ilegitimidade apenas no que exceder ao índice vigente ao tempo para a correção dos débitos tributários federais. Recurso extraordinário conhecido em parte e nela provido" (STF, RE 170.928, 2000).

– "ESTADO DE SÃO PAULO. LEI N. 6.374/89, ART. 109. CONVERSÃO DE CRÉDITOS DE ICMS EM UNIDADES FISCAIS À DATA DE SUA APURAÇÃO... O Supremo Tribunal Federal, na sessão de 21.06.95, julgando os RREE 154.273--SP e 172.394-SP, concluiu pela legitimidade da conversão dos débitos do ICMS em unidades fiscais, no momento da respectiva apuração, autorizada pelo art. 109 e parágrafo único, da Lei n. 6.374/89, do Estado de São Paulo... Não conhecimento do recurso das contribuintes. Conhecimento e provimento do recurso da Fazenda estadual" (STF, RE 173.838, 2000).

⇒ **Distinção entre "base de cálculo" e "base calculada".** Sobre a definição em abstrato e em concreto dos aspectos da norma tributária impositiva, vide nota ao art. 150, I, da CF.

Art. 98. Os tratados e as convenções internacionais revogam ou modificam a legislação tributária interna, e serão observados pela que lhes sobrevenha.

⇒ **Tratados e convenções.** "As palavras tratado e convenção são sinônimas. Ambas representam acordo bilateral ou multilateral de vontades para produzir um efeito jurídico. Criam direitos e obrigações. Tratado (ou convenção) internacional vem a ser o ato jurídico firmado entre dois ou mais Estados, mediante seus respectivos órgãos competentes, com o objetivo de estabelecer normas comuns de direito internacional" (RIBEIRO DE MORAES, Bernardo. *Compêndio de direito tributário*. 3. ed., 1995, v. 2, p. 26) Para ser fonte de direito tributário, deve adquirir eficácia interna. "São inexistentes como norma de direito interno, até sua aprovação pelo Congresso Nacional". "Como não mais depende de sanção do Poder Executivo, o ato de aprovação toma o nome de decreto legislativo" (Idem, ibidem, p. 26-27).

– *Soft law.* "Por *soft law* entendemos as normas exaradas pelas entidades internacionais, seja no âmbito de organizações multilaterais, enquanto pessoa jurídica de Direito Internacional Público, tal qual a ONU, seja no de organizações regulatórias, não necessariamente ligadas às organizações internacionais de direito público, tal qual a Câmara Internacional do Comércio (CCI), e também as declarações de intenção que as nações fazem como resultados dos grandes encontros internacionais. [...] Normas de *soft law* são normas que irradiam seus efeitos tanto no âmbito do DI público quanto no privado. Por exemplo, quem ousaria negar a cogência, no comércio internacional, do uso dos incoterms... [...] Não obstante considerar-se que o *soft law* deve assumir papel cada vez mais relevante como fonte do Direito Internacional quando se trata de Direito Internacional Tributário... deve ser visto apenas como fonte indireta. Isto se deve principalmente à rigidez impositiva (e desonerativa) que caracteriza o Direito Tributário e sua íntima conexão com a própria soberania estatal"

(VALADÃO, Marcos Aurélio Pereira. O *soft law* como fonte mediata do direito internacional tributário. *RFDT* 28/201, 2007).

⇒ **Celebração e incorporação dos tratados ao ordenamento jurídico nacional**. O art. 84, VIII, da Constituição, estabelece a competência privativa do Presidente da República para celebrar tratados, convenções e atos internacionais, sujeitos a referendo do Congresso Nacional; o art. 49, I, da Constituição, por sua vez, estabelece a competência exclusiva do Congresso Nacional para resolver definitivamente sobre tratados, acordos ou atos internacionais que acarretem encargos ou compromissos gravosos ao patrimônio nacional.

– Os tratados ou convenções internacionais só produzem efeitos internamente após se completar o ciclo de assinatura do Tratado pelo Presidente da República, aprovação pelo Congresso revelada por Decreto Legislativo, ratificação pelo Presidente mediante depósito do respectivo instrumento, promulgação por Decreto do Presidente e publicação oficial do texto do Tratado.

– "PROCEDIMENTO CONSTITUCIONAL DE INCORPORAÇÃO DE CONVENÇÕES INTERNACIONAIS EM GERAL E DE TRATADOS DE INTEGRAÇÃO (MERCOSUL). – A recepção dos tratados internacionais em geral e dos acordos celebrados pelo Brasil no âmbito do MERCOSUL depende, para efeito de sua ulterior execução no plano interno, de uma sucessão causal e ordenada de atos revestidos de caráter político-jurídico, assim definidos: (a) aprovação, pelo Congresso Nacional, mediante decreto legislativo, de tais convenções; (b) ratificação desses atos internacionais, pelo Chefe de Estado, mediante depósito do respectivo instrumento; (c) promulgação de tais acordos ou tratados, pelo Presidente da República, mediante decreto, em ordem a viabilizar a produção dos seguintes efeitos básicos, essenciais à sua vigência doméstica: (1) publicação oficial do texto do tratado e (2) executoriedade do ato de direito internacional público, que passa, então – e somente então – a vincular e a obrigar no plano do direito positivo interno. [...]" (STF, Plenário, CR (AgRg) 8.279-Argentina, Min. Celso de Mello, jun. 1998, ementa publicada no *Informativo* 196, de agosto de 2000). Vale a pena ver a ementa completa e o inteiro teor desse importante precedente do STF.

⇒ **Revogam ou modificam a legislação interna**. "... não se trata, a rigor, de revogação da legislação interna, mas de suspensão da eficácia da norma tributária nacional, que readquirirá a sua aptidão para produzir efeitos se e quando o tratado for denunciado" (TORRES, Ricardo Lobo. *Curso de direito financeiro e tributário*. 16. ed. Rio de Janeiro: Renovar, 2009, p. 49).

– "A dicção da norma em análise não é das mais técnicas, pois os tratados e convenções internacionais não 'revogam' a legislação interna. A nosso ver, o que de fato ocorre é que as normas contidas em tais atos, por serem especiais, prevalecem sobre a legislação interna, afastando sua eficácia no que com esta forem conflitantes (critério da especialidade para a solução de conflitos normativos). Tal eficácia, portanto, resta preservada, para todas as demais situações não contempladas nos atos internacionais" (COSTA, Regina Helena. *Curso de direito tributário*. 5. ed. São Paulo: Saraiva, 2015, p. 176).

– "... é forçoso admitir que é falsa a questão da hierarquia entre tratados em matéria tributária e lei interna. Não é uma relação hierárquica, mas de competência. [...] Incorre em má técnica o dispositivo, quando prevê a revogação da legislação tributária interna pelo tratado. O problema não é obviamente de revogação, mas de observância. Se fosse verdadeiro que um tratado revoga a lei interna, então que dizer das hipóteses em que o tratado é denunciado Acaso não se aplicará a lei interna tivesse ela sido revogada, então a resposta seria pela negativa, já que não há que se falar em repristinação, no ordenamento brasileiro. mas correto é ver que a denúncia do tratado apenas retira a barreira que limitava a aplicação da lei interna" (SCHOUERI, Luís Eduardo. *Direito tributário*. 2. ed. São Paulo: Saraiva, 2012, p. 94).

– **Tratados como leis especiais**. "Os tratados, convenções e outros acordos internacionais de que Estado estrangeiro ou organismo internacional e o Brasil sejam partes, e que versem sobre matéria previdenciária, serão interpretados como lei especial" (art. 85-A da Lei n. 8.212/91, que dispõe sobre o custeio da Seguridade Social, acrescido pela Lei n. 9.876, de 26-11-1999).

– "d) internamente, os tratados internacionais são equivalentes às leis ordinárias nacionais, salvo nas exceções previstas no art. 5º, §§ 2º e 3º, da CF, em que as normas de tratados sobre direitos humanos são equiparadas às normas constitucionais; e) a questão, então, na maioria dos casos não é de hierarquia, mas de aplicação de normas em suas órbitas próprias nas relações internas e externas;" (SARAIVA FILHO, Oswaldo Othon de Pontes. O direito internacional e o sistema tributário brasileiro. *RFDT* 25/9, 2007).

– "Não obstante a redação do dispositivo fale em 'revogação', as disposições de um tratado, na realidade, representam normas especiais sobre questões tratadas em uma lei geral. Com isso, a lei geral permanece vigente, mas não aplicável aos casos específicos regulados pelo tratado em questão" (AMARAL, Antonio Carlos Rodrigues do. In: MARTINS, Ives Gandra da Silva (coord.). *Comentários ao Código Tributário Nacional*. São Paulo: Saraiva, 1998, v. 2, p. 34).

– **Pela paridade entre os tratados e as leis ordinárias internas**. "PARIDADE NORMATIVA ENTRE ATOS INTERNACIONAIS E NORMAS INFRACONSTITUCIONAIS DE DIREITO INTERNO. Os tratados ou convenções internacionais, uma vez regularmente incorporados ao direito interno, situam-se, no sistema jurídico brasileiro, nos mesmos planos de validade, de eficácia e de autoridade em que se posicionam as leis ordinárias, havendo, em consequência, entre estas e os atos de direito internacional público, mera relação de paridade normativa. Precedentes. No sistema jurídico brasileiro, os atos internacionais não dispõem de primazia hierárquica sobre as normas de direito interno. A eventual precedência dos tratados ou convenções internacionais sobre as regras infraconstitucionais de direito interno somente se justificará quando a situação de antinomia com o ordenamento doméstico impuser, para a solução do conflito, a aplicação alternativa do critério cronológico (*lex posterior derogat priori*) ou, quando cabível, do critério da especialidade" (STF, Plenário, maioria, ADIn 1.480, Min. Celso de Mello, set. 1997, *DJU* 91-E, de 18-5-2001, p. 429).

– "[...] TRATADO INTERNACIONAL E RESERVA CONS-TITUCIONAL DE LEI COMPLEMENTAR. – O primado da Constituição, no sistema jurídico brasileiro, é oponível ao princípio *pacta sunt servanda*, inexistindo, por isso mesmo, no direito positivo nacional, o problema da concorrência entre tratados internacionais e a Lei Fundamental da República, cuja suprema autoridade normativa deverá sempre prevalecer sobre os atos de direito internacional público. Os tratados internacionais celebrados pelo Brasil – ou aos quais o Brasil venha a aderir – não podem, em consequência, versar matéria posta sob reserva constitucional de lei complementar. É que, em tal situação, a própria Carta Política subordina o tratamento legislativo de determinado tema ao exclusivo domínio normativo da lei complementar, que não pode ser substituída por qualquer outra espécie normativa infraconstitucional, inclusive pelos atos internacionais já incorporados ao direito positivo interno. [...]" (STF, ADINMC 1.480, 1997).

– **Indicativo de possível mudança de orientação.** Nos autos do RE 460320, o Min. Gilmar Mendes proferiu voto no sentido da necessidade de se reconhecer a prevalência dos tratados sobre a legislação interna, mas houve pedido de vista e ainda não foi concluído.

⇒ **Tratados estabelecendo isenção de tributos estaduais e municipais.** Considerando-se que os tratados são firmados pela República Federativa do Brasil no plano internacional, e não pela União enquanto pessoa jurídica de direito público interno, a vedação constitucional da isenção heterônoma não é impedimento a que disponham sobre isenções de tributos estaduais e municipais. Vide o art. 151, III, da CF.

⇒ **Tratados internacionais sobre comércio.** Análise da eficácia e vigência dos tratados internacionais sobre o comércio – OMC e Mercosul – dos quais o Brasil faz parte, na pena de Hamilton Dias de Souza, pode ser encontrada no artigo Tratados Internacionais – OMC e Mercosul, *RDDT* 27, 1997, p. 33.

– **Mercosul.** Com o Tratado de Assunção foi deliberada a criação de um Mercado Comum entre Argentina, Brasil, Paraguai e Uruguai. A Venezuela aderiu. Vide: <www.mercosur.int>.

– Tratado de Assunção. "Artigo 7. Em matéria de impostos, taxas e outros gravames internos, os produtos originários o território de um Estão Parte gozarão, nos outros Estados Partes, do mesmo tratamento que se aplique ao produto nacional. Artigo 8. Os Estados Partes [...]: d) Estenderão automaticamente aos demais Estados Partes qualquer vantagem, favor, franquia, imunidade ou privilégio que conceda a um produto originário de ou destinado a terceiros países não membros da Associação Latino-Americana de Integração".

• Vide notas aos arts. 19 e 21 do CTN, sobre a cláusula da nação mais favorecida e sobre a Tarifa Externa Comum par ao imposto de importação.

– **GATT.** Aprovado pelo Decreto Legislativo n. 30/94, o GATT foi internalizado pelo Decreto n. 1.355/94, mediante o qual o Presidente da República promulgou "a Ata Final que Incorpora os Resultados da Rodada Uruguai de Negociações Comerciais Multilaterais do GATT".

– GATT, Art. 3º, § 2º: "Os produtos do território de qualquer Parte Contratante, importados por outra Parte Contratante, não estão sujeitos, direta ou indiretamente, a impostos ou outros tributos internos de qualquer espécie superiores aos que incidem, direta ou indiretamente, sobre produtos nacionais".

– "2) O acordo tarifário da Organização Mundial do Comércio (GATT) tem como regra principal que os produtos estrangeiros somente podem ser tributados pelo imposto de importação, nas mesmas condições para todos os membros do Acordo (cláusula da nação mais favorecida). 3) Como decorrência, internamente, após liberação pela Alfândega, os produtos estrangeiros nacionalizados serão tributados nas mesmas condições dos produtos nacionais, não sendo permitida qualquer discriminação entre os nacionais e os nacionalizados. 4) Consequentemente, a tributação ou isenção concedida a um produto brasileiro não deverá ser diferente para um produto nacionalizado" (SEIXAS FILHO, Aurélio Pitanga. Eficácia de tratado internacional aduaneiro e os impostos internos. *RDDT* 174/07, 2010).

– Sobre a recepção do GATT, vide nota ao art. 151, III, da CF.

– **GATS.** O *General Agreement on Trade in Services* (Acordo Geral sobre o Comércio de Serviços) estabelece normas para a liberalização e transparência do comércio internacional de serviços, incluindo transporte aéreo, serviços financeiros, transporte marítimo e telecomunicações, dentre outros.

– "Em termos práticos a caracterização de um subsídio é feita mediante a aplicação de um teste com duas etapas, tendo por base o artigo 1.1. do ASMC. Deve haver i) uma contribuição financeira por parte do governo, e (ii) um benefício deve ser auferido pelo setor privado em decorrência da contribuição governamental. Presentes esses dois requisitos, o subsídio será classificado em alguma das seguintes categorias, que levam em consideração a admissibilidade da sua adoção, em vista dos efeitos correspondentes sobre o comércio internacional: 1. proibidos (ou vermelhos): são subsídios vinculados ao desempenho das exportações, à vista de determinadas condições; subsídios vinculados ao uso de bens nacionais em detrimento de bens importados, observadas determinadas condições (v.., isenções ou diferimentos de impostos diretos em relação à produção para exportação); tais subsídios são calcados na presunção absoluta de que são específicos e que, portanto, causam dano (artigo 3º); 2. acionáveis (ou recorríveis ou amarelos): são aqueles que causam (i) dano ou prejuízo à indústria doméstica de outro país, (ii) anulação ou redução de vantagens oriundas das regras do Gatt a outro país, e (iii) grave dano aos interesses de outro membro (artigos 5º e 6º); no caso deste tipo de subsídios, há a transferência do ônus da prova relativamente à existência de dano; e 3. não acionáveis (ou verdes): aqueles que não são específicos ou aqueles que, sendo específicos, atendam determinadas condições previstas no artigo 8º, item 2 (v.g., subsídios vinculados a apoio de atividades de pesquisa, desenvolvimento de regiões desfavorecidas de um país-membro, entre outros), como também no artigo 6º, item 7. Para que um subsídio se enquadre na categoria de acionável ou proibido é imprescindível que seja considerado específico. [...] Nos termos do artigo 2º do ASMC, a existência de um subsídio passou a depender da constatação de que esse benefício aproveitaria a um setor específico ou a um grupo de indústrias específico. [...] Benefícios econômicos fornecidos pelo governo e que são disponíveis para qualquer um não podem, em princípio, ser considerados como subsídio, como o que ocorre, por exemplo, com as regras constitucionais de imunidade, por lhes faltar a especificidade. Os subsídios proibidos não estão sujeitos aos testes de especificidade e de dano, pois há uma presunção *juris tantum* de que são danosos e, por isso proibidos" (BAPTISTA, Luiz Olavo; SILVEIRA, Rodrigo Maito da. A imunidade da CSLL sobre as receitas de exportação das empresas prestadoras de serviço à luz das normas do comércio internacional. *RDDT* 214/78, 2013).

– "... para se averiguar se a concessão de subsídios a serviços fere o princípio do tratamento nacional no GATS é necessária análise setorial com base nos compromissos firmados pelo Brasil em sua Lista de Concessões para a liberação de serviços, não sendo possível, portanto, com base em uma mera constatação da existência de determinado benefício fiscal aplicável à exportação de serviços, concluir que há ofensa às regras da OMC. Por outro lado, no tocante ao reconhecimento da aplicabilidade da regra constitucional de imunidade à CSLL, basta lembrar que esse tributo não incide sobre a importação de serviços, de tal forma que, à luz das considerações acima, não haveria qualquer ofensa ao princípio do tratamento nacional. [...] Os precedentes jurisprudenciais (Recursos Extraordinários ns. 564.413/SC, 474.132/SC e 566.259/RS) do STF acerca da aplicabilidade do artigo 149, § 2º, inciso I, da Constituição à CSLL não versam especificamente sobre exportação de serviços, porquanto as empresas envolvidas nesses casos são todas comerciais... [...] poderão ser suscitados os seguintes argumentos...: i) a exportação de serviços não é objeto das normas do ASMC, de tal forma que eventual caracterização de subsídio proibido não atingiria a imunidade da CSLL em relação ao lucro decorrente da exportação de serviços; ii) essa mesma regra de imunidade da CSLL não ofende a cláusula do tratamento nacional (artigo XVII do GATS), porquanto não acarreta qualquer espécie de discriminação ou vantagem às empresas nacionais exportadoras de serviços em detrimento das empresas estrangeiras exportadoras de serviços. Por todas essas ponderações, conclui-se que é perfeitamente viável o reconhecimento da imunidade da CSLL às empresas exportadoras de serviços, inexistindo qualquer impedimento para tanto nas regras da OMC" (BAPTISTA, Luiz Olavo; SILVEIRA, Rodrigo Maito da. A imunidade da CSLL sobre as receitas de exportação das empresas prestadoras de serviço à luz das normas do comércio internacional. *RDDT* 214/78, 2013).

– **OMC.** Sobre a Organização Mundial do Comércio – ou WTO (*World Trade Organization*) – vide: <www.wto.org>.

– **OCDE.** A Organização para a Cooperação Econômica e Desenvolvimento (OCDE) tem sede em Paris e conta com 30 membros. O Brasil ainda não é membro da OCDE, mas adota, ao menos parcialmente, muitos dos seus Modelos de Convênio, e.g., sobre dupla tributação da renda. Vide: <www.oecd.org>.

– Quanto à bitributação no imposto de renda, vide ampla abordagem em notas ao art. 43, § 1º, do CTN.

⇒ **Cláusula da nação mais favorecida.** "Ela significa de modo geral que cada país signatário se obriga a estender ao outro contratante as vantagens não previstas e que, no futuro, venha a conceder a um terceiro país. Se não figurasse essa condição, claro que as negociações hoje celebradas poderiam ser ludibriadas mediante melhores favores trocados amanhã com países diferentes e que assim se beneficiariam na concorrência..." (BALEEIRO, Aliomar. *Uma introdução à ciência das finanças.* 14. ed. Rio de Janeiro: Forense, 1990, p. 294-295).

– **Cláusula da nação mais favorecida e cláusula do tratamento não menos favorável ao do produto similar nacional.** "... ICMS NA IMPORTAÇÃO. CLÁUSULA DA NAÇÃO MAIS FAVORECIDA. CLÁUSULA DO TRATAMENTO NÃO MENOS FAVORÁVEL AO DO PRODUTO SIMILAR NACIONAL. A exigência do ICMS na importação, prevista no art. 155, § 2º, IX, *a*, não se presta à invocação da cláusula da nação mais favorecida, impertinente no caso, tampouco enseja protesto quanto à violação da cláusula de tratamento não menos favorável que o do produto similar nacional, tendo em conta que 'as mercadorias nacionais estão sujeitas ao ICMS desde o momento em que entram no ciclo de produção e comercialização, de modo que a subordinação das mercadorias estrangeiras a esse regime, longe de discriminá-las, estabelece a igualdade na concorrência entre ambas, sem qualquer ofensa ao artigo 98 do Código Tributário Nacional' (precedente do STJ)" (TRF4, AMS 199804010809366, 2003).

– "... ICMS. EXIGÊNCIA DE PAGAMENTO ATRAVÉS DE GUIA ESPECIAL. LEGITIMIDADE. As mercadorias nacionais estão sujeitas ao ICMS desde o momento em que entram no ciclo de produção e comercialização, de modo que a subordinação das mercadorias estrangeiras a esse regime, longe de discriminá-las, estabelece a igualdade na concorrência entre ambas, sem qualquer ofensa ao artigo 98 do Código Tributário Nacional. Embargos de declaração rejeitados" (STJ, EDREsp 77.039, 1996).

– **Inoponibilidade da cláusula às Zonas de Livre Comércio.** "AFRMM. CLÁUSULA DE NAÇÃO MAIS FAVORECIDA. ZONAS DE LIVRE COMÉRCIO. As Zonas de Livre Comércio, bem assim os ajustes provisórios que visam a estabelecê-las são autorizados pelo artigo XXIV do GATT, de modo que a cláusula de nação mais favorecida é inoponível aos países que deles participem" (STJ, EDcl no AgRg no Ag 80.868, 1996).

⇒ **Tratamento tributário idêntico ao do similar nacional.** "BACALHAU IMPORTADO DE ESTADO MEMBRO DA OMC. ICMS. TRATAMENTO TRIBUTÁRIO ISONÔMICO EM FACE DO SIMILAR NACIONAL. OCORRÊNCIA NA ESPÉCIE. 1. Os produtos oriundos de países membros da OMC e, portanto, signatários do GATT, devem receber tratamento tributário igualitário em face do similar nacional (1ª T., REsp 533.124/SP, Rel. Min. Luiz Fux, julgado em 18-9-2003, *DJ* 20-10-2003). 2. Na espécie, conforme consignado no acórdão estadual, o bacalhau importado está recebendo tributação de ICMS com a alíquota de 7%, a mesma aplicada ao similar nacional, de modo que não há violação alguma ao tratamento isonômico previsto no GATT" (STJ, AgRg no AREsp 216.185, 2013).

– "ICMS. IMPORTAÇÃO DE LEITE DE PAÍS SIGNATÁ-
RIO DO GATT (ARGENTINA). ISENÇÃO DE ICMS
CONCEDIDA POR LEI ESTADUAL AO SIMILAR NA-
CIONAL. EXTENSÃO DO BENEFÍCIO À MERCADO-
RIA IMPORTADA. PRECEDENTES. 1. Esta Corte Superior
firmou entendimento no sentido de que o ICMS, incidente sobre produtos pertencentes à cesta básica de alimentos, deve ser
aplicado no mesmo índice estabelecido para as mercadorias nacionais ou importadas, desde que o país de origem destas seja
integrante da OMC. Precedentes" (STJ, AgRg no AREsp
22.336, 2013).

**Art. 99. O conteúdo e o alcance dos decretos restringem-se
aos das leis em função das quais sejam expedidos, determinados com observância das regras de interpretação estabelecidas nesta Lei.**

⇒ **Expedição de decretos. Competência do Presidente da República.** "Compete privativamente ao Presidente da República: ... IV – sancionar, promulgar e fazer publicar as leis,
bem como expedir decretos e regulamentos para sua fiel execução" (art. 84, IV, da CF).

– Evidentemente que, no âmbito Estadual, cabe ao Governador
do Estado e, no âmbito municipal, ao Prefeito a edição de decretos regulamentando as leis estaduais e municipais.

⇒ **Regulamentos. Abrangência do decreto.** Há discussão acesa quanto a ter ou não a EC n. 32/2001 criado, no Direito
brasileiro, a figura do decreto autônomo, ao prever que cabe
ao Presidente da República dispor, mediante decreto, sobre a
organização e o funcionamento da administração federal,
quando não implicar aumento de despesa nem criação ou extinção de órgãos públicos, e sobre a extinção de funções ou
cargos públicos, quando vagos (cf. nova redação do art. 84,
VI, *a* e *b*, da CF). Mas tal em nada altera a situação na esfera
tributária, não chegando a ter qualquer influência da relação
Estado-contribuinte. Nesta, vale o inciso IV do art. 84 da
CF, no sentido de que cabe ao Presidente expedir decretos e
regulamentos *para a fiel execução das leis*.

– O regulamento não pode ofender a lei nem criar novas obrigações nela não previstas, sob pena, em ambos os casos, de ilegalidade.

– "Os decretos são autênticos regulamentos das leis. Explicitam
o que está na lei, em sua versão de maior densidade. Prevalece
sobre todos os outros atos regulamentadores de leis do Poder
Executivo. Os Decretos são, pois, o exercício máximo do poder
regulamentador, sem todavia, possuir qualquer poder modificador do que disposto foi na lei. É singelo ato administrativo e só
pode estender sua ação além do poder de explicitar quando a
própria Constituição oferta-lhe poder legislativo, como ocorre
com os decretos que alteram alíquotas do IPI, IOF, II e IE, conforme determinado pelo § 1º do art. 153. Fora das expressas hipóteses constitucionais, apesar de ser o veículo de maior dignidade regulamentadora do Executivo, os decretos não têm forças
modificativas da lei" (MARTINS, Ives Gandra da Silva; MAR-
TINS, Rogério L. Vidal Gandra da Silva; LOCATELLI, Soraya
David Monteiro. O Ato Declaratório Interpretativo SRF n.

02/07 e as consequências tributárias do rateio das receitas decorrentes da utilização de áreas comuns de condomínios. *RDDT*
174/53, 2010).

– "Nesse particular, nada mais faz o art. 99 do CTN – na esteira
do art. 96, que inseriu os decretos sob o manto da legislação
tributária – do que dar a correta limitação ao conteúdo e ao alcance de tal classe de atos normativos a serem expedidos pelos
Chefes do Poder Executivo, nas esferas componentes do regime
federativo pátrio: União, Estados, Distrito Federal e Municípios. Qual seja, a de se traduzir o decreto em elemento regulamentador da lei, no sentido de propiciar a sua adequada execução" (AMARAL, Antonio Carlos Rodrigues do. In: MARTINS,
Ives Gandra da Silva. *Comentários ao Código Tributário Nacional*. São Paulo: Saraiva, 1998, v. 2, p. 39).

– "O decreto geral tem... a mesma normatividade da lei, desde
que não ultrapasse a alçada regulamentar de que dispõe o Executivo" (MEIRELLES, Hely Lopes. *Direito administrativo brasileiro*. 20. ed. São Paulo: Malheiros, 1995).

⇒ **Contrariedade do decreto à lei configura ilegalidade, e
não inconstitucionalidade.** "I – O regulamento não está,
de regra, sujeito ao controle de constitucionalidade. É que,
se o ato regulamentar vai além do conteúdo da lei, ou nega
algo que a lei concedera, pratica ilegalidade. A questão, em
tal hipótese, comporta-se no contencioso de direito comum. Não cabimento da ação direta de inconstitucionalidade. II – Ação direta de inconstitucionalidade não conhecida" (STF, ADIn 2.413, *Informativo* 27 do STF, 2002).

– "I. Se o regulamento de execução vai além do conteúdo da lei,
ou se afasta dos limites que esta lhe traça, incorre em ilegalidade
e não em inconstitucionalidade, pelo que não está sujeito à jurisdição constitucional... IV. R.E. não conhecido" (STF, RE
154.027, 1997).

– "... I – Se o regulamento vai além do conteúdo da lei, ou se
afasta dos limites que esta lhe traça, comete ilegalidade e não
inconstitucionalidade, pelo que não se sujeita, quer no controle
concentrado, quer no controle difuso, à jurisdição constitucional" (STF, RE 189.550, 1997).

– "... Se a interpretação administrativa da lei, que vier a
consubstanciar-se em decreto executivo, divergir do sentido e
do conteúdo da norma legal que o ato secundário pretendeu regulamentar, quer porque tenha esta se projetado *ultra legem*,
quer porque tenha permanecido *citra legem*, quer, ainda, porque
tenha investido *contra legem*, a questão caracterizará, sempre,
típica crise de legalidade, e não de inconstitucionalidade, a inviabilizar, em consequência, a utilização do mecanismo processual
da fiscalização normativa abstrata. O eventual extravasamento,
pelo ato regulamentar, dos limites a que materialmente deve estar adstrito poderá configurar insubordinação executiva aos comandos da lei. Mesmo que, a partir desse vício jurídico, se possa
vislumbrar, num desdobramento ulterior, uma potencial violação da Carta Magna, ainda assim estar-se-á em face de uma situação de inconstitucionalidade reflexa ou oblíqua, cuja apreciação
não se revela possível em sede jurisdicional concentrada" (STF,
ADIMC 996, 1994).

– "Qualquer excesso do decreto, em relação à lei, constituirá um vício que pode ser submetido a controle jurisdicional, vício esse denominado ilegalidade" (NOGUEIRA, Ruy Barbosa. *Curso de direito tributário*. 14. ed. São Paulo: Saraiva, 1995, p. 56).

SEÇÃO III
NORMAS COMPLEMENTARES

Art. 100. São normas complementares das leis, dos tratados e das convenções internacionais e dos decretos:

⇒ **Tributação como atividade plenamente vinculada.** "Dizendo o CTN que o tributo há de ser cobrado mediante atividade administrativa plenamente vinculada, quer significar que a autoridade administrativa não pode preencher com seu juízo pessoal, subjetivo, o campo de indeterminação normativa, buscando realizar em cada caso a finalidade da lei. Esta deve ser minudente, prefigurando com rigor e objetividade os pressupostos para a prática dos atos e o conteúdo que estes devem ter. Deve descrever o fato gerador da obrigação tributária, a base de cálculo, a alíquota, o prazo para pagamento, os sujeitos da relação tributária e tudo o mais. Nada fica a critério da autoridade administrativa, em cada caso. Quando a lei contenha indeterminações, devem estas ser preenchidas normativamente, vale dizer, pela edição de ato normativo, aplicável a todos quantos se encontrem na situação nele hipoteticamente prevista. Assim, a atividade de determinação e de cobrança do tributo será sempre vinculada a uma norma. [...] qualquer vaguidade conceitual, qualquer indeterminação do texto da lei, deve ser superada pela autoridade administrativa mediante a edição de norma, de sorte a evitar a pluralidade de entendimentos por parte de seus diversos agentes. Isso realiza o objetivo da regra definidora de tributo, além de realizar também o princípio da isonomia, evitando tratamentos desiguais de situações idênticas" (MACHADO, Hugo de Brito. In: MARTINS, Ives Gandra da Silva (coord.). *Comentários ao Código Tributário Nacional*. São Paulo: Saraiva, 1998, v. 1, p. 29).

⇒ **As normas inflalegais complementares integram a legislação tributária e, quando válidas, têm a mesma eficácia normativa que as normas superiores.** Em matéria tributária, não se pode dizer que os decretos se limitem à regulamentação estrita das leis nem que outros atos administrativos normativos, especialmente Instruções Normativas e Portarias, sejam, tão somente, normas internas da Administração. Se, de um lado, não podem inovar em matéria sob reserva legal absoluta, como a definição dos aspectos das normas tributárias impositivas, de outro, podem validamente dispor sobre o vencimento dos tributos, definir o indexador que servirá à correção já determinada por lei, especificar obrigações acessórias como a inscrição no CNPJ, regulamentar procedimentos de fiscalização tributária. Quando não ofendem reserva legal nem contrariam dispositivos legais, têm tanta eficácia normativa quanto as normas superiores, vinculando a Administração e os contribuintes. Além do mais, o parágrafo único do art. 100 do CTN consagra a proteção da confiança dos contribuintes, dispondo no sentido de que a observância das

normas complementares exclui a imposição de penalidades, a cobrança de juros moratórios e, até mesmo, a atualização monetária da base de cálculo. Vide, também, o art. 113, § 2º, do CTN.

– "Desses atos, geralmente se diz que vinculam apenas a administração tributária. Isto não é rigorosamente verdadeiro. Por certo, vinculam a administração (ao menos, as autoridades hierarquicamente subordinadas àquela que expediu a norma complementar), mas, na medida em que fixam a interpretação administrativa da legislação tributária, também podem criar direitos em favor do contribuinte. Este passa a ter direito subjetivo a exigir seja adotada, também para si, a interpretação assim firmada. É certo poder o contribuinte, que não se conformar com aquela interpretação, contra ela se insurgir na via judicial. E também é certo que tais atos não vinculam o juiz (ou o Poder Judiciário), em face da independência a este constitucionalmente assegurada, só se vinculando o juiz à lei, não a atos infralegais. Para o juiz, o valor desse atos é o do poder de convencimento de sua fundamentação, de molde a criar uma convicção de ser aquela a melhor interpretação da legislação. Em suma, tem o mesmo valor de obras de doutrina: o do poder de convencimento de seus argumentos, não de sua força vinculante que, no âmbito judicial, inexiste" (DIFINI, Luiz Felipe Silveira. *Manual de direito tributário*. São Paulo: Saraiva, 2003, p. 144).

⇒ **Competência para a edição de normas complementares**. O sujeito ativo da obrigação tributária, seja ela a própria pessoa política que instituiu o tributo ou outra pessoa jurídica de direito público indicada por lei, tem competência para a edição de normas complementares. Vide a respeito em nota ao art. 119 do CTN.

I – os atos normativos expedidos pelas autoridades administrativas;

⇒ **Atos normativos.** Os atos administrativos normativos a que se refere o CTN são, dentre outros, as instruções normativas, os atos declaratórios normativos e as portarias.

– No âmbito estrito do Direito Administrativo, são correntes as lições no sentido de que os atos da Administração somente vinculam os seus servidores. Assim, as instruções normativas, portarias e ordens de serviço só vinculariam os próprios agentes públicos. Em matéria tributária, porém, tais atos da Administração projetam efeitos junto aos contribuintes, vinculando-os.

– "Atos normativos expedidos pelas autoridades administrativas. São as instruções ministeriais, as portarias ministeriais e atos expedidos pelos chefes de órgãos ou repartições; as instruções normativas expedidas pelo Secretário da Receita Federal; as circulares e demais atos normativos internos da Administração Pública, que são vinculantes para os agentes públicos, mas não podem criar obrigações para os contribuintes que já não estejam previstas na lei ou no decreto dela decorrente. Também não vinculam o Poder Judiciário, que não está obrigado a acatar a interpretação dada pelas autoridades públicas através de tais atos normativos" (AMARAL, Antonio Carlos Rodrigues do. In: MARTINS, Ives Gandra da Silva (coord.). *Comentários ao Código Tributário Nacional*. São Paulo: Saraiva, 1998, v. 2, p. 40-41).

– "Atos administrativos normativos são aqueles que contêm um comando geral do Executivo, visando à correta aplicação da lei. O objetivo imediato de tais atos é explicitar a norma legal a ser observada pela Administração e pelos administrados. Esses atos expressam em minúcia o mandamento abstrato da lei e o fazem com a mesma normatividade da regra legislativa, embora sejam manifestações tipicamente administrativas. A essa categoria pertencem os decretos regulamentares e os regimentos, bem como as resoluções, deliberações e portarias de conteúdo geral" (MEIRELLES, Hely Lopes. *Direito administrativo brasileiro*. 14. ed., São Paulo: RT, 1989, p. 154).

⇒ **Normatividade subordinada às leis.** "... As instruções normativas, editadas por órgão competente da administração tributária, constituem espécies jurídicas de caráter secundário, cuja validade e eficácia resultam, imediatamente, de sua estrita observância dos limites impostos pelas leis, tratados, convenções internacionais, ou decretos presidenciais, de que devem constituir normas complementares. Essas instruções nada mais são, em sua configuração jurídico-formal, do que provimentos executivos cuja normatividade está diretamente subordinada aos atos de natureza primária, como as leis e as medidas provisórias, a que se vinculam por um claro nexo de acessoriedade e de dependência. Se a instrução normativa, editada com fundamento no art. 100, I, do Código Tributário Nacional, vem a positivar em seu texto, em decorrência de má interpretação de lei ou medida provisória, uma exegese que possa romper a hierarquia normativa que deve manter com estes atos primários, viciar-se-á de ilegalidade..." (STF, AGRADI 365, 1990).

– "3... Instruções Normativas constituem espécies jurídicas de caráter secundário, cuja validade e eficácia resultam, imediatamente, de sua estrita observância dos limites impostos pelas leis. De consequência, à luz dos arts. 97 e 99 do Código Tributário Nacional, Instruções Normativas não podem modificar Lei a pretexto de estarem regulando..." (STJ, REsp 1.109.034, 2009).

– "CRIAÇÃO DE DEVER INSTRUMENTAL POR INSTRUÇÃO NORMATIVA. POSSIBILIDADE. AUSÊNCIA DE VIOLAÇÃO DO PRINCÍPIO DA LEGALIDADE TRIBUTÁRIA. COMPLEMENTAÇÃO DO SENTIDO DA NORMA LEGAL... 4. A análise conjunta dos arts. 96 e 100, I, do Codex Tributário, permite depreender-se que a expressão 'legislação tributária' encarta as normas complementares no sentido de que outras normas jurídicas também podem versar sobre tributos e relações jurídicas a esses pertinentes. Assim, consoante mencionado art. 100, I, do CTN, integram a classe das normas complementares os atos normativos expedidos pelas autoridades administrativas – espécies jurídicas de caráter secundário – cujo objetivo precípuo é a explicitação e complementação da norma legal de caráter primário, estando sua validade e eficácia estritamente vinculadas aos limites por ela impostos. 5. É cediço que, nos termos do art. 113, § 2º, do CTN, em torno das relações jurídico-tributárias relacionadas ao tributo em si, exsurgem outras, de conteúdo extra-patrimonial, consubstanciadas em um dever de fazer, não fazer ou tolerar. São os denominados deveres instrumentais ou obrigações acessórias, inerentes à regulamentação das questões operacionais relativas à tributação, razão pela

qual sua regulação foi legada à 'legislação tributária' em sentido lato, podendo ser disciplinados por meio de decretos e de normas complementares, sempre vinculados à lei da qual dependem. 6. *In casu*, a norma da Portaria 90/92, em seu mencionado art. 23, ao determinar a consolidação dos resultados mensais para obtenção dos benefícios da Lei 8.383/91, no seu art. 39, § 2º, é regra especial em relação ao art. 94 do mesmo diploma legal, não atentando contra a legalidade mas, antes, coadunando-se com os artigos 96 e 100, do CTN. 7. Deveras, o E. STJ, quer em relação ao SAT, IOF, CSSL etc., tem prestigiado as portarias e sua legalidade como integrantes do gênero legislação tributária, já que são atos normativos que se limitam a explicitar o conteúdo da lei ordinária" (STJ, REsp 724.779, 2006).

– **Atos declaratórios interpretativos e atos declaratórios.** "A Receita Federal tem dado aplicação ao artigo 19 da Lei n. 10.522/02... cite-se, por exemplo, o Ato Declaratório Interpretativo RFB n. 28, de 16 de janeiro de 2009, que reconheceu a inexigibilidade do Imposto de Renda Retido na Fonte sobre os valores pagos a título de abono pecuniário de que trata o artigo 143 da Consolidação das Leis do Trabalho – CLT. Para a eficácia da norma do § 4º do artigo 19, contudo, não é necessária a prévia edição de ato da própria Receita Federal desobrigando a fiscalização a constituir créditos tributários. O Ato Declaratório da Procuradoria da Fazenda Nacional já determina de forma imediata e plena a impossibilidade de lançamento referente à matéria de que trata, não estando a sua eficácia vinculada a ato da Receita Federal 'concordando' ou 'validando' os seus termos. E além de sustar a constituição de créditos referentes à matéria sobre qual delibera, o Ato Declaratório da procuradoria da Fazenda Nacional, editado na sistemática da Lei n. 10.522/02, produz também o importante efeitos de confirmar o direito do contribuinte à restituição ou compensação de valores anteriormente recolhidos com base na exigência reconhecida como indevida. [...] O Ato Declaratório da Procuradoria da Fazenda Nacional tem, por força de lei, eficácia no que se refere à aplicação da legislação tributária, afastando ou impondo um sentido interpretativo à norma contestada judicialmente, não só para evitar que continuem a ser constituídos créditos em desacordo com o entendimento jurisprudencial, mas também para tornar imune de dúvidas o direito do contribuinte aos valores anteriormente recolhidos sobre esta rubrica. Constitui este ato normativo, assim, em reconhecimento da natureza de indébito tributário dos recolhimentos efetuados em desacordo com a jurisprudência dos Tribunais Superiores" (CARDOSO, Alessandro Mendes. A eficácia do ato declaratório da Procuradoria-Geral da Fazenda Nacional reconhecendo a pacificação jurisprudência. *RDDT* 173/07, 2010).

– "... os Atos Declaratórios Interpretativos são normas complementares à lei, não podendo, por questão lógica, ir além desta. Visam apenas dirimir dúvida quanto à interpretação da legislação tributária, não podendo sob qualquer hipótese alterar o conteúdo e o alcance da norma interpretada. Assim sendo, os Atos Declaratórios Interpretativos, previstos no Regimento Interno da Secretaria da Receita Federal como ato administrativo de caráter normativo (art. 230, inc. III), não possuem caráter constitutivo, ou seja, não podem criar, modificar ou extinguir obrigação tributária, a qual é passível de constituição apenas por lei. São atos hierarquicamente inferiores não só à CF e à lê, mas também aos decretos executivos. [...] O Ato Declaratório Interpretativo, apesar de ter caráter meramente explicitador, representa o entendimento da Secretaria da Receita Federal (hoje Receita Federal o Brasil) sobre a aplicação da norma interpretada e tem força normativa a medida em que se trata de uma norma complementar (CTN, art. 100)" (MARTINS, Ives Gandra da Silva; MARTINS, Rogério L. Vidal Gandra da Silva; LOCATELLI, Soraya David Monteiro. O Ato Declaratório Interpretativo SRF n. 02/2007 e as consequências tributárias do rateio das receitas decorrentes da utilização de áreas comuns de condomínios. *RDDT* 174/53, 2010).

II – as decisões dos órgãos singulares ou coletivos de jurisdição administrativa, a que a lei atribua eficácia normativa;

⇒ **Só as decisões com eficácia normativa devidamente publicadas.** Art. 103, II, do CTN estabelece que as decisões normativas entram em vigor após 30 dias da sua publicação, de modo que esta é pressuposto para a sua eficácia normativa.

– "6. Os arts. 100, II, e 103, II, do CTN, não impõem a publicação de todas as decisões proferidas em sede de processo administrativo. Como bem esclarece Hugo de Brito Machado, incluem-se na previsão do art. 100, II, do CTN, 'as decisões proferidas por órgãos singulares ou coletivos incumbidos de julgar administrativamente as pendências entre o Fisco e os contribuintes, desde que a lei atribua a essas decisões valor de norma'. Incluem-se nessa categoria, atualmente, conforme exemplo citado pelo autor referido, 'os denominados pareceres normativos emitidos pela Coordenação do Sistema de Tributação do Ministério da Fazenda, órgão incumbido de unificar a interpretação da legislação tributária, mediante solução de consultas'. Considerando que, na hipótese, a decisão proferida em sede de processo administrativo não se amolda ao contexto legal, não há falar em violação dos artigos em comento" (STJ, Esp 858.047, 2008).

III – as práticas reiteradamente observadas pelas autoridades administrativas;

⇒ **Caracterização da prática reiterada.** "... Tendo a autoridade administrativa deixado de exigir os encargos legais incidentes sobre recebimentos, pelo contribuinte, de ajuda de custo, em vários casos análogos, tal atitude caracterizou prática reiterada, nos termos do artigo 100, III, do CTN, impondo a sua aplicação para os contribuintes que estejam na mesma situação, sob pena de ferir-se o princípio constitucional da isonomia" (TRF4, AMS 95.04.19960-7, 1997).

– "Se o contribuinte recolheu o tributo à base de prática administrativa adotada pelo fisco, eventuais diferenças devidas só podem ser exigidas sem juros de mora e sem atualização do valor monetário da respectiva base de cálculo" (STJ, REsp 98.703, 1998).

– **Repentina exigência de ISS sobre operação de *leasing*, anteriormente tida como não geradora da obrigação tributária.** "... embora os Municípios sustentem que a CF/88 prevê a competência para cobrar o imposto sobre as atividades de *leasing*, as autoridades fazendárias municipais nunca exigiram esse impos-

to, mesmo passados mais de quinze anos da promulgação da Constituição. ... tendo as autoridades administrativas deixado de exigir o imposto supostamente devido por tão longo período, está consubstanciada a prática reiterada da administração. E a observância das práticas reiteradamente observadas pelas autoridades administrativas, conforme preceitua o parágrafo único do artigo 100... exclui a imposição de penalidades. [...] Punir os contribuintes com a imposição de multa significa punir quem confia na própria Administração, em manifesta contrariedade ao princípio da boa-fé, que é um dos corolários do princípio da moralidade administrativa previsto no artigo 37 da CF/88" (ÁVILA, Humberto. Imposto sobre a prestação de serviços de qualquer natureza. ISS. Normas constitucionais aplicáveis. Precedentes do Supremo Tribunal Federal. Hipótese de incidência, base de cálculo e local da prestação. *Leasing* financeiro: análise da incidência. *RDDT* 122/120, 2005).

⇒ **O costume não pode ensejar imposição, fiscalização ou arrecadação de tributos.** "A contranota dos doutrinadores é no sentido de que, com tal preceito, no universo das exações, o recurso ao costume é aplicado de forma ampla. Contudo, há que se ter em vista que, a despeito da regra acima, não se admite cobrança de tributo com base nos costumes. Como ordem geral, 'o costume, de natureza eminentemente factual, só gera efeitos jurídicos quando integrante de hipóteses normativas', e, para fins fiscais de imposição, fiscalização e arrecadação de tributos, o recurso ao que ordinariamente acontece não se admite. A vedação de cobrança de tributo sem lei que o respalde, informando expressamente todos os critérios que compõem o fato jurídico e a relação entre Fisco e contribuinte, é princípio informador do ordenamento fiscal. A Administração não pode cobrar tributo mediante *prática reiterada*. Lançamento tributário é ato vinculado e deve ter embasamento, em toda a sua extensão em lei, descrevendo não somente o procedimento de cobrança administrativa, mas também, e principalmente, todos os critérios da regra-matriz de incidência" (HARET, Florence. Direito consuetudinário tributário ou costume no direito positivo? Exame dos artigos 100 e 112 do CTN e a aplicação das presunções *hominis* no direito tributário. *RDDT* 184/19, 2011).

IV – os convênios que entre si celebrem a União, os Estados, o Distrito Federal e os Municípios.

⇒ **Convênios.** "Convênios são fonte de Direito Tributário. São – permita-se a metáfora na liberdade didática – tratados entre os integrantes da Federação" (SCHOUERI, Luís Eduardo. *Direito tributário*. 2. ed. São Paulo: Saraiva, 2012, p. 111).

– "... os convênios celebrados pelas unidades políticas, entre si, deverão submeter-se à apreciação das respectivas Assembleias sem o que não se introduzem no ordenamento" (CARVALHO, Paulo de Barros. *Curso de direito tributário*. 27. ed. São Paulo: Saraiva, 2016, p. 97).

– **Dois níveis de convênios.** Há convênios de cooperação entre os entes políticos, como os relacionados à permuta de informações e à assistência mútua para fiscalização. Esses assumem caráter de normas complementares das leis; Outros, todavia, dizem respeito a matérias reservadas constitucionalmente para deliberação entre os Estados, hipótese em que, inclusive, condicionam a validade das leis estaduais, do que é exemplo a autorização de benefícios fiscais em matéria de ICMS (art. 155, § 2º, XII, g). Nesse caso, não podem ser considerados propriamente normas complementares das leis, porquanto tem, inclusive, ascendências sobre elas.

– **Convênios de cooperação.** "São os convênios para mútua assistência administrativa de que trata o art. 199 do CTN... (Não se tratam, assim, dos convênios para regular isenções de ICMS, tratados na órbita da Constituição Federal, que têm força de direito objetivo, uma vez que se manifestam sobre matéria sujeita ao princípio da reserva legal)" (AMARAL, Antonio Carlos Rodrigues do. In: MARTINS, Ives Gandra da Silva (coord.). *Comentários ao Código Tributário Nacional*. São Paulo: Saraiva, 1998, v. 2, p. 41).

– Veja-se o art. 199 do CTN sobre a prestação de assistência mútua para a fiscalização de tributos.

– **Convênios de subordinação.** Cabe aos Estados e ao Distrito Federal, deliberar a sobre a concessão de isenções, incentivos e benefícios fiscais, conforme previsão constante do art. 155, § 2º, XII, g, da Constituição. Tais deliberações são realizadas mediante convênios entre as Fazendas de tais entes políticos. São os convênios firmados no âmbito do Conselho Nacional de Política Fazendária (Confaz). São particularmente relevantes no que diz respeito a benefícios que possam afetar as operações interestaduais, em que é exigida a alíquota interestadual pelo Estado de origem e a diferença de alíquota pelo Estado de destino. Eventuais benefícios, como créditos presumidos, podem incentivar investimentos em determinado Estado em detrimento dos demais. Daí a razão do controle. Há vários acórdãos do STF dizendo da invalidade de benefícios fiscais concedidos sem prévia autorização em convênio. Também podem, os Estados e o Distrito Federal, mediante Convênio, autorizar alíquotas internas de ICMS inferiores às das operações interestaduais, conforme prevê o art. 155, § 2º, VI, da CF. Aos Convênios é deixada, ainda, a definição das alíquotas de ICMS sobre combustíveis e lubrificantes com incidência única, nos termos do art. 155, § 4º, IV, da Constituição.

Parágrafo único. A observância das normas referidas neste artigo exclui a imposição de penalidades, a cobrança de juros de mora e a atualização do valor monetário da base de cálculo do tributo.

– **Garantia dos contribuintes contra mudança de critério jurídico pela Administração Tributária.** O parágrafo único do art. 100 do CTN é uma das expressões da garantia dos contribuintes contra mudança de critério jurídico pela Administração Tributária. Enquanto o art. 100 do CTN trata da alteração de critério mediante substituição de uma norma complementar ilegal por outra adequada à lei, o art. 146 do CTN trata da alteração de um critério jurídico válido por outro também elegível, em face da conformidade de ambos à lei. Nesse sentido, vide LAURENTIS, Thais De. *Mudança de critério jurídico pela administração tributária*: regime de controle e garantia do contribuinte. São Paulo: IBDT, 2022.

– **Correção de ilegalidade.** "... o parágrafo único do artigo 100, por sua vez, parece referir-se à situação em que não há a substi-

tuição de uma interpretação juridicamente possível por outra, mas a existência de uma norma complementar contrária à lei que é posteriormente corrigida pela administração, ou cujo erro é posteriormente por ela percebida. Pelo menos é isso que sugerem as consequências jurídicas do parágrafo único do artigo 100: a norma complementar ilegal jamais poderá fazer desaparecer a obrigação tributária, razão pela qual o contribuinte que a observou deve pagar o tributo; por outro lado, o contribuinte não pode ser punido por ter observado a norma complementar ilegal, razão pela qual não lhe pode ser exigido o pagamento de multa, de juros de mora e nem mesmo da atualização monetária, havendo quanto a esta última, certo exagero por parte da norma por gerar enriquecimento sem causa do sujeito passivo. [...] o parágrafo único do artigo 100 aplica-se quando houver correção de ilegalidade..." (TROIANELLI, Gabriel Lacerda. Interpretação da lei tributária: lei interpretativa, observância de normas complementares e mudança de critério jurídico. *RDDT* 176/76, 2010).

– **Entendendo que o dispositivo estabelece a preponderância da legalidade ao afastar apenas a multa.** "Com relação aos atos gerais, o art. 100, parágrafo único, do CTN claramente fez sua opção: da legalidade em detrimento da proteção do contribuinte a respeito de mudanças de orientação via normas complementares. Por isso, segundo sua literalidade, tão somente a multa não poderá ser cobrada daqueles que agiram conforme o ato posteriormente alterado. Assim, o dispositivo não abarcou a mudança de interpretação no âmbito da discricionariedade, focando-se, isso sim, na legalidade como pedra fundamental da imposição tributária" (LAURENTIS, Thais De. *Mudança de critério jurídico pela administração tributária*: regime de controle e garantia do contribuinte. São Paulo: IBDT, 2022, p. 329).

⇒ **Segurança jurídica.** Este parágrafo único traz uma norma que preserva a segurança jurídica no âmbito das relações tributárias em seus conteúdos de certeza do direito e de confiança no tráfego jurídico. Seria temerário se, cumpridas as orientações do próprio credor, ainda assim pudesse o contribuinte vir a ser punido. Sobre o princípio da proteção da confiança, vide art. 146 do CTN.

– O art. 76 da Lei n. 4.502/64 já estabelecia que não seriam aplicadas penalidades: "II – enquanto prevalecer o entendimento – aos que tiverem agido ou pago o impôsto: a) de acôrdo com interpretação fiscal constante de decisão irrecorrível de última instância administrativa, proferida em processo fiscal, inclusive de consulta, seja ou não parte o interessado; b) de acôrdo com interpretação fiscal constante de decisão de primeira instância, proferida em processo fiscal, inclusive de consulta, em que o interessado fôr parte; c) de acôrdo com interpretação fiscal constante de circulares instruções, portarias, ordens de serviço e outros atos interpretativos baixados pelas autoridades fazendárias competentes".

– "É o princípio *nemo potest venire contra factum proprium*". A Administração "não pode punir ou onerar alguém por ter seguido as instruções ou orientações ainda que o fisco as venha repudiar" (NOGUEIRA, Ruy Barbosa. *Curso de direito tributário*. 14. ed. São Paulo: Saraiva, 1995, p. 66).

– "3. Somente o comportamento adequado à legislação tributária, consoante dicção da Administração tributária, exime o contribuinte de sanções tributárias pelo inadimplemento, nos termos do art. 100, I, parágrafo único, do CTN" (STJ, REsp 1.074.015, 2009).

– **LINDB: preservação das situações plenamente constituídas:** "Art. 24. A revisão, nas esferas administrativa, controladora ou judicial, quanto à validade de ato, contrato, ajuste, processo ou norma administrativa cuja produção já se houver completado levará em conta as orientações gerais da época, sendo vedado que, com base em mudança posterior de orientação geral, se declarem inválidas situações plenamente constituídas. Parágrafo único. Consideram-se orientações gerais as interpretações e especificações contidas em atos públicos de caráter geral ou em jurisprudência judicial ou administrativa majoritária, e ainda as adotadas por prática administrativa reiterada e de amplo conhecimento público. (Artigo incluído pela Lei n. 13.655/2018)".

• Vide: RIBEIRO, Ricardo Lodi. Proteção à confiança legítima e a aplicação do artigo 24 da LINDB no CARF. *RFDT* 102, 2019.

– **Exclusão das multas.** O dispositivo assegura a exclusão de multas e juros moratórios, ou seja, das consequências punitivas e compensatórias que a lei impõe nas hipóteses de inadimplemento tempestivo.

– **Entendendo que depende de a lei atribuir eficácia normativa à decisão administrativa. Súmula CARF 167:** "O art. 76, inciso II, alínea 'a' da Lei n. 4.502, de 1964, deve ser interpretado em conformidade com o art. 100, inciso II do CTN, e, inexistindo lei que atribua eficácia normativa a decisões proferidas no âmbito do processo administrativo fiscal federal, a observância destas pelo sujeito passivo não exclui a aplicação de penalidades" (2021). Obs.: refere-se à hipótese do inciso II: "II – as decisões dos órgãos singulares ou coletivos de jurisdição administrativa, a que a lei atribua eficácia normativa".

– **Pagamento reiterado de ISS, conforme interpretação dada pelo Município, em lugar do ICMS, efetivamente devido. Descabimento de multa. Juros e correção a contar da notificação.** "I – Presume-se a boa-fé do contribuinte quando este reiteradamente recolhe o ISS sobre sua atividade, baseado na interpretação dada ao Decreto-Lei n. 406/68 pelo Município, passando a se caracterizar como costume, complementar à referida legislação. II – A falta de pagamento do ICMS, pelo fato de se presumir ser contribuinte do ISS, não impõe a condenação em multa, devendo incidir os juros e a correção monetária a partir do momento em que a empresa foi notificada do tributo estadual" (STJ, REsp 215.655, 2003).

CAPÍTULO II
VIGÊNCIA DA LEGISLAÇÃO TRIBUTÁRIA

Art. 101. A vigência, no espaço e no tempo, da legislação tributária rege-se pelas disposições legais aplicáveis às normas jurídicas em geral, ressalvado o previsto neste Capítulo.

⇒ **Regras gerais aplicáveis às normas jurídicas em geral.** O Decreto-Lei n. 4.657/42 (Lei de Introdução às Normas do Direito Brasileiro) traz as normas gerais quanto à vigência e à aplicação das leis em seus arts. 1º, 2º e 6º.

Art. 102. A legislação tributária dos Estados, do Distrito Federal e dos Municípios vigora, no País, fora dos respectivos territórios, nos limites em que lhe reconheçam extraterritorialidade os convênios de que participem, ou do que disponham esta ou outras leis de normas gerais expedidas pela União.

⇒ **Extraterritorialidade.** O aspecto espacial das normas tributárias corresponde ao território da pessoa política instituidora. Apenas excepcionalmente se poderá ter situação diferente, conforme prevê o artigo em questão.

– "Recolhido o fato de ser o Brasil, juridicamente, uma Federação, e o de haver Municípios dotados de autonomia, a vigência das normas tributárias ganha especial e relevante importância. Vê-se, na disciplina do Texto Constitucional, a preocupação sempre presente de evitar que a atividade legislativa de cada uma das pessoas políticas interfira nas demais, realizando a harmonia que o constituinte concebeu. É a razão de ter-se firmado a diretriz segundo a qual a legislação produzida pelo ente político vigora no seu território e fora dele, tão somente nos estritos limites em que lhe reconheçam extraterritorialidade os convênios de que participem. Nessa linha de raciocínio, as normas jurídicas editadas por um Estado são vigentes para colher os fatos que aconteçam dentro de seus limites geográficos, o mesmo ocorrendo com os Municípios e com a própria União" (CARVALHO, Paulo de Barros. *Curso de direito tributário*. 27. ed. São Paulo: Saraiva, 2016, p. 105).

Art. 103. Salvo disposição em contrário, entram em vigor:

⇒ **Vigência.** "Vigência é a aptidão de uma norma para qualificar fatos, desencadeando seus efeitos de direito. Uma lei está em vigor quando idônea a incidir sobre situações fáticas, gerando consequências jurídicas. Releva destacar que a vigência, assim compreendida, não pode ser confundida com a eficácia, que é a aptidão de uma norma para produzir efeitos na ordem jurídica. Tais atributos normativos, que usualmente andam juntos, podem existir separadamente. Desse modo, uma norma pode ser vigente e não eficaz, como acontece com aquela que aumenta tributo sujeito à observância dos princípios da anterioridade da lei tributária, pois sua eficácia está diferida para 1º de janeiro do exercício seguinte ao qual foi publicada, observado o decurso de noventa dias (art. 150, III, *b* e *c*, CR). Outrossim, uma norma pode ser eficaz mas não mais vigente, como acontece na hipótese de aplicação, para efeito de lançamento, da lei que se encontrava em vigor à época da ocorrência do fato gerador da obrigação, ainda que posteriormente revogada (art. 144, *caput*, CTN)" (COSTA, Regina Helena. *Curso de direito tributário*. 5. ed. São Paulo: Saraiva, 2015, p. 179).

– *Vacatio legis*. **Conceito.** A *vacatio legis* é o período entre a publicação da lei a sua vigência. Em matéria tributária, deve-se atentar para o fato de que, embora a lei, em bloco, possa entrar em vigor na data da publicação, quando assim disponha expressamente, os dispositivos que impliquem instituição ou majoração de tributo necessariamente estarão sujeitos à *vacatio* específica forçada pelas garantias de anterioridade dos arts. 150, III, *b* e *c*, ou 195, § 6º, da CF.

– **A existência de vacância deve ser a regra; a vigência imediata, a exceção.** A LC n. 95/98, que trata da elaboração, redação e alteração das leis, é clara: "Art. 8º A vigência da lei será indicada de forma expressa e de modo a contemplar prazo razoável para que dela se tenha amplo conhecimento, reservada a cláusula 'entra em vigor na data de sua publicação' para as leis de pequena repercussão". O Dec. n. 4176/2002, por sua vez, ao estabelecer normas e diretrizes para a elaboração, a redação, a alteração, a consolidação e o encaminhamento ao Presidente da República de projetos de atos normativos de competência dos órgãos do Poder Executivo Federal, e dá outras providências, também deixa claro que a cláusula de vigência imediata é excepcional e que só deve ser utilizada nos projetos de ato normativo menor repercussão. Vejamos: "**Vigência e Contagem de Prazo** Art. 19. O texto do projeto indicará de forma expressa a vigência do ato normativo. § 1º A cláusula 'entra em vigor na data de sua publicação' somente será utilizada nos projetos de ato normativo de menor repercussão. § 2º Nos projetos de ato normativo de maior repercussão, será: I – estabelecido período de vacância razoável para que deles se tenha amplo conhecimento; e II – utilizada a cláusula 'esta lei entra em vigor após decorridos (o número de) dias de sua publicação oficial'".

– **Vigência x eficácia (efeitos)**. "É certo que vigência e eficácia são institutos diferentes, havendo a possibilidade de determinada lei possuir vigência, sendo que ainda não está apta a produzir efeitos, como no caso das normas constitucionais de eficácia limitada (na expressão de José Afonso da Silva). No entanto, apesar dessa constatação, a regra geral – determinada inclusive pela Lei de Introdução ao Código Civil – é delineada no sentido de prescrever como eficaz a norma vigente. Para que essa regra geral não se concretize deve haver uma prescrição em sentido contrário..." (BOMFIM, Diego Marcel. Dedutibilidade dos juros sobre capital próprio da base de cálculo da CSLL no ano de 1996: proposta interpretativa da expressão "efeitos financeiros" e análise da jurisprudência do conselho de contribuintes. *RDDT* 150/21, 2008).

– **Leis que exigem regulamentação**. "4. Distinção entre eficácia e vigência. No caso de leis que necessitam de regulamentação, sua eficácia opera-se após a entrada em vigor do respectivo decreto ou regulamento. O regulamento transforma a estática da lei em condição dinâmica. É lícito ao regulamento, sem alterar o mandamento legal, estabelecer o termo *a quo* de incidência da novel norma tributária. Uma vez prometido pela lei um termo inicial, ele não pode ser interpretado de forma a surpreender o contribuinte, nem o Fisco, posto que a isso corresponde violar a *ratio essendi* do princípio da anterioridade e da própria legalidade" (STJ, REsp 408.621, 2002).

⇒ **Produção de "efeitos financeiros"**. "... não há como afirmar pela concomitância semântica das duas expressões ('efeitos' e 'efeitos financeiros'). Se a intenção fosse prorrogar a eficácia da lei, o legislador teria utilizado as expressões já conhecidas e corriqueiramente empregadas com esse fim, quais sejam os signos 'efeitos' ou 'eficácia', nunca 'efeitos financeiros', expressão que traz como significante uma forte carga de redução, e parcela. [...] a expressão efeitos financeiros precisa, por um mínimo de racionalidade legislativa, ser entendida como de amplitude semântica diversa da expressão efeitos. ... a lei traz a expressão 'efeitos financeiros', demonstrando que a norma a ser construída a partir desse enunciado não pode corresponder à intelecção de que o dispositivo protela os

'efeitos' da norma, já que, em verdade, a norma tinha por escopo a orientação da produção das normas orçamentárias. [...] por determinação do art. 35, inciso I, a Lei n. 4.320/64, pertencem ao exercício financeiro as receitas nele arrecadadas, razão pela qual, didaticamente, constou da Lei n. 9.430/96 informação de utilidade preponderante ao legislador responsável pela redação das leis orçamentária daquele período. É como se a Lei n. 9.430/96 dissesse: estou desonerando a contribuição social sobre o lucro com fato gerador em 31 de dezembro de 1996, mas como a arrecadação desse tributo se dá apenas em março de 1997 – e as receitas pertencem ao exercício em que são arrecadadas – nada deve mudar em relação às leis orçamentárias do ano de 1996, já que os efeitos financeiros dessa modificação legislativa só serão gerador a partir de 1º de janeiro de 1997" (BOMFIM, Diego Marcel. Dedutibilidade dos juros sobre capital próprio da base de cálculo da CSLL no ano de 1996: proposta interpretativa da expressão "efeitos financeiros" e análise da jurisprudência do conselho de contribuintes. *RDDT* 150/21, 2008).

I – os atos administrativos a que se refere o inciso I do art. 100, na data da sua publicação;

II – as decisões a que se refere o inciso II do art. 100 quanto a seus efeitos normativos, 30 (trinta) dias após a data da sua publicação;

III – os convênios a que se refere o inciso IV do art. 100 na data neles prevista.

Art. 104. Entram em vigor no primeiro dia do exercício seguinte aquele em que ocorra a sua publicação os dispositivos de lei, referentes a impostos sobre o patrimônio ou a renda:

⇒ **Princípio da anterioridade**. Trata-se da garantia da anterioridade comum ou de exercício, que encontra suporte, hoje, no art. 150, III, *b*, da Constituição Federal. Com a EC n. 42/2003, contudo, foi acrescida a alínea *c* ao inciso III do art. 150 da Constituição, exigindo a observância, ainda, do interstício mínimo de 90 dias para a vigência da lei, denominado de anterioridade nonagesimal mínima. As contribuições para a Seguridade Social sujeitam-se, apenas, à anterioridade nonagesimal por força direta do art. 195, § 6º, da Constituição. Vejam-se as respectivas notas.

– **Abrangência e derrogação do art. 104 do CTN. Impostos sobre o patrimônio e a renda**. A anterioridade de exercício, prevista no art. 150, III, *b*, da CF, ao lado da anterioridade nonagesimal mínima, prevista no art. 150, III, *c*, da CF, constitui garantia do contribuinte quanto à instituição ou majoração de quaisquer tributos, salvo as exceções constitucionais expressas constantes do § 1º do próprio art. 150 e do § 4º do art. 177, bem como do art. 195, § 6º, sendo que este submete as contribuições de seguridade social à anterioridade nonagesimal. Não se limita, pois, de modo algum, aos impostos sobre o patrimônio e a renda, tampouco aos impostos.

– "Ressalte-se, para que não restem dúvidas, que o art. 104 do Código Tributário Nacional, foi elaborado à luz da Emenda Constitucional n. 18, de 1965, não era compatível com a Constituição de 1967, que restabeleceu o princípio da anualidade, nem com a Emenda n. 1, de 1969, embora nesta o princípio da anterioridade tenha sofrido séria restrição. Também não se compatibiliza com a Constituição de 1988, segundo a qual o princípio da anterioridade já não diz respeito apenas aos impostos sobre o patrimônio e a renda. Refere-se aos tributos em geral, com exceção das contribuições de seguridade social, sujeitas, neste ponto, a regime constitucional próprio, do imposto extraordinário de guerra, do empréstimo compulsório instituído em virtude de guerra externa ou calamidade pública, bem como dos impostos sobre: (a) importação de produtos estrangeiros; (b) exportação, para o exterior, de produtos nacionais ou nacionalizados; (c) produtos industrializados; (d) operações de crédito, câmbio e seguro, ou relativas a títulos ou valores mobiliários" (MACHADO, Hugo de Brito. *Temas de direito tributário*. São Paulo: RT, 1993, p. 38-39).

⇒ **Lei de conversão de Medida Provisória.** Considera-se a data da edição da medida provisória, salvo no caso de instituição ou majoração de impostos, quando a data da lei de conversão é que é determinante. Sobre a medida provisória e o termo *a quo* para o respeito à anterioridade, vide nota ao art. 150, III, *b*, da CF, inclusive com referência ao art. 62, § 2º, da CF, acrescido pela EC n. 32/2001.

I – que instituem ou majoram tais impostos;

II – que definem novas hipóteses de incidência;

⇒ **Alcança qualquer modificação gravosa na norma tributária impositiva.** A anterioridade preserva o contribuinte não apenas quanto à instituição ou majoração dos tributos e à definição de novas hipóteses de incidência (aspectos material e quantitativo), mas também quanto às modificações gravosas nos aspectos espacial, temporal e pessoal da norma tributária impositiva.

III – que extinguem ou reduzem isenções, salvo se a lei dispuser de maneira mais favorável ao contribuinte, e observado o disposto no art. 178.

⇒ **Revogação de benefício de benefício fiscal. Necessidade de observância da anterioridade.** Quanto à necessidade, ou não, de a revogação e a redução de benefício fiscal observarem a anterioridade, a análise jurisprudencial aponta para a ausência de uma posição firme do STF. Nos últimos anos, houve decisões no sentido de que poderiam ser imediatamente suprimidos ou reduzidos isenções, créditos presumidos, compensações de prejuízos e descontos para pagamento antecipado (STF, RE 344.994, RE 545.308, ADI 4.016, RE 204.062.) Em 2013, por exemplo, a 2ª Turma decidiu que "A suspensão de benefício tributário pode ser realizada a qualquer momento – sendo inaplicável o princípio da anterioridade –, e por medida provisória, ainda que verse sobre vários temas" (STF, RE 550.652 AgR, 2013). Esta posição sempre nos pareceu em desconformidade com a promoção da segurança jurídica que a anterioridade visa a garantir, pois a supressão de benefícios fiscais aumenta a carga tributária a que o contribuinte está sujeito. Entendemos que, ao contribuin-

te, deve ser reconhecido o direito ao seu conhecimento antecipado, finalidade das regras dos arts. 150, III, *b* e *c*, e 195, § 6º, da Constituição. Ademais, o art. 104, III, do CTN determina a aplicação da anterioridade à extinção ou redução de isenções, norma esta que consideramos meramente interpretativa. Mais recentemente, em 2014, no RE 564.225 AgR, o STF passou a decidir pela afirmação da garantia constitucional, entendendo que "Promovido aumento indireto do Imposto Sobre Circulação de Mercadorias e Serviços – ICMS por meio da revogação de benefício fiscal, surge o dever de observância ao princípio da anterioridade, geral e nonagesimal, constante das alíneas *b* e *c* do inciso III do artigo 150, da Carta" (STF, RE 564.225 AgR, 2014). Neste feito, o ministro relator relembrou o julgamento, no mesmo sentido, da ADIMC 2.325, ainda em 2004, quando o tribunal reconhecera, por unanimidade, a necessidade de observância da anterioridade quando da redução de benefício fiscal relativo ao aproveitamento de créditos. Na oportunidade, também relator o Min. Marco Aurélio, já fora afirmado com muita propriedade no voto condutor, acerca do dispositivo que consagra a anterioridade de exercício: "há de emprestar-se eficácia ao que nele se contém, independentemente da forma utilizada para majorar-se certo tributo. O preceito constitucional não especifica o modo de implementar-se o aumento. Vale dizer que toda modificação legislativa que, de maneira direta ou indireta, implicar carga tributária maior há de ter eficácia no ano subsequente àquele no qual veio a ser feita".

– "IMPOSTO SOBRE CIRCULAÇÃO DE MERCADORIAS E SERVIÇOS – DECRETOS N. 39.596 E N. 39.697, DE 1999, DO ESTADO DO RIO GRANDE DO SUL – REVOGAÇÃO DE BENEFÍCIO FISCAL – PRINCÍPIO DA ANTERIORIDADE – DEVER DE OBSERVÂNCIA – PRECEDENTES. Promovido aumento indireto do Imposto Sobre Circulação de Mercadorias e Serviços – ICMS por meio da revogação de benefício fiscal, surge o dever de observância ao princípio da anterioridade, geral e nonagesimal, constante das alíneas *b* e *c* do inciso III do artigo 150, da Carta. Precedente – Medida Cautelar na Ação Direta de Inconstitucionalidade n. 2.325/DF, de minha relatoria, julgada em 23 de setembro de 2004. MULTA – AGRAVO – ARTIGO 557, § 2º, DO CÓDIGO DE PROCESSO CIVIL. Surgindo do exame do agravo o caráter manifestamente infundado, impõe-se a aplicação da multa prevista no § 2º do artigo 557 do Código de Processo Civil" (STF, RE 564.225 AgR, 2014).

– "A norma se refere a aumento de impostos, e o caso é típico de aumento de imposto, porque, na verdade, suprimir ou reduzir um desconto previsto em lei implica, automática e aritmeticamente, em aumento do valor do tributo devido. Não havendo restrição à aplicação da exigência do inciso *c*, a mim me parece, com o devido respeito, que seria preciso observar a anterioridade exigida pela Constituição" (excerto de voto vencido no julgamento, pelo STF, da ADIMC 4.016-2, 2008). Obs.: Também nós entendemos que a supressão do desconto implica aumento da carga tributaria, sujeitando-se à observância da anterioridade.

– "2. A sistemática instituída pela MP 812/94, que limitou a 30% do lucro líquido ajustado os prejuízos dedutíveis apurados nos exercícios anteriores, para efeito do cálculo da Contribuição Social sobre o Lucro, agrava a situação do contribuinte, que, na forma da Lei 8541/92, podia compensá-los, sem qualquer limitação, até quatro anos-calendários subsequentes ao da apuração. Impossível sua aplicação ao resultado contábil relativo ao exercício de 1994, em face do disposto no artigo 195, § 6º, da Constituição, que consagra o princípio da anterioridade nonagesimal" (STJ, AgRgRE 237.606-3, 2002).

– "1. O Supremo Tribunal Federal assentou ser necessária a observância dos princípios da anterioridade geral e da anterioridade nonagesimal nas hipóteses de majoração indireta de ICMS" (STF, ARE 1.321.143 AgR, 2022).

– **Redução de benefícios fiscais. REINTEGRA. Tema 1.108 do STF. MÉRITO AINDA NÃO JULGADO.** Controvérsia: "Aplicabilidade do princípio da anterioridade geral (anual ou de exercício) em face das reduções de benefícios fiscais previstos no Regime Especial de Reintegração de Valores Tributários para as Empresas Exportadoras (Reintegra)".

– **Isenções.** "É questão assente que os preceitos de lei que extingam ou reduzam isenções só devam entrar em vigor no primeiro dia do exercício seguinte aquele em que forem publicados. Os dispositivos editados com esse fim equivalem, em tudo e por tudo, aos que instituem o tributo, inaugurando um tipo de incidência" (CARVALHO, Paulo de Barros. *Curso de direito tributário*. 27. ed. São Paulo: Saraiva, 2016, p. 454).

– "A revogação e a redução de isenção expressam modalidades de desempenho da competência tributária que apresentam pontos de manifesta identidade com a instituição e a majoração de tributos. É que o processo de outorga de isenção, embora em feição antagônica, materializa o desempenho da mesma atribuição pela qual a Constituição Federal faculta às pessoas de direito público interno criarem incidências fiscais... Assim, estando, o exercício positivo desta faculdade conformado pelo princípio da anterioridade, sua dimensão negativa deve, também, sujeitar-se a esta observância. Por oposição, têm eficácia imediata as normas que revogam ou reduzem isenções dos tributos excepcionados da regra da anterioridade" (BOTTALLO, Eduardo Domingos. *IPI – Princípios e estrutura*. São Paulo: Dialética, 2009, p. 93).

– "... a vedação a um direito de crédito do imposto, cuja data de vigência era determinada por lei, constitui-se e uma majoração de tributo, uma vez que o ICMS devido é resultado de contas escriturais resultantes de débitos e créditos do imposto" (SOUZA, André Ricardo Passos de; STICCA, Ralph Melles. Créditos de ICMS sobre bens destinados ao uso e consumo do estabelecimento: considerações acerca da Lei Complementar n. 122/2006. *RDTAPET* n. 13, 2007, p. 33).

– "O prazo estabelecido pelo art. 178, ao determinar a observância do inciso III do art. 104 do CTN, foi estabelecido para evitar a surpresa do contribuinte da perda de um incentivo fiscal que vinha considerado para realizar as suas operações, pois, se fosse permitido ser extinto de forma repentina, estaria sendo feita tábula rasa dos princípios da segurança jurídica e da não surpresa" (GONÇALVES, Fernando Dantas Casillo. Exportação – Crédito presumido da Lei n. 9.363/96 – Medida Provisória n. 1.807-

-2/99 e Reedições – Suspensão do incentivo entre abril a dezembro de 1999 – Inconstitucionalidades. *RET* 50, 2006).

• Vide nota ao art. 150, III, *b*, da CF.

– **Entendendo que se trata de garantia legal, e não constitucional, e, por isso, restrita aos impostos sobre o patrimônio e a renda.** "Quanto às isenções, não há requisito constitucional de observância de regra de anterioridade para sua revogação (a Constituição não contém norma expressa a respeito). Assim, a previsão é apenas em nível de lei complementar – art. 104 do CTN –, e aí, nos limites desse dispositivo, restrita às isenções relativas a impostos sobre o patrimônio e a renda. A revogação de outras isenções (por exemplo, as relativas a impostos sobre a circulação de riquezas – ICMS, IPI) não necessitará observar o princípio da anterioridade. Esta a jurisprudência a respeito no Supremo Tribunal Federal, consolidada na Súmula 615: 'O princípio constitucional da anualidade (§ 29 do art. 153 da CF) não se aplica à revogação de isenção do ICM' (a remissão é à EC n. 1/69)" (DIFINI, Luiz Felipe Silveira. *Manual de direito tributário*. São Paulo: Saraiva, 2003, p. 77). Obs.: o autor, ao se referir à jurisprudência do STF, remete aos RREE 101.431-8, 97.455 e 98.908.

– "ICM. REVOGAÇÃO DE ISENÇÃO. PRINCÍPIO DA ANUALIDADE. – O princípio da anualidade (§ 29 do art. 153 da Constituição Federal) não alcança isenção do tributo, pois esta, em nosso sistema jurídico, é caracterizada, não como hipótese de não incidência, mas, sim, como dispensa legal do pagamento do tributo devido. – O princípio da anualidade em matéria de isenção de tributo tem, em nosso Direito, caráter meramente legal, resultando do inciso III do art. 104 do CTN, o qual se restringe aos impostos sobre o patrimônio e sobre a renda, restrições que não foram alteradas pela modificação que a Lei Complementar n. 24/75 introduziu no art. 178 do CTN e que, além de dizer respeito apenas à ressalva inicial desse artigo (que nada tem a ver com o princípio constitucional da anualidade, tanto que se aplica a isenções de tributos que a própria Constituição excepciona quanto a esse princípio), piora a posição do contribuinte, motivo por que não se pode inferir que tenha ela pretendido alterar para melhor a situação deste, por haver mantido a remissão ao art. 104, III, do CTN, sem qualquer modificação às restrições expressas a que esse inciso está sujeito. – Recurso extraordinário conhecido e provido" (STF, RE 101.431-8, 1984).

⇒ **No sentido de que a suspensão de benefício não estaria sujeita à anterioridade.** "SUSPENSÃO DE BENEFÍCIO. CRÉDITO PRESUMIDO DE IPI. POSSIBILIDADE DE EFEITO IMEDIATO DA NORMA. INAPLICABILIDADE DO PRINCÍPIO DA ANTERIORIDADE... III – A suspensão de benefício tributário pode ser realizada a qualquer momento – sendo inaplicável o princípio da anterioridade –, e por medida provisória, ainda que verse sobre vários temas" (STF, RE 550.652 AgR, 2014).

– **A revogação das isenções não está sujeita à anterioridade.** "ISENÇÃO: REVOGAÇÃO. PRINCÍPIO DA ANTERIORIDADE. I – Revogada a isenção, o tributo torna-se imediatamente exigível. Em caso assim, não há que se observar o princípio da anterioridade, dado que o tributo já é existente" (STF, RE

204062-2, 1996). Veja-se o voto condutor: "... A Corte Suprema tem entendido que, revogada a isenção, o tributo torna-se imediatamente exigível. O *leading case* foi o RMS n. 13.947-SP, Relator o Ministro Pradio Kely, na *RTJ* 39/64. O acórdão partiu do pressuposto de que a isenção distingue-se da não incidência... Está no acórdão líder – RMS 13.947-SP – que, na isenção, o tributo já existe. Por isso, revogado o favor legal, força é concluir que um novo tributo não foi criado, senão que houve apenas a restauração do direito de cobrar o tributo, o que não implica a obrigatoriedade de ser observado o princípio da anterioridade. Na esteira do *leading case*, seguem-se, dentre outros, RMS 13.473-SO (*RTJ* 34/111), RMS 14.174 (*RTJ* 33/177), RE 57.567-SP (*RTJ* 35/249), RMS 15.466 (*RTJ* 39/64), RMS 14.204 (*RTJ* 32.535), RR.EE. 97.482, 99.346, 99.430 e 99.560, e Ags. 91.028 e 90.922 (v. despacho do Ministro Néri da Silveira, no Ag. 94.799, in *DJ* de 28.10.83, p. 16.857). No RE 97.482-RS, o Ministro Oscar Corrêa fez, em minucioso voto, um retrospecto da jurisprudência do Supremo Tribunal Federal a respeito do tema". Vide, também, o RE 97.482, 1982.

– **Súmula 615 do STF**: "O princípio constitucional da anualidade (§ 29 do art. 153 da CF) não se aplica à revogação de isenção do ICM".

– **Outros benefícios fiscais. No sentido de que também não se sujeitariam à anterioridade.** "IMPOSTO DE RENDA. DEDUÇÃO DE PREJUÍZOS FISCAIS. LIMITAÇÕES. ARTIGOS 42 E 58 DA LEI N. 8.981/95. CONSTITUCIONALIDADE. AUSÊNCIA DE VIOLAÇÃO DO DISPOSTO NOS ARTIGOS 150, INCISO III, ALÍNEAS *A* E *B*, E 5º, XXXVI, DA CONSTITUIÇÃO DO BRASIL. 1. O direito ao abatimento dos prejuízos fiscais acumulados em exercícios anteriores é expressivo de benefício fiscal em favor do contribuinte. Instrumento de política tributária que pode ser revista pelo Estado. Ausência de direito adquirido 2. A Lei n. 8.981/95 não incide sobre fatos geradores ocorridos antes do início de sua vigência. Prejuízos ocorridos em exercícios anteriores não afetam fato gerador nenhum. Recurso extraordinário a que se nega provimento" (STF, RE 344.994, 2009).

– "CONTRIBUIÇÃO SOCIAL SOBRE O LUCRO. BASE DE CÁLCULO: LIMITAÇÕES À DEDUÇÃO DE PREJUÍZOS FISCAIS. ARTIGO 58 DA LEI 8.981/1995: CONSTITUCIONALIDADE. ARTIGOS 5º, INC. II E XXXVI, 37, 148, 150, INC. III, ALÍNEA 'B', 153, INC. III, E 195, INC. I E § 6º, DA CONSTITUIÇÃO DA REPÚBLICA. PRECEDENTE: RECURSO EXTRAORDINÁRIO 344.944. RECURSO EXTRAORDINÁRIO NÃO PROVIDO. 1. Conforme entendimento do Supremo Tribunal Federal firmado no julgamento do Recurso Extraordinário 344.944, Relator o Ministro Eros Grau, no qual se declarou a constitucionalidade do artigo 42 da Lei 8.981/1995, 'o direito ao abatimento dos prejuízos fiscais acumulados em exercícios anteriores é expressivo de benefício fiscal em favor do contribuinte. Instrumento de política tributária que pode ser revista pelo Estado. Ausência de direito adquirido'. 2. Do mesmo modo, é constitucional o artigo 58 da Lei 8.981/1995, que limita as deduções de prejuízos fiscais na formação da base de cálculo da contribuição social sobre o lucro" (STF, RE 545.308, 2010).

– "2. Art. 3º da Lei n. 15.747, de 24 de dezembro de 2007, do Estado do Paraná, que estabelece como data inicial de vigência da lei a data de sua publicação. 3. Alteração de dispositivos da Lei n. 14.260/2003, do Estado do Paraná, a qual dispõe sobre o Imposto sobre a Propriedade de Veículos Automotores – IPVA. 4. Alegada violação ao art. 150, III, alínea *c*, da Constituição Federal. 5. A redução ou a extinção de desconto para pagamento de tributo sob determinadas condições previstas em lei, como o pagamento antecipado em parcela única, não pode ser equiparada à majoração do tributo em questão, no caso, o IPVA. Não incidência do princípio da anterioridade tributária. 6. Vencida a tese de que a redução ou supressão de desconto previsto em lei implica, automática e aritmeticamente, aumento do valor do tributo devido" (STF, ADI 4.016 MC, 2008). Veja-se no voto do relator: "... se até mesmo a revogação de isenção não tem sido equiparada pelo Tribunal à instituição ou majoração de tributo – ou seja, não se considera válida a assertiva segundo a qual a revogação da isenção equivale à edição de norma de incidência tributária –, parece certo, seguindo essa lógica, que a redução ou a extinção de um desconto para pagamento do tributo sob determinadas condições previstas em lei, como o pagamento antecipado em parcela única (a vista), não pode ser equiparada à majoração do tributo em questão, no caso, o IPVA".

CAPÍTULO III
APLICAÇÃO DA LEGISLAÇÃO TRIBUTÁRIA

Art. 105. A legislação tributária aplica-se imediatamente aos fatos geradores futuros e aos pendentes, assim entendidos aqueles cuja ocorrência tenha tido início mas não esteja completa nos termos do art. 116.

⇒ **Irretroatividade, ainda que ato normativo a estabeleça.** "REDUÇÃO DA ALÍQUOTA DO IMPOSTO DE IMPORTAÇÃO DE 30% PARA 3% – IRRETROATIVIDADE DA LEI TRIBUTÁRIA – ART. 1º DO DECRETO N. 99.044/90 – PREVALÊNCIA DO ARTIGO 105 DO CTN... 1. O art. 3º do Sexto Protocolo Adicional do Acordo Comercial n. 15, incorporado ao ordenamento jurídico interno por meio do Decreto n. 99.044, de 7.3.1990, prevê a redução do percentual do imposto de importação sobre produtos químicos farmacêuticos de 30% para 3% a partir de 1º de janeiro de 1988. 2. Muito embora o Decreto n. 99.044/90 reze em seu art. 1º que o Sexto Protocolo Adicional ao Acordo Comercial n. 15 'será executado e cumprido tão inteiramente como nele se contém, inclusive quanto à sua vigência', referido dispositivo conflita com o ditame insculpido no Código Tributário Nacional, que por se tratar de lei complementar, deve prevalecer sobre aquele" (STJ, REsp 640.584, 2008).

– "A legislação tributária aplica-se, imediatamente, somente aos fatos geradores futuros e aos pendentes, nos moldes do art. 105 do CTN, de maneira que, a retroação de seus efeitos se opera apenas nas situações aduzidas no art. 106 do mesmo texto legal" (STJ, EDcl no REsp 662.594, 2005).

⇒ **Aplicação aos fatos geradores futuros. Não se presume a retroatividade.** A legislação tributária é prospectiva, jamais se presumindo qualquer irretroatividade.

– Alteração do prazo de recolhimento de tributo. "... ARTS. 105 E 144 DO CTN... A lei nova em matéria tributária que determine a antecipação da data de vencimento de imposto não pode abranger aquele anteriormente devido e com vencimento já fixado, porque trata-se de direito adquirido incorporado ao patrimônio do contribuinte o de pagar o imposto segundo os preceitos da lei vigente ao tempo em que o fato idôneo capaz de produzi-lo (fato gerador) ocorreu" (TJSP, 16ª C., Ap. 186.198-2/8, Des. Clímaco de Godoy, ago. 1992). Tira-se do acórdão: "É certo que a matéria relativa a prazos não está sujeita ao princípio da reserva legal (art. 97 do CTN; arts. 146, III, e 155, § 2º, VII, da CF), sendo expresso o art. 160 do CTN ao admitir a fixação do prazo pela legislação tributária, nesta se incluindo a toda evidência, o decreto. No caso, porém, o Dec. estadual n. 33.188, de 19.04.1991, pretendeu alterar o prazo de recolhimento do ICMS relativamente a fatos pretéritos, contrariando o disposto no art. 105 do CTN, estabelecendo que 'a legislação tributária aplica-se imediatamente aos fatos geradores futuros e aos pendentes...'. Contrariou, igualmente, o art. 144 do referido Código, dispondo que o lançamento reporta-se à data da ocorrência do fato gerador da obrigação e rege-se pela lei então vigente, ainda que posteriormente modificada ou revogada". Além disso, é afirmado que o contribuinte incorpora ao seu patrimônio o direito ao recolhimento na data fixada pela legislação em vigor quando da ocorrência ao fato gerador.

– "É indiscutível que a Fazenda pode alterar prazo de vencimento, de correção ou da sistemática de recolhimento, por meio de decreto. Simples questão regulamentar e que independe de maior formalidade. Porém, e isto é óbvio, as modificações introduzidas só prevaleceram para fatos geradores que ainda vierem a ocorrer, vedada a aplicação de novo estatuto para situações pretéritas" (*SJTJSP* 132/129).

– Guarda de documentação por dez anos. Irretroatividade. Vide nota ao art. 195, parágrafo único, do CTN.

⇒ **Aplicação aos fatos geradores pendentes.** Paulo de Barros Carvalho, criticando a expressão *fato gerador pendente*, assevera que se "... *fato gerador* é aquele que reúne as condições necessárias e suficientes para determinar os efeitos que lhe são próprios (quer se trate de *situação de fato*, ou de *situação jurídica*), minguando qualquer elemento de sua composição intrínseca, não merecerá o nome de *fato gerador*, pois nenhum efeito virá à tona, em termos de nascimento da *obrigação tributária*. *Fato gerador pendente* é aquele que não aconteceu e, se por alguma razão deixou de completar-se, não pode ser chamado de *fato gerador*" (CARVALHO, Paulo de Barros. *Curso de direito tributário*. 27. ed. São Paulo: Saraiva, 2016, p. 108).

– "... não há fato gerador pendente algum no Direito brasileiro. Só há fato gerador que ocorre ou que não ocorre. O fato gerador pendente não passa de um fato gerador dependente de situação jurídica ou que depende de uma condição jurídica; enquanto ela não ocorrer, não ocorre o fato gerador. Eu faço a doação, registro no Cartório de Títulos e Documentos, mas ela fica a depender do implemento de uma condição. Se o donatário jamais implementar a condição, jamais haverá o fato gerador. Não se pode considerar o imposto de renda como fato gerador pendente; isso

não existe" (COELHO, Sacha Calmon Navarro. Periodicidade do Imposto de Renda II, mesa de debates. *RDT* 63/51, São Paulo: Malheiros).

– "A Taxa de Registro de Produto – art. 20, II, da Lei n. 9.961/2000 – tem como fato gerador o momento da protocolização do registro, conforme disposto no § 3º daquele mesmo diploma. Não há fato gerador pendente. 4. Incidência da Taxa de Registro de Produto somente sobre os registros protocolizados a partir de 1º de janeiro de 2000" (STJ, REsp 1.162.283, 2011).

– Não se confunde com o fato gerador de período. A questão do fato gerador pendente não se identifica com a problemática dos fatos geradores de período (ou complexivos) e de como se comportam frente ao princípio da irretroatividade. De fato, o próprio art. 105 do CTN diz o que entende por fato gerador pendente, remetendo ao art. 116, que, por sua vez, é complementado pelo art. 117 do CTN, que esclarece quando se reputam perfeitos e acabados os atos ou negócios jurídicos sujeitos à condição. Sobre a classificação dos tributos em instantâneos, complexivos e continuados, conforme seu fato gerador seja um fato isolado, um conjunto de fatos considerados como um todo, ou uma situação continuada no tempo, vide nota ao art. 114 do CTN.

– "... fato gerador 'pendente' é apenas fato sujeito a condição suspensiva que ainda não se deu; é fato futuro. O art. 105 do Código Tributário Nacional, conjugado aos arts. 116 e 117, não se aplica aos tributos de período" (Misabel Abreu Machado Derzi, em nota de atualização na obra de Aliomar Baleeiro, *Limitações constitucionais ao poder de tributar*, 7. ed., Rio de Janeiro: Forense, 1997, p. 193).

– Pela não recepção do art. 105 do CTN. "A rigor, a norma do art. 105, que admite a aplicação da lei ao fato gerador pendente, não foi recepcionada pela Constituição Federal de 1988, porque configura evidente hipótese de retroatividade no que diz respeito aos elementos de fato já consumados" (MACHADO, Hugo de Brito. *Curso de direito tributário*. 36. ed. São Paulo: Malheiros, 2015, p. 100).

– Entendêssemos que o art. 105 estivesse se referindo aos fatos geradores complexivos, seria, efetivamente, inconstitucional, pois a aplicação da lei nova a todo o período já decorrido em parte é incompatível com o art. 150, III, *a*, da CRFB de 1988. Vide nota ao art. 150, III, *a*, da CF.

Art. 106. A lei aplica-se a ato ou fato pretérito:

⇒ **Excepcional aplicação retroativa da legislação tributária.** O art. 106 do CTN determina a aplicação retroativa da legislação tributária quando seja meramente interpretativa (em nada inova) ou quando estabeleça tratamento mais benéfico ao infrator.

– Decorrência direta do art. 106 do CTN. O art. 106 do CTN é categórico ao determinar a aplicação ao ato ou fato pretérito das leis que refere em seus incisos. Assim, prescinde de que a lei que se diga interpretativa revogue ou dê tratamento mais benéfico às penalidades preveja, ela própria, a sua aplicação retroativa. A aplicação retroativa será feita por força direta do art. 106 do CTN.

– **Inconstitucionalidade da lei ordinária que pretende impedir a aplicação retroativa.** "... MULTA. TRIBUTO. DISCIPLINA. Cumpre à legislação complementar dispor sobre os parâmetros da aplicação da multa, tal como ocorre no artigo 106 do Código Tributário Nacional. MULTA. CONTRIBUIÇÃO SOCIAL. RESTRIÇÃO TEMPORAL. ARTIGO 35 DA LEI N. 8.212/91. Conflita com a Carta da República – artigo 146, III – a expressão 'para os fatos geradores ocorridos a partir de 1º de abril de 1997, constante do artigo 35 da Lei n. 8.212/91, com a redação decorrente da Lei n. 9.528/97, ante o envolvimento de matéria cuja disciplina é reservada à lei complementar" (STF, RE 407.190-8, 2004). Obs.: o Tribunal declarou a inconstitucionalidade do trecho destacado. Veja-se excerto do voto condutor do Min. Marco Aurélio: "... O legislador ordinário, ao proceder, como fez, à disciplina da matéria, limitando no tempo o benefício que estampou a redução da multa, adentrou, sem dúvida alguma, o trato de norma geral tributária, conflitando a regência – por lei ordinária – com o teor do artigo 146, III, *b*, da Constituição Federal. Em última análise, a lei ordinária acabou limitando a regra da lei complementar que, sob o ângulo retroativo, surge abrangente. Daí a inconstitucionalidade declarada pela Corte de origem. Por tais razões, conheço e desprovejo o recurso interposto".

– **Confissão de dívida não impede a aplicação da lei posterior mais benéfica.** A confissão do débito não impede a aplicação da legislação posterior mais benéfica que alcançará, nos parcelamentos, as parcelas pendentes de pagamento quando do seu advento.

– "1 – A confissão de dívida, que apenas consolida crédito anterior, e o parcelamento não implicam novação, porque, não obstante repercutam na relação jurídica creditícia, modificando o direito de recebimento do credor no prazo originalmente estabelecido, tornando inexigível, pelo menos em parte, o crédito antes do novo prazo, não importa na substituição de dívida, com alteração do objeto da prestação, mas tão somente na modificação das condições de pagamento. A dilação do prazo para pagamento do débito não faz configurar novação hábil a extinguir a garantia anteriormente constituída, sobretudo se mantidos os mesmos encargos da dívida original, visto que não está arrolado entre as causas de extinção do crédito tributário (art. 156 do CTN). 2 – Em havendo norma legal posterior à ocorrência do fato gerador mais benéfica ao contribuinte, ela deve ser aplicada ao caso concreto, desde que, em relação ao crédito, não haja julgamento definitivo, quer na via administrativa, quer na judicial (como na hipótese dos autos), nos termos do art. 106, II, *c*, do CTN. Conquanto o percentual da multa fiscal seja estabelecido de acordo com a lei vigente ao tempo do fato gerador, a pena menos severa da lei posterior substitui a mais grave da lei anterior, devendo prevalecer para efeito de pagamento" (TRF4, AC 2002.04.01.054526-5, 2006).

⇒ **Rol exaustivo.** A regra geral é o caráter prospectivo da legislação, sendo que, em matéria tributária, ainda temos as garantias de anterioridade a serem observadas. As hipóteses de aplicação retroativa são exaustivas e não exemplificativas.

– **Regime de tributação mais benéfico não pode ser aplicado retroativamente.** "2. A aplicação retroativa do novo regime de tributação contraria não somente o princípio geral de vigência

das normas jurídicas, mas também as disposições dos arts. 105 e 106 do CTN. 3. Aplica-se a legislação tributária, imediatamente, aos fatos geradores futuros e aos pendentes, observando-se o princípio constitucional da anterioridade, quando a lei instituir ou majorar tributo. 4. A retroatividade da norma tributária constitui exceção, justamente porque atinge fatos cujos efeitos já estão consolidados. O art. 106 do CTN trata de hipóteses em que a lei tributária pode ser aplicada a ato ou fato pretérito, sem ferir o direito adquirido, o ato jurídico perfeito e a coisa julgada. O caso presente, todavia, não se amolda às situações reguladas nos incisos do art. 106 do CTN. 5. O art. 12-A da Lei n. 7.713/1988 não é interpretativo, exatamente porque cria novo regime de tributação, em contraste com a regra geral que determina a incidência do imposto de renda no momento em que é recebido o rendimento. 6. Não cabe invocar o disposto no art. 144, § 1º, do CTN, para justificar a aplicação pretérita do art. 12-A da Lei n. 7.713/1988, porque não se trata de novo critério de apuração, mas de regime especial de tributação, exclusivo na fonte. 7. O fator de diferenciação adotado pela Lei – a data de recebimento das verbas – não implica tratamento desigual aos contribuintes, visto que adota critério objetivo, aplicável a todos que se encontrem na mesma situação. Não se pode olvidar que o objetivo da Lei é o de estancar a litigiosidade em torno dessa questão, de forma que se mostra razoável o fator temporal escolhido pelo legislador para a aplicação do novo regime de tributação do imposto de renda sobre rendimentos recebidos acumuladamente. 8. Os embargos infringentes devem ser providos, para afastar a aplicação do disposto no art. 12-A da Lei n. 7.713/1988" (TRF4, EINF 5019718-91.2011.404.7200, 2013).

I – em qualquer caso, quando seja expressamente interpretativa, excluída a aplicação de penalidade à infração dos dispositivos interpretados;

⇒ **Em qualquer caso.** "Apesar da cláusula 'em qualquer caso', cremos que o texto se refere à lei realmente interpretativa, isto é, que revela o exato alcance da lei anterior, sem lhe introduzir gravame novo, nem submeter à penalidade por ato que repousou no entendimento anterior" (BALEEIRO, Aliomar. *Direito tributário brasileiro.* 11 ed. Rio de Janeiro: Forense, 1999, p. 670, atualizado por Misabel Abreu Machado Derzi).

⇒ **História. A interpretação autêntica como critério obrigatório.** VANONI esclarece que a interpretação autêntica – a que provém dos mesmos órgãos que formularam a norma jurídica, distinguindo-se da interpretação judicial e da doutrinária – como fonte do conteúdo da lei foi muito frequente nos períodos de absolutismo político e que "De esta forma se explica la afirmación del *réferé legislatif*, como se le denomina en Francia, donde nació y desde donde se difundió, en virtud del cual el juez estaba obligado, cada vez que no podia decidir una controversia según los términos claros de la ley, a someter la cuestión jurídica al Soberano, con el fin de que este declarase el contenido de la norma dudosa. Con el advenimiento de la Revolución, el *réferé legislatif* no desapareció, encontrando su justificación en una rígida concepción de la división de poderes y en una muy restringida concepción de los límites de la actividad del juez en relación a la aplicación de las leyes. ... se pensaba que al transcender los límites de la ley escrita un juez creaba derecho, invadiendo con ello la esfera del poder legislativo. Según la reforma judicial introducida por la Revolución, el juez debía remitir al legislador los términos de la controversia suscitada y solamente éste podía, por medio de una nueva declaración de la voluntad, suplir el silencio o la oscuridad de la ley. Pero después de la codificación napoleónica, la concepción de la necesidad de la intervención obligatoria del legislador para declarar el contenido de la ley en los casos dudosos se consideró definitivamente superada. En efecto, el los Códigos napoleónicos se formuló la obligación del juez y encontrar una norma aplicable a cada supuesto concreto justificándose tal obligación en base a la conceptual plenitud del ordenamiento positivo" (VANONI, E. *Natura ed Interpretazione delle leggi tributarie*. 1932. A transcrição é da edição espanhola de 1961 publicada pelos Instituto de Estúdios Fiscales, Madrid, p. 353-354).

⇒ **Lei interpretativa**. A situação das leis interpretativas é a seguinte: a) constituem leis novas e, portanto, como tal devem ser consideradas; b) se meramente esclarecerem o sentido de outra anterior, não estarão inovando na ordem jurídica, de maneira que nenhuma influência maior terão, senão de esclarecimento para os agentes públicos e contribuintes, se no seu texto constar aplicação retroativa à data da lei interpretada; c) esta retroatividade será meramente aparente, vigente que estava a lei interpretada; d) somente subsistirá o preceito supostamente retroativo se a interpretação que der à lei anterior coincidir com a interpretação que lhe der o Judiciário; e) do contrário, havendo qualquer agravação na situação do contribuinte, será considerada ofensiva ao princípio da irretroatividade das leis, merecendo atenção, ainda, o princípio da anterioridade comum ou especial no que diz respeito à criação e majoração de tributos.

– "... não há propriamente interpretação autêntica; se o Poder Legislativo declara o sentido e alcance de um texto, o seu ato, embora reprodutivo e explicativo de outro anterior, é uma verdadeira norma jurídica, e só por isso tem força obrigatória..." (Carlos Maximiliano, em sua obra *Hermenêutica e aplicação do direito*, publicada pela primeira vez em 1924, 11. ed., Rio de Janeiro: Forense, 1990, p. 91-92).

– "... É plausível, em face do ordenamento constitucional brasileiro, o reconhecimento da admissibilidade das leis interpretativas, que configuram instrumento juridicamente idôneo de veiculação da denominada interpretação autêntica. As leis interpretativas – desde que reconhecida a sua existência em nosso sistema de direito positivo – não traduzem usurpação das atribuições institucionais do Judiciário e, em consequência, não ofendem o postulado fundamental da divisão funcional do poder. Mesmo as leis interpretativas expõem-se ao exame e à interpretação dos juízes e tribunais. Não se revelam, assim, espécies normativas imunes ao controle jurisdicional..." (STF, ADIn 605-3, 1991).

– "... lei meramente interpretativa, cuja retroação é permitida, consoante apregoa doutrina abalizada: 'Denominam-se leis interpretativas as que têm por objeto determinar, em caso de dúvida, o sentido das leis existentes, sem introduzir disposições no-

vas. A questão da caracterização da lei interpretativa tem sido objeto de não pequenas divergências, na doutrina. Há a corrente que exige uma declaração expressa do próprio legislador (ou do órgão de que emana a norma interpretativa), afirmando ter a lei (ou a norma jurídica, que não se apresente como lei) caráter interpretativo. Tal é o entendimento da AFFOLTER (*Das intertemporale Recht*, vol. 22, *System des deutschen bürgerlichen Uebergangsrechts*, 1903, p. 185), julgando necessária uma *Auslegungsklausel*, ao qual GABBA, que cita, nesse sentido, decisão de tribunal de Parma, [...] Compreensão também de VESCOVI (Intorno alla misura dello stipendio dovuto alle maestre insegnanti nelle scuole elementari maschili, in Giurisprudenza italiana, 1904, I, I, cols. 1191, 1204) e a que adere DUGUIT, para quem nunca se deve presumir ter a lei caráter interpretativo – 'os tribunais não podem reconhecer esse caráter a uma disposição legal, senão nos casos em que o legislador lho atribua expressamente' (*Traité de droit constitutionnel*, 3. ed., vol. 2º, 1928, p. 280). Com o mesmo ponto de vista, o jurista pátrio PAULO DE LACERDA concede, entretanto, que seria exagero exigir que a declaração seja inseri da no corpo da própria lei não vendo motivo para desprezá-la se lançada no preâmbulo, ou feita noutra lei. Encarada a questão, do ponto de vista da lei interpretativa por determinação legal, outra indagação, que se apresenta, é saber se, manifestada a explícita declaração do legislador, dando caráter interpretativo, à lei, esta se deve reputar, por isso, interpretativa, sem possibilidade de análise, por ver se reúne requisitos intrínsecos, autorizando uma tal consideração. [...] SAVIGNY coloca a questão nos seus precisos termos, ensinando: 'trata-se unicamente de saber se o legislador fez, ou quis fazer uma lei interpretativa, e, não, se na opinião do juiz essa interpretação está conforme com a verdade' (*System des heutigen romischen Rechts*, vol. 8º, 1849, p. 513). Mas, não é possível dar coerência a coisas, que são de si incoerentes, não se consegue conciliar o que é inconciliável. E, desde que a chamada interpretação autêntica é realmente incompatível com o conceito, com os requisitos da verdadeira interpretação (v., supra, a nota 55 ao n. 67), não admira que se procurem torcer as consequências inevitáveis, fatais de tese forçada, evitando-se-lhes os perigos. Compreende-se, pois, que muitos autores não aceitem o rigor dos efeitos da imprópria interpretação. Há quem, como GABBA (*Teoria delta retroatività delle leggi*, 3. ed., vol. 1º, 1891, p. 29), que invoca MAILHER DE CHASSAT (*Traité de la rétroactivité des lois*, vol. 1º, 1845, p. 131 e 154), sendo seguido por LANDUCCI (*Trattato storico-teorico-pratico di diritto civile francese ed italiano, versione ampliata del Corso di diritto civile francese, secondo il metodo dello Zachariæ, di Aubry e Rau*, vol. 1º e único, 1900, p. 675) e DEGNI (*L'interpretazione della legge*, 2. ed., 1909, p. 101), entenda que é de distinguir quando uma lei é declarada interpretativa, mas encerra, ao lado de artigos que apenas esclarecem, outros introduzido novidade, ou modificando dispositivos da lei interpretada. PAULO DE LACERDA (loc. cit.) reconhece ao juiz competência para verificar se a lei é, na verdade, interpretativa, mas somente quando ela própria afirme que o é. LANDUCCI (nota 7 à p. 674 do vol. cit.) é de prudência manifesta: 'Se o legislador declarou interpretativa uma lei, deve-se, certo, negar tal caráter somente em casos extremos, quando seja absurdo ligá-la com a lei interpretada, quando nem mesmo se possa considerar a mais errada interpretação imaginável. A lei interpretativa, pois, permanece tal, ainda que errônea, mas, se de modo insuperável, que suplante a mais aguda conciliação, contrastar com a lei interpretada, desmente a própria declaração legislativa'. Ademais, a doutrina do tema é pacífica no sentido de que: 'Pouco importa que o legislador, para cobrir o atentado ao direito, que comete, dê à sua lei o caráter interpretativo. É um ato de hipocrisia, que não pode cobrir uma violação flagrante do direito' (*Traité de droit constitutionnel*, 3ª ed., vol. 2º, 1928, p. 274-275)'. (Eduardo Espínola e Eduardo Espínola Filho, in *A Lei de Introdução ao Código Civil Brasileiro*, vol. I, 3. ed., p. 294 a 296)" (STJ, AgRg no REsp 776.599, 2008).

– "Lei interpretativa retroativa será legítima quando se limitar a simplesmente reproduzir – produzir de novo, ainda que com outras palavras, o conteúdo normativo interpretado, sem modificar ou limitar o seu sentido ou o seu alcance. Isso, bem se percebe, é hipótese de difícil concreção, quase inconcebível, a não ser no plano teórico" (SILVA, Saulo Medeiros da Costa. Aplicação retroativa da norma tributária interpretativa... *RET* 65/93, 2009).

– "... assumir a possibilidade de que uma dada lei seja meramente interpretativa pressupõe conceber que a entrada desse veículo normativo no sistema jurídico não altera as relações jurídicas advindas da lei interpretada, não modifica o *status* das relações jurídicas em andamento, dado que se assim não fosse a lei teria natureza modificativa (e não interpretativa), alterando a realidade e só podendo ser aplicada a fatos futuros" (BOMFIM, Diego Marcel. Cide-Tecnologia: análise das alterações promovidas pela Lei n. 11.452/2007. *RDDT* 155/26, 2008).

– "... a interpretação é função da doutrina e com o caráter decisório-definitivo dos tribunais (CF, art. 5º, XXXV). O órgão legislativo, por meio da lei escrita, dispõe de modo geral e para o futuro. A Constituição não lhe dá competência, antes lhe veda, de modo expresso, dispor retroativamente contra as situações definitivas do direito adquirido, do ato jurídico perfeito ou da coisa julgada.[...] Na atualidade do Estado de Direito e dos regimes democráticos a lei interpretativa reveste-se de caráter excepcional porque a função interpretativa conclusiva é reservada ao Poder Judiciário. [...] o item I do art. 106 somente pode ser entendido dentro do poder de autolimitação que tem o Estado, porque a interpretação autêntica, no campo tributário, somente pode esclarecer dúvidas sem qualquer agravo. [...] poderá como medida de política tributária e dentro da autolimitação dispor sobre aspectos de equidade, remissão, anistia, enfim de suavizações, jamais de agravações retroativas em relação às obrigações tributárias principais" (NOGUEIRA, Ruy Barbosa. *Curso de direito tributário*. 14. ed. São Paulo: Saraiva, 1995, p. 84-85).

– "... tem-se propugnado a irretroatividade das leis não só no caso de simples manifestação expressa pelo legislador de que é retroativa, como se tem procurado justificar essas exceções, aceitas por alguns, mesmo independente da sua manifestação, quando a lei nova for mais favorável, ou enfeixar em seu contexto regra de ordem pública, ou tenha caráter interpretativo. Tal orientação, no entanto, se torna difícil de ser acolhida nos países em que a regra da irretroatividade está inserta no texto constitucional, de hierarquia superior ao da lei ordinária, principalmente se a Constituição é rígida, e cabe a órgão especializado ou ao Judiciário declarar a inconstitucionalidade das leis que se opõem ao seu preceito. Então, fica coartada a vontade do legislador ordinário, mesmo nas leis de ordem pública, ou de caráter interpretativo. Isso porque princípio de ordem pública superior, por ser constitucional, é o da irretroatividade das leis, e, de outro lado, porque ao Judiciário nesse regime é a quem cabe dar interpretação última aos textos legais, sendo intolerável leis interpretativas com o alcance pretendido" (MELLO, Oswaldo Aranha Bandeira de. *Princípios gerais de direito administrativo*. 2. ed. 1979, v. I, p. 269).

– **Expressamente interpretativa.** "'Expressamente interpretativa', todavia, não quer dizer que o novo diploma empregue essas palavras sacramentais, apresentando-se como tal na ementa ou no contexto. Basta que, reportando-se aos dispositivos interpretados, lhes defina o sentido e aclare as dúvidas" (BALEEIRO, Aliomar. *Direito tributário brasileiro*. 11. ed. Rio de Janeiro: Forense, 1999, p. 670, atualizado por Misabel Abreu Machado Derzi).

– **Lei interpretativa que contraria jurisprudência.** "... não se tem admitido a retroatividade da lei interpretativa quando contrariar a interpretação jurisprudencial sobre a matéria e agravar a situação do contribuinte. Nesses casos, mesmo a lei interpretativa só poderá dispor para o futuro, sendo que se adotar interpretação que implique a criação ou majoração de tributo, deverá ainda obedecer ao princípio da anterioridade (salvo nas exceções constitucionais a esse princípio)" (DIFINI, Luiz Felipe Silveira. *Manual de direito tributário*. São Paulo: Saraiva, 2003, p. 155).

– **Lei que dispensou a apresentação de Ato Declaratório do IBAMA para exclusão de área de preservação permanente da base de cálculo. Cunho interpretativo.** "ITR. ÁREA DE PRESERVAÇÃO PERMANENTE. EXCLUSÃO. DESNECESSIDADE DE ATO DECLARATÓRIO DO IBAMA. MP. 2.166-67/01. APLICAÇÃO DO ART. 106, DO CTN. RETRO-OPERÂNCIA DA *LEX MITIOR*. 1. Recorrente autuada pelo fato objetivo de ter excluído da base de cálculo do ITR área de preservação permanente, sem prévio ato declaratório do IBAMA, consoante autorização da norma interpretativa de eficácia *ex tunc* consistente na Lei 9.393/96. 2. A MP 2.166-67, de 24 de agosto de 2001, ao inserir § 7º ao art. 10, da Lei 9.393/96, dispensando a apresentação, pelo contribuinte, de ato declaratório do IBAMA, com a finalidade de excluir da base de cálculo do ITR as áreas de preservação permanente e de reserva legal, é de cunho interpretativo, podendo, de acordo com o permissivo do art. 106, I, do CTN, aplicar-se a fatos pretéritos, pelo que indevido o lançamento complementar, ressalvada a possibilidade da Administração demonstrar a falta de veracidade da declaração contribuinte. 3. Consectariamente, forçoso concluir que a MP 2.166-67, de 24 de agosto de 2001, que dispôs sobre a exclusão do ITR incidente sobre as áreas de preservação permanente e de reserva legal, consoante § 7º, do art. 10, da Lei 9.393/96, veicula regra mais benéfica ao contribuinte, devendo retroagir, a teor disposto nos incisos do art. 106, do CTN, porquanto referido diploma autoriza a retro-operância da *lex mitior*. 4. Recurso especial improvido" (STJ, REsp 587.429, 2004).

– **Lei supostamente interpretativa que reduziu o prazo para repetição de indébito.** Vide as discussões sobre a LC n. 118/2005 em nota ao art. 168, I, do CTN.

⇒ **Exclui a multa (penalidade), mas não a correção e os juros.** "... embora no Direito Tributário a maior parte das penalidades aplicadas seja de índole pecuniária, há outros tipos de sanção não pecuniários que podem ser impostos ao contribuinte infrator, como a exclusão de programas de parcelamento, a retirada de benefícios fiscais, ou a vedação de contratar com o Poder Público. Considerando-se que o inciso I do artigo 106 do Código Tributário Nacional determina simplesmente a exclusão de penalidade, sem fazer qualquer ressalva, é de se concluir que a regra também se aplica a penalidades não pecuniárias. Isso porque se tivermos em mente que o objetivo da regra é o de não punir o contribuinte que tenha interpretado uma norma deficiente de forma diversa daquela posteriormente adotada pela lei interpretativa, não faz sentido distinguir a penalidade pecuniária da não pecuniária. Assim como não se pode exigir multa do contribuinte que agiu de acordo com sua interpretação de uma norma em relação à qual o próprio legislador reconhece a obscuridade, também não se pode, por exemplo, exclui-lo de um parcelamento pelo mesmo motivo. [...] o único acréscimo ao valor do tributo que pode ser qualificado como 'penalidade' é a multa, cuja função é justamente a de punir o descumprimento da obrigação tributária, principal ou acessória. Os juros moratórios, por ter a finalidade de compensar o Estado pela não disponibilidade do dinheiro, são dotados de natureza compensatória, e não punitiva. A correção monetária, por sua vez, como se destina a manter o valor da moeda, também não pode ser, evidentemente, considerada uma punição; ela é absolutamente neutra, aplicando-se tanto ao tributo pago em atraso pelo contribuinte quanto à restituição do indébito por parte do Estado" (TROIANELLI, Gabriel Lacerda. Compensação em desacordo com o artigo 3º da LC n. 118/2005 efetuada antes da vigência da norma: inaplicabilidade de penalidades. *RDDT* 177/18, 2010).

II – tratando-se de ato não definitivamente julgado:

⇒ **Julgamento administrativo ou judicial.** – "A disposição não o diz, mas, pela própria natureza dela, há-se entender-se como compreensiva do julgamento tanto administrativo quanto judicial" (BALEEIRO, Aliomar. *Direito tributário brasileiro.* 10. ed. Rio de Janeiro: Forense, 1991, p. 428).

⇒ **Ato não definitivamente julgado como ato não cumprido.** Os tribunais têm admitido a invocação deste dispositivo inclusive em sede de Embargos à Execução Fiscal. Enquanto não efetuado o pagamento da penalidade, pode o contribuinte se beneficiar com a superveniência de lei mais branda.

– "... leia-se ato não definitivamente solucionado, porque não se trata de ato sobre o qual esteja pendendo uma decisão, administrativa ou judicial, mas de cumprimento ou solução, incluído o pagamento, tenha havido, ou não, lançamento ou autuação fiscal a respeito da matéria, tudo por força do mesmo princípio que inspirou o Código Penal a estabelecer, em seu art. 2º, parágrafo único, com a redação dada pela Lei n. 7.209-84, que 'a lei posterior, que de qualquer modo favorecer o agente, aplica-se aos fatos anteriores, ainda que decididos por sentença condenatória transitada em julgado'" (VOLKWEISS, Roque Joaquim. *Direito tributário nacional.* Porto Alegre: Livraria do Advogado, 1997, p. 89).

– "Tratando-se de execução não definitivamente julgada, pode a Lei n. 9.399/96 ser aplicada, sendo irrelevante se já houve ou não a apresentação dos embargos do devedor ou se estes já foram ou não julgados. Embargos recebidos" (STJ, EdivREsp 184.642, 1999).

– **Julgamento nos âmbitos administrativo e judicial.** – "Se a decisão administrativa ainda pode ser submetida ao crivo do Judiciário, e para este houve recurso do contribuinte, não há de se ter o ato administrativo ainda como definitivamente julgado, sendo esta a interpretação que há de dar-se ao art. 106, II, *c*, do CTN" (STF, REx 95.900, 1984).

– "MULTA. REDUÇÃO. RETROATIVIDADE DA LEI MAIS BENÉFICA. INAPLICABILIDADE. EXISTÊNCIA DE ATO ADMINISTRATIVO DEFINITIVAMENTE JULGADO. ARTIGO 106, II, C. [...] 2. Aplicam-se os efeitos retroativos de lei mais benéfica, quando ainda não definitivamente julgado o ato. 3. 'A expressão 'ato não definitivamente julgado' constante do artigo 106, II, letra *c*, do Código Tributário Nacional alcança o âmbito administrativo e também o judicial; constitui, portanto, ato não definitivamente julgado o lançamento fiscal impugnado por meio de embargos do devedor em execução fiscal' [...]" (STJ, REsp 437.632, 2005).

– **Execução fiscal. Até a arrematação, adjudicação ou remição. Não importa se houve Embargos.** "3. Aplica-se retroativamente a redução da multa moratória estabelecida pelo artigo 35 da Lei n. 8.212/91, na redação conferida pela Lei n. 9.528/97, por ser mais benéfica ao contribuinte (art. 106, II, *c*, do CTN), aos débitos objeto de execução fiscal não definitivamente encerrada, entendendo-se como tal aquela em que não foram ultimados os atos executivos destinados à satisfação da prestação" (STJ, REsp 698.960, 2006).

– "EXECUÇÃO FISCAL. ART. 106 DO CTN. RETROATIVIDADE DA LEI MAIS BENIGNA. ATO NÃO DEFINITIVAMENTE JULGADO. O Código Tributário Nacional, em seu artigo 106, estabelece que a lei nova mais benéfica ao contribuinte aplica-se ao fato pretérito, razão por que correta a redução da multa nos casos como os da espécie, em que a execução fiscal não foi definitivamente julgada. O referido artigo não especifica a esfera de incidência da retroatividade da lei mais benigna, o que enseja a aplicação do mesmo, tanto no âmbito administrativo como no judicial" (STJ, REsp 295.762, 2004).

– "Redução de Multa. Lei Estadual 9.399/96. Art. 106, II, *c*, do CTN. Retroatividade. 1. O artigo 106, II, *c*, do CTN, admite que lei posterior por ser mais benéfica se aplique a fatos pretéritos, desde que o ato não esteja definitivamente julgado. 2. Tem-se entendido, para fins de interpretação dessa condição, que só se considera como encerrada a Execução Fiscal após a arrematação, adjudicação e remição, sendo irrelevante a existência ou não de Embargos à Execução, procedentes ou não. 3. Precedentes jurisprudenciais. 4. Recurso não provido" (STJ, REsp 191.530, 2001).

– "... O art. 106 do Código Tributário Nacional admite a retroatividade, em favor do contribuinte, da lei mais benigna, nos casos não definitivamente julgados. Sobrevindo, no curso da Execução Fiscal, o Decreto-lei n. 2.471/88, que reduziu a multa moratória de 100% para 20% e, sendo possível a reestruturação do cálculo de liquidação, é possível a aplicação da lei mais benigna, sem ofensa aos princípios gerais do direito tributário" (STJ, REs 94511, 1996). Obs.: neste caso, já havia inclusive embargos à execução julgados improcedentes. Neste ponto, esclareceu o relator: "*In casu*, embora improcedentes os embargos à execução, sobreveio o Decreto-lei n. 2.471/88, que reduziu a multa moratória para 20% (vinte por cento). Não se pode afirmar que, na hipótese, se tratasse de matéria definitivamente julgada, eis que, o cálculo ainda poderia ser refeito para a aplicação da legislação mais benigna. A aplicação retroativa se impunha. Na execução fiscal, o processo só se finda com a arrematação, adjudicação ou remição, já definitivamente realizados".

a) quando deixe de defini-lo como infração;

⇒ **Revogação da cominação de multa.** Basta que não haja mais cominação de multa para o ato. Não sendo mais considerado infração, não implicará punição.

– **Súmula 74 do CARF:** Aplica-se retroativamente o art. 14 da Lei n. 11.488, de 2007, que revogou a multa de ofício isolada por falta de acréscimo da multa de mora ao pagamento de tributo em atraso, antes prevista no art. 44, § 1º, II, da Lei n. 9.430/96. Aprovada em dez. 2012.

b) quando deixe de tratá-lo como contrário a qualquer exigência de ação ou omissão, desde que não tenha sido fraudulento e não tenha implicado falta de pagamento de tributo;

⇒ **Contrariedade à exigência de ação ou omissão.** "Não conseguimos ver qualquer diferença entre as hipóteses da letra *a* e da letra *b*. Na verdade, tanto faz deixar de definir um ato como infração, como deixar de tratá-lo como contrário a qualquer exigência de ação ou omissão" (MACHADO, Hugo de Brito. *Curso de direito tributário*. 36. ed. São Paulo: Malheiros, 2015, p. 102).

c) quando lhe comine penalidade menos severa que a prevista na lei vigente ao tempo da sua prática.

⇒ **Retroatividade da lei mais benigna exclusivamente em matéria de penalidades.** Em matéria de penalidades pelo descumprimento da legislação tributária, a regra é a retroatividade da lei mais benigna, expressamente determinada pela alínea sob análise.

– "O inciso II do art. 106 do CTN, estabelece três casos de retroatividade da lei mais benigna aos contribuintes e responsáveis. [...] no terceiro caso, à semelhança do art. 2º, par. único do Cód. Penal, a pena menos severa da lei nova substitui a mais grave da lei vigente ao tempo em que foi praticado o ato punível. A interpretação daquele dispositivo do Cód. Penal é aplicável às letras *a* e *c* do art. 106, n. II" (BALEEIRO, Aliomar. *Direito tributário brasileiro*. 10. ed. Rio de Janeiro: Forense, p. 428-429).

– "Tem-se, pois, que, para o cálculo da multa ou penalidade, deve-se levar em conta o valor desta, inclusive seus elementos de apuração (base de cálculo e alíquota), do dia da consumação da infração. Mas se, de lá à data do pagamento (solução final), tiver sido à infração cominada pena menor, menos severa ou onerosa, é esta que deve prevalecer para pagamento, e, caso o ato não mais seja legalmente considerado infração, nenhuma pena ou multa poderá ser exigida o que nada tem a ver com eventual revogação de tributo, que, se pendente de pagamento, será devido, juntamente com a respectiva penalidade, a menos que novo tratamento, mais benigno, a esta tenha sido legalmente dado" (VOLKWEISS, Roque Joaquim. *Direito tributário nacional*. Porto Alegre: Livraria do Advogado, 1997, p. 89).

– **Aplicação às multas, inclusive multa moratória.** A retroatividade abrange qualquer penalidade pelo descumprimento da legislação tributária, incluindo-se, nesta categoria, evidentemente, a multa moratória. Os juros moratórios, por não terem caráter punitivo, não sofrem a incidência deste dispositivo. Na nota *supra*, sob a rubrica *Retroatividade da lei mais benigna*, há ementas de acórdãos dando aplicação ao art. 106, II, *c*, do CTN em relação a multas moratórias.

– "TRIBUTÁRIO – MULTA – REDUÇÃO – LEI MENOS SEVERA – APLICAÇÃO RETROATIVA – POSSIBILIDADE – CTN, ART. 106. 1. É pacífico o entendimento desta Corte no sentido de que, tratando-se de execução não definitivamente julgada, aplica-se o disposto no art. 106 do CTN que permite a redução da multa prevista na lei mais nova, por ser mais benéfica ao contribuinte, mesmo a fatos anteriores à legislação aplicada" (STJ, REsp 950.143, 2008).

– "REDUÇÃO DA MULTA. RETROATIVIDADE DA LEI MAIS BENIGNA. [...] 2. Este Superior Tribunal de Justiça, com fundamento no art. 106, II, *c*, do CTN, pacificou entendimento no sentido de ser possível a redução da multa moratória, mesmo que decorrente de atos anteriores à lei mais benéfica" (STJ, AgRg no REsp 954.521, 2007).

– "... a retroatividade benigna é um comando imposto ao próprio legislador. Não poderá, assim, o legislador ordinário federal, estadual ou municipal desviar-se do comando imposto, por meio da simples designação ou nome adotado. [...] Multa, qualquer que seja a adjetivação que lhe dê o legislador, é sanção de ato ilícito, penalidade. Aliás, o Código Tributário Nacional não distingue. Corretamente chama de penalidades inclusive as multas moratórias, conforme parágrafo único do art. 134" (Misabel Abreu Machado Derzi, em nota de atualização na obra de Aliomar Baleeiro, *Direito tributário brasileiro*, 11 ed., Rio de Janeiro: Forense, 1999, p. 671-672). A autora esclarece ainda: "Tolerou-se a distinção entre multa moratória e penalidade em tempos inflacionários, de alta instabilidade econômica, ou em tempos em que, anomalamente, os juros de mercado são especialmente atraentes. Nessas circunstâncias, a sanção – por meio de multas moratórias – visa a desestimular o contribuinte que prefere captar aqueles juros de mercados, antes de cumprir suas obrigações tributárias. Mas se já são cobrados aqueles juros, e até aquele limite, qualquer outra sanção pecuniária mais elevada, não importa a denominação que tenha, é penalidade, configurando uma punição sobre o patrimônio do infrator, com vistas a coibir o comportamento ilícito".

• Vide, quanto à ausência de distinção entre multa moratória e punitiva, nota ao art. 138 do CTN.

– **Pressupõe multas que se apliquem a infrações idênticas.** Só é viável a comparações de multas moratórias entre si e de multas de ofício entre si, que se apliquem a situações idênticas. Não é possível invocar percentual de multa moratória para aplicação a infração sujeita a multa de ofício, tampouco percentual de multa de ofício comum para situação de fraude a que haja percentual superior previsto em lei.

– **"PENALIDADE. MULTA. DESCUMPRIMENTO OBRIGAÇÃO ACESSÓRIA. IRREDUTIBILIDADE. CORREÇÃO MONETÁRIA. TRD. UFIR. JUROS DE MORA.** O empregador deve lançar em sua contabilidade os valores descontados de seus empregados a título de contribuição previdenciária, sob pena de multa. A redução das multas moratórias prevista na Lei n. 9.639/98 não alcança as multas oriundas do descumprimento das obrigações de fazer, de caráter acessório. Uma vez observados os limites legais na fixação da multa, não cabe ao Poder Judiciário reduzir o seu percentual sob pena de ferir o princípio da separação dos poderes. [...] Impõe-se a aplicação de multa e juros moratórios, se o crédito não é integralmente pago ao vencimento, independente do motivo da falta (CTN, art. 161 *caput* e § 1º)" (TRF4, AC 1998.04.01.062129-8, 1999).

– "... nos lançamentos atualmente levados a efeito pela fiscalização e que se referem a fatos geradores anteriores ao advento da MP n. 449/08, deverá sempre ser considerada para fins de punição do contribuinte pela ausência de recolhimento a multa de mora atualmente prevista no art. 61 da Lei n. 9.430/96 ou, na pior das hipóteses, a até então prevista no art. 35, I, da Lei n. 8.212/91, em detrimento da mais gravosa. Já para a punição deverá ser considerada tão somente a penalidade atualmente prevista para essa infração, não havendo que se invocar a penalidade já revogada referente à mesma ocorrência, haja vista seu caráter mais gravoso" (COSTA, Rafael Santiago. A retroatividade benéfica da Medida Provisória n. 449/2008 (Lei n. 11.941/2009) em relação às penalidades vinculadas às contribuições de que trata a Lei n. 8.212/91 e as ilegalidades da Portaria Conjunta PGFN/RFB n. 14/09. *RDDT* 178/107, 2010).

– **Em face do descumprimento de obrigações principais e acessórias, considera-se a soma das penalidade. Súmula CARF 119:** "No caso de multas por descumprimento de obrigação principal e por descumprimento de obrigação acessória pela falta de declaração em GFIP, associadas e exigidas em lançamentos de ofício referentes a fatos geradores anteriores à vigência da Medida Provisória n. 449, de 2008, convertida na Lei n. 11.941, de 2009, a retroatividade benigna deve ser aferida mediante a comparação entre a soma das penalidades pelo descumprimento das obrigações principal e acessória, aplicáveis à época dos fatos geradores, com a multa de ofício de 75%, prevista no art. 44 da Lei n. 9.430, de 1996" (CSRF, 2018). Obs.: vinculante, conforme Portaria MF n. 129/2019).

– **Inaplicabilidade à redução de alíquotas de imposto.** "REDUÇÃO DA ALÍQUOTA DO IMPOSTO DE IMPORTAÇÃO DE 30% PARA 3% – IRRETROATIVIDADE DA LEI TRI-BUTÁRIA... – INAPLICABILIDADE DO ART. 106, II, *C*, DO CTN... 3. O art. 106, II, *c*, do CTN, que dispõe que a lei mais benéfica ao contribuinte aplica-se a ato ou fato pretérito, desde que não tenha sido definitivamente julgado, aplica-se tão somente para penalidades, o que não é o caso dos autos" (STJ, REsp 640.584, 2008).

– **Inaplicabilidade à lei que estabelece maiores benesses.** "OPÇÃO PELO PAGAMENTO PARCIAL. NOS TERMOS DA MP 38/02. NOVA DISPOSIÇÃO LEGAL MAIS BENÉFICA. INAPLICABILIDADE. 1. Se o executado/agravado optou por receber os benefícios segundo as regras constantes na Medida Provisória n. 38/02 sabendo que o pagamento efetuado seria parcial, não sendo razoável que, após a realização do ato, sobrevindo nova disposição legal com benesses que melhor se enquadram em seus interesses, venha a pleitear, novamente, o pagamento, agora com descontos maiores. 2. Não há falar em aplicação do artigo 106 do CTN ao caso, isso porque ele é aplicável a penalidades mais benéficas e não a leis que concedem maiores benesses ao débito total" (TRF4, AI 2004.04.01.003708-6, 2004).

• **Superveniência de uma terceira lei mais gravosa.** Como regra, aplica-se à infração a lei vigente quando da sua ocorrência. Quando lei posterior à infração comine penalidade menos severa, torna-se aplicável ao caso, independentemente de sobrevir, ainda, uma terceira lei mais gravosa antes da aplicação efetiva pela autoridade ou pelo Juiz. Aplica-se a lei que, posterior à infração, seja mais benéfica, esteja ou não ainda em vigor por ocasião da aplicação. Vide a nota acerca do art. 35 da Lei n. 8.212/91.

⇒ **Redução de multas relativamente aos tributos federais em geral.** Na última década houve redução significativa nas multas, tanto moratórias quanto punitivas, relativamente aos tributos então administrados pela SRF, atualmente pela RFB, ensejando-se a aplicação retroativa das leis mais benéficas.

– **Multa moratória. Art. 61 da Lei n. 9.430/96.** O percentual de multa moratória teve inúmeras variações ao longo do tempo. Alternou-se entre 20% e 30% e chegou até mesmo a 40% aplicada com suporte na Lei n. 8.218/91, tendo sido novamente reduzida para 30% pelo art. 84, III, *c*, da Lei n. 8.981/95 e para 20% novamente em razão da superveniência do art. 61 da Lei n. 9.430/96. Por força da MP n. 449/2008, convertida na Lei n. 11.941/2009, que deu nova redação ao art. 35 da Lei n. 8.212/91, o art. 61 da Lei n. 9.430/96 (multa moratória de 20%) passou a ser aplicado também às contribuições previdenciárias e a terceiros. Sempre que o percentual aplicado tenha sido superior a 20%, cabe reduzir a mesma a este percentual por força da lei superveniente em cumprimento ao art. 106, II, *c*, do CTN. Vide nota anterior sobre a inconstitucionalidade do art. 61 da Lei n. 9.430/96 na parte em que pretendeu impedir a aplicação retroativa da multa menos onerosa.

– **Lei n. 9.430/96.** "Art. 61. Os débitos para com a União, decorrentes de tributos e contribuições administrados pela Secretaria da Receita Federal, cujos fatos geradores ocorrerem a partir de 1º de janeiro de 1997, não pagos nos prazos previstos na legislação específica, serão acrescidos de multa de mora, calculada à taxa de trinta e três centésimos por cento, por dia de atraso. § 1º A multa de que trata este artigo será calculada a partir do primeiro dia subsequente ao do vencimento do prazo previsto para o pagamento do tributo ou da contribuição até o dia em que ocorrer o seu pagamento. § 2º O percentual de multa a ser aplicado fica limitado a vinte por cento."

– Lei n. 8.981/95. "Art. 84. Os tributos e contribuições sociais arrecadados pela Secretaria da Receita Federal, cujos fatos geradores vierem a ocorrer a partir de 1º de janeiro de 1995, não pagos nos prazos previstos na legislação tributária serão acrescidos de: [...] II – multa de mora aplicada da seguinte forma: *a*) dez por cento, se o pagamento se verificar no próprio mês do vencimento; *b*) vinte por cento, quando o pagamento ocorrer no mês seguinte ao do vencimento; *c*) trinta por cento, quando o pagamento for efetuado a partir do segundo mês subsequente ao do vencimento."

– Lei n. 8.218/91. "Art. 3º Sobre os débitos exigíveis de qualquer natureza para com a Fazenda Nacional, bem como para o Instituto Nacional de Seguro Social – INSS, incidirão: [...] II – multa de mora aplicada de acordo com a seguinte Tabela: acima de 90 dias do seu pagamento, 40%; de 61 a 90 dias, 30%; de 46 a 60 dias, 20%; de 31 a 45 dias, 10%; de 16 a 30 dias, 3%; até 15 dias, 1%."

– Lei n. 7.799/89. "Art. 74. Os tributos e contribuições administrados pelo Ministério da Fazenda, que não forem pagos até a data do vencimento, ficarão sujeitos à multa de mora de vinte por cento e a juros de mora na forma da legislação pertinente, calculados sobre o valor do tributo ou contribuição corrigido monetariamente. § 1º A multa de mora será reduzida a dez por cento, quando o débito for pago até o último dia útil do mês subsequente àquele em que deveria ter sido pago."

– Lei n. 7.738/89. "Art. 23. Os tributos e contribuições administrados pelo Ministério da Fazenda, que não forem pagos até a data do vencimento, ficarão sujeitos à multa de mora de trinta por cento e a juros de mora na forma da legislação pertinente, calculados sobre o valor do tributo ou contribuição atualizado monetariamente. § 1º A multa de mora será reduzida a quinze por cento, quando o débito for pago até o último dia útil do mês subsequente àquele em que deveria ter sido pago."

– DL n. 2.323/87. "Art. 15. Os débitos para com a Fazenda Nacional, de natureza tributária, não pagos no vencimento, serão acrescidos de multa de mora. Parágrafo único. A multa de mora será de 20% (vinte por cento) sobre o valor monetariamente atualizado do tributo, sendo reduzida a 10% (dez por cento) se o pagamento for efetuado no prazo de noventa dias, contado a partir da data do vencimento."

– DL n. 2.287/86. "Art. 3º O art. 1º do Decreto-lei n. 1.736, de 20 de dezembro de 1979, passa a vigorar com a seguinte redação: 'Art. 1º Os débitos para com a Fazenda Nacional, de natureza tributária, não pagos no vencimento, serão acrescidos de multa de mora, consoante o previsto neste decreto-lei. Parágrafo único. A multa de mora será de 20% (vinte por cento), reduzida a 10% (dez por cento) se o pagamento for efetuado no prazo de 90 (noventa) dias, contado a partir da data em que o tributo for devido'."

– Multa de ofício. Art. 4º da Lei n. 8.218/91. Art. 44 da Lei n. 9.430/96. Houve redução nas multas de ofício por força da Lei 9.430/96 que, assim, é aplicada retroativamente.

– Lei n. 9.430/96, com a redação da Lei n. 11.488/2007: "Art. 44. Nos casos de lançamento de ofício, serão aplicadas as seguintes multas: I – de 75% (setenta e cinco por cento) sobre a totalidade ou diferença de imposto ou contribuição nos casos de falta de pagamento ou recolhimento, de falta de declaração e nos de declaração inexata; [...] § 1º O percentual de multa de que trata o inciso I do *caput* deste artigo será duplicado nos casos previstos nos arts. 71, 72 e 73 da Lei n. 4.502, de 30 de novembro de 1964, independentemente de outras penalidades administrativas ou criminais cabíveis".

– Lei n. 9.430/96. "Art. 44. Nos casos de lançamento de ofício, serão aplicadas as seguintes multas, calculadas sobre a totalidade ou diferença de tributo ou contribuição: I – de setenta e cinco por cento, nos casos de falta de pagamento ou recolhimento, pagamento ou recolhimento após o vencimento do prazo, sem o acréscimo de multa moratória, de falta de declaração e nos de declaração inexata, excetuada a hipótese do inciso seguinte; II – cento e cinquenta por cento, nos casos de evidente intuito de fraude, definido nos arts. 71, 72 e 73 da Lei 4.502, de 30 de novembro de 1964, independentemente de outras penalidades administrativas ou criminais cabíveis. [...]".

– Lei n. 8.218/91. "Art. 4º Nos casos de lançamento de ofício nas hipóteses abaixo, sobre a totalidade ou diferença dos tributos e contribuições devidos, inclusive as contribuições para o INSS, serão aplicadas as seguintes multas: I – de cem por cento, nos casos de falta de recolhimento, de falta de declaração e nos de declaração inexata, excetuada a hipótese do inciso seguinte; II – de trezentos por cento, nos casos de evidente intuito de fraude, definidos nos arts. 71, 72 e 73 da Lei n. 4.502, de 30 de novembro de 1964, independentemente de outras penalidades administrativas ou criminais cabíveis".

– "EXECUÇÃO FISCAL. MULTA MORATÓRIA. REDUÇÃO. RETROATIVIDADE DA LEI MAIS BENÉFICA. ART. 106, II, *C*, DO CTN. ATO NÃO DEFINITIVAMENTE JULGADO. POSSIBILIDADE... 1. Aplica-se a lei mais benéfica ao contribuinte (art. 44, inc. I, da Lei n. 9.430/96), nos termos do art. 106 do CTN. Incide no caso a multa moratória menos gravosa, eis que inexiste decisão definitiva sobre o montante exato do crédito tributário" (STJ, REsp 549.688, 2005).

– IPI. Redução de 100% para 75%. As multas, relativamente ao IPI, constam disciplinadas pelo art. 80 da Lei n. 4.502/64, com suas diversas alterações. Ainda que anteriormente o menor percentual previsto na legislação fosse de 50%, não se cuida daquele aplicado ao caso de imposto que deixara de ser lançado, que foi de 100% (art. 2º do DL n. 34/66 e art. 374, II, do RIPI/82), beneficiando-se, portanto, da lei posterior que estabeleceu, para a mesma hipótese, 75% (art. 45 da Lei n. 9.430/96).

⇒ **Redução de multas relativas a contribuições previdenciárias. Art. 35 da Lei n. 8.212/91.** Também no que diz respeito às contribuições previdenciárias houve diversas reduções de multas.

– Art. 35 da Lei n. 8.212/91. A Lei n. 11.941/2009, ao submeter as contribuições previdenciárias ao regime de multas aplicáveis aos tributos administrados pela RFB em geral (arts. 44 e 61 da Lei n. 9.430/96, com as alterações da Lei n. 11.488/2009), teve o efeito, em determinados casos concretos, de reduzir multas anteriormente aplicadas com base no art. 35 da Lei n. 8.212/91. A Lei n. 9.528/97 também já havia estabelecido penalidades menos gravosas que as da redação original da Lei n. 8.212/91. O agravamento das penalidades pela Lei n. 9.876/99, por sua vez, não impediu a aplicação da Lei n. 9.528/97 relativamente à infrações ocorridas até o advento da Lei n. 9.876/99.

– **Lei n. 11.941/2009** (conversão da MP n. 449/2008). Deu nova redação ao art. 35 e acresceu o art. 35-A à Lei n. 8.212/91: "Art. 35. Os débitos com a União decorrentes das contribuições sociais previstas nas alíneas *a*, *b* e *c* do parágrafo único do art. 11 desta Lei, das contribuições instituídas a título de substituição e das contribuições devidas a terceiros, assim entendidas outras entidades e fundos, não pagos nos prazos previstos em legislação, serão acrescidos de multa de mora e juros de mora, nos termos do art. 61 da Lei n. 9.430, de 27 de dezembro de 1996. Art. 35-A. Nos casos de lançamento de ofício relativos às contribuições referidas no art. 35 desta Lei, aplica-se o disposto no art. 44 da Lei n. 9.430, de 27 de dezembro de 1996". Vide redação dos arts. 44 e 61 da Lei n. 9.430/96 na nota anterior.

– **Lei n. 9.876/99**. Deu nova redação ao art. 35 da Lei n. 8.212/91: "Art. 35. Sobre as contribuições sociais em atraso, arrecadadas pelo INSS, incidirá multa de mora, que não poderá ser relevada, nos seguintes termos: I – para pagamento, após o vencimento de obrigação não incluída em notificação fiscal de lançamento: *a*) oito por cento, dentro do mês de vencimento da obrigação; *b*) quatorze por cento, no mês seguinte; *c*) vinte por cento, a partir do segundo mês seguinte ao do vencimento da obrigação; II – para pagamento de créditos incluídos em notificação fiscal de lançamento: *a*) vinte e quatro por cento, em até quinze dias do recebimento da notificação; *b*) trinta por cento, após o décimo quinto dia do recebimento da notificação; *c*) quarenta por cento, após apresentação de recurso desde que antecedido de defesa, sendo ambos tempestivos, até quinze dias da ciência da decisão do Conselho de Recursos da Previdência Social – CRPS; *d*) cinquenta por cento, após décimo quinto dia da ciência da decisão do Conselho de Recursos da Previdência Social – CRPS, enquanto não inscrito em Dívida Ativa; III – para pagamento do crédito inscrito em Dívida Ativa: *a*) sessenta por cento, quando não tenha sido objeto de parcelamento; *b*) setenta por cento, se houve parcelamento; *c*) oitenta por cento, após o ajuizamento da execução fiscal, mesmo que o devedor ainda não tenha sido citado, se o crédito não foi objeto de parcelamento; *d*) cem por cento, após o ajuizamento da execução fiscal, mesmo que o devedor ainda não tenha sido citado, se o crédito foi objeto de parcelamento. § 1º Na hipótese de parcelamento ou reparcelamento, incidirá um acréscimo de vinte por cento sobre a multa de mora a que se refere o *caput* e seus incisos. § 2º Se houver pagamento antecipado à vista, no todo ou em parte, do saldo devedor, o acréscimo previsto no parágrafo anterior não incidirá sobre a multa correspondente à parte do pagamento que se efetuar. § 3º O valor do pagamento parcial, antecipado, do saldo devedor de parcelamento ou do reparcelamento somente poderá ser utilizado para quitação de parcelas na ordem inversa do vencimento, sem prejuízo da que for devida no mês de competência em curso e sobre a qual incidirá sempre o acréscimo a que se refere o § 1º

deste artigo. § 4º Na hipótese de as contribuições terem sido declaradas no documento a que se refere o inciso IV do art. 32, ou quando se tratar de empregador doméstico ou de empresa ou segurado dispensados de apresentar o citado documento, a multa de mora a que se refere o *caput* e seus incisos será reduzida em cinquenta por cento".

– **Lei n. 9.528/97**. Deu nova redação ao art. 35 da Lei n. 8.212/91: "Art. 35. Para os fatos geradores ocorridos a partir de 1º de abril de 1997, sobre as contribuições sociais em atraso, arrecadadas pelo INSS, incidirá multa de mora, que não poderá ser relevada, nos seguintes termos: I – para pagamento, após o vencimento de obrigação não incluída em notificação fiscal de lançamento: *a*) quatro por cento, dentro do mês de vencimento da obrigação; *b*) sete por cento, no mês seguinte; *c*) dez por cento, a partir do segundo mês seguinte ao do vencimento da obrigação; II – para pagamento de créditos incluídos em notificação fiscal de lançamento: *a*) doze por cento, em até quinze dias do recebimento da notificação; *b*) quinze por cento, após o 15º dia do recebimento da notificação; *c*) vinte por cento, após apresentação de recurso desde que antecedido de defesa, sendo ambos tempestivos, até quinze dias da ciência da decisão do Conselho de Recursos da Previdência Social – CRPS; *d*) vinte e cinco por cento, após o 15º dia da ciência da decisão do Conselho de Recursos da Previdência Social – CRPS, enquanto não inscrito em Dívida Ativa; III – para pagamento do crédito inscrito em Dívida Ativa: *a*) trinta por cento, quando não tenha sido objeto de parcelamento; *b*) trinta e cinco por cento, se houve parcelamento; *c*) quarenta por cento, após o ajuizamento da execução fiscal, mesmo que o devedor ainda não tenha sido citado, se o crédito não foi objeto de parcelamento; *d*) cinquenta por cento, após o ajuizamento da execução fiscal, mesmo que o devedor ainda não tenha sido citado, se o crédito foi objeto de parcelamento. § 1º Na hipótese de parcelamento ou reparcelamento, incidirá um acréscimo de vinte por cento sobre a multa de mora a que se refere o *caput* e seus incisos".

– **Lei n. 8.620/93**. "Art. 4º As contribuições arrecadadas pelo Instituto Nacional do Seguro Social ficarão sujeitas à multa variável de caráter irrelevável, nos seguintes percentuais, incidentes sobre os valores atualizados monetariamente até a data do pagamento: I – dez por cento sobre os valores das contribuições em atraso que, até a data do pagamento, não tenham sido incluídas em notificações de débito; II – vinte por cento sobre os valores pagos dentro de quinze dias, contados da data do recebimento da correspondente notificação de débito; III – trinta por cento sobre os valores pagos mediante parcelamento, desde que requerido no prazo do inciso anterior; IV – sessenta por cento sobre os valores pagos em quaisquer outros casos, inclusive por falta de cumprimento de acordo para o parcelamento e reparcelamento. Parágrafo único. A multa prevista no inciso III aplica-se também às contribuições não incluídas em notificações de débito e que sejam objeto de parcelamento."– Lei n. 8.383/91: "Art. 61. As contribuições previdenciárias arrecadadas pelo Instituto Nacional de Seguro Social (INSS) ficarão sujeitas à multa variável, de caráter não relevável, nos seguintes percentuais, incidentes sobre os valores atualizados monetariamente até a data do pagamento. I – dez por cento sobre os valores das contribuições em atraso que, até a data do pagamento não tenham sido incluídas em notificação de débito; II – vinte por cento sobre os valores pagos dentro de quinze dias contados da data do recebimento da correspondente notificação de débito; III – trinta por cento sobre todos os valores pagos mediante parcelamento, desde que requerido no prazo do inciso anterior; IV – sessenta por cento sobre os valores pagos em quaisquer outros casos, inclusive por falta de cumprimento de acordo para o parcelamento. Parágrafo único. É facultada a realização de depósito, à disposição da Seguridade Social, sujeito aos mesmos percentuais dos incisos I e II, conforme o caso, para apresentação de defesa."– Lei n. 8.212/91. Redação originária: "Art. 35. A falta de cumprimento dos prazos de que trata o art. 30, exceto quanto ao disposto na alínea *c* do seu inciso I, acarreta multa variável, de caráter irrelevável, nos seguintes percentuais, incidentes sobre os valores das contribuições atualizadas monetariamente até a data do pagamento: I – 10% (dez por cento) sobre os valores das contribuições em atraso que, até a data do pagamento, não tenham sido incluídas em notificação de débito; II – 20% (vinte por cento) sobre os valores pagos dentro de 15 (quinze) dias contados da data do recebimento da correspondente notificação de débito; III – 30% (trinta por cento) sobre todos os valores pagos através de parcelamento, observado o disposto no art. 38; IV – 60% (sessenta por cento) sobre os valores pagos em quaisquer outros casos, inclusive por falta de cumprimento de acordo para parcelamento".

– **Aplicação errônea do critério.** "... ao aplicar o princípio da retroatividade da multa mais benigna (art. 106 do CTN) no que se refere às penalidades cabíveis quanto às contribuições previdenciárias, os agentes fiscais têm incorrido nos seguintes equívocos: i) Tentativa de efetuar a comparação entre a nova multa prevista na Lei 11.941/2009 (75%) e uma cumulação entre a multa moratória de 24% prevista na Lei 9.876/1999 e a multa por descumprimento de obrigação acessória prevista no hoje revogado art. 32, parágrafos 4º e 6º, da Lei 8.212/1991. O Carf, em precedente recente, afastou tal tentativa de cumulação (Acórdão 2302.002.572, 2ª Turma Ordinária da 3ª Câmara da 2ª Seção de Julgamento, Relator Liege Lacroix Thomassi). ii) Para o cálculo da multa por descumprimento de obrigação acessória prevista no art. 32, § 5º, da Lei 8.212/91, os agentes fiscais têm feito retroagir os efeitos das Portarias Interministeriais MPS/MF que servem de base para se aplicar o fator multiplicador necessário para aferição de tal multa, o que não se coaduna com o citado princípio da retroatividade da multa mais benigna (art. 106 do CTN) – que as autoridades não negam textualmente, mas acabam por mitigá-lo por meio de artifícios técnicos que distorcem seu conteúdo. iii) Ainda no que se refere à multa por descumprimento de obrigação acessória (art. 32 da Lei 8.212/1991), a fiscalização têm insistido em critério que – além de não possuir embasamento em nenhum texto legal ou infralegal – está em claro confronto com os princípios da razoabilidade e proporcionalidade, ao fazer com que a multa incida sobre o número total de empregados da empresa, levando em conta – inclusive – os empregados alocados em filiais em relação às quais não houve nenhuma falha na apresentação das competentes GFIPs que, convém ressaltar, são apresentadas individualmente por cada filial" (BRITO JUNIOR, Jorge Luiz de. Multas previdenciárias

introduzidas pela Lei n. 11.941/2009: erros comuns na metodologia de cálculo que vem sendo empregada pelos agentes fiscais da RFB na aplicação da penalidade mais benigna. *RDDT* 226/106, 2014).

– **Multa aduaneira X pena de perdimento. Súmula CARF 155:** "A multa prevista no art. 33 da Lei n. 11.488/07 não se confunde com a pena de perdimento do art. 23, inciso V, do Decreto Lei n. 1.455/76, o que afasta a aplicação da retroatividade benigna definida no art. 106, II, 'c', do Código Tributário Nacional" (CSRF, 2019). Obs.: vinculante, conforme Portaria ME n. 410/2020.

– **DIF Papel imune. Não apresentação. Multa em valor único e não mais por mês calendário. Súmula CARF 151:** "Aplica-se retroativamente o inciso II do § 4º do art. 1º da Lei 11.945/2009, referente a multa pela falta ou atraso na apresentação da 'DIF Papel Imune' devendo ser cominada em valor único por declaração não apresentada no prazo trimestral, e não mais por mês calendário, conforme anteriormente estabelecido no art. 57 da MP n. 2.158-35/ 2001, consagrando-se a retroatividade benéfica nos termos do art. 106, do Código Tributário Nacional" (CSRF, 2019). Obs.: vinculante, conforme Portaria ME n. 410/2020.

CAPÍTULO IV
INTERPRETAÇÃO E INTEGRAÇÃO DA LEGISLAÇÃO TRIBUTÁRIA

Art. 107. A legislação tributária será interpretada conforme o disposto neste Capítulo.

⇒ **Sobre a interpretação tributária.** A interpretação da legislação tributária também é complexa, descabendo pressupor que seja viável simplificar a postura do exegeta como se pudesse se orientar sempre em favor do contribuinte, por considerar a tributação como ingerência odiosa sobre o patrimônio privado, ou em favor do Fisco, em atenção às exigências financeiras do Estado ou da sua suposta supremacia, ou, ainda, por uma interpretação literal. Não há falar em interpretação restritiva, em interpretação extensiva nem em interpretação declaratória ou literal, mas apenas em interpretação como atividade complexa. Efetivamente, na interpretação da legislação tributária, inclusive os princípios gerais de direito privado serão relevantes, conforme referem expressamente os arts. 109 e 110 do CTN.

– "A interpretação constitui um processo mental de compreensão, integração, e aplicação do discurso normativo, razão pela qual não há sentido jurídico algum em traçar limites para o hermeneuta, cerceando seu livre labor científico. [...] O pluralismo metodológico deve ser a pauta de comportamento do intérprete, pois 'o que se observa é a pluralidade ou equivalência, sendo os métodos aplicados de acordo com o caso e com os valores ínsitos na norma; ora se recorre ao método sistemático, ora ao teleológico, ora ao histórico, até porque não são contraditórios, mas se completam e se intercomunicam' (Ricardo Lobo Torres)" (MELO, José Eduardo. *Importação e exportação no direito tributário*. 2. ed. São Paulo: RT, 2012, p. 30).

– "... aparece desprovista de toda fundamentación la pretensión de negar la aplicación a las normas impositivas de las mismas reglas de interpretación que se aplican a las leyes en general. Las normas tributarias, como todas las otras normas, deben interpretarse con el fin de atribuir al precepto jurídico el valor que le es propio el la regulación de las relaciones de la vida social que constituyen su objeto: toda apriorística inclinación de la labor interpretativa a favor del fisco o a favor del contribuyente constituye una inadmisible limitación del proceso lógico representado por la interpretación de la ley" (VANONI, E. *Natura ed interpretazione delle leggi tributarie*. 1932. A transcrição é da edição espanhola de 1961 publicada pelos Instituto de Estúdios Fiscales, Madrid, p. 217).

– Desde o início da elaboração sistemática do Direito Tributário já se destacava o descabimento de tais simplificações: "Un examen menos superficial pone de manifiesto la inadmisibilidad de estas posiciones" e que "las mismas reglas dominan la interpretación de cualquier norma, y ninguna de aquéllas autoriza a pensar que para el Derecho tributario deban seguirse criterios interpretativos diversos de los que presiden la interpretación de cualquier otra clase de leyes" (GIANNINI, A.D. *Instituciones de derecho tributário*. Título original: Istituzioni di Diritto Tributário. 7. ed. intalana, 1956. Trad. F. Sainz de Bujanda, Madrid: Editorial de Derecho Financiero, 1957, p. 31-32).

– "Existe interpretación declarativa cuando el intérprete atribuye a la norma el valor que resulta evidente del significado literal de las palabras que el intérprete 'declara' y explica. Se habla de interpretación restrictiva cuando a la norma se atribuye un contenido más restringido del que parece tener en principio la expresión adoptada, y ello en base a la idea de que la ley *plus dixit quam voluit*. Por el contrario, cuando se considera que la fórmula del precepto legislativo no expresa plenamente la idea que la informa (*minus dixit quam voluit*) se alude a interpretación extensiva. [...] Si se tienen en cuenta los conceptos fundamentales que inspiran la labor interpretativa se observa que en realidad la norma ni se extiende ni se restringe. El intérprete investiga el verdadero valor de la norma. Se esfuerza por identificar el contenido efectivo de la voluntad estatal expresada en la norma y trata de aplicar la ley en forma que pueda realizar la función para la que fue creada, pero no tiene competencia para restringir o extender el ámbito de aplicación del precepto legal. Es pura ilusión el hablar de interpretación extensiva o restrictiva; en la realidad, la norma, como voluntad inmanente del Estado, ni se extiende ni se restringe..." (VANONI, E. *Natura ed interpretazione delle leggi tributarie*. 1932. A transcrição é da edição espanhola de 1961 publicada pelos Instituto de Estúdios Fiscales, Madrid, p. 335).

– **Interpretação histórica.** Há interessante artigo em que, para a melhor compreensão do art. 111 do CTN, Luciana Aguiar analisou o Anteprojeto do CTN, as sugestões oferecidas a ele, o Relatório apresentado por Rubens Gomes de Souza e aprovado pela Comissão Especial nomeada pelo Ministro da Fazenda para elaboração do projeto de CTN, o texto final do projeto e o próprio dispositivo estudado, tal como constou da CTN (AGUIAR, Luciana Ibiapina Lira. Reflexões históricas sobre o artigo 111 do CTN: a escolha pela expressão "literalmente" em oposição à expressão "restritivamente". *RDA*, n. 32, p. 245 e s.)

– **Interpretação sistemática.** "A exegese dos textos legais, para ser completa, tem de valer-se de incursões nos níveis sintático,

semântico e pragmático da linguagem jurídica, única forma de chegar-se ao conteúdo intelectual. Por isso afirmamos que o método de interpretação sistemático é tido como o caminho interpretativo por excelência" (Paulo, no livro: MARTINS, Ives Gandra da Silva; CARVALHO, Paulo de Barros. *Guerra fiscal*: reflexões sobre a concessão de benefícios no âmbito do ICMS. São Paulo: Noeses, 2012, p. 26).

⇒ **Interpretação *pro lege*: nem fiscalista, nem antifiscalista.** Procura-se extrair da norma tributária o seu exato significado e alcance, em conformidade com os valores constitucionais, sem preconceitos pró ou contra o fisco que poderiam levar a vícios hermenêuticos voltados a posturas sempre restritivas ou sempre ampliativas do sentido das normas.

– Luciana Aguiar relembra a preocupação de Rubens Gomes de Sousa, quando da elaboração do CTN, de "afastar o cerceamento da atuação do intérprete pela imposição de conclusões apriorísticas (*pro fiscum* ou *contra fiscum*)" (AGUIAR, Luciana Ibiapina Lira. Reflexões históricas sobre o artigo 111 do CTN: a escolha pela expressão "literalmente" em oposição à expressão "restritivamente". *RDA* n. 32, p. 250).

– "A expressão retórica corrente 'juiz fiscalista' é um 'ferro de madeira', uma contradição em termos e um agravo à função jurisdicional. A interpretação e aplicação das normas fiscais não devem ser a priori nem pró Fisco nem contra Fisco, mas em prol da lei" (BORGES, José Souto Maior. Um ensaio interdisciplinar em direito tributário: superação da dogmática. *RDDT*, n. 211/106, 2013).

– "Em tempos já remotos chegou-se à afirmação de que as leis fiscais eram odiosas, excepcionais e que a interpretação da lei tributária deveria ser feita restritivamente, só comportando a interpretação literal. Isto já é arqueologia fiscal, como também foram as chamadas interpretação *in dubio pro fisco* ou *in dubio contra fiscum* [...] na moderna literatura jurídica, a interpretação da lei tributária não é *pro fisco* nem *pro contribuinte* mas *pro lege* [...]. *A interpretação da norma material tributária deve, pois, ser estrita: nem ampliar nem restringir*" (NOGUEIRA, Ruy Barbosa. *Curso de direito tributário*. 14. ed. São Paulo: Saraiva, 1995, p. 89-90 e 102).

– "A expressão retórica corrente 'juiz fiscalista' é um 'ferro de madeira', uma contradição em termos e um agravo à função jurisdicional. A interpretação e aplicação das normas fiscais não deve ser *a priori* nem pró Fisco nem contra Fisco, mas em prol da lei" (BORGES, José Souto Maior. Um ensaio interdisciplinar em direito tributário: superação da dogmática. *RDDT* 211/106, 2013).

– **Adstrição ao conteúdo da norma.** "INTERPRETAÇÃO. CARGA CONSTRUTIVA. EXTENSÃO. Se é certo que toda interpretação traz em si carga construtiva, não menos correta exsurge a vinculação jurídico-constitucional. O fenômeno ocorre a partir das normas em vigor, variando de acordo com a formação profissional e humanística do intérprete. No exercício gratificante da arte de interpretar, descabe 'inserir na regra de direito o próprio juízo – por mais sensato que seja – sobre a finalidade que 'conviria' fosse por ele perseguida' – Celso Antônio Bandeira de Mello – em parecer inédito. Sendo o Direito uma ciência, o meio justifica o fim, mas não este aquele" (Lição do STF sobre a interpretação da legislação tributária, constante de ementa relativa ao julgamento do RE 166.772/RS, em que se discutiu a constitucionalidade das expressões autônomos e administradores contidas no inciso I do art. 3º da Lei n. 7.787/89, que indevidamente as incluiu no conceito de folha de salários do art. 195, inciso I, da Constituição). Obs: em nota ao art. 195, inciso I, da Constituição, vide inteiro teor desta ementa.

– **Conceitos jurídicos indeterminados**. A própria legislação, há algum tempo, seguindo tendência surgida no séc. XVIII, afrouxou o vínculo que prende os tribunais à lei, através da utilização, dentre outras técnicas, de conceitos jurídicos indeterminados, conceitos normativos, conceitos discricionários e cláusulas gerais. É a lição de Karl Engisch, que esclarece, ainda: "Por conceito jurídico indeterminado entendemos um conceito cujo conteúdo e extensão são em larga medida incertos. Os conceitos absolutamente determinados são muito raros no direito. [...] Os conceitos jurídicos são predominantemente indeterminados, pelo menos em parte. [...] podemos distinguir nos conceitos jurídicos indeterminados um núcleo conceitual e um halo conceitual. Sempre que temos uma noção clara do conteúdo e da extensão dum conceito, estamos no domínio do núcleo conceitual. Onde as dúvidas começam, começa o halo do conceito" (ENGISCH, Karl. *Introdução ao pensamento jurídico*. 6. ed. Lisboa: Fundação Calouste Gulbenkian, p. 208, tradução do original alemão intitulado *Einführung in das juristische denken*).

– Sobre os conceitos jurídicos indeterminados e as normas em branco, vide nota ao art. 150, I, da CF.

– **Atenção à exposição de motivos**. "... nada é preexcluído no espaço exegético. Assim, a exposição de motivos, os consideranda dos atos legislativos podem fornecer subsídios interpretativos que não devem ser desprezados no ato de aplicação" (BORGES, José Souto Maior. Um ensaio interdisciplinar em direito tributário: superação da dogmática. *RDDT* 211/106, 2013).

⇒ **Interpretação conforme a Constituição**. A validade de uma norma é verificada pela sua recondução às normas que lhe são superiores, tendo-se a Constituição como o topo. O exercício do poder de legislar presume-se, sempre, exercido de modo adequado, com observância das normas constitucionais. É o que se costuma designar por presunção de validade, por presunção de constitucionalidade. Só podemos concluir pela inconstitucionalidade de uma lei caso se evidencie a sua contrariedade ao Texto Maior. Diante de várias possibilidades de interpretação, pois, deve-se buscar aquela que revele a adequação do dispositivo legal à Constituição, de modo que se possa concluir pela validade do mesmo.

– **Princípios justificadores e limitadores da interpretação conforme**. "É no embate constante entre os princípios justificadores (presunção de legitimidade da leis, supremacia constitucional, unidade do ordenamento jurídico) e limitadores (separação funcional do Poder, proporcionalidade da lei), estes últimos relacionados com os limites literal e teleológico, segundo a classificação sugerida, que encontramos o dilema da aplicação do critério da interpretação conforme a Constituição" (ALMEIDA JÚNIOR, Fernando Osório. *Interpretação conforme a Constituição e direito tributário*. São Paulo: Dialética, 2002, p. 45).

– **Limites da interpretação conforme**. Cabe ter sempre presentes os limites da interpretação conforme. Pressupõe ela que o dispositivo em questão, ele próprio, dê ensejo a mais de uma interpretação, ou seja, que comporte várias possibilidades. Não se pode distorcer o dispositivo, contrariar o seu texto, enfim, desconsiderar a linguagem com a qual foi redigido. A par disso, também é indispensável não desgarrá-lo do seu contexto.

– "Procuram, portanto, o Tribunal Constitucional alemão e o Supremo Tribunal Federal brasileiro definir dois limites que impedem a utilização da interpretação conforme a Constituição: a) um limite liberal: deve o julgador cingir-se ao sentido literal da lei, não sendo lícito tentar, de forma artificiosa, despojá-la de seu conteúdo normativo; b) um limite teleológico: a lei não pode ser modificada de forma a se violar, em pontos essenciais, a sua finalidade" (ALMEIDA JÚNIOR, Fernando Osório. *Interpretação conforme a Constituição e direito tributário*. São Paulo: Dialética, 2002, p. 37-38).

– Eis o ensinamento do Min. Moreira Alves ao proferir a conferência inaugural no XXIV Simpósio do Centro de Extensão Universitária: "Nós não podemos dar interpretação 'conforme' contra a lei. A interpretação conforme só se admite quando, dentro do conteúdo significativo de uma lei, há possibilidade de várias interpretações. Então se diz que a única interpretação possível, que é esta, é compatível com a Constituição. Por isso mesmo é que, nesses casos, em ação direta de inconstitucionalidade se julga procedente em parte. Porque se afastam todas as interpretações que se considerem incompatíveis para dizer que a única compatível é aquela. Mas é preciso que seja interpretação permitida pela própria norma" (*Pesquisas Tributárias/Nova Série* n. 6, Direitos fundamentais do contribuinte, Coord. Ives Gandra da Silva Martins, São Paulo: Ed. RT e CEU, 2000).

– "A interpretação conforme à Constituição, se quer continuar a ser interpretação, não pode ultrapassar os limites que resultam do sentido literal possível e do contexto significativo da lei" (LARENZ, Karl. *Metodologia da ciência do direito*. Lisboa: Fundação Calouste Gulbenkian, 1983, p. 411).

– Há um acórdão muito interessante em que o STF trabalhou no sentido de buscar uma interpretação conforme a Constituição. Nele, foi ressaltado que não se deve concluir pela inconstitucionalidade de uma determinada norma quando haja possibilidade de lhe dar interpretação conforme a Constituição, ainda que isso implique sua aplicação a hipóteses restritas. Refiro-me ao REx 172.058, em que foi questionado o art. 35 da Lei 7.713/88 (vide a ementa desse acórdão em nota ao art. 153, III, da CF, sob a rubrica *Imposto de renda dos sócios com base no lucro da pessoa jurídica antes da sua distribuição aos mesmos*).

– "... *holding* a provision unconstitutional is quite different from holding that it says what it does not; constitutional doubt may validly be used to affect the interpretation of an ambiguous statute, see United States v. Delaware & Hudson Co., 213 U.S. 366, 407-08 (1909), but not rewrite a clear one, see Moore Ice Cream Co. v. Rose, 289, U.S. 373, 379 (1933)" (SCALIA, Antonin. *A Matter of Interpretation*. Princenton, 1997, nota de rodapé da fl. 20).

– "Cabe, nesse sentido, uma menção ao preceito hermenêutico da interpretação conforme a Constituição, desenvolvido na jurisprudência da Corte Constitucional Alemã e elevado a princípio hermenêutico de larga difusão no Direito Constitucional. Segundo ele, uma disposição só é inconstitucional [...] quando não pode ser interpretada em conformidade com a constituição. Deve-se, em consequência, examinar, antes de mais nada, se uma interpretação que conduz à inconstitucionalidade dos dispositivos, é a única possível, ou se é possível também uma outra da qual resulte a conformidade com a Constituição. Se esta é possível e não contradiz os princípios constitucionais, deve-se preferi-la a qualquer outra. Ou em outros termos, uma inconstitucionalidade não se presume, devendo o intérprete buscar preferencialmente, a interpretação condizente com o mínimo de prejuízo para o bem comum, procurando-se preservar o máximo do que, segundo o teor (e não o mero texto *Verweisungs-tenor*) da Constituição, se pode preservar, sem, obviamente, defraudar ou falsear, num ponto essencial, a meta legislativa" (FERRAZ JUNIOR, Tercio Sampaio. A noção de lei específica no art. 150, § 6º, da CF e a recepção dos Decretos-Leis ns. 2.163/84 e 1.184/71. *RDT* 70/181-188).

– **Inconstitucionalidade parcial sem redução de texto.** Quando, da análise de um dispositivo legal, se verifica a possibilidade da sua aplicação a diversas situações, sendo que, relativamente a uma ou algumas delas apenas, sua aplicação se revelaria inconstitucional, abre-se ensejo ao que se denomina de declaração de inconstitucionalidade parcial sem redução de texto. Com tal reconhecimento, impede-se a aplicação que resultaria em inconstitucionalidade. Note-se: para tanto, impõe-se que o dispositivo legal tenha uma esfera de aplicação válida. A inconstitucionalidade parcial sem redução de texto pressupõe a "interpretação conforme", mas com ela não se identifica.

Art. 108. Na ausência de disposição expressa, a autoridade competente para aplicar a legislação tributária utilizará sucessivamente, na ordem indicada:

⇒ **Ausência de hierarquia entre os critérios de integração.** "Deve-se salientar que a hierarquia de pressupostos de integração disciplinada pelo art. 108 do CTN é por demais equivocada, pois, para se integrar o ordenamento jurídico, não se pode estabelecer qualquer critério de ordem quanto aos pressupostos utilizados no artigo supramencionado, ficando esta valoração a cargo do intérprete" (SILVA, Alexandre Alberto Teodoro da. Os limites da integração no direito tributário. *RTFP* 56/96, 2004).

– Paulo de Barros Carvalho, forte em que a interpretação é atividade complexa, diz que, em verdade, todos os recursos apontados nos incisos agem simultaneamente sobre o espírito do exegeta.

– "Enseja crítica a dicção deste artigo, pois... a interpretação resulta da conjugação de diversos métodos, cujo emprego independe da observância de critério cronológico. Cremos que o entendimento que viabiliza emprestar-se validade ao dispositivo legal é aquele que considera tal 'roteiro' como meramente indicativo ao intérprete da legislação tributária, não estampando,

portanto, uma ordem a ser rigorosamente seguida ou, mesmo, um rol taxativo de itens" (COSTA, Regina Helena. *Curso de direito tributário*. 5. ed. São Paulo: Saraiva, 2015, p. 184).

I – a analogia;

⇒ **Analogia e interpretação extensiva.** Não se pode confundir a analogia com a chamada interpretação extensiva. Na analogia, há integração da legislação tributária mediante aplicação da lei a situação de fato nela não prevista, embora semelhante àquela a qual a lei se refere expressamente; na interpretação extensiva, não há integração da legislação tributária, pois se trabalha dentro dos lindes da sua incidência.

– "3. Não se pode confundir analogia com interpretação analógica ou extensiva. A analogia é técnica de integração, vale dizer, recurso de que se vale o operador do direito diante de uma lacuna no ordenamento jurídico. Já a interpretação, seja ela extensiva ou analógica, objetiva desvendar o sentido e o alcance da norma, para então definir-lhe, com certeza, a sua extensão. A norma existe, sendo o método interpretativo necessário, apenas, para precisar-lhe os contornos" (STJ, REsp 121.428, 2004).

– **Contra a interpretação extensiva.** "3. A relação jurídica tributária pauta-se pelo princípio da legalidade estrita, razão pela qual impõe-se ao julgador ater-se aos critérios estabelecidos em lei, não lhe sendo permitido qualquer interpretação extensiva para determinar a incidência ou afastamento de lei tributária isentiva" (STJ, REsp 998.727, 2010).

⇒ **Aplicação da analogia pressupõe lacuna na "legislação tributária".** "4. Nos termos do art. 108 do CTN, a analogia só é aplicada na ausência de disposição expressa na 'legislação tributária'. Por essa expressão, identificam-se não apenas as leis, tratados e decretos, mas, também, os atos normativos expedidos pela autoridade administrativa (arts. 96 e 100 do CTN)" (STJ, REsp 1.037.560, 2008).

– "Problema diferente é o da analogia, que muitos autores apresentam como processo de interpretação. Não parecem estar com a razão os que assim pensam. A analogia é meio de integração da ordem jurídica, através do qual, formulando raciocínios indutivos com base num dispositivo legal (*analogia legis*), ou em um conjunto de normas ou dispositivos legais combinados (*analogia juris*), se preenche a lacuna existente em determinada lei. Nesse caso, há criação de direito, ainda que o processo criador esteja vinculado à norma ou às normas preexistentes levadas em consideração. Já agora, em homenagem ao princípio da legalidade dos tributos, cabe excluir a aplicação analógica da lei, toda vez que dela resulte a criação de um débito tributário. A não ser nesse particular, o processo analógico é tão plausível em direito tributário quanto em qualquer outra disciplina, ressalvado, eventualmente, como em todos os demais ramos jurídicos, algum preceito de direito excepcional" (FALCÃO, Amílcar. *Introdução ao direito tributário*. Rio de Janeiro: Forense, 1994, p. 64-65).

– "Não há falar em analogia onde não existem lacunas ou omissões da lei..." (FALCÃO, Amílcar. *Fato gerador da obrigação tributária*. 5. ed. Rio de Janeiro: Forense, 1994, p. 23).

– **Lacuna x "silêncio eloquente".** "... só se aplica a analogia quando, na lei, haja lacuna, e não o que os alemães denominam 'silêncio eloquente' (*beredtes Schweigen*), que é o silêncio que traduz que a hipótese contemplada é a única a que se aplica o preceito legal, não se admitindo, portanto, aí o emprego da analogia" (excerto do voto do Min. Moreira Alves quando do julgamento, pela 1ª Turma do STF, do RE 130.552/SP, jun. 1991, *RTJ* 136/1342).

– O uso da analogia serve à praticabilidade da tributação. Já entendeu o STJ, referindo a doutrina de Regina Helena Costa, que "o uso de analogia – cercado das devidas cautelas – serve à praticabilidade tributária, na medida em que, como meio de integração da legislação tributária, permite suprir as lacunas do ordenamento, que poderiam causar dificuldades tanto no exercício de direitos pelo contribuinte quanto na fiscalização e arrecadação dos tributos" (STJ, REsp 1.125.528, 2016).

⇒ **Exemplos de aplicação da analogia.** Há muitos casos em que se verifica a aplicação, por analogia, de dispositivos legais em matéria tributária.

– "O Sistema Tributário Nacional, encartado em capítulo próprio da Carta Federal, encampa a expressão "instituições de assistência social e educação" prescrita no art. 150, VI, *c*, cuja conceituação e regime jurídico aplica-se, por analogia, à expressão 'entidades beneficentes de assistência social' contida no art. 195, § 7º, à luz da interpretação histórica dos textos das CF/46, CF/67 e CF/69, e das premissas fixadas no verbete da Súmula n. 730. É que até o advento da CF/88 ainda não havia sido cunhado o conceito de 'seguridade social', nos termos em que definidos pelo art. 203, inexistindo distinção clara entre previdência, assistência social e saúde, a partir dos critérios de generalidade e gratuidade" (STF, RE 636.941, 2014, excerto do voto condutor).

– Aplicação do art. 14 do CTN também para as imunidades a contribuições de seguridade social. O art. 14 do CTN regula a imunidade a impostos de que trata o art. 150, VI, *c*, da CF, mas, na ausência de lei complementar que regule especificamente a imunidade a contribuições, de que trata o art. 195, § 7º, da CF, o STF o aplica, também a essa.

– Aplicação do art. 111 do CTN também para imunidades. O art. 111 do CTN diz respeito à interpretação literal (estrita) em matéria de isenções, mas é aplicado também em matéria de imunidades por serem consideradas regras de exceção.

– Aplicação do art. 55 da Lei n. 8.212/91 também à contribuição ao PIS. A imunidade a contribuições de seguridade social do art. 195, § 7º, da CF, foi condicionada ao cumprimento de requisitos estabelecidos no art. 55 da Lei n. 8.212/91 que, no entanto, referiu as contribuições previdenciárias, sobre o lucro e a Cofins, mas deixou de referir a contribuição ao PIS. Em face da lacuna, entenderam os tribunais que era aplicável também no que se refere à contribuição ao PIS, porquanto a situação era a mesma, merecendo igual tratamento.

II – os princípios gerais de direito tributário;

⇒ **Princípios gerais de Direito Tributário.** A CF não traz um rol de princípios em matéria tributária. Costuma-se tomar as limitações constitucionais ao poder de tributar como princípios, mas esse critério não é adequado. O rol de limitações constantes do art. 150 da CF traz princípios e regras, além do

que há outros que se pode extrair do sistema. Podemos elencar os seguintes princípios gerais de Direito Tributário: princípios da capacidade contributiva (que determina se busque a graduação dos tributos conforme as possibilidades de cada um, sendo que, por maior que seja a capacidade contributiva, tal não legitimará o confisco), da isonomia (não estabelecer diferenças em matéria tributária sem razão suficiente embasada no critério da capacidade contributiva ou na efetiva e justificável utilização extrafiscal do tributo), da segurança jurídica (concretizado pelas garantias da legalidade, da irretroatividade e da anterioridade) e da uniformidade geográfica (tributação, pela União, uniforme em todo o território nacional). É certo, ainda, que o Direito Tributário está sob a influência dos demais princípios que regem o Estado.

– Nem todas as limitações ao poder de tributar tem estrutura de norma-princípio. A irretroatividade e a anterioridade tributárias, por exemplo, são, essencialmente, regras concretizadoras do princípio da segurança jurídica enquanto certeza do direito.

– Sobre o princípio da **capacidade contributiva**, vide art. 145, § 1º, da CF; da **isonomia tributária**, art. 150, II, da CF; da **legalidade tributária**, art. 150, I, da CF; da **territorialidade**, art. 114 do CTN e 43, § 1º, do CTN; da **vedação do confisco**, art. 150, IV, da CF; da **uniformidade geográfica**, art. 151, I, da CF.

• Vide: ZÚÑIGA, Eddy De la Guerra. El verdadero rol de los principios tributarios y el surgimiento de los derechos del contribuyente. *RFDT* 100, 2019.

• **Princípio da segurança jurídica.** O preâmbulo da Constituição da República Federativa do Brasil anuncia a instituição de um Estado Democrático que tem como valor supremo, dentre outros, a segurança. Segurança é a qualidade daquilo que está livre de perigo, livre de risco, protegido, acautelado, garantido, do que se pode ter certeza ou, ainda, daquilo em que se pode ter confiança, convicção. O Estado de Direito constitui, por si só, uma referência de segurança. Esta se revela com detalhamento, ademais, em inúmeros dispositivos constitucionais, especialmente em garantias que visam a proteger, acautelar, garantir, livrar de risco e assegurar, prover certeza e confiança, resguardando as pessoas do arbítrio. A garantia e a determinação de promoção da segurança revelam-se no plano deôntico, implicitamente, como princípio da segurança jurídica. Todo o conteúdo normativo do princípio da segurança jurídica se projeta na matéria tributária.

– Que as pessoas possam "plasmar digna e responsavelmente o seu presente e fazer um planejamento estratégico juridicamente informado do seu futuro"! (ÁVILA, Humberto. *Teoria da segurança jurídica*. 4. ed. São Paulo: Malheiros, 2016, p. 286).

• Vide: PAULSEN, Leandro. *Segurança jurídica, certeza do direito e tributação*: a concretização da certeza quanto à instituição de tributos através das garantias da legalidade, da irretroatividade e da anterioridade. Porto Alegre: Livraria do Advogado, 2006. ÁVILA, Humberto. *Segurança jurídica*. 2. ed. São Paulo: Malheiros, 2012. TORRES, Heleno Taveira. *Direito constitucional tributário e segurança jurídica*. 2. ed. São Paulo: RT, 2012.

– Conteúdo de certeza do direito. Relativamente à certeza do direito na instituição e à majoração de tributos, o princípio da segurança jurídica se concretiza nas garantias da legalidade, da irretroatividade e das anterioridades de exercício e nonagesimais mínima e especial, demonstrando a garantia adicional que representam para o contribuinte se comparadas ao princípio geral da legalidade e às garantias gerais de proteção ao direito adquirido, ao ato jurídico perfeito e à coisa julgada.

– Conteúdo de intangibilidade das posições jurídicas. Podemos vislumbrá-lo como garantidor da intangibilidade das posições jurídicas, por exemplo, no que diz respeito à consideração da formalização de um parcelamento de dívida tributária como ato jurídico perfeito, a vincular o contribuinte e o ente tributante, gerando todos os efeitos previstos nas normas gerais de Direito Tributário, como a suspensão da exigibilidade do crédito tributário (art. 151, VI, do CTN) e o consequente direito a certidões negativas de débito (art. 206 do CTN). Já no caso das isenções onerosas, cumpridas as condições, surge para o contribuinte direito adquirido ao gozo do benefício pelo prazo previsto em lei, restando impedida a revogação ou modificação da isenção a qualquer tempo quando concedida por prazo certo e em função de determinadas condições (art. 178 do CTN). Nesses casos, inclusive, é aplicável a garantia estampada no art. 5º, XXXVI, da CF.

– Conteúdo de estabilidade das situações jurídicas. A garantia de estabilidade das situações jurídicas também se evidencia nos arts. 150, § 4º, 173 e 174 do CTN ao estabelecerem prazos decadenciais (para a constituição de créditos tributários) e prescricionais (para a exigência compulsória dos créditos) a correrem contra o Fisco, bem como no art. 168 do CTN em combinação com o art. 3º da LC n. 118/2004, que estabelece prazo decadencial contra o contribuinte, dentro do qual deve exercer seu direito ao ressarcimento de indébito tributário por compensação ou repetição.

– Conteúdo de confiança no tráfego jurídico. A proteção à confiança do contribuinte, por sua vez, fundamenta, por exemplo, o art. 100 do CTN, que estabelece que a observância das normas complementares das leis e dos decretos (atos normativos, decisões administrativas com eficácia normativa, práticas reiteradamente observadas pelas autoridades administrativas e convênios entre os entes políticos) exclui a imposição de penalidades e a cobrança de juros de mora e inclusive a atualização do valor monetário da base de cálculo do tributo. O art. 146 do CTN, igualmente, resguarda a confiança do contribuinte, mas quanto a mudanças nos critérios jurídicos adotados pela autoridade administrativa para fins de lançamento. Mesmo a título de proteção à boa-fé, tem-se a proteção do contribuinte em casos de circulação de bens importados sem o pagamento dos tributos devidos. Temos, em todos esses casos, a garantia da confiança no tráfego jurídico.

– Conteúdo de tutela jurisdicional. Note-se, ainda, a ampla gama de instrumentos processuais colocados à disposição do contribuinte para o questionamento de créditos tributários, tanto na esfera administrativa, através, principalmente, do Decreto n. 70.235/72 (o chamado processo administrativo fiscal, que assegura direito à impugnação e recursos), como na esfera judicial, destacando-se a amplitude que se reconhece ao mandado de segurança em matéria tributária e os meios específicos para a dedução de direitos em juízo, como a ação anulatória prevista no art. 40 da LEF e as ações consignatória e de repetição de indébito

tributário, disciplinadas, respectivamente, nos arts. 164 e 165 do CTN. Em se tratando de acesso à jurisdição, remédios e garantias processuais, impende considerar, ainda, que têm plena aplicação também em matéria tributária, dentre outros, os incisos XXXV, LIV, LV, LVI, LXIX e LXX do art. 5º da Constituição. Evidencia-se, assim, a segurança jurídica enquanto tutela jurisdicional.

– A segurança jurídica como sobreprincípio em matéria tributária. O princípio da segurança jurídica constitui, ao mesmo tempo, um subprincípio do princípio do Estado de Direito e um sobreprincípio relativamente a princípios decorrentes que se prestam à afirmação de normas importantes para a efetivação da segurança. Fundamentando e dando sentido a diversas das limitações constitucionais ao poder de tributar, o princípio da segurança jurídica atua como sobreprincípio em matéria tributária, implicando uma visão axiológica convergente da legalidade, da irretroatividade e da anterioridade, garantias que asseguram a certeza do direito de modo mais intenso que nas demais searas de regulamentação das relações com a Administração ou mesmo privadas. A compreensão das garantias dos arts. 150, I, II, III, *a*, *b* e *c*, e 195, § 6º, da CRFB como realizadoras da certeza do direito no que diz respeito à instituição e à majoração de tributos permite que se perceba mais adequadamente o conteúdo normativo de cada uma delas, o que é indispensável à sua aplicação em consonância com o princípio que promovem.

– Sobre o princípio da segurança jurídica como subprincípio do Estado de Direito e sobre o princípio da confiança como elemento do princípio da segurança jurídica, vide o acórdão relatado pelo Min. Gilmar Mendes no MS 24.268/MG, em fevereiro de 2004.

• Vide, ainda, notas aos arts. 150, I e III, da CF, 153, I, da CF e 146 do CTN.

⇒ **Princípio da praticabilidade da tributação como princípio.** "A praticabilidade, também conhecida como praticidade, pragmatismo ou factibilidade, pode ser traduzida, em sua acepção jurídica, no conjunto de técnicas que visam a viabilizar a adequada execução do ordenamento jurídico. [...] Trata-se de autêntico princípio, e não simples regra jurídica, porque ostenta os traços característicos daquela espécie normativa: (i) elevado grau de generalidade e abstração, irradiando seus efeitos sobre múltiplas normas; e (ii) contempla valor considerado fundamental para a sociedade, qual seja, a viabilização do atingimento do interesse público objetivado nos atos estatais, no campo tributário. Assim, laborará na orientação dos agentes públicos acerca da interpretação e da aplicação a serem dadas a outras normas jurídicas tributárias. [...] O princípio da praticabilidade tributária constitui limite objetivo destinado à realização de diversos valores, podendo ser apresentado com a seguinte formulação: as leis tributárias devem ser exequíveis, propiciando o atingimento dos fins de interesse público por elas objetivados – quais seja, o adequado cumprimento de seus comandos pelos administrados, de maneira simples e eficiente, e a devida arrecadação dos tributos. Em consequência, os atos estatais de aplicação de tais leis – administrativos e jurisdicionais – ficam jungidos aos ditames da praticabilidade, de modo a não frustrar a finalidade pública estampada na lei. [...] Assinale-se ser inegável sua natureza técnica, o que impede que seja colocada no mesmo patamar dos princípios éticos, como a justiça e a moralidade... No entanto, não se pode desprezar sua importância, na medida em que contribui para a realização desses valores" (COSTA, Regina Helena. *Praticabilidade e justiça tributária*. São Paulo: Malheiros, 2007, p. 388-390).

– "As técnicas de execução simplificadora do direito, em homenagem à ideia de 'praticidade', têm como objetivo evitar a investigação exaustiva do caso isolado, para mitigar os custos na aplicação da lei e dispensar a coleta de provas difíceis em cada caso concreto. Sua importância se mostra acentuada em áreas que demandam a aplicação em massa da lei, como é o caso do Direito Tributário, no qual o universo de contribuintes sujeitos à tributação é significativo e cresce em maior proporção que a própria capacidade do aparato administrativo fiscal. A 'praticidade', em síntese, é princípio que reclama mecanismos e condições hábeis a garantir uma execução eficiente e econômica das leis. Nesse compasso, agradando ou não, a 'praticidade tributária' é princípio reitor do Direito Tributário, necessário para que se possa assegurar uma tributação eficaz" (SANTOS, Amanda Duque dos; BATISTA JÚNIOR, Onofre Alves. A legitimidade ativa do contribuinte de fato do ICMS (energia elétrica) para pleitear repetição de valores pagos a maior ou indevidamente – uma breve análise crítica da jurisprudência do STJ. *RDDT* 214/7, 2013).

– **Modos de efetivação da praticabilidade.** "A praticabilidade tributária, como princípio difuso no ordenamento jurídico, manifesta-se por meio de diversos instrumentos: de um lado, as chamadas abstrações generalizantes, abrangentes das presunções, ficções e indícios, de conceitos jurídicos indeterminados, cláusulas gerais, normas em branco e normas de simplificação; de outro, expedientes como a analogia, as técnicas de privatização da gestão tributária e os meios alternativos de solução de conflitos tributários" (COSTA, Regina Helena. *Praticabilidade e justiça tributária*. São Paulo: Malheiros, 2007, p. 394).

– **Sujeição passiva.** Vide: RIBEIRO, Ricardo Lodi. A praticabilidade e o deslocamento da sujeição passiva tributária. *RFDT* 97, 2019.

– **A utilização de presunções.** "O valor-meio (ou função) das presunções no direito tributário pode ser observado tanto no conteúdo, enquanto disciplina de direito material, quanto na forma, como matéria tangente ao domínio processual. Como valor-meio de direito material, as presunções funcionariam com o objetivo de: disciplinar o procedimento de construção de fatos jurídicos; tipificar os elementos substanciais do suposto do fato; reduzir os elementos essenciais que, na realidade, se apresentam inexatos ou inapreensíveis para o direito; conferir a determinado fato uma específica natureza jurídica; atribuir a um fato efeito jurídico próprio e/ou diverso do que em regra lhe seria conferido. No campo processual, apresentar-se-ia como modo de: (a) suprir deficiências probatórias; (b) evitar a investigação exaustiva do caso isolado; (c) dispensar a colheita de provas difíceis ou mesmo impossíveis em cada caso concreto ou aquelas que representem ingerência indevida na esfera privada do cidadão; (d) instrumentar e dar início ao procedimento administrativo tendente à apuração de eventual ocorrência de fato imponível e imputação dos respectivos efeitos; (e) diminuir o arbítrio do juiz quanto ao

critério de apreciação das provas; (g) evitar dificuldade excessiva na produção de provas; (f) facilitar ao juiz a decisão das questões de fato; entre outros" (HARET, Florence. *Teoria e prática das presunções no direito tributário*. São Paulo: Noeses, 2010, p. 818).

– "Entre os valores-fins das presunções, encontramo-las no sistema para (i) simplificar a arrecadação, (ii) favorecer a tarefa de fiscalização, (iii) simplificar a gestão tributária como um todo; de outro, como mecanismos (a) contra ou em repressão a fraude à lei fiscal, prescritos para desencorajar os comportamentos do particular; tendentes à evasão fiscal, (b) preservadores do interesse público – sem que isso seja lido na forma de benefício integral à Fazenda Pública, mas, sim, como vantagem ao sistema jurídico tributário constitucionalmente estabelecido como um todo –, (d) ou mesmo do interesse social, isto é, da segurança das relações sociais (e) de concessão de benefícios fiscais, e outras tantas finalidades que se queiram delinear no sentido de buscar, mediante presunções, objetivo ouro que não somente o arrecadatório" (HARET, Florence. *Teoria e prática das presunções no direito tributário*. São Paulo: Noeses, 2010, p. 818).

• Vide também: ZANELLATO FILHO, Paulo José. Notas sobre as presunções no direito tributário: Uma análise sobre o manto da transparência e praticabilidade. In: GRUPENMACHER, Betina Treiger (coord.). *Tributação: democracia e liberdade*. São Paulo: Noeses, 2014, p. 437-438.

– **Limites à praticabilidade.** "É preciso empreender esforço para compatibilizar, de um lado, os benefícios propiciados pela praticabilidade e, de outro, o prejuízo que as técnicas voltadas ao seu alcance certamente acarretam à justiça individual, buscando um ponto de equilíbrio entre os dois valores. [...] podemos apontar como limites à praticabilidade tributária os seguintes: (i) a veiculação dos instrumentos de praticabilidade tributária por lei; (ii) a observância do princípio da capacidade contributiva e subsidiariedade da utilização de técnicas presuntivas; (iii) a impossibilidade da adoção de presunções absolutas ou ficções para efeito de instituição de obrigações tributárias; (iv) a transparência na adoção de técnicas presuntivas; (v) a observância do princípio da razoabilidade; (vi) o respeito à repartição constitucional de competências tributárias; (vii) a justificação das normas de simplificação; (viii) o caráter opcional e benéfico aos contribuintes dos regimes normativos de simplificação ou padronização; (ix) a limitação do recurso às cláusulas gerais, conceitos jurídicos indeterminados e de competências discricionárias pelo princípio da especificidade conceitual (ou tipicidade); (x) o equilíbrio na implementação da privatização da gestão tributária; e (xi) o respeito aos direitos e princípios fundamentais. [...] No plano hipotético, cumpre ao legislador buscar o ponto de equilíbrio entre a justiça e a praticabilidade, para que, ao invés de utilizá-la como instrumento ofensivo à ideia de justiça, esta seja realizável por meio daquela. A praticabilidade realiza a justiça viável, exequível. De nada adiantaria falar numa justiça tributária inatingível, etérea, autêntico devaneio diante de um ordenamento jurídico cuja aplicação não leva em conta os valores que a compõem. [...] Diversamente, se o embate entre justiça e praticabilidade se revelar diante de um caso concreto, estaremos diante de verdadeira colisão de princípios constitucionais, a ser resolvida pelo método da ponderação, desenvolvido por Robert Alexy. Assim, verificada a colisão de tais princípios, forçoso empreender a construção de uma regra para o caso concreto, mediante a atribuição de pesos aos diferentes interesses colidentes, de modo a dar aplicação, na maior medida possível, ao princípio mais relevante em face das circunstâncias específicas sob apreciação" (COSTA, Regina Helena. *Praticabilidade e justiça tributária*. São Paulo: Malheiros, 2007, p. 398-406).

– "Mesmo uma ordem jurídica impregnada de princípios adequados ao caso precisa ser prática. Especialmente uma administração de casos massificados com a administração tributária não passa sem normas de finalidade simplificadora. Tais normas devem possibilitar ou suavizar a 'operação de massa' da imposição; elas devem impedir hipercomplicação e intramitabilidade das leis ou despesas administrativas desproporcionais (princípio da praticabilidade). Porque leis que não são práticas não podem ser uniformemente executadas, preceitos de finalidade simplificadora favorecem em última instância também à regra da igualdade. Todavia, o princípio da praticabilidade não tem – como princípio primário de oportunidade – a mesma validade dos princípios éticos. O lucro da praticabilidade não pode ser obtido através da perda considerável da justiça do caso concreto" (TIPKE, Klaus; LANG, Joachim. *Direito tributário* (Steuerrecht). Tradução da 18ª edição alemã por Luiz Dória Furquim. Porto Alegre: Fabris, 2008, v. 1, p. 232-233).

• Vide também: CARDOSO, Alessandro Mendes. A responsabilidade do substituto tributário e os limites à praticidade. *RFDT* 21, 2006.

– **Nas taxas.** "Conquanto a liberdade de o legislador tributário lançar mão de expedientes de praticabilidade esteja mais cercada no tocante às taxas que em relação aos impostos, é justamente em relação àquelas que se revela mais exigida a utilização desses instrumentos, de modo a superar as barreiras existentes para a mensuração do custo da atividade estatal e sua repartição entre os contribuinte, viabilizando sua quantificação" (COSTA, Regina Helena. *Praticabilidade e justiça tributária*. São Paulo: Malheiros, 2007, p. 390).

– "O princípio da praticabilidade, tão bem trabalhado entre nós por MISABEL DERZI, juridiciza essa constatação elementar, que tampouco passa despercebida ao STF. Nos autos da Representação de Inconstitucionalidade n. 1.077/84, Min. MOREIRA ALVES, declarou a Corte que não se pode exigir do legislador mais do que 'equivalência razoável entre o custo real dos serviços e o montante a que pode ser compelido o contribuinte a pagar, tendo em vista a base de cálculo estabelecida pela lei e o *quantum* da alíquota por esta fixado'. Ora, é razoável supor que a receita bruta de um estabelecimento varie segundo o seu tamanho e a intensidade de suas atividades. É razoável ainda pretender que empreendimentos com maior grau de poluição potencial ou de utilização de recursos naturais requeiram controle e fiscalização mais rigorosos e demorados da parte do IBAMA" (excerto do voto do Min. Carlos Velloso por ocasião do julgamento, pelo STF, do RE 416.601, 2005).

– **Como técnica de tributação.** "Chegamos ao entendimento de que se trata de uma técnica usada em prol da eficiência e da boa administração, e não de um princípio, como entendem muitos autores. A praticidade, ainda que considerada como um princípio, seria, como afirma Misabel Derzi, um princípio técnico, razão pela qual entendemos não teria supremacia sobre os princípios decorrentes do primado da justiça. [...] em nome da praticidade são postos vários mecanismos como esquematizações, abstrações, generalizações, presunções, ficções, enumerações taxativas, etc. Isto tudo sempre visando possibilitar uma execução simplificada, econômica e viável das leis. No entanto, para aplicação... de preceitos fundados na praticidade, é preciso previamente aferir a existência de possíveis dissonâncias dos mecanismos deste instituto em face de todos os valores desenhados na Constituição Federal..." (FERNANDES, Bruno Rocha Cesar. Praticidade no direito tributário: princípio ou técnica? Uma análise à luz da Justiça Federal. *RET* 56/106, 2007).

– **Praticabilidade na legislação portuguesa.** O Código de Procedimento e de Processo Tributário português, aprovado pelo DL n. 433/99, refere-se à praticabilidade em seu título II, relativo ao procedimento tributário: "Art. 46º Os actos a adaptar no procedimento serão os adequados aos objetivos a atingir, de acordo com os princípios da proporcionalidade, eficiência, praticabilidade e simplicidade".

⇒ **Princípio da capacidade colaborativa.** Propomos que se infira do ordenamento jurídico tributário não apenas o princípio da capacidade contributiva – hoje, inclusive, consagrado expressamente pela Constituição –, mas também o princípio da capacidade de colaboração. O princípio da capacidade de colaboração está para a instituição de obrigações acessórias assim como o princípio da capacidade contributiva está para a instituição de tributos: lhes dá suporte, justificativa e medida. A capacidade de colaboração é requisito para a instituição de deveres de colaboração, enquanto a capacidade contributiva o é quanto à instituição de tributos. O paralelo é pertinente e esclarecedor. Só faz sentido impor a alguém prestações positivas ou negativas no interesse da arrecadação ou da fiscalização de tributos se tais prestações forem úteis. Para tanto, faz-se necessário que o respectivo sujeito passivo dessas obrigações acessórias guarde alguma relação com o fato gerador ou com o contribuinte, de modo que essa proximidade lhe permita um agir que facilite a fiscalização ou a arrecadação, induza o pagamento dos tributos, restrinja a sonegação etc. As obrigações tributárias acessórias são autônomas relativamente às obrigações principais, mas só se justificam porque é necessário fiscalizar e assegurar a arrecadação. Assim, invariavelmente, guardam relação com os fatos geradores. O contribuinte sempre terá condições de colaborar com a fiscalização tributária prestando informações sobre os fatos geradores por ele próprio realizados. Outras pessoas, por vezes denominados terceiros, por relacionarem-se com os contribuintes, testemunhando a realização dos fatos geradores, também poderão ter evidenciada sua capacidade de colaboração com a administração tributária. Estão, assim, em condições de colaborar para que a tributação ocorra de modo adequado. Dispondo de informações sobre atividades econômicas que digam respeito a fatos geradores realizados pelo contribuinte, podem prestá-las ao Fisco. Dependendo delas a realização de determinados negócios, podem exigir a comprovação do recolhimento de tributos como requisito. Cabendo-lhes o transporte de bens, podem ter a cautela de exigir que os produtos estejam acompanhados por nota fiscal. A instituição de obrigações acessórias no interesse da arrecadação ou da fiscalização dos tributos ou mesmo a atribuição da condição de substituto ou de responsável tributários pressupõe, efetivamente, que os respectivos obrigados estejam de alguma maneira vinculados aos fatos geradores ou aos contribuintes. O art. 128 do CTN, por exemplo, à possibilidade de a lei atribuir a responsabilidade pelo crédito tributário a terceira pessoa, adverte: "vinculada ao fato gerador da respectiva obrigação". Esse requisito consubstancia, justamente, a exigência de capacidade de colaboração. Só quem está vinculado ao fato gerador e, portanto, dele tem conhecimento, relacionando-se com o contribuinte é que tem condições de colaborar com a administração tributária e, eventualmente, por descumprir tais deveres, ensejando dano ao fisco, ser colocado como garantidor do crédito tributário. A substituição tributária, por exemplo, via de regra, faz-se mediante retenção, o que pressupõe a disponibilidade, pelo substituto, dos valores de titularidade do contribuinte. Os arts. 134 e 135 do CTN, ao disporem sobre a responsabilidade de terceiros, sempre a estabelecem em face do vínculo desses terceiros com o contribuinte, pressupondo, até mesmo, certa ascendência relativamente ao mesmo, de modo que tenham como colaborar para evitar o descumprimento da obrigação pelo contribuinte. São os casos dos pais relativamente aos filhos menores, dos tutores e curadores relativamente aos tutelados e curatelados, dos administradores de bens de terceiros relativamente a estes, do inventariante relativamente ao espólio, do administrador judicial relativamente à empresa sob recuperação ou falência, dos tabeliães relativamente às partes dos negócios realizados perante eles, dos sócios relativamente às sociedades de pessoas que integram. Também é o caso dos mandatários, prepostos e empregados, diretores, gerentes ou representantes relativamente às empresas em nome de quem agem ou que representam. O art. 197 do CTN, ao dizer da prestação de informações à autoridade administrativa, refere as "informações de que disponham com relação aos bens, negócios ou atividades de terceiros". Efetivamente, deve estar ao alcance do sujeito passivo da obrigação acessória prestar a colaboração que dele se exige. No caso, os terceiros são os contribuintes a respeito de quem se informará algo relevante para a fiscalização tributária. O princípio da capacidade colaborativa auxilia a compreensão dessas obrigações acessórias, de substituição e de responsabilidade tributárias e aporta instrumentos para a sua instituição e para o seu controle. A razoabilidade e a proporcionalidade de tais obrigações dependerá da verificação da capacidade de colaboração dos sujeitos passivos dessas relações. Vide sobre o dever de colaboração com a tributação em nota introdutória à CF.

• Vide: PAULSEN, Leandro. *Capacidade colaborativa:* princípio de direito tributário para obrigações acessórias e de terceiros. Porto Alegre: Livraria do Advogado, 2014.

⇒ **Princípio da liberdade de gestão fiscal.** "... tanto os indivíduos como as empresas podem, designadamente verter a sua acção econômica em actos jurídicos e actos não jurídicos de acordo com a sua autonomia privada, guiando-se mesmo por critérios de elisão ou evitação dos impostos (*tax avoidance*) ou de aforro fiscal, desde que, por uma tal via, não se violem as leis fiscais, nem se abuse da (liberdade de) configuração jurídica dos actos tributários, provocando evasão fiscal ou fuga aos impostos através de puras manobras ou disfarces jurídicos da realidade econômica (*tax evasion*). [...] a liberdade de gestão fiscal constitui um princípio constitucional do maior significado em sede da tributação das empresas. Muito embora se trate de uma liberdade que, como todos os direitos e liberdades, mesmo fundamentais não pode deixar de ter limites. [...] Manobras e disfarces estes contra os quais se procura lutar presentemente através de uma cláusula geral antiabuso, como a que figura no n. 2 do art. 38º da Lei Geral Tributária (LGT) portuguesa, ou de específicas disposições legais, como as constantes dos arts. 58º a 61º do Código do IRC. Quanto à cláusula geral antiabuso portuguesa, encontra-se a mesma formulada nestes termos, no referido n. 2 do art. 38 da LGT: 'são ineficazes no âmbito tributário os actos ou negócios jurídicos essencial ou principalmente dirigidos, por meios artificiosos ou fraudulentos e com abuso das formas jurídicas, à redução, eliminação ou diferimento temporal de impostos que seriam devidos em resultado de factos, actos ou negócios jurídicos de idêntico fim econômico, ou à obtenção de vantagens fiscais que não seriam alcançadas, total ou parcialmente, sem utilização desse meios, efectuando-se então a tributação e acordo com as normas aplicáveis na sua ausência e não se produzindo as vantagens fiscais referidas" (NABAIS, José Casalta. A liberdade de gestão fiscal das empresas. *RFDT* 29/55, 2007).

⇒ **Princípio da neutralidade fiscal.** O princípio da neutralidade impõe a necessidade de padrões de tributação que interfiram quanto menos possível na atividade econômica, deixando aos agentes econômicos um ambiente de liberdade para estruturar suas operações e realizar seus negócios. Quanto menos interventiva for, quanto menos figurar como uma variável relevante para a tomada de decisões econômicas, menos distorções gerará. É neutra, portanto, a tributação que não produz efeitos indutivos ou inibitórios significativos, capazes de orientar a tomada de decisões quanto ao exercício das atividades econômicas.

– "... a neutralidade é um princípio clássico da tributação, tão basilar que, como lembra Maurice Duverger, era considerado demasiado óbvio para ser incluído nos manuais. Aponta no sentido de que os impostos não devem exercer pressões no sentido de orientar a conduta do contribuinte em tal ou qual direção: isto é, o imposto deve ser neutro" (GOLDSCHMIDT, Fabio Brun. *O princípio do não-confisco no direito tributário*. São Paulo: Revista dos Tribunais, 2003, p. 231).

– O princípio da neutralidade "é também chamado por alguns autores de 'princípio antidirigista', como se lê na obra de Fritz Neumark, [...] visa a evitar que, através de medidas fiscais, exerça-se influência sobre as escolhas que os empresários têm de fazer entre os diferentes processos produtivos, as distintas formas jurídicas das empresas, bem como as diferentes formas de financiamento possíveis, pois, a não ser assim, restaria afetadas indiretamente as escalas de preferência do consumidor" (GOLDSCHMIDT, Fabio Brun. *O princípio do não-confisco no direito tributário*. São Paulo: Revista dos Tribunais, 2003, p. 231, nota de rodapé 160).

– "Por certo que a atividade econômica é objeto de tributação e que por ela resta onerada, mas a tributação deve se apresentar de modo não interventivo, pautando-se pela isonomia, pela capacidade contributiva, pela uniformidade geográfica, pela proibição de diferenciações em razão da procedência ou destino e pela vedação de limitação ao tráfego de bens e de pessoas, todos preceitos constitucionais. Ademais, a tributação indireta das operações com produtos industrializados e de circulação de mercadorias deve ser não cumulativa" (PAULSEN, Leandro. *Curso de direito tributário completo*. 14. ed. São Paulo: Saraiva, 2023).

– O princípio da neutralidade fiscal estabelece um valor ou fim: "A busca de um sistema tributário ótimo, ou seja, que realize as suas funções de financiamento de políticas públicas, promoção dos direitos fundamentais, evitando ao máximo interferências nas decisões econômicas". Do contrário, a tributação acaba sendo vetor de diminuição da eficiência e obstáculo ao desenvolvimento (CALIENDO, Paulo. *Direito tributário e análise econômica do direito*: uma visão crítica. Rio de Janeiro: Elsevier, 2009, p. 113).

⇒ "... a liberdade de gestão fiscal das empresas, vista pelo lado do Estado e demais entes públicos, concretiza-se na observância do princípio da neutralidade fiscal, que tem uma importante expressão no art. 81º, al. E), da Constituição Portuguesa em que se dispõe: incumbe prioritariamente ao Estado no âmbito econômico e social, assegurar o funcionamento eficiente dos mercados, de modo a garantir a equilibrada concorrência entre as empresas, a contrariar as formas de organização monopolistas e a reprimir os abusos de posição dominante e outras práticas lesivas do interesse geral. [...] não podemos deixar de assinalar que tanto o reconhecimento como o desenvolvimento deste princípio se ficou a dever em larga medida ao direito comunitário, no qual a ideia e neutralidade é apontada por muitos como a principal norma de tributação. O que evidentemente não admira dado os objectivos que têm presidido e continuam a presidir ao direito comunitário isto é, os objectivos de construção de um mercado econômico integrado, sujo suporte, como é sabido, não pode deixar de assentar na defesa de uma equilibrada concorrência entre as empresas, ou seja, na salvaguarda e defesa de uma ordem econômica concorrencial. Ordem econômica concorrencial que não pode, naturalmente, deixar de pôr à prova também a fiscalidade, exigindo a correspondente neutralidade fiscal de modo a que as empresas, sejam quais forem as formas que escolham e as opções que tomem, conquanto que assentes numa base de racionalidade econômica própria, paguem idêntico imposto. [...] a intervenção econômica e social por via fiscal, ou seja, através da concessão de auxílios de Estado por via fiscal, tal como os auxílios financeiros diretos, apenas será admitida se e na medida em que não provoque distorções significativas à concorrência. Ou seja, os benefícios fiscais apenas passarão com êxito o teste da sua compatibilidade com o direito comunitário, conquanto que não perturbem o funcionamento do mercado comunitário europeu que a Comunidade Europeia/União Europeia tem por missão criar e garantir. [...] a neutralidade que o actual princípio da neutralidade convoca é naturalmente diversa daquela pela qual se terçaram armas no século XIX efectivamente traduz-se ela em o Estado estar obrigado a não provocar e a obstar que outros provoquem distorções na concorrência entre as empresas, concorrência cuja defesa, como vimos, constitui mesmo uma incumbência prioritária do Estado português" (NABAIS, José Casalta. A liberdade de gestão fiscal das empresas. *RFDT* 29/55, 2007).

• Vide também: GODOY, Leonardo Rodrigues de. Princípio da Neutralidade Fiscal e a Livre Concorrência. RET 114/90, 2017.

⇒ **Neutralidade *X* extrafiscalidade.** "Sempre que a tributação mira efeitos extrafiscais ou que, mesmo sem pretendê-los, os produz de modo significativo, compromete-se a neutralidade. Neutralidade e extrafiscalidade, portanto, são opostos. A neutralidade é um valor da tributação; a extrafiscalidade é o comprometimento da qualidade da tributação em prol de outros valores, devendo pautar-se por um criterioso juízo de proporcionalidade" (PAULSEN, Leandro. *Curso de direito tributário completo*. 14. ed. São Paulo: Saraiva, 2023).

– "A utilização da função extrafiscal do direito tributário deve ser residual, motivada e, se possível, temporária. O tributo não pode ser entendido como elemento fundamental de direção econômica, mas tão somente como meio de regulação excepcional, limitado e justificado" (CALIENDO, Paulo. *Direito tributário e análise econômica do direito*: uma visão crítica. Rio de Janeiro: Elsevier, 2009, p. 118).

⇒ **Princípios *in dubio pro contribuinte* e *in dubio contra fiscum*.** No que diz respeito à relação jurídico-tributária em sentido estrito, relativa à obrigação de pagar tributo, não temos um princípio tal qual no Direito Penal, de que, na dúvida, se deva decidir favoravelmente ao contribuinte. A regra constante do art. 112 do CTN, no sentido de que a lei tributária que define infrações, ou lhe comina penalidades, interpreta-se da maneira mais favorável ao acusado, em caso de dúvida quanto à capitulação, natureza ou circunstâncias materiais do fato, natureza ou extensão dos seus efeitos, autoria, imputabilidade ou punibilidade, natureza da penalidade aplicável ou sua graduação, como se vê, é direcionada expressamente a aplicação de pena por infrações à legislação tributária. Inexiste regra semelhante no que diz respeito às leis instituidoras de tributos e sua interpretação e aplicação, até porque o pagamento dos tributos é um dever fundamental, não sendo adequado percebê-lo como uma punição ou como uma agressão à propriedade privada. Não obstante, sobreveio alteração legislativa que, a partir de 2020, estabelece que, nos julgamentos no âmbito do processo administrativo fiscal relativo à determinação e exigência de créditos tributários da União, o empate implica resultado favorável ao contribuinte, conforme item adiante.

"Não consideramos procedentes as iniciativas doutrinárias recentes de recobrar a força do ultrapassado argumento do *in dubio pro contribuinte*. Esse argumento, cuja premissa básica é a superada visão do tributo como uma crua espoliação de direitos fundamentais do indivíduo e do ordenamento tributário como um direito de exceção, não quadra nem com o estado Fiscal consolidado há mais de um século no mundo contemporâneo, nem muito menos com o Estado Democrático de Direito inaugurado em 1988 em nossa ordem jurídico-constitucional. No Direito processual, o adjetivo acusatório é geralmente trabalhado e desenvolvido doutrinariamente no contexto de sua comparação com o processo inquisitivo ou inquisitório. Com base nessa tradicional comparação, não cabe sustentar que o lançamento tributário seja um procedimento ou um ato de conteúdo acusatório. Caso se queira utilizar o adjetivo acusatório em sentido amplo, e defender que o lançamento é acusatório porque, nele, o Fisco 'acusa o sujeito passivo de haver cometido uma irregularidade' contra o patrimônio público, então serão acusatórios os processos judiciais em que uma parte imputa a outra o descumprimento de determinada obrigação legal ou contratual, pois nesses casos também se pode sustentar, em sentido lado, que o autor 'acusa' o réu de haver 'cometido uma irregularidade contra o seu patrimônio'" (GODOI, Marciano Seabra de. A volta do *in dubio pro contribuinte*: avanço ou retrocesso? In: ROCHA, Valdir de Oliveira (coord.). *Grandes questões atuais do direito tributário*. São Paulo: Dialética, 2013, p. 197).

– "O princípio *do in dubio pro contribuinte* rege as relações jurídico-tributárias, ou seja, as relações entre a Fazenda Pública – ou quem lhe faça as vezes – e o contribuinte, que pode ser um particular ou mesmo uma pessoa jurídica com algum caráter público. O fato é que aquele que exige o crédito tributário encontra-se numa posição privilegiada, detendo inúmeros poderes para fiscalizar o devedor e para cobrar a prestação devida, e a sua atuação limita direitos fundamentais do sujeito passivo. [...] o *in dubio pro* contribuinte não significa uma busca cega pela proteção do contribuinte, nem um aplauso à sonegação fiscal, mas representa uma tentativa de realização da CF/88, conferindo efetividade às normas do sistema constitucional tributário, que, ao mesmo tempo em que confere poder para tributar, já apara as arestas deste poder, tentando evitar seus comuns excessos, impondo inúmeras limitações que precisam ser concretizadas, efetivadas na prática. [...] O *in dubio pro contribuinte* tem uma função interpretativa... [...] Um dos efeitos do princípio do *in dubio pro* contribuinte, talvez o seu principal, é exatamente servir como um *standard*, como um critério para a utilização da ponderação. Nas relações entre fisco e contribuinte, a preocupação com os direitos fundamentais deste é tanta que o ônus argumentativo para decidir de modo a limitar tais direitos deve ser muito maior. O *in dubio pro* contribuinte é um parâmetro para a decisão de casos difíceis que envolvam o embate entre o direito do Fisco de cobrar o tributo e os direitos fundamentais do contribuinte" (VILLAS-BÔAS, Marcos de Aguiar. *In dubio pro* contribuinte: visão constitucional em busca da proteção dos direitos fundamentais. São Paulo: MP Editora, 2012, p. 227, 231 e 249).

– "Na linha argumentativa, o discurso não perde, mas ganha racionalidade, e, quando os argumentos levantados estiverem se contrapondo de modo a causar grande dúvida (*hard cases* ou casos difíceis ou casos-limite) a respeito da decisão que deve ser tomada, o *in dubio pro contribuinte* funciona como um parâme-

tro determinante da ponderação, regra extra do postulado da proporcionalidade, e, por consequência, da solução a ser dada para o problema, evitando que o julgador se apoie em interesses pessoais ou daqueles que não estão litigando, como o próprio Poder Executivo. Reduz-se o espaço para decisões políticas por meio de decisões que, em caso de dúvida, optam por manter a propriedade do particular com ele, em lugar de lhe retirar mais e mais propriedade, causando não somente prejuízos a ele próprio, mas, indiretamente, a toda a sociedade. É também uma ilusão achar que, sobretudo no contexto brasileiro, o tributo prejudica apenas o rico e beneficia o pobre, na medida em que o sistema carece de efetivação do princípio da capacidade contributiva e a forte tributação sobre o consumo, mas não somente sobre ele, faz com que o ônus financeiro seja repassado nos preços dos produtos, impedindo a efetivação do direito fundamental de dignidade humana. O *in dubio pro contribuinte* dá maior segurança jurídica confere um pouco mais de previsibilidade quanto ao que é tributável e o que não é" (VILLAS-BÔAS, Marcos de Aguiar. *In dubio pro contribuinte*: continuação do debate. *RDDT* 220/104, 2014).

– "De acordo com este princípio, cuja aplicação permeia todo o sistema tributário brasileiro, em caso de dúvida na aplicação de determinada regra tributária, deve prevalecer a interpretação mais benéfica ao contribuinte. Vale dizer, o princípio *in dubio contra fiscum* nada mais é do que corolário dos demais princípios e regras constitucionais que, embora não escritos, especificamente no que tange ao Direito Tributário, protegem os contribuinte contra eventuais excessos, arbítrios e abusos da administração Tributária, sobretudo em caso de dúvida. No âmbito da legislação complementar, o princípio acima mencionado está expressamente consagrado no artigo 112 do Código Tributário Nacional. [...] Verifica-se... que o elemento essencial para a aplicação do princípio em foco é a dúvida. [...] embora possa ser cogitado que o dispositivo em tela somente se aplicaria às hipóteses de infrações cometidas contra a lei tributária, o postulado *in dubio pro reo* e o seu consectário lógico *in dubio contra fiscum*, tem sido aplicado de forma mais ampla pela própria jurisprudência do Carf, que reconhece em uníssono a sua validade ampla no âmbito do Direito Tributário..." (ANDRADE, Fábio Martins de. Dúvida, empate no julgamento e interpretação mais favorável ao contribuinte. *RDDT* 215/88, 2013).

• Vide ainda: VILLAS-BÔAS, Marcos de Aguiar. *In dubio pro contribuinte*: continuação do debate. *RDDT* 220, 2014.

– **Voto de qualidade no CARF.** No âmbito do CARF, o empate no julgamento do processo administrativo de determinação e exigência do crédito tributário resolve-se favoravelmente ao contribuinte, não mais se aplicando o voto de qualidade. Trata-se de inovação decorrente da Lei n. 13.988/2020, que incluiu, nesse sentido, o art. 19-E na Lei n. 10.522/2002: "Art. 19-E. Em caso de empate no julgamento do processo administrativo de determinação e exigência do crédito tributário, não se aplica o voto de qualidade a que se refere o § 9º do art. 25 do Decreto n. 70.235, de 6 de março de 1972, resolvendo-se favoravelmente ao contribuinte".

– **Quando havia o voto de qualidade.** Antes da vigência da Lei n. 13.988/2020, os julgamentos empatados no âmbito do Conselho Administrativo de Recursos Fiscais (CARF) resolviam-se pelo voto de qualidade. O § 9º do art. 25 do Decreto n. 70.235/2009, com a redação que lhe atribuída a Lei n. 11.941/2009, referia expressamente que os cargos de Presidente das Turmas da Câmara Superior de Recursos Fiscais, das câmaras, das suas turmas e das turmas especiais seriam ocupados por conselheiros representantes da Fazenda Nacional, os quais, em caso de empate, teriam o voto de qualidade. O art. 54 do Regimento Interno do CARF, instituído pela Portaria MF n. 343/2015, também dispunha que as turmas ordinárias e especiais só deliberariam quando presente a maioria de seus membros, e suas deliberações seriam tomadas por maioria simples, cabendo ao presidente, além do voto ordinário, o de qualidade.

– Decreto n. 70.235/72: "Art. 25. O julgamento do processo de exigência de tributos ou contribuições administrados pela Secretaria da Receita Federal compete: (Redação da MP n. 2.158-35/2001) [...] II – em segunda instância, ao Conselho Administrativo de Recursos Fiscais, órgão colegiado, paritário, integrante da estrutura do Ministério da Fazenda, com atribuição de julgar recursos de ofício e voluntários de decisão de primeira instância, bem como recursos de natureza especial. (Redação da Lei n. 11.941/2009) [...] § 9º Os cargos de Presidente das Turmas da Câmara Superior de Recursos Fiscais, das câmaras, das suas turmas e das turmas especiais serão ocupados por conselheiros representantes da Fazenda Nacional, que, em caso de empate, terão o voto de qualidade, e os cargos de Vice-Presidente, por representantes dos contribuintes. (Incluído pela Lei n. 11.941/2009)".

– **Era válido quanto aos tributos; inaplicável em matéria de infrações e à sua punição.** O voto de qualidade, atualmente, já não mais persiste, porquanto a legislação foi alterada para que o empate favoreça, sempre, o contribuinte. Isso não significa, porém, que, à época em que previsto em lei, o voto de qualidade fosse inválido. Para a análise da matéria, tenho que se impõe distinguir o julgamento dos recursos do contribuinte contra o lançamento no que diz respeito ao tributo, de um lado, e no que diz respeito às penalidades, de outro.

– Quanto às infrações, vide nota ao art. 112, IV, do CTN.

– **Quanto aos tributos.** O CARF goza de autonomia em face dos demais órgãos da administração tributária. Tal autonomia pode ser identificada já em sua composição paritária entre representantes da Fazenda Nacional e dos contribuintes e se estende até a sua ampla liberdade de julgamento mesmo em face de atos emanados do Ministério da Fazenda. Mesmo os Presidentes das Seções e Câmaras de julgamento, ocupantes de cargo público perante a Fazenda Nacional, estão exclusivamente vinculados aos princípios que regem não apenas o sistema tributário nacional, mas a Administração Pública como um todo, dentre os quais se situam o devido processo legal, a isonomia, a legalidade e a moralidade. Seus compromissos são com as adequadas interpretação e aplicação das normas aos casos concretos. Consoante Parecer PGFN/CGU/COJPN n. 787/2014, como os representantes da Fazenda no CARF não estão jungidos às diretrizes emanadas da RFB, mas sim à legalidade, atuam com independência técnica. No contencioso tributário, cabia ao contribuinte obter maioria para rever o lançamento que constituíra o crédito

tributário, dotado de presunção de validade. Não obtendo maioria, mantinha-se o lançamento que, como se sabe, não é um ato precário, mas, sim, um ato praticado em caráter definitivo, ainda que sujeito à revisão no âmbito do processo administrativo fiscal.

– **Contra, entendendo que, mesmo quanto aos tributos, não seria válido o voto de qualidade.** "A procedência de qualquer imputação fiscal deve ser reconhecida além de qualquer dúvida razoável, e a existência do voto duplo é uma clara demonstração de que este patamar não foi ultrapassado. E aqui chegamos à proximidade entre o auto de infração e a acusação penal. Não é que se esteja a dizer que ambos geram crime... O que se afirma é que uma relação de direito público, tal como a tributária aqui analisada, tem desequilíbrios no caso de julgamentos administrativos em face do voto duplo acima apontado. [...] havendo empate nos processos administrativo fiscais, considera se que a Administração Pública não conseguiu comprovar acima de qualquer dúvida razoável a conduta irregular do contribuinte, o que levaria à sua validação. Ou seja, in dubio pro contribuinte" (SCAFF, Fernando Facury. In dubio pro contribuinte e o voto de qualidade nos julgamentos administrativo tributários. *RDDT* 220/21, 2014).

III – os princípios gerais de direito público;

⇒ **Princípios constitucionais gerais.** Há princípios basilares de todo o sistema jurídico, como o princípio da dignidade da pessoa humana e o princípio do Estado de Direito, e outros do Estado brasileiro, como os princípios republicano e federativo. Todos condicionando o exercício da tributação.

⇒ **Princípio da dignidade da pessoa humana.** A tributação do mínimo vital – ou seja, a cobrança de tributo de quem não revela capacidade contributiva, pois só dispõe do indispensável à sua subsistência – revelar-se-ia contrária à efetivação do princípio da dignidade da pessoa humana, do qual decorrem os direitos fundamentais à vida, à liberdade, à educação, à saúde, dentre outros, sendo, pois, inválida. Afirma-se, pois, com acerto, que "tributar o mínimo existencial é obstaculizar a efetivação do princípio da dignidade humana" (PESSOA, Geraldo Paes. Imunidade do mínimo existencial. *RET* 47, jan.-fev. 2006) e que "se o Estado não é obrigado a assegurar positivamente o mínimo de existência a cada cidadão, ao menos que não lhe retire aquilo que ele adquiriu e é indispensável à sua sobrevivência com o mínimo de dignidade" (ANDRADE, Vieira. *Os direitos fundamentais na Constituição portuguesa de 1976*. 2. ed. Coimbra: Almedina, p. 388). O próprio constituinte, aliás, já estabelece imunidades com vista à impedir que a tributação implique lesão a tal princípio, estabelecendo, por exemplo, a gratuidade da certidão de nascimento e do registro de óbito aos reconhecidamente pobres. O legislador ordinário também age no sentido da preservação do mínimo vital ao estabelecer uma faixa de rendimentos isenta do imposto de renda, o que nada mais significa senão determinar que a tributação direta se dê relativamente aqueles que têm condições de contribuir sem prejuízo da sua subsistência, ou seja, sem que tal acabe por impor sacrifício demasiado que acabe por impedir o acesso a bens indispensáveis para uma vida digna.

⇒ **Princípio Republicano.** Na própria noção de tributo, por sua vez, temos a ingerência direta do princípio republicano. Se o povo é o titular do poder e o exerce através de seus representantes, não se pode admitir tributação senão em função do interesse público, com destinação que o prestigie.

– "O princípio republicano vivifica cada artigo da Constituição, irisando-o e fazendo-o portador de sua mensagem de respeito pelo povo e por seus sagrados interesses. E é fundamentalmente no exercício da tributação que a ideia de República deve predominar, para que, contra este mesmo povo, não se cometam injustiças e arbitrariedades. Também no domínio dos tributos devem ser excluídas quaisquer distinções de classe, de casta ou de índole meramente política (Cardoso da Costa). É sempre oportuno encarecer que a competência tributária é conferida às pessoas políticas, em última análise, pelo povo, que é o detentor por excelência de todas as competências e de todas as formas de poder. De fato, se as pessoas políticas receberam a competência tributária da Constituição e se esta brotou da vontade soberana do povo, é evidente que a tributação não pode operar-se exclusiva e precipuamente em benefício do Poder Público ou de uma determinada categoria de pessoas. Seria um contrassenso aceitar-se, de um lado, que o povo outorgou a competência tributária às pessoas políticas e, de outro, que elas podem exercitá-la em qualquer sentido, até mesmo em desfavor desse mesmo povo. [...] a República reconhece a todas as pessoas o direito de só serem tributadas em função do superior interesse do Estado. Os tributos só podem ser criados e exigidos por razões públicas. Em consequência, o dinheiro obtido com a tributação deve ter destinação pública" (CARRAZA, Roque Antônio. *Curso de direito constitucional tributário*. 9. ed. 1997, p. 62-63).

⇒ **Princípio Federativo.** Num Estado em que convivem diversos entes políticos – União, Estados-membros e Municípios –, impende que a tributação tenha em consideração, também, o princípio federativo. Daí por que se tem entendido que não pode a Receita Federal do Brasil interpretar a lei de modo a pretender cobrar contribuição sobre a receita relativamente aos créditos-presumidos de ICMS concedidos pelos Estados aos contribuintes, pois, dentre outros fundamentos, implicaria restringir a eficácia do benefício fiscal concedido pelos Estados no exercício da sua competência tributária e resultaria em apropriação, pela União, de recursos relativos a tributo estadual. Vide nota ao art. 195, I, *b*, da CF.

– "A característica fundamental do federalismo é a autonomia do Estado-Membro, que pode ser mais ou menos ampla, dependendo do país de que se esteja a cuidar. No âmbito tributário, a sustentar a autonomia política e administrativa do Estado-membro e do Município... impõe-se a preservação da autonomia financeira dos entes locais, sem a qual aqueloutras não existirão. Esta autonomia resguarda-se mediante a preservação da *competência tributária das pessoas políticas* que convivem na *Federação* e, também, pela equidosa discriminação constitucional das fontes de receita tributária, daí advindo a importância do tema referente à *repartição das competências no Estado Federal...* Sendo a federação um pacto de igualdade entre as pessoas políticas, e sendo a autonomia financeira o penhor da autonomia dos entes federados, têm-se que qualquer agressão, ainda que velada, a estes dogmas, constitui inconstitucionalidade. Entre nós a federação é pétrea e indissolúvel, a não ser pela força bru-

ta de uma revolução..." (COÊLHO, Sacha Calmon Navarro. *Curso de direito tributário brasileiro*. 15. ed. Rio de Janeiro: Forense, 2016, p. 58).

– "[...] sem autonomia financeira, a autonomia política fica reduzida e a administrativa limitada. A Federação, fragilizada, manter-se-ia apenas por força de um formalismo legal e não de uma autêntica realidade, construída, a duras penas, desde 1891 com a 1ª Constituição Republicana. [...] entendo que a expressão 'abolir' deve ser entendida como abrangendo todas as situações em que o verdadeiro sistema federativo é fragilizado por atos que ponham em xeque a tríplice autonomia de que gozam as unidades federativas, a ponto de se digladiarem, se objetivo comum e ficarem à mercê dos interesses dos investidores, e não de seu povo ou de seu governo par ao atendimento do interesse público" (MARTINS, Ives Gandra da Silva; CARVALHO, Paulo de Barros. *Guerra fiscal*: reflexões sobre a concessão de benefícios no âmbito do ICMS. São Paulo: Noeses, 2012, p. 21-22).

– "... sendo autônomo, cada Estado deve, sem interferências federais ou estaduais, prover as necessidades de seu governo e administração. Para isto, a Lei Maior conferiu a todos o direito de regular suas despesas e, conseguintemente, de instituir e arrecadar, em caráter privativo e exclusivo, os tributos que as atenderão. [...] a União não pode estipular – nem mesmo por meio de lei – como os Estados exercitarão suas competências tributárias, que este é tema sobre o qual eles próprios, com a autonomia que possuem, devem deliberar" (CARRAZA, Roque Antônio. *Curso de direito constitucional tributário*. 9. ed. 1997, p. 102 e 110).

– "Os efeitos da ordem estatal-federal dependem ao fim e ao cabo disto, que federação e estados fundamentalmente sejam independentes um do outro financeiramente. Se isso deve ser alcançado, então cada partícipe tem de financiar mesmo o cumprimento das tarefas que lhe cabem constitucionalmente e lhe deve competir uma parte da receita tributária que o põe em condições para isso." Mas adverte quanto à política fiscal: "Essa não mais se deixa restringir à obtenção geral de receitas, senão ela é um fator decisivo de uma direção global do processo econômico..." (HESSE, Konrad. *Elementos de direito constitucional da República Federal da Alemanha*. Tradução de Luís Afonso Heck. Fabris, 1998, p. 205-206).

⇒ **Princípio da moralidade.** "O princípio da moralidade tem relevância para o Direito Tributário tanto para disciplina da atividade legislativa quanto para atuação administrativa. Deve-se ter em vista que o princípio da moralidade é limite intransponível para o Estado [...] O Estado, ao produzir a norma tributária ou ao aplicá-la, não pode olvidar os princípios jurídicos nem atender apenas às palavras do texto legal, buscando respaldo em prodígios de raciocínio para justificar desvios éticos" (JUSTEN FILHO, Marçal. O princípio da moralidade pública e o Direito Tributário. *RDT* 67/78).

⇒ **Princípio da proibição de excesso.** "A proibição de excesso está presente em qualquer contexto em que um direito fundamental esteja sendo restringido. [...] depende, unicamente, de estar um direito fundamental sendo excessivamente restringido. A realização de uma regra ou princípio constitucional não pode conduzir à restrição a um direito fundamental que lhe retire um mínimo de eficácia" (ÁVILA, Humberto. *Teoria dos princípios*: da definição à aplicação dos princípios jurídicos. São Paulo: Malheiros, 2003, p. 89).

– O postulado da proibição de excesso "fundamenta-se na ideia de que todos os direitos e princípios fundamentais, ainda que possa ser restringíveis, não podem ser atingidos no seu núcleo essencial, sendo esse núcleo definido como aquela parte do conteúdo de um direito sem a qual ele perde a sua mínima eficácia e, por isso, deixa de ser reconhecível como um direito fundamental" (ÁVILA, Humberto. Multa de mora: exames de razoabilidade, proporcionalidade e excessividade. *Fundamentos do Estado de Direito:* estudos em homenagem ao Professor Almiro do Couto e Silva. São Paulo: Malheiros, 2005).

⇒ **Princípio da eficiência.** "A eficiência não estabelece algo objeto de realização. Ela prescreve, em vez disso, o modo de realização de outros objetos. ... o dever de eficiência não cria poder, mas calibra o exercício de um poder já previamente concedido. Nem poderia ser diferente: se a CF/88 se caracteriza por atribuir poder aos entes federados por meio de regras de competência, o dever de eficiência não as poderia contradizer, criando poder que elas não criaram. [...] os entes federados não podem, em nome da eficiência, supor a existência de renda onde ela não estiver comprovada; conjecturar a existência de venda de mercadoria nos casos em que ela não for verificada, e assim sucessivamente" (ÁVILA, Humberto. Imposto sobre a Circulação de Mercadorias – ICMS. Substituição tributária... *RDDT* 123/122, 2005).

⇒ **Princípio da razoabilidade.** "O postulado da razoabilidade aplica-se, primeiro, como diretriz que exige a relação das normas gerais com as individualidades do caso concreto, quer mostrando sob qual perspectiva a norma deve ser aplicada, quer indicando em quais hipóteses o caso individual, em virtude de suas especificidades, deixa de se enquadrar na norma geral. Segundo, como diretriz que exige uma vinculação das normas jurídicas com o mundo ao qual elas fazem referência, seja reclamando a existência de um suporte empírico e adequado a qualquer ato jurídico, seja demandando uma relação congruente entre a medida adotada e o fim que ela pretende atingir. Terceiro, como diretriz que exige a relação de equivalência entre duas grandezas" (ÁVILA, Humberto. *Teoria dos princípios:* da definição à aplicação dos princípios jurídicos. São Paulo: Malheiros, 2003, p. 121).

– Submeter-se à tributação da receita, em regime não cumulativo (COFINS não cumulativa), empresa cuja atividade se esgota na prestação de serviço, cujo maior custo é a mão de obra e não a aquisição de bens ou serviços de outras empresas, não passa por um juízo de razoabilidade. Isso porque a aplicação do regime não cumulativo, no caso, não é adequada à realidade da empresa, que não atua no bojo de uma cadeia econômica, sendo incapaz, portanto, de ter qualquer efeito no sentido de evitar a cumulatividade da contribuição que, de qualquer modo, inexistirá. Vide nota ao art. 195, I, *b*, da CF.

⇒ **Princípio da proporcionalidade.** "O postulado da proporcionalidade tem sido aplicado pelo Supremo Tribunal Federal como decorrência dos princípios do Estado de Direito e do devido processo legal (art. 1º e art. 5º, LIV, CF/88). Seguindo o mesmo caminho, a Lei n. 9.784/99, além de estabelecer a proporcionalidade como diretriz da administração, exige a sua atuação segundo o critério de adequação entre meios e fins, vedando a imposição de obrigações, restrições e sanções em medida superior àquelas estritamente necessárias ao aten-dimento do interesse público (art. 1º, § único, VI)" (ÁVILA, Humberto. Multa de mora: exames de razoabilidade, proporcionalidade e excessividade. *Fundamentos do Estado de Direito:* estudos em homenagem ao Professor Almiro do Couto e Silva. São Paulo: Malheiros, 2005).

– "O postulado da proporcionalidade exige que o Poder Legislativo e o Poder Executivo escolham, para a realização de seus fins, meios adequados, necessários e proporcionais. Um meio é adequado se promove o fim. Um meio é necessário se, dentre todos aqueles meios igualmente adequados para promover o fim, for o menos restritivo relativamente aos direitos fundamentais. E um meio é proporcional, em sentido estrito, se as vantagens que promove superam as desvantagens que provoca" (ÁVILA, Humberto. *Teoria dos princípios:* da definição à aplicação dos princípios jurídicos. São Paulo: Malheiros, 2003, p. 102).

– Desproporcional e, portanto, inconstitucional, é o art. 19 da Lei n. 11.033/2004, que exige a apresentação de certidões negativas como requisito para a expedição de alvará do valor depositado em cumprimento de precatório. Em primeiro lugar, porque não é adequado para tal acautelamento, na medida em que não implica efetivamente qualquer garantia do crédito tributário nem autoriza sua compensação, deixando de dar uma solução ao impasse para a hipótese de o contribuinte ser devedor. Em segundo lugar, porque é desnecessária, bastando referir que a Fazenda dispõe de inúmeros instrumentos para a garantia de seus créditos, como o arrolamento administrativo, a medida cautelar fiscal e a penhora no rosto dos autos, além do que acompanhou todo o processo em que restou vencida, de modo que tem conhecimento do crédito antes mesmo da requisição ou expedição do precatório, dispondo de tempo suficiente para a adoção daquelas medidas. Por fim, é desproporcional em sentido estrito, não se justificando, de modo algum, o acautelamento de crédito tributário, muitas vezes constituído unilateralmente, em detrimento da satisfação do crédito do contribuinte já reconhecido, em caráter definitivo, por sentença transitada em julgado. Vide nota introdutória ao art. 205 do CTN.

– **Princípio da boa-fé objetiva nas relações tributárias.** Conforme o princípio da boa-fé objetiva, "as partes devem se portar de forma leal e proba nos vínculos obrigacionais", vedando-se "comportamentos contraditórios e atentatórios às justas expectativas". Faz-se necessário que "tanto contribuintes quanto o Fisco atuem de modo conforme a standards éticos de conduta". "É neste contexto que o dever de colaboração e o dever de informação surgem como operacionalizações da boa-fé objetiva no âmbito do Direito Tributário, estabelecendo deveres de conduta que dizem respeito a como a relação obrigacional tributária deve ser conduzida. Significa dizer que é vedado às partes agir de forma contraditória, maliciosa ou que o valha para induzir a contraparte a erro, negando informações e orientações que, caso concedidas, viabilizariam o devido deslinde da obrigação de forma mais ágil e simples, conforme estabelecido pela legislação tributária". Veda-se "que qualquer das partes saia prejudicada por conta de comportamentos maliciosos ou por desinformação que poderia ter sido suprida" (GUIMARÃES, Bruno A. François. A boa-fé objetiva no direito tributário e os deveres anexos na relação obrigacional tributária. *RDTA* 47, p. 102 e s.).

– "ITBI... 6. Em face do princípio da boa-fé objetiva, o valor da transação declarado pelo contribuinte presume-se condizente com o valor médio de mercado do bem imóvel transacionado, presunção que somente pode ser afastada pelo fisco se esse valor se mostrar, de pronto, incompatível com a realidade, estando, nessa hipótese, justificada a instauração do procedimento próprio para o arbitramento da base de cálculo, em que deve ser assegurado ao contribuinte o contraditório necessário para apresentação das peculiaridades que amparariam o quantum informado (art. 148 do CTN)" (STJ, REsp 1.937.821, 2022).

IV – a equidade.

⇒ **Natureza e aplicação.** "A equidade é um conceito multissignificativo, uma verdadeira cláusula geral [...] tem vários significados conforme sua imediata função. Tem-se, assim: a equidade interpretativa, quando o juiz, perante a dificuldade de estabelecer o sentido e o alcance de um contrato, por exemplo, decide com um justo comedimento; a equidade corretiva, que contempla o equilíbrio das prestações, reduzindo, por exemplo, o valor da cláusula penal; a equidade quantificadora, que atua na hipótese de fixação do *quantum* indenizatório; a equidade integrativa, na qual a equidade é fonte de integração, e ainda a equidade processual, ou juízo de equidade, conjunto de princípios e diretivas que o juiz utiliza de modo alternativo, quando a lei autoriza, ou permite que as partes a requeiram, como ocorre nos casos de arbitragem. Ressalte-se, de início, que a sedes materiais da equidade está no problema da realização integral da Justiça ... No conceito de justiça percebe-se, todavia, uma antinomia, uma contradição, que se manifesta entre a exigência de igualdade e de justiça individual, surgida no processo de realização do direito em um caso concreto. Sendo a norma, em princípio, de natureza geral, pode constituir-se tal atributo em obstáculo a uma decisão justa se não se observarem as peculiaridades do caso posto em julgamento. A exigência de igualdade de todos perante a lei, sob o ponto de vista formal, não pode desconhecer a necessidade de uma decisão também materialmente justa, de acordo com as circunstâncias. Entra aqui o conceito de equidade como critério interpretativo, que permite adequar a norma ao caso concreto e chegar à solução justa. Diz-se, por isso, ser a equidade a justiça do caso concreto. E a decisão será equitativa quando levar em conta as especiais circunstâncias do caso decidido e a situação pessoal dos respectivos interessados" (AMARAL NETO, Francisco dos Santos. A equidade no Código Civil brasileiro. *Revista do Centro de Estudos Judiciários do Conselho da Justiça Federal* 25/16-23, 2004).

– "A natureza própria da equidade consiste em corrigir a lei, na medida em que esta se mostra insuficiente, em razão de seu caráter geral" (ARISTÓTELES. Ética a nicômaco, *apud* Aliomar Baleeiro, *Direito tributário brasileiro*. 10. ed. Rio de Janeiro: Forense, 1991, p. 439).

– "A palavra *equidade* apresenta várias acepções correlatas entre si. Em geral, é ela tida como sinônimo de direito justo (STAMMLER), de direito natural (ARISTÓTELES), de princípio ético (GROPPALI), de justiça absoluta (TEIXEIRA DE FREITAS), etc. Em verdade, a equidade constitui um atributo do direito, seja conferido pelo legislador (ao formular a norma jurídica) ou pelo juiz (ao aplicar a norma jurídica). Para vestir-se de equidade, salienta VICENTE RÁO, o direito se submete a três regras princi-

pais a saber: 'I – por igual modo devem ser tratadas as coisas iguais e desigualmente as desiguais; II – todos os elementos que concorreram para constituir a relação *sub judice*, cousa, pessoa, ou que, no tocante a estas tenham importância ou sobre elas exerçam influência, devem ser devidamente considerados; III – entre várias soluções possíveis deve-se preferir a mais suave e humana, por ser a que melhor atende ao sentido de piedade, e de benevolência da justiça: *jus bonum et aequum*' (XL, p. 55/56). Caracteriza-se a equidade, portanto, como um modo particular de atenuação ou amenização da rigidez das normas jurídicas, exigindo igualdade de tratamento nas relações jurídicas concretas. Pela equidade nos aproximamos do conceito de justiça ideal. Enquanto que os preceitos de justiça são de natureza geral, constituindo os *commune praeceptum*, as regras da equidade são particulares, atendendo às singulares características de cada caso particular. Diante destas é que se irá aplicar com justiça a lei. O fim da equidade, portanto, é impedir qualquer possível dissonância entre a norma jurídica e a sua aplicação ao caso concreto, graças ao poder que se confere ao juiz de ampla e livre apreciação. Conforme já dizia ARISTÓTELES, a equidade desempenha um papel corretivo, sendo um remédio para sanar os defeitos decorrentes da generalidade da lei" (MORAES, Bernardo Ribeiro de. *Compêndio de direito tributário*. Rio de Janeiro: Forense, 1984, p. 480-481).

– "A autoridade fiscal e o juiz, à falta de elementos no art. 108, I, II, e III, encontram na equidade, se lhe é concedida expressamente – condição exigida pelo art. 127 do CPC-73 – meios de suprir a falta de norma adequada ao caso singular, ou mesmo para amortecer essa norma, se nas circunstâncias específicas ou inéditas, ela conduzir ao iníquo ou ao absurdo, um e outro inadmissíveis dentro do sistema geral do Direito e da consciência jurídica contemporânea em nosso país ou em nosso tipo de estrutura econômica, política, social e institucional. Dará uma solução de justiça. É certo que a justiça, em relação a determinada situação, varia no tempo e no espaço. A legislação tributária, no sentido do art. 96 do CTN, é femininamente *mobile qual piuma al vento*. Mas a justiça, já se disse, é uma ideia-força, do conceito de FOUILLÉ. Todos os povos querem que a justiça presida as relações humanas, inclusive aquelas entre o Fisco e o contribuinte" (BALEEIRO, Aliomar. *Direito tributário brasileiro*. 10. ed. Rio de Janeiro: Forense,1991, p. 441).

– **No sentido de que não pode implicar decisão contra a lei.** "O dispositivo legal tem uma razão de existir que deve ser respeitada. Desde Aristóteles que a equidade se aplica para corrigir um erro involuntário do legislador, que deixou de contemplar um caso novo e inédito que se apresenta ao juiz. Não se admite a aplicação da equidade para que o juiz se rebele contra a regra geral determinada pela norma, mas como um complemento a ela. Contra ela, jamais" (BOITEUX, Fernando Netto. A multa de ofício, a Lei n. 9.430/96 e o Conselho de Contribuintes do Ministério da Fazenda. *RDDT* 120/60, 2005).

– **Não pode resultar na dispensa do pagamento de tributo.** Vide, no § 2º deste artigo, limitação à utilização da equidade.

– **Considerações de equidade em relação com as características pessoais ou materiais do caso.** É nesse sentido, expressamente, que o art. 172, IV, do CTN se refere às considerações de equidade para a concessão de remissão autorizada por lei.

– **Aplicação para casos em que se exija solução distinta, não considerada em suas particularidades pela lei genérica. Mul-**

tas. Há casos em que o legislador aplicava multa percentual diária para o caso de mora, sem estabelecer limite, com o que a sua aplicação, a longo prazo, implicava ônus excessivo. Vê-se que faltou ao legislador prever situação em que a mora se prolongasse, de modo a colocar um limitador. Outra situação é a da empresa em regime de concordata, em que era devida a multa, mas se percebia que a aplicação do percentual genérico do lançamento de ofício mostrava-se exacerbado em face à inerente situação de dificuldades da empresa. Em tais casos, impõe-se aplicar a equidade e construir regra para o caso concreto.

– "Multa por descumprimento de obrigação acessória, aplicada com fundamento no art. 8º do Decreto-Lei n. 1.968/82 e no art. 88, I, da Lei n. 8.981/95, que estabeleceram percentual mensal, deve ser limitada para evitar-se o confisco e a sua assemelhação à função dos juros, utilizando-se, para tanto, da equidade e da analogia, forte no art. 108 do CTN. Limitação a 20%" (TRF4, 2ª T., 200404010006399, Juiz Fed. Leandro Paulsen, jan. 2006) Voto: "... o legislador não previu um limite e... isso tem de ser resolvido, em face da ausência de previsão legal que considere a peculiaridade do elevado decurso de tempo, através da aplicação dos critérios constantes do art. 108 do CTN ... tenho que se impõe, por força da equidade, com vista à adequação da lei às peculiaridades do caso concreto por ela não consideradas, limitar o montante da multa. Valho-me, para tanto, forte na analogia, da inovação do art. 61 da Lei 9.430/96 que, ao fixar multa diária, limitou-a, em seu § 2º, a 20%".

– "I. As contribuições parafiscais são tributárias e, portanto, sujeitas ao art. 108, IV, do Código Tributário nacional, que admite a equidade, segundo a qual, nos termos do art. 114, do Código de Processo Civil de 1939, o Juiz aplicará a norma que estabeleceria se fosse legislador. II. Concilia-se com farta jurisprudência do Supremo Tribunal Federal o acórdão que reduziu multas, juros, etc., pelos quais dívida em mora, sem fraude, ficou elevada a mais de 400%" (STF, RE 78.291, 1974).

§ 1º O emprego da analogia não poderá resultar na exigência de tributo não previsto em lei.

⇒ **Restrição ao emprego da analogia.** As restrições à aplicação da analogia, tal como quanto à norma tributária impositiva, por força do § 1º, e mesmo à suspensão e à exclusão do crédito tributário e à dispensa do cumprimento de obrigações acessórias, matérias para as quais o art. 111 do CTN determina interpretação literal, não pode levar ao entendimento de que o Direito Tributário seja avesso à analogia. A analogia tem largo campo de aplicação no Direito Tributário, sendo, mesmo, modo preferencial de integração da legislação tributária, tal como previsto no art. 108, I, do CTN. Sobre a aplicação da analogia em matéria de regulamentação de imunidade, vide nota ao art. 195, § 7º, da CF.

– "... o próprio CTN se encarrega de restringir, por muitas disposições, o seu emprego, de modo que, a nosso ver, o que resta é apenas a possibilidade da analogia *in favorem* ou no campo do Direito Tributário Formal, ou seja, jamais em relação aos elementos constitutivos da obrigação tributária" (NOGUEIRA, Ruy Barbosa. *Curso de direito tributário*. 14. ed. São Paulo: Saraiva, 1995, p. 99).

– "Poder-se-á aplicar a analogia para as obrigações tributárias de natureza instrumental" (SILVA, Alexandre Alberto Teodoro da. Os limites da integração no direito tributário. *RTFP* 56/96, 2004).

– "1. Cuidando-se de interpretação da legislação tributária, sob a réstia da similitude de atividades, a analogia ou compreensão extensiva não se presta para fincar ato administrativo declaratório com o viso de arquear isenção prevista em lei. 2. Diante de lei, hierarquicamente inferiorizado o ato administrativo, deve prevalecer a isenção constituída em favor dos representantes comerciais" (STJ, REsp 0079039, 1996).

– "1. As relações tributárias são revestidas de estrita legalidade, pelo que, a isenção por lei concedida, somente por lei poderá ser revogada. 2. Não é admissível que ato normativo infralegal acrescente ou exclua alguém do campo de incidência de determinado tributo, quanto mais por analogia, visto que tal hipótese fere a lei (CTN, art. 108, § 1º) e o próprio princípio constitucional da reserva legal..." (TRF4, AMS 95.04.10674-9, 1996).

– "O Direito Tributário não se compatibiliza com a adoção de legalidade elástica, tipicidade flexível, reserva relativa da lei, prevalecendo os princípios da estrita legalidade, tipicidade fechada e reserva absoluta da lei formal, com o que interpretações extensivas ou de integração analógica são vedadas (artigo 108, § 1º, do CTN)..." (MARTINS, Ives Gandra da Silva. Diferença entre importação por encomenda e por conta e ordem. Regimes distintos para efeitos da incidência do IPI antes da Lei 11.281/2006 – Irretroatividade do novo regime a atos praticados no regime anterior. *RDDT* 209/150, 2013).

– Sobre a revogação e a modificação de isenções, vide art. 178 do CTN.

– **Descabimento do emprego in malam partem.** "SIMPLES. OPÇÃO. POSSIBILIDADE. EMPRESA PRESTADORA DE SERVIÇOS. APLICAÇÃO DE SINTECO À PISOS. LIMPEZA DE CARPETES. VEDAÇÃO DO ART. 9º, V, § 4º, DA LEI N. 9.317/96. INAPLICABILIDADE, *IN CASU*. ANALOGIA *IN MALAM PARTEM*. IMPOSSIBILIDADE. 1. Os serviços de aplicação de sinteco e limpeza de carpetes não se encontram abrangidos pela vedação de opção pelo regime tributário do SIMPLES encartada no art. 9º, inciso V, § 4º, da Lei n. 9.317/96. [...] 4. *In casu*, a empresa ora recorrida dedica-se exclusivamente à exploração de serviços de aplicação de sinteco e limpeza de carpetes, atividades estas que não se revelam essenciais à construção civil e sequer podem ser tratadas como se benfeitorias fossem, constituindo-se em mero serviço de aformoseamento dos pisos dos imóveis, vez que por sua realização nada se acresce ao solo ou subsolo dos mesmos. 5. Deveras, é princípio basilar do Direito Tributário Brasileiro que a imposição de ônus tributário ao contribuinte, que só pode decorrer de lei (CF/88, art. 150, inciso I), não pode resultar do emprego da analogia (CTN, art. 108, § 1º), e equiparar os meros serviços de aformoseamento prestados pela empresa recorrida aos de construção, demolição, reforma, ampliação de edificação ou outras benfeitorias agregadas ao solo ou subsolo implica analogia *in malam partem*, vez que resultariam em impor à esta óbices que a legislação vigente não lhe impõe" (STJ, REsp 818.674, 2007).

§ 2º O emprego da equidade não poderá resultar na dispensa do pagamento de tributo devido.

⇒ **Salvo se a lei autorizar. Art. 172, IV, do CTN**. Vide, a respeito, o art. 172 e seu inciso IV do CTN, que trata da remissão do crédito tributário atendendo a considerações de equidade em relação às características pessoais ou materiais do caso.

⇒ **Penalidades e obrigações acessórias Aplicação**. "... a equidade pode ser aplicada como supletiva da lei para relevar penalidades ou obrigações acessórias mas não para a dispensa do pagamento de tributo..." (NOGUEIRA, Ruy Barbosa. *Curso de direito tributário*. 14. ed. São Paulo: Saraiva, 1995, p. 104).

– "... ao proibir que, por considerações de equidade, se dispense tributo devido, o Código Tributário nacional, *a contrario sensu*, abre campo à aplicação da equidade em matéria punitiva. É claro que só se pode dispensar penalidade se a lei não for lacunosa, pois, na omissão da lei, não cabe sequer cogitar da aplicação de penalidade (CTN, art. 97, V). A equidade, como instrumento de integração, teria o efeito de, em dada situação, diante das circunstâncias pessoais ou materiais do caso, afastar a *lex* dura e criar, para a situação concreta, uma disciplina de exceção, traduzida na dispensa de punição, ou melhor, na descaracterização da infração" (AMARO, Luciano. *Direito tributário brasileiro*. 15. ed. São Paulo: Saraiva, 2009, p. 216).

– **Pela impossibilidade de redução de multa**. "2. No caso, além da situação factual, já delineada, mostrar que o valor da multa acompanha o valor da infração, não há como o julgador alterar a norma, no que se refere a percentual de multa em matéria tributária, como não se admite, em matéria penal, fixar pena aquém do mínimo fincado no tipo específico. Não pode o julgador abrir brecha onde a norma não a fixou. 3. Provimento dos embargos infringentes para fazer prevalecer a multa de 75%" (TRF5, EIAC532360/02, 2013).

– "Execução fiscal. Embargos. Multa. Descumprimento de parcelamento. A multa de 60% aplicada nos casos de descumprimento de parcelamento de débito decorre de imposição legal, não podendo o juiz aplicar a equidade para reduzi-la" (TRF4, 2ª T., AC 95.04.28251-2/RS, Juiz Jardim de Camargo, dez. 1996). Obs.: Extrai-se do voto do relator que "... nos termos do artigo 126 do CPC, o juiz não pode deixar de aplicar a lei e só decidirá por equidade nos casos previstos em lei."

Art. 109. Os princípios gerais de direito privado utilizam-se para pesquisa da definição, do conteúdo e do alcance de seus institutos, conceitos e formas, mas não para definição dos respectivos efeitos tributários.

⇒ **Referência a institutos de Direito Privado nas normas tributárias**. "... quando as categorias de Direito Privado estejam apenas referidas na lei tributária, o intérprete há de ingressar no Direito Privado para bem compreendê-las, porque neste caso elas continuam sendo institutos, conceitos e formas de puro Direito Privado, porque não foram alteradas pelo Direito Tributário, mas incorporadas sem alteração e portanto vinculantes dentro deste" (NOGUEIRA, Ruy Barbosa. *Curso de direito tributário*. 4. ed. São Paulo: Saraiva, 1995, p. 104).

⇒ **Definição dos efeitos tributários pela lei**. "IMPOSSIBILIDADE DE APLICAÇÃO LITERAL DE NORMAS DE DIREITO CIVIL PARA DEFINIR, POR SI, EFEITOS TRIBUTÁRIOS. INTERPRETAÇÃO DO ART. 109 DO CTN 9. O entendimento favorável à aplicação da legislação cível (Código Civil), segundo o qual, na transmissão de bens e direitos, preserva-se a situação original destes (princípio da saisine), tem potencial para seduzir, mas não resiste, data venia, à análise sistemática do ordenamento jurídico. Trata-se de um sofisma: vale-se de premissa verdadeira para justificar conclusão, s.m.j., equivocada. 10. [...] não se deve olvidar que a legislação tributária pode valer-se dos institutos ou conceitos de Direito Civil, mas possui liberdade para modificar os respectivos efeitos tributários (art. 109 do CTN): 'Art. 109. Os princípios gerais de direito privado utilizam-se para pesquisa da definição, do conteúdo e do alcance de seus institutos, conceitos e formas, mas não para definição dos respectivos efeitos tributários'. 11. Melhor exemplo a respeito dessa distinção é o tema da capacidade jurídica, relativamente aos atos e/ou negócios jurídicos que envolvem a presença de menor (de 16 anos, ou com idade entre 16 e 18 anos): embora a legislação civil defina a incapacidade absoluta (art. 3º do CC) ou relativa do menor (art. 4º, I, do CC), prevendo a possibilidade de anulação de atos jurídicos celebrados com menores sem assistência de seus representantes legais, a legislação tributária, autônoma, atribui ao menor plena capacidade tributária, independentemente da idade. Assim, o menor incapaz pode figurar como contribuinte em relação jurídica de natureza tributária (art. 121, I, do CTN), ainda que a lei fixe a responsabilidade pelo pagamento do tributo aos seus representantes legais – quando verificada a impossibilidade da exigência do cumprimento, pelo menor, da obrigação principal (art. 134, I, do CTN). 12. É imperioso ter em consideração que os efeitos tributários podem diferir do tratamento dado pela lei civil (art. 109 do CTN), excetuada a hipótese em que se pretender, para alterar a competência tributária, modificar institutos, conceitos e formas de direito privado utilizados diretamente na Constituição Federal, na Constituição Estadual ou nas Leis Orgânicas do Distrito Federal ou dos Municípios. 13. Dito isso, é irrelevante discutir, segundo a interpretação isolada e literal dos dispositivos do Código Civil, se os direitos transmitidos por sucessão causa mortis preservam o caráter original ou não. Conforme dito, a questão em debate diz respeito não à disciplina civil do fato jurídico, mas aos efeitos tributários, os quais, em respeito ao princípio da legalidade, devem ser disciplinados por lei específica (lei tributária). 14. E, nesse ponto, é inquestionável, conforme acima dito, que a legislação tributária, enquanto vigente, concedeu o benefício da isenção, em relação à sucessão *causa mortis*, somente para o ganho de capital apurado na primeira alteração da titularidade (isto é, na transmissão do *de cujus* para o seu sucessor). Mesmo na vigência da citada norma, não havia previsão concedendo isenção para a segunda operação de transferência (a alienação onerosa, do herdeiro para terceiros, da participação acionária)" (STJ, REsp 1.650.844, 2022).

– "... não se nega ao direito tributário a prerrogativa de dar efeitos iguais para diferentes institutos de direito privado (p. ex., pode a lei dar, para fins tributários, à doação, ao aporte na integralização de capital etc., os mesmos efeitos da compra e venda). Mas é a lei tributária que (se quiser) deve dá-los, e não o intérprete. Não há razão para supor que o legislador tributário, quando mencione, por exemplo, o negócio de compra e venda de imóvel, ignore a existência da promessa de compra e venda, da cessão de direitos de promitente comprador, do aporte de capital etc. Se ele quiser atingir também algum desses outros negócios jurídicos, basta que o faça expressamente, seguindo, aliás, o exemplo da própria Constituição, que, ao estatuir a competência tributária sobre a transmissão de imóveis, refere expressamente a cessão de direitos à sua aquisição (art. 156, II). Aliás, essa é a prática de nosso legislador ordinário do imposto de renda, quando prevê a tributação de ganho de capital na venda de bens e na realização de outros contratos que têm o mesmo conteúdo econômico. Mas esses outros contratos são atingidos não por terem igual conteúdo econômico, e sim porque a lei lhes conferiu igual tratamento jurídico" (AMARO, Luciano. *Direito tributário brasileiro*. 15. ed. São Paulo: Saraiva, 2009, p. 227).

– "... os institutos, conceitos e formas do direito privado são o que são segundo esse próprio ramo do direito, e conservam a sua identidade também quando tomados como elementos das normas sobre tributos, as quais devem apenas fixar-lhes os respectivos efeitos tributários, vale dizer, dar este ou aquele trato para fins de tributação sem lhes alterar a substância ou natureza jurídica" (OLIVEIRA, Ricardo Mariz de. *Fundamentos do Imposto de Renda*. Quarter Latin, 2008, p. 50).

⇒ **Interpretação econômica da norma tributária.** "Na busca de maior segurança para o contribuinte, protegendo-o contra as investidas fiscais do Estado, já não se prega, na atualidade, uma interpretação exclusivamente econômica da norma tributária... A interpretação da norma há de ser sempre jurídica, mas a consideração econômica não pode ser abandonada. O direito tributário prende-se ao fenômeno econômico, e este não deve ser desconsiderado em seu processo interpretativo. Não seria aceitável que o intérprete ou aplicador da norma ignorasse por completo as formas jurídicas, saindo em busca do significado econômico do negócio em análise. Mas uma relação jurídica sem qualquer objetivo econômico, cuja única finalidade seja de natureza tributária, não pode ser considerada como comportamento lícito. Seria fechar os olhos à realidade e desconsiderar a presença do fato econômico na racionalidade da norma tributária. Uma interpretação jurídica atenta à realidade econômica subjacente ao fato ou negócio jurídico, para efeitos de tributação, é a resposta justa, equitativa e pragmática. Nesse ponto, é da maior utilidade a análise do *business purpose test* do direito tributário norte-americano, que aceita como lícita a economia fiscal quando decorrente de uma formulação jurídica que, além da economia de imposto, tenha um objetivo negocial explícito" (HUCK, Hermes Marcelo. *Evasão e elisão*: rotas nacionais e internacionais. São Paulo: Saraiva, 1997, p. 328/329).

• Vide o parágrafo único do artigo 116 do CTN, acrescentado pela LC n. 104/2001.

• Vide: VELLOSO, Andrei Pitten. Interpretação econômica no direito tributário: desenvolvimento doutrinário e recepção pelo STF. *RFDT* 99, 2019. Também: RIBEIRO, Ricardo Lodi. A importância da realidade econômica na interpretação do Direito Tributário. *RFDT* 98, 2019.

– **Invocação da interpretação econômica em favor do contribuinte.** "... também no Brasil deve prevalecer a substância do negócio sobre a sua forma quando a consequência disso for a menor tributação e não vemos como isso possa ser seriamente negado pelo fisco por três razões. No âmbito moral, pelo fato de o Fisco sistematicamente recorrer à teoria da prevalência da substância sobe a forma quando isso lhe gera maior arrecadação, o que deixa o Fisco em posição censurável se resolver negar a mesma teoria quando ela não lhe convier. Já no âmbito estritamente racional, porque a verdade não tem partido. Ora, se a justificativa para a teoria da prevalência da substância do negócio jurídico sobre a sua forma é justamente a necessidade de que a tributação recaia sobre o verdadeiro fato gerador, não se pode pretender tributar o verdadeiro fato gerador quando a tributação for maior e se apegar ao 'falso' fato gerador quando este propiciar maior arrecadação tributária. Não existe a verdade do Fisco e a verdade do contribuinte, mas tão somente a verdade, que deve ser sempre observada, não importando as consequências. Por fim, no âmbito dos princípios tributários, a prevalência da substância sobre a forma decorre da aplicação do princípio da verdade material..." (TROIANELLI, Gabriel Lacerda. Pode a prevalência da substância sobre a forma ser invocada pelo contribuinte. *RDDT* 96/107, 2003).

– **Pela aplicação de critérios jurídicos, não econômicos.** "... o direito é uma realidade específica que deve ser apreendida por um conhecimento estrito – a ciência jurídica –, que não admite, pelo primado da unicidade de objeto, a aplicação de sincretismo metodológico de outras disciplinas, tal como a 'Ciência' das Finanças, porquanto a realidade objetiva e a ciência (natural) – que descreve o mundo fenomênico – não guardam qualquer relação de pertinência à realidade jurídica-normativa que o jurista enuncia, seja no plano lógico de seus respectivos objetos (princípio da causalidade *vs* Relações de imputação), quanto de sua apreensão (lógica da consequência *vs* Lógica da preferência), bem como no plano da linguagem (ao incorporar um dado natural da realidade objetiva, o sistema jurídico-normativo atribuirá novo sentido, em razão dos próprios processos de filtragem conceitual, que não são influenciados nem mesmo por proposições científicas das ciências naturais, uma vez que a ciência do direito opera em função de uma verdade formal, decorrente da artificialidade do sistema normativo). Improcede, portanto, dentro das premissas necessárias e eleitas, o entendimento de que a Economia tenha qualquer repercussão na interpretação das normas e dos fatos jurídicos tributários (repercussão econômica no Direito Tributário), justificado pela doutrina tradicional pela exacerbada reverência à autoridade (e à memória) dos primeiros estudiosos de direito tributário: são inconfundíveis (a.1) o plano fenomênico (do evento econômico), assim como (a.2) o plano da ciência natural (que demonstra o fenômeno) do (b.1.) plano normativo (jurídico) e do (b.2) plano da ciência do direito. Economia e suas repercussões não pertencem ao plano normativo-jurídico, logo, não são objeto de considerações no campo empírico-tributário da Ciência do Direito" (HAYASHI, Alexandre Yoshio. Economia e sua repercussão no direito tributário. *RFDT* 09/131, 2004).

⇒ *Leasing* **(arrendamento mercantil).** "IMPOSTO DE RENDA – ARRENDAMENTO MERCANTIL – *LEASING* – DESCARACTERIZAÇÃO DO CONTRATO PELO FIS-

CO. 1. A jurisprudência tem entendido que o contrato de *leasing* deve ser respeitado como tal, em nome do princípio da liberdade de contratar. 2. Somente quando o *leasing* estiver contemplado em uma das situações de repúdio, previstas na Lei 6.099/74 (artigos, 2º, 9º, 11, § 1º, 14 e 23), é que se tem autorização legal para a descaracterização do arrendamento mercantil e imputação das consequências. 3. Recurso especial improvido" (STJ, REsp 503.637, 2004).

– "IMPOSTO SOBRE A RENDA. *LEASE BACK*. NÃO INCIDÊNCIA. 1. Esta Corte vem reconhecendo a legitimidade dos contratos de arrendamento mercantil (*leasing*) como forma de não incidência de tributos. 2. Recurso especial improvido" (STJ, REsp 57.967, 2004).

– *Leasing* x **compra e venda**. "ICMS. ARRENDAMENTO MERCANTIL – *LEASING*. 1. De acordo com a Constituição de 1988, incide ICMS sobre a entrada de mercadoria importada do exterior. Desnecessária, portanto, a verificação da natureza jurídica do negócio internacional do qual decorre a importação, o qual não se encontra ao alcance do Fisco nacional. 2. O disposto no art. 3º, inciso VIII, da Lei Complementar n. 87/96 aplica-se exclusivamente às operações internas de *leasing*" (STF, RE 206.069, 2005).

– *"LEASING*. DESCARACTERIZAÇÃO. VALOR RESIDUAL. IMPOSSIBILIDADE. 1. Não há, no ordenamento jurídico sobre o *leasing*, obrigação no sentido de que as prestações sejam uniformes. As partes podem pactuar, livremente, o teto das suas obrigações mensais. 2. O contrato de *leasing* não se confunde com o de promessa de compra e venda. 3. Não há nenhum dispositivo legal que considere como cláusula obrigatória para a caracterização do contrato de *leasing* a fixação de valor específico para cada contraprestação. É de ser considerado, portanto, sem influência para a definição de sua natureza jurídica o fato de as partes ajustarem valores diferenciados ou até mesmo simbólicos para efeito da opção de compra. 4. 'Sem que ocorra a mínima descaracterização do contrato de *leasing*, o valor residual pode ser adiantado pelo arrendatário, não a título de opção de compra, mas sim, como mero adiantamento em garantia das obrigações contratuais assumidas' (Athos Gusmão Carneiro, *in* 'O Contrato de *Leasing* Financeiro e as Ações Revisionais', Revista de Direito Bancário e do Mercado de Capitais, ano 1, n. 2, 1998, RT, pg. 30). 5. Valor Residual Garantido é o 'preço contratual estipulado para o exercício da opção de compra, ou valor contratualmente garantido pela arrendatária como mínimo que será recebido pela arrendadora na venda a terceiros do bem arrendado, na hipótese de não ser exercida a opção de compra.' 6. Recurso especial da Fazenda Nacional improvido" (STJ, REsp 465.399, 2003).

– *"LEASING*. IMPOSTO DE RENDA. DESCARACTERIZAÇÃO DO CONTRATO EM COMPRA E VENDA. INOCORRÊNCIA. 1. O contrato de *leasing*, em nosso ordenamento jurídico, é um negócio jurídico complexo definido, no art. 1º, da Lei n. 6.099, de 12/09/74, com as alterações introduzidas pela Lei n. 7.132, de 26/10/83, como um 'Negócio jurídico realizado entre pessoas jurídicas, na qualidade de arrendadora, e pessoa física ou jurídica, na qualidade de arrendatária e que tenha por objeto o arrendamento de bens adquiridos pela arrendadora se-

gundo especificações da arrendatária para uso próprio desta'. 2. Por tais características, o referido contrato só se transmuda em forma dissimulada de compra e venda quando, expressamente, ocorrer violação da própria lei e da regulamentação que o rege. 3. Não havendo nenhum dispositivo legal considerando como cláusula obrigatória para a caracterização do contrato de *leasing* e que fixe valor específico de cada contraprestação, há de se considerar como sem influência, para a definição de sua natureza jurídica, o fato das partes ajustarem valores diferenciados ou até mesmo simbólico para efeitos da opção de compra. 4. O Banco Central, por permissão legal, na Resolução n. 2.309, de 28/08/96, considera arrendamento mercantil financeiro a modalidade em que: 'I – As contraprestações e demais pagamentos previstos no contrato, devidos pela arrendatária, sejam normalmente suficientes para que a arrendadora recupere o custo do bem arrendado durante o prazo contratual da operação e, adicionalmente, obtenha um retorno sobre os recursos investidos; II – as despesas de manutenção, assistência técnica e serviços correlatos à operacionalidade do bem arrendado sejam de responsabilidade da arrendatária; III – o preço para o exercício da opção de compra seja livremente pactuado, podendo ser, inclusive, o valor do mercado do bem arrendado'. 5. Contrato de *leasing*, compondo todos os elementos acima anunciados, firmado livremente pelas partes, não pode ser descaracterizado pelo Fisco para fins tributários, como sendo de compra e venda, passando a não aceitar as prestações pagas como despesas dedutíveis. 6. A descaracterização do contrato de *leasing* só pode ocorrer quando fique devidamente evidenciada uma das situações previstas em lei, no caso, a prevista nos arts. 2º, 9º, 11, § 1º, 14 e 23, da Lei n. 6.099/74. Fora desse alcance legislativo, impossível ao Fisco tratar o contrato de *leasing*, por simples entendimento de natureza contábil, como sendo de compra e venda. 7. Homenagem ao princípio de livre convenção pelas partes quanto ao valor residual a ser pago por ocasião da compra. 8. Não descaracterização de contrato de *leasing* em compra e venda para fins de imposto de renda" (STJ, REsp 281.436, 2001). Obs.: ementa idêntica é a do REsp 310.368, 2001.

– **Súmula 263 do STJ:** "A cobrança antecipada do valor residual (VRG) descaracteriza o contrato de arrendamento mercantil, transformando-o em compra e venda a prestação" (2002).

Art. 110. A lei tributária não pode alterar a definição, o conteúdo e o alcance de institutos, conceitos e formas de direito privado, utilizados, expressa ou implicitamente, pela Constituição Federal, pelas Constituições do Estados, ou pelas Leis Orgânicas do Distrito Federal ou dos Municípios, para definir ou limitar competências tributárias.

⇒ **Competência é matéria constitucional. O art. 110 do CTN não pode restringir a interpretação constitucional.** "ISSQN. ART. 156, III, CRFB/88. CONCEITO CONSTITUCIONAL DE SERVIÇOS DE QUALQUER NATUREZA. ARTIGOS 109 E 110 DO CTN. [...] 2. A coexistência de conceitos jurídicos e extrajurídicos passíveis de recondução a um mesmo termo ou expressão, onde se requer a definição de qual conceito prevalece, se o jurídico ou o extrajurídico, impõe não deva ser excluída, *a priori*, a possibilidade de o Direito Tributário ter conceitos implícitos próprios ou mesmo fazer remissão, de forma tácita, a conceitos diversos daqueles constantes na legislação infraconstitucional, mormente quando se trata de interpretação do texto constitucional. 3. O Direito Constitucional Tributário adota conceitos próprios, razão pela qual não há um primado do Direito Privado. 4. O art. 110, do CTN, não veicula norma de interpretação constitucional, posto inadmissível interpretação autêntica da Constituição encartada com exclusividade pelo legislador infraconstitucional. 5. O conceito de prestação de "serviços de qualquer natureza" e seu alcance no texto constitucional não é condicionado de forma imutável pela legislação ordinária, tanto mais que, de outra forma, seria necessário concluir pela possibilidade de estabilização com força constitucional da legislação infraconstitucional, de modo a gerar confusão entre os planos normativos. 6. O texto constitucional ao empregar o signo "serviço", que, *a priori*, conota um conceito específico na legislação infraconstitucional, não inibe a exegese constitucional que conjura o conceito de Direito Privado. 7. A exegese da Constituição configura a limitação hermenêutica dos arts. 109 e 110 do Código Tributário Nacional, por isso que, ainda que a contraposição entre obrigações de dar e de fazer, para fins de dirimir o conflito de competência entre o ISS e o ICMS, seja utilizada no âmbito do Direito Tributário, à luz do que dispõem os artigos 109 e 110, do CTN, novos critérios de interpretação têm progressivamente ampliado o seu espaço, permitindo uma releitura do papel conferido aos supracitados dispositivos. 8. A doutrina do tema, ao analisar os artigos 109 e 110, aponta que o CTN, que tem status de lei complementar, não pode estabelecer normas sobre a interpretação da Constituição, sob pena de restar vulnerado o princípio da sua supremacia constitucional. 9. A Constituição posto carente de conceitos verdadeiramente constitucionais, admite a fórmula diversa da interpretação da Constituição conforme a lei, o que significa que os conceitos constitucionais não são necessariamente aqueles assimilados na lei ordinária. 10. A Constituição Tributária deve ser interpretada de acordo com o pluralismo metodológico, abrindo-se para a interpretação segundo variados métodos, que vão desde o literal até o sistemático e teleológico, sendo certo que os conceitos constitucionais tributários não são fechados e unívocos, devendo-se recorrer também aos aportes de ciências afins para a sua interpretação, como a Ciência das Finanças, Economia e Contabilidade. 11. A interpretação isolada do art. 110 do CTN, conduz à prevalência do método literal, dando aos conceitos de Direito Privado a primazia hermenêutica na ordem jurídica, o que resta inconcebível. Consequentemente, deve-se promover a interpretação conjugada dos artigos 109 e 110 do CTN, avultando o método sistemático quando estiverem em jogo institutos e conceitos utilizados pela Constituição, e, de outro, o método teleológico quando não haja a constitucionalização dos conceitos. 12. A unidade do ordenamento jurídico é conferida pela própria Constituição, por interpretação sistemática e axiológica, entre outros valores e princípios relevantes do ordenamento jurídico" (STF, RE 651.703, 2017).

– O acórdão do STF no já transcrito RE 651703 é de extrema relevância, porquanto faz com que, na interpretação do poten-

cial de cada norma de competência estabelecida pelo critério da base econômica, não se esteja vinculado, de modo absoluto, a conceitos estabelecidos pela legislação infraconstitucional, mesmo que anteriores à Constituição e ainda que consolidados. Quando se disponha de outros elementos no texto constitucional a indicar diferente amplitude, podem ser considerados, porquanto a interpretação é processo complexo que se faz mediante o uso de diversas técnicas e a interpretação constitucional não pode ser restringida pelo CTN. Isso, porém, não autoriza o legislador de cada ente político a desconsiderar as normas de competência, instituindo tributos para além do que nelas é autorizado. A análise dos conceitos constantes da legislação prossegue sendo importante e a conduzir a compreensão das normas de competência quanto a eles se refira, porquanto são referências a ter em conta e cuja superação depende de robusta fundamentação.

– O art. 110 tem como substrato o foro exclusivo das regras de competência na Constituição Federal. A outorga de competência não pode ser alargada mediante o manejo, pelo legislador infraconstitucional, dos institutos, conceitos e formas referidos no Texto Maior. A instituição dos tributos, pelos entes políticos, deve dar-se com adstrição às normas que outorgam a respectiva competência. Não é dado à União, aos Estados/DF e aos Municípios, na instituição dos impostos previstos nos arts. 153, 155 e 156 da CF, alargar os institutos, conceitos e formas de direito privado neles utilizados, expressa ou implicitamente, tampouco à União, na instituição de contribuições sociais e interventivas, extrapolar as previsões constantes dos arts. 149, § 2º, III, *a*, e 195 da CF. Trata-se, de matéria constitucional e, portanto, de competência do STF, e não do STJ, embora venha este, indevidamente, invadindo competência daquele (e.g: REsp 501.628/SC, fev. 2004). O art. 110 do CTN esclarece um critério relevante de interpretação das normas de competência a ser levado em conta.

– "TRIBUTO – FIGURINO CONSTITUCIONAL. A supremacia da Carta Federal é conducente a glosar-se a cobrança de tributo discrepante daqueles nela previstos. IMPOSTO SOBRE SERVIÇOS – CONTRATO DE LOCAÇÃO. A terminologia constitucional do Imposto sobre Serviços revela o objeto da tributação. Conflita com a Lei Maior dispositivo que imponha o tributo considerado contrato de locação de bem móvel. Em Direito, os institutos, as expressões e os vocábulos têm sentido próprio, descabendo confundir a locação de serviços com a de móveis, práticas diversas regidas pelo Código Civil, cujas definições são de observância inafastável – artigo 110 do Código Tributário Nacional" (STF, RE 116.121, 2000).

– "... é certo que podemos interpretar a lei, de modo a arredar a inconstitucionalidade. Mas interpretar interpretando e, não, mudando-lhe o texto e, menos ainda criando um imposto novo que a lei não criou. Como sustentei muitas vezes, ainda no Rio, se a lei pudesse chamar de compra e venda o que não é compra e venda, de importação o que não é importação, de exportação o que não é exportação, de renda o que não é renda ruiria todo o sistema tributário inscrito na Constituição" (STF, excerto de voto no RE 150.764-1).

– "ART. 110 DO CTN. REPRODUÇÃO DE NORMA CONSTITUCIONAL... 1. O art. 110 do CTN reproduz princípio encartado em norma da Constituição Federal e, por conseguinte, não se sujeita à análise na via especial" (STJ, AgRg no Ag 1.018.355, 2008).

– "ART. 110 DO CTN. PRINCÍPIO DA SUPREMACIA CONSTITUCIONAL. BASE DE CÁLCULO... 1. O artigo 110 do CTN não pode ser analisado no âmbito do especial, uma vez que tal dispositivo, sendo mera explicitação do princípio da supremacia da Carta Magna, possui nítida carga constitucional" (STJ, REsp 893.898, 2007).

– "Hoje já não se pode ter dúvida de que o art. 110 do Código Tributário Nacional é simples explicitação da supremacia constitucional, posto que desta é que na verdade resulta a inalterabilidade dos conceitos utilizados pela Lei Maior. Inalterabilidade que evidentemente não está restrita à matéria tributária. Nenhum conceito utilizado em norma da Constituição pode ser alterado pelo legislador ordinário para, por via oblíqua, alterar a norma de superior hierarquia" (MACHADO, Hugo de Brito. Não incidência do ISS no afretamento de embarcações. *RDDT* 173/85, 2010).

⇒ **Não podem ser deturpados nem estendidos pelo legislador, os conceitos, institutos e formas de direito privado, tampouco outras expressões utilizadas para definir a amplitude de competência outorgada.** Impõe-se cuidado e precisão no trato da linguagem como um todo, pois é o instrumento para a veiculação das normas jurídicas. Se, de um lado, o intérprete da Constituição deve se orientar, mas não está limitado pelos conceitos infraconstitucionais, conforme decidiu o STF no RE 651703, de outro, os conceitos, institutos e formas de direito privado não podem ser deturpados pelo legislador infraconstitucional, assim como toda e qualquer palavra utilizada pelo Constituinte. Caso haja a instituição de imposto em extensão maior, desbordando da competência outorgada nos arts. 153, 155 e 156, estaremos cuidando, no que desbordar, de imposto novo e só a União tem competência residual para instituir novos impostos, observando, com necessária observância do art. 154, I, da CF: por lei complementar, com fato gerador e base de cálculo distintos dos impostos previstos na Constituição, e respeitada a não cumulatividade.

– Não pode o legislador redefinir os conceitos utilizados nas normas de competência, determinando que se considere como produto estrangeiro o produto nacional que retorne ao país (art. 153, I, da CF), como pagamento a pessoas físicas pagamentos feitos a cooperativas de trabalho (art. 195, I, *a*, da CF) ou como faturamento qualquer receita (redação original do art. 195, I, da CF). Tais extensões dos conceitos ou equiparações, feitas pelo legislador ordinário, acabam por implicar instituição do tributo com extrapolação da norma de competência.

– "IMPOSTO DE RENDA... Saber se indenização é, ou não, renda, para o efeito do artigo 153, III, da Constituição, é questão constitucional, como entendeu o acórdão recorrido, ate porque não pode a Lei infraconstitucional definir como renda o que insitamente não o seja. [...]" (STF, RE 188.684-6, 2002).

– "... CONSTITUIÇÃO – ALCANCE POLÍTICO – SENTIDO DOS VOCÁBULOS – INTERPRETAÇÃO. O conteúdo político de uma Constituição não é conducente ao desprezo do sentido vernacular das palavras, muito menos ao do técnico, considerados institutos consagrados pelo Direito. Toda ciência pressupõe a adoção de escorreita linguagem, possuindo os institutos, as expressões e os vocábulos que a revelam conceito estabelecido com a passagem do tempo, quer por força de estudos acadêmicos quer, no caso do Direito, pela atuação dos Pretórios..." (STF, Plenário, RE 166.772-9/RS, Min. Marco Aurélio, maio 1994, vencidos os Min. Francisco Rezek, Ilmar Galvão e Carlos Velloso). Obs: este julgado diz respeito à chamada contribuição sobre o *pro labore*, ainda sob a égide da Lei n. 7.787/78 que, ampliando o conceito de folha de salários, procurou nele abranger a remuneração paga a autônomos e administradores, com o que extrapolou a base econômica prevista no art. 195, inciso I, *a*, da Constituição. Vide as respectivas notas.

– "... o legislador complementar foi pedagógico, simplesmente pedagógico... Descabe o embaralhamento de institutos, expressões e vocábulos, como se cada qual não tivesse o sentido próprio indispensável a caminhar-se com segurança jurídica" (STF, excerto de voto-vista na ADIn 2.588-1, 2006).

– **Análise semântica das normas de competência.** A análise semântica e sintática dos incisos e respectivas alíneas das normas que outorgam competência relativas a impostos (153, 155 e 156) e a contribuições de seguridade social (art. 195, I a IV), pois, que se utilizam do critério da base econômica, é fundamental para a verificação dos limites das respectivas tributações ordinárias na medida em que tais normas positivas de competência tributária condicionam o exercício da tributação. De fato, ao dizerem o que poderá ser tributado a título ordinário para o custeio da seguridade social, acabam por excluir da possibilidade de tributação o que não está contemplado expressamente. Outras pessoas ou bases econômicas só no exercício da competência residual é que poderão ser gravadas.

– **Imprestabilidade dos argumentos de conveniência.** Sobre o equívoco de se dar prevalência a argumentos de ordem meramente prática ou de conveniência: "A conjugação desses fatores conduz à prevalência dos argumentos linguísticos e sistemáticos sobre os meramente práticos. Essas regras de prevalência são decisivas para a interpretação dos limites à instituição de contribuições. Isso porque estabelecem que argumentos meramente práticos, como são os argumentos relacionados à necessidade de aumentar a arrecadação ou à importância do financiamento da saúde, não poderão prevalecer sobre os argumentos linguísticos e sistemáticos, como são aqueles que se deixam reconduzir à estrutura do Sistema Tributário Nacional e às regras de competência" (ÁVILA, Humberto. *Sistema constitucional tributário*. São Paulo: Saraiva, 2004, p. 161).

• Vide: CAMPOS, Marcelo Hugo de Oliveira. Os efeitos das decisões do STF em matéria tributária e os argumentos consequencialistas: o perigo da legitimação de uma constitucionalidade inútil. *RDDT* 224/121, 2014.

Art. 111. Interpreta-se literalmente a legislação tributária que disponha sobre:

⇒ **O processo legislativo que levou ao art. 111 do CTN: literalmente, sim, mas bem entendida essa literalidade.** Conforme Luciana Aguiar, Rubens Gomes de Souza, no relatório aprovado pela Comissão Especial, afirmou que o dispositivo "enumera hipóteses de interpretação literal, o que, por sua vez, se justifica em razão do caráter excepcional de tais hipóteses" e revelou que não foram acolhidas as propostas de substituição da expressão "literalmente" por "restritivamente" porque "o objetivo visado é delimitar a interpretação à letra a lei, sem porém admitir restrição, em eventual prejuízo do contribuinte, das concessões nela previstas". E explica ela própria: "a rejeição ao termo 'restritivamente' se deveu à preocupação de evitar que a expressão pudesse ser compreendida como uma autorização para que o intérprete estreitasse a aplicação de concessões legais de isenção em prejuízo dos contribuintes, não havendo qualquer intenção de limiar a liberdade intelectual do aplicador da norma, na busca legítima pelo conteúdo de um determinado dispositivo". Luciana ainda transcreve texto de Carlos da Rocha Guimarães, que sugerira a troca das palavras, quando, anos depois, sintetizou a sua preocupação e a do próprio Rubens Gomes de Souza: "o que ficou bem claro é que, no fundo não se queria nem ampliar nem restringir a lei, além da sua exata significação (não ampliar o texto concessivo da isenção por anão ferir o princípio da igualdade perante o fisco; não restringir o direito do contribuinte pela interpretação que lhe retirasse concessões legais). [...] o método de interpretação literal é inadequado, tomada a expressão em sua 'literalidade'. Assim, o que se quer realmente significar com essa expressão é que o sentido da lei deve ser aplicado com a maior exatidão a fim de não criar isenção nele não prevista, nem eliminar isenção que nele se inclua. Para tanto, é indubitável que temos que ir buscar, além da letra da lei, o seu sentido, o seu significado'" (AGUIAR, Luciana Ibiapina Lira. Reflexões históricas sobre o artigo 111 do CTN: a escolha pela expressão "literalmente" em oposição à expressão "restritivamente". *RDA*, n. 32, p. 250).

– **Descabimento de uma interpretação simplesmente literal.** "... não vemos como razoável um dispositivo legal que determine a interpretação literal de nenhum texto normativo. O artigo 111 do CTN, ao determinar a interpretação liberal para suspensão ou exclusão do crédito tributário, outorga de isenção e dispensa do cumprimento de obrigações tributárias acessórias, desorganiza a harmonia sistêmica do Direito Tributário, que parte dos princípios constitucionais tributários. A negativa de aplicação das técnicas interpretativas dadas pela ciência do direito e pela teoria geral do direito, a partir do Direito Tributário, compromete a importância da codificação tributária. ... a melhor solução, diante do artigo 111 do CTN, é compatibilizá-lo com os princípios constitucionais tributários" (BECHO, Renato Lopes. Considerações sobre a interpretação literal e o art. 111 do CTN. *RDDT* 175/161, 2010).

– Para Paulo de Barros Carvalho, o art. 111 merece severa crítica, tendo em vista que não se pode lançar mão, isoladamente, da técnica de interpretação literal, sob pena de não se apreender o verdadeiro conteúdo da norma (CARVALHO, Paulo de Barros. *Curso de direito tributário*. 27. ed. São Paulo: Saraiva, 2016, p. 118-120).

– "Afirmar que a interpretação literal não esgota o processo interpretativo é uma coisa, afirmar que ela é desnecessária é ago absolutamente diverso. É lugar comum afirmar que a interpretação literal é pobre, contudo tal afirmação não é essencialmente correta, visto que ela é o primeiro nível de interpretação: a compreensão do texto. Trata-se de um momento deveras fundamental, dado que dele irão se extrair os elementos essenciais da construção de sentido da norma. Existe uma distinção entre interpretação literal e restritiva. No caso da interpretação restritiva o intérprete reduz o leque de significações da norma, ou seja, o seu campo de incidência, de tal modo que deduz por uma redução da vontade do legislador. O célebre brocardo latino representa bem esta ideia ao afirmar que este 'escreveu mais do que realmente pretendia dizer' (*plus scripsit quam voluit*). Por exemplo, em uma interpretação restritiva 'aproveitamento indevido de créditos' pode significar somente a compensação indevida, em uma interpretação literal significaria todas as formas de aproveitamento indevido: ressarcimento e compensação. No caso de uma interpretação extensiva poderia ser utilizada para abarcar inclusive os casos de aproveitamento devidos ou não aproveitamentos. O texto do art. 111 do CTN exige e limita a interpretação literal para os seguintes casos: suspensão ou exclusão do crédito tributário, outorga de isenção, dispensa do cumprimento de obrigações tributárias acessórias" (CALIENDO, Paulo. Interpretação literal em direito tributário. In: GRUPENMACHER, Betina Treiger (coord.). *Tributação: democracia e liberdade*. São Paulo: Noeses, 2014, p. 1204).

– "A interpretação literal consiste na primeira aproximação do intérprete com o produto legislado e não o ponto final" (WASSERMAN, Rafhael. Notas sobre a imunidade musical: liberdade de expressão artística e cultura nacional. In: GRUPENMACHER, Betina Treiger (coord.). *Tributação: democracia e liberdade*. São Paulo: Noeses, 2014, p. 857).

– "Deve-se... realizar uma filtragem constitucional... do art. 111 do CTN, editado em tempos bem diferentes (1965) dos atuais. Se a legalidade, para fins de cobrança de tributos, vai passando por uma certa abertura (como quer o próprio Fisco), também isto deve ocorrer no que se refere à legalidade das isenções. Os atuais valores constitucionais se sobrepõem. Pode-se entender, inclusive, que o Poder Judiciário tem competência para impor uma interpretação mais adequada à Constituição, sem ser tachado de ativista. O que se tem é a possibilidade de declaração de inconstitucionalidade da parte do texto da lei que impôs a restrição odiosa... [...] o Legislador deve ter para si que não podem ser adotadas ações afirmativas tributárias que, no seu próprio conteúdo, atentem conta o princípio da igualdade, provocando efeitos colaterais indesejados" (FISCHER, Octavio Campos. Tributação, ações afirmativas e democracia. In: GRUPENMACHER, Betina Treiger (coord.). *Tributação: democracia e liberdade*. São Paulo: Noeses, 2014, p. 595-596).

– **Busca do adequado alcance da norma: nem mais, nem menos.** Sendo a interpretação uma atividade complexa, conforme se afirmou quando da análise do art. 107 do CTN, o art. 111 não pode ser visto como impeditivo para a utilização dos diversos instrumentos que nos levam à compreensão e à aplicação adequada de qualquer dispositivo legal, quais sejam, as interpretações histórica, teleológica, sistemática, a consideração dos princípios etc. O art. 111 do CTN não tem o efeito de manietar o intérprete, de amarrar as suas mãos, tolher-lhe os movimentos, imobilizá-lo. Traz, isto sim, uma advertência no sentido de que as regras atinentes às matérias arroladas devem ser consideradas como regras de exceção, aplicáveis nos limites daquilo que foi pretendido pelo legislador, considerando-se as omissões como "silêncio eloquente", não se devendo integrá-las pelo recurso à analogia.

– "4. É firme o entendimento do STJ, no sentido de que a busca do real significado, sentido e alcance de benefício fiscal não caracteriza ofensa ao art. 111 do CTN" (STJ, REsp 1.125.064, 2010).

– "INTERPRETAÇÃO LITERAL DA LEGISLAÇÃO TRIBUTÁRIA. ART. 111 DO CTN... 2... É certo que a interpretação literal preconizada pela lei tributária objetiva evitar interpretações ampliativas ou analógicas (v.g.: REsp 62.436/SP, Min. Francisco Peçanha Martins), mas também não pode levar a interpretações que restrinjam mais do que a lei quis" (STJ, REsp 1.109.034, 2009).

– "Ao determinar, nesse dispositivo, que a interpretação de normas relativas à suspensão ou exclusão do crédito tributário, à outorga de isenção e à dispensa do cumprimento de obrigações acessórias seja 'literal', o legislador provavelmente quis significar 'não extensiva', vale dizer, sem alargamento de seus comandos, uma vez que o padrão em nosso sistema é a generalidade da tributação e, também das obrigações acessórias, sendo taxativas as hipóteses de suspensão da exigibilidade do crédito tributário e de anistia. Em outras palavras, quis prestigiar os princípios da isonomia e da legalidade tributárias" (COSTA, Regina Helena. *Curso de direito tributário*. 5. ed. São Paulo: Saraiva, 2015, p. 188).

– **Ausência de vedação à ponderação dos elementos sistemáticos e finalísticos.** "... MOLÉSTIA GRAVE, CARDIOPATIA. ISENÇÃO DO IMPOSTO DE RENDA. AUSÊNCIA DE VIOLAÇÃO DO ART. 111, INCISO II, DO CTN. LEI n. 4.506/64 (ART. 17, INCISO III). DECRETO n. 85.450/80. PRECEDENTES. 1. O art. 111 do CTN, que prescreve a interpretação literal da norma, não pode levar o aplicador do direito à absurda conclusão de que esteja ele impedido, no seu mister de apreciar e aplicar as normas de direito, de valer-se de uma equilibrada ponderação dos elementos lógico-sistemático, historio e finalístico ou teleológico, os quais integram a moderna metodologia de interpretação das normas jurídicas. 2. O STJ firmou o entendimento de que a cardiopatia grave, nos termos do art. 17, inciso III, da Lei n. 4.506/64, importa na exclusão dos proventos de aposentadoria da tributação pelo Imposto de Renda, mesmo que a moléstia tenha sido contraída depois do ato de aposentadoria por tempo de serviço. 3. Recurso especial conhecido e não provido" (STJ, REsp 192.531, 2005).

– "Na hipótese dos autos, a demandante realizou a importação de maquinário beneficiado pela alíquota zero do Imposto de Importação (II) e pela isenção do Imposto sobre Produtos Industrializados (IPI). Entretanto, para o perfeito funcionamento do equipamento importado, foi necessária a aquisição de peças integrativas (jogos de ferramentas para garrafas de dois litros). O Fisco Federal, ao proceder à revisão da declaração de importação pertinente, entendeu indevida a inclusão dos componentes adquiridos, por considerar que eles não integravam a descrição da mercadoria beneficiada com a redução tarifária. Todavia, o juízo singular compreendeu que a isenção tributária deveria alcançar também os jogos de ferramentas adquiridos, mas o tribunal *a quo* reformou a sentença sob o entendimento, entre outras questões, de que a decisão estaria dando interpretação extensiva à norma de isenção, o que ofenderia o art. 111, II, do CTN. Portanto, a controvérsia nos autos está na interpretação a ser conferida à norma de isenção do IPI prevista no art. 1º, *caput*, da Lei n. 8.191/1991. Conforme destacou o Min. Relator, sendo as ferramentas importadas peças indispensáveis ao funcionamento da máquina, elas não podem ser desmembradas para efeito do tratamento fiscal conferido pela aludida legislação. Ademais, visto que a demandante pretendeu adquirir uma máquina completa que se prestasse a suas finalidades próprias, sem o seu pleno funcionamento, torna-se inútil o equipamento e sem sentido a importação. Assim, concluiu que o reconhecimento da aplicação da isenção fiscal também em relação às ferramentas adquiridas não significa estender o benefício a situações não previstas pelo legislador, mas sim conferir a ele sua exata dimensão. Com esse entendimento, a Turma deu provimento ao recurso. (REsp 841.330-CE)" (*Informativo* 464 STJ, 2011).

⇒ **Vedações decorrentes do art. 111 do CTN.** O art. 111 do CTN proíbe o intérprete de atuar como legislador positivo, de atuar fora do que a lei estabelece, estendendo-a para situações, pessoas ou períodos não contemplados pela norma ou dispensando o que a norma exige.

– "5. Neste caso concreto, a obrigação tributária não pode ser positivada por meio outro que não seja a regra jurídica prévia, escrita, expressa e certa. É isto o que se acha solenizado no sempre lembrado art. 111 do CTN, ao vedar que, por meios interpretativos, se chegue a conclusões judiciais redutoras, isentadoras ou revogadoras de exigências tributárias. A função dessa regra do CTN é a de evitar que a Administração Tributária seja surpreendida com reduções, isenções ou revogações de tributos por qualquer autoridade não fiscal" (STJ, REsp 1.840.139, 2020).

– "9. Como reza o art. 111, inciso II, do CTN, a legislação que disponha sobre isenção tributária deve ser interpretada literalmente, não cabendo ao intérprete estender os efeitos da norma isentiva, por mais que entenda ser uma solução que traga maior justiça do ponto de vista social. Esse é um papel que cabe ao Poder Legislativo, e não ao Poder Judiciário" (STJ, REsp 1.814.919, 2020).

– **O art. 111 do CTN só exclui os métodos integrativos supletivos do art. 108 do CTN.** "Nas hipóteses elencadas no artigo 111 do CTN a missão do intérprete deve ser cumprida a partir do uso de todos os métodos disponíveis na hermenêutica jurídica, com restrição apenas quanto aos métodos interativos supletivos previstos no artigo 108 do CTN. Esta parece ter sido a verdadeira razão da escolha pela manutenção, no texto final do artigo, do advérbio 'literalmente' em detrimento de 'restritivamente', preservando-se a integridade da obra de Rubens Gomes de Souza, Gilberto de Ulhôa Canto e tantos outros ilustres juristas, que decididamente não pretenderam que, ao fim e ao cabo, os termos 'literal' e 'restritivo' se tornassem sinônimos" (AGUIAR, Luciana Ibiapina Lira. Reflexões histórias sobre o artigo 111 do CTN: a escolha pela expressão "literalmente" em oposição à expressão "restritivamente". *RDA*, n. 32, p. 255).

– **Veda a analogia.** Se, de um lado, a analogia não pode ser utilizada para exigir tributo em face de situação, perante pessoa ou em montante superior aos estabelecidos na norma tributária impositiva, conforme se extrai do art. 108, I, do CTN, de outro, também não se presta para estender benefícios fiscais a situações meramente assemelhadas às previstas na lei concessiva. Em nota ao art. 108, I, do CTN, distinguimos a analogia da interpretação extensiva.

– Há muitas discussões sobre a isenção de imposto de renda a portadores de moléstia grave, concedida por lei nos seguintes termos: Lei n. 7.713/88, com a redação da Lei 11.052/2004: "Art. 6º Ficam isentos do imposto de renda os seguinte rendimentos percebidos por pessoas físicas: [...] XIV – os proventos de aposentadoria ou reforma motivada por acidente em serviço e os percebidos pelos portadores de moléstia profissional, tuberculose ativa, alienação mental, esclerose múltipla, neoplasia maligna, cegueira, hanseníase, paralisia irreversível e incapacitante, cardiopatia grave, doença de Parkinson, espondiloartrose anquilosante, nefropatia grave, hepatopatia grave, estados avançados da doença de Paget (osteíte deformante), contaminação por radiação, síndrome da imunodeficiência adquirida, com base em conclusão da medicina especializada, mesmo que a doença tenha sido contraída depois da aposentadoria ou reforma".

– "A pessoa física que, embora seja portadora de uma das moléstias graves elencadas, recebe rendimentos decorrentes de atividade, vale dizer, ainda não se aposentou não faz jus à isenção prevista no art. 6º, XIV, da Lei 7.713/88 . 2. Descabe a extensão do aludido benefício à situação que não se enquadre no texto expresso da lei, conforme preconiza o art. 111, II, do CTN" (STJ, 2ª T., RMS 31637/CE, Rel. Min. Castro Meira, fev. 2013). Eis excerto do voto condutor: "A norma impõe a presença de dois requisitos cumulativos para a isenção do imposto de renda: i) os rendimentos sejam relativos a aposentadoria, pensão ou reforma; e ii) seja a pessoa física portadora de uma das doenças referidas. Enquadrando-se nas condições legais, todo o rendimento é isento do tributo, sem qualquer limitação. Por outro lado, não gozam de isenção os rendimentos decorrentes de atividade, isto é, o contribuinte é portador de uma das moléstias, mas ainda não se aposentou, como é o caso dos autos."

– "1. Funcionário público. Aposentadoria por cardiopatia grave. Isenção de imposto de renda. Lei 7.713/88. Benefício de natureza subjetiva, relacionada e vinculada com os atributos pessoais do servidor aposentado. Extensão do benefício à pensionista. Impossibilidade. A exclusão do crédito tributário decorre da lei. 2. Superveniência da Lei 8.541/92. Isenção do pagamento de imposto de renda também à pensionista – exceutadas as hipóteses de moléstia profissional –, mesmo que a doença tenha sido contraída após a concessão da pensão. Requisitos e condições especificados em lei não comprovados pela autora. Consequência: improcedência do pedido. Recurso extraordinário não conhecido" (STF, RE 233.652-1, 2002).

– Nos julgados que deram origem à Súmula 100 do STJ muito já se havia discutido sobre a interpretação das normas concessivas de isenção, tendo restado consolidada posição no sentido de que descabia raciocinar se analogicamente para o efeito de estender benefício de isenção a situação que não se enquadraria no texto expresso da lei. Senão vejamos: "A isenção, no sistema jurídico tributário vigorante, só é de ser reconhecida pelo Judiciário em benefício do contribuinte, quando concedida, de forma expressa e clara pela lei, devendo a esta se emprestar compreensão estrita, vedada a interpretação ampliativa..." (STJ, REs 31.215-6, 1993); "2. A isenção é avessa às interpretações ampliativas, não se acomodando à filiação analógica (art. 111, II, CTN)" (STJ, REs 36.366-7, 1993).

– "4. Em se tratando de instituição de parcelamento, modalidade de suspensão da exigibilidade do crédito tributário, prevalece a interpretação literal, por determinação expressa do art. 111, I, do CTN. 5. Não é correto, portanto, equiparar os conceitos de 'vencimento' e 'fato gerador' do crédito tributário para ampliar, indevidamente, a interpretação do art. 1º da MP 303/2006" (STJ, REsp 1.407.274, 2013).

– "Consectariamente, revela-se interditada a interpretação das normas concessivas de isenção de forma analógica ou extensiva, restando consolidado entendimento no sentido de ser incabível interpretação extensiva do aludido benefício à situação que não se enquadre no texto expresso da lei, em conformidade com o estatuído pelo art. 111, II, do CTN... Acórdão submetido ao regime do art. 543-C do CPC e da Resolução STJ 08/2008" (STJ, REsp 1.116.620, 2010).

– **Veda a dispensa de requisitos legais.** "1. A isenção tributária, como espécie de exclusão do crédito tributário, deve ser interpretada literalmente e, *a fortiori*, restritivamente (CTN, art. 111, II), não comportando exegese extensiva" (STJ, REsp 958.736, 2010).

– "ISENÇÃO – INTERPRETAÇÃO LITERAL. [...] 2. Normas tributárias que impliquem em renúncia fiscal interpretam se restritivamente" (STJ, REsp 1.074.015, 2009).

– "3... No caso da imunidade das entidades beneficentes de assistência social, a Corte tem conferido interpretação extensiva à respectiva norma, ao passo que tem interpretado restritivamente as normas de isenção. 4. Adquirido o *status* de imune, as presunções sobre o enquadramento originalmente conferido devem militar a favor do contribuinte, de modo que o afastamento da imunidade só pode ocorrer mediante a constituição de prova em contrário produzida pela administração tributária. O oposto ocorre com a isenção que constitui mero benefício fiscal por opção do legislador ordinário, o que faz com que a presunção milite em favor da Fazenda Pública" (STF, RE 385.091, 2013).

– "... o uso da expressão 'interpreta se literalmente' é dotado de sem sentido deôntico por conta de buscar regular uma conduta do aplicador impossível por si só e ao mesmo tempo necessária. Explica-se. Impossível porque aplicador algum pode ficar adstrito ao plano sintático da linguagem para construir sentidos. Necessária, pois se trata de etapa irrefutável do processo de interpretação aplicação uma vez que ninguém constrói sentidos sem passar pelo plano da literalidade. Daí é que a expressão 'interpreta-se literalmente' deve ser compreendida por 'interpreta-se restritivamente'. Tem-se em verdade, ordem do legislador para que o aplicador interprete restritivamente os casos de isenção, suspensão, exclusão (?!) do crédito tributário bem como a dispensa do cumprimento de deveres instrumentais" (MOUSSALLEM, Tárek Moysés. Interpretação restritiva no direito tributário. *Anais do VII Congresso Nacional de Estudos Tributários*. Direito tributário e os conceitos de direito privado. 7. ed. São Paulo, 2010, p. 1.217).

I – suspensão ou exclusão do crédito tributário;

⇒ **Causas de suspensão da exigibilidade do crédito.** O art. 151 do CTN prevê, como causas de suspensão da exigibilidade do crédito, a moratória e o parcelamento, o depósito do montante integral, as impugnações e recursos administrativos, bem como as decisões judiciais em tutelas provisórias.

– **Parcelamento.** "3. Portanto, revela-se descabida a tese que almeja a superação deste requisito formal, estabelecido no artigo 5º da Lei n. 13.496/2017, pois o artigo 111, inciso I do Código Tributário Nacional determina que seja interpretada literalmente a legislação que disponha sobre a suspensão do crédito tributário. Nesse contexto, sendo o parcelamento uma das modalidades suspensivas de crédito tributário (artigo 151, VI, do CTN), a legislação que o institui deve ser lida de forma literal" (STJ, AREsp 1.668.139, 2020).

– "2. À mingua de previsão legal específica na lei, não é possível a utilização da base de cálculo negativa e dos prejuízos fiscais para quitar parte da antecipação prevista no parcelamento. 3. No direito tributário, ramo do direito público, a relação jurídica só pode decorrer de norma positiva, sendo certo que o silêncio da lei não cria direitos nem para o contribuinte nem para o Fisco e, sendo o parcelamento um benefício fiscal, a interpretação deve ser restritiva, não se podendo ampliar o sentido da lei nem o seu significado, nos termos do art. 111 do Código Tributário Nacional" (STJ, AgInt no REsp 1.679.232, 2022).

⇒ **Causas de exclusão do crédito tributário.** O art. 175 do CTN prevê, como causas de exclusão do crédito tributário, a isenção e a anistia.

II – outorga de isenção;

⇒ **Lei específica e interpretação restritiva para as isenções.** O art. 150, § 6º, da CF exige lei específica para a concessão de desonerações tributárias em geral, inclusive isenções, enquanto o art. 111, II, do CTN, exige que tais leis especiais sejam interpretadas literalmente.

– "7. Para a criação e extensão de benefício fiscal o sistema normativo exige lei específica (cf. art. 150, § 6º da CF/88) e veda interpretação extensiva (cf. art. 111 do CTN), de modo que benefício concedido aos contribuintes integrantes de regime especial de tributação... não se estende aos demais contribuintes... sem lei que autorize" (STJ, REsp 1.265.198, 2013).

– "15. Tratando-se de isenção tributária, o art. 111, II, do CTN impõe a técnica de interpretação literal, sendo impossível, portanto, aplicar por analogia a disciplina atribuída pela legislação cível para dispor, contra legem, a respeito dos efeitos tributários" (STJ, REsp 1.650.844, 2022).

– Sobre a exigência de lei específica, vide art. 150, § 6º, da CF.
– Sobre o conceito de isenção, vide art. 176 do CTN.

III – dispensa do cumprimento de obrigações tributárias acessórias.

⇒ **Ausência de obrigação principal não implica dispensa do cumprimento de obrigações acessórias.** As obrigações tributárias acessórias tem autonomia relativamente às principais. Não são, portanto, propriamente acessórias, mas, isso sim, formais ou instrumentais. Trata-se de deveres de colaboração necessários à fiscalização tributária. Quando a legislação tributária cria uma obrigação acessória, aquele apontado pela norma deve cumpri-la, ainda que não tenha tributo a pagar. A exceção estará nas normas que eventualmente venham estabelecer obrigações acessórias só para quem tenha a obrigação de pagar ou que dispensem expressamente os demais do seu cumprimento. Vide notas ao art. 113, § 2º, do CTN.

– **Isenção e anistia não afastam automaticamente as respectivas obrigações acessórias.** A isenção e a anistia não dispensam do cumprimento das obrigações acessórias: "A exclusão do crédito tributário não dispensa o cumprimento das obrigações acessórias dependentes da obrigação principal cujo crédito seja excluído, ou dela consequente" (art. 175, parágrafo único, do CTN).

– **Imunidade.** A imunidade também não dispensa do cumprimento de obrigações acessórias e, em geral, do dever de colaborar com a fiscalização (arts. 14, III, e 194, parágrafo único, do CTN), inclusive na qualidade de responsável pelos tributos retidos na fonte (art. 9º, § 1º, do CTN).

Art. 112. A lei tributária que define infrações, ou lhe comina penalidades, interpreta-se da maneira mais favorável ao acusado, em caso de dúvida quanto:

I – à capitulação legal do fato;

II – à natureza ou às circunstâncias materiais do fato, ou à natureza ou extensão dos seus efeitos;

III – à autoria, imputabilidade, ou punibilidade;

IV – à natureza da penalidade aplicável, ou à sua graduação.

⇒ **Não se aplica aos tributos, somente às infrações.** "O escopo da diretriz de interpretação desse artigo se limita às normas relativas a infrações e sanções, não se aplicando quando se interpreta as normas sobre o tributo em si. Logo, não é devido, ao se interpretar uma norma sobre a definição de um tributo, no que concerne a sua hipótese de incidência, base de cálculo, constituição, responsabilidade, suspensão, extinção, exclusão, por exemplo, dar preferência a uma versão dos fatos que resulte em maior benefício ao contribuinte. Neste último caso, a interpretação deve ser, na medida do possível, equidistante entre os interesses do particular, em se subtrair da esfera de incidência tributária e os interesses eminentemente arrecadatórios da Fazenda Pública" (DUARTE, Rafaela. In: SEEFELDER, Claudio; CAMPOS, Rogério (coord.). *Constituição e Código Tributário Comentados sob a Ótica da*

Fazenda Nacional. São Paulo: Thonson Reuters Brasil, 2020, p. 811-812).

⇒ **In dubio pro reo**. O art. 112 baseia-se no brocardo *in dubio pro reo*, de modo que a postura frente às infrações tributárias equivalha a aquela própria dos ilícitos penais em que a punição só se dá quando haja elementos capazes de ensejar convicção acima de qualquer dúvida razoável.

– "... é certo que o art. 112 do Código Tributário Nacional resulta de influência do Direito penal. E tem seu fundamento, tanto quanto a norma do Direito penal, na consciência de que a injustiça na punição é extremamente odiosa" (MACHADO, Hugo de Brito. A interpretação benigna preconizada pelo art. 112 do Código Tributário Nacional. *RDDT* 229/42, 2014).

– **Inexistindo dúvida, inaplicável o art. 112 do CTN**. O STJ já decidiu que o art. 112 do CTN não determina interpretação sempre mais favorável ao contribuinte, mas apenas quando a regra e os fatos não sejam claros (STJ, AgRg no REsp 1355538/PR, 2014) ou quando haja dúvidas quanto à gradação da penalidade (STJ, REsp 1471701/RS, 2014).

– **Dúvida quanto aos fatos, não quanto ao direito**. O art. 112 do CTN, embora cuide da interpretação da lei punitiva, refere-se efetivamente à sua aplicação aos casos concretos, conforme se vê pelo rol de hipóteses constante dos seus incisos. Aliás, efetivamente, não há que se falar em dúvida quanto à lei propriamente, na medida em que o seu alcance é definido pelo Judiciário através da aplicação dos diversos critérios de interpretação. Dúvida pode haver quanto aos atos praticados pelo contribuinte e, em face das suas características, quanto ao seu enquadramento legal. Daí a norma de que, no caso de dúvida, ou seja, de não ter sido apurada a infração de modo consistente pelo Fisco de modo a ensejar convicção quanto à ocorrência e características da infração, não se aplique a penalidade ou o agravamento que pressupõe tal situação. Aliás, o Min. Costa Manso, já em 1936, quando do julgamento, pelo Supremo Tribunal Federal, do MS 333/DF, destacou: "O direito subjectivo, o direito da parte é constituído por uma relação entre a lei e o facto. A lei, porém, é sempre certa e incontestável. A ninguém é licito ignorá-la, e com o silencio, a obscuridade ou a indecisão dela não se exime o juiz de sentenciar ou despachar (Código Civil, art. 5º da Introdução). [...] O facto é que o peticionário deve tornar certo e incontestável, para obter o mandado de segurança. O direito será declarado e aplicado pelo juiz, que lançará mão dos processos de interpretação estabelecidos pelas ciência, para esclarecer os textos obscuros ou harmonizar os contraditórios. Seria absurdo admitir se declare o juiz incapaz de resolver de plano um litígio, sob o pretexto de haver preceitos legais esparsos, complexos ou de inteligência difícil ou duvidosa. Desde, pois, que o facto seja certo e incontestável, resolverá o juiz a questão de direito, por mais intrincada e difícil que se apresente, para conceder ou denegar o mandado de segurança".

– **Dúvida quanto ao direito**. "A definição de uma infração é a descrição, na norma, da conduta que uma vez ocorrida enseja a aplicação da sanção punitiva. Em outras palavras, a definição da infração é a descrição da hipótese de incidência da norma punitiva. Qualquer dúvida que se possa ter na interpretação da hipótese de incidência da norma punitiva, portanto, deve ser resolvida a favor do acusado. E essas dúvidas podem ocorrer quanto à presença de elementos essenciais da infração que eventualmente não estão explicitamente indicados na norma que a define, mas podem ser vistos claramente, à luz do elemento teleológico ou finalístico, como elementos implícitos na definição. Assim, por exemplo, se a lei define como infração a omissão de rendimentos na declaração feita pelo contribuinte para os fins de lançamento do imposto de renda, nessa definição está implícito, mas está evidente, à luz do elemento teleológico ou finalístico, que os rendimentos omitidos são aqueles sujeitos à incidência do imposto. A omissão de rendimentos isentos ou não tributáveis não configura a infração de que se cuida" (MACHADO, Hugo de Brito. A interpretação benigna preconizada pelo art. 112 do Código Tributário Nacional. *RDDT* 229/42, 2014).

– **Dúvida quanto ao direito ou quanto aos fatos**. "A dúvida que pode haver na capitulação legal do fato pode residir na interpretação da norma que descreve a infração, ou no fato que a concretiza. Seja a dúvida residente na interpretação da norma que define a infração, seja a dúvida residente no fato que a consubstancia, tem-se presente a norma do art. 112, a determinar que o intérprete adote a solução mais favorável ao acusado" (MACHADO, Hugo de Brito. A interpretação benigna preconizada pelo art. 112 do Código Tributário Nacional. *RDDT* 229/42, 2014).

– **A aplicação de multa qualificada depende da inexistência de dúvida quanto ao caráter doloso da conduta**. "... a comprovação da conduta dolosa deve estar cristalina na acusação fiscal. Tomando-se emprestada expressão contida na ementa do Acórdão n. 2202-002.106, de 21 de novembro de 2012, o que se quer dizer é que 'O evidente intuito de fraude deverá ser minuciosamente justificado e comprovado nos autos'. Assim é que não basta que se presuma a conduta dolosa, sendo também imprescindível para aplicação dessa penalidade a produção de prova dessa conduta dolosa por parte da fiscalização. Isso porque já existe uma penalidade (de ofício) para o simples fato de não pagamento de tributo, razão pela qual a aplicação da multa qualificada requer algo mais, por ser, nas palavras de Marco Aurélio Greco, 'a exceção da exceção'. Nesse sentido decidiram os Acórdãos ns. 1402-00752, 1402-00753 e 1402-00754, de 30 de setembro de 2012, bem como os Acórdãos ns. 9202-00.632, de 12 de abril de 2010, 9201-00.971, de 17 de agosto de 2010, 3301-00.557, de 26 de maio de 2010, e 1402-001.180, de 10 de dezembro de 2012. Outrossim, tal necessidade de comprovação decorre também da previsão do art. 112 do CTN, que determina interpretação mais favorável ao acusado da lei tributária que define infrações, ou comina penalidades, conforme anteriormente analisada, de sorte que nas situações que houver qualquer dúvida quanto à intenção ou a conduta do contribuinte, esse não pode sofrer a penalidade em sua modalidade qualificada" (COVIELLO FILHO, Paulo. A multa qualificada na jurisprudência administrativa. Analise crítica das recentes decisões do Conselho Administrativo de Recursos Fiscais. *RDDT* 218/130, 2013).

– **Valoração da boa-fé e da inocorrência de dano ao erário**. "PENA DE PERDIMENTO. MULTA SUBSTITUTIVA DE 100% DO VALOR ADUANEIRO. ART. 112 DO CTN. BOA-FÉ DO IMPORTADOR. AUSÊNCIA DE DANO AO

ERÁRIO. DESPROPORCIONALIDADE. 1. A lei que define infrações ou comina penalidade deve ser interpretada de maneira mais favorável ao acusado quanto à natureza ou às circunstâncias materiais do fato, ou à natureza ou extensão de seus efeitos (art. 112 do CTN). 2. Antes da aplicação de eventual penalidade, a jurisprudência considera as circunstâncias materiais da infração tributária, sendo razoável concluir pela desproporcionalidade da multa exigida, quando a divergência apontada não traduz intenção do contribuinte de causar dano ao erário ou à atuação da autoridade fiscal" (TRF4, AC 5013192-73.2018.4.04.7100, 2022). Colhe-se do voto condutor: "... considero presentes indícios de boa-fé na conduta do importador, no sentido da ausência de intenção de burlar a fiscalização ou causar prejuízos ao erário. Anoto, no ponto, que a apelante recolheu integralmente os tributos devidos na operação. Ademais, tendo diligenciado a recorrente no intuito de comprovar a regularidade da operação de importação, inclusive retificando a DI para fazer constar quantidade maior de mercadorias do que a efetivamente declarada, ganha relevo a sua boa-fé – a qual, ressalte-se, deve ser presumida. Ainda que a ausência de comunicação à autoridade fiscal tenha furtado a possibilidade de fiscalizar in loco a atividade de descarga, não há elementos indiciários a configurar eventual fraude ou simulação. Nessa linha, entendo que a pena de perdimento, convertida em multa de 100% do valor aduaneiro das mercadorias aplicada ao caso, se mostra excessiva, seja porque a omissão da parte autora envolveu mero erro formal que não prejudicou o processo de importação, seja porque é passível de relevação diante da ausência de dano ao erário. Pontuo que a presunção de dano ao erário pode ser afastada no caso concreto, em face do recolhimento dos tributos, da inexistência de subvaloração de preços, além da descrição correta das mercadorias, o que pressupõe regularidade na operação comercial. Dito isso, o art. 112 do CTN dispõe que a lei tributária que define infrações, ou lhe comina penalidades, interpreta-se de maneira mais favorável ao acusado, considerando-se a natureza ou as circunstâncias materiais do fato, ou a natureza ou extensão de seus efeitos... No caso concreto, punir o contribuinte de boa-fé por motivo de erro escusável com multa de 100% do valor aduaneiro constitui medida de penalização severa cuja proporcionalidade deve ser questionada. O STF tem decidido que a vedação do efeito confiscatório aplica-se tanto aos tributos propriamente, como às multas pelo descumprimento da legislação tributária, sendo necessária uma relação de calibração e ponderação entre a gravidade da conduta e o peso da punição (RE-AgR 523471). Dessarte, na hipótese em liça, considero desproporcional a imposição de multa no valor de R$ 11.003.733,29 (onze milhões, três mil, setecentos e trinta e três reais e vinte e nove centavos). Reitero que no presente caso, não há qualquer indício, sequer alegação, de má-fé da apelante, pugnando a União pela sua responsabilização com fundamento no caráter objetivo das normas sancionadoras das infrações aduaneiras, entendimento este que merece temperamentos, de acordo com as evidências reveladas no processo."

– Aplicando em caso de instabilidade jurisprudencial para afastar multa. "O acórdão recorrido afastou a aplicação da multa moratória, na medida em que foi reconhecida a instabilidade da jurisprudência sobre a inclusão do IHT – Indenização por Horas Trabalhadas na base de cálculo do Imposto sobre a Renda e Proventos de Qualquer Natureza. Essa oscilação jurisprudencial ocorreu no próprio STJ. Esse afastamento foi justificado com singelo apelo à segurança jurídica. Em relação às multas, a aplicação da segurança jurídica pode decorrer diretamente tanto da Constituição como do Código Tributário Nacional (art. 112). A proteção conferida pelo CTN não é absorvida pelo princípio constitucional, de modo a tornar ocioso o art. 112 do CTN. Os parâmetros de controle se somam, de forma que o acolhimento de qualquer deles pelo Judiciário é suficiente em si para justificar a conclusão pela inaplicabilidade da punição, no caso concreto" (STF, RE 601.088, 2011).

– Inaplicabilidade do voto de qualidade no que diz respeito às penalidade (*e.g.*, multas) mesmo antes da Lei n. 13.988/2020. No que diz respeito à multa, porém, situa-se ela no subsistema inerente à repressão de ilícitos, que pressupõe, inclusive, a concorrência de elemento subjetivo de culpa ou dolo. Aplicam-se à matéria os princípios gerais de direito sancionador, como, de aplicação mais corriqueira e inequívoca no Direito Penal, como a pessoalidade, a culpabilidade, a proporcionalidade e a presunção da inocência, da qual se extrai o *in dubio pro reo*. Aliás, o CTN é expresso a respeito em seu art. 112, quando afirma, que a lei tributária que define infrações, ou lhe comina penalidades, interpreta-se da maneira mais favorável ao acusado, em caso de dúvida, e.g., quanto "à natureza ou às circunstâncias materiais do fato, ou à natureza ou extensão dos seus efeitos".

– "PROCESSO ADMINISTRATIVO FISCAL E DIREITO TRIBUTÁRIO. CARF. VOTO DE QUALIDADE. PENALIDADES. *IN DUBIO PRO REO*. RESOLUÇÃO EM FAVOR DO FISCALIZADO... 1. Antes da Lei 13.988/2020, segundo a qual o empate no CARF resolve-se favoravelmente ao contribuinte no que diz respeito à determinação e exigência do crédito tributário, aplicava-se, com exclusividade, aplicava-se também a tal hipótese o art. 25, § 9º, do Decreto 70.235/1972, que determina a predominância do voto de qualidade, proferido pelos Presidentes das Seções e Câmaras. Os julgadores, sejam representantes da fazenda ou dos contribuintes, tem autonomia e imparcialidade no exercício das suas atribuições, estando vinculados aos princípios que regem o sistema tributário nacional, de modo que seu compromisso é com as adequadas interpretação e aplicação das normas ao caso concreto. Parecer PGFN/CGU/COJPN 787/2014. Na ausência de maioria ou de voto de qualidade no sentido da anulação administrativa do lançamento, o sujeito passivo ainda tinha à sua disposição o contencioso judicial, como dispõe até hoje nas matérias ainda sujeitas ao voto de qualidade. 2. As infrações situam-se no subsistema punitivo da legislação tributária. O direito administrativo sancionador, como o direito penal, orienta-se pelos princípios da pessoalidade, da proporcionalidade e do in dubio pro reo, sendo certo que este último tem expressa guarida no próprio art. 112 do CTN. Desse modo, seja antes ou depois da Lei 13.988/2020, não se aplica o voto de qualidade em matéria de punições, resolvendo-se o empate favoravelmente ao fiscalizado, o que implica desconstituição do crédito relativo à multa" (TRF4, AC/REO 5076790-69.2016.4.04.7100, 2022).

– "Parece prevalecer no conselho Administrativo de Recursos fiscais o entendimento segundo o qual, a propósito das decisões pelo voto de qualidade, deve prevalecer o que estabelece o regimento daquele órgão, não sendo admissível tratar-se as multas tributárias sancionatórias como sanções penais, porque a analogia do tratamento não tem respaldo legal. Esse entendimento é inteiramente equivocado, pois o art. 112 do Código Tributário nacional é de clareza meridiana, ao adotar a interpretação benigna da lei tributária que define infrações ou lhe comina penalidades, de sorte que não pode de nenhum modo prevalecer uma regra do regimento do órgão julgador administrativo que contraria flagrantemente esse dispositivo que, no ordenamento jurídico brasileiro, tem força de lei complementar" (MACHADO, Hugo de Brito. A interpretação benigna preconizada pelo art. 112 do Código Tributário Nacional. *RDDT* 229/42, 2014).

– Ampla abordagem sobre o voto de qualidade, vide em nota ao art. 108, II, do CTN, quando se enfrenta o subposto princípio *in dubio pro contribuinte*.

TÍTULO II

OBRIGAÇÃO TRIBUTÁRIA

CAPÍTULO I

DISPOSIÇÕES GERAIS

Art. 113. A obrigação tributária é principal ou acessória.

§ 1º A obrigação principal surge com a ocorrência do fato gerador, tem por objeto o pagamento de tributo ou penalidade pecuniária e extingue-se juntamente com o crédito dela decorrente.

⇒ **Obrigação e crédito tributários.** A relação tributária é uma relação obrigacional cujo objeto é uma prestação pecuniária. Num dos polos, está o devedor; no outro, o credor. Obrigação e crédito pressupõem um o outro. A obrigação, quando surge, já se estabelece em favor do sujeito ativo. À obrigação, pois, do ponto de vista da fenomenologia da relação jurídica, corresponde o crédito e vice-versa. Mas o CTN, por ficção, diz que a obrigação surge com a ocorrência do fato gerador (art. 113, § 1º) e que o crédito é constituído através do lançamento (art. 142). Isso porque se refere ao crédito formalizado, documentado, revestido de certeza e liquidez e, por isso, exigível, oponível ao sujeito passivo.

– **No sentido de que, à obrigação, corresponde o direito de lançar.** "É sabido que *obrigação* e *crédito*, no direito privado, são dois aspectos da mesma relação. Não é assim, porém, no direito tributário brasileiro. O Código Tributário Nacional distinguiu a *obrigação* (art. 113) do *crédito* (art. 139). A obrigação é um primeiro momento na relação tributária. Seu conteúdo ainda não é determinado e o seu sujeito passivo ainda não está formalmente identificado. Por isto mesmo a *prestação* respectiva ainda não é exigível. Já o *crédito* tributário é um segundo momento na relação de tributação. No dizer do Código Tributário Nacional, ele decorre da obrigação principal e tem a mesma natureza desta (art. 139). Surge com o lançamento, que confere à relação tributária liquidez e certeza" (MACHADO, Hugo de Brito. *Curso de direito tributário*. 36. ed. São Paulo: Malheiros, 2015, p. 125).

⇒ **Obrigação principal: qualquer prestação pecuniária decorrente da legislação tributária.** Considera-se obrigação tributária principal aquela que tem como conteúdo prestar dinheiro, seja a título de tributo propriamente, seja a título de multa por descumprimento da legislação tributária. Assim, a noção de obrigação tributária principal é mais ampla que a de tributo, alcançando, inclusive, as penalidades. Trata-se de uma ficção legal.

– "... o legislador do Código chama de obrigação principal ao vínculo abstrato que une o sujeito ativo ao sujeito passivo, tendo como objeto uma prestação pecuniária. É a relação jurídica, de cunho patrimonial, estabelecida no consequente da regra-matriz de incidência. As demais relações, destituídas desse caráter, são designadas por obrigações acessórias..." (CARVALHO, Paulo de Barros. *Curso de direito tributário*. 21. ed. São Paulo: Saraiva, 2009, p. 304).

– "A obrigação principal, criação de expediente técnico-jurídico, congrega em um só objeto, em uma só relação jurídica, mediante a operação de soma ou união de relações, os objetos das relações jurídicas patrimoniais: relação jurídica tributária, relação jurídica da multa pelo não pagamento, relação jurídica de mora e relação jurídica sancionadora instrumental, prática esta que, se, de um lado, facilita a integração e cobrança do débito fiscal, de outro, dificulta o discernimento das várias categorias e regimes jurídicos díspares que compõem a denominada obrigação tributária principal" (SANTI, Eurico Marcos Diniz de. *Lançamento tributário*. Max Limonad, 1996, p. 118-119).

§ 2º A obrigação acessória decorre da legislação tributária e tem por objeto as prestações, positivas ou negativas, nela previstas no interesse da arrecadação ou da fiscalização dos tributos.

⇒ **Obrigação acessória. Deveres formais.** Obrigação acessória é obrigação de fazer em sentido amplo (fazer, não fazer, tolerar), no interesse da arrecadação ou da fiscalização dos tributos.

– "Ao lado da obrigação de dar, o Código Tributário Nacional coloca as acessórias, que têm por objeto prestações positivas ou negativas, previstas em lei, no interesse da fiscalização. [...] A acessória dá um suporte grande ao direito tributário na medida em que fiscaliza e controla esses recursos. A melhor doutrina não considera tais obrigações como acessórias da obrigação de dar; prefere ver nelas deveres de natureza administrativa, isso porque a relação obrigacional é passageira, dissolvendo-se sobretudo pelo pagamento, enquanto nos comportamentos impostos em caráter permanente, as pessoas designadas em lei o são sob um vínculo de durabilidade ou permanência não suscetível de exaurir-se com o mero cumprimento. A conclusão é que nem todos os comportamentos que o Código Tributário Nacional considera como obrigações devem ser efetivamente tidos como tais. Há que se discriminar entre obrigações 'principais' e os deveres" (BASTOS, Celso Ribeiro. In: MARTINS, Ives Gandra da Silva (coord.). *Comentários ao Código Tributário Nacional*. São Paulo: Saraiva, 1998, v. 2, p. 146).

– "Para que a Administração Tributária possa atuar de forma eficaz, em face do caráter vinculado e obrigatório do seu poder-

-dever de gerência do sistema tributário, torna-se imprescindível a participação de todos os envolvidos nos fatos de interesse fiscal, pois, somente num ambiente de cooperação – e não de antagonismo –, se vislumbra a efetividade dos princípios constitucionais da isonomia, da capacidade contributiva, da justiça fiscal e da eficiência da Administração Tributária" (REIS, Hélcio Lafetá. A autonomia relativa da obrigação tributária acessória em relação à obrigação tributária principal. *RDDT* 224/92, 2014).

– "Ao lado da falta de patrimonialidade aponta-se a não transitoriedade dessas obrigações acessórias como sinal de não serem obrigações propriamente ditas" (COSTA, Alcides Jorge. Obrigação tributária. *Curso de direito tributário.* CEJUP/Centro de Extensão Universitária, 1993, vol. 1, p. 216).

– Paulo de Barros Carvalho entende que as chamadas obrigações acessórias são, na verdade, deveres que "não têm natureza obrigacional, por faltar-lhes conteúdo dimensível em valores econômicos". Prefere, por isso, a expressão "deveres instrumentais ou formais", forte em que não têm natureza obrigacional e em que nem sempre são acessórios, pois existem independentemente do surgimento efetivo da obrigação tributária dita principal (CARVALHO, Paulo de Barros. *Curso de direito tributário.* 27. ed. São Paulo: Saraiva, 2016, p. 296).

– "Esses deveres são, entre muitos, o de escriturar livros, prestar informações, expedir notas fiscais, fazer declarações, promover levantamentos físicos, econômicos ou financeiros, manter dados e documentos à disposição das autoridades administrativas, aceitar a fiscalização periódica de suas atividades, tudo com o objetivo de propiciar ao ente que tributa a verificação do adequado cumprimento da obrigação tributária" (CARVALHO, Paulo de Barros. *Curso de direito tributário.* 27. ed. São Paulo: Saraiva, 2016, p. 295-296).

– "Hemos definido las prestaciones formales como aquellas que son objeto de deberes de hacer, no hacer o soportar inherentes a la gestión de los tributos. Son prestaciones instrumentales, no materiales y no pecuniarias. Y son tantas como la ley reguladora de cada tributo considere necesarias para la efectiva aplicación del mismo. Pueden catalogarse, no obstante, en algunos grandes géneros y, dentro de ellos, deslindar prestaciones especiales, concretas. Los grandes géneros son, a nuestro juicio, el deber de declarar, el de informar, el de contabilizar y conservar documentos, y el de facilitar las comprobaciones y controles administrativos" (LAGO MONTEIRO, José Maria. *La Sujeción a los Diversos Deberes y Obligaciones Tributarios.* Madrid: Marcial Pons, 1998, p. 104).

– **O caráter de acessoriedade.** "A obrigação acessória é uma normatividade auxiliar que torna possível a realização da principal. É acessória no sentido de que desempenha um papel auxiliar. Não se quer dizer com essa denominação que a obrigação acessória esteja subordinada ou mesmo dependente da principal. A obrigação acessória visa a fiscalização de tributos, objetivando o pagamento destes (obrigação principal). Note-se que ela é fundamental para a efetivação do pagamento do tributo" (BASTOS, Celso Ribeiro. In: MARTINS, Ives Gandra da Silva (coord.). *Comentários ao Código Tributário Nacional.* São Paulo: Saraiva, 1998, v. 2, p. 147-148).

– Hugo de Brito Machado não aceita o entendimento dos que criticam a expressão "acessória": "Essa crítica não é procedente. É fruto de uma visão privatista, inteiramente inadmissível em face do Código Tributário Nacional, em cujo contexto o adjetivo *acessória*, que qualifica essas obrigações, tem sentido inteiramente distinto daquele do direito privado. [...] O ser acessória, em direito privado, significa estar ligada a uma outra determinada obrigação. O caráter de acessoriedade manifesta-se entre uma determinada obrigação, dita principal, e uma outra, também determinada, dita acessória. No direito tributário não é assim, mas o caráter de acessoriedade não deixa de existir, embora sob outro aspecto. Realmente, em direito tributário as obrigações acessórias não precisariam existir se não existissem as obrigações principais. São acessórias, pois, neste sentido. Só existem em função das principais, embora não exista necessariamente um liame entre determinada obrigação principal e determinada obrigação acessória. Todo o conjunto de obrigações acessórias existe para viabilizar o cumprimento das obrigações principais" (MACHADO, Hugo de Brito. *Curso de direito tributário.* 36. ed. São Paulo: Malheiros, 2015, p. 127).

– "... para que a Administração Tributária exerça a competência de arrecadar tributos é necessária a instituição de mecanismos de controle sobre as atividades exercidas pelos diversos contribuintes. Tais mecanismos objetivam permitir à Administração Tributária, sem a necessidade de instauração de procedimento administrativo para o lançamento de ofício, colher informações diretamente do sujeito passivo ou de terceiros. O tratamento inteligente e informatizado dessa grande massa de dados que são obtidos a partir das declarações entregues à Receita Federal é elemento fundamental ao exercício da competência tributária, ao passo que desempenha importante papel como mecanismo garantidor do cumprimento da obrigação principal, a partir do aumento do sentimento de risco por parte dos contribuintes e responsáveis" (MARTINS, Iágaro Jung. Obrigações acessórias: livros e declarações. (Currículo Permanente. Caderno de Direito Tributário: módulo 1). Porto alegre: TRF – 4ª Região, 2006.

– **Autonomia da obrigação acessória.** As obrigações acessórias decorrem diretamente da lei, no interesse da administração tributária. Sua observância independe da existência de obrigação principal correlata.

– "ACÓRDÃO EMBARGADO JULGADO SOB O RITO DO ART. 543-C DO CPC. OPERAÇÃO INTERESTADUAL DE DESLOCAMENTO DE BENS DO ATIVO PERMANENTE OU DE USO E CONSUMO ENTRE ESTABELECIMENTOS DA MESMA INSTITUIÇÃO FINANCEIRA. HIGIDEZ DA OBRIGAÇÃO ACESSÓRIA CONSISTENTE NA EXIGÊNCIA DE NOTA FISCAL DOS BENS. IRRELEVÂNCIA DA INEXISTÊNCIA, EM TESE, DE OBRIGAÇÃO PRINCIPAL (NÃO INCIDÊNCIA DE ICMS). FATOR VIABILIZADOR DA FISCALIZAÇÃO TRIBUTÁRIA. ARTS. 175 E 194 DO CTN... 1. Afirmou-se que os deveres instrumentais, previstos na legislação tributária, ostentam caráter autônomo em relação à regra matriz de incidência do tributo, uma vez que vinculam, inclusive, as pessoas físicas ou jurídicas que gozem de imunidade ou outro benefício fiscal, *ex vi* dos arts. 175 e 194, par. único do CTN; assim, ainda que, em tese, o deslocamento de bens do ativo imobilizado e de material de uso e consumo entre estabelecimentos de uma mesma instituição financeira não configure hipótese de incidência do ICMS, compete ao Fisco Estadual averiguar a veracidade da aludida operação, sobressaindo a razoabilidade e proporcionalidade da norma jurídica que tão somente exige que os bens da pessoa jurídica sejam acompanhados das respectivas notas fiscais" (STJ, EDcl nos EDcl no REsp 1.116.792, 2012).

– Mesmo pessoas isentas ou imunes devem cumprir as obrigações acessórias. O gozo de imunidade ou de benefício fiscal como a isenção não dispensa o seu titular de cumprir as obrigações tributárias acessórias a que estão obrigados quaisquer contribuintes. Vejam-se os arts. 175, parágrafo único, e 194, parágrafo único, ambos do CTN, expressos a respeito da necessidade de cumprimento das obrigações acessórias e de submissão à fiscalização também por parte das empresas que eventualmente estejam dispensadas do pagamento de determinado tributo ou sejam imunes.

– É válida e deve ser cumprida a obrigação imposta por municípios aos Conselhos Fiscalização Profissional para que informem os nomes e endereços do profissionais por eles habilitados à prestação de serviços.

– "6. A imunidade tributária não autoriza a exoneração de cumprimento das obrigações acessórias. A condição de sujeito passivo de obrigação acessória dependerá única e exclusivamente de previsão na legislação tributária. 7. Recurso extraordinário do qual se conhece e ao qual se dá provimento, reconhecendo a imunidade da ECT relativamente ao ICMS que seria devido no transporte de encomendas" (STF, RE 627.051, 2014).

– "IMUNIDADE – LIVROS FISCAIS. O fato de a pessoa jurídica gozar da imunidade tributária não afasta a exigibilidade de manutenção dos livros fiscais" (STF, RE 250.844, 2012).

– "MULTA. TOMADOR DE SERVIÇOS QUE DEIXA DE EXIGIR A APRESENTAÇÃO DA NOTA FISCAL. ALEGADA EXONERAÇÃO DO DEVER INSTRUMENTAL EM RAZÃO DE A PRESTADORA DE SERVIÇOS SER IMUNE. INADEQUAÇÃO. AGRAVO REGIMENTAL. A imunidade tributária não exonera por si o dever da entidade protegida de obedecer os deveres instrumentais razoáveis e proporcionais estabelecidos em lei. Sem o cumprimento desses deveres, a autoridade fiscal não teria meios de verificar se a entidade atende aos requisitos constitucionais para receber a proteção" (STF, RE 702.604 AgR, 2012).

– "6. Os deveres instrumentais (obrigações acessórias) são autônomos em relação à regra matriz de incidência tributária, aos quais devem se submeter, até mesmo, as pessoas físicas ou jurídicas que gozem de imunidade ou outro benefício fiscal, *ex vi* dos artigos 175, parágrafo único, e 194, parágrafo único, do CTN" (STJ, REsp 866.851, 2008).

– No interesse da fiscalização. "... 'no interesse da fiscalização', deve ser tal obrigação sempre adequada à necessidade de controle, razão pela qual, conforme às peculiaridades inerentes ao fato tributário, sua conformação e perfil podem variar. Desta forma, 'o interesse da arrecadação e fiscalização' é o mote que leva ao tratamento legal, em nível constitucional e complementar, das obrigações acessórias. [...] há necessidade de diversos meios de fiscalização e controle, todos eles para que os tributos sejam pagos e não haja concorrência desleal, decorrente da sonegação de tributos" (MARTINS, Ives Gandra da Silva. Obrigações acessórias no interesse da fiscalização e da livre concorrência entre empresas – Direito assegurado ao fisco pelas leis suprema e complementar. *RFDT* 08/143, 2004).

– "Na obrigação acessória, mero instituto de direito administrativo, o contribuinte é obrigado – para o bem da Administração Pública – a executar certas atividades, de rigor, de índole eminentemente administrativa. O sujeito passivo, na obrigação acessória, transforma-se em *longa manus* não remunerada da Administração Pública, ficando obrigado a praticar atos próprios da administração (escrituração de livros, emissão de notas fiscais, etc.) sem receber nada em troca, a não ser a ameaça de punição, se não cumprir a exigência fiscal" (MARTINS, Ives Gandra da Silva. Decadência e prescrição. *RDTAPET* 13/185, 2007).

– "... referido 'interesse' somente se verifica na medida em que os deveres instrumentais impostos se revelem necessários (imprescindíveis) para assegurar o cumprimento da obrigação tributária principal, de modo que se impõe objetivamente a observância da razoabilidade e da proporcionalidade pelo Poder Público" (TAKANO, Caio Augusto; SANTOS, Ramon Tomazela. O *Foreign Account Tax Compliance Act* (*Fatca*) e seus impactos no ordenamento jurídico brasileiro: reflexões a partir das perspectivas da eficiência, da praticabilidade e da proporcionalidade. *RDDT* 226/31, 2014).

– "... devem-se buscar a sistematização e a organicidade na coleta das informações, evitando-se, sempre que possível, a replicação de dado se a profusão de exigências desarrazoadas e desconectadas das respectivas obrigações tributárias principais, cujo controle somente se torna efetivo se baseado em um sistema de obrigações acessórias lógica e racionalmente organizado" (REIS, Hélcio Lafetá. A autonomia relativa da obrigação tributária acessória em relação à obrigação tributária principal. *RDDT* 224/92, 2014).

⇒ **Capacidade colaborativa.** A instituição de obrigações acessórias não pode exceder a capacidade dos contribuintes e das pessoas em geral de colaborar com o fisco. Só lhes poderá ser exigido o que estiver ao seu alcance e que não seja demasiadamente oneroso, seja no que diz respeito ao tempo necessário, seja quanto ao custo envolvido. Sobre o princípio da capacidade colaborativa, vide nota ao art. 108, II, do CTN.

– "As obrigações acessórias... devem servir a um efetivo controle do cumprimento de obrigações tributárias principais e serem proporcionais à capacidade dos sujeitos passivos em produzi-las, pois não se pode exigir das pessoas obrigadas a disponibilização de dados e informações de que não dispõem ou cuja produção não se mostre razoável em face do objeto sob controle fiscal" (REIS, Hélcio Lafetá. A autonomia relativa da obrigação tributária acessória em relação à obrigação tributária principal. *RDDT* 224/92, 2014).

– "... os Municípios têm competência para exigir a colaboração para a fiscalização da ocorrência do fato tributável pelo ISS não apenas em relação aos prestadores de serviços, mas também aos seus tomadores, que estão relacionados à realização da prestação de serviço. Essa possibilidade é confirmada pelo próprio enunciado do art. 122 do Código Tributário Nacional que, ao utilizar uma definição 'mais abrangente' para o sujeito passivo da obrigação tributária acessória, não delimita se esse deve ser apenas aquele que tenha a característica de contribuinte ou se também é possível abarcar o sujeito definido como responsável tributário, nos termos do parágrafo único do art. 121 do mesmo diploma legal, estabelecendo apenas que o sujeito passivo da obrigação tributária acessória 'é a pessoa obrigada às prestações que constituam o seu objeto'. Sendo assim, da mesma forma que o Município pode, no interesse da arrecadação, atribuir ao tomador do serviço prestado em seu território a responsabilidade pela retenção e pelo repasse do ISS incidente sobre essa prestação de serviço, também é plenamente possível que estipule deveres instrumentais relacionados à ocorrência dessa prestação que devam ser cumpridos por esse tomador como forma de colaborar para a fiscalização e a arrecadação desse imposto" (ALVES, Francielli Honorato. A competência municipal para a criação do cadastro de prestadores de outros municípios como norma antievasiva. *RDDT* 225/78, 2014).

– **Limites à instituição de obrigações acessórias.** "Os deveres instrumentais tributários são importantes instrumentos das fiscalização tributária para o combate à evasão fiscal e, neste sentido, proteger a livre concorrência e a Ordem Econômica preconizada pelo constituinte. De outro lado, há de se reconhecer que não é livre o Poder Público para instituí-los [...] é possível identificar importantes limitações à instituição de deveres instrumentais no interesse da fiscalização que busquem promover, ainda que mediatamente, a proteção da concorrência: (i) não pode causar excessiva e injustificada restrição à livre iniciativa, à livre concorrência ou à garantia de neutralidade concorrencial do Estado; (ii) não pode ser fator de distorções concorrenciais, provocando, por si, tratamento desigual entre agentes com capacidades concorrenciais equivalentes; (iii) deve ser proporcional, adequando-se meios e fins, de forma a conciliar todos os interesses em jogo; e (iv) deve ser razoável, existindo congruência entre a medida estatal e o seu critério dimensionador" (TAKANO, Caio Augusto. Livre concorrência e fiscalização tributária. *RDDT* 223/56, 2014).

– "Certamente, nem toda medida que seja apta para assegurar o cumprimento de obrigações tributárias será aceita em nosso ordenamento jurídico, tampouco toda e qualquer medida considerada 'relevante' para a fiscalização de tributos. Passar pelo crivo da proporcionalidade é determinante para precisar qual medida se justifica perante o ordenamento jurídico ou não" (TAKANO, Caio Augusto. "Guerra dos portos" – os deveres instrumentais introduzidos pelo Ajuste Sinief n. 19/2012 e os limites normativos da Resolução do Senado Federal n. 13/2012. *RDDT* 212/15, 2013).

– **Custo das obrigações acessórias.** "Todo dever instrumental implica um custo. Costuma-se denominar 'custos de conformidade' o sacrifício de recursos para conformar as atividades do contribuinte às normas tributárias, na forma estabelecida na legislação. Cedric Sanford, em alentado estudo, observou que os custos de conformidade implicam uma desigualdade horizontal

e possuem uma tendência à regressividade, porquanto empresas de maior porte econômico, ainda que dentro de um mesmo ramo de atividade, arcam, proporcionalmente, com menores custos de conformidade em relação àquelas de menor porte. [...] Quando se instituem novos deveres instrumentais, há um aumento significativo dos custos de conformidade de uma empresa em um curto espaço de tempo, potencializando essa regressividade. Nesses casos, o Princípio da Isonomia é restringido de forma mais severa" (TAKANO, Caio Augusto. "Guerra dos portos" – os deveres instrumentais introduzidos pelo Ajuste Sinief n. 19/2012 e os limites normativos da Resolução do senado Federal n. 13/2012. *RDDT* 212/15, 2013).

– "As obrigações acessórias podem constituir um grande ônus para os sujeitos passivos, nem sempre correspondendo aos fins para os quais elas foram criadas (auxiliar a fiscalização e o cumprimento da legislação). A notícia de que as despesas com tais obrigações podem suplantar o valor dos tributos recolhidos deve levar o Congresso Nacional, principalmente, a refletir sobre os rumos que a tributação tem tomado. Por essas razões, o legislador deve ser muito parcimonioso ao instituir obrigações acessórias" (BECHO, Renato Lopes. Considerações sobre a obrigação tributária principal e acessória. *RDDT* 230/149, 2014).

⇒ **Competência para instituir obrigações acessórias.** "Sabe-se que a competência tributária conferida a um ente federado pela Constituição Federal não se resume apenas ao poder de instituir e cobrar determinado tributo, compreendendo também o poder de legislar sobre as obrigações a serem cumpridas pelos sujeitos envolvidos na prática do fato imponível tributário, assim como o poder de fiscalizar o pagamento do tributo devido. Ou seja, o mesmo ente federado que recebeu do Constituinte originário a competência para criar e imputar ao sujeito que realizou determinada materialidade tributável, o dever de cumprir a chamada 'obrigação tributária principal', também terá competência para estabelecer o que se denomina 'obrigação tributária acessória', que lhe possa auxiliar no exercício da sua competência de fiscalizar o cumprimento da obrigação principal" (ALVES, Francielli Honorato. A competência municipal para a criação do cadastro de prestadores de outros municípios como norma antievasiva. *RDDT* 225/78, 2014).

– "... à pessoa política autorizada pela Constituição a tributar é dado instituir deveres instrumentais tributários ('obrigações acessórias')... 'Pode (a pessoa política) também estabelecer deveres instrumentais que, naturalmente, só vão incidir sobre as pessoas relacionadas, de algum modo, com as exações da competência privativa do ente político que as editou'" (CARRAZZA, Roque Antônio. *Curso de direito constitucional tributário*. 30. ed. São Paulo: Malheiros, 2015, p. 605).

⇒ **Instituição pela legislação tributária.** A referência à 'legislação tributária' remete à definição constante do art. 96 do CTN, que abrange os decretos e normas complementares, principalmente as instruções normativas e portarias. Mas não se deve perder de vista a necessidade de que a lei crie o dever formal, ainda que deixe ao Executivo seu detalhamento. Entendemos que as obrigações acessórias estão sob reserva legal relativa (art. 5º, II, da CF), obrigando a quem a lei imponha o dever formal, independentemente de serem ou não contribuintes. Criadas por lei, podem ser detalhadas pelo Executivo.

– O entendimento ainda predominante é no sentido de que as obrigações acessórias constituem deveres formais, inerentes à regulamentação das questões operacionais relativas à tributação e que não há, assim, a necessidade de lei em sentido estrito para o estabelecimento de cada obrigação acessória. Os Decretos que regulamentam cada tributo podem dispor sobre as respectivas obrigações acessórias. A "legislação tributária", pois, tal como definida no art. 96 do CTN, abrangendo os decretos e normas complementares, estabelece as obrigações acessórias. Eventual aplicação de multa pelo descumprimento de obrigação acessória é que dependerá de previsão legal específica, nos termos do art. 97, V, do CTN.

– "CRIAÇÃO DE DEVER INSTRUMENTAL POR INSTRUÇÃO NORMATIVA. POSSIBILIDADE. AUSÊNCIA DE VIOLAÇÃO DO PRINCÍPIO DA LEGALIDADE TRIBUTÁRIA ... 4. A análise conjunta dos arts. 96 e 100, I, do Codex Tributário, permite depreender-se que a expressão 'legislação tributária' encarta as normas complementares no sentido de que outras normas jurídicas também podem versar sobre tributos e relações jurídicas a esses pertinentes. Assim, consoante mencionado art. 100, I, do CTN, integram a classe das normas complementares os atos normativos expedidos pelas autoridades administrativas – espécies jurídicas de caráter secundário – cujo objetivo precípuo é a explicitação e complementação da norma legal de caráter primário, estando sua validade e eficácia estritamente vinculadas aos limites por ela impostos. 5. É cediço que, nos termos do art. 113, § 2º, do CTN, em torno das relações jurídico-tributárias relacionadas ao tributo em si, exsurgem outras, de conteúdo extra-patrimonial, consubstanciadas em um dever de fazer, não fazer ou tolerar. São os denominados deveres instrumentais ou obrigações acessórias, inerentes à regulamentação das questões operacionais relativas à tributação, razão pela qual sua regulação foi legada à 'legislação tributária' em sentido lato, podendo ser disciplinados por meio de decretos e de normas complementares, sempre vinculados à lei da qual dependem. 6. *In casu*, a norma da Portaria 90/92, em seu mencionado art. 23, ao determinar a consolidação dos resultados mensais para obtenção dos benefícios da Lei 8.383/91, no seu art. 39, § 2º, é regra especial em relação ao art. 94 do mesmo diploma legal, não atentando contra a legalidade mas, antes, coadunando-se com os artigos 96 e 100, do CTN. 7. Deveras, o E. STJ, quer em relação ao SAT, IOF, CSSL etc., tem prestigiado as portarias e sua legalidade como integrantes do gênero legislação tributária, já que são atos normativos que se limitam a explicitar o conteúdo da lei ordinária" (STJ, REsp 724.779, 2006).

– "é função das normas regulamentares estabelecer obrigações necessárias à concretização da lei, mesmo quando não previstas expressamente" (GARCIA, Vinicius. In: SEEFELDER, Claudio; CAMPOS, Rogério (coord.). *Constituição e Código Tributário comentados sob a ótica da Fazenda Nacional*. São Paulo: Thonson Reuters Brasil, 2020, p. 817).

– "Ao estabelecer que o fato gerador da obrigação acessória é a situação prevista na legislação aplicável, o Código ... deixar clara

a ideia de que essa situação não precisa estar sempre prevista em lei, em sentido estrito. [...] A doutrina que tenta colocar as obrigações acessórias no âmbito da legalidade estrita é, sem dúvida, respeitável, sobretudo pela intenção de reforçar as garantias do contribuinte. Não nos parece, porém, defensável em face do Código Tributário Nacional, que exclui expressamente as obrigações acessórias do princípio da legalidade estrita. No inciso III do artigo 97, definindo o âmbito da legalidade estrita refere-se apenas ao fato gerador da obrigação tributária principal, quando a simples omissão dessa qualificação específica faria com que a norma abrangesse as duas espécies. No § 2º do art. 113 define a obrigação acessória como decorrente da legislação tributária, e no artigo 115 diz que a obrigação acessória é a situação que, na forma da legislação aplicável, impõe a prática ou a abstenção de ato. É certo que a lei faz parte da legislação tributária e está indicada em primeiro lugar no elenco dos atos normativos indicados no art. 96, entretanto, como a legislação, ali definida, abrange outros não há como se possa sustentar que somente a lei pode criar obrigações acessórias. Preferimos, portanto, admitir que o Código Tributário nacional autoriza a criação de obrigações acessórias por outros atos normativos, além da lei, e sustentar que só se incluem no conceito de obrigações acessórias aqueles deveres cujo cumprimento seja estritamente necessário para viabilizar o controle do cumprimento da obrigação principal. [...] não podemos esquecer que a obrigação tributária acessória tem sempre caráter instrumental. Ela não tem razão de ser fora do contexto das obrigações principais, embora não se ligue necessariamente a uma específica obrigação tributária principal. Um dever administrativo que não seja indispensável ao controle do cumprimento de obrigação tributária principal só por lei pode ser instituído. Não se enquadra no conceito de obrigação tributária acessória. Isto, aliás, é o que justifica a instituição de obrigação acessória por regulamento. A Constituição atribui ao Presidente da República competência para sancionar, promulgar e fazer publicar as leis, bem como expedir decretos e regulamentos para sua fiel execução. Assim, como a obrigação acessória é apenas um meio, ou instrumento destinado a controlar o cumprimento da obrigação principal, ao instituí-la o regulamento está simplesmente criando condições para fiel execução da lei que instituiu a obrigação principal" (MACHADO, Hugo de Brito. Fato gerador da obrigação acessória. *RDDT* 96/31-33, 2003).

– **Entendendo que o caráter acessório presente quando a obrigação formal é inerente ao cumprimento da obrigação principal enseja sua instituição por ato infralegal.** Quando não seja inerente, exigir-se-ia lei. "... a obrigação acessória tem como fundamento primário a lei instituidora do tributo, pois qualquer dever de prestar informação no interesse da arrecadação ou da fiscalização tem como fonte mediata a tributação, não se podendo acolher exigência desarrazoadas para além do controle necessário da obrigação tributária principal. Dessa forma, não há necessidade de 'uma lei criando [o] dever de declarar os rendimentos, porque ele está implícito na obrigação, instituída por lei, de pagar imposto'. As obrigações acessórias são 'deveres formais, inerentes à regulamentação das questões operacionais relativas à tributação', não havendo, em regra, 'a necessidade de lei em sentido estrito para o estabelecimento de cada obrigação acessória'. Por outro lado, havendo a instituição de deveres que não se mostram indispensáveis ou que não se vinculam, ainda que indiretamente, ao controle do cumprimento da obrigação tributária principal, sua veiculação deve se dar, necessariamente, por meio de lei, pois, nessas condições, eles não se enquadram no conceito de obrigação tributária acessória. Uma maior amplitude de fontes normativas para a instituição de obrigações acessórias, nos termos fixados pelo CTN, permite à administração tributária uma maior autonomia na efetivação do acompanhamento fiscal, sem a qual a sua atuação, que se requer eficiente, seria dificultada, dada a dinamicidade da vida contemporânea a exigir constantes adaptações nos procedimentos fiscais de controle para fazer frente às intercorrentes inovações técnico-organizacionais" (REIS, Hélcio Lafetá. A autonomia relativa da obrigação tributária acessória em relação à obrigação tributária principal. *RDDT* 224/92, 2014).

– **Instituir obrigações acessórias por ato normativo é prerrogativa do sujeito ativo.** É prerrogativa do sujeito ativo da relação jurídico tributária regulamentar as questões operacionais relativas ao tributo de que é credor, estabelecendo as obrigações acessórias que tornem a fiscalização e arrecadação mais simples, fácil e segura.

– "2. O interesse público na arrecadação e na fiscalização tributária legitima o ente federado a instituir obrigações, aos contribuintes, que tenham por objeto prestações, positivas ou negativas, que visem guarnecer o fisco do maior número de informações possíveis acerca do universo das atividades desenvolvidas pelos sujeitos passivos (artigo 113, do CTN). 3... 4. A relação jurídica tributária refere-se não só à obrigação tributária *stricto sensu* (obrigação tributária principal), como ao conjunto de deveres instrumentais (positivos ou negativos) que a viabilizam. 5. A Municipalidade é a entidade legiferante competente para a instituição do tributo em tela (ISSQN), exsurgindo, como consectário, sua competência para, mediante legislação tributária (inclusive atos infralegais), atribuir ao contribuinte deveres instrumentais no afã de facilitar a fiscalização e arrecadação tributárias, minimizando a ocorrência da sonegação fiscal" (STJ, REsp 866.851, 2008).

– **Deve haver lei outorgando à autoridade o poder de fiscalizar e de editar normas complementares.** "Deverá haver lei (consoante determina o art. 5º, inc. II, da constituição Federal) outorgando à autoridade administrativa o poder de fiscalizar determinado tributo (sem o qual seria questionável o próprio interesse em instituir deveres instrumentais) e lhe atribuindo o poder de editar as normas complementares para esse fim. Trata-se de mera mitigação do princípio da legalidade estrita, necessária para a agilidade e fluidez que as atividades regulatória e fiscalizatória requerem. [...] .. as resoluções do senado Federal, por serem revestidas do *status* jurídico próprio de lei ordinária, poderão conferir poderes para que a Administração Pública venha a editar normas complementares para o fim de fiscalização o recolhimento do ICMS interestadual..." (TAKANO, Caio Augusto. "Guerra dos portos" – os deveres instrumentais introduzidos pelo Ajuste Sinief n. 19/2012 e os limites normativos da Resolução do senado Federal n. 13/2012. *RDDT* 212/15, 2013).

– **Lei autorizadora na esfera federal. RFB.** Há autorização legal genérica para que o Executivo institua obrigações acessórias na esfera federal.– Lei n. 9.779/99: "Art. 16. Compete à Secretaria da Receita Federal dispor sobre as obrigações acessórias relativas aos impostos e contribuições por ela administrados, estabelecendo, inclusive, forma, prazo e condições para o seu cumprimento e o respectivo responsável".

– Decreto-Lei 2.124/84: "Art. 5º O Ministro da Fazenda poderá eliminar ou instituir obrigações acessórias relativas a tributos federais administrados pela Secretaria da Receita Federal".

– Portaria MF n. 203/2012 (Regimento Interno da RFB), com a redação da Portaria MF 512/2013: "**Art. 1º** A Secretaria da Receita Federal do Brasil – RFB, órgão específico singular, diretamente subordinado ao Ministro de Estado da Fazenda, tem por finalidade: ... IV – estabelecer obrigações tributárias acessórias, inclusive disciplinar a entrega de declarações".

– "2. De acordo com o art. 5º do Decreto-lei 2.124/84 e a Portaria MF 118/84, o Secretário da Receita Federal ficou autorizado a instituir obrigações acessórias relativas a tributos federais administrados pela Secretaria da Receita Federal..." (STJ, AgRg no REsp 1.398.316, 2013).

– **Pela exigência de lei em sentido estrito.** "... só a lei pode criar obrigações acessórias (deveres instrumentais tributários), regular a forma e a época de pagamento do tributo, dispor sobre os documentos cuja emissão cabe aos contribuintes, definir a competência administrativa dos órgãos e repartições fiscais, descrever infrações tributárias, cominando-lhes as respectivas sanções, e assim avante. [...] as 'obrigações acessórias' não dizem de perto com o na e o *quantum* dos tributos, mas apenas possibilitam seus exatos lançamento e arrecadação. Neste sentido, encontram-se submetidas ao princípio da legalidade genérico (não ao da estrita legalidade)... Uma coisa, porém, é certa: o princípio da legalidade impede que as 'obrigações acessórias', tanto quanto os tributos, brotem do exercício da faculdade regulamentar. [...] Tais deveres só podem ser criados por meio de lei (*lato sensu*) e visa, em última análise, a possibilitar a correta arrecadação dos tributos. [...] 32 neste contexto, entendemos por 'lei *lato sensu*' a lei ordinária, a lei delegada, a medida provisória, o decreto legislativo que ratifica tratado internacional tributário e o decreto legislativo que ratifica convênio em matéria de ICMS" (CARRAZZA, Roque Antonio. *Imposto sobre a Renda*. 3. ed. São Paulo: Malheiros, 2009, p. 167-168, 175 e nota 32 ao pé da p. 175).

– "Não pode a Administração Tributária criar deveres instrumentais tributários, descrever infrações tributária e cominar-lhes as sanções cabíveis por meio de simples Instrução Normativa, até porque esta prática colide com o art. 145, § 1º, da Carta Magna... Esse dispositivo constitucional reforça o entendimento de que somente a lei – e não um ato infralegal – pode impor deveres aos contribuintes, exigindo-lhes um fazer concreto, um suportar ou um omitir. O Poder Público não pode exigir qualquer ação, nem impor qualquer abstenção, nem ordenar e tampouco proibir nada aos administrados, a não ser em virtude de lei" (GUTIERREZ, Miguel Delgado. A inconstitucionalidade da obrigação de apresentação da Dimob. *RDDT* 164/71, 2009).

– "O fato gerador da obrigação acessória também decorre de lei. A lei cria os deveres acessórios, em seus contornos básicos, e remete ao regulamento a pormenorização de tais deveres. Mas eles são e devem estar antes plasmados, modelados e enformados na própria lei. Ao dizer o CTN que o fato gerador da obrigação acessória é qualquer situação que, na forma da legislação aplicável, impõe a prática ou a abstenção de ato que não configure obrigação principal (art. 115), não rompe com o princípio fundamental da legalidade, apenas reconhece que existe margem de discricionariedade para que, dentro dos limites da lei, o regulamento e demais atos administrativos normativos explicitem a própria lei, viabilizando a sua fiel execução. A expressão *legislação tributária*, definida pelo próprio CTN, no art. 96, aliás, nomeia em primeiro lugar a lei, como ato próprio do Poder Legislativo. A lei, assim, integra com primazia o conceito de legislação tributária (art. 96 c/ art. 98), à qual se submetem os atos normativos do executivo" (DERZI, Misabel de Abreu Machado. Nota de atualização à obra de Aliomar Baleeiro. *Direito tributário brasileiro*. 11. ed. Rio de Janeiro: Forense, p. 709-710).

– "A obrigação acessória constitui uma obrigação positiva ou negativa (de fazer ou não fazer), que só pode ser imposta mediante previsão legal. Sendo de natureza tributária, só se torna legítima a obrigação que resultar da lei. O Poder Público não poderá instituí-la por meio de decreto, se a seu respeito nada dispõe a lei específica. Será inconstitucional a criação de obrigação acessória por meio de resolução ou qualquer ato normativo" (BASTOS, Celso Ribeiro. In: MARTINS, Ives Gandra da Silva (coord.). *Comentários ao Código Tributário Nacional*. São Paulo: Saraiva, 1998, v. 2, p. 147).

⇒ **Rol de obrigações acessórias. Cadastros, Livros e declarações.** As obrigações acessórias envolvem diversos deveres como o de se cadastrar perante o Fisco, de manter livros comerciais e fiscais e de prestar declarações. Sobre os livros fiscais, vide notas ao art. 195, parágrafo único, do CTN.

⇒ **Cadastros de contribuintes. CPF. NIT. CNPJ. CEI.** As pessoas físicas possuem um número de inscrição junto à Receita Federal do Brasil (CPF). Mas, para os recolhimentos previdenciários, não basta o CPF, exigindo-se o número de inscrição junto ao INSS, qual seja, o Número de Inscrição do Trabalhador (NIT), que pode corresponder à sua inscrição no INSS, no PIS, no PASEP ou no SUS. O cadastro das pessoas jurídicas, empresas e equiparados dá-se pela inscrição no Cadastro Nacional da Pessoa Jurídica (CNPJ) ou, quando dispensadas deste, pela inscrição no Cadastro Específico do INSS (CEI). Também devem ser inscritas no CEI as obras de construção civil.

– **Cadastro único de contribuintes.** O art. 146, parágrafo único, inciso IV, da CF, acrescido pela EC n. 42/2003, autoriza o estabelecimento, por lei complementar, de cadastro nacional único de contribuintes. O art. 5º, I, *b*, da IN RFB n. 568/2005 já previa a realização de convênios para a integração dos cadastros federal, estaduais e municipais.

– **CPF.** A inscrição no Cadastro de Pessoas Físicas é obrigatória aos: "I – residentes no Brasil que integrem o polo passivo de relação tributária principal ou acessória, seja na condição de contribuinte ou responsável, bem como os respectivos representantes legais, nos termos da legislação tributária da União, estados, Distrito Federal ou municípios; II – residentes no Brasil ou no exterior que: a) praticarem operações imobiliárias de quaisquer espécies no Brasil; b) possuírem, no Brasil, contas bancárias, de poupança ou de investimentos; c) operarem no mercado financeiro ou de capitais no Brasil, inclusive em bolsas de valores, de mercadorias, de futuros e assemelhados; ou d) possuírem, no Brasil, bens e direitos sujeitos a registro público ou cadastro específico, incluídos imóveis, veículos, embarcações, aeronaves, instrumentos financeiros e participações societárias ou no mercado de capitais; III – com 16 (dezesseis) anos ou mais que constem como dependentes em Declaração de Ajuste Anual do Imposto sobre a Renda da Pessoa Física (DIRPF); IV – cuja inscrição seja exigida por órgãos ou entidades da Administração Pública federal, estadual, distrital ou municipal, nos termos da legislação própria afeta aos negócios desses órgãos e entidades; V – registradas em ofício de registro civil de pessoas naturais no Brasil, no momento da lavratura do assento de nascimento, e após a entrada em operação do convênio celebrado entre a RFB e a entidade prevista no inciso VIII do *caput* do art. 24; ou VI – filiadas como segurados obrigatórios da Previdência Social ou requerentes de benefícios de qualquer espécie no Instituto Nacional do Seguro Social (INSS)". E mesmo quem não está obrigado a inscrever-se pode solicitar sua inscrição. A IN RFB n. 1.548/2015 "Dispõe sobre o Cadastro de Pessoas Físicas (CPF)". Vide o texto atualizado no portal da Receita: <www.receita.fazenda.gov.br>.

– "O pedido relativo à inscrição, bem como o pedido de alteração de dados cadastrais, a solicitação de emissão de segunda via do cartão CPF e o cancelamento ou restabelecimento de inscrição serão processados por meio da Ficha Cadastral da Pessoa Física... apresentada nas repartições da Secretaria da Receita Federal, ou perante as entidades conveniadas... As agências da Caixa Econômica Federal (CEF) e do Banco do Brasil (BB, bem assim a Rede Arrecadadora de Receitas Federais, estão autorizadas, por convênio, a realizarem os mesmos serviços..." (GODOY, Walter. *Os direitos dos contribuintes*. 2. ed. Porto Alegre: Síntese, 2003, p. 193).

– **CNPJ.** A primeira das obrigações acessórias a serem cumpridas por quaisquer pessoa jurídica, como condição ao seu funcionamento regular, é a inscrição no Cadastro Nacional da Pessoa Jurídica (CNPJ), que substituiu o Cadastro Geral das Pessoas Jurídicas (CGC), de que cuidava a Lei n. 5.614/70 e atos normativos regulamentadores. Criado o CNPJ em 1998, sua disciplina consta, atualmente, da IN RFB n. 1.863/2018. Vide o texto atualizado no portal da Receita: <www.receita.fazenda.gov.br>.

– **Suspensão, inaptidão e baixa no CNPJ.** A suspensão, a inaptidão e a baixa no CNPJ são reguladas pelos arts. 80 a 82 da Lei n. 9.430/91, com a redação da Lei n. 14.195/2021, e em atos normativos da RFB. Conforme dispõe o art. 81, § 2º, da referida Lei, "O ato de baixa da inscrição no CPNJ não impede que, posteriormente, sejam lançados ou cobrados os débitos de natureza tributária da pessoa jurídica".

– **Exigência de intimação e oportunidade de defesa prévia.** A suspensão ou inaptidão do CNPJ é gravíssima, pois impede o contribuinte de operar regularmente. Desse modo, nessa matéria, não se admite que o contraditório seja diferido. Para que se resguarde o devido processo legal, é imperativo que o contribuinte tenha ciência das impressões do Fisco e que possa levar à sua consideração as suas próprias razões para que, então, haja uma decisão devidamente informada a respeito.

– "INAPTIDÃO DO CNPJ. ART. 81 DA LEI N. 9.430/96. CONTRADITÓRIO E AMPLA DEFESA. No caso dos autos, não houve intimação do contribuinte previamente ao ato que declarou a inaptidão do CNPJ, o que representa violação ao dispositivo constitucional que assegura o contraditório e a ampla defesa (art. 5º, LV, da Constituição Federal)" (TRF4, AC 5026249-37.2018.4.04.7108, 2022).

– **Cadastro para fins de recolhimentos previdenciários.** IN RFB n. 971/2009: "Art. 17. Considera-se: I – cadastro, o banco de dados contendo as informações de identificação dos sujeitos passivos na Previdência Social; II – matrícula, a identificação dos sujeitos passivos perante a Previdência Social, podendo ser o número do: a) Cadastro Nacional de Pessoa Jurídica (CNPJ) para empresas e equiparados a ele obrigados; ou b) Cadastro Específico do INSS (CEI) para equiparados à empresa desobrigados da inscrição no CNPJ, obra de construção civil, produtor rural contribuinte individual, segurado especial, titular de cartório, adquirente de produção rural e empregador doméstico, nos termos do art. 19 (Redação dada pelo IN RFB n. 1.453, de 24 de fevereiro de 2014); III – inscrição de segurado, o Número de Identificação do Trabalhador (NIT) perante a Previdência Social. Parágrafo único. A inscrição a que se refere o inciso III é disciplinada por ato do Instituto Nacional do Seguro Social (INSS)".

– **ISS. LC n. 175/2020. Padrão nacional de obrigação acessória.** A LC n. 175/2020 estabeleceu padrão nacional de obrigação acessória de ISS relativamente aos serviços previstos nos subitens 4.22, 4.23, 5.09, 15.01 e 15.09 da lista de serviços anexa à LC n. 116/2003, institui um Comitê Gestor das Obrigações Acessórias do ISSQN (CGOA) e um Grupo Técnico (GTCGOA). Esses serviços dizem respeito aos planos de medicina e convênios para prestação de assistência mética, hospitalar, odontológica, aos planos de saúde através de serviços de terceiros contratados, credenciados, cooperados ou pagos pelo operador do plano, aos serviços de medicida e assistência veterinária, à administração de fundos quaisquer, consórcio, cartão de crédito ou débito, carteira de clientes etc., bem como ao arrendamento mercantil (*leasing*) de quaisquer bens.

– LC n. 175/2020: "Art. 2º O ISSQN devido em razão dos serviços referidos no art. 1º será apurado pelo contribuinte e declarado por meio de sistema eletrônico de padrão unificado em todo o território nacional. § 1º O sistema eletrônico de padrão unificado de que trata o caput será desenvolvido pelo contribuinte, individualmente ou em conjunto com outros contribuintes sujeitos às disposições desta Lei Complementar, e seguirá leiautes e padrões definidos pelo Comitê Gestor das Obrigações Acessórias do ISSQN (CGOA), nos termos dos arts. 9º a 11 desta Lei Complementar. § 2º O contribuinte deverá franquear aos Municípios e ao Distrito Federal acesso mensal e gratuito ao sistema eletrônico de padrão unificado utilizado para cumprimento da obrigação acessória padronizada. § 3º Quando o sistema eletrônico de padrão

unificado for desenvolvido em conjunto por mais de um contribuinte, cada contribuinte acessará o sistema exclusivamente em relação às suas próprias informações. § 4º Os Municípios e o Distrito Federal acessarão o sistema eletrônico de padrão unificado dos contribuintes exclusivamente em relação às informações de suas respectivas competências. Art. 3º O contribuinte do ISSQN declarará as informações objeto da obrigação acessória de que trata esta Lei Complementar de forma padronizada, exclusivamente por meio do sistema eletrônico de que trata o art. 2º, até o 25º (vigésimo quinto) dia do mês seguinte ao de ocorrência dos fatos geradores. Parágrafo único. A falta da declaração, na forma do caput, das informações relativas a determinado Município ou ao Distrito Federal sujeitará o contribuinte às disposições da respectiva legislação. Art. 4º Cabe aos Municípios e ao Distrito Federal fornecer as seguintes informações diretamente no sistema eletrônico do contribuinte, conforme definições do CGOA: I – alíquotas, conforme o período de vigência, aplicadas aos serviços referidos no art. 1º desta Lei Complementar; II – arquivos da legislação vigente no Município ou no Distrito Federal que versem sobre os serviços referidos no art. 1º desta Lei Complementar; III – dados do domicílio bancário para recebimento do ISSQN. § 1º Os Municípios e o Distrito Federal terão até o último dia do mês subsequente ao da disponibilização do sistema de cadastro para fornecer as informações de que trata o *caput*, sem prejuízo do recebimento do imposto devido retroativo a janeiro de 2021. § 2º Na hipótese de atualização, pelos Municípios e pelo Distrito Federal, das informações de que trata o *caput*, essas somente produzirão efeitos no período de competência mensal seguinte ao de sua inserção no sistema, observado o disposto no art. 150, inciso III, alíneas 'b' e 'c', da Constituição Federal, no que se refere à base de cálculo e à alíquota, bem como ao previsto no § 1º deste artigo. § 3º É de responsabilidade dos Municípios e do Distrito Federal a higidez dos dados que esses prestarem no sistema previsto no caput, sendo vedada a imposição de penalidades ao contribuinte em caso de omissão, de inconsistência ou de inexatidão de tais dados. Art. 5º Ressalvadas as hipóteses previstas nesta Lei Complementar, é vedada aos Municípios e ao Distrito Federal a imposição a contribuintes não estabelecidos em seu território de qualquer outra obrigação acessória com relação aos serviços referidos no art. 1º, inclusive a exigência de inscrição nos cadastros municipais e distritais ou de licenças e alvarás de abertura de estabelecimentos nos respectivos Municípios e no Distrito Federal. Art. 6º A emissão, pelo contribuinte, de notas fiscais de serviços referidos no art. 1º pode ser exigida, nos termos da legislação de cada Município e do Distrito Federal, exceto para os serviços descritos nos subitens 15.01 e 15.09, que são dispensados da emissão de notas fiscais. Art. 7º O ISSQN de que trata esta Lei Complementar será pago até o 15º (décimo quinto) dia do mês subsequente ao de ocorrência dos fatos geradores, exclusivamente por meio de transferência bancária, no âmbito do Sistema de Pagamentos Brasileiro (SPB), ao domicílio bancário informado pelos Municípios e pelo Distrito Federal, nos termos do inciso III do art. 4º. § 1º Quando não houver expediente bancário no 15º (décimo quinto) dia do mês subsequente ao de ocorrência dos fatos geradores, o vencimento do ISSQN será antecipado para o 1º (primeiro) dia anterior com expediente bancário. § 2º O comprovante da transferência bancária emitido segundo as regras do SPB é documento hábil para comprovar o pagamento do ISSQN. Art. 8º É vedada a atribuição, a terceira pessoa, de responsabilidade pelo crédito tributário relativa aos serviços referidos no art. 1º desta Lei Complementar, permanecendo a responsabilidade exclusiva do contribuinte".

– **ISS. Cadastramento das empresas prestadoras de serviço sediadas em outros Municípios.** Considerado competente para a cobrança do ISS o Município em que prestado o serviço, é válida a exigência do cadastramento e do pagamento pelo prestador do serviço, ainda que domiciliado em outro Município.

– **Tema 1.020 do STF:** "É incompatível com a Constituição Federal disposição normativa a prever a obrigatoriedade de cadastro, em órgão da Administração municipal, de prestador de serviços não estabelecido no território do Município e imposição ao tomador da retenção do Imposto Sobre Serviços – ISS quando descumprida a obrigação acessória". Decisão do mérito em 2021.

– "ISSQN. Município de São Paulo. Exigência de cadastramento do prestador de serviço estabelecido fora do Município Paulista. Legalidade, pois se cuida de mera obrigação acessória no interesse local (art. 30, I, CF; CTN, arts. 111, III, e 113). Retenção do imposto pelo tomador do serviço. Cadastramento que evita tal medida. Princípio da territorialidade. Não violação, pois o imposto, em princípio, cabe ao Município do fato gerador" (TJSP, 5ª CDP, Ap. 699.532-5/0, rel. Rodrigues de Aguiar, dez. 2007) Voto condutor: "... tal lei municipal obriga os prestadores de serviços editados em outros municípios ao cadastramento prévio na Secretaria de Finanças de São Paulo para continuar atuando na capital e, assim, recolher o ISS. E aludida lei ainda prevê que o prestador de serviço que não se cadastrar terá o imposto retido pelo tomador do serviço, além de se responsabilizar solidariamente pelo pagamento dos tributos, caso o agente da retenção não faça o recolhimento. Diversamente do alegado, as exigências encontram amparo legal... [...] não ficou configurada a violação ao princípio da territorialidade. Isso porque a exigência do ISS compete ao Município onde foi realizado o ato gerador – prestação de serviços".

– "I – A discussão dos autos cinge-se à necessidade, ou não, de a empresa recorrida, pelo fato de não ser contribuinte do Imposto sobre Serviços de Qualquer Natureza – ISSQN, ainda assim ser obrigada a exibir seus livros fiscais ao Município de São Paulo. II – Restou incontroverso o fato de que a empresa Recorrida não recolhe ISSQN aos cofres do Município de São Paulo. III – Nesse contexto, verifica-se que, mesmo que haja o Poder Estatal, *ex vi legis*, de impor o cumprimento de certas obrigações acessórias, a Administração Tributária deve seguir o parâmetro fixado no § 2º do art. 113 do CTN, isto é, a exigibilidade dessas obrigações deve necessariamente decorrer do interesse na arrecadação. IV – *In casu*, não se verifica o aludido interesse, porquanto a própria Municipalidade reconhece que a Recorrida não consta do Cadastro de Contribuintes do ISSQN. V – Mesmo que o ordenamento jurídico tributário considere certo grau de independência entre a obrigação principal e a acessória, notadamente quanto ao cumprimento desta última, não há como se admitir o funcionamento da máquina estatal, nos casos em que não há interesse direto na arrecadação tributária. VI – Se inexiste tributo a ser recolhido, não há motivo/interesse para se impor

uma obrigação acessória, exatamente porque não haverá prestação posterior correspondente. Exatamente por isso, o legislador incluiu no aludido § 2º do art. 113 do CTN a expressão 'no interesse da arrecadação'" (STJ, REsp 539.084, 2005).

– "... a adoção do Cadastro de Prestadores de Outros Municípios é um meio legal que os Municípios têm de evitar a evasão fiscal realizada por prestadores de serviço que simulam a existência de um estabelecimento prestador fictício em Município distinto daquele onde verdadeiramente estão reunidos os equipamentos, os materiais e a mão de obra necessária para o exercício da sua atividade de prestação de serviço, tendo como objetivo evitar a tributação de ISS exigida por esses Municípios. A legalidade desse cadastro está na possibilidade que o prestador de serviço tem de comprovar, pelos meios de prova previstos em lei, que o seu estabelecimento prestador encontra-se realmente no local declarado" (ALVES, Francielli Honorato. A competência municipal para a criação do cadastro de prestadores de outros municípios como norma antievasiva. *RDDT* 225/78, 2014).

– Também sobre obrigações acessórias relacionadas ao ISS, vide: FERRAZ, Diogo; FILIPPO, Luciano Gomes. Legalidade/constitucionalidade do Cadastro de Empresas Prestadoras de outros Municípios – Cepom/RJ. *RDDT* 156, 2008, p. 134).

⇒ **Dever de prestar informações.** "El actual sistema tributario sienta sus bases en la colaboración activa de los ciudadanos en la aplicación de los tributos. Al administrado se le imponen una serie de deberes de naturaleza no atributiva y de diverso contenido cuyo cumplimiento hace posible la aplicación de las distintas figuras impositivas. [...] De entre los deberes de colaboración impuestos a los ciudadanos... el deber de facilitar información es uno de los más importantes. [...] El deber de informar sobre terceros responde a la necesidad de colaborar con la Administración tributaria, como parte integrante del deber de contribuir al sostenimiento de los gastos públicos impuesto en el artículo 31 de la CE, si bien, la enorme amplitud con la que el legislador lo concibe en los presentes momentos nos obliga a afirmar que el deber de contribuir queda pequeño. Hemos de buscar un fundamento más amplio, concretamente el estado de ciudadano en una sociedad moderna; orientada a la búsqueda de un estado de bienestar que necesita de un sistema tributario eficaz que garantice la financiación del enorme gasto público que la sostiene" (GARCÍA, Ana María Delgado. *La Derivación de Responsabilidad en la Recaudación de los Tributos.* Madrid/ Barcelona: Marcial Pons, 2000, p. 351-352).

– **Declarações prestadas ao Fisco.** As pessoas físicas e jurídicas têm de prestar declarações ao Fisco e também de prestar esclarecimentos quando solicitados. Segue referência específica a várias delas.

– **Dever de prestar esclarecimentos. Presunção de inocência. Não autoincriminação.** "Não ofende o princípio constitucional da presunção de inocência a exigência de comprovação da origem de valores estabelecida no art. 42 da Lei 9.430/1996 ('Caracterizam-se também omissão de receita ou de rendimento os valores creditados em conta de depósito ou de investimento mantida junto a instituição financeira, em relação aos quais o titular, pessoa física ou jurídica, regularmente intimado, não comprove, mediante documentação hábil e idônea, a origem dos recursos utilizados nessas operações'). Com base nesse entendimento, a 2ª Turma denegou *habeas corpus* no qual discutida a legalidade da condenação do paciente pelo crime previsto no art. 1º, I, da Lei 8.137/1990 ('Art. 1º Constitui crime contra a ordem tributária suprimir ou reduzir tributo, ou contribuição social e qualquer acessório, mediante as seguintes condutas: I – omitir informação, ou prestar declaração falsa às autoridades fazendárias'), em continuidade delitiva (CP, art. 71). Na espécie, o paciente, regularmente intimado no âmbito de processo administrativo fiscal para declinar a origem de valores creditados em sua conta corrente, informara que estaria impossibilitado de prestar os esclarecimentos solicitados. A Turma consignou que, ao assim proceder, o paciente criaria presunção, ainda que relativa, de que houvera omissão de rendimentos a dar ensejo, eventualmente, à persecução penal pelo crime em análise. Asseverou que, por se tratar de procedimento legalmente estabelecido, não haveria ofensa ao postulado da presunção de inocência. Consignou que entendimento contrário somente seria possível ao se assentar a inconstitucionalidade do próprio tipo penal de sonegação fiscal (*Informativo* 750 do STF, HC 121.125, 2014).

– **DIRPF.** A apresentação da Declaração do Imposto de Renda Pessoa Física (DIRPF) é a principal obrigação acessória exigida das pessoas físicas. Mais de 20 milhões de declarações têm sido apresentadas a cada ano, com dados sobre os rendimentos percebidos e declaração de bens. Mesmo quem não aufere rendimentos tributáveis em montante superior à faixa de isenção, tem de prestar contas ao Fisco, ainda que através de declaração de isento.

– "AÇÃO ANULATÓRIA DE DÉBITO FISCAL. IRPF. DECLARAÇÃO. VALORES EM CAMPO INCORRETO... 1. Existindo legislação expressa relativa ao Imposto de Renda das Pessoas Físicas – artigo 13, § 1º, *a* e *b* e 2º, do Decreto-Lei n. 2.396/87 – que obrigava as pessoas físicas a informarem à Receita Federal os rendimentos pagos às pessoas jurídicas e físicas, com indicação do nome, endereço e número de inscrição no Cadastro de Pessoas Físicas ou no Cadastro Geral de Contribuintes das pessoas que os receberam, deveria o Autor ter informado tais pagamentos no campo próprio de sua declaração, criado justamente para facilitar o cruzamento desses dados com os constantes das declarações de imposto de renda das pessoas citadas em sua declaração e, assim, possibilitar o controle na arrecadação e fiscalização do imposto" (TRF4, AC 2001.70.00.038747-8, 2004).

– **Escrituração Contábil Fiscal (ECF).** IN RFB n. 2.004/2021: "Art. 1º A Escrituração Contábil Fiscal (ECF) será apresentada, a partir do ano-calendário de 2014, por todas as pessoas jurídicas, inclusive as equiparadas, de forma centralizada pela matriz, de acordo com as regras estabelecidas nesta Instrução Normativa. [...] Art. 2º A pessoa jurídica deverá informar, na ECF, todas as operações que influenciem a composição da base de cálculo e o valor devido do IRPJ e da Contribuição Social sobre o Lucro Líquido (CSLL)... Art. 5º As pessoas jurídicas ficam dispensadas, em relação aos fatos ocorridos a partir de 1º de janeiro de 2014, da escrituração do Livro de Apuração do Lucro Real (Lalur) em meio físico e da entrega da Declaração de Obrigações Econômico-Fiscais da Pessoa Jurídica (DIPJ). Parágrafo único.

As declarações relativas a rendimentos e informações econômico-fiscais a que se sujeitem as pessoas jurídicas serão prestadas na ECF".

– **DIPJ.** Até o exercício de 2014, as pessoas jurídicas prestavam Declaração de Informações Econômico-Fiscais da Pessoa Jurídica (DIPJ), mas tal restou suprimido com a nova Escrituração Contábil Fiscal (ECF), transmitida anualmente ao Sistema Público de Escrituração Digital (Sped) até o último dia útil do mês de julho do ano seguinte ao ano-calendário, contendo informações acerca de "todas as operações que influenciem a composição da base de cálculo e o valor devido do Imposto sobre a Renda da Pessoa Jurídica (IRPJ) e da Contribuição Social sobre o Lucro Líquido (CSLL)".

– Conforme o Regulamento, as pessoas jurídicas estariam obrigadas à apresentação de declaração de imposto de renda até o último dia do mês de março de cada ano (art. 808 do RIR/99). Mas, nos termos da IN RFB n. 1.344/2013, a chamada Declaração de Informações Econômico-Fiscais da Pessoa Jurídica (DIPJ), em 2013, pôde ser entregue até 28.06.2013.

– "A Declaração de Informações Econômico-Fiscais da Pessoa Jurídica é a principal declaração prestada pelas pessoas jurídicas tributadas pelo Lucro Real, Presumido ou Arbitrado. A DIPJ é apresentada de forma centralizada pelo estabelecimento matriz da pessoa jurídica, inclusive para as pessoas físicas equiparadas à pessoa jurídica. Equivale, a título de exemplo, à declaração de renda das pessoas físicas. Nela, são consignados dados de apuração do Imposto de Renda, Contribuição Social sobre o Lucro Líquido, Contribuição para Programa de Integração Social – PIS..., COFINS e do Imposto sobre Produtos Industrializados, tais como: bases de cálculo, demonstrativos de apuração dos tributos, retenções na fonte, valores com tributação diferida, discriminação dos principais clientes e fornecedores, demonstrações financeiras para as pessoas jurídicas tributadas pelo Lucro Real. Na DIPJ são prestadas, ainda, informações sobre incentivos fiscais, preços de transferência, participações no exterior, informações sobre o comércio eletrônico, *royalties* recebidos e pagos, identificação dos sócios, rendimentos de dirigentes, participações permanentes em coligadas e controladas, bem como sobre a existência de ativos no exterior. O programa que gera a DIPJ permite a importação da escrituração eletrônica da pessoa jurídica, executando os cálculos, transporte de valores e fechamentos aritméticos, orientando sobre eventuais inconsistências de preenchimento. Estão dispensadas de apresentar a DIPJ as empresas optantes pelo regime do... Simples, os órgãos públicos, as autarquias, as fundações públicas e as pessoas jurídicas inativas. O prazo de entrega da DIPJ é o último dia útil do mês de junho. Base legal: art. 56 da Lei n. 8.981, de 1995, e IN SRF n. 642, de 2006. [...] A Declaração Simplificada de Pessoa Jurídica é a declaração anual apresentada pelos optantes pelo regime... Simples em substituição à Declaração de Informações Econômico-Fiscais da Pessoa Jurídica – DIPJ e à Declaração de Débitos e Créditos Tributários Federais – DCTF. Nessa declaração são informadas as receitas das atividades e a partir dessas informações são calculados os percentuais devidos a título do Simples. O prazo para entrega da DIPJ – simplificada é o último dia do mês de maio. Base Legal: art. 7º da Lei n. 9.317, de 1996, e IN SRF n. 608, de 2006" (MARTINS, Iágaro Jung. Obrigações acessórias: livros e declarações. *Currículo Permanente. Caderno de Direito Tributário: módulo 1*. Porto alegre: TRF – 4ª Região, 2006).

– **DCTF**. Uma das mais importantes obrigações tributárias acessórias das pessoas jurídicas, na área federal, é a de apresentação periódica de declaração acerca dos débitos e créditos relativos aos seguintes tributos federais: IRPJ, IRRF, IPI, IOF, CSLL, PIS/PASEP, COFINS, Cide-Combustíveis, Cide-Remessa, CPSS e CPRB. São informados o montante apurado, pagamentos, parcelamentos, compensações e suspensões de exigibilidade. A sigla DCTF já correspondeu à Declaração de Contribuições e Tributos Federais quando da sua instituição pela IN SRF 129/86, mas, atualmente, significa Declaração de Débitos e Créditos Tributários Federais, o que melhor se afeiçoa ao entendimento já consolidado e positivado no sentido de que as contribuições têm natureza tributária. As empresas optantes pelo Simples estão dispensadas da apresentação quanto aos tributos abrangidos pelo regime. A DCTF tem efeito de confissão de dívida, conforme o art. 2º da IN RFB n. 2.005/2021, norma complementar que dispõe sobre a apresentação da Declaração de Débitos e Créditos Tributários Federais (DCTF) e da Declaração de Débitos e Créditos Tributários Federais Previdenciários e de Outras Entidades e Fundos (DCTFWeb).

– **GFIP**. As empresas têm, ainda, a obrigação de apresentar informações relativamente às contribuições exigidas pelo INSS. A chamada Guia de Recolhimento do Fundo de Garantia do Tempo de Serviço e Informações à Previdência Social – GFIP – foi instituída pela Lei n. 9.528, de 10 de dezembro de 1997, regulamentada pelo Decreto n. 3.048, de 06 de maio de 1999. A partir de janeiro de 1999 é que começou a ser utilizada para prestar informações à Previdência Social.

– **DIMOB**. A IN RFB n. 1.115/2010 dispõe sobre a Declaração de Informações sobre Atividades Imobiliárias (Dimob) obrigando construtoras ou incorporadoras e também imobiliárias a informar "I – as operações de construção, incorporação, loteamento e intermediação de aquisições/alienações, no ano em que foram contratadas; II – os pagamentos efetuados no ano, discriminados mensalmente, decorrentes de locação, sublocação e intermediação de locação, independentemente do ano em que essa operação foi contratada". A DIMOB foi instituída, inicialmente, pela IN n. 304/2004.

– "OBRIGAÇÃO ACESSÓRIA. IN 304/04. DIMOB. IMPOSIÇÃO DE MULTA (ART. 3º, II). DEFINIÇÃO DE CRIME (art. 4º). Ainda que as obrigações acessórias, por constituírem simples deveres formais e não restrições à liberdade ou mesmo ao patrimônio dos contribuintes, possam decorrer da legislação tributária, por força do art. 113, § 2º, e 115 do CTN, e que a expressão 'legislação tributária' compreenda as normas complementares, dentre as quais os atos normativos expedidos pelas autoridades administrativas, como se vê dos arts. 96 e 100, I, do CTN, certo é que a imposição de multas pelo seu descumprimento depende, esta sim, de lei em sentido estrito, forte no art. 5º, II, da CF e no art. 97, V, do CTN, bem como a definição de crimes, consoante o art. 5º, XXXIX, da CF. A IN SRF 304, de 21 de fevereiro de 2003, que instituiu a Declaração de Informa-

ções sobre Atividades Imobiliárias (DIMOB), fez referência expressa tanto ao art. 57 da MP 2.158-35/01 como ao art. 2º da Lei 8.137/90, neles buscando seu suporte de validade no que diz respeito à previsão de multa e de configuração de crime contra a ordem tributária, mas desbordou dos dispositivos legais referidos, incorrendo em ilegalidade. No art. 57 da MP 2.158-35/01 há referência inequívoca ao valor das transações 'próprias da pessoa jurídica ou de terceiros em relação aos quais seja responsável tributário', o que restou suprimido na redação do art. 3º, II, da IN 304/03 e não é efetivamente o caso das associadas do sindicato impetrante. Considerando que a DIMOB vem fornecer ao Fisco instrumentos para a fiscalização daqueles que vendam ou adquiram imóveis ou que paguem ou percebam aluguéis, tanto que se exige das construtoras ou incorporadoras, imobiliárias e administradoras de imóveis que identifiquem as partes contratantes e o valor das operações, tem-se, a princípio, que a apresentação ou não da DIMOB não toca diretamente as obrigações tributárias de tais empresas obrigadas à sua apresentação, pois as suas obrigações tributárias próprias têm outros instrumentos de controle por parte do Fisco. A previsão na IN 304/03, pois, no sentido de que 'A omissão de informações ou a prestação de informações falsas na DIMOB configura hipótese de crime' para cuja caracterização se faz necessário, nos termos da lei, 'fazer declaração falsa ou omitir declaração sobre rendas, bens ou fatos, ou empregar outra fraude, para eximir-se, total ou parcialmente, de pagamento de tributo' (art. 2º, I, da Lei 8.137/90), o que não condiz com o conteúdo e a finalidade da Dimob relativamente às empresas obrigadas à sua apresentação, evidencia ilegalidade do art. 4º da IN 304/03" (TRF4, 200470020018078, 2005).

– "... a obrigação – ainda que acessória – de apresentar declarações ao Fisco deve estar contemplada em texto expresso de lei, o que não ocorre no caso, posto que a obrigação de apresentar a Declaração de Informações sobre Atividades Imobiliárias (Dimob) decorre de um mero ato administrativo infralegal, qual seja, a Instrução Normativa SRF n. 694, de 13 de dezembro de 2006. O mesmo se diga quanto às penalidades pela não apresentação da declaração, que também só foram previstas na aludida Instrução Normativa e não em uma lei" (GUTIERREZ, Miguel Delgado. A inconstitucionalidade da obrigação de apresentação da Dimob. *RDDT* 164/71, 2009).

– "a) as obrigações tributárias devem ser criadas por meio das leis tributárias, conforme preceitua o próprio Código Tributário Nacional; b) a IN 304, apesar de se referir a textos legais, não tem previsão legal, especialmente no que se refere à instituição da Dimob, às multas, à tipificação penal, e à quebra do sigilo fiscal sem a ocorrência de procedimentos e processos de fiscalização; c) os atos normativos, ou os próprios decretos, têm função própria, que é a de regulamentar a legislação; não podem, ao contrário, invadir a competência atribuída ao Poder Legislativo, passando a estabelecer hipóteses obrigacionais sem base em lei formal; d) a instrução normativa sob exame estipula obrigação tributária relacionada à arrecadação e fiscalização de tributo estranho à esfera de competência tributária da União, conflitando com o que prescreve o § 2º do art. 113 do CTn;" (ELALI, André; ZARANZA, Evandro. Anotações acerca da IN 304 da Secretaria da Receita Federal. *RTFP* 55/22, 2004).

– Outras declarações. Além da DIRPF, da DCTF, da DACON, da DCOMP, da GFIP e da DIMOB, ainda podemos referir a Declaração do Imposto de Renda Retido na Fonte (DIRF), a Declaração da Contribuição Provisória sobre a Movimentação Financeira (DCPMF), a Declaração de Operações com Cartão de Crédito (DECRED), a Declaração de Operações Imobiliárias (DOI), a Declaração de Rendimentos Pagos a Consultores por Organismos Internacionais (DERC), a Declaração Cide-Combustíveis (DCIDE), a Declaração de Benefícios Fiscais (DBF, a Declaração de Impostos e Contribuições Não Retenção (DICNR), a Declaração sobre a Opção de Tributação de Planos Previdenciários (DPREV), a Declaração do Imposto sobre a Propriedade Territorial Rural (DITR), a Declaração Especial de Informações Fiscais relativas à Tributação de Bebidas (DIF-Bebidas), a Declaração Especial de Informações Fiscais Relativas à Tributação de Cigarros (DIF-Cigarros), a Declaração Especial de Informações Relativas ao Controle do Papel Imune (DIF-Papel Imune), o Demonstrativo de Crédito Presumido (DCP), o Demonstrativo de Exportação (DE), o Demonstrativo de Notas Fiscais (DNF), o Demonstrativo do Coeficiente de Redução do Imposto de Importação (DCRE), a Declaração Siscomex Internação Zona Franca de Manaus (ZFM), a Declaração Final de Espólio, a Declaração de Saída Definitiva do País, o Demonstrativo de Apuração de Ganho de Capital, a Declaração de Porte de Valores (e-DPV). Sobre a DECRED em face do sigilo bancário, vide nota ao art. 197, II, do CTN.

– Informação sobre as transações com cartões de crédito e débito, PIX e outras. O Convênio ICMS n. 134/2016, alterado diversas vezes, inclusive pelos Convênios 50/2022 e 86/2022, dispõe sobre o fornecimento de informações por instituições e intermediadoras financeiros e de pagamento relativas às transações com cartões de débito, crédito, de loja (*private label*), transferência de recursos, transações eletrônicas do Sistema de Pagamento Instantâneo e demais instrumentos de pagamentos eletrônicos, bem como sobre o fornecimento de informações por intermediadores de serviços e de negócios referentes às transações comerciais ou de prestação de serviços intermediadas, realizadas por pessoas jurídicas ou por pessoas físicas. Vale destacar que as cooperativas de crédito são equiparadas aos bancos para os efeitos do convênio e que as informações a serem prestadas envolvem inclusive os pagamentos via PIX. As informações são prestadas mensal ou trimestralmente, conforme o caso.

> § 3º A obrigação acessória, pelo simples fato da sua inobservância, converte-se em obrigação principal relativamente a penalidade pecuniária.

⇒ **Conversão em obrigação principal.** A impropriamente chamada conversão depende de previsão legal específica, estabelecendo pena pecuniária para o descumprimento da obrigação acessória. Ou seja, não há uma conversão automática em obrigação principal. O que ocorre, sim, é que o descumprimento da obrigação acessória normalmente é previsto em lei como causa para a aplicação de multa, esta considerada obrigação principal nos termos do § 1º deste artigo.

– "1. A obrigação acessória, quando inobservada, nos termos do arts. 113, §§ 2º e 3º e 115 do CTN, torna-se obrigação principal,

em relação à multa pecuniária, seguindo a natureza jurídica dos tributos e sujeita aos mesmos dispositivos aplicáveis" (STJ, REsp 837.949, 2009).

– "4. O § 3º do artigo 113 do CTN dispõe que o descumprimento de uma obrigação acessória pode gerar a aplicação de uma penalidade pecuniária que, por sua vez, se consubstancia em uma obrigação principal" (STJ, REsp 1.012.203, 2008).

– "Na verdade, o inadimplemento de uma obrigação acessória não a converte em obrigação principal. Ele faz nascer para o Fisco o direito de constituir um crédito tributário contra o inadimplente, cujo conteúdo é precisamente a penalidade pecuniária, vale dizer, a multa correspondente" (MACHADO, Hugo de Brito. *Curso de direito tributário*. 36. ed. São Paulo: Malheiros, 2015, p. 126).

– "Não há que falar-se em conversão da obrigação acessória em principal, mas sim em sanção. Contudo, a intenção do texto é tão manifesta que acaba por relevar esse pecadilho de ordem lógica. É que resulta claro que o que o legislador quis deixar certo é que a multa tributária, embora não sendo, em razão da sua origem, equiparável ao tributo, há de merecer o mesmo regime jurídico previsto para sua cobrança. O direito tem estas liberdades, que não precisam ser objeto de escândalo" (BASTOS, Celso Ribeiro. In: MARTINS, Ives Gandra da Silva (coord.). *Comentários ao Código Tributário Nacional*. São Paulo: Saraiva, 1998, v. 2, p. 148).

CAPÍTULO II
FATO GERADOR

Art. 114. Fato gerador da obrigação principal é a situação definida em lei como necessária e suficiente à sua ocorrência.

⇒ **Previsão em lei.** "Sem essa previsão ou definição em lei, não se configurará o fato gerador. Haverá um fato da vida comum, ou um fato econômico, ou mesmo um fato relevante para outros ramos do Direito: para o Direito Tributário, será ele um fato juridicamente irrelevante, no que diz respeito ao nascimento da obrigação tributária. O requisito da legalidade é, pois, um requisito existencial, essencial ou constitutivo para a própria formação do fato gerador e não apenas um simples requisito de validade. Sem definição em lei não há fato gerador" (FALCÃO, Amílcar. *Fato gerador da obrigação tributária*. 5. ed. Rio de Janeiro: Forense, 1994, p. 13).

– Sobre os diversos aspectos da norma tributária impositiva, vide nota ao art. 150, I, da CF.

– **Desnecessidade de ato da administração para o surgimento da obrigação.** "... é incontendível que não é necessário qualquer mandamento ou resolução da Administração Pública para que se gere a obrigação tributária. Em verdade, para tanto, o vínculo exacional nascerá ao se realizar a hipótese legalmente prevista. Não há que confundir qualquer resolução emanada da autoridade fazendária com o marco do nascimento da obrigação daquela natureza, mas sim, muitas vezes, com a mera declaração de crédito, de competência exclusiva do ente tributante por força de ditame constitucional nesse sentido" (CASTRO, Alexandre

Barros. Obrigação tributária à luz do Código Tributário Nacional. *RTFP* 56/115, 2004).

– Impossibilidade de afastar o fato gerador já ocorrido. Evasão fiscal. O contribuinte, através de planejamento tributário, pode optar por negócios sujeitos a carga tributária menor. Se o faz, evitando a ocorrência de fatos geradores, temos o que se chama de elisão ou evasão lícita. Uma vez ocorrido o fato gerador, entretanto, surge a obrigação tributária e qualquer manobra para encobri-lo ou, de qualquer maneira, deixar de pagar o tributo, constituirá ilícito. Sobre a matéria, vide art. 116, parágrafo único, do CTN e respectivas notas.

⇒ **Hipótese de incidência e fato gerador.** Com rigor técnico, pode-se diferenciar a hipótese de incidência, de um lado, do fato gerador, de outro. Aquela, a hipótese de incidência, corresponde à previsão em lei, abstrata, da situação que implica a incidência da norma tributária; este, o fato gerador, é a própria concretização da hipótese de incidência no plano fático. A situação fática, quando corresponde à hipótese de incidência prevista na norma tributária, chama-se fato gerador, pois, ao sofrer a incidência da norma, gera a obrigação tributária. A hipótese de incidência constitui o antecedente ou pressuposto da norma tributária impositiva.

– "Fato gerador é, pois, o fato, o conjunto de fatos ou o estado de fato, a que o legislador vincula o nascimento da obrigação jurídica de pagar um tributo determinado" (FALCÃO, Amílcar. *Fato gerador da obrigação tributária*. 5. ed. Rio de Janeiro: Forense, 1994, p. 2).

– Classificação dos fatos geradores em instantâneos, continuados e de período (ou complexivos). Vide nota ao art. 16 do CTN sobre a classificação dos impostos.

– Paulo de Barros Carvalho critica a classificação dos fatos geradores em instantâneos, continuados e complexivos. Esclarece que "o adjetivo complexivo não existe em português. É palavra do vocabulário italiano – *compessivo* – que vem de *complesso* (em vernáculo, complexo), empregado no sentido de integral, inteiro, total. Apressadamente traduzido, ganhou curso com a acepção de complexo, neologismo insuportável [...] Se o chamado fato gerador complexivo aflora no mundo jurídico, propagando seus efeitos, apenas em determinado instante, é força convir em que, anteriormente àquele momento, não há que falar-se em obrigação tributária, pois nenhum fato ocorreu na conformidade do modelo normativo, inexistindo portanto os efeitos jurídico-fiscais próprios da espécie" (CARVALHO, Paulo de Barros. *Curso de direito tributário*. 27. ed. São Paulo: Saraiva, 2016, p. 276-277).

– Subsunção. "Veiculada a lei, necessária se faz a exata adequação do fato à norma. Por isso mesmo, o surgimento da obrigação está condicionado ao evento da subsunção, que é a plena correspondência entre o fato e a hipótese de incidência, fazendo surgir a obrigação. Não se verificando o perfeito quadramento do fato à norma, inexistirá obrigação tributária. [...] em síntese: i) sem lei anterior que descreva o fato, não nasce a obrigação; (ii) sem subsunção do evento descrito à hipótese normativa, também não; e (iii) havendo previsão legal e a correspondente subsunção do fato à norma, os elementos do liame jurídico irradiado devem

equivaler àqueles prescritos na lei. São condições necessárias para a regular constituição do vínculo obrigacional" (CARVALHO, Paulo de Barros. In: MARTINS, Ives Gandra da Silva; CARVALHO, Paulo de Barros. *Guerra fiscal:* reflexões sobre a concessão de benefícios no âmbito do ICMS. São Paulo: Noeses, 2012, p. 34).

– Incidência *x* não incidência. A incidência é o fenômeno jurídico de adequação da situação de fato verificada (fato gerador) à previsão normativa (hipótese de incidência), gerando a obrigação de pagar tributo. A não incidência é definida por exclusão: "2. A não incidência do tributo equivale a todas as situações de fato não contempladas pela regra jurídica da tributação e decorre da abrangência ditada pela própria norma" (STF, Plenário, ADI 286/RO, Min. Maurício Corrêa, maio 2002). Sobre a distinção entre isenção, não incidência, imunidade e alíquota zero, vide nota ao art. 176 do CTN.

– Distinguindo a "não incidência natural" da "não incidência juridicamente qualificada". "Trata-se aqui da diferença entre *não incidência natural* – que ocorre quando o fato em tela situa-se fora do campo definido pela intersecção entre a lei instituidora e a norma atributiva de competência, já descontadas as imunidades – e *não incidência juridicamente qualificada*, que ocorre quando o fato considerado recairia em princípio em tal campo, sendo dele expelido por força de comando legal expresso (isenção)" (SANTIAGO, Igor Mauler. Intributabilidade dos juros de mora pelo imposto de renda... *RDDT* 160/60, 2009).

– Distinguindo a incidência da competência. "O constituinte não cria tributo. Ele apenas autoriza sua criação, a qual se dá por meio de uma lei. É o legislador quem, atuando dentro de sua competência, decide se o tributo será, ou não, instituído. [...] Fica clara, entretanto, a ideia de que, se o legislador não contemplou a hipótese, está ela fora do campo de incidência (está na não incidência), ainda que possa estar no campo de competência. Somente a lei cria a incidência" (SCHOUERI, Luís Eduardo. *Direito tributário*. 2. ed. São Paulo: Saraiva, 2012, p. 225).

Art. 115. Fato gerador da obrigação acessória é qualquer situação que, na forma da legislação aplicável, impõe a prática ou a abstenção de ato que não configure obrigação principal.

⇒ **Legislação.** Sobre a discussão acerca da possibilidade ou não da criação de obrigações acessórias por atos infralegais, vide nota ao art. 113, § 2º, do CTN.

⇒ **Ato que não configure obrigação principal.** A obrigação principal tem por objeto, exclusivamente, o pagamento de tributo ou penalidade (art. 113, § 1º, do CTN). Todas as demais obrigações relacionadas à tributação constituem obrigações tributárias formais ou instrumentais que o CTN denomina de "acessórias".

Art. 116. Salvo disposição de lei em contrário, considera-se ocorrido o fato gerador e existentes os seus efeitos:

⇒ **Salvo disposição de lei em contrário.** "Implica reconhecer que o marco temporal do acontecimento pode ser antecipado ou diferido tanto na contingência do inciso I (situação de fato) quanto na do inc. II (situação jurídica). São matizes de fraseologia jurídica que revelam a liberdade de que desfruta o político ao construir as realidades normativas" (CARVALHO, Paulo de Barros. *Curso de direito tributário*. 27. ed. São Paulo: Saraiva, 2016, p. 280).

– Mas "... o legislador há de se manter nos limites do que em cada situação de fato se possa razoavelmente admitir. Não pode estabelecer, por exemplo, que o fato gerador de determinado tributo se considere consumado *antes* de que esteja *de fato* presente a situação prevista na hipótese de incidência correspondente" (MACHADO, Hugo de Brito. *Curso de direito tributário*. 36. ed. São Paulo: Malheiros, 2015, p. 132).

• Vide o art. 150, § 7º, da Constituição e as respectivas notas quanto à chamada substituição tributária para a frente, em que a obrigação do contribuinte de pagar, intermediada por terceiro substituto, precede a própria ocorrência do fato gerador.

I – tratando-se de situação de fato, desde o momento em que se verifiquem as circunstâncias materiais necessárias a que produza os efeitos que normalmente lhe são próprios;

⇒ **Situação de fato.** "Aquilo que se depreende das palavras da lei é que ficou estabelecida a diferença entre duas situações jurídicas: a) uma, não categorizada como instituto jurídico; b) outra, representada por entidade que o direito já houvera definido e prestigiado, sendo possível atribuir-lhe regime jurídico específico" (CARVALHO, Paulo de Barros. *Curso de direito tributário*. 27. ed. São Paulo: Saraiva, 2016, p. 281).

II – tratando-se da situação jurídica, desde o momento em que esteja definitivamente constituída, nos termos do direito aplicável.

⇒ **Situação jurídica.** Vide a nota ao inciso I sobre situação de fato, em que são ambas definidas e diferençadas.

– **Nos termos do direito aplicável.** "... é no respectivo ramo do Direito e nos princípios gerais que o intérprete vai verificar se essa 'situação jurídica' (ato ou negócio jurídico) já se constituiu, já está produzindo efeitos..." (NOGUEIRA, Ruy Barbosa. *Curso de direito tributário*. 14. ed. São Paulo: Saraiva, 1995, p. 82).

Parágrafo único. A autoridade administrativa poderá desconsiderar atos ou negócios jurídicos praticados com a finalidade de dissimular a ocorrência do fato gerador do tributo ou a natureza dos elementos constitutivos da obrigação tributária, observados os procedimentos a serem estabelecidos em lei ordinária.

⇒ **LC n. 104/2001.** Parágrafo acrescentado pela LC n. 104/2001, vigente desde a publicação em 11-1-2001.

– **Norma geral antievasiva.** A doutrina costuma denominar o parágrafo único do art. 116 do CTN como "norma geral antielisiva". Mas não se trata, propriamente, de norma voltada à desconsideração de planejamentos tributários que evitem a ocorrência dos fatos geradores, mas, isso sim, de atos ou negócios que dissimulem fatos geradores efetivamente ocorridos, ou seja, de evasões tributárias. Assim, na ADI 2.446, de 2022, o STF censurou a denominação "norma antielisão", considerando tratar-se, em verdade, de "norma de combate à evasão fiscal". No

CARF, temos o Acórdão 3401-005.228, de 2018, afirmando tratar-se de "regra antidissimulação".

– **Constitucionalidade.** "LEI COMPLEMENTAR N. 104/2001. INCLUSÃO DO PARÁGRAFO ÚNICO AO ART. 116 DO CÓDIGO TRIBUTÁRIO NACIONAL: NORMA GERAL ANTIELISIVA. ALEGAÇÕES DE OFENSA AOS PRINCÍPIOS DA LEGALIDADE, DA LEGALIDADE ESTRITA EM DIREITO TRIBUTÁRIO E DA SEPARAÇÃO DOS PODERES NÃO CONFIGURADAS. AÇÃO DIRETA JULGADA IMPROCEDENTE" (STF, ADI 2.446, 2022). Obs.: o STF considerou constitucional o art. 116, parágrafo único, do CTN, afastando as alegações de violação à legalidade tributária e à separação dos poderes. Do voto condutor, colhe-se que o fato gerador a que se refere o dispositivo tem de estar previsto em lei e já estar efetivamente materializado, de modo que a desconsideração autorizada "está limitada aos atos e negócios jurídicos praticados com intenção de dissimulação ou ocultação desse fato gerador", com o que se confere "máxima efetividade não apenas ao princípio da legalidade tributária mas também ao princípio da lealdade tributária". Considerou, ainda, que permanece aplicável o art. 108 do CTN, que proíbe a analogia e que o parágrafo único do art. 116 não cuida da interpretação da lei tributária, não abrindo espaço para a interpretação econômica. O voto ainda distingue elisão de evasão fiscal: "De se anotar que elisão fiscal difere da evasão fiscal. Enquanto na primeira há diminuição lícita dos valores tributários devidos pois o contribuinte evita relação jurídica que faria nascer obrigação tributária, na segunda, o contribuinte atua de forma a ocultar fato gerador materializado par omitir-se ao pagamento da obrigação tributária". Assim, deu por inadequada a denominação "norma antielisão", porquanto constitui, isso sim, "norma de combate à evasão fiscal". Outro ministro, que acompanhou a relatora, votou acrescentando que a norma não adentra espaço sob reserva de jurisdição, porquanto não se extrai da Constituição que a desconsideração dos atos dissimuladores da ocorrência de fatos geradores só pudesse ser realizada por juiz. E frisou que "a desconsideração a que se refere o dispositivo impugnado não se equipara à anulação de negócio jurídico simulado à qual aludem os arts. 167 e 168 do Código Civil", de modo que não opera no campo da valide, permitindo "apenas que a autoridade fiscal, no contexto da tributação, negue eficácia àqueles atos ou negócios jurídicos".

• Vide: MASAGÃO, Fernando Mariz. Reflexões sobre o planejamento tributário à luz da CF/88. *RFDT* 97, 2019.

⇒ **Liberdade *x* capacidade contributiva e solidariedade social. Considerações gerais sobre evasão fiscal e o planejamento tributário.** Costuma-se dizer que, ocorrido o fato gerador, surge a obrigatoriedade do pagamento do tributo, do que o contribuinte não pode se furtar. Pode sim é buscar evitar, em momento anterior, a própria ocorrência do fato gerador, o que configura lícita evasão fiscal, também chamada elisão. Mas isso enquanto ainda não ocorreu o fato gerador; depois, é irreversível. De qualquer modo, embora tal referência seja um ponto de partida para a análise, não nos dá elementos para resolver as intrincadas questões relativas aos limites do planejamento tributário voltado à evitar a incidência de normas tributárias gravosas. Impende ponderar-se o livre exercício de atividade econômica e a liberdade em geral, de um lado, com a capacidade contributiva e a solidariedade social, de outro. O debate não se restringe à análise da validade e eficácia de atos de direito privado. Impende que se proceda à sua análise sob a perspectiva específica do Direito Tributário, com seus fundamentos e perspectivas. É preciso que se tenha em consideração o dever fundamental de pagar tributos e os princípios próprios da tributação, o que envolve não apenas a segurança jurídica, mas também a capacidade contributiva e a isonomia, consideradas as pessoas enquanto contribuintes.

– Acerca da evolução da análise do planejamento fiscal, Marco Aurélio Greco ensina: "na primeira fase, predomina a liberdade do contribuinte de agir antes do fato gerador e mediante atos lícitos, salvo simulação; na segunda fase ainda predomina a liberdade de agir antes do fato gerador e mediante atos lícitos, porém nela o planejamento é contaminado não apenas pela simulação, mas também pelas outras patologias do negócio jurídico, como o abuso de direito e a fraude à lei. Na terceira fase, acrescenta-se um outro ingrediente que é o princípio da capacidade contributiva que – por scr um princípio constitucional tributário – acaba por eliminar o predomínio da liberdade, para temperá-la com a solidariedade social inerente à capacidade contributiva. Ou seja, mesmo que os atos praticados pelo contribuinte sejam lícitos, não padeçam de nenhuma patologia; mesmo que estejam absolutamente corretos em todos os seus aspectos (licitude, validade) nem assim o contribuinte pode agir da maneira que bem entender, pois sua ação deverá ser vista também da perspectiva da capacidade contributiva. A capacidade contributiva assume tal relevância por ser princípio constitucional consagrado no § 1º do art. 145 da CF/88, constatação a partir da qual nasce a importante discussão quanto à sua eficácia jurídica e à identificação dos seus destinatários. Como princípio constitucional, consagra uma diretriz positiva a ser seguida, um valor – tal como os demais previstos na CF/88 – perseguido pelo ordenamento e do qual as normas e regras são instrumentos operacionais de aplicação. [...] Daí o debate sobre planejamento tributário dever, ao mesmo tempo, considerar e conjugar tanto o valor liberdade quanto o valor solidariedade social que dá suporte à capacidade contributiva..." (GRECO, Marco Aurélio. *Planejamento tributário*. 3. ed. São Paulo: Dialética, 2011, p. 319-320).

– "O planejamento ou elisão tributária não é senão uma expressão concreta de autonomia patrimonial dos indivíduos e empresas num contexto constitucional cuja ordem econômica se funda na livre iniciativa e protege a propriedade privada (art. 170 da CF). Seria totalmente inconstitucional (e até mesmo estapafúrdia) uma norma que ordenasse aos contribuintes, ao considerarem os diversos meios através dos quais podem atingir seus objetivos econômicos, que escolhessem os caminhos que rendessem mais arrecadação tributária. Contudo, isso não significa que o Estado não possa ou não deva reagir frente ao planejamento tributário, pois mesmo não configurando uma infração à legislação tributária, a elisão reflete imperfeições do sistema tributário considerado sob os cânones da igualdade e da capacidade contributiva. A primeira forma de combater a elisão tributária, a qual não encontra crítica nem mesmo nos mais ardorosos defensores

da autonomia da vontade e da liberdade contratual, é o estabelecimento, pelo legislador, de normas pontuais voltadas a comportamentos específicos dos contribuintes. Com efeito, à medida que a elisão tributária vai sendo praticada e pouco a pouco vai se massificando entre os contribuintes, a legislação tributária geralmente é modificada para incorporar previsões específicas impedindo que aquela elisão continue a ser exercitada. Estas providências legais podem ser operadas através de hipóteses de incidência supletórias ou suplementares às já existentes, através de presunções legais absolutas ou ficções jurídicas. [...] O segundo grupo de medidas antielisão é composto pelas chamadas 'normas gerais antielisão'. Através dessas normas, os aplicadores do direito tributário (administração tributária e juízes) têm a prerrogativa de desconsiderarem, para efeitos tributários, a forma artificiosa e distorcida pela qual o contribuinte concatena determinados atos e negócios jurídicos com a finalidade de, chegando aos mesmos resultados econômicos, obter uma vantagem fiscal. As normas gerais antielisão, apesar de sua difusão generalizada nos países mais desenvolvidos do mundo há algumas décadas, encontram críticos que as consideram desrespeitosas aos princípios da segurança jurídica, da legalidade e tipicidade tributárias. Segundo tal corrente de pensamento, somente seria compatível com o Estado de Direito a estipulação das normas específicas antielisão, através das quais o próprio legislador colmata paulatinamente as lacunas do ordenamento tributário impositivo. As normas gerais antielisão, ao contrário, estariam reprimindo indevidamente a liberdade contratual e a autonomia patrimonial dos indivíduos e empresas, conduzindo ao arbítrio da interpretação econômica das normas tributárias e sua integração por analogia, e por consequente fulminando a segurança jurídica" (GODOI, Marciano Seabra de. A figura da 'fraude à lei tributária' prevista no art. 116, parágrafo único, do CTN. *RDDT* 68/101--123, 2001).

– "... o direito ao planejamento tributário não é absoluto e sem limites, sendo legítima a prática que se realiza conforme a intenção do legislador ou quando se aproveita uma omissão consciente deste, merecendo rechaça a redução fiscal que contrarie princípios ou regras do ordenamento jurídico-tributário, até porque a fuga ilícita ao pagamento de tributos, como a evasão e a fraude fiscais, implica a não concretização do princípio da igualdade, assim como em outras graves consequências econômicas, dentre as quais, a elevação do nível de informalidade e a degradação da cidadania, pois, quando o pagamento dos tributos não é assumido como um dever, é todo o ambiente social que se avilta" (LOTT, Maíra Carvalhaes. O alcance e as limitações do planejamento tributário no Brasil: uma abordagem conceitual e crítica. *RDDT* 210/60, 2013).

– "A norma geral antiabuso visa desmoronar os atos de fachada utilizados pelo contribuinte – a máscara –, fazendo com que a norma tributária incida sobre a capacidade contributiva manifestada, que até então se encontrava oculta ou dissimulada em face do planejamento tributário abusivo. Não há que se falar em analogia ou em interpretação econômica pois, após o afastamento dos atos artificiosos, a norma de incidência será aplicada em relação ao fato gerador efetivamente ocorrido, nos limites de sua previsão, nem mais nem menos" (REIS, Hélcio Lafetá. Planejamento tributário abusivo: violação da imperatividade da norma jurídica. *RDDT* 209/57, fev. 2013).

– "O CTN (artigos 109 e 110) prestigia os institutos, conceitos, e formas de direito privado na interpretação e integração da legislação tributária. A moldagem jurídica promovida pelo contribuinte, a utilização de campos lacunosos, e até as imperfeições do texto normativo, constituem formas elisivas que trazem ínsito o propósito de economia fiscal. Operando em consonância com os institutos jurídicos contemplados pelo legislador, a administração fazendária não pode efetuar glosas fiscais, desconstituindo a forma legal utilizada pelo contribuinte. ... salvo excepcional e específica restrição legal, a efetivação de negócio menos gravoso não deve sofrer nenhuma objeção. [...] O planejamento tributário constitui procedimento legítimo, em que se opera minuciosa análise do ordenamento jurídico que acarrete comportamento (obviamente lícito), objetivando evitar ou reduzir a carga tributária, sem resvalar em nenhuma antijuridicidade, especialmente no que tange aos crimes tributários" (MELO, José Eduardo Soares de. Liberdade contratual e implicações tributárias. In: GRUPENMACHER, Betina Treiger (coord.). *Tributação: democracia e liberdade*. São Paulo: Noeses, 2014, p. 713-714).

– "... a fase atual da jurisprudência busca um estado de equilíbrio (meio-termo) entre as duas fases precedentes, sendo esse o caminho ideal. Afinal, assim como a validade formal do negócio jurídico não é suficiente para garantir a sua oponibilidade ao fisco, também é certo que a substância econômica da operação e o princípio da solidariedade social não são suficientes para justificar a cobrança de tributos e autorizar a desconsideração dos negócios jurídicos práticos pelo contribuinte. A virtude, portanto, está justamente no equilíbrio e na moderação. [...] o principal instrumento para a tipificação da simulação deve compreender um elemento objetivo, que consiste na causa do negócio jurídico. Assim, é preciso avaliar os efeitos dos negócios jurídicos praticados pelo contribuinte na implantação do planejamento tributário (existência de alteração no patrimônio do contribuinte ou no exercício de sua atividade econômica), à luz da causa típica dos contratos formalizados, independentemente dos motivos para a sua realização. Em nossa opinião, a busca da causa do negócio jurídico e a submissão irrestrita das partes aos seus efeitos oferece um caminho seguro e técnico para o desfecho dos casos concretos de planejamento tributário" (FAJERSZTAJN, Bruno; SANTOS, Ramon Tomazela. Planejamento tributário – entre o positivismo formalista e o pós-positivismo valorativo: a nova fase da jurisprudência administrativa e os limites para a desconsideração dos negócios jurídicos. *RDDT* 223/38, 2014).

– "... os contribuintes podem realizar operações para economia de tributos, antecipando-se a ocorrência dos fatos geradores, encontrando alternativas lícitas para alcançar os mesmos fins pretendidos gastando menos tributos.... Mesmo diante da norma antielisiva tratada..., certo que as formas lícitas de economia de tributo, quando não importarem simulação negocial, permanecem aceitas pelo ordenamento, independentemente da nomenclatura e dos conceitos adotados..." (CAVALCANTE, Diogo Lopes. A estreita fronteira da elisão e da evasão fiscal. *RET* 111/53-71, 2016).

– *In dubio pro libertate*. "Nos casos de empate argumentativo entre a norma de liberdade fiscal e as normas de antielisão tributária, o princípio do *in dubio pro libertate* estrutura a interpretação e a aplicação do direito ordinário de maneira que a solução a favor das normas de antielisão tributária dependa de razões mais fortes em comparação à decisão em favor da norma de liberdade fiscal. De forma alguma, esta prioridade serve de obstáculo para a otimização da norma de liberdade fiscal por meio de uma norma de antielisão tributária: apenas conduz para a exigência de razões de grau mais forte para a solução a favor da norma de antielisão tributária do que a favor da norma de liberdade fiscal nos casos difíceis. Além do dever de interpretar o direito ordinário conforme a norma de direito fundamental que permite a prática de relações econômicas neutras na maior medida possível do ponto de vista do Direito Tributário, a dimensão objetiva da liberdade fiscal é desdobrada por meio do dever do legislador, do administrador e do juiz de proteger os valores da autonomia e da autodeterminação no espaço vazio da tributação" (GALBINSKI, Diego. Dimensão objetiva da liberdade fiscal. *RDDT* 218/41, 2013).

– **Planejamento tributário agressivo.** Vide: SARAIVA NETO, Oswaldo Othon de Pontes. Planejamento tributário agressivo: aspectos teóricos, posicionamento do Conselho Administrativo de Recursos Fiscais e multa punitiva. *RFDT* 97, 2019.

⇒ **Evasão, elisão e elusão.** "Evasão é o nome genérico dado à atitude do contribuinte que se nega ao sacrifício fiscal. Será lícita ou ilícita. Lícita quando o contribuinte a pratica sem violação da lei. O fumante que deixa de fumar ou passa a preferir cigarro mais barato está no seu direito. O opulento negociante que transforma a sua firma em sociedade anônima com ações ao portador e ainda se abstém de distribuir lucros, acumulando-os em reservas, evade-se licitamente de grande parte do imposto de renda, conforme a lei o tolerar. Mas não é lícita, por exemplo, a evasão caracterizada pela ocultação de títulos ao portador, na liquidação de heranças, se no país não há imposto sub-rogatório daquele tributo. [...] Evasão lícita pode ser intencionalmente desejada pelo legislador, quando pretende, através do imposto, exercer o poder de polícia ou uma finalidade extrafiscal. Evasão ilícita desafia as penas da lei, quer sejam sanções de nulidade, quer multas e até penas criminais" (BALEEIRO, Aliomar. *Uma introdução à ciência das finanças*. 14. ed. Rio de Janeiro: Forense, 1990, p. 152-153).

– Gilberto de Ulhôa Canto reserva a palavra "evasão" para a conduta ilícita. E ressalta: "... o único critério cientificamente aceitável para se diferençar a elisão e a evasão é o temporal. Se a conduta (ação ou omissão do agente) se verifica antes da ocorrência do fato gerador da obrigação tributária de que se trate, a hipótese será de elisão, pois, sempre tendo-se como pressuposto que o contribuinte não viole nenhuma norma legal, ele também não terá infringido direito algum do fisco ao tributo, uma vez que ainda não se corporificou o fato gerador..." (Evasão e elisão fiscais, um tema atual. *RDT* 63/188, São Paulo: Malheiros).

– "A 'evasão tributária' vem a ser o conjunto de práticas violadoras do sistema jurídico-tributário, em que se mostra evidente a intenção de se burlar a norma e se esquivar do pagamento do tributo, havendo previsão legislativa que mune as Administrações Tributárias de medidas coercitivas aptas a combater tais ilícitos fiscais. [...] Por 'elisão' entende-se o planejamento fiscal legítimo, ou seja, aquele efetuado em conformidade com a legislação tributária, em que inexiste vedação à escolha da forma de submissão ao comando da lei que propicie melhor proveito econômico-financeiro. Um exemplo desse tipo de planejamento é a possibilidade de o contribuinte, sem desvirtuamento da natureza jurídica dos acordos, optar pela celebração de um contrato de arrendamento mercantil (*leasing*) no lugar de um contrato de compra e venda, por razões preponderantemente financeiras ou logísticas, com implicações na redução da carga tributária" (REIS, Hélcio Lafetá. Planejamento tributário abusivo: violação da imperatividade da norma jurídica. *RDDT* 209/57, 2013).

– "A evasão é sempre ilegal. A fuga do imposto devido, manifestada sob a forma de fraude, simulação ou embuste de qualquer natureza, sofre condenação em todos os sistemas jurídicos nacionais. Elisão, elusão ou evasão lícita é a subtração ao tributo de manifestações de capacidade contributiva originalmente sujeitas a ele, mediante a utilização de atos lícitos, ainda que não congruentes com o objetivo da lei. Em essência, surge como uma forma jurídica alternativa, não prevista na lei tributária, de alcançar o mesmo resultado negocial originalmente previsto, sem o ônus do tributo. Em princípio, é lícita a elisão. São tênues e difusos os limites que separam a evasão ilegal da elisão lícita. Distingui-los é tão difícil quanto defini-los. Várias tentativas de distinção surgem na doutrina. A mais frequente delas fala no fator tempo. Ainda que sujeita a exceções, os autores procuram estabelecer a elisão como a manobra do particular praticada antes do surgimento do fato gerador, evitando exatamente que este apareça. Evasão é o procedimento destinado à fuga tributária, cujos atos constitutivos foram praticados após a ocorrência do fato imponível. O imposto já é devido, e o contribuinte deixa de recolhê-lo. Em resumo, segundo essa orientação, elisão é tentar não entrar na relação tributária e evasão é tentar sair dela, como sintetizava Narciso Amorós. Essa distinção cronológica, ainda que bem concebida, não responde a todas as hipóteses de elisão e evasão, pois são frequentes os casos nitidamente evasivos detectados antes da ocorrência do fato gerador. A fraude à lei, de forma genérica, está incluída nas hipóteses de evasão, e sua prática consiste em evitar ardilosa, consciente e dolosamente o surgimento do fato gerador do tributo" (HUCK, Hermes Marcelo. *Evasão e elisão*: rotas nacionais e internacionais. São Paulo: Saraiva, 1997, p. 326-327).

– "Como fixar a economia lícita do tributo e o campo de evasão? [...] Rubens Gomes de Souza pôs uma premissa que me parece inquestionável. Ele disse que a diferença entre a economia de imposto e a evasão se resolve com a pesquisa para determinar se os atos ou negócios praticados evitaram a ocorrência do fato gerador (e aí teríamos a legítima economia do tributo) ou se eles ocultaram o fato gerador ocorrido (hipótese na qual estaria figurada a evasão)" (AMARO, Luciano da Silva. IR: Limites da economia fiscal. Planejamento tributário. *RDT* 71).

– Evasão legal ou elisão: *tax planning* para os americanos; *steuersparnis* para os alemães.

• Vide: BECHO, Renato Lopes. O planejamento tributário na doutrina tradicional. *RDDT* 176/136, 2010.

• Vide também artigo de Daniela Victor de Souza Melo, Elisão e evasão fiscal – o novo parágrafo único do art. 116 do Código Tributário Nacional, com a redação da Lei Complementar n. 104/2001, *RDDT* 69/47-68, 2001. Também: MELLO, Luís Fernando Xavier Soares de; GUTIERREZ, Eduardo. Limites das normas antielisivas. *RTFP* 56/84, 2004.

– **Elisão abusiva.** "Nada deve impedir o indivíduo de, dentro dos limites da lei, planejar adequadamente seus negócios, ordenando-os de forma a pagar menos impostos. Não lhe proíbe a lei, nem tampouco se lhe opõem razões de ordem social ou patriótica. Entretanto, essa fórmula de liberdade não pode ser levada ao paroxismo, permitindo-se a simulação ou o abuso de direito. A elisão abusiva deve ser coibida, pois o uso de formas jurídicas com a única finalidade de fugir ao imposto ofende a um sistema criado sobre as bases constitucionais da capacidade contributiva e da isonomia tributária. ... uma relação jurídica sem qualquer objetivo econômico, cuja única finalidade seja de natureza tributária, não pode ser considerada como comportamento lícito. Seria fechar os olhos à realidade e desconsiderar a presença do fato econômico na racionalidade da norma tributária. Uma interpretação jurídica atenta à realidade econômica subjacente ao fato ou negócio jurídico, para efeitos de tributação, é a resposta justa, equitativa e pragmática. Nesse ponto, é da maior utilidade a análise do *business purpose test* do direito tributário norte-americano, que aceita como lícita a economia fiscal quando decorrente de uma formulação jurídica que, além da economia de imposto, tenha um objetivo negocial explícito. [...] Países definitivamente comprometidos com as liberdades individuais, como os Estados Unidos e a França, não toleram a elisão abusiva, reprimindo-a severamente. Espanha e Alemanha editaram normas genéricas, que autorizam ao Estado desconsiderar a forma jurídica para ir buscar o objetivo econômico do ato ou negócio e, se for o caso, sujeitá-lo à tributação. Nem abuso de direito pelo contribuinte nem abuso de poder pelo Fisco é a resposta moderna que oferece o direito comparado" (HUCK, Hermes Marcelo. *Evasão e elisão*: rotas nacionais e internacionais. São Paulo: Saraiva, 1997, p. 328/329 e 331).

– **Elusão.** "Talvez seja chegada a hora de passar a diferenciar elisão tributária de elusão tributária, esta última expressão designando a prática de atos ou negócios jurídicos previstos no art. 116, parágrafo único do CTN, um tipo de planejamento que não é nem simulado nem propriamente elisivo" (GODOI, Marciano Seabra de. A figura da "fraude à lei tributária" prevista no art. 116, parágrafo único, do CTN. *RDDT* 68/101-123, 2001).

– "... a 'elusão' é a forma de planejamento fiscal abusivo – que não chega a ser um tipo de evasão –, em que a norma tributária é contornada por meio de práticas artificiosas, eivadas de esperteza, com o fim único ou preponderante de redução indevida da carga tributária, violando-se, além de uma possível teleologia da norma, os princípios da isonomia, da capacidade contributiva e da justiça fiscal, em desfavor da higidez dos fundamentos do sistema jurídico. Enquanto que na elisão a economia de tributos é legalmente facultada aos administrados, na elusão, a prática é revestida de uma 'falsa legalidade', tendo por cumpridos os requisitos formais descritos na norma, mas ignorando-se por completo a matéria subjacente ao preceito positivado. [...] exemplo paradigmático de elusão é a incorporação às avessas, em que duas sociedades empresárias distintas, com o intuito de contornar o dispositivo legal que veda a compensação dos prejuízos acumulados pela sociedade incorporada com os lucros obtidos pela incorporadora, formalizam uma reestruturação societária em que a detentora dos prejuízos – independentemente de seu porte e de sua situação financeira ou de estar em plena atividade ou não – incorpora a outra superavitária com vistas a evitar a subsunção do fato à literalidade da regra lega" (REIS, Hélcio Lafetá. Planejamento tributário abusivo: violação da imperatividade da norma jurídica. *RDDT* 209/57, 2013).

⇒ **Simulação, dissimulação, abuso de forma e de direito.** Dentre as condutas que desbordam de um planejamento tributário legítimo e autorizam, nos termos do parágrafo único do art. 116 do CTN, a desconsideração de atos ou negócios jurídicos, estão os atos de dissimulação da ocorrência do fato gerador ou dos elementos constitutivos da obrigação tributária. Dissimular é ocultar ou encobrir, de modo que não se note a ocorrência do fato gerador ou que não se o perceba na sua inteireza e no seu pleno significado econômico. Busca-se ocultar a verdade material e, assim, contornar os efeitos jurídico-tributários de determinada situação prevista na regra matriz de incidência tributária para definir a aplicação da norma seja quanto ao surgimento da obrigação à sua dimensão. Nessas situações, temos uma fraude não raramente instrumentalizada pela simulação de determinados atos e negócios para a dissimulação daqueles que efetivamente foram praticados e que implicaram a ocorrência do fato gerador.

• Vide: FERRAZ JUNIOR, Tercio Sampaio. Abuso de direito, abuso de forma, fraude à lei e elisão tributária. *RFDT* 96, 2018.

– **Simulação.** O Novo Código Civil (Lei n. 10.406/2002), dispõe: "Art. 167. É nulo o negócio jurídico simulado, mas subsistirá o que se dissimulou, se válido for na substância e na forma. § 1º Haverá simulação nos negócios jurídicos quando: I – aparentarem conferir ou transmitir direitos a pessoas diversas daquelas às quais realmente se conferem, ou transmitem; II – contiverem declaração, confissão, condição ou cláusula não verdadeira; III – os instrumentos particulares forem antedatados, ou pós-datados. § 2º Ressalvam-se os direitos de terceiros de boa-fé em face dos contraentes do negócio jurídico simulado". Vê-se que se dá relevo ao que realmente era pretendido (o que se dissimulou), prestigiando a verdadeira vontade das partes. De outro lado, protege-se a boa-fé daqueles que foram iludidos pela simulação.

– O Código Civil de 1916 dispunha: "Art. 102. Haverá simulação nos atos jurídicos em geral. I – quando aparentarem conferir ou transmitir direitos a pessoas diversas das a quem realmente se conferem, ou transmitem; II – quando contiverem declaração, confissão, condição, ou cláusula não verdadeira; III – quando os instrumentos particulares forem antedatados, ou pós-datados".

– "Do latim *simulatio*, de *simulare* (usar fingimento, usar artifício), a simulação é o artifício ou o fingimento na prática ou na execução de um ato, ou contrato, com a intenção de enganar ou de mostrar o irreal como verdadeiro, ou lhe dando aparência que

não possui. Simulação, pois, é o disfarce, o simulacro, a imitação, a aparência, o arremedo, ou qualquer prática que se afasta da realidade ou da verdade, no desejo de mostrar ou de fazer crer coisa diversa. [...] No sentido jurídico, sem fugir ao sentido normal, é o ato jurídico aparentado enganosamente ou com fingimento, para esconder a real intenção ou para subversão da verdade. Na simulação, pois, visam sempre os simuladores a fins ocultos para engano e prejuízo de terceiros. Praticamente, a simulação resulta da substituição de um ato jurídico por outro, ou da prática de um ato sob aparência de um outro, como com a alteração de seu conteúdo ou de sua data, para esconder a realidade do que se pretende" (SILVA, De Plácido e. *Vocabulário jurídico*. Rio de Janeiro: Forense, 1990).

– "Na simulação, que possui muitos pontos de contado com a fraude, as partes fazem aparentar negócio que não tinham intenção de praticar. Na fraude, o negócio jurídico é real, verdadeiro, mas feito com o intuito de prejudicar terceiros ou burlar a lei" (VENOSA, Sílvio de Salvo. *Direito civil*. 4. ed. Parte geral. São Paulo: Atlas, 2004, p. 505-506).

– "Simulação é todo ato humano que pretende parecer ser algo que, sabe-se, não o é, mas gera efeitos nos ouros como se o fosse. Em outras palavras, é a declaração enganosa, que quer instaurar o engano justamente para obter consequências diversas daquilo que o ato é em verdade. A divergência entre a vontade real e a declarada se acha juridicamente relevante quando infringir a lei, tal como preceitua o art. 166, V, CC/02, ou ainda quando desautorizar a função social da empresa, conceito este doutrinário. A teria do propósito negocial quer manter vivos esses postulados, mostrando que a realidade não deve ser parecida com aquela em lei admitida; mas deve sê-lo efetivamente e na forma da lei, diploma este que existe para ser aplicado em sua plenitude" (HARET, Florence. *Teoria e prática das presunções no direito tributário*. São Paulo: Noeses, 2010, p. 827).

– "A simulação consiste em uma discrepância entre a vontade real e a vontade declarada pelas partes no ato jurídico celebrado, não correspondente esta à intenção dos acordantes, com o intuito de iludir, ludibriar, enganar terceiros. A simulação é declaração bilateral de vontade, e os contratantes devem ter a intenção de encobrir um fato ou realidade (simulação absoluta) ou outro ato jurídico (simulação relativa). Portanto, no que toca ao aspecto subjetivo da simulação, o mínimo necessário para sua caracterização é a intenção de uma parte e ciência da outra (conluio), mesmo que a simulação não lhe interesse ou aproveita. Com a ignorância completa de uma das partes acerca da simulação não se lhe caracteriza, pois, conforme visto, a bilateralidade é de sua essência, em razão da sua natureza negocial" (BREYNER, Frederico Menezes. Responsabilidade tributária pelo ICMS sobre vendas interestaduais celebradas com cláusula FOB em caso de desvio de mercadoria. *RDDT* 154, 2008, p. 25).

– **Simulação relativa x simulação absoluta.** "... na simulação fiscal, o fenômeno enganatório pode recair sobre qualquer dos elementos da obrigação tributária. Pode a simulação incidir sobre o fato gerador, a base de cálculo ou o sujeito passivo. Ora, tanto a simulação relativa como a absoluta podem dissimular a ocorrência do fato gerador do tributo ou a natureza dos elementos constitutivos da obrigação tributária. Quando a simulação é relativa, por debaixo do ato aparente destinado a iludir terceiros, existe um outro ato, por ele dissimulado, que espelha a realidade. Nesse caso, o Fisco buscará descobrir o conteúdo do pacto simulatório e não a aparência que o deforma e encobre. A Fazenda Pública tomará em consideração somente o ato dissimulado e não o ato aparente, princípio que no Direito Romano se formulava na conhecida regra: *plus valere quod agitur, quam quod simulate concipitur*. A simulação absoluta se caracteriza pela presença de um ato ou negócio aparente desprovido de qualquer conteúdo verdadeiro. No âmbito tributário, ela é utilizada para evitar o cumprimento do dever patrimonial derivado da realização do fato imponível Ou seja, por intermédio da simulação absoluta, os contraentes pretendem ocultar a realização do fato imponível do tributo para se esquivar da aplicação da norma tributária. Conclui-se que o combate à simulação se faz com a prova dos fatos e esta só pode ocorrer com uma fiscalização eficaz. Assim, uma boa fiscalização é essencial na repressão da simulação na seara tributária" (GUTIERREZ, Miguel Delgado. A simulação no direito tributário. *RDDT* 233/107, 2015).

– **Simulação x Elisão**: "A simulação é a modalidade de ilícito tributário que, com maior frequência, costuma ser confundida com a elisão. As figuras não se equivalem, todavia, pois na simulação tem-se a pactuação de algo distinto daquilo que realmente se almeja, com o fito de se obter alguma vantagem. ... 'na simulação, a declaração recíproca das partes não corresponde à vontade efetiva'. [...] Colocando-se de outra forma, duas realidades distintas concorrem na simulação: existe uma verdade aparente jurídica, que se exterioriza para o mundo, e existe uma outra verdade (real), que não é perceptível, ao menos à primeira vista, e que se restringe ao círculo dos partícipes do engodo. A causa da ocultação está sempre voltada para a obtenção de algum benefício que não poderia ser atingido pelas vias normais, o que demonstra tratar-se de um ato antecipadamente deliberado pelas partes envolvidas, que se volta para um fim específico. Daí por que a própria legislação determina que a simulação não será considerada como defeito do ato ou negócio jurídico, 'quando não houver intenção de prejudicar a terceiros, ou de violar disposição de lei' (CC, art. 103). [...] No campo do direito tributário, portanto, a verdade material prevalece sobre a estrutura jurídica de direito privado adotada para encobrir a real intenção das partes, não obstante esta possa até ser válida, sob o prisma formal" (MARTINS, Ives Gandra da Silva; MENEZES, Paulo Lucena de. Elisão fiscal. *RDDT* 63/159, 2000).

– **Simulação x negócio indireto**. "Ao contrário da simulação, o negócio indireto é um negócio jurídico intrinsecamente verdadeiro, que traduz a real intenção das partes, que querem aquilo que deliberam fazer. O negócio indireto é sério e real, apesar de realizado pelas partes para alcançar um resultado distinto daquele normalmente alcançado com o tipo de negócio praticado. [...] No negócio indireto não se oculta o ato exterior, mas ele é deixado claro e visível, usando as partes conscientemente de instrumento inapropriado ao fim a que visam. O negócio jurídico não é simulado, porque as declarações de vontade de que deriva traduzem a vontade real dos declarantes. Já a simulação é caracterizada pela falta de conformidade intencional entre a vontade real e a declarada, com o fim de enganar terceiros. [...] O negócio

indireto pode ser utilizado na prática de elisão fiscal, pela qual, por processos sempre lícitos, o contribuinte logra afastar, reduzir ou retardar a incidência tributária" (GUTIERREZ, Miguel Delgado. Do negócio indireto no direito tributário. *RDDT* 190/61, 2011).

– **Dissimulação.** Dissimular, segundo o novo Aurélio/Século XXI: "1. Ocultar ou encobrir com astúcia; disfarçar; [...] 3. Fingir, simular; 4. Atenuar o efeito de; tornar pouco sensível ou notável; [...]".

– "Do latim *dissimulatio*, de *dissimulare*, embora tendo sentido equivalente a simulação (disfarce, fingimento) é mais propriamente indicado como ocultação. É mais próprio à terminologia do Direito Fiscal, para indicar a ocultação de mercadorias, escondidas para sonegação do imposto. A dissimulação de rendimentos vem a significar a falsidade da declaração, onde se mencionam as rendas, que estão sujeitas ao pagamento do imposto próprio" (conceito do *Vocabulário Jurídico* de Plácido e Silva, Rio de Janeiro: Forense, 1990).

– "Em outras dizeres, 'dissimulação' e 'simulação' são sinônimos até o ponto em que ambas representam falsidades da realidade, mas têm aplicações distintas e significados próprios. Realmente, veja-se com exemplos. Simula-se felicidade quando não se está feliz, o que é um sentimento falso mas não esconde necessariamente um outro sentimento real, nem mesmo a infelicidade, pois o sujeito pode não estar feliz e também não estar infeliz. Ele simplesmente está num estado neutro ou intermediário de não felicidade e não infelicidade, mas, não estando feliz, seu gesto apenas simula algo no mundo exterior, isto é, uma felicidade que não existe no seu mundo interior. Por outro lado, dissimula-se infelicidade (que existe) através de um gesto de aparente felicidade, seja um outro gesto de mera ocultação da infelicidade que existe. Portanto, simular significa aparentar algo que não existe, e dissimular significa esconder algo que existe. Simular tem um componente positivo no ato externo, de pura e simplesmente criar a aparência, ao passo que dissimular tem um componente negativo no ato externo de esconder o interior real. [...] Com efeito, o termo 'dissimular', empregado na sua acepção certa segundo a linguagem comum, e no seu sentido técnico segundo o direito privado, revela que o dispositivo trata de levantar o véu do disfarce para descobrir a verdade, ou, mais especificamente, de desconsiderar o ato dissimulatório para encontrar o verdadeiro fato gerador, tal como previsto na respectiva descrição legal. [...] Portanto, esse novo parágrafo visa tão apenas, mas exatamente, resguardar que esse sistema atue livre dos atos de dissimulação dos fatos que a lei ordinária, acorde com o sistema, define como geradores de obrigações tributárias. [...] Aliás, para ser uma norma uma norma 'antielisão' esse dispositivo deveria ser uma norma que se intrometesse na própria formação e na ocorrência essencial do fato gerador, por exemplo dizendo que a estrutura jurídica adotada seria irrelevante para a ocorrência da obrigação tributária, por interessar apenas o conteúdo econômico dos atos. Tal regra – sem aqui debater a validade perante as competências tributárias prescritas na Constituição – daria prevalência ao econômico sobre o jurídico, ainda que este fosse real e não verdadeiro" (OLIVEIRA, Ricardo Mariz de. Reinterpretando a norma de antievasão do parágrafo único do art. 116 do Código Tributário Nacional. *RDDT* 76/81/101, 2002).

– "... a língua portuguesa parece designar realidades diferentes com os termos 'simular' e 'dissimular'. À primeira vista parecem ter significados idênticos, mas se repararmos em algumas expressões notamos diferenças claras: soaria muito estranho por exemplo falar em 'dissimulador de voo' ou em dissimulação de incêndio, ao invés de 'simulador de voo' ou 'simulação de incêndio'. Aí, claramente, as palavras não são intercambiáveis, simular parece ter um papel mais ativo do que dissimular, ativo no sentido de criador de realidades que não existem. [...] 'Simular é fingir o que não é; dissimular é encobrir o que é.' [...] Ora, como o ato simulado se trata de algo que não é, que não se sustenta como realidade jurídica, não é necessário que o CTN ordene ao aplicador que o desconsidere, pois isto está subentendido como decorrência da lógica jurídica. Por isso mesmo andou muito bem o legislador ao utilizar o termo dissimular (e não simular) no artigo ora em análise. Na verdade, na dissimulação prevista no art. 116 há uma realidade (ocorrência do fato gerador) e uma cobertura, um disfarce promovido por atos ou negócios jurídicos, e o legislador ordena que tais disfarces sejam desconsiderados" (GODOI, Marciano Seabra de. A figura da "fraude à lei tributária" prevista no art. 116, parágrafo único, do CTN. *RDDT* 68/101-123, 2001).

– **Abuso de forma** *x* **abuso de direito** *x* **simulação**. "O abuso de forma consistiria na utilização, pelo contribuinte, de uma forma jurídica atípica, anormal ou desnecessária, para a realização de um negócio jurídico que, se fosse adotada a forma 'normal', teria um tratamento tributário mais oneroso. Em certa medida confundindo-se com o abuso de forma, o abuso de direito traduzir-se-ia em procedimentos que, embora correspondentes a modelos abstratos legalmente previstos, só estariam sendo concretamente adotados para fins outros que não aqueles que normalmente decorreriam de sua prática. Já a simulação seria reconhecida pela falta de correspondência entre o negócio que as partes realmente estão praticando e aquele que elas formalizam. As partes querem, por exemplo, realizar uma compra e venda, mas formalizam (simulam) uma doação, ocultando o pagamento do preço. Ou, ao contrário, querem este contrato, e formalizam o de compra e venda, devolvendo-se (de modo oculto) o preço formalmente pago. A teoria do abuso de forma (a pretexto de que o contribuinte possa ter usado uma forma 'anormal' ou 'não usual', diversa da que é 'geralmente' empregada) deixa ao arbítrio do aplicador da lei a decisão sobre a 'normalidade' da forma utilizada. Veja-se que o foco do problema não é o da legalidade (licitude) da forma, mas o da 'normalidade', o que fere, frontalmente, os postulados da certeza e da segurança do direito. Sempre que determinada forma fosse adotada pelo contribuinte para implementar certo negócio, ele teria de verificar se aquele modelo é o que mais frequentemente se utiliza para a realização daquele negócio; o critério jurídico seria substituído pelo critério estatístico, e as variadas formas que o direito criou para instrumentar as atividades econômicas dos indivíduos seriam reduzidas a uns poucos modelos que fossem 'validados' fiscalmente. Parece-nos que, se a forma utilizada pelo contribuinte for lícita (vale dizer, prevista ou não defesa em lei), ela não pode ser con-

siderada abusiva, o que traduziria uma contradição. [...] A invocação do abuso de direito leva ao mesmo problema. Se o direito é utilizado para atingir os fins civis ou comerciais que normalmente a ele estão associados, seu exercício não é questionado. O mesmo não se daria quando o direito fosse exercido com o objetivo de obter vantagem fiscal que, de outro modo, não se teria; nessa perspectiva, estaríamos diante do abuso de direito, e o Fisco não estaria obrigado a aceitar os efeitos fiscais que decorreriam da questionada conduta... Não vemos ilicitude na escolha de um caminho fiscalmente menos oneroso, ainda que a menor onerosidade seja a única razão da escolha desse caminho. Se assim não fosse, logicamente se teria de concluir pelo absurdo de que o contribuinte seria sempre obrigado a escolher o caminho de maior onerosidade fiscal. Há situações em que o próprio legislador estimula a utilização de certas condutas, desonerando-as. Não se diga que é ilícito adotá-las. Nem se sustente que elas só podem ser adotadas porque o legislador as ungiu de modo expresso. Quer a lei as tenha expressamente desonerado, quer sua desoneração decorra de omissão da lei, a situação é a mesma. [...] O problema resvala, em última análise, para a apreciação do fato concreto e de sua correspondência com o modelo abstrato (forma) utilizado. Se a forma não refletir o fato concreto, aí sim teremos campo para desqualificação da forma jurídica adotada. Isso nos leva, com Sampaio Dória, para o campo da simulação. Esta, uma vez comprovada, autoriza o Fisco a determinar os efeitos tributários decorrentes do negócio realmente realizado, no lugar daqueles que seriam produzidos pelo negócio retratado na forma simulada pelas partes" (AMARO, Luciano. *Direito tributário brasileiro*. 15. ed. São Paulo: Saraiva, 2009, p. 231-234).

– "... a mera atipicidade, anormalidade ou inadequação do negócio praticado pelo contribuinte não contamina a sua validade jurídica, inclusive para fins tributários, motivo pelo qual o abuso de formas não poder ser invocado como causa de desconsideração de determinado planejamento tributário. ... a única manifestação doutrinária com a qual podemos concordar é a de Marco Aurélio Greco, que entende que somente se poderia recusar tutela jurídica a uma forma abusiva se esta estivesse sendo instrumento de fraude, simulação ou abuso de direito. ... não há que se falar na criação ou aplicação e uma norma geral antielisiva, pois esses três institutos regulados pelo direito privado (fraude, simulação e abuso de direito) são causas legais de ilicitude do negócio jurídico, o que pode transportar estruturas eivadas desses vícios para o campo da evasão fiscal..." (BRAZUNA, José Luis Ribeiro. A consideração econômica e o abuso de formas no direito tributário brasileiro. *RFDT* 20, 2006).

– Posição admitindo a desconsideração de atos além da estrita hipótese da simulação, pode ser encontrada na obra de Marco Aurélio Greco, *Planejamento fiscal e interpretação da Lei Tributária*, São Paulo: Dialética, 1998.

– Sobre o desenvolvimento das doutrinas de abuso de direito, sua incorporação à legislação e sua aplicação pelo Judiciário em diversos países tanto de *Civil Law* como de *Common Law*, vide: ROSENBLATT, Paulo. O abuso de direito tributário. *RDDT* 227/89, 2014.

⇒ **Autorização para a desconsideração dos atos praticados com vista à dissimulação.** O art. 149, inciso VII, do CTN, já autoriza o lançamento de ofício "quando se comprove que o sujeito passivo, ou terceiro em benefício daquele, agiu com dolo, fraude ou simulação". Pelo disposto no parágrafo único do art. 116, resta o Fisco também autorizado a desconsiderar atos ou negócios jurídicos praticados "com a finalidade de dissimular a ocorrência do fato gerador do tributo ou a natureza dos elementos constitutivos da obrigação tributária, observados os procedimentos a serem estabelecidos em lei ordinária". Note-se que o artigo exige que o ato tenha o efeito de ocultar a ocorrência do fato gerador ou a natureza dos elementos que configuram a hipótese de incidência e que o ato tenha sido praticado com tal finalidade.

– "A materialidade jurídica vale mais do que a forma adotada. É esta que se subordina àquela e não aquela a esta.... A superação da pessoa jurídica ou da operação formal não implica necessariamente fenômeno punitivo para os que as virem desfiguradas, mas exclusivamente o reconhecimento da real situação, trazendo-a para o mundo aberto do Direito, em face de seu perfil verdadeiro. Pode inclusive representar, ao se apresentar como é e não como era, para as partes envolvidas, um benefício maior do que a situação formal anterior. A figura da desconsideração objetiva apenas tornar clara uma realidade oculta, antes posta sob forma diversa da que lhe permite por natureza" (MARTINS, Ives Gandra da Silva. Elisão e evasão fiscal. *RDDT* 225/102, 2014).

– **Ônus da prova.** Faz-se necessário que o Fisco, ao promover a desconsideração, justifique suficientemente sua decisão, demonstrando que o ato ou negócio foi realizado com a finalidade de ocultar a ocorrência do fato gerador.

– "... além da prova da ocorrência do fato gerador, o parágrafo único do artigo 116 impõe um segundo ônus a cargo do Fisco, qual seja, demonstrar que o ato ou negócio jurídico foi praticado 'com a finalidade de dissimular'. A existência desta finalidade é elemento constitutivo da hipótese de incidência da competência para desconsiderar; portanto, a este elemento aplica-se o mesmo critério de caber ao fisco o ônus da prova desse ato constitutivo. Ou seja, a sistemática do CTN como um todo exige, no caso específico, um duplo ônus da prova a cargo do fisco: a) provar a ocorrência do fato gerador; e b) provar que a finalidade do ato ou negócio jurídico foi dissimulá-lo. Sem esta dupla prova é inaplicável a desconsideração" (GRECO, Marco Aurélio. *Planejamento tributário*. 3. ed. São Paulo: Dialética, 2011, p. 550).

– **Sobreposição à norma do art. 149, VII.** "... o direito positivo já autorizava a desconsideração de negócios jurídicos dissimulados, à vista do disposto no art. 149, VII, CTN, que estabelece que o lançamento deva ser procedido de ofício na hipótese de o sujeito passivo, ou terceiro em benefício daquele, ter agido com dolo, fraude ou simulação" (COSTA, Regina Helena. *Curso de direito tributário*. 5. ed. São Paulo: Saraiva, 2015, p. 207).

– **Autoaplicabilidade.** "... por já existir, no âmbito federal, uma extensa regulamentação do processo Administrativo Fiscal (PAF) por meio do Decreto n. 70.235/1972 – em que se disciplinam os procedimentos de fiscalização e de julgamento, bem como do processo de consulta –, e subsidiariamente pela Lei n. 9.784/1999 – que regula o processo administrativo federal enquanto gênero –, a desconsideração dos atos e negócios dissimu-

lados prevista no parágrafo único do artigo 116 do CTN independe de novo disciplinamento procedimental, uma vez que o PAF já se orienta pelos princípios constitucionais da ampla defesa e do contraditório e a Administração Tributária federal, na fase oficiosa do procedimento fiscal – conforme previsto em regulamentos específicos e em manuais de fiscalização –, já vem atuando com a participação ativa dos contribuintes na produção do conjunto probatório que embasará eventual lançamento e ofício" (REIS, Hélcio Lafetá. Planejamento tributário abusivo: violação da imperatividade da norma jurídica. *RDDT* 209/57, 2013).

– **Procedimentos a serem estabelecidos em lei.** A norma do art. 116, parágrafo único, do CTN remete à observância dos procedimentos "a serem estabelecidos em lei ordinária". Mas o legislador ainda não se desincumbiu de tal mister e, na falta de procedimento especial, seguem aplicáveis as regras ordinárias do processo administrativo fiscal. Faz-se necessário que o Fisco, ao invocar a desconsideração do negócio jurídico, justifique suficientemente sua decisão, demonstrando os elementos que revelem a ocorrência do fato gerador. O lançamento, quando configurada a hipótese do art. 149, VII, do CTN, sempre esteve autorizado.

– É possível discutir, sob a perspectiva da proporcionalidade, a validade da desconsideração quando, embora a falta de procedimento específico, o Fisco tenha oportunizado ao contribuinte justificar previamente seus atos e negócios e se trate de valores vultosos.

– "PLANEJAMENTO TRIBUTÁRIO. DESCONSIDERAÇÃO DE ATOS E NEGÓCIOS JURÍDICOS. FALTA DE REGULAMENTAÇÃO DO PARÁGRAFO ÚNICO DO ART. 116 CTN. ERRO DE FUNDAMENTAÇÃO. O parágrafo único do art. 116 do CTN, introduzido pela Lei Complementar n. 104/2001, trata-se de regra antidissimulação, e prevê a possibilidade de desconsideração de atos ou negócios jurídicos praticados com a finalidade de dissimular a ocorrência do fato gerador do tributo ou a natureza dos elementos constitutivos da obrigação tributária, observados os procedimentos a serem estabelecidos em lei ordinária que até o momento não foi editada, não podendo, portanto, ser utilizado como fundamento da decisão" (CARF, Acórdão 3401-005.228, relatoria do conselheiro Leonardo Ogassawara de Araújo Branco, 2018). Obs.: "Resumo. Trata-se até hoje do único caso do Carf que discutiu um auto de infração que buscou desconsiderar um planejamento tributário com base exclusivamente no parágrafo único do art. 116 CTN, tendo a turma, por unanimidade de votos, entendido pela insubsistência da fundamentação, por carência de regulamentação do dispositivo, que se trataria de uma regra antidissimulação".

– "... na medida em que o CTN, nestes parágrafo único do artigo 116, prevê a necessidade de uma lei ordinária para disciplinar os procedimentos de aplicação do dispositivo, está determinando que a competência em questão não pode ser exercida de modo e sob forma livremente escolhidos pela Administração Tributária. A desconsideração só poderá ocorrer nos termos que vierem a ser previstos em lei, como corolário da garantia individual do devido processo legal. Em suma, o CTN deferiu à lei ordinária a disciplina indispensável, de caráter procedimental (e não de direito material), para que a norma possa ser aplicada. Com isto, não veiculou uma norma de eficácia plena, mas uma norma de eficácia limitada, na medida e que a plenitude da eficácia somente será obtida após a edição da lei ordinária dispondo sobre tais procedimentos. Vale dizer, antes da mencionada lei ordinária, o conteúdo preceptivo do dispositivo não comporta aplicação. Isto significa que, enquanto não for devidamente editada a lei ordinária dispondo a respeito, falta um elemento essencial à aplicabilidade do parágrafo examinado, sendo ilegal o ato administrativo fiscal que, nesse interregno, pretender nele apoiar-se. Enquanto não vier a ser editada a lei ordinária prevista no dispositivo, falta ao dispositivo a plenitude da produção dos seus efeitos e, por consequência, a autoridade administrativa não pode praticar ato de desconsideração nele fundamentado (o que não impede, porém, as reações já examinadas, nos casos de abuso ou fraude à lei)" (GRECO, Marco Aurélio. *Planejamento tributário*. 3. ed. São Paulo: Dialética, 2011, p. 568).

– "... por depender, ainda, de elaboração legislativa infraconstitucional, conforme consta expressamente de seu texto: 'observados os procedimentos a serem estatuídos em lei ordinária', sua eficácia é nenhuma... Trata-se de uma lei condicionada à produção normativa inferior, que ainda não foi produzida. É de se lembrar que a tentativa de se veicular a referida norma mediante os artigos 13 a 19 da MP n. 66/01 restou frustrada, uma vez que tais dispositivos foram rejeitados pelo Congresso Nacional, que não aprovou as mencionadas disposições, ao promulgar a Lei de conversão de Medida Provisória, ou seja, a Lei n. 10.637/2002. [...] em face da reação da comunidade jurídica à sua edição, o congresso nacional rejeitou os dispositivos que objetivavam dar eficácia ao parágrafo único do artigo 116. Desta forma, a denominada norma antielisão ainda remanesce sem regulação infracomplementar..." (MARTINS, Ives Gandra da Silva. Norma antielisão e o princípio da legalidade. *RDDT* 173/95, 2010).

– "... o parágrafo único do artigo 116, que cuida da norma antielisiva, vigente como enunciado, não tem qualquer eficácia, à falta de regulamentação..." (MARTINS, Ives Gandra da Silva. Diferença entre importação por encomenda e por conta e ordem ... *RDDT* 209/150, 2013).

– "... aguarda-se a edição da lei regulamentadora dos procedimentos a serem observados pela autoridade administrativa, como também das hipóteses de aplicação da desconsideração de atos ou negócios jurídicos, pois, do contrário, ficará a critério da autoridade administrativa decidir se o ato ou o negócio jurídico foi ou não praticado com a finalidade de dissimular a ocorrência do fato gerador de tributo ou a natureza dos elementos constitutivos da obrigação tributária, o que representa ameaça à desejada segurança jurídica. [...] nos termos em que hoje está posta, sustentamos seja a norma geral antielisiva representativa de inadequada aplicação de praticabilidade fiscal, porquanto, embora de forma induvidosa torne mais facilmente exequível o controle de atos e negócios jurídicos pelo Fisco, revela-se ofensiva à segurança jurídica, como salientado. Efetivamente, além de parecer desnecessária, ante o disposto no art. 149, VII, CTN, abriga a referida norma demasiada generalidade e latitude, demandando, a nosso ver, que outra lei venha a estatuir as hipóteses de sua aplicação, sob pena de conceder-se demasiada liberdade ao admi-

nistrador fiscal na desconsideração de atos e negócios jurídicos" (COSTA, Regina Helena. *Curso de direito tributário*. 5. ed. São Paulo: Saraiva, 2015, p. 208).

– "A aplicação pelo Fisco deste dispositivo requer a sua previsão por lei em sentido estrito, delimitando os seus aspectos como: o procedimento fiscal adotado para a descaracterização do ato ou negócio simulado e caracterização do dissimulado, a autoridade competente, os meios de prova e os demais elementos desta teoria do abuso de forma e de direito adotada, não podendo entrar em conflito com os princípios de garantia do contribuinte, com os conceitos adotados do direito privado ou com os critérios jurídicos de interpretação das normas e dos fatos imponíveis" (CARDOSO, Lais Vieira. As doutrinas de prevalência da substância sobre a forma diante do parágrafo único do art. 116 do CTN. *RTFP* 54/28, 2004).

– "... enquanto não houver a lei ordinária estabelecendo os procedimentos a serem observados para a desconsideração dos negócios jurídicos dissimulados, entende-se que o dispositivo padece de ineficácia técnico-sintática, não podendo ser aplicado" (HABER NETO, Michel. Limites normativos ao planejamento tributário no Brasil. *RDDT* 223/116, 2014).

– **MP n. 66/2002 e sua não conversão quanto aos procedimentos relativos à norma geral antielisão.** A MP n. 66, de 29 de agosto de 2002, em seus artigos 13 a 19, regulamentou a desconsideração dos atos ou negócios de que trata o parágrafo único do art. 116 do CTN. Seus dispositivos tratavam dos atos e negócios passíveis de desconsideração, no que demandavam interpretação focada nos limites da dimensão possível da norma geral constante do CTN, sob pena de alargamento indevido e inconstitucional, bem como do procedimento propriamente, que não nos parecia ruim, pois garantia uma defesa prévia do negócio perante o auditor/fiscal, representação deste à autoridade superior, fundamentação clara e precisa da decisão pela desconsideração, oportunidade para que o contribuinte regularizasse sua situação mediante o pagamento do tributo com juros e multa apenas moratória e, na inércia do contribuinte, então o lançamento do crédito com aplicação da multa de ofício, com prazo de trinta dias para pagamento ou impugnação. Mas, na conversão da MP n. 66/2002 na Lei n. 10.637/2002, foram suprimidos os artigos da MP que tratavam da matéria, de modo que, no particular, não houve conversão, razão pela qual deixamos de nos alongar nas considerações a seu respeito.

– **Alcance do parágrafo único.** "Para aqueles que aspiravam à ampla e inovadora consagração de uma cláusula geral antielisiva, a Lei Complementar n. 104/01, restrita à figura clássica da dissimulação foi, como na fábula de HORÁCIO, retomada por LA FONTAINE, a montanha que pariu um rato (*parturiunt montes, nascitur ridiculus mus*). Em nossa opinião, bem andou o Congresso Nacional em formular o novo parágrafo único do art. 116 do modo que o fez. Por um lado, reiterou que a lei tributária não pode extravasar os limites da tipicidade, pois a declaração de ineficácia do ato simulado nada mais é que a tributação de um fato típico – o ato dissimulado – em razão do princípio da verdade material, que o revela à plena luz. Mas, por outro lado, assegurou que, tendo restringido expressamente o âmbito da declaração de ineficácia ao mundo dos atos simulados, essa declaração de ineficácia não se estende a atos verdadeiros, ainda que de efeitos econômicos equivalentes aos dos atos típicos fiscalmente mais onerosos e independentemente dos motivos que levaram as partes à sua realização" (XAVIER, Alberto. *Tipicidade da tributação, simulação e norma antielisiva*. São Paulo: Dialética, 2001, p. 156-157).

– "O ordenamento brasileiro, a meu ver, já autorizava a desconsideração de negócios jurídicos dissimulados, a exemplo do disposto no art. 149, VII, do Código Tributário Nacional. O dispositivo comentado veio apenas ratificar regra existente no sistema em vigor. Por isso mesmo, assiste razão a Heleno Torres, ao asseverar que a referida alteração tão só aperfeiçoa o que já se encontrava previsto, de modo genérico, afastando quaisquer dúvidas concernentes à possibilidade da Administração em desconsiderar os negócios fictícios ou dissimulados. Há que se cuidar, todavia, para não estender demasiadamente a aplicação do novo preceito chegando a ponto de julgar dissimulado o negócio jurídico realizado em decorrência de planejamento fiscal. Neste último caso, as partes celebram um negócio que, não obstante importe redução ou eliminação da carga tributária, é legal e portanto, válido, diferentemente dos atos dissimulados, consistentes na ilegal ocultação da ocorrência do fato jurídico tributário. O parágrafo único do art. 116 do Código Tributário Nacional não veio para impedir o planejamento fiscal; nem poderia fazê-lo, já que o contribuinte é livre para escolher o ato que pretende praticar, acarretando, conforme sua escolha, o nascimento ou não de determinada obrigação tributária" (CARVALHO, Paulo de Barros. *Curso de direito tributário*. 27. ed. São Paulo: Saraiva, 2016, p. 282).

– "A norma geral antielisiva positivada no parágrafo único do art. 116 do CTN aproxima-se da modalidade da intenção negocial no sentido de ser considerado dissimulado o ato do contribuinte e, portanto, inoponível ao fisco, se for praticado com a intenção elisiva exclusiva. Em função do princípio da proporcionalidade. Ou esta norma aparentemente geral deve ser aplicada somente a casos excepcionais em função de outros princípios que justifiquem um afastamento do Direito Privado, tal como ocorre com os preços de transferência, ou deve ser restrita a casos de simulação, uma vez que o próprio conceito consagrado no Direito Privado de dissimulação é o de simulação relativa. A positivação desta norma geral como intenção negocial afasta também a aplicação de normas específicas fechadas, em havendo o propósito comercial não exclusivamente elisivo do contribuinte na prática de determinados atos. Por exemplo, na incorporação de empresas com prejuízos fiscais, em não havendo a intenção exclusiva do contribuinte de obter uma vantagem de compensar o prejuízo da empresa incorporada, a norma proibitiva da compensação prevista em lei ordinária será inaplicável" (ROLIM, João Dácio. *Normas antielisivas tributárias*. São Paulo: Dialética, 2001, p. 357).

• Vide, também, o livro *O planejamento tributário e a Lei Complementar 104*, organizado por Valdir de Oliveira Rocha, São Paulo: Dialética, 2001.

– Sobre a matéria, ainda, Sacha Calmon Navarro Coelho – Considerações sobre a chamada norma geral antielisão, supostamente instituída pela Lei Complementar n. 104 de janeiro de 2001, *Repertório IOB de Jurisprudência* 1/01, 1/15889; Hugo de Brito Machado – Norma antielisão e outras alterações no CTN, *Repertório IOB de Jurisprudência* 1/01, 1/15840; Vittorio Cassone – Norma antielisão fiscal: LC n. 104/01, *Repertório IOB de Jurisprudência* 1/01, 1/15994; Nelson Monteiro Neto – Ato fraudulento e alcance do poder impositivo do Fisco (novo parágrafo único do art. 116 do Código Tributário Nacional), *Repertório IOB de Jurisprudência* 1/01, 1/15732.

– No sentido de que a LC 104 construiu a figura da fraude à lei tributária. "...o dispositivo veio inserir no direito tributário brasileiro uma norma de combate à 'fraude à lei tributária'; segundo esta norma, continua permitido o planejamento tributário, mas quando este, buscando uma vantagem fiscal, promove uma distorção ou um uso artificioso e 'forçado' de determinados atos ou negócios jurídicos (ou um conjunto destes) previstos na lei civil ou comercial para outros fins, então podem ser desconsideradas tais formalizações e se aplicará a norma tributária elidida ou defraudada. [...] o art. 116, parágrafo único do CTN introduziu uma técnica jurídica de combater o planejamento tributário que prescinde da interpretação econômica e da analogia e que cria o seguinte critério para diferenciar a verdadeira elisão de um planejamento cuja eficácia será desconsiderada: quando o contribuinte, com o intuito de fugir à configuração do fato gerador para chegar aos mesmos resultados econômicos com uma menor pressão fiscal (ou mesmo sem qualquer pressão fiscal), se utiliza de atos ou negócios jurídicos de forma artificiosa, distorcida ou em clara contradição jurídica (e não econômica, *nota bene*) com o espírito da lei que os configura, então teremos um comportamento de 'dissimular' a ocorrência do fato gerador e os atos e negócios jurídicos serão os disfarces que caberá desconsiderar, para efeito de aplicação da norma tributária e independentemente dos efeitos privados criados pelos atos ou negócios. [...] Construir legislativamente a figura da fraude à lei tributária e prever instrumentos para o seu combate (e nos parece que é isso o que fez o art. 116, parágrafo único do CTN) significa encontrar uma técnica que combata o planejamento tributário 'artificioso' (mas não a elisão tributária em si mesma) sem os inconvenientes da perigosa corrente da interpretação econômica, e sem a necessidade de lançar mão da analogia para estender o âmbito da hipótese de incidência. [...] Com o advento do parágrafo único do art. 116 do CTN, criou-se um suposto de que, mesmo não havendo atos ou negócios simulados, o planejamento tributário pode ter sua eficácia desconsiderada pela administração tributária, desde que esta demonstre (certamente é a Administração que tem o ônus da prova) que tal planejamento baseou-se na prática de atos e/ou negócios jurídicos que buscam dissimular a ocorrência do fato gerador se aproveitando da letra da lei civil, comercial, societária etc. de maneira a vulnerar completamente a estrutura típica dos atos e negócios privados. A partir desta diferenciação, o terreno da verdadeira 'elisão' fica reservado àquelas práticas pelas quais a empresa ou o indivíduo escolhe formas jurídicas alternativas que, ademais da implicar menor pressão tributária, guardam um mínimo de correspondência com a estrutura típica definida pelo legislador ao criar e regular tais atos e negócios jurídicos no direito privado" (GODOI, Marciano Seabra de. A figura da "fraude à lei tributária" prevista no art. 116, parágrafo único, do CTN. *RDDT* 68/101-123, 2001).

– "Não há nessa inovada previsão normativa a utilização do critério econômico de tributação e sim o critério jurídico de abuso de direito ou de formas. O que é levado em conta não é o resultado econômico almejado pelo contribuinte ao afastar, reduzir ou retardar a incidência da tributação com o ato simulado, e, sim, a própria forma simulada deste ato negocial e sua finalidade única de burlar a regra de incidência tributária não se amoldando a nenhum objetivo empresarial ou contratual" (CARDOSO, Lais Vieira. As doutrinas de prevalência da substância sobre a forma diante do parágrafo único do art. 116 do CTN. *RTFP* 54/28, 2004).

– **No sentido da inaplicabilidade do parágrafo único à elisão, mas tão somente à evasão.** "A elisão é permitida pela legislação, e a ela não se aplica o parágrafo único do artigo 116. Se assim o fosse, essa norma estaria incorrendo em flagrante inconstitucionalidade, pois desrespeitaria os princípios constitucionais da segurança jurídica, certeza do direito e legalidade. O fato de as exposições de motivos constantes da Lei Complementar n. 104/01 considerar que os planejamentos fiscais implicam diminuição de arrecadação, e que por isso deveriam, por meio da lei, ser combatidos, não significa ter sido essa a hipótese contemplada pela norma: se na elisão fiscal não há fato gerador ocultado – pois o fato típico foi licitamente evitado –, não há como haver desconsideração do mesmo, com o consequente estabelecimento da verdade jurídica. Já a evasão fiscal é proibida, é fraudulenta. Contra ela – e em prejuízo exclusivamente dela – o parágrafo único do artigo 116 do CTN se volta. Evasão é o ato omissivo ou comissivo, de natureza ilícita, praticado com o fim único de diminuir ou eliminar a carga tributária, ocultando o verdadeiro ato ou a real situação jurídica do contribuinte. Como exemplos, podemos citar as seguintes situações: (i) consta do contrato social da empresa que seu estabelecimento é em determinado Município, em que a alíquota do ISS é baixa, mas no entanto esta pessoa jurídica não está estabelecida, de fato naquele local, exercendo todas as suas atividades, com a infraestrutura necessária, em outra cidade, em que não é contribuinte do imposto; (ii) pessoa jurídica celebra contrato de compra e venda de mercadorias com empresa e bens inexistentes, aproveitando-se dos pretensos créditos de ICMS constantes de notas fiscais frias; e (iii) empresa contrata cooperativa de trabalho em que os cooperados prestam, mediante efetiva e comprovada subordinação – [...] –, serviços consistentes na atividade-fim da empresa tomadora dos serviços" (FERRAGUT, Maria Rita. Evasão fiscal: o parágrafo único do artigo 116 do CTN e os limites de sua aplicação. *RDDT* 67/118/119, abr. 2001). Desta autora, vale conferir a excelente obra *Presunções no direito tributário*, São Paulo: Dialética, 2001).

– "Uma norma geral antielisão traria uma inversão dos valores jurídicos, pois visa desconsiderar atos sob o manto da ilicitude e instituir um estado de incerteza e insegurança jurídica, no qual o Fisco chega a se tornar um quase legislador, na medida em que seria ele quem estabeleceria a real qualificação jurídica dos mesmos atos, confundindo interesse público com meros interesses fiscais de arrecadação progressiva. Assim, o sistema constitucional tributário sucumbiria e o Direito seria apenas um instrumento a serviço da Administração Pública e dos agentes políticos na satisfação de seus caprichos com o Erário Público. Por-

tanto, é de se concluir que uma norma geral antielisão é completamente incompatível com o sistema constitucional tributário brasileiro, ou seja, ela é inconstitucional por estar em desacordo com quase todas as limitações ao poder de tributar nele insertas, principalmente as informadoras da elisão tributária. E, consequentemente, não há possibilidade válida de sua criação dentro desse mesmo sistema. O parágrafo único do art. 116 do CTN, na realidade, não configura uma norma geral antielisão, prestando-se melhor ao combate da evasão fiscal, já que seu núcleo significativa (o verbo dissimular) se refere à prática de condutas do contribuinte que consubstanciam a simulação relativa descrita pela doutrina do Direito civil, tal como o conceito está posto no art. 167 do CC/2002. Dessa forma, esse dispositivo seria aproveitado ao complementar os instrumentos previstos no art. 149, VII do CTN. [...] O dispositivo remanescente do Código Tributário Nacional não está eivado de vício algum de inconstitucionalidade, pois, mesmo que a intenção na sua edição fosse a de instituir norma geral antielisiva, na realidade, ele configura norma antievasiva. E, como tal, está completamente conforme com o sistema constitucional tributário brasileiro, pois, visa ao combate da evasão fiscal, do ilícito, condutas indesejadas pelo Direito" (MONTEIRO, Eduardo Cabral Moraes. O parágrafo único do art. 116 do CTN: Norma geral antielisão? *RTFP* 99/13, 2011).

– **Do efeito de apenas dispensar prévia declaração judicial de nulidade do negócio jurídico.** "A única modificação trazida pelo parágrafo único foi no sentido de que o fisco não precisaria obter prévia declaração judicial de nulidade do negócio jurídico praticado em evasão fiscal, 'ele pode desconsiderar aquele negócio jurídico simulado, e não se trata de declará-lo ilegal nem inválido, mas de apenas considerá-lo ineficaz para buscar o tipo que está por trás do chamado negócio dissimulado'" (BRAZUNA, José Luis Ribeiro. A consideração econômica e o abuso de formas no direito tributário brasileiro. *RFDT* 20, 2006).

– **Sobre a interpretação econômica.** "A interpretação econômica em Direito Tributário é uma forma de aplicação da norma jurídica por parte da autoridade fiscal em que o fato tributável não é considerado na forma jurídica eleita pelo contribuinte, porém, sem uma real consistência econômica. A forma jurídica do fato tributável por estar revestindo ou camuflando uma operação econômica tributável com mais gravosidade é desconsiderada em favor da real atividade praticada pelo contribuinte. A desconsideração da forma jurídica escolhida pelo contribuinte tem sua razão de ser quando não for funcionalmente adequada ou apropriada ao fato econômico realmente praticado pelo contribuinte, representando artificialmente o fato gerador. A uniformidade de tributação, em obediência ao princípio da isonomia, exige que fatos econômicos equivalentes, funcionalmente semelhantes e indicativos de análoga capacidade contributiva, recebam idêntica tributação. Quando o fato econômico puder ser representado juridicamente de mais de uma forma, sem disfarce ou camuflagem, não é vedado ao contribuinte escolher a alternativa que resulte em menor pagamento de tributo. Cabe à autoridade fiscal, no exercício de sua função de investigação (inspeção – fiscalização) provar o artifício ou disfarce utilizado pelo contribuinte para se evadir do pagamento do tributo, e, naturalmente, ao Judiciário, se acionado, fixar a interpretação consentânea com o fato questionado. O combate à elisão tributária, isto é, às formas jurídicas alternativas ou indiretas, legitimamente utilizadas pelos contribuintes, somente pode ocorrer através de novas leis fixadoras de um novo regime tributário para esses comportamentos alternativos, naturalmente, sem algum efeito retroativo. O planejamento tributário na medida em que tem sua licitude no uso de formas alternativas ou indiretas representando realmente o fenômeno econômico praticado, tem seu limite, entretanto, na falta de equivalência entre o fato praticado e o seu registro jurídico, configura o artifício dissimulador usado para disfarçar ou camuflar o verdadeiro e real ato praticado" (SEIXAS FILHO, Aurélio Pitanga. A elisão tributária e a interpretação econômica. *RTFP* 67, 2006).

• Vide notas ao art. 109 do CTN. Delas, consta ensinamento no sentido de que o legislador pode dar a diversos negócios o mesmo efeito tributário, mas não pode o intérprete fazê-lo sem amparo legal.

• Vide: LECH, Tatiane Praxedes. O ordenamento jurídico brasileiro e a aplicação moderada da consideração econômica do Direito Tributário como limite ao planejamento tributário. *RFDT* 95, 2018.

– **Propósito negocial.** "O teste do propósito negocial foi criado no ano de 1935 pela Suprema Corte dos Estados Unidos quando da necessidade de se avaliar a existência de 'substância' em operação praticada por determinada contribuinte. [...] a doutrina do propósito negocial acabou por desdobrar o teste em três principais padrões: – Transações fictícias (*sham transctions*): o teste do propósito negocial é aplicado para desconsiderar a existência de uma entidade e/ou o benefício por ela obtido (direta ou indiretamente) quando a sociedade não apresenta razão de existir, servindo ao propósito único de promover economia fiscal. – Transações fora da Realidade Econômica: aplica-se a casos em que a transação é praticada dentro dos contornos da lei e envolve relações reais (a empresa não é um mero veículo e não possui caráter transitório), porém a transação ou reorganização revela-se economicamente irreal na medida em que não teria sido realizada não fossem os resultados fiscais obtidos. – *Step Transactions*: um determinado resultado em um caminho linear não pode ser alterado em razão de utilização de caminho tortuoso injustificado (utilização de série de operações). O teste do propósito negocial pode ser aplicado para se determinar a necessidade ou não da desconsideração de passos adotados em separado para que se analise a transação como um todo, em atenção a seu resultado final. [...] o teste do propósito negocial representa meramente a ideia de que a validade das operações, especialmente quando atipicamente resultam em benefício tributário, pode ser avaliada também pelo ponto de vista de sua razoabilidade econômico-social... [...] o teste do propósito negocial e a *step transaction doctrine* revelam-se essenciais à análise de simulação em casos de reorganizações societárias ou planejamentos tributários e vêm sendo utilizados implicitamente pelos julgadores" (MACHADO, Guilherme Costa Val. Planejamento tributário; o papel do *business purpose test* e da *step transaction doctrine* na verificação de simulação. *RDDT* 211/70, 2013).

• Vide: GUTIERREZ, Miguel Delgado. O planejamento tributário e o *business purpose*. *RDDT* 231/75, 2014.

– **Princípio da boa-fé como critério para a desconsideração.** "... qual então o critério que autoriza o procedimento de desconsideração da realidade fática 'descrita', legitimando-se a captura da realidade 'compreendida'? A resposta encontra-se na boa ou má-fé com que se estruturam as operações que ensejam tributação inferior à que poderia emergir de suas expressões alternativas. [...] o legislador do parágrafo único do artigo 116 constituiu uma dimensão ético-jurídica para o acionamento da desconsideração de atos e negócios realizados com o fito de reduzir a oneração tributária dos fins econômicos pretendidos, não sendo esta prática em si, reprovável, ou passível de desconsideração, pelo simples fato de o negócio estar imbuído do propósito de reduzir a carga fiscal incidente sobre o fim almejado. Por esta razão o legislador atribuiu a faculdade e não o dever de desconsiderar atos, ainda que notoriamente praticados com a finalidade de dissimular a ocorrência do fato gerador ou natureza dos elementos constitutivos da obrigação. Faculdade esta, porém, que não importa em discricionariedade da Administração Tributária mas em positivação de sua atividade que continuará a ser vinculada e, a toda evidência, obrigatória, para os atos e negócios realizados por propósitos dissimulatórios, eivados de má-fé. [...] uma abordagem específica da boa-fé no planejamento tributário há de cotejar, simultaneamente, os elementos subjetivos, *animus* do sujeito que entende adequado valer-se de interpretação legal ou mecanismos específicos (formas e desenhos contratuais ou jurídicos) para reduzir a tributação; e os elementos objetivos, efeitos jurídicos, sociais e econômicos, emanados da conduta adotada, compreendidos em sua harmonização ou não com os valores e fins do ordenamento tributário constitucional. [...] revela-se como desleal e, por isto, contrária a boa-fé, a desconsideração de atos ou negócios que impõem ao agente econômico resultados negativos, nulos ou pífios, que, se vislumbrados anteriormente, fariam com que se mantivesse ele inerte, paralisado e assim, em nada contribuído para o desenvolvimento da economia e sociedade nacionais" (RODRIGUES, Ivan Tanil. O princípio jurídico da boa-fé e o planejamento tributário. O pilar hermenêutico para a compreensão de negócios estruturados para obter economia tributária. *RDDT* n. 93, 2003).

– **Limitação à autonomia privada. Liberdade *x* capacidade contributiva e solidariedade.** "Hoje encontramos no direito germânico posição mais atual a respeito do abuso de direito que estabelece uma vinculação entre o exercício do direito e o princípio da boa-fé. Não há espaço, nos tempos atuais, para se entender o abuso de direito apenas quando houver o exercício de direito sem interesse próprio, mas apenas com o intuito de prejudicar outrem. [...] a autonomia privada como pressuposto do planejamento tributário não perde importância no âmbito do Estado Social, apenas passa a sofrer as restrições e interferências típicas do novel Estado, como o princípio da boa-fé. Desta forma, não se pode pretender aniquilar a autonomia privada cuja base constitucional é o princípio da liberdade em face da ânsia arrecadadora do Estado, cujo suporte teórico seriam os princípios da solidariedade e da capacidade contributiva. Isso porque todos esses princípios encontram suas razões axiológicas encerradas na Carta Constitucional, o que implica que eventual colisão entre os mesmos somente poderá ser sufragada diante da análise do caso concreto. E a única solução que se mostra possível para compatibilizar os princípios invocados é a limitação da autonomia privada em face da teoria do abuso de direito, consagrada expressamente no Novo Código Civil, no art. 187" (REIS, Elcio Fonseca. Princípios da liberdade e da solidariedade: por uma interpretação adequada ao Instituto do Planejamento Tributário. *RDDT* 99, 2003).

⇒ **Direito comparado: fraude à lei fiscal, abuso do direito, negócio jurídico indireto, prevalência da substância sobre a forma, perspectiva econômica e desconsideração da personalidade jurídica.** "Tax avoidance is a common feature of tax systems, despite the differences in terms of taxpayer's aggressiveness and the responses from the governments. Up to the present time, no jurisdiction has built a complete solution to this matter." Assim, Paulo Rosenblatt inicia seu livro *General Anti-avoidance Rules for Major Developing Coutries*, publicado na Holanda em 2015 por Kluwer Law International. A investigação é estruturada em cinco capítulos abordando o modo como o tema vem sendo tratado pelos legisladores e pelos tribunais.

– "No combate às práticas abusivas de planejamento fiscal em nível mundial, as Administrações tributárias têm se valido de diferentes mecanismos interpretativos dos atos ou negócios artificiosos, com destaque para as figuras da fraude à lei fiscal, do abuso do direito, do negócio jurídico indireto, da prevalência da substância sobre a forma, da perspectiva economia e da desconsideração da personalidade jurídica. A 'fraude à lei fiscal'... como pleno de comportamentos de caráter abusivo tendente a 'contornar a lei fiscal sem expressamente a infringir', num movimento contrário aos fundamentos que estruturam o ordenamento jurídico-tributário. Na fraude à lei fiscal, tem-se 'um comportamento objectivamente orientado para o propósito de conseguir, pura e simplesmente, falsear a qualificação ou quantificação de factos tributáveis para obter uma redução do imposto. [...] Em relação à figura do 'abuso do direito'... a formalização jurídica não correspondesse aos fins pretendidos pelas partes, ou seja, quando os atos não se inspirassem em outro motivo extratributário que não o de reduzir os 'encargos fiscais objetivamente devidos'. No Brasil, o abuso do direito, nos termos do artigo 187 do Código Civil, é uma hipótese de ato ilícito... Por se tratar de ato ilícito, o abuso do direito, nos termos do Código Civil, passa a ser interpretado, em nosso entendimento, como hipótese de evasão e não mais de elusão... [...] Com a figura do 'negócio jurídico indireto'... há um descompasso entre a função típica do negócio praticado e os reais objetivos das partes envolvidas no ato, sendo o exemplo mais característico o contrato de compra e venda com cláusula de retrovenda, celebrado em substituição ao contrato de mútuo, que seria o verdadeiramente pretendido pelas partes. [...] quanto ao princípio da 'prevalência da substância sobre a forma', que tem orientado o combate aos planejamentos fiscais abusivos nos tribunais anglo-americanos, parte-se do pressuposto de que, na interpretação da lei fiscal, deve-se considerar primordialmente o conteúdo significativo essencial presente na norma de tributação, para além de meras considerações

de forma utilizadas para reduzir o tributo devido. Deve-se buscar o propósito mercantil que, para fins de subsistência, deve ser dominante em relação à finalidade tributária. E relação à 'perspectiva econômica da lei fiscal', ou 'interpretação econômica do direito Tributário, parte-se do pressuposto de que a lei deve ser interpretada levando-se em conta o seu significado econômico, de forma que, sem destruir a validade dos negócios jurídicos celebrados entre os particulares, a eles seriam atribuídos efeitos tributários de acordo com uma interpretação economia da lei, que, em sua formulação mais rigorosa, permitiria ao intérprete 'desprezar a instrumentação jurídica dos negócios e buscar seu conteúdo econômico, para, à vista deste, aplicar o tributo'. [...] Independentemente da forma de elusão, no combate às práticas artificiosas, deve-se demonstrar cabalmente que a unia ou a preponderante finalidade do negócio celebrado foi a economia de tributos e não a efetivação de um verdadeiro ato negocial ou outro não tributário. Contudo, não resta dúvida de que, por não se referir a hipóteses de evasão, mas ao procedimento de desconsideração de atos ou negócios jurídicos realizados de forma abusiva, uma nova regulamentação específica traria mais segurança aos administrados e maior uniformidade aos procedimentos de fiscalização, inclusive no que se refere à aplicação ou não de penalidades" (REIS, Hélcio Lafetá. Planejamento tributário abusivo: violação da imperatividade da norma jurídica. *RDDT* 209/57, 2013).

– **Direito Português.** "2.11 A cláusula geral antiabuso... De acordo com o disposto no artigo 38º, n. 1 da LGT, começa-se por consagrar o princípio de que a ineficácia dos negócios jurídicos não obsta à tributação, no momento em que esta deva legalmente ocorrer, caso já se tenham produzido os efeitos econômicos pretendidos pelas partes. [...] de acordo com esta disposição, e na esteira de outros sistemas, procura-se obter a anulação dos efeitos fiscais de contratos que sejam única ou principalmente destinados a evitar determinado encargo tributário, eliminando-o ou diminuindo-o. Assim, para estarmos perante um comportamento relevante para efeitos de aplicação desta cláusula é necessário que, cumulativamente: a) Se recorra a uma configuração jurídica 'inabitual', modelada de forma artificiosa ou fraudulenta e com abuso das formas jurídicas; b) Se obtenha o mesmo resultado econômico que seria alcançado caso se utilizasse a configuração jurídica normal prevista na lei fiscal; c) A configuração jurídica 'inabitual' é utilizada com o fim, exclusivo ou predominante, de eliminar ou diminuir o imposto ou de obter vantagens fiscais. Recai sobre a Administração tributária o ônus da prova dos pressupostos de aplicação da cláusula geral antiabuso. Por outro lado, note-se que o artigo 63º do Código de Procedimento e de Processo Tributário prevê um procedimento próprio para a aplicação das normas antiabuso, considerando-se como tais, nos termos do respectivo n. 2, 'quaisquer normas legais que consagrem a ineficácia perante a administração tributária de negócios ou atos jurídicos celebrados ou praticados com manifesto abuso das formas jurídicas de que resulte a eliminação ou redução dos tributos que de outro modo seriam devidos'. Assim, em conformidade com o previsto nos ns. 7 e 8 do referido normativo, a aplicação da cláusula geral antiabuso depende da autorização do dirigente máximo dos serviços e não pode efetuar-se quando o contribuinte tiver anteriormente requerido à Administração Tributária informação prévia vinculativa sobre os factos que a tiverem fundamentado e esta não responda no prazo de seis meses" (PALMA, Clotilde Celorico. O controlo da concorrência fiscal prejudicial: Principais medidas conjuntas e unilaterais adaptadas por Portugal. *RFDT* 26/143, 2007).

– **Direito Espanhol.** A Ley General Tributária (Ley 58/2003) estabelece os critérios e o procedimento para que a Administração possa desconsiderar as formas evasivas, assegurado o direito de manifestação prévia do sujeito passivo: "Artículo 15. *Conflicto en la aplicación de la norma tributaria.* 1. Se entenderá que existe conflicto en la aplicación de la norma tributaria cuando se evite total o parcialmente la realización del hecho imponible o se minore la base o la deuda tributaria mediante actos o negocios en los que concurran las siguientes circunstancias: a) Que, individualmente considerados o en su conjunto, sean notoriamente artificiosos o impropios para la consecución del resultado obtenido. b) Que de su utilización no resulten efectos jurídicos o económicos relevantes, distintos del ahorro fiscal y de los efectos que se hubieran obtenido con los actos o negocios usuales o propios. 2. Para que la Administración tributaria pueda declarar el conflicto en la aplicación de la norma tributaria será necesario el previo informe favorable de la Comisión consultiva a que se refiere el artículo 159 de esta ley. 3. En las liquidaciones que se realicen como resultado de lo dispuesto en este artículo se exigirá el tributo aplicando la norma que hubiera correspondido a los actos o negocios usuales o propios o eliminando las ventajas fiscales obtenidas, y se liquidarán intereses de demora, sin que proceda la imposición de sanciones. Artículo 16. *Simulación.* 1. En los actos o negocios en los que exista simulación, el hecho imponible gravado será el efectivamente realizado por las partes. 2. La existencia de simulación será declarada por la Administración tributaria en el correspondiente acto de liquidación, sin que dicha calificación produzca otros efectos que los exclusivamente tributarios. 3. En la regularización que proceda como consecuencia de la existencia de simulación se exigirán los intereses de demora y, en su caso, la sanción pertinente. [...] Artículo 159. *Informe preceptivo para la declaración del conflicto en la aplicación de la norma tributaria.* 1. De acuerdo con lo establecido en el artículo 15 de esta ley, para que la inspección de los tributos pueda declarar el conflicto en la aplicación de la norma tributaria deberá emitirse previamente un informe favorable de la Comisión consultiva que se constituya, en los términos establecidos reglamentariamente, por dos representantes del órgano competente para contestar las consultas tributarias escritas, actuando uno de ellos como Presidente, y por dos representantes de la Administración tributaria actuante. 2. Cuando el órgano actuante estime que pueden concurrir las circunstancias previstas en el apartado 1 del artículo 15 de esta ley lo comunicará al interesado, y le concederá un plazo de 15 días para presentar alegaciones y aportar o proponer las pruebas que estime procedentes. Recibidas las alegaciones y practicadas, en su caso, las pruebas procedentes, el órgano actuante remitirá el expediente completo a la Comisión consultiva. 3. El tiempo transcurrido desde que se comunique al interesado la procedencia de solicitar el informe preceptivo hasta la recepción de dicho informe por el órgano de inspección será considerado como una interrupción justificada

del cómputo del plazo de las actuaciones inspectoras previsto en el artículo 150 de esta ley. 4. El plazo máximo para emitir el informe será de tres meses desde la remisión del expediente a la Comisión consultiva. Dicho plazo podrá ser ampliado mediante acuerdo motivado de la comisión consultiva, sin que dicha ampliación pueda exceder de un mes. 5. Transcurrido el plazo al que se refiere el apartado anterior sin que la Comisión consultiva haya emitido el informe, se reanudará el cómputo del plazo de duración de las actuaciones inspectoras, manteniéndose la obligación de emitir dicho informe, aunque se podrán continuar las actuaciones y, en su caso, dictar liquidación provisional respecto a los demás elementos de la obligación tributaria no relacionados con las operaciones analizadas por la Comisión consultiva. 6. El informe de la Comisión consultiva vinculará al órgano de inspección sobre la declaración del conflicto en la aplicación de la norma. 7. El informe y los demás actos dictados en aplicación de lo dispuesto en este artículo no serán susceptibles de recurso o reclamación, pero en los que se interpongan contra los actos y liquidaciones resultantes de la comprobación podrá plantearse la procedencia de la declaración del conflicto en la aplicación de la norma tributaria".

– **Direito Alemão.** A lei tributária alemã (*Abgabenordnung* – AO) de 1976, com suas atualizações até maio de 2008, dispõe sobre o abuso de direito praticado para fins de evasão de tributos: "§ 42 Missbrauch von rechtlichen Gestaltungsmöglichkeiten (1) 1 Durch Missbrauch von Gestaltungsmöglichkeiten des Rechts kann das Steuergesetz nicht umgangen werden. 2 Ist der Tatbestand einer Regelung in einem Einzelsteuergesetz erfüllt, die der Verhinderung von Steuerumgehungen dient, so bestimmen sich die Rechtsfolgen nach jener Vorschrift. 3 Anderenfalls entsteht der Steueranspruch beim Vorliegen eines Missbrauchs im Sinne des Absatzes 2 so, wie er bei einer den wirtschaftlichen Vorgängen angemessenen rechtlichen Gestaltung entsteht. (2) 1 Ein Missbrauch liegt vor, wenn eine unangemessene rechtliche Gestaltung gewählt wird, die beim Steuerpflichtigen oder einem Dritten im Vergleich zu einer angemessenen Gestaltung zu einem gesetzlich nicht vorgesehenen Steuervorteil führt. 2 Dies gilt nicht, wenn der Steuerpflichtige für die gewählte Gestaltung außersteuerliche Gründe nachweist, die nach dem Gesamtbild der Verhältnisse beachtlich sind".

– Walter Schick afirma que este artigo traz uma norma de interpretação que, ao contrário de firmar o primado do Direito Civil, estabelece o primado do Direito Tributário, de modo que o sentido de uso ou abuso dos institutos de direito privado deve ver verificado não pela perspectiva do próprio Direito Civil, mas, sim, sob o ponto de vista do Direito Tributário. Vide: SCHICK, Walter. *Haftung für Steuerschulden auf Grund Privatrechts?* Verlag Dr. Otto Schmidt KG, Köln, 1993.

⇒ **Casuística do planejamento tributário.** Muito se tem discutido acerca do planejamento tributário. No âmbito do Carf, inúmeros caso tornaram-se referência e merecem consulta detida. Normalmente, o planejamento é realizado por empresas privadas, mas, atualmente, até mesmo os Municípios vêm adotando medidas de planejamento tributário, conforme referimos adiante.

– **Casos de referência no Carf.** Vale consultar: Caso Carrefour (Acórdão 103-23.290, 2007), Caso Casa do Pão de Queijo (105--16.774, de 2007), Caso Libra (101-96.724, de 2008), Caso Ficap (105-17.219, 2008), Caso Center Automóveis (1103-00.501, de 2011), Caso Santander (1402-00.802, de 2011), Caso Cosern (1402-00.993, de 2012), Caso Gerdau (1101-00.708, de 2012).

– **Planejamento do agronegócio.** Vide: HARET, Florence. Planejamento tributário nos contratos de agronegócio. *RDDT* 234/45, 2015.

– **Constituição de sociedade em conta de participação para a prestação de serviços.** "Tem surgido uma zona de tensão entre o Fisco e o contribuinte. A flexibilidade da relação contratual entre sócios da SCP e certa rigidez decorrente da tutela de natureza tributária 36 vem sendo observada, notadamente no setor de prestação de serviços. O pano de fundo desta discussão é o uso simulado deste tipo societário. Mas o tema mais aparente é se o que está sendo distribuído é, por um lado fruto do investimento efetivo dos sócios, e por outro, se tal contribuição se faz nos limites do aceitável frente às previsões legais da SCP. Procurou-se demonstrar que rompe os limites delineadores da SCP a execução por parte do sócio participante de atividades que constituem o objeto social da conta de participação. Doutrina e jurisprudência convergem para a ideia de que a atividade constitutiva do objeto social somente pode ser exercida pelo sócio ostensivo, em seu nome individual e sob sua própria e exclusiva responsabilidade. Obriga-se perante terceiro tão somente o sócio ostensivo, e, exclusivamente perante este, o sócio participante. Na SCP delineada no Código Civil, o sócio participante pode prestar serviço de caráter interno e subsidiário, pois sua participação não pode exteriorizar-se. Mas a retribuição a esta participação há ser como rendimento, dir-se-ia, rendimento tributável. Não há como considerar lucros distribuídos resultados decorrentes da contribuição de serviços do sócio participante que representam o objeto social da SCP, porque incompatível com os contornos da SCP. Logo, quando o montante do resultado distribuído, decorre única e exclusivamente, do valor correspondente a esta contribuição em serviços em favor do sócio ostensivo ou da sociedade, a consequência lógica é que se trata de prestação de serviços clássica, sujeita à tributação pelo imposto sobre a renda. Por outro lado a possibilidade de aporte em serviços para patrimônio especial pelo sócio participante também apresenta limites bem claros. Embora haja vozes discordantes na doutrina, não se entende ser possível a existência na SCP de um sócio indústria. [...] Não se entende caber a subsidiariedade das regras da sociedade simples. Tais dispositivos revelam-se incompatíveis ao determinar que a participação do sócio indústria deve ser obrigatoriamente na execução do objeto social, algo proibido para o sócio participante. Além disso, o aporte em serviços não pode constituir o patrimônio especial, no que se é acompanhado por parte da doutrina que analisa o novo código comercial que tramita no Congresso Nacional. Assim, as contribuições em serviços somente admitem a remuneração como rendimento tributável, pois apresentam características de acréscimo patrimonial e de retribuições de contraprestação" (WENDER, Orlando. Em monografia sobre a SCP apresentada à UFRGS em 2014).

– "... objetivando diminuir a carga tributária, ... hospitais do Estado do Rio Grande do Sul resolveram pôr fim ao vínculo que possuíam com seus médicos (antes funcionários ou prestadores de serviços na condição de autônomos), praticamente obrigando--os a constituir Sociedades em Conta de Participação para que estes pudessem continuar a lhes prestar serviços. Constituídas as SCPs para prestação de serviços médicos, os médicos passaram a receber seus vencimentos mensais não mais dos hospitais, mas sim das SCPs, na condição de sócios participantes e a título de distribuição de lucros, o que é qualificado como 'rendimento isento e não tributável' para fins de Imposto de Renda Pessoa Física. E decorrência de tal realidade fática, os médicos (sócios participantes das SCPs) passaram a apresentar suas declarações de ajuste anual de Imposto de Renda lançando os valores que receberam das SCPs no campo 'Rendimentos Isentos e não Tributáveis', a título de distribuição de lucros. Contudo, as Delegacias da Receita Federal do Brasil... no final do ano de 2011, começaram a lavrar autos de infração de imposto de renda pessoa física contra médicos sócios participantes das SCPs, no bojo dos quais lhes imputou a prática das seguintes irregularidades: a) Da incorreta classificação ou omissão dos rendimentos recebidos: (a.1) restou, assim, caracterizada a existência de uma simulação com finalidade de ilidir o pagamento de tributo, através do qual os sócios participantes receberam os valores da sócia ostensiva disfarçados de distribuição de lucros de SCP criada pelas partes, lucros esses não sujeitos à retenção na fonte do Imposto de Renda Pessoa Física – IRRF e considerados como rendimentos isentos na Declaração de Ajuste Anual do Imposto de Renda Pessoa Física, quando, na verdade, o fiscalizado recebeu valores em contrapartida a serviços prestados para sócia ostensiva, valores que são tributáveis pelo imposto de renda. B) Da multa qualificada: (b.1) entende esta fiscalização que o não oferecimento à tributação do imposto de renda de rendimentos recebidos em contrapartida à prestação de serviços, prática efetivada por meio de uma simulação, através da qual o pagamento desses rendimentos foi disfarçado de distribuição de lucros provenientes de uma sociedade em conta de participação, à qual o contribuinte aderiu como sócio participante, configura a situação prevista no artigo 71 da Lei n. 4.502/1964, o que justifica a qualificação da multa. Confiram-se os precisos termos em que lavrado o referido auto de infração de imposto de renda contra os sócios participantes (médicos) da SCP: 'Ora, se o sócio ostensivo é o responsável exclusivo pela gestão do negócio, e o sócio participante presta serviço aos clientes dos planos de saúde, em razão de contratos celebrados pela sócia ostensiva, e recebe dela valores em contrapartida ao serviço prestado, a única conclusão possível é que o sócio participante não atua como mero investidor na SCP, e sim presta serviço remunerado para a sócia ostensiva, o que desvela uma completa discrepância entre o previsto na legislação que rege o instituto e os atos efetivamente praticados pelas partes. Restou, assim, caracterizada a existência de uma simulação com finalidade de ilidir o pagamento de tributo, através da qual os sócios participantes, receberam valores da sócia ostensiva 'disfarçados' de distribuição de lucros de SCP criada pelas partes, lucros esses não sujeitos à retenção na fonte do Imposto de Renda Pessoa Física – IRPF, e considerados como rendimentos isentos na Declaração de Ajuste Anual do Imposto de Renda

Pessoa Física, quando, na verdade, receberam valores em contrapartida a serviços prestados para a sócia ostensiva, valores esses que são tributáveis pelo imposto de renda'. [...] ...para evitar a lavratura de autos de infração..., com descaracterização da personalidade jurídica da SCP, a imputação de multa de até 150% e, ainda, responsabilização para fins penais, é importantíssimo que, na constituição e utilização da SCP, fique previsto, de forma clara e inequívoca, que: (a) somente o sócio ostensivo execute o empreendimento objeto do contrato entre as partes; (b) que o sócio participante, apenas e tão somente, faça investimento na sociedade participando dos resultados do empreendimento, investimento que, no entendimento do Fisco, não poderá ser substituído pela prestação de serviços pessoais; (c) o objeto da SCP deve possuir um termo inicial e final, não prazo indeterminado, ou seja, deve ser constituída para operações de prazo determinado ou eventos isolados: 'às vezes, o Estado abre concorrência pública e industriais e construtores formam SCPs para, tendo vitória, que a operação seja de todos'" (TESSARI, Cláudio. Análise de caso real de autuação fiscal – sociedade em conta de participação (SCP) constituída com a finalidade de reduzir a carga tributária. *RDDT* 210/19, 2013).

– Sobre a capacidade tributária passiva das sociedades em conta de participação, vide art. 126, III, do CTN.

– **Constituição de entidade beneficente sem fins lucrativos por Município para a prestação de serviços de saúde e de educação.** Considerando o não reconhecimento, aos entes políticos, da imunidade às contribuições de seguridade social própria das entidades beneficentes de assistência social, muito municípios passaram a criar entidades beneficentes para a prestação de serviços de saúde e de educação, transferindo-os da administração direta para tais entidades de modo a que sejam desonerados, tais serviços, por via reflexa, da tributação. Vide em nota ao art. 195, § 7º, da CF.

– **Desconsideração de pessoa jurídica quando da prestação de serviço ou cessão de direito personalíssimos.** "A discussão a respeito da possibilidade de o fisco desconsiderar pessoa jurídica constituída para se tributar a título de imposto sobre a renda o sócio daquela, sob alegação de que, em verdade, seria esse o efetivo prestador do serviço ou detentor de direito intransferível e, assim, quem se vincula diretamente ao fato jurídico tributário (renda ou proventos), desperta significativa polêmica. [...] O elemento principal para a desconsideração, como visto, ao se descrever as 'razões do Fisco', está no fato de que, apesar da existência de uma pessoa jurídica é o sócio no caso concreto de forma individual e pessoal que realiza o serviço. E mais: sua execução é indissociável de determinado sócio, até mesmo em grau de exclusividade, diante da natureza personalíssima deste. Daí a razão de, em regra, os casos julgados terem ligação com esportistas, artistas, jornalistas, entre outros. Não é o fato de se constatar a existência de um serviço personalíssimo que, obrigatoriamente, a tributação há de ser declarada e apurada como pessoa física a título de imposto sobre a renda. Isto porque: (i) é preciso avaliar o caso concreto e as provas existentes com o objetivo de comprovar, efetivamente, a configuração de uma simulação ou fraude, levando a uma sociedade aparente ou fictícia; (ii) a existência de serviços personalíssimos não leva por si só à configura-

ção de simulação a revelar uma sociedade aparente ou fictícia; (ii) é plenamente compatível a existência de pessoa jurídica cujo serviço ligado ao seu objeto social tenha natureza pessoal; (iv) a participação pessoal dos sócios na execução do objeto social, quando se trata de uma prestadora de serviços é algo inerente e natural; (v) a pessoalidade na prestação de serviços é totalmente reconhecida pela legislação do imposto sobre a renda e por outros tributos como possível de estar relacionada a uma pessoa jurídica; (vi) quando se cuidar de pessoa jurídica prestadora de serviços de profissão regulamentada (na atualidade sociedade simples ou empresária), mesmo no caso de serviço personalíssimo, poderá tributar tais receitas por aquela, desde que os sócios estejam em condições de exercer referida atividade e contribuíam para o objeto social; (vii) se houver uma pessoa jurídica com elementos de empresa, dentro da mesma perspectiva, a natureza de serviço personalíssimo não impede a tributação como pessoa jurídica. De outra parte, ainda, fundada na questão do direito personalíssimo, entende-se que não seria possível sua cessão ou licença, exemplo, imagem, voz, de maneira que se torna inviável a geração de negócios e sua tributação por meio de pessoa jurídica. O texto constitucional, em seu art. 5º, como também o Código Civil (art. 11) e a Lei n. 9.610/1998 (art. 49) autoriza a cessão ou licenciamento dos direitos personalíssimos com o objetivo de exploração econômica, inexistindo qualquer vedação neste sentido. A possibilidade de cessão ou licença, contudo, não é um álibi para sociedades fictícias ou aparentes, uma vez que será necessário se constituir do ponto de vista jurídico e fático uma sociedade com elementos de empresa. Se houver a caracterização de tais aspectos, o fato de se cuidar da cessão de um direito personalíssimo vinculado a um determinado sócio não leva à desconsideração da pessoa jurídica. Corroborando este entendimento, temos o art. 129 da Lei n. 11.196/2005 e, principalmente, no caso de cessão de direitos, a Lei n. 12.441/2011 (art. 980-A do CC) que instituiu a empresa individual de responsabilidade limitada, explicitando a legitimidade da prestação de serviços ou cessão de direitos personalíssimos para exploração econômica, inclusive, por meio de empresas individuais" (CALCINI, Fábio Pallaretti. A desconsideração da pessoa jurídica para fins fiscais quando da prestação de serviços ou cessão de direitos personalíssimos e a jurisprudência do Carf. Algumas ponderações. In: ROCHA, Valdir de Oliveira (coord.). *Grandes questões atuais do direito tributário*. São Paulo: Dialética, 2013, v. 17, p. 37 e 71/73).

– "Ao deslocar, sem obediência ao procedimento legal e sem a intervenção do Poder Judiciário, os rendimentos da pessoa jurídica para a pessoa física do sócio, sob a alegação de que os contratos celebrados pela pessoa jurídica sevem para encobrir o verdadeiro contratado, que seria a pessoa física, a fiscalização, mesmo sem o dizer expressamente, nada mais faz do que considerar atos e negócios jurídicos praticados pela pessoa jurídica com a suposta finalidade de dissimular a ocorrência do fato gerador do imposto sobre a renda da pessoa física. Ao assim proceder, contudo, a fiscalização viola tanto o disposto no parágrafo único do art. 116 do Código Tributário Nacional, que condiciona o exercício da autorização de desconsiderar atos ou negócios jurídicos a procedimento legal que, contudo, nunca foi estabelecido; quanto previsto no artigo 50 do Código Civil, que exige a intermediação do poder Judiciário para a desconsideração de efeitos de atos ou negócios jurídicos no caso de desvio de finalidade societária. [...] Inexistindo proibição legal para a tributação na pessoa jurídica dos rendimentos decorrentes da prestação de serviços jornalísticos, o artigo 129 da Lei n. 11.196/2005 se revela nitidamente interpretativo, por explicitar o que já se encontrava implícito na legislação anterior: apresentação de serviços intelectuais, mesmo em caráter personalíssimo, já se sujeitava à legislação aplicada às pessoas jurídicas (artigo 55 da Lei n. 9.430/1996, artigo 9º, inciso XIII, da Lei n. 9.317/1996, artigo 6º da Lei complementar n. 70/1991, artigo 647 do RIR/1999); a possibilidade de não haver empregados já se encontrava permitida (IN MPS n. 03/2005)..." (ÁVILA, Humberto. A prestação de sérvios personalíssimos por pessoa jurídicas e sua tributação: o uso e abuso do direito de criar pessoas jurídicas e o poder de desconsiderá-las. In: ROCHA, Valdir de Oliveira (coord.). *Grandes questões atuais do direito tributário*. São Paulo: Dialética, 2013, v. 17, p. 150-151).

– "É preciso desmistificar de vez a suposta irregularidade advinda da constituição de pessoa jurídica para a prestação de serviços, frequentemente vislumbrada pelo fisco com manifesto interesse arrecadatório. A constituição de pessoas jurídicas pode se justificar por diversas razões de ordem patrimonial, jurídica, econômica ou negocial – não apenas tributária – ainda que a redução de ônus fiscal também possa se verificar como consequência de tributação inferior expressamente prevista por lei para essa forma de organização. [...] A Eireli veio permitir justamente que profissionais autônomos criem uma pessoa jurídica para exercer sua atividade com separação patrimonial e limitação de responsabilidade do sócio pelas dívidas da empresa (limitada ao capital social), sem necessitar de outro sócio e valendo-se, igualmente, de tributação possivelmente menos onerosa prevista para as pessoas jurídicas em geral. O empresário pode até mesmo cadastrar seu endereço residencial para exercício da atividade, se esta o permitir. [...] Por se qualificar como 'empresa', a Eireli só não se presta ao exercício de atividades consideradas não empresariais, que incluem apenas as de caráter intelectual nas áreas científica, literária ou artística, segundo o art. 966, parágrafo único, do Código Civil. Entre estas não se compreendem a maior parte das profissões regulamentadas. Mas antes mesmo da criação da Eireli, o art. 129 da Lei n. 11.196/2005 já havia sido editado no intuito de coibir as frequentes tentativas da autoridade fiscal de tributar serviços individuais personalíssimos na pessoa física, mesmo quando prestados por meio de pessoa jurídica. Esse dispositivo, ainda em vigor, veio especificamente esclarecer que serviços intelectuais (individuais e personalíssimos) são passíveis de prestação pro meio de pessoa jurídica, e que, para fins fiscais e previdenciários, sujeitam-se somente à legislação aplicável às pessoas jurídicas quando forem prestados por meio de sociedade prestadora de serviços, em caráter personalíssimo ou não. A própria Receita Federal já deu aplicação a tal dispositivo em Soluções de Consulta, como as de n. 191/2010 e 86/2008. ... com mais razão isso se aplica aos serviços não intelectuais prestados sem o caráter individual e personalíssimo via pessoa jurídica (i.e., representação comercial). [...] outro mito que precisa ser de vez superado é o de que toda pessoa jurídica precisa ter necessariamente instalações físicas próprias e independentes, se sua atividade não o requer e se a pessoa jurídica é, na realidade, uma ficção legal que pode existir validamente com o único propósito de permitir a separação patrimonial e a limitação da responsabilidade do(s) sócio(s) no exercício da atividade. Instalações físicas próprias e independentes somente são necessárias quando a natureza e/ou o volume das atividades desenvolvidas pela pessoa jurídica o exigirem" (FRASCINO, Isabela Schenberg. O mito do exercício irregular de atividades por meio de pessoa jurídica. *RDDT* 228/70, 2014 p. 70-73).

– **Ágio interno. Lei n. 9.532/1997:** "Art. 7º A pessoa jurídica que absorver patrimônio de outra, em virtude de incorporação, fusão ou cisão, na qual detenha participação societária adquirida com ágio ou deságio, apurado segundo o disposto no art. 20 do Decreto-Lei n. 1.598, de 26 de dezembro de 1977: I – deverá registrar o valor do ágio ou deságio cujo fundamento seja o de que trata a alínea 'a' do § 2º do art. 20 do Decreto-Lei n. 1.598, de 1977, em contrapartida à conta que registre o bem ou direito que lhe deu causa; II – deverá registrar o valor do ágio cujo fundamento seja o de que trata a alínea 'c' do § 2º do art. 20 do Decreto-Lei n. 1.598, de 1977, em contrapartida a conta de ativo permanente, não sujeita a amortização; III – poderá amortizar o valor do ágio cujo fundamento seja o de que trata a alínea 'b' do § 2º do art. 20 do Decreto-lei n. 1.598, de 1977, nos balanços correspondentes à apuração de lucro real, levantados posteriormente à incorporação, fusão ou cisão, à razão de um sessenta avos, no máximo, para cada mês do período de apuração; IV – deverá amortizar o valor do deságio cujo fundamento seja o de que trata a alínea 'b' do § 2º do art. 20 do Decreto-Lei n. 1.598, de 1977, nos balanços correspondentes à apuração de lucro real, levantados durante os cinco anos-calendários subsequentes à incorporação, fusão ou cisão, à razão de 1/60 (um sessenta avos), no mínimo, para cada mês do período de apuração. § 1º O valor registrado na forma do inciso I integrará o custo do bem ou direito para efeito de apuração de ganho ou perda de capital e de depreciação, amortização ou exaustão. § 2º Se o bem que deu causa ao ágio ou deságio não houver sido transferido, na hipótese de cisão, para o patrimônio da sucessora, esta deverá registrar: a) o ágio, em conta de ativo diferido, para amortização na forma prevista no inciso III; b) o deságio, em conta de receita diferida, para amortização na forma prevista no inciso IV. § 3º O valor registrado na forma do inciso II do *caput*: a) será considerado custo de aquisição, para efeito de apuração de ganho ou perda de capital na alienação do direito que lhe deu causa ou na sua transferência para sócio ou acionista, na hipótese de devolução de capital; b) poderá ser deduzido como perda, no encerramento das atividades da empresa, se comprovada, nessa data, a inexistência do fundo de comércio ou do intangível que lhe deu causa. § 4º Na hipótese da alínea 'b' do parágrafo anterior, a posterior utilização econômica do fundo de comércio ou intangível sujeitará a pessoa física ou jurídica usuária ao pagamento dos tributos e contribuições que deixaram de ser pagos, acrescidos de juros de mora e multa, calculados de conformidade com a legislação vigente. § 5º O valor que servir de base de cálculo dos tributos e contribuições a que se refere o parágrafo anterior poderá ser registrado em conta do ativo, como custo do direito. Art. 8º O disposto no artigo anterior aplica-se, inclusive, quando: a) o investimento não for, obrigatoriamente, avaliado pelo valor de patrimônio líquido; b) a empresa incorporada, fusionada ou cindida for aquela que detinha a propriedade da participação societária".

– Lei n. 12.973/2014: *"Goodwill* Art. 22. A pessoa jurídica que absorver patrimônio de outra, em virtude de incorporação, fusão ou cisão, na qual detinha participação societária adquirida com ágio por rentabilidade futura (*goodwill*) decorrente da aquisição de participação societária entre partes não dependentes, apurado segundo o disposto no inciso III do *caput* do art. 20 do Decreto-Lei n. 1.598, de 26 de dezembro de 1977, poderá excluir para fins de apuração do lucro real dos períodos de apuração subsequentes o saldo do referido ágio existente na contabilidade na data da aquisição da participação societária, à razão de 1/60 (um sessenta avos), no máximo, para cada mês do período de apuração. § 1º O contribuinte não poderá utilizar o disposto neste artigo, quando: I – o laudo a que se refere o § 3º do art. 20 do Decreto-Lei nº 1.598, de 26 de dezembro de 1977, não for elaborado e tempestivamente protocolado ou registrado; II – os valores que compõem o saldo do ágio por rentabilidade futura (*goodwill*) não puderem ser identificados em decorrência da não observância do disposto no § 3º do art. 37 ou no § 1º do art. 39 desta Lei. § 2º O laudo de que trata o inciso I do § 1º será desconsiderado na hipótese em que os dados nele constantes apresentem comprovadamente vícios ou incorreções de caráter relevante. § 3º A vedação prevista no inciso I do § 1º não se aplica para participações societárias adquiridas até 31 de dezembro de 2013, para os optantes conforme o art. 75, ou até 31 de dezembro de 2014, para os não optantes".

– "REORGANIZAÇÃO SOCIETÁRIA. INCORPORAÇÃO. ÁGIO INTERNO. AMORTIZAÇÃO. 1. A operação de aproveitamento de ágio realizada encontrava amparo legal na legislação vigente à data dos fatos. 2. Autorizada a amortização do ágio, consoante prevê o art. 7º, III, da Lei 9.532/97, não havia exceção legal que vedasse a operação entre pessoas jurídicas pertencentes ao mesmo grupo econômico, até o advento da Lei 12.973/2014, sendo as operações anteriores à referida lei. 3. Realizadas operações contábeis e societárias autorizadas por lei, com transparência, tal planejamento tributário não se afigura fraudulento, sendo certo que a própria autoridade coatora assim não o considerou, devendo ser afastado o ato coator. 4. O fato de o ágio ser baseado em rentabilidade futura não constitui óbice ao seu aproveitamento. Precedentes" (TRF4, 5011067-23.2018.4.04.7201, 2022).

– "REORGANIZAÇÃO SOCIETÁRIA. ÁGIO INTERNO. INCORPORAÇÃO REVERSA. GLOSA. ART. 20 DO DL 1.598/77. ART. 7º, V, DA LEI 9.532/97. 1. As operações de reorganização societária que geram ágio, inclusive diante de patrimônio líquido negativo da investida, seguidas de incorporação reversa, e que obedecem ao disposto no art. 20 do Decreto-Lei n. 1.598/77 e no art. 7º, I, da Lei 9.532/97, não admitem tratamento tributário diverso daquele previsto na lei" (TRF4, 5010311-02.2018.4.04.7205, 2021).

– "REORGANIZAÇÃO SOCIETÁRIA. INCORPORAÇÃO E CISÃO. SUBSTÂNCIA ECONÔMICA. AQUISIÇÃO DE PARTICIPAÇÃO SOCIETÁRIA. ÁGIO INTER-NO. AMORTIZAÇÃO... 1. A pessoa jurídica, antes da vigência da Lei n. 12.973/14, que absorver patrimônio de outra em virtude de incorporação ou cisão, na qual detenha participação societária adquirida com ágio, baseado em rentabilidade futura, ainda que o aumento do capital social que deu origem ao ágio tenha sido integralizado com ações de sociedade integrante do mesmo grupo econômico, juntamente com capital de terceiros, poderá amortizá-lo na forma prevista no art. 7º, III, da Lei n. 9.532/97. 2. O capital social pode ser formado com contribuições em dinheiro ou em qualquer outra espécie de bens suscetíveis de avaliação em dinheiro. 3. A interpretação fundada na substância econômica das operações de reorganização societária não autoriza que a autoridade administrativa transforme atos jurídicos perfeitos em imperfeitos na ótica exclusivamente tributária com o escopo de encaixá-los em uma tributação mais favorável aos interesses fazendários, violando a autonomia da vontade, a liberdade econômica, a proteção da confiança, a segurança jurídica e o princípio da legalidade. 4. A adoção de regras contábeis não pode se sobrepor às regras jurídicas que disciplinavam o ágio gerado na reorganização societária sem qualquer distinção em relação a empresas do mesmo grupo econômico" (TRF4, 5058075-42.2017.4.04.7100, 2021).

– "Com o advento do art. 7º da Lei n. 9.532/1997, redigido no contexto do Programa Nacional de Desestatização (PND), introduziu se no sistema jurídico nacional a possibilidade de amortização fiscal (para o... IRPJ e a... CSSL) do ágio fundamentado em rentabilidade futura pago na aquisição de investimentos nos casos em que, posteriormente à compra dos ativos, investidora e investida passassem a constituir uma mesma unidade jurídica, com a consequente absorção do patrimônio de uma pela outra. [...] o escopo... foi o de incentivar a participação em certames licitatórios, condicionando se a dedutibilidade, apenas, à reestruturação societária do grupo (v.g., nos casos de fusão, cisão e incorporação), de maneira a relacionar, em um mesmo sujeito passivo, as despesas inerentes à aquisição de negócio com expectativa de rentabilidade e os lucros produzidos no âmbito do ativo adquirido (matching principle). [...] foi possível constatar traços comuns que fundamentam as autuações fiscais sobre o tema. Neste ponto, as autoridades fiscais normalmente apontam problemas relacionados com: (i) laudo de avaliação (demonstrativo); (ii) fundamento econômico do ágio; (iii) utilização de empresas veículo (sociedades de propósito específico); (iv) transferência do ágio para terceiros; (v) adquirente estrangeiro; (vi) aquisição de empresa estrangeira com ágio; (vii) ágio intra-grupo/interno; (viii) 'ágio de si mesmo', na acepção consagrada por Marco Aurélio Greco relativa à hipótese de downstream merger; e (ix) ausência de 'propósito negocial'; dentre outros. [...] há inúmeros precedentes o Carf acerca da amortização fiscal do ágio... Procuramos identificar... o entendimento majoritário em relação a alguns aspectos que se tornaram recorrentes...: i) a necessidade de laudo de avaliação demonstrando o valor atribuível ao ágio pago com fundamento em rentabilidade futura; ii) a demonstração da existência de fluxo financeiro na aquisição do investimento, inclusive no que toca ao ágio; iii) a plausibilidade de dedução fiscal do chamado ágio interno ou relativo a operações intragrupo; iv) os limites para a utilização de empresas veículo, bem como; v) a verificação da possibilidade de dedução do ágio de si mesmo, assim entendido como aquele deduzido pela própria sociedade adquirida em uma incorporação às avessas. [...] A nosso ver, ainda existem alguns aspectos que ainda podem ser aprimorados pela jurisprudência administrativa, sobretudo o tema do 'ágio intragrupo/interno' e do 'ágio de si mesmo'. [...] Em primeiro lugar, há que se destacar que a causalidade jurídica das operações, ou o seu 'propósito negocial', fundamentos utilizados pelo Carf para a aferição dos casos concretos, ocorrem, por vezes, em hipóteses em que a transação seja feita entre partes relacionadas. Podemos citar, como exemplos, os casos de aumento de capital social com a emissão de novas ações com base em seu valor de mercado..., tal como determinado pela legislação societária para evitar a injusta diluição dos grupos de acionistas, e subscritas, v.g., pelo acionista controlador, ou nos casos de aquisição por acionistas de ações negociadas em bolsa. Nesses casos, em que pese à realização da transação originária entre partes relacionadas (controlador e controlada) não haveria que se falar em simulação ou ausência de causalidade jurídica, a priori. [...] em segundo lugar, também descabida a menção, em diversos julgados, à necessidade de aquisição e controle. De fato, o nosso ordenamento jurídico determina o desdobramento do custo de aquisição não apenas nas hipóteses de controle (não necessariamente sua aquisição, como visto), mas, também, quando haja uma relação de coligação, verificada nos casos em que a investidora tenha influência significativa (art. 243 da Lei n. 6.404/1976) na investida. E isso por um motivo simples: o desdobramento do ágio inerente à aquisição da participação societária deverá ser feito sempre que as investidoras devam contabilizar o seu investimento com base no método de equivalência patrimonial, o que aponta, necessariamente, par ao desdobramento também nos casos de aquisição de ações por acionistas minoritários com influência significativa. No que concerne a admissibilidade do 'ágio de si mesmo', resumimos nosso entendimento nas claras lições do conselheiro Marcos Takata, para quem: 'o fenômeno do ágio, conquanto gere efeito (eficácia) jurídico, é um fato econômico de eficácia jurídica, ao invés de um fato (lato sensu) jurídico (ou de simplesmente um efeito econômico e jurídico). Evidentemente esse fato econômico é, por sua vez, também efeito (é fato e também eficácia de outro fato) de um fato jurídico (lato sensu) e de outro fato econômico – aí mais negócio jurídico de relevância econômica do que fato econômico de relevância jurídica. Entretanto, exatamente por ser o ágio muito mais um fato econômico de eficácia jurídica, nem sempre o negócio jurídico irradia esse efeito (fato econômico). É quando se dá o ágio interno sem causa ou 'artificial' (também chamado de ágio 'de si mesmo'), em contraposição ao ágio interno com causa ou efetivo, conforme procuramos demonstrar. E é sob essa ótica 'não parcelada' que apreciamos o ágio interno sob a esfera jurídico tributária'" (CASTRO, Leonardo Freitas de Moraes e; MONTEIRO, Alexandre Luiz Moraes do Rêgo. Os limites para a amortização fiscal do ágio na atual jurisprudência do Carf: pragmatismo a partir do empirismo. RDDT 211/122, 2013).

– "... o que se deve ter em mente, para definição de ser ou não ágio interno, é o fato de que é irrelevante se o adquirente possui ou não relação com a sociedade objeto da aquisição, devendo se verificar que a parte 'alienante' é, ou não, vinculada à adquirente. Consequentemente, não se pode aceitar a banalização do termo 'ágio interno' nas operações em que se analisa a amortização de ágio apurado em aquisições de investimento em que haja a participação de partes independentes, ainda que a aquisição ocorra de alguma forma 'dentro de casa', como no caso de incorporação de ações, subscrição de aumento de capital por sócio, ou compra de participação de outro sócio. [...] deve se verificar se a operação analisada realmente é feita apenas entre partes ligadas e, normalmente, entre dois 'atores' ligados, ou se existem partes desvinculadas que participam da operação, ainda que indiretamente..." (COVIELLO FILHO, Paulo. A banalização do termo "ágio interno" pelas autoridades fiscais: a necessidade de cuidado na sua utilização, tendo em vista o preconceito por ele carregado. RDDT 221/100, 2014).

– "... a Lei n. 12.973/2014, além de modificar o conceito jurídico de ágio, instituiu novas exigências quanto à possibilidade de sua dedução em casos de reorganização societária, passando a prever a impossibilidade de aproveitamento fiscal do ágio gerado a partir de aquisições de investimentos entre partes dependentes. A exigência vem com o intuito de apaziguar, com efeitos futuros, o imbróglio causado pela interpretação da Lei n. 9.532/1997, que exigia, como condições para a amortização fiscal do ágio nas reestruturações societárias, apenas três requisitos. Em havendo absorção patrimonial entre investida e investidora, mediante fusão, cisão ou aquisição, com registro de ágio adquirido por expectativa de rentabilidade futura e obedecendo se a razão de 1/60, no mínimo, para cada mês do período de apuração, a dedução estaria autorizada. Nada obstante, muitos contribuintes foram autuados por excluírem em sua apuração do Lucro Real as parcelas do ágio autorizadas pela lei. Parte considerável dos problemas decorreu da formação de ágio em operações de aquisições de investimentos praticadas entre empresas pertencentes a um mesmo grupo econômico, ou na nomenclatura da nova lei, o ágio gerado em operações realizadas entre partes dependentes: o chamado 'ágio interno'. Embora o Decreto lei n. 1.598/1977 e a Lei n. 9.532/1997 não façam restrições expressas ao reconhecimento e ao aproveitamento do ágio gerado internamente, o que apenas foi feito com a edição da Lei n. 12.973/2014, a Receita Federal adotou muitas vezes o entendimento segundo o qual este ágio não possui um substrato econômico material ou 'real' que justificasse o pagamento do preço excedente pela aquisição do investimento, não sendo contabilmente reconhecido. Já se afirmou que o conceito então vigente de ágio obedecia a critérios formalistas antes da edição da nova lei, distanciando se do conceito consolidado na teoria contábil. [...] o Carf não atingiu um entendimento homogêneo [...] formulou se, na jurisprudência administrativa, uma séria de critérios par ao reconhecimento do ágio. Entre as exigências mais recorrentes, são comuns as seguintes: que o ágio tenha sido gerado por operação de aquisição, em sentido estrito – o que suplantaria a possibilidade de geração do ágio em operações de subscrição de ações; que a operação tenha sido realizada entre partes não dependentes; que haja um propósito negocial na operação que o deu origem – ou seja, que não tenha sido realizada para o fim exclusivo de planejamento tributário; que não haja a utilização de empresa veículo, entre outros" (MOREIRA, André Mendes; GAIA, Patrícia Dantas; CAMPOS, Eduardo Lopes de Almeida. O tratamento fiscal do ágio e a problemática do ágio 'interno' antes e após a vigência da Lei n. 12.973/2014. *RDDT* 228/7, 2014).

- Vide: SOUZA, Yuri Antonio de; CORREA NETO, Celso de Barros; SANTOS, Júlio Edstron S. O tratamento tributário do ágio, antes e depois da Lei n. 12.973/14: um estudo comparativo. *RFTD* 86, 2017.

- Vide: MOURA, André Mendes de; VALADÃO, Marcos Aurélio Pereira. Ágio nas reorganizações societárias no âmbito da Lei n. 9.532, de 1997, e a jurisprudência atual do CARF. *RFDT* 93, 2018.

- Vide: FAJERSZTAJN, Bruno; COVIELLO FILHO, Paulo. "Transferência" de ágio por meio da chamada empresa veículo. Reflexões sobre o tema à luz da lógica e da finalidade dos arts. 7º e 8º da Lei n. 9.532/1997. *RDDT* 231/25, 2014.

- Vide: CHARNESKI, Heron. A nova disciplina tributária do ágio (Lei n. 12.973/2014). *RDDT* 235/89, 2015.

- Vide: TREVISAN NETO, Antenori. Breves comentários sobre as alterações legislativas promovidas pela Lei n. 12. 973/2014 relativas ao tratamento tributário do ágio. *RDDT* 232/42, 2015.

– Subcapitalização. Em 11 de junho de 2010 foi editada a Lei n. 12.249/2010, a qual introduziu regras de subcapitalização (*thin capitalization*) em nosso sistema jurídico tributário. Em síntese, ocorre a subcapitalização quando determinada empresa contrai dívidas internacionais (empréstimos, financiamentos etc.) com pessoas vinculadas (coligadas) e/ou pessoas residentes em paraísos fiscais em montante que gere clara desproporção entre o endividamento decorrente da operação e seu capital social. A medida, além de trazer prejuízos aos credores da empresa subcapitalizada, acaba permitindo a manipulação artificial de despesas para fins de IRPJ e CSLL. É com o intuito de coibir tal prática elisiva que a Lei n. 12.249/2010 trouxe limitações, para as empresas que ultrapassem determinados coeficientes de endividamento, no que tange a dedutibilidade das despesas relativas aos juros considerados excessivos para apuração do lucro real e resultado ajustado.

– Sobre o tema, vide interessante artigo de Ramon Tomazela Santos: As regras de subcapitalização introduzidas pela Lei 12.249/10. *RDDT* 184/116, 2011.

– Transferência de dívida. "A transferência da dívida originalmente contratada pela empresa adquirente para o patrimônio da empresa adquirida é legítima e está de acordo com a legislação tributária em vigor, mesmo quando o empréstimo é concedido por empresa estrangeira vinculada ao grupo investidor. O relevante é que a estrutura de compra alavancada seja legítima: (i) estando relacionada à aquisição de investimento contratada em condições de mercado, (ii) exista a comprovação da dívida e das despesas financeiras efetivamente incorridas pelo contribuinte, (iii) os recursos captados sejam aplicados na aquisição da participação societária pretendida, e (iv) quando aplicável, sejam observados os limites previstos nas regras de preços de transferência e de subcapitalização. A melhor interpretação da legislação tributária permite a dedução das despesas financeiras contraídas com o objetivo de financiar a aquisição de participação societá-

ria" (MATARAZZO, Giancarlo Chamma; BISELLI, Rubens Barrionuevo. Estrutura de aquisição de participação societária financiada com dívida e o direito de deduzir as respectivas despesas financeiras após a incorporação societária. *RDDT* 228/53, 2014, p. 69).

– Incorporação de controladora lucrativa por controlada deficitária. Vide: YAMASHITA, Douglas. Incorporação às avessas: revisitando limites legais e jurisprudenciais ao planejamento tributário. *RDDT* 131, 2006.

– Aumento e reduções de capital com eficácia *ex tunc*. Deliberação assemblear e homologação pelo Bacen. Desconsideração pela RFB. "Tem sido cada vez mais comum, por parte da Fiscalização, a atribuição de eficácia *ex nunc* a operações com eficácia *ex tunc* mesmo quando homologadas pelo Banco Central. Ora, o BACEN é a única instituição com o direito e o poder de desconsiderar os atos jurídicos de sua competência, conforme determina a legislação de regência do sistema financeiro. Ainda assim, a SRF tem lavrado inúmeros autos de infração considerando tais operações ilegais. [...] Operações de aumentos e reduções do capital da empresa, realizadas e consideradas corretas, tanto que homologadas pelo Banco Central, após terem sido protocoladas nessa entidade e enquanto estavam à espera de aprovação, foram desconsideradas pela fiscalização. À luz de uma incorreta percepção da legislação civil e financeira, foi-lhes emprestado outro tipo de configuração, diferente da atribuída nas diversas assembleias, para o fim de, por decorrência, dispensar-lhes 'tratamento fiscal-privado' diverso do que efetivamente ostentaram quando de sua realização. Tem utilizado, o fisco, a norma antielisão..., sem a ela referir-se expressamente, para dar novas formas jurídicas às operações realizadas pelas empresas. Assim, embora à luz o direito privado as empresas têm realizado efetivamente aquelas operações homologadas pelo Banco Central com eficácia *ex tunc*, perante a visão impositiva do Fisco, a homologação teria tido eficácia *ex nunc*. Vale dizer, nas autuações lavradas, tem a Fiscalização pretendido configurar tributação adicional àquela efetivamente incidente sobre as operações e tem sido pagas como ganho de capital nas alienações das ações recebidas... [...] operações – em que os títulos patrimoniais foram entregues, nas reduções de capitais, a seu acionista, sempre sob condição, por deliberação assemblear registrada nos registros comerciais e homologadas pelo Banco Central, após supervisão das operações pela CVM – fora desconsideradas pela Receita Federal... Partindo de falsa premissa, numa interpretação do artigo 1.084 do Código Civil... cujo objetivo é a preservação do direito de terceiros, os agentes fiscais concluíram que a eficácia da deliberação seria *ex nunc* e não *ex tunc*. E, a partir desta conclusão, os agentes fiscais desconsideraram as operações de redução de capital realizadas, considerando-as inexistentes. Nitidamente, o dispositivo do artigo 1.084 objetiva preservar o direito de terceiros. Não considera inexistente a deliberação, como se ela não tivesse ocorrido. Considera-a válida, vigente, mas sem eficácia, exclusivamente contra eventuais interessados que com ela não concordassem – o que não ocorreu. A norma tem claramente a intenção de não considerá-la nem inválida, nem não vigente, nem mesmo ineficaz, pois sua eficácia só não é plena, em relação a eventuais interessados discordantes. É um dispositivo de proteção a terceiros, e não de invalidação da deliberação assemblear, como se não tivesse existido. Em outras palavras, ultrapassado o prazo protetor de terceiros, vale a decisão, desde o momento em que foi proferida, ou seja, desde a decisão assemblear... [...] percebe-se que todos os autos de infração baseados na desconsideração de atos jurídicos perfeitos e homologados pelo Banco Central, sob a supervisão, no seu processamento, da CVM são infundados" (MARTINS, Ives Gandra da Silva. Bacen x SRF: a desconsideração e operações legais. *RDDT* 228/80, 2014).

– **Reclamatórias trabalhistas. Acordo.** Se não houver discriminação das parcelas, incide o IR sobre o total: art. 28, § 2º, da Lei n. 10.833/2003. Há regime especial de tributação exclusiva na fonte, cfr. art. 12-A da Lei n. 7.713/88, mas tem de estar especificado, no acordo, o valor de todas as parcelas salariais e indenizatórias. Se o acordo é voltado a lesar o fisco, não correspondendo ao que foi pretendido na inicial da ação, aplica-se o 116, parágrafo único, do CTN.

– Sobre a base de cálculo das contribuições previdenciárias nesse caso, vide notas ao art. 195, I, *a*, da CF.

– Sobre a decadência das contribuições prevdienciárias nesse caso, vide nota ao art. 173 da CF.

⇒ **Desconsideração da personalidade jurídica.** Art. 50 do CC. Código Civil (Lei n. 10.406/2002): "LIVRO I DAS PESSOAS TÍTULO II DAS PESSOAS JURÍDICAS CAPÍTULO I DISPOSIÇÕES GERAIS [...] Art. 50. Em caso de abuso da personalidade jurídica, caracterizado pelo desvio de finalidade, ou pela confusão patrimonial, pode o juiz decidir, a requerimento da parte, ou do Ministério Público quando lhe couber intervir no processo, que os efeitos de certas e determinadas relações de obrigações sejam estendidos aos bens particulares dos administradores ou sócios da pessoa jurídica. [...] LIVRO III DOS FATOS JURÍDICOS TÍTULO II DOS ATOS JURÍDICOS LÍCITOS TÍTULO III DOS ATOS ILÍCITOS [...] Art. 187. Também comete ato ilícito o titular de um direito que, ao exercê lo, excede manifestamente os limites impostos pelo seu fim econômico ou social, pela boa fé ou pelos bons costumes".

– "O abuso à personalidade jurídica pode ser caracterizado pelo desvio de finalidade ou pela confusão patrimonial. O desvio de finalidade é um problema de disfunção da personalidade jurídica, pelo qual a pessoa jurídica perde sua qualidade de centro autônomo de interesses ou se estabelece fora dos limites específicos para a qual foi idealizada. Na confusão patrimonial, há a obtenção de vantagens indevidas frente à unificação de patrimônios de entes diversos, podendo ser sócios e pessoa jurídica, ou duas ou mais pessoas jurídicas. Tanto no desvio de finalidade quanto na confusão patrimonial, há um verdadeiros excesso dos limites impostos pelos fins econômicos e sociais do direito subjetivo à personalidade jurídica. [...] a desconsideração da personalidade jurídica... é norma dotada de poderoso grau de flexibilidade com o fim de mudar o padrão de aplicação do princípio da separação patrimonial, na ocorrência devidamente comprovada de utilização anormal e, consequentemente, abusiva da personalidade jurídica" (SILVA, Alexandre Alberto Teodoro da. *A desconsidera-*

ção da personalidade jurídica no direito tributário. Quartier Latin, 2007, p. 230).

– **Desconsiderações direta, inversa e expansiva.** "Desse modo, utilizando-se a mais moderna construção relacionada à desconsideração da personalidade jurídica, pode-se dizer que há três efeitos da não oposição da personalidade jurídica formal ao Fisco: direta, inversa e expansiva. 38.1. Na direta, ocorre a clássica hipótese de desconsideração da personalidade para responsabilizar os seus sócios. Deve-se ressalvar que não obstante a responsabilização solidária pelo inciso I do art. 124 do CTN não demandar que esse sócio seja necessariamente administrador, como ocorre com a responsabilização a que se refere o art. 135 do CTN, exige-se comprovação de sua ativa participação no ato vinculado ao fato jurídico tributário, incluído o ato ilícito a ele vinculado (vide item 15). 38.2. Na inversa, imputa-se a responsabilidade solidária àquela pessoa jurídica por ato cometido por sócio ou outra sociedade controladora ou coligada. Consta expressamente no ordenamento jurídico no § 2º do art. 133 do Código de Processo Civil. Ocorre quando a pessoa jurídica apenas existe para utilização da sua fictícia personalidade por sócios ou administradores para fins de cometimento de ato vinculado ao fato gerador, inclusive ilícito. É muito comum para o deslocamento de base tributável e/ou do patrimônio àquela pessoa jurídica. Segundo o STJ: CIVIL E PROCESSUAL CIVIL. RECURSO ESPECIAL. AÇÃO MONITÓRIA. CONVERSÃO. CUMPRIMENTO DE SENTENÇA. COBRANÇA. HONORÁRIOS ADVOCATÍCIOS CONTRATUAIS. TERCEIROS. COMPROVAÇÃO DA EXISTÊNCIA DA SOCIEDADE. MEIO DE PROVA. DESCONSIDERAÇÃO INVERSA DA PERSONALIDADE JURÍDICA. OCULTAÇÃO DO PATRIMÔNIO DO SÓCIO. INDÍCIOS DO ABUSO DA PERSONALIDADE JURÍDICA. EXISTÊNCIA. INCIDENTE PROCESSUAL. PROCESSAMENTO. PROVIMENTO. [...] 3. A personalidade jurídica e a separação patrimonial dela decorrente são véus que devem proteger o patrimônio dos sócios ou da sociedade, reciprocamente, na justa medida da finalidade para a qual a sociedade se propõe a existir. 4. Com a desconsideração inversa da personalidade jurídica, busca-se impedir a prática de transferência de bens pelo sócio para a pessoa jurídica sobre a qual detém controle, afastando-se momentaneamente o manto fictício que separa o sócio da sociedade para buscar o patrimônio que, embora conste no nome da sociedade, na realidade, pertence ao sócio fraudador. [...] 38.3. Na expansiva, a desconsideração não seria apenas para alcançar seus sócios formais, mas também aqueles ocultos, inclusive por intermédio de outras pessoas jurídicas (numa junção com a desconsideração inversa). É uma situação que ocorre, em regra, com os grupos econômicos irregulares. Segundo Denise Lucena: Nestes casos (grupos econômicos de fato), a teoria da desconsideração expansiva da personalidade jurídica é de grande utilidade, uma vez que permite o alcance, não só das pessoas dos sócios que cometem a infração, mas também de outras empresas de que eles participem com intuito claro de fraudar o Fisco. 39. Desse modo, restando cabalmente comprovado o interesse comum em determinado fato jurídico tributário, incluídos os ilícitos aqui tratados, a não oposição ao Fisco da personalidade jurídica existente apenas formalmente pode se dar nas modalidades direta, inversa e expansiva" (excerto do Parecer Normativo COSIT n. 4/2018).

– Requisitos. "Quanto à desconsideração da personalidade jurídica... é cabível quando, e somente quando: – exista uma pessoa jurídica constituída com capacidade para ter patrimônio próprio, não apenas porque o objetivo do direito à personalidade jurídica autônoma é a separação de bens patrimoniais para emprego em determinada atividade econômica, com autonomia em relação aos patrimônios particulares das pessoas envolvidas nessa pessoa jurídica, como também porque a consequência da desconsideração é a extensão da responsabilidade para além do patrimônio da pessoa jurídica, isto é, até o patrimônio particular do agente do abuso o exercício do direito à personalidade jurídica autônoma; desta maneira, não existe desconsideração e personalidade jurídica onde não exista pessoa jurídica capaz de ter patrimônio próprio; e, cumulativamente, – na utilização dessa pessoa jurídica (no exercício do direito à respectiva personalidade jurídica autônoma) certos e determinados atos ou negócios jurídicos, dos quais decorra prejuízo para alguém, inclusive o fisco, tenham sido praticados com confusão patrimonial ou desvio de finalidade, mediante comprovação e reconhecimento pelo juiz" (OLIVEIRA, Ricardo Mariz de. Observações sobre a desconsideração da personalidade jurídica perante o direito tributário. *RFDT* 28/85, 2007).

– "A obrigação de pagar tributos é da sociedade. A inadimplência, quando não dolosa, provoca apenas a obrigação da pessoa jurídica de quitar a dívida, acrescida das penalidades moratórias, mas não a responsabilidade de empresas integrantes de um grupo econômico. Todo esse entendimento encontra se confirmado pelo art. 50 do Código Civil, de forma que a desconsideração da personalidade jurídica somente pode ser aplicada se houver abuso da personalidade, caracterizado pelo desvio de finalidade ou pela confusão patrimonial. [...] a lei prevê duas causas para a desconsideração: desvio de finalidade e confusão patrimonial. A primeira refere se a ocorrências lesivas a terceiros, mediante a utilização da pessoa jurídica para fins diversos dos previstos no ato constitutivo, e dos quais se infira a deliberada aplicação da sociedade em finalidade irregular e danosa. Já a segunda hipótese consiste na impossibilidade de fixação do limite entre os patrimônios da pessoa jurídica e o dos sócios e acionistas, tamanha a mistura (confusão) que se estabelece entre ambos. Por fim, a desconsideração é aplicável tão somente por ordem judicial" (FERRAGUT, Maria Rita. Grupos econômicos e solidariedade tributária. *RDDT* 229/88, 2014).

– Desnecessidade de autorização expressa na lei tributária. Aplicação do art. 50 do CC. "A teoria da desconsideração da personalidade jurídica aplica-se indistintamente em qualquer ramo da Ciência Jurídica, inclusive no direito tributário, pois constitui uma sanção ao abuso do direito subjetivo à personalidade jurídica. É instituto que pertence à Teoria Geral do Direito. [...] Ainda corrobora para a repressão ao abuso de direito à personalidade jurídica o princípio não expresso da função social da empresa, que, de uma forma mais abstrata, observa a pessoa jurídica sob uma ótica funcionalista de seu uso adequado e regular. Nestes termos, saliente se também a desnecessidade de regra expressa que autorize a aplicação da desconsideração da perso-

nalidade jurídica no direito tributário, sendo frágil o argumento e que vulneraria o princípio da legalidade, ou mesmo da inaplicabilidade do art. 50 do Código Civil à seara tributária, em virtude desse diploma ser lei ordinária, e a matéria tributária exigir lei complementar. [...] o parágrafo único do art. 116 do CTN em nada inovou. Resta, portanto, interpretá-lo num contexto de unidade e complementaridade sistêmicas com os arts. 50 e 187 do CC, podendo, inclusive, prestar como fundamento legal da desconsideração da personalidade jurídica no direito tributário. É evidente que isso fica a cargo do intérprete, pois é sabido que a desconsideração da personalidade jurídica prescinde de regra expressa que a estabeleça. Ressalte-se, também, sobre a possibilidade de aplicação dessa teoria já na esfera administrativa, pois, se o abuso de direito é reprimido no contencioso administrativo, não há porque negar aplicação à teoria da desconsideração, se esta se constitui na repressão a uma específica forma de abuso de direito. 8) Em síntese, é perfeitamente possível e aceitável a aplicação da desconsideração da personalidade jurídica no direito tributário. [...] o direito tributário pode se valer da previsão normativa do art. 50 do CC, pois, como visto, esse diploma não somente acolher regras de direito privado como também encerra regras de Teoria Geral do Direito, permitindo aplicação subsidiária a outros campos do Direito" (SILVA, Alexandre Alberto Teodoro da. *A desconsideração da personalidade jurídica no direito tributário.* Quartier Latin, 2007, p. 230 e 232).

– "... o art. 129 da Lei 11.196... representa um avanço em prol da segurança jurídica, na medida em que didaticamente reforça os estritos parâmetros legais para a desconsideração da personalidade jurídica em matéria fiscal e previdenciária, com base no abuso de personalidade jurídicas nos termos do art. 50 do Código Civil de 2002" (YAMASHITA, Douglas. Desconsideração a personalidade jurídica abusiva em direito tributário e previdenciária à luz do art. 129 da Lei 11.196/2005. *RDDT* 127, 2006).

– Lei n. 11.196/2005: "Art. 129. Para fins fiscais e previdenciários, a prestação de serviços intelectuais, inclusive os de natureza científica, artística ou cultural, em caráter personalíssimo ou não, com ou sem a designação de quaisquer obrigações a sócios ou empregados da sociedade prestadora de serviços, quando por esta realizada, se sujeita tão somente à legislação aplicável às pessoas jurídicas, sem prejuízo da observância do disposto no art. 50 da Lei n. 10.406, de 10 de janeiro de 2002 – Código Civil".

– "... o art. 129 da Lei 11.196/05 é plenamente vigente e goza de plena eficácia para impedir qualquer auto de infração desconsiderativo... [...] De rigor, portanto, nem a Lei Complementar 104/01 foi até o presente complementada para ganhar plena eficácia – se constitucional for, que, a meu ver, não é – nem qualquer autuação fiscal desconsiderativa pode ser lavrada, à falta de sustentação legal (inexistência de procedimentos fiscais ordinarizados) e porque o art. 129, retrotranscrito, claramente proíbe que tais sociedades sejam desfiguradas" (MARTINS, Ives Gandra da Silva. A ilegalidade da desconsideração para efeitos tributários de pessoas jurídicas constituídas nos termos do art. 129 da Lei 11.196/2005. *RDDT* 141/103, 2007).

– "O art. 129 da Lei n. 11.196/05... é norma que veio repisar o óbvio, apenas esclarecendo aos agentes fiscais que os mesmos não podem desconsiderar relações jurídicas lídimas e amparadas pela legislação brasileira. Sua natureza, portanto, é meramente interpretativa, sendo dirigido eminentemente aos agentes da fiscalização – para fatos geradores passados e futuros – de modo que os mesmos, no exercício de seus misteres, não se afastem dos ditames legais. [...] Serviços intelectuais são aqueles prestados por pessoas físicas que produzem um resultado imaterial para seu contratante... Nessa toada, os artistas e jornalistas são efetivos prestadores de serviços de natureza intelectual" (COÊLHO, Sacha Calmon Navarro. Conteúdo e alcance do art. 129 da Lei n. 11.196/2005 – norma de natureza interpretativa, dirigida à fiscalização, que não permite a desconsideração de situações jurídicas consolidadas. *RDDT* 141/143, 2007).

• Vide: MONTEIRO, Alexandre Luiz Moraes do Rêgo; TORRES, Riccardo Giuliano Figueira. Evolução do contrato de trabalho e os impactos tributários na prestação de serviços personalíssimos por pessoas jurídicas: uma análise do art. 129 da Lei n. 11.196/2005. *RDDT* 202/24-34, 2012.

– Lei n. 8.078/90. Vide também o art. 28 do Código de Defesa do Cosumidor.

Art. 117. Para os efeitos do inciso II do artigo anterior e salvo disposição de lei em contrário, os atos ou negócios jurídicos condicionais reputam-se perfeitos e acabados:

⇒ **Atos ou negócios condicionais.** O Código Civil (Lei n. 10.406/2002), dispõe: "Art. 121. Considera-se condição a cláusula que, derivando exclusivamente da vontade das partes, subordina o efeito do negócio jurídico a evento futuro e incerto".

I – sendo suspensiva a condição, desde o momento de seu implemento;

⇒ **Condição suspensiva.** O Código Civil (Lei n. 10.406/2002), dispõe: "Art. 125. Subordinando-se a eficácia do negócio jurídico à condição suspensiva, enquanto esta se não verificar, não se terá adquirido o direito, a que ele visa".

II – sendo resolutória a condição, desde o momento da prática do ato ou da celebração do negócio.

⇒ **Condição resolutória.** O Código Civil (Lei n. 10.406/2002) dispõe: "Art. 127. Se for resolutiva a condição, enquanto esta se não realizar, vigorará o negócio jurídico, podendo exercer-se desde a conclusão deste o direito por ele estabelecido. Art. 128. Sobrevindo a condição resolutiva, extingue-se, para todos os efeitos, o direito a que ela se opõe; mas, se aposta a um negócio de execução continuada ou periódica, a sua realização, salvo disposição em contrário, não tem eficácia quanto aos atos já praticados, desde que compatíveis com a natureza da condição pendente e conforme aos ditames de boa-fé".

– **Implemento da condição.** "... nada importando, para fins tributários, que posteriormente ocorra o implemento da condição" (CARVALHO, Paulo de Barros. *Curso de direito tributário.* 27. ed. São Paulo: Saraiva, 2016, p. 286).

– **Repetição do tributo.** "A condição, neste caso, não tem relevância tributária no que diz respeito ao momento em que se tem

como consumado o fato gerador do tributo, embora possa ensejar a restituição deste" (MACHADO, Hugo de Brito. *Curso de direito tributário.* 36. ed. São Paulo: Malheiros, 2015, p. 136).

Art. 118. A definição legal do fato gerador é interpretada abstraindo-se:

I – da validade jurídica dos atos efetivamente praticados pelos contribuintes, responsáveis, ou terceiros, bem como da natureza do seu objeto ou dos seus efeitos;

⇒ **Inadimplência pelo comprador de mercadoria. Irrelevância.** "PIS/PASEP E COFINS. BASE DE CÁLCULO... 'VENDAS INADIMPLIDAS'. ALEGADA EQUIPARAÇÃO COM 'VENDAS CANCELADAS'. ANALOGIA/ EQUIDADE. INAPLICABILIDADE. ARTIGOS 111 E 118, DO CTN... 8. Ademais, o posterior inadimplemento de venda a prazo não constitui condição resolutiva da hipótese de incidência das exações em tela, uma vez que o Sistema Tributário Nacional estabeleceu o regime financeiro de competência como a regra geral para apuração dos resultados da gestão patrimonial das empresas. Mediante o aludido regime financeiro, o registro dos fatos contábeis é realizado a partir de seu comprometimento e não do efetivo desembolso ou ingresso da receita correspondente. 9. Os pactos privados não influem na relação tributária, pela sua finalidade plurissubjetiva de satisfação das necessidades coletivas, não sendo lícito ao contribuinte repassar o ônus da inadimplência de outrem ao Fisco. É nesse sentido que o artigo 118 dispõe..." (STJ, REsp 1.029.434, 2008). Entendemos que, nesse acórdão, houve uma aplicação equivocada do dispositivo. Estivéssemos cuidando de um tributo sobre a operação de compra e venda, estaria correto, mas incide sobre a receita mensal que, no caso, incorrera.

⇒ **Nulidade do negócio jurídico de compra e venda. Boa-fé. Devolução do ITBI.** "RESTITUIÇÃO DE INDÉBITO. DECLARAÇÃO DE NULIDADE DA COMPRA E VENDA DE IMÓVEL. DESFAZIMENTO DO FATO GERADOR. DEVOLUÇÃO. VALORES. IMPOSTO DE TRANSMISSÃO. ITBI... 2. O art. 118, I, do CTN não pode ser interpretado de forma insulada, porquanto pode trazer sérias contradições aos demais dispositivos legais. O princípio do *non olet*, expresso no artigo citado, foi criado por Albert Hensel e Otmar Bühler e tem como escopo permitir a tributação das atividades ilícitas. Irrelevante, portanto, para a determinação do fato gerador, a validade jurídica dos atos efetivamente praticados pelos contribuintes. 3. No caso *sub judice*, houve a declaração de nulidade do negócio jurídico de compra e venda de imóvel entabulado pelas partes, sem que houvesse dolo do recorrido, tendo-se desfeito o fato gerador do ITBI. Desse modo, nada mais justo que o restabelecimento do *statu quo ante*, para que não haja enriquecimento ilícito do Estado. Na hipótese dos autos trata da declaração de nulidade do próprio fato que gerou a exação, o que não originou benefício econômico para a parte" (STJ, REsp 1.493.162, 2014).

⇒ **Atos ilícitos e tributação.** Jamais um ato ilícito estará descrito na hipótese de incidência de um imposto ou contribuição, por exemplo, porquanto tributo não é sanção de ato ilícito! Assim, do ponto de vista normativo, é descabido pensar-se na tributação de ilícitos. Mas hipóteses de incidência a princípio lícitas, como a propriedade, a aquisição de renda, a percepção de receita ou a circulação de mercadorias, podem acabar sendo vislumbradas em fatos geradores que consubstanciem situações ilícitas, como a propriedade de bens furtados, a aquisição de renda proveniente de estelionato, a percepção de receita proveniente da exploração de jogos e a circulação de entorpecentes proibidos. Nesses casos, é relevante questionar se a consciência do caráter ilícito da situação por parte do Fisco tem ou não repercussão no que diz respeito à incidência da norma tributária e ao surgimento da obrigação de pagar tributo. Talvez a solução seja uma questão de grau. Deparando-se com situação de evidente caráter criminoso, por certo que a conduta a ser exigida do Fiscal não será a lavratura de lançamento, mas a representação à autoridade superior ou mesmo a comunicação direta do ilícito às autoridades competentes com vista à tomada das medidas policiais e de persecução penal. Lembre-se que a qualquer pessoa e aos funcionários públicos em especial compete levar ao conhecimento das autoridades os crimes de que tomarem conhecimento, cabendo aos fiscais e auditores representarem nesse sentido à autoridade superior para as providências cabíveis que levarão à investigação e à persecução penal. O que for produto de crime e, por isso, restar perdido em favor do Estado ou for objeto de sequestro, nos termos dos arts. 91 do Código Penal e 125/133 do CPP, não ensejará a cobrança de tributo. Outra é a situação, todavia, em que o caráter ilícito da situação não seja evidente e que, embora alguma desconfiança por parte do Fiscal, revista-se da aparência de legalidade. Nesses casos, não havendo convicção imediata e inequívoca por parte do fiscal quando à ilicitude penal, deverá proceder ao lançamento, sem prejuízo da comunicação de eventuais indícios à autoridade superior para que considere se é ou não o caso de representação à autoridade policial ou ao Ministério Público. A mera suposição de ilicitude, ou sua afirmação pelo agente, não é razão suficiente para que se deixe de levar a cabo a atividade vinculada de lançamento e cobrança dos tributos.

– "... para fins tributários, a incidência fiscal toma em consideração apenas o aspecto econômico do fato jurídico, não se questionando sobre a licitude ou ilicitude dos aspectos direta ou indiretamente relacionados ao fato gerador da obrigação, característica esta a que se identifica como 'princípio do *non olet*', evidenciado nos arts. 3º e 118, I, do CTN. ... longe de implicar condescendência ou incentivo à ilegalidade, representa a concretização de superiores postulados principiológicos da tributação..." (CARNEIRO, Daniel Zanetti Marques. Imposto de renda e atividades ilícitas... *RDDT* 166/19, 2009).

– "Temos... dificuldade de conceber o criminoso declarando à Receita Federal as vantagens econômicas angariadas com a prática de crimes. [...] Se tributar o ilícito for de acordo com o ordenamento jurídico, devemos encontrar ações judiciais discutindo o valor das drogas contrabandeadas e a alíquota de ICMS aplicada; devemos encontrar disputas sobre a incidência do IPI e CO-

FINS nos resultados auferidos pelas grandes empresas do crime organizado...; [...] Chamamos a atenção do leitor para a inexistência de legislação que preveja a tributação do produto do crime antes do confisco federal. É dizer: uma hipotética interpretação que levasse à conclusão de que o resultado auferido com a prática de crimes deveria ser tributado e, posteriormente, confiscado pela União, incorporando aos cofres públicos, não encontra fundamento legal" (BECHO, Renato Lopes. *Lições de direito tributário*. São Paulo: Saraiva, 2011, p. 76, 82 e 93). Obs: Becho trabalha detalhadamente essa questão da intributabilidade do ilícito e do dever das autoridades de proceder à notificação dos crimes às autoridades policiais, de modo que culmine, no âmbito do processo criminal, com o confisco dos bens, não sendo o caso, nesses casos, de pensar-se em tributação do ilícito. Vale proceder à leitura integral das p. 69-94 do seu *Lições...*

• Vide COÊLHO, Sacha Calmon Navarro. A tributação do ilícito e os limites à aplicação do princípio do *non olet*. *RFDT* 92, 2018.

• Vide BECHO, Renato Lopes. A discussão sobre a tributabilidade de atos ilícitos. *RDDT* 172/86, 2010.

– **Critério para distinguir:** "... se o ordenamento brasileiro dispõe acerca do produto do crime, determinando sua expropriação, não há espaço para a tributação. Qualquer tributo iria além da totalidade do próprio produto do crime, revelando confisco, vedado pela constituição. Não é possível, no ordenamento jurídico brasileiro, o emprego do tributo com efeito de confisco (art. 150, IV, da Constituição Federal). Vê-se que não prosperam os argumentos daqueles que defendem, com base na igualdade, aquela tributação, já que não está correta a premissa de que, ao não se tributarem aqueles resultados, colocar-se-iam em situação privilegiada os que cometeram ilícitos; estes, como visto, perdem a totalidade dos frutos do ilícito. Assim, não obstante o posicionamento doutrinário e jurisprudencial favorável à tributabilidade do produto do ilícito, esta deve encontrar seu limite nos casos em que o próprio ordenamento exigir a expropriação daquele produto, não havendo, então, espaço para a tributação. Se, entretanto, não ocorre o perdimento (por exemplo, em virtude de prescrição penal), então este fato (a prescrição) implicará um acréscimo no patrimônio do agente. Será hipótese, agora sim, lícita, já que conforme o ordenamento e nada impede a tributação neste segundo momento" (SCHOUERI, Luís Eduardo. *Direito tributário*. 2. ed. São Paulo: Saraiva, 2012, p. 140).

– **Desimporta o caráter ilícito. Incidência, desde que efetivamente ocorrido o fato gerador do tributo.** "2. O art. 118 do CTN consagra o princípio do *non olet*, segundo o qual o produto da atividade ilícita deve ser tributado, desde que realizado, no mundo dos fatos, a hipótese de incidência da obrigação tributária. 3. Se o ato ou negócio ilícito for acidental à norma de tributação (= estiver na periferia da regra de incidência), surgirá a obrigação tributária com todas as consequências que lhe são inerentes. Por outro lado, não se admite que a ilicitude recaia sobre elemento essencial da norma de tributação. 4. Assim, por exemplo, a renda obtida com o tráfico de drogas deve ser tributada, já que o que se tributa é o aumento patrimonial e não o próprio tráfico. Nesse caso, a ilicitude é circunstância acidental à norma de tributação. No caso de importação ilícita, reconhecida a ilicitude e aplicada a pena de perdimento, não poderá ser cobrado o imposto de importação, já que 'importar mercadorias' é elemento essencial do tipo tributário. Assim, a ilicitude da importação afeta a própria incidência da regra tributária no caso concerto" (STJ, REsp 984.607, 2008).

– "... constatada pela fiscalização tributária que determinada pessoa teve acréscimo patrimonial em virtude de apropriação indébita ou do peculato que praticou, não há como deixar de tributá-la sob o pretexto de que a origem desse acréscimo patrimonial é ilícita. interessa ao Direito Tributário apenas a relação econômica" (HARADA, Kiyoshi. *ITBI*: doutrina e prática. São Paulo: Atlas, 2010, p. 131).

• Vide: COÊLHO, Sacha Calmon Navarro. A tributação do ilícito e os limites à aplicação do princípio do *non olet. RFDT* 92, 2018.

– **Imposto de importação. Cassação da liminar que autorizava a operação. Repetição. Descabimento.** "IMPORTAÇÃO DE VEÍCULOS USADOS SUPORTADA POR DECISÃO JUDICIAL POSTERIORMENTE CASSADA – OPERAÇÃO ILÍCITA – EXIGIBILIDADE DE IPI – APLICAÇÃO DA PENA DE PERDIMENTO – CUMULAÇÃO – POSSIBILIDADE – EXEGESE DO ART. 118 DO CTN... 4. As operações ou atividades ilícitas são tributáveis, porquanto a definição legal do fato gerador é interpretada com abstração da validade jurídica dos atos efetivamente praticados pelos contribuintes, responsáveis ou terceiros, bem como da natureza do seu objeto ou dos seus efeitos (art. 118 do CTN). 5. Há incidência do IPI na importação ilícita, pois a pura ocorrência do fato imponível previsto em lei faz nascer a obrigação tributária" (STJ, REsp 1.050.408, 2008).

– "APREENSÃO DE MERCADORIAS. IMPORTAÇÃO IRREGULAR. PENA DE PERDIMENTO. CONVERSÃO EM RENDA. 1. Nos termos do Decreto-lei n. 37/66, justifica-se a aplicação da pena de perdimento se o importador tenta ingressar no território nacional, sem declaração ao posto fiscal competente, com mercadorias que excedem, e muito, o conceito de bagagem, indicando nítida destinação comercial. 2. O art. 118 do CTN consagra o princípio do *non olet*, segundo o qual o produto da atividade ilícita deve ser tributado, desde que realizado, no mundo dos fatos, a hipótese de incidência da obrigação tributária. 3. Se o ato ou negócio ilícito for acidental à norma de tributação (= estiver na periferia da regra de incidência), surgirá a obrigação tributária com todas as consequências que lhe são inerentes. Por outro lado, não se admite que a ilicitude recaia sobre elemento essencial da norma de tributação. 4. Assim, por exemplo, a renda obtida com o tráfico de drogas deve ser tributada, já que o que se tributa é o aumento patrimonial e não o próprio tráfico. Nesse caso, a ilicitude é circunstância acidental à norma de tributação. No caso de importação ilícita, reconhecida a ilicitude e aplicada a pena de perdimento, não poderá ser cobrado o imposto de importação, já que 'importar mercadorias' é elemento essencial do tipo tributário. Assim, a ilicitude da importação afeta a própria incidência da regra tributária no caso concerto. 5. A legislação do imposto de importação consagra a tese no art. 1º, § 4º, III, do Decreto-Lei 37/66, ao determinar que 'o imposto não incide sobre mercadoria estrangeira [...] que tenha sido objeto de pena de perdimento'. 6. Os demais tributos que incidem sobre produtos importados (IPI, PIS e COFINS) não ensejam o mesmo tratamento, já que o fato de ser irregular a im-

portação em nada altera a incidência desses tributos, que têm por fato gerador o produto industrializado e o faturamento, respectivamente. 7. O art. 622, § 2º, do Regulamento Aduaneiro (Decreto 4.543/02) deixa claro que a 'aplicação da pena de perdimento' [...] 'não prejudica a exigência de impostos e de penalidades pecuniárias'. 8. O imposto sobre produtos industrializados tem regra específica no mesmo sentido (art. 487 do Decreto 4.544/02 – Regulamento do IPI), não dispensando, 'em caso algum, o pagamento do imposto devido'. 9. O depósito que o acórdão recorrido determinou fosse convertido em renda abrange, além do valor das mercadorias apreendidas, o montante relativo ao imposto de importação (II), ao imposto sobre produtos industrializados (IPI), à contribuição ao PIS e à COFINS. 10. O valor das mercadorias não pode ser devolvido ao contribuinte, já que a pena de perdimento foi aplicada e as mercadorias foram liberadas mediante o depósito do valor atualizado. Os valores relativos ao IPI, PIS e COFINS devem ser convertidos em renda, já que a regra geral é de que a aplicação da pena de perdimento não afeta a incidência do tributo devido sobre a operação. 11. O recurso deve ser provido somente para possibilitar a liberação ao contribuinte do valor relativo ao imposto de importação. 12. Recurso especial provido em parte" (STJ, REsp 984.607, 2008).

– **Importação. Perdimento.** "APREENSÃO DE MERCADORIAS. IMPORTAÇÃO IRREGULAR. PENA DE PERDIMENTO. CONVERSÃO EM RENDA. 1. Nos termos do Decreto-lei n. 37/66, justifica-se a aplicação da pena de perdimento se o importador tenta ingressar no território nacional, sem declaração ao posto fiscal competente, com mercadorias que excedem, e muito, o conceito de bagagem, indicando nítida destinação comercial. 2. O art. 118 do CTN consagra o princípio do *non olet*, segundo o qual o produto da atividade ilícita deve ser tributado, desde que realizado, no mundo dos fatos, a hipótese de incidência da obrigação tributária. 3. Se o ato ou negócio ilícito for acidental à norma de tributação (= estiver na periferia da regra de incidência), surgirá a obrigação tributária com todas as consequências que lhe são inerentes. Por outro lado, não se admite que a ilicitude recaia sobre elemento essencial da norma de tributação. 4. Assim, por exemplo, a renda obtida com o tráfico de drogas deve ser tributada, já que o que se tributa é o aumento patrimonial e não o próprio tráfico. Nesse caso, a ilicitude é circunstância acidental à norma de tributação. No caso de importação ilícita, reconhecida a ilicitude e aplicada a pena de perdimento, não poderá ser cobrado o imposto de importação, já que 'importar mercadorias' é elemento essencial do tipo tributário. Assim, a ilicitude da importação afeta a própria incidência da regra tributária no caso concerto. 5. A legislação do imposto de importação consagra a tese no art. 1º, § 4º, III, do Decreto-Lei 37/66, ao determinar que 'o imposto não incide sobre mercadoria estrangeira [...] que tenha sido objeto de pena de perdimento'. 6. Os demais tributos que incidem sobre produtos importados (IPI, PIS e COFINS) não ensejam o mesmo tratamento, já que o fato de ser irregular a importação em nada altera a incidência desses tributos, que têm por fato gerador o produto industrializado e o faturamento, respectivamente. 7. O art. 622, § 2º, do Regulamento Aduaneiro (Decreto 4.543/02) deixa claro que a 'aplicação da pena de perdimento' [...] 'não prejudica a exigência de impostos e de penalidades pecuniárias'. 8. O imposto sobre produtos industrializados tem regra específica no mesmo sentido (art. 487 do Decreto 4.544/02 – Regulamento do IPI), não dispensando, 'em caso algum, o pagamento do imposto devido'. 9. O depósito que o acórdão recorrido determinou fosse convertido em renda abrange, além do valor das mercadorias apreendidas, o montante relativo ao imposto de importação (II), ao imposto sobre produtos industrializados (IPI), à contribuição ao PIS e à COFINS. 10. O valor das mercadorias não pode ser devolvido ao contribuinte, já que a pena de perdimento foi aplicada e as mercadorias foram liberadas mediante o depósito do valor atualizado. Os valores relativos ao IPI, PIS e COFINS devem ser convertidos em renda, já que a regra geral é de que a aplicação da pena de perdimento não afeta a incidência do tributo devido sobre a operação. 11. O recurso deve ser provido somente para possibilitar a liberação ao contribuinte do valor relativo ao imposto de importação. 12. Recurso especial provido em parte" (STJ, REsp 984.607, 2008).

– Tributação sobre o produto da atividade ilícita. Legitimidade. "Sonegação fiscal de lucro advindo de atividade criminosa: *non olet*. Drogas: tráfico de drogas, envolvendo sociedades comerciais organizadas, com lucros vultosos subtraídos à contabilização regular das empresas e subtraídos à declaração de rendimentos: caracterização, em tese, de crime de sonegação fiscal, a acarretar a competência da Justiça Federal e atrair pela conexão, o tráfico de entorpecentes: irrelevância da origem ilícita, mesmo quando criminal, da renda subtraída à tributação. A exoneração tributária dos resultados econômicos de fato criminoso – antes de ser corolário do princípio da moralidade – constitui violação do princípio de isonomia fiscal, de manifesta inspiração ética" (STF, HC 77.530, 1998).

– "PECULATO. CONDENAÇÃO. SONEGAÇÃO FISCAL PROVENIENTE DE ATUAÇÃO ILÍCITA. TRIBUTABILIDADE. INEXISTÊNCIA DO *BIS IN IDEM*. BENS JURÍDICOS TUTELADOS NOS TIPOS PENAIS DISTINTOS. PUNIBILIDADE. São tributáveis *ex vi* do art. 118, do Código Tributário Nacional, as operações ou atividades ilícitas ou imorais, posto a definição legal do fato gerador é interpretada com abstração da validade jurídica dos atos efetivamente praticados pelos contribuintes, responsáveis ou terceiros, bem como da natureza do seu objeto ou dos seus efeitos..." (STJ, REsp 182,563, 1998).

– No sentido da ilegitimidade da tributação. "4. Se admitido fosse que a paciente tinha, em seu poder, as quantias alegadas, não era dever jurídico seu declará-las às autoridades fazendárias. Esse proceder implicaria, de um lado, a autoacusação; de outro, a eliminação do caráter ilícito do fato em sendo recolhido o tributo. [...] 6. Ordem concedida" (6ª T., HC 55217/RR, Rel. Min. Nilson Naves, julgado em 20.06.2006, *DJ* 25.09.2006 p. 315). Obs.: Cuidava-se, aqui, de pessoa que, supostamente, recebia fraudulentamente salários em nome de outras 26 pessoas, mediante procurações, o que restou apurado em Roraima no chamado "escândalo dos gafanhotos".

II – dos efeitos dos fatos efetivamente ocorridos.

⇒ **Efeitos impróprios.** "... o objetivo da norma é aludir a efeitos estranhos, vulgares, alheios aos peculiares e exclusivos que o evento propala" (CARVALHO, Paulo de Barros. *Curso de direito tributário*. 27. ed. São Paulo: Saraiva, 2016, p. 287). É como Paulo de Barros Carvalho, vislumbrando contradição entre o inciso II do art. 118 e o inc. I do art. 116, procura contorná-la.

⇒ **Furto de mercadoria. Não aperfeiçoamento da operação. Tributo indevido.** "IPI. FATO GERADOR. MOMENTO TEMPORAL. FURTO/ROUBO. TRADIÇÃO. CONDIÇÃO RESOLUTÓRIA. CAPACIDADE CONTRIBUTIVA SUBJETIVA. EXAÇÃO INDEVIDA... 3. Em relação ao mérito, esta Turma se posicionara inicialmente no sentido de que 'o roubo ou furto de mercadorias é risco inerente à atividade do industrial produtor. Se roubados os produtos depois da saída (implementação do fato gerador do IPI), deve haver a tributação, não tendo aplicação o disposto no art. 174, V, do RIPI-98' (REsp 734.403/RS, Rel. Min. Mauro Campbell Marques, Segunda Turma, *DJe* 6.10.2010). Nessa oportunidade, fiquei vencido ao lado do Eminente Ministro Castro Meira, cujas considerações ali feitas motivaram aqui maior reflexão sobre a justiça de onerar o contribuinte com tributação que não corresponde ao proveito decorrente da operação. Tais observações prevalecem nos seguintes termos: 4. O fato gerador do IPI não é a saída do produto do estabelecimento industrial ou a ele equiparado. Esse é apenas o momento temporal da hipótese de incidência, cujo aspecto material consiste na realização de operações que transfiram a propriedade ou posse de produtos industrializados. 5. Não se pode confundir o momento temporal do fato gerador com o próprio fato gerador, que consiste na realização de operações que transfiram a propriedade ou posse de produtos industrializados. 6. A antecipação do elemento temporal criada por ficção legal não torna definitiva a ocorrência do fato gerador, que é presumida e pode ser contraposta em caso de furto, roubo, perecimento da coisa ou desistência do comprador. 7. A obrigação tributária nascida com a saída do produto do estabelecimento industrial para entrega futura ao comprador, portanto, com tradição diferida no tempo, está sujeita a condição resolutória, não sendo definitiva nos termos dos arts. 116, II, e 117 do CTN. Não há razão para tratar, de forma diferenciada, a desistência do comprador e o furto ou o roubo da mercadoria, dado que em todos eles a realização do negócio jurídico base foi frustrada. 8. O furto ou o roubo de mercadoria, segundo o art. 174, V, do Regulamento do IPI, impõem o estorno do crédito de entrada relativo aos insumos, o que leva à conclusão de que não existe o débito de saída em respeito ao princípio constitucional da não cumulatividade. Do contrário, além da perda da mercadoria – e do preço ajustado para a operação mercantil –, estará o vendedor obrigado a pagar o imposto e a anular o crédito pelas entradas já lançado na escrita fiscal. 9. Desarrazoado entender que a parte que tem a mercadoria roubada deva suportar prejuízo decorrente de *deficit* da segurança pública que deveria ser oferecida pelo Estado, e recolher o tributo como se obtivesse proveito econômico com a operação. Quando há proveito econômico, não se recolhe tributo. Quando não há, o pagamento é indevido? Tratar-se-ia de afirmação kafkiana. 10. O furto de mercadorias antes da entrega ao comprador faz desaparecer a grandeza econômica sobre a qual deve incidir o tributo. Em outras palavras, não se concretizando o negócio jurídico, por furto ou roubo da mercadoria negociada, já não se avista o elemento signo de capacidade contributiva, de modo que o ônus tributário será absorvido não pela riqueza advinda da própria operação tributada, mas pelo patrimônio e por rendas outras do contribuinte que não se relacionam especificamente com o negócio jurídico que deu causa à tributação, em clara ofensa ao princípio do não confisco. 11. Recurso Especial provido" (STJ, REsp 1.203.236, 2012).

CAPÍTULO III
SUJEITO ATIVO

Art. 119. Sujeito ativo da obrigação é a pessoa jurídica de direito público, titular da competência para exigir o seu cumprimento.

⇒ **Prerrogativas do sujeito ativo/credor.** O art. 119 do CTN define quem possui capacidade para figurar no polo ativo da relação tributária, como credor e, assim: *a*) editar normas complementares das leis e dos decretos; *b*) orientar o contribuinte quanto ao cumprimento de suas obrigações; *c*) fiscalizar; *d*) lançar; *e*) fazer tramitar o processo administrativo fiscal ensejando ao contribuinte que tenha sua defesa apreciada; *f*) inscrever o crédito tributário em dívida ativa; *g*) produzir o título executivo mediante expedição de certidão de dívida ativa; *h*) cobrar o crédito tributário amigavelmente; *i*) protestar a CDA em cartório; *j*) promover execução fiscal em juízo; *k*) certificar a situação fiscal do contribuinte.

⇒ **Sujeito ativo: pessoa jurídica de direito público.** A capacidade tributária ativa é a aptidão para ser colocado, por lei, na posição de sujeito ativo da relação tributária, ou seja, na posição de credor, com as prerrogativas que lhe são inerentes de fiscalizar o cumprimento das obrigações pelos contribuintes, lançar e cobrar os respectivos créditos tributários. Apenas as pessoas jurídicas de direito público é que têm capacidade tributária ativa, podendo, pois ser colocadas na posição de sujeito ativo de obrigações tributárias (art. 119 do CTN); aliás, só as pessoas jurídicas de direito público desenvolvem atividade administrativa plenamente vinculada (art. 3º do CTN). Assim, sujeito ativo será o próprio ente político do qual a lei instituidora do tributo emana (posição esta que se presume) ou, se a lei expressamente designar, outra pessoa jurídica de direito público, ou seja, uma autarquia ou uma fundação. A União é sujeito ativo da maioria dos tributos federais. Mas há o caso, e.g., da Taxa de Controle e Fiscalização ambiental de que cuida a Lei n. 10.165/2000, que tem o Ibama como sujeito ativo. Ademais, o INSS figurou, por muito tempo, até o início de 2007, como sujeito ativo das contribuições previdenciárias e também das contribuições a terceiros (Incra, Sebrae, Sesc etc.), contribuições estas que, desde a criação da Secretaria da Receita Federal do Brasil, passaram a ter como sujeito ativo a própria União.

– O STJ, porém, reconhece à CNA, que tem personalidade jurídica de direito privado, não apenas o direito ao produto da arrecadação da respectiva contribuição, mas legitimidade para a sua cobrança. Eis a **Súmula n. 396 do STJ:** "A Confederação Nacional da Agricultura tem legitimidade ativa para a cobrança da contribuição sindical rural".

– "As atividades de lançamento e inscrição em dívida ativa (artigos 141 c/c o parágrafo único do artigo 142 do CTN e 201 a 204 do mesmo Códex) somente podem ser exercidas por pessoas que exercem função pública e não por ente privado como a CNA, que só tem poder para arrecadar/receber o crédito tributário desde que, por óbvio, tenha sido previamente constituído e inscrito em dívida ativa. [...] Não se pode admitir o desrespeito ao CTN... [...] Referida cobrança é feita obrigatoriamente através de execução fiscal (artigo 6º do Decreto-lei n. 1.166/1971 c/c o artigo 606 da CLT) por se tratar de dívida tributária, bem como porque parte da receita cabe ao ente público (artigo 4º, § 4º, do Decreto-lei n. 1.166/1971) devendo a petição inicial ser instruída obrigatoriamente com a certidão da dívida ativa efetuada pela autoridade pública competente... podendo ser proposta pela CNA nos termos da Súmula 396 do STJ que reza que a citada entidade 'tem legitimidade ativa para a cobrança da contribuição sindical rural'" (TAKOI, Sérgio Massaru. Contribuição sindical rural e aspectos procedimentais imprescindíveis para sua cobrança. *RDDT* 205/129-140, 2012).

– **Validade do art. 119 do CTN.** Entendemos que o art. 119 do CTN é plenamente compatível com o Texto Constitucional de 1988. A Constituição, é verdade, deixa claro, em alguns dispositivos, que haverá contribuições destinadas a entes privados (sindicatos, serviços sociais autônomos), mas daí não se pode inferir que devam tais entes ser sujeitos ativos de tais obrigações. Aliás, tais tributos, que já existiam anteriormente, tinham e continuam tendo como sujeitos ativos das respectivas obrigações ou a União (Ministério do Trabalho), no caso da contribuição sindical, ou a União, no caso das contribuições ao sistema "S", ou seja, SESC, SENAC, SENAI, SENAC. O art. 119 do CTN, portanto, dispõe validamente sobre a matéria, exigindo que a lei coloque na condição de sujeito ativo uma pessoa jurídica de direito público, ou seja, o próprio ente político, uma autarquia ou uma fundação pública. Parece-nos que tal norma está em perfeita harmonia com o art. 3º do CTN, que diz que tributo é cobrado mediante "atividade administrativa plenamente vinculada", e com o art. 7º do CTN, que diz da possibilidade de uma pessoa jurídica de direito público conferir a outra as funções de arrecadar ou fiscalizar tributos, de executar leis, serviços, atos ou decisões administrativas em matéria tributária. Todos estes dispositivos referem-se, de modo convergente, ou expressamente, a pessoa jurídica de direito público ou a atividade administrativa plenamente vinculada, afastando, pois, a possibilidade de que se tenha uma pessoa jurídica de direito privado ocupando tal posição. Quando do julgamento da ADIn 1.717-DF pelo STF, iniciado em setembro de 1999 e concluído em novembro de 2002, o Min.-Relator, Sydney Sanches, abordando as inconstitucionalidades do art. 58 da Lei n. 9.649/98, que atribuíra personalidade de direito privado aos Conselhos Profissionais, adotou como suas as razões apresentadas no parecer da Procuradoria Geral da

República, enfocando o art. 119 do CTN da seguinte forma: "11. Já no § 4º, os referidos conselhos são autorizados a fixar, cobrar e executar as contribuições anuais devidas por pessoas físicas ou jurídicas, bem como preços de serviços e multas, as quais constituem receitas próprias. 12. Ocorre que essas contribuições possuem caráter tributário, ou seja, são tributos, de competência da União Federal, não parecendo possa, em face do art. 119 do CTN, a capacidade de ser sujeito ativo da concernente obrigação tributária ser delegada a ente dotado de personalidade jurídica de direito privado. 13. Com efeito, o art. 119 do CTN é claro ao estabelecer que: 'sujeito ativo da obrigação é a pessoa jurídica de direito público titular da competência para exigir o seu cumprimento'. 14. Assim, tendo sido o art. 119 do CTN recepcionado pela Constituição Federal, não poderia a lei ordinária modificá-lo, pois, para tanto, é necessário lei complementar, nos termos do art. 146, III, da Constituição".

– Também no sentido da validade do art. 119 do CTN, vejam-se: MACHADO, Hugo de Brito. *Curso de direito tributário*. 33. ed. São Paulo: Malheiros, 2012, p. 142/143; MORAES, Bernardo Ribeiro de. *Compêndio de direito tributário*. 3. ed. Rio de Janeiro: Forense, 1995, v. 2, p. 273.

– No sentido da invalidade do art. 119 do CTN, vide: CARVALHO, Paulo de Barros. *Curso de direito tributário*. 21. ed. São Paulo: Saraiva, 2009, p. 332/333; AMARO, Luciano. *Direito tributário brasileiro*. 15. ed. São Paulo: Saraiva, 2009, p. 294.

– **Omissão legal quanto à definição do sujeito ativo. Solução.** Não sendo delegada por lei a condição de sujeito ativo, entende-se que tal posição é ocupada pela própria pessoa política de que provém a lei instituidora do tributo.

⇒ **Destinatário da receita.** Não se pode confundir o sujeito ativo com o destinatário da receita do tributo. Como os tributos são receita pública, normalmente, os entes políticos os instituem para si próprios, o que, aliás, se presume. Mas podem ser destinatários também autarquias e fundações públicas. Além disso, a Constituição prevê a destinação de recursos tributários a pessoas jurídicas de direito privado, como se vê do seu art. 8º, que refere a contribuição aos sindicatos (de natureza tributária), e do seu art. 240, que prevê as contribuições em favor das entidades privadas de serviço social e de formação profissional vinculadas ao sistema sindical, como o SENAC e o SENAI. Mas essas pessoas jurídicas de direito privado sem fins lucrativos, embora possam ser colocadas na posição de destinatárias, jamais poderão ser colocadas validamente na posição de sujeitos ativos. Assim ocorre, e.g., relativamente à contribuição destinada ao SENAC, que tem a União como sujeito ativo, normatizando, fiscalizando, lançando, cobrando e, por fim, repassando o produto ao SENAC. Lembremos, porém, da Súmula 396 do STJ, que reconhece à CNA legitimidade para a própria cobrança da contribuição sindical rural.

⇒ **Legitimidade passiva para ações tributárias.** O STJ vem entendendo que a legitimidade passiva para as demandas em que o contribuinte questiona algum tributo é do destinatário legal do seu produto, conforme precedentes a seguir. Não concordamos com essa posição, porquanto o destinatário, a

rigor, desborda da relação tributária: não é credor nem devedor. Efetivamente, não é o destinatário que reúne as prerrogativas de regulamentação, fiscalização e cobrança, mas o sujeito ativo do tributo. A destinação é feita em momento posterior à arrecadação. A questão ainda é controvertida, conforme se vê de notas aos arts. 142 e 165 do CTN.

– **Legitimidade do destinatário legal, não do sujeito ativo (credor).** "SALÁRIO-EDUCAÇÃO. ILEGITIMIDADE PASSIVA DA UNIÃO. A União não é destinatária do produto do salário-educação, exercendo mera função de arrecadação e fiscalização da contribuição social, sendo, portanto, parte ilegítima para responder pela legalidade da cobrança do referido tributo" (STJ, AgRg nos EDcl no AREsp 172.540, 2014).

– "AÇÃO ORDINÁRIA. LEGITIMIDADE PASSIVA. CONTRIBUIÇÃO DESTINADA AO SALÁRIO-EDUCAÇÃO 1. O INSS e o FNDE, e não a União, possuem legitimidade *ad causam* para figurar no polo passivo das demandas em que se discute a contribuição ao salário-educação. Precedentes do STJ" (STJ, 2ª T., AgRg nos EDcl no AREsp 211.790/SC, Rel. Min. Herman Benjamin, mar. 2013).

– **Ilegitimidade do destinatário do produto da arrecadação.** "PROCESSUAL CIVIL E TRIBUTÁRIO. REPETIÇÃO DE INDÉBITO. IMPOSTO DE EXPORTAÇÃO. ILEGITIMIDADE PASSIVA DO BANCO CENTRAL. 1. O art. 9º do Decreto-Lei 1.578/1977 determinava: 'O produto da arrecadação do imposto de exportação constituirá reserva monetária, a crédito do Banco Central do Brasil, a qual só poderá ser aplicada na forma estabelecida pelo Conselho Monetário Nacional'. 2. O fato de 'o produto da arrecadação' ser destinado ao Banco Central do Brasil não tem o condão de fazer da autarquia sujeito ativo do imposto. A União – ente que detém a competência tributária, na forma do art. 23 do CTN – possui também a qualidade de sujeito ativo do Imposto de Exportação. Cabe a ela o dever de restituir o tributo indevidamente pago. Precedentes do Tribunal Federal de Recursos. 3. No caso dos autos, a União figurou no polo passivo, tendo sido condenada à repetição do indébito. Desse modo, a exclusão do Bacen da lide não inviabiliza a restituição das quantias indevidamente pagas pela empresa recorrida" (STJ, REsp 742.481, 2009).

– **Litisconsórcio necessário.** "PROCESSUAL CIVIL. CONTRIBUIÇÃO PARA O SESC/SENAC. LITISCONSÓRCIO NECESSÁRIO. INTERESSE PROCESSUAL DO INSS. Nas ações em que se discute o recolhimento da contribuição para o SESC/SENAC, o INSS é parte legítima para a causa, porque é órgão arrecador e fiscalizador da contribuição (art. 94, da Lei n. 8.212/91), devendo atuar na demanda, como litisconsortes necessários, o SESC e o SENAC, porque a eles é destinada a aludida contribuição. Recursos especiais improvidos" (STJ, REsp 413.382, 2002).

– "TRIBUTÁRIO – CONTRIBUIÇÃO SOCIAL PARA O SESC/SENAC – LEGITIMIDADE PASSIVA – LITISCONSÓRCIO PASSIVO NECESSÁRIO – RECURSO A QUE SE DÁ PROVIMENTO PARA DECLARAR A NULIDADE DO PROCESSO. O INSS é parte legítima para figurar na demanda onde se discute o recolhimento das contribuições sociais devidas para o SESC e SENAC, sendo que estas entidades também devem integrar a lide, na qualidade de litisconsortes passivas necessárias, porque a elas são destinadas as aludidas contribuições. Recurso provido" (STJ, REsp 413.592, 2002).

– **Legitimidade no caso do IR dos servidores públicos. Súmula 447 do STJ:** "Os Estados e o Distrito Federal são partes legítimas na ação de restituição de imposto de renda retido na fonte proposta por seus servidores" (*DJe* maio 2010).

– "RESTITUIÇÃO. IMPOSTO DE RENDA RETIDO NA FONTE. LEGITIMIDADE PASSIVA DO ESTADO DA FEDERAÇÃO. REPARTIÇÃO DA RECEITA TRIBUTÁRIA. 1. Os Estados da Federação são partes legítimas para figurar no polo passivo das ações propostas por servidores públicos estaduais, que visam o reconhecimento do direito à isenção ou à repetição do indébito relativo ao imposto de renda retido na fonte. Precedentes... 2. 'O imposto de renda devido pelos servidores públicos da Administração direta e indireta, bem como de todos os pagamentos feitos pelos Estados e pelo Distrito Federal, retidos na fonte, irão para os cofres da unidade arrecadadora, e não para os cofres da União, já que, por determinação constitucional 'pertencem aos Estados e ao Distrito Federal' (José Cretella Júnior, in *Comentários à Constituição Brasileira de 1988*, Forense Universitária, 2ª edição, vol. VII, arts. 145 a 169, p. 3714). 3. Recurso especial desprovido. Acórdão submetido ao regime do art.543-C do CPC e da Resolução STJ 08/2008" (STJ, REsp 989.419, 2009).

Art. 120. Salvo disposição de lei em contrário, a pessoa jurídica de direito público, que se constituir pelo desmembramento territorial de outra, sub-roga-se nos direitos desta, cuja legislação tributária aplicará até que entre em vigor a sua própria.

⇒ **Sub-rogação. Créditos vencidos e vincendos**. Dá-se a sub-rogação do novo ente político nas relações tributárias pertinentes ao território correspondente. Isso envolve créditos vencidos e vincendos do contribuinte, parcelamentos etc. Tanto a competência como a posição de sujeito ativo são transferidas.

⇒ **Incorporação irregular de território ao Município. Tema 400:** "A exigência da realização de plebiscito, conforme se determina no § 4º do art. 18 da Constituição da República, não foi afastada pelo art. 96, inserido no Ato das Disposições Constitucionais Transitórias da Constituição da República pela Emenda Constitucional n. 57/2008, sendo ilegítimo o município ocupante para cobrar o Imposto sobre a Propriedade Predial e Territorial Urbana – IPTU nos territórios indevidamente incorporados". Decisão de mérito em 2019.

CAPÍTULO IV
SUJEITO PASSIVO

SEÇÃO I
DISPOSIÇÕES GERAIS

Art. 121. Sujeito passivo da obrigação principal é a pessoa obrigada ao pagamento de tributo ou penalidade pecuniária.

⇒ **Devedor.** "Qualquer pessoa colocada por lei na qualidade de devedora da prestação tributária, será sujeito passivo, pouco importante o nome que lhe seja atribuído ou a sua situação de contribuinte ou responsável" (RIBEIRO DE MORAES, Bernardo. *Compêndio de direito tributário*. 3. ed. 1995, v. 2, p. 279).

Parágrafo único. O sujeito passivo da obrigação principal diz--se:

⇒ **Classificação dos sujeitos passivos (em sentido amplo).** As pessoas podem ser obrigadas, por lei, ao cumprimento da obrigação de pagar tributo ou a suportarem a respectiva execução, mediante diversas formas. As posições variam muito, conforme as previsões legais. Não apenas o contribuinte, pela realização do fato gerador, mas também terceiros quando se encontrem em posições específicas ou incorram em infrações que dificultem ou comprometam a arrecadação.

– Deve-se considerar, contudo, que, a rigor, só o contribuinte é sujeito passivo da relação contributiva. Os demais são sujeitos passivos de relações específicas de substituição ou de responsabilidade tributária, com deveres próprios cujo descumprimento pode implicar a obrigação de pagar o montante do tributo devido pelo contribuinte. Note-se que, às vezes, os "terceiros" assumem até mesmo posições ativas em benefício da Administração (realizam retenção perante o contribuinte, que tem de suportá--la). A posição do substituto e do responsável é estabelecida a partir de pressupostos de fato específicos e tem objeto próprio.

– Sobre as diversas hipóteses de responsabilidade tributária, vide notas aos arts. 128 e seguintes.

– **Classificação simplificada do CTN.** Optou o legislador, no *caput* do art. 121 do CTN, por uma simplificação terminológica, o que não contribui para a exata compreensão das diversas posições passivas e identificação dos regimes jurídicos que lhe são próprios. Conforme o CTN, os sujeitos passivos são:

1) Contribuinte, aquele que realiza o fato gerador;

2) Responsável, qualquer outra pessoa que esteja obrigada, por força de lei, a pagar o tributo, seja em lugar do contribuinte ou junto a ele, direta, solidária ou subsidiariamente;

– **Nossa classificação.** Preferimos incluir o substituto como categoria autônoma:

1. Contribuinte: aquele que realiza o fato gerador e que, portanto, é indicado pelo legislador para contribuir em face da sua capacidade contributiva;

2. Terceiros:

2.1. Substituto: o terceiro que, em face de pressuposto de fato específico, é obrigado a apurar o tributo devido e a efetuar seu pagamento em lugar do contribuinte, normalmente mediante retenção e recolhimento; quando o pagamento tem caráter definitivo, dispensando o contribuinte de qualquer apuração e pagamento, diz-se que a substituição é completa (exemplo: a instituição financeira relativamente ao imposto de renda devido sobre aplicações financeiras); quando o pagamento constitui antecipação de tributo cujo valor devido será posteriormente apurado pelo contribuinte, o qual, deduzindo as retenções, verificará a existência de saldo a pagar ou de valores a repetir, efetuando o ajuste ou acerto de contas, diz-se que a substituição é incompleta, havendo autores que, nesse caso, denominam o substituto de simples retentor (exemplo: o empregador relativamente ao imposto de renda sobre os pagamentos feitos aos seus empregados);

2.2. **Responsável**: o terceiro que, em face de pressuposto de fato específico, responde com seu próprio patrimônio no caso de inadimplência do contribuinte, substituto ou retentor (exemplo de responsável: o sócio-gerente que deixa de zelar pelo recolhimento de valores retidos e que, por isso, responde pessoalmente quando da inadimplência).

– Importa notar que todas estas pessoas, embora possam ser obrigadas ao pagamento ou a responder pelo débito, assumem posições diferentes, no bojo de relações jurídicas específicas. Somente o contribuinte é sujeito passivo da obrigação de contribuir para as despesas públicas.

– **Classificação de Heleno Taveira Tôrres.** No artigo Substituição tributária – regime constitucional, classificação e relações jurídicas (materiais e processuais), *RDDT* 70/87-108, jul. 2001, Heleno apresenta a seguinte classificação de sujeitos passivos com suporte na CF e no CTN:

1. Contribuintes: individuais ou solidários (art. 121, parágrafo único, I, e o 124).

2. Responsáveis (com ou sem solidariedade, com ou sem subsidiariedade, nos termos da lei):

  Vinculados ao fato jurídico tributário, nos termos da legislação das pessoas tributantes (art. 121, parágrafo único, II, e o 128);

  Responsabilidade dos sucessores (129-133), nos seguintes casos:

  – Sucessão imobiliária (130);

  – Sucessão por aquisição ou remissão de bens (131, I);

  – Sucessão *causa mortis* (131 II e III);

  – Sucessão empresarial por reorganização (transformação, fusão ou incorporação) ou extinção (132);

  – Sucessão empresarial por aquisição (133);

  Responsabilidade de terceiros (134 e 135);

  Responsabilidade por infrações (136 e 137).

3. Agentes de retenção, como são mais conhecidos, os substitutos tributários 'para trás' (porque o fato jurídico tributário já aconteceu).

4. Substituição tributária propriamente dita, ou a chamada substituição 'para frente' (porque o evento tributário ainda irá acontecer) – art. 150, § 7º, da CF.

– **Classificação da Ley General Tributaria española de 2003 (Ley n. 58/2003).** A lei espanhola detalha excessivamente os obrigados tributários, servindo, contudo, para uma análise detida das diversas possibilidade:

SECCIÓN I. CLASES DE OBLIGADOS TRIBUTARIOS.

Artículo 35. Obligados tributarios.

1. Son obligados tributarios las personas físicas o jurídicas y las entidades a las que la normativa tributaria impone el cumplimiento de obligaciones tributarias.

2. Entre otros, son obligados tributarios:

  a. Los contribuyentes.

  b. Los sustitutos del contribuyente.

  c. Los obligados a realizar pagos fraccionados.

  d. Los retenedores.

  e. Los obligados a practicar ingresos a cuenta.

  f. Los obligados a repercutir.

  g. Los obligados a soportar la repercusión.

  h. Los obligados a soportar la retención.

  i. Los obligados a soportar los ingresos a cuenta.

  j. Los sucesores.

  k. Los beneficiarios de supuestos de exención, devolución o bonificaciones tributarias, cuando no tengan la condición de sujetos pasivos.

...

5. Tendrán asimismo el carácter de obligados tributarios los responsables a los que se refiere el artículo 41 de esta Ley.

...

SECCIÓN III. RESPONSABLES TRIBUTARIOS.

Artículo 41. Responsabilidad tributaria.

1. La Ley podrá configurar como responsables solidarios o subsidiarios de la deuda tributaria, junto a los deudores principales, a otras personas o entidades. A estos efectos, se considerarán deudores principales los obligados tributarios del apartado 2 del artículo 35 de esta Ley.

I – contribuinte, quando tenha relação pessoal e direta com a situação que constitua o respectivo fato gerador;

⇒ **Contribuinte: quem realiza o fato gerador.** O dispositivo refere-se a quem é colocado por lei como obrigado ao pagamento de tributo por ter praticado o respectivo fato gerador, ou seja, ao chamado contribuinte de direito.

– **Contribuinte de direito *x* contribuinte de fato.** Vide nota ao art. 166 do CTN.

II – responsável, quando, sem revestir a condição de contribuinte, sua obrigação decorra de disposição expressa de lei.

⇒ **Responsável.** Conforme o CTN, sujeito passivo, qualificado como responsável, pode ser um sucessor ou um terceiro e responder solidária ou subsidiariamente, ou ainda por substituição. O CTN, neste artigo, pois, cuida de uma responsabilidade tributária em sentido amplo, abrangendo tanto o instituto da responsabilidade tributária em sentido estrito como o da substituição tributária.

– Sobre as modalidades de responsabilidade e de substituição tributárias, vide art. 128 do CTN.

– "... é de se ver que não é qualquer pessoa que pode ser definida como responsável. Somente se justifica a condição de 'responsável', adquirindo uma posição jurídica equivalente à de devedor principal, na hipótese da pessoa ter relações com o próprio devedor ou com o fato gerador da obrigação tributária" (RIBEIRO DE MORAES, Bernardo. *Compêndio de direito tributário*. 3. ed. 1995, v. 2, p. 287).

– "... a lei ordinária que atribuísse sujeição passiva a quem não tenha qualquer relação com a hipótese de incidência estaria definindo, não um responsável, mas um contribuinte; e o estaria fazendo em desacordo com o inciso I do dispositivo citado" (GOMES DE SOUSA, Rubens. Sujeito passivo das taxas. *RDP* 16/350).

⇒ **Relação jurídica própria da responsabilidade.** A relação que obriga o responsável tributário perante o Fisco a responder pelo tributo, assegurando com seu patrimônio a satisfação do crédito, embora não seja independente da obrigação do contribuinte, pois pressupõe a sua existência, o inadimplemento e a insolvência, guarda autonomia relativamente a ela, na medida em que tem seu pressuposto de fato específico. Efetivamente, o responsável não integra a relação contributiva, mas outra relação própria de responsabilidade tributária. Cuidam-se de deveres de colaboração impostos a terceiros e que, se descumpridos, podem de alguma maneira ensejar o inadimplemento pelo contribuinte ou dificultar a ação do fisco. Daí por que ao descumprimento desses deveres de colaboração a lei atribui a consequência de implicar responsabilidade pelo crédito tributário.

– "5. Essencial à compreensão do instituto da responsabilidade tributária é a noção de que a obrigação do terceiro, de responder por dívida originariamente do contribuinte, jamais decorre direta e automaticamente da pura e simples ocorrência do fato gerador do tributo. Do fato gerador, só surge a obrigação direta do contribuinte. Isso porque cada pessoa é sujeito de direitos e obrigações próprios e o dever fundamental de pagar tributos está associado às revelações de capacidade contributiva a que a lei vincule o surgimento da obrigação do contribuinte. A relação contributiva dá-se exclusivamente entre o Estado e o contribuinte em face da revelação da capacidade contributiva deste. Não é por outra razão que se destaca repetidamente que o responsável não pode ser qualquer pessoa, exigindo-se que guarde relação com o fato gerador ou com o contribuinte, ou seja, que tenha a possibilidade de influir para o bom pagamento do tributo ou de prestar ao fisco informações quanto ao surgimento da obrigação. Efetivamente, o terceiro só pode ser chamado a responder na hipótese de descumprimento de deveres de colaboração para com o Fisco, deveres estes seus, próprios, e que tenham repercutido na ocorrência do fato gerador, no descumprimento da obrigação pelo contribuinte ou em óbice à fiscalização pela Administração Tributária. O professor espanhol Lago Montero, em sua obra *La sujeción a los diversos deberes y obligaciones tributários* (Madrid: Marcial Pons, 1998), destaca, com clareza, que *'no es posible la responsabilidad cuando la conducta del hipotético responsable no produce un daño a los intereses de la Hacienda Pública, que sea imputable al mismo'*. Tais deveres, via de regra, constam de modo implícito das normas que atribuem responsabilidade. É que, ao atribuir a determinada conduta a consequência de implicar responsabilidade, o legislador, a *contrario sensu*, determina que não seja ela praticada, nos moldes, aliás, das normas penais em que se atribui à conduta proibida a pena, de maneira que as pessoas ajam de modo diverso, evitando a sanção. Contudo, se a verificação de que a responsabilidade decorre do descumprimento de um dever de colaboração implícito na sua regra matriz, de um lado, aproxima-a da estrutura das normas penais, não significa, de outro, que tenha a mesma natureza. Isso, aliás, decididamente não têm. Basta ver que a responsabilidade surgida para o terceiro pela infração ao seu dever formal não subsiste ao cumprimento da obrigação pelo contribuinte. O intuito do legislador não é punir o responsável, mas fazê-lo ga-

rante do crédito tributário. Giannini, em sua obra *Instituzioni di Diritto Tributário* (7ª edição, 1956), já ensinava que a responsabilidade só se configura na medida em que o descumprimento das obrigações do responsável implique prejuízo ao crédito do ente público e que seu objeto não é propriamente prestação do tributo, senão o ressarcimento do dano causado por culpa do responsável. O responsável, pois, quando é chamado ao pagamento do tributo, assim o faz na condição de garante da Fazenda por ter contribuído para o inadimplemento do contribuinte. A relação de responsabilidade tributária não se confunde, pois, com a relação contributiva. Embora a pressuponha e só se aperfeiçoe em face da inadimplência do tributo pelo contribuinte, decorre de norma específica e tem seu pressuposto de fato próprio. Lembro, aqui, a lição de Ferreiro Lapatza em sua obra *Curso de Derecho Financiero Español* (25ª ed., Madri: Marcial Pons, 2006, p. 445), em que afirma: '... el nacimiento de la obligación del responsable requiere la realización de dos presupuestos de hecho diferentes. El presupuesto de hecho del que deriva la obligación de los sujetos pasivos o deudores principales y el presupuesto de hecho del que deriva la obligación del responsable de pagar la cantidad también por ellos debida'. Aliás, a referência ao responsável enquanto terceiro (*dritter Persone*, *terzo* ou *tercero*) evidencia, justamente, que não participa da relação contributiva, mas de uma relação específica de responsabilidade tributária, inconfundível com aquela. Desse modo, quando o art. 121 do CTN refere-se ao contribuinte e ao responsável como sujeitos passivos da obrigação tributária principal, deve-se compreender que são sujeitos passivos de relações jurídicas distintas, com suporte em previsões legais e pressupostos de fato específicos, ainda que seu objeto possa coincidir – pagar tributo próprio (contribuinte) ou alheio (responsável)" (excerto do voto da Min. Ellen Gracie no RE 562.276, em 2010, ainda sob julgamento pelo STF).

– "... na obrigação principal, o sujeito passivo direto ou contribuinte é o protagonista do fato ensejador do nascimento do vínculo; já o chamado sujeito passivo indireto ou responsável, terceiro em relação ao fato jurídico tributário, é o protagonista de relação jurídica distinta, uma vez que alcançado pela lei para satisfazer a prestação objeto da obrigação principal contraída por outrem em virtude da prática de ato ilícito (descumprimento de dever próprio), ou em função de disciplina assecuratória da satisfação do crédito tributário" (COSTA, Regina Helena. *Curso de direito tributário*. 5. ed. São Paulo: Saraiva, 2015, p. 234).

– A Corte Especial do STJ, no EREsp 1.172.027/RJ, sob a relatoria da Min. Maria Thereza de Assis Moura, em dezembro de 2013, entendeu que a responsabilidade tributária não se estabelece quando não se vislumbra ao menos que tenha descumprido algum dever e cuidado. Tratava-se da responsabilidade tributária do transportador pelo Imposto de Importação, sendo que a mercadoria roubada. Considerou-se como força maior e excluiu-se a responsabilidade do transportador.

– **Entendendo que a responsabilidade não decorre de deveres de colaboração.** "... a doutrina europeia parece ter encontrado eco na dogmática nacional. Ainda que haja uma mínima divergência de rótulos (deveres de colaboração para uns, deveres de cooperação para outros), o significado desejado é o mesmo e as palavras utilizadas funcionam em idêntico sentido cognitivo. Uma grande vantagem da construção dogmática apresentada por ser identificada na afirmação de que os responsáveis tributários serão obrigados a pagar o tributo devido por outrem (os contribuintes) por deveres descumpridos deles próprios, e não por deveres descumpridos por outros. [...] diante da insustentabilidade jurídica para a tese de que a responsabilidade tributária é um dever de garantia, a construção dogmática de que ela é, na verdade, decorrência do descumprimento de deveres de colaboração tem a grande vantagem de alterar a fundamentação do instituto. De fato, ela passa a significar que o responsável pagará o tributo devido por outrem porque ele, o próprio responsável, descumpriu deveres legais que lhe são próprios. [...] A decisão do STF, contudo, não nos parece ter repetido o brilho costumeiro apenas pelo fato de não ter confrontado a doutrina com a legislação. Não nos parece possível identificar deveres de colaboração do responsável para com o fisco no art. 135 do CTN. Imaginamos que, pelos princípios constitucionais da legalidade e do devido processo legal, albergados no art. 5º da constituição Federal, os pretensos deveres de cooperação do responsável tributário precisam vir disciplinados, explicitamente, na legislação, com punições que reflitam o ânimo e a tipicidade da conduta de cada agente. Encontramos deveres de colaboração no Código Tributário Nacional (arts. 195 e 197), mas que não se relacionam com a responsabilidade tributária de sucessores ou de terceiros. A construção interpretativa 'se o contribuinte não recolher o tributo, o responsável é obrigado a pagá-lo', não nos parece ser 'dever de colaboração'..." (BECHO, Renato Lopes. A responsabilidade tributária decorre do descumprimento de deveres de colaboração? *RDDT* 202/122-133, 2012).

– **Regra matriz de responsabilidade tributária.** A lei, ao estabelecer o pressuposto de fato da responsabilidade e sua extensão, institui uma regra matriz de responsabilidade tributária. A análise desta regra matriz permitirá vislumbrar todos os seus aspectos. Devendo-se notar que, embora a obrigação do responsável pressuponha a existência da dívida do contribuinte inadimplida, encontra-se no bojo de uma outra relação, que não é uma relação contributiva e sim uma relação típica de responsabilidade tributária. A lei atribui a determinado pressuposto de fato específico – normalmente o descumprimento de determinados deveres de colaboração para com o Fisco (e.g., o dever do tabelião de exigir a comprovação do pagamento de tributos relativos às operações que formaliza; o dever do sócio gerente de gerir a sociedade zelando pelo adequado pagamento dos tributos sem incorrer em violações à lei) – a consequência de responder pelo pagamento de tributo cujo inadimplemento tenha relação com o descumprimento daquele dever.

– "... a responsabilidade *stricto sensu* (por transferência) surgirá quando o legislador, embora definindo um sujeito passivo pela verificação do fato jurídico tributário, determina, em virtude de *outro fato* (diverso do fato jurídico tributário) que outra pessoa passará a ser responsável (solidariamente ou não) pelo recolhimento do tributo devido pelo primeiro. [...] devem ser considerados *dois fatos distintos* (que podem ou não ser simultâneos, ambos descritos hipoteticamente pela lei): o fato jurídico tributário, que faz nascer a pretensão tributária em face de uma pes-

soa (normalmente, o contribuinte, mas pode até mesmo ser um substituto) e um outro fato jurídico, que desloca a obrigação para o responsável *stricto sensu* (solidariamente ou não). Ou seja: o surgimento da obrigação tributária para o último, conquanto dependa da concretização da hipótese tributária, não se esgota nela. Para que surja tal sujeição passiva, é necessária, além dessa ocorrência (que dará surgimento à obrigação tributária), a constatação fática da hipótese de responsabilização" (SCHOUERI, Luís Eduardo. *Direito tributário*. 2. ed. São Paulo: Saraiva, 2012, p. 506).

– "... quando o Supremo Tribunal Federal declara a existência da regra-matriz de responsabilidade tributária, ele está afirmando a existência de um critério material de responsabilização, de um critério temporal de responsabilização e assim por diante. É um notável avanço na compreensão do fenômeno do indigitado instituto jurídico tributário" (BECHO, Renato Lopes. Desdobramentos das decisões sobre responsabilidade tributária de terceiros no STF: regras-matrizes de responsabilização, devido processo legal e prazos de decadência e prescrição. *RDDT* 204/45--57, 2012).

⇒ **Vinculação ao fato gerador ou ao contribuinte.** O legislador não pode atribuir responsabilidades tributárias de modo aleatório, a quem não se relacione com o fato gerador ou com o contribuinte. A causa da responsabilidade e seus efeitos têm de se justificar. Em se tratando de substituição tributária, por exemplo, é imperativo que o substituto tenha como reter ou exigir do contribuinte o valor do tributo.

– "... o sujeito a quem se imputa o fato é o contribuinte, como visto no artigo 121... O terceiro é outrem. O que se conclui do dispositivo acima é que o fato que dá nascimento à responsabilidade, seja substituição, seja responsabilidade *stricto sensu*, não há de ser estranho ao fato jurídico tributário. No caso da substituição, o vínculo será anterior ou, no máximo, contemporâneo ao fato jurídico tributário: no momento do surgimento da obrigação, com o fato jurídico tributário imputado ao contribuinte, já há vínculo que permite apontar quem será o substituto. Na responsabilidade *stricto sensu*, o vínculo poderá surgir até mesmo depois de ter surgido a obrigação tributária em face de outro sujeito passivo" (SCHOUERI, Luís Eduardo. *Direito tributário*. 2. ed. São Paulo: Saraiva, 2012, p. 507).

– **Empresa com sócio em comum.** "... inconcebível pretender o Fisco responsabilizar a empresa impetrante pelo débito de outra, ou enquadrá-la na figura do devedor solidário ou responsável subsidiário" (excerto do voto condutor do Min. Demócrito Reinaldo proferido quando do julgamento do REsp 73.760/ES, STJ, 1ª T., jun. 1998).

⇒ **Disposição expressa de lei.** Vide nota ao art. 128 do CTN.

⇒ **Legitimidade para discutir e repetir.** Vide notas ao art. 165 do CTN.

Art. 122. Sujeito passivo da obrigação acessória é a pessoa obrigada às prestações que constituam o seu objeto.

⇒ **Qualquer pessoa com capacidade de colaboração.** Em matéria de obrigação tributária acessória, não não importa se o obrigado é também sujeito passivo de obrigação principal, se goza ou não de imunidade. Todos, contribuintes ou não, seja em que situação estiverem, são obrigados a colaborar com a fiscalização tributária. Assim, a condição de sujeito passivo de obrigação acessória dependerá única e exclusivamente da previsão, pela legislação tributária, de que esteja obrigado a fazer, não fazer ou tolerar em benefício da atividade tributária.

– "... a pessoa obrigada a prestar as informações à Administração Tributária pode não participar diretamente da relação fática que faz surgir a obrigação tributária principal, como ocorre nos casos da Declaração de Informações sobre Atividades Imobiliárias (Dimob), em que, dentre outras hipóteses, as imobiliárias que intermedeiam transações de aluguel de imóveis encontram-se obrigadas a informar à Secretaria da Receita Federal do Brasil (RFB) os valores dos aluguéis pagos pelos inquilinos aos contribuintes proprietários dos imóveis alugados. ... a pessoa obrigada à entrega da declaração encontra-se em posição tangencial em relação à hipótese de incidência do tributo, pois não corresponde ao sujeito passivo da obrigação tributária principal e nem à fonte pagadora dos rendimentos, mas que, em razão da prestação de serviços que realiza, é detentora das informações de que necessita a Administração Tributária" (REIS, Hélcio Lafetá. A autonomia relativa da obrigação tributária acessória em relação à obrigação tributária principal. *RDDT* 224/92, 2014).

Art. 123. Salvo disposições de lei em contrário, as convenções particulares, relativas à responsabilidade pelo pagamento de tributos, não podem ser opostas à Fazenda Pública, para modificar a definição legal do sujeito passivo das obrigações tributárias correspondentes.

⇒ **O art. 123 do CTN pressupõe o fato gerador, não se prestando fundamentar a desconsideração de negócios jurídicos.** "O art. 123 CTN ao prever a inoponibilidade de instrumentos particulares contra o Fisco, não serve para desconsiderar planejamentos tributários (afinal, todas as reestruturações societárias são feitas por meio de instrumentos particulares). A sua aplicação está condicionada à existência do fato gerador (ou seja, presentes as condições necessárias e suficientes para o surgimento da obrigação tributária prevista pelo art. 114 CTN), justamente o que está em disputa em casos de planejamento tributário" (ANDRADE, José Maria Arruda de; BRANCO, Leonardo Ogassawara de Araújo. O apelo a argumentos extrajurídicos e ao art. 123 do CTN no combate ao planejamento tributário no âmbito do CARF: análise de casos envolvendo JCP e reserva de usufruto. *RDTA* 39, 2021).
– Sobre a desconsideração de atos e negócios jurídicos, vide art. 116, parágrafo único, do CTN.

⇒ **A responsabilidade pelo pagamento é estabelecida por lei.** "O objetivo do legislador neste dispositivo fica evidente, ou seja, preservar a possibilidade de atuação do sujeito ativo da obrigação tributária, com base na lei, para a fixação do sujeito passivo e a respectiva exigência do cumprimento de suas obrigações correspondentes a pagamento de tributos, independentemente de avenças que o sujeito passivo tenha ou venha a celebrar, estranhas à relação jurídica estabelecida entre credor (sujeito ativo – Fazenda Pública) e devedor (sujei-

to passivo) e que estabeleçam quem deve figurar na condição de sujeito passivo da obrigação, com a respectiva responsabilidade pelo pagamento de tributo" (MIRETTI, Luiz Antonio Caldeira In: MARTINS, Ives Gandra da Silva (coord.). *Comentários ao Código Tributário Nacional*. São Paulo: Saraiva, 1998, v. 2, p. 201).

– "1. Nos termos do art. 123 do CTN, a cláusula FOB não pode ser oposta perante a Fazenda Pública para exonerar a responsabilidade tributária do vendedor" (STJ, REsp 886.695, 2007).

– Sobre o "caráter *ex lege*" da obrigação tributária e da responsabilização de terceiros, vide notas aos arts. 3º e 121, II, do CTN.

– **Edital e contrato administrativo não podem afastar a obrigação legal de retenção e repasse dos tributos pela administração como substituta tributária.** "ISSQN. CONTRATO DE PRESTAÇÃO DE SERVIÇOS À UFSM. RETENÇÃO DO TRIBUTO PELA AUTARQUIA FEDERAL. RESPONSABILIDADE TRIBUTÁRIA. RECOLHIMENTO EM DUPLICIDADE. COMPENSAÇÃO. 1. O princípio recursal da dialeticidade exige que as alegações recursais guardem pertinência com o que foi decidido no ato impugnado. Não se pode conhecer de apelação interposta pelo Município quando as razões recursais partem de premissa equivocada, atacando parcela do pedido não acolhida na sentença. 2. No caso, o contrato firmado entre a Universidade Federal e a impetrante realmente não prevê a retenção do ISSQN incidente sobre os serviços contratados, permitindo apenas que a UFSM fiscalize o recolhimento do imposto, exigindo a apresentação das respectivas guias por ocasião do pagamento das faturas. No entanto, a despeito da previsão contratual, há expressa norma municipal que obriga a autarquia, na condição de responsável tributária, a efetuar a retenção do tributo quanto aos serviços a ela prestados. 3. Ante o caráter cogente da lei municipal, não prevalece o disposto no contrato firmado entre as partes, por aplicação do artigo 123 do CTN, ainda que uma delas seja integrante da Administração Pública federal. No ponto, merece reforma a sentença, a fim de que, a despeito da previsão contratual, permaneça a UFSM obrigada à retenção do ISSQN incidente sobre os serviços a ela prestados em decorrência do contrato em questão, conforme responsabilidade tributária definida na legislação municipal" (TRF4, APELREEX 5001983-82.2010.404.7102, 2013).

– **Alienação fiduciária não afasta a pena de perdimento.** "1. É admitida a aplicação da pena de perdimento de veículo objeto de alienação fiduciária. Precedentes... 2. Tal ocorre porque o contrato de alienação fiduciária não é oponível ao Fisco, na forma do que preceitua o art. 123, do Código Tributário Nacional: '...'. 3. Desse modo, perante o Fisco e para a aplicação da pena de perdimento, o contrato de alienação fiduciária não produz o efeito de retirar a propriedade do devedor fiduciante, subordinando o bem à perda como se dele fosse, sem anular o contrato de alienação fiduciária em garantia efetuado entre credor e devedor que haverão de discutir os efeitos dessa perda na esfera civil. 4. Acaso fosse entregue o bem para a instituição financeira, dar-se-ia a sua venda para abater a dívida do fiduciante que se livraria tanto da pena de perda quanto da dívida perante a instituição financeira, pois esta seria paga com o produto da alienação do bem, e o fiduciante infrator ainda ficaria com o saldo do produto da venda em flagrante confronto com os Princípios de Eticidade e Função Social dos Contratos (art. 421 e 2035, parágrafo único, do CC/2002), além de retirar a efetividade da legislação tributária. 5. Revisão de entendimento pessoal, restando superados os seguintes precedentes que entendiam de forma contrária: AgRg no REsp. N. 1.313.331 – PR, Segunda Tuma, Rel. Min. Castro Meira, julgado em 11 de junho de 2013; AgRg no REsp 952.222/RS, Segunda Turma, Rel. Min. Mauro Campbell Marques, julgado em 1º/9/2009, *DJe* 16/9/2009. 6. Posição compatível com o enunciado da Súmula n. 138, do extinto TFR ('A pena de perdimento de veículo utilizado em contrabando ou descaminho somente é aplicada se demonstrada a responsabilidade do proprietário na prática do delito') porque a súmula opera em situação outra onde o direito de propriedade invocado produz efeitos contra a Fazenda Pública, diferente da situação em discussão" (STJ, REsp 1.387.990, 2013).

– Acordo coletivo não prevalece sobre a legislação no que diz respeito à natureza das verbas tributáveis. "... mesmo que tivessem as partes da relação trabalhista, através de Acordo Coletivo, pactuado natureza diversa não lhe altera, substancialmente, a natureza salarial para outros efeitos estranhos ao Acordo Coletivo, no caso, para excluir da base de cálculo do imposto de renda pessoa física os valores recebidos a tal título, sob o argumento de possuírem natureza indenizatória. Até porque, frise-se, o Acordo Coletivo, ainda que mais abrangente do que o Contrato Individual, atingindo toda a categoria representada, tem a natureza de convenção particular, cujos efeitos não podem ser opostos à Fazenda Pública, para modificar a definição legal da obrigação tributária correspondente, consoante o disposto no art. 123 do CTN" (excerto de informações prestadas no MS 2002.71.00.021533-9, 12ª VF POA, 2002).

⇒ **Efeitos contratuais limitados aos contratantes.** "... a norma do art. 123 do Código Tributário Nacional não foi elaborada com a finalidade de impedir a realização de convenções particulares sobre o dever de pagar tributos, porque tais convenções podem ser de grande utilidade no mundo empresarial sem causar qualquer tipo de prejuízo à Fazenda Pública. [...] O objetivo da norma... realmente foi o de impedir que as pessoas possam, mediante convenções particulares, fugir à responsabilidade tributária, vale dizer, fugir ao estado de sujeição no qual são colocadas pelo descumprimento do dever de pagar o tributo" (MACHADO, Hugo de Brito. Inoponibilidade das convenções particulares à Fazenda Pública – Inteligência do art. 123 do CTN. *RDDT* 177/41, 2010).

– "As convenções particulares podem ser feitas e são juridicamente válidas entre as partes contratantes, mas nenhum efeito produzem contra a Fazenda Pública, no que diz respeito à responsabilidade tributária. Terá esta, não obstante o estipulado em convenções particulares, o direito de exigir o cumprimento da obrigação tributária daquelas pessoas às quais a lei atribuiu a condição de sujeito passivo" (MACHADO, Hugo de Brito. *Curso de direito tributário*. 36. ed. São Paulo: Malheiros, 2015, p. 148).

– "A inoponibilidade dos ajustes particulares à Fazenda Pública não significa que tais contratações não sejam válidas, pois desde que tenham objeto lícito e forma de acordo com a lei, conforme a seguinte linguagem firmada pelo art. 82 do Código Civil – 'Art.

82. a validade do ato jurídico requer agente capaz (art. 145, n. I), objeto lícito e forma prescrita ou não defesa em lei (arts. 129, 130 e 145)' –, as convenções firmadas entre pessoas capazes (art. 82 c/c o art. 145, I, do CC) geram seus jurídicos efeitos e poderão estipular a atribuição de sujeito passivo da obrigação tributária a uma das partes contratantes, porém não produzirão efeitos contra a Fazenda Pública, que estará investida no direito de exigir das pessoas que a lei colocar na condição de sujeito passivo o cumprimento da obrigação tributária" (MIRETTI, Luiz Antonio Caldeira. In: MARTINS, Ives Gandra da Silva (coord.). *Comentários ao Código Tributário Nacional*. São Paulo: Saraiva, 1998, v. 2, p. 201).

– Redação da cláusula contratual sobre a responsabilidade pelo pagamento do tributo. Como deve ser feita. "... o sucedido que assumir contratualmente a responsabilidade tributária deve fazer constar do contrato que essa responsabilidade é pelos tributos legalmente devidos, e não pelos que sejam pagos sem impugnação, e que o sucessor obriga-se, em face de qualquer exigência fiscal abrangida pelo contrato, a outorgar procuração a advogado indicado pelo sucedido, para a defesa dos interesses no processo administrativo fiscal, sem o que não prevalecerá a responsabilidade tributária contratualmente assumida" (MACHADO, Hugo de Brito. A sujeição passiva tributária e a liberdade de contratar (inteligência do art. 123 do CTN). *Repertório IOB de Jurisprudência*/98, Verbete 1/12268).

– Locatário não tem legitimidade para discutir a relação tributária. Súmula 614 do STJ: "O locatário não possui legitimidade ativa para discutir a relação jurídico-tributária de IPTU e de taxas referentes ao imóvel alugado nem para repetir indébito desses tributos" (2018).

SEÇÃO II
SOLIDARIEDADE

Art. 124. São solidariamente obrigadas:

⇒ **Solidariedade.** A solidariedade é disciplinada, detalhadamente, pelo CC/2002: "CAPÍTULO VI Das Obrigações Solidárias Seção I Disposições Gerais Art. 264. Há solidariedade, quando na mesma obrigação concorre mais de um credor, ou mais de um devedor, cada um com direito, ou obrigado, à dívida toda. Art. 265. A solidariedade não se presume; resulta da lei ou da vontade das partes. Art. 266. A obrigação solidária pode ser pura e simples para um dos cocredores ou codevedores, e condicional, ou a prazo, ou pagável em lugar diferente, para o outro. [...] Seção III Da Solidariedade Passiva Art. 275. O credor tem direito a exigir e receber de um ou de alguns dos devedores, parcial ou totalmente, a dívida comum; se o pagamento tiver sido parcial, todos os demais devedores continuam obrigados solidariamente pelo resto. Parágrafo único. Não importará renúncia da solidariedade a propositura de ação pelo credor contra um ou alguns dos devedores. Art. 276. Se um dos devedores solidários falecer deixando herdeiros, nenhum destes será obrigado a pagar senão a quota que corresponder ao seu quinhão hereditário, salvo se a obrigação for indivisível; mas todos reunidos serão considerados como um devedor solidário em relação aos demais devedores. Art. 277. O pagamento parcial feito por um dos devedores e a remissão por ele obtida não aproveitam aos outros devedores, senão até à concorrência da quantia paga ou relevada. Art. 278. Qualquer cláusula, condição ou obrigação adicional, estipulada entre um dos devedores solidários e o credor, não poderá agravar a posição dos outros sem consentimento destes. Art. 279. Impossibilitando-se a prestação por culpa de um dos devedores solidários, subsiste para todos o encargo de pagar o equivalente; mas pelas perdas e danos só responde o culpado. Art. 280. Todos os devedores respondem pelos juros da mora, ainda que a ação tenha sido proposta somente contra um; mas o culpado responde aos outros pela obrigação acrescida. Art. 281. O devedor demandado pode opor ao credor as exceções que lhe forem pessoais e as comuns a todos; não lhe aproveitando as exceções pessoais a outro codevedor. Art. 282. O credor pode renunciar à solidariedade em favor de um, de alguns ou de todos os devedores. Parágrafo único. Se o credor exonerar da solidariedade um ou mais devedores, subsistirá a dos demais. Art. 283. O devedor que satisfez a dívida por inteiro tem direito a exigir de cada um dos codevedores a sua quota, dividindo-se igualmente por todos a do insolvente, se o houver, presumindo-se iguais, no débito, as partes de todos os codevedores. Art. 284. No caso de rateio entre os codevedores, contribuirão também os exonerados da solidariedade pelo credor, pela parte que na obrigação incumbia ao insolvente. Art. 285. Se a dívida solidária interessar exclusivamente a um dos devedores, responderá este por toda ela para com aquele que pagar".

⇒ **Não é forma de inclusão de terceiro, mas grau de responsabilidade dos coobrigados.** "4. A solidariedade não é forma de eleição de responsável tributário. A solidariedade não é espécie de sujeição passiva por responsabilidade indireta, como querem alguns. O Código Tributário Nacional, corretamente, disciplina a matéria em seção própria, estranha ao Capítulo V, referente à responsabilidade. É que a solidariedade é simples forma de garantia, a mais ampla das fidejussórias. Quando houver mais de um obrigado no polo passivo da obrigação tributária (mais de um contribuinte, ou contribuinte e responsável, ou apenas uma pluralidade de responsáveis) o legislador terá de definir as relações entre os coobrigados. Se são eles solidariamente obrigados, ou subsidiariamente, com benefício de ordem ou não, etc. A solidariedade não é, assim, forma de inclusão de um terceiro no polo passivo da obrigação tributária, apenas forma de graduar a responsabilidade daqueles sujeitos que já compõem o polo passivo" (DERZI, Misabel Abreu. Atualização da obra de Aliomar Baleeiro, *Direito tributário brasileiro*. 11. ed. Rio de Janeiro: Forense, p. 729).

– "O preceito do art. 124, II, no sentido de que são solidariamente obrigadas *as pessoas expressamente designadas por lei*", não autoriza o legislador a criar novos casos de responsabilidade tributária sem a observância dos requisitos exigidos pelo art. 128 do CTN, tampouco a desconsiderar as regras matrizes de responsabilidade de terceiros estabelecidas em caráter geral pelos arts. 134 e 135 do mesmo diploma. A previsão legal de solidarie-

dade entre devedores – de modo que o pagamento efetuado por um aproveite os demais, que a interrupção da prescrição, em favor ou contra um dos obrigados, também lhes tenha efeitos comuns e que a isenção ou remissão de crédito exonere a todos os obrigados quando não seja pessoal (art. 125 do CTN) – pressupõe que a própria condição de devedor tenha sido estabelecida validamente e que não decorra de norma geral o caráter subsidiário da responsabilidade no caso" (excerto do voto condutor da Min. Ellen Gracie no RE 562.276, em 2010).

– "... a solidariedade não poderá alcançar qualquer pessoa, mas apenas alguém que possa ser enquadrado como responsável" (SCHOUERI, Luís Eduardo. *Direito tributário*. 2. ed. São Paulo: Saraiva, 2012, p. 504).

⇒ **Presunção de solidariedade.** "No direito tributário toda dívida será solidária, desde que alcance duas ou mais pessoas, como consequência do pressuposto de fato que dá origem à respectiva obrigação. Isto resulta da própria natureza *ex lege* da obrigação tributária. Esta solidariedade se estabelece sem necessidade de que a lei o diga expressamente. [...] Assim, no direito tributário não vige a regra de que a solidariedade não se presume. No direito tributário toda dívida que alcança duas ou mais pessoas é solidária, salvo disposição de lei em contrário. A regra que predomina na obrigação tributária, em relação à solidariedade, é inversa: presume-se a solidariedade, caso a lei silencie" (RIBEIRO DE MORAES, Bernardo. *Compêndio de direito tributário*. 3. ed. 1995, v. 2, p. 303/304). Refere-se à hipótese de, e.g., duas pessoas serem coproprietárias de um imóvel rural. Responderão solidariamente pelo total do ITR respectivo. Ou seja, o raciocínio vale para quando mais de uma pessoa pode ser enquadrada como contribuinte pela ocorrência de uma situação de fato comum a ambas.

– **Também não se presume a solidariedade de responsáveis tributários.** "A solidariedade não se presume. No direito tributário a responsabilidade resulta da lei" (RIBEIRO DE MORAES, Bernardo. *Compêndio de direito tributário*. 3. ed. 1995, v. 2, p. 519).

I – as pessoas que tenham interesse comum na situação que constitua o fato gerador da obrigação principal;

⇒ **Autoaplicabilidade.** "... não há necessidade de previsão específica, na lei que regular determinado tributo, para apontar os devedores solidários, pois a disposição do CTN é de caráter geral, aplicando-se aos tributos existentes no sistema tributário nacional" (MIRETTI, Luiz Antonio Caldeira. In: MARTINS, Ives Gandra da Silva (coord.). *Comentários ao Código Tributário Nacional*. São Paulo: Saraiva, 1998, v. 2, p. 203).

– Haverá a responsabilidade solidária das pessoas com interesse comum "mesmo que a lei específica do tributo em questão não o diga. É uma norma geral, aplicável a todos os tributos" (MACHADO, Hugo de Brito. *Curso de direito tributário*. 36. ed. São Paulo: Malheiros, 2015, p. 149).

⇒ **Interesse comum dos contribuintes.** "... o interesse comum dos participantes no acontecimento factual não representa um dado satisfatório para a definição do vínculo da solidariedade. Em nenhuma dessas circunstâncias cogitou o legislador desse elo que aproxima os participantes do fato, o que ratifica a precariedade do método preconizado pelo inc. I do art. 124 do Código. Vale, sim, para situações em que não haja bilateralidade no seio do fato tributado, como, por exemplo, na incidência do IPTU, em que duas ou mais pessoas são proprietárias do mesmo imóvel. Tratando-se, porém, de ocorrências em que o fato se consubstancie pela presença de pessoas, em posições contrapostas, com objetivos antagônicos, a solidariedade vai instalar-se entre os sujeitos que estiveram no mesmo polo da relação, se e somente se for esse o lado escolhido pela lei para receber o impacto jurídico da exação. É o que se dá no imposto de transmissão de imóveis, quando dois ou mais são os compradores; no ICMS, sempre que dois ou mais forem os comerciantes vendedores; no ISS, toda vez que dois ou mais sujeitos prestarem um único serviço ao mesmo tomador" (CARVALHO, Paulo de Barros. *Curso de direito tributário*. 27. ed. São Paulo: Saraiva, 2016, p. 315).

– "O 'interesse comum' somente exsurgirá entre pessoas que estiverem no mesmo pólo que constitui o fato jurídico tributário... Dito de outro modo: exige-se o concurso de contribuintes na realização daquele fato" (TAKANO, Caio Augusto. Em busca de um interesse comum: considerações acerca dos limites da solidariedade tributária do art. 124, inc. I, do CTN. *RDTA* 41, 2019, p. 113).

– "... são exemplos de interesse comum a solidariedade no pagamento do IPTU por todos os proprietários de um mesmo imóvel, e do ITBI pelas transmissões imobiliárias de interesse de mais de um comprador" (FERRAGUT, Maria Rita. Grupos econômicos e solidariedade tributária. *RDDT* 229/88, 2014).

– "Interesse comum, para nós, é quando mais de uma pessoa ocupa o mesmo polo da relação econômica que faz surgir a obrigação tributária. Assim, no imóvel em que haja vários proprietários, haverá interesse comum. Pensemos na hipótese de um edifício de diversos pavimentos, com diversas unidades autônomas, cada qual com um dono. Em relação ao terreno edificado, todos eles terão interesse comum, pois todos são proprietários, cada qual de sua unidade. Construída no mesmo terreno" (BECHO, Renato Lopes. A responsabilização tributária de grupo econômico. *RDDT* 221/129, 2014).

– "Que é ter interesse comum no fato gerador? Parece-nos ser quando há mais de uma pessoa ocupando o mesmo polo de uma relação jurídica (agora não de natureza tributária). Especifiquemos melhor. Há situações econômicas em que mais de uma pessoa ocupa uma mesma posição em relação a outras. É o que ocorre na copropriedade. Quando houver mais de um proprietário (contribuinte), haverá solidariedade entre eles" (BECHO, Renato Lopes. A responsabilidade tributária dos sócios tem fundamento legal? *RDDT* 182/107, 2010).

– "... a responsabilidade tributária, em virtude do interesse comum na ocorrência do fato gerador da obrigação principal, demanda basicamente um interesse jurídico e não meramente fático, econômico, social, além de necessitar que as pessoas partícipes do fato jurídico tributário não estejam em situação oposta no ato, fato ou relação negocial, ou contrário, que se quedem em

situação de comunhão, como, por exemplo, no caso de coproprietários e a incidência do IPTU ou na incidência de Impostos obre a Renda e sua relação com os cônjuges" (CALCINI, Fábio Pallaretti. Responsabilidade tributária e solidariedade... *RDDT* 167/36, 2009).

– "... em relação ao próprio ISS, há situação que evidencia a solidariedade, consubstanciada na existência de uma ou mais pessoas na qualidade de prestadoras de apenas um único serviço para o mesmo tomador, ficando nítida nesse caso a presença de vários sujeitos passivos na mesma relação tributária, solidariamente obrigados em relação ao cumprimento da prestação tributária" (MIRETTI, Luiz Antonio Caldeira. In: MARTINS, Ives Gandra da Silva (coord.). *Comentários ao Código Tributário Nacional*. São Paulo: Saraiva, 1998, v. 2, p. 203).

– **Posições contratuais antagônicas não revelam interesse comum.** "Não constituem 'interesse comum', por outro lado, as posições antagônicas em um contrato, mesmo quando em virtude deste surja um fato jurídico tributário. Assim, comprador e vendedor não têm 'interesse comum' na compra e venda: se o vendedor é contribuinte do ICMS devido na saída da mercadoria objeto da compra e venda, o comprador não será solidário com tal obrigação. Daí a distinção entre interesses contrapostos, coincidentes e comuns, assim resumida: 'Interesses contrapostos, coincidentes e comuns podem ser também evidenciados nos negócios jurídicos privados de compra e venda mercantil com pluralidade de pessoas. Afinal, vendedores e compradores têm interesse coincidente na realização do negócio (tarefa), mas interesses contrapostos na execução do contrato (necessidades opostas). Já os interesses comuns situam-se apenas em cada um dos polos da relação: entre o conjunto de vendedores e, de outro lado, entre os compradores'. Mesmo que duas partes em um contrato fruam vantagens por conta do não recolhimento de um tributo, isso não será, por si, suficiente para que se aponte um 'interesse comum'. Eles podem ter 'interesse comum' em lesar o Fisco. Pode o comprador, até mesmo, ser conivente com o fato de o vendedor não ter recolhido o imposto que devia. Pode, ainda, ter tido um ganho financeiro por isso, já que a inadimplência do vendedor poderá ter sido refletida no preço. Ainda assim, comprador e vendedor não têm 'interesse comum' no fato jurídico tributário" (SCHOUERI, Luís Eduardo. *Direito tributário*. 2. ed. São Paulo: Saraiva, 2012, p. 503).

– "Esse interesse comum a que alude o inciso I, do art. 124, do CTN não se confunde com o interesse econômico no resultado ou no proveito da situação, que constitui o fato gerador da obrigação principal. Trata-se de interesse jurídico que diz respeito à realização comum ou conjunta da situação que constitui o fato gerador. É solidária a pessoa que realiza conjuntamente com outra, ou outras pessoas, a situação que constitui fato gerador da obrigação tributária. É o caso, por exemplo, de coproprietários de determinado imóvel urbano. Eles são solidariamente responsáveis pelo pagamento do IPTU, nos precisos termos do art. 124, I, do CTN" (HARADA, Kiyoshi. *IPTU*: doutrina e prática. São Paulo: Atlas, 2012, p. 117).

– "... entre comprador e vendedor poderá haver solidariedade, mas essa não é decorrência de interesse comum entre eles, posto que os interesses são distintos, ainda que convergentes. Se existir solidariedade entre comprador e vendedor ela será decorrência da lei, tendo por fundamento a expressa disposição legal. Nos termos do art. 124 do CTN, essa eventual solidariedade estará baseada no artigo 124, II, e terá que ser composta com outra disposição normativa" (BECHO, Renato Lopes. A responsabilidade tributária dos sócios tem fundamento legal? *RDDT* 182/107, 2010).

• Vide o artigo de Carlos Jorge Sampaio Costa, Solidariedade passiva e o interesse comum no fato gerador. *RDT* 4/300 e ss.

– Entre substituto e substituído. Inexistência. "Não existe interesse comum entre comprador e vendedor de mercadorias, de sorte que não existe solidariedade entre eles em decorrência de serem colocados em uma relação tributária como substituto e como substituído. Seja o comprador legalmente colocado como substituto do vendedor, seja o vendedor legalmente colocado como substituto do comprador, não se pode falar em solidariedade entre eles, nos termos do art.124, inciso I, do Código Tributário Nacional. A própria colocação de um em substituição ao outro, exclui definitivamente a ideia de solidariedade..." (MACHADO, Hugo de Brito. A solidariedade e a substituição tributária no ICMS. *RDDT* 167/68, 2009).

⇒ **Cônjuge. Dissolução da sociedade conjugal.** "... A solidariedade da mulher casada pelo pagamento do crédito tributário (CTN, art. 124, I) não implica o comprometimento de bens adquiridos depois da dissolução da sociedade conjugal sem a prova de que foram pagos com recursos havidos na constância do casamento..." (TRF4, AC 0402736, 1994).

⇒ **Grupo econômico. Não configuração do requisito.** "ISS. EXECUÇÃO FISCAL. PESSOAS JURÍDICAS QUE PERTENCEM AO MESMO GRUPO ECONÔMICO. CIRCUNSTÂNCIA QUE, POR SI SÓ, NÃO ENSEJA SOLIDARIEDADE PASSIVA. 1. Trata-se de agravo de instrumento contra decisão que inadmitiu recurso especial interposto em face de acórdão do Tribunal de Justiça do Estado do Rio Grande do Sul que decidiu pela incidência do ISS no arrendamento mercantil e pela ilegitimidade do Banco Mercantil do Brasil S/A para figurar no polo passivo da demanda. 2. A Primeira Seção/STJ pacificou entendimento no sentido de que o fato de haver pessoas jurídicas que pertençam ao mesmo grupo econômico, por si só, não enseja a responsabilidade solidária, na forma prevista no art. 124 do CTN. Precedentes..." (STJ, AgRg no Ag 1.392.703, 2011).

– Súmula 47 do Carf: "Cabível a imputação de multa de ofício à sucessora, por infração cometida pela sucedida, quando provado que as sociedades estavam sob controle comum ou pertenciam ao mesmo grupo econômico".

– "ISS. EXECUÇÃO FISCAL. LEGITIMIDADE PASSIVA. EMPRESAS DO MESMO GRUPO ECONÔMICO. SOLIDARIEDADE. INEXISTÊNCIA... 1. A solidariedade passiva ocorre quando, numa relação jurídico-tributária composta de duas ou mais pessoas caracterizadas como contribuintes, cada uma delas está obrigada pelo pagamento integral da dívida. *Ad exemplum*, no caso de duas ou mais pessoas serem proprietárias de um mesmo imóvel urbano, haveria uma pluralidade de contribuintes solidários quanto ao adimplemento do IPTU, uma vez que a situação de fato – a copropriedade – é-lhes comum... 7. Conquanto a expressão 'interesse comum' – encarte um conceito indeterminado, é mister proceder-se a uma interpretação sistemática das normas tributárias, de modo a alcançar a *ratio essendi* do referido dispositivo legal. Nesse diapasão, tem-se que o interesse comum na situação que constitua o fato gerador da obrigação principal implica que as pessoas solidariamente obrigadas sejam sujeitos da relação jurídica que deu azo à ocorrência do fato imponível. Isto porque feriria a lógica jurídico-tributária a integração, no polo passivo da relação jurídica, de alguém que não tenha tido qualquer participação na ocorrência do fato gerador da obrigação... 9. Destarte, a situação que evidencia a solidariedade, quanto ao ISS, é a existência de duas ou mais pessoas na condição de prestadoras de apenas um único serviço para o mesmo tomador, integrando, desse modo, o polo passivo da relação. Forçoso concluir, portanto, que o interesse qualificado pela lei não há de ser o interesse econômico no resultado ou no proveito da situação que constitui o fato gerador da obrigação principal, mas o interesse jurídico, vinculado à atuação comum ou conjunta da situação que constitui o fato imponível. 10. 'Para se caracterizar responsabilidade solidária em matéria tributária entre duas empresas pertencentes ao mesmo conglomerado financeiro, é imprescindível que ambas realizem conjuntamente a situação configuradora do fato gerador, sendo irrelevante a mera participação no resultado dos eventuais lucros auferidos pela outra empresa coligada ou do mesmo grupo econômico.' (...). 11. *In casu*, verifica-se que o Banco Safra S/A não integra o polo passivo da execução, tão somente pela presunção de solidariedade decorrente do fato de pertencer ao mesmo grupo econômico da empresa Safra Leasing S/A Arrendamento Mercantil. Há que se considerar, necessariamente, que são pessoas jurídicas distintas e que referido banco não ostenta a condição de contribuinte, uma vez que a prestação de serviço decorrente de operações de *leasing* deu-se entre o tomador e a empresa arrendadora" (STJ, REsp 884.845, 2009).

– "No caso de grupo econômico... não está presente o interesse comum indicado no inciso I. A visão que temos da existência de mais de uma pessoa jurídica, sujeita a um mesmo comando, mas que possam ter sócios distintos, nos termos como aceito atualmente em nosso ordenamento jurídico, não permite que vislumbremos, sempre e em tese, o interesse comum em todas as atividades de um grupo econômico. [...] A desconsideração da personalidade jurídica, simplesmente por comodidade do fisco, de pessoas jurídicas distintas, mas partícipes do mesmo grupo econômico, viola a própria personificação das sociedades, estabelecida e autorizada pelo legislador civil. Há de se recordar que quando o legislador excepcionou, no art. 50 do Código Civil, a despersonalização, ele – por imperativo lógico – está garantindo a referida personalização. Em outras palavras, só pode haver um incidente de despersonalização em um ordenamento jurídico em que a personalização seja a regra. [...] Haverá os agentes da Administração Tributária comprovar, nos autos da execução fiscal em que se buscar a responsabilização de outras empresas que não a contribuinte a ocorrência do abuso da personalidade jurídica..." (BECHO, Renato Lopes. A responsabilização tributária de grupo econômico. *RDDT* 221/129, 2014).

• Vide: TAVARES, Alexandre Macedo. O alcance da expressão 'interesse comum' (CTN, art. 124, I) para fins de imputação de responsabilidade tributária solidária às sociedades integrantes de grupo econômico. *RDDT* 232/20, 2015.

– **Entendendo que pressupõe interesse jurídico comum.** "Normalmente, considera-se que há interesse comum quando as empresas possuem o mesmo corpo diretivo, ou quando há confusão patrimonial entre duas ou mais empresas ou, ainda, quando ocultam ou simulam negócios jurídicos internos visando dificultar ou impedir que a execução fiscal proposta em face de uma delas alcance o patrimônio respectivo. Esse entendimento é excessivamente abrangente e vago, e não guarda fundamento em qualquer dispositivo legal. Não corresponde ao que a jurisprudência e a doutrina entendem sobre o tema. Interesse comum passa a significar controle na condução dos negócios, confusão patrimonial e fraude, o que é um erro. ... o mero interesse social, moral ou econômico nas consequências advindas da realização do fato gerador não autoriza a aplicação do art. 124, I, do CTN. Deve haver interesse jurídico comum, que surge a partir da existência de direitos e deveres idênticos, entre pessoas situadas no mesmo polo da relação jurídica de direito privado, tomada pelo legislador como suporte factual da incidência do tributo. Em outras palavras, há interesse jurídico quando as pessoas realizam conjuntamente o fato gerador" (FERRAGUT, Maria Rita. Grupos econômicos e solidariedade tributária. *RDDT* 229/88, 2014).

– **Entendendo que pressupõe interesse comum específico.** "Solidariedade tributária, no caso de grupo econômico, não decorre, simplesmente, da caracterização deste, cujo ônus da prova é do Fisco... É preciso também demonstrar o cumprimento dos requisitos estampados no art. 124, do Código Tributário Nacional... O art. 30, inciso IX, da Lei 8.212/91 é inconstitucional formalmente, eis que, no caso de responsabilidade tributária, exige-se lei complementar, segundo dispõe o art. 146 da Constituição... Mesmo que se considere constitucional... este dispositivo somente se aplica aos tributos submetidos à referida Lei... Por fim, o art. 30, inciso IX, da Lei n. 8.212/91 deve ser interpretado, conjuntamente, com o art. 124, do Código Tributário Nacional, em especial, no tocante ao inciso I, o qual há de ser considerado o núcleo fundamental e irradiador das diretrizes essenciais em matéria de responsabilidade tributária, de maneira que todos os requisitos devem ser preenchidos, principalmente, o interesse comum no fato gerador da obrigação principal" (CALCINI, Fábio Pallaretti. Responsabilidade tributária e solidariedade... *RDDT* 167/36, 2009).

– **No sentido de que o grupo econômico com abuso de personalidade implica solidariedade.** PARECER NORMATIVO COSIT N. 4/2018. "Normas Gerais de Direito Tributário. Responsabilidade Tributária. Solidariedade. Art. 124, I, CTN. Interesse Comum. Ato Vinculado Ao Fato Jurídico Tributário. Ato Ilícito. Grupo Econômico Irregular. Evasão e Simulação Fiscal. Atos que Configuram Crimes. Planejamento Tributário Abusivo. Não Oposição ao Fisco de Personalidade Jurídica Apenas Formal. Possibilidade. A responsabilidade tributária solidária a que se refere o inciso I do art. 124 do CTN decorre de interesse comum da pessoa responsabilizada na situação vinculada ao fato jurídico tributário, que pode ser tanto o ato lícito que gerou a obrigação tributária como o ilícito que a desfigurou. A responsabilidade solidária por interesse comum decorrente de ato ilícito demanda que a pessoa a ser responsabilizada tenha vínculo com o ato e com a pessoa do contribuinte ou do responsável por substituição. Deve-se comprovar o nexo causal em sua participação comissiva ou omissiva, mas consciente, na configuração do ato ilícito com o resultado prejudicial ao Fisco dele advindo. São atos ilícitos que ensejam a responsabilidade solidária: (i) abuso da personalidade jurídica em que se desrespeita a autonomia patrimonial e operacional das pessoas jurídicas mediante direção única ('grupo econômico irregular'); (ii) evasão e simulação e demais atos deles decorrentes; (iii) abuso de personalidade jurídica pela sua utilização para operações realizadas com o intuito de acarretar a supressão ou a redução de tributos mediante manipulação artificial do fato gerador (planejamento tributário abusivo). O grupo econômico irregular decorre da unidade de direção e de operação das atividades empresariais de mais de uma pessoa jurídica, o que demonstra a artificialidade da separação jurídica de personalidade; esse grupo irregular realiza indiretamente o fato gerador dos respectivos tributos e, portanto, seus integrantes possuem interesse comum para serem responsabilizados. Contudo, não é a caracterização em si do grupo econômico que enseja a responsabilização solidária, mas sim o abuso da personalidade jurídica. Os atos de evasão e simulação que acarretam sanção, não só na esfera administrativa (como multas), mas também na penal, são passíveis de responsabilização solidária, notadamente quando configuram crimes. Atrai a responsabilidade solidária a configuração do planejamento tributário abusivo na medida em que os atos jurídicos complexos não possuem essência condizente com a forma para supressão ou redução do tributo que seria devido na operação real, mediante abuso da personalidade jurídica. Restando comprovado o interesse comum em determinado fato jurídico tributário, incluído o ilícito, a não oposição ao Fisco da personalidade jurídica existente apenas formalmente pode se dar nas modalidades direta, inversa e expansiva. Dispositivos Legais: art. 145, § 1º, da CF; arts. 110, 121, 123 e 124, I, do CTN; arts. 71 a 73 da Lei n. 4.502, de 30 de novembro de 1964; Lei n. 6.404, de 15 de dezembro de 1976; arts. 60 e 61 do Decreto-Lei n. 1.598. de 26 de dezembro de 1977; art. 61 da Lei n. 8.981, de 1995; arts. 167 e 421 do Código Civil."

– "Os grupos econômicos de fato caracterizam-se por serem criados exclusivamente para reduzir riscos (repassando-os ao mercado), agindo como uma unidade nos benefícios e como entidades distintas nos malefícios. Devido ao sentimento de injustiça e para evitar impunidade, os tribunais pátrios aplicam a técnica da desconsideração da personalidade jurídica para imputar os débitos tributários para todas as pessoas jurídicas pertencentes ao grupo econômico de fato. O fundamento jurídico que costuma ser utilizado é que a formação de grupos econômicos de fato é um abuso de direito (não deve ser usado para permitir a sonegação fiscal) e, como tal, ensejaria responsabilização de todos os envolvidos... A solução proposta neste texto passa por uma prévia análise da ideia moderna de empresa [...] são solidariamente responsáveis pelos débitos tributários as pessoas jurídicas envolvidas nos grupos econômicos de fato, por serem integrantes de uma só empresa (como se fosse uma sociedade comum)... O interesse comum que enseja a responsabilidade solidária é decorrente da unidade de interesse jurídico das várias pessoas jurídicas. Assim, quando as várias pessoas jurídicas atuam em conjunto para o benefício de uma só atividade (como vários sócios de uma sociedade de fato), há claro interesse comum nos atos negociais (de propriedade e de circulação)" (CAMELO, Bradson Tibério Luna. Grupo econômico de fato. *RDDT* 170/16, 2009).

– **Previsão legal de solidariedade quanto às contribuições à Seguridade Social:** Lei n. 8.212/91: "Art. 30. A arrecadação e o recolhimento das contribuições ou de outras importâncias devidas à Seguridade Social obedecem às seguintes normas: (redação da Lei 8.620/93) [...] IX – as empresas que integram grupo econômico de qualquer natureza respondem entre si, solidariamente, pelas obrigações decorrentes desta Lei".

– **No sentido de que a solidariedade quanto às contribuições à Seguridade não prescinde de poder decisório.** "Apenas quando uma sociedade tenha competência decisória concreta sobre os atos de outra sociedade será possível a imposição da responsabilidade tributária, em razão da imposição constitucional do encargo tributário decorrente das materialidades descritas nas regras de competência, somado ao fato de que os integrantes do grupo de sociedade mantêm sua autonomia jurídica (personalidade própria). Nesse caso, contudo, em razão do disposto no art. 142 do CTN (*sic*); a prova dessa determinação concreta é encargo da Fazenda Pública, que dele não se desincumbindo deverá se abster de apontar outras sociedades como sujeito passivo da obrigação tributária" (BREYNER, Frederico Menezes. Responsabilidade tributária das sociedades integrantes de grupo econômico. *RDDT* 187/68, 2011).

– **Responsabilidade quanto às obrigações de natureza não tributária.** Vejamos algumas leis expressas quanto às obrigações de grupo societário: Lei 12.529/2011, que estrutura o Sistema Brasileiro de Defesa da Concorrência e dispõe sobre a prevenção e repressão às infrações contra a ordem econômica: "Art. 33. Serão solidariamente responsáveis as empresas ou entidades integrantes de grupo econômico, de fato ou de direito, quando pelo menos uma delas praticar infração à ordem econômica". Lei n. 8.078/90, que dispõe sobre o Código de Defesa do Consumidor: "Art. 28. [...] § 2º As sociedades integrantes dos grupos societários e as sociedades controladas, são subsidiariamente responsáveis pelas obrigações decorrentes deste código."; DL n. 5.452/43 (CLT): "Art. 2º Considera-se empregador: [...] § 2º Sempre que uma ou mais empresas, tendo, embora, cada uma delas, personalidade jurídica própria, estiverem sob a direção, controle ou administração de outra, constituindo grupo industrial, comercial ou de qualquer outra atividade econômica, serão, para os efeitos da relação de emprego, solidariamente responsáveis a empresa principal e cada uma das subordinadas".

– **Redirecionamento entre pessoas jurídicas. Requisitos.** "... o redirecionamento válido pressupõe (i) a comprovação de subordinação de uma ou mais empresas a uma empresa ou grupo de pessoas, que as dirige, controla ou administra, e, cumulativamente, (ii) a prática comum do fato gerador (art. 124 do CTN) ou a confusão patrimonial (art. 50 do CC), sendo, neste último caso, imprescindível provar a fraude e obter-se, previamente ao

redirecionamento, a autorização judicial. Qualquer outra hipótese de redirecionamento da cobrança do crédito tributário, para empresas que alegadamente compõem um mesmo grupo econômico, é ilegal" (FERRAGUT, Maria Rita. Grupos econômicos e solidariedade tributária. *RDDT* 229/88, 2014).

II – as pessoas expressamente designadas por lei.

⇒ **Disposição expressa de lei.** A solidariedade de direito decorre de disposição expressa de lei que atribua a determinado vínculo caráter de solidariedade.

– "Diante do caráter necessariamente oneroso que se reveste para o sujeito passivo, a solidariedade de direito se dá apenas para os casos expressos, em que a lei relaciona os responsáveis tributários" (RIBEIRO DE MORAES, Bernardo. *Compêndio de direito tributário*. 3. ed. 1995, v. 2, p. 305).

⇒ **Limites à previsão legal.** O legislador não pode estabelecer solidariedade para pessoas que o próprio CTN considera responsáveis pessoais ou subsidiários. Também não pode estabelecer solidariedade para quem não guarde relação com o fato gerador, que sequer pode figurar como substituto ou como responsável em nenhum grau.

– **Contribuições para a Seguridade. Solidariedade com suporte no art. 13 da Lei n. 8.620/93 combinado com o art. 124, II, do CTN. Inconstitucionalidade.** "DIREITO TRIBUTÁRIO. RESPONSABILIDADE TRIBUTÁRIA. NORMAS GERAIS DE DIREITO TRIBUTÁRIO. ART. 146, III, DA CF. ART. 135, III, DO CTN. SÓCIOS DE SOCIEDADE LIMITADA. ART. 13 DA LEI 8.620/93. INCONSTITUCIONALIDADES FORMAL E MATERIAL. REPERCUSSÃO GERAL. APLICAÇÃO DA DECISÃO PELOS DEMAIS TRIBUNAIS. 1. Todas as espécies tributárias, entre as quais as contribuições de seguridade social, estão sujeitas às normas gerais de direito tributário. 2. O Código Tributário Nacional estabelece algumas regras matrizes de responsabilidade tributária, como a do art. 135, III, bem como diretrizes para que o legislador de cada ente político estabeleça outras regras específicas de responsabilidade tributária relativamente aos tributos da sua competência, conforme seu art. 128. 3. O preceito do art. 124, II, no sentido de que são solidariamente obrigadas 'as pessoas expressamente designadas por lei', não autoriza o legislador a criar novos casos de responsabilidade tributária sem a observância dos requisitos exigidos pelo art. 128 do CTN, tampouco a desconsiderar as regras matrizes de responsabilidade de terceiros estabelecidas em caráter geral pelos arts. 134 e 135 do mesmo diploma. A previsão legal de solidariedade entre devedores – de modo que o pagamento efetuado por um aproveite aos demais, que a interrupção da prescrição, em favor ou contra um dos obrigados, também lhes tenha efeitos comuns e que a isenção ou remissão de crédito exonere a todos os obrigados quando não seja pessoal (art. 125 do CTN) – pressupõe que a própria condição de devedor tenha sido estabelecida validamente. 4. A responsabilidade tributária pressupõe duas normas autônomas: a regra matriz de incidência tributária e a regra matriz de responsabilidade tributária, cada uma com seu pressuposto de fato e seus sujeitos próprios. A referência ao responsável enquanto terceiro (*dritter Persone, terzo* ou *tercero*) evidencia que não participa da relação contributiva, mas de uma relação específica de responsabilidade tributária, inconfundível com aquela. O 'terceiro' só pode ser chamado responsabilizado na hipótese de descumprimento de deveres próprios de colaboração para com a Administração Tributária, estabelecidos, ainda que *a contrario sensu*, na regra matriz de responsabilidade tributária, e desde que tenha contribuído para a situação de inadimplemento pelo contribuinte. 5. O art. 135, III, do CTN responsabiliza apenas aqueles que estejam na direção, gerência ou representação da pessoa jurídica e tão somente quando pratiquem atos com excesso de poder ou infração à lei, contrato social ou estatutos. Desse modo, apenas o sócio com poderes de gestão ou representação da sociedade é que pode ser responsabilizado, o que resguarda a pessoalidade entre o ilícito (mal gestão ou representação) e a consequência de ter de responder pelo tributo devido pela sociedade. 6. O art. 13 da Lei 8.620/93 não se limitou a repetir ou detalhar a regra de responsabilidade constante do art. 135 do CTN, tampouco cuidou de uma nova hipótese específica e distinta. Ao vincular à simples condição de sócio a obrigação de responder solidariamente pelos débitos da sociedade limitada perante a Seguridade Social, tratou a mesma situação genérica regulada pelo art. 135, III, do CTN, mas de modo diverso, incorrendo em inconstitucionalidade por violação ao art. 146, III, da CF. 7. O art. 13 da Lei 8.620/93 também se reveste de inconstitucionalidade material, porquanto não é dado ao legislador estabelecer confusão entre os patrimônios das pessoas física e jurídica, o que, além de impor desconsideração ex lege e objetiva da personalidade jurídica, descaracterizando as sociedades limitadas, implica irrazoabilidade e inibe a iniciativa privada, afrontando os arts. 5º, XIII, e 170, parágrafo único, da Constituição. 8. Reconhecida a inconstitucionalidade do art. 13 da Lei 8.620/93 na parte em que determinou que os sócios das empresas por cotas de responsabilidade limitada responderiam solidariamente, com seus bens pessoais, pelos débitos junto à Seguridade Social. 9. Recurso extraordinário da União desprovido. 10. Aos recursos sobrestados, que aguardavam a análise da matéria por este STF, aplica-se o art. 543-B, § 3º, do CPC" (STF, RE 562.276, 2010).

– "... quando o artigo 13 da Lei n. 8.620/93 pretende transformar o exercício da livre iniciativa em algo arriscado para todos (sócio, empregados, fornecedores, bandos, etc.), mas isento de risco para a seguridade social (apesar do valor imanente que ela incorpora), está sobrepondo o interesse arrecadatório à própria liberdade de iniciativa. Ademais, está criando um preceito irreal, pois vivemos numa sociedade de risco, assim entendida nos termos da lição de Ulrich Beck. Além disso, ele inviabiliza (no sentido de dificultar sobremaneira) o exercício de um direito individual, ao impor uma onerosidade excessiva incompatível com os artigos 5º, XIII e 170 da Constituição. Além disso, fere o artigo 174 da CF/88, porque a tributação não pode ser instrumento de desestímulo; só pode ser instrumento de incentivo. Vale dizer, o 'poder' pode, em tese, ser exercido positiva ou negativamente, mas a 'função' só pode sê-lo na direção imposta pelos valores e objetivos constitucionais. Em última análise, para proteger uns, ocorreu um uso excessivo do poder de legislar. Neste ponto, a meu ver, o artigo 13 é inconstitucional, caso seja feita uma leitura absoluta, categórica, do tipo 'tudo ou nada'. [...] Óbvio – não

é preciso repetir – que onde houver abuso, fraude de caráter penal, sonegação, uso de testas de ferro, condutas dolosas, etc., existe responsabilidade do sócio da limitada ou do acionista controlador da sociedade anônima, mas isto independe de legislação específica; basta o fisco atender ao respectivo ônus da prova com a amplitude necessária a cada caso concreto... Porém, generalizar a responsabilidade pelo simples fato de ser sócio de sociedade de responsabilidade limitada (*caput* do art. 13), bem como estendê-la à hipótese de mera culpa (como consta do parágrafo único do art. 13), implica inconstitucionalidade pelas razões expostas" (GRECO, Marco Aurélio. Responsabilidade de terceiros e crédito tributário: três temas atuais. *RFDT* 28/235, 2007).

– **O art. 124 não autoriza a lei a colocar como solidário quem não tenha relação direta com o fato gerador.** "Tal norma do inciso II, considerada em sua literalidade e a *contrario sensu* da norma do inciso I, não poderia ser mais abrangente: sempre que uma lei ordinária afirmasse que qualquer pessoa tivesse de ser responsável pelo pagamento de determinado tributo devido por certo contribuinte referida lei seria toda por válida, independentemente da relação que os ligasse. [...] Na verdade, as seguintes ideias precisam ser apreendidas para que se compreenda em que casos é possível atribuir responsabilidade tributária a alguém: a) o contribuinte é quem deve suportar o ônus pelo pagamento do tributo, já que é este quem revela capacidade contributiva ao praticar o respectivo 'fato gerador'; b) o terceiro apenas pode ser responsabilizado quando tenha alguma relação com o fato gerador, ou porque, de algum modo, participou na sua realização, ou para que seja juridicamente possível o ressarcimento pelo ônus do tributo que teve de suportar no lugar do contribuinte. A não ser assim, a injustiça tributária e a insegurança reinarão. Com efeito, que garantia ter-se-á de que a lei ordinária não estabelecerá como responsável pessoa sem qualquer relação com o fato gerador e sem qualquer possibilidade e ressarcimento do ônus do tributo apenas porque par ao Fisco será mais cômodo recolher dessa pessoa do que do contribuinte? [...] a invalidade da interpretação genérica que se pretende atribuir ao art. 124, I, pode ser percebida logo em face do art. 128 do CTN: [...] referida norma afirma expressamente que a lei ordinária poderá atribuir responsabilidades distintas das contidas no Código, mas apenas se aquele por ela indicado como responsável possuir relação com o fato gerador. Essa norma seria de nenhum valor, caso outra norma do mesmo Código autorizasse que lei ordinária estipulasse responsabilidade tributária distinta das nele estipuladas, sem a necessária vinculação do responsável com o fato gerador. Tal vinculação, como aqui já foi dito, é exigida para possibilidade que o responsável possa ressarcir-se do tributo que teve de recolher no lugar do contribuinte, já que é este e não aquele o verdadeiro manifestante de capacidade contributiva. Necessariamente, portanto, a vinculação deve ser de modo tal que seja viável o ressarcimento ou prévio ou no momento da ocorrência do fato gerador e considerando esse fato específico. [...] é evidente que o art. 124, II, do CTN... cuida apenas do modo de responsabilizar quem já é responsável..." (MACHADO, Raquel Cavalcanti Ramos. Responsabilidade do sócio por créditos tributários lançados contra a pessoa jurídica – os arts. 124, II, 134 e 135 do

CTN, o art. 13 da Lei n. 8.620/93 e a razoabilidade. *RDDT* 114/84, 2005).

– "O território de eleição do sujeito passivo das obrigações tributárias e, bem assim, das pessoas que devam responder solidariamente pela dívida, está circunscrito ao âmbito da situação factual contida na outorga de competência impositiva, cravada no texto da Constituição" (CARVALHO, Paulo de Barros. *Curso de direito tributário*. 27. ed. São Paulo: Saraiva, 2016, p. 315-316).

– "Quanto ao inciso II do art. 124, a disposição, que prescreve a solidariedade das 'pessoas expressamente designadas por lei', pressupõe que a lei poderá determinar a existência de solidariedade entre pessoas que possam não ter interesse comum na situação que constitua o fato gerador, pois é incabível previsão legal no sentido de estipular em qual ou quais situações há o interesse comum" (MIRETTI, Luiz Antonio Caldeira. In: MARTINS, Ives Gandra da Silva (coord.). *Comentários ao Código Tributário Nacional*. São Paulo: Saraiva, 1998, v. 2, p. 204).

⇒ **Responsabilidade dos acionistas controladores, diretores, gerentes ou representantes de pessoas jurídicas relativamente ao IPI e ao IRRF. Tema 718 do STJ:** (CANCELADO) "Discussão: responsabilidade solidária dos sócios, nos termos do art. 8º do Decreto-Lei 1.736/79". Decisão em 2013.

– DL n. 1.736/79: "Art 8º São solidariamente responsáveis com o sujeito passivo os acionistas controladores, os diretores, gerentes ou representantes de pessoas jurídicas de direito privado, pelos créditos decorrentes do não recolhimento do imposto sobre produtos industrializados e do imposto sobre a renda descontado na fonte. Parágrafo único. A responsabilidade das pessoas referidas neste artigo restringe-se ao período da respectiva administração, gestão ou representação".

– O art. 8º do Decreto lei n. 1.736/79 só pode ser aplicado quando presentes as condições do art. 135, III, do CTN, não podendo ser interpretado, exclusivamente, em combinação com o art. 124, II, do CTN.

– **Contribuição previdenciária. Município. Habite-se.** "ART. 50 DA LEI n. 8.212/91. PREFEITURA MUNICIPAL. CONCESSÃO DE HABITE-SE. INEXIGIBILIDADE DE FISCALIZAR O CUMPRIMENTO DE OBRIGAÇÃO PREVIDENCIÁRIA. 1. O preceito inscrito no art. 50 da Lei n. 8.212/91 não impõe à prefeitura municipal o encargo de fiscalizar o cumprimento das obrigações previdenciárias e, muito menos, de ser responsável pela adimplência dos débitos previdenciários atribuídos a proprietário de obra urbana. Tal dispositivo determina apenas o momento da obrigatoriedade de apresentação do comprovante de matrícula do INSS e do comprovante de inexistência de dívida para com a seguridade social" (STJ, ARAI 461.045, 2004).

– **Construção civil. Responsabilidade solidária do incorporador, do proprietário e do empreiteiro.** No que diz respeito às obrigações para com a seguridade social relativas às obras de construção civil, o art. 30, IV, da Lei 8.212/91, com a redação da Lei n. 9.528/97, estabelece a responsabilidade solidária do incorporador, do proprietário e do empreiteiro: "Art. 30. A arrecadação e o recolhimento das contribuições ou de outras importân-

cias devidas à Seguridade Social obedecem às seguintes normas (*caput*, com redação dada pela Lei n. 8.620, de 05/01/93): ... VI – o proprietário, o incorporador definido na Lei n. 4.591, de 16 de dezembro de 1964, o dono da obra ou condômino da unidade imobiliária, qualquer que seja a forma de contratação da construção, reforma ou acréscimo, são solidários com o construtor, e estes com a subempreiteira, pelo cumprimento das obrigações para com a Seguridade Social, ressalvado o seu direito regressivo contra o executor ou contratante da obra e admitida a retenção de importância a este devida para garantia do cumprimento dessas obrigações".

– Caberá ao proprietário, incorporador, dono da obra ou condômino, quando dos pagamentos ao construtor, exigir a comprovação do recolhimento das contribuições previdenciárias, sob pena de caracterização da sua responsabilidade solidária. Em face disso, inclusive, a lei os autoriza à retenção da respectiva importância no caso da não comprovação do recolhimento pelo construtor.

– **Construção civil. Órgãos da Administração Pública. Súmula 66 do Carf:** Os Órgãos da Administração Pública não respondem solidariamente por créditos previdenciários das empresas contratadas para prestação de serviços de construção civil, reforma e acréscimo, desde que a empresa construtora tenha assumido a responsabilidade direta e total pela obra ou repasse o contrato integralmente.

– **Responsabilidade da CEF enquanto credora fiduciária. Tema 1.158 do STJ:** (MÉRITO NÃO JULGADO) Controvérsia: "Definir se há responsabilidade tributária solidária e legitimidade passiva do credor fiduciário na execução fiscal em que se cobra IPTU de imóvel objeto de contrato de alienação fiduciária. Afetação em 2022 (ProAfR no REsp n. 1.949.182)". Obs.: há determinação de suspensão dos processos relacionados.

– **Tema 734 do STJ:** (CANCELADO) "Discussão: responsabilidade da Caixa Econômica Federal, na condição de credora fiduciária, pelos tributos incidentes sobre os imóveis que integram o fundo financeiro privado destinado ao Programa de Arrendamento Residencial". Decisão em 2014.

– **Licitações. Encargos fiscais. Lei n. 8.666/93. Lei n. 9.032/95.** A Lei de Licitações afasta a responsabilidade tributária da Administração, conforme se vê do seu art. 71, § 1º Eis o dispositivo, com a redação dada pela Lei 9.032/95: "Art. 71. O contratado é responsável pelos encargos trabalhistas, previdenciários, fiscais e comerciais resultantes da execução do contrato. § 1º A inadimplência do contratado, com referência aos encargos trabalhistas, fiscais e comerciais não transfere à Administração Pública a responsabilidade por seu pagamento, nem poderá onerar o objeto do contrato ou restringir a regularização e o uso das obras e edificações, inclusive perante o Registro de Imóveis. (Redação dada pela Lei n. 9.032, de 28.4.95) § 2º A Administração Pública responde solidariamente com o contratado pelos encargos previdenciários resultantes da execução do contrato, nos termos do art. 31 da Lei n. 8.212, de 24 de julho de 1991. (Redação dada pela Lei n. 9.032, de 28.4.95)" Obs: A redação atribuída ao § 2º pela Lei n. 9.032/95 diz da responsabilidade solidária do art. 31 da Lei n. 8.212/91, tão somente, ou seja, da relativa ao tomador de serviços prestados mediante cessão de mão de obra. Sobre a responsabilidade do art. 31 da Lei n. 8.212/91, vide nota ao art. 128 do CTN.

– "RESPONSABILIDADE CONTRATUAL. Subsidiária. Contrato com a administração pública. Inadimplência negocial do outro contraente. Transferência consequente e automática dos seus encargos trabalhistas, fiscais e comerciais, resultantes da execução do contrato, à administração. Impossibilidade jurídica. Consequência proibida pelo art. 71, § 1º, da Lei federal n. 8.666/93. Constitucionalidade reconhecida dessa norma. Ação direta de constitucionalidade julgada, nesse sentido, procedente. Voto vencido. É constitucional a norma inscrita no art. 71, § 1º, da Lei federal n. 8.666, de 26 de junho de 1993, com a redação dada pela Lei n. 9.032, de 1995" (STF, ADC 16, 2010).

– Pela inconstitucionalidade do § 2º do art. 71 da n. Lei 8.666/93, com a redação da Lei n. 9.032/95: "A) As contribuições sociais previstas no art. 195 da Constituição da República e no art. 11 da Lei n. 8.212/91, para financiar a seguridade social (saúde, previdência social e assistência social), não são encargos previdenciários, mas, sim, encargos fiscais ou tributários. B) Os encargos previdenciários das empresas encontram-se previstos nos §§ 1º e 2º do art. 19, no art. 22, no § 2º do art. 43, no § 3º do art. 60, no parágrafo único do art. 63, no art. 68, no art. 72 e no § 3º do art. 140, todos da Lei n. 8.213/91. C) Os Estados, o Distrito Federal e os Municípios não podem ser responsabilizados pelo inadimplemento de qualquer obrigação das empresas contratadas para lhes prestar serviços por força do que se contém no § 6º do art. 37 da Constituição da República. D) A norma especial inserta no art. 61 do DL 2.300/86 foi recepcionada pela nossa Lei Maior em vigor e não foi revogada pelas normas gerais expressas no inciso VI do art. 30 e no art. 31 da Lei n. 8.212/91, sendo, pois, plenamente aplicável até o advento da Lei n. 8.666/93. e) A norma excepcional estabelecida no § 2º do art. 71 da Lei n. 8.666/93, com a redação da Lei n. 9.032/95, é inconstitucional, pois vulnera o disposto no § 6º do art. 37 de nossa Lei Maior. F) Enquanto não for declarado inconstitucional, o § 2º do art. 71 da Lei n. 8.666/93, com a redação da Lei n. 9.032/95, encontra-se em vigor com o mesmo conteúdo em que surgiu em nosso ordenamento jurídico, não tendo sido, assim, aquela norma excepcional afetada pelas alterações introduzidas no art. 31 da Lei n. 8.212/91 pelas Leis ns. 9.528/97 e 9.711/98, de modo que os Estados, o Distrito Federal e os Municípios poderiam ser chamados a responder em caráter subsidiário pelos encargos previdenciários das prestadoras de serviços executados mediante cessão de mão de obra, mas não pelos seus encargos fiscais ou tributários, entre os quais se encontra o pagamento da contribuição social devida por aquelas empresa" (SAMPAIO, Alcides da Fonseca. Contribuição "previdenciária" – Inexistência de responsabilidade do Poder Público. *RET* 39/36, 2004).

– **Responsabilidade solidária dos titulares, sócios e administradores na baixa de registro de pessoas jurídicas independentemente da regularidade de obrigações tributárias.** Lei n. 11.598/2007, que estabelece diretrizes e procedimentos para a simplificação e integração do processo de registro e legalização de empresários e de pessoas jurídicas e dá outras providências: "Art. 7º-A. O registro dos atos constitutivos, de suas alterações e extinções (baixas), referentes a empresários e pessoas jurídicas em

qualquer órgão dos 3 (três) âmbitos de governo, ocorrerá independentemente da regularidade de obrigações tributárias, previdenciárias ou trabalhistas, principais ou acessórias, do empresário, da sociedade, dos sócios, dos administradores ou de empresas de que participem, sem prejuízo das responsabilidades do empresário, dos titulares, dos sócios ou dos administradores por tais obrigações, apuradas antes ou após o ato de extinção. § 1º A baixa referida no *caput* deste artigo não impede que, posteriormente, sejam lançados ou cobrados impostos, contribuições e respectivas penalidades, decorrentes da simples falta de recolhimento ou da prática comprovada e apurada em processo administrativo ou judicial de outras irregularidades praticadas pelos empresários ou por seus titulares, sócios ou administradores. § 2º A solicitação de baixa na hipótese prevista no *caput* deste artigo importa responsabilidade solidária dos titulares, dos sócios e dos administradores do período de ocorrência dos respectivos fatos geradores" (Artigo 7º-A incluído pela LC n. 147/2014).

– "As disposições legais a respeito da simplificação dos procedimentos de baixa no registro de pessoas jurídicas sem a apresentação das certidões de regularidade fiscal, assim como a possibilidade de um sócio/acionista, sócio-gerente ou administrador optar por assumir a responsabilidade solidária por eventuais débitos da pessoa jurídica após a sua baixa foram veiculadas por uma lei formalmente complementar no âmbito da regulamentação do Simples Nacional, ainda que não trate exclusivamente de pessoas jurídicas que cumpram suas obrigações acessórias por meio deste. O legislador evoluiu e estendeu a possibilidade de baixa da inscrição das pessoas jurídicas nos cadastros perante os órgãos da Administração Pública das três esferas de governo, sem a apresentação das certidões de regularidade fiscal independentemente do seu faturamento. Assim, a aplicação do § 2º do art. 7º-A da Lei 11.598/2007 não prescinde da verificação do cumprimento dos requisitos previstos nas normas gerais a respeito da responsabilização solidária dos sócios, acionistas e administradores por eventuais débitos da empresa previstas nos arts. 124, 134 e 135 do CTN. Portanto, a disposição do § 2º do art. 7º-A da Lei 11.598/2007 deve ser interpretada a partir das disposições gerais, não de forma isolada como se estabelecesse uma nova regra diferente das já existentes. De outro modo a novel norma teria pouca praticabilidade entre os empresários, porque ninguém assumiria a responsabilidade por eventuais débitos – e que podem ser de administrações anteriores – apenas para dar baixa no cadastro da pessoa jurídica perante os órgãos de registro. Ainda dentro do seu restrito âmbito de aplicabilidade do § 2º do art. 7º-A da Lei 11.598/2007, o sócio ou administrador que admitir a prática de ato contrário a lei, ao contrato social ou ao estatuto poderá fazê-lo unicamente em relação a si, pois só há confissão de fato próprio e não de terceiros. Interpretação contrária tornará muito difícil a sucessão empresarial, eis que os futuros sócios ou quotistas terão que conhecer profundamente todos os atos praticados pela empresa e sua administração nos último cinco anos" (CEZAROTI, Guilherme. A responsabilidade tributária prevista no § 2º do art. 7º-A da Lei 11.598/2007: necessidade de observância dos requisitos previstos no CTN a respeito de responsabilidade solidária. *RDDT* 233/70, 2015).

– Responsabilidade solidária dos empresários, titulares, sócios e administradores na baixa do empresário ou da pessoa jurídica no âmbito do Simples Nacional. LC n. 147/2014, atribuindo nova redação à LC n. 123/2006 (Simples Nacional), com destaque para o § 5º do art. 9º: "Art. 9º O registro dos atos constitutivos, de suas alterações e extinções (baixas), referentes a empresários e pessoas jurídicas em qualquer órgão dos 3 (três) âmbitos de governo ocorrerá independentemente da regularidade de obrigações tributárias, previdenciárias ou trabalhistas, principais ou acessórias, do empresário, da sociedade, dos sócios, dos administradores ou de empresas de que participem, sem prejuízo das responsabilidades do empresário, dos titulares, dos sócios ou dos administradores por tais obrigações, apuradas antes ou após o ato de extinção. (Redação dada pela Lei Complementar n. 147, de 2014) § 1º O arquivamento, nos órgãos de registro, dos atos constitutivos de empresários, de sociedades empresárias e de demais equiparados que se enquadrarem como microempresa ou empresa de pequeno porte bem como o arquivamento de suas alterações são dispensados das seguintes exigências: I – certidão de inexistência de condenação criminal, que será substituída por declaração do titular ou administrador, firmada sob as penas da lei, de não estar impedido de exercer atividade mercantil ou a administração de sociedade, em virtude de condenação criminal; II – prova de quitação, regularidade ou inexistência de débito referente a tributo ou contribuição de qualquer natureza. § 2º Não se aplica às microempresas e às empresas de pequeno porte o disposto no § 2º do art. 1º da Lei n. 8.906, de 4 de julho de 1994. § 3º (Revogado pela LC 147/2014). § 4º A baixa do empresário ou da pessoa jurídica não impede que, posteriormente, sejam lançados ou cobrados tributos, contribuições e respectivas penalidades, decorrentes da falta do cumprimento de obrigações ou da prática comprovada e apurada em processo administrativo ou judicial de outras irregularidades praticadas pelos empresários, pelas pessoas jurídicas ou por seus titulares, sócios ou administradores. (Redação dada pela Lei Complementar n. 147, de 2014) § 5º A solicitação de baixa do empresário ou da pessoa jurídica importa responsabilidade solidária dos empresários, dos titulares, dos sócios e dos administradores no período da ocorrência dos respectivos fatos geradores. (Redação dada pela Lei Complementar n. 147, de 2014) § 6º Os órgãos referidos no *caput* deste artigo terão o prazo de 60 (sessenta) dias para efetivar a baixa nos respectivos cadastros. § 7º Ultrapassado o prazo previsto no § 6º deste artigo sem manifestação do órgão competente, presumir-se-á a baixa dos registros das microempresas e a das empresas de pequeno porte. §§ 8º a 12 (Revogados pela Lei Complementar n. 147/2014)".

⇒ **Cessão de mão de obra. Tomador de serviços. Contribuição previdenciária. Art. 31 da Lei n. 8.212/91. Lei n. 9.711/98.** Vide nota ao art. 128 do CTN.

⇒ **Empresa controladora.** "AUTO DE INFRAÇÃO. RESPONSABILIDADE SOLIDÁRIA. A solidariedade passiva entre a empresa autora, controladora, e a autuada, controlada, está definida em lei (Decreto n. 85.450/80, arts. 139, II e III e 150), sendo igualmente devedora do tributo ou penalidade pecuniária descrita no Auto de Infração lavrado pela autoridade fiscal. Aplicação do disposto no art. 124, II, do

CTN" (TRF4, 1ª T., AC 97.04.28669-4/RS, Juiz José Germano, ago. 2000, *DJ2* 173-E, 6-9-2000, p. 73).

⇒ **Grupo econômico.** Vide nota ao inciso I deste mesmo artigo.

Parágrafo único. A solidariedade referida neste artigo não comporta benefício de ordem.

⇒ **Ausência de benefício de ordem decorre da essência da solidariedade.** "8. O artigo 124, do Codex Tributário, ao tratar da solidariedade na seara tributária, fixa que a mesma não comporta benefício de ordem (parágrafo único) quando se estabeleça entre as pessoas que tenham interesse comum na situação que constitua o fato gerador da obrigação principal (inciso I) e entre as pessoas expressamente designadas por lei (inciso II), o que importa em evidente tautologia, uma vez que a inaplicabilidade do *beneficium excussionis* decorre da essência do instituto em tela. 9. Deveras, na obrigação solidária, dessume-se a unicidade da relação tributária em seu polo passivo, autorizando a autoridade administrativa a direcionar-se contra qualquer dos coobrigados (contribuintes entre si, responsáveis entre si, ou contribuinte e responsável). Nestes casos, qualquer um dos sujeitos passivos elencados na norma *respondem in totum et totaliter* pela dívida integral" (STJ, EREsp 446.955, 2008).

⇒ **Contribuição previdenciária relativa à construção civil. Inexistência de benefício de ordem.** Com a redação dada pela Lei n. 9.528, de 10-12-1997, é que passou a constar expressamente, no inciso VI do art. 30 da Lei n. 8.212/91, a previsão de não ser aplicável o benefício de ordem.

– No sentido de que o INSS pode exigir de qualquer um dos devedores solidários o cumprimento integral da obrigação tributária, não existindo nenhum benefício de ordem entre eles, justamente por força do art. 124, parágrafo único, do CPC, vide o parecer da Consultoria Jurídica do Ministério da Previdência e Assistência Social, Contribuição Previdenciária/Construção Civil/Solidariedade/Ausência de Benefício de Ordem, em *RDDT* 37, 1998.

– **No sentido de que a responsabilidade é subsidiária.** "EXECUÇÃO FISCAL. CONTRIBUIÇÃO PREVIDENCIÁRIA. EMPRESA CONSTRUTORA. SUBEMPREITEIRA. SÚMULA 126/TFR. 'Na cobrança de crédito previdenciário proveniente da execução de contrato de construção de obra, o proprietário, dono de obra ou condômino de unidade imobiliária somente será acionado quando não for possível lograr do construtor, através de execução contra ele intentada, a respectiva liquidação' (Súmula 126/TFR)" (STJ, REsp 227.678, 2000).

– "É oportuno salientar que no inciso VI do art. 30 da Lei 8.212/91 se instituiu responsabilidade de terceiros similar à prevista no inciso VI do art. 134 do CTN. Assim, não obstante a utilização da palavra 'solidários' no inciso VI do art. 30 da Lei 8.212/91, a responsabilidade... é subsidiária, ou seja, aquelas pessoas só responderão pelo pagamento da contribuição social no caso de impossibilidade de exigência do cumprimento da obrigação tributária pelo contribuinte. [...] Convém salientar que 'a responsabilidade solidária' prevista no inciso VI do art. 30 da Lei 8.212/91 surgiu em nosso ordenamento jurídico por intermédio do DL 66 de 21 de novembro de 1966, que acrescentou o seguinte inciso ao art. 79 da Lei 3.807/60, de 26 de agosto de 1960: 'VI – o proprietário, o dono da obra, ou o condômino de unidade imobiliária, qualquer que seja a forma por que haja contratado a execução de obras de construção, reforma ou acréscimo do imóvel, é solidariamente responsável com o construtor pelo cumprimento de todas as obrigações decorrentes desta Lei, ressalvado seu direito regressivo contra o executor ou contraente das obras e admitida a retenção de importâncias a estes devidas para garantia do cumprimento dessas obrigações, até a expedição do Certificado de Quitação previsto no item II do artigo 141'. Com a alteração introduzida na Lei 3.807/60 pela Lei 5.890/73 o inciso VI passou a ser o § 2º de seu art. 79. Esse preceito equivale à disposição atualmente encontrada no inciso VI do art. 30 da Lei 8.212/91... Como visto, desde 1966 está prevista em nosso ordenamento jurídico a 'responsabilidade solidária' entre o possuidor, o proprietário ou o condômino de unidade imobiliária e o construtor pelo pagamento da contribuição social por este devida... Por tal razão é de extrema importância lembrar o entendimento jurisprudencial cristalizado na Sumula 126 do extinto TFR, segundo a qual 'na cobrança de crédito previdenciário, proveniente da execução de contrato de construção de obra, o proprietário, dono da obra ou condômino de unidade imobiliária somente será acionado quando não for possível lograr do construtos, através da execução contra ele intentada, a respectiva liquidação'. [...] Impende salientar que ao julgar em 2 de maio de 2002 o REsp 225.413-RS a 1ª Turma do STJ, por unanimidade de votos, reconheceu a atualidade do entendimento jurisprudencial expresso na Súmula 126 do extinto TFR [...] Portanto, não resta dúvida quanto ao fato de a responsabilidade de terceiros estabelecida no inciso VI do art. 30 da Lei 8.212/91 ser subsidiária, pouco importando o fato de naquele preceito legal haver sido empregado o vocábulo 'solidários'. [...] Através da Lei 9.528/97, o inciso VI do art. 30 da Lei 8.212/91 foi modificado, passando a dispor que os sujeitos passivos indiretos ali mencionados não poderiam alegar o benefício de ordem. Com tal alteração o INSS pretendera se furtar ao entendimento expresso na Súmula 126 do extinto TFR. [...] Ocorre, porém, que um dispositivo legal não tem o condão de modificar a natureza das coisas [...] tal objetivo jamais poderia ser alcançado em razão do que se contém no *caput* do art. 134 do CTN, pois a responsabilização de terceiros pressupõe a impossibilidade de exigência do cumprimento da obrigação principal pelo contribuinte..." (SAMPAIO, Alcides da Fonseca. Contribuições sociais – a responsabilidade subsidiária das empresas – retenção de 11% – Lei n. 9.711. *RDDT* 96/11-13, 2003).

Art. 125. Salvo disposição de lei em contrário, são os seguintes os efeitos da solidariedade:

⇒ **Não autoriza arbitramento automático.** A eventual previsão de solidariedade do substituto ou do responsável relativamente ao débito do contribuinte não autoriza o Fisco a proceder diretamente a lançamento por arbitramento quando do verificar inadimplemento. Não há que se confundir a causa que atrai a responsabilidade solidária com a pendência da obrigação tributária em si. A responsabilidade solidária recai sobre obrigações que precisam ser apuradas adequadamente, junto aos contribuintes, de modo a se verificar a efetiva base de cálculo e a existência de pagamentos já realizados, até porque, na solidariedade, o pagamento efetuado por um dos obrigados aproveita aos demais, nos termos do art. 125, I, do CTN. Existindo dívida e sendo os devedores solidários, ter-se-á a possibilidade de exigi-la de um ou de outro, forte na solidariedade, sem benefício de ordem, conforme se infere do art. 124, parágrafo único, do CTN.

I – o pagamento efetuado por um dos obrigados aproveita aos demais;

⇒ **Pagamento extingue o crédito.** O pagamento extingue o crédito tributário (art. 156, I, do CTN). Se parcial, extinguirá até o limite pago. Só pode ser exigido do obrigado solidário o montante da dívida ainda em aberto.

II – a isenção ou remissão de crédito exonera todos os obrigados, salvo se outorgada pessoalmente a um deles, subsistindo, nesse caso, a solidariedade quanto aos demais pelo saldo;

⇒ **Salvo se outorgada pessoalmente a um deles.** Neste caso, compete "ao sujeito ativo tributário abater, da totalidade da dívida, a parte correspondente para o saldo ser coberto pelos demais" (MORAES, Bernardo Ribeiro de. *Compêndio de direito tributário*. 3. ed. 1995, v. 2, p. 307).

III – a interrupção da prescrição, em favor ou contra um dos obrigados, favorece ou prejudica aos demais.

⇒ **Prescrição quanto ao diretor, gerente ou representante. Interrupção pela citação da sociedade.** A matéria pende de definição em sede de recurso repetitivo. Há precedentes no sentido de que a interrupção se dá pela citação da sociedade.
– "EXECUÇÃO FISCAL. REDIRECIONAMENTO PARA SÓCIO-GERENTE. PRESCRIÇÃO. *ACTIO NATA*. MATÉRIA SUBMETIDA A RECURSO REPETITIVO. SOBRESTAMENTO NA ORIGEM. NECESSIDADE. 1. A discussão acerca do termo inicial da prescrição para o redirecionamento da Execução Fiscal para o sócio-gerente encontra-se afetada à Primeira Seção do STJ, aguardando o julgamento do REsp 1.201.993/SP, de relatoria do Ministro Herman Benjamin, sob o rito dos recursos repetitivos (art. 543-C do CPC)" (STJ, AgInt no AREsp 844.083, 2016).
– "PROCESSO CIVIL E TRIBUTÁRIO – EXECUÇÃO FISCAL... INTERRUPÇÃO DA PRESCRIÇÃO EM RELAÇÃO À EMPRESA QUE ATINGE TAMBÉM OS RESPONSÁVEIS SOLIDÁRIOS. 1... 3. A prescrição, quando interrompida em desfavor da pessoa jurídica, também atinge os responsáveis solidários, não se podendo falar que apenas quando citado o sócio é que se conta a prescrição – Interpretação dos arts. 125, III, 135, III, e 174 do CTN. 4. Recurso especial parcialmente conhecido e, nessa parte, provido parcialmente" (STJ, REsp 660.277, 2005).
– "TRIBUTÁRIO E PROCESSUAL CIVIL. EXECUÇÃO FISCAL. CITAÇÃO, PENHORA E LEILÃO DOS BENS DA SOCIEDADE POR QUOTAS DE RESPONSABILIDA-

DE. CESSADAS AS ATIVIDADES DA SOCIEDADE. CI-TAÇÃO DOS SÓCIOS PARA O PAGAMENTO DA DÍVI-DA REMANESCENTE. RESPONSABILIDADE, SUBSTI-TUIÇÃO E SOLIDARIEDADE TRIBUTÁRIA. PRESCRI-ÇÃO. INTERRUPÇÃO. CTN, ARTIGOS 125, III, 134, I A VII, E 135, III E 174 CPC, ART. 219, § 2º. 1... 2. A interrupção da prescrição contra o contribuinte opera também contra o responsável subsidiário ou por substituição. 3. No caso, porém, assinaladas as hipóteses do *dies a quo*, exalta-se a ocorrência da prescrição (art. 174, CTN). 4. Recurso improvido" (STJ, REsp 76.667, 1996).

– **Citação de um dos sócios. Interrupção frente a todos.** "2. É certo que, segundo o art. 125, III, do CTN, os efeitos da interrupção da prescrição em relação a um dos devedores solidários atinge todos os outros codevedores. 3. Na hipótese, é incontroverso que houve a efetiva citação de um dos sócios que figuram no polo passivo da execução, razão pela qual a não efetivação da citação do outro executado não impediu a interrupção do prazo prescricional em relação a ele" (STJ, REsp 1.015.117, 2008).

SEÇÃO III
CAPACIDADE TRIBUTÁRIA

Art. 126. A capacidade tributária passiva independe:

⇒ **Capacidade tributária.** Capacidade tributária é a aptidão para ser sujeito ativo ou passivo de uma relação tributária.

– **Capacidade para realizar o fato jurídico tributário** *x* **capacidade para assumir a posição de sujeito passivo da obrigação tributária.** "... o sujeito capaz de realizar o fato jurídico tributário, ou dele participar, pode, perfeitamente, não ter personalidade jurídica de direito privado, contudo, o sujeito passivo da obrigação tributária haverá de tê-lo, impreterivelmente" (CARVALHO, Paulo de Barros. *Curso de direito tributário*. 27. ed. São Paulo: Saraiva, 2016, p. 313). Obs: o referido doutrinador conclui dessa forma ao ressaltar que, mesmo quando o legislador coloca como realizador do fato gerador ente sem personalidade jurídica, prescreve vínculo com pessoa física ou jurídica, de maneira a possibilitar a composição do liame obrigacional. E acrescenta: "... ficaria bem que o legislador separasse, em tópicos diferentes, a capacidade para realizar o fato jurídico tributário e a capacidade de ser sujeito passivo de obrigações fiscais". "... no rol do art. 126 estão entidades que jamais poderão ser sujeito passivo de obrigações tributárias."

I – da capacidade civil das pessoas naturais;

⇒ **Menoridade.** "... a matéria ali regulada é a capacidade de agir em matéria tributária, i.e., a capacidade de incorrer em situações que produzam efeitos tributários. Nãos e confunde, portanto, com a capacidade de direito, regulada pela legislação civil. [...] Assim, não deve causar espécie o fato de um menor incapaz poder ser contribuinte de qualquer imposto. Basta, por exemplo, que seja ele proprietário de um imóvel, para ser contribuinte do IPTU, auferindo algum rendimento, incorrerá no fato jurídico tributário próprio do Imposto de Renda e assim sucessivamente. [...]... na hipótese de a legislação tribu-

tária vincular o surgimento da obrigação à celebração de um negócio jurídico, a incapacidade civil da parte será suficiente para a nulidade do negócio, não havendo, daí, que falar em obrigação tributária. Mas vale notar que o que afasta a exigência não é a incapacidade tributária, mas a inexistência do próprio negócio jurídico. Vale retomar, a este respeito, o que se viu no capítulo precedente acerca do artigo 116 do Código Tributário Nacional, que cogita, ao lado de uma mera 'situação de fato', o caso de 'situação jurídica'. Se a hipótese tributária é uma situação jurídica, não há fato jurídico tributário enquanto aquela não se perfizer" (SCHOUERI, Luís Eduardo. *Direito tributário*. 2. ed. São Paulo: Saraiva, 2012, p. 502).

II – de achar-se a pessoa natural sujeita a medidas que importem privação ou limitação do exercício de atividades civis, comerciais ou profissionais, ou da Administração direta de seus bens ou negócios;

III – de estar a pessoa jurídica regularmente constituída, bastando que configure uma unidade econômica e profissional.

⇒ **Sociedade em conta de participação.** "... A sociedade em conta de participação não tem capacidade tributária passiva" (TRF4, 1ª T., AC 91.04.04191-7/PR, Juiz Gilson Dipp, jun. 1997). Do voto do condutor: "A sociedade em conta de participação não é pessoa jurídica nem mantém relações jurídicas com terceiros. Nessas condições, não tem capacidade tributária passiva (CTN, art. 126, inc. III). Os sócios é que são, pessoalmente, credores ou devedores de terceiros. Daí não se poder cogitar de solidariedade (CTN, art. 124), nem de responsabilidade subsidiária e solidária, antes da liquidação (CTN, art. 134, inc. VII). Convém esclarecer, a propósito, que a espécie não envolve a questão da autonomia do direito privado em face do direito tributário (CTN, arts. 109 e 110), porque não afetado o regime societário previsto nos arts. do C. Com.".

– "nem antes nem depois da edição do Decreto (2.303/86) houve o surgimento da personalidade jurídica..., muito menos surgiu capacidade tributária passiva da SCP. O que houve foi a reafirmação da responsabilidade tributária do sócio ostensivo. [...] o Decreto-Lei 2.303/06 continua em plena vigência, frente às novas disposições do Código Civil... [...] o Fisco, para atingir tributação isonômica às pessoas jurídicas, necessitava da responsabilização do sócio ostensivo e da segregação dos resultados da SCP, sem, contudo, desnaturar a modelagem legal construída pelo Direito Privado para a SCP" (WENDER, Orlando. Em monografia sobre a SCP apresentada à UFRGS em 2014).

• Vide: MARTINS, Ives Gandra da Silva. Sociedade em conta de participação constituída nos exatos termos dos artigos 981, 991 a 996 e 997, inciso V, do Código Civil com bens e serviços – desconsideração da forma pela SRFB – maculação dos artigos 109 e 110 do CTN. *RDDT* 231/145, 2014.

– Sobre o planejamento tributário mediante o uso da forma societária de sociedade em conta de participação, vide nota ao art. 116, parágrafo único, do CTN.

⇒ *Shopping Center*. Entendeu o STJ, que "a sociedade de comerciantes empresários, ou de sociedades empresárias, mesmo que constituída em forma de condomínio (*shopping centers*), caracteriza unidade econômica, autônoma em relação aos condôminos e sua atividades, com finalidade e receita próprias, inclusive como se pode presumir da simples existência de inscrição específica no Cadastro Nacional de Pessoas Jurídicas – CNPJ". Assim, ainda que não tenha sido constituído em sua forma societária, aplica-se o "art. 126, III, do CTN, segundo o qual a capacidade tributária passiva independe de estar a pessoa jurídica regularmente constituída, bastando que configure uma unidade econômica ou profissional" (STJ, REsp 1.301.956, 2015).

⇒ **Consórcio de empresas.** "... o consórcio não possui personalidade jurídica própria, mas permite a associação de empresas para a realização de um propósito específico. [...] A constituição de um consórcio permite a criação de um centro independente de relações jurídicas internas (entre o consórcio e suas empresas consorciadas) e externas (entre o consórcio e terceiros). O consórcio se relaciona no mundo jurídico mediante representação, por meio da outorga de mandato a uma direção autônoma ou a uma das empresas consorciadas, denominada empresa líder, como previsto na Lei de Licitações. Dessa forma, o ordenamento jurídico reconhece a personalidade negocial dos consórcios para a prática de atos específicos, dentre os quais se destaca a contratação com o Poder Público. [...] O objetivo do consórcio é a execução de um determinado empreendimento, um fim econômico a ser perseguido através da produção, industrialização ou comercialização de bens ou serviços, assumindo, para tanto, direitos e obrigações em nome próprio, passíveis de tutela jurisdicional. Da mesma forma, em relação ao cumprimento das obrigações tributárias, forçoso reconhecer a capacidade do consórcio de cumprir deveres e postular direitos. O consórcio consubstancia inequívoca unidade econômica, ensejadora da capacidade tributária passiva, como preceitua o inciso III do art. 126 do CTN... Dessa forma, realiza fatos previstos na hipótese de incidência tributária, sujeitando-se às consequências decorrentes desta subsunção, tais como o pagamento de tributos e emissão de documentos fiscais" (HENRIQUES, Guilherme de Almeida; MIRANDA, Alexandra Carolina Vieira; CAMPOS, Marcelo Hugo de Oliveira. O tratamento tributário dos consórcios no ordenamento jurídico brasileiro. *RDDT* 226/63, 2014).

⇒ **Sociedade irregular. Definição.** "SOCIEDADE IRREGULAR. É a sociedade que está funcionando em transgressão às leis, ou sem preencher as formalidades estabelecidas em lei. As sociedades de fato, em princípio, são sociedades irregulares, tendo uma existência desconforme a lei. As sociedades irregulares tanto podem surgir, originariamente, como sociedades que não receberam o batismo legal, como podem resultar de sociedades, originariamente legais, que deixaram de atender a exigências legais, transformando-se em sociedades de fato. Assim, mesmo as sociedades regulares, ou legais, podem transformar-se em sociedades irregulares. É sanção, por exemplo, que se impõe às sociedades que se mantêm em funcionamento, depois que expira o prazo de seu contrato, sem que promovam a respectiva renovação, ou as que deixaram de

o prorrogar, oportunamente. Qualquer que seja a forma adotada pela sociedade, desde que reputada irregular, se entende de natureza solidária, Por essa forma, os sócios dela, ainda que declarados de responsabilidade limitada, têm responsabilidade ilimitada e solidária, encontrando-se subsidiariamente vinculados às obrigações sociais" (SILVA, De Plácido e. *Vocabulário jurídico*. 15. ed. 1998, p. 768).

⇒ **Sociedade de fato.** O dispositivo abrange tanto as sociedades irregulares como as sociedades meramente de fato.

– "SOCIEDADE DE FATO. É a que se forma do acordo entre duas ou mais pessoas para a exploração de negócios em comum, sem atender às formalidades legais de registro de contrato e de firma. As sociedades de fato podem igualmente resultar da existência de sociedades irregulares, ou de sociedades legais, que tiveram seus prazos terminados e não se revigoraram. As sociedades de fato podem preexistir sem contrato escrito. Assim, comprovam-se por fatos circunstanciais, que atestam sua real, ou efetiva existência, e a intenção das pessoas que a compõem em manter uma soma de negócios sob uma comunhão de interesses e de bens. Em princípio, mesmo que haja um contrato escrito, as sociedades de fato estabelecem entre os sócios uma responsabilidade ilimitada e solidária, de modo que são eles ligados às obrigações assumidas pela sociedade" (SILVA, De Plácido e. *Vocabulário jurídico*. 15. ed. 1998, p. 766).

SEÇÃO IV
DOMICÍLIO TRIBUTÁRIO

Art. 127. Na falta de eleição, pelo contribuinte ou responsável, de domicílio tributário, na forma da legislação aplicável, considera-se como tal:

⇒ **Eleição do domicílio.** Importância para fins de cadastro e de comunicação com o fisco. "Vige a regra da eleição do domicílio que o sujeito passivo pode fazer a qualquer tempo, decidindo, espontaneamente, sobre o local de sua preferência. Todas as comunicações fiscais, de avisos e esclarecimentos, bem como os atos, propriamente, de intercâmbio procedimental – intimações e notificações – serão dirigidas àquele lugar escolhido, que consta dos cadastros das repartições tributárias, e onde o fisco espera encontrar a pessoa, para a satisfação dos mútuos interesses" (CARVALHO, Paulo de Barros. *Curso de direito tributário*. 27. ed. São Paulo: Saraiva, 2016, p. 306).

– "... pela regra contida no *caput* do art. 127, o contribuinte tem a faculdade de escolher, ou, na linguagem do CTN, eleger o seu domicílio tributário, que se caracteriza no local que deverá estar cadastrado nos órgãos competentes da Administração Tributária, no qual estabelecerá a vinculação com o Fisco para o relacionamento voltado às obrigações e interesses de ambos" (MIRETTI, Luiz Antonio Caldeira. In: MARTINS, Ives Gandra da Silva (coord.). *Comentários ao Código Tributário Nacional*. São Paulo: Saraiva, 1998, v. 2, p. 209).

– **Sistema de comunicação eletrônica entre contribuinte e Fisco no Simples Nacional. LC n. 139/2011.** A Lei Complementar n. 139/2011 adicionou parágrafos ao art. 16 da LC n. 123/2006 para instituir sistema de comunicação eletrônica entre contribuinte e Fisco. Buscou o legislador simplificar o método de notificação dos contribuintes acerca de diversos atos administrativos realizados no âmbito do regime de tributação destinado às micro e pequenas empresas, dentre os quais encontram-se os atos de exclusão e indeferimento de opção. Dispõe a norma: *[§ 1º-A. A opção pelo Simples Nacional implica aceitação de sistema de comunicação eletrônica, destinado, dentre outras finalidades, I – cientificar o sujeito passivo de quaisquer tipos de atos administrativos, incluídos os relativos ao indeferimento de opção, à exclusão do regime e a ações fiscais; II – encaminhar notificações e intimações; e III – expedir avisos em geral. § 1º-B. O sistema de comunicação eletrônica de que trata o § 1º-A será regulamentado pelo CGSN, observando-se o seguinte: I – as comunicações serão feitas, por meio eletrônico, em portal próprio, dispensando-se a sua publicação no Diário Oficial e o envio por via postal; II – a comunicação feita na forma prevista no* caput *será considerada pessoal para todos os efeitos legais; III – a ciência por meio do sistema de que trata o § 1º-A com utilização de certificação digital ou de código de acesso possuirá os requisitos de validade; IV – considerar-se-á realizada a comunicação no dia em que o sujeito passivo efetivar a consulta eletrônica ao teor da comunicação; e V – na hipótese do inciso IV, nos casos em que a consulta se dê em dia não útil, a comunicação será considerada como realizada no primeiro dia útil seguinte. § 1º-C. A consulta referida nos incisos IV e V do § 1º-B deverá ser feita em até 45 (quarenta e cinco) dias contados da data da disponibilização da comunicação no portal a que se refere o inciso I do § 1º-B, ou em prazo superior estipulado pelo CGSN, sob pena de ser considerada automaticamente realizada na data do término desse prazo. § 1º-D. Enquanto não editada a regulamentação de que trata o § 1º-B, os entes federativos poderão utilizar sistemas de comunicação eletrônica, com regras próprias, para as finalidades previstas no § 1º-A, podendo a referida regulamentação prever a adoção desses sistemas como meios complementares de comunicação].* Saliente-se, ainda, que o sistema de comunicação eletrônica em questão, de acordo com a nova redação do art. 39, § 4º, da LC n. 123/2006 é aplicável também para a comunicação dos atos praticados no âmbito do contencioso administrativo do Simples Nacional.

– Comunicação eletrônica entre a Receita estadual e os sujeitos passivos no RS. No Estado do Rio Grande do Sul, a Lei estadual n. 14.381, de 27 de dezembro de 2013, instituiu a comunicação eletrônica entre a Receita estadual e o sujeito passivo de tributos estaduais. Seu art. 1º, inciso I, dispõe que se considera "domicílio eletrônico: local de comunicações eletrônicas entra a Receita Estadual e o sujeito passivo, disponível na rede mundial de computadores, denominado Domicílio Tributário Eletrônico – DTE". Conforme os arts. 6º e 7º da mesma Lei, "A comunicação eletrônica será considerada pessoal para todos os efeitos legais", considerando-se realizada no dia em que o credenciado acessar o DTE e efetuar a consulta ao seu ou, se não for dia útil, no primeiro dia útil subsequente. Caso a consulta não seja realizada em até dez dias, contados do envio da comunicação, "considerar-se-á como realizada ao término desse prazo".

⇒ **Limitação territorial da fixação do domicílio.** "... a escolha não pode recair em local fora do território da entidade tribu-

tante..." (MACHADO, Hugo de Brito. *Curso de direito tributário*. 36. ed. São Paulo: Malheiros, 2015, p. 153).

– Os limites lógicos postos pelo critério espacial da hipótese de incidência "impedem a autoridade legislativa de cogitar da fixação do domicílio, quanto a pessoas, fatos ou bens situados para além das fronteiras geográficas que a lei tem a virtude de alcançar" (CARVALHO, Paulo de Barros. *Curso de direito tributário*. 27. ed. São Paulo: Saraiva, 2016, p. 307).

I – quanto às pessoas naturais, a sua residência habitual, ou, sendo esta incerta ou desconhecida, o centro habitual de sua atividade;

⇒ **Atualização do domicílio da pessoa física.** Ocorre automaticamente com a indicação do endereço quando da entrega da declaração anual de ajuste do IR, podendo, ainda, ser requerida a qualquer tempo, conforme normas acerca do CPF. Sobre o CPF, vide nota ao art. 113, § 2º, do CTN.

II – quanto às pessoas jurídicas de direito privado ou às firmas individuais, o lugar da sua sede, ou, em relação aos atos ou fatos que derem origem à obrigação, o de cada estabelecimento;

⇒ **Filiais. Autonomia dos estabelecimentos.** A IN n. 1.634/2016, que dispõe sobre o CNPJ, estabelece: "Art. 3º Todas as entidades domiciliadas no Brasil, inclusive as pessoas jurídicas equiparadas pela legislação do Imposto sobre a Renda, estão obrigadas a se inscrever no CNPJ e a cada um de seus estabelecimentos localizados no Brasil ou no exterior, antes do início de suas atividades".

– "EXECUÇÃO FISCAL. DÍVIDAS TRIBUTÁRIAS DA MATRIZ. PENHORA, PELO SISTEMA BACEN-JUD, DE VALORES DEPOSITADOS EM NOME DAS FILIAIS. POSSIBILIDADE. ESTABELECIMENTO EMPRESARIAL COMO OBJETO DE DIREITOS E NÃO COMO SUJEITO DE DIREITOS. CNPJ PRÓPRIO DAS FILIAIS. IRRELEVÂNCIA NO QUE DIZ RESPEITO À UNIDADE PATRIMONIAL DA DEVEDORA. 1. No âmbito do direito privado, cujos princípios gerais, à luz do art. 109 do CTN, são informadores para a definição dos institutos de direito tributário, a filial é uma espécie de estabelecimento empresarial, fazendo parte do acervo patrimonial de uma única pessoa jurídica, partilhando dos mesmos sócios, contrato social e firma ou denominação da matriz. Nessa condição, consiste, conforme doutrina majoritária, em uma universalidade de fato, não ostentando personalidade jurídica própria, não sendo sujeito de direitos, tampouco uma pessoa distinta da sociedade empresária. Cuida-se de um instrumento de que se utiliza o empresário ou sócio para exercer suas atividades. 2. A discriminação do patrimônio da empresa, mediante a criação de filiais, não afasta a unidade patrimonial da pessoa jurídica, que, na condição de devedora, deve responder com todo o ativo do patrimônio social por suas dívidas, à luz de regra de direito processual prevista no art. 591 do Código de Processo Civil, segundo a qual 'o devedor responde, para o cumprimento de suas obrigações, com todos os seus bens presentes e futuros, salvo as restrições estabelecidas em lei'. 3. O princípio tributário da autonomia dos estabelecimentos, cujo conteúdo normativo preceitua que estes devem ser considerados, na forma da legislação específica de cada tributo, unidades autônomas e independentes nas relações jurídico-tributárias travadas com a Administração Fiscal, é um instituto de direito material, ligado à questão do nascimento da obrigação tributária de cada imposto especificamente considerado e não tem relação com a responsabilidade patrimonial dos devedores prevista em um regramento de direito processual, ou com os limites da responsabilidade dos bens da empresa e dos sócios definidos no direito empresarial. 4. A obrigação de que cada estabelecimento se inscreva com número próprio no CNPJ tem especial relevância para a atividade fiscalizatória da administração tributária, não afastando a unidade patrimonial da empresa, cabendo ressaltar que a inscrição da filial no CNPJ é derivada do CNPJ da matriz. 5. Nessa toada, limitar a satisfação do crédito público, notadamente do crédito tributário, a somente o patrimônio do estabelecimento que participou da situação caracterizada como fato gerador é adotar interpretação absurda e odiosa. Absurda porque não se concilia, por exemplo, com a cobrança dos créditos em uma situação de falência, onde todos os bens da pessoa jurídica (todos os estabelecimentos) são arrecadados para pagamento de todos os credores, ou com a possibilidade de responsabilidade contratual subsidiária dos sócios pelas obrigações da sociedade como um todo (v.g. arts. 1.023, 1.024, 1.039, 1.045, 1.052, 1.088 do CC/2002), ou com a administração de todos os estabelecimentos da sociedade pelos mesmos órgãos de deliberação, direção, gerência e fiscalização. Odiosa porque, por princípio, o credor privado não pode ter mais privilégios que o credor público, salvo exceções legalmente expressas e justificáveis. 6. Recurso especial conhecido e provido. Acórdão submetido ao regime do art. 543-C do CPC e da Resolução STJ n. 8/08" (STJ, REsp 1.355.812, 2013).

– "... quem de fato detém personalidade jurídica é a sociedade empresária. O estabelecimento, enquanto complexo de bens, deve ser considerado tão somente objeto de direitos. O Princípio da Autonomia dos Estabelecimentos não visa conferir personalidade jurídica a cada um dos estabelecimentos de uma única sociedade empresária, fracionando a unidade da pessoa jurídica. Pelo contrário, a finalidade pretendida por este Princípio consiste na identificação do critério espacial da hipótese de incidência, associando-se à questão do nascimento da obrigação tributária, bem como na delimitação da esfera de aplicação da lei no espaço e definir o domicílio tributário do contribuinte" (FERREIRA, Rony; BONAT, Alan Luiz. A autonomia dos estabelecimentos e o direito tributário – uma interpretação sistemática. *RDDT* 228/173, 2014).

– "... o princípio da autonomia do estabelecimento faz de cada filial uma unidade independente, nos casos do IPI e do ICMS" (CARVALHO, Paulo de Barros. *Curso de direito tributário.* 27. ed. São Paulo: Saraiva, 2016, p. 307).

– "... deverá ser observada a legislação específica de cada tributo para a escolha e determinação do domicílio tributário, tal como ocorre por exemplo com o ICMS e o IPI, em cujas legislações adota-se o princípio da autonomia do estabelecimento, o que torna cada unidade independente, considerando cada estabelecimento um contribuinte isolado" (MIRETTI, Luiz Antonio Caldeira. In: MARTINS, Ives Gandra da Silva (coord.). *Comentá-*

rios ao Código Tributário Nacional. São Paulo: Saraiva, 1998, v. 2, p. 210).

– "Nos termos do art. 11, § 3º, da LC n. 87/1996, cada estabelecimento é considerado um sujeito passivo distinto, ou seja, cada um deles é considerado autonomamente para fins de apuração do tributo devido, considerando os créditos de suas aquisições e saídas tributadas. Para a lei tributária (CTN, art. 109), é irrelevante a titularidade do estabelecimento, pois esta ignora a personalidade jurídica tal como construída no direito Civil (uma vez que quem detém essa personalidade é a sociedade empresária) e se dirige diretamente ao estabelecimento como unidade econômica (art. 126, III) titular de direitos e deveres no âmbito do imposto. Seguindo essa lógica, a LC n. 87/1996 atribui a titularidade do direito de crédito do imposto pelas entradas tributadas a título de insumos e ativo imobilizado ao estabelecimento e não à sociedade à qual pertence... [...] O trespasse não altera a natureza do estabelecimento. Pelo contrário, pressupõe o estabelecimento em sua inteireza, na medida em que é sua universalidade característica que serve de objeto ao contrato de trespasse. os créditos continuarão a ele (estabelecimento) pertencendo, e poderão ser aproveitados no âmbito da não cumulatividade para compensação dos débitos próprios, ou utilizados, nos termos da legislação, em transferência para outros estabelecimentos, do mesmo contribuinte ou de terceiros" (LOBATO, Valter; BREYNER, Frederico Menezes. Regime jurídico tributário do contrato de trespasse. *RDDT* 203/133-145, 2012).

– "2. O art. 127, I, do Código Tributário Nacional consagra o princípio da autonomia de cada estabelecimento da empresa que tenha o respectivo CNPJ, o que justifica o direito à certidão positiva com efeito de negativa em nome de filial de grupo econômico, ainda que fiquem pendências tributárias da matriz ou de outras filiais. Precedentes" (STJ, AgRg no AREsp 192.658, 2012).

– **Autonomia dos estabelecimentos para os fins do ICMS interestadual.** "... embora nas transferências interestaduais entre estabelecimentos da mesma empresa haja apenas uma pessoa jurídica, como visto acima, a LC 87/96, em seu art. 11, § 3º, II, consagra a autonomia de cada estabelecimento, inclusive para efeito dos lançamentos de créditos e débitos do imposto, consoante art. 25 do mesmo diploma. Se esse conceito de autonomia dos estabelecimentos é relevante para fins de fiscalização e administração do tributo, ele assume particular grande relevância nas transferências interestaduais entre os estabelecimentos do contribuinte situados em diferentes unidades da federação, não só para promover a observância do princípio da não cumulatividade mas também para assegurar a cada um dos Estados partícipes dessas operações a parte que lhe cabe na arrecadação do tributo até o consumo. Bem por isso, embora, como ressaltado na parte inicial deste parecer, à falta de dois sujeitos protagonizando a transferência jurídica de titularidade da mercadoria sequer se pudesse cogitar da ocorrência de fato gerador do ICMS, nas transferências entre estabelecimentos da mesma pessoa jurídica, se esses estabelecimentos estão situados em diferentes unidades da federação, a incidência se configura, a fim de que cada sujeito ativo receba a parcela do tributo correspondente à etapa circulatória ocorrida em seu território" (MARTINS, Ives Gandra da Silva; SOUZA, Fática Fernandes Rodrigues. ICMS. Transferência de mercadorias entre estabelecimentos da mesma empresa situados em diferentes unidades da Federação... *RDDT* 219/127, 2013).

• Vide nota ao art. 155, II, da CF.

⇒ **Escritório comercial.** "... Execução fiscal. Usina de açúcar. Domicílio. O simples escritório comercial da usina de açúcar não pode ser considerado 'estabelecimento', para os fins do art. 127 do CTN, nem é hábil, por si só, para firmar o domicílio civil..." (TRF5, EDEDAG 0503712, 1995).

⇒ **Atualização do domicílio da pessoa jurídica.** Tem de ser requerida pelo contribuinte, conforme normas acerca do CNPJ. Sobre o CNPJ, vide nota ao art. 113, § 2º, do CTN.

III – quanto às pessoas jurídicas de direito público, qualquer de suas repartições no território da entidade tributante.

§ 1º Quando não couber a aplicação das regras fixadas em qualquer dos incisos deste artigo, considerar-se-á como domicílio tributário do contribuinte ou responsável o lugar da situação dos bens ou da ocorrência dos atos ou fatos que deram origem à obrigação.

§ 2º A autoridade administrativa pode recusar o domicílio eleito, quando impossibilite ou dificulte a arrecadação ou a fiscalização do tributo, aplicando-se então a regra do parágrafo anterior.

⇒ **Recusa fundamentada.** A recusa do domicílio eleito deve estar fundamentada e documentada pela autoridade, dizendo e justificando a ocorrência das hipóteses previstas neste parágrafo.

– "1. O sujeito ativo tributante, enfrentando dificuldades para arrecadar ou localizar o domicílio tributário do contribuinte, poderá fixá-lo nos limites estabelecidos por lei (art. 127, § 2º, do CTN). 2. Esse princípio não afeta direito subjetivo do contribuinte. 3. Inexistência de prova de mudança de domicílio do contribuinte para outro Município que não o eleito pelo Fisco, cidade na qual se localiza a sua residência, a sede da pessoa jurídica da qual é sócio, e praticamente a quase totalidade de seu patrimônio, não tendo outra conotação, a eleição de outro domicílio para fins de arrecadação tributária, que a de criar embaraço à fiscalização" (STJ, REsp 437.383, 2002).

CAPÍTULO V
RESPONSABILIDADE TRIBUTÁRIA

⇒ **Sujeição passiva de terceiros.** Embora o chamamento a contribuir para as despesas públicas se dê em face do contribuinte, que realiza a hipótese de incidência e tem nela revelada sua capacidade contributiva, a necessidade de assegurar e facilitar a tributação faz com que o legislador tenha que impor obrigações formais e materiais a terceiros, de modo que estes participem dos atos de arrecadação ou que simplesmente respondam pela satisfação do crédito tributário, sendo que nesses últimos casos, sendo obrigados ao pagamento, restam denominados pelo CTN de responsáveis tributários. Em nota ao art. 121 do CTN expusemos a classificação dos sujeitos passivos.

– **Responsabilidade originária ou derivada, direta ou indireta.** Ocorrerá responsabilidade tributária originária quando o responsável é colocado diretamente na posição de sujeito passivo da obrigação tributária, a ele cabendo satisfazer o crédito tributário no prazo legal. É o caso, e.g., do substituto tributário. De outro lado, ocorrerá responsabilidade tributária derivada quando a obrigação surge para o contribuinte e, apenas no caso de inadimplemento, cabe ao terceiro responder pelo débito. É o caso, e.g., da responsabilidade subsidiária dos representantes (pais, tutores, administradores de bens de terceiros etc., conforme o art. 134 do CTN).

– "... tanto o contribuinte quanto o substituto são, originalmente, nos termos da lei, sujeitos passivos diretos. Nunca, antes desses, alguém esteve na condição de obrigado. No caso da substituição, dá-se uma dissociação entre a pessoa que figura na hipótese da norma e a que figura na consequência. Na sujeição passiva indireta, ao revés, a obrigação de pagar é, originalmente, necessariamente, do sujeito passivo direto. Ocorre que a lei, a partir de certos pressupostos, transfere a terceiros o dever de pagar... Todos os responsáveis – na sujeição passiva indireta – ficam obrigados a um dever de pagar tributo que, originalmente, por força de lei, era do sujeito passivo direto. A este tipo de sujeição passiva indireta a doutrina denomina sujeição passiva por transferência (por isso que se dá uma transferência de responsabilidade)" (COÊLHO, Sacha Calmon Navarro. Estudo sobre a sujeição passiva direta e indireta no direito brasileiro – Escólios para uma futura modificação do Código Tributário Nacional – Em homenagem a Geraldo Ataliba. *RDT* 67/277-278, São Paulo: Malheiros).

⇒ **Hipóteses gerais de responsabilidade tributária.** Quanto aos pressupostos ou hipóteses de incidência de responsabilidade tributária, os dispositivos do CTN estabelecem responsabilidade tendo em conta:

– **inexigência da prova de recolhimento de tributos pelos tabeliães e escrivães.** Descumprimento, pelos tabeliães e escrivães, do dever de zelar pelo recolhimento dos tributos quanto aos atos em que atuem (art. 134);

– **representação.** Atos ou omissões dos pais, tutores e curadores, administradores de bens, inventariantes, síndico e comissário e os sócios de sociedades de pessoas (art. 134);

– **extrapolação dos poderes de representação.** Prática de atos com excesso de poderes ou infração de lei, contrato social ou estatutos pelos representantes já arrolados no art. 134, pelos mandatários, prepostos e empregados, ou pelos diretores, gerentes ou representantes de pessoas jurídicas de direito privado (art. 135);

– **posição de fonte pagadora.** Posição de fonte pagadora de renda ou proventos responsável pela retenção e recolhimento do imposto respectivo (art. 45, parágrafo único);

– **expedição indevida de certidões negativas.** Dolo ou fraude na expedição de certidão negativa de débitos pelo servidor responsável (art. 208).

⇒ **Objeto da relação jurídica de responsabilidade tributária.** Quanto ao montante a pagar, as relações de responsabilidade tributária podem ter abrangência distinta, alcançando:

– **créditos tributários.** a) os créditos tributários, expressão genérica que corresponde tanto à obrigação de pagar tributo como à de pagar penalidade (art. 135);

– **tributos.** b) os tributos, expressão que não se confunde com as multas, pois tributo não é sanção de ato ilícito (art. 131, 132, 133, 134); há muitos precedentes, porém, entendendo que, mesmo alguns dispositivos do CTN referindo simplesmente "tributos", a responsabilidade alcançaria também as penalidades (STJ, REsp 295.222 e REsp 592.007);

– **alguns tributos.** c) créditos tributários relativos aos impostos sobre a propriedade, o domínio útil ou a posse de bens imóveis, às taxas de serviços e às contribuições de melhoria referentes a tais bens (art. 130).

– Note-se que o próprio CTN, no art. 3º, conceitua tributo deixando inequívoco que não se confunde com sanção de ato ilícito, no art. 113, conceitua obrigação tributária principal ressaltando que abrange tanto o tributo como a penalidade pecuniária, sendo que o crédito corresponde à obrigação, como outra face de uma mesma moeda, apenas formalizado posteriormente. Sendo, os conceitos de tributo e de obrigação tributária, distintos, aquele mais restrito que este, impende que, na interpretação dos dispositivos atinentes à responsabilidade, ou seja, quando da aplicação de tais conceitos pelo mesmo CTN, sejam considerados tais conceitos na sua dimensão específica, deles decorrendo as especificidades quanto à abrangência da responsabilidade em cada uma das hipóteses.

– "... nem sempre a responsabilidade terá idêntica extensão, já que tributo é expressão definida no artigo 3º do Código Tributário Nacional que exclui, expressamente, as sanções por ato ilícito, enquanto o crédito tributário tem a mesma natureza da obrigação principal (artigo 139...) e esta, por sua vez, tem por objeto o pagamento de tributo ou penalidade pecuniária (artigo 113, § 1º...). como a responsabilidade é matéria que necessariamente decorre expressamente da lei (artigo 121, parágrafo único I...), parece acertado o raciocínio de que se o legislador complementar se refere a responsabilidade por *tributo*, não se pode ali entender compreendido o crédito tributário, já que, afinal, por diversas vezes o legislador complementar utilizou a última expressão" (SCHOUERI, Luís Eduardo. *Direito tributário*. 2. ed. São Paulo: Saraiva, 2012, p. 520).

– "... o aperfeiçoamento exegético parte de dois comandos. O primeiro é aquele que tipifica a obrigação pelo crédito tributário, hipótese que possibilita transferir a multa a terceiros. O segundo tem como pressuposto a obrigação de pagar o tributo especificamente, o que configura a hipótese de não transferência da multa" (DALLA, Ricardo Corrêa. *Multas tributárias:* natureza jurídica, sistematização e princípios aplicáveis. Del Rey, 2002, p. 197).

– **Não alcança as multas, só excepcionalmente, por infrações praticadas pelo próprio responsável.** A responsabilidade, normalmente, será apenas pelos tributos e não pela totalidade dos créditos (tributos e multas). Isso porque o CTN, atentando para a pessoalidade da pena (garantia fundamental com assento constitucional), busca preservar a pessoalidade da sanção tributária. Assim é que, na maioria das hipóteses de responsabilidade, refere-se à responsabilidade pelos tributos tão somente, de modo que a responsabilidade pelas infrações (obrigação de pagar as penalidades) não se transfere ao sucessor ou a outro terceiro. Ademais, na seção acerca da responsabilidade por infrações, referindo-se à responsabilidade em sentido amplo, como obrigação de pagar seja do contribuinte ou do responsável tributário, embora estabeleça, como regra, seu caráter objetivo, no sentido de que não se tenha de perquirir sobre a "intenção do agente ou do responsável e da efetividade, natureza e extensão dos efeitos do ato" (art. 136), arrola diversas situações (crimes ou contravenções, infrações que pressuponham dolo específico e infrações em que verificado dolo específico do representante contra o contribuinte representado) em que o caráter pessoal da responsabilidade resta estabelecido de modo inequívoco (art. 137), ou seja, em que é pessoal do agente e não de qualquer outra pessoa.

– "O Estado Fiscal não vive de multas punitivas, mas de tributos. A multa punitiva não tem a função de encher as burras do Estado, mas de coagir o sujeito passivo. Daí a ideia de que não há sentido em impor a terceiro multa por fato que não lhe pode ser imputado. Nada há a puni-lo. Não há pretensão do Fisco contra tal terceiro" (SCHOUERI, Luís Eduardo. *Direito tributário*. 2. ed. São Paulo: Saraiva, 2012, p. 523).

– Também não se transfere, para o contribuinte, a multa moratória decorrente do descumprimento da obrigação de retenção pela fonte pagadora. Vide nota ao art. 45, parágrafo único, do CTN.

⇒ **Posição do terceiro relativamente aos demais obrigados.** Por vezes o terceiro é obrigado em lugar do contribuinte, em outras junto a ele, com ou sem benefício de ordem. É preciso atentar para cada caso.

– **Solidariedade.** A responsabilidade é solidária quando tanto o contribuinte quanto o responsável respondem, sem benefício de ordem (art. 124, I e parágrafo único); ademais, quando há solidariedade, "o pagamento efetuado por um dos obrigados aproveita aos demais", a "a isenção ou remissão de crédito exonera todos os obrigados, salvo se outorgada pessoalmente a um deles, subsistindo, nesse caso, a solidariedade quanto aos demais pelo saldo" e "a interrupção da prescrição, em favor ou contra um dos obrigados, favorece ou prejudica aos demais", tudo nos termos do art. 125, incisos I, II e III, do CTN;

– **pessoalidade.** A responsabilidade é pessoal quando é exclusiva, sendo determinada pela referência expressa ao caráter pessoal ou revelada pelo desaparecimento do contribuinte originário, pela referência à sub-rogação ou pela referência à responsabilidade integral do terceiro em contraposição à sua responsabilização ao lado do contribuinte (art. 130, 131, 132, 133, I, e 135);

– **subsidiariedade.** A responsabilidade é subsidiária quando se tenha de exigir primeiramente do contribuinte e, apenas no caso de frustração, do responsável (art. 133, II, 134);

– **substituição.** Ocorre a substituição, quando a obrigação tributária surge diretamente para substituto, a quem cabe recolher o tributo devido pelo contribuinte, substituindo-o na apuração e no cumprimento da obrigação, mas com recursos alcançados pelo próprio contribuinte ou dele retidos (art. 150, § 7º, da CF, art. 45, parágrafo único do CTN e diversas leis ordinárias); a figura da substituição tributária existe para atender a princípios de racionalização e efetividade da tributação, ora simplificando os procedimentos, ora diminuindo as possibilidades de inadimplemento ou ampliando as garantias de recebimento do crédito. A rigor a substituição tributária não é propriamente uma figura de responsabilidade tão somente, pois a lei obriga o substituto a efetuar o pagamento do tributo e não apenas a responder no caso de inadimplemento pelo contribuinte. Mas o CTN não distingue as figuras.

– "SUBSTITUIÇÃO TRIBUTÁRIA... 1. É responsável tributário, por substituição, o industrial, o comerciante ou o prestador de serviço, relativamente ao imposto devido pelas anteriores ou subsequentes saídas de mercadorias ou, ainda, por serviços prestados por qualquer outra categoria de contribuinte. Legitimidade do regime de substituição tributária declarada pelo Pleno deste Tribunal. [...]" (STF, RE(AgRg) 266.523/MG, Min. Maurício Corrêa).

– "... a obrigação do substituto de pagar o imposto, em lugar do substituído, está sempre subordinada à existência de uma dívida tributária a cargo deste último" (MORAES, Bernardo Ribeiro de. *Compêndio de direito tributário*. 3. ed. 1995, v. 2, p. 296).

⇒ **Classificação da substituição tributária.** A doutrina costuma classificar os casos de substituição em substituição para frente, substituição para trás e, por vezes, em substituição comum, mas não há qualquer diferença quanto ao alcance da responsabilidade, servindo, tal classificação, apenas, para ensejar uma melhor visualização da situação específica de que se esteja cuidando. Havia muita discussão sobre a constitucionalidade da substituição tributária para frente, pois trabalha com presunções quanto à ocorrência do fato gerador e sua dimensão econômica, mas tais discussões restaram sepultadas pelo advento da EC n. 03/93, que acrescentou o § 7º ao art. 150 da CF, bem como por decisões do STF admitindo tal espécie de substituição tributária mesmo antes da emenda constitucional.

– **Substituição para frente *x* substituição para trás. Distinção.** São dois os critérios adotados para proceder à classificação: o da posição do responsável na cadeia econômica, se anterior (para frente) ou posterior (para trás) ao contribuinte ou o do momento da retenção relativamente à ocorrência do fato gerador, se anterior (para frente), simultânea (comum) ou posterior (para trás). Na substituição para frente há uma antecipação do pagamento relativamente a obrigação que surgiria para o contribuinte à frente, caso em que o legislador tem de presumir a base de cálculo provável e, caso não se realize o fato gerador presumido, assegurar imediata e preferencial restituição ao contribuintes da quantia que lhe foi retida pelo substituto, tal como previsto, aliás, no art. 150, § 7º, da CF. De modo a que não seja tributada capacidade contributiva inexistente, deve também ser assegurada a restituição do quanto tenha sido pago sobre valores superiores ao da base de cálculo efetiva, o que, contudo, ainda não foi reconhecido pelo STF. Na substituição para trás, há uma postergação do pagamento do tributo, transferindo-se a obrigação de reter e recolher o montante devido, que seria do vendedor, ao adquirente dos produtos ou serviços. Deve-se ter cuidado para não confundir a substituição para trás com a figura do diferimento. Na substituição para trás, continua havendo a figura do contribuinte, mas é do responsável a obrigação de recolher o tributo. No diferimento, o legislador desloca a própria posição de contribuinte daquele que assim se enquadraria considerada a regra geral daquele tributo, para eleger como contribuinte outra pessoa que lhe sucede na cadeia produtiva. Note-se que, ocorrido uma situação considerada como fato gerador de obrigação tributária, o legislador pode colocar como contribuinte qualquer das partes que realize o negócio. Colocado o vendedor como contribuinte, mas obrigado o comprador a recolher como responsável, temos a substituição tributária; colocado o vendedor como contribuinte para situações normais, mas, para determinada operação específica, excepcionalmente, considerado contribuinte o comprador, temos o diferimento.

– "A doutrina distingue, relativamente ao ICMS, duas espécies de substituição tributária: a) substituição para trás; b) substituição para frente. Na substituição para trás, o adquirente da mercadoria substitui o alienante, que se encontra, na cadeia de operações relativas à mercadoria, antes daquele. Essa espécie de substituição já era admitida pelo § 3º do art. 6º do Decreto-lei n. 406/68, com a redação que lhe foi dada pela Lei Complementar n. 44/83, e resulta no recolhimento do imposto após a ocorrência do fato gerador do imposto. Na substituição para frente, ocorre o oposto. O alienante (anterior na cadeia) substitui o adquirente, posicionado após aquele, daí a expressão para frente. Nessa hipótese, há antecipação do recolhimento do imposto para antes da ocorrência do fato gerador" (René Bergmann Ávila, referido em voto do Des. Sidney Mora do TJPR, na *RET* 12/73-74, 2000).

– "Na substituição para trás, o substituto paga tributo por fato gerador já ocorrido no passado (a siderúrgica paga pelo carvão que lhe é vendido pelo produtor rural), ressarcindo-se em face do substituído pelo mecanismo de formação dos preços (ao vender o carvão, decota o produtor de seu preço o valor do imposto, que não lhe é exigido; ao dar saída a seus produtos, para cuja fabricação concorre o insumo, não tendo direito a créditos a ele relativos, acaba a siderúrgica por recolher o imposto que deixou de incidir na etapa anterior). Na substituição tributária para a frente, ao contrário, dá-se o acréscimo do imposto a ser antecipadamente recolhido pelo alienante (calculado a partir de uma base de cálculo presumida, eis que o fato gerador ainda não aconteceu) ao preço das mercadorias vendidas ao adquirente. É dizer: o substituto, antes de proceder ao recolhimento do ICMS/ST, exige do substituído o montante de imposto que pagará em seu prol. Na substituição tributária para trás, não havendo pagamento por parte do substituto, é deste a responsabilidade exclusiva perante o Estado, que nada mais pode exigir do substituído. E assim é porque este último já sofreu a absorção do imposto, não podendo ser duplamente onerado. Exigir pagamento do substituído nessa situação equivale a condená-lo a suportar em definitivo o ônus financeiro do imposto, ofendendo o princípio da não cumulatividade" (COELHO, Sacha Calmon Navarro; MANEIRA, Eduardo; SANTIAGO, Igor Mauler. *Alcance do Convênio ICMS* n. 105/92. Necessidade de lei complementar, convênio e lei estadual para a instituição válida de substituição tributária progressiva em tema de ICMS sobre operações interestaduais. Parecer aviado nos autos do RE 227.466-6, *RDDT* 69, 2001, p. 150-158).

– **Substituição para trás x diferimento**. Sobre o diferimento, vide nota ao art. 155, § 2º, IX, *g*, da CF.

– **Legitimidade do regime de substituição tributária**. "SUBSTITUIÇÃO TRIBUTÁRIA. IMPRESCINDIBILIDADE DE QUE ESSA HIPÓTESE ESTEJA PREVISTA EM LEI. LEGITIMIDADE DO INSTITUTO JURÍDICO. NÃO CONHECIMENTO DO RECURSO ESPECIAL. INOCORRÊNCIA DO FENÔMENO DA SUBSTITUIÇÃO DE JULGADO. PREJUDICIALIDADE DO RECURSO EXTRAORDINÁRIO. ALEGAÇÃO IMPROCEDENTE. 1... 2. É responsável tributário, por substituição, o industrial, o comerciante ou o prestador de serviço, relativamente ao imposto devido pelas anteriores ou subsequentes saídas de mercadorias ou, ainda, por serviços prestados por qualquer outra categoria de contribuinte. 3. Legitimidade do regime de substituição tributária, dado que a cobrança antecipada do ICMS por meio de estimativa 'constitui simples recolhimento cautelar enquanto não há o negócio jurídico de circulação, em que a regra jurídica, quanto ao imposto, incide'. Entendimento doutrinário" (STF, RE 194.382, 2001).

– **Proporcionalidade e razoabilidade para instituição do regime de substituição**. "Na substituição tributária, sempre teremos duas normas: a) a norma tributária impositiva, que estabelece a relação contributiva entre o contribuinte e o fisco; b) a norma de substituição tributária, que estabelece a relação de colaboração entre outra pessoa e o fisco, atribuindo-lhe o dever de recolher o tributo em lugar do contribuinte. 2. A validade do regime de substituição tributária depende da atenção a certos limites no que diz respeito a cada uma dessas relações jurídicas. Não se pode admitir que a substituição tributária resulte em transgressão às normas de competência tributária e ao princípio da capacidade contributiva, ofendendo os direitos do contribuinte, porquanto o contribuinte não é substituído no seu dever fundamental de pagar tributos. A par disso, há os limites à própria instituição do dever de colaboração que asseguram o terceiro substituto contra o arbítrio do legislador. A colaboração dele exigida deve guardar respeito aos princípios da razoabilidade e da proporcionalidade, não se lhe podendo impor deveres inviáveis, excessivamente onerosos, desnecessários ou ineficazes. 3. Não há qualquer impedimento a que o legislador se valha de presunções para viabilizar a substituição tributária, desde que não lhes atribua caráter absoluto" (STF, RE 603.191, 2011).

– Ente imune como responsável tributário por substituição. Vide art. 9º, § 1º, do CTN e respectivas notas.

– **Finalidade da substituição tributária**. "... a substituição tributária é uma técnica que leva à escolha de um terceiro para cumprir a obrigação tributária, levando-se em consideração a quantidade de contribuintes que operam no setor com dificuldade considerável para a fiscalização pela administração fazendária" (excerto de voto do Des. Sidney Mora por ocasião do julgamento, pela 2ª C. Cív. do TJPR, da AC-RN 74.936-2, em abril de 1999).

– **Exigência de vinculação do substituto ao fato gerador e da possibilidade de reter do contribuinte**. "... importa destacar a necessidade de vinculação do responsável ao fato gerador do tributo. Trata-se de explicitação, contida no art. 128 do CTN, do princípio da capacidade contributiva (CF/88, art. 145, § 1º), da legalidade (CF/88, art. 150, I), vedação ao confisco (CF/88, art. 150, IV), entre outras limitações ao poder de tributar. Em virtude de tais normas, é claramente inválida uma lei que atribua a 'A' a responsabilidade pelo pagamento de tributo decorrente de fato praticado por 'B', a menos que se reconheça, paralelamente, o direito de 'A' reter ou reaver de 'B' o tributo que pagou em seu lugar, estabelecendo-se condições que viabilizassem factualmente essa retenção. Essa, aliás, é a razão de ser da necessária 'vinculação' existente entre o contribuinte, o responsável por substituição e o fato gerador. Como o tributo decorre do fato gerador, é no momento de praticar o fato gerador que o responsável por substituição tem oportunidade de 'cobrar' do contribuinte o montante que terá de pagar em seu lugar. A fonte, por exemplo, pode descontar dos rendimentos pagos ou creditados (fato gerador) a parcela referente ao imposto de renda que terá de recolher na condição de responsável. [...] Note-se que a vinculação há de ser direta, entre o contribuinte, o responsável e o fato gerador. Se o fato gerador é o auferimento de renda, só podem ser responsáveis pelo tributo pessoas ligadas ao pagamento dessa renda (pagador e recebedor), e não pessoas indiretamente ligadas a esse fato (v.g. empregados do recebedor da renda)" (MACHADO, Hugo de Brito; MACHADO SEGUNDO, Hugo de Brito. Tributário. Contribuição ao INSS. Retenção de 11% por contratante de serviço de cessão de mão de obra. Responsabilidade. *RDDT* 97/120-121, 2003).

– **Aplicação do regime jurídico do substituído**. "No sistema tributário brasileiro – como à exposto – o destinatário de carga tributária é a pessoa que provoca, desencadeia ou produz a materialidade da hipótese de incidência de um tributo (como inferida da Constituição) ou 'quem tenha relação pessoal e direta' (art. 121, parágrafo único, I, do CTN) com essa materialidade. [..] As lições dos mestre focalizados evidenciam que na própria designação constitucional do tributo está implicitamente indicado 'quem' será o seu sujeito passivo. A predefinição constitucional dos tributos – efetuada pela Constituição Federal, ao instituir e partilhar competências tributárias, entre União, Estados e Municípios – contém referência ao sujeito passivo, àquela pessoa que terá o seu patrimônio diminuído, como consequência da imposição tributária. É a pessoa que tem sua capacidade contributiva (art. 145, § 1º) revelada pela produção ou realização do fato tributável, do 'fato signo presuntivo de riqueza' que deve – *ex vi* da Constituição – ser onerado. [...] Há 'responsabilidade tributária' sempre que, pela lei, ocorrido o fato tributário, não for posto no polo passivo da obrigação tributária (na qualidade de obrigado tributário, portanto) o promovente ou realizador do fato que suscitou a incidência..., senão um terceiro... Daí se concluir necessariamente, como oportunamente afirmamos com Geraldo Ataliba, que, nas hipóteses de substituição, 'o regime jurídico aplicável à tributação será o regime do substituído e não o regime do substituto', pois o 'substituto está pagando tributo alheio, vai pagar o que deve outro sujeito, as condições pessoais dele, o substituído'. Como observa Heleno Taveira Tôrres, 'o substituído fica como se fosse um estranho à sistemática da arrecadação, que se opera exclusivamente em face deste, mesmo sendo a situação jurídica do substituído a que sirva como base para a incidência da norma tributária impositiva, pela respectiva demonstração de capacidade contributiva. Por isso, o regime jurídico aplicável é o do substituído, sempre'. Decorrência imediata da adoção do regime do substituído é a possibilidade de o responsável – conhecendo a legislação aplicável ao substituído – garantir-se contra absurdas investidas do Fisco... [...] Pena de inconstitucionalidade, não se pode cobrar do substituto tributo maior do que aquele que seria exigido do substituído, uma vez que está apenas fazendo as vezes deste último. Exatamente por isso é que, nos casos em que se institui responsabilidade ou substituição, a obrigação só pode ser estruturada tendo em conta as características objetivas do fato tributário implementado pelo contribuinte (o substituído). Foi, inclusive, para assegurar a observância dessa implicação fundamental do exercício da tributação que o art. 128, do CTN, previu só poder ser imputada 'responsabilidade tributária' a quem esteja vinculado ao fato imponível (o chamado 'fato gerador'). Isto é, somente pessoas que – pela proximidade material com os elementos fáticos determinantes da incidência – possam adequadamente conhecer os contornos e características dos fatos produtores das relações jurídicas (em que se envolvem) é que podem ser postas, pela lei, na condição de 'responsáveis'. Nesse restrito quadro fático, necessariamente terão controle sobre os dados objetivos contidos no fato acontecido; conhecerão as notas subjetivas eventualmente influentes na obrigação de que são titulares passivos; poderão, eficazmente, exercer as faculdades regressivas implicadas no regime. Terão, enfim, adequadas condições de exercer todos os direitos subjetivos que, no campo da tributação, são constitucionalmente reconhecidos aos que devem pagar tributos, seja a título próprio, seja por conta de terceiros. Visível, portanto, que, nas hipóteses de responsabilidade ou substituição tributária, por ter-se fenômeno de pagamento (juridicamente considerado) de tributo alheio por terceiro (não contribuinte) diverso do realizador do fato sujeito à incidência (este, sim, o contribuinte), o regime jurídico a ser observado só poderá ser o do substituído" (BARRETO, Aires F. ISS e responsabilidade tributária. *RDDT* 122/7, 2005).

– **Restringindo o conceito de substituição tributária.** "...um dos maiores erros doutrinários da nossa história foi o de tentar oferecer uma explicação da substituição tributária como se fosse, o substituto, um 'agente de retenção', estipulando a substituição como um gênero, em face de duas espécies distintas. Substituição tributária é o mecanismo de arrecadação que, inserindo um terceiro sujeito na relação jurídica entre fisco e contribuinte, atribui àquele obrigação própria para antecipar o pagamento dos valores devidos por este, com ulterior ressarcimento decorrente do regime plurifásico, extinguindo-se a obrigação tributária apenas com a ocorrência do fato gerador previsto para o contribuinte. Assim, 'substituto tributário' é aquele sujeito que, submetido a uma obrigação típica, antecipa o dever atribuído ao contribuinte, pagando o tributo que virá a ser devido por este, em seu nome (do substituto), porque assim dispôs a lei. Trata-se de um 'intermediário' legalmente interposto, para os fins de arrecadação tributária, mas com obrigação patrimonial própria. E aqui, diversamente do que acontece com os agentes

de retenção, o substituído não fica como se fosse um estranho à sistemática de arrecadação, porquanto esta não se opera exclusivamente em face do substituto, na medida em que será a situação jurídica do substituído a que servirá como base para a incidência da norma tributária impositiva (no substituto), pela respectiva demonstração de capacidade contributiva, além de se operar necessariamente o regime de compensação entre o substituto e o substituído, de modo a retirar deste o impacto da incidência tributária. Neste caso, o regime jurídico aplicável será sempre o do substituído, de tal sorte a termos, assim, pelo menos duas normas distintas incidindo: uma que define a obrigação tributária patrimonial do substituto; e outra tomando o substituído como sendo sujeito passivo de obrigação própria, quando da ocorrência do respectivo fato gerador constitucionalmente pressuposto para confirmar os efeitos de definitividade da arrecadação" (TORRES, Heleno Taveira. Substituição tributária – regime constitucional, classificação e relações jurídicas (materiais e processuais). *RDDT* 70/87-108, 2001).

– **Distinguindo a figura do agente de retenção.** "Agente de retenção é o sujeito que fica 'no lugar' do contribuinte, pagando o tributo em nome deste, porque assim dispôs a lei, mesmo sem guardar qualquer relação pessoal ou material com o fato jurídico tributário. Trata-se de um 'intermediário' legalmente interposto para os fins de arrecadação tributária, suportando uma obrigação tributária acessória, meramente de natureza formal, relativamente à entrega do dinheiro ao Estado, como um fazer algo no interesse da arrecadação e da fiscalização. O substituído fica como se fosse um estranho à sistemática de arrecadação, que se opera exclusivamente em face deste, mesmo sendo a situação jurídica do substituído a que sirva como base para a incidência da norma tributária impositiva, pela respectiva demonstração de capacidade contributiva. Por isso, o regime jurídico aplicável é o do substituído, sempre. Temos, assim, a formação de uma norma heterogênea, na medida em que ao tempo em que incide a norma do respectivo imposto, que considera o substituído como sendo o sujeito passivo da obrigação; uma outra, coligada àquela, determina o dever de operar a simples transferência do dinheiro, daquele para o Fisco, ao agente de retenção" (Heleno Taveira Tôrres, Substituição tributária – regime constitucional, classificação e relações jurídicas (materiais e processuais), *RDDT* 70/87-108, 2001).

• Vide notas ao art. 121, parágrafo único, do CTN.

– **Substituto não é sujeito ativo da relação contributiva. O substituído deve buscar a repetição contra o fisco.** "CONTRIBUIÇÃO PREVIDENCIÁRIA. EXECUÇÃO PARA RESSARCIMENTO DE VALORES DEVIDOS ENTRE A DATA DA IMPETRAÇÃO ATÉ A DATA DA CESSAÇÃO DOS DESCONTOS. ILEGITIMIDADE DA UNIVERSIDADE FEDERAL DE PERNAMBUCO PARA FIGURAR NO POLO PASSIVO DA AÇÃO... 1. A Universidade Federal de Pernambuco, ao reter as contribuições previdenciárias de seus servidores, não se transforma em sujeito ativo da relação jurídico-tributária titularizada pela União. Precedentes do STJ. 2. Sem a determinação no título judicial de que o substituto legal tributário seria responsável pela restituição do indébito, não há falar em ofensa ao comando da coisa julgada. Precedentes de ambas as Turmas da Primeira Seção" (STJ, AgRg no AREsp 199.169, 2013).

– "CONTRIBUIÇÃO PREVIDENCIÁRIA. EXECUÇÃO PARA RESSARCIMENTO DE VALORES DEVIDOS ENTRE A DATA DA IMPETRAÇÃO ATÉ A DATA DA CESSAÇÃO DOS DESCONTOS. ILEGITIMIDADE DA UNIVERSIDADE FEDERAL DE PERNAMBUCO PARA FIGURAR NO POLO PASSIVO DA AÇÃO... 1. A Universidade Federal de Pernambuco, ao reter as contribuições previdenciárias de seus servidores, não se transforma em sujeito ativo da relação jurídico-tributária titularizada pela União... 2. Sem a determinação no título judicial de que o substituto legal tributário seria responsável pela restituição do indébito, não há falar em ofensa ao comando da coisa julgada. Precedentes de ambas as Turmas da Primeira Seção" (STJ, AgRg no AREsp 199.169, 2013).

– **Substituto não é sujeito ativo da relação contributiva. Retenção na fonte não realizada no momento oportuno. Impossibilidade de desconto posterior.** "CONTRIBUIÇÃO PREVIDENCIÁRIA. PLANO DE SEGURIDADE SOCIAL – PSS. RECOLHIMENTO A MENOR (6% AO INVÉS DE 11%). AUTORIZAÇÃO JUDICIAL. DESCONTO RETROATIVO EMPREENDIDO PELA ADMINISTRAÇÃO. IMPOSSIBILIDADE. INEXISTÊNCIA DE PREVISÃO NO ARTIGO 46 DA LEI 8.112/90. PRECEDENTES DE AMBAS AS TURMAS QUE COMPÕEM A PRIMEIRA SEÇÃO. 1. Trata-se de recurso especial interposto pela Fundação Nacional de Saúde – Funasa contra acórdão proferido pelo TRF da 5ª Região que considerou ilegal o desconto retroativo, em folha salarial de servidor público, da diferença da contribuição (entre 11% e 6%) feita a menor para o Plano de Seguridade do Servidor/PSS. 2. Não se faz presente, no caso dos autos, a hipótese descrita no artigo 46 da Lei 8.112/90, porquanto não se trata de reposição ao erário de valores que, indevidamente, foram recebidos pelo servidor, o que, se verificado, poderia eventualmente conferir legalidade ao procedimento aplicado pela recorrente. 3. É caso, tal como evidenciado, de cobrança retroativa de contribuição de natureza tributária, submissa, portanto, ao Código Tributário Nacional, sem prejuízo do contraditório e da ampla defesa, sendo certo que os servidores não receberam nenhum crédito indevidamente, mas houve, tão somente, em razão de provimento judicial, débito inferior (6%) ao percentual à época exigido por lei (11%). 4. O entendimento do acórdão recorrido está em sintonia com os precedentes da Corte, que são contrários à pretensão recursal" (STJ, REsp 691.858, 2007).

– "2. Esta Corte sedimentou entendimento no sentido da impossibilidade de se descontar, diretamente, na folha de pagamentos do servidor público, sem a sua autorização, a contribuição previdenciária incidente sobre a Gratificação da Atividade Executiva – GAE não recolhida na época própria, devendo a cobrança ser efetuada de acordo com as regras do direito tributário, assegurados o contraditório e a ampla defesa" (STJ, REsp 722.221, 2006).

– "CONTRIBUIÇÃO PREVIDENCIÁRIA. PLANO DE SEGURIDADE SOCIAL – PSS. RECOLHIMENTO A MENOR (6% AO INVÉS DE 11%). CASSAÇÃO DA DECISÃO JUDICIAL. DESCONTO RETROATIVO DIRETO EM FOLHA. INEXISTÊNCIA DE PREVISÃO LEGAL. 1. Não é admissível a dedução da folha de pagamento diferença de valores relativos ao Plano de Seguridade Social – PSS, pois ausente o caráter de reposição ou de indenização, bem como da autorização do servidor, conforme prescrito no artigo 46 da Lei 8.112/90. Os servidores não auferiram indevidamente valor que possa ser considerado indenização ou reposição. Beneficiaram-se tão somente de redução da alíquota da contribuição destinada ao PSS de 11% para 6%, em razão de provimento judicial, posteriormente reformado. 2. Trata-se de cobrança retroativa de contribuição de natureza tributária, que deve observar as regras do Código Tributário Nacional" (STJ, REsp 627.885, 2006).

– Ausência de retenção não afasta a obrigação do contribuinte, mas dispensa da multa. Vide nota ao art. 45, parágrafo único, do CTN.

– **Ação de depósito contra o substituto tributário.** A Lei 8.866, de abril de 1994, estabeleceu que a pessoa a que a legislação tributária ou previdenciária impusesse a obrigação de reter ou receber de terceiro, e recolher aos cofres públicos, impostos, taxas e contribuições, seria considerado depositário da Fazenda Pública, sendo que, não efetuando a entrega à Fazenda do valor retido, seria considerada depositária infiel. Previu, ainda, o ajuizamento de ação com a citação do depositário para recolher ou depositar o tributo em dez dias, sob pena de prisão civil por até noventa dias (se pessoa jurídica, a prisão seria decretada contra seus diretores, administradores, gerentes...). Esta lei foi atacada pela Confederação Nacional da Indústria através da ADIn 1.055-7/DF, na qual foi concedida medida cautelar, em parte, para suspender os §§ 2º e 3º do art. 4º, que determinavam que a não realização do recolhimento ou de depósito no prazo de 15 dias implicaria a decretação da prisão, de pronto, considerando-se, ainda, revel o réu caso não acompanhada de comprovante do depósito sua contestação. Entretanto, não restou suspensa toda a lei, não obstante o voto nesse sentido do Min. Marco Aurélio. Os votos todos dos Ministros são bastante díspares, mas, segundo me pareceu, mantém-se a ação criada pela Lei 8.866/94, com a possibilidade de decretação de prisão não em seguida ao prazo para pagamento, mas por ocasião da sentença, conforme se vê do voto condutor do Min. Sydney Sanches: "Quanto ao art. 8º, segundo o qual 'cessará a prisão com o recolhimento do valor exigido', não parece necessária sua suspensão, desde que se entenda que a prisão, aí referida, é a decretada na sentença, que julgue a ação, e não como consequência necessária da falta de recolhimento ou de depósito judicial, na oportunidade da contestação. Esse resultado já se alcança com a suspensão do § 2º do art. 4º". Mas vale referir o que manifestou o Min. Néri da Silveira: "... tenho que, neste juízo de cautelar, os termos em que a matéria é posta no voto do ilustre Relator são justos para a emergência, isto é, não se decreta, pura e simplesmente, a prisão do depositário, nas circunstâncias dos §§ 2º e 3º, do art. 4º em exame. Não se diz, também, que, nas demais hipóteses, é possível a prisão; essa é matéria a exigir exame de fundo". Ainda que o resultado da ADIn, em sede de medida cautelar, não tenha sido mais abrangente, a própria subsistência da Lei 8.866/94, em bloco, é muito discutível, tendo vários Ministros deixado para enfrentar a questão por ocasião do julgamento do mérito da ADIn. Vejam-

-se, a seguir, a ementa de tal decisão e demais considerações sobre o posicionamento dos Ministros. Em setembro de 2016, o mérito da ADI 1.055 ainda não fora julgado.

– "DEPOSITÁRIO INFIEL DE VALOR PERTENCENTE À FAZENDA PÚBLICA. Medida Provisória n. 427, de 11.02.1994, reeditada pela Medida Provisória n. 449, de 17.03.1994, convertida na Lei n. 8.866, de 11.04.1994, que dispôs sobre o depositário infiel de valor pertencente à Fazenda Pública. 1. A um primeiro exame, para os efeitos de medida cautelar, parecem, ao Tribunal, violados pelos §§ 2º e 3º do art. 4º da Lei n. 8.866, de 11.04.1994, os seguintes princípios e/ou garantias constitucionais: a) do inciso LIV do art. 5ª da Constituição Federal de 1988, segundo o qual 'ninguém será privado da liberdade sem o devido processo legal'; b) do inciso LV do art. 5ª da CF, que assegura 'aos litigantes, em processo judicial ou administrativo, e aos acusados em geral' 'o contraditório e a ampla defesa, com os meios e recursos a ela inerentes'; c) do inciso XXXV do art. 5º da CF, que não permite se exclua da apreciação do Poder Judiciário a alegação de lesão ou ameaça de direito; d) o da independência do Poder Judiciário, como instituição (art. 2º da CF) e do Juiz, como órgão de sua expressão, obrigado a fundamentar suas decisões, inclusive os decretos de prisão (inciso IX do art. 93 da CF), não apenas com base no que a lei permite, mas no seu livre convencimento jurídico, inclusive de ordem constitucional. 2. Caracterizados os requisitos da plausibilidade jurídica da ação (*fumus boni iuris*) e do risco de grave dano, pela demora no curso do processo da ADIN (*periculum in mora*), é de se deferir, a partir desta data, até o julgamento final da ação, a suspensão da eficácia dos referidos §§ 2º e 3º do art. 4º da Lei 8.866, de 11.04.1994. 3. Em consequência, devem ser suspensas, também, as expressões referida no § 2º do art. 4º, contidas no art. 7º da mesa lei. 4. Assim, também, as expressões 'ou empregados' e 'e empregados', constantes do *caput* desse mesmo art. 7º e de seu parágrafo único, respectivamente. 5. Não se mostra necessária a suspensão do art. 8º, segundo o qual 'cessará a prisão com o recolhimento do valor exigido', porque o resultado pretendido é alcançado com a suspensão, já referida, do § 2º do art. 4º; 6. Ficam excluídos da convalidação, expressa no art. 10, os decretos de prisão fundados, exclusivamente, no § 2º do art. 4º e os decretos de revelia fundados em seu § 3º. 7. Medida cautelar deferida, em parte, para tais fins (por maioria), nos termos do voto do Relator" (STF, Plenário, por maioria, ADIn 1055-7, Min. Sydney Sanches, jun. 1994). Obs: Para o Min. Marco Aurélio, a Lei pareceu inconstitucional em bloco em razão de que a autorização de prisão do depositário infiel, pela CF, deve restringir-se à hipótese típica de depósito tal como disposta no Código Civil, que pressupõe coisa infungível; o Min. Néri da Silveira também expôs tal questão, deixando, porém, para o mérito, qualquer consideração conclusiva; o Min. Sepúlveda Pertence manifestou-se entendendo que não há impedimento constitucional de que a legislação estabeleça novas hipóteses de depósito, desde que se atenha ao conceito de depósito, dizendo não estar sua abrangência enrijecida tal como consta do CC; para o Min. Ilmar Galvão, só se pode considerar que há depósito quando o contribuinte recebe o consumidor o valor do imposto e deixa de recolhê-lo, como ocorre no caso do IPI, pois "em face do ICMS, de IR na fonte e de contribuições sociais, o que se tem não é de-

positário, mas simples devedor tributário, inexistindo espaço, pelas razões expostas, para a ficção de que se paga ao empregado pelo todo e se recebe do empregado o valor do tributo, para efeito de recolhimento". Vale, ainda, referir o contexto exposto pelo Min. Paulo Brossard: "Ocorre-me ainda salientar a mentalidade que se vem generalizando e que se poderia chamar-se de 'terrorismo fiscal' ou 'policialismo fiscal'. A ideia fixa é a prisão. A norma em exame é disso exemplo. Prisão e revelia para a pessoa que não pode pagar, porque os encargos são superiores mesmo às constantes da folha de salário. Isso não aconteceu nem no tempo do absolutismo português, nem no tempo do Alvará de 17 de outubro de 1516, quando 'El Rei' Nosso Senhor cuidava da sua Real Fazenda. Nunca, nem mesmo nos períodos de maior desrespeito aos direitos individuais, foi praticado entre nós coisa semelhante. É o que me alarma, porque, se fosse apenas essa lei, poderíamos vê-la com mais tolerância. Mas é uma série de leis e decretos que vêm sendo editados".

– "1. A ação de depósito, considerada erroneamente como ação cautelar, pode ser proposta em face de quem retém o valor para futuro repasse e contra o destinatário final do *quantum*, evitando que se frustre o processo principal com a transferência do *quantum sub judice*" (STJ, REsp 1.083.005, 2010).

SEÇÃO I

DISPOSIÇÃO GERAL

Art. 128. Sem prejuízo do disposto neste Capítulo, a lei pode atribuir de modo expresso a responsabilidade pelo crédito tributário a terceira pessoa, vinculada ao fato gerador da respectiva obrigação, excluindo a responsabilidade do contribuinte ou atribuindo-a a este em caráter supletivo do cumprimento total ou parcial da referida obrigação.

⇒ **As hipótese de responsabilidade reguladas pelo CTN não podem ser alteradas pelo legislador ordinário.** "O artigo começa com a expressão 'sem prejuízo do disposto neste Capítulo', que deve ser entendida como exclusão da possibilidade de a lei determinar alguma forma de responsabilidade conflitante com a determinada no Código. Isso vale dizer que a responsabilidade não prevista pelo capítulo pode ser objeto de lei, não podendo, entretanto, a lei determinar nenhuma responsabilidade que entre em choque com os arts. 128 a 138" (MARTINS, Ives Gandra da Silva (coord.). *Comentários ao Código Tributário Nacional*. São Paulo: Saraiva, 1998, v. 2, p. 215).

– Sobre a inconstitucionalidade do art. 13 da Lei n. 8.620/93, que, dispondo diferentemente sobre a responsabilidade dos sócios, alterou a causa e os efeitos da responsabilidade disciplinada pelo art. 135 do CTN, vide notas ao art. 124 do CTN.

⇒ **Exige-se lei ordinária para estabelecer outras hipóteses de substituição ou de responsabilidade.** "... esta escolha de um terceiro somente pode ser feita se clara, inequívoca e cristalinamente exposta na lei. Uma responsabilidade, entretanto, sugerida, indefinida, pretendidamente encontrada por esforço de interpretação nem sempre juridicamente fundamentado, não pode ser aceita, diante da nitidez do dispositivo, que exige deva a determinação ser apresentada 'de forma expressa'" (MARTINS, Ives Gandra da Silva (coord.). *Comentários ao Código Tributário Nacional*. São Paulo: Saraiva, 1998, v. 2, p. 215-216).

– Ao analisar ação direta de inconstitucionalidade manejada em face do Decreto n. 54.177/2009 do Estado de São Paulo, a Min. Ellen Gracie fez percuciente análise acerca da necessidade de lei ordinária para instituir hipótese de responsabilidade tributária. Discutia-se questão de substituição tributária relativamente ao ICMS sobre energia elétrica. "Afirmou que o decreto adversado teria colocado a distribuidora como substituta tributária porque apenas ela teria a possibilidade de medir a energia efetivamente consumida, daí a obrigação de recolher o ICMS sobre o valor das diversas operações que viabilizam o fornecimento de energia para o consumidor livre. Frisou, entretanto, a exigência de lei para obrigar um terceiro ao pagamento do tributo devido pelo contribuinte, fundada nos artigos 150, I, e 5º, II, ambos da CF; bem como nos artigos 121 e 128, ambos do CTN. Destacou que, conquanto haja normas que tratem de substituição tributária para o caso específico do ICMS, como a LC 87/96, o Convênio ICMS 83/2000 e a Lei estadual 6.374/89, elas não poderiam ser consideradas como suportes para o decreto em discussão. A citada lei estadual não estabeleceria nenhuma hipótese de substituição tributária em particular, apenas fixaria que as empresas que comercializam energia são substitutas tributárias relativamente às operações anteriores e posteriores, sem especificar em que circunstâncias. Seria, portanto, incompleta. Ademais, seria inaplicável à espécie, pois o decreto em questão teria inovado, ao colocar como substituta empresa que não é comercializadora de energia perante os consumidores livres. Por outro lado, a operação da substituição tributária pelo sistema de retenções a que faz referência o Convênio ICMS 83/2000 seria inviável, pois esta norma pressuporia operações sucessivas e não paralelas ou concomitantes. Assim, reputou que se o legislador desejasse estabelecer substituição tributária para o caso, teria de fazer referência específica às circunstâncias próprias do ambiente de mercado livre, o que não ocorrera. Aduziu que a Lei estadual 13.918/2009, posterior ao decreto impugnado, que referiu as operações concomitantes na substituição relativa à energia elétrica, não legitimaria a exigência do tributo, pois não promovera alteração quanto aos possíveis substitutos tributários, vinculados à noção de comercialização. Além disso, não se admitiria repristinação, ou seja, lei posterior não legitimaria decreto inválido editado anteriormente. Por fim, considerou que o vício formal – insuficiência do instrumento legislativo necessário para disciplinar a matéria – seria fundamento suficiente para reconhecer a inconstitucionalidade suscitada. Consignou que ela diria respeito à substituição tributária e não ao imposto em si, razão pela qual considerou insubsistente o decreto a contar da publicação do acórdão. Após, pediu vista a Min. Cármen Lúcia (ADI 4228)" (*Informativo* 634 do STF, 2011).

– Sobre o descabimento da imposição de responsabilidade via Decreto, vide também: STJ, RMS 30.138, 2010.

– "... fazer recair a responsabilidade a pessoa diversa do contribuinte só pode dar-se 'mediante lei'. Jamais por qualquer ato administrativo, inclusive decreto. Somente por lei, em sentido formal e material, é que se pode constituir mecanismo de intro-

dução do instituto da responsabilidade tributária, inclusive por substituição" (BARRETO, Aires F. ISS – Alguns limites constitucionais do critério espacial. *RDDT* 208/7, 2013).

– Sobre as modalidades de substituição tributária, vide notas que precedem o art. 128 do CTN. Sobre as retenções específicas, as notas que seguem.

– Sobre a substituição tributária, vide: FERREIRA NETO, Athur M.; NICHELE, Rafael. *Curso avançado de substituição tributária*. 2. ed. Porto Alegre: Livraria do Advogado, 2016.

⇒ **Terceiro vinculado ao fato gerador, com capacidade colaborativa.** Só quem está vinculado ao fato gerador é que, por estar próximo ao contribuinte e à revelação de riqueza tributada, pode ser chamado a colaborar com a administração como substituto ou como responsável tributário. Esses encargos não podem ser atribuídos de modo aleatório e arbitrário. Dependem de que esteja ao alcance do "terceiro" o que dele se exige, seja a retenção e o repasse de valores, que pressupõem certa ascendência sobre o contribuinte, seja o fornecimento de informações ou o agir cuidadoso e responsável no cumprimento das obrigações fiscais quando em representação do contribuinte. Em suma, só pode ser colocado na posição de substituto ou de responsável tributário aquele que apresente capacidade de colaboração. Sobre o princípio da capacidade de colaboração, vide nota ao art. 108, II, do CTN.

– "CONTRIBUIÇÃO SOCIAL PARA O FUNRURAL. AQUISIÇÃO DO PRODUTO RURAL DE TERCEIRO INTERMEDIÁRIO. LEGALIDADE DA COBRANÇA. ARTS. 30, INCISO IV, DA LEI N. 8.212/91 E 128 DO CTN. I – O artigo 30, inciso IV, da Lei n. 8.212/91 claramente destaca que a responsabilidade pelo pagamento do FUNRURAL pode ser até mesmo de quem efetuou a operação de compra do produto rural por meio de intermediário, mesmo que não diretamente com o produtor. II – O artigo 128 expressa que a lei pode determinar a responsabilidade tributária de terceiros, sendo que a recorrente não se encontra desvinculada do fato gerador da exação, em que pese não tenha realizado a aquisição diretamente do produtor rural. III – Não há de se falar que o atravessador se sub-roga na condição de responsável tributário do FUNRURAL, porquanto a lei não cria tal determinação, sendo cabível a cobrança da contribuição dos posteriores adquirentes do produto rural" (STJ, REsp 979.493, 2008).

– "... excluídas as formas de responsabilidade previstas no Código (art. 129 a 135), cuja qualificação é atribuída independentemente de demonstração de vínculo com o 'fato gerador', qualquer espécie e atribuição de responsabilidade que venha a ser criada por lei, por qualquer uma das pessoas políticas, somente poderá ser feita se a pessoa assim qualificada estiver vinculada diretamente ao fato jurídico tributário. [...] essa norma geral do art. 128, do CTN, apresenta-se, nitidamente, como uma regra declaratória das limitações constitucionais da competência das pessoas tributantes, com uma dupla consequência para estas, na medida que: I) ficam impedidas de criar formas de responsabilidade tributária para sujeitos que não estejam vinculados aos 'fatos geradores' demarcadores das suas próprias competências; II) restam excluídas, por conseguinte, quaisquer possibilidades para que estas possam criar qualquer espécie de responsabilidade de terceiros (134 e 135) ou de sucessores (129-133), diversas daquelas já contempladas no Código Tributário Nacional" (TAVEIRA TORRES, Heleno. In: RODRIGUES DO AMARAL, Antonio Carlos (coord.). *Curso de direito tributário*. São Paulo: Celso Bastos, 2002, p. 176).

• Vide: COÊLHO, Sacha Calmon Navarro; DERZI, Misabel Abreu Machado; MOREIRA, André Mendes. Impossibilidade de adoção de valor declarado em nota fiscal inidônea para lançamento do tributo – arbitramento mandatório. Ilegalidade da atribuição de responsabilidade tributária a terceiro não vinculado ao fato gerador da obrigação tributária. *RDDT* 234/153, 2015.

⇒ **Ampliação das garantias pessoais do crédito tributário.** O art. 128 diz que a lei poderá excluir a responsabilidade do contribuinte ou atribuí-la a este em caráter supletivo do cumprimento total ou parcial da referida obrigação. Como qualquer dispensa do pagamento de tributo exige previsão legal expressa na lei que trata do tributo ou em lei específica (art. 150, § 6º, da CF), não se pode presumir a exclusão da responsabilidade do contribuinte, até porque a capacidade econômica revelada pelo fato gerador é dele. O ideal é que a lei que estabeleça a substituição tributária disponha inequivocamente sobre a matéria. Note-se que os institutos da substituição e da responsabilidade em sentido estrito não são estabelecidos para reduzir as garantias do crédito tributário, mas, isso sim, para ampliá-las, exigindo colaboração de outras pessoas e comprometendo-as, assim, com o bom andamento da tributação, Desse modo, se a lei não afastar ou tornar subsidiária a responsabilidade do contribuinte, poderá o fisco exigir o pagamento tanto do substituto ou responsável como do contribuinte, não havendo fundamento para que se presuma o afastamento da responsabilidade do contribuinte. O contribuinte é, sempre, o primeiro responsável pela satisfação do tributo devido com fundamento na sua própria capacidade contributiva. A responsabilidade do contribuinte só restará excluída caso tenha ele, na substituição tributária, suportado a retenção e assim, cumprido seu ônus. Em outros casos, como nos de substituição em que não há retenção nem transferência de valores pelo contribuinte ao substituto e no de responsabilidade tributária em sentido estrito, a exclusão da responsabilidade do contribuinte jamais será presumia, dependendo de lei que o faça de modo expresso.

– **Suportada a retenção, o recolhimento só pode ser exigido do substituto.** "... o fisco deve cobrar o imposto daquele que deveria recolher a exação, na qualidade de substituto tributário e não o fez, emitindo documentação inidônea, constatada posteriormente pela fiscalização. O substituído tributário, uma vez comprovada a sua boa-fé, não poderá responder por tributo a que não deu causa. Para que pudesse ser responsabilizado, necessário seria a prova de sua conivência com a fraude engendrada. Tendo visto que a empresa adquirente sofreu repercussão da carga tributária, no ato da compra do combustível, a pretendida cobrança do crédito tributário implica reiteração da cobrança, configurando ofensa ao princípio da capacidade contributiva" (MARTINS, Ives Gandra da Silva; RODRIGUES, Marilene Talarico Martins.

Substituição tributária por antecipação do futuro fato gerador do ICMS... *RDDT* 170/160, 2009).

– "A solidariedade entre o contribuinte substituto e o contribuinte substituído só é possível se estabelecida expressamente pela lei, e há de ser entendida em referência à responsabilidade, o que significa dizer que somente existirá se ambos – substituído e substituto – forem inadimplentes. Não cumprirem os deveres a eles impostos pela lei tributária, quer dizer, o substituído não suportar o ônus do tributo, porque o substituto não cobrou, ou não descontou, do substituído, o valor do tributo correspondente. Nem realizou o pagamento do imposto. Em outras palavras, a única solidariedade possível diz respeito à responsabilidade, que somente existirá entre substituto e substituído, repita-se, se ambos deixarem de cumprir os deveres a eles impostos pela lei tributária" (MACHADO, Hugo de Brito. A solidariedade e a substituição tributária no ICMS. *RDDT* 167/68, 2009).

– **No sentido de que o tributo só poderia ser cobrado do substituto, não do contribuinte.** "ICMS. SUBSTITUIÇÃO TRIBUTÁRIA PARA FRENTE. MONTADORA/FABRICANTE (SUBSTITUTA) E CONCESSIONÁRIA/REVENDEDORA (SUBSTITUÍDA). VEÍCULOS AUTOMOTORES... ARTIGO 128, DO CTN. APLICAÇÃO... 4. O artigo 128, do CTN (cuja interpretação estrita se impõe), dispõe que, sem prejuízo do disposto no capítulo atinente à Responsabilidade Tributária, 'a lei pode atribuir de modo expresso a responsabilidade pelo crédito tributário a terceira pessoa, vinculada ao fato gerador da respectiva obrigação, excluindo a responsabilidade do contribuinte ou atribuindo-a a este em caráter supletivo do cumprimento total ou parcial da referida obrigação'. 5. Deveras, doutrina abalizada elucida o conteúdo normativo do artigo 128, do Codex Tributário: 'O artigo pretende consubstanciar uma norma geral formalizada em duas ideias básicas, a saber: 1) a responsabilidade tributária é aquela definida no capítulo; 2) a lei, entretanto, pode estabelecer outros tipos de responsabilidade não previstos no capítulo a terceiros. O artigo começa com a expressão 'sem prejuízo do disposto neste Capítulo', que deve ser entendida como exclusão da possibilidade de a lei determinar alguma forma de responsabilidade conflitante com a determinada no Código. Isso vale dizer que a responsabilidade não prevista pelo Capítulo pode ser objeto de lei, não podendo, entretanto, a lei determinar nenhuma responsabilidade que entre em choque com os arts. 128 a 138. A seguir o artigo continua: 'a lei pode atribuir de modo expresso a responsabilidade pelo crédito tributário a terceira pessoa', determinando, de plano, que esta escolha de um terceiro somente pode ser feita se clara, inequívoca e cristalinamente exposta na lei. Uma responsabilidade, entretanto, sugerida, indefinida, pretendidamente encontrada por esforço de interpretação nem sempre juridicamente fundamentado, não pode ser aceita, diante da nitidez do dispositivo, que exige deva a determinação ser apresentada 'de forma expressa'. Por outro lado, fala o legislador, em 'crédito tributário', de tal maneira que a expressão abrange tanto os tributos como as multas, quando assim a lei o determinar. Significa dizer que o crédito tributário, cuja obrigação de pagar for transferida a terceiros, sempre que não limitado, por força do CTN ou de lei promulgada nesses moldes, à tributação apenas, deve ser entendido por crédito tributário total. Em havendo, todavia, qualquer limitação expressa, a transferência da responsabilidade pela liquidação do crédito só se dará nos limites da determinação legal'. (MARTINS, Ives Gandra da Silva (coord.). *Comentários ao Código Tributário Nacional*. São Paulo: Saraiva, 1998, v. 2, p. 232-234). 6. Nesse segmento, Paulo de Barros Carvalho, enfatizando que o substituído permanece à distância, como importante fonte de referência para o esclarecimento de aspectos que dizem com o nascimento, a vida e a extinção da obrigação tributária, consigna que: 'A responsabilidade tributária por substituição ocorre quando um terceiro, na condição de sujeito passivo por especificação da lei, ostenta a integral responsabilidade pelo *quantum* devido a título de tributo'. 'Enquanto nas outras hipóteses permanece a responsabilidade supletiva do contribuinte, aqui o substituto absorve totalmente o débito, assumindo, na plenitude, os deveres de sujeito passivo, quer os pertinentes à prestação patrimonial, quer os que dizem respeito aos expedientes de caráter instrumental, que a lei costuma chamar de 'obrigações acessórias'. Paralelamente, os direitos porventura advindos do nascimento da obrigação, ingressam no patrimônio jurídico do substituto, que poderá defender suas prerrogativas, administrativa ou judicialmente, formulando impugnações ou recursos, bem como deduzindo suas pretensões em juízo para, sobre elas, obter a prestação jurisdicional do Estado.' (In: *Direito tributário* – Fundamentos jurídicos da incidência, 4. ed. São Paulo: Saraiva, 2006, p. 158-177). 7. Consequentemente, 'o tributo é indevido pela concessionária nesse caso, não por que houve sua incidência na operação anterior, mas, antes, porquanto em sendo o regime da substituição tributária, técnica de arrecadação, e sendo uma das característica da técnica a consideração presumida da base de cálculo, nas hipóteses em que um dos dados que a integram não se realiza na operação promovida pelo substituído, deve o Fisco buscar a diferença junto ao substituto. Com efeito, cobrando o valor faltante do substituído, como faz o requerido, está considerando como sujeito passivo quem não figura na relação jurídico-tributária.' (REsp 865.792/RS, Rel. Min. Luiz Fux, julgado em 23.04.2009, *DJe* 27.05.2009). 8. É que a responsabilização da concessionária (substituída) pelo ICMS referente à não inclusão pelo substituto do valor do frete (que este último não realizara) na base de cálculo do imposto, à luz da Cláusula Terceira, § 3º, do Convênio ICMS 132/92, conspira contra a *ratio essendi* da sistemática da substituição tributária progressiva. Isto porque a exigência do valor 'remanescente' do substituído contraria a sujeição passiva atribuída integralmente ao substituto (montadora), este, sim, integrante da relação jurídica tributária. 9. Outrossim, ressalvando-se o entendimento de que a obrigação tributária admite a sua dicotomização em débito (*shuld*) e responsabilidade (*haftung*), merece destaque a lição do saudoso tributarista Alfredo Augusto Becker, segundo o qual inexiste relação jurídica entre o substituído e o Estado: '145. Embriogenia e conceito de substituto legal tributário [...] A fenomenologia jurídica da substituição legal tributária consiste, pois, no seguinte: Existe substituto legal tributário toda a vez em que o legislador escolher para sujeito passivo da relação jurídica tributária um outro qualquer indivíduo, em substituição daquele determinado indivíduo de cuja renda ou capital a hipótese de incidência é fato-signo presuntivo. Em síntese: se em lugar daquele determinado

indivíduo (de cuja renda ou capital a hipótese de incidência é signo presuntivo) o legislador escolheu para sujeito passivo da relação jurídica tributária um outro qualquer indivíduo, este outro qualquer indivíduo é o substituto legal tributário. [...] 149. Natureza da relação jurídica entre substituto e substituído [...] Todo o problema referente à natureza das relações jurídicas entre substituto e substituído resolve-se pelas três conclusões adiante indicadas. O fundamento científico-jurídico sobre o qual estão baseadas as três conclusões foi exposto quando se demonstrou que a valorização dos interesses em conflito e o critério de preferência que inspiraram a solução legislativa (regra jurídica) participam da objetividade da regra jurídica e não podem ser reexaminados, nem suavizados pelo intérprete sob o pretexto de uma melhor adequação à realidade econômico-social. As três referidas conclusões são as seguintes: Primeira conclusão: Não existe qualquer relação jurídica entre substituído e o Estado. O substituído não é sujeito passivo da relação jurídica tributária, nem mesmo quando sofre a repercussão jurídica do tributo em virtude do substituto legal tributário exercer o direito de reembolso do tributo ou de sua retenção na fonte. Segunda conclusão: Em todos os casos de substituição legal tributária, mesmo naqueles em que o substituto tem perante o substituído o direito de reembolso do tributo ou de sua retenção na fonte, o único sujeito passivo da relação jurídica tributária (o único cuja prestação jurídica reveste-se de natureza tributária) é o substituto (nunca o substituído). Terceira conclusão: O substituído não paga 'tributo' ao substituto. A prestação jurídica do substituído que satisfaz o direito (de reembolso ou de retenção na fonte) do substituto, não é de natureza tributária, mas, sim, de natureza privada. [...] 150. Inexistência de relação jurídica entre substituído e Estado. A inexistência de qualquer relação jurídica entre substituído e Estado é conclusão que decorre facilmente das duas premissas já analisadas. Primeira: embriogenia e conceito do substituto legal tributário. Segunda: natureza da relação jurídica entre substituto e substituído. [...]' (Alfredo Augusto Becker, in *Teoria Geral do Direito Tributário*, Ed. Noeses, 4ª ed., 2007, São Paulo, págs. 581/586 e 595/601) 10... 2. Recurso especial provido, para declarar a inexigibilidade da cobrança de complementação da base de cálculo do ICMS da concessionária de veículos, invertendo-se o ônus de sucumbência. Acórdão submetido ao regime do artigo 543-C, do CPC, e da Resolução STJ 08/2008" (STJ, REsp 931.727, 2009). Obs.: esse entendimento restou reiterado pelo STJ no REsp 1.391.265, 2013.

– Não retenção por força de ordem judicial. Ausência de responsabilidade do substituto. "... a observância pelo substituto do mandamento contido no pronunciamento judicial o exonera de qualquer responsabilidade pelo *quantum* não recolhido a título de ICMS/ST durante a vigência da decisão que ordenou a não retenção do imposto. Na sistemática da substituição tributária para frente, é o substituído quem deve suportar diretamente o ônus do tributo, ainda que posteriormente o repasse ao consumidor final. Com efeito, salvo os casos de dolo e culpa, não responde o substituto pelo ICMS/ST que deixou de reter e recolher por força de determinação judicial, sob pena de assumir em definitivo o encargo fiscal ante a impossibilidade de transferi-lo na nota fiscal ao substituído. Ainda que não seja parte no processo, o substituto, ao deixar de reter o ICMS/ST, atua no interesse das partes, assegurando a efetividade do provimento jurisdicional. Trata-se de caso em que sobressai a figura da 'força maior' (art. 393 do Código Civil) decorrente do fato do príncipe, contra a qual o substituto não pode opor sua vontade. Em sendo assim, sua responsabilidade de reter antecipadamente o imposto cessa quando é intimado formalmente da medida antecipatória (art. 234 do CPC), cabendo aos substituído, se for o caso, reparar os danos decorrentes da execução provisória (art. 475-O, I, c/c o art. 273, § 3º, ambos do CPC), restabelecendo o *status quo ante*" (COÊLHO, Sacha Calmon Navarro; MOREIRA, André Mendes; MAIA, Marcos Correia Piqueira. ICMS/ST – responsabilidade do substituto em razão de decisão judicial obtida pelo substituído. *RDDT* 226/169, 2014).

⇒ **Hipóteses legais de substituição e de responsabilidade.** Há inúmeras hipóteses de substituição e de responsabilidade estabelecidas pelo legislador ordinário.

– **Retenção na fonte. IR.** Vide art. 45, parágrafo único, do CTN e respectivas notas.

– **Retenção de IR sobre ganhos de capital por adquirente de imóvel vendido por residente ou domiciliado no exterior.** Vide: MUSA, Simone Dias; PRADO, Marcos Vinícius Passarelli. A tributação de ganhos auferidos por não residentes na alienação de bens localizados no Brasil – Análise do artigo 26 da Lei n. 10.833/2003. *RDDT* 156, 2008, p. 109.

– **Retenção de ISS.** Vide nota ao art. 156, III, da CF sobre a substituição tributária no ISS.

– **Retenção de PIS/COFINS/CSSL.** Lei n. 10.833/2003: "Art. 30. Os pagamentos efetuados pelas pessoas jurídicas a outras pessoas jurídicas de direito privado, pela prestação de serviços de limpeza, conservação, manutenção, segurança, vigilância, transporte de valores e locação de mão de obra, pela prestação de serviços de assessoria creditícia, mercadológica, gestão de crédito, seleção e riscos, administração de contas a pagar e a receber, bem como pela remuneração de serviços profissionais, estão sujeitos a retenção na fonte da Contribuição Social sobre o Lucro Líquido – CSLL, da COFINS e da contribuição para o PIS/PASEP. § 1º O disposto neste artigo aplica-se inclusive aos pagamentos efetuados por: I – associações, inclusive entidades sindicais, federações, confederações, centrais sindicais e serviços sociais autônomos; II – sociedades simples, inclusive sociedades cooperativas; III – fundações de direito privado; ou IV – Condomínios edilícios. § 2º Não estão obrigadas a efetuar a retenção a que se refere o *caput* as pessoas jurídicas optantes pelo SIMPLES. § 3º As retenções de que trata o *caput* serão efetuadas sem prejuízo da retenção do imposto de renda na fonte das pessoas jurídicas sujeitas a alíquotas específicas previstas na legislação do imposto de renda".

– "... A legitimidade da alteração trazida pela Lei 10.833/03 e a exigibilidade da impetrante tem como escopo motivo de política fiscal, visando à redução de práticas elisivas por parte das entidades prestadoras de serviços em geral que, com base na redação original do artigo por vezes deixavam de proceder ao pagamento das contribuições sociais a seu encargo no valor efetivamente devido, foi atribuído à empresa tomadora a responsabilidade pela retenção das exações em comento (PIS, COFINS e CSSL), em nome da prestadora. O recolhimento na forma preconizada pela Lei 10.833/03 será de qualquer forma inferior ao que seria efetuado diretamente pela prestadora de serviços, que terá de complementá-lo. Eventualmente, em sendo superior o recolhimento indireto, prevê o art. 5º, §§ 1º e 2º, da IN-SRF 381/03, que regulamentou a lei nova, que tais valores 'poderão ser compensados, pelo contribuinte, com o imposto e contribuições de mesma espécie, devidos relativamente a fatos geradores ocorridos a partir do mês da retenção' (§ 1º), e que o valor específico 'será determinado pelo próprio contribuinte mediante aplicação, sobre o valor da fatura, das alíquotas respectivas às retenções efetuadas' (§ 2º). De qualquer forma, não se trata da criação de um novo tributo, mas, forte no permissivo do art. 150, § 7º, da CRFB/88, forma de substituição tributária para frente. O cálculo para apuração da existência de recolhimento a maior ou a menor, para fins de existência do direito a compensação ou não, será feito com base na aferição do lucro. Ou seja, para verificar se o recolhimento foi correto, apura-se o tributo obedecendo a base de cálculo e o fato gerador nos moldes em que previstos na Constituição Federal e nas leis de regência das próprias contribuições. [...] É técnica semelhante aquela aplicada às tomadoras de serviço para a retenção na fonte das contribuições previdenciárias devidas pelas prestadoras, trazida pela Lei 9.711/99..." (TRF4, 1ª T., excerto de decisão proferida pela Desa. Fed. Maria Lucia Luz Leiria nos autos da AMS 2004.71.08.005694-3/RS, 2005).

– **Retenção de contribuição previdenciária na cessão de mão de obra.** No caso de serviços prestados mediante cessão de mão de obra, o art. 31 da Lei n. 8.212/91, com a redação dada pelo art. 23 da Lei n. 9.711/98, estabelece a responsabilidade tributária por substituição do tomador de serviços, relativamente à contribuição sobre a folha de pagamento dos segurados a seu serviço, cujo contribuinte é a empresa prestadora de serviços. Note-se que, na sistemática adotada pela nova redação do art. 31, *caput*, da Lei 8.212/91, de retenção e recolhimento pelo tomador quando do pagamento dos serviços, tendo como referência o valor bruto da nota fiscal ou fatura de prestação de serviços, o legislador utilizou-se de uma presunção, qual seja, a de que o montante devido corresponda a 11% do valor da nota. Como tal presunção não poderia implicar tributação sobre base de cálculo fictícia, admitiu o legislador, expressamente, que o prestador de serviços proceda à compensação dos valores retidos quando for efetuar, por si próprio, o pagamento da contribuição previdenciária de toda a sua folha, estabelecendo, ainda, que, na hipótese de não ser possível a compensação integral, tem o contribuinte o direito à repetição do montante retido além do devido (§§ 1º e 2º do art. 31 da Lei 8.212/91). A figura da substituição tributária existe, justamente, para atender a princípios de racionalização e efetividade da tributação, ora simplificando os procedimentos, ora diminuindo as possibilidades de inadimplemento e ampliando as garantias de recebimento do crédito etc. Não se tem, na responsabilidade por substituição ora em questão, de forma alguma, a instituição de nova contribuição. A presunção de um valor a ser recolhido, seja mediante presunção da base de cálculo ou da utilização de outro critério como o que foi utilizado, é da natureza da substituição tributária e só a descaracterizaria, implicando novo tributo ou "tributação" irregular, caso não fosse possível a compensação ou restituição de eventuais recolhimentos feitos a maior em face do efetivamente devido, consideradas a base de cálculo real e a alíquota respectiva. Tendo em conta que não estamos diante de uma nova exação, não há que se falar na necessidade de lei complementar e na vedação do *bis in idem* e da bitributação, sendo inaplicáveis à espécie os arts. 195, § 4º, e 154, I, da CF. O STF já decidiu pela constitucionalidade, conforme se vê adiante.

– **Tema 302 do STF:** "É constitucional a substituição tributária prevista no art. 31 da Lei 8.212/1991, com redação dada pela Lei 9.711/98, que determinou a retenção de 11% do valor bruto da nota fiscal ou fatura de prestação de serviço". Decisão do mérito em 2011.

– "SUBSTITUIÇÃO TRIBUTÁRIA. RETENÇÃO DE 11% ART. 31 DA LEI 8.212/91, COM A REDAÇÃO DA LEI 9.711/98. CONSTITUCIONALIDADE. 1. Na substituição tributária, sempre teremos duas normas: a) a norma tributária impositiva, que estabelece a relação contributiva entre o contribuinte e o fisco; b) a norma de substituição tributária, que estabelece a relação de colaboração entre outra pessoa e o fisco, atribuindo-lhe o dever de recolher o tributo em lugar do contribuinte. 2. A validade do regime de substituição tributária depende da atenção a certos limites no que diz respeito a cada uma dessas relações jurídicas. Não se pode admitir que a substituição tributária resulte em transgressão às normas de competência tributária e ao princípio da capacidade contributiva, ofendendo os direitos do contribuinte, porquanto o contribuinte não é substituído no seu dever fundamental de pagar tributos. A par disso, há os limites à própria instituição do dever de colaboração que asseguram o terceiro substituto contra o arbítrio do legislador. A colaboração dele exigida deve guardar respeito aos princípios da razoabilidade e da proporcionalidade, não se lhe podendo impor deveres inviáveis, excessivamente onerosos, desnecessários ou ineficazes. 3. Não há qualquer impedimento a que o legislador se valha de presunções para viabilizar a substituição tributária, desde que não lhes atribua caráter absoluto. 4. A retenção e recolhimento de 11% sobre o valor da nota fiscal é feita por conta do montante devido, não descaracterizando a contribuição sobre a folha de salários na medida em que a antecipação é em seguida compensada pelo contribuinte com os valores por ele apurados como efetivamente devidos forte na base de cálculo real. Ademais, resta assegurada a restituição de eventuais recolhimentos feitos a maior. 5. Inexistência de extrapolação da base econômica do art. 195, I, *a*, da Constituição, e de violação ao princípio da capacidade contributiva e à vedação do confisco, estampados nos arts. 145, § 1º, e 150, IV, da Constituição. Prejudicados os argumentos relativos à necessidade de lei complementar, esgrimidos com base no art. 195, § 4º, com a remissão que faz ao art. 154, I, da Constituição, porquanto não se trata de nova contribuição. 6. Recurso extraordinário a que se nega provimento. 7. Aos recursos sobrestados, que aguardavam a análise da matéria por este STF, aplica-se o art. 543-B, § 3º, do CPC" (STF, RE 603.191, 2011).

– "Afinal, qual a lógica da fixação do montante de 11% sobre o faturamento das empresas cedentes de mão de obra? Para respondermos a esta questão basta sabermos que o lançamento por arbitramento de contribuições sociais com base na remuneração dos trabalhadores, que no âmbito do INSS é chamada de aferição indireta (art. 33, § 6º, da Lei n. 8.212/91), se faz quando, ante a impossibilidade de se calcular dita contribuição por ausência, insuficiência ou inidoneidade de documentos pertinente ao montante de remuneração paga ou devida aos trabalhadores, a fiscalização arbitra, em regra, esse montante de 'rendimentos' em, no mínimo, 40% do valor dos serviços prestados constantes das faturas emitidas pela empresa cedente de mão de obra. Trata-se de uma presunção – decorrente da experiência – de que tal percentual do faturamento representa em média a parcela da receita da empresa que presta serviços mediante cessão de mão de obra e a qual costuma ser absorvida pelo pagamento dos trabalhadores a seu serviço. Sobre essa base de cálculo arbitrada, incidirá a alíquota de 20% devida pela empresa (art. 22, I, da Lei n. 8.212/91), mais 1%, 2% ou 3% (art. 22, II, da citada Lei) a título de adicional do SAT (Seguro de Acidente do Trabalho), de acordo com o grau de risco e a atividade preponderante da empresa, e, por fim, a contribuições dos trabalhadores, que será calculada mediante a aplicação da alíquota mínima (no caso, 8%). Tomando-se em consideração a alíquota mínima do SAT (1%), em consonância com o fato de que para a contribuição dos trabalhadores também se considera a alíquota mínima (8%), além do percentual da parte patronal (20%), temos uma alíquota global de 29% que incidirá sobre a base de cálculo arbitrada correspondente a 40% do faturamento, pelo que o montante arbitrado a título de contribuições devidas ao INSS sobre os rendimentos dos trabalhadores [29%(20+8+1) *x* 40% do faturamento] representa 11,6% do faturamento. Ou seja, eliminando-se os décimos, encontramos 11% do faturamento. Coincidência? Claro que não. Aliás, deve-se dizer que o próprio INSS confirma o exposto, como assim já o fez brilhantemente o seu ilustre Coordenador-Geral em Seminário ao qual os referimos no início" (ALMEIDA JÚNIOR, Fernando Osório de. *RDDT* 45/55-60).

– Após a substituição da contribuição sobre a folha por nova contribuição sobre a receita, por força da Lei n. 12.546/2011, a retenção passou a ser de 3,5%, nos termos da o art. 7º, § 6º, da Lei 12.546/2011, com a redação da Lei n. 12.715/2011. Na redação da Lei 12.995/2014, prossegue sendo de 3,5% do valor bruto da nota fiscal ou da fatura de prestação de serviços.

• Vide: MARTINEZ, Wladimir Novaes. Contratação de mão de obra da construção civil em face da desoneração da folha de pagamento. *RDDT* 216/143, 2013.

– Comentando a retenção substitutiva de 3,5%: "... deverão se submeter à retenção as empresas dos segmentos de Tecnologia da Informação e Tecnologia da Informação e comunicação, as empresas do setor hoteleiro, as de transporte rodoviário coletivo de passageiros e as empresas de construção civil que exerçam as atividades previstas no citado dispositivo".

– **Constitucionalidade.** "[...] A retenção e recolhimento de 11% sobre o valor da nota fiscal é feita por conta do montante devido, não descaracterizando a contribuição sobre a folha de salários na medida em que a antecipação é em seguida compensada pelo contribuinte com os valores por ele apurados como efetivamente devidos forte na base de cálculo real. Ademais, resta assegurada a restituição de eventuais recolhimentos feitos a maior. 5. Inexistência de extrapolação da base econômica do art. 195, I, *a*, da Constituição, e de violação ao princípio da capacidade contributiva e à vedação do confisco, estampados nos arts. 145, § 1º, e 150, IV, da Constituição. Prejudicados os argumentos relativos à necessidade de lei complementar, esgrimidos com base no art. 195, § 4º, com a remissão que faz ao art. 154, I, da Constituição, porquanto não se trata de nova contribuição" (STF, RE 603.191, 2011).

– "CONTRIBUIÇÃO SOCIAL: SEGURIDADE. RETENÇÃO DE 11% SOBRE O VALOR BRUTO DA NOTA FISCAL OU DA FATURA DE PRESTAÇÃO DE SERVIÇO. Lei 8.212/91, art. 31, com a redação da Lei 9.711/98. I – Empresa contratante de serviços executados mediante cessão de mão de obra: obrigação de reter onze por cento do valor bruto da nota fiscal ou fatura de prestação de serviços e recolher a importância retida até o dia 2 do mês subsequente ao da emissão da respectiva nota fiscal ou fatura, em nome da empresa cedente da mão de obra: inocorrência de ofensa ao disposto no art. 150, § 7º, art. 150, IV, art. 195, § 4º, art. 154, I, e art. 148 da CF" (STF, RE 393.946, 2005).

– **Não retenção das empresas optantes pelo Simples Nacional.** Estando a contribuição previdenciária da empresa abrangida pelo Simples Nacional (LC n. 123/2006) – anteriormente, pelo Simples (Lei 9.317/96) –, as empresas optantes não estão sujeitas a sofrerem a retenção de 11% do valor da nota. Quando as empresas do Simples figurarem como tomadoras de serviço de empresas não optantes, contudo, têm a obrigação de reter e recolher enquanto substitutas tributárias.

– **Súmula 425 do STJ:** "A retenção da contribuição para a seguridade social pelo tomador do serviço não se aplica às empresas optantes pelo Simples" (2010).

– "... a súmula do STJ é abrangente, afirma peremptoriamente, sem fazer distinção, valer para todos os casos, mas a norma jurídica vigente excepciona e existe a retenção em alguns casos. Sob este aspecto excepcional, o procedimento recomendado aos contribuintes é descumprir a generalidade da súmula (e assumir o risco), que não é vinculante e atender ao disposto na LC n. 123/2006, na redação da LC n. 128/2008. Excluídos aqueles casos em que a lei complementar impõe as empresas do Simples Nacional o dever de continuar recolhendo os 20% patronais (caso em que, sem dúvida, caberá retenção), existe risco fiscal se não proceder a essa retenção em face da RFB, mas é de pouca expressão. Em resumo, tem-se: exceto nos casos referidos nos parágrafos 5º-C e 5º-D do art. 18 da LC n. 123/2006, não haverá retenção e, a partir de 1º de dezembro de 2009, exceto nos casos dos serviços mencionados no § 5º-C do mesmo art. 18 da LC n. 123/2006, na redação da LC n. 128/2008, não procederá ao desconto. Sem embargo da emissão da Súmula STJ n. 425 é possível que a Receita Federal do Brasil impugne essa não retenção e reclame as contribuições..." (MARTINEZ, Wladimir Novaes. Contribuição previdenciária: retenção de 11% do Simples Nacional. *RDDT* 181/153, 2010).

– **A cobrança do tomador não prescinde do lançamento contra o contribuinte.** "1. O Superior Tribunal de Justiça possui entendimento consolidado no sentido de que, não obstante exista responsabilidade solidária entre a empresa tomadora de serviços e a empresa prestadora de mão de obra pelo pagamento de contribuições previdenciárias não recolhidas durante o período anterior à vigência da Lei 9.711/98 e, consequentemente, pretérito à Lei 9.528/97, não é possível cobrar a exação da empresa tomadora de serviços sem que antes haja a regular constituição do crédito tributário contra a empresa prestadora da mão de obra. Precedentes..." (STJ, AgRg no REsp 1.249.776, 2013).

– "CONTRIBUIÇÃO PREVIDENCIÁRIA – ART. 31 DA LEI 8.212/91 – SOLIDARIEDADE APÓS A CONSTITUIÇÃO DO CRÉDITO TRIBUTÁRIO. 1. Não é lícita a autuação do tomador de serviços sem que antes tenha havido a fiscalização do devedor principal da contribuição previdenciária, pois a garantia da solidariedade se verificará na cobrança do tributo, e não na fase de sua constituição. Precedentes..." (STJ, AgRg no REsp 1.194.485, 2013).

– **Não retenção nos contratos de empreitada global.** "... se o contrato na sua essência é de empreitada pelo valor global, ou seja, prevê a realização de uma obra, incluindo mão de obra e materiais, está afastada a obrigatoriedade da retenção, pois o legislador simplesmente não obriga a retenção em tais hipóteses. A retenção nesse caso é prática ilegal..." (SILVA, Fernando Quadros da. Retenção de contribuições previdenciárias e os contratos de empreitada total. In: GRUPENMACHER, Betina Treiger (coord.). *Tributação:* democracia e liberdade. São Paulo: Noeses, 2014, p. 293).

SEÇÃO II

RESPONSABILIDADE DOS SUCESSORES

⇒ **Responsabilidade por sucessão.** "Haverá responsabilidade tributária por sucessão quando uma pessoa se torna obrigada por débito tributário não satisfeito, diante de uma relação jurídica que passa do predecessor ao adquirente do direito" (RIBEIRO DE MORAES, Bernardo. *Compêndio de direito tributário.* 3. ed. 1995, v. 2, p. 510).

– "... dentro de 'responsabilidade dos sucessores' estão os preceitos que estabelecem o dever de responder pelo crédito por parte daqueles que assumiram a posição de titulares de riqueza que, sob a titularidade do sucedido, deu origem a determinado fato gerador (o sucessor é um terceiro, chamado a responsabilização em razão de um dos fatores que fizeram nascer ao seu dever, como o recebimento de herança, a compra de uma empresa etc.);" (SCHOUERI, Luís Eduardo. *Direito tributário.* 2. ed. São Paulo: Saraiva, 2012, p. 518).

– **Desnecessidade de substituição da CDA.** "7. Não há falar em substituição de CDA, porquanto, na hipótese, a alteração do polo passivo da demanda decorre de provimento jurisdicional que reconhece a ocorrência de sucessão tributária" (STJ, EDcl no REsp 1.391.273, 2013).

Art. 129. O disposto nesta Seção aplica-se por igual aos créditos tributários definitivamente constituídos ou em curso de

constituição à data dos atos nela referidos, e aos constituídos posteriormente aos mesmos atos, desde que relativos a obrigações tributárias surgidas até a referida data.

⇒ **Alcança todos os fatos geradores anteriores à sucessão.** A responsabilidade por sucessão envolve fatos geradores ocorridos antes da sucessão, ainda que objeto de lançamento efetuado posteriormente. Note-se que, desde a ocorrência do fato gerador, crédito já existe, sendo documentado posteriormente pelo lançamento. A relação jurídica tributária tem como objeto a prestação pecuniária devida pelo sujeito passivo ao sujeito ativo. O fato gerador tributário é "gerador" tanto da obrigação como do respectivo crédito. Não é por nada que o art. 140 do CTN diz que o lançamento se reporta à data de ocorrência do fato gerador. Todos os créditos já existentes quando da sucessão, mesmo que ainda não "constituídos" pelo lançamento, são alcançados pela responsabilidade dos sucessores. O dispositivo trata, portanto, da abrangência da responsabilidade considerando o tempo de ocorrência dos fatos geradores. Não cuida, aqui, das rubricas objetos da responsabilidade (se apenas o tributo, o tributo e as multas etc.), o que é especificado em cada um dos dispositivos que seguem.

– "O que chama a atenção... é a expressão 'aplica-se por igual aos créditos tributários'. Seria esse um dispositivo geral, estendendo ao 'crédito tributário' aquilo que nos artigos subsequentes é regulado apenas para os 'tributos'? Parece que não. O mandamento do artigo 129 não tem o sentido de exigir que se estenda ao 'crédito tributário' as regras válidas para os tributos. O que o dispositivo determina é que se dê igual tratamento ao crédito tributário constituído ou em via de constituição, ou ainda, aos construídos posteriormente mas concernentes a obrigações anteriores. Vê-se que não há mandamento para extensão ao crédito tributário de disciplina legal que não lhe é própria" (SCHOUERI, Luís Eduardo. *Direito tributário*. 2. ed. São Paulo: Saraiva, 2012, p. 521).

⇒ **Os sucessores respondem pelos tributos e encargos moratórias, não pelas multas punitivas.** "O que se discute é se além da responsabilidade pela dívida tributária, o sucessor também seria o responsável por eventuais multas fiscais pendentes. Neste caso, a questão a ser respondida é se ocorre ou não a transferência da multa fiscal aos sucessores do infrator. Entende-se que aqui o fundamento da resposta deve ser encontrado no princípio constitucional estatuído no artigo 5º, XLV da CF/88: 'Nenhuma pena passará da pessoa do condenado, podendo a obrigação de reparar o dano e a decretação do perdimento de bens ser, nos termos da lei, estendidas aos sucessores e contra eles executadas, até o limite do valor do patrimônio transferido'. Observa-se a intransmissibilidade das penalidades de natureza personalíssima. As demais penalidades são transmitidas aos sucessores. A multa moratória e os juros de mora, penalidades que possuem natureza civil, transmitem-se aos sucessores do infrator por não estarem ligadas a natureza pessoal do infrator" (MELLO, Elizabete Rosa de. *Direito fundamental a uma tributação justa*. São Paulo: Atlas, 2013, p. 113).

– Invocando o art. 129 para estender a responsabilidade às infrações: "MULTA TRIBUTÁRIA. SUCESSÃO DE EMPRE-

SAS. RESPONSABILIDADE. OCORRÊNCIA... 2. A responsabilidade tributária não está limitada aos tributos devidos pelos sucedidos, mas também se refere às multas, moratórias ou de outra espécie, que, por representarem dívida de valor, acompanham o passivo do patrimônio adquirido pelo sucessor. 3. Nada obstante os art. 132 e 133 apenas refiram-se aos tributos devidos pelo sucedido, o art. 129 dispõe que o disposto na Seção II do Código Tributário Nacional aplica-se por igual aos créditos tributários definitivamente constituídos ou em curso de constituição, compreendendo o crédito tributário não apenas as dívidas decorrentes de tributos, mas também de penalidades pecuniárias (art. 139 c/c § 1º do art. 113 do CTN)" (STJ, REsp 1.017.186, 2008).

– Entendemos, diferentemente, que em cada artigo se tem de verificar se a responsabilidade é pelos tributos devidos – e quais – e se alcança ou não as penalidades. Não vemos no art. 129 uma norma geral de extensão da responsabilidade às penalidades, até porque deve-se ter em conta o princípio da pessoalidade da pena, que impedirá a transmissão, e.g., no caso de sucessão *causa mortis*.

– **Multas já lançadas *x* multas ainda não lançadas. Multas moratórias *x* multas punitivas.** "A jurisprudência administrativa vem consistentemente entendendo que há a transferência de responsabilidade sobre a multa fiscal quando ela tiver sido lançada antes do ato sucessório porque, neste caso, se trataria de um passivo da sociedade incorporada, assumido pela sucessora. Igual raciocínio parece aplicável à sucessão da pessoa física. no que se refere a multas não lançadas até o momento do ato sucessório, importa separar as de caráter moratório das de índole punitiva. Multas moratórias, como os juros moratórios, são devidas pelo simples fato do atraso no cumprimento da obrigação tributária. Assim, parece razoável afirmar que mesmo que não constassem da contabilidade da empresa (ou mesmo que fossem reconhecidas), ou mesmo que não fossem inicialmente arroladas no inventário, ainda assim já integravam o patrimônio transferido. ou seja: pela mera mora, já é devida a multa moratória, juntamente com os juros (art. 161...). Se há transferência do patrimônio, a multa moratória haverá de acompanhá-lo, do mesmo modo como os juros. Não é o caso da multa punitiva: ela não é devida, senão a partir de um lançamento de ofício, que constata uma infração e lança a multa. Sem o auto de infração, não há multa de ofício. Comprova esta afirmação o fato de que na ausência do auto de infração, o contribuinte que recolhe o tributo o faz apenas com os acréscimos moratórios (juros e multa moratória). Assim, se até o momento do ato que deu origem à sucessão empresarial, ou até o momento da sucessão da pessoa física, não havia lançamento, tampouco se poderia dizer que o patrimônio transferido já estava afetado por aquela penalidade. Nesse caso, já não ha, como na penalidade de caráter moratório, o argumento de que o patrimônio transferido estava diminuído pela penalidade. O patrimônio foi transferido sem a penalidade e assim foi recebido pelos sucessores. Diante da falta de lei que determine a responsabilidade do sucessor pelas multa punitivas e por não estarem elas compreendidas no patrimônio transferido, não há que falar em sucessão" (SCHOUERI, Luís Eduardo. *Direito tributário*. 2. ed. São Paulo: Saraiva, 2012, p. 523).

Art. 130. Os créditos tributários relativos a impostos cujo fato gerador seja a propriedade, o domínio útil ou a posse de bens imóveis, e bem assim os relativos a taxas pela prestação de serviços referentes a tais bens, ou a contribuições de melhoria, subrogam-se na pessoa dos respectivos adquirentes, salvo quando conste do título a prova de sua quitação.

⇒ **Sucessão por aquisição de imóvel. Sub-rogação na pessoa do adquirente. Obrigação** *propter rem.* O adquirente, como novo proprietário, assume o lugar do proprietário anterior também no que diz respeito aos débitos tributários relativos ao imóvel. O STJ já afirmou, em sede de recurso repetitivo, tratar-se de "obrigações *propter rem*, impondo-se sua assunção a todos aqueles que sucederem ao titular do imóvel" (REsp 1.073.846, 2009). Sobre os modos de aquisição da propriedade imóvel, vide arts. 1.238 a 1.259 do Código Civil de 2002.

– "INCLUSÃO. NOVEL PROPRIETÁRIO. SUBSTITUIÇÃO. CDA. O Min. Relator salientou que a obrigação tributária real é proprietária, por isso o IPTU incide sobre o imóvel (art. 130 do CTN). Ainda que alienada a coisa litigiosa, é lícita a substituição das partes (art. 42 do CPC), preceito que se aplica à execução fiscal, em cujo procedimento há regra expressa de alteração da inicial, qual a de que é lícito substituir a CDA antes do advento da sentença. O IPTU tem como contribuinte o novo proprietário (art. 34 do CTN), porquanto se consubstanciou a responsabilidade tributária por sucessão, em que a relação jurídico-tributária deslocou-se do predecessor ao adquirente do bem. Por isso impedir a substituição da CDA pode ensejar que as partes dificultem ao Fisco, até a notícia da alienação, a exigibilidade judicial do crédito sujeito à prescrição. *In casu*, não houve a citação da referida empresa, tendo a Fazenda Pública requerido a substituição da CDA e a citação do atual proprietário do imóvel. Consequentemente, descoberto o novo proprietário, fica manifesta a possibilidade de que, na forma do art. 2º da Lei n. 6.830/1980, a Fazenda Pública substitua a CDA antes da sentença de mérito, impedindo que as partes, por negócio privado, infirmem as pretensões tributárias. REsp 840.623-BA, Min. Luiz Fux, julgado em 6/9/2007" (*Informativo* 330 do STJ).

– Sobre ressarcimento contra o anterior proprietário, vide: STJ, REsp 192.501, 2001.

– **Pela responsabilidade tanto do promitente comprador e como do proprietário promitente vendedor.** "IPTU. PROPRIETÁRIO DO IMÓVEL JUNTO AO CARTÓRIO DE REGISTRO DE IMÓVEIS. SUJEITO PASSIVO. RECURSO ESPECIAL REPETITIVO N. 1.110.551/SP. DISSÍDIO JURISPRUDENCIAL NÃO DEMONSTRADO... 2. Por determinação expressa do art. 1.245 do CC, a transferência da propriedade imobiliária somente ocorre com o registro do título aquisitivo perante o Registro de Imóveis. No caso concreto, é incontroverso que isso não foi realizado em momento anterior aos fatos geradores do IPTU executado. 3. A jurisprudência desta Corte, consolidada no julgamento do Recurso Especial Repetitivo n. 1.110.551/SP (Rel. Min. Mauro Campbell Marques, *DJe* 18/06/2009), é no sentido de que tanto o promitente comprador (possuidor a qualquer título) do imóvel quanto seu proprietário/promitente vendedor (aquele que tem propriedade registra-

da no Registro de Imóveis) são contribuintes responsáveis pelo pagamento do IPTU" (STJ, AgRg no AREsp 305.935, 2013).

– **Imunidade do adquirente não se estende ao passado.** A imunidade tributária recíproca, por exemplo, "não exonera o sucessor das obrigações tributárias relativas aos fatos jurídicos tributários ocorridos antes da sucessão (aplicação 'retroativa' da imunidade tributária)", de modo que a União, como sucessora da RFFSA, teve de responder por débitos de IPTU que, até então, estavam inadimplidos, nos termos do art. 130 do CTN.

⇒ **Tributos abrangidos: impostos reais, taxas e contribuições de melhoria.** A sucessão dá-se, e.g., relativamente ao ITR, IPTU, taxa de limpeza pública, contribuição de melhoria relativa a obras de pavimentação.

– Para Ives Gandra da Silva Martins, a abrangência do artigo é menor do que a do anteprojeto de Rubens Gomes de Sousa. Entende que o legislador restringiu aos impostos (e não mais às obrigações principais *lato sensu*), às taxas referentes à prestação de serviços efetivos (e não potenciais ou decorrentes do poder de polícia), e às contribuições de melhoria (e não quaisquer outras). (MARTINS, Ives Gandra da Silva. *Comentários ao Código Tributário Nacional*. São Paulo: Saraiva, 1998, v. 2, p. 227).

– **ITR.** A previsão de responsabilidade tributária constante do art. 5º da Lei n. 9.393/96 traz à tona os arts. 130 e 131 do CTN, que cuidam da responsabilidade por sucessão – do adquirente ou remitente, do sucessor a qualquer título e do cônjuge meeiro e do espólio – pelos créditos tributários relativos a impostos sobre a propriedade, o domínio útil ou a posse de bens imóveis.

– "ITR. RESPONSABILIDADE TRIBUTÁRIA POR SUCESSÃO... 1. A jurisprudência desta Corte de Justiça, firmada em sede de recurso repetitivo, é no sentido de que os 'impostos incidentes sobre o patrimônio (Imposto sobre a Propriedade Territorial Rural – ITR e Imposto sobre a Propriedade Predial e Territorial Urbana – IPTU) decorrem de relação jurídica tributária instaurada com a ocorrência de fato imponível encartado, exclusivamente, na titularidade de direito real, razão pela qual consubstanciam obrigações propter rem, impondo-se sua assunção a todos aqueles que sucederem ao titular do imóvel' (REsp 1.073.846... 2009). 2. A cobrança do tributo pode ser feita tanto do proprietário/possuidor do imóvel à época do fato gerador do imposto quanto daquele que vier a lhe suceder, em face da responsabilidade tributária por sucessão. 3. *In casu*, constatada a contemporaneidade dos fatos geradores do imposto com a posse/propriedade do imóvel pela parte ora recorrente, é legítima a cobrança do ITR" (STJ, AgInt no AREsp 1.723.817, 2021).

– "4. Os impostos incidentes sobre o patrimônio (Imposto sobre a Propriedade Territorial Rural – ITR e Imposto sobre a Propriedade Predial e Territorial Urbana – IPTU) decorrem de relação jurídica tributária instaurada com a ocorrência de fato imponível encartado, exclusivamente, na titularidade de direito real, razão pela qual consubstanciam obrigações propter rem, impondo-se sua assunção a todos aqueles que sucederem ao titular do imóvel. 5. Consequentemente, a obrigação tributária, quanto ao IPTU e ao ITR, acompanha o imóvel em todas as suas mutações subjetivas, ainda que se refira a fatos imponíveis anteriores à alteração da titularidade do imóvel, exegese que encontra reforço na hipótese de responsabilidade tributária por sucessão prevista nos arts. 130 e 131, I, do CTN..." (STJ, REsp 1.073.846, 2009).

– IPTU. "IPTU. OBRIGAÇÃO TRIBUTÁRIA *PROPTER REM*. INCLUSÃO DO NOVEL PROPRIETÁRIO. SUBSTI-TUIÇÃO DA CDA. POSSIBILIDADE. 1. A obrigação tributária real é *propter rem*, por isso que o IPTU incide sobre o imóvel (art. 130 do CTN). 2. Deveras, ainda que alienada a coisa litigiosa, é lícita a substituição das partes (art. 42 do CPC), preceito que se aplica à execução fiscal, em cujo procedimento há regra expressa de alteração da inicial, qual a de que é lícito substituir a CDA antes do advento da sentença. 3... 4. O IPTU tem como contribuinte o novel proprietário (art. 34 do CTN), porquanto consubstanciou-se a responsabilidade tributária por sucessão, em que a relação jurídico-tributária deslocou-se do predecessor ao adquirente do bem. Por isso que impedir a substituição da CDA pode ensejar que as partes dificultem o fisco, até a notícia da alienação, quanto à exigibilidade judicial do crédito sujeito à prescrição. 5. *In casu*, não houve citação da referida empresa, tendo a Fazenda Pública requerido a substituição da CDA e a citação do atual proprietário do imóvel. 6... 7. Consequentemente, descoberto o novel proprietário, ressoa manifesta a possibilidade de que, na forma do art. 2º, da Lei 6.830/80, possa a Fazenda Pública substituir a CDA antes da sentença de mérito, impedindo que as partes, por negócio privado, infirmem as pretensões tributárias" (STJ, REsp 840.623, 2007).

– Taxa de coleta de lixo. "IPTU. ALIENAÇÃO DO IMÓVEL – RESPONSABILIDADE SOLIDÁRIA DO ADQUIRENTE – PRESCRIÇÃO – DESPACHO DE CITAÇÃO DO ANTIGO PROPRIETÁRIO – INTERRUPÇÃO. 1. Cobrança de IPTU e de Taxas de Coleta de Lixo relativos a imóvel alienado após iniciada execução fiscal e já citado o então proprietário, o alienante. 2. Alienado bem onerado com tributos, o novo titular, não comprovando o recolhimento dos tributos imobiliários, torna-se responsável solidário pelos débitos, nos termos do art. 130 do CTN. 3. O despacho de citação do contribuinte (alienante do imóvel) interrompe a prescrição com relação ao responsável solidário (adquirente), nos termos do art. 125, III, c/c o art. 174, parágrafo único, inc. I, todos do CTN" (STJ, REsp 1.319.319, 2013).

– ISS. Inaplicabilidade. Há Municípios que condicionam a concessão de habite-se à prova de pagamento de ISS relativo à construção do imóvel. Procedem a uma aferição indireta, presumindo o montante do serviço com base no CUB (e.g., 30% do CUB) e aplicando, então, a alíquota do imposto municipal. Caso o proprietário não demonstre pagamentos feitos pelo construtor em tal valor, lhe é solicitado o pagamento do saldo. Tal hipótese de responsabilidade tributária, além de depender de lei municipal nesse sentido, só pode dizer respeito ao proprietário. A extensão ao adquirente implicaria extrapolação do art. 130 do CTN, pois este já disciplina a sua responsabilidade, sendo certo que o ISS nele não se enquadra, pois é tributo sobre a prestação de serviços, não tendo como fato gerador a propriedade, o domínio útil ou a posse.

– Contribuições previdenciárias. Inaplicabilidade. As contribuições devidas por ocasião da construção de prédios de qualquer tipo, vinculadas à respectiva matrícula CEI, são tributos relativos ao imóvel. O registro depende da comprovação da inexistência dos respectivos débitos. Note-se que o dono da obra figura como responsável solidário, nos termos do art. 30, IV, da Lei n. 8.212/91, conforme detalhado em nota ao art. 124, II, do CTN. Mas o art. 130 do CTN não estabelece a responsabilidade do adquirente por contribuições que não a de melhoria.

– "AQUISIÇÃO DE ATIVO DE EMPRESA FALIDA (IMÓVEIS E MÓVEIS) . LEILÃO. PRETENDIDA A RESPONSABILIDADE TRIBUTÁRIA POR SUCESSÃO. FUNDO DE COMÉRCIO. NÃO CABIMENTO. CTN ARTS. 130 E 133. 1. O parágrafo único do art. 130 do CTN trata de 'impostos cujo fato gerador seja a propriedade, o domínio útil ou a posse de bens imóveis, e bem assim os relativos a taxas pela prestação de serviços referentes a tais bens, ou a contribuições de melhoria', não sendo este o caso dos autos que se relaciona a contribuições previdenciárias" (TRF4, AC 97.04.45394-9).

– Aquisição de imóvel na planta. "Do exame conjunto das duas leis (8.212/91 E 4.591/64) depreende-se que caso a obra seja inicialmente contratada pelos futuros condôminos não há falar em exclusão da responsabilidade solidária dos mesmos. ... apenas o adquirente que realizar a operação com empresa de comercialização ou incorporador, não é responsável solidário quanto ao pagamento das contribuições relativas à Seguridade Social" (TRF4, AMS 2000.71.00.004229-1, 2003).

⇒ **Multas. Não se transferem. Pessoalidade da pena.** Em face do princípio da pessoalidade, não se pode transferir as penalidades aos responsáveis por atos que não tenham sido praticados por estes. As multas permanecem exigíveis, mas perante o contribuinte infrator.

– "... se houver prova de quitação do tributo, mesmo que haja penalidades jacentes e relacionadas, estas não se transferem ao adquirente" (MARTINS, Ives Gandra da Silva (coord.). *Comentários ao Código Tributário Nacional*. São Paulo: Saraiva, 1998, v. 2, p. 228).

⇒ **Comprovada a quitação, não poderão ser exigidos do adquirente.** "... em toda transação imobiliária aonde restar comprovada a quitação dos tributos federais, estaduais e municipais relacionada ao imóvel, não poderão as Fazendas Públicas exigir do sucessor adquirente eventuais créditos de fatos geradores pretéritos que, por qualquer motivo, tenham sido apurados posteriormente" (CUNHA, Isabel Marques da. A responsabilidade do arrematante de imóvel em hasta pública por dívidas de IPTU pretéritas. *RDDT* 180/85, 2010).

– No sentido de que estão ressalvados os créditos que venham a ser apurados. "As certidões de quitação fornecidas pela Fazenda Pública sempre ressalvam o direito de cobrar créditos tributários que venham a ser apurados. Essa ressalva, porém, não retira da certidão o efeito que lhe atribui o art. 130 do CTN. Se retirasse, aliás, ela não teria nenhum sentido, pois o adquirente ficaria sempre na incerteza, sem segurança para fazer o negócio. A ressalva constante dessas certidões prevalece apenas no sentido de poder o fisco cobrar créditos tributários que por ventura venha a apurar, contra o contribuinte, pois a certidão de quitação, mesmo com a ressalva, impede que se configure a responsabilidade tributária do adquirente do bem" (MACHADO, Hugo de Brito. *Curso de direito tributário*. 36. ed. São Paulo: Malheiros, 2015, p. 156).

⇒ **A responsabilidade não se limita ao valor do imóvel.** "O art. 130, todavia, não limita o valor dos créditos tributários em relação aos tributos. Se estes forem superiores ao valor do imóvel ou do tributo sobre o imóvel, nem por isso os sucessores se exoneram na responsabilização tributária do sucedido. A não limitação representa um princípio salutar, porque na composição do preço muitas vezes podem-se deduzir os tributos pendentes, de tal maneira que aquele seria menor à medida que estes fossem maiores e o Estado – se houvesse limite – fatalmente seria prejudicado sempre que o fator responsabilização determinasse o preço" (MARTINS, Ives Gandra da Silva. *Comentários ao Código Tributário Nacional*. Saraiva, 1998, v. 2, p. 229).

Parágrafo único. No caso de arrematação em hasta pública, a sub-rogação ocorre sobre o respectivo preço.

⇒ **Não há responsabilidade tributária do arrematante.** "1. O crédito fiscal perquirido pelo fisco deve ser abatido do pagamento, quando do leilão, por isso que, finda a arrematação, não se pode imputar ao adquirente qualquer encargo ou responsabilidade tributária. [...] 4... O executado, antigo proprietário, tem relação jurídico-tributária com o Fisco, e o arrematante tem relação jurídica com o Estado-juiz. 5. Assim, é que a arrematação em hasta pública tem o efeito de expurgar qualquer ônus obrigacional sobre o imóvel para o arrematante, transferindo-o livremente de qualquer encargo ou responsabilidade tributária" (STJ, REsp 1.059.102, 2009).

– "Se o bem imóvel é arrematado em hasta pública, vinculado ficará o respectivo preço. Não o bem. O arrematante não é responsável tributário (CTN, art. 130, parágrafo único). A não ser assim, ninguém arremataria bens em hasta pública, pois estaria sempre sujeito a perder o bem arrematado, não obstante tivesse pago o preço respectivo. Justifica-se o disposto no art. 130 do CTN porque entre o arrematante e o anterior proprietário do bem não se estabelece relação jurídica nenhuma. A propriedade é adquirida pelo arrematante em virtude de ato judicial e não de ato negocial privado" (MACHADO, Hugo de Brito. *Curso de direito tributário*. 36. ed. São Paulo: Malheiros, 2015, p. 156).

– "É de clara dicção o texto do parágrafo único do art. 130 do CTN, bastando a mera interpretação literal para se concluir que, na arrematação em hasta pública, a sub-rogação ocorre sobre o respectivo preço. Importa dizer: o arrematante recebe o bem livre do ônus relativo ao crédito tributário; eventuais credores devem buscar a satisfação de seus créditos junto àquele que recebeu o preço pago pela hasta realizada, até o limite deste. Ademais, o bem adquirido em hasta pública não se torna livre apenas dos créditos tributários, mas sim de todos, pois não há dúvidas de que a arrematação judicial é forma de aquisição da propriedade pelo arrematante (inciso I do art. 647 do CPC), na forma originária, e não derivada" (SPERI, Cleber. Imóvel adquirido em leilão, com débitos tributários e penhorado em outros processos. Forma de aquisição originária da propriedade. Bem que se torna livre de todos os gravames existentes. Possibilidade de registro da carta de arrematação. *RET* 56/109, 2007).

– "Se o preço alcançado na arrematação em hasta pública não for suficiente para cobrir o débito tributário, nem por isso o arrematante fica responsável pelo eventual saldo. [...] A arrematação em praça pública tem, pois, o efeito de extinguir os ônus do bem imóvel arrematado, passando este ao arrematante livre e desembaraçado de qualquer encargo tributário ou responsabilidade tributária" (MORAES, Bernardo Ribeiro de. *Compêndio de direito tributário*. 3. ed. 1995, v. 2, p. 513).

– **Direito do arrematante à certidão negativa.** "1. Nos termos do parágrafo único do art. 130 do CTN, os créditos relativos a impostos cujo fato gerador seja a propriedade, sub-rogam-se sobre o respectivos preço quando arrematados em hasta pública, não sendo o adquirente responsável pelos tributos que oneraram o bem até a data da realização da hasta. Nesse sentido é a jurisprudência desta Corte. 2. A hipótese dos autos se subsume ao entendimento esposado, sendo direito do adquirente receber o imóvel livre de ônus tributários, razão pela qual é de se determinar a concessão da segurança pleiteada pela recorrente para que seja expedida a certidão negativa de débitos tributários referentes, tão somente, ao IPTU e à TLP, anteriores à data da arrematação em 14 de novembro de 2003, bem como o registro da carta de arrematação no cartório de registro de imóveis competente" (STJ, REsp 909.254, 2008).

– **Quando o edital prevê que os débitos estarão a cargo do arrematante. Tema 1.134 do STJ:** (MÉRITO NÃO JULGADO) Controvérsia: "Responsabilidade do arrematante pelos débitos tributários anteriores à arrematação, incidentes sobre o imóvel, em consequência de previsão em edital de leilão". Afetação em 2022 (ProAfR no REsp 1.914.902). Obs.: há determinação de suspensão dos processos relacionados.

– "1. Havendo expressa menção no edital de hasta pública nesse sentido, a responsabilidade pelo adimplemento dos débitos tributários que recaiam sobre o bem imóvel é do arrematante" (STJ, AgRg no AREsp 248.454, 2013).

– "I – Em regra, o preço apurado na arrematação serve ao pagamento do IPTU e de taxas pela prestação de serviços incidentes sobre o imóvel (art. 130 e 130, parágrafo único, do CTN); II – Contudo, havendo expressa menção no edital acerca da existência de débitos condominiais e tributários incidentes sobre o imóvel arrematado, a responsabilidade pelo seu adimplemento transfere-se para o arrematante;" (STJ, REsp 1.114.111, 2009).

– **Invalidade do edital que diz da responsabilidade do arrematante pelo que sobejar do preço.** "... tornou-se praxe nos leilões realizados pelo poder Judiciário fazer constar dos editais de leilão que a venda do imóvel penhorado só será feita livre e desembaraçada, de acordo com o parágrafo único do artigo 130 do CTN, se o produto da arrematação satisfizer o crédito do autor da ação. Em outras palavras, pretende-se afastar o dispositivo legal que exclui a responsabilidade do arrematante por dívida tributária anteriores à arrematação, caso valor obtido se revele insuficiente para saldar a dívida. [...] se até mesmo lei ordinária não poderia afastar a aplicação do parágrafo único do artigo 13 do CTN, que é de observância obrigatória para todos, inclusive para a Fazenda Pública, muito menos um edital de hasta públicas, que tem natureza jurídica de simples oferta pública a terceiros, pode ser considerado meio hábil tanto. Além do mais, voltamos a lembrar que a responsabilidade tributária é tema de Direito Público, devendo ser tratada como tal, e não como um erro acerto entre as partes quando da sujeição a um edital" (CUNHA, Isabel Marques da. A responsabilidade do arrematante de imóvel em hasta pública por dívidas de IPTU pretéritas. *RDDT* 180/85, 2010).

Art. 131. São pessoalmente responsáveis:

⇒ **A responsabilidade é exclusiva.** A referência à responsabilidade pessoal do adquirente ou remitente, do sucessor e do cônjuge meeiro e do espólio faz com que seja exclusivamente deles, com exclusão do alienante e, por óbvio, do falecido.

– **Pela manutenção da responsabilidade do contribuinte.** "... o alienante, devedor do tributo, continua responsável pelo respectivo pagamento, sem prejuízo da responsabilidade assumida pelo adquirente" (MACHADO, Hugo de Brito. *Curso de direito tributário*. 36. ed. São Paulo: Malheiros, 2015, p. 159).

⇒ **A responsabilidade é limitada ao patrimônio transferido.** As dívidas tributárias relativas aos bens transferidos têm, neles próprios, a garantia da satisfação do Fisco.

– **Pela ausência de limite.** "O inciso I do art. 131 do Código Tributário Nacional não limita a responsabilidade do adquirente ou remitente de bens. Sendo esta responsabilidade pessoal, diante do preceito de lei contra o sucessor, o responsável responde pela dívida, inclusive com os seus bens" (RIBEIRO DE MORAES, Bernardo. *Compêndio de direito tributário*. 3. ed. 1995, v. 2, p. 516).

I – o adquirente ou remitente, pelos tributos relativos aos bens adquiridos ou remidos;

⇒ **Aquisição ou remição de bens, exceto imóveis.** O dispositivo cuida de outros bens que não os imóveis, pois a responsabilidade pela aquisição de imóveis é disciplinada pelo art. 130 do CTN.

– **Adquirente.** É quem passa a ter a propriedade do bem. Sobre os modos de aquisição da propriedade móvel, vide arts. 1.260 a 1.274 do Código Civil de 2002.

– **Remitente.** Remitente é o que realiza remição, ou seja, o resgate da dívida. Não se deve confundir com a "remissão", perdão de dívida. Vide art. 1.436, V, do CC/2002.– Lei n. 6.830/80 (Lei de Execução Fiscal): "Art. 19 – Não sendo embargada a execução ou sendo rejeitados os embargos, no caso de garantia prestada por terceiro, será este intimado, sob pena de contra ele prosseguir a execução nos próprios autos, para, no prazo de 15 (quinze) dias: I – remir o bem, se a garantia for real; ou II – pagar o valor da dívida, juros e multa de mora e demais encargos, indicados na Certidão de Dívida Ativa pelos quais se obrigou se a garantia for fidejussória".

⇒ **IPVA. Responsabilidade do adquirente, não do alienante.** O CTN dispõe sobre a responsabilidade por sucessão, estabelecendo norma geral aplicável à generalidade dos tributos relativos aos bens adquiridos ou remidos, inclusive automóveis. Conforme o CTN, a responsabilidade é do adquirente

pelas competências passadas, não do ex-proprietário competências futuras.

– **Inaplicabilidade do CTB.** Súmula 585 do STJ: "A responsabilidade solidária do ex-proprietário, prevista no art. 134 do Código de Trânsito Brasileiro – CTB, não abrange o IPVA incidente sobre o veículo automotor, no que se refere ao período posterior à sua alienação" (2016).

– **Ausência de comunicação da venda ao órgão de trânsito. Tema 1.118 do STJ:** (MÉRITO NÃO JULGADO) Controvérsia: "Definir se o alienante de veículo automotor incorre, solidariamente, na responsabilidade tributária pelo pagamento do Imposto sobre a Propriedade de Veículos Automotores – IPVA, quando deixa de providenciar a comunicação da venda do bem móvel ao órgão de trânsito competente". Afetada em 2021 (Pro-AfR no REsp 1.881.788, em afetação conjunta com os REsps 1.937.040 e 1.953.201). Obs.: Determinada a suspensão de todos os processos pendentes, individuais ou coletivos, que versem sobre a questão e tramitem no território nacional, inclusive no âmbito dos Juizados Especiais da Fazenda Pública.

– **No sentido de que desimporta a ausência de comunicação da transferência ao órgão de trânsito.** "1. É ilegítima a cobrança de imposto sobre a propriedade de veículo automotor (IPVA) que já se alienara, independentemente da ausência de comunicação da transferência ao órgão de trânsito. 2. Por se tratar de norma relativa a trânsito, o art. 134 do Código de Trânsito Brasileiro não pode ter seu âmbito de aplicação extrapolado para a hipótese de responsabilidade tributária" (STJ, AgRg no AREsp 296.318, 2013).

– **ITR. Cobrança do promitente vendedor.** Vide nota ao art. 31 do CTN.

⇒ **Tributos relativos aos bens.** A referência genérica a tributos alcança quaisquer espécies tributárias.

II – o sucessor a qualquer título e o cônjuge meeiro, pelos tributos devidos pelo *de cujus* até a data da partilha ou adjudicação, limitada esta responsabilidade ao montante do quinhão, do legado ou da meação;

⇒ **Sucessão *causa mortis*.** O inciso II cuida da sucessão *causa mortis*, abrangendo tanto o herdeiro como o legatário, e, ainda, do cônjuge meeiro, relativamente à sua copropriedade.

– **Execução contra o sucessor hereditário.** "SUCESSÃO HEREDITÁRIA DE SÓCIO-GERENTE. CERTIDÃO NEGATIVA E EXCLUSÃO DOS HERDEIROS DO POLO PASSIVO DE EXECUÇÃO FISCAL. INADEQUAÇÃO DA VIA ELEITA. 1. Segundo o disposto no art. 131, incs. II e III c/c. art. 134, IV, do Código Tributário Nacional, o sucessor hereditário deverá responder pelos tributos devidos pelo *de cujus* até a abertura da sucessão e não pagos até a data da partilha, observando-se o limite do quinhão. 2. A inscrição em dívida ativa e a consequente execução fiscal contra o sucessor hereditário do devedor não configura procedimento teratológico e não autoriza, por si só, a concessão da segurança. 3..." (STJ, ARAI 553.612, 2004).

– Na sucessão *causa mortis*, não se transmitem as multas. Vide nota ao inciso III deste mesmo artigo.

⇒ **Cônjuge meeiro.** O cônjuge meeiro, à luz do Código Civil de 1916, não era sucessor, mas proprietário da sua metade. Com o novo Código Civil – Lei n. 10.406/2002 –, o cônjuge passou a ser, também, herdeiro necessário, concorrendo com os descendentes e ascendentes do falecido, nos termos do art. 1.845.

– "EXECUÇÃO FISCAL PROPOSTA APÓS A REALIZA-ÇÃO DA PARTILHA – EMBARGOS À EXECUÇÃO – RESPONSABILIDADE PELA DÍVIDA FISCAL – SUCESSORES *CAUSA MORTIS* – A VIÚVA MEEIRA RESPONDE PELA METADE DO DÉBITO FISCAL ATÉ O LIMITE DE SUA MEAÇÃO... 1. A execução fiscal foi proposta após a realização da partilha. 2. A dívida deve ser cobrada da viúva meeira, como responsável legal e não como sucessora, na proporção de sua meação. Os herdeiros restantes deverão responder pelo valor correspondente ao quinhão recebido. Aplicação da regra insculpida no art. 131, II, do Código Tributário Nacional. 3..." (STJ, REsp 212.554, 2001).

⇒ **Limitada ao quinhão ou legado.** "É de tradição o princípio de que a responsabilidade dos herdeiros não pode ultrapassar as forças da respectiva herança" (RIBEIRO DE MORAES, Bernardo. *Compêndio de direito tributário*. 3. ed. 1995, v. 2, p. 516).

III – o espólio, pelos tributos devidos pelo *de cujus* até a data da abertura da sucessão.

⇒ **Espólio.** O falecimento não impede o Fisco de prosseguir na execução dos seus créditos. Responderá, então, o espólio. Realizada a partilha ou adjudicação e verificada, posteriormente, a existência de créditos tributários, o Fisco buscará a sua satisfação, então, contra os sucessores, nos termos do inciso II.

– **Representação do espólio. Inventariante.** CPC/15: "Art. 75. Serão representados em juízo, ativa e passivamente:... VII – o espólio, pelo inventariante; [...] § 1º Quando o inventariante for dativo, os sucessores do falecido serão intimados no processo no qual o espólio seja parte".

⇒ **Tributos.** Não abrange as multas.

– Tem-se, na referência a "tributos", e não, genericamente, a créditos decorrentes de obrigações tributárias, uma consequência de resguardo da pessoalidade da punição, que não vai atingir quem não foi o infrator. Efetivamente, o caráter punitivo da multa associado ao princípio da pessoalidade das penas, torna-a intransmissível. Com a morte, extingue-se a punibilidade, não havendo que se falar em cobrança da multa seja do espólio, seja dos herdeiros ou legatários.

– **No sentido de que alcançaria a multa moratória.** "INTERPRETAÇÃO DO ARTIGO 2º, § 8º, DA LEI 6.830, DE 1980, E DO ART. 131, III, DO CTN. 1... 3. A multa moratória é imposição decorrente do não pagamento do tributo na época do vencimento. 4. Na expressão créditos tributários estão incluídas as multas moratórias. 5. O espólio, quando chamado como sucessor tributário, é responsável pelo tributo declarado pelo *de cujus* e não pago no vencimento, incluindo-se o valor da multa moratória" (STJ, REsp 295.222, 2001).

Art. 132. A pessoa jurídica de direito privado que resultar de fusão, transformação ou incorporação de outra ou em outra é responsável pelos tributos devidos até a data do ato pelas pessoas jurídicas de direito privado fusionadas, transformadas ou incorporadas.

⇒ **Casos de extinção da pessoa jurídica originária.** "A ligar todas as formas de responsabilidade tributária dos sucessores que efetivamente constam no artigo 132 do Código Tributário Nacional, está o signo da extinção da pessoa jurídica originária. Tal responsabilidade advém da necessidade de o legislador transferir o passivo tributário das pessoas jurídicas que deixam o mundo jurídico àquela que nele permanecerá. Tanto é assim que não há cominação de vínculo de responsabilidade subsidiária ou solidária entre as sociedades resultantes das operações societárias ali previstas. E isso ocorre pelo simples fato de não haver nestas hipóteses pluralidade de sociedades resultantes e em consequência pluralidade de sujeitos passivos. Na fusão há extinção de duas ou mais personalidades para criação de apenas uma e na incorporação há extinção da incorporada com versão de seu patrimônio à incorporadora. Daí por que o artigo 132... prevê para a sociedade resultante das operações ali previstas simples responsabilidade. Na cisão parcial tal fato não ocorre. A pessoa jurídica originária continua a existir e a manter sua responsabilidade sobre a execução da obrigação tributária. Não há nenhuma semelhança... em comum com as ouras formas de transformação societária a cisão parcial transfere patrimônio da pessoa jurídica originária para a pessoa jurídica resultante, e só. O sujeito tributário primitivo continua a existir. Continua a ser pessoalmente responsável pela obrigação tributária a que deu causa. Seus ativos remanescentes podem hipoteticamente ainda fazer frente à todas suas obrigações. [...] Portanto, o brocado jurídico da igualdade de solução não convence. Poderia ser aplicado, quando muito, à cisão total. Se o que se busca é igualdade de solução para igualdade de situação tenhamos o bom senso de que a cisão parcial, na medida em que é operação societária com a finalidade de transferir parte do estabelecimento empresarial a outra sociedade preexistente ou recém-criada para este fim, guarda muito mais semelhança com o artigo 133 do Código Tributário Nacional do que com o artigo 132 do mesmo diploma" (JOVETTA, Diogo Cressoni. Cisão parcial: responsabilidade tributária. *RDDT* 213/31, 2013).

⇒ **Sucessão empresarial de direito.** Os diversos modos de mutação societária estão abrangidos pelo art. 132 do CTN, inclusive a cisão, conforme precedentes e doutrina majoritária.

– **Fusão.** CC: "Art. 1.119. A fusão determina a extinção das sociedades que se unem, para formar sociedade nova, que a elas sucederá nos direitos e obrigações".

– **Transformação.** CC: "Art. 1.113. O ato de transformação independe de dissolução ou liquidação da sociedade, e obedecerá aos preceitos reguladores da constituição e inscrição próprios do tipo em que vai converter-se".

– **Incorporação.** CC: "Art. 1.116. Na incorporação, uma ou várias sociedades são absorvidas por outra, que lhes sucede em todos os direitos e obrigações, devendo todas aprová-la, na forma estabelecida para os respectivos tipos".

– **Cisão.** O art. 132 não apontou expressamente a cisão, porquanto ainda não disciplinada por lei à época do advento do CTN. Mas entende-se que segue a mesma regra. A cisão é referida nos arts. 1.122 e 2.033 do Novo Código Civil, mas não é por ele definida. A Lei n. 6.404/76, que dispõe sobre as sociedades por ações, conceitua cisão e cuida dos direitos dos credores na cisão em seus arts. 229 e 233. Vejam-se, ainda, dispositivos legais que dizem da responsabilidade tributária no caso de cisão: Decreto-Lei n. 1.598/77, art. 5º, II e § 1º, *b*, bem como o Decreto n. 3.000/99 (Regulamento do Imposto de Renda), art. 207, II, e parágrafo único, II.

– "CISÃO DE EMPRESA. HIPÓTESE DE SUCESSÃO, NÃO PREVISTA NO ART. 132 DO CTN. REDIRECIONAMENTO A SÓCIO-GERENTE. INDÍCIOS SUFICIENTES DE FRAUDE... 2. Embora não conste expressamente do rol do art. 132 do CTN, a cisão da sociedade é modalidade de mutação empresarial sujeita, para efeito de responsabilidade tributária, ao mesmo tratamento jurídico conferido às demais espécies de sucessão [...]" (STJ, REsp 852.972, 2010).

– "... o referido dispositivo não trata da cisão. Explica-se a omissão: quando da publicação do Código..., a legislação societária ainda não conhecia a cisão, que somente surgiu em 1976, com a Lei 6.404. Entretanto, não há razão para deixar de se aplicar à cisão a regra de sucessão empresarial acima transcrita, especialmente se for considerado o parágrafo único, que versa sobre a continuação da exploração da atividade, após a extinção da pessoa jurídica" (SCHOUERI, Luís Eduardo. *Direito tributário*. 2. ed. São Paulo: Saraiva, 2012, p. 528).

– "Pela cisão, a sociedade transfere parcelas de seu patrimônio para uma ou mais sociedades, constituídas para esse fim ou já existentes. Extingue-se a sociedade cindida se houver versão de todo o patrimônio. Havendo versão apenas de parte do patrimônio, divide-se o seu capital (Lei n. 6.404/1976, art. 229). A sociedade *cindida* que subsistir, naturalmente por ter havido versão apenas parcial de seu patrimônio, e as que absorverem parcelas de seu patrimônio responderão solidariamente pelas obrigações da primeira anteriores à cisão. Havendo extinção da sociedade cindida, isto é, no caso de versão total, as sociedades que absorverem as parcelas de seu patrimônio responderão solidariamente pelas obrigações da cindida (Lei n. 6.404, art. 223). Respondem, assim, obviamente, pelas dívidas tributárias" (MACHADO, Hugo de Brito. *Curso de direito tributário*. 36. ed. São Paulo: Malheiros, 2015, p. 159-160).

– "A) A sociedade cindida continuando ou não a exploração da atividade empresarial sempre continuará responsável pelas obrigações tributárias que inadimpliu. Explore ou não a sociedade resultante mesmo ramo de atividade. A sociedade cindida é devedora do crédito tributário a título próprio e nenhum fato pode mudar esta situação. Se a sociedade resultante não explorar a mesma atividade e a cindida não resguardar patrimônio suficiente para cobrir suas obrigações, mesmo assim o patrimônio vertido continuará vinculado, seja por meio da fraude contra credores ou fraude à execução. B) No entanto, explorando a resultan-

te mesma atividade que a cindida se esta última as cessar responderá a primeira integralmente. C) em continuando a atividade sem resguardar patrimônio suficiente para cobrir suas obrigações além da fraude contra credores ou fraude à execução, o patrimônio vertido poderá ser buscado pela responsabilidade subsidiária imposta à sociedade resultante se esta prosseguir na exploração empresarial da sociedade cindida. D) Prosseguindo a sociedade, cindida suas atividades e resguardando para si patrimônio apto a saldar suas obrigações, a responsabilidade subsidiária não é acionada e nada será devido pela sociedade resultante" (JOVETTA, Diogo Cressoni. Cisão parcial: responsabilidade tributária. *RDDT* 213/31, 2013).

– "Apesar do Decreto-lei n. 1.598/77 não ser aplicável aos Estados e Municípios, quer nos parecer existir a responsabilidade tributária (solidariedade) na cisão em relação aos tributos de competências daqueles entes federados, por força do disposto nos artigos 124 e 128 do CTN e artigo 233 da Lei das Sociedades Anônimas, sendo aplicável também ao caso as assertivas supra a respeito responsabilidade pelas penalidades" (MOREIRA JUNIOR, Gilberto de Castro. Responsabilidade tributária na cisão parcial. *Jus Navigandi*, Teresina, ano 13, n. 1951, 3 nov. 2008. Disponível em: <http://jus2.uol.com.br/doutrina/texto. asp?id=11922>. Acesso em: 26 out. 2009).

– "Conforme o art. 244 (*sic*) da Lei 6.404/76, o protocolo de cisão de uma sociedade constitui um espectro das alterações que se pretende realizar com a cisão. Tem por escopo esclarecer aos acionistas ou sócios, bem como aos credores, as condições de operação. Neste raciocínio, a responsabilidade quanto aos débitos fiscais, por expressa disposição do ato desta, não ofende o disposto no art. 123 do CTN, como entende o Fisco. Ora, não se pode imputar a responsabilidade solidária no caso de cisão empresarial parcial, sem antes o Fisco, caso se oponha aos termos da cisão, notificar a sociedade no prazo de 90 (noventa) dias a contar da data da publicação dos atos da cisão, fundamentando sua objeção. Silente o fisco, plenamente válidos são os dispositivos contidos no ato de cisão, em homenagem ao ato jurídico perfeito. Entender de modo diverso será impor responsabilidade tributária por analogia, ofendendo-se frontalmente o disposto no art. 97, III; no artigo 108, § 1º e no art. 121, parágrafo único, II, do CTN. Estar-se-á ferindo os princípios da legalidade e da tipicidade. Certamente o fisco não pode ser lesionado por atos fraudulentos, tendentes à evasão fiscal. Mas, deve, também, respeitar os termos da lei, porque sua atuação é vinculada" (ELIAS, Eduardo Arrieiro. Responsabilidade tributária na cisão parcial de empresas: aplicabilidade do parágrafo único do artigo 233 da Lei n. 6.404/76. *Fiscosoft*. Elaborado em 01.2008. Disponível em: <http://www.fiscosoft.com.br/main_index.php?home=home_artigos&m=_&nx_=&viewid=165017>. Acesso em: 26-10--2009).

⇒ **Importância da comunicação ao fisco. Validade do lançamento em nome da sucedida e redirecionamento contra a sucessora. Tema 1.049 do STJ:** "A execução fiscal pode ser redirecionada em desfavor da empresa sucessora para cobrança de crédito tributário relativo a fato gerador ocorrido posteriormente à incorporação empresarial e ainda lançado em nome da sucedida, sem a necessidade de modificação da

Certidão de Dívida Ativa, quando verificado que esse negócio jurídico não foi informado oportunamente ao fisco". Decisão do Mérito em 2020.

– "RECURSO ESPECIAL REPRESENTATIVO DE CONTROVÉRSIA. EXECUÇÃO FISCAL. SUCESSÃO EMPRESARIAL, POR INCORPORAÇÃO. OCORRÊNCIA ANTES DO LANÇAMENTO, SEM PRÉVIA COMUNICAÇÃO AO FISCO. REDIRECIONAMENTO. POSSIBILIDADE. SUBSTITUIÇÃO DA CDA. DESNECESSIDADE. 1. A interpretação conjunta dos arts. 1.118 do Código Civil e 123 do CTN revela que o negócio jurídico que culmina na extinção na pessoa jurídica por incorporação empresarial somente surte seus efeitos na esfera tributária depois de essa operação ser pessoalmente comunicada ao fisco, pois somente a partir de então é que Administração Tributária saberá da modificação do sujeito passivo e poderá realizar os novos lançamentos em nome da empresa incorporadora (art. 121 do CTN) e cobrar dela, na condição de sucessora, os créditos já constituídos (art. 132 do CTN). Se a incorporação não foi oportunamente informada, é de se considerar válido o lançamento realizado em face da contribuinte original que veio a ser incorporada, não havendo a necessidade de modificação desse ato administrativo para fazer constar o nome da empresa incorporadora, sob pena de permitir que esta última se beneficie de sua própria omissão. 3. Por outro lado, se ocorrer a comunicação da sucessão empresarial ao fisco antes do surgimento do fato gerador, é de se reconhecer a nulidade do lançamento equivocadamente realizado em nome da empresa extinta (incorporada) e, por conseguinte, a impossibilidade de modificação do sujeito passivo diretamente no âmbito da execução fiscal, sendo vedada a substituição da CDA para esse propósito, consoante posição já sedimentada na Súmula 392 do STJ. 4. Na incorporação empresarial, a sucessora assume todo o passivo tributário da empresa sucedida, respondendo em nome próprio pela quitação dos créditos validamente constituídos contra a então contribuinte (arts. 1.116 do Código Civil e 132 do CTN). 5. Cuidando de imposição legal de automática responsabilidade, que não está relacionada com o surgimento da obrigação, mas com o seu inadimplemento, a empresa sucessora poderá ser acionada independentemente de qualquer outra diligência por parte da Fazenda credora, não havendo necessidade de substituição ou emenda da CDA para que ocorra o imediato redirecionamento da execução fiscal... 6. Para os fins do art. 1.036 do CPC, firma-se a seguinte tese: 'A execução fiscal pode ser redirecionada em desfavor da empresa sucessora para cobrança de crédito tributário relativo a fato gerador ocorrido posteriormente à incorporação empresarial e ainda lançado em nome da sucedida, sem a necessidade de modificação da Certidão de Dívida Ativa, quando verificado que esse negócio jurídico não foi informado oportunamente ao fisco'" (STJ, REsp 1.848.993, 2020).

⇒ **Tributos.** A referência a tributos poderia levar ao entendimento de que a responsabilidade não alcançaria as multas. Contudo, a jurisprudência entende que as multas também estão abrangidas.

– **Tributos e multas. Súmula n. 554 do STJ:** "Na hipótese de sucessão empresarial, a responsabilidade da sucessora abrange não apenas os tributos devidos pela sucedida, mas também as multas moratórias ou punitivas referentes a fatos geradores ocorridos até a data da sucessão".

– "4. Tanto o tributo quanto as multas a ele associadas pelo descumprimento da obrigação principal fazem parte do patrimônio (direitos e obrigações) da empresa incorporada que se transfere ao incorporador, de modo que não pode ser cingida a sua cobrança, até porque a sociedade incorporada deixa de ostentar personalidade jurídica. 5. O que importa é a identificação do momento da ocorrência do fato gerador, que faz surgir a obrigação tributária, e do ato ou fato originador da sucessão, sendo desinfluente, como restou assentado no aresto embargado, que esse crédito já esteja formalizado por meio de lançamento tributário, que apenas o materializa" (STJ, EDcl no REsp 923.012, 2013).

– "2. São válidos e suficientes os lançamentos tributários efetuados antes e depois da cisão de determinada empresa, em nome da sociedade originária e com base em débitos e fatos geradores anteriores à mencionada cisão, não havendo necessidade de serem reproduzidos em nome da nova sociedade, ora recorrente. 3. Reconhecida a desnecessidade de serem efetuados lançamentos em nome da ora recorrente, empresa surgida em decorrência da sociedade originária, fica prejudicada a alegação de decadência em relação a tais procedimentos. 4. Cuidando-se de sucessão empresarial, permanece a responsabilidade pelo pagamento, também, das respectivas multas fiscais" (STJ, REsp 1.237.108, 2013).

– Pela interpretação do art. 132 conjuntamente com o art. 129 e parágrafo único do art. 134... entendemos que a multa moratória estende-se à responsabilidade do sucessor seja aplicada antes da data da sucessão, seja ela aplicada após a sucessão, mas, neste caso, relativa ao período anterior à sucessão" (BEZERRA, Fabio Luiz de Oliveira. Responsabilidade tributária do sucessor pela multa moratória aplicada ao sucedido: interpretação do artigo 132 do CTN. *RET* 23/154).

Parágrafo único. O disposto neste artigo aplica-se aos casos de extinção de pessoas jurídicas de direito privado, quando a exploração da respectiva atividade seja continuada por qualquer sócio remanescente, ou seu espólio, sob a mesma ou outra razão social, ou sob firma individual.

⇒ **Sucessão empresarial de fato.** Prosseguimento da atividade pelos sócios. O parágrafo cuida da sucessão de fato, quando, formalmente, a pessoa jurídica tenha sido extinta, mas a atividade empresarial tenha prosseguimento através de outras pessoa jurídica com sócio em comum ou espólio de sócio. Sobre os conceitos de simulação, dissimulação, abuso de direito e abuso de forma, que podem ser relevantes na análise dos casos concretos vide notas ao parágrafo único do art. 116 do CTN.

– "... EXECUÇÃO FISCAL. SUCESSÃO DE EMPRESAS. ELEMENTOS FÁTICOS. PRESUNÇÃO. CARACTERIZAÇÃO. 1. Verifica-se a responsabilidade por sucessão de empresas, quando uma empresa substitui outra, e um sócio remanescente continua a exploração da atividade empresarial, sob a mesma ou outra razão social, ou sob firma individual (parágrafo único do artigo 132 do CTN). 2. Entretanto, apesar de ramo de atividade da empresa anterior, bem como o sócio remanescente da empresa devedora convenientemente continua a explorar o mesmo ramo de atividade da empresa anterior, bem como o sócio remanescente da empresa devedora convenientemente continua a assinar pela empresa criada posteriormente, na condição de gerente, é de concluir-se que a empresa criada posteriormente é faticamente sucessora da anterior, pois tais elementos autorizam tal presunção, devendo, pois, responder pelos débitos remanescentes. 3..." (TRF5, AC 94.613, 1998).

> **Art. 133. A pessoa natural ou jurídica de direito privado que adquirir de outra, por qualquer título, fundo de comércio ou estabelecimento comercial, industrial ou profissional, e continuar a respectiva exploração, sob a mesma ou outra razão social ou sob firma ou nome individual, responde pelos tributos, relativos ao fundo ou estabelecimento adquirido, devidos até a data do ato:**

⇒ **Sucessão de atividade empresarial por aquisição de fundo de comércio ou estabelecimento comercial.** O artigo cuida de sucessão bem específica, que pressupõe a aquisição de fundo de comércio ou estabelecimento comercial e a continuação da respectiva atividade. Trata-se, pois, de uma sucessão de atividade empresarial. A sucessão de empresas propriamente é disciplinada pelo art. 132 do CTN. Lembre-se que eventuais disposições contratuais entre particulares relativa à responsabilidade por dívidas tributárias é inoponível ao fisco, nos termos do art. 123 do CTN.

– "A norma de responsabilidade construída a partir do art. 133 do CTN deve ser direcionada à manutenção do direito creditício do estado tributante, quando da mudança de propriedade dos estabelecimentos empresariais. Tal norma é uma ferramenta que possibilita a cobrança dos tributos inadimplidos quando da ocorrência de operações societárias para alteração da propriedade dos estabelecimentos empresariais. Será usada quando os elementos que compõem o estabelecimento permanecerem ordenados, permitindo a continuidade das práticas negociais até então promovidas, muito embora tenha se verificado a alteração de propriedade em face de operações societárias. A hipótese da norma de responsabilidade deve ser fielmente preenchida, de modo que o conteúdo semântico conferido aos termos que compõem o texto não estenda as possibilidades de responsabilização com o fito de alcançar aquele que tenha adquirido apenas um dos elementos do estabelecimento empresarial (e.g., imóvel ou ponto comercial) e/ou que não tenha dado continuidade à exploração as mesmas atividades empresariais, tal qual era feito com o 'antigo estabelecimento'. O estabelecimento é caracterizado pelo respectivo *modus operandi*. Esse ponto, a norma construída a partir do art. 133 do CTN somente será aplicada se os elementos necessários para exercício da atividade empresarial forem adquiridos e se essa atividade empresarial estiver sendo desenvolvida da mesma forma que era conduzida antes da aquisição. A aquisição de meros elementos do estabelecimento e/ou a continuação da exploração do estabelecimento, embora no mesmo ramo da atividade econômica, promovendo atividades negociais diversas daquelas praticadas pelo 'antigo estabelecimento', são exemplos de casos que não podem ser colocados no âmbito de incidência da norma jurídica em questão (art. 133 do

CTN)" (VILLAS-BÔAS, Marcos de Aguiar; MARINHO, Rodrigo César de Oliveira. *RDDT* 182/71, 2010).

• Vide: ROTHMANN, Gerd Willi. Questões controvertidas e lacunas na determinação da responsabilidade tributária do adquirente de fundo de comércio ou estabelecimento empresarial, prevista no art. 133 do CTN. *RFTD* 85, 2017.

– **Fundo de comércio x ponto comercial. Exploração do negócio do alienante x exploração de negócio próprio.** "... 'fundo de comércio' não se confunde com 'ponto comercial'. Fundo é a 'integralidade dos bens patrimoniais, inclusive os de natureza pessoal e de valor imaterial', e não apenas um 'local', para exploração de idênticas atividades, mas não da respectiva atividade. A expressão... implica sempre um sentido de 'universalidade'. A aquisição, portanto, apenas pode ser caracterizada como geradora de obrigações tributárias, quando a assunção do estabelecimento comercial, industrial, ou profissional implicar a aquisição da 'universalidade dos bens', do fundo de comércio, das marcas, da clientela específica do *good will*..., e somente nestes casos. Aquisição de instalação e exploração de atividade semelhante, mas à luz de atividade com densidade própria e de maior expressão daquele que adquire alguns dos bens da empresa vendedora e que, simultaneamente, desenvolverá no local, além de atividades semelhantes, outras atividades nunca exploradas pelo alienante, sobre utilizar-se, de marca própria, nacionalmente conhecida, configura hipótese não prevista pelo legislador complementar. [...] a 'exploração' deve ser 'do negócio' de quem venda o fundo de comércio e não 'de negócio do adquirente', mesmo que semelhante. [...] A dicção do dispositivo não oferta dúvida de que a aquisição se refere à assunção da própria empresa, do seu fundo de comércio, vale dizer, da cumulação de sua propriedade imaterial (marcas, patentes e quaisquer outras dimensões que representem o valor do empreendimento) e material (bens, mercadorias, contratos em andamento, incluídos nestes contratos os clientes etc.). [...] O simples fato de ter o legislador complementar colocado 'sob a mesma razão social' exclui, de início, qualquer outra aquisição de parte ou de todos os bens materiais, que não implique aquisição do próprio 'fundo de comércio'. [...] alienar estabelecimento ou fundo de comércio é preservar a própria empresa, por inteiro ou parte dela, para que continue sendo operada pelo adquirente, sob a mesma ou outra razão social. Não se confunde com a venda de alguns bens, para que a empresa adquirente, como ela mesma e exclusivamente em seu nome pessoal, continue a explorar seu próprio negócio, apenas se utilizando do mesmo imóvel. Mas – repito – como forma de expansão do seu próprio negócio e não de dar continuidade ao negócio da empresa alienante" (MARTINS, Ives Gandra da Silva. Inteligência do artigo 133 do Código Tributário Nacional – Origem do dispositivo – Evolução jurisprudencial e doutrinária – Inaplicabilidade à hipótese consultada. *RDDT* 145/132, 2007).

– **Continuação da exploração. Respectiva atividade x idêntica atividade.** "... embora tenha o adquirente de maior renome adquirido as 'instalações' do vendedor de menor projeção e continuado a exercer a advocacia no local, em nenhum momento verificou-se a continuidade da 'respectiva exploração', no sentido de que a atuação profissional exercida pelo seu antecessor no imóvel tenha agregado algo à sua... É que, na espécie, o causídico adquirente exerce idêntica atividade (genérica), mas não a respectiva atividade (específica), só a esta última tendo-se referido o legislador. [...] Como o legislador complementar colocou no mesmo plano os estabelecimentos 'profissional', 'comercial' ou 'industrial' para efeitos que previu, o exemplo figurado vale, também, para o comércio e para a indústria. Se uma rede de 'renome nacional' adquire as instalações de uma loja de 'renome local' e continua a sua exploração nos moldes do perfil que a caracteriza, ou seja, de rede maior, em face de seu prestígio empresarial, mesmo que explore idêntica ou semelhante atividade, não estará a explorar a respectiva atividade. Ao adquirir as instalações do estabelecimento menor, não adquiriu seu nome, suas marcas, sua razão social, seu fundo de comércio. Tudo isso ela já tem, e em maior amplitude, eis que seu renome e presença no mercado advêm, de rigor, de sua rede nacional, que passa a funcionar como real suporte daquele estabelecimento novo que se lança no mercado. No caso da consulente, é de se lembrar que, nos instrumentos contratuais, se verifica que a compra foi exclusivamente das instalações e daquilo que é referido, na legislação que rege as locações, de 'ponto comercial' – que não se confunde com 'fundo de comércio'. Pensar de forma contrária, impediria qualquer advogado, médico, engenheiro ou outro profissional de adquirir as instalações e o ponto de um colega..." (MARTINS, Ives Gandra da Silva. Inteligência do artigo 133 do Código Tributário Nacional – Origem do dispositivo – Evolução jurisprudencial e doutrinária – Inaplicabilidade à hipótese consultada. *RDDT* 145/132, 2007).

– "O artigo 133 do CTN exige que haja liame entre a atividade da empresa que anteriormente ocupava o ponto e a da que passou a ali exercer suas atividades, objetivando evitar fosse fraudado o Fisco, e lesados os cofres públicos, pela simples mudança de denominação da empresa, permanecendo o comércio a ser exercido no mesmo ramo, com os mesmos clientes, com os mesmos produtos e, apenas, com firma diferente. É sucessora a empresa que se estabelece no mesmo endereço da sucedida, com mesmo objeto social. Tal tese não foi suficientemente refutada pelas provas trazidas pela agravante aos autos" (TRF4, AI 2002.04.01.011999-9, 2002).

⇒ **Não aplicação a operações envolvendo o setor público.** "... a exclusão das operações envolvendo o setor público de seu âmbito de aplicação deve-se basicamente a dois fatores. O primeiro é a impossibilidade de presumir a fraude ao fisco em operações do próprio Poder Público. Uma das justificativas da regra de sucessão, que é a proteção da entidade tributante, estaria ausente em tais casos, o que fundamentaria sua não incidência. O outro fator é a opção legislativa de viabilizar as medidas de reorganização estatal da economia. A exclusão se justifica pelo interesse estatal maior, implícito na lei, de admitir a intervenção pontual na ordem econômica, ao invés de priorizar de modo absoluto a proteção fiscal. [...] Os 'salvamentos empresariais' em muito se distanciam de meras 'operações comerciais' desenvolvidas no âmbito de atuação ordinária de uma empresa estatal. Trata-se, como é evidente, de ação de governo, ato de natureza pública, cuja execução é deferida a pessoa de estrutura privada, o banco de fomento. Uma típica medida de intervenção estatal no domínio econô-

mico. Alienando os ativos da empresa em crise, o Poder Público, representado por seu banco, busca manter uma atividade industrial e os empregos dela decorrentes" (SUNDFELD, Carlos Ari; CÂMARA, Jacintho Arruda. O saneamento de empresas privadas pelo Estado e o problema da sucessão tributária. *RFDT* 07/67, 2004).

⇒ **Não aplicação aos tabeliães e registradores.** "... não cabe a aplicação do art. 131, I, do Código Tributário, que versa sobre aquisição ou remissão de bens, o que não ocorre quando uma pessoa física ingressa no serviço público delegado de notas e registrais. Tampouco há a sucessão empresarial estatuída no art. 133 do mesmo Código, porque não há que se falar em aquisição de estabelecimento comercial, pois o novo registrador ou notarial não adquiriu o cartório do titular anterior, eis que essa titularidade foi conquistada (originariamente) através de concurso público de provas e títulos. Portanto, as dívidas tributárias de ISS deixadas pelo antigo titular da serventia não passam para o novo tabelião ou notarial, exceto as dívidas tributárias relativas a impostos, taxas ou contribuições de melhoria sobre o imóvel adquirido (quando, então, incide normalmente a regra do art. 130 do CTN)" (MANGIERI, Francisco Ramos; MELO, Omar Augusto Leite. *ISS sobre cartórios*. Edipro, 2008, p. 43-44).

⇒ **Responsabilidade pelos tributos, não pelas multas. Súmula n. 554 do STJ:** "Na hipótese de sucessão empresarial, a responsabilidade da sucessora abrange não apenas os tributos devidos pela sucedida, mas também as multas moratórias ou punitivas referentes a fatos geradores ocorridos até a data da sucessão".

– "MULTA FISCAL PUNITIVA. Irresponsabilidade solidária do sucessor. Art. 133 do CTN. 1. O art. 133 do CTN responsabiliza solidariamente o sucessor do sujeito passivo pelos tributos que este não pagou, mas não autoriza a exigência de multas punitivas, que são de responsabilidade pessoal do antecessor (CTN, art. 137, Súmula n. 192)" (STF, RE 76.153, 1973).

– "... a responsabilidade sucessória, para o caso de alienação de fundo ou estabelecimento-empresa, é só por tributos, pois em face da doutrina e da jurisprudência do STF, a penalidade, que não é tributo, conforme definição do art. 3º do CTN, não passa da figura do infrator para o inocente" (MARTINS, Ives Gandra da Silva. Inteligência do artigo 133 do Código Tributário Nacional – Origem do dispositivo – Evolução jurisprudencial e doutrinária – Inaplicabilidade à hipótese consultada. *RDDT* 145/132, 2007).

– "Em decisão antiga, o STF decidiu que o princípio da personalização da pena é aplicável às sanções tributárias chamadas 'punitivas'. [...] O CTN adota esse princípio nos arts. 132 e 133 quando determinam que os sucessores ficam responsáveis pelos tributos devidos pelos sucedidos mas não pelas penalidades. Esse princípio tem uma importante função na medida em que invalida as normas jurídicas penais que prescrevam que os efeitos das penalidades sejam transmitidos de uma para outra pessoa" (ANDRADE FILHO, Edmar Oliveira. *Infrações e sanções tributárias*. São Paulo: Dialética, 2003, p. 105).

– "... o Princípio da Pessoalidade das multas caracteriza sua intransferibilidade a terceiras pessoas, quando a norma se refere tão somente ao tributo, pois a multa não se enquadra neste conceito, e sim na noção mais ampla de crédito tributário" (DALLA, Ricardo Corrêa. *Multas tributárias:* natureza jurídica, sistematização e princípios aplicáveis. Del Rey, 2002, p. 185).

I – integralmente, se o alienante cessar a exploração do comércio, indústria ou atividade;

⇒ **Integralmente no sentido de "exclusivamente".** "A responsabilidade integral significa uma responsabilidade única e exclusiva do adquirente, que assume 'integralmente' as obrigações tributária relativas ao estabelecimento, eis que mais nenhum coobrigado se encontra ao seu lado repartindo os deveres em que ela consiste" (XAVIER, Alberto. Responsabilidade tributária de sucessores na alienação de estabelecimento. *RDDT* 167/7, 2009).

– Entendendo que teria o sentido de "solidariamente". "Quem diz 'integralmente' não está dizendo 'exclusivamente'. [...] O alienante, mesmo tendo cessado a respectiva exploração, continua responsável. [...] A palavra 'integralmente', no inciso I do art. 133 do CTN, há de ser entendida como *solidariamente* e não como *exclusivamente*. [...] Havendo mais de uma interpretação possível, não há de se preferir aquela que dá oportunidade para fraudes" (MACHADO, Hugo de Brito. *Curso de direito tributário.* 36. ed. São Paulo: Malheiros, 2015, p. 160-161).

II – subsidiariamente com o alienante, se este prosseguir na exploração ou iniciar dentro de 6 (seis) meses, a contar da data da alienação, nova atividade no mesmo ou em outro ramo do comércio, indústria ou profissão.

⇒ **Subsidiariamente.** Nestes caso, gozará o adquirente do benefício de ordem, só lhe podendo ser exigida a satisfação do crédito após a execução frustrada do alienante.

– Mitigação da responsabilidade do adquirente. "A finalidade deste dispositivo é mitigar a responsabilidade do adquirente por dívida constituída anteriormente à data da aquisição do estabelecimento, tornando-a meramente subsidiária, bem como reforçar as garantias do Fisco, caso o alienante mantenha uma vida econômica ativa, reveladora de capacidade contributiva, ainda que em ramo distinto daquele a que respeitava o estabelecimento alienado" (XAVIER, Alberto. Responsabilidade tributária de sucessores na alienação de estabelecimento. *RDDT* 167/7, 2009).

§ 1º O disposto no *caput* deste artigo não se aplica na hipótese de alienação judicial:

I – em processo de falência;

II – de filial ou unidade produtiva isolada, em processo de recuperação judicial.

§ 2º Não se aplica o disposto no § 1º deste artigo quando o adquirente for:

I – sócio da sociedade falida ou em recuperação judicial, ou sociedade controlada pelo devedor falido ou em recuperação judicial;

II – parente, em linha reta ou colateral até o 4º (quarto) grau, consanguíneo ou afim, do devedor falido ou em recuperação judicial ou de qualquer de seus sócios; ou

III – identificado como agente do falido ou do devedor em recuperação judicial com o objetivo de fraudar a sucessão tributária.

§ 3º Em processo da falência, o produto da alienação judicial de empresa, filial ou unidade produtiva isolada permanecerá em conta de depósito à disposição do juízo de falência pelo prazo de 1 (um) ano, contado da data de alienação, somente podendo ser utilizado para o pagamento de créditos extraconcursais ou de créditos que preferem ao tributário.

⇒ **LC n. 118/2005.** §§ 1º a 3º acrescentados pela LC n. 118/2005.

SEÇÃO III
RESPONSABILIDADE DE TERCEIROS

⇒ **Terceiros.** A preocupação do CTN ao referir-se a "terceiros" foi ressaltar "o fato de que certas pessoas poderão ser responsabilizadas a despeito da sua exterioridade em relação a situação que constitui o fato gerador da obrigação tributária" (SCHOUERI, Luís Eduardo. *Direito tributário.* 2. ed. São Paulo: Saraiva, 2012, p. 518).

Art. 134. Nos casos de impossibilidade de exigência do cumprimento da obrigação principal pelo contribuinte, respondem solidariamente com este nos atos em que intervierem ou pelas omissões de que forem responsáveis:

⇒ **Subsidiariedade.** Ainda que o dispositivo disponha no sentido de que "respondem solidariamente", o que poderia induzir à inexistência do benefício de ordem, a referência a caso de "impossibilidade de exigência do cumprimento da obrigação principal pelo contribuinte" assegura ao responsável que só poderá ser exigido após o contribuinte, subsidiariamente, com benefício de ordem.

– "10. Flagrante ausência de tecnicidade legislativa se verifica no artigo 134, do CTN, em que se indica hipótese de responsabilidade solidária 'nos casos de impossibilidade de exigência do cumprimento da obrigação principal pelo contribuinte', uma vez cediço que o instituto da solidariedade não se coaduna com o benefício de ordem ou de excussão. Em verdade, o aludido preceito normativo cuida de responsabilidade subsidiária" (STJ, EREsp 446.955, 2008).

– "... é possível sustentar o caráter subsidiário da responsabilidade... Talvez o legislador, por equívoco, tenha estipulado uma aparente solidariedade apenas no intuito de manter o contribuinte no polo passivo da ação de cobrança do crédito tributário" (BECHO, Renato Lopes. Desdobramentos das decisões sobre responsabilidade tributária de terceiros no STF: regras-matrizes de responsabilização, devido processo legal e prazos de decadência e prescrição. *RDDT* 204/45-57, 2012).

– "... na verdade, o texto do dispositivo sob exame refere-se à responsabilidade subsidiária, pois a solidária não comporta benefício de ordem, por expressa determinação contida no parágrafo único do art. 124 do CTN" (HARADA, Kiyoshi. *ITBI:* doutrina e prática. Atlas, 2010, p. 159).

⇒ **Atos ou omissões. Descumprimento de deveres próprios.** "A responsabilidade de terceiros, prevista no art. 134 do CTN, pressupõe duas condições: a primeira é que o contribuinte não possa cumprir sua obrigação, e a segunda é que o terceiro tenha participado do ato que configure o fato gerador do tributo, ou em relação a este se tenha indevidamente omitido. De modo nenhum se pode concluir que os pais sejam sempre responsáveis pelos tributos devidos por seus filhos menores. Nem que os tutores ou curadores sejam sempre responsáveis pelos tributos devidos pelos seus tutelados ou curatelados etc. É preciso que exista uma relação entre a obrigação tributária e o comportamento daquele a quem a lei atribui a responsabilidade" (MACHADO, Hugo de Brito. *Curso de direito tributário*. 36. ed. São Paulo: Malheiros, 2015, p. 162-163).

– "... a responsabilidade tributária pelo pagamento da prestação pecuniária tributária de outrem somente pode ser imputada a um terceiro que venha a praticar um ato de sua própria conveniência, e como uma sanção pelo descumprimento de um dever jurídico administrativo ou instrumental" (SEIXAS FILHO, Aurélio Pitanga. Condicionantes das isenções... RFDT 38/27, 2009).

– "... a imputação do dever ao terceiro decorre de ter praticado fato ilícito, sempre. [...] tem caráter de ressarcimento. [...] a responsabilidade não surge em virtude do fato jurídico tributário. Este implica, apenas, a obrigação do contribuinte (ou eventualmente de seu substituto); a responsabilidade a que se refere o artigo 134 exige a prática de um ato por parte do responsável, ou uma omissão a este imputada, quando lhe incumbia alguma ação. Por meio de tal ação ou omissão, torna-se responsável quem antes não o era. O seja: não se há de entender o dispositivo acima no sentido de tornar as pessoas arroladas responsáveis por qualquer tributo devido; é necessário que uma ação ou omissão dessas pessoas tenha o efeito de gerar a impossibilidade de exigência do cumprimento da obrigação principal pelo sujeito passivo originário" (SCHOUERI, Luís Eduardo. *Direito tributário*. 2. ed. São Paulo: Saraiva, 2012, p. 518 e 535).

– "O dispositivo considera a culpa dos terceiros apontados para atribuir-lhes a responsabilidade tributária, em razão do descumprimento de deveres de fiscalização e de boa administração" (COSTA, Regina Helena. *Curso de direito tributário*. 5. ed. São Paulo: Saraiva, 2015, p. 228).

– "Há a necessidade, aqui, também, do terceiro interferir por ação ou omissão na falta de pagamento dos respectivos tributos..." (MORAES, Bernardo Ribeiro de. *Compêndio de direito tributário*. 2º v. 3. ed., 1995, p. 520).

– "... a solidariedade prevista nesse dispositivo pressupõe duas condições: a impossibilidade, naturalmente econômica, de o contribuinte satisfazer seu débito, e a participação do terceiro, pai, tutor etc., nos atos tributados ou nas omissões verificadas. À de existir essa relação de causa e efeito" (BALEEIRO, Aliomar. *Direito tributário brasileiro*. 11. ed. Rio de Janeiro: Forense,1999, p. 753).

– "... a responsabilidade dos terceiros, arrolados no art. 134, depende da ocorrência de fato ilícito, posto em norma secundária: ter havido, em ação ou omissão, descumprimento do dever, legalmente previsto ou contratualmente nascido, de providenciar o recolhimento do tributo devido pelo contribuinte ou de fiscalizar o seu pagamento" (DERZI, Misabel. Nota de atualização à obra de Aliomar Balleiro. *Direito tributário brasileiro*. 11. ed. Rio de Janeiro: Forense, 1999, p. 754).

– **Hipóteses de representação.** "Todas as situações previstas nos primeiros cinco incisos do art. 134 aludem a hipóteses de 'representação' (utilizada a expressão em sentido não estritamente técnico). O seja, todos os casos envolvem atuação de alguém em nome e por conta de outrem" (JUSTEN FILHO, Marçal. *Sujeição passiva tributária*. CEJUP, 1986, p. 309-310).

– **Apuração do pressuposto da responsabilidade.** "... no caso do artigo 134 do CTN, deve ser aberto um procedimento administrativo para apurar a atuação (ação ou omissão) culposa (culpa leve) do responsável (terceiro), que tenha levado o contribuinte à insolvência em relação a um específico crédito tributário. ... a insolvência será verificada no processo de execução fiscal. Como a execução fiscal não é o local apropriado para a busca do direito – e sim para a satisfação do credor –, acreditamos que a única maneira de se dar cumprimento à Constituição Federal seja a abertura de um procedimento administrativo. Esse será iniciado com a informação da procuradoria fazendária da impossibilidade de cumprimento da obrigação tributária por parte do contribuinte, identificada no processo de execução fiscal. em seguida, a autoridade... dará início ao procedimento administrativo de responsabilização, notificando o apontado como responsável para se defender" (BECHO, Renato Lopes. Desdobramentos das decisões sobre responsabilidade tributária de terceiros no STF: regras-matrizes de responsabilização, devido processo legal e prazos de decadência e prescrição. *RDDT* 204/45-57, 2012).

– **Lei de Execução Fiscal.** "... o síndico, o comissário, o liquidante, o inventariante e o administrador, nos casos de falência, concordata, liquidação, inventário, insolvência ou concurso de credores, se, antes de garantidos os créditos da Fazenda Pública, alienarem ou derem em garantia quaisquer dos bens administrados, respondem, solidariamente, pelo valor desses bens" (art. 4º, § 1º, da Lei n. 8.630/80).

I – os pais, pelos tributos devidos por seus filhos menores;

II – os tutores e curadores, pelos tributos devidos por seus tutelados ou curatelados;

III – os administradores de bens de terceiros, pelos tributos devidos por estes;

⇒ **Administradores de bens de terceiros.** "... tais administradores de bens de terceiros não se confundem com administradores de empresas. Aqueles atuam com condutas reguladas pelo Código civil, sendo os gestores de negócios (arts. 861 a 875) e mandatários em geral (artigos 653 a 692)" (BECHO, Renato Lopes. A responsabilidade tributária dos sócios tem fundamento legal? *RDDT* 182/107, 2010).

IV – o inventariante, pelos tributos devidos pelo espólio;

V – o síndico e o comissário, pelos tributos devidos pela massa falida ou pelo concordatário;

⇒ **Administrador judicial.** Com o advento da Lei 11.101/2005, passamos a ter a figura do administrador judicial em lugar dos antigos síndico e comissário. Veja-se: "Art. 7º A verificação dos créditos será realizada pelo administrador judicial, com base nos livros contábeis e documentos comerciais e fiscais do devedor e nos documentos que lhe forem apresentados pelos credores, podendo contar com o auxílio de profissionais ou empresas especializadas".

⇒ **Devidos pela massa no curso da falência. Relação de causa e efeito com a conduta do síndico.** "O art. 134, V, do Código Tributário nacional aplica-se somente aos tributos devidos no curso da falência, vez que há de existir uma relação de causa e efeito entre a conduta do síndico e o inadimplemento tributário" (excerto de sentença do Juiz Federal Substituto Daniel Luersen nos autos da AO 2004.72.11.001446-7 NA Vara de Caçador/SR, em ago. 2005).

⇒ **Continuação do negócio.** "Contemplada a hipótese de continuação do negócio, via de regra, a administração é confiada em pessoa idônea de ilibada reputação, geralmente proposta pelo Síndico, com o intuito de imprimir cunho de profissionalidade, eliminar eventuais dificuldades e atingir o respectivo objetivo de determinar sua solvabilidade. Pontuada a espécie, sendo a continuação do negócio de caráter excepcional, cumpre que a massa tenha um período de responsabilidade estático, na decretação efetivada, e outro que diz respeito ao ramo da atividade que doravante o Juízo autoriza, sem que haja perspectiva de romper com o equilíbrio patrimonial, [...] se durante a continuação da atividade surgirem débitos fiscais, o credor deverá ajuizar a cobrança da dívida ativa, demonstrando liquidez e certeza, para alcançar o acervo de bens relacionados com a empresa em funcionamento. Plasmado o contexto da sujeição tributária na caracterização do negócio em continuação, ou na hipótese de concordata suspensiva, tem-se que os débitos tributários podem ser exigidos e arcará o Síndico com responsabilidade na eventualidade de ter agido com culpa ou revelado incapacidade no exercício da função" (ABRÃO, Carlos Henrique. Responsabilidade tributária na continuação do negócio. *RDDT* 76, 2002, p. 12-14).

VI – os tabeliães, escrivães e demais serventuários de ofício, pelos tributos devidos sobre os atos praticados por eles, ou perante eles, em razão do seu ofício;

⇒ **Tabeliães.** "Tabelião é o serventuário da justiça a quem incumbe, em qualquer dia e hora, nos cartórios e fora deles lavrar os atos, contrato se instrumentos a que as partes devem ou queiram dar forma legal ou autenticidade. Antigamente denominava-se notário, hoje, tabelião de notas" (HARADA, Kiyoshi. *ITBI:* doutrina e prática. Atlas, 2010, p. 158-159).

– **Averbação de construção. Não exigência de CND.** "3. Oficial de Registro que não exige Certidão Negativa de Dívida no momento da averbação é responsável solidariamente, nos termos do art. 48 da Lei n. 8.212/91, pelo tributo devido, com base em toda a construção, e não só em relação à ampliação da área construída" (STJ, REsp 645.047, 2009).

– **Escritura de compra e venda. ITBI.** "... fica prejudicada a aplicação desse preceito em relação a tabeliães e escrivães se acolhida a tese de que o aspecto temporal do fato gerador do ITBI recai sobre o momento do registro do título de transferência dos bens imóveis ou de direitos a eles relativos. Nessa situação que configura o fato gerador da obrigação tributária, não podendo ser-lhes atribuída qualquer responsabilidade tributária à luz do que dispõe o art. 128 do CTN. Esse dispositivo exige que o terceiro a ser responsabilizado esteja vinculado ao fato gerador da obrigação tributária. É o caso, por exemplo, do vendedor do imóvel que poderá ser responsabilizado pelo pagamento do ITBI devido pelo comprador, caso a lei local tenha eleito este comprador como sujeito passivo natural. Entretanto, em relação a oficiais de registro poderá haver essa responsabilidade solidária" (HARADA, Kiyoshi. *ITBI:* doutrina e prática. Atlas, 2010, p. 159).

– Sobre o ponto, vide nota ao art. 156, II, da CF.

⇒ **Escrivães.** "Escrivão é o serventuário de justiça, nomeado em caráter de vitaliciedade, que é o mais importante auxiliar do juiz, entre cujas principais funções – umas autônomas, outras subalternas – estão a direção do cartório, e prover ao expediente do juízo" (HARADA, Kiyoshi. *ITBI:* doutrina e prática. Atlas, 2010, p. 159).

VII – os sócios, no caso de liquidação de sociedade de pessoas.

⇒ **Sociedades de pessoas x sociedades de capital.** "SOCIEDADES DE PESSOA E DE CAPITAL. As sociedades podem também estar classificadas tendo em consideração a pessoa dos sócios. Dependendo da sua estruturação econômica, na qual se irá verificar a influência maior ou menor da condição pessoal do sócio, podem as sociedades ser divididas em sociedades de pessoas e sociedades de capital. Nas primeiras, a figura do sócio é o elemento fundamental da formação societária. A sociedade se constitui tendo por referência a qualidade pessoal do sócio. Fica ela, nesse contexto subordinada à figura do sócio (conhecimento e confiança recíproca, capacitação para o negócio, etc.). Nas segundas, o ponto de gravidade da sociedade não reside na qualificação subjetiva do sócio, mas sim na sua capacidade de investimento. A importância está na contribuição do sócio para a formação do capital social, sendo relegado a um plano secundário a sua qualidade pessoal. Para tais sociedades é desinfluente quem é o titular da condição de sócio, mas sim a contribuição material que ele é capaz de verter para os fundos sociais. Essa condição pessoal do sócio a que se dá ênfase nas sociedades de pessoa, acarreta situações de relevância prática para equacionar certos interesses dos sócios. No caso de falecimento do sócio, a regra é a da liquidação de sua quota (artigo 1.028), dissolvendo-se parcialmente a sociedade, sendo os haveres do falecido pagos a seus herdeiros ou legatários e cônjuge meeiro sobrevivente que não ingressam, em princípio, na sociedade como sócios. Também a verificação do caráter *intuitu personae* da sociedade se apresenta como fonte solucionadora de questões jurídicas relevantes como a penhora da participação societária do sócio por suas dívidas particulares – o que será por nós desenvolvido no Capítulo reservado às sociedades limitadas – e a dissolução parcial da sociedade ante a ruptura da *affectio societatis*, por iniciativa do sócio dissidente. São sociedades de pessoa, a sociedade em nome coletivo, a sociedade em comandita simples. De capital são as sociedades anônimas e em comandita por ações. No que se refere às companhias ou sociedades anônimas, sustentamos que as de capital fechado, isto é, aquelas cujos valores mobiliários de sua emissão não se encontram admitidos à negociação no mercado de valores mobiliários, podem vir a ostentar a condição de sociedade de pessoa. É o caso das sociedades anônimas ditas familiares, inacessíveis a estranhos, cujas ações circulam entre os poucos acionistas que as adquirem. São sociedades, na verdade, constituídas *cum intuitu personae*, posto que o animus que se requer dos sócios não é só material. Por essa razão é que se tem identificado em tais sociedades uma transformação, ou adaptação às vezes desenfocada, de uma sociedade de pessoa em sociedade de capital" (CAMPINHO, Sérgio. *O direito de empresa à luz do novo Código Civil.* 6. ed. Rio de Janeiro: Renovar, 2005, p. 52).

– "25. Sociedades de pessoas e de capitais. [...] As sociedades de pessoas têm no relacionamento entre os sócios a sua razão de existir. A vinculação entre os sócios funda-se no *intuitu personae*, ou seja, na confiança que cada um dos sócios deposita nos demais. As cotas são, assim, intransferíveis, a fim de que não ingresse um estranho na sociedade. Nas sociedades de capitais inexiste esse personalismo. A cada um dos sócios é indiferente a pessoa dos demais. O que ganha relevância nessa categoria de sociedades é a aglutinação de capitais para um determinado empreendimento. Desse modo, enquanto na sociedade de pessoas o quadro social deve manter-se constante, na sociedade de capitais a mutabilidade dos sócios é a regra. As sociedades de responsabilidade ilimitada ou mista e a sociedade simples são todas de pessoas, porquanto as cotas sociais somente podem ser transferidas com o consentimento dos demais sócios (art. 1003, comb. com o art. 999). A sociedade anônima é uma sociedade de capitais, uma vez que não serão admitidas normas estatutárias que impeçam a negociação das ações (art. 36 da Lei n. 6.404/76). A sociedade limitada não se encontra sujeita a uma norma rígida, podendo o respectivo contrato convencionar ou não a intransferibilidade das cotas), uma sociedade de capitais" (BORBA, José Edwaldo Tavares. *Direito societário.* 9. ed. Rio de Janeiro: Renovar, 2004. p. 68).

– "2.1 SOCIEDADE DE PESSOAS E DE CAPITAL A classificação que mais discussão despertou na doutrina, e ainda hoje perdura, é aquela que tenta agrupar os vários tipos de sociedades existentes, classificando alguns como sociedades de pessoas e outros como sociedades de capital. [...] Resumiu Sylvio Marcondes as características dessa classificação: 'São sociedades de pessoas aquelas em que os sócios se escolhem tendo em consideração as suas qualidades pessoais, o que determina a predominância do *intuitus personae* no seu funcionamento, e assim, em princípio, a morte de um sócio lhe acarreta a dissolução, e as quotas sociais não são livremente cessíveis; as sociedades de capital são aquelas em que somente a contribuição dos sócios é tomada em conta, de modo que qualquer pessoa pode delas fazer parte, sendo livremente transferíveis as ações que formam o seu capital e

não se dissolvendo a sociedade pela morte de um sócio.' Tendo em vista, entretanto, também a questão de responsabilidade dos sócios, a classificação se torna mais difícil, daí que se convencionou classificar algumas sociedades como mistas, entendendo-se que há um tipo de sócio capitalista e um sócio personalista, como a sociedade em comandita, por exemplo. Já em relação à sociedade por quotas, a discussão é acesa, não se tendo ainda firmado um entendimento comum, e por isso ora é classificada como sociedade de pessoas, ora como sociedade de capital, ora ainda, como um tipo especial, como quer, por exemplo, Egberto L. Teixeira. Como sociedade de capital típica encontramos a sociedade anônima, na qual o *intuitus personae* é mínimo. Em síntese é a seguinte situação das sociedades comerciais entre nós: – os tipos de sociedades comerciais regidos pelo direito brasileiro são: em nome coletivo; em comandita simples e por ações; de capital e indústria; em conta de participação; por quotas de responsabilidade limitada; e sociedade anônima; – cada um deles possui sua disciplina legal, própria e característica, embora possam aproximar-se uns dos outros, em muitos aspectos; – a legislação brasileira perfilhou o sistema de classificação chamado histórico, pois enumerou-as, seguindo suas denominações; [...] – são consideradas como sociedades de pessoas, típica: a sociedade em nome coletivo; como sociedades mistas: de capital e indústria, em comandita (simples e por ações) e em conta de participação; como de capital, típica: a sociedade anônima; e, em campo à parte, como tipo especial, a sociedade por quotas de responsabilidade limitada" (BULGARELLI, Waldirio. *Sociedades comerciais.* 9. ed. São Paulo: Atlas, 2000, p. 36).

– "Aplicar-se-á os dispositivos legais citados, então, para os sócios das seguintes sociedades: em nome coletivo, de capital e indústria, em comandita simples e em conta de participação. São estruturas jurídicas, por sinal, pouco usuais na vida empresarial brasileira" (BECHO, Renato Lopes. A responsabilidade tributária dos sócios tem fundamento legal? *RDDT* 182/107, 2010).

⇒ **A responsabilização pressupõe que os sócios tenham intervindo ou que se lhes possa atribuir omissões.** "No caso de liquidação de sociedade de pessoas, os sócios são 'solidariamente' responsáveis (artigo 134, do CTN) nos atos em que intervieram ou pelas omissões que lhes forem atribuídas" (STJ, REsp 722.998, 2006).

⇒ **Outros casos de responsabilidade de sócios. Art. 135, III, do CTN e art. 78 da LC 123/06.** Vide a responsabilidade dos sócios gerentes pela prática de atos com violação à lei, contrato social ou estatutos e a responsabilidade dos sócios de microempresas e de empresas de pequeno porte no regime Simples Nacional pela baixa sem o pagamento dos tributos em notas ao art. 135, III, do CTN.

Parágrafo único. O disposto neste artigo só se aplica, em matéria de penalidades, às de caráter moratório.

⇒ **Penalidades moratórias tão somente.** O atraso no pagamento do tributo implica incidência automática de juros e de multa moratória, sendo que a responsabilidade será do contribuinte, de que deve ser exigido o crédito num primeiro momento, mas também dos terceiros arrolados no art. 134

no caso de, por sua ação ou omissão, terem de algum modo dado ensejo ao atraso.

– Relativamente às multas de ofício, a responsabilidade do terceiro dependerá do cometimento, por ele próprio, de infração à lei, em violação ao seu dever de colaboração, estando regulada pelo art. 135 do CTN.

Art. 135. São pessoalmente responsáveis pelos créditos correspondentes a obrigações tributárias resultantes de atos praticados com excesso de poderes ou infração de lei, contrato social ou estatutos:

⇒ **Ampliação do rol de terceiros responsáveis por lei estadual. Responsabilidade de contadores e advogados. Inconstitucionalidade.** "Responsabilidade tributária de terceiros por infrações. Lei estadual em conflito com regramento da norma geral federal. Inconstitucionalidade formal. 1. Trata-se de ação direta de inconstitucionalidade que tem por objeto o parágrafo único do art. 18-C da Lei n. 7.098/1998, acrescentado pelo art. 13 da Lei n. 9.226/2009, do Estado de Mato Grosso, que atribui responsabilidade tributária solidária por infrações a toda pessoa que concorra ou intervenha, ativa ou passivamente, no cumprimento da obrigação tributária, especialmente a advogado, economista e correspondente fiscal. 2. Ainda que a norma impugnada trate exclusivamente de Direito Tributário (CF, art. 24, I) e não de regulamentação de profissão (CF, art. 22, XVI), há o vício de inconstitucionalidade formal. Ao ampliar as hipóteses de responsabilidade de terceiros por infrações, prevista pelos arts. 134 e 135 do Código Tributário Nacional – CTN, a lei estadual invade competência do legislador complementar federal para estabelecer as normas gerais na matéria (art. 146, III, *b*, da CF). 3. A norma estadual avançou em dois pontos de forma indevida, transbordando de sua competência: (i) ampliou o rol das pessoas que podem ser pessoalmente responsáveis pelo crédito tributário; (ii) dispôs diversamente do CTN sobre as circunstâncias autorizadoras da responsabilidade pessoal do terceiro. 4. Ação direta de inconstitucionalidade julgada procedente. Fixação da seguinte tese: 'É inconstitucional lei estadual que disciplina a responsabilidade de terceiros por infrações de forma diversa da matriz geral estabelecida pelo Código Tributário Nacional'" (STF, ADI 4.845, 2020).

⇒ **Responsabilidade pessoal, exclusiva.** "... a responsabilidade pessoal significa 'somente da pessoa', excluindo qualquer outra. É o mesmo que integralmente, que consta no artigo 133, I. Ela não se confunde – e na verdade se contrapõe – à solidária e à subsidiária. O que nos leva a crer que seja assim? Primeiro, a palavra 'pessoal'. Se o legislador tivesse escrito são responsáveis pelos créditos, nós iríamos partir para uma interpretação sistemática. Mas ele especificou que são pessoalmente responsáveis... Pode o intérprete não iniciar uma interpretação literal? Não nos parece que seja de boa técnica científica fazê-lo. Após a interpretação literal, podemos realizar uma interpretação sistemática, buscado elementos em outros dispositivos legais e verificando como eles são interpretados. [...] No caso do artigo 137, a responsabilidade pessoal do responsável exclui a responsabilidade do contri-

buinte, como ocorre com os crimes, em que a pessoa jurídica não responde pela prática de atos dolosos das pessoas físicas. Assim, quer nos parecer que não há distinção, em relação à forma de responsabilização das pessoas físicas, entre os artigos 135 e 137" (BECHO, Renato Lopes. A responsabilidade tributária dos sócios tem fundamento legal? *RDDT* 182/107, 2010).

– "... havendo apenas responsabilidade pessoal e inexistindo a solidariedade, a responsabilidade das pessoas mencionadas, quando agindo em nome de pessoas jurídicas, exclui a responsabilidade destas" (RIBEIRO DE MORAES, Bernardo. *Compêndio de Direito Tributário*, segundo volume, 3ª edição, 1995, p. 522). Ou seja, em tese, a pessoa jurídica ficaria excluída da responsabilidade pelos atos que, em seu nome, mas com excesso de poderes ou infração à lei, contrato social ou estatutos, foram praticados.

– "... tem-se responsabilidade pessoal desses terceiros. Em verdade, o art. 135, CTN, contempla normas de exceção, pois a regra é a responsabilidade da pessoa jurídica, e não das pessoas físicas dela gestoras. Trata-se de responsabilidade exclusiva de *terceiros* que agem dolosamente, e que, por isso, substituem o contribuinte na obrigação, nos casos em que tiverem praticado atos com excesso de poderes ou infração de lei, contrato social ou estatutos" (COSTA, Regina Helena. *Curso de direito tributário*. 5. ed. São Paulo: Saraiva, 2015, p. 229).

– "O art. 135 do CTN retrata modalidade de responsabilização direta e exclusiva de terceiros e, consequentemente, caso de exclusão da responsabilidade da sociedade para aquele exclusivo fato..." (CANAZARO, Fábio. A responsabilidade tributária dos sócios e dos dirigentes em relação ao passivo tributário da sociedade cooperativa. *RDDT* 145/23, 2007).

– **No sentido de que não exclui a responsabilidade do contribuinte.** "A lei diz que são pessoalmente responsáveis, mas não diz que sejam os únicos. A exclusão da responsabilidade, a nosso ver, teria de ser expressa. Com efeito, a responsabilidade do contribuinte decorre de sua condição de sujeito passivo *direto* da relação obrigacional tributária. Independe de disposição legal que expressamente a estabeleça. Assim, em se tratando de responsabilidade inerente à própria condição de contribuinte, não é razoável admitir-se que desapareça sem que a lei o diga expressamente. Isto, aliás, é o que se depreende do disposto no art. 128 do CTN..." (MACHADO, Hugo de Brito. *Curso de direito tributário*. 36. ed. São Paulo: Malheiros, 2015, p. 166).

– "... o artigo 135 silencia acerca da responsabilidade do contribuinte. Não a exclui nem a atribui em caráter supletivo. Ora, se o referido artigo 128 dispõe dever a lei regular o assunto de modo expresso, não há como concluir pela exclusão ou subsidiariedade da responsabilidade do contribuinte" (SCHOUERI, Luís Eduardo. *Direito tributário*. 2. ed. São Paulo: Saraiva, 2012, p. 539).

– **No sentido de que a responsabilidade é solidária.** "A concepção de responsabilidade por ato ilícito exclui o caráter de subsidiariedade da obrigação do infrator. Este deve responder imediatamente por sua infração, independentemente da suficiência do patrimônio da pessoa jurídica. Eis o sentido de estar expresso no *caput* do art. 135 do CTN que são 'pessoalmente responsáveis' os administradores infratores da lei. Dessa forma, deve ser excluída a tese da responsabilidade subsidiária em sentido próprio. [...] A tese da responsabilidade subsidiária – em sentido próprio – peca por ler implícito no art. 135 do CTN a condição de 'impossibilidade de exigência do cumprimento da obrigação principal pelo contribuinte' (pessoa jurídica), condição esta que está expressa somente no art. 134... [...] Por sua vez, a tese da responsabilidade por substituição, pessoal e exclusiva, peca por prever implícito no art. 135 do CTN a desoneração da pessoa jurídica contribuinte, coisa que não está dita nem insinuada nesse dispositivo legal. A desoneração do contribuinte não pode ocorrer por obra de mera interpretação extensiva; demanda, rigorosamente, norma expressa nesse sentido. Logo, não havendo qualquer preceito que afaste o dever da pessoa jurídica de pagar o crédito tributário, continua ela com este dever, sem óbice para a exigência de pagamento também do terceiro responsável" (LOPES, Anselmo Henrique Cordeiro. A responsabilidade tributária dos administradores. *RFDT* 36/155, 2008).

– Responsabilidade solidária do contribuinte quando beneficiado. Certo é que, se a pessoa jurídica se beneficiou do ato, ainda que praticado com infração à lei ou com excesso de poderes, sua responsabilidade decorrerá, ao menos, da incidência do art. 124 do CTN, que diz da solidariedade por interesse comum.

• Vide as notas específicas ao inciso III, em que é abordado o redirecionamento da execução.

⇒ **Cuida-se de responsabilidade pessoal e não de desconsideração da personalidade jurídica.** "Não se pode deduzir do art. 135, III, do CTN que este encerre a teoria da desconsideração da personalidade jurídica pois apenas cuida da responsabilidade pessoal daqueles que representam a pessoa jurídica quando agem com excesso de poderes ou infração de lei, contrato social ou estatutos" (SILVA, Alexandre Alberto Teodoro da. *A desconsideração da personalidade jurídica no direito tributário.* Quartier Latin, 2007, p. 230 e 232).

⇒ **Créditos correspondentes a obrigações tributárias: tributos e multas moratórias ou punitivas.** "A responsabilidade pessoal será pelo crédito tributário resultante dos respectivos atos, abrangendo... a dívida decorrente de tributo, com os acréscimos decorrentes do tempo, e mais os acréscimos punitivos" (RIBEIRO DE MORAES, Bernardo. *Compêndio de direito tributário*, 3. ed., 1995, v. 2, p. 523).

⇒ **Pressupostos de responsabilidade.** A responsabilidade pessoal, no caso, decorre de ato praticado com ilicitude, por conta e risco do gestor. Como é o pressuposto de fato da responsabilidade, tem de ser devidamente apurado.

– "O art. 135 do CTN estabelece a responsabilidade dos diretores, gerentes e representantes de pessoas jurídicas... Como se vê, estamos em face de uma *regra matriz de responsabilidade tributária* que não se confunde, de modo algum, com a regra matriz de incidência de qualquer tributo. Tem sua estrutura própria, partindo de um pressuposto de fato específico, sem o qual não há espaço para a atribuição de responsabilidade. E seu caráter geral permite aplicação relativamente aos diversos tributos, não estando jungida à responsabilidade por tal ou qual imposto ou contri-

buição em particular. O pressuposto de fato ou hipótese de incidência da norma de responsabilidade, no art. 135, III, do CTN, é a prática de atos, por quem esteja na gestão ou representação da sociedade, com excesso de poder ou a infração à lei, contrato social ou estatutos e que tenham implicado, se não o surgimento, ao menos o inadimplemento de obrigações tributárias. *A contrario sensu*, extrai-se o dever formal implícito cujo descumprimento implica a responsabilidade, qual seja o dever de, na direção, gerência ou representação das pessoas jurídicas de direito privado, agir com zelo, cumprindo a lei e atuando sem extrapolação dos poderes legais e contratuais de gestão, de modo a não cometer ilícitos que acarretem o inadimplemento de obrigações tributárias. A jurisprudência do Superior Tribunal de Justiça há muito vem destacando que tais ilícitos, passíveis de serem praticados pelos sócios com poderes de gestão, não se confundem com o simples inadimplemento de tributos por força do risco do negócio, ou seja, com o atraso no pagamento dos tributos, incapaz de fazer com que os diretores, gerentes ou representantes respondam, com seu próprio patrimônio, por dívida da sociedade (Primeira Seção, EAg 494.887 e EREsp 374.139). Exige, isto sim, um ilícito qualificado, do qual decorra a obrigação ou seu inadimplemento, como no caso da apropriação indébita (REsp 1.010.399 e REsp 989.724). O art. 135, pois, regula a responsabilidade pessoal dos sócios gerentes, diretores e representantes em caráter geral, com aplicação a tributos de quaisquer dos entes políticos, para tanto estabelecendo seu pressuposto de fato próprio. E, como norma geral, não poderia ter sido desconsiderada pelo legislador ordinário federal quanto à disciplina dos tributos da sua competência" (STF, excerto de voto no RE 562.276, 2010).

– Violação de deveres próprios de colaboração. "RESPONSABILIDADE TRIBUTÁRIA. REDIRECIONAMENTO DA EXECUÇÃO. SÓCIO-GERENTE. ILICITUDE DA CONDUTA. CONTRIBUIÇÃO PREVIDENCIÁRIA. RETENÇÃO. 1. O Tribunal Pleno desta Corte já assentou que o responsável tributário pode ser chamado a responder por tributo na hipótese de descumprimento de deveres próprios de colaboração para com a Administração Tributária, estabelecidos na regra matriz de responsabilidade tributária, além disso esse agente deve ter contribuído para a situação de inadimplemento pelo contribuinte..." (STF, ARE 920.257 AgR, 2015).

– A obrigação tem de ser resultante de atos praticados com excesso de poderes ou infração de lei, contrato social ou estatutos. "Poder-se-ia, assim, sustentar que a obrigação, pela qual respondem, há de ser *resultante* de atos irregularmente praticados. O próprio nascimento da obrigação tributária já teria de ser em decorrência de atos irregulares. Mas tal posição levaria a excluir-se a responsabilidade em exame toda vez que os atos irregulares, violadores da lei ou do estatuto, fossem posteriores à ocorrência do fato gerador do tributo. Operar-se-ia, assim, injustificável redução no alcance da regra jurídica em estudo. [...] Em síntese, *os atos praticados e com excesso de poderes ou infração de lei, contrato social ou estatutos*, aos quais se reporta o art. 135, III, do CTN, *são aqueles atos em virtude dos quais a pessoa jurídica tornou-se insolvente*" (MACHADO, Hugo de Brito. *Curso de direito tributário*. 36. ed. São Paulo: Malheiros, 2015, p. 165-166).

– "... que se perquiram as causas das obrigações tributárias e não elas em si mesmo consideradas. Somente quando estas causas comprovarem o abuso ou a infração é que se desencadeia a consequência, qual seja, a responsabilização pessoal dos diretores, gerentes ou representantes. Caso contrário, ou seja, se as obrigações tributárias não resultarem das referidas causas, não há responsabilidade pessoal a ser compartilhada com a pessoa jurídica" (BOTTALLO, Eduardo Domingos. Notas e reflexões em torno da sempre controvertida teoria da desconsideração da pessoa jurídica. *RDDT* 226/48, 2014).

– "... quando o CTN faz alusão à responsabilidade pessoal por determinados atos dos administradores, que ultrapassem os limites daquilo que lhes era permitido, é implícito que tais atos sejam geradores de uma obrigação tributária. Daí a razão de se atribuir a responsabilidade pessoal por aquele débito, pois oriundo de ato ilícito ou praticado com excesso de poderes, i.e., além do âmbito de liberdade administrativa conferida pelo contrato ou pelo ordenamento jurídico. [...] a 'pessoalidade' da responsabilização do art. 135 evidencia a necessidade da prática de um ato que dê causa à relação jurídica tributária, uma vez que é necessária uma conexão entre aquele que será responsabilizado e o débito da pessoa jurídica que será 'transferido' para ele, sem a qual não se justifica tão severa sanção" (TAKANO, Caio Augusto. Análise da Portaria PGFN n. 713/2011 em face da jurisprudência do STJ e do art. 135 do Código Tributário Nacional – Limites à responsabilização dos sócios e administradores. *RDDT* 203/65-78, 2012).

– **Infração a lei não tributária.** "... o ilícito é, assim, prévio ou concomitante ao surgimento da obrigação tributária (mas exterior à norma tributária) e não posterior, como seria o caso do não pagamento do tributo. A lei que se infringe é a lei comercial ou civil, não a lei tributária, agindo o terceiro contra os interesses do contribuinte. Daí se explica que, no polo passivo, se mantenha apenas a figura do responsável, não mais a do contribuinte, que viu, em seu nome, surgir dívida não autorizada, quer pela lei, quer pelo contrato social ou estatuto" (DERZI, Misabel Abreu Machado. Nota de atualização à obra de Aliomar Baleeiro, *Direito tributário brasileiro*. 11. ed. Rio de Janeiro: Forense, 1999, p. 756).

– **Absolvição na esfera penal. Irrelevância, salvo quando reconhecida a inexistência do fato ou da autoria.** "EXECUÇÃO FISCAL – REDIRECIONAMENTO – RESPONSABILIDADE DOS SÓCIOS – ART. 135 DO CTN – SENTENÇA PENAL ABSOLUTÓRIA – REPERCUSSÃO NA ESFERA ADMINISTRATIVA – DESCABIMENTO. 1. Esta Corte possui entendimento acerca da absoluta independência das esferas administrativa, cível e penal, de modo que a sentença proferida no âmbito criminal somente repercutiria na esfera administrativa/cível em duas hipóteses: quando reconhecida a inexistência material do fato ou quando negada a autoria" (STJ, REsp 1.386.018, 2013).

⇒ **Não basta o mero inadimplemento.** O mero inadimplemento de obrigação tributária não é suficiente para configurar a responsabilidade do art. 135 do CTN. E a razão é simples: o pressuposto do art. 135 não é a violação à simples norma tributária impositiva, mas a outras leis, contrato social ou estatutos, violação esta não posterior ao surgimento da obrigação, mas prévia ou concomitante.

– "... não se deve confundir o inadimplemento do tributo, fato que pode ocorrer na atividade de qualquer sociedade comercial, pelas circunstâncias acima descritas, com a sonegação de impostos, atitude tipificada como crime na legislação penal, portanto, a dar ensejo à responsabilização dos sócios-gerentes pelos débitos sonegados pela pessoa jurídica de direito privado. No inadimplemento do pagamento do tributo, a sociedade declara para o Fisco o tributo devido e não faz seu recolhimento no prazo fixado. Na sonegação fiscal, a sociedade não declara a informação necessária para a quantificação do tributo devido com o dolo específico de não pagá-lo, o que constitui ilícito criminal" (MARTINS, Adriano Vidigal. A contagem do prazo prescricional do crédito tributário em relação aos sócios administradores. *RDDT* 216/7, 2013).

– **Súmula 430 do STJ:** "O inadimplemento da obrigação tributária pela sociedade não gera, por si só, a responsabilidade solidária do sócio-gerente". *DJe* maio 2010.

– "1. Esta Corte firmou entendimento de que a simples falta de pagamento do tributo não configura, por si só, nem em tese, circunstância que acarreta a responsabilidade subsidiária do sócio, prevista no art. 135 do CTN. É indispensável, para tanto, que tenha agido com excesso de poderes ou infração à lei, ao contrato social ou ao estatuto da empresa" (STJ, AgRg no REsp 1.295.391, 2013).

– "RESPONSABILIDADE DO SÓCIO. TRIBUTO NÃO PAGO PELA SOCIEDADE... 2. É igualmente pacífica a jurisprudência do STJ no sentido de que a simples falta de pagamento do tributo não configura, por si só, nem em tese, circunstância que acarreta a responsabilidade subsidiária do sócio, prevista no art. 135 do CTN. É indispensável, para tanto, que tenha agido com excesso de poderes ou infração à lei, ao contrato social ou ao estatuto da empresa..." (STJ, REsp 1.101.728, 2009).

– **Da responsabilidade em face da causa do inadimplemento.** "O que pode constituir infração, o que pode levar o diretor, gerente ou administrador, a tornarem-se responsáveis, é a causa do não pagamento, mas jamais este próprio efeito, tomado isoladamente. Então, é preciso que se investigue as causas dessa inadimplência para verificar se, entre elas, estariam fatos capazes de serem enquadrados como 'excesso de poderes, infração à lei, ao contrato social ou ao estatuto'. E quais seriam os eventos aptos a desencadear esta responsabilidade? Neste particular, o artigo 50 do Código Civil trouxe elementos muito importantes a ensejar sua adequada integração com a norma tributária. Com efeito, se a lei civil indicou com precisão as hipóteses, que podem autorizar a desconsideração da pessoa jurídica, como sendo abuso de personalidade jurídica caracterizado por: a) desvio de finalidade; e b) confusão patrimonial, então soa válido sustentar que outras não poderão ser as causas aptas a levar os administradores, gestores ou representantes das pessoas jurídicas a responderem pelas dívidas fiscais destas, nos termos do art. 135, III, do Código Tributário nacional. Em outras palavras, somente quando demonstrada, pelo Fisco, que a obrigação tributária a cargo da sociedade decorreu de alguma das causas apontadas na lei civil (art. 50) é que o art. 135, III, do Código Tributário Nacional poderá validamente ser acionado" (BOTTALLO, Eduardo Domingos.

In: GRUPENMACHER, Betina Treiger. *Direito tributário e o novo Código Civil*. São Paulo: Quartier Latin, 2004, p. 192-193).

– **Culpa dos diretores no desempenho de suas funções.** "5. O CTN, art. 135, III, estabelece que os sócios só respondem por dívidas tributárias quando exercerem gerência da sociedade ou qualquer outro ato de gestão vinculado ao fato gerador. O art. 13 da Lei n. 8.620/93, portanto, só pode ser aplicado quando presentes as condições do art. 135, III, do CTN, não podendo ser interpretado, exclusivamente, em combinação com o art. 124, II, do CTN. 6. O teor do art. 1.016 do Código Civil de 2002 é extensivo às Sociedades Limitadas por força do prescrito no art. 1.053, expressando hipótese em que os administradores respondem solidariamente somente por culpa quando no desempenho de suas funções, o que reforça o consignado no art. 135, III, do CTN. 7. A Lei 8.620/93, art. 13, também não se aplica às Sociedades Limitadas por encontrar-se esse tipo societário regulado pelo novo Código Civil, lei posterior, de igual hierarquia, que estabelece direito oposto ao nela estabelecido. 8. Não há como se aplicar à questão de tamanha complexidade e repercussão patrimonial, empresarial, fiscal e econômica, interpretação literal e dissociada do contexto legal no qual se insere o direito em debate. Deve-se, ao revés, buscar amparo em interpretações sistemática e teleológica, adicionando-se os comandos da Constituição Federal, do Código Tributário Nacional e do Código Civil para, por fim, alcançar-se uma resultante legal que, de forma coerente e juridicamente adequada, não desnature as Sociedades Limitadas e, mais ainda, que a bem do consumidor e da própria livre iniciativa privada (princípio constitucional) preserve os fundamentos e a natureza desse tipo societário" (STJ, REsp 717.717, 2005).

– **Responsabilidade em face de crimes.** "6. Em decorrência da ausência de conduta ilícita voluntária ou intencional, o não recolhimento do tributo, por parte da sociedade, salvo nos casos previstos na legislação como crimes contra a ordem tributaria (a exemplo da Lei n. 8.137/90), não se caracteriza como uma infração à lei, não podendo via de regra, à luz do inciso III e do *caput* do art. 135 do CTN, gerar a responsabilização pessoal dos dirigentes de qualquer pessoa jurídica" (CANAZARO, Fábio. A responsabilidade tributária dos sócios e dos dirigentes em relação ao passivo tributário da sociedade cooperativa. *RDDT* 145/23, 2007).

– **Apropriação indébita de contribuições retidas e não recolhidas.** É o caso mais claro de ilícito caracterizador da responsabilidade pessoal de que trata o art. 135 do CTN.

– "EXECUÇÃO FISCAL – CERTIDÃO DE DÍVIDA ATIVA – RESPONSABILIZAÇÃO DO SÓCIO CUJO NOME CONSTA DA CDA – HIPÓTESE QUE SE DIFERE DO REDIRECIONAMENTO DA EXECUÇÃO – OCORRÊNCIA EM TESE DO CRIME PREVISTO NO ART. 168-A DO CP – INCIDÊNCIA DA SÚM 7/STJ. 1. A CDA é documento que goza da presunção de certeza e liquidez de todos os seus elementos: sujeitos, objeto devido, e quantitativo. Não pode o Judiciário limitar o alcance dessa presunção. 2. Caso a execução tenha sido proposta somente contra a pessoa jurídica e havendo indicação do nome do sócio-gerente na CDA como corresponsável tributário, não se trata de típico redirecionamento. Neste caso, o ônus da prova compete ao sócio, tendo em vista a presunção relativa de liquidez e certeza que milita em favor da Certidão de Dívida Ativa. 3. Na hipótese, a execução foi proposta com base em CDA da qual constava o nome do sócio-gerente como corresponsável tributário, do que se conclui caber a ele o ônus de provar a ausência dos requisitos do art. 135 do CTN. 4. Ademais o acórdão recorrido confirmou o redirecionamento sob o fundamento de existência de crime em tese, possibilitando que o executado comprove não possuir responsabilidade, e, para se concluir de forma diversa demandaria o revolvimento do conjunto fático-probatório constante dos autos, o que encontra óbice no constante na Súm. 7/STJ" (STJ, REsp 1.010.399, 2008).

– "EXECUÇÃO FISCAL. PEDIDO DE REDIRECIONAMENTO. DÉBITOS PARA COM A SEGURIDADE SOCIAL. AUSÊNCIA DE PREQUESTIONAMENTO. SÚMULA N. 282/STF. RECOLHIMENTO DE CONTRIBUIÇÃO DOS SALÁRIOS DOS EMPREGADOS NÃO REPASSADA AO INSS. INFRAÇÃO À LEI. ART. 135, DO CTN. 1. Trata-se de agravo de instrumento interposto pelo INSS em face de decisão proferida pelo Juízo de primeiro grau que indeferiu pedido de inclusão dos sócios-gerentes no polo passivo da execução. O TRF da 3ª Região (fls. 165/173), por unanimidade, deu provimento ao recurso autárquico, por entender que: a) há responsabilidade por débitos previdenciários somente quando presentes as condutas do art. 135 do CTN; b) o débito exequendo originou-se de contribuições descontadas dos empregados e não repassadas ao INSS, dessa forma, está configurada infração à lei nos termos preconizados pelo 135 do CTN. Os recorrentes alegam violação dos art. 1.024 do CC atual, 596 do CPC e 135 do CTN. 2. Se o acórdão recorrido não enfrenta a matéria dos artigos 1.024 do CC e 596 do CPC, tem-se por não suprido o requisito do prequestionamento, incidindo o óbice da Súmula 282 do STF. 3. A jurisprudência deste Tribunal é firme no sentido de que o mero inadimplemento da obrigação tributária não caracteriza infração legal se não estiverem presentes as condutas previstas no art. 135 do Código Tributário Nacional, confira-se: – Segundo a jurisprudência do STJ, a simples falta de pagamento do tributo e a inexistência de bens penhoráveis no patrimônio da devedora não configuram, por si sós, nem em tese, situações que acarretam a responsabilidade subsidiária dos representantes da sociedade. (REsp 856.266/RS, Rel. Min. Teori Albino Zavascki, *DJ* de 02/10/2006). – O mero inadimplemento da obrigação de pagar tributos não constitui infração legal capaz de ensejar a responsabilidade prevista no artigo 135, III, do Código Tributário Nacional. (REsp 907.253/RS, Rel. Min. Castro Meira, *DJ* de 22/03/2007). – É pacífica a jurisprudência desta Corte no sentido de que o simples inadimplemento da obrigação tributária não caracteriza infração à lei que justifique o redirecionamento da execução fiscal. (AgRg no REsp 920.572/MT, Rel. Min. Eliana Calmon, *DJ* de 08/11/2007). 4. Na espécie, constitui infração à lei e não em mero inadimplemento da obrigação tributária, a conduta praticada pelos sócios-gerentes que recolheram contribuições previdenciária dos salários dos empregados da empresa executada (art. 20 da Lei n. 8.212/91) e não as repassaram ao INSS, pelo que se aplica o art. 135 do CTN" (STJ, REsp 989.724, 2007).

⇒ **Dissolução da pessoa jurídica.** Sobre a dissolução da pessoa jurídica, vide o art. 51 do CC. Sobre o arquivamento dos documentos de dissolução no registro público de empresas mercantis, vide o art. 32, II, *a*, da Lei 8.934/94. Sobre a baixa no CNPJ e outras questões correlatas, vide arts. 27 a 33 da IN RFB n. 1.634/2016.

– "Para que ocorra o encerramento regular da sociedade, os sócios administradores devem arquivar no Registro Público de Empresas Mercantis, cujos serviços são prestados pelas Juntas Comerciais, os documentos relativos à extinção da sociedade, nos termos fixados pelo art. 32 da Lei n. 8.934/194, que dispõe sobre o registro público de empresas mercantis e atividades afins. A outra maneira de dissolver a sociedade legalmente ocorre com a instauração do processo de falência" (MARTINS, Adriano Vidigal. A contagem do prazo prescricional do crédito tributário em relação aos sócios administradores. *RDDT* 216/7, 2013).

– **Dissolução regular.** "Assim como em relação à pessoa natural existe o inventário, inclusive o extrajudicial..., cujo objetivo é formalizar o destino de seu patrimônio, quitando-se o passivo e distribuindo-se o ativo, em relação à pessoa jurídica, quando não ocorre extinção por falência, existe o processo dissolutório, podendo igualmente ser judicial e extrajudicial, cujo objetivo, na essência, é o mesmo. [...] sempre que não for caso de falência nem de recuperações judicial ou extrajudicial (o pressuposto genérico é o estado de insolvência e a impossibilidade de honrar os compromissos nas condições contraídas), o processo dissolutório deve ser instaurado, judicial ou extrajudicial, no qual há extinção parcial-resolução ou total da empresa individual ou coletiva. [...] com o CPC/2015, mais didática passou a ser a compreensão do tema em três fases (da dissolução, da liquidação e partilha e da extinção), em simetria com as fases de conhecimento, de liquidação e execução e de extinção das ações de dissolução: a parcial/resolução sob rito especial (art. 599-609) e sob rito comum a total (art. 1.046, § 3º). [...] A 1ª FASE (Da dissolução) tem por objetivo: (a) definir o motivo da dissolução, dispensável quando por consenso extrajudicial; (b) definir se será parcial/resolução ou total; (c) emitir ato dissolutório, judicial ou extrajudicial, quando necessário; e (d) nomear perito quando dissolução parcial/resolução, e liquidante quando total. Nas empresas individuais e na sociedade unipessoal..., tudo depende, respectivamente, da vontade do titular e do sócio único. Basta que emita o ato, nomeie liquidante e os averbe no registro competente (CC, art. 51, § 1º), partindo logo para a 2ª FASE, sem as demoras de eventual processo judicial. [...] A 2ª FASE (Da liquidação e partilha) tem por objetivo: (a) realizar o ativo e pagar o passivo, entenda-se todo o passivo, inclusive obrigação de o titular da empresa e sócio único no caso de sociedade unipessoal carrear patrimônio pessoal quando insuficiente o ativo, sob pena de dissolução irregular (Cap. 100, itens 5, 7 e 9.2 infra); e (b) distribuir entre os sócios eventual patrimônio remanescente. Nas empresas individuais e na sociedade unipessoal..., havendo patrimônio remanescente, não há partilha, mas adjudicação pelo titular ou sócio único, percorrendo os bens, então, caminho inverso daquele da oportunidade da integralização. [...] A 3ª FASE (Da extinção) tem por objetivo: (a) averbação do encerramento da dissolução total no registro competente, momento em que se extingue a

personalidade jurídica, em havendo (CC, art. 51, § 3º); e (b) publicação na Imprensa Oficial (vigora o princípio da dupla divulgação)" (MARIANI, Irineu. *Temas comerciais e empresariais*. Porto Alegre: AGE, 2018, p. 656 e 660-663).

– **Dissolução irregular.** Durante muito tempo, a dissolução irregular foi apontada de modo uníssono como a hipótese mais característica da responsabilização dos sócios com fundamento no art. 135, III, do CTN. O STJ tem precedentes reafirmando que a dissolução irregular configura a responsabilidade e no sentido de que inverte o ônus da prova. Mas a hipótese de dissolução irregular, a rigor, não se enquadra na previsão constante do art. 135 do CTN. Isso porque não é fato gerador de tributo algum; da dissolução, propriamente, não decorre obrigação tributária nova. A dissolução irregular é, via de regra, posterior aos fatos geradores que implicaram o surgimento dos créditos exigidos na execução fiscal. A questão, pois, é se seria possível buscar no patrimônio dos sócios recursos para a satisfação da dívida da sociedade quando a empresa não tem bens e já não mais está em funcionamento. O CTN não estabelece solidariedade pelas dívidas sociais neste caso e a LC n. 123/2006 estabelece a responsabilidade solidária do sócio apenas para a situação de microempresa e de empresa de pequeno porte baixada sem o pagamento dos tributos devidos. Razoável seria que os sócios respondessem pela dissipação dos bens em detrimento dos credores. Para tanto, contudo, seria necessária a demonstração de qual o patrimônio declarado da sociedade, o desvio de bens, enfim, atos que efetivamente demonstrassem dissolução irregular em detrimento do Fisco enquanto credor. A dissolução irregular faz, isto sim, com que se presuma a confusão de patrimônios, com locupletamento dos sócios, dando ensejo à invocação do Código Civil de 2002: "Art. 50. Em caso de abuso da personalidade jurídica, caracterizado pelo desvio de finalidade, ou pela confusão patrimonial, pode o juiz decidir, a requerimento da parte, ou do Ministério Público quando lhe couber intervir no processo, que os efeitos de certas e determinadas relações de obrigações sejam estendidos aos bens particulares dos administradores ou sócios da pessoa jurídica".

– "... a dissolução irregular da sociedade comercial não é fato gerador de tributo algum, impedindo-se, por esse motivo, a aplicação do art. 135 do CTN a essa hipótese. Por outro lado, a sonegação propriamente dita, nos termos como tipificada na legislação de regência, parece ser uma hipótese que respeita a vontade do legislador, dando concretude à letra do comando legal. Assim, o princípio da estrita legalidade em matéria tributária proíbe que, quando o devedor não for encontrado, seu sócio-gerente possa ter bens particulares penhorados. Ao contrário, quando a pessoa jurídica for utilizada para sonegar tributos, a responsabilidade será pessoal do agente responsabilizado por tal conduta. Aguarda-se, por esses motivos, que a Súmula 435 seja revista..." (BECHO, Renato Lopes. A responsabilidade tributária de terceiros na jurisprudência como indicativo para a necessidade de revisão da Súmula 435 do STJ. *RDDT* 213/127, 2013).

– "... a dissolução (*lato sensu*) é um procedimento que se ultima em três atos: ato de dissolução (*stricto sensu*), ato de liquidação e ato de partilha. O ato de dissolução extrajudicial formaliza-se pelo instrumento assinado pelos sócios e registrado no Registro do Comércio, no qual se delibera a instauração do procedimento de dissolução; a ele segue-se a fase de liquidação, conduzida pelo liquidante (designado no contrato social ou no próprio ato de dissolução), na qual se arrecadam os bens e pagam-se as dívidas sociais; finalmente, o mesmo liquidante partilha, entre os sócios, eventual acervo remanescente. Somente então estará concluído o procedimento de dissolução e extinta a pessoa jurídica (CC, art. 51). Sucede que o arquivamento da ata de extinção da pessoa jurídica condiciona-se à demonstração de sua regularidade fiscal perante a União, relativamente a tributos em geral, contribuições previdenciárias e ao FGTS. [...] a empresa com insolvência fiscal pode até iniciar o procedimento de dissolução, registrando o ato dissolutório na Junta Comercial; contudo, não conseguirá concluí-lo, em razão da não apresentação das CNDs reclamadas. [...] Instaurado o procedimento dissolutório, e vindo o liquidante a constatar que o passivo social não poderá ser integralmente satisfeito, incumbir-lhe-á requerer a autofalência em juízo. [...] enfim, o procedimento de dissolução extrajudicial tem dois desfechos possíveis: ou se encerra com a satisfação integral do passivo ou se 'converte' em um processo judicial autofalimentar. [...] a dissolução regular da pessoa jurídica é um ônus do sócio administrador que pretende evitar a responsabilização sancionatória do art. 135 do CTN. Agora, mais do que simples ônus, dizemos que o empresário tem um direito à extinção regular do seu negócio a qualquer momento, qualquer que seja a situação economia que enfrente. ... A lei deve, então, franquear ao empresário a possibilidade de fechar suas portas regularmente a qualquer momento, por maior que seja o seu passivo, e qualquer que seja a natureza e composição deste passivo, isto é, seja ele integrado por débitos civis, comercias, trabalhistas ou tributários. Pois a autofalência é justamente o expediente legal de que dispõe o empresário insolvente, exausto e resignado, para encerrar regularmente o seu negócio e imprimir novos rumos à sua vida" (ANDRADE, Paulo Roberto. Cabimento da autofalência por dívidas fiscais. *RDDT* 176/126, 2010).

– "... sempre que não for caso de falência nem de recuperações judicial ou extrajudicial..., o processo dissolutório deve ser instaurado, judicial ou extrajudicial... Sempre que isso não é observado, e a empresa deixa de operar, fecha as portas, desaparece, ocorre dissolução irregular, sinônimo de calote nos credores. Por isso, é também conhecida como golpe na praça" (MARIANI, Irineu. *Temas comerciais e empresariais*. Porto Alegre: AGE, 2018, p. 656).

– **Duas hipóteses de dissolução irregular.** "Há duas hipóteses de dissolução irregular: (a) por encerramento do processo dissolutório com passivo a descoberto; e (b) por encerramento puro e simples das atividades. 1. ENCERRAMENTO DO PROCESSO DISSOLUTÓRIO COM PASSIVO A DESCOBERTO E RESPONSABILIDADES (LIQUIDANTE E SÓCIOS). Essa hipótese de dissolução irregular ocorre sempre que o processo dissolutório é encerrado sem que o passivo esteja integralmente pago em relação a todos os credores, o que afirma responsabilidade do liquidante e dos sócios... é condição *sine qua non* à regularidade do processo dissolutório, pois este não é hipótese de quitação de dívida nem artifício para calotear os credores. A dissolução não é regular quando, mesmo tendo sido instaurado

o processo, ficam dívidas pendentes, inclusive em relação a eventual excedente da soma dos quinhões individuais... Nas impossibilidades, a solução não é dar por concluído o processo dissolutório, mas confessar falência, na realidade autofalência... 2. ENCERRAMENTO PURO E SIMPLES DAS ATIVIDADES (DISSOLUÇÃO DE FATO) E RESPONSABILIDADES (ADMINISTRADOR E SÓCIOS). A hipótese de dissolução irregular por encerramento puro e simples das atividades (dissolução de fato) acontece quando a empresa, em vez de instaurar processo dissolutório, pura e simplesmente paralisa as atividades, fechas as portas. Por isso, é chamada dissolução de fato e, pela surpresa, preocupações e amarguras aos credores, também golpe na praça. É o tipo de dissolução que na prática mais existe. Os sócios se dispersam e dão sumiço aos bens. [...] É o autêntico calote. [...] toda dissolução, judicial ou extrajudicial, regular ou irregular, de direito ou de fato, é hipótese de responsabilidade dos sócios, todos solidariamente para fins externos. A proporção do capital social vale tão só para fins internos, isto é, para quantificar a responsabilidade de uns em relação a outros. Não há, pois, confundir a responsabilidade dos sócios por motivo de dissolução com a responsabilidade dos administradores pelos excessos e atos culposos ou dolosos. É necessário compreender melhor a Súm. 435 do STF: ela afirma a responsabilidade do administrador pelo fato da dissolução irregular, pois descumpriu o dever de instaurar o processo dissolutório, sem excluir a dos sócios" (MARIANI, Irineu. *Temas comerciais e empresariais*. Porto Alegre: AGE, 2018, p. 768-770).

– **Presunção de dissolução irregular. Súmula 435 do STJ:** "Presume-se dissolvida irregularmente a empresa que deixar de funcionar no seu domicílio fiscal, sem comunicação aos órgãos competentes, legitimando o redirecionamento da execução fiscal para o sócio-gerente". 2010.

– **Desnecessidade do incidente de desconsideração. Súmula 112 do TRF4:** "A responsabilização dos sócios fundada na dissolução irregular da pessoa jurídica (art. 135 do CTN) prescinde de decretação da desconsideração de personalidade jurídica da empresa e, por conseguinte, inaplicável o incidente processual previsto nos arts. 133 a 137 do CPC/15".

• Vide: RODRIGUES, Rafael de Oliveira. Utilização do incidente de desconsideração da personalidade jurídica para a responsabilização tributária do artigo 135, III do Código Tributário Nacional. *RFDT* 100, 2019.

– **No sentido de que pressupõe dilapidação patrimonial.** "7. A dissolução irregular que reclama a responsabilização direta do administrador, por ofensa à lei, é aquela na qual restar por totalmente comprovada a ocorrência fática do pressuposto subjetivo associada diretamente ao nascimento da obrigação. O simples fato de a sociedade não possuir bens para arcar com o seu passivo tributário, ainda que nesse caso tenha ela fechado suas portas, não se configura dissolução ou encerramento irregular, que possa ser definido como hipótese de infração à lei nos termos do art. 135 do CTN. Essa modalidade de responsabilização, em face de sua carga sancionatória, não pode ser presumida, ou seja, irá sempre depender da comprovação prévia do ilícito – de que os dirigentes, agindo com dolo, dilapidaram o patrimônio da sociedade, resultando tal conduta em determinada obrigação tributária" (CANAZARO, Fábio. A responsabilidade tributária dos sócios e dos dirigentes em relação ao passivo tributário da sociedade cooperativa. *RDDT* 145/23, 2007).

– **Informação da extinção à Junta Comercial e ausência de indícios de irregularidade afastam a responsabilidade.** "EXECUÇÃO FISCAL. DISSOLUÇÃO DA PESSOA JURÍDICA. INFORMAÇÃO CONSTANTE NOS ASSENTAMENTOS DA JUNTA COMERCIAL. PRESUNÇÃO DE IRREGULARIDADE AFASTADA. REDIRECIONAMENTO. DESCABIMENTO. PRECEDENTE EM RECURSO REPRESENTATIVO DE CONTROVÉRSIA. SÚMULA N. 435 DO STJ... 2. A jurisprudência desta Corte está pacificada no sentido de que 'presume-se dissolvida irregularmente a empresa que deixar de funcionar no seu domicílio fiscal, sem comunicação aos órgãos competentes, legitimando o redirecionamento da execução fiscal para o sócio-gerente' (Súmula n. 435 do STJ). 3. A simples extinção da pessoa jurídica não pode ser equiparada à dissolução irregular, mormente quando se evidencia nos autos que esta situação foi devidamente informada à Junta Comercial, de modo a afastar a presunção prevista no referido enunciado sumular. 4. Ademais, a Corte de origem foi categórica ao afirmar que não se verifica que tenha o representante legal praticado atos com excessos de poderes ou infração de lei, contrato social ou estatutos. 5. Nestes casos, à luz da jurisprudência do STJ, não há causa a justificar o redirecionamento da execução fiscal" (STJ, AgRg no Ag 1.281.042, 2010).

– **Pela possibilidade de requerimento de autofalência por dívida fiscal.** Vide nota ao art. 187 do CTN.

– **Verificação do pressuposto da responsabilidade.** "... na aplicação da Súmula n. 435 do STJ, quando ficar comprovado, na execução fiscal, o encerramento irregular da sociedade, deve o procurador fazendário provocar o procedimento administrativo, enquanto a execução fiscal segue para o arquivo sobrestado (artigo 40 da LEF)..." (BECHO, Renato Lopes. Desdobramentos das decisões sobre responsabilidade tributária de terceiros no STF: regras-matrizes de responsabilização, devido processo legal e prazos de decadência e prescrição. *RDDT* 204/45-57, 2012).

– **Prova indiciária da dissolução irregular justifica o redirecionamento, ensejando a defesa nos embargos.** "EXECUÇÃO FISCAL. CONSTATAÇÃO DA DISSOLUÇÃO IRREGULAR DA SOCIEDADE EMPRESÁRIA EXECUTADA. SÚMULA N. 7 DO STJ. REDIRECIONAMENTO AOS SÓCIOS, PESSOAS JURÍDICAS. POSSIBILIDADE... 1. O ponto nodal da questão em debate não é natureza jurídica dos sócios nem se as pessoas jurídicas podem praticar, ou não, condutas com excesso de poderes ou infração à lei, contrato social ou estatutos, mas, sim, o fato de que, constatada a dissolução irregular da sociedade empresária, onde não se perquire sobre a conduta dos sócios, há hipótese de redirecionamento da execução fiscal aos sócios, oportunidade em que, mediante embargos do devedor, poderão arguir a matéria de defesa que entenderem de direito. A alegação de que pessoa jurídica não pode ser considerada responsável tributária, por ausência de vontade, é matéria que condiz com o mérito de eventuais embargos do devedor, e não impedem o redirecionamento da execução fiscal ante a constatação de dissolução irregular da sociedade empresária. 2. A

presença dos nomes dos sócios na Certidão de Dívida Ativa, que, como consabido, goza de presunção de liquidez e certeza, conduz ao entendimento de que compete aos sócios provar a ausência de responsabilidade quanto à inadimplência tributária da sociedade executada. 3. Isso posto, só a prova de que a sociedade executada não foi extinta irregularmente seria capaz de impedir o redirecionamento da execução fiscal às recorrentes, questão que não mais pode ser analisada em sede de recurso especial, à luz da Súmula 7 do STJ. 4. Diante da pacífica jurisprudência do STJ, no sentido da possibilidade do redirecionamento da execução fiscal aos sócios quando constatada a dissolução irregular da sociedade empresária executada, aplica-se o entendimento sedimentado na Súmula n. 83 do STJ, no sentido de que não se conhece do recurso especial pela divergência, quando a orientação do tribunal se firmou no mesmo sentido da decisão recorrida..." (STJ, AgRg no Ag 1.067.704, 2009).

– "... os dirigentes são meros representantes da pessoa jurídica. De modo que em situação adversa capaz de comprometer o regular funcionamento das atividades das mesmas seus gestores ficam, igualmente, contidos nos limites da capacidade econômica das sociedades que comandam. Assim, se não podem, por essa razão, honrar a prestação tributária, milita a seu favor a expressão já cunhada pela doutrina e pela jurisprudência, como inexigibilidade de conduta diversa" (NASCIMENTO, Carlos Valder do. Responsabilidade tributária: redirecionamento da execução fiscal em razão da inadimplência ou dissolução da sociedade: impossibilidade jurídica. *RFDT* n. 39/85, 2009).

– **Inverte o ônus da prova.** "... TRIBUTÁRIO. EXECUÇÃO FISCAL. REDIRECIONAMENTO. SÓCIO-GERENTE. ART. 135, III, DO CTN. DISSOLUÇÃO IRREGULAR. POSSIBILIDADE. 1. Havendo indícios de que a empresa encerrou irregularmente suas atividades, é possível redirecionar a execução ao sócio, a quem cabe provar o contrário em sede de embargos à execução, e não pela estreita via da exceção de pré-executividade. 2. Agravo regimental desprovido" (STJ, ARAI 561.854, 2004).

– "PROCESSO CIVIL E TRIBUTÁRIO – AGRAVO REGIMENTAL – DECISÃO MONOCRÁTICA DO RELATOR (ART. 557, § 1º, DO CPC) – SÓCIO-GERENTE: RESPONSABILIDADE (ART. 135 DO CTN). 1. Em matéria de responsabilidade dos sócios de sociedade limitada, é necessário fazer a distinção entre empresa que se dissolve irregularmente daquela que continua a funcionar. 2. Em se tratando de sociedade que se extingue irregularmente, cabe a responsabilidade dos sócios, os quais podem provar não terem agido com dolo, culpa, fraude ou excesso de poder. 3. Se não há extinção da sociedade, a prova em desfavor do sócio passa a ser do exequente (inúmeros precedentes)" (STJ, AgRgREsp 420.663, 2002).

– **Atrai a responsabilidade de quem foi gestor ao tempo da dissolução, ainda que não o fosse à época dos fatos geradores. Tema 981 do STJ:** O redirecionamento da execução fiscal, quando fundado na dissolução irregular da pessoa jurídica executada ou na presunção de sua ocorrência, pode ser autorizado contra o sócio ou o terceiro não sócio, com poderes de administração na data em que configurada ou presumida a dissolução irregular, ainda que não tenha exercido poderes de gerência quando ocorrido o fato gerador do tributo não adimplido, conforme art. 135, III, do CTN. Decisão em 2022.

– "RECURSO ESPECIAL REPRESENTATIVO DE CONTROVÉRSIA DE NATUREZA REPETITIVA. EXECUÇÃO FISCAL. DISSOLUÇÃO IRREGULAR DA PESSOA JURÍDICA EXECUTADA OU PRESUNÇÃO DE SUA OCORRÊNCIA. SÚMULA 435/STJ. REDIRECIONAMENTO A SÓCIO-GERENTE OU A ADMINISTRADOR. CONDIÇÃO: EXERCÍCIO DA ADMINISTRAÇÃO DA PESSOA JURÍDICA EXECUTADA, NO MOMENTO DE SUA DISSOLUÇÃO IRREGULAR. INEXISTÊNCIA DE EXERCÍCIO DA ADMINISTRAÇÃO, QUANDO DA OCORRÊNCIA DO FATO GERADOR DO TRIBUTO INADIMPLIDO OU DO SEU VENCIMENTO. IRRELEVÂNCIA... II. Trata-se de Recurso Especial, interposto pela Fazenda Nacional, contra acórdão do Tribunal de origem que, ao negar provimento ao Agravo de Instrumento, manteve a decisão que, em Execução Fiscal, havia indeferido o requerimento de inclusão, no polo passivo do feito executivo, de sócio que, embora haja ingressado no quadro social em 31/07/2012, após a ocorrência do fato gerador do tributo inadimplido, de dezembro de 2007 a setembro de 2010, detinha poderes de administração da pessoa jurídica executada, à época em que presumida a sua dissolução irregular, em 14/03/2014, quando não localizada no seu domicílio fiscal, conforme certidão do Oficial de Justiça. III. O tema ora em apreciação, submetido ao rito dos recursos especiais representativos de controvérsia, nos termos dos arts. 1.036 a 1.041 do CPC/2015, restou assim delimitado: 'À luz do art. 135, III, do CTN, o redirecionamento da Execução Fiscal, quando fundado na hipótese de dissolução irregular da sociedade empresária executada ou de presunção de sua ocorrência (Súmula 435/STJ), pode ser autorizado contra: (i) o sócio com poderes de administração da sociedade, na data em que configurada a sua dissolução irregular ou a presunção de sua ocorrência (Súmula 435/STJ), e que, concomitantemente, tenha exercido poderes de gerência, na data em que ocorrido o fato gerador da obrigação tributária não adimplida; ou (ii) o sócio com poderes de administração da sociedade, na data em que configurada a sua dissolução irregular ou a presunção de sua ocorrência (Súmula 435/STJ), ainda que não tenha exercido poderes de gerência, na data em que ocorrido o fato gerador do tributo não adimplido'. IV. No exercício da atividade econômica, ocorre amiúde, em razão de injunções várias, o inadimplemento de obrigações assumidas por pessoas jurídicas. Não é diferente na esfera tributária. Embora se trate inegavelmente de uma ofensa a bem jurídico da Administração tributária, o desvalor jurídico do inadimplemento não autoriza, por si só, a responsabilização do sócio-gerente. Nesse sentido, aliás, o enunciado 430 da Súmula do STJ – em cuja redação se lê que 'o inadimplemento da obrigação tributária pela sociedade não gera, por si só, a responsabilidade solidária do sócio-gerente' –, bem como a tese firmada no REsp repetitivo 1.101.728/SP (Rel. Ministro Teori Zavascki, Primeira Seção, *DJe* de 23/03/2009), que explicita que 'a simples falta de pagamento do tributo não configura, por si só, nem em tese, circunstância que acarreta a responsabilidade subsidiária do sócio, prevista no art. 135 do CTN. É indispensável, para tanto, que tenha agido com excesso de pode-

res ou infração à lei, ao contrato social ou ao estatuto da empresa' (Tema 97 do STJ). V. Tal conclusão é corolário da autonomia patrimonial da pessoa jurídica. Se, nos termos do art. 49-A, *caput*, do Código Civil, incluído pela Lei 13.874/2019, 'a pessoa jurídica não se confunde com os seus sócios, associados, instituidores ou administradores', decorre que o simples inadimplemento de tributos não pode gerar, por si só, consequências negativas no patrimônio dos sócios. Como esclarece o parágrafo único do aludido artigo, a razão de ser da autonomia patrimonial, 'instrumento lícito de alocação e segregação de riscos', é 'estimular empreendimentos, para a geração de empregos, tributo, renda e inovação em benefício de todos'. Naturalmente, a autonomia patrimonial não é um fim em si, um direito absoluto e inexpugnável. Por isso mesmo, a legislação, inclusive a civil, comercial, ambiental e tributária estabelece hipóteses de responsabilização dos sócios e administradores por obrigações da pessoa jurídica. No Código Tributário Nacional, entre outras hipóteses, destaca-se a do inciso III do seu art. 135, segundo o qual 'são pessoalmente responsáveis pelos créditos correspondentes a obrigações tributárias resultantes de atos praticados com excesso de poderes ou infração de lei, contrato social ou estatutos [...] os diretores, gerentes ou representantes de pessoas jurídicas de direito privado'. VI. A jurisprudência do Superior Tribunal de Justiça há muito consolidou o entendimento no sentido de que 'a não localização da empresa no endereço fornecido como domicílio fiscal gera presunção *iuris tantum* de dissolução irregular', o que torna possível a 'responsabilização do sócio-gerente a quem caberá o ônus de provar não ter agido com dolo, culpa, fraude ou excesso de poder' (EREsp 852.437... 2008). A matéria, inclusive, é objeto do enunciado 435 da Súmula do STJ: 'Presume-se dissolvida irregularmente a empresa que deixar de funcionar no seu domicílio fiscal, sem comunicação aos órgãos competentes, legitimando o redirecionamento da execução fiscal para o sócio-gerente'. VII. O Plenário do STF, ao julgar, sob o regime de repercussão geral, o Recurso Extraordinário 562.276..., correspondente ao tema 13 daquela Corte, deixou assentado que 'essencial à compreensão do instituto da responsabilidade tributária é a noção de que a obrigação do terceiro, de responder por dívida originariamente do contribuinte, jamais decorre direta e automaticamente da pura e simples ocorrência do fato gerador do tributo [...] O pressuposto de fato ou hipótese de incidência da norma de responsabilidade, no art. 135, III, do CTN, é a prática de atos, por quem esteja na gestão ou representação da sociedade com excesso de poder ou infração à lei, contrato social ou estatutos e que tenham implicado, se não o surgimento, ao menos o inadimplemento de obrigações tributárias'. VIII. No Recurso Especial repetitivo 1.371.128..., sob a rubrica do tema 630, a Primeira Seção do STJ assentou a possibilidade de redirecionamento da execução fiscal ao sócio-gerente, nos casos de dissolução irregular da pessoa jurídica executada, não apenas nas execuções fiscais de dívida ativa tributária, mas também nas de dívida ativa não tributária. O voto condutor do respectivo acórdão registrou que a Súmula 435/STJ 'parte do pressuposto de que a dissolução irregular da empresa é causa suficiente para o redirecionamento da execução fiscal para o sócio-gerente' e que 'é obrigação dos gestores das empresas manter atualizados os respectivos cadastros, incluindo os atos relativos à mudança de endereço dos estabelecimentos e, especialmente, referentes à dissolução da sociedade. A regularidade desses registros é exigida para que se demonstre que a sociedade dissolveu-se de forma regular, em obediência aos ritos e formalidades previstas nos arts. 1.033 a 1.038 e arts. 1.102 a 1.112, todos do Código Civil de 2002 – onde é prevista a liquidação da sociedade com o pagamento dos credores em sua ordem de preferência - ou na forma da Lei 11.101/2005, no caso de falência. A desobediência a tais ritos caracteriza infração à lei'. IX. No âmbito da Primeira Turma do STJ está consolidado entendimento no sentido de que, 'embora seja necessário demonstrar quem ocupava o posto de gerente no momento da dissolução, é necessário, antes, que aquele responsável pela dissolução tenha sido também, simultaneamente, o detentor da gerência na oportunidade do vencimento do tributo'. Isso porque 'só se dirá responsável o sócio que, tendo poderes para tanto, não pagou o tributo (daí exigir-se seja demonstrada a detenção de gerência no momento do vencimento do débito) e que, ademais, conscientemente optou pela irregular dissolução da sociedade (por isso, também exigível a prova da permanência no momento da dissolução irregular)'... X. A Segunda Turma do STJ, embora, num primeiro momento, adotasse entendimento idêntico, no sentido de que 'não é possível o redirecionamento da execução fiscal em relação a sócio que não integrava a sociedade à época dos fatos geradores e no momento da dissolução irregular da empresa executada'..., veio, posteriormente, a adotar ótica diversa. Com efeito, no julgamento, em 16/06/2015, do REsp 1.520.257/SP..., a Segunda Turma, ao enfrentar hipótese análoga à ora em julgamento, passou a condicionar a responsabilização pessoal do sócio-gerente a um único requisito, qual seja, encontrar-se o referido sócio no exercício da administração da pessoa jurídica executada no momento de sua dissolução irregular ou da prática de ato que faça presumir a dissolução irregular. O fundamento para tanto consiste na conjugação do art. 135, III, do CTN com o enunciado 435 da Súmula do Superior Tribunal de Justiça. De fato, na medida em que a hipótese que desencadeia a responsabilidade tributária é a infração à lei, evidenciada pela dissolução irregular da pessoa jurídica executada, revela-se indiferente o fato de o sócio-gerente responsável pela dissolução irregular não estar na administração da pessoa jurídica à época do fato gerador do tributo inadimplido. Concluiu a Segunda Turma, no aludido REsp 1.520.257/SP, alterando sua jurisprudência sobre o assunto, que 'o pedido de redirecionamento da execução fiscal, quando fundado na dissolução irregular ou em ato que presuma sua ocorrência – encerramento das atividades empresariais no domicílio fiscal, sem comunicação aos órgãos competentes (Súmula 435/STJ) –, pressupõe a permanência do sócio na administração da sociedade no momento dessa dissolução ou do ato presumidor de sua ocorrência, uma vez que, nos termos do art. 135, caput, III, CTN, combinado com a orientação constante da Súmula 435/STJ, o que desencadeia a responsabilidade tributária é a infração de lei evidenciada na existência ou presunção de ocorrência de referido fato. Consideram-se irrelevantes para a definição da responsabilidade por dissolução irregular (ou sua presunção) a data da ocorrência do fato gerador da obrigação tributária, bem como o momento em que vencido o prazo para pagamento do respectivo débito'. Após a mudança jurisprudencial, o novo entendimento foi rea-

firmado noutras oportunidades... XI. Além das pertinentes considerações feitas pelo Ministro OG FERNANDES, no sentido de que o fato ensejador da responsabilidade tributária é a dissolução irregular da pessoa jurídica executada ou a presunção de sua ocorrência – o que configura infração à lei, para fins do art. 135, III, do CTN –, é preciso observar que a posição da Primeira Turma pode gerar uma estrutura de incentivos não alinhada com os valores subjacentes à ordem tributária, sobretudo o dever de pagar tributos. Com efeito, o entendimento pode criar situação em que, mesmo diante da ocorrência de um ilícito, previsto no art. 135, III, do CTN, inexistirá sanção, em hipótese em que, sendo diversos os sócios-gerentes ou administradores, ao tempo do fato gerador do tributo inadimplido e ao tempo da dissolução irregular da pessoa jurídica executada, a responsabilidade tributária não poderia ser imputada a qualquer deles. XII. Ademais, o entendimento da Segunda Turma encontra respaldo nas razões de decidir do Recurso Especial repetitivo 1.201.993..., no qual se discutiu a prescrição para o redirecionamento da execução fiscal e no qual o Relator consignou que 'o fundamento que justificou a orientação adotada é que a responsabilidade tributária de terceiros, para os fins do art. 135 do CTN, pode resultar tanto do ato de infração à lei do qual resulte diretamente a obrigação tributária, como do ato infracional praticado em momento posterior ao surgimento do crédito tributário que inviabilize, porém, a cobrança do devedor original. [...] ou seja, a responsabilidade dos sócios com poderes de gerente, pelos débitos empresariais, pode decorrer tanto da prática de atos ilícitos que resultem no nascimento da obrigação tributária como da prática de atos ilícitos ulteriores à ocorrência do fato gerador que impossibilitem a recuperação do crédito tributário contra o seu devedor original'. XIII. Tese jurídica firmada: 'O redirecionamento da execução fiscal, quando fundado na dissolução irregular da pessoa jurídica executada ou na presunção de sua ocorrência, pode ser autorizado contra o sócio ou o terceiro não sócio, com poderes de administração na data em que configurada ou presumida a dissolução irregular, ainda que não tenha exercido poderes de gerência quando ocorrido o fato gerador do tributo não adimplido, conforme art. 135, III, do CTN.'... XV. Recurso julgado sob a sistemática dos recursos especiais representativos de controvérsia (art. 1.036 e seguintes do CPC/2015 e art. 256-N e seguintes do RISTJ)" (STJ, REsp 1.645.333, 2022).

– **Tema 946 do STJ:** (CANCELADO) "Definir a identificação do sócio-gerente contra quem pode ser redirecionada a Execução Fiscal em caso de dissolução irregular, isto é, se contra o responsável à época do fato gerador ou à época do encerramento ilícito das atividades empresariais". Decisão em 2015.

– "A jurisprudência tem identificado como ato contrário à lei, caracterizador da responsabilidade pessoal do sócio-gerente, a dissolução irregular da sociedade, aquela em que, não obstante a existência de débitos, os bens sociais são liquidados sem o processo próprio; a presunção aí é a de que o patrimônio social foi distraído em benefício dos sócios, em detrimento dos credores. Recurso especial não conhecido" (STJ, REsp 153.441, 2001).

– "... a Fazenda Pública poderá redirecionar a execução fiscal contra os sócios administradores da sociedade que praticaram o ato de encerramento irregular da sociedade sem pagar os tributos devidos. É evidente que esse fato constitui infração à lei bem como é contrário ao estatuto da sociedade, pois nenhum estatuto social pode prever o encerramento da sociedade sem o pagamento de seus tributos. Configurando infração à lei, bem como sendo contrário ao estatuto social da sociedade, resta presente a situação hipotética prevista no art. 135, III, do Código Tributário Nacional" (MARTINS, Adriano Vidigal. A contagem do prazo prescricional do crédito tributário em relação aos sócios administradores. *RDDT* 216/7, 2013).

⇒ **Não é responsável em razão da dissolução irregular o sócio que se retirou da sociedade e que não deu causa à irregularidade. Tema 962 do STJ:** "O redirecionamento da execução fiscal, quando fundado na dissolução irregular da pessoa jurídica executada ou na presunção de sua ocorrência, não pode ser autorizado contra o sócio ou o terceiro não sócio que, embora exercesse poderes de gerência ao tempo do fato gerador, sem incorrer em prática de atos com excesso de poderes ou infração à lei, ao contrato social ou aos estatutos, dela regularmente se retirou e não deu causa à sua posterior dissolução irregular, conforme art. 135, III, do CTN". Decisão do mérito em 2021.

– "REDIRECIONAMENTO DA EXECUÇÃO FISCAL, NA HIPÓTESE DE DISSOLUÇÃO IRREGULAR DA PESSOA JURÍDICA EXECUTADA. IMPOSSIBILIDADE DE SER CONSIDERADO COMO RESPONSÁVEL TRIBUTÁRIO O SÓCIO OU O TERCEIRO NÃO SÓCIO QUE, APESAR DE EXERCER A GERÊNCIA DA PESSOA JURÍDICA EXECUTADA, À ÉPOCA DO FATO GERADOR, DELA REGULARMENTE SE AFASTOU, SEM DAR CAUSA À SUA POSTERIOR DISSOLUÇÃO IRREGULAR. TEMA 962/STJ. RECURSO ESPECIAL IMPROVIDO... II. No acórdão recorrido, ao manter a decisão monocrática do Relator, em 2º Grau, que, com fundamento no art. 557, *caput*, do CPC/73, negara seguimento ao Agravo de Instrumento interposto pela Fazenda Nacional, o Tribunal de origem confirmou o decisum que, nos autos da Execução Fiscal, havia indeferido o requerimento de inclusão, no polo passivo do feito executivo, de sócio que, embora tivesse poder de gerência da pessoa jurídica executada, à época do fato gerador, sem incorrer em prática de atos com excesso de poderes ou infração à lei, ao contrato social ou aos estatutos, dela regularmente se afastara, sem dar causa, portanto, à sua posterior dissolução irregular. O acórdão recorrido não registra e a recorrente não alega a prática de qualquer ato ilícito, pelo ex-sócio, quando da ocorrência do fato gerador. No Recurso Especial a Fazenda Nacional sustenta a possibilidade de redirecionamento da execução fiscal, na hipótese de dissolução irregular da pessoa jurídica executada, contra o sócio que exercia a sua gerência ao tempo do fato gerador e dela regularmente se retirara, antes da sua dissolução irregular, não lhe dando causa. III. A controvérsia ora em apreciação, submetida ao rito dos recursos especiais repetitivos, nos termos dos arts. 1.036 a 1.041 do CPC/2015, restou assim delimitada: 'Possibilidade de redirecionamento da execução fiscal contra o sócio que, apesar de exercer a gerência da empresa devedora à época do fato tributário, dela regularmente se afastou, sem dar causa, portanto, à posterior dissolução irregular da sociedade empresária' (Tema 962/

STJ). IV. A Primeira Seção do STJ, ao julgar, sob o rito dos recursos repetitivos, o Recurso Especial 1.101.728/SP (Rel. Ministro Teori Albino Zavascki, *DJe* de 23/03/2009), fixou a tese de que 'a simples falta de pagamento do tributo não configura, por si só, nem em tese, circunstância que acarreta a responsabilidade subsidiária do sócio, prevista no art. 135 do CTN. É indispensável, para tanto, que tenha agido com excesso de poderes ou infração à lei, ao contrato social ou ao estatuto da empresa' (Tema 97 do STJ). No mesmo sentido dispõe a Súmula 430/STJ ('O inadimplemento da obrigação tributária pela sociedade não gera, por si só, a responsabilidade solidária do sócio-gerente'). V. É firme a jurisprudência desta Corte no sentido de que, à luz do art. 135, III, do CTN, não se admite o redirecionamento da execução fiscal, quando fundado na dissolução irregular da pessoa jurídica executada, contra o sócio e o terceiro não sócio que, embora exercessem poderes de gerência ao tempo do fato gerador, sem a prática de ato com excesso de poderes ou infração à lei, ao contrato social ou aos estatutos, dela regularmente se retiraram e não deram causa à sua posterior dissolução irregular. Precedentes do STJ... VI. A própria Fazenda Nacional, embora, a princípio, defendesse a responsabilização do sócio-gerente à época do fato gerador, curvou-se à tese prevalecente no Superior Tribunal de Justiça, como se depreende da alteração da Portaria PGFN 180/2010, promovida pela Portaria PGFN 713/2011. VII. Tese jurídica firmada: 'O redirecionamento da execução fiscal, quando fundado na dissolução irregular da pessoa jurídica executada ou na presunção de sua ocorrência, não pode ser autorizado contra o sócio ou o terceiro não sócio que, embora exercesse poderes de gerência ao tempo do fato gerador, sem incorrer em prática de atos com excesso de poderes ou infração à lei, ao contrato social ou aos estatutos, dela regularmente se retirou e não deu causa à sua posterior dissolução irregular, conforme art. 135, III, do CTN.'... IX. Recurso julgado sob a sistemática dos recursos especiais representativos de controvérsia (art. 1.036 e seguintes do CPC/2015 e art. 256-N e seguintes do RISTJ)" (STJ, REsp 1.377.019, 2021).

– **Prova da gerência tanto no momento do vencimento do débito quanto no da dissolução irregular.** "4. O pedido de redirecionamento da execução fiscal, quando fundado na dissolução irregular da sociedade executada, pressupõe a permanência de determinado sócio na administração da empresa no momento da ocorrência dessa dissolução, que é, afinal, o fato que desencadeia a responsabilidade pessoal do administrador. Ainda, embora seja necessário demonstrar quem ocupava o posto de gerente no momento da dissolução, é necessário, antes, que aquele responsável pela dissolução tenha sido também, simultaneamente, o detentor da gerência na oportunidade do vencimento do tributo. É que só se dirá responsável o sócio que, tendo poderes para tanto, não pagou o tributo (daí exigir seja demonstrada a detenção de gerência no momento do vencimento do débito) e que, ademais, conscientemente optou pela irregular dissolução da sociedade (por isso, também exigível a prova da permanência no momento da dissolução irregular)" (STJ, AgRg no AREsp 383.837, 2013).

– **Do sócio à época da dissolução mesmo quanto a fatos geradores anteriores.** O STJ tem decidido que é possível "redirecionar a execução fiscal contra o sócio-gerente que exercia a gerência por ocasião da dissolução irregular da sociedade contribuinte, independentemente do momento da ocorrência do fato gerador ou da data do vencimento do tributo": STJ, REsp 1.520.257-SP, Rel. Min. Og Fernandes, jun. 2015.

– "2. Nos termos da jurisprudência desta Corte, 'O redirecionamento da execução fiscal, na hipótese de dissolução irregular da sociedade, pressupõe a permanência do sócio na administração da empresa ao tempo da ocorrência da dissolução.' (EAg 1.105.993/RJ, Rel. Min. Hamilton Carvalhido, 1ª Seção, julgado em 13.12.2010, *DJe* 1º/2/2011)" (STJ, AgRg no Ag 1.404.711, 2013).

– **No sentido de que não pode implicar responsabilidade por ilícitos praticados por diretores anteriores.** "Não olvidamos que a dissolução irregular é um ato ilícito e que, por tal razão, merece ser punida. contudo, não o pode ser com o pagamento do débito tributário contraído no interesse da pessoa jurídica, por meio de ato ilícito ou abusivo de outrem, em razão de unicamente possuir poderes na época da dissolução irregular" (TAKANO, Caio Augusto. Análise da Portaria PGFN n. 713/2011 em face da jurisprudência do STJ e do art. 135 do Código Tributário Nacional – Limites à responsabilização dos sócios e administradores. *RDDT* 203/65-78, 2012).

– **Tributos abrangidos.** Se a responsabilidade decorre da dissolução irregular, deve abranger a totalidade dos tributos impagos em razão do desvio ou dilapidação patrimonial ocorrida. Mas o STJ entendeu que não alcança tributos anterior ao ingresso do sócio-gerente: "EXECUÇÃO FISCAL. DISSOLUÇÃO DA SOCIEDADE. FATO GERADOR ANTERIOR AO INGRESSO DO SÓCIO NA SOCIEDADE. REDIRECIONAMENTO. INCABIMENTO... 1. A responsabilidade do sócio, que autoriza o redirecionamento da execução fiscal, ante a dissolução irregular da empresa, não alcança os créditos tributários cujos fatos geradores precedem o seu ingresso na sociedade, como é próprio da responsabilidade meramente objetiva. Precedentes de ambas as Turmas da Primeira Seção do Superior Tribunal de Justiça" (STJ, AgRg no REsp 1.140.372, 2010).

– A **dissolução irregular é causa para o redirecionamento ao sócio-gerente mesmo da execução fiscal de dívida não tributária. Tema 630 do STJ:** "Em execução fiscal de dívida ativa tributária ou não tributária, dissolvida irregularmente a empresa, está legitimado o redirecionamento ao sócio-gerente". Decisão do mérito em 2014.

– "REDIRECIONAMENTO DE EXECUÇÃO FISCAL DE DÍVIDA ATIVA NÃO TRIBUTÁRIA EM VIRTUDE DE DISSOLUÇÃO IRREGULAR DE PESSOA JURÍDICA. POSSIBILIDADE. ART. 10, DO DECRETO N. 3.078/19 E ART. 158, DA LEI N. 6.404/78 – LSA C/C ART. 4º, V, DA LEI N. 6.830/80 – LEF. 1. A mera afirmação da Defensoria Pública da União – DPU de atuar em vários processos que tratam do mesmo tema versado no recurso representativo da controvérsia a ser julgado não é suficiente para caracterizar-lhe a condição de amicus curiae... 2. Consoante a Súmula n. 435/STJ: 'Presume-se dissolvida irregularmente a empresa que deixar de funcionar no seu domicílio fiscal, sem comunicação aos órgãos competentes, legitimando o redirecionamento da execução fiscal para o sócio-gerente'. 3. É obrigação dos gestores das empresas manter atualizados os respectivos cadastros, incluindo os atos relativos à mudança de endereço dos estabelecimentos e, especialmente, referentes à dissolução da sociedade. A regularidade desses registros é exigida para que se demonstre que a sociedade dissolveu-se de forma regular, em obediência aos ritos e formalidades previstas nos arts. 1.033 à 1.038 e arts. 1.102 a 1.112, todos do Código Civil de 2002 – onde é prevista a liquidação da sociedade com o pagamento dos credores em sua ordem de preferência – ou na forma da Lei n. 11.101/2005, no caso de falência. A desobediência a tais ritos caracteriza infração à lei. 4. Não há como compreender que o mesmo fato jurídico 'dissolução irregular' seja considerado ilícito suficiente ao redirecionamento da execução fiscal de débito tributário e não o seja para a execução fiscal de débito não tributário. 'Ubi eadem ratio ibi eadem legis dispositio'. O suporte dado pelo art. 135, III, do CTN, no âmbito tributário é dado pelo art. 10, do Decreto n. 3.078/19 e art. 158, da Lei n. 6.404/78 – LSA no âmbito não tributário, não havendo, em nenhum dos casos, a exigência de dolo. 5. Precedentes... 6. Caso em que, conforme o certificado pelo oficial de justiça, a pessoa jurídica executada está desativada desde 2004, não restando bens a serem penhorados. Ou seja, além do encerramento irregular das atividades da pessoa jurídica, não houve a reserva de bens suficientes para o pagamento dos credores" (STJ, REsp 1.371.128, 2014).

⇒ **Falência. Não é causa de responsabilidade.** A falência não constitui ato ilícito. Não pode, de modo algum, ser invocada para justificar a incidência do art. 135, III, do CTN, com a consequente responsabilização dos sócios. Vide, na nota anterior sobre a dissolução irregular, julgados que dizem expressamente neste sentido. De outro lado, contudo, a falência também não afasta o redirecionamento desde que fundado em outra causa.

– "2. A decretação de falência não autoriza o redirecionamento da execução fiscal. Nestes casos, a responsabilidade é inteiramente da empresa extinta com o aval da Justiça, sem ônus para os sócios, exceto em casos de comportamento fraudulento, fato não constatado pelo Tribunal de origem" (STJ, AgRg no REsp 1.062.182, 2008).

– **Não implica responsabilidade, mas não afasta a responsabilização por outra causa.** "EXECUÇÃO FISCAL CONTRA EMPRESA FALIDA. ENCERRAMENTO DA AÇÃO DE FALÊNCIA POR INSUFICIÊNCIA PATRIMONIAL. REDIRECIONAMENTO. NOME DOS CORRESPONSÁVEIS NA CDA. POSSIBILIDADE. 1. Hipótese em que o Tribunal de origem indeferiu o requerimento de suspensão do feito com base no art. 40 da Lei 6.830/1980, bem como o redirecionamento da Execução Fiscal contra os sócios cujo nome consta da CDA, ao fundamento de que o encerramento da Ação Falimentar, por inexistência de bens, torna regular a dissolução societária. 2. Não há violação do art. 40 da LEF, tendo em vista que a suspensão da Execução Fiscal somente ocorre quando não localizado o devedor ou bens passíveis de constrição. Na situação em análise, o devedor foi encontrado (a massa falida é representada pelo síndico) e verificou-se ausência de bens. 3. A inaplicabilidade do dispositivo acima citado, contudo, não implica autorização para imediata extinção da Execução Fiscal quando o nome do(s) sócio(s) estiver na CDA. 4. A questão da corresponsabilidade pelo pagamento da dívida ativa da Fazenda Pública é matéria estranha à competência do juízo falimentar, razão pela qual a sentença que decreta a extinção da falência, por não haver patrimônio apto para quitação do passivo, não constitui, por si só, justa causa para o indeferimento do pedido de redirecionamento, ou para a extinção da Execução Fiscal. 5. Consequentemente, o redirecionamento deve ser solucionado de acordo com a interpretação conferida pelo STJ: a) se o nome dos corresponsáveis não estiver incluído na CDA, cabe ao ente público credor a prova da ocorrência de uma das hipóteses listadas no art.135 do CTN; b) constando o nome na CDA, prevalece a presunção de legitimidade de que esta goza, invertendo-se o ônus probatório (orientação reafirmada no julgamento do REsp 1.104.900/ES, sob o rito dos recursos repetitivos)" (STJ, REsp 904.131, 2009).

– Ausência de requerimento da autofalência não implica por si só responsabilidade. "SÓCIO – RESPONSABILIDADE – AUTOFALÊNCIA – INOCORRÊNCIA... 2. Esta Corte já fixou o entendimento, por ambas as Turmas da Seção de Direito Público, que a omissão na decretação da autofalência não configura, por si, hipótese de ofensa à lei para fins do art. 135, III, do CTN" (STJ, REsp 862.585, 2008).

– "3. A ofensa à lei, que pode ensejar a responsabilidade do sócio, nos termos do art. 135, III, do CTN, é a que tem relação direta com a obrigação tributária objeto da execução. Não se enquadra nessa hipótese o descumprimento do dever legal do administrador de requerer a autofalência (art. 8º do Decreto-lei n. 7661/45)" (STJ, REsp 512.688, 2004).

– Requerimento de autofalência. Vide nota ao art. 187 do CTN.

– Requerimento da falência pelo Fisco. Vide nota ao art. 187 do CTN.

I – as pessoas referidas no artigo anterior;

⇒ **Pessoas referidas no art. 134.** Na hipótese deste inciso, a responsabilidade de tais pessoas será originária, e não apenas subsidiária como quando sujeitas à incidência do art. 134 do CTN.

– Entendendo que estabelece responsabilidade solidária no caso de prática de ilícito. "O único sentido possível do inciso I do art. 135 do CTN é o seguinte: os responsáveis subsidiários do art. 134, caso pratiquem ilicitude, passam a ter responsabilidade solidária, respondendo juntamente com a pessoa jurídica independentemente de haver 'impossibilidade de exigência do cumprimento da obrigação principal' por parte desta; nesse caso, a responsabilidade subsidiária cede espaço para a responsabilidade solidária, que é mais rigorosa" (LOPES, Anselmo Henrique Cordeiro. A responsabilidade tributária dos administradores. *RFDT* 36/155, 2008).

– Infringência à lei pelo tabelião. "Excede os poderes ou infringe a lei quando o tabelião de notas lavra, por exemplo, um determinado ato extrapolando os limites de sua competência fixados na Lei n. 8.935, de 18-11-1994, que regula e disciplina a responsabilidade civil e criminal dos notários e dos oficiais de registros e de seus prepostos. O mesmo acontece com o escrivão que pratica o ato exercendo aos limites previstos na Lei de Organização Judiciária aplicável. A infração de norma contratual ou estatutária não diz respeito a tabeliães e escrivães, mas apenas a diretores, gerentes ou representantes de pessoas jurídicas de direito privado referidos no inciso III do art. 135 (HARADA, Kiyoshi. *ITBI:* doutrina e prática. São Paulo: Atlas, 2010, p. 160).

II – os mandatários, prepostos e empregados;

⇒ **Bingos.** O art. 61 da Lei n. 9.615/98 dispunha no sentido de que os bingos funcionarão sob responsabilidade exclusiva das entidades desportivas, mesmo que a administração da sala fosse entregue a empresa comercial idônea. Atualmente, tal artigo está revogado pela Lei n. 9.981/2000. Vide, ainda, a MP n. 2.123-29/2001.

– Caso haja omissão de receitas por parte da empresa comercial, sem que o clube disso tenha conhecimento nem benefício, responderá a empresa com exclusividade, enquanto mandatária que praticou por atos com excesso de poderes e infração à lei.

– Na hipótese de o clube ser também beneficiado pela evasão ilícita, a responsabilidade pelo cumprimento da obrigação tributária e pelas penalidades será solidária, podendo ser exigida tanto da empresa quanto do clube, forte no art. 124 do CTN.

III – os diretores, gerentes ou representantes de pessoas jurídicas de direito privado.

⇒ **Não se confunde com a responsabilidade subsidiária do art. 134, VII, do CTN.** "3. Nos termos do art. 134 do Código Tributário Nacional, a responsabilidade é subsidiária – em função da impossibilidade do cumprimento pelo contribuinte – e decorre da intervenção em algum ato, ou da omissão, por parte unicamente das pessoas relacionadas no próprio artigo. 4. Em atenção ao disposto no inciso VII, do art. 134 do CTN, a responsabilidade, em decorrência de liquidação de sociedade, somente pode ser atribuída aos sócios das sociedades de pessoas. Para as sociedades de capital, no caso de liquidação, inexiste autorização legal de responsabilização dos sócios. 5. O art. 135 do CTN retrata modalidade de responsabilização direta e exclusiva de terceiros e, consequentemente, caso de exclusão da responsabilidade da sociedade para aquele exclusivo fato – imposição que só pode ocorrer quando comprovado, pela Fazenda Pública, o excesso de poderes ou a infração à lei comercial ou tributária, quando esta última tipifica, por exemplo, condutas que configurem crimes contra a ordem tributária" (CANAZARO, Fábio. A responsabilidade tributária dos sócios e dos dirigentes em relação ao passivo tributário da sociedade cooperativa. *RDDT* 145/23, 2007).

⇒ **Diretores, gerentes ou representantes de pessoas jurídicas de direito privado.** Entende-se que a responsabilização exige que as pessoas indicadas tenham praticado diretamente ou tolerado a prática do ato abusivo e ilegal quando em posição de influir para a sua não ocorrência. A mera condição de sócio é insuficiente, pois a condução da sociedade é premissa inafastável. Também por isso, não é possível responsabilizar pessoalmente o diretor ou o gerente por atos praticados em período anterior ou posterior a sua gestão.

– "Não é necessário que o responsável pelo débito tributário seja sócio da sociedade, bastando alcançar a função de gerente com poderes de administração. O empregado com poderes de gerência e que pratica algum dos atos mencionados no art. 135, *caput*, do Código Tributário Nacional pode ser responsabilizado com seu patrimônio pessoal pelo pagamento do crédito tributário. O pré-requisito da responsabilização tributária é o exercício da gerência e não a condição de sócio da pessoa jurídica de direito privado" (MARTINS, Adriano Vidigal. A contagem do prazo prescricional do crédito tributário em relação aos sócios administradores. *RDDT* 216/7, 2013).

– **Dirigente de pessoa jurídica de direito público.** Não é alcançado pelo disposto no art. 135, III, do CTN.

– **Súmula CARF 65:** "Inaplicável a responsabilidade pessoal do dirigente de órgão público pelo descumprimento de obrigações acessórias, no âmbito previdenciário, constatadas na pessoa jurídica de direito público que dirige".

– **Sócio. Necessidade da prática de atos de direção ou gerência.** ".. SOCIEDADE LIMITADA. DISSOLUÇÃO. SÓCIO GERENTE. RESPONSABILIDADE TRIBUTÁRIA. LIMITES... 2. Cuida o presente caso de se buscar definição acerca da possibilidade de se cobrar integralmente de ex-sócio de uma empresa tributo por ela não recolhido, quando o mesmo não exercia mais atos de administração da mesma, reclamando-se ofensa ao artigo 135, do CTN. [...] 4. A solidariedade do sócio pela dívida da sociedade só se manifesta, todavia, quando comprovado que, no exercício de sua administração, praticou os atos elencados na forma do art. 135, *caput*, do CTN. Há impossibilidade, pois, de se cogitar na atribuição de responsabilidade substitutiva quando sequer estava o sócio investido das funções diretivas da sociedade. 5. *In casu*, a execução abrange período anterior à época de responsabilidade do embargado; as dívidas anteriores (ou posteriores) à permanência do sócio na empresa não podem, via de regra, atingi-lo, até mesmo porque ausente qualquer prova de liame entre o embargado e dos fatos geradores dos períodos restantes" (STJ, AgRg EDivREsp 109.639, 1999).

– **Não é suficiente ser representante legal da empresa.** Súmula CARF n. 88: A Relação de Corresponsáveis – CORESP", o "Relatório de Representantes Legais – RepLeg" e a "Relação de Vínculos – VÍNCULOS", anexos a auto de infração previdenciário lavrado unicamente contra pessoa jurídica, não atribuem responsabilidade tributária às pessoas ali indicadas nem comportam discussão no âmbito do contencioso administrativo fiscal federal, tendo finalidade meramente informativa. Aprovada em 2012.

– **Exercício da gerência. Presunção.** "TRIBUTÁRIO – EMBARGOS À EXECUÇÃO FISCAL – RESPONSABILIDADE TRIBUTÁRIA – SÓCIOS – GERÊNCIA – FALTA DE COMPROVAÇÃO... Não havendo comprovação de quem exercia os atos de gerência da empresa, presume-se que todos os sócios exerciam a função" (TRF4, 1998.04.01.057898-8, 1999).

– **Retirada de sócio.** "SOCIEDADE ANÔNIMA. RESPONSABILIDADE TRIBUTÁRIA. ART. 135, III, CTN. DIRE-

TOR. AUSÊNCIA DE PROVA DE INFRAÇÃO À LEI OU ESTATUTO. 1. Os bens do sócio de uma pessoa jurídica comercial não respondem, em caráter solidário, por dívidas fiscais assumidas pela sociedade. 2. A responsabilidade tributária imposta por sócio-gerente, administrador, diretor ou equivalente só se caracteriza quando há dissolução irregular da sociedade ou se comprova infração à lei praticada pelo dirigente. 3. Não é responsável por dívida tributária, no contexto do art. 135, III, CTN, o sócio que se afasta regularmente da sociedade comercial, sem ocorrer extinção ilegal da empresa, nem tendo sido comprovado que praticou atos com excesso de mandato ou infração à lei, contrato social ou estatutos. 4. Empresa que continuou em atividade após a retirada do sócio. Dívida fiscal, embora contraída no período em que o mesmo participava, de modo comum com os demais sócios, da administração da empresa, porém, só apurada e cobrada posteriormente. 5 Não ficou demonstrado que o embargado, embora sócio-administrador em conjunto com os demais sócios, tenha sido o responsável pelo não pagamento do tributo no vencimento. Não há como, hoje, após não integrar o quadro social da empresa, ser responsabilizado. 6. Embargos de divergência rejeitados" (STJ, EdivREsp 100.739, 2000).

– **Retirada posterior aos fatos geradores. Irrelevância.** "SAÍDA DO SÓCIO. A saída do sócio, quando em momento posterior ao surgimento das obrigações tributárias, não afasta, por si, a análise da sua eventual responsabilidade pessoal pela dívida. [...]" (TRF4, AC 199971100062805, 2003).

– **Comprovação da retirada pelo registro na Junta Comercial.** "RESPONSABILIDADE DO SÓCIO. RETIRADA. NATUREZA DO DÉBITO. MULTA. Somente se exime da responsabilidade tributária o sócio ou administrador que comprova a sua retirada devidamente registrada na Junta Comercial em época anterior a da ocorrência do fato gerador. Hipótese em que restou demonstrado a dívida refere-se a contribuições devidas à Previdência Social, incidentes sobre a remuneração de empregados, descontadas e não recolhidas no prazo legal, no período de 04-94 a 11-94, sendo que a retirada ocorreu em 05-95. Multa reduzida em razão da aplicação do art. 35 da Lei n. 8.212/91, com a redação dada pela Lei n. 9.528/97" (TRF4, AC 1998.04.01.052586-8, 1999). Obs.: sobre a impossibilidade de se responsabilizar sócio que já não mais integrava a sociedade, vide acórdão da 1ª Seção do STJ, cuja ementa é transcrita acima como primeira referência desta nota.

– **Membro do Conselho de Administração.** "MEMBRO DE CONSELHO DE ADMINISTRAÇÃO DE SOCIEDADE ANÔNIMA. Inaplicabilidade do art. 135, III do CTN e art. 8º do Decreto n. 1.736/79. Inexistência de RESPONSABILIDADE tributária. 1. Membro do Conselho de Administração de sociedade anônima não realiza atos de execução ou de representação da empresa, integrando órgão deliberativo da companhia. 2. O impetrante não se enquadra na figura do acionista controlador, isto é, aquele que detém a maioria do capital votante da sociedade. 3. Inaplicabilidade do art. 135, III do CTN e art. 8º do Decreto n. 1.736/79, face à inexistência de responsabilidade tributária. 4. Recurso de apelação e remessa oficial improvidas" (TRF4, AMS 1998.04.01.056538-6, 2000).

– "... apenas quem está na administração executiva, é diretor ou gerente ou representante de direito privado, pode ser responsabilizado. Não os conselheiros que, como o próprio nome indica, podem dar conselhos administrativos, mas não exercem a administração da empresa, esta exercida pelos diretores, gerentes ou procuradores" (Ives Gandra da Silva Martins, Responsabilidade tributária/conselho de administração que não praticou ato de gestão/inaplicabilidade do artigo 135 do CTN à hipótese/outras questões processuais, em *RDDT* 27, 1997).

– **Pela desnecessidade da demonstração de que tenham sido gestores no período da dívida.** "EXECUÇÃO FISCAL. CITAÇÃO DOS SÓCIOS. REGIME JURÍDICO. 1. A citação dos sócios-gerentes na execução fiscal, como responsáveis tributários por substituição, prescinde da demonstração, por parte do exequente, de que tenham sido gestores da entidade executada no período de geração da dívida. 2. Eventual defesa nesse sentido deve ficar diferida para eventuais embargos do devedor, não devendo o juiz, antes disso, ter ingerência no assunto. 3. Provimento do agravo de instrumento" (TRF1, AI 1998.01.00.059459-4, 1999).

– **Responsabilidade do administrador na Lei das S.A.** Vide art. 158 da Lei n. 6.404/76.

⇒ **Responsabilidade do art. 13 da Lei 8.620/93.** Vide nota ao art. 124, II, do CTN e ao art. 204 do CTN.

⇒ **Responsabilidade dos acionistas controladores, diretores, gerentes ou representantes de pessoas jurídicas relativamente ao IPI e ao IRRF.** Vide nota ao art. 124, II, do CTN.

⇒ **Redirecionamento da execução contra os sócios.** É muito comum o ajuizamento de execução, com a tentativa de satisfação dos créditos perante a pessoa jurídica, e, sucessivamente, na hipótese de não ser encontrada ou não haver bens suficientes, a Exequente requerer o redirecionamento da execução contra os sócios, ou seja, a citação destes para que respondam em nome próprio pelo débito. Isso diz respeito à legitimidade passiva para a execução, que é condição da ação passível de conhecimento de ofício pelo Juiz e enseja a defesa dos supostos responsáveis inclusive quanto à caracterização ou não da sua responsabilidade. Assim, cabe verificar se o próprio título (CDA) já refere, ou não, os responsáveis e indica fundamentação e o processo administrativo em que apurada. Isso porque o título não pode inovar, devendo corresponder ao conteúdo do termo de inscrição em dívida ativa que, por sua vez, deve ser espelho daquilo que tenha sido apurado no processo administrativo fiscal. A presunção de certeza da CDA, pois, pressupõe a prévia verificação da responsabilidade em processo administrativo regular em que assegurada a defesa do suposto responsável.

– Há forte posicionamento jurisprudencial no sentido da suficiência da demonstração pelo Exequente, por petição nos próprios autos da execução, de que o sócio exerceu a gerência na época da ocorrência do fato gerador da obrigação tributária e que a obrigação decorre de atos praticados com excesso de poderes ou infração de lei, contrato social ou estatutos, de modo a ensejar a incidência do art. 135, III, do CTN.

– **Verificação e declaração da responsabilidade.** Tendo em conta que se cuida de responsabilidade pessoal decorrente da prática de ilícito, impende que seja apurada não apenas a ocorrência do fato gerador, mas também a ocorrência do próprio ilícito que faz com surgir para o terceiro a obrigação de responder pelo débito. Ou seja, o pressuposto de fato específico da responsabilidade tem de ser devidamente apurado administrativamente, oportunizando-se ao suposto responsável o direito de defesa já na esfera administrativa. A Portaria RFB n. 2.284/2010 dispõe sobre os procedimentos a serem adotados nesses casos, valendo ressaltar que deve ser oportunizado aos responsáveis contestarem tanto o débito como o vínculo e responsabilidade. É-lhes assegurado, ainda, a possibilidade de pagamento voluntário antes da inscrição em dívida ativa.

– **Súmula CARF 71:** "Todos os arrolados como responsáveis tributários na autuação são parte legítima para impugnar e recorrer acerca da exigência do crédito tributário e do respectivo vínculo de responsabilidade" (2012).

– **Súmula CARF 172:** "A pessoa indicada no lançamento na qualidade de contribuinte não possui legitimidade para questionar a responsabilidade imputada a terceiros pelo crédito tributário lançado" (2021).

– Caberá ao próprio terceiro, notificado no auto de infração que lhe tenha imputado a responsabilidade, nos termos da Instrução Normativa RFB n. 1.862/2018, defender-se, impugnando tanto o crédito tributário como o vínculo de responsabilidade.

– **IN RFB n. 1.862/2018:** "Dispõe sobre o procedimento de imputação de responsabilidade tributária no âmbito da Secretaria da Receita Federal do Brasil... Art. 1º Esta Instrução Normativa dispõe sobre a imputação de responsabilidade tributária no âmbito da Secretaria da Receita Federal do Brasil (RFB). Parágrafo único. Para fins do disposto nesta Instrução Normativa, considera-se que: I – a responsabilidade tributária pressupõe a existência da regra-matriz de incidência tributária, referente à obrigação tributária, e da regra-matriz de responsabilidade tributária; II – a imputação de responsabilidade tributária é o procedimento administrativo para atribuir responsabilidade tributária a terceiro que não consta da relação tributária como contribuinte ou como substituto tributário, nas hipóteses legais. CAPÍTULO I DA IMPUTAÇÃO DA RESPONSABILIDADE TRIBUTÁRIA EM PROCEDIMENTO FISCAL. Seção I. Imputação de Responsabilidade na Constituição do Crédito Tributário Art. 2º O Auditor-Fiscal da Receita Federal do Brasil que identificar hipótese de pluralidade de sujeitos passivos na execução de procedimento fiscal relativo a tributos administrados pela RFB deverá formalizar a imputação de responsabilidade tributária no lançamento de ofício. Parágrafo único. Não será exigido Termo de Distribuição de Procedimento Fiscal (TDPF) para a imputação de responsabilidade tributária. Art. 3º Na hipótese de imputação de responsabilidade tributária, o lançamento de ofício deverá conter também: I – a qualificação das pessoas físicas ou jurídicas a quem se atribua a sujeição passiva; II – a descrição dos fatos que caracterizam a responsabilidade tributária; III – o enquadramento legal do vínculo de responsabilidade decorrente dos fatos a que se refere o inciso II; e IV – a delimitação do montante do crédito tributário imputado ao responsável. Parágrafo único. O Auditor-Fiscal da Receita Federal do Brasil deverá reunir as provas indispensáveis à comprovação da responsabilidade tributária. Art. 4º Todos os sujeitos passivos autuados deverão ser cientificados do auto de infração, com abertura do prazo estabelecido no inciso V do art. 10 do Decreto n. 70.235, de 6 de março de 1972, para que a exigência seja cumprida ou para que cada um deles apresente impugnação. § 1º A impugnação a que se refere o caput poderá ter por objeto o crédito tributário e o vínculo de responsabilidade, conforme o caso. § 2º O prazo para impugnação a que se refere o *caput* é contado, para cada sujeito passivo, a partir da data em que cada um deles tiver sido cientificado do lançamento. Art. 5º A impugnação tempestiva apresentada por um dos autuados suspende a exigibilidade do crédito tributário em relação aos demais. § 1º O disposto neste artigo não se aplica à hipótese em que a impugnação versar exclusivamente sobre o vínculo de responsabilidade, caso em que produzirá efeitos somente em relação ao impugnante. § 2º O processo será encaminhado para julgamento somente depois de transcorrido o prazo concedido a todos os autuados para a apresentação de impugnação. § 3º No caso de processo em que houve impugnação relativa ao crédito tributário e ao vínculo de responsabilidade, em que posteriormente houver interposição de recurso voluntário relativo apenas ao vínculo de responsabilidade, a exigência relativa ao crédito tributário torna-se definitiva para os demais autuados que não recorreram. § 4º A desistência de impugnação ou de recurso por um autuado não implica a desistência das impugnações e dos recursos interpostos pelos demais autuados. § 5º A decisão definitiva que afastar o vínculo de responsabilidade produzirá efeitos imediatos. Art. 6º Na hipótese da realização do procedimento de diligência ou de perícia a que se refere o art. 18 do Decreto n. 70.235, de 1972, todos os sujeitos passivos serão cientificados do resultado, e poderão manifestar-se no prazo de 30 (trinta) dias. Art. 7º Não cumprida a exigência nem impugnado o crédito tributário lançado, será declarada a revelia para todos os autuados. Parágrafo único. No caso de impugnação interposta por autuado que tenha por objeto apenas do vínculo de responsabilidade, a revelia opera-se em relação aos demais autuados que não impugnaram o lançamento".

– **Portaria RFB n. 2.284/2010.** Dispunha sobre procedimentos a serem adotados pela Secretaria da Receita Federal do Brasil quando da constatação de pluralidade de sujeitos passivos de uma mesma obrigação tributária. Foi substituída pela IN n. 1.862/2018.

– **Portaria n. 180/2010.** A Portaria PGFN n. 180/2010, dispondo sobre a responsabilização dos gerentes por dívidas da sociedade, exige a declaração fundamentada da autoridade competente da Secretaria da Receita Federal do Brasil (RFB) ou da Procuradoria-Geral da Fazenda Nacional (PGFN) acerca da ocorrência de excesso de poderes, infração à lei, infração ao contrato social ou estatuto ou, ainda, dissolução irregular da pessoa jurídica. A exigência de um ato administrativo que declare, fundamentadamente, a ocorrência do pressuposto de fato específico da responsabilidade, seja ele qual for, impõe sua efetiva verificação. Assim é que a autoridade terá que analisar os fatos, determinar a ilicitude que tenha contribuído para o surgimento da obrigação ou para o seu inadimplemento e enquadrá-la dentre as hipóteses legais de responsabilização dos gerentes.

– **Exigindo a prévia apuração da responsabilidade em processo administrativo para que o nome do responsável conste validamente da CDA.** "iv) No Brasil, em sede constitucional, o princípio da ampla defesa (CF, art. 5º, LV) exige que seja assegurado ao administrado a faculdade de se manifestar sobre a atribuição da responsabilidade no processo administrativo fiscal. v) Em nível infraconstitucional, o art. 142 do CTN, ao estabelecer que o lançamento é um procedimento destinado a 'identificar o sujeito passivo', alcança tanto a sujeição passiva tributária direta quanto a indireta. vi) De igual modo, os arts. 201 e 202, I, do CTN também impõem a certificação da responsabilidade tributária no âmbito do processo administrativo fiscal. vii) A jurisprudência pacificada pelo Superior Tribunal de Justiça entende que a discussão sobre a responsabilidade tributária deve ocorrer no processo de execução, modificando-se apenas o ônus da prova, caso o nome do devedor esteja ou não inserido na CDA. Esse posicionamento transforma o processo de execução em processo de certificação do direito, alterando indevidamente a sua finalidade, devendo, por tal razão, ser revisto" (PIMENTA, Paulo Roberto Lyrio. Da necessidade de apuração da responsabilidade tributária no âmbito do processo administrativo fiscal. *RDDT* 211/147, 2013).

– "... não basta um simples lançamento tributário, eis que, na hipótese de responsabilidade tributária, é necessário que exista uma explícita, clara e congruente motivação, justificando, por elementos fáticos e jurídicos, o preenchimento dos requisitos legais que possibilitam a imposição de responsabilidade" (CALCINI, Fábio Pallaretti. Responsabilidade tributária: o dever de observância ao devido processo legal e motivação. *RDDT* 164/32, 2009).

– "... havendo o redirecionamento, já em fase de execução, a empresa deixa de ocupar o polo passivo da demanda, passando a ocupar esse lugar o gestor, ficando ele privado de se defender administrativamente do lançamento ou autuação. Nesse caso, [...] a oportunidade de defesa administrativa do agora executado seria suprimida indevidamente; afinal, o processo administrativo, com seus meios e recursos, é uma garantia constitucional, a qual não pode ser simplesmente afastada em prol da ânsia arrecadatória do Fisco. [...] A oportunidade de defesa em sede administrativa já deve ter sido conferida ao sócio-gerente [...] não só pelo fato de ser uma garantia constitucional, mas, também, em razão de ser o processo administrativo fiscal o momento correto para a produção de provas contra quem se pretende ver executados. [...] se o Fisco faz um lançamento ou autua uma pessoa, deve lhe conferir oportunidade de defesa [...] e, nesse processo, caso haja manifestação do contribuinte para eximir-se da responsabilidade a ele imputada, cabe ao Fisco produzir prova de que o sujeito passivo praticou o fato gerador da exação cobrada. Trata-se de aplicação do preceito segundo o qual quem alega deve provar, inserto no art. 333, I, do Código de Processo Civil" (CAVAZZANI, Ricardo Duarte. O princípio da ampla defesa no processo administrativo fiscal e o redirecionamento da execução fiscal contra o sócio-gerente com fulcro no art. 135, III, do Código Tributário Nacional. *RET* 77/123, 2011).

– **Insuficiência da presença do nome do sócio no título.** Indicado, na CDA, o sócio como devedor sem a correspondente indicação do fundamento legal da sua responsabilidade e da sua efetiva apuração na esfera administrativa, não restará formalmente caracterizada, no título, a responsabilidade do sócio de modo a que possa atribuir a CDA, neste ponto, a presunção de certeza. Esta, aliás, é a situação que normalmente se verifica, aparecendo a indicação dos sócios como devedores de tributos que tem a pessoa jurídica como contribuinte sem que seja sequer indicado o fundamento da sua responsabilidade tributária, tampouco que tenham sido efetivamente apurados os seus requisitos. Não constando do título o nome dos sócios contra os quais é pretendido o redirecionamento, faz-se indispensável que o Exequente demonstre os fundamentos, de fato e de direito, para a execução pessoal do sócio, na medida em que este não estará sendo demandado com suporte exclusivo no título. Assim, nesse caso, em se tratando de redirecionamento com suporte na responsabilidade de que trata o art. 135, III, do CTN, o Juiz deve exigir do Exequente que demonstre que o sócio exerceu a gerência na época da ocorrência do fato gerador da obrigação tributária, e que a obrigação decorre de atos praticados com excesso de poderes ou infração de lei, contrato social ou estatutos. Não se mostra necessária, comprovação exaustiva, pois, neste momento, estará o Juiz simplesmente verificando a legitimidade passiva, o que lhe cabe fazer de ofício. Eventual dilação probatória dependerá de provocação do executado em sede de Embargos. Deferido o redirecionamento, será o sócio citado em nome próprio.

– "1. O fundamento da responsabilidade do sócio/administrador em matéria tributária depende da verificação de uma das hipóteses do art. 135, III do CPC, razão pela qual essa prova deve ser prévia, mas admitindo, que, no mínimo, seja feita por meio de incidente processual em que garantido o exercício do direito de defesa; isso porque, nem sempre na CDA, que é o título executivo específico do processo executivo fiscal, consta o nome do sócio, o que traria consequência extravagante: a responsabilização sem título. 2. O só fato de constar o nome do sócio na CDA, nos casos em que o lançamento é feito pelo Fisco, não o legitima automaticamente para a execução tributária sob um dos fundamentos do art. 135, III do CTN, se este fundamento não veio especificado quando de sua inclusão como coobrigado no título executivo, isto é, quando não houve procedimento administrativo prévio tendente a apuração dessas circunstâncias ou quando não indicado, no curso do processo, os fatos autorizativos da transferência de responsabilidade. 3. A presunção de liquidez e certeza da CDA, nesses casos, deve ser relativizada, competindo também ao Fisco o ônus da prova de que o sócio ou administrador da pessoa jurídica agiu com infração à lei ou ao contrato ou que houve a dissolução irregular da sociedade; isso porque, nessa hipótese, ele não participa da formação do título executivo. 4. Todavia, a orientação da Primeira Seção desta Corte firmou-se no sentido de que, se a execução foi ajuizada apenas contra a pessoa jurídica, mas o nome do sócio consta da CDA, a ele incumbe o ônus da prova de que não ficou caracterizada nenhuma das circunstâncias previstas no art. 135 do CTN, ou seja, não houve a prática de atos com excesso de poderes ou infração de

lei, contrato social ou estatutos (REsp. 1.104.900/ES, Rel. Min. DENISE ARRUDA, *DJe* 01.04.2009, acórdão submetido ao rito do art. 543-C do CPC). 5. Agravo Regimental do contribuinte desprovido, com ressalva do ponto de vista do Relator" (STJ, AgRg no REsp 1.137.565, 2013).

– **Entendendo que se deve admitir o redirecionamento quando o nome do sócio conste da CDA. Inversão do ônus da prova.** "4. A jurisprudência da Primeira Seção desta Corte firmou-se no sentido de que, se a execução foi ajuizada apenas contra a pessoa jurídica, mas o nome do sócio consta da CDA, a ele incumbe o ônus da prova de que não ficou caracterizada nenhuma das circunstâncias previstas no art. 135 do CTN, ou seja, não houve a prática de atos 'com excesso de poderes ou infração de lei, contrato social ou estatutos' (REsp 1.104.900/ES, 1ª Seção, Rel. Min. Denise Arruda, *DJe* de 1º.4.2009 – recurso submetido à sistemática prevista no art. 543-C do CPC, c/c a Resolução 8/2008 – Presidência/STJ), sendo que 'a presunção de legitimidade assegurada à CDA impõe ao executado que figura no título executivo o ônus de demonstrar a inexistência de sua responsabilidade tributária, demonstração essa que, por demandar prova, deve ser promovida no âmbito dos embargos à execução' (REsp 1.110.925/SP, 1ª Seção, Rel. Min. Teori Albino Zavascki, *DJe* de 4.5.2009 – recurso submetido à sistemática prevista no art. 543-C do CPC, c/c a Resolução 8/2008 – Presidência/STJ)" (STJ, AgRg no AREsp 357.288, 2013).

– "1. Esta Corte, no julgamento do REsp 1.104.900/ES, submetido à sistemática do art. 543-C do CPC, firmou entendimento acerca da possibilidade de a execução fiscal ser redirecionamento para o sócio cujo nome constar da CDA" (STJ, EDcl no REsp 1.386.018, 2013).

– "Se o nome do sócio consta da Certidão de Dívida Ativa, a ele incumbe o ônus de demonstrar a não caracterização das hipóteses previstas no art. 135 do Código Tributário Nacional [...]" (STJ, AgRg no AREsp 133.621, 2013).

– "EXECUÇÃO FISCAL. RESPONSABILIDADE SUBSIDIÁRIA DO SÓCIO. Se o nome do sócio consta da CDA, a ele incumbe o ônus de demonstrar a não caracterização das hipóteses previstas no art. 135 do Código Tributário Nacional (...)" (STJ, AgRg no AREsp 133.621, 2013).

– "... ART. 543-C DO CPC... 1. A orientação da Primeira Seção desta Corte firmou-se no sentido de que, se a execução foi ajuizada apenas contra a pessoa jurídica, mas o nome do sócio consta da CDA, a ele incumbe o ônus da prova de que não ficou caracterizada nenhuma das circunstâncias previstas no art. 135 do CTN, ou seja, não houve a prática de atos 'com excesso de poderes ou infração de lei, contrato social ou estatutos'" (STJ, REsp 1.104.900, 2009).

– **Contra a inversão do ônus da prova.** "... a validade da pretensão responsabilização pessoal do sócio-administrador, forte no art. 135 do CTN, fica à mercê da prova inequívoca, por parte do Fisco, de que o não recolhimento do tributo resultou de atuação dolosa ou culposa do sócio-administrador. À míngua de qualquer elemento probatório nesse sentido, não merece guarida a tortuosa consideração objetiva da infração tributária em relação ao sócio-administrador, tendo como injustificável causa, a simples inclusão do seu nome na CDA, e ininteligível consequência, a malsinada inversão do ônus da prova. É, pois, ontologicamente subjetiva a responsabilidade pessoal do sócio-administrador por débito fiscal societário. A regra... é a da autonomia existencial e patrimonial da pessoa jurídica. Sócio-administrador não responde por débito fiscal societário, ressalvadas as hipóteses contidas no art. 135 do CTN, cujo dever de prova, por exigência do princípio da legalidade, ratificado pela literalidade do art. 142, parágrafo único, do CTN, somado à tessitura dialética do processo e à excepcionalidade da regra em mira, compete vinculadamente à Fazenda Pública. [...] dever e prova este... insuscetível de flexibilização temperamentos ou inversões, pelo só fato de o nome do sócio-administrador, que sequer figurou no procedimento administrativo que resultou na constituição do crédito, estar incluso na CDA" (TAVARES, Alexandre Macedo. A inexistência de correlação lógica entre a inclusão do nome do sócio na CDA (= causa) e a inversão do ônus da prova da ausência dos requisitos do art. 135 do CTN (= efeito), *RDDT* 152/7, 2008).

– **Hipótese em que não consta da CDA o nome do terceiro responsável.** Não constando do título o nome do responsável tributário, não pode ser simplesmente citado para pagamento. Tem-se admitido que a omissão seja suprida mediante incidente processual com indicação dos fatos e dos fundamentos jurídicos geradores da responsabilidade para justificar a responsabilidade. Neste caso, impende que se oportunize o contraditório. O mais adequado, contudo, ao menos nos casos em a responsabilidade não decorra de fato superveniente, seria remeter o Fisco à apuração em processo administrativo regular e, na hipótese de conclusão pela responsabilidade, à produção de título em que conste o nome do responsável, o fundamento legal da responsabilidade e o número do processo em que apurada a responsabilidade para amparar execução válida. Vide o acórdão do STF transcrito acima acerca da exigência de prévia apuração da responsabilidade, bem como referência à praxe administrativa de negar o direito de defesa ao responsável.

– **Necessidade de indicação e de comprovação da causa.** "3. Conforme orientação da Primeira Seção desta Corte iniciada a execução contra a pessoa jurídica e, posteriormente, redirecionada contra o sócio-gerente, que não constava da CDA, cabe ao Fisco demonstrar a presença de um dos requisitos do art. 135 do CTN" (STJ, AgRg no REsp 1.295.391, 2013).

– "... além de comprovar a participação consciente em atos com excesso de poderes ou infração à lei, contrato ou estatuto, que acarrete o inadimplemento do tributo, deve o exequente provar que o sócio ou administrador tenha efetivamente exercido as suas funções ao tempo do surgimento da obrigação tributária, porquanto não pode ser responsabilizado por débitos anteriores ou posteriores ao seu ingresso ou gestão na sociedade. Compete ao exequente produzir as provas neste sentido, porquanto não merece vingar o pedido com base em mera imputação de responsabilidade objetiva do sócio-gerente. Somente após o cumprimento destes requisitos, verificará o MM. Juízo *a quo* a possibilidade de redirecionamento da execução" (TRF4, AC 2002.04.01.035584-1, 2002).

RESPONSABILIDADE POR INFRAÇÕES

⇒ **Do ilícito tributário: infrações à legislação tributária.** As infrações à legislação tributária consistem no descumprimento de obrigações contributivas (pagar tributo) ou de colaboração com a administração tributária (descumprimento de obrigações acessórias, não realização de retenções e de repasses etc.). O cometimento da infração enseja a aplicação de penalidades quando haja lei que as comine (art. 97, V, do CTN).

– As infrações à legislação tributária "... são os desatendimentos das obrigações tributárias principais ou acessórias..." (NOGUEIRA, Ruy Barbosa. *Curso de direito tributário.* 14. ed. São Paulo: Saraiva, 1995, p. 193).

– **Ilícito tributário, civil, administrativo, penal.** "A discussão sobre a natureza jurídica do ilícito tributário principia pela reafirmação da unicidade da ordem jurídica. ... não obstante a unânime concordância doutrinária quanto a considerar o direito como um sistema unitário, a discussão sobre a natureza do ilícito gravita em torno das seguintes classificações: civil, penal, administrativa e tributária" (MELLO, Elizabete Rosa de. *Direito fundamental a uma tributação justa.* São Paulo: Atlas, 2013, p. 88).

– "A ilicitude se revela pelo antagonismo do comportamento humano com os princípios e emanações defluentes do ordenamento jurídico. Expressa a contrariedade da conduta com os parâmetros e diretrizes estabelecidos para a vida social organizada. Ilicitude, que encontra expressão sinônima em antijuridicidade, traduz a ideia de transgressão ao Direito e desponta como a antítese do correto ou do justo. Denota fato que conturba a harmonia e equilíbrio sociais dentro do ideal da ordem e coesão na vida comunitária. Por conseguinte, a ilicitude, na sua essência e natureza, é uma só. Diversifica-se unicamente em razão dos domínios e esfera nas quais se manifesta e verifica. Sob ETA vertente, ontologicamente, nenhuma diferença existe entre os ilícitos civil e penal. Ambos designam uma conduta que viola e transgride os postulados jurídicos. Ilícito civil e penal, portanto, só se diferenciam na sua dimensão ou intensidade, em razão da sanção que comportam como consequência. A distinção entre ambos é somente de grau e meramente formal, problema de índole simplesmente valorativa" (PEDROSO, Fernando de Almeida. *Direito penal.* São Paulo: Método, 2008, v. 1, p. 47).

– "Toda sanção negativa (pena) é uma consequência da violação de um dever-ser normativo, isto é, representa a consequência de uma ação ou omissão considerada ilícita ou antijurídica do ponto de vista formal ou material. Tomada como um conceito fundamental, torna-se irrelevante, em princípio, a sua localização tópica. Terá estrutura e função de norma penal toda aquela que possa vir a ser aplicada diante da violação de outra norma que acarrete um dano a um bem jurídico tutelado, sendo totalmente irrelevante o fato de que a norma que foi violada esteja alojada num determinado diploma normativo que pertença ao direito civil, penal, administrativo, tributário etc." (ANDRADE FILHO, Edmar Oliveira. *Infrações e sanções tributárias.* São Paulo: Dialética, 2003, p. 201).

– **Sanções penais. Validade. Não se confunde com prisão por dívida. Tema 937 do STF:** "Os crimes previstos na Lei n. 8.137/1990 não violam o disposto no art. 5º, inc. LXVII, da Constituição da República". Decisão do mérito em 2017. Obs.: a CF estampa: "Art. 5º... LXVII – não haverá prisão civil por dívida, salvo a do responsável pelo inadimplemento voluntário e inescusável de obrigação alimentícia e a do depositário infiel".

– **Insignificância nos crimes tributários.** A insignificância é um juízo quanto à diminuta lesividade e reprovabilidade de uma conduta que, embora contrária à lei, não justifique uma resposta penal. Insignificante é o crime de bagatela. Utilizar o direito penal para a prevenção e repressão de tais delitos seria o mesmo que usar um canhão para matar um passarinho, ou seja, seria absolutamente desproporcional. Adequadas para o caso são as sanções administrativas ou civis. Para a verificação da insignificância relativamente aos crimes contra a ordem tributária importam tanto o montante que tenha deixado de ser pago, como os meios utilizados e o contexto da atividade criminosa. Ações isoladas que impliquem prejuízo diminuto, podem ser consideradas insignificantes e, portanto, atípicas do ponto de vista material. Mas se a conduta diminuta for reiterada, demonstrando a inclinação do agente ao crime, a violação à ordem não será desprezível. De outro lado, mesmo pequenas ilusões de tributos, quando praticadas mediante uso de documento falso, ferem também a fé pública e o respeito devido às autoridades a quem apresentado, de modo que não são insignificantes.

– **Representação fiscal para fins penais.** Quem primeiro toma conhecimento da ocorrência dos crimes tributários é, via de regra, a autoridade fiscal por ocasião das fiscalizações tributárias. Verificada a ocorrência de condutas que a lei considera crime, a autoridade fiscal não apenas procederá ao lançamento do tributo devido, com aplicação de multa de ofício qualificada (na esfera federal conforme o art. 44, I e parágrafo primeiro, da Lei n. 9.430/96), como terá a obrigação de proceder à representação para fins penais, noticiando a situação ao seu chefe imediato, que adotará as providências necessárias para que a questão seja submetida ao Ministério Público.

– Quando se trata de crime material ou de resultado, que exige como um dos elementos do tipo que não tenha sido pago tributo devido, o encaminhamento de representação ao Ministério Público está condicionado ao prévio exaurimento do processo administrativo fiscal. O art. 83 da Lei n. 9.430/96, com a redação da Lei n. 12.350/2010, dispõe que a representação fiscal para fins penais relativa aos crimes contra a ordem tributária e aos crimes contra a Previdência Social será encaminhada ao Ministério Público depois de proferida a decisão final, na esfera administrativa, sobre a exigência fiscal do crédito tributário correspondente. Importa ter em conta, ainda, que o parcelamento do débito tributário suspende a punibilidade. Desse modo, se o contribuinte aderir a parcelamento, seja comum ou especial, também restará suspenso o encaminhamento da representação fiscal para fins penais ao Ministério Público. A representação só ocorrerá, de fato, na hipótese de o contribuinte ser excluído do parcelamento, nos termos do art. art. 83, § 1º, da Lei 9.430/96, incluído pela Lei n. 12.382/2011: "§ 1º Na hipótese de concessão de parcelamento do crédito tributário, a representação fiscal para fins penais somente será encaminhada ao Ministério Público após a exclusão da pessoa física ou jurídica do parcelamento". A exclusão ocorre quando o contribuinte deixa de pagar as parcelas ou quando o Fisco verifica que não cumpria os requisitos legas para aderir ao parcelamento.

– Quando se tratar de crime formal ou de mera conduta, não será necessário aguardar o lançamento ou o exaurimento do processo administrativo. Nos casos de descaminho, por exemplo, que se sujeita à pena administrativa de perdimento, a representação fiscal para fins penais independe disso, até porque sequer haverá lançamento. Também é o caso do crime de apropriação indébita previdenciária (art. 168-A do CP), que se consuma com a só constatação de falta do repasse, sendo desnecessária a constituição definitiva do crédito tributário (TRF4, HC 0004908-68.2011.404.0000 e RSE 0022886-92.2010.404.0000). Diga-se o mesmo do crime do art. 2º, I, da Lei 8.137/90, que, não obstante o dolo específico, é crime de mera conduta.

– Quando ocorrer o cometimento de crime de falso cujo potencial lesivo não seja exaurido na sonegação, também não haverá de se aguardar o lançamento ou o exaurimento do processo administrativo. Exemplo dessa situação é a constituição de pessoas jurídicas de fachada, com o apontamento de "laranjas" para a as funções de diretor, com vista a fragmentar a empresa em inúmeras outras para adesão a sistemas simplificados de tributação menos onerosos, mas com repercussões também mercantis e trabalhistas.

– O Decreto n. 70.235/72, que ainda hoje disciplina o Processo Administrativo Fiscal, dispõe: "Art. 12. O servidor que verificar a ocorrência de infração à legislação tributária federal e não for competente para formalizar a exigência, comunicará o fato, em representação circunstanciada, a seu chefe imediato, que adotará as providências necessárias".

– Lei n. 9.430/96, com a redação das Leis ns. 12.350/2010 e 12.382/2011: "Art. 83. A representação fiscal para fins penais relativa aos crimes contra a ordem tributária previstos nos arts. 1º e 2º da Lei 8.137, de 27 de dezembro de 1990, e aos crimes contra a Previdência Social, previstos nos arts. 168-A e 337-A do Decreto-Lei 2.848, de 7 de dezembro de 1940 (Código Penal), será encaminhada ao Ministério Público depois de proferida a decisão final, na esfera administrativa, sobre a exigência fiscal do crédito tributário correspondente. § 1º Na hipótese de concessão de parcelamento do crédito tributário, a representação fiscal para fins penais somente será encaminhada ao Ministério Público após a exclusão da pessoa física ou jurídica do parcelamento".

– Em nota ao art. 198, cuidamos do sigilo fiscal, destacando que o STF, no **Tema 990**, fixou as seguintes teses: "1. É constitucional o compartilhamento dos relatórios de inteligência financeira da UIF e da íntegra do procedimento fiscalizatório da Receita Federal do Brasil – em que se define o lançamento do tributo – com os órgãos de persecução penal para fins criminais sem prévia autorização judicial, devendo ser resguardado o sigilo das informações em procedimentos formalmente instaurados e sujeitos a posterior controle jurisdicional; 2. O compartilhamento pela UIF e pela RFB referido no item anterior deve ser feito unicamente por meio de comunicações formais, com garantia de sigilo, certificação do destinatário e estabelecimento de instrumentos efetivos de apuração e correção de eventuais desvios".

⇒ **Da aplicação de princípios penais em matéria de infrações tributárias.** "A estrutura e a função das normas que prescrevem sanções pelo não cumprimento de deveres previstos em normas tributárias podem ser consideradas em face de normas constitucionais que delimitam o *ius puniendi* estatal. De fato, no ordenamento jurídico constitucional vigente em nossa comunidade há um grande número de normas que estabelecem critérios de ordem formal e material que devem ser observados pelo legislador e pelos intérpretes. Essas normas constitucionais delimitam o campo de eleição dos tipos penais, das espécies de penas e da estipulação da intensidade das penas" (ANDRADE FILHO, Edmar Oliveira. *Infrações e sanções tributárias*. São Paulo: Dialética, 2003, p. 202).

– "Alguns princípios constitucionais, chamados 'princípios gerais de repressão', são comuns às matérias Penal e Tributária, bem como a qualquer outra sanção de caráter punitivo. E não poderia ser diferente, já que toda e qualquer sanção punitiva está sujeita aos limites próprios do Estado de Direito, tais como a legalidade, a irretroatividade, a culpabilidade, a individualização da pena, o devido processo legal, e vedação ao *bis in idem*, devendo, a inda, qualquer hipótese de punição ficar submetida aos testes de proporcionalidade e razoabilidade, já referidos. [...] O CTN encampou efetivamente uma séria de princípios próprios do Direito Penal, tais como: (i) não há pena sem lei que a estabeleça (*nullum crimen, nulla pena sine previa lege*) – Trata-se do princípio fundamental da legalidade, positivado no CTN em seu art. 97, inciso V; (II) *in dubio pro reo* – No Direito Tributário, o princípio constou no art. 112 do CTN, o qual estabelece que a solução deve ser favorável ao contribuinte sempre que houver dúvida quanto à infração cometida ou quanto a qualquer circunstância a ela inerente; (iii) irretroatividade, salvo benigna – ... o art. 106 do CTN contempla norma nesse sentido...; (iv) prestígio ao arrependimento posterior – Em matéria de multas tributárias, esse princípio implica a possibilidade de o contribuinte proceder à denúncia espontânea da infração, pagando o tributo e respectivos juros, hipótese em que ele ficará livre de penalidades, nos termos do art. 138 do CTN...; (v) pessoalidade da pena – Segundo esse preceito, a pena não se transfere a herdeiros e sucessores; apesar de controvertida a questão, esse foi o princípio que inspirou o art. 132 do CTN, o qual, ao tratar da sucessão..., refere-se apenas a tributos, o que exclui as multas...; (vi) culpabilidade – Em linha com a doutrina majoritária, conclui-se que a melhor interpretação do art. 136 do CTN não exclui o princípio da culpabilidade... Não há que se falar em responsabilidade objetiva por infrações tributárias..." (FAJERSZTAJN, Bruno. *Multas no direito tributário*. São Paulo: Quartier Latin, 2019, p. 453-455).

– "... cumpre apenas perceber a importância da conduta dolosa para a aplicação da multa qualificada, restando cristalino que os tipos penais previstos na Lei n. 8.137 estão estreitamente ligados às condutas estipuladas nos arts. 71, 72 e 73 da Lei n. 4.502, de sorte que, consequentemente, à aplicação da multa qualificada, modalidade de penalidade do Direito Tributário Penal, devem ser aplicados os princípios atinentes ao Direito Penal como um todo, disciplina da qual faz parte o Direito Penal Tributário" (COVIELLO FILHO, Paulo. A impossibilidade da manutenção da multa qualificada do art. 44, § 1º, da Lei n. 9.430, de 27 de dezembro de 1996, por julgamento decidido por voto de quali-

dade, no âmbito do Conselho Administrativo de Recursos Fiscais. *RDDT* 225/138, 2014).

• Vide também: HARET, Florence. Multas tributárias de ofício, isolada, qualificada e agravada: considerações sobre cumulação de multas e sobre o entendimento jurisprudencial dos princípios da proporcionalidade e do não confisco aplicados às multas tributárias. *RET* 113/9, 2017.

– **Pessoalidade.** "A autonomia patrimonial entre pessoa física (sócios) e pessoa jurídica está na base do direito empresarial e deve ser respeitada... No âmbito das infrações, cada agente responde por ato próprio, independentemente de o contexto ensejar mais de uma responsabilidade. Contudo, para que esta imputação ocorra, é fundamental que os atos praticados sejam pelos sócios, seja pela pessoa jurídica, estejam tipicamente caracterizados no caso concreto, restando provado cada um dos requisitos típicos da norma. Nesses termos, a imputação das sanções às pessoas físicas que compõem a sociedade só deve ocorrer quando existentes os elementos concretos que caracterizam as hipóteses do art. 50 do CC/02, isto é: conduta abusiva, com desvio de finalidade ou em face da confusão patrimonial" (HARET, Florence. *Multas tributárias*: conceitos fundamentais e regime jurídico. São Paulo: IDEA, 2019, p. 256).

– *In dubio pro reo.* "... os princípios e regras do Direito Penal devem, sim, reger a aplicação da multa qualificada prevista no art. 44, § 1º, da Lei n. 9.430, o que nos levará à conclusão de que não é possível a aplicação da multa qualificada em julgamentos decididos pelo voto de qualidade no âmbito do Carf. [...] deve-se atentar um princípio regente do Direito Penal que também se encontra no Direito Tributário Penal é o princípio do *in dubio pro reo*, o qual seria a consagração da presunção da inocência (também chamado de estado de inocência) presente no art. 5º, inciso LVII, da Constituição Federal, que assegura a todo indivíduo um status preliminar de inocência, o qual somente Poe ser afastado se houver prova plena da conduta ilícita do indivíduo. Esse princípio encontra-se, no Direito Tributário Penal, expressamente previsto no art. 112 do CTN. Apenas a previsão do art. 112 do CTN já seria suficiente para que se concluísse pela impossibilidade de aplicação da referida multa qualificada nos casos julgados por voto de qualidade, eis que o empate na votação é prova inequívoca da existência de dúvida quanto à conduta e, portanto, da impossibilidade de aplicação da referida multa" (COVIELLO FILHO, Paulo. A impossibilidade da manutenção da multa qualificada do art. 44, § 1º, da Lei n. 9.430, de 27 de dezembro de 1996, por julgamento decidido por voto de qualidade, no âmbito do Conselho Administrativo de Recursos Fiscais. *RDDT* 225/138, 2014).

– Tratando-se de infrações à legislação tributária, o art. 112 do CTN estabelece que a lei que as define ou que lhe comine penalidades, interpreta-se da maneira mais favorável ao acusado quando houver dúvida quanto à capitulação legal do fato, à natureza ou às circunstâncias materiais do fato ou à natureza ou extensão dos seus efeitos, à autoria, imputabilidade ou punibilidade, à natureza da penalidade aplicável ou à sua graduação.

– **Exclusão da ilicitude.** "... é imperioso que as hipóteses de exclusão da ilicitude sejam consideradas quando da interpretação e aplicação de toda e qualquer norma penal, inclusive, portanto, daquelas que dispõem sobre sanções pelo incumprimento da legislação tributária. Tal integração é uma exigência lógica e deve ser feita a despeito da inexistência de normas específicas no campo das outras sanções que não as previstas na lei penal (Código Penal especialmente) e na lei civil, porquanto elas dizem respeito ao pressuposto e justificação da punibilidade e da culpabilidade e, em decorrência, incidem juntamente com todas as normas penais, conformando o capo normativo destas" (ANDRADE FILHO, Edmar Oliveira. *Infrações e sanções tributárias*. São Paulo: Dialética, 2003, p. 202).

– **Individualização da pena.** Uma norma que estipula sanções e não indica critérios que levem à individualização da pena desconsidera as individualidades que são imanentes aos seres humanos. Trata todos de uma só forma, coisifica-os, isto é, considera-os como se fossem coisas inanimadas que não sofrem as influências de sua circunstância social e histórica. Assim, a indicação de parâmetros de aplicação de penalidades mais ou menos severas, que façam referências às circunstâncias fáticas e jurídicas de cada caso concreto, é, além de um mandamento constitucional e uma decorrência lógica do princípio da proporcionalidade, uma necessidade sistemática porque as normas gerais nem sempre conseguem abarcar todas as situações de possível ocorrência, todos os fatos e todas as valorações. Logo, é indispensável que os intérpretes contem com critérios e instrumentos de adaptação para que a percussão da norma individual e concreto leve em consideração as questões fáticas e jurídicas específicas de cada situação que requer decisão" (ANDRADE FILHO, Edmar Oliveira. *Infrações e sanções tributárias*. São Paulo: Dialética, 2003, p. 203).

– "... ao princípio da individualização da pena deve ser dada a interpretação mais ampla possível e, em decorrência, ele é extensível às leis que estipulam quaisquer espécies de penas (sanções), inclusive, portanto, as que são infligidas pelo não cumprimento de obrigação tributária ou de deveres formais previstos em lei, e aplicadas dentro ou fora da jurisdição. De fato, em face desse princípio e da unidade ontológica das sanções, quando o texto constitucional determina que 'a lei regulará a individualização da pena' impõe-se considerar que onde houver previsão de aplicação de sanções, deverão estar critérios que levem a uma ótima individualização... No campo do direito tributário, o princípio constitucional em análise tem a finalidade de proscrever (invalidar) as normas que estipulam sanções baseadas na responsabilidade objetiva admitida ostensivamente no *caput* do enunciado do art. 136 do CTN. De fato, aquele preceito do CTN admite e valida a edição de leis sem critérios individualizadores da pena quando o texto constitucional veda que isso ocorra. Logo, sob essa perspectiva é razoável aduzir que tal preceito não foi recebido pelo texto constitucional de 1988..." (ANDRADE FILHO, Edmar Oliveira. *Infrações e sanções tributárias*. São Paulo: Dialética, 2003, p. 93).

– **Individualização das multas mediante aplicação, por analogia, do Código Penal.** "A alínea 'c' do inciso XLVI do art. 5º da Constituição Federal dispõe que a lei regulará a individualização da pena e adotará a aplicação de multa. [...] o exame individualizado de cada situação, assim como da penalidade aplicável, também assegura os contribuintes pessoas jurídicas. [...] A norma constitucional determina que as sanções impostas aos infratores devem ser particularizadas de acordo com a natureza e as circunstâncias do ato cometido, bem como à luz das características pessoais de cada infrator. Não há espaço para padronização de

penalidades. ... o grau de culpabilidade deve ser considerado no momento da individualização da pena... [...] a riqueza de situações aponta para a insuficiência da interpretação que enxerga somente dois níveis de penalidade no art. 44 da Lei n. 9.430/1996. [...] O art. 49 do Código Penal... traz um limite quantitativo para as penalidades, ou seja, um limite diferente daquele veiculado no art. 44 da Lei n. 9.430/1996. Da integração dos dois dispositivos, é possível afirmar que a multa aplicada de acordo com o art. 44 da Lei n. 9.430/1996 é limitada pela previsão penal, ou seja, não há contradição entre os dois dispositivos [...] não há na referia norma quais são os critérios que devem ser indicados pelos agentes administrativos para aplicação das penalidades de 75% e 150%, a não ser uma genérica de que a penalidade mais gravosa é indicada para os casos em que houve dolo para a ausência de recolhimento de tributo. A norma deixa de indicar se a interpretação do contribuinte era razoável ou não, a sua condição econômica ou a sua inserção social, o risco incorrido ou outras variáveis que deveriam ser consideradas pela Administração Pública federal para aplicação da penalidade, eis que é um dever constitucional a individualização da pena. A aplicação automática de penalidades sem qualquer consideração de outros elementos atenta contra o referido princípio constitucional, porque este é o ponto de partida para a interpretação do ordenamento. [...] as penalidades previstas no art. 44 da lei n. 9.430/196 são limites de multas para cada situação concreta. Estes limites percentuais previstos no art. 44 da Lei n. 9.430/1996 não podem ser enxergados sem qualquer contraponto quantitativo, eis que podem resultar em montantes violadores da vedação ao confisco, por exemplo. [...] parece que há fundamento jurídico a suportar uma interpretação do art. 44 da lei n. 9.430/1996 não de forma isolada, em que as multas são aplicadas automaticamente pela fiscalização tributária, mas sim como limites de penalidades, que devem ser sopesados de forma individualizada e observando o limite quantitativo do art. 49 do Código Penal" (CEZAROTI, Guilherme. Individualização das penalidades e aplicação do art. 49 do Código Penal: novos limites para a imposição de multas tributárias. *RDDT* 208/59, 2013).

– **Proporcionalidade.** As penalidades devem ser proporcionais à gravidade da infração. Assim é que será inválida lei que estabelecer multas em percentual que desbordem do que seja necessário e adequado para os fins de inibir a prática da infração e reprimir sua realização, segundo critérios de razoabilidade e proporcionalidade. Do mesmo modo, não se poderá aplicar pena de perdimento de veículo transportador quando do descaminho de volume insignificante de bens de pequeno valor, cabendo, isso sim, limitar o perdimento aos próprios bens descaminhados.

– A Lei 9.784/99, que regula o processo administrativo no âmbito da Administração Pública Federal, veda sanções em medida superior à necessária ao atendimento do interesse público. Vejamos: "Art. 2º A Administração Pública obedecerá, dentre outros, aos princípios da legalidade, finalidade, motivação, razoabilidade, proporcionalidade, moralidade, ampla defesa, contraditório, segurança jurídica, interesse público e eficiência. Parágrafo único. Nos processos administrativos serão observados, entre outros, os critérios de: ... VI – adequação entre meios e fins, vedada a imposição de obrigações, restrições e sanções em medida superior àquelas estritamente necessárias ao atendimento do interesse público".

– "Para serem válidas as normas penais em geral, devem observar os três critérios que formam o 'conteúdo material' do princípio da proporcionalidade: a adequação, necessidade e proporcionalidade em sentido estrito. Esses três critérios devem ser observados concomitantemente pelo legislador ou por todos aqueles que detêm a prerrogativa de pôr norma no sistema jurídico, sejam elas de caráter geral ou de natureza individual e concreta. Esse princípio recebe a solidariedade e, de certa forma, oferece condições de aplicação do princípio que consagra a dignidade humana e da individualização da pena" (ANDRADE FILHO, Edmar Oliveira. *Infrações e sanções tributárias*. São Paulo: Dialética, 2003, p. 202).

– "As leis que estabelecem multas abusivas podem ser questionadas e declaradas inconstitucionais em face dos princípios da razoabilidade das leis, do não confisco, da capacidade contributiva, da legalidade, da irretroatividade das leis e da anterioridade, e outros" (FARÁG, Cláudio Renato do Canto. *Multas fiscais*: regime jurídico e limites de gradação. Ed. Juarez de Oliveira, 2001, p. 148). Obs: vide, ainda, Ricardo Aziz Cretton, *Os princípios da proporcionalidade e da razoabilidade e sua aplicação no direito tributário*, Ed. Lumen Juris, 2001, p. 133 e s.

– "Constituem medidas repressivas, objetivando punir o devedor por infração a preceitos legais (obrigações principais e acessórias). Em abstrato, como mera previsão normativa, pairam como ameaça ao contribuinte, colimando reprimir o ilícito. [...] Recentemente, o STF teve a oportunidade de apreciar Ação Direta de Inconstitucionalidade da Lei Federal n. 8.846 de 21.1.94, que, estabelecera o seguinte: 'art. 3º – Ao contribuinte, pessoa física ou jurídica, que não houver emitido nota fiscal, recibo ou documento equivalente, na situação de que trata o art. 2º, ou não houver comprovado sua emissão, será aplicada a multa pecuniária de trezentos por cento sobre o valor do bem objeto da operação ou do serviço prestado, não passível de redução, sem prejuízo da incidência do imposto sobre renda e proventos de qualquer natureza e das contribuições sociais. Parágrafo único Na hipótese prevista neste artigo, não se aplica o disposto no art. 4º da Lei n. 8.218, de 29 de agosto de 1991'. Neste sentido, o STF suspendeu a execução com eficácia *ex nunc* dos referidos preceitos, até julgamento final, por entender que a multa fiscal tem caráter confiscatório, o que é vedado pelo inciso IV do artigo 150 da Constituição (Adin 1075, Plenário, Relator Min. Celso de Mello, j. 17.06.98). Justifica-se a postura judicial porque as multas devem guardar proporção com o valor da prestação tributária, sob pena destruição da fonte produtora (pessoa natural ou jurídica), e violar o direito de propriedade, o direito de associação, a capacidade contributiva e o princípio do não confisco. (Angela Maria da Motta Pacheco, Sanções Tributárias e Sanções Penais Tributárias, Max Limonad, p. 253)" (MELO, José Eduardo Soares. Sanções tributárias inconstitucionais. *Repertório IOB de Jurisprudência*/98, Verbete 1/12675).

– "ADUANEIRO. IMPORTAÇÃO. MERCADORIA A GRANEL. DESCARGA DIRETA. EXIGÊNCIA ADMINISTRATIVA DE AUTORIZAÇÃO. DESCUMPRIMENTO.

PENA DE PERDIMENTO. MULTA SUBSTITUTIVA DE 100% DO VALOR ADUANEIRO. ART. 112 DO CTN. BOA-FÉ DO IMPORTADOR. AUSÊNCIA DE DANO AO ERÁRIO. DESPROPORCIONALIDADE. 1. A lei que define infrações ou comina penalidade deve ser interpretada de maneira mais favorável ao acusado quanto à natureza ou às circunstâncias materiais do fato, ou à natureza ou extensão de seus efeitos (art. 112 do CTN). 2. Antes da aplicação de eventual penalidade, a jurisprudência considera as circunstâncias materiais da infração tributária, sendo razoável concluir pela desproporcionalidade da multa exigida, quando a divergência apontada não traduz intenção do contribuinte de causar dano ao erário ou à atuação da autoridade fiscal. 3. Não obstante o correto enquadramento fiscal, a pena aplicada no caso concreto mostra-se excessiva, seja porque a omissão envolveu mero erro formal que não prejudicou o processo de importação, seja porque é passível de relevação diante da ausência de dano ao erário" (TRF4, AC 5013192-73.2018.4.04.7100, 2022).

⇒ **Outros limites à aplicação de multas.** Há outras normas, expressas na Constituição e no CTN ou mesmo inferidas do sistema normativo, que orientam a cominação e a aplicação das multas, bem como permitem que se controle a sua validade.

– *Bin in idem* **em matéria de penalidades.** "Cumpre observar que o mesmo fato pode dar ensejo a diferentes consequências, de naturezas diversas, sem que isso constitua *bis in idem*. Na verdade, o que ocorre, é que determinado evento social é observado por várias normas sancionatórias, sob ângulos próprios e para fins de proteger bens jurídicos particulares. O *bis in idem* aparece quando sanções de igual caráter incidem em idêntica realidade fática" (HARET, Florence. Fenomenologia de incidência das multas fiscais, 2014).

– **Equidade na aplicação das multas.** Vide nota ao art. 108, IV, do CTN.

– **Proibição do excesso. Redução de multa confiscatória.** Vide notas ao art. 150, IV, da CF.

⇒ **Concurso e conflito aparente de normas relativamente às infrações à legislação tributária.** Por vezes, a mesma pessoa pratica diversas infrações à legislação tributária. Se as infrações não guardarem relação entre si, deverão ser tratadas separadamente. Mas, havendo correlação direta pelo fato de serem perpetradas através de uma única conduta, de uma ser meio para a outra ou, ainda, de se tratar de infrações idênticas repetidas a cada competência, cabe considerá-las em conjunto. O Direito Penal, para tais situações, utiliza-se dos institutos do concurso formal, da consunção e da continuidade delitiva. São instrumentos importantes para a compreensão de tais infrações e da sua punição justa.

– **Concurso formal: uma conduta, várias infrações, sem desígnios autônomos.** O CTN nada dispõe sobre o concurso formal de infrações, que ocorre quando, mediante uma única ação, mais de uma infração seja cometida, sem que resultem de desígnios autônomos. O Código Penal, nessas situações, determina que seja aplicada apenas a pena da infração mais grave, aumentada de 1/6 até 1/2, sendo que jamais poderá exceder à soma pura e simples das penas dos referidos crimes.

– Código Penal: "Art. 70 – Quando o agente, mediante uma só ação ou omissão, pratica dois ou mais crimes, idênticos ou não, aplica-se-lhe a mais grave das penas cabíveis ou, se iguais, somente uma delas, mas aumentada, em qualquer caso, de um sexto até metade. As penas aplicam-se, entretanto, cumulativamente, se a ação ou omissão é dolosa e os crimes concorrentes resultam de desígnios autônomos, consoante o disposto no artigo anterior. (Redação dada pela Lei n. 7.209, de 11.7.1984) Parágrafo único – Não poderá a pena exceder a que seria cabível pela regra do art. 69 deste Código (Redação dada pela Lei n. 7.209, de 11.7.1984)".

– **Consunção: absorção das infrações-meio pelas infrações-fim, quando não tenha outro potencial lesivo.** O CTN nada dispõe sobre a absorção de infrações-meio por infrações-fim, embora essa situação seja muito comum em matéria tributária. Isso porque, normalmente, há obrigações acessórias relacionadas às obrigações principais. Assim, se o contribuinte omite rendimentos, por exemplo, deixará de declará-los e de pagá-los. Não declara justamente para que não chegue ao conhecimento do fisco e para não formalizar o crédito tributário, o que configura simples meio para pagar menos tributo. Age para que suas declarações e suas guias de pagamento coincidam, com vista a o Fisco não perceber a infração consistente no não pagamento do tributo devido (único fim visado). Normalmente, o potencial lesivo da omissão nas declarações, nesses casos, restringe-se ao não pagamento do tributo. Se a lei tributária prevê punição para o inadimplemento em face de omissão ou de fraude (multas de ofício simples ou qualificada), deve ser aplicada com exclusividade, não sendo o caso de aplicar-se, também, multa pela prestação de informações inexatas quando digam respeito ao mesmo tributo. No Direito Penal, chama-se de consunção a tal absorção da infração-meio pela infração-fim ou mesmo da infração posterior que configure mero exaurimento da anterior. O requisito para que uma infração possa ser absorvida por outra é sempre que não tenha outro potencial lesivo que não o de servir à infração-fim. Absorvido um crime pelo outro, aplica-se simplesmente a penalidade do crime-fim, desconsiderando-se a infração que lhe serviu de instrumento.

– Súmula 17 do STJ: "Quando o falso se exaure no estelionato, sem mais potencialidade lesiva, é por este absorvido".

– Conforme o STJ, "em se tratando as multas tributárias de medidas sancionatórias, aplica-se a lógica do princípio penal da consunção, em que a infração mais grave abrange aquela menor que lhe é preparatória ou subjacente" (STJ, REsp 1.496.354, 2015).

– **Súmula CARF 105:** "A multa isolada por falta de recolhimento de estimativas, lançada com fundamento no art. 44 § 1º, inciso IV da Lei n. 9.430, de 1996, não pode ser exigida ao mesmo tempo da multa de ofício por falta de pagamento de IRPJ e CSLL apurado no ajuste anual, devendo subsistir a multa de ofício" (CSRF, 2014).

– **Súmula CARF 133:** "A falta de atendimento a intimação para prestar esclarecimentos não justifica, por si só, o agravamento da multa de ofício, quando essa conduta motivou presunção de omissão de receitas ou de rendimentos" (CSRF, 2019). Obs.: vinculante, conforme Portaria ME n. 410/2020.

– **Súmula CARF 178:** "A inexistência de tributo apurado ao final do ano-calendário não impede a aplicação de multa isolada por falta de recolhimento de estimativa na forma autorizada desde a redação original do art. 44 da Lei n. 9.430, de 1996" (1ª Turma da CSRF, 2021).

– "32... A multa prevista no art. 44, inciso I, é única, no importe de 75%, e visa apenas, de forma conjunta, tanto o não pagamento (parcial ou total) do tributo devido, quanto a não apresentação da declaração ou a declaração inexata, sem haver como mensurar o que foi aplicado para punir uma ou outra infração. 33. Com efeito, observa-se que somente haverá o lançamento de ofício, na forma do art. 44, inciso I, se ainda não houver sido constituído o crédito tributário, em outras palavras, se o tributo ainda não foi objeto de confissão de dívida por não ter sido apresentada a declaração, ou porque a declaração apresentada foi incompleta ou omissa. Sendo assim, as duas infrações, nesse caso, são verificadas simultaneamente e, portanto, haverá a incidência de apenas uma multa (de ofício), no montante de 75% do tributo não recolhido, a teor do art. 44, I, da Lei 9.430, de 1997. Registre-se que tal multa, dirigida a punição de ambas as condutas, não deve ser cumulada com outra penalidade pecuniária por descumprimento de obrigação acessória decorrente da não entrega, ou da entrega inexata, da mesma declaração (a exemplo da multa do art. 32-A, II já referido), sob pena de inaceitável *bis in idem*" (Parecer PFGN/CAT/N. 433/2009, sobre a aplicação no tempo das alterações na legislação tributária pela Medida Provisória n. 449/08, assinado pelo Procurador da Fazenda Nacional Ronaldo Affonso Nunes Lopes Baptista).

– "MULTA ISOLADA. ART. 44, I, DA LEI N. 9.430/1996. INAPLICABILIDADE. NÃO CUMULATIVIDADE. A multa isolada prevista no art. 44, § 1º, somente pode ser exigida uma vez, não podendo, portanto, ser aplicada quando a base para seu lançamento já tiver sido parâmetro para exigência da mesma multa por falta de pagamento de tributo. O legislador, quando quer, determina a cumulatividade de multas; na ausência de previsão legal, sobre o mesmo fato somente pode ser lançada uma multa" (CSRF, Proc. 10680.008712/00-10, 2006).

– "MULTA ISOLADA E MULTA DE OFÍCIO. CONCOMITÂNCIA. MESMA BASE DE CÁLCULO. A aplicação concomitante da multa isolada (inciso III do § 1º do art. 44 da Lei n. 9.430, de 1996) e da multa de ofício (incisos I e II do art. 44 da Lei n. 9.430, de 1996) não é legítima quando incide sobre uma mesma base de cálculo" (CSRF, Proc. 10510.000679/2002-19, 2006).

– "... a aplicação dos princípios de Direito Penal à questão das penalidades do Direito Tributário é ainda controversa na jurisprudência administrativa, apesar de haver um tema específico em que sua aplicação tem se consolidado, qual seja, a aplicação do princípio da consunção nas hipóteses de autos de infração em que os tributos são lançados acompanhados de multa de ofício, bem como multa isolada sobre os valores que não foram recolhidos a título de estimativas mensais. Esse princípio já foi aplicado em diversas decisões" (COVIELLO FILHO, Paulo. A impossibilidade da manutenção da multa qualificada do art. 44, § 1º, da Lei n. 9.430, de 27 de dezembro de 1996, por julgamento decidido por voto de qualidade, no âmbito do Conselho Administrativo de Recursos Fiscais. *RDDT* 225/138, 2014). Obs.: o autor do artigo refere, como exemplo, os Acórdãos n. 9101-001.820, de 20 de novembro de 2013, 9101-001.472, de 16 de agosto de 2012, 1402-001.440, de 10 de setembro de 2013, dentre inúmeros outros.

– "Ao não cumprir as obrigações acessórias, o sujeito passivo pode intentar esconder o fato tributável das autoridades fiscais, caso em que legitimaria a aplicação de uma multa agravada e não uma duplicidade de multas em ofensa ao princípio que veda o *bis in idem*. Por outro lado, se a fiscalização teve condições de levantar o valor do eventual tributo devido, a multa pelo descumprimento da obrigação acessória deveria ser absorvida pela multa decorrente da falta de recolhimento" (ANDRADE FILHO, Edmar Oliveira. *Infrações e sanções tributárias*. São Paulo: Dialética, 2003, p. 204).

– "Na consunção (*lex consumens derogat legi consumptae*) ocorre uma continência de tipos. Alguns tipos são absorvidos e consumidos por outro, denominado consuntivo, dentro de uma linha evolutiva ou de fusão que os condensa numa relação de continente a conteúdo. O tipo consuntivo, que atrai os demais par ao seu campo de força, prevalece e predomina a final como uma unidade, pois desintegra e dilui os outros em seu contexto. O tipo consuntivo pode exercer sua força atrativa sobre fatos típicos anteriores (efeito *ex tunc*), tornando-os *ante factum* impuníveis, ou absorver fatos ulteriores (efeito *ex nunc*), fazendo-os *post factum* impuníveis" (PEDROSO, Fernando de Almeida. *Direito penal*. São Paulo: Método, 2008, v. 1, p. 678).

– **Continuidade: várias condutas, infrações reiteradas.** O CTN nada dispõe sobre as infrações continuadas à legislação tributária, ou seja, sobre os casos em que a mesma infração é repetida diversas vezes. Mas é muito comum que os contribuintes pratiquem inúmeras vezes fatos geradores idênticos e que tenham que efetuar pagamentos a título do mesmo tributo todos os meses. No caso de haver infrações relacionadas a tais tributos, é possível que se repitam com as mesmas características. É de se perguntar, nessas situações, se a aplicação de multa a cada infração, considerada isoladamente, constitui medida justa. O Direito Penal cuida de tais reiterações delitivas, ocorridas num mesmo contexto de tempo, lugar e modo de proceder. Determina a aplicação de um critério que afasta a simples soma das penas privativas de liberdade para aplicar a pena da infração mais grave aumentada de um sexto a dois terços; quanto às multas, são aplicadas distinta e separadamente e simplesmente somadas.

– "As regras do Código Penal podem ser aplicadas em infrações tributárias continuadas sempre que a lei tributária for omissa. De acordo com o artigo 71 do Código Penal, a pena aplicável em delitos continuados é a mais grave para o fato tipificado, acrescida de aumento de um sexto a dois terços. Conclui-se, portanto, que não se aplica às infrações tributárias continuadas a soma das penas individuais, vedação penal fundamentada pelo princípio da não cumulatividade das penas, e que visa ao tratamento benigno do infrator" (MELLO, Elizabete Rosa de. *Direito fundamental a uma tributação justa*. São Paulo: Atlas, 2013, p. 105).

– Código Penal: "Art. 71. Quando o agente, mediante mais de uma ação ou omissão, pratica dois ou mais crimes da mesma espécie e, pelas condições de tempo, lugar, maneira de execução e outras semelhantes, devem os subsequentes ser havidos como continuação do primeiro, aplica-se-lhe a pena de um só dos crimes, se idênticas, ou a mais grave, se diversas, aumentada, em qualquer caso, de um sexto a dois terços. (Redação dada pela Lei n. 7.209, de 11.7.1984) Parágrafo único – Nos crimes dolosos, contra vítimas diferentes, cometidos com violência ou grave ameaça à pessoa, poderá o juiz, considerando a culpabilidade, os antecedentes, a conduta social e a personalidade do agente, bem como os motivos e as circunstâncias, aumentar a pena de um só dos crimes, se idênticas, ou a mais grave, se diversas, até o triplo, observadas as regras do parágrafo único do art. 70 e do art. 75 deste Código. (Redação dada pela Lei n. 7.209, de 11.7.1984) Art. 72 – No concurso de crimes, as penas de multa são aplicadas distinta e integralmente (Redação dada pela Lei n. 7.209, de 11.7.1984)".

⇒ **Das penalidades tributárias.** As penalidades por descumprimento da legislação tributária constituem consequências do ilícito tributário.

– **Multas, perdimento e restrições a direitos.** A penalidade mais comum em matéria tributária é a pecuniária, ou seja, a multa imposta nos casos de mora ou de infrações mais graves que impliquem sonegação ou, ainda, de simples descumprimento de obrigações acessórias. Há, também, embora mais raras, penalidades de perdimento de bens, aplicadas em casos de descaminho (importação de bens mediante ilusão dos tributos que seriam devidos), e de restrição a direitos, como a cassação de registro especial para fabricantes de cigarros quando inadimplentes contumazes. A legislação ainda comina penas privativas de liberdade quando considera as infrações como crimes: descaminho, apropriação indébita, sonegação.

– "Por direito tributário sancionador queremos nos referir ao capítulo do direito tributário que estuda as sanções decorrentes do descumprimento das obrigações correlatas à tributação. [...] Há várias possibilidades para se classificar tais sanções. De nossa parte, as dividimos em sanções político-administrativas, pecuniárias e penais. Aquelas... implicam em restrições de direito que não acarretam em vantagem patrimonial ao credor (ainda que para reequilibrar a relação não cumprida), como as pecuniárias, ou em restrições de liberdade, como as penais. As sanções político-administrativas significam proibições para o faltoso, como a veiculada no artigo 193 do CTN, que veda aos devedores do fisco contratar com a administração pública. O mesmo, para nós, ocorre com a inscrição do nome do devedor no CADIn" (BECHO, Renato Lopes. O Direito Tributário sancionador e as sanções político-administrativas. *RDDT* 222/103, 2014).

– "A legislação tributária prescreve sanções pelo não cumprimento de preceitos estabelecidos na lei tributária. Tais sanções podem ser de diversas naturezas: privativas de liberdade, limitativas de direitos, pecuniárias etc." (MELLO, Elizabete Rosa de. *Direito fundamental a uma tributação justa*. São Paulo: Atlas, 2013, p. 85).

– **Multa posterior mais benéfica.** Vide art. 106, II, *c*, do CTN.

– **Multas confiscatórias.** Vide nota ao art. 150, IV, da CF.

⇒ **Multas tributárias. Classificação.** Há diversos critérios para a classificação das multas tributárias. A mais tradicional, inclusive adotada pela legislação, é a que destaca três classes: moratórias, de ofício e isoladas. Mas não se trata de classificação rigorosa, porquanto utiliza critérios variados e coloca, lado a lado, gênero e espécie. Por isso, sugerimos, adiante, outras classificações.

– Moratórias, de ofício e isoladas. Todas as multas constituem respostas a um ilícito tributário, revestindo-se, portanto, de caráter sancionatório, punitivo. Costuma-se, porém, distinguir as multas devidas em razão do simples não pagamento do tributo no prazo, de um lado, chamadas de "multas moratórias", das multas aplicadas pelo Fisco quando verificadas infrações mais graves, de omissão ou sonegação, chamadas "multas de ofício". Há, ainda, as "multas isoladas", aplicadas pelo descumprimento de obrigações acessórias ou por outras infrações que independem de ser ou não devido determinado tributo.

– Quanto ao procedimento: multas automáticas e de ofício. As multas automáticas são as consideradas devidas independentemente de lançamento, como ocorre com as moratórias, devidas pelo simples fato de o tributo não ter sido pago no prazo de vencimento. As multas de ofício são aquelas que tem de ser constituídas por lançamento em que a autoridade, verificando a infração, aplica a multa, notificando o contribuinte para defender-se ou pagar.

– Quanto à infração: atraso, omissão, fraude etc. Há multas devidas pelo simples atraso no pagamento de tributo devido, outras pela falta de antecipação do pagamento de tributo sujeito a ajuste, outras ainda pelo inadimplemento mediante omissão do sujeito passivo, também multas pelo inadimplemento mediante fraude e, por fim, multas pelo descumprimento de obrigação acessória. Por certo que esse rol não é exaustivo, refletindo as infrações previstas na maior parte das legislações tributárias dos diversos entes políticos.

– Quanto à autonomia: dependente e isolada. Há infrações que pressupõem o não pagamento de tributo (atraso, omissão ou sonegação) e outras que independem de qualquer obrigação principal, tendo como pressuposto o descumprimento de obrigações acessórias pura e simplesmente. No primeiro caso, o lançamento e/ou a cobrança da multa costuma ser realizada juntamente com o respectivo tributo; no caso das isoladas, é lançada e cobrada apenas a multa.

– Quanto ao valor: fixas ou proporcionais. Quanto ao valor, as multas são fixas ou proporcionais. Fixas são as estabelecidas em montante invariável; proporcionais, as que variam mediante a aplicação de uma alíquota sobre determinado referencial, normalmente o montante do tributo devido ou da informação omitida.

– Quanto à gravidade da infração: comum e qualificada. As multas tributárias costumam ser escalonadas em percentuais graduados conforme a gravidade da infração. As decorrentes de infrações que dispensam o dolo específico, são as comuns; as decorrentes de infrações que merecem maior reprovabilidade, normalmente em razão do dolo que constitui elemento do seu pressuposto de fato, e que, portanto, são aplicadas em percentual superior são denominadas de multas qualificadas.

– Quanto ao comportamento posterior do agente: aumentadas, diminuídas, excluídas. Quanto ao comportamento posterior do agente, as multas podem ser aumentadas, diminuídas ou até excluídas. Isso porque, por vezes, a legislação estabelece causas de aumento da multa na hipótese de o contribuinte deixar de prestar esclarecimentos ou outros elementos solicitados pela fiscalização tributária e que seriam relevantes para a verificação da infração (aumento de 50% previsto no art. 44, § 2º, da Lei n. 9.430/96). Noutras, reduz a multa para o contribuinte que, notificado, abre mão de impugnar ou de recorrer e procede voluntariamente ao pagamento ou ao parcelamento do débito (diminuição de 50% a 20% prevista no art. 6º da Lei n. 8.218/91, com a redação da Lei n. 11.941/2009). Há, ainda, a situação da denúncia espontânea, em que a multa resta excluída em razão de o agente que cometeu infração não conhecida pelo fisco se arrepender e proceder espontaneamente ao pagamento da totalidade do tributo e dos juros devidos antes de qualquer medida de fiscalização (art. 138 do CTN).

⇒ **Multa moratória.** Há multas simplesmente moratórias, exigidas quando, embora reconhecido o débito pelo contribuinte, não tenha sido pago no vencimento. A multa moratória tem como infração pressuposta, pura e simplesmente, o não pagamento no prazo. Sendo a resposta a uma infração, ainda que simples, não pode ser exigida de quem não foi o responsável pela mora. Assim, cabendo ao substituto efetuar a retenção e o pagamento no prazo, a infração por ele perpetrada não poderá implicar cobrança de multa do contribuinte. De mesma força, inversamente, a mora do contribuinte não pode implicar cobrança de multa moratória do responsável tributário, a quem não cabia a apuração e pagamento no prazo ordinário. Cada qual só pode responder pela mora a que deu causa.

– "As multas de mora são também penalidades pecuniárias, mas destituídas de nota punitiva em sentido estrito. Nelas, predomina o intuito indenizatório, pela contingência de o Poder Público receber a destempo, com as inconveniências que isso normalmente acarreta, o tributo a que tem direito. [...] O descumprimento da obrigação tributária, em razão do destempo, é causa que dá motivo a dano para o Erário Público, pressuposto de fato para a imposição da multa de mora" (CARVALHO, Paulo de Barros. *Curso de direito tributário*. 27. ed. São Paulo: Saraiva, 2016, p. 499).

– "Distinguem-se dois tipos de multa fiscal: as que punem infrações, como tais tipificadas em dispositivos legais ou regulamentares, e as que sancionam apenas a mora do contribuinte. Às primeiras, segundo a doutrina, aplicam-se os princípios informativos do Direito penal, dentre as quais se erige aquele segundo o qual a pena não pode passar da pessoa do delinquente. As segundas, por serem de natureza meramente civil, não se submetem, evidentemente, ao império daquele mesmo princípio" (excerto de voto do Min. Djaci Falcão quando do julgamento, pelo STF, do RE 77.471/SP, ago. 1974).

– "A multa por atraso no pagamento do tributo coloca-se no campo das penalidades ressarcitórias. ... sua graduação é menor, visando apenas repor o prejuízo decorrente do atraso" (MAR-

TINS, Ives Gandra da Silva. *Da sanção tributária*. São Paulo: Saraiva, 1980, p. 58).

– Multa moratória no âmbito da Receita Federal do Brasil. Art. 61 da Lei n. 9.430/96. No âmbito dos tributos administrados pela SRFB, a multa moratória é de 0,33% por dia de atraso até o limite de 20%, nos termos do art. 61 da Lei n. 9.430/96. A partir de dezembro de 2008, inclusive a multa para as contribuições previdenciárias e a terceiros, regem-se por tal dispositivo, conforme nota adiante.

– Lei n. 9.430/96: "Art. 61. Os débitos para com a União, decorrentes de tributos e contribuições administrados pela Secretaria da Receita Federal, cujos fatos geradores ocorrerem a partir de 1º de janeiro de 1997, não pagos nos prazos previstos na legislação específica, serão acrescidos de multa de mora, calculada à taxa de trinta e três centésimos por cento, por dia de atraso. § 1º A multa de que trata este artigo será calculada a partir do primeiro dia subsequente ao do vencimento do prazo previsto para o pagamento do tributo ou da contribuição até o dia em que ocorrer o seu pagamento. § 2º O percentual de multa a ser aplicado fica limitado a vinte por cento".

- Vide a evolução legislativa relativa às multas moratórias em nota ao art. 106, II, *c*, do CTN.

– Multa moratória e limitação percentual. As multas jamais podem assumir caráter abusivo. O percentual limite de 20% para a multa moratória, estabelecido pelo art. 61, § 2º, da Lei 9.430/96, já se situa na divisa entre a punição severa e o excesso vedado. Sobre nota inicial a este artigo sobre a proporcionalidade das multas e nota ao art. 150, IV, da CF sobre a vedação de multa confiscatória.

– "Decorre do simples atraso no recolhimento de tributo declarado, revelando natureza penal (e não ressarcitória), uma vez que o valor devido (normalmente) não guarda nenhuma proporção com o prejuízo real da Fazenda. Sempre revela caráter sancionatório porque não tem em mira a recomposição do patrimônio do credor pelo tempo transcorrido após o vencimento do prazo estipulado para o pagamento do débito. [...] Esta penalidade não poderia alcançar até 40% do valor do tributo (como previsto em determinadas legislações), deveriam até ser balizadas pela Lei Federal n. 9.298 de 1.8.96, que introduziu modificação no Código de Defesa do Consumidor, reduzindo de 10% para 2% o percentual máximo das multas moratórias face ao inadimplemento de obrigações" (SOARES DE MELO, José Eduardo. Sanções tributárias inconstitucionais. *Repertório IOB de Jurisprudência*/98, Verbete 1/12675).

– Multa moratória e inaplicabilidade do limite de 2% previsto no CDC. A invocação do Código de Defesa do Consumidor, com seu limite de 2% para as multas moratórias, é de todo inadequada. Tal diploma não se refere à matéria tributária, não poderia limitar lei ordinária posterior em sentido diverso e contempla percentual excessivamente baixo, deixando de cumprir satisfatoriamente a finalidade de desincentivar o inadimplemento.

⇒ **Multa de ofício.** As multas de ofício são aquelas aplicadas pela própria autoridade através de auto de infração, e.g., quando apurado tributo devido que não apenas não tenha sido pago pelo contribuinte, total ou parcialmente, mas que sequer tenha sido declarado ou confessado pelo mesmo. São,

assim, as multas aplicáveis na situação em que o Fisco não dispõe de declaração do contribuinte capaz de permitir a direta inscrição em dívida ativa do montante devido. Nesse casos, a infração extrapola a simples mora, havendo ao menos omissão do contribuinte quanto a outros deveres inerentes à verificação da ocorrência do fato gerador e à apuração do débito.

– Multa de ofício no âmbito da Receita Federal do Brasil. Art. 44, I e II, da Lei n. 9.430/96. No âmbito dos tributos administrados pela SRFB, a multa de ofício normal é de 75%. Será de 50% nos casos de falta de antecipação de tributos sujeitos a ajuste. A partir de dezembro de 2008, inclusive a multa para as contribuições previdenciárias e a terceiros, regem-se por tal dispositivo, conforme o art. 35 da Lei n. 8.212/91, com a redação da Lei n. 11.941/2009.

– Lei n. 9.430/96, com a redação da Lei n. 11.488/2007 e da Lei n. 12.249/2010: "Art. 44. Nos casos de lançamento de ofício, serão aplicadas as seguintes multas: I – de 75% (setenta e cinco por cento) sobre a totalidade ou diferença de imposto ou contribuição nos casos de falta de pagamento ou recolhimento, de falta de declaração e nos de declaração inexata; II – de 50% (cinquenta por cento), exigida isoladamente, sobre o valor do pagamento mensal: a) na forma do art. 8º da Lei n. 7.713, de 22 de dezembro de 1988, que deixar de ser efetuado, ainda que não tenha sido apurado imposto a pagar na declaração de ajuste, no caso de pessoa física; b) na forma do art. 2º desta Lei, que deixar de ser efetuado, ainda que tenha sido apurado prejuízo fiscal ou base de cálculo negativa para a contribuição social sobre o lucro líquido, no ano-calendário correspondente, no caso de pessoa jurídica... § 5º Aplica-se também, no caso de que seja comprovadamente constatado dolo ou má-fé do contribuinte, a multa de que trata o inciso I do *caput* sobre: I – a parcela do imposto a restituir informado pelo contribuinte pessoa física, na Declaração de Ajuste Anual, que deixar de ser restituída por infração à legislação tributária; e II – (vetado)".

– "... a multa do art. 44 da Lei 9.430/96 é uma norma tributária-penal em branco, em alusão à norma penal em branco do Direito Penal. Assim o é porque essa norma, para a sua completude, depende da definição de outras leis (ou IN's) tributárias, que definirão os casos que estão sujeitos ao lançamento de ofício" (DINIZ, Guilherme Soares. O art. 18 da Lei 10.833 e a retroatividade benigna. *RDDT* 169/46, 2009).

- Vide a evolução legislativa relativa às multas de ofício em nota ao art. 106, II, *c*, do CTN.

– Multa de ofício qualificada. É a multa aplicada em caso de lançamento de ofício em que verificada infração grave, com aplicação de percentual superior ao da multa de ofício comum.

– "É a espécie de multa que tem por conteúdo a agravação de penalidade... É aplicada quando a Administração Pública demonstra, por elementos seguros de prova, no Auto de Infração, a existência da intenção do sujeito infrator de atuar com dolo, fraudar ou simular situação perante o Fisco" (CARVALHO, Paulo de Barros. *Curso de direito tributário*. 27. ed. São Paulo: Saraiva, 2016, p. 498).

– "... para que se possa vislumbrar dolo na conduta do contribuinte, é necessário que ele aja com a vontade de praticar a fraude ou a sonegação, bem como a consciência de estar a cometer tais ilícitos. Atitude esta incompatível com as situações em que o contribuinte, às claras, pratica negócio que, embora inoponível ao Fisco, é lícito; sobretudo quando se tem em mente que quando o contribuinte se dá ao trabalho de estruturar seu negócio com o objetivo de evitar a prática do fato gerador, o faz justamente porque, embora visando à economia tributária, não quer praticar ilícito algum. Dessa forma, concluir-se que a multa qualificada de 150%, prevista pelo § 1º do artigo 44 da Lei n. 9.430/1996, não se aplica nas situações em que o contribuinte, às claras e sem tentar ocultar a ocorrência do fato gerador ou de algum de seus elementos, praticar atos ou negócios que, embora lícitos, tenham seus efeitos tributários desconsiderados pelo Fisco. Ainda que tais atos ou negócios tenham por única ou principal finalidade a economia tributária, tal fato, por si só, não configura 'dolo' capaz de justificar a imposição da multa qualificada" (TROIANELLI, Gabriel Lacerda. Planejamento tributário e multa qualificada. *RDDT* 179/43, 2010).

– **Multa de ofício qualificada no âmbito da Receita Federal do Brasil. Art. 44, § 1º, da Lei 9.430/96.** No âmbito dos tributos administrados pela SRFB, a multa de ofício qualificada é de 150%, ou seja, o dobro da multa de ofício comum de 75%. Aplica-se a situações de maior gravidade, consubstanciadas em sonegação, fraude e conluio, forte na remissão feita pelo art. 44, § 1º, da Lei n. 9.430/96 aos arts. 71 a 73 da Lei n. 4.502/64, que definem, sonegação, fraude e conluio.

– Lei n. 9.430/96, com a redação da Lei n. 11.488/2007: "Art. 44. Nos casos de lançamento de ofício, serão aplicadas as seguintes multas: I – de 75% (setenta e cinco por cento) sobre a totalidade ou diferença de imposto ou contribuição nos casos de falta de pagamento ou recolhimento, de falta de declaração e nos de declaração inexata; [...] § 1º O percentual de multa de que trata o inciso I do *caput* deste artigo será duplicado nos casos previstos nos arts. 71, 72 e 73 da Lei n. 4.502, de 30 de novembro de 1964, independentemente de outras penalidades administrativas ou criminais cabíveis".

– **Súmula CARF 14:** "A simples apuração de omissão de receita ou de rendimentos, por si só, não autoriza a qualificação da multa de ofício, sendo necessária a comprovação do evidente intuito de fraude do sujeito passivo".

– **Súmula CARF 25:** "A presunção legal de omissão de receita ou de rendimentos, por si só, não autoriza a qualificação da multa de ofício, sendo necessária a comprovação de uma das hipóteses dos arts. 71, 72 e 73 da Lei n. 4.502/64" (Vinculante – Portaria MF n. 383/2010).

– **Súmula CARF 34:** "Nos lançamentos em que se apura omissão de receita ou rendimentos, decorrente de depósitos bancários de origem não comprovada, é cabível a qualificação da multa de ofício, quando constatada a movimentação de recursos em contas bancárias de interpostas pessoas" (Vinculante – Portaria MF n. 383/2010).

– **Conceito de fraude.** Lei n. 4.502/64: "Art. 72. Fraude é tôda ação ou omissão dolosa tendente a impedir ou retardar, total ou parcialmente, a ocorrência do fato gerador da obrigação tributária principal, ou a excluir ou modificar as suas características essenciais, de modo a reduzir o montante do impôsto devido, ou a evitar ou diferir o seu pagamento" (conforme a redação que figura no *DOU*).

– "A fraude fiscal pode ser definida como a conduta ilegítima tipificada que visa a obtenção indevida de vantagem mediante: – não liquidação, entrega ou pagamento de prestação tributária; – aquisição de benefício fiscal indevido; – aquisição de quaisquer ouras vantagens patrimoniais à custa de receitas tributárias. As actividades relevantes praticadas com vista à obtenção da vantagem ilegítima podem ser a ocultação ou alteração dos factos em livros ou declarações, a não declaração e a simulação da natureza, valor ou das pessoas intervenientes no negócio" (GUIMARÃES, Vasco Branco. A fraude carrossel e a nota fiscal eletrônica brasileira. *RFDT* 40/09, 2009).

– "A fraude é vício de muitas faces. Está presente em sem-número de situações na vida social e no Direito. Sua compreensão mais acessível é a de todo artifício malicioso que uma pessoa emprega com intenção de transgredir o Direito ou prejudicar interesses de terceiros. A má-fé encontra guarida não só na fraude, mas também em outros vícios, como dolo, coação e simulação" (VENOSA, Sílvio de Salvo. *Direito civil.* 4. ed. Parte Geral. São Paulo: Atlas, 2004, p. 505-506).

– "Fraude. O substrato do instituto consiste no comportamento vocacionado a lesar terceiro. Essa é a quintessência de fraude à luz da teoria geral do direito, que, com algumas modelações, foi absorvida por inúmeros segmentos normativos, assim como o direito civil, o penal, o administrativo, o tributário etc." (JARDIM, Eduardo Marcial Ferreira. *Dicionário de direito tributário.* São Paulo: Noeses, 2011, p. 160).

– **Conceito de sonegação.** Lei 4.502/64: "Art. 71. Sonegação é tôda ação ou omissão dolosa tendente a impedir ou retardar, total ou parcialmente, o conhecimento por parte da autoridade fazendária: I – da ocorrência do fato gerador da obrigação tributária principal, sua natureza ou circunstâncias materiais; II – das condições pessoais de contribuinte, suscetíveis de afetar a obrigação tributária principal ou o crédito tributário correspondente".

– "Sonegação fiscal. Modalidade de infração à legislação tributária revestida de conotação criminal. Caracteriza-se, basicamente, por meio de qualquer comportamento doloso, omissivo ou comissivo, praticado com o desígnio de reduzir total ou parcialmente a prestação tributária" (JARDIM, Eduardo Marcial Ferreira. *Dicionário de direito tributário.* São Paulo: Noeses, 2011, p. 383).

– **Conceito de conluio.** Lei 4.502/64: "Art. 73. Conluio é o ajuste doloso entre duas ou mais pessoas naturais ou jurídicas, visando qualquer dos efeitos referidos nos arts. 71 e 72."

– **Comprovação do dolo.** Vide nota ao art. 112 do CTN acerca da necessidade de comprovação do dolo para fins de aplicação da multa qualificada.

– **Causas de aumento das multas de ofício comum e qualificada, no âmbito da RFB: não prestação de esclarecimentos ou de documentação no prazo marcado. Aumento de 50%.** A falta de colaboração do contribuinte, quando chamado a esclarecer e a apresentar documentos relacionados à possível infração cometida, é caso de aumento de metade das penas de multa que são de

75% ou de 150% (art. 44, § 2º, da Lei 9.430/96), podendo elevá-las, portanto, a 112,5% e a 225% respectivamente.

– Lei n. 9.430/96, com a redação da Lei n. 11.488/2007: "Art. 44... § 2º Os percentuais de multa a que se referem o inciso I do *caput* e o § 1º deste artigo serão aumentados de metade, nos casos de não atendimento pelo sujeito passivo, no prazo marcado, de intimação para: I – prestar esclarecimentos; II – apresentar os arquivos ou sistemas de que tratam os arts. 11 a 13 da Lei n. 8.218, de 29 de agosto de 1991; III – apresentar a documentação técnica de que trata o art. 38 desta Lei".

– "MULTA DE OFÍCIO AGRAVADA EM 50%. CABIMENTO. ATENDIMENTO INSUFICIENTE AS INTIMAÇÕES FISCAIS. Agrava-se a penalidade, na forma do artigo 44, § 2º, da Lei n. 9.430, de 1996, quando em procedimento de ofício o contribuinte deixa de atender a solicitação da Autoridade Fiscal, ou atende de forma insuficiente, deixando de fornecer documentos que sabidamente detinha a guarda, proporcionando a mora na verificação e maiores ônus à Administração Tributária pela demanda de diligências e de outras fontes de informações" (CARF, Processo 16682.721139/201241, 2013).

- Vide, também: LIMA JUNIOR, João Carlos de. A multa de ofício agravada por não atendimento à fiscalização: critério material. *RET* 113/27, 2017.

– **Causas de diminuição das multas de ofício comum e qualificada no âmbito da RFB:** pagamento, compensação ou parcelamento após notificação do lançamento ou da decisão de primeira instância no processo administrativo. Redução de 50% a 20%. Há previsão de redução das multas para a hipótese de o contribuinte efetuar o pagamento ou requerer parcelamento de pronto ou após a rejeição da sua impugnação por decisão de primeira instância do processo administrativo. Essa redução varia de 50% a 20% do valor da multa. Será de 50% do valor da multa no caso pagamento ou compensação efetuados em 30 dias da notificação, de 40% do valor da multa no caso de o contribuinte, nesse prazo, requerer o parcelamento do débito, de 30% do valor da multa no caso de o pagamento ou a compensação serem efetuados em 30 dias da notificação da decisão administrativa de primeira instância e de 20% do valor da multa se, nesse último prazo, for requerido parcelamento (art. 6º da Lei 8.218/91, com a redação da Lei n. 11.941/2009).

– Lei n. 9.430/96: "Art. 44... § 3º Aplicam-se às multas de que trata este artigo as reduções previstas no art. 6º da Lei n. 8.218, de 29 de agosto de 1991, e no art. 60 da Lei n. 8.383, de 30 de dezembro de 1991". Obs.: art. 60 da Lei n. 8.383/91 foi revogado pela Lei n. 11.941/2009.

– Art. 6º da Lei n. 8.218/91, com a redação das Leis n. 11.941/2009 e n. 12.844/2013: "Art. 6º Ao sujeito passivo que, notificado, efetuar o pagamento, a compensação ou o parcelamento dos tributos administrados pela Secretaria da Receita Federal do Brasil, inclusive das contribuições sociais previstas nas alíneas *a*, *b* e *c* do parágrafo único do art. 11 da Lei n. 8.212, de 24 de julho de 1991, das contribuições instituídas a título de substituição e das contribuições devidas a terceiros, assim entendidas outras entidades e fundos, será concedido redução da multa de lançamento de ofício nos seguintes percentuais: I – 50% (cinquenta por cento), se for efetuado o pagamento ou a compensação no prazo de 30 (trinta) dias, contado da data em que o sujeito passivo foi notificado do lançamento; II – 40% (quarenta por cento), se o sujeito passivo requerer o parcelamento no prazo de 30 (trinta) dias, contado da data em que foi notificado do lançamento; III – 30% (trinta por cento), se for efetuado o pagamento ou a compensação no prazo de 30 (trinta) dias, contado da data em que o sujeito passivo foi notificado da decisão administrativa de primeira instância; e IV – 20% (vinte por cento), se o sujeito passivo requerer o parcelamento no prazo de 30 (trinta) dias, contado da data em que foi notificado da decisão administrativa de primeira instância. § 1º No caso de provimento a recurso de ofício interposto por autoridade julgadora de primeira instância, aplica-se a redução prevista no inciso III do *caput* deste artigo, para o caso de pagamento ou compensação, e no inciso IV do *caput* deste artigo, para o caso de parcelamento. § 2º A rescisão do parcelamento, motivada pelo descumprimento das normas que o regulam, implicará restabelecimento do montante da multa proporcionalmente ao valor da receita não satisfeita e que exceder o valor obtido com a garantia apresentada. § 3º O disposto no *caput* aplica-se também às penalidades aplicadas isoladamente".

⇒ **Multa isolada.** "É a multa pelo descumprimento de obrigação acessória ou a própria multa moratória quando o tributo, em si, tenha sido pago de modo intempestivo, mas integral. Vide, por exemplo, a multa isolada cominada para a não apresentação ou apresentação com incorreções ou omissões de DCTF, DIRF e DACON, prevista no art. 7º da Lei 10.426/02. Lei 10.426/2002, com a redação das Leis 11.051/2004 e 11.941/2009. É cominada multa isolada de 50%, ainda, para o caso de declaração de compensação não homologada (art. 74, § 17, da Lei 9.430/96), mas essa multa foi considerada inconstitucional pelo TRF, tendo em conta a afronta ao direito de petição" (TRF4, ARGINC 5007416-62.2012.404.0000, 2012).

– "Multa isolada é o nome que se dá ao procedimento sancionatório que, como o próprio nome indica, isoladamente exige a multa por algum motivo que a lei determina. Trata-se de um atributo que qualifica a forma de exigência da multa pelo Fisco. Assim, exemplificando, a multa será cobrada isoladamente, quando o tributo ou a contribuição houver sido paga após o vencimento do prazo previsto em lei. [...] Agora, há que se tomar nota de que tais espécies, em regra, serão também de ofício, em decorrência do procedimento a que se submetem, e punitiva, em razão do seu específico intuito regulatório. ... vale a lembrança de que, em face da sua própria natureza punitiva e de ofício, é inadmissível a sua exigência cumulativa com outra multa de ofício" (CARVALHO, Paulo de Barros. *Curso de direito tributário*. 27. ed. São Paulo: Saraiva, 2016, p. 496-497).

– **Súmula CARF 44:** "Descabe a aplicação da multa por falta ou atraso na entrega da Declaração de Ajuste Anual do Imposto de Renda das Pessoas Físicas, quando o sócio ou titular de pessoa jurídica inapta não se enquadre nas demais hipóteses de obrigatoriedade de apresentação dessa declaração" (Vinculante – Portaria MF n. 383/2010).

– **Súmula CARF 93:** "A falta de transcrição dos balanços ou balancetes de suspensão ou redução no Livro Diário não justifica a cobrança da multa isolada prevista no art. 44 da Lei n. 9.430, de 27 de dezembro de 1996, quando o sujeito passivo apresenta escrituração contábil e fiscal suficiente para comprovar a suspensão ou redução da estimativa". Aprovada pela 1ª Turma da CSRF em dez. 2013.

– **Súmula CARF 69:** "A falta de apresentação da declaração de rendimentos ou a sua apresentação fora do prazo fixado sujeitará a pessoa física à multa de um por cento ao mês ou fração, limitada a vinte por cento, sobre o Imposto de Renda devido, ainda que integralmente pago, respeitado o valor mínimo".

– **No sentido de que teria de ser em valor fixo.** "... tal qual o descumprimento ou o atraso no cumprimento de uma obrigação principal, a inobservância da obrigação acessória também é passível de punição. A diferença está em que, na primeira, o contribuinte fere uma obrigação de dar, por isso a penalidade é fixada com base em um percentual sobre o tributo devido. Já na segunda, o que se sanciona é o desrespeito a uma obrigação de fazer, que, por sua própria natureza, não tem conteúdo econômico delimitável. Daí inferir-se que, em casos de descumprimento de obrigação acessória, a multa a ser aplicada deve ter valor fixo (mesmo que de montante elevado, para coibir a conduta ilícita). ... a multa pelo atraso na entrega da DCTF, calculada com base no valor total do tributo informado na declaração, viola o princípio da proporcionalidade e do não confisco" (LESSA, Donovan Mazza. A multa por atraso na entrega de declaração fiscal (DCTF) em face do princípio da proporcionalidade. *RDDT* 175/35, 2010).

– **No sentido da validade e do caráter extrafiscal da multa agravada mês a mês até determinado limite.** "OBRIGAÇÃO ACESSÓRIA. DESCUMPRIMENTO. MULTA. ART. 7º DA LEI N. 10.426/2002. INCIDÊNCIA MÊS A MÊS. PRECEDENTES ANÁLOGOS. 1. Os incisos I e II do art. 7º da Lei 10.426/2002 estipulam multa de 2% ao mês-calendário por atraso no cumprimento de obrigação acessória atinente à entrega de declarações (DIPJ, DCTF, DSPJ ou DIRF). 2. A multa em questão tem caráter extrafiscal, porquanto vinculada ao descumprimento de obrigação acessória (art. 113, § 2º, do CTN), cujo objetivo é a coleta de subsídios para a fiscalização, pois a relevância da obrigação acessória, instituída como o dever de fazer ou não fazer ou de tolerar que se faça, tem o escopo de controlar o adimplemento da obrigação principal, mostrando-se, consequentemente, relevante para a atividade da administração tributária. 3. Os dispositivos legais de regência deixam claro que a entrega da declaração há de ser feita dentro dos prazos estipulados e a multa pelo descumprimento dessa obrigação aplicada a cada mês de atraso na sua apresentação. 4. O critério atende estritamente à finalidade da lei, sem desbordar em excesso, uma vez que está limitada ao percentual de 20% do valor total da exação declarada, limite este que evita a configuração do confisco por meio da multa. 5. Em precedentes análogos vinculados à incidência de multa tendo por base a interpretação do art. 57 da Medida Provisória n. 2.158/2001, que também remete ao termo "mês-calendário" na aplicação de multa por descumprimento de obrigação acessória, o STJ reconhece que a literalidade da lei legitima a incidência "mês a mês" da penalidade, pois não há dúvidas quanto à gradação da penalidade, o que torna inaplicável os preceitos do art. 112 do CTN" (STJ, 2ª T., REsp 1471701/RS, Rel. Min. Humberto Martins, ago/2014) Comentando o julgado: "Para muitos, o referido acórdão, por seus argumentos, des-

respeita por completo as bases positivistas, multiplicando no universo jurídico uma mesma realidade fática para o fim de atribuir a ela inúmeras (mês a mês) consequências jurídicas. Para esta corrente, a cada fato corresponde determinados efeitos de direito. Ainda que este fato se perpetue no tempo, tal como o descumprimento de uma lei enquanto inobservada, isso não confere competência ao agente em multiplicá-lo a cada mês, reinserindo-o no sistema jurídico como se fato novo fosse. A sua introdução no ordenamento se deu com a sua primeira descrição fática no AIIM. As suas consequências jurídicas se deram, em paralelo ao fato, no momento em que este surgiu e se subsumiu à norma sancionatória correspondente. O fenômeno da subsunção se completou nesse instante e o fato, na mesma norma, é irrepetível haja vista que a reprimenda ou o ressarcimento, na forma e nos percentuais dados pela lei, já ocorreram. Tudo o mais, é excesso, é ilegítimo, *é bis in idem*, é nulo. Ainda para essa corrente, outra coisa seria dizer que todo mês é exigida uma dada declaração ou a cada operação cumpre emitir a correspondente nota fiscal. Aí sim, cada mês é passível de se tornar um fato jurídico quando traduzido em provas competentes. Assim como cada operação com nota fiscal não emitida corresponde a um fato jurídico ilícito, cujas consequências são independentes. Lembrando que seria inviável nos deveres instrumentais falar que o mesmo fato ilícito dá ensejo a uma multa moratória e uma multa punitiva, tendo-se em conta que o caráter moratório é incompatível com o descumprimento de obrigações acessórias. Como segunda corrente e não contraposta ao positivismo, podemos imaginar não haver multiplicação dos fatos e, sim, *progressividade da alíquota no tempo*. Dito de outro modo, o fato jurídico será sempre o mesmo e não se multiplicará. A relação sancionatória, contudo, é que sofrerá os efeitos do caráter extrafiscal da norma. Assim, por meio dessa técnica que mistura o caráter sancionatório e premial, o contribuinte inadimplente com suas obrigações se verá diante de um estímulo a cumprir o mais rápido seu dever. O termo "mês a mês" não reproduz o fato, mas incide na relação jurídica, sendo determinante para o fim de concretizar a melhor alíquota aplicável ao caso. É, pois, elemento integrante do critério quantitativo da relação jurídica sancionatória pecuniária. Define o *quantum* da multa considerando o tempo de descumprimento de forma progressiva, realizando, com isso, a própria igualdade material entre os contribuintes que se encontrem em situações semelhantes e atrasos distintos. O teto de 20% sobre a obrigação principal legitima a referida sistemática, de modo a adequá-la aos princípios da proporcionalidade e do não confisco. Aliás, lei que traga a referida sistemática sem o aludido teto é nula por permitir situações de excesso que não se compactuam com a atual sistemática da Carta Maior. Trazido o limite, observada a proporcionalidade entre a sanção pecuniária e a obrigação principal, a técnica dos incisos I e II do art. 7º da Lei 10.426/2002 não somente é válida como salutar. Comprava que a extrafiscalidade também se faz presente nas normas sancionatórias a partir das premissas da progressividade da alíquota no tempo" (HARET, Florence. *Fenomenologia de incidência das multas fiscais*, 2014).

– **Multa por indeferimento administrativo de ressarcimento ou compensação. Lei n. 12.249/2010 inclui os §§ 15 a 17 no art. 74 da Lei n. 9.430/96. Tema 736 do STF:** É inconstitucional a multa isolada prevista em lei para incidir diante da mera negativa de homologação de compensação tributária por não consistir em ato ilícito com aptidão para propiciar automática penalidade pecuniária. A tese foi fixada no RE 796.939, em decisão de mérito em 2023.

– Restou reconhecida, pelo TRF4, a inconstitucionalidade de multa imposta aos contribuintes que tivessem indeferido pedido de ressarcimento de créditos ou de declaração de compensação não homologada (art. 74, §§ 15 e 17, da Lei 9.430/96), tendo em conta que afrontava ao direito de petição. Ademais, a previsão legal de que se aplicaria multa de 75% no caso de deduções e compensações indevidas informadas na Declaração de Ajuste Anual da pessoa física foi revogada. Atualmente, por força da Lei 12.249/2010, que deu nova redação ao § 5º do art. 44 da Lei 9.430/96, essa multa somente poderá ser aplicada quando comprovado dolo ou má-fé do contribuinte: "Art. 44... § 5º Aplica-se também, no caso de que seja comprovadamente constatado dolo ou má-fé do contribuinte, a multa de que trata o inciso I do *caput* sobre: I – a parcela do imposto a restituir informado pelo contribuinte pessoa física, na Declaração de Ajuste Anual, que deixar de ser restituída por infração à legislação tributária; e II – (vetado)." Atualmente, o § 15 do art. 74 da Lei 9.430/96 encontra-se revogado pela Lei 13.137/2015 e o § 17 tem a seguinte redação: "§ 17. Será aplicada multa isolada de 50% (cinquenta por cento) sobre o valor do débito objeto de declaração de compensação não homologada, salvo no caso de falsidade da declaração apresentada pelo sujeito passivo (Redação dada pela Lei n. 13.097, de 2015).

– "ARGUIÇÃO DE INCONSTITUCIONALIDADE. ARTIGO 74 DA LEI N. 9.430/96, PARÁGRAFOS 15 E 17. AFRONTA AO ARTIGO 5º, INCISO XXXIV, DA CONSTITUIÇÃO FEDERAL, BEM COMO AO PRINCÍPIO DA PROPORCIONALIDADE. O artigo 5º, inciso XXXIV, 'a', da Constituição Federal dá conta de que "são a todos assegurados, independentemente do pagamento de taxas: a) o direito de petição aos Poderes Públicos em defesa de direitos ou contra ilegalidade ou abuso de poder; b) a obtenção de certidões em repartições públicas, para defesa de direitos e esclarecimento de situações de interesse pessoal". A multa prevista nos parágrafos 15 e 17 do art. 74 da Lei 9.430/96, ainda que não obste totalmente a realização do pedido de compensação, cria obstáculos, com certeza, ao direito de petição do contribuinte, pois, diante da possibilidade de lhe ser aplicada a pena pecuniária, produz justo receio, a ponto de desestimulá-lo a efetivar o pedido da compensação a que teria direito. Portanto, os parágrafos 15 e 17 do artigo 74 da Lei n. 9.430/96 conflitam com o disposto no artigo 5º, inciso XXXIV, alínea 'a' da Constituição Federal. Além disso, a aplicação da multa com base apenas no indeferimento do pedido ou na não homologação da declaração de compensação afronta o princípio da proporcionalidade" (TRF4, ARGINC 5007416-62.2012.404.0000, 2012).

– "... a apresentação de pedidos de ressarcimento e compensação representa o exercício do direito de petição garantido aos contribuinte, e não um ilícito decorrente do descumprimento de obrigações tributárias" (MASINA, Gustavo. *Sanções tributárias*: definições e limites. São Paulo: Malheiros, 2016, p. 72).

– "1. As multas dos §§ 15 e 17 do art. 74 da Lei 9.430/1996, com redação dada pelo art. 62 da Lei n. 12.249/2010, configuram-se sanção política por violar o direito de petição do contribuinte de boa-fé, limitando seu livre acesso a órgão do Poder Executivo. 2. Além do mais, para que haja a imposição de sanção por parte da Administração Pública, deverá ser instaurado um procedimento administrativo específico, permitindo ao contribuinte o livre exercício da ampla defesa e do contraditório, sob pena de a norma ser considerada inconstitucional. 3. Vislumbra-se evidente o caráter confiscatório e o desrespeito à capacidade contributiva, tendo em vista que os percentuais previstos na norma são extremamente abusivos, violando, consequentemente, o direito fundamental de propriedade dos contribuintes. 4. A finalidade buscada com a instituição das multas previstas no art. 62 da Lei n. 12.249/2010 não justifica as restrições causadas aos contribuintes, tendo em vista que há frontal violação aos seus direitos fundamentais para consecução do fim que se pretende alcançar, violando-se, por via de consequência, o postulado da proporcionalidade. 5. As multas instituídas pela Lei n. 12.249/2010 resultam em uma punição ao exercício regular de direito do contribuinte, o que, por óbvio, não pode ser caracterizado como ato ilícito ou infracional a ensejar punição" (BASTOS, José Umberto Braccini. Questões pertinentes à inconstitucionalidade dos §§ 15 e 17 do artigo 74 da Lei n. 9.430/1996 em face da redação dada pelo artigo 62 da Lei n. 12.249/2010. *RET* 82/77, 2011).

– "A multa prevista no § 15 do art. 74 da Lei n. 9.430/1996, inserido pela Lei n. 12.249/10, não tem como pressuposto nenhum ilícito. Sua hipótese de incidência é o pedido de ressarcimento indeferido ou indevido. Em outras palavras, a hipótese de incidência dessa regra sancionante é, isto sim, um pedido, que longe de ser um ilícito, é, na verdade, o exercício de um direito fundamental. Realmente, ao cuidar "Dos Direitos e Garantias Fundamentais", nossa Constituição Federal diz que é assegurado a todos "o direito de petição aos Poderes Públicos em defesa de direito ou contra ilegalidade ou abuso de poder". Se o contribuinte tem um crédito junto à Fazenda, tem um direito e em defesa deste é que formula seu pedido. Da mesma forma, se em vez de pedir o ressarcimento o contribuinte utiliza seu crédito para compensar com débito seu junto à Fazenda, também está exercitando um direito e não pode ser punido por isto" (MACHADO, Hugo de Britto. O ilícito como pressuposto essencial da penalidade e as multas por requerimento indeferido ou compensação não homologada. *RDDT* 193/69, 2011).

– **Aplicabilidade apenas aos casos de falsidade da declaração e de compensação não declarada.** "Coibir o abuso do direito de compensar é uma finalidade legítima, desde que nunca esteja pautado na presunção absoluta de que o contribuinte agirá com má-fé no sentido exclusivo de postergar a satisfação dos seus créditos tributários. No âmbito da compensação de tributos administrados pela RFB, o que se observa é que as limitações e restrições raramente se adéquam ao princípio da proporcionalidade. [...] no tocante à multa aplicável pela mera não homologação da compensação, a sua previsão é manifestamente desproporcional, pois não distingue contribuintes de boa-fé e de má-fé, além de dissuadir o contribuinte de exercer o seu direito de petição, ou seja, o direito de pleitear a compensação de potencial crédito líquido e certo. Esse diagnóstico, no entanto, não se aplica à multa aplicável às hipóteses de falsidade de declaração apresentada pelo contribuinte ou compensação não declarada, pois, em ambos os casos, é notória a má-fé do contribuinte e a inexistência de direito de propriedade a ser tutelado" (PEREIRA, Roberto Codorniz Leite. *Compensação no direito tributário, proporcionalidade e segurança jurídica*. São Paulo: IBDT, 2020).

– Multa pela distribuição de lucros por empresa em débito não garantido. Art. 32 da Lei n. 4.357/64, com a redação que lhe foi atribuída pelo art. 17 da Lei n. 11.051/2004, estabelece multa para a empresa que distribuir lucros e para o diretor beneficiário da distribuição quando houver débito tributário não garantido para com a União e suas autarquias de Previdência e Assistência Social.

– "ART. 32 DA LEI 4.357/65. PESSOA JURÍDICA COM 'DÉBITO NÃO GARANTIDO'. DISTRIBUIÇÃO DE LUCROS E DIVIDENDOS. PROIBIÇÃO QUE NÃO SE APLICA AO CASO DE PARCELAMENTO. 1. O artigo 32 da Lei n. 4.357/65 proíbe as pessoas jurídicas com débitos não garantidos para com o Fisco de distribuírem lucros e dividendos a sócios e acionistas, bem como prevê a aplicação de multa pelo seu descumprimento. 2. Tendo a empresa aderido a parcelamento, a exigibilidade dos seus débitos encontra-se suspensa, nos termos do previsto no artigo 151 do Código Tributário Nacional. 3. O parcelamento não é mera suspensão de exigibilidade do crédito tributário. Para aderir ao parcelamento, o contribuinte se compromete a: (a) honrar a dívida fracionadamente, com os consectários decorrentes do decurso de prazo; (b) observar todas as imposições legais aplicáveis a esse regime especial de pagamento; (c) renunciar a qualquer direito ou impugnação que possa se contrapor ao crédito tributário; e (d) desistir das ações judiciais em curso e das impugnações e recursos administrativos. 4. O crédito tributário não é garantido apenas "fisicamente", como ocorre na penhora ou no depósito, mas por outras medidas que lhe assegurem exequibilidade. No caso do parcelamento, a confissão de dívida constitui o crédito eventualmente ainda não lançado, que poderá ser inscrito em dívida ativa e cobrado judicialmente em caso de inadimplemento. Contra o crédito assim constituído e cobrado não caberá, em tese, impugnações de mérito, já que se exige renúncia ao direito sobre o qual se funda a ação. Ademais, a dívida objeto do parcelamento é atualizada e sobre ela incidem os encargos da mora, sem qualquer prejuízo de ordem temporal ao Fisco. 5. A pessoa jurídica não pode ser impedida de distribuir lucros e dividendos a sócios e acionistas quando está em situação de regularidade com o fisco, o que ocorre quando cumpridos os termos do parcelamento. 6. Caso o parcelamento seja descumprido, nada impede que, a partir da exclusão do contribuinte desse regime especial de pagamento, seja vedada a distribuição de lucros e dividendos, até que outra garantia seja apresentada ao crédito" (STJ, REsp 1.115.136, 2012).

– "... o art. 32 da Lei n. 4.357/64 e o artigo 52 da Lei n. 8.212/91 restringem (i) o direito de propriedade das empresas (CF/88, artigo 5º, *caput*, e artigo 170, inciso II), (ii) o direito à presunção de inocência dos empregados que administra as sociedades (CF/88, artigo 5º, inciso LVII), (iii) o direito dos mesmos participarem nos lucros e resultados das empresas que dirigem (CF/88, artigo 7º, inciso XI), e (iv) o direito à livre iniciativa dos empresários acionistas ou cotistas (art. 1º, inciso IV, e artigo 170, *caput*). [...] são inconstitucionais, pois impõem limitações a direitos individuais sem respeitarem as três facetas do princípio da proporcionalidade, extraído da cláusula do devido processo legal (CF/88, artigo 5º, inciso LIV), considerado em seu aspecto substancial" (SEDRA, Gustavo Podestá. A vedação à distribuição de lucros, dividendos e bonificações pelas pessoas jurídicas em débito para com a União e sua inconstitucionalidade perante o princípio da proporcionalidade. *RDDT* 131, 2006).

– "... juntamente com a infringência ao princípio geral que rege as sociedades, em que os sócios ou acionistas são sujeitos de direito e obrigações, notadamente no que atinente à distribuição dos dividendos, o princípio da livre iniciativa e o da preservação da propriedade privada também foram violados. Ressalta-se que tais garantias estão expressamente previstas na Constituição da República, no artigo 170, que versa sobre os princípios gerais da atividade econômica. A livre iniciativa está sendo desrespeitada, ante a dificuldade de existência digna da sociedade, porque se pretende manter tão somente as obrigações dos sócios ou acionistas, restringindo-lhes seus direitos, consubstanciados, neste caso, na distribuição dos lucros. Esta proibição acarreta, ainda, afronta à propriedade privada, à medida que o sócio ou acionista está impedido de dispor de seu patrimônio. Evidencia-se, aí, a inconstitucionalidade da previsão legal insculpida no artigo 17 da Lei 11.051/04, porque limita a atividade econômica e, ainda, atinge o patrimônio privado dos sócios, em virtude de impedir a distribuição dos lucros" (CONDÉ, Fabiana Guimarães Dunder. Inconsistências da aplicação de multa, pagamentos de bonificações e remunerações, e havendo débitos não garantidos perante a União ou suas autarquias. *RDDT* 118/44, 2005).

• Vide também: BUSSAMARA, Walter Alexandre. Apontamentos Acerca da Distribuição de Lucros e Bonificações a Sócios, Quotistas e Acionistas de Pessoas Jurídicas com Débito Tributário Federal Não Garantido: a Lei n. 4.357/1964 e o CTN de 1966. *RET* 86/9-18, 2012; BRITO, Edvaldo. O conceito de débito não garantido nos campos tributário e previdenciário. *RDDT* 119/135, 2005. Sobre o conceito de "débito não garantido" relativamente à proibição da distribuição de lucros, vide ainda: VIALLE, Maria Izabel de Macedo. Distribuição de lucros e dividendos. Multa regulamentar. Conceito de "débito não garantido... *RET* 86/19-38, 2012.

– Multa pelo descumprimento da obrigação acessória de manter arquivos digitais e sistemas. Lei n. 8.218/91: "Art. 11 (redação da MP n. 2.158-35/2001). As pessoas jurídicas que utilizarem sistemas de processamento eletrônico de dados para registrar negócios e atividades econômicas ou financeiras, escriturar livros ou elaborar documentos de natureza contábil ou fiscal, ficam obrigadas a manter, à disposição da Secretaria da Receita Federal, os respectivos arquivos digitais e sistemas, pela prazo decadencial previsto na legislação tributária. § 1º A Secretaria da Receita Federal poderá estabelecer prazo inferior ao previsto no caput deste artigo, que poderá ser diferenciado segundo o porte da pessoa jurídica. § 2º Ficam dispensadas do cumprimento da obrigação de que trata este artigo as empresas optantes pela Sistema Integrado de Pagamento de Impostos e Contribuições das Microempresas e Empresas de Pequeno Porte – SIMPLES, de que trata a Lei n. 9.317, de 5 de dezembro de 1996. § 3º A Secretaria da Receita Federal expedirá os atos necessários para estabelecer a forma e o prazo em que os arquivos digitais e sistemas deverão ser apresentados. § 4º Os atos a que se refere o § 3º poderão ser expedidos por autoridade designada pela Secretário da Receita Federal. Art. 12 (Redação da Lei 13.670/18) – A inobservância do disposto no artigo precedente acarretará a imposição das seguintes penalidades: I – multa equivalente a 0,5% (meio por cento) do valor da receita bruta da pessoa jurídica no período a que se refere a escrituração aos que não atenderem aos requisitos para a apresentação dos registros e respectivos arquivos; II – multa equivalente a 5% (cinco por cento) sobre o valor da operação correspondente, limitada a 1% (um por cento) do valor da receita bruta da pessoa jurídica no período a que se refere a escrituração, aos que omitirem ou prestarem incorretamente as informações referentes aos registros e respectivos arquivos; e III – multa equivalente a 0,02% (dois centésimos por cento) por dia de atraso, calculada sobre a receita bruta da pessoa jurídica no período a que se refere a escrituração, limitada a 1% (um por cento) desta, aos que não cumprirem o prazo estabelecido para apresentação dos registros e respectivos arquivos. Parágrafo único. Para as pessoas jurídicas que utilizarem o Sistema Público de Escrituração Digital, as multas de que tratam o *caput* deste artigo serão reduzidas; I – à metade, quando a obrigação for cumprida após o prazo, mas antes de qualquer procedimento de ofício; e II – a 75% (setenta e cinco por cento), se a obrigação for cumprida no prazo fixado em intimação".

– **Não se aplica no âmbito das obrigações previdenciárias. Súmula CARF 181:** "No âmbito das contribuições previdenciárias, é incabível lançamento por descumprimento de obrigação acessória, relacionada à apresentação de informações e documentos exigidos, ainda que em meio digital, com fulcro no caput e parágrafos dos artigos 11 e 12, da Lei n. 8.218, de 1991" (CSRF, 2021).

– **Multa por não atender a intimação para prestar esclarecimentos. Súmula CARF 133:** "A falta de atendimento a intimação para prestar esclarecimentos não justifica, por si só, o agravamento da multa de ofício, quando essa conduta motivou presunção de omissão de receitas ou de rendimentos" (CSRF, 2019). Obs.: vinculante, conforme Portaria ME n. 410/2020.

– **Multa aduaneira por erro de NCM na Declaração de Importação. Súmula CARF 161:** "O erro de indicação, na Declaração de Importação, da classificação da mercadoria na Nomenclatura Comum do Mercosul, por si só, enseja a aplicação da multa de 1%, prevista no art. 84, I da MP n. 2.158-35, de 2001, ainda que órgão julgador conclua que a classificação indicada no lançamento de ofício seria igualmente incorreta" (CSRF, 2019). Obs.: vinculante, conforme Portaria ME n. 410/2020.

– **Súmula CARF 155:** "A multa prevista no art. 33 da Lei n. 11.488/07 não se confunde com a pena de perdimento do art. 23, inciso V, do Decreto Lei n. 1.455/76, o que afasta a aplicação da retroatividade benigna definida no art. 106, II, 'c', do Código Tributário Nacional" (CSRF, 2019). Obs.: vinculante, conforme Portaria ME n. 410/2020.

– **Multa aduaneira substitutiva do perdimento. Súmula CARF 161:** "O erro de indicação, na Declaração de Importação, da classificação da mercadoria na Nomenclatura Comum do Mercosul, por si só, enseja a aplicação da multa de 1%, prevista no art. 84, I da MP n. 2.158-35, de 2001, ainda que órgão julgador conclua que a classificação indicada no lançamento de ofício seria igualmente incorreta" (CSRF, 2019). Obs.: vinculante, conforme Portaria ME n. 410/2020.

– "ADUANEIRO... MULTA SUBSTITUTIVA DE 100% DO VALOR ADUANEIRO. ART. 112 DO CTN. BOA-FÉ DO IMPORTADOR. AUSÊNCIA DE DANO AO ERÁRIO. DESPROPORCIONALIDADE... 3. Não obstante o correto enquadramento fiscal, a pena aplicada no caso concreto mostra-se excessiva, seja porque a omissão envolveu mero erro formal que não prejudicou o processo de importação, seja porque é passível de relevação diante da ausência de dano ao erário" (TRF4, AC 5013192-73.2018.4.04.7100, 2022).

⇒ **Pena de perdimento. Importação ou exportação irregulares. Apreensão de mercadorias.** O Ministério da Fazenda controla e fiscaliza o comércio exterior, amparado no art. 237 da Constituição Federal. A ele compete, e.g., proibir a importação de determinadas mercadorias, segundo os interesses nacionais. É o que fez quando proibiu a importação de veículos usados e de pneus usados. Tem-se, a par disso, que a realização de importação exige o cumprimento do rito próprio (obtenção da guia de importação, realização do contrato de câmbio etc.), pagamento dos respectivos impostos (IPI, II, ICMS) e idoneidade da documentação que a subsidia no que diz respeito à origem, autenticidade e compatibilidade da declaração com os bens verdadeiramente internalizados. Eventual importação irregular enseja autuação e apreensão por parte da Inspetoria da Receita Federal, com subsequente aplicação da pena de perdimento, nos termos dos arts. 104-105 do Decreto-Lei n. 37/66, 23-27 do Decreto-Lei n. 1.455/76 e 675 e ss. do Dec. n. 6.759/2009. Também as mercadorias internalizadas pelas fronteiras terrestres, sem declaração e pagamento dos tributos sobre o que supera a quota isenta, estão sujeitas ao perdimento. E mais: há previsão de perdimento inclusive para o veículo transportador, quando pertencente ao responsável pelo ilícito. Entende-se que mera irregularidade formal, sem dolo e sem prejuízo ao erário, não autoriza a aplicação da pena. Na exportação, também pode haver aplicação da pena de perdimento no caso de clandestinidade e de utilização de documento falso. A aplicação de perdimento a terceiros de boa-fé tem sido relaxada pelo Judiciário, conforme se pode ver adiante em nota sobre a boa-fé ao art. 136 do CTN.

– **Natureza da pena de perdimento.** A pena de perdimento pode-se dar em função do descumprimento de normas eminentemente administrativas (as que vedam a importação de determinados produtos) e também de normas que consubstanciam não apenas o cumprimento de regras para a importação, mas consubstanciam, também, legítimas obrigações tributárias acessórias (acompanhamento da documentação relacionada à aquisição das mercadorias), pois subsidiam a fiscalização tributária. Nem sempre a pena de perdimento poderá ser qualificada como uma penalidade tributária. Aliás, na maior parte das vezes, não tem tal natureza. Entretanto, por seu caráter híbrido e em razão da competência da Inspetoria da Receita Federal para aplicá-la, a matéria tem sido discutida, invariavelmente, como se tributária fosse, pelos Juízes e Turmas com competência para o conhecimento e processamento de ações tributárias. Vale ressaltar, também que as irregularidades na importação não têm repercussão necessária na esfera penal, ou seja, nem todas as hipóteses que autorizam a apreensão e aplicação da pena (administrativa) de perdimento tipificam ilícito penal.

– "... a sanção de perdimento de bens tem tanto caráter de intervenção típica de poder de polícia quanto de modalidade própria de sanção tributária" (TORRES, Heleno Taveira. Pena de perdimento de bens e sanções interventivas em matéria tributária. *RET* 49, 2006).

– **Constitucionalidade da pena de perdimento.** "PENA DE PERDIMENTO. CONSTITUCIONALIDADE. CABIMENTO EM PROCESSO ADMINISTRATIVO FISCAL... 1. O Egrégio Supremo Tribunal Federal já declarou a constitucionalidade da pena de perdimento por danos causados ao Erário, por haver previsão expressa na CF de 1967 (RE 95.693/RS, Min. Alfredo Buzaid). A falta de previsão expressa na CF/1988 não importa concluir por sua inconstitucionalidade ou não recepção. Através do devido processo legal, o direito de propriedade pode ser restringido, porque não absoluto. A validade do perdimento é nossa própria tradição histórica de proteção do Erário. A aplicação do perdimento obedece à razoabilidade, pois a sua não aplicação implica aceitar que alguns se beneficiem às custas de toda a sociedade. 2. A pena de perdimento, após CF/1988, é plenamente aplicável também no processo administrativo fiscal... 5. A legislação brasileira é harmônica ao considerar que a internalização ilegal de mercadorias gera dano ao Erário" (TRF4, AC 2005.71.06.000838-8, 2006). Vide também: STF, AgRRE 251.008, 2006.

– **Perdimento em face de falsidade documental.** "TRIBUTÁRIO. FATURA COMERCIAL. FALSIDADE CONSTATADA MEDIANTE PERÍCIA JUDICIAL. PENA DE PERDIMENTO DA MERCADORIA. 1. O art. 105, VI, do Decreto-Lei n. 37/66, autoriza a aplicação da pena de perdimento da mercadoria importada na hipótese de 'qualquer documento necessário ao seu embarque ou desembaraço tiver sido falsificado ou adulterado'. Falsidade na fatura comercial constatada pela autoridade fiscal com base em perícia grafotécnica e corroborada pela perícia judicial. 2. A eventual boa-fé do autuado ou ausência de dano ao erário não descaracteriza a infração, conforme o art. 136 do CTN. Ademais, a falta de um débito tributário ou outro prejuízo material qualquer não tem o condão de caracterizar a regularidade da importação e muito menos elidir a aplicação da pena de perdimento, porquanto a atividade alfandegária é bem mais ampla do que a mera arrecadação fiscal, de modo que a expressão dano ao Erário abarca também os casos em que são praticadas as infrações previstas nos incisos I a XIX do art. 105 do Decreto-Lei n. 37/66. Afastadas, por conseguinte, as alegações da embargante de afronta aos princípios da razoabilidade e proporcionalidade e de não ter havido violação ao erário. 3. Embargos infringentes desprovidos" (TRF4, EINF 0000756-65.2007.404.7000, 2012).

– **Perdimento de veículo do transportador de passageiros ou de carga que leve mercadorias sujeitas a perdimento. Controvérsias. Tema 1.041 do STJ:** (MÉRITO AINDA NÃO JUL-GADO) Controvérsias: "Definir se o transportador (proprietário ou possuidor) está sujeito à pena de perdimento de veículo de transporte de passageiros ou de carga em razão de ilícitos praticados por cidadãos que transportam mercadorias sujeitas à pena de perdimento, nos termos dos Decretos-leis 37/66 e 1.455/76. Definir se o transportador, de passageiros ou de carga, em viagem doméstica ou internacional que transportar mercadoria sujeita a pena de perdimento sem identificação do proprietário ou possuidor; ou ainda que identificado o proprietário ou possuidor, as características ou a quantidade dos volumes transportados evidenciarem tratar-se de mercadoria sujeita à referida pena, está sujeito à multa de R$ 15.000,00 (quinze mil reais) prevista no art. 75 da Lei 10.833/03, ou à retenção do veículo até o recolhimento da multa, nos termos do parágrafo 1º do mesmo artigo" (STJ, ProAfR no REsp 1.818.587, 2019).

– **Proporcionalidade.** O STJ entende válido o perdimento ainda que o valor do veículo seja desproporcional ao valor das mercadorias (STJ, 1ª Turma, REsp 1.498.870-PR, Rel. Min. Benedito Gonçalves, fev/2015). Mas a matéria é controversa. Sobre a proporcionalidade das penas, vide nota ao 136 do CTN e ao art. 150, IV, da CF.

– **Interposição fraudulenta de terceiros e o dano ao erário.** O art. 23 do DL n. 1.455/1976, com a redação da Lei n. 10.637/2002, considera dano ao erário a chamada interposição fraudulenta de terceiros, assim consideradas as hipóteses de ocultação do sujeito passivo, do real vendedor, comprador ou de responsável pela operação, mediante fraude ou simulação, considera presumida a interposição fraudulenta quando não comprovada a origem, disponibilidade e transferência dos recursos empregados, e submete a interposição fraudulenta à pena de perdimento das mercadorias, substituindo-a por multa equivalente ao valor aduaneiro da mercadoria quando não for localizada ou tiver sido consumida ou revendida. Vejamos: "Art 23. Consideram-se dano ao Erário as infrações relativas às mercadorias: [...] V – estrangeiras ou nacionais, na importação ou na exportação, na hipótese de ocultação do sujeito passivo, do real vendedor, comprador ou de responsável pela operação, mediante fraude ou simulação, inclusive a interposição fraudulenta de terceiros. [...] § 1º O dano ao erário decorrente das infrações previstas no caput deste artigo será punido com a pena de perdimento das mercadorias. § 2º Presume-se interposição fraudulenta na operação de comércio exterior a não-comprovação da origem, disponibilidade e transferência dos recursos empregados. § 3º As infrações previstas no *caput* serão punidas com multa equivalente ao valor aduaneiro da mercadoria, na importação, ou ao preço constante da respectiva nota fiscal ou documento equivalente, na exportação, quando a mercadoria não for localizada, ou tiver sido consumida ou revendida, observados o rito e as competências estabelecidos no Decreto n. 70.235, de 6 de março de 1972".

– **Dano ao erário na interposição fraudulenta de terceiros.** É presumido por lei, porquanto compromete a fiscalização aduaneira. Efetivamente, a interposição enseja que sejam contornados os controles aduaneiros: pessoas não autorizadas acabam realizando operações, pessoas sujeitas a parametrização automática para o canal cinza, mais rigoroso, inibem esse efeito, quantidades de mercadorias não autorizadas acabam sendo admitidas, isso sem falar na quebra de cadeia do IPI.

– "5. O dano ao erário é presumido em casos de fraude em operação de comércio exterior, não se limitando à sonegação dos tributos devidos, mas também à possibilidade de fuga aos controles aduaneiros, mormente quanto aos parâmetros personalíssimos de seletividade para os canais de conferência da operação" (TRF4, AC 5013617-81.2015.4.04.7205, 2022).

– **Importação por conta e ordem de terceiros X importação por encomenda.** "6. A principal distinção entre as importações por conta e ordem e por encomenda é que, no primeiro caso, o adquirente realiza a transação comercial de compra e venda da mercadoria no exterior, em seu nome e com recursos próprios, e contrata o importador por conta e ordem para promover o despacho aduaneiro de importação, enquanto no segundo o encomendante contrata o importador por encomenda para realizar a transação comercial de compra e venda de mercadoria de procedência estrangeira a ser importada, o despacho aduaneiro de importação e a revenda ao próprio encomendante predeterminado" (TRF4, AC 5013617-81.2015.4.04.7205, 2022). Tira-se do voto condutor, ainda: "Outrossim, são diversos os objetos dos referidos acordos: na importação por conta e ordem é o contrato de prestação do serviço de promoção do despacho aduaneiro de importação, enquanto na operação por encomenda o objeto é contrato de compra e venda da mercadoria já nacionalizada. Percebe-se, assim, para além da questão relativa aos recursos empregados, que o protagonismo dos agentes é bem delimitado em ambas as hipóteses: o adquirente na importação por conta e ordem realiza diretamente a transação comercial com o exportador, enquanto o encomendante, embora possa 'participar ou não das operações comerciais relativas à aquisição da mercadoria no exterior', busca precipuamente a aquisição dos produtos no mercado interno, após a nacionalização pelo importador".

– **Perdimento na interposição fraudulenta.** "PENA DE PERDIMENTO DA MERCADORIA NA IMPORTAÇÃO. INTERPOSIÇÃO FRAUDULENTA DE TERCEIRO. OCORRÊNCIA DE SIMULAÇÃO... 3. O Decreto-Lei n. 37/66, lei que serve de base ao Regulamento Aduaneiro, tem no seu art. 94, § 2º dispositivo de idêntica redação ao art. 136, do CTN ("§ 2º – Salvo disposição expressa em contrário, a responsabilidade por infração independe da intenção do agente ou do responsável e da efetividade, natureza e extensão dos efeitos do ato"). Desse modo, a infração que visa a ocultar o real sujeito passivo da obrigação tributária referente ao comércio exterior também é pertinente ao Direito Tributário. 4. O dolo na conduta foi reconhecido pelas instâncias de origem consoante o seguinte trecho: '[...] a atuação da empresa autora é de total permissividade em relação aos comandos diretivos da outra empresa, anuindo expressamente com os objetivos de ocultar o real agente. Logo, há, sim, dolo de praticar a irregularidade aduaneira e, correlatamente, de lesar os interesses alfandegários'" (STJ, AgRg no REsp 1.276.692, 2013).

– **Alienação fiduciária não afasta a pena de perdimento.** Vide nota ao art. 123 do CTN.

⇒ **Restrições a direitos.** Como regra, o direito ao exercício de atividade econômica ou profissional não pode ser restringido em razão da pura e simples existência de débitos do contribuinte. Tratando-se de direitos constitucionais, seria medida desproporcional tal restrição, mormente considerando que há meios próprios à disposição do Fisco para a cobrança dos seus créditos. Assim, medidas como a interdição de estabelecimento, não autorização da emissão de documentos fiscais, vedação da aquisição de estampilhas e cassação da habilitação profissional não são admitidas, constituindo o que se costuma designar de "sanções políticas" (vide nota seguinte). Todavia, há situações específicas em que a restrição não se mostra desproporcional nem abusiva. Deve-se ter em conta que o dever de pagar tributos também tem caráter constitucional e que se caracteriza como dever fundamental.

– **Exigência de pagamento de tributo inerente à operação.** Não há que se falar em restrição desproporcional ao exercício de direitos quando a exigência de demonstração do pagamento esteja prevista em lei e se trate de tributo devido em face da própria operação que se esteja realizando, sem prejuízo da discussão sobre o caráter confiscatório do próprio tributo. Assim é que não há impedimento à exigência da prova do pagamento dos tributos incidentes na importação como condição ao desembaraço e liberação dos produtos. Da mesma maneira, pode ser exigida a prova do pagamento do imposto sobre a transmissão como condição à lavratura da escritura de compra e venda.

– **Exigência de regularidade fiscal para habilitação em licitações e acesso a financiamento público.** A participação em licitações é condicionada à regularidade fiscal do interessado, o que se justifica porquanto o Poder Público não está obrigado a contratar com quem não vem cumprindo suas obrigações fiscais, constituindo, a restrição, também, um incentivo aos contribuintes que se mantêm em dia. Da mesma maneira, válida é a legislação que condiciona à regularidade fiscal o acesso a linhas de financiamento públicas.

– **Exigência de regularidade fiscal para adesão a regime simplificado de tributação.** Em novembro de 2013, o STF decidiu pela constitucionalidade da admissão ao Simples Nacional apenas das empresas que ostentem regularidade fiscal. Sobre o Simples Nacional, vide nota ao art. 146, parágrafo único, da CF.

– **Exigência de regularidade fiscal para a alienação ou oneração de imóvel.** "ART. 47, I, B, DA LEI N. 8.212/91. CONSTITUCIONALIDADE. 1. Com efeito, a decisão proferida pelo STF na ADI 394, ao declarar inconstitucionais alguns dos dispositivos da Lei n. 7.711/88, não se aplica ao presente caso, pois exigia quitação dos créditos tributários, enquanto a Lei 8.212 exige apenas a regularidade fiscal. Ademais, a exigência pelo legislador da regularidade fiscal não viola o devido processo legal, eis que a empresa devedora da Previdência Social pode, a todo momento, suspender a exigibilidade do crédito, ao discutir administrativa ou judicialmente, parcelar e, se for o caso, oferecer caução. O artigo 47, I, *b*, da Lei 8.212, da mesma forma, não viola o livre exercício da atividade econômica, pois a alienação do ativo imobilizado é operação extraordinária da empresa e há exceção prevista no art. 257, § 8º, do Decreto 3.048/99, para as empresas cujo objeto social é a alienação de imóveis. A norma em comento visa, apenas, a garantir a segurança jurídica do adquirente de boa-fé, já que, na forma do artigo 185 do CTN, presume-se fraudulenta a alienação de imóvel por devedor com débito inscrito em dívida ativa. 2. Arguição de Inconstitucionalidade rejeitada" (TRF4, ARGINC 0001351-51.2009.404.7208, 2013).

– **Cancelamento de registro especial de empresa inadimplente contumaz.** A inadimplência contumaz implica não apenas prejuízos ao Fisco como também desequilíbrios na concorrência, mormente em setores mais sensíveis em que a tributação assume patamares muito onerosos. Os tributos constituem custos importantes à atividade produtiva, sendo impositivo que os empresários cumpram suas obrigações, sob pena de se criarem vantagens competitivas artificiais. Assim é que se justifica, excepcionalmente, a cassação ou não renovação de registros especiais.

– "CONSTITUCIONAL. TRIBUTÁRIO. SANÇÃO POLÍTICA. NÃO-PAGAMENTO DE TRIBUTO. INDÚSTRIA DO CIGARRO. REGISTRO ESPECIAL DE FUNCIONAMENTO. CASSAÇÃO. DECRETO-LEI 1.593/1977, ART. 2º, II. 1. Recurso extraordinário interposto de acórdão prolatado pelo Tribunal Regional Federal da 2ª Região, que reputou constitucional a exigência de rigorosa regularidade fiscal para manutenção do registro especial para fabricação e comercialização de cigarros (DL 1.593/1977, art. 2º, II). 2. Alegada contrariedade à proibição de sanções políticas em matéria tributária, entendidas como qualquer restrição ao direito fundamental de exercício de atividade econômica ou profissional lícita. Violação do art. 170 da Constituição, bem como dos princípios da proporcionalidade e da razoabilidade. 3. A orientação firmada pelo Supremo Tribunal Federal rechaça a aplicação de sanção política em matéria tributária. Contudo, para se caracterizar como sanção política, a norma extraída da interpretação do art. 2º, II, do Decreto-lei 1.593/1977 deve atentar contra os seguintes parâmetros: (1) relevância do valor dos créditos tributários em aberto, cujo não pagamento implica a restrição ao funcionamento da empresa; (2) manutenção proporcional e razoável do devido processo legal de controle do ato de aplicação da penalidade; e (3) manutenção proporcional e razoável do devido processo legal de controle da validade dos créditos tributários cujo não pagamento implica a cassação do registro especial. 4. Circunstâncias que não foram demonstradas no caso em exame" (STF, RE 550.769, 2013).

– "Estabelecimento industrial. Interdição pela Secretaria da Receita Federal. Fabricação de cigarros. Cancelamento do registro especial para produção. Legalidade aparente. Inadimplemento sistemático e isolado da obrigação de pagar Imposto sobre Produtos Industrializados – IPI. Comportamento ofensivo à livre concorrência. Singularidade do mercado e do caso. Liminar indeferida em ação cautelar. Inexistência de razoabilidade jurídica da pretensão. Votos vencidos. Carece de razoabilidade jurídica, para efeito de emprestar efeito suspensivo a recurso extraordinário, a pretensão de indústria de cigarros que, deixando sistemática e isoladamente de recolher o Imposto sobre Produtos Industrializados, com consequente redução do preço de venda da mercadoria e ofensa à livre concorrência, viu cancelado o registro especial e interditados os estabelecimentos" (STF, MCAC 1.657-6, 2007) Excerto do voto condutor: "Há... dissimilitudes

decisivas que apontam para a singularidade do caso em relação à jurisprudência da Corte: (a) não se trata de simples 'imposição de restrições e limitações à atividade em débito com a Fazenda [...] autorizada em lei' (RE n. 414.714...), mas de comando preordenado também ao resguardo de valor jurídico-constitucional de igual predicamento e dignidade, que é o princípio ou regra da livre concorrência; (c) o precedente do RE n. 415.018 [...] cuida de restrições 'fundadas em exigências que transgridam os postulados da razoabilidade e da proporcionalidade', 'sem justo fundamento', 'limitações arbitrárias', atividade legislativa 'abusiva ou imoderada', dentre outros predicados, que, como visto, não se aplicam, sequer remotamente, a este caso; (d) as súmulas invocadas não quadram à hipótese, pois que, como decidiu acertadamente o TRF-2, 'o caso dos autos envolve a análise sobre a possibilidade do Estado exigir, com base em norma infraconstitucional, regularidade fiscal para manutenção de registro especial em ramo produtivo específico, inexistindo correlação com a simples adoção de medidas coercitivas para cobrar tributos'...".

– "... a empresa que reiteradamente descumpre com suas obrigações tributárias, requisito indeclinável para o seu funcionamento, desrespeita os citados mandamentos constitucionais da função social da propriedade, da livre concorrência e da defesa do consumidor. 77. Visando combater essa situação de concorrência desleal entre as empresas cumpridoras de seus deveres, inclusive tributários, e as descumpridoras de suas obrigações, intervém o Estado para garantir o equilíbrio econômico na disputa de mercado. 78. A ninguém escapa a importância do tributo no preço do cigarro. Não paga tributo cria uma anômala vantagem competitiva para o contumaz sonegador. 79. é postulado universal do Direito que ninguém deve se aproveitar ou se beneficiar da própria torpeza" (ALVES JÚNIOR, Luís Carlos Martins. IPI – Regime especial relativo às empresas fabricantes de cigarros. *RDDT* 169/169, 2009).

– **Contra.** "A norma albergada pelo art. 2º, inciso II, do Decreto-lei n. 1.593/77, permite a aplicação da sanção máxima, vale dizer, o cancelamento do registro especial e a consequente interdição do estabelecimento da empresa em face do 'não cumprimento de obrigação tributária principal ou acessória, relativa a tributo ou contribuição administrado pela Secretaria da Receita Federal'. Adota, portanto, a sanção política mais severa como instrumento de cobrança de tributos. Em outras palavras, retira do contribuinte todas as proteções jurídicas contra o arbítrio da Fazenda Pública, à qual atribui o mais absoluto poder para decidir quem prossegue na atividade e quem é obrigado a encerrá-la. Basta que tenha havido o descumprimento de uma única obrigação tributária. Seja qual for, mesmo acessória e mesmo da menor importância. [...] é exatamente a prática de fazer justiça pelas próprias mãos [...] a Fazenda sempre alegará, para aplicar uma sanção política, que o contribuinte não paga os tributos devidos, e que isso trará reflexos para a concorrência, a isonomia etc. Essa é a justificativa de toda coação indireta. Ao acolhê-la, portanto, o STF não estará firmando precedente aplicável apenas ao presente caso, mas a qualquer hipótese de restrição ao direito à livre iniciativa por conta de supostas pendências tributárias. [...] Nenhuma dúvida pode haver de que a aplicação da pena capital, com a interdição pura e simples da atividade de uma empresa, é flagrantemente inadequada, desnecessária, e desproporcional em sentido estrito" (MACHADO, Hugo de Brito; MACHADO SEGUNDO, Hugo de Brito. Sanções políticas como meio coercitivo a cobrança de tributo. Incompatibilidade com as garantias constitucionais do contribuinte... *RDDT* 150/85, 2008).

• Vide: CARDOSO, Alessandro Mendes; COSTA, Rafael Santiago. Cancelamento do registro especial das empresas fabricantes de cigarros: análise crítica do entendimento firmado no julgamento do Recurso Extraordinário n. 550.769. *RDDT* 231/7, 2014.

– Caso da importação ou distribuição de combustíveis. "... a Lei estadual n. 14.701/2005, embora estabeleça tratamento tributário e administrativo inequivocamente mais severo às empresas que atuam – ou que pretendem atuar – no setor de importação ou distribuição de combustíveis automotivos, chegando até mesmo a prever o cancelamento da inscrição da empresa no CAD/ICMS nos casos em que o valor da dívida ativa inscrita e sem exigibilidade suspensa ultrapassar o capital social, não afronta nem o princípio constitucional da igualdade nem tampouco o postulado da proporcionalidade. [...] Mais do que um meio alternativo de cobrança de tributos ou de proteção da harmonia e estabilidade do sistema constitucional tributário brasileiro, o cancelamento da inscrição de empresas devedoras de tributos deve ser encarado como instrumento de resguardo da ordem econômica, mais especificamente, da livre iniciativa e da livre concorrência. [...] Não há que se falar em sanção política quando a restrição imposta pelo Estado tem por único objetivo a promoção de valores maiores do Ordenamento Constitucional" (CASTRO, Eduardo Moreira Lima Rodrigues de. Cancelamento da inscrição da empresa no cadastro de contribuinte: sanção política ou medida protetiva da ordem econômica? *RDDT* 218/56, 2013).

⇒ **Sanções políticas.** As sanções políticas são as restrições impostas aqueles que são devedores de tributos, de modo a dificultar ou mesmo a inviabilizar o exercício das suas atividades, como instrumento de pressão. Há restrições admitidas e proporcionais (vide nota anterior), mas, nas hipóteses em que constituem meio artificial e desproporcional de cobrança de tributos, implicam inconstitucionalidade. O Ministro CELSO DE MELLO sintetizou esse entendimento ao afirmar que "**o Estado não pode valer-se** de meios indiretos de coerção, **convertendo-os em instrumentos de acertamento** da relação tributária, **para**, em função deles – e mediante interdição **ou** grave restrição ao exercício da atividade empresarial, econômica ou profissional – **constranger** o contribuinte **a adimplir** obrigações fiscais eventualmente em atraso" (STF, ARE 915.424 AgR, 2015).

– Tema 856 do STF: "II – É inconstitucional a restrição ilegítima ao livre exercício de atividade econômica ou profissional, quando imposta como meio de cobrança indireta de tributos". Decisão do mérito em 2015.

– Tema 732 do STF: "É inconstitucional a suspensão realizada por conselho de fiscalização profissional do exercício laboral de seus inscritos por inadimplência de anuidades, pois a medida consiste em sanção política em matéria tributária". Decisão de mérito em 2020.

– Tema 1.042 do STF: "É constitucional vincular o despacho aduaneiro ao recolhimento de diferença tributária apurada mediante arbitramento da autoridade fiscal". Decisão de mérito em 2020.

– "4. Não é dado aos entes políticos valerem-se de sanções políticas contra os contribuintes inadimplentes, cabendo-lhes, isto sim, proceder ao lançamento, inscrição e cobrança judicial de seus créditos..." (STF, RE 591.033, 2011).

– "3. Esta Corte tem historicamente confirmado e garantido a proibição constitucional às sanções políticas, invocando, para tanto, o direito ao exercício de atividades econômicas e profissionais lícitas (art. 170, par. ún., da Constituição), a violação do devido processo legal substantivo (falta de proporcionalidade e razoabilidade de medidas gravosas que se predispõem a substituir os mecanismos de cobrança de créditos tributários) e a violação do devido processo legal manifestado no direito de acesso aos órgãos do Executivo ou do Judiciário tanto para controle da validade dos créditos tributários, cuja inadimplência pretensamente justifica a nefasta penalidade, quanto para controle do próprio ato que culmina na restrição. É inequívoco, contudo, que a orientação firmada pelo Supremo Tribunal Federal não serve de escusa ao deliberado e temerário desrespeito à legislação tributária. Não há que se falar em sanção política se as restrições à prática de atividade econômica objetivam combater estruturas empresariais que têm na inadimplência tributária sistemática e consciente sua maior vantagem concorrencial. Para ser tida como inconstitucional, a restrição ao exercício de atividade econômica deve ser desproporcional e não razoável. 4. Os incisos I, III e IV do art. 1º violam o art. 5º, XXXV da Constituição, na medida em que ignoram sumariamente o direito do contribuinte de rever em âmbito judicial ou administrativo a validade de créditos tributários. Violam, também o art. 170, par. ún. da Constituição, que garante o exercício de atividades profissionais ou econômicas lícitas. Declaração de inconstitucionalidade do art. 1º, I, III e IV da Lei 7.711/'988. Declaração de inconstitucionalidade, por arrastamento dos parágrafos 1º a 3º e do art. 2º do mesmo texto legal" (STF, ADI 173, 2008).

– "Sanções políticas no Direito Tributário. Inadmissibilidade da utilização, pelo poder público, de meios gravosos e indiretos de coerção estatal destinados a compelir o contribuinte inadimplente a pagar o tributo (Súmulas 70, 323 e 547 do STF). Restrições estatais, que, fundadas em exigências que transgridem os postulados da razoabilidade e da proporcionalidade em sentido estrito, culminam por inviabilizar, sem justo fundamento, o exercício, pelo sujeito passivo da obrigação tributária, de atividade econômica ou profissional lícita. Limitações arbitrárias que não podem ser impostas pelo Estado ao contribuinte em débito, sob pena de ofensa ao 'substantive due process of law'. Impossibilidade constitucional de o Estado legislar de modo abusivo ou imoderado (RTJ 160/140-141 – RTJ 173/807-808 – RTJ 178/22--24). O poder de tributar – que encontra limitações essenciais no próprio texto constitucional, instituídas em favor do contribuinte – 'não pode chegar à desmedida do poder de destruir' (Min. Orosimbo Nonato, RDA 34/132). A prerrogativa estatal de tributar traduz poder cujo exercício não pode comprometer a liberdade de trabalho, de comércio e de indústria do contribuinte. A significação tutelar, em nosso sistema jurídico, do 'estatuto constitucional do contribuinte'. [...] A importância da nota fiscal ou AIDF para o desenvolvimento das atividades comerciais de uma empresa seja ela de indústria ou comércio, decorre do fato de que somente por meio destas é que se torna possível oficializar e documentar operações de circulação de mercadorias, a ponto de que sem essas, a circulação de mercadoria é atividade ilícita, punível, inclusive, com a respectiva apreensão das mesmas. Neste sentido, revela-se, pois, totalmente imprópria à figura da nota fiscal avulsa, solução muito justificada por fiscais de ICMS e Procuradores de Estado em audiências que solicitam ao Poder Judiciário, mas que, na prática, constitui artimanha muito maliciosa que só serve para prejudicar o contribuinte, em circunstância totalmente defesa em lei, como adiante ficará elucidado. Não raro, a fiscalização aponta, como recurso em situações de desagrado ao contribuinte, o uso das chamadas 'notas fiscais avulsas'. Fazem-no, por certo, por desconhecimento de toda a gama de obtusa burocracia que envolve a sua expedição... [...] Em suma: a prerrogativa institucional de tributar, que o ordenamento positivo reconhece ao Estado, não lhe outorga o poder de suprimir (ou de inviabilizar) direitos de caráter fundamental, constitucionalmente assegurados ao contribuinte, pois este dispõe, nos termos da própria Carta Política, de um sistema de proteção destinado a ampará-lo contra eventuais excessos cometidos pelo poder tributante ou, ainda, contra exigências irrazoáveis veiculadas em diplomas normativos por este editados" (STF, decisão monocrática no RE 374.981, 2005).

– "... a liberdade no exercício da atividade econômica (livre iniciativa) é a mais ampla possível, não comportando nenhuma limitação, salvo em relação às atividades que, por sua própria natureza dependam de autorização estatal para sua realização. Logo, nenhum contribuinte pode ser proibido de exercer livremente suas atividades econômicas" (FERRAGUT, Maria Rita. Responsabilidade Tributária do Estado Brasileiro. *RDDT* 177/103, 2010).

– "Em Direito Tributário a expressão sanções políticas corresponde a restrições ou proibições impostas ao contribuinte, como forma indireta de obrigá-lo ao pagamento do tributo, tais como a interdição do estabelecimento, a apreensão de mercadorias, o regime especial de fiscalização, entre outras. Qualquer que seja a restrição que implique cerceamento da liberdade de exercer atividade lícita é inconstitucional, porque contraria o disposto nos artigos 5º, inciso XIII, e 170, parágrafo único, do Estatuto Maior do País. [...] É certo que a norma constitucional, acima transcrita, ressalva os casos previstos em lei. Isto, porém, não quer dizer que a lei possa condicionar o exercício da atividade econômica ao pontual pagamento dos tributos. Admitir que somente os que pagam pontualmente os tributos tem direito ao exercício da atividade econômica, e em consequência, admitir o cancelamento da inscrição do contribuinte inadimplente, seria converter em regra a exceção prevista no art. 170, parágrafo único, da Constituição. Como as atividades econômicas estão, em princípio, sujeitas aos tributos, a inscrição funcionaria como autorização para o respectivo exercício. A ressalva contida no final do dispositivo na verdade diz respeito a certas atividades que, por questão de segurança, fica a depender da autorização estatal, como acontece, por exemplo, com o fabrico e comercialização

de determinadas armas e munições" (MACHADO, Hugo de Brito. Sanções políticas no direito tributário, artigo extraído da sua página pessoal na Internet).

– "Parece que dispondo o fisco do privilégio da execução fiscal, que desde logo se inicia pela penhora dos bens do devedor, as chamadas sanções políticas não passam de resquícios ditatoriais, que deveriam desaparecer de nossa legislação, pois no Estado Democrático de Direito não nos parece que seja justo a administração fazer uma verdadeira execução de dívida por suas próprias mãos e, nesse caso, ela efetivamente a faz, pois não convoca o Poder Judiciário e muitas vezes corresponde *mutatis mutandis* a verdadeira pena de morte, ou seja, ruína econômica de empresas, antes do julgamento pelo Poder Judiciário. [...] Essas sanções... que o fisco federal vem ampliando cada vez mais... não se coadunam com as garantias constitucionais outorgadas pelo Estado Democrático de direito à liberdade de trabalho, de comércio e ao direito ao devido processo legal (*due process of law*)" (NOGUEIRA, Ruy Barbosa. *Curso de direito tributário*. 14. ed. São Paulo: Saraiva, 1995, p. 206).

– **Registro comercial. Visto prévio da Fazenda. Descabimento.** "PROTOCOLO FIRMADO ENTRE A SECRETARIA DA RECEITA FEDERAL E A SECRETARIA DA FAZENDA DO ESTADO DO CEARÁ, COM ANUÊNCIA DA JUNTA COMERCIAL, PARA QUE SEJAM PREVIAMENTE VISADOS PELA CENTRAL DE CADASTRAMENTO – CECAD, ÓRGÃO CRIADO PARA INTERCAMBIAR INFORMAÇÕES TRIBUTÁRIAS, OS ATOS DE REGISTRO COMERCIAL. 1. Exigência imposta pela Administração Pública, de caráter limitativo para o exercício de atividade empresarial, que não encontra amparo legal. 2. Interpretação do art. 37 da Lei n. 8.934, de 18.11.94. 3. Excesso de autoridade na política administrativa tributária" (STJ, REsp 513.356, 2003).

– **CNPJ. Regularidade fiscal como condição para a liberação do registro.** O Cadastro Nacional das Pessoas Jurídicas – CNPJ –, que substitui o CGC, teve como elemento condicionador de sua liberação a inexistência de pendências, relativas à pessoa jurídica e aos membros do quadro societário.

– "NEGATIVA DE INSCRIÇÃO NO CNPJ. EMPRESA COM PENDÊNCIAS FISCAIS. IN N. 02/01. PRINCÍPIO DA LIVRE ATIVIDADE ECONÔMICA. A Instrução Normativa – SRF 02/01 extrapolou os limites da Lei 5.614/70, restringindo o deferimento de CNPJ às pessoas jurídicas em dia com suas obrigações tributárias. A negativa do cadastro, sob tal argumento, viola o princípio da livre atividade econômica" (TRF4, AMS 2001.71.00.035784-1, 2004).

– "INSCRIÇÃO NO CNPJ. CONDICIONAMENTO À APRESENTAÇÃO DE CND. PRINCÍPIO DO LIVRE EXERCÍCIO DA ATIVIDADE ECONÔMICA. A República Federativa do Brasil tem como fundamento, dentre outros, os valores sociais do trabalho e da livre iniciativa, sendo que o livre exercício de qualquer atividade econômica é a todos assegurado, conforme se extrai dos artigos 1º e 170 da CF. O princípio do livre exercício da atividade econômica não pode ser, que a todos vincula, não pode perecer em face do interesse da Fazenda Pública na satisfação dos seus créditos. Sendo, a inscrição no CNPJ, requisito para o funcionamento regular de empresa, jamais poderá ser condicionado à comprovação de regularidade fiscal dos sócios, sendo, eventual legislação em tal sentido, inválida" (TRF4, AMS 2000.04.01.028231-2, 2002).

– "... a Administração Pública, ao expedir qualquer instrução normativa, deve se ater aos estritos termos da lei que a antecede, dispondo apenas sobre a forma de sua execução, sendo-lhe defeso criar direitos ou obrigações novas (Princípio da Reserva Legal). A Lei n. 5.614/70, a qual determina que os prazos, condições e forma de inscrição do C.G.C. serão fixados por ato do Ministro da Fazenda, é o fundamento de validade das Instruções Normativas ns. 27 e 112/98 da SRF (Secretaria da Receita Federal). Essa Lei ao atribuir competência ao Ministro da Fazenda para fixar condições e exigências do processamento das inscrições no C.G.C., não delegou à Administração, nem o poderia fazer, o poder de criar obrigações sem previsão legal. Ademais, tais exigências configuram verdadeira execução indireta, procedimento condenado pelo SUPREMO TRIBUNAL FEDERAL nas decisões que deram origem às Súmulas 70, 323 e 547: [...] O Poder Público tem procedimentos privilegiados de cobrança de seus créditos (execução fiscal), não sendo cabível admitir a imposição de restrições ilegítimas à atividade econômica dos possíveis devedores, quanto mais quando veiculadas por normas emanadas do próprio Poder Executivo" (excerto do parecer do MPF no MS 2000.71.00.001328-0, 12ª VF POA, 2000).

• Vide também: Andrei Minimel de Souza, CNPJ – Cadastro Nacional das Pessoas Jurídicas. Comentários acerca da Instrução Normativa SRF n. 27/83, em *RDDT* 39, dezembro/98; Antônio Manoel Gonçalez, CNPJ/Inconstitucionalidades, Repertório IOB de Jurisprudência, janeiro/99.

– **Registro de empresa condicionado à regularidade fiscal dos sócios.** "Descabe condicionar integração, a quadro societário, de pessoa jurídica de direito privado ao fato de o pretendente estar em dia com as obrigações tributárias" (STF, RE 207.946, 2008).

– **Condicionamento da inscrição à demonstração da capacidade economia dos sócios.** ADMINISTRATIVO "INDEFERIMENTO DE INSCRIÇÃO NO CADASTRO DE CONTRIBUINTES DO ESTADO DE SERGIPE (CECESE). AUSÊNCIA DE COMPROVAÇÃO DA CAPACIDADE ECONÔMICO-FINANCEIRA DOS SÓCIOS (ART. 150, INCISO I, ALÍNEAS "D" E "F, DO RICMS). LEGALIDADE DO ATO... 1. O indeferimento de inscrição de pessoa jurídica, com fulcro no Regulamento local do ICMS, além de obedecer o princípio da legalidade, conjura a liquidez e a certeza exigíveis pelo writ... 2. *In casu*, o indeferimento da inscrição da impetrante no CACESE (Cadastro de Contribuintes de Sergipe), com supedâneo no art. 152, do RICMS, em razão da divergência entre os dados informados pelos sócios, por ocasião da entrevista junto à SEFAZ/SE, e os dados constantes da documentação acostada ao pedido de inscrição, especialmente no que concerne à descrição da atividade desenvolvida pela empresa, bem como a ausência de demonstração da capacidade econômico-financeira dos sócios para desenvolver a atividade comercial pretendida adimplindo as obrigações tributárias (art. 150, inciso I, alíneas

"d" e "f"), não revela ato abusivo ou arbitrário, por isso que respaldado na legislação estadual e nas provas constantes do relatório de fiscalização da Secretaria da Fazenda do Estado de Sergipe. 3. Sob esse enfoque o acórdão recorrido assenta com exatidão: 'No presente caso, o indeferimento de inscrição no CACESE não ocorreu para pressionar o contribuinte a pagar tributos, mas sim em razão de divergências nas informações prestadas e da incompleta documentação apresentada com o requerimento. Observa-se que a autoridade dita coatora acertadamente detectou contradições e omissões graves nas informações trazidas no requerimento administrativo, mais especificamente no que pertine ao ramo da atividade comercial, previsão de valores para aquisição de mercadorias e receita bruta anual da despesa.[...] Além disso, merece ser destacado que a impetrante não juntou ao requerimento de inscrição o comprovante de rendimentos dos sócios, documento reputado imprescindível pelo art. 150 do regulamento do ICMS. A exigência de apresentação deste documento não é abusiva, pois com ele o Fisco pretende ver demonstrada a capacidade econômico-financeira dos sócios para desenvolver a atividade comercial pretendida com o adimplemento das obrigações tributárias. 4. O afastamento da Resolução local implicaria violar cláusula de Reserva de Plenário (Súmula 10 do STF), mercê de violar o princípio da legalidade dos atos do Poder Público" (STJ, RMS 21033, 2009).

– **Condicionamento da renovação de inscrição estadual de contribuinte com histórico de inadimplência ou relativamente a atividade de risco à prestação de garantia.** "... a Portaria CAT n. 122/2013 estabeleceu, em seu artigo 1º, a faculdade de a Fazenda do Estado de São Paulo exigir a apresentação de garantia ao cumprimento de obrigações tributárias futuras, como condição de concessão, alteração e renovação da inscrição estadual, desde que (i) o contribuinte possua 'antecedente fiscal desabonador', mesmo em nome de seus sócios (inclusive pessoas físicas) e empresas interessadas (incluindo suas coligadas e controladas), ou, ainda, (ii) nos casos em que a atividade empresarial exercida for considerada pela autoridade fazendária como sendo de alto risco de inadimplemento das obrigações tributárias. ... dois são os caminhos possíveis que poderá trilhar o contribuinte: ou adiante, como garantia de pagamento de futuros débitos tributários que venha a contrair com a Fazenda estadual, o pagamento do ICMS referente ao próximo ano de atividade (ainda que por estimativa), ou será, para todos os efeitos legais, considerado como não inscrito, devendo arcar com as restrições e os problemas decorrentes de estar em situação irregular perante o Poder Público. [...] (i) causa excessiva e injustificada restrição à livre iniciativa do contribuinte, ao livre acesso à concorrência ou à garantia de neutralidade concorrencial do Estado; (ii) a própria medida implica desigualdade concorrencial entre agentes, em função de seu poder econômico; (iii) não é proporcional, pois falta justificativa que seja suficiente para fundamentar as pesadas restrições a direitos fundamentais dos contribuintes; e (iv) não é razoável, inexistindo equivalência entre a prolatada necessidade de se garantir obrigações tributárias futuras e a exigência de depósito antecipado no valor declarado dos saldos devedores de ICMS dos últimos 12 meses de atividade" (TAKANO, Caio Augusto. Livre concorrência e fiscalização tributária. *RDDT* 223/56, 2014).

– **Condicionamento da concessão de autorização para a impressão de documentos fiscais. Tema 31 do STF:** "É inconstitucional o uso de meio indireto coercitivo para pagamento de tributo sanção política, tal qual ocorre com a exigência, pela Administração Tributária, de fiança, garantia real ou fidejussória como condição para impressão de notas fiscais de contribuintes com débitos tributários". Decisão de mérito em 2014.

– "ARRECADAÇÃO – SANÇÃO POLÍTICA. Discrepa, a mais não poder, da Carta Federal a sanção política objetivando a cobrança de tributos – Verbetes n. 70, 323 e 547 da Súmula do Supremo. TRIBUTO – DÉBITO – NOTAS FISCAIS – CAUÇÃO – SANÇÃO POLÍTICA – IMPROPRIEDADE. Consubstancia sanção política visando o recolhimento de tributo condicionar a expedição de notas fiscais a fiança, garantia real ou fidejussória por parte do contribuinte. Inconstitucionalidade do parágrafo único do artigo 42 da Lei n. 8.820/89, do Estado do Rio Grande do Sul" (STF, RE 565.048, 2014).

– "DÉBITO FISCAL – IMPRESSÃO DE NOTAS FISCAIS – PROIBIÇÃO – INSUBSISTÊNCIA. Surge conflitante com a Carta da República legislação estadual que proíbe a impressão de notas fiscais em bloco, subordinando o contribuinte, quando este se encontra em débito para com o fisco, ao requerimento de expedição, negócio a negócio, de nota fiscal avulsa" (STF, RE 413.782, 2005).

• Vide, também, rica decisão do Min. Celso de Mello no RE 37498, de março de 2005.

– **Proibição de impressão de notas fiscais. NF avulsa.** "DÉBITO FISCAL – IMPRESSÃO DE NOTAS FISCAIS – PROIBIÇÃO – INSUBSISTÊNCIA. Surge conflitante com a Carta da República legislação estadual que proíbe a impressão de notas fiscais em bloco, subordinando o contribuinte, quando este se encontra em débito para com o fisco, ao requerimento de expedição, negócio a negócio, de nota fiscal avulsa. Precedentes: Recursos Extraordinários n. 413.782-8/SC e 565.048/RS, ambos de minha relatoria" (STF, RE 446.206 AgR, 2014).

– **Averbação de CDA em registros. Art. 20-E da Lei n. 10.522/2002.** "Averbação da Certidão de Dívida Ativa (CDA) em órgãos de registro e indisponibilidade de bens do devedor em fase pré-executória. 1. Ações diretas contra os arts. 20-B, § 3º, II, e 20-E da Lei n. 10.522/2002, com a redação dada pela Lei n. Lei n. 13.606/2018, que (i) possibilitam a averbação da certidão de dívida ativa em órgãos de registros de bens e direitos, tornando-os indisponíveis, após a conclusão do processo administrativo fiscal, mas em momento anterior ao ajuizamento da execução fiscal; e (ii) conferem à Procuradoria-Geral da Fazenda Nacional o poder de editar atos regulamentares. 2. Ausência de inconstitucionalidade formal. Matéria não reservada à lei complementar. Os dispositivos impugnados não cuidam de normas gerais atinentes ao crédito tributário, pois não interferem na regulamentação uniforme acerca dos elementos essenciais para a definição de crédito. Trata-se de normas procedimentais, que determinam o modo como a Fazenda Pública federal tratará o crédito tributário após a sua constituição definitiva. 3. Constitucionalidade

da averbação da certidão de dívida ativa em registros de bens e direitos em fase anterior ao ajuizamento da execução fiscal. A mera averbação da CDA não viola o devido processo legal, o contraditório e a ampla defesa, a reserva de jurisdição e o direito de propriedade. É medida proporcional que visa à proteção da boa-fé de terceiros adquirentes de bens do devedor, ao dar publicidade à existência da dívida. Além disso, concretiza o comando contido no art. 185, *caput*, do Código Tributário Nacional, que presume 'fraudulenta a alienação ou oneração de bens ou rendas, ou seu começo, por sujeito passivo em débito para com a Fazenda Pública, por crédito tributário regularmente inscrito como dívida ativa'. Tal presunção legal é absoluta, podendo ser afastada apenas 'na hipótese de terem sido reservados, pelo devedor, bens ou rendas suficientes ao total pagamento da dívida inscrita'. 4. Inconstitucionalidade material da indisponibilidade de bens do devedor na via administrativa. A indisponibilidade tem por objetivo impedir a dilapidação patrimonial pelo devedor. Todavia, tal como prevista, não passa no teste de proporcionalidade, pois há meios menos gravosos a direitos fundamentais do contribuinte que podem ser utilizados para atingir a mesma finalidade, como, por exemplo, o ajuizamento de cautelar fiscal. A indisponibilidade deve respeitar a reserva de jurisdição, o contraditório e a ampla defesa, por se tratar de forte intervenção no direito de propriedade. 5. Procedência parcial dos pedidos, para considerar inconstitucional a parte final do inciso II do § 3º do art. 20-B, onde se lê 'tornando-os indisponíveis', e constitucional o art. 20-E da Lei n. 10.522/2002, ambos na redação dada pela Lei n. 13.606/2018" (STF, ADI 5.886, 2021).

– **Subdivisão de imóvel condicionada à quitação de tributos.** "INDEFERIMENTO DE PEDIDO ADMINISTRATIVO DE SUBDIVISÃO DE IMÓVEL. EXIGÊNCIA DE QUITAÇÃO DOS DÉBITOS TRIBUTÁRIOS INCIDENTES SOBRE O IMÓVEL OU APRESENTAÇÃO DE CAUÇÃO REAL COMO CONDIÇÃO PARA APROVAÇÃO DO PROJETO DE SUBDIVISÃO... II – A orientação deste Supremo Tribunal Federal, manifestada nas Súmulas 70, 323 e 547/STF, é no sentido de repelir formas oblíquas de cobrança de débitos fiscais que constituam ofensa à garantia constitucional do livre exercício de trabalho, ofício, profissão e de qualquer atividade econômica, tendo em vista o fato de o Fisco possuir meio próprio para cobrança de seus créditos, qual seja, a execução fiscal. III – Entendimento consolidado nos Temas 31 (RE 565.048-RG...) e 856 (ARE 914.045-RG/MG..) da sistemática da Repercussão Geral" (STF, ARE 1.322.493 ED-AgR, 2021).

– **Transferência do domicílio para o exterior condicionado à regularidade fiscal.** "Comprovação de Quitação de Débitos Tributários e Sanção Política. O Tribunal conheceu parcialmente de duas ações diretas ajuizadas pela Confederação Nacional da Indústria – CNI e pelo Conselho Federal da Ordem dos Advogados do Brasil e, na parte conhecida, julgou procedente o pedido nelas formulado para declarar a inconstitucionalidade do art. 1º, I, III e IV, e §§ 1º, 2º e 3º da Lei 7.711/88, que obriga a comprovação de regularidade fiscal na hipótese de transferência de domicílio para o exterior, vincula o registro ou arquivamento de contrato social e atos similares à quitação de créditos tributários, e dispõe sobre a realização de convênios entre os entes federados para fiscalização do cumprimento das restrições. ... aplicou-se a orientação firmada em vários precedentes, e constante dos Enunciados 70, 323, 547, da Súmula do STF, no sentido da proibição constitucional às sanções políticas, sob pena de ofensa ao direito ao exercício de atividades econômicas e profissionais lícitas (CF, art. 170, parágrafo único), ao substantive *due process of law* (ante a falta de proporcionalidade e razoabilidade de medidas gravosas que se predispõem a substituir os mecanismos de cobrança de créditos tributários) e ao devido processo legal, manifestado na garantia de acesso aos órgãos do Executivo ou do Judiciário tanto para controle da validade dos créditos tributários quanto para controle do próprio ato que culmina na restrição... adi 173/DF, rel. Min. Joaquim Barbosa, 25.9.2008" (*Informativo* STF n. 521, 2008).

– **ICMS. Regime especial de recolhimento.** "TRIBUTO – REGIME ESPECIAL – PRAZO DE RECOLHIMENTO – TRATAMENTO DIFERENCIADO – GLOSA – IMPOSTO SOBRE CIRCULAÇÃO DE MERCADORIAS E SERVIÇOS. Conflita com a Constituição Federal, em face da liberdade de comércio, da livre concorrência e do princípio da não cumulatividade, a imposição de regime de recolhimento de tributo que implique obrigação de satisfazer diariamente o valor correspondente ao Imposto sobre Circulação de Mercadorias e Serviços. Precedente: ERE n. 115.452, relatado pelo Ministro Carlos Velloso perante o Pleno, com acórdão publicado no Diário da Justiça de 16 de novembro de 1990" (STF, RE 195.621, 2000).

– "REGIME ESPECIAL DE RECOLHIMENTO DO ICMS INSTITUÍDO PELO ART. 52 DA LEI MINEIRA N. 6.763/75. Orientação firmada pelo Plenário do STF, quando do julgamento do ERE 155.452, Min. Carlos Velloso, de que o regime especial do ICMS, mesmo quando autorizado em lei, impõe limitações à atividade comercial do contribuinte, em violação à garantia de liberdade de trabalho, inserta no art. 5º, XIII, da Constituição Federal. Recurso extraordinário conhecido e provido" (STF, RE 231.543, 1999).

– "... através do 'Regime Especial' confere-se tratamento diferenciado a determinado contribuinte, ou a determinado setor de atividade, com a finalidade de facilitar o cumprimento das obrigações tributárias, mas sem que disso resulte redução da carta tributária. [...] Como tal regime não encontra amparo direto na Constituição, sua aplicação há de ser facultativa. A Fazenda não pode impor ao contribuinte a sua adoção, eis que o contribuinte tem o direito de ver o imposto calculado de forma não cumulativa. Como opção, porém, o regime é plenamente válido. É o que ocorre, aliás, em termos semelhantes com o imposto de renda, que pode ser calculado sobre o lucro real, ou sobre o lucro presumido, por opção do contribuinte" (MACHADO, Hugo de Brito; MACHADO SEGUNDO, Hugo de Brito. ICMS. Regime especial de tributação. Natureza jurídica. *RDDT* 115/128, 2005).

– **Apreensão de mercadorias. Súmula 323 do STF:** "É inadmissível a apreensão de mercadorias como meio coercitivo para pagamento de tributos".

– **Apreensão de mercadoria transportada sem nota:** "... a segurança que se busca é a liberação da mercadoria apreendida para a conclusão da operação de venda, já que a referida apreensão justifica-se apenas pelo prazo necessário para a identificação do sujeito passivo de eventual obrigação tributária, e a lavratura do competente auto de infração, o que normalmente já foi realizado pela Fiscalização. Nesses casos, a lavratura do auto de infração reforça a necessidade da liberação das mercadorias, uma vez que a finalidade da retenção das mesmas, que seria a de assegurar prova material da suposta penalidade, já restou plenamente alcançada. [...] O primeiro dos requisitos para concessão da medida liminar em sede de ação mandamental (*fumus boni iuris*) reside no fato de que a retenção de mercadoria do contribuinte em tempo superior ao necessário para fiscalização, como forma de coagir contribuinte a recolher o tributo exigido, não encontra aparo no ordenamento jurídico, nos termos da referida Súmula da Suprema Corte. Até porque, nesses casos, resta comprovado que a Fiscalização já apurou o crédito tributário, que entende ser devido pelo contribuinte em face das operações autuadas. [...] O *periculum in mora*, por sua vez, reside no fato de que, mesmo após a lavratura da autuação, a mercadoria, já faturada e com data de entrega marcada (e em muito já ultrapassada), permanece retida e a sua liberação está condicionada ao pagamento do crédito tributário pretensamente devido à fiscalização, não podendo, pois, o contribuinte cumprir o contrato de compra e venda firmado com o seu cliente. E é por tal fato que o contribuinte corre o justo receio de ter até mesmo cancelado o contrato que ensejou a realização das operações em questão, bem como o temor de que, cumprindo a ilegal e abusiva exigência fiscal de recolher valores indevidos ao fisco, somente poderá recuperá-los através do insidioso procedimento do *solve et repete*" (RODRIGUES, Raphael Silva. A impetração de mandado de segurança em matéria fiscal como alternativa processual cabível nas situações em que a fiscalização incorre, paralelamente, no ilícito penal de excesso de exação. *RDDT* 210/117, 2013).

– **Retenção de mercadoria importada em face de irregularidade. Tema 778 do STJ:** CANCELADA. "Discussão: impossibilidade de retenção de mercadoria importada com o escopo de cobrar o pagamento de tributo (Súmula 323 do STF), ao argumento de que houve irregularidade quanto à classificação tarifária apontada pelo contribuinte". Decisão em 2009.

– **Interdição de estabelecimento. Súmula 70 do STF:** "É inadmissível a interdição de estabelecimento como meio coercitivo para cobrança de tributo".

– **Proibição da emissão de documento fiscal e de exercício de atividade profissional. Súmula n. 547 do STF:** "Não é lícito à autoridade proibir que o contribuinte em débito adquira estampilhas, despache mercadorias nas alfândegas e exerça suas atividades profissionais". Isso salvo no caso dos inadimplentes contumazes, em que o STF já admitiu a cassação de licença especial de indústria de tabaco, conforme nota anterior.

– Súmula 53 do TRF2: Viola a garantia constitucional do livre exercício de qualquer trabalho, ofício ou profissão, a suspensão do direito de exercer a advocacia, prevista no art. 37, I, §§ 1º e 2º, da Lei n. 8.906/1994, em razão do inadimplemento da contribuição anual devida à Ordem dos Advogados do Brasil. *DJ* em nov. 2009.

– "ORDEM DOS ADVOGADOS DO BRASIL. INADIMPLEMENTO DE ANUIDADES. SUSPENSÃO DO EXERCÍCIO PROFISSIONAL. INCONSTITUCIONALIDADE. SOBRESTAMENTO DO FEITO. Os §§ 1º e 2º do artigo 37 da Lei n. 8.906/94, ao penalizarem o profissional que deixa de recolher as devidas contribuições com a interdição do exercício profissional, extrapolam os limites impostos pela norma constitucional contida no art. 5º, inciso XIII. 2. Suscitado o incidente de arguição de inconstitucionalidade à Corte Especial" (TRF4, AC 2001.72.00.006220-0, 2008).

– **Levantamento de precatório condicionado à apresentação de certidões negativas.** Sobre a inovação inconstitucional estabelecida pela Lei 11.033/04, vide em nota que precede o art. 205 do CTN.

– **Proibição da aquisição de selos de controle de bebidas alcoólicas.** "IPI. MANDADO DE SEGURANÇA. OBTENÇÃO DE SELOS DE CONTROLE DE BEBIDAS ALCOÓLICAS. DÉBITOS COM A FAZENDA PÚBLICA. PRINCÍPIO DO LIVRE EXERCÍCIO DE ATIVIDADE ECONÔMICA. ARTIGO 170, PARÁGRAFO ÚNICO, DA CONSTITUIÇÃO FEDERAL. SÚMULA N. 547 DO STF. – Violação que o Poder Público pratica, pelo ato de seus agentes, negando ao comerciante em débito de tributos à aquisição dos selos necessários ao livre exercício das suas atividades. Artigo 170, parágrafo único da Carta Magna. – *Ratio essendi* das Súmulas 70, 323 e 547 do E. STF e 127 do STJ no sentido de que a Fazenda Pública deve cobrar os seus créditos através de execução fiscal, sem impedir direta ou indiretamente a atividade profissional do contribuinte. – É defeso à administração impedir ou cercear a atividade profissional do contribuinte, para compeli-lo ao pagamento de débito, uma vez que tal procedimento redundaria no bloqueio de atividades lícitas, mercê de representar hipótese de autotutela, medida excepcional ante o monopólio da jurisdição nas mãos do Estado-Juiz" (STJ, REsp 414.486, 2002).

– **Condicionamento da expedição de habite-se ao pagamento do ISS.** "A maioria das legislações municipais elege o proprietário da obra como responsável solidário pelo pagamento do ISS não pago pelo construtor, o que vem sendo tranquilamente referendado pela jurisprudência. E o ISS é cobrado do dono da obra no momento da protocolização do requerimento de 'habite-se', ficando sua liberação condicionada à prévia quitação do imposto. Pergunta-se: é legítimo tal condicionamento? NÃO! A maioria da doutrina e da jurisprudência não aprova essa exigência, considerando-a como forma oblíqua, abusiva e ilegal de cobrança de tributo, conforme Súmula 323 do STF. Trata-se de uma sanção política que deturpa os princípios da proporcionalidade, do devido processo legal, contraditório e ampla defesa. [...] E a situação da mão de obra própria, quando o dono da obra a construiu com profissionais por ele mesmo registrados? Nesse caso não incide ISS, já que faltará o elemento autonomia para a configuração do seu fato gerador. Também não haverá ISS caso a obra tenha sido executada por pedreiros autônomos isentos do imposto pela legislação municipal" (MANGIERI, Francisco Ramos; MELO, Omar Augusto Leite. *ISS na construção civil*. 3. ed. Ed. Tributo Municipal, 2012, p. 118).

– **Inscrição no CADIN.** Vide nota ao art. 198 do CTN.

– **Protesto de CDA.** Vide nota ao art. 7º, § 3º, do CTN.

Art. 136. Salvo disposição de lei em contrário, a responsabilidade por infrações da legislação tributária independe da intenção do agente ou do responsável e da efetividade, natureza e extensão dos efeitos do ato.

⇒ **Responsabilidade por infrações.** Ao referir-se à responsabilidade por infrações, o CTN se refere à responsabilidade em sentido amplo, imposta a qualquer pessoa que descumpra a legislação tributária e que, por isso, esteja sujeita a penalidades.

– "Responsabilidade aí nada tem a ver com a sujeição passiva indireta; é responsabilidade noutra acepção, qual seja, a sujeição de alguém às consequências dos seus atos. Se cometi uma infração, 'respondo' por ela. Ora, nesse sentido, a responsabilidade tanto se aplica ao sujeito passivo indireto (responsável), como ao contribuinte (sujeito passivo direto), como, ainda, a outras pessoas que não são contribuintes, não são responsáveis, mas eventualmente descumprem algum dever acessório (obrigação acessória ou obrigação formal). Se o indivíduo descumpre uma obrigação formal, embora não deva nada de tributo, sofre as consequências do seu ato, ou seja, 'responde' pelo seu ato" (AMARO, Luciano da Silva. Infrações tributárias. *RDT* 67/31-32, São Paulo: Malheiros).

⇒ **Agente ou responsável.** "Se 'agente' é o indivíduo que pratica determinada ação (omissiva ou comissiva), que configura uma infração à lei tributária, o 'responsável', à vista da alternativa (agente ou responsável), é alguém que não se confunde com o 'agente'. Ou seja, é outra pessoa, que não o agente, em nome do qual este atua. Assim, por exemplo, o administrador, o mandatário, o gerente, o preposto são os agentes, em relação ao administrado, ao mandante, ao gerido, ao preponente, que seriam os 'responsáveis'. Essa ideia do responsável como terceira pessoa, que não o agente, em nome da qual este atua é confirmada pelo art. 137, que relaciona casos nos quais a responsabilidade é pessoal do agente; ora, esse artigo trata justamente de situações em que alguém (o 'agente') atua em nome de terceiros..." (AMARO, Luciano. *Direito tributário brasileiro*. 15. ed. São Paulo: Saraiva, 2009, p. 443).

– **Pessoalidade ou personalização.** Só pode ser aplicada multa ao infrator. Jamais se poderá cobrar a multa de terceiro que não tenha praticado nem podido evitar a ocorrência da infração.

– "O princípio da personalização não admite que normas prescrevam punições por atos de terceiros, salvo nos casos de representação. Para que possa ser considerado responsável por qualquer espécie de penalidade, uma pessoa deve participar da ação ou omissão que resulta a falta ou deve colaborar de forma direta ou indireta para a infração ou para a manutenção dos seus efeitos. Em face desse princípio não são válidas normas penais que prescrevam penalidades pro fatos de terceiros" (ANDRADE FILHO, Edmar Oliveira. *Infrações e sanções tributárias*. São Paulo: Dialética, 2003, p. 106).

– "... as penas visam desestimular o ilícito e agravar a situação daquele que, por culpa ou dolo, deixa de cumprir os deveres tributários, concluindo-se que as sanções punitivas tributárias são pessoais e não devem ultrapassar a pessoa do infrator. [...] se as sanções punitivas buscam desencorajar atitudes ilícitas e punir, elas estão voltadas à volição do agente e devem recair exclusivamente sobre ele, sendo esta a explicação de se julgar incoerente a sua transferência. Podemos, nesta oportunidade, estabelecer um paralelo com o alto teor de justiça do princípio do direito Penal, consagrado na Constituição Federal, no sentido de que a pena é pessoal ao agente e não passa de sua pessoa..." (DALLA, Ricardo Corrêa. *Multas tributárias:* natureza jurídica, sistematização e princípios aplicáveis. Belo Horizonte: Del Rey, 2002, p. 177 e 196).

⇒ **Culpabilidade.** A culpabilidade consiste num juízo de censura quanto à conduta de alguém, envolvendo a consideração de elementos subjetivos capazes de fundamentar um juízo de reprovação. Trata-se de pressuposto para a imposição de punição a qualquer pessoa que seja, em qualquer área, sem o que a aplicação de punições carece de razoabilidade. A culpabilidade pode se apresentar em graus distintos: dolo (intenção deliberada), dolo eventual (assunção do risco) ou culpa (negligência, imprudência ou imperícia).

– "A possibilidade de se imputar uma sanção administrativa a determinado indivíduo, sem que se leve em consideração sua culpabilidade em qualquer uma das suas manifestações possíveis, não coaduna com a natureza e as finalidades das sanções tributárias" (TAKANO, Caio Augusto; BRANCO, Leonardo Ogassawara de Araújo. Responsabilidade por infrações em matéria tributária: reconsiderações acerca do art. 136 do CTN. *RDTA* 29, 2013, p. 131).

– "... ninguém pode ser punido senão em virtude e na medida de sua culpabilidade. Para que alguém possa sofrer as consequências previstas nas normas penais em geral, é indispensável que tenha agido por comissão ou omissão em desconformidade com o direito (com aquilo é obrigatório ou proibido) e que tenha condições de valorar (de escolher) entre adotar o comportamento exigido ou submeter-se à pena prevista. ... a transferência para uma outra pessoa que não o agente (aquele que vivenciou ou obteve alguma vantagem da falta) da responsabilidade penal é, em princípio, proibida" (ANDRADE FILHO, Edmar Oliveira. *Infrações e sanções tributárias*. São Paulo: Dialética, 2003, p. 105).

– "Derivado do adjetivo latino *culpabilis*, de culpa (que merece repreensão, digno de exploração, culpável) possui o sentido de indicar, em acepção estrita, o estado da falta ou violação considerada como condição para imputabilidade da responsabilidade penal ou civil. Mostra, assim, a evidência da culpa arguida contra o agente, em virtude da violação por ele praticada. Em sentido mais amplo, significa a mera possibilidade de ser imputável ao agente a autoria de um de um delito, penal ou civil, pelo que lhe será sancionada a responsabilidade inscrita na lei respectiva, que foi transgredida. Da verificação da culpabilidade, então, é que decorre o princípio da responsabilidade, seja civil ou seja penal. E dela se infere a própria mutabilidade, pelo que os dois vocábulos, por vezes, se apresentam como equivalentes" (SILVA, De Plácido e. *Vocabulário Jurídico*. Atualizadores Nagib Slaibi Filho e Gláucia Carvalho. 28. ed. GEN e Forense, 2009).

– "... as penas servem de desestímulo, avisando o sujeito passivo que se este descumprir seu dever terá sua situação agravada, pois, além da prestação a que está adstrito recairá sobre sua pessoa, em acréscimo, uma outra resultante da sua desobediência, e é justamente este o motivo pelo qual demonstramos ser injusto e desarrazoado que na análise de respectivas sanções não seja levado em consideração o elemento subjetivo da conduta" (DALLA, Ricardo Corrêa. *Multas tributárias:* natureza jurídica, sistematização e princípios aplicáveis. Belo Horizonte: Del Rey, 2002, p. 164).

– O dolo e a culpa são categorias jurídicas muito trabalhadas em matéria penal justamente por se revestirem de enorme relevância na formação de um juízo quanto à reprovabilidade das condutas consideradas ilícitas.

– **Dolo direto x dolo eventual.** A intenção do agente de praticar o ilícito, com conhecimento da antijuridicidade da sua conduta, denomina-se dolo. Dolo eventual é a intenção voltada a outro fim, mas assumindo conscientemente o risco de a conduta resultar em infração.

– "Dolo é a vontade e consciência dirigidas a realizar a conduta prevista no tipo penal incriminador. Conforme preleciona Welzel, 'toda ação consciente é conduzida pela decisão da aça, quer dizer, pela consciência do que se quer – o momento intelectual – e pela decisão a respeito de querer realizá-lo – o momento volitivo. Ambos os momentos, conjuntamente, como fatores configuradores de uma ação típica real, forma o dolo (= dolo do tipo)'; ou, ainda, na lição de Zaffaroni, 'dolo é uma vontade determinada que, como qualquer vontade, pressupõe um conhecimento determinado'. Assim, podemos perceber que o dolo é formado por um elemento intelectual e um elemento volitivo" (GRECO, Rogério. *Curso de direito penal*. Parte geral. 13. ed. Rio de Janeiro: Impetus, 2011, p. 183).

– Código Penal: "Art. 18 – Diz-se o crime: I – doloso, quando o agente quis o resultado ou assumiu o risco de produzi-lo; II – culposo, quando o agente deu causa ao resultado por imprudência, negligência ou imperícia. Parágrafo único – Salvo os casos expressos em lei, ninguém pode ser punido por fato previsto como crime, senão quando o pratica dolosamente".

– **Dolo genérico x dolo específico.** Dolo genérico é a denominação da intenção de praticar a infração pura e simplesmente. Dolo específico é o especial desígnio, particular propósito anímico ou especial fim de agir que eventualmente possa ser considerado como necessário, por lei, para a caracterização da ilicitude da conduta, com sua adequação ao tipo penal.

– **Culpa.** A pessoa que, descumprindo o dever geral de diligência que se impõe a todos os integrantes da sociedade, incorre em infração por imprudência, negligência ou imperícia, responde em razão da sua culpa. Ainda que não tenha pretendido infringir a legislação, tinha o dever de cumpri-la, agindo de modo diverso, e a possibilidade de fazê-lo, de modo que responde, suportando as consequências da infração, por ter agido com açodamento, inconsequência, descuido, relaxamento, despreparo técnico ou inaptidão que caracterizam a já referida tríade "imprudência, negligência ou imperícia".

– "... para a caracterização do delito culposo é preciso a conjugação de vários elementos, a saber: a) conduta humana voluntária, comissiva ou omissiva; b) inobservância de um dever objetivo de cuidado (negligência, imprudência ou imperícia); c) o resultado lesivo não querido, tampouco assumido, pelo agente; d) nexo de causalidade entre a conduta do agente que deixa de observar o seu dever de cuidado e o resultado lesivo dela advindo; e) previsibilidade; f) tipicidade. [...] A conduta, nos delitos de natureza culposa, é o ato humano voluntário dirigido, em geral, à realização de um fim lícito, mas que, por imprudência, imperícia ou negligência, isto é, por não te RO agente observado o seu dever de cuidado, dá causa a um resultado não querido, nem mesmo assumido, tipificado previamente na lei penal. ... na conduta dolosa, como regra, existe uma finalidade ilícita, enquanto na conduta culposa a finalidade é quase sempre lícita. Na conduta culposa, os meios escolhidos e empregados pelo agente para atingir a finalidade lícita é que foram inadequados ou mal utilizados" (GRECO, Rogério. *Curso de direito penal*. Parte geral. 13. ed. Ímpetus, 2011, p. 196).

– "Conceito de culpa: é o comportamento voluntário desatencioso, voltado a um determinado objetivo, lícito ou ilícito, embora produza resultado ilícito, não desejado, mas previsível, que podia ter sido evitado. [...] elemento psicológico-normativo. Psicológico, porque é elemento subjetivo do delito, implicando na ligação do resultado lesivo ao querer interno do agente através da previsibilidade. Normativo, porque é formulado um juízo de valor acerca da relação estabelecida entre o querer do agente e o resultado produzido, verificando o magistrado se houve uma norma a cumprir, que deixou de ser seguida. Note-se o conceito de culpa extraído do Código Penal Militar, bem mais completo do que o previsto no Código Penal comum: 'Diz-se o crime: [...] II – culposo, quando o agente, deixando de empresar a cautela, atenção, ou diligência ordinária, ou especial, a que estava obrigado em face das circunstâncias, não prevê o resultado que podia prever ou, prevendo-o, supõe levianamente que não se realizaria ou que poderia evitá-lo'" (NUCCI, Guilherme de Souza. *Código Penal comentado*. 13. ed. São Paulo: RT, 2013, p. 222).

⇒ **Independe da intenção do agente.** O art. 136 do CTN, ao dispor que a responsabilidade por infrações da legislação tributária independe da intenção do agente ou do responsável, dispensa o dolo como elemento dos tipos que definem as infrações tributárias. Não se requer, portanto, que o agente tenha a intenção de praticar a infração, bastando que haja com culpa. Esta (a culpa), por sua vez, é presumida, porquanto cabe aos contribuintes agir com diligência no cumprimento das suas obrigações fiscais. Essa presunção relativa pode ser afastada pelo contribuinte que demonstre que agiu diligentemente. Aliás, o próprio Código afasta expressamente a imposição de penalidades, por exemplo, quando o contribuinte tenha incorrido em ilegalidade induzido por normas complementares que observou (art. 100, parágrafo único, do CTN). O Judiciário tem afastado a aplicação de penalidades, em muitos casos, referindo a boa-fé no contribuinte, conforme nota adiante.

– O art. 136, ao dizer que a responsabilidade por infrações "independe da intenção do agente", estabelece como regra geral que a culpa é suficiente para a responsabilização do agente. A necessidade do dolo é que deve ser expressamente exigida, quando assim

entender o legislador. Trata-se de regra inversa a que se tem no Direito Penal, porquanto o art. 18 do Código Penal dispõe: "Salvo os casos expressos em lei, ninguém pode ser punido por fato previsto como crime, senão quando o pratica dolosamente".

– "A infração tributária constitui uma ofensa à ordem administrativa, bem assim expressão do direito de punir estatal. Segue seus princípios, dentre os quais o da culpabilidade. Sendo assim, deve-se banir a responsabilidade objetiva. [...] A necessidade inconteste de elemento subjetivo para as infrações administrativas vem sendo, na atualidade, assimilada pela legislação estrangeira. Basta notar o art. 183.1 da vigente Lei Geral Tributária da Espanha (Ley 58, de 17 de dezembro de 2003), ao dispor que são infrações tributárias as ações ou omissões dolosas ou culposas, com qualquer grau de negligência, tipificadas em lei. Por seu turno, o legislador italiano não se manteve alheio à exigência de culpabilidade, seja nas infrações administrativas em geral, ou especificamente com matéria de tributação. Os tribunais de outros países não se abstiveram de realçar a imprescindibilidade da caracterização do elemento subjetivo para fins de punição pelo cometimento de infração à ordem tributária. Um exemplo a ser invocado é o tribunal Constitucional a Espanha na STC 76, de abril de 1990, onde, de modo categórico, afastou-se pretensão à responsabilidade objetiva." Em nota, transcreve trecho da ementa da STC 76: '5. Não existe um regime de responsabilidade objetiva em matéria de infrações tributárias nem nada mudou com a Lei 10;85. Pelo contrário, e com independência do maior ou menor acerto técnico de sua redação, no novo art. 77.1 segue regendo o princípio da culpabilidade (por dolo, culpa ou negligência grave e culpa ou negligência leve ou simples negligência), princípio que exclui a imposição de sanções pelo mero resultado e sem atender à conduta diligente do contribuinte. 6... 7. ao não existir responsabilidade objetiva em matéria de infração tributária, não é necessário que se faça constar expressamente o erro de Direito como causa que exonere de dita responsabilidade; precisamente porque a lei vincula esta responsabilidade a uma prévia conduta culpável, é evidente que o erro de Direito – singularmente, o erro invencível – poderá produzir os efeitos de isenção ou atenuação que lhe são próprios em um sistema de responsabilidade subjetiva.' [...]" (NOBRE JÚNIOR, Edilson Pereira. As sanções tributárias numa perspectiva jurisprudencial. *RDDT* 209/42, 2013).

– **Dispensa o dolo, mas não a culpa. Não se trata de responsabilidade objetiva.** "... o que o art. 136, em combinação com o item III do art. 112, deixa claro é que para a matéria da autoria, imputabilidade ou punibilidade, somente é exigida a intenção ou dolo para os casos das infrações fiscais mais graves e para as quais o texto da lei tenha exigido esse requisito. Para as demais, isto é, não dolosas, é necessário e suficiente um dos três graus de culpa. De tudo isso decorre o princípio fundamental e universal, segundo o qual se não houver dolo nem culpa, não existe infração da legislação tributária" (NOGUEIRA, Ruy Barbosa. *Curso de direito tributário*. 14. ed. São Paulo: Saraiva, 1995, p. 106-107).

– "... o dispositivo não diz que a responsabilidade por infrações independa da culpa. Ele diz que independe da 'intenção'. Ora, intenção, aqui, significa vontade: eu quero lesar o Fisco. Eu quero ludibriar a arrecadação do tributo. Isto é vontade. Isto é intenção.

[...] O Código não está aqui dizendo que todos podem ser punidos independentemente de culpa" (AMARO, Luciano da Silva. Infrações tributárias. *RDT* 67/32-33, São Paulo: Malheiros).

– "Se ficar evidenciado que o indivíduo não quis descumprir a lei, e o eventual descumprimento se deveu a razões que escaparam a seu controle, a infração ficará descaracterizada, não cabendo, pois, falar-se em responsabilidade" (AMARO, Luciano. *Direito Tributário Brasileiro*. 15. ed. São Paulo: Saraiva, 2009, p. 444-445).

– "Em linha com a doutrina majoritária, conclui-se que a melhor interpretação do art. 136 do CTN não exclui o princípio da culpabilidade em matéria tributária. Não há que se falar em responsabilidade objetiva por infrações tributárias, não sendo possível essa conclusão nem mesmo pela literalidade do art. 136, o qual apenas estabelece que a responsabilidade do infrator independe da intenção do agente ou responsável, e isto não significa, necessariamente, impor responsabilidade objetiva. É válido entender, com isso, que o dispositivo apenas exclui a necessidade de dolo para fins de imposição de sanções tributárias. Nada diz o CTN em relação às hipóteses em que o ato infracional ocorre sem culpa. Ademais, é contrária à concepção de Estado de Direito a responsabilidade objetiva por sanções de caráter punitivo. A ideia de punição pressupõe culpabilidade por parte do agente. A responsabilidade objetiva, assim, teria cabimento apenas em casos de sanções indenizatórias, não punitiva, mesmo assim, de forma excepcional, decorrente de disposição legal expressa, como é o caso dos juros de mora, nos termos do art. 161 do CTN" (FAJERSZTAJN, Bruno. *Multas no direito tributário*. São Paulo: Quartier Latin, 2019, p. 455).

– "Longe de estipular a responsabilidade objetiva, o art. 136 apenas dispensa a exigência de conduta dolosa como elemento essencial da infração, salvo disposição de lei em contrário. [...] na apuração do crédito tributário decorrente e obrigação principal não se admite a presunção *iuris et de iure*, mas só *iuris tantum*. Com muito mais razão não podemos admitir no direito sancionador a responsabilidade objetiva, que implica a presunção *iuris tantum* quanto à culpabilidade do infrator" (MACHADO, Schubert de Farias. As garantias constitucionais conferidas ao acusado e o direito tributário sancionador. In: ROCHA, Valdir de Oliveira (coord.). *Grandes questões atuais do direito tributário*. Dialética, 2013, v. 17, p. 320-321).

– "O art. 136 eliminou, como regra, apenas o elemento doloso para a configuração do ilícito tributário, mas manteve a exigência da culpa como requisito da pretensão punitiva estatal, como proteção mínima do contribuinte" (TAKANO, Caio Augusto; BRANCO, Leonardo Ogassawara de Araújo. Responsabilidade por infrações em matéria tributária: reconsiderações acerca do art. 136 do CTN. *RDTA* 29, 2013, p. 131).

– "... quando o art. 136 do CTN dispõe que a sanção 'independe da intenção do agente', a legislação exclui a necessidade da Fazenda Pública perquirir, cerca do dolo, em criar algum prejuízo ao Erário Público, mas não isentou a autoridade fiscal em analisar a culpabilidade do acusado (culpa sentido estrito), a fim de verificar se não se trata de mero erro ou equívoco, tornando incabível a aplicação de uma sanção sem tal averiguação. ... a sanção administrativo-tributária será realizada independentemente de prova do dolo, mas dependerá da demonstração, por parte da Fazenda Pública, da ocorrência da culpa em sentido estrito. Portanto, se constatado que o infrator não teve culpa, isto é, que o descumprimento da norma tributária decorreu de razões que escaparam ao seu controle, a sanção não poderá ser aplicada. Assim, tem-se que diferenciar a intenção da culpa propriamente dita" (BERTI, Flávio Azambuja; LUSTOZA, Helton Krames. A análise da culpabilidade do contribuinte na aplicação da multa punitiva tributária nos termos do artigo 136 do CN. *RDDT* 67/74, 2009).

– "... a ordem jurídica global não admite a responsabilidade sem culpa subjetiva. O sempre lembrado art. 136 do CTN pelos defensores da tese oposta, na verdade, afasta apenas o dolo para a caracterização da responsabilidade tributária. Esse dispositivo não afasta a culpa, do contrário, acabaria por neutralizar a função maior das sanções estatuídas na legislação tributária, que visam assegurar a arrecadação de tributos, por meio de intimidações. Para que surta efeito a função intimidadora, é preciso, obviamente, que o agente tenha a possibilidade de, livremente, não trilhar o caminho apenado pelo Direito. A responsabilidade objetiva é reservada exclusivamente ao Estado e às concessionárias de serviços públicos nos termos do § 6º do art. 37 da CF" (HARADA, Kiyoshi. *ITBI: doutrina e prática*. São Paulo: Atlas, 2010, p. 158).

– "A visualização pressurosa da expressão 'independe da intenção do agente' levou a que se forjasse o entendimento de que a responsabilidade pelo cometimento de infrações tributárias fosse de natureza objetiva, dispensando o pressuposto ação culposa. [...] Faz-se preciso alguns esclarecimentos, a fim de evitar algumas confusões... [...] quando o art. 136... afirma a desnecessidade de averiguar-se a intenção do agente, está se reportando ao dolo. As infrações tributárias, portanto, são punidas a título de culpa em sentido estrito (negligência e imprudência). A punição em face de dolo conforme ressalva constante do pórtico do preceito, somente se verifica quando houver lei explícita. [...] a jurisprudência predominante não tem alcançado a real essência das infrações tributárias, as quais, em nenhum instante, dispensam a culpabilidade do agente, mas tão só o dolo, ou seja, a 'intenção do agente'. ... tenho que o mais apropriado é o retorno a entendimento anterior – e, ao que me parece, isolado – que teve lugar no julgamento do REsp 68.087, onde se depreende do voto-condutor um pendor em prol da interpretação do art. 136... como regra que não exclui, mas, sim, antes aceita, a adoção da responsabilidade subjetiva do contribuinte por infrações. [...] não se pode afastar a premissa de que a boa-fé também informa – e bastante – os liames entre a Administração tributária e o contribuinte... O tema foi investigado por Amelia González Méndez, a qual discorre, dentre outros, sobre os seus reflexos no campo das infrações tributárias. Com relação a estas, após sustentar que sua manifestação advém principalmente como uma crença errônea, em virtude da qual o contribuinte supõe estar atuando em conformidade com a ordem jurídica, conclui que a boa-fé tanto pode excluir a imposição de sanção, mesmo no particular de condutas puníveis a título de dolo, como poderá atenuar os seus montantes. Ao operar como causa de amenização de penalidades, coexiste com uma conduta imprudente derivada da violação de dever objetivo de cuidado, ou, igualmente, em caso de erro de proibição vencível, quando subsiste a conduta dolosa do contribuinte, hipótese em que a atenuante será menor. O Superior Tribunal de Justiça tem emprestado relevância à boa-

-fé no campo sancionador, para afastar a imposição de penalidades. Assim, entendeu-se, prestigiando a presunção de boa-fé, que não se pode aplicar pena de perdimento ao adquirente, no mercado interno, em estabelecimento comercial sujeito à fiscalização de bem importado, porquanto não é sua obrigação investigar a maneira com o em adquirido ingressou no território nacional. Nessas situações, entendeu-se competir à Administração Tributária demonstrar a má-fé do adquirente. Da mesma forma, propendeu-se pelo afastamento de multa em situações onde restou demonstrado que o contribuinte, reiteradamente, expressando basear-se em interpretação sobre a matéria, efetua o pagamento de determinado tributo (ISS) quando, na realidade, encontra-se a dever outro (ICMS). A motivação do julgado, mais uma vez, recaiu na circunstância de que, em assim agindo, dever-se-ia presumir a sua boa-fé" (NOBRE JÚNIOR, Edilson Pereira. As sanções tributárias numa perspectiva jurisprudencial. *RDDT* 209/42, 2013).

– "Não se pode imputar responsabilidade objetiva por infração de terceiros (art. 136 do CTN). Semelhante orientação ofenderia princípios basilares do direito administrativo sancionador, já que as sanções visam a estimular o cumprimento da legislação, sendo irracional a sua imposição a quem não tem qualquer ingerência sobre a situação tutelada" (LUCON, Paulo Henrique dos Santos. Inadmissibilidade de presunções na cobrança de diferença de alíquotas de ICMS nas operações mercantis interestaduais. *RET* 86/117, 2012).

– "A multa por falta de recolhimento do tributo está na categoria das sanções punitivas do tributo. Pressupõe a sua ocorrência a não existência de dolo, mas apenas de culpa" (MARTINS, Ives Gandra da Silva. *Da sanção tributária*. São Paulo: Saraiva, 1980, p. 56).

– "INFRAÇÃO À LEI TRIBUTÁRIA. RESPONSABILIDADE ART. 136 DO CTN. 1. O artigo 136 do Código Tributário Nacional, no que toca à infração da lei tributária, deve ser examinado em harmonia com o art. 137, também do CTN, que consagra a responsabilidade subjetiva" (STJ, REsp 68.087, 2004).

– "ICMS. MULTA APLICADA POR CANCELAMENTO DE NOTAS FISCAIS. AFASTAMENTO PELO TRIBUNAL DE ORIGEM. DISCUSSÃO ACERCA DA INCIDÊNCIA DO ART. 136 DO CTN... 2. Tratando-se de infração tributária, a sujeição à sanção correspondente impõe, em muitos casos, o questionamento acerca do elemento subjetivo, em virtude das normas contidas no art. 137 do CTN, e da própria ressalva prevista no art. 136. Assim, ao contrário do que sustenta a Fazenda Estadual, 'não se tem consagrada de nenhum modo em nosso Direito positivo a responsabilidade objetiva enquanto sujeição à sanção-penalidade' (MACHADO, Hugo de Brito. "Comentários ao Código Tributário Nacional", Volume II, São Paulo: Atlas, 2004, p. 620)" (STJ, REsp 777.732, 2008).

– "VIOLAÇÃO DOS ARTS. 112, *CAPUT*, III e 136, DO CTN – MULTA – NÃO OCORRÊNCIA... 1. O Tribunal *a quo* afastou a aplicação de multa por infração à legislação tributária, por entender que a contribuinte não pode, sem culpa sua, exibir os livros fiscais exigidos pelo Fisco. Inexistência de violação dos arts. 112, *caput*, III, bem como art. 136 do CTN. 2. 'Apesar de prever o art. 136 do CTN que a responsabilidade do contribuinte ao cometer um ilícito é objetiva, admitem-se temperamentos na sua interpretação, diante da possibilidade de aplicação

da equidade e do princípio da lei tributária in dubio pro contribuinte – arts. 108, IV e 112...' [...]" (STJ, REsp 254.276, 2007).

– **Quem foi induzido em erro, não pode ser penalizado.** "É indevida a imposição de multa ao contribuinte quando, induzido a erro pela fonte pagadora, inclui em sua declaração de ajuste os rendimentos como isentos e não tributáveis. Situação em que a responsabilidade pelo recolhimento da penalidade (multa) e juros de mora deve ser atribuída à fonte pagadora" (STF, REsp 1.218.222, 2014).

– **Súmula CARF 73:** "Erro no preenchimento da declaração de ajuste do imposto de renda, causado por informações erradas, prestadas pela fonte pagadora, não autoriza o lançamento de multa de ofício". Aprovada em dez. 2012.

• Vide: MURICI, Gustavo Lanna; RODRIGUES, Raphael Silva. A responsabilidade objetiva prevista no artigo 136 do Código Tributário Nacional à luz do direito tributário sancionador: hipóteses de afastamento por erro escusável e comprovação da boa-fé do contribuinte. *RFTD* 85, 2017.

– **Entendendo que a responsabilidade é objetiva.** "Ao aderir à teoria da objetividade da infração fiscal, o CTN passa a desconsiderar o elemento subjetivo do injusto, isto é, a existência ou não de culpa ou dolo" (MELLO, Elizabete Rosa de. *Direito fundamental a uma tributação justa*. São Paulo: Atlas, 2013, p. 93).

– "O ilícito puramente fiscal é, em princípio, objetivo. Deve sê-lo. Não faz sentido indagar se o contribuinte deixou de emitir uma fatura fiscal por dolo ou culpa (negligência, imperícia ou imprudência). De qualquer modo a lei foi lesada. De resto se se pudesse alegar que o contribuinte deixou de agir por desconhecer a lei, por estar obnubilado ou por ter-se dela esquecido, destruído estaria todo o sistema de proteção jurídica da Fazenda" (COÊLHO, Sacha Calmon Navarro. *Teoria e prática das multas tributárias*. Rio de Janeiro: Forense, 2001, p. 55-56).

– **Há presunção de culpa, mas é relativa.** "... a responsabilidade por infrações da legislação tributária não é objetiva, pois o fato de o art. 136 do CTN dispor que a referida responsabilidade independe da intenção do agente ou do responsável, bem como da efetividade, natureza e extensão dos efeitos do ato, não autoriza, de modo nenhum, a concluir que tal responsabilidade também independe da culpa do sujeito passivo. É verdade que ocorrendo a infração da legislação tributária há a presunção relativa de culpa do sujeito passivo. Mas, vindo este a provar que não teve culpa no cometimento da infração, não há que se falar em sua autuação" (BOTELHO, Thiago da Paixão Ramos. Interpretação do art. 136 do CTN... *RDDT* 169/162, 2009).

– "IMPOSTO DE RENDA INCIDENTE SOBRE GRATIFICAÇÃO. OMISSÃO DA FONTE PAGADORA. TRIBUTO DEVIDO PELA CONTRIBUINTE. INDUZIMENTO A ERRO PELA ADMINISTRAÇÃO FEDERAL. MULTA MORATÓRIA AFASTADA... 2. O acórdão recorrido consignou que a agravada deixou de pagar o tributo induzida a erro da própria Administração Federal, que, segundo consta dos autos, informou através de seu departamento de recursos humanos que os valores recebidos a título de gratificação não teriam incidência de imposto de renda, e deveriam ser lançados como rendimentos não tributáveis na declaração de ajuste anual. 3. A jurisprudência do Superior Tribunal de Justiça é no sentido de que, tendo o contribuinte sido induzido a erro, ante o não lançamento correto pela fonte pagadora do tributo devido, fica descaracterizada sua intenção de omitir certos valores da declaração do imposto de renda, afastando-se a imposição de juros e multa ao sujeito passivo da obrigação tributária" (STJ, AgRg no REsp 1.384.020, 2013).

⇒ **Boa-fé.** "Age de boa-fé aquele que demonstra 'vontade conforme ao direito'. [...] A boa-fé é antitética da má-fé, assim considerada a conduta maliciosa que visa a enganar ou iludir alguém com o objetivo de obter uma vantagem que se não seria obtida e forma legal. A boa-fé é fortemente influenciada pelas ideias da ética, da ação conforme certos parâmetros de boa conduta em sociedade. No âmago dessa ideia está o prestígio a valores como a lealdade, honestidade e moralidade. [...] A recepção do princípio da boa-fé no âmbito do direito administrativo e tributário é um imperativo que visa a flexibilizar o exercício do poder de punir diante da complexidade do sistema de direito positivo" (ANDRADE FILHO, Edmar Oliveira. *Infrações e sanções tributárias*. São Paulo: Dialética, 2003, p. 71).

– "É exatamente com fundamento no princípio da boa-fé, e, portanto, pela exclusão de culpa, que não pode o contribuinte ser punido quando agiu baseado em instrução ou informação da autoridade competente, quando sob consulta oponível ou quando eficazmente autodenuncia" (NOGUEIRA, Ruy Barbosa. *Curso de direito tributário*. 14. ed. São Paulo: Saraiva, 1995, p. 195-196). Obs: Diz isso após ressaltar que a infração pressupõe um mínimo de culpabilidade.

– "... o princípio da boa-fé objetiva deve encontrar sustentação palpável quando combinado com os princípios da razoabilidade e da proporcionalidade. A possível interação entre esses três princípios, na análise do caso concreto, levará a se concluir sobre a predominância da boa-fé objetiva, mesmo em situações *contra legem*. A orça dos princípios, com seu amplo campo de cobertura, sem dúvida alguma, se mostrará superior ao estreito campo de subsunção de uma norma específica" (MELLO, Elizabete Rosa de. *Direito fundamental a uma tributação justa*. São Paulo: Atlas, 2013, p. 84).

– "RECOLHIMENTO REITERADO DO ISS. COSTUME. ART. 100, III E PARÁGRAFO ÚNICO, DO CTN. AUTO DE INFRAÇÃO. ICMS. BOA-FÉ. CONTRIBUINTE. MULTA. EXCLUSÃO. JUROS MORATÓRIOS. CORREÇÃO MONETÁRIA. *DIES A QUO*. NOTIFICAÇÃO. I – Presume-se a boa-fé do contribuinte quando este reiteradamente recolhe o ISS sobre sua atividade, baseado na interpretação dada ao Decreto-Lei n. 406/68 pelo Município, passando a se caracterizar como costume, complementar à referida legislação. II – A falta de pagamento do ICMS, pelo fato de se presumir ser contribuinte do ISS, não impõe a condenação em multa, devendo-se incidir os juros e a correção monetária a partir do momento em que a empresa foi notificada do tributo estadual" (STJ, REsp 215.655, 2003).

– "ICMS. INFRAÇÃO TRIBUTÁRIA. QUEBRA DO DIFERIMENTO. COMPRADOR IRREGULAR. VENDEDOR DE BOA-FÉ. RESPONSABILIDADE OBJETIVA. NÃO OCORRÊNCIA. 1. A responsabilidade pela prática de infração tributária, malgrado o disposto no art. 136 do CTN, deve ser analisada com temperamentos, sobretudo quando não resta comprovado que a conduta do vendedor encontrava-se inquina-

da de má-fé. Em hipótese como tais, tem emprego o disposto no art. 137 do CTN, que consagra a responsabilidade subjetiva..." (STJ, REsp 423.083, 2006).

– "1. O STJ entende que a aplicação da pena de perdimento de veículo somente é cabível quando devidamente comprovadas, por meio de regular processo administrativo, a responsabilidade e a má-fé do proprietário de veículo na prática do ilícito. Precedentes... 2. No caso concreto, não houve comprovação da responsabilidade e da má-fé do proprietário do veículo (*in casu*, o Banco agravado) pela prática da infração aduaneira, uma vez que não se noticiou a instauração de procedimento com o objetivo de apurar a sua eventual responsabilidade, ou mesmo se demonstrou qual teria sido sua contribuição para a prática da ilícito" (STJ, AgRg no REsp 1.156.417, 2013).

– **Divergência de enquadramento do rendimento. Não aplicação de multa.** "IMPOSTO DE RENDA. MULTA. ARTIGO 4º, I, DA LEI 8.218/91. NÃO INCIDÊNCIA. DIVERGÊNCIA NO CRITÉRIO DE CLASSIFICAÇÃO DOS RENDIMENTOS DECLARADOS. JUROS MORATÓRIOS... 1. O art. 4º, I, da Lei 8.218/91, dispõe que: 'Art. 4º – Nos casos de lançamento de ofício nas hipóteses a seguir, sobre a totalidade ou diferença dos tributos e contribuições devidos, inclusive as contribuições para o INSS, serão aplicadas as seguintes multas: I – de cem por cento, nos casos de falta de recolhimento, de falta de declaração e nos de declaração inexata, excetuada a hipótese do inciso seguinte;' 2. Deveras, no que tange à sanção, há que se interpretar restritivamente a norma jurídica, sob pena de violação ao princípio da legalidade estrita. Nesse segmento, *a priori*, é preciso distinguir as três figuras contidas no dispositivo supratransladado: (i) a falta de recolhimento da exação na fonte, pelo substituto tributário (fonte pagadora), ainda que ocasione a responsabilidade do retentor omisso, não tem o condão de excluir a obrigação do contribuinte de oferecer o rendimento à tributação, como deveria ocorrer se tivesse havido o desconto na fonte; (ii) a falta de declaração, que se traduz na ausência de declaração do fato gerador do tributo; (iii) a declaração substancialmente inexata, que abrange as hipóteses em que o sujeito passivo informa de maneira inexata o valor ou a origem da quantia declarada. 3. O mero erro de classificação no preenchimento do formulário da declaração de ajuste pelo contribuinte consubstancia hipótese diversa, a qual não se subsume a nenhuma das supra-referidas, porquanto o sujeito passivo não omitiu o fato gerador do tributo, não falseou a origem ou o valor do rendimento declarado, sequer eximiu-se do recolhimento da exação na fonte, uma vez que, cabendo a responsabilidade tributária à fonte pagadora, ignorava o seu inadimplemento. 4. Com efeito, às hipóteses previstas no art. 4º, I, da Lei 8.218/91, verifica-se a legitimidade da multa imposta; ao revés, a simples divergência entre o contribuinte e a Fazenda, quanto aos critérios de classificação dos rendimentos declarados, não enseja a imposição da multa, porquanto fato jurídico que não se subsume à hipótese legal. (Precedentes...) 5... 6. Não obstante a ilegitimidade da imposição da referida multa, em virtude do errôneo enquadramento do rendimento tributável, resta incontroverso que o crédito tributário não foi extinto no tempo aprazado, o que atrai a incidência dos juros moratórios automaticamente, porquanto consectário legal" (STJ, REsp 1.183.124, 2010).

⇒ **Independe do resultado: efetividade, natureza e extensão dos efeitos dos atos.** Nos termos do art. 136, a responsabilidade por infrações independe da efetividade, da natureza e da extensão dos efeitos do ato. Isso significa que, praticado o ato que configura a infração, não se perquire outros aspectos atinentes à situação, a menos que a própria lei que define a infração os defina como relevantes. Esta regra não impede, contudo, que se analise o caso concreto tendo em conta os princípios da razoabilidade, da proporcionalidade e da vedação do excesso.

– Infrações materiais e formais. As normas que estabelecem penalidades podem ter como pressuposto de fato uma infração material ou formal. Para a configuração das infrações materiais, a lei exige dano efetivo, como no caso da "falta de pagamento ou recolhimento" (art. 44, I, da Lei 9.430/96), só verificada quando ocorrido o inadimplemento que implica prejuízo concreto à Fazenda Pública. Para a configuração das infrações formais, basta o comportamento puro e simples, sendo o dano meramente potencial, cuja verificação é desnecessária para a configuração da infração, como no caso da "falta de apresentação da declaração de rendimentos ou a sua apresentação fora do prazo" (art. 88 da Lei 8.981/95), em que a ocorrerá a infração ainda que a declaração a ser apresentada não apontasse a existência de débito.

– "Pouco importa, também, se a ação ou omissão do agente causou prejuízos para a Fazenda Pública. [...] O sucesso do agente em concluir o ato ilícito e os seus efeitos, nos termos do referido artigo, também são desprezados. É bastante que o ato do agente acarrete risco para o Erário para que aquele seja penalizado com as sanções legais" (MELLO, Elizabete Rosa de. *Direito fundamental a uma tributação justa*. São Paulo: Atlas, 2013, p. 93).

– "Ressalvada a hipótese da lei dispor em contrário, a responsa- bilidade por infrações da legislação tributária, independe da intenção do agente ou responsável e da efetividade, natureza e extensão dos efeitos do ato (art. 136 do CTN). Isso significa que a violação da lei tributária pode até não determinar prejuízo para a Fazenda e, ainda assim, ser possível se afirmar a responsabilidade pela infração. É o que acontece, normalmente, quando há inobservância da forma pela qual deve ser cumprida determinada obrigação tributária: há prática do ato, até de recolhimento do tributo, elidindo-se qualquer prejuízo para a Fazenda; no entanto, a exigência legal não foi observada tal como está prescrita. Por exemplo: a cada saída de produto de estabelecimento fabril deverá ser extraída nota fiscal que o acompanhe; não há extração da nota e, no entanto, o contribuinte escritura essa saída e o imposto incide sobre o produto; procede o recolhimento do imposto, extinguindo o crédito tributário. Restará, ainda, falha simples: a falta de nota fiscal. Houve aí uma infração e por ela o omisso responderá" (FANUCCHI, Fábio. *Curso de direito tributário*. Resenha Tributária, 1971, v. 1, p. 131).

– Embora o artigo diga que a responsabilidade por infrações in- depende da extensão dos efeitos do ato, não se deve perder de vista o que dispõe o art. 112 do CTN: "Art. 112. A lei tributária que define infrações, ou lhe comina penalidades, interpreta-se da maneira mais favorável ao acusado, em caso de dúvida quanto: [...] II – à natureza ou às circunstâncias materiais do fato, ou à natureza ou extensão dos seus efeitos;"

– Se a lei dá relevância ao efeito do ato, incide o art. 112 do CTN. "Parece, pois, haver incompatibilidade entre aquela norma e a do art. 112, segundo a qual a lei tributária que define infrações, ou lhes comina penalidades, interpreta-se da maneira mais favorável ao acusado em caso de dúvida quanto à natureza ou às circunstâncias materiais do fato, ou à natureza ou a extensão dos seus efeitos. A norma do art. 136 tornaria inócua a do art. 112, inciso II, porque se a responsabilidade pela infração pode ser atribuía ao acusado de seu cometimento independentemente de ter o seu ato efeitos efetivos, e independentemente da natureza e da extensão dos seus efeitos, se existentes, não terá nenhum relevo a interpretação favorável ao acusado. A incompatibilidade, porém, é apenas aparente. Realmente, o art. 136 começa por fazer a ressalva: salvo disposição de lei em contrário. Isso quer dizer que se a lei definidora da infração coloca, explícita ou implicitamente, como elemento desta o efeito do ato que a configura, de modo a que sem a efetiva produção de efeitos não estará configurada a infração, essa norma afasta a incidência do art. 136. E neste caso incide o art. 112, consagrando a interpretação benigna para o caso de dúvida quanto à efetividade dos efeitos do ato infrator" (MACHADO, Hugo de Brito. A interpretação benigna preconizada pelo art. 112 do Código Tributário Nacional. *RDDT* 229/42, 2014).

Art. 137. A responsabilidade é pessoal ao agente:

⇒ **Responsabilidade pessoal do agente exclui a do representado.** A referência ao caráter da responsabilidade pelas infrações que configuram também crimes ou contravenções, definidas por dolo específico ou que envolvam dolo específico dos representantes contra os representados (art. 137, incisos I, II e III), implica exclusão da responsabilidade de eventual representado.

– "No art. 137, cuida-se de situações em que o Código desloca o polo da responsabilidade pela infração para o executor material. Ele, agente, é quem responde" (AMARO, Luciano da Silva. Infrações tributárias. *RDT* 67/35, Malheiros).

– ... quando se diz que é pessoal a responsabilidade do agente quanto às infrações que decorrem direta e exclusivamente de dolo específico dos pais, tutores, curadores... que, exercendo atividade dolosa em proveito próprio venham a dar causa a infrações fiscais pelas quais, de outro modo, responderiam as vítimas do dolo e não os seus autores intelectuais, busca-se evitar aplicações excessivas do princípio geral da objetividade" (VALERIO, Walter Paldes. *Programa de direito tributário*. Parte geral, 10. ed. Ed. Sulina, 1991, p. 88). Obs.: O autor segue referindo as hipóteses do art. 137 como as exceções a que se refere.

I – quanto às infrações conceituadas por lei como crimes ou contravenções, salvo quando praticadas no exercício regular de administração, mandato, função, cargo ou emprego, ou no cumprimento de ordem expressa emitida por quem de direito;

⇒ **Infrações conceituadas por lei como crimes.** "Trata-se aí de responsabilidade por infração administrativa, e de submissão à sanção administrativa. Se aquela infração é tão grave, que a lei a enquadra como ilícito penal, a responsabilidade administrativa (isto é, pela sanção meramente fiscal) também é pessoal do agente" (AMARO, Luciano da Silva. Infrações tributárias. *RDT* 67/35, Malheiros).

⇒ **Exercício regular**. "O cometimento de infrações, que consubstancia conduta necessariamente ilícita, não seria compatível com o exercício *regular* de administração, mandato, função, cargo ou emprego. A contradição, porém, é apenas aparente, porque a palavra 'regular', nesse dispositivo, deve ser entendida como 'de acordo com a vontade da empresa'" (MACHADO, Hugo de Brito. *Curso de direito tributário*. 36. ed. São Paulo: Malheiros, 2015, p. 167).

– "À primeira vista, esta ressalva parece esdrúxula, pois quem comete crimes 'no exercício regular de suas atribuições' é o membro de sociedade de criminosos; e quem dá ordem expressa para a prática de crime é chefe de quadrilha. A questão, porém, tem que ver com o elemento subjetivo e com a consciência da antijuridicidade do ato" (AMARO, Luciano. *Direito tributário brasileiro*. 15. ed. São Paulo: Saraiva, 2009, p. 448).

⇒ **Agente público**. "INSS. APRESENTAÇÃO DE DOCUMENTOS. OMISSÃO DE INFORMAÇÕES. AGENTE POLÍTICO. PREFEITO. RESPONSABILIDADE PESSOAL. DEMONSTRAÇÃO DA CULPABILIDADE. NECESSIDADE. ART. 41 DA LEI N. 8.212/91. POSTERIOR ANISTIA. LEI N. 9.476/97... 1. A multa de que trata o art. 41 da Lei 8.212/91 somente deve ser imputada pessoalmente ao agente público se demonstrado o excesso de mandato ou o cometimento da infração com dolo ou culpa, já que essa regra deve ser interpretada em harmonia com o disposto no art. 137, I do CTN, que expressamente exclui a responsabilidade pessoal daqueles que agem no exercício regular do mandato. Precedentes da Primeira Turma. 2. A Lei n. 9.476/97 concedeu anistia aos agentes políticos e aos dirigentes de órgãos públicos estaduais, do Distrito Federal e municipais a quem, porventura, tenham sido impostas penalidades pecuniárias decorrentes do art. 41 da Lei 8.212/91" (STJ, REsp 898.507, 2008).

II – quanto às infrações em cuja definição o dolo específico do agente seja elementar;

⇒ **Infrações administrativas**. Conduta de dolo específico à p. 1126.

– "Não se cuida, no dispositivo em análise, de crimes, mas sim de infrações administrativas em cuja definição seja elementar a vontade de atingir um determinado resultado. Os crimes, com 'dolo específico' ou não, estão já compreendidos no item I" (AMARO, Luciano. *Direito tributário brasileiro*. 15. ed. São Paulo: Saraiva, 2009, p. 449).

III – quanto às infrações que decorram direta e exclusivamente de dolo específico:

⇒ **Presunção**. "... o inciso III diz respeito às infrações que decorram direta e exclusivamente de dolo específico. Infrações nas quais o dolo específico não é elementar, vale dizer, infrações que podem ser praticadas com ou sem dolo específico. Mas que, no caso, foram praticadas dolosamente. [...] Como não é possível determinar com segurança o elemento subjeti-

vo, a distinção se faz por um critério objetivo: a vantagem. Presume-se ser o cometimento da infração ato de vontade daquele que é o beneficiário do proveito econômico dela decorrente. A norma do inciso III do art. 137 do CTN adota esse princípio. Assim, se restar comprovado que um empregado vendia mercadorias sem nota fiscal e se apropriava do preço correspondente, em prejuízo da empresa, tem-se que esta não responde pela infração tributária, que é assumida pelo empregado infrator" (MACHADO, Hugo de Brito. *Curso de direito tributário*. 36. ed. São Paulo: Malheiros, 2015, p. 168).

a) **das pessoas referidas no art. 134, contra aquelas por quem respondem;**

b) **dos mandatários, prepostos ou empregados, contra seus mandantes, preponentes ou empregadores;**

c) **dos diretores, gerentes ou representantes de pessoas jurídicas de direito privado, contra estas.**

Art. 138. A responsabilidade é excluída pela denúncia espontânea da infração, acompanhada, se for o caso, do pagamento do tributo devido e dos juros de mora, ou do depósito da importância arbitrada pela autoridade administrativa, quando o montante do tributo dependa de apuração.

⇒ **Modos de exclusão e de extinção da responsabilidade por infrações tributárias**. A responsabilidade por infrações à legislação tributária pode ser excluída pela denúncia espontânea (art. 138 do CTN) ou pela anistia (art. 180 do CTN), ou seja, pelo arrependimento associado ao cumprimento das obrigações inadimplidas ou pelo perdão legal. Mas também pode ser extinta pela lei posterior mais benéfica que, deixando de considerar a conduta como infração, seja aplicada retroativamente (art. 106 do CTN), pela decadência e pela prescrição, dentre outros modos de extinção do crédito tributário (art. 156 do CTN).

– Quanto à responsabilidade penal por crimes materiais contra a ordem tributária, o art. 9º, § 2º, da Lei n. 10.684/2003, dispõe no sentido de que "Extingue-se a punibilidade... quando a pessoa jurídica relacionada com o agente efetuar o pagamento integral dos débitos oriundos de tributos e contribuições sociais, inclusive acessórios".

⇒ **Escopo do instituto da denúncia espontânea**. O objetivo da norma é estimular o contribuinte infrator a colocar-se em situação de regularidade, resgatando as pendências deixadas e ainda desconhecidas por parte do Fisco, com o que este recebe o que lhe deveria ter sido pago e cuja satisfação, não fosse a iniciativa do contribuinte, talvez jamais ocorresse. A previsão legal é absolutamente consentânea com uma estrutura tributária incapaz de proceder à fiscalização efetiva de todos os contribuintes e que precisa, demais, estimular o cumprimento espontâneo das obrigações tributárias, seja tempestivamente, seja tardiamente. Na medida em que a responsabilidade por infrações resta afastada apenas com o reconhecimento e cumprimento da obrigação, preserva-se a higidez do sistema, não se podendo ver nela nenhum estímulo à inadimplência.

– "... TRIBUTÁRIO... DENÚNCIA ESPONTÂNEA. [...] 7. Trata-se de técnica moderna indutora ao cumprimento das leis, que vem sendo utilizada, inclusive nas questões processuais, admitindo o legislador que a parte que se curva ao *decisum* fique imune às despesas processuais, como sói ocorrer na ação monitória, na ação de despejo e no novel segmento dos juizados especiais. 8. Agravo Regimental improvido" (STJ, AGRGREsp 478.094, 2003).

– **Arrependimento fiscal.** "O arrependimento fiscal consiste na confissão espontânea da infração pelo contribuinte ou pelo responsável tributário, acompanhado do pagamento correspondente ao quantum devido de tributos e juros moratórios. Confessando, o agende desiste do proveito pecuniário que a infração poderia trazer" (MELLO, Elizabete Rosa de. *Direito fundamental a uma tributação justa*. São Paulo: Atlas, 2013, p. 108).

⇒ **Notícia do descumprimento *x* denúncia espontânea.** A denúncia espontânea deve ser considerada como instituto jurídico tributário. Não basta a simples informação sobre a infração, desacompanhada do pagamento. Pelo contrário, é requisito indispensável à incidência do art. 138 que o contribuinte se coloque em situação regular, cumprindo suas obrigações. Para que ocorra a denúncia espontânea, com o efeito de elisão das penalidades, pois, exige-se o pagamento tributo e dos juros moratórios, sendo que a guia de recolhimento (DARF ou equivalente) já conterá os elementos necessários à sua identificação, servindo de comunicação ao Fisco. O pedido de parcelamento, normalmente acompanhado do pagamento da 1ª parcela, não é considerado suficiente para ensejar a incidência do art. 138 do CTN, conforme se vê em nota adiante.

– "DECLARAÇÃO DE DÉBITO. DENÚNCIA ESPONTÂNEA. QUANDO SE CONFIGURA. ART. 138 DO CÓDIGO TRIBUTÁRIO NACIONAL. A simples confissão da dívida não configura denúncia espontânea. Deve a declaração do débito ser acompanhada do pagamento do tributo e dos juros de mora, ou do depósito da importância arbitrada pela autoridade administrativa, quando depender de apuração. Recurso especial do contribuinte não conhecido" (STJ, REsp 147.927, 1998).

– "O contribuinte do ISS, que denuncia espontaneamente ao Fisco o seu débito em atraso, recolhido o montante devido, com juros de mora e correção monetária, está exonerado da multa moratória, nos termos do art. 138 do CTN" (STF, REx 106.068, 1985).

• Vide, adiante, nota sobre o parcelamento.

⇒ **Forma. Não exige forma especial.** Como os pagamentos de tributos são efetuados através de guias em que constam expressamente o código da receita (qual o tributo pago), a competência, o valor principal e de juros, o simples recolhimento a destempo, desde que verificada a espontaneidade, implica a incidência do art. 138 do CTN, não se fazendo necessário comunicação especial ao Fisco, pois este tomará conhecimento naturalmente. De fato, não havendo a exigência, por lei, de forma especial e contendo, a guia, os elementos necessários à identificação do tributo pago, restam satisfeitos os requisitos: informação e satisfação do débito.

– "A denúncia espontânea de infração não é ato solene, nem a lei exige que ela se faça desta ou daquela forma. A forma irá depender da natureza e dos efeitos da infração. Se, por exemplo, a infração consistiu em que certo contribuinte de um tributo sujeito a 'lançamento por homologação'... deixou de efetuar o pagamento no prazo legal, o modo de sanar essa infração é comparecer à repartição fiscal (ou aos bancos credenciados para receber e dar quitação do tributo) e pagar seu débito; na própria guia de recolhimento já se indicará que se trata de recolhimento a destempo, e, por isso, os juros de mora devem também ser recolhidos. Não se requerem outras providências burocráticas" (AMARO, Luciano. *Direito tributário brasileiro*. 15. ed. São Paulo: Saraiva, 2009, p. 453).

– "Denúncia espontânea. Multa. Pagamento em atraso. Artigo 138 do CTN. 1. O pagamento integral em atraso de tributos, sem que tenha sido iniciado procedimento administrativo, configura-se denúncia espontânea, hipótese amparada pelo artigo 138 do Código Tributário Nacional. 2. Recurso especial improvido" (STJ, REsp 204.555, 2004).

⇒ **Pedido de parcelamento. Não afasta a multa. Inaplicabilidade do art. 138 do CTN.** A posição do STJ é no sentido de que o parcelamento não implica a incidência do art. 138 do CTN, pois não equivale ao pagamento. O STJ, assim, retoma a aplicação da Súmula 208 do extinto TFR, que dispunha: "A simples confissão da dívida, acompanhada do seu pedido de parcelamento, não configura denúncia espontânea".

– "PARCELAMENTO DE DÉBITO. DENÚNCIA ESPONTÂNEA. INAPLICABILIDADE. RECURSO REPETITIVO. ART. 543-C DO CPC. 1. O instituto da denúncia espontânea (art. 138 do CTN) não se aplica nos casos de parcelamento de débito tributário" (STJ, REsp 1.102.577, 2009).

– "O instituto da denúncia espontânea da infração constitui-se num favor legal, uma forma de estímulo ao contribuinte, para que regularize sua situação perante o fisco, procedendo, quando for o caso, ao pagamento do tributo, antes do procedimento administrativo ou medida de fiscalização relacionados com a infração. Nos casos em que há parcelamento do débito tributário, não deve ser aplicado o benefício da denúncia espontânea da infração, visto que o cumprimento da obrigação foi desmembrado, e só será quitada quando satisfeito integralmente o crédito. O parcelamento, pois, não é pagamento, e a este não substitui, mesmo porque não há a presunção de que, pagas algumas parcelas, as demais igualmente serão adimplidas, nos termos do artigo art. 158, I, do mencionado Codex. Esse parece o entendimento mais consentâneo com a sistemática do Código Tributário Nacional, que determina, para afastar a responsabilidade do contribuinte, que haja o pagamento do devido, apto a reparar a delonga do contribuinte. Nesse sentido o enunciado da Súmula n. 208 do extinto Tribunal Federal de Recursos: 'a simples confissão de dívida, acompanhada do seu pedido de parcelamento, não configura denúncia espontânea'. A Lei Complementar n. 104, de 10 de janeiro de 2001, que acresceu ao Código Tributário Nacional, dentre outras disposições, o artigo 155-A, veio em reforço ao entendimento ora esposado, ao estabelecer, em seu § 1º, que 'salvo disposição de lei contrário, o parcelamento do crédito tributário não exclui a incidência de juros e multas'. Recurso especial não conhecido pela alínea 'a' e conhecido, mas, não provido pela alínea 'c'" (STJ, REsp 284.189, 2002).

– No sentido de que a confissão e o parcelamento configurariam denúncia espontânea e afastariam a multa. "1. Deferido o parcelamento, tem-se que esse equipara-se ao pagamento para efeito de denúncia espontânea. Assim, sem antecedente procedimento administrativo descabe a imposição de multa. Exigi-la, seria desconsiderar o voluntário saneamento da falta, malferindo o fim inspirador da denúncia espontânea e animando o contribuinte a permanecer na indesejada via da impontualidade, comportamento prejudicial à arrecadação da receita tributária, principal objetivo da atividade fiscal. 2. Precedentes iterativos. 3. Recurso provido" (STJ, REsp 180.985, 2001).

– "A exigência do pagamento de multa punitiva, nos casos de confissão de dívida, acompanhada do pedido de parcelamento, sem que tenha havido qualquer ato da fiscalização ou se iniciado procedimento administrativo, importa em violação ao art. 138 do Codex Tributário. Recurso provido" (STJ, 2ª Turma, REsp 246.723/RS, Min. Nancy Andrighi, abr/00, *DJU* em 29.05.2000, p. 145). Este acórdão teve como suporte interpretação da expressão "se for o caso" constante do *caput* do art. 138 do CTN. Vejamos excerto do voto condutor: "... confessando a infração, e promovendo, *se for o caso*, o pagamento do tributo devido e dos juros de mora, o contribuinte tem sua responsabilidade afastada. Do todo, depreende-se que o Estatuto Tributário visa a conceder uma oportunidade para que os infratores confessem espontaneamente sua infração, estimulando tal atitude através do afastamento da exigência do recolhimento de qualquer penalidade àquela vinculada. Assim, perfeitamente ajustável ao conceito de denúncia espontânea a hipótese de parcelamento da dívida, porquanto, relativamente à obrigatoriedade de se pagar o tributo devido, mais juros de mora, a lei acrescenta a expressão 'se for o caso', restando indubitável que não há obrigatoriedade de se pagar todo o montante devido de uma só vez, para se ache caracterizado o instituto em apreço. Ademais, a confissão da dívida, acompanhada do pedido de parcelamento, já denota, *de per si*, o intuito de o contribuinte arcar com suas obrigações, pagando o tributo, devendo-se assim, afastar o pagamento da multa administrativa, de caráter punitivo: a uma, porque esta a compreensão que melhor reflete o intuito do legislador ao decidir afastar a punibilidade daqueles que confessam sua dívida; a duas porquanto o encargo decorrente do atraso será devidamente satisfeito, mediante a aplicação dos juros de mora sobre o valor integral do débito, não incorrendo o Fisco em nenhum prejuízo advindo desta prática, muito pelo contrário. Exigir-se o pagamento de multa punitiva, nos casos de confissão de dívida, ainda que acompanhada do pedido de parcelamento do débito, sem que tenha previamente havido qualquer ato da fiscalização, ou se iniciado procedimento administrativo, importa, pois, em violação ao art. 138, do *Codex* Tributário."

⇒ **Pagamento do tributo e dos juros.** A correção monetária integra o valor do tributo devido. O pagamento dos juros moratórios, por sua vez, está previsto no próprio *caput* do art. 138 como requisito para a exclusão da responsabilidade pelas infrações. Não são, pois, afastados pela denúncia es-

pontânea. Pelo contrário, o pagamento do montante devido, atualizado, é pressuposto para a incidência do dispositivo.

– Quanto à correção monetária, veja-se o seguinte julgado: "... A ocorrência de denúncia espontânea condiciona-se ao imediato pagamento da exigência fiscal ou ao seu depósito. Devida a correção monetária, por constituir-se mera atualização monetária" (TRF3, AI 97.03.008393-5, 1997).

– Quanto aos juros, Paulo de Barros Carvalho esclarece, ainda, que "Sua cobrança pela Administração não tem fins punitivos, que atemorizem o retardatário ou o desestimule na prática da dilação do pagamento. [...] Os juros adquirem um traço remuneratório do capital, que permanece em mãos do administrado por tempo excedente ao permitido" (CARVALHO, Paulo de Barros. *Curso de direito tributário*. 27. ed. São Paulo: Saraiva, 2016, p. 499).

– O depósito do montante devido é insuficiente. "DEPÓSITO JUDICIAL. DENÚNCIA ESPONTÂNEA. ART. 138 DO CTN. NÃO OCORRÊNCIA. ATUAL ENTENDIMENTO DE AMBAS AS TURMAS DE DIREITO PÚBLICO DO STJ. ENFOQUE ECONÔMICO DO INSTITUTO. NECESSIDADE DE EXISTÊNCIA DE RELAÇÃO DE TROCA ENTRE CUSTO DE OPORTUNIDADE E CUSTO ADMINISTRATIVO... 4. O instituto da denúncia espontânea, mais que um benefício direcionado ao contribuinte que dele se favorece ao ter excluída a responsabilidade pela multa, está direcionado à Administração Tributária que deve ser preservada de incorrer nos custos administrativos relativos à fiscalização, constituição, administração e cobrança do crédito. Para sua ocorrência deve haver uma relação de troca entre o custo de conformidade (custo suportado pelo contribuinte para se adequar ao comportamento exigido pelo Fisco) e o custo administrativo (custo no qual incorre a máquina estatal para as atividades acima elencadas) balanceado pela regra prevista no art. 138 do CTN. 5. O depósito judicial integral do tributo devido e respectivos juros de mora, a despeito de suspender a exigibilidade do crédito, na forma do art. 151, II, do CTN, não implicou relação de troca entre custo de conformidade e custo administrativo a atrair caracterização da denúncia espontânea prevista no art. 138 do CTN, sobretudo porque, constituído o crédito pelo depósito, nos termos da jurisprudência desta Corte..., pressupõe-se a inexistência de custo administrativo para o Fisco já eliminado de antemão, a exemplo da entrega da declaração constitutiva de crédito tributário. 6. Por outro lado, além de não haver relação de troca entre custo de conformidade e custo administrativo a atrair caracterização da denúncia espontânea na hipótese, houve a criação de um novo custo administrativo para a Administração Tributária em razão da necessidade de ir a juízo para discutir, nos autos do mandado de segurança impetrado pelo contribuinte, o crédito tributário cuja exigibilidade se encontra suspensa pelo depósito, ao contrário do que ocorre, v. g., em casos ordinários de constituição de crédito realizado pelo contribuinte pela entrega da declaração acompanhada do pagamento integral do tributo" (STJ, EREsp 1.131.090, 2015).

⇒ **Aplica-se à compensação.** "ii. o conceito jurídico de 'pagamento' é amplo e significa o adimplemento de uma obrigação; sendo a compensação modalidade de adimplemento da obrigação tributária, ela está abarcada inclusive na literalidade do art. 138; [...] v. o art. 138 em tudo se diferencia dos regimes de anistia e parcelamento em que se tem verdadeiro objetivo de incremento de caixa, pois, nesses outros casos, as respectivas leis condicionam expressamente a obtenção de benefícios e reduções ao pagamento de parte da dívida em dinheiro; vi. o objetivo do art. 138 do CTN é incentivar a regularização dos débitos de forma espontânea pelo contribuinte, finalidade que é plenamente alcançada via compensação, a qual, nos termos do art. 74, parágrafo 2º, da Lei n. 9430/96, extingue o crédito tributário, sob condição resolutiva da posterior homologação; vii. os efeitos da confissão de dívida e da extinção do crédito tributário, previstos, respectivamente, nos parágrafos 6º e 2º do art. 74 da Lei n. 9430, operam-se de forma concomitante, não sendo aplicável, portanto, a súmula 360 do STJ; viii. dada a natureza de condição resolutiva da posterior homologação, a extinção do crédito tributário possui plenos efeitos jurídicos desde o implemento da compensação, tanto que o contribuinte tem direito a CND em relação a débitos quitados por essa modalidade de extinção do crédito tributário; ix. o contribuinte tem o direito de quitar débitos objeto de denúncia espontânea via compensação, mas, em contrapartida, assume todas as consequências desse ato, ficando sujeito à perda posterior dos efeitos da denúncia espontânea, e a todas as penalidades decorrentes da glosa da compensação, se esta for oportunamente glosada; x. afastar a denúncia espontânea nos casos de compensação seria uma forma indireta de desprestigiar o contribuinte que é credor do Fisco, o que não faz sentido" (FAJERSZTAJN, Bruno; GALAFASSI, Maicon. A Aplicação do Instituto da Denúncia Espontânea nos Casos de Compensação. *RTFP* 127, 2016, p. 229-252).

⇒ **Exclusão de qualquer multa, seja de ofício ou moratória.** O entendimento dominante tem sido no sentido da desnecessidade de se perquirir quanto à natureza da multa para fins de aplicação do art. 138 do CTN, porquanto o dispositivo não distingue qualitativamente as infrações relativamente às quais resta excluída a responsabilidade.

– Ato Declaratório PGFN n. 4/2011: "... fica autorizada a dispensa de apresentação de contestação, de interposição de recursos e a desistência dos já interpostos... 'com relação às ações e decisões judiciais que fixem o entendimento no sentido da exclusão da multa moratória quando da configuração da denúncia espontânea, ao entendimento de que inexiste diferença entre multa moratória e multa punitiva, nos moldes do art. 138 do Código Tributário Nacional'... ADRIANA QUEIROZ DE CARVALHO Procuradora-Geral da Fazenda Nacional".

– Nota Técnica Cosit n. 1/2012: "a) não cabe a cobrança da multa de mora nas hipóteses em que ficar configurada a denúncia espontânea; [...] e) uma vez identificadas as situações caracterizadoras de denúncia espontânea, devem os delegados e inspetores da Receita Federal do Brasil rever de ofício a cobrança da multa de ofício; f) em que pese a multa de mora tenha incidência automática, fato que dispensa lançamento para a sua exigibilidade, caso hajam créditos constituídos com exigência da multa de mora ou de ofício, em situações que configurem denúncia espontânea,

a autoridade julgadora, nas Delegacias da Receita Federal do Brasil de Julgamento, subtrairá a aplicação da penalidade. MARIA DAS GRAÇAS PATROCÍNIO OLIVEIRA... ANDREA BROSE ADOLFO... ADRIANA GOMES RÊGO... CLÁUDIA LÚCIA PIMENTEL MARIA DA SILVA Auditora-Fiscal da RFB – Coordenadora-Geral da Cosit Substituta."

– "... forçoso consignar que a sanção premial contida no instituto da denúncia espontânea exclui as penalidades pecuniárias, ou seja, as multas de caráter eminentemente punitivo, nas quais se incluem as multas moratórias, decorrentes da impontualidade do contribuinte. 8... Acórdão submetido ao regime do artigo 543-C, do CPC, e da Resolução STJ 08/2008" (STJ, REsp 1.149.022, 2010).

– "DENÚNCIA ESPONTÂNEA. MULTA MORATÓRIA. EXCLUSÃO... 1. É desnecessário fazer distinção entre multa moratória e multa punitiva, visto que ambas são excluídas em caso de configuração da denúncia espontânea" (STJ, REsp 774.058, 2009).

– "1. O art. 138 do CTN não estabelece distinção entre a multa moratória e a punitiva, de modo que ambas são excluídas pela denúncia espontânea" (STJ, REsp 922.206, 2008).

– **Súmula 565 do STF:** "A multa fiscal moratória constitui pena administrativa..."

– "... todas as multas fiscais, incluídas as chamadas 'moratórias', têm, incontestavelmente, a natureza de sanção, advindo da inobservância de um dever jurídico. São, portanto, inexigíveis, quando configurada a denúncia espontânea a que se refere o art. 138..." (CARVALHO, Paulo de Barros. *Curso de direito tributário.* 27. ed. São Paulo: Saraiva, 2016, p. 514).

⇒ "... a multa tem sempre o caráter de sanção pelo descumprimento de uma obrigação prevista em lei, enquanto a recomposição do patrimônio é realizada pela incidência de juros e/ou correção monetária. [...] a ocorrência da denúncia espontânea afasta a incidência de multa, enquanto penalidade pelo cumprimento da obrigação tributária em atraso, não havendo qualquer distinção entre a punitiva e a moratória" (CEZAROTI, Guilherme. O crime de sonegação fiscal previsto no art. 2º da Lei n. 8.137/90 e a denúncia espontânea do débito tributário. *RDDT* 177/28, 2010).

– "... não existe a mais mínima incompatibilidade entre os artigos 138 e 161. O art. 161 fixa a regra geral de que a inadimplência acarreta o pagamento agravado de juros de mora, correção monetária e multas pela mora, e o art. 138 define a exceção a esta regra" (COÊLHO, Sacha Calmon Navarro. *Teoria e prática das multas tributárias.* Rio de Janeiro: Forense, 2001, p. 111).

– **No sentido de que não se aplicaria à multa moratória.** "2. Segundo orientação firmada nesta Corte, 'a denúncia espontânea não tem o condão de afastar a multa decorrente do atraso na entrega da declaração de rendimentos, uma vez que os efeitos do artigo 138 do CTN não se estendem às obrigações acessórias autônomas'..." (STJ, AgRg no REsp 1.279.038, 2012).

– "MULTA MORATÓRIA. ART. 138 DO CTN. ENTREGA EM ATRASO DA DECLARAÇÃO DE RENDIMENTOS. 1. A denúncia espontânea não tem o condão de afastar a multa decorrente do atraso na entrega da declaração de rendimentos, uma vez que os efeitos do artigo 138 do CTN não se estendem às obrigações acessórias autônomas" (STJ, AgRg no AREsp 11.340, 2011).

– "A multa de mora não tem caráter de punição, mas de indenização pelo atraso no pagamento e exemplifica demonstrando que, efetuada a notificação nos tributos sujeitos a lançamento direto ou misto, o descumprimento do prazo para pagamento dá ensejo à execução, e não à lavratura de um auto de infração. (NOGUEIRA, Ruy Barbosa. *Curso de direito tributário*. 14. ed. São Paulo: Saraiva, 1995, p. 199).

– No sentido de que, no caso de denúncia espontânea, não é cabível a exclusão da multa moratória, tendo ela caráter estritamente punitivo e não compensatório, além do que a multa de mora tem lançamento automático, dispensando-se o lançamento para sua exigibilidade, consulte-se: MINATEL, José Antônio. Denúncia espontânea e multa de mora nos julgamentos administrativos. *RDDT* 33, jun. 1998.

⇒ **Obrigações acessórias.** Ambas as turmas do STJ tem entendimento no sentido de que o art. 138 do CTN é inaplicável às obrigações acessórias. Entendemos, diferentemente, que a denúncia espontânea alcança, sim, as obrigações acessórias. O seu descumprimento constitui infração à legislação tributária, podendo ensejar a aplicação de multa quando previsto em lei, sendo do interesse do Fisco o seu cumprimento pelos contribuintes. Não há razão, legal ou mesmo finalística, que possa embasar satisfatoriamente a não aplicação do art. 138 do CTN às obrigações acessórias. Pelo contrário, a expressão "se for o caso", constante deste artigo, cumpre justamente este papel integrador das obrigações acessórias, deixando claro que nem sempre o cumprimento da obrigação tributária implicará pagamento de tributo, pois há os simples deveres formais de fazer, não fazer ou tolerar que caracterizam obrigações acessórias.

– **No sentido da inaplicabilidade às obrigações acessórias.** "DENÚNCIA ESPONTÂNEA. OBRIGAÇÃO ACESSÓRIA. INAPLICABILIDADE. 1. Inaplicável o instituto da denúncia espontânea quando se trata de multa isolada imposta em face do descumprimento de obrigação acessória" (STJ, AgRg no REsp 916.168, 2009).

– "ATRASO NA ENTREGA DA DECLARAÇÃO DE OPERAÇÕES IMOBILIÁRIAS. MULTA MORATÓRIA. CABIMENTO. DENÚNCIA ESPONTÂNEA NÃO CONFIGURADA. 1 – A entrega das declarações de operações imobiliárias fora do prazo previsto em lei constitui infração formal, não podendo ser considerada como infração de natureza tributária, apta a atrair o instituto da denúncia espontânea previsto no art. 138 do Código Tributário Nacional. Do contrário, estar-se-ia admitindo e incentivando o não pagamento de tributos no prazo determinado, já que ausente qualquer punição pecuniária para o contribuinte faltoso. 2 – A entrega extemporânea das referidas declarações é ato puramente formal, sem qualquer vínculo com o fato gerador do tributo e, como obrigação acessória autônoma, não é alcançada pelo art. 138 do CTN, estando o contribuinte

sujeito ao pagamento da multa moratória devida" (STJ, AgRg no REsp 884.939, 2009).

– Nota Técnica Cosit n. 1/2012: "c) não se aplica a denúncia espontânea no caso de atraso no cumprimento de obrigações acessórias; MARIA DAS GRAÇAS PATROCÍNIO OLIVEIRA... ANDREA BROSE ADOLFO... ADRIANA GOMES RÊGO... CLÁUDIA LÚCIA PIMENTEL MARIA DA SILVA Auditora-Fiscal da RFB – Coordenadora-Geral da Cosita Substituta".

– Súmula CARF 49: "A denúncia espontânea (art. 138 do Código Tributário Nacional) não alcança a penalidade decorrente do atraso na entrega de declaração".

– **No sentido da aplicabilidade.** "Sendo a obrigação tributária acessória a nomenclatura adotada pelo Código Tributário Nacional para deveres administrativos ou instrumentais de natureza não patrimonial, e de que não resultem falta ou insuficiência de tributo, a correção dos atos comissivos ou omissivos errados, ou até mesmo viciados com falsidade, desde que anteriormente ao início de uma inspeção fiscal, também produzirá o efeito de elidir a penalidade" (SEIXAS FILHO, Aurélio Pitanga. Sanções administrativas tributárias. *RFDT* 21, 2006).

– "Como a lei diz que a denúncia há de ser acompanhada, *se for o caso*, do pagamento do tributo devido, resta induvidoso que a exclusão da responsabilidade tanto se refere a infrações das quais decorra o não pagamento do tributo como a infrações meramente formais, vale dizer, infrações das quais não decorra o não pagamento do tributo. Inadimplemento de obrigações tributárias meramente acessórias. O cumprimento de uma obrigação acessória fora do prazo legal configura nitidamente uma forma de denúncia espontânea da infração, e afasta, portanto, a responsabilidade do sujeito passivo" (MACHADO, Hugo de Brito. *Curso de direito tributário*. 36. ed. São Paulo: Malheiros, 2015, p. 169).

– **Não se aplica à não prestação de informações à administração aduaneira. Súmula CARF 126:** "A denúncia espontânea não alcança as penalidades infligidas pelo descumprimento dos deveres instrumentais decorrentes da inobservância dos prazos fixados pela Secretaria da Receita Federal do Brasil para prestação de informações à administração aduaneira, mesmo após o advento da nova redação do art. 102 do Decreto-Lei n. 37, de 1966, dada pelo art. 40 da Lei n. 12.350, de 2010" (CSRF, 2018). Obs.: Vinculante, conforme Portaria ME n. 129/2019.

– **Aplicação às obrigações acessórias em matéria aduaneira.** "... há previsão legal expressa prevendo a possibilidade de configuração da denúncia espontânea no que se refere ao descumprimento de obrigação acessória vinculada as atividades de comércio exterior. Nesse sentido é expressa a norma do art. 102, § 2º, do Decreto-lei n. 37/1966... A norma aduaneira, devido a peculiaridades que informam essa atividade, vinculou a viabilidade da denúncia espontânea à situação em que o procedimento não esteja na fase de despacho aduaneiro até o desembaraço da mercadoria, bem como não esteja em curso procedimento fiscal a este referente. Além disso, o legislador veio reconhecer a situação específica das obrigações acessórias aduaneiras, que estão vinculadas ao complexo sistema operacional que disciplina esse ramo de atividade. Devido ao necessário grau de rigor na gestão da atividade aduaneira, imprescindível para que a entrada e saída de bens e mercadorias no território nacional se dê de forma correta, a legislação pertinente ao comércio exterior é pródiga na instituição de obrigações formais a serem cumpridas por todos aqueles que executam atividades aduaneiras. E visando assegurar o cumprimento dessas obrigações o legislador institui rigoroso sistema de penalização, que grava os diversos tipos de erro, mesmo que apenas operacionais e não dolosos, passíveis de ocorrência no curso do procedimento aduaneiro. [...] A aplicação da denúncia espontânea no que se refere às obrigações acessórias aduaneiras é bastante relevante, e deve ser reconhecida pelas autoridades fiscais, de forma a se dar efetividade à intenção do legislador de privilegiar a boa-fé do administrado que declara espontaneamente o descumprimento de uma obrigação às autoridades aduaneiras antes de qualquer intimação por parte da Fiscalização. O incentivo que o contribuinte exerça o seu dever de colaboração é muito importante na seara aduaneira, já que o seu dinamismo e complexidade dificulta o trabalho da fiscalização, que conta com o cumprimento das obrigações pelo contribuinte para que o sistema funcione de forma correta" (CARDOSO, Alessandro Mendes; FABRE, Michele Giamberardino. Considerações sobre as multas vinculadas ao Siscomex carga. *RDDT* 219/7, 2013).

Parágrafo único. Não se considera espontânea a denúncia apresentada após o início de qualquer procedimento administrativo ou medida de fiscalização, relacionados com a infração.

⇒ **Espontaneidade.** Este parágrafo deixa claro que, juridicamente, para os fins do art. 138, é considerada espontânea toda denúncia apresentada pelo contribuinte antes de sofrer fiscalização.

– "A espontaneidade tem um conceito normativo, que se infere do parágrafo único do art. 138. Se eu agir porque estou com medo do Fisco, eu estou agindo espontaneamente. Se eu agir porque a fiscalização está no meu vizinho, eu estou agindo espontaneamente. Se eu agir porque o Fisco diz que a partir de amanhã ele dará início a uma devassa geral em tais ou quais setores e eu atuo, hoje, no sentido de me denunciar – eu estou agindo espontaneamente. [...] Depois que o fiscal já lavrou um termo de início de fiscalização, onde disse que vai investigar tal ou qual coisa, isso já está fora da espontaneidade. Mas qualquer outra coisa, eu continuo podendo denunciar espontaneamente. Se ele fiscalizar as minhas despesas de certa natureza, eu posso fazer uma denúncia de um outro assunto, que não esteja dentro do escopo do que ele veio ver" (AMARO, Luciano da Silva. Infrações tributárias, *RDT* 67/37, Malheiros).

– "1. Ausente qualquer procedimento administrativo anterior à confissão do contribuinte, que paga o tributo, acompanhado dos juros de mora, de forma integral, cabível o afastamento da multa moratória" (STJ, REsp 957.215, 2008).

⇒ **Recuperação da espontaneidade após 60 dias.** O art. 196 do CTN, positivando o princípio documental, exige que a autoridade fiscal lavre termo de início do procedimento. Esse termo é o marco a partir do qual não se pode mais falar em denúncia espontânea. O § 2º do art. 7º do PAF, adiante transcrito, dispõe no sentido de que o ato de início da fiscalização

afasta a espontaneidade por 60 dias. Após esse prazo, havendo inércia da autoridade, é retomada a espontaneidade.

– "Um dos efeitos da ação fiscal é o término da possibilidade de denúncia espontânea. Iniciada a ação fiscal, portanto, o contribuinte não tem mais o direito de proceder denúncia espontânea" (GUIMARÃES, M. A. Miranda. *Ação fiscal.* 3. ed. Porto Alegre: Liv. do Advogado Editora, 2000, p. 166).

– "Uma vez instaurado o procedimento fiscal, o primeiro efeito que decorre do ato é obstar a espontaneidade do sujeito passivo da obrigação tributária em relação aos atos anteriores e, independentemente de intimação, a dos demais envolvidos nas infrações verificadas. A espontaneidade é excludente da responsabilidade tributária quando exercida *opportuno tempore*. Desde, porém, que da faculdade legal não se beneficiou o devedor, deixa de ser espontânea a denúncia que for feita após o início daquele procedimento ou depois de praticado qualquer ato de fiscalização relacionado com a infração" (CARVALHO, A. A. Contreiras de. *Processo administrativo tributário.* 2. ed. Resenha Tributária, 1978, p. 100-101).

– O art. 7º do Decreto 70.235, de 6-3-1972, que dispõe sobre o Processo Administrativo Fiscal e dá outras providências, trata do início do procedimento fiscal e de seus efeitos quanto à espontaneidade do contribuinte, conforme se vê dos seus §§ 1º e 2º: "Art. 7º O procedimento fiscal tem início com: I – o primeiro ato de ofício, escrito, praticado por servidor competente, cientificado o sujeito passivo da obrigação tributária ou seu preposto; II – a apreensão de mercadorias, documentos ou livros; III – o começo de despacho aduaneiro de mercadoria importada. § 1º O início do procedimento exclui a espontaneidade do sujeito passivo em relação aos atos anteriores e, independentemente de intimação, a dos demais envolvidos nas infrações verificadas. § 2º Para os efeitos do disposto no § 1º, os atos referidos nos incisos I e II valerão pelo prazo de 60 (sessenta) dias, prorrogável, sucessivamente, por igual período com qualquer outro ato escrito que indique o prosseguimento dos trabalhos".

– **Súmula CARF 75:** "A recuperação da espontaneidade do sujeito passivo em razão da inoperância da autoridade fiscal por prazo superior a sessenta dias aplica-se retroativamente, alcançando os atos por ele praticados no decurso desse prazo". Aprovada em dez. 2012.

– **Notificação para apresentação de documentação.** "DENÚNCIA ESPONTÂNEA. AFASTAMENTO DA ESPONTANEIDADE. PAGAMENTO PARCIAL. COBRANÇA DO SALDO. A intimação do contribuinte, por escrito, para a apresentação de documentação relativa às operações e imposto em questão, afasta a espontaneidade, forte nos arts. 138 e 196 do CTN e 7º, I, do PAF (Lei do Processo Administrativo Fiscal). Efetuado o pagamento do tributo, juros e multa moratória, somente o saldo ainda devido, decorrente da aplicação da multa de ofício, pode ser exigido do contribuinte" (TRF4, AC 9604665022, 2003).

– **Início do despacho aduaneiro de importação.** "O início do despacho aduaneiro de importação (registro da DI), em que pese o disposto no art. 7º, inciso III e § 1º, do Decreto n. 70.235/1972, não se enquadra em tal dispositivo do CTN, pois que não se trata de procedimento ou medida fiscal relacionados com a infração. Reconhecida a espontaneidade da denúncia praticada pela contribuinte, para fins de exclusão de penalidades (multas de mora e/ou de ofício), em obediência ao citado art. 138, *caput*" (CSRF, Proc. 18336.000133/2001-49, Rec. 303-124728, 2006).

⇒ **Confissões ou declarações do contribuinte.** A declaração de dívida pelo contribuinte – e.g. em cumprimento a obrigações acessórias – afasta a possibilidade de invocação do art. 138 do CTN.

– A declaração anterior do débito pelo contribuinte impede a denúncia espontânea. "3. Não existe denúncia espontânea quando o pagamento se refere a tributos já noticiados pelo contribuinte, por meio de DCTF, GIA, ou de outra declaração dessa natureza e, pagos a destempo [...]" (STJ, REsp 1.195.286, 2013).

– Nota Técnica Cosit n. 1/2012: "b) tratando-se de tributos sujeitos a lançamento por homologação: b1) não se configura denúncia espontânea a situação em que o contribuinte apresenta declarações que constituem o crédito tributário (tais como DCTF, DIRPF, GFIP e Dcomp) e em momento posterior quitam o débito, mediante pagamento ou compensação;".

– Súmula 360 do STJ: "O benefício da denúncia espontânea não se aplica aos tributos sujeitos a lançamento por homologação regularmente declarados, mas pagos a destempo" (jun. 2008).

– Tema 61 do STJ: "Não resta caracterizada a denúncia espontânea, com a consequente exclusão da multa moratória, nos casos de tributos declarados, porém pagos a destempo pelo contribuinte, ainda que o pagamento seja integral". Decisão de mérito em 2008.

– "TRIBUTO DECLARADO PELO CONTRIBUINTE E PAGO COM ATRASO. DENÚNCIA ESPONTÂNEA. NÃO CARACTERIZAÇÃO. SÚMULA 360/STJ. 1. Nos termos da Súmula 360/STJ, 'O benefício da denúncia espontânea não se aplica aos tributos sujeitos a lançamento por homologação regularmente declarados, mas pagos a destempo'. É que a apresentação de Declaração de Débitos e Créditos Tributários Federais – DCTF, de Guia de Informação e Apuração do ICMS – GIA, ou de outra declaração dessa natureza, prevista em lei, é modo de constituição do crédito tributário, dispensando, para isso, qualquer outra providência por parte do Fisco. Se o crédito foi assim previamente declarado e constituído pelo contribuinte, não se configura denúncia espontânea (art. 138 do CTN) o seu posterior recolhimento fora do prazo estabelecido. 2. Recurso especial desprovido. Recurso sujeito ao regime do art. 543-C do CPC e da Resolução STJ 08/08" (STJ, REsp 962.379, 2008).

– Pagamento atrasado do principal declarado. Pendência da multa. "DECLARAÇÃO. PAGAMENTO FORA DE PRAZO. MULTA... Havendo declaração do contribuinte e o pagamento a destempo dos tributos declarados, é despicienda a realização de lançamento de ofício em relação a esses acréscimos. Basta que os valores atinentes à multa moratória e aos juros sejam encaminhados para inscrição em dívida ativa. Como, nessas hipóteses, é desnecessário o lançamento de ofício, não há falar em denúncia espontânea (art. 138 do CTN). Ocorreu denúncia espontânea apenas em relação à competência em relação à qual o pagamento foi anterior à declaração, excluindo-se a multa. Não

reconhecida a denúncia espontânea no que tange à maioria dos débitos, não há como conceder à impetrante certificado de regularidade" (TRF4, AMS 2004.72.05.004758-9, 2007).

– Em sentido contrário. "1. A confissão espontânea da dívida, antes de qualquer ação fiscalizatória da Fazenda Pública, acompanhada do pagamento integral do tributo, acrescido dos juros de mora, enseja a aplicação do art. 138 do CTN, eximindo o contribuinte das penalidades decorrentes de sua falta. 2... 3. As informações na DCTF sobre o pagamento, compensação ou parcelamento não excluem a possibilidade de denúncia espontânea... 5. A exegese meramente literal do parágrafo único do art. 138 do CTN já indica que somente a atuação do fisco pode caracterizar procedimento fiscal ou medida de fiscalização. Na sistemática prevista no DL n. 2.124/84, a espontaneidade da denúncia somente será afastada após a notificação do contribuinte sobre a inscrição em dívida ativa. Enquanto o fisco não realizar qualquer ato tendente à exigência do débito, permanece a possibilidade de fazer o pagamento do tributo sem a multa moratória" (TRF4, EIAC 2005.71.00.004352-9, 2007).

– "4. Cabe ressaltar que o fato de o tributo pago em atraso estar sujeito a lançamento por homologação e à Declaração de Contribuições e Tributos Federais – DCTF não substitui a necessidade de ato fiscalizatório efetivo, lavrado mediante termo de início de fiscalização, pela autoridade competente, para descaracterizar-se a denúncia espontânea da infração. 5..." (TRF4, AC 2002.71.00.012870-4, 2003).

– Pagamento concomitante à apresentação da declaração. "1. Há de ser preservada a fundamentação atacada no sentido de que é cabível ao caso o benefício da denúncia espontânea, dada a realização do pagamento de débito juntamente com a respectiva confissão, já que foi apreciada pela Corte de origem com base na análise do contexto fático instaurado no processado. Súmula 7/STJ" (STJ, AgRg no Ag 858.887, 2007).

– Nota Técnica Cosit n. 1/2012: "b) tratando-se de tributos sujeitos a lançamento por homologação:... b2) configura denúncia espontânea a situação em que o contribuinte efetua o pagamento ou a compensação do débito (tributo, acrescido dos juros de mora), antes ou concomitantemente à apresentação das declarações que constituem o crédito tributário, e antes de qualquer procedimento administrativo ou medida de fiscalização relacionados com a infração; c) não se aplica a denúncia espontânea no caso de atraso no cumprimento de obrigações acessórias".

– Ato Declaratório PGFN n. 8/2011: "... fica autorizada a dispensa de apresentação de contestação, de interposição de recursos e a desistência dos já interpostos... 'nas ações judiciais que discutam a caracterização de denúncia espontânea na hipótese em que o contribuinte, após efetuar a declaração parcial do débito tributário (sujeito a lançamento por homologação) acompanhado do respectivo pagamento integral, retifica-a (antes de qualquer procedimento da Administração Tributária), notificando a existência de diferença a maior, cuja quitação se dá concomitantemente'".

– Pagamento anterior à apresentação da declaração ou da retificadora. "DENÚNCIA ESPONTÂNEA. TRIBUTO SUJEITO A LANÇAMENTO POR HOMOLOGAÇÃO. INEXISTÊNCIA DE PRÉVIA DECLARAÇÃO... I – Acerca da denúncia espontânea, esta Colenda Corte Superior firmou entendimento no sentido de que nos tributos sujeitos a lançamento por homologação quando não há o denominado autolançamento por meio de prévia declaração de débitos pelo contribuinte, não se encontra constituído o crédito tributário, razão pela qual, nesta situação, a confissão da dívida acompanhada do seu pagamento integral, anteriormente a qualquer ação fiscalizatória ou processo administrativo, configura denúncia espontânea, capaz de afastar a multa moratória. Precedentes: REsp 836.564/PR, Min. Teori Albino Zavascki, *DJ* de 03/08/2006; AgRg no REsp 868.680/SP, Min. Castro Meira, *DJ* de 27/11/2006 e AgRg no Ag 600.847/PR, Min. Luiz Fux, *DJ* de 05/09/2005. II – Tendo o Tribunal de origem consignado que não houve a entrega prévia de declaração pelo contribuinte, o afastamento de tal tese demandaria o revolvimento do contexto fático-probatório dos autos, o que é vedado em sede de recurso especial, em atenção ao enunciado sumular n. 07, desta Corte" (STJ, AgRg no REsp 933.463, 2007).

– Retificação reconhecendo saldo e quitação imediata. "1. A denúncia espontânea resta configurada na hipótese em que o contribuinte, após efetuar a declaração parcial do débito tributário (sujeito a lançamento por homologação) acompanhado do respectivo pagamento integral, retifica-a (antes de qualquer procedimento da Administração Tributária), noticiando a existência de diferença a maior, cuja quitação se dá concomitantemente... 4. Destarte, quando o contribuinte procede à retificação do valor declarado a menor (integralmente recolhido), elide a necessidade de o Fisco constituir o crédito tributário atinente à parte não declarada (e quitada à época da retificação), razão pela qual aplicável o benefício previsto no artigo 138, do CTN... 7. Outrossim, forçoso consignar que a sanção premial contida no instituto da denúncia espontânea exclui as penalidades pecuniárias, ou seja, as multas de caráter eminentemente punitivo, nas quais se incluem as multas moratórias, decorrentes da impontualidade do contribuinte. 8. Recurso especial provido. Acórdão submetido ao regime do artigo 543-C, do CPC, e da Resolução STJ 08/2008" (STJ, REsp 1.149.022, 2010).

TÍTULO III
CRÉDITO TRIBUTÁRIO

CAPÍTULO I
DISPOSIÇÕES GERAIS

Art. 139. O crédito tributário decorre da obrigação principal e tem a mesma natureza desta.

⇒ **Conceito.** "Definimos crédito tributário como o direito subjetivo de que é portador o sujeito ativo de uma obrigação tributária e que lhe permite exigir o objeto prestacional, representado por uma importância em dinheiro" (CARVALHO, Paulo de Barros. *Curso de direito tributário*. 27. ed. São Paulo: Saraiva, 2016, p. 355).

– O crédito tributário "é o vínculo jurídico, de natureza obrigacional, por força do qual o Estado (sujeito ativo) pode exigir do particular, o contribuinte ou responsável (sujeito passivo), o pagamento do tributo ou da penalidade pecuniária (objeto da rela-

ção obrigacional)" (MACHADO, Hugo de Brito. *Curso de direito tributário*. 36. ed. São Paulo: Malheiros, 2015, p. 176).

⇒ **O crédito decorre da obrigação principal.** A relação obrigacional tributária tem duas faces: obrigação e crédito. Mas desta correspondência não se pode tirar efeitos absolutos, pois o CTN, em seu artigo 142, dá à expressão "crédito tributário" sentido muito específico, pressupondo liquidez e certeza decorrentes do lançamento. Enquanto a obrigação tributária surge com o fato gerador, o crédito tributário, em sentido técnico, tal como previsto no CTN, só é constituído com o lançamento.

• Vide o art. 142 do CTN e respectivas notas.

• Vide, também, nota ao art. 113 sobre as peculiaridades do binômio crédito/obrigação em matéria tributária.

– Implicações entre o fato, a obrigação e o crédito. "4. O crédito tributário, na expressa dicção do art. 139 do CTN, decorre da obrigação principal e, esta, por sua vez, nasce com a ocorrência do fato imponível, previsto na hipótese de incidência, que tem como medida do seu aspecto material a base imponível (base de cálculo). 5. Consectariamente, o erro de fato na valoração material da base imponível significa a não ocorrência do fato gerador em conformidade com a previsão da hipótese de incidência, razão pela qual o lançamento feito com base em erro 'constitui' crédito que não decorre da obrigação e que, por isso, deve ser alterado pelo Poder Judiciário" (STJ, REsp 770.236, 2007).

⇒ **Mesma natureza.** "... tem a mesma natureza da obrigação, porque ele é a própria obrigação depois de apurada e matematicamente expressa em conceito absolutamente determinado, ou seja, em quantia" (NOGUEIRA, Ruy Barbosa. *Curso de direito tributário*. 14. ed. São Paulo: Saraiva, 1995, p. 291).

⇒ **Existência, exigibilidade e exequibilidade do crédito tributário.** Com o surgimento da relação jurídico-tributária, decorrente da incidência da norma tributária impositiva sobre o fato gerador, tem-se por existentes o débito e o crédito tributário. Apenas quando formalizada (documentada) a sua existência e liquidez, porém, é que o Fisco pode opor o crédito tributário ao contribuinte, dele exigindo o seu cumprimento. Diz-se, então, que o crédito ganha exigibilidade, no sentido de o Fisco poder agir perante o contribuinte exigindo-lhe o pagamento. Na hipótese de inadimplemento por parte do contribuinte, o Fisco pode encaminhar o seu crédito devidamente formalizado e, portanto, exigível, para inscrição em dívida ativa, de modo a produzir o título executivo extrajudicial que lhe dará exequibilidade: a certidão de dívida ativa.

– O crédito tributário, uma vez constituído pelo lançamento, é, por definição, líquido e certo e exigível.

– Embora, no sistema do Código, considere-se o crédito constituído pelo lançamento (em verdade, por quaisquer dos modos de formalização), quando se reveste de certeza e liquidez, pode-se observar que já se pode considerá-lo exigível, numa acepção mais ampla, mesmo anteriormente, na data do vencimento dos tributos sujeitos a lançamento por homologação, pois, já tem o contribuinte a obrigação de efetuar o lançamento, sendo que, não o fazendo, incorrerá em infração, sujeitando-se à multa.

– "O crédito tributário decorre da obrigação principal e tem a mesma natureza desta. Mas ele passa a ter vida própria. Por isso, encontram-se três situações para o crédito tributário: crédito tributário *existente* que é igual a lei mais fato gerador; crédito tributário *exigível* que corresponde à lei mais fato gerador mais lançamento; crédito tributário *exequível* ou *executável*. E tem-se lei, tudo isso é cumulativo, mais fato gerador mais lançamento mais inscrição em dívida ativa" (BRITO, Edvaldo. *ICMS* – Substituição tributária – Possibilidade ou não de questionamento, pelo substituído, do valor a ser considerado pelo substituto. *RDDT* 97/46-47, 2003).

– A exigibilidade surge com o inadimplemento por parte do sujeito passivo, que permite ao Fisco promover a cobrança amigável do seu crédito. A exequibilidade judicial, porém, vem num momento posterior, quando o Fisco inscreve em dívida ativa tributária e extrai o respectivo termo, obtendo, assim, o título executivo extrajudicial que dará sustentação à Execução Fiscal (NOGUEIRA, Ruy Barbosa. *Curso de direito tributário*. 14. ed. São Paulo: Saraiva, 1995, p. 294-297).

– Sobre a exigibilidade do crédito tributário, vide art. 151 do CTN.

Art. 140. As circunstâncias que modificam o crédito tributário, sua extensão ou seus efeitos, ou as garantias ou os privilégios a ele atribuídos, ou que excluem sua exigibilidade não afetam a obrigação tributária que lhe deu origem.

⇒ **Vício formal no lançamento.** Se há vício formal no lançamento, resta invalidada a constituição do crédito. Mas isso não afeta a obrigação tributária, de forma que novo lançamento poderá ser efetuado, desde que antes de expirado o prazo decadencial.

⇒ **Crítica.** "Excedeu-se a autoridade legislativa ao consignar que a exclusão da exigibilidade do crédito não mexe com a estrutura da obrigação. Mexe a ponto de desarmá-la, de destruí-la. Excluir o crédito quer dizer excluir o débito, com existências simultâneas, numa correlação antagônica. E modificação de tal vulto extingue a obrigação tributária" (CARVALHO, Paulo de Barros. *Curso de direito tributário*. 27. ed. São Paulo: Saraiva, 2016, p. 357).

Art. 141. O crédito tributário regularmente constituído somente se modifica ou extingue, ou tem sua exigibilidade suspensa ou excluída, nos casos previstos nesta Lei, fora dos quais não podem ser dispensadas, sob pena de responsabilidade funcional na forma da lei, a sua efetivação ou as respectivas garantias.

⇒ **Indisponibilidade dos bens públicos.** "O funcionário da Administração Tributária está impedido de dispensar a efetivação do crédito ou as respectivas garantias, sob pena de responsabilidade funcional, na forma da lei. Na implicitude dessa mensagem prescritiva, vemos o magno princípio da indisponibilidade dos bens públicos, um dos fundamentos do direito administrativo. É bom enfatizar que a dispensa de créditos ou de suas garantias e privilégios não se inscreve apenas

àqueles que tiverem sido formalizados pela via do ato de lançamento... Todavia, aquilo que o legislador pretendeu exprimir, nessa parte do dispositivo, é que à margem de autorizações expressas na legislação tributária, o funcionário, em qualquer hipótese, não está autorizado a abrir mão da exigência" (CARVALHO, Paulo de Barros. *Curso de direito tributário*. 27. ed. São Paulo: Saraiva, 2016, p. 358).

– **Débitos de pequeno valor.** Mesmo os débitos de pequeno valor devem ser formalizados e exigidos, salvo se houver lei que dispense a autoridade de fazê-lo. Sobre a não inscrição dos débitos de pequeno valor, vide notas ao art. 201 do CTN.

– "A inscrição e cobrança de débitos de pequeno valor revela-se, por vezes, desinteressante e antieconômica para a Fazenda Pública. Como os recursos financeiros e de pessoal são escassos, melhor atende aos princípios da economicidade e da eficiência que devem reger a Administração Pública, concentrá-los na inscrição e cobrança de dívidas mais elevadas. Daí a existência de previsões legais estabelecendo limites mínimos para inscrição e execução e determinando o arquivamento das execuções de pequeno valor já existentes até que surjam outros débitos ou que seus acréscimos justifiquem sua retomada. Aliás, atualmente, há normas determinando, inclusive, que sequer sejam lançados valores diminutos" (PAULSEN, Leandro; ÁVILA, René Bergmann; SLIWKA, Ingrid Schroder. *Direito processual tributário*. 7. ed. Porto Alegre: Livraria do Advogado, 2012, p. 218).

⇒ **Taxatividade das hipóteses de modificação, extinção, suspensão ou exclusão do crédito tributário.** O art. 141 do CTN indica serem *numerus clausus* as hipóteses que implicam modificação, extinção, suspensão ou exclusão do crédito tributário. Vide as hipóteses de suspensão no art. 151 do CTN; as de exclusão, no art. 156 do CTN.

– **Dação em pagamento de materiais para atender aos programas do governo. Inconstitucionalidade.** "As formas de extinção do crédito tributário estão previstas no Código Tributário Nacional, recepcionado pela Carta de 1988 como lei complementar. Surge a relevância de pedido formulado em ação direta de inconstitucionalidade considerada lei local prevendo nova forma de extinção do crédito tributário na modalidade civilista da dação em pagamento. Suspensão de eficácia da Lei Ordinária do Distrito Federal de n. 1.624/97" (STF, ADI 1917 MC, 1998); "I – Lei ordinária distrital – pagamento de débitos tributários por meio de dação em pagamento. II – Hipótese de criação de nova causa de extinção do crédito tributário. III – Ofensa ao princípio da licitação na aquisição de materiais pela administração pública. IV – Confirmação do julgamento cautelar em que se declarou a inconstitucionalidade da lei ordinária distrital 1.624/1997" (STF, ADI 1.917, 2007).

– **Quanto às hipóteses de suspensão.** "... somente lei complementar, como o Código Tributário Nacional – veículo introdutor de normas gerais – pode dispor sobre a suspensão da exigibilidade do crédito tributário, dirigindo essa norma igualmente aos entes tributantes. Tanto é assim que o legislador, quando desejou aumentar o rol das causas suspensivas da exigibilidade do crédito tributário previstas no artigo 151... o fez expressamente através de lei complementar (LC n. 104/01). ... o artigo

141 do Código Tributário Nacional aponta par ao caráter taxativo da enumeração do seu artigo 151, não admitindo, portanto, outros fatos suspensivos da exigibilidade do crédito tributário que não os disciplinados no sobredito dispositivo legal" (PIMENTA, Marcos Rogério Lyrio. A taxatividade das causas suspensivas da exigibilidade do crédito tributário. *RDDT* 163/64, 2009).

– Quanto às hipóteses de extinção. O STF adotou posição pela taxatividade (ADIM 1917), mas, em julgamento posterior, mudou de posição, entendendo possível ao Estado Membro aceitar modos de pagamento ainda não previstos, à época, no CTN (ADIMC 2.405). O argumento principal é no sentido de que quem pode o mais (conceder remissão), pode o menos (aceitar formas alternativas de pagamento).

– "I – Extinção de crédito tributário criação de nova modalidade (dação em pagamento) por lei estadual: possibilidade do Estado--membro estabelecer regras específicas de quitação de seus próprios créditos tributários. Alteração do entendimento firmado na ADInMC 1917-DF, 18.12.98, Marco Aurélio, *DJ* 19.09.2003: consequente ausência de plausibilidade da alegação de ofensa ao art. 146, III, b, da Constituição Federal, que reserva à lei complementar o estabelecimento de normas gerais reguladoras dos modos de extinção e suspensão da exigibilidade de crédito tributário" (STF, ADIMC 2.405, 2002).

– "... a Constituição de 67 não reservou a lei complementar a enumeração dos meios de extinção de suspensão dos créditos tributários. Por igual, a de 88, salvo no que concerne à prescrição e decadência tributários. De ser entendido, por isso, não ser exaustivo o rol de institutos suscetíveis de gerar tais efeitos, contido nos arts. 151 e 156 do CTN" (voto do Min. Ilmar Galvão).

– "... é altamente plausível a constitucionalidade do dispositivo: trata-se, sem norma expressa que o reserve ao Código Tributário – isto é, à Lei Complementar Federal – de deixar ao Estado a possibilidade de dispor sobre formas de quitação dos seus próprios créditos tributários. Não creio que a tanto se deva chegar nesse caminho de centralização asfixiante da federação brasileira" (voto na ADIMC 2.405).

– "... se o Estado pode o mais, até mesmo anistiar, e, portanto, abrir mão de seu crédito, ele pode o menos, admitir uma forma de pagamento, que, no caso, sequer compele a Fazenda a recebê--lo, porque exige a aceitação por parte do orçamento" (voto na ADIMC 2.405).

– "O rol do art. 156 não é taxativo. Se a lei pode o mais (que vai até o *perdão* da dívida tributária) pode também o menos, que é regular outros modos de extinção do dever de pagar tributo. A *dação em pagamento*, por exemplo, não figurava naquele rol até ser acrescentada pela Lei Complementar n. 104/2001; como essa lei só se refere à dação de imóveis, a dação de outros bens continua não listada, mas nem por isso se deve considerar banida. Outro exemplo, que nem sequer necessita de disciplina específica na legislação tributária, é a *confusão*, que extingue a obrigação se, na mesma pessoa, se confundem a qualidade de credor e a de devedor (CC/2002, art. 381). Há, ainda, a *novação*. (CC/2002, art. 360)" (AMARO, Luciano. *Direito tributário brasileiro.* 15. ed. São Paulo: Saraiva, 2009, p. 390).

CAPÍTULO II

CONSTITUIÇÃO DO CRÉDITO TRIBUTÁRIO

⇒ **Formalização do crédito tributário.** A formalização do crédito tributário, ou seja, a representação documental de que o crédito existe em determinado montante perante um certo contribuinte ciente da sua obrigação, pode se dar de várias maneiras, não estando, de modo algum, restrita ao lançamento por parte da autoridade.

– Diversos modos. A formalização (documentação) é feita pelo contribuinte, cumprindo suas obrigações acessórias de apurar e declarar os tributos devidos (e.g., declaração de rendimentos, DCTF, GFIP), ou pelo Fisco através da lavratura de auto de lançamento, auto de infração ou notificação fiscal de lançamento de débito (o nome é irrelevante, importa é que se cuida do ato da autoridade através do qual verifica que o fato gerador e a infração ocorrem, calcula o tributo e a penalidade e notifica o contribuinte para pagar). Até mesmo por ato Judicial, nas ações trabalhistas, é formalizado o crédito relativo a contribuições previdenciárias. O CTN não regula claramente a formalização do crédito através de declaração ou de confissão do contribuinte, tampouco aquela realizada nas ações trabalhistas. Refere, apenas, a obrigação do contribuinte, nos chamados lançamentos por homologação regidos pelo art. 150, de apurar o montante devido e efetuar o pagamento por sua própria iniciativa, sem qualquer exame prévio pela autoridade administrativa. Mas não cuida, propriamente, dos efeitos das declarações prestadas pelo contribuinte. Também não dispõe sobre a formalização do crédito por ato judicial, nas ações trabalhistas. Trata, apenas e exclusivamente, da formalização do crédito tributário através de ato da autoridade em seu art. 142, ou seja, por lançamento. Isso poderia levar ao entendimento equivocado de que, dispondo o CTN sobre as normas gerais de Direito Tributário em nível de lei complementar e disciplinando apenas o lançamento de ofício, fosse esta a única modalidade de formalização do crédito tributário, de modo que as outras seriam inválidas, irregulares, sem sustentação. Em verdade, quando o contribuinte, embora não efetuando o pagamento, reconhece formalmente o débito, ainda que com ele não concordem, através de declarações (obrigações acessórias), confissões (e.g., para a obtenção de parcelamentos) ou mesmo da realização de depósito suspensivo da exigibilidade, resta dispensado o lançamento, pois tudo o que o ato de lançamento por parte da autoridade apuraria já resta formalizado e reconhecido pelo contribuinte.

– "Formalizar o crédito tributário significa verter em linguagem jurídica competente o fato e a respectiva relação tributária, objetivando o sujeito ativo, o sujeito passivo e o objeto da prestação, no bojo de uma norma individual e concreta. [...] Cumpre assinalar que a formalização do crédito tributário pode ser feita tanto pela autoridade administrativa, por meio do lançamento tributário (art. 142 do CTN), quanto pelo próprio contribuinte, em cumprimento a normas que prescrevem deveres instrumentais (art. 150 do CTN). Cabe à autoridade administrativa ou ao contribuinte, conforme o caso, aplicar a norma geral e abstrata, produzindo norma individual e concreta, nela especificando os elementos do fato e da obrigação tributária, com o que fará surgir o correspondente crédito fiscal" (CARVALHO, Paulo de Barros. As decisões do Carf e a extinção do crédito tributário. *RDDT* 212/90, 2013).

– Lei n. 8.212/91: "Art. 33... § 7º O crédito da seguridade social é constituído por meio de notificação de lançamento, de auto de infração e de confissão de valores devidos e não recolhidos pelo contribuinte. (Redação dada pela Lei n. 11.941, de 2009)".

– IN RFB n. 2.110/2022, que dispõe sobre normas gerais de tributação previdenciária e de arrecadação das contribuições sociais destinadas à Previdência Social e das contribuições devidas a terceiros, administradas pela Secretaria Especial da Receita Federal do Brasil (RFB): "TÍTULO VI DA CONSTITUIÇÃO DO CRÉDITO FISCAL. CAPÍTULO II DOS DOCUMENTOS DE CONSTITUIÇÃO DO CRÉDITO Seção I Disposições Gerais. Art. 253. São documentos de constituição do crédito tributário relativo às contribuições de que trata esta Instrução Normativa: (Lei n. 8.212, de 1991, art. 33, § 7º; e Regulamento da Previdência Social, de 1999, art. 245, *caput*) I – a GFIP – e, a partir do mês em que a sua entrega se tornar obrigatória nos termos do disposto no art. 26, a DCTFWeb; (Lei n. 8.212, de 1991, art. 32, § 2º; e Regulamento da Previdência Social, de 1999, art. 225, § 1º) II – o Lançamento do Débito Confessado (LDC), documento por meio do qual o sujeito passivo confessa os débitos que verifica; III – o Auto de Infração, documento constitutivo de crédito, inclusive relativo à multa aplicada em decorrência do descumprimento de obrigação acessória, lavrado por Auditor-Fiscal da Receita Federal do Brasil e apurado mediante procedimento de fiscalização; IV – a Notificação de Lançamento, documento constitutivo de crédito expedido pelo órgão da Administração Tributária; e V – o Débito Confessado em GFIP (DCG), é o documento que registra o débito decorrente de divergência entre os valores recolhidos em documento de arrecadação previdenciária e os declarados em GFIP. Art. 254. São documentos de constituição do crédito tributário relativo a obras de construção civil: I – o Aviso para Regularização de Obra (ARO), emitido em conformidade com a Instrução Normativa RFB n. 971, de 13 de novembro de 2019, a partir das informações prestadas na Declaração e Informação sobre Obra (Diso), por meio do qual o sujeito passivo responsável por obra confessa os valores das contribuições sociais incidentes sobre o valor da remuneração da mão de obra utilizada na execução da obra, apurado mediante aferição indireta, e que constitui instrumento hábil e suficiente para a exigência do crédito tributário por meio dele confessado; e II – a DCTFWeb Aferição de Obras de que trata o art. 6º da Instrução Normativa RFB n. 2.021, de 2021, declaração que constitui instrumento hábil e suficiente para a exigência do crédito tributário relativo às contribuições sociais incidentes sobre o valor da remuneração da mão de obra apurada na aferição da obra de construção civil realizada por meio do Serviço Eletrônico para Aferição de Obras (Sero), e que substitui o ARO a partir de 1º de junho de 2021".

• Vide: BECHO, Renato Lopes. As formas de constituição do crédito tributário e seus efeitos. *RDDT* 231/93, 2014.

⇒ **Formalização pelo próprio contribuinte: pagamento, depósito, declaração ou confissão do contribuinte.** A quase totalidade dos tributos é sujeita a lançamento por homologação, ou seja, a lei determina que o contribuinte apure e pague o tributo por ele devido, restando ao Fisco a fiscalização da atividade do contribuinte, quando com ela concordará, homologando-a expressa ou tacitamente, ou dela discordará, lançando de ofício eventual diferença ainda devida. Quando o contribuinte preenche guia DARF e efetua o pagamento do tributo, ou quando preenche guia de depósito para sua vinculação a uma ação, buscando o efeito do art. 151, II, do CTN, está a formalizar a existência, certeza e liquidez do crédito, indicando o tributo, a competência e o valor. Desnecessário, nestes casos, quanto ao valor pago ou depositado, que haja lançamento de ofício, não se falando, pois, em decadência relativamente a tais valores. Normalmente, atreladas à obrigação do contribuinte de apurar e pagar os tributos, estão obrigações acessórias de declarar ao Fisco o montante apurado, o valor dos pagamentos feitos e as compensações realizadas. Tais declarações, resultantes de apuração, pelo próprio contribuinte, do montante por ele devido, implicam reconhecimento do débito, com inequívoca ciência da respectiva obrigação de pagar. São elas a DCTF, a GFIP, a GIA, a Declaração de Rendimentos ou qualquer outro documento em que conste o reconhecimento do débito. Assim, formalizada pelo próprio contribuinte a existência da sua obrigação e do correspondente crédito do Fisco, resta suprida a necessidade de a autoridade verificar a ocorrência do fato gerador, indicar o sujeito passivo, calcular o montante devido e notificar o contribuinte para efetuar o pagamento. Toda essa atividade torna-se despicienda. O lançamento de ofício resta desnecessário.

– O Decreto-Lei n. 2.124/84 dispõe justamente no sentido de que o documento do contribuinte que, em cumprimento a obrigação acessória, comunica a existência de crédito tributário, constituirá confissão de dívida e instrumento hábil e suficiente para a exigência do referido crédito, ensejando a inscrição direta em Dívida Ativa para efeito de cobrança executiva, conforme se vê em nota ao art. 201 do CTN.

– Declarado o débito, não se fala mais em decadência relativamente ao valor declarado, conforme se vê em nota ao art. 173 do CTN.

– **Declarações do contribuinte. Confissão de dívida. DCTF. GFIP, GIA, Declaração de Rendimentos. Efeito de lançamento quanto aos débitos confessados.** Sendo declarada a dívida pelo próprio contribuinte, seja mediante o cumprimento da obrigação tributária acessória de apresentação de DCTF, GFIP, GIA, Declaração de Rendimentos ou outro documento em que conste o reconhecimento do débito, torna-se desnecessária a atividade do fisco de verificar a ocorrência do fato gerador, apontar a matéria tributável, calcular o tributo e indicar o sujeito passivo, notificando-o da sua obrigação, pois a apuração já terá sido feita ele próprio, evidenciando conhecimento inequívoco do que lhe cabia recolher. A inscrição abrangerá os valores declarados e a multa moratória, que incide automaticamente por força do simples não pagamento no prazo.

– "Em se tratando de débito declarado pelo próprio contribuinte, não se faz necessária sua homologação formal, motivo por que o crédito tributário se torna imediatamente exigível, independentemente de qualquer procedimento administrativo ou de notificação do sujeito" (STF, AI 838.302 AgR, 2014).

– **Súmula 436 do STJ:** "A entrega de declaração pelo contribuinte reconhecendo débito fiscal constitui o crédito tributário, dispensada qualquer outra providência por parte do fisco" (2010).

– "2. De acordo com o art. 5º do Decreto-lei 2.124/84 e a Portaria MF 118/84, o Secretário da Receita Federal ficou autorizado a instituir obrigações acessórias relativas a tributos federais administrados pela Secretaria da Receita Federal, sendo que, nos termos dos §§ do supracitado art. 5º, o documento que formalizar o cumprimento de obrigação acessória, comunicando a existência de crédito tributário, constituirá confissão de dívida e instrumento hábil e suficiente para a exigência do referido crédito. Não pago no prazo estabelecido pela legislação o crédito, corrigido monetariamente e acrescido da multa e dos juros de mora devidos, poderá ser imediatamente inscrito em dívida ativa, para efeito de cobrança executiva" (STJ, AgRg no REsp 1.398.316, 2013).

– "2. No caso de tributos sujeitos à lançamento por homologação a declaração do contribuinte elide a necessidade da constituição formal do crédito, podendo ser realizada a inscrição em dívida ativa independe de procedimento administrativo. Precedentes" (STJ, REsp 1.195.286, 2013).

– "Constituição do crédito tributário mediante entrega de declaração pelo contribuinte. Lançamento pelo Fisco. Desnecessidade. Súmula 436/STJ. Acórdão embargado em sintonia com a jurisprudência da Primeira Seção. Súmula 168/STJ... 2. O acórdão embargado está em conformidade com entendimento firmado pela Primeira Seção em recurso especial repetitivo (art. 543-C do CPC), no sentido de que 'a apresentação de Declaração de Débitos e Créditos Tributários Federais, de Guia de Informação e Apuração do ICMS – GIA, ou de outra declaração dessa natureza, prevista em lei, é modo de constituição do crédito tributário, dispensando, para isso, qualquer outra providência por parte do Fisco' (REsp 962.379/RS, Rel. Min. Teori Albino Zavascki, *DJe* 28/10/2008). 3. Incide, na espécie, a Súmula 168/STJ" (STJ, AgRg nos EAREsp 109.200, 2012).

– "PROCESSO ADMINISTRATIVO FISCAL. VERIFICAÇÃO DE DIVERGÊNCIAS ENTRE VALORES DECLARADOS NA GFIP E VALORES RECOLHIDOS (PAGAMENTO A MENOR). TRIBUTO SUJEITO A LANÇAMENTO POR HOMOLOGAÇÃO (CONTRIBUIÇÃO PREVIDENCIÁRIA). DESNECESSIDADE DE LANÇAMENTO DE OFÍCIO SUPLETIVO. CRÉDITO TRIBUTÁRIO CONSTITUÍDO POR ATO DE FORMALIZAÇÃO PRATICADO PELO CONTRIBUINTE (DECLARAÇÃO). RECUSA AO FORNECIMENTO DE CERTIDÃO NEGATIVA DE DÉBITO (CND) OU DE CERTIDÃO POSITIVA COM EFEITOS DE NEGATIVA (CPEN). POSSIBILIDADE. 1. A entrega de Declaração de Débitos e Créditos Tributários Federais – DCTF, de Guia de Informação e Apuração do ICMS – GIA, ou de outra declaração dessa natureza, prevista em lei, é modo de constituição do crédito tributário, dispensando a Fazenda Pública de qualquer outra providência conducente à formalização do valor declarado (Precedente da Primeira Seção submetido ao rito do artigo 543-C, do CPC: REsp 962.379/RS, Rel. Min. Teori Albino Zavascki, julgado em 22.10.2008, *DJe* 28.10.2008). 2. A Guia de Recolhimento do Fundo de Garantia por Tempo de Serviço e Informações à Previdência Social (GFIP) foi definida pelo Decreto 2.803/98 (revogado pelo Decreto 3.048/99), consistindo em declaração que compreende os dados da empresa e dos trabalhadores, os fatos geradores de contribuições previdenciárias e valores devidos ao INSS, bem como as remunerações dos trabalhadores e valor a ser recolhido a título de FGTS. As informações prestadas na GFIP servem como base de cálculo das contribuições arrecadadas pelo INSS. 3. Portanto, a GFIP é um dos modos de constituição do créditos devidos à Seguridade Social, consoante se dessume da leitura do artigo 33, § 7º, da Lei 8.212/91 (com a redação dada pela Lei 9.528/97), segundo o qual 'o crédito da seguridade social é constituído por meio de notificação de débito, auto de infração, confissão ou documento declaratório de valores devidos e não recolhidos apresentado pelo contribuinte'. 4. Deveras, a relação jurídica tributária inaugura-se com a ocorrência do fato jurídico tributário, sendo certo que, nos tributos sujeitos a lançamento por homologação, a exigibilidade do crédito tributário se perfectibiliza com a mera declaração efetuada pelo contribuinte, não se condicionando a ato prévio de lançamento administrativo, razão pela qual, em caso de não pagamento ou pagamento parcial do tributo declarado, afigura-se legítima a recusa de expedição da Certidão Negativa ou Positiva com Efeitos de Negativa (Precedente da Primeira Seção submetido ao rito do artigo 543-C, do CPC: REsp 1.123.557/RS, Rel. Min. Luiz Fux, julgado em 25.11.2009).5. Doutrina abalizada preleciona que: '– GFIP. Apresentada declaração sobre as contribuições previdenciárias devidas, resta formalizada a existência do crédito tributário, não tendo mais, o contribuinte inadimplente, direito à certidão negativa. – Divergências de GFIP. Ocorre a chamada 'divergência de GFIP/GPS' quando o montante pago através de GPS não corresponde ao montante declarado na GFIP. Valores declarados como devidos nas GFIPs e impagos ou pagos apenas parcialmente, ensejam a certificação da existência do débito quanto ao saldo. Há o que certificar.Efetivamente, remanescendo saldo devedor, considera-se-o em aberto, impedindo a obtenção de certidão negativa de débito.– Em tendo ocorrido compensação de valores retidos em notas fiscais, impende que o contribuinte faça constar tal informação da GFIP, que tem campo próprio para retenção sobre nota fiscal/fatura. Não informando, o débito estará declarado e em aberto, não ensejando a obtenção de certidão negativa.' (Leandro Paulsen, in "Direito Tributário – Constituição e Código Tributário à Luz da Doutrina e da Jurisprudência", Ed. Livraria do Advogado e Escola Superior da Magistratura Federal do Rio Grande do Sul, 10ª ed., 2008, Porto Alegre, pág. 1.264). 6... 9. Recurso especial desprovido.

Acórdão submetido ao regime do artigo 543-C, do CPC, e da Resolução STJ 08/2008" (STJ, REsp 1.143.094, 2009).

– A Súmula 436 do STJ pressupõe a indicação de crédito em aberto, sem causa de suspensão. "... a cobrança de crédito tributário somente pode ser feita com base na DCTF (ou a GFIP, ou outra declaração a que a lei atribui tal eficácia), quando este documento apresentar saldo a pagar. ... o único caso em que se aplica a Súmula n. 436 do STJ é quando o contribuinte entrega declaração fiscal informando a existência de crédito tributário sem indicar causa de suspensão da exigibilidade ou extinção (compensação ou pagamento) para a totalidade dos débitos declarados. Nessas hipóteses, o Fisco poderá inscrever o valor 'em aberto' em dívida ativa e proceder sua execução judicial, sendo prescindível o lançamento de ofício e a instauração de processo tributário administrativo para sua cobrança" (LESSA, Donovan Mazza; LIMA, Daniel Serra. A correta interpretação da Súmula n. 436 do STJ e os regimes de lançamento previstos no CTN. *RDDT* 209/32, 2013).

– Declaração entregue após início do procedimento fiscal. Súmula CARF n. 33: A declaração entregue após o início do procedimento fiscal não produz quaisquer efeitos sobre o lançamento de ofício.

– Declaração de compensação. Lei n. 10.833/2003. A Lei 9.430/96 disciplina a compensação no regime de lançamento por homologação em seu art. 74, § 6º e seguintes, acrescentados pela Lei n. 10.833/2003. Estabelece que, sendo considerada não declarada ou não sendo homologada a compensação, encaminhando a DCTF para inscrição relativamente ao montante declarado como devido.

– "... na oportunidade em que o sujeito passivo envia a DCOMP, ele faz a discriminação dos créditos e também dos débitos objeto da compensação, de modo que estes débitos encontrar-se-ão confessados, a partir do momento da entrega da declaração. Como o crédito tributário já está constituído com base na declaração do próprio contribuinte, pode a SRF, na hipótese de não reconhecimento do pleito creditório, aplicar a regra dos §§ 7º a 11 do art. 74 da Lei n. 9.430/96 [...] se deve seguir o disposto na Solução de Consulta Interna COSIT n. 03, de 08 de janeiro de 2004, no sentido de que apenas as declarações de compensação (DCOMPS) apresentadas à Secretaria da Receita Federal após 31/10/2003 (data da publicação e entrada em vigor da MP n. 135/02003) constituem-se confissões de dívida e instrumentos hábeis e suficientes para a exigência dos débitos indevidamente compensados. Antes da referida norma, o crédito teria de ser constituído por outra modalidade (ex: DCTF). Outrossim, cumpre destacar que o disposto no § 6º do art. 74, da Lei n. 9.430/96 não se aplica às compensações, apresentadas após 30/12/2004 (data da publicação e entrada em vigor da Lei n. 11.051/04), que sejam consideradas não declaradas, a teor dos §§ 12 e 13 daquele dispositivo legal, acrescentados pela Lei n. 11.051/04" (Parecer PGFN/CDA/CAT 1499/05. *RFDT* 19, 2006).

– Compensação indevida em DCTF. Glosa e cobrança. Necessidade de lançamento antes da MP 135/2003 (Lei 10.833/03). "COMPENSAÇÃO INFORMADA EM DECLARAÇÃO DE DÉBITOS E CRÉDITOS TRIBUTÁRIOS FEDERAIS – DCTF. IMPRESCINDIBILIDADE DE LANÇAMENTO DOS DÉBITOS OBJETO DE COMPENSAÇÃO INDEVIDA DECLARADA EM DCTF ENTREGUE ANTES DE 31.10.2003. 1. Antes de 31.10.2003 havia a necessidade de lançamento de ofício para se cobrar a diferença do "débito apurado" em DCTF decorrente de compensação indevida. Interpretação do art. 5º do Decreto-Lei n. 2.124/84, art. 2º, da Instrução Normativa SRF n. 45, de 1998, art. 7º, da Instrução Normativa SRF n. 126, de 1998, art. 90, da Medida Provisória n. 2.158-35, de 2001, art. 3º da Medida Provisória n. 75, de 2002, e art. 8º, da Instrução Normativa SRF n. 255, de 2002. 2. De 31.10.2003 em diante (eficácia do art. 18, da MP n. 135/2003, convertida na Lei n. 10.833/2003) o lançamento de ofício deixou de ser necessário para a hipótese, no entanto, o encaminhamento do 'débito apurado' em DCTF decorrente de compensação indevida para inscrição em dívida ativa passou a ser precedido de notificação ao sujeito passivo para pagar ou apresentar manifestação de inconformidade, recurso este que suspende a exigibilidade do crédito tributário na forma do art. 151, III, do CTN (art. 74, § 11, da Lei n. 9.430/96). 3. Desse modo, no que diz respeito à DCTF apresentada antes de 31.10.2003, onde houve compensação indevida, compreendo que havia a necessidade de lançamento de ofício para ser cobrada a diferença do "débito apurado", a teor da jurisprudência deste STJ, o que não ocorreu. Precedentes..." (STJ, REsp 1.332.376, 2012).

– A declaração de compensação formaliza o crédito ainda que a compensação seja irregular. "Conquanto a declaração de débitos do contribuinte e a compensação possam ser realizadas em um ato, elas não se confundem. A declaração do contribuinte indicando seu débito tem o efeito de constituir o crédito tributário. Diversamente, a declaração de compensação visa a extinção do crédito que acabou de ser constituído; ... A fraude na compensação não macula a declaração de débitos que serviu como supedâneo para a constituição do crédito tributário, por ser juridicamente posterior e independente;" (SANTOS JÚNIOR. Adalmo Oliveira dos. Os efeitos da declaração de compensação não analisada face à inexistência de créditos do contribuinte no regime da Lei n. 9.430. *RDDT* 203/07-17, 2012).

– Havendo declaração quanto ao débito, desnecessário lançamento da multa meramente moratória e dos juros. "DECLARAÇÃO. PAGAMENTO FORA DE PRAZO. MULTA DE MORA X MULTA DE OFÍCIO. Havendo declaração do contribuinte e o pagamento a destempo dos tributos declarados, é despicienda a realização de lançamento de ofício em relação a esses acréscimos. Basta que os valores atinentes à multa moratória e aos juros sejam encaminhados para inscrição em dívida ativa. Como, nessas hipóteses, é desnecessário o lançamento de ofício, não há falar em incidência da multa prevista no artigo 44 da Lei n. 9.430. Ademais, interpretação que implicasse a admissão da cobrança 75% de multa de ofício em face do simples atraso no pagamento de débito declarado pelo contribuinte, atentaria contra a vedação do efeito confiscatório" (TRF4, AC 2003.72.08.000566-0, 2006).

– Entendendo que, declarado o débito, é, inclusive, vedado ao Fisco proceder ao lançamento de ofício. "... uma vez admitida a possibilidade de a Fazenda promover a execução fiscal em face apenas das informações prestadas pelo contribuinte, surge o direito de ação tão logo configurado o atraso no pagamento... Também decorre desse mesmo entendimento a proibição ao Fisco de efetuar o lançamento de ofício, quando o contribuinte cumpriu com suas obrigações de declarar e apenas deixou de antecipar o pagamento do tributo. No caso, está presente apenas o atraso e como atraso deve ser tratado, com o encaminhamento do débito declarado para a inscrição em dívida ativa e posterior execução fiscal, com o acréscimo apenas da multa moratória" (MACHADO, Schubert de Farias. Lançamento por Homologação e Decadência. *RDDT* 131, 2006).

– **Depósito como formalizador do crédito.** Vide nota ao art. 151, II, do CTN.

⇒ **Formalização das contribuições previdenciárias pela Justiça do Trabalho.** A Justiça do Trabalho tem competência para executar contribuições devidas pela empresa como contribuinte e como substituta relativas à folha de salários e ao salário de contribuição dos seus empregados, decorrentes das sentenças condenatórias que proferir. A Constituição Federal dispõe neste sentido em seu art. 114. A matéria é regulada pela Lei 10.035/2000 que acresceu ao art. 879 da CLT o § 1º-A no sentido de que "A liquidação abrangerá, também, o cálculo das contribuições previdenciárias devidas." Com isso, criou-se nova modalidade de formalização do crédito relativo a tais contribuições previdenciárias, o que já tem resultado no indeferimento de certidão negativa ainda que inexista lançamento ou declaração do contribuinte, desde que os débitos estejam formalizados nos autos de reclamatória trabalhista, conforme já decidiu o STJ em acórdão cuja ementa está transcrita em nota ao art. 205 do CTN. O cálculo da contribuição devida é feito reportando-se à data de ocorrência dos fatos geradores, ou seja, aos meses de competência trabalhados. Os contribuintes que, nos meses de competências, exerçam exclusivamente atividade sujeitas à contribuição substitutiva sobre a receita (art. 195, § 12, da CF), não terão obrigação sobre a folha para pagar.

– **Súmula Vinculante 53 do STF:** "A competência da Justiça do Trabalho prevista no art. 114, VIII, da Constituição Federal alcança a execução de ofício das contribuições previdenciárias relativas ao objeto da condenação constante das sentenças que proferir e acordos por ela homologados".

⇒ **Tema 36 do STF:** "A competência da Justiça do Trabalho prevista no art. 114, VIII, da Constituição Federal alcança somente a execução das contribuições previdenciárias relativas ao objeto da condenação constante das sentenças que proferir, não abrangida a execução de contribuições previdenciárias atinentes ao vínculo de trabalho reconhecido na decisão, mas sem condenação ou acordo quanto ao pagamento das verbas salariais que lhe possam servir como base de cálculo". Decisão de mérito em 2008.

– "Competência da Justiça do Trabalho. Alcance do art. 114, VIII, da Constituição Federal. 1. A competência da Justiça do Trabalho prevista no art. 114, VIII, da Constituição Federal alcança apenas a execução das contribuições previdenciárias relativas ao objeto da condenação constante das sentenças que proferir" (STF, RE 569.056, 2008).

– "Nos termos da EC n. 20/98 compete à Justiça do Trabalho a iniciativa para execução das condenações ao pagamento de contribuições previdenciárias, resultantes de sentenças por ela proferidas" (STJ, Conflito de Atribuição 129, 2002).

– **Liquidação da sentença.** "Quando o valor da contribuição do segurado empregado não estiver consignado, mês a mês, nos cálculos de liquidação de sentença, ou quando o pagamento for decorrente de conciliação, deverão ser adotados os critérios para apuração mensal dessa contribuição. O salário de contribuição será rateado para o período da reclamação trabalhista ou indicado no acordo, mediante a divisão deste pelo número de meses, para fins de obtenção da contribuição mensal do segurado empregado. [...] Estabelecida a alíquota e o valor da contribuição mensal, no mês do pagamento da sentença ou acordo, obtém-se o total da contribuição do empregado multiplicando-se esse valor pelo número de meses envolvidos no processo. Os valores anteriormente recolhidos e comprovados serão atualizados pelos mesmos índices de reajuste do salário de contribuição, para que seja obtido o valor total da contribuição devida e observado o limite máximo de contribuição nas competências envolvidas na sentença ou acordo Será respeitado o limite máximo de contribuição da competência do pagamento. Cabe à empresa comprovar o desconto e o recolhimento da contribuição do empregado anteriormente realizados, bem como a respectiva atualização. O valor a recolher será obtido pela diferença entre o valor da contribuição devida pelo empregado, respeitado o limite máximo, e o valor atualizado da contribuição descontada na competência originária. Na competência em que ficar comprovado que a contribuição foi descontada sobre o limite máximo do salário de contribuição, não haverá qualquer contribuição do segurado empregado incidente sobre a parcela mensal da sentença. [...] Para quem optou pelo simples, as verbas a partir de 1º-1-1997 terão incidência apenas da contribuição previdenciária do empregado, não havendo recolhimento da contribuição do empregador, que já foi recolhida de acordo com o sistema do Simples" (MARTINS, Sérgio Pinto. *Execução da contribuição previdenciária na Justiça do Trabalho*. 3. ed. São Paulo: Atlas, 2008, p. 68-69).

– **Empresas sujeitas a contribuições substitutivas sobre a receita.** Há empresas que, em face da atividade desenvolvida, estão dispensadas do pagamento de contribuição sobre a folha de salários, porquanto recolhem as contribuições substitutivas sobre a receita. Também estão dispensadas as empresas que aderem ao Simples Nacional, porquanto recolhem diversas contribuições, inclusive a contribuição da folha, mediante um único recolhimento que tem por base, também, a receita. Importa, sempre, o regime jurídico a que estavam sujeitas nos meses de competência. Não haverão, então, o que apurar de contribuição devida pela empresa, enquanto contribuinte, em face da sentença condenatória trabalhista.

– **Contribuições substitutivas e decadência.** "Contribuição Previdenciária Substitutiva sobre a Condenação Judicial no Âmbito do Processo do Trabalho. ... no caso da contribuição previdenciária substitutiva, como esta é apurada exclusivamente sobre a receita bruta da empresa (imaginando-se uma empresa que não tenha atividade mista e/ou que esta tenha sido abarcada pela atividade preponderante, seja pelo percentual representativo da receita, seja por força do enquadramento pelo CNAE), não haveria pagamentos suplementares a serem feitos pela empresa se, à época do trânsito em julgado, ainda vigorasse a CPRB. Também por esta razão, a Receita Federal do Brasil, por meio da Instrução Normativa 1.436/2014 visou atualizar a regulamentação da situação que já estava anteriormente disciplinada no artigo 103 da IN 971/2009 – que por sua vez buscava fundamento de validade na alteração realizada pela Lei 11.941/2009 na Lei 8.212/1991 – dispondo no artigo 18 que a forma de cálculo da contribuição previdenciária deverá remeter à data da prestação dos serviços, entendimento este que já inclusive foi reproduzido em soluções de consulta, como se verifica daquela de número 161/2012. Ocorre que, se por um lado tal entendimento poderá resultar no aumento da arrecadação – eis que algumas empresas deverão recolher uma parte da contribuição previdenciária sob a sistemática dos 20% sobre a remuneração, inclusive com aplicação da multa moratória – de outro lado a Receita Federal há de reconhecer a decadência para as competências no prazo superior a cinco anos da exigência dos valores. Isso porque a reclamação trabalhista não é uma das causas de interrupção do prazo decadencial para a exigência do tributo, de acordo com o Código Tributário Nacional" (CASQUET, Pedro Guilherme Modenese; PEREIRA, Natália Affonso. A contribuição previdenciária substitutiva: novas reflexões sobre os seus aspectos controvertidos. *RDDT* 226/145, 2014).

– **Retenção e pagamento.** "Mesmo inexistindo previsão na sentença, o desconto deverá ser feito na execução, e ao operário é saldado o valor líquido da condenação, competindo à empresa comprovar o recolhimento nos autos da exação previdenciária, não só da parte pertinente ao trabalhador, como da parcela relativa ao empregador. [...] Os Provimentos n. 2/93 e 1/96 da Corregedoria Geral da Justiça do Trabalho deixam claro que o desconto deverá ser realizado pela empresa, quando da feitura do pagamento das verbas devidas ao trabalhador. Editou também o TST a orientação jurisprudencial da SDI n. 32, declarando que são legais os descontos feitos ao empregado, em decorrência de sentenças trabalhistas. A Súmula 368 do TST mostra a possibilidade de ser feito o desconto da contribuição previdenciária da parte do empregado" (MARTINS, Sérgio Pinto. *Execução da contribuição previdenciária na Justiça do Trabalho*. 3. ed. São Paulo: Atlas, 2008, p. 58-59).

– **Incompetência para executar outras contribuições que não as previdenciárias sobre a folha decorrentes da sentença em reclamatória trabalhista.** A competência da Justiça do Trabalho não alcança contribuições sobre pagamentos decorrentes de acordo extrajudicial. Ressalto, ainda, que o § 3º faz referência apenas às contribuições do art. 195, I, *a*, e II, de modo que, mesmo na reclamatória trabalhista, a competência não abrange as contribuições destinadas aos serviços sociais autônomos (o chamado Sistema "S"), pois, não obstante também incidam sobre a folha de salários, têm outro suporte constitucional, decorrente de recepção expressa pelo art. 240 que, inclusive, disse não lhes ser aplicável o art. 195 da CF. Ou seja, a execução que fosse realizada na Justiça do Trabalho não abrangeria todos os créditos a

serem exigidos pelo INSS, impondo a este, de qualquer forma, o lançamento e a execução das demais contribuições de que é sujeito ativo através de Execução Fiscal perante a Justiça Federal.

– **Súmula 64 da AGU:** "As contribuições sociais destinadas às entidades de serviço social e formação profissional não são executadas pela Justiça do Trabalho" (2012).

– As contribuições sobre a receita, seja a instituída com suporte no art. 195, I, *b*, da CF, ou a exigida por força do art. 239 da CF, ou mesmo as instituídas em substituição às contribuições sobre a remuneração por trabalho prestado forte no art. 195, § 13, da CF, não se enquadram na hipótese do art. 114, § 3º, da CF.

– "... consoante o teor do § 3º do art. 114 da CF/88, somente compete à Justiça do Trabalho executar as contribuições previdenciárias devidas ao INSS pelo trabalhador (art. 195, II, da CF/88), bem como as contribuições devidas pelo empregador quando incidente sobre a folha de salários (art. 195, I, *a*, da CF/88). ... resta comprovada a incompetência da Justiça do Trabalho para executar as contribuições previdenciárias – parcela empregador – devidas pela agroindústria, haja vista a sua incidência sobre 'receita' (art. 195, I, *b*, da CF/88)" (CARVALHO, Luiz Gustavo Santana de; WANDERLEY, Ricardo Antônio de Barros. Algumas considerações sobre a contribuição social devida ao INSS pela agroindústria [parcela empregador]. *RTFP* 58/73, 2004).

– "CONFLITO NEGATIVO DE COMPETÊNCIA ENTRE JUSTIÇA FEDERAL E TRABALHISTA. EXECUÇÃO DAS CONTRIBUIÇÕES PREVIDENCIÁRIAS. ACORDO EXTRAJUDICIAL. ARTIGO 114, § 3º, CF/88. INAPLICABILIDADE. COMPETÊNCIA DA JUSTIÇA FEDERAL. 1. A competência da Justiça do Trabalho, conferida pelo § 3º do artigo 114 da Constituição Federal, para executar, de ofício, as contribuições sociais que prevê, decorre de norma de exceção, a ser interpretada restritivamente. Nela está abrangida apenas a execução de contribuições previdenciárias incidentes sobre pagamentos efetuados em decorrência de sentenças proferidas pelo Juízo Trabalhista, única suscetível de ser desencadeada 'de ofício'. 2. Não compete à Justiça Trabalhista processar execução movida pelo Instituto Nacional do Seguro Social – INSS para cobrar contribuições sociais incidentes sobre pagamentos previstos em acordo celebrado extrajudicialmente, que não submetido à homologação judicial, do qual a autarquia sequer foi parte e que não traz qualquer menção a créditos previdenciários. 3. Compete à Justiça Federal processar e julgar a causa em que figurar a União, suas autarquias ou empresa pública federal na condição de autora, ré, assistente ou oponente (CF, art. 109, I). 4. Conflito conhecido e declarada a competência do Juízo Federal da 9ª Vara da Seção Judiciária do Estado do Rio de Janeiro/RJ, o suscitante" (STJ, CC 38.315, 2004).

– **No sentido da inconstitucionalidade da atribuição de competência à Justiça do Trabalho.** Vide: RAGUIANT NETO, Ary. O poder reformador e seus limites [análise crítica do § 3º do art. 114 da CF/88, acrescentado pela EC 20, de 15-12-1998. *RTFP* 58/178, out. 2004. Também: MACHADO, Schubert de Farias. O Juiz do Trabalho e o Lançamento das Contribuições para o INSS. *RFDT* 08/33, jun. 2004; Eduardo Fortunato Bim,

Inconstitucionalidade da Execução das Contribuições Previdenciárias pela Justiça do Trabalho: EC n. 20/98, *Revista Dialética*, 2002. Porém vide a *RET* 72/10.

SEÇÃO I
LANÇAMENTO

Art. 142. Compete privativamente à autoridade administrativa constituir o crédito tributário pelo lançamento, assim entendido o procedimento administrativo tendente a verificar a ocorrência do fato gerador da obrigação correspondente, determinar a matéria tributável, calcular o montante do tributo devido, identificar o sujeito passivo e, sendo caso, propor a aplicação da penalidade cabível.

⇒ **Formalização do crédito por declaração do contribuinte e caráter subsidiário do lançamento.** O lançamento de ofício, relativamente aos tributos para os quais a lei prevê a obrigação do contribuinte de apurar e pagar (quase a totalidade dos tributos atualmente), assume caráter tão somente supletivo. Age, o Fisco, quando o contribuinte não o faz, ou não o faz satisfatoriamente, deixando não apenas de efetuar o pagamento do montante devido como de depositá-lo ou de declará-lo ao Fisco. Ou seja, embora o CTN diga da constituição do crédito tributário pelo lançamento realizado de ofício pela autoridade, há situações em que tal lançamento não se faz necessário, porque já foi definida a certeza e liquidez do crédito tributário em documento produzido pelo próprio contribuinte.

⇒ **Objeto do lançamento: formalização do crédito, documentando sua existência e liquidez e instando o contribuinte a pagá-lo.** Através do lançamento, a autoridade (Auditor-Fiscal ou equivalente) formaliza a existência e a liquidez do crédito tributário, notificando o contribuinte para pagá-lo ou impugná-lo.

– "Em que momento se passa a falar em crédito tributário, e não mais em obrigação tributária? Quando a Administração toma conhecimento de sua existência e o quantifica. Este momento é o do lançamento. A ele se refere o artigo 142 do CTN..." (SCHOUERI, Luís Eduardo. *Direito tributário*. 2. ed. São Paulo: Saraiva, 2012, p. 556).

⇒ **Proposição da penalidade.** A referência à proposição da aplicação da penalidade pressupunha um procedimento sancionador específico, com oitiva prévia do infrator, o que, contudo, não ocorre. O CTN não vem sendo observado no ponto. A praxe é que autoridade fiscal não propõe e, sim, aplica, se for o caso, a penalidade prevista em lei, ficando, a defesa, para impugnação posterior. Há de se dizer, contudo, que a impugnação tem efeito suspensivo da exigibilidade, nos termos do art. 151, III, do CTN.

– "O fato de o art. 44 da Lei 9.430/96 conter comando de aplicação de penalidade de forma vinculada ao lançamento de tributo não seria razão a justificar o desrespeito ao CTN... A natureza propositiva da pretensão punitiva decorreria não apenas de interpretação literal do art. 142, *caput*, do CTN, mas de uma análise sistemática das normas gerais consignadas no Codex tributá-

rio, que definem auto de infração – na acepção de lançamento de tributo e cominação de penalidade – como um plexo de atos tendentes à constituição definitiva do crédito tributário e que compõem um procedimento a cargo do Fisco, iniciado pela notificação, ao sujeito passivo, de qualquer medida preparatória indispensável ao lançamento, nos termos do art. 173, parágrafo único, do CTN, e, no caso de impugnação do sujeito passivo, encerrado com a decisão administrativa definitiva que mantém o crédito tributário *lato sensu* (tributo e penalidade), conforme art. 201, *caput*, do CTN. A penalidade é proposta (e não imposta) pela autoridade fiscal no exercício da sua função de formalizar, unilateralmente a ocorrência do que classifica como infração decorrente do inadimplemento de obrigação tributária, originando o procedimento do lançamento, sendo que a sua definitividade dependerá, necessariamente, da concordância do sujeito apssivo acerca do crédito tributário, mediante pagamento, parcelamento ou compensação, ou, no caso de irresignação, de decisão de órgão julgador administrativo, este sim investido da competência de apicar a penalidade ou de afastar aquela proposta pela autoridade fiscal. [...] Também, à luz do contexto constitucional, não se admitiria uma pretensão punitiva de natureza impositiva cujo exercício prescinda de concreta aferição da licitude e boa-fé da conduta do sujeito passivo e que anteceda a realização do contraditório e da ampla defesa pelas partes. Estamos convictos de que há de se assegurar o *due process of law* antes de se considerar aplicada a penalidade e valorar a índole subjetiva da vontade do sujeito passivo na prática da conduta reputada infracional, o que afastaria de per si a automaticidade da multa em função da mera acusação da existência de umc redito tributário ainda não constituído em definitivo" (SILVA, Leandro Cabral e. *Lançamento tributário e pretensão punitiva*. São Paulo: Almedina, 2021, p. 183-184).

– "A nosso ver, infringindo o CTN, que é lei complementar da Constituição, muitas leis ordinárias e regulamentos têm atribuído aos agentes fiscais a lavratura de autos de infração e atos semelhantes, com a função de já impor penalidades [...] O auto de infração ou início do procedimento de lançamento nada mais deve ser do que um relatório da ocorrência que o agente presume constituir infração e a materializa em um ato descritivo para levar ao conhecimento da autoridade julgadora e assim instaurar a instância contenciosa" (NOGUEIRA, Ruy Barbosa. *Curso de direito tributário*. 14. ed. São Paulo: Saraiva, 1995).

– "Evidente a impropriedade da redação: pelo lançamento, a autoridade administrativa não 'propõe' penalidade; ela a aplica. Aliás, como a 'obrigação principal' pode ter por objeto a penalidade pecuniária, nada obsta que o lançamento sequer cogite do tributo, mas apenas de penalidade. É o caso das multas isoladas, que surgem quando deveres instrumentais não são cumpridos pelo sujeito passivo. nesse caso, a penalidade é o único objeto do lançamento" (SCHOUERI, Luís Eduardo. *Direito tributário*. 2. ed. São Paulo: Saraiva, 2012, p. 559).

⇒ **Ato administrativo x procedimento.** "... podemos aludir ao 'lançamento', concebido como norma, como procedimento ou como ato. Norma, no singular, para reduzir as complexidades de referências aos vários dispositivos que regulam o desdobramento procedimental para a produção do ato (i);

procedimento, como a sucessão de atos praticados pela autoridade competente, na forma da lei (ii); e ato, como o resultado da atividade desenvolvida no curso do procedimento (iii). Isto significa afirmar que são semanticamente válidos os três ângulos de análise. Tanto será 'lançamento' a norma do art. 142 do CTN, como a atividade dos agentes administrativos, desenvolvida na conformidade daquele preceito, como o documento que a atesta, por eles assinado, com a ciência dos destinatário. A prevalência de qualquer das três acepções dependerá do interesse protocolar de quem se ocupe do assunto. Uma coisa, porém, deve ficar bem clara: não pode haver ato de lançamento sem que o procedimento tenha sido implementado. Da mesma forma, não haverá ato nem procedimento sem que uma regra do direito positivo estabeleça os termos das respectivas configurações. [...] a visualização jurídica do lançamento como ato administrativo abre perspectivas riquíssimas à pesquisa do assunto. [...] Lançamento é ato jurídico e não procedimento, como expressamente consigna o art. 142... Consiste muitas vezes, no resultado de um procedimento, mas com ele se não confunde. É preciso dizer que o procedimento não é imprescindível para o lançamento, que pode consubstanciar ato isolado, independente de qualquer outro. Quando muito, o procedimento antecede e prepara a formação do ato, não integrando com seus pressupostos estruturais, que somente neles estarão contidos" (CARVALHO, Paulo de Barros. *Curso de direito tributário*. 27. ed. São Paulo: Saraiva, 2016, p. 372 e 376).

– "O lançamento, para começar não pode ser – por impossibilidade lógica – procedimento (sucessão encadeada de atos)... O lançamento é ato singular que se faz preceder de procedimentos preparatórios e que se faz suceder de procedimentos revisionais, podendo ser declarado, ao cabo, subsistente ou insubsistente, no todo ou em parte, em decorrência do controle do ato administrativo pela própria Administração [...] O processo administrativo tributário é processo revisional do lançamento, não tendo, entre nós, nenhum sentido a doutrina procedimentalista, cuja praça forte é a Itália, que atribui ao *procedimento administrativo* a formação do crédito tributário como se fora um útero jurígeno" (COÊLHO, Sacha Calmon Navarro. Liminares e depósitos antes do lançamento por homologação – Decadência e prescrição. 2. ed. São Paulo: Dialética, 2002, p. 18, e 68-69).

⇒ **Lançamento definitivo x lançamento provisório.** Ainda que sujeito a revisão, não se pode dizer que haja um lançamento provisório. O lançamento, inclusive para fins de decadência, considera-se realizado com a intimação do contribuinte acerca do ato de lançamento (auto de lançamento, auto de infração, NFLD etc.), ainda que sujeito a alteração em virtude de impugnação e recurso do contribuinte no processo administrativo ou mesmo à alteração de ofício.

– "... não existe lançamento inicial, este provisório, e lançamento final, este definitivo. O lançamento é ato singular que se faz preceder de procedimentos preparatórios e que se faz suceder de procedimentos revisionais... Por lançamento definitivo se deve entender o ato de lançamento contra o qual não caiba recurso do contribuinte nem recurso *ex officio* (por faltar previsão, por ter faltado o seu exercício ou por consumação dos re-

cursos cabíveis). [...] Se o contribuinte se conforme e não recorre, ou se a própria Administração não atua com regras de revisão *ex officio*, este se torna definitivo na esfera administrativa. Se houver recurso, o lançamento só se tornará definitivo quando, exauridos os procedimentos revisionais, exsurgir decisão administrativa contra a qual não haja mais nenhum recurso, dando por certo, líquido e exigível o crédito tributário" (COÊLHO, Sacha Calmon Navarro. *Liminares e depósitos antes do lançamento por homologação* – Decadência e prescrição. 2. ed. São Paulo: Dialética, 2002, p. 19 e 21).

– "O fato de ser excepcionalmente previsível (art. 149) não lhe tira o caráter de ato administrativo formal e definitivo" (NOGUEIRA, Ruy Barbosa. *Curso de direito tributário*. 14. ed. São Paulo: Saraiva, 1995, p. 290).

– Sobre a matéria, vide, ainda, nota ao art. 174 do CTN, *Constituição definitiva do crédito tributário*.

⇒ **Lançamento suplementar. Diferenças não declaradas.** "2. Lavrada a declaração de reconhecimento do débito, via DCTF, constituindo o crédito tributário, remanesce ao Fisco o prazo quinquenal para a propositura da ação de exigibilidade da exação reconhecida. 3. Deveras, o fato de a declaração de débito provir do contribuinte não significa preclusão administrativa para o Fisco impugnar o quantum desconhecido. Isto porque impõe-se distinguir a possibilidade de execução imediata pelo reconhecimento da legalidade do crédito com a situação de o Fisco concordar (homologar) a declaração unilateral do particular, prestada. 4. A única declaração unilateral constitutiva *ipso jure* do crédito tributário é a do Fisco, por força do lançamento compulsório, consoante o art. 142 do CTN que assim dispõe: [...]. 5. Prestando o contribuinte informação acerca da efetiva existência do débito, dispõe o Fisco do prazo para realizar o eventual lançamento suplementar, acaso existente saldo, prazo este decadencial, porquanto constitutivo da dívida. 6. Isto porque decorrido o prazo de cinco anos da data da declaração, e não havendo qualquer lançamento de ofício, considera-se que houve aquiescência tácita do Fisco com relação ao montante declarado pelo contribuinte. Conquanto disponha o Fisco de um quinquênio para efetuar lançamento do débito não declarado, somente conta com cinco anos da data da declaração para cobrar judicialmente o débito declarado em DCTF. 7. Relativamente ao valor declarado, a própria declaração de débito efetivada pelo contribuinte constitui o crédito tributário, prescindindo de ato de lançamento. Assim, podendo desde logo ser objeto de execução fiscal, tem-se que, nesta hipótese, não há que se falar em decadência, porquanto já constituído o crédito, mas tão somente em prescrição para o ajuizamento da ação executiva" (STJ, AgRg no REsp 947.348, 2008).

⇒ **Lançamento principal e lançamentos reflexo.** Conforme já expusemos em nota ao § 1º do art. 9º do Dec. n. 70.235/72, do livro *Direito processual tributário*, 4. ed., Livraria do Advogado, 2007, que escrevemos em coautoria com René Bergmann Ávila e Ingrid Schroder Sliwka, é bastante comum que um único fato implique vários lançamentos, como a omissão de receitas por uma empresa, na medida em que revela pagamentos a menor dos diversos tributos sobre a receita e também sobre a renda. Os comentários que seguem sobre a matéria constam também daquela obra.

– Em decorrência de omissão de receitas, a autoridade fiscal lavra autos de infração de IRPJ (processo dito *matriz* ou *principal*) e também de CSLL, COFINS e PIS (processos ditos *decorrentes* ou *reflexos*). Oferecendo o contribuinte sua impugnação, alegando e provando que não houve omissão, se suas alegações quanto à inexistência do fato *omissão de receitas* forem acolhidas no processo matriz (IRPJ), essa declaração de inexistência de receita omitida trará como consequência, também, o cancelamento das exigências dos demais tributos. Na hipótese inversa, ou seja, se julgado, no processo matriz, que houve omissão de receitas e que é devido o IRPJ, serão também considerados devidos os demais tributos.

– A dissimulação de uma relação de emprego enseja lançamento de contribuições do empregado sobre seu salário de contribuição e da empresa incidentes sobre a folha de salários e destinadas ao INSS e a terceiros. Cada lançamento implicará a possibilidade de defesa quanto aos mesmos pressupostos de fato. Daí a conveniência da reunião para fins de instrução e julgamento, com racionalização do procedimento, evitando-se, ainda, decisões conflitantes.

– **Suspensão da exigência da pessoa física até a apuração da responsabilidade da empresa.** "Tributário. Imposto de renda. Distribuição disfarçada de lucros. Autuação contra sócio beneficiário. Suspensão da exigibilidade do credito tributário ate que se apure a responsabilidade da empresa. *In casu*, afigura-se incensurável e consome com a jurisprudência dominante neste Egrégio Tribunal, a decisão que, no exame de matéria relativa à cobrança de imposto de renda do sócio, por via reflexa, entendeu que, não comprovada a inexistência da distribuição dos lucros, a exigência fiscal deve permanecer suspensa até a apuração da responsabilidade da empresa. Precedentes. Recurso a que se nega provimento" (STJ, REsp 12.823, 1994).

– **Consequências do julgamento do processo principal em relação ao processo da tributação reflexa.** "IRPF – TRIBUTAÇÃO REFLEXA. Tratando-se de tributação reflexa, o julgamento do processo principal faz coisa julgada no processo decorrente, no mesmo grau de jurisdição, ante a íntima relação de causa e efeito existente entre ambos. Recurso parcialmente provido" (1º CC – AC 107-07809, 2004).

– "PIS/PASEP – TRIBUTAÇÃO REFLEXA. Aplica-se à exigência reflexa o mesmo tratamento dispensado ao lançamento da exigência principal 'IRPJ', em razão de sua íntima relação de causa e efeito. Recurso voluntário provido" (1º CC – AC 107--07415, 2003).

– "IPI. TRIBUTAÇÃO REFLEXA. Sendo o lançamento de IPI decorrente de lançamento de IRPJ seguirá a mesma sorte dada ao processo principal. Tendo a 1ª Câmara do 1º Conselho de Contribuintes do Ministério da Fazenda ao julgar o processo principal – IRPJ. OMISSÃO DE RECEITA. Apurada pelo Fisco a existência de receitas cuja origem não sejam comprovadas, serão consideradas como provenientes de vendas não registradas, sendo legítima sua tributação no âmbito do IPI (art. 343, § 2º, do RIPI/82)" (2º CC – AC 202-15443, 2004).

– **Necessidade de atenção para questões específicas relacionadas à validade ou aplicabilidade da legislação de cada tributo ou mesmo questões formais de cada lançamento.** Faz-se a necessária ressalva de que, se houver outra causa para a impossibilidade de sua cobrança, como foi o caso da CSLL no ano-base de sua instituição, face ao princípio da anterioridade, o processo reflexo ou decorrente não terá o mesmo destino do processo matriz ou principal, cancelando-se, nessa hipótese, o lançamento. Neste caso, o julgamento do processo reflexo deve ser no sentido de que, mesmo havendo omissão de receita a permitir a cobrança de outros tributos, a exigência do tributo em questão fica juridicamente afastada em virtude de inconstitucionalidade ou ilegalidade. A autoridade julgadora deve, por isso, estar atenta para a existência de argumentos não relacionados aos fatos, ou, em outras palavras, a argumentos subsidiários (inconstitucionalidade, ilegalidade, inaplicabilidade de dispositivo, nulidade do auto de infração por ausência de requisito legal, erro de cálculo, equívoco na aplicação de alíquota ou índices de juros e/ou correção monetária, etc.).

⇒ **Presunção de legalidade e de legitimidade.** Como ato administrativo, o lançamento goza de presunção de legalidade e de legitimidade.

– "PROCESSUAL CIVIL E TRIBUTÁRIO. AUTO DE INFRAÇÃO. PRESUNÇÃO DE LEGITIMIDADE. ÔNUS DA PROVA. ART. 333, DO CPC. 1. A autuação do fisco tem presunção de legitimidade e instiga prova em contrário para a sua desconstituição. 2. O auto de infração constitui um documento que declara a existência de uma dívida e, como é criado por uma autoridade fiscal competente para tal função, gera uma situação jurídica a que se subordina o contribuinte. Este, por sua vez, possui o direito de questionar o procedimento administrativo, mas incumbe-lhe, por consequência óbvia, o ônus de demonstrar a prova de suas assertivas. 3. Recurso especial do contribuinte improvido" (STJ, REsp 465.399, 2003).

⇒ **Competência privativa da autoridade administrativa.** O lançamento é, como diz o art. 142 do CTN, ato privativo da autoridade fiscal. Isso porque é o modo de formalização do crédito tributário que é feito independentemente do reconhecimento do débito pelo contribuinte e mesmo contrariamente ao entendimento deste. Não é, contudo, o único modo de formalização do crédito tributário, conforme visto em nota que precede o art. 142 do CTN.

– Veja-se a posição da Fazenda Nacional, expressa no trabalho Reflexões em torno dos chamados lançamentos por homologação e dos seus efeitos, nas exações sujeitas a tal regime, da lavra do Procurador Gilberto Etchaluz Villela: "Os lançamentos não são atos exclusivos da administração, tanto que aquele inserido no art. 150, do CTN, não o é. Nos casos do que chamam de lançamento por homologação, o ato é, na verdade, presumido e a homologação uma providência fiscalizatória das autoridades. Aliás, o crédito tributário não poderia nascer da homologação, como querem alguns, porque não seria mesmo possível homologar-se um lançamento que está ocorrendo. Só se homologa ato já verificado. Assim que 'homologação de lançamento' conceituado como práticas simultâneas – de lançamento e de homologação dele – é absurdo lógico".

– **Competência para o lançamento. Receita Federal do Brasil (RFB).** O sujeito ativo da relação jurídico-tributária tem as prerrogativas de fiscalizar, lançar e cobrar o respectivo tributo. No âmbito federal, a maior parte dos impostos e contribuições, inclusive as previdenciárias, tem como sujeito ativo a própria União, que os administra através da Secretaria da Receita Federal do Brasil (RFB), forte na unificação da administração tributária federal estabelecida pela Lei n. 11.457/2007 e regulamentada pelo Decreto n. 6.103 de 30-4-2007.

– **Súmula 6 do CARF:** "É legítima a lavratura de auto de infração no local em que foi constatada a infração, ainda que fora do estabelecimento do contribuinte".

– **Súmula 27 do CARF:** "É válido o lançamento formalizado por Auditor-Fiscal da Receita Federal do Brasil de jurisdição diversa da do domicílio tributário do sujeito passivo".

– Sobre os agentes fiscais e sua capacidade técnica, vide nota ao art. 194 do CTN.

⇒ **Documentação do ato de lançamento. Auto de Infração (AI).** O lançamento segue o princípio documental. Sua forma dependerá do regime de lançamento do tributo e das circunstâncias nas quais é apurado. Certo é que estará documentado e que seu instrumento terá de conter os elementos indispensáveis à identificação inequívoca da obrigação surgida. Os lançamentos normalmente são documentados através de Auto de Infração (AI). A SRP, anteriormente, lançava através de Notificação Fiscal de Lançamento de Débito (NFLD).

– "CRÉDITO TRIBUTÁRIO: CONSTITUIÇÃO. LANÇAMENTO FISCAL: EFEITOS. DECADÊNCIA E PRESCRIÇÃO... II – Com a lavratura do auto de infração consuma-se o lançamento fiscal, o qual, ainda que provisório, impede a decadência" (STF, RE 90.926, 1980).

– "... Com a lavratura do auto de infração consuma-se o lançamento do crédito tributário (art. 142 do CTN)" (STF, RE 91.019, 1979).

– "... I. Constituído o crédito tributário através de auto de infração, o prazo prescricional da ação de cobrança fica suspenso até a notificação da decisão final, relativa aos recursos interpostos, proferida na instância administrativa. Aplicação da Súmula n. 153 do TFR." (STJ, REsp 91.0011411, 1993).

– "... o lançamento se completa com o auto de infração, havendo revisão de lançamento e novo lançamento se a decisão final for diferente da formulação colocada na peça administrativa revista" (MARTINS, Ives Gandra da Silva (coord.). *Comentários ao Código Tributário Nacional*. São Paulo: Saraiva, 1998, v. 2, p. 223-224).

– **Súmula 153 do extinto TFR.** "Constituído, no quinquênio, através de auto de infração ou notificação de lançamento, o crédito tributário, não há falar em decadência..."

– **Súmula 7 do CARF:** "A ausência da indicação da data e da hora de lavratura do auto de infração não invalida o lançamento de ofício quando suprida pela data da ciência".

– **Lançamento contra pessoa jurídica extinta. Súmula 112 do CARF:** "É nulo, por erro na identificação do sujeito passivo, o lançamento formalizado contra pessoa jurídica extinta por liquidação voluntária ocorrida e comunicada ao Fisco Federal antes da lavratura do auto de infração" (Pleno, 2018). Obs.: vinculante, conforme Portaria MF n. 129/2019.

– **CC:** "Art. 51. Nos casos de dissolução da pessoa jurídica ou cassada a autorização para seu funcionamento, ela subsistirá para os fins de liquidação, até que esta se conclua. § 1º Far-se-á, no registro onde a pessoa jurídica estiver inscrita, a averbação de sua dissolução. § 2º As disposições para a liquidação das sociedades aplicam-se, no que couber, às demais pessoas jurídicas de direito privado. § 3º Encerrada a liquidação, promover-se-á o cancelamento da inscrição da pessoa jurídica".

– **IFD.** A Informação Fiscal de Débito não implicava lançamento. Cuidava-se, apenas, de um registro interno de débitos de pequena monta, que não justificam a realização do lançamento e a cobrança do respectivo crédito. Veja-se a IN MPS/SRP 3/05, revogado pela IN RFB 971/2009: "Seção III Informação Fiscal de Débito (IFD) Art. 612. A Informação Fiscal de Débito – IFD é o documento emitido pelo AFPS destinado a registrar a existência de débito de responsabilidade do sujeito passivo, cujo valor consolidado (principal e acréscimos legais) não atinja o limite mínimo estabelecido pela SRP para lançamento em NFLD, a saber: I – R$ 3.000,00 (três mil reais), quando se tratar de empresa ou equiparado; II – R$ 1.000,00 (um mil reais), quando se tratar dos demais sujeitos passivos. § 1º A existência da IFD não impede a emissão de Certidão Negativa de Débito. § 2º Os débitos objeto de IFD serão acumulados até atingirem valores consolidados iguais ou superiores aos indicados nos incisos I e II do *caput*, quando, então, serão lançados em NFLD. § 3º Não se aplicam os limites mínimos previstos no *caput* aos créditos decorrentes de obra de construção civil de responsabilidade de pessoa física, à reclamatória trabalhista, à apropriação indébita, aos apurados contra empresa em regime especial e aos decorrentes de outros fatos que configurem crime. [...] Art. 614. Não cabe apresentação de defesa contra IFD, sendo facultado ao sujeito passivo apresentar defesa por ocasião da inclusão do respectivo débito em NFLD. § 1º Caso seja apresentada defesa contra IFD, a fiscalização emitirá despacho para o fim de cientificar o sujeito passivo de que aquela será apreciada quando o débito for incluído em NFLD. § 2º Será emitido Despacho-Decisório se, de ofício, a fiscalização alterar o débito objeto da IFD...".

– **Atributos do Auto de Infração: presunção de legitimidade, tipicidade, imperatividade, exigibilidade e autoexecutoriedade.** "... caberá ao Fisco fazer incidir sobre o ilícito as consequências de direito. E o faz mediante auto de infração e imposição de multa (AIIM). No AIIM, encontramos a própria manifestação concreta do *poder de polícia administrativa* conferido ao Fisco. E, tal qual a maior parte dos atos administrativos, o AIIM é provido de alguns atributos, que o qualifica: presunção de legitimidade, tipicidade, imperatividade, exigibilidade e (auto)executoriedade ou coercibilidade. São características próprias dos atos administrativos, inexistentes nos atos privados. Com base nessas qualidades, conseguimos depreender grande parte do fenômeno da incidência das multas tributárias, sob o enfoque pragmático. A *presunção de legitimidade* diz respeito à competência do fiscal, única autoridade legítima para a positivação da norma sancionatória. Aliás, cabe considerar ser o poder de polícia, em todas as suas formas, atribuição exclusiva dos Entes Políticos, excluído inclusive dos demais agentes da Administração Pública direta e indireta, exceto algumas autarquias especiais. Alguns atos executores do poder de polícia, como a cobrança pura e simples, são confereridos pelos Sujeitos Políticos a outros sujeitos de direito público ou privado, até mesmo entidades particulares. Contudo, tal situação não confere a esses agentes a possibilidade de, eles mesmo, em nome próprio, constituírem tais ilícitos, avaliando o caso e aplicando as multas consequentes. São meros executores, sendo que o mérito do ato de poder de polícia parte sempre do agente político. Muitas vezes, a presunção de legitimidade aparece na doutrina como *presunção de veracidade*, jogando o enfoque à assunção, pela lei, até prova em contrário, de que o fato narrado é verdadeiro. Assim, na multa tributária, os fatos descritos se presumem verdadeiros e dele resulta a presunção legal quanto à correta aplicação do direito, haja vista a pessoa tida como infratora e o valor determinado da multa. Ora, isso, a meu ver, amolda-se melhor ao conceito de tipicidade. Assim, a *tipicidade* é a incidência do tipo à situação concreta. Confere à hipótese abstrata conteúdo da realidade subjacente tanto passada, tendo em conta a descrição do fato, quanto futura, haja vista a prescrição da multa. A *imperatividade* comparece como o poder de impor a terceiros, independentemente de sua concordância determinadas limitações ou obrigações. Assim, a notificação do Fisco quanto ao AIIM atribui a este o caráter imperativo, sem que a Administração Pública necessite recorrer ao Judiciário para poder constituir e impor esta obrigação. A *exigibilidade* pressupõe a imperatividade e, no caso do AIIM, são qualidades que andam juntas. É forma de coação indireta de modo que, não sendo atendida a notificação ou pago espontaneamente o indébito tributário, cabe aplicação da multa punitiva. Por fim, a *executoriedade*, como *ultima ratio*, é a coação direta e material do Poder Executivo: usa-se a força executória, independentemente de chancela do judiciário. Este é um atributo excepcional, inexiste em todos os atos administrativos. Somente quando a lei expressamente o consignar é que a autoridade passa a ter competência para assim proceder. Exemplificando: aplicadas inúmeras multas, poderá a autoridade fiscal ingressar à força no terreno particular, lacrar o estabelecimento, reter a mercadoria etc. No AIIM, encontraremos todos esses atributos: presunção de legitimidade (competência do agente da receita em constituir o ilícito e aplicar a sanção), tipicidade (na subsunção do fato jurídico concreto à hipótese jurídica da norma sancionatória), imperatividade (com a notificação obrigatória ao contribuinte, conferindo prazo para solução amigável da controvérsia, em regra prazo de 30 dias para quitação do indébito com descontos premiais), exigibilidade (aplicando multa punitiva após decorrido o prazo de solução amigável) e coercibilidade (quando a multa for insuficiente ou sem eficácia, exigindo-se do Fisco atuação material diretamente relacionada com o fato que se quer evitar)" (HARET, Florence. Fenomenologia de incidência das multas fiscais, 2014).

⇒ **Motivação do lançamento. Requisitos de regularidade formal.** Sendo, o lançamento, o ato através do qual se identifica a ocorrência do fato gerador, determina-se a matéria tributá-

vel, calcula-se o montante devido, identifica-se o sujeito passivo e, em sendo o caso, aplica-se a penalidade cabível, nos termos da redação do art. 142 do CTN, certo é que do documento que formaliza o lançamento deve constar referência clara a todos estes elementos, fazendo-se necessário, ainda, a indicação inequívoca e precisa da norma tributária impositiva incidente. Muitas vezes, o documento de lançamento (Auto de Infração etc.) não é detalhado, mas se faz acompanhar de um relatório fiscal de lançamento, que o integra, contendo todos os dados necessários à perfeita compreensão das causas de fato e de direito, do período e da dimensão da obrigação imputada ao contribuinte, sendo que inexistirá vício de forma. Importa ressaltar, ainda, que o lançamento só terá eficácia após notificado ao sujeito passivo, conforme nota adiante.

– Sobre os requisitos do auto de infração, vide art. 10 do Dec. 70.235/72 (PAF) e respectivas notas no nosso livro *Direito processual tributário, processo administrativo fiscal e execução fiscal à luz da doutrina e da jurisprudência*, que escrevemos com René Bergmann Ávila e Ingrid Schroder Sliwka.

– "O lançamento fiscal, espécie de ato administrativo, goza da presunção de legitimidade; essa circunstância, todavia, não dispensa a Fazenda Pública de demonstrar, no correspondente auto de infração, a metodologia seguida para o arbitramento do imposto – exigência que nada tem a ver com a inversão do ônus da prova, resultando da natureza do lançamento fiscal, que deve ser motivado. Recurso especial não conhecido" (STJ, REsp 48.516, 1997).

– **Lançamento genérico de ISS, sem a especificação do serviço prestado. Nulidade.** "TRIBUTÁRIO. ISS. LANÇAMENTO DE OFÍCIO GENÉRICO. AUSÊNCIA DE ESPECIFICAÇÃO QUANTO AO FATO GERADOR. NULIDADE. ACÓRDÃO PARADIGMA VERSA SOBRE AUTOLANÇAMENTO. AUSÊNCIA DE SIMILITUDE FÁTICA. RECURSO NÃO CONHECIDO. 1. No Direito Tributário vige a regra da tipicidade fechada quanto à identificação do fato imponível. 2. Lançamento tributário que não especifica qual dos serviços constantes da lista tributada pelo ISS foi realizado pelo contribuinte é nulo, gerando, por consequência, a nulidade da inscrição em dívida ativa correspondente e extinção da execução fiscal que venha a ser ajuizada. 3. Identificar se a forma genérica pela qual foi realizada o lançamento ocasionou, ou não, dificuldade concreta no exercício de defesa do contribuinte é circunstância impossível de ser avaliada em sede de recurso especial, por implicar reexame de provas (Súmula 7/STJ). Em tese, o lançamento efetuado dessa maneira impossibilita o pleno exercício de defesa por parte do sujeito passivo tributário" (STJ, REsp 602.228, 2007).

⇒ **Notificação.** Não se exige intimação prévia, anterior ao lançamento. Exige-se, isso sim, que o contribuinte seja notificado do lançamento lavrado contra si, notificação esta que, a par de ensejar o pagamento, deve, expressamente, indicar o prazo para o exercício do direito de defesa, com efeito suspensivo da exigibilidade, nos termos do art. 151, III, do CTN.

– O STJ entende que o dever do Fisco de realizar a devida notificação se dá para a fins de "garantia do devido processo administrativo, primando pela prática de atos que assegurem o respeito ao contraditório e à ampla defesa". Desse modo, "a regra deve ser a intimação pessoal, forma mais adequada e segura de dar conhecimento do ato, sem o risco da presunção de conhecimento da intimação por edital", reservando-se a intimação por edital para quando "restar frustrada a intimação pessoal" (STJ, REsp 1.561.153, 2015).

– **Intimação prévia ao lançamento não é exigida. Súmula CARF n. 46:** O lançamento de ofício pode ser realizado sem prévia intimação ao sujeito passivo, nos casos em que o Fisco dispuser de elementos suficientes à constituição do crédito tributário.

– **Fase inquisitória.** Contraditório e ampla defesa diferidos. A ação fiscal tem uma fase inquisitória, em que a autoridade busca a verdade material, colhendo as provas e as analisando, até que, lavrado Auto de Infração, finalmente notifica-se o sujeito passivo para exercer o seu direito ao contraditório e à ampla defesa.

– **Súmula 162 do CARF:** "O direito ao contraditório e à ampla defesa somente se instaura com a apresentação de impugnação ao lançamento" (2021).

– **A notificação conclui o lançamento.** A notificação ao sujeito passivo conclui o lançamento, demarcando a formalização do crédito pelo Fisco. O crédito devidamente notificado passa a ser exigível do contribuinte. Com a notificação, o contribuinte é instado a pagar e, se não o fizer nem apresentar impugnação, poderá sujeitar-se à execução compulsória através de Execução Fiscal. Ademais, após a notificação, o contribuinte não mais terá direito a certidão negativa de débitos. A notificação está para o lançamento como a publicação está para a lei, podendo-se invocar, *mutatis mutandis*, a lição do Min. Ilmar Galvão no RE 222.241/CE: "Com a publicação fixa-se a existência da lei e identifica-se a sua vigência...", de modo que, com a notificação, fixa-se a existência do lançamento e identifica-se sua eficácia. O art. 11 do Decreto 70235/1975 (Lei do Processo Administrativo Fiscal) regula a notificação do auto de infração.

– "AUSÊNCIA DE NOTIFICAÇÃO. VIOLAÇÃO À AMPLA DEFESA E CONTRADITÓRIO. VÍCIO NO PRÓPRIO LANÇAMENTO... 1. A ampla defesa e o contraditório, corolários do devido processo legal, postulados com sede constitucional, são de observância obrigatória tanto no que pertine aos 'acusados em geral' quanto aos 'litigantes', seja em processo judicial, seja em procedimento administrativo. 2. Insere-se nas garantias da ampla defesa e do contraditório a notificação do contribuinte do ato de lançamento que a ele respeita. A sua ausência implica a nulidade do lançamento e da Execução Fiscal nele fundada. 3. A notificação do lançamento do crédito tributário constitui condição de eficácia do ato administrativo tributário, mercê de figurar como pressuposto de procedibilidade de sua exigibilidade. (Precedentes...)" (STJ, REsp 1.073.494, 2010).

– "... TRIBUTÁRIO... NOTIFICAÇÃO DO LANÇAMENTO – NECESSIDADE... 3. A notificação do sujeito passivo da relação tributária constitui requisito de exigibilidade do crédito, representando, portanto, matéria de ordem pública passível de ser conhecida *ex officio* por parte do magistrado" (STJ, REsp 923.805, 2008).

– "6. A notificação do lançamento do crédito tributário constitui condição de eficácia do ato administrativo tributário, mercê de figurar como pressuposto de procedibilidade de sua exigibilidade" (STJ, AgRg no Ag 922.099, 2008).

– "LANÇAMENTO DE OFÍCIO QUE SE PERFECTIBILIZA COM A NOTIFICAÇÃO AO SUJEITO PASSIVO, COM O ENVIO DAS GUIAS PARA PAGAMENTO DAS TAXAS..." (STJ, REsp 680.829, 2008).

– "... em havendo lançamento de ofício, a constituição do crédito tributário ocorre quando o contribuinte é regularmente notificado do lançamento (Precedentes)" (STJ, REsp 594395, 2006).

– "LANÇAMENTO FISCAL. 1. Decadência. A partir da notificação do contribuinte (CTN, art. 145, I), o crédito tributário já existe – e não se pode falar em decadência do direito de constituí-lo, porque o direito foi exercido..." (STJ, REsp 53.467, 1996).

– "Para todos os efeitos legais, considera-se o crédito tributário formalmente constituído na data do ato administrativo de sua notificação ao sujeito passivo. Nesta data é constituído formal e validamente, como ato administrativo definitivo" (NOGUEIRA, Ruy Barbosa. *Curso de direito tributário.* 14. ed. São Paulo: Saraiva, 1995, p. 290).

– "Uma vez notificado o contribuinte, tem-se o lançamento por concluído e, somente então, o crédito estará 'constituído'. [...] A importância da notificação é tão grande que, sem ela, não há lançamento" (SCHOUERI, Luís Eduardo. *Direito tributário.* 2. ed. São Paulo: Saraiva, 2012, p. 558-559).

– **A ausência de notificação vicia o lançamento, a inscrição em dívida ativa e a execução fiscal.** "EXECUÇÃO FISCAL. CONTRIBUIÇÃO DE MELHORIA. AUSÊNCIA DE NOTIFICAÇÃO DO DEVEDOR DO LANÇAMENTO DO TRIBUTO. PROCEDIMENTO ADMINISTRATIVO DEFICIENTE. VÍCIO QUE CONTAMINA A CONSTITUIÇÃO DO CRÉDITO TRIBUTÁRIO. PRESUNÇÃO DE LIQUIDEZ E CERTEZA DA CDA AFASTADA.... 3. Com efeito, o título executivo possui presunção de certeza e liquidez *juris tantum*, admitindo prova em contrário quando questionada sua validade em sede de execução. Contudo, o vício alegado é antecedente à inscrição, isto é, refere-se à não ocorrência do procedimento de notificação ao contribuinte do lançamento, fato esse que contamina a constituição do crédito tributário. Precedentes. 4. No caso dos autos, o Tribunal *a quo* atestou a ausência da notificação do lançamento. Por conseguinte, inexistindo a notificação do contribuinte, o lançamento não se perfaz, o que torna nula a execução fiscal nele fundada" (STJ, AgRg no Ag 1.265.138, 2010).

– **Requisitos da notificação.** Decreto 70235/1975 (Lei do Processo Administrativo Fiscal): "Art. 11. A notificação de lançamento será expedida pelo órgão que administra o tributo e conterá obrigatoriamente: I – a qualificação do notificado; II – o valor do crédito tributário e o prazo para recolhimento ou impugnação; III – a disposição legal infringida, se for o caso; IV – a assinatura do chefe do órgão expedidor ou de outro servidor autorizado e a indicação de seu cargo ou função e o número de matrícula. Parágrafo único. Prescinde de assinatura a notificação de lançamento emitida por processo eletrônico".

– Notificação sem identificação da autoridade expedidora. Invalidade. Súmula CARF n. 21 (Vinculante – Portaria MF 383/2010): É nula, por vício formal, a notificação de lançamento que não contenha a identificação da autoridade que a expediu.

– Notificação sem abertura de prazo para impugnar. Invalidade. "ART. 11, II, DO DECRETO 70.235/72. AUSÊNCIA DE INDICAÇÃO DO PRAZO PARA IMPUGNAÇÃO. NOTIFICAÇÃO IRREGULAR. NULIDADE DO LANÇAMENTO TRIBUTÁRIO. 1. É nula a notificação fiscal que não indica o prazo para impugnação, acarretando a nulidade do lançamento do crédito tributário. Precedentes" (STJ, REsp 1.387.623, 2013).

– "1. É imprescindível, sob pena de nulidade, a referência do prazo para apresentar defesa em notificação de contribuinte para pagamento da Taxa de Fiscalização Ambiental (TCFA), conforme art. 11, II, do Decreto 70.235/1972" (STJ, AgRg no REsp 1.327.177, 2013).

– "COBRANÇA DE TAXA DE CONTROLE E FISCALIZAÇÃO AMBIENTAL (TCFA). AUSÊNCIA DE FIXAÇÃO DE PRAZO PARA APRESENTAÇÃO DE DEFESA ADMINISTRATIVA. 1. A cobrança da Taxa de Controle e Fiscalização Ambiental (TCFA) submete-se ao prévio procedimento administrativo fiscal, que contempla exigências para a constituição do crédito tributário. 2. Ausente na notificação de lançamento o prazo para a apresentação de defesa administrativa, requisito previsto no art. 11, inciso II, do Decreto n. 70.235/72, é nula a respectiva cobrança" (STJ, AgRg no REsp 1.352.234, 2013).

– Modalidades de notificação: pessoal, postal ou eletrônica e, excepcionalmente, por edital. As notificações e intimações, no processo administrativo fiscal, para apresentação de documentos, ciência de decisões, pagamento, oferecimento de impugnação ou recurso e para o que mais se fizer necessário, são regidas pelo art. 23 do Dec. 70.235/72. Podem ser feitas, alternativamente: de modo pessoal, pelo próprio autor do procedimento ou por agente do órgão preparador, provada com assinatura do sujeito passivo, seu mandatário ou preposto; por via postal, com prova de recebimento no domicílio pessoal do sujeito passivo; por meio eletrônico, com prova de recebimento mediante envio ou domicílio tributário do sujeito passivo ou registro em meio magnético ou equivalente utilizado pelo sujeito passivo. Note-se que não será, necessariamente, na pessoa do representante legal da pessoa jurídica, podendo dar-se na pessoa de preposto ou, se postal ou eletrônica, pelo recebimento no domicílio do contribuinte. A notificação ou intimação poderá ser feita, ainda, por edital, mas apenas excepcionalmente, quando resultar improfícuo um dos meios ordinários.

– Dec. n. 70.235/1972, com a redação da Lei n. 9.532/97, Lei n. 11.196/2005, Lei n. 11.457/2007, Lei n. 11.941/2009, Lei n. 12.844/2013: Art. 23. Far-se-á a intimação: I – pessoal, pelo autor do procedimento ou por agente do órgão preparador, na repartição ou fora dela, provada com a assinatura do sujeito passivo, seu mandatário ou preposto, ou, no caso de recusa, com declaração escrita de quem o intimar; II – por via postal, telegráfica ou por qualquer outro meio ou via, com prova de recebimento no domicílio tributário eleito pelo sujeito passivo; III – por meio eletrônico, com prova de recebimento, mediante: a) envio ao domicílio tributário do sujeito passivo; ou b) registro em meio magnético ou equivalente utilizado pelo sujeito passivo. § 1º Quando resultar improfícuo um dos meios previstos no *caput* deste artigo ou quando o sujeito passivo tiver sua inscrição declarada inapta perante o cadastro fiscal, a intimação poderá ser feita por edital publicado: I – no endereço da administração tributária na internet; II – em dependência, franqueada ao público, do órgão encarregado da intimação; ou III – uma única vez, em órgão da imprensa oficial local. § 2º Considera-se feita a intimação: I – na data da ciência do intimado ou da declaração de quem fizer a intimação, se pessoal; II – no caso do inciso II do *caput* deste artigo, na data do recebimento ou, se omitida, quinze dias após a data da expedição da intimação; III – se por meio eletrônico: a) 15 (quinze) dias contados da data registrada no comprovante de entrega no domicílio tributário do sujeito passivo; b) na data em que o sujeito passivo efetuar consulta no endereço eletrônico a ele atribuído pela administração tributária, se ocorrida antes do prazo previsto na alínea *a*; ou c) na data registrada no meio magnético ou equivalente utilizado pelo sujeito passivo; IV – 15 (quinze) dias após a publicação do edital, se este for o meio utilizado. § 3 Os meios de intimação previstos nos incisos do *caput* deste artigo não estão sujeitos a ordem de preferência. § 4º Para fins de intimação, considera-se domicílio tributário do sujeito passivo: I – o endereço postal por ele fornecido, para fins cadastrais, à administração tributária; e II – o endereço eletrônico a ele atribuído pela administração tributária, desde que autorizado pelo sujeito passivo. § 5 O endereço eletrônico de que trata este artigo somente será implementado com expresso consentimento do sujeito passivo, e a administração tributária informar-lhe-á as normas e condições de sua utilização e manutenção. § 6º As alterações efetuadas por este artigo serão disciplinadas em ato da administração tributária. § 7º Os Procuradores da Fazenda Nacional serão intimados pessoalmente das decisões do Conselho de Contribuintes e da Câmara Superior de Recursos Fiscais, do Ministério da Fazenda na sessão das respectivas câmaras subsequente à formalização do acórdão. 8º Se os Procuradores da Fazenda Nacional não tiverem sido intimados pessoalmente em até 40 (quarenta) dias contados da formalização do acórdão do Conselho de Contribuintes ou da Câmara Superior de Recursos Fiscais, do Ministério da Fazenda, os respectivos autos serão remetidos e entregues, mediante protocolo, à Procuradoria da Fazenda Nacional, para fins de intimação. § 9º Os Procuradores da Fazenda Nacional serão considerados intimados pessoalmente das decisões do Conselho de Contribuintes e da Câmara Superior de Recursos Fiscais, do Ministério da Fazenda, com o término do prazo de 30 (trinta) dias contados da data em que os respectivos autos forem entregues à Procuradoria na forma do § 8º deste artigo.

– Pessoalmente ou via postal. Meios alternativos, sem preferência. "É de clareza meridiana a redação do art. 23 do Decreto 70.235/72, o qual possibilita que a intimação para o processo administrativo fiscal seja feita, tanto pessoalmente, quanto pela via postal, inexistindo qualquer preferência entre os dois meios de ciência. Recurso especial improvido" (STJ, REsp 380.368, 2002).

– Postal, mediante simples recebimento no domicílio fiscal do contribuinte. Súmula CARF n. 9: É válida a ciência da notificação por via postal realizada no domicílio fiscal eleito pelo contribuinte, confirmada com a assinatura do recebedor da correspondência, ainda que este não seja o representante legal do destinatário.

– **Notificação mediante envio de Carnê de Cobrança. IPTU. Súmula 397 do STJ**: "O contribuinte do IPTU é notificado do lançamento pelo envio do carnê ao seu endereço" (out. 2009).

– "... a notificação do lançamento do IPTU e das taxas municipais ocorre com o envio da correspondente guia de recolhimento do tributo para o endereço do imóvel ou do contribuinte, com as informações que lhe permitam, caso não concorde com a cobrança, impugná-la administrativa ou judicialmente. 4. Nesse contexto, firmou-se também o entendimento de que milita em favor do fisco municipal a presunção de que a notificação foi entregue ao contribuinte, o que implica atribuir a este o ônus de provar que não recebeu o documento de cobrança. 5. Correto, portanto o entendimento fixado na origem, no sentido de que, nos tributos com lançamento de ofício, a ausência de prévio processo administrativo não enseja a nulidade das CDAs, porquanto cabe ao contribuinte o manejo de competente processo administrativo caso entenda incorreta a cobrança tributária e não ao fisco que, com observância da lei aplicável ao caso, lançou o tributo" (STJ, AgRg no AREsp 370.295, 2013).

– "3. O envio do carnê de cobrança do valor devido a título de IPTU ao endereço do contribuinte configura a notificação presumida do lançamento do tributo. Para afastar tal presunção, cabe ao contribuinte comprovar o não recebimento do carnê. Precedentes" (STJ, REsp 868.629, 2008).

– **Notificação mediante envio de Carnê de Cobrança. Taxa de licenciamento.** "1. O envio da guia de cobrança (carnê), da taxa de licença para funcionamento, ao endereço do contribuinte, configura a notificação presumida do lançamento do tributo, passível de ser ilidida pelo contribuinte, a quem cabe comprovar seu não recebimento. 2. É que: '(a) o proprietário do imóvel tem conhecimento da periodicidade anual do imposto, de resto amplamente divulgada pelas Prefeituras; (b) o carnê para pagamento contém as informações relevantes sobre o imposto, viabilizando a manifestação de eventual desconformidade por parte do contribuinte; (c) a instauração de procedimento administrativo prévio ao lançamento, individualizado e com participação do contribuinte, ou mesmo a realização de notificação pessoal do lançamento, tornariam simplesmente inviável a cobrança do tributo.' (Aplicação analógica do precedente da Primeira Seção, submetido ao rito do artigo 543-C, do CPC, que versou sobre ônus da prova do recebimento do carnê do IPTU: REsp 1.111.124/PR, Rel. Min. Teori Albino Zavascki, julgado em 22.04.2009, *DJe* 04.05.2009). 3. Recurso especial municipal provido. Acórdão submetido ao regime do artigo 543-C, do CPC, e da Resolução STJ 08/2008" (STJ, REsp 1.114.780, 2010).

– **Excepcionalidade da notificação por edital.** A notificação ou intimação poderá ser feita por edital apenas excepcionalmente, conforme o § 1º do mesmo art. 23, que, com a redação das Leis n. 11.196/2005 e n. 11.941/2009, dispõe: "Quando resultar improfícuo um dos meios previstos no caput deste artigo ou quando o sujeito passivo tiver sua inscrição declarada inapta perante

o cadastro fiscal, a intimação poderá ser feita por edital publicado: I – no endereço da administração tributária na internet; II – em dependência, franqueada ao público, do órgão encarregado da intimação; ou III – uma única vez, em órgão da imprensa oficial local".

– **Súmula CARF 173**: "A intimação por edital realizada a partir da vigência da Lei n. 11.196, de 2005, é válida quando houver demonstração de que foi improfícua a intimação por qualquer um dos meios ordinários (pessoal, postal ou eletrônico) ou quando, após a vigência da Medida Provisória n. 449, de 2008, convertida na Lei n. 11.941, de 2009, o sujeito passivo tiver sua inscrição declarada inapta perante o cadastro fiscal" (2021).

– "IPTU. IRREGULARIDADE NA NOTIFICAÇÃO DO CONTRIBUINTE. RECONHECIDA NULIDADE DA NOTIFICAÇÃO VIA EDITAL... 2. Reconhecimento, pelo Tribunal a quo, da ausência de notificação do executado diante da nulidade da notificação via edital, que somente pode ser admitida em hipóteses excepcionais, não verificadas no presente feito, impondo-se ao exequente, por isso, o ônus de comprovar a regularidade da notificação" (STJ, AgRg no REsp 1.104.382, 2013).

– **Notificação por edital. Contribuição à CNA.** O STF, em 2009, no AI 743.833, entendeu que a matéria é infraconstitucional: "Não apresenta repercussão geral o recurso extraordinário que, tendo por objeto a publicação de editais de notificação do lançamento da contribuição sindical rural, versa sobre matéria infraconstitucional".

– "2. A jurisprudência desta Corte Superior firmou entendimento no sentido de que a publicação de editais, para fins de notificação do lançamento da contribuição sindical rural prevista no art. 605 da CLT, deve ser feita em jornal de grande circulação local. A publicação de editais no Diário Oficial, tão somente, não é suficiente ao cumprimento dos princípios da publicidade e da não surpresa ao contribuinte. Precedentes... 3. Recurso afetado à Seção, por ser representativo de controvérsia, submetido ao regime do artigo 543-C do CPC e da Resolução 8/STJ" (STJ, REsp 1.120.616, 2009).

– **Notificação através de publicação de relação de devedores em jornal de Conselho Profissional. Insuficiência.** "CONSELHO PROFISSIONAL. NOTIFICAÇÃO PARA PAGAMENTO DO DÉBITO. JORNAL DA CATEGORIA. AUSÊNCIA DE NOTIFICAÇÃO. NULIDADE DA CDA. CONTRADITÓRIO E AMPLA DEFESA. CONTROLE DE OFÍCIO. INDEFERIMENTO DE INICIAL. 1. Ao Conselho Profissional não podem ser, na lógica do sistema, atribuídas prerrogativas mais amplas que as do próprio Fisco na constituição do título executivo e na execução fiscal. Impõe-se ao Conselho Profissional notificar o suposto devedor previamente à execução judicial. 2. Havendo fundada dúvida, pode o Magistrado, de ofício, determinar a comprovação da notificação do débito antes de receber a petição inicial, no âmbito do poder-dever de condução processual. 3. Jornal da categoria, de circulação restrita, onde publicada relação dos inadimplentes, não se presta como notificação do débito, que deve ser pessoal ao devedor de modo que lhe possibilite o pagamento ou a impugnação na via administrativa, ante o Conselho Profissional. 4. À míngua de notificação prévia, é nula a CDA. Indeferimento da inicial mantido" (TRF4, AC 1999.04.01.133554-0, 2000).

– **Notificação do espólio.** "INCLUSÃO DO SUCESSOR INVENTARIANTE. ESPÓLIO. AUSÊNCIA DE NOTIFICAÇÃO. VIOLAÇÃO À AMPLA DEFESA E CONTRADITÓRIO. VÍCIO NO PRÓPRIO LANÇAMENTO. SUBSTITUIÇÃO DA CDA. IMPOSSIBILIDADE... 3. O juízo de primeira instância consignou que: 'Tendo o óbito ocorrido antes da inscrição da dívida ativa, a formação do título não se fez adequadamente (por não ter o lançamento sido notificado a quem de direito, ou por não ter sido a inscrição precedida da defesa por quem tivesse legitimidade para este fim). O defeito é do próprio título, e não processual, e não pode ser sanado senão mediante a renovação do processo administrativo tributário' (fl. 16). 4. O falecimento do contribuinte, ainda na fase do processo administrativo para lançamento do crédito tributário, não impede o Fisco de prosseguir na execução dos seus créditos, sendo certo que o espólio será o responsável pelos tributos devidos pelo *de cujus*, nos termos do art. 131, II e III, do CTN... 5. A notificação do espólio, na pessoa do seu representante legal, e a sua indicação diretamente como devedor no ato da inscrição da dívida ativa e, por conseguinte, na certidão de dívida ativa que lhe corresponde é indispensável na hipótese dos autos. 6. *In casu*, 'o devedor constante da CDA faleceu em 06/05/1999 (fls. 09) e a inscrição em dívida ativa ocorreu em 28/07/2003, ou seja, em data posterior ao falecimento do sujeito passivo', conforme fundamentou o tribunal de origem. 7. A emenda ou substituição da Certidão da Dívida Ativa é admitida diante da existência de erro material ou formal, não sendo possível, entretanto, quando os vícios decorrem do próprio lançamento e/ou da inscrição. Nestes casos, será inviável simplesmente substituir-se a CDA" (STJ, REsp 1.073.494, 2010).

– **Decadência.** Sobre a decadência do direito do Fisco de lançar, dispõem os arts. 173 do CTN (regras gerais) e o 150, § 4º, do CTN (regra específica de decadência no lançamento por homologação).

⇒ **Controle judicial do lançamento.** A inexistência do crédito tributário, em face da invalidade ou da não incidência de lei tributária impositiva, e mesmo a nulidade do lançamento estão sujeitas a controle judicial, pois nenhuma lesão ou ameaça a direito pode ser suprimida da apreciação do Poder Judiciário.

– "O Poder Judiciário poderá ser chamado a interferir no controle de legalidade do procedimento de lançamento ou da lesão de direito, podendo anular no todo ou em parte o lançamento, mas na verdade ele não opera o lançamento que é ato privativo da administração" (NOGUEIRA, Ruy Barbosa. *Curso de direito tributário*. 14. ed. São Paulo: Saraiva, 1995, p. 193).

– **Prazo decadencial de 120 dias para impetrar mandado de segurança contra o lançamento.** O mandado de segurança pode ser utilizado para questionar o lançamento, mas se sujeita ao prazo decadencial de 120 dias contados da ciência do ato impugnado. O rito especial do mandado de segurança, contudo, não se presta para discussões que exijam dilação probatória, nos termos da Lei n. 12.016/2009. A autoridade coatora, nos tributos administrados pela Secretaria da Receita Federal do Brasil, será, nor-

malmente, o Delegado da Receita Federal do Brasil ou, no que diz respeito ao comércio exterior e às atividades de administração de mercadorias estrangeiras apreendidas, o Inspetor da Alfândega ou o Inspetor da Receita Federal do Brasil. Tratando-se de débito já inscrito em dívida ativa pela PFN, a autoridade será o Procurador Regional respectivo. De qualquer modo, considerando a estrutura complexa dos órgãos administrativos (STJ, Primeira Turma, Rel. Min. Luiz Fux, REsp 625.363, 2004), "o STJ pacificou o entendimento de que, se a autoridade apontada como coatora, nas suas informações, não se limita a arguir a sua ilegitimidade passiva, defendendo o ato impugnado, aplica-se a Teoria da Encampação e a autoridade indicada passa a ter legitimidade para a causa, não havendo que se falar em violação do art. 267, inciso VI, do Código de Processo Civil" (STJ, AgRgAg 538.820, 2004).

– **Prazo prescricional de cinco anos para o ajuizamento da ação anulatória.** "AÇÃO ANULATÓRIA DE DÉBITO FISCAL. PRESCRIÇÃO QUINQUENAL. ARTIGO 1º DO DECRETO N. 20.910/32. RESP 947.206/RJ JULGADO SOB O RITO DO ART. 543-S DO CPC. TERMO A QUO. NOTIFICAÇÃO. AUSÊNCIA DE NOTIFICAÇÃO. TERMO INICIAL. VENCIMENTO. POSSIBILIDADE... 1. O STJ fixou entendimento, sob o rito do art. 543-C do CPC (REsp 947206/RJ, Rel. Min. Luiz Fux), segundo o qual a ação declaratória de nulidade de lançamento submete-se à incidência da prescrição quinquenal, nos termos do art. 1º do Decreto n. 20.910/32, cujo termo *a quo* é a notificação fiscal do lançamento" (STJ, AgRg no AREsp 538.554, 2014).

– "Não há prescrição do direito de se opor à pretensão de terceiro enquanto tal pretensão for exercitável. É despropositado, portanto, falar-se de prazo prescricional para o ajuizamento de ação anulatória de crédito tributário ainda exigível. Mesmo para os que a admitem, porém, a tese de 'prescrição da ação anulatória' não impede a oposição de embargos à execução, ou o ajuizamento de ação anulatória que visa substituir tais embargos. [...] a respeito da faculdade do terceiro, no caso dos direitos a uma prestação, opor-se à exigência dessa prestação. Trata-se do que, na literatura processualista, se conhece por exceção, a qual é imprescritível. Ou, melhor dizendo, subsistem enquanto exigível a prestação em face da qual ela poderia ser oposta. Isso significa, por outras palavras, que a faculdade de alguém se insurgir contra uma pretensão não prescreve enquanto for exigível a prestação reclamada. Dá-se o mesmo, por razões lógicas, do que ocorre quando se trata de ação destinada a combater uma ameaça, a qual, no dizer de Pontes de Miranda, 'dura enquanto houver o direito e a ameaça', direito que no caso é a propriedade do consulente, ameaçada pela cobrança de tributo indevido. Em suma, o devedor não perde o seu direito de se opor a uma cobrança enquanto o seu credor puder exigi-la" (MACHADO, Hugo de Brito; MACHADO SEGUNDO, Hugo de Brito. Ação anulatória. Prescrição. Descabimento. Lançamento. Invalidade. Revisão. Possibilidade. *RDDT* 228/183, 2014).

– **Prazo de 180 dias para questionamento judicial do lançamento. MP n. 1.699-37/98, art. 33. Inconstitucionalidade.** A MP estabelecia prazo de 180 dias pra ingresso de ação judicial com vista à desconstituição da exigência fiscal. Esse prazo, contado da intimação da decisão proferida na primeira instância da esfera administrativa, choca-se com o art. 151, III, do CTN, pois o recurso administrativo suspende a exigibilidade do crédito tributário e, enquanto não for julgado, nenhum prazo pode contar contra o contribuinte.

– "No tocante ao *caput* do já referido artigo 33 da mesma Medida Provisória e reedições sucessivas, basta, para considerar relevante a fundamentação jurídica do pedido, a alegação de ofensa ao princípio constitucional do devido processo legal em sentido material (art. 5º, LIV, da Constituição) por violação da razoabilidade e da proporcionalidade em que se traduz esse princípio constitucional. Ocorrência, também, do *periculum in mora*. Suspensão de eficácia que, por via de consequência, se estende aos parágrafos do dispositivo impugnado. Em julgamento conjunto de ambas as ADINs, delas, preliminarmente, se conhece em toda a sua extensão, e se defere, em parte, o pedido de liminar, para suspender a eficácia, ex nunc e até julgamento final do artigo 33 e seus parágrafos da Medida Provisória n. 1.863-53, de 24 de setembro de 1999" (STF, ADINsMC 1.922-9 e 1.976-7, 1099).

• Vide o artigo de Manoel Eugênio Marques Munhoz, O prazo da ação judicial para desconstituir crédito tributário, em *RDDT* 38, 1998.

– Considerando o prazo de 180 dias forma disfarçada de decadência, matéria reservada à lei complementar: FEITOSA, Celso Alves. Medida Provisória n. 1.621-30...36.../97: do depósito judicial de 30% para recorrer ao conselho de contribuintes e do prazo de 180 dias para a propositura de ação no Poder Judiciário, após a decisão monocrática. *Repertório IOB de Jurisprudência*, 1999.

– Sobre o prazo de 180 dias para ingresso em Juízo, vide parecer da PGFN/CAT n. 2.078/97, em *RDDT* 30, 1998, p. 123.

Parágrafo único. A atividade administrativa de lançamento é vinculada e obrigatória, sob pena de responsabilidade funcional.

⇒ **Plenamente vinculada. Obrigatoriedade de aplicação da legislação.** Da própria definição legal de tributo (art. 3º do CTN) tira-se que é prestação pecuniária cobrada mediante atividade administrativa plenamente vinculada, o que é reforçado neste artigo que cuida do lançamento (art. 142, parágrafo único). Isso significa que o lançamento é obrigatório e que não dá margem à discricionariedade da autoridade, senão à aplicação irrestrita das normas legais e infralegais que disciplinam e orientam a fiscalização tributária.

– Vinculada é "a atividade que não pode se separar da legalidade, tanto no que respeita ao conteúdo, quanto à forma" (NOGUEIRA, Ruy Barbosa. *Curso de direito tributário*. 14. ed. São Paulo: Saraiva, 1995, p. 223).

• Vide, em nota ao 100 do CTN, que a expedição de atos normativos pelas autoridades fiscais dá-se justamente para dar a máxima vinculação possível à fiscalização, evitando juízos pessoais por parte de cada fiscal.

– "Tomando conhecimento do fato gerador da obrigação principal, ou do descumprimento de uma obrigação tributária acessória..., a autoridade administrativa tem o *dever* indeclinável de proceder ao lançamento tributário" (MACHADO, Hugo de Brito. *Curso de direito tributário*. 36. ed. São Paulo: Malheiros, 2015, p. 178).

– **O lançamento não é inibido pelo ajuizamento de ação nem pela concessão de liminar.** O mero ajuizamento de ação para a discussão de uma obrigação tributária não inibe o sujeito ativo do tributo de fiscalizar o cumprimento da lei e de efetuar o lançamento. Aliás, nem mesmo a suspensão da exigibilidade do crédito tributário impede o lançamento, conforme se pode ver de notas aos arts. 151 e, principalmente, 173 do CTN.

– "1. A atividade de lançamento da administração tributária é obrigatória e vinculada. O mero ajuizamento de ação revisional, consignatória ou anulatória não tem o condão de afastar o lançamento ou a inscrição em dívida ativa, sobretudo quando a própria agravante confessa a existência de débitos. 2. Somente a suspensão da exigibilidade do crédito tributário, nos termos do art. 151 do CTN, pode obstar que a autoridade fazendária pratique qualquer ato tendente a cobrar o débito, porém, não a impede de lançá-lo..." (TRF4, AI 2001.04.01.061466-0, 2002).

– **Lançamento provocado por delação.** "Não há irregularidade na ação fiscal iniciada em face de notícia, instruída com material probatório, dada por terceiro relativamente a infrações tributárias cometidas pela empresa contribuinte. A atividade de lançamento é obrigatória, nos termos do art. 142, parágrafo único, do CTN. Eventual ilegalidade praticada pelo terceiro não contamina a ação fiscal" (TRF4, AC 1999.04.01.118163-8, 2003).

⇒ **Cobrança de tributo, por si só, não gera dano material ou moral.** "5. A cobrança de tributo, por si só, não tem o condão de gerar dano material ou moral. Ao contrário, constitui poder/dever da Administração Pública, sempre que, *prima facie*, entender que ocorreu a hipótese de incidência prevista na legislação que o instituiu. Ademais, à luz do disposto no art. 142, parágrafo único, do CTN, trata-se de atividade administrativa vinculada e obrigatória, sob pena de responsabilidade funcional" (STJ, REsp 1.035.660, 2008).

– **Excesso de exação. Responsabilidade.** "... o § 1º, do art. 316, do Código Penal Brasileiro (redação dada pelo art. 20, da Lei n. 8.137/90), ao definir o crime cognominado de 'excesso de exação', prescreve que fica sujeito à pena de reclusão de três a oito anos, e multa, o funcionário que exige tributo que sabe ou deveria saber indevido, ou, quando devido, emprega na cobrança meio vexatório ou gravoso, que a lei não autoriza. [...] restará configurado o 'excesso de exação', crime próprio quanto ao sujeito ativo, de mera conduta, quando os agentes do Fisco excedem em suas funções, ilegitimamente impondo como obrigação o pagamento de determinado valor, a título de tributo, que sabem (ou deveriam saber) ser indevido. Em tais casos há afronta ao bom funcionamento da Administração Pública juntamente com a violação de direito subjetivos do administrado. Tem-se como indevida toda exigência tributária dissociada (quantitativa ou qualitativamente) daquilo estabelecido na lei impositiva no tocante ao fato gerador, local da operação, alíquota, base de cálculo, sujeição passiva, lançamento etc., assim como também a cobrança de importância que já tenha sido regularmente objeto de pagamento, parcelamento, remissão, anistia, ou ainda cuja exigibilidade tenha sido suspensa por força de decisão judicial (art. 151, incisos IV e V, da Lei n. 5.172/66...) Especificamente quanto aos meios utilizados na cobrança de tributo devido, entendemos que serão vexatórios os que vierem a ofender a dignidade (ofensas morais ou físicas, v.g.) e o decoro do contribuinte (diligências desconcertantes, v.g.), e lhe causaram vergonha (publicidade dispensável, v.g.) ou humilhação (prescindível concurso de força policial, v.g.) precisamente por lhe expor ao ridículo de forma injusta e desonrosa; e gravosos aqueles que ocasionarem dispêndios desnecessários ao sujeito de quem se estiver exigindo o pagamento do gravame" (CINTRA, Carlos César S. Questões relativas à apreensão de mercadorias por agentes do erário estadual. *RFDT* 25/161, 2007).

Art. 143. Salvo disposição de lei em contrário, quando o valor tributário esteja expresso em moeda estrangeira, no lançamento far-se-á sua conversão em moeda nacional ou câmbio do dia da ocorrência do fato gerador da obrigação.

Art. 144. O lançamento reporta-se à data da ocorrência do fato gerador da obrigação e rege-se pela lei então vigente, ainda que posteriormente modificada ou revogada.

⇒ **Efeitos do fato jurídico.** "A mesma lei que rege o fato é também a única apta a reger os efeitos que ele desencadeia (como sujeição passiva, extensão da responsabilidade, base de cálculo, alíquotas, deduções, compensações, correção monetária etc.)" (Misabel Abreu Machado Derzi, O princípio da irretroatividade do Direito na Constituição e no Código Tributário Nacional. *RDT* n. 67, Ed. Malheiros, p. 250).

⇒ **Penalidades. Retroatividade da lei mais benéfica.** Relativamente às penalidades, o lançamento considerará a lei mais benéfica desde a ocorrência do fato gerador. Vide o art. 106 do CTN e respectivas notas.

§ 1º Aplica-se ao lançamento a legislação que, posteriormente à ocorrência do fato gerador da obrigação, tenha instituído novos critérios de apuração ou processos de fiscalização, ampliado os poderes de investigação das autoridades administrativas, ou outorgado ao crédito maiores garantias ou privilégios, exceto, neste último caso, para o efeito de atribuir responsabilidade tributária a terceiros.

⇒ **Irretroatividade.** Este artigo não ofende o princípio constitucional da irretroatividade, segundo entendimento de Misabel Abreu Machado Derzi, O princípio da irretroatividade do Direito na Constituição e no Código Tributário Nacional. *RDT* n. 67, Ed. Malheiros, p. 250/251, que se ampara na jurisprudência do STF. Vide, nesse sentido, nota ao art. 150, inciso III, *a*, da Constituição.

⇒ **Procedimento e prerrogativas instrumentais. Aplicação imediata.** O § 1º refere-se ao procedimento e às prerrogativas instrumentais. Por isso, a aplicação da legislação vigente quando do lançamento. Não há que se falar, no caso, em violação ao princípio da irretroatividade, pois tal não ocorre.

– **Acesso aos dados relativos às movimentações financeiras. Tema 225 do STF:** "II – A Lei 10.174/01 não atrai a aplicação do princípio da irretroatividade das leis tributárias, tendo em vista o caráter instrumental da norma, nos termos do artigo 144, § 1º, do CTN". Decisão de mérito em 2016. Obs.: A Lei n.

10.174/2001 acrescentou o § 3º ao art. 11 na Lei n. 311/1996, que instituída a CPMF, dispondo: "§ 3º A Secretaria da Receita Federal resguardará, na forma da legislação aplicável à matéria, o sigilo das informações prestadas, facultada sua utilização para instaurar procedimento administrativo tendente a verificar a existência de crédito tributário relativo a impostos e contribuições e para lançamento, no âmbito do procedimento fiscal, do crédito tributário porventura existente, observado o disposto no art. 42 da Lei n. 9.430, de 27 de dezembro de 1996, e alterações posteriores."

– **Súmula CARF 35:** (Vinculante – Portaria MF n. 383/2010): "O art. 11, § 3º, da Lei n. 9.311/96, com a redação dada pela Lei n. 10.174/2001, que autoriza o uso de informações da CPMF para a constituição do crédito tributário de outros tributos, aplica se retroativamente".

– "9. O artigo 144, § 1º, do Codex Tributário, dispõe que se aplica imediatamente ao lançamento tributário a legislação que, após a ocorrência do fato imponível, tenha instituído novos critérios de apuração ou processos de fiscalização, ampliado os poderes de investigação das autoridades administrativas, ou outorgado ao crédito maiores garantias ou privilégios, exceto, neste último caso, para o efeito de atribuir responsabilidade tributária a terceiros. 10. Consequentemente, as leis tributárias procedimentais ou formais, conducentes à constituição do crédito tributário não alcançado pela decadência, são aplicáveis a fatos pretéritos, razão pela qual a Lei 8.021/90 e a Lei Complementar 105/2001, por envergarem essa natureza, legitimam a atuação fiscalizatória/investigativa da Administração Tributária, ainda que os fatos imponíveis a serem apurados lhes sejam anteriores (Precedentes...). 11. A razoabilidade restaria violada com a adoção de tese inversa conducente à conclusão de que Administração Tributária, ciente de possível sonegação fiscal, encontrar-se-ia impedida de apurá-la" (STJ, REsp 1.134.665, 2009).

– "2. A Lei n. 9.311/96 instituiu a CPMF e, no § 2º do artigo 11, determinou que as instituições financeiras responsáveis pela retenção dessa contribuição prestassem informações à Secretaria da Receita Federal, especificamente, sobre a identificação dos contribuintes e os valores globais das respectivas operações efetuadas, vedando, contudo, no seu § 3º, a utilização desses dados para constituição do crédito relativo a outras contribuições ou impostos. 3. A Lei n. 10.174/2001 revogou o § 3º do artigo 11 da Lei n. 9.311/91, permitindo a utilização das informações prestadas para a instauração de procedimento administrativo-fiscal, a fim de possibilitar a cobrança de eventuais créditos tributários referentes a outros tributos. 4. Outra alteração legislativa, dispondo sobre a possibilidade de sigilo bancário, foi veiculada pela o artigo 6º da Lei Complementar 105/2001. 5. O artigo 144, § 1º, do CTN prevê que as normas tributárias procedimentais ou formais têm aplicação imediata, ao contrário daquelas de natureza material, que somente alcançariam fatos geradores ocorridos durante a sua vigência. 6. Os dispositivos que autorizam a utilização de dados da CPMF pelo Fisco para apuração de eventuais créditos tributários referentes a outros tributos são normas procedimentais e, por essa razão, não se submetem ao princípio da irretroatividade das leis, ou seja, incidem de imediato, ainda que relativas a fato gerador ocorrido antes de sua entrada em vigor" (STJ, REsp 1.039.364, 2008).

– "2. Não há ofensa ao princípio da irretroatividade da lei tributária, porquanto a Lei Complementar n. 105/2001, bem como a Lei n. 10.174/01, não instituem ou majoram tributos, mas apenas dotam a Administração Tributária de instrumentos legais aptos a promover a agilização e o aperfeiçoamento dos procedimentos fiscais. 3. Não existe direito adquirido de obstar a fiscalização de negócios tributários, pois enquanto não extinto o crédito tributário a autoridade fiscal tem o poder-dever vinculado de realizar o lançamento em correspondência ao direito de tributar da entidade estatal" (STJ, REsp 675.293, 2008).

– Sobre o sigilo bancário, vide notas ao at. 197, II, do CTN.

⇒ **Exceto para atribuir responsabilidade.** A norma que atribui responsabilidade a terceiros cria uma nova relação jurídica de natureza material, sendo que o dispositivo comentado deixa claro que não pode ser aplicada retroativamente. Sobre a responsabilidade tributária, vide notas aos arts. 121, 128 e ss. do CTN.

§ 2º O disposto neste artigo não se aplica aos impostos lançados por períodos certos de tempo, desde que a respectiva lei fixe expressamente a data em que o fato gerador se considera ocorrido.

Art. 145. O lançamento regularmente notificado ao sujeito passivo só pode ser alterado em virtude de:

⇒ **Princípio da imutabilidade do lançamento.** Abordando a taxatividade das hipóteses de revisão do lançamento: FEITOSA, Francisco José Soares. Do Direito de Fiscalizar: Quantas Vezes?/Do Direito de Refazer o Auto de Infração. *RDDT* 37, out. 1998. Pode ser assim resumido: O art. 146/CTN determina que os critérios jurídicos adotados pela autoridade no lançamento não poderão ser modificados. Já o art. 149/CTN estipula os casos em que o lançamento será revisto de ofício, e somente nesses é que poderá um mesmo fato ser refiscalizado. A fiscalização, nos demais casos, não altera o lançamento, sob pena de violar o ato jurídico. Ressalta que a imutabilidade do ato contém dupla proteção. Uma, ao contribuinte que tem a garantia de não ser perseguido pelo fisco, e, duas, ao funcionário que terá a validade de seu trabalho respeitada.

• Vide nota ao inciso III deste artigo.

⇒ **Notificação.** "A notificação é o último ato do procedimento de constituição formal do crédito tributário que o torna oponível ao contribuinte" (NOGUEIRA, Ruy Barbosa. *Curso de direito tributário*. 14. ed. São Paulo: Saraiva, 1995, p. 221).

⇒ **Reexame.** "Este retorno ao lançamento não significa que ele deixe de ser procedimento definitivo e válido. Não, ele continuará definitivo e válido, apenas com sua eficácia paralisada para possibilitar o reexame que poderá reafirmá-lo *in totum*, corrigir defeitos ou invalidá-lo integralmente" (NOGUEIRA, Ruy Barbosa. *Curso de direito tributário*. 14. ed. São Paulo: Saraiva, 1995, p. 293).

⇒ **Revisão judicial.** Enquanto não houver prescrição do direito do Fisco de cobrar, terá o contribuinte interesse processual para ajuizar ação anulatória de débito. Efetuado o pagamento, ainda assim terá a possibilidade de buscar a repetição ou compensação, observado o prazo do art. 168 do CTN.

I – impugnação do sujeito passivo;

⇒ **A impugnação inaugura a fase litigiosa do processo administrativo fiscal.** É o que dispõe o Decreto 70.235/72 (Lei do PAF): "Art. 14. A impugnação da exigência instaura a fase litigiosa do procedimento." Além disso, suspende a exigibilidade do crédito tributário, nos termos do art. 151, III, do CTN, até que se torne definitiva a decisão final no processo administrativo fiscal, que poderá manter ou revisar o lançamento.

– **Revisão do lançamento no processo administrativo mediante impugnação e recurso do contribuinte.** O lançamento poderá ser revisto, mediante impugnação do sujeito passivo, pela Delegacia da Receita Federal de Julgamentos ou, em grau recursal, pelo Conselho Administrativo de Recursos Fiscais. No caso do contencioso administrativo fiscal de pequeno valor, definido pela Lei n. 13.988/2020 como aquele em que a controvérsia não supere 60 (sessenta) salários mínimos, o julgamento em segunda instância não mais pelo CARF, mas por órgão colegiado da DRJ, as Câmaras Recursais. A Portaria ME n. 340/2022 regulamenta o contencioso administrativo de pequeno valor, inclusive quanto ao seu rito especial, objeto dos arts. 47 a 51, aplicando-se apenas subsidiariamente o Decreto n. 70.235/72.

– Sobre o processo administrativo fiscal, vide notas ao art. 151, III, do CTN.

II – recurso de ofício;

⇒ **Recurso de ofício no processo administrativo fiscal.** Nem sempre que a decisão da Delegacia de Julgamentos for contrária ao Fisco haverá recurso de ofício, mas apenas nas hipóteses apontadas pelo art. 34 do Decreto 70.235/72 (Lei do PAF): "Art. 34. A autoridade de primeira instância recorrerá de ofício sempre que a decisão: I – exonerar o sujeito passivo do pagamento de tributo e encargos de multa de valor total (lançamento principal e decorrentes) a ser fixado em ato do Ministro de Estado da Fazenda; (Redação dada ao inciso pela Lei n. 9.532, de 10.12.1997) II – deixar de aplicar pena de perda de mercadorias ou outros bens cominada à infração denunciada na formalização da exigência. § 1º O recurso será interposto mediante declaração na própria decisão. § 2º Não sendo interposto o recurso, o servidor que verificar o fato representará à autoridade julgadora, por intermédio de seu chefe imediato, no sentido de que seja observada aquela formalidade." Dispõe, ainda, a Lei n. 10.522/2002 em seu art. 27: "Art. 27. Não cabe recurso de ofício das decisões prolatadas pela Secretaria da Receita Federal do Brasil, em processos relativos a tributos administrados por esse órgão: I – quando se tratar de pedido de restituição de tributos; II – quando se tratar de ressarcimento de créditos do Imposto sobre Produtos Industrializados – IPI, da Contribuição para o PIS/Pasep e da Contribuição para o Financiamento da Seguridade Social – COFINS; III – quando se tratar de reembolso do salário-família e do salário-maternidade; IV – quando se tratar de homologação de compensação; V – nos casos de redução de penalidade por retroatividade benigna; e VI – nas hipóteses em que a decisão estiver fundamentada em decisão proferida em ação direta de inconstitucionalidade, em súmula vinculante proferida pelo Supremo Tribunal Federal e no disposto no § 6º do art. 19" (redação dada pela Lei n. 12.788/2013).

III – iniciativa de ofício da autoridade administrativa, nos casos previstos no art. 149.

⇒ **Revisão do lançamento.** O art. 149 do CTN cuida do lançamento de ofício, estabelecendo hipóteses em que é realizado pela primeira vez e também em que é autorizada sua revisão, como, por exemplo, quando se comprove que o sujeito passivo agiu com dolo, fraude ou simulação, quando deva ser apreciado fato não conhecido por ocasião do lançamento anterior ou quando, no lançamento anterior, tenha ocorrido fraude ou falta funcional da autoridade que o efetuou (incisos VII a IX do art. 149).

Art. 146. A modificação introduzida, de ofício ou em consequência de decisão administrativa ou judicial, nos critérios jurídicos adotados pela autoridade administrativa no exercício do lançamento somente pode ser efetivada, em relação a um mesmo sujeito passivo, quanto a fato gerador ocorrido posteriormente à sua introdução.

⇒ **Alteração de critério jurídico.** "No seio de atos exarados pela administração fiscal, é possível ser verificada uma simples mudança de orientação entre dois atos administrativos sucessivos, a qual representa uma alteração discricionária de entendimento e, por conseguinte, deve dar ensejo ao regime de controle por revogação do primeiro ato, unicamente com efeito *ex nunc*. Isso porque, embora os demais elementos do ato administrativo continuem sendo vinculados (forma, agente competente etc.), o seu conteúdo tem caráter predominantemente discricionário" (LAURENTIS, Thais De. *Mudança de critério jurídico pela administração tributária*: regime de controle e garantia do contribuinte. São Paulo: IBDT, 2022, p. 325).

– **Alteração no contexto da legalidade.** "O art. 146 do CTN resolve não os problemas de ilegalidades constantes no critério jurídico adotado no ato administrativo de lançamento, mas sim a questão das mudanças de interpretação dentro do contexto da legalidade" (LAURENTIS, Thais De. *Mudança de critério jurídico pela administração tributária*: regime de controle e garantia do contribuinte. São Paulo: IBDT, 2022, p. 329).

– **Para alterações em face de ilegalidade do critério anterior, aplica-se o art. 100, parágrafo único, do CTN, ou diretamente o princípio da proteção da confiança.** "... quando o direito é concedido ao contribuinte não por uma interpretação, que embora equivocada poderia ser extraída das possibilidades oferecidas pela literalidade do texto legal, mas por uma decisão que não encontra amparo legal em qualquer das soluções hermenêuticas oferecidas por lei, não se aplica a regra do art. 146 do CTN, mas diretamente o princípio da proteção da confiança. [...] Estamos falando de incentivos fiscais deferidos por autoridade que não tem competência para a sua concessão, bem como do diferimento do favor àqueles que não cumprem os requisitos legais" (RIBEIRO, Ricardo Lodi. A proteção da confiança legítima do contribuinte. *RDDT* 145/99, 2007).

– "Tenho para mim que o art. 146 do CTN há de ser entendido em consonância com o art. 100 do CTN, sempre à luz do princípio da irretroatividade constitucional. O art. 100 do CTN nitidamente é voltado à orientação contra a lei, em que o contri-

buinte não pode ser apenado por seguir interpretação incorreta. Mesmo assim, entendem os tributaristas que não há decisão geral aplicável a um ou mais contribuinte que não implique obrigação de ser seguida, razão pela qual, mesmo no que concerne a atos normativos ou orientações da Fazenda contra a lei, aplicar se ia o princípio da irretroatividade, visto que os contribuintes são sempre obrigados a seguir a orientação fiscal, a não ser que o Poder Judiciário as estanque" (MARTINS, Ives Gandra da Silva. O princípio da não cumulatividade no IPI – inteligência da Lei n. 9.799/1999 em face do princípio – direito ao aproveitamento do crédito de tributos em operações finais imunes, isentas ou sujeitas à alíquota zero – Parecer. *RET* 56/17, 2007).

⇒ **Ato jurídico perfeito.** "... jamais haveria ato jurídico perfeito nas relações entre Fisco e contribuinte caso pudesse o primeiro mudar seu entendimento e fazê-lo retroagir conforme as suas conveniências" (LESSA, Igor Mauler Santiago; MAZZA, Donovan. A anulação de atos concessórios de drawback interno face à isonomia entre as empresas públicas e privadas, ao conceito de licitação internacional e aos princípios da segurança jurídica e da proteção da confiança. *RDDT* 141/95, 2007).

⇒ **Princípio da proteção à confiança.** O art. 146 do CTN positiva, em nível infraconstitucional, a necessidade de proteção da confiança do contribuinte na Administração Tributária, abarcando, de um lado, a impossibilidade de retratação de atos administrativos concretos que implique prejuízo relativamente a situação consolidada à luz de critérios anteriormente adotados e, de outro, a irretroatividade de atos administrativos normativos quando o contribuinte confiou nas normas anteriores.

– "A inspiração para a norma transcrita buscou-a o legislador no direito germânico. Em sua nova versão, estampada no art. 176 do Código de 1977 (*Abgabenordnung 77*), aquela regra, sob o título de 'proteção da confiança nas hipótese de anulação e alteração de lançamento' (*Vertrauensschutz bei der Aufhebung und Änderung Von Steuerbescheiden*), tem o seguinte teor: 'Na anulação ou alteração de ato de lançamento notificado, não pode ser considerado em detrimento do contribuinte o fato de 1 – a Corte Constitucional Federal declarar a nulidade de uma lei, em que até então se baseava o lançamento; 2 – um tribunal superior federal não aplicar uma norma em que até então se baseava o lançamento, por considerá-la inconstitucional; 3 – ter-se alterado a jurisprudência de um tribunal superior a qual havia sido aplicada pela autoridade fiscal nos lançamentos anteriores'. ... no art. 146, protege-se contra a mudança, com efeito retroativo, do critério individualmente utilizado no lançamento relativo a um mesmo sujeito passivo, para proteger a boa-fé do contribuinte. A norma do art. 146... complementa a irrevisibilidade por erro de direito regulada pelos artigos 145 e 149. Enquanto o art. 149 exclui o erro de direito dentre as causas que permitem a revisão do lançamento anterior feito contra o mesmo contribuinte, o art. 146 proíbe a alteração do critério jurídico geral da Administração aplicável ao mesmo sujeito passivo com eficácia para os fatos pretéritos" (TORRES, Ricardo Lobo. O princípio da proteção da confiança do contribuinte. *RFDT* 06/09, 2003).

– "... tanto o artigo 146 do CTN como as demais previsões infraconstitucionais, têm por objetivo garantir um princípio maior de segurança jurídica, a fim de evitar que a imprevisibilidade das regras subtraiam do particular, em especial do contribuinte, o exercício de direitos em âmbito tributário. Trata-se da proteção da confiança do contribuinte, reconhecido pela doutrina e jurisprudência, que visa a proteger as presunções, pelos contribuintes, dos atos tributários estatais legitimamente criados" (OLIVEIRA, Júlio M. de; PASSI, Juliana Carla F. de A. Alioti. O princípio da proteção da confiança do contribuinte e o artigo 146 do Código Tributário Nacional. In: GRUPENMACHER, Betina Treiger (coord.). *Tributação: democracia e liberdade*. São Paulo: Noeses, 2014, p. 965 e s.).

– "A proteção à confiança parte da perspectiva do cidadão. Ela exige a proteção da confiança do cidadão que contou, e dispôs em conformidade com isso, com a existência de determinadas regulações estatais e outras medidas estatais. [...] O princípio da proteção à confiança situa-se em uma relação de tensão entre estabilidade e flexibilidade. [...] A Lei Fundamental concede aos direitos e interesses do cidadão uma alta hierarquia e põe as pessoas no centro da ordenação jurídica estatal. Disso resulta por si a proteção do cidadão confiante na existência do direito estatal. Os direitos fundamentais e o princípio do estado de direito respaldam isso" (MAURER, Hartmut. *Elementos de direito administrativo alemão*. Tradução de Luís Afonso Heck. Porto Alegre: Fabris, 2001, p. 68).

– "... preocupações que tiveram, ao definirem o lançamento, para preservar o direito do contribuinte contra a mudança da interpretação fiscal, quase sempre vinculada à inteligência das autoridades no exercício da formulação exegética. O art. 146 reflete esta preocupação para ofertar a segurança jurídica necessária, nas relações do Fisco e contribuintes. É que, embora seja um princípio teórico o de que cabe ao fisco orientar e ter no contribuinte o colaborador maior do Estado – razão pela qual deveria ser sempre considerado com especial tratamento, incentivando a confiança do cidadão no ente estatal e fazendo prevalecer uma relação de fidalga convivência entre fisco e contribuinte – percebe-se... como longe estamos deste quase utópico princípio constitucional" (MARTINS, Ives Gandra da Silva. ISS – sociedades prestadoras de serviços de contabilidade e consultoria econômica. Não é a dimensão da sociedade e o numero de profissionais que definem o regime de tributação do ISS, mas o tipo de serviço prestado. *RDDT* 227/161, 2014).

– **Concessão de benefícios onerosos inválidos.** "... maior proteção dar-se-á aos benefícios fiscais condicionados, onde a dignidade da proteção se faz mais intensa, em razão das obrigações que o contribuinte teve que cumprir para ter direito ao favor legislativo. É que estes possuem uma natureza bilateral que não pode ser desconsiderada. Não seria lícito que a Administração atraísse o particular para que investisse em projeto onde está presente também o interesse público e, num momento seguinte, cumpridas as condições pelo particular, considerasse ilegítima a concessão do favor fiscal motivador da atuação do contribuinte. Sob outro prisma, é necessário perquirir se a manutenção do ato ilegal não brindará o contribuinte em questão com uma vantagem fiscal que irá desequilibrar a livre concorrência no mercado em que atua, em razão dos demais integrantes deste não possuírem o mesmo tratamento favorecido. Nesta seara, é imprescindível também o exame da boa-fé do contribuinte... Por isso é indispensável o exame da realidade imanente..." (RIBEIRO, Ri-

cardo Lodi. A proteção da confiança legítima do contribuinte. *RDDT* 145/99, 2007).

– **Benefícios fiscais de ICMS sem convênio.** "O que o princípio da segurança tutela é a boa-fé, a sinceridade de propósitos e a dignidade da confiança, e não a esperteza e a malícia inerentes a um pacto entre contribuintes e governantes que, quase sempre, foram alertados quanto à ilegitimidade dos benefícios fiscais e acreditam na impunidade na coibição dessas, em detrimento dos demais integrantes do mercado que não tiveram acesso aos requisitos legais encomendados, e dos demais Estados que veem sua arrecadação esvaziada por tais manobras. Ademais, a tutela desse tipo de isenção desarma o sistema constitucional de controle da guerra fiscal, viabilizando um quadro, que atualmente se verifica, de completo abandono da legalidade na concessão de favores fiscais, concedidos atualmente por decretos individualizados e despachos em processos administrativos, acabando por gerar lesão à moralidade administrativa, à isonomia, à livre concorrência e à impessoalidade. Ademais, cumpre lembrar que, falecendo competência aos Poderes Legislativo e Executivo estaduais para decidir sobre a concessão de benefícios fiscais em matéria de ICMS, os atos desses entes que os veiculem não gera qualquer direito subjetivo, como aliás, já prevê o art. 8º da LC n. 24/75, que determina a nulidade do ato, a exigência do imposto devido e ineficácia dos créditos relativos aos benefícios fiscais sem aprovação do Confaz" (RIBEIRO, Ricardo Lodi. A proteção da confiança legítima do contribuinte. *RDDT* 145/99, 2007).

⇒ **Mudança de critério jurídico *x* erro de direito e erro de fato.** "Mudança de critério jurídico não se confunde com erro de fato nem mesmo com erro de direito, embora a distinção, relativamente a este último, seja sutil. [...] Há *mudança de critério jurídico* quando a autoridade administrativa simplesmente muda de interpretação, substitui uma interpretação por outra, sem que se possa dizer que qualquer das duas seja incorreta. Também há mudança de critério jurídico quando a autoridade administrativa, tendo adotado uma entre várias alternativas expressamente admitidas pela lei, na feitura do lançamento, depois pretende alterar esse lançamento, mediante a escolha de outra das alternativas admitidas e que enseja a determinação de um crédito tributário em valor diverso, geralmente mais elevado" (MACHADO, Hugo de Brito. *Curso de direito tributário*. 36. ed. São Paulo: Malheiros, 2015, p. 180).

– "... o erro de direito (que não se confunde com a simples 'mudança de critério jurídico', disciplinada no art. 146 do CTN) enseja a revisão do lançamento tributário a favor do Fisco, podendo também ser invocado pelo sujeito passivo da obrigação tributária. Com efeito, o art. 146 do CTN, que veda a revisão do lançamento tributário em razão de mudança de critérios jurídicos, não se aplica ao erro de direito, porquanto se tratam de fenômenos distintos: o erro de direito ocorre quando não seja aplicada a lei ou quando a má aplicação desta seja notória e indiscutível, enquanto a mudança de critério jurídico ocorre, basicamente, com a substituição, pelo órgão de aplicação do direito, de uma interpretação por outra, sem que se possa dizer que qualquer delas seja incorreta" (RAMOS FILHO, Carlos Alberto de

Moraes. Limites objetivos à revisibilidade do lançamento no processo administrativo tributário. *RDTAPET* 13/49, 2007).

– "O erro de fato situa-se no conhecimento dos fatos, enquanto simples fatos, independentemente da relevância jurídica que possam ter. Já o erro de direito situa-se no conhecimento da norma, que inclui o conhecimento dos efeitos jurídicos que sua incidência produz. Ocorre o erro de fato quando o Fisco considera no lançamento aspectos diferentes daqueles efetivamente acontecidos (por exemplo, os valores registrados nas notas fiscais foram transcritos incorretamente)" (RAMOS FILHO, Carlos Alberto de Moraes. Limites objetivos à revisibilidade do lançamento no processo administrativo tributário. *RDTAPET* 13/49, 2007).

– **Súmula 227 do extinto TFR:** "A mudança de critério jurídico adotado pelo fisco não autoriza a revisão de lançamento".

– "DESEMBARAÇO ADUANEIRO. CLASSIFICAÇÃO TARIFÁRIA. AUTUAÇÃO POSTERIOR. REVISÃO DE LANÇAMENTO. ERRO DE DIREITO... 2. A revisão de lançamento do imposto, diante de erro de classificação operada pelo Fisco aceitando as declarações do importador, quando do desembaraço aduaneiro, constitui-se em mudança de critério jurídico, vedada pelo CTN. 3. O lançamento suplementar resta, portanto, incabível quando motivado por erro de direito" (STJ, REsp 1.116.155, 2009).

– **O erro de fato autoriza a revisão.** – "A autoridade administrativa, depois de efetivado o lançamento, não pode alterá-lo, de ofício, sob o argumento de que a interpretação jurídica adotada não era a correta, a melhor ou a mais justa. Nem mesmo se os Tribunais Superiores do País firmarem orientação jurisprudencial em sentido diverso daquela que prevaleceu no lançamento, com o que se teria robustecido a convicção da presença do erro de direito, poderá o agente fazendário modificar o ato para agravar a situação dos contribuintes" (TORRES, Ricardo Lobo. Anulação de incentivos fiscais – efeitos no tempo. *RDDT* 121/127, 2005).

– "IMPOSTO PREDIAL. LANÇAMENTO. REVISÃO. ALTERAÇÃO DE CRITÉRIO NO MESMO EXERCÍCIO. ILEGALIDADE... Admite-se a revisão do lançamento do imposto quando ocorra erro de fato Mas não se admite a alteração de critério para o lançamento, no mesmo exercício, e quando já pago o tributo" (STF, RE 62.252, 1969).

– "IPI... IMPORTAÇÃO DE MERCADORIA. DESEMBARAÇO ADUANEIRO. CLASSIFICAÇÃO TARIFÁRIA. AUTUAÇÃO POSTERIOR. REVISÃO DE LANÇAMENTO POR ERRO DE DIREITO... – Aceitando o Fisco a classificação feita pelo importador no momento do desembaraço alfandegário ao produto importado, a alteração posterior constitui-se em mudança de critério jurídico vedado pelo CTN. – *Ratio essendi* da Súmula 227/TRF no sentido de que 'a mudança de critério jurídico adotado pelo fisco não autoriza a revisão do lançamento. – Incabível o lançamento suplementar motivado por erro de direito" (STJ, REsp 412.904, 2002).

– "IPI... IMPORTAÇÃO DE MERCADORIA – DESEMBARAÇO ADUANEIRO – CLASSIFICAÇÃO TARIFÁRIA – AUTUAÇÃO POSTERIOR – REVISÃO DE LANÇAMEN-

TO POR ERRO DE DIREITO... O art. 149 do CTN somente autoriza a revisão do lançamento, dentre outras hipóteses, quando se comprove falsidade, erro ou omissão quanto a qualquer elemento definido na legislação tributária como sendo de declaração obrigatória, ou seja, quando há erro de direito. Se a autoridade fiscal teve acesso à mercadoria importada, examinando sua qualidade, quantidade, marca, modelo e outros atributos, ratificando os termos da declaração de importação preenchida pelo contribuinte, não lhe cabe ulterior impugnação ou revisão do lançamento por alegação de qualquer equívoco" (STJ, AgRg no REsp 478.389, 2007).

– **O erro de direito (classificação jurídica) não autoriza revisão.** "IMPOSTO DE IMPORTAÇÃO... CLASSIFICAÇÃO TARIFÁRIA. AUTUAÇÃO POSTERIOR. REVISÃO DE LANÇAMENTO. ERRO DE DIREITO... 1. 'A mudança de critério jurídico adotado pelo fisco não autoriza a revisão do lançamento' (Súmula 227 do TFR). 2. A revisão de lançamento do imposto, diante de erro de classificação operada pelo Fisco aceitando as declarações do importador, quando do desembaraço aduaneiro, constitui-se em mudança de critério jurídico, vedada pelo CTN. 3. O lançamento suplementar resta, portanto, incabível quando motivado por erro de direito" (STJ, REsp 1.112.702, 2009). Do voto condutor: "Ora, não tendo havido erro quanto a matéria de fato constante de declaração de importação, isto é, no que concerne a identificação física da mercadoria, não há que se admitir a revisão do lançamento. No caso *sub judice* o que a autoridade fiscal alega é, simplesmente, erro quanto à classificação tarifária da mercadoria importada, portanto erro de direito, irrelevante para autorizar a revisão do lançamento".

– "IPTU... I – A alteração de classificação de imóvel de ofício pelo Fisco não enseja a revisão de lançamento previamente efetuado, pois se trata de nova classificação jurídica. Incidência, *in casu*, da Súmula n. 227/TFR" (STJ, AgRg no REsp 685.772, 2005).

– "IMPOSTO DE IMPORTAÇÃO – RECLASSIFICAÇÃO TARIFÁRIA – REVISÃO DO LANÇAMENTO – IMPOSSIBILIDADE – AUSÊNCIA DE ERRO QUANTO À IDENTIFICAÇÃO FÍSICA DA MERCADORIA – ART. 149 DO CTN. A impetrante importou da França 2.200 Kg do produto TESAL e recolheu o imposto de importação após regular conferência da mercadoria pela autoridade fiscal. Diante dessas circunstâncias, é de elementar inferência que não poderia o contribuinte, em momento posterior, ser notificado para novo recolhimento do imposto de importação, sob a alegação de que a classificação do produto deveria ser diversa, com incidência de alíquota maior. O art. 149 do CTN autoriza a revisão do lançamento, dentre outras hipóteses, "quando se comprove falsidade, erro ou omissão quanto a qualquer elemento definido na legislação tributária como sendo de declaração obrigatória"... Se a autoridade fiscal teve acesso à mercadoria importada, examinando sua qualidade, quantidade, marca, modelo e outros atributos, ratificando os termos da declaração de importação preenchida pelo contribuinte, não lhe cabe ulterior impugnação do imposto pago por eventual equívoco na classificação do bem. Divergência jurisprudencial não configurada ante e a ausência de similitude fática entre os acórdãos confrontados" (STJ, REsp 202.958, 2003).

– "A pretensão do Fisco em reclassificar determinada mercadoria importada, com consequente majoração da alíquota do IPI (assim como de outros tributos recolhidos para importação de bens), não encontra guarida em nosso ordenamento jurídico pois: (i) tal pretensão resvalaria na proibição contida no artigo 146 do Código Tributário Nacional, por se tratar de mudança de critério jurídico por parte do Fisco, e não erro de fato; (ii) exatamente por não ser erro de fato, não se adequaria à hipótese prevista no inciso IV do artigo 149 do mesmo diploma legal; e (iii) ao desembaraçar o bem importado, o Fisco tem a oportunidade de conferir a classificação tarifária da mercadoria atribuída pelo sujeito passivo, inclusive com a verificação física de suas principais características, quantidade, qualidade, marca, modelo, referência etc. Em face disso, não há como se negar que o desembaraço é verdadeira homologação expressa da atividade empreendida pelo sujeito passivo quando do cálculo e recolhimento dos tributos gerados com a operação de importação do bem, mormente do IPI" (RIVERO, Juliana Burkhart. Do desembaraço aduaneiro como homologação expressa. *RDDT* 160/66, 2009).

⇒ **Irretroatividade só se aplica ao critérios mais gravosos.** "Tratando-se de dispositivo que tutela a confiança do contribuinte, nenhum óbice existe quanto à retroatividade de interpretação mais benéfica, pois, nesse caso, a restauração da legalidade não encontra oposição na segurança jurídica. Apontando os dois interesse para o mesmo lado, não há eu se falar em ponderação" (RIBEIRO, Ricardo Lodi. A proteção da confiança legítima do contribuinte. *RDDT* 145/99, 2007).

– "ITR. ERRO NA BASE DE CÁLCULO. DECLARAÇÃO DO SUJEITO PASSIVO. LANÇAMENTO. ART. 147, § 1º, DO CPC. CORREIÇÃO DO ERRO PELO PODER JUDICIÁRIO. POSSIBILIDADE... 3. Deveras, mesmo findo referido procedimento, é assegurado ao sujeito passivo da obrigação tributária o direito de pretender judicialmente a anulação do crédito oriundo do lançamento eventualmente fundado em erro de fato, como sói ser o ocorrido na hipótese *sub examine* e confirmado pela instância *a quo* com diferente âmbito de cognição do STJ (Súmula 07), em que adotada base de cálculo muito superior à realmente devida para a cobrança do Imposto Territorial Rural incidente sobre imóvel da propriedade da empresa ora recorrida. Matéria incabível nos embargos na forma do art. 38 da Lei n. 6.830/80. 4. O crédito tributário, na expressa dicção do art. 139 do CTN, decorre da obrigação principal e, esta, por sua vez, nasce com a ocorrência do fato imponível, previsto na hipótese de incidência, que tem como medida do seu aspecto material a base imponível (base de cálculo). 5. Consectariamente, o erro de fato na valoração material da base imponível significa a não ocorrência do fato gerador em conformidade com a previsão da hipótese de incidência, razão pela qual o lançamento feito com base em erro 'constitui' crédito que não decorre da obrigação e que, por isso, deve ser alterado pelo Poder Judiciário" (STJ, REsp 770.236, 2007).

– "REVISÃO DE LANÇAMENTO DO IPTU. ERRO DE FATO... I – A revisão do lançamento decorreu de erro de fato,

qual seja, a área cadastral do imóvel era inferior à sua área real. Em hipóteses tais, o art. 145, III, c/c o art. 149, VIII, do CTN, autorizam a revisão" (STJ, RMS 11.271, 2004).

⇒ **Exclusão de penalidades, juros e atualização quando observadas as normas complementares.** Vide nota ao art. 100, parágrafo único, do CTN.

SEÇÃO II
MODALIDADES DE LANÇAMENTO

⇒ **Pluralidade de procedimentos.** "As modalidades de lançamento, estipuladas no Código..., revelam, no fundo, singularidades procedimentais e, vimos de ver, o procedimento não é da essência do lançamento. ... as três espécies de que trata o Código são na verdade, espécies de procedimento e não de lançamento" (CARVALHO, Paulo de Barros. *Curso de direito tributário*. 27. ed. São Paulo: Saraiva, 2016, p. 405).

⇒ **Conceito de lançamento e modalidades de procedimentos tendentes ao lançamento.** O lançamento é o ato que formaliza a verificação da ocorrência do fato gerador, a identificação do sujeito passivo e do montante devido, tendo eficácia constitutiva do crédito tributário por força de expressa previsão legal (art. 142 do CTN) e que se aperfeiçoa com a notificação ao sujeito passivo para que efetue o pagamento ou apresente impugnação. Há três modos de se proceder ao lançamento, conforme o preveja a legislação específica de cada tributo. Estes modos correspondem ao que se costuma designar por: a) lançamento de ofício (art. 149 do CTN); b) lançamento por declaração (art. 147 do CTN); c) lançamento por homologação (art. 150 do CTN). Vejamos as características de cada modalidade, tendo por base o nível de participação dos sujeitos passivo e ativo.

– **Lançamento de ofício.** Nessa modalidade, o sujeito passivo não participa do lançamento. Cabe ao sujeito ativo tomar a iniciativa e realizar, por si só, a verificação da ocorrência do fato gerador, identificação do sujeito passivo, cálculo do montante devido, formalização do crédito e notificação do sujeito passivo para pagamento.

– Há tributos para os quais a lei determina que o lançamento seja feito de ofício. Normalmente, contudo, só haverá lançamento de ofício quando o contribuinte não cumprir suas obrigações relativamente aos tributos sujeitos a lançamento por declaração ou por homologação, hipótese em que o lançamento de ofício terá caráter supletivo. Vide nota ao art. 149 do CTN.

– **Lançamento por declaração.** Nessa modalidade, o sujeito passivo presta declarações sobre os fatos pertinentes à imposição tributária, cabendo ao sujeito ativo, valendo-se das informações do contribuinte, verificar a ocorrência do fato gerador, identificar o sujeito passivo, realizar o cálculo do montante devido, formalizar o crédito e notificar o sujeito passivo para pagamento. Vide art. 147 do CTN.

– **Lançamento por homologação.** Nessa modalidade, o sujeito passivo tem de verificar a ocorrência do fato gerador, calcular o montante devido e efetuar o pagamento no prazo, cabendo ao sujeito ativo apenas a conferência da apuração e do pagamento já realizados. A maior parte dos tributos está sujeita a lançamento por homologação. Vide art. 150 do CTN.

Art. 147. O lançamento é efetuado com base na declaração do sujeito passivo ou de terceiro, quando um ou outro, na forma da legislação tributária, presta à autoridade administrativa informações sobre matéria de fato, indispensáveis à sua efetivação.

⇒ **Lançamento por declaração.** O art. 147 cuida do lançamento por declaração ou misto. Tanto o contribuinte como o Fisco concorrem para tal lançamento. Inicia-se a atividade pela apresentação de declaração pelo contribuinte e, com base nela, o Fisco calcula o tributo devido. A constituição do crédito, note-se, é efetuada pelo Fisco forte nas informações prestadas pelo contribuinte.

– **Raramente a obrigação de prestar declaração ao Fisco diz respeito a lançamento por declaração.** A existência de obrigação acessória de prestar declarações ao Fisco raramente diz respeito a um lançamento por declaração. Não é a existência da declaração que define a modalidade de lançamento, mas quem – contribuinte ou Fisco – efetua os cálculos e define o montante a pagar. Assim, o IR, e.g., é tributo sujeito a lançamento por homologação e não por declaração, embora haja a obrigação acessória de prestar declaração ao Fisco, mas que não condiciona nem obsta o pagamento direto pelo contribuinte a partir de cálculo que ele próprio efetua do imposto a pagar. Da mesma maneira, há várias contribuições cujos dados são declarados pelas empresas através de DCTF e de GFIP, embora sejam submetidas a lançamento por homologação, devendo os contribuintes tomar toda a iniciativa para o cumprimento da obrigação tributária principal independentemente de qualquer ato do Fisco.

– "Embora a Corte de origem tenha reconhecido que a taxa de licenciamento de importação é tributo sujeito a lançamento por declaração, verifica-se que, na realidade, trata-se de tributo lançado por homologação, uma vez que, apesar do contribuinte apresentar declaração, paga antecipadamente o tributo devido, quando da ocorrência do fato gerador, cujos valores estarão sujeitos, posteriormente, à homologação da autoridade competente" (STJ, REsp 610.645, 2006).

– Sobre o IR e o ITR enquanto tributos sujeitos a lançamento por homologação, e não por declaração, vide nota específica ao art. 150 do CTN.

§ 1º A retificação da declaração por iniciativa do próprio declarante, quando vise a reduzir ou a excluir tributo, só é admissível mediante comprovação do erro em que se funde, e antes de notificado o lançamento.

⇒ **A pura e simples retificação da declaração não infirma o lançamento já efetuado.** "1. A modificação da declaração do sujeito passivo pela Administração Fazendária fica obstada a partir da notificação do lançamento, consoante o disposto pelo art. 147, § 1º, do CTN. Isto porque, com o lançamento encerra-se o procedimento administrativo, ficando a Fazenda, por força do princípio geral da imutabilidade do lançamento, impedida de alterá-lo. 2. Isto significa, consoante a melhor doutrina, que: '[...] Após a notificação, a declaração

do sujeito passivo não poderá ser retirada. É o que preleciona o § 1º Isto significa que, uma vez notificado do lançamento, não poderá pretender o sujeito passivo a sua modificação por parte da Administração Fazendária. Qualquer requerimento nesse sentido será fatalmente indeferido. O procedimento administrativo está encerrado e a Fazenda não poderá modificá-lo, em decorrência do princípio geral da imutabilidade do lançamento. Assim, uma vez feita a notificação ao contribuinte, não poderá a Administração, de ofício, ou a requerimento deste, alterar o procedimento já definitivamente encerrado.' (in: *Comentários ao Código Tributário Nacional*, vol. 2: arts. 96 a 218, Ives Gandra Martins, Coordenador – 4. ed. rev. e atual. – São Paulo: Saraiva, 2006, pp. 316/317) 3. Deveras, mesmo findo referido procedimento, é assegurado ao sujeito passivo da obrigação tributária o direito de pretender judicialmente a anulação do crédito oriundo do lançamento eventualmente fundado em erro de fato..." (STJ, REsp 770.236, 2007).

⇒ **Aplicação por analogia aos tributos sujeitos a lançamento por homologação.** Tendo em conta que a quase totalidade dos tributos, atualmente, sujeitam-se a lançamento por homologação vinculados a obrigações acessórias de prestar declarações ao Fisco e que não há dispositivo no CTN cuidando especificamente da retificação de tais declarações, o § 1º do art. 147 tem sido bastante invocado e aplicado por analogia para definir o marco até quanto pode o contribuinte retificar suas declarações livremente, com eficácia imediata, e, *a contrario sensu*, a partir de quando o contribuinte não pode exigir do Fisco que, independentemente de apreciação dos erros e equívocos da declaração originariamente prestada, considere as retificações. Isso toma absoluta relevância na medida em que é reconhecido ao Fisco o direito de inscrever em dívida ativa créditos formalizados mediante declaração do próprio contribuinte, conforme se vê em nota ao art. 201 do CTN.

– **Declaração retificada. Efeitos quanto à futura inscrição e sobre inscrição já realizada. Distinção.** Retificada a declaração pelo contribuinte – DCTF, DIRPJ etc. –, não pode mais o Fisco proceder à inscrição em dívida dos valores apontados na declaração originária, pois esta já não mais persiste. Contudo, efetuada a inscrição de declaração do contribuinte, não se torna insubsistente pela simples retificação posterior pelo contribuinte. No caso, impende que este demonstre perante o Fisco o erro da declaração originária. Aplica-se ao caso, por analogia, o art. 147, parágrafo único, do CTN.

– A perda do prazo para retificação "ad nutum" do contribuinte não impede que o contribuinte peticione administrativamente ou ajuíze ação para afastar os efeitos do equívoco. O § 1º simplesmente retira do contribuinte a possibilidade de tornar, por ato próprio, insubsistente a sua declaração originária quando já notificado do lançamento (lançamento por declaração) ou, por analogia, quando já inscrita a declaração em dívida ativa (tributos sujeitos a lançamento por homologação em que prestada declaração e não pago o tributo). Não compromete, porém, os direitos de petição e de acesso ao Judiciário. Poderá o contribuinte, pois, a qualquer tempo, enquanto não decaído o seu direito, peticionar administrativamente noticiando os equívocos e solicitando a revisão de ofício pela autoridade, forte no art. 149 do CTN. Poderá, também, ajuizar ação no sentido de ver anulado lançamento e cancelada inscrição indevidos e, até mesmo, buscando, a restituição de indébitos.

– "EXECUÇÃO FISCAL. ERRO NO PREENCHIMENTO DA DCTF. ART. 147, § 1º, DO CTN. RETIFICAÇÃO JUDICIAL. POSSIBILIDADE. HONORÁRIOS ADVOCATÍCIOS. 1. Embora seja vedado ao contribuinte a retificação da declaração após a notificação do lançamento (art. 147, § 1º, do CTN), isso não impede que ele demande a sua nulidade, demonstrando que a declaração foi feita com erro e que não ocorreu o fato gerador do tributo, ou que houve erro em sua quantificação, uma vez que a Constituição Federal, em seu artigo 5º, inciso XXXV, assegura que a lei não eximirá o Judiciário de apreciar lesão à direito, bem como a exigência tributária é baseada no princípio da legalidade. 2. Reconhecida pela própria Receita Federal a inexistência do débito, cabível a manutenção da sentença que determinou a extinção da execução" (TRF4, AC 2005.04.01.001792-4, 2005).

– **Retificação posterior depende da demonstração inequívoca do erro.** "... RETIFICAÇÃO EXTEMPORÂNEA DE DECLARAÇÃO DE RENDIMENTOS. EXISTÊNCIA DE ERRO. 1. Não tendo sido negado pelo contribuinte que a providência tendente à retificação da declaração viciada de erro somente foi adotada após notificação da autoridade fiscal, agiu corretamente a autoridade ao não acatar a pretensão retificatória, ante o disposto no art. 147, § 1º, do CTN. 2. Ao impetrante impunha-se comprovar a existência de erro nas informações prestadas ao Fisco, o qual deu origem a exigência fiscal não condizente com a realidade. Contudo, não é viável em sede de mandado de segurança a produção da prova faltante, eis que necessário submeter a prova documental produzida a exame técnico quanto a sua suficiência e a seu conteúdo. 3. A demanda deve ser extinta sem julgamento do mérito, a fim de que reste ressalvada a possibilidade de recurso à via ordinária" (TRF4, AMS 1999.71.08.005982-0, 2006).

– **Inaplicabilidade da preclusão em sede judicial.** "AÇÃO ANULATÓRIA. RETIFICAÇÃO DE DECLARAÇÃO DE RENDIMENTOS. PROVA PERICIAL. AUSÊNCIA DE LUCRO. ART. 147 DO CTN. INAPLICABILIDADE. 1. Consoante as informações prestadas pela perícia realizada, restou incontroverso que ocorreu erro no preenchimento da declaração de rendimentos (ano-base 1990) com reflexos nos anos posteriores, uma vez que o resultado obtido pela autora no referido período foi negativo: houve prejuízo e não lucro. 2. Embora, nos termos do art. 3º da Lei 6.830/80, a CDA desfrute de presunção de liquidez e certeza, tal presunção é relativa, podendo ser elidida com prova inequívoca, como ocorrido na hipótese dos autos. 3. A preclusão do direito à retificação da declaração, prevista no art. 147 do CTN, é inaplicável em sede judicial, restando circunscrita ao âmbito administrativo" (TRF4, REO 2003.70.05.002000-9, 2005).

– **Inaplicabilidade à repetição do indébito.** "... IMPOSTO DE RENDA DE PESSOA FÍSICA – ERRO NA DECLARAÇÃO DO CÔNJUGE NÃO CABEÇA-DO-CASAL – RESTITUIÇÃO DO INDÉBITO – POSSIBILIDADE – ALEGADA OFENSA AO ARTIGO 147, § 1º, DO CTN – INOCORRÊNCIA... O indébito questionado decorreu da declaração equivocada de rendimentos auferidos pelo aluguel de veículos, visto que, nos termos do art. 5º, § 2º, do RIR/80, tais valores deveriam constar da declaração conjunta. Não prospera a alegação da recorrente de que a autora pretende a retificação da declaração do imposto de renda após a notificação do lançamento, o que estaria a malferir o disposto no artigo 147, § 1º, do CTN. Como bem ponderou o r. voto condutor do acórdão recorrido, o mencionado dispositivo legal não tem relação com o caso vertente, pois 'a autora não está buscando a retificação da declaração, mas sim a restituição do que pagou indevidamente'. E asseverou: 'a restituição do valor recolhido a maior está baseada no princípio do enriquecimento sem causa, no qual está assentado o art. 165, I, do CTN'" (STJ, REsp 388.746, 2003).

– "... DECLARAÇÃO DE IMPOSTO DE RENDA DO CÔNJUGE NÃO-CABEÇA-DO-CASAL. RESTITUIÇÃO DE PAGAMENTO INDEVIDO... Inaplicabilidade do Art. 147, § 1º, do CTN, quando se busca a restituição de valor pago indevidamente. A restituição do pagamento indevido está baseada no princípio do enriquecimento sem causa" (TRF4, AC 96.04.08388-0, 2000).

⇒ **Mantém-se aberta a via judicial para a demonstração do equívoco na declaração.** 2. É cediço que a modificação da declaração do sujeito passivo pela Administração Fazendária não é possível a partir da notificação do lançamento, consoante o disposto pelo art. 147, § 1º, do CTN, em face do princípio geral da imutabilidade do lançamento. Contudo pode o sujeito passivo da obrigação tributária se valer do Judiciário, na hipótese dos autos mandado de segurança, para anular crédito oriundo de lançamento eventualmente fundado em erro de fato, em que o contribuinte declarou, equivocadamente, base de cálculo superior à realmente devida para a cobrança do Imposto Territorial Rural" (STJ, REsp 1.015.623, 2009).

§ 2º Os erros contidos na declaração e apuráveis pelo seu exame serão retificados de ofício pela autoridade administrativa a que competir a revisão daquela.

⇒ **Revisão da declaração pelo Fisco.** "EXECUÇÃO FISCAL. EMBARGOS. IMPOSTO DE RENDA. ERRO NA DECLARAÇÃO. RETIFICAÇÃO *EX OFFICIO* PELA AUTORIDADE ADMINISTRATIVA. SUCUMBÊNCIA. A embargante laborou em erro. Inexistência de base fática para a realização do lançamento suplementar. Cuidando-se de imposto lançado por declaração, os erros contidos, nos termos do § 2º, do art. 147 do CTN, apuráveis pelo exame da declaração, deverão ser retificados de ofício pela Autoridade Administrativa a que couber a revisão. Correta a condenação da embargante nos ônus sucumbenciais. Indução do Fisco em erro, tornando necessária a invocação da tutela jurisdicional" (TRF4, AC 1999.04.01.083842-5, 2001).

Art. 148. Quando o cálculo do tributo tenha por base, ou tome em consideração, o valor ou o preço de bens, direitos, serviços ou atos jurídicos, a autoridade lançadora, mediante processo regular, arbitrará aquele valor ou preço, sempre que sejam omissos ou não mereçam fé as declarações ou os esclarecimentos prestados, ou os documentos expedidos pelo sujeito passivo ou pelo terceiro legalmente obrigado, ressalvada, em caso de contestação, avaliação contraditória, administrativa ou judicial.

⇒ **Lançamento por arbitramento ou aferição indireta.** "A aferição indireta ou arbitramento da base imponível do tributo é instrumento de tributação indiciária, ou seja, que torna possível ao Fisco a determinação e quantificação do fato tributário com base em indícios de sua ocorrência e dimensão, através da avaliação qualitativa e quantitativa de elementos extra-contábeis. Não tem a aferição indireta ou arbitramento natureza de sanção ou penalidade, apesar de ensejar, muitas vezes, situação tributária mais gravosa para o contribuinte. Em realidade, esse maior gravame eventual é mero aspecto acidental de sua conformação, que, por visar salvaguardar o crédito tributário, impõem critérios de quantificação bastante estritos do fato tributário com base em opção de seu máximo dimensionamento. Em relação às irregularidades na escrituração contábil, a aferição indireta ou arbitramento, com a desclassificação ou desconsideração da contabilidade do contribuinte, só se legitima quando essa se mostra absolutamente imprestável para a finalidade a que direcionada sob o ponto de vista fiscal (comprovação confiável dos eventos tributáveis ocorridos). Essa limitação de sua utilização decorre exatamente de sua natureza não sancionatória, pois a aplicação de penalidade em relação ao descumprimento da obrigação tributária acessória de manutenção regular da escrita contábil deve ser efetivada através de multa adequada à natureza da infração e não pela desclassificação ou desconsideração daquela. O seu uso limita-se, enquanto medida extrema, à hipótese de imprestabilidade da escrita contábil e, consequentemente, impossibilidade de sua aceitação como base de avaliação do fato tributário, o que ocorre nos casos em que a contabilidade é mera ficção documental, a qual não apresenta resultados reais ou impossibilita o seu restabelecimento a partir dos eventos registrados, sendo constituída de documentação inidônea e de lançamentos dissimuladores das corretas mutações financeiras do contribuinte. As irregularidades formais ou materiais perfeitamente identificáveis e passíveis de serem sanadas, corrigidas ou retificadas com a adição ou exclusão de elementos quantitativos ao dimensionamento do fato tributário e sem a necessidade de que a escrita contábil seja refeita afastam a possibilidade de desclassificação dessa e aferição indireta ou arbitramento da base imponível. Se o Fisco pode, sem fazer uso da desclassificação ou desconsideração da escrituração contábil e, consequentemente, aferição indireta ou arbitramento, dimensionar o seu crédito tributário com base nos elementos contábeis existentes, cuja confiabilidade não restou infirmada por decisão motivada, e na correção das consequências quantitativas das irregularidades praticadas pelo contribuinte, deve ele, por evidente, seguir essa última forma de atuação, que não traz qualquer prejuízo à sua função arrecadatória e que, além disso, melhor se coaduna com a submissão de sua atividade ao princípio da legalidade" (excerto de sentença do Juiz Emiliano Zapata de Miranda Leitão nos autos dos Embargos à Execução Fiscal n. 2001.72.01.001723-8, em tramitação na 1ª Vara Federal de Joinville, em dez. 2002).

– "AFERIÇÃO INDIRETA. ART. 33, § 6º, DA LEI N. 8.212/91. MEDIDA EXCEPCIONAL. CONTESTAÇÃO AO LANÇAMENTO TRIBUTÁRIO. POSSIBILIDADE. PRINCÍPIO DA VERDADE REAL. PRECEDENTES. 1. A apuração indireta do tributo prevista no art. 33, § 6º, da Lei n. 8.212/91 guarda simetria com a previsão do lançamento por arbitramento do art. 148 do CTN, bem como de outros normativos existentes no campo tributário, e representa forma de constituição do crédito tributário, revestindo-se de excepcionalidade a ser aplicada quando verificada a absoluta ausência ou imprestabilidade da documentação contábil e fiscal da empresa, constituindo irregularidade insanável. 2. A aferição indireta perpetrada pela autoridade tributária não obsta o direito do contribuinte de, em observância aos princípios do contraditório e da ampla defesa, ilidir a presunção de legitimidade dos atos fiscais na constituição por arbitramento, pois somente a irregularidade insanável, entendida como aquela que inviabiliza no todo a apuração do tributo, justifica a constituição do crédito nesta modalidade. 3. O art. 33, § 6º, da Lei n. 8.212/91 bem como o art. 148 do CTN representam a concretização normativa do princípio da verdade real em matéria tributária, dando azo para que a empresa contribuinte, rendendo homenagem ao citado princípio, possa contestar o lançamento tributário na via administrativa ou judicial. [...] 5. Com efeito, a premissa jurídica firmada no acórdão dos embargos infringentes no sentido de que 'a correção das irregularidades contábeis após a fiscalização não tem o condão de invalidar a aferição indireta dos tributos devidos' se contrapõe ao entendimento colacionado nos precedentes desta Corte, negando ao contribuinte a faculdade de fazer prova apta a infirmar as presunções que servira de base de cálculo do imposto" (STJ, REsp 1.377.943, 2013).

– "ART. 148 DO CTN. ARBITRAMENTO DA BASE DE CÁLCULO. INDÍCIOS DE SUBFATURAMENTO... 2. O art. 148 do CTN deve ser invocado para a determinação da base de cálculo do tributo quando certa a ocorrência do fato imponível, o valor ou preço de bens, direitos, serviços ou atos jurídicos registrados pelo contribuinte não mereçam fé, ficando a Fazenda Pública, nesse caso, autorizada a proceder ao arbitramento mediante processo administrativo-fiscal regular, assegurados o contraditório e a ampla defesa. 3. Ao final do procedimento previsto no art. 148 do CTN, nada impede que a administração fazendária conclua pela veracidade dos documentos fiscais do contribuinte e adote os valores ali consignados como base de cálculo para a incidência do tributo. 4. Caso se entenda pela inidoneidade dos documentos, a autoridade fiscal irá arbitrar, com base em parâmetros fixados na legislação tributária, o valor a ser considerado para efeito de tributação. 5. No caso, havendo indícios de subfaturamento, os fiscais identificaram o sujeito passivo, colheram os documentos necessários à comprovação da suposta infração e abriram processo administrativo para apurar os fatos e determinar a base de cálculo do imposto a ser pago, liberando na sequência as mercadorias. Não se trata, portanto, de pauta fiscal, mas de arbitramento da base de cálculo do imposto, nos termos do que autoriza o art. 148 do CTN" (STJ, RMS 26.964, 2008).

– "Apesar de ser uma atividade administrativa estreitamente ligada aos ditames legais, as dificuldades operacionais para identificar, quer a conduta tributável, quer o seu valor em moeda, permitem à autoridade fiscal o uso de poder discricionário para a adoção de bases presuntivas para a fixação do valor tributável. [...] Esses valores estimados ou presumidos não são (ou não podem ser) fixados arbitrariamente pela autoridade fiscal que, na sua elaboração, deve levar em consideração os fatos indicativos mais próximos possíveis da realidade, e somente são apropriados para os impostos que incidem sobre operações individualizadas. [...] A tributação com base em valores estimados ou presumidos caracteriza uma presunção relativa, já que sempre tem direito o contribuinte a fazer prova em contrário, demonstrando a verdadeira base de cálculo do tributo" (SEIXAS FILHO, Aurélio Pitanga. Faculdade da Administração na determinação de tributos (lançamento e liquidação). *Cadernos de Direito Tributário e Finanças Públicas* 17/93, RT, 1996).

– "33. O arbitramento da base de cálculo deve respeitar os princípios da finalidade da lei, razoabilidade, proporcionalidade e capacidade contributiva, razão pela qual não há discricionariedade total na escolha das bases de cálculo alternativas, estando o agente público sempre vinculado, pelo menos, aos princípios constitucionais informadores da função administrativa. 34. Não basta que algum dos fatos previstos no artigo 148 do CTN tenha ocorrido a fim de que surja para o Fisco a competência de arbitrar: faz-se imperioso que além disso o resultado da omissão ou do vício da documentação implique completa impossibilidade de descoberta direta da grandeza manifestada pelo fato jurídico. 34.1. O critério para determinar se um ou mais vícios ou erros são ou não suscetíveis de ensejar a desconsideração da documentação reside no seguinte: se implicarem a impossibilidade por parte do Fisco de, mediante exercício do dever de investigação, retificar a documentação de forma a garantir o valor probatório do documento, o mesmo deve ser considerado imprestável e a base de cálculo arbitrada. Caso contrário, não. 35. Diante de um lançamento por arbitramento, o sujeito passivo poderá verificar, para fins de defesa, se o ato jurídico encontra-se devidamente motivado e os aspectos formais do ato foram cumpridos; se estão indicados na norma individual e concreta de constituição do crédito todos os dados e documentos utilizados para aferição dos valores arbitrados, pois em caso negativo, o lançamento estará cerceando o exercício da ampla defesa e do contraditório; se o critério adotado pelo Fisco para o arbitramento é muito oneroso e desprovido de razoabilidade, considerando o capital social, o faturamento, o lucro e a própria capacidade operacional da empresa; se a infração cometida consistiu apenas em atraso na escrita ou na entrega de declarações, o que não é considerado antecedente da norma jurídica que tem como consequente o dever do Fisco de efetuar o lançamento por arbitramento, mas tão somente daquela que prevê a aplicação de multa decorrente de descumprimento de deveres instrumentais; se a documentação irregular poderia ter sido desconsiderada, uma vez que os vícios

dela constantes são insignificantes se comparados ao número de lançamentos contábeis efetuados ou documentos fiscais emitidos; se mesmo diante de omissão de receitas o contribuinte teve prejuízo, não alterado em virtude dessas receitas, hipótese em que não se faz possível exigir o pagamento de tributos incidentes sobre a renda e o lucro; se a fiscalização utilizou-se de exercícios em que a atividade do contribuinte foi atípica, comprometendo a validade da média; e muitos outros" (FERRAGUT, Maria Rita. *Presunções no direito tributário*. Dialética, 2001, p. 161).

– "... toda a fundamentação de uma desconsideração de método previamente escolhido e aplicado pelo contribuinte é, em si, medida típica de arbitramento da base de cálculo dos tributos envolvidos... Da Constituição, no seu art. 145, § 1º, ao próprio CTN, nos seus arts. 148 e 150, I, em nenhuma hipótese vê-se justificativa para tributação com base em presunções absolutas; o que vale do mesmo modo para a negativa de aplicação de métodos de apuração de bases de cálculo. [...] Ao Direito tributário importa, com exclusividade, só a verdade material, para a qual certas presunções legais somente valem como hipóteses sujeitas a confirmação pela base natural de testabilidade: a situação fática tomada como motivo para a edição do ato administrativo de lançamento. Caso não se tenha por ocorrido tal como o supunha a norma, deve ser aberto ao contribuinte o direito de demonstrar, mediante produção de prova em contrário, a efetiva ocorrência do fato jurídico tributário, em louvor da verdade material. Sobre o uso das presunções legais no direito tributário, pela circunstância de alheamento da administração em face de todos os fatos passíveis de serem alcançados para tributação e pela exigência de demonstração de provas, por parte das autoridades administrativas, a cada ato de lançamento tributário, em favor da simplificação, qualquer recurso ao uso de presunções legais deve satisfazer a estritos requisitos de justificação, sob pena de afetar os princípios de segurança jurídica e interdição do arbítrio, e ter por prejudicada sua aplicação. Todavia, o uso de presunções em matéria tributária há de encontrar limites muito claros. Primeiro, tais presunções só poderão ser de ordem probatória (presunção simples ou *hominis*); e, quando criadas por lei, não poderão ser absolutas, mas só relativas, admitindo a devida prova em contrário por parte do alegado, com liberdade de meios e formas. Segundo, a Administração deve respeitar o caráter de subsidiariedade dos meios presuntivos, pois só de modo excepcional se deve valer deles, na função de típica finalidade aliviadora ou igualdade de armas, nas hipóteses em que encontrar evidente dificuldade probatória. Terceiro, porque a verdade material é o parâmetro absoluto da tributação, qualquer modalidade de presunção relativa, há de ser aplicada com estrito respeito aos direitos fundamentais, e à legalidade, acompanhada de devido processo legal e sem qualquer espécie de discricionariedade que leve ao abuso de poder" (TORRES, Heleno Taveira. Controle sobre preços de transferência. Legalidade e uso de presunções no arbitramento da base de cálculo dos tributos. O direito ao emprego do melhor método. Limites ao uso do PRL-60 na Importação. *RFDT* 06/21, 2003).

– "Na presunção legal absoluta a lei determina que se tenha como ocorrido, ou existente, fato que provavelmente ocorreu ou existe. Apenas elimina, por questão de ordem prática, a disputa em torno da prova, fazendo-a desnecessária. Na ficção, a lei determina que se considere ocorrido, ou com certeza, não ocorreu, ou não existe. Há presunção legal quando a imposição legal de verdade diz respeito a algo que provavelmente verdade é, quando a ficção legal diz respeito a imposição de verdade de algo que provavelmente ou com toda certeza verdade não é. A ficção, como a presunção legal absoluta, não constitui matéria de prova. São construídas exatamente para eliminar a necessidade de questionamento a respeito da existência ou inexistência de certos fatos. A despeito de terem ocorrido, ou não terem ocorrido, certos fatos. As normas que estabelecem tanto a ficção legal, como a presunção legal absoluta, são normas de direito material. A pauta como ficção legal, ou como presunção legal absoluta, é inteiramente inadmissível. [...] Nos casos em que não existia documento, ou quando os documento emitidos pelo contribuinte não sejam idôneos, a autoridade da Administração Tributária poderá arbitrar o valor da operação, para fins de cálculo do ICMS, mas ao contribuinte que não se conformar com esse arbitramento há de ser sempre assegurada a avaliação contraditória, administrativa ou judicial. Esse arbitramento deve ser feito em cada caso. [...] Nem podia mesmo ser diferente, porque a utilização de pauta como presunção legal absoluta, ou como ficção legal, é absolutamente inadmissível em face do dispositivo constitucional que, ao conceder competência tributária aos Estados, reportar-se a imposto sobre operações relativas a circulação de mercadorias, e à prestação de serviços de transporte interestadual ou intermunicipal e de comunicação. Havendo, assim, especificação desse âmbito do imposto, não se pode admitir a ficção legal, nem a presunção legal absoluta, pois isto significaria dar condições ao legislador para violar a norma atributiva de competência tributária, definindo como base de cálculo do ICMS valores inteiramente divorciados do valor da operação, e da prestação tributáveis" (MACHADO, Hugo de Brito; MACHADO SEGUNDO, Hugo de Brito ICMS..., *RDDT* 73, 2001, p. 144-158).

• Vide artigo do Ministro Carlos Mário Velloso, O arbitramento em matéria tributária, *RDT* n. 63, Ed. Malheiros, p. 177/186.

⇒ **Arbitramento como critério substitutivo, sem caráter punitivo.** O lançamento por arbitramento não constitui sanção, mas método substitutivo para apuração do montante devido, não podendo basear-se em elementos distoantes da realidade.

– "Arbitramento em si mesmo considerado não é presunção nem sanção; é mera forma de apuração do valor a título de tributo" (HARET, Florence. *Teoria e prática das presunções no direito tributário*. Noeses: 2010, p. 811).

– "II – O arbitramento não pode se constituir em pena, mas mero critério substitutivo que a Lei defere ao Fisco, quando o contribuinte não cumpre as obrigações legais, para apurar a base de cálculo do lucro tributável" (TRF4, AC 96.04.61716-8, 2000).

– **Escolha dos critérios de arbitramento mais favoráveis ao contribuinte.** É o que estabelece o art. 6º, § 6º, da Lei 8.021/90: "Art. 6º O lançamento de ofício, além dos casos já especificados em lei, far-se-á arbitrando-se os rendimentos com base na renda presumida, mediante utilização dos sinais exteriores de

riqueza. [...] § 4º No arbitramento tomar-se-ão como base os preços de mercado vigentes à época da ocorrência dos fatos ou eventos, podendo, para tanto, ser adotados índices ou indicadores econômicos oficiais ou publicações técnicas especializadas. [...] § 6º Qualquer que seja a modalidade escolhida para o arbitramento, será sempre levada a efeito aquela que mais favorecer o contribuinte".

⇒ **Documentação disponível para a fiscalização e lançamento. Impossibilidade de arbitramento.** "ESCRITURAÇÃO IDÔNEA. LANÇAMENTO POR ARBITRAMENTO (ARTIGOS 399, IV, E 400, § 6º, DO RIR/80). INVIABILIDADE... 4. A apuração do lucro da pessoa jurídica por arbitramento se justifica quando a escrituração mantida pelo contribuinte contiver vícios, erros ou deficiências que a tornem imprestável para determinar o lucro real ou presumido, ou revelar evidentes indícios de fraude (art. 399, IV do RIR/80 – Decreto 85.450/80). Todavia, se o contribuinte mantém regular escrituração da receita bruta efetivamente verificada, é com base nela, e não por arbitramento, que o tributo deve ser lançado (art. 400, *caput*, do RIR/80. Também em matéria tributária deve-se observar, sempre que possível, o princípio da verdade real, inquestionavelmente consagrado em nosso sistema normativo (CTN, art. 148; Súmula 76/TFR)" (STJ, REsp 549.921, 2007).

– **Documentos idôneos. ICMS**. "ICMS. Base de cálculo. Pauta de valores. Impossibilidade. 1. Está consolidado na jurisprudência da 1ª Seção, deste Superior Tribunal de Justiça, que é impossível, segundo as regras do ordenamento jurídico tributário, prestigiar-se a cobrança de ICMS com base no valor da mercadoria apurado em pauta fiscal. 2. Não merece guarida o argumento da agravante de que o teor do art. 148, do CTN, confere legalidade ao arbitramento da base de cálculo do ICMS, eis que, *in casu*, não se discutiu, em momento algum, a idoneidade dos documentos e a veracidade das declarações prestadas pelo contribuinte. 3. O art. 148, do CTN, somente pode ser invocado para estabelecimento de bases de cálculo, que levam ao cálculo do tributo devido, quando a ocorrência dos fatos geradores é comprovada, mas o valor ou preço de bens, direitos, serviços ou atos jurídicos registrados pelo contribuinte não mereçam fé, ficando a Fazenda Pública autorizada a arbitrar o preço, dentro do processo regular. A invocação desse dispositivo somente é cabível, como magistralmente comenta Aliomar Baleeiro, quando o sujeito passivo for omisso, reticente ou mendaz em relação a valor ou preço de bens, direitos, serviços: ...Do mesmo modo, ao prestar informações, o terceiro, por displicência, comodismo, conluio, desejo de não desgostar o contribuinte, etc. às vezes deserta da verdade ou exatidão. Nesses casos, a autoridade está autorizada legitimamente a abandonar os dados da declaração, sejam do primeiro, sejam do segundo e arbitrar o valor ou preço, louvando-se de elementos idôneos de que dispuser, dentro do razoável (Misabel Abreu Machado Derzi, *Comentários ao Código Tributário Nacional*, 3. ed., Forense. 1998)" (Ac. un. da 1ª T do STJ AgRg no REsp 119.337/MG. Min. José Delgado *DJU* de 16-8-1999).

– "Fixação da base de cálculo do ICMS. Pautas fiscais. Ausência de processo regular. Artigo 148 do Código Tributário Nacional.

Critérios constantes da Lei Complementar 87/96... 1. Fixação da base de cálculo do ICMS com apoio em pautas fiscais de preços ou valores na comercialização de refrigerantes, água mineral e cerveja. Ausência de comprovação de processo regular, nos termos do art. 148 do Código Tributário Nacional. 2. Para acolher a tese da agravante de que não se trata de "pautas fiscais", mas, sim, de base de cálculo presumida, seria mister reanalisar e reinterpretar todo o arcabouço normativo aplicável à espécie, tais como os atos infralegais (portarias) da Secretaria de Fazenda do Estado do Maranhão e as leis locais, à luz dos critérios estabelecidos na LC n. 87/96. Assim, a afronta, caso ocorresse, se daria de forma meramente reflexa ou indireta. Precedentes" (STF, RE 630.983 AgR, 2013).

– Ausência de elementos contábeis confiáveis. Cabimento do arbitramento. "5. Depreende-se dos autos que a Fazenda Estadual procedeu ao arbitramento do tributo, porquanto houve falhas nos documentos apresentados pela contribuinte (livro de registro de inventário e notas fiscais de saídas de mercadorias). A contribuinte, após notificada, não apresentou os documentos requeridos pelo Fisco, razão pela qual, como bem observou o Tribunal a quo, 'outra solução não haveria para a Fazenda Estadual, a não ser proceder a tal levantamento mediante arbitramento'. Nesse contexto, havendo 'processo regular', associado às omissões e falhas nos documentos apresentados pelo sujeito passivo, mostra-se legítimo o arbitramento do tributo devido, nos termos do art. 148 do CTN" (STJ, REsp 858.047, 2008).

– "VENDA ABAIXO DO VALOR DE CUSTO. INIDONEIDADE DE DOCUMENTAÇÃO... 1. O art. 148 do CTN somente pode ser invocado para a determinação da base de cálculo do tributo quando, certa a ocorrência do fato imponível, o valor ou preço de bens, direitos, serviços ou atos jurídicos registrados pelo contribuinte não mereça fé. Fica a Fazenda Pública, nesse caso, autorizada a proceder ao arbitramento mediante processo administrativo-fiscal regular, assegurados o contraditório e a ampla defesa. 2. Ao final do procedimento previsto no art. 148 do CTN, nada impede que a administração fazendária conclua pela veracidade dos documentos fiscais do contribuinte e adote os valores ali consignados como base de cálculo para a incidência do tributo. Do contrário, caso se conclua pela inidoneidade dos documentos, a autoridade fiscal deverá arbitrar, com base em parâmetros fixados na legislação tributária, o valor a ser considerado para efeito de tributação" (STJ, AgRg no REsp 968.321, 2007).

⇒ **Obra de construção civil. Aferição indireta.** Lei n. 8.212/91, com a redação da Lei n. 11.941/2009: "Art. 33. À Secretaria da Receita Federal do Brasil compete planejar, executar, acompanhar e avaliar as atividades relativas à tributação, à fiscalização, à arrecadação, à cobrança e ao recolhimento das contribuições sociais previstas no parágrafo único do art. 11 desta Lei, das contribuições incidentes a título de substituição e das devidas a outras entidades e fundos... § 4º Na falta de prova regular e formalizada pelo sujeito passivo, o montante dos salários pagos pela execução de obra de construção civil pode ser obtido mediante cálculo da mão de obra empregada, proporcional à área construída, de acordo com critérios estabelecidos pela Secretaria da Receita Federal do Brasil, cabendo ao proprietário, dono da obra, condômino da unidade imobiliária ou empresa corresponsável o ônus da prova em contrário".

– "CONTRIBUIÇÃO PREVIDENCIÁRIA... AFERIÇÃO INDIRETA. MEDIDA EXCEPCIONAL... 3. A apuração indireta do valor das contribuições previdenciárias é providência excepcional que representa uma ruptura nos procedimentos rotineiros para a apuração do montante da obrigação tributária, justificada pela existência de irregularidades insanáveis na documentação contábil apresentada pela empresa. 4. A Corte de origem entendeu que a escrituração contábil da empresa é suficiente para afastar tal excepcionalidade" (STJ, REsp 644.183, 2006).

– Regularização. SERO. IN RFB n. 2.021/2021, que dispõe sobre as contribuições previdenciárias e as contribuições destinadas a outras entidades ou fundos incidentes sobre o valor da remuneração da mão de obra utilizada na execução de obras de construção civil, instituiu o Serviço Eletrônico para Aferição de Obras (SERO). Dispõe: "Art. 1º O cálculo das contribuições previdenciárias e das contribuições destinadas a outras entidades ou fundos incidentes sobre o valor da remuneração da mão de obra utilizada na execução de obra de construção civil, para fins de sua regularização perante a Secretaria Especial da Receita Federal do Brasil (RFB), será efetuado em conformidade com o disposto nesta Instrução Normativa. CAPÍTULO I DISPOSIÇÕES GERAIS RELATIVAS AO SERVIÇO ELETRÔNICO PARA AFERIÇÃO DE OBRAS. Seção I Utilização do Sero Art. 2º Fica instituído o Serviço Eletrônico para Aferição de Obras (Sero), por meio do qual serão fornecidas as informações necessárias à aferição de obra de construção civil, inclusive sobre a remuneração da mão de obra utilizada em sua execução, notas fiscais, faturas e recibos de prestação de serviços. (Lei n. 8.212, de 24 de julho de 1991, art. 33, §§ 4º e 6º)".

– Sobre a responsabilidade solidária do dono da obra, estabelecida pelo art. 30, VI, da Lei 8.212/91, com a redação da Lei 9.528/97, vide larga abordagem em nota ao art. 124, II, do CTN.

⇒ **Omissão de receitas.** A omissão de receitas ou mesmo o pagamento de dívidas sem indicação da fonte podem ensejar lançamentos de COFINS/PIS, IRPJ, CSLL e, inclusive, tributação reflexa dos sócios a título de IRPF. Sobre a omissão de receitas, vide nota ao art. 44 do CTN.

Art. 149. O lançamento é efetuado e revisto de ofício pela autoridade administrativa nos seguintes casos:

⇒ **Lançamento de ofício. Próprio ou supletivo.** É aquele realizado direta e exclusivamente pelo Fisco quando a lei assim o determine ou quando o tributo seja submetido por lei a uma das modalidades anteriores (mediante declaração ou por homologação), mas o contribuinte não tenha realizado os atos que lhe cabiam, ou seja, não tenha prestado as informações ou apurado e pago o tributo devido. Neste caso, o lançamento de ofício terá caráter supletivo. Será a única forma de o Fisco obter a formalização do seu crédito tributário.

⇒ **Obrigação de rever de ofício o lançamento.** "No âmbito tributário... é inadmissível falar-se em revogação do ato de lançamento, fundamentada em razões de conveniência ou oportunidade, pois uma de suas características é a 'vinculação' O respectivo controle deve consistir, portanto, no exame da legalidade, de modo que o ato jurídico administrativo de lançamento será nulo se veiculado sem observância de algum pressuposto normativo... Os caminhos pelos quais essa anulação pode ser desencadeada encontram-se no art. 145 do Código Tributário Nacional, sendo autorizada nas hipóteses em que haja (i) impugnação do sujeito passivo; (ii) recurso de ofício; ou (iii) iniciativa de ofício da autoridade administrativa, os casos previstos no art. 149 daquele diploma normativo. Verificados vícios no ato administrativo de lançamento, a autoridade fazendária não só pode, como deve proceder à sua anulação, no exercício do já referido controle de legalidade" (CARVALHO, Paulo de Barros. As decisões do Carf e a extinção do crédito tributário. *RDDT* 212/90, 2013).

⇒ **Taxatividade das hipóteses.** Neste sentido, com referência expressa a este artigo 149, vide nota ao art. 145 acerca da imutabilidade do lançamento.

I – quando a lei assim o determine;

⇒ **Tributos sujeitos a lançamento de ofício por determinação legal.** São aqueles cuja lei determine que cabe ao Fisco toda a atividade de verificação da ocorrência do fato gerador, identificação do sujeito passivo, cálculo e notificação do mesmo para que o pagamento. O IPVA e o IPTU costumam ser tratados, pelas leis instituidoras, como tributos sujeitos a lançamento de ofício.

II – quando a declaração não seja prestada, por quem de direito, no prazo e na forma da legislação tributária;

⇒ **Tributos sujeitos a lançamento por declaração. Hipótese em que o sujeito passivo não presta a declaração.** Ocorre quando o contribuinte deixe de cumprir a sua parte, dando ensejo a lançamento de ofício supletivo.

– "IMPOSTO DE TRANSMISSÃO *CAUSA MORTIS* ... ARROLAMENTO SUMÁRIO. CONSTITUIÇÃO DO CRÉDITO TRIBUTÁRIO POR DECLARAÇÃO DO CONTRIBUINTE. INÉRCIA. LANÇAMENTO DE OFÍCIO... 2. O fato gerador do imposto *causa mortis* se dá com a transmissão da propriedade, que, no direito pátrio, coincide com a morte, por força do direito de sucessão (art. 1.572 do CC/1916). Precedentes. 3. No Estado do Rio de Janeiro, a Lei 1.427/89 estabelece que, quando o inventário se processar sob a forma de rito sumário o imposto de transmissão será objeto de declaração do contribuinte nos 180 (cento e oitenta) dias subsequentes à ciência da homologação da partilha ou da adjudicação. 4. Não havendo tal declaração no prazo legal, nasce para o Fisco o direito de proceder ao lançamento de ofício (art. 149, II, do CTN), o que deverá ocorrer no prazo quinquenal do art. 173, I, do CTN ('primeiro dia do exercício seguinte àquele em que o lançamento poderia ter sido efetuado'). 5. No caso dos autos, não tendo o contribuinte efetuado a declaração no prazo legal (encerrado em 16.12.1997), iniciou-se, a partir de 01.01.1998, o prazo para o lançamento de ofício, que foi efetuado tempestivamente, em 29.01.2002" (STJ, REsp 752.808, 2007).

III – quando a pessoa legalmente obrigada, embora tenha prestado declaração nos termos do inciso anterior, deixe de atender, no prazo e na forma da legislação tributária, a pedido de esclarecimento formulado pela autoridade administrativa, recuse-se a prestá-lo ou não o preste satisfatoriamente, a juízo daquela autoridade;

⇒ **Tributos sujeitos a lançamento por declaração em que a declaração é insatisfatória.** O contribuinte presta a declaração exigida por lei, mas de modo não satisfatório, com erros, equívocos, falsidade ideológica ou qualquer outra irregularidade, dando ensejo a lançamento de ofício supletivo.

– "... ao ser revisado o lançamento, na verdade, o que está sendo revisto é a declaração, como a declaração de rendimentos, no âmbito do imposto sobre a renda, ou a declaração de importação, necessária ao pagamento do imposto sobre importação, porquanto elas servem de base ao lançamento dos mencionados impostos. Essa revisão, porém, somente pode ser por inteiro, em única oportunidade. Vale dizer que, quando se faz revisão de uma declaração, seja do imposto sobre a renda, seja do imposto de importação, sobretudo em virtude de fiscalização, o reexame é total em relação aos dados declarados que interessam à tributação. Não é possível revisão pela metade, o que permite a possibilidade de segunda revisão. Se houver, porém, segunda revisão, configurada fica uma modificação de critérios jurídicos, tendo incidência, pois, a norma do art. 146 do Código" (PRAXEDES, Francisco de Assis. Crédito tributário. Constituição. Lançamentos com base na declaração e de ofício. Decadência. Quando ocorre. *RDDT* 176/65, 2010).

IV – quando se comprove falsidade, erro ou omissão quanto a qualquer elemento definido na legislação tributária como sendo de declaração obrigatória;

⇒ **Erro de fato, erro de direito, mudança de critério jurídico.** Vide notas ao art. 146 do CTN.

⇒ **Declarações inexatas.** "A transferência de imóveis do patrimônio de pessoa física, a título de integralização do capital social, constitui lucro passível de tributação pelo IR, a teor do disposto no D.L. 1.641/75, art. 1º e § 2º, II e do RIR/80, art. 41, § 3º, 'b'. – Tendo o lançamento originário se baseado em declarações inexatas prestadas pelo contribuinte, é lícito à autoridade administrativa revê-lo, por isso que caracterizado o erro de direito. – O prazo inicial para a revisão do referido lançamento conta-se da data da notificação inicial para pagamento do Imposto de Renda, conforme previsto nos artigos 173 do CTN combinado com o parágrafo único do art. 423 do Decreto 58.400/66" (STJ, REsp 41.314, 2002).

V – quando se comprove omissão ou inexatidão, por parte da pessoa legalmente obrigada, no exercício da atividade a que se refere o artigo seguinte;

⇒ **Tributos sujeitos a lançamento por homologação, quando o contribuinte não cumpra sua obrigação integral ou parcialmente.** O lançamento por homologação depende da colaboração do sujeito passivo no sentido de apurar corretamente o seu débito e pagá-lo. Caso isso não ocorra, abre-se espaço para o lançamento de ofício. O Fisco agirá nos casos de omissão do contribuinte ou de inexatidão, rejeitando os valores por ele indicados como devidos e efetuando o lançamento que entender correto.

– "ICMS. PAGAMENTO A MENOR. LANÇAMENTO DE OFÍCIO... 1. Nos tributos sujeitos a lançamento por homologação, quando ocorre o recolhimento em desconformidade com a legislação aplicável, deve a autoridade fiscal proceder ao lançamento de ofício (CTN, art. 149)..." (STJ, REsp 973.189, 2007).

VI – quando se comprove ação ou omissão do sujeito passivo, ou de terceiro legalmente obrigado, que dê lugar à aplicação de penalidade pecuniária;

⇒ **Infração à legislação tributária. Lançamento de multa.** A aplicação de multa é feita pelo Fisco, de ofício.

VII – quando se comprove que o sujeito passivo, ou terceiro em benefício daquele, agiu com dolo, fraude ou simulação;

⇒ **Conceito de dolo.** "Entende-se por dolo a consciência e a vontade de realização dos elementos objetivos do tipo de injusto doloso (tipo objetivo). Dolo, como resolução delitiva, é 'saber e querer a realização do tipo objetivo de um delito'. Age dolosamente o agente que conhece e quer a realização dos elementos da situação fática ou objetiva, sejam descritivos, sejam normativos, que integram o tipo legal de delito. O dolo é, de certo modo, a 'imagem reflexa subjetiva do tipo objetivo' da situação fática representada normativamente. A conduta dolosa é mais perigosa – e deve ser punida mais gravemente – do que a culposa. O juízo de periculosidade objetiva da conduta... exige necessariamente a aferição do dolo" (PRADO, Luiz Regis. *Curso de direito penal brasileiro.* 6. ed. Rio de Janeiro: Revista dos Tribunais, 2006. p. 113).

– "... o dolo é o querer do resultado típico, a vontade realizadora do tipo objetivo. O nosso código fala em dolo no seguinte sentido: 'quando o agente quis o resultado' (art. 18, I). [...] O conhecimento que este 'querer' pressupõe é o dos elementos do tipo objetivo no caso concreto: o dolo de homicídio (art. 121) é o querer matar um homem, que pressupõe que se saiba que o objeto da conduta é um homem, que a arma causará o resultado (previsão da causalidade); o dolo de furto (art. 155) consiste num querer subtrair coisa alheia móvel, que pressupõe que se saiba que aquilo que se subtrai é uma coisa, isto é, algo que se tem certo valor patrimonial e que tal coisa é alheia. Assim, se quisermos aperfeiçoar um pouco mais a definição do dolo que formulamos há pouco, e que se extrai da lei, é conveniente conceituá-lo como a vontade realizadora do tipo objetivo, guiada pelo conhecimento dos elementos deste no caso concreto. [...] O reconhecimento de que o dolo é uma vontade individualizada em um tipo, obriga-nos a reconhecer em sua estrutura os dois aspectos em que consiste: o do conhecimento pressuposto ao querer e o próprio querer (que não pode existir sem conhecimento). Isto dá lugar aos dois aspectos que o dolo compreende: a) aspecto de conhecimento ou aspecto cognoscitivo do dolo; e b) aspecto do querer ou aspecto volitivo do dolo" (ZAFFARONI, Eugenio Raúl; PIERANGELI, José Henrique. *Manual de direito penal brasileiro.* 5. ed. São Paulo: Revista dos Tribunais, 2004. p. 457).

– Sobre os dolos direto e inconstitucional, vide art. 136 do CTN, p. 1126.

⇒ **Conceito de fraude.** Vide nota ao art. 161 do CTN.

⇒ **Conceito de simulação.** Vide nota ao art. 116, parágrafo único, do CTN.

VIII – quando deva ser apreciado fato não conhecido ou não provado por ocasião do lançamento anterior;

⇒ **Fato não conhecido.** "IPTU. REVISÃO DO LANÇAMENTO DE OFÍCIO. ERRO DE FATO. POSSIBILIDADE... 2. É possível a revisão, de ofício, do lançamento tributário, por meio de lançamento complementar, em virtude de erro de fato quando da apuração do imposto (arts. 145 c/c 149, VIII, do CTN)" (STJ, AgRg no REsp 1.238.475, 2013) Excerto da decisão monocrática do relator, transcrita e mantida no voto condutor: "... o lançamento original reportou-se à área menor do imóvel objeto da tributação, por desconhecimento de sua real metragem, o que ensejou a posterior retificação dos dados cadastrais (e não o recadastramento do imóvel), hipótese que se enquadra no disposto no inciso VIII, do artigo 149, do Codex Tributário, razão pela qual se impõe a reforma do acórdão regional, ante a higidez da revisão do lançamento tributário."

– "IMPOSTO SOBRE TRANSMISSÃO *CAUSA MORTIS*... REVISÃO DO LANÇAMENTO POR ERRO DE FATO (VALORAÇÃO DO IMÓVEL). POSSIBILIDADE... 12. O vício quanto à valoração do imóvel é erro de fato, que pode ser revisto durante o prazo decadencial, nos termos do art. 149, VIII, do CTN.13. Se, após a avaliação inicial em R$ 1.464.196,82, a autoridade administrativa soube da anterior alienação da outra metade do imóvel por mais que o dobro do preço (R$ 3.146.000,00), nada impede que o Fisco retifique o lançamento, caso já tenha sido efetuado, e exija o recolhimento do tributo sobre o valor real do bem.14. Inexiste, portanto, imutabilidade da valoração administrativa do imóvel, para fins de lançamento tributário.15. O acórdão deve, nesse ponto, ser reformado..." (STJ, REsp 1.143.625, 2009).

– "IPTU. ERRO DE FATO. LANÇAMENTO ORIGINÁRIO QUE NÃO CONSIDEROU EDIFICAÇÃO NO IMÓVEL. REVISÃO DE OFÍCIO. POSSIBILIDADE. ART. 149, VIII, CTN... 3. O art. 149, III, do CTN contempla hipótese de revisão de ofício se ocorre fato não conhecido ou não provado na ocasião do lançamento originário. No caso concreto, verifica-se que houve a quitação integral do IPTU pelo contribuinte e, somente depois, por meio de recadastramento e revisão efetivados pela municipalidade, observou se uma construção no terreno, que gerou a complementação da cobrança" (STJ, REsp 1.025.862, 2008).

– **Se a autoridade conhecia os fatos, o erro será de direito.** "A possibilidade de se rever o lançamento em que houve erro de fato ou vícios como a simulação, a fraude ou a falta funcional não oferece dificuldade. Proclama-a unanimemente a doutrina e a admite explicitamente o CTN (art. 149). A única ressalva, aí, prende-se à exigência de o erro de fato só vir a ser conhecido pela autoridade fiscal após o lançamento primitivo. Como diz o

CTN (art. 149, VIII), 'quando deve ser apreciado fato não conhecido ou não provado por ocasião do lançamento anterior'. Mas se a autoridade lançadora conhecida em toda a sua inteireza os fatos, o erro será de direito, ou de valoração jurídica do fato, e, portanto, imutável o lançamento. O contribuinte que forneceu os elementos e prestou as declarações corretamente está protegido contra a mudança na interpretação daqueles fatos" (TORRES, Ricardo Lobo. O princípio da proteção da confiança do contribuinte. *RFDT* 06/09, 2003).

⇒ **Compensação efetuada pelo contribuinte em sua contabilidade e que era desconhecida do Fisco.** Ainda que o contribuinte não tenha informado tempestiva e adequadamente a realização de compensação, cabe ao Fisco, quando dela tomar conhecimento, proceder à revisão do lançamento, de modo a verificar sua subsistência, seja parcial ou total. Assim decidi por ocasião do julgamento do MS 98.0025173-1, da 12ª Vara Federal de Porto Alegre, em outubro de 2000, conforme excerto da sentença: "É incontroverso que a Impetrante lançou na sua contabilidade a compensação do seu débito a título de COFINS, nos períodos em questão, com créditos que entendia possuir contra o Fisco a título de FIN-SOCIAL. De fato, a par da declaração do débito, a empresa contribuinte contabilizou seu pagamento, mediante compensação. Acresça-se a isso o advento da IN n. 32/97, cujo artigo segundo expressamente convalidou, em tese, a compensação efetivada pelo contribuinte de seus débitos de COFINS com os créditos decorrentes das indevidas majorações de alíquota da contribuição ao FINSOCIAL, sendo hoje incontroverso que a compensação efetuada com base no art. 66 da Lei 8.383/91 dá-se no regime de lançamento por homologação e que, portanto, sempre prescindiu de prévia autorização do Fisco (STJ, 2ª T., REsp 116.880/RS, jun/97). A compensação realizada, assim, constitui fato relevante, suficiente para tornar insubsistente cobrança feita sem a sua consideração. Caberá ao Fisco analisar novamente os fatos e o direito e, caso encontre alguma irregularidade quanto aos valores compensados, efetuar lançamento de ofício de eventual diferença ainda devida, fundamentadamente, e oportunizar à empresa contribuinte que ofereça impugnação. Note-se que não se está reconhecendo, aqui, que o Fisco agiu de forma ilegal quando da expedição dos Avisos de Cobrança. Cumpriu a legislação, tendo em vista que fora apresentada a DCTF, não havia registro do ingresso dos recursos atinentes ao pagamento do tributo e não recebera notícia da compensação efetuada pelo contribuinte. Ocorre que, em tendo ocorrido a compensação, com implicação direta sobre o crédito em questão, impende que o lançamento anterior (assim entendida a atividade pela qual foram tomados os valores constantes das DCTFs, acrescidos de multa, e exigidos do contribuinte mediante Avisos de Cobrança) seja revisto pela autoridade administrativa, oportunizando-se, então, que a empresa contribuinte possa oferecer impugnação. Vale ressaltar que tal revisão já poderia ter sido feita, de ofício, pela autoridade administrativa, assim que tomou conhecimento, ainda que tardiamente, da compensação efetuada. Isso porque deve agir

de tal forma por imposição legal, conforme determina o art. 149, inciso VIII, do CTN...".

> **IX – quando se comprove que, no lançamento anterior, ocorreu fraude ou falta funcional da autoridade que o efetuou, ou omissão, pela mesma autoridade, de ato ou formalidade especial.**

⇒ **Fraude.** Vide conceito em nota ao inciso VII deste mesmo artigo.

> **Parágrafo único. A revisão do lançamento só pode ser iniciada enquanto não extinto o direito da Fazenda Pública.**

⇒ **Hipóteses de revisão do lançamento.** O art. 149 do CTN arrola duas hipóteses de revisão do lançamento: "VIII – quando deva ser apreciado fato não conhecido ou não provado por ocasião do lançamento anterior" e "IX – quando se comprove que, no lançamento anterior, ocorreu fraude ou falta funcional da autoridade que o efetuou, ou omissão, pela mesma autoridade, de ato ou formalidade especial." Teremos a possibilidade de um segundo lançamento, também, quando o primeiro tiver sido anulado por vício formal ou material.

⇒ **Revisão para onerar *x* revisão para beneficiar.** A regra do parágrafo único visa a proteger o contribuinte contra revisões do lançamento que venham a lhe onerar mediante elevação do montante do crédito tributário. Estabelece, assim, que o Fisco tem o prazo decadencial para constituir o seu crédito, seja originariamente, seja mediante revisão de lançamento anterior. O prazo corre contra o Fisco.

– Não há que se entender, assim, que tal parágrafo impeça o Fisco de revisar lançamento feito a maior, de modo a beneficiar o contribuinte mediante diminuição do crédito tributário para sua adequação à legislação válida aplicável. Isso pode decorrer tanto por força de lei como de decisão judicial, ou mesmo de simples verificação administrativa à luz de documentos novos apresentados pelo contribuinte. Mas, embora não se fale em prazo decadencial para revisões que beneficiem o contribuinte, não terão elas qualquer efeito sobre o prazo prescricional que já esteja correndo contra o Fisco.

⇒ **A revisão "só pode ser iniciada" enquanto não decaído o direito do Fisco.** A referência, no dispositivo, a que a revisão do lançamento "só pode ser iniciada" enquanto não extinto o direito da Fazenda Pública não deve impressionar. Poder-se--ia argumentar que o início da revisão tem início com a notificação do sujeito passivo para algum esclarecimento. Tendo em conta que a finalidade da norma é limitar no tempo a possibilidade de revisão, entendemos que está se referindo à notificação do segundo lançamento, considerando-se que constitui o crédito tributário, mas não definitivamente, o que só se dá com o exaurimento do processo administrativo, após o julgamento da impugnação e dos recursos. Para que o prazo seja respeitado e a revisão seja válida, o contribuinte terá de ser notificado do novo lançamento ainda no prazo decadencial.

⇒ **Enquanto não extinto o direito.** A extinção do direito ocorre com a decadência. Desse modo, a revisão deve ocorrer antes de decorrido o prazo decadencial, nos termos dos arts. 150, § 4º, e art. 173 do CTN.

– "REVISÃO DO LANÇAMENTO APÓS O PRAZO DE-CADENCIAL. IMPOSSIBILIDADE... 1. É firme o entendi-mento desta Corte no sentido de que, nos termos dos arts. 145, III, e 149, VIII, e parágrafo único, ambos do CTN, a revisão do lançamento tributário é perfeitamente possível desde que reali-zada dentro do prazo decadencial. Desse modo, o termo final para a revisão do lançamento é o mesmo previsto para o lança-mento revisado, nos termos do que dispõe o parágrafo único do art. 149 do Código Tributário Nacional" (STJ, AgRg no REsp 1.405.517, 2015).

– "1. O lançamento pode ser revisto se constatado erro em sua feitura, desde que não esteja extinto pela decadência o direito de lançar da Fazenda. Tal revisão pode ser feita de ofício pela auto-ridade administrativa (art. 145, inciso III, c/c 149, inciso IV, do CTN) e a pedido do contribuinte (art. 147, § 1º, do CTN)" (STJ, REsp 1.015.623, 2009).

– "REVISÃO DE LANÇAMENTO DO IPTU. ERRO DE FATO... I – ... somente podem ser revistos lançamentos cujo direito de constituição do crédito tributário não esteja decaído. Assim, os efeitos da revisão atingirão apenas os lançamentos ocorridos no quinquênio anterior" (STJ, RMS 11.271, 2004).

– "O Código estabelece que a revisão somente pode ocorrer dentro do mesmo prazo estabelecido para a realização do lança-mento revisto. Não existe, portanto, um direito autônomo de revisão, mas é o próprio direito de a Fazenda lançar o tributo que se renova em determinadas circunstâncias. Por isso, o direito de rever o lançamento está sujeito ao mesmo regime jurídico do lançamento revisto" (MACHADO, Schubert de Farias. Lança-mento por homologação e decadência. *RDDT* 131, 2006).

Art. 150. O lançamento por homologação, que ocorre quanto aos tributos cuja legislação atribua ao sujeito passivo o dever de antecipar o pagamento sem prévio exame da autoridade administrativa, opera-se pelo ato em que a referida autorida-de, tomando conhecimento da atividade assim exercida pelo obrigado, expressamente a homologa.

⇒ **Homologação.** "Etimologicamente, a palavra homologação resulta de duas palavras gregas, homo e logos, que significam, respectivamente, mesmo(a) e palavra. Homologar, portanto, é dizer a mesma palavra, fenômeno que ocorre no mundo jurídico, sempre que a autoridade competente para a prática de determinado ato confirma o ato praticado por que, mes-mo não tendo competência, o pratica materialmente, seja por livre vontade, como na homologação de um acordo judicial entre as partes, seja por expressa determinação legal como no lançamento por homologação" (TROIANELLI, Gabriel La-cerda. Lançamento por homologação e decadência do direito de constituir o crédito. *RDDT* 151/28, 2008).

– "... a natureza do ato homologatório difere da do lançamento tributário... Um certifica a quitação; outro certifica a dívida" (CARVALHO Paulo de Barros. *Curso de direito tributário*. 8. ed. São Paulo: Saraiva, 1996, p. 286).

⇒ **Lançamento por homologação.** É a modalidade que se ca-racteriza pela determinação legal de que o próprio sujeito passivo verifique a ocorrência do fato gerador, calcule o montante devido e efetue o pagamento no prazo, cabendo ao sujeito ativo apenas a conferência da apuração e do pagamen-to já realizados. No lançamento por homologação, portanto, em verdade é o contribuinte que apura e paga o tributo, ca-bendo ao Fisco simplesmente chancelar tal apuração, quando a entenda correta, mediante homologação expressa ou tácita, dando o pagamento por bom e suficiente. Nenhum ato do Fisco se faz necessário.

– A Lei n. 9.393/96, que dispõe sobre o ITR, é exemplo de di-ploma que determina a observância de tal regime de lançamen-to: "Art. 10. A apuração e o pagamento do ITR serão efetuados pelo contribuinte, independentemente de prévio procedimento da administração tributária, nos prazos e condições estabeleci-dos pela Secretaria da Receita Federal, sujeitando-se a homolo-gação posterior".

– **Modalidade mais usada.** Tendo em conta que vivemos em uma sociedade de massa, extremamente complexa e na qual o número de contribuintes é extremamente elevado, não ensejando que haja um lançamento individualizado, pelo Fisco, de cada tributo devido em cada competência, as leis preveem, normalmente, que o próprio contribuinte verifique o montante devido a título de cada tributo e efetue o pagamento, ou seja, estabelecem a moda-lidade de lançamento por homologação para a maioria dos tribu-tos. Cabe ao sujeito ativo fiscalizar se o contribuinte está pagan-do os tributos adequadamente.

– A legislação brasileira utiliza-se largamente do lançamento por homologação. Grande parte dos tributos (impostos e contribui-ções sociais principalmente) segue tal sistemática. É o caso, e.g., do ICMS, do IPI, do IR, do ISS, da COFINS, do PIS, da CSL e da contribuição previdenciária.

– **Tendência mundial.** "Delegação das atividades de arrecadação tributária aos contribuintes. ...o Professor José Juan Ferreiro La-patza fez importantes apontamentos sobre os sistemas de gestão tributária atualmente adotados pelos países europeus, separando o sistema anglo-saxão, baseado na autoliquidação dos deveres fiscais pelos próprios contribuintes, do sistema continental, fun-damentado no exercício da liquidação tributária pela Adminis-tração Pública. Como menciona o próprio Professor Ferreiro Lapatza, os sistemas continentais têm sido influenciados pelo sistema anglo-saxão, de forma que há cada vez maior utilização da delegação ao contribuinte das atividades de liquidação fiscal em países como a França, a Itália e a Espanha. Em Portugal, essa tendência foi apontada por José Luis Saldanha Sanches, deixan-do o mesmo registrado... 'que o modo atual de execução das ta-refas financeiras de obtenção de recursos pecuniários para o Es-tado tem como marca essencial uma redução do papel desempe-nhado pela Administração e o correspondente aumento da par-ticipação dos particulares nos procedimentos de aplicação da lei fiscal'" (ROCHA, Sérgio André. A importância do processo administrativo fiscal. *RFDT* 27/97, 2007).

– "A utilização do autolançamento também é uma das caracterís-ticas predominantes da tributação norte-americana" (NO-

GUEIRA, Ruy Barbosa. *Curso de direito tributário*. 14. ed. São Paulo: Saraiva, 1995, p. 233).

– O lado perverso do lançamento por homologação. A legislação tributária, no Brasil, é extremamente complexa. Sujeitar a maior parte dos tributos ao lançamento por homologação implica atribuir ao contribuinte o ônus de conhecê-la por completo, interpretá-la e aplicá-la de modo escorreito, sob pena de multa. O mister do contribuinte é dificílimo e as punições, recorrentes e, de certa forma, até inevitáveis, por mais que o contribuinte seja diligente.

– A revolução tecnológica poderá implicar retorno ao lançamento de ofício. O Fisco dispõe de um volume imenso de informações, muitas das quais, inclusive, em tempo real, por ocasião da realização das operações. Desse modo, estamos rumando para uma realidade em que o Fisco, onisciente, terá meios para realizar o lançamento de ofício de inúmeros tributos hoje sujeitos a lançamento por homologação. Considere-se, por exemplo, que a RFB já disponibiliza aos contribuintes declarações pré-preenchidas do imposto de renda da pessoa física, por exemplo, o que evidencia que a apuração pelos próprios contribuintes possa vir a se tornar desnecessária.

⇒ **Homologa-se o pagamento, extinguindo o crédito tributário.** O lançamento por homologação prescinde de qualquer declaração a ele vinculada, embora possa o legislador criar obrigação acessória correlata, como normalmente acontece. O art. 150 não faz referência a declarações. Refere-se, isso sim, à antecipação do pagamento e à homologação dessa atividade (antecipar o pagamento). Por certo que a realização do pagamento pressupõe apuração do montante devido. A homologação, porém, tem o efeito de dar o montante pago como bom e suficiente, extinguindo o crédito tributário (arts. 150, § 4º, e 156, VII, do CTN). A homologação não se estende aos diversos elementos que tenham sido considerados pelo contribuinte para fins de verificação do montante devido. Aliás, via de regra, é tácita, chancelando, por decurso de prazo, o pagamento efetuado. Tem o efeito, apenas e tão somente, de extinguir o crédito, afastando eventuais discussões sobre o montante devido a título do tributo pago. Não há que se dizer que o decurso do prazo do art. 150, § 4º, torne indiscutível, para outros fins, cada um dos dados considerados pelo contribuinte e por ele eventualmente declarados.

– No sentido de que se homologaria a apuração realizada pelo contribuinte. "Nos tributos sujeitos ao lançamento por homologação o que se homologa não é o pagamento porventura efetuado pelo contribuinte, mas o procedimento de apuração do tributo devido. Razão pela qual a simples falta de pagamento não afasta a regra do § 4º do artigo 150 do Código Tributário Nacional, desde que o sujeito passivo tenha apurado o tributo que considera devido" (TROIANELLI, Gabriel Lacerda. Lançamento por homologação e decadência do direito de constituir o crédito. *RDDT* 151/28, 2008).

– "Objeto da homologação não é o pagamento... É a apuração do montante devido, de sorte que é possível a homologação mesmo que não tenha havido pagamento. [...] Quando a legislação tri-

butária não obrigava o sujeito passivo a prestar informações sobre o valor do tributo, por ele apurado, a autoridade administrativa só tomava conhecimento de sua atividade de apuração através do pagamento. Talvez por isto a doutrina chegou a sustentar ser este o objeto da homologação, quando na verdade o objeto da homologação é a atividade de apuração. Existindo, como atualmente existe para a maioria dos impostos, o dever de prestar informações ao fisco sobre o montante do tributo a ser antecipado, tais informações levam ao conhecimento da autoridade a apuração feita pelo sujeito passivo, abrindo-se assim ensejo para a homologação, tendo havido, ou não, o pagamento correspondente" (MACHADO, Hugo de Brito. *Curso de direito tributário*. 36. ed. São Paulo: Malheiros, 2015, p. 183-184).

⇒ **Declaração x lançamento por homologação.** A obrigação de prestar declaração não caracteriza, por si só, lançamento por declaração. Aliás, é muito comum que, paralelamente ao lançamento por homologação, haja a obrigação de prestar declaração ao fisco, como mero subsídio à fiscalização que por ele será empreendida. O que caracteriza o caracteriza o lançamento por homologação não é a prestação ou não de declaração, cuja obrigação pode ou não existir, mas a determinação legal de que o tributo seja apurado e pago pelo contribuinte ou retido/exigido e repassado pelo substituto tributário, no prazo estabelecido pela legislação, independentemente de apuração ou verificação prévias pelo Fisco, que só atua num segundo momento, para dar por suficiente o pagamento realizado, homologando-o, ou, discordando, para autuar o contribuinte, lançando de ofício eventual diferença ainda devida ou, ainda, deparando-se com a simples omissão do sujeito passivo, fazendo o lançamento de ofício do tributo todo.

– A maior parte dos tributos é sujeita a lançamento por homologação, do que são exemplo o IPI, o ISS, o ICMS, o IOF, o ITR e o próprio IR, bem como as contribuições PIS, Cofins, previdenciárias dos segurados e das empresas, CSL etc.

> **§ 1º O pagamento antecipado pelo obrigado nos termos deste artigo extingue o crédito, sob condição resolutória da ulterior homologação do lançamento.**

⇒ **Pagamento antecipado.** "... na concepção do Código Tributário Nacional, o recolhimento do tributo pelo sujeito passivo é considerado uma mera antecipação do valor que seria apurado pela autoridade administrativa. o sujeito passivo está obrigado a recolher, independentemente de qualquer notificação por parte do Fisco, o montante do tributo, e esse recolhimento extingue a própria obrigação. Entretanto, por coerência com a necessidade de um lançamento, esse desembolso do contribuinte não se considera definitivo; é uma antecipação de algo que será apurado posteriormente. Uma vez apurado o montante, por um lançamento, será homologada a atividade exercida pelo contribuinte" (SCHOUERI, Luís Eduardo. *Direito tributário*. 2. ed. São Paulo: Saraiva, 2012, p. 566).

– Termo *a quo* para a repetição de indébito. LC n. 118/2005. O pagamento antecipado é termo "a quo" do prazo para repetição e compensação de indébito. Vide nota ao art. 168, I, do CTN.

⇒ **Extinção do crédito tributário.** Vide art. 156, VII, do CTN.

§ 2º Não influem sobre a obrigação tributária quaisquer atos anteriores à homologação, praticados pelo sujeito passivo ou por terceiro, visando à extinção total ou parcial do crédito.

§ 3º Os atos a que se refere o parágrafo anterior serão, porém, considerados na apuração do saldo porventura devido e, sendo o caso, na imposição de penalidade, ou sua graduação.

§ 4º Se a lei não fixar prazo à homologação, será ele de cinco anos, a contar da ocorrência do fato gerador; expirado esse prazo sem que a Fazenda Pública se tenha pronunciado, considera-se homologado o lançamento e definitivamente extinto o crédito, salvo se comprovada a ocorrência de dolo, fraude ou simulação.

⇒ **Possibilidade de redução do prazo pelo legislador ordinário.** "Note-se que o art. 150, § 4º, do CTN prevê a possibilidade de o prazo de homologação ser 'fixado em lei' em termos diversos dos previstos naquele artigo, enquanto o art. 173 fixa imperativamente o prazo de 5 (cinco) anos, sem admitir que prazo diferente seja fixado em lei. A lei a que se refere o art. 150, § 4º, só pode ter o alcance de reduzir o prazo de 5 (cinco) anos, baseado no reconhecimento da suficiência de menor período para o exercício do poder de controle, mas nunca o de excedê-lo, funcionando assim os cinco anos como limite máximo do prazo decadencial. A proibição de dilatação do prazo, a livre alvedrio do legislador ordinário, decorre logicamente da função garantística que a lei complementar desempenha em matéria de prescrição e decadência, cuja limitação no tempo é corolário do princípio da segurança jurídica, que é um limite constitucional implícito ao poder de tributar" (XAVIER, Alberto. Prazos de decadência: âmbito de aplicação dos arts. 150, § 4º, e 173, I, do CTN. *RTFP* 55/105, 2004).

⇒ **Homologação do lançamento ou lançamento por homologação?** "Contradiz-se o legislador, entretanto, quando, versando sobre a consequência do lustro sem que a Fazenda Pública se tenha pronunciado, dá por 'homologado o lançamento'. Como é possível homologar o lançamento, se este se dá justamente quando da homologação? Se a intenção do legislador era manter-se firme na ideia de que a atividade do contribuinte não seria, ela mesma, um lançamento, então caberia dizer que, expirado o lustro, considera-se efetuado o lançamento que homologa a atividade do contribuinte. Dada a redação do § 4º do art. 150, entretanto, pode-se sustentar que a 'antecipação' do contribuinte foi um efetivo lançamento (o chamado autolançamento), caindo por terra a ideia de que lançamento seja atividade privativa da autoridade administrativa" (SCHOUERI, Luís Eduardo. *Direito tributário*. 2. ed. São Paulo: Saraiva, 2012, p. 567).

⇒ **Termo *a quo* do prazo para homologação.** Cinco anos contados "do dia da ocorrência do fato gerador e não do primeiro dia do exercício seguinte àquele em que a autoridade poderia (recusando homologação) efetuar o lançamento de ofício (art. 150, § 4º)" (AMARO, Luciano. *Direito tributário brasileiro*. 15. ed. São Paulo: Saraiva, 2009, p. 407).

– **Súmula CARF 10:** (Vinculante – Portaria MF n. 383/2010): O prazo decadencial para constituição do crédito tributário re-

lativo ao lucro inflacionário diferido é contado do período de apuração de sua efetiva realização ou do período em que, em face da legislação, deveria ter sido realizado, ainda que em percentuais mínimos.

⇒ **Prazo de cinco anos do fato gerador para lançar de ofício eventual diferença ainda devida.** O prazo para homologação é, também, o prazo para lançar de ofício eventual diferença devida. O prazo deste § 4º tem por finalidade dar segurança jurídica às relações tributárias. Ocorrido o fato gerador e efetuado o pagamento pelo sujeito passivo no prazo do vencimento, tal como previsto na legislação tributária, tem o Fisco o prazo de cinco anos, a contar do fato gerador, para emprestar definitividade a tal situação, homologando expressa ou tacitamente o pagamento realizado, com o que chancela o cálculo realizado pelo contribuinte. É neste prazo para homologação que o Fisco deve promover a fiscalização, analisando o pagamento efetuado e, no caso de entender que é insuficiente, fazer o lançamento de ofício através da lavratura de auto de infração, em vez de chancelá-lo pela homologação. Com o decurso do prazo de cinco anos contados do fato gerador, portanto, ocorre a decadência do direito do Fisco de lançar eventual diferença.

– Ocorrendo o pagamento tempestivo, o simples decurso do prazo de cinco anos contados da ocorrência do fato gerador tem efeito homologatório, impedindo, *a contrario sensu*, que o Fisco proceda a lançamento de ofício de eventual diferença ainda devida e não paga nem declarada. O prazo, portanto, não é propriamente para a homologação, pois esta ocorrerá de qualquer modo, ainda que tacitamente. Por isso, boa parte da doutrina denomina tal modalidade de autolançamento pelo contribuinte. O prazo é, sim, para que o Fisco, censurando e não homologando o pagamento realizado pelo contribuinte, proceda ao lançamento de ofício do que entender ser o seu crédito.

– A regra do § 4º deste art. 150 é regra especial relativamente à do art. 173, I, deste mesmo Código. E, havendo regra especial, prefere à regra geral. Não há que se falar em aplicação cumulativa de ambos os artigos, conforme se pode ver em nota ao art. 173, I, do CTN.

– "TRIBUTO SUJEITO A LANÇAMENTO POR HOMOLOGAÇÃO. PRAZO DECADENCIAL. TERMO INICIAL. FATO GERADOR. 1. O prazo decadencial para efetuar o lançamento do tributo é, em regra, o do art. 173, I, do CTN, segundo a qual 'o direito de a Fazenda Pública constituir o crédito tributário extingue-se após 5 (cinco) anos, contados [...] do primeiro dia do exercício seguinte àquele em que o lançamento poderia ter sido efetuado'. 2. Todavia, para os tributos sujeitos a lançamento por homologação (que, segundo o art. 150 do CTN, '... ocorre quanto aos tributos cuja legislação atribua ao sujeito passivo o dever de antecipar o pagamento sem prévio exame da autoridade administrativa' e 'opera-se pelo ato em que a referida autoridade, tomando conhecimento da atividade assim exercida pelo obrigado, expressamente a homologa'), há regra específica. Relativamente a eles, ocorrendo o pagamento antecipado por parte do contribuinte, o prazo decadencial para o lançamento de eventuais diferenças é de cinco anos a contar do fato gerador, conforme estabelece o § 4º do art. 150 do CTN. Precedentes jurisprudenciais. 3. No caso, a dívida é relativa a ICMS, tributo sujeito a lançamento por homologação, e o contribuinte efetuou antecipadamente o pagamento, ainda que em valor menor, extinguindo o crédito fiscal sob condição resolutória (CTN, art. 150, § 1º). A homologação ocorreu tacitamente, porquanto não houve manifestação do Fisco no prazo de cinco anos contados do fato gerador. 4. Embargos de divergência a que se nega provimento" (STJ, EDivREsp 279.473, 2004).

– "Se o sujeito passivo 'antecipa' o tributo, mas o faz em valor inferior ao devido, o prazo que flui é para a autoridade manifestar-se sobre se concorda ou não com o montante pago; se não concordar, deve lançar de ofício, desde que o faça antes do término do prazo cujo transcurso implica homologação tácita. Assim, o prazo, após o qual se considera realizado tacitamente o lançamento por homologação, tem natureza decadencial (segundo o conceito dado pelo CTN), pois ele implica a perda do direito de a autoridade administrativa (recusando homologação) efetuar o lançamento de ofício. O que é passível de decadência, pois, é o lançamento de ofício, não o lançamento por homologação" (AMARO, Luciano. *Direito tributário brasileiro*. 15. ed. São Paulo: Saraiva, 2009, p. 407).

– "Queremos dizer, em suma, que o prazo para a homologação do lançamento e o prazo decadencial se confundem, razão suficiente para concluir-se que não pode ser que a decadência se opere após 10 anos contados do acontecimento do fato gerador, consoante procuraremos demonstrar doravante. [...] Deveras, nesse tipo de lançamento, em que o próprio sujeito passivo quem pratica a quase-totalidade das atividades concernentes à apuração do débito tributário e antecipa o que entende devido, incumbe ao Fisco verificar a correção desse atuar e apor o seu de acordo. No momento em que isso acontece está constituído o crédito tributário e lançado (no dizer do legislador) o tributo. Ora, se o lançamento em casos que tais se consuma com este aval da autoridade administrativa (art. 142 do CTN), expressa ou tacitamente, não há o que se cogitar de outro prazo para a constituição do crédito tributário, visto que este já se acha constituído" (Horvath, Estevão. A decadência no lançamento por homologação. *RDT* n. 71).

– "A consequência disto é a de que, passado o prazo decadencial de cinco anos previsto no § 4º do art. 150 do CTN, as bases apuradas e informadas pelo contribuinte em sua declaração fiscal tornam-se imutáveis, para todos os fins. Haverá, assim, uma situação jurídica consolidada, referente a período já alcançado pela decadência. [...] decaído o direito de lançamento pelo Fisco, igualmente precluso estará o direito de reapuração das bases tributáveis, ainda que o objetivo seja a verificação da certeza e liquidez do crédito tributário para fins de compensação" (LESSA, Donovan Mazza; FONSECA, Fernando Daniel de Moura. A homologação das bases tributáveis pelo decurso do prazo decadencial nos tributos sujeitos ao lançamento por homologação. *RDDT* 174/27, 2010).

– **Pagamento parcial de contribuição previdenciária. Súmula CARF 99:** "Para fins de aplicação da regra decadencial prevista no art. 150, § 4º, do CTN, para as contribuições previdenciárias, caracteriza pagamento antecipado o recolhimento, ainda que parcial, do valor considerado como devido pelo contribuinte na competência do fato gerador a que se referir a autuação, mesmo

que não tenha sido incluída, na base de cálculo deste recolhimento, parcela relativa a rubrica especificamente exigida no auto de infração". Aprovada pela 2ª Turma da CSRF em dez. 2013.

– **Pagamento das estimativas mensais do IRPJ. Súmula CARF 135:** "A antecipação do recolhimento do IRPJ e da CSLL, por meio de estimativas mensais, caracteriza pagamento apto a atrair a aplicação da regra decadencial prevista no art. 150, § 4º do CTN" (CSRF, 2019). Obs.: vinculante, conforme Portaria ME n. 410/2020.

– **Retenção na fonte de IR devido por pessoa física. Súmula CARF 123:** "Imposto de renda retido na fonte relativo a rendimentos sujeitos a ajuste anual caracteriza pagamento apto a atrair a aplicação da regra decadencial prevista no artigo 150, § 4º, do Código Tributário Nacional" (CSRF, 2018). Obs.: vinculante, conforme Portaria MF n. 129/2019.

– **Retenção na fonte de IR devido por pessoa jurídica. Súmula CARF 138:** "Imposto de renda retido na fonte incidente sobre receitas auferidas por pessoa jurídica, sujeitas a apuração trimestral ou anual, caracteriza pagamento apto a atrair a aplicação da regra decadencial prevista no art. 150, § 4º do CTN" (CSRF, 2019). Obs.: vinculante, conforme Portaria ME n. 410/2020.

⇒ **Não tendo ocorrido pagamento sequer parcial, o prazo será o do art. 173, I, do CTN, de cinco anos do primeiro dia do exercício seguinte.** Nas hipóteses de inadimplemento, puro e simples, o § 4º não tem aplicação, pois não há o que homologar, sendo impossível extinguir-se o crédito tributário mediante homologação. Nesse caso, aplicável é a regra geral do lançamento de ofício, estampada no art. 173, I, do CTN, que define o prazo de cinco anos contados do primeiro dia do exercício seguinte a aquele em que o Fisco passou a ter a possibilidade de proceder ao lançar.

– **Súmula STJ 555:** "Quando não houver declaração do débito, o prazo decadencial quinquenal para o Fisco constituir o crédito tributário conta-se exclusivamente na forma do art. 173, I, do CTN, nos casos em que a legislação atribui ao sujeito passivo o dever de antecipar o pagamento sem prévio exame da autoridade administrativa." Obs.: vê-se dos precedentes que deram origem à Súmula que se trata de tributos sujeitos a lançamento por homologação, mas que não foram pagos; houvesse declaração, desnecessário seria lançar o montante declarado; não havendo pagamento a homologar, aplica-se o art. 173, I, do CTN. Isso porque, não tendo o contribuinte efetuado o pagamento e não tendo se declarado devedor, não restará ao fisco senão a possibilidade de proceder ao lançamento de ofício.

– "ARTIGO 543-C, DO CPC. TRIBUTÁRIO. TRIBUTO SUJEITO A LANÇAMENTO POR HOMOLOGAÇÃO. CONTRIBUIÇÃO PREVIDENCIÁRIA. INEXISTÊNCIA DE PAGAMENTO ANTECIPADO. DECADÊNCIA DO DIREITO DE O FISCO CONSTITUIR O CRÉDITO TRIBUTÁRIO. TERMO INICIAL. ARTIGO 173, I, DO CTN. APLICAÇÃO CUMULATIVA DOS PRAZOS PREVISTOS NOS ARTIGOS 150, § 4º, e 173, do CTN. IMPOSSIBILIDADE. 1. O prazo decadencial quinquenal para o Fisco constituir o crédito tributário (lançamento de ofício) conta-se do primeiro dia do exercício seguinte àquele em que o lançamento poderia ter sido efetuado, nos casos em que a lei não prevê o pagamento antecipado da exação ou quando, a despeito da previsão legal, o mesmo inocorre, sem a constatação de dolo, fraude ou simulação do contribuinte, inexistindo declaração prévia do débito (Precedentes...). 2. É que a decadência ou caducidade, no âmbito do Direito Tributário, importa no perecimento do direito potestativo de o Fisco constituir o crédito tributário pelo lançamento, e, consoante doutrina abalizada, encontra-se regulada por cinco regras jurídicas gerais e abstratas, entre as quais figura a regra da decadência do direito de lançar nos casos de tributos sujeitos ao lançamento de ofício, ou nos casos dos tributos sujeitos ao lançamento por homologação em que o contribuinte não efetua o pagamento antecipado (Eurico Marcos Diniz de Santi, 'Decadência e Prescrição no Direito Tributário', 3. ed., Max Limonad, São Paulo, 2004, p. 163/210). 3. O *dies a quo* do prazo quinquenal da aludida regra decadencial rege-se pelo disposto no artigo 173, I, do CTN, sendo certo que o 'primeiro dia do exercício seguinte àquele em que o lançamento poderia ter sido efetuado' corresponde, iniludivelmente, ao primeiro dia do exercício seguinte à ocorrência do fato imponível, ainda que se trate de tributos sujeitos a lançamento por homologação, revelando-se inadmissível a aplicação cumulativa/concorrente dos prazos previstos nos artigos 150, § 4º, e 173, do Codex Tributário, ante a configuração de desarrazoado prazo decadencial decenal (Alberto Xavier, 'Do Lançamento no Direito Tributário Brasileiro', 3. ed., Ed. Rio de Janeiro: Forense, Rio de Janeiro, 2005, p. 91/104; Luciano Amaro, *Direito tributário brasileiro*, 10. ed., São Paulo: Saraiva, 2004, p. 396/400; e Eurico Marcos Diniz de Santi, 'Decadência e Prescrição no Direito Tributário', 3. ed., Max Limonad, São Paulo, 2004, p. 183/199). 5. *In casu*, consoante assente na origem: (i) cuida-se de tributo sujeito a lançamento por homologação; (ii) a obrigação ex lege de pagamento antecipado das contribuições previdenciárias não restou adimplida pelo contribuinte, no que concerne aos fatos imponíveis ocorridos no período de janeiro de 1991 a dezembro de 1994; e (iii) a constituição dos créditos tributários respectivos deu-se em 26.03.2001.6. Destarte, revelam-se caducos os créditos tributários executados, tendo em vista o decurso do prazo decadencial quinquenal para que o Fisco efetuasse o lançamento de ofício substitutivo" (STJ, REsp 973.733, 2009).

– **Entendendo que se aplica o art. 150, § 4º, mesmo sem pagamento, desde que o contribuinte tenha apurado e declarado o débito. Homologação da declaração.** "Não pode a mesma declaração ser considerada, por um lado, norma constituidora da relação jurídica tributária ao ponto de embasar a emissão do título executivo (CDA) sem qualquer ato administrativo e, por outro, ser desprezada quando desacompanhada do pagamento antecipado para fins de contagem do prazo prescricional e lavratura do lançamento suplementar. Ora, a própria jurisprudência sumulada está a dizer que a declaração do contribuinte constitui o crédito sem que a autoridade fiscal precise tomar qualquer atitude suplementar. Se assim o é, entregue a declaração pelo contribuinte, a Fazenda Pública possui cinco anos, a contar do 'fato gerador', para conferir e homologar a norma constituída pelo contribuinte, ou, não aceitá-la, total ou parcialmente, e criar a sua norma individual e concreta através do 'lançamento'. Quan-

do homologada a 'norma do contribuinte', seja total ou parcialmente, cabe ao Fisco, apenas, propor a ação executiva do montante constituído, mas não antecipado... Não havendo declaração alguma no prazo previsto para a entrega, não há norma constituída a ser homologada/controlada/chancelada pelo fisco, o que atrai o disposto nos arts. 149, II, parágrafo único c/c o art. 142, todos do CTN, que determinam o dever da autoridade fiscal lançar o tributo, atividade esta sujeita ao prazo decadencial contido no art. 173, I, daquele diploma. Por óbvio que aqui estamos a falar em situações regulares, em que o contribuinte entrega a sua declaração com boa-fé, ou seja, pretendendo constituir da maneira que entende correta o crédito tributário... Não se incluem nestas discussões, portanto, as declarações eivadas de dolo, fraude ou simulação... [...] o entendimento pacificado nos tribunais fere sobremaneira a isonomia entre os contribuintes ao criar, por vias transversas, diferenciações nas regras de contagem da decadência tributária, criando diferenciações espúrias entre contribuintes onde a própria lei não as criou, acabando por penalizar o contribuinte participativo e colocá-lo em desvantagem inaceitável em relação a outro que se encontra em situação idêntica" (GASPERIN, Carlos Eduardo Makoul. A decadência no chamado "lançamento por homologação", os equívocos da jurisprudência nacional e suas consequências práticas. *RDDT* 208/49, 2013).

– "... o que se homologa é a atividade de apuração do tributo efetuada pelo sujeito passivo, e não o pagamento do tributo, que pode, como já vimos, nem mesmo ocorrer, se o contribuinte, no período de apuração, por exemplo, não praticar fato gerador, ou, mesmo tendo tributo devido, contar com créditos compensáveis ou prejuízos que resultem no não pagamento efetivo de tributo. Conclui-se, assim, que não é necessária a existência de pagamento para que se opere a decadência mediante a homologação tácita de que trata o artigo 150, § 4º do Código Tributário Nacional, bastando, para tanto, que o sujeito passivo tenha efetuado regularmente a atividade de apuração do tributo devido (se houver), com o correspondente registro ou entrega de declaração, na forma que estabelecer a legislação pertinente" (TROIANELLI, Gabriel Lacerda. Lançamento por homologação e decadência do direito de constituir o crédito. *RDDT* 151/28, 2008).

– **Glosa de prejuízo fiscal ou de base de cálculo negativa.** Em face do pagamento decorrente da apuração do IR ou da CSL mediante aproveitamento de prejuízo fiscal ou base de cálculo negativa, pode e deve o Fisco verificar a higidez desse prejuízo invocado pelo contribuinte. Não há que se invocar a impossibilidade dessa conferência alegando-se que o prazo estaria vinculado à competência em que apurado o prejuízo. Decadência é prazo para constituição de crédito tributário e corre de cada fato gerador. Não se homologa o prejuízo invocado, mas o pagamento realizado mediante tal pressuposto, não impedindo que, em competência futura, seja analisado o prejuízo invocado. Note-se que, em regra, a homologação é tácita, de modo que tal sequer é verificado concretamente. O decurso de tempo é que consolida os pagamentos realizados. Impedir verificação futura de saldo de prejuízo fiscal invocado não tem sustentação no ordenamento.

– **Glosa de amortização de ágio. Súmula CARF 116:** "Para fins de contagem do prazo decadencial para a constituição de crédito tributário relativo a glosa de amortização de ágio na forma dos arts. 7º e 8º da Lei nº 9.532, de 1997, deve-se levar em conta o período de sua repercussão na apuração do tributo em cobrança" (CSRF, 2018). Obs.: vinculante, conforme Portaria MF n. 129/2019.

⇒ **Casos de dolo, fraude ou simulação. Conceitos.** Vide o conceito de dolo em nota ao art. 149, VII, os conceitos de fraude, sonegação e conluio em notas ao art. 161 e o conceito de simulação em nota ao art. 116, todos do CTN.

– Pressupõe ocultação maliciosa. Não se aplica ao planejamento tributário (lícito). "... a aplicação da norma somente seja excluída nas situações em que a prática do dolo, da fraude ou da simulação impedir a ação fiscalizadora. De onde se conclui que o dolo, a fraude e a simulação tratadas neste dispositivo legal implicam, necessariamente, atitudes que resultem na ocultação maliciosa do fato gerador, em suam, da prática de ato ilícito com o objetivo de suprimir ou reduzir o pagamento de tributo devido. [...] Por ser aquilo que se entende como 'planejamento fiscal' incompatível com a prática de condutas ilícitas, a ele se aplica a regra do § 4º do artigo 150 do Código Tributário Nacional" (TROIANELLI, Gabriel Lacerda. Lançamento por homologação e decadência do direito de constituir o crédito. *RDDT* 151/28, 2008).

– Pela aplicação do prazo de cinco anos art. 173, I, do CTN. Súmula CARF n. 72: Caracterizada a ocorrência de dolo, fraude ou simulação, a contagem do prazo decadencial rege-se pelo art. 173, inciso I, do CTN. Aprovada em dez. 2012.

– "A segunda questão diz respeito à ressalva dos casos de dolo, fraude ou simulação... Em estudo anterior, concluímos que a solução é aplicar a regra geral do art. 173, I. Essa solução não é boa, mas continuamos não vendo outra, *de lege lata*. A possibilidade de o lançamento poder ser feito a qualquer tempo é repelida pela interpretação sistemática do Código Tributário Nacional (arts. 156, V, 173, 174, 195, parágrafo único). Tomar de empréstimo prazo do direito privado também não é solução feliz, pois a aplicação supletiva de outra regra deve, em primeiro lugar, ser buscada dentro do próprio subsistema normativo, vale dizer, dentro do Código. Aplicar o prazo geral (5 anos, do art. 173) contado após a descoberta da prática dolosa, fraudulenta ou simulada igualmente não satisfaz, por protrair indefinidamente o início do lapso temporal. Assim, resta aplicar o prazo de cinco anos, contados do primeiro dia do exercício seguinte àquele em que o lançamento poderia ter sido feito. Melhor seria não se ter criado a ressalva" (AMARO, Luciano. *Direito Tributário Brasileiro*. 15. ed. São Paulo: Saraiva, 2009, p. 409-410).

– "Em ocorrendo, todavia, fraude ou simulação, devidamente comprovadas pela Fazenda Pública, imputáveis ao sujeito passivo da obrigação tributária do imposto sujeito a 'lançamento por homologação', a data do fato gerador deixa de ser o dia inicial da decadência. Prevalece o *dies a quo* do art. 173, o primeiro dia do exercício seguinte àquele em que o lançamento poderia ter sido efetivado. A solução está conforme o sistema do CTN. O que se não pode admitir é direito patrimonial incaducável. Afora esta solução para os casos de decadência, ocorrendo dolo ou simulação na antecipação do pagamento, somente uma outra é pensável, qual seja a da adoção da regra do Código Civil que cuida da prescrição das ações pessoais. Ao que nos consta, os tribunais

não enveredaram por este caminho, exigente de analogia para ser trilhado e de difícil adoção, porque aqui a espécie é de decadência, e não de prescrição, a exigir crédito já formalizado, certo, líquido e exigível (princípio da *actio nata*)" (COÊLHO, Sacha Calmon Navarro. *Liminares e depósitos antes do lançamento por homologação* – Decadência e prescrição. 2. ed. São Paulo: Dialética, 2002, p. 61).

– "... nas hipóteses de fraude, dolo ou simulação nas informações prestadas pelo sujeito passivo, nos casos de tributos sujeitos a lançamento por homologação, é possível ao Fisco efetuar lançamento *ex officio*. Nessa situação, aplica-se o disposto no art. 173, I, do CTN, segundo o qual tal lançamento deverá ocorrer dentro do prazo de cinco anos, contados do primeiro dia do exercício seguinte àquele em que o lançamento poderia ter sido efetuado. [...] jamais... poder-se-ia admitir o entendimento segundo o qual referido prazo contar-se-ia da data em que o Fisco toma conhecimento do fato ocultado com dolo, fraude ou simulação, situação que geraria total insegurança ao sujeito passivo da obrigação tributária" (OLIVEIRA, Phelippe Toledo Pires de. Análise do prazo decadencial para o Fisco efetuar o lançamento de ofício nos casos de dolo, fraude e simulação na conduta do contribuinte (art. 150, § 4º, *in fine*, do CTN). *RDDT* 223/139, 2014).

– Pela aplicação do prazo de cinco anos do art. 173, parágrafo único, do CTN a contar da constatação e formalização do ilícito. Eurico Marcos Diniz de Santi (Decadência e Prescrição no Direito Tributário, Ed. Max Limonad, 2000, p. 169/170) refere a necessidade de o Fisco, dentro do prazo de cinco anos para homologação, constatar e formalizar a ocorrência do ilícito, afastando, com isso, a homologação tácita, e abrindo ensejo, a partir de então, à contagem do prazo de cinco anos do art. 173 do CTN, forte em inovadora aplicação do parágrafo único de tal art. 173, na medida em que a notificação do ilícito implicará o início de novo prazo. Veja-se, *verbis*: "O ato-norma administrativo formalizador do ilícito tributário servirá de *dies a quo* do novo prazo decadencial de cinco anos, previsto por este regra. [...] Assim a notificação ao contribuinte, ao mesmo tempo que constitui administrativamente o fato do dolo, fraude ou simulação, serve como medida indispensável para justificar a realização de ulterior lançamento. Contudo, há que se considerar que, se o ilícito alegado na notificação não se mantiver nos quadrantes do direito, em razão de qualquer problema material ou formal com o ato-norma administrativo que cuida da constituição desse fato ilícito, restará comprometido também o ulterior lançamento que eventualmente tenha sido realizado sob a tutela do novo prazo decadencial, fundado na indigitada medida preparatória". Obs.: haverá a interrupção do prazo do art. 150, § 4º, com reabertura do prazo de cinco anos, desta feita com suporte no art. 173 do CTN.

– Pela aplicação do prazo de doze anos do art. 109, III, do CP. "... a hipótese de decadência tributária do caso maligno (dolo, fraude ou simulação no lançamento fiscal) não mora no artigo 173. Jamais morou. Nem pode morar. [...] Dado o crime, qualquer crime, o Código Penal é que há de ser chamado a cuidar da decadência, prescrição, atenuantes, agravantes, dosimetria, etc. [...] a matéria é tributária, mas é também penal; logo, as regras do penal hão de ser dadas pelo Código Penal. [...] A maioria dos crimes fiscais (Lei n. 8.137/90, artigo 1º) é contemplada com pena de reclusão de dois a cinco anos. Pelo Código Penal, eis a regra emprestada ao Código Tributário Nacional no caso de dolo, fraude ou simulação no lançamento fiscal: 'Art. 109. A prescrição... regula-se pelo máximo da pena privativa de liberdade cominada ao crime, verificando-se: ... III – em doze anos, se o máximo da pena é superior a quatro anos e não excede a oito.' (FEITOSA, Francisco José Soares. Prazo para lançar tributos, no caso de fraude, dolo ou simulação. *RDDT* 134, 2006).

CAPÍTULO III
SUSPENSÃO DO CRÉDITO TRIBUTÁRIO

SEÇÃO I
DISPOSIÇÕES GERAIS

Art. 151. Suspendem a exigibilidade do crédito tributário:

⇒ **Exigibilidade *x* existência e exequibilidade do crédito tributário** Vide nota ao art. 139 do CTN.

⇒ **Sobre a taxatividade das causas suspensivas da exigibilidade.** Vide art. 141 do CTN.

– **Ajuizamento de ação para discussão da relação tributária, por si só, não suspende a exigibilidade do crédito.** "3... o crédito tributário só pode ter sua exigibilidade suspensa na ocorrência de uma das hipóteses estabelecidas no art. 151 do mesmo diploma legal. 4. Deveras, o ajuizamento de ação anulatória de débito fiscal, desacompanhada de depósito no montante integral, não tem o condão de suspender o curso de execução fiscal já proposta..." (STJ, REsp 758.270, 2007).

– **Caução mediante oferecimento de bens em garantia.** Não é caso de suspensão da exigibilidade, mas de garantia em equiparação ou antecipação à penhora. Tanto não suspende que não impede, antes requer e prepara, a execução. O oferecimento de caução sequer poderia, portanto, estar arrolado no art. 151 como causa de suspensão da exigibilidade do crédito tributário. Ademais, o oferecimento de caução só se justifica antes do ajuizamento da execução; depois, procede-se diretamente à penhora. Vide nota ao art. 206 do CTN.

– "AÇÃO CAUTELAR PARA ASSEGURAR A EXPEDIÇÃO DE CERTIDÃO POSITIVA COM EFEITOS DE NEGATIVA. 1. O contribuinte pode, após o vencimento da sua obrigação e antes da execução, garantir o juízo de forma antecipada, para o fim de obter certidão positiva com efeito de negativa... 7. *In casu*, contudo, o executivo fiscal já havia sido ajuizado pela autarquia previdenciária, razão pela qual incidental a cautelar ajuizada pela empresa. 8. Destarte, revela-se necessária a comprovação dos requisitos exigidos no artigo 206, do CTN, vale dizer: a efetivação da penhora nos autos do executivo fiscal ou a suspensão da exigibilidade do crédito tributário nos termos do artigo 151, do CTN, hipóteses em que não se enquadra a cautelar de caução" (STJ, REsp 912.710, 2008).

– **Oferecimento de garantia em execução fiscal.** "... somente as causas suspensivas da exigibilidade do crédito tributário, taxativamente enumeradas no artigo 151, do CTN (moratória; depósito do montante integral do débito fiscal; reclamações e recursos administrativos; concessão de liminar em mandado de segurança; concessão de liminar ou de antecipação de tutela em outras espécies de ação judicial; e parcelamento), inibem a prática de atos de cobrança pelo Fisco, afastando a inadimplência do contribuinte, que é considerado em situação de regularidade fiscal. 8. Assim é que a constituição de garantia da execução fiscal (hipótese não prevista no artigo 151, do CTN) não têm o condão de macular a presunção de exigibilidade do crédito tributário..." (STJ, RMS 27.473, 2011).

– **Fiança bancária.** "5. No mais, é bom que se diga que o STJ, também no rito do repetitivo, já consolidou compreensão no sentido de que a fiança bancária não é equiparável ao depósito integral do débito exequendo para fins de suspensão da exigibilidade do crédito tributário, ante a taxatividade do art. 151 do CTN e o teor do Enunciado Sumular n. 112/STJ (REsp 1156668/ DF, Rel. Min. Luiz Fux, Primeira Seção, *DJe* 10/12/2010, acórdão submetido ao regime do art. 543-C do CPC e da Resolução STJ 08/2008)" (STJ, EDcl no AREsp 173.841, 2013).

– "CAUÇÃO E EXPEDIÇÃO DA CPD-EN. POSSIBILIDADE. SUSPENSÃO DA EXIGIBILIDADE DO CRÉDITO TRIBUTÁRIO. ART. 151 DO CTN. INEXISTÊNCIA DE EQUIPARAÇÃO DA FIANÇA BANCÁRIA AO DEPÓSITO DO MONTANTE INTEGRAL DO TRIBUTO DEVIDO PARA FINS DE SUSPENSÃO DA EXIGIBILIDADE. SÚMULA 112/STJ. VIOLAÇÃO AO ART. 535, II, DO CPC, NÃO CONFIGURADA. MULTA. ART. 538 DO CPC. EXCLUSÃO. 1. A fiança bancária não é equiparável ao depósito integral do débito exequendo para fins de suspensão da exigibilidade do crédito tributário, ante a taxatividade do art. 151 do CTN e o teor do Enunciado Sumular n. 112 desta Corte, [...] precedentes: [...] a suspensão da exigibilidade do crédito tributário (que implica óbice à prática de quaisquer atos executivos) encontra-se taxativamente prevista no art. 151 do CTN, sendo certo que a prestação de caução, mediante o oferecimento de fiança bancária, ainda que no montante integral do valor devido, não ostenta o efeito de suspender a exigibilidade do crédito tributário, mas apenas de garantir o débito exequendo, em equiparação ou antecipação à penhora, com o escopo precípuo de viabilizar a expedição de Certidão Positiva com Efeitos de Negativa e a oposição de embargos. (Precedentes: [...]) 4. *Ad argumentandum tantum*, peculiaridades do instituto da fiança demonstram, de forma inequívoca, a impossibilidade de sua equiparação ao depósito, tais como a alegação do benefício de ordem e a desoneração do encargo assumido mediante manifestação unilateral de vontade do fiador, nos termos dos arts. 827 e 835 do Código Civil, *verbis*: 'Art. 827. O fiador demandado pelo pagamento da dívida tem direito a exigir, até a contestação da lide, que sejam primeiro executados os bens do devedor'. 'Art. 835. O fiador poderá exonerar-se da fiança que tiver assinado sem limitação de tempo, sempre que lhe convier, ficando obrigado por todos os efeitos da fiança, durante sessenta dias após a notificação do credor' [...] Acórdão submetido ao regime do art. 543-C do CPC e da Resolução STJ 08/2008" (STJ, REsp 1.156.668, 2010).

⇒ **Efeitos da suspensão da exigibilidade.** A suspensão da exigibilidade do crédito tributário veda a cobrança do respectivo montante do contribuinte, bem como a oposição do crédito ao mesmo, e.g., com vista à compensação de ofício pela Administração com débitos seus perante o contribuinte ou como fundamento para o indeferimento de certidão de regularidade fiscal (art. 206 do CTN). A suspensão da exigibilidade, pois, afasta a situação de inadimplência, devendo o contribuinte ser considerado em situação regular. Por certo que, tendo ocorrido lançamento, existe o crédito tributário formalmente constituído, mas não pode ser oposto ao contribuinte. No caso de tributo ainda não lançado, ou seja, quando ainda não houver crédito tributário constituído, a ocorrência de uma das hipóteses do art. 151 em vez de suspender, impede o início da exigibilidade do crédito tributário que venha a ser constituído.

– No sentido de que ocorre a suspensão do dever de cumprir a obrigação. "Em suma, as causas de suspensão do crédito tributário (inclusive a moratória, incluída como tal pelo CTN) podem ocorrer mesmo antes do lançamento e, portanto, não pressupõem a existência de 'crédito tributário' no sentido que lhe deu o Código (de entidade que só se constituiria pelo lançamento). O que se suspende, portanto, é o dever de cumprir a obrigação tributária, ou porque o prazo para pagamento foi prorrogado ou porque um litígio se esteja instaurando sobre a legitimidade da obrigação, e esse litígio seja acompanhado de alguma medida que impede a prática de atos do sujeito ativo no sentido de exigir o cumprimento da obrigação" (AMARO, Luciano. *Direito tributário brasileiro*. 15. ed. São Paulo: Saraiva, 2009, p. 378).

– Não impede o lançamento nem a afeta a decadência, como regra. A ocorrência das hipóteses previstas no art. 151, normalmente não impede a constituição do crédito tampouco suspende o prazo decadencial. Vide nota ao art. 173 do CTN.

– Súmula CARF 48: "A suspensão da exigibilidade do crédito tributário por força de medida judicial não impede a lavratura de auto de infração".

– O depósito dispensa o próprio lançamento. O depósito dispensa a própria realização do lançamento, não havendo que se falar, pois, em decadência quanto aos valores depositados. Vide doutrina e jurisprudência sobre o assunto em notas aos arts. 142 e 173 do CTN.

– A moratória obsta o lançamento. "... a suspensão da exigibilidade pode obstar a própria consecução do lançamento, quando este supõe o descumprimento de dever legal do sujeito passivo e a causa suspensiva atua no sentido de prorrogar o prazo para o adimplemento desse dever. Suponha-se, por exemplo, um tributo que o contribuinte tenha o dever legal de recolher sem prévio exame da autoridade administrativa, cujo prazo de pagamento seja prorrogado por uma moratória. Essa moratória jamais vai atuar após o lançamento (por homologação). Ela é vocacionada para ser eficaz antes do lançamento" (AMARO, Luciano. *Direito tributário brasileiro*. 15. ed. São Paulo: Saraiva, 2009, p. 377).

– Suspende o curso do prazo prescricional. A suspensão da exigibilidade do crédito impede que o prazo prescricional tenha curso.

– "1. Consoante disposto no artigo 151, inciso IV, do CTN, a concessão da medida liminar em mandado de segurança impõe a suspensão de exigibilidade do crédito tributário e, acarreta, como corolário, a suspensão do prazo prescricional da ação de cobrança. 2..." (TRF4, AI 2003.04.01.002217-0, 2003).

• Vide, também, notas ao art. 174 do CTN.

• Vide, porém, o art. 155, parágrafo único, do CTN, que admite o curso da prescrição durante a moratória desde que não tenha havido dolo ou simulação.

– No sentido de que suspende os prazos decadencial e prescricional. "A circunstância de ser a formação do crédito tributário possível por dois caminhos (lançamento e declaração), bem como ser um procedimento de constituição (e não um mero ato, formal e unilateral), permite que no Direito Tributário a decadência seja suspensa, ao contrário do que ocorre com o Direito Civil. O crédito tributário somente será definitivamente constituído quando não puder mais ser modificado, por ordem do julgador administrativo ou judicial. Antes disso, o manuseio de procedimentos litigiosos faz suspender a fluência dos prazos para lançamento, declaração, inscrição do débito em dívida ativa ou ajuizamento do executivo fiscal, conforme o caso" (BECHO, Renato Lopes. A suspensão do crédito tributário e sua interferência nos prazos de decadência e prescrição. *RDDT* 165/101, 2009).

– Suspende a inscrição no CADIN. A suspensão da exigibilidade do crédito tributário implica suspensão da inscrição no CADIN, o que, resta expresso na legislação pertinente à matéria. Vide abordagem específica sobre o CADIN, inclusive abordando esta questão, em nota ao art. 198 do CTN.

– Impede a execução fiscal. A suspensão da exigibilidade impede a execução fiscal, que pressupõe aquela qualidade. Além disso, enseja a obtenção de certidão de regularidade fiscal (art. 206 do CTN).

– "EXIGIBILIDADE DO CRÉDITO TRIBUTÁRIO SUSPENSA. PROPOSITURA DA EXECUÇÃO FISCAL. NÃO CABIMENTO... 1. 'A jurisprudência do STJ firmou-se no sentido de que a suspensão da exigibilidade do crédito tributário, por alguns dos motivos elencados nos incisos do art. 151 do CTN, conduz a inviabilidade de propositura da ação executiva fiscal, quando posterior ao fato suspensivo, ensejando a extinção do feito'..." (STJ, AgRg no AREsp 316.328, 2013).

• Vide, em nota ao inciso II deste artigo, acórdãos no sentido de que o depósito inibe a Execução Fiscal.

– Suspende a execução já ajuizada. "2. Um dos efeitos jurídicos do parcelamento do pagamento do crédito tributário é o de suspender a sua exigibilidade (art. 151, VI do CTN), bem como interditar a prática de atos processuais, no caso de a sua cobrança se achar ajuizada (art. 266 do CPC)" (STJ, AgRg no REsp 1.356.059, 2013).

– Afastamento dos juros e da multa. Vide nota ao inciso IV.

I – moratória;

⇒ **Moratória.** É a dilação do prazo de vencimento do tributo. Pode-se dar tanto antes do decurso do prazo originariamente previsto como depois.

II – o depósito do seu montante integral;

⇒ **Depósito administrativo e depósito judicial.** "Na via administrativa, o depósito tem por objeto apenas impedir a atualização monetária do débito. Depositando no curso do procedimento administrativo, o sujeito passivo busca apenas evitar a incidência de quaisquer acréscimos (juros e correção monetária), uma vez que a suspensão da exigibilidade já é obtida mediante a apresentação de impugnação ou a interposição de recurso administrativo (art. 151, III, do CTN). Já no processo judicial, o depósito, além de cessar a fluência dos juros e da correção monetária, não permite a propositura da ação de execução fiscal. Vale dizer, é na esfera judicial que o depósito do montante integral da dívida fiscal, realizado pelo sujeito passivo, aparece como causa suspensiva da exigibilidade do crédito tributário" (PIMENTA, Paulo Rogério Lyrio. A impossibilidade de restrições à realização do depósito suspensivo da exigibilidade do crédito tributário. *RDDT* 151/74, 2008).

– Conversão de depósito administrativo em depósito à disposição do juízo. O art. 43, § 1º, da Lei do Processo Administrativo Fiscal (Dec. 70.235/72) estabelece que, no caso de decisão definitiva contrária ao sujeito passivo, haverá a conversão em renda da quantia depositada após o novo prazo para pagamento, que é de trinta dias, salvo se o contribuinte comprovar a propositura, em tal prazo, de ação judicial. Ou seja, o artigo abre, explicitamente, a possibilidade de transferência do depósito para a ação judicial, preservando o direito de acesso ao Judiciário, sem fragilizar, contudo, a garantia do Fisco.

– O depósito não constitui pressuposto para a discussão judicial do débito. Em face da garantia de que nenhuma lesão ou ameaça de lesão será excluída da apreciação do Judiciário, não pode o legislador condicionar o exercício do direito de ação ao depósito do tributo discutido. Este entendimento é pacífico e foi construído a partir da censura feita ao art. 38 da LEF. O depósito constitui, sim, imperativo do interesse do próprio contribuinte quanto à suspensão da exigibilidade do crédito tributário, de modo a, mesmo não obtendo uma liminar, não quedar em situação de pura e simples inadimplência, sujeitando-se aos respectivos ônus (não obtenção de certidão de regularidade etc.) e, atém mesmo, a uma Execução Fiscal. No sentido de que o mero ajuizamento de ação para questionamento de tributo não suspende a exigibilidade do crédito tributário, vide nota ao *caput* deste artigo 151 do CTN.

– Súmula Vinculante 28 do STF: "É inconstitucional a exigência de depósito prévio como requisito de admissibilidade de ação judicial na qual se pretenda discutir a exigibilidade de crédito tributário". *DJe* em fev. 2010.

– Súmula 247 do extinto TFR. "Não constitui pressuposto da ação anulatória do débito fiscal o depósito de que cuida o art. 38 da Lei n. 6.830, de 1980."

– "AÇÃO DIRETA DE INCONSTITUCIONALIDADE. ARTIGO 19, *CAPUT*, DA LEI FEDERAL N. 8.870/94. DISCUSSÃO JUDICIAL DE DÉBITO PARA COM O INSS. DEPÓSITO PRÉVIO DO VALOR MONETARIAMENTE CORRIGIDO E ACRESCIDO DE MULTA E JUROS. VIOLAÇÃO DO DISPOSTO NO ARTIGO 5º, INCISOS XXXV E LV, DA CONSTITUIÇÃO DO BRASIL. 1. O artigo 19 da Lei n. 8.870/94 impõe condição à propositura das ações cujo objeto seja a discussão de créditos tributários. Consubstancia barreira ao acesso ao Poder Judiciário. 2. Ação Direta de Inconstitucionalidade julgada procedente" (STF, ADI 1.074, 2008).

– "AJUIZAMENTO DE AÇÃO ANULATÓRIA DO CRÉDITO FISCAL. CONDICIONAMENTO AO DEPÓSITO PRÉVIO DO MONTANTE INTEGRAL. IMPOSSIBILIDADE... 1. A propositura de ação anulatória de débito fiscal não está condicionada à realização do depósito prévio previsto no art. 38 da Lei de Execuções Fiscais, posto não ter sido o referido dispositivo legal recepcionado pela Constituição Federal de 1988, em virtude de incompatibilidade material com o art. 5º, inciso XXXV, verbis: 'a lei não excluirá da apreciação do Poder Judiciário lesão ou ameaça a direito'. 2. 'Ação anulatória de débito fiscal. art. 38 da lei 6.830/80. Razoável a interpretação do aresto recorrido no sentido de que não constitui requisito para a propositura da ação anulatória de débito fiscal o depósito previsto no referido artigo. Tal obrigatoriedade ocorre se o sujeito passivo pretender inibir a Fazenda Pública de propor a execução fiscal. Recurso extraordinário não conhecido.' (RE 105552, Relator Min. DJACI FALCAO, Segunda Turma, *DJ* 30-08-1985) 3. Deveras, o depósito prévio previsto no art. 38, da LEF, não constitui condição de procedibilidade da ação anulatória, mas mera faculdade do autor, para o efeito de suspensão da exigibilidade do crédito tributário, nos termos do art. 151 do CTN, inibindo, dessa forma, o ajuizamento da ação executiva fiscal, consoante a jurisprudência pacífica do E. STJ. (Precedentes...) 4... 5. Recurso especial provido. Acórdão submetido ao regime do art.543-C do CPC e da Resolução STJ 08/2008" (STJ, REsp 962.838, 2009).

– "O depósito não se configura numa obrigatoriedade, isto é, não é uma condição para que o sujeito passivo possa contestar a pretensão fiscal. Logo, não pode o contribuinte ser obrigado por qualquer ato normativo a realizá-lo, para ter acesso à prestação jurisdicional, em face da proibição no Direito brasileiro da regra solve et repete" (PIMENTA, Paulo Rogério Lyrio. A impossibilidade de restrições à realização do depósito suspensivo da exigibilidade do crédito tributário. *RDDT* 151/74, 2008).

⇒ **Efeitos do depósito. Acautela ambas as partes.** "7. O depósito do montante integral do crédito tributário impugnado judicialmente (art. 151, II, CTN) tem natureza dúplice, porquanto ao tempo em que impede a propositura da execução fiscal, a fluência dos juros e a imposição de multa, também acautela os interesses do Fisco em receber o crédito tributário com maior brevidade" (STF, RE 640.905, 2018).

– "1. A garantia prevista no art. 151, II, do CTN tem natureza dúplice, porquanto ao tempo em que impede a propositura da execução fiscal, a fluência dos juros e a imposição de multa, também acautela os interesses do Fisco em receber o crédito tributário com maior brevidade, porquanto a conversão em renda do depósito judicial equivale ao pagamento previsto no art. 156, do CTN encerrando modalidade de extinção do crédito tributário. 2. Permitir o levantamento do depósito judicial sem a anuência do Fisco significa esvaziar o conteúdo da garantia prestada pelo contribuinte em detrimento da Fazenda Pública" (STJ, AgRg no Ag 799.539, 2007).

– **Afasta a mora.** "... o contribuinte optante por efetuar, concomitantemente ao vencimento do tributo, o seu depósito judicial livra-se dos encargos de mora, não sendo considerado em atraso. Por outro lado, não pagando ou depositando, será tido por inadimplente, daí incidindo juros de mora" (HARET, Florence. Fenomenologia de incidência das multas fiscais, 2014/28, 2008).

– **Inibe a execução fiscal.** "1. A jurisprudência desta Corte Superior é no sentido de que havendo o depósito do montante integral do débito exequendo, no bojo da ação ordinária proposta em momento anterior ao ajuizamento da execução, a extinção do executivo fiscal é medida que se impõe, porquanto suspensa a exigibilidade do referido crédito tributário. 2. Caso em que o Tribunal *a quo* consignou que foi realizado o depósito do montante integral do débito, sendo permitida, portanto, a extinção do executivo fiscal" (STJ, AgRg no AREsp 740.652, 2016).

– **Equivale ao pagamento, pois sujeito à conversão em renda.** Embora o efeito do depósito seja a suspensão da exigibilidade do crédito, já que seu destino depende da decisão final transitada em julgado, ele exonera o contribuinte da sua obrigação, porquanto, se perdedor na demanda, o depósito será convertido em renda, extinguindo o crédito tributário. Ademais, quando realizado no montante total devido à dada do depósito, o contribuinte se desonera de quaisquer outros acréscimos, ficando, os juros pelo tempo posterior, cobertos pela remuneração do próprio depósito.

– "7... A sua conversão em renda equivale ao pagamento previsto no art. 156 do CTN, encerrando modalidade de extinção do crédito tributário. [...] 14. Os contribuintes que efetuaram depósitos em juízo de valores relativos a débitos da COFINS se equiparam aqueles que adimpliram as suas obrigações, efetuando o pagamento do crédito tributário, porquanto o montante depositado fica condicionado ao resultado final da ação" (STF, RE 640.905, 2018).

⇒ **Direito subjetivo.** Constitui direito subjetivo do contribuinte efetuar o depósito do montante integral que lhe está sendo exigido e, assim, obter a suspensão da exigibilidade do tributo enquanto o discute administrativa ou judicialmente. Pode-se colocar isso em questão na hipótese de o contribuinte não ter a efetiva disponibilidade do montante a ser recolhido, como no caso do IR retido na fonte, da CPMF, da COFINS recolhida pelas montadoras de veículo em nome das concessionárias. Nestes casos, terá de obter decisão judicial que determine ao substituto tributário que coloque à disposição do Juízo o montante do tributo em vez de recolher aos cofres públicos, conforme se vê de nota específica adiante.

– "DEPÓSITO INTEGRAL. SUSPENSÃO DA EXIGIBILIDADE DO CRÉDITO TRIBUTÁRIO. ART. 151, II, DO CTN. 1. A jurisprudência desta Corte Superior é no sentido de que 'o depósito de que trata o art. 151, II, do CTN constitui direito subjetivo do contribuinte, que pode efetuá-lo tanto nos autos da ação principal quanto em Ação Cautelar, sendo desnecessária a autorização do Juízo. É facultado ao sujeito passivo da relação tributária efetivar o depósito do montante integral do valor da dívida, a fim de suspender a cobrança do tributo e evitar os efeitos decorrentes da mora, enquanto se discute na esfera administrativa ou judicial a exigibilidade da exação'..." (STJ, REsp 1.289.977, 2011).

– **Independe de pedido e de qualquer formalidade ou instrumento processual específico.** O depósito constitui direito do contribuinte e pode ser efetuado nos próprios autos da ação principal. Como regra, prescinde de autorização judicial, podendo ser efetuado nos autos da ação em que discutido o tributo (STJ, AgRg no AREsp 646123, rel. Min. Regina Helena Costa, Primeira Turma, mar. 2016). De fato, os Tribunais vêm entendendo que é desnecessário o ajuizamento de ação cautelar para a realização de depósito, cabendo ao contribuinte fazê-lo na própria ação em que discute a exigibilidade do tributo e informar diretamente ao Fisco para os fins dos arts. 151, II, e 206 do CTN. Não há necessidade, sequer, de a parte peticionar, pedindo ao Juiz autorização para a realização do depósito. Pode e deve fazê-lo de pronto, informando nos autos. Assim, é possível concluir, inclusive, pela ausência de interesse processual do contribuinte no ajuizamento de ação cautelar para a realização dos depósitos.

– **Independe da modalidade de lançamento do tributo.** O direito ao depósito independe da modalidade de lançamento do tributo. Assim, também se presta para tributos sujeitos a lançamento por homologação, ainda que, relativamente a esses, a rigor, inexista, antes da homologação expressa ou tácita ou do lançamento de ofício, crédito tributário constituído a ter sua exigibilidade suspensa. Assim entende, também, Hugo de Brito Machado, em seu *Temas de direito tributário* II, RT, 1994.

– "... A circunstância de tratar-se de crédito ainda não constituído não impede o depósito, se o respectivo valor pode ser facilmente apurado pelo próprio contribuinte, como ocorre com o ICMS..." (STJ, REsp 91.0010084, 1991).

– **A qualquer tempo.** "... o depósito... pode ser realizado em qualquer momento, ou seja, em qualquer fase processual, antes do trânsito em julgado da decisão, eis que é do interesse de ambas as partes. [...] nada impede que, cassada a medida liminar por efeito da denegação do mandado de segurança, o contribuinte iniba a execução fiscal mediante depósito da quantia controvertida. A medida liminar e o depósito, como instrumentos de suspensão da exigibilidade do crédito tributário, são institutos autônomos e com pressupostos próprios que podem ser sucessivamente utilizados enquanto pendente a demanda" (PIMENTA, Paulo Rogério Lyrio. A impossibilidade de restrições à realização do depósito suspensivo da exigibilidade do crédito tributário. *RDDT* 151/74, 2008).

– **Substituição tributária. Ausência de direito subjetivo do contribuinte ao depósito. Exige decisão.** No caso de substituição tributária, há toda uma sistemática de tributação que não está sob livre disposição do contribuinte. Nesses casos, inexiste direito subjetivo ao depósito, podendo ele ser determinado pelo Juiz, entretanto, a pedido da parte, mediante verificação da existência de forte fundamento de direito a amparar a tese do contribuinte quanto a ser indevido o tributo.

– "DEPÓSITO DO VALOR DEVIDO. TRIBUTO RETIDO NA FONTE. O depósito é um direito do contribuinte e pode ser efetuado independentemente de autorização judicial.

Tratando-se, porém, de contribuição sujeita à retenção na fonte, o responsável pelo recolhimento é que tem a disponibilidade dos valores, devendo ser instado pelo juízo a recolher os mesmos a conta judicial. Assim, evita-se que fique limitada a faculdade prevista no art. 151, II, do CTN" (TRF4, AI 2004.04.01.020756-3, 2004).

– "IMPOSTO DE RENDA. DEPÓSITO DOS VALORES IMPUGNADOS. FONTE PAGADORA... 1 – O inc. II do art. 151 do CTN garante ao sujeito passivo da obrigação tributária o direito de suspender sua exigibilidade através do depósito do respectivo montante. Essa garantia não pode ser frustrada pelo legislador ordinário por meio de mero mecanismo de arrecadação, como é o desconto do tributo na fonte. 2 – Adotada a retenção na fonte como mecanismo arrecadatório, o exercício do direito de suspender a exigibilidade do crédito tributário respectivo poderá ser exercido através do depósito em juízo, pelo responsável tributário, das quantias controversas" (TRF4, AI 2006.04.00.031120-2, 2007).

⇒ **Tem de ser em dinheiro e integral. Súmula n. 112 do STJ.** O depósito do montante integral do tributo é o depósito em dinheiro do valor que é exigido pelo Fisco.

– Súmula 112 do STJ: "O depósito somente suspende a exigibilidade do crédito tributário se for integral e em dinheiro".

– O texto da Súmula 112 do STJ não deixa dúvida no sentido de que o depósito tem de ser em dinheiro, de modo que a ele não equivale o oferecimento de caução ou outra forma qualquer de garantia. Estas garantias não estão arroladas como causa de suspensão da exigibilidade do crédito tributário. Vide precedentes acerca da matéria em nota ao *caput* deste artigo 151 do CTN.

– **Montante integral.** Para que tenha o efeito de suspensão da exigibilidade do crédito tributário, o depósito tem de corresponder àquilo que o Fisco exige do contribuinte, ou seja, tem de ser suficiente para garantir o crédito tributário, acautelando os interesses da Fazenda Pública.

– "DEPÓSITO DO MONTANTE CONTROVERTIDO. CTN, ART. 151, II. O montante integral do crédito tributário, a que se refere o artigo 151, II, do Código Tributário Nacional, é aquele exigido pela Fazenda Pública, e não aquele reconhecido pelo sujeito passivo da obrigação tributária. Recurso especial conhecido e provido" (STJ, REsp 69.648, 1997).

– **Tributo, juros e multa moratória.** "MONTANTE DEPOSITADO – ART. 151 DO CTN... 2. No mérito, em síntese, é entendimento assente no STJ de que o estabelecido no art. 151, inciso II, do CTN, corresponde ao total das parcelas que compõem a obrigação monetária" (STJ, AgRg no REsp 662.674, 2007).

– **Parcelamento. Depósito periódico das parcelas mensais. Dissenso.** O entendimento ainda predominante é no sentido de que, sendo necessário o depósito integral para efeito de suspensão da exigibilidade do crédito tributário, é insuficiente o depósito mensal das prestações atinentes a parcelamento obtido pelo contribuinte. Era forte a tendência de superação desse entendimento na medida em que os tribunais haviam alterado sua posição relativamente à denúncia espontânea do art. 138 do CTN, entendendo que só poderia ser exigido o pagamento integral se fosse o caso, ou seja, se não estivesse o contribuinte gozando de parcelamento. O raciocínio então esposado era aplicável para o caso de suspensão da exigibilidade do crédito tributário pelo depósito, na medida em que, tendo obtido o parcelamento, só as parcelas é que passariam a ser exigíveis, mês a mês, do contribuinte, salvo, por óbvio, a hipótese de descumprimento do parcelamento, quando este se rescinde, conforme a legislação específica, e a dívida se vence por inteiro. De fato tendo obtido o parcelamento e o estando cumprindo regularmente, tem o contribuinte o dever de quitar sua dívida de forma parcelada e não lhe pode ser exigido mais que o montante de cada parcela, mês a mês. Assim e partindo-se do pressuposto de que não se pode punir o contribuinte pelo exercício de um direito, como também ressaltado nos precedentes atinentes à denúncia espontânea, tem-se que, na hipótese de parcelamento em curso, bastará o periódico depósito integral das parcelas para que se obtenha a suspensão da exigibilidade do crédito. Mas a jurisprudência retrocedeu quanto à denúncia espontânea. Ressalto na linha da fundamentação de precedente do TRF4, que, na atual sistemática dos depósitos judiciais, estes são repassados à conta única do Tesouro, de modo que a substituição do puro e simples pagamento pelo depósito judicial sequer quebra o fluxo de caixa do governo.

– **No sentido de que o depósito das parcelas mensais suspende a exigibilidade do crédito.** "CRÉDITO DE IPTU... SUSPENSÃO DA EXIGIBILIDADE. DEPÓSITO PARCELADO. CABIMENTO. APLICAÇÃO DO ART. 151, II DO CÓDIGO TRIBUTÁRIO NACIONAL. HIPÓTESE QUE NÃO ESTÁ INSERIDA NA REGRA DA SÚMULA 112/STJ... 2. A regra estabelecida pelo art. 151, II, do Código Tributário Nacional, objetiva o recolhimento, a favor do Fisco, da importância sobre a qual pesa o litígio, até mesmo com o fito de garantia. Todavia, é pressuposto de razoabilidade e de estrita legalidade que o tributo seja e esteja em condições de exigibilidade. Tanto assim que a aplicação do citado art. 151, II, do CTN possui o efeito de suspender a exigibilidade do crédito tributário. 3. Nesse sentido, se o crédito não é exigível, porque ainda não vencido, não se evidencia legal determinação, administrativa ou jurisdicional, que impeça o contribuinte de exercer o seu direito de forma livre e desimpedida, mediante o depósito das parcelas à medida que ocorrente os seus respectivos vencimentos, nos prazos e condições expressamente autorizadas e disponibilizadas pela autoridade fiscal municipal. Precedente. 4. Recurso especial conhecido e provido para o efeito de que, desconstituído o acórdão impugnado, seja concedido à empresa contribuinte o direito de realizar os depósitos relativos ao IPTU à medida que se operarem os vencimentos respectivos" (STJ, REsp 773.474, 2005).

– "CRÉDITO SOB PARCELAMENTO. DEPÓSITO SUSPENSIVO DA EXIGIBILIDADE. 1. Estando sob parcelamento, o montante global do débito fiscal já está com sua exigibilidade sustada. Enquanto prestadas as parcelas, não há inadimplemento; e, em consequência, não há crédito vencido e exigível. 2. Dispõe o contribuinte do direito de realizar o depósito suspensivo da exigibilidade (CTN, art. 151, II) do débito fiscal" (TRF4, AI 2001.04.01.064803-7, 2002). Eis excerto esclarecedor do voto condutor: "Uma vez que está sob parcelamento, o montante global do débito fiscal já está com sua exigibilidade sustada (CTN, art. 151, VI). Sucede que, enquanto prestadas as parcelas, não há inadimplemento; e, e consequência, não há crédito vencido que o fisco possa exigir. Tal situação será mantida se autorizado o depósito na forma como requerida? A mim me parece que sim, tendo em perspectiva a atual disciplina atinente ao depósito judicial, pela Lei n. 9.703, de 17 de novembro de 1998, notadamente o disposto no seu art. 1º, § 2º, *in verbis*: '§ 2º Os depósitos serão repassados pela Caixa Econômica Federal para a Conta Única do Tesouro Nacional, independentemente de qualquer formalidade, no mesmo prazo fixado para recolhimento dos tributos e das contribuições federais.' Atualmente, o agravante recolhe as parcelas diretamente ao Tesouro Nacional; depositando aquelas em juízo, continuará a fazê-lo, só que de forma indireta, mas ficando atendido seu lídimo interesse de forrar-se dos percalços do *solve et repete*, pois vitoriando-se na ação anulatória do auto de infração, terá a devolução dos depósitos em até 24 horas (§ 3º, I), não se divisando, outrossim, nenhum prejuízo ao Fisco, o qual, se triunfante naquela, tem assegurada a transformação dos depósitos em pagamento definitivo (§ 3º, II). Assim, conjugando-se o direito de que dispõe o contribuinte de realizar o depósito suspensivo da exigibilidade (CTN, art. 151, II) com as peculiaridades do caso vertente, tenho que merece guarida a pretensão do agravante..."

– "PARCELAMENTO. RETRATAÇÃO. DEPÓSITO JUDICIAL. 1. A concessão de parcelamento não impede que o contribuinte, irresignado com os seus termos, impostos pelo fisco, faça o depósito integral das parcelas, com suspensão da exigibilidade do crédito, enquanto a sequência a discussão dos pontos que julga ilegais. 2. Provimento do agravo de instrumento" (TRF1, AI 01000848087, 1994).

– **No sentido de que não basta o depósito das parcelas.** "DEPÓSITOS JUDICIAIS DAS PARCELAS DE PAGAMENTO DE DÉBITOS TRIBUTÁRIOS: IMPOSSIBILIDADE LEGAL – PARCELAMENTO DE DÉBITO EM 240 MESES – AGRAVO NÃO PROVIDO. 1. O parcelamento de crédito tributário, como modalidade de pagamento para fins de sua extinção, somente por lei pode ser autorizado e regulamentado. 2. É muito equivocada a leitura feita do Provimento 43/96 da Corregedoria deste TRF1, que não criou, nem o poderia fazer, nenhum direito substantivo (ou material) no particular. A correta e adequada inteligência do § 3º do seu art. 2º reflete tão somente aqueles casos em que o recolhimento do tributo se faz mensalmente, por exemplo. Nada tem a ver com 'parcelamentos'. 3. O depósito integral (essa é a lei!) dos valores discutidos é exigido para suspensão da exigibilidade de crédito tributário. Esse é o entendimento pacificado da jurisprudência da 3ª e 4ª Turmas deste TRF, v.g.: AG 2000.01.00.021195-1/MG, Juiz CÂNDIDO RIBEIRO, T3, ac. *DJ* II 19/12/00, p. 401; AG 1998.01.00.006176-5/MG, Juiz Hilton Queiroz, T4, ac. *DJ* II 13/08/98, p. 89. 4. A litigância de má-fé, resultante em imposição de penalidade, deve ser aferida por elementos objetivos e circunstâncias induvidosas, não presentes na espécie. 5. Agravo de instrumento provido em parte. 6. Peças liberadas pelo Relator em 28/08/02 para publicação do acórdão" (TRF1, AI 01000031240, 2002).

– "... 2. O art. 151, inc. II, do Código Tributário Nacional exige o depósito do montante integral do débito, entendimento que foi consolidado pela jurisprudência através da Súmula n. 112 do e. STJ. Pretende a agravante fazer prevalecer o entendimento de que o depósito judicial das parcelas mensais, de acordo com o parcelamento concedido pela Fazenda, equivale ao depósito integral previsto no CTN. A questão já foi objeto de discussão por esta Turma, da qual resultou o posicionamento de que, ainda que tenha sido parcelado o débito, o depósito judicial somente acarreta a suspensão da exigibilidade do crédito tributário se abrange a totalidade da dívida. [...]" (TRF4, AI 2000.04.01.005942-8, 2000).

– **Oferecimento de bens em caução não tem efeito de depósito.** "SUSPENSÃO DA EXIGIBILIDADE DO CRÉDITO TRIBUTÁRIO MEDIANTE OFERECIMENTO DE CAUÇÃO EM BENS. INVIABILIDADE. SÚMULA 112/STJ. 1. Conforme já disposto no *decisum* combatido, é firme a jurisprudência do STJ no sentido de que, para que seja suspensa a exigibilidade de créditos tributários, o depósito deve ser feito na sua integralidade e em dinheiro, consoante o disposto no artigo 151, II, do CTN e a inteligência da Súmula 112/STJ: 'O depósito somente suspende a exigibilidade do crédito tributário se for integral e em dinheiro'" (STJ, AgRg no AREsp 354.521, 2013).

⇒ **Administração dos depósitos judiciais. Conta única. Compete ao Judiciário a iniciativa da criação e sua administração.** "2. A iniciativa legislativa, no que respeita à criação de conta única de depósitos judiciais e extrajudiciais, cabe ao Poder Judiciário. A deflagração do processo legislativo pelo Chefe do Poder Executivo consubstancia afronta ao texto da Constituição do Brasil [artigo 61, § 1º]. 3. Cumpre ao Poder Judiciário a administração e os rendimentos referentes à conta única de depósitos judiciais e extrajudiciais. Atribuir ao Poder Executivo essas funções viola o disposto no artigo 2º da Constituição do Brasil, que afirma a interdependência – independência e harmonia – entre o Legislativo, o Executivo e o Judiciário. 4. Ação direta julgada procedente para declarar a inconstitucionalidade da Lei n. 15.010, do Estado de Goiás. O Tribunal, por maioria, modulou os efeitos da declaração de inconstitucionalidade para dar efetividade à decisão 60 [sessenta] dias após a publicação do acórdão" (STF, ADI 3.458, 2008).

– "A retirada da administração dos recursos que são confiados ao Poder Judiciários das mãos deste, para que sejam administrados pelo Poder Executivo é, à evidência, a violação da ampla competência que a Constituição Federal atribui àquele Poder, e que não tem limites, no que diz respeito à competência para administrar todos os recursos que lhe são confiados. [...] as referidas leis, todas elas já examinadas ou em exame pelo Pretório Excelso, retiram do Poder Judiciário a administração de recursos que só a ele foram confiados, e ofertam-na ao Poder Executivo – precisamente aquilo que o contribuinte pretendeu evitar, para pôr-se a salvo de abusos, mas que, dessa forma, terminam por ocorrer. Creio que a matéria poderá ser reexaminada, com a nova composição da Suprema Corte, voltando o Poder Judiciário a ter a administração dos recursos que lhe forem confiados pelos contribuintes... [...] Como, todavia, a própria Lei federal – que permite a adoção dos mesmos critérios para Estados e Municípios –, não foi até agora discutida em nível de controle concentrado, não me parece desavisado que o seja no futuro..." (MARTINS, Ives Gandra da Silva. Depósitos Judiciais de Natureza tributária feitos à Administração do Poder Judiciário do Estado do Pará e Transferidos para a Administração do Poder Executivo. Inteligência do art. 99 da Lei Suprema no que concerne à autonomia administrativa e financeira do Poder Judiciário. *RDDT* 153/107, 2008).

– Entendemos absolutamente corretas tanto a decisão do STF como a posição de Ives Gandra. Ademais, em matéria tributária, transferir os depósitos ao Executivo, sujeito à posterior devolução, implica transformação do depósito (cautelar) em empréstimo compulsório (pagamento sujeito a devolução), o que desfigura o instituto do depósito, conforme item que segue.

– **Transferência de 70% à conta única do tesouro.** LC 151/2015: "Art. 2º Os depósitos judiciais e administrativos em dinheiro referentes a processos judiciais ou administrativos, tributários ou não tributários, nos quais o Estado, o Distrito Federal ou os Municípios sejam parte, deverão ser efetuados em instituição financeira oficial federal, estadual ou distrital. Art. 3º A instituição financeira oficial transferirá para a conta única do Tesouro do Estado, do Distrito Federal ou do Município 70% (setenta por cento) do valor atualizado dos depósitos referentes aos processos judiciais e administrativos de que trata o art. 2º, bem como os respectivos acessórios".

– **Inconstitucionalidade da transferência ao Executivo por desfigurar o depósito, transformando-o em empréstimo compulsório.** A Lei n. 9.703/98, decorrente da conversão da MP n. 1.721/98, ao alterar a sistemática de operacionalização dos depósitos judiciais, determinando seu repasse ao Tesouro, criou, em verdade, um empréstimo compulsório absolutamente inconstitucional. Ainda que o STF tenha se pronunciado pela constitucionalidade de tal lei, a matéria voltou a ser discutida sob outras perspectivas, como a da autonomia do Poder Judiciário, nos termos do item anterior. A Lei n. 10.819, de 16 de dezembro de 2003, que dispôs sobre os depósitos judiciais de tributos, no âmbito dos Municípios, e, atualmente, está revogada pela LC n. 151/2015, dispunha da mesma forma, admitindo o acesso dos Municípios a parte do montante depositado, impondo a posterior devolução no caso de sucesso do contribuinte na demanda.

– "A Medida Provisória n. 1.721/98, pois, descaracterizou o depósito ao transformá-lo em pagamento sujeito a restituição. E mais. O Governo, ao determinar que os valores depositados sejam compulsória e temporariamente repassados ao Tesouro, para posterior restituição no caso de improcedência da ação, em verdade, instituiu um novo empréstimo compulsório. Não bastasse esse novo empréstimo compulsório ser reprovável por vir disfarçado como simples alteração do regime jurídico dos depósitos, é nitidamente inconstitucional, eis que o art. 148 da Constituição Federal exige lei complementar para a instituição de empréstimos compulsórios e estabelece, como únicas finalidades possíveis, atender a despesas extraordinárias decorrentes de calamidade pública ou de guerra externa e viabilizar investimento público de caráter urgente e de relevante interesse nacional, o que não se

verifica no caso" (PAULSEN, Leandro. Empréstimo compulsório no pacote fiscal. *Rep. IOB de Jur.*, 1998).

– "Quando não se queira considerar que a Lei n. 9.703, de 17.11.98 reinstituiu o *solve et repete*, pura e simplesmente, tem-se de concluir, com o ilustre Juiz Federal Leandro Paulsen, que a mesma instituiu um empréstimo compulsório, sem obediência aos requisitos formais e substanciais estabelecidos pela Constituição Federal" (MACHADO, Hugo de Brito. Extinção dos depósitos para garantia do juízo, *RDDT* 41/12, 1999).

– "Esse procedimento viola o art. 148 da CF, por restar evidenciado que se trata de um empréstimo compulsório disfarçado – não instituído por Lei Complementar. [...] Trata-se de apropriação de valores em litígio, que ainda não pertencem à Administração Pública e, portanto, viola literalmente essa norma constitucional, que prescreve que a moralidade deve presidir a atuação da Administração Pública em todos os campos, inclusive no tributário" (RODRIGUES, Marilene Talarico Martins. Os depósitos judiciais e as alterações introduzidas pela Lei 9.703/98 (MP 1.721/98). *RDDT* 41, 1999, p. 46).

– **Depósitos na Justiça Federal. Lei n. 9.703/98. Alteração do regime jurídico dos depósitos.** A Lei n. 9.703/98, decorrente da conversão da MP n. 1.721/98, alterou a sistemática operacional dos depósitos judiciais, determinando que, em vez de ficarem à disposição do Juízo em conta aberta na CEF vinculada ao processo (à semelhança de uma conta-poupança), como determinava o art. 11 da Lei n. 9.289/96, sejam repassados pela CEF à Conta Única do Tesouro Nacional, sujeitos à devolução ao final da lide se vencedor o contribuinte. A Lei n. 12.099/2009 determinou, ainda, a transferência para a CEF, de acordo com a Lei n. 9.703/98, de todos os depósitos judiciais e extrajudiciais de tributos e contribuições federais realizados em outras instituição financeira após 1º de dezembro de 1998.

– O Decreto n. 2.850/98 disciplina os procedimentos pertinentes aos depósitos judiciais e extrajudiciais, de valores de tributos e contribuições federais administrados pela Secretaria da Receita Federal, de que trata a Lei n. 9.703, de 17 de novembro de 1998: "Art 1º Os depósitos judiciais e extrajudiciais, em dinheiro, de valores referentes a tributos e contribuições federais, inclusive seus acessórios, administrados pela Secretaria da Receita Federal do Ministério da Fazenda, serão efetuados na Caixa Econômica Federal, mediante Documento de Arrecadação de Receitas Federais – DARF, específico para essa finalidade, conforme modelo a ser estabelecido por aquela Secretaria e confeccionado e distribuído pela Caixa Econômica Federal. § 1º O disposto neste artigo aplica-se, inclusive, aos débitos provenientes de tributos e contribuições inscritos em Dívida Ativa da União. § 2º Quando houver mais de um interessado na ação, o depósito à ordem e disposição do Juízo deverá ser efetuado, de forma individualizada, em nome de cada contribuinte. § 3º O DARF deverá conter, além de outros elementos fixados em ato do Secretário da Receita Federal, os dados necessários à identificação do órgão da Justiça onde estiver tramitando a ação, e ao controle da Caixa Econômica Federal. § 4º No caso de recebimento de depósito judicial, a Caixa Econômica Federal deverá remeter uma via do DARF ao órgão judicial em que tramita a ação. § 5º A Caixa Econômica Federal deverá encaminhar á unidade da Secretaria da Receita Federal que jurisdicione o domicílio tributário do contribuinte uma via do DARF referente aos depósitos extrajudiciais recebidos, de que tratam os arts. 83 do Decreto n. 93.872, de 23 de dezembro de 1986, e 33, § 2º, do Decreto n. 70.235, de 6 de março de 1972, com a redação dada pelo art. 32 da Medida Provisória n. 1.699-41, de 27 de outubro de 1998, e o Regulamento Aduaneiro, aprovado pelo Decreto n. 91.030, de 5 de março de 1985. Art 2º Mediante ordem da autoridade judicial ou, no caso de depósito extrajudicial, da autoridade administrativa competente, o valor do depósito, após o encerramento da lide ou do processo litigioso, será: I – devolvido ao depositante pela Caixa Econômica Federal, no prazo máximo de vinte e quatro horas, quando a sentença ou decisão lhe for favorável ou na proporção em que o for, acrescido de juros equivalentes à taxa referencial do Sistema Especial de Liquidação e de Custódia – SELIC, para títulos federais, acumulada mensalmente, calculados a partir do mês subseqüente ao da efetivação do depósito até o mês anterior ao do seu levantamento, e de juros de um por cento relativamente ao mês em que estiver sendo efetivada a devolução; ou II – transformado em pagamento definitivo, proporcionalmente à exigência do correspondente tributo ou contribuição, inclusive seus acessórios, quando se tratar de sentença ou decisão favorável à Fazenda Nacional. Parágrafo único. A Secretaria da Receita Federal aprovará modelo de documento, a ser confeccionado e preenchido pela Caixa Econômica Federal, contendo os dados relativos aos depósitos devolvidos ao depositante ou transformados em pagamento definitivo. Art 3º Os depósitos recebidos e os valores devolvidos terão o seguinte tratamento: I – o valor dos depósitos recebidos será repassado para a Conta Única do Tesouro Nacional, junto ao Banco Central do Brasil, no mesmo prazo fixado pelo Ministro de Estado da Fazenda para repasse dos tributos e contribuições arrecadados mediante DARF; II – o valor dos depósitos devolvidos ao depositante será debitado à Conta Única do Tesouro Nacional, junto ao Banco Central do Brasil, a título de restituição, no mesmo dia em que ocorrer a devolução. § 1º O Banco Central do Brasil providenciará, no mesmo dia, o crédito dos valores devolvidos na conta de reserva bancária da Caixa Econômica Federal. § 2º Os valores das devoluções, inclusive dos juros acrescidos, serão contabilizados como anulação do respectivo imposto ou contribuição em que tiver sido contabilizado o depósito. § 3º No caso de transformação do depósito em pagamento definitivo, a Caixa Econômica Federal efetuará a baixa em seus controles e comunicará a ocorrência à Secretaria da Receita Federal. Art 4º A Caixa Econômica Federal manterá controle dos valores depositados, devolvidos e transformados em pagamento definitivo, por contribuinte e por processo, devendo, relativamente aos valores depositados e respectivos acréscimos de juros, tornar disponível aos órgãos interessados e aos depositantes o acesso aos respectivos registros, emitir extratos mensais e remetê-los à autoridade judicial ou administrativa que for competente para liberar os depósitos, à Secretaria da Receita Federal ou à Procuradoria-Geral da Fazenda Nacional. Parágrafo único. Os registros e extratos referidos neste artigo devem conter os dados que permitam identificar o depositante, o processo administrativo ou judicial, a movimentação dos depósitos durante o mês, além de outros elementos que forem considerados indispensáveis pela Secreta-

ria da Receita Federal ou pela Procuradoria-Geral da Fazenda Nacional. Art 5º Os dados sobre os depósitos recebidos, devolvidos e transformados em pagamento definitivo deverão ser transmitidos à Secretaria da Receita Federal por meio magnético ou eletrônico, independente da remessa de via dos documentos aos setores indicados em atos daquela Secretaria".

– "LEI FEDERAL QUE DISPÕE SOBRE OS DEPÓSITOS JUDICIAIS E EXTRA JUDICIAIS DE TRIBUTOS E CONTRIBUIÇÕES FEDERAIS. DETERMINA QUE OS VALORES SEJAM REPASSADOS À CONTA ÚNICA DO TESOURO NACIONAL. ALEGADA VIOLAÇÃO AO PRINCÍPIO DE SEPARAÇÃO DOS PODERES, DA ISONOMIA E DEVIDO PROCESSO LEGAL. REMUNERAÇÃO DOS DEPÓSITOS PELA TAXA REFERENCIAL DO SISTEMA ESPECIAL DE LIQUIDAÇÃO E CUSTODIA. RENTABILIDADE SUPERIOR AO SISTEMA ANTERIOR À LEI 9703/98. AUSÊNCIA DE PLAUSIBILIDADE JURÍDICA. LIMINAR INDEFERIDA" (STF, ADIn 1.933, 2001). O Min.-Relator, em seu voto, mediante transcrições, afasta, uma a uma, as apontadas inconstitucionalidades. Manifestou voto por escrito o Min. Ilmar Galvão, entendendo que "A lei não altera de maneira nenhuma, a relação entre o credor e o depositário da quantia, a não ser, como acentuou S. Exa., melhorando as condições de remuneração do depósito. Destinou-se a regular a relação entre a Caixa Econômica Federal e o Tesouro Nacional; tanto que a restituição do depósito será feita em, no máximo, 24 horas, à conta do Tesouro; quer dizer, não depende de transferência de recursos do Tesouro à Caixa Econômica Federal." A decisão foi de modo que não se vislumbra possibilidade de alteração quando do julgamento do mérito.

– **Depósitos na Justiça Estadual. Alteração de regime nos moldes do regime federal. Constitucionalidade.** "LEI 1.952, DE 19 DE MARÇO DE 1999, DO ESTADO DO MATO GROSSO DO SUL, QUE 'DISPÕE SOBRE OS DEPÓSITOS JUDICIAIS E EXTRAJUDICIAIS DE TRIBUTOS ESTADUAIS'. CONFISCO E EMPRÉSTIMO COMPULSÓRIO: NÃO OCORRÊNCIA. INEXISTÊNCIA DE OFENSA AO ATO JURÍDICO PERFEITO. PRECEDENTE. [...] 2. Lei 1.952, de 19 de março de 1999, do Estado do Mato Grosso do Sul, que transfere os depósitos judiciais, referentes a tributos estaduais, à conta do erário da unidade federada. Não ocorrência de violação aos princípios constitucionais da separação dos Poderes, da isonomia e do devido processo legal (CF, artigos 2º e 5º, *caput* e inciso LIV), e ao artigo 148, I e II, da Carta Federal. 3. Incólume permanece o princípio da separação dos Poderes, porquanto os depósitos judiciais não são atos submetidos à atividade jurisdicional, tendo natureza administrativa, da mesma forma que os precatórios. 4. A isonomia é resguardada, visto que a Lei estadual prevê a aplicação da taxa SELIC, que traduz rigorosa igualdade de tratamento entre o contribuinte e o Fisco. 5. Devolução do depósito após o trânsito em julgado já prevista no artigo 32 da Lei de Execuções Fiscais – Lei 6.830, de 22 de dezembro de 1980. Inexistência de ofensa ao princípio do devido processo legal. 6. O depósito judicial, sendo uma faculdade do contribuinte a ser exercida ou não, dependendo de sua vontade, não tem característica de empréstimo compulsório, nem índole confiscatória (CF, artigo 150, IV), pois o mesmo valor corrigido monetariamente lhe será restituído se vencedor na ação, rendendo juros com taxa de melhor aproveitamento do que à época anterior à vigência da norma. 7. A exigência de lei complementar prevista no artigo 146, III, *b*, da Carta da República não se estende a simples regras que disciplinam os depósitos judiciais e extrajudiciais de tributos, sem interferir na sua natureza. Pedido de medida cautelar indeferido" (STF, ADIn 2.214, 2002).

– **Lei estadual que proíbe a concessão de exclusividade a qualquer instituição bancária privada, sem licitação.** "ADI: Incidência do art. 10, § 3º, da Lei 9.868/99. Julgado o pedido de medida liminar formulado em ação direta ajuizada pela Confederação Nacional do Sistema Financeiro – CONSIF – contra a Lei 14.235/03, do Estado do Paraná – 'Art. 1º – Fica o Poder Executivo proibido de iniciar, renovar, manter, em regime de exclusividade a qualquer Instituição Bancária privada, as contas dos depósitos do sistema de arrecadação dos tributos estaduais [...], bem como as disponibilidades dos fundos estaduais e pagamentos do funcionalismo público, sem a realização de respectivo processo licitatório. Art. 2º – Fica o Poder Executivo obrigado a manter toda a movimentação financeira descrita no artigo anterior antecedente em Instituição Financeira Oficial, conforme preceituam os artigos 164 e 240, das Constituições Federal e Estadual, respectivamente. Art. 3º – Caberá ao Poder Executivo revogar, imediatamente, todos os atos e contratos firmados nas condições previstas no art. 1º desta Lei'. Preliminarmente, o Tribunal, por maioria, entendendo caracterizada a excepcional urgência do caso, a justificar a aplicação do § 3º do art. 10 da Lei 9.868/99, rejeitou questão de ordem suscitada pelo Min. Marco Aurélio acerca da existência ou não da suposta excepcionalidade, vencidos, no ponto, o próprio Min. Marco Aurélio, e o Min. Carlos Britto, que, indicando o adiamento do exame do pedido, determinavam fossem colhidas as informações das autoridades requeridas (Lei 9.868/99, art. 10, § 3º: 'Em caso de excepcional urgência, o Tribunal poderá deferir a medida cautelar sem a audiência dos órgãos ou das autoridades das quais emanou a lei ou o ato normativo impugnado"). ADI 3075 MC/PR, Min. Gilmar Mendes, 17 e 19.12.2003'" (*Informativo STF* 334, 2004).

– **Depósitos judiciais relativos a tributos Estaduais e Municipais.** LC n. 151/2015: "Art. 2º Os depósitos judiciais e administrativos em dinheiro referentes a processos judiciais ou administrativos, tributários ou não tributários, nos quais o Estado, o Distrito Federal ou os Municípios sejam parte, deverão ser efetuados em instituição financeira oficial federal, estadual ou distrital. Art. 3º A instituição financeira oficial transferirá para a conta única do Tesouro do Estado, do Distrito Federal ou do Município 70% (setenta por cento) do valor atualizado dos depósitos referentes aos processos judiciais e administrativos de que trata o art. 2º, bem como os respectivos acessórios. § 1º Para implantação do disposto no *caput* deste artigo, deverá ser instituído fundo de reserva destinado a garantir a restituição da parcela transferida ao Tesouro, observados os demais termos desta Lei Complementar. § 2º A instituição financeira oficial tratará de forma segregada os depósitos judiciais e os depósitos administrativos. § 3º O montante dos depósitos judiciais e administrativos não repassado ao Tesouro constituirá o fundo de reserva

referido no § 1º deste artigo, cujo saldo não poderá ser inferior a 30% (trinta por cento) do total dos depósitos de que trata o art. 2º desta Lei Complementar, acrescidos da remuneração que lhes foi atribuída. § 4º (VETADO). § 5º Os valores recolhidos ao fundo de reserva terão remuneração equivalente à taxa referencial do Sistema Especial de Liquidação e de Custódia – SELIC para títulos federais. § 6º Compete à instituição financeira gestora do fundo de reserva de que trata este artigo manter escrituração individualizada para cada depósito efetuado na forma do art. 2º, discriminando: I – o valor total do depósito, acrescido da remuneração que lhe foi originalmente atribuída; e II – o valor da parcela do depósito mantido na instituição financeira, nos termos do § 3º deste artigo, a remuneração que lhe foi originalmente atribuída e os rendimentos decorrentes do disposto no § 5º deste artigo. Art. 4º A habilitação do ente federado ao recebimento das transferências referidas no art. 3º é condicionada à apresentação ao órgão jurisdicional responsável pelo julgamento dos litígios aos quais se refiram os depósitos de termo de compromisso firmado pelo chefe do Poder Executivo que preveja: I – a manutenção do fundo de reserva na instituição financeira responsável pelo repasse das parcelas ao Tesouro, observado o disposto no § 3º do art. 3º desta Lei Complementar; II – a destinação automática ao fundo de reserva do valor correspondente à parcela dos depósitos judiciais mantida na instituição financeira nos termos do § 3º do art. 3º, condição esta a ser observada a cada transferência recebida na forma do art. 3º desta Lei Complementar; III – a autorização para a movimentação do fundo de reserva para os fins do disposto nos arts. 5º e 7º desta Lei Complementar; e IV – a recomposição do fundo de reserva pelo ente federado, em até quarenta e oito horas, após comunicação da instituição financeira, sempre que o seu saldo estiver abaixo dos limites estabelecidos no § 3º do art. 3º desta Lei Complementar. Art. 5º A constituição do fundo de reserva e a transferência da parcela dos depósitos judiciais e administrativos acumulados até a data de publicação desta Lei Complementar, conforme dispõe o art. 3º, serão realizadas pela instituição financeira em até quinze dias após a apresentação de cópia do termo de compromisso de que trata o art. 4º. § 1º Para identificação dos depósitos, cabe ao ente federado manter atualizada na instituição financeira a relação de inscrições no Cadastro Nacional da Pessoa Jurídica – CNPJ dos órgãos que integram a sua administração pública direta e indireta. § 2º Realizada a transferência de que trata o *caput*, os repasses subsequentes serão efetuados em até dez dias após a data de cada depósito. § 3º Em caso de descumprimento dos prazos estabelecidos no *caput* e no § 2º deste artigo, a instituição financeira deverá transferir a parcela do depósito acrescida da taxa referencial do Selic para títulos federais mais multa de 0,33% (trinta e três centésimos por cento) por dia de atraso. Art. 6º São vedadas quaisquer exigências por parte do órgão jurisdicional ou da instituição financeira além daquelas estabelecidas nesta Lei Complementar. Art. 7º Os recursos repassados na forma desta Lei Complementar ao Estado, ao Distrito Federal ou ao Município, ressalvados os destinados ao fundo de reserva de que trata o § 3º do art. 3º, serão aplicados, exclusivamente, no pagamento de: I – precatórios judiciais de qualquer natureza; II – dívida pública fundada, caso a lei orçamentária do ente federativo preveja dotações suficientes para o pagamento da totalidade dos precatórios judiciais exigíveis no exercício e não remanesçam precatórios não pagos referentes aos exercícios anteriores; III – despesas de capital, caso a lei orçamentária do ente federativo preveja dotações suficientes para o pagamento da totalidade dos precatórios judiciais exigíveis no exercício, não remanesçam precatórios não pagos referentes aos exercícios anteriores e o ente federado não conte com compromissos classificados como dívida pública fundada; IV – recomposição dos fluxos de pagamento e do equilíbrio atuarial dos fundos de previdência referentes aos regimes próprios de cada ente federado, nas mesmas hipóteses do inciso III. Parágrafo único. Independentemente das prioridades de pagamento estabelecidas no *caput* deste artigo, poderá o Estado, o Distrito Federal ou o Município utilizar até 10% (dez por cento) da parcela que lhe for transferida nos termos do *caput* do art. 3º para constituição de Fundo Garantidor de PPPs ou de outros mecanismos de garantia previstos em lei, dedicados exclusivamente a investimentos de infraestrutura. Art. 8º Encerrado o processo litigioso com ganho de causa para o depositante, mediante ordem judicial ou administrativa, o valor do depósito efetuado nos termos desta Lei Complementar acrescido da remuneração que lhe foi originalmente atribuída será colocado à disposição do depositante pela instituição financeira responsável, no prazo de 3 (três) dias úteis, observada a seguinte composição: I – a parcela que foi mantida na instituição financeira nos termos do § 3º do art. 3º acrescida da remuneração que lhe foi originalmente atribuída será de responsabilidade direta e imediata da instituição depositária; e II – a diferença entre o valor referido no inciso I e o total devido ao depositante nos termos do *caput* será debitada do saldo existente no fundo de reserva de que trata o § 3º do art. 3º. § 1º Na hipótese de o saldo do fundo de reserva após o débito referido no inciso II ser inferior ao valor mínimo estabelecido no § 3º do art. 3º, o ente federado será notificado para recompô-lo na forma do inciso IV do art. 4º. § 2º Na hipótese de insuficiência de saldo no fundo de reserva para o débito do montante devido nos termos do inciso II, a instituição financeira restituirá ao depositante o valor disponível no fundo acrescido do valor referido no inciso I. § 3º Na hipótese referida no § 2º deste artigo, a instituição financeira notificará a autoridade expedidora da ordem de liberação do depósito, informando a composição detalhada dos valores liberados, sua atualização monetária, a parcela efetivamente disponibilizada em favor do depositante e o saldo a ser pago depois de efetuada a recomposição prevista no § 1º deste artigo. Art. 9º Nos casos em que o ente federado não recompuser o fundo de reserva até o saldo mínimo referido no § 3º do art. 3º, será suspenso o repasse das parcelas referentes a novos depósitos até a regularização do saldo. Parágrafo único. Sem prejuízo do disposto no *caput*, na hipótese de descumprimento por três vezes da obrigação referida no inciso IV do art. 4º, será o ente federado excluído da sistemática de que trata esta Lei Complementar. Art. 10. Encerrado o processo litigioso com ganho de causa para o ente federado, ser-lhe-á transferida a parcela do depósito mantida na instituição financeira nos termos do § 3º do art. 3º acrescida da remuneração que lhe foi originalmente atribuída. § 1º O saque da parcela de que trata o *caput* deste artigo somente poderá ser realizado até o limite máximo do qual não resulte saldo inferior ao mínimo exigido no § 3º do art. 3º. § 2º Na situação

prevista no *caput*, serão transformados em pagamento definitivo, total ou parcial, proporcionalmente à exigência tributária ou não tributária, conforme o caso, inclusive seus acessórios, os valores depositados na forma do *caput* do art. 2º acrescidos da remuneração que lhes foi originalmente atribuída. Art. 11. O Poder Executivo de cada ente federado estabelecerá regras de procedimentos, inclusive orçamentários, para a execução do disposto nesta Lei Complementar".

⇒ **Indisponibilidade dos depósitos. Levantamento ou conversão em renda, conforme o resultado da demanda.** O contribuinte tem a faculdade de efetuar o depósito para suspender a exigibilidade do crédito e, com isso, não sofrer qualquer coação no sentido do pagamento nem os ônus da mora. Entretanto, efetuado o depósito, fica ele cumprindo função de garantia do pagamento do tributo, com destino vinculado à decisão que vier a transitar em julgado.

– "13. O regime jurídico do depósito judicial para suspensão da exigibilidade crédito tributário, como faculdade do contribuinte, impõe que o montante depositado no bojo da ação judicial se torne litigioso, permanecendo à sorte do resultado final da ação. Consectariamente, o montante depositado resta indisponível para ambas as partes enquanto durar o litígio, posto garantia da dívida *sub judice*" (STF, RE 640.905, 2018).

– Conversão do depósito em renda como causa de extinção do crédito tributário. Vide art. 156, inciso VI, do CTN.

– **O levantamento ou a conversão devem aguardar o trânsito em julgado.** A Lei n. 9.703/98 diz que será dado destino ao depósito após o encerramento da lide. Não se deve, pois, autorizar o levantamento dos depósitos pelo contribuinte no curso da ação. Do contrário, teria ele a possibilidade de sustar a ação do Fisco e, após, a seu talante, retirar a garantia concedida. Também não devem ser convertidos os depósitos em renda da União antes do trânsito em julgado. Impõe-se destacar, ainda, que o depósito garante o tributo discutido, não se podendo, em caso de procedência da ação, impedir o levantamento em face de informação da Receita de que o contribuinte possui outros débitos.

– **Súmula 18 do TRF4:** "O depósito judicial destinado a suspender a exigibilidade do crédito tributário somente poderá ser levantado, ou convertido em renda, após o trânsito em julgado da sentença".

– "4. Apesar de se tratar de uma faculdade do contribuinte, a opção pelo depósito judicial vincula os valores depositados ao crédito tributário discutido judicialmente, cujo levantamento por alguma das partes, Fisco ou contribuinte, fica dependente do desfecho da lide, a teor do art. 32, § 2º, da LEF" (STJ, AgRg no REsp 835.067, 2008).

– "A imediata conversão dos valores depositados judicialmente em renda da União Federal evidencia futuro litígio para a restituição de indébito, vislumbrado pela vitória do contribuinte em ação ordinária reconhecendo a ilegalidade da incidência do tributo. Demais, servindo o depósito como garantia do crédito tributário questionado, antes do final julgamento da correspondente ação judicial, a imediata conversão em renda da Fazenda constitui lesão ao direito líquido e certo do contribuinte de aproveitar-

-se da suspensão da exigência fiscal (art. 151, II e IV, do CTN)..." (STJ, ROMS 3.426, 1994).

– "O depósito judicial do crédito tributário só deve ser convertido em renda quando há decisão, com trânsito em julgado, contrária ao contribuinte" (STJ, REsp 19.672).

– **Procedência. Liberação. Existência de outras dívidas. Irrelevância.** "O depósito inibitório de ação fiscal (CTN, art. 151) deve ser devolvido ao contribuinte em caso de este ser vitorioso na ação a ele relativa. Não é lícito ao Fisco apropriar-se de tal depósito a pretexto de que existem outras dívidas do contribuinte, oriundas de outros tributos. Semelhante apropriação atenta contra a coisa julgada (CPC, arts. 467 e 468)" (STJ, REsp 297.115, 2001).

– **Liberação à base de precedente do STF.** O depósito tem função de garantia. A sua permanência no feito é instrumental. Assim, se o STF já julgou a matéria de fundo discutida nos autos, através do seu órgão pleno, dizendo da inconstitucionalidade do tributo, ainda que no controle difuso de constitucionalidade, seria razoável o entendimento de que o depósito pudesse ser liberado ao autor sem a necessidade de se aguardar o trânsito em julgado. Isso porque a dúvida quanto à procedência ou improcedência da demanda deixa de existir, não fazendo sentido manter os valores indisponíveis para o contribuinte. Entretanto, a Lei n. 9.703/88 prevê que a liberação só se dará após o encerramento da lide, além do que o STJ já havia, antes mesmo do advento da nova lei, se pronunciado pela impossibilidade do levantamento antes do trânsito.

– "DEPÓSITO JUDICIAL DO TRIBUTO CONTROVERTIDO. DECISÃO QUE LIBEROU PARTE DELE À BASE DE PRECEDENTE DO SUPREMO TRIBUNAL FEDERAL. O depósito previsto no artigo 151, inciso II, do Código Tributário Nacional, é feito sob o regime de indisponibilidade, que na via judicial, só cessa com o trânsito da sentença em julgado, sendo então devolvido ao autor da ação ou convertido em renda da Fazenda Pública, conforme a demanda seja bem ou mal sucedida. Hipótese em que, antes da sentença final, foi liberada parte do depósito para o autor da ação. Recurso especial conhecido e provido" (STJ, REsp 142.363, 1997).

– **Adesão a parcelamento e liberação dos depósitos. Descabimento.** "Parcelamento de dívida relativa à Cofins: isonomia e acesso à Justiça Não viola o princípio da isonomia e o livre acesso à jurisdição a restrição de ingresso no parcelamento de dívida relativa à Contribuição para Financiamento da Seguridade Social (COFINS), instituída pela Portaria 655/1993 do Ministério da Fazenda, dos contribuintes que questionaram o tributo em juízo com depósito judicial dos débitos tributários. Esse é o entendimento do Plenário, que, por decisão majoritária, deu provimento a recurso extraordinário que debatia eventual ofensa aos aludidos postulados em face da edição da mencionada portaria, que, ao dispor sobre o parcelamento de débitos inerentes à Cofins, veda-o aos contribuintes que ingressaram em juízo e implementaram o depósito judicial do montante controvertido. [...] No caso, a concessão de parcelamento apenas aos contribuintes que não ingressaram em juízo ou aos que ajuizaram ações, mas não implementaram o depósito do crédito tributário controvertido,

e a exceção aos contribuintes que ingressaram em juízo e realizaram o depósito judicial não revela discriminação inconstitucional. Afinal, obedece a todos os aspectos essenciais à observância da isonomia na utilização de critérios de desigualação. O discrímen adotado pela portaria aplica-se indistintamente a todos os contribuintes que optaram pela realização do depósito judicial. Ademais, além de guardar estrita pertinência lógica com o objetivo pretendido pela norma, diz respeito apenas aos valores objeto dos respectivos depósitos, e não aos contribuintes depositantes. O critério de desigualação está em consonância com os interesses protegidos pela Constituição, visto que prestigia a racionalização na cobrança do crédito público. É uma solução administrativa que evita o ajuizamento de demandas desnecessárias e estimula o contribuinte em situação irregular ao cumprimento de suas obrigações. O regime jurídico do depósito judicial para suspensão da exigibilidade de crédito tributário, como faculdade do contribuinte, impõe que o montante depositado referente à ação judicial se torne litigioso, permanecendo à sorte do resultado final da ação. Logo, o montante depositado ficará indisponível para as partes enquanto durar o litígio, por ser garantia da dívida 'sub judice'. Os contribuintes que efetuaram depósitos em juízo de valores relativos a débitos da Cofins se equiparam àqueles que adimpliram as suas obrigações, com o pagamento do crédito tributário, porque o montante depositado fica condicionado ao resultado final da ação. No julgamento da ADC 1/DF (*DJU* de 16.6.1995), foi assentada a legitimidade da exação. As ações ajuizadas pelos contribuintes para discussão de sua constitucionalidade encerrarão resultado favorável à Fazenda Pública, o que impossibilita de toda a forma o levantamento dos depósitos judiciais porventura realizados. O Tribunal concluiu que o texto da Portaria 655/1993 do Ministério da Fazenda não configura violação ao princípio da isonomia. Afinal, distingue duas situações completamente diferentes: a do contribuinte que se quedou inerte em relação aos seus débitos com o Fisco e a do contribuinte que voluntariamente efetuou o depósito judicial do débito e fica, portanto, imune aos consectários legais decorrentes da mora. Não há que se falar, igualmente, em ofensa ao livre acesso à Justiça, porque não se impõe o depósito judicial para o ingresso em juízo. Assim, caso o contribuinte tenha ajuizado ação e realizado o depósito do montante que entendera devido, se houver eventual saldo a pagar, pode aderir ao parcelamento para sua quitação. Não há que se falar, portanto, em obstrução à garantia de acesso ao Judiciário" (*Informativo* 851 do STF, acerca do RE 640905, rel. Min. Luiz Fux, julgado em dez. 2016, cuja ementa, em maio de 2017, ainda não fora publicada).

– **Admitindo.** "COFINS. DEPÓSITO JUDICIAL. PARCELAMENTO DO DÉBITO JUNTO À SECRETARIA DE RECEITA FEDERAL. SUSPENSÃO DA EXIGIBILIDADE. LEVANTAMENTO DOS DEPÓSITOS REALIZADOS EM JUÍZO. I. Em sede de ação mandamental, o depósito judicial, realizado com o escopo de suspender a exigibilidade do crédito tributário controvertido, constitui mera faculdade de contribuinte, haja vista que, por expressa determinação contida no CTN, em seu art. 151, IV, a concessão de medida liminar em mandado de segurança suspende a exigibilidade do aludido crédito. Logo, para que o contribuinte tenha a exigibilidade do crédito tributário suspenso, não opera como *conditio sine qua non* a realização de depósito judicial. II. Deferido o parcelamento, pelo o agente fiscal, na esfera administrativa, o contribuinte tem direito ao levantamento dos valores depositados judicialmente. III. A não concessão do levantamento de tais valores configuraria *bis in idem*, pois estaria o contribuinte obrigado a recolher as parcelas mensais do tributo, em face do parcelamento administrativo deferido, além de arcar com a conversão em renda da Fazenda Nacional, dos mesmos valores, objeto do parcelamento. Em tal hipótese, só lhe restaria a via ordinária da repetição de indébito, solução esta, que não se afigura razoável, tampouco justa" (TRF1, AI 1996.01.172220, 2002).

– **Os juros dos depósitos são do sujeito ativo.** "2. A Primeira Seção do STJ, por ocasião da análise do REsp. 1.251.513, Relator o Ministro MAURO CAMPBELL, julgado na forma do art. 543-C do CPC e da Res. 8/STJ, sedimentou o entendimento de que a remissão de juros de mora na composição do crédito tributário não enseja o resgate de juros remuneratórios incidentes sobre o depósito judicial feito para suspender a exigibilidade desse mesmo crédito tributário. Em outras palavras: os eventuais juros compensatórios derivados de supostas aplicações do dinheiro depositado a título de depósito na forma do inciso II do art. 151 do CTN não pertencem aos contribuintes-depositantes; assim, assistiria razão a Fazenda Nacional ao alegar que a redução não pode atingir a remuneração pela taxa Selic. 3. Ressalva do ponto de vista do Relator de que a diferenciação feita por este entendimento impõe um tratamento desigualitário entre contribuintes que depositaram para discutir o débito e aqueles que assim não o fizeram. Os juros remuneratórios incidentes sobre o depósito judicial feito para suspender a exigibilidade do crédito tributário não deve ser apropriado pela Fazenda Pública, com os descontos oferecidos incidentes sobre todo o montante depositado, devolvido eventual saldo remanescente ao contribuinte. [...] 5. Agravo Regimental desprovido, com a ressalva do ponto de vista do Relator" (STJ, AgRg no AREsp 174.959, 2013).

– **Súmula 271 do STJ:** "A correção monetária dos depósitos judiciais independe de ação específica contra o banco depositário" (2002).

⇒ **Efeito da extinção do processo sem julgamento do mérito. Conversão em renda.** "MANDADO DE SEGURANÇA – EXTINÇÃO SEM JULGAMENTO DO MÉRITO – DEPÓSITO JUDICIAL – LEVANTAMENTO PELO CONTRIBUINTE: IMPOSSIBILIDADE – CONVERSÃO EM RENDA DA UNIÃO. 1. A Primeira Seção firmou entendimento de que, mesmo sendo extinto o feito sem julgamento do mérito, os depósitos para suspensão da exigibilidade do crédito tributário devem ser convertidos em renda da Fazenda Pública e não levantados pelo contribuinte" (STJ, REsp 901.415, 2008).

– "DEPÓSITO JUDICIAL – EXTINÇÃO DO FEITO SEM RESOLUÇÃO DE MÉRITO – IMPOSSIBILIDADE DE LEVANTAMENTO PELO CONTRIBUINTE – CONVERSÃO EM RENDA DA UNIÃO. 1. Era permitido levantar o valor do depósito realizado, para efeito de suspensão da exigibilidade do crédito tributário, na hipótese de extinção do feito sem resolu-

ção do mérito. 2. Em 9.11.2005, no julgamento do EREsp 227.835/SP, de relatoria do Min. Teori Albino Zavascki, houve mudança de entendimento da Primeira Seção, que posicionou-se pela conversão da renda em favor da União, na hipótese de extinção do feito, sem resolução do mérito, do depósito realizado pelo contribuinte para suspensão da exigibilidade do crédito tributário. 3. Posição atual pacífica da Primeira Seção pela conversão da renda em favor da União, na hipótese constante dos autos" (STJ, EREsp 548.224, 2007).

– **Pela liberação ao contribuinte.** "... o entendimento pacificado pelo STF de que o mandado de segurança é uma ação garantida aos cidadãos contra o Estado, não gerando direitos à autoridade pública considerada coatora por se tratar de remédio processual 'intrínseco na defesa da liberdade do cidadão', vai de encontro às conclusões do STJ de que uma decisão sem resolução do mérito em mandado de segurança significaria uma suposta vitória do Fisco que pudesse gerar o seu direito à conversão em renda dos depósitos judiciais realizados, ainda que tenha ocorrido a constituição do crédito tributário... Uma vez que o Fisco, no mandado de segurança, não deve ser visto como parte (réu) capaz de pleitear direitos, por se tratar de instrumento processual conferido ao contribuinte impetrante para se opor a atos praticados pelo Fisco e considerando que é reconhecida a faculdade do impetrante de desistência da ação mandamental a qualquer tempo, parece inadequado o entendimento de que o Fisco tem direito à conversão em renda dos depósitos nos casos de decisão sem resolução de mérito no mandado de segurança" (MARTONE, Rodrigo; BASSANI, Alessandra. A nova posição do STF sobre a desistência de mandado de segurança sem anuência da parte contrária e independentemente de decisão de mérito e as suas consequências para as causas de natureza tributária. *RDDT* 216/132, set/2013). Obs: o autor se refere ao RE 669.367. vide em nota ao art. 151, IV, do CTN.

– "1. Nos termos da orientação desta Primeira Seção, 'o depósito para suspender a exigibilidade do crédito tributário só pode ser convertido em renda da UNIÃO, ou devolvido ao contribuinte, após o trânsito em julgado da sentença. Diferentemente, quando a sentença extingue o processo sem julgamento do mérito, pode o depósito ser imediatamente devolvido ao contribuinte, que fica assim privado da suspensividade, inexistindo a possibilidade de haver, em favor da FAZENDA, a conversão do depósito em renda' (ERESP 270083/SP, Min. Eliana Calmon, *DJ* 02/09/02). 2. Não tendo a agravante rebatido especificamente os fundamentos da decisão recorrida, incide o enunciado da Súmula n. 182 do STJ. 3. Agravo regimental desprovido" (STJ, AgRgEDivREsp 249.647, 2004).

– "Resta examinar a hipótese de as ações não se resolverem ou melhor serem extintas sem julgamento de mérito... a) Na hipótese de haver depósito, o contribuinte tem a faculdade e o direito de levantá-lo ou afetá-lo a outra ação que supra os defeitos da primeira ou as exigências do julgador, correndo a sorte da demanda" (COÊLHO, Sacha Calmon Navarro. *Liminares e depósitos antes do lançamento por homologação* – Decadência e prescrição. 2. ed. São Paulo: Dialética, 2002, p. 87).

– Entendemos que não tem, o contribuinte, o direito ao simples levantamento, pois tal retiraria a garantia do crédito tributário. É razoável, contudo, na hipótese de extinção sem julgamento de mérito, que se admita a transferência do depósito para outra ação ajuizada pelo contribuinte.

⇒ **Desnecessidade de lançamento de crédito garantido por depósito.** Em face de o depósito ficar vinculado, legalmente, à decisão final, estando, desde o início, vocacionado à conversão em caso de não restar o contribuinte vencedor, só será necessário o lançamento se o Fisco pretender montante superior ao que foi depositado. Não haverá que se falar em decadência, pois o depósito supre a necessidade do lançamento. De fato, já tendo o contribuinte apurado o montante devido e o vinculado ao resultado da demanda mediante o depósito, não há que se exigir o lançamento, que nenhuma função teria. Sobre a formalização do crédito tributário pelo contribuinte, vide nota que precede o art. 142 do CTN; sobre a inocorrência de decadência quanto ao valor depositado, vide nota ao art. 173 do CTN.

– "DEPÓSITO JUDICIAL. DISPENSA DO ATO FORMAL DE LANÇAMENTO... 1. O depósito judicial do tributo questionado torna dispensável o ato formal de lançamento por parte do Fisco" (STJ, EREsp 671.773, 2010).

– "... o depósito judicial de valor relativo a tributo sujeito a lançamento por homologação torna dispensável o ato formal de lançamento por parte do Fisco, não se operando a decadência" (STJ, EREsp 464.343, 2007).

– **Depósito parcial.** Na hipótese de depósito apenas parcial, o lançamento se impõe, pois, do contrário, o Fisco decairia do direito à constituição do crédito relativamente à diferença entre o efetivamente devido e o depositado.

– **Não aplicação de multa.** O depósito, mesmo antes da Lei n. 9.703/98, cumprindo a função de garantia do crédito – ainda que insuficiente – afasta os efeitos da mora relativamente ao montante depositado, de modo que não poderá ser aplicada multa moratória sobre o montante depositado tempestivamente.

– "Diante da lei nova, não se justifica o lançamento da multa de ofício sobre a parcela depositada, pois não mais existe a possibilidade do levantamento do depósito antes do final do processo judicial. Convertido o depósito parcial em renda, no caso de decisão favorável à Fazenda Pública, haverá a extinção parcial do crédito tributário contestado, relativamente à parcela depositada. Impossível a eventual decadência da penalidade pecuniária. Ou o crédito tributário será extinto pela conversão em renda, ou a dívida tributária não terá existência. Com relação ao valor não depositado, entretanto, é cabível o lançamento da multa de ofício. [...] CONCLUSÕES 1) Não cabe o lançamento da multa de ofício quando a exigibilidade do crédito a ser constituído estiver previamente suspensa por via do depósito do seu montante integral; 2) O depósito de montante não integral do crédito tributário não opera a sua suspensão, fazendo-se cabível o lançamento da multa de ofício sobre a integralidade do crédito, antes do advento da Lei n. 9.703/98, e apenas sobre a parcela faltante após o surgimento da lei nova" (Brinckmann, Geraldo. Depósito judicial e o lançamento de ofício para prevenir a decadência. *RET* 8/22, 1999).

– **Não exigência de atualização e de juros.** A atualização e remuneração dos valores depositados é feita conforme a lei determine. Atualmente, por força da Lei n. 9.703/98, o índice é o mesmo das dívidas tributárias: a SELIC. Ainda que os índices fossem diferentes, não se poderia admitir que o Fisco exigisse diferenças a título de atualização ou juros, pois o depósito afasta os efeitos da mora. É o que dispõe o § 4º do art. 9º da LEF.

– **Entendendo que o depósito conjunto de várias competências em uma única guia não dispensa o lançamento.** "... pelas informações constantes na guia de depósito judicial, levando em consideração que a Cofins tem periodicidade mensal, é possível individualizar o crédito tributário referente a qualquer período de apuração? Ou seja, é possível identificar o crédito tributário específico de cada fato gerador? É possível, por exemplo, dizer qual o crédito tributário correspondente ao fato gerador ocorrido em janeiro de 2001 ou ao correspondente a qualquer outro fato gerador compreendido no período em que vigorou a liminar? Evidente que não. Isto porque, no caso do depósito decorrente da cassação de medida liminar, em geral, o valor constante na guia de depósito abrange mais de um fato gerador, tornando impossível, pelas informações prestadas na guia de depósito, individualizar o quantum *debeatur* referente a cada fato gerador ocorrido enquanto vigente a medida liminar. É verdade que na guia de depósito judicial constará o nome do contribuinte. Também restará definido qual é o ente político a quem se destina o tributo. Em outras palavras, estarão individualizados os sujeito da relação jurídica tributária. Porém, não estará presente o objeto desta relação jurídica, uma vez que o valor depositado judicialmente não representa a medida financeira de um fato gerador, mas a medida de vários fatos geradores... Neste caso, portanto, é impossível falar em constituição do crédito tributário pelo depósito, visto que, para tanto – na linha da corrente interpretativa defendida pelo Superior Tribunal de Justiça e por parte da doutrina pátria –, a expressão monetária de cada fato gerador deveria ser possível de individualização afim de se considerar constituído o crédito decorrente" (SEAONE, Diego Sales. As diferentes modalidades de depósito judicial e a constituição do crédito tributário. *RDDT* 173/41, 2010).

⇒ **Depósito de IR sobre pensões pagas pelos Estados. Conversão em favor do Estado.** "IMPOSTO DE RENDA INCIDENTE SOBRE PENSÕES PAGAS PELOS ESTADOS. DESTINATÁRIO DOS VALORES RECOLHIDOS. 1. A teor do art. 157, I, pertencem aos Estados-membros o produto da arrecadação do imposto de renda sobre os rendimentos pagos por eles, ou por suas autarquias e fundações, e, portanto, não constituem receita da União. 2. Assim, os valores depositados a título de IR incidente sobre pensões pagas pelo Estado do Paraná devem ser convertidos em renda em seu favor" (TRF4, AI 2000.04.01.114239-0, 2002).

⇒ **Discussão sobre os valores depositados.** Salvo quando a demanda envolver pedido líquido de declaração acerca do valor da obrigação tributária, em que o Juiz se pronunciará sobre a matéria no exercício estrito da sua função jurisdicional, não deve o magistrado ensejar discussões, nos autos, acerca do montante exato devido pelo contribuinte. O Juiz definirá o direito aplicável, cabendo ao sujeito ativo da obrigação tributária efetuar o lançamento. Mesmo no caso de procedência parcial da demanda, como ocorreu nas ações relativas ao FINSOCIAL, cuja exigência foi admitida mas em alíquota inferior à pretendida pelo Fisco, descabe discutir-se o valor dos depósitos. A destinação proporcional, mediante conversão de parte do montante depositado e liberação ao contribuinte da outra parte, deve dar-se conforme decidido, sem perquirir-se se os depósitos haviam sido efetivamente feitos de forma integral ou não. Eventual insuficiência deve ser apurada e lançada pelo Fisco administrativamente. Há, porém, recente acórdão do STJ em que se verifica que foi ensejada discussão acerca da semestralidade do PIS para verificação do montante a ser convertido e liberado relativamente aos depósitos realizados em mandado de segurança, conforme referência específica a seguir.

– "... O juiz, analisando o caso concreto deve-se limitar a dizer o direito aplicável. Julgada indevida a exação, a verificação do fato gerador e da base de cálculo do tributo, bem assim do *quantum* devido, para efeito de levantamento dos valores depositados no curso da ação, competem exclusivamente às autoridades fiscais, nos termos do art. 142 do CTN, não cabendo ao Judiciário imiscuir-se nessa área. 2. No caso de haver levantamento a maior, conforme for oportunamente averiguado em procedimento administrativo, está o Fisco autorizado a cobrar a diferença, não se lhe aplicando, para essa finalidade, o prazo decadencial previsto no § 4º do art. 150 do CTN..." (TRF4, ARAI 96.06.62061-4, 1997). Obs.: Vide nota ao art. 142 sob a rubrica "Controle jurisdicional".

– "DEPÓSITO JUDICIAL DO VALOR QUESTIONADO. PROCEDÊNCIA PARCIAL DA DEMANDA. Em caso de procedência parcial, a liberação dos valores depositados judicialmente para suspender a exigibilidade do crédito discutido se dará em percentuais correspondentes ao resultado da demanda. Caso o depósito, assim proporcionalmente considerado, tiver sido incompleto e, portanto, insuficiente para o atendimento da obrigação, caberá ao Fisco, pelos meios administrativos ordinários, efetuar o lançamento das diferenças, de molde a havê-las do devedor" (TRF4, AI 95.04.48915-0, 1996). Tira-se do voto do relator: "A decisão agravada merece confirmação. Com efeito, não tendo havido, na fase de conhecimento, qualquer juízo sobre a correção dos depósitos efetuados, não há falar-se em ofensa à coisa julgada pelo seu levantamento na forma como deferida, ou seja, em valores proporcionais, obedecido o resultado da demanda. Caso o depósito, assim proporcionalmente considerado, tiver sido incompleto e, portanto, insuficiente para o atendimento da obrigação, caberá ao Fisco, pelos meios administrativos ordinários, lançar as diferenças apuradas, de molde a havê-las do devedor. O que não se admite é, após o trânsito em julgado, instalar nova lide, destinada a definir matéria que não foi objeto da demanda que findou."

– No sentido de que o Juiz não pode realizar acertamento do montante residual devido pelo contribuinte, no caso de parcial procedência de ação por ele julgada: "...sustentamos que o juiz não é autoridade lançadora de tributo e, por isto mesmo, fora dos casos em que se trate de simples operação aritmética, não pode fazer o acertamento do saldo no caso de acolhimento, em parte, de embargos à execução. [...] No exame do alcance da decisão que julga procedente apenas em parte a ação anulatória, ou a ação declaratória, ou os embargos à execução, tem-se de ter em mente a relação que há entre o pedido e a sentença. Se o pedido é para que o juiz decrete a nulidade do lançamento, ou declare inexistente a relação jurídica tributária, ou decrete a nulidade do lançamento, ou da inscrição do crédito em Dívida Ativa, certamente o juiz não poderá na decisão declarar a existência de um crédito válido para ensejar sua cobrança executiva. [...] Quem sustenta a tese segundo a qual o juiz faz o acertamento poderia argumentar que a Fazenda Pública, contestando a ação anulatória, ou a ação declaratória, ou impugnando os embargos à execução, poderá pedir ao juiz que declare a existência da relação jurídica, e que tal pedido poderá ser acolhido, no todo ou em parte. O argumento é aparentemente válido, mas só aparentemente. É que a Fazenda Pública não pode formular tal pedido à míngua de interesse processual. Com efeito, o interesse em que a decisão afirme o direito de haver o tributo, no todo ou em parte, é interesse primário um de direito material. Não interesse processual, ou interesse de agir em juízo.[...] A Fazenda Pública pode, sempre, fazer o lançamento tributário, de sorte que não tem, em nenhuma hipótese, interesse processual para pedir ao juiz que o faça" (MACHADO, Hugo de Brito. Lançamento tributário e sentença judicial, em *RDDT* 64, 2001).

– "É de grande importância esclarecer que o Juiz, ao acolher os embargos, se o faz apenas em parte, não poderá fazer um lançamento tributário em substituição àquele, feito pela autoridade competente, que considerou incorreto. Assim, não poderá determinar o prosseguimento da execução, pela diferença que entenda devida. Por isso é que até a decisão de primeira instância a Certidão de Dívida Ativa poderá ser emendada ou substituída, assegurada ao executado a devolução do prazo para embargos. (Lei n. 6.830/80, art. 2º, § 8º). Não efetuada a emenda, ou a substituição, é inadmissível o prosseguimento da execução para haver apenas parte da dívida. Admite-se, porém, nos casos em que a cobrança diga respeito a parcelas autônomas, como acontece, por exemplo, com a cobrança de imposto de renda de diferentes exercícios financeiros, prossiga a execução pela parcela autônoma, considerada devida" (MACHADO, Hugo de Brito. Lançamento e execução fiscal. *RDDT* 33, 1998).

– PIS. Inconstitucionalidade dos DL ns. 2.445 e 2.449/88. Destinação dos depósitos. Instauração de discussão sobre a semestralidade. Admissão pelo STJ. Nas ações relacionadas ao PIS em que se reconheceu a inconstitucionalidade dos Decretos-Leis ns. 2.445/88 e 2.449/88, têm surgido discussões acerca da semestralidade (base de cálculo x prazo de recolhimento) por ocasião da determinação dos valores a serem convertidos e dos valores a serem liberados por alvará. O STJ, 1ª T., unân., REsp 240.938, Min. José Delgado, maio 2000, enfrentou a questão da semestralidade em Recurso Especial interposto de Agravo de Instrumento decidido pelo TRF4, decidindo a questão no seu mérito de modo a definir o valor a ser liberado, se conforme a planilha do contribuinte ou do Fisco.

⇒ **Discussão acerca dos critérios de correção dos depósitos.**
   Súmula 271 do STJ: "A correção monetária dos depósitos

judiciais independe de ação específica contra o banco depositário" (*DJ* de 21-8-2002, p. 136).

⇒ **IOF. Não incidência sobre os depósitos. Súmula 185 do STJ:** "Nos depósitos judiciais, não incide o Imposto sobre Operações Financeiras" (Súmula 185 do STJ).

• Vide notas à Súmula 185 do STJ, em que há ementas esclarecendo que a exigência do IOF em operações de depósito judicial fora instituída por Instrução Normativa, com ofensa ao princípio da legalidade estrita.

– "... Não incide o IOF sobre os depósitos judiciais feitos em garantia do juízo, por isso que não se encontram previstos na Lei 8.033/90. A Instrução Normativa n. 62/90, da Receita Federal, não pode criar hipótese nova de incidência, por isso que extrapolou do conteúdo da referida lei" (STJ, REsp 103.907, 1997). Obs.: esta decisão foi tendo votado com o relator os Min. Adhemar Maciel, Ari Pargendler, Antônio de Pádua Ribeiro e Hélio Mosimann.

⇒ **Imposto de Renda. Situação dos valores depositados.** Sobre a situação dos valores depositados no que diz respeito à base de cálculo do IR, vide precedente do STF acerca do assunto em nota ao art. 44 do CTN.

III – as reclamações e os recursos, nos termos das leis reguladoras do processo tributário administrativo;

⇒ **Processo administrativo tributário.** O processo administrativo fiscal não é regulado por norma geral de direito tributário. O CTN limita-se a determinar que os atos sejam documentados e que seja fixado prazo para exercício da fiscalização, não se ocupando, propriamente, do procedimento. Cada ente político estabelece o processo administrativo tributário relativo aos tributos que administra. O processo administrativo fiscal abrange todo o procedimento de fiscalização e de autuação (a chamada ação fiscal) e o processamento da impugnação e dos recursos (fase litigiosa).

– O Decreto n. 70.235/72 (Lei do Processo Administrativo-Fiscal – PAF), editado sob a égide de Atos Institucionais que delegavam ao Executivo tal competência e recepcionado como lei ordinária pela Constituição de 1988, dispõe sobre o processo administrativo de determinação e exigência dos créditos tributários da União. Os arts. 48 a 50 da Lei n. 9.430/96 dispõem sobre os processos administrativos de consulta, que são solucionados em instância única. O Decreto n. 7.574/2011 regulamenta o processo de determinação e de exigência de créditos tributários da União, o processo de consulta relativo à interpretação da legislação tributária e aduaneira, à classificação fiscal de mercadorias, à classificação de serviços, intangíveis e de outras operações que produzam variações no patrimônio e de outros processos que especifica, sobre matérias administradas pela Secretaria da Receita Federal do Brasil.

– **Decreto n. 70.235/72 (Lei do Processo Administrativo Fiscal – PAF).** O Decreto n. 70.235/72, editado sob a égide de Atos Institucionais que delegavam ao Executivo tal competência e recepcionado como lei ordinária pela Constituição de 1988, dispõe sobre o processo administrativo de determinação e exigência dos créditos tributários da União. Os créditos da União são aqueles

em que figura como sujeito ativo, o que abrange a quase totalidade dos tributos federais, inclusive as contribuições previdenciárias, estas a partir de 02.05.2007, por força da Lei n. 11.457/2007, lei esta que transformou a Secretaria da Receita Federal em Secretaria da Receita Federal do Brasil (SRFB), órgão da administração direta subordinado ao Ministro da Fazenda, e determinou a incorporação das atribuições antes desenvolvidas pela Secretaria da Receita Previdenciária, que foi extinta.

– **O Decreto n. 7.574/2011 (Regulamento do PAF).** Com a redação do Decreto n. 8.853/2016, o Decreto n. 7.574/2011 é o regulamento do processo administrativo fiscal. Regulamenta o processo de determinação e de exigência de créditos tributários da União, o processo de consulta relativo à interpretação da legislação tributária e aduaneira, à classificação fiscal de mercadorias, à classificação de serviços, intangíveis e de outras operações que produzam variações no patrimônio e de outros processos que especifica, sobre matérias administradas pela Secretaria da Receita Federal do Brasil.

– **Contencioso administrativo fiscal de pequeno valor.** A Lei n. 13.988/2020 definiu contencioso administrativo fiscal de pequeno valor como aquele em que a controvérsia não supere 60 (sessenta) salários mínimos, submetendo-o a julgamento em segunda instância não mais pelo CARF, mas por órgão colegiado das DRJs, as Câmaras Recursais. A Portaria ME n. 340/2022 regulamenta o contencioso administrativo de pequeno valor, inclusive quanto ao seu rito especial, objeto dos arts. 47 a 51, aplicando-se apenas subsidiariamente o Decreto n. 70.235/72.

– **Contencioso de baixa complexidade.** A MP n. 1.160/2023 veda recurso ao CARF nos PAFs de até mil salários mínimos, substituindo-o por recurso para Câmaras Recursais no âmbito da estrutura das próprias DRJs. Confira-se a conversão em lei.

– **Aplicação subsidiária da Lei 9.784/99.** Através da Lei n. 9.784/99, foram definidas regras para os processos administrativos conduzidos no âmbito da Administração Pública Federal em caráter geral, de aplicação apenas subsidiária a outros procedimentos específicos que já existiam, como o administrativo-fiscal, conforme se tira do seu art. 69. Assim, havendo dispositivo específico e válido no Dec. n. 70.235/72, prevalece sobre a Lei 9.784/99. No caso de lacuna, contudo, a Lei n. 9.784/99 deve ser aplicada, tal como seu art. 2º, que enuncia os princípios a serem observados pela Administração Pública (legalidade, finalidade, motivação, razoabilidade, proporcionalidade, moralidade, ampla defesa, contraditório, segurança jurídica, interesse público e eficiência) e os critérios a serem observados nos processo administrativos (tais como a adequação entre meios e fins, a indicação dos pressupostos de fato e de direito que determinarem a decisão, a observância das formalidades essenciais à garantia dos direitos dos administrados e a adoção de formas simples, suficientes para propiciar adequado grau de certeza, segurança e respeito aos direitos dos administrados).

– **Prazo legal para decisão. 360 dias.** O prazo para que o Fisco se manifeste em processos administrativos relativos a pedidos de ressarcimento e para que decida acerca de impugnações ou recursos interpostos pelo contribuinte é de 360 dias, conforme a Lei 11.457, de 16 de março de 2007: "Art. 24. É obrigatório que seja proferida decisão administrativa no prazo máximo de 360 (trezentos e sessenta) dias a contar do protocolo de petições, defesas ou recursos administrativos do contribuinte." Até o advento da Lei n. 11.457/2007, não havia prazo específico para o Fisco manifestar-se. Aplicava-se, então, por analogia, a Lei 9.784/99, que cuida do processo administrativo em geral, cujo art. 49 prevê que "Concluída a instrução de processo administrativo, a Administração tem o prazo de até trinta dias para decidir, salvo prorrogação por igual período expressamente motivada".

– "1. A duração razoável dos processos foi erigida como cláusula pétrea e direito fundamental pela Emenda Constitucional 45, de 2004, que acresceu ao art. 5º, o inciso LXXVIII, *in verbis*: 'a todos, no âmbito judicial e administrativo, são assegurados a razoável duração do processo e os meios que garantam a celeridade de sua tramitação.' 2. A conclusão de processo administrativo em prazo razoável é corolário dos princípios da eficiência, da moralidade e da razoabilidade. [...] 3. O processo administrativo tributário encontra-se regulado pelo Decreto 70.235/72 – Lei do Processo Administrativo Fiscal –, o que afasta a aplicação da Lei 9.784/99, ainda que ausente, na lei específica, mandamento legal relativo à fixação de prazo razoável para a análise e decisão das petições, defesas e recursos administrativos do contribuinte... 5. A Lei n. 11.457/07, com o escopo de suprir a lacuna legislativa existente, em seu art. 24, preceituou a obrigatoriedade de ser proferida decisão administrativa no prazo máximo de 360 (trezentos e sessenta) dias a contar do protocolo dos pedidos, *litteris*: 'Art. 24. É obrigatório que seja proferida decisão administrativa no prazo máximo de 360 (trezentos e sessenta) dias a contar do protocolo de petições, defesas ou recursos administrativos do contribuinte.' 6. Deveras, ostentando o referido dispositivo legal natureza processual fiscal, há de ser aplicado imediatamente aos pedidos, defesas ou recursos administrativos pendentes. 7. Destarte, tanto para os requerimentos efetuados anteriormente à vigência da Lei 11.457/07, quanto aos pedidos protocolados após o advento do referido diploma legislativo, o prazo aplicável é de 360 dias a partir do protocolo dos pedidos (art. 24 da Lei 11.457/07). 8. O art. 535 do CPC resta incólume se o Tribunal de origem, embora sucintamente, pronuncia-se de forma clara e suficiente sobre a questão posta nos autos. Ademais, o magistrado não está obrigado a rebater, um a um, os argumentos trazidos pela parte, desde que os fundamentos utilizados tenham sido suficientes para embasar a decisão. 9. Recurso especial parcialmente provido, para determinar a obediência ao prazo de 360 dias para conclusão do procedimento sub judice. Acórdão submetido ao regime do art. 543-C do CPC e da Resolução STJ 08/2008" (STJ, REsp 1.138.206, 2010).

– A extrapolação do prazo afastaria as penalidades e suspenderia os juros, cfr. nota ao art. 161 do CTN.

– A extrapolação do prazo implicaria decadência do direito de lançar, cfr. nota ao art. 173, parágrafo único, do CTN.

– Sobre a aplicação do prazo de 360 dias à homologação de compensações, vide nota ao art. 150, § 4º, do CTN.

⇒ **Processo administrativo fiscal nos Estados e Municípios.**
 Os entes federados disciplinam, cada qual, por lei própria, o processo administrativo-fiscal aplicável aos tributos de sua competência.

– **No Estado do Rio Grande do Sul.** O procedimento tributário administrativo é disciplinado pela Lei RS n. 6.537/73, tendo recebido inúmeras alterações, inclusive as decorrentes da Lei RS n. 15.576/2020. O julgamento em primeira instância compete ao Subsecretário da Receita Estadual. Já o órgão colegiado de segunda instância administrativa foi criado pela Lei RS n. 973/1950 sob a denominação de Conselho Estadual de Contribuintes, tendo sua denominação alterada para Tribunal Administrativo de Recursos Fiscais (Tarf) pela Lei RS n. 3.694/1959.

– **No Estado de São Paulo.** A Lei SP n. 13.457/2009, com as modificações impostas pela Lei n. 16.498/2017, dispõe sobre o processo administrativo tributário decorrente de lançamento de ofício para solução de litígios relativos aos tributos estaduais e respectivas penalidades. Em primeira instância, o julgamento é da competência das Delegacias Tributárias de Julgamento. Em segunda instância, tratando-se de débito até 20.000 Unidades Fiscais do Estado de São Paulo, o recurso é decidido pelo Delegado Tributário de Julgamento; acima desse valor, a competência é do Tribunal de Impostos e Taxas (TIT), tudo nos termos dos arts. 40 e 46 da referida lei. O interessado que possuir certificado digital, pode habilitar-se no ePAT, o processo administrativo tributário eletrônico, objeto da Portaria CAT n. 198/2010.

– **No Município de Porto Alegre.** O processo administrativo-fiscal é regido pela Lei Complementar n. 7/73. Os recursos são julgados pelo Tribunal Administrativo de Recursos Tributários do Município de Porto Alegre – TART –, criado pela Lei Complementar n. 534/2005 do Município de Porto Alegre, regulamentada pelo Decreto n. 15.110/2006, com suas atualizações, inclusive as decorrentes do Decreto n. 21.683/2022. Esse tribunal municipal também tem composição paritária, contando com representantes da Fazenda e dos contribuintes, indicados estes por entidades da sociedade. A Lei Complementar n. 7/73 cuida da matéria em seu Título VI: "Da notificação, consulta, reclamação e recurso". As reclamações devem ser apresentadas em 30 dias contados da notificação do lançamento (art. 62, II), e os recursos voluntários ao TART também no prazo de trinta dias contados da notificação da decisão denegatória da reclamação. As decisões do Tart são designadas como "resoluções". O § 2º prevê expressamente o efeito suspensivo das reclamações e recursos.

– **No Município de São Paulo.** O processo administrativo fiscal é disciplinado pela Lei n. 14.107/2005, com suas alterações, inclusive as da Lei n. 17.557/2021. Em primeira instância, resolve-se no âmbito da Subsecretaria da Receita Municipal, órgão que também resolverá os recursos de baixo valor. Em segunda instância, ultrapassada a alçada, os recursos são submetidos ao Conselho Municipal de Tributos (CMT). A disciplina da interposição de recursos por meio do aplicativo Solução de Atendimento Virtual – SAV – consta da Instrução Normativa SF n. 1/2018, devendo-se atentar, também, para a IN SF/SUREM n. 10/2019.

⇒ **Instrução do processo administrativo fiscal.** O pedido de prova pericial é apreciado pela autoridade julgadora, que pode indeferi-la se impertinente, prescindível ou impraticável, sem que tal implique violação à ampla defesa.

– Indeferimento de diligência ou perícia. Súmula 163 do CARF: "O indeferimento fundamentado de requerimento de diligência ou perícia não configura cerceamento do direito de defesa, sendo facultado ao órgão julgador indeferir aquelas que considerar prescindíveis ou impraticáveis" (2021).

⇒ **Reclamações ou recursos: a defesa administrativa.** Enquanto o sujeito passivo estiver exercendo seu direito ao contraditório e à ampla defesa na esfera administrativa e ainda não houver uma decisão final na esfera administrativa, que implique constituição definitiva do crédito tributário, ficará suspensa a exigibilidade do crédito tributário. Alcança, assim, *as impugnações e os recursos* que caracterizam a fase litigiosa do processo administrativo fiscal. A suspensão também alcança as *manifestações de inconformidade* quanto às decisões de não homologação de compensação tributária, nos termos do art. 74, § 11, da Lei n. 9.430/96, com a redação da Lei n. 10.833/2003. Dá-se a suspensão da exigibilidade, ainda, quando da *submissão à composição extrajudicial* pela AGU de litígio relativo à exigência de créditos tributários da União cujo sujeito passivo seja órgão ou entidade de direito público da administração pública federal, conforme o art. 14-A do Decreto 70.235/72, acrescentado pela Lei n. 13.140/2015.

– Nem todo questionamento administrativo implica suspensa da exigibilidade de crédito tributário. As *consultas*, no âmbito da SRF, reguladas pelos arts. 48 a 50 da Lei 9.430/96, não tem esse efeito. Do mesmo modo, a *reclamação administrativa contra ato de exclusão de programa de parcelamento*.

– "PARCELAMENTO. ATO DE EXCLUSÃO. RECLAMAÇÃO ADMINISTRATIVA. AUSÊNCIA DE EFEITO SUSPENSIVO. INAPLICABILIDADE DO ART. 151, INCISO III, DO CTN. 1. A reclamação administrativa interposta contra ato de exclusão do contribuinte do parcelamento não é capaz de suspender a exigibilidade do crédito tributário, sendo inaplicável o disposto no art. 151, inciso III, do CTN, pois as reclamações e recursos previstos no referido artigo são aqueles que discutem o próprio lançamento, ou seja, a exigibilidade do crédito tributário. 2. Hipótese em que a impugnação apresentada apenas questiona a legalidade do ato de exclusão do parcelamento. Logo, não é capaz de suspender a exigibilidade do crédito. Ressalta-se, ainda, que tal entendimento encontra respaldo, inclusive, no art. 5º, § 3º, da Resolução CG/REFIS n. 09/2001" (STJ, REsp 1.372.368, 2015).

– Impugnações e recursos no âmbito do processo administrativo fiscal. A referência às reclamações e recursos diz remete à defesa administrativa através da qual o contribuinte se insurge contra o lançamento e/ou aplicação de penalidade e os respectivos recursos interpostos contra as decisões tomadas pelos órgãos administrativos julgadores.

– Delegacias da Receita de Julgamentos (DRJs). O art. 25 do Dec. 70.235/72, com as alterações posteriores, inclusive as determinadas pela MP 2.158-35/01, estabelece a competência para o julgamento dos processos administrativo-fiscais. A DRJ é a primeira instância do processo administrativo-tributário. Mas tam-

bém atua em sede recursal quando trate de contencioso administrativo de pequeno valor ou de baixa complexidade, conforme a Lei n. 13.988/2020 e a MP n. 1.160/2023. Os recursos, nesses casos, são julgados por Câmaras Recursais das próprias DRJs.

– A Portaria ME n. 340/2020 disciplina a constituição das turmas e o funcionamento das DRJs e regulamente o contencioso administrativo de pequeno valor, inclusive quanto ao seu rito especial, objeto dos arts. 47 a 51, aplicando-se apenas subsidiariamente o Decreto n. 70.235/72.

– Súmula CARF 102: "É válida a decisão proferida por Delegacia da Receita Federal de Julgamento – DRJ de localidade diversa do domicílio fiscal do sujeito passivo". Aprovada pelo Pleno em dez. 2014.

– Conselho Administrativo de Recursos Fiscais (CARF). O CARF substituiu os Conselhos de Contribuintes. Foi criado pela Medida Provisória n. 449/2008, convertida na Lei n. 11.941/2009, e instalado pela Portaria MF n. 41/2009. Seu Regimento Interno foi aprovado pela Portaria MF n. 256/2009. Atualmente, o Regimento consta da Portaria MF n. 343/2015, com suas diversas alterações, inclusive as decorrentes da Portaria ME n. 3.125/2002. Congrega tanto seções especializadas por matéria e subdivididas em Câmaras, com atribuição de julgar recursos de ofício e voluntários de decisão de primeira instância, como uma Câmara Superior de Recursos Fiscais constituída por turmas para julgamento dos recursos de natureza especial.

– Sobre a amplitude de conhecimento no âmbito do contencioso administrativo, vide: MARTONE, Rodrigo; VENTURA, Bruno. O descumprimento das decisões do STJ pelo Carf com relação à coisa julgada da CSLL. *RDDT* 230/159, 2014.

– Impugnação à glosa de créditos de IPI. Suspensão. "TRIBUTÁRIO. MANDADO DE SEGURANÇA. COMPENSAÇÃO. GLOSA DO CRÉDITO. AUTO DE INFRAÇÃO. IMPUGNAÇÃO. ARTIGO 151, III, DO CTN. SUSPENSÃO DA EXIGIBILIDADE. 1. A impugnação que discute a glosa de créditos de IPI e lançamento das diferenças tem efeito suspensivo da exigibilidade do crédito tributário, nos termos do artigo 151, III, do CTN, extensivo às compensações em que foram utilizados os créditos em discussão até que haja decisão administrativa definitiva acerca da matéria. 2. O processo administrativo fiscal deve reger-se pelo princípio do formalismo moderado" (TRF4, AMS 2005.71.05.007832-1, 2007).

– Impugnação ou manifestação de inconformidade contra a não homologação de compensação. Suspensão. Após o advento da Lei n. 10.833/2003, o § 11 do art. 74 da Lei n. 9.430/96 passou a estabelecer de modo expresso e inequívoco que a manifestação de inconformidade contra a não homologação da compensação tem o efeito suspensivo do art. 151, III, do CTN. Mas mesmo anteriormente e também no regime do art. 66 da Lei n. 8.383/91 este é o efeito que se deve reconhecer à impugnação contra a não homologação da compensação, por força de aplicação direta do art. 151, III, do CTN. O único caso que é excepcionado é o da compensação considerada como não declarada, conforme item adiante.

– "COMPENSAÇÃO – HOMOLOGAÇÃO INDEFERIDA PELA ADMINISTRAÇÃO – RECURSO ADMINISTRATI-

VO PENDENTE – SUSPENSÃO DA EXIGIBILIDADE DO TRIBUTO – FORNECIMENTO DE CERTIDÃO POSITIVA COM EFEITO DE NEGATIVA. 1. As impugnações, na esfera administrativa, a teor do CTN, podem ocorrer na forma de reclamações (defesa em primeiro grau) e de recursos (reapreciação em segundo grau) e, uma vez apresentadas pelo contribuinte, têm o condão de impedir o pagamento do valor até que se resolva a questão em torno da extinção do crédito tributário em razão da compensação. 2. Interpretação do art. 151, III, do CTN, que sugere a suspensão da exigibilidade da exação quando existente uma impugnação do contribuinte à cobrança do tributo, qualquer que seja esta. 3. Nesses casos, em que suspensa a exigibilidade do tributo, o fisco não pode negar a certidão positiva de débitos, com efeito de negativa, de que trata o art. 206 do CTN" (STJ, EREsp 850.332, 2008).

– "COMPENSAÇÃO. RECURSO ADMINISTRATIVO PENDENTE DE APRECIAÇÃO. 1. Nos termos do § 11 do art. 74 da Lei 9.430/96, incluído pela Lei 10.833/03, a manifestação de inconformidade e o recurso do contribuinte em face de decisões do Fisco que não atendem pedido de compensação 'obedecerão ao rito processual do Decreto n. 70.235, de 6 de março de 1972, e enquadram-se no disposto no inciso III do art. 151 da Lei n. 5.172, de 25 de outubro de 1966 – Código Tributário Nacional, relativamente ao débito da compensação'. Portanto, pendente de julgamento o recurso, está suspensa a exigibilidade de tal débito, sendo cabível em relação a ele a expedição de certidão positiva com efeito de negativa, nos termos do art. 206 do CTN" (STJ, REsp 1.009.983, 2008).

– "TRIBUTO SUJEITO A LANÇAMENTO POR HOMOLOGAÇÃO. PENDÊNCIA NA APRECIAÇÃO DE 'MANIFESTAÇÃO DE INCONFORMIDADE' APRESENTADA PELO CONTRIBUINTE CONTRA DECISÃO PROFERIDA NO PROCESSO ADMINISTRATIVO DE COMPENSAÇÃO. POSSIBILIDADE DE EXPEDIÇÃO DA CERTIDÃO POSITIVA DE DÉBITO COM EFEITOS DE NEGATIVA... 3. Consoante o Superior Tribunal de Justiça tem decidido reiteradamente, o recurso contra decisão proferida em processo administrativo de compensação está compreendido na expressão "as reclamações e os recursos", a que se refere o inciso III do art. 151 do Código Tributário Nacional, a justificar a suspensão da exigibilidade do crédito tributário objeto da compensação. 4. A Lei 10.833/2003, ao acrescentar os §§ 7º a 12 ao art. 74 da Lei 9.430/96, veio positivar no ordenamento jurídico a orientação jurisprudencial de que a 'manifestação de inconformidade' suspende a exigibilidade do crédito tributário, conforme consta do § 11..." (STJ, REsp 781.990, 2007).

– **Impugnação contra compensação considerada não declarada.** Nos casos específicos de compensação considerada não declarada, previstos no § 12 do art. 74 da Lei 9.430/96, eventual insurgência do contribuinte não terá efeito suspensivo da exigibilidade dos créditos que, indevidamente, teve por extintos. Tal resta expresso no § 13 do art. 74 da Lei 9.430/96, acrescidos pela Lei 11.051/04, e se justifica na medida em que diz respeito a poucos casos em que a compensação é de antemão previamente vedada por lei. Trata-se, efetivamente, de situações em que o contribuinte, não obstante a vedação legal expressa, procede, por

conta e risco à compensação, de modo que sua simples desconsideração pelo Fisco é admitida por lei, não sendo o caso de se atribuir à insurgência do contribuinte efeito suspensivo.

– "CRÉDITO-PRÊMIO. COMPENSAÇÃO. INDEFERIMENTO PELA ADMINISTRAÇÃO. RECURSO ADMINISTRATIVO PENDENTE. SUSPENSÃO DA EXIGIBILIDADE DO TRIBUTO. FORNECIMENTO DE CERTIDÃO POSITIVA COM EFEITO DE NEGATIVA. IMPOSSIBILIDADE... 3. ... o art. 74 da Lei 9.430/96 sofreu profundas alterações ao longo dos anos, sobretudo após a edição das Leis 10.637/02, 10.833/03 e 11.051/04, as quais acresceram conteúdo significativo à norma, modificando substancialmente a sistemática de compensação. Segundo as novas regras, o contribuinte não mais precisa requerer a compensação, basta apenas declará-la à Secretaria da Receita Federal, o que já é suficiente para extinguir o crédito tributário sob condição resolutória da ulterior homologação do Fisco, que pode ser expressa ou tácita (no prazo de cinco anos). Por outro lado, fixou-se uma série de restrições à compensação embasadas na natureza do crédito a ser compensado. Assim, por exemplo, passou-se a não mais admitir a compensação de créditos decorrentes de decisão judicial ainda não transitada em julgado, de créditos de terceiros ou do crédito-prêmio de IPI. 4. Por expressa disposição do § 12 do art. 74 da Lei 9.430/96, 'será considerada não declarada a compensação [...] 'em que o crédito' [...] refira-se ao crédito-prêmio de IPI'. Já o § 13, ao fazer remissão ao § 11, deixa claro não ser aplicável à declaração de compensação relativa ao crédito-prêmio de IPI o art. 151, III, do CTN. 5. Dessa forma, por previsão inequívoca do art. 74 da Lei 9.430/96, a simples declaração de compensação relativa ao crédito-prêmio de IPI não suspende a exigibilidade do crédito tributário – a menos que esteja presente alguma outra causa de suspensão elencada no art. 151 do CTN –, razão porque poderá a Fazenda Nacional recusar-se a emitir a certidão de regularidade fiscal" (STJ, REsp 1.157.847, 2010).

– **Pedido de Revisão de Débitos Inscritos em Dívida Ativa ou "Pedidos de Envelopamento".** O simples pedido de revisão de débitos inscritos em dívida ativa, apresentado pelo sujeito passivo perante a PFN no exercício do seu direito de petição, não constitui reclamação nem recurso regulado por lei, não tendo efeito suspensivo da exigibilidade do crédito tributário. Limita-se a provocar a PFN a reconhecer, se assim entender, eventual nulidade ou causa de extinção do crédito tributário de que possa conhecer de ofício. Assemelha-se, quanto à forma e aos limites, à exceção de pré-executividade que o executado apresenta ao Juiz da Execução Fiscal.

– "... o 'Pedido de Envelopamento' encerra ideia simplíssima. Do ponde de vista de sua teleologia, nada mais é do que a via procedimental pela qual o devedor provoca o dever-poder da Administração de rever seus atos concernentes à inscrição do crédito público em dívida ativa. [...] deixa sobressair o dever-poder de revisão da Administração sobre os atos de inscrição do crédito em dívida ativa. É a possibilidade sempre latente de o administrador executar o poder de autotutela de que está investido, seja de maneira espontânea, seja a partir de elementos de fato ou de direito trazidos pelo interessado. E essa autotutela opera-se pelo reconhecimento do fato alegado, sucedido do cancelamento da inscrição em dívida ativa, quando o caso... É de se observar, entretanto, que o 'Pedido de Envelopamento' não está nem no quadrante do processo destinado à constituição do crédito tributário e, tampouco, à inscrição deste último na dívida ativa. Situa-se ao largo da rota ritualística de ambos. O 'Pedido de Envelopamento' deita suas raízes na mera possibilidade de haver vícios resultantes daqueles dois momentos (constituição do crédito tributário e inscrição em dívida ativa). Não existe contraditório propriamente dito. O interessado simplesmente traz ao conhecimento da Administração fatos que, a seu juízo, são determinantes para infirmar a cobrança do crédito público inscrito. Pode, por exemplo, dar a conhecer ao Fisco a existência de certo pagamento realizado antes da inscrição e que, por algum motivo, não foi processado nos sistemas dos órgãos fazendários. o evento não rende ensejo a um processo administrativo deflagrado pelo interessado. Anima-lhe apenas uma expectativa de que a Administração explicite a sua competência de rever o ato pela vazante da autotutela. Nada além disso. [...] o 'Pedido de Envelopamento não lança qualquer projétil em direção à exigibilidade do crédito inscrito, que permanece incólume, independentemente dele" (SIQUEIRA, James. Do 'pedido de envelopamento'... *RDDT* 169/91, 2009).

– **Composição extrajudicial pela Advocacia-Geral da União.** No caso de determinação e exigência de créditos tributários da União cujo sujeito passivo seja órgão ou entidade de direito público da administração pública federal, a submissão do litígio à composição extrajudicial pela Advocacia-Geral da União é considerada reclamação, para fins do inciso III do art. 151, suspendendo a respectiva exigibilidade, nos termos do art. 14-A do Decreto 70.235/72, acrescido pela Lei n. 13.140/2015.

– **Consulta. Art. 49 do Dec n. 70.235/72.** As consultas, no âmbito da SRF, são reguladas pelos arts. 46 a 53 da Lei n. 9.430/96, que disciplinaram integralmente a matéria. Observe-se, porém, que continuam a ser aplicadas aos processos de consulta relativos à classificação de mercadorias as disposições dos arts. 46 a 53 do Decreto n. 70.235, de 6 de março de 1972, e 48 da Lei n. 9.430/96, conforme se vê de nota que precede o art. 16 do PAF no livro *Direito processual tributário, processo administrativo fiscal e execução fiscal à luz da doutrina e da jurisprudência*, que escrevemos com René Bergmann Ávila e Ingrid Schroder Sliwka.

– O processo de consulta não pode ser enquadrado dentre "as reclamações e os recursos", pois não tem natureza ofensiva.

– Dec. 70.235/72: "Art. 49. A consulta não suspende o prazo para recolhimento de tributo, retido na fonte ou autolançado antes ou depois de sua apresentação, nem o prazo para apresentação de declaração de rendimentos".

– "I – A consulta fiscal não suspende o prazo para pagamento do tributo e, apesar deste ter sido recolhido integralmente antes da instauração de procedimento administrativo..." (STJ, AgRg no AgRg no REsp 747.383, 2006).

– "IPI. DESEMBARAÇO ADUANEIRO. ENQUADRAMENTO DE EQUIPAMENTO... CONSULTA FISCAL. [...] O Decreto n. 70.235/72, em seu art. 49, dispõe que a consulta não suspende o prazo para recolhimento de tributo autolançado, antes ou depois da sua apresentação. Diante disso, nada obstante

a consulta estivesse pendente de solução, a impetrante não estava autorizada a deixar de efetuar o pagamento do IPI exigido" (TRF4, AMS 2001.04.01.064899-2, 2001).

– "... em relação ao processo de consulta, pensamos que este também não suspende a exigibilidade do crédito tributário, mas tão somente obsta a instauração do procedimento fiscal, como prescreve o artigo 48 do Decreto n. 70.235/72. Em outras palavras, o processo de consulta impede apenas a constituição do crédito tributário através de norma individual e concreta de lançamento tributário editada pelo Agente Público. E, não havendo crédito tributário, consequentemente, não procede falar-se em suspensão de sua exigibilidade" (PIMENTA, Marcos Rogério Lyrio. A taxatividade das causas suspensivas da exigibilidade do crédito tributário. *RDDT* 163/64, 2009).

⇒ *In dubio pro contribuinte.* No âmbito do CARF, o empate no julgamento do processo administrativo de determinação e exigência do crédito tributário vinha sendo resolvido favoravelmente ao contribuinte, não mais se aplicando o voto de qualidade. Isso por força da Lei n. 13.988/2020, que incluiu, nesse sentido, o art. 19-E na Lei n. 10.522/2002. Mas a MP n. 1.160/2023 revogou o referido art. 19-E, retomando o voto de qualidade. Confira-se sua conversão em lei.

– **O voto de qualidade na determinação e exigência de crédito tributário.** O Decreto n. 70.235/1972, recepcionado pela Constituição de 1988 como lei ordinária, dispõe sobre o processo administrativo de determinação e exigência dos créditos tributários da União. Em primeira instância administrativa, as impugnações manejadas pelos contribuintes são solvidas pelas Delegacias de Julgamentos da Receita Federal, as quais, desde a edição da MP n. 2.158-35/2001, proferem suas decisões em caráter colegiado. Em grau recursal, dá-se a atuação do Conselho Administrativo de Recursos Fiscais (CARF), instituído por obra da MP n. 449/2008, convertida na Lei n. 11.941/2009. O § 9º do art. 25 do Decreto n. 70.235/72, com a redação que lhe atribuída a Lei n. 11.941/2009, referia expressamente que os cargos de Presidente das Turmas da Câmara Superior de Recursos Fiscais, das câmaras, das suas turmas e das turmas especiais seriam ocupados por conselheiros representantes da Fazenda Nacional, os quais, em caso de empate, teriam o voto de qualidade. O art. 54 do Regimento Interno do CARF, instituído pela Portaria MF n. 343/2015, também dispunha que as turmas ordinárias e especiais só deliberariam quando presente a maioria de seus membros, e suas deliberações seriam tomadas por maioria simples, cabendo ao presidente, além do voto ordinário, o de qualidade. No que diz respeito às discussões quanto à determinação e exigência de crédito tributário, a legislação foi alterada para que o empate favorecesse o contribuinte, mas, no início de 2023, restou novamente instituído o voto de qualidade.

– **Persiste o voto de qualidade para outras matérias, como glosas a compensações.** O que desborda da discussão do crédito tributário, propriamente, não resta alcançado pelo novo art. 19-E da Lei n. 10.522/2002, acrescido pela Lei n. 13.988/2020, de modo que se mantém regido pelo art. 25, § 9º, do Decreto n. 70.235/72, que mantém um campo de vigência, tendo sido, portanto, revogado apenas parcialmente, ou seja, derrogado.

– *In dubio pro reo*. **O voto de qualidade, quando vigia de modo pleno, era inconstitucional em matéria de penalidades.** No que diz respeito às penalidades, situam-se no subsistema inerente à repressão de ilícitos, que pressupõe, inclusive, a concorrência de elemento subjetivo de culpa ou dolo. Aplicam-se à matéria os princípios gerais de direito sancionador, de aplicação mais corriqueira e inequívoca no Direito Penal, como a pessoalidade, a culpabilidade, a proporcionalidade e a presunção da inocência, da qual se extrai o in dubio pro reo. Aliás, o CTN é expresso a respeito em seu art. 112, quando afirma, que a lei tributária que define infrações, ou lhe comina penalidades, interpreta-se da maneira mais favorável ao acusado, em caso de dúvida, e.g., quanto "à natureza ou às circunstâncias materiais do fato, ou à natureza ou extensão dos seus efeitos". Desse modo, o § 9º do art. 25 do Decreto 70235/72 jamais deveria ter sido aplicável em matéria de penalidades, por violação ao CTN e à CF. Desse modo, à época em que o voto de qualidade estava em pleno vigor, quando aplicado, mantinha o lançamento do tributo, mas não da multa que, em face do empate, deveria ser desconstituída. Não se reconhecia isso, porém, de modo que apenas judicialmente é possível obtê-lo.

⇒ **As impugnações e recursos impedem a exigibilidade do crédito tributário.** Enquanto a exigência não se tornar definitiva na esfera administrativa, o montante não pode ser exigido do sujeito passivo, não pode este ser inscrito em dívida, tampouco lhe pode ser negada certidão de regularidade fiscal (positiva com efeitos de negativa).

– "... melhor seria dizer que as reclamações e os recursos *impedem* que o crédito se torne exigível, pois na verdade exigível ainda não é ele no momento da interposição, quer da reclamação, quer do recurso, pois só com a constituição definitiva o crédito se torna exigível" (MACHADO, Hugo de Brito. *Curso de direito tributário*. 36. ed. São Paulo: Malheiros, 2015, p. 201).

– "... o Poder Público, na pendência da solução administrativa, ficará inibido de inscrever a dívida e procurar o Poder Judiciário para requerer seus direitos" (CARVALHO, Paulo de Barros. *Curso de direito tributário*. 27. ed. São Paulo: Saraiva, 2016, p. 420).

– **Entendendo que a suspensão da exigibilidade depende de a lei do processo administrativo assim estabelecer.** "O dispositivo supra bem evidencia que os recursos administrativos previstos nas leis de processo administrativo têm o condão de suspender a exigibilidade do crédito, quando a lei assim o disser. Vale dizer, não basta a lei reguladora do processo administrativo prever determinado recurso para que, já de plano, sua interposição possa suspender a exigibilidade do crédito. Absolutamente não. Em verdade, necessária se faz tanto a previsão do recurso para determinado caso como expressa previsão de possível efeito suspensivo quando de sua interposição, caso em que, conjugando-se esse efeito suspensivo administrativo à problemática tributária porventura discutida, se chega à suspensão da exigibilidade do crédito tributário objeto de controvérsia" (CARNEIRO, Daniel Zanetti Marques. A suspensão da exigibilidade do crédito tributário pela manifestação de inconformidade a que alude a Lei n. 9.430/96. *RDDT* 121/7, 2005).

– **Só a impugnação tempestiva é que suspende a exigibilidade.** "TRIBUTÁRIO. PROCESSO ADMINISTRATIVO. IMPUGNAÇÃO INTEMPESTIVA. ARTS. 14 E 15 DO DECRETO N. 70.235/72. REVELIA. IMPOSSIBILIDADE DE INTERPOSIÇÃO DE RECURSO VOLUNTÁRIO. ART. 35 DO DECRETO N. 70.235/72. APLICABILIDADE AOS RECURSOS VOLUNTÁRIOS PEREMPTOS E NÃO ÀS IMPUGNAÇÕES INTEMPESTIVAS. 1.[...] . 3. Depreende-se da interpretação do arts. 14 e 15 do Decreto n. 70.235/72 que a falta da impugnação da exigência, no prazo preconizado de trinta dias, obsta a instauração da fase litigiosa do procedimento administrativo, de maneira a autorizar a constituição definitiva do crédito tributário. 4. [...]" (REsp 1.240.018, 2011).

– "PROCESSO ADMINISTRATIVO FISCAL. NÃO IMPUGNAÇÃO DA EXIGÊNCIA. NÃO INSTAURAÇÃO DO CONTENCIOSO. O contencioso administrativo fiscal somente será instaurado mediante a impugnação expressa da exigência, apresentada de forma tempestiva. RECURSO VOLUNTÁRIO NÃO CONHECIDO" (CARF, Ac. 2401-00592, 2009).

– O Ato Declaratório Normativo da PFN n. 15/96 dispõe sobre o tratamento que deve ser dado pela administração à impugnação apresentada fora de prazo: "expirado o prazo para impugnação da exigência, deve ser declarada a revelia e iniciada a cobrança amigável, sendo que eventual petição, apresentada fora do prazo, não caracteriza impugnação, não instaura a fase litigiosa do procedimento, não suspende a exigibilidade do crédito tributário nem comporta julgamento de primeira instância, salvo se caracterizada ou suscitada a tempestividade, como preliminar".

– "... estando o recurso manifestado ao arrepio dos termos da lei do processo administrativo tributário, como, por exemplo, quando aviado intempestivamente, não perfaz a condição básica para produzir o efeito da suspensão da exigibilidade, pela singela circunstância de estar em desacordo com as imposições do devido processo legal administrativo" (CASTRO, Raphael Silva e. Acerca da busca da verdade real e da preclusão no processo administrativo fiscal. *RDDT* 210/112, 2013).

⇒ **Depósito ou arrolamento como condição para recorrer. Inconstitucionalidade da exigência.** A exigência de depósito ou arrolamento como condição para recorrer no processo administrativo fiscal foi considerada inconstitucional pelo STF, tendo a RFB, em face disso, providenciado inclusive o cancelamento dos arrolamentos já efetuados.

– Embora o Decreto-Lei n. 822/69, editado durante o Governo Militar, já tivesse extinguido a então chamada "garantia de instância" nos recursos contra decisão administrativa fiscal, estavam novamente sendo exigidos depósito para os recursos relativos a contribuições previdenciárias e arrolamento para os recursos relativos aos demais tributos administrados pela União, forte, respectivamente, no art. 126 § 1º, da Lei 8.213/91, com a redação da Lei n. 10.684/2003, e no art. 33, § 2º, do Dec. n. 70.235/72 com a redação dada pela Lei 10.522/2002. Material sobre tal exigência anteriormente à ADIN 1976 pode ser encontrado até a 10ª edição desta obra.

– **Súmula Vinculante 21 do STF:** "É inconstitucional a exigência de depósito ou arrolamento prévios de dinheiro ou bens para admissibilidade de recurso administrativo" (2009).

– **Súmula 373 do STJ:** "É ilegítima a exigência de depósito prévio para admissibilidade de recurso administrativo" (2009).

– Ato Declaratório Interpretativo RFB n. 9/07: "O SECRETÁRIO DA RECEITA FEDERAL DO BRASIL, SUBSTITUTO, no uso da atribuição que lhe confere o inciso III do art. 224 do Regimento Interno da Secretaria da Receita Federal Brasil, aprovado pela Portaria MF n. 95, de 30 de abril de 2007, e tendo em vista o disposto no art. 1º, § 1º do Decreto n. 2.346, de 10 de outubro de 1997, e que na Ação Direta de Inconstitucionalidade n. 1976 o Supremo Tribunal Federal declarou inconstitucional o disposto no art. 32 da Lei n. 10.522, de 19 de julho de 2002, que deu nova redação ao art. 33, § 2º do Decreto n. 70.235, de 6 de março de 1972, declara: Art. 1º Não será exigido o arrolamento de bens e direitos como condição para seguimento do recurso voluntário. Art. 2º A autoridade administrativa de jurisdição do domicílio tributário do sujeito passivo providenciará o cancelamento, perante os respectivos órgãos de registro, dos arrolamentos já efetuados".

– Ato Declaratório Interpretativo RFB n. 30/09: Dispõe sobre o arrolamento de bens e direitos como condição para seguimento de recurso voluntário Art. 1º As unidades da Secretaria da Receita Federal do Brasil (RFB) deverão declarar a nulidade das decisões que não tenham admitido recurso voluntário de contribuintes, por descumprimento do requisito do arrolamento de bens e direitos, bem como dos demais atos delas decorrentes, realizando um novo juízo de admissibilidade com dispensa do referido requisito. Parágrafo único. A declaração de nulidade referida no *caput* será proferida *ex officio* ou por requerimento do sujeito passivo, observado o prazo prescricional de 5 (cinco) anos, contados da ciência da decisão administrativa que não tenha admitido recurso voluntário por ausência de arrolamento prévio de bens ou direitos. Art. 2º Na hipótese de o débito ter sido encaminhado à Procuradoria-Geral da Fazenda Nacional, o requerimento a que se refere o parágrafo único do art. 1º deverá ser dirigido pelo sujeito passivo àquele órgão." Vide, também, o ADI n. 31/2009 em <http://www.receita.fazenda.gov.br/Legislacao/AtosInterpretativos>.

– **Nulidade das CDAs quando os recursos não foram conhecidos pela ausência do depósito ou arrolamento.** Vide nota ao art. 202, V, do CTN.

⇒ **Ação judicial implica renúncia ao processo administrativo.** O art. 38, parágrafo único, da Lei 6.830/80 (Lei de Execução Fiscal) estabelece que a propositura de ação para discussão de tributo "importa em renúncia ao poder de recorrer na esfera administrativa e desistência do recurso acaso interposto".

– **Súmula CARF 1:** "Importa renúncia às instâncias administrativas a propositura pelo sujeito passivo de ação judicial por qualquer modalidade processual, antes ou depois do lançamento de ofício, com o mesmo objeto do processo administrativo, sendo cabível apenas a apreciação, pelo órgão de julgamento administrativo, de matéria distinta da constante do processo judicial".

– "O direito constitucional de petição e o princípio da legalidade não implicam a necessidade de esgotamento da via administrativa para discussão judicial da validade de crédito inscrito em Dívida Ativa da Fazenda Pública. É constitucional o art. 38, par. ún., da Lei 6.830/1980 (Lei da Execução Fiscal – LEF)..." (STF, RE 234.277-9, 2008).

– "Não é possível a utilização concomitante da via judicial e da administrativa, em face da prevalência da decisão judicial, devendo-se evitar destarte, julgamentos divergentes. Inteligência do § 2º do art. 1º do Decreto-Lei 1.737/59 e parágrafo único do art. 38 da Lei n. 6.830/80" (STJ, REsp 1.001.348, 2008).

– **Pressupõe identidade de objetos.** O efeito de renúncia tem como pressuposto o princípio da jurisdição una, ou seja, que o ato administrativo pode ser controlado pelo Judiciário e que apenas a decisão deste é que se torna definitiva, com o trânsito em julgado, prevalecendo sobre eventual decisão administrativa que tenha sido tomada ou pudesse vir a ser tomada. Considerando que o contribuinte tem direito a se defender na esfera administrativa mas que a esfera Judicial prevalece sobre a administrativa, não faz sentido a sobreposição dos processos administrativo e judicial. A opção pela discussão judicial, antes do exaurimento da esfera administrativa, demonstra que o contribuinte desta abdicou, levando o seu caso diretamente ao Poder ao qual cabe dar a última palavra quanto à interpretação e à aplicação do Direito, o Judiciário. Entretanto, tal pressupõe identidade de objeto nas discussões administrativa e judicial. Caso a ação anulatória fira, e.g., a questão da constitucionalidade da norma tributária impositiva e o recurso administrativo se restrinja a discussões quanto à apuração do valor devido, em razão de questões de fato, não haverá a identidade que tornaria sem sentido a concomitância das duas esferas.

– Ato Declaratório Normativo (ADN) n. 3/1996 da COSIT: "Tratamento a ser dispensado ao processo fiscal que esteja tramitando na fase administrativa quando o contribuinte opta pela via judicial. O COORDENADOR-GERAL DO SISTEMA DE TRIBUTAÇÃO, no uso da atribuição que lhe confere o art. l47, item III, do regimento interno da Secretaria da Receita Federal, aprovado pela Portaria do Ministro da Fazenda n. 606, de 3 de setembro de 1992, e tendo em vista o Parecer COSIT n. 27/96. DECLARA, em caráter normativo, às Superintendências Regionais da Receita Federal, às Delegacias da Receita Federal de Julgamento e aos demais interessados, que: a) a propositura pelo contribuinte, contra a Fazenda, de ação judicial – por qualquer modalidade processual –, antes ou posteriormente à autuação, com o mesmo objeto, importa a renúncia às instâncias administrativas, ou desistência de eventual recurso interposto ; b) consequentemente, quando diferentes os objetos do processo judicial e do processo administrativo, este terá prosseguimento normal no que se relaciona à matéria diferenciada (p.ex., aspectos formais do lançamento, base de cálculo etc.); c) no caso da letra 'a', a autoridade dirigente do órgão onde se encontra o processo não conhecerá de eventual petição do contribuinte, proferindo decisão formal, declaratória da definitividade da exigência discutida ou da decisão recorrida, se for o caso, encaminhando o processo para a cobrança do débito, ressalvada a eventual aplicação do disposto no art. 149 do CTN; d) na hipótese da alínea anterior, não se verificando a ressalva ali contida, proceder-se-á a inscrição em dívida ativa, deixando-se de fazê-lo, para aguardar o pronunciamento judicial, somente quando demonstrada a ocorrência do disposto nos incisos II (depósito do montante integral do débito) ou IV (concessão de medida liminar em mandado de segurança), do art. 151, do CTN; e) é irrelevante, na espécie, que o processo tenha sido extinto, no Judiciário, sem julgamento do mérito (art.267 do CPC)".

– Os antigos Conselhos de Contribuintes já haviam consolidado entendimento nesse sentido, do que é exemplo a Súmula 1º CC n. 1: "Importa renúncia às instâncias administrativas a propositura pelo sujeito passivo de ação judicial por qualquer modalidade processual, antes ou depois do lançamento de ofício, com o mesmo objeto do processo administrativo, sendo cabível apenas a apreciação, pelo órgão de julgamento administrativo, de matéria distinta da constante do processo judicial".

– "... o parágrafo único do art. 38 da LEF é constitucional... entretanto, a renúncia à esfera administrativa só ocorre quando verificada a existência dos seguintes requisitos: identidade de partes e objeto, e a possibilidade de serem proferidas decisões conflitantes. Dessa forma, na hipótese de ação judicial transitada em julgado sem julgamento de mérito antes do início do contencioso administrativo – o que abarca o mandado de segurança denegado por ausência de prova pré-constituída – não há concomitância entre as esferas administrativa e judicial e nem a possibilidade de serem formadas decisões conflitantes sobre a mesma matéria. Nesses casos, o contribuinte tem o direito de interpor recurso administrativo discutindo a mesma matéria que foi levada ao crivo do Judiciário (já que lá não foi analisada), não se aplicando a Súmula n. 1 do Carf ou o art. 38 da LEF. Por esse motivo, a conclusão é pela ilegalidade do ADN Cosit n. 03/1996 e das decisões administrativas proferidas com base no citado ato normativo" (LIMA, Daniel Serra. Renúncia à esfera administrativa: histórico, requisitos e equívocos na aplicação do parágrafo único do art. 38 da LEF. *RDDT* 218/28, 2013).

– "1. Incide o parágrafo único do art. 38, da Lei n. 6.830/80, quando a demanda administrativa versar sobre objeto menor ou idêntico ao da ação judicial" (STJ, EDcl no REsp 840.556, 2007).

– **Para análise de inconstitucionalidade, só o Judiciário é competente. Súmula CARF n. 2:** O CARF não é competente para se pronunciar sobre a inconstitucionalidade de lei tributária.

⇒ **Decisão definitiva no processo administrativo e ingresso da Fazenda em Juízo.** Nas ADIs 6.399, 6.403 e 6.415, em que discutida a constitucionalidade do fim do voto de qualidade, foi proferido um voto (minoritário) no sentido de que se deveria admitir a possibilidade de a União buscar, no Judiciário, a revisão do que, em razão do empate, tivesse sido resolvido favoravelmente ao contribuinte no PAF federal. Entendemos descabida essa solução, pois implicaria processo com confusão entre as partes (União X União), além do que, se bom ou ruim o fim do voto de qualidade, é matéria a ser avaliada pelo Congresso Nacional que, poderá, futuramente, se assim entender, reinstituir o voto de qualidade ou, por exemplo, criar órgãos colegiados com número ímpar, de

modo que, havendo empate, seja proferido voto de desempate pelo Presidente.

– "COISA JULGADA FISCAL E DIREITO SUBJETIVO. A decisão proferida pela autoridade fiscal, embora de instância administrativa, tem, em relação ao Fisco, força vinculatória, equivalente a da coisa julgada, principalmente quando gerou aquela decisão direito subjetivo para o contribuinte. Recurso extraordinário conhecido e provido" (STF, RE 68.253, 1969).

– "... quando um órgão administrativo decide qualquer litígio entre o particular e a Administração Pública, é o próprio estado que está manifestando sua vontade. Essa decisão tem efeito vinculante para a própria Administração, acarretando duas consequências: 'a insuscetibilidade da revisão judicial desses atos por iniciativa da própria Administração e o dever de execução daquelas decisões'. A decisão terminativa do processo administrativo tributário é definitiva para o ente tributante, pois consistem no ato final do controle de legalidade do lançamento pelo qual a Administração, exercendo competência privativa legalmente fixada, examina aquele ato administrativo, decidindo mantê-lo ou não. Disso decorre que a decisão administrativa favorável a contribuinte, que reconhece a inexistência do débito tributário, não consiste em mera reforma do lançamento, mas em verdadeira anulação da norma individual e concreta introduzida no ordenamento por aquele ato. Com essa espécie de decisão, o lançamento extingue-se, deixa de existir. Essa, por si só, já configura uma das razões pelas quais o Judiciário não pode reformar a decisão administrativa extintiva do crédito tributário: não compete ao Judiciário 'lançar' tributos. O 'não lançamento' pela Administração não pode ser substituído pelo 'lançamento' do Judiciário" (CARVALHO, Paulo de Barros. As decisões do Carf e a extinção do crédito tributário. *RDDT* 212/90, 2013).

– "... a melhor solução é a que se inclina pela impossibilidade, sobressaindo duas razões pujantes, quais sejam a de que a universalidade de acesso ao judiciário, na qualidade de garantia fundamental, dirige-se unicamente em favor do particular, bem assim que há violação à doutrina que, com lastro na boa-fé objetiva e na tutela da confiança, preconiza a manutenção dos atos próprios, o que sucederia caso a Fazenda Pública pudesse, sem mais nem mais, questionar a validade de decisão emanada de procedimento estruturado, por via de lei, pelo Estado para, com observância dos requisitos do devido processo legal (art. 5º, LIV, da CF), solucionar controvérsias entre a Administração Tributária e o contribuinte; ... esse ponto de vista, no entanto, não pode vir a ser acolhido com rigor absoluto, pena de implicar o contrassenso de suplantar, quanto à nota de estabilidade, o resultado da aplicação das normas pelo judiciário, seara na qual se prevê a ação rescisória; em sendo assim, faz-se preciso abrandar tal compreensão, para se permitir a invalidação judicial de decisão de órgão integrante do contencioso administrativo-tributário benéfica ao contribuinte, nos casos em que for proferida mediante má-fé, ou que tenha emanado da declaração ainda que tácita, de inconstitucionalidade de lei, de tratado, ou de regulamento" (NOBRE JÚNIOR, Edilson Pereira. Segurança jurídica no procedimento administrativo tributário – a questão da revisão judicial das decisões proferidas pelo Conselho Administrativo de Recursos Fiscais. *RDDT* 221/19, 2014).

– "Podemos concluir, então, que é definitiva perante a Administração a decisão que põe termo ao processo administrativo tributário, pois consiste no ato final de acertamento do crédito tributário, através do qual a Administração Tributária, no exercício da competência privativa atribuída por lei, controla a legalidade do lançamento e decide não lançar o tributo. Isso porque a decisão administrativa definitiva referida no inciso IX, da art. 156, a rigor, não extingue o crédito tributário, mas sim reconhece que ele – crédito – nunca existiu. [...] Diante da definitividade dessa decisão, alguns estudiosos do Direito Tributário têm sustentado o direito da Fazenda Pública ir a Juízo pedir a anulação, sempre que referida decisão contrariar a lei. [...] Os que entendem possível à Fazenda Pública promover ação judicial pedindo a anulação das decisões dos órgãos de julgamento administrativo, que chamaremos apenas de Conselhos de Contribuintes, adotam como principal fundamento ser inafastável o controle jurisdicional, garantia constitucional que, por força do princípio da isonomia, não pode ser negado ao Estado. [...] Diante da definitividade da decisão do Conselho de Contribuintes, não pode a administração pedir sua anulação em Juízo, porque: 5.1. O inciso XXXV do artigo 5º da Constituição Federal de 1988, interpretado em consonância com os demais ditames constitucionais, confere garantia de jurisdição ao particular e não ao Estado, até porque o Estado prescinde dessa garantia. 5.2. Não cabe ao Juiz lançar, mas apenas controlar a legalidade do lançamento efetuado pela autoridade administrativa, e, se for o caso, anulá-lo no todo ou em parte. Isso impossibilita a Fazenda Pública de pedir em Juízo a anulação da decisão do Conselho de Contribuintes, pois a sentença que viesse a dar provimento à pretensão da Fazenda, anulando a decisão de não lançar e positivando a exigência do tributo, consistiria em verdadeiro lançamento ao arrepio do art. 142 do CTN. 5.3. A decisão do Conselho de Contribuintes implica a manifestação do juízo de legalidade da administração, que, no exercício do seu direito potestativo de lançar, decidiu não lançar. 5.4. Admitir que a Fazenda pode pedir a anulação da decisão do Conselho de Contribuintes é tornar esse órgão verdadeiramente inútil, uma vez que lhe retira a razão de existir, que é dizer a palavra final da Administração acerca da validade do lançamento tributário. Sobretudo se considerarmos que a Fazenda estaria obrigada a submeter ao crivo do Judiciário todas as decisões do Conselho de Contribuintes que implicassem a redução do valor do tributo originalmente exigido, pois não poderia ficar a depender da conveniência administrativa a escolha dos casos que seriam postos em Juízo. 5.5. Falta interesse jurídico para a Pessoa Jurídica Pública ingressar em juízo para anular suas decisões, que se nulas fossem a própria Administração as deveria ter anulado, na forma que a lei impõe. 5.6. O questionamento judicial dessa decisão pela Fazenda implica a Administração voltar atrás numa decisão formalmente perfeita e dada como definitiva ao contribuinte, contrariando o princípio da boa-fé que preside os atos administrativos. 5.7. O Conselho de Contribuintes é órgão que integra a Administração, e como tal, não passa de simples partição interna da pessoa cuja intimidade estrutural integra, isto é, não tem personalidade jurídica. Assim, não apenas falta interesse à Administração para ir a Juízo anular sua própria decisão, como o pedido seria juridicamente impossível, por que dirigido contra a própria Administração" (MACHADO, Schu-

bert de Farias. A decisão definitiva no processo administrativo tributário e o ingresso da Fazenda Pública em Juízo, *RDDT* 76, 2002, p. 102-118).

– "Nos termos do artigo 5º, inciso XXXVI, da CF/88, a lei não prejudicará o direito adquirido, o ato jurídico perfeito e a coisa julgada. Nesse aspecto, pode-se entender que o ato administrativo configurado pela decisão de mérito favorável ao contribuinte cria direito adquirido ao não pagamento de determinada exação. Assim, se a decisão final advinda do âmbito administrativo é pelo não recolhimento do tributo, o contribuinte passa a possuir direito subjetivo ao não pagamento do mesmo, sendo inadmissível a reversão desse entendimento, sob pena de que seja ferido o princípio que garante a segurança jurídica. Ora, se a decisão proferida reveste-se de legalidade e legitimidade, não se pode aceitar que a mesma seja analisada judicialmente em função de suposto 'erro na aplicação da lei' que acarrete suposta 'lesão ao patrimônio público'. Se assim se considerar, qualquer decisão contrária ao Fisco poderá ser reformada pelo Poder Judiciário, o que deixaria o contribuinte em absurda situação de incerteza jurídica, acarretando, ainda, o esvaziamento das funções dos tribunais administrativos. Entretanto, é exatamente isso o que busca fazer o Parecer PGFN n. 1.087/04. [...] precedente favorável é o representado pela também citada decisão proferida pelo STJ, nos autos do Mandado de Segurança n. 8.810/DF, Nesta decisão, ficou estabelecido que as decisões administrativas só poderiam ser revistas se ficasse configurada alguma hipótese de nulidade" (MARTINEZ, Maria Beatriz. Considerações acerca da possibilidade jurídica de anulação, mediante ação judicial, de decisão de mérito proferida pelo conselho de Contribuintes. *RDDT* 113/81, 2005).

IV – a concessão de medida liminar em mandado de segurança.

⇒ **Mandado de segurança em matéria tributária.** O mandado de segurança tem ampla utilização em matéria tributária. É utilizado tanto frente a lançamento tido por abusivo ou ilegal como preventivamente, como instrumento para a proteção do contribuinte contra possível lançamento, contra não homologação de compensação e contra a falta de apreciação administrativa dos seus pleitos, dentre outras hipóteses. Note-se que, como o lançamento é obrigatório e vinculado, ocorrendo um fato gerador que se enquadra na previsão legal ou estando o contribuinte na iminência de praticá-lo, existe a ameaça concreta da autuação, ato contínuo, de indeferimento de certidões negativas e inscrição no CADIN, do que decorrem impedimentos à participação em licitações, obtenção de crédito e prática de diversos atos importantes para o exercício de atividade econômica. Viabiliza-se, com isso, a utilização do "writ". Entretanto, por ser remédio constitucional de rito especial, o mandado de segurança não se presta para discussões que exijam dilação probatória. Sob a disciplina da Lei n. 12.016/2009 – nova Lei do Mandado de Segurança em substituição à Lei n. 1.533/51 – permanece o writ como importante instrumento para a discussão de questões tributárias.

– A Súmula 213 do STJ reconhece a adequação do mandado de segurança para que o contribuinte busque o reconhecimento do seu direito à compensação, mas a Súmula 212 do STJ veda o deferimento por liminar, o que, aliás, na maioria das vezes, afronta-ria o 170-A do CTN. Vide as respectivas notas.

– **Risco sempre iminente.** Em matéria tributária "o periculum in mora normalmente é recíproco", conforme bem afirmado pelo Min. Sepúlveda Pertence na ADIMC 1.763-8, ago/98. A concessão ou não de liminar, pois, está sujeita, via de regra, à análise exclusiva da existência de forte fundamento de direito.

– "A lei instituidora de tributo que o contribuinte considere inexigível constitui ameaça suficiente para a impetração de mandado de segurança preventivo, na medida em que deve ser obrigatoriamente aplicada pela autoridade fazendária (CTN, art. 142, parágrafo único)" (STJ, REsp 91.538, 1998, p. 135).

• Vide: RODRIGUES, Raphael Silva; MARTINS, Thiago Penido. As limitações impostas para concessão de medida liminar em matéria tributária: análise constitucional das alterações promovidas pela "nova" Lei do Mandado de Segurança. *RFTD* 89, 2017.

– **Autoridade coatora quanto aos tributos federais administrados pela SRFB.** A autoridade coatora depende de estar o tributo em fase de fiscalização, de julgamento ou já inscrito em dívida ativa. Quanto à fiscalização e cobrança dos tributos administrados pela Secretaria da Receita Federal do Brasil, a autoridade coatora será o Delegado da Receita Federal do Brasil; no que diz respeito ao comércio exterior e às atividades de administração de mercadorias estrangeiras apreendidas, o Inspetor da Alfândega ou o Inspetor-Chefe da Receita Federal do Brasil. Quanto ao julgamento de impugnações e manifestações de inconformidade, tem-se que a autoridade coatora será o Delegado da Delegacia de Julgamentos da Receita Federal do Brasil. Tratando-se de débito já inscrito em dívida ativa, a autoridade será o Procurador Regional da Fazenda Nacional respectivo. Vide em www.receita.fazenda.gov.br e em www.pgfn.fazenda.gov.br .

– **No sentido de que a liminar impede a cobrança também dos juros moratórios.** "A mora do sujeito passivo, assim entendida como o estado de inadimplência perante o Fisco, é o elemento preponderante para a aplicação da norma sancionadora. Estando suspenso o dever jurídico do sujeito passivo quanto ao adimplemento do débito tributário, não há que se falar em eficácia da relação jurídica tributária, nem tampouco multa e juros moratórios, dada a inexistência de ilícito tributário. Algumas decisões dos tribunais pátrios vêm utilizando, de forma indistinta, o entendimento... contido na Súmula n. 405 do STF, como forma de fazer incidir multa e juros moratórios no período em que vigorava a decisão..., posteriormente cassada. Entretanto, ... não há como prevalecer a referida Súmula, dada a prevalência da eficácia da norma jurídica determinante da suspensão da exigibilidade do crédito tributário, que, ao irradiar seus efeitos, ainda que de forma temporária e precária, obstou a relação jurídica tributária, desonerando o sujeito passivo do dever de pagar o débito tributário, enquanto perdurava sua vigência, sobretudo considerando a inexistência de mora suficiente a ensejar a aplicação de multa e juros. Desta feita, nos termos do art. 63, § 2º, da Lei n. 9.430/96, a concessão de medida judicial que determinar a suspensão da exigibilidade do crédito tributário cria óbice ou faz cessar a incidência de juros e multa moratórios, que somente serão aplicados após 30 dias, contados da publicação da decisão (norma jurídica) que a cassar, entendendo ser devido o tributo" (MOURA, Nelson Henrique Rodrigues de França. A suspensão da exigibilidade do crédito tributário por medida judicial e a não incidência de multa e juros moratórios no período acobertado pela decisão. *RDDT* 174/93, 2010).

– Uma vez que a liminar suspende a exigibilidade do crédito, essa decisão acaba por dilatar o prazo de vencimento da obrigação. Impede a formação do estado de mora, que é a consequência patrimonial da impontualidade no cumprimento da obrigação. (PONTES, Helenilson Cunha. Os juros de mora e os créditos tributários com exigibilidade suspensa por medida liminar em mandado de segurança. *Repertório IOB de Jurisprudência*, 1999).

– **Suspensão da liminar. Efeitos. Súmula STF n. 626:** A suspensão da liminar em mandado de segurança, salvo determinação em contrário da decisão que a deferir, vigorará até o trânsito em julgado da decisão definitiva de concessão da segurança ou, havendo recurso, até a sua manutenção pelo Supremo Tribunal Federal, desde que o objeto da liminar deferida coincida, total ou parcialmente, com o da impetração.

– **Efeitos da denegação da segurança por sentença. Cassação de liminar. Juros e multa devidos.** A liminar tem natureza precária, por conta e risco do Impetrante, garantindo os atos praticados enquanto em vigor, apenas no caso de ser confirmada, ao final, pela decisão meritória de última instância. A sua revogação é, pois, dotada de eficácia *ex tunc*, sempre projetando efeitos retroativos à data em que foi deferida. O afastamento de juros e de multa, pois, depende de lei expressa que assegure tal benefício. O art. 63, § 2º, da Lei 9.430/96 afasta a multa de mora até 30 dias após a publicação da decisão que considerar devido o tributo, ou seja, que cassar a liminar. Os juros são devidos normalmente. Para a CPMF, a legislação não previa a suspensão da multa, conforme acórdão adiante.

– "O art. 63, *caput* e § 2º, da Lei 9.430/96 afasta tão somente a incidência de multa de ofício no lançamento tributário destinado a prevenir a decadência na hipótese em que o crédito tributário estiver com sua exigibilidade suspensa por força de medida liminar concedida em mandado de segurança ou em outra ação ou de tutela antecipada. 5. No período compreendido entre a concessão de medida liminar e a denegação da ordem incide correção monetária e juros de mora ou a Taxa SELIC, se for o caso. Afastada a imposição de multa de ofício. 6.. Embargos de divergência acolhidos" (STJ, EREsp 839.962, 2013).

– **Súmula CARF n. 17:** (Vinculante – Portaria MF 383/2010): Não cabe a exigência de multa de ofício nos lançamentos efetuados para prevenir a decadência, quando a exigibilidade estiver suspensa na forma dos incisos IV ou V do art. 151 do CTN e a suspensão do débito tenha ocorrido antes do início de qualquer procedimento de ofício a ele relativo.

– **Súmula CARF n. 50:** É cabível a exigência de multa de ofício se a decisão judicial que suspendia a exigibilidade do crédito tributário perdeu os efeitos antes da lavratura do auto de infração.

– Efeito da sentença concessiva de segurança. "Quanto à sentença em mandado de segurança, entendemos que esta não tem o efeito de suspender a exigibilidade do crédito tributário. Uma vez proferida (a sentença), não há que se falar em suspensão, que traz consigo o caráter de provisoriedade. A sentença, que tem natureza de ato de caráter definitivo, declara (certifica) a inexigibilidade do crédito (que pode decorrer de motivos diversos). Logo, não se pode reconhecer a suspensão do que foi declarado inexistente. A partir da prolação da sentença não existe mais crédito tributário, motivo que nos impede de falar em sua exigibilidade" (PIMENTA, Marcos Rogério Lyrio. A taxatividade das causas suspensivas da exigibilidade do crédito tributário. *RDDT* 163/64, 2009).

– Desistência a qualquer tempo. "É lícito ao impetrante desistir da ação de mandado de segurança, independentemente de aquiescência da autoridade apontada como coatora ou da entidade estatal interessada ou, ainda, quando for o caso, dos litisconsortes passivos necessários, mesmo que já prestadas as informações ou produzido o parecer do Ministério Público" (STF, RE 521.359 ED-AgR, 2013).

– "Mandado de segurança. Desistência a qualquer tempo. Possibilidade. 1. A matéria teve sua repercussão geral reconhecida no RE n. 669.367, de relatoria do Ministro Luiz Fux, com julgamento do mérito em 2/5/13. Na assentada, o Tribunal reafirmou a assente jurisprudência da Corte de que é possível desistir-se do mandado de segurança após a sentença de mérito, ainda que seja favorável ao impetrante, sem anuência do impetrado" (STF, RE 550.258 AgR, 2013).

– Se houver depósito vinculado ao mandado de segurança, a extinção do processo sem julgamento de mérito implicará sua conversão em pagamento definitivo, conforme orientação do STJ referida em nota ao art. 151, II, do CTN.

V – a concessão de medida liminar ou de tutela antecipada, em outras espécies de ação judicial;

⇒ **LC n. 104/2001.** Inciso acrescentado pela LC n. 104/2001, vigente desde a publicação em 11-1-2001.

⇒ **Tutela provisória de urgência ou de evidência em outras espécies de ações, além do mandado de segurança.** Considerando que cabe ao Judiciário o controle da legalidade dos atos administrativos (sistema da jurisdição una) e que suas decisões devem ser respeitadas não apenas pelos particulares, mas pela Administração, que a elas está sujeita, qualquer decisão judicial que disponha no sentido de que o Fisco não possa atuar contra o contribuinte em determinada hipótese tem o efeito de suspender a exigibilidade do crédito tributário, não importando se tenha sido proferida nos autos de Mandado de Segurança ou de qualquer outro tipo de ação (Ordinária, Cautelar etc.). Note-se que, mesmo antes do acréscimo do inciso V ao art. 151 da CF, decorrente da LC n. 104/2001, entendia-se que as liminares em outras espécies de ações que não apenas o mandado de segurança já tinham o efeito suspensivo da exigibilidade do crédito tributário. Argumentava-se, também, com razão, que o CTN, datado de 1966, surgiu quando ainda não havia o poder geral de cautela

do Juiz, previstos posteriormente no CPC/73, nem a antecipação de tutela, decorrente da reforma processual de 1994. Daí a ausência de referência, na redação original, a outros provimentos liminares que não em mandado de segurança. O novo CPC/15 inovou ao dar novo tratamento às pretensões formuladas anteriormente ou no curso das ações. Subdivide essas tutelas que chama de provisórias em tutela de urgência e tutela da evidência. A tutela de urgência depende de risco de dano ou risco ao resultado útil do processo e pode ser cautelar ou antecipada, enquanto a tutela da evidência independe da demonstração do risco ou do prejuízo, mas pressupõe que a tese esteja firmada em julgamento de casos repetitivos ou em súmula vinculante.

– "Em rigor, não seria necessário prever, no Código Tributário Nacional, que a liminar suspende a exigibilidade do crédito tributário, já que isso é decorrência da força mandamental do despacho que a concede. Por isso mesmo, também não seria necessário que figurasse no Código a previsão de que outros provimentos judiciais cautelares também devessem ter o efeito de suspender a exigibilidade do crédito tributário" (AMARO, Luciano. *Direito tributário brasileiro*. 15. ed. São Paulo: Saraiva, 2009, p. 384).

– Tutela provisória de urgência nas ações tributárias. A tutela provisória de urgência, cautelar ou antecipada, pode ser requerida em caráter antecedente ou incidental, nos termos do art. 294 do novo CPC/15. Sua disciplina é detalhada nos arts. 300 a 310 do novo diploma processual civil. Efetivada tutela cautelar antecedente, o pedido principal é apresentado nos mesmos autos, conforme seu art. 308. Quando há obrigação tributária por vencer ou vencida ou mesmo crédito tributário já constituído, o requisito do perigo de dano para a concessão da tutela de urgência está presente. Isso porque se trata de situações em que o contribuinte fica sujeito à autuação, à cobrança e às restrições decorrentes da situação de inadimplência, como, por exemplo, a não obtenção de certidões de regularidade fiscal, a impossibilidade de adesão ao Simples Nacional e o indeferimento de benefícios fiscais.

– Não se requer a tutela provisória de urgência cautelar para realizar depósito em dinheiro do tributo discutido, conforme se vê de nota ao art. 151, II, do CTN. Basta proceder, independentemente de pedido, ao depósito vinculado à ação em que se discute a obrigação tributária, pois é uma faculdade do sujeito passivo.

– Tutela provisória da evidência nas ações tributárias. A par da tutela provisória de urgência, o novo CPC/15 também prevê a possibilidade de obtenção de tutela da evidência, hipótese em que não há a necessidade de demonstração do perigo de dano ou de risco ao resultado útil do processo, bastando, e.g., que as questões de fato sejam comprovadas documentalmente e que haja tese firmada em julgamento de casos repetitivos ou em súmula vinculante, nos termos do seu art. 311. A tutela da evidência é viável em matéria tributária, mas não poderá levar à expedição de precatório em ação de repetição de indébito, porquanto o precatório depende de sentença transitada em julgado. Sobre a impossibilidade de expedição de precatório antes do trânsito em julgado, vide, nota ao art. 165 do CTN.

– **Decisão em exceção de preexecutividade.** "... admitir que a suspensão do processo de execução fiscal não importa na suspensão da exigibilidade do crédito tributário é o mesmo que reconhecer a possibilidade jurídica de a fazenda promover a cobrança de seus tributos, por meio de coação física ou psicológica, já que o meio regular de cobrança coativa está suspenso por decisão do juiz competente (juiz da execução fiscal). Outrossim, o recebimento liminar da petição de exceção de preexecutividade, suspendendo o curso do processo de execução, equivale, evidentemente, à concessão de tutela antecipatória de que cuida o inciso V do art. 151 do CTN, implicando suspensão da exigibilidade. Este dispositivo, também, vem sendo interpretado literalmente. A prosseguir dessa forma teria que concluir, contra o bom senso e a lógica, que a sentença concessiva de segurança não suspende a exigibilidade do crédito tributário, porque o art. 151, IV, do CTN refere-se apenas à concessão de liminar em mandado de segurança, e não, em decisão de mérito, que é mais do que decisão liminar" (HARADA, Kiyoshi. A exceção de preexecutividade e o problema da certidão negativa de tributos. *RET* 55/229, 2007).

– **Medida cautelar em ADI.** Decreto 2.346/97, que consolida normas e procedimentos a serem observados pela Administração Pública Federal em razão de decisões judiciais: "Art. 1-A. Concedida cautelar em ação direta de inconstitucionalidade contra lei ou ato normativo federal, ficará também suspensa a aplicação dos atos normativos regulamentadores da disposição questionada. Parágrafo único. Na hipótese do *caput*, relativamente a matéria tributária, aplica-se o disposto no art. 151, inciso IV, da Lei n. 5.172, de 25 de outubro de 1966, às normas regulamentares e complementares" (parágrafo único acrescentado pelo Decreto n. 3.001/99).

⇒ **Condicionamento do deferimento de liminar em MS ou de tutela provisória em outras ações ao depósito do montante do tributo.** Não é correto o condicionamento do deferimento de tutela provisória ao depósito do montante do tributo. Isso porque são causas distintas de suspensão da exigibilidade do crédito tributário. Assim, o Juiz deve apreciar se estão presentes os requisitos para a concessão da liminar ou da tutela de urgência (art. 7º, inc. II, da Lei 1.533/51 no caso do mandado de segurança e art. 294 e seguintes do CPC/15 no caso de outras ações) e concedê-la ou não. Indeferida a tutela provisória requerida pelo contribuinte, ainda lhe restará a possibilidade de efetuar o depósito do montante do tributo para obter a suspensão da exigibilidade do crédito.

– "A teor do disposto no artigo 151, incisos VI e V, do Código Tributário Nacional, independentemente do depósito do crédito tributário, é cabível a concessão da liminar, se presentes os seus pressupostos, com a consequente suspensão da exigibilidade do crédito tributário. Precedentes" (STJ, REsp 153.633, 2002).

– **Sobre o condicionamento da liminar, na cautelar, à prestação de caução.** Também não é adequado condicionar a concessão de liminar à prestação de caução. Isso porque a análise da liminar dá-se mediante a verificação da existência de forte fundamento de direito e risco de dano, além do que a caução não tem efeito suspensivo da exigibilidade do crédito tributário, conforme se vê de nota ao *caput* deste artigo.

– "1. A caução pode ser real quando se trata de garantir liminar em cautelar visando suspensão de crédito tributário, posto que o contribuinte tem esse direito mesmo em execução fiscal (art. 9º, III, da Lei 6.830/80). 2. Ordem concedida" (TRF3, MS 03040991, 1993).

VI – o parcelamento.

⇒ **LC n. 104/2001.** Inciso acrescentado pela LC n. 104/2001, vigente desde a publicação em 11-1-2001.

⇒ **Parcelamento enquanto espécie de moratória.** Atualmente, por força da LC n. 104/2001, o parcelamento está previsto expressamente no inciso VI deste artigo 151 como causa autônoma de suspensão da exigibilidade do crédito tributário. Anteriormente a esta inovação legislativa, é preciso ressaltar, já se entendia que o parcelamento suspendia a exigibilidade do crédito forte no entendimento de que o parcelamento implica moratória e que, portanto, atraía a incidência do art. 151, I, do CTN.

– Note-se que o fato de o parcelamento estar, atualmente, previsto em inciso próprio não reforça a tese de que não podia, anteriormente, ser considerado como espécie de moratória. Ainda que, nos incisos do art. 151, tenha sido feita distinção, a LC n. 104/2001, de outro lado, acresceu ao CTN artigo próprio para tratar do parcelamento e o inseriu na Seção atinente à Moratória, reconhecendo, pois, tratar-se de subespécie de moratória, conforme se vê do novo art. 155-A. Antes mesmo da LC n. 104/2001, a concessão de parcelamento já tinha efeito suspensivo da exigibilidade do crédito tributário e, portanto, já dava direito à obtenção de certidão positiva de débitos com efeito de negativa.

⇒ **Parcelamento acompanhado do pagamento das parcelas.** A suspensão da exigibilidade pelo parcelamento pressupõe a sua manutenção mediante pagamento das parcelas. Conforme o regime jurídico de cada parcelamento, resta rescindido automaticamente pela inadimplência de determinado número de parcelas. Inadimplente o contribuinte, o crédito retomará a sua exigibilidade.

⇒ **Parcelamento, mesmo sem garantia.** As leis concessivas de parcelamento podem estabelecer condições para a adesão, como a garantia do crédito. Muitas das leis que tratam do assunto, porém, não o fazem. Seja como for, se a adesão for regular, conforme a lei, o Fisco não pode negar ao parcelamento seu efeito suspensivo da exigibilidade do crédito tributário, pois decorre ele diretamente do art. 151, VI, do CTN.

– **Inconstitucionalidade da compensação de ofício de débitos parcelados.** A Lei n. 9.430/96 previu a possibilidade de o fisco proceder a compensação de ofício de créditos do contribuinte com débitos que em aberto ou parcelados sem garantia. Essa última previsão, da compensação de ofício com débitos parcelados sem garantia, é descabida, pois o parcelamento torna exigível a cada mês apenas a prestação respectiva, mantendo-se o saldo com exigibilidade aprazada. Entendemos que o contribuinte pode abrir mão dessa suspensão, requerendo, realizando ou mesmo concordando com a compensação, se bem lhe aprouver.

– Lei n. 9.430/1996, com a redação da Lei n. 12.844/2013: "Art. 73. A restituição e o ressarcimento de tributos administrados pela Secretaria da Receita Federal do Brasil ou a restituição de pagamentos efetuados mediante DARF e GPS cuja receita não seja administrada pela Secretaria da Receita Federal do Brasil será efetuada depois de verificada a ausência de débitos em nome do sujeito passivo credor perante a Fazenda Nacional. Parágrafo único. Existindo débitos, não parcelados ou parcelados sem garantia, inclusive inscritos em Dívida Ativa da União, os créditos serão utilizados para quitação desses débitos...".

– **Tema 874 do STF:** "É inconstitucional, por afronta ao art. 146, III, *b*, da CF, a expressão 'ou parcelados sem garantia', constante do parágrafo único do art. 73, da Lei n. 9.430/96, incluído pela Lei n. 12.844/13, na medida em que retira os efeitos da suspensão da exigibilidade do crédito tributário prevista no CTN". Decisão do mérito em 2020.

– "Artigo 146, III, *b*, da CF. Artigo 170 do CTN. Norma geral em matéria de compensação. Compensação de ofício. Artigo 73, parágrafo único (incluído pela Lei n. 12.844/13), da Lei n. 9.430/96. Débitos parcelados sem garantia. Suspensão da exigibilidade do crédito (art. 151, VI, do CTN). Impossibilidade de compensação unilateral. Inconstitucionalidade da expressão 'ou parcelados sem garantia'. 1. O art. 146, III, *b*, da Constituição Federal dispõe caber a lei complementar estabelecer normas gerais em matéria de legislação tributária, especialmente sobre obrigação, lançamento, crédito, prescrição e decadência tributários. Nesse sentido, a extinção e a suspensão do crédito tributário constituem matéria de norma geral de Direito Tributário, sob reserva de lei complementar. A compensação vem prevista no inciso II do art. 156 do CTN como forma de extinção do crédito tributário e deve observar as peculiaridades estabelecidas no art. 170 do Código Tributário Nacional. 2. O art. 170 do CTN, por si só, não gera direito subjetivo a compensação. A lei complementar remete a lei ordinária a disciplina das condições e das garantias, cabendo a lei autorizar a compensação de créditos líquidos e certos, vencidos ou vincendos, do sujeito passivo, observados os institutos básicos da tributação previstos no Código Tributário Nacional. 3. A jurisprudência da Corte já assentou que a compensação de ofício não viola a liberdade do credor e que o suporte fático da compensação prescinde de anuência ou acordo, perfazendo-se *ex lege*, diante das seguintes circunstâncias objetivas: (i) reciprocidade de dívidas, (ii) liquidez das prestações, (iii) exigibilidade dos débitos e (iv) fungibilidade dos objetos. Precedentes. 4. O art. 151, VI, do CTN, ao prever que o parcelamento suspende a exigibilidade do crédito tributário, não condiciona a existência ou não de garantia. O parágrafo único do art. 73 da Lei n. 9.430/96 (incluído pela Lei n. 12.844/13), ao permitir que o Fisco realize compensação de ofício de débito parcelado sem garantia, condiciona a eficácia plena da hipótese de suspensão do crédito tributário – no caso, o 'parcelamento' (CTN – art. 151, VI) – a condição não prevista em lei complementar. 5. Recurso extraordinário a que se nega provimento, mantendo-se o acórdão em que se declarou a inconstitucionalidade da expressão 'ou parcelados sem garantia', constante do parágrafo único do art. 73 da Lei n. 9.430/96, incluído pela Lei n. 12.844/13, por afronta ao art. 146, III, *b*, da Constituição Fede-ral. 6. Tese do Tema n. 874 de repercussão geral: 'É inconstitucional, por afronta ao art. 146, III, *b*, da CF, a expressão 'ou parcelados sem garantia' constante do parágrafo único do art. 73, da Lei n. 9.430/96, incluído pela Lei n. 12.844/13, na medida em que retira os efeitos da suspensão da exigibilidade do crédito tributário prevista no CTN'" (STF, RE 917.285, 2020).

Parágrafo único. O disposto neste artigo não dispensa o cumprimento das obrigações acessórias dependentes da obrigação principal cujo crédito seja suspenso, ou dela consequentes.

⇒ **Autonomia das obrigações acessórias.** O traço de acessoriedade não está ligado diretamente à obrigação ou ao crédito tributários, mas ao exercício da tributação, daí por que as obrigações acessórias gozam de autonomia relativamente às obrigações principais. Sobre a matéria, vide art. 113, *caput* e §§ 2º e 3º, bem como as respectivas notas, e art. 175, par. único, do CTN.

SEÇÃO II
MORATÓRIA

Art. 152. A moratória somente pode ser concedida:

I – em caráter geral:

***a)* pela pessoa jurídica de direito público competente para instituir o tributo a que se refira;**

***b)* pela União, quanto a tributos de competência dos Estados, do Distrito Federal ou dos Municípios, quando simultaneamente concedida quanto aos tributos de competência federal e às obrigações de direito privado;**

⇒ **Moratória e isenção.** O art. 151, III, da CF veda à União a concessão de isenções de tributos da competência dos Estados, do Distrito Federal ou dos Municípios. Não há referência expressa à concessão de moratória pela União, mas isso não nos parece permitir a interpretação de que, diante da omissão, tem-se uma autorização. A constitucionalidade deste dispositivo do CTN é, no mínimo, duvidosa, tendo em vista a autonomia dos entes políticos.

II – em caráter individual, por despacho da autoridade administrativa, desde que autorizada por lei nas condições do inciso anterior.

Parágrafo único. A lei concessiva de moratória pode circunscrever expressamente a sua aplicabilidade à determinada região do território da pessoa jurídica de direito público que a expedir, ou a determinada classe ou categoria de sujeitos passivos.

Art. 153. A lei que conceda moratória em caráter geral ou autorize sua concessão em caráter individual especificará, sem prejuízo de outros requisitos:

I – o prazo de duração do favor;

⇒ **Não pode ser concedida por prazo indefinido.** "O discricionarismo do legislador competente para instituir o tributo é limitado quanto à moratória. Não pode concedê-la por tempo indefinido nem incondicionalmente, se em caráter individual. Geral ou individual, deverá ter prazo prefixado" (BALEEIRO, Aliomar. *Direito tributário brasileiro*. 11. ed. Rio de Janeiro: Forense,1999, atualizada por Misabel Abreu Machado Derzi, p. 848) Na mesma obra, p. 849, há nota da atualizadora nos seguintes termos: "O art. 153 estabelece dois requisitos obrigatórios à concessão da moratória: o prazo de duração do favor (com menção ao número de prestações e vencimentos) e os tributos a que se aplica."

II – as condições da concessão do favor em caráter individual;

III – sendo caso:

a) os tributos a que se aplica;

b) o número de prestações e seus vencimentos, dentro do prazo a que se refere o inciso I, podendo atribuir a fixação de uns e de outros à autoridade administrativa, para cada caso de concessão em caráter individual;

c) as garantias que devem ser fornecidas pelo beneficiado no caso de concessão em caráter individual.

Art. 154. Salvo disposição de lei em contrário, a moratória somente abrange os créditos definitivamente constituídos à data da lei ou do despacho que a conceder, ou cujo lançamento já tenha sido iniciado àquela data por ato regularmente notificado ao sujeito passivo.

⇒ **Salvo disposição em contrário. Tributos sujeitos a lançamento por homologação.** "O dispositivo tem o mérito de admitir disposição de lei em contrário. É mais do que evidente que, nos casos de tributos sujeitos a lançamento por homologação, a disposição em contrário decorre da própria natureza da hipótese. Se se fosse circunscrever a moratória aos tributos já lançados (por homologação), seria impossível aplicá-la em tais casos, pois, neles, os tributos são pagos antes do lançamento" (AMARO, Luciano. *Direito tributário brasileiro*. 15. ed. São Paulo: Saraiva, 2009, p. 381).

⇒ **Créditos definitivamente constituídos.** "... aqueles que foram objeto de lançamento eficaz, assim compreendido o ato regularmente notificado ao sujeito passivo" (CARVALHO, Paulo de Barros. *Curso de direito tributário*. 27. ed. São Paulo: Saraiva, 2016, p. 416).

Parágrafo único. A moratória não aproveita aos casos de dolo, fraude ou simulação do sujeito passivo ou do terceiro em benefício daquele.

⇒ **Efeito do vício.** "Provado o vício, é como se não houvesse sido concedido o favor" (MACHADO, Hugo de Brito. *Curso de direito tributário*. 36. ed. São Paulo: Malheiros, 2015, p. 191).

– **Evidência do vício no próprio lançamento, em face dos percentuais de multa.** Tanto no art. 4º da Lei 8.218/91 como no art. 41 da Lei 9.430/96, foram estabelecidos percentuais de distintos, mais gravosos, para os lançamentos em que verificada situação evidente de fraude. Tais débitos, assim, com a multa agravada, não podem ser beneficiados por moratória, inclusive na modalidade de parcelamento, salvo disposição em lei em sentido diverso, em face da ressalva constante do *caput*.

Art. 155. A concessão da moratória em caráter individual não gera direito adquirido e será revogada de ofício, sempre que se apure que o beneficiado não satisfazia ou deixou de satisfazer as condições ou não cumpria ou deixou de cumprir os requisitos para a concessão do favor, cobrando-se o crédito acrescido de juros de mora:

⇒ **Anulação do ato concessivo moratória.** Cuida-se, na verdade, de anulação, pois não se trata de desfazimento do ato por motivo de conveniência ou de oportunidade, mas por ilegalidade.

– O art. 155 funda-se na legalidade tributária, ou seja, no princípio de que o tributo decorre sempre de lei (arts. 150, I, da CF, 3º e 97 do CTN), assim como eventual modificação, extinção, suspensão ou exclusão da sua exigibilidade (art. 141 do CTN). Não dependendo o tributo do acordo de vontades, verificado, ainda que em momento posterior ao ato de concessão da moratória em caráter individual, que o ato não satisfazia os pressupostos para a incidência da lei que a suportava, tem o Fisco o dever de promover a sua anulação.

– **Súmula 473 do STF:** "A Administração pode anular seus próprios atos, quando eivados de vícios que os tornam ilegais, porque deles não se originam direitos; ou revogá-los, por motivo de conveniência ou oportunidade, respeitados os direitos adquiridos, e ressalvada, em todos os casos, a apreciação judicial".

– **Súmula 346 do STF:** "A Administração Pública pode declarar a nulidade dos seus próprios atos".

I – com imposição da penalidade cabível, nos casos de dolo ou simulação do beneficiado, ou de terceiro em benefício daquele;

⇒ **Fraude.** "... se esqueceu o legislador de incluir a figura da fraude na redação do inciso I. É intuitivo, porém, que a omissão é suprida pela análise sistemática, não sendo compreensível que as providências sancionadoras deixassem de ser aplicadas àquele que a cometeu" (CARVALHO, Paulo de Barros. *Curso de direito tributário*. 27. ed. São Paulo: Saraiva, 2016, p. 418).

– Na fraude, sempre estará presente o dolo. A referência ao dolo, portanto, a abarca. As expressões que costumam ser utilizadas conjuntamente pelo legislador – dolo, fraude ou simulação – é que são redundantes.

II – sem imposição de penalidade, nos demais casos.

Parágrafo único. No caso do inciso I deste artigo, o tempo decorrido entre a concessão da moratória e sua revogação não se computa para efeito da prescrição do direito à cobrança do crédito; no caso do inciso II deste artigo, a revogação só pode ocorrer antes de prescrito o referido direito.

⇒ **Curso da prescrição.** Trata-se de hipótese excepcional de curso do prazo prescricional enquanto o crédito tributário está com sua exigibilidade suspensa. Vide nota ao art. 151, *caput*, do CTN, sobre a regra geral.

Art. 155-A. O parcelamento será concedido na forma e condição estabelecidas em lei específica. (Acrescido pela LC n. 104/2001)

⇒ **Parcelamento depende de previsão legal específica.** A referência expressa à forma e condição estabelecidas em lei específica nos leva à conclusão de que, de um lado, o contribuinte não tem direito a pleitear parcelamento em forma e com características diversas daquelas previstas em lei e, de outro, que o Fisco não pode exigir senão o cumprimento das condições nela previstas, sendo descabida a delegação à autoridade fiscal para que decida discricionariamente sobre a concessão do benefício.

– O artigo fala em lei específica e isso reforça que não tem cabimento a pretensão de conjugação dos dispositivos de diversas leis para a concessão de parcelamento mais benéfico ou mediante requisitos menos rígidos. A combinação de dispositivos de diversas leis distorce os benefícios concedidos, implicando a criação de uma nova espécie de parcelamento não autorizado pelo legislador.

– "Apenas com a edição da Lei específica a que alude o art. 155--A... é que a Lei n. 11.101/05 terá plena eficácia, e desde que se crie mecanismos facilitados para a recuperação do crédito tributário" (SOUZA JUNIOR, Osnildo de. O crédito tributário na recuperação judicial de empresas: um caso de irracionalidade a ser superado. *RDDT* 149, 2008).

– **Requisitos adicionais estabelecidos por IN. Ilegalidade.** "Nos termos da jurisprudência do STJ, a exigência de débito em conta como condição imposta pela Fazenda Nacional para deferir o parcelamento do débito tributário não encontra respaldo em lei. A Lei n. 10.522/2002 em nenhum momento determina o débito em conta corrente como única modalidade de quitação do débito. Precedentes..." (STJ, AgRg no REsp 1.403.968, 2013).

⇒ "PARCELAMENTO. EXIGÊNCIA DE DÉBITO EM CONTA CORRENTE. IMPOSSIBILIDADE. PORTARIA N. 02/02 PGFN/SRF. PAGAMENTO MEDIANTE DARF. POSSIBILIDADE. 1. O Direito Tributário tem como princípio basilar a legalidade. 2. A modalidade de débito em conta como condição imposta pela Fazenda Nacional para deferir o parcelamento do débito tributário não encontra respaldo em lei. 3. A Lei n. 10.522/2002, em seu art. 10 e seguintes, prevê a possibilidade de parcelamento dos débitos existentes junto à Fazenda Nacional, em nada dispondo acerca da obrigatoriedade de débito automático em conta corrente, das parcelas acertadas, para a quitação do débito. 4. O art. 20, da Portaria PGFN/SRF n. 02/02, ao criar óbices ao instituto do parcelamento, não previsto na Lei n. 10.522/02, acabou por violar o princípio da reserva legal. 5. A própria Lei n. 10.522/02 instituiu em favor da Fazenda Nacional a garantia de rescindir, imediatamente, o parcelamento quando o contribuinte deixar de pagar duas parcelas, mostrando-se despiciendo a garantia do débito automático em conta corrente, como forma de assegurar a pronta satisfação do crédito tributário" (STJ, REsp 1.085.907, 2009).

– **Interpretação literal das leis concessivas de parcelamento.** Vide nota ao art. 111, I, do CTN.

– **Direito adquirido.** "Os parcelamentos são favores legais concedidos ao cidadão pelo próprio Estado, visando facilitar ou possibilitar o cumprimento de suas obrigações financeiras. Assim, os parcelamentos decorrem de previsão legal e, quando deferidos, passam a integrar o patrimônio do cidadão como um direito adquirido, somente podendo ser suspenso ou cancelado se este descumprir os seus termos" (ABRAHAM, Marcus. A compensação de precatórios com créditos da Fazenda Pública na Emenda Constitucional n. 62/2009. *RDDT* 182/86, 2010).

⇒ **Limitações ao parcelamento de contribuições previdenciárias: 60 meses.** O parcelamento de contribuições previdenciárias está constitucionalmente limitado a 60 meses.

– CF, com a redação da EC n. 103/2019: "Art. 195. A seguridade social será financiada por toda a sociedade, de forma direta e indireta... § 11. São vedados a moratória e o parcelamento em prazo superior a 60 (sessenta) meses e, na forma de lei complementar, a remissão e a anistia das contribuições sociais de que tratam a alínea 'a' do inciso I e o inciso II do *caput*".

– **Limites estabelecidos por atos infralegais. Tema 997 do STJ:** (MÉRITO NÃO JULGADO) Controvérsia: "Legalidade do estabelecimento, por atos infralegais, de limite máximo para a concessão do parcelamento simplificado, instituído pela Lei 10.522/2002" (ProAfR no REsp 1.724.834, 2018).

⇒ **Parcelamentos comum e especiais.** A Lei n. 10.522/2002 coloca permanentemente à disposição do contribuinte a possibilidade de parcelar ou reparcelar seus débitos, em sessenta meses. Outros parcelamentos surgem de tempos em tempos para adesão temporária, normalmente com prazos mais elásticos de pagamento e associados à anistia total ou parcial de multas. Esses parcelamentos especiais são instrumentos para que o poder público tenha alguma arrecadação extraordinária, recuperando créditos de grandes devedores que, sem os referidos favores, não teriam como se recolocar em situação de regularidade.

– **Parcelamento e reparcelamento de dívidas. Pagamentos iniciais.** A formalização do parcelamento é condicionada ao pagamento da primeira prestação, nos termos do art. 11 da Lei 10.522/02.

– **Parcelamento comum em 60 meses.** O art. 10 da Lei 10.522/02, com a redação das Leis ns. 10.637/2002, 11.941/99 e 14.112/2020, autoriza o parcelamento em 60 meses de débitos para com a Fazenda Nacional. Os débitos para com a Seguridade, anteriormente à Lei n. 11.941/99, tinham seus parcelamentos fundados em norma específica: o art. 38 da Lei n. 8.212/91. Pela redação original do art. 10 da Lei n. 10.522/2002, o parcelamento de débitos para com a Fazenda Nacional era limitado a 30 parcelas mensais. Também era de 30 meses o prazo estabelecido pelo art. 91 da Lei n. 8.981/95, salvo para os débitos vencidos até 31 de outubro de 1994, que puderam ser parcelados em até sessenta prestações, desde que os pedidos fossem apresentados até 31 de março de 1995, nos termos do art. 92 da Lei n. 8.981/95. Vide o texto da Lei n. 10.522/2002 no anexo de legislação.

– A IN RFB n. 2.063/2022 dispõe sobre o parcelamento de débitos perante a Secretaria Especial da Receita Federal do Brasil de que tratam os arts. 10 a 10-B, 11 a 13 e 14 a 14-F da Lei n. 10.522, de 19 de julho de 2002.

– **Parcelamento comum em 120 meses, se em recuperação judicial.** Conforme o art. 10-A da Lei n. 10.522/2002, "O empresário ou a sociedade empresária que pleitear ou tiver deferido o processamento da recuperação judicial, nos termos dos arts. 51, 52 e 70 da Lei n. 11.101, de 9 de fevereiro de 2005, poderá liquidar os seus débitos para com a Fazenda Nacional existentes, ainda que não vencidos até a data do protocolo da petição inicial da recuperação judicial, de natureza tributária ou não tributária, constituídos ou não, inscritos ou não em dívida ativa, mediante... V – parcelamento da dívida consolidada em até 120 (cento e vinte) prestações mensais e sucessivas...".

– **Parcelamento comum em 60 meses no âmbito do Simples Nacional (SN).** Os débitos do Simples Nacional podem ser parcelados em até sessenta meses, forte na autorização inaugurada pela Lei Complementar n. 139/2011, que alterou o art. 21 da LC n. 123/2006. O parcelamento é disciplinado a partir do § 15 do art. 21. Incidem juros SELIC, acumulados mensalmente. Também admite reparcelamento. Seu § 24 dispõe: "Implicará imediata rescisão do parcelamento e remessa do débito para inscrição em dívida ativa ou prosseguimento da execução, conforme o caso, até deliberação do CGSN, a falta de pagamento: I – de 3 (três) parcelas, consecutivas ou não; ou II – de 1 (uma) parcela, estando pagas todas as demais". Remete à reglamentação pelo Comitê Gestor do Simples Nacional (CGSN).

– **Parcelamentos especiais.** Tem sido frequente a concessão de parcelamentos especiais a entes públicos e mesmo às empresas, analisados em notas específicas adiante.

– **2022 (PRTSaúde).** A Lei n. 14.375/2022 instituiu o Programa de Regularização Tributária das Santas Casas, Hospitais e Entidades Beneficentes de Saúde, abrangendo débitos até 30 de abril, com adesão em até 60 dias e parcelamento em 120 meses, sem prejuízo da limitação a 60 meses para contribuições de seguridade social. Dispõe a Lei n. 14.375/2022: "Art. 12. É instituído, na Secretaria da Receita Federal do Brasil e na Procuradoria-Geral da Fazenda Nacional, o Programa Especial de Regularização Tributária para as santas casas, os hospitais e as entidades beneficentes que atuam na área da saúde, portadoras da certificação prevista na Lei Complementar n. 187, de 16 de dezembro de 2021. § 1º O programa estabelecido no caput deste artigo abrange os débitos de natureza tributária e não tributária vencidos até 30 de abril de 2022, inclusive aqueles objeto de parcelamentos anteriores rescindidos ou ativos, em discussão administrativa ou judicial, ou provenientes de lançamento de ofício. § 2º A adesão ao programa estabelecido no *caput* deste artigo ocorrerá por meio de requerimento a ser efetuado em até 60 (sessenta) dias da data de publicação desta Lei e abrangerá os débitos indicados pelo sujeito passivo, na condição de contribuinte ou responsável. § 3º O parcelamento no âmbito do programa estabelecido no caput deve ocorrer por meio de 120 (cento e vinte) parcelas mensais e sucessivas, exceto os casos regulamentados com base no § 11 do art. 195 da Constituição Federal, que terão prazo máximo de 60 (sessenta) parcelas mensais...".

– **2022. RELP-SN.** A Lei Complementar n. 193/2022 instituiu Programa de Reescalonamento do Pagamento de Débitos no Âmbito do Simples Nacional (Relp), com prazo para adesão e aceitação de cláusulas como confissão irrevogável e irretratável dos débitos, dever de "pagar regularmente as parcelas dos débitos consolidados no Relp e os débitos que venham a vencer a partir da data de adesão ao Relp, inscritos ou não em dívida ativa e proibição, prazo de 188 meses e vedação "da inclusão dos débitos vencidos ou que vierem a vencer nesse prazo em quaisquer outras modalidades de parcelamento, incluindo redução dos valores do principal, das multas, dos juros e dos encargos legais".

– **2018. PERT-SN.** A LC n. 162/2018 instituiu o Programa Especial de Regularização Tributária das Microempresas e Empresas de Pequeno Porte optantes pelo Simples Nacional (PERT-SN), com prazo de adesão prorrogado pela LC n. 168/2019. A LC n. 168/2019, inclusive, autorizou o retorno ao Simples Nacional, até trinta dias da sua publicação, decorridos em julho de 2019, das empresas dele excluídas em janeiro de 2018 que aderissem ao Programa Especial de Regularização Tributária das Microempresas e Empresas de Pequeno Porte optantes pelo Simples Nacional (PertSN), instituído pela Lei Complementar n. 162, de 6 de abril de 2018. Esse retorno se deu com efeitos retroativos a 1º de janeiro de 2018.

– **2017. Programa de Regularização Tributária (PRT).** Em 2017, por meio da MP n. 766/2017, foi instituído novo parcelamento, denominado Programa de Regularização Tributária (PRT). Sua regulamentação deu-se pela IN RFB n. 1.687/2017. Ensejou o parcelamento de dívida vencidas até 30 de novembro de 2016, de pessoas físicas ou jurídicas, inclusive com utilização de créditos, prejuízo fiscal e base de cálculo negativa de contribuição sobre o lucro. Permite o pagamento em até 120 meses, de modo escalonado, começando com parcelas de 0,5% da dívida. Permite acumular esse parcelamento com parcelamentos anteriores, ou fazer a migração de outro para o atual. A adesão ao parcelamento implica confissão de dívida irrevogável e irretratável. Enquanto não consolidada a dívida, o contribuinte deve calcular o montante do débito objeto do parcelamento e recolher o valor à vista e o valor mensal proporcional ao número de parcelas pretendidas. Para o parcelamento de débitos em discussão administrativa ou judicial, exige-se a desistência das impugnações e recursos administrativos e das ações judiciais, com renúncia a direito, sendo que eventuais depósitos devem ser transformados em pagamento definitivo ou convertidos em renda.

– **2016. SN.** A LC n. 155/2016 autorizou a compensação de débitos vencidos do Simples Nacional, até a competência de maio de 2016, em até 120 meses, alcançando créditos constituídos ou não, com exigibilidade suspensa ou não, parcelados ou não e inscritos ou não em dívida ativa, mesmo em fase de execução fiscal já ajuizada. O pedido tinha prazo para ser apresentado, dispensada a apresentação de garantia. Não podia ter prestação mensal ser inferior a R$ 300,00 (trezentos reais).

– **2015. REDOM.** A LC n. 150/2015, arts. 39 a 41, instituiu o programa de recuperação previdenciária dos empregadores domésticos (REDOM).

– **LC n. 150/2015:** "CAPÍTULO IV DO PROGRAMA DE RECUPERAÇÃO PREVIDENCIÁRIA DOS EMPREGADORES DOMÉSTICOS (REDOM) Art. 39. É instituído o Programa de Recuperação Previdenciária dos Empregadores Domésticos (Redom), nos termos desta Lei. Art. 40. Será concedido ao empregador doméstico o parcelamento dos débitos com o Instituto Nacional do Seguro Social (INSS) relativos à contribuição de que tratam os arts. 20 e 24 da Lei n. 8.212, de 24 de julho de 1991, com vencimento até 30 de abril de 2013. § 1º O parcelamento abrangerá todos os débitos existentes em nome do empregado e do empregador, na condição de contribuinte, inclusive débitos inscritos em dívida ativa, que poderão ser: I – pagos com redução de 100% (cem por cento) das multas aplicáveis, de 60% (sessenta por cento) dos juros de mora e de 100% (cem por cento) sobre os valores dos encargos legais e advocatícios; II – parcelados em até 120 (cento e vinte) vezes, com prestação mínima no valor de R$ 100,00 (cem reais). § 2º O parcelamento deverá ser requerido no prazo de 120 (cento e vinte) dias após a entrada em vigor desta Lei. § 3º A manutenção injustificada em aberto de 3 (três) parcelas implicará, após comunicação ao sujeito passivo, a imediata rescisão do parcelamento e, conforme o caso, o prosseguimento da cobrança. § 4º Na hipótese de rescisão do parcelamento com o cancelamento dos benefícios concedidos: I – será efetuada a apuração do valor original do débito, com a incidência dos acréscimos legais, até a data de rescisão; II – serão deduzidas do valor referido no inciso I deste parágrafo as parcelas pagas, com a incidência dos acréscimos legais, até a data de rescisão. Art. 41. A opção pelo Redom sujeita o contribuinte a: I – confissão irrevogável e irretratável dos débitos referidos no art. 40; II – aceitação plena e irretratável de todas as condições estabelecidas; III – pagamento regular das parcelas do débito consolidado, assim como das contribuições com vencimento posterior a 30 de abril de 2013".

– 2014. Reabertura do prazo para adesão ao Parcelamento da Crise. Lei n. 12.996/2014 e Lei n. 13.043/2014. Lei, com a redação da Lei n. 13.043, publicada em 14.11.2014: "Art. 2º Fica reaberto, até o 15º (décimo quinto) dia após a publicação da Lei decorrente da conversão da Medida Provisória n. 651, de 9 de julho de 2014, o prazo previsto no § 12 do art. 1º e no art. 7º da Lei n. 11.941, de 27 de maio de 2009, bem como o prazo previsto no § 18 do art. 65 da Lei n. 12.249, de 11 de junho de 2010, atendidas as condições estabelecidas neste artigo. § 1º Poderão ser pagas ou parceladas na forma deste artigo as dívidas de que tratam o § 2º do art. 1º da Lei n. 11.941, de 27 de maio de 2009, e o § 2º do art. 65 da Lei n. 12.249, de 11 de junho de 2010, vencidas até 31 de dezembro de 2013".

– 2013 e 2014. Reabertura do prazo para adesão ao Parcelamento da Crise. O art. 17 da Lei n. 12.865/2013 e, posteriormente, a Lei n. 12.973/2014, que lhe deu nova redação, reabriram o prazo para adesão ao Parcelamento da Lei n. 11.941/2009 até 31 de dezembro de 2013 e até 31 de julho de 2014 (último dia do segundo mês subsequente ao da conversão da MP n. 627/2013), respectivamente.

– Note-se que, até a consolidação, ninguém está autorizado a pagar a prestação mínima, salvo se essa restar maior que o produto da divisão do montante dos débitos que se pretenda parcelar pelo número de prestações pretendidas. O correto é já pagar as prestações no montante que se possa aferir como sendo o valor da prestação definitiva, o que será simplesmente confirmado com a consolidação dos débitos. Eventuais diferenças, quando forem pequenas e estiver presente a boa-fé do contribuinte,

não implicarão irregularidade que justifique a sua exclusão do programa, sendo incorporadas às parcelas faltantes; porém, diferenças elevadas que se possa verificar que eram ou deveriam ser do conhecimento do contribuinte, implicarão vício na adesão, comprometendo a confirmação do parcelamento.

– 2013. Parcelamento de PIS e COFINS para as instituições financeiras. Vide o art. 39 da Lei n. 12.865/2013, com a redação da Lei n. 12.973/2014.

– 2013. Parcelamento de IR e CSLL relativos a lucros de coligadas ou controladas no exterior. Vide o art. 40 da Lei n. 12.865/2013, com a redação da Lei n. 12.973/2014.

– 2013. Parcelamento para Estados e Municípios em 240 vezes. A Lei n. 12.810/2013 autorizou o parcelamento e o reparcelamento de débitos dos Estados e Municípios, bem como para suas autarquias e fundações, relativos a contribuições previdenciárias (art. 1º) e à contribuição ao PASEP (art. 12) vencidos até 28 de fevereiro de 2013, mesmo que já incluídos anteriormente em parcelamentos inadimplidos, com redução de 100% das multas e encargos legais e de 50% dos juros, puderam ser parcelados em até 240 vezes (mediante retenção dos repasses dos respectivos fundos de participação) ou com prestações equivalentes a 1% da média mensal da receita corrente líquida, o que implicasse menor prestação.

– 2011. Parcelamento de débitos do Simples Nacional. A LC n. 139/2011 criou a possibilidade de parcelamento específico para os débitos do Simples Nacional. Antes disso, não havia previsão legal para tanto, tampouco era possível invocar lei de um ente federado para parcelar débitos da titularidade dos três, sob pena de violação à autonomia tributária de cada qual.

– "4. Apenas Lei Complementar pode criar parcelamento de débitos que englobam tributos de outros entes da federação, nos termos do art. 146 da Constituição Federal" (STJ, REsp 1.236.488, 2011).

– 2009. Parcelamento da crise. A Lei n. 11.941/2009 instituiu novo grande parcelamento de débitos tributários federais. Tem sido chamada de Refis IV, Refis da Crise ou de Parcelamento da Crise. A abrangência é ampla, alcançando créditos lançados ou não, inscritos ou não em dívida ativa, mesmo aqueles objeto de parcelamentos anteriores, seja o parcelamento comum, o Refis, o Paes ou o Paex, mesmo que os contribuintes tenham sido excluídos de tais parcelamentos, tudo nos termos do art. 1º da Lei n. 11.941/2009. Implicou, também, remissão de dívidas de baixo valor e descontos.

– "Art. 1º Poderão ser pagos ou parcelados, em até 180 (cento e oitenta) meses, nas condições desta Lei, os débitos administrados pela Secretaria da Receita Federal do Brasil e os débitos para com a Procuradoria-Geral da Fazenda Nacional, inclusive o saldo remanescente dos débitos consolidados no Programa de Recuperação Fiscal – Refis..., no Parcelamento Especial – PAES..., no Parcelamento Excepcional – Paex..., no parcelamento previsto no art. 38 da Lei n. 8.212..., e no parcelamento previsto no art. 10 da Lei n. 10.522..., mesmo que tenham sido excluídos dos respectivos programas e parcelamentos, bem como os débitos decorrentes do aproveitamento indevido de créditos do Imposto sobre Produtos Industrializados – IPI oriundos da aquisição de matérias-primas, material de embalagem e produtos intermediários relacionados na Tabela de Incidência do Imposto sobre Produtos Industrializados – TIPI, aprovada pelo Decreto n. 6.006, de 28 de dezembro de 2006, com incidência de alíquota 0 (zero) ou como não tributados. § 1º O disposto neste artigo aplica-se aos créditos constituídos ou não, inscritos ou não em Dívida Ativa da União, mesmo em fase de execução fiscal já ajuizada, inclusive os que foram indevidamente aproveitados na apuração do IPI referidos no *caput* deste artigo...".

– A Lei n. 11.941/2009 estabeleceu três tipo de parcelamento com cláusulas específicas, embora sujeitos a disposições gerais comuns. São eles: a) parcelamento de débitos ainda não parcelados anteriormente (art. 1º); b) parcelamento de débitos decorrentes do aproveitamento indevido de créditos de IPI oriundos da aquisição de insumos com incidência de alíquota zero ou como não tributados (art. 2º); c) reparcelamento de débitos do Refis, do Paes, do Paex e dos parcelamentos dos arts. 38 da Lei n. 8.212/91 (atualmente revogado) ou 10 da Lei n. 10.522/2002. Variam os descontos e as parcelas mínimas conforme o tipo de parcelamento.

– 2006. PAEX/Parcelamento Excepcional. A MP n. 303/2006 trouxe três possibilidades de parcelamento da totalidade dos débitos para com a SRF, a PGFN e o INSS, inclusive sob o regime Simples, constituídos ou não, inscritos ou não em dívida ativa, parcelados ou não anteriormente, salvo os tributos retidos na fonte e não recolhidos e o ITR, admitida a transferência do Refis e do Paes. O prazo para requerimento foi até 15 de setembro de 2006, com pagamento da primeira parcela até o final do mesmo mês, sob pena de não produzir efeitos o requerimento. Não houve exigência de garantia ou de arrolamento. Admitiu-se a transferência de débitos dos demais parcelamentos, inclusive do Refis e do Paes. Exclusão pelo *Diário Oficial*. A MP n. 303/2006 não foi aprovada no prazo constitucional, não tendo sido convertida em lei. Os atos praticados durante a sua vigência, contudo, permanecem por ela regidos.

– "ATO DO PRESIDENTE DA MESA DO CONGRESSO NACIONAL N. 57, DE 2006 O PRESIDENTE DA MESA DO CONGRESSO NACIONAL, nos termos do § único do art. 14 da Resolução n. 1, de 2002-CN, faz saber que a Medida Provisória n. 303, de 29 de junho de 2006, que 'Dispõe sobre parcelamento de débitos junto à Secretaria da Receita Federal, à Procuradoria-Geral da Fazenda Nacional e ao Instituto Nacional do Seguro Social nas condições que especifica e altera a legislação tributária federal.', teve seu prazo de vigência encerrado no dia 27 de outubro do corrente ano. Congresso Nacional, 31 de outubro de 2006 Senador Renan Calheiros Presidente da Mesa do Congresso Nacional".

– 2003. PAES/Parcelamento Especial. A Lei n. 10.864, de 30 de maio de 2003, estabeleceu um novo parcelamento, denominado Paes, em até 180 meses, das dívidas relativas a tributos administrados pela Secretaria da Receita Federal, com redução pela metade das multas, moratórias ou de ofício, juros conforme a TJLP e sem o oferecimento de garantia, admitindo, ainda, a transferência dos débitos do Refis para o novo parcelamento, neste caso, mantendo-se as garantias prestadas por ocasião da adesão ao Refis. Previu, ainda, a necessidade de desistência das impugnações administrativas a tais débitos, bem como das ações judiciais em que houvesse liminares suspendendo a exigibilidade do crédito tributário. Estabeleceu, também, que eventuais depósitos relativos a tais tributos seriam convertidos em renda, consolidando-se a dívida pelo saldo. O art. 5º da referida lei estabeleceu, ainda, o parcelamento, em até 180 meses, dos débitos para com o INSS atinentes a contribuições patronais.

– 2000. REFIS. O Programa de Recuperação Fiscal lançado pelo Governo Federal, conhecido por Refis, foi instituído pela Lei 9.964, de 10-4-2000, que convalidou os atos praticados com base na MP n. 2.004. Abrangeu débitos de tributos administrados pela Secretaria da Receita Federal e pelo INSS com vencimento até 29 de fevereiro de 2000. O débito consolidado, incluindo juros e multa, passou a ser pago, pelas empresas optantes, acrescidos de juros correspondentes à TJLP, em parcelas mensais de 0,3%, 0,6%, 1,2% ou 1,5% da receita bruta, dependendo do porte e regime de tributação da empresa. Tal programa viabilizou muitas empresas com dívida tributária elevada, impondo, porém, vários condicionamentos, como a confissão irrevogável e irretratável dos débitos, a autorização de acesso irrestrito às informações relativas à movimentação financeira das empresas optantes e o acompanhamento fiscal específico com fornecimento periódico de dados indiciários de receitas. A opção pelo REFIS, para débitos de R$ 500.000,00 ou superiores, ficou condicionada, ainda, à prestação de garantia ou arrolamento de bens (art. 64 da Lei 9.532/97). Só se mantém no Programa a empresa que se mantiver em dia com o pagamento dos seus tributos. A exclusão do Programa implica exigibilidade imediata da totalidade do crédito. A Lei n. 9.964/2000, instituidora do REFIS, foi regulamentada pelo Decreto n. 3.431/2000. A Lei n. 10.002, de 14 de setembro de 2000, reabriu o prazo para adesão ao REFIS por mais 90 dias. A Lei n. 10.189, de 14 de fevereiro de 2001, também dispôs sobre o Refis, inclusive alterando dispositivos da Lei n. 9.964/2000.

– 1995. Lei n. 9.129/95. Autorizou, em caráter excepcional, o parcelamento do recolhimento de contribuições previdenciárias devidas pelos empregadores em geral, dispondo: "Art. 1º Excepcionalmente, nos cento e oitenta dias subseqüentes à publicação desta Lei, os débitos pendentes junto ao Instituto Nacional do Seguro Social – INSS, referentes a contribuições do empregador, incluídos ou não em notificação, relativos a competências anteriores a 1º de agosto de 1995, poderão ser objeto de acordo para pagamento parcelado em até noventa e seis meses".

– Tema 763 do STJ: (CANCELADO) "Discussão: limite à compensação tributária instituída pela Lei 9.129/95". Decisão em 2010.

⇒ **Contribuintes que já tenham depositado em juízo os valores. Tema 573 do STF:** "Não viola o princípio da isonomia e o livre acesso à jurisdição a restrição de ingresso no parcelamento de dívida relativa à Contribuição para Financiamento da Seguridade Social – COFINS, instituída pela Portaria n. 655/93, dos contribuintes que questionaram o tributo em juízo com depósito judicial dos débitos tributários". Decisão do mérito em 2016.

– "PARCELAMENTO DE DÉBITOS. ADESÃO POR CONTRIBUINTE COM DEPÓSITO JUDICIAL. RESTRIÇÃO. NÃO CONFIGURAÇÃO DE ARBITRARIEDADE LEGISLATIVA. OFENSA AO PRINCÍPIO DA ISONOMIA E AO LIVRE ACESSO À JUSTIÇA. INOCORRÊNCIA. DEPÓSITO JUDICIAL DO VALOR DEVIDO PARA SUSPENDER A EXIGIBILIDADE DO CRÉDITO TRIBUTÁRIO... '8. O parcelamento tributário, concedido na forma e condição estabelecidas em lei específica, é causa suspensiva da exigibilidade do crédito tributário, que não dispensa o sujeito passivo dos encargos relativos à mora, à luz do disposto no artigo 151, VI, CTN, encerrando hipótese diversa do depósito judicial que, uma vez efetuado, exonera o contribuinte dos acréscimos moratórios e demais encargos legais decorrentes do inadimplemento da obrigação tributária. 9. O cerne da controvérsia sub examine consiste em suposta violação aos princípios da isonomia e do livre acesso à justiça pela Portaria n. 655/93 do Ministério da Fazenda que, ao dispor sobre o parcelamento de débitos inerentes à Contribuição para Financiamento da Seguridade Social – COFINS (LC n. 70/91), veda-o aqueles contribuintes que ingressaram em juízo e implementaram o depósito judicial do montante controvertido, como enunciado pelos artigos 1º e 4º, *verbis*: 'Art. 1º Os débitos para com a Fazenda Nacional, decorrentes da Contribuição para o Financiamento da Seguridade Social COFINS, instituída pela Lei Complementar n. 70, de 30 de dezembro de 1991, vencidos até 30 de novembro de 1993, poderão ser objeto de parcelamento em até oitenta prestações mensais e sucessivas, se requerido até 15 de março de 1994. [...] Art. 4º Os débitos que forem objeto de depósito judicial não poderão ser parcelados.' (grifo nosso) 10. A concessão de parcelamento apenas aos contribuintes que não ingressaram em juízo ou aos que ajuizaram ações, mas não implementaram o depósito do crédito tributário controvertido, e a exceção aos contribuintes que ingressaram em juízo e realizaram o depósito judicial, não revela discriminação inconstitucional, porquanto obedece a todos os aspectos essenciais à observância da isonomia na utilização de critérios de desigualação. 11. O discrímen adotado pela Portaria nº 655/93 aplica-se indistintamente a todos os contribuintes que optaram pela realização do depósito judicial. Ademais, diz respeito apenas aos valores objeto dos respectivos depósitos, e não aos contribuintes depositantes, além de guardar estrita pertinência lógica com o objetivo pretendido pela norma. 12. O critério de desigualação está em consonância com os interesses protegidos pela Constituição Federal, porquanto prestigia a racionalização na cobrança do crédito público, consubstanciando solução administrativa que evita o ajuizamento de demandas desnecessárias e estimula o contribuinte em situação irregular ao cumprimento de suas obrigações. 13. O regime jurídico do depósito judicial para suspensão da exigibilidade crédito tributário, como faculdade do contribuinte, impõe que o montante depositado no bojo da ação judicial se torne litigioso, permanecendo à sorte do resultado final da ação. Consectariamente, o montante depositado resta indisponível para ambas as partes enquanto durar o litígio, posto garantia da dívida sub judice. 14. Os contribuintes que efetuaram depósitos em juízo de valores relativos a débitos da COFINS se equiparam aqueles que adimpliram as suas obrigações, efetuando o pagamento do crédito tributário, porquanto

o montante depositado fica condicionado ao resultado final da ação. 15. Com o julgamento da ADC n. 01/DF por esta Corte (Pleno, ADC n. 01/DF, Rel. Min. Moreira Alves, sessão de julgamento de 01/12/93, *DJ* de 16/06/95), restou assentada a legitimidade da exação, de modo que as ações ajuizadas pelos contribuintes para discussão de sua constitucionalidade encerrarão resultado favorável à Fazenda Pública, o que impossibilita de toda a forma o levantamento dos depósitos judiciais porventura realizados. 16. Forçoso concluir que hipótese encartada neste ato normativo secundário não configura violação ao princípio da isonomia, pois distingue duas situações completamente diferentes: a do contribuinte que voluntariamente efetuou o depósito judicial do débito, ficando imune aos consectários legais decorrentes da mora, e a do contribuinte que se quedou inerte em relação aos débitos que possuía com o Fisco. 17. Não há que se falar, igualmente, em ofensa ao livre acesso à justiça, porque não se impõe o depósito judicial para o ingresso em juízo, o que, acaso exigido, inevitavelmente atrairia o vício de inconstitucionalidade por ofensa ao art. 5º, XXXV, CRFB/88. 18. Caso o contribuinte tenha entrado em juízo e realizado o depósito do montante que entendera devido, havendo eventual saldo a pagar, pode o mesmo aderir ao parcelamento para sua quitação, não havendo que se falar, portanto, em obstrução à garantia de acesso ao Judiciário. 19. Tese firmada na Repercussão Geral: 'Não viola o princípio da isonomia e o livre acesso à jurisdição a restrição de ingresso no parcelamento de dívida relativa à Contribuição para Financiamento da Seguridade Social – COFINS, instituída pela Portaria n. 655/93, dos contribuintes que questionaram o tributo em juízo com depósito judicial dos débitos tributários'" (STF, RE 640.905, 2018).

⇒ **Cláusulas abusivas: irrevogabilidade, irretratabilidade, quebra de sigilo e renúncia a direito.** Até mesmo nas relações privadas se afasta as cláusulas abusivas; há normas de ordem pública que condicionam a validade dos contratos. Em matéria tributária, em que os atos do Fisco enquanto credor são revestidos de autoexecutoriedade, podendo ele produzir inclusive o seu próprio título executivo, com mais razão ainda faz-se necessário atentar para a necessidade de resguardo do equilíbrio nas relações, reconhecendo a invalidade das eventuais abusividades, como as cláusulas que exigem do contribuinte que abra mão do direito constitucional de acesso ao Judiciário. Veja-se sobre o princípio republicano em nota ao art. 108, III, do CTN.

– **Confissão de dívida para fins de parcelamento. Possibilidade de posterior discussão judicial.** Tendo em conta que a tributação deve se dar em estrita vinculação à lei, não se admitindo a exigência de tributo senão mediante legítima instituição por lei, nas hipóteses e na forma por esta prevista, a declaração do débito por parte do contribuinte não o impede de discuti-lo em juízo, sendo inválidas as cláusulas de irrevogabilidade e de irretratabilidade, bem como de renúncia a direitos. Vide notas ao art. 3º do CTN, bem como as notas específicas adiante acerca do PAES e do REFIS.

– **Confissão x reconhecimento x renúncia.** "... a confissão pertine ao fato, enquanto situado no mundo dos fatos, sem qualquer preocupação, daquele que faz a confissão, com o significado jurídico do fato confessado, vale dizer, com o efeito da inci- dência da regra jurídica. Daí por que a confissão pode ser revo- gada se houve erro de fato, isto é, erro quanto a fato confessado, mas não por ter havido erro de direito [...] Diversamente, o re- conhecimento e a renúncia dizem respeito ao mundo jurídico, vale dizer, aos fatos tornados jurídicos pela incidência da norma, ou ainda, ao significado jurídico dos fatos. Quem reconhece, ou renuncia, está fazendo afirmação sobre o significado jurídico do fato, e não sobre o fato mesmo, desprovido de qualificação jurí- dica" (MACHADO, Hugo de Brito. Confissão irretratável de dívida tributária nos pedidos de parcelamento. *RDDT* 145/47, 2007).

– A renúncia não pode ser presumida. "Não pode haver extin- ção de processo sem renúncia expressa. "Em se tratando de dé- bito tributário objeto de disputa judicial em andamento, se a lei exige a desistência com a expressa renúncia do direito em que se funda, e não ocorre tal renúncia, o fato de ser deferido o parce- lamento pela autoridade administrativa não implica a possibili- dade de extinção do processo com julgamento de mérito, embo- ra possa implicar a exclusão do contribuinte do programa de parcelamento" (MACHADO, Hugo de Brito. Confissão irre- tratável de dívida tributária nos pedidos de parcelamento. *RDDT* 145/47, 2007).

– A renúncia tem de ser manifestada expressamente nos autos para a extinção do processo com resolução de mérito. O novo CPC/15 cuida das hipóteses de resolução de mérito no art. 487 do CPC, sendo que seu inciso III, alínea c, diz respeito à homo- logação da "renúncia à pretensão formulada na ação ou na recon- venção". Essa renúncia não pode ser presumida, devendo ser expressamente manifestada pela parte nos autos.

– "2. A existência de pedido expresso de renúncia do direito dis- cutido nos autos, é *conditio iuris* para a extinção do processo com julgamento do mérito por provocação do próprio autor, residin- do o ato em sua esfera de disponibilidade e interesse, não se po- dendo admiti-la tácita ou presumidamente, nos termos do art. 269, V, do CPC. (Precedentes...). [...] 4. 'A resposta à questão de a extinção da ação de embargos dar-se com (art. 269, V, do CPC) ou sem (art. 267 do CPC) julgamento do mérito há de ser busca- da nos próprios autos do processo extinto, e não na legislação que rege a homologação do pedido de inclusão no Programa, na esfera administrativa.'... 7... Acórdão submetido ao regime do art. 543-C do CPC e da Resolução STJ 08/2008" (STJ, REsp 1.124.420, 2009).

– Inconstitucionalidade da lei que atribui ao pedido de parce- lamento efeito de renúncia à defesa judicial. Não é possível admitirmos que o gozo de um benefício fiscal dependa de o con- tribuinte abrir mão da sua garantia constitucional de acesso à Justiça. A par disso, a renúncia ao direito ou mesmo a simples desistência da ação pressupõem pedido do contribuinte em tal sentido, não podendo ser determinadas de ofício pelo juízo.

– "CONTROLE JUDICIAL. SUA INAFASTABILIDADE. Lei estadual que atribui ao pedido de parcelamento de crédito fiscal o efeito de confissão irretratável e de renúncia a qualquer defesa ou recurso administrativo ou judicial, bem como desis- tência dos já interpostos. Inconstitucionalidade desse dispositi-

vo relativamente à expressão 'ou judicial', por ofensa ao art. 153, § 4°, da CF. Recurso extraordinário conhecido e provido" (STF, RE 94.141-0, 1982).

– A confissão não afasta a possibilidade de discussão do débi- to. "... podem ser extraídas as seguintes conclusões: (a) se o fato confessado não corresponde à hipótese de incidência tributária, e, portanto, mesmo efetivamente existente, não é capaz de gerar a obrigação tributária, a confissão é absolutamente irrelevante: (b) se o fato confessado é, em princípio, capaz de gerar a obriga- ção tributária, porque corresponde à hipótese de incidência do tributo, o efeito da confissão é o de comprovar tal fato; (c) ha- vendo erro quanto ao fato confessado, e comprovado inequivo- camente que o fato confessado não corresponde ao efetivamente ocorrido, tem-se de admitir a prevalência do verdadeiro sobre o confessado. Em consequência, a confissão que a lei geralmente exige do contribuinte como condição para que a ele seja conce- dido o parcelamento tem valor bastante relativo. Não pode de nenhum modo ser tida como irretratável, no sentido de obrigar o contribuinte a pagar o tributo, ainda que indevido, apenas por- que confessou. A confissão, mesmo solene e irretratável, não cria a obrigação tributária" (MACHADO, Hugo de Brito. Con- fissão irretratável de dívida tributária nos pedidos de parcela- mento. *RDDT* 145/47, 2007).

– "A adesão do devedor ao parcelamento, quanto aos créditos já lançados, equivale a declaração da intenção de pagar, que não induz concordância com o mérito da dívida. Basta lembrar que mesmo o tributo já pago pode ser impugnado por meio de ação de recuperação do indébito. A confissão dos débitos em aberto – que nisso se aproxima da declaração de tributos... – nada mais é do que a antecipação do lançamento que, cedo ou tarde, seria efetuado pelo Fisco credor, não tendo o caráter de ato voluntário de acertamento, que só a liberdade das partes quanto à constitui- ção e à quantificação da dívida lhe daria. Deveras, a confissão é instituto processual sem qualquer efeito constitutivo da relação de direito material a que diz respeito. Trata-se de meio de prova, pelo qual o confidente assume a verdade de um fato contrário a seu interesse e do qual resulte um benefício par a parte contrária. A confissão não diz respeito ao significado ou aos efeitos jurídi- cos do fato confessado, pois 'não existe confissão de hermenêu- tica'. [...] No Direito Tributário, a irrelevância da confissão rela- tivamente aos efeitos jurídicos do ato confessado ressalta-se ante o princípio da estrita legalidade" (SANTIAGO, Igor Mau- ler; BREYNER, Frederico Menezes. Eficácia suspensiva dos embargos à execução fiscal em face do art. 739-A do Código de Processo Civil. *RDDT* 145/54, 2007).

– A confissão inverte o ônus da prova. "... quando a norma contida na legislação pertinente ao parcelamento de dívidas tri- butárias diz que a confissão é irretratável, tal norma deve ser in- terpretada no sentido de que uma vez feita a confissão não pode o sujeito passivo da obrigação tributária desfazê-la simplesmen- te, retirando as afirmações que fizera sobre o fato. Mas se cons- tata que o fato por ele confessado não ocorreu, ou não ocorreu tal como foi confessado, o que dá no mesmo, então poderá elidir os efeitos da confissão provando o erro. Não se diga que essa interpretação torna a confissão inútil. De modo nenhum. A uti- lidade da confissão consiste em inverter o ônus da prova. Comprovado o fato, pela confissão, fica a Administração Tributária dispensada de produzir qualquer outra prova do fato cujo acontecimento gerou a dívida tributária" (MACHADO, Hugo de Brito. Confissão irretratável de dívida tributária nos pedidos de parcelamento. *RDDT* 145/47, 2007).

– Os efeitos da renúncia tornam-se insubsistentes no caso de declaração de inconstitucionalidade do tributo. "... não é razoável que a imposição de renúncia tenha tido por fim assegurar ao Estado o Direito de receber as contribuições calculadas sob base alargada, nos moldes da Lei 9.718/98, ainda que a lei viesse a ser declarada inconstitucional, a pretexto de que a disponibilidade do direito, manifestada pelo contribuinte, supriria o vício da norma, atribuindo à receita a legitimidade que a lei inválida não fora capaz de lhe dar. Nem se diga que, ordinariamente, é esse mesmo o efeito da renúncia. Primeiro porque, como acima sustentado, não houve renúncia ao direito material, mas ao direito de resistir à pretensão fiscal. Em segundo lugar, porque a atuação do Estado segundo os ditames constitucionais na instituição de tributos é direito subjetivo público, irrenunciável, de que o direito material do contribuinte é reflexo. E em terceiro lugar, porque, de outra forma, a Administração Pública estaria atuando contra os princípios da moralidade e impessoalidade (isonomia) do art. 37, e beneficiando-se da própria torpeza, ao arrepio dos princípios gerais de direito (art. 4º, LICC); e quarto, porque, embora a renúncia possa ter, entre particulares, o condão de legitimar o ilegal e o ilegítimo – o que, hoje, é até duvidoso, a julgar pelos princípios que, segundo o código do Consumidor e o próprio Código Civil atual, preside as relações entre privados, mormente em se tratando de contratos de adesão, a que se assemelha o parcelamento objeto desta análise, – o mesmo não se pode dizer, quando uma das partes é o Estado e o objeto é a obrigação tributária. ... em Estados democráticos de Direito, o interesse público de obter receita, que é aquele que o Estado possui como qualquer sujeito de direito – é considerado 'secundário', só podendo ser perseguido se compatível com o interesse público 'primário', que, no caso, é o respeito à legalidade e à ordem jurídica, na instituição do tributo. Esse interesse público primário condiciona a legitimidade da arrecadação à existência de obrigação tributária lastreada em lei, vale dizer, em ato legislativo válido, compatível com a Constituição. [...] a presidir a celebração de qualquer acordo entre o Estado e o particular, tendo por objeto um tributo, há de existir, sempre, por parte do Estado, a crença na presunção da constitucionalidade da lei, que autoriza a sua cobrança. Até porque ninguém está obrigado a cumprir lei inconstitucional, muito menos a própria Administração Pública, cuja atuação, conforme a lei e a Constituição, é exigida no art. 37 da lei maior. Tendo em vista que a obrigação tributária é *ex legis*, ou seja, deriva da ocorrência, em concreto, da situação definida em lei como necessária e suficiente para caracterizar-se a incidência do tributo, não se pode admitir que tal 'renúncia às alegações de direito', exigida nos programas de parcelamento, objetivasse outorgar ao estado um direito material divorciado daquele que só lhe pode advir da estrita observância do princípio da legalidade. Não pode ter pretendido fazê-lo derivar da vontade do contribuinte, mormente quando viciada judicialmente a legalidade de exações tributárias; pelo erro a que

é levado pela complexidade da legislação tributária e pelas sinalizações da jurisprudência, que corroboravam a presunção de constitucionalidade da lei; e pela impossibilidade de discussão das condições de concessão do parcelamento impostas pela lei. [...] o contribuinte, que cumpriu o compromisso assumido na renúncia, de não continuar resistindo judicialmente à pretensão do Estado, passa a ter o legítimo direito de não pagar o parcelamento indevido, uma vez verificada a alteração da situação jurídica, pela decretação da inconstitucionalidade – desde a origem – da lei instituidora do pseudo 'tributo'. Vale dizer, desfaz-se a presunção de constitucionalidade, que representou o fundamento para a celebração da transação, fazendo ele jus, inclusive, ao ressarcimento dos danos causados pelo ato legislativo viciado, por orça do art. 37, § 6º, da CF" (MARTINS, Ives Gandra da Silva; SOUZA, Fátima Fernandes Rodrigues de. Aspectos controvertidos na adesão do programa do parcelamento especial com vistas à obtenção de regularidade fiscal. *RDDT* 178/130, 2010).

⇒ **Regulamentação excessiva e complexa. Razoabilidade e proporcionalidade Lei n. 11.941/2009 e as Portarias Conjuntas PGFN/RFB.** O parcelamento da Lei n. 11.941/2009 teve regulamentação tardia, excessiva e complexa, o que acabou fazendo com que diversos contribuinte, não obstante sua boa-fé e efetivo interesse em parcelar, tenham descumprido uma ou outra exigência formal. Os tribunais, por isso, reconheceram a diversos contribuintes o direito de serem mantidos no programa, não obstante tivessem efetivamente incorrido em irregularidades formais. A Lei n. 12.865/2013 reabriu o prazo para adesão nesse programa.

– "É desproporcional a medida de não inclusão ou de exclusão do parcelamento instituído pela Lei n. 11.941/2009, em razão do descumprimento de obrigação acessória, formal, notadamente aquelas previstas unicamente em portarias conjuntas da RFB e da PGFN, como a 'opção equivocada' da modalidade de parcelamento, a 'não retificação' da modalidade no prazo aventado para tanto e a 'ausência de consolidação'. No entanto, o contribuinte deve estar em dia com os pagamentos, devendo tê-los feito nos valores mínimos exigidos para a modalidade correspondente que, no caso de débitos que já foram objeto de parcelamento, tem valores mínimos mais volumosos do que aqueles débitos nunca parcelados. Isso porque a leitura das Portarias Conjuntas PGFN/RFB, que pretenderam regulamentar o parcelamento da Lei n. 11.941/09, evidencia a grande complexidade da redação destes normativos, não sendo de estranhar a dificuldade que muitos contribuintes encontram em tentar compreender o seu teor. Essa complexidade é facilmente percebida na enorme quantidade de demandas judiciais que contestam exatamente essa regulamentação do parcelamento n. 11.941/09" (TRF4, APELREEX 5009161-30.2011.404.7108, 2012). Sugiro a leitura do voto condutor desse julgado.

⇒ **Irregularidades formais no parcelamento.** "O mero erro material do contribuinte ao preencher o pedido de parcelamento de débitos tributários não justifica a sua exclusão do programa" (STJ, REsp 1.395.148, 2013).

– "1. A exclusão do contribuinte do programa de parcelamento (PAES), em virtude da extemporaneidade do cumprimento do requisito formal da desistência de impugnação administrativa, afigura-se ilegítima na hipótese em que tácito o deferimento da adesão (à luz do artigo 11, § 4º, da Lei 10.522/2002, c/c o artigo 4º, III, da Lei 10.684/2003) e adimplidas as prestações mensais estabelecidas por mais de quatro anos e sem qualquer oposição do Fisco. 2... 10. A ratio essendi do parcelamento fiscal consiste em: (i) proporcionar aos contribuintes inadimplentes forma menos onerosa de quitação dos débitos tributários, para que passem a gozar de regularidade fiscal e dos benefícios daí advindos; e (ii) viabilizar ao Fisco a arrecadação de créditos tributários de difícil ou incerto resgate, mediante renúncia parcial ao total do débito e a fixação de prestações mensais contínuas. 11. Destarte, a existência de interesse do próprio Estado no parcelamento fiscal (conteúdo teleológico da aludida causa suspensiva de exigibilidade do crédito tributário) acrescida da boa-fé do contribuinte que, malgrado a intempestividade da desistência da impugnação administrativa, efetuou, oportunamente, o pagamento de todas as prestações mensais estabelecidas, por mais de quatro anos (de 28.08.2003 a 31.10.2007), sem qualquer oposição do Fisco, caracteriza comportamento contraditório perpetrado pela Fazenda Pública, o que conspira contra o princípio da razoabilidade, máxime em virtude da ausência de prejuízo aos cofres públicos. 12. Deveras, o princípio da confiança decorre da cláusula geral de boa-fé objetiva, dever geral de lealdade e confiança recíproca entre as partes, sendo certo que o ordenamento jurídico prevê, implicitamente, deveres de conduta a serem obrigatoriamente observados por ambas as partes da relação obrigacional, os quais se traduzem na ordem genérica de cooperação, proteção e informação mútuos, tutelando-se a dignidade do devedor e o crédito do titular ativo, sem prejuízo da solidariedade que deve existir entre ambos. 13. Assim é que o titular do direito subjetivo que se desvia do sentido teleológico (finalidade ou função social) da norma que lhe ampara (excedendo aos limites do razoável) e, após ter produzido em outrem uma determinada expectativa, contradiz seu próprio comportamento, incorre em abuso de direito encartado na máxima *nemo potest venire contra factum proprium*. 14. Outrossim, a falta de desistência do recurso administrativo, conquanto possa impedir o deferimento do programa de parcelamento, acaso ultrapassada a aludida fase, não serve para motivar a exclusão do parcelamento, por não se enquadrar nas hipóteses previstas nos artigos 7º e 8º da Lei 10.684/2003 (inadimplência por três meses consecutivos ou seis alternados; e não informação, pela pessoa jurídica beneficiada pela redução do valor da prestação mínima mensal por manter parcelamentos de débitos tributários e previdenciários, da liquidação, rescisão ou extinção de um dos parcelamentos) (Precedentes...) 15. Consequentemente, revela-se escorreito o acórdão regional que determinou que a autoridade coatora mantivesse o impetrante no PAES e considerou suspensa a exigibilidade do crédito tributário objeto do parcelamento.16. Recurso especial desprovido. Acórdão submetido ao regime do artigo 543-C, do CPC, e da Resolução STJ 08/2008" (STJ, REsp 1.143.216, 2010).

– **Exclusão de parcelamentos por inadimplência.** A inadimplência implica descumprimento do parcelamento e causa suficiente para a sua rescisão, o que se presume ocorra automaticamente quando não houver previsão legal em sentido diverso, tornando insubsistente a causa suspensiva da exigibilidade (art.

151, VI). Mas nem sempre a rescisão operará automaticamente. Muitas leis concessivas de parcelamento admitem um determinado número de parcelas em aberto. Há leis, ainda, que estabelecem procedimentos ou formalidades para a exclusão do contribuinte do programa de parcelamento, hipóteses em que só poderá ser considerado insubsistente após a regular exclusão formal.

– 5. O procedimento de exclusão do PAES por inadimplemento independe de notificação prévia, na forma dos arts. 8º e 12 da Lei 10.684/2003" (STJ, EDcl no AgRg no REsp 1.374.034, 2013).

– No Parcelamento da Crise (Refis 4), atraso superior a 30 dias de três parcelas implica rescisão do parcelamento, com eficácia a contar da comunicação ao sujeito passivo, conforme art. 1º, §§ 9º e 10º, da Lei n. 11.941/2009. No caso de rescisão, as vantagens obtidas são perdidas, recalculando-se o débito com os seus acréscimos e imputação dos pagamentos realizados, conforme o art. 1º, § 14.

– **Pagamentos a menor. Configuração da inadimplência conforme o caso.** Impõe-se diferenciar a hipótese em que o contribuinte paga valor irrisório ou de qualquer modo aleatório ou insuficiente para a quitação do débito e em desconformidade com os critérios estabelecidos por lei, buscando, com isso, obter apenas a aparência do cumprimento das obrigações para, mediante tal ardil, atrair a suspensão da exigibilidade do crédito, da hipótese em que o contribuinte, de boa-fé, paga montante significativo, seguindo critérios previstos em lei, mas se depara com diferenças exigidas pelo Fisco. No primeiro caso, poder-se-á considerar configurada a inadimplência. No segunda, deverá o Fisco, necessariamente, notificar o contribuinte para a complementação, não podendo excluí-lo do parcelamento sem tal oportunização, pois tal implicaria ato irrazoável e desproporcional. Irrazoável porque contrário à própria finalidade do parcelamento que é viabilizar o pagamento e o recebimento dos créditos. Desproporcional porque eventual equívoco diminuto do contribuinte não pode levá-lo à automática perda da possibilidade de pagamento parcelado, medida esta inadequada, desnecessária e desproporcional em sentido estrito.

– "... ao prever o art. 7º da Lei n. 10.684/03 a inadimplência por três meses consecutivos ou seis alternados como causa de exclusão do Parcelamento Especial, referida previsão abarcou não apenas aquelas situações de não pagamento total da parcela, mas também aquelas outras – muitíssimo comuns – de não pagamento parcial delas, verdadeiro inadimplemento relativo (mora) suficiente para fundamentar a exclusão ali preconizada. O termo inadimplência ostenta sentido técnico e, pragmaticamente, compreende tanto o descumprimento total como o parcial de uma prestação, daí exsurgindo um reforço ao nosso entendimento, o qual, aliás, já se faz plausível à luz de uma interpretação do mencionado dispositivo legal pelo critério teleológico. E, finalmente, constatada a situação de inadimplência parcial do contribuinte relativamente às prestações a seu cargo, a exclusão é medida administrativa cuja adoção deverá ocorrer em caráter absolutamente vinculado, conforme se depreende da dicção legal bem como do disposto na Portaria Conjunta PGFN/SRF n. 3/2004" (CARNEIRO, Daniel Zanetti Marques. Exclusão do parcelamento especial (Paes) por inadimplemento parcial das prestações mensais. *RDDT* 141/56, 2007).

– **Pagamento de parcelas com atraso. Impossibilidade da exclusão. Razoabilidade e proporcionalidade.** "EXCLUSÃO DO REFIS. INADIMPLEMENTO. RAZOABILIDADE E PROPORCIONALIDADE. FINALIDADE DA LEI E DO PROGRAMA. Se a Lei n. 9.964/00 foi editada com o objetivo de se alcançar a regularidade dos débitos fiscais, efetivando a arrecadação dos valores devidos, não é razoável que, em casos excepcionais como o presente, seja excluído do programa o contribuinte que, apesar de ter sido inadimplente, pagou em atraso seus débitos, saldando a dívida. Ou seja, não havendo prejuízo ao Fisco, em face dos pagamentos procedidos, é desproporcional a exclusão incontinenti do contribuinte. Sobretudo estando o contribuinte também em dia com os pagamentos dos tributos não inclusos no programa, tal como se lê das Certidões Negativas de Débito juntadas aos autos" (TRF4, AC 2002.71.00.018733-2).

– "... pelo disposto na Portaria Conjunta PGFN/SRF n. 3, de 2004, após ser dada ao contribuinte ciência do ato de exclusão abre-se a este, como única possibilidade de regularização de sua situação perante o Paes, o pagamento integral do saldo devedor consolidado neste programa, é a data desta cientificação o marco temporal a partir do qual não mais possível seria a purgação da mora. Assim, seria aceitável a purgação da mora com o pagamento das parcelas e tributos em atraso, até a data de ciência do ato de exclusão pelo devedor" (Procuradoria-Geral da Fazenda Nacional. Parcelamento especial (Paes) – possibilidade de regularização da situação de contribuinte pelo pagamento das parcelas em atraso. *RDDT* 148, 2008).

⇒ **Remissão de juros e anistia de multas no parcelamento. Não alcança os depósitos judiciais. Temas 489 e 490 do STJ:** O depósito opera a suspensão da exigibilidade do crédito tributário, mas resta afetado, desde a sua realização, à satisfação do crédito conforme a decisão final que venha a ser tomado. É transferido à disposição do Tesouro, convertendo-se, porteriormente, em pagamento definitivo. Embora seu efeito suspensivo e não extintivo do crédito, porquanto sujeito à decisão final no processo em que realizado, no que diz respeito à desoneração do sujeito passivo, opera efeitos equivalentes ao do pagamento. Se foram depositadas rubricas não só relativas ao montante principal, mas também a juros e multa, podem vir a ser alcançadas por cláusulas remissivas ou de anistia enquanto não convertida em renda, mas os juros posteriores ao depósito não, conforme orientação do STJ.

– No REsp 1.251.513, em que enfrentadas as controvérsias objeto dos temas 489 e 490 de recursos repetitivos, o relator pontuou: "O depósito judicial não é investimento, é uma opção daquele que intenta discutir judicialmente seu débito com a paralisação dos procedimentos de cobrança. Na vigência da Lei n. 9.703/98, transformou-se em 'pagamento provisório' (uso a expressão em oposição à 'pagamento definitivo' que está na lei) cuja eficácia é suspender a exigibilidade do crédito tributário, sem o extinguir. Depositar ou não é um risco que todo contribuinte devedor corre. Trata-se de uma opção entre obstar a fluência dos juros de mora e a incidência da multa de mora e utilizar o mesmo valor em uma aplicação ou investimento qualquer que pode trazer ou não mais benefícios. A ação pode ser julgada procedente ou não. Os investimentos podem render mais ou menos que a diferença de juros de mora e multa de mora. Os riscos são de quem fez a opção. A União não pode ser chamada para arcar com eventuais prejuízos daí decorrrentes. O que dizer então nas hipóteses em que o contribuinte quita integralmente seu débito tributário dias antes da entrada em vigor de norma remissiva? Que a remissão lhe gerou prejuízos a serem indenizados pela União? Que lhe deve ser devolvida a diferença? Que deve ser devolvida a diferença para todos os contribuintes que pagaram os seus débitos nos últimos cinco anos a cada vez que for publicada nova norma remissiva? Veja-se que o raciocínio efetuado leva ao absurdo, pois inviabiliza qualquer política fiscal que dependa de nromas remissivas, razão pela qual não merece qualquer aprovação. Não é lógico. Pois é exatamente isso o que o contribinte pleiteia, que a União lhe pague juros remuneratórios em razão de norma remissiva que foi posterior a sua opção de depositar judicialmente o valor devido ('pagamento provisório'). Nada mais equivocado. De ver que a já citada Lei n. 9.703/98, somente admite o resgate de juros remuneratórios incidentes sobre o depósito na estrita hipótese do art. 1º, § 3º, I (sentença judicial favorável)... Outrossim, o despropósito da intenção do contribuinte se evidencia quando observamos que na sistemática anterior de depósitos judiciais regida pelo Decreto-Lei n. 1.737/79 e Lei n. 9.289/96, sequer havia a incidência de juros remuneratórios sobre os valores depositados, devendo os valores sofrerem as mesmas atualizações das cadernetas de poupança. Impossível, portanto, o resgaste desses juros... Outro ponto relevante é que o contribuinte intenta obter juros remuneratórios sobre capital do qual não mais é titular, pois o depósito de bem fungível (dinheiro) transfere a propriedade ao depositário. Sendo assim, no momento em que o valor é depositado (hoje transferido à Conta Única do Tesouro Nacional), passa a ser de propriedade da União que imediatamente pode dele fazer uso. Se a propriedade já é da União, não há que se falar na incidência de juros remuneratórios em benefício do particular antes da devolução do valor depositado na hipótese específica do art. 1º, § 3º, da Lei n. 9.703/98 (em razão de decisão que lhe foi favorável). Portanto, se não houver tal devolução, não há sequer que se falar em juros remuneratórios. [...] Por todos esses motivos que entendo mais que suficientes, a pretensão de resgatar a diferença existente entre os juros que remuneram o depósito e os juros moratórios não remitidos do crédito tributário não merece guarida. [...] o depósito foi efetuado antes do vencimento, não havendo rubricas de multa, juros de mora e encargo legal a serem remitidas".

– **Tema 485 do STJ:** "De acordo com o art. 156, I, do CTN, o pagamento extingue o crédito tributário. Se o pagamento por parte do contribuinte ou a transformação do depósito em pagamento definitivo por ordem judicial (art. 1º, § 3º, II, da Lei n. 9.703/98) somente ocorre depois de encerrada a lide, o crédito tributário tem vida após o trânsito em julgado que o confirma. Se tem vida, pode ser objeto de remissão e/ou anistia neste ínterim (entre o trânsito em julgado e a ordem para transformação em pagamento definitivo, antiga conversão em renda) quando a lei não exclui expressamente tal situação do seu âmbito de incidência". Decisão de mérito em 2011.

– **Temas 486, 487, 488 e 489 do STJ (teses com mesma redação):** A remissão/anistia das rubricas concedida (multa, juros de mora, encargo legal) somente incide se efetivamente existirem tais rubricas (saldos devedores) dentro da composição do crédito tributário cuja exigibilidade se encontra suspensa pelo depósito. Decisão de mérito em 2011.

– **Tema 490 do STJ:** "A remissão de juros de mora insertos dentro da composição do crédito tributário não enseja o resgate de juros remuneratórios incidentes sobre o depósito judicial feito para suspender a exigibilidade desse mesmo crédito tributário". Decisão de mérito em 2011.

– "PARCELAMENTO OU PAGAMENTO À VISTA COM REMISSÃO E ANISTIA INSTITUÍDOS PELA LEI N. 11.941/2009. APROVEITAMENTO DO BENEFÍCIO MEDIANTE A TRANSFORMAÇÃO EM PAGAMENTO DEFINITIVO (CONVERSÃO EM RENDA) DE DEPÓSITO JUDICIAL VINCULADO A AÇÃO JÁ TRANSITADA EM JULGADO. IMPOSSIBILIDADE DE DEVOLUÇÃO DA DIFERENÇA ENTRE OS JUROS QUE REMUNERAM O DEPÓSITO JUDICIAL E OS JUROS DE MORA DO CRÉDITO TRIBUTÁRIO QUE NÃO FORAM OBJETO DE REMISSÃO... 2. A possibilidade de aplicação da remissão/anistia instituída pelo art. 1º, § 3º, da Lei n. 11.941/2009, aos créditos tributários objeto de ação judicial já transitada em julgado foi decidida pela instância de origem também à luz do princípio da isonomia, não tendo sido interposto recurso extraordinário, razão pela qual o recurso especial não merece conhecimento quanto ao ponto em razão da Súmula n. 126/STJ: 'É inadmissível recurso especial, quando o acórdão recorrido assenta em fundamentos constitucional e infraconstitucional, qualquer deles suficiente, por si só, para mantê-lo, e a parte vencida não manifesta recurso extraordinário'. 3. De acordo com o art. 156, I, do CTN, o pagamento extingue o crédito tributário. Se o pagamento por parte do contribuinte ou a transformação do depósito em pagamento definitivo por ordem judicial (art. 1º, § 3º, II, da Lei n. 9.703/98) somente ocorre depois de encerrada a lide, o crédito tributário tem vida após o trânsito em julgado que o confirma. Se tem vida, pode ser objeto de remissão e/ou anistia neste ínterim (entre o trânsito em julgado e a ordem para transformação em pagamento definitivo, antiga conversão em renda) quando a lei não exclui expressamente tal situação do seu âmbito de incidência. Superado, portanto, o entendimento veiculado no item '6' da ementa do REsp. n. 1.240.295 – SC, Segunda Turma, Rel. Min. Humberto Martins, julgado em 5.4.2011. 4. O § 14, do art. 32, da Portaria Conjunta PGFN/RFB n. 6/2009, somente tem aplicação para os casos em que era possível requerer a desistência da ação. Se houve trânsito em julgado confirmando o crédito tributário antes da entrada em vigor da referida exigência (em 9.11.2009, com a Portaria Conjunta PGFN/RFB n. 10/2009), não há que se falar em requerimento de desistência da ação como condição para o gozo do benefício. 5. A remissão de juros de mora insertos dentro da composição do crédito tributário não enseja o resgate de juros remuneratórios incidentes sobre o depósito judicial feito para suspender a exigibilidade desse mesmo crédito tributário. O pleito não encontra guarida no art. 10, parágrafo único, da Lei

n. 11.941/2009. Em outras palavras: 'Os eventuais juros compensatórios derivados de supostas aplicações do dinheiro depositado a título de depósito na forma do inciso II do artigo 151 do CTN não pertencem aos contribuintes-depositantes.' (REsp. n. 392.879 – RS, Primeira Turma, Rel. Min. Luiz Fux, julgado em 13.8.2002). 6. No caso concreto, muito embora o processo tenha transitado em julgado em 12.12.2008 (portanto desnecessário o requerimento de desistência da ação como condição para o gozo do benefício) e a opção pelo benefício tenha antecedido a ordem judicial para a transformação do depósito em pagamento definitivo (antiga conversão em renda), as reduções cabíveis não alcançam o crédito tributário em questão, pois o depósito judicial foi efetuado antes do vencimento, não havendo rubricas de multa, juros de mora e encargo legal a serem remitidas" (STJ, REsp 1.251.513, 2011).

⇒ **Exclusão de parcelamentos mediante ciência por publicação no Diário Oficial ou na Internet, sem notificação por AR. Inconstitucionalidade.** "RECURSO EXTRAORDINÁRIO – EXCLUSÃO DE CONTRIBUINTE DO REFIS – NECESSIDADE DE NOTIFICAÇÃO PRÉVIA – PROCEDIMENTO DE CARÁTER ADMINISTRATIVO – NECESSÁRIA OBSERVÂNCIA DA CLÁUSULA DA PLENITUDE DE DEFESA E DO CONTRADITÓRIO (CF, ART. 5º, LV) – INCONSTITUCIONALIDADE DO ART. 1º DA RESOLUÇÃO CG/REFIS 20/2001 DECLARADA PELO TRIBUNAL 'A QUO' – RECURSO DE AGRAVO IMPROVIDO" (STF, RE 719.800 AgR-AgR, 2013). Eis excerto do voto condutor: "... o Estado, em tema de restrição à esfera jurídica de qualquer cidadão (titular, ou não, de cargo público), não pode exercer a sua autoridade de maneira abusiva ou arbitrária, desconsiderando, no exercício de sua atividade, o postulado da plenitude de defesa, pois – cabe enfatizar – o reconhecimento da legitimidade ético-jurídica de qualquer medida imposta pelo Poder Público, de que resultem, como no caso, consequências gravosas no plano dos direitos e garantias individuais, exige a fiel observância do princípio do devido processo legal (CF, art. 5º, LV)... [...] assiste, ao cidadão, mesmo em procedimentos de índole administrativa ou de caráter político-administrativo, a prerrogativa indisponível do contraditório e da plenitude de defesa, com os meios e recursos a ela inerentes, consoante prescreve a Constituição da República em seu art. 5º, inciso LV. [...] O respeito efetivo à garantia constitucional do 'due process of law', ainda que se trate de procedimento político-administrativo (como no caso), condiciona, de modo estrito, o exercício dos poderes de que se acha investida a Pública Administração, sob pena de descaracterizar-se, com ofensa aos postulados que informam a própria concepção do Estado democrático de Direito, a legitimidade jurídica dos atos e resoluções emanados do Estado, especialmente quando tais deliberações importarem em graves restrições à esfera jurídica do cidadão".

– "ARGUIÇÃO DE INCONSTITUCIONALIDADE. CABIMENTO. EXCLUSÃO DO PROGRAMA DE RECUPERAÇÃO FISCAL – REFIS. RESOLUÇÃO CG/REFIS 20 DE

2001. OFENSA ÀS GARANTIAS E AOS PRINCÍPIOS CONSTITUCIONAIS. RESERVA DE PLENÁRIO. 1. O art. 97 da Constituição dispõe que somente pelo voto da maioria absoluta de seus membros ou dos membros do respectivo órgão especial poderão os tribunais declarar a inconstitucionalidade de lei ou ato normativo do Poder Público. 2. O Código Tributário Nacional, no art. 100, I, define como normas complementares das leis, dos tratados e das convenções internacionais e dos decretos, os atos normativos expedidos pelas autoridades administrativas. 3. Considerando a natureza de ato administrativo normativo das resoluções e portarias elaboradas pelo Comitê Gestor do Programa de Recuperação Fiscal, instituído pela Lei 9.964/2000, estão sujeitas ao controle de constitucionalidade. 4. A Resolução CG/REFIS 20 de 2001, ao conferir nova redação ao art. 5º da Resolução CG/REFIS 9 de 2001, suprimiu a notificação prévia do contribuinte, passando a dispor que a pessoa jurídica terá o prazo de 15 dias, desde a publicação do ato de exclusão, para se manifestar quanto aos respectivos motivos, manifestação esta sem efeito suspensivo. 5. A arbitrariedade do procedimento de exclusão do REFIS trazido pelo art. 5º e respectivos §§ 1º ao 4º, na redação dada pelo art. 1º da Resolução CG/REFIS 20/2001, em contraponto àquele conferido na Resolução CG/REFIS 9/2001 (art. 4º, § 4º), decorre da inobservância aos princípios do devido processo legal, ampla defesa e contraditório, bem como às garantias estabelecidas no art. 37 da CF/1988. 6. Declarada a inconstitucionalidade do art. 1º da Resolução CG/REFIS 20, de 27/09/2001, na parte em que deu nova redação ao art. 5º e parágrafos 1º a 4º da Resolução CG/REFIS 9/2001" (TRF1, INAC 2007.34.00.022211-3, 2009).

• Vide: CALCINI, Fábio Pallaretti. A exclusão do PAES e sua inconstitucionalidade. O dever de obediência ao devido processo legal. *RDDT* 111/21, 2004; MARTINS, Ives Gandra da Silva; MARONE, José Ruben; LOCATELLI, Soraya David Monteiro. Exclusão sumária do Refis por ausência de cumprimento de requisito formal. Ofensa aos princípios da legalidade, razoabilidade, proporcionalidade e motivação. Inconstitucionalidade das resoluções CG/Refis 9 e 20. Ofensa aos princípios do contraditório, ampla defesa e boa-fé, e aos contidos nos arts. 170 e 174 da CF. *RTFP* 58/277, 2004.

– **Súmula 355 do STJ:** "É válida a notificação do ato de exclusão do programa de recuperação fiscal do Refis pelo *Diário Oficial* ou pela Internet".

– "TRIBUTÁRIO. AUSÊNCIA DE NOTIFICAÇÃO PESSOAL PARA EXCLUSÃO DE PESSOA JURÍDICA DO REFIS. NOTIFICAÇÃO POR MEIO DO DIÁRIO OFICIAL E DA INTERNET. POSSIBILIDADE. APLICAÇÃO DA LEGISLAÇÃO ESPECÍFICA DO REFIS. 'RECURSO REPRESENTATIVO DA CONTROVÉRSIA'. ART. 543-C DO CPC. 1. A Lei 9.784/99, que regula o processo administrativo da Administração Pública Federal prevê em seu art. 69, que suas normas somente se aplicam subsidiariamente, nos procedimentos regulados por lei específica, obedecida a *lex specialis derrogat lex generalis*. 2. A legislação do Programa de Recuperação Fiscal – Refis, 'regime especial de consolidação e parcelamento dos débitos fiscais' (Lei 9.964/00, art. 2º), ao qual o contribuinte adere

mediante 'aceitação plena e irretratável de todas as condições' (art. 3º, IV), prevê a notificação da exclusão do devedor por meio do Diário Oficial e da Internet (Lei 9.964/00, art. 9º, III, c/c art. 5º da Resolução 20/2001 do Comitê Gestor). 3. Ademais, no caso concreto, não há que se falar em prejuízo à eventual defesa administrativa do contribuinte excluído do Refis, uma vez que a sua insurgência é endereçada apenas contra o procedimento de cientificação da exclusão do Programa, não sendo infirmadas as razões da exclusão" (STJ, REsp 1.046.376, 2009).

– **A intimação ficta como instrumento excepcional no processo administrativo fiscal.** O art. 23 do Dec.70.235/72 – lei do processo administrativo fiscal – determina que as intimações sejam feitas pessoalmente, por via postal com prova de recebimento no domicílio tributário eleito pelo sujeito passivo, ou por meio eletrônico com prova de recebimento, admitindo, apenas excepcionalmente, quando resultassem improfícuos os meios ordinários, a intimação por edital. É que o edital – e a publicação no Diário Oficial ou na INTERNET do ato concreto de exclusão da empresa do parcelamento a ele equivalem – constitui intimação meramente ficta. O raciocínio, aqui, é o mesmo da citação no processo civil, que só se dará por publicação quando esgotados os meios para uma citação efetiva. Note-se que a interpretação do art. 23 da lei do processo administrativo é extremamente favorável ao Fisco no sentido de dar validade à intimação mediante o simples recebimento da intimação no domicílio fiscal do contribuinte. Cuida-se, pois, de procedimento simples e eficaz, absolutamente ao alcance do Fisco e dele exigível, pois configura um mínimo de cuidado no sentido de assegurar ao contribuinte o conhecimento da sua exclusão do programa de parcelamento que o coloca imediatamente em situação de irregularidade, com inúmeros óbices ao desempenho normal das suas atividades.

⇒ **Exclusão do REFIS. Obrigatoriedade notificação para defesa prévia. Tema 668:** "É inconstitucional o art. 1º da Resolução CG/REFIS n. 20/2001, no que suprimiu a notificação da pessoa jurídica optante do REFIS, prévia ao ato de exclusão". Decisão do mérito em 2020.

– "Exclusão do Programa de Recuperação Fiscal (REFIS) – Resolução CG/REFIS n. 20/01, na parte em que deu nova redação ao art. 5º, *caput* e §§ 1º a 4º, da Resolução CG/REFIS n. 9/01. Falta de intimação prévia ao ato de exclusão. Princípios do contraditório e da ampla defesa. 1. O art. 1º da Resolução CG/REFIS n. 20 de 2001, ao conferir nova redação ao art. 5º, §§ 1º a 4º, da Resolução CG/REFIS n. 9/2001, suprimiu a notificação prévia do contribuinte, passando esses dispositivos a dispor que a pessoa jurídica terá o prazo de 15 dias, desde a publicação do ato de exclusão, para se manifestar quanto aos motivos que ensejaram sua exclusão, manifestação essa sem efeito suspensivo 2. Na esteira da jurisprudência da Corte, o direito de defesa envolve não só o direito de manifestação e de informação no processo, mas também o direito de ver seus argumentos contemplados pelo órgão julgador. 3. A intervenção estatal na esfera de interesses do contribuinte deve se dar mediante um devido processo administrativo, o que pressupõe a oferta de oportunidade para a apresentação de eventuais alegações em contrário previamente à exclusão. A exclusão do REFIS restringe direitos patrimoniais do contribuinte, devendo-lhe ser dada a oportunidade para exercer sua defesa contra o ato que os restringe ou mesmo os extirpa. 4. É obrigatória a notificação prévia do contribuinte antes da apreciação da representação, para que ele possa se manifestar sobre as irregularidades apontadas na representação, como, aliás, era previsto no art. 4º, § 4º da Resolução CG/REFIS n. 9/2001, revogado pela Resolução CG/REFIS n. 20/2001. 5. Recurso extraordinário não provido. 6. Em relação ao Tema 668, proponho a seguinte tese de repercussão geral: 'É inconstitucional o art. 1º da Resolução CG/REFIS n. 20/2001, no que suprimiu a notificação da pessoa jurídica optante do REFIS, prévia ao ato de exclusão'" (STF, RE 669.196, 2020).

§ 1º Salvo disposição de lei em contrário, o parcelamento do crédito tributário não exclui a incidência de juros e multas. (Acrescentado pela LC 104/01)

⇒ **Denúncia espontânea como disposição em contrário.** Embora a jurisprudência seja no sentido de que a confissão do débito para fins de parcelamento não admite a invocação do instituto da denúncia espontânea com vista à exclusão da responsabilidade pela multa, poder-se-ia argumentar que o art. 138 é disposição que enseja o parcelamento sem multa. Isso porque diz que a denúncia deve estar acompanhada do pagamento, se for o caso; uma vez parcelado, não precisaria estar acompanhada do pagamento integral, mas apenas do pagamento da parcela. Vide art. 138 do CTN.

§ 2º Aplicam-se, subsidiariamente, ao parcelamento as disposições desta Lei, relativas à moratória. (Acrescentado pela LC 104/01)

§ 3º Lei específica disporá sobre as condições de parcelamento dos créditos tributários do devedor em recuperação judicial. (Acrescentado pela LC 118/05)

§ 4º A inexistência da lei específica a que se refere o § 3º deste artigo importa na aplicação das leis gerais de parcelamento do ente da Federação ao devedor em recuperação judicial, não podendo, neste caso, ser o prazo de parcelamento inferior ao concedido pela lei federal específica. (Acrescentado pela LC 118/05)

⇒ **Prazo mínimo de 60 meses.** "... de conformidade com o previsto no já transcrito § 4º do art. 155-A do CTN combinado com o disposto no art. 10 da Lei ordinária federal n. 10.522/02 – na redação outorgada pelo art. 24 da Lei n. 10.637/02 – é cabível a seguinte conclusão: 'Dada a inexistência de lei nacional específica a disciplinar o parcelamento de créditos tributários de devedor em recuperação judicial, então é possível a utilização de tal hipótese de suspensão da exigibilidade do crédito tributário de conformidade com a legislação específica do ente de direito público interessado e obedecido o prazo mínimo de parcelamento de 60 meses'" (FIORENTINO, Marcelo Fróes Del. Implicações fiscais derivadas da Lei de Falência, recuperação judicial e extrajudicial – Lei n. 11.101/05. *RDDT* 119/60, 2005).

CAPÍTULO IV
EXTINÇÃO DO CRÉDITO TRIBUTÁRIO

SEÇÃO I
MODALIDADES DE EXTINÇÃO

Art. 156. Extinguem o crédito tributário:

⇒ **Obrigação e crédito tributário.** A relação tributária é uma relação jurídica de cunho obrigacional, cujo objeto é prestar dinheiro. Os sujeitos desta relação são o credor (sujeito ativo, titular do crédito ou da pretensão de exigir o pagamento) e o devedor (sujeito passivo, obrigado ao pagamento). Obrigação tributária principal (a de prestar dinheiro) e crédito, pois, são as duas faces da mesma moeda, ainda que, por razões de ordem técnica, tenha o legislador optado por considerar o crédito tributário constituído quando da sua formalização pelo lançamento, de que fazem as vezes também declarações do contribuinte. Vide notas aos arts. 113, § 1º, e 142 do CTN.

– Crédito tributário, assim, é a prestação pecuniária que o sujeito ativo tem o direito de exigir do sujeito passivo.

– Do ponto de vista material, crédito e obrigação são interdependentes. Mas, se considerarmos o crédito tributário apenas na sua perspectiva formal, como o crédito devidamente formalizado e constituído, nos termos do art. 142 do CTN, poderemos ter hipótese em que o ato de constituição ou formalização do créditos seja anulado por vícios formais, sem prejuízo da subsistência da obrigação e da possibilidade de nova constituição ou formalização, inclusive com reabertura de prazo decadencial para tanto, conforme o art. 173, II, do CTN.

– "Pode ocorrer, em certos casos, a extinção de um crédito tributário sem que se verifique a extinção da obrigação tributária correspondente, restando por isto o direito de a Fazenda Pública, mediante novo lançamento, constituir outro crédito. É claro que isto somente acontece quando a causa extintiva tenha afetado apenas a *formalização* do crédito" (MACHADO, Hugo de Brito. *Curso de direito tributário*. 36. ed. São Paulo: Malheiros, 2015, p. 203).

⇒ **Taxatividade das causas de extinção.** O art. 141 do CTN diz da taxatividade das causas de extinção do crédito tributário, mas a matéria é controversa, contando com precedentes do STF tanto em sentido da taxatividade como em sentido contrário.

I – o pagamento;

⇒ **Pagamento em sentido amplo e em sentido estrito.** "iii sistematicamente, o CTN utiliza o termo pagamento em sentido amplo, de modalidade de extinção do crédito tributário, em alguns dispositivos, e também utiliza o termo em sentido restrito, de pagamento em espécie, em outros; o sentido restrito de pagamento, porém, somente é empregado nos dispositivos do CTN que tratam especificamente da extinção do crédito tributário e suas modalidades, hipótese em que faz mesmo sentido diferenciar pagamento de compensação; nos demais casos, é irrelevante a forma específica como ocorre a extinção do crédito tributário, sendo que o emprego do sentido restrito do termo pagamento, na maioria dos casos, conduziria a resultados inconsistentes e absurdos, como por exemplo o de que apenas os pagamentos em dinheiro estariam abrangidos no regime do lançamento por homologação de que trata o art. 150" (FAJERSZTAJN, Bruno; GALAFASSI, Maicon. A aplicação do instituto da denúncia espontânea nos casos de compensação. *RTFP* 127, 2016, p. 229-252).

⇒ **Sobre o pagamento.** Vide artigos 157 a 164 do CTN.

II – a compensação;

⇒ **Sobre a compensação.** Vide art. 170 do CTN.

III – a transação;

⇒ **Métodos consensuais de solução de litígios tributários.** "Desde 2010, com a Resolução 125 do Conselho Nacional de Justiça (CNJ), os métodos consensuais de resolução de conflitos são estimulados, mas a partir do ano de 2015, por meio das disposições do Código de Processo Civil (Lei 13.105/15), da Lei Nacional da Mediação (Lei 13.140/15), Lei da Arbitragem com as alterações introduzidas pela Lei 13.129/15, pelas próprias modificações na LINDB, pela Lei 13.655/18, esse incentivo se tornou mais concreto e estimulador de aplicações práticas... em 28 de outubro de 2021, foi editada e publicada a Resolução 120 pelo Conselho Nacional de Justiça que 'Recomenda o tratamento adequado de conflitos de natureza tributária, quando possível pela via da autocomposição, e dá outras providências'. De forma inédita o CNJ incentiva e estimula que também na área tributária se possa utilizar mecanismos de autocomposição, estimulando expressamente a criação de CEJUSC Tributário pelos Tribunais e dispondo em seu art. 7º: Art. 7º O(A) juiz(a) ou relator(a), ao se deparar com demandas repetitivas de natureza tributária, informará essa circunstância ao CEJUSC Tributário do respectivo tribunal e poderá adotar medidas de tratamento adequado desses conflitos, como: I – atuar em cooperação jurisdicional, nos moldes dos arts. de 67 a 69 do CPC; [...] V – propor aos órgãos da Advocacia Pública temas passíveis de serem objeto de transação no contencioso de relevante e disseminada controvérsia jurídica, ou de outras iniciativas de autocomposição; e VI – sugerir aos órgãos da Advocacia Pública a possibilidade de, conforme o caso, praticar atos de disposição, tais como desistência, renúncia ou reconhecimento do pedido, em situações de precedentes vinculantes desfavoráveis ao ente público litigante". Em 31 de agosto de 2022, foi publicada a Resolução n. 471 também pelo CNJ, que "Dispõe sobre a Política Judiciária Nacional de Tratamento Adequado à Alta Litigiosidade do Contencioso Tributário no âmbito do Poder Judiciário e dá outras providências", como reflexo também da Recomendação 120, anteriormente citada" (NERY, Cristiane. *Mediação tributária em Porto Alegre*: inovação e pioneirismo. Disponível em: https://www.iargs.com.br/artigo-mediacao-tributaria-em-porto-alegre-inovacao-e-pioneirismo/. Acesso em: 30 set. 2022).

– **Mediação tributária pela SEFAZ e pela PGM do Município de Porto Alegre.** "Em março de 2022 foi publicada a Lei 13.028 que institui de forma pioneira a mediação tributária no município de Porto Alegre. Trata-se da primeira lei sobre mediação tributária no país, em uma visão inovadora de implementação da cultura do consenso dentro da Administração Pública também para os conflitos tributários. [...] É atribuição dos Procuradores de Porto Alegre, por exemplo, nos termos do inciso III, do art. 5º da Lei Complementar 701/12, atuar extrajudicialmente para a solução de conflitos de interesse do Município. Nesse contexto, desde 2016, o Município de Porto Alegre possui a sua Câmara de Mediação e Conciliação, criada no âmbito da estrutura da Procuradoria-Geral do Município por meio da Lei 12.003, vinculada à Central de Conciliação, como forma de ampliar e disseminar a cultura do consenso e da pacificação social. [...] no Município de Porto Alegre, foi editada e publicada a Lei 13.028, de 11 de março de 2022, que pretende prevenir e resolver de forma consensual os conflitos em matéria tributária, fruto de um protocolo de parceria para estudos e desenvolvimento, firmado no ano de 2021 com a Associação Brasileira de Direito Financeiro – ABDF, e a Associação Brasileira de Secretarias de Finanças das Capitais. Efetivamente trata-se de um grande avanço, principalmente em matéria tributária. O Município de Porto Alegre avançou criando Câmaras de Mediação Tributária no âmbito da Secretaria Municipal da Fazenda, para os conflitos tributários administrativos, e no âmbito da Procuradoria-Geral do Município para os conflitos tributários judicializados. [...] A falta de diálogo ou mesmo de debate aberto e interativo entre Fiscos e contribuintes tem sido a tônica de um processo administrativo-tributário que escamoteia razões e acirra litígios, renovando as enxurradas anuais de execuções fiscais e de ações dos contribuintes junto aos Tribunais. É preciso que se encerre esse diálogo de surdos, onde os silêncios e gritos apenas prorrogam e exacerbam a ignorância sobre os motivos da tributação, encetados pelo Fisco, ou da não tributação, defendidos pelos contribuintes. A Lei 13.028/22 foi regulamentada pelo Decreto 21.527/22 com a criação das Câmaras especializadas e aplicação subsidiária da Lei municipal 12.003/2016 e da Lei nacional 13.140/15, interessa ao Município de Porto Alegre e aos contribuintes, sendo, portanto, um projeto de máximo relevo para a coletividade, pois inovador, pioneiro e a servir de parâmetro para as demais municipalidades e entes da federação" (NERY, Cristiane. *Mediação tributária em Porto Alegre: inovação e pioneirismo*. Disponível em: https://www.iargs.com.br/artigo-mediacao-tributaria-em-porto-alegre-inovacao-e-pioneirismo/. Acesso em: 30 set. 2022).

– **Arbitragem.** Vide: PASINATTO, Ana Paula. Arbitragem Tributária: breves considerações sobre o regime português. *RFDT* 101, 2019.

– **Sobre a transação.** Vide art. 171 do CTN.

IV – a remissão;

⇒ **Perdão.** O perdão da dívida atinente ao tributo devido (remissão) depende de lei específica, nos termos do art. 150, § 6º, da CF.

– Sobre a remissão, vide art. 172 do CTN.

– Sobre a anistia (perdão das infrações/penalidades), vide art. 180 do CTN.

V – a prescrição e a decadência;

⇒ **Distinção entre decadência e prescrição.** "... a decadência consiste em um prazo legal extintivo do direito, pelo seu simples decurso e fixado quando a norma deu nascimento a esse direito. Portanto o direito nasce com prazo prefixado para ser gozado; se tal não acontece, ele se exaure, automaticamente, no seu termo final. Decadência é prazo extintivo de direito subjetivo em razão da inércia do seu titular em exercê-lo no tempo assinalado" (BRITO, Edvaldo. Decadência e prescrição tributárias. *Problemas de processo judicial tributário*. São Paulo: Dialética, 1996, p. 89).

– "Prazo de prescrição ocorre toda vez que há violação de um direito subjetivo, e há necessidade, portanto, de se levar aquela pretensão ao Poder Judiciário para que dirima o conflito. Então, toda vez que houver violação de direito subjetivo, nós temos um prazo de prescrição para que a nossa pretensão possa ser levada ao Estado mediante uma ação judicial. Já prazo de decadência ocorre quando se trata dos chamados 'direitos potestativos', na nossa linguagem neolatina. Os alemães usam geralmente a expressão 'direitos formativos'. Nós é que empregamos, seguindo Chiovenda, que pela primeira vez se utilizou dessa expressão 'direito potestativo', ou seja, os direitos em que o titular deles não tenha a necessidade da colaboração da parte contrária, como ocorre com relação aos direitos subjetivos. Se eu sou credor de alguém, tenho a necessidade da colaboração do devedor para que o meu direito seja satisfeito. Já os chamados direitos potestativos ou direitos formativos são direitos em que não há um poder em face de um dever, mas há um poder em face de uma sujeição: o titular do poder, por ato unilateral, sujeita a outra parte" (MOREIRA ALVES, em palestra publicada nas Pesquisas Tributárias/Nova Série – 6, Direitos Fundamentais do Contribuinte, coord. Ives Gandra da Silva Martins, Ed. RT e CEU, 2000, p. 20-21).

– AGNETO AMORIM FILHO, no festejado artigo Critério científico para distinguir a prescrição da decadência e para identificar as ações imprescritíveis, conclui: 1º – Estão sujeitas à prescrição: todas as ações condenatórias, e somente elas; 2º – Estão sujeitas à decadência (indiretamente, isto é, em virtude da decadência do direito a que correspondem): as ações constitutivas que têm prazo especial de exercício fixado em lei; 3º – São perpétuas (imprescritíveis): a) as ações constitutivas que não têm prazo especial de exercício fixado em lei e b) todas as ações declaratórias. Com base nisso, ressalta que não há ações condenatórias imprescritíveis nem sujeitas à decadência, que não há ações constitutivas sujeitas à prescrição e que não há ações declaratórias sujeitas a prescrição ou decadência. (*Revista do Foro/Tribunal de Justiça da Paraíba*, vol. 91, disponível nas bibliotecas do Senado Federal e do STF).

– Sobre a decadência e a prescrição, vide artigos 173 e 174 do CTN.

– **Distinguindo decadência, prescrição e perempção.** "Quando os atos qualificados pelo ordenamento, aos quais está conectada a fixação do prazo, corresponderem a atos de exercício de potestades diretas ou indiretas (ou direitos potestativos), o prazo respectivo corresponde ao que a doutrina e a jurisprudência conhecem por decadência. Por outro lado, se o ato em consideração corresponde ao ato de deflagrar um processo judicial, em outras palavras, se o ato respectivo corresponde ao exercício do direito público subjetivo de ação, o prazo respectivo será de prescrição. Todos estes prazos têm em comum a circunstância de, uma vez esgotados, deflagrarem consequência onerosa, para o responsável... Porém, além de o ordenamento jurídico estabelecer prazos para a realização de atos, ele conhece também a figura de prazos para a conclusão de procedimento. Vale dizer, há normas em direito que, ao invés de fixarem prazo para a simples realização de um ato, levam em conta, para esse fim, a conclusão de todo um procedimento, entendido como o conjunto encadeado de atos voltados a um fim único e aglutinado de forma congruente. [...] Em todas estas hipóteses o modelo teórico é sempre semelhante, qual seja o de o ordenamento positivo assegurar a alguém a realização de atos que formam um procedimento como necessário à obtenção de um determinado resultado jurídico. Para esse conjunto de atos, o ordenamento estabelece um prazo, findo o qual deflagra-se um efeito jurídico que pode afetar o direito em si. Este tipo de prazo juridicamente determinado não é tecnicamente nem de decadência (pois não há propriamente um específico direito potestativo a ser exercido), nem de prescrição, pois não se trata de iniciar o processo judicial. Este prazo, que tem natureza específica, corresponde ao que a doutrina conhece por prazo de perempção" (GRECO, Marco Aurélio. *Princípios tributários no direito brasileiro e comparado* – Estudos jurídicos em homenagem a Gilberto de Ulhôa Canto. Rio de Janeiro: Forense, 1988, p. 502 e ss.).

– Sobre perempção, vide também nota ao art. 173, parágrafo único, do CTN.

⇒ **Decadência e prescrição. Institutos de direito material.** Sejam considerados institutos de direito material ou processual, tanto a decadência quanto a prescrição estão abrangidas, expressamente, pela reserva de lei complementar sobre normas gerais de direito tributário (art. 146, III, *b*, da CF). A favor do caráter material da prescrição no Direito Tributário está o fato de que extinguem o próprio crédito tributário (art. 156, V, do CTN).

– "... a jurisprudência e a doutrina têm reconhecido que tanto a prescrição quanto a decadência são institutos de direito material, pois fulminam o direito de lançar ou de receber crédito tributário, por força da inércia, importando a extinção de um direito. Não por outra razão, as duas figuras são colocadas, pelo Código Tributário Nacional, entre as formas de extinção do crédito tributário, visto que a decadência extingue o direito de constituir o crédito tributário (ato em potência) e a prescrição, o próprio crédito tributário (ato confirmado)" (MARTINS, Ives Gandra da Silva. Decadência e prescrição. *RDTAPET* 13/185, 2007).

– **São normas de direito substantivo, salvo a que cuida da possibilidade ou não de o juiz reconhecer de ofício.** Normas que disponham sobre prescrição ou decadência sempre são de direito substantivo, porque esta é a natureza de tais institutos. Segundo Ives Gandra da Silva Martins, eles '*anulam de forma definitiva um direito substantivo e a dimensão de seu exercício*' (*in* Revista

Dialética de Direito Processual, v. 2, p. 118). Em consequência, quando fixam prazos decadenciais e prescricionais, quando estabelecem seus critérios de fluência, tais normas alcançam o próprio direito material que é discutido, seja para estabelecer situações de extinção, seja para definir casos de inexigibilidade, sendo certo que, em Direito Tributário, ambos os institutos levam à extinção de direitos para a Fazenda Pública. [...] Não se pode atribuir às normas correspondentes, portanto, a natureza de leis processuais, confundindo-as, *v.g.*, com a norma que trata da possibilidade de reconhecimento de ofício da prescrição. Esta sim, de natureza instrumental, a definir os limites de atuação do magistrado no processo" (Voto condutor do Min. Gilmar Mendes no RE 559.882-9, 2008).

– A prescrição também extingue o próprio crédito tributário. O art. 156, V, do CTN, é inequívoco ao dispor no sentido de que a prescrição, assim como a decadência, extingue o próprio crédito tributário. Com isso, passamos a ter uma peculiaridade relevante no trato da prescrição em matéria tributária. Na medida em que a prescrição deixa de fulminar apenas a ação para extinguir o próprio direito, assemelha-se à decadência quanto aos seus efeitos. Com isso, decorrido o prazo prescricional, não há mais que se falar em crédito tributário. Daí o entendimento de que sempre foi possível, em matéria tributária, o reconhecimento de ofício da prescrição (vide nota ao art. 174 do CTN). Aliás, tornando-se insubsistente o crédito tributário, a execução perde o seu próprio objeto.

• Vide o Parecer n. 877/2003 da Procuradoria-Geral da Fazenda Nacional (PGFN), aprovado pelo Min. interino da Fazenda, no sentido da não inscrição e do cancelamento da inscrição de créditos já prescritos.

⇒ **Extinto o crédito por decadência, não se restaura por declaração, confissão ou lançamento. Tema 604 do STJ.** A decadência, consoante a letra do art. 156, V, do CTN, é forma de extinção do crédito tributário. Sendo assim, uma vez extinto o direito, não pode ser reavivado por qualquer sistemática de lançamento ou autolançamento, seja ela via documento de confissão de dívida, declaração de débitos, parcelamento ou de outra espécie qualquer (DCTF, GIA, DCOMP, GFIP, etc.). Decisão de mérito em 2013.

– "CONFISSÃO DE DÉBITOS TRIBUTÁRIOS PARA EFEITO DE PARCELAMENTO APRESENTADA APÓS O PRAZO PREVISTO NO ART. 173, I, DO CTN. OCORRÊNCIA DE DECADÊNCIA. IMPOSSIBILIDADE DE CONSTITUIÇÃO DO CRÉDITO TRIBUTÁRIO... 3. A decadência, consoante a letra do art. 156, V, do CTN, é forma de extinção do crédito tributário. Sendo assim, uma vez extinto o direito, não pode ser reavivado por qualquer sistemática de lançamento ou autolançamento, seja ela via documento de confissão de dívida, declaração de débitos, parcelamento ou de outra espécie qualquer (DCTF, GIA, DCOMP, GFIP, etc.). 4. No caso concreto o documento de confissão de dívida para ingresso do Parcelamento Especial (Paes – Lei n. 10.684/2003) foi firmado em 22.07.2003, não havendo notícia nos autos de que tenham sido constituídos os créditos tributários em momento anterior. Desse modo, restam decaídos os créditos tributários correspondentes aos fatos geradores ocorridos nos anos de 1997 e anterio-

res, consoante a aplicação do art. 173, I, do CTN. 5. Recurso especial parcialmente conhecido e nessa parte não provido. Acórdão submetido ao regime do art. 543-C, do CPC, e da Resolução STJ n. 8/2008" (STJ, REsp 1.355.947, 2013).

– "PRESCRIÇÃO. EXTINÇÃO DO CRÉDITO TRIBUTÁRIO. PARCELAMENTO POSTERIOR. RESTAURAÇÃO DA EXIGIBILIDADE DO TRIBUTO. NÃO OCORRÊNCIA. 1. Trata-se de Agravo Regimental contra decisão que negou seguimento ao Recurso Ordinário em Mandado de Segurança no qual se discute a ocorrência de renúncia à prescrição do crédito tributário pela celebração de parcelamento, posteriormente à consumação dessa causa extintiva. 2. O STJ possui jurisprudência no sentido de que o parcelamento firmado após a prescrição não restaura a exigibilidade do crédito tributário [...]. 3. O Direito Tributário possui regime jurídico próprio a reger a questão, não sendo aplicável a norma civilista invocada pelo agravante (art. 191 do CC)" (STJ, AgRg no RMS 36.492, 2012).

VI – a conversão de depósito em renda;

⇒ **Depósito.** Sobre os depósitos administrativo e judicial, sobre a conversão do primeiro no segundo e sobre a sua destinação, vide nota ao art. 151, II, do CTN.

– No processo administrativo. Se o depósito foi realizado no processo administrativo, "... a conversão dar-se-á trinta dias após a notificação do devedor, desde que não recorra ele ao Poder Judiciário" (CARVALHO, Paulo de Barros. *Curso de direito tributário*. 27. ed. São Paulo: Saraiva, 2016, p. 443) Vide nota ao art. 151, II, do CTN.

– No processo judicial. Só será convertido em renda o depósito após o trânsito em julgado da decisão favorável ao Fisco.

– A conversão em renda extingue o crédito, sem necessidade de prévio lançamento. Vide nota ao art. 173 do CTN.

VII – o pagamento antecipado e a homologação do lançamento nos termos do disposto no art. 150 e seus §§ 1º e 4º;

⇒ **Tributos sujeitos a lançamento por homologação.** O inciso VII diz respeito aos tributos sujeitos a lançamento por homologação.

– LC n. 118/2005. Pagamento antecipado equiparado à extinção para fins de contagem do prazo para repetição e compensação. A contar da LC n. 118/2005, para efeitos de contagem do prazo para repetição e compensação de indébito, considera-se extinto o crédito tributário relativo aos tributos sujeitos a lançamento por homologação no momento do pagamento. Vide nota ao art. 168, I, do CTN.

– Anteriormente ao advento da LC n. 118/2005, o fato de a extinção definitiva do crédito tributário ocorrer apenas quando da homologação expressa ou tácita, por força do § 4º do art. 150 e do inciso VII do art. 156, ora sob apreciação, vinha tendo reflexos importantes no prazo para a repetição de eventual indébito tributário, pois se contava justamente da extinção do crédito, e não, necessariamente, do pagamento.

⇒ **Extinção parcial.** "... ora, não há diferença de natureza entre o pagamento aí mencionado e o previsto no item I: tanto se paga tributo *lançado* quanto se paga tributo *não previamente* *lançado* (quando ele se sujeite à modalidade por homologação). O que se dá, neste caso, é que o pagamento, embora se preste a satisfazer a obrigação tributária, pode não ser suficiente para extingui-la totalmente, e, então, caberá lançamento de ofício para exigência da diferença. Assim, mesmo que não haja homologação, o pagamento feito extingue (parcialmente embora) a obrigação tributária" (AMARO, Luciano. *Direito tributário brasileiro*. 15. ed. São Paulo: Saraiva, 2009, p. 388).

VIII – a consignação em pagamento, nos termos do disposto no § 2º do art. 164;

⇒ **Procedência da ação.** Quando julgada procedente a ação de consignação em pagamento, a conversão do respectivo montante em renda extingue o crédito tributário. Vide notas ao § 2º do art. 164 do CTN.

IX – a decisão administrativa irreformável, assim entendida a definitiva na órbita administrativa, que não mais possa ser objeto de ação anulatória;

⇒ **Decisão que reconhece a inexistência do crédito**. A norma refere-se à decisão que reconhece a inexistência do crédito. Isso porque, se a decisão administrativa simplesmente reconhece vícios formais do lançamento e o anula, só haverá a extinção do crédito se a Fazenda não efetuar novo lançamento no prazo decadencial.

⇒ **Ajuizamento de ação anulatória pelo Fisco.** "Percorrido o *iter* procedimental e chegando a entidade tributante ao ponto de decidir, definitivamente, sobre a inexistência de relação jurídica tributária ou acerca da ilegalidade do lançamento, cremos que não teria sentido pensar na propositura, pelo fisco, de ação anulatória daquela decisão" (CARVALHO, Paulo de Barros. *Curso de direito tributário*. 27. ed. São Paulo: Saraiva, 2016, p. 446).

X – a decisão judicial passada em julgado.

⇒ **Coisa julgada.** Extingue o crédito tributário a sentença de eficácia desconstitutiva proferida em ação anulatória ou em embargos à execução transitada em julgado.

– Novo CPC/15: "Art. 502. Denomina-se coisa julgada material a autoridade que torna imutável e indiscutível a decisão de mérito não mais sujeita a recurso."

– "Esta modalidade de extinção foi naturalmente incluída por mera questão de método da codificação. É evidente: a coisa julgada é de efeito absoluto. Nem mesmo a lei poderá prejudicar a coisa julgada, proclama o item XXXVI do art. 5º da Constituição Federal" (NOGUEIRA, Ruy Barbosa. *Curso de direito tributário*. 14. ed. São Paulo: Saraiva, 1995, p. 320).

– **Relativização da coisa julgada.** A relativização da coisa julgada é assunto dos mais relevantes nas relações entre o fisco e o contribuinte. Durante muito tempo, discutiu-se a possibilidade da simples desconsideração, pelo Fisco, das supostas coisas julgadas inconstitucionais, a necessidade do ajuizamento de ações rescisórias, o prazo para tanto e a eventual modulação de efeitos quando da rescisão. Esses assuntos foram objeto de pareceres,

doutrina e jurisprudência. Em 2022, o STF, julgando os REs 949.297 e 955.227, alcançou maioria pelo efeito imediato da orientação firmada pelo STF, mesmo em face da coisa julgada. Se premissa normativa considerada pela decisão transitada em julgado é inválida em face de pronunciamento do STF, evidencia-se a inconstitucionalidade da prestação jurisdicional, cessando seus efeitos.

– **Tema 881 do STF. Controvérsia:** "Limites da coisa julgada em matéria tributária, notadamente diante de julgamento, em controle concentrado pelo Supremo Tribunal Federal, que declara a constitucionalidade de tributo anteriormente considerado inconstitucional, na via do controle incidental, por decisão transitada em julgado". Obs.: julgamento em curso que, em novembro de 2022, contava com maioria de votos já proferidos reconhecendo efeitos imediatos da orientação firmada pelo STF, mesmo em face da coisa julgada.

– **Tema 885 do STF. Controvérsia:** "Efeitos das decisões do Supremo Tribunal Federal em controle difuso de constitucionalidade sobre a coisa julgada formada nas relações tributárias de trato continuado". Mérito ainda não julgado. Obs.: julgamento em curso que, em novembro de 2022, contava com maioria de votos já proferidos reconhecendo efeitos imediatos da orientação firmada pelo STF, mesmo em face da coisa julgada.

– PARECER PGFN/CRJ/N. 492/2011: Luana Vargas Macedo, Procuradora da Fazenda Nacional: "DECISÃO TRANSITADA EM JULGADO QUE DISCIPLINA RELAÇÃO JURÍDICA TRIBUTÁRIA CONTINUATIVA. MODIFICAÇÃO DOS SUPORTES FÁTICO/JURÍDICO. LIMITES OBJETIVOS DA COISA JULGADA. SUPERVENIÊNCIA DE PRECEDENTE OBJETIVO/DEFINITIVO DO STF. CESSAÇÃO AUTOMÁTICA DA EFICÁCIA VINCULANTE DA DECISÃO TRIBUTÁRIA TRANSITADA EM JULGADO. POSSIBILIDADE DE VOLTAR A COBRAR O TRIBUTO, OU DE DEIXAR DE PAGÁ LO, EM RELAÇÃO A FATOS GERADORES FUTUROS. 1. A alteração das circunstâncias fáticas ou jurídicas existentes ao tempo da prolação de decisão judicial voltada à disciplina de uma dada relação jurídica tributária de trato sucessivo faz surgir uma relação jurídica tributária nova, que, por isso, não é alcançada pelos limites objetivos que balizam a eficácia vinculante da referida decisão judicial. Daí por que se diz que, alteradas as circunstâncias fáticas ou jurídicas existentes à época da prolação da decisão, esta naturalmente deixa de produzir efeitos vinculantes, dali para frente, dada a sua natural inaptidão de alcançar a nova relação jurídica tributária. 2. Possuem força para, com o seu advento, impactar ou alterar o sistema jurídico vigente, por serem dotados dos atributos da definitividade e objetividade, os seguintes precedentes do STF: (i) todos os formados em controle concentrado de constitucionalidade, independentemente da época em que prolatados; (ii) quando posteriores a 3 de maio de 2007, aqueles formados em sede de controle difuso de constitucionalidade, seguidos, ou não, de Resolução Senatorial, desde que, nesse último caso, tenham resultado de julgamento realizado nos moldes do art. 543 B do CPC; (iii) quando anteriores a 3 de maio de 2007, aqueles formados em sede de controle difuso de constitucionalidade, seguidos, ou não, de Resolução Senatorial, desde que, nesse último caso, tenham sido oriundos do Plenário do STF e confirmados em julgados posteriores da Suprema Corte. 3. Os precedentes objetivos e definitivos do STF constituem circunstância jurídica nova, apta a fazer cessar, prospectivamente, eficácia vinculante das anteriores decisões tributárias transitadas em julgado que lhes forem contrárias. 4. A cessação da eficácia vinculante da decisão tributária transitada em julgado opera se automaticamente, de modo que: (i) quando se der a favor do Fisco, este pode voltar a cobrar o tributo, tido por inconstitucional na anterior decisão, em relação aos fatos geradores praticados dali para frente, sem que necessite de prévia autorização judicial nesse sentido; (ii) quando se der a favor do contribuinte autor, este pode deixar de recolher o tributo, tido por constitucional na decisão anterior, em relação aos fatos geradores praticados dali para frente, sem que necessite de prévia autorização judicial nesse sentido. 5. Face aos princípios da segurança jurídica, da não surpresa e da proteção à confiança, bem como por força do art. 146 do CTN, nas hipóteses em que o adendo do precedente objetivo e definitivo do STF e a consequente cessação da eficácia da decisão tributária transitada em julgado sejam pretéritos ao presente parecer, a publicação deste configura o marco inicial a partir do qual o fisco retoma o direito de cobrar o tributo em relação aos fatos geradores praticados pelo contribuinte autor".

– "O princípio da segurança jurídica pode entrar em conflito com outros princípios constitucionais, como a supremacia da constituição, a igualdade e a livre concorrência, e, até mesmo, ter de ceder, ao menos em algum grau, para a realização desses princípios. Mas isso não autoriza a desconsideração nem o menosprezo à segurança. Há situações em que tem de prevalecer para que se resguarde um mínimo de certeza do direito, de confiança do contribuinte quanto às normas a cumprir e de intangibilidade de posições consolidadas, como as que decorrem da coisa julgada. A supremacia da Constituição se impõe como condição de preservação do Estado de Direito. Deve-se dar a máxima efetividade ao Texto Constitucional, fazendo-o força ativa para a concretização dos valores por ela protegidos. Todos os Poderes estão sujeito à Constituição, devendo ser revistos seus atos inválidos para a restauração da ordem jurídica lesada. A igualdade constitui critério essencial de Justiça, devendo ser considerada não apenas sob a perspectiva formal ou mesmo material, mas também no que diz respeito à sua efetivação no plano dos fatos. Cabe a todos os Poderes realizá-la, não se prestando, os argumentos de segurança, para justificar a manutenção indefinida de tratamentos diferenciados a contribuintes em idêntica situação. A livre concorrência é princípio da ordem econômica. Sua promoção pressupõe que a tributação, enquanto carga que onera a atividade produtiva, esteja revestida de neutralidade. Seria incompatível com o mercado a perpetuação de privilégios, ainda que decorrentes de sentenças transitadas em julgado, porquanto a concorrência pressupõe oportunidades iguais. A segurança jurídica é garantia destinada ao contribuinte, especialmente. Mas também em favor do Estado se pode ter de vir a garantir segurança, até porque é parte da relação jurídico-tributária e está, tanto quanto o contribuinte, sujeito e vinculado à lei. Os conteúdos de segurança jurídica se complementam. A certeza do direito, a confiança do contribuinte, a estabilização e a preservação de situações e posições jurídicas constituem perspectivas distintas de uma mesma garantia. Dignas de

confiança tem de ser não apenas a legislação, mas a jurisprudência. As Súmulas constituem diretrizes a serem observadas por todos, atribuindo previsibilidade inclusive à prestação jurisdicional, devendo-se garantir aos contribuintes que as possam ter como referências seguras. A coisa julgada, por sua vez, vincula absolutamente, sendo que o próprio ordenamento lhe atribui a característica da imutabilidade, só superável em situações específicas e mediante elevadas razões. As ações rescisórias se viabilizam em face de sentenças inconstitucionais quando assim forem consideradas à luz da orientação definitiva do Supremo Tribunal Federal, a quem cabe dar a última palavra na matéria. É essencial ao Estado Democrático de Direito que todos estejam comprometidos com o cumprimento da Constituição e que haja instrumentos para fazer com que sejam a tanto obrigados. Tratando-se de relações continuativas, não se pode admitir que, sob a mesma Constituição, persistam tratamentos inconstitucionais, ainda que assegurados por tutela anteriormente concedida pelo Judiciário. As sentenças, como as leis, devem ter os seus vícios de inconstitucionalidade corrigidos de modo que não se perpetue a injustiça. A rescisão, nesses casos, também é imperativo de igualdade, valor esse que, por sua vez, constitui pressuposto da livre concorrência. A modulação de efeitos, no controle de constitucionalidade, faz com que, na realização dos princípios de cunho material, não se tenha de impor sacrifício essencial aos diversos conteúdos de segurança que também são constitutivos da nossa ordem jurídica e que devem ser respeitados. A preservação da segurança, muitas vezes, é a solução mais justa. Instituto introduzido por lei para o controle concentrado de constitucionalidade, a modulação de efeitos tem, em verdade, fundamento constitucional, orientando também o controle difuso. Constitui um complemento do juízo de constitucionalidade, de modo que pode ser realizada pelas diversas instâncias. Mas há de se respeitar a reserva de plenário e o quórum qualificado que a Constituição e a lei exigem, porquanto a manutenção dos efeitos de lei ou sentença inconstitucionais, ainda que relativamente a atos já praticados, constitui exceção, devendo ser justificada com sobradas razões também de cunho constitucional. Nas ações rescisórias, não apenas é viável a modulação de efeitos, como se impõe. A coisa julgada é digna de toda a confiança, porquanto não se limita a criar legítimas expectativas, mas vincula e obriga. O respeito aos atos praticados sob a égide da coisa julgada, enquanto mantida, é de rigor. A rescisão, portanto, deve ter efeitos prospectivos" (PAULSEN, Leandro. Segurança jurídica e modulação de efeitos nas ações rescisórias em matéria tributária. In: GOMES, Marcus Lívio; VELLOSO, Andrei Pitten (coord.). *Sistema constitucional tributário*. Porto Alegre: Livraria do Advogado, 2014).

XI – a dação em pagamento em bens imóveis, na forma e condições estabelecidas em lei. (Inciso acrescentado pela LC 104/01, vigente desde a publicação em 11/01/01)

⇒ **Dação em pagamento.** A dação em pagamento implica a entrega de bens pelo contribuinte para a quitação de débitos tributários. Tendo em conta que a obrigação tributária é sempre em dinheiro, faz-se a avaliação do bem para fins de imputação na dívida do contribuinte.

⇒ **Necessidade de lei autorizadora.** "IMPOSTO TERRITORIAL RURAL-ITR. DAÇÃO EM PAGAMENTO. IMÓ-

VEL RURAL... 2. O artigo 156, inciso XI, do Código Tributário Nacional, incluído pela Lei Complementar n. 104/2001, possibilita a extinção do crédito tributário por meio da dação em pagamento em bens imóveis; contudo, há necessidade de norma que regulamente a questão. É manifesta a impossibilidade do Poder Judiciário atuar como legislador infraconstitucional, sob pena de ferir o princípio da separação de poderes" (STJ, AgRg no REsp 1.431.546, 2014).

– "EXTINÇÃO DO CRÉDITO TRIBUTÁRIO. DAÇÃO EM PAGAMENTO DE BEM IMÓVEL (CTN, ART. 156, XI). PRECEITO NORMATIVO DE EFICÁCIA LIMITADA. 1. O inciso XI, do art. 156 do CTN... é preceito normativo de eficácia limitada, subordinada à intermediação de norma regulamentadora. O CTN, na sua condição de lei complementar destinada a "estabelecer normas gerais em matéria de legislação tributária" (CF, art. 146, III), autorizou aquela modalidade de extinção do crédito tributário, mas não a impôs obrigatoriamente, cabendo assim a cada ente federativo, no domínio de sua competência e segundo as conveniências de sua política fiscal, editar norma própria para implementar a medida" (STJ, REsp 884.272, 2007).

⇒ **Forma e condição. Definição expressa em lei.** As leis federais, estaduais e municipais que venham a autorizar a dação em pagamento de bens deverão definir a forma e as condições em que tal se dará, sendo essencial, quanto a isso, a definição dos critérios para a avaliação dos imóveis.

– **Bens imóveis x bens móveis. Só os primeiros podem ser admitidos.** O inciso XI refere apenas os bens imóveis, sendo importante referir, ainda, que o STF, ao entender suspender a eficácia de dispositivos de lei que autorizavam a dação em pagamento de bens móveis antes do advento da LC n. 104/2001, entendeu que não poderia haver a autorização da dação em pagamento relativamente a bens móveis, sob pena de ofensa à exigência constitucional de licitação para aquisição de mercadorias pela Administração Direta e Indireta. Ou seja, tivesse o novo inciso XI do art. 151 feito referência à dação em pagamento de bens móveis, haveria probabilidade de que o STF o considerasse inconstitucional.

– "AÇÃO DIRETA DE INCONSTITUCIONALIDADE. OFENSA AO PRINCÍPIO DA LICITAÇÃO (CF, ART. 37, XXI). I – Lei ordinária distrital – pagamento de débitos tributários por meio de dação em pagamento. II – Hipótese de criação de nova causa de extinção do crédito tributário. III – Ofensa ao princípio da licitação na aquisição de materiais pela administração pública. IV – Confirmação do julgamento cautelar em que se declarou a inconstitucionalidade da lei ordinária distrital 1.624/1997" (STF, ADI 1.917, 2007).

– **Títulos da dívida pública. Dação em pagamento x compensação.** Quanto aos títulos da dívida pública, sua utilização para pagamento de dívidas não implica a criação de nova hipótese de dação em pagamento, mas, sim, de compensação entre créditos e débitos, de maneira que não há impedimento, pois o art. 170 do CTN autoriza o legislador ordinário a dispor sobre compensação, desde que de créditos líquidos e certos. Vide nota ao art. 170.

– **Dação de crédito de terceiro.** "COMPENSAÇÃO. DAÇÃO EM PAGAMENTO. CESSÃO DE CRÉDITO. IMPOSSIBILIDADE. ARTIGOS 156, XI, E 123 DO CTN. 1. Os contribuintes... efetuaram negócio jurídico de cessão de crédito, pretendendo, agora, o cessionário [...], dar ao INSS, em dação em pagamento, o montante pactuado para extinguir crédito tributário devido na condição de contribuinte. 2... 3. De outra banda, dentre as formas de extinção do crédito tributário, elencadas no art. 156 do CTN, a LC 104/01 introduziu o inciso XI, prevendo forma extintiva 'a dação em pagamento em bens imóveis, na forma e condições estabelecidas em lei'. O caso é de crédito; não de imóveis. 4. Nada impede também, entre nós, que a lei da pessoa competente admita a dação em pagamento, fixando-lhe as condições e os limites. No silêncio da lei, o pagamento será efetuado em dinheiro. Aliás, esse também o sentido da jurisprudência dominante. Lei não há contemplando a hipótese. 5. Por outro vértice analisada a questão, não merece guarida argumento de que tratar-se-ia de compensação de débito com créditos próprios, uma vez integrado no patrimônio da TIBAGI o crédito oriundo da cessão precitada. 6. Tal cessão de crédito... *res inter alios* para o INSS face ao art. 123 do CTN [...]. É dizer: continua a SLC devedora das contribuições perante o INSS e a TIBAGI a credora perante o INSS. É que no Direito Tributário, o tratamento é distinto daquele normatizado pelo Direito Civil, e assim o é porque a obrigação tributária é *ex lege*, e não contratual. 7..." (TRF4, AI 2003.04.01.020743-1, 2003).

– **Conveniência e oportunidade da aceitação de imóveis e vinculação da destinação.** "Crédito Tributário e Dação em Pagamento – 7. No que toca ao art. 127 e seus parágrafos, que preveem exigências específicas para a dação em pagamento de imóveis rurais, o Tribunal deferiu no *caput* a suspensão de eficácia da expressão 'salvo se for em área de preservação ecológica e/ou ambiental', bem como dos parágrafos 1º e 4º, por ofensa ao princípio da independência e separação dos Poderes, uma vez que as normas impugnadas impõem à administração pública o dever de aceitar em dação imóveis declarados patrimônio histórico e área de preservação ambiental, impedindo os agentes do Executivo de agir com os critérios de conveniência e oportunidade. Também por invasão da competência do Poder Executivo, o Tribunal deferiu a suspensão cautelar do parágrafo único do art. 128, que destina preferencialmente os imóveis recebidos em dação a programas habitacionais e de assentamento. ADI (MC) 2.405-RS, Min. Ilmar Galvão, 30.10.2002. (ADI-2405)" (*Informativo* STF n. 288, 2002).

> **Parágrafo único.** A lei disporá quanto aos efeitos da extinção total ou parcial do crédito sobre a ulterior verificação da irregularidade da sua constituição, observado o disposto nos arts. 144 e 149.

SEÇÃO II
PAGAMENTO

⇒ **Obtenção dos dados concernentes ao pagamento de tributos.** *Habeas data.* **Tema 582:** "O *habeas data* é a garantia constitucional adequada para a obtenção, pelo próprio contribuinte, dos dados concernentes ao pagamento de tributos constantes de sistemas informatizados de apoio à arrecadação dos órgãos da administração fazendária dos entes estatais". Decisão de mérito em 2015.

– *"HABEAS DATA.* ARTIGO 5º, LXXII, CRFB/88. LEI N. 9.507/97. ACESSO ÀS INFORMAÇÕES CONSTANTES DE SISTEMAS INFORMATIZADOS DE CONTROLE DE PAGAMENTOS DE TRIBUTOS. SISTEMA DE CONTA CORRENTE DA SECRETARIA DA RECEITA FEDERAL DO BRASIL-SINCOR. DIREITO SUBJETIVO DO CONTRIBUINTE. RECURSO A QUE SE DÁ PROVIMENTO. 1. O *habeas data*, posto instrumento de tutela de direitos fundamentais, encerra amplo espectro, rejeitando-se visão reducionista da garantia constitucional inaugurada pela carta pós-positivista de 1988. 2. A tese fixada na presente repercussão geral é a seguinte: 'O *Habeas Data* é garantia constitucional adequada para a obtenção dos dados concernentes ao pagamento de tributos do próprio contribuinte constantes dos sistemas informatizados de apoio à arrecadação dos órgãos da administração fazendária dos entes estatais.' 3. O Sistema de Conta Corrente da Secretaria da Receita Federal do Brasil, conhecido também como SINCOR, registra os dados de apoio à arrecadação federal ao armazenar os débitos e créditos tributários existentes acerca dos contribuintes. 4. O caráter público de todo registro ou banco de dados contendo informações que sejam ou que possam ser transmitidas a terceiros ou que não sejam de uso privativo do órgão ou entidade produtora ou depositária das informações é inequívoco (art. 1º, Lei n. 9.507/97). 5. O registro de dados deve ser entendido em seu sentido mais amplo, abrangendo tudo que diga respeito ao interessado, seja de modo direto ou indireto... 7. Aos contribuintes foi assegurado constitucionalmente o direito de conhecer as informações que lhes digam respeito em bancos de dados públicos ou de caráter público, em razão da necessidade de preservar o status de seu nome, planejamento empresarial, estratégia de investimento e, em especial, a recuperação de tributos pagos indevidamente, *verbis*: Art. 5º [...] LXXII. Conceder-se-á *habeas data* para assegurar o conhecimento de informações relativas à pessoa do impetrante, constantes de registros ou bancos de dados de entidades governamentais ou de caráter público, considerado como um writ, uma garantia, um remédio constitucional à disposição dos cidadãos para que possam implementar direitos subjetivos que estão sendo obstaculados. 8. As informações fiscais conexas ao próprio contribuinte, se forem sigilosas, não importa em que grau, devem ser protegidas da sociedade em geral, segundo os termos da lei ou da constituição, mas não de quem a elas se referem, por força da consagração do direito à informação do art. 5º, inciso XXXIII, da Carta Magna, que traz como única ressalva o sigilo imprescindível à segurança da sociedade e do Estado, o que não se aplica no caso sub examine... 9. In casu, o recorrente requereu à Secretaria da Receita Federal do Brasil os extratos atinentes às anotações constantes do Sistema de Conta-Corrente de Pessoa Jurídica-SINCOR, o Sistema Conta-Corrente de Pessoa Jurídica-CONTACORPJ, como de quaisquer dos sistemas informatizados de apoio à arrecadação federal, no que tange aos pagamentos de tributos federais, informações que não estão acobertadas pelo sigilo legal ou constitu-

cional, posto que requerida pelo próprio contribuinte, sobre dados próprios" (STF, RE 673.707, 2015).

Art. 157. A imposição de penalidade não ilide o pagamento integral do crédito tributário.

⇒ **Penalidade x tributo. Cumulação.** Este artigo apenas esclarece que a penalidade não substitui o tributo devido, mas, sim, agrega-se a ele, ficando o contribuinte obrigado ao pagamento de ambos.

– "A multa infligida para punir o descumprimento da prestação não substitui o crédito tributário. Deverá o infrator recolher a quantia equivalente à penalidade pecuniária e, além disso, cumprir a prestação do tributo" (CARVALHO, Paulo de Barros. *Curso de direito tributário.* 27. ed. São Paulo: Saraiva, 2016, p. 427).

Art. 158. O pagamento de um crédito não importa em presunção de pagamento:

⇒ **Recusa de recebimento.** Por não gerar presunção de pagamento das demais prestações nem de outros créditos, "não tem a Fazenda Pública motivo para recusar o recebimento de um tributo ao argumento de que há dívida, ainda não paga, de outro tributo, ou de que o valor oferecido é menor que o efetivamente devido. Qualquer quantia oferecida pelo sujeito passivo pode ser recebida, sem prejuízo da posterior cobrança da diferença, se for o caso" (MACHADO, Hugo de Brito. *Curso de direito tributário.* 36. ed. São Paulo: Malheiros, 2015, p. 205).

I – quando parcial, das prestações em que se decomponha;

⇒ **Peculiaridade do Direito Tributário.** Em razão deste inciso, temos, em matéria tributária, norma distinta daquela constante do art. 322 do Código Civil.

II – quando total, de outros créditos referentes ao mesmo ou a outros tributos.

Art. 159. Quando a legislação tributária não dispuser a respeito, o pagamento é efetuado na repartição competente do domicílio do sujeito passivo.

⇒ **Disposição em contrário. Pagamento na rede bancária.** "Quase todas as leis dispõem em contrário, aproveitando a exceção aberta pelo preceito do art. 159 e os recolhimentos são feitos nas unidades da rede bancária do País" (CARVALHO, Paulo de Barros. *Curso de direito tributário.* 27. ed. São Paulo: Saraiva, 2016, p. 427).

– **DARF ou GPS.** O pagamento dos tributos administrados pela Receita Federal do Brasil faz-se através de DARF (Documento de Arrecadação Fiscal), salvo para as contribuições de seguridade social, cujo pagamento é feito através de Guia da Previdência Social (GPS).

⇒ **Taxa por emissão de guia de pagamento. Inconstitucionalidade. Tema 721 do STF:** "São inconstitucionais a instituição e a cobrança de taxas por emissão ou remessa de carnês/guias de recolhimento de tributos". Decisão do mérito em 2014.

– "RATIFICAÇÃO DA JURISPRUDÊNCIA. TAXA DE EXPEDIENTE. FATO GERADOR. EMISSÃO DE GUIA PARA PAGAMENTO DE TRIBUTO. AUSÊNCIA DOS CRITÉRIOS EXIGIDOS PELO ART. 145, II, CF/88. INCONSTITUCIONALIDADE. 1. A emissão de guia de recolhimento de tributos é de interesse exclusivo da Administração, sendo mero instrumento de arrecadação, não envolvendo a prestação de um serviço público ao contribuinte. 2. Possui repercussão geral a questão constitucional suscitada no apelo extremo. Ratifica-se, no caso, a jurisprudência da Corte consolidada no sentido de ser inconstitucional a instituição e a cobrança de taxas por emissão ou remessa de carnês/guias de recolhimento de tributos. Precedente do Plenário da Corte: Rp n. 903, Rel. Min. Thompson Flores, DJ de 28/6/74" (STF, RE 789.218 RG, 2014).

Art. 160. Quando a legislação tributária não fixar o tempo do pagamento, o vencimento do crédito ocorre 30 (trinta) dias depois da data em que se considera o sujeito passivo notificado do lançamento.

⇒ **Aplica-se também aos tributos sujeitos a lançamento por homologação.** "Embora o dispositivo se reporte a 'crédito tributário', ele é aplicável também às situações em que não tenha havido lançamento ('constitutivo do crédito', segundo diz o CTN), se o sujeito passivo tiver o dever legal de pagar sem prévio lançamento (como se dá nos tributos sujeitos ao lançamento por homologação)" (AMARO, Luciano. *Direito tributário brasileiro*. 15. ed. São Paulo: Saraiva, 2009, p. 392).

⇒ **Fixação do prazo por decreto.** A fixação do prazo para pagamento do tributo pode ser realizada no simples exercício da função regulamentadora, mediante ato infralegal do próprio sujeito ativo. Daí, inclusive, o porquê de o art. 160 fazer referência genérica à legislação tributária. Vide vários precedentes no sentido de que a definição do prazo para pagamento (fixação do vencimento da obrigação) independe de lei em nota ao art. 150, inciso I, da CF.

⇒ **Determinação de pagamento antecipado depende de lei.** A determinação de pagamento antecipado, com vencimento anterior à própria ocorrência do fato gerador, desborda da simples função regulamentadora. Como a obrigação surge com a ocorrência do fato gerador, impor ao contribuinte pagamento antes disso implica estabelecer uma obrigação adicional. Efetivamente, não se trata de simplesmente disciplinar o prazo para pagamento de obrigação já surgida, mas de impor a obrigação de pagar em face da expectativa de que venha a ocorrer o fato gerador. Via de regra, tal exigirá inclusive a utilização de ficção, pois terá o legislador que estabelecer uma base de cálculo presumida. Extrapolando a função meramente regulamentar, dependendo de lei em sentido estrito.

– **Determinação de pagamento antecipado para tributos com fato gerador complexo.** No caso de tributo com fato gerador complexo (e.g. IR, CSLL), embora o aspecto temporal da norma tributária impositiva estabeleça que se considere ocorrido ao final do período (último dia do trimestre ou do ano, conforme o caso), os fatos reveladores de capacidade contributiva que serão ao final consideradas em conjunto, ocorrem ao longo de todo o

período. Não afronta, pois, a estrutura de tais tributos tampouco o princípio da capacidade contributiva a determinação de realização de pagamentos antecipados ao longo do período, por valores apurados em face da realidade parcial ou simplesmente estimados, sujeitos a posterior ajuste. É, pois, a princípio, válida esta sistemática de pagamento, atendendo aos princípios da razoabilidade e da proporcionalidade.

• Vide notas ao art. 43 (IR) do CTN.

– **Determinação de pagamento antecipado para tributos com fato gerador instantâneo.** No caso de tributo com fato gerador instantâneo, a determinação de pagamento antecipado implica estabelecimento de ônus que, via de regra, não terá respaldo ainda em efetiva manifestação de capacidade contributiva nem em obrigação que já esteja em curso de constituição, tendo em conta que o surgimento da obrigação será tão somente futuro e incerto. A princípio, pois, tal sistemática de pagamento não se sustentará, configurando puro arbítrio no interesse unilateral da arrecadação tributária, com afronta à razoabilidade e à proporcionalidade. Apenas quando se revelar efetivamente necessária e adequada para assegurar o recolhimento é que se poderá entender justificada e válida a determinação de antecipação nestes casos.

• Vide nota ao art. 35, I, (ITBI) do CTN.

– **Antecipação com ou sem substituição tributária.** A antecipação de pagamento por ser estabelecida de modo que o próprio contribuinte providencie o pagamento antecipado ou mediante atribuição a terceiro da obrigação de recolher antecipadamente, mediante prévia retenção ou exigência do valor do contribuinte, ou seja, mediante a substituição tributária pra frente expressamente autorizada pelo art. 150, § 7º, da CF.

– "1. O art. 150, § 7º, da Constituição Federal, incluído pela Emenda Constitucional 3/93, permite que o recolhimento antecipado de ICMS ocorra com base em fato gerador presumido, sendo certo que a referida antecipação tributária pode-se dar de duas formas: (a) com substituição tributária – a denominada "substituição para frente" –, devendo, nesse caso, nos termos do art. 155, XII, *b*, da CF/88, ser disciplinada por lei complementar, que, na hipótese, é a LC 87/96; (b) sem substituição tributária, quando o regime da antecipação pode ser disciplinado por lei ordinária, porquanto a Constituição Federal não exige reserva de lei complementar. 2. No caso em exame, a Lei 3.796/96 do Estado de Sergipe – regulamentada pelo Decreto 17.037/97, com as alterações promovidas pelos Decretos 18.536/99 e 20.471/2002 – disciplina a hipótese de antecipação sem substituição tributária, de maneira que nada obsta seja a questão disciplinada por lei ordinária, com a determinação de antecipação do pagamento do tributo quando da entrada, no estabelecimento comercial, de mercadorias provenientes de outros Estados, para o fim de evitar a sonegação em relação às operações internas seguintes. 3. É legítima, assim, a cobrança antecipada de ICMS por meio do regime normal de tributação, ou seja, sem substituição tributária, nos termos do art. 150, § 7º, da Constituição Federal" (STJ, RMS 21.118, 2007).

– **Recolhimento diário de ICMS. Norma inconstitucional.** "Conflita com a Constituição Federal, em face da liberdade de comércio, da livre concorrência e do princípio da não cumulatividade, a imposição de regime de recolhimento de tributo que implique obrigação de satisfazer diariamente o valor correspondente ao Imposto sobre Circulação de Mercadorias e Serviços" (STF, RE 195.621).

Parágrafo único. A legislação tributária pode conceder desconto pela antecipação do pagamento, nas condições que estabeleça.

⇒ **Descontos para pagamento anterior ao vencimento.** O CTN, no parágrafo único do seu art. 160, autoriza a legislação tributária a induzir os contribuintes ao pagamento com antecedência à data do vencimento dos tributos, mediante oferta de descontos. Com isso, antecipa-se a receita e premiam-se os bons pagadores.

– Sobre a definição de legislação tributária, que alcança as normas complementares, vide os arts. 96 e 100 do CTN.

⇒ **Desconto para multas de ofício, condicionado à renúncia à defesa.** A Lei n. 8.218/91, com a redação da Lei n. 11.941/2009 e da Lei n. 12.844/2013, concede descontos nas multas para os tributos administrados pela Receita Federal do Brasil quando, notificado da lavratura do auto de infração, o sujeito passivo abrir mão de impugnar ou de recorrer. De outro, caso o crédito chega à inscrição em dívida ativa, é acrescido encargo legal de 20%. Vejamos os descontos: "Art. 6º Ao sujeito passivo que, notificado, efetuar o pagamento, a compensação ou o parcelamento dos tributos administrados pela Secretaria da Receita Federal do Brasil, inclusive das contribuições sociais previstas nas alíneas *a*, *b* e *c* do parágrafo único do art. 11 da Lei n. 8.212, de 24 de julho de 1991, das contribuições instituídas a título de substituição e das contribuições devidas a terceiros, assim entendidas outras entidades e fundos, será concedido redução da multa de lançamento de ofício nos seguintes percentuais: I – 50% (cinquenta por cento), se for efetuado o pagamento ou a compensação no prazo de 30 (trinta) dias, contado da data em que o sujeito passivo foi notificado do lançamento; II – 40% (quarenta por cento), se o sujeito passivo requerer o parcelamento no prazo de 30 (trinta) dias, contado da data em que foi notificado do lançamento; III – 30% (trinta por cento), se for efetuado o pagamento ou a compensação no prazo de 30 (trinta) dias, contado da data em que o sujeito passivo foi notificado da decisão administrativa de primeira instância; e IV – 20% (vinte por cento), se o sujeito passivo requerer o parcelamento no prazo de 30 (trinta) dias, contado da data em que foi notificado da decisão administrativa de primeira instância. § 1º No caso de provimento a recurso de ofício interposto por autoridade julgadora de primeira instância, aplica-se a redução prevista no inciso III do *caput* deste artigo, para o caso de pagamento ou compensação, e no inciso IV do *caput* deste artigo, para o caso de parcelamento. § 2º A rescisão do parcelamento, motivada pelo descumprimento das normas que o regulam, implicará restabelecimento do montante da multa proporcionalmente ao valor da receita não satisfeita e que exceder o valor obtido com a garantia apresentada. § 3º O disposto no *caput* aplica-se também às penalidades aplicadas isoladamente."

– **Entendendo que haveria inconstitucionalidade por forçar a renúncia à defesa.** "Cometendo verdadeiro abuso contra o princípio de liberdade, garantia e facilitação dos meios de defesa dos acusados, já vimos que certas leis fiscais vêm concedendo descontos de meras pretensões de crédito apenas acusadas em autos de infração e levantamentos fiscais para que o contribuinte, 'renunciando' à defesa, os pague sem discutir. Não é para essa finalidade de cerceamento de defesa que o CTN autoriza tais descontos. Já vimos que nesse sentido não pode a lei ordinária instituí-los porque tais medidas são coercitivas, são expressão de fiscalismo contra o livre acesso ao Poder Judiciário e ao da ampla defesa. Se até na ordem privada a Constituição prevê a 'repressão ao abuso do poder econômico', não é crível que o Estado-fisco exacerbe o *quantum* das multas para, apenas lavrada a acusação fiscal, acenar com descontos para que o sujeito passivo, atemorizado pelas quantias, correção monetária e outros ônus, se veja impedido de discutir, premido entre a liberdade de pedir justiça e o abuso econômico de oferecimento de desconto antes de apurado, definitivamente, o crédito" (NOGUEIRA, Ruy Barbosa. *Curso de direito tributário*. 14. ed. São Paulo: Saraiva, 1995, p. 311).

Art. 161. O crédito não integralmente pago no vencimento é acrescido de juros de mora, seja qual for o motivo determinante da falta, sem prejuízo da imposição das penalidades cabíveis e da aplicação de quaisquer medidas de garantia previstas nesta Lei ou em lei tributária.

⇒ **Configuração da mora dá-se de pleno direito. Não depende de interpelação.** "... ao contrário do que se dá com as obrigações de direito privado, não é preciso interpelação do devedor para que este seja constituído em mora" (CARVALHO, Paulo de Barros. *Curso de direito tributário*. 27. ed. São Paulo: Saraiva, 2016, p. 428).

– **Mesmo se suspensa a exigibilidade, os juros incidem.** Súmula CARF n. 5: São devidos juros de mora sobre o crédito tributário não integralmente pago no vencimento, ainda que suspensa sua exigibilidade, salvo quando existir depósito no montante integral.

⇒ **Cumulação de juros moratórios com multa moratória.** A multa moratória pune o descumprimento da norma tributária que determinava o pagamento do tributo no vencimento. Constitui, pois, penalidade cominada para desestimular o atraso nos recolhimentos. Já os juros moratórios, diferentemente, compensam a falta da disponibilidade dos recursos pelo sujeito ativo pelo período correspondente ao atraso. Não se confundem, de forma alguma, sendo plenamente admissível a cumulação.

– "4. São cumuláveis os encargos da dívida relativos aos juros de mora, multa e correção monetária – Precedentes" (STJ, AgRg no AREsp 113.634, 2013).

– "4. Na adesão ao referidos programas de parcelamento, a SELIC, composta de juros e correção monetária, incide apenas até a consolidação. Após, incide apenas correção monetária (TJLP), o que é legitimamente possível, pois os juros de mora, a multa punitiva e a correção monetária são cumuláveis..." (STJ, REsp 1.275.074, 2013).

– "TRIBUTÁRIO... CUMULAÇÃO DE MULTA COM JUROS MORATÓRIOS: POSSIBILIDADE... 2. É legítima a cobrança de juros de mora cumulada com multa fiscal moratória. Os juros de mora visam à compensação do credor pelo atraso no recolhimento do tributo, enquanto que a multa tem finalidade punitiva ao contribuinte omisso" (STJ, REsp 836.434, 2008).

– **Súmula 209 do extinto TFR:** "Nas execuções fiscais da Fazenda Nacional, é legítima a cobrança cumulativa de juros de mora e multa moratória".

– "Está claro que a mora compensa o pagamento a destempo, e que a multa o pune. Os juros de mora em Direito Tributário possuem natureza compensatória (se a Fazenda tivesse o dinheiro em mãos já poderia tê-lo aplicado com ganho ou quitado seus débitos em atraso, livrando-se, agora ela, da mora e de suas consequências). Por isso os juros moratórios devem ser conformados ao mercado, compensando a indisponibilidade do numerário. A multa, sim, tem caráter estritamente punitivo, e por isso é elevada em todas as legislações fiscais, exatamente para coibir a inadimplência fiscal ou ao menos para fazer o sujeito passivo sentir o peso do descumprimento da obrigação no seu termo. Cumulação de penalidades? Os juros não possuem caráter punitivo, somente a multa" (COÊLHO, Sacha Calmon Navarro. *Liminares e depósitos antes do lançamento por homologação – decadência e prescrição.* 2. ed. São Paulo: Dialética, 2002, p. 26).

– "A função da multa é sancionar o descumprimento das obrigações, dos deveres jurídicos. A função da indenização é recompor o patrimônio danificado. Em Direito Tributário é o juro que recompõe o patrimônio estatal lesado pelo tributo não empregado. A multa é para punir, assim como a correção monetária é para garantir, atualizando-o, o poder de compra da moeda. Multa e indenização não se confundem" (COÊLHO, Sacha Calmon Navarro. *Teoria e prática das multas tributárias*. Rio de Janeiro: Forense, 2001, p. 111).

– **Cumulação, ainda, de encargo legal pela inscrição. Inconstitucionalidade.** Sobre a matéria, vide nota ao art. 201 do CTN em que são referidos, inclusive, precedentes antigos do STF.

⇒ **Juros.** Vide parágrafo único deste art. 161.

⇒ **Multas.** Vide arts. 136 a 138 do CTN e respectivas notas.

– **Aplicação de multa à entidade sob regime de liquidação extrajudicial. Súmula CARF 131:** "Inexiste vedação legal à aplicação de multa de ofício na constituição de crédito tributário em face de entidade submetida ao regime de liquidação extrajudicial" (Pleno, 2019). Obs.: vinculante, conforme Portaria ME n. 410/2020.

§ 1º Se a lei não dispuser de modo diverso, os juros de mora são calculados à taxa de 1% (um por cento) ao mês.

⇒ **Juros moratórios.** "Juros moratórios, ensina a doutrina e a jurisprudência, representam uma indenização pela utilização de um capital impropriamente detido em mãos alheias. Isto é, são aplicáveis com caráter indenizatório pelo descumprimento de uma obrigação no prazo estipulado. Juros compensatórios, também no sentido doutrinário e jurisprudencial, são interpretados como frutos do capital empregado. Isto é, resultam da utilização consentida de capital de terceiros, remunerando-o. A diferença essencial entre ambos, nessa perspectiva, é que os juros moratórios incidem a partir do vencimento de uma obrigação como característica punitiva e indenizatória e os juros compensatórios, por sua vez, incidem entre a data em que o capital alheio foi transferido a um terceiro para a sua fruição, e o momento do adimplemento da obrigação, na forma e nos prazos avençados, e segundo a legislação aplicável. [...]Se é admissível a incidência de juros de moratórios, dentro dos limites do CTN, o mesmo raciocínio não se aplica aos juros compensatórios ... Estes últimos incidem em razão do legítimo uso de capital próprio de terceiros. Ora, como é curial, a relação tributária não representa, sob qualquer perspectiva, antes do vencimento da obrigação tributária, nos prazos legais, a utilização de capital estatal pelo contribuinte. É, pelo contrário, do patrimônio do contribuinte compulsoriamente retirada uma parcela para ser entregue aos cofres públicos. [...] A incidência de juros compensatórios, na órbita das relações tributárias é, destarte, teratológica. Não havendo fruição do capital estatal nas mãos do contribuinte, a cobrança de qualquer encargo financeiro que não o principal da obrigação tributária ..., antes do seu vencimento no prazo legal, é cristalinamente inconstitucional e ilegal. Representa um *plus* sobre o montante do imposto a ser pago sem qualquer lastro jurídico: um inequívoco *bis in idem* de todo rechaçado pelo ordenamento jurídico. [...] Assim, ao jurista e ao aplicador da lei, segundo a ordem jurídica pátria, apenas a exigência de juros moratórios isto é, incidentes após o vencimento da obrigação tributária seria possível à luz da Constituição e das leis, pela adequada exegese da sistemática legal correspondente, dentro do teto máximo de 1% a.m. derivado do CTN. Antes do vencimento da obrigação, apenas a incidência de correção monetária seria juridicamente admissível, valendo ressaltar, de qualquer forma, que a pretérita pretensão fiscal de se utilizar taxas de juros (as de então TR/TRD) como forma indireta de indexação monetária, foram sempre duramente rechaçadas, inclusive pelo Supremo Tribunal Federal" (RODRIGUES DO AMARAL, Antônio Carlos. Da aplicação das taxas de juros Selic sobre impostos e contribuições. *Repertório IOB de Jurisprudência*/98, Verbete 1/12726).

– "Está claro que a mora compensa o pagamento a destempo, e que a multa o pune. Os juros de mora em Direito Tributário possuem natureza compensatória (se a Fazenda tivesse o dinheiro em mãos já poderia tê-lo aplicado com ganho ou quitado seus débitos em atraso, livrando-se, agora ela, da mora e de suas consequências). Por isso os juros moratórios devem ser conformados ao mercado, compensando a indisponibilidade do numerário" (COÊLHO, Sacha Calmon Navarro. *Liminares e depósitos antes do lançamento por homologação* – Decadência e prescrição. 2. ed. São Paulo: Dialética, 2002, p. 26).

⇒ **1% se a lei não dispuser de modo diverso.** O § 1º do art. 161 estabelece taxa de juros em caráter supletivo tão somente ("se a lei não dispuser de modo diverso"). Relativamente aos tributos federais, há lei tratando da matéria, de modo que não se aplica a taxa de 1%, mas, sim, a taxa SELIC, conforme nota que segue. Quanto aos tributos estaduais e municipais, se houver lei, será o percentual nela indicado, muitas vezes a própria SELIC; não havendo lei, 1%. Como há norma geral tributária específica, é inaplicável a o art. 1º-F da Lei 9.494/1997, com a redação da Lei 11.960/2009, que cuida das atualizações das condenações em geral impostas à Fazenda Pública, conforme já decidiu o STJ no AgRg no REsp 1.391.462, 2013.

– "REPETIÇÃO DE INDÉBITO DE TRIBUTO ESTADUAL. JUROS DE MORA. DEFINIÇÃO DA TAXA APLICÁVEL. 1. Relativamente a tributos federais, a jurisprudência da 1ª Seção está assentada no seguinte entendimento: na restituição de tributos, seja por repetição em pecúnia, seja por compensação, (a) são devidos juros de mora a partir do trânsito em julgado, nos termos do art. 167, parágrafo único, do CTN e da Súmula 188/STJ, sendo que (b) os juros de 1% ao mês incidem sobre os valores reconhecidos em sentenças cujo trânsito em julgado ocorreu em data anterior a 1º.01.1996, porque, a partir de então, passou a ser aplicável apenas a taxa SELIC, instituída pela Lei 9.250/95, desde cada recolhimento indevido (EResp 399.497, ERESP 225.300, ERESP 291.257, EResp 436.167, EResp 610.351). 2. Relativamente a tributos estaduais ou municipais, a matéria continua submetida ao princípio geral, adotado pelo STF e pelo STJ, segundo o qual, em face da lacuna do art. 167, § único do CTN, a taxa dos juros de mora na repetição de indébito deve, por analogia e isonomia, ser igual à que incide sobre os correspondentes débitos tributários estaduais ou municipais pagos com atraso; e a taxa de juros incidente sobre esses débitos deve ser de 1% ao mês, a não ser que o legislador, utilizando reserva de competência prevista no § 1º do art. 161 do CTN, disponha de modo diverso. 3. Nessa linha de entendimento, a jurisprudência do STJ considera incidente a taxa SELIC na repetição de indébito de tributos estaduais a partir da data de vigência da lei estadual que prevê a incidência de tal encargo sobre o pagamento atrasado de seus tributos. Precedentes de ambas as Turmas da 1ª Seção. 4. No Estado de São Paulo, o art. 1º da Lei Estadual 10.175/98 prevê a aplicação da taxa SELIC sobre impostos estaduais pagos com atraso, o que impõe a adoção da mesma taxa na repetição do indébito. 5. Recurso especial provido. Acórdão sujeito ao regime do art. 543-C do CPC e da Resolução STJ 08/08" (STJ, REsp 1.111.189, 2009).

– **SELIC no âmbito federal**. Existe legislação específica fixando a taxa de juros a ser observada, tanto para os tributos em geral arrecadados pela Secretaria da Receita Federal como para as contribuições arrecadadas pelo INSS. Veja-se o texto do art. 84 da Lei 8.981/95: "Art. 84. Os tributos e contribuições sociais arrecadados pela Secretaria da Receita Federal, cujos fatos geradores vierem a ocorrer a partir de 1º de janeiro de 1995, não pagos nos prazos previstos na legislação tributária serão acrescidos de: I – juros de mora, equivalentes à taxa média mensal de captação do Tesouro Nacional relativa à Dívida Mobiliária Federal Interna; ... § 4º Os juros de mora de que trata o inciso I, deste artigo, serão aplicados também às contribuições sociais arrecadadas pelo INSS e aos débitos para com o patrimônio

imobiliário, quando não recolhidos nos prazos previstos na legislação específica." O art. 13 da Lei n. 9.065/95, por sua vez, determinou: "Art. 13. A partir de 1º de abril de 1995, os juros de que tratam a alínea c do parágrafo único do art. 14 da Lei n. 8.847, de 28 de janeiro de 1994, com a redação dada pelo art. 6º da Lei 8.850, de 28 de janeiro de 1994, e pelo art. 90 da Lei n. 9.981, de 1995, o art. 84, inciso I, e o art. 91, parágrafo único, alínea a.2, da Lei 8.981, de 1995, serão equivalentes à taxa referencial do Sistema Especial de Liquidação e de Custódia – SELIC para títulos federais acumulada mensalmente." A Lei n. 9.430/96, em seu art. 61, § 3º, através de remissão ao seu art. 5º, também determinou a aplicação da taxa SELIC sobre os débitos para com a União não pagos no vencimento decorrentes de tributos administrados pela SRF cujos fatos geradores ocorressem a partir de 1º de janeiro de 1997. As Leis ns. 8.212/91, 10.522/2002 e 11.941/99 também preveem a aplicação da SELIC.

– **Tema 214 do STF**: "II – É legítima a utilização, por lei, da taxa SELIC como índice de atualização de débitos tributários" (2016).

– "CONTRIBUIÇÃO PREVIDENCIÁRIA. FOLHA DE SALÁRIO. INSTITUIÇÕES FINANCEIRAS E ASSEMELHADAS. DIFERENCIAÇÃO DE ALÍQUOTAS. CONTRIBUIÇÃO ADICIONAL DE 2,5%. ART. 22, § 1º, DA LEI 8.212/91. CONSTITUCIONALIDADE. 1. A jurisprudência do STF é firme no sentido de que a lei complementar para instituição de contribuição social é exigida para aqueles tributos não descritos no altiplano constitucional, conforme disposto no § 4º do artigo 195 da Constituição da República. A contribuição incidente sobre a folha de salários esteve expressamente prevista no texto constitucional no art. 195, I, desde a redação original. O artigo 22, § 1º, da Lei 8.212/91 não prevê nova contribuição ou fonte de custeio, mas mera diferenciação de alíquotas, sendo, portanto, formalmente constitucional. 2. Quanto à constitucionalidade material, a redação do art. 22, § 1º, da Lei 8.212 antecipa a densificação constitucional do princípio da igualdade que, no Direito Tributário, é consubstanciado nos subprincípios da capacidade contributiva, aplicável a todos os tributos, e da equidade no custeio da seguridade social. Esses princípios destinam-se preponderantemente ao legislador, pois nos termos do art. 5º, caput, da CRFB, apenas a lei pode criar distinções entre os cidadãos. Assim, a escolha legislativa em onerar as instituições financeiras e entidades equiparáveis com a alíquota diferenciada, para fins de custeio da seguridade social, revela-se compatível com a Constituição. 3. Fixação da tese jurídica ao Tema 204 da sistemática da repercussão geral: 'É constitucional a previsão legal de diferenciação de alíquotas em relação às contribuições previdenciárias incidentes sobre a folha de salários de instituições financeiras ou de entidades a elas legalmente equiparáveis, após a edição da EC 20/98'" (STF, RE 598.572, 2016).

– **Súmula CARF 4**: "A partir de 1º de abril de 1995, os juros moratórios incidentes sobre débitos tributários administrados pela Secretaria da Receita Federal do Brasil são devidos, no período de inadimplência, à taxa referencial do Sistema Especial de Liquidação e Custódia – SELIC para títulos federais".

– "O Sistema Especial de Liquidação e Custódia, o 'Selic', é um sistema computadorizado, administrado pelo banco Central do Brasil, por meio do qual são realizadas as operações com os títulos da dívida pública federal. O mercado de títulos da dívida pública federal é dividido em primário e secundário. No mercado primário, o governo Federal faz leilões de seus títulos (atualmente, o tesouro leiloa apenas LTN, NTN-B e NTN-F) para 12 instituições financeiras (chamadas *dealers*): Bradesco, BTG Pactual, Citibank, Banco do Brasil, Credit Suisse, Santander, Caixa Econômica, Capital Markets, Goldman Sachs, HSBC, Itaú Unibanco e Renascença. Em troca do dinheiro pago no leilão, a União entrega o título ao *dealer*, uma taxa de juros remuneratórios e um prazo para sua liquidação. A partir daí, esses títulos podem ser negociados no mercado secundário: os 12 *dealers* passam a negociá-los com os seus clientes e outras instituições financeiras credenciadas pelo Banco Central, mas que não fazem parte do mercado primário (intermediários)... No mercado secundário, é possível realizar operações definitivas ou compromissadas: nas definitivas, ... o título é negociado definitivamente de uma pessoa para outra; já as compromissadas 'são operações de compra ou venda de títulos com compromisso de revenda ou recompra dos mesmos títulos em data futura, anterior ou igual à data de vencimento dos títulos, nessas operações o título é vendido e depois volta para o vendedor. As operações compromissadas são muito úteis às instituições financeiras para gerar liquidez, obter moeda com agilidade, para realizar os depósitos compulsórios exigidos pelo Banco Central. Nessas ocasiões, as instituições financeiras vendem títulos para obter o dinheiro imediatamente, sob a promessa de recomprá-los no dia seguinte, pagando em relação a essa operação uma taxa de juros – tal operação é chamada de *overnight*. Em termos grosseiros, a taxa Selic é constituída pela média dos juros avençados nessas operações compromissadas (*overnight*), entre instituições financeiras, de compra e venda de títulos da dívida pública federal. Em termos técnicos, o artigo 1º da Circular BACEN n. 3.671/2013, determina que, para fins de cálculo da taxa Selic, 'são consideradas as operações de compra e venda de títulos federais com compromisso de revenda assumido pelo comprador conjugado com compromisso de recompra assumido pelo vendedor para liquidação no dia útil subsequente'..." (FERREIRA NETO, Osly da Silva Ferreira. Os juros tributários e os três paradoxos do contribuinte curioso. *RDDT* 230/103, 2014).

– Não vislumbramos nenhuma inconstitucionalidade na taxa SELIC. Tem ela base legal e pode ser exigida pelo Fisco. O CTN, embora, em seu art. 161, § 1º, refira a taxa de 1% ao mês, o faz em caráter supletivo, deixando, expressamente à lei a possibilidade de dispor de modo diverso. Não estabelece a taxa de 1% como limite, mas como taxa supletiva. A Lei 9.065/95 determinou a aplicação da taxa SELIC como juros moratórios e inexiste inconstitucionalidade nisso. Note-se que a qualificação dos juros como moratórios, compensatórios ou remuneratórios não decorre de qualquer distinção na sua essência, mas da causa que dá ensejo à sua cobrança. Estando prevista a aplicação da SELIC por força da mora, assumiu a condição de taxa de juros moratórios aplicável em matéria tributária. A invocação da capacidade contributiva, da isonomia e da vedação de confisco é inapropriada à matéria e, de qualquer forma, nenhuma ofensa haveria. O não pagamento do tributo no prazo faz com que o Poder Público tenha que emitir títulos para obter recursos, sendo natural

que os juros moratórios em matéria tributária equivalham ao custo do dinheiro para o Governo. A par disso, como a SELIC dispensa aplicação de indexador de correção monetária, não há que se dizer da sua excessiva onerosidade. Vale referir, ainda, que o Governo paga a taxa SELIC nas repetições e compensações de indébito tributário. Por fim, após longa discussão, o STJ acabou consolidando posição no sentido da aplicação da taxa SELIC.

– "2. Legitimidade da Taxa Selic para apuração de débitos tributários. Precedente do Plenário" (STF, 2ª T., ARE 738535 AgR, Relator(a): Min. Cármen Lúcia, jun. 2013) Voto condutor: "Como também afirmado na decisão agravada, o Supremo Tribunal decidiu ser legítima a Taxa Selic para atualização de débitos tributários: '2. Taxa Selic. Incidência para atualização de débitos tributários. Legitimidade. Inexistência de violação aos princípios da legalidade e da anterioridade. Necessidade de adoção de critério isonômico.' (RE 582.461-RG, Relator o Ministro Gilmar Mendes, Plenário, *DJe* 18.8.2011)."

– "Cumpre destacar, ainda, no tocante à discussão sobre a possibilidade da aplicação da taxa SELIC como fator de correção de dívida tributária, que o Plenário desta Suprema Corte, após reconhecer configurada a existência de repercussão geral do tema, julgou o fundo da controvérsia constitucional (igualmente objeto de veiculação nesta causa), fixando entendimento que desautoriza, nesse específico ponto, a pretensão de direito material deduzida pela parte ora recorrente: '1. Recurso extraordinário. Repercussão geral. 2. Taxa Selic. Incidência para atualização de débitos tributários. Legitimidade. Inexistência de violação aos princípios da legalidade e da anterioridade. Necessidade de adoção de critério isonômico. No julgamento da ADI 2.214, Rel. Min. Maurício Corrêa, Tribunal Pleno, *DJ* 19.4.2002, ao apreciar o tema, esta Corte assentou que a medida traduz rigorosa igualdade de tratamento entre contribuinte e fisco e que não se trata de imposição tributária.' (RE 582.461/SP)..." (Excerto de voto condutor no STF, do AI 675.898 AgR, 2013).

– "4. É legítima a utilização da taxa SELIC como índice de correção monetária e juros de mora dos débitos do contribuinte para com a Fazenda Pública (REsp 879.844/MG, *DJe* 25.11.2009, julgado sob o rito dos recursos repetitivos)" (STJ, REsp 1.195.286, 2013).

– "JUROS MORATÓRIOS... 1. Está firmado no âmbito da 1ª Seção o entendimento da legitimidade da aplicação da taxa SELIC como índice de juros de mora sobre os débitos tributários para com a Fazenda Nacional, bem como, havendo lei estadual nesse sentido, também em relação a tributos cobrados pelos Estados" (STJ, REsp 1.048.710, 2008).

– Restou superada a posição anterior do STJ que era contra a aplicação da SELIC em razão da suposta ausência de suporte legal suficiente. No sentido superado, vide: STJ, REsp 215.881, 2000. Vide, também: Gabriel Lacerda Troianelli, Sobre a aplicabilidade da taxa Selic em matéria tributária, em *RDDT* 57, junho de 2000, p. 56.

– **SELIC no âmbito estadual. Súmula n. 523 do STJ:** "A taxa de juros de mora incidente na repetição de indébito de tributos estaduais deve corresponder à utilizada para cobrança do tributo pago em atraso, sendo legítima a incidência da taxa Selic, em ambas as hipóteses, quando prevista na legislação local, vedada sua cumulação com quaisquer outros índices" (2015).

– "2. É cediço nesta Corte o entendimento de que é cabível a aplicação da Taxa SELIC, na hipótese de haver Lei estadual nesse sentido, vedada a cumulatividade com outro índice" (STJ, AgRg no AREsp 362.763, 2013).

– **SELIC como índice de correção monetária e juros.** "5. A utilização da TJLP como índice de correção monetária é pacificamente aceita pela jurisprudência desta Corte, conquanto que previamente pactuado entre as partes, como na espécie" (STJ, REsp 1.275.074, 2013).

– "5. A utilização da TJLP como índice de correção monetária é pacificamente aceita pela jurisprudência desta Corte, conquanto que previamente pactuado entre as partes, como na espécie" (STJ, REsp 1.275.074, 2013).

– "CRÉDITO TRIBUTÁRIO. JUROS MORATÓRIOS. TAXA SELIC. LEGALIDADE. EXISTÊNCIA DE PREVISÃO EM LEI ESTADUAL... 2. A Taxa SELIC é legítima como índice de correção monetária e de juros de mora, na atualização dos débitos tributários pagos em atraso, diante da existência de Lei Estadual que determina a adoção dos mesmos critérios adotados na correção dos débitos fiscais federais. (Precedentes...) 3. Raciocínio diverso importaria tratamento anti-isonômico, porquanto a Fazenda restaria obrigada a reembolsar os contribuintes por esta taxa SELIC, ao passo que, no desembolso, os cidadãos exonerar-se-iam desse critério, gerando desequilíbrio nas receitas fazendárias. 4... 9. Recurso Especial provido. Acórdão submetido ao regime do art. 543-C do CPC" (STJ, REsp 879.844, 2009).

– "DÉBITOS TRIBUTÁRIOS VENCIDOS. TAXA SELIC. APLICAÇÃO. LEI 9.065/95.1... 10. A Taxa SELIC é legítima como índice de correção monetária e de juros de mora, na atualização dos débitos tributários pagos em atraso, *ex vi* do disposto no artigo 13, da Lei 9.065/95 (Precedentes do STJ...). 11. Destarte, vencido o crédito tributário em junho de 1998, como restou assente no Juízo a quo, revela-se aplicável a Taxa Selic, a título de correção monetária e juros moratórios.13. Recurso especial desprovido. Acórdão submetido ao regime do artigo 543-C, do CPC" (STJ, REsp 1.073.846, 2009).

– Sobre a aplicação da SELIC na repetição e na compensação de tributos, vide em nota aos artigos 167, parágrafo único, do CTN.

– **TJLP em parcelamento.** "3. A adesão ao REFIS e ao PAES impõe ao contribuinte o pagamento do débito principal e os seus respectivos acessórios, os quais incidem tão somente até a apuração do débito e sua consolidação, momento a partir do qual não mais subsiste sua incidência e, consequentemente, da Taxa SELIC, passando o crédito a sofrer apenas correção monetária, por meio da Taxa de Juros de Longo Prazo (TJLP)" (STJ, REsp 1.275.074, 2013).

– **TRD como juros de mora. Tema 786 do STJ: (CANCELADO)** "Discussão: utilização da TRD sobre os débitos fiscais, a título de juros de mora, incidentes a partir de fevereiro de 1991, nos termos da Lei 8.218/91, restando afastada a sua incidência como fator de correção monetária". Decisão em 2010.

⇒ **Limitação dos índices estaduais e municipais aos estabelecidos pela União. Tema 1.062 do STF:** "Os estados-membros e o Distrito Federal podem legislar sobre índices de correção monetária e taxas de juros de mora incidentes sobre seus créditos fiscais, limitando-se, porém, aos percentuais estabelecidos pela União para os mesmos fins". Decisão do mérito em 2019.

– "Direito Financeiro. Legislação de entes estaduais e distrital. Índices de correção monetária e taxas de juros de mora. Créditos tributários. Percentual superior àquele incidente nos tributos federais. Incompatibilidade. Existência de repercussão geral. Reafirmação da jurisprudência da Corte sobre o tema. 1. Tem repercussão geral a matéria constitucional relativa à possibilidade de os estados-membros e o Distrito Federal fixarem índices de correção monetária e taxas de juros incidentes sobre seus créditos tributários. 2. Ratifica-se a pacífica jurisprudência do Tribunal sobre o tema, no sentido de que o exercício dessa competência, ainda que legítimo, deve se limitar aos percentuais estabelecidos pela União para os mesmos fins. Em consequência disso, nega-se provimento ao recurso extraordinário. 3. Fixada a seguinte tese: os estados-membros e o Distrito Federal podem legislar sobre índices de correção monetária e taxas de juros de mora incidentes sobre seus créditos fiscais, limitando-se, porém, aos percentuais estabelecidos pela União para os mesmos fins" (STF, ARE 1.216.078 RG, 2019).

⇒ **Capitalização.** "CAPITALIZAÇÃO DE JUROS E UTILIZAÇÃO DA TAXA SELIC... 2. Segundo entendimento desta Corte, a capitalização dos juros não é vedada em matéria tributária, bem como é legal a utilização da taxa SELIC. 3..." (TRF4, AC 2001.71.08.009231-4, 2003).

– "O art. 161, § 1º, do CTN não exclui a capitalização dos juros de mora" (TRF4, AC 0416281, 1996).

– A capitalização não se presume. Tem de decorrer de lei.

– Ressalto que, para a hipótese de repetição de indébito tributário, o CTN, em seu art. 167, parágrafo único, não prevê a capitalização: "A restituição vence juros não capitalizáveis, a partir do trânsito em julgado da decisão definitiva que a determinar". Isso poderia gerar argumento no sentido de que a capitalização implicaria ofensa ao princípio da isonomia, na medida em que o contribuinte a ela não teria direito quando retomasse do Fisco tributo indevido. Entretanto, o argumento da isonomia já foi rejeitado quando os contribuintes pretendiam que os juros, na repetição do indébito, contasse do pagamento do tributo, e não do trânsito em julgado da decisão condenatória. A par disso, a contar de janeiro de 1996, passou-se a aplicar a SELIC tanto na cobrança como na repetição e compensação de tributos, passando-se a ter, pois, critério único.

⇒ **Juros sobre a multa. Incidência.** A lei prevê a incidência de juros também sobre a multa, pois esta integra o crédito tributário. É o que decorre do art. 61 da Lei 9.430/96: Art. 61. Os débitos para com a União, decorrentes de tributos e contribuições administrados pela Secretaria da Receita Federal, cujos fatos geradores ocorrerem a partir de 1º de janeiro de 1997, não pagos nos prazos previstos na legislação específica, serão acrescidos de multa de mora, calculada à taxa de trinta e três centésimos por cento, por dia de atraso. [...] § 3º Sobre os débitos a que se refere este artigo incidirão juros de mora calculados à taxa a que se refere o § 3º do art. 5º, a partir do primeiro dia do mês subsequente ao vencimento do prazo até o mês anterior ao do pagamento e de um por cento no mês de pagamento. [...] Art. 43. Poderá ser formalizada exigência de crédito tributário correspondente exclusivamente a multa ou a juros de mora, isolada ou conjuntamente. Parágrafo único. Sobre o crédito constituído na forma deste artigo, não pago no respectivo vencimento, incidirão juros de mora, calculados à taxa a que se refere o § 3º do art. 5º, a partir do primeiro dia do mês subsequente ao vencimento do prazo até o mês anterior ao do pagamento e de um por cento no mês de pagamento".

– **Súmula CARF 108:** "Incidem juros moratórios, calculados à taxa referencial do Sistema Especial de Liquidação e Custódia – SELIC, sobre o valor correspondente à multa de ofício" (Pleno, 2018). Obs.: vinculante, conforme Portaria MF n. 129/2019.

– "JUROS DE MORA SOBRE MULTA. INCIDÊNCIA. PRECEDENTES DE AMBAS AS TURMA QUE COMPÕEM A PRIMEIRA SEÇÃO DO STJ. 1. Entendimento de ambas as Turmas que compõem a Primeira Seção do STJ no sentido de que: 'É legítima a incidência de juros de mora sobre multa fiscal punitiva, a qual integra o crédito tributário.' (REsp 1.129.990/PR, Rel. Min. Castro Meira, *DJ* de 14/9/2009). De igual modo: REsp 834.681/MG, Rel. Min. Teori Albino Zavascki, *DJ* de 2/6/2010" (STJ, AgRg no REsp 1.335.688, 2012).

– "No contexto da aplicação das multas, é perfeitamente possível vislumbrar a incidência de juros moratórios sobre os valores das sanções tributárias. O termo inicial será o *dia seguinte ao não pagamento da multa*, esta observada para este fim como valor principal. Os juros de mora ocorrentes sobre a multa tributária – punitiva ou moratória – visam remunerar o Fisco pelo retardamento da quitação do indébito fiscal" (HARET, Florence. Fenomenologia de incidência das multas fiscais, 2014).

– "A fiscalização federal tem aplicado a taxa Selic, para fins de atualização de seus créditos, sobre o valor do principal exigido do contribuinte, assim como sobre o valor da multa decorrente do lançamento de ofício. O procedimento vem sendo adotado de maneira uniforme nas diversas Delegacias da Receita Federal, com base no entendimento da Coordenação Geral do Sistema de Tributação, a Cosit, exposto no Parecer MF/SRF/Cosit/Coope/Senog n. 28, 2 de abril de 1998. Segundo esse Parecer, é cabível a exigência de juros sobre a multa de ofício, a partir do vencimento da penalidade, com exceção aos casos de débitos correspondentes a tributos, cujos fatos geradores ocorreram durante os anos de 1995 e 1996. Confira-se o seguinte trecho do parecer: '... Conclui, igualmente, com apoio no art. 61 e seu § 3º, da Lei n. 9.430/96, que, com relação aos fatos geradores ocorridos a partir de 1.1.97, incidirão juros moratórios sobre os débitos para com a União, decorrentes de tributos e contribuições – inclusive os relativos às multas de ofício não pagas nos respectivos vencimentos.' ... nem todos se dão conta dessa exigência, haja vista que a aplicação de juros sobre a multa, na maioria das vezes, não é informada pelo fisco na discriminação de cálculos apresentada ao devedor. [...] .. considerando o disposto no *caput*

do art. 161... é possível concluir que o Código Tributário Nacional autoriza a exigência de juros de mora sobre as multas. [...] o Código Tributário Nacional apenas autoriza a cobrança de juros sobre a multa em caráter geral, sem impedir que a legislação ordinária específica disponha de forma diferente. [...] quando a legislação determina que os juros de mora devem incidir sobre 'tributos e contribuições', não está autorizada a exigência desses encargos sobre outra coisa que não possua essa natureza jurídica. No caso da Lei n. 9.430/96, que é a norma atualmente em vigor a respeito da matéria, essa conclusão é ainda mais clara. Isso porque, quando a referida Lei pretendeu autorizar a exigência de juros sobre a multa decorrente de lançamento de ofício, ela o fez de forma expressa. Com efeito, o seu art. 43, parágrafo único, prevê a incidência de juros moratórios sobre as multas e os juros exigidos isoladamente. Confira-se: 'Art. 43. Poderá ser formalizada exigência de crédito tributário correspondente exclusivamente a multa ou a juros de mora, isolada ou conjuntamente. Parágrafo único. Sobre o crédito constituído na forma deste artigo, não pago no respectivo vencimento, incidirão juros de mora, calculados à taxa a que se refere o § 3º do art. 5º, a partir do primeiro dia do mês subsequente ao vencimento do prazo até o mês anterior ao do pagamento e de um por cento no mês de pagamento.' A redação desse dispositivo permite concluir que não há previsão legal para a cobrança de juros de mora sobre a multa lançada de ofício nos casos que não foram abrangidos pelo art. 43. Dessa forma, forçoso reconhecer que, no âmbito dos tributos administrados pela Secretaria da Receita Federal, a legislação atualmente em vigor não autoriza a exigência de juros sobre a multa" (FAJERSZTAJN, Bruno. Exigência de Juros de Mora sobre as Multas de Ofício no Âmbito da Secretaria da Receita Federal. *RDDT* 132, set/06) O autor aborda, nesse artigo, toda a legislação que dispôs sobre a cobrança de juros: art. 16 do DL 2.323/87, demonstrando que "variou no decorrer dos anos, sendo que, em determinados períodos, era permitida a cobrança de juros sobre a multa e, em outros, essa exigência não era legalmente autorizada".

– **Termo "a quo" dos juros sobre a multa de ofício.** "A denominada multa de ofício caracteriza-se pela inafastável necessidade de aça fiscal para que se considere devida. Assim, mesmo em face da jurisprudência que tem predominado, em se tratando de multa de ofício não se pode falar da existência de uma obrigação que a tenha como conteúdo, antes de regularmente constituído o crédito tributário. Assim, somente com a lavratura de auto de infração é que se pode considerar devida a multa de ofício. E como em face do auto de infração o contribuinte é notificado a fazer o correspondente pagamento, é a partir daí que se pode cogitar da configuração da mora e, em consequência, do início da incidência dos juros de mora correspondentes" (MACHADO, Hugo de Brito. Juros de mora sobre multas tributárias. *RDDT* 180/82, 2010).

– "A adoção do mesmo termo inicial é uma ilegalidade pois as duas obrigações têm fatos geradores distintos e só se tornam exigíveis em momentos diversos. [...] A penalidade pecuniária de que se está tratando exige o concurso de duas condições para se tornar exigível: que a obrigação principal não tenha sido cumprida até o dia em que a fiscalização inicia procedimento contra o sujeito passivo e que seja imposta... através de lançamento. Em síntese: condição ': não pagar o tributo; condição 2: sofrer a aplicação da multa. Apenas na data em que as duas condições se completam, o sujeito passivo está constituído em mora quanto à penalidade pecuniária. Trata-se de mora por interpelação, conforme previsto no Código Civil, artigo 397, parágrafo único" (GONÇALVES, Gilberto Rodrigues. Juros de mora sobre multas tributárias. Ilegitimidade da contagem de prazo adotada. *RDDT* 152/93, 2008).

– **Contra a aplicação de juros sobre a multa.** "... tendo sido demonstrado acima que o trecho do *caput* do artigo 161... deve ser lido de acordo com a acepção estrita de crédito, ou seja, que 'o tributo não integralmente pago no vencimento é acrescido de juros de mora, seja qual for o motivo determinante da falta, sem prejuízo da imposição das penalidades cabíveis', é possível demonstrar igualmente o equívoco do emprego da acepção ampla da expressão 'crédito tributário', a significar 'o tributo e a penalidade pecuniária'. [...] o sentido atribuído pelo § 2º do artigo 161 à palavra 'crédito' corrobora a conclusão de que, também no *caput* deste artigo, o legislador a empregou no sentido de mero tributo, não abrangendo, portanto, a penalidade pecuniária. Em face de todo o exposto, conclui-se que o artigo 161 do Código Tributário Nacional não autoriza que sobre a penalidade pecuniária não paga no vencimento incidam juros moratórios" (TROIANELLI, Gabriel Lacerda. A não incidência de juros moratórios sobre multa não paga no vencimento. *RDDT* 174/40, 2010).

⇒ **Afastamento das multas e suspensão da fluência dos juros por força do descumprimento, pelo Fisco, do prazo de 360 dias para analisar defesa ou recurso do contribuinte.** "1) O artigo 24 da Lei n. 11.457/07 instituiu, em favor do sujeito passivo da obrigação tributária, direito subjetivo a que nos processos administrativos de seu interesse seja proferida decisão em 360 dias... 2) Se por um lado o descumprimento desse prazo não resulta em prescrição intercorrente que impossibilite a Fazenda de exigir seu crédito, por outro, ele não é estéril de consequências, nem dependente de regulamentação posterior. 3) entre as consequências do descumprimento do prazo previsto no art. 24 da Lei n. 11.457/07 encontram-se: (i) o afastamento das sanções administrativas discutidas no processo; (ii) a possibilidade de forçar judicialmente o julgador administrativo a decidir; e (iii) o fortalecimento da responsabilidade do Estado por dano imposto ao contribuinte em razão da demora no julgamento. 4) Além disso, o não cumprimento do prazo previsto no artigo 24 da Lei n. 11.457/07 é causa de suspensão da fluência de juros de mora para o contribuinte, suspensão esta que se inicia no dia seguinte ao fim do prazo de 360 dias e termina no momento em que for proferida a decisão cabível" (TROIANELLI, Gabriel Lacerda. O artigo 24 da Lei n. 11.457/07 como causa suspensiva da fluência de juros moratórios. *RDDT* 161/18, 2009).

– Sobre o prazo de 360 dias, vide nota ao art. 151, III, do CTN.

§ 2º O disposto neste artigo não se aplica na pendência de consulta formulada pelo devedor dentro do prazo legal para pagamento do crédito.

⇒ **Só a consulta individual afasta os juros e a multa.** "3. A exclusão da multa e dos juros de mora, em razão do não recolhimento tempestivo do tributo a que se refere o art. 161, § 2º do CTN, pressupõe consulta fiscal formulada pelo próprio devedor ou responsável antes de esgotado o prazo legal para pagamento do crédito" (STJ, REsp 555.608, 2004).

– **Consulta geral, por sindicato, não implica a suspensão da exigibilidade.** "CONSULTA ADMINISTRATIVA. ICMS. SINDICATO. ÓRGÃO DE REPRESENTAÇÃO DE CLASSE. LEGITIMIDADE. MULTA... 1. O disposto nos arts. 48 e seguintes da Lei n. 9.430/96 tem seu campo de incidência limitado ao âmbito da Secretaria da Receita Federal, conforme expressamente estabelece o *caput* do citado dispositivo, não sendo, portanto, aplicável aos procedimentos de consulta na esfera de atuação dos Fiscos estaduais. 2. O Sindicato ou entidade representativa de categoria econômica ou profissional, em razão do que dispõe o art. 8º, III, da Constituição Federal, tem legitimidade para formular consulta de interesse da classe a que representa ao Fisco, todavia, consulta de natureza geral, que não diga respeito a interesse específico de um determinado contribuinte, não tem, 'ex vi' do disposto no § 2º do art. 161 do CTN, o condão de suspender a exigibilidade do crédito tributário e consequentemente, afastar os consectários da mora e muito menos impedir que a Administração Pública possa proceder à autuação do contribuinte em virtude da inobservância das normas tributárias" (STJ, REsp 555.608, 2004).

⇒ **Consulta após o vencimento. Suspensão da mora.** "... a consulta feita após o vencimento do prazo também deve ter o condão de suspender o fluxo moratório, pois, se tarda a resposta, a mora é imputável ao Fisco e não ao consulente" (AMARO, Luciano. *Direito tributário brasileiro*. 15. ed. São Paulo: Saraiva, 2009, p. 392).

Art. 162. O pagamento é efetuado:

⇒ **Obrigação pecuniária.** Veja-se nota ao art. 3º do CTN no sentido de que a obrigação tributária é de prestar dinheiro. A admissão de outras formas de liberação do contribuinte, contudo, que não o simples pagamento não chega a ofender a natureza da obrigação. Quanto às formas de extinção do crédito tributário, vide o art. 156 do CTN e respectivas notas.

I – em moeda corrente, cheque ou vale postal;

II – nos casos previstos em lei, em estampilha, em papel selado, ou por processo mecânico.

⇒ **IPI. Selo de controle.** Vide artigo de Flávio Puig, Da inconstitucionalidade do selo de controle do IPI, *RDDT* 74, 2001, p. 38/49.

– Sobre a cobrança do selo de controle do IPI, inclusive discussão sobre a natureza e sobre a recepção da respectiva legislação, vide nota ao art. 145, II, da CF.

§ 1º A legislação tributária pode determinar as garantias exigidas para o pagamento por cheque ou vale postal, desde que não o torne impossível ou mais oneroso que o pagamento em moeda corrente.

§ 2º O crédito pago por cheque somente se considera extinto com o resgate deste pelo sacado.

§ 3º O crédito pagável em estampilha considera-se extinto com a inutilização regular daquela, ressalvado o disposto no art. 150.

§ 4º A perda ou destruição da estampilha, ou o erro no pagamento por esta modalidade não dão direito à restituição, salvo nos casos expressamente previstos na legislação tributária, ou naqueles em que o erro seja imputável à autoridade administrativa.

§ 5º O pagamento em papel selado ou por processo mecânico equipara-se ao pagamento em estampilha.

Art. 163. Existindo simultaneamente dois ou mais débitos vencidos do mesmo sujeito passivo para com a mesma pessoa jurídica de direito público, relativos ao mesmo ou a diferentes tributos ou provenientes de penalidade pecuniária ou juros de mora, a autoridade administrativa competente para receber o pagamento determinará a respectiva imputação, obedecidas as seguintes regras, na ordem em que enumeradas:

⇒ **Prerrogativa do contribuinte de efetuar o pagamento dos seus débitos.** Normalmente, os pagamentos se dão perante a rede bancária, sendo que a guia DARF é preenchida com o código do tributo que o contribuinte pretende quitar. A imputação, pois, dá-se dessa forma. Nestes casos, não terá aplicação o art. 163 do CTN.

– O entendimento de que não cabe ao contribuinte definir a imputação dos seus pagamentos pode levar a situações absurdas. Deixando, o contribuinte, por hipótese de proceder a algum pagamento em determinado momento, relativamente a uma competência e tributo específicos, poderia o Fisco alterar a imputação de todos os pagamentos de tributos posteriormente realizados pelo contribuinte, dezenas, centenas ou milhares, considerando, de modo a que cada qual satisfizesse primeiramente o tributo da competência anterior em aberto, considerando, portanto, todos os pagamentos realizados a partir do inadimplemento como atrasados, o que ensejaria a cobrança de multa moratória e juros sobre todos os pagamentos do contribuinte.

– **Inconstitucionalidade de uma interpretação que deixasse ao alvedrio do Fisco proceder à imputação de qualquer pagamento realizado pelo contribuinte.** "Enganam-se os que acham, como Luciano Amaro, estar em dessuetude o instituto. Testemunhamos caso ocorrido perante a Receita Federal. Certo contribuinte declarou o IR/92, mas não o pagou. Em 1993, declarou e pagou. A Receita transportou o pagamento para 1992 e cobrou *ex officio* o imposto correspondente àquele ano, com os acréscimos e penalidades devidos, fazendo apenas o abatimento do valor posto no DAR/93. Em seguida, lançou o imposto de 1993, este também com os consectários de praxe, sem sequer ouvir o contribuinte (o devido processo legal), o qual perdeu totalmente o controle da situação. [...] O Professor Igor Maules Santiago

discorre firmemente sobre o tema: 'Não parece exato concluir que a intermediação dos bancos no recebimento de tributos impeça a operacionalização do instituto da imputação. Nos termos do Código, o fenômeno claramente sucede o pagamento, pouco importando onde se dê este último. Recebidos os valores pela Fazenda Pública considerada, em pagamento direto dos sujeitos passivos ou por meio de bancos e outros agentes, só então haverá espaço para a imputação. Por exigir minuciosa verificação da situação global do *solvens* perante o *accipiens*, com consulta a bancos de dados oficiais e outras providências parelhas, a imputação não seria coletânea ao recolhimento nem mesmo se este se fizesse diretamente aos cofres estatais. [...] o virtual abandono do instituto deve-se à total inconstitucionalidade de sua aplicação em matéria tributária. [...] Nas relações tributárias, com muito maior razão, não pode competir ao Fisco tamanho privilégio. Constitui garantia do cidadão-contribuinte o princípio da não surpresa, de que certamente é faceta a proibição da imputação do pagamento pelo sujeito ativo. A cobrança do crédito tributário não satisfeito espontaneamente pelo sujeito passivo é de ser feita em juízo, ainda que mediante procedimento especial. Preliminarmente ao ajuizamento da execução fiscal, ritos também particulares têm de ser respeitados. Um exemplo é a abertura de prazo ao sujeito passivo, logo após a lavratura do lançamento e do auto de infração, para pagamento ou impugnação dos créditos aí consignados. [...] Sendo assim, não se admite que o Fisco, pelo artifício da imputação em pagamento, contorne todas as formalidades a que deve submeter-se na exigência de seus créditos, cobrando do sujeito passivo tributo que este não deseja pagar, não teve oportunidade de impugnar e por vezes desconhece inteiramente. [...] Uma interpretação sistemática do CTN reforma a conclusão pela total independência entre distintos créditos tributários, contrariando a tese de sua fungibilidade para efeito de imputação. [...] Nem ao mais renhido fiscalista jamais ocorreu a ideia de contrapor à pretensão repetitória a existência de débitos do autor relativamente a outros tributos, para cuja satisfação seriam transportados os recolhimentos feitos a título da exação indevidamente paga...'" (COÊLHO, Sacha Calmon Navarro. *Liminares e depósitos antes do lançamento por homologação* – Decadência e prescrição. 2. ed. São Paulo: Dialética, 2002, p. 30-35).

– **A imputação pelo Fisco é reservada à falta de imputação pelo contribuinte.** "Uma interpretação do artigo 163 poderia levar à conclusão de que o CTN teria conferido, ao Fisco, o poder/dever de imputar o pagamento a todos os valores adimplidos pelo contribuinte, desde que, obviamente, houvesse: i) outro débito tributário pendente do mesmo sujeito passivo, ii) eu esse débito fosse devido à mesma Fazenda Pública e iii) que ele fosse preferido para o adimplemento, seguindo a ordem disposta nos incisos do artigo sob análise. Esta leitura serve de fundamento para a Administração Fazendária desconsiderar a imputação do pagamento naquelas hipóteses em que é realizada pelo próprio contribuinte, em sede de 'lançamento por homologação'; o que, efetivamente, não encontra guarida em uma análise sistemática da legislação brasileira. [...] Esse procedimento pode trazer grande insegurança jurídica a um documento tão simples como uma guia de recolhimento. [...] O art. 163... deve ser interpretado à luz de todo o ordenamento jurídico, e em harmonia com o artigo 352 do Código Civil, extraindo-se, daí, a ordem para a imputação do pagamento nas relações jurídico-tributárias, a saber: momento 1 – o devedor tributário tem o direito de imputar o pagamento que está sendo entregue ao Fisco (art. 352, CC); momento 2 – não realizada a imputação do pagamento pelo devedor tributário, ao Fisco compete este direito, fazendo-o: i – e primeiro lugar, o pagamento aos débitos por obrigação própria, e sem segundo lugar aos decorrentes de responsabilidade tributária; ii – levando em conta primeiramente as contribuições de melhoria, depois às taxas e por fim aos impostos; iii – seguindo a ordem crescente dos prazos de prescrição; e iv – na ordem decrescente dos montantes (art. 163, CTN). Desta forma, da intersecção entre o Código Civil e o Código Tributário Nacional nasce, por uma interpretação sistemática, o regime jurídico aplicável à imputação do pagamento em matéria tributária. [...] O art. 163..., ao regular o instituto da imputação do pagamento em matéria de Direito Tributário, o fez tão somente em relação à Administração, retirando-lhe qualquer discricionariedade, como a contida no artigo 353 do Código Civil... temos que o direito de imputar o pagamento aos débitos tributários é conferido em um primeiro momento ao contribuinte, nos moldes do artigo 352 do Código Civil. Este direito, uma vez exercido pelo devedor tributário, extingue qualquer outro da Administração Fazendária em realizar a mesma operação. Em não se realizando, por qualquer motivo alheio à vontade do sujeito passivo a hipótese contida no artigo 352 do Código Civil, nasce para a Fazenda Pública o dever-poder de imputar o pagamento seguindo a ordem expressamente contida no artigo 163 do Código Tributário Nacional" (BECHO, Renato Lopes; Navarro, Fernando Luís. Imputação do pagamento em Direito Tributário. *RDDT* 113/102, 2005).

– **Pagamento no vencimento. Impossibilidade de imputação pelo Fisco a débito anterior.** O procedimento de imputação do pagamento previsto no art. 163 do CTN não se aplica a pagamentos no vencimento, mas apenas a pagamentos de tributos em atraso, quando existam dois ou mais débitos vencidos.

– "1. O art. 163 do CTN pressupõe a existência de débito tributário vencido, o que justifica a imputação ao pagamento imposta pela autoridade fiscal" (STJ, REsp 491.342, 2006).

– "... A imputação pela Fazenda se restringe aos casos de existência de dois ou mais créditos vencidos. Se os créditos não estiverem vencidos cabe ao próprio sujeito passivo indicar aquele que pretende pagar" (TORRES, Ricardo Lobo. In: SILVA, Martins, Ives Gandra da. *Comentários ao Código Tributário Nacional*. São Paulo: Saraiva, 1998, v. 2, p. 355).

– "... estando comprovado nos autos o fato de que o contribuinte satisfez sem atraso certo débito, a Fazenda ao pode imputar à dívida vencida (ainda que mais antiga) o valor recolhido no vencimento, vale dizer, relativo à outra dívida que não se encontrava vencida" (MONTEIRO NETO, Nelson. Imputação do pagamento no ramo do Direito Tributário: uma atribuição reservada ao Fisco. *RDDT* 118/108, 2005).

– **Compensação de ofício.** Há oportunidade para a imputação conforme os critérios do art. 163 nos casos de compensação de ofício, de que cuida o art. 73 da Lei n. 9.430/96. Poderia se dar,

ainda, quando do reconhecimento de créditos em face de pedidos administrativos de restituição ou de compensação de indébitos tributários no regime da redação original do art. 74 da Lei n. 9.430/96. Atualmente, já não mais existe o Pedido de Compensação, fazendo-se a compensação, por iniciativa do contribuinte, invariavelmente, mediante Declaração de Compensação, no regime de lançamento por homologação. Cuidando-se de compensação, segue o regramento próprio, conforme determinado por lei para cada caso, nos termos do art. 170 do CTN. Vide respectivas notas.

– **Compensação pelo contribuinte.** "2. Não há falar em necessidade de imputação ao pagamento nos moldes do art. 163 do CTN, porquanto a empresa impetrante aponta nos próprios pedidos de compensação encaminhados à autoridade fiscal, os débitos que quer compensar com seus créditos apurados no período posterior à decretação da falência. 3. A utilização do crédito é faculdade do credor. É ele que, na condição de titular do direito, deve escolher quais os débitos que pretende quitar através da compensação" (TRF4, AMS 200372050004331, 2005).

⇒ **Débitos parcelados pelo REFIS. Descabimento da imputação de ofício de créditos do contribuinte.** O art. 24 da IN SRF 210/2002, alterada pela IN 323/03, e o art. 34 da IN 460/04, dispunham, respectivamente: "Art. 24. Antes de proceder à restituição de quantia recolhida a título de tributo ou contribuição administrado pela SRF ou ao ressarcimento de crédito do IPI, a autoridade competente para promover a restituição ou o ressarcimento deverá verificar a existência de débito do sujeito passivo para com a Fazenda Nacional relativamente aos tributos e contribuições sob administração da SRF. § 1º Verificada a existência de débito em nome do sujeito passivo, inclusive de débito inscrito em Dívida Ativa da União ou de débito consolidado no âmbito do Refis ou do parcelamento a ele alternativo, o valor da restituição ou do ressarcimento deverá ser utilizado para quitá-lo, mediante compensação em procedimento de ofício..."; "Art. 34. Antes de proceder à restituição ou ao ressarcimento de crédito do sujeito passivo para com a Fazenda Nacional relativo aos tributos e contribuições de competência da União, a autoridade competente para promover a restituição ou o ressarcimento deverá verificar, mediante consulta aos sistemas de informação da SRF, a existência de débito em nome do sujeito passivo no âmbito da SRF e da PGFN. § 1º Verificada a existência de débito, ainda que parcelado, inclusive de débito já encaminhado à PGFN para inscrição em Dívida Ativa da União, de natureza tributária ou não, ou de débito consolidado no âmbito do Refis, do parcelamento alternativo ao Refis ou do parcelamento especial de que trata a Lei n. 10.684, de 2003, o valor da restituição ou do ressarcimento deverá ser utilizado para quitá-lo, mediante compensação em procedimento de ofício". Ocorre que, com o parcelamento efetuado e em curso, não é exigível do contribuinte senão o montante da parcela. A exigibilidade do todo resta suspensa, nos termos do art. 151, VI, do CTN.

– "CRÉDITOS ESCRITURAIS DO IPI. COMPENSAÇÃO. IMPUTAÇÃO DO PAGAMENTO. MANIFESTAÇÃO DO FISCO NO SENTIDO DE OBRIGAR O CONTRIBUINTE

A COMPENSAR ESSES CRÉDITOS COM DÉBITOS CONSOLIDADOS INSCRITOS NO REFIS. IMPOSSIBILIDADE. ART. 163 DO CTN. VIOLAÇÃO. INOCORRÊNCIA. 1. O contribuinte não está obrigado a compensar os valores de créditos escriturais do IPI com débitos consolidados inscritos no Programa de Recuperação Fiscal – REFIS, porquanto o artigo 163 do CTN trata da possibilidade de imputação de pagamento quando houver mais de um débito do mesmo sujeito passivo em relação ao mesmo sujeito ativo. 2. Tratando-se de crédito compensável e débito consolidado via REFIS torna-se inaplicável o art. 163 do CTN norma geral, que coerente com a regra especial instituidora do programa. 3. O art. 163 do CTN pressupõe débitos para com o mesmo sujeito passivo, daí a imputação em pagamento imposta pelo fisco. Diversa é a hipótese de coexistência de crédito compensável e débito consolidado, hipótese em que a legislação correspondente ao REFIS não obriga o contribuinte a compensar créditos reconhecidos administrativamente com o montante consolidado desse programa, mas cria uma faculdade a ele, podendo, assim, utilizar seus créditos na compensação com débitos vincendos de tributos administrados pela SRF, obedecidas às normas contidas na IN SRF n. 21/97. 4. Recurso especial conhecido e improvido" (STJ, REsp 448.758, 2003).

• Vide sobre a matéria em nota ao art. 155-A do CTN.

⇒ **Débitos do Fisco. Imputação das restituições ou compensações parciais primeiramente nos juros. Aplicação subsidiária do CC. Descabimento.** Cuida-se de caso não disciplinado pelo CTN, ao cuidar da repetição e da compensação de indébitos tributários. O art. 354 do CC determina a imputação primeiro nos juros, depois no capital. Em matéria tributária, costuma ser proporcional. O STJ posicionou-se inicialmente pela aplicação analógica do art. 354 do CC, mas, depois, entendeu que a matéria poderia ser tratada por ato normativo e que deve ser aplicada a "legislação tributária" em sentido amplo e não o CC.

– **Súmula 464 do STJ:** A regra de imputação de pagamentos estabelecida no art. 354 do Código Civil não se aplica às hipóteses de compensação tributária. *DJe* set. 2010.

– "COMPENSAÇÃO. IMPUTAÇÃO EM PAGAMENTO. ART. 354 DO CÓDIGO CIVIL. INAPLICABILIDADE... 10. ... a previsão contida no art. 170 do CTN, possibilitando a atribuição legal de competência, às autoridades administrativas fiscais, para regulamentar a matéria relativa à compensação tributária, atua como fundamento de validade para as normas que estipulam a imputação proporcional do crédito em compensação tributária, ao contrário, portanto, das normas civis sobre a matéria. 11. Nesse sentido, os arts. 66 da Lei 8.383/91, e 74, da Lei 9.430/96, *in verbis*: "Art. 66. Nos casos de pagamento indevido ou a maior de tributos e contribuições federais, inclusive previdenciárias, mesmo quando resultante de reforma, anulação, revogação ou rescisão de decisão condenatória, o contribuinte poderá efetuar a compensação desse valor no recolhimento de importância correspondente a períodos subsequentes. [...] § 4º. O Departamento da Receita Federal e o Instituto Nacional do Seguro Social (INSS) expedirão as instruções necessárias ao cumprimento do disposto neste artigo." "Art. 74. O sujeito pas-

sivo que apurar crédito, inclusive os judiciais com trânsito em julgado, relativo a tributo ou contribuição administrado pela Secretaria da Receita Federal, passível de restituição ou de ressarcimento, poderá utilizá-lo na compensação de débitos próprios relativos a quaisquer tributos e contribuições administrados por aquele Órgão. [...] § 12. A Secretaria da Receita Federal disciplinará o disposto neste artigo, podendo, para fins de apreciação das declarações de compensação e dos pedidos de restituição e de ressarcimento, fixar critérios de prioridade em função do valor compensado ou a ser restituído ou ressarcido e dos prazos de prescrição." 12. Evidenciada, por conseguinte, a ausência de lacuna na legislação tributária, cuja acepção é mais ampla do que a adoção de lei, e considerando que a compensação tributária surgiu originariamente com a previsão legal de regulamentação pela autoridade administrativa, que expediu as IN's n. 21/97, 210/2002, 323/2003, 600/2005 e 900/2008, as quais não exorbitaram do poder regulamentar ao estipular a imputação proporcional do crédito em compensação tributária, reputa-se legítima a metodologia engendrada pela autoridade fiscal, tanto no âmbito formal quanto no material. 13. A interpretação a contrario sensu do art. 108 do CTN conduz à conclusão no sentido de que a extensa regulamentação emanada das autoridades administrativas impõe-se como óbice à integração da legislação tributária pela lei civil, máxime à luz da sistemática adotada pelo Fisco, a qual respeita a integridade do crédito fiscal, cuja amortização deve engendrar-se de forma única e indivisível, principal e juros, em perfeita sintonia com a legislação vigente e com os princípios da matemática financeira, da isonomia, ao corrigir tanto o crédito quanto o débito fiscais pelo mesmo índice (SELIC), mercê de se compatibilizar com o disposto no art. 167 do CTN, que veda a capitalização de juros. 14. Sob esse enfoque são os termos da IN SRF 900/08, que regulamenta, hodiernamente, a matéria referente à compensação com crédito oriundo de pagamento indevido ou a maior. 15. Recurso especial parcialmente provido, tão somente para determinar a aplicação do prazo prescricional decenal. Acórdão submetido ao regime do art. 543-C do CPC e da Resolução STJ 08/2008" (STJ, REsp 960.239, 2010).

– "Silencia o CTN... acerca da metodologia de imputação do crédito tributário composto de capital e juros, silencia este encarado por muitos como um espaço jurídico vazio passível de ser preenchido mediante aplicação subsidiária das regras do Código Civil, à compensação tributária, notadamente dos seus arts. 354 e 379 [...] seja em atenção ao parágrafo único do art. 167 do CTN, seja sob a óptica do princípio da isonomia, a metodologia de valoração e imputação proporcional do crédito (capital e juros) em compensação tributária, não patrocinadora da capitalização dos juros, afigura-se a mais apropriada e consentânea, máxima porque justamente este é o critério utilizado pelo fisco para a cobrança de seus débitos. [...] fosse legitimada a aplicação das regras dispostas nos arts. 354 e 379 do Código Civil à espécie, com imputação de pagamento primeiramente para amortização dos juros e, somente depois de esgotados esses, para amortização da parcela correspondente a valor principal, a partir da noção de que o principal rende acréscimos leais e os juros não rendem nada (são não capitalizáveis), a consequência natural é que sempre restaria um valor maior do capital sobre os quais continuaria a incidir o fator de atualização monetária, implicando numa significativa e injustificável supervalorização do crédito compensável, o que teleologicamente não se coaduna com o instituto da compensação que, simplesmente, presta-se a servir como alternativo e célere mecanismo de recebimento de um crédito tributário e não como engenhosa ferramenta propiciadora de oblíquo locupletamento ilícito do sujeito passivo" (TAVARES, Alexandre Macedo. A imputação de pagamento disposta no código civil e sua inaplicabilidade à metodologia de valoração dos créditos tributários compensáveis. *RDDT* 178/16, 2010).

– **Em sentido contrário.** "2. Não havendo nenhuma estipulação acerca da destinação do pagamento efetuado por meio do precatório, deve-se, a teor do disposto do art. 993 do CC de 1916, imputar o pagamento primeiramente nos juros e, depois, no capital" (STJ, REsp 665.871, 2005).

– "A Imputação de dívida do ente político perante o contribuinte por ocasião da compensação realizada por este não é disciplinada pelo CTN. Aplica-se, por analogia, o critério do art. 354 do novo CC que diz da imputação do pagamento parcial primeiramente nos juros e, depois, no principal. Havendo dispositivo legal aplicável, ainda que em face da lacuna das normas gerais, não há que se entender que o Executivo pudesse disciplinar a matéria de outro modo, estabelecendo, na IN SRF 600/05, critério de imputação proporcional" (TRF4, AMS 2003.72.03.001733-2, 2006).

– "1. A regra da precedência na imputação do pagamento. O art. 354, que reproduz o art. 993 do Código de 1916, contém regra de direito dispositivo pelo qual se estabelece a precedência da imputação do pagamento nos juros, se a dívida for composta por capital e juros. É regra de *jus dispositivum* porque se assegura a possibilidade de estipulação em contrário... 2. Razão de ser da regra. O art. 354 tem em vista a consideração do interesse do credor. O Código visa que o devedor, exercendo o direito formativo de imputação ao pagamento, não prejudique o credor, que tem direito ao recebimento de juros, em primeiro lugar, e depois, do capital que lhe rende aqueles, cabendo lembrar que ao capital menor correspondem juros também menores. 3. Abrangência da regra. Na falta de estabelecimento pelo devedor da imputação, a regra do art. 354 incide não apenas em matéria de direito privado, mas também no direito público, como exemplificativamente, em matéria de impostos, taxas e multas fiscais..." (MARTINS-COSTA, Judith. Comentários ao Novo Código Civil. Vol. V, Tomo I. Coord. Sálvio de Figueiredo Teixeira. Rio de Janeiro: Forense, 2003, p. 480-481).

I – em primeiro lugar, aos débitos por obrigação própria, e em segundo lugar aos decorrentes de responsabilidade tributária;

II – primeiramente, às contribuições de melhoria, depois às taxas e por fim aos impostos;

III – na ordem crescente dos prazos de prescrição;

IV – na ordem decrescente dos montantes.

Art. 164. A importância do crédito tributário pode ser consignada judicialmente pelo sujeito passivo, nos casos:

⇒ **Consignação em matéria tributária.** A ação consignatória, em matéria tributária, só tem cabimento nas hipóteses previstas nas alíneas deste artigo. Presta-se, apenas, ao pagamento da obrigação tributária principal pelo devedor.

– "... O depósito em consignação é modo de extinção da obrigação, com força de pagamento, e a correspondente ação consignatória tem por finalidade ver atendido o direito – material – do devedor de liberar-se da obrigação e de obter quitação. Trata-se de ação eminentemente declaratória: declara-se que o depósito oferecido liberou o autor da respectiva obrigação" (STJ, AgRg no Ag 811.147, 2007).

– "O Código Civil também o regula (refere-se, o autor, ao pagamento por consignação) nos arts. 972 a 984, mas a admissibilidade dessa medida no Direito Privado é estabelecida em casos nem sempre coincidentes com os do CTN" (BALEEIRO, Aliomar. *Direito tributário brasileiro*. 10. ed. Rio de Janeiro: Forense, 1991, p. 555).

• Vide: MARTINS, Ives Gandra da Silva. Breves considerações sobre a ação de consignação em pagamento em matéria tributária. *RDDT* 213/44, 2013.

– **Consignação de títulos da dívida pública. Impossibilidade.** "Em se tratando de matéria tributária, as hipóteses de cabimento da ação consignatória são as expressamente previstas no art. 164 do Código Tributário Nacional. Ressalvados os casos excepcionais em que os títulos da dívida pública são aceitos como meio de quitação de tributos, não há previsão de cabimento da ação consignatória para compelir o Fisco a aceitar estes títulos como forma de pagamento de tributo" (TRF4, AC 2004.72.00.002613-0, 2004).

⇒ **Legitimidade ativa.** Tem legitimidade ativa para a ação o sujeito passivo da obrigação tributária principal: contribuinte ou responsável tributário (substituto, responsável tributário em sentido estrito, sucessor). O art. 539 do novo CPC/15 dispõe: "Nos casos previstos em lei, poderá o devedor ou terceiro requerer, com efeito de pagamento, a consignação da quantia ou da coisa devida".

⇒ **Consignação de prestações de parcelamento pretendido pelo contribuinte. Impossibilidade.** Não pode o contribuinte, através de ação consignatória, buscar o reconhecimento do direito ao parcelamento que lhe tenha sido negado administrativamente.

– "AÇÃO DE CONSIGNAÇÃO EM PAGAMENTO – PARCELAMENTO DO DÉBITO TRIBUTÁRIO – IMPOSSIBILIDADE. 1. A ação consignatória, que é de natureza meramente declaratória, tem por objetivo apenas liberar o devedor de sua obrigação com a quitação de seu débito, por meio de depósito judicial, quando o credor injustificadamente se recusa a fazê-lo. 2. Recolher parceladamente o valor do débito fiscal na seara da ação consignatória é desviar-se da finalidade por ela pretendida. 3. De acordo com o Min. Luiz Fux, a referida ação não pode ser servil à obtenção de parcelamento do débito tributário, sob pena de se estar fazendo da legislação, que prevê o referido benefício, letra morta" (STJ, AgRg nos EREsp 690.478, 2008).

– "A ação consignatória, que é de natureza meramente declaratória, tem por escopo tão somente liberar o devedor de sua obrigação, com a quitação de seu débito, por meio de depósito judicial, quando o credor injustificadamente se recusa a fazê-lo. Na seara fiscal é servil ao devedor para exercer o direito de pagar o que deve, em observância às disposições legais pertinentes. – Prevista a concessão de parcelamento, como favor fiscal, mediante condições por ela estabelecidas, a não observância dessas condições impede o contribuinte de usufruir do benefício. – O deferimento do parcelamento do crédito fiscal subordina-se ao cumprimento das condições legalmente previstas. Dessarte, afigura-se inadequada a via da ação de consignação em pagamento, cujo escopo é a desoneração do devedor, mediante o depósito do valor correspondente ao crédito, e não via oblíqua à obtenção de favor fiscal em burla à legislação de regência" (STJ, REsp 976.570, 2007).

– "AÇÃO CONSIGNATÓRIA. DIREITO A PARCELAMENTO. OFERECIMENTO DE MONTANTE INFERIOR AO EXIGIDO. DESCABIMENTO. O objetivo da consignação em pagamento é liberar o credor, não assumindo eficácia constitutiva do próprio título que fundamente o pagamento parcelado. O cabimento da ação consignatória, em matéria tributária, é restrito às hipóteses previstas no art. 164 do CTN, não se prestando tal via processual à discussão do montante do tributo devido" (TRF4, AC 199971100081617, 2003).

⇒ **Efeito liberatório.** Vide nota ao § 2º deste artigo.

I – de recusa de recebimento, ou subordinação deste ao pagamento de outro tributo ou de penalidade, ou ao cumprimento de obrigação acessória;

⇒ **Recusa de recebimento.** Essa hipótese dificilmente se verificará, mormente no que diz respeito a tributos sujeitos a lançamento por homologação. É o próprio contribuinte que toma a iniciativa de preencher as guias para pagamento, não havendo qualquer intromissão da Fazenda. Limita-se o Fisco a conferir os recolhimentos e a efetuar eventual lançamento de ofício na hipótese de pagamento inferior ao devido. Note-se, ainda, que, diante dos termos do art. 158 do CTN, que diz da inexistência de presunção pelo pagamento parcial ou de outros créditos, sequer teria mesmo a Fazenda razão para negar o recebimento de qualquer quantia que o contribuinte estivesse a oferecer. Vide nota ao artigo referido.

– **Pagamento de contribuições do empregador e do empregado domésticos anteriores a meio ano.** Quem deixa de recolher as contribuições devidas como empregador doméstico e mesmo de reter e recolher as contribuições devidas pelo empregado e tenta fazê-lo a destempo não consegue efetuar o pagamento de valores anteriores a meio ano. Nesse caso, estaremos em face de situação que enseja a utilização da Ação Consignatória para a extinção dos respectivos créditos tributários.

⇒ **Subordinação ao pagamento de outro tributo.** "O sujeito passivo tem direito de pagar só um tributo, mesmo que deva dois ou mais. Embora a autoridade administrativa tenha, por sua vez, o direito de fazer a imputação nos termos do art. 163, ela não pode compelir o sujeito passivo a pagar todos, com a ameaça de não receber nenhum" (AMARO, Luciano. *Direito tributário brasileiro*. 15. ed. São Paulo: Saraiva, 2009, p. 394).

• Vide o art. 163 do CTN e respectivas notas sobre a ordem de imputação do pagamento.

– **Lançamento conjunto do IPTU e da taxa de lixo. Consignação só de um.** "CONSIGNAÇÃO EM PAGAMENTO DE TRIBUTO. ART. 164 DO CTN. POSSIBILIDADE... 2. O acórdão *a quo* julgou procedente ação de consignação em pagamento objetivando efetuar em separado o pagamento da Taxa de Coleta de Resíduos, cobrada na mesma guia do IPTU, tendo em vista que este tributo foi depositado judicialmente, em ação declaratória de inconstitucionalidade. 3. É correta a propositura da ação consignatória em pagamento para fins de o contribuinte se liberar de dívida fiscal cujo pagamento seja recusado ou dificultado pelos órgãos arrecadadores – arts. 156, VIII, e 164 do CTN. 4. Tem-se por legítima a consignação em pagamento de tributo que o Fisco se recusa a receber sem que esteja acompanhado de obrigação acessória" (STJ, AgRg no Ag 767.295, 2006).

– "... se o proprietário loca ou cede seu imóvel e, por consequência, não é contribuinte da taxa de limpeza e a Fazenda Pública Municipal subordina o pagamento da Taxa de Limpeza ao recebimento do IPTU, resta ao contribuinte devedor intentar Ação de Consignação em Pagamento a fim de não ficar na condição de devedor o resto da vida, à mercê da vontade da Fazenda Pública Municipal em receber sua dívida fiscal. [...] Se a taxa de limpeza e o IPTU foram lançados em carnê único, descartando a possibilidade do contribuinte pagá-los separadamente da forma que melhor lhe convier, patente está seu direito de intentar a consignatória, pois, dessa forma, o devedor não pode saldar nenhum dos tributos que lhe são lançados em carnê único de pagamento, tendo em vista que o devedor tenciona recolher somente o IPTU por não concordar com o recolhimento da Taxa de Lixo, tendo em vista a manifesta inconstitucionalidade e ilegalidade do tributo e até por não ser o verdadeiro sujeito passivo e sim o locatário do imóvel de sua propriedade" (Ataíde Marcelino Júnior, Incidentes na repetição de indébito da taxa de lixo decorrentes do lançamento errôneo. *RET* 12/29).

⇒ **Subordinação ao cumprimento de obrigação acessória.** Cuida-se, aqui, de obrigação tributária acessória no sentido técnico estabelecido pelo art. 113, § 2º, do CTN, qual seja, o de obrigações formais e instrumentais de fazer. Por isso o dispositivo refere "cumprimento" em sentido amplo, e não "pagamento".

II – de subordinação do recebimento ao cumprimento de exigências administrativas sem fundamento legal;

⇒ **Exigências legais.** "... embora, *a contrario sensu*, o item pareça permitir que a autoridade possa fazer exigências com fundamento legal (no sentido de condicionar o recebimento do tributo), é preciso lembrar que o inciso anterior veda a recusa fundada na exigência de cumprimento de obrigação acessória (que, supõe-se, tenha fundamento legal). Sobrarão, portanto, poucos motivos (legais) para que a autoridade recuse o pagamento, já que eles estarão limitados às formalidades legais inerentes ao pagamento (p. ex., local em que a obrigação deva ser satisfeita, cumprimento de eventual requisito legal para pagamento em cheque, modo de pagamento por selo etc.)" (AMARO, Luciano. *Direito Tributário Brasileiro*. 15. ed. São Paulo: Saraiva, 2009, p. 394).

III – de exigência, por mais de uma pessoa jurídica de direito público, de tributo idêntico sobre um mesmo fato gerador.

⇒ **Conflito de competências tributárias.** "... o texto é um verdadeiro ensinamento ao contribuinte, pois diz-lhe em outras palavras: se dois fiscos lhe estão exigindo tributo idêntico, isto é, ambos lhe estão exigindo tributo sobre o mesmo fato gerador, um deles lhe está cobrando o indevido, pois salvo exceção constitucional, não podem existir duas pessoas jurídicas titulares de um tributo cujo fato gerador seja o mesmo. [...] não pague a ambos, mas faça a consignação em juízo e peça tutela jurisdicional que o Judiciário decidirá se devido e quem terá direito de receber o crédito, para serem extintas a pretensão e o débito" (NOGUEIRA, Ruy Barbosa. *Curso de direito tributário*. 14. ed. São Paulo: Saraiva, 1995, p. 287-288).

– ISS x ISS. Exigência pelo Município da sede do prestador e pelo Município em que prestado o serviço. "Entendemos ser possível... o ajuizamento de ação consignatória, com o objetivo de que o Judiciário fixe a competência tributária relativa ao ISS sobre os serviços prestados à consulente. Esta iniciativa garantiria que a interpretação dada pela consulente à questão da sujeição ativa do imposto – se do Município do Rio de Janeiro ou do Município em que localizado o prestador – não seja posteriormente desconsiderada por um dos entes tributantes, evitando-se eventuais cobranças em duplicidade..." (FERRAZ, Diogo; FILIPPO, Luciano Gomes. Legalidade/Constitucionalidade do Cadastro de Empresas Prestadoras de Outros Municípios – Cepom/RJ. *RDDT* 156/134, 2008).

– ISS x ICMS. "DÚVIDAS SOBRE O TRIBUTO: ISSQN OU ICMS E SOBRE O ENTE TRIBUTANTE: ESTADO OU MUNICÍPIO. AÇÃO DE CONSIGNAÇÃO EM PAGAMENTO. POSSIBILIDADE. 1. 'Não obstante o entendimento doutrinário no sentido de admitir a ação de consignação em pagamento, com base no art. 164, III, do CTN, apenas quando houver dúvida subjetiva em relação a entes tributantes que possuam a mesma natureza (Estado contra Estado e Município contra Município) [...], a doutrina majoritária tem admitido a utilização da ação mencionada quando plausível a incerteza subjetiva, mesmo que se trate de impostos cobrados por entes de natureza diversa.' [...]" (STJ, REsp 1.160.256, 2011).

– Contribuição sindical reivindicada por vários sindicatos distintos. Entendemos que a contribuição sindical tem a União como sujeito ativo, na medida em que só pessoa jurídica de direito público (os sindicatos não são) podem exercer as funções fiscais, cabendo aos sindicatos apenas a destinação dos recursos, conforme se pode ver de nota ao art. 149 da CF. De qualquer modo, há notícias de ações consignatórias ajuizadas por empregado tendo como requeridos diversos sindicatos que, simultaneamente, reivindicavam para si a contribuição respectiva. O STJ tem entendido que a competência, nestes casos, ademais, é da Justiça do Trabalho. Veja-se, do STF, o inteiro teor do CC 7.204-1/MG, relator o Min. Menezes Direito, em que afirmou: "Entendo que a discussão relativa a quem é devida a contribuição

sindical representa matéria funcional à atuação sindical, enquadrando-se, Diane da nova redação dada pela Emenda Constitucional, na competência da Justiça do Trabalho...".

– Entendendo que só seria cabível relativamente a tributos disputados por Fazendas da mesma ordem. "Muitos autores, no caso do inciso III transcrito, entendem que as Fazendas credoras podem ser de diversa ordem, União e Estado, Estado e Município, e assim por diante. Discordamos, embora lamentemos o acanhamento do legislador. A cláusula tributo idêntico sobre um mesmo fato gerador afasta a tese de tributos não idênticos sobre o mesmo fato gerador. Como os impostos nunca são idênticos, fica prejudicada a concepção maximalista quanto a estes. Assim, os conflitos que a regra visa a evitar são aqueles entre Estado e Estado, e entre município e município" (COÊLHO, Sacha Calmon Navarro. *Liminares e depósitos antes do lançamento por homologação* – Decadência e prescrição. 2. ed. São Paulo: Dialética, 2002, p. 37).

⇒ **Liberação do contribuinte e disputa entre as Fazendas.** "Na espécie, o ator deve demonstrar o concurso de exigências e depositar o valor do pagamento, chamando as Fazendas para receberem o crédito. A ação tem dois momentos. No primeiro, o sujeito passivo, para não ter que pagar a dois ou mais credores, o faz em juízo e não toma partido por nenhum deles, afastando-se da disputa. No segundo momento, as Fazendas interessadas controvertem entre si para que o juízo determine a quem é devido o pagamento. A procedência da ação definitiva a decisão, extingue o crédito tributário" (COÊLHO, Sacha Calmon Navarro. *Liminares e depósitos antes do lançamento por homologação* – Decadência e prescrição. 2. ed. São Paulo: Dialética, 2002, p. 37).

– Vencedores o autor e um dos réus. "... tem-se uma situação peculiar na qual o fato de ser a ação julgada procedente não significa que os réus sejam todos igualmente vencidos. Das várias Fazendas contra as quais a ação é promovida, uma deve ser considerada vencedora, não obstante ré em uma ação que foi julgada procedente. É que, em se tratando de disputa do direito de haver o crédito tributário, a sentença que julga procedente a consignatória certamente determina a conversão do depósito em renda de uma das pessoas jurídicas em disputa. [...] o autor e um dos réus são vencedores. O autor porque teve julgada procedente a ação por ele proposta e teve assegurado o seu direito de pagar. Um dos réus, uma das pessoas jurídicas tributantes, porque foi considerada credora do tributo" (MACHADO, Hugo de Brito. Efeito suspensivo da apelação na ação de consignação em pagamento de tributo. *RDDT* 176/89, 2010).

⇒ **Competência da primeira instância e não competência originária do STF.** "... supondo-se que o contribuinte está diante de exigência da Fazenda Nacional e da Fazenda Estadual: deverá propor ação contra ambas perante a Justiça Federal, que por ordem do art. 109 da Constituição Federal é competente para processar e julgar, originariamente, causas em que a União for ré, prevalecendo sobre as normas da competência em relação à Fazenda Estadual. Nesse sentido, ademais, é expresso o art. 895 do Código de Processo Civil, quando afirma que se 'ocorre dúvida sobre quem deva legitimamente receber o pagamento, o autor requererá o depósito e a citação dos que o disputam para provarem o seu direito.' Nessa hipótese, trata-se de conflito entre o contribuinte e a União e entre o contribuinte e o Estado Federado, já que ambos lhe exigem determinado tributo, não estando configurada a aplicação da alínea *f* do art. 102 da Constituição Federal, que atribui competência privativa ao Supremo Tribunal Federal para processar e julgar, originariamente, 'as causas e os conflitos entre a União e os Estados, a União e o Distrito Federal, ou entre uns e outros, inclusive as respectivas entidades da administração indireta.'" (CAIS, Cleide Previtalli. *O processo tributário*. São Paulo: RT, 1993, p. 246).

§ 1º A consignação só pode versar sobre o crédito que o consignante se propõe pagar.

⇒ **Não se admite discussão sobre o montante devido.** A ação consignatória, em matéria tributária, não se presta à discussão do montante devido, pois tal hipótese não consta dos incisos do art. 164. Além disso, a consignação de montante que não seja correspondente ao exigido pelo fisco não teria mesmo efeito suspensivo da exigibilidade do crédito tributário (art. 151, II, do CTN).

– "AÇÃO DE CONSIGNAÇÃO EM PAGAMENTO. IPTU. DISSENSO SOBRE O VALOR DO TRIBUTO E NÃO SOBRE A RECUSA OU SEU MOTIVO. VIA JUDICIAL ELEITA INADEQUADA. ART. 164 DO CTN. INTERPRETAÇÃO. [...] 3. No caso presente não se constata a negativa de recebimento dos valores por parte do Fisco nem a imposição de obrigações administrativas ilegais, ou a exigência de tributo idêntico sobre um mesmo fato gerador por mais de uma pessoa de direito público. Trata-se apenas de pretensão de discutir o próprio valor do tributo questionado, socorrendo-se, para tanto, da ação consignatória. 4. Inocorrentes as hipóteses taxativamente previstas no art. 164, incisos I, II e III, do CTN, que dão supedâneo à propositura da ação consignatória, há de se reconhecer a inadequação da via eleita. 5..." (STJ, REsp 685.589, 2005).

– "Não recolhido, a tempo e modo, o crédito tributário, pretendendo o contribuinte excluir parcelas registradas no auto de infração e multa, com a pretensão de discutir a validade da dívida fiscal, para liberar-se da obrigação de pagamento, comemoradas a sua natureza jurídica e finalidade, a consignatória é via processual inadequada. Demais, no caso, não ocorreu a oferta pelo contribuinte e a recusa do recebimento pela Fazenda Pública..." (STJ, REsp 10.884, 1994).

– "Pressupondo a ação de consignação em pagamento a certeza do valor do crédito, pode ocorrer situação de existência de dúvida relativamente ao montante respectivo, quando, em nosso entendimento, o contribuinte, muito embora querendo efetuar o pagamento, quer fazê-lo em quantia inferior à que lhe vem sendo exigida, não lhe sendo permitido utilizar a ação de consignação em pagamento" (CAIS, Cleide Previtalli. *O processo tributário*, RT, 1993, p. 247). Obs: Acrescenta que, no caso de discordância com o montante exigido pelo Fisco, o contribuinte deve ingressar com ação ordinária e, querendo suspender a exigibilidade do crédito, depositar o montante total para que, na eventualidade da procedência da ação, seja convertido em renda da União somente o montante efetivamente devido e liberado o saldo remanescente.

– "O § 1º restringe o cabimento da ação, cujo objeto é pagar e não discutir a legalidade ou a constitucionalidade da exigência. A dúvida objetiva, real e atual, sobre ser devido ou não o tributo não cabe na augusta via da ação consignatória fiscal. O caso seria de ação declaratória" (COÊLHO, Sacha Calmon Navarro. *Liminares e depósitos antes do lançamento por homologação* – Decadência e prescrição. 2. ed. São Paulo: Dialética, 2002, p. 36).

– **No sentido de que cabe discussão do *quantum debeatur* na ação consignatória.** "IPTU. PROGRESSIVIDADE. AÇÃO DE CONSIGNAÇÃO EM PAGAMENTO. ART. 164 DO CTN. 1. A ação de consignação é instrumento processual admissível para pagamento de tributo em montante inferior ao exigido, o que implica em recusa do Fisco ao recebimento do tributo por valor menor" (STJ, REsp 538.764, 2005).

– "4. Não há qualquer vedação legal a que o contribuinte lance mão da ação consignatória para ver satisfeito o seu direito de pagar corretamente o tributo quando entende que o fisco está exigindo prestação maior que a devida. É possibilidade prevista no art. 164 do Código Tributário Nacional. Ao mencionar que "a consignação só pode versar sobre o crédito que o consignante se propõe a pagar", o § 1º daquele artigo deixa evidenciada a possibilidade de ação consignatória nos casos em que o contribuinte se propõe a pagar valor inferior ao exigido pelo fisco. Com efeito, exigir valor maior equivale a recusar o recebimento do tributo por valor menor" (STJ, REsp 659.779, 2004).

– "... a ação de consignação em pagamento também merece ser incluída entre as principais ações utilizadas para a discussão da dívida fiscal. Assim porque, sobre constituir modalidade excepcional de pagamento e, portanto, de extinção do crédito tributário (art. 156, VIII, do CTN), comporta, em sua sede, controvérsia em torno do *quantum debeatur*, vale dizer, de um dos atributos inerentes à dívida ativa, qual seja, a sua liquidez" (SOUZA, Maria Helena Rau de. In: FREITAS, Vladimir Passos de. *Execução fiscal*. São Paulo: Saraiva, 1998, p. 515).

§ 2º Julgada procedente a consignação, o pagamento se reputa efetuado e a importância consignada é convertida em renda; julgada improcedente a consignação no todo ou em parte, cobra-se o crédito acrescido de juros de mora, sem prejuízo das penalidades cabíveis.

⇒ **Durante a tramitação. Suspensão da exigibilidade do crédito tributário.** A consignação terá o efeito de suspender a exigibilidade do crédito tributário apenas se for integral (art. 151, II, do CTN).

– "... na pendência de ação de consignação, entendemos que a exigibilidade da obrigação fica suspensa, o que é confirmado pelo § 2º, segunda parte, ao dizer que, julgada improcedente a consignação (e não antes), o crédito é cobrável" (AMARO, Luciano. *Direito tributário brasileiro*. 15. ed. São Paulo: Saraiva, 2009, p. 395).

⇒ **Procedência. Extinção do crédito pela conversão.** A consignação extingue o crédito tributário quando julgada procedente, nos termos do art. 156, VIII, do CTN. Isso porque o montante devido terá sido oferecido na sua integralidade a quem efetivamente era credor.

– **Efeito liberatório no caso de tributo sujeito a lançamento por homologação.** "Tratando-se de Lançamento por Homologação, a quitação, reconhecida na Ação de Consignação, apanha tão só a quantia antecipada a título de pagamento, não abrangendo o crédito tributário" (TRF4, AC 89.04.00444-6, 1990).

⇒ **Improcedência. Conversão ou não.** A discussão sobre a conversão ou não dos valores em caso de improcedência, depende do caso concreto, ou seja, das razões da improcedência. Cabe referir que, sendo o caso de conversão – o montante depositado é devido à Requerida – não há que se falar em cobrança de juros e penalidades sobre o montante que fora depositado, pois o depósito afasta a mora relativamente ao respectivo montante. A cobrança de juros e penalidades só poderá ocorrer quanto a outros valores ou no caso de cobrança pelo efetivo credor que não tenha sido parte na ação e em cujo favor não tenha sido efetuado o depósito.

– "AÇÃO DE CONSIGNAÇÃO EM PAGAMENTO. DEPÓSITO. CONVERSÃO EM RENDA. 1. Julgada improcedente a ação de consignação em pagamento impõe-se a conversão em renda do valor do depósito" (STJ, REsp 472.389, 2008).

⇒ **Extinção da ação sem julgamento de mérito. Conversão ou não.** Não há como afirmar, de antemão, que devam ser convertidos ou liberados os depósitos em caso de extinção sem julgamento de mérito. Nenhum mandamento há em quaisquer dos sentidos no § 2º ora em questão. Tal parágrafo não dispõe sobre o caso de extinção sem julgamento de mérito. Impende, pois, que se analise o caso concreto e que se veja qual o fundamento da extinção. Se estivermos em face de questão simplesmente processual, relacionada a vícios de procedimento, mas o valor oferecido efetivamente diz respeito a tributo devido à Requerida, não haverá, a princípio, razão para a liberação. Note-se que o contribuinte terá consignado os valores, afastando a mora e a ação do Fisco.

– Sendo o caso de o contribuinte pretender discutir o montante devido e não poder fazê-lo na ação consignatória, por isso extinta em face da inadequação da via processual, pode-se ensejar o ajuizamento da ação própria em 30 dias e transferir para a mesma os valores consignados, em analogia ao previsto para a hipótese de extinção do processo administrativo fiscal.

– **Pela impossibilidade da conversão.** "1. É cabível o ajuizamento de rescisória contra sentença de extinção do processo sem julgamento do mérito que, apesar disso, dispõe sobre regra de direito material. Carência de ação não reconhecida. 2. Viola o disposto no art. 164, § 2º do CTN, a decisão que, apesar de não favorável à consignante, determina a permanência dos valores depositados à disposição do Juízo, para eventual conversão em renda em favor do INSS. Provimento que equivale à sentença de improcedência. Precedentes deste Tribunal. 3. Não havendo quitação parcial da dívida, com a parcial liberação do devedor, não há se falar em incidência do art. 899, § 1º do CPC. 4. A violação de literal disposição de lei pode ocorrer tanto em razão de sua inaplicação, quando aplicável, quanto em face de sua aplicação inadequada. 5. Preliminar rejeitada. Ação rescisória julgada procedente" (TRF4, AR 1999.04.01.095359-7, 2000).

– **Pela conversão em renda.** "1. De se reconhecer que naqueles casos onde há desistência de ação consignatória, motivada pelo ingresso do contribuinte ao REFIS, plenamente aplicável o disposto no art. 164, § 2º, do CTN, posto que o provimento que extingue o feito consignatório equivale, no particular, à sentença de improcedência. 2. A hipótese em tela se afigura estranha ao comando do § 6º, do artigo 2º, da Lei n. 9.964, de 10 de abril de 2001, possibilitando a liberação dos depósitos, mediante alvará, em favor da requerente. 3. A extinção do entrave judicial, nos moldes como perpetrada, acarreta ao requerente a condenação ao pagamento da verba honorária, nos termos do artigo 20 e seguintes do CPC e não do artigo 5º, § 3º, da Lei 10.189/01. 4. Honorários Advocatícios mantidos em 10% sobre o valor do débito discutido nos autos" (TRF4, AC 2001.04.01.032791-9, 2001).

SEÇÃO III
PAGAMENTO INDEVIDO

⇒ **Restituição ou compensação.** O ressarcimento do indébito tributário pode ser buscado mediante pedido de restituição do indébito ou, opcionalmente, quando a lei autorize, mediante compensação. A opção pode se dar, inclusive, em fase de execução e sentença. A compensação é disciplinada pelo art. 170 do CTN.

– A jurisprudência do STJ consolidou-se no sentido de que a sentença que declara o direito à compensação não apenas reconhece a existência de indébito como obriga a Fazenda Pública a ressarci-lo, de maneira que, não realizando o contribuinte a compensação, pode optar por pleitear a repetição via precatório. Segundo a orientação da Corte Superior, pois, a sentença prolatada na ação que visa à compensação reconhece uma relação obrigacional (crédito x débito) em favor do contribuinte, suficiente para embasar a expedição de precatório. Tal entendimento consagra a dupla eficácia, ainda que não expressa, da sentença que obriga a Fazenda a ressarcir pelo indébito: declaratória (suficiente para embasar a realização de compensação) e condenatória (ensejar a execução por precatório).

– **Súmula 461 do STJ:** "O contribuinte pode optar por receber, por meio de precatório ou por compensação, o indébito tributário certificado por sentença declaratória transitada em julgado" (*DJe* set. 2010).

– **Restituição administrativa.** Existe a possibilidade de a restituição do montante pago indevidamente ser realizada pela Administração mediante requerimento formulado pelo contribuinte, devidamente fundamentado e acompanhado da comprovação do pagamento a repetir. A Receita Federal do Brasil viabiliza a restituição mediante pedido eletrônico, via internet.

– "... ciente o Poder Público de que exigiu tributo indevidamente, está obrigado a devolver o indébito, inclusive pela via administrativa e espontaneamente. Têm os intérpretes entendido que esta deveria ser a regra, visto que se fosse exigido primeiro o protesto para depois ter lugar o pedido de restituição, estaria violado o princípio da moralidade administrativa pelo retardamento que tal procedimento acarretaria para a devolução do indevidamente arrecadado. Por esta razão, por respeito ao próprio princípio, é que a restituição deveria ser realizada espontaneamente, na esfera administrativa, tão logo fosse detectado o recolhimento indevido. Independente de prévio protesto, implica, pois, uma obrigação de natureza ética, conformada pelo legislador complementar, que, se não ocorrer, justifica, à evidência, o direito de pleitear a restituição" (MARTINS, Ives Gandra da Silva. Restituição de importância recolhida a título de ICMS sem transferência do encargo para terceiros. Admissibilidade, à luz da jurisprudência do STF. Possibilidade de composição pela qual a restituição se faça mediante redução de dívida em maior valor, da consulente para com o estado, na exata extensão de seu crédito. Legalidade da composição pelo prisma do interesse público e do princípio da moralidade. *RDT* 70/229-239).

– A IN SRF n. 1.300/2012 disciplina a restituição e a compensação de quantias recolhidas a título de tributo administrado pela Secretaria da Receita Federal do Brasil.

– **PER/DCOMP.** "O Pedido Eletrônico de Restituição – PER é utilizado pelo sujeito passivo que deseje receber em espécie, mediante crédito em conta-corrente bancária, valores oriundos de créditos relativos a tributos passíveis de restituição ou de ressarcimento. Por sua vez, a Declaração de Compensação – DCOMP é utilizada pelo sujeito passivo que deseje compensar com débitos próprios valores relativos a tributos passíveis de restituição ou ressarcimento" (MARTINS, Iágaro Jung. *Obrigações acessórias*: livros e declarações. Porto Alegre: TRF4, 2006 (Currículo permanente. Caderno de Direito Tributário: módulo 1)).

– A IN RFB 2055/2021, que dispõe sobre restituição, compensação, ressarcimento e reembolso, no âmbito da Secretaria Especial da Receita Federal do Brasil, ao cuidar do procedimento, estabelece: "Art. 8º A restituição poderá ser efetuada mediante: I – requerimento do sujeito passivo ou da pessoa autorizada a requerer a quantia; ou II – processamento eletrônico da Declaração de Ajuste Anual do Imposto sobre a Renda da Pessoa Física (DIRPF). § 1º O requerimento a que se refere o inciso I do *caput* será formalizado por meio do programa Pedido de Restituição, Ressarcimento ou Reembolso e Declaração de Compensação (PER/DCOMP) ou por meio do formulário Pedido de Restituição ou de Ressarcimento, constante do Anexo I, caso não seja possível utilizar o programa PER/DCOMP."

– **Restituição judicial: ação de repetição de indébito tributário.** Quando a pretensão repetitória esteja baseada na inconstitucionalidade da exigência ou quando baseada em simples interpretação da norma legal em sentido diverso da que a ela é atribuída pela Administração, só restará ao contribuinte a garantia de acesso ao Judiciário para ver reconhecido o seu direito. Ingressará, então, com ação ordinária pleiteando o reconhecimento de que o pagamento efetuado foi indevido, e a condenação do sujeito ativo da relação jurídico-tributária a repetir o que recebeu. A essas ações, costuma-se dar o nome de ação de repetição de indébito tributário. A jurisprudência tem admitido a formulação de pedido alternativo de repetição (por precatório) ou de compensação, opção a ser feita por ocasião da execução da sentença.

– "... É lícito ao autor pedir, em uma só ação, que se lhe declarem o direito a repetição de indébito tributário e a faculdade de com-

pensar o montante da exação indevida com dívidas geradas pela incidência de outros tributos (L. 8.383/91, art. 66)" (STJ, REsp 92.841, 1996).

– **Interesse de agir. Requerimento administrativo prévio. Exaurimento da esfera administrativa.** O exaurimento da esfera administrativa há muito deixou de ser condição para o acesso ao Judiciário. Como regra, não é condição para a ação judicial de repetição de indébito tributário nem mesmo que o pedido tenha sido previamente formulado na esfera administrativa. Mas, quando se vislumbre a possibilidade clara de repetição administrativa e não haja elementos para se presumir qualquer resistência do Fisco ao pleito do contribuinte, poderá faltar interesse processual.

– **Confissão de dívida não impede o pedido judicial de repetição de indébito.** A confissão de dívida no Direito Tributário não impede a discussão da obrigação e, inclusive, a pretensão de repetição de indébito de montante que com base nela tenha sido pago. Vide nota ao art. 3º do CTN.

⇒ **Repetição nos autos do mandado de segurança.** O STJ não permite a expedição de precatório nos autos do mandado de segurança, admitindo, porém, que o impetrante vencedor formule requerimento administrativo de repetição.

– Pode-se argumentar, porém, que a expedição de precatório no mandado de segurança não desvirtuaria o rito do *writ*, porquanto se daria apenas após o trânsito em julgado da sentença concessiva da segurança. A par disso, tem sustentação na jurisprudência do próprio STJ que admite o reconhecimento do indébito em mandado de segurança que busque a afirmação do direito à compensação (Súmula 213 do STJ)) e a possibilidade de opção pela compensação ou repetição em face de sentença declaratória (Súmula 461 do STJ). Acrescente-se que exigir nova ação de repetição de indébito em que o juiz não tem espaço decisório, apenas para que se acrescente o verbo "condenar", atenta contra a economia processual e a garantia de razoável duração do processo. Por fim, vale destacar que a admissão da repetição administrativa fundada em sentença judicial contraria o art. 100 da Constituição que estabelece a via do precatório para o cumprimento das sentença e estabelece submissão à ordem cronológica.

– "Conforme a jurisprudência do Superior Tribunal de Justiça, em mandado de segurança, a opção pela compensação ou restituição do indébito se refere à restituição administrativa do indébito e não à via do precatório ou requisitório. Isso porque a pretensão de restituição direta de tributo indevidamente pago, pela via do precatório, significaria a utilização do mandado de segurança como substitutivo da ação de cobrança, o que não é cabível" (STJ, AgInt no REsp 1.970.575, 2022).

– "REPETIÇÃO DE INDÉBITO TRIBUTÁRIO. MANDADO DE SEGURANÇA INCABÍVEL. IMPOSSIBILIDADE DE UTILIZAÇÃO DO *MANDAMUS* COMO AÇÃO DE COBRANÇA... II – O mandado de segurança é via adequada para declarar o direito à compensação ou restituição de tributos. Uma vez concedida a ordem, os pedidos devem ser requeridos na esfera administrativa, revelando-se incabível a utilização da via do precatório, sob pena de conferir a vedada natureza de ação de cobrança ao mandamus. Precedentes. O tribunal de origem adotou orientação consolidada nesta Corte segundo a qual é incabível a utilização do mandado de segurança para repetição de indébito tributário" (STJ, AgInt no REsp 1.947.645, 2021).

– "Não há mais base científica para exigir-se do contribuinte jurisdicionado o ingresso de outra ação posterior, dessa vez condenatória, depois de ter obtido sentença declaratória executável no mandado de segurança contra a Fazenda Pública. De fato, esse procedimento configura inutilidade a ser eliminada, inclusive porque o juiz da segunda ação não poderá decidir a relação jurídica de forma diferente do que já foi estatuído na sentença do mandado de segurança, pelo efeito da coisa julgada material, tratando-se de mera decisão por forma, que sequer pode ser considerada realmente jurisdicional, no sentido de *jurisdictio*, ou seja, o juiz dizer o direito. Resta, na aplicação das Súmulas n. 269 e 271 do STF, somente o ritualismo e o custo desnecessário à jurisdição, sendo que, interpretadas todas as questões em perspectiva sistêmica, nos casos de mandado de segurança para compensação e restituição tributárias, já ocorreu sua superação parcial (*overriding*)..." (MACHADO, Milton Terra. Súmulas ns 269 e 271 do STF. Mutação do Mandado de Segurança em Matéria Tributária e Superação Parcial (*Overriding*). *RET* n. 138/9, 2021).

Art. 165. O sujeito passivo tem direito, independentemente de prévio protesto, à restituição total ou parcial do tributo, seja qual for a modalidade do seu pagamento, ressalvado o disposto no § 4º do art. 162, nos seguintes casos:

⇒ **Fundamento do direito à repetição.** O fundamento do direito à repetição do indébito está no princípio do Estado de Direito, na legalidade tributária e na vedação do enriquecimento sem causa. Sequer seria necessária previsão expressa no CTN. Como ela existe, os pedidos de restituição são feitos com base diretamente no art. 165 do CTN, associando-se a ele a própria demonstração de que o pagamento foi indevido, o que exige análise da legislação relativa ao tributo objeto de restituição. Não há qualquer necessidade de lei ordinária autorizadora da repetição, diferentemente do que ocorre para fins de compensação do indébito. O art. 165 do CTN é autoaplicável; o art. 170, não.

– **Precatórios.** O pagamento das condenações da Fazenda Pública dá-se por precatórios, nos termos do art. 100 da CF.

– **Parcelamento de precatórios. Inconstitucionalidade.** Quanto aos parcelamentos permitidos pelas EECC n. 3/93, 30/2000, 62/2009 e 94/2016, vejam-se notas ao art. 101 do ADCT.

⇒ **Legitimidade do sujeito passivo (contribuinte, substituto ou responsável) que pagou e suportou o ônus.** A locução "sujeito passivo", utilizada pelo art. 165, abrange o contribuinte de direito e os terceiros que tenham sido obrigados ao pagamento do tributo, substituto tributário e responsável tributário, conforme se extrai do art. 121 do CTN. Dentre esses potenciais legitimados, será efetivamente legitimado no caso concreto quem deles tenha suportado o ônus da incidência indevida, ou seja, aquele que, sendo contribuinte de direito, substituto ou responsável em sentido estrito, arcou com o ônus do tributo (por exemplo: o contribuinte que pa-

gou ou que suportou retenção, o substituto que pagou com recursos próprios sem ter procedido à retenção, o responsável que, na inadimplência pelo contribuinte, teve de satisfazer o crédito tributário). Quando há pluralidade de sujeitos passivos, portanto, faz-se necessário analisar caso a caso. Nos tributos indiretos, pode ocorrer de nenhum dos sujeitos passivos ter suportado o ônus do tributo em razão da repercussão econômica ao consumidor, por isso considerado contribuinte de fato, hipótese em que a repetição dependerá de autorização por parte deste, nos termos do art. 166 do CTN.

– "Ao falar em 'sujeito passivo', como titular do direito, o Código abrange tanto as hipóteses em que o *solvens* tenha sido posicionado como devedor na condição de contribuinte quanto aquelas em que ele tenha figurado como responsável" (AMARO, Luciano. *Direito tributário brasileiro*. 15. ed. São Paulo: Saraiva, 2009, p. 420).

– "Sendo os responsáveis sujeitos passivos da obrigação tributária e não podendo se valer da propriedade de outrem para o pagamento, nos casos de repetição do indevidamente pago, não haveria risco de enriquecimento sem causa, não devendo, portanto, incidir o artigo 166 do Código Tributário Nacional... [...] nos casos de substituição tributária é possível a ocorrência do enriquecimento sem causa, pois pode o substituto se valer do patrimônio de outrem para o pagamento do tributo e, se vier a pedir a repetição, pode se locupletar indevidamente. Por isso, afirmamos ser possível a aplicação do artigo 166 do Código Tributário Nacional, visando evitar o enriquecimento sem causa. [...] o substituto e o substituído devem respeitar os requisitos do art. 166, posto que ambos podem, nos casos de substituição tributária, ter enriquecimento sem causa. [...] o agente de retenção pode, por expressa autorização do ordenamento, retirar a propriedade de outrem para efetuar o pagamento da exação que está sob seu crivo, assim, se ele retira a propriedade de outrem e depois, na repetição do indébito, fica com a quantia repetida – por óbvio porque paga indevidamente – com certeza irá se enriquecer ilicitamente, o que é absolutamente vedado pelo nosso sistema do Direito Positivo" (MARQUEZI JUNIOR, Jorge Sylvio. Uma análise conforme a Constituição Federal do artigo 166 do CTN e a jurisprudência do STJ. *RDDT* 211/91, 2013).

– **Legitimidade do contribuinte.** Via de regra, é o próprio contribuinte de direito que paga e suporta o ônus do tributo, legitimando-se, portanto, para a repetição de eventual indébito tributário.

– **Autonomia dos estabelecimentos: filiais e matriz.** "REPETIÇÃO DE INDÉBITO. REPRESENTAÇÃO DAS FILIAIS. MATRIZ. ILEGITIMIDADE. PRECEDENTES. 1. A jurisprudência desta Corte tem entendimento firme no sentido de que a matriz não tem legitimidade para representar processualmente as filiais nos casos em que o fato gerador do tributo opera-se de maneira individualizada em cada estabelecimento comercial/industrial, uma vez que, para fins fiscais, matriz e filial são considerados entes autônomos. Precedentes..." (STJ, AgRg no REsp 1.232.736, 2013).

– Sobre a autonomia dos estabelecimentos, vide nota ao art. 127, II, do CTN.

– **Legitimidade na tributação direta monofásica.** "COFINS. LEI 9.718/98. COMERCIANTE VAREJISTA DE COMBUSTÍVEIS. AUSÊNCIA DE LEGITIMIDADE PARA REQUERER A COMPENSAÇÃO DA COFINS INCIDENTE SOBRE AS RECEITAS PROVENIENTES DA VENDA DE COMBUSTÍVEIS, A PARTIR DA LEI 9.990/00. REGIME MONOFÁSICO. 1. Sob o regime de tributação instituído pela Lei 9.718/98, a Cofins incidente sobre as operações com combustíveis era recolhida por meio de substituição tributária 'para frente', ou seja, as refinarias, na qualidade de contribuintes substitutas, recolhiam antecipadamente as contribuições que seriam devidas em toda a cadeia produtiva, presumindo-se as hipóteses de incidência e a base de cálculo das contribuintes substituídas. 2. Contudo, a partir da Lei 9.990/2000 (art. 3º), os comerciantes varejistas de combustíveis e demais derivados de petróleo deixaram de se submeter ao recolhimento da Cofins, no que se refere à receita auferida com a comercialização daqueles bens. As referidas contribuições passaram a incidir somente sobre as refinarias na forma monofásica, afastando-se a tributação dos varejistas pelo regime de substituição tributária, anteriormente previsto na Lei 9.718/98. 3. Nessa linha de raciocínio, a recorrente, por exercer atividade de comércio varejista de combustíveis e lubrificantes para veículos automotores, não detém legitimidade para requerer a compensação da Cofins, pois não ostenta condição de contribuinte de direito ou de fato. 4. Recurso especial não provido" (REsp 1.121.918, 2010).

– **Legitimidade do contribuinte substituído.** "O comerciante varejista de combustíveis, como substituído tributário, tem legitimidade ativa para pleitear a repetição do indébito de tributos incidentes sobre a comercialização de combustíveis, desde que demonstre não ter havido o repasse do encargo tributário ao consumidor final, nos termos do art. 166 do Código Tributário Nacional" (STJ, AgRg no AREsp 72.435, 2013).

– "ICMS INCIDENTE SOBRE ENERGIA ELÉTRICA E TELEFONIA. SUBSTITUÍDO. LEGITIMIDADE ATIVA PARA A CAUSA. [...] 1. O substituído, no regime de substituição tributária para frente do ICMS, tem legitimidade ativa para postular a compensação ou restituição de valores que entender indevidos, bem como o reconhecimento de imunidade tributária" (STJ, RMS 19.019, 2006).

– **Legitimidade do substituto tributário que tenha suportado o ônus.** A legitimidade do substituto tributário para pedir restituição depende da demonstração de que tenha suportado o ônus econômico, o que normalmente não ocorre, pois o substituto efetua o pagamento com recursos do contribuinte, este sim, então, legitimado para a repetição. O substituto só estará legitimado à restituição quando tenha recolhido o tributo com recursos próprios.

– "1. A legitimidade para postular em juízo a restituição de valores indevidamente recolhidos, em princípio, é do sujeito passivo da obrigação tributária, isto é, daquele a quem a lei impõe o dever de pagar o tributo, seja ele contribuinte (CTN, art. 121, I) ou responsável (CTN, art. 121, II). 2. Moderando essa orientação, a fim de evitar enriquecimento ilícito de quem não suportou de fato o ônus financeiro da tributação, o art. 166 do CTN e a Súmula 546/STF preconizam que somente cabe a restituição quando evidenciado que o contribuinte de direito não recuperou do contribuinte de fato o valor recolhido. 3. Na hipótese da contribuição previdenciária exigida do produtor rural (Lei 8.212/91, art. 25, I e II) incumbe ao adquirente de sua produção destacar do preço pago o montante correspondente ao tributo e repassá-lo ao INSS (Lei 8.212/91, art. 30, III e IV). Evidencia-se, nessa sistemática, que o adquirente não sofre diminuição patrimonial pelo recolhimento da exação, pois separou do pagamento ao produtor rural o valor do tributo. 4. Hipótese em que o adquirente não detém legitimidade *ad causam* para postular a repetição de valores indevidamente recolhidos a título da referida contribuição. Permite-se-lhe, de outro lado, discutir a legalidade da exigência, caso a entenda descabida, de modo a obter provimento jurisdicional que lhe autorize a recolhê-la da forma que entende conforme à lei. 5. Recurso especial parcialmente conhecido e, nessa parte, desprovido" (STJ, REsp 554.203, 2004).

• Vide notas ao art. 128 do CTN.

– **Legitimidade do responsável tributário que tenha suportado o ônus.** O responsável tributário suporta a execução, via de regra, com recursos próprios. Diferentemente do substituto, o responsável não tem o dever originário de pagar, tampouco a prerrogativa de reter ou de exigir o montante do contribuinte. Assim, quando, em face do inadimplemento pelo contribuinte, o fisco exige do responsável o pagamento e este suporta o tributo, terá direito à restituição.

– "5. O direito à repetição de indébito de IPTU cabe ao sujeito passivo que efetuou o pagamento indevido, *ex vi* do artigo 165, do Codex Tributário. 'Ocorrendo transferência de titularidade do imóvel, não se transfere tacitamente ao novo proprietário o crédito referente ao pagamento indevido. Sistema que veda o locupletamento daquele que, mesmo tendo efetivado o recolhimento do tributo, não arcou com o seu ônus financeiro (CTN, art. 166). Com mais razão, vedada é a repetição em favor do novo proprietário que não pagou o tributo e nem suportou, direta ou indiretamente, o ônus financeiro correspondente' (REsp 593356/RJ, Relator p/ acórdão Ministro Teori Albino Zavascki, publicado no *DJ* de 12.09.2005)... 7. Outrossim, na seção atinente ao pagamento indevido, o Código Tributário sobreleva o princípio de que, em se tratando de restituição de tributos, é de ser observado sobre quem recaiu o ônus financeiro, no afã de se evitar enriquecimento ilícito, salvo na hipótese em que existente autorização expressa do contribuinte que efetivou o recolhimento indevido, o que abrange a figura da cessão de crédito convencionada... 12. Recurso especial parcialmente provido, para reconhecer a ilegitimidade ativa *ad causam* da autora Ruth Raposo Pereira. Acórdão submetido ao regime do art. 543-C do CPC e da Resolução STJ 08/2008" (STJ, REsp 947.206, 2010).

– **Ilegitimidade do mero pagador.** Aquele que paga tributo em nome de outrem não tem legitimidade para pleitear a sua repetição. Isso porque não há relação jurídica que o vincule ao sujeito ativo da relação tributária. O pagamento, por si só, seja efetuado por liberalidade do pagador ou em cumprimento a compromisso assumido, não legitima o pagador. Assim, o filho que, por gentileza, toma a iniciativa de pagar o IPVA do veículo do seu pai, não tem, pessoalmente, direito à repetição de eventual indébito. O locatário que paga o IPTU em nome do locador e o vendedor de imóvel que efetua o pagamento do ITBI em nome do adquirente também não se legitimam à repetição, cabendo referir, nesses casos, ainda, que os contratos não são oponíveis ao fisco, conforme o art. 123 do CTN.

– Locatário. Súmula 614 do STJ: "O locatário não possui legitimidade ativa para discutir a relação jurídico-tributária de IPTU e de taxas referentes ao imóvel alugado nem para repetir indébito desses tributos" (2018).

– "IPTU. RESTITUIÇÃO DE INDÉBITO. LEGITIMIDADE ATIVA DO DESTINATÁRIO DO CARNÊ. IMPOSSIBILIDADE. ENTENDIMENTO DA PRIMEIRA SEÇÃO DO STJ NO AGRG NO RESP 836.089/SP. 1. Configura-se matéria de direito o debate acerca da legitimidade ativa para postulação de repetição de indébito de IPTU. 2. O entendimento da Primeira Seção deste Superior Tribunal de Justiça é pela impossibilidade de que pessoa diferente do proprietário do imóvel seja legitimado ativo para postular repetição de indébito de IPTU, uma vez que, seja locatário, seja destinatário do carnê, a obrigação contratual entre este e o proprietário do imóvel (contribuinte) não pode ser oponível à Fazenda [...]" (STJ, AgRg no AgRg no AREsp 143.631, 2012).

⇒ **Cumprimento das condenações. Regime de precatórios.** O art. 100 da CF cuida da matéria estabelecendo a expedição de precatórios para o cumprimento das condenações contra a Fazenda Pública. Os arts. 33, 78, 97 e 101 a 105 do ADCT também tratam do assunto.

– Repetição do indébito tributário mediante precatório. A repetição do indébito tributário de que trata o art. 165 do CTN, quando demandada em juízo, ocorre via precatório, daí por que o seu regime jurídico é pertinente à matéria. Embora o sistema de precatório devesse assegurar efetivamente o recebimento por parte dos credores, mediante inclusão dos seus créditos no orçamento, é sabido que diversos Estados e Municípios acabaram por se tornar inadimplentes quanto a volume significativo de precatórios.

– Juros nos precatórios. Súmula Vinculante 17: "Durante o período previsto no parágrafo 1º do artigo 100 da Constituição, não incidem juros de mora sobre os precatórios que nele sejam pagos" (2009).

– Pagamento dos honorários advocatícios com preferência. Súmula Vinculante 47: "Os honorários advocatícios incluídos na condenação ou destacados do montante principal devido ao credor consubstanciam verba de natureza alimentar cuja satisfação ocorrerá com a expedição de precatório ou requisição de pequeno valor, observada ordem especial restrita aos créditos dessa natureza" (2015).

⇒ **Obrigação de fazer não se sujeita a precatório. Tema 45 do STF:** "A execução provisória de obrigação de fazer em face da Fazenda Pública não atrai o regime constitucional de precatórios". Decisão de mérito em 2017.

⇒ **CARF. Decisão administrativa não sujeita ao regime de precatórios. Tema 877 do STF:** "Os pagamentos devidos, em razão de pronunciamento judicial, pelos Conselhos de Fiscalização não se submetem ao regime de precatórios". Decisão do mérito em 2017.

⇒ **Penhora de crédito de precatório em execução fiscal. Recusa. Súmula 406 do STJ:** "A Fazenda Pública pode recusar a substituição do bem penhorado por precatório" (2009).

– Sentença declaratória. Opção pela compensação. Súmula 461 do STJ: "O contribuinte pode optar por receber, por meio de precatório ou por compensação, o indébito tributário certificado por sentença declaratória transitada em julgado" (2010).

– Parcelamento de precatórios. Inconstitucionalidade de moratórias e contingenciamentos no pagamento de precatórios, ainda que por Emenda Constitucional. Por diversas vezes, foi autorizado o pagamento de precatórios, acrescentando se os arts. 33, 78, 97 e 101 a 105 ao ADCT, por força das EECC n. 03/93, 30/00, 62/09 e 94/16. A EC n. 30/00 está em discussão nas ADIs 2.356 e 2.362. Já a EC n. 62/09 teve a sua inconstitucionalidade parcialmente reconhecida nas ADIs 4.357 e 4.425.

– "8. O regime 'especial' de pagamento de precatórios para Estados e Municípios criado pela EC n. 62/2009, ao veicular nova moratória na quitação dos débitos judiciais da Fazenda Pública e ao impor o contingenciamento de recursos para esse fim, viola a cláusula constitucional do Estado de Direito (CF, art. 1º, *caput*), o princípio da Separação de Poderes (CF, art. 2º), o postulado da isonomia (CF, art. 5º), a garantia do acesso à justiça e a efetividade da tutela jurisdicional (CF, art. 5º, XXXV), o direito adquirido e à coisa julgada (CF, art. 5º, XXXVI)" (STF, ADI 4.357, 2013). Houve modulação de efeitos, conforme se vê da ADI 4.425 QO, 2015.

– Também há previsão de parcelamento de precatórios de elevado valor, conforme se vê do § 20 do art. 100 da CF, incluído o parágrafo pela EC n. 94/2016: "Art. 100... § 20. Caso haja precatório com valor superior a 15% (quinze por cento) do montante dos precatórios apresentados nos termos do § 5º deste artigo, 15% (quinze por cento) do valor deste precatório serão pagos até o final do exercício seguinte e o restante em parcelas iguais nos cinco exercícios subsequentes, acrescidas de juros de mora e correção monetária, ou mediante acordos diretos, perante Juízos Auxiliares de Conciliação de Precatórios, com redução máxima de 40% (quarenta por cento) do valor do crédito atualizado, desde que em relação ao crédito não penda recurso ou defesa judicial e que sejam observados os requisitos definidos na regulamentação editada pelo ente federado".

I – cobrança ou pagamento espontâneo de tributo indevido ou maior que o devido em face da legislação tributária aplicável, ou da natureza ou circunstâncias materiais do fato gerador efetivamente ocorrido;

II – erro na identificação do sujeito passivo, na determinação da alíquota aplicável, no cálculo do montante do débito ou na

elaboração ou conferência de qualquer documento relativo ao pagamento;

III – reforma, anulação, revogação ou rescisão de decisão condenatória.

⇒ **Quaisquer razões que fundamentem ser indevido o tributo pago.** O tributo constitui obrigação *ex lege*, sendo instituído a partir das competências tributárias, com observância dos princípios, garantias e critérios de tributação constitucionalmente estabelecidos. Será indevido tanto no caso de a lei que o impõe ser inválida (inconstitucional), como no caso de a sua aplicação ao caso concreto extrapolar a hipótese legal ou a base de cálculo ou, ainda, por equívocos na qualificação dos fatos etc. Muitas são as possíveis razões de um pagamento indevido. Quaisquer delas poderão fundamentar o pedido de repetição. Equívocos poderão ser reconhecidos pelo próprio fisco que, assim poderá proceder à repetição administrativa. Outros vícios, como inconstitucionalidades e ilegalidades da regulamentação do tributo, só o Judiciário poderá reconhecer, exigindo-se, então, ação judicial para a repetição.

– "... na restituição (ou repetição) do indébito, não se cuida de tributo, mas de valores recolhidos (indevidamente) a esse título. Alguém (o *solvens*), falsamente posicionado como sujeito passivo, paga um valor (sob o rótulo de tributo) a outrem (o *accipiens*), falsamente posicionado como sujeito ativo. Se inexistia obrigação tributária, de igual modo não havia nem sujeito ativo, nem sujeito passivo, nem tributo devido. Porém, a disciplina da matéria fala em 'sujeito passivo' (como titular do direito à restituição), em 'tributo', em 'crédito tributário' etc., reportando-se, como dissemos, ao rótulo falso e não ao conteúdo" (AMARO, Luciano. *Direito tributário brasileiro*. 15. ed. São Paulo: Saraiva, 2009, p. 419).

– A IN RFB n. 2.055/2021, que dispõe sobre restituição, compensação, ressarcimento e reembolso, no âmbito da Secretaria Especial da Receita Federal do Brasil, repete as hipóteses do art. 165 do CTN: "Art. 3º A RFB poderá restituir as quantias recolhidas a título de tributo sob sua administração e outras receitas da União arrecadadas mediante Darf ou GPS, nas seguintes hipóteses: I – cobrança ou pagamento espontâneo, indevido ou em valor maior que o devido; II – erro na identificação do sujeito passivo, na determinação da alíquota aplicável, no cálculo do montante do débito ou na elaboração ou conferência de qualquer documento relativo ao pagamento; ou III – reforma, anulação, revogação ou rescisão de decisão condenatória. Parágrafo único. Poderão ser restituídas, também, as quantias recolhidas a título de multa e de juros moratórios previstos nas leis instituidoras de obrigações tributárias principais ou acessórias relativas aos tributos administrados pela RFB".

– **Não importa se o pagamento foi espontâneo ou se decorreu de cobrança por parte do fisco.** O que enseja a repetição é o pagamento de tributo indevido. Importa é se havia ou não a obrigação de pagar, conforme a Constituição e as leis tributárias. As circunstâncias do pagamento ou seu elemento anímico não são relevantes. O tributo é indevido tenha o contribuinte feito o pagamento espontânea e deliberadamente, tenha feito o pagamento por equívoco ou o tenha efetuado em face de cobrança por parte do fisco. Não há que se tratar a questão nos moldes do Direito Privado, pois o princípio da legalidade estrita traz peculiaridades ao Direito Tributário.

– "O que, em qualquer situação, é necessário é o pagamento, sendo indiferente que tenha sido efetuado porque houve cobrança ou porque alguém, sem nenhuma ação do Fisco, procedeu ao recolhimento indevido a título de tributo" (AMARO, Luciano. *Direito tributário brasileiro*. 15. ed. São Paulo: Saraiva, 2009, p. 422).

– "... não é porque o pagamento foi voluntário, que se tem como condição de devolução a prova do erro, pois no caso há uma imposição tributária criada através de uma lei que prevê o fato imponível..." (MARCELINO JÚNIOR, Ataíde. Incidentes na repetição de indébito da taxa de lixo decorrentes do lançamento errôneo. *RET* 12/32).

– **Erro no preenchimento de DCOMP.** Súmula CARF 175: "É possível a análise de indébito correspondente a tributos incidentes sobre o lucro sob a natureza de saldo negativo se o sujeito passivo demonstrar, mesmo depois do despacho decisório de não homologação, que errou ao preencher a Declaração de Compensação – DCOMP e informou como crédito pagamento indevido ou a maior de estimativa integrante daquele saldo negativo" (CSRF, 2021). Obs.: vinculante, conforme Portaria ME n. 12.975/2021.

– **Pagamento de tributo atingido pela decadência ou pela prescrição.** Tanto a decadência como a prescrição em matéria tributária implicam a extinção do crédito tributário, nos termos do art. 156, inciso V, do CTN. Assim, o pagamento eventualmente feito pelo contribuinte após a sua ocorrência é indevido, ensejando repetição.

– "REPETIÇÃO DE INDÉBITO. IPTU. ARTIGOS 156, INCISO V, E 165, INCISO I, DO CTN. INTERPRETAÇÃO CONJUNTA. PAGAMENTO DE DÉBITO PRESCRITO. RESTITUIÇÃO DEVIDA. 1. A partir de uma interpretação conjunta dos artigos 156, inciso V, (que considera a prescrição como uma das formas de extinção do crédito tributário) e 165, inciso I, (que trata a respeito da restituição de tributo) do CTN, há o direito do contribuinte à repetição do indébito, uma vez que o montante pago foi em razão de um crédito tributário prescrito, ou seja, inexistente" (STJ, REsp 646.328, 2009).

– "... no Direito Tributário pátrio, a teor do Código Tributário Nacional, tanto a decadência quanto a prescrição extinguem o crédito tributário. Quem paga dívida fiscal em relação à qual já estava a ação prescrita tem direito à restituição, sem mais nem menos" (COÊLHO, Sacha Calmon Navarro. Prescrição e decadência no direito tributário brasileiro. *RDT* 71/88).

Art. 166. A restituição de tributos que comportem, por sua natureza, transferência do respectivo encargo financeiro somente será feita a quem prove haver assumido o referido encargo, ou, no caso de tê-lo transferido a terceiro, estar por este expressamente autorizado a recebê-la.

⇒ **Origem e fundamentos do art. 166 do CTN.** "A norma do CTN consubstancia uma solução de compromisso, que se soma a outras tantas opções infelizes feitas pela Comissão Especial que lhe elaborou o anteprojeto, o que digo penitenciando-me, já que a integrei, e com acentuada tristeza, por ter contribuído para a sua perpetração. [...] Embora os membros da Comissão Especial, entendessem, de modo preponderante, que a repetição de tributo indevidamente pago deveria ser feita ao sujeito passivo da obrigação tributária, único que a Fazenda conhece e a quem pode exigir o pagamento, e, portanto, a quem logicamente terá de repor no *statu quo ante* se dele recebeu tributo a que não tinha direito, não desejaram eles fazer total abstração dos argumentos expostos pelos ilustres juízes integrantes do Supremo Tribunal Federal que haviam prevalecido na formulação do pensamento da Corte. Considerou-se que a melhor maneira de assim proceder seria adotar o critério que eu havia elegido ao redigir o art. 177 do Anteprojeto de Lei Orgânica do Processo Tributário ... na sua primeira versão, com o seguinte teor: 'Art. 117. É parte legítima para pleitear a repetição, o sujeito passivo da obrigação tributária ou o infrator que tiver pago a penalidade, ainda que o efetivo encargo tiver sido transferido a outrem. Quem provar a transferência, disporá da ação regressiva contra o sujeito passivo reembolsado, ou poderá integrar a lide como assistente, e requerer ao juiz que a restituição lhe seja feita'. Infelizmente, a orientação enunciada no texto supratranscrito não prevaleceu nem no CTN nem no próprio Anteprojeto de Lei Orgânica do Processo Tributário ... Ao elaborar o art. 166 do CTN, a Comissão Especial rejeitou a primeira orientação do Supremo Tribunal Federal (Súmula n. 71), que repelia em todos os casos a repetição de tributos indiretos, mas condicionou-a à prova da inexistência de recuperação do valor do tributo pelo contribuinte *de jure* do contribuinte de fato, como admitido na Segunda versão da Corte Suprema (Súmula n. 546), mitigou, entretanto, essa publicação, prevendo a alternativa da autorização expressa do contribuinte" (CANTO, Gilberto de Ulhôa. *Caderno de Pesquisas Tributárias* 8/2-5).

– **Súmula 71 do STF:** Embora pago indevidamente, não cabe restituição de tributo indireto. Obs: Essa Súmula é de 1963, anterior ao advento do CTN.

– **Súmula 546 do STF:** Cabe a restituição do tributo pago indevidamente, quando reconhecido por decisão, que o contribuinte *de jure* não recuperou do contribuinte *de facto* o *quantum* respectivo.

– **Fundamento: evitar o locupletamento sem causa.** "Objetiva-se evitar o locupletamento sem causa do *solvens*; é claro que, negada a restituição do indébito (por falta da prova da assunção do ônus ou da autorização), quem de fato irá locupletar-se é o Fisco" (AMARO, Luciano. *Direito tributário brasileiro*. 15. ed. São Paulo: Saraiva, 2009, p. 425).

– Sacha Calmon Navarro Coelho aprova o art. 166 do CTN, entendendo que não seria ético, nem justo, devolver o tributo indevido a quem não o suportou, conforme se vê de nota que segue sob a rubrica *Repercussão econômica x repercussão jurídica*.

– "... o legislador, ao estatuir o art. 166 do CTN, resguardou diversos preceitos inerentes não só ao direito tributário, mas à teoria geral do direito, que... podemos assim identificar: a) a natureza sistêmica da ciência jurídica quando se utiliza de instrumentos econômicos e financeiros para apurar quem suportou o encargo tributário indevido, possibilitando apenas a quem efetivamente sofreu subtração patrimonial injusta, a permissão de ressarcimento e b) o enriquecimento sem causa, pois permitir que o produtor-vendedor possa pleitear sem observância dos requisitos do art. 166 do CTN é premiar injustamente com a devolução de tributo recolhido por outrem, ou seja, o consumidor final" (MACHADO, Eduardo Muniz. A repercussão jurídica do tributo e a sua influência na restituição do indébito. *RTFP* 57/76, 2004).

– "O preceito do art. 166 visa a obstar a duplicidade de reposição de valores ao sujeito passivo: a) do terceiro, mediante pagamento do preço dos produtos, incluindo os valores tributários; e b) da Fazenda, ao proceder à restituição desses mesmos valores" (MELO, José Eduardo Soares de. ICMS: majoração inconstitucional de alíquotas. *Repertório IOB de Jurisprudência*/98, Verbete 1/11961).

– **Aplicação restrita aos casos em que evita o enriquecimento sem causa.** "O artigo 166 do Código Tributário Nacional é constitucional, se interpretado de forma sistemática com o restante do ordenamento e dentro de sua razão finalística, qual seja: impedir o enriquecimento sem causa, atendendo ao princípio constitucional da propriedade. Qualquer aplicação do artigo 166 em uma repetição em que, pela sistemática do direito positivo, não seja possível a ocorrência do enriquecimento sem causa, seria absolutamente inconstitucional. [...] conclui-se que o artigo 166 somente pode ser aplicado nos casos em que o ordenamento permite que o sujeito passivo da exação tributária possa se valer do patrimônio de outrem, em regra o destinatário constitucional tributário, para efetuar o pagamento do tributo como ocorre na substituição e na retenção na fonte" (MARQUEZI JUNIOR, Jorge Sylvio. Uma análise conforme a Constituição Federal do artigo 166 do CTN e a jurisprudência do STJ. *RDDT* 211/91, 2013).

⇒ **Aplicação do art. 166 do CTN aos tributos para os quais a lei preveja a transferência.** O dispositivo, forte em que o fundamento do pedido de restituição é o ressarcimento pelo dano causado por um recolhimento indevido, nega legitimidade ao contribuinte que, embora tenha efetuado o pagamento do tributo, não suportou o respectivo ônus econômico em razão de tê-lo transferido ao adquirente de seus produtos ao embutir explicitamente o tributo no valor total da operação, forte em autorização legal para tanto.

– **Repercussão jurídica x repercussão meramente econômica.** "ART. 166 DO CTN. INAPLICABILIDADE. INEXISTÊNCIA DE REPERCUSSÃO JURÍDICA. [...] 1. A restituição de tributos na forma do art. 166 do CTN implica, inicialmente, verificar se o tributo comporta ou não transferência do encargo financeiro para terceiro. Em regra, todos os tributos trazem em si uma repercussão econômica nos preços finais dos produtos, mas esta se mostra irrelevante se não há previsão legal específica de que o ônus será suportado por terceiro. Desse modo, a repercussão meramente econômica não leva o tributo a ser classificado como indireto, sendo imprescindível, para que o tributo comporte essa natureza, a expressa previsão legal. Apenas em tais casos aplica-se a norma contida no referido dispositivo" (STJ, REsp 755.490, 2008).

– "5. Tributos que comportem, por sua natureza, transferência do respectivo encargo financeiro são somente aqueles em relação aos quais a própria lei estabeleça dita transferência. 6. Somente em casos assim aplica-se a regra do art. 166, do Código Tributário Nacional, pois a natureza, a que se reporta tal dispositivo legal, só pode ser a jurídica, que é determinada pela lei correspondente e não por meras circunstâncias econômicas que podem estar, ou não, presentes, sem que se disponha de um critério seguro para saber quando se deu, e quando não se deu, a aludida transferência. 7. Na verdade, o art. 166, do CTN, contém referência bem clara ao fato de que deve haver pelo intérprete sempre, em casos de repetição de indébito, identificação se o tributo, por sua natureza, comporta a transferência do respectivo encargo financeiro para terceiro ou não, quando a lei, expressamente, não determina que o pagamento da exação é feito por terceiro, como é o caso do ICMS e do IPI. A prova a ser exigida na primeira situação deve ser aquela possível e que se apresente bem clara, a fim de não se colaborar para o enriquecimento ilícito do poder tributante. Nos casos em que a lei expressamente determina que o terceiro assumiu o encargo, necessidade há, de modo absoluto, que esse terceiro conceda autorização para a repetição de indébito. 8. O tributo examinado (ICMS) é de natureza indireta. Apresenta-se com essa característica porque o contribuinte real é o consumidor da mercadoria objeto da operação (contribuinte de fato) e a empresa (contribuinte de direito) repassa, no preço da mercadoria, o imposto devido, recolhendo, após, aos cofres públicos o imposto já pago pelo consumidor de seus produtos. Não assume, portanto, a carga tributária resultante dessa incidência. Em consequência, o fenômeno da substituição legal no cumprimento da obrigação, do contribuinte de fato pelo contribuinte de direito, ocorre na exigência do pagamento do imposto do ICMS. 9. A repetição do indébito/compensação do tributo debatido não pode ser deferida sem a exigência da repercussão. Ilegitimidade ativa *ad causam* das empresas recorridas configuradas. [...]" (STJ, AgREsp 436.894, 2002).

– "... o imposto comporta transferência do respectivo encargo financeiro somente naquelas hipóteses em que a correspondente regra jurídica de tributação estiver dirigida indiretamente sobre a pessoa cuja renda se pretenda atingir através do imposto, ou seja, somente nas hipóteses em que efetivamente se puder falar em imposição indireta da renda da comunidade. [...] Conscientemente o legislador não utilizou a expressão tributos indiretos, pois, conforme já se frisou, o texto legal haveria de abranger, por equidade, todas e quaisquer incidências ou imposições indiretas da renda gravável, seja nos impostos indiretos, nos quais a incidência indireta é a regra, seja nos impostos diretos, nos quais a incidência indireta é a exceção" (MORSCHBACHER, José. *Repetição do indébito tributário indireto*. 3. ed. São Paulo: Dialética, 1998, p. 42 e 56).

– "A nosso ver, *tributos que comportem, por sua natureza, transferência do respectivo encargo financeiro* são somente aqueles tributos em relação aos quais a própria lei estabeleça dita transferência. Somente em casos assim aplica-se a regra do art. 166 do CTN, pois a natureza a que se reporta tal dispositivo legal só pode ser a natureza jurídica, que é determinada pela lei correspondente, e não por meras circunstâncias econômicas que podem estar, ou não, presentes, sem que se disponha de um critério seguro para saber quando se deu, e quando não se deu, tal transferência" (MACHADO, Hugo de Brito. *Curso de direito tributário*. 36. ed. São Paulo: Malheiros, 2015, p. 211).

– "Quando o Código Tributário Nacional se refere a tributos que, pela sua própria natureza, comportam a transferência do respectivo encargo financeiro, está se referindo a tributos que, pela sua constituição jurídica, são feitos para obrigatoriamente repercutir, casos do IPI e do ICMS, entre nós, idealizados para serem transferidos ao consumidor final. A natureza a que se refere o artigo é jurídica. A transferência é juridicamente possibilitada. A abrangência do art. 166, portanto, é limitada, e não ampla. Sendo assim, é possível, pela análise dos documentos fiscais e pela escrita contábil das empresas, verificar a transferência formal do encargo financeiro do tributo. O Código Tributário Nacional está rigorosamente correto. Não seria ético, nem justo, devolver o tributo indevido a quem não o suportou. Seria enriquecimento sem causa. Por isso mesmo, exige a prova de não repercussão, ou então a autorização do contribuinte de fato, o que suportou o encargo, para operar a devolução ao contribuinte *de jure*, o sujeito passivo da relação jurídico-tributária. [...] Mas nos tributos que não são juridicamente construídos para repercutir, por isso que inexistem mecanismos comprovadores da inclusão do tributo nos documentos legais, é impossível comprovar o repasse (prova diabólica). Aqui, a repercussão é econômica, plausível, possível, mas juridicamente incomprovável. [...] O erro está em afirmar que uns tributos comportam, e outros não, a possibilidade de transferência. Todos comportam! [...] O certo é distinguir repercussão econômica e repercussão jurídica. Tributos que repercutem economicamente mas não são, pela sua natureza, construídos juridicamente para repercutir, estão livres da exigência do art. 166 do CTN" (COÊLHO, Sacha Calmon Navarro. Prescrição e decadência no direito tributário brasileiro. *RDT* 71). Obs: na 2ª edição do seu livro *Liminares e depósitos antes do lançamento por homologação* – Decadência e prescrição. Dialética, 2002, Sacha reitera tal posicionamento e transcreve, ainda, lição de Vittório Cassone: "Vittório Cassone se explica com maior clareza: 'Assim, quando o art. 166 fala em tributos que comportem, por sua natureza, transferência do respectivo encargo financeiro, está referindo-se aos tributos lançados (efetivamente destacados) no documento fiscal em que o contribuinte (de direito) arrecada-o do adquirente (ou do chamado contribuinte de fato) e o recolhe ao sujeito ativo'" (p. 42).

– **Tributo indireto *x* tributo direto.** "... o tributo é *direto* quando o respectivo ônus financeiro é suportado pelo próprio contribuinte; e *indireto* quando esse ônus é transferido para terceiros. Em outras palavras, o tributo é *direto* quando a pessoa legalmente obrigada a seu pagamento suporta efetivamente o ônus. Diz-se que é *indireto* quando a pessoa legalmente obrigada a seu pagamento transfere o ônus correspondente para terceiros" (MACHADO, Hugo de Brito. *Curso de direito tributário*. 36. ed. São Paulo: Malheiros, 2015, p. 210).

– "Especificamente em termos de Direito Tributário, imposto indireto será aquele no qual a norma jurídica de tributação vincula ao Estado, como sujeito passivo da relação de imposto, não a pessoa de cuja renda a hipótese de incidência seja fato-signo presuntivo, mas aquela ou aquelas antepostas a ela dentro do relacionamento econômico objeto de imposição" (MORSCHBACHER, José. *Repetição do indébito tributário indireto*. 3. ed. São Paulo: Dialética, 1998, p. 39).

– **Aplica-se o art. 166 do CTN aos tributos indiretos: IPI, ICMS, ISS.** O âmbito de aplicação do art. 166 do CTN é o dos tributos indiretos, em que normalmente a carga tributária é destacada na nota fiscal, compondo o valor total da operação, como o IPI, o ICMS e o ISS.

– "... está se falando de tributos indiretos, como o ICMS ou o IPI, onde as regras básicas e a sintaxe de incidência, implicam na sua repercussão imediata no preço daqueles produtos cuja circulação econômica, cuja industrialização, chamam o advento do tributo. Falar em repercussão indireta nos preços, nos custos dos bens ou serviços é fugir aos termos do art. 166 do CTN, e realmente extrapolar daquele princípio erigido na súmula do STF, para encontrar um arrimo vago e ambíguo a impedir praticamente toda e qualquer busca compensatória de tributos frequentemente mal cobrados, ilegalmente exigidos pelos Fisco ou pela Previdência Social" (ROCHA, João Luiz Coelho da. Exigências ilegais para compensação de créditos tributários. *RDDT* 26/44, 1997).

– "Sob o imperio dos arts. 165 e 166 do Código Tributário Nacional, e à vista da jurisprudência tranquila da Suprema Corte, ninguém, sem cometimento de arbítrio e grave lesão à ordem jurídica, ousaria estender as restrições contidas no art. 166 aos tributos reconhecidamente diretos. Tal intento, por óbvio, implicaria, além de afronta aos princípios constitucionais que garantem o direito de propriedade e vedam o confisco, negativa de vigência do art. 165 do Código Tributário Nacional. [...] A Suprema Corte, não obstante evidenciasse naturais perplexidades ante tal tema, como se pode ver da jurisprudência base das Súmulas 71 e 546..., jamais cogitou, por qualquer de seus membros, de estender as restrições do art. 166 da lei complementar aos impostos diretos" (MORSCHBACHER, José. *Repetição do indébito tributário indireto*. 3. ed. Dialética, 1998, p. 78 e 81).

– **IPI. Aplicação do art. 166 do CTN.** "IPI. COMPENSAÇÃO. TRANSFERÊNCIA DO ENCARGO FINANCEIRO. – ART. 166 DO CTN... 6. O IPI é tributo de natureza indireta, uma vez que o contribuinte de fato é o consumidor final da mercadoria objeto da operação, visto que a empresa, que repassa no preço da mercadoria o imposto devido, recolhendo posteriormente aos cofres públicos o imposto já pago pelo consumidor final, e, em consequência, não assume a respectiva carga tributária. Opera-se, assim, no caso do IPI, a substituição legal no cumprimento da obrigação, do contribuinte de fato pelo contribuinte de direito, inadmitindo-se a repetição do indébito e a compen-

sação do referido tributo, sem a exigência da prova da repercussão. [...]" (STJ, EDREsp 416.333, 2002).

– "7. Em demanda análoga, no REsp 903.394/AL, Rel. Ministro Luiz Fux, *DJe* 26.4.2010, apreciada sob a sistemática do art. 543-C do CPC, a Primeira Seção reconheceu a ilegitimidade das distribuidoras para discutir a relação jurídico-tributária e postular em juízo o creditamento relativo ao IPI incidente sobre descontos incondicionais pago pelos fabricantes" (STJ, REsp 1.587.156, 2016).

– **IPI-Importação e ICMS-Importação. Não aplicação do art. 166 do CTN.** Na importação de bem para uso ou consumo próprios, o importador é contribuinte tanto de direito como de fato do IPI e do ICMS, porque não ocorre transferência do ônus. Assim, não se aplica o art. 166 do CTN.

– **ICMS. Aplicação do art. 166 do CTN.** "8. O tributo examinado (ICMS) é de natureza indireta. Apresenta-se com essa característica porque o contribuinte real é o consumidor da mercadoria objeto da operação (contribuinte de fato) e a empresa (contribuinte de direito) repassa, no preço da mercadoria, o imposto devido, recolhendo, após, aos cofres públicos o imposto já pago pelo consumidor de seus produtos. Não assume, portanto, a carga tributária resultante dessa incidência. Em consequência, o fenômeno da substituição legal no cumprimento da obrigação, do contribuinte de fato pelo contribuinte de direito, ocorre na exigência do pagamento do imposto do ICMS. 9. A repetição do indébito/compensação do tributo debatido não pode ser deferida sem a exigência da repercussão. Ilegitimidade ativa *ad causam* das empresas recorridas configuradas. [...]" (STJ, AgREsp 436.894, 2002).

– "ICMS. PEDIDO DE DEVOLUÇÃO DO ICMS PAGO A MAIOR NO REGIME DE SUBSTITUIÇÃO TRIBUTÁRIA. NECESSIDADE DE OBSERVÂNCIA DA REGRA PREVISTA NO ART. 166. PRECEDENTES. 1. 'A jurisprudência desta Corte é no sentido de que os tributos ditos indiretos, dentre eles o ICMS, sujeitam-se, em caso de restituição, compensação ou creditamento, à demonstração dos pressupostos estabelecidos no artigo 166 do CTN' (REsp 1.209.607/SP, 2ª Turma, Rel. Min. Mauro Campbell Marques, *DJe* de 12.11.2010). 2. 'Aplica-se o art. 166 do CTN também à repetição de indébito de ICMS recolhido na sistemática da substituição tributária' [...]" (STJ, AgRg no REsp 1.421.880, 2015).

– **ISS. Aplicação do art. 166 do CTN quando é imposto indireto, conforme o caso.** "ISS... RECOLHIMENTO DO TRIBUTO BASEADO NOS SERVIÇOS PRESTADOS. APLICAÇÃO DA REGRA CONTIDA NO ART. 166 DO CTN... 1. A Primeira Seção do STJ, no julgamento do REsp 1.131.476/RS, Rel. Ministro Luiz Fux, definiu, sob o regime do art. 543-C do CPC, que o ISS é espécie tributária que, a depender do caso concreto, pode-se caracterizar como tributo direto ou indireto. 2. Nos termos da jurisprudência dominante do STJ, nos casos em que a base de cálculo do tributo é o preço do serviço, a exação assume feição indireta, permitindo transferir o ônus financeiro ao contribuinte de fato. 3. Hipótese em que o recolhimento do ISS levou em consideração os serviços prestados, de modo que era possível o repasse do valor do tributo ao tomador do serviço. Logo, a repetição do tributo pago indevidamente sujeita-se à regra prevista no art. 166 do CTN, ou seja, é necessária a comprovação de que não houve repasse do referido encargo. Considerando que não houve tal comprovação, não é possível a repetição. Precedente: EREsp 873.616/PR, Rel. Ministro Mauro Campbell Marques, Primeira Seção, julgado em 13/12/2010, *DJe* 1º/02/2011" (STJ, AgInt no AREsp 925.202, 2016).

- Vide também: STJ, AgRg no AREsp 396.796/RS e AgRg no AREsp 352.883/SC, ambos de 2013.

– **No sentido da não aplicação do art. 166 do CTN ao ISS.** "A referência do art. 166 do CTN, então, é a tributos que comportem, por sua natureza jurídica, transferência do respectivo encargo financeiro. [...] Exame da questão a partir do altiplano constitucional põe desde logo a descoberto, sem maior esforço, que somente no que diz respeito ao ICMS e ao IPI é possível falar em impostos que por sua natureza jurídica comportam transferência do encargo financeiro. É que nesse assaz superior patamar jurídico está consagrado o princípio da não cumulatividade, assim para o IPI (CF, art. 153, § 3º, II) como para o ICMS (CF, art. 155, § 2º, I), sem falar... que esse primado é constitucionalmente determinado também para os impostos incluídos na competência residual da União (CF, art. 154, I) e para as outras contribuições sociais a que se refere o art. 195, § 4º, da Constituição da República... [...] o imposto sobre serviços de qualquer natureza (ISS) tem feição direta, para ainda uma vez empregar o dito ao gosto da hoje em dia abandonada classificação. Este tributo, induvidosamente, não se inclui entre aqueles (IPI e ICMS) que por sua própria natureza jurídica comportam transferência do respectivo encargo financeiro, na medida em que a lei não determina que o ônus financeiro dessa exação (ISS) seja transferido a terceiro. Pela característica legal desse imposto (ISS), as qualidades de sujeito passivo de fato e sujeito passivo de direito estão concentradas na mesma pessoa, o prestador do serviço (contribuinte). ... no caso de pagamento indevido de ISS, para a sua restituição não tem lugar a aplicação do disposto no art. 166 do CTN..." (RABELLO FILHO, Francisco Pinto. Consideração do ISS como imposto direto ou indireto, para efeito de repetição do indébito tributário: breve revisitação do tema. *RTFP* 55/145, abr. 2004).

– **II. Não aplicação do art. 166.** "2. Especificamente acerca do Imposto de Importação, considerando sua natureza, observa-se que, ainda que se admita a transferência do encargo ao consumidor final, tal repercussão é meramente econômica, decorrente das circunstâncias de mercado, e não jurídica, razão pela qual sua restituição não se condiciona às regras previstas no art. 166 do CTN" (STJ, REsp 755.490, 2008).

– **IOF. Não aplicação do art. 166.** "I – Interpretação, com certos temperamentos, do art. 166 do CTN e da Súmula 546 do STF. Sujeição da ação de repetição do IOF aos citados textos, vale dizer, desde que haja possibilidade de repercussão do tributo na revenda imediata do tributo. Inaplicabilidade do art. 166 do CTN e da Súmula 546 do STF se, por exemplo, o contribuinte pagou o IOF numa importação de bens para uso próprio, ou para inclusão desses bens no seu ativo, ou pagou o IOF numa operação de crédito. É que, em tais casos, não existe a possibili-

dade de o tributo ser transferido numa operação imediata, direta" (extinto TFR, AC 0091247, 1985).

– **IR. Não aplicação do art. 166.** "I – Na repetição de indébito do Adicional do Imposto de Renda reconhecida a ilegalidade da exação fiscal, por se tratar de tributo direto não há cogitar-se de prova do repasse dos ônus ao contribuinte de fato. [...]" (STJ, REsp 157.847, 1998).

– "Adicional do Imposto de Renda. Lei estadual n. 9.751/88. Restituição do indébito. C.T.N., arts. 165 e 166. I – Em se tratando de tributo direto, desnecessário cogitar-se da ocorrência, ou não, de transferência do ônus financeiro ao contribuinte de fato. Ofensa ao art. 166 do C.T.N. não caracterizada. II – Agravo regimental desprovido" (STJ, gRg no Ag 138.476, 1997).

– **IPTU e taxas. Não aplicação do art. 166.** "IPTU – REPETIÇÃO DE INDÉBITO – PROVA DE NÃO REPASSE – DESNECESSIDADE... 2. Não é legítimo condicionar a repetição do indébito tributário relativo ao imposto sobre a propriedade predial e territorial urbana à comprovação de que o proprietário, e não eventual locatário, teria suportado o fardo da tributação" (STJ, REsp 1.382.090, 2013).

– "IPTU E TAXAS DE LIMPEZA E ILUMINAÇÃO PÚBLICA. RESTITUIÇÃO DO INDÉBITO. LEGITIMIDADE ATIVA DO LOCADOR-PROPRIETÁRIO QUE SUPORTOU EFETIVAMENTE O ÔNUS FINANCEIRO DO PAGAMENTO DO TRIBUTO INDEVIDO. RECURSO IMPROVIDO" (STJ, REsp 775.761, 2009).

– **Contribuições previdenciárias. Não aplicação do art. 166.** "CONTRIBUIÇÃO PREVIDENCIÁRIA... COMPROVAÇÃO DA NÃO TRANSFERÊNCIA DE ENCARGO FINANCEIRO A TERCEIROS. ART. 89, § 1º, DA LEI 8.212/91. INAPLICABILIDADE DA RESTRIÇÃO IMPOSTA POR SE TRATAR DE TRIBUTO DIRETO...1. Na repetição de indébito tributário referente a recolhimento de tributo direto, como é o caso dos autos em que a parte autora postula a restituição, via compensação, dos valores indevidamente recolhidos a título da contribuição social, criada pelo artigo 3º, inciso I, da Lei n. 7.789/89, e mantida pela Lei n. 8.212/91, desnecessária a comprovação de que não houve repasse do encargo financeiro decorrente da incidência do imposto ao consumidor final, razão pela qual a autora é parte legítima para requerer eventual restituição à Fazenda Pública. Precedentes. 2. Não há, na hipótese, declaração de inconstitucionalidade do art. 89, § 1º, da Lei 8.212/91 e nem violação da Súmula Vinculante n. 10 do Supremo Tribunal Federal, antes, apenas consigne-se que a restrição imposta pelo referido dispositivo não constitui óbice à restituição do indébito da exação questionada, considerando que as contribuições previdenciárias têm natureza de tributo direto, ou seja, não comportam a transferência, de ordem jurídica, do respectivo encargo, e a parte final do § 1º em referência é expressa ao dispor que a obrigatoriedade de comprovação do não repasse a terceiro é exigida apenas às contribuições 'que, por sua natureza, não tenha sido transferida ao custo de bem ou serviço oferecido à sociedade'. 3. Por fim, vale ressaltar que o art. 89, § 1º, da Lei 8.212/91, acrescentado pela Lei 9.032, de abril de 1995, já se encontra revogado pela Lei 11.941, de 27 de maio de 2009. 4... Acórdão submetido ao regime do art.543-C do CPC e da Resolução STJ 08/2008" (STJ, REsp 1.125.550, 2010).

– Súmula 34 do TRF2: "A contribuição previdenciária sobre a remuneração paga aos administradores, autônomos e avulsos, tendo sido declarada inconstitucional, pode ser compensada com contribuições da mesma espécie, desnecessária a comprovação de inexistência de repercussão ou repasse, dada à sua natureza de tributo direto" (*DJ* 13-6-2005 – p. 119).

– **COFINS e FINSOCIAL. Não aplicação do art. 166.** "FINSOCIAL. INCIDÊNCIA. FATURAMENTO. A sentença julgou procedente a ação, permitindo que a empresa revendedora de combustível, como substituída na relação tributária com as companhias distribuidoras, nos termos do art. 170 do CTN e da Lei n. 8.383/91, realize a compensação do que pagou como contribuinte de fato. Inexiste, na espécie, a figura da substituição tributária, porquanto incide o Finsocial sobre o faturamento da empresa que figura como contribuinte, de tal forma que não há repasse algum ao contribuinte de fato. Em uma sociedade capitalista, todos os gastos debitados à comercialização de um produto ou mercadoria passam a integrar o seu preço, e, ao ser adquirido, paga o segundo na cadeia comercial o *plus* integrante do preço. Há incidências em que a lei expressamente prevê a não inclusão a fim de evitar o efeito cascata. Essa sistemática só é aplicável se prevista em lei. Isso não ocorre com contribuições como o Finsocial e o Cofins, em que se reúnem na mesma pessoa o contribuinte de fato e o de direito" (STJ, REsp 387.788-BA, Min. Eliana Calmon, julgado 11-6-2002).

⇒ **Legitimidade para a repetição dos tributos indiretos.** Conforme entendimento do STJ, a exigência legal de que o contribuinte de direito tenha suportado o ônus ou esteja autorizado pelo contribuinte de fato a pleitear a restituição, não legitima o próprio contribuinte de fato a buscar a restituição, a menos que se trate de consumidor de serviços públicos concedidos. Via de regra, a legitimidade é apenas do contribuinte de direito.

– **Contribuinte de direito *x* contribuinte de fato.** Contribuinte de direito é a pessoa que, por realizar o fato gerador, é obrigada por lei ao pagamento do tributo. Contribuinte de fato é outra pessoa que, não estando obrigada a efetuar o pagamento do tributo perante o fisco, suporta indiretamente o ônus da tributação na medida em que a ela é repassada a carga tributária. Nos tributos indiretos, como o IPI, o ICMS e até o ISS, o valor do tributo repassado ao adquirente (contribuinte de fato) é destacado na nota fiscal, podendo ser visualizado.

– "4. Contribuinte de direito é o sujeito passivo que tem relação pessoal e direta com o fato gerador, nos termos do art. 121, parágrafo único, I, do CTN. Indicado na lei para ocupar o polo passivo da obrigação tributária, é também quem deve, em última análise, recolher o tributo ao Fisco. 5. Assim, contribuinte de direito é, por definição, aquele e somente aquele determinado pela lei. 6. Contribuinte de fato é quem suporta o ônus econômico do tributo, ou seja, a quem a carga do tributo indireto é repassada, normalmente o consumidor final" (STJ, REsp 928.875, 2010).

– "Lo normal será que se definan como hechos imponibles supuestos que revelan capacidad económica, por lo que el titular o realizador de éste aparecerá definido como contribuyente y deberá soportar definitivamente la obligación tributaria principal... – En ocasiones, sin embargo, y con la finalidad de facilitar la gestión y la recaudación tributaria, reduciendo el número de sujetos con los que la Hacienda Pública ha de entrar en contacto, puede el legislador disponer una estructura tributaria distinta, de modo que la conexión entre la capacidad económica y la de soportar la carga derivada del cumplimiento de la obligación tributaria se lleve a cabo a través de un doble y sucesivo proceso: En primer lugar, define como hecho imponible un hecho que no evidencia en su titular o realizador la capacidad económica que se quiere gravar, pero configura a dicho titular como un verdadero contribuyente revistiéndole del estatuto de tal y exigiéndole, por tanto, el impuesto. Es, consiguientemente, un contribuyente exactamente igual a cualquier otro en quien se produce esa coincidencia entre titular del hecho imponible y titular de al capacidad económica. Es evidente, sin embargos, que si el legislador no estableciera ninguna otra precisión estaría alterando el principio constitucional de participación en las cargas públicas en función de la capacidad económica. Pero precisamente por ello, porque no puede alterarse ese principio constitucional, esa anomalía que consiste en definir el hecho imponible respecto de un sujeto que no es titular de la capacidad económica que se quiere gravar y al que, pese a ello se le exige el pago del impuesto, es inmediatamente corregida obligando (no facultando) al contribuyente a repercutir el tributo en factura a quien tiene y es titular de al capacidad económica que se quiere gravar y sobre el cual hace pesar la obligación legal de soportar dicha repercusión. Como es lógico este mecanismo sólo puede utilizarse en aquellos casos en que existe una especial relación económico-jurídica entre el configurado como contribuyente y el titular de la capacidad económica, en virtud de la cual resulta posible el fenómeno de la repercusión. [...] A la vista de ello resulta que lo que sustancialmente y en todo caso caracteriza al contribuyente es ser titular del hecho imponible, aparezca éste referido o no al titular de la capacidad económica, pero debiéndose unir el hecho imponible al mecanismo de la repercusión en aquellos casos en que el legislador opte por articular el hecho imponible al margen de la capacidad económica de la persona a la que tal hecho se refiere" (GONZÁLES, Eusebio; GONZÁLES, Teresa. *Derecho Tributario*. Vol. I. Salamanca, Plaza Universitaria, 2004, p. 241-242).

– **Legitimidade, como regra, apenas do contribuinte de direito que suportou o ônus ou que esteja autorizado. Súmula 546 do STF:** "Cabe a restituição do tributo pago indevidamente, quando reconhecido por decisão que o contribuinte *de jure* não recuperou do contribuinte *de facto* o *quantum* respectivo".

– "1. Cuida na origem de ação pela qual a empresa contribuinte de direito busca a restituição ou a compensação do que teria indevidamente recolhido a título de IPI exigido sobre as despesas de frete e de seguro. 2. 'A compensação ou restituição de tributos indiretos (ICMS ou IPI) exige que o contribuinte de direito comprove que suportou o encargo financeiro ou, no caso de tê-lo transferido a terceiro, estar por este expressamente autorizado a pleitear a repetição do indébito, nos termos do art. 166, do CTN'" (STJ, AgRg no REsp 1.233.729, 2013).

– "1. A jurisprudência da 1ª Seção é no sentido de que o art. 166 do CTN tem como cenário natural de aplicação as hipóteses em que o contribuinte de direito demanda a repetição do indébito ou a compensação de tributo cujo valor foi suportado pelo contribuinte de fato... No caso, a pretensão da recorrente, se acolhida, importaria a restituição, mediante compensação, de um valor suportado pelo contribuinte de fato para abatê-lo de uma obrigação própria da contribuinte de direito. Incide, portanto, o art. 166 do CTN" (STJ, REsp 1.110.550, 2009).

– "RECURSO ESPECIAL REPRESENTATIVO DE CONTROVÉRSIA. ARTIGO 543-C, DO CPC. TRIBUTÁRIO. IPI. RESTITUIÇÃO DE INDÉBITO. DISTRIBUIDORAS DE BEBIDAS. CONTRIBUINTES DE FATO. ILEGITIMIDADE ATIVA *AD CAUSAM*. SUJEIÇÃO PASSIVA APENAS DOS FABRICANTES (CONTRIBUINTES DE DIREITO). RELEVÂNCIA DA REPERCUSSÃO ECONÔMICA DO TRIBUTO APENAS PARA FINS DE CONDICIONAMENTO DO EXERCÍCIO DO DIREITO SUBJETIVO DO CONTRIBUINTE *DE JURE* À RESTITUIÇÃO (ARTIGO 166, DO CTN)... 1. O 'contribuinte de fato' (*in casu*, distribuidora de bebida) não detém legitimidade ativa *ad causam* para pleitear a restituição do indébito relativo ao IPI incidente sobre os descontos incondicionais, recolhido pelo 'contribuinte de direito' (fabricante de bebida), por não integrar a relação jurídica tributária pertinente. 2. O Código Tributário Nacional, na seção atinente ao pagamento indevido, preceitua que: 'Art. 165... Art. 166...' 3. Consequentemente, é certo que o recolhimento indevido de tributo implica na obrigação do Fisco de devolução do indébito ao contribuinte detentor do direito subjetivo de exigi-lo. 4. Em se tratando dos denominados 'tributos indiretos' (aqueles que comportam, por sua natureza, transferência do respectivo encargo financeiro), a norma tributária (artigo 166, do CTN) impõe que a restituição do indébito somente se faça ao contribuinte que comprovar haver arcado com o referido encargo ou, caso contrário, que tenha sido autorizado expressamente pelo terceiro a quem o ônus foi transferido. 5. A exegese do referido dispositivo indica que: '...o art. 166, do CTN, embora contido no corpo de um típico veículo introdutório de norma tributária, veicula, nesta parte, norma específica de direito privado, que atribui ao terceiro o direito de retomar do contribuinte tributário, apenas nas hipóteses em que a transferência for autorizada normativamente, as parcelas correspondentes ao tributo indevidamente recolhido: Trata-se de norma privada autônoma, que não se confunde com a norma construída da interpretação literal do art. 166, do CTN. É desnecessária qualquer autorização do contribuinte de fato ao de direito, ou deste àquele. Por sua própria conta, poderá o contribuinte de fato postular o indébito, desde que já recuperado pelo contribuinte de direito junto ao Fisco. No entanto, note-se que o contribuinte de fato não poderá acionar diretamente o Estado, por não ter com este nenhuma relação jurídica. Em suma: o direito subjetivo à repetição do indébito pertence exclusivamente ao denominado contribuinte de direito. Porém, uma vez recuperado o indébito por este junto ao Fisco, pode o contribuinte de fato, com base em

norma de direito privado, pleitear junto ao contribuinte tributário a restituição daqueles valores. A norma veiculada pelo art. 166 não pode ser aplicada de maneira isolada, há de ser confrontada com todas as regras do sistema, sobretudo com as veiculadas pelos arts. 165, 121 e 123, do CTN. Em nenhuma delas está consignado que o terceiro que arque com o encargo financeiro do tributo possa ser contribuinte. Portanto, só o contribuinte tributário tem direito à repetição do indébito. Ademais, restou consignado alhures que o fundamento último da norma que estabelece o direito à repetição do indébito está na própria Constituição, mormente no primado da estrita legalidade. Com efeito, a norma veiculada pelo art. 166 choca-se com a própria Constituição Federal, colidindo frontalmente com o princípio da estrita legalidade, razão pela qual há de ser considerada como regra não recepcionada pela ordem tributária atual. E, mesmo perante a ordem jurídica anterior, era manifestamente incompatível frente ao Sistema Constitucional Tributário então vigente' (Marcelo Fortes de Cerqueira, in *Curso de Especialização em Direito Tributário – Estudos Analíticos em Homenagem a Paulo de Barros Carvalho*, Coordenação de Eurico Marcos Diniz de Santi, Ed. Rio de Janeiro: Forense, Rio de Janeiro, 2007, p. 390/393). 6. Deveras, o condicionamento do exercício do direito subjetivo do contribuinte que pagou tributo indevido (contribuinte de direito) à comprovação de que não procedera à repercussão econômica do tributo ou à apresentação de autorização do 'contribuinte de fato' (pessoa que sofreu a incidência econômica do tributo), à luz do disposto no artigo 166, do CTN, não possui o condão de transformar sujeito alheio à relação jurídica tributária em parte legítima na ação de restituição de indébito. 7. À luz da própria interpretação histórica do artigo 166, do CTN, dessume-se que somente o contribuinte de direito tem legitimidade para integrar o polo ativo da ação judicial que objetiva a restituição do 'tributo indireto' indevidamente recolhido (Gilberto Ulhôa Canto, 'Repetição de Indébito', in *Caderno de Pesquisas Tributárias*, n. 8, p. 2-5, São Paulo, Resenha Tributária, 1983; e Marcelo Fortes de Cerqueira, in *Curso de Especialização em Direito Tributário – Estudos Analíticos em Homenagem a Paulo de Barros Carvalho*, Coordenação de Eurico Marcos Diniz de Santi, Ed. Rio de Janeiro: Forense, Rio de Janeiro, 2007, págs. 390/393). 8. É que, na hipótese em que a repercussão econômica decorre da natureza da exação, 'o terceiro que suporta com o ônus econômico do tributo não participa da relação jurídica tributária, razão suficiente para que se verifique a impossibilidade desse terceiro vir a integrar a relação consubstanciada na prerrogativa da repetição do indébito, não tendo, portanto, legitimidade processual' (Paulo de Barros Carvalho, in *Direito Tributário – Linguagem e Método*, 2ª ed., São Paulo, 2008, Ed. Noeses, p. 583). 9. *In casu*, cuida-se de mandado de segurança coletivo impetrado por substituto processual das empresas distribuidoras de bebidas, no qual se pretende o reconhecimento do alegado direito líquido e certo de não se submeterem à cobrança de IPI incidente sobre os descontos incondicionais (artigo 14, da Lei 4.502/65, com a redação dada pela Lei 7.798/89), bem como de compensarem os valores indevidamente recolhidos àquele título. [...] 14. Consequentemente, revela-se escorreito o entendimento exarado pelo acórdão regional no sentido de que 'as empresas distribuidoras de bebidas, que se apresentam como contribuintes de fato do

IPI, não detém legitimidade ativa para postular em juízo o creditamento relativo ao IPI pago pelos fabricantes, haja vista que somente os produtores industriais, como contribuintes de direito do imposto, possuem legitimidade ativa'. 15. Recurso especial desprovido. Acórdão submetido ao regime do artigo 543-C, do CPC, e da Resolução STJ 08/2008" (STJ, REsp 903.394, 2010).

– "... somente o chamado contribuinte de direito (aquele que, por determinação da lei, recolheu o tributo) pode, nos chamados impostos indiretos (como o IPI, o ICMS e o ISSQN), requerer diretamente a restituição do tributo indevidamente pago, desde que prove (essa é a condição) não haver repassado ou transferido o respectivo ônus, custo ou encargo financeiro, ao contribuinte de fato, ou, caso o tenha transferido, estar por este expressamente (por escrito) autorizado a requerer a restituição" (VOLKWEISS, Roque Joaquim. *Direito tributário nacional*. 2. ed. Livraria do Advogado, 1998, p. 246-247).

– **Autorização no curso do processo.** "REPETIÇÃO DE INDÉBITO. ICMS. AUTORIZAÇÃO DO CONTRIBUINTE DE FATO. ART. 166 DO CTN. CONDIÇÃO DA AÇÃO. PROTESTO PELA JUNTADA POSTERIOR. POSSIBILIDADE... 1. A tese de que a recorrente não precisaria se submeter ao disposto no art. 166 do CTN por realizar a exportação de produtos com base em preços tabelados não foi debatida no acórdão recorrido, nem teria o Tribunal o dever de manifestar-se sobre ela, tendo em vista que fora outra a tese suscitada em primeiro grau. Falta de prequestionamento e ausência de violação do art. 535 do CPC. 2. O art. 166 do CTN legitima o contribuinte de direito a postular a repetição de indébito se estiver autorizado por quem tenha assumido o encargo financeiro do tributo. Essa autorização, embora encartada na lei como uma verdadeira condição da ação de repetição de indébito, pode ser trazida aos autos após o oferecimento da inicial se o autor, oportunamente, protestar por sua juntada posterior e se forem razoáveis os argumentos apresentados como justificativa à impossibilidade de apresentação imediata. 3. Recurso especial conhecido em parte e provido" (STJ, REsp 962.909, 2007).

– **Entendendo inaplicável o condicionamento quando impossível identificar o contribuinte de fato.** "Inaplicável o art. 166 do CTN no caso de não ser identificado o terceiro, como acontece com os negócios realizados com consumidores finais das mercadorias e dos serviços, porque acabaria sendo inviabilizada a restituição ao sujeito passivo, o que caracteriza o locupletamento da Fazenda, que recebera valores sem causa jurídica" (SOARES DE MELO, José Eduardo. ICMS: majoração inconstitucional de alíquotas. *Repertório IOB de Jurisprudência*/98, Verbete 1/11961).

– **Ilegitimidade, como regra, do contribuinte de fato.** "1. Segundo o decidido no recurso representativo da controvérsia REsp 903.394/AL, Primeira Seção, Rel. Ministro Luiz Fux, *DJe* de 26.04.2010, submetido ao rito do artigo 543-C do CPC, em regra o contribuinte de fato não tem legitimidade ativa para manejar a repetição de indébito tributário, ou qualquer outro tipo de ação contra o Poder Público de cunho declaratório, constitutivo, condenatório ou mandamental, objetivando tutela preventiva ou repressiva, que vise a afastar a incidência ou repetir tributo que entenda indevido" (STJ, AgRg no AgRg no REsp 1.228.837, 2013).

– "COMBUSTÍVEL. CONSUMIDOR FINAL. ILEGITIMIDADE ATIVA *AD CAUSAM*. O consumidor final não tem legitimidade ativa *ad causam* para pleitear a restituição da contribuição de intervenção no domínio econômico" (STJ, AgRg no REsp 1.307.660, 2013).

– "... apenas o contribuinte de direito é parte da relação tributária, portanto, apenas esse é parte legítima para pleitear a repetição do tributo indevido. A relação entre o contribuinte de direito e o contribuinte de fato não tem nada de cunho tributário e em nada interessa ao Direito Tributário, isto é, não se trata de relação jurídica hábil a deslocar a legitimidade ativa para pedido de restituição na seara tributária. Nesse sentido, a norma veiculada pelo art. 166 do Código Tributário Nacional (CTN) é precisa e compatível com a lógica do Sistema Tributário Brasileiro. O contribuinte de fato e o contribuinte de direito praticam, entre si, uma operação econômica de natureza privada e o valor do tributo que havia sido pago é apenas uma parcela que compõe o preço praticado, mas que não é paga pelo contribuinte de fato a título de tributo. Nessa linha de entendimentos, conquanto o contribuinte de fato possa postular eventual indébito frente ao contribuinte de direito, sob a égide do direito privado, é o contribuinte de direito que tem o direito subjetivo à repetição oponível ao Estado" (SANTOS, Amanda Duque dos; BATISTA JÚNIOR, Onofre Alves. A legitimidade ativa do contribuinte de fato do ICMS (energia elétrica) para pleitear repetição de valores pagos a maior ou indevidamente – uma breve análise crítica da jurisprudência do STJ. *RDDT* 214/7, 2013).

– "1. O 'contribuinte de fato' (*in casu*, distribuidora de bebida) não detém legitimidade ativa *ad causam* para pleitear a restituição do indébito relativo ao IPI incidente sobre os descontos incondicionais, recolhido pelo 'contribuinte de direito' (fabricante de bebida), por não integrar a relação jurídica tributária pertinente... 4. Em se tratando dos denominados 'tributos indiretos' (aqueles que comportam, por sua natureza, transferência do respectivo encargo financeiro), a norma tributária (artigo 166, do CTN) impõe que a restituição do indébito somente se faça ao contribuinte que comprovar haver arcado com o referido encargo ou, caso contrário, que tenha sido autorizado expressamente pelo terceiro a quem o ônus foi transferido... 7. À luz da própria interpretação histórica do artigo 166, do CTN, dessume-se que somente o contribuinte de direito tem legitimidade para integrar o polo ativo da ação judicial que objetiva a restituição do 'tributo indireto' indevidamente recolhido (Gilberto Ulhôa Canto...; e Marcelo Fortes de Cerqueira...). 8. É que, na hipótese em que a repercussão econômica decorre da natureza da exação, 'o terceiro que suporta com o ônus econômico do tributo não participa da relação jurídica tributária, razão suficiente para que se verifique a impossibilidade desse terceiro vir a integrar a relação consubstanciada na prerrogativa da repetição do indébito, não tendo, portanto, legitimidade processual' (Paulo de Barros Carvalho...). 9. *In casu*, cuida-se de mandado de segurança coletivo impetrado por substituto processual das empresas distribuidoras de bebidas, no qual se pretende o reconhecimento do alegado direito líquido e certo de não se submeterem à cobrança de IPI incidente sobre os descontos incondicionais (artigo 14, da Lei 4.502/65, com a redação dada pela Lei 7.798/89), bem como de compensarem os valores indevidamente recolhidos àquele título...13. *Mutatis mutandis*, é certo que: '1. Os consumidores de energia elétrica, de serviços de telecomunicação não possuem legitimidade ativa para pleitear a repetição de eventual indébito tributário do ICMS incidente sobre essas operações. 2. A caracterização do chamado contribuinte de fato presta-se unicamente para impor uma condição à repetição de indébito pleiteada pelo contribuinte de direito, que repassa o ônus financeiro do tributo cujo fato gerador tenha realizado (art. 166 do CTN), mas não concede legitimidade *ad causam* para os consumidores ingressarem em juízo com vistas a discutir determinada relação jurídica da qual não façam parte...' 14. Consequentemente, revela-se escorreito o entendimento exarado pelo acórdão regional no sentido de que 'as empresas distribuidoras de bebidas, que se apresentam como contribuintes de fato do IPI, não detêm legitimidade ativa para postular em juízo o creditamento relativo ao IPI pago pelos fabricantes, haja vista que somente os produtores industriais, como contribuintes de direito do imposto, possuem legitimidade ativa'. 15. Recurso especial desprovido. Acórdão submetido ao regime do artigo 543-C, do CPC, e da Resolução STJ 08/2008" (STJ, REsp 903.394, 2010).

– "A *legitimatio ad causam* do contribuinte *de jure* para pedir a restituição do IPI, quando indevidamente pago, somente existirá se este provar haver assumido o encargo financeiro correspondente, ou, então, estar autorizado a fazê-lo pelo contribuinte de *facto*. Este, a seu turno, não é parte legítima para pleitear a restituição, mas apenas provedor da autorização que irá implementar condição necessária para que ela possa ser apresentada em sede administrativa ou judicial" (BOTTALLO, Eduardo Domingos. *IPI – Princípios e estrutura*. Dialética, 2009, p. 153).

– **Pela legitimidade do contribuinte de fato.** "REPERCUSSÃO. CONTRIBUINTE DE FATO. RESTITUIÇÃO. LEGITIMIDADE. CTN ART. 166. O contribuinte de fato está legitimado para reclamar a devolução do tributo indevidamente recolhido pelo contribuinte de direito. Assim dispõe, a contrário senso, o art. 166 do CTN" (STJ, REsp 276.469, 2001). Extrai-se do voto condutor: "Equivoca-se o recorrente, quando afirma que 'não sendo a recorrida sujeito passivo da relação jurídico-tributária em exame, é ela parte ilegítima para discutir os aspectos atinentes a tal liame jurídico.' Ora, se houve a transferência do encargo financeiro à contribuinte de fato, somente esta consumidora final das mercadorias, tem legitimidade para pleitear a restituição... Como oportunamente ressaltado no voto condutor do aresto recorrido, a autora apresentou provas, reconhecidas pela ora recorrente, de que, na qualidade de consumidora final, suportou o encargo financeiro do tributo".

• Vide julgados acerca do empréstimo compulsório sobre combustíveis, em que se admitiu que o consumidor, que não era indicado pelo Decreto-Lei n. 2.288/86 como contribuinte de direito, pleiteasse a repetição do indébito, tendo em vista o fato de ter arcado com o ônus econômico.

– "Apesar do contribuinte de direito ser o responsável pelo recolhimento do tributo perante a Fazenda Pública, como assevera Gaze Assen Tufaile, 'o contribuinte de fato é o consumidor final que suporta o ônus e a quem o contribuinte *de jure* transfere o encargo, expressamente ou implicitamente, na composição do preço da mercadoria'. [...] Impedir o contribuinte de fato em ver restituído os valores que indevidamente lhe foram impostos e teve ele que arcar é defender um direito formalista e torná-lo imprestável para aqueles que buscam receber o que lhe foi exigido indevidamente, corroborando-se com procedimentos ilegais ou inconstitucionais nas exigências tributárias pelo Fisco" (JANCZESKI, Célio Armando. A legitimidade ativa na repetição de indébito de tributo indireto. *RET* 86/120-128, 2012).

– "No que respeita aos impostos pagos indevidamente, sejam eles indiretos ou sejam eles diretos, pode-se afirmar, a nosso ver, hoje, com tranquilidade, que a relação jurídica material correspondente se estabelece, invariavelmente, entre o Estado, como sujeito passivo, devedor, e o contribuinte de fato, como sujeito ativo, credor. No caso de impostos diretos, ou melhor, de imposições diretas, o próprio contribuinte legal é, ao mesmo tempo, o contribuinte de fato; diversamente, nos casos de imposição indireta, o contribuinte de fato, em regra não correspondente ao contribuinte legal. É, sem dúvida, o contribuinte de fato o que experimente o empobrecimento, o prejuízo, a diminuição patrimonial decorrente do pagamento de imposto indireto por parte do contribuinte legal, e, quando indevido, ele que se torna credor perante o Estado, uma vez que o *solvens* 'não terá mais interesse de acionar, à base da equidade, quando se verifica que está plenamente compensado'. [...] somente será parte legítima para pleitear a restituição, nos termos do art. 166 do Código Tributário Nacional, o correspondente contribuinte de fato ou seja, o que prove haver assumido o respectivo encargo financeiro; este corresponderá ao contribuinte legal apenas na hipótese de não haver ele transferido a terceiros o encargos financeiro do indébito indireto. [...] Se alguma dúvida a alguém ainda restar quanto à *legitimatio ad causam* do contribuinte de fato, bastará atentar para a parte final do art. 166, omitida da citação anterior, *verbis*: '..., ou, no caso de tê-lo transferido a terceiros, estar por este expressamente autorizado a recebê-la', onde expressamente se reconhece a relevância jurídica do contribuinte de fato como titular do crédito contra a Fazenda Pública, já que só como tal poderá conceder autorização ou outorgar mandato para outrem receber em seu nome" (MORSCHBACHER, José. *Repetição do indébito tributário indireto*. 3. ed. Ed. Dialética, 1998, p. 49 e 56).

– **Legitimidade, por exceção, do contribuinte de fato quanto aos serviços concedidos.** "REPRESENTATIVO DA CONTROVÉRSIA. ART. 543-C CÓDIGO DE PROCESSO CIVIL. CONCESSÃO DE SERVIÇO PÚBLICO. ENERGIA ELÉTRICA. INCIDÊNCIA DO ICMS SOBRE A DEMANDA 'CONTRATADA E NÃO UTILIZADA'. LEGITIMIDADE DO CONSUMIDOR PARA PROPOR AÇÃO DECLARATÓRIA C/C REPETIÇÃO DE INDÉBITO. – Diante do que dispõe a legislação que disciplina as concessões de serviço público e da peculiar relação envolvendo o Estado-concedente, a concessionária e o consumidor, esse último tem legitimidade para propor ação declaratória c/c repetição de indébito na qual se busca afastar, no tocante ao fornecimento de energia elétrica, a incidência do ICMS sobre a demanda contratada e não utilizada. – O acórdão proferido no REsp 903.394/AL (repetitivo), da

Primeira Seção, Ministro Luiz Fux, *DJe* de 26.4.2010, dizendo respeito a distribuidores de bebidas, não se aplica ao casos de fornecimento de energia elétrica. Recurso especial improvido. Acórdão proferido sob o rito do art. 543-C do Código de Processo Civil" (STJ, REsp 1.299.303, 2012).

– "1. Cuida-se de examinar legitimidade ativa processual de consumidor de energia elétrica para discutir judicialmente exigência de ICMS que entende indevida, além do exame de mérito (cobrança sobre a demanda contratada). 2. As duas Turmas da Primeira Seção têm aplicado a jurisprudência fixada no REsp 903.394/AL (repetitivo), afastando a pretensão dos consumidores. Ocorre que a hipótese é distinta. 3. Em se tratando de concessionária de serviço público, a legislação especial prevê expressamente o repasse do ônus tributário (art. 9º, § 3º, da Lei 8.987/1995). Ademais, no serviço essencial prestado em regime de monopólio (há possibilidade de concorrência apenas em favor de grandes consumidores de energia elétrica), qualquer exação fiscal tende a ser automaticamente repassada ao consumidor. 4. Diferentemente das fábricas de bebidas (objeto do repetitivo), as concessionárias de energia elétrica são protegidas contra o ônus tributário por disposição de lei, que permite a revisão tarifária em caso de instituição ou aumento de imposto (exceto o incidente sobre a renda). 5. A lei federal impõe inquestionavelmente ao consumidor o ônus tributário, tornando-se nebulosa a aplicação da alcunha de 'contribuinte de fato'. Isso porque a assunção do ônus do imposto não se dá pelo simples repasse de custos, típico de qualquer relação empresarial, mas decorre de manifesta determinação legal. O consumidor é atado à exigência tributária por força de lei (art. 9º, § 3º, da Lei 8.987/1995). 6. A rigor, a situação de consumidor aproxima-se muito, se é que não coincide, com a de substituído tributário. De fato, a concessionária, tendo reconhecido legalmente o direito de repassar o ônus de impostos ao consumidor em relação a produto essencial, e não sendo inibida por pressão concorrencial, age como substituto tributário, sem qualquer interesse em resistir à exigência ilegítima do Fisco. 7. Inadmitir a legitimidade ativa processual em favor do único interessado em impugnar a inválida cobrança de um tributo é o mesmo que denegar acesso ao Judiciário em face de violação ao direito" (STJ, REsp 1.278.688, 2012).

– "ICMS. ENERGIA ELÉTRICA. LEGITIMIDADE ATIVA DO CONSUMIDOR... 1. O Superior Tribunal de Justiça, em recurso especial representativo de controvérsia, firmou entendimento segundo o qual o consumidor final, na condição de contribuinte de fato, tem legitimidade para discutir a incidência de ICMS sobre a demanda contratada de energia elétrica (REsp 1.299.303/SC, Rel. Min. CESAR ASFOR ROCHA, Primeira Seção, *DJe* 14/8/12)" (STJ, AgRg no AREsp 102.887, 2013).

– "ICMS. LEGITIMIDADE *AD CAUSAM* DO CONSUMIDOR (CONTRIBUINTE DE FATO) PARA DEMANDAR O PODER PÚBLICO EM RAZÃO DE ICMS QUE ENTENDA INDEVIDO ESPECIFICAMENTE QUANDO O CONTRIBUINTE DE DIREITO É EMPRESA CONCESSIONÁRIA DE SERVIÇO PÚBLICO DE FORNECIMENTO DE ENERGIA ELÉTRICA. TEMA JÁ JULGADO EM RECURSO REPRESENTATIVO DA CONTROVÉRSIA. 1. Segundo o decidido no recurso representativo da controvérsia REsp

903.394/AL, Primeira Seção, Rel. Ministro Luiz Fux, *DJe* de 26.04.2010, submetido ao rito do artigo 543-C do CPC, em regra o contribuinte de fato não tem legitimidade ativa para manejar a repetição de indébito tributário, ou qualquer outro tipo de ação contra o Poder Público de cunho declaratório, constitutivo, condenatório ou mandamental, objetivando tutela preventiva ou repressiva, que vise a afastar a incidência ou repetir tributo que entenda indevido. 2. Excepcionalmente, tal precedente não se aplica para os casos em que a demanda é ajuizada pelo consumidor de energia elétrica (contribuinte de fato) para questionar o ICMS que entende indevido quando o contribuinte de direito é empresa concessionária de serviço público de energia elétrica" (STJ, RMS 29.475, 2013).

– **Criticando a exceção.** "No julgamento do REsp 1.299.303/SC, o ministro Relator enfatizou que 'quanto ao usuário de energia elétrica, ou paga a tarifa com o ICMS eventualmente ilegal ou ficará sem o serviço, o que implica em desligar lâmpadas, geladeiras, televisores, equipamentos indispensáveis à saúde de enfermos, equipamentos industriais, etc.' Com as devidas vênias, não parece que o argumento evocado (embora de forma passageira) acerca da 'essencialidade' da energia elétrica revele particularidades suficientes para afastar o precedente antes cristalizado. Na realidade, diversas são as mercadorias igualmente 'necessárias' que se sujeitam à tributação. Essas mercadorias 'necessárias', por vezes, recebem, inclusive, tratamento tributário mais benéfico, o que se evidencia pelas alíquotas reduzidas ou pelas isenções concedidas à luz do princípio da essencialidade que norteia a incidência do ICMS. A energia elétrica, embora 'necessária', não é significantemente mais essencial do que alimentos que compõem a 'cesta básica' ou itens farmacólogos a ponto de merecer tratamento excepcional e distinto do aplicável a esses outros bens essenciais. A propósito, um tratamento tão distinto ofenderia, de forma cabal, aos princípios da tipicidade e da legalidade. Quanto à alegada simbiose entre a concessionária e poder concedente, da mesma forma, não parece que o caso traga singularidade relevante. Não se pode negar que o contrato de concessão seja efetivamente lastreado pelo interesse mútuo entre as partes, nem que harmonia seja reforçada pela possibilidade de modulação das tarifas pagas pelos consumidores em virtude de alteração dos encargos tributários. Contudo, o suposto desinteresse do contribuinte de direito em gerar situações litigiosas com o Poder Público acontece, igualmente, em inúmeras situações que não têm qualquer relação com serviços dados em concessão... No mesmo sentido, o aspecto concorrencial do fornecimento de energia elétrica tampouco parece justificar a *direct exception* consubstanciada na decisão do REsp 1.299.303/SC. Afinal, nas práticas comerciais usuais de mercado também se pode perceber, em diversos setores, certo monopólio disfarçado ou mesmo a forte predominância de específicas empresas, o que pode retirar do consumidor de determinados bens parcela da possibilidade de escolha. ... não é um aspecto exclusivo do serviço de energia elétrica que fora objeto de concessão pelo Poder Público" (SANTOS, Amanda Duque dos; BATISTA JÚNIOR, Onofre Alves. A legitimidade ativa do contribuinte de fato do ICMS (energia elétrica) para pleitear repetição de valores pagos a maior ou indevidamente – uma breve análise crítica da jurisprudência do STJ. *RDDT* 214/7, 2013).

– A inconsistência da exceção aponta para o equívoco da própria regra principal. "... as supostas singularidades valorizadas nos novos *leading cases* aqui examinados são, como visto, inadequadas para justificar qualquer tratamento diferenciado, pois quando não são comuns outras modalidades de tributação indireta (ou até direta) dizem respeito a aspectos que em nada influenciam o problema. A maior prova disso é que nenhuma delas consegue 'introduzir' o consumidor de energia na relação tributária relativa ao ICMS, único fator realmente decisivo para a *ratio decidendi* do REsp 903.394/AL. Assim, na melhor das hipóteses, a distinção é apenas de grau: a iniquidade gerada no 'microcosmo' demarcado seria maior do que no restante do âmbito de aplicação do precedente genérico. A artificialidade do *distinguish* apenas põe a descoberto que o defeito da tese do REsp 903.394/AL não é propriamente de extensão, mas de essência – como, inclusive, sinalizado pelo Ministro Teori Zavascki –, que, assim, só seria realmente corrigido com a sua revogação *tout court*. Logo, qualquer solução que passasse pelo seu 'aproveitamento' parcial, por mais elaborada que fosse, estaria fadada a ser inconsistente e incoerente" (FREITAS, Leonardo e Silva de Almendra. Ainda a (i)legitimidade do contribuinte "de fato" na jurisprudência do STJ e o *distinguish* relativo ao ICMS incidente sobre energia elétrica. *RDDT* 213/66, 2013).

– Pela ilegitimidade de quem não é contribuinte de direito nem de fato. "REPETIÇÃO DE INDÉBITO TRIBUTÁRIO. INTERMEDIÁRIO. Não está o intermediário, que não recolheu nenhum valor a título de tributo, nem suportou seu encargo financeiro, legitimado à repetição dos valores correspondentes, por não ser contribuinte *de iure* nem 'contribuinte de fato'" (TRF4, EINF 0000785-17.2009.404.7204, 2013). Excerto do voto condutor: "Enquanto o relator considerou que a embargante, distribuidora de bebidas, tem legitimidade para pleitear a restituição de IPI que incidiu sobre descontos ditos incondicionais e bonificações, por entender que é contribuinte de direito, por ser equiparada ao estabelecimento industrial, o acórdão embargado assentou, na linha da orientação dominante do Superior Tribunal de Justiça (REsp 903.394, 1ª Seção, julgado sob o regime do art. 543-C do CPC, *DJe* de 26-4-2010), que se trata de 'contribuinte de fato', não integrante da relação jurídica tributária, e por isso não está legitimada à restituição do tributo, cabível apenas em favor do contribuinte *de iure*. Bem examinado o caso, verifico (I) que não houve o recolhimento do IPI pela embargante, na qualidade de responsável tributário, sendo certo que o IPI foi pago pelo estabelecimento industrial, e não se vislumbra a aventada (no voto vencido) 'suspensão do IPI quando sai da fábrica'; e (II) que a embargante não é contribuinte *de iure* (estabelecimento industrial) nem 'contribuinte de fato' (consumidor ou adquirente final), mas intermediário, caso em que não é parte legítima para repetir o que (I) não recolheu (II) nem suportou financeiramente".

– Prova de ter assumido o encargo. O contribuinte de direito poderá repetir o indébito, mesmo daqueles tributos que admitem a transferência do encargo financeiro, quando comprove que o assumiu, ou seja, que figurou também como contribuinte de fato.

– Assunção do encargo relativo a imposto sobre mercadoria dada em bonificação. "3... na hipótese específica de mercadorias dadas em bonificação, a prova da repercussão é desnecessária, porque é a própria empresa que arca, nesses casos, não só com o valor da mercadoria dada em bonificação, como, por óbvio, dos impostos eventualmente incidentes; assim, se a mercadoria foi dada em bonificação, ou seja, foi entregue sem o pagamento de qualquer quantia pelo contribuinte final, e se sobre essas não incide ICMS (não configura fato gerador tributário), como já assentou esta Corte de Justiça, ausentes estão os pressupostos para a atração do art. 166 do CTN, constituindo um contra-senso exigir-se a prova da não repercussão para permitir o creditamento ou a repetição do ICMS indevidamente cobrado" (STJ, EDcl nos EDcl no REsp 1.366.622, 2013).

Art. 167. A restituição total ou parcial do tributo dá lugar à restituição, na mesma proporção, dos juros de mora e das penalidades pecuniárias, salvo as referentes a infrações de caráter formal não prejudicadas pela causa da restituição.

⇒ **Devolução do montante total pago indevidamente, atualizado e acrescido de juros.** Se o tributo pago era indevido, sua devolução abrangerá o valor do próprio tributo, com seus acréscimos de correção monetária e juros, bem como eventual multa que tenha sido suportada, tudo atualizado até o momento da restituição.

• Vide: ABID JUNIOR, Jamil. Aspectos controvertidos do cálculo de juros e correção monetária do crédito do indébito tributário. *RFTD* 89, 2017.

Parágrafo único. A restituição vence juros não capitalizáveis, a partir do trânsito em julgado da decisão definitiva que a determinar.

⇒ **Direito à devolução com correção monetária e juros.** A restituição dá-se com correção monetária (que nada acresce, apenas recompõe o valor da moeda conforme a inflação) e juros (que compensa a falta da disponibilidade dos recursos pelo período de atraso). Inicialmente, tal se fazia mediante aplicação de um indexador de correção monetária (e.g. UFIR) e uma taxa de juros moratórios (normalmente 1% ao mês). A correção monetária, por constituir mera recomposição do valor da moeda, sempre deve se dar a partir do pagamento indevido. Os juros incidem a partir do trânsito em julgado da decisão, salvo se houver previsão legal mais favorável ao contribuinte. A partir de 1996, há previsão legal para a restituição ou compensação de tributos federais mediante aplicação de um único índice abrangendo tanto correção monetária como juros, qual seja, a SELIC, nos moldes dos juros remuneratórios, desde o pagamento indevido. Há leis estaduais que também preveem a incidência da SELIC, o que é válido, conforme a Súmula 523 do STJ, adiante transcrita.

– Súmula 162 do STJ: "Na repetição de indébito tributário, a correção monetária incide a partir do pagamento indevido" (1996).

– **Súmula 188 do STJ:** "Os juros moratórios, na repetição do indébito, são devidos a partir do trânsito em julgado da sentença" (1997).

– A Súmula 188 tem aplicação quando não houver lei determinando que se conte do pagamento indevido. Quanto aos tributos adinistrados pela RFB, há lei determinando a aplicação da SELIC desde o indébito.

– **Súmula 60 do CARF:** "Os juros aplicados na restituição de valores indevidamente retidos na fonte, quando do recebimento de verbas indenizatórias decorrentes da adesão a programas de demissão voluntária, devem ser calculados a partir da data do recebimento dos rendimentos, se ocorrido entre 1º de janeiro de 1996 e 31 de dezembro de 1997, ou a partir do mês subsequente, se posterior".

– "A inflação pode ser conceituada como um aumento contínuo e generalizado no nível geral de preços. [...] exige a elevação contínua dos preços durante um período de tempo, e não meramente uma elevação esporádica dos preços. Dado que a inflação representa uma elevação dos preços monetários, ela significa que o valor real da moeda é depreciado pelo processo inflacionário. Assim, por definição, a inflação é um fenômeno monetário" (LUQUE, Carlos Antônio; VASCONCELLOS, Marco Antônio Sandoval de. Considerações sobre o problema da inflação. *Manual de economia*/equipe de professores da USP. 2. ed. Saraiva, 1996, p. 315).

– A correção monetária dos valores pagos indevidamente visa a afastar os efeitos perversos da inflação. Faz-se mediante a aplicação dos índices oficiais, salvo a existência de algum descompasso dos mesmos com a inflação efetivamente ocorrida, caso em que são aplicados outros indexadores confiáveis para contornar o expurgo.

– Quando se vislumbra arbítrio na definição do índice oficial ou distorção causada pela determinação de aplicação de um novo índice cujo período de apuração seja distinto, implicando correção monetária evidentemente inferior à efetivamente ocorrida, pode-se pensar na utilização de índices alternativos oferecidos por órgãos de pesquisa, de forma a garantir o acesso útil ao Judiciário e impedir o enriquecimento sem causa do devedor. Mas nada justifica simplesmente tomar o índice maior no mês em questão como sendo o mais correto, pois tal premissa é falsa. Aliás, sempre é perigoso tomar um índice isoladamente em determinado mês e definir se representou melhor que os demais a inflação ou não. Faz-se necessário analisar de forma global a variação dos índices, tendo em conta, ainda, seus critérios de apuração, de modo a procurar identificar qual deles efetivamente se presta para dimensionar a inflação do período que se entende expurgado dos índices oficiais.

– "2. A correção monetária não se constitui em um plus; não é uma penalidade, sendo, apenas, a reposição do valor real da moeda, corroído pela inflação, independe de culpa das partes" (STJ, EREsp 584.183, 2007).

– "Legítima a atualização do valor devido, embora a correção monetária não tenha sido pedida na inicial, nem estipulada na sentença. Violação à coisa julgada. Inexistência. Precedentes" (STF, RE 220.605, 2001).

– **Índices de correção monetária.** "Esta Corte adota o princípio de aplicar, em qualquer situação, o índice que melhor reflita a realidade inflacionária do período, independente das determinações oficiais. Assegura-se, contudo, seguir o percentual apurado por entidade de absoluta credibilidade e que, para tanto, merecia credenciamento do Poder Público, como é o caso da Fundação IBGE" (STJ, EREsp 584.183, 2007).

– "2. A jurisprudência do STJ firmou-se pela inclusão dos expurgos inflacionários na repetição de indébito, utilizando-se seguintes índices de correção monetária aplicáveis desde o recolhimento indevido: ORTN – de 1964 a fev/86; OTN – de mar/86 a jan/89; BTN – de mar/89 a mar/90; IPC – de mar/90 a fev/91; INPC – de mar/91 a nov/91; IPCA – dez. 1991; UFIR – de jan/92 a dez. 1995; observados os respectivos percentuais: fev/86 (14,36%); jun/87 (26,06%); jan/89 (42,72%); fev/89 (10,14%); mar/90 (84,32%); abri/90 (44, 80%); mai/90 (7,87%); jun/90 (9,55%); jul/90 (12,92%); ago/90 (12,03%); set/90 (12,76%); out/90 (14,20%); nov/90 (15,58%); dez. 1990 (18,30%); jan/91 (19,91%); fev/91 (21,87%); mar/91 (11,79%). A partir de janeiro/96, aplica-se somente a Selic, que inclui, a um só tempo, o índice de inflação do período e a taxa de juros real" (STJ, REsp 1.097.780, 2009).

– Plano Real. Julho-agosto/94. Inexistência de expurgo. A verificação da ocorrência ou não de expurgo por ocasião do Plano Real é questão complexa e que conta com uma variável a mais, qual seja, o art. 38 da Lei n. 8.880/94 determinou que a apuração dos índices de correção fosse feita com base na variação de preços em URV. O próprio IGPM, para os meses de julho e agosto, apresenta dois percentuais, um mediante consideração da URV e outro mediante consideração da variação dos preços em cruzeiro real, conforme se vê de nota final à tabela comparativa de indexadores que consta ao final deste livro. O STJ firmou posição negando a ocorrência de expurgo nesses meses.

– "CORREÇÃO MONETÁRIA – PLANO REAL – ÍNDICES OFICIAIS ESTABELECIDOS EM LEI – PRECEDENTES... – A jurisprudência desta eg. Corte pacificou-se no sentido da impossibilidade da inclusão dos expurgos inflacionários verificados em julho e agosto/94, por isso que diversos dos índices oficiais estabelecidos em lei (Lei n. 8.383/91)..." (STJ, REsp 637.575, 2005).

– **Tema 167 do STF:** MÉRITO AINDA NÃO JULGADO. Controvérsia: "Cálculo dos índices de correção monetária quando da implantação do Plano Real".

– **Juros aplicáveis. SELIC ou outro índice de lei específica; 1% quando não houver lei específica.** Havendo lei especial determinando o percentual dos juros aplicáveis à repetição ou compensação de indébitos, deve ser aplicada; na ausência de lei específica, aplica-se o percentual supletivo previsto no art. 161, § 1º, do CTN. Não tem aplicação, em matéria tributária, o art. 1º-F da Lei n. 9.494/97, acrescido pela Lei n. 11.960/2009, que determina a aplicação dos juros da caderneta de poupança para as condenações em geral impostas à Fazenda Pública.

– "REPETIÇÃO DE INDÉBITO DE TRIBUTO ESTADUAL. JUROS DE MORA. DEFINIÇÃO DA TAXA APLICÁVEL. 1. Relativamente a tributos federais, a jurisprudência da 1ª Seção está assentada no seguinte entendimento: na restituição de tributos, seja por repetição em pecúnia, seja por compensação, (a) são devidos juros de mora a partir do trânsito em julgado, nos termos do art. 167, parágrafo único, do CTN e da Súmula 188/STJ, sendo que (b) os juros de 1% ao mês incidem sobre os valores reconhecidos em sentenças cujo trânsito em julgado ocorreu em data anterior a 1º.01.1996, porque, a partir de então, passou a ser aplicável apenas a taxa SELIC, instituída pela Lei 9.250/95, desde cada recolhimento indevido (EResp 399.497, ERESP 225.300, ERESP 291.257, EResp 436.167, EResp 610.351). 2. Relativamente a tributos estaduais ou municipais, a matéria continua submetida ao princípio geral, adotado pelo STF e pelo STJ, segundo o qual, em face da lacuna do art. 167, § único do CTN, a taxa dos juros de mora na repetição de indébito deve, por analogia e isonomia, ser igual à que incide sobre os correspondentes débitos tributários estaduais ou municipais pagos com atraso; e a taxa de juros incidente sobre esses débitos deve ser de 1% ao mês, a não ser que o legislador, utilizando a reserva de competência prevista no § 1º do art. 161 do CTN, disponha de modo diverso. 3. Nessa linha de entendimento, a jurisprudência do STJ considera incidente a taxa SELIC na repetição de indébito de tributos estaduais a partir da data de vigência da lei estadual que prevê a incidência de tal encargo sobre o pagamento atrasado de seus tributos. Precedentes de ambas as Turmas da 1ª Seção. 4. No Estado de São Paulo, o art. 1º da Lei Estadual 10.175/98 prevê a aplicação da taxa SELIC sobre impostos estaduais pagos com atraso, o que impõe a adoção da mesma taxa na repetição do indébito. 5. Recurso especial provido. Acórdão sujeito ao regime do art. 543-C do CPC e da Resolução STJ 08/08" (STJ, REsp 1.111.189, 2009).

– "5. Tratando-se de repetição de indébito de tributo que não possui taxa de juros moratórios fixada em legislação extravagante, aplica-se o índice de 1% ao mês, estabelecido no art. 161, § 1º, do CTN, nos termos da jurisprudência consolidada da Primeira Seção, ratificada no julgamento do REsp 1.111.189/SP, Rel. Min. Teori Zavascki, sob o regimento do art. 543-C do CPC e da Resolução STJ 08/08..." (STJ, REsp 1.133.815, 2009).

– **SELIC como índice de correção e juros a contar do pagamento indevido.** A Lei n. 9.250/95 previu a aplicação, na esfera federal, da SELIC na repetição e na compensação de indébito tributário a contar de janeiro de 1996. Abrange ela tanto a recomposição do valor da moeda como juros propriamente. Assim, afasta a aplicação cumulativa de qualquer outro indexador o taxa de juros. Na eventualidade de não se admitir a aplicação da SELIC ou de vir a ser revogada a lei que determina a sua aplicação e não determinada a aplicação de outro índice de mesma natureza, aplicar-se-á, subsidiariamente, correção monetária e juros moratórios de 1% ao mês, estabelecido pelo art. 161, § 1º, do CTN. É o que se fazia invariavelmente antes do advento da Lei n. 9.250/96.

– Os juros, na repetição de indébito tributário, durante muito tempo contaram-se do trânsito em julgado da decisão final, como estabelecido pelo CTN e consolidado nas Súmulas 188 do STJ e 31 do TRF4. Entretanto, a Lei n. 9.250/95 previu a incidência da SELIC sem condicionar o seu termo inicial ao trânsito em julgado. Tal passou a ser aplicado pelos tribunais, ora sob o

argumento de que não se trata de norma geral de direito tributário e que, por isso, a matéria poderia ser disciplinada por lei ordinária, ora mediante a invocação do caráter protetivo do CTN, que não impediria o legislador ordinário de cada esfera política de prever a incidência de juros a contar de termo inicial anterior, em benefício do contribuinte, este último argumento mais consistente. A SELIC é aplicável a contar de janeiro de 1996. Assim, se posterior o indébito, aplica-se a SELIC desde o pagamento indevido. Se anterior, aplicam-se os indexadores de correção monetária, conforme item anterior, até dezembro de 1995 e, então, a SELIC.

– Quando o trânsito em julgado for anterior a janeiro de 1996, os juros contam-se do trânsito e são de 1% ao mês até dezembro de 1995 e, a contar de janeiro de 1996, aplica-se a SELIC como item único de correção e juros.

– "2. Taxa Selic. Incidência para atualização de débitos tributários. Legitimidade. Inexistência de violação aos princípios da legalidade e da anterioridade. Necessidade de adoção de critério isonômico. No julgamento da ADI 2.214, Rel. Min. Maurício Corrêa, Tribunal Pleno, *DJ* 19.4.2002, ao apreciar o tema, esta Corte assentou que a medida traduz rigorosa igualdade de tratamento entre contribuinte e fisco e que não se trata de imposição tributária" (STF, RE 582.461, 2011).

– "2. Aplica-se a taxa SELIC, a partir de 1º.1.1996, na atualização monetária do indébito tributário, não podendo ser cumulada, porém, com qualquer outro índice, seja de juros ou atualização monetária. 3. Se os pagamentos foram efetuados após 1º.1.1996, o termo inicial para a incidência do acréscimo será o do pagamento indevido; no entanto, havendo pagamentos indevidos anteriores à data de vigência da Lei 9.250/95, a incidência da taxa SELIC terá como termo *a quo* a data de vigência do diploma legal em tela, ou seja, janeiro de 1996. Esse entendimento prevaleceu na Primeira Seção desta Corte por ocasião do julgamento dos EREsps 291.257/SC, 399.497/SC e 425.709/SC. 4... Acórdão sujeito à sistemática prevista no art. 543-C do CPC" (STJ, REsp 1.111.175, 2009).

– **A SELIC é aplicada com exclusividade. Afasta qualquer outro índice de correção ou juros.** Importante é considerar que a taxa SELIC dispensa a utilização de indexador que, paralelamente, atualize o valor da moeda, bem como outra taxa de juros, seja a que título for, conforme têm entendido os tribunais. Aplica-se a SELIC com exclusividade, afastando-se qualquer outro índice de correção ou juros.

– "1. A Taxa Selic incide a partir de 01/01/96... 2. A referida taxa engloba juros e correção monetária, devendo ser aplicada com exclusividade, sem cumulação com qualquer outro índice de atualização ou com os juros moratórios em separado (no caso, 1% ao mês)" (STJ, EDclAgRgEDclREsp 805.418, 2008).

– "11. É legítima a utilização da taxa SELIC como índice de correção monetária e de juros de mora, na atualização dos créditos tributários... 12. Nos casos de repetição de indébito tributário, a orientação prevalente no âmbito da 1ª Seção quanto aos juros pode ser sintetizada da seguinte forma: ... (b) após a edição da Lei 9.250/95, aplica-se a taxa SELIC desde o recolhimento indevido, ou, se for o caso, a partir de 1º.01.1996, não podendo ser cumulada, porém, com qualquer outro índice, seja de atualização monetária, seja de juros, porque a SELIC inclui, a um só tempo, o índice de inflação do período e a taxa de juros real" (STJ, REsp 830.698, 2008).

– Aplicação da SELIC na repetição de tributos estaduais. Súmula 523 do STJ: "A taxa de juros de mora incidente na repetição de indébito de tributos estaduais deve corresponder à utilizada para cobrança do tributo pago em atraso, sendo legítima a incidência da taxa Selic, em ambas as hipóteses, quando prevista na legislação local, vedada sua cumulação com quaisquer outros índices" (*DJe* abr. 2015).

– Inconstitucionalidade da submissão dos precatórios tributários aos índices da caderneta de poupança. Tema 810 do STF: 1) O art. 1º-F da Lei n. 9.494/97, com a redação dada pela Lei n. 11.960/09, na parte em que disciplina os juros moratórios aplicáveis a condenações da Fazenda Pública, é inconstitucional ao incidir sobre débitos oriundos de relação jurídico-tributária, aos quais devem ser aplicados os mesmos juros de mora pelos quais a Fazenda Pública remunera seu crédito tributário, em respeito ao princípio constitucional da isonomia (CRFB, art. 5º, *caput*); quanto às condenações oriundas de relação jurídica não tributária, a fixação dos juros moratórios segundo o índice de remuneração da caderneta de poupança é constitucional, permanecendo hígido, nesta extensão, o disposto no art. 1º-F da Lei n. 9.494/97 com a redação dada pela Lei n. 11.960/09; e 2) O art. 1º-F da Lei n. 9.494/97, com a redação dada pela Lei n. 11.960/09, na parte em que disciplina a atualização monetária das condenações impostas à Fazenda Pública segundo a remuneração oficial da caderneta de poupança, revela-se inconstitucional ao impor restrição desproporcional ao direito de propriedade (CRFB, art. 5º, XXII), uma vez que não se qualifica como medida adequada a capturar a variação de preços da economia, sendo inidônea a promover os fins a que se destina". Decisão do mérito em 2017.

– Tema 1.170 do STF. MÉRITO AINDA NÃO JULGADO. Controvérsia: "Validade dos juros moratórios aplicáveis nas condenações da Fazenda Pública, em virtude da tese firmada no RE 870.947 (Tema 810), na execução de título judicial que tenha fixado expressamente índice diverso".

– "5. A atualização monetária dos débitos fazendários inscritos em precatórios segundo o índice oficial de remuneração da caderneta de poupança viola o direito fundamental de propriedade (CF, art. 5º, XXII) na medida em que é manifestamente incapaz de preservar o valor real do crédito de que é titular o cidadão. A inflação, fenômeno tipicamente econômico-monetário, mostra-se insuscetível de captação apriorística (*ex ante*), de modo que o meio escolhido pelo legislador constituinte (remuneração da caderneta de poupança) é inidôneo a promover o fim a que se destina (traduzir a inflação do período). 6. A quantificação dos juros moratórios relativos a débitos fazendários inscritos em precatórios segundo o índice de remuneração da caderneta de poupança vulnera o princípio constitucional da isonomia (CF, art. 5º, *caput*) ao incidir sobre débitos estatais de natureza tributária, pela discriminação em detrimento da parte processual privada que, salvo expressa determinação em contrário, responde pelos juros da mora tributária à taxa de 1% ao mês em favor do Estado (*ex vi* do art. 161, § 1º, CTN). Declaração de inconstitucionalidade parcial sem redução da expressão 'independentemente de sua natureza', contida no art. 100, § 12, da CF, incluído pela EC

n. 62/09, para determinar que, quanto aos precatórios de natureza tributária, sejam aplicados os mesmos juros de mora incidentes sobre todo e qualquer crédito tributário. 7. O art. 1º-F da Lei n. 9.494/97, com redação dada pela Lei n. 11.960/09, ao reproduzir as regras da EC n. 62/09 quanto à atualização monetária e à fixação de juros moratórios de créditos inscritos em precatórios incorre nos mesmos vícios de juridicidade que inquinam o art. 100, § 12, da CF, razão pela qual se revela inconstitucional por arrastamento, na mesma extensão dos itens 5 e 6 supra" (STF, ADI 4.425, 2013).

– "5. O direito fundamental de propriedade (CF, art. 5º, XXII) resta violado nas hipóteses em que a atualização monetária dos débitos fazendários inscritos em precatórios perfaz-se segundo o índice oficial de remuneração da caderneta de poupança, na medida em que este referencial é manifestamente incapaz de preservar o valor real do crédito de que é titular o cidadão. É que a inflação, fenômeno tipicamente econômico-monetário, mostra-se insuscetível de captação apriorística (*ex ante*), de modo que o meio escolhido pelo legislador constituinte (remuneração da caderneta de poupança) é inidôneo a promover o fim a que se destina (traduzir a inflação do período). 6. A quantificação dos juros moratórios relativos a débitos fazendários inscritos em precatórios segundo o índice de remuneração da caderneta de poupança vulnera o princípio constitucional da isonomia (CF, art. 5º, *caput*) ao incidir sobre débitos estatais de natureza tributária, pela discriminação em detrimento da parte processual privada que, salvo expressa determinação em contrário, responde pelos juros da mora tributária à taxa de 1% ao mês em favor do Estado (*ex vi* do art. 161, § 1º, CTN). Declaração de inconstitucionalidade parcial sem redução da expressão 'independentemente de sua natureza', contida no art. 100, § 12, da CF, incluído pela EC n. 62/09, para determinar que, quanto aos precatórios de natureza tributária, sejam aplicados os mesmos juros de mora incidentes sobre todo e qualquer crédito tributário. 7. O art. 1º-F da Lei n. 9.494/97, com redação dada pela Lei n. 11.960/09, ao reproduzir as regras da EC n. 62/09 quanto à atualização monetária e à fixação de juros moratórios de créditos inscritos em precatórios incorre nos mesmos vícios de juridicidade que inquinam o art. 100, § 12, da CF, razão pela qual se revela inconstitucional por arrastamento, na mesma extensão dos itens 5 e 6 supra" (STF, ADI 4.357, 2013).

Art. 168. O direito de pleitear a restituição extingue-se com o decurso do prazo de 5 (cinco) anos, contados:

⇒ **Aplicação do art. 168 do CTN exclusiva para as repetições ou compensações de indébito tributário.** O prazo prescricional do art. 168 destina-se à repetição ou compensação de indébito tributário, tão somente, não se prestando para balizar a prescrição de outros pleitos contra a Fazenda Pública. Assim, não é aplicável às ações que buscam, por exemplo, o reconhecimento do direito a apropriação de créditos básicos ou presumidos. De qualquer modo, o prazo, para essas ações, também é de cinco anos, mas por força do art. 1º do Decreto n. 20.910/32, que diz ser quinquenal o prazo para exercer qualquer direito ou ajuizar qualquer ação contra a Fazenda Pública. Inexistindo regra especial, é aplicável esse decreto.

– É inaplicável ao reconhecimento de crédito de IPI: "CRÉDITO-PRÊMIO. DECRETO-LEI 491/69 (ART. 1º). VIGÊNCIA. PRAZO. EXTINÇÃO. PRESCRIÇÃO... 7. O prazo prescricional das ações que visam ao recebimento do crédito-prêmio do IPI, nos termos do art. 1º do Decreto 20.910/32, é de cinco anos" (STJ, REsp 1.111.148, 2010).

– **É inaplicável à repetição de preço público, conforme a Súmula 412 do STJ:** "A ação de repetição de indébito de tarifas de água e esgoto sujeita-se ao prazo prescricional estabelecido no Código Civil" (dez. 2009).

⇒ **Aplicação do art. 168 à repetição ou compensação de indébito tributário, seja qual for o seu fundamento (inconstitucionalidade, ilegalidade, erro).** Nenhum indébito é tributo devido. Do contrário, não seria indébito. O arts. 165/169 dispõem sobre os valores que, embora indevidos, tenham sido pagos a título tributário. Esta é precisamente a sua hipótese de incidência. Qualquer que seja o fundamento para afastar a existência da obrigação tributária (pagamento a maior efetuado por simples erro de cálculo, pagamento efetuado forte em instrução normativa ilegal, pagamento efetuado pela incidência de lei inconstitucional), aplica-se sempre o regime de repetição estabelecido pelo CTN, submetido o pleito aos prazos dos arts. 168 e 169 do CTN. A restituição do tributo pago indevidamente faz-se mediante repetição propriamente, via precatório ou requisição de pequeno valor, ou, conforme opção do contribuinte, mediante compensação com outros tributos efetivamente devidos quando haja lei específica autorizando.

– "O tributo decorre da lei e não da vontade, sendo por isto mesmo irrelevante o fato de haver sido pago *voluntariamente*. Na verdade o pagamento do tributo só é *voluntário* no sentido da inocorrência de atos objetivando compelir alguém a fazê-lo. Mas é óbvio que o devedor do tributo não tem alternativas. Está obrigado por lei a fazer o pagamento. Estes esclarecimentos são interessantes porque no direito civil, havia regra expressa dizendo que quem paga voluntariamente só terá direito à restituição se provar que o fez por erro... No direito privado, nas obrigações nascidas da vontade, é de grande relevância o seu exame. Já no direito tributário, a vontade é irrelevante na formação da relação jurídica. Assim, um contribuinte, mesmo sabendo que o tributo é indevido, se o paga, tem direito à restituição. O que importa é a demonstração de que o tributo é realmente indevido" (MACHADO, Hugo de Brito. *Curso de direito tributário*. 36. ed. São Paulo: Malheiros, 2015, p. 209).

– **Tributo inconstitucional. Também se aplica o art. 168.** Estão superadas as posições no sentido de que a repetição de tributo inconstitucional seria imprescritível ou que o termo inicial do prazo seria distinto, vinculado à data de declaração da inconstitucionalidade pelo STF ou edição de Resolução pelo Senado. A Primeira Seção do STJ, quando do julgamento dos Embargos de Divergência no REsp 435.835-SC, em março de 2004, revendo entendimento anterior, consolidou posição no sentido de que a declaração de inconstitucionalidade não influi na contagem do prazo para repetição ou compensação. Entendemos que prevaleceu a melhor orientação. Isso porque o prazo não se altera em função do fundamento do pedido de repetição, de modo que a

declaração de inconstitucionalidade, pelo Supremo, não tem implicação na sua contagem. Efetivamente, o direito à repetição não se origina da decisão do STF. Cada contribuinte, antes mesmo de qualquer decisão do STF, tem a possibilidade de buscar, no Judiciário, o reconhecimento do direito à repetição ou à compensação com fundamento em inconstitucionalidade forte no controle difuso. A repetição administrativa, é verdade, não se viabiliza antes da suspensão da eficácia da lei atacada, mas não é a única via para a satisfação de tal direito.

– "2. A declaração de inconstitucionalidade da lei instituidora do tributo em controle concentrado, pelo STF, ou a Resolução do Senado (declaração de inconstitucionalidade em controle difuso) é despicienda para fins de contagem do prazo prescricional tanto em relação aos tributos sujeitos ao lançamento por homologação, quanto em relação aos tributos sujeitos ao lançamento de ofício... 4... Acórdão submetido ao regime do art. 543-C do CPC e da Resolução STJ 08/2008" (STJ, REsp 1.110.578, 2010).

– "2. Não há que se falar em prazo prescricional a contar da declaração de inconstitucionalidade pelo STF ou da Resolução do Senado" (STJ, 1ª Seção, EREsp 435835/SC, Rel. p/ acórdão Ministro José Delgado, mar. 2004). Obs: vide os fundamentos da decisão, por todos, no voto do Min. Teori Zavascki, em que transcreve voto-vista que já havia proferido no EREsp 423.994/SC, analisando cada argumento e deixando claro que as decisões do STF não têm caráter constitutivo, sendo que a pretensão à repetição surge com o pagamento indevido. E concluiu: "... reafirmo meu convencimento de que a melhor orientação ainda é aquela que subordina o termo *a quo* do prazo prescricional de cinco anos ao universal princípio da *actio nata*: ele se desencadeia a partir do dia em que nascem para o contribuinte a pretensão e a ação para haver a repetição, ou seja, a partir do dia do recolhimento indevido, independentemente de se tratar de tributo sujeito a lançamento por homologação e independentemente de haver ou não decisão do STF declarando a inconstitucionalidade".

– "A decadência e a prescrição rompem o processo de positivação do direito, determinando a imutabilidade dos direitos subjetivos protegidos pelos seus efeitos, estabilizando as relações jurídicas, independentemente de ulterior controle de constitucionalidade da lei. [...] O acórdão em ADIn que declarar a inconstitucionalidade da lei tributária serve de fundamento para configurar juridicamente o conceito de pagamento indevido, proporcionando a repetição do débito do Fisco somente se pleiteada tempestivamente em face dos prazos de decadência e prescrição: a decisão em controle direto não tem o efeito de reabrir os prazos de decadência e prescrição. Descabe, portanto, justificar que, com o trânsito em julgado do acórdão do STF, a reabertura do prazo de prescrição se dá em razão do princípio da *actio nata*. Trata-se de petição de princípio: significa sobrepor como premissa a conclusão que se pretende. O acórdão em ADIN não faz surgir novo direito de ação, serve tão só como novo fundamento jurídico para exercitar o direito de ação ainda não desconstituído pela ação do tempo no direito" (DINIZ DE SANTI, Eurico Marcos. *Decadência e prescrição no direito tributário*. Ed. Max Limonad, 2000, p. 275-276).

– A Receita Federal não atribui à decisão do STF, nos controles difuso ou mesmo concentrado, nenhuma repercussão na contagem do prazo, que é feita a contar da extinção do crédito tributário, conforme se extrai do Ato Declaratório SRF n. 96/99.

– Já houve diversos entendimentos, hoje superados, quanto ao termo inicial do prazo para repetição ou compensação quando o indébito decorria do reconhecimento da inconstitucionalidade da lei instituidora do tributo. Pela contagem da publicação da decisão em ADI: STJ, 2ª T., AgRgREsp 422.638/MG, Min. Castro Meira, ago. 2003; TROIANELLI, Gabriel Lacerda. A ADI 15 e a Reabertura de prazos para repetição de indébito. *RDDT* 152/81, maio 2008. Pela contagem da decisão em ADI: STJ, 1ª T., REsp 259.498/SP, Min. Humberto Gomes de Barros, set. 2000. Pela contagem da declaração de inconstitucionalidade, seja no controle difuso ou concentrado: STJ, 1ª T., AgRgAI 490.953/PR, Min. José Delgado, ago. 2003. Pela contagem da publicação da decisão do STF em Recurso Extraordinário. STJ, 1ª T., AgRgAI 490.966/SP, Min. José Delgado, ago. 2003; STJ, 2ª T., AgRgREsp 364.863/SP, Min. Franciulli Netto, nov. 2002. Pela contagem da data da Resolução do Senado: STJ, 2ª T., REsp 449.374/PR, Min. Castro Meira, set. 2003. Entendendo que a inconstitucionalidade descaracterizaria o indébito como tributário, aplicando-se o prazo comum das ações contra a Fazenda Pública (Decreto n. 20.910/32): STJ, 2ª T., ARREsp 437.893, Min. Franciulli Netto, dez. 2003. Pela imprescritibilidade das ações fundadas na inconstitucionalidade da lei tributária, pois os arts. 168 e 169 se refeririam a situações em que pudesse ocorrer pleito administrativo, o que é incompatível com o reconhecimento de inconstitucionalidade, vide a posição de Hugo de Brito Machado em *Temas de direito tributário II*, RT, 1994, p. 188. Vide, também: Wilson Rodrigues de Faria, Imprescritibilidade do crédito tributário antes da decisão do Supremo Tribunal Federal, em *Cadernos de Direito Tributário e Finanças Públicas* 10/144, RT, 1995.

⇒ **Prazo de decadência ou de prescrição?** Ainda é controvertida a natureza do prazo previsto no art. 168 do CTN. Na maior parte dos precedentes, é tratado como prazo de prescrição. A doutrina parece inclinar-se por sua natureza decadencial ou mesmo dúplice: decadencial e prescricional, conforme o caso. Sobre a distinção entre decadência e prescrição, vide nota ao art. 156, V, do CTN.

– Se pensarmos que se trata de prazo para pleitear judicialmente a restituição do indébito, realmente se revela como prazo prescricional. Mas o art. 168 aplica-se, igualmente, ao exercício administrativo do direito à restituição ou à compensação, sendo certo que a compensação é efetuada pelo próprio contribuinte, sob condição resolutória, prescindindo inclusive da participação do Fisco. Nesses casos, o prazo revela-se decadencial.

– "Uma vez que o pedido de restituição pode ser feito por meio de processo administrativo ou judicial, para ambos o prazo do pedido de restituição é de cinco anos. Para o pedido via administrativa, o prazo é de decadência; para o pedido via judicial, o prazo é de prescrição" (FABRETTI, Láudio Camargo. *Código Tributário Nacional comentado*. 2. ed. São Paulo: Saraiva, 1998, p. 147).

– Também para Eurico Marcos Diniz de Santi, o prazo de 5 anos é tanto de decadência quanto de prescrição.

– "Quem tenha pago tributo indevidamente dispõe do prazo de cinco anos para requerer sua devolução. É um prazo de decadência, que fulmina o direito de pleitear o retorno. Manifestada a inércia do administrado, durante aquele período, acontece, inapelavelmente, o fato jurídico da decadência ou caducidade, extintivo do seu direito" (CARVALHO, Paulo de Barros. *Curso de direito tributário*. 27. ed. São Paulo: Saraiva, 2016, p. 431).

– **Precedentes referindo o prazo como prescricional.** "3. A jurisprudência desta Corte pacificou-se no sentido da aplicação do prazo prescricional quinquenal do art. 168 do CTN para o ajuizamento da ação de execução de sentença que reconheceu o direito à repetição de indébito tributário" (STJ, AgRg no AREsp 41.204, 2012).

– "1. Consoante proclamou a Primeira Turma desta Corte, ao julgar o REsp 1.092.775/RS [...], o STJ não entende ser decenal o prazo prescricional da ação de execução de sentença proferida em ação de repetição de indébito de tributo sujeito a lançamento por homologação. O entendimento que restou aqui sedimentado para as ações propostas até a vigência da LC 118/2005 é o de que o prazo prescricional das citadas ações repetitórias é de cinco anos, contudo, sua contagem se inicia com a homologação tácita do pagamento, pois tal termo é considerado como o que extingue o crédito tributário, caso não haja a homologação expressa pela autoridade competente, nos termos dos arts. 150, § 4º, e 168, I, ambos do CTN. A prescrição da execução, assim como a prescrição da própria ação de repetição do indébito tributário, é de cinco anos, não havendo falar em dez anos (cinco mais cinco)" (STJ, REsp 1.274.495, 2012).

– "3. Não se conhece da alegação de violação aos arts. 156, VI, e 168, I, do CTN, em relação à prescrição, uma vez que a parte recorrente não demonstrou como o acórdão recorrido teria violado os citados dispositivos de lei" (STJ, REsp 1.248.712, 2012).

⇒ **Interrupção do prazo pelo pedido administrativo ou judicial de repetição ou declaração de compensação.** Entendemos que se rompe a inércia, afastando-se a decadência ou a prescrição, mediante o exercício ou apresentação de pedido de repetição de indébito ou de compensação, conforme as normas que regem os procedimentos administrativos para tanto, ou mediante o ajuizamento de ação judicial em que figurem como pedido. No âmbito da RFB, o exercício administrativo do direito dá-se mediante envio eletrônico do pedido administrativo de restituição (PER) ou pela declaração de compensação (DECOMP), nos termos do art. 74 da Lei n. 9.430/96. Ainda que o STJ tenha editado a sua Súmula 625 em sentido diverso, dentre os acórdãos que lhe deram origem, muitos deixam dúvida quanto à consistência de tal orientação que, a nosso ver, não estava madura para ser sumulada.

– **Súmula 625 do STJ:** "O pedido administrativo de compensação ou de restituição não interrompe o prazo prescricional para a ação de repetição de indébito tributário de que trata o art. 168 do CTN nem o da execução de título judicial contra a Fazenda Pública" (2018).

– "PEDIDO ADMINISTRATIVO DE COMPENSAÇÃO. NÃO OCORRÊNCIA DE INTERRUPÇÃO E/OU SUSPENSÃO DA PRESCRIÇÃO. ART. 4º DO DECRETO N. 20.910/32. INAPLICABILIDADE. 1. O entendimento desta Corte Superior é no sentido de que o pedido administrativo de compensação do crédito tributário não caracteriza a interrupção do prazo prescricional para a ação de execução. Precedentes... 2. Inaplicabilidade do art. 4º do Decreto n. 20.910/32, uma vez que a controvérsia constante dos autos não diz respeito a mero aproveitamento de créditos, mas a compensação tributária de valores líquidos e certos. Precedentes..." (STJ, AgRgREsp 1.371.686, 2016). Colhe-se do voto condutor: "A agravante, em tese levantada nas contrarrazões ao recurso especial da Fazenda Nacional e nas razões do regimental, defende que a realização das compensações suspendeu o prazo prescricional em favor da Fazenda Pública, nos termos do art. 4º do Decreto n. 20.910/32. De fato, o referido dispositivo legal define hipótese de suspensão da prescrição em razão de procedimentos administrativos relacionados à dívida passiva da União considerada líquida. Vejamos: 'Art. 1º As dívidas passivas da União, dos Estados e dos Municípios, bem assim todo e qualquer direito ou ação contra a Fazenda federal, estadual ou municipal, seja qual for a sua natureza, prescrevem em cinco anos contados da data do ato ou fato do qual se originarem. [...] Art. 4º Não corre a prescrição durante a demora que, no estudo, ao reconhecimento ou no pagamento da dívida, considerada líquida, tiverem as repartições ou funcionários encarregados de estudar e apurá-la.' No entanto, registre-se que tal regramento não se aplica à hipótese, na medida em que a controvérsia dos autos não se refere à análise de operações contábeis-financeiras, como seria o caso de mero aproveitamento de créditos, mas de compensação tributária de valores líquidos e certos".

– "REPETIÇÃO DE INDÉBITO. DIREITO RECONHECIDO EM MANDADO DE SEGURANÇA TRANSITADO EM JULGADO. PRESCRIÇÃO QUINQUENAL. ART. 168 DO CTN. TERMO INICIAL. DATA DO TRÂNSITO EM JULGADO. AÇÃO PROPOSTA APÓS O DECURSO DESSE LAPSO. PEDIDO DE COMPENSAÇÃO NO ÂMBITO ADMINISTRATIVO. INTERRUPÇÃO DO PRAZO PRESCRICIONAL. IMPOSSIBILIDADE. RESSALVA DE ENTENDIMENTO PESSOAL. I – *In casu*, a ação de repetição do indébito tributário foi ajuizada após o transcurso do prazo de cinco anos, cujo termo inicial coincide com a data do trânsito em julgado da ação mandamental que reconheceu a inexigibilidade do imposto cobrado, de modo que configurada a prescrição. II – O pedido administrativo de compensação constitui meio inidôneo para interromper a fluência da prescrição para ajuizamento da respectiva ação de repetição. Precedentes. III – Ressalvo, contudo, posicionamento pessoal contrário a esse entendimento, adotando-o, todavia, com vistas à uniformidade das decisões" (STJ, AgRgREsp 1.276.022, 2015). Obs.: observe-se que, neste precedente, a Ministra Regina Helena Costa, relatora, coloca a sua posição, ao nosso ver correta, mas acaba por aplicar a que prevalecia no tribunal e que acabou sumulada.

– Tratando-se de pedido de repetição formulado administrativamente, considera-se exercido o direito, para fins de afastar a de-

cadência, na data do protocolo administrativo (TRF4, AC 1999.71.00.014788-6, 2003).

– **Impetração de mandado de segurança interrompe o prazo prescricional.** "... a impetração de mandado de segurança interrompe o prazo prescricional para o ajuizamento da ação de repetição de indébito, entendimento esse que, pela mesma *ratio decidendi*, permite concluir que tal interrupção também se opera para fins do exercício do direito à compensação declarado a ser exercido na esfera administrativa, de sorte que, quando do encontro de contas, o contribuinte poderá aproveitar o valor referente a indébitos recolhidos nos cinco anos anteriores à data da impetração" (STJ, EREsp 1.770.495, 2021).

– **Alcançam-se os cinco anos anteriores à impetração que antecedeu à ação de repetição de indébito.** "REPETIÇÃO DE INDÉBITO. PRAZO PRESCRICIONAL. IMPETRAÇÃO ANTERIOR DE MANDADO DE SEGURANÇA. INTERRUPÇÃO DA PRESCRIÇÃO. DIREITO À RESTITUIÇÃO DESDE O QUINQUÊNIO ANTERIOR À IMPETRAÇÃO.... I – Na origem, trata-se ação de repetição de indébito tributário pleiteando restituição relativa às contribuições recolhidas que incluíam o ICMS na base de cálculo do PIS/COFINS desde a propositura de mandado de segurança prévio, impetrado em 23/6/2005. Em sede de sentença, mantida pelo tribunal a quo, o juízo de primeira instância julgou parcialmente procedente o pedido, ocasião em que condenou a União à repetição do indébito dos cinco anos anteriores à propositura da presente ação ordinária. II – Há jurisprudência consolidada neste STJ no sentido de que a impetração de mandado de segurança interrompe o prazo prescricional em relação à ação de repetição do indébito tributário, de modo que somente a partir do trânsito em julgado do mandamus inicia a contagem do prazo em relação à ação ordinária para a cobrança dos créditos recolhidos indevidamente. Precedentes... III – Não tendo ocorrido a prescrição, a repetição do indébito poderia alcançar todos os recolhimentos indevidamente realizados no quinquênio anterior à impetração da segurança. Ocorre, entretanto, que a petição inicial foi expressa ao requerer a 'devolução dos valores recolhidos a maior (...) após a propositura do *mandamus*, isto é, 23 de junho de 2005'. Desse modo, para não incorrer em julgamento extra petita e em atenção ao princípio da congruência, é imperioso reconhecer o direito da recorrente à repetição do indébito apenas relativamente aos valores indevidamente recolhidos desde a data da impetração do mandado de segurança prévio à presente ação" (STJ, REsp 1.803.271, 2021).

⇒ **Prazo para a execução da sentença.** Segue o da ação de conhecimento (Súmula 150 do STF). Vide em nota ao art. 165 do CTN.

I – nas hipóteses dos incisos I e II do art. 165, da data da extinção do crédito tributário;

⇒ **Lançamento de ofício. Conta-se o prazo do pagamento indevido.** "1. O prazo de prescrição quinquenal para pleitear a repetição tributária, nos tributos sujeitos ao lançamento de ofício, é contado da data em que se considera extinto o crédito tributário, qual seja, a data do efetivo pagamento do tributo, a teor do disposto no artigo 168, inciso I, c.c artigo

156, inciso I, do CTN. (Precedentes...) 2. A declaração de inconstitucionalidade da lei instituidora do tributo em controle concentrado, pelo STF, ou a Resolução do Senado (declaração de inconstitucionalidade em controle difuso) é despicienda para fins de contagem do prazo prescricional tanto em relação aos tributos sujeitos ao lançamento por homologação, quanto em relação aos tributos sujeitos ao lançamento de ofício. (Precedentes...) 3. *In casu*, os autores, ora recorrentes, ajuizaram ação em 04/04/2000, pleiteando a repetição de tributo indevidamente recolhido referente aos exercícios de 1990 a 1994, ressoando inequívoca a ocorrência da prescrição, porquanto transcorrido o lapso temporal quinquenal entre a data do efetivo pagamento do tributo e a da propositura da ação. 4... Acórdão submetido ao regime do art.543-C do CPC e da Resolução STJ 08/2008" (REsp 1.110.578, 2010).

⇒ **Lançamento por homologação. Também se conta o prazo do pagamento indevido.** LC n. 118/2005. Dispõe a LC n. 118/2005. "Art. 3º Para efeito de interpretação do inciso I do art. 168 da Lei n. 5.172, de 25 de outubro de 1966 – Código Tributário Nacional, a extinção do crédito tributário ocorre, no caso de tributo sujeito a lançamento por homologação, no momento do pagamento antecipado de que trata o § 1º do art. 150 da referida Lei. Art. 4º Esta Lei entra em vigor 120 (cento e vinte) dias após sua publicação, observado, quanto ao art. 3º, o disposto no art. 106, inciso I, da Lei n. 5.172, de 25 de outubro de 1966 – Código Tributário Nacional." A aplicação retroativa determinada por remissão ao art. 106, I, do CTN foi afastada pelo STF sob o entendimento de que não se tratava de lei verdadeiramente interpretativa, mas de lei que inovou, reduzindo o prazo de dez para cinco anos.

– **Irretroatividade da LC n. 118/2005. Aplicação plena às ações ajuizadas após a *vacacio legis*.** O STF, apreciando a LC n. 118/2005, entendeu que trouxe norma nova, na medida em que afastou o entendimento consolidado no STJ sobre a interpretação do CTN (tese dos 5 + 5 = 10 anos), reduzindo o prazo para cinco anos contados do pagamento indevido. Assim, não tendo caráter verdadeiramente interpretativo, não poderia ser aplicada retroativamente, razão pela qual declarou a inconstitucionalidade da remissão ao art. 106 do CTN. Afastada a retroatividade, contudo, determinou a aplicação imediata a contar do decurso da *vacatio legis*. Com isso, o prazo de cinco anos é aplicável em todas as demandas ajuizadas a partir e 9 de junho de 2005. O STF, portanto, não seguiu a linha que vinha sendo adotada pelo STJ, de aplicação da regra de transição constante do Código Civil. Entendeu que só a retroatividade era inconstitucional e que o período de *vacatio legis* consubstanciava transição suficiente para a nova norma. Assim, as ações ajuizadas a partir de 9 de junho de 2005 só alcançam indébitos ocorridos nos cinco anos anteriores ao seu ajuizamento. Os pedidos administrativos e as ações ajuizadas até 08 de junho de 2005 alcançaram indébitos ocorridos nos dez anos anteriores ao seu ajuizamento. O STJ adequou-se ao entendimento do STF.

– **Tema 4 do STF:** "É inconstitucional o art. 4º, segunda parte, da Lei Complementar 118/2005, de modo que, para os tributos sujeitos a homologação, o novo prazo de 5 anos para a repetição ou compensação de indébito aplica-se tão somente às ações ajuizadas após o decurso da *vacatio legis* de 120 dias, ou seja, a partir de 9 de junho de 2005".

– "DIREITO TRIBUTÁRIO – LEI INTERPRETATIVA – APLICAÇÃO RETROATIVA DA LEI COMPLEMENTAR N. 118/2005 – DESCABIMENTO – VIOLAÇÃO À SEGURANÇA JURÍDICA – NECESSIDADE DE OBSERVÂNCIA DA *VACACIO LEGIS* – APLICAÇÃO DO PRAZO REDUZIDO PARA REPETIÇÃO OU COMPENSAÇÃO DE INDÉBITOS AOS PROCESSOS AJUIZADOS A PARTIR DE 9 DE JUNHO DE 2005. Quando do advento da LC 118/05, estava consolidada a orientação da Primeira Seção do STJ no sentido de que, para os tributos sujeitos a lançamento por homologação, o prazo para repetição ou compensação de indébito era de 10 anos contados do seu fato gerador, tendo em conta a aplicação combinada dos arts. 150, § 4º, 156, VII, e 168, I, do CTN. A LC 118/05, embora tenha se autoproclamado interpretativa, implicou inovação normativa, tendo reduzido o prazo de 10 anos contados do fato gerador para 5 anos contados do pagamento indevido. Lei supostamente interpretativa que, em verdade, inova no mundo jurídico deve ser considerada como lei nova. Inocorrência de violação à autonomia e independência dos Poderes, porquanto a lei expressamente interpretativa também se submete, como qualquer outra, ao controle judicial quanto à sua natureza, validade e aplicação. A aplicação retroativa de novo e reduzido prazo para a repetição ou compensação de indébito tributário estipulado por lei nova, fulminando, de imediato, pretensões deduzidas tempestivamente à luz do prazo então aplicável, bem como a aplicação imediata às pretensões pendentes de ajuizamento quando da publicação da lei, sem resguardo de nenhuma regra de transição, implicam ofensa ao princípio da segurança jurídica em seus conteúdos de proteção da confiança e de garantia do acesso à Justiça. Afastando-se as aplicações inconstitucionais e resguardando-se, no mais, a eficácia da norma, permite-se a aplicação do prazo reduzido relativamente às ações ajuizadas após a *vacatio legis*, conforme entendimento consolidado por esta Corte no enunciado 445 da Súmula do Tribunal. O prazo de *vacatio legis* de 120 dias permitiu aos contribuintes não apenas que tomassem ciência do novo prazo, mas também que ajuizassem as ações necessárias à tutela dos seus direitos. Inaplicabilidade do art. 2.028 do Código Civil, pois, não havendo lacuna na LC 118/08, que pretendeu a aplicação do novo prazo na maior extensão possível, descabida sua aplicação por analogia. Além disso, não se trata de lei geral, tampouco impede iniciativa legislativa em contrário. Reconhecida a inconstitucionalidade art. 4º, segunda parte, da LC 118/05, considerando-se válida a aplicação do novo prazo de 5 anos tão somente às ações ajuizadas após o decurso da *vacatio legis* de 120 dias, ou seja, a partir de 9 de junho de 2005. Aplicação do art. 543-B, § 3º, do CPC aos recursos sobrestados. Recurso extraordinário desprovido" (STF, RE 566.621, 2011).

– "4. Assim, para as ações ajuizadas a partir de 09.06.2005, aplica-se o art. 3º, da LC 118/2005, contando-se o prazo prescricional dos tributos sujeitos a lançamento por homologação em cinco anos a partir do pagamento antecipado de que trata o art. 150, § 1º, do CTN" (STJ, EREsp 1.265.939, 2013).

– "1. O Supremo Tribunal Federal, no RE 566.621/RS entendeu aplicável o prazo de cinco anos do art. 168, I, do CTN, alterado pelo art. 3º da Lei Complementar n. 118/2005, para pleitear a repetição de valores recolhidos indevidamente como tributo. 2. Nas demandas ajuizadas na vigência do referido art. 3º, ou seja, a partir de 09/06/2005, é viável recuperar os valores indevidamente pagos há cinco anos da referida data. 3. Nas demandas ajuizadas na vigência da LC 118/2005, sem a alteração redacional, aplica-se a tese conhecida por '5+5', de modo que o contribuinte possui 10 anos, contados do fato gerador, para repetir o que pagou indevidamente a título de tributo. 4. Juízo de retratação realizado com fundamento no art. 543-B, § 3º, do CPC para julgar prejudicado o incidente de uniformização, declarando a prescrição dos valores recolhidos anteriormente a 05/10/2000, nos termos do art. 3º da LC 118/2005, tendo em vista ter sido a demanda proposta em 05/10/2005, confirmada a decisão da Turma de Uniformização" (STJ, Pet 6.012, 2013).

– Súmula 91 do CARF : Ao pedido de restituição pleiteado administrativamente antes de 9 de junho de 2005, no caso de tributo sujeito a lançamento por homologação, aplica-se o prazo prescricional de 10 (dez) anos, contado do fato gerador. Aprovada pelo Pleno em dez. 2013.

⇒ **Retenção na fonte.** Ocorrida a retenção por conta de tributo a ser apurado pelo contribuinte ao final do período, surge o direito do contribuinte a pleitear a restituição do indevido. Entendemos, portanto, que, a contagem do prazo para repetição de indébito, no regime da LC n. 118/2005, conta-se da retenção indevida, assim como os respectivos juros. No regime anterior, dos 10 anos, a retenção era irrelevante para a contagem do prazo, pois os cinco anos do art. 168 só iniciavam após o decurso dos cinco anos relativos ao prazo para homologação.

II – na hipótese do inciso III do art. 165, da data em que se tornar definitiva a decisão administrativa ou passar em julgado a decisão judicial que tenha reformado, anulado, revogado ou rescindido a decisão condenatória.

⇒ **Revogação. Anulação.** Não há possibilidade de revogação, pois a imposição tributária não está sujeita a juízos de oportunidade ou conveniência por parte da autoridade administrativa. Lembre-se que o tributo é cobrado mediante atividade administrativa plenamente vinculada (art. 3º do CTN). Sobre a diferença entre revogação e anulação, vide Súmula 473 do STF em nota ao art. 155 do CTN.

Art. 169. Prescreve em 2 (dois) anos a ação anulatória da decisão administrativa que denegar a restituição.

Parágrafo único. O prazo de prescrição é interrompido pelo início da ação judicial, recomeçando o seu curso, por metade, a partir da data da intimação validamente feita ao representante judicial da Fazenda Pública interessada.

⇒ **Aplicação à restituição ou compensação.** "Considerando-se... que de acordo com o art. 169 do Código Tributário Nacional prescreve em dois anos a ação anulatória da decisão administrativa que negar pedido de restituição de indébito, não nos parece razoável que o mesmo não ocorra em relação à decisão administrativa que não homologar a compensação, sobretudo quando consideramos que nos pontos em que a disciplina do Código tributário Nacional sobre compensação é omissão a legislação tributária sempre procura aplicar à compensação as regras expressamente previstas para a restituição de indébito. [...] Nesse contexto, entendemos que se deva aplicar às declarações de compensação, por analogia, a regra prevista no artigo 169 do Código Tributário Nacional, para reconhecer ao sujeito passivo o prazo de dois anos, contados da decisão administrativa final que não homologar a compensação, para ajuizar ação de repetição de indébito relativa ao crédito cuja compensação não foi homologada. Sob pena de que, aplicando-se o artigo 1º do Decreto n. 20.910/32, se conceda ao contribuinte que tem sua declaração de compensação não homologada administrativamente prazo de cinco anos injustificavelmente maior do que aquele, de apenas dois anos, que se aplica na hipótese de pedido administrativo de restituição indeferido" (TROIANELLI, Gabriel Lacerda; CASANOVA, Vivian. Declaração de compensação como causa interruptiva do prazo prescricional para repetição do indébito. *RDDT* 182/7, 2010).

– "... o contribuinte dispõe de cinco anos para postular a restituição do indébito, quer no âmbito administrativo, quer judicialmente. Caso opte por ingressar primeiramente no âmbito administrativo e o pedido for indeferido, é-lhe facultado ajuizar, no biênio subsequente, ação com vistas a anular essa decisão administrativa e, em consequência, obter judicialmente a condenação do fisco a pagar os valores devidos. [...] restituir o indébito é expressão ampla, que contempla todas as formas de adimplemento dos créditos de que dispõe o contribuinte perante o fisco. ... diante da omissão legislativa quanto à interrupção do prazo prescricional para o contribuinte reaver indébito, a solução mais adequada parece ser a de interpretar os arts. 168 e 169 do Código Tributário Nacional no sentido de que qualquer pedido de adimplemento de dívida da fazenda, inclusive compensação e pedido de habilitação, interrompe o fluxo do prazo prescricional" (TEDESCO, Paulo Carmago. A compensação como causa interruptiva do prazo para restituição do indébito. *RDDT* 169/112, 2009).

⇒ **Aplicação à ação judicial de repetição que sucede pedido administrativo indeferido.** Aplica-se o prazo de dois anos à pretensão de repetição de valores cuja repetição já tenha sido indeferida administrativamente. Em tal situação, a repetição judicial tem o efeito de anulação da decisão administrativa denegatória.

– **Não se aplica à simples renovação, na via judicial, de pedido de restituição.** "1. Não tendo a esfera administrativa adentrado ao exame da existência de indébito em razão do lustro prescricional, a ação anulatória prevista no art. 169, do CTN, ou o mandado de segurança que lhe faz as vezes, é aquela que ataca a preliminar de prescrição e pede novo pronunciamento administrativo sobre a repetição de indébito e não aquela que avança diretamente sobre o indébito, como no presente caso. O avanço direto sobre o indébito chama a aplicação do art. 168, do CTN" (STJ, EDcl no REsp 1.219.078, 2013).

⇒ **Censuras ao parágrafo único.** "... em termos práticos inibe a tutela jurisdicional do sujeito passivo, pois teria apenas um ano para ver definitivamente apreciado o seu pedido, tempo por demais exíguo para que se forme a convicção do magistrado, no âmbito de uma ação ordinária. O enunciado normativo que se contém nesse parágrafo único é, no nosso entender, uma regra inconstitucional, por contrariar, grosseiramente, o art. 5º, XXXV, da Carta Magna" (CARVALHO, Paulo de Barros. *Curso de direito tributário*. 27. ed. São Paulo: Saraiva, 2016, p. 432).

– "O parágrafo único do art. 169 é de uma desfaçatez sem tamanho. É modalidade de prescrição intercorrente, já não mais da ação, mas do processo, em inteiro descompasso com a realidade. Trata-se, em verdade, de absurdo privilégio processual em prol da Fazenda Pública, contra o princípio da isonomia. Correndo por metade a prescrição, mesmo após a intimação (*rectius*: citação) do representante judicial da Fazenda Pública, tem-se que prescreveria o direito do autor em um ano, na melhor das hipóteses, após a citação, à falta de sentença. Em rigor, o autor só poderia ser responsabilizado pelas delongas processuais a seu cargo. A inércia ou a morosidade do Judiciário não podem ser a ele debitadas. Ruborizados, com louvável pudor, os representantes judiciais da Fazenda não fazem uso do deslavadamente iníquo parágrafo único do art. 169, salvo raríssimas exceções, invariavelmente repelidas pelos juízes" (COÊLHO, Sacha Calmon Navarro. *Liminares e depósitos antes do lançamento por homologação* – Decadência e prescrição. 2. ed. Dialética, 2002, p. 45).

– "... se o prazo de prescrição, que é, no caso, de apenas dois anos, recomeça seu curso, por metade, com a citação do representante judicial da Fazenda Pública, a ação terá de ser julgada, em definitivo, no prazo de um ano. E isto, em face da nossa legislação processual, e do número de processos em tramitação, é inteiramente impossível. Assim, a norma albergada pelo parágrafo único do art. 169 do CTN padece de dupla inconstitucionalidade. A primeira porque, tal como a norma da cabeça daquele artigo, fere a isonomia. E a segunda porque contraria flagrantemente a garantia de jurisdição, inviabilizando inteiramente a prestação jurisdicional buscada pelo contribuinte para satisfazer seu direito à restituição de tributo que tenha pago indevidamente" (MACHADO, Hugo de Brito. *Curso de direito tributário*. 36. ed. São Paulo: Malheiros, 2015, p. 215).

SEÇÃO IV
DEMAIS MODALIDADES DE EXTINÇÃO

Art. 170. A lei pode, nas condições e sob as garantias que estipular, ou cuja estipulação em cada caso atribuir à autoridade administrativa, autorizar a compensação de créditos tributários com créditos líquidos e certos, vencidos ou vincendos, do sujeito passivo contra a Fazenda Pública.

⇒ **Conceito de compensação.** A noção de compensação resta expressa no Código Civil: "Art. 368. Se duas pessoas forem ao mesmo tempo credor e devedor uma da outra, as duas obrigações extinguem-se, até onde se compensarem. Art. 369. A compensação efetua-se entre dívidas líquidas, vencidas e de coisas fungíveis". Compensação, pois, é a extinção de obrigações mediante o encontro de contas entre devedo-

res e credores recíprocos de obrigações fungíveis e exigíveis, até o limite em que as obrigações sejam equivalentes.

– "10. A compensação, posto modalidade extintiva do crédito tributário (artigo 156, do CTN), exsurge quando o sujeito passivo da obrigação tributária é, ao mesmo tempo, credor e devedor do erário público, sendo mister, para sua concretização, autorização por lei específica e créditos líquidos e certos, vencidos e vincendos, do contribuinte para com a Fazenda Pública (artigo 170, do CTN)" (STJ, AgRg no REsp 862.572, 2008).

– "Etimologicamente, o vocábulo compensação é derivado do substantivo latino *compensatio, onis*, significando compensação, balança, remuneração, que se origina do verbo latino *compensare*, isto é, compensar, remunerar, colocar em balança, contrabalançar, que, por seu turno, advém de *compendere*, ou seja, pesar com, pesar juntamente. Como se vê, a etimologia do vocábulo compensação encontra-se atrelada a figura de uma balança, como se abstratamente houvesse dois pratos onde se devesse pesar e contrapesar o crédito e o subsequente débito de uma pessoa para com uma outra" (TAVARES, Alexandre Macedo. Cessa de crédito e compensação de tributos – a interpretação conforme a Constituição e a restrição da Lei 9.430. *RDDT* 150/7, 2008).

– A compensação, no CTN, é tratada como modo de extinção do crédito tributário. Vide ao art. 156, II, do CTN.

– **Identidade subjetiva. Pressupõe créditos e débitos recíprocos.** Aspecto relevante, que não se pode desconsiderar, são os sujeitos da relação jurídico-tributária. A compensação dá-se entre créditos e débitos que se contrapõem. Deve haver, necessariamente, identidade entre os sujeitos da relação. O credor deve ser também devedor e vice-versa. Não se admite compensar valor devido a uma pessoa com crédito existente perante terceiro. Vide, sobre isso, as normas do Código Civil sobre compensação.

– "Sobreleva-se *reciprocidade dos créditos*, pois, como o requisito fundamental da compensação, ou seja, a um débito do devedor se ergue concomitantemente um crédito deste contra o credor, de modo que, se o credor nada deve ao seu devedor, não há se falar em possibilidade de compensação" (TAVARES, Carlos Marcelo. A não homologação da compensação e/ou indeferimento de pedido de ressarcimento e a endêmica multa de ofício patrocinada pela Lei n. 9.430/1996 (art. 74, §§ 15 a 17). *RDDT* 202/35-48, 2012).

– "Discute-se no presente recurso extraordinário o reconhecimento do direito à utilização de precatório, cedido por terceiro e oriundo de autarquia previdenciária do Estado-membro, para pagamento de tributos estaduais à Fazenda Pública. 2. O acórdão recorrido entendeu não ser possível a compensação por não se confundirem o credor do débito fiscal – Estado do Rio Grande do Sul – e o devedor do crédito oponível – a autarquia previdenciária. 3. O fato de o devedor ser diverso do credor não é relevante, vez que ambos integram a Fazenda Pública do mesmo ente federado [Lei n. 6.830/80]. Além disso, a Constituição do Brasil não impôs limitações aos institutos da cessão e da compensação e o poder liberatório de precatórios para pagamento de tributo resulta da própria lei [artigo 78, *caput* e § 2º, do ADCT à CB/88]... Brasília, 28 de agosto de 2007. Ministro Eros Grau – Relator" (decisão monocrática do STF no RE 550.400).

– "1. As Turmas de Direito Público desta Corte e a Primeira Seção já decidiram que é ilegítima a compensação de créditos tributários de ICMS com precatórios devidos por ente jurídico de natureza distinta, no caso, o Instituto de Previdência do Estado do Rio Grande do Sul – IPERGS, autarquia previdenciária dotada de autonomia administrativa e financeira" (STJ, AgRg nos EREsp 987.770, 2013).

– "1. Nos termos da jurisprudência desta Corte, impossível a compensação de precatórios estaduais com dívidas oriundas de tributos federais, ante a inexistência de identidade entre devedor e credor, pessoas jurídicas manifestamente distintas" (STJ, AgRg no AREsp 334.227, 2013).

– "A jurisprudência desta Corte reconhece que não é viável a compensação de débito fiscal com crédito de precatório de natureza distinta e entre pessoas jurídicas diversas – no caso, a autarquia estadual Departamento de Estradas de Rodagem, de um lado, o Estado do Paraná, de outro" (STJ, AgRgREsp 1.295.822, 2012).

– O questionamento, no que envolve entes políticos e suas autarquias, está afetado ao Plenário do STF no AgRRE 550.400, conforme *Informativo* 522 do STF, out. 2008, ainda em julgamento em maio de 2012.

– **Compensação extintiva do crédito x compensação própria da não cumulatividade de tributos.** "Importante decorrência da distinção que existe... entre a compensação enquanto instituto de direito obrigacional, que constitui forma de extinção do crédito tributário, e a compensação que se opera na apuração do valor devido a título de ICMS e de IPI, reside no direito à correção monetária dos créditos inerentes à primeira, isto é, compensação extintiva do crédito tributário, e na ausência desse direito relativamente aos créditos inerentes à não cumulatividade do ICMS e do IPI. em se tratando de compensação que extingue o crédito tributário, o contribuinte utiliza crédito seu contra a entidade tributante. Existe uma relação obrigacional, com sujeitos ativo e passivo. O crédito do contribuinte, por este utilizado, corresponde a valor em poder do Estado, que deve ter sua expressão monetária atualizada para que persista com o mesmo poder liberatório. ... em regra, o direito à correção monetária não existe em se tratando de crédito inerente à não cumulatividade do imposto, e existe em se tratando de restituição de tributo pago indevidamente" (MACHADO, Hugo de Brito. A compensação que extingue o crédito tributário e a não cumulatividade do ICMS e do IPI. *RDDT* 204/33-36, 2012).

– Sobre a correção monetária na repetição ou compensação de indébito, vide art. 167 do CTN.

⇒ **Modalidades de compensação. Pelo contribuinte ou pelo Fisco.** A lei poderá autorizar o contribuinte a efetuar a compensação, de modo que, em vez de pagar determinado tributo a que esteja obrigado, apresente uma declaração dizendo que o está satisfazendo mediante compensação com um crédito de que disponha perante o Fisco. É o que se denomina de "compensação no regime de lançamento por homologação", na medida em que diz respeito aos tributos devidos relativamente aos quais cabe ao contribuinte, por sua iniciativa, promover seu cálculo e providenciar o pagamento no prazo legal. Neste caso, pois, o contribuinte realiza a compensação, por ato próprio e no seu exclusivo interesse. Diferentemente, a lei poderá autorizar ao Fisco a efetuar a compensação, de modo que, em vez de restituir valores devidos ao contribuinte, informe-o da satisfação de tal obrigação mediante compensação com um débito tributário que o contribuinte tenha em aberto perante o Fisco. É o que se denomina de "compensação de ofício", realizada pela própria Administração, por sua iniciativa e em prol do seu interesse.

⇒ **Não autoaplicabilidade do art. 170 do CTN. Necessidade de lei ordinária de cada ente político.** A extinção das obrigações constitui matéria de normas gerais de direito tributário e, portanto, sob reserva de lei complementar (art. 146, III, da CF). As peculiaridades estabelecidas pelo art. 170 do CTN, pois, devem ser observadas. A compensação, no direito tributário, depende de lei específica que a autorize, podendo esta inclusive estabelecer condições e limites ao seu exercício. Não há, pois, como aplicar-se a compensação automática decorrente dos dispositivos do Código Civil. O STJ tem afirmado: "4. A compensação tributária deve ser feita de acordo com as regras específicas estabelecidas para regular tal forma de extinção do débito. Não aplicabilidade do sistema adotado pelo Código Civil" (STJ, 1ª T., REsp 921.611/RS, Rel. Min. José Delgado, abr. 2008) Note-se que o art. 374 do Código Civil, que pretendia aplicar à compensação em matéria tributária o regime geral de compensação estabelecido nos arts. 368 a 380 do mesmo Código, era inconstitucional e, antes mesmo da sua vigência, acabou expressamente revogado pela MP n. 104/03, convertida na Lei n. 10.677/2003.

– O art. 170, por si só, não gera direito subjetivo à compensação. O Código Tributário simplesmente autoriza o legislador ordinário de cada ente político (União, Estados e Municípios), a autorizar, por lei própria, compensações entre créditos tributários da Fazenda Pública e do sujeito passivo contra ela.

– "1. A extinção do crédito tributário mediante compensação somente é possível se houver lei autorizativa na esfera do Estado. 2. Na falta de previsão legal expressa, é inviável compensar débitos tributários com precatório de entidade pública diversa" (STJ, AgRg no AREsp 382.290, 2013).

– "1. Nos termos da jurisprudência desta Corte, não é possível a compensação de débito fiscal com precatório, mormente quando se trata de créditos titularizados por pessoa jurídica distinta da que compõe a relação jurídico-tributária que se pretende extinguir pela compensação" (STJ, AgRg no AREsp 398.014, 2013).

– "3. Nos termos da jurisprudência desta Corte, a ausência de legislação estadual específica autorizativa impede a compensação de precatório vencido e não pago com créditos de ICMS do mesmo Estado, nos termos do art. 170 do Código Tributário Nacional – CTN" (STJ, AgRg no REsp 1.034.405, 2013).

– "... como norma geral, a Lei 5.172/66 não cria por si direito subjetivo à compensação tributária. Este é o fruto exclusivo de lei, da pessoa política competente, que conterá a previsão das condições e garantias sob as quais as dívidas recíprocas serão compensadas. São, assim, requisitos da compensação tributária: a) a existência de crédito do Fisco; b) a existência de débito do

Fisco; c) ato, quer do Fisco, quer do particular, que realize esse encontro de relações jurídicas; e d) lei, da pessoa política competente, que autorize" (MALERBI, Diva. A cláusula pétrea da legalidade tributária e o instituto da compensação. *RDT* 67/280, Ed. Malheiros).

– Exigência de lei estadual para a compensação de tributos estaduais. Inaplicabilidade de Lei Federal. "ICMS... COMPENSAÇÃO. LEI N. 8.383/91, ART. 66. CTN, ART. 170. IMPOSSIBILIDADE... 4. A compensação de ICMS só é permitida se existir lei estadual que a autorize. Não se aplica o art. 66 da Lei n. 8.383/91, cuja área de atuação é restrita aos tributos federais. Conforme expressamente exige o art. 170 do CTN, só se admite compensação quando existir lei ordinária a regulamentá-la, em cada esfera dos entes federativos" (STJ, AgRg no Ag 899.540, 2007).

– "ITCMD. COMPENSAÇÃO COM PRECATÓRIO ALIMENTAR. POSSIBILIDADE. ENCONTRO DE CONTAS AUTORIZADO POR LEI LOCAL ESPECÍFICA. ART. 170 DO CTN. 1. Recurso ordinário em mandado de segurança impetrado contra decisão que indeferiu pedido de compensação, ao fundamento de que a EC 62/2009 derrogou os regimes especiais dos artigos 33 e 78 do ADCT. 2. O advento da EC 62/09 não constitui fundamento jurídico válido para indeferir esse pedido de compensação, pois a pretensão mandamental não se respalda no poder liberatório para pagamento de tributos de precatório vencido e não pago, previsto no art. 78, § 2º, do ADCT, mas, sim, em lei local específica que permite o encontro de contas pretendido, nos termos do art. 170 do CTN. 3. A Lei paranaense 14.470/2004 autoriza a compensação de débito de Imposto de Transmissão *Causa Mortis* e Doação (ITCMD) com crédito de precatório alimentar cedido por terceiro" (STJ, RMS 43.617, 2013).

– Compensação com suporte direto na Constituição. Inexiste um direito constitucional genérico a compensação, que prescinda de intermediação legislativa e que enseje ao contribuinte sempre a possibilidade de compensação dos seus créditos e débitos junto ao Fisco. Há alguns poucos dispositivos, específicos e pontuais, nos arts. 78 e 97 do ADCT, em favor do contribuinte, e no art. 100, § 9º, da CF, em favor do Fisco.

– Compensações constitucionais em favor do contribuinte. O ADCT estabelece duas hipóteses de compensação, uma no art. 78, § 2º, relativamente às parcelas atrasadas dos precatórios parcelados, e outra no art. 97, § 10, II, também relativamente a precatórios vencidos. Efetivamente, não há dúvida de que os entes políticos também se submetem à jurisdição, de modo que, não cumprindo suas condenações mediante precatório, torna-se imperioso que se encontre outro modo de satisfação dos créditos dos jurisdicionados, de modo a impedir que haja uma ruptura dos pilares do Estado de Direito. Tais previsões do ADCT, portanto, dão efetividade às garantias do acesso à jurisdição e afirmam o Estado de Direito.

– O art. 97 do ADCT. "Art. 97. § 10. No caso de não liberação tempestiva dos recursos de que tratam o inciso II do § 1º e os §§ 2º e 6º deste artigo: ... II – constituir-se-á, alternativamente, por ordem do Presidente do Tribunal requerido, em favor dos credores de precatórios, contra Estados, Distrito Federal e Municípios devedores, direito líquido e certo, autoaplicável e independentemente de regulamentação, à compensação automática com débitos líquidos lançados por esta contra aqueles, e, havendo saldo em favor do credor, o valor terá automaticamente poder liberatório do pagamento de tributos de Estados, Distrito Federal e Municípios devedores, até onde se compensarem;" (Incluído pela EC n. 62/2009).

• Vide: BATISTA, Clayton Rafael. Utilização de precatórios para quitação de débitos tributários. *RDDT* 129/17, 2006.

– Art. 78 do ADCT. "Art. 78... § 2º As prestações anuais a que se refere o *caput* deste artigo terão, se não liquidadas até o final do exercício a que se referem, poder liberatório do pagamento de tributos da entidade devedora" (Incluído pela EC n. 30/2000).

**– "Inapelável, assim, que o § 2º do art. 78 do ADCT textualmente patrocina o direito de credor extinguir seus débitos fiscais junto à entidade pagadora quanto às prestações de precatórios não liquidadas. De outro vértice, o poder liberatório somente se espraia às prestações não liquidadas, a teor de seu § 2º. Exemplificando, o não pagamento da primeira parcela tem como consequência a transformação do precatório em moeda liberatória para pagamento de débitos para a entidade devedora, no limite das parcelas vencidas, de forma que, se o contribuinte proceder à compensação do seu débito com crédito de precatório de terceiro ainda não vencido, a glosa da compensação eventualmente efetuada pelo Fisco será legitimamente moldurada na restrição contida no art. 74, § 12, II, alínea *a*, da Lei n. 9.430/96. As notas peculiares da genuína e propugnada redução do conteúdo e alcance da restrição contida no art. 74, § 12, II, alínea *a*, da Lei n. 9.430/96, encontram-se aí de modo indefectível: não se aplica à hipótese da compensação levada a cabo com créditos de precatórios pertencentes a terceiros, regularmente cedidos mediante instrumento público, desde que engendrada pelo contribuinte no limite do *quantum* da(s) parcela(s) vencida(s)" (TAVARES, Alexandre Macedo. Cessa de crédito e compensação de tributos – a interpretação conforme a Constituição e a restrição da Lei n. 9.430. *RDDT* 150, 2008, p. 7).

**– "A compensação do débito tributário com o crédito do contribuinte se apresenta vinculada à situação característica da mora da Fazenda Pública no concernente à liquidação de sua obrigação estampada numa decisão judicial formada a coisa julgada. Dessa maneira, expedido o precatório e incluído no orçamento, tomando um número específico, seguindo sua ordem cronológica, cabe à Fazenda anualmente proceder aos pagamentos, de modo igual e sucessivo, com os juros legais incluídos, no diapasão de cumprir a determinação e comprovar a sua conduta de acordo com a previsão orçamentária. Entretanto, não disponibilizando a Fazenda no tempo certo o valor pertencente ao credor, quer pessoa física ou jurídica, disso resulta a mora que enseja o pedido de compensação, presente débito do contribuinte, líquido e exigível para com a entidade que lhe deve. Essa compensação não sobressai automática e diretamente, mas é forçoso reconhecer que necessita d'uma regulamentação e a comprovação daquela realidade, extraindo-se da situação concreta o requerimento na órbita administrativa, a respectiva manifestação e eventual quitação, não havendo defasagem entre as somas a serem compensadas. Seguindo a identificada linha de raciocínio, o contribuinte colherá um documento probatório no qual o Judiciário, que fiscaliza o cumprimento do precatório, certificará o não depósito daquela importância no prazo previsto; esse atraso permeando a mora é, independente da motivação, fator relevante na reivindicação da compensação" (ABRÃO, Carlos Henrique. O precatório na compensação tributária. *RDDT* 64/54, 2001).

– Autoaplicabilidade do art. 78 do ADCT. "PRECATÓRIO. ART. 78, § 2º, DO ATO DAS DISPOSIÇÕES CONSTITUCIONAIS TRANSITÓRIAS. COMPENSAÇÃO DE PRECATÓRIOS COM DÉBITOS TRIBUTÁRIOS. REPERCUSSÃO GERAL RECONHECIDA. Reconhecida a repercussão geral dos temas relativos à aplicabilidade imediata do art. 78, § 2º, do Ato das Disposições Constitucionais Transitórias – ADCT e à possibilidade de se compensar precatórios de natureza alimentar com débitos tributários" (STF, RE 566.349, 2008).

– "A CR/88, em nenhum momento, remete à lei a competência para disciplinar ou delimitar o direito à compensação de precatório segundo a conveniência dos entes estatais tributantes, devendo a matéria estar estritamente adstrita ao comando constitucional. A dita 'compensação' de precatórios vencidos com tributos tem o seu conteúdo bem delimitado pela norma constitucional e contém todos os elementos e prescrições necessários ao seu exercício, sendo despicienda a edição de lei para cumprir tal função. O seja, não há previsão, nem necessidade de lei, para regular, complementar ou viabilizar a aplicação do comando constitucional. A compensação em apreço, em verdade, é um instituto distinto da compensação tributária prevista no CTN, tanto formalmente, já que tem sede constitucional, quanto materialmente, pois a previsão constitucional confere aos precatórios poder liberatório, ou seja, atribui a eficácia de pagamento, como se moeda fosse, de curso forçado e oponível às Fazendas, com o fim específico de extinguir obrigações tributárias. Não encontra, portanto, o seu alcance limitado pelas diversas leis ordinárias exaradas por força do disposto no art. 170 do CTN – que trata da compensação tributária –, as quais, em geral, não admitem a compensação de tributos com créditos não tributários, ao contrário da 'compensação' prevista no art. 78, § 2º, do ADCT, que não traz esta restrição" (COÊLHO, Sacha Calmon Navarro; DERZI, Misabel Abreu Machado. Precatórios, tributos e a Emenda Constitucional n. 62/2009. *RDDT* 180/182, 2010).

– "Como nesse caso a compensação foi diretamente regulada no texto constitucional, por meio de uma norma de eficácia plena e de aplicabilidade imediata, vale reafirmar, não depende de edição de lei do ente federado para ser efetivada. Isso significa que a previsão do art. 170 do CTN é inaplicável à hipótese do art. 78, § 2º, do ADCT, pois norma infraconstitucional não pode retirar ou reduzir a eficácia e a aplicação de norma constitucional. Entendimento contrário importa em burla ao princípio da supremacia da Constituição" (PIMENTA, Paulo Roberto Lyrio. O pagamento de tributos por meio de créditos relativos aos precatórios judiciais. *RDDT* 177/121, 2010).

– Exigindo lei mesmo para a hipótese do art. 78 do ADCT. "1. A compensação, modalidade extintiva do crédito tributário, elencada no artigo 156, do CTN, reclama autorização legal expressa para que o contribuinte possa engendrá-la, *ex vi* do disposto no artigo 170, do Codex Tributário. 2. Consectariamente, a declaração do direito à compensação tributária pressupõe a existência de lei autorizativa oriunda da Pessoa Jurídica de Direito Público competente para a instituição do tributo, ainda que para os fins do art. 78, § 2º, do ADCT. (Precedentes...) 3. *In casu*, o Decreto Estadual Paranaense n. 418/2007, em seu art. 1º, veda expressamente qualquer tipo de utilização de precatórios na compensação de tributos, *in verbis*: 'Art. 1º Fica vedado o pagamento do Imposto sobre Operações Relativas à Circulação de Mercadorias e sobre Prestações de Serviços de Transporte Interestadual e Intermunicipal e de Comunicações – ICMS e do Imposto sobre a Propriedade de Veículos Automotores – IPVA, mediante compensação com precatórios'. 4. Precedentes ... 5. O *Parquet* consignou, no Parecer às fls. 273/274, referindo-se ao Decreto Estadual, que 'Consta dos autos que tal dispositivo legal foi declarado constitucional pelo Órgão Especial do Tribunal local'" (STJ, RMS 31.816, 2010).

– No sentido de que o art. 78, § 2º, do ADCT não abrange os créditos alimentares. "A teor do art. 78, § 2º, do ADCT, não há poder liberatório do pagamento de tributos quanto aos precatórios de natureza alimentar" (STJ, AgRg no AREsp 181.064, 2013).

– "1. 'A atual jurisprudência do STJ é pacífica no sentido de que não há falar em poder liberatório do pagamento de tributos, nos termos do art. 78, § 2º, do ADCT, quanto aos precatórios de natureza alimentar. Esse entendimento decorre da literalidade do art. 78, § 2º, do ADCT, cujo teor, explicitamente, ressalva os créditos de natureza alimentícia' [...]" (STJ, AgRg no AREsp 106.130, 2013).

– Contra. "Não se pode interpretar o Texto Constitucional com uma visão positivista extremada, apregoando-se à expressão literal do § 2º do art. 78 do ADCT a ponto de negar a função da Justiça e contrariar o bom senso, conferindo ao precatório não alimentar mais direitos que ao precatório de natureza alimentícia. Incogitável a ideia de 'punição' do credor de natureza alimentícia que o legislador constituinte quis privilegiar. Impõe-se o reconhecimento de que ao precatório de natureza alimentar não pago no prazo constitucional (no final de cada exercício) deve ser conferido o poder liberatório de que cuida o § 2º do art. 78 do ADCT. Visto sob outro ângulo e por meio de uma interpretação teleológica, conclui-se que o crédito alimentício, representado por um precatório vencido e não pago há mais de dez anos, como é comum no Estado de São Paulo, por exemplo, de há muito perdeu sua natureza alimentícia. [...] Ora, se não mais subsiste o pressuposto levado em conta pelo legislados constituinte – pagamento imediato dos créditos alimentares – que o levou a não incluir expressamente esses créditos no comando previsto no § 2º do art. 78 do ADCT, parece óbvio que se deva considerar esses créditos munidos do poder liberatório do pagamento de tributos da entidade política devedora" (HARADA, Kiyoshi. Compensação de créditos vencidos representados por precatórios. *RET* 78/7, 2011).

**– "Considerando que a compensação, como anteriormente analisada, englobaria os três elementos do processo de expropriação de bens do devedor – penhora, alienação e pagamento – e sendo a penhora a primeira etapa deste procedimento, poder-se-ia entender que a compensação de créditos públicos com precatórios de natureza alimentar seria, pela mesma razão da impenhorabilidade de tais bens, vedada. Na mesma linha, seria razoável questionar se igualmente vedadas as compensações dos créditos públicos com os precatórios decorrentes de condenação da Fazenda Pública constituídos a título de honorários de sucumbência a serem expedidos e pagos aos respectivos advogados da causa" (ABRAHAM, Marcus. A Compensação de precatórios com créditos da Fazenda Pública na Emenda Constitucional n. 62/2009. *RDDT* 182/86, 2010).

– Constitucionalidade de lei que autoriza a compensação de precatório pendente de pagamento. "PRECATÓRIO. COMPENSAÇÃO DE CRÉDITO TRIBUTÁRIO COM DÉBITO DO ESTADO DECORRENTE DE PRECATÓRIO. C.F., art. 100, art. 78, ADCT, introduzido pela EC 30, de 2002. I. – Constitucionalidade da Lei 1.142, de 2002, do Estado de Rondônia, que autoriza a compensação de crédito tributário com débito da Fazenda do Estado, decorrente de precatório judicial pendente de pagamento, no limite das parcelas vencidas a que se refere o art. 78, ADCT/CF, introduzido pela EC 30, de 2000. II. – ADI julgada improcedente" (STF, ADI 2.851, 2004).

– Cessão de créditos relativos a precatórios atrasados. O art. 78 do ADCT permite expressamente a cessão dos créditos e ressalta o poder liberatório do pagamento de tributos da entidade devedora: "Art. 78. Ressalvados os créditos definidos em lei como de pequeno valor, os de natureza alimentícia, os de que trata o art. 33 deste Ato das Disposições Constitucionais Transitórias e suas complementações e os que já tiverem os seus respectivos recursos liberados ou depositados em juízo, os precatórios pendentes na data de promulgação desta Emenda e os que decorram de ações iniciais ajuizadas até 31 de dezembro de 1999 serão liquidados pelo seu valor real, em moeda corrente, acrescido de juros legais, em prestações anuais, iguais e sucessivas, no prazo máximo de dez anos, permitida a cessão dos créditos. [...] § 2º As prestações anuais a que se refere o *caput* deste artigo terão, se não liquidadas até o final do exercício a que se referem, poder liberatório do pagamento de tributos da entidade devedora".

– Inconstitucionalidade de lei que permite a cessão do precatório. "Ação direta de inconstitucionalidade: medida cautelar: L. estadual (RS) 11.475, de 28 de abril de 2000... V – Precatório e cessão de crédito tributário: plausibilidade da alegação de ofensa ao art. 100, da CF, pelos arts. 5º e seu parágrafo único e 6º, ambos da lei impugnada, que concedem permissão para pessoas físicas cederem a pessoas jurídicas créditos contra o Estado decorrentes de sentença judicial, bem como admitem a utilização destes precatórios na compensação dos tributos: deferimento da suspensão cautelar dos mencionados preceitos legais. VI..." (STF, ADIMC 2.405, 2002).

– Art. 100, § 9º, da CF. Compensação do interesse do Fisco sobre o montante do indébito restituído por precatório. Inconstitucionalidade. CF: "Art. 100... § 9º No momento da expedição dos precatórios, independentemente de regulamentação, deles deverá ser abatido, a título de compensação, valor correspondente aos débitos líquidos e certos, inscritos ou não em dívida ativa e constituídos contra o credor original pela Fa-

zenda Pública devedora, incluídas parcelas vincendas de parcelamentos, ressalvados aqueles cuja execução esteja suspensa em virtude de contestação administrativa ou judicial" (Incluído pela EC n. 62/2009).

– 4. A compensação dos débitos da Fazenda Pública inscritos em precatórios, previsto nos §§ 9º e 10 do art. 100 da Constituição Federal, incluídos pela EC n. 62/09, embaraça a efetividade da jurisdição (CF, art. 5º, XXXV), desrespeita a coisa julgada material (CF, art. 5º, XXXVI), vulnera a Separação dos Poderes (CF, art. 2º) e ofende a isonomia entre o Poder Público e o particular (CF, art. 5º, *caput*), cânone essencial do Estado Democrático de Direito (CF, art. 1º, *caput*)" (STF, ADI 4.357, 2013).

– "4. O regime de compensação dos débitos da Fazenda Pública inscritos em precatórios, previsto nos §§ 9º e 10 do art. 100 da Constituição Federal, incluídos pela EC n. 62/09, embaraça a efetividade da jurisdição (CF, art. 5º, XXXV), desrespeita a coisa julgada material (CF, art. 5º, XXXVI), vulnera a Separação dos Poderes (CF, art. 2º) e ofende a isonomia entre o Poder Público e o particular (CF, art. 5º, *caput*), cânone essencial do Estado Democrático de Direito (CF, art. 1º, *caput*)" (STF, ADI 4.425, 2013).

– "ARGUIÇÃO DE INCONSTITUCIONALIDADE. EMENDA CONSTITUCIONAL 62, DE 2002. ARTIGO 100, §§ 9º E 10, DA CF/88. PRECATÓRIO. COMPENSAÇÃO DE OFÍCIO. INCONSTITUCIONALIDADE. RECONHECIMENTO. 1. Os créditos consubstanciados em precatório judicial são créditos que resultam de decisões judiciais transitadas em julgado. Portanto, sujeitos à preclusão máxima. A coisa julgada está revestida de imutabilidade. É decorrência do princípio da segurança jurídica. Não está sujeita, portanto, a modificações. Diversamente, o crédito que a norma impugnada admite compensar resulta, como regra, de decisão administrativa, já que a fazenda tem o poder de constituir o seu crédito e expedir o respectivo título executivo extrajudicial (CDA) administrativamente, porém sujeito ao controle jurisdicional. Isto é, não é definitivo e imutável, diversamente do que ocorre com o crédito decorrente de condenação judicial transitada em julgada. Ou seja, a norma impugnada permite a compensação de créditos que têm natureza completamente distintas. Daí a ofensa ao instituto da coisa julgada. 2. Afora isso, institui verdadeira execução fiscal administrativa, sem direito a embargos, já que, como é evidente, não caberá nos próprios autos do precatório a discussão da natureza do crédito oposto pela Fazenda, que, como é óbvio, não é definitivo e pode ser contestado judicialmente. Há aí, sem dúvida, ofensa ao princípio do devido processo legal. 3. Ao determinar ao Judiciário que compense crédito de natureza administrativa com crédito de natureza jurisdicional, sem o devido processo legal, usurpa a competência do Poder Judiciário, resultando daí ofensa ao princípio federativo da separação dos poderes, conforme assinalado, em caso similar, pelo STF na ADI 3.453, que pontuou: 'o princípio da separação dos poderes estaria agravado pelo preceito infraconstitucional, que restringe o vigor e a eficácia das decisões judiciais ou da satisfação a elas devidas na formulação constitucional prevalecente no ordenamento jurídico'. 4. Ainda, dispondo a Fazenda do poder de constituir administrativamente o seu título executivo, tendo em seu favor inúmeros privilégios, materiais e processuais, garantidos por lei ao seu crédito (ressalvado os trabalhistas, preferência em relação a outros débitos; processo de execução específico; medida cautelar fiscal; arrolamento de bens, entre outros), ofende o princípio da razoabilidade/proporcionalidade a compensação imposta nos dispositivos impugnados. 5. Em conclusão: os §§ 9º e 10 do art. 100 da CF, introduzidos pela EC n. 62, de 2009, ofendem, a um só tempo, os seguintes dispositivos e princípios constitucionais: a) art. 2º da CF/88 (princípio federativo que garante a harmonia e independência dos poderes); b) art. 5º, inciso XXXVI, da CF/88 (garantia da coisa julgada/segurança jurídica); c) art. 5º, inciso LV, da CF/88 (princípio do devido processo legal); d) princípio da razoabilidade/proporcionalidade. 6. Acolhido o incidente de arguição de inconstitucionalidade para declarar a inconstitucionalidade dos §§ 9º e 10 do art. 100 da CF, introduzidos pela EC n. 62, de 2009" (TRF4, ARGINC 0036865-24.2010.404.0000, 2011).

⇒ **Leis estabelecem os requisitos e condições.** O legislador pode estabelecer condições e limites para a compensação, restringindo os créditos compensáveis, os tributos passíveis de serem extintos por compensação, os percentuais compensáveis em cada competência. Só não serão válidas condições que violem a constituição, implicando, por exemplo, confisco (obrigatoriedade de que o contribuinte renuncie a parte do crédito ou a outro crédito) ou violação a garantias constitucionais (obrigatoriedade de renúncia à discussão judicial do tributo cujo débito quitar por compensação).

– "A lei que autoriza a compensação pode estipular condições e garantias, ou instituir os limites para que a autoridade administrativa o faça. Quer isso significar que, num ou noutro caso, a atividade é vinculada, não sobrando ao agente público qualquer campo de discricionariedade, antagônico ao estilo de reserva legal estrita que preside toda a normalização dos momentos importantes da existência das relações jurídicas tributárias" (CARVALHO, Paulo de Barros. *Curso de direito tributário*. 27. ed. São Paulo: Saraiva, 2016, p. 433).

– "... o legislador ordinário tem total liberdade para fixar a forma como os créditos do contribuinte poderão – ou não – ser compensados. Os critérios que nortearão o estabelecimento das regras da compensação serão aqueles ditados pelas conveniências da política fiscal, não havendo restrição no CTN que limite a atuação estatal. Desse modo, poderá o legislador admitir a compensação apenas de alguns tipos de créditos e não de outros, estabelecer restrições quanto à data da constituição do crédito, quanto à origem do crédito e até quanto ao seu montante. Não há nada que impeça o legislador de admitir a compensação apenas de parte do crédito do contribuinte, deixando que o restante seja passível de repetição" (MARIZ DE OLIVEIRA, Ricardo; BIANCO, João Francisco. *Imposto de renda/Lei n. 8.383/91/ questões principais*. São Paulo: Malheiros, 1992, p. 90).

– **Não é possível combinar regimes.** Havendo diversos regimes legais de compensação, com características distintas (condições, limites, extensão, legitimidade), não há como o contribuinte pretender combinar os pontos que lhe sejam favoráveis de cada um, pois tal implicaria criar, em juízo, sem lei autorizadora, um novo regime de compensação, violando o art. 170 do CTN.

– Anteriormente ao advento da Lei n. 10.637/2002, muitas vezes os contribuintes ajuizavam ações pretendendo combinar traços do regime da Lei n. 8.383/91 com o da Lei n. 9.430/96, de modo a obter uma terceira forma de compensação mais vantajosa, o que lhes foi negado.

– "COMPENSAÇÃO. DIFERENÇA ENTRE OS REGIMES DA LEI N. 8.383, DE 1991 E DA LEI N. 9.430, DE 1996. No regime da Lei n. 8.383, de 1991 (art. 66), a compensação só podia se dar entre tributos da mesma espécie, mas independia, nos tributos lançados por homologação, de pedido à autoridade administrativa. Já no regime da Lei n. 9.430, de 1996 (art. 74), mediante requerimento do contribuinte, a Secretaria da Receita Federal está autorizada a compensar os créditos a ela oponíveis 'para a quitação de quaisquer tributos ou contribuições sob sua administração' (Lei n. 9.430, de 1996). Quer dizer, a matéria foi alterada tanto em relação à abrangência da compensação quanto em relação ao respectivo procedimento, não sendo possível combinar os dois regimes, como seja, autorizar a compensação de quaisquer tributos ou contribuições independentemente de requerimento à Fazenda Pública. Agravo regimental improvido" (STJ, REsp 144.250, 1997).

– **Possibilidade do estabelecimento de limites percentuais à compensação em cada competência. Leis n. 9.032/95 e n. 9.129/95.** O art. 170 dá ampla liberdade ao legislador para que estabeleça as condições e a forma como se dará a compensação. O estabelecimento de limites é válido. Se o contribuinte tiver interesse em efetuar a compensação conforme a autorização legal, o fará; caso contrário, pode optar pela repetição do indébito tributário.

– As Leis n. 9.032 e n. 9.129/95, ao darem nova redação ao § 3º do art. 89 da Lei n. 8.212/91, estabeleceram, sucessivamente, os limites de 25% e 30% do montante devido em cada competência para fins de compensação destinada à extinção de créditos tributários relativos a contribuições previdenciárias. Vide o AgRg no REsp 918.821/SP, em que a matéria será novamente analisada.

– É irrelevante se o crédito do contribuinte decorre da inconstitucionalidade da lei instituidora do tributo ou de outra causa. Tratando-se de valor pago indevidamente a título de contribuições previdenciárias, submete-se à disciplina jurídica específica que dispõe sobre a sua compensação, inclusive aos limites estabelecidos, ainda que se trate de crédito advindo de reconhecimento de inconstitucionalidade, conforme decidiu o STJ, REsp 796.064, em 2008, superando, assim, a orientação anterior que fixara no EREsp 189.052/SP.

– **Tema 796 do STJ:** (CANCELADO) "Limitação à compensação tributária prevista no artigo 89, § 3º, da Lei 8.212/91, em virtude das alterações promovidas pelas Leis 9.032/95 e 9.129/95". Decisão em 2010.

⇒ **Aplicação da lei vigente na data do exercício da compensação.** Tratando-se de um instrumento para a extinção de créditos tributários relativos a tributos efetivamente devidos, aplica-se a lei vigente por ocasião do exercício da compensação pelo titular do crédito. Assim, independentemente da data do indébito ou da sua razão, a compensação deve observar a lei vigente quando da sua realização. Na compensação, está-se extinguindo um crédito tributário (débito do contribuinte). Este é o fenômeno jurídico, ainda que, pela utilização do seu crédito, tenha o contribuinte simultaneamente se ressarcido de um anterior indébito. Pensar na compensação focando no indébito não se afeiçoa à natureza do instituto. Se a compensação só se viabilizar mediante ação judicial, considerar-se-á a data do ajuizamento.

– "1. A jurisprudência do Superior Tribunal de Justiça é firme no sentido de que a compensação tributária é regida pela lei vigente no momento em que se realiza o encontro de contas, e não por aquela em vigor na época do efetivo pagamento. 2. 'O fato gerador do direito à compensação não se confunde com o fato gerador dos tributos compensáveis. O fato gerador do direito de compensar é a existência dos dois elementos compensáveis (um débito e um crédito) e o respectivo encontro de contas. Sendo assim, o regime jurídico aplicável à compensação é o vigente à data em que é promovido o encontro entre débito e crédito, vale dizer, à data em que a operação de compensação é efetivada. Observado tal regime, é irrelevante que um dos elementos compensáveis (o crédito do contribuinte perante o Fisco) seja de data anterior' (...)" (STJ, AgRg no REsp 1.213.142, 2011).

– "1. A lei que regula a compensação tributária é a vigente à data do encontro de contas entre os recíprocos débito e crédito da Fazenda e do contribuinte... 3. Acórdão sujeito ao regime do art. 543-C do CPC e da Resolução STJ 08/08" (STJ, REsp 1.164.452, 2010).

– **Aplicação da lei vigente quando do ajuizamento da ação.** "2. Em se tratando de compensação tributária, deve ser considerado o regime jurídico vigente à época do ajuizamento da demanda. REsp 1.137.738/SP, Rel. Min. Luiz Fux, *DJe* 01.02.2010 (representativo de controvérsia)" (STJ, EREsp 868.778, 2012).

– "9... a Primeira Seção desta Corte consolidou o entendimento de que, em se tratando de compensação tributária, deve ser considerado o regime jurídico vigente à época do ajuizamento da demanda, não podendo ser a causa julgada à luz do direito superveniente, tendo em vista o inarredável requisito do prequestionamento, viabilizador do conhecimento do apelo extremo, ressalvando-se o direito de o contribuinte proceder à compensação dos créditos pela via administrativa, em conformidade com as normas posteriores, desde que atendidos os requisitos próprios (EREsp 488992/MG). [...] 17... Acórdão submetido ao regime do art. 543-C do CPC e da Resolução STJ 08/2008" (STJ, REsp 1.137.738, 2009).

⇒ **Leis federais autorizadoras de compensação. Evolução legislativa.** "1. À luz do quadro legislativo correspondente, e atendendo à regra geral segundo a qual a lei aplicável à compensação é a vigente na data do encontro entre os débitos e créditos, resulta que (a) até 30.12.91, não havia, em nosso sistema jurídico, a figura da compensação tributária; (b) de 30.12.91 a 27.12.96, havia autorização legal apenas para a compensação entre tributos da mesma espécie, nos termos do art. 66 da Lei 8.383/91; (c) de 27.12.96 a 30.12.02, era possível a compensação entre valores decorrentes de tributos distintos, desde que todos fossem administrados pela Secretaria da Receita Federal e que esse órgão, a requerimento do

contribuinte, autorizasse previamente a compensação, consoante o estabelecido no art. 74 da Lei 9.430/96; (d) a partir de 30.12.02, com a nova redação do art. 74 da Lei 9.430/96, dada pela Lei 10.637/02, foi autorizada, para os tributos administrados pela Secretaria da Receita Federal, a compensação de iniciativa do contribuinte, mediante entrega de declaração contendo as informações sobre os créditos e débitos utilizados, cujo efeito é o de extinguir o crédito tributário, sob condição resolutória de sua ulterior homologação. 2..." (STJ, REsp 492.627, 2004).

– **Aplicabilidade das Leis n. 8.383/91, n. 9.430/96 e n. 10.637/2002. Tema 756 do STJ:** (CANCELADO) "Discussão: aplicabilidade das Leis 8.383/1991, 9.430/1996 e 10.637/2002 que disciplinam os regimes de compensação relativos a tributos administrados pela Secretaria da Receita Federal". Decisão em 2009.

⇒ **Regime da Lei n. 9.430/96 para a maioria dos tributos federais.** A compensação de tributos administrados pela Secretaria da Receita Federal do Brasil (Impostos, PIS, COFINS etc.), à exceção das contribuições previdenciárias e a terceiros (tratada em nota adiante), rege-se exclusivamente, pelos arts. 73 e 74 da Lei n. 9.430/96, vigentes com alterações. A matéria era é regulamentada pela IN RFB n. 2055/2021. Anteriormente, a matéria fora tratada nas IINN RFB n. 1.706/2017, n. 900/2008 e n. 600/2005.

– Existem apenas duas modalidades de compensação: 1) uma realizada pelo sujeito passivo, sob condição resolutória (eventual não homologação), com quaisquer dos tributos antes administrados pela SRF; 2) outra realizada de ofício pelo Fisco, quando esteja diante de pedido de restituição de tributos ou ressarcimento de IPI, mas o requerente tenha débitos pendentes a serem satisfeitos.

– Antes do advento da MP n. 66/2002, convertida na Lei n. 10.637/2002, tínhamos três modalidades de compensação: a) a realizada pelo contribuinte no regime de lançamento por homologação, com suporte no art. 66 da Lei n. 8.383/91; b) a pleiteada pelo contribuinte à Administração e por esta efetuada, com suporte no art. 74 da Lei n. 9.430/96; c) a realizada de ofício pela Administração no seu interesse, com suporte no DL n. 2.287/86 c/c o art. 73 da Lei n. 9.430/96. A modalidade "a" só podia ser feita entre tributos da mesma espécie e destinação, enquanto a modalidade "b" podia abranger quaisquer tributos administrados pela SRF. Ambas as modalidades, no novo regime da Lei n. 10.637/2002, foram concentradas em uma única através da qual o contribuinte realiza a compensação, no regime de lançamento por homologação, com quaisquer tributos administrados pela SRF.

– **Compensação efetuada pelo sujeito passivo no regime de lançamento por homologação.** A compensação de iniciativa do contribuinte é por ele realizada em regime de lançamento por homologação com débitos próprios, vencidos ou vincendos, relativos a quaisquer tributos administrados pela RFB, à exceção das contribuições previdenciárias e a terceiros, de que se cuida em item próprio adiante. Cuidam da matéria o art. 74 da Lei n. 9.430/96 e a IN RFB n. 2.055/2021.

– **DCOMP.** O contribuinte realiza, ele próprio, a compensação, mediante encaminhamento à SRF, da "Declaração de Compensação" (DCOMP).

– Lei n. 9.430/96, com a redação dada pelas Leis n. 10.637/2002, n. 10.833/2003, n. 11.051/2004, n. 11.941/2009, n. 13.097/2015, n. 13.137/2015, n. 13.670/2018: "Art. 74. O sujeito passivo que apurar crédito, inclusive os judiciais com trânsito em julgado, relativo a tributo ou contribuição administrado pela Secretaria da Receita Federal, passível de restituição ou de ressarcimento, poderá utilizá-lo na compensação de débitos próprios relativos a quaisquer tributos e contribuições administrados por aquele Órgão. § 1º A compensação de que trata o *caput* será efetuada mediante a entrega, pela sujeito passivo, de declaração na qual constarão informações relativas aos créditos utilizados e aos respectivos débitos compensados. § 2º A compensação declarada à Secretaria da Receita Federal extingue o crédito tributário, sob condição resolutória de sua ulterior homologação. § 3º Além das hipóteses previstas nas leis específicas de cada tributo ou contribuição, não poderão ser objeto de compensação mediante entrega, pela sujeito passivo, da declaração referida no § 1º: I – o saldo a restituir apurado na Declaração de Ajuste Anual do Imposto de Renda da Pessoa Física; II – os débitos relativos a tributos e contribuições devidos no registro da Declaração de Importação. III – os débitos relativos a tributos e contribuições administrados pela Secretaria da Receita Federal que já tenham sido encaminhados à Procuradoria-Geral da Fazenda Nacional para inscrição em Dívida Ativa da União; IV – o débito consolidado em qualquer modalidade de parcelamento concedido pela Secretaria da Receita Federal – SRF; V – o débito que já tenha sido objeto de compensação não homologada, ainda que a compensação se encontre pendente de decisão definitiva na esfera administrativa; VI – o valor objeto de pedido de restituição ou de ressarcimento já indeferido pela autoridade competente da Secretaria da Receita Federal – SRF, ainda que o pedido se encontre pendente de decisão definitiva na esfera administrativa; VII – o crédito objeto de pedido de restituição ou ressarcimento e o crédito informado em declaração de compensação cuja confirmação de liquidez e certeza esteja sob procedimento fiscal; VIII – os valores de quotas de salário-família e salário-maternidade; e IX – os débitos relativos ao recolhimento mensal por estimativa do Imposto sobre a Renda das Pessoas Jurídicas (IRPJ) e da Contribuição Social sobre o Lucro Líquido (CSLL) apurados na forma do art. 2º desta Lei. § 4º Os pedidos de compensação pendentes de apreciação pela autoridade administrativa serão considerados declaração de compensação, desde o seu protocolo, para os efeitos previstos neste artigo. § 5º O prazo para homologação da compensação declarada pela sujeito passivo será de 5 (cinco) anos, contado da data da entrega da declaração de compensação. § 6º A declaração de compensação constitui confissão de dívida e instrumento hábil e suficiente para a exigência dos débitos indevidamente compensados. § 7º Não homologada a compensação, a autoridade administrativa deverá cientificar o sujeito passivo e intimá-lo a efetuar, no prazo de 30 (trinta) dias, contado da ciência do ato que não a homologou, o pagamento dos débitos indevidamente compensados. § 8º Não efetuado o pagamento no prazo previsto no § 7º, o débito será encaminhado à Procuradoria-Geral da Fazenda Nacional para inscrição em Dívida Ativa da União, ressalvado o disposto no § 9º: § 9º É facultado ao sujeito passivo, no prazo referido no § 7º, apresentar manifestação de inconformidade contra a não homologação da compensação. § 10. Da decisão que julgar improcedente a manifestação de inconformidade caberá recurso ao Conselho de Contribuintes. § 11. A manifestação de inconformidade e o recurso de que tratam os §§ 9º e 10 obedecerão ao rito processual do Decreto n. 70.235, de 6 de março de 1972, e enquadram-se no disposto no inciso III do art. 151 da Lei n. 5.172, de 25 de outubro de 1966 – Código Tributário Nacional, relativamente ao débito objeto da compensação. § 12. Será considerada não declarada a compensação nas hipóteses: I – previstas no § 3º deste artigo; II – em que o crédito: a) seja de terceiros; b) refira-se a 'crédito-prêmio' instituído pelo art. 1º do Decreto-Lei n. 491, de 5 de março de 1969; c) refira-se a título público; d) seja decorrente de decisão judicial não transitada em julgado; ou e) não se refira a tributos e contribuições administrados pela Secretaria da Receita Federal – SRF. f) tiver como fundamento a alegação de inconstitucionalidade de lei, exceto nos casos em que a lei: 1 – tenha sido declarada inconstitucional pelo Supremo Tribunal Federal em ação direta de inconstitucionalidade ou em ação declaratória de constitucionalidade; 2 – tenha tido sua execução suspensa pelo Senado Federal; 3 – tenha sido julgada inconstitucional em sentença judicial transitada em julgado a favor do contribuinte; ou 4 – seja objeto de súmula vinculante aprovada pelo Supremo Tribunal Federal nos termos do art. 103-A da Constituição Federal. § 13. O disposto nos §§ 2º e 5º a 11 deste artigo não se aplica às hipóteses previstas no § 12 deste artigo. § 14. A Secretaria da Receita Federal – SRF disciplinará o disposto neste artigo, inclusive quanto à fixação de critérios de prioridade para apreciação de processos de restituição, de ressarcimento e de compensação. §§ 15 e 16 (Revogados). § 17. Será aplicada multa isolada de 50% (cinquenta por cento) sobre o valor do débito objeto de declaração de compensação não homologada, salvo no caso de falsidade da declaração apresentada pela sujeito passivo. § 18. No caso de apresentação de manifestação de inconformidade contra a não homologação da compensação, fica suspensa a exigibilidade da multa de ofício de que trata o § 17, ainda que não impugnada essa exigência, enquadrando-se no disposto no inciso III do art. 151 da Lei no 5.172, de 25 de outubro de 1966 – Código Tributário Nacional".

– **Declaração de compensação (DCOMP).** IN RFB n. 2.055/2021: "CAPÍTULO V DA COMPENSAÇÃO. Seção I Das Disposições Gerais sobre a Compensação Efetuada Mediante Declaração de Compensação. Art. 64... § 1º A compensação de que trata o *caput* será efetuada, pelo sujeito passivo, mediante declaração de compensação, por meio do programa PER/DCOMP ou, na impossibilidade de utilização desse, do formulário Declaração de Compensação, constante do Anexo IV".

– **Súmula 145 do CARF:** "A partir da 01/10/2002, a compensação de crédito de saldo negativo de IRPJ ou CSLL, ainda que com tributo de mesma espécie, deve ser promovida mediante apresentação de Declaração de Compensação – DCOMP" (CSRF, 2019). Obs.: vinculante, conforme Portaria ME n. 410/2020.

– **Súmula 168 do CARF:** "Mesmo após a ciência do despacho decisório, a comprovação de inexatidão material no preenchimento da DCOMP permite retomar a análise do direito creditório" (Pleno, 2021).

– **Súmula 175 do CARF:** "É possível a análise de indébito correspondente a tributos incidentes sobre o lucro sob a natureza de saldo negativo se o sujeito passivo demonstrar, mesmo depois do despacho decisório de não homologação, que errou ao preencher a Declaração de Compensação – DCOMP e informou como crédito pagamento indevido ou a maior de estimativa integrante daquele saldo negativo" (CSRF, 2021). Obs.: vinculante, conforme Portaria ME n. 12.975/2021.

– **Homologação *x* não homologação.** "... a homologação da compensação regulada pelo artigo 74 da Lei n. 9.430/96 constitui procedimento análogo ao da homologação do lançamento, prevista no artigo 150 do Código Tributário Nacional, com a única diferença de que, enquanto na homologação do lançamento a autoridade administrativa deve apenas verificar se é exato o débito calculado pelo contribuinte, na homologação da compensação a autoridade deve também verificar se é exato o crédito apurado pelo sujeito passivo" (TROIANELLI, Gabriel Lacerda. Compensação tributária: homologação do procedimento e o dever de investigar. *RDDT* 165/26, 2009).

– **Não homologação mediante prévia intimação para esclarecimento de dúvidas de fato.** "... o artigo 65 da Instrução Normativa SRF n. 900/08 atribui à autoridade competente para decidir a compensação um poder-dever e, sempre que tiver dúvida sobre a liquidez e certeza do crédito compensado, intimar o contribuinte para prestar esclarecimentos ou apresentar os documentos necessários, ou ainda, se for o caso, diligenciar junto ao estabelecimento do contribuinte. ... portanto, nula a decisão que não homologar o crédito quando existirem essas dúvidas sem sequer intimar o contribuinte para esclarecê-las. Pedir os esclarecimentos ao contribuinte, rejeitá-los motivadamente e não homologar a compensação, ainda que de forma incorreta, é, definitivamente, muito diferente de não dar ao contribuinte a oportunidade de prestar os esclarecimentos que se façam necessários. A primeira é materialmente errada, mas é válida, e poderá ser reformada por instância superior; a última, por outro lado, é formalmente inválida, e deverá ter sua nulidade declarada por instância superior para que nova decisão seja proferida pela autoridade competente para decidir a compensação, depois, evidentemente, de ter sido dada oportunidade para que o sujeito passivo esclareça as dúvidas existentes" (TROIANELLI, Gabriel Lacerda. Compensação tributária: homologação do procedimento e o dever de investigar. *RDDT* 165/26, 2009).

– **Não homologação. Manifestação de inconformidade. Efeito suspensivo.** A compensação declarada extingue o crédito tributário, sob condição resolutória, ou seja, produz efeitos imediatos, sujeitando-se, contudo, à fiscalização, sendo que a Administração, entendendo indevida a compensação, procederá à sua resolução, comunicando o sujeito passivo da não homologação e intimando-o a efetuar o pagamento no prazo de trinta dias, podendo, contudo, apresentar impugnação denominada "manifestação de inconformidade", com efeito suspensivo, nos termos do Dec. n. 70.235/72 e do art. 151, III, do CTN, tal qual previs-

to expressamente nos parágrafos 9º a 11 do art. 74 da Lei n. 9.430/96, com a redação da Lei n. 10.833/2003. Não sendo providos a impugnação ou o recurso, o montante do débito apontado pelo contribuinte na declaração de compensação será considerado como confissão de dívida e instrumento hábil e suficiente para a exigência dos débitos indevidamente compensados, podendo ser encaminhada a declaração para inscrição em dívida ativa de modo a viabilizar a posterior extração de certidão de dívida ativa e ajuizamento de execução fiscal.

– "... além de as manifestações de inconformidade ofertadas após a edição da IN RFB n. 900/08 terem o condão de suspender a exigibilidade de todo o débito compensado, independentemente de seu confronto com o crédito informado na Declaração de compensação, as manifestações de inconformidade protocolizadas sob a égide das IN's SRF ns. 460/04 e 600/05 também são dotadas desse efeito. Dessarte, permite-se concluir serem indevidas eventuais inscrições de débitos em Dívida Ativa da União, levadas a efeito sob a alegação de que o débito compensado excede ao crédito informado na Declaração de Compensação, com supedâneo no malfadado art. 48, § 3º, inciso III, das revogadas IN's SRF ns. 460/04 e 600/05" (DENNY, Diogo Cristian. Efeitos da manifestação de inconformidade... *RDDT* 166/29, 2009).

– "... ao não homologar uma compensação, a autoridade administrativa retira, com esse ato, a validade de uma compensação que existiu e produziu efeitos. Por outro lado, quando a autoridade administrativa, ao constatar que a declaração de compensação incorreu em alguma das vedações previstas no § 12 do artigo 74 da Lei n. 9.430/96, considera não declarada a compensação, ela afirma, pura e simplesmente, que tal compensação não existiu. E assim o faz com base na ficção jurídica prevista no § 12, pelo qual 'será considerada não declarada a compensação' nas hipóteses arroladas. [...] as diversidades de suas naturezas e de seus efeitos concretos descartam qualquer espaço para eventual 'fungibilidade' entre elas, em que a decisão que considera não declarada a compensação pudesse ser 'convertida' em decisão que não homologa a mesma" (TROIANELLI, Gabriel Lacerda. Compensação não declarada: inaplicabilidade do § 12 do artigo 74 da Lei n. 9.430/96 a declarações de compensação apresentadas até 30 de dezembro de 2004. *RDDT* 173/65, 2010).

– **Compensação considerada não declarada.** A Lei n. 11.051/2004, ao acrescentar o § 12 do art. 74 da Lei n. 9.430/96, criou a figura da compensação "considerada não declarada", afastando o efeito suspensivo de eventual impugnação do contribuinte contra a glosa do fisco nesses casos. Há créditos cuja invocação para fins de compensação é expressamente proibida por lei. Em tais casos, se, embora a vedação legal inequívoca, o contribuinte utilizá-los em compensação mediante apresentação de Declaração de Compensação, esta será simplesmente considerada não declarada (art. 74, §§ 3º e 12, da Lei n. 9.430/96), hipótese em que não haverá nem mesmo cientificação para manifestação de inconformidade (art. 74, § 13, da Lei n. 9.430/96), tais como as compensações em que o crédito seja de terceiros e aquelas em que o crédito seja decorrente de decisão judicial não transitada em julgado, tudo conforme o § 12 do art. 74 da Lei n. 9.430/96. Nada impede que o contribuinte peticione (direito de petição), mas seu inconformismo não terá efeito suspensivo. Tal regime legal é válido, porquanto preserva o efeito suspensivo das compensações aparentemente realizadas com suporte legal, mas impede que compensações sabidamente inválidas impliquem impedimento à exigibilidade dos créditos tributários. Atende-se, assim, à proporcionalidade, prestigiando, ainda, a boa-fé.

– "A compensação não declarada, por sua vez, tem a natureza de tributo declarado e não pago, pois, na forma do novo § 15, tem o condão de constituir o crédito tributário, mas, na forma do § 13, nem sequer está sujeito à homologação futura" (LAGUNA, Thiago Cerávolo. Limites temporais e interpretativos das restrições à compensação previstas no artigo 29 da Medida Provisória n. 449/08. *RDDT* 166/143, 2009).

– **Compensação considerada não declarada. Créditos de terceiros.** Salvo na hipótese do art. 78 do ADCT, referido em nota anterior específica, não há autorização legal para a utilização de créditos de terceiro para fins de compensação. Aliás, a Lei n. 11.051/2004 considera não declarada a compensação em que o crédito seja de terceiro, conforme se vê da redação dada ao § 12 do art. 74 da Lei n. 9.430/96: "§ 12. Será considerada não declarada a compensação nas hipóteses: ... II – em que o crédito: *a)* seja de terceiros;". Antes já não se admitia, embora fosse necessária a cientificação da não homologação, agora dispensada. Mesmo no regime da Lei n. 8.383/91, não decorria do art. 66 qualquer direito à utilização de créditos de terceiros.

– "COMPENSAÇÃO. CRÉDITO DE TERCEIROS. CESSÃO DE CRÉDITOS SEM A PARTICIPAÇÃO DA FAZENDA NACIONAL. NEGÓCIO JURÍDICO ENTRE PARTICULARES. 1. O § 12, II, a do artigo 74 da Lei n. 9.430 de 1996, veda expressamente a utilização de créditos de terceiro para fins de compensação. 2. O art. 123 do CTN nega validade aos negócios jurídicos entre particulares para produzir efeitos sobre os fenômenos da responsabilidade pelo pagamento de tributos. 3. A Lei n. 10.637, de 2002, por seu art. 49, somente permite a compensação de débitos próprios do sujeito passivo com créditos seus. 4. Não há lei autorizando a compensação tributária com crédito de terceiros. Há, portanto, de se homenagear o princípio da legalidade. 5. No REsp 803.629, a Primeira Turma assentou que a cessão de direitos de créditos tributários só tem validade para fins tributários quando do negócio jurídico participa a Fazenda Pública. Precedente: REsp 653553/MG, Rel. Denise Arruda. 6. Recurso da Fazenda Nacional provido para denegar a segurança, impedindo-se, consequentemente, a compensação tributária com créditos de terceiros" (STJ, REsp 962.096, 2007).

– "COMPENSAÇÃO DE CRÉDITO DO SUJEITO PASSIVO COM DÉBITOS DE TERCEIROS... 2. Não obstante não haja no art. 170 do CTN e no art. 66 da Lei 8.383/91 óbice para que se efetue a compensação de créditos com débitos de terceiros, não se mostra plausível a alegação no sentido de que esses dispositivos assegurem tal direito. Por outro lado, a autorização prevista na antiga redação do art. 74 da Lei 9.430/96 sujeita-se ao poder discricionário da Secretaria da Receita Federal, que, segundo critérios de oportunidade e conveniência, 'poderá autorizar a utilização de créditos a serem a ele [contribuinte] restituídos ou ressarcidos para a quitação de quaisquer tributos e contribuições sob sua administração'. Nesse sentido: REsp 640.031/

SC, 2ª Turma, Min. Eliana Calmon, *DJ* de 19.12.2005. 3. Assim, é imperioso concluir que não há ilegalidade na vedação contida no art. 1º da Instrução Normativa 41/2000 da SRF, porquanto amparada no art. 74 da Lei 9.430/96 (redação vigente à época da impetração). Por fim, cabe frisar, no tocante à nova redação do artigo acima referido, que 'será considerada não declarada a compensação nas hipóteses em que o crédito seja de terceiros' (art. 74, § 12, II, 'a', da Lei 9.430/96, com as alterações promovidas pela Lei 11.051/2004)" (STJ, REsp 653.553, 2007).

– No sentido da inaplicabilidade da vedação de cessão aos créditos reconhecidos anteriormente e da inconstitucionalidade do indeferimento de plano. "... se demonstrado pelo contribuinte que a União Federal resistiu à devolução e que ele, contribuinte, não tinha condições de realizar a compensação com débitos próprios... não pode a restrição do referido art. 74 da Lei n. 9.430/96 prevalecer. Acresça-se aos argumentos acima que a decisão que reconhece o direito de crédito (seja ele qual for, conforme nossas premissas) transitou em julgado antes da alteração que a Lei n. 10.637/02 promoveu no art. 74 da Lei n. 9.430/96. Por outro lado, a discriminação imposta pelo § 12, letras 'a' e 'b', do art. 74 da Lei 9.430/96, fere, ao nosso sentir, o devido processo legal, o direito à ampla defesa e ao contraditório no processo administrativo (art. 5º, LIV e LV, CF/88). Todo cidadão tem o direito de petição assegurado pelo Texto Constitucional e o direito ao devido processo legal, que deve ser previsto em lei e ter como garantias, entre outras, a ampla defesa e o contraditório. Ora, se de plano a norma impede que a autoridade administrativa analise o caso concreto, deixa de instaurar o processo, negando os direitos fundamentais postos na Carta Magna" (COÊLHO, Sacha Calmon Navarro. Crédito-prêmio do IPI. Respeito à coisa julgada. Impossibilidade de a norma premial ser obstada. Inconstitucionalidades das limitações impostas pelos textos legais supervenientes. *RDDT* 134, 2006).

– **Compensação considerada não declarada. Créditos de empresas do mesmo grupo econômico como créditos de terceiros.** "RESPONSABILIDADE SOLIDÁRIA DE EMPRESAS INTEGRANTES DO MESMO GRUPO ECONÔMICO. ART. 30, IX, DA LEI N. 8.212/1991. COMPENSAÇÃO TRIBUTÁRIA. IMPOSSIBILIDADE. 1. Discute-se nos autos a legitimidade de empresas do mesmo grupo econômico para requerer em juízo compensação tributária. 2. O Tribunal *a quo* decidiu que não é possível conferir interpretação extensiva ao artigo 74 da Lei n. 9.430/96 nos moldes pretendidos pela autora, de modo a alcançar os débitos das pessoas que devam responder solidariamente pela dívida. 3. Inexiste lei que autorize a compensação pretendida, equiparando a pessoa jurídica que pagou a maior e tem direito à compensação com o grupo econômico ao qual ela pertence. O Judiciário não pode imiscuir-se na tarefa de legislador para criar uma nova forma de compensação de tributos. 4. Conforme já decidido pelo STJ 'a Lei 11.051, de dezembro de 2004, modificando o art. 74 da Lei 9.430/96, passou a proibir, em seu § 12, qualquer hipótese de compensação de débitos próprios com créditos de terceiros' ..." (STJ, REsp 1.232.968, 2011).

– "[...] afigura-se-nos descabida a pretensa compensação de débitos próprios com créditos tributários pertencentes a empresas pertencentes ao mesmo grupo econômico. *Primeiro*, porque o Digesto Tributário, ao dispor sobre as formas de extinção do crédito tributário, em seu art. 170, expressamente atribuiu ao legislador fiscal a *facultas agendi* de estabelecer, por lei ordinária, nas condições e sob as garantias que estipular, ou cuja estipulação em cada caso atribuir à autoridade administrativa, autorizar a compensação de créditos tributários com créditos líquidos e certos, vencidos ou vincendos, do sujeito passivo contra a Fazenda Pública; e, consoante dispõe o art. 74 da Lei n. 9.430/96: [...] *Segundo*, porque em matéria de compensação tributária, é lícito ao legislador ordinário estipular a forma como os créditos de um sujeito passivo poderão ser compensados, bem como estabelecer limitações ao seu exercício, e, conforme dispõe o art. 74, § 12, II, 'a', da Lei n. 9.430/1996 [...], tem-se expressa vedação do direito à compensação de débitos próprios com créditos de terceiros. *Terceiro*, porque sem sinceros maus tratos ao princípio da tripartição das funções estatais – vez que o Judiciário precisaria imiscuir-se na tarefa de legislador positivo –, não é possível conferir interpretação extensiva ao art. 74 da Lei n. 9.430/1996, de modo a alcançar uma nova modalidade de compensação, qual seja, de débitos das pessoas que, em tese, devam responder solidariamente pela dívida fiscal, com créditos de quaisquer das empresas pertencentes ao mesmo grupo econômico. *Quarto*, porque não se fará presente o indeclinável requisito da reciprocidade de créditos, ou seja, a 'um débito do devedor há de se erguer concomitantemente, um crédito deste contra o credor', de modo que, se o crédito é de terceiro, e a legislação tributária não contempla o instituto da cessão, não há se falar em possibilidade de compensação. *Quinto* porque a ideia de grupo econômico pressupõe coexistência de duas características bem demarcadas, isto é, a unidade de poder de controle e a diversidade das personalidades jurídicas, elemento último este que desnuda por completo qualquer argumento centrado na universalidade dos créditos tributários de um conglomerado econômico" (TAVARES, Alexandre Macedo. A (in)compensabilidade tributária de débitos próprios com créditos pertencentes a empresas integrantes de grupo econômico. *RDDT* 195/26, 2011).

– **Compensação considerada não declarada. Títulos públicos.** A Lei n. 11.051/2004 considera não declarada a compensação em que o crédito seja de títulos públicos, conforme se vê da redação dada ao § 12 do art. 74 da Lei n. 9.430/96: "§ 12. Será considerada não declarada a compensação nas hipóteses: [...] II – em que o crédito: [...] c) refira-se a título público".

– Anteriormente, já não se admitia: "APÓLICES DA DÍVIDA PÚBLICA EMITIDAS NO INÍCIO DO SÉCULO XX. PRESCRIÇÃO. AUSÊNCIA DE RESGATABILIDADE E LIQUIDEZ. COMPENSAÇÃO. DL N. 263/67 E 396/67. CONSTITUCIONALIDADE. 1. Os Decretos-Leis n. 263/67 e 396/67 não apresentam mácula de inconstitucionalidade, pois tratam de matéria de ordem financeira, que a Constituição de 1967 permite que seja regulamentada mediante decreto com força de lei. 2. O DL n. 263/67 modificou o termo inicial para o resgate das apólices da dívida pública sem cláusula de correção monetária, fixando o prazo de seis meses para o exercício do direito, prorrogado por mais seis meses pelo DL n. 396/68. Este termo demarca o nascimento da ação contra o Estado; quedando-se inerte o portador, ao fim do prazo estipulado está fulminada

a ação para cobrar a apólice e, por via oblíqua, o direito nela contido. 3. Inexiste direito adquirido ao resgate, porquanto o termo inicial fixado pelo decreto de emissão para o exercício do direito – a conclusão das obras públicas – não se concretizou. 4. Não se pode avaliar o valor correspondente em moeda atual de apólice emitida no início do século XX, grafada em conto de réis, porque, à época, não existia previsão legal de correção monetária. 5. A falta de cotação em bolsa afeta diretamente a liquidez do título, não havendo como quantificar o efetivo valor econômico da apólice sem valor de mercado. 6. A compensação, no âmbito tributário, submete às regras gerais do CTN as Leis n. 8.383/91, 9.069/95, 9.250/95 e 9.430/96, não se encontrando em nenhum destes normativos legais autorização para que se efetue a compensação dos débitos tributários com o título da dívida pública que a autora detém" (TRF4, AC 2001.04.01.05817-9, 2002).

– **Compensação considerada não declarada. Inaplicabilidade à compensação de estimativas mensais com o saldo negativo de exercício anterior.** "... considerando que não houve revogação do inciso II, do § 1º do artigo 6º, da Lei n. 9.430/96, permanece incólume o direito de compensar as estimativas mensais com o saldo negativo apurado nos exercícios anteriores [...] o artigo 74 da Lei n. 9.430/96 dispõe sobre a compensação tributária no âmbito da Administração federal, sendo que a partir da vigência das alterações estabelecidas pela Medida Provisória n. 449, restou impossibilitada a compensação de indébito tributo com as estimativas mensais do imposto de renda e da contribuição social sobre o lucro. esta regra, no entanto, pode ser considerada como geral do direito à compensação, uma vez que se aplica a todos os tributos indevidamente recolhidos. Ocorre que a Lei n. 9.430/96, quando dispõe acerca da opção do contribuinte em apurar o imposto de renda anualmente, utilizando-se dos pagamentos por estimativa, regulamentou, também, a forma de restituição dos valores quando apurada base negativa, conforme se pode depreende da redação do artigo 6º da Lei n. 9.430/96..." (LAGUNA, Thiago Cerávolo. Limites temporais e interpretativos das restrições à compensação previstas no artigo 29 da Medida Provisória n. 449/2008. *RDDT* 166/143, 2009). Vide também: MATOS, Gustavo Martini de. A compensação dos débitos relativos às estimativas mensais do IRPJ e da CSL... *RDDT* 165/57, 2009.

– **Súmula 177 do CARF:** "Estimativas compensadas e confessadas mediante Declaração de Compensação (DCOMP) integram o saldo negativo de IRPJ ou CSLL ainda que não homologadas ou pendentes de homologação" (CSRF, 2021). Obs.: vinculante, conforme Portaria ME n. 12.975/2021.

– **Prazo de cinco anos para que o Fisco possa glosar a compensação declarada.** Lei n. 10.833/2003, decorrente da conversão da MP 135/2003, alterou a redação do § 5º do art. 74 da Lei n. 9.430/96, anteriormente já alterado pela Lei 10.637/2002, estabelecendo o prazo de cinco anos para homologação da compensação declarada pelo sujeito passivo, contado da data da entrega da declaração de compensação. Em verdade, não se trata propriamente de um prazo para homologação, pois esta ocorre tacitamente com o decurso do prazo. Cuida-se, sim, de prazo para que o Fisco, discordando da compensação realizada, considere-a expressamente não homologada e proceda à cobrança amigável do débito declarado e posterior inscrição em dívida ativa se necessário.

– Não é caso típico de pagamento sujeito à homologação, mas de compensação efetuada pelo contribuinte através da apresentação de Declaração que, nos termos da legislação em questão, lhe serve de instrumento. Os pagamentos, quando efetuados, são de imediato conhecimento do Fisco, que sabe se houve ou não a satisfação do seu crédito. Já a compensação, como é meramente formal, só chega ao conhecimento do Fisco com a Declaração. Aliás, nos termos do art. 74 da Lei n. 9.430/96, com a redação nova, a compensação por ela regida é efetuada mediante a entrega da declaração, sujeita esta à homologação.

– **Não há sucessão de prazos.** "... afirmar que possui o Fisco o prazo de cinco anos para a homologação da compensação – § 4º do artigo 74 da Lei n. 9.430/1996 – e mais cinco anos, após esgotado o prazo de homologação, para exercer o seu direito de ajuizar a respectiva ação executiva, seria 'ressuscitar' a famosa tese dos '5+5', já rechaçada, veementemente, pelos nossos Tribunais Superiores. [...] iv) a entrega de declaração de compensação Decomp não tem o condão de garantir a suspensão da exigibilidade do crédito tributário, pois no rol do artigo 151 do Código Tributário Nacional não há a hipótese de apresentação de declaração de compensação; v) somente após a apresentação de manifestação de Inconformidade é que estaríamos diante da instauração de procedimento administrativo e de uma causa suspensiva de exigibilidade – artigo 151, inciso III, do Código Tributário Nacional; vi) a declaração de compensação é modalidade extintiva do crédito tributário sob condição resolutória posterior, e não, tal como afirmado em algumas decisões judiciais, reconhecimento inequívoco de débito tributário pelo contribuinte; vii) não há que falar-se em extinção temporária do débito tributário, haja vista que, em momento algum, a Lei Tributária Nacional faz distinção entre as formas de extinção do crédito tributário; viii) após a apresentação de declaração de compensação pelos contribuinte não há qualquer limitação a cobrança do débito tributário não extinto pela compensação, uma vez que o débito tributário encontra-se devidamente pronto, acabado e constituído" (COELHO, Guilherme de Meira. O prazo prescricional para cobrança de compensações não homologadas em que não há a instauração de procedimento administrativo. *RDDT* 222/65, 2014).

– **Habilitação de créditos reconhecidos por decisão judicial. Exigência. IN n. 2.055/2021:** "Art. 102. Na hipótese de crédito decorrente de decisão judicial transitada em julgado, a declaração de compensação será recepcionada pela RFB somente depois de prévia habilitação do crédito pela Delegacia da Receita Federal do Brasil (DRF) ou pela Delegacia Especializada da RFB com jurisdição sobre o domicílio tributário do sujeito passivo. § 1º A habilitação a que se refere o caput será obtida mediante pedido do sujeito passivo, formalizado em processo administrativo instruído com: I – o formulário Pedido de Habilitação de Crédito Decorrente de Decisão Judicial Transitada em Julgado, constante do Anexo V; II – certidão de inteiro teor do processo, expedida pela Justiça Federal; III – caso o crédito esteja amparado em título judicial passível de execução, cópia da decisão que homologou a desistência da execução do título judicial, pelo Poder Judiciário, e a assunção de todas as custas e honorários advocatícios referentes ao processo de execução, ou cópia da declaração pessoal de inexecução do título judicial protocolada na Justiça Federal e certidão judicial que a ateste; IV – cópia do contrato

social ou do estatuto da pessoa jurídica acompanhada, conforme o caso, da última alteração contratual em que houve mudança da administração ou da ata da assembleia que elegeu a diretoria; V – cópia dos atos correspondentes aos eventos de cisão, incorporação ou fusão, se for o caso; VI – no caso de pedido de habilitação do crédito formulado por representante legal do sujeito passivo, cópia do documento comprobatório da representação legal e do documento de identidade do representante; e VII – no caso de pedido de habilitação formulado por mandatário do sujeito passivo, procuração conferida por instrumento público ou particular e cópia do documento de identidade do outorgado. § 2º Se for constatada irregularidade ou insuficiência de informações necessárias à habilitação, o requerente será intimado a regularizar as pendências no prazo de até 30 (trinta) dias, contado da data da ciência da intimação. § 3º O despacho decisório sobre o pedido de habilitação será proferido no prazo de até 30 (trinta) dias, contado da data da protocolização do pedido ou da regularização das pendências a que se refere o § 2º. Art. 103. O pedido de habilitação do crédito será deferido por Auditor-Fiscal da Receita Federal do Brasil, mediante a confirmação de que: I – o sujeito passivo figura no polo ativo da ação; II – a ação refere-se a tributo administrado pela RFB; III – a decisão judicial transitou em julgado; IV – o pedido foi formalizado no prazo de 5 (cinco) anos, contado da data do trânsito em julgado da decisão ou da homologação da desistência da execução do título judicial; e V – caso o crédito esteja amparado em título judicial passível de execução, houve a homologação pelo Poder Judiciário da desistência da execução do título judicial e a assunção de todas as custas e honorários advocatícios referentes ao processo de execução, ou a apresentação de declaração pessoal de inexecução do título judicial na Justiça Federal e de certidão judicial que a ateste. Art. 104. O deferimento do pedido de habilitação do crédito não implica reconhecimento do direito creditório nem homologação da compensação".

– "LEGITIMIDADE DA EXIGÊNCIA DE PRÉVIA HABILITAÇÃO DO CRÉDITO JUDICIAL TRANSITADO EM JULGADO. 1. De acordo com os arts. 170, *caput*, do CTN, e 74, § 14, da Lei n. 9.430/96, e tendo em vista as condições à compensação tributária estipuladas no âmbito da Administração Tributária Federal, os créditos reconhecidos por decisão judicial transitada em julgado, desde 1º de março de 2005, somente podem ser objeto de compensação após prévia habilitação do crédito pela unidade da Receita Federal com jurisdição sobre o domicílio tributário do sujeito passivo. Ou seja, na hipótese de crédito reconhecido por decisão judicial transitada em julgado, a Declaração de Compensação somente será recepcionada após prévia habilitação do crédito pela Receita Federal. A habilitação será obtida mediante pedido do sujeito passivo titular do crédito, formalizado em processo administrativo. Constatada irregularidade ou insuficiência de informações nos documentos apresentados pelo sujeito passivo titular do crédito, o requerente será intimado a regularizar as pendências no prazo de 30 (trinta) dias, contado da data de ciência da intimação. No prazo de 30 dias, contado da data da protocolização do pedido ou da regularização de pendências, será proferido despacho decisório sobre o pedido de habilitação do crédito. O deferimento do pedido de habilitação do crédito não implica homologação da compensação. 2. Não existe óbice à regulamentação quanto à forma e procedimentos para a efetivação da compensação tributária, bem como à imposição de limites ao seu exercício, por parte do legislador ordinário, desde que obedecidos os parâmetros estabelecidos no Código Tributário Nacional. O pedido de habilitação de crédito reconhecido por decisão judicial visa a conferir segurança jurídica às compensações, restituições e ressarcimentos, garantindo, de forma preliminar, a viabilidade jurídica do crédito oponível à Fazenda Pública. Em outras palavras, a habilitação prévia revela-se mero juízo perfunctório quanto à existência do direito creditório. Traduz-se, então, na singela e expedita verificação quanto à plausibilidade do crédito que se pretende opor à Fazenda Pública, de forma a evitar fraudes e abusos. É, em síntese, um exame de admissibilidade, verdadeira busca do *fumus boni iuris* que passa ao largo de considerações quanto ao mérito da compensação (verificação de pagamentos, bases de cálculo utilizadas, índices de atualização aplicados, glosas de créditos já utilizados, etc.). O pedido de habilitação também procura assegurar que os contribuintes não realizem, em duplicidade, o aproveitamento do valor econômico envolvido, quer dizer, mediante compensação e/ou restituição administrativa cumulada com a execução do julgado no âmbito do Poder Judiciário" (STJ, REsp 1.309.265, 2012).

– **No sentido de que a exigência de prévia habilitação seria ilegal.** "COMPENSAÇÃO. LEIS 9.430/96 e 11.051/04. INSTRUÇÃO NORMATIVA 517/05... 2. Os §§ 2º e 3º do art. 74 da Lei n. 9.430/96, com a redação dada pela Lei n. 10.637/02, estipulam que a compensação seria efetivada mediante a entrega, pelo sujeito passivo, de declaração que extinguiria o crédito tributário, sob condição resolutória de sua ulterior homologação, havendo necessidade de que constem na declaração informações relativas aos créditos utilizados e aos respectivos débitos compensados. 3. É bem verdade que o § 14 do citado artigo 74, incluído pela Lei n. 11.051/04, estipula que a Secretaria da Receita Federal disciplinará o dispositivo, inclusive quanto à fixação de critérios de prioridade para apreciação de processos de restituição, de ressarcimento e de compensação. 4. Por sua vez, parece extrapolar os termos legais Instrução Normativa que exige, em casos de compensação com base em sentença, a prévia habilitação do crédito pela Receita, em processo administrativo, antes da declaração de compensação. Ato normativo, a pretexto de disciplinar a lei, não poderia alterar o procedimento para a obtenção da homologação da compensação. Caberia sim dizer como as informações seriam prestadas pelo contribuinte, quando houvesse sentença deferindo compensação, em sintonia com o § 2º do art. 74, e não estabelecer um outro caminho não previsto na legislação... 6. Pedido Cautelar julgado procedente" (TRF2, AI 2005.02.01.003085-7, 2006).

– **Multa quando da não homologação de compensação.** A Lei n. 10.249/2010 acrescentou os §§ 15 a 17 ao art. 74 da Lei n. 9.430/96 determinando a aplicação de multa no casos de ser glosada a compensação. Os §§ 15 e 16 restaram revogados pela Lei 13.137/15, O § 17 teve sua redação alterada pela Lei 13.097/15. Entendemos que não se pode punir o exercício de um direito, e que a glosa, por si só, não justifica a imposição de multa. Apenas nos casos de fraude é que se poderia cogitar da punição do contribuinte.

– §§ 15 e 16, revogados, e redação original do § 17, já não mais vigente: "Art. 74... § 15. Será aplicada multa isolada de 50% (cinquenta por cento) sobre o valor do crédito objeto de pedido de ressarcimento indeferido ou indevido. § 16. O percentual da multa de que trata o § 15 será de 100% (cem por cento) na hipótese de ressarcimento obtido com falsidade no pedido apresentado pelo sujeito passivo. § 17. Aplica-se a multa prevista no § 15, também, sobre o valor do crédito objeto de declaração de compensação não homologada, salvo no caso de falsidade da declaração apresentada pelo sujeito passivo."

– Redação atual do § 17. "Art. 74... § 17. Será aplicada multa isolada de 50% (cinquenta por cento) sobre o valor do débito objeto de declaração de compensação não homologada, salvo no caso de falsidade da declaração apresentada pelo sujeito passivo." (Redação da Lei 13.097/2015).

– **Inconstitucionalidade da multa pela não homologação. Tema 736 do STF. JULGAMENTO NÃO FINALIZADO.** Controvérsia: "Constitucionalidade da multa prevista no art. 74, §§ 15 e 17, da Lei 9.430/1996 para os casos de indeferimento dos pedidos de ressarcimento e de não homologação das declarações de compensação de créditos perante a Receita Federal" (RE 796.939, 2014).

– Início do julgamento: Após o voto do Ministro Edson Fachin (Relator), que negava provimento ao recurso extraordinário e fixava a seguinte tese (tema 736 da repercussão geral): "É inconstitucional a multa isolada prevista em lei para incidir diante da mera negativa de homologação de compensação tributária por não consistir em ato ilícito com aptidão para propiciar automática penalidade pecuniária", pediu vista dos autos o Ministro Gilmar Mendes. 2020.

– "MULTA PREVISTA NO § 17 DO ART. 74 DA LEI 9.430/96. 1. Em sede de Arguição de Inconstitucionalidade, esta Corte decidiu que a multa prevista no § 17 do art. 74 da Lei 9.430/96 conflita com o disposto no artigo 5º, inciso XXXIV, alínea 'a', da Constituição Federal, e a sua aplicação, apenas com base na não homologação da declaração de compensação, afronta o princípio da proporcionalidade. 2. Declarada a inexigibilidade do crédito tributário decorrente da aplicação da multa isolada por compensação não homologada, não há óbice à expedição de certidão de regularidade fiscal" (TRF4 5036042-10.2021.4.04.7200, 2022).

– "ARGUIÇÃO DE INCONSTITUCIONALIDADE. ARTIGO 74 DA LEI N. 9.430/96, PARÁGRAFOS 15 E 17. AFRONTA AO ARTIGO 5º, INCISO XXXIV, DA CONSTITUIÇÃO FEDERAL, BEM COMO AO PRINCÍPIO DA PROPORCIONALIDADE. O artigo 5º, inciso XXXIV, 'a', da Constituição Federal dá conta de que 'são a todos assegurados, independentemente do pagamento de taxas: a) o direito de petição aos Poderes Públicos em defesa de direitos ou contra ilegalidade ou abuso de poder; b) a obtenção de certidões em repartições públicas, para defesa de direitos e esclarecimento de situações de interesse pessoal'. A multa prevista nos parágrafos 15 e 17 do art. 74 da Lei 9.430/96, ainda que não obste totalmente a realização do pedido de compensação, cria obstáculos, com certeza, ao direito de petição do contribuinte, pois, diante da possibilidade de lhe ser aplicada a pena pecuniária, produz justo receio, a ponto de desestimulá-lo a efetivar o pedido da compensação a que teria direito. Portanto, os parágrafos 15 e 17 do artigo 74 da Lei n. 9.430/96 conflitam com o disposto no artigo 5º, inciso XXXIV, alínea 'a' da Constituição Federal. Além disso, a aplicação da multa com base apenas no indeferimento do pedido ou na não homologação da declaração de compensação afronta o princípio da proporcionalidade" (TRF4, ARGINC 5007416-62.2012.4.04.0000, 2012).

– "... o indeferimento de um pedido de ressarcimento ou a não homologação de uma declaração de compensação não pode ser objetivamente eleito como um tipo infracional, sob pena de flagrante violação à garantia constitucional do direito de petição (CRFB/1988, art. 5º, inciso XXXIV, 'a'). O Poder Público não pode abusar do direito de legislar, a ponto de criar amarras ou indiretamente forçar o contribuinte a somente requerer aquilo que se mostrar conveniente à Administração Tributária. [...] O pedido de ressarcimento de um indébito tributário ou a apresentação de uma declaração de compensação (DCOMP) à SRFB, portanto, não ode ser qualificada como uma conduta ilícita, de *per si*, por constituir-se num direito fundamental constitucionalmente assegurado a qualquer contribuinte pátrio, oponível à Fazenda Pública independentemente do pagamento de taxas, em defesa de direitos ou contra ilegalidade ou abuso de poder" (TAVARES, Carlos Marcelo. A não homologação da compensação e/ou indeferimento de pedido de ressarcimento e a endêmica multa de ofício patrocinada pela Lei n. 9.430/1996 (art. 74, parágrafos 15 a 17). *RDDT* 202/35-48, 2012).

– "Por sua natureza, a multa de ofício visa agravar a situação do contribuinte que provocou a necessidade de atuação da autoridade fiscal para identificar, quantificar e formalizar crédito tributário não recolhido no seu vencimento e que não tenha sido objeto de declaração válida. Ora, no caso da não homologação de compensação declarada, o contribuinte não só informou o Fisco da existência do débito, como legalmente confessou o seu débito, tornando totalmente desnecessária a sua formalização por lançamento de ofício. Inexiste, assim, adequação entre a situação da não homologação da compensação por arguição de ilegitimidade ou insuficiência do crédito com o tipo da multa de ofício prevista no artigo 44, I e II, da Lei n. 9.430/96. Claramente buscou o Poder Executivo extrapolar o conteúdo jurídico da multa de ofício, com objetivos não confessados de aumento de arrecadação e do risco do contribuinte no procedimento de compensação. [...] para o caso de não homologação de compensações, nos termos da alteração promovida pela Medida Provisória n. 472/09, em sínteses: (a) incompatibilidade com o instituto da declaração de compensação por homologação e a sua natureza de confissão de dívida; (b) inadequação das suas hipóteses de aplicação à natureza das multas isoladas e ao tipo de multa prevista no artigo 44, I, da Lei n. 9.430/96; (c) irrazoável limitação ao exercício do direito do contribuinte de proceder à compensação tributária, por aumento do risco envolvido nesta operação; e (d) desproporcional fixação do *quantum* da multa em face do seu pressuposto de fato, tendo em vista a inexistência de conduta que configure violação à legislação tributária e à licitude do procedimento de compensação" (CARDOSO, Alessandro Mendes. Medida Provisória 472/2009 e a ilegalidade da alteração do âmbi-

to de aplicação da multa isolada no indeferimento a compensação tributária. *RDDT* 175/07, 2010).

– "... o aumento previsto na Medida Provisória e incorporado no artigo 38 da Instrução Normativa n. 900/08, como dissemos, equiparou os casos de indeferimento, ainda que o contribuinte estivesse de boa-fé (exemplo: erro formal ao apresentar o pleito), com os casos em que é desde o início vedada a compensação e patente a infração. Ou seja, sem qualquer diferenciação, um crédito considerado como não declarado sofre as mesmas consequências de penas previstas para um crédito insuficiente, desconsiderando o elemento subjetivo da intenção, ou seja, o dolo do contribuinte. [...] Ora, se a penalidade é fixada em 20% no § 2º do art. 61 da Lei n. 9.430/96, que é uma lei ordinária, e a DCTF é meio de confissão de dívida, é impraticável que a Medida Provisória n. 472 pretenda revisar o lançamento, e aumentar a multa já constituída, sendo que a revisão de lançamento te suas hipóteses devidamente fixadas no artigo 149 do Código Tributário, cuja Lei n. 5.172/66 tem *status* de Lei Complementar. [...] O crédito não homologado não tem relação direta com o débito que se pretendia extinguir. Se houvesse alguma infração punível seria em relação ao crédito, jamais quanto ao débito. A mora do débito não compensado, portanto, não pode ser penalizada com um lançamento de ofício, em afronta ao princípio da proporcionalidade, razoabilidade, segurança jurídica e isonomia" (SANCHES, Flávio de Haro. Penalidades excessivas, vedações abusivas, prescrição e outros temas relacionados com a compensação de tributos federais. *RDDT* 180/56, 2010).

⇒ **Regime do art. 73 da Lei n. 9.430/96.** A compensação de ofício, por iniciativa e ato do Fisco, é outra das modalidades de compensação. Desde a Lei n. 12.844/2003, alcança quaisquer tributos administrados pela Secretaria da Receita Federal do Brasil e, ainda, outros, desde que pagos mediante DARF e GPS.

– **Compensação de ofício, efetuada pela RFB.** A Administração, diante de pedido de restituição de tributos ou de ressarcimento de créditos de tributos formulado por sujeito passivo, deve verificar se possui ele algum débito perante a Fazenda Nacional, efetuando, então, a compensação do montante a restituir ou a ressarcir com o montante por ele devido. Trata-se de compensação realizada de ofício pela Administração e no seu próprio interesse.

– "A compensação tributária de ofício é um mecanismo previsto no ordenamento jurídico brasileiro que autoriza a Receita Federal a compelir os contribuintes a quitarem suas dívidas antes de recuperarem qualquer crédito apurado em desfavor do órgão fazendário. Trata-se de espécie de 'conta-corrente' em que o crédito alocado àquela conta do contribuinte deve ser de plano utilizado para liquidar os débitos que o Fisco Federal tenha ali indicado. [...] importante marco legal... verificou-e com a substancial alteração do art. 73 da Lei n. 9.430/1996 pela Lei n. 12.844, de 19 de julho de 2013, na medida em que apenas nesse momento – frise-se, apenas em 2013 –, uma lei passou a condicionar a restituição de tributos à ausência de débitos em nome do contribuinte detentor do crédito contra a Fazenda Nacional..." (MASCITTO, Andréa. Ponderações sobre o instituto da compensação de ofício e da retenção de crédito objeto de pedido de restituição. *RDDT* 229/7, 2014).

– Lei n. 9.430/96, art. 73, com a redação da Lei n. 12.844/2013: "Art. 73. A restituição e o ressarcimento de tributos administrados pela Secretaria da Receita Federal do Brasil ou a restituição de pagamentos efetuados mediante DARF e GPS cuja receita não seja administrada pela Secretaria da Receita Federal do Brasil será efetuada depois de verificada a ausência de débitos em nome do sujeito passivo credor perante a Fazenda Nacional. Parágrafo único. Existindo débitos, não parcelados ou parcelados sem garantia, inclusive inscritos em Dívida Ativa da União, os créditos serão utilizados para quitação desses débitos, observado o seguinte: I – o valor bruto da restituição ou do ressarcimento será debitado à conta do tributo a que se referir; II – a parcela utilizada para a quitação de débitos do contribuinte ou responsável será creditada à conta do respectivo tributo".

– DL n. 2.287/86 com a redação da Lei n. 11.196/2005. A Lei n. 12.844/2013 disciplinou a matéria que era regida pelo art. 7º do DL n. 2.287/1986, de modo que, ao que parece, embora não tenha havido revogação expressa, deu-lhe tratamento mais amplo. Observávamos que era discutível a eficácia do art. 114 da Lei 11.196/2005, porquanto adveio para adaptar o texto do art. 7º do DL n. 2.287/86 ao advento da Receita Federal do Brasil, admitindo a compensação dos créditos do contribuinte também com débitos previdenciários, mas quando a MP n. 258/2005, que criara pela primeira vez a RFB, já havia perdido a eficácia. Assim, o art. 114 surgira natimorto. Mas a Portaria Interministerial n. 23/2006 dispôs tanto sobre a compensação de ofício de débitos no âmbito da SRF como no da então Secretaria da Receita Previdenciária invocando o 7º do Decreto-Lei n. 2.287/86 com a alteração pelo art. 114 da Lei n. 11.196/2005.

– Eis o dispositivo: "Art. 7º A Receita Federal do Brasil, antes de proceder à restituição ou ao ressarcimento de tributos, deverá verificar se o contribuinte é devedor à Fazenda Nacional. § 1º Existindo débito em nome do contribuinte, o valor da restituição ou ressarcimento será compensado, total ou parcialmente, com o valor do débito. § 2º Existindo, nos termos da Lei n. 5.172, de 25 de outubro de 1966, débito em nome do contribuinte, em relação às contribuições sociais previstas nas alíneas *a*, *b* e *c* do parágrafo único do art. 11 da Lei n. 8.212, de 24 de julho de 1991, ou às contribuições instituídas a título de substituição e em relação à Dívida Ativa do Instituto Nacional do Seguro Social – INSS, o valor da restituição ou ressarcimento será compensado, total ou parcialmente, com o valor do débito. § 3º Ato conjunto dos Ministérios da Fazenda e da Previdência Social estabelecerá as normas e procedimentos necessários à aplicação do disposto neste artigo".

– Compensação, de ofício, de débitos exigíveis. Tema 484 do STJ: "Fora dos casos previstos no art. 151, do CTN, a compensação de ofício é ato vinculado da Fazenda Pública Federal a que deve se submeter o sujeito passivo, inclusive sendo lícitos os procedimentos de concordância tácita e retenção previstos nos §§ 1º e 3º, do art. 6º, do Decreto n. 2.138/97". Decisão de mérito em 2011.

**– "COMPENSAÇÃO DE OFÍCIO PREVISTA NO ART. 73, DA LEI N. 9.430/96 E NO ART. 7º, DO DECRETO-LEI N. 2.287/86. CONCORDÂNCIA TÁCITA E RETENÇÃO DE VALOR A SER RESTITUÍDO OU RESSARCIDO PELA SECRETARIA DA RECEITA FEDERAL. LEGALIDADE DO ART. 6º E PARÁGRAFOS DO DECRETO N. 2.138/97. ILEGALIDADE DO PROCEDIMENTO APENAS QUANDO O CRÉDITO TRIBUTÁRIO A SER LIQUIDADO SE ENCONTRAR COM EXIGIBILIDADE SUSPENSA (ART. 151, DO CTN)... 2. O art. 6º e parágrafos, do Decreto n. 2.138/97, bem como as instruções normativas da Secretaria da Receita Federal que regulamentam a compensação de ofício no âmbito da Administração Tributária Federal (arts. 6º, 8º e 12, da IN SRF 21/1997; art. 24, da IN SRF 210/2002; art. 34, da IN SRF 460/2004; art. 34, da IN SRF 600/2005; e art. 49, da IN SRF 900/2008), extrapolaram o art. 7º, do Decreto-Lei n. 2.287/86, tanto em sua redação original quanto na redação atual dada pelo art. 114, da Lei n. 11.196, de 2005, somente no que diz respeito à imposição da compensação de ofício aos débitos do sujeito passivo que se encontram com exigibilidade suspensa, na forma do art. 151, do CTN (v.g. débitos inclusos no REFIS, PAES, PAEX, etc.). Fora dos casos previstos no art. 151, do CTN, a compensação de ofício é ato vinculado da Fazenda Pública Federal a que deve se submeter o sujeito passivo, inclusive sendo lícitos os procedimentos de concordância tácita e retenção previstos nos §§ 1º e 3º, do art. 6º, do Decreto n. 2.138/97. Precedentes... 3. No caso concreto, trata-se de restituição de valores indevidamente pagos a título de Imposto de Renda da Pessoa Jurídica - IRPJ com a imputação de ofício em débitos do mesmo sujeito passivo para os quais não há informação de suspensão na forma do art. 151, do CTN. Impõe-se a obediência ao art. 6º e parágrafos do Decreto n. 2.138/97 e normativos próprios" (STJ, REsp 1.213.082, 2011).

– Retenção de toda a restituição caso o contribuinte não concorde com a compensação. Descabimento. Existe suporte legal para a compensação de ofício, mas não pode ela dar-se por montante superior ao devido tampouco implicar retenção de valores que extrapolem o débito do contribuinte, pois não cumprem qualquer função de garantia. A retenção desnecessária de valores superiores ao débito implica restrição desarrazoada ao direito do contribuinte.

– Entendendo que a retenção é inconstitucional. "Inteiramente desprovidas de validade, assim, afiguram-se as disposições do art. 114 da Lei n. 11.196/05, que conferiu nova redação ao art. 7º do Decreto-lei n. 2.287/86, como de qualquer outra lei ordinária que pretenda criar nova e anômala modalidade extintiva de crédito tributário, disfarçadamente mascarada como subespécie de compensação, mas que na verdade configura lídima e embrionária espécie de 'imputação de compensação'. É que o art. 146, III, *b*, da Lei Maior, categoricamente estabelece que as normas que versem sobre o crédito tributário, alcançando nesse aspecto as suas formas suspensivas, extintivas e excludentes, deverão se revestir obrigatoriamente do manto protetor de lei complementar" (TAVARES, Alexandre Macedo. A vetusta compensação de ofício (imputação de compensação) patrocinada pela Lei n. 11.196/2005. *RDDT* 128, 2006).

– "... art. 114 alterou sobremodo, ou melhor, engendrou mais uma exigência para que os contribuintes possam realizar a restituição ou o ressarcimento de seus créditos junto à Receita Federal. [...] se o Estado pretende cobrar tributos, que o faça observando o devido processo leal, isto é, após definitivamente constituído seu crédito pelo lançamento, que ajuíze o processo de execução fiscal, etc., todavia, não tente fazer a cobrança utilizando subterfúgios, como ocorre com o dispositivo que ora se ataca, porquanto representa prática indiscutivelmente inconstitucional, por escancarada violação ao contido no art. 5º, inciso LIV, da Constituição Federal de 1988, que veicula o indelével postulado do devido processo legal. [...] É mais uma forma de sanção política com o fito de cobrar tributo" (SCHERER, Leandro Pacheco. O artigo 114 da Lei n. 11.196/2005 – Mais um "caso de descaso" do Executivo Federal. *RET* 50, 2006).

– **Compensação, de ofício, de débitos cuja exigibilidade esteja suspensa. Descabimento.** "COMPENSAÇÃO DE OFÍCIO PREVISTA NO ART. 73, DA LEI N. 9.430/96 E NO ART. 7º, DO DECRETO-LEI N. 2.287/86. CONCORDÂNCIA TÁCITA E RETENÇÃO DE VALOR A SER RESTITUÍDO OU RESSARCIDO PELA SECRETARIA DA RECEITA FEDERAL. LEGALIDADE DO ART. 6º E PARÁGRAFOS DO DECRETO N. 2.138/97. ILEGALIDADE DO PROCEDIMENTO APENAS QUANDO O CRÉDITO TRIBUTÁRIO A SER LIQUIDADO SE ENCONTRAR COM EXIGIBILIDADE SUSPENSA (ART. 151, DO CTN)... 2. O art. 6º e parágrafos, do Decreto n. 2.138/97, bem como as instruções normativas da Secretaria da Receita Federal que regulamentam a compensação de ofício no âmbito da Administração Tributária Federal (arts. 6º, 8º e 12, da IN SRF 21/1997; art. 24, da IN SRF 210/2002; art. 34, da IN SRF 460/2004; art. 34, da IN SRF 600/2005; e art. 49, da IN SRF 900/2008), extrapolaram o art. 7º, do Decreto-Lei n. 2.287/86, tanto em sua redação original quanto na redação atual dada pelo art. 114, da Lei n. 11.196, de 2005, somente no que diz respeito à imposição da compensação de ofício aos débitos do sujeito passivo que se encontram com exigibilidade suspensa, na forma do art. 151, do CTN (v.g. débitos inclusos no REFIS, PAES, PAEX, etc.). Fora dos casos previstos no art. 151, do CTN, a compensação de ofício é ato vinculado da Fazenda Pública Federal a que deve se submeter o sujeito passivo, inclusive sendo lícitos os procedimentos de concordância tácita e retenção previstos nos §§ 1º e 3º, do art. 6º, do Decreto n. 2.138/97... 3. No caso concreto, trata-se de restituição de valores indevidamente pagos a título de Imposto de Renda da Pessoa Jurídica – IRPJ com a imputação de ofício em débitos do mesmo sujeito passivo para os quais não há informação de suspensão na forma do art. 151, do CTN. Impõe-se a obediência ao art. 6º e parágrafos do Decreto n. 2.138/97 e normativos próprios" (STJ, REsp 1.213.082, 2011).

– "Não pode a Fazenda impor ao contribuinte, unilateralmente, a compensação de seus créditos que se encontram em regime de parcelamento, pois a compensação exige que os créditos que se encontram sejam, ambos, líquidos e certos e, mais que tudo, exigíveis. O crédito tributário submetido a parcelamento encontra-se com sua exigibilidade suspensa (art. 151, VI, do CTN). [...] a Instrução Normativa n. 600/2005 reeditou as disposições da

IN 252/2005, sendo visivelmente ilegal. Essa situação só foi revertida quando os Srs. Ministros de Estado da Fazenda e da Previdência Social houveram por bem regulamentar, através da Portaria Interministerial n. 23, de 02 de fevereiro de 2006, a compensação de ofício de débitos relativos a tributos administrados pela Secretaria da Receita Federal e nessa regulamentação excluíram qualquer referência à compensação com débitos parcelados... Esse novo ato normativo interno excluiu de seu texto a expressão 'ainda que parcelado', num verdadeiro reconhecimento de que não lhe era lícito persistir no erro, depois de perdida a eficácia da MP n. 252/05" (RAMOS OLIVEIRA, Antônio Albino. Compensações de ofício e por homologação. Porto Alegre: TRF4, 2006 (*Currículo Permanente. Caderno de Direito Tributário*: módulo 1, p. 33-36).

–**Inconstitucionalidade do parágrafo único do art. 73 ao desconsiderar a suspensão da exigibilidade do crédito tributário.** "INCONSTITUCIONALIDADE DO PARÁGRAFO ÚNICO DO ART. 73 DA LEI N. 9.430/96, INCLUÍDO PELA LEI N. 12.844/2013. AFRONTA AO ART. 146, III, '*B*' DA CF/88. 1. A norma prevista no parágrafo único do art. 73 da Lei n. 9.430/96 (incluído pela Lei n. 12.844/13) é inconstitucional, pois afronta o disposto no art. 146, III, '*b*', da CF/88. Isso porque, com a finalidade única de permitir que o Fisco realize compensação de ofício de débito parcelado sem garantia, condiciona a eficácia plena da hipótese de suspensão do crédito tributário, no caso, o 'parcelamento' (CTN – art. 151, VI), à condição não prevista em Lei Complementar. Em outras palavras, retira os efeitos da própria suspensão da exigibilidade do crédito tributário prevista em Lei Complementar. 2. Incidente de Arguição de Inconstitucionalidade acolhido pela Corte Especial. Declarada a inconstitucionalidade do parágrafo único do art. 73 da Lei n. 9.430/96 (incluído pela Lei n. 12.844/13)" (TRF4, AI 5025932-62.2014.404.0000, 2014).

– **Aplicação do regime da compensação de ofício em favor e por iniciativa do contribuinte.** "Como sujeitos de relações obrigacionais, ao contribuinte e ao Estado devem ser oferecidas as mesmas condições para o exercício do procedimento de compensação, com a escolha de algum dos regimes atualmente vigentes. [...] Dada a necessidade de igualdade entre Estado e contribuinte, deve prevalecer em nome da eficiência administrativa, o regime previsto para a compensação de ofício, muito mais simples, por meio da qual é possível a compensação entre quaisquer créditos em quaisquer fases de cobrança, sendo possível seu exercício a pedido do contribuinte, em casos que sejam de seu interesse" (ARAUJO, Guilherme Peloso. Compensação de ofício: garantia isonômica ao contribuinte. *RDDT* 212/56, 2013).

⇒ **Regime da Lei n. 8.383/91. Compensação de contribuições previdenciárias, a terceiros e outros tributos.** A compensação de contribuições previdenciárias e a terceiros é regida pelo art. 66 da Lei n. 8.383/91 e pelo art. 89 da Lei n. 8.212/91. Assim também a de outros tributos que não sejam administrados pela RFB e, assim, regidos pela compensação do art. 74 da Lei n. 9.430/96.

– **Compensação no regime de lançamento por homologação.** O art. 66 da Lei n. 8.383/91 estabeleceu a possibilidade de o contribuinte compensar o que pagou indevidamente a título de de terminado tributo com o montante devido em período subsequente relativamente a tributo da mesma espécie, em regime de lançamento por homologação. A Lei n. 9.069/95, alterando-o, passou a exigir que fossem da mesma espécie e destinação constitucional. O art. 89 da Lei n. 8.212/91, com a redação da Lei n. 9.129/95, dispõe especificamente sobre a compensação de contribuições previdenciárias. Esse regime continua regendo a compensação de contribuições previdenciárias mesmo após unificação da administração tributária na Receita Federal do Brasil, objeto da Lei n. 11.457/2007.

– O regime do art. 66 da Lei n. 8.383/91, foi aplicado aos tributos federais em geral. Atualmente, as contribuições administradas pela RFB submetem-se a regime próprio, estabelecido pela Lei n. 10.637/2002 (art. 74 da Lei n. 9.430/96). O regime da Lei n. 8.383/91 persiste regulando as compensações de contribuições previdenciárias e as de outros sujeitos ativos.

– **Art. 66 da Lei n. 8.383/91.** Lei n. 8.383/91, com a redação determinada pela Lei n. 9.069/95: "Art. 66. Nos casos de pagamento indevido ou a maior de tributos, contribuições federais, inclusive previdenciárias, e receitas patrimoniais, mesmo quando resultante de reforma, anulação, revogação ou rescisão de decisão condenatória, o contribuinte poderá efetuar a compensação desse valor no recolhimento de importância correspondente a período subsequente. § 1º A compensação só poderá ser efetuada entre tributos, contribuições e receitas da mesma espécie. § 2º É facultado ao contribuinte optar pelo pedido de restituição. § 3º A compensação ou restituição será efetuada pelo valor do tributo ou contribuição ou receita corrigido monetariamente com base na variação da UFIR. § 4º As Secretarias da Receita Federal e do Patrimônio da União e o Instituto Nacional do Seguro Social – INSS expedirão as instruções necessárias ao cumprimento do disposto neste artigo". Lei n. 9.250/95: "Art. 39. A compensação de que trata o art. 66 da Lei 8.383/91, com a redação dada pelo art. 58 da Lei 9.069/95, somente poderá ser efetuada com o recolhimento de importância correspondente a imposto, taxa, contribuição federal ou receitas patrimoniais de mesma espécie e destinação constitucional, apurado em períodos subsequentes". Lei n. 8.212/91, com a redação da Lei n. 11.941/2009: "Art. 89. As contribuições sociais previstas nas alíneas *a*, *b* e *c* do parágrafo único do art. 11 desta Lei, as contribuições instituídas a título de substituição e as contribuições devidas a terceiros somente poderão ser restituídas ou compensadas nas hipóteses de pagamento ou recolhimento indevido ou maior que o devido, nos termos e condições estabelecidos pela Secretaria da Receita Federal do Brasil. [...] § 4º O valor a ser restituído ou compensado será acrescido de juros obtidos pela aplicação da taxa referencial do Sistema Especial de Liquidação e de Custódia – SELIC para títulos federais, acumulada mensalmente, a partir do mês subsequente ao do pagamento indevido ou a maior que o devido até o mês anterior ao da compensação ou restituição e de 1% (um por cento) relativamente ao mês em que estiver sendo efetuada. [...] § 9º Os valores compensados indevidamente serão exigidos com os acréscimos moratórios de que trata o art. 35 desta Lei. § 10. Na hipótese de compensação indevida, quando se comprove falsidade da declaração apresentada pelo sujeito passivo, o contribuinte estará sujeito à multa isolada aplicada no percentual pre-

visto no inciso I do *caput* do art. 44 da Lei n. 9.430, de 27 de dezembro de 1996, aplicado em dobro, e terá como base de cálculo o valor total do débito indevidamente compensado. [...] § 11. Aplica-se aos processos de restituição das contribuições de que trata este artigo e de reembolso de salário-família e salário-maternidade o rito previsto no Decreto no 70.235, de 6 de março de 1972".

– **Identidade subjetiva como requisito lógico.** Vide nota anterior sobre a identidade subjetiva como traço conceitual do instituto da compensação.

– **Créditos líquidos e certos.** A Lei n. 8.383/91, em seu art. 66, previu a possibilidade de compensação de valores de tributos pagos indevidamente com valores relativos a tributos vincendos devidos pelo contribuinte. Em se tratando de tributos sujeitos a lançamento por homologação, os cálculos são feitos pelo próprio contribuinte, que apura seu crédito e efetua a compensação na sua contabilidade, sujeito a posterior fiscalização. O fato de o montante apontado pelo contribuinte no lançamento por homologação estar sujeito a futura alteração pelo Fisco, não significa que o valor por ele apurado seja ilíquido.

– **Exigibilidade como requisito.** "... a compensação pressupõe liquidez, certeza e exigibilidade... Deve ser certa quanto à existência e determinada quanto ao objeto, isto é, a certeza e a precisão do *quantum debeatur* e reciprocamente compensável não podem ficar à mercê de qualquer processo de medição, levantamento pericial, acerto de contas etc. Outro requisito elementar e indissociavelmente vinculado à compensação legal reside na exigibilidade dos créditos ou prestações, haja vista que as prestações só podem ser exigidas se vencidas. Somente débitos vencidos poderão ser exigidos *ipso jure*" (TAVARES, Carlos Marcelo. A não homologação da compensação e/ou indeferimento de pedido de ressarcimento e a endêmica multa de ofício patrocinada pela Lei n. 9.430/96 (art. 74, parágrafos 15 a 17). *RDDT* 202/35-48, 2012).

– **Independe de prévia definição administrativa ou judicial sobre a liquidez do crédito e do débito.** "... a Lei 8.383/91 não condicionou a compensação à prévia manifestação do Fisco quanto ao crédito que o contribuinte pretenda considerar, senão que, ao revés, deixou claro que este último 'poderá efetuar a compensação [...] no recolhimento de importância correspondente a período subsequente' (*caput* do art. 66, *in fine*). Assim, ... poderá a compensação acontecer, independentemente de verificação anterior da Administração Fiscal do crédito utilizado pelo sujeito passivo tributário" (HORVATH, Estevão. Compensação e autolançamento. *RDT* 67/344-345, Ed. Malheiros).

– "2. A compensação, nos tributos lançados por homologação, independe de pedido à Receita Federal. A Lei não prevê esse procedimento, que de resto sujeitaria o contribuinte aos recolhimentos dos tributos devidos enquanto a Administração não se manifestasse a respeito" (STJ, RE 86.032).

– "I... II – Em tema de compensação tributária, concede-se Mandado de Segurança, tão somente para esclarecer que o crédito é compensável. Ao contribuinte incumbe efetuar o encontro de contas, correndo o risco de eventuais desacertos. Se quiser fugir de tais incertezas, deverá procurar prestação jurisdicional, valendo-se do procedimento ordinário" (STJ, EDROMS 11.855, 2002).

• Vide a posição em contrário, superada, em: STJ, 1ª T., REsp 111.034, 1997; STJ, 1ª T., REsp 98.197, 1996.

– **Compensação com tributos "vincendos".** A referência, no art. 66 da Lei n. 8.383/91, a que a compensação será feita com tributos "vincendos" da mesma espécie e destinação estabelece um marco temporal. Significa que, ocorrido o indébito, poderá ser aproveitado no pagamento de tributo com vencimento posterior a tal indébito e não com dívidas passadas, devendo-se sempre ter como referência a data do pagamento indevido. A eventual data do reconhecimento do direito à compensação, caso venha a ser discutido em Juízo, nenhuma pertinência tem para tal análise. O que importa é a data do pagamento indevido. Também é irrelevante a constituição do crédito tributário; aliás, normalmente a compensação será realizada com créditos ainda não constituídos por lançamento.

– Tem-se destacado, em diversos julgados, o direito à compensação com parcelas vencidas e vincendas porque o Fisco passou a buscar interpretação do art. 66 da Lei n. 8.383/91 no sentido de só autorizar a compensação com tributos ainda não vencidos por ocasião da compensação. Sob tal perspectiva, tem-se de admitir que a Lei n. 8.383/91 autorizou a compensação com tributos "vencidos" ao tempo da compensação, desde que fossem "vincendos" ao tempo do indébito.

– **Limites de 25% e de 30% para compensação de contribuição previdenciária.** Vide em nota anterior sobre a possibilidade de o legislador estabelecer limites e condições à compensação. Vigeram até 2009.

– **Prova da não repercussão da contribuição previdenciária.** Foi estabelecida por lei como condição à compensação da contribuição previdenciária, a prova da não repercussão. Contudo, a exigência de prova da não transferência do ônus tributário ao consumidor é descabida em se tratando da contribuição que se caracterize como tributo direto em que a empresa aparece tanto como contribuinte de direito quanto como contribuinte de fato. Vide nota ao art. 166 do CTN.

– **Compensação com tributos da mesma espécie e destinação constitucional.** A compensação prevista no art. 66 da Lei n. 8.383/91, com a redação determinada pela Lei n. 9.069/95 e forte no que acrescenta o art. 39 da Lei n. 9.250/95, é autorizada entre tributos da mesma espécie e destinação constitucional. Isso significa que só podem ser compensadas contribuições previdenciárias entre si. As contribuições pontuais, como a do salário-educação, só com ela mesma; cada contribuição de intervenção no domínio econômico, só com ela mesma; e assim por diante.

– **A identidade do fato gerador não é requisito legal para a compensação.** Aliás, tal sequer se mostra uma interpretação possível do art. 66 da Lei n. 8.383/91, tendo em conta que, como as contribuições de Seguridade não podem ter fatos geradores idênticos entre si (art. 195, I, e § 4º), assim como os diversos impostos entre si (arts. 153, 155, 156 e 154, I), tal entendimento impediria o exercício da compensação senão com o mesmo tributo, tornando sem sentido a referência a "tributos da mesma espécie e destinação".

– **Contribuições previdenciária com quaisquer tributos administrados pela RFB. Descabimento.** "COMPENSAÇÃO. TRIBUTOS ADMINISTRADOS PELA ANTIGA RECEITA FEDERAL COM CONTRIBUIÇÕES PREVIDENCIÁRIAS. VEDAÇÃO DO ART. 26 DA LEI N. 11.457/07. 1. 'É ilegítima a compensação de créditos tributários administrados pela antiga Receita Federal (PIS e COFINS decorrentes de exportação) com débitos de natureza previdenciária antes administrados pelo INSS (art. 11 da Lei n. 8.212/91), ante a vedação legal estabelecida no art. 26 da Lei n. 11.457/07.' [...]" (STJ, AgRg no REsp 1.276.552, 2013).

– **Compensação de contribuição sobre a remuneração com a contribuição substitutiva sobre a receita. Descabimento.** Solução de Consulta MF SRF n. 50/2012: "A empresa contratante de serviços executados mediante cessão de mão de obra, inclusive em regime de trabalho temporário, deverá reter 11% (onze por cento) do valor bruto da nota fiscal ou fatura de prestação de serviços e recolher, em nome da empresa cedente da mão de obra, a importância retida até o dia 20 (vinte) do mês subsequente ao da emissão da respectiva nota fiscal ou fatura, ou até o dia útil imediatamente anterior se não houver expediente bancário naquele dia, nos termos do art. 31 da Lei n. 8.212/1991. Até 31 de dezembro de 2014, contribuirão sobre o valor da receita bruta, excluídas as vendas canceladas e os descontos incondicionais concedidos, em substituição às contribuições previstas nos incisos I e III do art. 22 da Lei n. 8.212, de 24 de julho de 1991, à alíquota de dois por cento, as empresas que prestam os serviços de tecnologia da informação-TI e de tecnologia da informação e comunicação-TIC, referidos nos §§ 4º e 5º do art. 14 da Lei n. 11.774/2008. As empresas que prestam serviços de tecnologia da informação-TI e de tecnologia da informação e comunicação-TIC mediante cessão de mão de obra estão sujeitas à retenção de que trata o art. 31 da Lei n. 8.212/1991. A retenção de que trata o art. 31 da Lei n. 8.212/1991, pode ser compensada, pela empresa cedente da mão de obra, quando do recolhimento das contribuições destinadas à Seguridade Social devidas sobre a folha de pagamento dos segurados a seu serviço, não havendo previsão legal para a compensação da referida retenção com a contribuição substitutiva instituída pelo art. 7º da Lei n. 12.546/2011, incidente sobre a receita bruta. Restando saldo em seu favor, a empresa poderá compensá-lo nas competências subsequentes ou pedir a sua restituição. A contribuição previdenciária incidente sobre o décimo terceiro salário de segurados empregados e trabalhadores avulsos, referente à competência dezembro de 2011, cuja contribuição a cargo da empresa esteja sujeita à substituição da contribuição sobre a remuneração pela contribuição sobre o valor da receita bruta encontra-se disciplinada pelo Ato Declaratório Interpretativo RFB n. 42/2011".

– Solução de consulta n. 50 de 23 de Agosto de 2012. diz que não pode a retenção de 3,5% ser compensada com a contribuição substitutiva, mas só com contribuição sobre a folha. Vide: MAGALHÃES, Lívia Oliveira de. Da possibilidade de compensação da contribuição previdenciária substitutiva com os demais tributos administrados pela Secretaria da Receita Federal do Brasil com espeque no artigo 74 da Lei n. 9.430/96. *RDDT* 214/70, 2013.

⇒ **Compensação de ofício das contribuições para a seguridade.** A Lei n. 11.196/2005, ao inserir o § 8º no art. 89 da Lei n. 8.212/91, trazia norma de compensação de ofício específica para pedidos de restituição de contribuições de Seguridade Social arrecadadas, então, pelo INSS, de modo que o valor da restituição de indébito fosse utilizado para a extinção de débitos do contribuinte. Recentemente, a Lei n. 12.844/2013 deu nova redação ao art. 73 da Lei n. 9.430/1996 e, ao que nos parece, unificou o que antes era regido pelo art. 7º do DL n. 2.287/1986 e pelo art. 89, § 8º, da Lei n. 8.212/91, embora sem revogá-los expressamente. Vide nota anterior sobre o regime do art. 73 da Lei n. 9.430/96.

⇒ **Multa paga indevidamente. Compensação com tributo devido. Possibilidade.** "MULTA MORATÓRIA. COMPENSAÇÃO COM VALORES RELATIVOS A TRIBUTO. POSSIBILIDADE. EMBARGOS PROVIDOS. 1. Na atual sistemática de compensação tributária, não há como preponderar a tese da impossibilidade de compensação entre tributo e multa. 2. Considerando a amplitude conferida à expressão 'crédito relativo a tributo ou contribuição' (art. 74 da Lei 9.430/96), deve-se entender que ela abarca qualquer pagamento indevido feito pelo contribuinte a título de crédito tributário. Por outro lado, do exame sistemático das normas insertas no Código Tributário Nacional (arts. 113, §§ 1º e 3º, e 139), observa-se que crédito tributário não diz respeito apenas a tributo em sentido estrito, mas alcança, também, as penalidades que incidam sobre ele" (STJ, EREsp 792.628, 2008).

– "A multa recolhida indevidamente pelo contribuinte está incluída no conceito de crédito para os fins de compensação tributária, tendo em vista que o artigo 74 da Lei n. 9.430/96 autoriza o aproveitamento de quaisquer créditos relativos a tributos ou contribuições que sejam passíveis de restituição, restando evidente a vinculação da penalidade com a exação tributária" (STJ, AgRg no REsp 933.463, 2007).

– "... o conceito de crédito tributário abrange também a multa (CTN, art. 113, §§ 1º e 3º e art. 139; Lei 9.430/96, art. 43), razão pela qual, no atual estágio da legislação, já não se pode negar a viabilidade de utilizar os valores indevidamente pagos a título de crédito tributário de multa para fins de compensação com tributos administrados pela Secretaria da Receita Federal. Tal possibilidade é reconhecida, inclusive, pelas autoridades fazendárias (arts. 2º, § 1º, 26, 28, §§ 1º e 2º, 35, parágrafo único e 51, § 8º, da Instrução Normativa-SRF n. 460, de 18 de outubro de 2004)" (STJ, REsp 798.263, 2005).

– **Pela impossibilidade.** "... MULTA MORATÓRIA. COMPENSAÇÃO COM TRIBUTO. IMPOSSIBILIDADE... 2. Não há possibilidade de compensação de crédito decorrente de cobrança indevida de multa moratória com tributos propriamente ditos, diante da natureza jurídica diversa desses institutos, uma vez que nos termos do art. 66, § 1º, da Lei n. 8.383/91, a compensação só poderá ser efetuada entre tributos, contribuições e receitas da mesma espécie" (STJ, REsp 457.599, 2005).

– "PROCESSUAL CIVIL E TRIBUTÁRIO. DENÚNCIA ESPONTÂNEA. COMPENSAÇÃO DA MULTA MORATÓRIA COM PARCELAS VINCENDAS DA OBRIGAÇÃO PRINCIPAL. PRECLUSÃO. INVERSÃO DA VERBA HONORÁRIA. RECURSO ESPECIAL. EMBARGOS DE DECLARAÇÃO ACOLHIDOS... A compensação prevista no artigo 66 da Lei n. 8.383/91 não abrange a hipótese de compensação entre créditos de natureza não tributária (multas) com tributos propriamente ditos. Provido o recurso especial, deve haver a inversão dos ônus sucumbenciais. Embargos conhecidos e providos para sanar as omissões, concedendo-lhes efeitos modificativos quanto à inversão da sucumbência" (STJ, EDREsp 323.787, 2002).

⇒ **Substituição tributária para a frente como óbice à compensação.** O direito à compensação previsto no art. 66 da Lei n. 8.383/91 ou no art. 74 da Lei n. 9.430/96 pressupõe que caiba ao contribuinte realizar o recolhimento. Diferente é o caso dos tributos sujeitos a substituição tributária para a frente, quando há toda uma sistemática de tributação que não está sob a disponibilidade do contribuinte. Neste caso, o substituto procede à exigência ou retenção do montante devido do contribuinte, de modo que não pode senão lhe dar o destino que lhe é próprio: recolhimento aos cofres públicos. De outro lado, não pode o contribuinte pretender que o substituto não proceda à retenção ou exigência, pois também é sujeito passivo. Autorizar a compensação mediante intervenção no regime de substituição tributária para a frente seria estabelecer uma nova modalidade de compensação, sem base legal e, portanto, sem amparo no art. 170 do CTN, que defere ao legislador autorizar a compensação e estabelecer as condições para tanto.

⇒ **Compensação com o devido na fonte. Impossibilidade.** "IMPOSTO DE RENDA RETIDO NA FONTE. COMPENSAÇÃO PELA FONTE PAGADORA. Não pode o contribuinte valer-se da compensação quando se tratar de exação retida na fonte, posto que essa espécie de tributo não se encontra na sua esfera de disponibilidade, mas na do órgão pagador, que tem a incumbência legal de reter e recolher o tributo. Não tendo a compensação o condão de suspender a obrigatoriedade de sua retenção pela fonte pagadora, a sua efetivação não se justifica, posto que implicaria em duplicidade de oneração do órgão pagador. Agravo de instrumento desprovido" (TRF4, AI 2001.04.01.082614-6, 2003).

⇒ **Compensação com TDAs.** A autorização de quitação de tributos mediante entrega de títulos da dívida pública configura típica hipótese de compensação e como tal deve ser analisada. Vide nota ao art. 156, XI, do CTN, diferenciando a hipótese da autorização da dação em pagamento.

– A Medida Provisória n. 1.586/97 dispôs sobre a utilização de Títulos da Dívida Pública, de responsabilidade do Tesouro Nacional, na quitação de débitos com o INSS. Essa Medida Provisória permitiu a quitação de dívidas dos contribuintes mediante pagamento em TDAs, mas com desconto sobre o valor de face.

– A IN Conjunta RFB/STN n. 1.506/014 dispõe sobre o pagamento de até 50% do ITR com Títulos da Dívida Agrária. Anteriormente, a matéria era tratada pela IN Conjunta RFB/STN n. 1/2001, alterada pela 1.032/2010.

– "1. Os Títulos da Dívida Agrária tornam-se servis à dação em pagamento de débitos previdenciários por força da Lei n. 9.711/98... 3. Oferecidos referidos títulos e aceitos os mesmos para quitação da dívida calcada a anuência em Ordem de Serviço do próprio credor, revela-se indene de *error in procedendo* a decisão judicial que sobresta a execução fiscal até a consumação da forma de solução do débito" (STJ, REsp 784.371, 2007).

– "... a utilização de títulos da dívida pública para a simples quitação de tributos não encontra autorização legal expressa, e, portanto, atualmente não e permitida em nosso ordenamento jurídico, ressalvando as exceções a seguir comentadas. O pagamento de tributos com títulos da dívida pública é expressamente autorizado em duas circunstâncias, caracterizando-se exceções à regra supra descrita. [...] O Instituto Nacional do Seguro Social ('INSS') está autorizado a receber de seus devedores Títulos da Dívida Agrária ('TDAs') para pagamento de dívidas existentes, quando a emissão destes papéis houver sido requerida pelo Instituto Nacional de Colonização e Reforma Agrária ('Incra') para pagamento de indenização decorrente de desapropriação para fins de reforma agrária de imóvel pertencente ao mesmo devedor do INSS. O pagamento de dívidas com o INSS fazendo uso de TDA's fica restrito aos devedores que receberem estes papéis por terem seus imóveis rurais desapropriados pelo Incra para fins de reforma agrária, o que, de fato, diminui significativamente o número de contribuintes que poderá fazer uso dos referidos títulos para abatimento de seus passivos tributários com o INSS. A outra maneira de utilização de títulos da dívida pública para pagamento de tributos consiste na possibilidade de pagamento de até metade do valor exigido a título de Imposto sobre Propriedade Territorial Rural ('ITR') com Títulos da Dívida Agrária. Neste caso, basta o contribuinte possuir TDA's e ser devedor do ITR para poder quitar até metade do valor deste imposto com os títulos, não havendo outras restrições, como na primeira forma de pagamento de débitos acima descrita" (MALTA FILHO, Roberto F. S. A utilização de títulos da dívida pública na seara tributária. *RDDT* 53/86, 2000).

⇒ **SELIC na compensação.** Sobre a correção dos indébitos a serem compensados, vide notas ao art. 167, *caput* e parágrafo único, pois é idêntica à prevista para a repetição dos indébitos.

⇒ **Decadência. Prazo para realizar a compensação. Tributos sujeitos a lançamento por homologação.** Aplica-se, à compensação, o prazo para a repetição de indébito, pois ambas são modalidades de ressarcimento pelo pagamento indevido. Vide notas ao art. 168 do CTN, principalmente ao inciso I, em que há referência à inovação trazida pela LC n. 118/2005.

⇒ **Discussão da compensação em Juízo.** Há vários aspectos processuais importantes envolvendo o reconhecimento do direito à compensação.

– **Mandado de segurança. Veículo adequado para o reconhecimento do direito à compensação. Súmula 213 do STJ:** "O mandado de segurança constitui ação adequada para a declaração do direito à compensação tributária" (1998). Vide o REsp 1.121.023.

– **Mandado de segurança. Veículo inadequado para homologação de compensação já efetuada. Súmula 460 do STJ:** "É incabível o mandado de segurança para convalidar a compensação tributária realizada pelo contribuinte" (2010). Vide o REsp 1.124.537.

– **Impossibilidade de autorização da compensação em sede de liminar. Súmula 212 do STJ.** Vide nota ao art. 170-A.

– **Invocação de pretensão à compensação em Embargos à Execução. Descabimento.** A Lei n. 6.830/80 impede que o Embargante manifeste pretensão à compensação em sede de Embargos à Execução Fiscal: "Art. 16. O executado oferecerá embargos, no prazo de 30 (trinta) dias... § 3º Não será admitida reconvenção, nem compensação...".

– **Invocação de compensação já indeferida na esfera administrativamente. Descabimento.** "EMBARGOS DE DIVERGÊNCIA. EMBARGOS À EXECUÇÃO FISCAL. COMPENSAÇÃO. INDEFERIMENTO ADMINISTRATIVO. MATÉRIA DE DEFESA. INVIABILIDADE. DISSENSO ATUAL. INEXISTÊNCIA. 1. Ambas as Turmas que compõem a Primeira Seção do Superior Tribunal de Justiça entendem que não pode ser deduzida em embargos à execução fiscal, à luz do art. 16, § 3º, da Lei n. 6.830/1980, a compensação indeferida na esfera administrativa, não havendo mais que se falar em divergência atual a ser solucionada. 2. Incide, na hipótese, o óbice da Súmula 168 do STJ, *in verbis*: 'Não cabem embargos de divergência, quando a jurisprudência do Tribunal se firmou no mesmo sentido do acórdão embargado.' 3. Embargos de divergência não conhecidos" (STJ, EREsp 1.795.347, 2021).

– **Invocação de compensação já realizada com sucesso. Possibilidade.** Situação distinta é a da compensação já realizada anteriormente pelo contribuinte, com sucesso, que pode ser invocada para demonstrar a extinção do crédito exequendo. Aliás, ao cuidar da medida cautelar fiscal, a Lei n. 8.397/92 refere em seu art. 15: "O indeferimento da medida cautelar fiscal não obsta a que a Fazenda Pública intente a execução judicial da Dívida Ativa, nem influi no julgamento desta, salvo se o Juiz, no procedimento cautelar fiscal, *acolher alegação de pagamento*, *de compensação*, de transação, de remissão, de prescrição ou decadência, de conversão do depósito em renda, ou qualquer outra modalidade de extinção da pretensão deduzida" (vide o REsp 395.448).

– "EMBARGOS À EXECUÇÃO FISCAL... COMPENSAÇÃO TRIBUTÁRIA. IMPOSSIBILIDADE. INEXISTÊNCIA DE CRÉDITO COMPENSÁVEL... III – É firme o entendimento no Superior Tribunal de Justiça segundo o qual a compensação efetuada pelo contribuinte, antes do ajuizamento do feito executivo, pode figurar como fundamento de defesa dos embargos à execução fiscal, a fim de ilidir a presunção de liquidez e certeza da CDA, máxime quando, à época da compensação, restaram atendidos os requisitos da existência de crédito tributário compensável, da configuração do indébito tributário, e da existência de lei específica autorizativa da citada modalidade extintiva do crédito tributário" (STJ, AgInt no REsp 1.983.254, 2022).

– **Súmula 394 do STJ:** "É admissível, em embargos à execução fiscal, compensar os valores de imposto de renda retidos indevidamente na fonte com os valores restituídos apurados na declaração anual" (2009).

– Cumulação da compensação com pedido de repetição de indébito. Viabilidade. "... É lícito ao autor pedir, em uma só ação, que se lhe declarem o direito a repetição de indébito tributário e a faculdade de compensar o montante da exação indevida com dívidas geradas pela incidência de outros tributos (L. 8.383/91, Art. 66)" (STJ, RE 92.841/PE, 1996).

– "... entendemos plenamente possível a compensação de crédito, nos autos de ação de repetição do indébito, pela inexistência de qualquer alteração na essência dos pedidos postulados uma vez que implícita, na postulação genérica da repetição de indébito, a própria compensação de crédito, por serem institutos comuns que objetivam a extinção da obrigação tributária bem como, por inexistir qualquer discussão no mérito da causa quando do procedimento de liquidação da sentença" (SILVA, Marcelo Borghi Moreira da. Da compensação de crédito nos autos de ação de repetição de indébito. *Cadernos de Direito Tributário e Finanças Públicas* 18/30, RT, 1997).

– Opção entre compensação ou repetição por ocasião da execução da sentença. Tem sido admitido que o contribuinte opte, por ocasião da execução da sentença, entre a compensação ou a repetição. Mesmo no caso de o dispositivo sentencial limitar-se à condenação à repetição, sua eficácia declaratória será suficiente para que o contribuinte, diante da certeza do indébito, providencie a compensação. Quanto à opção pela repetição do indébito por precatório diante de sentença que se limita a reconhecer o direito à compensação, vide nota ao art. 165 do CTN.

– "SENTENÇA DECLARATÓRIA DO DIREITO À COMPENSAÇÃO DE INDÉBITO TRIBUTÁRIO. POSSIBILIDADE DE REPETIÇÃO POR VIA DE PRECATÓRIO OU REQUISIÇÃO DE PEQUENO VALOR. FACULDADE DO CREDOR. RECURSO ESPECIAL REPRESENTATIVO DE CONTROVÉRSIA. ART. 543-C, DO CPC. 1. 'A sentença declaratória que, para fins de compensação tributária, certifica o direito de crédito do contribuinte que recolheu indevidamente o tributo, contém juízo de certeza e de definição exaustiva a respeito de todos os elementos da relação jurídica questionada e, como tal, é título executivo para a ação visando à satisfação, em dinheiro, do valor devido' (REsp 614.577/SC, Ministro Teori Albino Zavascki). 2. A opção entre a compensação e o recebimento do crédito por precatório ou requisição de pequeno valor cabe ao contribuinte credor pelo indébito tributário, haja vista que constituem, todas as modalidades, formas de execução do julgado colocadas à disposição da parte quando procedente a ação que teve a eficácia de declarar o indébito. Precedentes... 3. Recurso especial provido. Acórdão submetido ao regime do art. 543-C do CPC e da Resolução STJ 08/2008" (STJ, REsp 1.114.404, 2010).

Parágrafo único. Sendo vincendo o crédito do sujeito passivo, a lei determinará, para os efeitos deste artigo, a apuração do seu montante, não podendo, porém, cominar redução maior que a correspondente ao juro de 1% (um por cento) ao mês pelo tempo a decorrer entre a data da compensação e a do vencimento.

Art. 170-A. É vedada a compensação mediante o aproveitamento de tributo, objeto de contestação judicial pelo sujeito passivo, antes do trânsito em julgado da respectiva decisão judicial. (Artigo acrescentado pela LC 104/01, vigente desde a publicação em 11-1-2001.)

⇒ **Compensação com créditos decorrentes de decisão judicial não transitada em julgado. Compensação considerada não declarada.** A Lei n. 11.051/2004 considera não declarada a compensação em que o crédito seja decorrente de sentença não transitada em julgado, conforme se vê da redação dada ao § 12 do art. 74 da Lei n. 9.430/96: "§ 12. Será considerada não declarada a compensação nas hipóteses: ... II – em que o crédito: ... *d*) seja decorrente de decisão judicial não transitada em julgado;" Sobre as compensações no regime da Lei n. 9.430/96, vide notas ao art. 170 do CTN.

⇒ **Aguardo do trânsito em julgado como pressuposto para a certeza quanto à ocorrência de indébito a ensejar a compensação.** Sempre que a compensação é efetuada com fundamento na invalidade de dispositivo da legislação tributária que estabelece determinada exação já paga mas entendida como indevida, como, e.g., na inconstitucionalidade da lei instituidora, faz-se necessário que o contribuinte obtenha o reconhecimento judicial de que a exigência era feita sem suporte válido, de forma a que se crie a certeza de que realmente pagou tributo indevido e que, portanto, possui crédito oponível ao Fisco, certeza esta indispensável à realização da compensação, nos termos do art. 170 do CTN. Por isso é que o novo art. 170-A, estabelece a necessidade de que se aguarde o trânsito em julgado quando o tributo pago é objeto de contestação judicial. Quando se tratar de mero erro de cálculo ou de enquadramento legal ou se já houver ADIN ou Resolução do Senado dizendo da inconstitucionalidade da lei incidente e o contribuinte ajuizar ação apenas para discussão dos critérios da compensação, o art. 170-A do CTN será inaplicável, bastando o reconhecimento judicial do direito à compensação em tal ou qual forma, não sujeito a recurso com efeito suspensivo, para que o contribuinte possa se valer de tal reconhecimento e efetuar a compensação, sujeito, evidentemente, à sorte da demanda.

– Súmula 212 do STJ. A Súmula 212 do STJ já vedava a autorização da compensação por liminar: "A compensação de créditos tributários não pode ser deferida em ação cautelar ou por medida liminar cautelar ou antecipatória". O novo art. 170-A vai mais adiante, condicionando a compensação ao trânsito em julgado da decisão que reconhece a ocorrência dos pagamentos indevidos.

– "Deveras, como já referimos, antes mesmo da entrada em vigor da indigitada Lei Complementar n. 104/01, o CTN já estabelecia que, em se tratando de decisão judicial, apenas aquela passada em julgado produz o efeito jurídico de extinguir o crédito tributário. Assim, como a compensação também já era prevista como forma de extinção do crédito tributário, obviamente que já não era possível autorizá-la por meio de medida liminar ou tutela antecipada, justamente porque produzem efeitos distintos da decisão passada em julgado, da qual decorre a coisa julgada. Daí por que não houve inovação da ordem jurídica. [...]

Não se pode ter dúvidas, assim, de que a nova disposição veiculada pelo artigo 170-A do CTN não inovou a ordem jurídica, pois (i) por um lado, a decisão judicial não transitada em julgado nunca produziu o efeito jurídico de extinguir o crédito tributário, e, portanto, nunca autorizou a compensação propriamente dita, com seus efeitos jurídicos peculiares; (ii) por outro lado, a suspensão da exigibilidade do crédito tributário sempre foi admitida por meio da concessão de medida liminar (ou tutela antecipada), ao menos desde que a Constituição determinou peremptoriamente não fosse excluída a apreciação pelo Poder Judiciário a 'ameaça de lesão a direito'" (MARQUES, Márcio Severo. A Lei Complementar n. 104/01 – o novo artigo 170-A do CTN e o direito à compensação. *RDDT* 69/97-109, 2001).

– **Compatibilidade com a compensação no âmbito do lançamento por homologação.** Quando se diz que a compensação no âmbito do lançamento por homologação, autorizada pelo art. 66 da Lei n. 8.383/91, independe de autorização administrativa ou judicial, está-se referindo à possibilidade de praticar os atos de compensação, registrando na contabilidade da empresa e comunicando ao fisco no campo próprio das DCTFs ou por outra forma, o que pressupõe a certeza, ou seja, que não haja dúvida quanto à inexigibilidade do que foi pago. Quer dizer, a desnecessidade de provimento administrativo ou judicial autorizador da compensação não significa que seja desnecessário o reconhecimento judicial de que o tributo é indevido quando tal decorra de inconstitucionalidade ou ilegalidade de atos inferiores, o que, agora, resta esclarecido pelo art. 170-A. A Lei n. 10.637/2002 exigiu trânsito em julgado. A hipótese em que realmente se dispensa qualquer pronunciamento judicial é a de recolhimento por erro de fato ou de cálculo, situação em que não há discussão jurídica.

– **Aplicação mesmo que se trate de tributo sabidamente inconstitucional.** "COMPENSAÇÃO. ART. 170-A DO CTN. REQUISITO DO TRÂNSITO EM JULGADO. APLICABILIDADE A HIPÓTESES DE INCONSTITUCIONALIDADE DO TRIBUTO RECOLHIDO. 1. Nos termos do art. 170-A do CTN, 'é vedada a compensação mediante o aproveitamento de tributo, objeto de contestação judicial pelo sujeito passivo, antes do trânsito em julgado da respectiva decisão judicial', vedação que se aplica inclusive às hipóteses de reconhecida inconstitucionalidade do tributo indevidamente recolhido. 2. Recurso especial provido. Acórdão sujeito ao regime do art. 543-C do CPC e da Resolução STJ 08/08" (STJ, REsp 1.167.039, 2010).

– **Decisão do STF em controle concentrado de constitucionalidade. Resolução do Senado.** Quando há decisão proferida pelo Supremo Tribunal Federal com eficácia *erga omnes* reconhecendo a inconstitucionalidade de determinada lei com base na qual foram efetuados recolhimentos indevidos, é desnecessária qualquer decisão individual, por óbvio. O mesmo se dá na hipótese de edição de Resolução do Senado que estenda a todos a eficácia de decisão do STF tomada no controle difuso.

– "A exigência de trânsito em julgado da ação judicial cujo objeto seja a recuperação de tributo já declarado inconstitucional pelo Supremo Tribunal Federal, como condição para que se efetive a compensação, é desprovida de qualquer fundamento jurídico, pois a certeza do crédito já está configurada e sua liquidez é desnecessária para a declaração do direito à compensação, sem homologação de valores" (ROLIM, João Dácio; MARTINS, Daniela. Lei Complementar n. 104/01 – possibilidade de compensação dos valores indevidamente recolhidos antes da sua publicação sem a restrição prevista no art. 170-A do Código Tributário Nacional. *RDDT* 69/86-96, 2001).

– "No cair do pano deste pequeno estudo, sintetizamos tudo quanto foi dito, da seguinte forma: ...b) considerando-se o art. 66 da Lei n. 8.383/91 como derivado do CTN, tem-se que o art. 170-A não está apto a impediras compensações de tributos já declarados definitivamente inconstitucionais pelo Supremo Tribunal Federal. Isto porque, nas ações que envolvam tais exações, não se discute a obrigação tributária em si – sabidamente indevida – mas tão somente o modelo de compensação a ser seguido;" (TRIGO, Régis Pallota Os efeitos do art. 170-A do CTN na autocompensação tributária. *Repertório IOB de Jurisprudência* 1/01, 1/16046).

– "Da simples leitura do texto legal percebe-se de imediato que a vedação em causa não se aplica a todo e qualquer processo judicial versando compensação, mas apenas e tão somente àqueles em que o crédito a ser compensado origina-se de tributo objeto de contestação judicial pelo sujeito passivo. Vale dizer, nos casos em que o crédito do contribuinte decorra de pagamento de tributos declarados inconstitucionais pelo Supremo Tribunal Federal em sede de controle concentrado de constitucionalidade, ou mesmo da edição de resolução do Senado Federal suspendendo a eficácia de norma declarada inconstitucional pela via difusa (art. 52, X, da CF/88), o art. 170-A do CTN não impede a imediata compensação dos valores pagos indevidamente, ainda que para tanto seja necessário o ajuizamento de medida judicial com vistas a afastar restrições indevidas ao exercício de tal direito. Com efeito, desde que no processo judicial não seja objeto de contestação judicial o tributo que se pretenda aproveitar na compensação, dado o efeito *erga omnes* das decisões do Supremo Tribunal Federal e resoluções do Senado Federal, mas apenas questões marginais como critérios de correção monetária, limites quantitativos dos débitos a serem pagos mediante compensação, e outras do gênero, o contribuinte pode valer-se de eventuais decisões que lhe sejam favoráveis sem necessitar aguardar o trânsito em julgado do processo, por não ser aplicável ao caso a vedação do art. 170-A do CTN" (KRAKOWIAK, Leo. A compensação e a correta aplicação do art. 170-A do CTN. *RDDT* 68/80-85, 2001).

Art. 171. A lei pode facultar, nas condições que estabeleça, aos sujeitos ativo e passivo da obrigação tributária celebrar transação que, mediante concessões mútuas, importe em determinação de litígio e consequente extinção de crédito tributário.

⇒ **Definição.** A transação é a prevenção ou terminação de um litígio mediante concessões mútuas, nos termos do art. 840 do Código Civil. É da sua essência, portanto, que ambas as partes cedam em alguma medida e que, com isso, se coloque fim a um conflito de interesses. Embora o art. 841 do Código Civil estabeleça que só se permitiria a transação quanto aos direitos patrimoniais de caráter privado, o CTN, que é norma geral de Direito Tributário com nível de lei complementar, prevê a transação como modo de extinção do crédito tributário.

– "Por certo, a transação administrativo-tributária deve ser celebrada pela Administração Fiscal no manejo do poder de polícia fiscal. As regras que disciplinam o procedimento de celebração de transações administrativo-tributárias, bem como os princípios que a iluminam, são normas do Direito Administrativo, tais como o princípio da eficiência administrativa, da impessoalidade, da legalidade, da moralidade, da razoabilidade, etc. As normas que regem o procedimento e a celebração de transações administrativo-tributárias não são normas que disciplinam a instituição de tributos, mas normas do que se pode chamar Direito Administrativo Tributário. Exceto por algumas espécies de transações muito específicas, a transação administrativo-tributária está disciplinada no processo administrativo tributário, sistematizado por um Direito Administrativo Tributário. Não há como tentar enxergar essas manifestações do poder de polícia sob as lentes convergentes do Direito Tributário, uma vez que a disciplina dessas figuras está, por demais, nos domínios do Direito Administrativo" (BATISTA JÚNIOR, Onofre Alves Batista. *Transações administrativas*. Quartier Latin, 2007, p. 317).

⇒ **Características da transação tributária: lei autorizadora, concessões mútuas, terminação do litígio, extinção do crédito.** "Vejam-se agora... as notas características da transação tributária, segundo o... art. 171 do CTN: a) *Necessidade de lei autorizativa*, que pode ser genérica ou específica para cada tributo ou mesmo para cada tese controvertida entre os contribuintes e o Fisco (ICMS sobre semielaborados, crédito-prêmio de IPI etc.). Têm-se aqui as primeiras diferentes face à transação comum, que só tem lugar quanto a direitos patrimoniais de caráter privado (disponíveis) e que, bem por isso, se satisfaz com a previsão do Código Civil. A indisponibilidade do crédito tributário par ao Administrador submete a validade da transação à autorização do Legislador da ordem parcial competente para a instituição do tributo em causa, cuja falta não é suprida pelas disposições do Código Civil ou mesmo do Código Tributário Nacional. B) *Existência de concessões mútuas entre os sujeitos ativo e passivo da obrigação tributária (a natureza contratual da transação a que alude a doutrina civilista)*. Trata-se de elemento central da definição do instituto, que para nós o estrema do parcelamento ou da moratória, ainda que combinados com anistia ou remissão (totais ou parciais). Os primeiros são causas de extinção da exigibilidade do crédito tributário. As últimas, causas extintivas do crédito tributário diversas da transação. Se é certo que esses benefícios, quando outorgados na modalidade individual, podem pressupor concessão do sujeito passivo – que abre mão de discutir a dívida e se dispõe a pagá-la de forma parcelada ou parcial –, é também exato que nenhuma concessão impõe ou faculta ao sujeito ativo da obrigação tributária (expressão utilizada pelo art. 171 do CTN), cuja atuação é em tudo vinculada: deve deferir o favor a quem preencher os requisitos legais e negá-lo a quem não os atender, ficando o seu ato em ambos os casos sujeito ao controle interno da administração e à revisão do Poder Judiciário. Do lado do Estado, concessão (no sentido amplo de renúncia parcial a direito) há somente por parte do ente tribu-

tante, nunca do titular da capacidade tributária ativa, o que retira a tais institutos o caráter negocial próprio da transação. C) *Terminação do litígio*. Tanto quanto na alínea a supra, verifica-se aqui uma diferença entre a transação privada – que pode ter natureza preventiva ou extintiva do litígio – e a transação tributária, que somente se admite para este último fim. Mesmo não nos cabendo perquirir as razões do legislador, temos que a restrição visou a atender a um imperativo de transparência. Com efeito, é mais facial controlar a legitimidade de uma transação fiscal, a sua adequação ao interesse público, quando se conhecem de saída as razões (fundadas ou não) e os valores da pretensão do Estado. [...] d) *A extinção do crédito tributário*. Como no Direito privado, o contrato de transação fiscal importa sempre extinção do crédito preexistente (aqui, crédito tributário). Tanto assim que o instituto está referido no art. 156, III, do CTN. Isso, o que registrou o STJ no já referido Resp n. 514.351/PR, ao afirmar que 'a autocomposição bilateral ou transação é forma de extinção do crédito tributário, consoante determina o art. 156, III, do CTN, implicando o término do direito da Fazenda Pública de cobrar a obrigação tributária'. Assim, se dentre as cláusulas contratuais houver uma (e normalmente há) que imponha ao sujeito passivo o pagamento de algum valor, este terá natureza convencional, e não mais tributária, atendendo ao art. 585, II, do CPC e, portanto, ensejando a aplicação de seu art. 739-A" (SANTIAGO, Igor Mauler; BREYNER, Frederico Menezes. Eficácia suspensiva dos embargos à execução fiscal em face do art. 739-A do Código de Processo Civil. *RDDT* 145/54, 2007).

– "Os que recusam totalmente a transação no Direito Tributário, como anteriormente se viu, apontam uma antinomia entre o art. 3º, do Código Tributário Nacional, que afirma ser o tributo cobrado mediante atividade administrativa plenamente vinculada, e o seu art. 171, que admite a transação. A nosso ver, tal antinomia é apenas aparente. [...] O art. 171, ao admitir a transação como forma de extinção do crédito tributário, contém uma prescrição especial, aplicável apenas aos casos e nas condições que a lei estabelecer. [...] trata-se de exceção razoável, que convive perfeitamente com a regra geral sem de nenhum modo agredi-la. Na verdade o caráter plenamente vinculado da atividade administrativa somente será contrariado se a lei ordinária atribuir às autoridades lançadoras em geral, ou às autoridade que geralmente representam a Fazenda Pública em juízo, competência para fazer transações" (MACHADO, Hugo de Brito. Transação e arbitragem no âmbito tributário. *RFDT* 28/51, 2007).

– "... a disposição do art. 171 faz clara menção à celebração de transação 'mediante concessões mútuas', o que vale dizer, há razoável discricionariedade na atuação da Administração, no conformar as condições da transação com vistas ao atendimento do interesse público. Porém, nada disso prevalecerá se não houver a encampação desses parâmetros – ou a fixação de outros – pelo Poder legislativo, passando a ser vinculada a atuação do administrador público ao receber crédito tributário pela forma transacionada, a partir da aprovação da lei" (MARTINS, Ives Gandra da Silva. Transação tributária realizada nos exatos termos do art. 171 do Código Tributário Nacional... *RDDT* 148, 2008).

– "Ao contrário do que sucede no direito civil, em que a transação tanto previne como termina o litígio, nos quadrantes do direito tributário só se admite a transação terminativa. Há de existir litígio para que as partes, compondo seus mútuos interesses, transijam. Agora, divergem os autores a propósito das proporções semânticas do vocábulo litígio. Querem alguns que se trate de conflito de interesses deduzido judicialmente, ao passo que outros estendem a acepção a ponto de abranger as controvérsias meramente administrativas. Em tese, concordamos com a segunda alternativa. O legislador do Código não primou pela rigorosa observância das expressões técnicas, e não vemos porque o entendimento mais largo viria em detrimento do instituto ou da racionalidade do sistema. O diploma legal permissivo da transação trará, certamente, o esclarecimento desejado, indicando a autoridade ou as autoridades credenciadas a celebrá-la" (CARVALHO, Paulo de Barros. *Curso de direito tributário*. 27. ed. São Paulo: Saraiva, 2016, p. 434).

– **Transação nas contribuições de melhoria.** "Um campo fecundo de aplicação da transação para término de litígios e extinção de créditos tributários é, parece-nos, a contribuição de melhoria, sobretudo se o Fisco estiver armado do poder de preempção ou prelação, para adquirir o imóvel pelo valor baixo que o sujeito passivo tende a opor à avaliação oficial, depois de realizada ou iniciada a obra pública" (BALEEIRO, Aliomar. *Direito tributário brasileiro*. 11. ed. Rio de Janeiro: Forense, 1999, p. 905).

⇒ **Depende de lei de cada ente político para seus tributos.** A transação, portanto, é possível em matéria tributária, mas depende de lei de cada um dos entes políticos, relativamente aos seus próprios créditos tributários, que, estabelecendo as condições a serem observadas, a autorize.

• Vide: SILVA, Adriano Chiari da. Parecer SEI n. 168/2019/CAT/PGACTP/PGFN-ME da Procuradoria-Geral da Fazenda Nacional/Ministério da Economia – Legalidade tributária e transação tributária. Medida Provisória. Art. 171 do Código Tributário Nacional. *RFDT* 102, 2019.

⇒ **Indisponibilidade do interesse público é fundamento para transação, e não óbice a ela.** A indisponibilidade do interesse público não é óbice ao uso do instituto da transação. É questão de praticabilidade e de eficiência buscar a realização dos créditos tanto quanto possível, ainda que sejam necessárias concessões, especialmente quanto aos créditos de difícil realização.

⇒ **A transação visa à extinção do crédito, mas pode ter efeito suspensivo da exigibilidade se.** A transação situa-se no contexto da extinção e da cobrança do crédito tributário, mas, convencionado parcelamento, pode ter efeito suspensivo da exigibilidade. É que a transação tributária é um instrumento para a extinção do crédito tributário, tendo caráter formal, enquanto seu conteúdo corresponde às demais causas extintivas ou mesmo suspensivas da exigibilidade, veiculando remissão, anistia, compensação, anulação de parte do crédito, pagamento, dação em pagamento ou mesmo moratória e parcelamento. A transação é compatível com o parcelamento, podendo contemplar o compromisso de o devedor quitar o débito remanescente de modo parcelado. Muitos dos conhecidos parcelamentos especiais consubstanciaram transações

por adesão, com concessões estabelecidas por lei. A transação pode não produzir, por si só, efeito de extinção do crédito tributário, mas contemplar o compromisso de que os créditos sejam satisfeitos e, assim, extintos por ato posterior do contribuinte. Quando a transação envolva moratória ou parcelamento, terá efeito imediato apenas de suspensão da exigibilidade do crédito tributário, dependendo, a extinção do crédito, do cumprimento integral dos compromissos assumidos. Efetivamente, a sua previsão como modo de extinção do crédito tributário, no art. 156, III, do CTN, sujeita-se à condição suspensiva do cumprimento integral das condições.

⇒ **Transação individual.** O legislador manifesta a vontade de admitir a transação, autorizando-a, e a autoridade a implementa numa perspectiva de subordinação, desenvolvimento e complementaridade. A lei traz os critérios gerais e a autoridade, no espaço de discricionariedade que a lei lhe concede, ajusta com o sujeito passivo as cláusulas específicas, atenta à sua situação individual, não havendo impedimento, porém, a que sejam oferecidas transações por adesão.

⇒ **Transação para órgãos e entidades da Administração Pública Federal. Lei n. 13.140/2015.** A Lei n. 13.140/2015, ao incluir o art. 14-A na Lei do Processo Administrativo Fiscal (Decreto n. 70.235/72), passou a permitir a submissão do litígio à composição extrajudicial pela Advocacia-Geral da União quando se tratar de créditos tributários da União cujo sujeito passivo seja órgão ou entidade de direito público da administração pública federal. Essa submissão terá o efeito de reclamação para fins de suspensão da exigibilidade do crédito tributário, nos termos do art. 151, III, do CTN, conforme determinação expressa do referido art. 14-A, o que não encontra paralelo, veremos, nas transações em geral, reguladas pela Lei n. 13.988/2020.

⇒ **Transação para devedores em geral. Lei n. 13.988/2020.** A Lei n. 13.988/2020 dispõe sobre a transação para a resolução de litígio da União com seus devedores em geral, relativo à cobrança de créditos da Fazenda Pública, inclusive tributários. Restringiu à terminação de um litígio administrativo ou judicial e extinção do crédito tributário. Já em seu início, a lei torna inequívoco que a transação está sujeita a juízo de oportunidade e conveniência, mas que tem de ser motivado e realizado em atenção ao interesse público. E a disciplina segue, elencando que a aplicação da lei deve se dar com observância dos princípios da isonomia, da capacidade contributiva, da transparência, da moralidade, da razoável duração dos processos e da eficiência e, resguardadas as informações protegidas por sigilo, o princípio da publicidade. Há previsão de divulgação dos termos de transação celebrados.

• Vide: CALCINI, Fábio Pallaretti; HENARES NETO, Halley; CAMPOS, Rogério (orgs). *Comentários sobre a Transação Tributária à Luz da Lei 13.988/20 e outras alternativas de extinção do passivo tributário*. São Paulo: Thomson Reuters Brasil, 2021.

– **Modalidades: por adesão ou por proposta individual.** A Lei n. 13.988/2020 estabelece, como modalidades de transação, a realizada por adesão a edital (realizada sempre eletronicamente) ou por proposta individual (com termo próprio assinado pela autoridade). Para transações de alto valor, exige-se autorização ministerial (art. 8º).

– **Implica confissão de dívida e exige o fim do contencioso.** Conforme a Lei n. 13.988/2020, a transação importa confissão de dívida e desistência de eventuais defesas administrativas bem como exige pedido de extinção das ações judiciais.

⇒ Ainda no regime da Lei n. 13.988/2020, a transação não pode abranger créditos do SIMPLES enquanto lei complementar não autorizar, tampouco envolver devedor contumaz, conforme definido em lei específica (art. 5º, III).

– **Concessões por parte do Fisco.** Inicialmente, a transação não podia implicar redução do montante principal do tributo, devendo versar sobre concessão de descontos em multas, juros e encargos legais relativos a créditos de difícil recuperação, com o oferecimento de prazos de até 84 meses (admitindo-se até 145 meses para pessoa natural, microempresa ou empresa de pequeno porte, instituição de ensino, cooperativas, santas casas de misericórdia e organizações da sociedade civil) e formas de pagamento especiais, oferecimento, substituição ou alienação de garantias ou constrições. Com a redação da Lei n. 14.375/2022 ao § 2º do art. 11 da Lei n. 13.988/2020, passou-se a admitir prazo de até 120 meses.

– **Transação no caso de contencioso relevante e de contencioso de pequeno valor.** A lei ainda traz capítulos especificando o regime jurídico da transação por adesão no contencioso tributário de relevante e disseminada controvérsia jurídica (Capítulo III) e da transação por adesão no contencioso tributário de pequeno valor, com regras próprias, podendo abranger créditos em discussão na via administrativa, implicar descontos de até 50% do total do crédito e concessão de prazo de até 60 meses (Capítulo IV).

⇒ **Procedimentos, formas e critérios.** Os procedimentos, formas e critérios são disciplinados por atos normativos da RFB e da PGFN. A Portaria RFB n. 208/2022 regulamenta a transação de créditos tributários sob administração da Secretaria Especial da Receita Federal do Brasil. A Portaria PGFN n. 6.757/2022 regulamenta a transação na cobrança da dívida ativa da União e do FGTS, tendo sido alterada pela Portaria PGFN n. 6.941/2022. A Portaria PGFN n. 14.402/2020 estabeleceu as condições para transação excepcional na cobrança da dívida ativa da União em função dos efeitos da pandemia causada pela COVID-19 na perspectiva de recebimento de créditos inscritos, tendo recebido diversas alterações, inclusive as da Portaria PGFN n. 5885/2022.

– **Proposta de transação não suspende a exigibilidade do crédito.** Quanto aos possíveis efeitos da transação quanto ao crédito tributário e à punibilidade dos crimes tributários, vale destacar que a Lei n. 13.988/2020 é inequívoca no sentido de que a proposta de transação não suspende a exigibilidade dos créditos e também não implica novação dos créditos.

⇒ **Reflexos na esfera penal.** Os reflexos da transação na esfera penal não decorrerão automaticamente da formalização da transação propriamente, mas do seu conteúdo e do seu cumprimento. Acordado o parcelamento do débito com descontos, assim que tiver início o seu cumprimento e enquanto perdurar, implicará a suspensão da punibilidade tal como se

dá por força dos parcelamentos em geral, com fundamento no art. 83, § 2º, da Lei n. 9.430/96, com a redação da Lei n. 12.382/2011. Adiante, com o cumprimento integral das cláusulas acordadas, teremos a extinção dos créditos tributários respectivos sendo que a satisfação do tributo nos termos acordados implicará a extinção da punibilidade por aplicação analógica do dispositivo legal que diz que esse é o efeito do pagamento, ou seja, do art. 9º, § 2º, da Lei n. 10.684/2003.

Parágrafo único. A lei indicará a autoridade competente para autorizar a transação em cada caso.

⇒ **PFN e RFB.** No texto original da Lei n. 13.988/2020, a transação individual limitava-se aos créditos inscritos em dívida ativa, mas, com alteração da Lei n. 14.375/2022, passou a abarcar créditos em contencioso administrativo fiscal. Assim, inicialmente, cabia apenas à Procuradoria-Geral da Fazenda Nacional a transação quanto aos créditos tributários da União, mas passou-se a admitir que a própria Secretaria Especial da Receita Federal do Brasil atue.

Art. 172. A lei pode autorizar a autoridade administrativa a conceder, por despacho fundamentado, remissão total ou parcial do crédito tributário, atendendo:

⇒ **Remissão.** A remissão consiste no perdão do tributo. O perdão da multa (que tem cunho sancionatório) dá-se pela anistia, disciplinada no art. 180 do CTN.

– **Deve ser concedida por lei específica.** Veja-se a exigência de lei específica no art. 150, § 6º, da CF.

– "A lei não pode mais autorizar a autoridade administrativa a conceder remissão de forma indeterminada e discricionária, como dispõe o art. 172 do Código Tributário Nacional, sem definir com precisão a oportunidade, as condições, a extensão e os limites quantitativos do seu alcance. Sem validade, portanto, o artigo, à luz da Emenda Constitucional n. 03" (Misabel Abreu Machado Derzi, comentando o § 6º do art. 150 da Constituição, com a redação que lhe foi dada pela EC n. 03/93, em nota de atualização à obra de Aliomar Baleeiro, *Limitações constitucionais ao poder de tributar*, 7. ed. Rio de Janeiro: Forense,1997, p. 102).

• Vide: OLIVEIRA, Ricardo Mariz de. Desafios para a interpretação no Direito Tributário (a problemática da remissão). *RFDT* 101, 2019.

– **Remissão superveniente à execução fiscal implica sua extinção.** "EXTINÇÃO DA EXECUÇÃO FISCAL, POR SUPERVENIÊNCIA DA LEI ESTADUAL N. 9.954/98. REMISSÃO DO DÉBITO FISCAL. HONORÁRIOS ADVOCATÍCIOS. DESCABIMENTO... 3. O advento da Lei Estadual n. 9.954/98, que concedeu remissão dos débitos ajuizados até dezembro de 1997 e inferiores a 100 UFESP's, esvaziou o interesse processual da Fazenda, impondo-lhe pleitear a extinção da execução fiscal em tela, o que não caracteriza mera desistência da ação, ensejadora de sucumbência" (STJ, REsp 726.748, 2006).

– "Execução fiscal legitimada pela legislação vigente na data do respectivo ajuizamento. Superveniente remissão do crédito tributário. Honorários de advogado indevidos: a) pelo credor, porque, à época da propositura, a ação tinha causa justificada; b) pelo devedor, porque o processo foi extinto sem a caracterização da sucumbência" (STJ, REsp 90.609, 1999).

– "Tratando-se de execução fiscal ajuizada antes do advento da Lei 8.198/92, que concedeu remissão parcial do débito, elidindo a presunção de liquidez e certeza da certidão da dívida ativa, não há que se falar em condenação em honorários advocatícios, por isso que nem o Estado deu causa injustificada à demanda, nem se caracterizou a sucumbência, já que houve extinção do feito" (STJ, REsp 167.479, 2000).

⇒ **Lei n. 11.941/2008. Remissão de débitos de pequeno valor que, em ao final de 2007, estavam vencidos há cinco anos.** Lei n. 11.941/2008: "CAPÍTULO II DA REMISSÃO Art. 14. Ficam remitidos os débitos com a Fazenda Nacional, inclusive aqueles com exigibilidade suspensa que, em 31 de dezembro de 2007, estejam vencidos há 5 (cinco) anos ou mais e cujo valor total consolidado, nessa mesma data, seja igual ou inferior a R$ 10.000,00 (dez mil reais). § 1º O limite previsto no *caput* deste artigo deve ser considerado por sujeito passivo e, separadamente, em relação: I – aos débitos inscritos em Dívida Ativa da União, no âmbito da Procuradoria-Geral da Fazenda Nacional, decorrentes das contribuições sociais previstas nas alíneas *a*, *b* e *c* do parágrafo único do art. 11 da Lei n. 8.212, de 24 de julho de 1991, das contribuições instituídas a título de substituição e das contribuições devidas a terceiros, assim entendidas outras entidades e fundos; II – aos demais débitos inscritos em Dívida Ativa da União, no âmbito da Procuradoria-Geral da Fazenda Nacional; III – aos débitos decorrentes das contribuições sociais previstas nas alíneas *a*, *b* e *c* do parágrafo único do art. 11 da Lei n. 8.212, de 24 de julho de 1991, das contribuições instituídas a título de substituição e das contribuições devidas a terceiros, assim entendidas outras entidades e fundos, administrados pela Secretaria da Receita Federal do Brasil; e IV – aos demais débitos administrados pela Secretaria da Receita Federal do Brasil. § 2º Na hipótese do IPI, o valor de que trata este artigo será apurado considerando a totalidade dos estabelecimentos da pessoa jurídica. § 3º O disposto neste artigo não implica restituição de quantias pagas. § 4º Aplica-se o disposto neste artigo aos débitos originários de operações de crédito rural e do Programa Especial de Crédito para a Reforma Agrária – PROCERA transferidas ao Tesouro Nacional, renegociadas ou não com amparo em legislação específica, inscritas na dívida ativa da União, inclusive aquelas adquiridas ou desoneradas de risco pela União por força da Medida Provisória no 2.196-3, de 24 de agosto de 2001".

– **Tema 456 do STJ:** "A Lei 11.941/2008 remite os débitos para com a Fazenda Nacional vencidos há cinco anos ou mais cujo valor total consolidado seja igual ou inferior a 10 mil reais. O valor-limite acima referido deve ser considerado por sujeito passivo, e separadamente apenas em relação à natureza dos créditos, nos termos dos incisos I a IV do art. 14". Decisão de mérito em 2011.

– **Tema 457 do STJ:** "A Lei 11.941/2008 remite os débitos para com a Fazenda Nacional vencidos há cinco anos ou mais cujo valor total consolidado seja igual ou inferior a 10 mil reais. Não pode o magistrado, de ofício, pronunciar a remissão, analisando isoladamente o valor cobrado em uma Execução Fiscal, sem questionar a Fazenda sobre a existência de outros débitos que somados impediriam o contribuinte de gozar do benefício". Decisão de mérito em 2011.

– "ART. 14, DA LEI 11.941/09. REMISSÃO. IMPOSSIBILIDADE DE PRONUNCIAMENTO DE OFÍCIO PELO MAGISTRADO. LIMITE DE R$ 10.000,00 CONSIDERADO POR SUJEITO PASSIVO, E NÃO POR DÉBITO ISOLADO. 1. A Lei 11.941/2008 remite os débitos para com a Fazenda Nacional vencidos há cinco anos ou mais cujo valor total consolidado seja igual ou inferior a 10 mil reais. 2. O valor-limite acima referido deve ser considerado por sujeito passivo, e separadamente apenas em relação à natureza dos créditos, nos termos dos incisos I a IV do art. 14. Traduzindo de forma didática, foram concedidas quatro remissões distintas que ficaram assim estabelecidas: 2.1 Remissão para todos os débitos de um mesmo sujeito passivo, vencidos a cinco anos ou mais em 31 de dezembro de 2007, somente quando o somatório de todos atinja valor igual ou inferior a R$ 10.000,00, considerando-se apenas os débitos decorrentes das contribuições sociais previstas nas alíneas 'a', 'b' e 'c' do parágrafo único do art. 11 da Lei n. 8.212, de 1991, das contribuições instituídas a título de substituição e das contribuições devidas a terceiros, assim entendidas outras entidades e fundos, inscritos em Dívida Ativa da União no âmbito da PGFN; 2.2 Remissão para todos os débitos de um mesmo sujeito passivo, vencidos a cinco anos ou mais em 31 de dezembro de 2007, somente quando o somatório de todos atinja valor igual ou inferior a R$ 10.000,00, considerando-se apenas os débitos inscritos em Dívida Ativa da União, no âmbito da PGFN que não aqueles elencados em '2.1'; 2.3 Remissão para todos os débitos de um mesmo sujeito passivo, vencidos a cinco anos ou mais em 31 de dezembro de 2007, somente quando o somatório de todos atinja valor igual ou inferior a R$ 10.000,00, considerando-se apenas os débitos decorrentes das contribuições sociais previstas nas alíneas 'a', 'b' e 'c' do parágrafo único do art. 11 da Lei n. 8.212, de 1991, das contribuições instituídas a título de substituição e das contribuições devidas a terceiros, assim entendidas outras entidades e fundos, administrados pela Secretaria da Receita Federal do Brasil; 2.4 Remissão para todos os débitos de um mesmo sujeito passivo, vencidos a cinco anos ou mais em 31 de dezembro de 2007, somente quando o somatório de todos atinja valor igual ou inferior a R$ 10.000,00, considerando-se apenas os demais débitos administrados pela Secretaria da Receita Federal do Brasil que não aqueles elencados em '2.3'. 3. Não pode o magistrado, de ofício, pronunciar a remissão, analisando isoladamente o valor cobrado em uma Execução Fiscal, sem questionar a Fazenda sobre a existência de outros débitos que somados impediriam o contribuinte de gozar do benefício" (STJ, REsp 1.208.935, 2011).

⇒ **Leis de Regularização Cambial e Tributária. A Lei n. 13.254/2016,** que é conhecida como Lei da Repatriação, permitiu a regularização de ativos mantidos no exterior até 31 de dezembrod e 2014, mediante pagamento de imposto de renda (15%) e de multa (mais 100% sobre o imposto) que, somados, implicavam 30% dos ativos regularizados, sendo que a contrapartida foi a remissão de outros créditos relativos ao próprio imposto de renda e a outros tributos que pudessem vir a ser lançados, bem como a anistia de multas e também penal. Lei federal, porém, não tem como alcançar créditos tributários senão da União.

– A Lei n. 13.428/17 reabriu, por 120 dias, o prazo para adesão ao RERCT, permitindo a regularização do patrimônio mantido no exterior até junho de 2016, com o pagamento de 15% de IR, mais 135% de multa, o que resulta no pagamento de 35,25% sobre o patrimônio regularizado. Ensejou que, mesmo aquele que aderira em 2016 com suporte na Lei n. 13.254//16, pudesse aderir novamente, complementando sua declaração pelas novas regras. A regulamentação deu-se pela INRFB 1.704/17 e o prazo para adesão findou em 31 de julho de 2017.

• Vide também: FERREIRA NETO, Arthur M.; PAULSEN, Leandro. *A Lei da Repatriação: regularização cambial e tributária de ativos mantidos no exterior e não declarados às autoridades brasileiras.* Quartier Latin, 2016. HARADA, Kiyoshi. Lei de Repatriação: breves comentários. *RET* 112/9, 2016; TORRES, Luís Carlos Dias, Leandro Falavigna; BUENO, Fernanda Petiz Melo. Porque repatriar ou regularizar recurso não declarados de origem lícita. *RET* 112/21, 2016.

I – à situação econômica do sujeito passivo;

II – ao erro ou ignorância escusáveis do sujeito passivo, quanto a matéria de fato;

III – à diminuta importância do crédito tributário;

IV – a considerações de equidade, em relação com as características pessoais ou materiais do caso;

⇒ **Equidade.** Vide ao art. 108, IV, do CTN.

V – a condições peculiares a determinada região do território da entidade tributante.

Parágrafo único. O despacho referido neste artigo não gera direito adquirido, aplicando-se, quando cabível, o disposto no art. 155.

Art. 173. O direito de a Fazenda Pública constituir o crédito tributário extingue-se após 5 (cinco) anos, contados:

⇒ **Decadência do direito de constituir o crédito tributário.** A decadência é a extinção do direito pelo decurso, *in albis*, do prazo para o seu exercício. O art. 173 cuida do prazo para a constituição do crédito tributário, ou seja, para que seja devidamente formalizada a sua existência e liquidez, cientes o Fisco e sujeito passivo.

– **A decadência refere-se sempre ao lançamento de ofício, independentemente da modalidade de lançamento a que o tributo normalmente está sujeito.** Quando se fala em decadência do direito do Fisco de lançar, está-se referindo ao lançamento de ofício, que é a modalidade prevista em lei para alguns tributos, mas que também tem importante papel supletivo da falta de colaboração e atuação do contribuinte nos casos de lançamento por declaração e de lançamento por homologação.

– "3. Se não houve pagamento antecipado pelo contribuinte, é cabível o lançamento direto substitutivo, previsto no art. 149, V do CTN, e o prazo decadencial rege-se pela regra geral do art.

173, I do CTN. Precedentes da 1ª Seção" (STJ, REsp 445.137, 2006).

– "O lançamento por homologação não é atingido pela decadência, pois, feito o pagamento (dito 'antecipado'), ou a autoridade administrativa anui e homologa expressamente (lançamento por homologação expressa) ou deixa transcorrer, em silêncio, o prazo legal e, dessa forma, anui tacitamente (lançamento por homologação tácita). Em ambos os casos, não se pode falar em decadência (do lançamento por homologação), pois o lançamento terá sido realizado (ainda que pelo silêncio). O que é passível de decadência é o lançamento de ofício, que cabe à autoridade realizar quando constate omissão ou inexatidão do sujeito passivo no cumprimento do dever de 'antecipar' o pagamento do tributo" (AMARO, Luciano. *Direito tributário brasileiro.* 15. ed. São Paulo: Saraiva, 2009, p. 406).

– **Aplicação do art. 173 também aos tributos objeto de apropriação indébita.** Súmula 106 do CARF: Caracterizada a ocorrência de apropriação indébita de contribuições previdenciárias descontadas de segurados empregados e/ou contribuintes individuais, a contagem do prazo decadencial rege-se pelo art. 173, inciso I, do CTN. Aprovada pela 2ª Turma da CSRF em dez. 2014.

– **Aplicação do art. 173 ao lançamento de multa isolada.** Súmula 104 do CARF: Lançamento de multa isolada por falta ou insuficiência de recolhimento de estimativa de IRPJ ou de CSLL submete-se ao prazo decadencial previsto no art. 173, inciso I, do CTN. Aprovada pela 1ª Turma da CSRF em dez. 2014.

⇒ **Prazo decadencial: cinco anos para qualquer tributo.** O prazo é de cinco anos para todas as espécies tributárias. Seu termo inicial variará conforme se trate de tributo sujeito a lançamento de ofício ou por declaração (art. 173, I, do CTN) ou a lançamento por homologação (art. 150, § 4º, do CTN). Como a decadência é matéria de normas gerais reservada à lei complementar (art. 146, III, *b*, da CF) e o CTN foi recepcionado como tal, as leis ordinárias não podem alterar o prazo estabelecido pelo CTN.

– **Contribuições de seguridade social.** O art. 45 da Lei n. 8.212/91 estabeleceu prazo de decadência de 10 anos para as contribuições de seguridade social, mas, por invadir matéria reservada à lei complementar de normas gerais em matéria tributária (art. 146, III, *b*, da CF), foi declarado inconstitucional pelo STF (RE 559.943, rel. Min. Cármen Lúcia, jun. 2008, transcrito em nota ao art. 146, III, *b*, da CF). Aplica-se o prazo quinquenal, nos termos do art. 150, § 4º, ou do art. 173, I, do CTN.

– **Súmula Vinculante 8:** "São inconstitucionais o parágrafo único do artigo 5º do Decreto-lei 1.569/77 e os artigos 45 e 46 da Lei 8.212/91, que tratam de prescrição e decadência de crédito tributário" (2008).

– "1. A Súmula Vinculante n. 08, em relação ao lançamento tributário, foi editada pelo STF com eficácia prospectiva e retroativa. Em razão disso, o Fisco não poderá realizar novos lançamentos com base no art. 45, da Lei n. 8.212/91 e os atos praticados anteriormente à edição da referida Súmula, sob o mesmo fundamento, serão reconhecidos como inválidos" (PIMENTA, Marcos Rogério Lyrio. A Súmula Vinculante 8 e o lançamento tributário. *RDDT* 167/99, 2009).

– O STF decidiu modular os efeitos da declaração de inconstitucionalidade para que alcançasse os valores ainda não vertidos aos cofres públicos, impedindo sua cobrança. Quanto aos valores já pagos, a declaração de inconstitucionalidade só aproveita aos contribuintes que já haviam pleiteado administrativa ou judicialmente sua devolução; os pagamentos relativamente aos quais não havia pedido de repetição nem compensação restaram estabilizados, não podendo ser devolvidos. Eis a conclusão do voto condutos do Min. Gilmar Mendes (RE 559.882-9/RS): "... créditos pendentes de pagamento não podem ser cobrados, em nenhuma hipótese, após o lapso temporal quinquenal. Por outro lado, créditos pagos antes de 11.6.2008 só podem ser restituídos, compensados ou de qualquer forma aproveitados, caso o contribuinte tenha assim pleiteado até a mesma data, seja pela via judicial, seja pela via administrativa. Ou seja, consideram-se insusceptíveis de restituição os recolhimentos efetuados nos prazos previstos nos arts. 45 e 46 da Lei n. 8.212/1991 e não impugnados antes da conclusão deste julgamento".

– **Decadência das contribuições previdenciárias nas reclamatórias trabalhistas.** A Lei n. 11.941/2009 deu nova redação ao § 2º do art. 43 da Lei n. 8.212/91 para fazer constar que "Considera-se ocorrido o fato gerador das contribuições na data da prestação de serviços". O fato gerador considera-se ocorrido, portanto, no mês de competência, o mês trabalhado e relativamente a cuja remuneração será devida a contribuição previdenciária. Desse modo, não se pode mais alegar que o fato gerador ocorra com a condenação ao pagamento da remuneração ou mesmo com o pagamento dessa. Nas reclamatórias trabalhistas, a questão é relevante, porquanto normalmente teremos o pagamento de diferenças remuneratórias relativas a meses de competência já decorridos há longo tempo. A decadência das respectivas contribuições previdenciárias é problema que precisa ser enfrentado. Como regra, considerando-se que a decadência é prazo para constituir o crédito tributário, e que tal pressupõe a sua formalização, apontando a ocorrência do fato gerador, dizendo do montante devido e notificando o devedor para pagar (art. 142 do CTN), só restaria afastada a decadência se, no quinquenio legal, ocorresse tal formalização. Mas há peculiaridades no caso. Relativamente às contribuições decorrentes de reclamatórias, a competência para sua apuração e execução é da própria Justiça do Trabalho. Só com a liquidação da sentença trabalhista em que sejam apuradas também as contribuições devida, é que se tem a formalização do crédito. Desse modo, abrem-se três perspectivas. De um lado, considerar-se que apenas poderiam ser computadas contribuições relativas a meses de competência que estivessem dentro dos cinco anos anteriores ao da intimação ao contribuinte da liquidação trabalhista respectiva. De outro, considerar-se que a verificação quanto à existência do crédito tributário depende da prévia análise que cabe à justiça do trabalho quanto a serem ou não devidas as verbas trabalhistas, de modo que só após a decisão final na reclamatória é que se teria o termo inicial do prazo do art. 173, I, do CTN. Por fim, considerar que a determinação constitucional de apuração e cobrança pela Justiça do Trabalho criou um regime jurídico distinto, sujeito ao tempo

e ao modo da reclamatória trabalhista, cujo prazo prescricional de cinco anos equivale aquele para lançamento, então se poderia entender, por uma interpretação sistemática do conjunto normativo que regula não apenas as obrigações tributárias mas também sua apuração e cobrança pela Justiça do Trabalho, que o ajuizamento da reclamatória antes da decadência das contribuições impediria seu curso, afastando-a.

– "CONTRIBUIÇÃO PREVIDENCIÁRIA. RECOLHIMENTO EM RECLAMATÓRIA TRABALHISTA. DESNECESSIDADE DE LANÇAMENTO FISCAL. DECADÊNCIA. CONTRIBUIÇÃO SUBSTITUTIVA SOBRE A RECEITA BRUTA. 1. O prazo decadencial para o lançamento tributário se inicia no primeiro dia do exercício seguinte àquele em que o lançamento poderia ter sido efetuado (inc. I do art. 173 do CTN). 2. Na hipótese de execução de ofício das contribuições previdenciárias decorrentes de crédito salarial apurado em reclamação trabalhista, na forma do inc. VIII do art. 114 da CF1988, a cobrança somente é possível a partir da homologação do acordo realizado ou da liquidação da sentença" (TRF4, AC 5001313-07.2016.4.04.7111, 2022). Eis o voto condutor: "... o alcance pretendido pela Autora quanto aos §§1º, 2º, 3º e 5º do art 43, da L 8.212/1991, retira por completo a validade e eficácia do próprio preceito constitucional (inc. VIII do artigo 114 da CF1988, com redação dada pela EC 45/2004). Nos casos em que a obrigação de recolhimento das contribuições previdenciárias decorre de decisão judicial proferida em reclamação trabalhista, constata-se que o lançamento não poderia ter sido efetuado no momento do fato gerador (prestação dos serviços pelo empregado). Afinal, antes da decisão proferida ou do acordo homologado, a Fazenda Pública sequer tem ciência do vínculo de emprego que gera a obrigação tributária. Ainda que houvesse a ciência, a cobrança das contribuições previdenciárias devidas dependeria da homologação do acordo ou do trânsito em julgado do título judicial. Conclui-se que na hipótese de contribuições previdenciárias decorrentes de reclamatória trabalhista, realizada a execução de ofício, na forma do art. 114, VIII, da Constituição Federal, a cobrança somente é possível a partir da homologação do acordo realizado ou da liquidação da sentença... Não há decadência a ser declarada, pois não houve decurso do prazo quinquenal (inc. I do art. 173 do CTN) entre a cobrança e a constituição definitiva do crédito tributário (atos de ofício do juízo trabalhista)." O vogal acompanhou no resultado, mas seguindo outra linha: "A Constituição estabeleceu um regime específico para as contribuições previdenciárias nessa hipótese. Determina o art. 114 da Constituição... O art. 43 da Lei 8.212/91, Lei de Custeio da Previdência Social, cuida justamente da fixação do fato gerador, da forma de apuração e cálculo das contribuições devidas em relação aos vínculos de trabalho reconhecidos em ações trabalhistas... A questão essencial é que o tributário é um direito de sobreposição e que, nesse caso, a existência ou não da obrigação depende da decisão, pela justiça do trabalho, sobre a relação laboral. É uma prejudicial. A reclamatória é ajuizada no prazo de até dois anos do encerramento do vínculo, retroagindo a cinco, portanto, sempre dentro do prazo decadencial das contribuições. Ajuizada a reclamatória, temos uma prejudicial que terá de ser solvida pelo juízo respectivo, obrigado, inclusive, à liquidação e execução das contribuições, se for o caso, por imposição constitucional. Então, não há que se falar em decadência. O art. 114, VIII, da CF, acrescentado pela EC 45/2004, prevalece sobre os arts. 150, § 4º, e 173 do CTN, no ponto, submetendo a constituição e a cobrança das contribuições previdenciárias decorrentes das sentenças trabalhistas, condenatórias ou homologatórias de acordo, a regime próprio que prescinde de lançamento pela autoridade e que se submete à sorte e ao tempo da reclamatória trabalhista".

– "Restando configurado que o fato gerador é o mês da prestação de serviços, desse mês é que se computará o início do prazo decadencial de cinco anos da exação previdenciária. Restando definir qual é o termo final do mesmo prazo, se é o da petição inicial protocolada na Justiça do Trabalho ou da data da sentença. Colhendo-se que o magistrado laborista apenas declara a existência da hipótese de incidência da exação, tem-se que esse termo é o da referida petição inicial. [...] concluímos que: a) O momento da decantação do fato gerador da contribuição previdenciária exigível, antes da Lei n. 11.941/2009 (quando redigiu o art. 43, § 2º, do PCSS), e principalmente depois dela, continua sendo o mês da prestação de serviços. b) Quem constitui fato gerador é a prestação de serviços por parte do trabalhador e em favor da empresa que o contratou para isso; o magistrado trabalhista, logrando vislumbrar o fato material física coincidente com a norma exacional previdenciária declara a existência desse fato gerador... c) Não só quando de recolhimentos espontâneos efetuados pela empresas, como os habitualmente exigidos pela Receita Federal do Brasil, mediante a constituição do crédito previdenciário ou por ocasião da definição desse dever fiscal operado pela Justiça do Trabalho, o quinquídio (sic) de decadência da contribuição previdenciária previsto na Súmula Vinculante do STF n. 8, se conta da mensalidade de ocorrência do fato gerador, vale dizer, desde a prestação de serviços, entendimento doutrinário que não emergiu com a Lei n. 11.941/2009, mas que precedeu a essa definição legal" (MARTINEZ, Wladimir Novaes. Decadência da exação previdenciária na execução trabalhista. *RDDT* 203, 2012).

– **Decadência para aplicação de penalidade por infração aduaneira: 5 anos da infração. Súmula CARF 184:** "O prazo decadencial para aplicação de penalidade por infração aduaneira é de 5 (cinco) anos contados da data da infração, nos termos dos artigos 138 e 139, ambos do Decreto-Lei n. 37/66 e do artigo 753 do Decreto n. 6.759/2009" (CSRF, 2021). Obs.: Vinculante, conforme Portaria ME n. 12.975/2021.

⇒ **A formalização do crédito tributário no prazo afasta a decadência.** No prazo decadencial, deve ser constituído o crédito tributário pelo lançamento ou ser o crédito formalizado de outro modo, dispensando a realização do lançamento: declaração do débito, confissão para fins de parcelamento, depósito do montante do crédito etc. Sobre os diversos modos de formalização do crédito tributário, vide notas que precedem o art. 142 do CTN e as notas a tal artigo.

– **Notificação do lançamento no prazo afasta a decadência. Súmula 622 do STJ:** "A notificação do auto de infração faz cessar a contagem da decadência para a constituição do crédito tributário; exaurida a instância administrativa com o decurso do prazo

para a impugnação ou com a notificação de seu julgamento definitivo e esgotado o prazo concedido pela Administração para o pagamento voluntário, inicia-se o prazo prescricional para a cobrança judicial" (2018).

– "... PRAZO DECADENCIAL. CORREÇÃO DO CRÉDITO TRIBUTÁRIO. INÍCIO DA AÇÃO FISCAL. NOTIFICAÇÃO DO LANÇAMENTO... 4. O início da ação fiscal tendente a apurar eventual omissão ou erro no recolhimento de tributo não tem o condão de interromper o prazo decadencial em curso. Somente a notificação do novo lançamento dentro do aludido prazo consistiria ato válido para retificação do crédito" (STJ, REsp 445.137, 2006).

– "IMPOSTO DE RENDA. DECADÊNCIA E PRESCRIÇÃO. AUTO DE INFRAÇÃO. CTN, ARTIGOS 142, 145, I, 150, § 4º, 151, III, 153, 173 E 174. 1. Lavrado o Auto de Infração consuma-se o lançamento, só admitindo-se o lapso temporal da decadência do período anterior ou, depois, até o vencimento do prazo para a interposição do recurso administrativo. A partir da notificação do contribuinte o crédito tributário já existe, descogitando-se da decadência. [...]" (STJ, REsp 83.984, 1996).

– **IPTU. Envio do carnê. Súmula 397 do STJ:** "O contribuinte do IPTU é notificado do lançamento pelo envio do carnê ao seu endereço" (2009).

– **Súmula 153 do extinto TFR:** "Constituído, no quinquênio, através de auto de infração ou notificação de lançamento, o crédito tributário, não há falar em decadência, fluindo, a partir daí, em princípio, o prazo prescricional, que, todavia, fica em suspenso, até que sejam decididos os recursos administrativos".

– "A partir desta data em que a Fazenda exerceu seu direito, apurou, fixou e dele notificou o sujeito passivo, é que cessa de correr o prazo fatal de caducidade para 'constituir o crédito tributário', como dispõe o *caput* do art. 173" (NOGUEIRA, Ruy Barbosa. *Curso de direito tributário*. 14. ed. São Paulo: Saraiva, 1995, p. 292).

• Vide nota ao art. 142 do CTN abordando a notificação como ato que dá eficácia ao lançamento.

– **Declaração de débito: DCTF, GFIP, GIA, Declaração de Rendimentos. Afasta a decadência quanto ao valor declarado.** Prestada declaração pelo contribuinte no sentido de ser devido determinado tributo, não mais se opera a decadência relativamente ao que foi confessado, pois desnecessário o lançamento de tal valor. Quanto à dispensa do lançamento pela autoridade em tais casos, veja-se nota ao art. 142 do CTN.

– "DCTF. IMPOSTO DECLARADO PELO CONTRIBUINTE. DECADÊNCIA. PRESCRIÇÃO. TERMO INICIAL... 1. Segundo jurisprudência pacífica do STJ, a apresentação, pelo contribuinte, de Declaração de Débitos e Créditos Tributários Federais – DCTF [...] ou de Guia de Informação e Apuração do ICMS – GIA, ou de outra declaração dessa natureza, prevista em lei, é modo de constituição do crédito tributário, dispensada, para esse efeito, qualquer outra providência por parte do Fisco. [...]" (STJ, REsp 718.773, 2006).

– "DECLARAÇÃO DO CONTRIBUINTE. (DCTF). NÃO PAGAMENTO. CONSTITUIÇÃO DO CRÉDITO TRIBU-

TÁRIO. 1. Os créditos oriundos de declaração pelo contribuinte e não pagos na data do vencimento da obrigação conferem ao fisco a prerrogativa de exigir o pagamento... 2. Não há que se falar em prazo decadencial, pois este só ocorre antes da constituição do crédito tributário. A entrega das declarações sem a quitação prescinde de homologação, notificação e abertura de procedimento administrativo tendente a apurar o crédito. A entrega da DCTF corresponde à constituição definitiva do crédito tributário" (STJ, REsp 433.693, 2005).

– **Diferenças não declaradas: necessidade de lançamento no prazo decadencial.** Reconhecido débito pelo contribuinte, continuará correndo o prazo decadencial para o Fisco realizar lançamento por montante superior ao declarado, contado na forma do art. 173, I, do CTN.

– "TRIBUTOS DECLARADOS EM DCTF... 2. Deveras, o fato de a declaração de débito provir do contribuinte não significa preclusão administrativa para o Fisco impugnar o *quantum* desconhecido. Isto porque impõe-se distinguir a possibilidade de execução imediata pelo reconhecimento da legalidade do crédito com a situação de o Fisco concordar (homologar) a declaração unilateral do particular, prestada. 3. A única declaração unilateral constitutiva *ipso jure* do crédito tributário é a do Fisco, por força do lançamento compulsório (art. 142 do CTN...). 4. Prestando o contribuinte informação acerca da efetiva existência do débito, dispõe o Fisco do prazo para realizar o eventual lançamento suplementar, acaso existente saldo, prazo este decadencial, porquanto constitutivo da dívida. [...]" (STJ, EDclREsp 720.612, 2006).

– **Confissão para fins de parcelamento.** "2. Não há que se falar em decadência quando haja confissão do contribuinte, eis que esta dispensa o lançamento, dando suporte, por si só, à inscrição em dívida. 3. Ocorrido o parcelamento, forte na confissão de dívida, restou suspensa a exigibilidade do crédito tributário, iniciando o prazo prescricional quando do inadimplemento" (TRF4, AC 2000.04.01.077115-3, 2003).

– **Depósito do montante do crédito tributário.** No lançamento por homologação, o contribuinte, ocorrido o fato gerador, deve calcular e recolher o montante devido, independentemente de provocação. Se, em vez de efetuar o recolhimento simplesmente, resolve questionar judicialmente a obrigação tributária, efetuando o depósito, este faz as vezes do recolhimento, sujeito, porém, à decisão final transitada em julgado. Não há que se dizer que o decurso do prazo decadencial, durante a demanda, extinga o crédito tributário, implicando a perda superveniente do objeto da demanda e o direito ao levantamento do depósito. Tal conclusão seria equivocada, pois o depósito, que é predestinado legalmente à conversão em caso de improcedência da demanda, em se tratando de tributo sujeito a lançamento por homologação, equipara-se ao pagamento no que diz respeito ao cumprimento das obrigações do contribuinte, sendo que o decurso do tempo sem lançamento de ofício pela autoridade implica lançamento tácito no montante exato do depósito. Seguindo esta orientação, decidiu a 1ª T. do STJ nos autos dos EDcl no REsp 736.918/RS, Min. José Delgado, mar. 2006, e, posteriormente, também a Primeira Seção daquela Corte, nos autos dos EREsp 898.992/PR. Note-se, ademais, que o art. 63 da Lei n. 9.430/96 se refere a lançamento para prevenir a decadência no caso de liminar suspensiva da exigibilidade, nenhuma referência fazendo ao depósito que, em verdade, dispensa o lançamento.

– "1. O depósito efetuado por ocasião do questionamento judicial do tributo suspende a exigibilidade do mesmo, enquanto perdurar contenda, *ex vi* do art. 151, II, do CTN e, por força do seu desígnio, implica lançamento tácito no montante exato do *quantum* depositado, conjurando eventual alegação de decadência do direito de constituir o crédito tributário. 2. Julgado improcedente o pedido da empresa e em havendo depósito, torna-se desnecessária a constituição do crédito tributário no quinquênio legal, não restando consumada a prescrição ou a decadência. 3. A sucumbência no mandado de segurança acarreta, consectariamente, a conversão dos depósitos outrora efetivados, em renda da UNIÃO, extinguindo o crédito tributário consoante o *dictamen* do art. 156, VI, do CTN, restando desnecessário o lançamento por conta do próprio provimento judicial" (STJ, REsp 757.311, 2008).

– "1. Com o depósito do montante integral tem-se verdadeiro lançamento por homologação. O contribuinte calcula o valor do tributo e substitui o pagamento antecipado pelo depósito, por entender indevida a cobrança. Se a Fazenda aceita como integral o depósito, para fins de suspensão da exigibilidade do crédito, aquiesceu expressa ou tacitamente com o valor indicado pelo contribuinte, o que equivale à homologação fiscal prevista no art. 150, § 4º, do CTN. 2. Uma vez ocorrido o lançamento tácito, encontra-se constituído o crédito tributário, razão pela qual não há mais falar no transcurso do prazo decadencial nem na necessidade de lançamento de ofício das importâncias depositadas..." (STJ, EREsp 898.992, 2007).

– "Na hipótese de a Fazenda lograr sair vencedora, o depósito se converte em renda (art. 156, VI do CTN), extinguindo-se o crédito tributário pertinente, sem que tenha havido lançamento, evidentemente desnecessário, porquanto a juridicidade do crédito foi declarada pelo Poder Judiciário, revisor da lei fiscal e dos atos tributários da Administração" (COÊLHO, Sacha Calmon Navarro. *Liminares e depósitos antes do lançamento por homologação* – Decadência e prescrição. 2. ed. Dialética, 2002, p. 85).

– **Diferenças não depositadas. Necessidade de lançamento no prazo decadencial.** O depósito não impede o lançamento, mas este só se fará necessário se o montante depositado for inferior ao devido. O prazo para lançamento da diferença depende de o depósito ter sido realizado no vencimento ou posteriormente. No primeiro caso, aplica-se o art. 150, § 4º, do CTN, contando-se cinco anos da ocorrência do fato gerador. No segundo caso, aplica-se o art. 173, I, do CTN, contando-se os cinco anos do primeiro dia do exercício seguinte àquele em que vencido o débito. Note-se que o depósito equipara-se ao pagamento porque, com ele, resta garantida a satisfação do crédito em dinheiro, dependente, tão somente, do resultado da demanda. Embora tratado pelo CTN como causa suspensiva da exigibilidade (art. 151, II), a legislação federal atribuiu ao depósito regime que implica transferência dos valores ao Fisco, implicando, pois, inclusive a disponibilidade dos valores pelo credor, sujeitos à posterior devolução, no caso de procedência da demanda. O depósito, assim, no regime legal atual, equivale à declaração acompanhada de pagamento sujeito a condição resolutória. Vide notas ao art. 151, II, do CTN.

– "... o depósito fora insuficiente, não abrangeu a totalidade do crédito tributário, cuja legitimidade, no entanto, foi declarada pelo Judiciário. Poderá a Fazenda Pública lançar suplementarmente os resíduos creditícios? A resposta é afirmativa. Aqui não há falar em preclusão do ato de lançar e, consequentemente em decadência do direito ao crédito. É que existia ordem judicial impeditiva do lançamento, enquanto se examinava o fundamento de validez legislativa da pretensão fazendária. Uma vez removido o obstáculo, pode a Fazenda lançar e tem cinco anos para isso, a contar do 1º dia do exercício seguinte àquele em que poderia ter sido efetivado (do exercício em que foi prolatada a sentença de mérito)" (COÊLHO, Sacha Calmon Navarro. *Liminares e depósitos antes do lançamento por homologação* – Decadência e prescrição. 2. ed. Dialética, 2002, p. 86).

⇒ **A suspensão da exigibilidade do crédito não impede a decadência.** O entendimento de que a suspensão da exigibilidade do crédito tributário impediria o próprio lançamento, com consequências sobre o prazo decadencial, implicaria dar ao art. 151 do CTN extensão que dele não decorre e que violaria a inafastável sujeição do contribuinte à fiscalização, sendo certo que apenas os efeitos desta é que podem ser fulminados, conforme se vê da nota que precede o art. 194 do CTN. Exceção se impõe, contudo, no caso de suspensão da exigibilidade por depósito, em que resta dispensado o lançamento, salvo de eventual diferença.

– **Liminar não impede que o Fisco lance para prevenir a decadência.** A Lei n. 9.430/96, com a redação da MP n. 2.158/01, prevê a realização do lançamento: "Art. 63. Na constituição de crédito tributário destinada a prevenir a decadência, relativo a tributo de competência da União, cuja exigibilidade houver sido suspensa na forma dos incisos IV e V do art. 151 da Lei n. 5.172, de 25 de outubro de 1966, não caberá lançamento de multa de ofício...".

– **Súmula 14 do CARF:** A simples apuração de omissão de receita ou de rendimentos, por si só, não autoriza a qualificação da multa de ofício, sendo necessária a comprovação do evidente intuito de fraude do sujeito passivo.

– "3. A suspensão da exigibilidade do crédito tributário na via judicial impede o Fisco de praticar qualquer ato contra o contribuinte visando à cobrança de seu crédito, tais como inscrição em dívida, execução e penhora, mas não impossibilita a Fazenda de proceder à regular constituição de crédito tributário para prevenir a decadência do direito de lançar. 4. Embargos de divergência providos" (STJ, EDIvREsp 572.603, 2005).

– "MEDIDA LIMINAR. SUSPENSÃO. LANÇAMENTO. CRÉDITO. POSSIBILIDADE. DECADÊNCIA CONFIGURADA. 1. A ordem judicial que suspende a exigibilidade do crédito tributário não tem o condão de impedir a Fazenda Pública de efetuar seu lançamento. 2. Com a liminar fica a Administração tolhida de praticar qualquer ato contra o devedor visando ao recebimento do seu crédito, mas não de efetuar os procedimentos necessários à regular constituição dele. Precedentes. 3. Recurso não conhecido" (STJ, REsp 119.156, 2002).

– "A suspensão regulada pelo artigo 151 do Código Tributário Nacional paralisa temporariamente o exercício efetivo do poder de execução, mas não suspende a prática do próprio ato administrativo de lançamento, decorrente de atividade vinculada e obrigatória, nos termos do artigo 142 do mesmo Código, e necessária para evitar a decadência do poder de lançar. Nem o depósito, nem a liminar em mandado de segurança têm a eficácia de impedir a formação do título executivo pelo lançamento, pelo que a autoridade administrativa deve exercer o seu poder-dever de lançar, sem quaisquer limitações, apenas ficando paralisada a executoriedade do crédito" (XAVIER, Alberto. *Do lançamento: teoria geral do ato, do procedimento e do processo tributário.* 2. ed. Rio de Janeiro: Forense, 1997, p. 427-428).

– "A suspensão da exigibilidade não permite a cobrança do crédito, repelindo a fluência dos prazos prescricionais insculpidos no artigo 174 do código antes referido. Não deixam de correr, contudo, os prazos fixados para a constituição do crédito tributário, de caráter decadencial, fixados no artigo 173 do CTN. Em função do exposto, as autoridades fiscais, diante da constatação de depósito não albergado pelo competente lançamento, devem efetuar a constituição do crédito para prevenir a decadência" (BRINCKMANN, Geraldo. Depósito judicial e o lançamento de ofício para prevenir a decadência. *RET* 8/17-18, 1999).

– **Em sentido contrário:** "O CTN declara que a liminar suspende a exigibilidade do crédito. A Fazenda fica com um duplo impedimento: Não pode lançar, pois o lançamento não passa de um ato de exigência fiscal pelo sujeito ativo. Se ocorrer será ato administrativo ineficaz e anulável. – Tampouco pode ajuizar ação de execução..." (COÊLHO, Sacha Calmon Navarro. *Liminares e depósitos antes do lançamento por homologação* – Decadência e prescrição. 2. ed. Dialética, 2002, p. 76-77).

– "Concedida medida liminar em mandado de segurança, suspendendo a exigibilidade do crédito tributário, não há que se falar em decadência pela não efetivação dos lançamentos respectivos" (TRF2, AC 0209219, 1996).

– No sentido de que a suspensão da exigibilidade do crédito tributário, antes do lançamento, é medida descabida que, de qualquer modo, se concedida, impede o curso do prazo decadencial, vide ainda: QUEIROZ, Vinicius Brandão de. O lançamento para prevenir a decadência e a impossibilidade jurídica do pedido. *RDDT* 144/56, 2007.

– **Liminar que impede expressamente o lançamento impede a decadência.** Diferente seria a situação caso o juiz, embora equivocadamente, impedisse expressamente o Fisco de lançar, determinando a abstenção da prática do lançamento. Neste caso, não estaríamos tratando simplesmente da suspensão da exigibilidade do crédito tributário, mas de decisão judicial com efeito mais amplo que, embora incorreta, teria impedido efetivamente o lançamento. Daí sim, não teríamos o que reparar à manifestação de Sacha: "... se o Judiciário proíbe a prática do ato administrativo do lançamento, não há falar em preclusão, eis que o ato não é livre nem reside na disposição do agente, imobilizando reflexamente o fluir do lapso decadencial" (COÊLHO, Sacha Calmon Navarro. *Liminares e depósitos antes do lançamento por homologação* – Decadência e prescrição. 2. ed. Dialética, 2002, p. 86).

– "A simples suspensão da exigibilidade do crédito tributário (art. 151 do CTN) não impede a sua constituição e, portanto, não influi no prazo decadencial. Contudo, a decisão judicial que vai além, impedindo a aplicação, pela Autoridade, de determinado dispositivo legal, obsta o próprio lançamento, de maneira que também o decurso do prazo para tanto resta afetado" (TRF4, AMS 200004010474109, 2003).

– **Liminar que impede acesso às informações bancárias.** "Em nenhum momento foi impedida a lavratura do lançamento. A requerida está aparelhada para fazê-lo com base nos demais documentos, planilhas e dados obtidos no procedimento de fiscalização..., podendo, até, se tenha havido omissão nas declarações ou informações do contribuinte, valer-se do arbitramento... Cassada a medida liminar com o julgamento do recurso extraordinário, do qual é incidente, a requerida poderá retificar o lançamento, acrescendo-lhe elementos de prova, pois não se concebe possa ser ao final agravada a título de omissão ou inércia, quando inibida, por decisão judicial, no período em que esta produziu efeitos, de inserir os mesmos dados no lançamento" (Excerto de voto do Min. Cezar Peluso na AC 33, em que o relator havia concedido liminar para dar efeito suspensivo ativo a recurso extraordinário, impedindo o acesso direto do Fisco às informações bancárias do contribuinte).

I – do primeiro dia do exercício seguinte aquele em que o lançamento poderia ter sido efetuado;

⇒ **Os termos iniciais foram escolhidos pelo legislador, não correspondente ao surgimento do direito à constituição do crédito.** O legislador elegeu os termos iniciais com vista à praticabilidade, sem se ater ao momento em que surge a possibilidade de realizar o lançamento. É assim tanto no prazo para o lançamento de ofício, em que o termo inicial é posterior à possibilidade de exercício do direito, como no lançamento por homologação, em que é anterior.

– "... ao cuidar do prazo decadencial, o Código fixa, de um lado, regra geral no sentido de que o termo inicial é posterior ao momento em que o lançamento é possível, pois é protraído para o início do exercício seguinte (art. 173, I); por outro lado, ao definir o prazo decadencial para manifestação da autoridade administrativa, na mecânica do chamado lançamento por homologação, o início do prazo é anterior ao momento a partir do qual o sujeito ativo poderia avaliar o pagamento feito pelo sujeito passivo e proceder ao lançamento de ofício para exigir eventual diferença..." (AMARO, Luciano. *Direito tributário brasileiro*. 15. ed. São Paulo: Saraiva, 2009, p. 415).

– **Praticabilidade como critério.** O legislador buscou facilitar a contagem, de modo que, em face de um lançamento de ofício, tenha-se em conta a possibilidade de que alcance os cinco anos calendários anteriores àquele em que lavrado o auto e notificado o contribuinte.

– **Irrelevância do momento em que o Fisco tenha tomado conhecimento do fato gerador.** O STJ tem reconhecido que os termos iniciais são aqueles apontados no CTN, "sendo irrelevante a data em que o fisco teve conhecimento da ocorrência do fato gerador" (STJ, REsp 1.841.798, 2021). Vide também: AgInt no REsp 1.690.263, 2019, e AgInt no REsp 1.795.066, 2019.

⇒ **Regra geral: aplicação do art. 173, I, do CTN.** O art. 173, I, do CTN é aplicável aos tributos sujeitos a lançamento de ofício e aos tributos sujeitos a lançamento por declaração, bem como aos tributos sujeitos a lançamento por homologação quando o contribuinte não faça o pagamento no prazo. Trata-se, portanto, de regra geral só excepcionada pelo prazo de homologação de pagamento realizado tempestivamente de tributo sujeito a lançamento por homologação.

– **Súmula CARF 101:** "Na hipótese de aplicação do art. 173, inciso I, do CTN, o termo inicial do prazo decadencial é o primeiro dia do exercício seguinte àquele em que o lançamento poderia ter sido efetuado" (Pleno, 2014). Obs.: vinculante, conforme Portaria MF n. 277/2018. Obs.: qual a utilidade de uma súmula que se limita a repetir, *ipsis literis*, o texto do CTN?

– **Termo *a quo* conforme a espécie de lançamento: de ofício, por declaração e por homologação quando não haja pagamento para homologar.** O lançamento de ofício pode ser efetuado quando ocorre o fato gerador de tributo sujeito a lançamento de ofício, quando decorre o prazo para a apresentação de declaração nos casos de tributo sujeito a lançamento por declaração ou quando vence o tributo sujeito a lançamento por homologação sem que o contribuinte tenha efetuado o seu pagamento. O prazo de cinco anos para o lançamento terá início no primeiro dia do ano subsequente a tais ocorrências.

– "... qualquer lançamento realizável dentro de certo exercício (e que não seja efetivamente implementado nesse exercício) poderá ser efetuado em cinco anos após o próprio exercício em que se iniciou a possibilidade jurídica de realizá-lo" (AMARO, Luciano. *Direito tributário brasileiro*. 15. ed. São Paulo: Saraiva, 2009, p. 406).

– Na prática, os agentes da fiscalização tributária contam o prazo retroativamente: ao iniciarem uma fiscalização, sabem que podem constituir créditos tributários relativos a fatos geradores ocorridos desde o quinto ano anterior ao corrente. A regra deste inciso I do art. 173 facilita a contagem do prazo decadencial, não sendo necessário, via de regra, considerar quaisquer minúcias.

– **Lançamento de imposto de renda na fonte sobre pagamento a beneficiário não identificado. Súmula CARF 114:** "O Imposto de Renda incidente na fonte sobre pagamento a beneficiário não identificado, ou sem comprovação da operação ou da causa, submete-se ao prazo decadencial previsto no art. 173, I, do CTN" (CSRF, 2018). Obs.: vinculante, conforme Portaria MF n. 129/2019.

– **Lançamento de multa isolada. Súmula 104 do CARF:** Lançamento de multa isolada por falta ou insuficiência de recolhimento de estimativa de IRPJ ou de CSLL submete-se ao prazo decadencial previsto no art. 173, inciso I, do CTN. Aprovada pela 1ª Turma da CSRF em dez. 2014.

– **Lançamento de multa isolada.** O lançamento de ofício de multa isolada (art. 149, VI) viabiliza-se a partir do cometimento da infração, contando-se o prazo do primeiro dia do exercício seguinte.

– **Súmula CARF 174:** "Lançamento de multa por descumprimento de obrigação acessória submete-se ao prazo decadencial previsto no art. 173, inciso I, do CTN" (1ª Turma da CSRF, 2021).

– **Súmula CARF 104:** "Lançamento de multa isolada por falta ou insuficiência de recolhimento de estimativa de IRPJ ou de CSLL submete-se ao prazo decadencial previsto no art. 173, inciso I, do CTN" (CSRF, 2014). Obs.: Vinculante, conforme Portaria MF n. 277/2018.

– **Apropriação indébita de contribuições retidas. Súmula CARF 106:** "Caracterizada a ocorrência de apropriação indébita de contribuições previdenciárias descontadas de segurados empregados e/ou contribuintes individuais, a contagem do prazo decadencial rege-se pelo art. 173, inciso I, do CTN" (CSRF, 2014). Obs.: vinculante, conforme Portaria MF n. 277/2018.

– **Termo *a quo* no lançamento por declaração do ITCMD na doação. Irrelevância da data em que o fisco tenha tomado conhecimento do fato gerador. Tema 1048 do STJ:** "O Imposto de Transmissão *Causa Mortis* e Doação – ITCDM, referente a doação não oportunamente declarada pelo contribuinte ao fisco estadual, a contagem do prazo decadencial tem início no primeiro dia do exercício seguinte àquele em que o lançamento poderia ter sido efetuado, observado o fato gerador, em conformidade com os arts. 144 e 173, I, ambos do CTN". Decisão do mérito em 2021.

– "RECURSO ESPECIAL REPETITIVO. TEMA 1048. DECADÊNCIA TRIBUTÁRIA DO IMPOSTO DE TRANSMISSÃO *CAUSA MORTIS* E DOAÇÃO. CONTROVÉRSIA SOBRE O MARCO INICIAL A SER CONSIDERADO. FATO GERADOR. TRANSMISSÃO DE BENS OU DIREITOS MEDIANTE DOAÇÃO. CONTAGEM DA DECADÊNCIA NA FORMA DO ART. 173, I, DO CTN. IRRELEVÂNCIA DA DATA DO CONHECIMENTO DO FISCO DO FATO GERADOR... 2. Discussão dos autos: No recurso especial discute-se se é juridicamente relevante, para fins da averiguação do transcurso do prazo decadencial tributário, a data em que o Fisco teve conhecimento da ocorrência do fato gerador do Imposto de Transmissão *Causa Mortis* e Doação (ITCMD) referente a doação não oportunamente declarada pelo contribuinte ao fisco estadual. 3. Delimitação da controvérsia - Tema 1048: Definir o início da contagem do prazo decadencial previsto no art. 173, I, do CTN para a constituição do Imposto de Transmissão *Causa Mortis* e Doação (ITCMD) referente a doação não oportunamente declarada pelo contribuinte ao fisco estadual. 4. Nos termos do art. 149, II, do CTN, quando a declaração não seja prestada, por quem de direito, no prazo e na forma da legislação tributária, surge para o Fisco a necessidade de proceder ao lançamento de ofício, no prazo de cinco anos contados do primeiro dia do exercício seguinte à data em que ocorrido o fato gerador do tributo (art. 173, I, do CTN). 5. Em se tratando do imposto sobre a transmissão de bens ou direitos, mediante doação, o fato gerador ocorrerá: (i) no tocante aos bens imóveis, pela efetiva transcrição realizada no registro de imóveis (art. 1.245 do CC/2020); (i) em relação aos bens móveis, ou direitos, a transmissão da titularidade, que caracteriza a doação, se dará por tradição (art. 1.267 do CC/2020), eventualmente objeto de registro administrativo. 6. Para o caso de omissão na declaração do contribuinte, a respeito da ocorrência do fato gerador

do imposto incidente sobre a transmissão de bens ou direitos por doação, caberá ao Fisco diligenciar quanto aos fatos tributáveis e exercer a constituição do crédito tributário mediante lançamento de ofício, dentro do prazo decadencial. 7. O Superior Tribunal de Justiça tem entendimento pacificado no sentido de que, no caso do Imposto de Transmissão *Causa Mortis* e Doação – ITCDM, a contagem do prazo decadencial tem início no primeiro dia do exercício seguinte àquele em que o lançamento poderia ter sido efetuado, observado o fato gerador, em conformidade com os arts. 144 e 173, I, ambos do CTN, sendo irrelevante a data em que o fisco teve conhecimento da ocorrência do fato gerador (AgInt no REsp 1.690.263... 2019). No mesmo sentido: AgInt no REsp 1.795.066... 2019. 8. Tese fixada – Tema 1048: O Imposto de Transmissão *Causa Mortis* e Doação – ITCDM, referente a doação não oportunamente declarada pelo contribuinte ao fisco estadual, a contagem do prazo decadencial tem início no primeiro dia do exercício seguinte àquele em que o lançamento poderia ter sido efetuado, observado o fato gerador, em conformidade com os arts. 144 e 173, I, ambos do CTN. 9... Acórdão sujeito ao regime previsto no artigo 1.036 e seguintes do CPC/2015" (STJ, REsp 1.841.798, 2021).

– "TRIBUTÁRIO. ITCMD. DECADÊNCIA. DECRETAÇÃO... 2. Independentemente da forma do lançamento à qual o tributo esteja submetido, transcorridos quatorze anos desde o fato gerador sem que tenha havido sua constituição, é de se reconhecer a decadência do direito da Fazenda Pública. 3. A circunstância de o fato gerador ser ou não do conhecimento da Administração Tributária não foi erigida como marco inicial do prazo decadencial, nos termos do que preceitua o Código Tributário Nacional, não cabendo ao intérprete assim estabelecer. 4. O fato de o Juiz do processo do inventário haver procedido à partilha dos bens sem exigir a prévia comprovação do pagamento do imposto não pode alterar o prazo decadencial, que não se suspende nem se interrompe" (STJ, AgRg no REsp 577.899, 2008).

– "A circunstância incomum de o ITCMD *Causa Mortis*, em muitos estados, ser objeto de lançamento jurisdicional, realizado na forma preconizada pelo CPC, provoca confusão também no que se refere à contagem do prazo decadencial, como se o imposto em questão escapasse da regra geral insculpida no art. 173, I, do CTN. Ricardo Lobo Torres... afirma que o prazo decadencial para realização do lançamento somente se inicia no 'primeiro dia do exercício seguinte ao da data em que o credor foi citado para o inventário'. Argumenta que o lançamento tributário pressupõe, 'obviamente', a ciência do fisco sobre o fato gerador (no caso, a morte do autor da herança), razão pela qual, enquanto não aberto o inventário e citado o fisco, não seria possível se realizar o lançamento. O Superior Tribunal de Justiça, em linha semelhante, tem precedentes afirmando que, nos casos de arrolamento sumário, nos quais o lançamento é feito pela autoridade administrativa, somente após a homologação da partilha é possível cogitar do lançamento do ITCMD *Causa Mortis*. Nesse tom, por exemplo, no Ag.Rg. no REsp 1.274.227/MS, 2ª Turma, Rel. Ministro Herman Benjamin, *DJe* de 13.4.2012: 'O regime do ITCMD revela, portanto, que apenas com a prolação da sentença de homologação da partilha é possível identificar perfeitamente os aspectos material, pessoal e quantitativo da hipótese normativa, tornando possível a realização do lançamento'. Assim, após a publicação da sentença de partilha, no primeiro dia do exercício seguinte teria início o prazo para a realização do lançamento tributário. Em se tratando de processo de inventário (e não de arrolamento sumário|), a confusão fica mais evidente, como se vê, por exemplo, no Ag. RG. No REsp 1.257.451/SP, 2ª Turma, Rel. Ministro Humberto Martins, decisão em que se rejeitou a tese de que o termo inicial para lançamento do ITCMD *Causa Mortis* seria a data do falecimento. Afirmou-se que, 'por tratar-se de inventário, compete ao juiz [...] proceder ao cálculo do imposto de transmissão *causa mortis*', de modo que, somente após a homologação judicial do cálculo do imposto, se iniciaria o prazo para se efetuar o lançamento do tributo. Não há razão jurídica, contudo, que justifique a criação de regra diversa daquela contida no art. 173, I, do CTN. As confusões apontadas, certamente, devem ser atribuídas à peculiaridade do ITCMD *Causa Mortis*, tributo que pode ser objeto de lançamento judicial, o que, por incomum, provoca certos desvios de ótica. Independentemente dessa peculiaridade, tem-se que o fato gerador do ITCMD *Causa Mortis* é a transmissão da herança, que, no direito brasileiro, ocorre com o falecimento do autor da herança (art. 1.788 do Código Civil). Ocorrido o fato gerador, já é possível a realização do lançamento, seja pela autoridade fiscal, seja pelo juiz, sendo irrelevante a circunstância de a Fazenda Pública saber ou não da ocorrência do fato gerador. O prazo decadencial, aliás, existe justamente para que, procedendo de ofício, o fisco verifique a ocorrência do fato gerador (art. 142 do CTN). Lembre-se que, no direito brasileiro, 'nenhum sepultamento será feito sem certidão do oficial de registro do lugar do falecimento' (art. 77 da Lei n. 6.015, de 1973), razão pela qual a abertura da sucessão é fato registrado no registro Civil de Pessoas Naturais. Considerando-se, por outro lado, que o fisco detém o poder de exigir informações de terceiros (art. 197 do CTN), cabe ao legislador tributário impor aos titulares do Registro Civil de Pessoas naturais a obrigação (acessória) de informar a Administração Tributária dos óbitos ocorridos no território do estado. Dessa maneira, é ônus do fisco criar mecanismos de fiscalização que lhe permitam identificar o fato gerador do ITCMD *Causa Mortis*, procedendo, então, o lançamento no prazo decadencial contado na forma do art. 173, I, do CTN. Nos Estados em que o lançamento adote a forma judicial, também não há razão para se afastar a aplicação do art. 173, I, do CTN" (MUZZI FILHO, Carlos Victor. Imposto sobre transmissões *causa mortis*: lançamento e decadência. *RDDT* 212/29, 2013).

– "i. O fato imponível do ITCMD/doação de dinheiro ocorre no momento da transmissão do bem, isto é, no momento da efetiva tradição da coisa. ii. Nasce a obrigação tributária. Nasce a possibilidade de lançar o tributo. O prazo decadencial tem início no primeiro dia do exercício seguinte. iii. A informação prestada pelo particular ao Estado quanto à ocorrência do fato descrito na hipótese como suficiente para fazer nascer a obrigação não é relevante para a contagem do prazo decadencial. iv. Andou bem o TIT/SP ao refutar a tese de que, por a doação não ter sido informada ao Estado, não teria início o prazo decadencial. v. Equivocou-se duplamente o CC/RJ, não apenas porque encampou referida tese, mas porque utilizou como marco da 'informa-

ção prestada ao estado' a entrega da Declaração do Imposto de Renda, que é documento relacionado a relação jurídica obrigacional inteiramente diversa" (SILVEIRA, Alexandre Coutinho da. O ITCMD incidente sobre doação em pecúnia: início do prazo decadencial. Conflito entre o conselho de contribuintes do Estado do Rio de Janeiro e o Tribunal de Impostos e Taxas do Estado de São Paulo. *RDDT* 215/7, 2013).

⇒ **Regra especial: aplicação do art. 150, § 4º para o lançamento da diferença que não tenha sido paga de tributo sujeito a lançamento por homologação.** No caso dos tributos sujeitos a lançamento por homologação, podem ocorrer duas hipóteses quanto à contagem do prazo decadencial do Fisco para a constituição de crédito tributário: 1) quando o contribuinte efetua o pagamento no vencimento, o prazo para o lançamento de ofício de eventual diferença a maior, ainda devida, é de cinco anos contados da ocorrência do fato gerador, forte no art. 150, § 4º, do CTN; 2) quando o contribuinte não efetua o pagamento no vencimento, o prazo para o lançamento de ofício é de cinco anos contado do primeiro dia do exercício seguinte ao de ocorrência do fato gerador, o que decorre da aplicação, ao caso, do art. 173, I, do CTN. Importante é considerar que, conforme o caso, será aplicável um ou outro prazo; jamais os dois sucessivamente, pois são excludente um do outro. Ou é o caso de aplicação da regra especial ou da regra geral, jamais aplicando-se as duas no mesmo caso.

– O entendimento, outrora adotado pelo STJ, no sentido da contagem do prazo do art. 173, I, do decurso do prazo do art. 150, § 4º, que gerara a tese dos 5 + 5 (10 anos), era equivocado e está superado pela jurisprudência do próprio STJ. Implicava a aplicação simultânea de uma regra especial e de uma regra geral, o que não faz sentido. Ademais, a LC n. 118/2005 restringiu a tese do STJ que implicava 5 anos + 5 anos também para repetição e compensação de tributos. Ou seja, além do fato de que não tinha consistência o entendimento dos dez anos para o Fisco lançar, a sua manutenção implicaria garantir ao Fisco 10 anos enquanto o prazo em favor dos sujeitos passivos para repetição já restara reduzido a cinco anos do pagamento indevido. Acerca da alteração decorrente da LC n. 118/2005, vide nota ao art. 168, I, do CTN. Veja-se a posição anterior no julgado do STJ, EDivREsp 132.329/SP, Min. Garcia Vieira, abr. 1999. Veja-se a crítica então manifestada contra tal posição do STJ em: XAVIER, Alberto. A contagem dos prazos no lançamento por homologação. *RDDT* 27/8, dez. 1997; DINIZ DE SANTI, Eurico Marcos. *Decadência e prescrição no direito tributário*. Ed. Max Limonad, 2000, p. 188/0 e 196.

– **Havendo pagamento no vencimento. Aplicação da regra especial do art. 150, § 4º.** Ocorrendo pagamento, enseja-se a homologação ou o lançamento de eventual diferença, aplicando-se a regra especial do § 4º do art. 150, que concede ao Fisco o prazo de cinco anos contados do fato gerador para agir, sob pena de decadência, considerando-se então tacitamente homologado o pagamento e correspondente o crédito exatamente aquilo que foi pago e que, portanto, já está extinto. Vide nota ao art. 150, § 4º, do CTN.

– "IMPOSTO DE RENDA – LANÇAMENTO POR HO-MOLOGAÇÃO – PAGAMENTO A MENOR – INCIDÊN-CIA DO ART. 150, § 4º, DO CTN – FATO GERADOR COMPLEXIVO – DECADÊNCIA AFASTADA. 1. Na hipó-tese de tributo sujeito a lançamento por homologação, quando o contribuinte constitui o crédito, mas efetua pagamento parcial, sem constatação de dolo, fraude ou simulação, o termo inicial da decadência é o momento do fato gerador. Aplica-se exclusiva-mente o art. 150, § 4º, do CTN, sem a possibilidade de cumula-ção com o art. 173, I, do mesmo diploma (REsp 973.733/SC, Rel. Ministro Luiz Fux, Primeira Seção, *DJe* 18/9/2009, subme-tido ao regime do art. 543-C do CPC). 2. O imposto de renda é tributo cujo fato gerador tem natureza complexiva. Assim, a completa materialização da hipótese de incidência de referido tributo ocorre apenas em 31 de dezembro de cada ano-calendá-rio. 3. Hipótese em que a renda auferida ocorreu em fevereiro de 1993 e o lançamento complementar se efetivou em 25/03/1998, o seja, dentro do prazo decadencial de 05 (cinco) anos, uma vez que este se findava apenas em 31/12/1998. Decadência afastada" (STJ, AgRg no AgRg no Ag 1.395.402, 2013).

– "SUPLEMENTAR. CREDITAMENTO INDEVIDO. PA-GAMENTO PARCIAL. DECADÊNCIA. TERMO INI-CIAL. FATO GERADOR. ART. 150, § 4º, DO CTN. 1. O prazo decadencial para o lançamento suplementar de tributo sujeito a homologação recolhido a menor em face de credita-mento indevido é de cinco anos contados do fato gerador, con-forme a regra prevista no art. 150, § 4º, do CTN" (STJ, AgRg no REsp 1.318.020, 2013).

– "LANÇAMENTO POR HOMOLOGAÇÃO. CONSTI-TUIÇÃO DO CRÉDITO. DECADÊNCIA. CINCO ANOS CONTADOS DO FATO GERADOR. [...] Na hipótese em exame, que cuida de lançamento por homologação (contribui-ção previdenciária) com pagamento antecipado, o prazo deca-dencial será de cinco anos a contar da ocorrência do fato gera-dor. 'Nas exações cujo lançamento se faz por homologação, havendo pagamento antecipado, conta-se o prazo decadencial a partir da ocorrência do fato gerador (art. 150, § 4º, do CNT). Somente quando não há pagamento antecipado, ou há prova de fraude, dolo ou simulação é que se aplica o disposto no art. 173, I, do CTN' [...]" (STJ, EDivREsp 278.727, 2003).

– **Não havendo pagamento no vencimento. Aplicação da re-gra geral do art. 173, I, do CTN.** Não ocorrendo o pagamento, abre-se oportunidade ao lançamento de ofício, aplicando-se a regra geral prevista no inciso I do art. 173, do CTN que concede ao Fisco o prazo de 5 anos do primeiro dia do exercício seguinte aquele em que o lançamento poderia ter sido efetuado para cons-tituir o seu crédito. O exercício a partir do qual o lançamento de ofício – o único cabível em face do inadimplemento – passou a poder ser efetuado é o próprio exercício em que ocorreu o fato gerador e venceu o prazo para o pagamento do tributo por ini-ciativa do contribuinte, contando-se os cinco anos do prazo de-cadencial do dia 1º de janeiro subsequente. No caso de ausência de pagamento, pois, o prazo para o lançamento de ofício, estabe-lecido pelo art. 173, I, do CTN, começará a ser contado normal-mente do primeiro dia do exercício seguinte aquele em que ocor-rido o fato gerador, salvo quando o fato gerador ocorreu no final

do ano e o prazo para pagamento tenha adentrado janeiro, pois é com o vencimento que se abre ao fisco a possibilidade de lançar de ofício. O STJ passou a reconhecer, recentemente, através da sua Primeira Seção, que as regras do art. 150, § 4º e do art. 173, I, do CTN se excluem. Uma é regra especial, aplicável apenas e tão somente quando há pagamento; outra, é regra geral, aplicável quando não há pagamento.

– "1. A orientação da Primeira Seção desta Corte firmou-se no sentido de que, em regra, o prazo para se efetuar o lançamento é o previsto no art. 173, I, do CTN, ou seja, cinco anos contados do primeiro dia do exercício seguinte àquele em que o lançamen-to poderia ter sido efetuado. Contudo, tratando-se de tributo sujeito a lançamento por homologação, cujo pagamento ocorreu de modo antecipado, o prazo de que dispõe o Fisco para consti-tuir o crédito tributário é de cinco anos, contados a partir do fato gerador. No caso concreto, não havendo pagamento antecipa-do, aplica-se a regra prevista no art. 173, I, do CTN [...]" (STJ, REsp 1.237.108, 2013).

– "2. Inexistindo pagamento antecipado de tributo sujeito a lan-çamento por homologação, o termo inicial da decadência é regi-do pelo art. 173, I do CTN. REsp 973.733/SC, Rel. Min. Luiz Fux, submetido ao rito dos recursos repetitivos" (STJ, AgRg no AREsp 118.085, 2013).

– "1. A Corte local decidiu conforme pacífica jurisprudência desta Corte, que já firmou a orientação de que, nos casos de tributos sujeitos a lançamento por homologação, em que não ocorre pagamento antecipado, o prazo decadencial deve ser computado segundo as disposições do art. 173, I do CTN, ou seja, será de 5 anos, contados do primeiro dia do exercício se-guinte àquele em que o lançamento poderia ter sido efetuado. 2. Não se aplica o enunciado no art. 150, § 4º do CTN, porquanto o Tribunal de origem afirmou, expressamente, que não houve pagamento a menor, em relação ao ICMS objeto do auto de in-fração que deu origem a presente execução fiscal, hipótese em que, a contagem do prazo decadencial se iniciaria com ocorrên-cia do fato gerador" (STJ, AgRg no AREsp 237.317, 2013).

– "1. De acordo com a jurisprudência consolidada do STJ, a de-cadência do direito de constituir o crédito tributário é regida pelo art. 173, I do CTN, quando se trata de tributo sujeito a lançamento por homologação e o contribuinte não realiza o res-pectivo pagamento parcial antecipado (REsp. 973.733/SC, Rel. Min. Luiz Fux, Primeira Seção, *DJe* 18.9.2009, submetido ao art. 543-C do CPC) 2. No caso dos autos, o Tribunal de origem consignou que inexistiu qualquer pagamento antecipado do tri-buto por parte da ora recorrente (Sujeito Passivo), a qual perma-neceu totalmente inerte à obrigação conforme provas de extrato analítico de débitos" (STJ, AgRg no REsp 1.218.460, 2013).

– "2. No tocante aos tributos sujeitos ao lançamento por homo-logação, não havendo o recolhimento do tributo, o prazo deca-dencial deve ser contado a partir do exercício seguinte aquele em que o lançamento poderia ser efetuado, nos termos do art. 173, I, do CTN" (STJ, REsp 1.284.664, 2012).

– "1. O prazo decadencial quinquenal para o Fisco constituir o crédito tributário (lançamento de ofício) conta-se do primeiro dia do exercício seguinte àquele em que o lançamento poderia ter sido efetuado, nos casos em que a lei não prevê o pagamento antecipado da exação ou quando, a despeito da previsão legal, o mesmo inocorre, sem a constatação de dolo, fraude ou simulação do contribuinte, inexistindo declaração prévia do débito... 7... Acórdão submetido ao regime do artigo 543-C, do CPC, e da Resolução STJ 08/2008" (STJ, REsp 973.733, 2009).

– **Súmula 219 do TFR:** "Não havendo antecipação de pagamento, o direito de constituir o crédito previdenciário extingue-se decorridos 5 (cinco) anos do primeiro dia do exercício seguinte àquele em que ocorreu o fato gerador" (1986).

– "Uma observação preliminar que deve ser feita consiste em que, quando não se efetua o pagamento 'antecipado' exigido pela lei, não há possibilidade de lançamento por homologação, pois simplesmente não há o que homologar; a homologação não pode operar no vazio. Tendo em vista que o art. 150 não regulou a hipótese, e o art. 149 diz apenas que cabe lançamento de ofício (item V), enquanto, obviamente, não extinto o direito do Fisco, o prazo a ser aplicado para a hipótese deve seguir a regra geral do art. 173, ou seja, cinco anos contados do primeiro dia do exercício seguinte àquele em que (à vista da omissão do sujeito passivo) o lançamento de ofício poderia ser feito" (AMARO, Luciano. *Direito tributário brasileiro*. 15. ed. São Paulo: Saraiva, 2009, p. 409).

– **Pagamento fora de prazo.** Vencido o prazo para pagamento do tributo sem que o contribuinte cumpra sua obrigação, abre-se ao Fisco, automaticamente, a possibilidade de proceder ao lançamento de ofício no prazo do art. 173, I, do CTN. Eventual pagamento intempestivo não altera tal prazo, não fazendo com que se proceda à contagem com base no art. 150, § 4º. Isso não quer dizer, contudo, que eventual pagamento fora do prazo possa ser considerado como indevido se o Fisco não lançar o tributo. Pagamento de valores implica confissão e extinção do crédito, dispensando qualquer lançamento por parte do Fisco relativamente ao montante pago. Efetivamente, a obrigação efetivamente existiu e o seu cumprimento foi devido. Não houve a constituição do crédito tributário pelo Fisco, é verdade, mas tal era absolutamente desnecessário no que diz respeito ao valor recolhido pelo contribuinte. A constituição do crédito tributário dá-se como instrumento para a busca da sua satisfação pelo contribuinte. Relativamente ao valor voluntariamente pago, desnecessária a constituição. Jamais se poderia falar, pois, em repetição do montante pago alegando-se não ter ocorrido o respectivo lançamento.

⇒ **Exercício seguinte àquele em que o lançamento poderia ter sido efetuado.** É o exercício seguinte ao do vencimento sem pagamento. Nem sempre coincide com o seguinte ao da ocorrência do fato gerador.

– "... convém ressalvar uma exceção à hipótese em que o termo *a quo* para a contagem do prazo do art. 173, I, do CTN... se inicia a partir do ano seguinte à ocorrência do fato gerador. Trata-se da situação em que, em razão da sistemática do tributo, seu lançamento não possa ser efetuado logo no exercício seguinte ao da ocorrência do fato gerador (e.g., quando o fato gerador ocorrer no final do exercício e o vencimento do tributo ou a data final para apresentação da sua declaração somente ocorrer no exercício seguinte). Nessa situação, o termo inicial da contagem do prazo

para o lançamento de ofício pelo fisco não coincidirá com o exercício seguinte ao da ocorrência do fato gerador. Será aquele imediatamente subsequente, na medida em que esse será o exercício seguinte ao qual o lançamento poderá ser efetuado (art. 173, I, do CTN)" (OLIVEIRA, Phelippe Toledo Pires de. Análise do prazo decadencial para o Fisco efetuar o lançamento de ofício nos casos de dolo, fraude e simulação na conduta do contribuinte (art. 150, § 4º, *in fine*, do CTN). *RDDT* 223/139, 2014).

II – da data em que se tornar definitiva a decisão que houver anulado, por vício formal, o lançamento anteriormente efetuado.

⇒ **Reabertura do prazo decadencial.** Cuida-se de hipótese de reabertura do prazo decadencial, caracterizando, pois, efetiva interrupção do prazo que estava em curso.

– "... contrariando as insistentes construções do direito privado, pelas quais uma das particularidades do instituto da decadência está na circunstância de que o prazo que lhe antecede não se interrompe, nem se suspende, a postura do item II do art. 173 do Código... desfaz qualquer convicção nesse sentido. Um lançamento anulado por vício formal é ato que existiu, tanto assim que foi anulado por vício de forma. Ora, a decisão final que declare a anulação do ato nada mais faz que interromper o prazo que já houvera decorrido até aquele momento. [...] A hipótese interruptiva apresenta-se clara e insofismável, brigando com a natureza do instituto cujas raízes foram recolhidas nas maturadas elaborações do Direito Privado" (CARVALHO, Paulo de Barros. *Curso de direito tributário*. 27. ed. São Paulo: Saraiva, 2016, p. 439).

– "O dispositivo comete um dislate ... a um só tempo, introduz, para o arrepio da doutrina, causa de interrupção e suspensão do prazo decadencial (suspensão porque o prazo não flui na pendência do processo em que se discute a nulidade do lançamento, e interrupção porque o prazo recomeça a correr do início e não da marca já atingida no momento em que ocorreu o lançamento nulo)" (AMARO, Luciano. *Direito tributário brasileiro*. 15. ed. São Paulo: Saraiva, 2009, p. 407).

– **Vício formal *x* vício material.** Os vícios formais são aqueles atinentes ao procedimento e ao documento que tenha formalizado a existência do crédito tributário. Vícios materiais são os relacionados à validade e à incidência da lei.

– **Reabertura para fins exclusivos de correção do vício formal.** "Relevante é ressaltarmos que a reabertura do prazo para a feitura de um novo lançamento destina-se apenas a permitir que seja sanada a nulidade do lançamento anterior, mas não autoriza um lançamento diverso, abrangente do que não estava abrangido no anterior" (MACHADO, Hugo de Brito. Aspectos do direito de defesa no processo administrativo tributário. *RDDT* 175/106, 2010).

– **Vício material não reabre prazo.** "LANÇAMENTO DECLARADO NULO POR PROGRESSIVIDADE. VÍCIO MATERIAL. DECADÊNCIA. OCORRÊNCIA. ART. 173, INC. I, DO CTN. 1. Caso em que o lançamento do IPTU foi declarado nulo por progressividade nas alíquotas aplicadas, o que corresponde a vício material, conforme entendimento pacífico desta Corte Superior. 2. É assente neste STJ que a renovação do prazo para realizar o lançamento tributário só é possível em caso de vício formal, a teor do art. 173, inc. II, do CTN" (STJ, AgRg no AREsp 296.869, 2013).

– **Reconhecimento de vício formal dependente de prejuízo à defesa.** Não há requisitos de forma que impliquem nulidade de modo automático e objetivo. A nulidade não decorre propriamente do descumprimento do requisito formal, mas dos seus efeitos comprometedores do direito de defesa assegurado constitucionalmente ao contribuinte já por força do art. 5º, LV, da Constituição Federal. Isso porque as formalidades se justificam como garantidoras da defesa do contribuinte; não são um fim, em si mesmas, mas um instrumento para assegurar o exercício da ampla defesa. Alegada eventual irregularidade, cabe, à autoridade administrativa ou judicial, verificar, pois, se tal implicou efetivo prejuízo à defesa do contribuinte. Daí falar-se do princípio da informalidade do processo administrativo.

– Sobre as nulidades no processo administrativo, vide nosso livro *Direito processual tributário, processo administrativo fiscal e Lei de Execução Fiscal à luz da doutrina e da jurisprudência*, escrito em coautoria com René Bergmann Ávila e Ingrid Schroder Sliwka, Liv. do Advogado, especialmente as notas aos 59 e 60 do Dec. 70.235/72.

Parágrafo único. O direito a que se refere este artigo extingue-se definitivamente com o decurso do prazo nele previsto, contado da data em que tenha sido iniciada a constituição do crédito tributário pela notificação, ao sujeito passivo, de qualquer medida preparatória indispensável ao lançamento.

⇒ **Antecipação do termo *a quo* do prazo decadencial.** "DECADÊNCIA. LANÇAMENTO POR HOMOLOGAÇÃO. A norma do art. 173, parágrafo único, do Código Tributário Nacional incide para antecipar o início do prazo de decadência a que a Fazenda Pública está sujeita para fazer o lançamento fiscal, não para dilatá-lo – até porque, iniciado, o prazo de decadência não se suspende nem se interrompe. Embargos de divergência providos" (STJ, EREsp 1.143.534, 2013).

– "NOTIFICAÇÃO DA FISCALIZAÇÃO NO MESMO EXERCÍCIO DO FATO GERADOR. ANTECIPAÇÃO DO MARCO INICIAL DO PRAZO DECADENCIAL. ART. 173, PARÁGRAFO ÚNICO, DO CTN... II – Iniciado o trabalho de lançamento do crédito tributário e notificado o contribuinte dentro do exercício em que ocorreu o fato gerador, tem início o curso do prazo decadencial para a constituição do crédito tributário, conforme artigo 173, parágrafo único, do Código Tributário Nacional. III – Todavia, se a notificação do contribuinte dos trabalhos de fiscalização ocorrer após o primeiro dia do exercício seguinte àquele em que ocorreu o fato gerador, não surtirá efeitos no que se refere ao curso decadencial, permanecendo como data inicial aquela estipulada pelo artigo 173, I, do Código Tributário Nacional, primeiro dia do exercício seguinte àquele em que o lançamento poderia ter sido efetuado" (STJ, REsp 909.570, 2007).

– "A terceira hipótese, ou seja, a do parágrafo único, é redutora do prazo máximo de até seis anos, onze meses e trinta dias, para

dar, como marco inicial, o princípio da constituição do crédito tributário, ou seja, o início da fiscalização, no caso de lançamento de ofício. Se, exemplificativamente, na dia 10 de junho do exercício seguinte ao da ocorrência do fato gerador, foi iniciada a fiscalização, o lançamento terá que se concluir até cinco anos depois (9/6), e não até o dia 31 de dezembro daquele ano" (MARTINS, Ives Gandra da Silva. Decadência e prescrição. *RDTAPET* 13/185, 2007).

– **Notificação para apresentar documentos comprobatórios do que consta na declaração de renda. Antecipação do prazo.** "... como regra, o prazo decadencial tem seu início no primeiro dia do exercício seguinte ao que o lançamento poderia ter sido feito. Como, no imposto de renda, o lançamento pode ser efetivado a partir do momento em que a declaração do contribuinte é apresentada, resulta que o termo inicial do aludido lapso é o dia 1º de janeiro do exercício seguinte a essa apresentação. Como exceção, contudo, permite o parágrafo único daquele dispositivo legal, que esse termo inicial possa ser antecipado pela notificação, ao sujeito passivo, de qualquer medida preparatória indispensável ao lançamento. Assim, por exemplo, se o contribuinte é notificado, dentro do próprio exercício em que deve apresentar sua declaração, a apresentar documentos comprobatórios de suas afirmações, o prazo decadencial começa a correr da data em que o constituinte é notificado de tal exigência. Entretanto, como se trata de uma regra que excepciona a regra geral, deve ela ser interpretada restritivamente. Assim, tal só pode ocorrer nos precisos termos da lei, quando o sujeito passivo é notificado da aludida medida preparatória" (TRF3, AC 89.03.011700-0, 1991).

– **Notificação posterior ao início do prazo.** "A notificação feita depois de iniciado o prazo decadencial não o interrompe nem suspende" (DELGADO, José Augusto. Reflexões Contemporâneas sobre a prescrição e decadência em matéria tributária. Doutrina. Jurisprudência do Superior Tribunal de Justiça. *RFDT* 10/21, 2004).

– "O problema está na hipótese em que tal notificação seja feita após já ter tido início o prazo de decadência (contado de acordo com a regra do item I do *caput* do dispositivo). Nessa hipótese, o prazo decadencial já terá tido início, e o prazo a que se refere o citado item é um prazo para 'constituir o crédito' e não para 'começar a constituir o crédito'. Em suma, parece-nos que o parágrafo só opera para antecipar o início do prazo decadencial, não para interrompê-lo, caso ele já tenha tido início de acordo com o item I do *caput* do dispositivo" (AMARO, Luciano. *Direito tributário brasileiro*. 15. ed. São Paulo: Saraiva, 2009, p. 408).

– "EXECUÇÃO. DECADÊNCIA. ART. 173, *a* e parágrafo único do CTN. [...] Se a notificação de que trata o parágrafo único do art. 173 do CTN é feita depois de iniciado o prazo decadencial, não o interrompe, nem o suspende" (TRF1, AC 92.01.29584-7, 1993).

⇒ **Interrupção do prazo para lançamento relativo a tributos sujeitos a lançamento por homologação em que não tenha ocorrido o pagamento antecipado.** Nos tributos sujeitos a lançamento por homologação, ocorrendo o pagamento antecipado tempestivo, o prazo para o lançamento de eventual diferença é o do art. 150, § 4º, do CTN; não ocorrendo o pagamento tempestivo, aplica-se o art. 173, I, do CTN. Há precedentes que, nesse último caso, forte no parágrafo único do art. 173, ora sob análise, atribuem a qualquer medida preparatória do lançamento o efeito de servir de termo *a quo* do prazo, mesmo se já iniciado o prazo decadencial, ou seja, mesmo se posterior ao primeiro dia do exercício seguinte aquele em que o lançamento poderia ser efetuado. Nessa hipótese, a aplicação do parágrafo único teria efeito interruptivo do prazo decadencial, fazendo-o recomeçar por inteiro.

– "TRIBUTO SUJEITO A LANÇAMENTO POR HOMOLOGAÇÃO. INEXISTÊNCIA DE PAGAMENTO ANTECIPADO. PRAZO DECADENCIAL. TERMO INICIAL. 1. Segundo entendimento desta Corte, o prazo decadencial para constituição do crédito tributário, no caso de tributo sujeito a lançamento por homologação em que não ocorre o pagamento, se inicia a partir da notificação de medida preparatória indispensável ao próprio lançamento, caso existente, independentemente de ter sido realizada antes ou depois de iniciado o prazo do inciso I, do artigo 173, do CTN. Precedente: REsp 766.050/PR, Rel. Min. Luiz Fux, Primeira Seção, *DJ* de 25.2.2008. 2. Na espécie, conforme consignado no acórdão recorrido, houve emissão de mandado de procedimento fiscal em 25.5.2005, ou seja, antes do curso do prazo de cinco anos do lançamento do crédito tributário" (STJ, REsp 1.143.534, 2010).

– "DECADÊNCIA DO DIREITO DE O FISCO CONSTITUIR O CRÉDITO TRIBUTÁRIO. INOCORRÊNCIA. ARTIGO 173, PARÁGRAFO ÚNICO, DO CTN. [...].12. Por seu turno, nos casos em que inexiste dever de pagamento antecipado (tributos sujeitos a lançamento de ofício) ou quando, existindo a aludida obrigação (tributos sujeitos a lançamento por homologação), há omissão do contribuinte na antecipação do pagamento, desde que inocorrentes quaisquer ilícitos (fraude, dolo ou simulação), tendo sido, contudo, notificado de medida preparatória indispensável ao lançamento, fluindo o termo inicial do prazo decadencial da aludida notificação (artigo 173, parágrafo único, do CTN), independentemente de ter sido a mesma realizada antes ou depois de iniciado o prazo do inciso I, do artigo 173, do CTN" (STJ, REsp 766.050, 2007).

⇒ **Ampliação do prazo na hipótese de dolo, fraude ou simulação relativamente aos tributos sujeitos a lançamento por homologação.** Sobre o entendimento de que esse parágrafo do art. 173 implica ampliação do prazo para lançamento na hipótese da parte final do art. 150, § 4º, do CTN, vide nota ao respectivo dispositivo.

⇒ **Entendendo que o parágrafo único institui prazo limite para conclusão do processo administrativo fiscal, ou seja, de perempção para a constituição definitiva do crédito.** "... a postulação de uma interpretação no sentido da inexistência de prazo para a conclusão do procedimento administrativo traz em si três consequências inaceitáveis, quais sejam: a) neutralização de toda a sistemática de prazos, pois estes pouco significariam, especialmente o de prescrição, se o processo administrativo pudesse demorar quinze ou vinte anos, ou mesmo indefinidamente; b) deixar a critério do credor (o Fisco) a definição do momento em que tem início o prazo prescricional que correria contra ele próprio; e c) perenização das pendên

cias, pois o contribuinte a rigor não saberia durante quanto tempo ainda poder-lhe-ia ser exigido um tributo relativamente a um fato gerador ocorrido no passado, o que atinge o princípio. da segurança das relações jurídicas. [...] não teria sentido o parágrafo único estar se referindo ao direito de iniciar o procedimento, pois essa etapa já é assumida pelo dispositivo como anterior à sua própria incidência. Com efeito, esse dispositivo prevê a extinção definitiva do direito de constituir o crédito tributário com o decurso do prazo, de cinco anos, contado da data em que foi iniciada a sua constituição. Ora, se o prazo do parágrafo único do art. 173 começa com o início da constituição do crédito tributário pela notificação de qualquer medida preparatória, então parece óbvio que o dispositivo não está se referindo a um prazo para iniciar o procedimento, pois seu termo inicial já é o ato que inicia o procedimento. Vale dizer, enquanto o *caput* do art. 173 prevê um prazo para iniciar o procedimento, o parágrafo único fixa um prazo depois que o procedimento foi iniciado pela notificação ao sujeito passivo. Em suma, o dispositivo em tela contém um prazo para concluir a constituição definitiva do crédito, contado do início do procedimento de constituição. Em outros termos, contém um prazo para proceder sob pena de extinção do direito de constituir o crédito tributário. Ou seja, um prazo de perempção desse direito. [...] uma vez iniciado o procedimento administrativo tributário pela notificação de qualquer medida preparatória indispensável à verificação do fato gerador, identificação do sujeito passivo etc., tem início um prazo peremptório de cinco anos para que se constitua definitivamente o crédito tributário, sob pena de extinção do direito de constituí-lo. [...] o Código Tributário Nacional não prevê apenas os prazos de decadência e prescrição, mas contém a previsão de um prazo de perempção, para que a Administração Pública conclua o procedimento tributário de lançamento já iniciado. Em função disso na sistemática tributária ter-se-ão três prazos distintos: a) um prazo de decadência, até a lavratura do auto de infração ou do chamado 'lançamento'; b) um prazo de perempção, desde o início do procedimento até sua conclusão; c) um prazo de prescrição, depois de concluído o procedimento administrativo, atendido o critério da *actio nata*" (GRECO, Marco Aurélio. *Princípios tributários no direito brasileiro e comparado – Estudos jurídicos em homenagem a Gilberto de Ulhôa Canto*. Rio de Janeiro: Forense, 1988, p. 502 e ss.).

– "É certo que o citado artigo não cuida, explicitamente, da hipótese de perempção. Refere-se, em verdade, a uma antecipação do termo inicial da decadência, no caso de tributos submetidos ao prazo de que cuida o *caput* do art. 173... Entretanto, dele pode ser extraída a existência de um prazo de perempção, de cinco anos, dentro do qual a Administração Pública há de concluir o processo administrativo. Em outros termos, se, para ultimar o lançamento tido como 'provisório' pelo Pretório Excelso, o Fisco dispõe de cinco anos, o mesmo prazo, por consequência, limitará no tempo o exercício de seu dever de torná-lo definitivo, dando cabo à fase contraditória de controle de sua legalidade. Aliás, se o CTN prevê prazos para a decadência e a prescrição em nome da segurança jurídica, seria inadmissível que deixasse em aberto um prazo intermediário, o que instauraria a insegurança jurídica, estiolando praticamente a finalidade em razão da qual estabelecera aqueles prazos. É claramente irrazoável estabelecer um prazo de decadência, e outro de prescrição, se entre eles há um hiato infinito que é o tempo para a conclusão do processo administrativo. Tem o Fisco, por conseguinte, de impulsionar o processo administrativo de controle da legalidade do crédito tributário, sob pena de sua extinção definitiva pela perempção. [...] A necessidade de uma delimitação temporal ao processo administrativo fiscal levou doutrinadores de respeito a vislumbrarem, nessa situação de abandono, a ocorrência da chamada prescrição intercorrente. A tese é consistente, e, a nosso ver, apenas adota outra nomenclatura para uma mesma realizada jurídica. Preferimos o termo perempção..." (MACHADO SEGUNDO, Hugo de Brito. *Processo administrativo tributário*. 5. ed. Atlas, 2010, p. 182-183).

– **A perempção está sob reserva de lei complementar. Inconstitucionalidade de lei estadual que a reconhece.** "NORMA DO ESTADO DE SANTA CATARINA QUE ESTABELECE HIPÓTESE DE EXTINÇÃO DO CRÉDITO TRIBUTÁRIO POR TRANSCURSO DE PRAZO PARA APRECIAÇÃO DE RECURSO ADMINISTRATIVO FISCAL. CONSTITUIÇÃO DO ESTADO, ART. 16. ATO DAS DISPOSIÇÕES CONSTITUCIONAIS TRANSITÓRIAS DA CONSTITUIÇÃO ESTADUAL, ART. 4º ALEGADA VIOLAÇÃO DO ART. 146, III, *B*, DA CONSTITUIÇÃO. A determinação do arquivamento de processo administrativo tributário por decurso de prazo, sem a possibilidade de revisão do lançamento equivale à extinção do crédito tributário cuja validade está em discussão no campo administrativo. Em matéria tributária, a extinção do crédito tributário ou do direito de constituir o crédito tributário por decurso de prazo, combinado a qualquer outro critério, corresponde à decadência. Nos termos do Código Tributário Nacional (Lei 5.172/1996), a decadência do direito do Fisco ao crédito tributário, contudo, está vinculada ao lançamento extemporâneo (constituição), e não, propriamente, ao decurso de prazo e à inércia da autoridade fiscal na revisão do lançamento originário. Extingue-se um crédito que resultou de lançamento indevido, por ter sido realizado fora do prazo, e que goza de presunção de validade até a aplicação dessa regra específica de decadência. O lançamento tributário não pode durar indefinidamente, sob risco de violação da segurança jurídica, mas a Constituição de 1988 reserva à lei complementar federal aptidão para dispor sobre decadência em matéria tributária. Viola o art. 146, III, *b*, da Constituição federal norma que estabelece hipótese de decadência do crédito tributário não prevista em lei complementar federal. Ação direta de inconstitucionalidade conhecida e julgada procedente" (STF, ADI 124, 2008).

– **Inocorrência de perempção ou prescrição intercorrente no processo administrativo fiscal.** "CRÉDITO TRIBUTÁRIO. EXTINÇÃO. DECADÊNCIA E PRESCRIÇÃO. O Código Tributário Nacional estabelece três fases inconfundíveis: a que vai até a notificação do lançamento ao sujeito passivo, em que corre prazo de decadência (art. 173, I e II); a que se estende da notificação do lançamento até a solução do processo administrativo, em que não correu nem prazo de decadência, nem de prescrição, por estar suspensa a exigibilidade do crédito (art. 151,

III); a que começa na data da solução final do processo administrativo, quando corre prazo de prescrição da ação judicial da Fazenda (art. 174)" (STF, RE 95.365, 1981).

– Súmula 11 do CARF: "Não se aplica a prescrição intercorrente no processo administrativo fiscal".

– Entendendo que inocorre, vide, também: FEITORA, Celso Alves. A questão da "prescrição intercorrente" no processo administrativo fiscal. *RDDT* 94/18.

– Acerca da matéria, a favor e contra, vide notas ao art. 4º do Dec. 70.235/72, no livro *Direito processual tributário, processo administrativo fiscal e execução fiscal à luz da doutrina e da jurisprudência*, que escrevemos com René Bergmann Ávila e Ingrid Schroder Sliwka.

Art. 174. A ação para a cobrança do crédito tributário prescreve em 5 (cinco) anos, contados da data da sua constituição definitiva.

⇒ **Prescrição da ação para cobrança do crédito tributário.** A prescrição é a perda do direito de pleitear judicialmente o reconhecimento ou a satisfação de um direito. Em matéria tributária, seu efeito é ainda mais amplo, pois, assim como a decadência, extingue o próprio crédito tributário (art. 156, V, do CTN). A prescrição da ação para cobrança do crédito tributário implica impossibilidade de propor ou de prosseguir com a execução fiscal. Isso porque, em matéria tributária, não tem lugar a simples ação de cobrança. O CTN reconhece ao Fisco a prerrogativa de inscrever o débito do contribuinte em dívida ativa, cuja certidão constitui título executivo, nos termos do art. 784, IX, do novo CPC/15. A execução judicial para cobrança da dívida ativa da União, Estados, DF e Municípios e de suas autarquias, rege-se pela chamada Lei de Execução Fiscal (Lei n. 6.830/80). Sobre a natureza material ou processual da prescrição, vide nota ao art. 156, V, do CTN.

– "... não existe uma única teoria global sobre prescrição e decadência, aplicável a toda e qualquer situação, tampouco pertencente ao Direito Civil. O que há são pontos comuns a todos os ramos jurídicos, que podem ser reunidos no que se costuma chamar de teoria geral, mas cuja concepção cede diante de princípios e regras de cada disciplina autônoma. Bem por isso os princípios e regras que regem o instituto da prescrição no âmbito do Direito Tributário são específicos, não se confundindo com os aplicáveis no campo do Direito Civil ou de qualquer outro ramo jurídico. O equívoco de invocar regras de outras disciplinas jurídicas para tratar da prescrição em matéria tributária implica ignorar a própria autonomia do Direito Tributário e do seu conjunto particular de princípios e regras, que começa na CF... e se irradia para o CTN através de normas gerais sobre tributação. Como se tem insistido, uma das regras específicas, particulares, próprias do Direito Tributário, é a exigência de lei complementar para tratar da prescrição [...], exigência essa que, aliás, não tem paralelo em nenhuma outra disciplina jurídica. ... no Direito Tributário a prescrição atinge o próprio direito material... Assim, as causas de extinção do crédito tributário implicam a extinção da própria obrigação tributária de pagar tributo, sendo uma das causas de extinção do crédito, prevista no inciso V do art. 156 do CTN, justamente a consumação da prescrição. ... no Direito Tributário, por força dos princípios e regras específicas da matéria, a prescrição não retrata regra meramente processual, vez que extingue, fatalmente, a própria relação jurídico-obrigacional. São regras de direito material..." (LIMA JUNIOR, Joel Gonçalves de. Interrupção da prescrição na execução fiscal: Súmula 106 do STJ e a recente decisão da Corte Especial do Superior Tribunal de Justiça. *RDDT* 205/70-84, 2012).

– **Requisitos.** "Para caracterizar a prescrição, é indispensável a presença de quatro requisitos: fluxo de lapso temporal; a existência de uma ação possível ao credor; a inércia do titular da pretensão; e a ausência de algum fato suspensivo ou interruptivo do curso do lapso temporal" (MARTINS, Adriano Vidigal. A contagem do prazo prescricional do crédito tributário em relação aos sócios administradores. *RDDT* 216/7, 2013).

⇒ **Prazo prescricional: cinco anos para qualquer crédito tributário.** O art. 174 estabelece o prazo de cinco anos para a cobrança do crédito tributário, o que abrange tanto o tributo propriamente como seus acréscimos de juros e eventuais multas pelo descumprimento da obrigação tributária. O crédito tributário corresponde à obrigação tributária principal (art. 113, § 1º, do CTN).

– O art. 146, III, *b*, da CF, ao exigir lei complementar para dispor sobre normas gerais de Direito Tributário, refere-se expressamente à decadência e à prescrição. A prescrição é, assim, considerada pela própria Constituição, inequivocamente, norma geral de Direito Tributário sob reserva de lei complementar. E, como não se pode conceber prescrição sem termo inicial ou sem prazo, tampouco negar que as suspensões ou interrupções interferem diretamente na sua contagem, impõe-se concluir que todos estes aspectos, pois, estão sob reserva de lei complementar. Assim, não têm validade termos, prazos, hipóteses de suspensão ou de interrupção estabelecidos por lei ordinária, que desbordem do regime constante do CTN, recepcionado que foi este como lei complementar.

– **Multa tributária submete-se ao art. 174 do CTN.** "9. A multa fiscal subsume-se aos prazos de prescrição estabelecidos pelo direito tributário, restando inaplicável o art. 114, I do Código Penal, pois a sua natureza jurídica não está ligada ao crime" (STJ, REsp 840.111, 2009).

– **Contribuições de Seguridade Social também se submetem ao art. 174 do CTN. Inconstitucionalidade do art. 46 da Lei n. 8.212/91.** O art. 46 da Lei n. 8.212/91 estabeleceu prazo prescricional de 10 anos para as contribuições de seguridade social, mas, por invadir matéria reservada à lei complementar de normas gerais em matéria tributária (art. 146, III, *b*, da CF), foi declarado inconstitucional pelo STF (RE 559.943, rel. Min. Cármen Lúcia, jun. 2008, transcrito em nota ao art. 146, III, *b*, da CF). Aplica-se o prazo prescricional quinquenal estabelecido pelo art. 174 do CTN.

– **Súmula Vinculante 8:** "São inconstitucionais o parágrafo único do artigo 5º do Decreto-lei 1569/77 e os artigos 45 e 46 da Lei 8.212/91, que tratam de prescrição e decadência de crédito tributário" (2008).

– O STF decidiu modular os efeitos da declaração de inconstitucionalidade para que alcançasse os valores ainda não vertidos aos cofres públicos, impedindo sua cobrança. Quanto aos valores já pagos, a declaração de inconstitucionalidade só aproveita aos contribuintes que já haviam pleiteado administrativa ou judicialmente sua devolução; os pagamentos relativamente aos quais não havia pedido de repetição nem compensação restaram estabilizados, não podendo ser devolvidos. Eis a conclusão do voto condutos do Min. Gilmar Mendes (RE 559.882-9/RS): "... créditos pendentes de pagamento não podem ser cobrados, em nenhuma hipótese, após o lapso temporal quinquenal. Por outro lado, créditos pagos antes de 11.6.2008 só podem ser restituídos, compensados ou de qualquer forma aproveitados, caso o contribuinte tenha assim pleiteado até a mesma data, seja pela via judicial, seja pela via administrativa. Ou seja, consideram-se insuscetíveis de restituição os recolhimentos efetuados nos prazos previstos nos arts. 45 e 46 da Lei n. 8.212/1991 e não impugnados antes da conclusão deste julgamento".

– **FGTS não se submete ao art. 174 porque não é tributo. Mas também está sujeita a prazo quinquenal.** A contribuição de 8% para depósito em conta vinculada do trabalhador, a título de FGTS, não constitui tributo, de maneira que não se lhes aplicam os arts. 173 e 174 do CTN. Os tribunais vinham aplicando às contribuições ao FGTS prazo trintenário, conforme consolidado na Súmula 210 do STJ: "A ação de cobrança das contribuições para o FGTS prescreve em trinta (30) anos". Mas o Plenário do STF, em 2014, decidiu que o prazo prescricional para a cobrança de contribuição ao FGTS é quinquenal, forte na aplicação do art. 7º, XXIX, da Constituição, reconhecendo, assim, a inconstitucionalidade do art. 23, § 5º, da Lei n. 8.036/1990, e do art. 55 do Decreto n. 99.684/1990, que mantinham a prescrição trintenária. Os créditos de FGTS são decorrentes da relação de trabalho, submetendo-se, a sua cobrança, ao prazo de "cinco anos até o limite de dois anos após a extinção do contrato de trabalho" a que se refere o art. 7º, XXIX, da CF. O prazo prescricional do FGTS, portanto, também é quinquenal, restando superada a Súmula 210 do STJ.

– **Tema 608 do STF:** "O prazo prescricional aplicável à cobrança de valores não depositados no Fundo de Garantia por Tempo de Serviço (FGTS) é quinquenal, nos termos do art. 7º, XXIX, da Constituição Federal". Decisão de mérito em 2014.

– "Direito do Trabalho. Fundo de Garantia por Tempo de Serviço (FGTS). Cobrança de valores não pagos. Prazo prescricional. Prescrição quinquenal. Art. 7º, XXIX, da Constituição. Superação de entendimento anterior sobre prescrição trintenária. Inconstitucionalidade dos arts. 23, § 5º, da Lei 8.036/1990 e 55 do Regulamento do FGTS aprovado pelo Decreto 99.684/1990. Segurança jurídica. Necessidade de modulação dos efeitos da decisão. Art. 27 da Lei 9.868/1999. Declaração de inconstitucionalidade com efeitos ex nunc. Recurso extraordinário a que se nega provimento" (STF, ARE 709.212, 2014).

– **Súmula 353 do STJ:** "As disposições do Código Tributário Nacional não se aplicam às contribuições para o FGTS" (2008).

– **Súmula 210 do STJ:** "A ação de cobrança das contribuições para o FGTS prescreve em trinta (30) anos". (Obs.: SUPERADA PELO TEMA 608 DO STF).

– **Súmula 43 do TRF4:** "As contribuições para o FGTS não têm natureza tributária, sujeitando se ao prazo prescricional de trinta anos" (1998).

⇒ **Termo *a quo* da prescrição do crédito lançado.** O prazo de cinco anos é contado da constituição definitiva do crédito tributário. Torna-se definitivo o lançamento quando o contribuinte, notificado, deixa de impugnar, intimado da decisão, deixa de recorrer ou é intimado da decisão final não mais sujeita a recurso. O STJ entende que o prazo se inicia quando, constituído definitivamente o crédito tributário, escoar o prazo para pagamento voluntário.

– **Dec. 70.235/72:** "Art. 42. São definitivas as decisões: I – de primeira instância esgotado o prazo para recurso voluntário sem que este tenha sido interposto; II – de segunda instância de que não caiba recurso ou, se cabível, quando decorrido o prazo sem sua interposição; III – de instância especial. Parágrafo único. Serão também definitivas as decisões de primeira instância na parte que não for objeto de recurso voluntário ou não estiver sujeita a recurso de ofício".

– "2. Sobre o termo *a quo* do prazo prescricional quinquenal para a cobrança dos créditos tributários constituídos e exigíveis na forma do Decreto n. 70.235/72, não corre a prescrição enquanto não forem constituídos definitivamente tais créditos, ou seja, enquanto não se esgotar o prazo de trinta dias previsto no art. 15 daquele diploma normativo, prazo este fixado para a impugnação da exigência tributária. E se for apresentada impugnação, dispõe o art. 42 do Decreto n. 70.235/72 que serão definitivas: I – as decisões de primeira instância, quando esgotado o prazo para recurso voluntário sem que este tenha sido interposto; II – as decisões de segunda instância de que não caiba recurso ou, se cabível, quando decorrido o prazo sem sua interposição; III – as decisões de instância especial. Serão também definitivas as decisões de primeira instância na parte que não for objeto de recurso voluntário ou não estiver sujeita a recurso de ofício. [...] 5. No presente caso, o Tribunal de origem considerou o dia 17.10.2001 como sendo a data da constituição definitiva do crédito tributário (trinta dias após a notificação para impugnação da exigência na esfera administrativa), pelo que aquele Tribunal decidiu corretamente ao manter o entendimento de que a propositura da execução fiscal, em 18.10.2006, ocorreu após o prazo prescricional quinquenal (o quinquênio se findou no dia 17.10.2006)" (STJ, REsp 1.399.591, 2013).

– **Quando esgotado o prazo para pagamento voluntário. Súmula 622 do STJ:** "A notificação do auto de infração faz cessar a contagem da decadência para a constituição do crédito tributário; exaurida a instância administrativa com o decurso do prazo para a impugnação ou com a notificação de seu julgamento definitivo e esgotado o prazo concedido pela Administração para o pagamento voluntário, inicia-se o prazo prescricional para a cobrança judicial" (2018).

– **IPTU.** "IPTU. PRESCRIÇÃO. TERMO INICIAL... 2. Nos termos da Súmula 397/STJ, 'O contribuinte do IPTU é notificado do lançamento pelo envio do carnê ao seu endereço'. 3. Constituído o crédito tributário pelo envio do carnê ao endereço do sujeito passivo e encontrando-se pendente o prazo de vencimento para o pagamento voluntário, ainda não surge para o credor a pretensão executória, sem a qual não tem início o prazo prescricional [...]" (STJ, REsp 1.399.984, 2013).

⇒ **IPVA. Contagem do vencimento. Tema 903 do STJ:** "A notificação do contribuinte para o recolhimento do IPVA perfectibiliza a constituição definitiva do crédito tributário, iniciando-se o prazo prescricional para a execução fiscal no dia seguinte à data estipulada para o vencimento da exação". Decisão do mérito em 2016.

– "RECURSO ESPECIAL REPETITIVO. IPVA. DECADÊNCIA. LANÇAMENTO DE OFÍCIO. REGULARIDADE. PRESCRIÇÃO. PARÂMETROS. 1. O Imposto sobre a Propriedade de Veículos Automotores (IPVA) é lançado de ofício no início de cada exercício (art. 142 do CTN) e constituído definitivamente com a cientificação do contribuinte para o recolhimento da exação, a qual pode ser realizada por qualquer meio idôneo, como o envio de carnê ou a publicação de calendário de pagamento, com instruções para a sua efetivação. 2. Reconhecida a regular constituição do crédito tributário, não há mais que falar em prazo decadencial, mas sim em prescricional, cuja contagem deve se iniciar no dia seguinte à data do vencimento para o pagamento da exação, porquanto antes desse momento o crédito não é exigível do contribuinte. 3. Para o fim preconizado no art. 1.039 do CPC/2015, firma-se a seguinte tese: 'A notificação do contribuinte para o recolhimento do IPVA perfectibiliza a constituição definitiva do crédito tributário, iniciando-se o prazo prescricional para a execução fiscal no dia seguinte à data estipulada para o vencimento da exação'. 4. Recurso especial parcialmente provido. Julgamento proferido pelo rito dos recursos repetitivos (art. 1.039 do CPC/2015)" (STJ, REsp 1.320.825, 2016).

⇒ **IPTU. Contagem do vencimento. Tema 980 do STJ:** "(i) O termo inicial do prazo prescricional da cobrança judicial do Imposto Predial e Territorial Urbano – IPTU inicia-se no dia seguinte à data estipulada para o vencimento da exação; (ii) o parcelamento de ofício da dívida tributária não configura causa interruptiva da contagem da prescrição, uma vez que o contribuinte não anuiu". Decisão do mérito em 2018.

– "PROCESSUAL CIVIL E TRIBUTÁRIO. RECURSO ESPECIAL REPRESENTATIVO DA CONTROVÉRSIA. IPTU. PRESCRIÇÃO. TERMO INICIAL. DIA SEGUINTE AO VENCIMENTO DA EXAÇÃO. PARCELAMENTO DE OFÍCIO DA DÍVIDA TRIBUTÁRIA. NÃO CONFIGURAÇÃO DE CAUSA SUSPENSIVA DA CONTAGEM DA PRESCRIÇÃO. MORATÓRIA OU PARCELAMENTO APTO A SUSPENDER A EXIGIBILIDADE DO CRÉDITO TRIBUTÁRIO. NECESSÁRIA MANIFESTAÇÃO DE VONTADE DO CONTRIBUINTE. PARCELAMENTO DE OFÍCIO. MERO FAVOR FISCAL. APLICAÇÃO DO RITO DO ART. 1.036 E SEGUINTES DO CPC/2015. ART. 256-I DO RISTJ... 1. Tratando-se de lançamento de ofício, o prazo prescricional de cinco anos para que a Fazenda Pública realize a cobrança judicial de seu crédito tributário (art. 174, *caput* do CTN) referente ao IPTU, começa a fluir somente após o transcurso do prazo estabelecido pela lei local para o vencimento da exação (pagamento voluntário pelo contribuinte), não dispondo o Fisco, até o vencimento estipulado, de pretensão executória legítima para ajuizar execução fiscal objetivando a cobrança judicial, embora já constituído o crédito desde o momento no qual houve o envio do carnê para o endereço do contribuinte (Súmula 397/STJ). Hipótese similar ao julgamento por este STJ do REsp. 1.320.825..., submetido ao rito dos recursos repetitivos (Tema 903), no qual restou fixada a tese de que a notificação do contribuinte para o recolhimento do IPVA perfectibiliza a constituição definitiva do crédito tributário, iniciando-se o prazo prescricional para a execução fiscal no dia seguinte à data estipulada para o vencimento da exação. 2. O parcelamento de ofício da dívida tributária não configura causa interruptiva da contagem da prescrição, uma vez que o contribuinte não anuiu. 3. A liberalidade do Fisco em conceder ao contribuinte a opção de pagamento à vista (cota única) ou parcelado (10 cotas), independente de sua anuência prévia, não configura as hipóteses de suspensão da exigibilidade do crédito tributário previstas no art. 151, I e VI do CTN (moratória ou parcelamento), tampouco causa de interrupção da prescrição, a qual exige o reconhecimento da dívida por parte do contribuinte (art. 174, parág. único, IV do CTN). 4. O contribuinte não pode ser despido da autonomia de sua vontade, em decorrência de uma opção unilateral do Estado, que resolve lhe conceder a possibilidade de efetuar o pagamento em cotas parceladas. Se a Fazenda Pública Municipal entende que é mais conveniente oferecer opções parceladas para pagamento do IPTU, o faz dentro de sua política fiscal, por mera liberalidade, o que não induz a conclusão de que houve moratória ou parcelamento do crédito tributário, nos termos do art. 151, I e VI do CTN, apto a suspender o prazo prescricional para a cobrança de referido crédito. Necessária manifestação de vontade do contribuinte a fim de configurar moratória ou parcelamento apto a suspender a exigibilidade do crédito tributário. 5. Acórdão submetido ao regime do art. 1.036 e seguintes do CPC/2015 (art. 256-I do RISTJ, incluído pela Emenda Regimental 24 de 28.9.2016), cadastrados sob o Tema 980/STJ, fixando-se a seguinte tese: (i) o termo inicial do prazo prescricional da cobrança judicial do Imposto Predial e Territorial Urbano - IPTU inicia-se no dia seguinte à data estipulada para o vencimento da exação; (ii) o parcelamento de ofício da dívida tributária não configura causa interruptiva da contagem da prescrição, uma vez que o contribuinte não anuiu" (STJ, REsp 1.658.517, 2018).

– **Impugnação intempestiva não impede o início da prescrição.** "PROCESSO ADMINISTRATIVO. IMPUGNAÇÃO INTEMPESTIVA. EXECUÇÃO FISCAL. PRESCRIÇÃO. – Considera-se definitivamente constituído o crédito tributário, para fins de contagem do prazo prescricional do art. 174 do CTN, quando decorrido o prazo de notificação para recurso da decisão proferida no processo administrativo ou notificada decisão não mais sujeita a recurso. As impugnações e recursos impedem o curso do prazo prescricional, pois suspendem a exigibilidade do crédito tributário, nos termos do art. 151, III, do CTN. – Em se tratando de impugnação intempestiva, contudo, não chega a instaurar a fase litigiosa do processo administrativo fiscal, forte nos arts. 14 e 15 do Decreto 70.235/72 (PAF). Conforme o Ato Declaratório da COSIT n. 15/96, que integra a legisla-

ção tributária (art. 96 do CTN) como norma complementar das leis e dos decretos (art. 100 e seu inciso I do CTN), apresentada defesa fora do prazo, não caracteriza impugnação, não instaura a fase litigiosa do procedimento, não suspende a exigibilidade do crédito tributário nem comporta julgamento de primeira instância, salvo se caracterizada ou suscitada a tempestividade, como preliminar. – Prescrição contada do decurso *in albis* do prazo de 30 dias da notificação do Auto de Infração para impugnação" (TRF4, AC 1999.71.01.002207-7, 2005).

– A impugnação intempestiva não suspende a exigibilidade do crédito tributário, conforme se vê em nota ao art. 151, III, do CTN.

– **Parcela incontroversa, não impugnada ou recorrida. Constituição definitiva e início do prazo.** Quanto à parte do crédito tributário não impugnada ou recorrida, dá-se a constituição definitiva do crédito no momento da apresentação da impugnação ou interposição do recurso parciais (preclusão lógica). O prazo prescricional para a cobrança do incontroverso, portanto, conta-se desde já.

– Decreto n. 70.235/72 (Lei do PAF): "Art. 21... § 1º No caso de impugnação parcial, não cumprida a exigência relativa à parte não litigiosa do crédito, o órgão preparador, antes da remessa dos autos a julgamento, providenciará a formação de autos apartados para a imediata cobrança da parte não contestada, consignando essa circunstância no processo original. (Redação dada ao parágrafo pela Lei n. 8.748, de 09.12.1993) [...] Art. 42... Parágrafo único. Serão também definitivas as decisões de primeira instância na parte que não for objeto de recurso voluntário ou não estiver sujeita a recurso de ofício".

– **Pendente análise de impugnação ou recurso, não corre a prescrição.** "1. A antiga forma de contagem do prazo prescricional, expressa na Súmula 153 do extinto TFR, tem sido hoje ampliada pelo STJ, que adotou a posição do STF. 2. Atualmente, enquanto há pendência de recurso administrativo, não se fala em suspensão do crédito tributário, mas sim em um hiato que vai do início do lançamento, quando desaparece o prazo decadencial, até o julgamento do recurso administrativo ou a revisão *ex officio*. 3. Somente a partir da data em que o contribuinte é notificado do resultado do recurso ou da sua revisão, tem início a contagem do prazo prescricional. 4. Prescrição intercorrente não ocorrida, porque efetuada a citação antes de cinco anos da data da propositura da execução fiscal" (STJ, REsp 435.896, 2003).

– "1. Decadência. A partir da notificação do contribuinte (CTN, art. 145, I), o crédito tributário já existe – e não se pode falar em decadência do direito de constituí-lo, porque o direito foi exercido – mas ainda está sujeito à desconstituição na própria via administrativa se for impugnado. A impugnação torna litigioso o crédito, tirando-lhe a exequibilidade (CTN, artigo 151, III): quer dizer, o crédito tributário pendente de discussão não pode ser cobrado, razão pela qual também não se pode cogitar-se de prescrição, cujo prazo só inicia na data da sua constituição definitiva. (CTN, art. 174). 2. Perempção. O tempo que decorre entre a notificação do lançamento fiscal e a decisão final da impugnação ou do recurso administrativo corre contra o contribuinte, que, mantida a exigência fazendária, responderá pelo débito originário acrescido dos juros de mora e da correção monetária; a demora na tramitação do processo-administrativo fiscal não implica a perempção do direito de constituir definitivamente o crédito tributário, instituto não previsto no Código Tributário nacional. Recurso especial não conhecido" (STJ, REsp 53.467, 1996).

– **Súmula 153 do extinto TFR:** "Constituído, no quinquênio, através de auto de infração ou notificação de lançamento, o crédito tributário, não há falar em decadência, fluindo, a partir daí, em princípio, o prazo prescricional, que, todavia, fica em suspenso, até que sejam decididos os recursos administrativos".

– **A cobrança amigável é irrelevante para a contagem do prazo.** "3. O prazo de trinta dias para a cobrança amigável previsto no art. 21 do Decreto n. 70.235/72 não suspende a exigibilidade do crédito tributário e, por conseguinte, não impede o curso do prazo prescricional. Nesse sentido, aliás, é o seguinte precedente do extinto Tribunal Federal de Recursos: AC 62.772/SP, 4ª Turma, Rel. Min. Carlos Mário Velloso, *DJ* de 3.3.1983" (STJ, REsp 1.399.591, 2013).

– **Decreto n. 70.235/72, com a redação da Lei n. 8.748/93:** "Art. 21. Não sendo cumprida nem impugnada a exigência, a autoridade preparadora declarará a revelia, permanecendo o processo no órgão preparador, pelo prazo de trinta dias, para cobrança amigável. [...] § 3º Esgotado o prazo de cobrança amigável sem que tenha sido pago o crédito tributário, o órgão preparador declarará o sujeito passivo devedor remisso e encaminhará o processo à autoridade competente para promover a cobrança executiva".

– **A inscrição em dívida ativa é irrelevante para a contagem do prazo.** A inscrição em dívida ativa constitui-se em mero ato interno da Administração. Não há previsão legal de notificação do contribuinte quanto à inscrição, tampouco tem qualquer implicação no curso do prazo prescricional. A cobrança amigável feita nesta fase, por Aviso de Cobrança, também não tem efeitos sobre a prescrição.

– Muito embora o § 3º do art. 2º da Lei n. 6.830/80 (LEF) afirme que a "inscrição suspenderá a prescrição, para todos os efeitos de direito, por 180 dias, ou até a distribuição da execução fiscal, se esta ocorrer antes de findo aquele prazo", trata-se de norma inaplicável aos créditos tributários: "CONSTITUCIONAL. TRIBUTÁRIO. INCIDENTE DE INCONSTITUCIONALIDADE DOS ARTIGOS 2º, § 3º, E 8º, § 2º, DA LEI 6.830/80. PRESCRIÇÃO. RESERVA DE LEI COMPLEMENTAR. 1. Tanto no regime constitucional atual (CF/88, art. 146, III, b), quanto no regime constitucional anterior (art. 18, § 1º da EC 01/69), as normas sobre prescrição e decadência de crédito tributário estão sob reserva de lei complementar. Precedentes do STF e do STJ. 2. Assim, são ilegítimas, em relação aos créditos tributários, as normas estabelecidas no § 2º, do art. 8º e do § 3º do art. 2º da Lei 6.830/80, que, por decorrerem de lei ordinária, não podiam dispor em contrário às disposições anteriores, previstas em lei complementar. 3. Incidente acolhido" (STJ, AI no Ag 1.037.765, 2011).

⇒ **Termo *a quo* da prescrição quanto ao montante declarado pelo contribuinte (DCTF, GFIP, GIA, Declaração de Rendimentos e outras).** O prazo de cinco anos é contado da constituição definitiva do crédito tributário. Reconhecida a dívida mediante declaração do contribuinte em cumprimento a suas obrigações acessórias, entende-se que já está constituído o crédito naquele montante (resta suprida a necessidade de constituição por ato da autoridade), iniciando-se, de pronto, o prazo quinquenal do Fisco para proceder à cobrança respectiva, mediante inscrição em dívida e ajuizamento da execução fiscal. Note-se que a declaração enseja ao Fisco o imediato encaminhamento para inscrição em dívida ativa e cobrança, independentemente de qualquer notificação prévia ao contribuinte, conforme notas ao art. 201 do CTN.

– "TRIBUTOS DECLARADOS EM DCTF. DÉBITO DECLARADO E NÃO PAGO. AUTOLANÇAMENTO. PRÉVIO PROCESSO ADMINISTRATIVO. DESNECESSIDADE. AÇÃO DE EXECUÇÃO FISCAL. PRESCRIÇÃO. 1. Lavrada a declaração de reconhecimento do débito, via DCTF, constituindo o crédito tributário, remanesce ao Fisco o prazo quinquenal para a propositura da ação de exigibilidade da exação reconhecida. 2... 6... Conquanto disponha o Fisco de um quinquênio para efetuar lançamento do débito não declarado, somente conta com cinco anos da data da declaração para cobrar judicialmente o débito declarado em DCTF. 7. Relativamente ao valor declarado, a própria declaração de débito efetivada pelo contribuinte constitui o crédito tributário, prescindindo de ato de lançamento. Assim, podendo desde logo ser objeto de execução fiscal, tem-se que, nesta hipótese, não há que se falar em decadência, porquanto já constituído o crédito, mas tão somente em prescrição para o ajuizamento da ação executiva. 8... 10. Deveras, nos casos de débitos declarados por DCTF, prestando o contribuinte informação acerca da efetiva existência do débito, porém não adimplindo o crédito fazendário reconhecido, dispõe o Fisco do prazo para ajuizar o executivo fiscal, prazo este prescricional, por isso, imprescindível a informação da data em que efetivamente o contribuinte declarou o tributo, a fim de se fixar o termo inicial do referido prazo, a fim de aferir-se a questão da prescrição. 11..." (STJ, EDclREsp 720.612, 2006).

– "TRIBUTÁRIO. DECLARAÇÃO DO DÉBITO PELO CONTRIBUINTE. FORMA DE CONSTITUIÇÃO DO CRÉDITO TRIBUTÁRIO, INDEPENDENTE DE QUALQUER OUTRA PROVIDÊNCIA DO FISCO. EXECUÇÃO. PRESCRIÇÃO... 1... 3. A apresentação, pelo contribuinte, de Declaração de Débitos e Créditos Tributários Federais – DCTF (instituída pela IN SRF 129/86, atualmente regulada pela IN SRF 395/04, editada com base nos arts. 5º do DL 2.124/84 e 16 da Lei 9.779/99), ou de Guia de Informação e Apuração do ICMS – GIA, ou de outra declaração dessa natureza, prevista em lei, é modo de formalizar a existência (= constituir) do crédito tributário, dispensada, para esse efeito, qualquer outra providência por parte do Fisco. Precedentes da 1ª Seção: AgRg nos ERESP 638.069/SC, *DJ* de 13.06.2005; AgRg nos ERESP 509.950/PR, *DJ* de 13.06.2005. 4. A falta de recolhimento, no devido prazo, do valor correspondente ao crédito tributário assim regularmente constituído acarreta, entre outras consequências, as de (a) autorizar a sua inscrição em dívida ativa; (b) fixar o termo *a quo* do prazo de prescrição para a sua cobrança; (c) inibir a expedição de certidão negativa do débito; (d) afastar a possibilidade de denúncia espontânea. 5. No caso dos autos, a entrega da Declaração de Importação, na qual apontou o contribuinte a matéria tributável e o montante do tributo devido, ocorreu em 07/1992. Reputa-se, desde essa data, constituído o crédito tributário, dispensada qualquer ulterior providência do Fisco, e iniciado o lapso prescricional de cinco anos de que dispõe a Fazenda para sua cobrança. 6..." (STJ, REsp 542.975, 2006).

– **Compensação glosada: despacho decisório não recorrido.** "O despacho decisório, portanto, constitui definitivamente o crédito tributário, ato próprio do lançamento. Intimado o contribuinte e não apresentado o recurso administrativo competente, inicia-se o prazo prescricional, pois nesse ponto o exercício de um direito constituído depende, unicamente, do Fisco" (CAMPOS, Fabrício Costa Resende de. Prazos prescricional e decadencial no procedimento de compensação tributária no âmbito federal. *RDDT* 224/81, 2014).

– **Compensação não glosada: declaração de compensação** "Ultrapassado o prazo de cinco anos da entrega da DCTF, ou da declaração de compensação sem incidência de outra causa suspensiva ou interruptiva da prescrição, e não havendo decisão sobre a homologação da declaração de compensação, inexoravelmente estará extinto o crédito tributário, por superveniência da prescrição" (SANTOS JÚNIOR. Adalmo Oliveira dos. Os efeitos da declaração de compensação não analisada face à inexistência de créditos do contribuinte no regime da Lei n. 9.430. *RDDT* 203/07-17, 2012).

– **Apresentação da Declaração de Rendimentos.** "11. Vislumbra-se, portanto, peculiaridade no caso sub examine, uma vez que a declaração de rendimentos entregue no final de abril de 1997 versa sobre tributo que já deveria ter sido pago no ano-calendário anterior, inexistindo obrigação legal de declaração prévia a cada mês de recolhimento, consoante se depreende do seguinte excerto do acórdão regional: 'Assim, conforme se extrai dos autos, a formalização dos créditos tributários em questão se deu com a entrega da Declaração de Rendimentos pelo contribuinte que, apesar de declarar os débitos, não procedeu ao devido recolhimento dos mesmos, com vencimentos ocorridos entre fevereiro/1996 a janeiro/1997 (fls. 37/44)'. 12. Consequentemente, o prazo prescricional para o Fisco exercer a pretensão de cobrança judicial da exação declarada, *in casu*, iniciou-se na data da apresentação do aludido documento, vale dizer, em 30.04.1997, escoando-se em 30.04.2002, não se revelando prescritos os créditos tributários na época em que ajuizada a ação (05.03.2002). 13... 19... Acórdão submetido ao regime do artigo 543-C, do CPC, e da Resolução STJ 08/2008" (STJ, REsp 1.120.295, 2010).

– **Data de apresentação da declaração *x* data de vencimento.** "ICMS. TRIBUTO SUJEITO A LANÇAMENTO POR HOMOLOGAÇÃO. PRAZO PRESCRICIONAL. DECLARAÇÃO DO CONTRIBUINTE OU VENCIMENTO DA OBRIGAÇÃO... 1. Em se tratando de tributo sujeito a lançamento por homologação declarado e não pago, o Fisco dispõe de cinco anos para a cobrança do crédito, contados do dia seguinte ao vencimento da exação ou da entrega da declaração pelo contribuinte, o que for posterior. Só a partir desse momento, o cré-

dito torna-se constituído e exigível pela Fazenda Pública" (STJ, AgRg no AREsp 302.363, 2013).

– "3. Somente pode ser exigido aquele crédito que já foi definitivamente constituído. Outrossim, não se pode confundir constituição definitiva do crédito tributário (art. 145, *caput* do CTN) com imutabilidade do mesmo crédito (incisos I, II e III do mesmo art. 145 do CTN). Aplicando-se o princípio da *actio nata*, a constituição definitiva somada à faculdade de exigir (que pode se dar em momento posterior) marcam o termo *a quo* (inicial) da prescrição, a teor do disposto no art. 174 do CTN. Sendo assim, no caso dos tributos sujeitos à constituição via DCTF ou documento equivalente, a prescrição tem o seu termo inicial na data da entrega da declaração ou na data do vencimento, considerando-se a data que for posterior, pois somente a partir desta data é que é possível o exercício do direito de ação por parte da Fazenda Nacional. Esse entendimento foi confirmado pela Primeira Seção do STJ, nos autos do REsp 1.120.295/SP, julgado como recurso representativo da controvérsia, sob a relatoria do Ministro Luiz Fux, na forma do art. 543-C do CPC (*DJe* de 21.5.2010). Portanto, incide na espécie a Súmula 83/STJ, enunciado sumular aplicável também aos recursos especiais fundados na alínea *a* do permissivo constitucional" (STJ, AgRg no REsp 1.398.316, 2013).

– "PRESCRIÇÃO DA PRETENSÃO DE O FISCO COBRAR JUDICIALMENTE O CRÉDITO TRIBUTÁRIO. TRIBUTO SUJEITO A LANÇAMENTO POR HOMOLOGAÇÃO. CRÉDITO TRIBUTÁRIO CONSTITUÍDO POR ATO DE FORMALIZAÇÃO PRATICADO PELO CONTRIBUINTE (*IN CASU*, DECLARAÇÃO DE RENDIMENTOS). PAGAMENTO DO TRIBUTO DECLARADO. INOCORRÊNCIA. TERMO INICIAL. VENCIMENTO DA OBRIGAÇÃO TRIBUTÁRIA DECLARADA... 1. O prazo prescricional quinquenal para o Fisco exercer a pretensão de cobrança judicial do crédito tributário conta-se da data estipulada como vencimento para o pagamento da obrigação tributária declarada (mediante DCTF, GIA, entre outros), nos casos de tributos sujeitos a lançamento por homologação, em que, não obstante cumprido o dever instrumental de declaração da exação devida, não restou adimplida a obrigação principal (pagamento antecipado), nem sobreveio quaisquer das causas suspensivas da exigibilidade do crédito ou interruptivas do prazo prescricional (Precedentes...). 2... 4. A entrega de Declaração de Débitos e Créditos Tributários Federais – DCTF, de Guia de Informação e Apuração do ICMS – GIA, ou de outra declaração dessa natureza prevista em lei (dever instrumental adstrito aos tributos sujeitos a lançamento por homologação), é modo de constituição do crédito tributário, dispensando a Fazenda Pública de qualquer outra providência conducente à formalização do valor declarado (Precedente...). 5. O aludido entendimento jurisprudencial culminou na edição da Súmula 436/STJ, *verbis*: "A entrega de declaração pelo contribuinte, reconhecendo o débito fiscal, constitui o crédito tributário, dispensada qualquer outra providência por parte do Fisco". 6. ... o *dies a quo* do prazo prescricional para o Fisco exercer a pretensão de cobrança judicial do crédito tributário declarado, mas não pago, é a data do vencimento da obrigação tributária expressamente reconhecida. 7... 19... Acórdão submetido ao regime do artigo 543-C, do CPC, e da Resolução STJ 08/2008" (STJ, REsp 1.120.295, 2010).

– "O prazo prescricional tem seu termo inicial a partir do momento da entrega da GFIP ou a partir do vencimento da obrigação, se este for posterior à data da entrega do documento declaratório, já que a Fazenda Pública somente poderá exigir o crédito após o vencimento da obrigação tributária. Caso ocorra retificação da GFIP, interrompe-se o prazo prescricional, começando-se uma nova contagem a partir da data da entrega do documento retificador" (CRUZ, Célio Rodrigues da. A GFIP como meio de constituição do crédito tributário. *RET* 55/128, 2007).

– "Em se tratando de declaração/confissão de dívida tributária não há que se falar em constituição definitiva do crédito. Inexiste ato de lançamento do tributo. Surgem, portanto, duas possibilidades: a) se a data de vencimento do pagamento do tributo é anterior à data de vencimento da entrega da declaração/confissão, o prazo da prescrição começa a correr no dia seguinte àquele previsto como data-limite para a entrega da declaração/confissão; b) se a data de vencimento do pagamento dos tributos é posterior à data de vencimento da entrega da declaração/confissão, o prazo da prescrição começa a correr no dia seguinte àquele previsto como data-limite para o pagamento" (DELGADO, José Augusto. Reflexões contemporâneas sobre a prescrição e decadência em matéria tributária. Doutrina. Jurisprudência do Superior Tribunal de Justiça. *RFDT* 10/21, 2004).

– **Quanto a eventuais diferenças não declaradas.** Não fica o Fisco impedido de lançar eventuais diferenças devidas além do montante reconhecido e declarado pelo contribuinte. Embora já corra o prazo prescricional para cobrar os valores declarados, ainda conta o Fisco com o prazo decadencial para a apuração de diferenças. Relativamente a estas diferenças, apenas quando ocorrer o lançamento e este se tornar definitivo (não mais sujeito à recurso na esfera administrativa), é que se inicia o prazo prescricional respectivo.

– "2. Deveras, o fato de a declaração de débito provir do contribuinte não significa preclusão administrativa para o Fisco impugnar o *quantum* desconhecido. Isto porque impõe-se distinguir a possibilidade de execução imediata pelo reconhecimento da legalidade do crédito com a situação de o Fisco concordar (homologar) a declaração unilateral do particular, prestada. 3. A única declaração unilateral constitutiva *ipso jure* do crédito tributário é a do Fisco, por força do lançamento compulsório (art. 142 do CTN...). 4. Prestando o contribuinte informação acerca da efetiva existência do débito, dispõe o Fisco do prazo para realizar o eventual lançamento suplementar, acaso existente saldo, prazo este decadencial, porquanto constitutivo da dívida" (STJ, EDclREsp 720.612, 2006).

– **Prescrição relativamente ao responsável tributário.** "a partir do término do procedimento administrativo que apurou a responsabilização do terceiro, inicia-se o prazo prescricional de cinco aos para o prosseguimento do feito executivo sobrestado com base no artigo 40 da LEF (nos casos de aplicação do artigo 134 do CTN e da Súmula n. 435 do STJ) ou para o ajuizamento da respectiva execução fiscal (no caso do artigo 135 do CTN)"

(BECHO, Renato Lopes. Desdobramentos das decisões sobre responsabilidade tributária de terceiros no STF: regras-matrizes de responsabilização, devido processo legal e prazos de decadência e prescrição. *RDDT* 204/45-57, 2012).

– Sobre a prescrição intercorrente, vide nota ao parágrafo único deste artigo.

– Sobre o procedimento de imputação da responsabilidade tributária, vide nota ao art. 202, I, do CTN.

⇒ **Reconhecimento de ofício da prescrição.** Por extinguir o próprio crédito tributário (art. 156, V, do CTN), a prescrição sempre foi passível de reconhecimento de ofício no Direito Tributário (TRF4, 1ª T., AC 2003.04.01.031325-5). Embora a matéria não fosse pacífica nos tribunais (havia vários precedentes do STJ contrários: 1ª T., AgRgAI 492.142/RS; 2ª T., REsp 261.550/RO), a possibilidade restou consagrada, em se tratando de prescrição intercorrente, pela Lei n. 11.051/2004, que alterou a LEF. Posteriormente, a Lei n. 11.280/2006 alterou o CPC/73, dando caráter geral ao reconhecimento de ofício da prescrição. Do art. 487, II, do novo CPC/15, extrai-se que a decisão sobre a prescrição pode ocorrer "de ofício ou a requerimento".

– **Súmula 409 do STJ:** Em execução fiscal, a prescrição ocorrida antes da propositura da ação pode ser decretada de ofício (art. 219, § 5º, do CPC) (2009).

– LEF (Lei n. 6.830/80), com a redação da Lei n. 11.051/2004: "Art. 40 ... § 4º Se da decisão que ordenar o arquivamento tiver decorrido o prazo prescricional, o juiz, depois de ouvida a Fazenda Pública, poderá, de ofício, reconhecer a prescrição intercorrente e decretá-la de imediato".

– Novo CPC/15: "Art. 487. Haverá resolução de mérito quando o juiz:... II – decidir, de ofício ou a requerimento, sobre a ocorrência de decadência ou prescrição".

– CPC/73, com a redação da Lei n. 11.280/2006: "Art. 219. [...] § 5º O juiz pronunciará de ofício, a prescrição".

– "... em 27 de maio de 2009, a Lei 11.941, no art. 53, determinou que, na seara administrativa, também, 'a prescrição dos créditos tributários pode ser reconhecida de ofício pela autoridade administrativa'. Portanto, a prescrição pode ser decretada de ofício, não só pelo juiz, mas também pela autoridade administrativa" (PRAXEDES, Francisco de Assis. Prescrição no direito tributário – Início do prazo e seu reconhecimento. *RDDT* 174/33, 2010).

– **Aplicabilidade imediata aos processos em curso, dos dispositivos que permitem o reconhecimento de ofício da prescrição.** "EXECUÇÃO FISCAL – PRESCRIÇÃO INTERCORRENTE – ART. 40, § 4º, DA LEI 6.830/1980 – NORMA DE NATUREZA PROCESSUAL – APLICAÇÃO IMEDIATA. 1. A disposição contida no § 4º do art. 40 da Lei de Execuções Fiscais, acrescentada pela Lei n. 11.051/2004, possui natureza processual e, por isso, deve ser aplicada inclusive nos feitos em tramitação quando do advento desta última lei, podendo o juiz, de ofício, decretar a prescrição intercorrente, se da decisão que ordenar o arquivamento tiver decorrido o prazo prescricional" (STJ, REsp 1.351.013, 2013).

– "PRESCRIÇÃO. TRIBUTO SUJEITO A LANÇAMENTO POR HOMOLOGAÇÃO... 4. A alteração legislativa promovida pela Lei 11.051/2004, a qual possibilitou o reconhecimento *ex officio* da prescrição, veiculou norma de natureza processual, aplicando-se imediatamente aos processos em curso" (STJ, REsp 1.157.464, 2010).

– "Nos termos do art. 40, § 4º, da Lei n. 6.830 (Lei das Execuções Fiscais), introduzido pela Lei n. 11.051, de 2004, pode muito bem o juiz, hoje, pronunciar de ofício a prescrição intercorrente na execução fiscal. Essa regra, sem dúvida alguma, é de imediata incidência, inclusive nos processos pendentes" (MONTEIRO NETO, Nelson. Pode agora, com a Lei n. 11.051, o juiz pronunciar de ofício a prescrição intercorrente em processo de execução fiscal. *RDDT* 117/77, 2005).

– **Desnecessidade de oitiva prévia da Fazenda para decretação da prescrição.** O Fisco tem de promover a execução no prazo. Caso o faça fora do quinquênio contado da constituição definitiva do crédito, deve justificar, já na inicial da execução fiscal, a ocorrência de causa suspensiva ou interruptiva do prazo prescricional que aponte para a não ocorrência da prescrição. Isso porque a análise e o reconhecimento da prescrição pelo Juiz não está condicionado à prévia oitiva da Fazenda, salvo no caso de reconhecimento, posteriormente, da prescrição intercorrente, conforme nota adiante.

– "3. Correta é a extinção do feito com fundamento no art. 219, § 5º, do CPC. É irrelevante a intimação do exequente, porquanto o procedimento previsto no art. 40, § 4º, da Lei n. 6.830/80 deve ser observado somente quando o caso for de reconhecimento de prescrição intercorrente, o que não é o caso dos autos. 4. Tendo sido a sentença proferida sem a ocorrência de reinício da contagem do prazo ou de causas interruptivas e após a vigência da Lei n. 11.280/2006, correta a decretação *ex officio* da prescrição, mesmo sem a oitiva da Fazenda Pública" (STJ, AgRg no AgRg no AREsp 365.391, 2013).

– "2... É entendimento desta egrégia Corte Superior que a prescrição da pretensão executiva pode ser decretada *ex officio* pelo juiz na forma do art. 219, § 5º. do CPC, independentemente de prévia oitiva da Fazenda Pública, sendo inaplicável, na hipótese, o art. 40 da Lei 6.830/80, que trata da prescrição intercorrente" (STJ, EDcl no AgRg no REsp 1.265.239, 2013).

– **Necessidade de oitiva prévia da Fazenda para decretação da prescrição intercorrente.** O § 4º do art. 40 da LEF, que trata da prescrição intercorrente, determina a oitiva prévia da Fazenda Pública, de modo que possa invocar causas suspensivas ou interruptivas do prazo. Ainda que a prescrição tenha sido reconhecida sem a prévia oitiva, só se justificará a anulação da sentença se demonstrado que houve efetivo prejuízo em razão de não ter o Magistrado considerado causa suspensiva ou interruptiva da prescrição efetivamente ocorrida.

– "RECURSO ESPECIAL REPRESENTATIVO DE CONTROVÉRSIA. ART. 543-C, DO CPC. EXECUÇÃO FISCAL. PRESCRIÇÃO INTERCORRENTE. DECLARAÇÃO DE OFÍCIO. VIABILIDADE... 4. Esta Corte firmou entendimento que o regime do § 4º do art. 40 da Lei 6.830/80, que exige a prévia oitiva da Fazenda Pública, somente se aplica às hipóteses

de prescrição intercorrente nele indicadas, a saber: a prescrição intercorrente contra a Fazenda Pública na execução fiscal arquivada com base no § 2º do mesmo artigo, quando não localizado o devedor ou não encontrados bens penhoráveis. Nos demais casos, a prescrição, a favor ou contra a Fazenda Pública, pode ser decretada de ofício com base no art. 219, § 5º, do CPC" (STJ, REsp 1.222.444, 2012).

– "EXECUÇÃO FISCAL. IPTU. PRESCRIÇÃO. DECLARAÇÃO DE OFÍCIO. VIABILIDADE. 1. Em execução fiscal, a prescrição ocorrida antes da propositura da ação pode ser decretada de ofício, com base no art. 219, § 5º do CPC (redação da Lei 11.051/04), independentemente da prévia ouvida da Fazenda Pública. O regime do § 4º do art. 40 da Lei 6.830/80, que exige essa providência prévia, somente se aplica às hipóteses de prescrição intercorrente nele indicadas. Precedentes de ambas as Turmas da 1ª Seção. 2... Acórdão sujeito ao regime do art. 543-C do CPC e da Resolução STJ 08/08" (STJ, REsp 1.100.156, 2009).

– **Oitiva prévia da Fazenda mesmo após a Lei n. 11.280/2006.** "... o § 5º do art. 219 não permite que o julgador, sem prévia oitiva das partes, extinga o processo com base na prescrição. O contraditório é, sem dúvida, necessário para que se promova a extinção do processo com motivação envolvendo a prescrição, ainda que cogitada pela primeira vez pelo Órgão Judiciário" (MAZZEI, Rodrigo. *Reforma do CPC*. São Paulo: RT, 2006, p. 433).

– **Entendendo que, após a Lei n. 11.280/2006, restou revogada a exigência de oitiva prévia da Fazenda.** "1. A partir da vigência da Lei n. 11.051/2004, que acrescentou o § 4º ao art. 40 da Lei n. 6.830/1980, viabilizou-se a decretação de ofício da prescrição intercorrente por iniciativa judicial, condicionada, porém, à prévia oitiva da parte exequente para, querendo, arguir quaisquer causas suspensivas ou interruptivas do prazo prescricional. 2. Com o advento da Lei n. 11.280/2006, vigente a partir de 17.05.2006, que deu nova redação ao art. 219, § 5º, do CPC, basta a efetiva ocorrência da prescrição para que o magistrado a decrete, dispensando-se, inclusive, a prévia oitiva da Fazenda Pública nos moldes da Lei n. 11.051/2004" (TRF1, AC 2006.01.99.041048-0, 2006).

⇒ **Prescrição como matéria para exceção de pré-executividade.** A prescrição é matéria suscetível de arguição em exceção de pré-executividade. Isso porque pode ser reconhecida de ofício pelo juiz, o que, atualmente, resta autorizado expressamente pelo art. 487, II, do CPC/2015 (extinção do processo com julgamento de mérito pelo reconhecimento, de ofício, da prescrição) e pelo art. 40, § 4º, da LEF (reconhecimento de ofício da prescrição intercorrente). O CPC/1973, com a redação da Lei 11.280/2006, já admitia o reconhecimento de ofício da prescrição em seu art. 219, § 5º.

– "EXCEÇÃO DE PRÉ-EXECUTIVIDADE. PRESCRIÇÃO. SÚMULA 393/STJ. MATÉRIA SUBMETIDA À SISTEMÁTICA PREVISTA NO ART. 543-C DO CPC. NECESSIDADE DE DILAÇÃO PROBATÓRIA. REEXAME DE FATOS E PROVAS. SÚMULA 7/STJ. 1. A Primeira Seção, no julgamento do REsp 1.104.900/ES, sob o rito dos recursos repetitivos, consolidou o entendimento segundo o qual a exceção de pré-executividade constitui meio legítimo para discutir questões que possam ser conhecidas de ofício pelo magistrado, como as condições da ação, os pressupostos processuais, a decadência, a prescrição, entre outras, desde que desnecessária a dilação probatória. 2. Ficou assentado pela Corte *a quo* que a pretensão recursal não demanda dilação probatória e que os documentos colacionados são suficientes para demonstrar a ocorrência de prescrição. Assim, rever a conclusão exarada pelo TRF da 5ª Região, no sentido de que é dispensável a dilação probatória, é inviável em recurso especial, sob pena de violação à Súmula 7 do STJ" (STJ, AgRg no AREsp 353.250, 2013).

– "EXECUÇÃO FISCAL. EXCEÇÃO DE PRÉ-EXECUTIVIDADE. No âmbito da exceção de pré-executividade, só é possível o exame de defeitos presentes no próprio título, aqueles que o juiz deve declarar de ofício; questões relativas ao momento da constituição do crédito tributário, à data da entrega da declaração do contribuinte e à ocorrência de causa interruptiva da prescrição constituem temas que só podem ser examinados no âmbito de embargos do devedor" (STJ, AgRg no AREsp 137.046, 2013).

– "... cabe exceção de pré-executividade para discutir decadência e prescrição do crédito inscrito em dívida ativa, pois se tratam de matérias de ordem pública, passíveis de serem conhecidas de ofício pelo juiz. A prova da decadência e da prescrição cabe ao excipiente... não sendo cabível inversão do ônus da prova. O ônus da prova do excipiente não se inverte ou se altera pelo fato de se alegar prova de fato negativo (não parcelamento, não pagamento etc.), pois mesmo tal prova pode ser realizada por meio de certidões, cópias de processo e telas de sistemas. A exceção de pré-executividade não permite dilação probatória, de modo que a prova de todos os elementos que comprovem a decadência e a prescrição devem ser apresentados juntamente com a inicial. A prova da data de concorrência do fato gerador, da entrega da declaração ou da constituição do crédito por oura forma e a data da citação não é bastante para demonstrar integralmente o transcurso do prazo decadencial ou prescricional. O excipiente deve, como requisito para aceitação do incidente, requerer na repartição cópias do processo administrativo e dos documentos ou informações eletrônicas relativas aos fatos que interferem na apuração do prazo decadencial e prescricional, previstas nos arts. 151, 173 e 174 do CTN (ou das notas correspondentes quando se trata de dívida ativa não tributária), e com tais documentos instruir a exceção" (SALLES, Flávia Vieira; GOUVÊA, Marcus de Freitas. Exceção de pré-executividade nas execuções fiscais: o problema da decadência e da prescrição. *RDDT* 218/70, 2013).

Parágrafo único. A prescrição se interrompe:

⇒ **Suspensão *x* interrupção.** Na suspensão, computa-se o prazo decorrido até o advento da causa suspensiva e, quando não mais persista, prossegue-se a contagem pelo que resta. Na interrupção, reinicia-se a contagem de todo o prazo, desprezando-se o período já decorrido.

– **Suspensão da prescrição por força da suspensão da exigibilidade do crédito, forte no art. 151 do CTN.** O art. 174 não cuida de causas suspensivas do crédito tributário. Mas seu art. 151 arrola causas suspensivas da exigibilidade do crédito tributário, o que impede o Fisco de buscar em juízo a satisfação do crédito tributário, na medida em que a execução pressupõe título revestido não apenas de certeza e liquidez, mas também de exigibilidade. Assim, suspensa a exigibilidade do crédito, restará suspenso, também, o prazo prescricional.

– "Suspensa a exigibilidade da exação, não há falar em curso do prazo de prescrição, uma vez que o efeito desse provimento é justamente o de inibir a adoção de qualquer medida de cobrança por parte da Fazenda" (STJ, REsp 542.975, 2006).

– **Suspensão pelo parcelamento e reinício da contagem.** "1) A prescrição é instituto jurídico imbricado à existência de uma pretensão, sendo que seu prazo deixa de fluir toda vez que se suspende a faculdade do titular de exigir o cumprimento da prestação a que se obrigou o devedor. 2) É também instituto que garante a estabilidade das relações sociais, devendo ser repudiada toda e qualquer situação que implique neutralização desses efeitos para entrega do seu controle ao próprio credor. 3) O pedido de parcelamento é ato do administrado que interrompe o prazo prescricional, operando o reinício de sua contagem. Não obstante, a concessão do parcelamento acompanhado do adimplemento pelo contribuinte, por sua vez, é ato que suspende o curso do prazo prescricional. 3.1.) Havendo homologação tácita/automática, coloca-se o prazo em suspensão antes mesmo de seu início (impedimento do curso do prazo prescricional), sendo que tornará a fluir ao cessar a causa de suspensão; 3.2.) havendo, contudo, necessidade de homologação expressa, computar-se-á o intervalo de tempo entre o pedido e a concessão, suspendendo-se a contagem durante o prazo em que durar a causa de suspensão da exigibilidade do crédito tributário. 4) Na hipótese de descumprimento do acórdo de parcelamento, é este o termo de reinício da contagem do prazo preclusivo, independentemente da exigência legal do ato formal e notificação do contribuinte para que se efetive a rescisão do parcelamento. 5) no caso do Refis, havendo necessidade de homologação expressa do Comitê Gestor da opção pelo parcelamento feita pelo contribuinte, tem-se que, se a suspensão da exigibilidade dos créditos depende desta homologação, conforme entende o STJ, também depende dela a suspensão do curso do prazo prescricional. Não ocorrendo, tal prazo flui normalmente. 6) Os débitos da Consulente que foram objeto do pedido de parcelamento em 23 de abril de 2000, sendo a soma de seus valores superiores a R$ 500.000,00 e não tendo tal pedido sido homologado expressamente pelo comitê Gestor do Refis, encontram-se extintos em razão da prescrição, o mesmo ocorrendo em relação aos débitos já executados àquela data cujos feitos executivos restaram paralisados por cinco anos ou mais, dada a prescrição intercorrente" (COÊLHO, Sacha Calmon Navarro; DERZI, Misabel Abreu Machado; MOREIRA, André Mendes. Das relações entre o parcelamento do crédito tributário e a prescrição da pretensão executiva fazendária. *RDDT* 229/155, 2014).

– **Outros casos de suspensão estabelecidos por leis ordinárias inconstitucionais ou inaplicáveis à matéria tributária.** Sendo a prescrição matéria de normas gerais de direito tributário, sob reserva de lei complementar, não pode o legislador ordinário estabelecer casos de interrupção nem de suspensão. Mas o fez diversas vezes, restando, tais dispositivos, inconstitucionais ou, ao menos, inaplicáveis aos créditos tributários.

– Suspensão do prazo prescricional por 180 dias após a inscrição em dívida ativa. Inaplicabilidade à matéria tributária. CTN x LEF. O tratamento da prescrição integra as normas gerais de direito tributário, sob reserva de lei complementar (art. 146, III, *c*, da CF). Considerando que o CTN não cuida da suspensão do prazo por ocasião da inscrição, tal não se dá, não sendo possível a aplicação do art. 2º, § 3º, da LEF, que diz que a inscrição em dívida ativa suspende a prescrição por 180 dias, dispositivo este aplicável apenas às execuções de créditos não tributários. No sentido da inaplicabilidade do art. 2º, § 3º, da LEF em matéria tributária, há precedentes de ambas as Turmas da Primeira Seção do STJ.

– "PRESCRIÇÃO – ART. 2º, § 3º, DA LEI 6.830/80 (SUSPENSÃO POR 180 DIAS) – NORMA APLICÁVEL SOMENTE ÀS DÍVIDAS NÃO TRIBUTÁRIAS... 1. A norma contida no art. 2º, § 3º da Lei 6.830/80, segundo a qual a inscrição em dívida ativa suspende a prescrição por 180 (cento e oitenta) dias ou até a distribuição da execução fiscal, se anterior àquele prazo, aplica-se tão somente às dívidas de natureza não tributárias, porque a prescrição das dívidas tributárias regula-se por lei complementar, no caso o art. 174 do CTN" (STJ, REsp 881.607, 2008).

– "TRIBUTÁRIO. EXECUÇÃO FISCAL. SUSPENSÃO. INTERRUPÇÃO. LEI N. 6.830/80. PRESCRIÇÃO. APLICAÇÃO. ART. 174 DO CTN. PREVALÊNCIA. I – As hipóteses contidas nos artigos 2º, § 3º e 8º, § 2º, da Lei n. 6.830/80 não são passíveis de suspender ou interromper o prazo prescricional, estando a sua aplicação sujeita aos limites impostos pelo artigo 174 do Código Tributário Nacional, norma hierarquicamente superior. II – 'A LEF (Lei 6.830/80) determina a suspensão do prazo prescricional pela inscrição do débito na dívida ativa (art. 2º, § 3º). O CTN, diferentemente, indica como termo *a quo* da prescrição a data da constituição do crédito (art. 174), o qual só se interrompe pelos fatos listados no parágrafo único do mesmo artigo, no qual não se inclui a inscrição do crédito tributário' (REsp 178.500/SP, Relatora Ministra Eliana Calmon, *DJ* de 18.03.2002, p. 00194). III – Agravo regimental improvido" (STJ, AgRgREsp 189.150, 2003).

– "Esta disposição se aplica a créditos não tributários. Porém, no concernente aos créditos tributários, se mostra inconstitucional, pois a Lei 6.830/80, que é ordinária, avançou em matéria sob reserva de lei complementar (art. 146, III, *b*, da CF/88)" (ASSIS, Araken de. 6. ed. *Manual do processo de execução*. RT, 2000, p. 811).

– Suspensão da prescrição quanto aos débitos de pequeno valor não inscritos ou não ajuizados. Inconstitucionalidade do DL n. 1.569/77. Quando o Decreto-lei n. 1.569/77 determinou a suspensão da prescrição relativamente aos débitos de pequeno valor não inscritos ou não ajuizados, as normas gerais de Direito Tributário já estavam sob reserva de lei complementar pela CF/67 com EC n. 1/69. Assim, esse decreto-lei sequer ingressou validamente em nosso ordenamento jurídico. Ademais, o STF declarou sua inconstitucionalidade.

– Súmula Vinculante 8: "São inconstitucionais o parágrafo único do artigo 5º do Decreto-lei 1.569/77 e os artigos 45 e 46 da Lei 8.212/91, que tratam de prescrição e decadência de crédito tributário" (12-6-2008). Sobre a modulação dos efeitos de tal decisão, de modo que não se aplique aos pagamentos já efetuados e não discutidos em juízo, vide item anterior em nota ao *caput* deste art. 174.

– "1 – A Constituição de 1967, em sua redação original e naquela da EC 01/69, atribuiu à lei complementar dispor sobre normas gerais de direito tributário. A Lei n. 5.172, de 25/10/66, denominada 'Código Tributário Nacional', foi recepcionada como lei complementar e cuidou exaustivamente da prescrição dos créditos tributários em seu artigo 174, fixando-lhes prazo de cinco anos e prevendo exaustivamente as hipóteses de sua interrupção. 3 – Não poderia o parágrafo único do art. 5º do D.L. n. 1.569/77... instituir hipótese de suspensão do prazo prescricional, tornando o crédito praticamente imprescritível, invadindo espaço reservado pela Constituição à lei complementar" (TRF4, INAC 2002.71.11.002402-4, 2007).

⇒ **Interrupção do prazo e recomeço da contagem.** O parágrafo único do art. 174 arrola as causas interruptivas da prescrição da ação de execução fiscal. Embora, em tese, pudesse recomeçar o prazo prescricional assim que ocorrida a hipótese de interrupção, o início da recontagem ficará impedido enquanto não se verificar requisito indispensável para o seu curso, que é a inércia do credor. Assim, se efetuada a citação, o credor nada mais solicitar e a execução não tiver curso em razão da sua omissão, o prazo terá recomeçado. Entretanto, se, efetuada a citação, for promovido o prosseguimento da execução pelo credor, com a penhora de bens, realização de leilão etc., durante tal período não há que se falar em curso do prazo prescricional. Só terá ensejo o reinício da contagem quando quedar inerte o exequente.

– Prescrição intercorrente. A prescrição intercorrente é a que ocorre no curso da Execução Fiscal quando, interrompido o prazo prescricional pelo despacho do Juiz que determina a citação, o sujeito ativo exequente deixar de promover o andamento efetivo da execução, quedando inerte. A inércia do exequente dá ensejo ao reinício do prazo quinquenal.

– "1. Nos termos da jurisprudência desta Corte, 'a prescrição intercorrente é aquela que diz respeito ao reinício da contagem do prazo extintivo após ter sido interrompido'. (...)" (STJ, AgRg no REsp 1.372.592, 2013).

– Tema 807 do STJ: (CANCELADO) Discussão: "ocorrência da prescrição intercorrente quando, no prazo de cinco anos, não se verificam as hipóteses listadas nos arts. 151 ou 174 do CTN" (2011).

– Prescrição intercorrente para contribuições previdenciárias anteriores à CF/88. Tema 758 do STJ: (CANCELADO) Discussão: "prazo de prescrição intercorrente aplicável às contribuições previdenciárias cujos fatos geradores ocorreram após a CF/88". Decisão em 2009.

– Propositura da execução. *Dies ad quem* da prescrição. **Termo** *ad quo* **da prescrição intercorrente.** "EXECUÇÃO FISCAL. PRESCRIÇÃO... 2. É certo que a Primeira Seção desta Corte, ao julgar o REsp 1.120.295/SP, de relatoria do Ministro Luiz Fux, *DJe* de 21.5.2010, submetido ao regime do art. 543-C do CPC, entendeu que a propositura da ação constitui o *dies ad quem* do prazo prescricional e, simultaneamente, o termo inicial para sua recontagem sujeita às causas interruptivas previstas no artigo 174, parágrafo único, do CTN. Naquela oportunidade, concluiu-se que, nos termos do § 1º do art. 219 do CPC, a interrupção da prescrição, pela citação, retroage à data da propositura da ação, o que significa dizer que, em execução fiscal para a cobrança de créditos tributários, o marco interruptivo da prescrição atinente à citação pessoal feita ao devedor (quando aplicável a redação original do inciso I do parágrafo único do art. 174 do CTN) ou ao despacho do juiz que ordena a citação (após a alteração do art. 174 do CTN pela Lei Complementar 118/2005) retroage à data do ajuizamento da execução, a qual deve ser proposta dentro do prazo prescricional" (STJ, REsp 1.394.738, 2013).

– **Pressupõe inércia do exequente.** Uma vez interrompido o prazo prescricional pelo despacho que ordena a citação sucedido pela citação pessoal, por correio, eletrônica ou, na impossibilidade, editalícia, o prazo prescricional recomeçará a contar quando houver inércia do exequente no impulsionamento da execução.

– "EXECUÇÃO FISCAL. PRESCRIÇÃO. CULPA DO CREDOR. A prescrição intercorrente supõe a inércia da credor; se o Tribunal *a quo* averba que 'a demora para a localização de bens do devedor não ocorreu por motivos inerentes ao serviço Judiciário', não há como alterar essa conclusão no âmbito do recurso especial (STJ, Súmula n. 7)" (STJ, AgRg no AREsp 213.845, 2013).

– "RECURSO ESPECIAL REPRESENTATIVO DE CONTROVÉRSIA. ART. 543-C, DO CPC. EXECUÇÃO FISCAL. PRESCRIÇÃO INTERCORRENTE... 1. A configuração da prescrição intercorrente não se faz apenas com a aferição do decurso do lapso quinquenal após a data da citação. Antes, também deve ficar caracterizada a inércia da Fazenda exequente. 2. A Primeira Seção desta Corte também já se pronunciou sobre o tema em questão, entendendo que 'a perda da pretensão executiva tributária pelo decurso de tempo é consequência da inércia do credor, que não se verifica quando a demora na citação do executado decorre unicamente do aparelho Judiciário' (REsp 1102431/RJ, *DJe* 1.2.10 – regido pela sistemática do art. 543-C, do CPC)" (STJ, REsp 1.222.444, 2012).

– "PRESCRIÇÃO INTERCORRENTE... 1. O conflito caracterizador da lide deve estabilizar-se após o decurso de determinado tempo sem promoção da parte interessada pela via da prescrição, impondo segurança jurídica aos litigantes, uma vez que a prescrição indefinida afronta os princípios informadores do sistema tributário. 2. A perda da pretensão executiva tributária pelo decurso de tempo é consequência da inércia do credor, que não se verifica quando a demora na citação do executado decorre unicamente do aparelho Judiciário. Inteligência da Súmula 106/STJ. (Precedentes...) 3... 5. Recurso especial provido, determinando-se o retorno dos autos à instância de origem para prosseguimento do executivo fiscal, nos termos da fundamentação expendida. Acórdão submetido ao regime do art. 543-C do CPC e da Resolução STJ 08/2008" (STJ, REsp 1.102.431, 2009).

– **Requerimento de diligências não impede o curso do prazo prescricional.** "1. 'Em execução fiscal, não localizados bens penhoráveis, suspende-se o processo por um ano, findo o qual se inicia o prazo da prescrição quinquenal intercorrente' (Súmula 314/STJ). 2. 'Os requerimentos para realização de diligências que se mostraram infrutíferas em localizar o devedor ou seus bens não têm o condão de suspender ou interromper o prazo de prescrição intercorrente' [...]" (STJ, AgRg no AREsp 383.507, 2013).

– **Entendendo que se implementa a prescrição desde que não sobrevenha nova causa interruptiva.** "... a omissão, a desídia, o abandono ou a inércia do credor não são elementos essenciais, não integram ou constituem a prescrição tributária. Não figuram como pressuposto para a extinção do crédito tributário pela prescrição. Foram enxertados pela jurisprudência como requisitos para o reconhecimento da prescrição ao arrepio do quanto exige o CTN. Esse é o ponto nodal. O que determina a prescrição e a extinção definitiva do crédito tributário é (i) o transpassar do praz de cinco anos; e (ii) sem que tenha ocorrido qualquer das hipóteses determinantes da interrupção do prazo prescricional, pouco importando a intenção ou a conduta fazendária. [...] Fora do contexto normativo do CTN... não existem causas impeditivas da prescrição. [...] A mera pendência da execução fiscal, esteja ou não em efetivo andamento, não resguarda o credor da fluência do prazo prescricional. Não é requisito essencial da prescrição intercorrente que a execução fiscal tenha sido 'esquecida' ou 'abandonada' de fato pela Fazenda credora. O mero implemento do prazo prescricional sem que tenha havido causa interruptiva ou suspensiva da prescrição, ou ainda de extinção do crédito tributário, tal como previsto no CTN, implementa-se a prescrição como limite temporal para os atos executivos" (SCHERER, Tiago. Prescrição tributária no curso da execução fiscal. *RDDT* 209/124, 2013).

– **Não encontrados o devedor ou bens: suspensão (1 ano) e, após, reinício do prazo prescricional (5 anos).** O art. 40 da LEF estabelece que, não encontrado o devedor ou bens, haverá a suspensão do processo por um ano, ao final do qual, nada de concreto sendo requerido, o feito é arquivado administrativamente, reiniciando-se o prazo prescricional. A suspensão dá-se para que o Fisco exequente realize diligências administrativas para localizar o devedor e bens, conforme o caso. Durante tal suspensão, pois, presume-se que o Exequente esteja diligente, de modo que o reinício do prazo prescricional só ocorre após o decurso do ano de suspensão, caso o Fisco permaneça inerte. Assim, nos autos, transcorrerão seis anos, desde a suspensão, para que se considere ocorrida prescrição intercorrente.

– **Súmula 314 do STJ:** "Em execução fiscal, não localizados bens penhoráveis, suspende-se o processo por um ano, findo o qual inicia-se o prazo da prescrição quinquenal intercorrente".

– "EXECUÇÃO FISCAL – PRESCRIÇÃO INTERCORRENTE – TERMO *A QUO* – FINDO PRAZO DE UM ANO DA SUSPENSÃO DA EXECUÇÃO – SÚMULA 314/STJ... 1. O termo *a quo* para a contagem da prescrição intercorrente inicia-se após findado o prazo de um ano de suspensão da execução, quando não encontrado o devedor ou localizados os seus bens. O enunciado da Súmula 314 do STJ assim dispõe: 'Em execução fiscal, não localizados bens penhoráveis, suspende-se o processo por um ano, findo o qual se inicia o prazo da prescrição quinquenal intercorrente'. 2. Ademais, entendeu o Tribunal *a quo* que a exequente manteve-se inerte desde 2000 até a decisão que reconheceu a prescrição intercorrente em 27.10.2008, ou seja, mais de cinco anos" (STJ, AgRg no Ag 1.253.088, 2010).

– "1. Nos termos da jurisprudência desta Corte, 'a prescrição intercorrente é aquela que diz respeito ao reinício da contagem do prazo extintivo após ter sido interrompido'. (REsp 1.034.191/RJ, Rel. Min. Eliana Calmon, Segunda Turma, *DJe* 26/05/2008) 2. A Primeira Seção desta Corte, no julgamento do REsp 1.100.156/RJ, de relatoria do Ministro Teori Albino Zavascki, processado sob o rito do art. 543-C do CPC, confirmou a orientação no sentido de que o regime do art. 40 da Lei 6.830/80, que exige a suspensão e arquivamento do feito, bem como a prévia oitiva da Fazenda exequente, somente se aplica às hipóteses de prescrição intercorrente nele indicadas, quais sejam, quando não for localizado o devedor ou encontrados bens sobre os quais possa recair a penhora" (STJ, AgRg no AREsp 224.014, 2013).

– "1. A Corte de origem afirmou, categoricamente, que o processo foi arquivado no ano de 2003 e permaneceu nesta situação até o ano de 2009, quando houve a manifestação da exequente e posteriormente foi decretada a prescrição, logo, afigura-se incontestável que foram cumpridos todos os requisitos do art. 40 da Lei 6.830/80, sendo imperioso o reconhecimento da prescrição" (STJ, AgRg no AREsp 253.982, 2013).

– **Pela contagem direta do prazo (5 anos) já a contar a suspensão. Inconstitucionalidade parcial do art. 40 e seu § 4º da LEF.** "PRESCRIÇÃO INTERCORRENTE. ARTIGO 40 DA LEI N. 6.830/80. SUSPENSÃO DO PRAZO PRESCRICIONAL. TERMO INICIAL. ARGUIÇÃO DE INCONSTITUCIONALIDADE ACOLHIDA EM PARTE. 1. Tanto a Constituição de 1967 como a de 1988 conferiram apenas à lei complementar estabelecer normas gerais de direito tributário, nas quais se insere a prescrição. 2. A Lei n. 5.172/66 (Código Tributário Nacional) foi recepcionada como lei complementar pelas Constituições de 1967 e 1988. Em seu artigo 174, cuidou exaustivamente da prescrição dos créditos tributários, fixando prazo de cinco anos e arrolando todas as hipóteses em que este se interrompe. Não tratou, porém, acerca da suspensão do lapso prescricional. 3. Não poderia o artigo 40 da Lei n. 6.830/80 instituir hipótese de suspensão do prazo prescricional, invadindo espaço reservado pela Constituição à lei complementar. 4. Da interpretação conjunta do *caput* e do § 4º do artigo 40 da Lei n. 6.830/80, depreende-se que o início do prazo prescricional intercorrente apenas se dá após o arquivamento, que, de acordo com o parágrafo segundo do mesmo artigo, é determinado após um ano de suspensão. Assim, em primeiro lugar, não corre prescrição no primeiro ano (artigo 40, *caput*) e, em segundo, chega-se a um prazo total de seis anos para que se consume a prescrição intercorrente, o que contraria o disposto no CTN. 5. Acolhido em parte o incidente de arguição de inconstitucionalidade do § 4º e *caput* do artigo 40 da Lei n. 6.830/80 para, sem redução de texto, limitar seus efeitos às execuções de dívidas tributárias e, nesse limite, conferir-lhes interpretação conforme à Constituição, fixando como termo de início do prazo de prescrição intercorrente o despacho que determina a suspensão (artigo 40, *caput*)" (TRF4, ARGINC 0004671-46.2003.404.7200, 2010).

– **Hipótese em que não houve arquivamento. Tema 824 do STJ:** (CANCELADO) "Possibilidade de decretação da prescrição intercorrente na hipótese em que não houve o arquivamento dos autos (art. 40 da Lei 6.830/1980), com base na constatação de que a Execução Fiscal se tornou ineficaz para a recuperação do crédito fiscal". Decisão em 2012.

– **O arquivamento sem baixa em razão do pequeno valor não suspende o prazo.** "6. 'O arquivamento sem baixa das execuções fiscais inferiores a R$ 2.500,00 (dois mil e quinhentos reais), nos termos do art. 20 da Lei n. 10.522/02, não causa suspensão do prazo prescricional para a cobrança de débito tributário, tendo em vista caber somente a lei complementar dispor sobre esse instituto. Nesse sentido, se o feito ficar paralisado mais de cinco anos da data de seu arquivamento ter-se-á caracterizada a prescrição intercorrente' [...]" (STJ, AgRg no Ag 1.306.200, 2010).

– **Desnecessidade de intimação da Fazenda para que o prazo recomece.** "PRESCRIÇÃO INTERCORRENTE – ART. 40, § 4º, DA LEI N. 6.830/80 – NORMA ESPECIAL – DECRETAÇÃO DE OFÍCIO... 4. Prescindível a intimação do credor da suspensão da execução por ele mesmo solicitada, bem como do arquivamento do feito executivo, decorrência automática do transcurso do prazo de um ano de suspensão e termo inicial da prescrição. Inteligência da Súmula n. 314/STJ. 5. Execução fiscal paralisada há mais de 5 anos encontra-se prescrita" (STJ, REsp 983.155, 2008).

– **Prescrição intercorrente após inadimplemento de parcelamento.** "3. No caso dos autos, apesar de não caracterizada a hipótese prevista no art. 40 da Lei 6.830/80, impõe-se o reconhecimento da prescrição intercorrente porque decorridos mais de cinco anos contados da data em que o executado foi desligado do programa de parcelamento, tendo a exequente permanecido inerte" (STJ, AgRg no AREsp 224.014, 2013).

– **Prescrição intercorrente contra o responsável tributário.** O STJ tem entendido que a citação da empresa interrompe o prazo prescricional também para fins de redirecionamento, de modo que recomeça o prazo quinquenal também para citação dos sócios. O TRF4 só reconhece a prescrição intercorrente, nesse caso, se o exequente ficou inerte, não promovendo qualquer impulsionamento da execução. Vide nota ao inciso I.

I – pelo despacho do juiz que ordenar a citação em execução fiscal;

⇒ **LC n. 118/2005.** Nova redação do inciso I dada LC n. 118/2005. Redação revogada: "I – pela citação pessoal feita ao devedor;"

– **Aplicabilidade imediata da LC n. 118/2005 aos processos em curso.** "1. A 1ª Seção deste Superior Tribunal de Justiça, no julgamento do REsp. 999.901/RS, representativo de controvérsia, realizado em 13.05.2009, da relatoria do ilustre Ministro Luiz Fux, firmou o entendimento de que a LC 118/05, que alterou o art. 174 do CTN para atribuir ao despacho que ordenar a citação o efeito de interromper a prescrição, por ser norma processual, é aplicada imediatamente aos processos em curso, mas desde que a data do despacho seja posterior à sua entrada em vigor, o que não ocorreu no caso concreto. Logo, não se faz necessária a intimação pessoal do representante judicial da Fazenda Pública, posto que sequer houve a citação do executado, ou qualquer outro ato que interrompesse a prescrição" (STJ, AgRg no REsp 1.375.935, 2013).

– **Regime anterior: citação pessoal.** No regime anterior, interrompia-se a prescrição pela citação pessoal, com suporte na redação que tinha este inciso I, ou, na sua impossibilidade, pela citação por edital (admitida pela Súmula 414 do STJ), com suporte no inciso III, que já referia como causa interruptiva "qualquer ato judicial que constitua em mora o devedor".

– Quanto ao regime anterior à LC n. 118/2005, veja-se: TRF4, ARGINC 2007.71.99.009242-1, 2009.

– Havia precedentes conflitantes, admitindo e não admitindo a citação postal com aviso de recebimento: "1. A citação do contribuinte ocorreu por aviso de recebimento postal, o que não tem o condão de interromper a prescrição. A época da constituição do crédito tributário estava vigente o art. 174, I do CTN que determinava a citação pessoal do devedor, portanto, somente a citação pessoal teria o condão de interromper a prescrição" (STJ, AgRg no AREsp 375.080, 2013); – "2. A citação postal enviada ao endereço do imóvel para fins de chamamento à execução fiscal que cobra dívida de IPTU interrompe a prescrição, nos termos do art. 174, parágrafo único, I, do CTN na vigência da Lei Complementar n. 118/2005" (STJ, REsp 1.276.120, 2012).

⇒ **Interrupção pelo despacho que ordena a citação.** Atualmente, tanto o CTN, como a LEF e o CPC/15 estabelecem, de modo uníssono, que a interrupção da prescrição se dá com o despacho que ordena a citação.

– A nova redação deste inciso I, atribuída pela LC n. 118/2005, acabou com a polêmica gerada pela diferença entre o previsto na redação original do CTN (interrupção pela citação pessoal) e o previsto na LEF (interrupção pelo despacho que ordena a citação). Agora, também o CTN atribui tal efeito ao simples despacho inicial que ordena a citação. Há, portanto, identidade com o estabelecido no art. 8º, § 2º, da LEF, não mais havendo distinção, neste ponto, entre o tratamento da execução da dívida ativa tributária e da não tributária. O novo CPC/15 também passou a atribuir ao despacho que ordena a citação o efeito interruptivo da prescrição, nos termos do seu art. 240, § 1º. O Supremo Tribunal Federal, em 2010, no RE 602.883, entendeu que os questionamentos pertinentes têm cunho infraconstitucional: "Execução Fiscal. Interrupção do prazo prescricional. Conflito entre a aplicação do art. 174, parágrafo único I, do CTN, com a redação anterior a LC 118/05, e a do art. 8º, § 2º, da Lei 6.830/80. Matéria infraconstitucional. Inexistência de repercussão geral".

– "1. Nos termos do art. 174, parágrafo único, I, do CTN, a redação original dispunha que a prescrição seria interrompida com a citação do devedor. Com a edição da LC 118/05, que modificou o inciso referido, o lapso prescricional passou a ser interrompido pelo 'despacho que ordena a citação'. A nova regra incide nos casos em que a data do despacho ordinário da citação seja posterior à sua entrada em vigor. Precedente..." (STJ, AgRg nos EREsp 1.277.881, 2013).

⇒ **Aplicação subsidiária das regras do CPC.** O STJ vem admitindo a aplicação subsidiária, mesmo em matéria tributária, dos dispositivos do CPC atinentes à interrupção da prescri-

ção, como a retroação à data do ajuizamento. Assim o vez quanto ao do art. 219, §§ 1º, 2º e 4º, do CPC/73, aplicando-o também às execuções fiscais.

– **Art. 240 do CPC/2015:** "Art. 240. A citação válida, ainda quando ordenada por juízo incompetente, induz litispendência, torna litigiosa a coisa e constitui em mora o devedor, ressalvado o disposto nos arts. 397 e 398 da Lei n. 10.406, de 10 de janeiro de 2002 (Código Civil). § 1º A interrupção da prescrição, operada pelo despacho que ordena a citação, ainda que proferido por juízo incompetente, retroagirá à data de propositura da ação. § 2º Incumbe ao autor adotar, no prazo de 10 (dez) dias, as providências necessárias para viabilizar a citação, sob pena de não se aplicar o disposto no § 1º. § 3º A parte não será prejudicada pela demora imputável exclusivamente ao serviço judiciário. § 4º O efeito retroativo a que se refere o § 1º aplica-se à decadência e aos demais prazos extintivos previstos em lei".

– **Demora na citação imputável ao Poder Judiciário.** O § 3º do art. 240 do novo CPC/2015 é expresso: "A parte não será prejudicada pela demora imputável exclusivamente ao serviço judiciário". Anteriormente, já se aplicava essa norma, forte no enunciado da **Súmula 106 do STJ:** "Proposta a ação no prazo fixado para o seu exercício, a demora na citação, por motivos inerentes ao mecanismo da Justiça, não justifica o acolhimento da arguição de prescrição ou decadência".

– A questão da demora na citação imputável ao Poder Judiciário e seus efeitos na prescrição intercorrente é matéria infraconstitucional (STF, ARE 751.864 AgR, 2013).

– **Demora na citação imputável ao exequente.** "EXECUÇÃO FISCAL. PRESCRIÇÃO. INAPLICABILIDADE DA SÚMULA 106/STJ RECONHECIDA PELO TRIBUNAL DE ORIGEM... 3. Nos presentes autos, o Tribunal de origem, que é soberano no exame de matéria fática, afastou a Súmula 106/STJ por considerar que a demora na citação não pode ser imputada ao Poder Judiciário. Manteve, assim, a sentença na qual o juiz da causa afastara a Súmula 106/STJ imputando culpa à exequente por sua inércia. Portanto, não é possível alterar-se a conclusão das instâncias ordinárias quanto à responsabilidade pela demora na citação..." (STJ, REsp 1.394.738, 2013).

– "3. O vocábulo promover contido no art. 219, § 2º do CPC, não significa efetivar o ato citatório. A demora do Oficial de Justiça na realização deste ato não pode ser imputada à parte, cujos ônus, nos termos da lei, se restringem a: (i) requer a citação; (ii) promover os atos necessários à expedição do mandado, em especial a indicação do endereço do citando e a disponibilização de contrafé; e (iii) pagar todas as despesas inerentes à realização da diligência [...]" (STJ, AgRg nos EDcl no AgRg no REsp 1.278.068, 2013).

– Caso o exequente não consiga encontrar o paradeiro do executado, deve pleitear a citação por edital.

– **Art. 219, § 1º, do CPC/73. A interrupção retroage à dada do ajuizamento.** "Art. 219. A citação válida torna prevento o juízo, induz litispendência e faz litigiosa a coisa; e, ainda quando ordenada por juiz incompetente, constitui em mora o devedor e interrompe a prescrição. (redação da Lei 5.925/73) § 1º A interrupção da prescrição retroagirá à data da propositura da ação. (redação da Lei 8.952/94)."

– "4. Esta Corte, no julgamento do REsp 1.120.295/SP, submetido à sistemática do art. 543-C do CPC, decidiu que os arts. 174 do CTN e 219, § 1º, do CPC, devem ser interpretados conjuntamente, de modo que, se a interrupção retroage à data do ajuizamento da ação, é a propositura, e não a citação, que interrompe a prescrição" (STJ, REsp 1.319.319, 2013).

– "1. O Superior Tribunal de Justiça assentou o entendimento segundo o qual, na cobrança judicial do crédito tributário, a interrupção do lustro prescricional operada pela citação válida (redação original do CTN) ou pelo despacho que a ordena (redação do CTN dada pela LC 118/2005) sempre retroage à data da propositura da ação (art. 219, § 1º, do CPC, c/c art. 174, I do CTN)" (STJ, AgRg no AREsp 190.118, 2013).

– "2. Em recurso especial representativo da controvérsia, o Superior Tribunal de Justiça decidiu que, iniciado o prazo prescricional com a constituição do crédito tributário, a interrupção da prescrição pela citação válida, na redação original do art. 174, I, do CTN, ou pelo despacho que a ordena, conforme a modificação introduzida pela Lei Complementar 118/05, retroage à data do ajuizamento da ação, conforme determina o art. 219, § 1º, do CPC [...]" (STJ, AgRg nos EREsp 1.277.881, 2013).

– "13... o exercício do direito de ação pelo Fisco, por intermédio de ajuizamento da execução fiscal, conjura a alegação de inação do credor, revelando-se incoerente a interpretação segundo a qual o fluxo do prazo prescricional continua a escoar-se, desde a constituição definitiva do crédito tributário, até a data em que se der o despacho ordenador da citação do devedor (ou até a data em que se der a citação válida do devedor, consoante a anterior redação do inciso I, do parágrafo único, do artigo 174, do CTN). 14. O Codex Processual, no § 1º, do artigo 219, estabelece que a interrupção da prescrição, pela citação, retroage à data da propositura da ação, o que, na seara tributária, após as alterações promovidas pela Lei Complementar 118/2005, conduz ao entendimento de que o marco interruptivo atinente à prolação do despacho que ordena a citação do executado retroage à data do ajuizamento do feito executivo, a qual deve ser empreendida no prazo prescricional. 15... 16. Destarte, a propositura da ação constitui o *dies ad quem* do prazo prescricional e, simultaneamente, o termo inicial para sua recontagem sujeita às causas interruptivas previstas no artigo 174, parágrafo único, do CTN. 17. Outrossim, é certo que 'incumbe à parte promover a citação do réu nos 10 (dez) dias subsequentes ao despacho que a ordenar, não ficando prejudicada pela demora imputável exclusivamente ao serviço Judiciário' (artigo 219, § 2º, do CPC). 18. Consequentemente, tendo em vista que o exercício do direito de ação deu-se em 05.03.2002, antes de escoado o lapso quinquenal (30.04.2002), iniciado com a entrega da declaração de rendimentos (30.04.1997), não se revela prescrita a pretensão executiva fiscal, ainda que o despacho inicial e a citação do devedor tenham sobrevindo em junho de 2002. 19... Acórdão submetido ao regime do artigo 543-C, do CPC, e da Resolução STJ 08/2008" (STJ, REsp 1.120.295, 2010).

– **Contra.** "O Recurso Especial 1.120.295/SP, julgado pelo egrégio Superior Tribunal de Justiça buscou sua principal fundamentação em uma obra doutrinária. Por ela, seria incoerente que a prescrição continuasse a fluir após o ajuizamento da ação. Entretanto, o Código de Processo Civil, também mencionado na indigitada decisão, mas de forma parcial, estabelece de maneira diferente. Por seu art. 219, parágrafos 1º a 4º, a interrupção da prescrição somente será considerada no ajuizamento da ação em que o réu for citado em até 100 dias. Ao não aplicar o texto legal, o órgão julgador afastou-se do positivismo jurídico..." (BECHO, Renato Lopes. O direito natural e o REsp 1.120.295/SP. *RDDT* 229/145, 2014).

– "... a regra do art. 219, § 1º, do CPC não tem lugar em matéria tributária, posto dispor de regime jurídico próprio e específico, no qual o campo legislativo sobre os efeitos da prescrição em face do tempo é de monopólio da LC por força do art. 146 da Carta Política de 1988. Recepcionado com tal eficácia, desde a CF de 1967, o art. 174 do CTN, bem ou mal, coerentemente ou não com o CPC e a doutrina civilista, definiu como marco interruptivo da prescrição na execução fiscal apenas a citação pessoal do sujeito passivo tributário (ou o despacho que a ordenar, após a alteração da LC n. 118), não se podendo, portanto, interpretar o CTN a partir da legislação processual ordinária, para inserir no âmbito do Direito tributário um marco interruptivo diverso do que a LC estatuiu. Também por essa razão a Súmula n. 106 do STJ é inaplicável no âmbito da execução fiscal, porquanto os julgados que redundaram na sua edição trataram apenas e tão somente de ações de natureza civil em face da redação primitiva do art. 219 do CPC. Nenhum deles tratou da matéria tributária, para o que – cumpre insistir – há um regime jurídico específico definido em LC, de sorte que a questão merece solução diversa daquela resumida na Súmula n. 106. Não se pode aplicar uma súmula sem antes de debruçar sobre os precedentes com base nos quais foi editada. Como consequência disso, a decisão da 1ª Seção, em sede de recurso repetitivo, no Recurso Especial n. 1.120.295/SP, na parte que diz respeito ao objeto deste estudo, além de representar uma involução à jurisprudência do próprio STJ, incorreu em violação originária do art. 146 da CF de 1988, a merecer reparo pelo Pretório Excelso" (LIMA JUNIOR, Joel Gonçalves de. Interrupção da prescrição na execução fiscal: involução e inconstitucionalidade da recente decisão do Superior Tribunal de Justiça. *RDDT* 181/89, 2010).

– "... a decisão da 1ª Seção acerca da aplicação do art. 219 do CPC e da Súmula n. 106/STJ no âmbito das execuções fiscais está em contradição com o art. 146, inciso III, da CF de 1988. Portanto, contradição entre a decisão e a maior das leis. Essa natinomia é vislumbrada pelos diversos julgados do STF... sempre reafirmando que as regras sobre interrupção da prescrição do crédito tributário são apenas aquelas veiculadas por lei complementar, não sendo válidas as intromissões da lei ordinária" (LIMA JUNIOR, Joel Gonçalves de. Interrupção da prescrição na execução fiscal: Súmula 106 do STJ e a recente decisão da Corte Especial do Superior Tribunal de Justiça. *RDDT* 205/70-84, 2012).

– **Art. 219, §§ 2º a 4º do CPC/73. Necessidade de citação no prazo de até 100 dias, sob pena de se considerar não interrom-**

pida a prescrição. Aplicável o art. 8º, § 2º, da LEF, o despacho do juiz que ordena a citação interrompe a prescrição, o que pressupõe que a citação efetivamente ocorra.

– O CPC/73 previa que não se haveria por interrompida a prescrição caso a citação não fosse promovida em dez dias, prorrogável por mais 90: "Art. 219. A citação... § 2º Incumbe à parte promover a citação do réu nos 10 (dez) dias subsequentes ao despacho que a ordenar, não ficando prejudicada pela demora imputável exclusivamente ao serviço Judiciário. § 3º Não sendo citado o réu, o juiz prorrogará o prazo até o máximo de 90 (noventa) dias. § 4º Não se efetuando a citação nos prazos mencionados nos parágrafos antecedentes, haver-se-á por não interrompida a prescrição. § 5º [...] § 6º [...]".

– "... quando o § 2º do art. 8º da Lei n. 6.830/80 diz que 'o despacho do juiz, que ordenar a citação, interrompe a prescrição', sem estabelecer o prazo para que a citação seja feita, com vistas a prevalecer a referida interrupção, há de se interpretar o dispositivo, diante dessa omissão, em consonância com o art. 617 do CPC, que, para a execução comum, dispõe: 'A propositura da execução, deferida pelo juiz, interrompe a prescrição', mas a citação do devedor deve ser feita com observância do disposto nos §§ 1º a 4º do art. 219 do CPC, segundo os quais será considerada interrompida na data do despacho, mas incumbe à parte promover a citação nos dez dias seguintes, e, se não for o devedor citado no prazo de noventa dias, haver-se-á por não interrompida a prescrição" (PACHECO, José da Silva. *Comentários à Lei de Execução Fiscal*. 8. ed. São Paulo: Saraiva, 2001, p. 119).

– "Entendemos que o artigo 174, inciso I, do Código Tributário Nacional, com a redação que lhe foi dada pela Lei Complementar n. 118/05 não afasta a aplicação integral do artigo 219 do Código de Processo Civil, inclusive para as execuções fiscais. Desta feita, considerar-se-á suspenso o prazo prescricional desde a distribuição da ação se o executado for citado em até cem dias. Caso contrário, não terá esse efeito o despacho do juiz determinando a citação. A interpretação gramatical, considerando simplesmente que o despacho determinando a citação interrompe a prescrição, sem nenhuma outra providência ou limite, descumpre os princípios do devido processo legal e contraditório, ferindo irremediavelmente a Constituição Federal" (BECHO, Renato Lopes. A interrupção do prazo de prescrição, pela citação, na Lei Complementar n. 118/2005. *RDDT* 115/108, 2005).

⇒ **Redirecionamento. Citação da pessoa jurídica interrompe a prescrição contra o sócio.** O redirecionamento contra o sócio deve ocorrer no prazo de cinco anos após a interrupção do prazo pelo despacho que determina a citação da pessoa jurídica. Mas os precedentes do STJ, mesmo recentes, falam em cinco anos a contar da citação. O STJ entende que não se faz necessária a inércia do exequente nesse período. O TRF4 exige a inércia para que possa ser decretada a prescrição intercorrente mesmo contra o sócio. Além dos precedentes abaixo, vide também o art. 125, III, do CTN e respectivas notas.

– "4. O redirecionamento da execução contra sócio deve dar-se no prazo de cinco anos da citação da pessoa jurídica, sendo inaplicável o disposto no art. 40 da Lei n. 6.830/80 que, além de

referir-se ao devedor, e não ao responsável tributário, deve harmonizar-se com as hipóteses previstas no art. 174 do CTN, de modo a não tornar imprescritível a dívida fiscal. [...]. 5. Desta sorte, não obstante a citação válida da pessoa jurídica interrompa a prescrição em relação aos responsáveis solidários, decorridos mais de 05 (cinco) anos após a citação da empresa, ocorre a prescrição intercorrente inclusive para os sócios" (STJ, AgRg no REsp 1.202.195, 2011).

– "EXECUÇÃO FISCAL. REDIRECIONAMENTO. SÓCIO-GERENTE. ART. 135, III, DO CTN. PRESCRIÇÃO. CITAÇÃO DA EMPRESA. INTERRUPÇÃO DO PRAZO. 1. O redirecionamento da execução fiscal contra o sócio-gerente precisa ocorrer no prazo de cinco anos a contar da citação da sociedade empresária, devendo a situação harmonizar-se com o disposto no art. 174 do CTN para afastar a imprescritibilidade da pretensão de cobrança do débito fiscal. Precedentes de ambas as Turmas de Direito Público do STJ. 2. A jurisprudência desta Corte não faz qualquer distinção quanto à causa de redirecionamento, devendo ser aplicada a orientação, inclusive, nos casos de dissolução irregular da pessoa jurídica. 3. Ademais, esse evento é bem posterior a sua citação e o redirecionamento contra o sócio somente foi requerido porque os bens penhorados não lograram a satisfação do crédito. Assim, tratando-se de suposta dissolução irregular tardia, não há como se afastar o reconhecimento da prescrição contra os sócios, sob pena de manter-se indefinidamente em aberto a possibilidade de redirecionamento, contrariando o princípio da segurança jurídica que deve nortear a relação do Fisco com os contribuintes" (STJ, AgRg no REsp 1.106.740, 2010).

– "EXECUÇÃO FISCAL. REDIRECIONAMENTO PARA SÓCIOS. PRESCRIÇÃO. PEDIDO. REDIRECIONAMENTO POSTERIOR AO QUINQUÍDIO. PRESCRIÇÃO INTERCORRENTE CONFIGURADA. INCIDÊNCIA. ART. 174 DO CTN. INAPLICABILIDADE. TEORIA DA *ACTIO NATA*.... 2. O redirecionamento da execução contra o sócio deve dar-se no prazo de cinco anos da citação da pessoa jurídica, sendo inaplicável o disposto no art. 40 da Lei n. 6.830/80 que, além de referir-se ao devedor, e não ao responsável tributário, deve harmonizar-se com as hipóteses previstas no art. 174 do CTN, de modo a não tornar imprescritível a dívida fiscal [...]. 3. Desta sorte, não obstante a citação válida da pessoa jurídica interrompa a prescrição em relação aos responsáveis solidários, decorridos mais de 05 (cinco) anos após a citação da empresa, ocorre a prescrição intercorrente inclusive para os sócios. 4. *In casu*, verifica-se que a empresa executada foi citada em abril de 1999. O pedido de redirecionamento do feito foi formulado em outubro de 2006. Evidencia-se, portanto, a ocorrência da prescrição. 5. A aplicação da Teoria da *Actio Nata* requer que o pedido do redirecionamento seja feito dentro do período de 5 anos que sucedem a citação da pessoa jurídica, ainda que não tenha sido caracterizada a inércia da autarquia fazendária" (STJ, EDcl no AgRg no Ag 1.272.920, 2010).

• Vide: CURSINO, Rodolfo Botelho. A teoria da *actio nata* e o redirecionamento da execução fiscal com base na dissolução irregular da sociedade limitada. *RFTD* 89, 2017.

– Entendendo que o prazo não recomeça automaticamente após a citação, dependendo da inércia do exequente. "EXECUÇÃO FISCAL. REDIRECIONAMENTO. PRESCRIÇÃO. A prescrição, quando interrompida em desfavor da pessoa jurídica, também atinge os responsáveis solidários, não se podendo falar que só quando citado o sócio é que se conta a prescrição em relação a este. Havendo a citação da pessoa jurídica e permanecendo o fisco perseguindo o valor em cobrança, não sendo a demora no redirecionamento do feito aos sócios por ele provocada, não há falar em prescrição intercorrente" (TRF4, EINF 2007.71.06.001399-0, 2009).

– "PRESCRIÇÃO. SÓCIO-GERENTE. ARTIGO 125, III, DO CTN... 1. Nos termos do artigo 125, inciso III, do CTN, a interrupção da prescrição em relação à pessoa jurídica também aproveita aos sócios-gerentes. 2. Havendo a citação da pessoa jurídica e permanecendo o fisco perseguindo o valor em cobrança, não sendo a demora no redirecionamento do feito aos sócios por ele provocada, não há falar em prescrição intercorrente" (TRF4, AC 2000.72.07.002905-8, 2003).

– Entendendo que a prescrição só corre contra os responsáveis a partir da verificação da causa que enseja o redirecionamento. "O direito exercitável (ou pretensão exercitável) a que se refere a doutrina, no caso da prescrição intercorrente sob exame, é exatamente o direito factível de redirecionar a execução. Logo, para que se possa falar em prescrição intercorrente, há de se presenciar circunstância em que o credor tem diante de si elementos para redirecionar a execução, mas não o faz por negligência. [...] o prazo para a prescrição não tem curso enquanto os responsáveis pelo débito estão a se acobertar sob armadura fraudulentamente criada para fugir de suas obrigações. ... o curso do prazo prescricional para a Fazenda Pública, nessas circunstâncias, só pode ser admitido a partir do momento em que se desfizer a cortina forjada para encobrir os verdadeiros responsáveis pelo pagamento dos débitos, abrindo-se então, o caminho para as medidas executivas. Em outras palavras, a citação da pessoa jurídica originariamente executada não constitui parâmetro objetivo apto a ensejar a contagem do prazo de prescrição intercorrente, haja vista que este marco é ontologicamente inconciliável com o fenômeno da prescrição. É comezinha a ideia de que prescrição está enlaçada com inércia, desídia, inação, e a citação da pessoa jurídica, por si só, nada tem a ver com essas condutas omissivas. [...] Se mesmo tendo havido a citação da pessoa jurídica originária não estiverem presentes os requisitos para o redirecionamento – tais como os previstos no art. 135 do CTN ou no art. 50 do Código civil –, não há inércia da Fazenda Pública e, por conseguinte, não se inicia o prazo de prescrição intercorrente" (SILVA JÚNIOR, Bernardo Alves da. Execução fiscal e redirecionamento: a citação da devedora originária é suficiente para deflagrar a contagem do prazo da prescrição intercorrente? *RDDT* 214/43, 2013).

– Redirecionamento. Certificação da inexistência de bens da pessoa jurídica como termo inicial do prazo para redirecionamento. "Em se tratando de cobrança de crédito em relação ao qual exista a responsabilidade subsidiária do sócio, o redirecionamento contra este somente é possível a partir de quando for certificada nos autos a inexistência de bens da pessoa jurídica que possam ser penhorados para a satisfação do crédito. Até então, portanto, não se pode falar de prescrição, pois não existe a ação. E só a partir desse momento processual, portanto, é que começa ao prazo de cinco anos, de prescrição, a impedir o redirecionamento" (MACHADO, Hugo de Brito. Redirecionamento da execução fiscal e prescrição. *RDDT* 181/71, 2010).

– Contagem da prescrição a contar da certificação da dissolução irregular. "A inércia do titular do direito é a essência da prescrição, uma vez que a prescrição é um efeito negativo para a desídia do credor. [...] Na situação de redirecionamento da execução fiscal em relação aos sócios administradores sob o fundamento de dissolução irregular da sociedade, a inércia da Fazenda Pública se configura em duas hipóteses: (a) quando certificado pelo oficial de justiça o não funcionamento das atividades da sociedade no endereço cadastrado na Junta Comercial, na secretaria da Fazenda, ou fornecido nos autos pela própria pessoa jurídica de direito privado; (b) através da instauração de processo administrativo por agentes da administração tributária com a finalidade de verificar se a pessoa jurídica de direito privado está exercendo suas atividades, devendo a documentação ser juntada nos autos do processo judicial. Se os agentes fiscais não localizarem a pessoa jurídica de direito privado, a data da diligência é o marco inicial do prazo prescricional. A partir da data em que o oficial de justiça lavrar a certidão, registrando a não localização da sociedade no endereço constante na Junta Comercial e não havendo qualquer informação por parte da pessoa jurídica de direito privado acerca da alteração de seu endereço, estará configurada a dissolução irregular da sociedade. Somente a partir dessa data a Fazenda Pública poderá redirecionar a execução fiscal contra os sócios administradores da sociedade que praticaram o ato de encerramento irregular da sociedade sem pagar os tributos devidos. [...] Com essa constatação devidamente registrada nos autos do processo de execução fiscal, os sócios administradores passarão a possuir legitimidade passiva para figurar no polo passivo do processo na qualidade de responsáveis tributários. Dessa forma, o poder-dever de perseguir o crédito tributário em relação aos sócios administradores se inicia para a Fazenda Pública a partir da data em que certificada a dissolução irregular da sociedade, também começando, a partir desse momento, a contagem do prazo prescricional para redirecionamento da execução fiscal contra os sócios administradores. Até esse instante ainda não havia pretensão da Fazenda Pública em relação aos sócios administradores, razão pela qual não há que se falar em interrupção do prazo prescricional em relação a eles, pois não se interrompe prazo que ainda não teve início. Trata-se da aplicação do princípio da *actio nata*" (MARTINS, Adriano Vidigal. A contagem do prazo prescricional do crédito tributário em relação aos sócios administradores. *RDDT* 216/7, 2013).

⇒ Interrupção da prescrição pela retificação de DCTF ou revisão de lançamento. "... tal qual um lançamento revisor, a mera apresentação de DCTF retificadora implica sempre em interrupção do prazo prescricional, na medida em que a declaração retificadora substitui integralmente a anterior. Nesse sentido, há disposições em todas as Instruções Normativas relativas ao tema (482/04, 583/05, 695/06), prescrevendo que 'a DCTF mencionada no *caput* deste artigo terá a mesma natureza da declaração originariamente apresentada, substituindo-a integralmente'. Dessa forma... a legislação tributária dispõe que a DCTF retificadora anula integralmente a originalmente apresentada e, evidentemente, todos os seus efeitos, observando regime análogo ao da revisão de lançamento substitutiva. Assim, a DCTF retificadora deve ser considerada, para efeitos de prescrição, como uma revisão de crédito tributário, e, portanto, novo termo *a quo* para o art. 174 do CTN..." (DIAS. Tiago Bologna. Constituição do crédito por meio de declaração do sujeito passivo e interrupção da prescrição por sua retificação. *RDDT* 149, 2008).

II – pelo protesto judicial;

⇒ **Protesto judicial.** O protesto judicial é procedimento de jurisdição voluntária. Nos termos do art. 726, § 2º, do novo CPC/15, aplica-se ao protesto judicial o disposto na Seção relativa à Notificação e à Interpelação (arts. 726 a 729).

⇒ **Protesto extrajudicial.** Quanto ao protesto da CDA em cartório, vide nota ao art. 7º, § 3º, do CTN.

– **Tema 1.184. MÉRITO AINDA NÃO JULGADO.** Controvérsia: "Extinção de execução fiscal de baixo valor, por falta de interesse de agir, haja vista modificação legislativa posterior ao julgamento do RE 591.033 (Tema 109), que incluiu as certidões de dívida ativa entre os títulos sujeitos a protesto (Lei 12.767/2012), e a desproporção dos custos de prosseguimento da ação judicial".

III – por qualquer ato judicial que constitua em mora o devedor;

⇒ **Citação por edital.** O inciso III do parágrafo único do art. 174 do CTN refere-se a "qualquer ato judicial que constitua em mora o devedor" como causa interruptiva da prescrição. Antes da LC n. 118/2005, quando apenas a efetiva citação pessoal é que interrompia o prazo e não o despacho que a determinasse, tinha grande relevância essa hipótese do inciso III. É que, frustrada a citação pessoal, podia o Fisco obter o efeito interruptivo mediante citação por edital, constituindo o devedor em mora por essa forma.

IV – por qualquer ato inequívoco ainda que extrajudicial, que importe em reconhecimento do débito pelo devedor.

⇒ **Confissão de dívida para parcelamento.** Exemplo de reconhecimento inequívoco de débito tributário é a confissão feita pelo contribuinte para fins de parcelamento. Impõe-se ter em conta, entretanto, a ponderação feita por Luciano Amaro, transcrita abaixo. Sobre a confissão de dívida tributária e seus efeitos, vide notas ao art. 3º bem como ao art. 142 do CTN.

– **Súmula 653 do STJ:** "O pedido de parcelamento fiscal, ainda que indeferido, interrompe o prazo prescricional, pois caracteriza confissão extrajudicial do débito" (2021).

– "2. Nos termos da jurisprudência pacífica desta Corte, o prazo prescricional interrompe-se pela confissão e pedido de parcelamento, recomeçando a fluir no dia em que o devedor deixa de cumprir o acordo" (STJ, AgRg nos EDcl no AREsp 91.345, 2012).

– "O pedido de parcelamento do débito fiscal importa em interrupção da prescrição (CTN, art. 174, parágrafo único, inciso IV). Determinada a citação do devedor, antes de fluir o quinquênio prescricional, e expedido o mandado de citação, nenhum requerimento formulou o credor, desde o despacho ordenando a citação, com vistas a prorrogar-se o prazo indispensável a sua realização, nada reclamando contra a demora no cumprimento do mandado. Aplicação do art. 219, parágrafos 3 e 4 do CTN, em ordem a ter-se como insubsistente o antecipado efeito da interrupção da prescrição. Inércia do credor caracterizada. Negativa de vigência do art. 174 do CTN. Prescrição consumada. Recurso extraordinário conhecido e provido" (STF, RE 99.867, 1984).

– "Costuma-se citar o parcelamento como exemplo de ato do sujeito passivo com o qual se opera a interrupção do prazo prescricional. É preciso, porém, lembrar que, ao cuidar da moratória (que pode implicar pagamento em prestações), o Código Tributário Nacional só exclui do cômputo do prazo prescricional o período decorrido desde a concessão da moratória quando esta tiver sido obtida com dolo, fraude ou simulação. Caso contrário, o prazo prescricional continua correndo, durante a moratória, ainda quando esta venha a ser revogada (art. 155, parágrafo único); com maior razão, o prazo deve considerar-se em curso se a moratória não for objeto de revogação. Também aí a sistematização da matéria no Código não prima pela coerência" (AMARO, Luciano. *Direito tributário brasileiro*. 15. ed. São Paulo: Saraiva, 2009, p. 417).

– **Parcelamento implicando interrupção, com recomeço da contagem no caso de descumprimento.** "2. A confissão e o parcelamento da dívida tributária ensejam a interrupção, e não a suspensão, do prazo prescricional (art. 174, p. único, do CTN, c/c a Súmula 248/TFR), o qual recomeça a fluir, em sua integralidade, no dia em que o devedor deixa de cumprir o acordo celebrado' [...]" (STJ, AgRg no AREsp 15.504, 2012).

– "Os efeitos do pedido e da concessão do parcelamento do crédito tributário são distintos e cumulativos. O pedido interrompe a prescrição, nos termos do art. 174, parágrafo único, inciso IV, apagando os efeitos do tempo já ocorrido no que concerne à prescrição... Já a concessão do parcelamento suspende a exigibilidade do crédito tributário, nos termos do art. 151, inciso VI, do Código Tributário Nacional, e assim faz com que a partir de então não tenha curso o prazo de prescrição. O inadimplemento de suas obrigações, nos termo do parcelamento pelo devedor, restabelece a exigibilidade do crédito tributário e passa a ter curso, a partir de então, novo prazo de prescrição, de cinco anos. Somam-se os efeitos do pedido, a interrupção, com da concessão, a suspensão da prescrição" (MACHADO, Hugo de Brito. O parcelamento como causa de suspensão e de interrupção da prescrição no Código Tributário Nacional. *RDDT* 148, 2008).

– **Súmula 248 do extinto TFR:** "O prazo da prescrição interrompido pela confissão e parcelamento da dívida fiscal recomeça a fluir no dia em que o devedor deixa de cumprir o acordo celebrado". Deve-se, considerar, todavia, que é a rescisão do parcelamento que afasta a suspensão da exigibilidade (art. 151, VI). Desse modo, é preciso verificar na lei específica do parcelamento, se a rescisão ocorre automaticamente com o inadimplemento de apenas uma parcela ou se exige mais (normalmente depende do inadimplemento de três parcelas consecutivas ou seis alternadas) ou, ainda, se exige algum ato formal de rescisão. Sobre o parcelamento em geral, vide notas ao art. 155-A do CTN.

– "PRESCRIÇÃO. PARCELAMENTO RESCINDIDO... – A confissão para fins de parcelamento do débito implica a incidência do art. 174, parágrafo único, inciso IV, do CTN, que diz da interrupção do prazo prescricional por qualquer ato inequívoco que importe em reconhecimento do débito pelo devedor. Retoma-se a contagem do prazo, por inteiro, a contar do inadimplemento, nos termos da Súmula 248 do TFR. [...]" (TRF4, AC 2005.04.01.003067-9, 2006).

– **Reinício do prazo contado da publicação do ato de exclusão do parcelamento.** "REFIS. EXCLUSÃO POR ATO DO COMITÊ GESTOR. TERMO *A QUO* DO REINÍCIO DO PRAZO PRESCRICIONAL. INTELIGÊNCIA DO ART. 5º, § 1º, DA LEI 9.964/2000... 2. *In casu* foram propostas Ações de Execução Fiscal, posteriormente suspensas em face da adesão ao Refis. 3. Controverte-se nos autos a respeito da sentença que decretou, em 5.3.2008, a prescrição intercorrente, pelo transcurso de prazo superior a cinco anos, contados da data de indeferimento da opção pelo Refis (1º.11.2001). 4. A recorrente defende a tese de que o termo *a quo* prescricional não se iniciou a partir do indeferimento, mas sim da publicação do ato de exclusão do Refis (18.10.2003). 5. Nos termos do art. 5º, § 1º, da Lei 9.964/2000, 'a exclusão do Refis implicará exigibilidade imediata da totalidade do crédito confessado e ainda não pago [...]'. 6. Por seu turno, a Resolução CG/Refis 9/2001, com a redação dada pela Resolução CG/Refis 20/2001 – editada conforme autorização legal do art. 9º da Lei 9.964/2000 para o fim de regulamentar a exclusão –, impõe instauração de processo administrativo, a partir da publicação do ato de exclusão, em respeito aos princípios do contraditório e da ampla defesa. 7. Diante da literalidade dos textos normativos, enquanto não formalizada a exclusão do contribuinte, mediante publicação do respectivo ato e abertura do processo administrativo, não há falar em exigibilidade dos valores parcelados no Refis. 8. Em outras palavras, a partir da concretização da hipótese que autoriza a exclusão do Refis (1.11.2001), surge a pretensão para o alijamento do contribuinte irregular nesse parcelamento (prazo decadencial para constituir o contribuinte na condição de excluído), situação inconfundível com o prazo prescricional, que somente será iniciado após a conclusão do processo administrativo de exclusão. 9. O STJ possui orientação pacificada no sentido de que, instaurado o contencioso administrativo, a exigibilidade do crédito tributário fica suspensa até a decisão final. Exemplo tradicional nesse sentido é o caso dos pedidos de compensação pendentes de análise pelo Fisco. 10. É correto concluir, com base na análise da legislação tributária acima mencionada e nos precedentes jurisprudenciais, que, enquanto pendente de solução final, inexiste o atributo da 'exigibilidade' do crédito tributário devido pelo contribuinte excluído do Refis. Por essa razão, o singelo ato unilateral de indeferimento da opção pelo respectivo regime de parcelamento não determina o reinício do lapso prescricional. 11... 12... Considerando que, entre a publicação do ato excludente (18.10.2003) e a prolação da sentença judicial (5.3.2008), transcorreu prazo inferior ao do quinquênio previsto no art. 40, § 4º, da Lei 6.830/1980,

não há prescrição intercorrente a ser decretada" (STJ, REsp 1.144.963, 2012).

CAPÍTULO V
EXCLUSÃO DO CRÉDITO TRIBUTÁRIO

SEÇÃO I
DISPOSIÇÕES GERAIS

Art. 175. Excluem o crédito tributário:

I – a isenção;

II – a anistia.

Parágrafo único. A exclusão do crédito tributário não dispensa o cumprimento das obrigações acessórias, dependentes da obrigação principal cujo crédito seja excluído, ou dela consequente.

⇒ **Não dispensa o cumprimento de obrigações acessórias.** As obrigações que o CTN chama impropriamente de acessórias são, em verdade, as obrigações formais ou instrumentais, de fazer, não fazer ou tolerar que viabilizam a fiscalização tributária. As obrigações tributárias acessórias são autônomas, não se extinguindo nem sendo dispensadas pelo fato de não surgir obrigação de pagar tributo ou de ser excluído seu crédito. Vide notas aos arts. 113, parágrafo único, e 194, parágrafo único, do CTN.

SEÇÃO II
ISENÇÃO

Art. 176. A isenção, ainda quando prevista em contrato, é sempre decorrente de lei que especifique as condições e requisitos exigidos para a sua concessão, os tributos a que se aplica e, sendo caso, o prazo de sua duração.

⇒ **Natureza da isenção.** Conforme o art. 175, *caput*, a isenção exclui o crédito tributário. Ou seja, surge a obrigação, mas o respectivo crédito não será exigível; logo, o cumprimento da obrigação resta dispensado. Cuida-se de benefício fiscal concedido por liberalidade do legislador.

– "Na sistemática adotada pelo Código Tributário Nacional, a isenção não se confunde com a não incidência, mas pressupõe a incidência. É por isso que a isenção é incluída, no art. 175 do Código Tributário Nacional, como hipótese de exclusão do crédito tributário. Ou seja: no modelo teórico ali inserido, o crédito tributário surge, mas o pagamento é dispensado, por conta da isenção. Assim é que a isenção está compreendida dentro do campo da incidência da norma, já que o legislador contemplou a hipótese (e por isso não seria caso de falar-se em não incidência), mas isentou o contribuinte do pagamento" (SCHOUERI, Luís Eduardo. *Direito tributário*. 2. ed. São Paulo: Saraiva, 2012, p. 226). Obs.: vale ler a análise do instituto da isenção feita por Schoueri entre as páginas 226/236 do seu livro.

– Para Rubens Gomes de Souza, favor legal consubstanciado na dispensa do pagamento do tributo. Para Alfredo Augusto Becker e José Souto Maior Borges, hipótese de não incidência da norma tributária. Para Paulo de Barros Carvalho, o preceito de isenção subtrai parcela do campo de abrangência do critério antecedente ou do consequente da norma tributária, paralisando a atuação da regra-matriz de incidência para certos e determinados casos.

– "Uma vez posta, na lei da pessoa competência para tributar, a norma de isenção atuará na norma de tributação, reduzindo-lhe o campo de incidência" (DERZI, Misabel Abreu Machado. A imunidade incontroversa de autarquia federal de ensino, em relação ao ICMS, para importar bens essenciais ao desenvolvimento de suas atividade institucionais. *RDDT* 142/102, 2007).

– "... se sobrevém uma lei e concede certa isenção tributária, é porque já existia lei prevendo a hipótese de incidência (ou em dispositivo mais adiante da própria lei de imposição tributária) e, ocorrido o fato gerador, o tributo é devido, não fora a lei de isenção. Com efeito, se a isenção é por prazo determinado, ou revogada a isenção concedida a prazo indeterminado, ou por inobservância das condições e requisitos (arts. 176, CTN), o tributo é devido, o crédito tributário não é excluído. Com isso, demonstrado está que o fato gerador ocorreu fazendo nascer a obrigação tributária, o crédito tributário existe, mas sobrevém lei para dispensar seu pagamento" (CASSONE, Vittorio. Isenção tributária: afinal, como saber quando as empresas contribuintes têm o direito de crédito presumido ou à manutenção do crédito? *RDDT* 178/120, 2010).

– "A hipótese de incidência... apresenta a seguinte composição: H = A – (B + C), onde: H = Hipótese de incidência, A = Fatos tributáveis, B = Fatos imunes, C = Fatos isentos. O direito subjetivo que se contém na pretensão de não pagar da pessoa beneficiada com previsão legal de isenção ou constitucional de imunidade só aparentemente parece ser deduzido da lei isentante ou imunizante. A lei existe e vige, mas, em verdade, é da norma de tributação que se deduz a inexistência de relação jurídico-tributária. Todo o esforço está centrado em demonstrar que a norma de tributação não incidiu por faltar-lhe tipicidade" (COÊLHO, Sacha Calmon Navarro. Normas jurídicas e proposições sobre normas jurídicas – Prescrições jurídicas – O papel dos intérpretes. *RDDT* 173/123, 2010).

– "... a exclusão do crédito tributário tem por finalidade gerar um benefício para o contribuinte de fato, com vistas a desonerar o produto que chega ao consumidor final" (STJ, REsp 663.482, 2007).

– Sobre a isenção como manifestação do poder de não tributar, Carlos José Wanderley de Mesquita, Poder de tributar, isenção e imunidade, 1ª e 2ª partes, em *Cadernos de Direito Tributário e Finanças Públicas* ns. 15 e 16, RT, 1996, p. 95 e 38 respectivamente).

– **Alíquota zero.** "... alíquota zero representa uma solução encontrada pelas autoridades fazendárias no sentido de excluir o ônus da tributação sobre certos produtos, temporariamente, sem os isentar. A isenção só pode ser concedida por lei (CTN, art. 97, item VI). Como é permitido ao Poder Executivo, por disposição constitucional (CF, art. 153, § 1º) alterar as alíquotas do IPI, dentro dos limites fixados em lei, e a lei não fixou limite mínimo, tem sido utilizado o expediente de reduzir a zero as alíquotas de certos produtos. Tais alíquotas, entretanto, podem ser elevadas a qualquer tempo, independentemente de lei" (MACHADO, Hugo de Brito. Citado pela Juíza Tania Escobar em voto condutor no julgamento do AI 1998.04.01.015563-9/SC).

• Vide Aurélio Pitanga Seixas Filho, Natureza da alíquota zero. Normas modificativas. Seletividade. Progressividade, em *RDDT* 55/18, 2000.

• Vide, também, notas aos arts. 153, IV, e 153, § 3º, I, da CF.

– **Não incidência.** A isenção decorre, sempre, de lei que regule exclusivamente a matéria ou o correspondente tributo, conforme exigência expressa do art. 150, § 6º, da Constituição Federal. A não incidência, por sua vez, decorre da simples ausência de subsunção do fato em análise à norma tributária impositiva e, por isso, independe de previsão legal, o que, aliás, seria impertinente. Sobre a incidência e a não incidência, vide nota ao art. 114 do CTN.

– "AÇÃO DIRETA DE INCONSTITUCIONALIDADE. LEI 268, DE 2 DE ABRIL DE 1990, DO ESTADO DE RONDÔNIA, QUE ACRESCENTOU INCISO AO ARTIGO 4º DA LEI 223/89. NÃO INCIDÊNCIA DO ICMS INSTITUÍDA COMO ISENÇÃO... 2. A não incidência do tributo equivale a todas as situações de fato não contempladas pela regra jurídica da tributação e decorre da abrangência ditada pela própria norma. 3. A isenção é a dispensa do pagamento de um tributo devido em face da ocorrência de seu fato gerador. Constitui exceção instituída por lei à regra jurídica da tributação. 4. A norma legal impugnada concede verdadeira isenção do ICMS, sob o disfarce de não incidência" (STF, ADIn 286, 2002).

– Análise da questão da isenção como forma de não incidência, argumentos pró e contra (BORGES, José Souto Maior. Revisitando a isenção tributária – a isenção tributária à luz da hermenêutica histórica. *Repertório IOB de Jurisprudência*, 1999).

– **Imunidade.** A imunidade é norma negativa de competência constante do texto constitucional. A isenção, por sua vez, emana do ente tributante que, tendo instituído um tributo no exercício da sua competência, decide abrir mão de exigi-lo de determinada pessoa ou em determinada situação.

⇒ **Isenções totais e isenções parciais.** A análise desta questão depende da natureza que se reconhece à isenção. Entendendo, forte no texto do art. 175 do CTN, que a isenção exclui o crédito tributário, temos que pode haver isenção parcial, desde que assim disponha o legislador. Vide nota ao art. 155, § 2º, II, *b*, da CF.

– "As isenções são totais ou parciais. Dizem-se parciais as isenções que deduzem do percentual do imposto ou do imposto fixo. As isenções totais são preexcludentes da imposição: o imposto não recai no objeto ou no negócio jurídico a que se refere a regra jurídica de isenção" (PONTES DE MIRANDA. Questões forenses. Tít. I. Borsoi, p. 90).

– "As isenções totais excluem o nascimento da obrigação tributária enquanto que, nas isenções parciais, surge o fato gerador da tributação, constituindo-se, portanto, a obrigação tributária, embora o *quantum* do débito seja inferior ao que normalmente seria devido se não tivesse sido estabelecido preceito isentivo" (BORGES, Souto Maior. *Isenções tributárias*. Sugestões literárias, 1969, p. 281).

– **Redução da base de cálculo como isenção parcial.** "ICMS. Créditos relativos à entrada de insumos usados em industrialização de produtos cujas saídas foram realizadas com redução da base de cálculo. Caso de isenção fiscal parcial. Previsão de estorno proporcional. Art. 41, inc. IV, da Lei estadual n. 6.374/89, e art. 32, inc. II, do Convênio ICMS n. 66/88. Constitucionalidade reconhecida. Segurança denegada. Improvimento ao recurso. Aplicação do art. 155, § 2º, inc. II, letra *b*, da CF. Alegação de mudança da orientação da Corte sobre os institutos da redução da base de cálculo e da isenção parcial. Distinção irrelevante segundo a nova postura jurisprudencial... O Supremo Tribunal Federal entrou a aproximar as figuras da redução da base de cálculo do ICMS e da isenção parcial, a ponto de as equiparar, na interpretação do art. 155, § 2º, II, *b*, da Constituição da República" (STF, EDRE 174.478, 2008).

– "ICMS. VENDA DE VEÍCULOS AUTOMOTORES NOVOS. REDUÇÃO DA BASE DE CÁLCULO. CONVÊNIO ICMS 50/99. DECRETO 2.872/2001 DO ESTADO DE MATO GROSSO. TERMO DE ACORDO. EXIGÊNCIAS: PRINCÍPIO DA NÃO CUMULATIVIDADE. CONCESSÃO DO BENEFÍCIO APENAS PARA OS CONTRIBUINTES ADIMPLENTES. 1. O Supremo Tribunal Federal, a partir do julgamento do RE 174.478/SP, firmou entendimento de que redução de base de cálculo de tributo equivale a isenção fiscal parcial, tendo aplicação, pois, a regra do art. 155, § 2º, II, *b*, da CF/88, que determina a anulação do crédito relativo às operações anteriores quando se tratar de isenção. Portanto, legítima a exigência de renúncia à utilização de créditos fiscais relativos às operações realizadas nos termos do Convênio 50/99. Ressalva do ponto de vista da Relatora (REsp 466.832/RS). 2. O Decreto 2.872/2001, ao exigir 'a renúncia ao aproveitamento de qualquer crédito fiscal e efetuar qualquer transferência de crédito a outro estabelecimento, inclusive ao substituto tributário, independentemente do evento que lhe deu origem', além de extrapolar os ditames do Convênio 50/99 (cláusula 2ª, § 2º, segundo o qual a renúncia ao crédito fiscal dizia respeito tão-somente às operações acobertadas pelo benefício), viola o princípio da não-cumulatividade (art. 19 da LC 87/96 e art. 155, § 2º, I, da CF/88). 3. O art. 52, § 1º, I, 'd', das Disposições Transitórias do Regulamento do ICMS (com redação dada pelo Decreto 2.872/2001), ao impedir que os contribuintes inadimplentes com qualquer obrigação, principal ou acessória, para com a Fazenda Pública Estadual e não estarem pendentes de pagamento autos de infração lavrados contra eles, afronta o art. 5º, XXXV e LV, da CF/88, além de constituir meio coercitivo de pagamento de tributos, o que não vem sendo admitido pelo Poder Judiciário" (STJ, RMS 26.497, 2008).

– **Negando a isenção parcial.** "... à luz da teoria da norma jurídica tributária, a denominação de isenção parcial para o fenômeno da redução parcial do imposto a pagar, através das minorações diretas de bases de cálculo e de alíquotas, afigura-se absolutamente incorreta e inaceitável. A isenção ou é total ou não é, porque a sua *essentialia* consiste em ser modo obstativo ao nasci-

mento da obrigação Isenção é o contrário de incidência. As reduções, ao invés, pressupõem a incidência e a existência do dever tributário instaurado com a realização do fato jurígeno previsto na hipótese de incidência da norma de tributação. As reduções são diminuições monetárias no *quantum* da obrigação, via base de cálculo rebaixada ou alíquota reduzida" (COÊLHO, Sacha Calmon Navarro. Normas jurídicas e proposições sobre normas jurídicas – Prescrições jurídicas – O papel dos intérpretes. *RDDT* 173/123, 2010).

– "... à luz da teoria da norma jurídica tributária, a denominação de isenção parcial para o fenômeno a redução parcial do imposto a pagar, através das minorações diretas de bases de cálculo e de alíquotas, afigura-se absolutamente incorreta a inaceitável. A isenção ou é total ou não é porque a sua *essentialia* consiste em ser modo obstativo ao nascimento da obrigação. Isenção é o contrário de incidência. As reduções, ao invés, pressupõem a incidência e a existência do dever tributário instaurado com a realização do fato jurígeno previsto na hipótese de incidência da norma de tributação. As reduções são diminuições monetárias no *quantum* da obrigação, via base de cálculo rebaixada ou alíquota reduzida" (COÊLHO, Sacha Calmon Navarro. Direito de aproveitamento integral de créditos de ICMS nas operações beneficiadas com base de cálculo reduzida. *RDDT* 149, 2008).

⇒ **Concessão da isenção pela via legislativa adequada.** A regra geral é que a concessão de isenção também seja veiculada por lei ordinária. Por ato infralegal, não será válida. Mas há casos em que a exigência de lei ordinária da lugar a Convênio ou à lei complementar, conforme itens que seguem. A exigência de lei decorre expressamente do art. 150, § 6º, da CF, do fato de que os tributos normalmente são instituídos por lei ordinária (art. 150, I, da CF), de modo que a sua dispensa tem de se dar por via legislativa do mesmo nível, bem como do texto expresso do art. 176 do CTN.

– "... não comportaria conhecimento o recurso especial pois a matéria suscitada pelo recorrente, ora embargante, é de cunho eminentemente constitucional, uma vez que a discussão a respeito da possibilidade de conceder isenção tributária somente por lei está prevista no artigo 150, § 6º da Constituição Federal, cujo teor é reproduzido pelo artigo 176 do CTN, supostamente violado" (STJ, EDcl no AgRg no REsp 270.165, 2008).

– **Regra geral: lei ordinária.** A exigência de lei formal em matéria tributária dá-se tanto para a instituição ou majoração de tributos (a legalidade estrita do art. 150, I, da CF) como para a concessão de isenções e de quaisquer outras diminuições ou dispensas da carga tributária (art. 150, § 6º, da CF).

– "2. Ilegalidade da concessão de isenção de tributos municipais por resolução legislativa" (STJ, REsp 723.575, 2007).

– **ICMS: Convênio.** "1. Nos termos do art. 176 do CTN, a isenção tributária somente pode ser concedida mediante lei específica, com exceção do ICMS, que se dá mediante convênio firmado entre todos os Estados (art. 150, § 6º c/c 155, § 2º, XII, *g*, da CF/88)" (STJ, REsp 723.575, 2007).

• Vide notas ao art. 155, § 2º, XII, *g*, da CF.

– **Tributos instituídos por lei complementar: isenção por lei complementar.** Quando o tributo tenha sido instituído por lei complementar, a concessão de isenção tem de ser feita através de diploma legislativo do mesmo nível, ou seja, também por lei complementar. Isso porque a isenção implica renúncia fiscal, precisando ser veiculada com o mesmo *quorum* exigido para o surgimento da norma impositiva. De fato, a concessão de isenção não pode prescindir da via legislativa apta a modificar ou revogar a lei impositiva, pois exclui o crédito tributário por esta estabelecido.

– Não há como pretender isenção sem lei ou em extensão distinta da prevista em lei. "ISENÇÃO. AUSÊNCIA DE LEGISLAÇÃO ESPECÍFICA. IMPOSSIBILIDADE... o Código Tributário Nacional (art. 97) é suficientemente claro ao dispor que somente a lei pode estabelecer as hipóteses de exclusão do crédito tributário (inciso VI), nesta constando a isenção (art. 175, inciso I). Sendo imperativo o comando que determina a interpretação literal da outorga de isenção (art. 111, inciso II), revela-se necessária a edição de legislação específica que discipline o comando isencional às atividades desenvolvidas pelas organizações sociais sem fins lucrativos, que atendam ao interesse e à utilidade públicas, situação discutida nos presentes autos. VII – Inexistindo nos autos documentos que comprovem a existência de legislação distrital disciplinadora da isenção pretendida pela Recorrente, não há como deferi-la nos moldes pretendidos" (STJ, RMS 22.371, 2007).

– Isenção heterônoma. A União não pode isentar de tributos da competência dos Estados, do Distrito Federal e dos Municípios. Vide, a respeito, art. 151, inciso III, da Constituição.

⇒ **Isonomia. Sempre haverá tratamentos diferenciados na isenção. Importa é o fator de discrímen.** "A isenção, como causa de exclusão do crédito tributário (CTN, art. 175, I), é, por sua própria natureza, fator de desigualação e discriminação entre pessoas, coisas e situações. Nem por isso, entretanto, as isenções são inconstitucionais. Inconstitucionalidade haverá se, em determinada situação, ficar demonstrado que a desigualdade criada não teve em mira o interesse ou a conveniência pública na aplicação da regra da capacidade contributiva ou no incentivo de determinada atividade de interesse do Estado. Recurso improvido" (TRF4, EDAMS 93.04.16949-6, 1994).

– No referido EDAMS 93.04.16949-6/RS, o então Juiz Teori Albino Zavascki, relator, invocou voto que proferiu na Arguição de Inconstitucionalidade na REO 89.04.00194-3 (RTRF-4ª, 4/35-36), em que também se sustentava a inconstitucionalidade de isenção fiscal, por ofensa ao princípio de igualdade entre contribuintes, e no qual afirmara: "Ninguém desconhece que, na vida moderna das nações, especialmente nestes últimos decênios, o Estado assumiu um papel acentuadamente intervencionista na atividade econômica. E, como bem demonstrou Ruy Barbosa Nogueira, um dos instrumentos que servem de sustentáculo à intervenção é o da tributação, o que implica dar aos tributos uma função extrafiscal (*Curso de direito tributário*, Saraiva, 1989, p. 188). Aliomar Baleeiro, lembrando que 'o exercício do poder de tributar é fenômeno de caráter iniludivelmente político, como todos os que se acham vinculados à natureza e às atribuições do Estado', chega a afirmar que 'a escolha dos instrumentos de imposição, na prática, tem obedecido menos a inspi-

rações econômicas do que a considerações políticas'. (*Uma Introdução à Ciência das Finanças*, Forense, 11ª edição, p. 189). E acrescenta: 'Quando pretende uma intervenção através de processos tributários o Estado ora usa dos efeitos drásticos que uma imposição produz sobre os preços e o valor, ... ora afasta estes efeitos através de imunidades e isenções, discriminando para esse fim, as coisas, fatos ou atividades, que deseja preservar e encorajar' (*op. cit.*, p. 199). Assim, a isenção, como causa de exclusão do crédito tributário (CTN, art. 175, I), é, por sua própria natureza, fator de desigualdade ou, como disse Baleeiro, de 'discriminação', entre pessoas, coisas e situações. Sua concessão implica, portanto, tratamento diferenciado e favorecido. Inobstante as desigualdades que cria, próprias de sua natureza e razão de ser, nem por isso se há de inquinar a inconstitucionalidade das isenções tributárias. É que o favorecimento por ela gerado, a desigualdade por ela estabelecida, entre pessoas, situações ou coisas, têm em mira, ou se presume que tenham, o atendimento de conveniência ou interesse público. De um modo geral, a conveniência ou interesse público pelas subjacente consiste na necessidade de atendimento de capacidade contributiva ou de incrementar ou incentivar determinadas atividades. É de lembrar, mais uma vez, a lição de Aliomar Baleeiro, de que a isenção 'não é privilégio de classe ou de pessoas, mas uma política de aplicação da regra da capacidade contributiva ou de incentivos de determinadas atividades, que o Estado visa a incrementar pela conveniência pública'. (*Direito tributário brasileiro*, Forense, 10ª ed. p. 587). Este 'favorecimento tributário' encontra, pois, sua fonte de justificação no interesse maior da coletividade em razão de que o Estado '... não encontra na pessoa do sujeito passivo, no negócio, ou na coisa tributada, condições de contribuição, ou porque acha que embora existentes tais condições, em vez da contribuição se sobrepõe o interesse maior da dispensa dela, visando estimular operações normalmente tributadas...' (Fábio Fanucchi, *Curso de direito tributário brasileiro*, Resenha Tributária, 4ª edição, vol. I, p. 370). A constitucionalidade do fator de discriminação, no caso, decorre não da comparação entre situações, pessoas ou coisas isentas e não isentas, mas sim da relação daquelas frente ao interesse público que deu suporte ao ato isencional. Em suma, a isenção não pode ser considerada inconstitucional pela só razão de ser fator de desigualdade, já que isso é próprio de sua natureza. Inconstitucionalidade haverá se, em determinada situação, ficar demonstrado que a desigualdade criada não teve em mira o interesse ou a conveniência pública consistente, repita-se a doutrina de Baleeiro, na aplicação da regra de capacidade contributiva ou no incentivo de determinada atividade de interesse do Estado. A técnica, o modo, a forma e as condições da desigualdade ou da discriminação, para melhor consecução do interesse público pretendido, serão definidas na lei. 'A isenção', diz o art. 176 do CTN 'ainda que prevista em contrato, é sempre decorrente de lei que especifique as condições e requisitos exigidos para sua concessão, os tributos a que se aplica e, sendo o caso, o prazo de sua duração.' A conveniência ou a oportunidade das condições eleitas pelo legislador refogem, em princípio, ao exame do Judiciário, não cabendo a este exercer o controle político dos atos legislativos, salvo ante evidenciado desiderato de favorecimento pessoal, não compatível com o interesse público".

– Sobre a dificuldade de se dar efetividade ao princípio da isonomia em razão do entendimento do STF no sentido de que ao Judiciário cabe tão somente o papel de legislador negativo, vide notas ao art. 150, II, da CF.

⇒ **Isenção precedente à CF/88. Ausência de natureza setorial. Revogação pelo art. 41 do ADCT.** "1. Artigo 41 do ADCT-CF/88. Incentivos fiscais de natureza setorial destinados a promover a expansão econômica de determinada região ou setores de atividade. Necessidade de edição de norma ratificadora no prazo previsto na Constituição Federal. 2. Isenção de tributos no âmbito municipal, com objetivo de reduzir os custos das obras públicas. Lei n. 6.202/80. Matéria que não está abrangida pela previsão contida na norma constitucional transitória, por não se tratar de incentivo fiscal de natureza setorial. Agravo regimental não provido" (STF, RE(AgRg) 223.427, 2000).

– **Crédito-prêmio de IPI não foi confirmado. Tema 63 do STF:** "O crédito-prêmio de IPI, incentivo fiscal de natureza setorial instituído pelo art. 1º do Decreto-Lei 491/1969, deixou de vigorar em 5/10/1990 ante a ausência de sua confirmação por lei no prazo de dois anos após a publicação da Constituição de 1988, conforme definido no § 1º do art. 41 do Ato das Disposições Constitucionais Transitórias – ADCT". Decisão de mérito em 2011.

Parágrafo único. A isenção pode ser restrita a determinada região do território da entidade tributante, em função de condições a ela peculiares.

⇒ **Princípio da uniformidade geográfica dos tributos federais.** Essa norma encontra espaço na ressalva ao princípio da uniformidade dos tributos federais, constante do art. 151, I, da Constituição Federal, que permite "a concessão de incentivos fiscais destinados a promover o equilíbrio do desenvolvimento socioeconômico entre as diferentes regiões do País". Vide o artigo e respectivas notas.

– Também para Ruy Barbosa Nogueira, este parágrafo não se choca com as limitações previstas nos arts. 151, I, e 152 da Constituição Federal, quais sejam, a uniformidade geográfica da tributação federal e a proibição de barreiras alfandegárias dentro do País. Acrescenta ele ainda: "A isenção permitida pelo parágrafo único do art. 176 é justamente para compensar desigualdades em função de condições peculiares" (NOGUEIRA, Ruy Barbosa. 14. ed. *Curso de direito tributário.* Saraiva, 1995, p. 170-171).

Art. 177. Salvo disposição de lei em contrário, a isenção não é extensiva:

I – às taxas e às contribuições de melhoria;

⇒ **Fundamento.** São tributos de cunho contraprestacional.

II – aos tributos instituídos posteriormente à sua concessão.

⇒ **Extensão da isenção aos adicionais futuros.** Embora não seja extensiva aos tributos instituídos posteriormente, alcançará as majorações e os adicionais a tributos já existentes.

⇒ **Não extensão aos tributos instituídos posteriormente.** "ISENÇÃO... INOCORRÊNCIA. ART. 177 DO CTN. I – Nos termos do art. 177 do Código Tributário Nacional, a concessão da isenção não se estende aos tributos instituídos posteriormente. Na presente hipótese, o benefício isentivo foi estipulado no § 4º do art. 3º da Lei 9.317/96, e as malsinadas contribuições foram criadas pela Lei 10.865/04. Nesse panorama, observa-se a ilegalidade da isenção da qual a recorrida pretende se beneficiar, visto que a lei não poderia isentar contribuições que ainda não existiam à época de sua concessão. Trata-se interpretação completamente dissociada da inteligência do artigo que estipulou a regra isentiva. II – Fazendo uma interpretação teleológica da Lei 9.317/96, infere-se que, caso as contribuições PIS-IMPORTAÇÃO e COFINS-IMPORTAÇÃO já existissem à época da referida lei, certamente não teriam sido isentadas pelo legislador, uma vez que este não demonstrou interesse em isentar os optantes do SIMPLES das contribuições que custeiam a Seguridade Social. Tal fundamento é corroborado pela possibilidade de recolhimento do PIS e da COFINS, alíneas *b* e *d* do art. 3º da citada lei, pelo Sistema Simplificado por ela regulado. III – E não poderia ser de outra forma, pois não seria razoável que esta isentasse contribuições destinadas à Seguridade Social, garantia estatal que deverá ser custeada por toda a sociedade, de forma direta e indireta, inclusive pelo importador de bens ou serviços do exterior, ou de quem a lei a ele equiparar, nos ditames do art. 195, IV, da Carta Magna. IV – Com o advento da Lei Complementar 123/06, que revogou a Lei 9.317/96 e passou a regulamentar o SIMPLES FEDERAL, restou sanada a dúvida interpretativa, uma vez que deixou clara a intenção legislativa de tributar as EPP e MP, mesmo optantes pelo SIMPLES" (STJ, REsp 1.060.145, 2008).

Art. 178. A isenção, salvo se concedida por prazo certo e em função de determinadas condições, pode ser revogada ou modificada por lei, a qualquer tempo, observado o disposto no inciso III do art. 104.

⇒ **Aplicação do art. 178 às isenções condicionadas e temporárias. Requisitos cumulativos. Direito adquirido.** "2. A irrevogabilidade da isenção concedida, nos termos do art. 178, do CTN, só ocorrerá se atendidos, cumulativamente, os requisitos de prazo certo e condições determinadas. Precedentes. Situação não configurada nos autos. 3. Admitir-se a irrevogabilidade de uma isenção concedida por prazo indeterminado é aceitar que o legislador de 1945 pudesse suprimir a competência legislativa de todas as legislaturas futuras com relação à matéria o que, a toda evidência, infringe princípios básicos da Democracia Representativa e do Estado Republicano" (STJ, REsp 575.806, 2007).

– "2. A irrevogabilidade da isenção concedida, nos termos do art. 178, do CTN, só ocorrerá se atendidos os requisitos de prazo certo e condições determinadas" (STJ, REsp 960.777, 2007).

– "ISENÇÃO POR PRAZO CERTO E SOB CONDIÇÃO ONEROSA. RESSALVA AO PRINCÍPIO DA LIVRE REVOGABILIDADE. TERMO *A QUO* DO BENEFÍCIO. IMPLEMENTO DA CONDIÇÃO DESCRITA NA NORMA.

PORTARIA RECONHECENDO A ISENÇÃO. EFEITO MERAMENTE DECLARATÓRIO... I – O artigo 13 da Lei n. 4.239/63 estabeleceu para as empresas que se instalarem, modernizarem, ampliarem ou diversificarem, nas áreas de atuação da SUDAM ou SUDENE, isenção do imposto de renda pelo prazo de 10 anos a contar do exercício financeiro seguinte ao ano em que o empreendimento entrar em fase de operação. II – Tratando-se de norma de isenção concedida por prazo certo e sob condição onerosa, verifica-se a conformação desta à exceção ao princípio da plena revogabilidade isencional (art. 178 do CTN), razão pela qual não pode ser alterada ou revogada por norma posterior. Precedentes... A portaria da SUDENE que reconhece o direito à isenção de empresa que preencheu os requisitos para o gozo do benefício, de acordo com os ditames da lei, não é constitutiva daquele direito, tendo efeito meramente declaratório do direito à isenção que nasceu da incidência da Lei" (STJ, REsp 1.040.629, 2008).

– **Condição onerosa. Súmula 544 do STF:** "Isenções tributárias concedidas, sob condição onerosa, não podem ser livremente suprimidas".

– **Só a condição onerosa gera direito adquirido.** "ICMS. ISENÇÃO NÃO CONDICIONADA. INCIDÊNCIA IMEDIATA DA LEI QUE A REVOGA. Ainda que concedida por prazo certo, a isenção pode ser modificada ou revogada a qualquer tempo; só gera direito adquirido aquela que, além do prazo certo, seja outorgada mediante o implemento de condição onerosa. (CTN, art. 178)" (STJ, REsp 48.735, 1997).

– "... A isenção concedida com prazo certo e sob condições não pode ser revogada a qualquer tempo, porque ofende a segurança das relações jurídicas" (TRF4, AMS 95.04.33717-1, 1997).

• Vide art. 41, § 2º, do ADCT, que ressalva da revogação que prevê em seu § 1º os direitos que já tinham sido adquiridos em relação a incentivos concebidos sob condição e com prazo certo.

• Vide, ainda, parecer de Geraldo Ataliba sobre o art. 41 do ADCT, redigido a pedido da Companhia Energética de São Paulo. *RDT* 65/15 e ss., Ed. Malheiros, no qual diz que tal artigo só cuida de isenções incentivadoras.

– **Isenção de IR. Lucro na alienação de ações. Alienação posterior à revogação.** "ISENÇÃO DE IMPOSTO DE RENDA SOBRE ALIENAÇÃO DE AÇÕES SOCIETÁRIAS – DECRETO-LEI 1.510/76 – REVOGAÇÃO PELA LEI 7.713/88 – DIREITO ADQUIRIDO. 1. Direito adquirido à isenção de imposto de renda sobre lucro auferido na alienação de ações societárias, benefício outorgado no Decreto-Lei n. 1.510/76, revogado pela Lei 7.713/88. 2. Entre a aquisição das ações, ocorrida em dezembro de 1983, e a vigência da Lei 7.713/88, em janeiro de 1989, quando foi revogado o benefício, transcorreram os cinco anos estabelecidos como condição para a obtenção da isenção do imposto de renda. 3. A venda das ações ocorreu posteriormente à vigência da Lei n. 7.713/88, o que não prejudica o direito à isenção, adquirido sob a égide do diploma legal antecedente" (STJ, REsp 1.126.773, 2010).

– **Prouni. Prazo de dez ano. Superveniência da Lei n. 12.431/2011.** "... até a publicação da Lei n. 12.431, de 2011, a isenção acima tinha como base de cálculo a totalidade do chamado lucro de exploração, que correspondia à receita total obtida com as mensalidades escolares recebidas pela instituição. Com a introdução do § 3º a art. 8º da Lei do Prouni, a isenção passou a ser calculada na proporção da ocupação efetiva das bolsas devidas. Em outras palavras, a Lei do Prouni agora passou a considerar para fins de cálculo do benefício tributário apenas as bolsas efetivamente utilizadas pelos alunos, reduzindo consideravelmente o montante apto a ser considerado para o cálculo da isenção. É importante consignar que as Instituições de ensino Superior não selecionam alunos do Prouni, mas tão somente recebem esses alunos. Quem encaminha os alunos para as instituições é o próprio Ministério da Educação por meio do seu sistema informatizado (SisProuni). Isso implica dizer que a criação de um critério de proporcionalidade, estabelecido pela Lei n. 12.431/2011 (§ 3º do art. 8º), causa prejuízos às instituições em face da reconhecida ineficiência do Ministério da Educação em encaminhar esses alunos, prejuízo esse que a própria Lei do Prouni reconhece que não pode ser repassado às Instituições de Ensino Superior (art. 9º, § 3º, da Lei n. 11.096/2005). [...] as isenções condicionadas e com prazo certo não poderão ser revogadas a qualquer tempo, sendo que tais características estão indubitavelmente presentes no benefício concedido pela Lei do Prouni. ... o regime isencional anterior previsto na Lei do Prouni está integrado no patrimônio jurídico das IES beneficiadas, podendo ser classificado como direito adquirido. [...] a alteração da Lei do Prouni implica quebra de contrato (Termo de Adesão) firmado originalmente entre o Estado e as Instituições de Ensino Superior (IES), motivo pelo qual essas IES possuem o direito adquirido à aplicação das regras de cálculo da isenção com base na redação original do art. 8º da Lei do Prouni, que são menos gravosas, afastando-se assim a aplicação da IN n. 1.394/2013 até o prazo final de regência do atual Termo de Adesão já celebrado, que seria o prazo de dez anos. Nesse mesmo sentido, o cálculo da isenção tributária do Prouni deve ser feito por meio da Instrução normativa SRF n. 456, de 2004, até o final do prazo estabelecido no Termo de Adesão de cada Instituição de Ensino Superior" (SILVA, Daniel Cavalcante. Isenção fiscal concedida por prazo certo e condição determinada: a casuística do programa Universidade para Todos (Prouni) e o entendimento jurisprudencial em consolidação. *RDDT* 228/20, 2014, p. 22, 23 e 26).

– **Isenção de IR. Troca de *par bonds* por NTNs.** "... a Medida Provisória n. 470/1994 e todos os diplomas posteriores de natureza executiva e legislativa exteriorizam um alargamento da isenção das NTNs emitidas. No interesse do País, títulos vinculados à dívida externa (em especial as *Par Bonds*), foram trocados por títulos emitidos internamente. Para tal finalidade, foram especialmente emitidas NTNs. Claramente, a MP n. 470/1994 mantém a isenção da Lei n. 8.249/1991 e os decretos regulamentadores reiteram esse espectro abrangente maior. Vale dizer, todos os juros das NTNs emitidas nos novos termos alargados por aquela legislação, passaram a gozar da isenção da lei originária. Por outro lado, os títulos foram emitidos a prazo certo e sob condições, com objetivo determinado de troca, no interesse do país, de diversos títulos. Entre eles, as *Par Bonds* por NTNs, a significar que essa troca implicou compromisso da União de, ao atrair os detentores de tais títulos, assegurar-lhes a permanência e o alargamento do benefício de isenção do imposto sobre a renda.

[...] os *Par Bonds* trocados por NTNs isentas de imposto sobre a renda, por força da MP n. 470/1994 e decretos posteriores, continuam a gozar da isenção do Imposto de renda, nos termos do artigo 178 do CTN, não sendo possível dar à nova legislação efeitos retroativos, para atingir relações jurídicas consolidadas pela MP n. 470/194 e diplomas posteriores regulatórios. A detenção de tais títulos não retirou o direito à isenção, adquirido provisoriamente pelos seus possíveis donos, com a edição da Lei n. 10.179/2001, tornando-se definitiva tal convalidação, por força de regra citada no § 11 do artigo 62 da CF. Continuam, pois, a meu ver, isentos de tributação pelo IR os juros das NTNs emitidas para troca de *Par Bonds*, nos termos da MP n. 470/1994 e legislação decorrente pelo prazo constante de sua emissão" (MARTINS, Ives Gandra da Silva. Regime jurídico de isenções concedidas a prazo certo e sob condições (MP 470/1994 e legislação decorrente para troca de *par bonds* por NTNS) – regime jurídico de medidas provisórias não convertidas, cujas relações legais não foram disciplinadas por decretos legislativos. *RDDT* 210/152, 2013).

– **Isenções do programa BEFIEX.** "... Regime isentivo concedido pela União Federal na vigência da Constituição pretérita, em face do Programa de Exportação BEFIEX, que teve sua vigência assegurada no art. 41, § 1º, do ADCT, até outubro de 1990. Direito adquirido reconhecido pelo acórdão, com base no art. 41, § 2º, da disposição transitória e na Súmula 544 – STF, tendo em vista tratar-se de incentivo concedido por prazo certo e mediante condições" (STF, RE 164.161-4, 1997).

– "IPI. ISENÇÃO. REVOGAÇÃO. BEFIEX. RENÚNCIA. 1. As isenções que não tenham prazo certo podem ser revogadas ou modificadas a qualquer tempo, respeitando o princípio da anterioridade (art. 178, CTN/66). 2. Ao aceitar espontânea e expressamente o termo aditivo de compromisso BEFIEX, que não mais previa a redução de 90% (noventa por cento) do IPI, a Impetrante renunciou ao benefício fiscal, que é um direito disponível" (TRF4, AMS 95.04.04401-8, 1998).

– "Imposto de Renda. Prorrogação de prazo de isenção. SUDENE. Direito adquirido. A Lei 7.450/85 revogou a possibilidade de aumento do prazo de isenção do IRPJ de dez para quinze anos prevista no art. 3º do Decreto-Lei n. 1.564/77. No momento de sua publicação, as recorridas possuíam mera expectativa de direito à prorrogação do benefício, que restou frustrada, com a mudança na sistemática da concessão do incentivo. Recurso extraordinário conhecido e provido" (STF, RE 226.749, 2002).

– **Benefício inválido. Manutenção.** "... os benefícios fiscais condicionados a encargos do contribuinte e concedidos sob prazo certo, ainda que inválidos, não podem ser anulados se não houve má-fé, dolo, omissão de cumprimento de requisitos previstos em lei ou qualquer erro de fato com relação às circunstâncias materiais do caso. [...] a anulação de atos de reconhecimento de isenção onerosa e a prazo certo, ainda que inválidos, segue as regras específicas dos arts. 178 e 179 do CTN, interpretadas à luz do princípio da proteção da confiança do contribuinte, não se subordinando à disciplina de Direito Administrativo consubstanciada nas Súmulas ns. 346 e 473 do Supremo Tribunal Federal, já bastante flexibilizada [...] No caso presente fica perfeitamente claro que a Consulente obteve o reconhecimento do

direito à redução do imposto de renda em razão de investimentos feitos para o desenvolvimento da sua indústria e, afinal, do próprio estado do Espírito Santo. Não agiu com má-fé, dolo, omissão de informações, descumprimento de requisitos essenciais nem induziu a autoridade fiscal em qualquer erro de fato. Logo, não poderá a Receita fiscal anular o reconhecimento do direito, que já ingressou no patrimônio da empresa e irradiou os seus efeitos para o mercado financeiro relativamente a terceiros de boa-fé, sob o argumento de que a inventariança da extinta Sudene interpretou erroneamente a lei isencional" (TORRES, Ricardo Lobo. Anulação de incentivos fiscais – efeitos no tempo. *RDDT* 121/127, 2005).

– "O princípio da legalidade deve ser conjugado com outros princípios constitucionais de igual hierarquia. Essa harmonização leva a entendimento de que a administração, mesmo diante de benefícios fiscais inválidos, não tem poder ilimitado para decidir a respeito de sua anulação ou revogação" (ÁVILA, Humberto. Benefícios fiscais inválidos e a legítima expectativa dos contribuintes. *RTFP* 42/113, 2002).

– **Da impossibilidade de anulação retroativa quando reconhecido benefício mediante ato formalmente regular. Revogação como alternativa.** "... não pode ser exigível o recolhimento do imposto pelo contribuinte que se utilizou do benefício fiscal estritamente dentro dos parâmetros legais, mesmo que, posteriormente, fosse verificada a existência de qualquer motivo a ensejar o indeferimento do pedido de reconhecimento da redução do imposto. [...] se os atos do Ministério da Integração Nacional, que reconheceram os direitos das empresas do sul do Espírito Santo aos benefícios, por intermédio de laudos constitutivos, estejam revestidos de todos os pressupostos concernentes a validade dos atos administrativos, quais sejam: competência, finalidade, forma, objeto e motivo, não há fundamento para considerá-los nulos pelo necessário privilégio da segurança jurídica, tão necessária às instituição e ao ordenamento jurídico vigente, cumprindo frisar que, a única hipótese passível de ser considerada, é a de revogação" (MARTINS, Ives Gandra da Silva; MARONE, José Ruben; BICHARA, Luiz Gustavo A. S. Incentivos fiscais – hipótese de impossibilidade jurídica de anulação ou revogação. *RDDT* 114/57, 2005).

⇒ **Isenções por prazo indeterminado e não condicionadas podem ser revogadas.** "2. A irrevogabilidade da isenção concedida, nos termos do art. 178 do CTN, só ocorrerá se atendidos, cumulativamente, os requisitos de prazo certo e condições determinadas. Precedentes. Situação não configurada nos autos. 3. Admite-se a irrevogabilidade de uma isenção concedida por prazo indeterminado é aceitar que o legislador de 1945 pudesse suprimir a competência legislativa de todas as legislaturas futuras com relação à matéria, o que, a toda evidência, infringe princípios básicos da Democracia Representativa e do Estado Republicano" (STJ, REsp 575.806, 2007).

– "ISENÇÃO PARCIAL... REVOGAÇÃO... APLICAÇÃO DO ART. 178, DO CTN... 2. A isenção parcial incidente sobre imposto de renda e adicionais, definida pelo art. 14 da Lei n. 4.239/63, conforme já decidiu esta Corte, tem natureza não condicional, podendo, assim, ser revogada por lei a qualquer tempo, nos termos do art. 178, do CTN. Portanto, a revogação operada desta isenção pelo art. 3º, § 2º, I, II e III, da Lei n. 9.532/97 é legítima" (STJ, AgRg no REsp 602.548, 2007).

– **A revogação da isenção incondicionada deve dar-se pelo veículo legislativo necessário à concessão do benefício.** Normalmente, bastará lei ordinária para revogar a isenção. Mas se estivermos cuidando de tributo sob reserva de lei complementar, esta será a via tanto para a concessão como para a revogação da isenção.

– **Anterioridade.** Vide nota ao art. 104, III, do CTN.

Art. 179. A isenção, quando não concedida em caráter geral, é efetivada, em cada caso, por despacho da autoridade administrativa, em requerimento com o qual o interessado faça prova do preenchimento das condições e do cumprimento dos requisitos previstos em lei ou contrato para sua concessão.

⇒ **Requisitos legais.** "ISENÇÃO. CONCESSÃO. REQUISITOS. ART. 179 DO CTN. 1. Considera-se, para fins de concessão de isenção, a lei vigente no momento em que pedido ingressa para exame no órgão administrativo competente. Se, nessa oportunidade, encontrarem-se atendidas os requisitos necessários à obtenção do benefício, terá o contribuinte o direito a este, ainda que a lei isentiva venha a ser revogada após a protocolização do pedido" (STJ, REsp 511.061, 2007).

– **O reconhecimento pela autoridade é declaratório.** "... a isenção, pelos princípios da legalidade e da isonomia, somente pode ser concedida por lei, sendo a manifestação da Autoridade Administrativa mero ato administrativo declaratório de execução da vontade da lei, confirmando que o interessado satisfez todos os requisitos e as condições previstas no próprio texto legal" (SILVA, Edgard Neves da. Isenção – natureza jurídica – lei autorizativa ou prescritiva. *Cadernos de Direito Tributário e Finanças Públicas* n. 13/40, RT, 1995).

– "ISENÇÃO. IOF. NECESSIDADE DE VERIFICAÇÃO DOS REQUISITOS. 1. Nos termos do parágrafo primeiro do artigo 72 da Lei 8.383/91, o gozo da isenção de IOF na compra de veículos automotores estabelece a prévia verificação dos requisitos legais pelo Departamento da Receita Federal. 2. O aresto reconheceu que os recorridos estavam enquadrados na categoria profissional beneficiada pelo favor fiscal. 3. A verificação dos requisitos é atividade vinculada atribuída ao órgão fazendário. Havendo reconhecimento judicial quanto à sua observância, o indébito deve ser reconhecido e repetido" (STJ, REsp 576.394, 2005).

– "... há de ser reconhecida a isenção se a omissão da autoridade administrativa teve o condão de impedir que fosse realizada, pelo contribuinte, a prova necessária para o gozo do benefício isencional" (STJ, REsp 552.467, 2005).

– **Caráter individual da isenção. Comprovação do preenchimento dos requisitos.** "2. A redução ou isenção do imposto de importação, nos termos do art. 4º da Lei 3.244/57, 'poderá ser concedida quando ocorrida a situação prevista no *caput* do dispositivo, entretanto, 'a isenção ou redução do imposto, conforme as características de produção e de comercialização, e a critério do Conselho de Política Aduaneira, será concedida mediante

comprovação da inexistência de produção nacional, e, havendo produção, mediante prova, anterior ao desembaraço aduaneiro, de aquisição de quota determinada do produto nacional na respectiva fonte, ou comprovação de recusa, incapacidade ou impossibilidade de fornecimento em prazo e a preço normal'. Assim, é imperioso concluir que o benefício previsto no art. 4º da Lei 3.244/57 tem caráter individual ou específico, devendo, pois, ser efetivado, em cada caso, mediante despacho da autoridade administrativa (art. 179 do CTN). 3. Na hipótese, como bem ressaltou o Tribunal de origem, a recorrente formulou pedido administrativo para que fosse reduzida a zero a alíquota referente ao Imposto de Importação 'do ácido fosfórico que vier a ser desembaraçado no Porto de Rio Grande – RS'. No entanto, segundo o aresto, 'os pressupostos legais tanto da isenção como da redução tributárias restaram incomprovados'. Constata-se, portanto, que não houve comprovação de que a recorrente adquiria ácido fosfórico exclusivamente da Indústria Carboquímica Catarinense – ICC, tampouco que esta era a única fornecedora no mercado nacional, e, também, dos demais requisitos previstos no art. 4º, § 1º, *a*, da Lei 3.244/57. 4. Assim, fixada a premissa inicial – o benefício em comento tem caráter individual ou específico –, revela-se inviável a reforma do acórdão recorrido, porquanto a cognição acerca do preenchimento dos requisitos necessários à concessão do benefício, no caso, requer reexame de matéria fática, o que é vedado em sede de recurso especial (Súmula 7/STJ)" (STJ, REsp 658.312, 2007).

§ 1º Tratando-se de tributo lançado por período certo de tempo, o despacho referido neste artigo será renovado antes da expiração de cada período, cessando automaticamente os seus efeitos a partir do primeiro dia do período para o qual o interessado deixar de promover a continuidade do reconhecimento da isenção.

§ 2º O despacho referido neste artigo não gera direito adquirido, aplicando-se, quando cabível, o disposto no art. 155.

SEÇÃO III
ANISTIA

⇒ **Conceito de anistia.** Anistia é o perdão das infrações à legislação tributária e das respectivas sanções. Não atinge o tributo em si, que persiste. O perdão do tributo ocorre através da remissão, nos termos do art. 172 do CTN.

Art. 180. A anistia abrange exclusivamente as infrações cometidas anteriormente à vigência da lei que a concede, não se aplicando:

⇒ **Depende de lei específica.** A anistia só poderá ser concedida mediante lei específica, federal, estadual ou municipal, que a regule com exclusividade ou que cuide do respectivo tributo, nos termos do art. 150, § 6º, da CF. Essa exigência visa a evitar anistias enxertadas em textos legais sobre outros assuntos, muitas vezes mediante emendas parlamentares ou em dispositivos finais e mediante remissão a outras leis, que acabem sendo aprovadas por arrasto, sem discussão adequada pelo Congresso. Vide notas ao referido dispositivo.

– São específicas, cumprindo a exigência do art. 150, § 6º, da CF, as leis que combinam a adesão a parcelamentos especiais com anistia total ou parcial das multas. Nesses casos, o tema da anistia é central.

⇒ **A lei só é aplicável às infrações já ocorridas.** A anistia visa a perdoar determinadas infrações. Aplica-se, por isso, às infrações já cometidas. Fosse aplicável ao futuro estaria, em verdade, suspendendo ou revogando a lei instituidora da penalidade, extrapolando o que se compreende por anistia.

– "A anistia não visa atenuar ou eliminar os efeitos decorrentes da obrigação tributária, que é o dever de pagar tributo. Seu efeito é o de extinguir os efeitos que surgiram pela aplicação da norma sancionatória. É superveniente ao surgimento da penalidade no caso concreto" (MELLO, Elizabete Rosa de. *Direito fundamental a uma tributação justa*. São Paulo: Atlas 2013, p. 108).

– "... a anistia fiscal é capitulada como a exclusão do crédito (gerado pela infração) e não como extinção (caso de remissão), pois se trata de créditos que aparecem depois do fato violador, abrangendo *a fortiori* apenas infrações cometidas anteriormente à vigência da lei que a concede" (FERRAZ JÚNIOR, Tércio Sampaio. Remissão e anistia fiscais. *RDT* 70/80-83).

– **Tem efeito de anistia a revogação da lei punitiva.** As leis que deixam de definir determinada conduta como infração tributária são aplicadas retroativamente, alcançando atos pretéritos, por determinação do art. 106, II, *a*, do CTN, que consagra a retroatividade da lei mais benigna. Assim, quanto a esses atos pretéritos, acabam tendo o mesmo efeito de uma anistia.

– **A anistia prescinde de lançamento anterior.** "... tanto é aplicável às infrações cujas sanções pecuniárias já tenham sido descritas num auto de infração como àquelas que ainda não foram apuradas pelo Fisco, e assim também àquelas às quais a lei comina sanções não pecuniárias" (AMARO, Luciano. *Direito tributário brasileiro*. 15. ed. São Paulo: Saraiva, 2009, p. 457).

– **Alcança infrações garantidas por depósito.** "... o crédito tributário pode ser objeto de remissão e/ou anistia entre o trânsito em julgado e a ordem de transformação em pagamento definitivo, quando a lei não a exclui expressamente, de forma que não há impedimento para que o contribuinte possa promover o pagamento dos débitos, na forma prevista na Lei n. 11.941/09, excluindo, contudo, a incidência o desconto de juros remuneratórios (taxa Selic) incidentes sobre o depósito judicial" (STJ, AgRg no REsp 1.248.158, 2013).

– "De acordo com o art. 156, I, do CTN, o pagamento extingue o crédito tributário. Se o pagamento por parte do contribuinte ou a transformação do depósito em pagamento definitivo por ordem judicial (art. 1º, § 3º, II, da Lei n. 9.703/98) somente ocorre depois de encerrada a lide, o crédito tributário tem vida após o trânsito em julgado que o confirma. Se tem vida, pode ser objeto de remissão e/ou anistia neste ínterim (entre o trânsito em julgado e a ordem para transformação em pagamento definitivo, antiga conversão em renda) quando a lei não exclui expressamente tal situação do seu âmbito de incidência" (STJ, REsp 1.251.513, 2011).

– "A anistia é forma de exclusão do crédito tributário (artigo 175, II, do Código Tributário Nacional) e deve incidir sobre este, independentemente do fato do seu montante estar ou não depositado. [...] O instituto produz efeitos diretamente sobre o crédito tributário, sendo irrelevante a forma de quitação do valor devido após a sua aplicação (pagamento ou conversão em renda de depósito). [...] A sistemática instituída pela Lei n. 11.941/09 é simples e não deixa dúvida. O titular do crédito tributário consolida o valor com as reduções legais. O valor consolidado é levado de encontro com o saldo do depósito judicial. Se o valor do saldo for inferior ao consolidado, o contribuinte terá que recolher o valor não quitado. Agora, se for excedente, deve ser assegurado o seu direito ao levantamento, sob pena de total descumprimento da norma de anistia, com a conversão em renda de valor superior ao do crédito consolidado após a sua aplicação. [...] consideramos que o contribuinte que incluiu débito depositado judicialmente na sistemática de pagamento previsto pela Lei n. 11.941/09 tem direito ao levantamento de eventual saldo de depósito decorrente do cotejo entre o valor do débito consolidado nos termos da norma de anistia e o montante atualizado da conta de depósito judicial, afastando a ilegal restrição contida na atual redação do artigo 32 da Portaria Conjunta PGFN/RFB n. 06/09" (CARDOSO, Alessandro Mendes. Da ilegal restrição à aplicação da Lei n. 11.491/2009 aos valores depositados judicialmente. *RDDT* 178/07, 2010).

I – aos atos qualificados em lei como crimes ou contravenções e aos que, mesmo sem essa qualificação, sejam praticados com dolo, fraude ou simulação pelo sujeito passivo ou por terceiro em benefício daquele;

⇒ **O simples não recolhimento de tributo não configura a hipótese de dolo.** "ANISTIA... ART. 180, I E II DO CTN. 1. O STJ firmou entendimento de que o não recolhimento do tributo por si só não constitui infração à lei. 2. Se o contribuinte preenche os requisitos da norma que concedeu anistia fiscal, não é lícito impedir o gozo do benefício em face do art. 180, I e II do CTN, presumindo-se ter havido dolo pelo não recolhimento do tributo, sem procedimento administrativo com obediência ao contraditório e ao devido processo legal" (STJ, REsp 448.193, 2004).

⇒ **Se concedida a anistia, a revogação por fraude pressupõe o devido processo legal.** "REVOGAÇÃO DE ANISTIA FISCAL POR OCORRÊNCIA DE FRAUDE. NECESSIDADE DE PROCESSO ADMINISTRATIVO PARA APURAR SE HOUVE QUALQUER DAS RESSALVAS DO ART. 180, DO CTN... 1) A jurisprudência da Primeira Seção sedimentou entendimento de que somente deve ser repudiada por ilegalidade a revogação da anistia se não engendrado o procedimento administrativo com obediência ao contraditório e ao devido processo legal. Lícito é a revogação da anistia. Se inocorridas, *in casu*, comprovação do desatendimento das garantias pétreas-constitucionais obedecido o contraditório" (STJ, AgRg no Ag 431.059, 2002).

II – salvo disposição em contrário, às infrações resultantes de conluio entre duas ou mais pessoas naturais ou jurídicas.

⇒ **Salvo disposição em contrário.** "A incoerência do legislador no art. 180 do Código Tributário Nacional salta aos olhos. A ressalva do item II deve ser lida no *caput* do dispositivo. Em primeiro lugar, como única maneira de prestigiar a isonomia e conferir sistematicidade e lógica ao preceito codificado. Em segundo, como forma de não atropelar o exercício da competência do legislador ordinário, que pode decidir sobre que condutas irá punir (administrativa ou criminalmente), alterar o tipo de sanção (criminalizando ou descriminalizando certa conduta típica), ou revogar os preceitos através dos quais tenha punido tal ou qual conduta (com reflexos pretéritos automáticos, via retroatividade benigna). Ora, dentro desse quadro, não há nenhuma consistência lógica em tirar do legislador a possibilidade de anistiar uma infração dolosa, e menos ainda em vedar essa possibilidade no caso de infrator solitário para, em seguida, admiti-la na hipótese de infração praticada mediante concerto doloso entre vários indivíduos (conluio)" (AMARO, Luciano. *Direito tributário brasileiro*. 15. ed. São Paulo: Saraiva, 2009, p. 459).

Art. 181. A anistia pode ser concedida:

I – em caráter geral;

II – limitadamente:

a) às infrações da legislação relativa a determinado tributo;

⇒ **Não pode ser estendida a outras penalidades que não as expressamente previstas.** "ANISTIA DE MULTA MORATÓRIA – VEDADA INTERPRETAÇÃO EXTENSIVA PARA INCLUIR MULTA PUNITIVA. 1. É lícito ao ente federativo instituir anistia com imposição de condições, nos termos do art. 181 do Código Tributário Nacional, para estimular determinada conduta na sociedade. 2. *In casu*, a anistia concedida pelo Estado de São Paulo tem como finalidade estimular o pagamento do ICMS, com o perdão dos consectários legais (multa moratória e juros), fundado em Convênio Federativo (Convênio 36/2000) e Legislação Federal (LC 27/75). 3. Incabível estender o favor legal para atingir multas punitivas, pois a concessão de anistia dos consectários legais (multa moratória e juros) decorrentes do não pagamento do tributo não se confunde com anistia de multa punitiva. 4. É perceptível que existe uma troca entre a Administração Tributária e o contribuinte: o Fisco recebe o tributo em atraso e – em troca – o contribuinte não paga os consectários legais. 5. Entender que tal benefício abrange aqueles que cometeram infrações à legislação tributária – como por exemplo, transitar com mercadorias sem documentação fiscal – seria uma troca de uma sanção tributária pecuniária por absolutamente nada, e acabaria por incentivar as condutas ilícitas tributárias, o que não é admissível em nosso ordenamento jurídico. 6. Enfim, a concessão de qualquer favor legal na ordem tributária deve ser interpretada de forma restritiva e literal, pois, como ensina SAMPAIO DÓRIA, 'não se há de estender a generosidade ou renúncia de quem libera terceiros de suas obrigações a hipóteses não expressas e literalmente contempladas' ('Imunidades Tributária e Impostos de Incidência Plurifásica Não cumulativa, in *XI Curso de Aperfeiçoamento em Direito Constitucional Tributário*', Ed. Resenha Tributária, 1985, p. 15.)" (STJ, REsp 1.184.836, 2010).

b) às infrações punidas com penalidades pecuniárias até determinado montante, conjugadas ou não com penalidades de outra natureza;

c) a determinada região do território da entidade tributante, em função de condições a ela peculiares;

d) sob condição do pagamento de tributo no prazo fixado pela lei que a conceder, ou cuja fixação seja atribuída pela mesma lei à autoridade administrativa.

⇒ **Pagamento ou parcelamentos especiais com anistia.** O legislador pode estabelecer anistia sob condição do pagamento do tributo em determinado prazo, como medida para incentivar o ajuste de contas e para incrementar a arrecadação em determinado período.

– A cada três anos têm surgido leis que permitem ao contribuinte reconhecer e parcelar seus débitos, com anistia total ou parcial de multas. desde que o faça no prazo por elas estabelecido. Assim foram o REFIS, do PAES, do PAEX e do Parcelamento da Crise. A reiteração dessas anistias, todavia, tem o efeito perverso de favorecer os infratores em detrimento daqueles que se sacrificam para o cumprimento correto e tempestivo das suas obrigações. Acaba criando uma cultura de impunidade. Deveriam, tais anistias, ser verdadeiramente excepcionais. Vide notas ao art. 155-A do CTN.

Art. 182. A anistia, quando não concedida em caráter geral, é efetivada, em cada caso, por despacho da autoridade administrativa, em requerimento com o qual o interessado faça prova do preenchimento das condições e do cumprimento dos requisitos previstos em lei para sua concessão.

Parágrafo único. O despacho referido neste artigo não gera direito adquirido, aplicando-se, quando cabível, o disposto no art. 155.

CAPÍTULO VI
GARANTIAS E PRIVILÉGIOS DO CRÉDITO TRIBUTÁRIO

⇒ **Garantias e privilégios.** "Por garantias devemos entender os meios jurídicos assecuratórios que cercam o direito subjetivo do estado de receber a prestação do tributo. E por privilégios, a posição de superioridade de que desfruta o crédito tributário, com relação aos demais, excetuando-se os decorrentes da legislação do trabalho" (CARVALHO, Paulo de Barros. *Curso de direito tributário*. 27. ed. São Paulo: Saraiva, 2016, p. 517).

SEÇÃO I
DISPOSIÇÕES GERAIS

Art. 183. A enumeração das garantias atribuídas neste Capítulo ao crédito tributário não exclui outras que sejam expressamente previstas em lei, em função da natureza ou das características do tributo a que se refiram.

⇒ **Arrolamento de bens. Lei n. 9.532/97.** O arrolamento de bens do sujeito passivo é regulado pelos artigos 64, 64-A e 65 da Lei n. 9.532/97 e IN RFB n. 1.565/2015. É previsto que a autoridade fiscal procederá ao arrolamento de bens e direitos do sujeito passivo sempre que o valor dos créditos tributários de sua responsabilidade, superiores a R$ 2.000.000,00 (dois milhões de reais), extrapolar a trinta por cento do seu patrimônio conhecido.

– "1. O arrolamento administrativo de bens tem como único escopo possibilitar ao Fisco o acompanhamento da evolução patrimonial do sujeito passivo, bem assim o monitoramento das alterações desse patrimônio, a fim de averiguar se ele está se desfazendo de seus bens como forma de elidir o pagamento da dívida, hipótese em que deverão ser adotadas medidas cabíveis" (TRF4, AC 5000023-52.2019.4.04.7207, 2022).

– "O arrolamento de bens disciplinado no artigo 64 da Lei n. 9.532, de 1997 é um procedimento administrativo por meio do qual a autoridade fiscal realiza um levantamento dos bens dos contribuintes, arrolando-os, sempre que o valor dos créditos tributários de sua responsabilidade for superior a trinta por cento do seu patrimônio conhecido. Apurada a existência de bens imóveis, é providenciado o competente registro, que tem a finalidade de dar publicidade, a terceiros, da existência de dívidas tributárias. O arrolamento em questão visa a assegurar a realização do crédito fiscal, bem como a proteção de terceiros, não violando o direito de propriedade, o princípio da ampla defesa e o devido processo legal, pois é medida meramente acautelatória e de interesse público, a fim de evitar que contribuintes que possuem dívidas fiscais consideráveis em relação a seu patrimônio, desfaçam-se de seus bens sem o conhecimento do Fisco e de terceiros interessados. Diante da natureza da determinação, também não há falar em violação aos princípios da ampla defesa e do devido processo legal. Contudo, havendo impugnações na esfera administrativa, estas suspendem a exigibilidade dos créditos, conforme o artigo 151, III, do CTN, devendo, nesse caso, ser anulado o arrolamento" (TRF4, AMS 1999.71.04.004940-1, 2001).

– "Entendo que o arrolamento fiscal pela Lei 9.532/97 constitui atentado ao princípio fundamental do contraditório (ampla defesa) e, sob certo aspecto, traduz ofensa ao princípio constitucional do devido processo legal, como se verificar a seguir. [...] Por certo o arrolamento não implica formalmente a indisponibilidade dos bens (que pode até ocorrer se requerida a medida cautelar fiscal, na hipótese de o contribuinte alienar seus bens sem comunicar a autoridade fazendária, por exemplo). Dir-se-ia, então, que não há necessidade de contraditório no arrolamento fiscal, já que não há litigante nem acusado naquele procedimento. O argumento não prevalece, todavia, porque o arrolamento deve ser averbado nos órgãos público de registro dos bens, circunstância que pode diminuir seu valor de mercado, dificultando, na prática, a alienação. Ademais, as certidões fiscais expedidas em nome do contribuinte também devem referir a circunstância do arrolamento, em odiosa divulgação pública da situação fiscal do contribuinte, relativamente a créditos tributários até mesmo pendentes de constituição formal. Ora, se o arrolamento impõe condição tão onerosa ao contribuinte, é fundamental que ele disponha do direito à ampla defesa já na esfera administrativa, até porque é de seu interesse defender-se contra eventuais arbitrariedades que possam ser cometidas pela autoridade fazen-

dária. [...] Portanto, penso que o arrolamento fiscal, na forma como instituído pelos arts. 64 e 65 da Lei 9.532/97, é inconstitucional por ofensa direta aos princípios do devido processo legal e do contraditório (art. 5º, inciso LIV e LV, da Constituição)" (PIRES DA SILVA, Rogério. Arrolamento fiscal: algumas reflexões sobre a Lei n. 9.532/97. *RDDT* 73/116-125, 2001).

– **Arrolamento antes da constituição definitiva do crédito.** "1. Cinge-se a questão em verificar a legalidade de o Fisco proceder ao arrolamento de bens do sujeito passivo para garantia do crédito fiscal, antes de sua constituição definitiva; ou seja, antes do julgamento de todos os recursos administrativos interpostos em face do lançamento. 2. O arrolamento de bens disciplinado pelo art. 64 da Lei n. 9.532 de 1997... Finalizado o arrolamento, providencia-se o registro nos órgãos próprios, para efeitos de dar publicidade. 3. Não viola o art. 198 do CTN, pois o arrolamento em exame almeja, em último ratio, a execução do crédito fiscal, bem como a proteção de terceiros, inexistindo, portanto, suposta violação do direito de propriedade, do princípio da ampla defesa e do devido processo legal. 4. A medida acautelatória, sob a ótica do interesse público, tem o intuito de evitar o despojamento patrimonial indevido, por parte de contribuintes" (STJ, AgRg nos EDcl no REsp 1.190.872, 2012).

– **Arrolamento em face de crédito garantido por depósito parcial. Tema 797 do STJ:** (CANCELADO) Discussão: "cabimento ou não do procedimento de arrolamento de bens, previsto no art. 64 da Lei 9.532/97, na hipótese em que o crédito tributário encontra-se garantido por depósito judicial de montante parcial". Decisão em 2010.

– **Invalidade do arrolamento por vício material?** Pode-se vislumbrar inadequação ao texto constitucional por implicar restrição desnecessária e exagerada ao patrimônio privado, ou seja, pode-se trabalhar a questão da proporcionalidade, mormente considerando que há outros instrumentos para a hipótese de efetiva necessidade de preservar os interesses do Fisco, como a medida cautelar fiscal.

– **Decisão no sentido da violação da proporcionalidade.** "... Procedido o arrolamento e notificado o contribuinte decorrem os seguintes efeitos jurídicos: obrigatoriedade de prévia comunicação à Receita Federal para alienação ou oneração do bens, sob pena de ajuizamento de medida cautelar fiscal; a publicidade decorrente do registro obrigatório e, ainda, a certificação da existência do arrolamento nas certidões emitidas pela Receita Federal (parágrafos 3º ao 6º do art. 64 da Lei n. 9.532/97). Dessa forma, a partir de um critério meramente objetivo e econômico (item 7), o contribuinte passa a ter uma clara limitação do exercício do seu direito de propriedade de seus bens; limitação esta que dificultando o livre exercício de seu direito de propriedade indubitavelmente causa uma diminuição do valor de seus bens no mercado, tanto no que se refere à alienação como na simples oneração para fins de garantia, como por exemplo na tomada de empréstimos bancários. E, tudo isso sem o crédito tributário ostentar exigibilidade, como ocorre no presente caso, em que a ora Impetrante impugnou os lançamentos tributários. Assim sendo, ditos efeitos tornam o ato administrativo de arrolamento de bens uma medida que fere o princípio da proporcionalidade em Direito Administrativo, pois se mostra excessiva em relação ao fim almejado pela Administração Pública. O crédito tributário já tem suas garantias e privilégios gerais disciplinados nos artigos 183/3 e 205 do Código Tributário Nacional, bem como no rito estabelecido na Lei de Execuções Fiscais (Lei n. 6830/80). Ademais, como garantia de utilidade de tal processo de execução fiscal, o Fisco tem ao seu alcance a medida cautelar, prevista na Lei n. 8397/92, mediante a qual – demonstrado concretamente o *periculum in mora* com base em atitudes do contribuinte – poderá obter a indisponibilidade dos bens do contribuinte, mas, então, mediante o devido processo legal, que garante ao cidadão o direito da ampla defesa" (excerto de decisão liminar no Processo 2005.70.05.002939-3, 2005).

– Invalidade do arrolamento por vício formal? Não vejo vício formal na previsão desta nova garantia do crédito tributário por lei ordinária, pois o art. 183 do CTN expressamente prevê que a enumeração do Código não exclui outras previstas em lei. Contudo, há uma possibilidade de argumentação nesse sentido na medida em que a parte final do artigo dá a impressão de admitir outras garantias específicas "em função da natureza ou das características do tributo a que se refiram" e, portanto, talvez não garantias gerais, genéricas.

– Arrolamento de bens do responsável tributário. "2. O conceito de sujeito passivo da obrigação tributária abrange o de responsável tributário. O próprio CTN traz a definição de sujeito passivo, incluindo em seu bojo o responsável tributário (art. 121, II, do CTN), adequando-se à previsão do art. 64 da Lei n. 9.532/97. 3. É possível o arrolamento de bens dos responsáveis diretores, gerentes ou representantes de pessoas jurídicas de direito privado (art. 135, III, do CTN)."

– No sentido de que descabe recurso ao CARF. Súmula CARF n. 109: "O órgão julgador administrativo não é competente para se pronunciar sobre controvérsias referentes a arrolamento de bens" (Pleno, 2018). Obs.: vinculante, conforme Portaria MF n. 129/2019.

⇒ **Medida cautelar fiscal.** A Lei n. 8.397/92 cuida da chamada Medida Cautelar Fiscal. Com fundamento nesta lei, a União, os Estados, o Distrito Federal e os Municípios, bem como suas autarquias, como sujeitos ativos de obrigações tributárias, podem buscar acautelar os seus créditos quando o sujeito passivo pratique atos que dificultem ou impeçam a sua satisfação. São casos como o do devedor que se ausenta visando a elidir o adimplemento da obrigação, que põe ou tenta pôr seus bens em nome de terceiros, que possui débitos superiores a 30% do seu patrimônio conhecido ou que tem sua inscrição no cadastro de contribuintes declarada inapta pela Fazenda, dentre outros (art. 2º). Esta ação cautelar pressupõe créditos tributários já constituídos (art. 1º e 3º), ou seja, declarados pelo contribuinte ou lançados pelo Fisco, havendo apenas duas hipóteses, decorrentes das alterações impostas pela Lei n. 9.532/97 (STJ, REsp 466723), em que, excepcionalmente, o legislador admite o seu uso antes mesmo da constituição do crédito (parágrafo único do art. 1º), quais sejam, o do contribuinte que põe seus bens em nome de terceiros e o daquele que aliena bens ou direitos sem proceder à comunicação devida ao órgão da Fazenda Pública, caso dos bens objeto de arrolamento administrativo. De

qualquer modo, deve o Fisco demonstrar a necessidade da medida, pois a "Medida Cautelar Fiscal não é meio útil para atender aos caprichos do Fisco, exacerbando as suas atribuições de cobrar o tributo devido, ao ultrapassar os limites do devido processo legal" (STJ REsp 690740). O crédito e as situações referidas devem ser provados documentalmente pelo Requerente (art. 3º). A indisponibilidade recairá sobre os bens do ativo permanente da pessoa jurídica (art. 4º, § 1º), salvo em situações excepcionais (STJ, REsp 365.546), sendo levada a registro perante o registro de imóveis e outras repartições competentes (art. 4º, § 3º). Poderá a indisponibilidade ser estendida ao acionista controlador e daquelas pessoas que tenham poderes de gestão, "desde que demonstrado que as obrigações tributárias resultaram de atos praticados com excesso de poderes ou infração de lei, contrato social ou estatutos (responsabilidade pessoal), nos termos do artigo 135, do CTN" (STJ, REsp 722.998). Pode o requerido pleitear a substituição da indisponibilidade determinada pelo Juízo pelo oferecimento de garantia, ouvida a Fazenda Pública (art. 10). A medida cautelar fiscal concedida conserva sua eficácia mesmo que seja suspensa a exigibilidade do crédito tributário. Mas, quando preparatória, a medida cautelar fiscal concedida perde sua eficácia se a execução não for ajuizada no máximo sessenta dias após o lançamento tornar-se irrecorrível na esfera administrativa. Também pode, a ação cautelar fiscal, ser ajuizada no curso do processo de execução. Em qualquer caso (preparatória ou incidental), o juízo competente para a ação cautelar fiscal é o mesmo da execução fiscal (art. 5º).

– Medida cautelar fiscal em face de terceiros. "MEDIDA CAUTELAR FISCAL. INDISPONIBILIDADE DE BENS DE TERCEIRO. ART. 4º, § 2º, DA LEI N. 8.397/92. POSSIBILIDADE. NECESSIDADE DE CARACTERIZAÇÃO DE FRAUDE À EXECUÇÃO OU AJUIZAMENTO DE AÇÃO PAULIANA. DECRETAÇÃO DA PERDA SUPERVENIENTE DO INTERESSE DE AGIR. [...] Os requisitos necessários para a imputação da responsabilidade patrimonial secundária na ação principal de execução fiscal são também exigidos na ação cautelar fiscal, posto ser acessória por natureza. [...] O art. 4º, § 2º, da Lei n. 8.397/92, autoriza o requerimento da medida cautelar fiscal contra terceiros, desde que tenham adquirido bens do sujeito passivo (contribuinte ou responsável) em condições que sejam capazes de frustrar a satisfação do crédito pretendido. 4. Essas condições remontam à fraude de execução e à fraude contra credores. 5. Descaracterizada a fraude à execução e não ajuizada a ação pauliana ou revocatória em tempo hábil, impõe-se o reconhecimento da perda superveniente do interesse de agir do credor em medida cautelar fiscal contra terceiros" (STJ, REsp 962.023, 2011).

Parágrafo único. A natureza das garantias atribuídas ao crédito tributário não altera a natureza deste nem a da obrigação tributária a que corresponda.

Art. 184. Sem prejuízo dos privilégios especiais sobre determinados bens, que sejam previstos em lei, responde pelo pagamento do crédito tributário a totalidade dos bens e das rendas, de qualquer origem ou natureza, do sujeito passivo, seu espólio ou sua massa falida, inclusive os gravados por ônus real ou cláusula de inalienabilidade ou impenhorabilidade, seja qual for a data da constituição do ônus ou da cláusula, exceptuados unicamente os bens e rendas que a lei declare absolutamente impenhoráveis.

⇒ **Bens e rendas que a lei declare absolutamente impenhoráveis.** O Código refere-se à impenhorabilidade que decorre direta e exclusivamente da lei, independentemente de qualquer ato de vontade. O art. 30 da LEF tem redação quase que idêntica ao art. 184 do CTN, com a única diferença de estender tais normas ao pagamento da dívida ativa como um todo, ou seja, tanto aos créditos tributários como aos não tributários inscritos em dívida ativa.

– O conceito de bens absolutamente impenhoráveis, na execução fiscal, é mais estreito do que aquele constante do art. 833 do novo CPC/15, que estabelece serem impenhoráveis também os bens "declarados, por ato voluntário, não sujeitos à execução". A referência a ato voluntário, constante do art. 833, I, do CPC, é inaplicável à execução fiscal. Os demais incisos e leis específicas são aplicáveis.

– **Impenhorabilidade absoluta no novo CPC/15.** Dispõe o CPC/15: "Art. 833. São impenhoráveis: I – os bens inalienáveis e os declarados, por ato voluntário, não sujeitos à execução; II – os móveis, os pertences e as utilidades domésticas que guarnecem a residência do executado, salvo os de elevado valor ou os que ultrapassem as necessidades comuns correspondentes a um médio padrão de vida; III – os vestuários, bem como os pertences de uso pessoal do executado, salvo se de elevado valor; IV – os vencimentos, os subsídios, os soldos, os salários, as remunerações, os proventos de aposentadoria, as pensões, os pecúlios e os montepios, bem como as quantias recebidas por liberalidade de terceiro e destinadas ao sustento do devedor e de sua família, os ganhos de trabalhador autônomo e os honorários de profissional liberal, ressalvado o § 2º; V – os livros, as máquinas, as ferramentas, os utensílios, os instrumentos ou outros bens móveis necessários ou úteis ao exercício da profissão do executado; VI – o seguro de vida; VII – os materiais necessários para obras em andamento, salvo se essas forem penhoradas; VIII – a pequena propriedade rural, assim definida em lei, desde que trabalhada pela família; IX – os recursos públicos recebidos por instituições privadas para aplicação compulsória em educação, saúde ou assistência social; X – a quantia depositada em caderneta de poupança, até o limite de 40 (quarenta) salários mínimos; XI – os recursos públicos do fundo partidário recebidos por partido político, nos termos da lei; XII – os créditos oriundos de alienação de unidades imobiliárias, sob regime de incorporação imobiliária, vinculados à execução da obra. § 1º A impenhorabilidade não é oponível à execução de dívida relativa ao próprio bem, inclusive àquela contraída para sua aquisição. § 2º O disposto nos incisos IV e X do *caput* não se aplica à hipótese de penhora para pagamento de prestação alimentícia, independentemente de sua origem, bem como às importâncias excedentes a 50 (cinquenta) salários mínimos mensais, devendo a constrição observar o disposto no art. 528, § 8º, e no art. 529, § 3º. § 3º Incluem-se na impenhorabilidade prevista no inciso V do *caput* os equipamen-

tos, os implementos e as máquinas agrícolas pertencentes a pessoa física ou a empresa individual produtora rural, exceto quando tais bens tenham sido objeto de financiamento e estejam vinculados em garantia a negócio jurídico ou quando respondam por dívida de natureza alimentar, trabalhista ou previdenciária. Art. 834. Podem ser penhorados, à falta de outros bens, os frutos e os rendimentos dos bens inalienáveis".

– **Bens necessários ao exercício da profissão. Extensão às empresas de pequeno porte.** "O art. 649, VI, do CPC estabelece a impenhorabilidade dos livros, máquinas, utensílios e instrumentos necessários ou úteis ao exercício de qualquer profissão."

– "2. Nos termos do art. 649, I, do CPC, são impenhoráveis as máquinas e instrumentos úteis ao desempenho de qualquer profissão, o que não se aplica às pessoas jurídicas, exceto no caso de firma individual. 3. Apelação parcialmente provida" (TRF4, AC 2000.04.01.101636-0, 2003).

– "II – Na esteira da jurisprudência desta colenda Turma, a aplicação do inciso IV do artigo 649 do Código de Processo Civil, a tratar da impenhorabilidade de bens essenciais ao exercício profissional, pode-se estender, excepcionalmente, à pessoa jurídica, desde que de pequeno porte ou micro-empresa ou, ainda, firma individual, e os bens penhorados forem mesmo indispensáveis e imprescindíveis à sobrevivência da própria empresa..." (STJ, AgRg no REsp 903.666, 2007).

– **Bem de família. Lei n. 8.009/90.** O art. 1º da Lei n. 8.009/90 estabelece que o imóvel residencial próprio do casal, ou da entidade familiar, é impenhorável e não responderá por qualquer tipo de dívida civil, comercial, fiscal, previdenciária ou de outra natureza, sendo que a impenhorabilidade compreende não apenas o imóvel mas também os móveis que guarnecem a casa.

– **Súmula 205 do STJ**: "A Lei 8.009/90 aplica-se à penhora realizada antes de sua vigência".

– "O instituto da impenhorabilidade do bem de família, destinado à residência do casal ou entidade familiar, é matéria de ordem pública, nada impedindo que executado alegue a incidência da Lei 8.009/90, mesmo após ter indicado o bem à penhora" (TRF4, AI 2002.04.01.010556-3, 2002).

– **Bem do condomínio relativo.** "EXECUÇÃO FISCAL. PENHORA. ELEVADOR. EDIFÍCIO DE APARTAMENTOS. LEI 4.591/64, § 3º. 1. Não é possível penhorar elevador de edifício de apartamentos, porque a inalienabilidade das coisas comuns constitui importante característica do condomínio relativo, em oposição ao regime de condomínio do Código Civil. 2. Inteligência do § 3º da Lei 4.591/64" (TRF4, AI 2000.04.01.060356-6, 2001).

– **Bem público.** "A área destinada a praça em loteamento já aprovado há longa data, em que foi, também, edificado o Ginásio Municipal de Esportes, constitui bem público em razão da sua afetação, não sendo suscetível de penhora" (TRF4, AC 98.04.04768-3, 2002).

– **A cláusula de inalienabilidade ou impenhorabilidade. Inoponibilidade na execução fiscal.** Tanto a LEF como o CTN excluem da penhora, apenas, os bens que a lei declare "absolutamente impenhoráveis" . Embora o art. 10 da LEF não seja suficientemente esclarecedor, seu art. 30 reforça o art. 184 do CTN, restando inequívoco que não se considera incluso, no conceito de bens absolutamente impenhoráveis, aqueles gravados com cláusula de inalienabilidade ou impenhorabilidade, eis que estabelece expressamente que respondem pelo pagamento da dívida ativa da Fazenda Pública. Deve-se considerar a locução "bens absolutamente impenhoráveis", na execução fiscal, seja de crédito tributário ou não tributário, como dizendo respeito à impenhorabilidade que decorre direta e exclusivamente da lei, independentemente de qualquer ato de vontade. Note-se que, quando do advento do CPC, as normas gerais de direito tributário já estavam sob reserva de lei complementar, de modo que não poderia, o diploma processual civil, lei ordinária, alterar as garantias e privilégios do crédito tributário estabelecidas pelo CTN. A LEF, por sua vez, é lei especial relativamente ao CPC, e estabelece expressamente a sujeição dos bens gravados com cláusula de inalienabilidade ou impenhorabilidade ao pagamento da dívida ativa. Assim, o conceito de bens absolutamente impenhoráveis, na execução fiscal, é mais estreito do que aquele constante do art. 833 do novo CPC/15, tal qual já era relativamente ao art. 649 do CPC/72. O art. 833, I, do CPC é inoponível na execução fiscal.

– "O art. 649 do Código de Processo Civil define como absolutamente impenhoráveis, entre outros bens, aqueles que sejam gravados com cláusula de inalienabilidade e os não sujeitos a execução por ato voluntário. Ou seja, mesmo os bens impenhoráveis como tal declarados por ato voluntário são, por lei, definidos como absolutamente impenhoráveis, sendo, portanto, excluídos da coerção judicial. Há, aí, uma antinomia, pois o art. 184 do Código abrange os bens gravados com cláusula de inalienabilidade ou impenhorabilidade, abrindo exceção para os absolutamente impenhoráveis, entre os quais a lei inclui os inalienáveis e todos os que possam estar, por ato voluntário, não sujeitos a execução. Isso esvaziaria em boa parte o comando legal, subtraindo à execução do crédito fiscal os bens gravados com inalienabilidade ou impenhorabilidade, ainda que por ato voluntário (como na doação ou na transmissão testamentária). Para conciliar os dois dispositivos, a doutrina considera excluídos da ressalva (e, portanto, passíveis de responder pela dívida fiscal) os bens cuja inalienabilidade ou impenhorabilidade decorra de disposição de vontade" (AMARO, Luciano. *Direito tributário brasileiro*. 15. ed. São Paulo: Saraiva, 2009, p. 471).

⇒ **Penhora sobre bens já gravados (garantia real) ou penhorados.** "PENHORA E ARREMATAÇÃO DE BEM OBJETO DE HIPOTECA – PREFERÊNCIA DO CRÉDITO TRIBUTÁRIO. 1. Esta Corte firmou entendimento de que a impenhorabilidade advinda da hipoteca não é oponível às execuções de créditos fiscais. 2. A alegação de que o terceiro que ofereceu bem em garantia não possuiria vínculo com o fato gerador e não se sujeitaria, portanto, à força da lei de satisfação do crédito fiscal não tem o condão de afastar a preferência do crédito tributário, principalmente em se considerando que o recorrente não se insurgiu contra a penhora do bem objeto de arrematação" (STJ, AgRg no AREsp 281.349, 2013).

– "1 – É certo que o crédito tributário tem preferência sobre garantia real. Não alcança a dita preferência somente os créditos trabalhistas e os resultantes de acidente de trabalho. [...]. Coexistindo execução fiscal e execução civil, contra o mesmo devedor, com pluralidade de penhoras recaindo sobre mesmo, o produto da venda judicial do bem há que, por força de lei, satisfazer ao crédito fiscal em primeiro lugar. [...]" (STJ, AgRg no REsp 434.916, 2007).

– "2. O que determina o art. 57 do Decreto-lei 413/69 é a preferência do detentor da garantia real sobre os demais credores na arrematação do bem vinculado à hipoteca. O privilégio constante de tal preceito é inoponível ao crédito fiscal. 3. O Código Tributário Nacional tem *status* de lei complementar, suas disposições prevalecem sobre a disposição do Decreto-Lei 413/69, não podendo a impenhorabilidade que prescreve prevalecer sobre as regras contidas no primeiro, sob pena de violação do princípio da hierarquia das leis. A hipótese prevista no referido Decreto não se inclui na ressalva do art. 184 do CTN. 4. De acordo com o artigo 186 do Código Tributário Nacional, o crédito tributário goza de preferência sobre os demais, à exceção dos de natureza trabalhista. 5. A Fazenda Pública não participa de concurso, tendo prelação no recebimento do produto da venda judicial do bem penhorado, ainda que esta alienação seja levada a efeito em autos de execução diversa" (STJ, REsp 672.029, 2005).

– "EXECUÇÃO FISCAL. NOMEAÇÃO DE BENS À PENHORA. INEFICÁCIA. Não há vedação a que um mesmo bem garanta mais de uma execução. Contudo, é necessário que o valor dos bens seja suficiente para garantir todas as execuções. Agravo improvido" (TRF4, AI 1999.04.01.069262-5, 1999).

– "EXECUÇÃO FISCAL. PENHORA DE BEM HIPOTECADO. Sujeita-se à penhora em execução fiscal a totalidade dos bens do sujeito passivo, inclusive os gravados por ônus real. Art. 184 do CTN. A hipoteca não impede a penhora, impondo-se considerar, ainda, que o crédito tributário prefere a qualquer outro, seja qual for a natureza ou o tempo da constituição deste, ressalvados os créditos decorrentes da legislação do trabalho. Art. 186 do CTN" (TRF4, AC 2000.04.01.020326-6, 2002).

– "Inexistindo bens desembaraçados, a penhora poderá recair sobre bens já penhorados anteriormente ou gravados com hipotecas, penhor cedular etc." (BOTTESINI, Maury Ângelo; *et al. Lei de Execução Fiscal*. 3. ed. São Paulo: RT, 2000, p. 126).

– **Em sentido contrário.** "... não pode incidir penhora sobre bens e rendas gravados com cláusulas de inalienabilidade e impenhorabilidade, salvo se estas foram erigidas, *a posteriori*, com o fim de frustrar o pagamento da dívida" (ROCHA FILHO, J. Virgílio Castelo Branco. *Execução fiscal: doutrina e jurisprudência*. 2. ed. Curitiba: Juruá, 2003, p. 211). Afirma o autor: "Ora, considerando que 'qualquer lei ordinária, de caráter processual da União, poderá declarar absolutamente impenhoráveis outros bens e rendas, afastando deles a penhora em execução fiscal', resulta indeclinável concluir-se que tal princípio se aplica ao disposto no art. 649, inc. I, do Código de Processo Civil, como de resto, a todas as demais situações ali descritas. Neste sentido, o egrégio STJ, em tom de recomendação, já decidiu: 'O Judiciário não pode permitir vingar o entendimento de que o art. 30, da Lei

6.830/80, mal redigido e contraditório, permite a penhora de bem impenhorável e inalienável'" (STJ, REsp 6.708-PR, voto).

– "Temos como impenhoráveis segundo a lei: os bens públicos (art. 67 do CC); o bem de família (arts. 70 a 73 do CC, art. 649 do CPC, Lei Federal n. 8.009, de 29/3/90, e arts. 260 a 265 da Lei Federal n. 6.015, de 31/12/73); e, finalmente, os bens impenhoráveis e os inalienáveis por cláusulas contratuais (art. 649 e seus incisos do CPC)" (ALBUQUERQUE, Marcus Cavalcanti de. *Lei de Execução Fiscal*. São Paulo: Madras Editora, 2003, p. 34).

– **Na falência, o crédito com garantia real tem preferência no limite do valor do bem gravado.** A LC n. 118/2005 ao acrescentar o inciso primeiro ao parágrafo único do art. 186 do CTN e a Lei n. 11.101/2005 (nova Lei Falências) colocam os créditos com garantia real acima dos créditos tributários, mas só na falência.

> **Art. 185. Presume-se fraudulenta a alienação ou oneração de bens ou rendas, ou seu começo, por sujeito passivo em débito para com a Fazenda Pública, por crédito tributário regularmente inscrito como dívida ativa. (Redação da LC 118/05)**

⇒ **Redação revogada:** "Art. 185. Presume-se fraudulenta a alienação ou oneração de bens ou rendas, ou seu começo, por sujeito passivo em débito para com a Fazenda Pública por crédito tributário regularmente inscrito como dívida ativa e em fase de execução." Vide o AgRG no AREsp 372.264.

– **Fraude à dívida ativa e institutos afins.** A presunção de fraude à dívida ativa, instituto típico do Direito Tributário, regulado pelo art. 185 do CTN, não se confunde com os institutos gerais da fraude à execução, regulada pelo art. 792 do Código de Processo Civil, e da fraude contra credores, regulada pelo art. 158 e seguintes do Código Civil. O art. 185 do CTN toma como referência e marco único e exclusivo a inscrição em dívida ativa para a ineficácia dos negócios perante o Fisco. Já na fraude à execução, a referência é a averbação, no registro do bem, da existência de processo de execução ou de hipoteca judiciária ou outro ato de constrição no processo onde argüida a fraude ou a pendência de ação fundada em direito real ou com pretensão reipersecutória ou de outro modo capaz de reduzir a proprietário à insolvência. Na fraude contra credores, por sua vez, é a situação de insolvência do proprietário à época do negócio ou o efeito do próprio negócio de torná-lo insolvente. Diferentemente dos outros institutos afins, o instituto da fraude à dívida ativa gera presunção que o STJ diz ser absoluta, traço que analisaremos adiante, para que não gere inconsistências sistêmicas. O Fisco não está impedido de invocar a fraude contra credores, mas, se o fizer, estará sujeito aos respectivo regime jurídico regulado pelo CC.

– "Cabe, aqui, apontar três espécies de fraude, a saber: fraude contra credores (Código Civil, arts. 158 a 165), fraude de execução (Código de Processo Civil, art. 593), e fraude contra a Fazenda Pública, esta última, especificamente quanto aos bens alienados em momento posterior à inscrição do crédito fiscal em dívida ativa (Código Tributário Nacional, art. 185). [...] De maneira nenhuma se pode considerar imprescindível que já exista a propositura da execução, e muito menos que haja registro no Detran quanto à penhora realizada no processo executivo fiscal para a configuração da fraude contra a Fazenda; é preciso, isso sim, que o terceiro, ao tempo do negócio, estivesse em condi-

ções de saber que a compra e venda daquele bem (no caso, o automóvel) podia ser declarada ineficaz em face da Fazenda Pública, ante o preceituado no art. 185 do Código Tributário Nacional. Se a pessoa não tinha, sem dificuldade apreciável, acesso à informação, relativa à inscrição do crédito fiscal, em ordem a tornar insolvável o vendedor, segue-se que, em regra, não se deve declarar a ineficácia da alienação perante a fazenda. [...] Em última análise, nós pensamos que, com relação à aplicabilidade do art. 185 do Código Tributário Nacional, no exame de caso concreto, é preciso, notadamente nas instâncias ordinárias, levar em conta a segurança jurídica" (MONTEIRO NETO, Nelson. Fraude contra a Fazenda Pública (Código Tributário Nacional, art. 185). *RDDT* 181/109, 2010).

– **Fraude à dívida ativa: a inscrição como marco.** Na redação original, havia referência à dívida ativa "em fase de execução". Estabeleceu-se, então, enorme discussão acerca da suficiência da inscrição, ou da necessidade de ajuizamento ou, ainda, de citação para a presunção da fraude. Com a nova redação da LC n. 118/2005, que refere simplesmente "crédito tributário regularmente inscrito como dívida ativa" a questão se resolve, considerando-se como marco o momento da inscrição em dívida ativa.

– "No novo texto, a presunção atua desde a inscrição da dívida" (AMARO, Luciano. *Direito tributário brasileiro*. 15. ed. São Paulo: Saraiva, 2009, p. 473).

– "EMBARGOS DE TERCEIRO. FRAUDE À EXECUÇÃO FISCAL. ALIENAÇÃO DE BEM POSTERIOR À CITAÇÃO DO DEVEDOR. INEXISTÊNCIA DE REGISTRO NO DEPARTAMENTO DE TRÂNSITO – DETRAN. INEFICÁCIA DO NEGÓCIO JURÍDICO. INSCRIÇÃO EM DÍVIDA ATIVA. ARTIGO 185 DO CTN, COM A REDAÇÃO DADA PELA LC N. 118/2005. SÚMULA 375/STJ. INAPLICABILIDADE. 1. A lei especial prevalece sobre a lei geral (*lex specialis derrogat lex generalis*), por isso que a Súmula n. 375 do Egrégio STJ não se aplica às execuções fiscais. 2... 4. Consectariamente, a alienação efetivada antes da entrada em vigor da LC n. 118/2005 (09.06.2005) presumia-se em fraude à execução se o negócio jurídico sucedesse a citação válida do devedor; posteriormente à 09.06.2005, consideram-se fraudulentas as alienações efetuadas pelo devedor fiscal após a inscrição do crédito tributário na dívida ativa. 5. A diferença de tratamento entre a fraude civil e a fraude fiscal justifica-se pelo fato de que, na primeira hipótese, afronta-se interesse privado, ao passo que, na segunda, interesse público, porquanto o recolhimento dos tributos serve à satisfação das necessidades coletivas. 6. É que, consoante a doutrina do tema, a fraude de execução, diversamente da fraude contra credores, opera-se *in re ipsa*, vale dizer, tem caráter absoluto, objetivo, dispensando o *concilium fraudis*. (FUX, Luiz. *O novo processo de execução: o cumprimento da sentença e a execução extrajudicial*. 1. ed. Rio de Janeiro: Forense, 2008, p. 95-96 / DINAMARCO, Cândido Rangel. *Execução civil*. 7. ed. São Paulo: Malheiros, 2000, p. 278-282 / MACHADO, Hugo de Brito. *Curso de direito tributário*. 22. ed. São Paulo: Malheiros, 2003, p. 210-211 / AMARO, Luciano. *Direito tributário brasileiro*. 11. ed. São Paulo: Saraiva, 2005. p. 472-473 / BALEEIRO, Aliomar. *Direito tributário brasileiro*. 10. ed. Rio de Janeiro: Forense, 1996, p. 604). 7. A jurisprudência hodierna da Corte preconiza referido entendimento... Conclusivamente: (a) a natureza jurídica tributária do crédito conduz a que a simples alienação ou oneração de bens ou rendas, ou seu começo, pelo sujeito passivo por quantia inscrita em dívida ativa, sem a reserva de meios para quitação do débito, gera presunção absoluta (*jure et de jure*) de fraude à execução (lei especial que se sobrepõe ao regime do direito processual civil); (b) a alienação engendrada até 08.06.2005 exige que tenha havido prévia citação no processo judicial para caracterizar a fraude de execução; se o ato translativo foi praticado a partir de 09.06.2005, data de início da vigência da Lei Complementar n. 118/2005, basta a efetivação da inscrição em dívida ativa para a configuração da figura da fraude; (c) a fraude de execução prevista no artigo 185 do CTN encerra presunção *jure et de jure*, conquanto componente do elenco das 'garantias do crédito tributário'; (d) a inaplicação do artigo 185 do CTN, dispositivo que não condiciona a ocorrência de fraude a qualquer registro público, importa violação da Cláusula Reserva de Plenário e afronta à Súmula Vinculante n. 10, do STF. 10... 11. Recurso especial conhecido e provido. Acórdão submetido ao regime do artigo 543-C do CPC e da Resolução STJ n. 08/2008" (STJ, REsp 1.141.990, 2010).

– **Fraude à execução.** CPC: "Art. 792. A alienação ou a oneração de bem é considerada fraude à execução: I – quando sobre o bem pender ação fundada em direito real ou com pretensão reipersecutória, desde que a pendência do processo tenha sido averbada no respectivo registro público, se houver; II – quando tiver sido averbada, no registro do bem, a pendência do processo de execução, na forma do art. 828; III – quando tiver sido averbado, no registro do bem, hipoteca judiciária ou outro ato de constrição judicial originário do processo onde foi arguida a fraude; IV – quando, ao tempo da alienação ou da oneração, tramitava contra o devedor ação capaz de reduzi-lo à insolvência; V – nos demais casos expressos em lei. § 1º A alienação em fraude à execução é ineficaz em relação ao exequente. § 2º No caso de aquisição de bem não sujeito a registro, o terceiro adquirente tem o ônus de provar que adotou as cautelas necessárias para a aquisição, mediante a exibição das certidões pertinentes, obtidas no domicílio do vendedor e no local onde se encontra o bem. § 3º Nos casos de desconsideração da personalidade jurídica, a fraude à execução verifica-se a partir da citação da parte cuja personalidade se pretende desconsiderar. § 4º Antes de declarar a fraude à execução, o juiz deverá intimar o terceiro adquirente, que, se quiser, poderá opor embargos de terceiro, no prazo de 15 (quinze) dias."

– **Fraude contra credores.** CC: "Seção VI Da Fraude Contra Credores. Art. 158. Os negócios de transmissão gratuita de bens ou remissão de dívida, se os praticar o devedor já insolvente, ou por eles reduzido à insolvência, ainda quando o ignore, poderão ser anulados pelos credores quirografários, como lesivos dos seus direitos. § 1º Igual direito assiste aos credores cuja garantia se tornar insuficiente. § 2º Só os credores que já o eram ao tempo daqueles atos podem pleitear a anulação deles. Art. 159. Serão igualmente anuláveis os contratos onerosos do devedor insolvente, quando a insolvência for notória, ou houver motivo para ser conhecida do outro contratante. Art. 160. Se o adquirente dos bens do devedor insolvente ainda não tiver pago o preço e

este for, aproximadamente, o corrente, desobrigar-se-á depositando-o em juízo, com a citação de todos os interessados. Parágrafo único. Se inferior, o adquirente, para conservar os bens, poderá depositar o preço que lhes corresponda ao valor real. Art. 161. A ação, nos casos dos arts. 158 e 159, poderá ser intentada contra o devedor insolvente, a pessoa que com ele celebrou a estipulação considerada fraudulenta, ou terceiros adquirentes que hajam procedido de má-fé. Art. 162. O credor quirografário, que receber do devedor insolvente o pagamento da dívida ainda não vencida, ficará obrigado a repor, em proveito do acervo sobre que se tenha de efetuar o concurso de credores, aquilo que recebeu. Art. 163. Presumem-se fraudatórias dos direitos dos outros credores as garantias de dívidas que o devedor insolvente tiver dado a algum credor. Art. 164. Presumem-se, porém, de boa-fé e valem os negócios ordinários indispensáveis à manutenção de estabelecimento mercantil, rural, ou industrial, ou à subsistência do devedor e de sua família. Art. 165. Anulados os negócios fraudulentos, a vantagem resultante reverterá em proveito do acervo sobre que se tenha de efetuar o concurso de credores. Parágrafo único. Se esses negócios tinham por único objeto atribuir direitos preferenciais, mediante hipoteca, penhor ou anticrese, sua invalidade importará somente na anulação da preferência ajustada."

⇒ **Efeito jurídico da fraude à dívida ativa. Ineficácia perante o fisco.** A alienação ou oneração em fraude à dívida ativa é ineficaz contra o Fisco, o que significa que tem validade entre as partes, mas é inoponível ao Fisco, não impedindo que o bem seja objeto de constrição para a satisfação do crédito que já estava inscrito em dívida ativa à época do negócio.

– "Se o sujeito passivo, tendo débito em execução, aliena bens ou rendas, a presunção legal de fraude torna ineficaz o ato praticado, não importando se o devedor o praticou a título oneroso ou gratuito" (AMARO, Luciano. *Direito tributário brasileiro*. 15. ed. São Paulo: Saraiva, 2009, p. 444).

⇒ **Presunção de fraude.** O STJ vem afirmando que a presunção de fraude à dívida ativa é absoluta, o que tem sido aplicado pelos tribunais de modo que não reste infirmada pela boa-fé do adquirente, não se perquirindo sobre o elemento subjetivo, anímico. Entendemos, porém, que essa posição tem de ser tomada *cum grano salis*, mormente quando o negócio seja realizado mediante certificação da regularidade do proprietário quanto à dívida ativa, a bem da segurança do tráfego jurídico, conforme nota adiante.

– **A certificação da regularidade fiscal do alienante pelo próprio órgão que administra a dívida ativa. Entendimento no sentido de que afasta a presunção de fraude.** Quando o próprio órgão que administra a dívida ativa – no caso federal a Procuradoria da Fazenda Nacional – certifique a inexistência de débitos inscritos em dívida ativa através de CND ou expeça certidão com efeitos de negativa, a CPD-EN, e tal documento seja referido na escritura pública de compra e venda, e.g., impende considerar-se que o adquirente tomou as providências necessárias, de modo que invocar-se presunção de fraude nessa hipótese é medida insustentável, que fere de morte o confiança no tráfego jurídico. Interpretação do art. 185-A do CTN que impeça o tráfego jurídico ou o submeta a riscos asbolutamente desproporcionais mesmo em face das cautelas próprias, ofenderia a própria Constituição, na medida que a segurança jurídica é princípio que permeia o seu texto e impõe limite material ao legislador. E, note-se, a proteção da confiança pode ser invocada contra a fazenda pública, no caso, porquanto, não pode certificar regularidade e, na sequência, *venire contra factum proprium*.

– A exigência de certidões como requisito para a formalização de negócios com imóveis é medida estabelecida também com o intuito da preservação do patrimônio e, principalmente, de proteção ao terceiro de boa-fé.

– Lei n. 8.212/91: "Art. 47. É exigida Certidão Negativa de Débito-CND, fornecida pelo órgão competente, nos seguintes casos: (Redação dada pela Lei n. 9.032, de 28.4.95). I – da empresa: [...] b) na alienação ou oneração, a qualquer título, de bem imóvel ou direito a ele relativo".

– "ART. 47, I, *B*, DA LEI N. 8.212/91. CONSTITUCIONALIDADE. 1. Com efeito, a decisão proferida pelo STF na ADI 394, ao declarar inconstitucionais alguns dos dispositivos da Lei n. 7.711/88, não se aplica ao presente caso, pois exigia quitação dos créditos tributários, enquanto a Lei 8.212 exige apenas a regularidade fiscal. Ademais, a exigência pelo legislador da regularidade fiscal não viola o devido processo legal, eis que a empresa devedora da Previdência Social pode, a todo momento, suspender a exigibilidade do crédito, ao discutir administrativa ou judicialmente, parcelar e, se for o caso, oferecer caução. O artigo 47, I, *b*, da Lei 8.212, da mesma forma, não viola o livre exercício da atividade econômica, pois a alienação do ativo imobilizado é operação extraordinária da empresa e há exceção prevista no art. 257, § 8º, do Decreto 3.048/99, para as empresas cujo objeto social é a alienação de imóveis. A norma em comento visa, apenas, a garantir a segurança jurídica do adquirente de boa-fé, já que, na forma do artigo 185 do CTN, presume se fraudulenta a alienação de imóvel por devedor com débito inscrito em dívida ativa. 2. Arguição de Inconstitucionalidade rejeitada" (TRF4, ARGINC 0001351-51.2009.404.7208, 2013).

– **Presunção absoluta.** "EMBARGOS DE TERCEIRO. BEM IMÓVEL. PENHORA EM EXECUÇÃO FISCAL. ALIENAÇÃO POSTERIOR À CITAÇÃO DA DEVEDORA. FRAUDE À EXECUÇÃO. PRESUNÇÃO ABSOLUTA. BOA-FÉ. IRRELEVÂNCIA. MATÉRIA PACÍFICA. 1. No REsp 11419901.141.990/PR, repetitivo, a Primeira Seção definiu: '(a) a natureza jurídica tributária do crédito conduz a que a simples alienação ou oneração de bens ou rendas, ou seu começo, pelo sujeito passivo por quantia inscrita em dívida ativa, sem a reserva de meios para quitação do débito, gera presunção absoluta (*jure et de jure*) de fraude à execução (lei especial que se sobrepõe ao regime do direito processual civil); (b) a alienação engendrada até 08.06.2005 exige que tenha havido prévia citação no processo judicial para caracterizar a fraude de execução; se o ato translativo foi praticado a partir de 09.06.2005, data de início da vigência da Lei Complementar n. 118/2005, basta a efetivação da inscrição em dívida ativa para a configuração da figura da fraude; (c) a fraude de execução prevista no artigo 185 do CTN encerra presunção *jure et de jure*, conquanto componente do elenco das 'garantias do crédito tributário'. Assim, verificada situação caracterizadora de fraude à execução, torna-se irrelevante eventual boa-fé da parte compradora do bem imóvel para fins de impedir a penhora, pois, conforme definição jurisprudencial, a presunção de fraude é absoluta. 2. Na espécie, o acórdão recorrido consignou que a alienação do imóvel ocorreu após a citação da executada. Logo, caracterizada está a fraude à execução. 3. Ressalte-se que esse entendimento se aplica também às hipóteses de alienações sucessivas, daí porque 'considera-se fraudulenta a alienação, mesmo quando há transferências sucessivas do bem, feita após a inscrição do débito em dívida ativa, sendo desnecessário comprovar a má-fé do terceiro adquirente' (...)" (STJ, AgInt no REsp 1.982.766, 2022).

– **Presunção relativa.** "... trata-se de presunção relativa, que somente poderá ser afastada diante de prova inequívoca de que a alienação ou seu começo não configura fraude. Há necessidade de que reste demonstrado que o devedor tinha ciência da inscrição do débito em Dívida Ativa" (COSTA, Regina Helena. *Curso de direito tributário*. 5. ed. São Paulo: Saraiva, 2015, p. 323).

– "... para que a presunção do artigo 185 do CTN, com sua nova redação, prevaleça, é necessário que exista a possibilidade de o terceiro consultar se o alienante de um bem possui algum débito inscrito em dívida ativa. Do contrário, não é possível que o terceiro tenha conhecimento, nem de forma presumida da existência da dívida, e, assim, o direito da Fazenda Pública não pode ser lhe oposto. Por essa razão, mesmo com a alteração da redação daquele artigo, para suprimir a exigência de exação em curso, este preceito tem que, necessariamente, ser interpretado à luz da Súmula n. 375 do STJ, sob pena de se negar a existência do instituto da oponibilidade em todo o Sistema Jurídico brasileiro – o que não é simplesmente possível – e, ainda, violar o princípio da segurança jurídica, criando sérios entraves para os inúmeros negócios jurídicos celebrados diariamente. Cabe, nesse passo, à Fazenda Pública tomar as medidas necessárias para levar ao conhecimento de terceiros o respeito da existência da demanda em curso contra o devedor, como o tem que fazer qualquer um, não sendo possível privilegiá-la com prerrogativas que vão de encontro com os pilares do Ordenamento Jurídico" (URBANO, Hugo Evo Magro Corrêa. A fraude à execução e a interpretação do art. 185 do CTN... *RDDT* 167/77, 2009).

– **Súmula 375 do STJ:** "O reconhecimento da fraude à execução depende do registro da penhora do bem alienado ou da prova de má-fé do terceiro adquirente". Obs.: essa súmula refere-se à fraude à execução e não à fraude à dívida ativa.

⇒ **Alienação ou oneração por contribuinte inscrito em dívida.** A alienação ou oneração do patrimônio do devedor reduz as garantias do crédito tributário. Daí a preocupação do legislador em preservar tal patrimônio, tornando ineficazes os negócios realizados pelos contribuintes com débito já inscrito em dívida. A inscrição em dívida ativa, lembre-se, dá-se após o exaurimento do processo administrativo fiscal, quando o crédito torna-se definitivo na esfera administrativa e, mediante controle de legalidade, é considerado firme para inscrição em dívida ativa, inclusão no respectivo cadastro de dívida ativa e extração de título que, a par da sua exigibilidade, o tornará exequível.

– Renúncia a usufruto. Possibilidade. "EXECUÇÃO FISCAL. REDIRECIONAMENTO. FRAUDE À EXECUÇÃO. RENÚNCIA DE USUFRUTO. PRECEDENTE DA PRIMEIRA TURMA. 1. A renúncia ao usufruto não importa em fraude à execução, porquanto, a despeito de os frutos serem penhoráveis, o usufruto é direito impenhorável e inalienável, salvo para o nu-proprietário. 2. Consoante firmado pela Primeira Turma em julgado idêntico e unânime: 'RECURSO ESPECIAL. PROCESSUAL CIVIL. TRIBUTÁRIO. EXECUÇÃO FISCAL. REDIRECIONAMENTO. FRAUDE À EXECUÇÃO. RENÚNCIA DE USUFRUTO. 1. Pretende a recorrente o reconhecimento da fraude à execução da renúncia do usufruto efetuada pelo sócio-gerente em benefício dos nu-proprietários de imóvel dado em usufruto antes da ocorrência do fato gerador. 2. Para a constatação da fraude, mostra se necessária a discussão acerca da possibilidade de incidir penhora sobre o usufruto, como pretende a exequente. 3. O usufruto é um bem fora do comércio, excetuando a possibilidade de sua alienação unicamente para o nu-proprietário. Desse modo, não existe motivo para se pretender o reconhecimento de que a renúncia do usufruto efetuada pelo executados poderia constituir fraude à execução, em virtude da impossibilidade de penhorar se esse direito real. Rel. Min. Luiz Fux, nov. 2010)'" (STJ, REsp 1.098.620, 2009).

⇒ **Intimação do novo proprietário.** Ainda que o negócio jurídico realizado posteriormente à inscrição em dívida ativa possa ser ineficaz perante o Fisco, nos termos do art. 185 do CTN, impõe-se a intimação daquele que, no momento em que é requerida a constrição, seja o proprietário do imóvel. O CPC já prevê expressamente isso ao cuidar da fraude à execução, aplicável por analogia e subsidiariamente à fraude à dívida ativa em sede de execução fiscal. Essa intimação, diga-se, é um imperativo do devido processo legal. A Constituição é clara: "LIV – ninguém será privado da liberdade ou de seus bens sem o devido processo legal". Intimar-se o proprietário, para que tome conhecimento da constrição do seu imóvel, possa acompanhar o processo e defender-se, é o mínimo. E isso independende das questões de mérito.

– "EXECUÇÃO FISCAL. AGRAVO DE INSTRUMENTO. FRAUDE À EXECUÇÃO FISCAL. § 4º DO ARTIGO 792 DO CPC. APLICAÇÃO SUBSIDIÁRIA À EXECUÇÃO FISCAL. INTIMAÇÃO DE TERCEIRO ADQUIRENTE. De acordo com o § 4º do artigo 792 do CPC: 'Antes de declarar a fraude à execução, o juiz deverá intimar o terceiro adquirente, que, se quiser, poderá opor embargos de terceiro, no prazo de 15 (quinze) dias'. Não há incompatibilidade entre o disposto no Código de Processo Civil e o CTN. O fato de o Código Tributário Nacional não conter norma de igual teor não afasta o dispositivo que tem por escopo dar notícia ao terceiro da declaração de fraude, possibilitando o ajuizamento de embargos de terceiro" (TRF4, AG 5023259-18.2022.4.04.0000, 2022).

– "TRIBUTÁRIO. FRAUDE À EXECUÇÃO. INTIMAÇÃO DO TERCEIRO ADQUIRENTE. ART. 792, § 4º, CPC 2015. APLICAÇÃO SUBSIDIÁRIA À EXECUÇÃO FISCAL. POSSIBILIDADE. O artigo 792, § 4º, do CPC, determinando a intimação do terceiro adquirente, se aplica à execução fiscal, por força do art. 1º da Lei de Execuções Fiscais ('A execução judicial para cobrança da Dívida Ativa da União, dos Estados, do Distrito Federal, dos Municípios e respectivas autarquias será regida por esta Lei e, subsidiariamente, pelo Código de Processo Civil') e por inexistir contrariedade com as normas específicas da legislação tributária" (TRF4, AG 5022829-42.2017.4.04.0000, 2017).

> **Parágrafo único. O disposto neste artigo não se aplica na hipótese de terem sido reservados, pelo devedor, bens ou rendas suficientes ao total pagamento da dívida inscrita (Redação da LC 118/05).**

⇒ **Redação revogada:** "Parágrafo único. O disposto neste artigo não se aplica na hipótese de terem sido reservados pelo devedor bens ou rendas suficientes ao total pagamento da dívida em fase de execução".

> **Art. 185-A. Na hipótese de o devedor tributário, devidamente citado, não pagar nem apresentar bens à penhora no prazo legal e não forem encontrados bens penhoráveis, o juiz determinará a indisponibilidade de seus bens e direitos, comunicando a decisão, preferencialmente por meio eletrônico, aos órgãos e entidades que promovem registros de transferência de bens, especialmente ao registro público de imóveis e às autoridades supervisoras do mercado bancário e do mercado de capitais, a fim de que, no âmbito de suas atribuições, façam cumprir a ordem judicial (Artigo acrescido pela LC 118/05).**

> **§ 1º A indisponibilidade de que trata o *caput* deste artigo limitar-se-á ao valor total exigível, devendo o juiz determinar o imediato levantamento da indisponibilidade dos bens ou valores que excederem esse limite.**

> **§ 2º Os órgãos e entidades aos quais se fizer a comunicação de que trata o *caput* deste artigo enviarão imediatamente ao juízo a relação discriminada dos bens e direitos cuja indisponibilidade houverem promovido.**

⇒ **CNIB.** A Central Nacional de Indisponibilidade de Bens (CNIB) é o sistema que reúne as ordens judiciais e administrativas sobre indisponibilidade de bens. Criado pelo Provimento CNJ n. 39/2014, dá "eficácia e efetividade às decisões" de indisponibilidade mediante comunicação a todos os Tabeliães de Notas e Oficiais de Registro de Imóveis do território nacional. O sistema é capaz de rastrear os bens móveis e imóveis do devedor para impedir a dilapidação do patrimônio (Disponível em: https://www.indisponibilidade.org.br/institucional).

⇒ **SERP.** A Lei n. 14.382/2022 dispõe sobre o Sistema Eletrônico dos Registros Públicos, viabilizando o registro público eletrônico dos atos e negócios jurídicos, com interconexão das serventias dos registros públicos, interoperabilidade das bases de dados, recepção e envio de documentos e títulos em formato eletrônico, inclusive de forma centralizada, para distribuição posterior às serventias dos registros púbicos competentes, bem como consulta às indisponibilidades de bens decretadas pelo Poder Judiciário ou por entes públicos, às restrições e aos gravames de origem legal, convencional ou processual incidente sobre bens móveis e imóveis registrados ou averbados nos registros públicos e aos atos em que a pessoa pesquisada conste como devedora de título protestado e não pago, garantidora real, cedente convencional de crédito ou titular de direito sobre bem objeto de constrição processual ou administrativa, dentre outras funcionalidades.

⇒ **Averbação pré-executória nos registros de bens para torná-los indisponíveis.** Existe procedimento para tornar os bens indisponíveis antes mesmo do ajuizamento da execução. Um dos efeitos de o devedor não efetuar o pagamento dos créditos inscritos em dívida ativa quando notificado para tanto, nos termos do art. 20-B da Lei n. 10.522/2002, com a redação da Lei n. 13.606/2018, é a autorização legal concedida à Fazenda Pública para "averbar, inclusive por meio eletrônico, a certidão de dívida ativa nos órgãos de registro de bens e direitos sujeitos a arresto ou penhora, tornando-os indisponíveis".

• Vide: OLIVEIRA, Phelippe Toledo Pires de; CAMPOS, Rogério. Averbação pré-executória: contextualização normativa e constitucionalidade. *RFDT* 94, 2018.

– Conceito. Portaria PGFN n. 33/2018: "A averbação pré-executória é o ato pelo qual se anota nos órgãos de registros de bens e direitos sujeitos a arresto ou penhora, para o conhecimento de terceiros, a existência de débito inscrito em dívida ativa da União, visando prevenir a fraude à execução de que tratam os artigos 185 da Lei n. 5.172, de 25 de outubro de 1996 (Código Tributário Nacional) e 792 da Lei n. 13.105, de 16 de março de 2015". Estão sujeitos à averbação, quanto à pessoa física, os bens e direitos "integrantes do seu patrimônio, sujeitos a registro público", e, quanto à pessoa jurídica, "os de sua propriedade, integrantes do ativo não circulante, sujeitos a registro público". É previsto na portaria o encaminhamento das informações necessárias à averbação pré-executória aos "cartórios de registro de imóveis, relativamente aos bens imóveis", "órgãos ou entidades nos quais, por força de lei, os bens móveis ou direitos sejam registrados ou controlados" e aos "cartórios de títulos e documentos e registros especiais do domicílio tributário do devedor ou corresponsável, relativamente aos demais bens e direitos". Deve ser realizada a averbação pelos respectivos órgãos no prazo máximo de dez dias do recebimento das informações.

– Operacionalização. A averbação da CDA nos registros imobiliários viabiliza-se através da Central Nacional de Indisponibilidade de Bens (CNIB). Criada pelo Conselho Nacional de Justiça (CNJ), essa central é regulada pelo Provimento n. 39/2014 da Corregedoria Nacional de Justiça e permite o rastreamento dos imóveis de propriedade do devedor em qualquer parte do território nacional. A par disso, unifica os registros das indisponibilidades de bens, sejam as decretadas por magistrados, sejam as determinadas por autoridades administrativas. Quanto aos automóveis, ainda não se dispõe de uma central nacional que congregue todos os departamentos de trânsito dos diversos Estados, de modo que a averbação tem de ser determinada a cada qual.

– Impugnação. A Portaria PGFN n. 33/2018 regula, ainda, a impugnação à averbação, estabelecendo que o devedor seja notificado da realização da averbação, podendo oferecer impugnação em dez dias, invocando, por exemplo, a impenhorabilidade dos bens e direitos, excesso de averbação relativamente ao valor das dívidas, mudança de titularidade do bem ou direito em momento anterior à inscrição ou, ainda, que, a despeito de a alienação ou oneração ter ocorrido em momento posterior à inscrição, ter reservado patrimônio suficiente para garantir a dívida, atendendo ao art. 185, parágrafo único, do CTN. Também pode o devedor indicar à averbação outros bens e direitos, livres e desimpedidos, observada a ordem de preferência do art. 11 da LEF.

⇒ **Requisitos para a decretação da indisponibilidade pelo juiz da execução. Tema 714 do STJ:** "A indisponibilidade de bens e direitos autorizada pelo art. 185-A do CTN depende da observância dos seguintes requisitos: (i) citação do devedor tributário; (ii) inexistência de pagamento ou apresentação de bens à penhora no prazo legal; e (iii) a não localização de bens penhoráveis após esgotamento das diligências realizadas pela Fazenda, caracterizado quando houver nos autos (a) pedido de acionamento do Bacen Jud e consequente determinação pelo magistrado e (b) a expedição de ofícios aos registros públicos do domicílio do executado e ao Departamento Nacional ou Estadual de Trânsito – DENATRAN ou DETRAN". Decisão de mérito em 2014.

– "EXECUÇÃO FISCAL. ART. 185-A DO CTN. INDISPONIBILIDADE DE BENS E DIREITOS DO DEVEDOR. ANÁLISE RAZOÁVEL DO ESGOTAMENTO DE DILIGÊNCIAS PARA LOCALIZAÇÃO DE BENS DO DEVEDOR. NECESSIDADE. 1. Para efeitos de aplicação do disposto no art. 543-C do CPC, e levando em consideração o entendimento consolidado por esta Corte Superior de Justiça, firma-se compreensão no sentido de que a indisponibilidade de bens e direitos autorizada pelo art. 185-A do CTN depende da observância dos seguintes requisitos: (i) citação do devedor tributário; (ii) inexistência de pagamento ou apresentação de bens à penhora no prazo legal; e (iii) a não localização de bens penhoráveis após esgotamento das diligências realizadas pela Fazenda, caracterizado quando houver nos autos (a) pedido de acionamento do Bacen Jud e consequente determinação pelo magistrado e (b) a expedição de ofícios aos registros públicos do domicílio do executado e ao Departamento Nacional ou Estadual de Trânsito – DENATRAN ou DETRAN. 2. O bloqueio universal de bens e de direitos previsto no art. 185-A do CTN não se confunde com a penhora de dinheiro aplicado em instituições financeiras, por meio do Sistema BacenJud, disciplinada no art. 655-A do CPC. 3. As disposições do art. 185-A do CTN abrangerão todo e qualquer bem ou direito do devedor, observado como limite o valor do crédito tributário, e dependerão do preenchimento dos seguintes requisitos: (i) citação do executado; (ii) inexistência de pagamento ou de oferecimento de bens à penhora no prazo legal; e, por fim, (iii) não forem encontrados bens penhoráveis. 4. A aplicação da referida prerrogativa da Fazenda Pública pressupõe a comprovação de que, em relação ao último requisito, houve o esgotamento das diligências para localização de bens do devedor. 5. Resta saber, apenas, se as diligências realizadas pela exequente e infrutíferas para o que se destinavam podem ser consideradas suficientes a permitir que se afirme, com segurança, que não foram encontrados bens penhoráveis, e, por consequência, determinar a indisponibilidade de bens. 6. O deslinde de controvérsias idênticas à dos autos exige do magistrado ponderação a respeito das diligências levadas a efeito pelo exequente, para saber se elas correspondem, razoavelmente, a todas aquelas que poderiam ser realizadas antes da constrição consistente na indisponibilidade de bens. 7. A análise razoável dos instrumentos que se encontram à disposição da Fazenda permite concluir que houve o esgotamento das diligências quando demonstradas as seguintes medidas: (i) acionamento do Bacen Jud; e (ii) expedição de ofícios aos registros públicos do domicílio do executado e ao Departamento Nacional ou Estadual de Trânsito – DENATRAN ou DETRAN. 8. No caso concreto, o Tribunal de origem não apreciou a demanda à luz da tese repetitiva, exigindo-se, portanto, o retorno dos autos à origem para, diante dos fatos que lhe forem demonstrados, aplicar a orientação jurisprudencial que este Tribunal Superior adota neste recurso. 9. Recurso especial a que se dá provimento para anular o acórdão impugnado, no sentido de que outro seja proferido em seu lugar, observando as orientações delineadas na presente decisão" (STJ, REsp 1.377.507, 2014).

– **Tema 906 do STJ:** (CANCELADO) "Cinge-se a controvérsia à possibilidade do decreto da indisponibilidade de bens previsto no art. 185-A do Código Tributário Nacional, quando preenchidos os requisitos necessários, mas as diligências em busca de outros bens resultaram infrutíferas". Decisão em 2014.

⇒ **Incidente da execução.** "Todo o questionamento acerca da indisponibilidade prescinde de ajuizamento de ação própria ou de embargos (cuja fase sequer foi inaugurada), havendo de ser conhecido de forma incidente na própria execução fiscal, sendo as decisões, inclusive a de decretação da medida) passíveis de recurso de agravo de instrumento..." (DADICO, Cláudia Maria; SLIWKA, Ingrid Schroder. Medidas assecuratórias do crédito tributário: cautelar fiscal, indisponibilidade de bens e Bacen-Jud. Porto Alegre: TRF4, (*Currículo Permanente. Caderno de Direito Tributário: módulo 1*), 2006.

⇒ **Indisponibilidade de bens e direitos.** "A inalienabilidade consiste em qualidade jurídica da coisa que, por sua própria natureza ou em virtude de lei, de cláusula ou condição expressa ou de disposição testamentária, não pode ser legitimamente transferida do patrimônio de uma pessoa para o de outra, nem submetida a ônus reais (Pontes, *Tratado*, T. 4, p. 146). Já a indisponibilidade consiste numa limitação imposta ao titular do direito, retirando-lhe o poder para realizar eficazmente o negócio jurídico. Em outras palavras, a proibição de dispor subtrai-lhe a legitimidade para a prática do negócio. Tanto na inalienabilidade, quanto na indisponibilidade, há uma limitação ao direito de disposição. Os institutos, entretanto, não se confundem. [...] A venda ou oneração de bem gravado por cláusula de inalienabilidade é nula de pleno direito, pois macula o negócio jurídico no plano de sua validade. A nulidade se dá... pela ilicitude do objeto do ato jurídico... Seja por impossibilidade jurídica, seja por ilicitude do objeto, a venda de bem gravado com cláusula de inalienabilidade é nula de pleno direito, não podendo ser ratificada ou convalidada. Já a venda do bem indisponível atinge o negócio jurídico no plano de sua eficácia. Não há impossibilidade jurídica, nem ilicitude do objeto. [...] Na síntese de Lopes da Costa, 'o negócio feito com violação da proibição de dispor

é ineficaz. Não é nulo, porque o preceito visa a proteção de determinada pessoa – o credor. Não é anulável, porque não necessita de nenhuma declaração judicial que o invalide. Vale em face de todos, menos em frente à pessoa cujos interesses a lei pretende garantir'" (DADICO, Cláudia Maria; SLIWKA, Ingrid Schroder. Medidas assecuratórias do crédito tributário: cautelar fiscal, indisponibilidade de bens e Bacen-Jud. Porto Alegre: TRF4, (*Currículo Permanente. Caderno de Direito Tributário: módulo 1*), 2006.

– "A indisponibilidade não impede que o devedor possa usar e fruir do bem, podendo, até mesmo, oferecê-lo em garantia de outras dívidas. O que ele não pode é alienar o bem, pois, estando indisponível, não terá eficácia, para a execução fiscal, sua alienação. A indisponibilidade não constitui medida satisfativa da execução, servindo como meio de garantir a penhora de bens, ostentando natureza cautelar" (CUNHA, Leonardo José Carneiro da. A Lei n. 11.382/2006 e seus reflexos na execução fiscal. *Revista Dialética de Direito Processual* 49/95-106, 2007).

– "... embora o decreto de indisponibilidade não represente supressão de todos os poderes decorrentes do direito de propriedade, mas tão somente da faculdade de disposição, na prática podem restar configuradas situações em que ocorrerá verdadeira privação do exercício do direito de propriedade em todos os seus aspectos. Veja-se, por exemplo, o numerário depositado em instituições bancárias. Ao receber a ordem de indisponibilidade, ficará o banco depositário incumbido de 'bloquear' tais valores, tornando inoperantes para o titular da conta as operações de saque e transferências, a qualquer título. Em tal hipótese, até segunda ordem, o devedor ficará absolutamente privado de seus bens depositados em instituições financeiras. Nestes casos, em que a ordem judicial de indisponibilidade acaba por impedir de forma total o exercício de todos os direitos decorrentes do direito de propriedade..., não resta a menor dúvida de que o devedor restará privado destes bens, abrindo-se campo para verificar se tal privação resultou, de fato, de um processo consentâneo à garantia do devido processo legal. Cabe, nestes casos, ao aplicador da norma cercar-se de ainda maiores cuidados excetuando do âmbito da ordem judicial, no que diz respeito às pessoas físicas, os vencimentos e salários, por se tratar de bens absolutamente impenhoráveis, e no caso das pessoas jurídicas, os valores destinados às operações correntes do estabelecimento, tais como, pagamento de salários e fornecedores, com vista à preservação do ciclo operacional da empresa. Isto porque no caso da pessoa jurídica a penhora sobre ativos financeiros pode vir a se equiparar à penhora sobre o próprio estabelecimento" (DADICO, Cláudia Maria; SLIWKA, Ingrid Schroder. Medidas assecuratórias do crédito tributário: cautelar fiscal, indisponibilidade de bens e Bacen-Jud. Porto Alegre: TRF4, (*Currículo Permanente. Caderno de Direito Tributário: módulo 1*), 2006.

– "Consistindo tal indisponibilidade em medida de extrema violência, cumpre ao juiz aplicar, no caso, o princípio da proporcionalidade, somente determinando a indisponibilidade se realmente não houver outro meio de garantir a execução" (CUNHA, Leonardo José Carneiro da. A Lei n. 11.382/2006 e seus reflexos na execução fiscal. *Revista Dialética de Direito Processual* 49/95-106, 2007).

– **Indisponibilidade de bens e direitos não se confunde com a penhora on-line via Bacen-Jud.** "EXECUÇÃO FISCAL. INDISPONIBILIDADE DE BENS. ART. 185-A DO CTN. ESGOTAMENTO DOS MEIOS NECESSÁRIOS PARA BUSCA DE BENS PENHORÁVEIS. NECESSIDADE. Ambas as Turmas de Direito Público do STJ já decidiram que 'o bloqueio universal de bens e de direitos, previsto no art. 185-A do CTN, não se confunde com a penhora de dinheiro aplicado em instituições financeiras, por meio do Sistema Bacen Jud, disciplinada no art. 655-A do CPC (redação conferida pela Lei 11.382/2006). Aquele bloqueio incide na hipótese em que 'o devedor tributário, devidamente citado, não pagar nem apresentar bens à penhora no prazo legal e não forem encontrados bens penhoráveis', e abrangerá todo e qualquer bem ou direito do devedor, observado como limite o valor do crédito tributário, se verificado o concurso dos requisitos previstos no art. 185-A do CTN. Consoante a jurisprudência do STJ, a aplicação da referida prerrogativa da Fazenda Pública pressupõe a comprovação do esgotamento das diligências para localização de bens do devedor' [...]" (STJ, AgRg no AREsp 386.825, 2013).

– "EXECUÇÃO FISCAL. NÃO LOCALIZAÇÃO DE BENS DO DEVEDOR. INDISPONIBILIDADE DE BENS E DIREITOS (ART. 185-A DO CTN). MEDIDA DE NATUREZA CAUTELAR, A EXEMPLO DO DISPOSTO NO ART. 4º DA LEI 8.397/1997 (CAUTELAR FISCAL), QUE NÃO SE CONFUNDE COM PENHORA ELETRÔNICA DE ATIVOS FINANCEIROS VIA BACEN JUD... 2. A indisponibilidade universal de bens e de direitos, nos termos do art. 185-A do CTN, não se confunde com a penhora de dinheiro aplicado em instituições financeiras, por meio do sistema Bacen Jud, disciplinada no art. 655-A do CPC (redação conferida pela Lei 11.382/2006). [...] 4. Consoante previsão do art. 185-A do CTN, são requisitos para a concessão do provimento em questão: a) devedor tributário; b) citação; c) ausência de nomeação de bens à penhora; e d) impossibilidade de localização de bens passíveis de constrição. 5. A indisponibilidade de bens torna-se possível quando o devedor tributário, devidamente citado, não pagar nem apresentar bens à penhora no prazo legal e não forem encontrados bens penhoráveis. Esta última exigência conduz à conclusão lógica de que a medida sob análise deve suceder às tentativas de penhora. 6. Consoante precedentes do STJ, a referida prerrogativa da Fazenda Pública (requerimento de indisponibilidade de bens) pressupõe a comprovação do esgotamento das diligências para localização de bens do devedor [...]. 7. Entende-se como 'esgotamento de diligências' o uso dos meios ordinários que possibilitam o encontro de bens e direitos de titularidade da parte executada, como, por exemplo, o acionamento do sistema Bacen Jud e a expedição de ofícios aos registros públicos de bens para que informem se há patrimônio em nome do devedor. Por outro lado, não se pode exigir que a Fazenda Pública realize busca em todos os registros de imóveis do País. A razoabilidade impõe que tal providência seja adotada no cartório do domicílio do executado. 8. No presente caso, ao afastar a pretensão da agravante, o Tribunal *a quo* aferiu que não houve busca de bens em nome da devedora nos Cartórios de imóveis do seu domicílio, o que torna inviável a pretensão da exequente. 9. Diferentemente, a penhora de dinheiro por meio do Bacen Jud tem por objeto bem certo e individualizado (recursos financeiros aplicados em instituições bancárias). No regime instituído pela Lei 11.382/2006, é medida prioritária, tendo em vista que a reforma processual visava primordialmente a resgatar a efetividade na tutela jurisdicional executiva. Independe, portanto, da comprovação de esgotamento de diligências para localização de outros bens. 10. Dito de outro modo, como o dinheiro é o bem sobre o qual preferencialmente deve recair a constrição judicial, é desnecessária a prévia comprovação de esgotamento das diligências (note-se, para localização de bens classificados em ordem inferior), conforme sedimentado no julgamento dos apelos examinados sob o rito do art. 543-C do CPC: REsp 1.184.765/PA, Primeira Seção, Rel. Ministro Luiz Fux, *DJe* 3.12.2010 e REsp 1.112.943, Corte Especial, Rel. Min. Nancy Andrighi, *DJe* 23.11.2010. 11. No REsp 1.184.765/PA, sob o regime do art. 543-C do CPC, a Primeira Seção realizou a interpretação sistemática do art. 655-A do CPC com o art. 185-A do CTN, mas o objeto da controvérsia era a penhora eletrônica de depósitos e aplicações financeiras pelo Bacen Jud. 12. Conforme se percebe, sobretudo nos itens 12 e 13 da ementa do aludido recurso representativo da controvérsia, adiante transcritos, o que prescinde do exaurimento de diligências extrajudiciais por parte do exequente é a penhora eletrônica de depósitos ou aplicações financeiras, instituto distinto da indisponibilidade dos bens e direitos do devedor... 13. Precedentes posteriores do STJ, na linha do que foi decidido no citado recurso repetitivo, mencionam o art. 185-A do CTN juntamente com o art. 655-A do CPC, para autorizar, independentemente de prévia busca por bens penhoráveis, a penhora de ativos financeiros pelo Bacen Jud [...]. 14. O provimento previsto no art. 185-A do CTN possui natureza cautelar, da mesma forma que o instituído pelo art. 4º da Lei 8.397/1992, segundo o qual a decretação da medida cautelar fiscal produzirá, de imediato, a indisponibilidade dos bens do requerido, até o limite da satisfação da obrigação. Não há como confundi-los com a penhora, ato de constrição judicial sobre patrimônio específico da parte executada" (STJ, AgRg no Ag 1.429.330, 2012).

– **A indisponibilidade pressupõe diligências prévias. Súmula 560 do STJ:** "A decretação da indisponibilidade de bens e direitos, na forma do art. 185-A do CTN, pressupõe o exaurimento das diligências na busca por bens penhoráveis, o qual fica caracterizado quando infrutíferos o pedido de constrição sobre ativos financeiros e a expedição de ofícios aos registros públicos do domicílio do executado, ao Denatran ou DETRAN".

⇒ "1. A jurisprudência desta Corte é firme quanto à necessidade de comprovação do esgotamento de diligências para localização de bens do devedor, a fim de que se possa determinar a indisponibilidade de bens e direitos prevista no art. 185-A do CTN. Precedentes..." (STJ, AgRg no REsp 1.288.082, 2013).

– "... será necessário o atendimento concomitante dos seguintes requisitos: 1) citação do devedor; 2) não pagamento nem apresentação de bens à penhora no prazo legal; e 3) não localização de bens penhoráveis" (COSTA, Regina Helena. *Curso de direito tributário*. 5. ed. São Paulo: Saraiva, 2015, p. 324).

– "Ao prever dita indisponibilidade, o art. 185-A do CTN, ao que parece, transformou a nomeação de bens em dever do executado, deixando de ser um ônus. É que, não feita a nomeação e não encontrados bens, será determinada a indisponibilidade do patrimônio do executado" (CARNEIRO DA CUNHA, Leonardo José. A Lei n. 11.382/2006 e seus reflexos na execução fiscal. *Revista Dialética de Direito Processual* 49/95-106, 2007).

⇒ **Penhora on-line via Bacen-Jud nas execuções fiscais.** O dinheiro ocupa o topo da lista de bens preferenciais para fins de penhora na execução fiscal, nos termos do art. 11 da Lei n. 6.830/80. Também na execução disciplinada pelo novo CPC/15, o dinheiro é preferencial, conforme seu art. 835.

– Considerando que, citado para pagar ou para nomear bens à penhora, o devedor tem o dever de indicar os seus bens respeitando a preferência legal do art. 10 da Lei n. 6.830/80, em que o dinheiro é preferencial a quaisquer outros bens, é legítimo que, na ausência de indicação de dinheiro penhorável e não concordando o fisco justificadamente com a penhora de outro bem não preferencial, possa o juízo da execução, mediante requerimento do exequente, utilizar-se do Bacen-Jud para identificar e penhorar dinheiro, nos termos do art. 854 do novo CPC/15. Desnecessário, portanto, o esgotamento de diligências. No CPC/73, a matéria era disciplinada pelo art. 655-A.

– Lei n. 6.830/80: "Art. 11 – A penhora ou arresto de bens obedecerá à seguinte ordem: I – dinheiro; II – título da dívida pública, bem como título de crédito, que tenham cotação em bolsa; III – pedras e metais preciosos; IV – imóveis; V – navios e aeronaves; VI – veículos; VII – móveis ou semoventes; e VIII – direitos e ações".

– Novo CPC (Lei n. 13.105/2015): "Art. 835. A penhora observará, preferencialmente, a seguinte ordem: I – dinheiro, em espécie ou em depósito ou aplicação em instituição financeira; [...] Art. 854. Para possibilitar a penhora de dinheiro em depósito ou em aplicação financeira, o juiz, a requerimento do exequente, sem dar ciência prévia do ato ao executado, determinará às instituições financeiras, por meio de sistema eletrônico gerido pela autoridade supervisora do sistema financeiro nacional, que torne indisponíveis ativos financeiros existentes em nome do executado, limitando-se a indisponibilidade ao valor indicado na execução".

– **Independe do esgotamento da busca de outros bens penhoráveis.** "EXECUÇÃO FISCAL. PENHORA *ON LINE*. SISTEMA BACENJUD. *DECISUM* PROFERIDO NA VIGÊNCIA DA LEI 11.382/06. DESNECESSIDADE DE ESGOTAMENTO DE DILIGÊNCIAS PARA LOCALIZAÇÃO DE OUTROS BENS DO DEVEDOR. ENTENDIMENTO FIRMADO SOB O REGIME DO ART. 543-C DO CPC: RESP. 1.184.765/PA, REL. MIN. LUIZ FUX, *DJE* 03.12.2010 E RESP. 1.112.943/MA, REL. MIN. NANCY ANDRIGHI, *DJE* 23.11.2010. NOVA ORIENTAÇÃO DA PRIMEIRA SEÇÃO. EMBARGOS DE DECLARAÇÃO ACOLHIDOS, COM EFEITOS INFRINGENTES, PARA ADMITIR A PENHORA *ON LINE*. 1. A controvérsia gira em torno da possibilidade de bloqueio de ativos financeiros do executado, pelo sistema BACENJUD, antes de efetuadas as diligências para localização de outros bens do devedor, a teor do art. 185-A do CTN. 2. À

época em que proferido o acórdão embargado, a orientação perfilhada pela Primeira Seção deste Tribunal Superior era de que a quebra do sigilo bancário em execução fiscal pressupõe que a Fazenda credora tenha esgotado todos os meios de obtenção de informações sobre a existência de bens do devedor e que as diligências restaram infrutíferas, porquanto é assente na Corte que o juiz da execução fiscal só deve deferir pedido de expedição de ofício à Receita Federal e ao BACEN após o exequente comprovar não ter logrado êxito em suas tentativas de obter as informações sobre o executado e seus bens. 3. Posteriormente, todavia, a questão foi objeto de nova decisão pela Primeira Seção desta Corte, em recurso representativo de controvérsia (REsp. 1.184.765/PA, Rel. Min. Luiz Fux, *DJe* 03.12.2010), que, seguindo orientação da Corte Especial deste Superior Tribunal de Justiça, no julgamento do REsp. 1.112.943/MA, também sob o rito do art. 543-C do CPC e da Resolução 8/STJ, realizado em 15.09.2010, da relatoria da ilustre Ministra Nancy Andrighi, firmou o entendimento de que o bloqueio de dinheiro ou aplicações financeiras, na vigência da Lei 11.382/2006, que alterou os arts. 655, I, e 655-A do CPC, prescinde da comprovação, por parte do exequente, do esgotamento de todas as diligências possíveis para a localização de outros bens, antes do bloqueio on-line. 4. A hipótese é de atribuição excepcional de efeitos infringentes aos presentes Embargos Declaratórios, para adequar o julgamento ao quanto decidido em recurso representantivo de controvérsia, tendo em vista a omissão, pelo acórdão embargado, não obstante as razões apresentadas pela Fazenda embargante, quanto às inovações legislativas. 5. Embargos de Declaração da FAZENDA NACIONAL acolhidos, com efeitos modificativos, para dar provimento ao Recurso Especial, a fim de deferir a penhora eletrônica dos valores depositados em contas correntes e aplicações financeiras da executada" (STJ, EDcl no AgRg no REsp 1.052.098, 2013).

– **Não sendo nomeados bens à penhora, ou havendo nomeação insatisfatória, justifica-se a utilização do Bacen-Jud.** "EXECUÇÃO FISCAL. BACEN-JUD (PENHORA *ON LINE*). ART. 185-A DO CTN. POSSIBILIDADE DE BLOQUEIO DE ATIVOS FINANCEIROS EM DEPÓSITO DESDE QUE O EXECUTADO, VALIDAMENTE CITADO, DEIXE DE PAGAR A DÍVIDA OU NOMEAR BENS PASSÍVEIS DE PENHORA. PRECEDENTE: RESP. 1.044.823/PR, REL. MIN. FRANCISCO FALCÃO, *DJE* 15.09.2008. AGRAVO REGIMENTAL DA FAZENDA NACIONAL DESPROVIDO. 1. O entendimento desta Corte Superior orienta-se no sentido de que apenas o executado validamente citado que não pagar nem nomear bens à penhora é que poderá ter seus ativos financeiros bloqueados por meio do sistema conhecido como BACEN-JUD, sob pena de violação ao princípio do devido processo legal 2. A constrição de ativos financeiros da executada por meio do Sistema Bacen Jud depende de requerimento expresso da exequente, não podendo ser determinada *ex officio* pelo magistrado. Inteligência do artigo 655-A do Código de Processo Civil. 3. Precedentes: REsp. 1.044.823/PR, Rel. Min. Francisco Falcão, *DJe* 15.09.2008 e AgRg no REsp. 1.218.988/RJ, Rel. Min. Arnaldo Esteves Lima, *DJe* 30/05/2011" (STJ, AgRg no REsp 1.296.737, 2013).

– "Embora tenha se tornado voz corrente a afirmação de que o Superior Tribunal de Justiça, ao julgar o Recurso Especial n. 1.112.943 sob o rito do art. 543-C do Código de Processo civil visando 'unificar o entendimento e orientar a solução de recursos repetitivos' (como consta da parte inicial do Voto condutor proferido pela Exma. Ministra Relatora Nancy Andrighi – Delimitação do Julgamento), teria validado, em qualquer hipótese, o atingimento de depósitos bancários em garantia de débito executado, tal assertiva resulta, segundo entendemos, de leitura superficial e desatenta daquele julgado, não refletindo o quanto, cuidadosamente, restou posto no acórdão então lavrado. [...] Não se trata, a toda evidência, de julgamento cujo desfecho tenha afastado a possibilidade de penhora de quaisquer outros bens porventura oferecidos pelo executado, mas apenas e tão somente de avaliação, pelo Poder Judiciário, da necessidade de prova, por parte do credor, de que realizou buscas de bens passíveis de penhora antes de requerer a penhora de dinheiro. [...] Clara, portanto, a posição adotada pelo Superior Tribunal de Justiça, no sentido de dispensar o credor do ônus de provar o esgotamento de busca de bens penhoráveis de titularidade do devedor, antes de requerer a penhora de dinheiro. [...] Esse entendimento, de forma alguma, significa que o julgador e o credor ficam dispensados de acatar a penhora de bens oferecidos em garantia pelo devedor que se mostre atuante no processo executivo fiscal, pois tal questão fica completamente às margens do debate havido perante a corte Superior de Justiça. Não se trata, portanto, de revogação dos incisos II em diante, quer do artigo 655 do CPC, quer da Lei de Execuções Fiscais, pela Lei n. 11.382/2006, tampouco de entendimento do Superior Tribunal de Justiça pela ilegalidade dos mesmos, sendo de todo possível a garantia da execução fiscal por meio de bens nomeados à penhora pelo executado, sem que com isso se ofenda qualquer orientação daquela Corte Superior ou da nova redação do estatuto processual" (ANTUNES, Carlos Soares. A penhora de ativos financeiros em execuções fiscais – conteúdo do art. 185-A do Código Tributário Nacional e o posicionamento do Superior Tribunal de Justiça. *RDDT* 215/33, 2013).

⇒ **Uso da Ação Cautelar Fiscal para acautelar os créditos fiscais.** A Lei n. 8.397/92 cuida da chamada Medida Cautelar Fiscal. Com fundamento nesta lei, os sujeitos ativos de obrigações tributárias podem buscar acautelar os seus créditos quando o sujeito passivo pratique atos que dificultem ou impeçam a sua satisfação. São casos como o do devedor que se ausenta visando a elidir o adimplemento da obrigação, que põe ou tenta por seus bens em nome de terceiros, que possui débitos superiores a 30% do seu patrimônio conhecido ou que tem sua inscrição no cadastro de contribuintes declarada inapta pela Fazenda, dentre outros (art. 2º). Esta ação cautelar, via de regra, pressupõe créditos tributários já constituídos (arts. 1º e 3º), ou seja, declarados pelo contribuinte ou lançados pelo Fisco. Há apenas duas hipóteses, decorrentes das alterações impostas pela Lei 9.532/97 (STJ, 1ª T., Rel. Min. Denise Arruda, REsp 466.723, 2006), em que, excepcionalmente, o legislador admite o seu uso antes mesmo da constituição do crédito (parágrafo único do art. 1º): a do contribuinte que põe seus bens em nome de terceiros e a da-

quele que aliena bens ou direitos sem proceder à comunicação devida ao órgão da Fazenda Pública (caso dos bens objeto de arrolamento administrativo). Deve o Fisco demonstrar a necessidade da medida, pois a "Medida Cautelar Fiscal não é meio útil para atender aos caprichos do Fisco, exacerbando as suas atribuições de cobrar o tributo devido, ao ultrapassar os limites do devido processo legal" (STJ, 1ª T., REsp 690.740, Rel. Min. José Delgado, 2005). O crédito e as situações referidas devem ser provados documentalmente pelo requerente (art. 3º). A indisponibilidade recairá sobre os bens do ativo permanente da pessoa jurídica (art. 4º, § 1º), salvo em situações excepcionais (STJ, 2ª T., REsp 365.546, 2006, Rel. Min. João Otávio Noronha,), sendo levada a registro perante o registro de imóveis e outras repartições competentes (art. 4º, § 3º). A indisponibilidade poderá ser estendida ao acionista controlador e àquelas pessoas que tenham poderes de gestão, "desde que demonstrado que as obrigações tributárias resultaram de atos praticados com excesso de poderes ou infração de lei, contrato social ou estatutos (responsabilidade pessoal), nos termos do artigo 135, do CTN" (STJ, REsp 722.998). Pode o requerido pleitear a substituição da indisponibilidade determinada pelo Juízo pelo oferecimento de garantia, ouvida a Fazenda Pública (art. 10). A medida cautelar fiscal concedida conserva sua eficácia mesmo que seja suspensa a exigibilidade do crédito tributário. Mas, quando preparatória, perde sua eficácia se a execução não for ajuizada até, no máximo, sessenta dias após o lançamento tornar-se irrecorrível na esfera administrativa. Daí por que o art. 46 do Decreto n. 7.574/2011 determina que seja ajuizada a execução no prazo de sessenta dias "contados da data em que a exigência se tornar irrecorrível na esfera administrativa". Também pode, a ação cautelar fiscal, ser ajuizada no curso do processo de execução. Em qualquer caso (preparatória ou incidental), o juízo competente para a ação cautelar fiscal é o mesmo da execução fiscal (art. 5º). Cabe destacar, nos termos do art. 578 do CPC, que, na execução fiscal, o Fisco pode escolher qualquer dos domicílios do réu ou, ainda, ajuizar a ação "no foro do lugar em que se praticou o ato ou ocorreu o fato que deu origem à dívida, embora nele não mais resida o réu, ou, ainda, no foro da situação dos bens, quando a dívida deles se originar". O Fisco não está adstrito à autonomia dos estabelecimentos, possuindo, isto sim, "discricionariedade para ajuizar a execução em qualquer dos domicílios tributários do devedor" (STJ, REsp 1.128.139, 2009).

– "... é mais do que justificável (é muito razoável) se 'acautelar' um crédito tributário que ultrapasse 30% do patrimônio do contribuinte. Note que a ideia não é promover uma execução forçada contra o contribuinte através da expropriação de bens do seu patrimônio, mas apenas 'proteger' esses bens através do seu congelamento, da sua indisponibilidade, o que é bem diferente. Repita-se: trata-se de um critério objetivo adotado pelo legislador para eleger a situação de periculosidade. Não é o caso de se questionar as razões do legislador..., mas pode sim ser considerado provável que o contribuinte autuado por sonegação fiscal em valor dessa magnitude pratique outros atos tendentes a impedir a satisfação do crédito tributário no interregno entre o julgamento do recurso administrativo e a propositura de execução fiscal. Em conclusão, é possível afirmar que a jurisprudência do STJ está equivocada quando aduz que o crédito tributário com a exigibilidade suspensa em virtude de recurso administrativo não pode ser objeto de medida cautelar fiscal preparatória, ainda que se ressalvem as hipóteses do inciso V, alínea *b* e do inciso VII do art. 2º da Lei 8.397/1992. O lançamento notificado ao contribuinte é o que basta para constituir o crédito tributário e para se comprovar o *fumus boni iuris* da medida cautelar fiscal, devendo a Fazenda Pública, como prova do perigo de demora, apenas comprovar a existência de um dos casos previstos nos demais incisos do art. 2º da lei. Excepcionalmente, comprovadas uma das hipóteses de perigo de demora dos dois dispositivos excepcionais indicados acima, sequer é exigido o prévio lançamento, sendo suficiente para a medida apenas o início do processo de lançamento regularmente instaurado pela autoridade administrativa" (DOMINGUES, Rafael Augusto Silva. Do cabimento da cautelar fiscal na hipótese de crédito tributário com a exigibilidade suspensa – crítica à atual jurisprudência do STJ. *RDDT* 226/156, 2014).

SEÇÃO II
PREFERÊNCIAS

Art. 186. O crédito tributário prefere a qualquer outro, seja qual for sua natureza ou o tempo de sua constituição, ressalvados os créditos decorrentes da legislação do trabalho ou do acidente de trabalho (Redação da LC 118/05).

⇒ **Redação revogada:** "Art. 186. O crédito tributário prefere a qualquer outro, seja qual for a natureza ou o tempo da constituição deste, ressalvados os créditos decorrentes da legislação do trabalho".

⇒ **Poucos créditos são preferenciais ao tributário.** Além de todos os bens penhoráveis do devedor garantirem o crédito tributário, nos termos do art. 184, o CTN ainda lhe atribui preferência relativamente a outros créditos, ressalvados apenas os trabalhistas e relativos a acidente de trabalho. A esse rol, a jurisprudência acrescenta, ainda, os alimentos. Observe-se, todavia, que o *caput* do art. 186 é aplicável às execução fiscais quando ainda não haja falência decretada, porquanto essa última atrai a aplicação da norma especial do parágrafo único deste artigo.

– **FGTS como crédito trabalhista.** O FGTS está previsto no art. 7º da CF como um direito social do trabalhador, de modo que é resultante das relações de trabalho, conforme se pode ver dos votos já proferidos no STF no RE 522.897, que cuida da submissão de tais créditos ao prazo quinquenal próprio das ações trabalhistas, conforme se pode ver em nota ao art. 174 do CTN. Sendo um direito social do trabalhador, sua disciplina legal integra a legislação do trabalho para os fins do art. 186 do CTN.

– "... os direitos relativos ao FGTS possuem nítida natureza trabalhista e nesse sentido preferem aos créditos tributários, nos termos do art. 186 do CTN" (STJ, REsp 867.062, 2008).

– "CONCURSO DE CRÉDITOS. CRÉDITOS DO FGTS. PREFERÊNCIA... 1. Os créditos de FGTS equiparam-se aos créditos trabalhistas, gozando de prerrogativas semelhantes (art. 2º, § 3º, da Lei n. 8.844/94). 2. Os créditos de natureza trabalhista preferem a todos os demais, inclusive os tributários (art. 186 do CTN), independentemente de penhora na respectiva execução" (STJ, REsp 1.029.289, 2008).

– **Pensões alimentícias a filhos menores decorrentes do direito de família.** "INCONSTITUCIONALIDADE PARCIAL DO ARTIGO 186 DO CTN 1. O dispositivo em comento fere a Constituição Federal, ainda que de forma parcial, já que atenta contra o princípio de proteção prioritária assegurado à criança e ao adolescente (art. 227 CF); contra o dever de assistência imposto pelo artigo 229 da CF; bem como consagra, em situações como a dos autos, tratamento anti-isonômico, conferindo maior proteção aos empregados que aos filhos do indivíduo. 2. Incidente de arguição de inconstitucionalidade acolhido" (TRF4, ARGINC 2009.04.00.033108-1, 2010).

– "1. A norma que privilegia o crédito tributário em detrimento dos alimentos aos filhos fere, de forma direta, o artigo 227 da CF, que prioriza a proteção à criança e ao adolescente. 2. O artigo 186 do CTN obsta, ainda, o cumprimento do dever constitucional de assistência devido pelos pais aos filhos menores, consagrado no artigo 229 da CF. 3. Entendimento conforme entendimento da Corte Especial deste Regional, na sessão de 27/08/2010, no julgamento da Arguição de Inconstitucionalidade n. 2009.04.00.033108-1/RS" (TRF4, AG 2009.04.00.033108-1, 2011).

⇒ **Preferência do crédito tributário.** "2. É Pacífica a jurisprudência do Superior Tribunal de Justiça no sentido de que, com exceção dos créditos de natureza trabalhista, os créditos de caráter tributário preferem todos os demais" (STJ, AgRg no REsp 1.153.946, 2013).

– **Alcança os créditos cronologicamente anteriores ao tributário.** "3. Não importa a data da constituição do crédito tributário e do proveniente da execução onde ocorreu a arrematação, pois a preferência estabelecida pelo art. 186 do CTN não tem limite cronológico" (STJ, AgRg no REsp 434.916, 2007).

– "Não importa a data de constituição dos créditos: ainda que um crédito civil, por exemplo, seja anterior ao tributário, a preferência é deste" (AMARO, Luciano. *Direito tributário brasileiro*. 15. ed. São Paulo: Saraiva, 2009, p. 475).

– **Honorários advocatícios. Tema 1.220 do STF:** MÉRITO NÃO JULGADO. "Declaração de inconstitucionalidade parcial, sem redução de texto, do § 14 do artigo 85 do CPC/2015 para se afastar a possibilidade de ser atribuída preferência de pagamento a honorários advocatícios em relação ao crédito tributário" (RE 1.326.559 RG).

– "I – Em julgados da Corte Especial, uniformizou-se a jurisprudência deste Tribunal no sentido de que o crédito decorrente dos honorários advocatícios, não obstante possuir natureza alimentar, não se equipara ao crédito trabalhista, razão pela qual não há como prevalecer sobre o crédito fiscal" (STJ, AgRg nos EREsp 1.219.939, 2013).

– "CRÉDITOS DECORRENTES DE HONORÁRIOS ADVOCATÍCIOS. NATUREZA ALIMENTAR. PRIVILÉGIO EM RELAÇÃO AOS CRÉDITOS TRIBUTÁRIOS. INEXISTÊNCIA. 1. Nos termos da jurisprudência desta Corte, os honorários advocatícios ostentam natureza alimentar e detém privilégio geral em concurso de credores. Todavia, não se sobrepõem aos créditos tributários, que antecedem a qualquer outro, independentemente de sua natureza ou tempo de sua constituição, ressalvados os créditos decorrentes da legislação do trabalho ou do acidente de trabalho, nos termos dos arts. 24 da Lei n. 8.906/94 e 186 do CTN. Precedentes..." (STJ, AgRg no REsp 1.351.256, 2013).

– "PREFERÊNCIA DOS HONORÁRIOS ADVOCATÍCIOS EM RELAÇÃO AO CRÉDITO TRIBUTÁRIO. AUSÊNCIA DE LEI COMPLEMENTAR. AFRONTA AO ART. 146, III, B, DA CF/88. ART. 186 DO CTN, REDAÇÃO DADA PELA LEI COMPLEMENTAR N. 118/2005. § 14 DO ART. 85 LEI Nº 13.105/2015 (NOVO CPC). CORTE ESPECIAL DO TRF4. INCIDENTE DE ARGUIÇÃO DE INCONSTITUCIONALIDADE N. 5068153-55.2017.4.04.0000/RS. SESSÃO DE 20/02/2020. 1. A CF/88 estabelece, expressamente, que apenas a Lei Complementar pode dispor sobre 'normas gerais em matéria de legislação tributária, especialmente sobre': (...) 'b) obrigação, lançamento, crédito, prescrição e decadência tributários'. 2. O artigo 186 do Código Tributário Nacional – CTN, com a redação dada pela Lei Complementar n. 118/2005, prevê que o crédito tributário 'prefere a qualquer outro', à exceção do crédito trabalhista e de acidente de trabalho. 3. Assim, incide em inconstitucionalidade a lei ordinária ou a decisão judicial que atribua preferência aos honorários advocatícios, em detrimento de crédito tributário, por afronta ao art. 146, III, b, da CF/88. 4. Nesse sentido é fragrante a inconstitucionalidade do § 14 do art. 85 da Lei Ordinária n. 13.105/2015 (novo CPC), ao dispor que os honorários advocatícios têm 'os mesmos privilégios dos créditos oriundos da legislação do trabalho'. 5. Não se discute o fato dos honorários advocatícios possuírem natureza alimentar, até porque o STF já consolidou esse entendimento através da Súmula Vinculante 47. 6. O problema (a inconstitucionalidade), não é a natureza alimentar dos honorários advocatícios, mas sim o estabelecimento de uma preferência para esta espécie de crédito (honorários), em detrimento do crédito tributário, apenas por uma lei ordinária (Novo CPC – § 14 do art. 85), ou seja, sem a edição da Lei Complementar exigida pelo art. 146, III, b, da CF/88. 7. Nesse sentido evidencia-se que o § 14 do art. 85 do CPC, quando dispõe que os honorários advocatícios têm 'os mesmos privilégios dos créditos oriundos da legislação do trabalho', não tem o alcance de atribuir preferência de pagamento em relação ao crédito tributário, sob pena de incidir em inconstitucionalidade (art. 146, III, b, da CF/88) e em flagrante afronta ao art. 186 do CTN (redação dada pela LC n. 118/2005), o qual prevê que o crédito tributário 'prefere a qualquer outro', à exceção do crédito trabalhista e de acidente de trabalho" (TRF4, AG 5033979-44.2022.4.04.0000, 2022).

– "QUESTÃO DE ORDEM. ARGUIÇÃO DE INCONSTITUCIONALIDADE. TRIBUTÁRIO. PREFERÊNCIA DOS HONORÁRIOS ADVOCATÍCIOS EM RELAÇÃO AO CRÉDITO TRIBUTÁRIO. AUSÊNCIA DE LEI COMPLEMENTAR. AFRONTA AO ART. 146, III, B, DA CF/88. ART. 186 DO CTN, REDAÇÃO DADA PELA LEI COMPLEMENTAR N. 118/2005. § 14 DO ART. 85 LEI N. 13.105/2015 (NOVO CPC). 1. A CF/88 estabelece, expressamente, que apenas a Lei Complementar pode dispor sobre 'normas gerais em matéria de legislação tributária, especialmente sobre': [...] 'b) obrigação, lançamento, crédito, prescrição e decadência tributários'. 2. O artigo 186 do Código Tributário Nacional – CTN, com a redação dada pela Lei Complementar n. 118/2005, prevê que o crédito tributário 'prefere a qualquer outro', à exceção do crédito trabalhista e de acidente de trabalho. 3. Assim, incide em inconstitucionalidade a lei ordinária ou a decisão judicial que atribua preferência aos honorários advocatícios, em detrimento de crédito tributário, por afronta ao art. 146, III, b, da CF/88. 4. Nesse sentido é fragrante a inconstitucionalidade do § 14 do art. 85 da Lei Ordinária n. 13.105/2015 (novo CPC), ao dispor que os honorários advocatícios têm 'os mesmos privilégios dos créditos oriundos da legislação do trabalho'. 5. Não se discute o fato dos honorários advocatícios possuírem natureza alimentar, até porque o STF já consolidou esse entendimento através da Súmula Vinculante 47. 6. O problema (a inconstitucionalidade), não é a natureza alimentar dos honorários advocatícios, mas sim o estabelecimento de uma preferência para esta espécie de crédito (honorários), em detrimento do crédito tributário, apenas por uma lei ordinária (Novo CPC – § 14 do art. 85), ou seja, sem a edição da Lei Complementar exigida pelo art. 146, III, b, da CF/88. 7. Nesse sentido evidencia-se que o § 14 do art. 85 do CPC, quando dispõe que os honorários advocatícios têm 'os mesmos privilégios dos créditos oriundos da legislação do trabalho', não tem o alcance de atribuir preferência de pagamento em relação ao crédito tributário, sob pena de incidir em inconstitucionalidade (art. 146, III, b, da CF/88) e em flagrante afronta ao art. 186 do CTN (redação dada pela LC n. 118/2005), o qual prevê que o crédito tributário 'prefere a qualquer outro', à exceção do crédito trabalhista e de acidente de trabalho" (TRF4 5068153-55.2017.4.04.0000, 2020). Obs.: Em sede de embargos declaratórios, foi acrescentada fundamentação: "Por fim, registro, na linha do que vem decidindo esta 2ª Turma (Sessão virtual de 08/11/2021 A 16/11/2021 – AGRAVO DE INSTRUMENTO n. 5027914-67.2021.4.04.0000/PR, Relator para acórdão RÔMULO PIZZOLATTI), que, apesar da expedição de precatório, em execução contra a Fazenda Pública, substituir a penhora e a arrematação da execução por quantia certa, é lícito a Fazenda Pública, antes da efetivação do pagamento, fazer prevalecer o seu direito de preferência (Código Tributário Nacional, artigo 186), cabendo observar que, no sistema do código de processo civil, quaisquer preferências podem ser apresentadas antes da entrega do dinheiro (Código de Processo Civil, artigos 905, II, 908 e 909). Isso porque, se nem o credor quirografário que promove a execução, a penhora e até mesmo a arrematação tem garantido o recebimento do seu crédito, frente às preferências legais, antes de ser-lhe entregue o dinheiro, não há justificativa para que aquele em cujo nome foi expedido o precatório garanta o recebimento do seu crédito, ainda antes da entrega do dinheiro, sobrepondo-se às preferências de lei. Com efeito, entendimento em sentido contrário afrontaria, na prática, o que decidiu a Corte Especial deste Tribunal Regional, ao julgar o Incidente de Arguição de Inconstitucionalidade n. 5068153-55.2017.4.04.0000/RS inicialmente referido, entendimento este que vincula os desembargadores deste Tribunal."

– Créditos com garantia real. Sobre a preferência do crédito tributário mesmo sobre os créditos com garantia real, vide nota ao art. 184 do CTN.

Parágrafo único. Na falência: (Parágrafo acrescido pela LC 118/05)

I – o crédito tributário não prefere aos créditos extraconcursais ou às importâncias passíveis de restituição, nos termos da lei falimentar, nem aos créditos com garantia real, no limite do valor do bem gravado;

⇒ **Encargo legal tem as mesmas preferências do crédito tributário. Tema 969 do STJ:** "O encargo do DL n. 1.025/1969 tem as mesmas preferências do crédito tributário devendo, por isso, ser classificado, na falência, na ordem estabelecida pelo art. 83, III, da Lei n. 11.101/2005". Decisão do mérito em 2018.

– "PROCESSUAL CIVIL E FALIMENTAR. CLASSIFICAÇÃO DE CRÉDITOS. ENCARGO LEGAL INSCRITO EM DÍVIDA ATIVA DA UNIÃO. NATUREZA JURÍDICA. CRÉDITO NÃO TRIBUTÁRIO. PREFERÊNCIA CONFERIDA AOS CRÉDITOS TRIBUTÁRIOS. EXTENSÃO. 1. Nos termos do art. 1º do DL n. 1.025/1969, o encargo de 20% inserido nas cobranças promovidas pela União, pago pelo executado, é crédito não tributário destinado à recomposição das despesas necessárias à arrecadação, à modernização e ao custeio de diversas outras (despesas) pertinentes à atuação judicial da Fazenda Nacional. 2. Por força do § 4º do art. 4º da Lei n. 6.830/1980, foi estendida expressamente ao crédito não tributário inscrito em dívida ativa a preferência dada ao crédito tributário. 3. O encargo legal não se qualifica como honorários advocatícios de sucumbência, apesar do art. 85, § 19, do CPC/2015 e da denominação contida na Lei n. 13.327/2016, mas sim como mero benefício remuneratório, o que impossibilita a aplicação da tese firmada pela Corte Especial no RESP 1.152.218/RS ('Os créditos resultantes de honorários advocatícios têm natureza alimentar e equiparam-se aos trabalhistas para efeito de habilitação em falência, seja pela regência do Decreto-Lei n. 7.661/1945, seja pela forma prevista na Lei n. 11.101/2005, observado, neste último caso, o limite de valor previsto no artigo 83, inciso I, do referido Diploma legal'). 4. Para os fins do art. 1.036 do CPC/2015, firma-se a seguinte tese: 'O encargo do DL n. 1.025/1969 tem as mesmas preferências do crédito tributário devendo, por isso, ser classificado, na falência, na ordem estabelecida pelo art. 83, III, da Lei n. 11.101/2005'" (STJ, REsp 1.521.999, 2019).

⇒ **Créditos extraconcursais.** Lei n. 11.101/2005 (Lei de Falências): "Art. 84. Serão considerados créditos extraconcursais e serão pagos com precedência sobre os mencionados no art. 83 desta Lei, na ordem a seguir, os relativos a: I – remunerações devidas ao administrador judicial e seus auxiliares, e créditos derivados da legislação do trabalho ou decorrentes de acidentes de trabalho relativos a serviços prestados após a decretação da falência; II – quantias fornecidas à massa pelos credores; III – despesas com arrecadação, administração, realização do ativo e distribuição do seu produto, bem como custas do processo de falência; IV – custas judiciais relativas às ações e execuções em que a massa falida tenha sido vencida; V – obrigações resultantes de atos jurídicos válidos praticados durante a recuperação judicial, nos termos do art. 67 desta Lei, ou após a decretação da falência, e tributos relativos a fatos geradores ocorridos após a decretação da falência, respeitada a ordem estabelecida no art. 83 desta Lei".

– Serviços prestados à massa falida. Súmula 219 do STJ. A Súmula dispunha: "Os créditos decorrentes de serviços prestados à massa falida, inclusive a remuneração do síndico, gozam dos privilégios próprios dos trabalhistas" (*DJU* 25-3-1999). Contudo, resta superada pela Lei n. 11.101/2005, porquanto resta expresso que tais créditos são considerados extraconcursais sendo pagos preferencialmente a qualquer outro, inclusive, aos trabalhistas.

⇒ **Classificação dos créditos na Lei de Falências.** Lei n. 11.101/2005: "Seção II Da Classificação dos Créditos Art. 83. A classificação dos créditos na falência obedece à seguinte ordem: I – os créditos derivados da legislação do trabalho, limitados a 150 (cento e cinquenta) salários mínimos por credor, e os decorrentes de acidentes de trabalho; II – créditos com garantia real até o limite do valor do bem gravado; III – créditos tributários, independentemente da sua natureza e tempo de constituição, excetuadas as multas tributárias; IV – créditos com privilégio especial, a saber: *a*) os previstos no art. 964 da Lei n. 10.406, de 10 de janeiro de 2002; *b*) os assim definidos em outras leis civis e comerciais, salvo disposição contrária desta Lei; *c*) aqueles a cujos titulares a lei confira o direito de retenção sobre a coisa dada em garantia; V – créditos com privilégio geral, a saber: *a*) os previstos no art. 965 da Lei n. 10.406, de 10 de janeiro de 2002; *b*) os previstos no parágrafo único do art. 67 desta Lei; *c*) os assim definidos em outras leis civis e comerciais, salvo disposição contrária desta Lei; VI – créditos quirografários, a saber: *a*) aqueles não previstos nos demais incisos deste artigo; *b*) os saldos dos créditos não cobertos pelo produto da alienação dos bens vinculados ao seu pagamento; *c*) os saldos dos créditos derivados da legislação do trabalho que excederem o limite estabelecido no inciso I do *caput* deste artigo; VII – as multas contratuais e as penas pecuniárias por infração das leis penais ou administrativas, inclusive as multas tributárias; VIII – créditos subordinados, a saber: *a*) os assim previstos em lei ou em contrato; *b*) os créditos dos sócios e dos administradores sem vínculo empregatício. § 1º Para os fins do inciso II do *caput* deste artigo, será considerado como valor do bem objeto de garantia real a importância efetivamente arrecadada com sua venda, ou, no caso de alienação em bloco, o valor de avaliação do bem individualmente considerado. § 2º Não são oponíveis à massa os valores decorrentes de direito de sócio ao recebimento de sua parcela do capital social na liquidação da sociedade. § 3º As cláusulas penais dos contratos unilaterais não serão atendidas se as obrigações neles estipuladas se vencerem em virtude da falência. § 4º Os créditos trabalhistas cedidos a terceiros serão considerados quirografários".

⇒ **Contribuições previdenciárias descontadas do empregado. Preferência absoluta. Não se integram à massa.** "FALÊNCIA. CRÉDITOS PREVIDENCIÁRIOS RECOLHIDOS E NÃO REPASSADOS. RESTITUIÇÃO. A Turma reafirmou que as contribuições previdenciárias descontadas dos salários dos empregados pelo empregador falido que deixaram de ser repassadas aos cofres previdenciários não integram o patrimônio do falido. Por isso devem ser restituídas antes do pagamento de qualquer crédito, ainda que trabalhista. Precedentes citados do STF: RE 93.355-MG, *DJ* 21/3/1981; RE 91.367-RS, *DJ* 28/9/1979; RE 89.345-PR, *DJ* 19/4/1979; do STJ: REsp 284.276-PR, *DJ* 11/6/2001; REsp 506.096-RS, *DJ* 15/12/2003; REsp 399.689-RS, *DJ* 14/6/2006; REsp 730.824-RS, *DJ* 21/9/2006; REsp 557.373-RS, *DJ* 28/4/2004, e REsp 511.356-RS, *DJ* 4/4/2005. AgRg no REsp 501.643-RS, Min. Humberto Martins, julgado em 2/10/2007" (*Informativo* 334 do STJ).

– **Súmula 417 do STF:** "Pode ser objeto de restituição, na falência, dinheiro em poder do falido, recebido em nome de outrem, ou do qual, por lei ou contrato, não tivesse ele a disponibilidade" (1º-6-1964).

– **Pela prevalência dos créditos trabalhistas, forte no princípio da dignidade da pessoa humana.** "... buscando uma exegese comprometida com as exigências da dignidade, registre-se recente Acórdão do Tribunal de Justiça do Rio Grande do Sul, entendendo que, no âmbito do concurso de credores no processo falencial, o crédito decorrente das contribuições previdenciárias não pode – a despeito da previsão legal – estar acima dos trabalhistas, já que estes são indispensáveis à própria sobrevivência do ser humano, dizendo respeito à dignidade da pessoa humana e aos valores sociais do trabalho, devendo-se-lhes atribuir caráter prioritário" (SARLET, Ingo Wolfgang. *Dignidade da pessoa humana e direitos fundamentais na Constituição Federal de 1988.* Porto Alegre: Livraria do Advogado, 2001, p. 84). Obs: o acórdão referido foi proferido em 25-8-1999, relatado pelo Des. Osvaldo Stefanello.

⇒ **Créditos com garantia real.** A LC n. 118/2005 ao acrescentar o inciso primeiro ao parágrafo único do art. 186 do CTN e a Lei n. 11.101/2005 (Lei Falências) colocam os créditos com garantia real acima dos créditos tributários, mas só na falência: "Seção II Da Classificação dos Créditos Art. 83. A classificação dos créditos na falência obedece à seguinte ordem: I – os créditos derivados da legislação do trabalho, limitados a 150 (cento e cinquenta) salários mínimos por credor, e os decorrentes de acidentes de trabalho; II – créditos com garantia real até o limite do valor do bem gravado; III – créditos tributários".

II – a lei poderá estabelecer limites e condições para a preferência dos créditos decorrentes da legislação do trabalho; e

⇒ **Limitação a 150 salários mínimos por trabalhador.** Lei n. 11.101/2005 (Lei de Falências) limitou a preferência ao montante de 150 salários: "Art. 83. A classificação dos créditos na falência obedece à seguinte ordem: I – os créditos derivados da legislação do trabalho, limitados a 150 (cento e cinquenta) salários mínimos por credor, e os decorrentes de acidentes de trabalho; [...]".

III – a multa tributária prefere apenas aos créditos subordinados.

⇒ **Créditos subordinados.** Lei n. 11.101/2005: "Art. 83... VIII – créditos subordinados, a saber: *a*) os assim previstos em lei ou em contrato; *b*) os créditos dos sócios e dos administradores sem vínculo empregatício".

⇒ **Multas tributárias só preferem aos créditos subordinados.** Tal resta espelhado na Lei de Falências, conforme o art. 83, acima transcrito, porquanto as multas, inclusive as tributárias, foram arroladas apenas no inciso VII do rol da classificação dos créditos. A Lei n. 11.101/2005, pois, distingue nitidamente a preferência do crédito tributário atinente ao tributo propriamente daquela, bastante atenuada, do crédito tributário relativo à multa pelo descumprimento da legislação tributária.

⇒ **Juros apenas depois dos créditos subordinados.** "Dos Efeitos da Decretação da Falência sobre as Obrigações do Devedor Art. 124. Contra a massa falida não são exigíveis juros vencidos após a decretação da falência, previstos em lei ou em contrato, se o ativo apurado não bastar para o pagamento dos credores subordinados. Parágrafo único. Excetuam-se desta disposição os juros das debêntures e dos créditos com garantia real, mas por eles responde, exclusivamente, o produto dos bens que constituem a garantia."

Art. 187. A cobrança judicial do crédito tributário não é sujeita a concurso de credores ou habilitação em falência, recuperação judicial, concordata, inventário ou arrolamento.

⇒ **LC n. 118/2005.** Artigo com a redação dada pela LC n. 118/2005. Redação revogada: "Art. 187. A cobrança judicial do crédito tributário não é sujeita a concurso de credores ou habilitação em falência, concordata, inventário ou arrolamento".

⇒ **Trata-se de uma prerrogativa. Não impede a habilitação se for conveniente ao Fisco.** Em 2021, o STJ resolveu o Tema Repetitivo 1.092 (REsp 1.872.759), firmando a tese de que "É possível a Fazenda Pública habilitar em processo de falência crédito objeto de execução fiscal em curso, mesmo antes da vigência da Lei n. 14.112/2020, e desde que não haja pedido de constrição no juízo executivo".

– "PROCESSUAL CIVIL E TRIBUTÁRIO. APRESENTAÇÃO DE CRÉDITOS NA FALÊNCIA. PRESTAÇÃO DE CONTAS APRESENTADA PELO SÍNDICO. CRÉDITOS TRIBUTÁRIOS DE PEQUENO VALOR. HABILITAÇÃO. CASO CONCRETO. POSSIBILIDADE... 2. Os arts. 187 e 29 da Lei 6.830/80 não representam um óbice à habilitação de créditos tributários no concurso de credores da falência; tratam, na verdade, de uma prerrogativa da entidade pública em poder optar entre o pagamento do crédito pelo rito da execução fiscal ou mediante habilitação do crédito. 3. Escolhendo um rito, ocorre a renúncia da utilização do outro, não se admitindo uma garantia dúplice. Precedentes. 4. O fato de permitir-se a habilitação do crédito tributário em processo de falência não significa admitir o requerimento de quebra por parte da Fazenda Pública. 5. No caso, busca-se o pagamento de créditos da União, representados por 11 (onze) inscrições em dívida ativa, que, todavia, em sua maioria, não foram objeto de execução fiscal em razão de seu valor. Diante dessa circunstância, seria desarrazoado exigir que a Fazenda Nacional extraísse as competentes CDA's e promovesse as respectivas execuções fiscais para cobrar valores que, por razões de política fiscal, não são ajuizáveis (Lei 10.522/02, art. 20), ainda mais quando o processo já se encontra na fase de prestação de contas pelo síndico. 6. Determinação de retorno dos autos ao Tribunal de origem para verificação da suficiência e validade da documentação acostada pela Procuradoria da Fazenda Nacional para fazer prova de seu pretenso crédito" (STJ, REsp 1.103.405, 2009).

⇒ **Autonomia da execução fiscal.** A execução fiscal não se sujeita a concurso de credores ou habilitação, mantendo, pois, a sua autonomia e o seu curso independente.

– **Execução contra massa.** A execução é ajuizada normalmente, perante o Juízo competente para o seu processamento, fazendo-se a penhora no rosto dos autos da falência.

– **Superveniência da recuperação judicial.** "2. A execução fiscal não se suspende em face do deferimento do pedido de recuperação judicial (art. 6º, § 7º, da LF n. 11.101/05, art. 187 do CTN e art. 29 da LF n. 6.830/80). Incidência da Súmula 83/STJ" (STJ, EDcl no AREsp 365.104, 2013).

• Vide: RIBAS, Pedro Henrique Garzon; PEREIRA, Roberto Codorniz Leite. Normas tributárias, eficácia indutora e recuperação empresarial: análise crítica das inovações introduzidas pela Lei n. 14.112/2020. São Paulo: *RDTA* 51, 2022.

– **Superveniência da quebra.** A execução fiscal tem autonomia pela falência ou recuperação judicial. Prossegue até o seu final. O produto obtido servirá à satisfação da dívida ativa, que goza de preferência perante créditos de outra natureza, salvo os créditos de natureza trabalhista (186 do CTN). O único cuidado que se impõe, assim, é verificar se há créditos trabalhistas/acidentários a serem satisfeitos. Tal pode ser feito mediante consulta ao Juízo da falência. Recebida a informação, pode-se enviar o numerário correspondente, ficando o saldo para a satisfação da dívida ativa. O STJ, contudo, tem proferido acórdãos no sentido de que o produto obtido na execução fiscal deve se enviado, integralmente, ao Juízo da falência, sendo que este, conforme a classificação dos créditos, procederá à satisfação daqueles preferenciais (créditos trabalhistas/acidentários) e, havendo saldo, devolverá o montante necessário à satisfação da dívida ativa. Tal posição foi firmada pela Corte Especial por ocasião do julgamento do REsp 188.148. Mas, mesmo no STJ, a questão prossegue controvertida, havendo manifestações de voto em sentido contrário.

– A nova Lei de Falências (Lei n. 11.101/2005) é expressa: "Art. 6º A decretação da falência ou o deferimento do processamento da recuperação judicial suspende o curso da prescrição e de todas as ações e execuções em face do devedor, inclusive aquelas dos credores particulares do sócio solidário. ... § 7º As execuções de natureza fiscal não são suspensas pelo deferimento da recuperação judicial, ressalvada a concessão de parcelamento nos termos do Código Tributário Nacional e da legislação ordinária específica".

– Também há dispositivo no sentido de que não se altera a competência para as ações fiscais em geral. "Art. 76. O juízo da falência é indivisível e competente para conhecer todas as ações sobre bens, interesses e negócios do falido, ressalvadas as causas trabalhistas, fiscais e aquelas não reguladas nesta Lei em que o falido figurar como autor ou litisconsorte ativo. Parágrafo único. Todas as ações, inclusive as excetuadas no *caput* deste artigo, terão prosseguimento com o administrador judicial, que deverá ser intimado para representar a massa falida, sob pena de nulidade do processo."

– **Súmula 44 do extinto TFR:** "Ajuizada a execução fiscal anteriormente à falência, com penhora realizada antes desta, não ficam os bens penhorados sujeitos à arrecadação no juízo falimentar; proposta a execução fiscal contra a massa falida, a penhora far-se-á no rosto dos autos do processo da quebra, citando-se o síndico" (1980).

– A Súmula 44 do extinto Tribunal Federal de Recursos permanece em vigor. Não há supressão do crédito trabalhista, devendo o procedimento, até o leilão, permanecer na Execução Fiscal. Posteriormente, o procedimento a ser adotado é oficiar-se ao Juízo falimentar para indagar o valor do crédito preferencial, remetendo-se a importância correspondente àquele Juízo. O argumento principal para se manter o procedimento no Juízo Fiscal é de que pode o crédito trabalhista ser inferior ao crédito fiscal, razão pela qual a importância remanescente será destinada à Fazenda Pública. (Deliberação tomada por maioria no I Encontro Nacional de Juízes Federais sobre Processo de Execução Fiscal, promovido pela AJUFE em 1999). Obs: o posicionamento vencido foi no sentido de que a Súmula 44 do TFR deveria ser considerada revogada porque incompatível com as preferências legais da Lei de Falências, de maneira que, decretada a falência, a penhora deveria ser liberada, comunicando-se ao Juízo da Falência a disponibilidade do bem para o efeito de arrecadação, procedendo-se à penhora no rosto dos autos do processo falimentar.

– **Entrega do produto ao juízo universal da falência.** "EXECUÇÃO FISCAL E FALÊNCIA DO EXECUTADO. LEILÃO. ARREMATAÇÃO. 1. O produto arrecadado com a alienação de bem penhorado em Execução Fiscal, antes da decretação da quebra, deve ser entregue ao juízo universal da falência. Precedentes. 2. A falência superveniente do devedor não tem o condão de paralisar o processo de execução fiscal, nem de desconstituir a penhora realizada anteriormente à quebra. Outrossim, o produto da alienação judicial dos bens penhorados deve ser repassado ao juízo universal da falência para apuração das preferências" (STJ, REsp 1.013.252, 2009).

– **No sentido da comunicação ao Juízo da falência para oportunização de habilitação de crédito preferencial no próprio Juízo da Execução Fiscal.** "EXECUÇÃO FISCAL... PENHORA DE BENS ANTERIOR À DECRETAÇÃO DA FALÊNCIA... 2. Tendo a penhora de bens sido realizada em momento anterior à decretação da falência, a execução fiscal deve prosseguir normalmente, inclusive com a realização de leilão. Todavia, o crédito apurado em leilão deverá ser comunicado ao juízo falimentar, oportunizando-se a habilitação dos credores preferenciais no próprio juízo da execução fiscal para o recebimento do produto da arrematação" (TRF4, AI 2001.04.01.08606-7-1, 2003).

⇒ **Ação de restituição das contribuições previdenciárias retidas.** "FALÊNCIA. CONTRIBUIÇÃO PREVIDENCIÁRIA DESCONTADA DOS EMPREGADOS E NÃO REPASSADA À SEGURIDADE SOCIAL. AÇÃO DE RESTITUIÇÃO MOVIDA PELO INSS. CONCURSO DE CREDORES. PREFERÊNCIA. SÚMULA 417 DO STF. 1. 'Pode ser objeto de restituição, na falência, dinheiro em poder do falido, recebido em nome de outrem, ou do qual, por lei ou contrato, não tivesse ele a disponibilidade' (Súmula 417 do STF). 2. As contribuições previdenciárias descontadas pela massa falida, dos salários dos empregados, e não repassadas aos cofres previdenciários, devem ser restituídas antes do pagamento de qualquer crédito, ainda que trabalhista, porque se trata de bens que não integram o patrimônio do falido. Incidência da Súmula n. 417 do STF. [...] 3. É que o *caput* do art. 51 da Lei 8.212/91 explicita o privilégio dos créditos do INSS, os quais equipara aos créditos da União, deixando claro que os valores descontados dos empregados pertencem à autarquia previdenciária, a qual poderá reivindicá-los, *litteris*: 'Art. 51... Parágrafo único. O Instituto Nacional do Seguro Social-INSS reivindicará os valores descontados pela empresa de seus empregados e ainda não recolhidos'" (STJ, REsp 1.183.383, 2010).

⇒ **Requerimento da falência. Autofalência por dívida fiscal.** "... a dissolução (*lato sensu*) é um procedimento que se ultima em três atos: ato de dissolução (*stricto sensu*), ato de liquidação e ato de partilha. O ato de dissolução extrajudicial formaliza-se pelo instrumento assinado pelos sócios e registrado no Registro do Comércio, no qual se delibera a instauração do procedimento de dissolução; a ele segue-se a fase de liquidação, conduzida pelo liquidante (designado no contrato social ou no próprio ato de dissolução), na qual se arrecadam os bens e pagam-se as dívidas sociais; finalmente, o mesmo liquidante partilha, entre os sócios, eventual acervo remanescente. Somente então estará concluído o procedimento de dissolução e extinta a pessoa jurídica (CC, art. 51). Sucede que o arquivamento da ata de extinção da pessoa jurídica condiciona-se à demonstração de sua regularidade fiscal perante a União, relativamente a tributos em geral, contribuições previdenciárias e ao FGTS. [...] a empresa com insolvência fiscal pode até iniciar o procedimento de dissolução, registrando o ato dissolutório na Junta Comercial; contudo, não conseguirá concluí-lo, em razão da não apresentação das CNDs reclamadas. [...] Instaurado o procedimento dissolutório, e vindo o liquidante a constatar que o passivo social não poderá ser integralmente satisfeito, incumbir-lhe-á requerer a autofalência em juízo. [...] enfim, o procedimento de dissolução extrajudicial tem dois desfechos possíveis: ou se encerra com a satisfação integral do passivo ou se 'converte' em um processo judicial autofalimentar. [...] a dissolução regular da pessoa jurídica é um ônus do sócio administrador que pretende evitar a responsabilização sancionatória do art. 135 do CTN. Agora, mais do que simples ônus, dizemos que o empresário tem um direito à extinção regular do seu negócio a qualquer momento, qualquer que seja a situação economia que enfrente. ... A lei deve, então, franquear ao empresário a possibilidade de fechar suas portas regularmente a qualquer momento, por maior que seja o seu passivo, e qualquer que seja a natureza e composição deste passivo, isto é, seja ele integrado por débitos civis, comerciais, trabalhistas ou tributários. Pois a autofalência é justamente o expediente legal de que dispõe o empresário insolvente, exausto e resignado, para encerrar regularmente o seu negócio e imprimir novos rumos à sua vida" (ANDRADE, Paulo Roberto. Cabimento da autofalência por dívidas fiscais. *RDDT* 176/126, 2010).

– **Direito do fisco de requerer a falência do contribuinte.** "Uma hermenêutica sistemática do Código muito bem sugere tratar-se antes de faculdade do Fisco: o crédito fiscal não precisa sujeitar-se ao concurso universal, mas se, sob seu juízo de conveniência, parecer ao Fisco mais eficaz requerer a quebra do contribuinte faltoso, então assistir-lhe-á instaurar o concurso. Aí sim, temos verdadeiro privilégio do crédito tributário. [...] o art. 83 insere o crédito fiscal no catálogo hierárquico de créditos concursais. [...] o art. 97, IV, do novo diploma habilita 'qualquer credor' para o pedido de falência, independentemente das garantias de que desfrute, e sem delas precisar desfazer-se" (ANDRADE, Paulo Roberto. Cabimento da autofalência por dívidas fiscais. *RDDT* 176/126, 2010).

– **Contra.** "CRÉDITO TRIBUTÁRIO – FAZENDA PÚBLICA – AUSÊNCIA DE LEGITIMIDADE PARA REQUERER A FALÊNCIA DE EMPRESA. 1. A controvérsia versa sobre a legitimidade de a Fazenda Pública requerer falência de empresa. 2. O art. 187 do CTN dispõe que os créditos fiscais não estão sujeitos a concurso de credores. Já os arts. 5º, 29 e 31 da LEF, *a fortiori*, determinam que o crédito tributário não está abrangido no processo falimentar, razão pela qual carece interesse por parte da Fazenda em pleitear a falência de empresa. 3. Tanto o Decreto-lei n. 7.661/45 quanto a Lei n. 11.101/2005 foram inspirados no princípio da conservação da empresa, pois preveem respectivamente, dentro da perspectiva de sua função social, a chamada concordata e o instituto da recuperação judicial, cujo objetivo maior é conceder benefícios às empresas que, embora não estejam formalmente falidas, atravessam graves dificuldades econômico-financeiras, colocando em risco o empreendimento empresarial. 4. O princípio da conservação da empresa pressupõe que a quebra não é um fenômeno econômico que interessa apenas aos credores, mas sim, uma manifestação jurídico-econômica na qual o Estado tem interesse preponderante. 5. Nesse caso, o interesse público não se confunde com o interesse da Fazenda, pois o Estado passa a valorizar a importância da iniciativa empresarial para a saúde econômica de um país. Nada mais certo, na medida em que quanto maior a iniciativa privada em determinada localidade, maior o progresso econômico, diante do aquecimento da economia causado a partir da geração de empregos. 6. Raciocínio diverso, isto é, legitimar a Fazenda Pública a requerer falência das empresas inviabilizaria a superação da situação de crise econômico-financeira do devedor, não permitindo a manutenção da fonte produtora, do emprego dos trabalhadores, tampouco dos interesses dos credores, desestimulando a atividade econômico-capitalista. Dessarte, a Fazenda poder requerer a quebra da empresa implica incompatibilidade com a *ratio essendi* da Lei de Falências, mormente o princípio da conservação da empresa, embasador da norma falimentar" (STJ, REsp 363.206, 2010).

⇒ **Encerramento da falência. Suspensão *x* extinção da execução.** O STJ tem entendido que, encerrada a falência e não redirecionada a execução contra os sócios, deve ser extinta a execução. Se, de um lado, o encerramento da falência, por si só, não extingue as obrigações do falido, o que só ocorre com o decurso do prazo de cinco anos ou de dez anos, nos termos do art. 158, III e IV, da Lei n. 11.101/2005, de outro, a utilidade de manter-se o feito apenas suspenso é praticamente nula em face do exaurimento dos bens.

– "EXECUÇÃO FISCAL. ENCERRAMENTO DA FALÊNCIA. EXTINÇÃO. ART. 40 DA LEI N. 6.830/80. INAPLICABILIDADE. PRECEDENTES. 1. Com o trânsito em julgado da sentença que decretou o encerramento da falência, inexistindo bens para dar seguimento ao processo e diante a ausência de requerimento para o redirecionamento da execução fiscal, deve o processo ser extinto sem julgamento de mérito, nos termos do que dispõe o art. 267, inciso VI, do CPC" (STJ, REsp 611.531, 2007).

– "EXECUÇÃO FISCAL. ENCERRAMENTO DA FALÊNCIA. AUSÊNCIA DE BENS. SUSPENSÃO. ART. 40 DA LEI 6.830/80. IMPOSSIBILIDADE. DÉBITOS DA SEGURIDADE SOCIAL CONTRAÍDOS PELA SOCIEDADE. LEI 8.620/93, ART. 13. RESPONSABILIDADE SOLIDÁRIA. INTERPRETAÇÃO. MATÉRIA PACIFICADA NO ÂMBITO DA 1ª SEÇÃO. 1. 'Com o trânsito em julgado da sentença que decretou o encerramento da falência e diante da inexistência de motivos que ensejassem o redirecionamento da execução fiscal, não restava outra alternativa senão decretar-se a extinção do processo, sem exame do mérito, com fulcro no art. 267, IV, do CPC. Não se aplica ao caso a regra do art. 40 da LEF' [...]" (STJ, REsp 833.977, 2006).

– Lei n. 11.101/2005: "Seção XII Do Encerramento da Falência e da Extinção das Obrigações do Falido Art. 154. Concluída a realização de todo o ativo, e distribuído o produto entre os credores, o administrador judicial apresentará suas contas ao juiz no prazo de 30 (trinta) dias. [...] Art. 155. Julgadas as contas do administrador judicial, ele apresentará o relatório final da falência no prazo de 10 (dez) dias, indicando o valor do ativo e o do produto de sua realização, o valor do passivo e o dos pagamentos feitos aos credores, e especificará justificadamente as responsabilidades com que continuará o falido. Art. 156. Apresentado o relatório final, o juiz encerrará a falência por sentença. Parágrafo único. A sentença de encerramento será publicada por edital e dela caberá apelação. Art. 157. O prazo prescricional relativo às obrigações do falido recomeça a correr a partir do dia em que transitar em julgado a sentença do encerramento da falência. Art. 158. Extingue as obrigações do falido: I – o pagamento de todos os créditos; II – o pagamento, depois de realizado todo o ativo, de mais de 50% (cinquenta por cento) dos créditos quirografários, sendo facultado ao falido o depósito da quantia necessária para atingir essa porcentagem se para tanto não bastou a integral liquidação do ativo; III – o decurso do prazo de 5 (cinco) anos, contado do encerramento da falência, se o falido não tiver sido condenado por prática de crime previsto nesta Lei; IV – o decurso do prazo de 10 (dez) anos, contado do encerramento da falência, se o falido tiver sido condenado por prática de crime previsto nesta Lei. Art. 159. Configurada qualquer das hipóteses do art. 158 desta Lei, o falido poderá requerer ao juízo da falência que suas obrigações sejam declaradas extintas por sentença".

⇒ **Falência e concordata no regime anterior (DL n. 7.661/45).** A Lei n. 11.101/2005 não se aplica aos processos que já se encontravam em curso quando do seu advento: "Art. 192. Esta Lei não se aplica aos processos de falência ou de concordata ajuizados anteriormente ao início de sua vigência, que serão concluídos nos termos do Decreto-Lei n. 7.661, de 21 de junho de 1945. [...]". Vejam-se notas a respeito do regime jurídico do DL n. 7.661/45 em face dos juros e das multas tributários nas edições anteriores desta obra.

⇒ **Liquidação extrajudicial de instituição financeira. Multa.** "... MULTA. LIQUIDAÇÃO EXTRAJUDICIAL. ... o banco apelado encontra-se em liquidação extrajudicial, o que impede a cobrança da multa punitiva estipulada, ainda que possível a determinação administrativa de quebra de sigilo bancário. Nos termos do art. 18 da Lei n. 6.024, de 13 de março de 1974, decretada a liquidação extrajudicial, de imediato, produzir-se-ão, dentre outros, os seguintes efeitos: 'não reclamação de correção monetária de quaisquer divisas passivas, nem de penas pecuniárias por infração de leis penais ou administrativas'" (TRF4, AMS 2000.70.00.021311-3, 2002).

– **Juros de mora. Súmula CARF 166:** "Inexiste vedação legal à aplicação de juros de mora na constituição de crédito tributário em face de entidade submetida ao regime de liquidação extrajudicial" (Pleno, 2021). Obs.: vinculante, conforme Portaria ME n. 12.975/2021.

⇒ **Insolvência civil.** "EMBARGOS À EXECUÇÃO FISCAL. DEVEDOR INSOLVENTE. EXCLUSÃO DE JUROS. APLICAÇÃO ANALÓGICA DO DL 7.661/45. POSSIBILIDADE. 1. O preceito que exclui a cobrança de juros após a decretação da falência do devedor, contido no art. 26 do DL 7.661/45, também deve ser aplicado para os casos de decretação da insolvência civil, porquanto ambos institutos possuem a mesma causa e finalidade. Precedentes..." (STJ, AgRg no REsp 1.236.362, 2013).

Parágrafo único. O concurso de preferência somente se verifica entre pessoas jurídicas de direito público, na seguinte ordem:

⇒ **Inconstitucionalidade do concurso de preferência entre os entes federados.** "ARGUIÇÃO DE DESCUMPRIMENTO DE PRECEITO FUNDAMENTAL. CONSTITUCIONAL. TRIBUTÁRIO. PARÁGRAFO ÚNICO DO ART. 187 DO CÓDIGO TRIBUTÁRIO NACIONAL. PARÁGRAFO ÚNICO DO ART. 29 DA LEI N. 6.830/1980. CONCURSO DE PREFERÊNCIA ENTRE

OS ENTES FEDERADOS NA COBRANÇA JUDICIAL DOS CRÉDITOS TRIBUTÁRIOS E NÃO TRIBUTÁRIOS. INCOMPATIBILIDADE DAS NORMAS IMPUGNADAS COM A CONSTITUIÇÃO DA REPÚBLICA DE 1988. AFRONTA AO INC. III DO ART. 19 DA CONSTITUIÇÃO. ARGUIÇÃO JULGADA PROCEDENTE. 1. A arguição de descumprimento de preceito fundamental viabiliza a análise de constitucionalidade de normas legais pré-constitucionais insuscetíveis de conhecimento em ação direta de inconstitucionalidade... 2. A autonomia dos entes federados e a isonomia que deve prevalecer entre eles, respeitadas as competências estabelecidas pela Constituição, é fundamento da Federação. O federalismo de cooperação e de equilíbrio posto na Constituição da República de 1988 não legitima distinções entre os entes federados por norma infraconstitucional. 3. A definição de hierarquia na cobrança judicial dos créditos da dívida pública da União aos Estados e Distrito Federal e esses aos Municípios descumpre o princípio federativo e contraria o inc. III do art. 19 da Constituição da República de 1988. 4. Cancelamento da Súmula n. 563 deste Supremo Tribunal editada com base na Emenda Constitucional n. 1/69 à Carta de 1967. 5. Arguição de descumprimento de preceito fundamental julgada procedente para declarar não recepcionadas pela Constituição da República de 1988 as normas previstas no parágrafo único do art. 187 da Lei n. 5.172/1966 (Código Tributário Nacional) e no parágrafo único do art. 29 da Lei n. 6.830/1980 (Lei de Execuções Fiscais)" (STF, ADPF 357, 2021).

– **Súmula 563 do STF:** (CANCELADA na ADPF 357) "O concurso de preferência a que se refere o parágrafo único, do art. 187, do Código Tributário Nacional, é compatível com o disposto no art. 9º, inciso I, da Constituição Federal".

– **Súmula 497 do STJ:** "Os créditos das autarquias federais preferem aos créditos da Fazenda estadual desde que coexistam penhoras sobre o mesmo bem". Obs.: também deve ser considerada superada pela ADPF 357.

– "Ora, que o parágrafo único do artigo 187, do CTN, institui preferência entre os créditos fiscais pertencentes às pessoas integrantes do pacto federativo é indiscutível. Estas preferências foram tidas como compatíveis com a Constituição anterior porque, então, estavam atreladas ao requisitos do privilégio ou do dano, o que não mais ocorre. Portanto, as bases sobre as quais se fundou o entendimento manifestado pelo Supremo Tribunal Federal já não mais existem, eis que a discussão agora se põe, como salientado, apenas em razão da existência da pré-falada preferência, o que dá ao problema contornos bastante peculiares. E, neste passo, parece-nos que o princípio da federação, tal como contemplado pela Constituição de 1988, não abriga a subsistência da discriminação em causa. É sobremodo fluente a dúvida quanto ao fato do parágrafo único do artigo 187, do CTN, haver sido recepcionado pela Constituição de 1988" (BOTTALLO, Eduardo D. Reflexões sobre o processo de execução fiscal na Constituição de 1988. *RDT* 66/138).

– "Fere, de maneira frontal e grosseira, o magno princípio da isonomia das pessoas políticas" (CARVALHO, Paulo de Barros. *Curso de direito tributário*. 1996, p. 361).

– Nas edições anteriores desta obra, encontram-se comentários e precedentes sobre a preferência que se reconhecia entre os entes federados e sobre como se a aplicava.

I – União;

II – Estados, Distrito Federal e Territórios, conjuntamente e *pro rata*;

III – Municípios, conjuntamente e *pro rata*.

⇒ **Autarquias.** O art. 29 da LEF também se refere ao concurso de preferências entre pessoas jurídicas de direito público, referindo os entes federados e suas autarquias.

⇒ **Preferência do crédito da União em relação às autarquias federais.** "2. A Primeira Seção do STJ pacificou o entendimento de que o crédito fiscal da União prefere ao do INSS na presença de execução movida por ambas as partes cuja penhora tenha recaído sobre o mesmo bem, *ex vi* do art. 187, parágrafo único, do Código Tributário Nacional e art. 29, parágrafo único, da Lei n. 6.830/80. 3. Recurso especial improvido" (STJ, REsp 575.484, 2006).

– "FAZENDA NACIONAL E INSS. PREFERÊNCIA AO CRÉDITO DA UNIÃO. 1. 'Dentre as duas ordens de preferência que devem ser estabelecidas, quais seja, uma entre as próprias entidades estatais, segundo a esfera governamental a que pertencem (federal, estadual e municipal), e outra, entre as entidades políticas (União, Estado-membro e Município) e as não políticas, isto é, as meramente administrativas (autarquias), o crédito da União, do Estado-membro ou do Município deve sempre preferir ao das autarquias de qualquer nível administrativo, em razão de que os entes políticos têm precedência sobre as pessoas jurídicas de direito público meramente administrativas' [...]" (STJ, REsp 590.710, 2005).

Art. 188. São extraconcursais os créditos tributários decorrentes de fatos geradores ocorridos no curso do processo de falência. (Redação da LC n. 118/2005)

⇒ **Redação revogada do *caput*.** "Art. 188. São encargos da massa falida, pagáveis preferencialmente a quaisquer outros e às dívidas da massa, os créditos tributários vencidos e vincendos, exigíveis no decurso do processo de falência."

⇒ **Créditos tributários extraconcursais. Lei n. 11.101/2005.** A nova Lei de Falências é também expressa no mesmo sentido: "Art. 84. Serão considerados créditos extraconcursais e serão pagos com precedência sobre os mencionados no art. 83 desta Lei, na ordem a seguir, os relativos a: [...] V – obrigações resultantes de atos jurídicos válidos praticados durante a recuperação judicial, nos termos do art. 67 desta Lei, ou após a decretação da falência, e tributos relativos a fatos geradores ocorridos após a decretação da falência, respeitada a ordem estabelecida no art. 83 desta Lei".

§ 1º Contestado o crédito tributário, o juiz remeterá as partes ao processo competente, mandando reservar bens suficientes à extinção total do crédito e seus acrescidos, se a massa não puder efetuar a garantia de instância por outra forma, ouvido,

quanto à natureza e valor dos bens reservados, o representante da Fazenda Pública interessada.

⇒ **No sentido de que os §§ 1º e 2º do art. 188 teriam sido tacitamente revogados pela LC 118/2005.** "Sob a vigência do tacitamente revogado art. 188, §§ 1º e 2º, comentamos o seguinte: '... A prioridade é de tal ordem que mesmo as dívidas de cunho trabalhista cedem diante das prestações tributárias que a massa falida deve efetuar. O art. 188 contempla a hipótese de deveres tributários vencidos ou vincendos, mas depois de decretada a falência. Estes é que hão de ter preeminência sobre os débitos trabalhistas, não os devidos pela empresa antes da sentença declaratória. A situação ocorre toda vez que as atividades negociais da empresa não sofrerem solução de continuidade, produzindo novos fatos jurídicos tributários...' Com a edição da Lei Complementar n. 118, de 2005, o crédito tributário, no processo de falência do devedor, continua a ter primazia em face de todos os demais, exceto diante dos créditos trabalhistas e decorrentes de acidente de trabalho, dos créditos extraconcursais, das importâncias susceptíveis de restituição, nos termos da lei falimentar, bem como dos créditos com garantia real, no limite do valor do bem gravado" (CARVALHO, Paulo de Barros. *Curso de direito tributário*. 27. ed. São Paulo: Saraiva, 2016, p. 528-529).

– Não vislumbramos a revogação tácita referida por Paulo de Barros Carvalho. A LC 118/2005 alterou a redação do *caput* do art. 188, preservando seus parágrafos que restaram intocados. Ricardo Lobo Torres, Sacha Calmon Navarro Coelho, Luciano Amaro e Hugo de Brito Machado, nas edições de 2009 de seus livros, também nada referem no sentido de que tivesse havido revogação.

§ 2º O disposto neste artigo aplica-se aos processos de concordata.

Art. 189. São pagos preferencialmente a quaisquer créditos habilitados em inventário ou arrolamento, ou a outros encargos do monte, os créditos tributários vencidos ou vincendos, a cargo do *de cujus* ou de seu espólio, exigíveis no decurso do processo de inventário ou arrolamento.

Parágrafo único. Contestado o crédito tributário, proceder-se-á na forma do disposto no § 1º do artigo anterior.

Art. 190. São pagos preferencialmente a quaisquer outros os créditos tributários vencidos ou vincendos, a cargo de pessoas jurídicas de direito privado em liquidação judicial ou voluntária, exigíveis no decurso da liquidação.

Art. 191. A extinção das obrigações do falido requer prova de quitação de todos os tributos. (Redação da LC n. 118/2005)

⇒ **Redação revogada.** "Art. 191. Não será concedida concordata nem declarada a extinção das obrigações do falido, sem que o requerente faça prova da quitação de todos os tributos relativos à sua atividade mercantil."

Art. 191-A. A concessão de recuperação judicial depende da apresentação da prova de quitação de todos os tributos, ob-

servado o disposto nos arts. 151, 205 e 206 desta Lei. (Artigo acrescido pela LC 118/05)

⇒ **Recuperação judicial. Lei n. 11.101/2005.** A "recuperação judicial" é figura criada pela nova Lei de Falências:

– Lei n. 11.101/2005, com a redação da Lei 12.873/13 e da LC 147/14; "CAPÍTULO III DA RECUPERAÇÃO JUDICIAL Seção I Disposições Gerais Art. 47. A recuperação judicial tem por objetivo viabilizar a superação da situação de crise econômico-financeira do devedor, a fim de permitir a manutenção da fonte produtora, do emprego dos trabalhadores e dos interesses dos credores, promovendo, assim, a preservação da empresa, sua função social e o estímulo à atividade econômica. Art. 48. Poderá requerer recuperação judicial o devedor que, no momento do pedido, exerça regularmente suas atividades há mais de 2 (dois) anos e que atenda aos seguintes requisitos, cumulativamente: I – não ser falido e, se o foi, estejam declaradas extintas, por sentença transitada em julgado, as responsabilidades daí decorrentes; II – não ter, há menos de 5 (cinco) anos, obtido concessão de recuperação judicial; III – não ter, há menos de 5 (cinco) anos, obtido concessão de recuperação judicial com base no plano especial de que trata a Seção V deste Capítulo; IV – não ter sido condenado ou não ter, como administrador ou sócio controlador, pessoa condenada por qualquer dos crimes previstos nesta Lei. § 1º A recuperação judicial também poderá ser requerida pelo cônjuge sobrevivente, herdeiros do devedor, inventariante ou sócio remanescente. § 2º Tratando-se de exercício de atividade rural por pessoa jurídica, admite-se a comprovação do prazo estabelecido no *caput* deste artigo por meio da Declaração de Informações Econômico-fiscais da Pessoa Jurídica – DIPJ que tenha sido entregue tempestivamente. Art. 49. Estão sujeitos à recuperação judicial todos os créditos existentes na data do pedido, ainda que não vencidos...".

⇒ **O equacionamento dos débitos fiscais é pressuposto para a concessão da recuperação.** "... para que se possa verificar a viabilidade da empresa, é necessário auditar uma viável solução de mercado para a sua crise e levar em consideração seus débitos com a Fazenda Pública, o que incumbe ser feito sempre antes da concessão do benefício da recuperação, até mesmo como mecanismo de evitar que o instituto da recuperação propicie concorrência desleal com os demais *players* do nicho de mercado da recuperanda. [...] a empresa precisa pagar os tributos tanto como os seus demais débitos perante os credores particulares. O próprio mercado, no ambiente da livre concorrência, deve ser zeloso e velar pela observância desta imposição, contra uma 'mais-valia' tributária da recuperanda. Não pode escapar a constatação de que a recuperação judicial das empresas, tal como empreendida sob as bênçãos da corrente jurisprudencial atualmente majoritária, corre o risco cada vez mais factível de se apresentar atrativa à moda de uma espécie heterodoxa de 'planejamento tributário'. Não se pode instaurar o paradoxo da preservação da empresa alijando-se a Fazenda Pública da possibilidade de satisfação dos seus créditos, em virtude de ser absolutamente verdadeiro que o pagamento do crédito público não infirma ou inviabiliza a preservação da empresa se, de igual modo, o necessário adimplemento das obrigações para com credores privados não consubstancia óbice à mesma preservação empresarial" (CASTRO, Raphael Silva e. A recuperação judicial da empresa devedora da Fazenda Pública. *RDDT* 208/128, 2013).

– "Considerando o encontro normativo entre os artigos 52 e 57 da LRF e o artigo 191-A do CTN, apenas aparentemente antinômicos, compreende-se que a Lei flexibilizou a necessidade de apresentação de certificados de regularidade fiscal para a recuperação das empresas, mas dando atenção aos débitos tributários. Com efeito, para ao efetivo deferimento da recuperação, é requisito inafastável a reorganização, também, dos débitos tributários, o que se dá, normalmente, através dos parcelamentos usualmente ofertados pelo fisco, enquanto benefício fiscal específico não seja criado. Portanto, descortina-se que a crítica contundente à previsão contida na LRF, longe de mera ou simplesmente contrastar com os elevados propósitos da recuperação judicial, afina-se com um norte de visão mais ampla e que é de interesse de toda a sociedade, destinatária última das atividades estatais mantidas pelas receitas tributárias, representado pela necessária garantia da arrecadação dos créditos fiscais" (SCHERER, Tiago. A exigência de certidão de regularidade fiscal na recuperação judicial. *RDDT* 211/164, 2013).

– **Dever fundamental de pagar tributos *x* preservação da empresa.** "O princípio da preservação da empresa não é absoluto, logo, está pressuposto no seu funcionamento responsável, devendo adimplir as obrigações tributárias daí decorrentes, de sorte que é o cumprimento da sua função social que torna legítima sua preservação, e nisso está presente a ideia de honrar com o seu 'dever fundamental' e pagar os tributos" (CASTRO, Raphael Silva e. A recuperação judicial da empresa devedora da Fazenda Pública. *RDDT* 208/128, 2013).

– "... o art. 191-A do CTN deve ser interpretado levando em consideração não só o princípio da preservação da empresa, mas também o do dever fundamental de recolher tributos, haja vista que o Estado não pode se abster de receber tributos que são indispensáveis à satisfação das necessidades gerais da sociedade. Não se está aqui a defender a exigência de emissão de Certidão negativa de Débitos propriamente para fins de se requerer a recuperação judicial. Até porque se assim o fosse, de que adiantaria o instituto da recuperação judicial? Dificilmente uma empresa em situação econômica difícil iria conseguir atender tal requisito. Entretanto, o afastamento por completo da exigência de exibição das certidões de regularidade fiscal prevista nos arts. 57 da Lei n. 11.101/2005 e 191-A do CTN não nos parece a medida mais correta, posto que a interpretação mais adequada permite a apresentação de Certidão Positiva com Efeitos de Negativa pelo contribuinte, tal como vem sendo determinado por alguns Tribunais. O princípio da função social da empresa não pode ser interpretado de forma alheia ao dever fundamental de recolher tributos, pois a exigência de regularidade fiscal pelo Poder Público nada mais é do que a concretização da ideia de preservação da empresa, posto que o Estado não pode se afastar de exigi-los frente ao dever fundamental de pagamento estabelecido pela Constituição Federal. Caso contrário, estar-se-ia permitindo mácula ao princípio da solidariedade fiscal (art. 3º, I, da CF/1988), que, como visto, trata-se de um dever imposto a toda a coletividade, no qual se inclui, por exemplo, o dever fundamental de pagar tributos. E nunca podemos nos esquecer de que a ideia de justiça fiscal deve levar em conta não só o contribuinte ou o estado, mas, sim, toda a coletividade" (RODRIGUES, Raphael Silva. Aplicabilidade do art. 191-A do Código Tributário Nacional ante o dever fundamental de recolher tributos. *RDDT* 219/78, 2013).

– **Regularização fiscal sob qualquer meio apto à expedição de CPD-EN.** "No que se refere ao parcelamento tributário, convém assinalar que este não é o único meio de que dispõem as empresa com pretensão de se valerem do instituto da recuperação para obter a certificação de sua regularidade fiscal... De fato, o art. 206 do CTN indica, além da situação de créditos vincendos, outras duas hipóteses que dão azo à expedição da CPD-EM, quais sejam, a cobrança executiva fiscal no seio da qual exista penhora perfectibilizada e, por fim, a suspensão da exigibilidade do crédito tributário, que nos termos do art. 151 e incisos do CTN, dá-se na configuração de seis distintas e autônomas ocorrências" (CASTRO, Raphael Silva e. A recuperação judicial da empresa devedora da Fazenda Pública. *RDDT* 208/128, 2013).

– **No sentido da inconstitucionalidade do art. 191-A.** "... a exigência de apresentação de certidões negativas – que, na prática, equivale a impor ao empresário estar em dia com as obrigações fiscais e previdenciárias – inviabiliza a recuperação judicial. Fazendo-o, conflita com o princípio constitucional da função social da empresa e com os outros que a ele se ligam, entre os quais o da dignidade da pessoa humana. E, na colisão de princípio e norma, prevalece aquele, devendo ser dispensada a autora, destarte, da apresentação das certidões... [...] Se não há empecilho ao ajuizamento de execuções fiscais, ou ao prosseguimento de execuções já instauradas, é desarrazoado exigir do devedor a regularização de sua situação perante o Fisco para ver deferido o pedido de recuperação judicial, considerando que esta, concedida, nenhuma limitação acarretará ao direito das Fazendas Públicas. Embora não esteja escrito na Constituição, o princípio da razoabilidade está implícito nela, e, quando ferido injustificadamente, autoriza relevar exigências desmedidas, que não tenham outra finalidade senão a de impedir a realização de direitos" (excerto de decisão do Juiz Henrique Miranda, da 1ª Vara Cível de Ponta Grossa/PR nos autos de Recuperação Judicial 390/2005, *apud* SALAMACHA, José Eli. A Recuperação judicial de empresas e as dívidas fiscais. *RET* 47, 2006).

– "A exigência de Certidão negativa de Débitos Tributários para a concessão da recuperação judicial, tal como previsto nos arts. 57 da Lei n. 11.101/05 e 191-A do CTN, é inconstitucional, posto que suas normas são intrinsecamente irracionais em relação ao texto constitucional, importam em verdadeira sanção política e são absolutamente desproporcionais" (DE SOUZA JUNIOR, Osnildo. O crédito tributário na recuperação judicial de empresas: um caso de irracionalidade a ser superado. *RDDT* 149, 2008).

– "... o maior passivo das empresas em dificuldades financeiras é representado por débitos tributários... Ora, se a recuperação judicial teve por objetivo amparar as empresas em dificuldades, para que continuassem produtivas, assegurando empregos e recolhimento de tributos, tal exigência de certidões negativa é incompatível com a finalidade da norma legal" (MARTINS, Ives Gandra da Silva; RODRIGUES, Marlene Talarico Martins. In: MACHADO, Hugo de Brito (coord.). *Certidões negativas e direitos fundamentais do contribuinte.* Dialética, 2007, p. 431).

– "Sabemos todos que os que necessitam da recuperação judicial estão em dificuldades financeiras. Sabemos também que as empresas em dificuldade financeira geralmente devem tributos. É evidente, portanto, que colocar a concessão da recuperação judicial na dependência da prova de quitação de todos os tributos como prescreve o art. 191-A... é inviabilizar inteiramente o exercício do direito à recuperação judicial. Entre os credores do devedor em recuperação judicial o Estado é o que tem, indiscutivelmente, as mais fortes razões para viabilizar a preservação da empresa cuja recuperação judicial é requerida. Nada justifica, portanto, a colocação desse colossal obstáculo ao exercício do direito à recuperação judicial. É flagrante, portanto, a irrazoabilidade desse obstáculo configurado pela exigência da prova de quitação de todos os tributos" (MACHADO, Hugo de Brito. Dívida tributária e recuperação judicial da empresa. *RDDT* 120/69, 2005).

⇒ **Ausência de lei especial de parcelamento. Afastamento da exigência de regularidade.** "RECUPERAÇÃO JUDICIAL. EXIGÊNCIA DE QUE A EMPRESA RECUPERANDA COMPROVE SUA REGULARIDADE TRIBUTÁRIA. ART. 57 DA LEI N. 11.101/2005 (LRF) E ART. 191-A DO CÓDIGO TRIBUTÁRIO NACIONAL (CTN). INOPERÂNCIA DOS MENCIONADOS DISPOSITIVOS. INEXISTÊNCIA DE LEI ESPECÍFICA A DISCIPLINAR O PARCELAMENTO DA DÍVIDA FISCAL E PREVIDENCIÁRIA DE EMPRESAS EM RECUPERAÇÃO JUDICIAL. 1. O art. 47 serve como um norte a guiar a operacionalidade da recuperação judicial, sempre com vistas ao desígnio do instituto, que é 'viabilizar a superação da situação de crise econômico-financeira do devedor, a fim de permitir a manutenção da fonte produtora, do emprego dos trabalhadores e dos interesses dos credores, promovendo, assim, a preservação da empresa, sua função social e o estímulo à atividade econômica'. 2. O art. 57 da Lei n. 11.101/2005 e o art. 191-A do CTN devem ser interpretados à luz das novas diretrizes traçadas pelo legislador para as dívidas tributárias, com vistas, notadamente, à previsão legal de parcelamento do crédito tributário em benefício da empresa em recuperação, que é causa de suspensão da exigibilidade do tributo, nos termos do art. 151, inciso VI, do CTN. 3. O parcelamento tributário é direito da empresa em recuperação judicial que conduz a situação de regularidade fiscal, de modo que eventual descumprimento do que dispõe o art. 57 da LRF só pode ser atribuído, ao menos imediatamente e por ora, à ausência de legislação específica que discipline o parcelamento em sede de recuperação judicial, não constituindo ônus do contribuinte, enquanto se fizer inerte o legislador, a apresentação de certidões de regularidade fiscal para que lhe seja concedida a recuperação" (STJ, REsp 1.187.404, 2013).

– "... o art. 191-A, estabelece providência em favor do Poder Público, em detrimento do contribuinte. A segunda, o § 3º do art. 155-A, preconiza providência em favor do contribuinte, um de-

ver para o Poder Público. Há estreita correspondência entre uma norma e a outra, ambas resultantes da Lei Complementar n. 118, de 9 de fevereiro de 2005, cujo propósito foi, como amplamente divulgado, o de compatibilizar o Código Tributário Nacional com a nova lei de falências. A exigência da prova prevista no art. 191-A justifica-se precisamente porque o contribuinte disporá de regras específicas sobre o parcelamento de suas dívidas tributárias sempre que esteja em processo de recuperação judicial. Assim, é razoável entender-se que enquanto o Poder Público não cumprir o seu dever não se poderá favorecer com a providência correspondente. [...] a norma do art. 191-A do Código Tributário Nacional autoriza o entendimento segundo o qual juiz, diante do pedido de recuperação judicial no qual o requerente demonstre que a Fazenda Pública, seja Federa, Estadual ou Municipal, lhe recusa, por qualquer razão, o parcelamento de suas dívidas tributárias, pode e deve deferir provimento liminar suspensivo da exigência de prova da quitação de todos os tributos. Tal entendimento consubstancia a denominada interpretação conforme com a Constituição. Para os que não admitam essa interpretação, portanto, só resta a afirmação da inconstitucionalidade do art. 191-A..." (MACHADO, Hugo de Brito. Dívida tributária e recuperação judicial da empresa. *RDDT* 120/69, 2005).

– "... a maioria das empresas que passa por dificuldades econômica e, portanto, busca sua recuperação judicial, possui dívidas com a Fazenda, seja ela municipal, estadual ou federal. Por isso, para o devedor, é praticamente impossível apresentar certidões negativas de débitos tributários. Enquanto não surgir legislação regulamentando parcelamento de débitos fiscais em condições mais favoráveis do que as atuais, caberá ao Poder Judiciário decidir, em cada caso, se concede ou não a recuperação judicial ao devedor que não cumprir o disposto no art. 57 da referida lei" (SALAMACHA, José Eli. A recuperação judicial de empresas e as dívidas fiscais. *RET* 47, 2006).

Art. 192. Nenhuma sentença de julgamento de partilha ou adjudicação será proferida sem prova da quitação de todos os tributos relativos aos bens do espólio, ou às suas rendas.

⇒ **Apresentação da DIT.** "Venha a DIT" costuma ser a frase final das homologações de acordo ou sentenças de partilha. A DIT, Declaração do ITCMD, é condição para a expedição do formal de partilha, o qual, por sua vez, viabiliza que seja registrada a titularidade dos bens que coube a cada um.

⇒ **Comprovação do pagamento do ITCMD no arrolamento sumário. Tema 1.074 do STJ:** (MÉRITO NÃO JULGADO) Controvérsia: "Necessidade de se comprovar, no arrolamento sumário, o pagamento do Imposto de Transmissão Causa Mortis e Doação – ITCMD como condição para a homologação da partilha ou expedição da carta de adjudicação, à luz dos arts. 192 do CTN e 659, § 2º, do CPC/2015. Decisão de afetação em 2020" (STJ, ProAfR no REsp 1.896.526, 2020). Obs.: há determinação de suspensão dos processos relacionados.

Art. 193. Salvo quando expressamente autorizado por lei, nenhum departamento da administração pública da União,

dos Estados, do Distrito Federal ou dos Municípios, ou sua autarquia, celebrará contrato ou aceitará proposta em concorrência pública sem que contratante ou proponente faça prova da quitação de todos os tributos devidos à Fazenda Pública interessada, relativos à atividade em cujo exercício contrata ou concorre.

TÍTULO IV
ADMINISTRAÇÃO TRIBUTÁRIA

⇒ **Administração tributária. Organização em carreiras específicas com precedência sobre outros setores e recursos prioritários.** O art. 37 da CF, em seus incisos XVIII e XXII, reconhece as administrações tributárias da União, dos Estados, do Distrito Federal e dos Municípios como "atividades essenciais ao funcionamento do Estado, exercidas por servidores de carreiras específicas", com "precedência sobre os demais setores administrativos", estabelecendo que contarão com "recursos prioritários para a realização de suas atividades e atuarão de forma integrada, inclusive com o compartilhamento de cadastros e de informações fiscais, na forma da lei ou convênio".

– É importante que os Estados e também os milhares de Municípios organizem suas carreiras de administração tributária criando cargos de nível superior para o exercício das funções típicas de fiscalização, lançamento e julgamento tributários. Ademais, parece-nos que não basta exigir nível superior, devendo-se delimitar os cursos que habilitem ao exercício profissional da função de auditor-fiscal ou de fiscal, vinculados à área do Direito, da Economia, da Contabilidade, da Administração, do Comércio Exterior e da Engenharia. Isso porque tais cursos trabalham conhecimentos e habilidades importantes para a compreensão e aplicação da legislação tributária. Quando da regulamentação de convênio entre a União e os Municípios para a fiscalização, lançamento e cobrança do Imposto sobre a Propriedade Territorial Rural (ITR), a IN SRF n. 643/2006, em seu art. 24, estabeleceu como condição para a celebração que o Município possuísse "quadro de carreira de servidores ocupantes de cargos de nível superior com atribuição de lançamento de créditos tributários". Posteriormente, a IN RFB n. 884/2008, com a redação da IN RFB n. 919/2009, se limitou a exigir, como requisito, que o Município possuísse "quadro de carreira de servidores com atribuição de lançamento de créditos tributários", o que também consta da vigente IN RFB 1.640/2016.

– Tem-se entendido que a habilitação para o exercício do cargo de auditor-fiscal se faz mediante aprovação em concurso público mediante o cumprimento dos requisitos estabelecidos por lei para o provimento do cargo, não sendo necessária a comprovação de outros requisitos como o da condição de contador ou mesmo "registro nos Conselhos Profissionais competentes" (STJ, MS 13.873, 2011). Vide também: STJ, AgRgResp 10.906, 2012.

– Embora a administração tributária esteja inserida, em âmbito federal, na Secretaria da Receita Federal, e, nos âmbitos estadual e municipal, nas respectivas Secretarias da Fazenda ou da Receita, é preciso ter em conta que, por vezes, não haverá uma chefia direta dessa atividade pelo Secretário, mas por outra autoridade que, dirigindo órgão específico de fiscalização, lhe será subordinada administrativamente, mas não tecnicamente. No âmbito federal, chefiam a fiscalização tributária os Delegados e Inspetores da Receita Federal, de modo que eventuais mandados de segurança são dirigidos contra tais autoridades e não contra os Superintendentes tampouco contra o Secretário-Geral da Receita Federal, porquanto esses últimos desenvolvem atividades de administração e planejamento, elaborando e implantando políticas fiscais, sendo descabida a invocação da teoria da encampação (STJ, AgRg no RMS 18.140, 2009).

⇒ **Administração tributária federal. Secretaria da Receita Federal do Brasil (RFB).** A Lei n. 11.457/2007 transformou a Secretaria da Receita Federal (SRF) em Secretaria da Receita Federal do Brasil (RFB) e a esta incorporou também as atribuições anteriormente exercidas pela Secretaria da Receita Previdenciária (SRP). As contribuições do INSS passaram a ser inscritas em dívida ativa da União, que assumiu a condição de sujeito ativo das respectivas contribuições. Ou seja, unificou-se, na União, através da RFB, a condição de sujeito ativo e a administração da quase totalidade dos tributos federais (os impostos em geral, as contribuições de seguridade social, inclusive as previdenciárias e a terceiros, etc.), à exceção de algumas poucas contribuições e taxas, como aquelas que têm o INMETRO ou o IBAMA como sujeitos ativos.

– A Lei n. 10.593/2002, com suas alterações, dispõe sobre a Carreira Auditoria da Receita Federal – ARF, dispondo que o ingresso é feito mediante concurso público de provas ou de provas e títulos, "exigindo-se curso superior em nível de graduação concluído". A carreira é composta pelos cargos de nível superior de Auditor-Fiscal da Receita Federal do Brasil e de Analista-Tributário da Receita Federal do Brasil. Cabe aos Auditores-Fiscais, em caráter privativo, "a) constituir, mediante lançamento, o crédito tributário e de contribuições; b) elaborar e proferir decisões ou delas participar em processo administrativo-fiscal, bem como em processos de consulta, restituição ou compensação de tributos e contribuições e de reconhecimento de benefícios fiscais; c) executar procedimentos de fiscalização, praticando os atos definidos na legislação específica, inclusive os relacionados com o controle aduaneiro, apreensão de mercadorias, livros, documentos, materiais, equipamentos e assemelhados; d) examinar a contabilidade de sociedades empresariais, empresários, órgãos, entidades, fundos e demais contribuintes, não se lhes aplicando as restrições previstas nos arts. 1.190 a 1.192 do Código Civil e observado o disposto no art. 1.193 do mesmo diploma legal; e) proceder à orientação do sujeito passivo no tocante à interpretação da legislação tributária; e f) supervisionar as demais atividades de orientação ao contribuinte". Ao Analista-Tributário, por sua vez, compete "exercer atividades de natureza técnica, acessórias ou preparatórias ao exercício das atribuições privativas dos Auditores-Fiscais da Receita Federal do Brasil" e "atuar no exame de matérias e processos administrativos", ressalvadas as competências dos Auditores. O Decreto 6.641/2008 regulamenta a carreira.

– Lei n. 11.457/2007, com a redação da MP 765/16: "Art. 1º A Secretaria da Receita Federal passa a denominar-se Secretaria da

Receita Federal do Brasil, órgão essencial ao funcionamento do Estado, de caráter permanente, estruturado de forma hierárquica e diretamente subordinado ao Ministro de Estado da Fazenda, tem por finalidade a administração tributária e aduaneira da União. Parágrafo único. São essenciais e indelegáveis as atividades da administração tributária e aduaneira da União exercidas pelos servidores dos quadros funcionais da Secretaria da Receita Federal do Brasil. Art. 2º Além das competências atribuídas pela legislação vigente à Secretaria da Receita Federal, cabe à Secretaria da Receita Federal do Brasil planejar, executar, acompanhar e avaliar as atividades relativas a tributação, fiscalização, arrecadação, cobrança e recolhimento das contribuições sociais previstas nas alíneas *a*, *b* e *c* do parágrafo único do art. 11 da Lei n. 8.212, de 24 de julho de 1991, e das contribuições instituídas a título de substituição. [...] § 4º Fica extinta a Secretaria da Receita Previdenciária do Ministério da Previdência Social. Art. 3º As atribuições de que trata o art. 2º desta Lei se estendem às contribuições devidas a terceiros... [...] Art. 16... o débito original e seus acréscimos legais, além de outras multas previstas em lei, relativos às contribuições de que tratam os arts. 2º e 3º desta Lei, constituem dívida ativa da União".

– A partir de abril de 2008, também o processo administrativo relativo às contribuições antes administradas pela SRP passou a ser regido pelo Dec. n. 70.235/72, nos termos do art. 25, I, da Lei n. 11.457/2007. Até lá, prossegue regulado pelos poucos artigos da Lei n. 8.212/91 e n. 8.213/91 que tratam da matéria, bem como pelo Dec. n. 3.048/99.

– O procedimento de consulta foi unificado em maio de 2007, conforme o art. 25, II, da Lei n. 11.457/2007.

– Não houve unificação dos procedimentos relativos a restituição, compensação, imunidade e isenções. Continuam regidos pelas leis suas leis específicas as compensações das contribuições previdenciárias e de terceiros, ou seja, pelo art. 66 da Lei n. 8.383/91 combinado com o art. 89 da Lei n. 8.212/91, não se lhes aplicando o art. 74 da Lei n. 9.430/96.

– **A PFN integra a administração tributária.** "... consideramos a administração tributária federal composta pela Receita Federal do Brasil e pela Procuradoria-Geral da Fazenda Nacional (PGFN). Embora a PGFN seja também um órgão jurídico..., faz parte da administração tributária. Nesse ponto, importante invocar o art. 131 da Constituição Federal, o qual disciplina, no capítulo das funções essenciais à Justiça, a Advocacia-Geral da União, reservando o seu § 3º para estabelecer a competência da PGFN para a execução e cobrança da Dívida Ativa da União. Posteriormente, a LC 73/93 estabeleceu dupla vinculação à PGFN: vinculação técnica à Advocacia Geral da União (AGU) e vinculação administrativa ao Ministério Da Fazenda (MF), atual Ministério da Economia. Sendo a atividade de inscrição em dívida ativa, persecução e cobrança dos créditos tributários atividades eminentemente de administração tributária, não há como se retirar da PGFN o caráter de integrante da administração tributária federal" (DA'ROLT, Deysi Cristina. In: SEEFELDER, Claudio; CAMPOS, Rogério (coord.). *Constituição e Código Tributário Comentados sob a Ótica da Fazenda Nacional*. São Paulo: Thonson Reuters Brasil, 2020, p. 1112).

⇒ **Administração tributária estadual.** Cada estado tem a sua carreira de administração tributária. A Lei n. 13.266/98, e.g., institui a carreira do fisco da Secretaria da Fazenda do Estado de Goiás, cria a carreira de Auditor-Fiscal da Receita Estadual e atribui ao "Auditor-Fiscal da Receita Estadual" a função de "executar tarefas de arrecadação de tributos estaduais" e "constituir o crédito tributário". Destaca ainda, que, "é vedada a atribuição ao funcionário do Fisco de encargo, função, tarefa ou serviço diversos dos de seu cargo". Em seu art. 7º, dispõe que "A administração fazendária e seus funcionários fiscais, nos limites de suas áreas de competência e circunscrição, têm precedência sobre os demais setores da Administração Pública, especialmente quanto a exame de livro, documento, programa, arquivo magnético e outros objetos de interesse fiscal, quando convergirem ou conflitarem ações ou processos administrativos conjuntos, concomitantes ou concorrentes entre órgãos ou agentes do Poder Público", sendo que tal precedência "inclui, também, a prestação de informação pela autoridade competente, acerca de fatos ou desdobramentos resultantes de investigações realizadas pelo Poder Público que envolvam assunto de natureza ou interesse tributários". Seu art. 8º ainda dispõe que "É nulo qualquer lançamento de crédito tributário praticado por pessoa não ocupante de cargo integrante do Quadro de Pessoal do Fisco".

⇒ **Administração tributária municipal.** Da adequada estruturação dos serviços de fiscalização e arrecadação tributárias, depende a efetiva autonomia dos municípios e a obtenção de meios suficientes para darem conta de seus papéis constitucionais. A criação de carreiras específicas e a adoção de práticas mais eficientes é fundamental para qualificar o exercício da tributação. É possível simplificar e desburocratizar o dia a dia da tributação, adotando instrumentos eletrônicos, implantando práticas orientadoras e construindo uma relação de maior proximidade com os contribuintes. Inúmeros projetos nesse sentido são expostos no seguinte trabalho: MANGIERI, Francisco Ramos. *Administração tributária municipal: eficiência e inteligência fiscal*. Ed. Livraria do Advogado: Porto Alegre, 2015.

⇒ **Informação e apoio técnico ao contribuinte.** A todo instante, as pessoas iniciam atividades novas, praticam atos que ainda não haviam realizado, sujeitando-se, assim, a imposições tributárias que desconheciam. Consideremos, ainda, a complexidade da legislação tributária, e teremos evidenciada a necessidade de o Fisco, seja federal, estadual ou municipal, desenvolver campanhas e material informativo sobre as obrigações tributárias e seu cumprimento, bem como manter serviços de atendimento e apoio ao contribuinte, para orientá-lo e auxiliá-lo no que for necessário. A SRF, além de todas as informações disponíveis permanentemente no seu Portal (www.receita.fazenda.gov.br), mantém atendimento telefônico 24 horas por dia e atendimento pessoal diariamente em suas Agências, Inspetorias ou Centrais de Atendimento ao Contribuinte (CAC) através do chamado Plantão Fiscal. Veja-se, no Portal da Receita, o item "Atendimento".

CAPÍTULO I

FISCALIZAÇÃO

⇒ **Atividade fiscalizatória x resultado da fiscalização.** Ocorre, com frequência, confusão entre a atividade de fiscalização tributária e os seus efeitos. A fiscalização é atividade indispensável à efetividade da tributação, sendo que, a ela, estão sujeitos todas as pessoas. Já como resultado da fiscalização, poderemos ter o lançamento de créditos tributários e a aplicação de multas. Contra a fiscalização regularmente realizada, em conformidade com as leis e atos normativos, ninguém pode se opor, tendo inclusive o dever de facilitá-la; contra eventuais lançamentos e aplicação de multas, diversamente, o seus sujeitos passivos têm abertas inúmeras vias, nas esferas administrativa e judicial, para deduzir eventual inconformismo.

Art. 194. A legislação tributária, observado o disposto nesta Lei, regulará, em caráter geral, ou especificamente em função da natureza do tributo de que se tratar, a competência e os poderes das autoridades administrativas em matéria de fiscalização da sua aplicação.

⇒ **Receita Federal do Brasil.** Sobre a competência da SRFB, vide nota ao art. 142 do CTN.

– "O capítulo I do presente Título disciplina a ativiade de fiscalização, que, no caso da Administração Pública Federal, é de competência exclusiva dos Auditores Fiscais da Receita Federal" (DA'ROLT, Deysi Cristina. In: SEEFELDER, Claudio; CAMPOS, Rogério (coord.). *Constituição e Código Tributário Comentados sob a Ótica da Fazenda Nacional.* São Paulo: Thomson Reuters Brasil, 2020, p. 1112).

– **Auditores-fiscais não precisam de inscrição em Conselho.** Súmula 8 do CARF: O Auditor Fiscal da Receita Federal é competente para proceder ao exame da escrita fiscal da pessoa jurídica, não lhe sendo exigida a habilitação profissional de contador.

⇒ **Identificação do patrimônio, rendimentos e atividades dos contribuintes.** "Sempre que possível, os impostos terão caráter pessoal e serão graduados segundo a capacidade econômica do contribuinte, facultado à administração tributária, especialmente para conferir efetividade a esses objetivos, identificar, respeitados os direitos individuais e nos termos da lei, o patrimônio, os rendimentos e as atividades econômicas do contribuinte" (§ 1º do art. 145 da CF).

Parágrafo único. A legislação a que se refere este artigo aplica-se às pessoas naturais ou jurídicas, contribuintes ou não, inclusive às que gozem de imunidade tributária ou de isenção de caráter pessoal.

⇒ **Todos, contribuintes ou não, devedores ou não, sujeitam-se à fiscalização tributária.** Todos têm o dever de se submeter à fiscalização tributária, independentemente de estarem ou não sujeitos ao pagamento de determinado tributo. Cuida-se da obrigação acessória de tolerar o trabalho dos agentes fiscais.

– Sobre as obrigações acessórias de fazer, não fazer e tolerar, vide art. 113, § 2º, do CTN.

– "Todas as pessoas física e jurídica estão submetidas ao pagamento de tributos e à fiscalização das autoridades tributárias..." (DA'ROLT, Deysi Cristina. In: SEEFELDER, Claudio; CAMPOS, Rogério (coord.). *Constituição e Código Tributário Comentados sob a Ótica da Fazenda Nacional.* São Paulo: Thomson Reuters Brasil, 2020, p. 1113).

– "Aquilo que o parágrafo único do art. 194 quer exprimir é que as pessoas públicas ou privadas que ele enumera devem acatar o regular exercício das competências que as autoridades administrativas recebem abstratamente da *legislação tributária* e tem especificamente delimitadas nos mandados que autorizam seus procedimentos de fiscalização" (CARVALHO, Paulo de Barros. *Curso de direito tributário.* 27. ed. São Paulo: Saraiva, 2016, p. 534).

– "ICMS. OBRIGAÇÃO ACESSÓRIA. A Lei pode impor obrigações acessórias às empresas, ainda que não sejam contribuintes do tributo" (STJ, REsp 89.967, 1998).

– **A fiscalização não pode ser inibida.** "Administrativo. Fiscalização. Distinção entre a atividade de fiscalização e o resultado da fiscalização. A atividade de fiscalização decorre de lei e não pode ser inibida, diferentemente de seu resultado, que está sujeito ao mais amplo controle judicial..." (TRF4, AI 93.04.05876-7/RS).

– "LANÇAMENTO POR HOMOLOGAÇÃO... A medida liminar que impede o Fisco, ainda no prazo assinado para a constituição do crédito tributário, de revisar essa modalidade de lançamento, desvirtua o sistema legal, o qual legitima o procedimento fiscal ensejando ao contribuinte a mais ampla defesa" (STJ, ROMS 6.511, 1996).

Art. 195. Para os efeitos da legislação tributária, não têm aplicação quaisquer disposições legais excludentes ou limitativas do direito de examinar mercadorias, livros, arquivos, documentos, papéis e efeitos comerciais ou fiscais dos comerciantes, industriais ou produtores, ou da obrigação destes de exibi-los.

⇒ **Amplo acesso.** O art. 195 do CTN estampa a obrigação inequívoca de qualquer pessoa jurídica de dar à fiscalização tributária amplo acesso aos seus registros contábeis, bem como as mercadorias e os documentos respectivos. De fato, a obrigação do contribuinte de exibir os livros fiscais abrange também a obrigação de apresentar todos os documentos que lhes dão sustentação. Entendimento diverso jogaria no vazio a norma, retirando-lhe toda a utilidade, o que contraria os princípios de hermenêutica.

– Havendo negativa ou mera obstaculização, por parte da pessoa sujeita à fiscalização, à exibição dos livros e documentos, pode o Fisco buscar, em Juízo, acesso aos mesmos. E tal acesso não está sujeito à existência e comprovação de qualquer suspeita de irregularidade. A verificação da documentação pode ser feita até mesmo para simples conferência de valores pagos pelo contribuinte relativamente a tributos sujeitos a lançamentos por homologação.

– **Âmbito do exame. Súmula 439 do STF:** "Estão sujeitos à fiscalização tributária ou previdenciária quaisquer livros comerciais, limitado o exame aos pontos objeto da investigação".

– Não alcança toda e qualquer documentação, como a correspondência. "Não se pode confundir a apreensão de documentos fiscais com a de documentos que não sejam classificados como contábeis ou fiscais, vale dizer, o fisco pode apreender documentos e livros fiscais e contábeis para que possa exercer sobre eles o seu direito fiscalizatório, porém não é dado a ele acessar toda e qualquer documentação do contribuinte, mormente quando esta não se qualifica na condição de fiscal e contábil. [...] A Constituição Federal consagrou como direito fundamental do cidadão o sigilo da correspondência, cujo acesso somente pode se dar com autorização judicial. O Código Tributário Nacional e a legislação tributária não autorizam o Fisco a acessar as correspondências do contribuinte, cuja fiscalização somente pode atingir os documentos e livros fiscais e contábeis; as correspondências estão longe de serem classificadas como documentos fiscais ou contábeis. A exigência fiscal traduzida no conteúdo das correspondências do contribuinte, obtidas sem a devida autorização judicial, é nula de pleno direito" (OLIVEIRA JÚNIOR, Ananias Ribeiro de. A fiscalização aduaneira, sob a justificativa de que a legislação tributária autoriza o acesso a todo documento eletrônico do contribuinte, não pode acessar seus e-mails: violação do sigilo da correspondência e prova obtida por meios ilícitos. *RDDT* 203/18-31, 2012).

– **Inviolabilidade de domicílio.** Vide nota ao art. 200 do CTN.

⇒ **Insubmissão. Consequências.** A insubmissão ao dever de tolerar a fiscalização e de colaborar com o Fisco, alcançando-lhe os elementos necessários para a realização do se trabalho, implica descumprimento de obrigação acessória, podendo ter várias consequências, conforme o caso, dentre as quais a aplicação de multa, o lançamento por arbitramento, a denúncia por desacato, a requisição do auxílio de força pública, o ajuizamento de ação de busca e apreensão. Quanto a estes últimos, vide art. 200 do CTN.

– "FISCALIZAÇÃO TRIBUTÁRIA. ART. 195 DO CTN. AUSÊNCIA DE VIOLAÇÃO DO SIGILO BANCÁRIO. PUBLICIDADE QUE REVESTE AS INFORMAÇÕES QUE DEVERIAM TER SIDO PRESTADAS. I – As indagações da Fazenda Pública referentes ao patrimônio líquido, tipos de fundos, taxa de administração e conta de escrituração não caracterizam violação ao sigilo bancário, sendo tais informações inerentes às atividades das instituições financeiras. II – Negando-se a instituição financeira a prestar as aludidas informações, tem-se como válida a aplicação de multa" (STJ, REsp 224.500, 2005).

– "Se o agente da Administração Pública exigir a apresentação dos livros e o contribuinte negá-los, poderá haver o lançamento por arbitramento, ou até, em último caso, verificar-se-á o crime do art. 330 do Código Penal. O arbitramento deve ser lançado em casos excepcionais e como última opção, após o esgotamento de todos os outros meios para desvencilhar e verificar os recolhimentos, sob pena de a exação adentrar no movediço terreno da ficção jurídica, enquanto instituto que encontra frágil respaldo no direito tributário" (NOUR, Ricardo Abdul. In: MARTINS, Ives Gandra da Silva (coord.). *Comentários ao Código Tributário Nacional*. São Paulo: Saraiva, 1998, v. 2, p. 496).

> **Parágrafo único.** Os livros obrigatórios de escrituração comercial e fiscal e os comprovantes dos lançamentos neles efetuados serão conservados até que ocorra a prescrição dos créditos tributários decorrentes das operações a que se refiram.

⇒ **Contabilidades societária e tributária.** "... em nosso País, as empresas estão obrigadas a ter três contabilidades distintas: a comercial, segundo o Código Civil e o art. 176, inciso I, da LEI N. 6.404/1976; a tributária, nos termos do DL n. 1.598/1976, atualmente condensada no controle fiscal Contábil de Transição (FCONT), e a contabilidade que foi implantada pela Lei n. 11.638/2007 e alterações contidas nos arts. 37 e 38 da Lei n. 11.941/2009, que modificaram a estrutura das demonstrações financeiras previstas na Lei n. 6.404/1976, adaptando-a aos princípios da Norma Contábil Internacional (NIC), também identificada pela sigla IFRS (*International Financial Reporting Standards*). [...] há elementos para justificar a afirmativa de que contabilidade empresarial, mantida pelo Código Civil, tem um cunho essencialmente patrimonialista, e a NIC, implantada no país pelas alterações da Lei n. 6.404/76, tem seu foco no giro dos negócios financeiros e na gestão do caixa. São dois enfoques distintos, cada um estruturado metodologicamente para cumprir a sua própria finalidade. [...] é preciso enfrentar uma multiplicidade de significados dos termos contábeis, uma vez que os mesmos signos terão um significado diferente, dependendo do contexto metodológico em que forem utilizados. fica evidente, então, que ao se tratar de metodologias diferentes que têm objetos e contextualidades pragmáticas também diferentes, o intérprete não deve se afastar da trilha dos paradigmas originariamente estabelecidos" (RENCK, Renato Romeu. A nova contabilidade internacional: da adequação metodológica das três contabilidades exigidas pela legislação brasileira. *RDDT* 204/58-78, 2012).

– "De acordo com o *Americam Institute of Certified Public Accountants* (AICPA), a finalidade da Contabilidade, desde os primórdios, 'é prover os usuários dos demonstrativos financeiros com informações que os ajudarão a tomar decisões'. Dentre os diversos usuários dos demonstrativos financeiros está o estado, ou ente político tributante, que se utiliza dessas informações produzidas para identificar a realização das condutas prescritas pelo direito positivo tributário e analisadas descritivamente pela ciência do Direito Tributário, fazendo nascer a obrigação tributária. [...] a relação entre direito Tributário e Contabilidade se dá exatamente na medida em que o Estado é um dos usuários (não o único) da informação produzida em relação à situação econômico-financeira de uma determinada entidade. E, na medida em que a Contabilidade não está exclusivamente voltada a identificar o fato gerador prescrito na norma tributária, a legislação fiscal trata de adaptá-la, dando aos fatos econômicos registrados contabilmente os contornos exigidos para que seja identificada a hipótese de incidência tributária" (ALVES, Maíza Costa de Almeida. O IRPJ e a dedutibilidade dos gastos na oferta pública de ações: nova perspectiva diante da alteração da legislação societária. *RDDT* 212/78, 2013).

– "... a contabilidade deve ser encarada como um meio eficaz de reconhecimento e mensuração dos acréscimos patrimoniais passíveis de tributação pelo art. 43 do CTN. Por isso que, em tempos de Leis ns. 11.638/07 e 11.941/09, em que a contabilidade preocupa-se com a primazia da essência econômica sobre a forma jurídica, com a proteção dos investidores e com a antecipação de fluxos de caixa futuros ou de oportunidades de negócio, a separação, de fato, entre a contabilidade societária e a contabilidade fiscal tem se mostrado necessária. Finalmente, a celeuma criada com a possibilidade das novidades contábeis repercutirem na seara fiscal e descambarem em um aumento da carga tributária foi tamanha que levou o governo federal a instituir o Regime Tributário de Transição – RTT, mediante a edição da Lei n. 11.941/09, com o intuito de garantir às empresas optantes a aplicação dos métodos e critérios contábeis existentes em 31 de dezembro de 2007, previamente à vigência da Lei n. 11.638/07, para fundamentar a apuração de IRPJ, CSL e contribuições ao PIS/Cofins no ano de 2008 e seguintes" (BOZZA, Fábio Piovesan. Tratamento fiscal do ágio na aquisição de investimentos. *RDDT* 178/54, 2010).

– Sobre a relação entre os conceitos contábeis e os conceitos jurídico-tributários, vide notas ao art. 195, I, *b* e *c*, da CF.

– **Peculiaridades das escritas fiscal e comercial.** "IRPJ E CSSL. INSTITUIÇÃO FINANCEIRA. LUCRO REAL. DEDUÇÃO. PROVISÃO PARA CRÉDITOS DE LIQUIDAÇÃO DUVIDOSA (OU PDD-PROVISÃO PARA DEVEDORES DUVIDOSOS). LEIS 8.981/95 E 4.595/64. RESOLUÇÃO 1.748/90 DO BACEN. IN/SRF 51/95. ARTS. 43 E 44, DO CTN. ANTINOMIA. NÃO CONFIGURAÇÃO. 1. Na presença de conflito aparente de normas, considera-se, sempre, o sistema jurídico a que as mesmas pertencem, sem vez para análise isolada de uma delas (RMS 6905/SP, Min. Edson Vidigal, *DJU* 14/06/99). 2. A IN/SRF n. 51/95 não colide com a Resolução n. 1748/90, do BACEN, posto que tratam de objetos diversos, ou seja, enquanto ao BACEN cabe regular e fiscalizar as atividades das instituições financeiras, sendo a aludida Resolução norma definidora do dever contábil e de segurança previsto para a atividade financeira, à Receita Federal cabe a incumbência de exigir e fiscalizar a arrecadação de tributos, sendo a referida Instrução norma definidora de dever fiscal aplicável às instituições financeiras. 3. A Lei n. 8.981/95 não se confronta com a Lei n. 4.595/64 na medida em que, enquanto a primeira determina alterações na legislação tributária federal, a segunda limita-se a organizar, de modo genérico, a Política e as Instituições Monetárias, Bancárias e Creditícias, tendo criado, inclusive, o Conselho Monetário Nacional. 4. Não ofende o sistema jurídico vigente o fato de as normas (comerciais e fiscais) divergirem quanto à fixação do montante a ser lançado na respectiva provisão de créditos de liquidação duvidosa. A fórmula de composição da PDD – Provisão para Devedores Duvidosos, para fins fiscais, deve obediência ao estatuído na legislação fiscal pertinente, no caso, a Lei n. 8.981/95, não havendo que se cogitar em violação ao teor prescrito pelos arts. 43 e 44, do CTN. 5. A legislação tributária, peculiarmente a do imposto de renda, reclama o emprego de técnicas não inteiramente conciliáveis com as de legislação comercial. A Lei n. 6.404, de 15 de dezembro de 1976 (reguladora das Sociedades por Ações), prevê a possibilidade de que a empresa faça sua escrituração em registros auxiliares quando as normas

tributárias exijam métodos ou critérios contábeis diferenciados ou determinem simplesmente a elaboração de outras demonstrações financeiras" (STJ, REsp 413.919, 2002).

– **Harmonização das normas contábeis internas aos padrões internacionais.** "... o Brasil passou a harmonizar as normas contábeis internas aos padrões internacionais, trazendo às informações contábeis nacionalmente produzidas características que transferem às demonstrações uma maior preocupação com o mercado e com a realidade econômico-financeira das entidades. A referida harmonização foi inaugurada no Brasil com a publicação da Lei n. 11.638/2007, seguida pelos sucessivos Pronunciamentos Técnicos editados pelo Comitê de Pronunciamentos Contábeis e pela Lei n. 11.941/2009" (ALVES, Maíza Costa de Almeida. O IRPJ e a dedutibilidade dos gastos na oferta pública de ações: nova perspectiva diante da alteração da legislação societária. *RDDT* 212/78, 2013).

– **IFRS.** As "Normas e Padrões Internacionais de Contabilidade" são conhecidas pela sigla IFRS (*International Financial Reporting Standards*).

– **Regime Tributário de Transição – RTT.** Para a harmonização das normas contábeis internas aos padrões internacionais, foi criado um regime tributário de transição (RTT), disciplinado pelo art. 15 da Lei n. 11.964/2009. Em 2014, o RTT ainda seguia a Escrituração Contábil Fiscal (ECF) prevista na IN RFB n. 1.397/2013. A revogação do RTT, a partir de 1º de janeiro e 2015, foi determinada pelo art. 99 da MP n. 627/2013.

– **Lei n. 11.941/2009:** "Art. 16. As alterações introduzidas pela Lei n. 11.638, de 28 de dezembro de 2007, e pelos arts. 37 e 38 desta Lei que modifiquem o critério de reconhecimento de receitas, custos e despesas computadas na apuração do lucro líquido do exercício definido no art. 191 da Lei n. 6.404, de 15 de dezembro de 1976, não terão efeitos para fins de apuração do lucro real da pessoa jurídica sujeita ao R77; devendo ser considerados, para fins tributários, os métodos e critérios contábeis vigentes em 31 de dezembro de 2007. Parágrafo único. Aplica-se o disposto no caput deste artigo às normas expedidas pela Comissão de Valores Mobiliários, com base na competência conferida pelo § 3º do art. 177 da Lei n. 6.404, de 15 de dezembro de 1976, e pelos demais órgãos reguladores que visem a alinhar a legislação específica com os padrões internacionais de contabilidade."

– "Para bem explicar o papel do RTT para a tributação da renda e das receitas hoje, convém estabelecer o pano de fundo em que ocorrem os conflitos entre Direito e Contabilidade. Sobre essa premissa será bastante claro o papel do RTT e as dificuldades inerentes à sua utilização. Em estudo anterior, 'explicamos que, no Brasil, o Direito Tributário não começa seu trabalho olhando diretamente para seu objeto (a evolução do patrimônio de uma pessoa jurídica em dado exercício), mas aproveita a perspectiva que a Contabilidade tem a respeito desse objeto e adapta-a de acordo com suas próprias prerrogativas por meio do Lalur. Nisso já havia uma tensão entre o lucro contábil e o lucro tributável. Até a edição da Lei das Sociedades Anônimas (Lei 6.404/1976), não havia uma distinção clara entre ambos. O 'lucro real' nada mais seria que o próprio lucro contábil após ajustes extracontábeis para que apenas as atividades normais da empresa fossem tributadas. Havia um total apoderamento das normas contábeis pelas normas tributárias, para que a contabilização atendesse aos interesses do próprio Fisco.' A Lei das Sociedades Anônimas veio em parte para reverter essa situação. Entre os objetivos dos autores do projeto de lei que a originou, procurou-se corrigir a omissão da legislação comercial sobre a matéria contábil, a fim de oferecer demonstrações financeiras mais próximas do interesse de acionistas, credores e investidores. 3 A fim de que as mudanças contábeis não tivessem impactos fiscais, editou-se o Decreto-lei 1.598/1977, que criou o Lalur e outras regras para separar a formação do lucro contábil da apuração da base de cálculo do imposto de renda. Na época, não se esperava que o Decreto-lei 1.598/1977 fosse durar tanto tempo. Ao contrário, os autores da Lei 6.404/1976 já preconizavam a independência da legislação societária, fazendo-se necessária uma legislação tributária completamente independente. 'Entretanto, ao se iniciar o processo de consulta acerca dos parâmetros que a contabilidade tributária (independente) deveria seguir, recebeu-se tamanho número de sugestões, que já não seria possível editar uma lei contábil tributária a tempo de atender o encerramento do exercício fiscal. Daí a ideia de um Decreto-lei que, provisoriamente, trataria da matéria, apenas 'corrigindo' alguns excessos da Lei 6.404/1976, por meio do Lalur. Essa ferramenta provisória acabou por ganhar ares de definitividade, apenas se interrompendo sua trajetória com a recente Lei 11.638/2007, editada com mais de três décadas de atraso. Nas décadas de vigência do Decreto-lei 1.598/1977, porém, a legislação tributária não deixou de influir na forma de apuração do lucro contábil. Passou a impor, por meio de leis e pareceres normativos, como os fenômenos contábeis deveriam ser registrados para que posteriormente sofressem tributação.' O aprisionamento da contabilidade, acima referido, tomava-se evidente. Não se admitiria que a contabilidade, investida da nobre missão de assegurar o correto recolhimento de tributos, se afastasse do olhar cauteloso e atento das autoridades tributárias. Ademais, deve-se reconhecer que não havia razões para as autoridades tributárias desconfiarem do bom comportamento da contabilidade, já que esta até 31 de dezembro de 2007 não divergia profundamente da perspectiva fiscal, pois em ambas o patrimônio era visto sob a perspectiva da forma jurídica, e não da essência econômica, como hoje. Assim, o trabalho da Contabilidade tinha autonomia, mas não independência. Isso porque estava sob constante supervisão e intervenção da perspectiva fiscal, que dependia de seu trabalho. Tal cenário criou o que se convencionou apelidar de 'BR GAAP', um sistema de contabilização único ao Brasil, fortemente influenciado pelo tratamento tributário brasileiro e pouco informativo para qualquer um que não tenha experiência com nosso sistema. Essa situação também criou dificuldades na comparação de resultados entre as empresas brasileiras e as estrangeiras, de forma que afetou indiretamente a capacidade de as empresas brasileiras captarem recursos externos. O advento da nova legislação contábil fez com que a Contabilidade mudasse de perspectiva para um lugar mais distante que o ponto de vista fiscal. Nesse panorama, a criação do RTT seria equivalente à colocação de um ponto intermediário (o FCONT), na mesma posição ocupada antes pela Contabilidade. Essa solução, tida como temporária (assim como o Decreto-lei 1.598/1977 foi em relação à redação original da Lei das Sociedades Anônimas), representa de certa forma uma 'sobrevida' das normas contábeis vigentes em 31 de dezembro de 2007. O art. 16 da Lei 11.941/2009 diz isso expressamente... Mais que o advento do Decreto-lei 1.598/1977 representou, porém, há agora uma divergência de fundamento entre a contabilidade societária e a fiscal, pois essas buscam fenômenos diferentes" (SCHOUERI, Luís Eduardo; TERSI, Vinícius Feliciano. As Inter-relações entre a Contabilidade e o Direito: atender ao RTT significa obter Neutralidade Tributária? In: MOSQUEREA, Roberto Quiroga; LOPES, Alexsandro Broedel (coord). *Controvérsias jurídico-contábeis*. São Paulo: Dialética, 2011, v. 2, p. 107 e s.

• Vide: ABRANTES, Emmanuel Garcia. Os efeitos fiscais da mudança no critério de avaliação de investimentos (um paralelo contábil/fiscal em contextualização com o RTT). *RDDT* 224/66, 2014.

⇒ **Livros Sociais e Fiscais.** "São os meios físicos nos quais são registradas todas as operações relativas ao exercício da empresa. A exigência de escrituração dos livros, conforme o caso, decorre da lei civil, comercial ou tributária. O art. 1.179 do Código Civil, Lei n. 10.406, de 10 de janeiro de 2002, estabelece que o empresário e a sociedade empresária são obrigados a seguir um sistema de contabilidade, com base na escrituração uniforme de seus livros, de acordo com a documentação respectiva, e a levantar anualmente o balanço patrimonial e o de resultado econômico. A Lei n. 9.317, de 5 de dezembro de 1996, que instituiu o ... Simples, no art. 7º, dispensa as microempresas e empresas de pequeno porte da escrituração comercial. Essa lei, embora anterior ao novo Código, mas, por força do art. 970 do CC, que prevê tratamento favorecido ao pequeno empresário, permanece aplicável" (MARTINS, Iágaro Jung. Obrigações acessórias: livros e declarações. *Currículo Permanente. Caderno de Direito Tributário: módulo 1*. Porto alegre: TRF – 4ª Região, 2006).

– O DL n. 486/69 dispõe sôbre escrituração e livros mercantis: "Art. 1º Todo comerciante é obrigado a seguir ordem uniforme de escrituração, mecanizada ou não, utilizando os livros e papéis adequados, cujo número e espécie ficam a seu critério. Parágrafo único. Fica dispensado desta obrigação o pequeno comerciante, tal como definido em regulamento... Art. 2º A escrituração será completa, em idioma e moeda corrente nacionais, em forma mercantil, com individuação e clareza, por ordem cronológica de dia, mês e ano, sem intervalos em branco, nem entrelinhas, borraduras, rasuras, emendas e transportes para as margens. [...] § 2º Os erros cometidos serão corrigidos por meio de lançamentos de estôrno. Art. 3º A escrituração ficará sob a responsabilidade de profissional qualificado, nos têrmos da legislação específica, exceto nas localidades em que não haja elemento nessas condições. Art. 4º O comerciante é ainda obrigado a conservar em ordem, enquanto não prescritas eventuais ações que lhes sejam pertinentes, a escrituração, correspondência e demais papéis relativos à atividade, ou que se refiram a atos ou operações que modifiquem ou possam vir a modificar sua situação patrimonial. [...] Art. 8º Os livros e fichas de escrituração mercantil somente provam a favor do comerciante quando mantidos com observância das formalidades legais".

– Lei n. 9.317/96: "Art. 7º... § 1º A microempresa e a empresa de pequeno porte ficam dispensadas de escrituração comercial desde que mantenham, em boa ordem e guarda e enquanto não decorrido o prazo decadencial e não prescritas eventuais ações que lhes sejam pertinentes: *a*) Livro Caixa, no qual deverá estar escriturada toda a sua movimentação financeira, inclusive bancária; *b*) Livro de Registro de Inventário, no qual deverão constar registrados os estoques existentes no término de cada ano-calendário; *c*) todos os documentos e demais papéis que serviram de base para a escrituração dos livros referidos nas alíneas anteriores".

– **Escrituração Contábil Fiscal (ECF) e Sistema Público de Escrituração Digital (SPED).** Desde 2014, temos a Escrituração Contábil Fiscal (ECF) que, diz a RFB, tem o "objetivo a substituição da escrituração em papel pela escrituração transmitida via arquivo". A ECF deve ser transmitida "ao Sistema Público de Escrituração Digital (Sped) até o último dia útil do mês de julho do ano seguinte ao ano-calendário a que se refira", contendo informações acerca de "todas as operações que influenciem a composição da base de cálculo e o valor devido do Imposto sobre a Renda da Pessoa Jurídica (IRPJ) e da Contribuição Social sobre o Lucro Líquido (CSLL)". A partir de então, as empresas ficaram desobrigadas de apresentar a Declaração de Informações Econômico-Fiscais da Pessoa Jurídica (DIPJ) e de elaborar o Livro de Apuração do Lucro Real (LALUR).

– **A ausência de ECF pode ensejar a inaptidão do CNPJ.** "INAPTIDÃO DO CNPJ. OMISSÃO DE DECLARAÇÕES. AUSÊNCIA DE ENTREGA DE ESCRITURAÇÃO CONTÁBIL FISCAL (ECF). LIQUIDAÇÃO EXTRAJUDICIAL. INEXISTÊNCIA DE ATO ILEGAL OU ABUSIVO" (TRF4, AC 5002062-35.2022.4.04.7201, 2022).

– **A transmissão da ECF é condição para a restituição ou compensação de saldo negativo de IRPF e CSL.** "COMPENSAÇÃO. SALDO NEGATIVO DE IRPJ E CSLL. ESCRITURAÇÃO CONTÁBIL FISCAL. TRANSMISSÃO. ILEGALIDADE. INEXISTÊNCIA. Não há ilegalidade na Instrução Normativa RFB n. 1.717/2017, que exige a prévia transmissão da Escrituração Contábil Fiscal (ECF) para a utilização de saldo negativo de IRPJ e de CSLL em compensação" (TRF4, AC 5009430-40.2018.4.04.7200, 2021).

– "COMPENSAÇÃO. SALDO NEGATIVO DE IRPJ E CSLL. ESCRITURAÇÃO CONTÁBIL FISCAL. TRANSMISSÃO. ILEGALIDADE. INEXISTÊNCIA. Não se vislumbra extrapole a disciplina legal sobre a matéria a exigência, constante em instrução normativa, de que, para a compensação usando saldo negativo de IRPJ e de CSLL, transmita o contribuinte previamente escrituração contábil fiscal (ECF), razão pela qual não há se falar em ilegalidade na conduta da autoridade coatora" (TRF4, AC 5004961-48.2018.4.04.7200, 2019).

– **Livro Diário.** "O Código Civil determina (art. 1.180) que o empresário e a sociedade empresária mantenham Livro Diário, que deverá ser autenticado no Registro Público de Empresas Mercantis. Nesse livro, cuja escrituração ficará a cargo de contabilista legalmente habilitado, deverão estar transcritos, além da movimentação contábil, o balanço patrimonial e o de resultado econômico. O Livro Diário é obrigatório a todas sociedades, inclusive as sociedades simples. O empresário ou a sociedade empresária poderá substituir o Livro Diário pelo Livro Balancetes Diários e Balanços. Nesse livro será escriturada a posição diária de cada uma das contas contábeis, com seus respectivos saldos. A legislação do Imposto de Renda admite a escrituração resumida do Livro Diário, por totais que não excedam a um mês, relativas a contas com operações numerosas, desde que se utilizem livros auxiliares para registro (art. 258 do ... RIR, Decreto n. 3.000, de 1999)" (MARTINS, Iágaro Jung. Obrigações acessórias: livros e declarações. (*Currículo Permanente. Caderno de Direito Tributário: módulo 1*). Porto alegre: TRF – 4ª Região, 2006.

– DL n. 486/69: "Art. 5º Sem prejuízo de exigências especiais da lei, é obrigatório o uso de livro Diário, encadernado com fôlhas numeradas seguidamente, em que serão lançados, dia a dia, diretamente ou por reprodução, os atos ou operações da atividade mercantil, ou que modifiquem ou possam vir a modificar a situação patrimonial do comerciante. § 1º O comerciante que empregar escrituração mecanizada, poderá substituir o Diário e os livros facultativos ou auxiliares por fichas seguidamente numeradas, mecânica ou tipogràficamente. § 2º Os Livros ou fichas do Diário deverão conter têrmos de abertura e de encerramento, e ser submetidos à autenticação do órgão competente do Registro do Comércio. § 3º Admite-se a escrituração resumida do Diário, por totais que não excedam o período de um mês, relativamente a contas cujas operações sejam numerosas ou realizadas fora da sede do estabelecimento, desde que utilizados livros auxiliares para registro individuado e conservados os documentos que permitam sua perfeita verificação".

– **Livro Razão.** É o livro utilizado para resumir ou totalizar, por conta ou subconta, os lançamentos efetuados no Livro Diário.

– "O Livro Razão é obrigatório para as pessoas jurídicas tributas com base no Lucro Real, art. 14 da Lei n. 8.218, de 1991. Nesse livro são registrados todos os lançamentos efetuados no Livro Diário, segundo as normas contábeis recomendadas, organizados por conta e subconta. Diferentemente do que ocorre no Livro Diário, onde não há essa organização dos registros por conta contábil, no Livro Razão, esses mesmos lançamentos são estruturados e organizados por conta contábil, de tal forma que a apuração e a auditoria dos saldos contábeis se de forma eficiente e racional. A não manutenção do Livro Razão pelas sociedades obrigadas a apuração do Lucro Real, implicará o arbitramento do lucro" (MARTINS, Iágaro Jung. Obrigações acessórias: livros e declarações. (*Currículo Permanente. Caderno de Direito Tributário: módulo 1*). Porto alegre: TRF – 4ª Região, 2006.

– Lei n. 8.218/91, com a redação da Lei n. 8.383/91: "Art. 14 – A tributação com base no lucro real somente será admitida para as pessoas jurídicas que mantiverem, em boa ordem e segundo as normas contábeis recomendadas, livro ou fichas utilizados para resumir e totalizar, por conta ou subconta, os lançamentos efetuados no Diário (Livro Razão), mantidas as demais exigências e condições previstas na legislação".

– **LALUR.** "O Livro de Apuração do Lucro Real obrigatório para as pessoas jurídicas tributadas pelo Lucro Real destina-se ao registro dos ajustes de adição ou exclusão ao lucro líquido do período de apuração. O Lalur é dividido em duas partes. A Parte

"A" é destinada aos lançamentos de ajuste do lucro e à transcrição da demonstração do lucro real. A Parte "B" destina-se ao controle dos valores que devam influenciar a determinação do lucro real de exercício futuro e não constem na escrituração comercial (v.g prejuízo fiscal, lucro inflacionário e depreciação acelerada incentivada). Deve ser adicionadas ao lucro líquido as despesas não computadas aos custos e que não sejam necessárias à atividade da empresa e à manutenção da respectiva fonte produtora, como, por exemplo, despesas com alimentação dos sócios, pacotes turísticos pagos a clientes, doações, indenização por atos ilícitos, etc. Como exemplo de exclusões, tem-se a depreciação acelerada incentivada. O Lalur não está sujeito a registro" (MARTINS, Iágaro Jung. Obrigações acessórias: livros e declarações. (*Currículo Permanente. Caderno de Direito Tributário: módulo 1*). Porto alegre: TRF – 4ª Região, 2006.

⇒ **Outros livros.** Além dos livros Diário, Razão e Lalur, podemos referir, ainda, o Livro de Apuração do IPI, o Livro de Apuração do ICMS, o Livro de Registro Especial do ISSQN, o Livro Registro de Inventário, o Livro Registro de Entradas, o Livro Registro de Saídas, o Livro Registro de Controle da Produção e do Estoque, o Livro Registro Permanente de Estoque, o Livro de Movimentação de Combustíveis, o Livro Registro de Entrada e Saída do Selo de Controle, o Livro Registro de Impressão de Documentos Fiscais, o Livro Registro de Utilização de Documentos Fiscais e Termos de Ocorrências, o Livro Caixa – Carnê-Leão e o Livro Caixa da Atividade Rural.

⇒ **Enquanto não extinto o crédito tributário.** "... mesmo que transcorridos cinco anos contados da data do fato gerador da obrigação tributária principal, se o crédito tributário estiver pendente de confirmação na esfera administrativa, os documentos e os demais elementos probatórios relativos a ele deverão ser mantidos em guarda, já que o prazo prescricional somente se iniciará após a constituição definitiva do crédito tributário (art. 174 do CTN), o que se dá ao fim do processo administrativo fiscal. Portanto, independentemente do prazo decadencial para constituição do crédito tributário, a Administração Tributária, para fins de controle da arrecadação e da fiscalização, não se encontra adstrita a esse interregno, uma vez que a necessidade de comprovação do cumprimento da norma tributária pode se estender para além dos cinco anos, enquanto o crédito tributário não estiver extinto por quaisquer das formas previstas no art. 156 do CTN" (REIS, Hélcio Lafetá. A autonomia relativa da obrigação tributária acessória em relação à obrigação tributária principal. *RDDT* 224/92, 2014).

– **Até que ocorra a prescrição.** O dever de guarda e manutenção "perdura pelo intervalo de tempo que vai do seu surgimento até o instante em que as respectivas obrigações forem colhidas pelo fato jurídico da prescrição. E sabemos que o advento de qualquer das causas interruptivas do curso prescricional tem o condão de tornar sem efeito o prazo já decorrido, iniciando-se nova contagem de cinco anos" (CARVALHO, Paulo de Barros. *Curso de direito tributário*. 27. ed. São Paulo: Saraiva, 2016, p. 536).

– **Prazo quinquenal.** Sobre os prazos decadenciais e prescricionais, vide artigos 173 e 174 do CTN.

– "ART. 195 DO CTN. OBRIGATORIEDADE DE CONSERVAÇÃO E EXIBIÇÃO DO LIVRO DE APURAÇÃO DO LUCRO REAL... 1. É questão assente neste tribunal que nos tributos sujeitos a lançamento por homologação, categoria na qual se inserem o IRPJ e a CSLL, ocorrendo pagamento antecipado, conta-se o prazo decadencial para a constituição do crédito tributário a partir da ocorrência do fato gerador (RESP n. 183603/SP, 2ª Turma, Rel. Min. Eliana Calmon, *DJ* de 13/08/2001). 2. Conforme narra o aresto recorrido, os fatos geradores dos tributos relativos ao IRPJ e à CSLL ocorreram no ano-base de 1995, tendo a recorrente recebido o Termo de Solicitação para a exibição do Livro de Apuração do Lucro Real no ano de 1999, portanto, antes de consumado o prazo decadencial. Desse modo, persiste o dever do contribuinte de preservar e exibir o referido livro, consoante prevê o art. 195 do CTN, eis que os créditos tributários decorrentes das operações a que se refere ainda não foram alcançados pela decadência. 3. Inexiste qualquer afronta aos dispositivos do Código Tributário Nacional, razão pela qual merece o acórdão hostilizado permanecer intacto em seus fundamentos" (STJ, REsp 643.329, 2004).

– **Dever de guarda dos documentos relacionados a contribuições.** A Lei n. 8.212/91 estabelece: "§ 11. Em relação aos créditos tributários, os documentos comprobatórios do cumprimento das obrigações de que trata este artigo devem ficar arquivados na empresa até que ocorra a prescrição relativa aos créditos decorrentes das operações a que se refiram". Anteriormente, porém, com a redação dada pela Lei n. 9.528/97, estabelecia deveres formais no art. 32 e, em seu § 11, a obrigação de guarda por dez anos: "Art. 32... § 11. Os documentos comprobatórios do cumprimento das obrigações de que trata este artigo devem ficar arquivados na empresa durante dez anos, à disposição da fiscalização". Fazia isso porque também previa prazos decadencial e prescricional decenais. O STF, entretanto, reconheceu que as contribuições sujeitam-se aos prazos quinquenais de cinco anos previstos nos arts. 173 e 174 do CTN, conforme se vê das respectivas notas. Cabe considerar, assim, que, dispondo o art. 195, parágrafo único, do CTN que o dever de conservação dos livros e documentos se dá pelo prazo prescricional e se este é de cinco anos, era inválida lei ordinária que amplie o dever de guarda para 10 anos. Anteriormente, a CLPS já estabelecia o arquivamento por cinco anos.

– Dispunha a Lei n. 3.807/60: "Art. 80. Todo pagamento ou recolhimento feito pelas empresas obrigadas à escrituração mercantil, relativo às contribuições e consignações devidas às instituições de previdência social, deve ser lançado na referida escrita, em título próprio, sendo arquivados, para os efeitos do art. 81, durante 5 (cinco) anos, os respectivos comprovantes discriminativos". Dispunha, ainda, o art. 140 do Decreto n. 89.312/84 (CLPS), *verbis*: "Art. 140. Cabe também à empresa: I– preparar folhas de pagamento dos salários dos segurados a seu serviço, anotando nelas os descontos para a previdência social urbana; II– lançar mensalmente em títulos próprios de sua contabilidade o montante das quantias descontadas, as contribuições da empresa e os totais recolhidos. Parágrafo único. Os comprovantes discriminativos desses lançamentos devem ficar arquivados na empresa durante 5 (cinco) anos, para fiscalização".

– **Irretroatividade da exigência.** "CUMPRIMENTO DAS OBRIGAÇÕES DE QUE TRATA O ART. 32 DA LEI N. 8.212/91. DOCUMENTOS COMPROBATÓRIOS. PRAZO DE ARQUIVAMENTO: DEZ ANOS. APLICAÇÃO RETROATIVA À VIGÊNCIA DA LEI QUE O ESTABELECEU (DECRETO 356/91, ALTERADO PELO DECRETO 612/92). INADMISSIBILIDADE. É inadmissível exigir-se que os documentos comprobatórios do cumprimento das obrigações previstas na Lei n. 8.212/9l, consoante o disposto no seu art. 32, § 11, fiquem arquivados durante dez anos, à disposição da fiscalização, a contar da competência de janeiro de 1986, de acordo com a exigência estabelecida em decreto regulamentar (Decreto 356/9l, art. 47, § 1º, alterado pelo Decreto 612/92). Na espécie, não cabe aplicar a lei retroativamente, por ausência de previsão legal. Recurso improvido" (STJ, REsp 383.662, 2002).

– **Impossibilidade de fiscalização relativa a período sobre o qual já não há dever de guarda da documentação.** Independentemente de incorrer em decadência, não é viável a fiscalização de período relativo ao qual a empresa não tem mais obrigação de guardar a respectiva documentação. Não se pode apontar irregularidades documentais e falta de comprovação do pagamento de tributos se a guarda da documentação já não é mais exigível. A Fiscalização não pode ignorar a dispensa do dever de guarda da documentação prevista na própria legislação a que estão sujeitos tanto o contribuinte como a Administração. Impende que aja no prazo, com presteza, sob pena de não mais poder exigir a documentação nem lançar relativamente a tal período.

⇒ **Da ilegalidade da solicitação de documentos sem a concessão de prazo suficiente.** "... numa fiscalização de rua (ICMS, IPI e Imposto de Importação), quando o transportador é obrigado a concluir a nota fiscal junto com o produto, não tem cabimento estabelecer prazos que não os imediatos. [...] Por outra, numa fiscalização sobre índices de produtividade, preços de mercado, comprovantes bancários e outras verificações de maior complexidade contábil, não há cabimento para o prazo de 24 horas ou, absurdo superlativo, para o prazo 'imediato'. [...] O problema toma vulto, sobretudo, na fiscalização da pessoa física, quanto a depósitos bancários, dentre outros. Valioso esclarecer que a pessoa física não é obrigada a manter escrituração contábil ou fiscal, com exceção dos agricultores de grande porte e dos profissionais liberais que mantenham livro Caixa. Portanto, desobrigada de escrita, a pessoa física não pode ser acossada com o prazo de cinco dias úteis para apresentar justificações de fatos que não estejam obrigatoriamente em sua declaração de rendimentos. Na Declaração da pessoa física, registram-se os saldos anuais dos bens, iniciais e finais. Os valores, sobretudo suas origens e aplicações de outros meses, não. Nem há espaço para tal. A regra há de ser os vintes dias. Intimar o pecuarista, que não esteja obrigado ao livro Caixa, a listar, nomear e comprovar bois, bodes, patos e perus? A quem os vendeu, de quem os comprou? Também vinte dias. No mínimo. Mas a dificuldade não é apenas na órbita da pessoa física. Casos há, na pessoa jurídica, em que o auditor estabelece todo tipo de prazos: cinco dias, 72 horas, 48 horas e, pasme o leitor, o prazo imediato. Ora, se a lei positiva estabelece, com rigor, um prazo

mínimo de cinco dias úteis, somente mediante a ilicitude de procedimento será possível usurpá-lo. Este, pois, o tema deste artigo: a usurpação do prazo legal e suas consequências na formação das provas. Duas teorias: – a do não prejuízo, e o consequente aproveitamento; – a dos meios ilícitos. [...] Se os prazos estão na lei, por certo, é para serem respeitados. O prejuízo de sua violação dá-se no campo mesmo da ilicitude, contra todo o organismo social, e não apenas contra o administrado" (FEITOSA, Francisco José Soares. Do processo fiscal; da perda de bens e da liberdade; das provas obtidas por meios ilícitos; da violação dos prazos e da nulidade processual. Precedente no Judiciário. *RDDT* 130/27, 2006).

Art. 196. A autoridade administrativa que proceder ou presidir a quaisquer diligências de fiscalização lavrará os termos necessários para que se documente o início do procedimento, na forma da legislação aplicável, que fixará prazo máximo para a conclusão daquelas.

⇒ **Princípio documental.** A exigência de formalização dos diversos atos, feita pelo art. 196 do CTN, recebe detalhamento no art. 7º, inciso I, do Dec. n. 70.235/72, bem como em inúmeros atos normativos, ensejando que se possa vislumbrar que o processo administrativo fiscal é orientado pelo "princípio documental".

– Dec. 70.235/72: "Art. 7º O procedimento fiscal tem início com: I – o primeiro ato de ofício, escrito, praticado por servidor competente, cientificado o sujeito passivo da obrigação tributária ou seu preposto;"

– "O princípio documental informa o procedimento fiscal. As diligências e investigações desenvolvidas pelas autoridades fiscais devem ser reduzidas a escrito e ordenadas logicamente" (AMARO, Luciano. *Direito tributário brasileiro*. 15. ed. São Paulo: Saraiva, 2009, p. 482).

⇒ **Documentos relacionados aos procedimentos de fiscalização.** Há vários documentos que autorizam e instruem a ação fiscal.

– **Termo de Distribuição do Procedimento Fiscal – TDPF.** Os procedimentos de fiscalização são instaurados mediante Termo de Distribuição do Procedimento Fiscal – TDPF, com a delimitação do trabalho a ser desempenhado pelo fiscal. O TDPF, ao mesmo tempo em que autoriza a ação do Auditor-Fiscal, delimita o objeto da fiscalização, definindo a abrangência do trabalho a ser realizado. O prazo para o cumprimento do TDPF-F (Fiscalização) é de 120 dias, prorrogáveis. A existência de TDPF é requisito para que a fiscalização ocorra de modo válido; sua ausência implica nulidade do procedimento. Mas há algumas poucas exceções à exigência de prévio TDPF, relacionadas ao despacho aduaneiro, à revisão aduaneira, à vigilância e repressãoa do contrabando e do descaminho em operação ostensiva e ao tratamento automático das declarações, as chamadas malhas finas. A ação fiscal poderá abranger apenas os tributos e períodos de apuração constantes no TDPF, sendo que a sua ampliação depende de registro no próprio Termo. Essa limitação está intimamente ligada à finalidade de controle administrativo. O contribuinte tem o direito de não fornecer informações e documentos que sejam pertinentes a tributo ou a período não abrangidos pelo TDPF, com a cautela de, em resposta a eventual intimação neste sentido, destacar, em resposta, que o fundamento da recusa é justamente inexistência de prévio TDPF com a abrangência pretendida". A matéria é regulada pelo Decreto n. 3.724/2001, com a redação do Decreto n. 8.303/2014, e pela Portaria RFB n. 6.487/2017, que "Dispõe sobre o planejamento das atividades fiscais e estabelece normas para a execução de procedimentos fiscais relativos ao controle aduaneiro do comércio exterior e aos tributos administrados pela Secretaria da Receita Federal do Brasil".

– Anteriormente ao surgimento do TDPF, cumpria esse papel o então chamado MPF (Mandado de Procedimento Fiscal). Fazendo-se necessária substituição do auditor ou ampliação dos tributos ou períodos objeto de fiscalização, expedia-se um MPF-C (Complementação). A matéria era regulada pelo Decreto n. 3.724/2001, com as alterações do Dec. n. 6.104/2007, e pela Portaria RFB n. 3.014/2011.

– "Com o objetivo de delegar competência para o Auditor Fiscal agir em nome da Fazenda Pública, foi criado o MPF que, como o próprio nome já diz, é ele que confere o 'mandado' (exercício da ordem de mandar) e dá a competência para agir e fiscalizar em nome da Fazenda Pública. Sob essa perspectiva, o MPF é um instrumento criado pela própria Administração Tributária como uma forma de legitimar e melhor controlar as ações os seus agentes e a legalidade dos respectivos atos, para tanto, ele funciona por meio de formalidades que necessitam ser obedecidas. A Administração não precisava criar formalidades indispensáveis para o atuar dos seus agentes. Porém, a partir do momento que ela mesma decidiu se autolimitar, estabelecendo ritos sacramentais para as ações dos seus agentes, essas regras tornaram-se vinculantes e passaram a se revestir de essencialidade e imprescindibilidade. O que demanda, por conseguinte, a sua obediência sob pena de nulidade dos atos expedidos sem a respectiva observância. Qualquer entendimento em contrário, no sentido de que tais normas não obrigam e podem ser desobedecidas sem qualquer reflexo sob o procedimento fiscal, além de constituir grave afronta à moralidade, implica em violação da própria legalidade contida na Lei que determina a observância das formalidades essenciais, ainda que previstas em ato infralegal, bem assim dá poderes ao superior hierárquico para editar esse tipo de ato. A legalidade não se refere, apenas, à obediência a texto expresso de lei, mas, dependendo da matéria disciplinada, alcança as prescrições contidas em atos infralegais da legislação tributária, consoante os artigos 96 e 100 do CTN" (QUEIROZ, Mary Elbe. O mandado de procedimento fiscal: formalidade essencial, vinculante e obrigatória para o início do procedimento fiscal. *RFDT* 37/53, 2009).

– **Segundo exame do período fiscalizado.** O Regulamento do Imposto de Renda de 1999, revogado, e o de 2018, em vigor, ambos estabeleceram que, em relação ao mesmo exercício, um seguindo exame somente seria possível mediante ordem escrita. Analisando a questão, o CARF entendeu que o MPF – hoje TDPF – supre a autorização.

– **Súmula CARF 111:** "O Mandado de Procedimento Fiscal supre a autorização, prevista no art. 906 do Decreto n. 3.000, de 1999, para reexame de período anteriormente fiscalizado" (Pleno, 2018). Obs.: vinculante, conforme Portaria MF n. 129/2019.

– Decreto n. 3.000/99 (Revogado): "Art. 906. Em relação ao mesmo exercício, só é possível um segundo exame, mediante ordem escrita do Superintendente, do Delegado ou do Inspetor da Receita Federal (Lei n. 2.354, de 1954, art. 7º, § 2º, e Lei nº 3.470, de 1958, art. 34)".

– Decreto n. 9.580/2018: "Segundo exame de período fiscalizado Art. 951. Em relação ao mesmo exercício, somente é possível o segundo exame de período fiscalizado por meio de ordem escrita do Coordenador de Fiscalização, do Superintendente, do Delegado ou do Inspetor da Secretaria da Receita Federal do Brasil do Ministério da Fazenda (Lei n. 3.470, de 1958, art. 34)".

– **TIAF/TIAD. TEAF. Notificação.** A ação fiscal tem início com a notificação ao sujeito passivo do início da ação fiscal através de Termo de Início de Ação Fiscal (TIAF), subscrito pelos auditores-fiscais em cumprimento ao mandado expedido pelo Delegado da Receita Federal. A ação fiscal é encerrada com a lavratura de Termo de Encerramento da Ação Fiscal (TEAF), normalmente acompanhado de Relatório Fiscal e, se for o caso, de Auto de Infração (AI). No âmbito da extinta Secretaria da Receita Previdenciária/INSS, era lavrado o Termo de Intimação para Apresentação de Documentos (TIAD) e o encerramento se dava mediante lavratura de Termo de Encerramento de Auditoria-Fiscal (TEAF), acompanhado de Relatório Fiscal.

– "... é com a cientificação pelo auditor fiscal que se inicia o MPF em face do contribuinte, nos moldes d artigo 7º, I, do Decreto 70.235 e artigo 67 da Lei 9.532/1997, que alterou o artigo 23 do Decreto 70.235. [...] É direito/dever do Estado proceder a atos de fiscalização em face do contribuinte por meio de MPF, amparado em normas que garantam a segurança jurídica ao contribuinte. O Direito é um fato comunicacional em que normas jurídicas são deonticamente modalizadas a seus destinatários. No MPF existem dois fatos comunicacionais. O primeiro, de natureza interna do órgão fiscalizador, em que o emissor da mensagem delega competência a outro agente interno do respectivo órgão. O segundo, de natureza externa, em que o agente, com a competência já delegada, procede um ato de subsunção à norma de cientificação/intimação em face do contribuinte. Tão somente a partir da data da cientificação/intimação realizada ao contribuinte ou ao seu representante legal é que se deve ter como vigente e válido o procedimento fiscal instaurado. Antes... temos tão somente, internamente dentro do órgão administrativo, um ato de delegação e encaminhamento pelo delegado ao auditor para execução do MPF, não gerando efeitos em face do contribuinte" (TREVISAN, Paulo Roberto; TREVISAN, Vinicius Monte Serrat. O mandado de procedimento fiscal e a data de seu início. *RDDT* 229/117, 2014).

– **AI, NFLD e IFD.** Sobre a lavratura de Auto de Infração, NFLD, LDC e IFD, vide nota ao art. 142 do CTN.

⇒ **Prazo máximo para conclusão dos procedimentos de fiscalização.** Portaria RFB n. 6.487/2017: "DOS PRAZOS Art. 11. Os procedimentos fiscais deverão ser executados nos seguintes prazos: I – 120 (cento e vinte) dias, no caso de procedimento de fiscalização; e II – 60 (sessenta) dias, no caso de procedimento fiscal de diligência. § 1º Os prazos de que trata o caput poderão ser prorrogados até a efetiva conclusão do procedimento fiscal e serão contínuos, excluindo-se da sua contagem o dia do início e incluindo-se o do vencimento, conforme os termos do art. 5º do Decreto n. 70.235, de 1972. § 2º Para fins de controle administrativo, a contagem do prazo do procedimento fiscal far-se-á a partir da data da expedição do TDPF, salvo nos casos de expedição de TDPF-E, nos quais a contagem far-se-á a partir da data de início do procedimento fiscal."

⇒ **Irregularidade no TDPF ou MPF.** Embora o TDPF, anteriormente denominado Mandado de Procedimento Fiscal (MPF), autorize, regule e condicione a fiscalização, há entendimento assentado na Súmula CARF 171 no sentido de que "Irregularidade na emissão, alteração ou prorrogação do MPF não acarreta a nulidade do lançamento" (2021).

Parágrafo único. Os termos a que se refere este artigo serão lavrados, sempre que possível, em um dos livros fiscais exibidos; quando lavrados em separado deles se entregará, à pessoa sujeita à fiscalização, cópia autenticada pela autoridade a que se refere este artigo.

Art. 197. Mediante intimação escrita, são obrigados a prestar à autoridade administrativa todas as informações de que disponham com relação aos bens, negócios ou atividades de terceiros:

⇒ **Notificações e intimações no âmbito do processo administrativo fiscal.** O art. 23 do Decreto n. 70.235/72 cuida da intimação em seu art. 23. Vide em nota ao art. 142 do CTN.

I – os tabeliães, escrivães e demais serventuários de ofício;

II – os bancos, as casas bancárias, Caixas Econômicas e demais instituições financeiras;

⇒ **Dever de colaborar com o fisco, inclusive prestando informações.** Vide notas ao art. 113, § 2º, do CTN.

⇒ **Sigilo bancário. Evolução legislativa.** O sigilo bancário não está estabelecido de modo expresso na Constituição. Seu fundamento reside na proteção da intimidade e da vida privada (art. 5º, X, da CF) ou da "comunicação" de dados (art. 5º, XII). Tem, assim, um conteúdo instrumental, justificando-se em função da proteção dos verdadeiros direitos fundamentais consagrados constitucionalmente. De qualquer modo, jamais se poderia atribuir caráter absoluto ao sigilo. Aliás, na quase totalidade dos países ocidentais, existe a possibilidade de acesso às movimentações bancárias sempre que tal seja importante para a apuração de crimes e fraudes tributárias em geral. Dos 30 países integrantes da *Organization for Economic Cooperation and Development* (de que são parte Alemanha, Austrália, Itália, Japão, Portugal, Espanha, Reino Unido, Estados Unidos e a Suíça, inclusive, dentre outros), apenas dois (República Eslovaca e Luxemburgo) não facultavam tal acesso, conforme artigo do Ministro José Delgado publicado na RE n. 22, nov.-dez. 2001. Via de regra, o acesso aos dados dependente de ordem judicial à vista de indícios de irregularidades. A existência de norma legal expressa ou causa justificada é traço comum. No Brasil, vem sendo ampliado o poder do Fisco para acessar dados atinentes a movimenta-

ções bancárias. O art. 145, § 1º, da CF, faculta à administração tributária, respeitados os direito individuais e nos termos da lei, identificar o patrimônio, os rendimentos e as atividades econômicas do contribuinte, mas para conferir pessoalidade aos impostos. O art. 197, II, do CTN já dizia da obrigação das instituições financeiras de, mediante intimação escrita, prestarem informações sobre os bens, negócios e atividades de terceiros. A Lei n. 8.021/90, por sua vez, estabeleceu que a autoridade fiscal, iniciado o procedimento fiscal, poderia solicitar informações sobre operações realizadas pelo contribuinte e instituições financeiras, inclusive extratos de contas bancárias. Mantinha-se, pois, pressupondo que se tivesse iniciado uma investigação concreta relativamente a algum contribuinte relativamente ao qual pairassem suspeitas de sonegação. Foi com a Lei n. 9.311/96 que se inaugurou uma nova fase. Isso porque, em face da cobrança da CPMF, passou o Fisco a receber informações periódicas atinentes aos valores globais das operações realizadas pelos contribuintes, embora, na sua redação original, fosse vedada sua utilização para constituição de crédito tributário relativo a outras contribuições ou impostos. A Lei n. 10.174, publicada em 10 de janeiro de 2001, alterando a redação da Lei n. 9.311, inovou, facultando à Secretaria da Receita Federal que se utilizasse de tais informações para instaurar procedimento administrativo tendente a verificar a existência de crédito tributário relativo a impostos e contribuições com vista ao seu lançamento. A validade de tal dispositivo podia ser colocada em dúvida, pois o CTN, norma geral de direito tributário, no seu art. 197, II, conforme já referido, exigia intimação escrita, dando a entender que a prestação de informações teria de se dar caso a caso. Mas a LC n. 105, publicada no dia seguinte, em 11 de janeiro de 2001, ao dispor sobre o sigilo das operações de instituições financeiras, traz dispositivos que dizem respeito especificamente à questão tributária, assumindo a posição de normas gerais. No art. 5º da LC n. 105/2001, está previsto que as instituições financeiras (assim considerados os bancos, corretoras de câmbio e de valores mobiliários, sociedades de crédito, financiamento e investimentos, sociedades de crédito imobiliário, administradoras de cartões de crédito, cooperativas de crédito, bolsas de valores etc.) informarão à administração tributária as operações financeiras efetuadas pelos usuários de seus serviços, identificando os titulares e os montantes globais mensalmente movimentados. Criou-se, pois, com isso, uma espécie de monitoramento mensal da atividade financeira dos contribuintes (ainda que sem a identificação da origem e natureza dos gastos) de modo a ensejar a revelação de situações em que seja ela incompatível com as informações pelo mesmo prestadas à Receita e com os tributos por ele recolhidos. O art. 6º da LC n. 105, por sua vez, estabelece a possibilidade de, num segundo momento, já identificados os contribuintes suspeitos e instaurado o procedimento fiscal, ocorrer o exame de documentos, livros e registros das instituições financeiras, inclusive os referentes a contas de depósito e aplicações financeiras, com vista ao indispensável aprofundamento da análise das operações financeiras do contribuinte. O Decreto n. 4.489, publicado em 29 de novembro de 2002, regulamentou a obrigação das instituições financeiras de repassarem os montantes globais mensais das operações financeiras dos contribuintes, determinando que tal se dê de forma contínua, em arquivos digitais, envolvendo o somatório dos lançamentos a crédito dos depósitos à vista e a prazo, inclusive em poupança, o somatório dos lançamentos a débito nas emissões de ordens de crédito ou documentos assemelhados, o somatório dos lançamentos a débito vinculados aos resgates em conta de depósito à vista e à prazo, o somatório dos pagamentos efetuados pelos titulares de cartões de crédito e de inúmeras outras operações, excluindo apenas as modalidades com montante global de movimentação no mês inferior a R$ 5.000,00 para pessoas físicas e a R$ 10.000,00 para pessoas jurídicas. O Dec. n. 4.545, de 26 de dezembro de 2002, contudo, decorrente das fortes reações surgidas em face da anterior regulamentação da matéria, dispondo sobre a prestação de informações de que trata o Decreto n. 4.489/2002, diz que resta ela suprida pela prestação de informações sobre operações financeiras realizada em decorrência do § 2º do art. 11 da Lei n. 9.311/96. Com isto, o novo Decreto n. 4.545/2002 praticamente torna sem efeito as disposições do Decreto n. 4.489/2002. A IN n. 802/2007 dispõe sobre a prestação de informações de que trata o art. 5º da LC n. 105/2001. Em qualquer hipótese de transferência de dados, a legislação estabelece o dever dos agentes públicos de manterem sob sigilo as informações acessadas, razão pela qual a Receita tem apregoado que o que ocorre quando recebe dados das instituições financeiras é uma transferência (e não quebra) do sigilo. Temos que a expressão "transferência de sigilo" é útil para destacar a preservação da intimidade e da vida privada, sendo importante na análise da proporcionalidade da medida. O STF reconhece a constitucionalidade da sistemática criada pela LC n. 105/2001 e a validade da solicitação de informações diretamente pela Receita às instituições financeiras para a instrução de processos administrativos fiscais.

– Sobre a aplicação da LC n. 105/2001 para a investigação de ilícitos anteriores à sua vigência, vide nota ao art. 144, § 1º, do CTN.

– Sobre o compartilhamento internacional de informações para fins fiscais, vide nota ao art. 199, parágrafo único, do CTN.

⇒ **O sigilo não constitui direito absoluto. Proporcionalidade.** "[...] OS DIREITOS E GARANTIAS INDIVIDUAIS NÃO TÊM CARÁTER ABSOLUTO. Não há, no sistema constitucional brasileiro, direitos ou garantias que se revistam de caráter absoluto, mesmo porque razões de relevante interesse público ou exigências derivadas do princípio de convivência das liberdades legitimam, ainda que excepcionalmente, a adoção, por parte dos órgãos estatais, de medidas restritivas das prerrogativas individuais ou coletivas, desde que respeitados os termos estabelecidos pela própria Constituição. O estatuto constitucional das liberdades públicas, ao delinear o regime jurídico a que estas estão sujeitas – e considerado o substrato ético que as informa – permite que sobre elas incidam limitações de ordem jurídica, destinadas, de um lado, a proteger a integridade do interesse social e, de outro, a assegurar a coexistência harmoniosa das liberdades, pois nenhum direito ou garantia pode ser exercido em detrimento da ordem pública ou com desrespeito aos direitos e garantias de terceiros" (STF, MS 23.452, 1999).

– "SIGILO BANCÁRIO. QUEBRA. PROCEDIMENTO LEGAL ... 2. O sigilo bancário, espécie de direito à privacidade protegido pela Constituição de 1988, não é absoluto, pois deve ceder diante dos interesses público, social e da Justiça. Assim, deve ceder também na forma e com observância de procedimento legal e com respeito ao princípio da razoabilidade" (STF, AIArR 655.298, 2007).

– "8. [...] ressoa inadmissível que o ordenamento jurídico crie proteção de tal nível a quem, possivelmente, cometeu infração. 9. Isto porque o sigilo bancário não tem conteúdo absoluto, devendo ceder ao princípio da moralidade pública e privada, este sim, com força de natureza absoluta. A regra do sigilo bancário deve ceder todas as vezes que as transações bancárias são denotadoras de ilicitude, porquanto não pode o cidadão, sob o alegado manto de garantias fundamentais, cometer ilícitos. O sigilo bancário é garantido pela Constituição Federal como direito fundamental para guardar a intimidade das pessoas desde que não sirva para encobrir ilícitos" (STJ, REsp 943.304, 2008).

– "1. O sigilo bancário, como dimensão dos direitos à privacidade (art. 5º, X, CF) e ao sigilo de dados (art. 5º, XII, CF), é direito fundamental sob reserva legal, podendo ser quebrado no caso previsto no art. 5º, XII, *in fine*, ou quando colidir com outro direito albergado na Carta Maior. Neste último caso, a solução do impasse, mediante a formulação de um juízo de concordância prática, há de ser estabelecida através da devida ponderação dos bens e valores, *in concreto*, de modo a que se identifique uma 'relação específica de prevalência' entre eles" (TRF4, AMS 2003.70.00.012284-4, 2003).

– "... os direitos tipicamente fundamentais têm o princípio da dignidade humana como princípio inspirador. Possuem como características a universalidade, a historicidade, a inalienabilidade/indisponibilidade, a imprescritibilidade, a relatividade e a aplicabilidade imediata. Dentre esses direitos, os que poderiam possuir alguma relação com o sigilo bancário seriam os direitos à intimidade e à vida privada, e o direito ao sigilo de dados. O sigilo bancário pode ser definido como a obrigação dos bancos de não revelar as informações obtidas em razão do exercício de sua atividade profissional. Não tem um caráter absoluto, e sim relativo, pois o sigilo bancário deve ceder diante de determinadas circunstâncias e de interesses sociais, considerados mais relevantes. Os direitos à intimidade e à vida privada (art. 5º, X, da CF/88) se referem às esferas estritamente pessoal (os sentimentos, desejos, pensamentos, opções religiosa e política) e familiar (nessa esfera incluem-se também os amigos íntimos) do indivíduo. Esses direitos têm relação com a dignidade humana e com a liberdade, fazendo parte dos direitos da personalidade. Os informes bancários estão muito mais ligados com a atividade comercial e com questões patrimoniais do que com a intimidade e a vida privada, não tendo com estas uma relação de gênero e espécie, mas apenas de envolvimento em determinados casos. Esse possível envolvimento não elege, contudo, o sigilo bancário à categoria dos direitos fundamentais constitucionalmente assegurados, o que não significa que não devam ter proteção legal.

No que tange às teses que colocam o sigilo bancário na proteção ao sigilo de dados previsto no art. 5º, XII, da Constituição, observa-se que esse inciso não busca proteger os dados em si, dentre estes os bancários, mas sim a sua comunicação. O que se coíbe e a intromissão clandestina, desarrazoada e desautorizada na comunicação entre cliente e banco, não o acesso aos dados contábeis deste, quando necessários ao interesse público. Sendo assim, não se encontra, também, o sigilo bancário resguardado constitucionalmente pelo artigo 5º, inciso XII. [...] no ordenamento jurídico pátrio é disciplinado pela Lei Complementar n. 105, de 2001. [...] referida lei deu efetividade aos princípios constitucionais da isonomia tributária e da capacidade contributiva, pois instituiu os meios para a fiscalização tributária pudesse aferir a real capacidade econômica dos contribuintes. Instituiu também diversos mecanismos para assegurar a inviolabilidade da intimidade e da vida privada dos contribuintes, e garantiu ainda que as informações recebidas serão mantidas sob sigilo fiscal. Não se trata, *in casu*, de quebra do sigilo bancário, mas de simples transferência do sigilo bancário para o sigilo fiscal, pois as informações mantêm seu caráter sigiloso, sob pena de responsabilidade..." (BARROSO, Renata Fernandes. A constitucionalidade da transferência direta do sigilo bancário para o Fisco. *RFDT* 20, 2006).

– Considerando que as pessoas jurídicas devem manter contabilidade regular e colocá-la sempre à disposição do Fisco, juntamente com seus livros e documentação comercial e fiscal, a ele dando conta das suas receitas, despesas e de tudo o mais que se faz necessário à apuração dos fatos geradores e bases de cálculo dos tributos em geral, não se pode vislumbrar a existência de segredos da empresa relativamente às suas movimentações financeiras, porquanto devem ser um espelho da sua contabilidade.

– **Pelo acesso direito aos dados pela Receita.** Em 2016, no RE 601.314, o STF firmou posição no sentido de que o Fisco pode requerer o acesso às informações bancárias diretamente, sem a necessidade de decisão judicial, desde que observada a exigência de existência de procedimento de investigação instaurado e fundamentada a necessidade da diligência. E mais: que o acesso à informação segue a lei vigente por ocasião do exercício dessa prerrogativa de investigação.

– **Tema 225 do STF:** "I – O art. 6º da Lei Complementar 105/01 não ofende o direito ao sigilo bancário, pois realiza a igualdade em relação aos cidadãos, por meio do princípio da capacidade contributiva, bem como estabelece requisitos objetivos e o translado do dever de sigilo da esfera bancária para a fiscal".

– "RECURSO EXTRAORDINÁRIO. REPERCUSSÃO GERAL. DIREITO TRIBUTÁRIO. DIREITO AO SIGILO BANCÁRIO. DEVER DE PAGAR IMPOSTOS. REQUISIÇÃO DE INFORMAÇÃO DA RECEITA FEDERAL ÀS INSTITUIÇÕES FINANCEIRAS. ART. 6º DA LEI COMPLEMENTAR 105/01. MECANISMOS FISCALIZATÓRIOS. APURAÇÃO DE CRÉDITOS RELATIVOS A TRIBUTOS DISTINTOS DA CPMF. PRINCÍPIO DA IRRETROATIVIDADE DA NORMA TRIBUTÁRIA. LEI 10.174/01. 1. O litígio constitucional posto se traduz em um confronto entre o direito ao sigilo bancário e o dever de pagar tributos, ambos referidos a um mesmo cidadão e de caráter

constituinte no que se refere à comunidade política, à luz da finalidade precípua da tributação de realizar a igualdade em seu duplo compromisso, a autonomia individual e o autogoverno coletivo. 2. Do ponto de vista da autonomia individual, o sigilo bancário é uma das expressões do direito de personalidade que se traduz em ter suas atividades e informações bancárias livres de ingerências ou ofensas, qualificadas como arbitrárias ou ilegais, de quem quer que seja, inclusive do Estado ou da própria instituição financeira. 3. Entende-se que a igualdade é satisfeita no plano do autogoverno coletivo por meio do pagamento de tributos, na medida da capacidade contributiva do contribuinte, por sua vez vinculado a um Estado soberano comprometido com a satisfação das necessidades coletivas de seu Povo. 4. Verifica-se que o Poder Legislativo não desbordou dos parâmetros constitucionais, ao exercer sua relativa liberdade de conformação da ordem jurídica, na medida em que estabeleceu requisitos objetivos para a requisição de informação pela Administração Tributária às instituições financeiras, assim como manteve o sigilo dos dados a respeito das transações financeiras do contribuinte, observando-se um translado do dever de sigilo da esfera bancária para a fiscal. 5. A alteração na ordem jurídica promovida pela Lei 10.174/01 não atrai a aplicação do princípio da irretroatividade das leis tributárias, uma vez que aquela se encerra na atribuição de competência administrativa à Secretaria da Receita Federal, o que evidencia o caráter instrumental da norma em questão. Aplica-se, portanto, o artigo 144, § 1º, do Código Tributário Nacional. 6. Fixação de tese em relação ao item 'a' do Tema 225 da sistemática da repercussão geral: 'O art. 6º da Lei Complementar 105/01 não ofende o direito ao sigilo bancário, pois realiza a igualdade em relação aos cidadãos, por meio do princípio da capacidade contributiva, bem como estabelece requisitos objetivos e o translado do dever de sigilo da esfera bancária para a fiscal'. 7. Fixação de tese em relação ao item 'b' do Tema 225 da sistemática da repercussão geral: 'A Lei 10.174/01 não atrai a aplicação do princípio da irretroatividade das leis tributárias, tendo em vista o caráter instrumental da norma, nos termos do artigo 144, § 1º, do CTN'. 8. Recurso extraordinário a que se nega provimento" (STF, RE 601.314, 2016).

– "TRANSFERÊNCIA DE INFORMAÇÕES SUBMETIDAS AO SIGILO BANCÁRIO SEM AUTORIZAÇÃO JUDICIAL. CONSTITUIÇÃO DE CRÉDITOS TRIBUTÁRIOS. TEMA JÁ JULGADO PELO REGIME DO ART. 543-C, DO CPC, E DA RESOLUÇÃO STJ 08/08. APLICAÇÃO DE MULTA. 1. 'A quebra do sigilo bancário sem prévia autorização judicial, para fins de constituição de crédito tributário não extinto, é autorizada pela Lei 8.021/90 e pela Lei Complementar 105/2001, normas procedimentais, cuja aplicação é imediata, à luz do disposto no artigo 144, § 1º, do CTN' (recurso representativo da controvérsia REsp N. 1.134.665 – SP, Primeira Seção, Rel. Min. Luiz Fux, julgado em 25.11.2009). 2. Decidido o tema em sede de recurso representativo da controvérsia e inadmitido o recurso especial com base na aplicação do art. 543-C, do CPC, é incabível o agravo em recurso especial. Precedente: QO no AG n. 1.154.599 – SP, Corte Especial, Rel. Min. César Asfor Rocha, julgado em 16.02.2011. 3. Agravo manifestamente inadmissível, havendo que incidir o § 2º, do art. 557 c/c art. 545, do CPC, fixando-se a multa apropriada" (STJ, AgRg no AREsp 385.653, 2013).

– "... não se poderá invocar o inciso XII do art. 5º, que nem de longe trata do sigilo fiscal ou bancário. Ou seja, onde está escrito sigilo da correspondência, das comunicações telegráficas, de dados e das comunicações telefônicas não ser pode ler 'inviolabilidade de sigilo fiscal'. Tal dispositivo protege comunicação de dados e demais comunicações que sejam feitas por via telefônica (meio utilizado pela Internet), questão, aliás, que já foi discutida pelo Supremo Tribunal Federal (RE n. 219.790/PE), ou seja, o inciso XII proíbe a interceptação da comunicação de dados e não dos resultados. Restaria o argumento de que a LC 105 viola o inciso X do art. 5º, que trata da inviolabilidade da intimidade, da vida privada, da honra e da imagem das pessoas. Também aqui não se vislumbra inconstitucionalidade da LC 105. Note-se, por exemplo, que existem várias leis que regulam as devidas exceções (Código Penal no que tange à honra, mediante a retorsão imediata, o direito de resposta, etc.). Ora, entender que a LC 105 não poderia tratar da quebra do sigilo fiscal em determinadas circunstâncias, cuidadosamente especificadas na LC e no Decreto regulamentador, é dar ao inciso X do art. 5º um sentido absoluto e definitivo em-si-mesmo, afastando, portanto, qualquer possibilidade de regulação em leis esparsas. Observe-se que o próprio inciso X do art. 5º estipula a possibilidade de indenização para o caso de ocorrer dano. Ou seja, se fosse possível enquadrar o sigilo fiscal na moldura do aludido inciso, estar-se-ia até mesmo impedindo que este pudesse ser quebrado por ordem judicial. O sigilo seria, assim, absoluto... *A latere*, há quem esgrima o argumento da reserva de jurisdição, isto é, a alegação de que a quebra do sigilo fiscal deveria seguir a mesma regra do sigilo das comunicações telefônicas, mediante ordem judicial. Na verdade, esse argumento não encontra fundamento constitucional, porque o sigilo fiscal não recebeu proteção constitucional, o que não deixa de guardar coerência com a ideia de Estado-Social-Fiscal que exsurge da CF/88. Por outro lado, o sistema financeiro nacional, que tem capítulo específico na CF/88, em nenhum momento trata da proteção do sigilo fiscal. Ao contrário, o legislador constituinte afirmou que o 'sistema financeiro nacional, estruturado de forma a promover o desenvolvimento equilibrado do País e a servir aos interesses da coletividade, será regulado em lei complementar'. De qualquer modo, importa referir, na linha adotada na presente obra, que a discussão acerca da citada Lei e do Decreto que a regulamenta implica discutir, antes de mais nada, o tipo de Estado em que vivemos e nos novos paradigmas do Direito inerentes ao Estado Democrático de Direito. Nesse exato sentido, assume importância fundamental a noção de Estado Fiscal, cujas necessidades financeiras são nitidamente cobertas por impostos. Nesse sentido, a Constituição brasileira contempla explicitamente os objetivos de reduzir a pobreza e as desigualdades (não importa aqui, discutir se o governo se empenha ou não nesse sentido, pois a questão institucional posta é manifestamente transcendente a governos). Na perspectiva de Estado Social (que inegavelmente se encontra presente no conjunto de preceitos e princípios da CF/88), o imposto, enquanto dever fundamental, não deve ser encarado, conforme Casalta Nabais, nem como um mero poder para o Estado,

nem como um mero sacrifício para os cidadãos, constituindo antes o contributo indispensável a uma vida em comunidade organizada em Estado Fiscal. Um tipo de Estado que tem na subsidiariedade da sua própria ação (econômico-social) e no primado da autorresponsabilidade dos cidadãos pelo seu sustento o seu verdadeiro suporte. Daí que não se pode falar num (pretenso) direito fundamental (de caráter liberal-individualista) a não pagar impostos. Ao contrário, há um dever fundamental de pagar tributos (cfe. José Casalta Nabais, in *O dever fundamental de pagar impostos*. Coimbra, Almedina, 1998). Muito embora inegável essa perspectiva de Estado Social-Fiscal, o nível de sonegação de tributos é escandaloso, beirando ao surrealismo. Diversas legislações objetiva(ra)m combater essa sangria. O êxito é quase zero. Urgia que o Estado buscasse novas fórmulas para combater a sonegação. É, pois, obrigação precípua do Estado. Nesse sentido, Baptista Machado (*Introdução ao direito e ao discurso legitimador*) vai afirmar que hoje deve dizer-se que o princípio do Estado de Direito não exige apenas a garantia da defesa de direitos e liberdades contra o Estado: exige também a defesa dos mesmos contra quaisquer poderes sociais de fato (e não se diga que os sonegadores de impostos, pessoas físicas e jurídicas, não se constituem em poderes sociais de fato, que obstaculizam, escandalosamente, a realização dos direitos previstos na CF/88). Assim, poderá afirmar-se, ainda com o pensador português, que a ideia de Estado de Direito se demite da sua função quando se abstém de recorrer aos meios preventivos e repressivos que se mostrem indispensáveis à tutela da segurança, dos direitos e liberdades dos cidadãos. Daí que a nova Lei é absolutamente compatível com o núcleo político fundamental da Constituição, que aponta para a realização das promessas da modernidade. Na prática, o que está ocorrendo é um prognóstico precipitado por parte de setores da comunidade jurídica, através de pré-visões que apontam para uma violação dos direitos a intimidade, a privacidade, etc. nesse sentido, é preciso entender que, na Alemanha, p. ex., o Tribunal Constitucional tem afirmado que 'uma medida legal não é logo inconstitucional porque se baseia num falso prognóstico' (*apud* Denninger, Erlhard). Também nesse sentido, Stern, *in Staats Rechts, Algemeine Lehren der Grundrechte*, 1988, diz que 'somente nos casos de más avaliações patentes (as leis) podem ser corrigidas judicialmente'. Dito de outro modo, a nova Lei deve ser interpretada levando em conta o conjunto principiológico da CF/88, mormente naquilo que diz respeito à ideia de Estado-Fiscal e à ideia de que o sistema financeiro deve servir de elemento estruturante da promoção do desenvolvimento do País e a servir aos interesses da coletividade. A noção de Constituição que deve ser levada em conta não é a do Estado-Liberal, pródigo em tratar das liberdades negativas e, sim, de atividades propositivas que devem ser tomadas pelo Estado em defesa da comunidade. São, enfim, os novos paradigmas do Direito que devem servir de topos conformador da atividade legiferante-estatal. Ou seja, há um dever fundamental de pagar impostos, e o Estado tem a obrigação de perseguir esse desiderato que lhe é próprio. E a CF/88 aponta nesse sentido. Onde o constituinte quis excepcionar, fê-lo explicitamente, até porque não há o direito (no sentido de liberdade negativa) de sonegar" (STRECK, Lenio Luiz. *As interceptações telefônicas e os direitos fundamentais*. 2. ed. Porto Alegre: Livraria do Advogado, 1995, nota 116, p. 131-133).

– Até a 17ª edição desta obra, transcrevíamos ainda: TRF4, Corte Especial, INAMS 2005.72.01.000181-9, Rel. Otávio Roberto Pamplona, *DE* 14-12-2007; SARAIVA FILHO, Oswaldo Othon de Pontes. O acesso direto aos dados bancários por parte do Fisco: a transferência do sigilo bancário para o sigilo fiscal. *RFDT* 11/63, out. 2004; NORONHA, Marcos Antônio Pereira. O sigilo bancário. *RFDT* 11/111, 2004.

– **No sentido de que o acesso pelo fisco não configura sequer quebra de sigilo, mas sua transferência dos bancos para o Fisco.** "... o artigo 6º da Lei Complementar n. 105, de janeiro de 2001, ao permitir essa ação fiscal e esse acesso, ele o faz exatamente resguardando o sigilo e não quebrando o sigilo; numa possibilidade de acesso à transferência do sigilo, na forma do parágrafo único do art. 6º. O resultado dos exames, as informações e os documentos a que se refere esse artigo serão conservados em sigilo, observada a legislação tributária. [...] Pois bem, nesse sentido, meu entendimento é que aqui não se trata de quebra de sigilo, trata-se, na verdade, de uma transferência de dados sigilosos de um dado portador desse dado, que tem o dever de sigilo, para um outro portador que manterá a obrigação desse sigilo" (Excerto de voto na AC 33).

– **Acesso a dados sobre a movimentação financeira global prescinde de requisição judicial.** "O âmbito objetivo da reserva de jurisdição alcança as requisições fiscais de informações específicas e documentos relativos às operações financeiras dos contribuintes, mas não se estende à simples informação, à Receita Federal, da sua movimentação financeira global. Isso porque a reserva de jurisdição, a demandar o pronunciamento judicial prévio acerca da legitimidade da pretensão fazendária, é uma técnica destinada a salvaguardar a esfera privada dos cidadãos em face de intervenções estatais especialmente severas e potencialmente lesivas. Intervenção pouco significativas na esfera privada, como a mera informação do montante global mensalmente movimentado para fins de tratamento automático de declarações, não requerem autorização judicial prévia. Destarte, a requisição direta de informações específicas e de documentos, autorizada pelos artigos 5º, § 4º, e 6º, *caput*, da LC 105/2001 é inconstitucional, por ofender a reserva de jurisdição. Tais dispositivos somente podem subsistir se receberem interpretação conforme a Constituição, no sentido de que a requisição fazendária deve vir acompanhada de autorização específica, ou seja, de decisão judicial que determine a quebra do sigilo bancário do sujeito passivo. De outra parte, o repasse imediato de informações acerca da movimentação global dos contribuintes, autorizado pelo artigo 5º, *caput* e § 2º, da referida lei complementar, não se afigura ofensivo à Lei Maior, haja vista que não há reserva de jurisdição sobre o tema e a medida estabelecida pelo legislador complementar atende perfeitamente às exigências de adequação, necessidade e proporcionalidade, imprescindíveis para se proclamar a legitimidade de restrições a direitos fundamentais. Consectariamente, a transmissão da 'Declaração de Informações sobre Movimentação Financeira' (Dimof), regulamentada pela IN RFB n. 811/2008, prescinde da quebra judicial do sigilo bancário, diversamente da 'Requisição de Informações sobre Movimentação Financeira' (RMF), regulamentada pelo Decreto 3.724/2001, que tem de vir acompanhada de autorização judicial específica, devidamente fundamentada (art. 93, IX, da Constituição da República), a evidenciar a necessidade, a proporcionalidade e a razoabilidade da quebra do sigilo bancário no caso concreto. Essa solução concilia, numa perspectiva dinâmica, o conflito entre a garantia constitucional do sigilo bancário e o poder-dever de fiscalização tributária, na medida em que afasta a reserva de jurisdição apenas para a obtenção de informação acerca da movimentação financeira global dos contribuintes (medida preliminar, que representa intervenção pouco expressiva na intimidade dos contribuintes e se revela imprescindível para o regular exercício da atividade fiscalizatória) e exige a sub observância para que o Fisco logre acesso a toda e qualquer informação específica acerca da vida financeira dos contribuintes (providência a ser tomada no curso do processo ou procedimento fiscal, consubstanciando severa intervenção no direito fundamental à privacidade)" (VELLOSO, Andrei Pitten. Sigilo bancário, fiscalização tributária e reserva de jurisdição: proposta de harmonização dinâmica. In: GRUPENMACHER, Betina Treiger (coord.). *Tributação: democracia e liberdade*. São Paulo: Noeses, 2014, p. 354-356).

– **Posição anterior, no sentido de que o acesso aos dados dependeria decisão judicial (reserva de jurisdição).** "SIGILO DE DADOS – AFASTAMENTO. Conforme disposto no inciso XII do artigo 5º da Constituição Federal, a regra é a privacidade quanto à correspondência, às comunicações telegráficas, aos dados e às comunicações, ficando a exceção – a quebra do sigilo – submetida ao crivo de órgão equidistante – o Judiciário – e, mesmo assim, para efeito de investigação criminal ou instrução processual penal. SIGILO DE DADOS BANCÁRIOS – RECEITA FEDERAL. Conflita com a Carta da República norma legal atribuindo à Receita Federal – parte na relação jurídico-tributária – o afastamento do sigilo de dados relativos ao contribuinte" (STF, RE 389.808, 2010).

– "... protegendo a Constituição o sigilo de dados (CF, art. 5º, XII), sua quebra só pode se dar por ordem judicial, que decidirá se é caso ou não de quebra de sigilo, não ficando o contribuinte à mercê do fisco. Assim, a interpretação conforme à Constituição do art. 6º da Lei complementar n. 105/01 é que as autoridades fiscais, em entendendo ser caso de quebra de sigilo bancário de contribuinte, deverão em juízo pleitear autorização para tal. Quanto à disposição do art. 11 da Lei n. 9.311/96 (fornecimento de informações da movimentação global de contribuinte), não vemos infringência de regra constitucional, pois se trata de mera informação do montante global da movimentação do contribuinte, sem especificação e detalhamento das operações respectivas, o que, em princípio, não ofende seu direito à privacidade. Se daí surgirem indícios a reclamar exame detalhado de suas contas bancárias, será necessária autorização judicial para tal" (DIFINI, Luiz Felipe Silveira. *Manual de direito tributário*. São Paulo: Saraiva, 2003, p. 314).

– "... não há como se admitir que o Estado ingresse na esfera da liberdade individual, na sua expressão representada pelo direito à intimidade, sem a observância do devido processo legal, o que, por certo, não é o procedimento administrativo tributário previsto na Lei Complementar n. 105/01. Foi visto que a latente relação conflitual, verificada em casos concretos, entre o sigilo bancário e outros direitos e valores consagrados pela Constituição, é que admite a afirmação de que não se está diante de um direito absoluto, passando-se então a um juízo de ponderação dos bens em questão e a adoção de um critério que relativize um deles em prol do outro. É inerente, portanto, à inserção na esfera desse direito personalíssimo, a existência de um conflito entre a pretensão do cidadão em manter a sua intimidade inviolada e a pretensão do Estado em alcançar dados e informações bancárias detalhadas – são interesses conflitantes. A pergunta é a seguinte: quem deve decidir qual é o interesse a preponderar no caso concreto? [...] A resposta parece tão óbvia como a sua fundamentação. E creio que não se trata tão somente da exigência de um órgão imparcial na solução dos conflitos, senão pelo postulado básico, mas fundamental, da tripartição de poderes" (PEREIRA, Frederico Valdez. Uma leitura constitucional da proteção ao sigilo bancário. *Revista da AJUFERGS* 1/120-121, 2003).

– "... a ida ao Judiciário trata-se de um requisito, ou seja, a análise judicial há de ser prévia, e não *a posteriori*. Trata--se de reserva de jurisdição, e não de garantia de exercício de recurso ao Poder Judiciário. É um *prius*, e não um *posteriori*" (SCAFF, Fernando Facury. Garantias fundamentais dos contribuintes à efetividade da Constituição. *RDDT* 94/50, 2003).

⇒ **Lançamento com base exclusiva em extratos bancários.** Vide nota ao art. 148 do CTN.

III – as empresas de administração de bens;

IV – os corretores, leiloeiros e despachantes oficiais;

V – os inventariantes;

VI – os síndicos, comissários e liquidatários;

VII – quaisquer outras entidades ou pessoas que a lei designe, em razão de seu cargo, ofício, função, ministério, atividade ou profissão.

⇒ **Outras entidades ou pessoas.** "... são aquelas que a lei designar, não podendo ser escolhidas por ato discricionário da autoridade administrativa" (CARVALHO, Paulo de Barros. *Curso de direito tributário*. 27. ed. São Paulo: Saraiva, 2016, p. 538).

⇒ *Compliance* **e comunicações à Unidade de Inteligência Financeira (UIF).** Tem-se obrigado diversos setores a adotarem práticas de *compliance*, inclusive com comunicação de atividades não usuais e suspeitas à Unidade de Inteligência Financeira (UIF), antigo Conselho de Controle de Atividades Financeiras (COAF). Esse órgão tem como missão produzir inteligência financeira capaz de apontar indícios do cometimento de crimes de lavagem de dinheiro e de qualquer outro ilícito, provendo informação para a sua investigação/ fiscalização.

– **Tema 990 do STF:** "1. É constitucional o compartilhamento dos relatórios de inteligência financeira da UIF e da íntegra do procedimento fiscalizatório da Receita Federal do Brasil, que define o lançamento do tributo, com os órgãos de persecução penal para fins criminais, sem a obrigatoriedade de prévia autoriza-

ção judicial, devendo ser resguardado o sigilo das informações em procedimentos formalmente instaurados e sujeitos a posterior controle jurisdicional. 2. O compartilhamento pela UIF e pela RFB, referente ao item anterior, deve ser feito unicamente por meio de comunicações formais, com garantia de sigilo, certificação do destinatário e estabelecimento de instrumentos efetivos de apuração e correção de eventuais desvios". Decisão do mérito em 2019.

Parágrafo único. A obrigação prevista neste artigo não abrange a prestação de informações quanto a fatos sobre os quais o informante esteja legalmente obrigado a observar segredo em razão de cargo, ofício, função, ministério, atividade ou profissão.

⇒ **Segredo profissional.** O dever (ou obrigação) "não pode ingressar no secreto vínculo que se estabelece no exercício de certas profissões, em que a própria lei que as regula veda terminantemente a quebra do sigilo. [...] O psicólogo, o médico, o advogado, o sacerdote e tantas outras pessoas que, em virtude de seu cargo, ofício, função, ministério, atividade ou profissão, tornam-se depositárias de confidências, muitas vezes relevantíssimas para o interesse do Fisco, não estão cometidas do dever de prestar as informações previstas no art. 197" (CARVALHO, Paulo de Barros. *Curso de direito tributário*. 27. ed. São Paulo: Saraiva, 2016, p. 538-539).

– "Cuidando da preservação do sigilo profissional, escreve o professor Aliomar Baleeiro: 'Não é, porém, o caso dos banqueiros por exemplo, que não estão adstritos às mesmas regras éticas e jurídicas de sigilo. Em princípio, só devem ser procurados para negócios lícitos e confessáveis. Diversa é a situação do advogado, do médico e do padre, cujo dever profissional lhes não tranca os ouvidos a todos os desvios de procedimentos éticos ou jurídicos, às vezes conhecidos somente da consciência dos confidentes' (*Direito tributário brasileiro*, p. 550 e 551). E mais: 'Os bancos podem ser compelidos a informar ou fornecer cópia dos *bordereaux* dos títulos descontados e das duplicadas ou cambiais sacados contra o contribuinte, a fim de apurar-se a exata natureza ou volume de seus negócios (CTN, art. 197, II)'. (Ob. cit. p. 547)" (excerto do voto do Min. Djaci Falcão, quando do julgamento, pela 1ª T. do STF, do RE 71.640, em set. 1971, *apud* CASSONE, Vittorio. Sigilo bancário: critério de interpretação constitucional. *RET* 55/84, 2007).

– Sobre o sigilo bancário, vide nota ao inciso II deste artigo.

Art. 198. Sem prejuízo do disposto na legislação criminal, é vedada a divulgação, por parte da Fazenda Pública ou de seus servidores, de informação obtida em razão do ofício sobre a situação econômica ou financeira do sujeito passivo ou de terceiros e sobre a natureza e o estado de seus negócios ou atividades. (Redação do *caput* e parágrafos acrescentados conforme a LC 104/2001)

⇒ **Redação revogada:** "Art. 198. Sem prejuízo do disposto na legislação criminal, é vedada a divulgação, para qualquer fim, por parte da Fazenda Pública ou de seus funcionários, de qualquer informação obtida em razão do ofício, sobre a situação econômica ou financeira dos sujeitos passivos ou de terceiros e sobre a natureza e o estado dos seus negócios ou atividades. Parágrafo único. Excetuam-se do disposto neste artigo, unicamente, os casos previstos no artigo seguinte e os de requisição regular da autoridade judiciária no interesse da justiça".

⇒ **Sigilo fiscal.** O art. 198 do CTN, ao vedar a divulgação, por parte da Fazenda Pública ou de seus servidores, de informação obtida em razão do ofício sobre a situação econômica ou financeira do sujeito passivo ou de terceiros e sobre a natureza e o estado de seus negócios, prestigia e protege a privacidade dos sujeitos passivos de obrigações tributárias, resguardando-os da revelação pública da sua situação econômica ou financeira, da natureza e do estado dos seus negócios.

– "... sob o manto do sigilo fiscal podem estar albergadas informações a respeito da situação financeira da pessoa (inclusive informações bancárias) e sob o manto do sigilo bancário podem estar albergadas informações também contidas na declaração de bens. Basta ver que as informações requisitadas pela Secretaria da Receita Federal junto às instituições financeiras deixam de estar protegidas pelo sigilo bancário (arts. 5º e 6º da LC n. 105/2001) e passam à proteção do sigilo fiscal (art. 198, do CTN). Sendo assim, o fato é que a mesma informação pode ser protegida por um ou outro sigilo, conforme o órgão ou entidade que a manuseia" (STJ, REsp 1.349.363, 2013).

⇒ **Terceirização da cobrança não pode envolver o compartilhamento de informação sigilosa.** Lei n. 10.822/2002, com a redação da Lei n. 14.195/2021: "Art. 19-F. A Procuradoria-Geral da Fazenda Nacional poderá contratar, por meio de processo licitatório ou credenciamento, serviços de terceiros para auxiliar sua atividade de cobrança. § 1º Os serviços referidos no caput deste artigo restringem-se à execução de atos relacionados à cobrança administrativa da dívida ativa que prescindam da utilização de informações protegidas por sigilo fiscal, tais como o contato com os devedores por via telefônica ou por meios digitais, e à administração de bens oferecidos em garantia administrativa ou judicial ou penhorados em execuções fiscais, incluídas atividades de depósito, de guarda, de transporte, de conservação e de alienação desses bens. § 2º O órgão responsável, no âmbito de suas competências, deverá regulamentar o disposto neste artigo e definir os requisitos para contratação ou credenciamento, os critérios para seleção das dívidas, o valor máximo admissível e a forma de remuneração do contratado, que poderá ser por taxa de êxito, desde que demonstrada a sua maior adequação ao interesse público e às práticas usuais de mercado."

– **Responsabilidade pela violação indevida da privacidade.** Sobre a responsabilidade da Fazenda Pública pelos prejuízos decorrentes da violação indevida de privacidade, vide: ABRÃO, Carlos Henrique. Os sigilos bancário e fiscal na cobrança da dívida ativa. *RDDT* 30/14, 1998.

– A violação de sigilo não está descrita em tipo específico de crime contra a ordem tributária. Tampouco se encontra na lei dos crimes de abuso de autoridade. Mas o Código Penal, ao cuidar dos Crimes contra a Administração Pública e, em especial, dos crimes praticados por servidor público contra a Administra-

ção, em seu art. 325, criminaliza a violação do sigilo funcional, o que se aplica também aos servidores fiscais. À conduta de "Revelar fato de que tem ciência em razão do cargo e que deva permanecer em segredo, ou facilitar-lhe a revelação", atribui pena de detenção, de seis meses a dois anos, ou multa. Se "da ação ou omissão resulta dano à Administração Pública ou a outrem", a pena é maior: reclusão, de dois a seis anos e multa. Revelar é mostrar, fazer conhecer, divulgar. Observe-se que não apenas a revelação constitui crime, mas também a sua facilitação.

– Sobre a responsabilidade penal pelo crime de violação de sigilo fiscal, vide a nossa obra: PAULSEN, Leandro. *Tratado de Direito Penal Tributário*. São Paulo: Saraiva, 2022.

⇒ **CADIN.** O Cadastro Informativo dos Créditos não Quitados de Órgãos e Entidades Federais – CADIN – está disciplinado pela Lei n. 10.522, de 19 de julho de 2002. Contém dados das pessoas físicas e jurídicas responsáveis por créditos inadimplidos de órgãos e entidades da Administração Pública Federal ou com importantes restrições cadastrais, quais sejam, tenham sua inscrição no CPF cancelada ou sua inscrição no CNPJ declarada inapta (art. 2º). Cabe à Procuradoria-Geral da Fazenda Nacional centralizar as informações e geri-las, sendo da sua atribuição, ainda, expedir orientações de natureza normativa quanto ao disciplinamento das inclusões e exclusões no sistema (o art. 3º, com a redação da Lei n. 14.195/2021).

– **Origem e função.** José Cassiano Borges e Maria Lúcia Américo dos Reis, no artigo Funções do CADIN e seus reflexos sobre a livre iniciativa, em *RDDT* n. 42, mar. 1999, referem que os comerciantes criaram a entidade chamada de Serviço de Proteção ao Crédito SPC, onde ficam registrados os nomes das pessoas (físicas e jurídicas) que não pagaram suas dívidas, já que os instrumentos normais de cobrança não são suficientemente rápidos ou eficazes para atender suas necessidades. Inspirado no SPC, o Estado institui o Cadastro de Inf. dos Créditos de Órgãos e Entidades Federais Não Quitados CADIN, com o intuito de resguardar sua atividade de concessão de crédito praticada pelas instituições financeiras oficiais. O Poder Executivo da União criou o CADIN através do Decreto n. 1.006/93, tendo como objeto o cadastro informativo dos devedores de obrigações pecuniárias vencidas e não extintas pelo pagamento, ou outra modalidade de liquidação de crédito. Ocorre que, o legislador, durante a trajetória de regulamentação do CADIN, decidiu, através de Medidas Provisórias, outras finalidades que não fosse a proteção ao crédito. Essa alteração introduziu instrumento de garantia do crédito tributário, através de cadastro dos inadimplentes de tributos e contribuições federais. Isso serviria como meio de coagir o devedor a saldar o seu débito tributário, gerando, como consequência, restrições aos direitos dos cidadãos, à livre iniciativa e ao livre exercício da atividade econômica. Por fim, cabe destacar que as referidas MPs. introduziram benefícios aos inadimplentes, permitindo o parcelamento simplificado dos débitos.

– **A inclusão no cadastro, quando haja causa suficiente, é válida.** "CADIN... 1. A criação de cadastro no âmbito da Administração Pública Federal e a simples obrigatoriedade de sua prévia consulta por parte dos órgãos e entidades que a integram não representam, por si só, impedimento à celebração dos atos previstos no art. 6º do ato normativo impugnado" (STF, ADI 1.454, 2007).

– "A simples inclusão em cadastro informativo não tem, por si só, o poder de restringir direitos e causar danos, visto que a decisão do STF, nos autos da ADIN n. 1442/96, retira a existência de registro no CADIN como fator impeditivo de contratação com agentes do Poder Público Federal, permanecendo o cadastro como fonte informativa" (TRF4, AMS 97.04.52940-6, 1998).

– "... o agente deve manter sigilo sobre as informações que obteve para atingir seu fim (que é apurar o tributo devido), e não manter sigilo sobre o próprio tributo apurado" (NOUR, Ricardo Abdul. In: MARTINS, Ives Gandra. *Comentários ao CTN*. São Paulo: Saraiva, v. 2, p. 503).

– **Inscrição.** Lei n. 10.522/2002: "Art. 2º O Cadin conterá relação das pessoas físicas e jurídicas que: I – sejam responsáveis por obrigações pecuniárias vencidas e não pagas, para com órgãos e entidades da Administração Pública Federal, direta e indireta; II – estejam com a inscrição nos cadastros indicados, do Ministério da Fazenda, em uma das seguintes situações: *a*) cancelada no Cadastro de Pessoas Físicas – CPF (redação dada pela Lei 11.941/09); *b*) declarada inapta perante o Cadastro Geral de Contribuintes – CGC. [...]".

– **Suspensão da inscrição. Requisitos.** Lei n. 10.522/2002: "Art. 7º Será suspenso o registro no Cadin quando o devedor comprove que: I – tenha ajuizado ação, com o objetivo de discutir a natureza da obrigação ou o seu valor, com o oferecimento de garantia idônea e suficiente ao Juízo, na forma da lei; II – esteja suspensa a exigibilidade do crédito objeto do registro, nos termos da lei".

– **O simples ajuizamento de ação para discussão do débito não afasta a inscrição.** "DÉBITO FISCAL. DÍVIDA DISCUTIDA JUDICIALMENTE. SUSPENSÃO DO REGISTRO NO CADIN. REQUISITOS. ART. 7º DA LEI N. 10.522/02. 1. No que concerne aos requisitos para exclusão do nome do devedor do cadastro do CADIN, a Primeira Seção desta Corte, ao julgar o REsp 1.137.497/CE, publicado no *DJe* de 27/4/2010, sob o regime do art. 543-C do CPC, Rel. Ministro Luiz Fux, sedimentou que 'a mera existência de demanda judicial não autoriza, por si só, a suspensão do registro do devedor no CADIN, haja vista a exigência do art. 7º da Lei 10.522/02, que condiciona essa eficácia suspensiva a dois requisitos comprováveis pelo devedor, a saber: I – tenha ajuizado ação, com o objetivo de discutir a natureza da obrigação ou o seu valor, com o oferecimento de garantia idônea e suficiente ao Juízo, na forma da lei; II – esteja suspensa a exigibilidade do crédito objeto do registro, nos termos da lei'. 2. Manutenção da decisão agravada, que deu provimento ao recurso especial, reformando o acórdão, porquanto o Tribunal de origem entendeu, contrariamente à jurisprudência do STJ, que a mera discussão em Juízo da relação jurídica que legitime as cobranças em tela já seria causa suficiente para retirar ou impedir o registro no CADIN" (STJ, AgRg no REsp 1.191.583, 2013).

– "DÉBITO FISCAL. DÍVIDA DISCUTIDA JUDICIALMENTE. SUSPENSÃO DO REGISTRO NO CADIN. REQUISITOS. ART. 7º DA LEI 10.522/2002. 1. A mera existência de demanda judicial não autoriza, por si só, a suspensão do registro do devedor no CADIN, haja vista a exigência do art. 7º da Lei 10.522/02, que condiciona essa eficácia suspensiva a dois requisitos comprováveis pelo devedor, a saber: I – tenha ajuizado ação, com o objetivo de discutir a natureza da obrigação ou o seu valor, com o oferecimento de garantia idônea e suficiente ao Juízo, na forma da lei; II – esteja suspensa a exigibilidade do crédito objeto do registro, nos termos da lei. [...]. 2. Destarte, a mera discussão judicial da dívida, sem garantia idônea ou suspensão da exigibilidade do crédito, nos termos do art. 151 do CTN, não obsta a inclusão do nome do devedor no CADIN... 4. Recurso especial provido (CPC, art. 557, § 1º-A). Acórdão submetido ao regime do art. 543-C do CPC e da Resolução STJ 08/2008" (STJ, REsp 1.137.497, 2010).

– "INSCRIÇÃO NO CADIN. SUSPENSÃO DO CRÉDITO. EXISTÊNCIA DE DEMANDA JUDICIAL. IMPOSSIBILIDADE. I – Esta Corte entende que a discussão judicial da dívida não autoriza a exclusão dos dados do devedor do CADIN sem que restem satisfeitos os requisitos do artigo 7º da Lei n. 10.522/2002" (STJ, REsp 1.031.893, 2008).

– **No sentido de que a discussão judicial é suficiente sendo devedor Estado-Membro.** "INSCRIÇÃO DE ESTADO-MEMBRO NO CADASTRO INFORMATIVO DE CRÉDITOS NÃO QUITADOS DO SETOR PÚBLICO FEDERAL (CADIN). EXISTÊNCIA DE DISCUSSÃO JUDICIAL ACERCA DA VALIDADE DOS CRÉDITOS TRIBUTÁRIOS LANÇADOS E QUE JUSTIFICARAM A CONSTRIÇÃO. AÇÃO CAUTELAR PREPARATÓRIA. MEDIDA LIMINAR CONCEDIDA PELO MINISTRO-RELATOR. REFERENDO. Medida liminar concedida, para suspender os registros de inadimplência da requerente no CADIN, relativos aos créditos tributários constituídos nas NFLDs pertinentes, e para suspender as restrições postas pelo registro do inadimplemento de créditos tributários, cuja validade se discute judicialmente, à obtenção de Certidão Positiva de Débitos Tributários com Efeitos de Negativa (CP-EN, art. 206 do Código Tributário Nacional). Precedentes. Medida liminar referendada" (STF, MCAC 1.620-7).

– **Restrições geradas pela inscrição no Cadin.** A Lei n. 10.522/2002, dispõe: "Art. 6º É obrigatória a consulta prévia ao Cadin, pelos órgãos e entidades da Administração Pública Federal, direta e indireta, para: I – realização de operações de crédito que envolvam a utilização de recursos públicos; II – concessão de incentivos fiscais e financeiros; III – celebração de convênios, acordos, ajustes ou contratos que envolvam desembolso, a qualquer título, de recursos públicos, e respectivos aditamentos. Parágrafo único. O disposto neste artigo não se aplica: I – à concessão de auxílios a Municípios atingidos por calamidade pública reconhecida pelo Governo Federal; II – às operações destinadas à composição e regularização dos créditos e obrigações objeto de registro no Cadin, sem desembolso de recursos por parte do órgão ou entidade credora; III – às operações relativas ao crédito educativo e ao penhor civil de bens de uso pessoal ou doméstico".

§ 1º Excetuam-se do disposto neste artigo, além dos casos previstos no art. 199, os seguintes:

I – requisição de autoridade judiciária no interesse da justiça;

⇒ **CPI (Comissão Parlamentar de Inquérito).** "Podem também solicitar informações ao Fisco as comissões parlamentares de inquérito, a que a Constituição confere poderes de investigação próprios das autoridades judiciais (CF, art. 58, § 3º)" (AMARO, Luciano. *Direito tributário brasileiro*. 15. ed. São Paulo: Saraiva, 2009, p. 484).

– **Fundamentação.** "CPI – ATO DE CONSTRANGIMENTO – FUNDAMENTAÇÃO. A fundamentação exigida das Comissões Parlamentares de Inquérito quanto à quebra de sigilo bancário, fiscal, telefônico e telemático não ganha contornos exaustivos equiparáveis à dos atos dos órgãos investidos do ofício judicante. Requer-se que constem da deliberação as razões pelas quais veio a ser determinada a medida" (STF, MS 24.749, 2004).

⇒ **Requisição de informações à Receita para viabilizar execução. Possibilidade. Interesse da Justiça.** O Juiz, nos autos de uma ação de execução ou mesmo em execução de sentença, pode oficiar à Receita solicitando cópia da declaração de bens e renda do executado, de modo a permitir a identificação de bens penhoráveis. Tal se dá para viabilizar a prestação jurisdicional a que tem direito o exequente. O STJ tem destacado, contudo, que primeiro deve o exequente esgotar seus próprios meios para localizar e indicar bens. É, aliás, a orientação que também tem sido seguida quanto ao uso do Bacen-Jud.

– "Penhora. Pedido de requisição, pela Justiça, de informação a repartição competente do imposto de renda sobre declaração de bens do executado, frustrados que foram todos os esforços para localização de bens para a penhora. Essa requisição, ao contrário do que sustenta o acórdão recorrido, se faz no interesse da Justiça, pois a penhora é ato preliminar para a execução do patrimônio do devedor, e o titular desse poder de excutir é o Estado, que tem como instrumento necessário para desencumbir-se do seu dever de prestar jurisdição. Daí, o preceito contido no artigo 600, IV, do Código de Processo Civil, o qual considera atentatório à dignidade da Justiça o ato do devedor que não indica ao Juiz onde se encontram os bens sujeitos à execução. Recurso extraordinário conhecido e provido" (STF, RE 92.377, 1984).

– **Excepcionalidade da medida. Requisitos prévios.** "EXECUÇÃO DE TÍTULO JUDICIAL. EXPEDIÇÃO DE OFÍCIO À RECEITA. EXCEPCIONALIDADE. AGRAVO REGIMENTAL IMPROVIDO. 1. A expedição de ofício à Receita Federal, para fornecimento de informações, é providência admitida excepcionalmente, justificando-se tão somente quando demonstrado ter o credor esgotado todos os meios à sua disposição para encontrar bens passíveis de penhora, o que não ocorre no caso dos autos" (STJ, AgRg no REsp 595.612, 2007).

– "EXECUÇÃO FISCAL – PRETENDIDA QUEBRA DO SIGILO FISCAL DO EXECUTADO POR MEIO DA EXPEDIÇÃO DE OFÍCIO À RECEITA FEDERAL PARA LOCALIZAÇÃO DE BENS – IMPOSSIBILIDADE – ITERATIVOS PRECEDENTES. É firme a orientação deste Sodalício no sentido de que a quebra de sigilo fiscal do executado, para que a Fazenda Pública obtenha informações acerca da existência de bens do devedor inadimplente, somente será autorizada em hipóteses excepcionais, quando esgotadas todas as tentativas de obtenção dos dados pela via extrajudicial. Sabem-no todos que a constrição de bens do executado é medida que interessa ao próprio credor, que deverá valer-se dos meios cabíveis para satisfação de seu crédito. *In casu*, verifica-se que o Tribunal *a quo* negou provimento ao agravo sob o fundamento de que 'a quebra do sigilo, pois, somente é possível em casos especialíssimos, com os quais nem de longe se identifica uma lide isolada, individual, dizendo de mera relação de crédito e débito, versada em singelo processo de execução, que pode beneficiar apenas o credor'. A requisição judicial, em matéria deste jaez, apenas se justifica quando houver intransponível barreira para a obtenção dos dados solicitados por meio da via extrajudicial, o que se não deu na espécie, ou, pelo menos, não foi demonstrado. Precedentes: AGRRMC 786/RJ, Min. Eliana Calmon, *DJU* 01.07.2002, e REsp 204.329/MG, da relatoria deste magistrado, *DJU* 19.06.2000, dentre outros. Recurso especial improvido" (STJ, REsp 529.752, 2004).

– **No sentido de que não se admite a quebra do sigilo:** "... EXECUÇÃO FISCAL... EXPEDIÇÃO DE OFÍCIO À RECEITA FEDERAL, COM O INTUITO DE LOCALIZAÇÃO DE BENS DO DEVEDOR. 4. A quebra de sigilo fiscal somente pode ser determinada como medida de exceção, não podendo colidir com as garantias constitucionais. O interesse público é o norte para se aferir a relevância da medida; saliento, contudo, que não se pode confundir interesse público com o interesse da Fazenda Pública, privilegiando-se os interesses do Estado perante os do cidadão. Pedido de expedição de ofício à Receita Federal, para fins de localização de bens do devedor, negado" (TRF4, AgAI 2002.04.01.012785-6, 2002).

– "... 1. Não se admite a quebra de sigilo bancário ou fiscal a fim de atender interesse de empresa pública em ação onde pretende a satisfação de interesse contratual de natureza privada. 2. Não havendo interesse público ou interesses relevantes, a empresa pública sujeita-se, em ação executiva, aos mesmos ônus que incumbem a qualquer sujeito no processo, inclusive o de buscar bens a serem penhorados, não sendo de se admitir o acesso privilegiado a informações cobertas pelo sigilo fiscal ou bancário" (TRF3, Ag 03053672, 1996).

⇒ **Sobre o Convênio Bacen-Jud.** Vide nota ao art. 197, I, do CTN.

II – solicitações de autoridade administrativa no interesse da Administração Pública, desde que seja comprovada a instauração regular de processo administrativo, no órgão ou na entidade respectiva, com o objetivo de investigar o sujeito passivo a que se refere a informação, por prática de infração administrativa.

§ 2º O intercâmbio de informação sigilosa, no âmbito da Administração Pública, será realizado mediante processo regularmente instaurado, e a entrega será feita pessoalmente à autoridade solicitante, mediante recibo, que formalize a transferência e assegure a preservação do sigilo.

⇒ **Cautelas para preservação do sigilo quando do compartilhamento de informações.** Ao julgar o Tema 990 e reconhecer a validade do compartilhamento da íntegra do procedimento administrativo fiscal pela RFB com o Ministério Púbico sem prévia autorização judicial, o STF destacou que deveria, de qualquer modo, "ser resguardado o sigilo das informações em procedimentos formalmente instaurados e sujeitos a posterior controle jurisdicional" e que o compartilhamento "deve ser feito unicamente por meio de comunicações formais, com garantia de sigilo, certificação do destinatário e estabelecimento de instrumentos efetivos de apuração e correção de eventuais desvios".

§ 3º Não é vedada a divulgação de informações relativas a:

⇒ A informação pública não se converte em sigilosa nas mãos do Fisco. "Informações públicas, por sua própria natureza, não deixam de ser públicas porque administradas por órgão que tem o dever legal de guardar sigilo. Esse dever se aplica, obviamente, em relação às informações que não são e não podem ser de natureza pública". Destaca que, conforme o Parecer PGFN/CT/1385/2007, "a regra do 'sigilo fiscal' não torna 'privado' o que é 'público', mas apenas mantém como 'privado' aquilo que originalmente o é!" (CASTILHOS, Núbia Nette Alves Oliveira de; BARRETO, Andréa Müssnich. SEEFELDER, Claudio; CAMPOS, Rogério (coord.). *Constituição e Código Tributário Comentados sob a Ótica da Fazenda Nacional*. São Paulo: Thomson Reuters Brasil, 2020, p. 1124).

⇒ **Pareceres da PGFN pela inexistência de sigilo fiscal:** "a) *Dados constantes em termos de inscrição em Dívida Ativa da União* – Nota PGFN/CDA/ N. 521/2011 – ... b) *Informações sobre dívidas de entes públicos (Municípios) junto à União* – Parecer PGFN/CAT/N. 1620/2002 – ressaltou que a esfera privada que o sigilo fiscal protege, 'não atinge a pessoa jurídica de direito público, já que a administração públia é informada pelo princípio da publicidade'. c) *Parcelamento ou moratória de débitos não inscritos em Dívida Ativa* (art. 198, § 3º, III – Parecer PGFN/CAT/N. 821/2012, pela possibilidade de divulgação, com as cautelas e alcance identificados. d) *Informações contidas nos extratos de Declaração de Operações Imobiliárias – DOI* – Parecer PGFN/CAT/N. 16/2012; Parecer PGFN/CAT/N. 1636/2014. Possibilidade da juntada em processos judiciais sem a decretação de segredo de justiça. e) *Fatos Acidentário de Prevenção (FAP)* – informações de empresas de determinada subclasse CNAE – Parecer PGFN/CAT/N. 1727/2013. Dados cadastrais – possibilidade. Divulgação de índice de FAP por estabelecimento industrial. Possibilidade. Parecer PGFN/CAT/N. 398/2016. Divulgção da metodologia e dos dados utilizados para cálculo do nexo epidemiológico Previdenciário – NTEP. Possibilidade. Parecer PGFN/CAT/N. 388/2017. f) *Representações Fiscais para Fins Penais. Demanda do Departamento de Polícia Federal*. Possibilidade. Necessidade de manter em sigilo os elementos de prova que instruem a representação fiscal. Parecer PGFN/CAT/N. 795/2016. g) *Informações cadastrais*. Possibilidade. Parecer PGFN/CAT/N. 463/2016. Em alguns casos bastante recentes, a PGFN analisou a possibilidade de acesso a dados sigilosos a partir da compreensão de que os pedidos se amoldavam aos requisitos do art. 198 da

CF. h) *CPI-CARF. Pedido de Comissão Parlamentar de Inquérito. Possibilidade*. Parecer PGFN/CAT/N. 921/2016. i) Solicitações de CPI Estadual/Distrital. Possibilidade. Separação dos Poderes. Princípio da Simetria. Parâmetros de jurisprudência do STF. Requerimento fundamentado e deliberação plenária da CPI. Acesso restrito aos exames pelos integrantes da CPI e pelos titulares dos dados integrantes da CPI e pelos titulares dos dados levantados. Parecer PGFN/CAT/N. 164/2018. j) *Lei n. 12.846, de 2013 (Lei Anticorrupção – LAC)*. Acordo de Leniência. Compartilhamento entre a Administração Tributária e as comissões de condução de tratativas de acordo de leniência das situações sobre a situação econômica ou financeira de pessoas jurídica colaboradora. Possibilidade. Situação que se amolda ao inciso II do § 1º do art. 198 do CTN. Possibilidade. Parecer PGFN/CAT/N. 166/2018 Além dos atos da PGFN, destaque-se ainda o Parecer n. 53/2019/CONSUNIÃO/CGU/AGU... que dispõe sobre o acess a informções sob sigilo fiscal por órgãos de controle externo e interno (TCU e CGU) para fins de auditoria, no âmbito da Secretaria Especial da Receita Federal e demais órgãos da Administração Tributária" (CASTILHOS, Núbia Nette Alves Oliveira de; BARRETO, Andréa Müssnich. SEEFELDER, Claudio; CAMPOS, Rogério (coord). *Constituição e Código Tributário Comentados sob a Ótica da Fazenda Nacional*. São Paulo: Thomson Reuters Brasil, 2020, p. 1121-1123).

I – representações fiscais para fins penais;

⇒ **Compartilhamento com o Ministério Público.** No Tema 990 de repercussão geral (RE 1.055.941), cujo acórdão foi publicado em 2021, o STF fixou duas teses: "1. É constitucional o compartilhamento dos relatórios de inteligência financeira da UIF e da íntegra do procedimento fiscalizatório da Receita Federal do Brasil – em que se define o lançamento do tributo – com os órgãos de persecução penal para fins criminais sem prévia autorização judicial, devendo ser resguardado o sigilo das informações em procedimentos formalmente instaurados e sujeitos a posterior controle jurisdicional; 2. O compartilhamento pela UIF e pela RFB referido no item anterior deve ser feito unicamente por meio de comunicações formais, com garantia de sigilo, certificação do destinatário e estabelecimento de instrumentos efetivos de apuração e correção de eventuais desvios".

• Vide: SARAIVA FILHO, Oswaldo Othon de Pontes. As hipóteses e condições de relativização do sigilo fiscal em face do *Parquet. RFDT* 102, 2019.

II – inscrições na Dívida Ativa da Fazenda Pública;

III – parcelamento ou moratória; e

IV – incentivo, renúncia, benefício ou imunidade de natureza tributária cujo beneficiário seja pessoa jurídica. (incluído pela LC n. 187/2021)

⇒ **Transparência quanto ao gasto tributário e seus beneficiários.** O novo inciso VI do art. 198 traz norma importantíssima que viabilizará a divulgação do montante de renúncia fiscal que favorece cada pessoa jurídica. A transparência nessa matéria se impõe, favorecendo o controle quanto à concessão e à manutenção dos benefícios que devem ser periodicamente avaliados quanto à sua conveniência e oportunidade.

Art. 199. A Fazenda Pública da União e as dos Estados, do Distrito Federal e dos Municípios prestar-se-ão mutuamente assistência para a fiscalização dos tributos respectivos e permuta de informações, na forma estabelecida, em caráter geral ou específico, por lei ou convênio.

⇒ **Atuação integrada das administrações tributárias. EC n. 42/2003.** A EC n. 42, de 31 de dezembro de 2003, alterou a redação do art. 37, XXII, da CF, que passou a dispor: "XXII – as administrações tributárias da União, dos Estados, do Distrito Federal e dos Municípios, atividades essenciais ao funcionamento do Estado, exercidas por servidores de carreiras específicas, terão recursos prioritários para a realização de suas atividades e atuarão de forma integrada, inclusive com o compartilhamento de cadastros e de informações fiscais, na forma da lei ou convênio".

– **Protocolos de assistência mútua.** "4. Os Protocolos são adotados para regulamentar a prestação de assistência mútua no campo da fiscalização de tributos e permuta de informações, na forma do artigo 199 do Código Tributário Nacional, e explicitado pelo artigo 38 do Regimento Interno do CONFAZ (Convênio n. 138/1997)" (STF, ADI 4.628, 2014).

– "... há outros atos, convênios e protocolos, celebrados no âmbito do Confaz, estes com base no art. 199 do CTN, segundo o qual as Fazendas Públicas da União, dos Estados, do Distrito Federal e dos Municípios prestar-se-ão mutuamente assistência para a fiscalização dos tributos respectivos e permuta de informações. Esses atos são utilizados, como foi exposto, para disciplinar, a nível nacional, os deveres instrumentais do ICMS. Uma vez que esse imposto, em regra, incide nas operações interestaduais e que, em observância ao princípio da não cumulatividade, impõe-se a aceitação recíproca dos créditos entre os Estados de origem e de destino, há a necessidade natural de se estabelecer, de forma harmônica entre as pessoas políticas partícipes dessas relações, os deveres que instrumentalizam a incidência do imposto nessa hipótese" (MIGUEL, Luciano Garcia. A função do Conselho Nacional de Política Fiscal (Confaz) como instrumento de harmonização da Legislação Nacional do ICMS. *RET* 86/78-91, 2012).

⇒ **Intercâmbio de informações.** "5) O sigilo fiscal é uma norma de conduta dirigida aos agentes fazendários; consiste na vedação à divulgação de quaisquer informações obtidas em razão do ofício, sejam empresariais ou bancárias. Em nada afeta a obtenção de informações pelo fisco. 6) A leitura do artigo 198 e seus parágrafos, do CTN, demonstra que a troca de informações entre os órgãos fazendários prescinde de justificação e abrange tanto aspectos empresariais quanto bancários. 7) O envio de informações a autoridades administrativas não fazendárias é mais rigoroso do que o intercâmbio entre os Fiscos, pois deve ser precedido de verificação acerca da regular instauração do processo administrativo e do objeto deste, que só pode ser a apuração de infração cometida

pelo próprio sujeito passivo em relação ao qual foram pedidas as informações. 8) O sigilo no intercâmbio de informações entre autoridades administrativas, fazendárias ou não, efetiva-se mediante um processo administrativo especialmente instaurado e por meio da entrega pessoal e mediante recibo, o que reforça a proteção à privacidade. 9) A exigência de respeito aos direitos individuais, prevista no § 1º do artigo 145 da CF, não impede a obtenção de informações bancárias pela Fazenda, mas justifica as restrições em relação do detalhamento das informações bancárias, previstas na LC n. 105/2001. Consistem na informação das receitas pelo montante e sigilo em relação às despesas" (WEISS, Fernando Lemme. O sentido e a abrangência do sigilo fiscal. *RDDT* 178/69, 2010).

⇒ **Prova emprestada. Regulamento do Imposto sobre a Renda.** "1. O artigo 199 do Código Tributário Nacional prevê a mútua assistência entre as entidades da Federação em matéria de fiscalização de tributos, autorizando a permuta de informações, desde que observada a forma estabelecida, em caráter geral ou específico, por lei ou convênio. 2. O art. 658 do Regulamento do Imposto de Renda então vigente (Decreto n. 85.450/80, atualmente art. 936 do Decreto n. 3.000/99) estabelecia que 'são obrigados a auxiliar a fiscalização, prestando informações e esclarecimentos que lhe forem solicitados, cumprindo ou fazendo cumprir as disposições deste Regulamento e permitindo aos fiscais de tributos federais colher quaisquer elementos necessários à repartição, todos os órgãos da Administração Federal, Estadual e Municipal, bem como as entidades autárquicas, paraestatais e de economia mista'. 3. Consoante entendimento do Supremo Tribunal Federal, não se pode negar valor probante à prova emprestada, coligida mediante a garantia do contraditório (*RTJ* 559/265)" (STJ, REsp 81.094, 2004).

– **Em sentido contrário.** "TRIBUTÁRIO – PROVA EMPRESTADA – FISCO ESTADUAL *X* FISCO FEDERAL (ARTS. 7º E 199 DO CTN). 1. A capacidade tributária ativa permite delegação quanto às atividades administrativas, com a troca de informações e aproveitamento de atos de fiscalização entre as entidades estatais (União, Estados, Distrito Federal e Municípios). 2. Atribuição cooperativa que só se perfaz por lei ou convênio. 3. Prova emprestada do Fisco Estadual pela Receita Federal que se mostra inservível para comprovar omissão de receita" (STJ, REsp 310.210, 2002).

Parágrafo único. A Fazenda Pública da União, na forma estabelecida em tratados, acordos ou convênios, poderá permutar informações com Estados estrangeiros no interesse da arrecadação e da fiscalização de tributos.

⇒ **LC n. 104/2001.** Parágrafo acrescentado pela LC n. 104/2001, vigente desde a publicação em 11-1-2001.

⇒ **Intercâmbio internacional de informações. A Convenção sobre Assistência Mútua.** O Decreto n. 8.842/2016 promulgou o texto da Convenção sobre Assistência Mútua Administrativa em Matéria Tributária firmada no âmbito da OCDE (Organização para a Cooperação e Desenvolvimento Econômico). Considera-se a realidade da globalização, do intenso fluxo internacional de pessoas, de capitais, de bens e de serviços e as possibilidades de elisão e de evasão fiscal daí decorrentes e se envida esforços de cooperação crescente entre as autoridades tributárias dos diversos países. A Convenção prevê a troca de informações entre essas autoridades e a sua participação em fiscalizações tributárias realizadas em outros países, bem como a colaboração para notificações e para a adoção de medidas cautelares e de cobrança de créditos. Está contemplada a troca de informações a pedido dos Estados e automática, em comum acordo entre duas ou mais partes, e também espontânea, quando uma Parte fornece, sem pedido prévio, informações de que tenha conhecimento por presumir, por exemplo, que possa estar ocorrendo alguma sonegação com perda de receita tributária na outra Parte. Há o compromisso dos Estados-Parte de manterem o sigilo das informações compartilhadas.

– Vive-se um momento de transição entre um modelo de competição entre os países, em que o sigilo constituía instrumento para a atração de capitais ainda que implicasse perdas arrecadatórias para os demais, para um modelo de cooperação e transparência, em que os países reúnem esforços contra a evasão fiscal. É o que destacamos ao analisar a lei de Repatriação: "Primeiramente, o escopo e os motivos de criação da Lei n. 13.254/2016 devem ser compreendidos dentro de um **cenário de transição** entre duas diferentes realidades jurídicas mundiais: uma, em certo sentido já ultrapassada, que estaria marcada pela intensa e irrestrita proteção ao sigilo de dados fiscais dos particulares, que criou ambientes econômicos alternativos para os contribuintes moldarem sua estruturação patrimonial no exterior, de modo a reduzir ou até anular o seu ônus no pagamento de tributos, o que, por sua vez, acabou instaurando entre Estados um espírito de competição, no qual, cada um, invocando a sua Soberania, pretendeu atrair para sua esfera de controle e de tributação o maior volume possível de novas receitas, oferecendo em contrapartida vantagens fiscais e proteção aos interessados em enviar seu capital a esse destino; e outra, que ainda se encontra em processo de implementação, estaria marcada pela colaboração internacional entre Entes Governamentais, em que o critério prioritário no manejo de informações fiscais não seria mais o sigilo irrestrito, mas sim a transparência, tendo em vista um *novel* cenário global em que se pretende construir uma rede de cooperação na troca de informações, visando a fechar gradualmente as alternativas que alguns particulares possuem para resguardar o seu patrimônio da efetiva tributação por meio da remessa a determinados locais estruturados precipuamente para garantir vantagens fiscais injustificadas e injustas. Com efeito, a *Lei de Repatriação*, enquanto lei de transição, representa iniciativa que se insere em um novo contexto jurídico internacional que está provocando relevantes mudanças na forma pela qual os Estados resguardam o sigilo fiscal sobre as informações financeiras dos seus cidadãos, na medida em que está ampliando os mecanismos de colaboração e de troca de informações entre os entes estatais que participam desse esforço comum, o que se materializa *(a)* na busca por um ideal de transparência nas operações econômicas praticadas pelos indivíduos em um ambiente global e *(b)* no esforço gradual de se reduzirem as alternativas disponíveis aos par-

ticulares para práticas evasivas que almejam a redução expressiva ou o não pagamento de tributos sobre ativos localizados fora do seu domicílio fiscal. Para melhor ilustrar tal mudança de mentalidade e de paradigma teórico, ao menos duas iniciativas merecem ser aqui citadas. Em primeiro lugar, merece ser mencionado o *Foreign Account Tax Compliance Act – FATCA*, Lei Federal Norte-Americana editada em 2010 com o propósito original de obrigar instituições financeiras estrangeiras a reportarem ao Governo Estadunidense a existência de recursos dos seus cidadãos que estivessem no exterior e que não tivessem sido informados ao Fisco Norte-americano. Mesmo que o *FACTA*, em sua origem, tivesse sido editado como instrumento normativo interno ao sistema jurídico norte-americano, passou ele rapidamente a tornar-se ato normativo de referência na elaboração de mecanismos cooperativos de troca de informações financeiras e fiscais entre países, objetivando a criação de uma rede internacional de controle de ativos não declarados aos respectivos órgãos de fiscalização tributária. Essa rede global de cooperação vem sendo implementada por meio de acordos intergovernamentais (IGA) firmados por inúmeros países signatários, como França, Alemanha, Itália, Espanha, Reino Unido, Suíça, Japão, entre outros. No caso do Brasil, o acordo com os Estados Unidos visando à implementação do *FATCA* foi firmado em 23 de setembro de 2014, fixando os mecanismos necessários à cooperação internacional na troca de informações fiscais dos seus cidadãos, tendo sido internalizado por meio do Decreto Legislativo n. 146/2015, aprovado pelo Congresso Nacional, e por meio do Decreto n. 8.506 de agosto de 2015. Em segundo lugar, dentro dessa nova matriz global que almeja amplo intercâmbio de informações fiscais e financeiras entre Autoridade Governamentais, merece ser mencionado o Projeto da *OCDE* para combater práticas de erosão da base tributária e transferência de lucros, o qual é normalmente referido por meio da sigla *BEPS (Base Erosion and Profit Shifting)*. O Projeto *BEPS* representa um amplo plano de ação (*Action Plan*) formado por um conjunto de medidas (somando 15 Ações) que visa a evitar ou ao menos controlar as estratégias de empresas multinacionais de reduzirem arbitrariamente a carga tributária por elas devida, tendo em vista o ambiente global das operações econômicas por elas praticadas, no qual se permitiu, até um passado recente, o uso de expedientes jurídicos que passaram a ser caracterizados como planejamentos tributários internacionais agressivos (*agressive international tax planning*). Dentro desse novo cenário que se desenha, a *OCDE* organizou o seu Projeto *BEPS* propondo a mudança do paradigma em que são estruturados sistemas tributários nacionais, de modo a não mais vislumbrar o regime internacional de tributação em termos de *competição entre nações* (i.e., as legislações tributárias domésticas impostas unilateralmente e que deveriam ser projetadas de modo a vencer as rivais na atração de investimentos exteriores e, por consequência, na captação de novas receitas tributárias), mas sim visando a um *modelo cooperativo de relações tributárias internacionais* (i.e., por meio da ampla colaboração entre as diferentes autoridades tributárias mundiais, de modo a coordenar as suas ações fiscais, harmonizando determinadas regras básicas de tributação, diminuindo as alternativas das grandes empresas globais nos seus esforços de evitar pagamento de tributos e, por consequência, aumentando a arrecadação de todos os países envolvidos). Ao que interessa ao tema desta obra, duas diretrizes do *BEPS* afetam, direta ou indiretamente, as razões que podem ter justificado a edição da Lei n. 13.254/2016, quais sejam: a necessidade de coerência internacional na edição de regras de tributação da renda e a transparência no uso de planejamentos tributários e nas transações econômicas que serão tributadas. Aliás, dentro desse mesmo escopo, mais recentemente, foi editado o Decreto n. 8.842/2016, o qual teve o propósito de promulgar os termos da *Convenção sobre Assistência Mútua Administrativa em Matéria Tributária*, emendada pelo Protocolo de 1º de junho de 2010, firmado em Cannes pelo Brasil, em 3 de novembro de 2011, que servirá de instrumento para acelerar e facilitar a troca de informações fiscais, a contar de 1º de outubro de 2016, entre os países signatários e demais membros da *OCDE*. Tais elementos demonstram, portanto, que o Brasil começa a se inserir na rede de países que está tomando medidas enérgicas para combater a evasão fiscal referente a patrimônio mantido no exterior, sem que haja a correspondente comunicação ao Fisco. Assim como os demais países que passarão a se conformar à nova ordem global colaborativa, transparente e de tributação harmônica, o Brasil passa a ter em consideração as mudanças paradigmáticas na organização dos mecanismos internacionais de tributação quando da elaboração, da interpretação e da aplicação das suas leis internas" (FERREIRA NETO, Arthur M.; PAULSEN, Leandro. *Lei de repatriação:* regularização cambial e tributária de ativos mantidos no exterior e não declarados às autoridades brasileiras. Quartier Latin, 2016).

– "A troca de informações é inerente ao processo de globalização. Os operadores do Direito Tributário estão testemunhando atualmente a harmonização contábil, com a tendência mundial de adoção dos *International Financial Reporting Standards*, que foram introduzidos no Brasil a partir da Lei n. 11.638/2007. Pode-se esperar, da mesma forma, uma globalização das informações fiscais" (ROCHA, Sergio André. Apontamentos sobre a troca de informações nas convenções para evitar a dupla tributação da renda. *RDDT* 181/143, 2010).

• Vide: BISCAIA, Nádia Rubia; TREVISAN, Rosaldo. A assistência internacional mútua em matéria tributária e o Brasil: aportes teóricos. *RFDT* 96, 2018.

⇒ **Convenção Multilateral sobre Assistência Mútua Administrativa em Matéria Tributária.** Essa convenção inaugurou um novo paradigma internacional de tributação, na medida em que aumentou a transparência mediante incremento no compartilhamento de informações. Foi internalizada em nosso ordenamento pelo Decreto n. 8.842/2016. Prevê que as partes "trocarão quaisquer informações previsivelmente relevantes". Regula a troca de informações a pedido de uma das partes e também a troca automática relativamente a determinadas categorias de casos, conforme estabeleçam de comum acordo. Até mesmo o fornecimento espontâneo de informações é previsto, por exemplo, para o caso em que uma parte puder presumir que possa haver uma perda de receita tributária de outro. Por fim, também restam previstas fiscalizações simultâneas em que duas partes fiscalizam, cada uma em seu território, a situação tributária de uma ou mais pessoas, que se revista de interesse comum ou relacionado, com vista à troca de informações relevantes assim obtidas.

– **FATCA. Unilateralidade.** "... o *Foreign Account Tax Compliance Act* consiste na legislação introduzida pelos Estados Unidos, com o objetivo de impor às instituições financeiras estrangeiras o ônus de identificar e reportar ao *Internal Revenue Service* (IRS) a existência, os saldos e os movimentos de contas bancárias, de custódia e de investimentos detidas por pessoas dos Estados Unidos, como parte dos esforços para reduzir a evasão fiscal supostamente praticada no exterior por cidadãos americanos, sobretudo por meio de contas bancárias localizadas em jurisdições como Suíça, Ilhas Cayman, Cingapura e Hong Kong... Suas regras impõem às instituições financeiras estrangeiras o dever de reportar, anualmente, por meio eletrônico, os dados cadastrais completos das pessoas visadas, inclusive com números de identificação de titulares pautados pelas regras norte-americanas, bem como informações acerca de investimentos e valores detidos (saldos iniciais, finais e movimentações das contas) ou qualquer outro esclarecimento que venha a ser solicitado pelas autoridades americanas. Para efeito de sua aplicação, o conceito de 'pessoas dos Estados Unidos' alcança os residentes fiscais, os cidadãos norte-americanos, os portadores de vistos permanentes (*greencard*), bem como as pessoas jurídicas detidas por beneficiários finais que se enquadrem no conceito de pessoas visadas pelo ato. Caso não possa fornecer tais informações, em virtude de restrições legais ou regulatórias de seu país de origem, a instituição financeira estrangeira deve enveredar os melhores esforços para obter permissão junto ao legislador e à autoridade regulatória para fornecer as informações requisitadas pelos Estados Unidos, ou alternativamente, deve obter de seu cliente a autorização para fornecer tais informações ao Fisco norte-americano. Se o titular da conta bancária não autorizar a instituição financeira a fornecer as informações solicitadas e a legislação local impedir a divulgação dos dados correspondentes, a respectiva conta será qualificada como recalcitrante. Neste caso, a instituição financeira estrangeira deverá encerrar a conta mantida pelo titular, sob pena de ser obrigada a suportar os gravosos efeitos econômicos das retenções impostas no âmbito do Fatca: (i) a retenção de 30% de imposto sobre os rendimentos e proventos oriundos de fontes americanas, obtidos diretamente ou alocados direta ou indiretamente por outras instituições financeiras, na proporção das contas recalcitrantes; ou (ii) a desqualificação da participação da entidade no Fatca, caso em que a própria instituição financeira será tratada como um ente não cooperante. A aplicação dos regimes jurídicos acima, para efeito de determinar a desqualificação da instituição financeira estrangeira, está sujeita à discricionariedade da administração Tributária norte-americana. Ademais, observe-se que a retenção de 30% não deve ser efetuada apenas por fontes de pagamento norte-americanas, mas também por instituições financeiras estrangeiras que aderirem ao Fatca. Em outras palavras, as instituições financeiras estrangeiras também são obrigadas a efetuar a retenção de 30% sobre os pagamentos que efetuarem para entidades ou indivíduos recalcitrantes. Cumpre salientar, ainda, que o Fatca ainda transfere para as instituições financeiras estrangeiras os custos administrativos de fiscalização que compete aos Estados Unidos. Isso porque, para cumprir as regras citadas acima e evitar a aplicação de penalidades, as instituições financeiras deverão elaborar um projeto de *compliance* específico" (TAKANO, Caio Augusto; SANTOS, Ramon Tomazela. O *"Foreign Account Tax Compliance Act"* (Facta) e seus impactos no ordenamento jurídico brasileiro: reflexões a partir das perspectivas da eficiência, da praticabilidade e da proporcionalidade. *RDDT* 226/31, 2014).

– "Questionável também é a pretensão de aplicação extraterritorial da lei tributária norte-americana... ainda que a pretexto de preservar a arrecadação fiscal, não se pode admitir a expansão da soberania tributária norte-americana e a violação da territorialidade em sentido material, verdadeiro limite ao próprio exercício da competência tributária de um Estado. [...] A aplicação extraterritorial da lei tributária americana; a falta de autorização para a retenção sobre valores transferidos para instituições financeiras recalcitrantes, sem qualquer vínculo com os Estados Unidos; e a criação de barreiras comerciais e financeiras à circulação internacional de capitais, sem necessariamente guardar conexão de fonte ou beneficiário nos Estados Unidos, são verdadeiramente inaceitáveis, principalmente levando em consideração que a própria comunidade internacional elegeu que o acesso a informações de não residentes deve ser feito pela celebração de tratados internacionais. Solução que, além de ser a correta, é muito menos onerosa e restringe com menor intensidade direitos fundamentais do contribuinte" (TAKANO, Caio Augusto; SANTOS, Ramon Tomazela. O *"Foreign Account Tax Compliance Act"* (Facta) e seus impactos no ordenamento jurídico brasileiro: reflexões a partir das perspectivas da eficiência, da praticabilidade e da proporcionalidade. *RDDT* 226/31, 2014).

– **Acordo para a troca de informações com os Estados Unidos.** "Assinado em março de 2007 pelos governos do Brasil e dos Estados Unidos, aprovado pela Comissão de relações Exteriores e Defesa Nacional do Senado e no plenário desta Casa (ainda como Projeto de Decreto Legislativo n. 30/2010) em 7 de março de 2013 e publicado em 13 de março de 2013, o Decreto Legislativo n. 211 permite o intercâmbio de informações fiscais de contribuintes brasileiros e americanos entre a Receita Federal do Brasil e o *Internal Revenue Service* (IRS) – o Fisco americano. O referido acordo prevê que o país interessado irá solicitar informações 'independentemente de a Parte requerida delas necessitar para propósitos tributários próprios ou de a conduta sob investigação constituir crime de acordo com as leis da parte requerida'. Estão abrangidos, no caso dos Estados Unidos da América, o imposto federal sobre a renda, o imposto federal sobre a renda auferida da atividade autônoma, o imposto federal sobre heranças e doações, e os impostos federais sobre o consumo; no caso da República Federativa do Brasil o ... IRPF e IRPJ, ... IPI... IOF... ITR... PIS... Cofins... CSLL. [...] ale deste acordo de intercâmbio de informações com os Estados Unidos, o Brasil já celebrou outros com Bermudas (2012), Guernsey (2013), Ilhas Cayman (2013), Jersey (2013), Reino Unido (2012) e Uruguai (2012), que aguardam aprovação do Congresso Nacional. Esta troca de informações depende da obtenção, pela Receita Federal, dos dados bancários dos contribuintes norte-americanos no Brasil, protegidos pelo sigilo bancário nos termos da legislação em vigor. No entanto, o art. 6º da Lei Complementar n.

105/2001, que concede à Administração Tributária Federal o poder de solicitar informações bancárias das instituições financeiras nas quais os contribuintes são correntistas para instruir processos de fiscalização em curso, enfrenta forte oposição dos contribuintes, que têm se socorrido do Poder Judiciário para impedir que a Receita Federal tenha acesso aos seus dados bancários independentemente de ordem judicial. O contribuinte que incorrer em alguma das situações elencadas no art. 3º do Decreto n. 3.724/2001 pode ser intimado pela Receita Federal para apresentar a composição de seus saldos bancários e a origem dos recursos movimentados e, em caso de omissão, a fiscalização tributária federal está autorizada a intimar diretamente a instituição financeira para obtenção dos referidos dados. [...] caso o posicionamento do Supremo Tribunal Federal no julgamento do RE n. 389.808 venha a prevalecer, a troca de informações financeiras com outros países não restará prejudicada, o que ocorrerá é que a União Federal terá que requerer em juízo autorização para a Receita Federal acessar os referidos dados. O que haverá, neste caso, é que o Brasil não poderá aderir ao padrão internacional de trocas de informações com agilidade, posto que dependerá sempre de ordem judicial. ... o Brasil tardará para honrar os compromissos assumidos com outras nações" (CEZAROTI, Guilherme. O acordo para intercâmbio de informações fiscais e bancárias celebrado entre Brasil e Estados Unidos. Influência da posição do STF no julgamento do RE 398.808/PR sobre o sigilo bancário. *RDDT* 219/39, 2013).

Art. 200. As autoridades administrativas federais poderão requisitar o auxílio da força pública federal, estadual ou municipal, e reciprocamente, quando vítimas de embaraço ou desacato no exercício de suas funções, ou quando necessário à efetivação de medida prevista na legislação tributária, ainda que não se configure fato definido em lei como crime ou contravenção.

⇒ **Alcance do dispositivo.** "... é compreensível que a autoridade requisite força policial para a efetivação de certos atos (p. ex., bloqueio de estrada para verificação de mercadorias em trânsito), ou em casos de desacato, mas isso não tem sentido quando se trate de 'puro e simples embaraço à fiscalização, através, por exemplo, da sonegação de livros e documentos'" (AMARO, Luciano. *Direito tributário brasileiro.* 15. ed. São Paulo: Saraiva, 2009, p. 480).

⇒ **Busca e apreensão. Inviolabilidade do domicílio e fiscalização.** O STF tem entendido que, não obstante a prerrogativa do Fisco de solicitar e analisar documentos, os agentes fiscais só podem ingressar em escritório de empresa quando autorizados (pelo proprietário, gerente ou preposto). Em caso de recusa, não podem os agentes simplesmente requerer auxílio de força policial, eis que, forte na garantia de inviolabilidade do domicílio, oponível também ao Fisco, a medida dependerá de autorização judicial.

– "Fiscalização tributária – Apreensão de livros contábeis e documentos fiscais realizada, em escritório de contabilidade, por agentes fazendários e policiais federais, sem mandado judicial – inadmissibilidade – Espaço privado, não aberto ao público, sujeito à proteção constitucional da inviolabilidade domiciliar (CF art. 5º, XI) – Subsunção ao conceito normativo de 'casa' – Necessidade de ordem judicial – Administração Pública e fiscalização tributária – Dever de observância, por parte de seus órgãos e agentes, dos limites jurídicos impostos pela constituição e pelas leis da República – Impossibilidade de utilização, pelo Ministério Público, de prova obtida com transgressão à garantia da inviolabilidade domiciliar – Prova ilícita – Inidoneidade jurídica – *habeas corpus* deferido. Administração tributária – Fiscalização – Poderes – Necessário respeito aos direitos e garantias individuais dos contribuintes e de terceiros. – Não são absolutos os poderes de que se acham investidos os órgãos e agentes da administração tributária, pois o Estado, em tema de tributação, inclusive em matéria de fiscalização tributária, está sujeito à observância de um complexo de direitos e prerrogativas que assistem, constitucionalmente, aos contribuintes e aos cidadãos em geral. Na realidade, os poderes do Estado encontram, nos direitos e garantias individuais, limites intransponíveis, cujo desrespeito pode caracterizar ilícito constitucional. – A administração tributária, por isso mesmo, embora podendo muito, não pode tudo. É que, ao Estado, é somente lícito atuar, 'respeitados os direitos individuais e nos termos da lei' (CF, art. 145, § 1º), consideradas, sobretudo, e para esse específico efeito, as limitações jurídicas decorrentes do próprio sistema instituído pela Lei Fundamental, cuja eficácia – que prepondera sobre todos os órgãos e agentes fazendários – restringe-lhes o alcance do poder de que se acham investidos, especialmente quando exercido em face do contribuinte e dos cidadãos da República, que são titulares de garantias impregnadas de estatura constitucional e que, por tal razão, não podem ser transgredidas por aqueles que exercem a autoridade em nome do Estado. A garantia da inviolabilidade domiciliar como limitação constitucional ao poder do estado em tema de fiscalização tributária – Conceito de 'casa' para efeito de proteção constitucional – Amplitude dessa noção conceitual, que também compreende os espaços privados não abertos ao público, onde alguém exerce atividade profissional: necessidade, em tal hipótese, de mandado judicial (CF, art. 5º, XI). – Para os fins da proteção jurídica a que se refere o art. 5º, XI, da Constituição da República, o conceito normativo de 'casa' revela-se abrangente e, por estender-se a qualquer compartimento privado não aberto ao público, onde alguém exerce profissão ou atividade (CP, art. 150, § 4º, III), compreende, observada essa específica limitação espacial (área interna não acessível ao público), os escritórios profissionais, inclusive os de contabilidade, 'embora sem conexão com a casa de moradia propriamente dita' (Nelson Hungria). Doutrina. Precedentes. – Sem que ocorra qualquer das situações excepcionais taxativamente previstas no texto constitucional (art. 5º, XI), nenhum agente público, ainda que vinculado à administração tributária do Estado, poderá, contra a vontade de quem de direito (*invito domino*), ingressar, durante o dia, sem mandado judicial, em espaço privado não aberto ao público, onde alguém exerce sua atividade profissional, sob pena de a prova resultante da diligência de busca e apreensão assim executada reputar-se inadmissível, porque impregnada de ilicitude material. Doutrina. Precedentes específicos, em tema de fiscalização tributária, a propósito de escritórios de contabilidade (STF). – O atributo da autoexecutoriedade dos atos administrativos, que traduz expressão concretizadora do *privilège du pre-*

álable, não prevalece sobre a garantia constitucional da inviolabilidade domiciliar, ainda que se cuide de atividade exercida pelo Poder Público em sede de fiscalização tributária" (STF, HC 93.050, 2008).

– O escritório de empresa está protegido pela inviolabilidade de domicílio e o ingresso no mesmo pela Receita, sem autorização judicial, depende do consentimento "morador". "Prova: alegação de ilicitude da prova obtida mediante apreensão de documentos por agentes fiscais, em escritório de empresa – compreendido no alcance da garantia constitucional da inviolabilidade do domicílio – e de contaminação das provas daquela derivadas: tese substancialmente correta, prejudicada no caso, entretanto, pela ausência de demonstração concreta de que os fiscais não estavam autorizados a entrar ou permanecer no escritório da empresa, o que não se extrai do acórdão recorrido. 1. Conforme o art. 5º, XI, da Constituição – afora as exceções nele taxativamente previstas ('em caso de flagrante delito ou desastre, ou para prestar socorro') só a 'determinação judicial' autoriza, e durante o dia, a entrada de alguém – autoridade ou não – no domicílio de outrem, sem o consentimento do morador. 2. Em consequência, o poder fiscalizador da administração tributária perdeu, em favor do reforço da garantia constitucional do domicílio, a prerrogativa da autoexecutoriedade, condicionado, pois, o ingresso dos agentes fiscais em dependência domiciliar do contribuinte, sempre que necessário vencer a oposição do morador, passou a depender de autorização judicial prévia. 3. Mas, é um dado elementar da incidência da garantia constitucional do domicílio o não consentimento do morador ao questionado ingresso de terceiro: malgrado a ausência da autorização judicial, só a entrada *invito domino a ofende*" (STF, ARRE 331.303-7, 2004).

– "... o poder de fiscalização do fisco (garantido pelo CTN, art. 195) já não é absoluto basta recordar a inviolabilidade do domicílio (CF, art. 5º, inc. X). Em caso de oposição inequívoca do contribuinte e desde que os livros, papéis e documentos estejam no interior de recinto protegido constitucionalmente (um escritório, por exemplo, de acesso restrito), não há dúvida que o fisco só pode nele ingressar com ordem judicial e durante o dia (do contrário, será a prova obtida por meio ilícito)" (GOMES, Luiz Flávio. O direito de o contribuinte não produzir prova contra si mesmo, para não se incriminar (CF, art. 5º, LXIII) e o disposto nos arts. 145, § 1º, da CF e 195 do CTN. *RFDT* 10/213, 2004).

– **Vício na busca e apreensão feita pela Receita Federal sem autorização judicial.** "O Tribunal, por maioria, indeferiu *habeas corpus* impetrado em favor de pacientes acusados de suprimirem tributos (Lei 8.137/90, art. 1º, I e II) em que se alegava, em face do princípio da inviolabilidade do domicílio (CF, art. 5º, XI), a inconstitucionalidade da busca e da apreensão de papéis feita pela Receita Federal sem autorização judicial, consubstanciando prova obtida por meio ilícito (CF, art. 5º, LVI). O Tribunal, sem se comprometer com a tese da defesa, indeferiu o pedido uma vez que houve o consentimento dos pacientes à entrada dos agentes do fisco em seu estabelecimento comercial. Vencido o Min. Marco Aurélio, que deferia a ordem por entender que a busca e a apreensão de documentos dependem de autorização judicial" (STF, HC 79.512, 1999).

– "INTERPRETAÇÃO DO ART. 195, DO CTN. APREEN-SÃO DE DOCUMENTOS. 1. O ordenamento jurídico-tributário brasileiro está rigorosamente vinculado ao princípio da legalidade. 2. O art. 195, do CTN, não autoriza a apreensão de livros documentos pela fiscalização, sem autorização judicial" (STJ, REsp 300.065, 2001).

– **Falta de apresentação dos livros.** "... quanto à falta de apresentação de livros, resta que tal fato não configura embaraço à fiscalização, não podendo o contribuinte estar sujeito à força policial, pois pode a Fazenda impor o arbitramento, comentado no art. 195 do CTN, e, consequentemente, impor a penalidade pecuniária por falta da apresentação" (Ricargo Abdul Nour, em capítulo na obra coordenada por Ives Gandra Martins, *Comentários ao CTN*, Saraiva, vol. 2, p. 503).

– **Direito à não autoincriminação.** "... nos termos da parte final do dispositivo por último citado, mais que o direito do fisco de examiná-los, o próprio contribuinte tem a obrigação de exibi-los. Essa obrigação, entretanto, seria absoluta? A resposta necessariamente tem que ser negativa. O moderno embasamento epistemológico constitucionalista tende a afirmar que não há direito absolutos nem obrigações absolutas. Se de um lado o contribuinte está compelido a exigir documentos, livros e papéis para o fisco, de outro, também é certo que ele conta com o direito de ampla defesa, que compreende o direito de não autoincriminar-se" (GOMES, Luiz Flávio. O direito de o contribuinte não produzir prova contra si mesmo, para não se incriminar (CF art. 5º, LXIII) e o disposto nos arts. 145, § 1º, da CF e 195 do CTN. *RFDT* 10/213, 2004).

CAPÍTULO II
DÍVIDA ATIVA

Art. 201. Constitui dívida ativa tributária a proveniente de crédito dessa natureza, regularmente inscrita na repartição administrativa competente, depois de esgotado o prazo fixado, para pagamento, pela lei ou por decisão final proferida em processo regular.

⇒ **Inscrição dos créditos tributários em Dívida Ativa da União (DAU).** Os Procuradores da Fazenda Nacional efetuam o controle da legalidade do lançamento que constituiu o crédito tributário e não tributário da União e, não havendo qualquer irregularidade, efetuam a inscrição em Dívida Ativa da União (DAU). Também os créditos relativos ao simples são inscritos em Dívida Ativa da União pela PFN, conforme os arts. 1º e 41 da LC n. 123/2006. Se vislumbrarem vícios formais ou materiais, devem devolver o processo administrativo para correção.

– Dispõe a LC n. 73/93: "Art. 12. À Procuradoria-Geral da Fazenda Nacional, órgão administrativamente subordinado ao titular do Ministério da Fazenda, compete especialmente: I – apurar a liquidez e certeza da dívida ativa da União de natureza tributária, inscrevendo-a para fins de cobrança, amigável ou judicial; II – representar privativamente a União, na execução de sua dívida ativa de caráter tributário; [...] V – representar a União nas causas de natureza fiscal".

– **Inscrição como controle interno da legalidade.** Dispõe a LEF: "Art. 2º... § 3º A inscrição, que se constitui no ato de controle administrativo da legalidade, será feita pelo órgão competente para apurar a liquidez e certeza do crédito e suspenderá a prescrição, para todos os efeitos de direito, por 180 (cento e oitenta) dias ou até a distribuição da execução fiscal, se esta ocorrer antes de findo aquele prazo". Vide nosso livro *Direito processual tributário, processo administrativo fiscal e execução fiscal à luz da doutrina e da jurisprudência*, Livraria do Advogado, escrito em coautoria com René Bergmann Ávila e Ingrid Schroder Sliwka.

– "Sempre vimos o exercício de tal atividade revestido da mais elevada importância jurídica. É o único ato de controle de legalidade, efetuado sobre o crédito tributário já constituído, que se realiza pela apreciação crítica de profissionais obrigatoriamente especializados: os procuradores da Fazenda. Além disso, é a derradeira oportunidade que a Administração tem de rever os requisitos jurídico-legais dos atos praticados. Não pode modificá-los, é certo, porém tem meios de evitar que não prossigam créditos inconsistentes, penetrados de ilegitimidades substanciais ou formais que, fatalmente, serão fulminadas pela manifestação jurisdicional que se avizinha" (CARVALHO, Paulo de Barros. *Curso de direito tributário*. 27. ed. São Paulo: Saraiva, 2016, p. 540).

– "Esse ato – de inscrição em dívida ativa – é uma garantia ao cidadão de que aquele crédito, originário de uma obrigação não adimplida em tempo e forma devidos, foi devidamente apurado e teve a sua existência confirmada pelo procedimento de controle administrativo sobre a sua legalidade e legitimidade. Os créditos que não sejam líquidos e certos, afirma José Afonso da Silva, não podem ser inscritos como dívida ativa. E para que se possa fazer essa inscrição, vários fatos ou atos, que vão desde a constituição do próprio crédito, até o exame de sua exigibilidade, devem ser realizados pela Administração Pública. Não se contesta que a dívida deva passar por uma verificação rigorosa, antes de ser exigida. A inscrição da dívida ativa somente pode ser promovida depois de apurada sua liquidez e certeza. Em verdade, o lançamento não constitui um crédito líquido e certo, originariamente. Nem a executoriedade lhe é inerente. Há necessidade de se fazer, diante dos créditos não pagos, um controle complementar da legalidade do lançamento, a fim de se verificar quanto à constitucionalidade e legalidade da apuração do crédito tributário. A Fazenda Pública deve examinar a ocorrência de eventuais erros na aplicação da lei, fazendo possíveis alterações. Deve, outrossim, confirmar quanto à definitividade do lançamento, se o crédito constituído está na dependência de defesa ou recurso, se houve decisões finais nos processos administrativos ou judiciais pertinentes. Apurar a liquidez e certeza da dívida ativa, examinando prazos legais e verificando a correta aplicação da lei, para poder ordenar a inscrição respectiva, não é tarefa simples e nem sem relevância jurídica alguma. Ao receber o processo ou expediente relativo à dívida ativa, a Fazenda Pública deverá examinar seu aspecto formal e, uma vez verificada a inexistência de erros, falhas ou irregularidades que possam comprometer a cobrança da dívida, determinará que se proceda à inscrição da dívida nos registros próprios. Na hipótese de ser verificada a existência de falhas ou irregularidades a serem sanadas, deverá ser solicitada à repartição competente a providência cabível, sob pena de responsabilidade. Portanto, afirma Bernardo Ribeiro de Moraes: 'a inscrição da dívida ativa não é mera formalidade burocrática, mas, ao contrário, relevante ato de autoridade pública" (ABRAHAM, Marcus. A compensação de precatórios com créditos da Fazenda Pública na Emenda Constitucional n. 62/2009. *RDDT* 182/86, 2010).

– "O ato de inscrição do crédito e dívida ativa é, ainda, ato de controle interno da Administração Pública, relativo ao lançamento tributário que o antecede e realiza atividade de autossaneamento administrativo, imposta por dispositivo constitucional expresso (art. 70 da Carta Magna) e albergado em orientação jurisprudencial superior (Súmula 473 do STF). Sobre o controle administrativo interno, o eminente jurista Seabra Fagundes expediu estas palavras lapidares, das quais ressalta a aguda preocupação do insigne juspublicista potiguar com a preservação dos direitos das pessoas: 'O controle administrativo é um autocontrole dentro da Administração Pública. Tem por objetivo corrigir os defeitos do funcionamento interno do organismo administrativo, aperfeiçoando-o no interesse geral, e ensejar reparação a direitos ou interesses individuais, que possam ter sido denegados ou preteridos em consequência de omissão na aplicação da Lei'. A observância da legalidade, na seara das normas que regem o lançamento do crédito tributário e a sua inscrição em dívida ativa, é reforçada por exigência expressa do art. 201 do CTN, que impõe a verificação obrigatória da regularidade do procedimento que a origina e prevê, ainda, que a inscrição somente se opere depois de exaurido o prazo para o pagamento da obrigação" (MAIA FILHO, Napoleão Nunes. O controle de legalidade do lançamento e a inscrição do crédito em dívida ativa. *RDDT* 134, 2006).

⇒ **Notificação da inscrição.** Até o advento da Lei n. 13.606/2018, não havia previsão de notificação do devedor por ocasião da sua iscrição em dívida ativa. Considerado procedimento interno da Administração quanto a créditos já firmes decorrentes do exaurimento do processo administrativo fiscal de determinação exigência do crédito tributário, a falta de notificação do ato de inscrição não comprometia o devido processo legal. Mas a Lei n. 13.606/2108 passou a determinar a notificação assim que inscrito o crédito em dívida ativa da União. Trata-se de medida adequada, que favorece a satisfação do crédito, oportunizando que o sujeito passivo se coloque em situação regular, evitando medidas gravosas, como o protesto de CDA, o ajuizamento de execução Fiscal com determinações de bloqueio e indisponibilidade de bens.

– Lei n. 10.522/2002, com a redação da Lei n. 13.606/2018: "Art. 20-B. Inscrito o crédito em dívida ativa da União, o devedor será notificado para, em até cinco dias, efetuar o pagamento do valor atualizado monetariamente, acrescido de juros, multa e demais encargos nela indicados. § 1º A notificação será expedida por via eletrônica ou postal para o endereço do devedor e será considerada entregue depois de decorridos quinze dias da respectiva expedição. § 2º Presume-se válida a notificação expedida para o endereço informado pelo contribuinte ou responsável à Fazenda Pública. § 3º Não pago o débito no prazo fixado no *caput* deste artigo, a Fazenda Pública poderá: I – comunicar a inscrição em

dívida ativa aos órgãos que operam bancos de dados e cadastros relativos a consumidores e aos serviços de proteção ao crédito e congêneres; e II – averbar, inclusive por meio eletrônico, a certidão de dívida ativa nos órgãos de registro de bens e direitos sujeitos a arresto ou penhora, tornando-os indisponíveis."

– Quando a lei ainda não determinava a notificação, tal era aceito pelos tribunais. Do que é exemplo o julgado seguinte: "NOTIFICAÇÃO... Exige-se notificação da lavratura da NFLD, que enseja impugnação; não, porém, da inscrição em dívida ativa ou da extração da respectiva certidão, que são procedimentos internos posteriores à conclusão do processo administrativo e que não ensejam defesa" (TRF4, AC 20000401073985-3, 2003).

⇒ **Impedimentos à inscrição.** Só podem ser inscritos créditos tributários definitivamente constituídos e, portanto, certos, líquidos e exigíveis. A legislação federal estabelece um valor mínimo para inscrição, de R$ 20.000,00.

– **Não inscrição de créditos com exigibilidade suspensa ou extinta ou relativos a lançamento com vício formal ou material.** "... se o crédito tributário estiver com sua exigibilidade suspensa ou extinta, não se realizará validamente a sua inscrição em dívida ativa, como também não se praticará esse ato, se o agente inscritor detectar que o procedimento administrativo do lançamento contém qualquer vício formal ou material que o inquine de invalidade; resta evidente que, nessa análise, o agente inscritor há de ter especial atenção à observância dos direitos subjetivos do sujeito passivo, no trâmite do lançamento, não hesitando em recusar inscrição ao crédito eivado de ilegalidade" (MAIA FILHO, Napoleão Nunes. O controle de legalidade do lançamento e a inscrição do crédito em dívida ativa. *RDDT* 134, 2006).

– **Não inscrição e não ajuizamento de execução em face do pequeno valor. Inexistência de discricionariedade.** A Portaria 075/12, do Ministro da Fazenda, revogando a anterior Portaria MF 049/04, determinou a não inscrição, como Dívida Ativa da União, de débitos para com a Fazenda Nacional de valor consolidado igual ou inferior a R$ 1.000,00 (mil reais) e o não ajuizamento das execuções fiscais de débitos para com a Fazenda Nacional de valor consolidado igual ou inferior R$ 20.000,00 (vinte mil reais). Dispôs, ainda, no sentido de que se considera débito consolidado o resultante da atualização do respectivo valor ordinário mais os encargos e acréscimos legais ou contratuais vencidos, até a data da apuração. O ato normativo em questão traz significativa inovação ao utilizar a expressão "determinar" em lugar da simples autorização contida na portaria revogada. Não obstante, embora haja aparente ordem peremptória acerca do descabimento do manejo da execução fiscal relativa a débitos consolidados inferiores a vinte mil reais, o próprio ato traz exceções sujeitas a juízo de discricionariedade da autoridade. De acordo com o § 6º do art. 1º da Portaria MF 075/12, o Procurador da Fazenda Nacional poderá, *após despacho motivado nos autos do processo administrativo, promover o ajuizamento de execução fiscal de débito cujo valor consolidado seja igual ou inferior ao previsto no inciso II do caput, desde que exista elemento objetivo que, no caso específico, ateste elevado potencial de recuperabilidade do crédito.* Tal permissão não desnatura o fato de que o não ajuizamento de executivos fiscais relacionados a dívidas inferiores a R$ 20.000,00 constitui regra a ser excepcionada somente em casos especiais. Anteriormente, a Portaria 049/04, do Ministro da Fazenda, autorizava a não inscrição, como Dívida Ativa da União, de débitos para com a Fazenda Nacional de valor consolidado igual ou inferior a R$ 1.000 (mil reais) e o não ajuizamento das execuções fiscais de débitos para com a Fazenda Nacional de valor consolidado igual ou inferior R$ 10.000,00 (dez mil reais).

– **Prescrição.** A prescrição, nesses casos, continua a correr. A falta de interesse do credor em executar não afasta o curso do prazo prescricional. A previsão legal de suspensão do prazo prescricional, que constava do art. 5º do DL n. 1.569/77, foi declarada inconstitucional pelo STF. Vide nota ao art. 174 do CTN.

⇒ **Suspensão das execuções fiscais de até R$ 20.000,00 e das frustradas de até R$ 1.000.000,00.** O ajuizamento de execuções de baixo valor, via de regra, não atende ao princípio da eficiência. Por ser negativo o custo-benefício dessas ações, foi estabelecida a possibilidade da sua suspensão quando de até R$ 10.000,00 e, posteriormente, até R$ 20.000,00, conforme o art. 20 da Lei n. 10.522/2002 e a Portaria MF 75/12. Ademais, a atuação reiterada da PFN em execuções fiscais, ainda que de valor significativo, em que não sejam encontrados bens para fazerem frente ao crédito, é contraproducente, de modo que restou autorizada a possibilidade de requerimento de suspensão desses feitos, nos termos da Portaria PGFN 396/16.

⇒ **A suspensão da execução de pequeno valor não impede o curso da prescrição intercorrente.** Se esta sobrevir, o Juiz, ouvido o credor, pode extinguir a execução fiscal. Vide art. 40, § 4º, da LEF e os respectivos comentários na obra Direito Processual Tributário: Processo Administrativo e Execução Fiscal à Luz da Doutrina e da Jurisprudência, que escrevemos com René Bergmann Ávila e Ingrid Schroder Sliwka.

– Dispõe a Lei n. 10.522/2002: "Art. 20. Serão arquivados, sem baixa na distribuição, mediante requerimento do Procurador da Fazenda Nacional, os autos das execuções fiscais de débitos inscritos como Dívida Ativa da União pela Procuradoria-Geral da Fazenda Nacional ou por ela cobrados, de valor consolidado igual ou inferior a R$ 10.000,00 (dez mil reais). (Redação dada pela Lei n. 11.033, de 2004) § 1º Os autos de execução a que se refere este artigo serão reativados quando os valores dos débitos ultrapassarem os limites indicados. § 2º Serão extintas, mediante requerimento do Procurador da Fazenda Nacional, as execuções que versem exclusivamente sobre honorários devidos à Fazenda Nacional de valor igual ou inferior a R$ 1.000,00 (mil reais). (Redação dada pela Lei n. 11.033, de 2004) § 3º (Revogado pela Lei 13.043/2014) § 4º No caso de reunião de processos contra o mesmo devedor, na forma do art. 28 da Lei n. 6.830, de 22 de setembro de 1980, para os fins de que trata o limite indicado no *caput* deste artigo, será considerada a soma dos débitos consolidados das inscrições reunidas" (Incluído pela Lei n. 11.033, de 2004).

– De acordo com a Portaria MF n. 75/2012, o Procurador da Fazenda Nacional requererá o arquivamento, sem baixa na distribuição, das execuções fiscais de débitos com a Fazenda Nacional, cujo valor consolidado seja igual ou inferior a R$ 20.000,00 (vinte mil reais), desde que não ocorrida a citação

pessoal do executado ou não conste dos autos garantia útil à satisfação do crédito. Assim, por ato infralegal a Administração Tributária majorou o limite econômico cabível para fins de requisição de arquivamento de executivos fiscais.

– Pode o credor requerer a desistência ou a suspensão das execuções fiscais de pequeno valor. A referência, na lei, a arquivamento sem baixa na distribuição, corresponde à suspensão. Isso porque, extinto o processo pela desistência, não pode mais constar como ativo na distribuição.

– Lei n. 9.469/97, com a redação estabelecida pela Lei n. 11.941/2009: "Art. 1º-A. O Advogado-Geral da União poderá dispensar a inscrição de crédito, autorizar o não ajuizamento de ações e a não interposição de recursos, assim como o requerimento de extinção das ações em curso ou de desistência dos respectivos recursos judiciais, para cobrança de créditos da União e das autarquias e fundações públicas federais, observados os critérios de custos de administração e cobrança. Parágrafo único. O disposto neste artigo não se aplica à Dívida Ativa da União e aos processos em que a União seja autora, ré, assistente ou opoente cuja representação judicial seja atribuída à Procuradoria-Geral da Fazenda Nacional".

– Portaria PGFN n. 396/2016: "Art. 20. Serão suspensas, nos termos do art. 40, *caput*, da Lei n. 6.830, de 1980, as execuções fiscais cujo valor consolidado seja igual ou inferior a um milhão de reais, desde que não conste nos autos garantia útil à satisfação, integral ou parcial, do crédito executado".

⇒ **Interesse processual para execução fiscal. Descabimento da aplicação de norma estadual relativa à não inscrição e execução de débitos a ente municipal. Tema 109 do STF:** "Lei estadual autorizadora da não inscrição em dívida ativa e do não ajuizamento de débitos de pequeno valor é insuscetível de aplicação ao Município e, consequentemente, não serve de fundamento para a extinção das execuções fiscais que promova, sob pena de violação à sua competência tributária". Decisão de mérito em 2009.

– "TRIBUTÁRIO. PROCESSO CIVIL. EXECUÇÃO FISCAL. MUNICÍPIO. VALOR DIMINUTO. INTERESSE DE AGIR. SENTENÇA DE EXTINÇÃO ANULADA. APLICAÇÃO DA ORIENTAÇÃO AOS DEMAIS RECURSOS FUNDADOS EM IDÊNTICA CONTROVÉRSIA. 1. O Município é ente federado detentor de autonomia tributária, com competência legislativa plena tanto para a instituição do tributo, observado o art. 150, I, da Constituição, como para eventuais desonerações, nos termos do art. 150, § 6º, da Constituição. 2. As normas comuns a todas as esferas restringem-se aos princípios constitucionais tributários, às limitações ao poder de tributar e às normas gerais de direito tributário estabelecidas por lei complementar. 3. A Lei n. 4.468/84 do Estado de São Paulo – que autoriza a não inscrição em dívida ativa e o não ajuizamento de débitos de pequeno valor – não pode ser aplicada a Município, não servindo de fundamento para a extinção das execuções fiscais que promova, sob pena de violação à sua competência tributária. 4. Não é dado aos entes políticos valerem-se de sanções políticas contra os contribuintes inadimplentes, cabendo-lhes, isto sim, proceder ao lançamento, inscrição e cobrança judicial de seus créditos, de modo que o interesse processual para o ajuizamento de execução está presente. 5. Negar ao Município a possibilidade de executar seus créditos de pequeno valor sob o fundamento da falta de interesse econômico viola o direito de acesso à justiça. 6. Sentença de extinção anulada. 7. Orientação a ser aplicada aos recursos idênticos, conforme o disposto no art. 543-B, § 3º, do CPC" (STF, RE 591.033, 2010).

⇒ **Declaração de débito pelo sujeito passivo como suporte para a inscrição em dívida ativa.** As declarações prestadas pelo contribuinte aos sujeitos ativos das obrigações tributárias, seja no cumprimento de obrigações acessórias (e.g. no caso da apresentação da DCTF à Receita Federal) ou através de confissão de dívida para obtenção de parcelamento, são, há muito, consideradas pelos tribunais como supletivas da necessidade de lançamento por parte da autoridade fiscal que pode simplesmente encaminhá-las para inscrição em dívida ativa e cobrança. Vide notas que precedem este art. 142 do CTN.

– "TRIBUTÁRIO. DÉBITO FISCAL DECLARADO E NÃO PAGO. AUTOLANÇAMENTO. DESNECESSIDADE DE INSTAURAÇÃO DE PROCEDIMENTO ADMINISTRATIVO PARA COBRANÇA DO TRIBUTO. Em se tratando de autolançamento de débito fiscal declarado e não pago, desnecessária a instauração de procedimento administrativo para a inscrição da dívida e posterior cobrança. Agravo regimental improvido" (STF, Ag.RegAg 144.609, 1995).

– "TRIBUTÁRIO E PROCESSUAL CIVIL. EMBARGOS À EXECUÇÃO FISCAL. CERTIDÃO DE DÍVIDA ATIVA – CDA. NULIDADE NÃO CONFIGURADA. [...] 1. Em se tratando de tributo sujeito a lançamento por homologação, o qual se efetiva nos moldes do art. 150, do CTN, a inscrição do crédito em dívida ativa, em face da inadimplência no tempo devido, não compromete a liquidez e exigibilidade do título executivo, pois dispensável a homologação formal, sendo o tributo exigível independentemente de procedimento administrativo fiscal" (STJ, REsp 436.747, 2002).

– **Inscrição com suporte nas declarações. Decreto-Lei n. 2.124/84:** "DECRETO-LEI 2.124 DE 13/06/84 – *DOU* 14/06/84 Altera a Legislação do Imposto sobre a Renda, e dá outras Providências. Art. 5º O Ministro da Fazenda poderá eliminar ou instituir obrigações acessórias relativas a tributos federais administrados pela Secretaria da Receita Federal. § 1º O documento que formalizar o cumprimento de obrigação acessória, comunicando a existência de crédito tributário, constituirá confissão de dívida e instrumento hábil e suficiente para a exigência do referido crédito. § 2º Não pago no prazo estabelecido pela legislação, o crédito, corrigido monetariamente e acrescido da multa de 20% (vinte por cento) e dos juros de mora devidos, poderá ser imediatamente inscrito em Dívida Ativa, para efeito de cobrança executiva, observado o disposto no § 2º, do art. 7º, do Decreto-Lei n. 2.065, de 26 de outubro de 1983".

– **Inscrição com suporte na GFIP. Lei n. 8.212/91.** A Lei n. 8.212/91 dispõe: "Art. 32. A empresa é também obrigada a: ... IV – declarar à Secretaria da Receita Federal do Brasil e ao Conselho Curador do Fundo de Garantia do Tempo de Serviço – FGTS, na

forma, prazo e condições estabelecidos por esses órgãos, dados relacionados a fatos geradores, base de cálculo e valores devidos da contribuição previdenciária e outras informações de interesse do INSS ou do Conselho Curador do FGTS; (redação dada pela Lei 11.941/09) [...] Art. 39. O débito original e seus acréscimos legais, bem como outras multas previstas em lei, constituem dívida ativa da União, promovendo-se a inscrição em livro próprio daquela resultante das contribuições de que tratam as alíneas *a*, *b* e *c* do parágrafo único do art. 11 desta Lei. [...] § 3º Serão inscritas como dívida ativa da União as contribuições que não tenham sido recolhidas ou parceladas resultantes das informações prestadas no documento a que se refere o inciso IV do art.32 desta Lei".

– **Inscrição com suporte na declaração de compensação não homologada. Lei n. 10.833/2003.** A Lei 10.833, publicada em 30 de dezembro de 2003, decorrente da conversão da MP n. 135/2003, acresceu parágrafos ao art. 74 da Lei n. 9.430/96, dizendo que a declaração de compensação constitui confissão de dívida e que, não homologada e não provido eventual impugnação e sucessivo recurso do contribuinte, enseja a inscrição do débito em Dívida Ativa. Vide notas aos arts. 142 e 170 do CTN. A Lei n. 11.051/2004, por sua vez também alterando a redação do art. 74 da Lei n. 9.430/96, estabelece rol de compensações que, por não amparadas pela legislação, são consideradas não declaradas, ensejando a inscrição dos valores devidos em dívida ativa independentemente da comunicação para manifestação de inconformidade. Vide nota ao art. 170 do CTN.

– **Inscrição de valor declarado compensado. Descabimento.** "RETIFICAÇÃO DE DCTF. INFORMAÇÃO DE COMPENSAÇÃO. REJEIÇÃO. IMEDIATA INSCRIÇÃO EM DÍVIDA. IMPOSSIBILIDADE. NECESSIDADE DE LANÇAMENTO FORMAL. DIREITO DE DEFESA. A compensação realizada no âmbito do lançamento por homologação, forte no art. 66 da Lei 8.383/91, não dependia de prévio consentimento do Fisco. Informada a compensação pelo contribuinte, não mais se viabilizava a inscrição em dívida ativa diretamente com base em DCTF que, anteriormente, apontara o débito" (TRF4, AMS 200104010012623, 2003).

– **Inscrição com suporte em DCTF/GFIP.** "TRIBUTO DECLARADO E NÃO PAGO. 2. No que se refere especificamente às contribuições sociais declaradas em GFIP (Guia de Recolhimento do FGTS e Informações à Previdência Social), cuja apresentação obrigatória está prevista no art. 32, IV, da Lei 8.212/91 (regulamentado pelo art. 225, IV e seus §§ 1º a 6º, do Decreto 3.048/99), a própria Lei instituidora é expressa no sentido de que a referida declaração é um dos modos de constituição do crédito da seguridade social (Lei 8.212/91, art. 33, § 7º, redação da Lei 9.528/97). 3. A falta de recolhimento, no devido prazo, do valor correspondente ao crédito tributário assim regularmente constituído acarreta, entre outras consequências, as de (a) autorizar a sua inscrição em dívida ativa; (b) fixar o termo *a quo* do prazo de prescrição para a sua cobrança; (c) inibir a expedição de certidão negativa do débito; (d) afastar a possibilidade de denúncia espontânea" (STJ, AgRg nos EAg 670.326, 2006).

– "TRIBUTÁRIO E PROCESSUAL CIVIL. CRÉDITO DECLARADO EM DCTF. CONSTITUIÇÃO DO DÉBITO... 2.

A Declaração de Contribuições e Tributos Federais – DCTF constitui confissão de dívida e instrumento hábil e suficiente à exigência do referido crédito, *ex vi* do art. 5º, § 1º, do DL 2.124/84. 3. O reconhecimento do débito tributário pelo contribuinte, mediante a DCTF, com a indicação precisa do sujeito passivo e a quantificação do montante devido, equivale ao próprio lançamento, restando o Fisco autorizado a proceder à inscrição do respectivo crédito em dívida ativa. Assim, não pago o débito no vencimento, torna-se imediatamente exigível, independentemente de qualquer procedimento administrativo ou de notificação ao contribuinte, sendo indevida a expedição de certidão negativa de sua existência [...]" (STJ, REsp 752.787, 2006).

– Inscrição com suporte em DCTF retificada. Descabimento. "EMBARGOS À EXECUÇÃO FISCAL. DCTF. RETIFICAÇÃO. NECESSIDADE DE PROCESSO ADMINISTRATIVO E NOTIFICAÇÃO DE LANÇAMENTO. Quando o contribuinte promove a quantificação do débito e o declara através de DCTF, é despicienda a instauração de processo administrativo para a apuração do débito pelo Fisco. Tal entendimento não se aplica se retificada a declaração, de maneira que não pode a autoridade administrativa promover o lançamento e a execução da diferença entre a primeira e a segunda declaração, sem o devido processo legal. Este montante não pode ser considerado declarado pelo contribuinte, eis que a DCTF retificadora substituiu a primeira DCTF" (TRF4, AC 2001.04.01.033145-5, 2004).

– Inscrição com suporte em declaração de débito de ICMS. "ICMS. 1. LANÇAMENTO POR DECLARAÇÃO. DÉBITO DECLARADO E NÃO PAGO. A declaração de débito do ICMS pelo sujeito passivo da obrigação tributária, quando não seguida do respectivo pagamento, autoriza a imediata inscrição em dívida ativa. Jurisprudência iterativa do Superior Tribunal de Justiça. Ressalva do ponto de vista pessoal do relator. 2... Recurso especial não conhecido" (STJ, REsp 68.625, 1998).

– Inscrição com suporte em confissão de dívida. "EXECUÇÃO FISCAL. CONFISSÃO DE DÍVIDA E PARCELAMENTO. CDA. INSCRIÇÃO. POSSIBILIDADE... 1. Jurisprudência assente no STJ, na linha do que já decidia o STF, no sentido de que a apresentação de declaração do contribuinte, confessando a dívida fiscal, autoriza, em não tendo sido efetuado o pagamento, a imediata inscrição em dívida ativa, independentemente de prévia notificação. 2..." (TRF4, 1ª T., AC 98.04.04896-5, Juiz Fed. Leandro Paulsen, out. 2003). Eis excerto do voto condutor: "Está-se diante de situação em que a inscrição em dívida ativa e o posterior ajuizamento de executivo fiscal deu-se através de termo de confissão de dívida, em razão do não cumprimento do parcelamento antes firmado. Assim, a dívida fiscal objeto da execução teve origem em montante declarado e confessado pelo próprio contribuinte. Ora, o lançamento formal se torna desnecessário quando o contribuinte já se tenha declarado devedor. Em sendo confessada a dívida pelo próprio contribuinte, seja mediante o cumprimento da obrigação tributária acessória de apresentação da declaração de débitos e créditos tributários federais, da guia de informações à Previdência ou outro documento em que conste a confissão, torna-se desnecessária a atividade do fisco de verificar a ocorrência do fato gerador, apontar a matéria tributável, calcular o tributo e indicar o sujeito

passivo, notificando-o da sua obrigação, pois tal já foi feito por ele próprio que, portanto, tem conhecimento inequívoco do que lhe cabia recolher".

– Inscrição do valor declarado e inscrição posterior de lançamento suplementar. Poderemos ter mais de uma inscrição e respectivas CDAs relativamente ao mesmo tributo e competência, o primeiro com suporte em declaração do contribuinte e o segundo em lançamento suplementar realizado pelo Fisco.

– "TRIBUTÁRIO. TRIBUTOS DECLARADOS EM DCTF. DÉBITO DECLARADO E NÃO PAGO. AUTOLANÇAMENTO. PRÉVIO PROCESSO ADMINISTRATIVO. DESNECESSIDADE. AÇÃO DE EXECUÇÃO FISCAL. PRESCRIÇÃO. 1. Lavrada a declaração de reconhecimento do débito, via DCTF, constituindo o crédito tributário, remanesce ao Fisco o prazo quinquenal para a propositura da ação de exigibilidade da exação reconhecida. 2. Deveras, o fato de a declaração de débito provir do contribuinte não significa preclusão administrativa para o Fisco impugnar o *quantum* desconhecido. Isto porque impõe-se distinguir a possibilidade de execução imediata pelo reconhecimento da legalidade do crédito com a situação de o Fisco concordar (homologar) a declaração unilateral do particular, prestada. 3. A única declaração unilateral constitutiva *ipso jure* do crédito tributário é a do Fisco, por força do lançamento compulsório (art. 142 do CTN que assim dispõe: 'Compete privativamente à autoridade administrativa constituir o crédito tributário pelo lançamento, assim entendido o procedimento administrativo tendente a verificar a ocorrência do fato gerador da obrigação tributária correspondente, determinar a matéria tributável, calcular o montante do tributo devido, identificar o sujeito passivo e, sendo o caso, propor a aplicação da penalidade cabível'. 4. Prestando o contribuinte informação acerca da efetiva existência do débito, dispõe o Fisco do prazo para realizar o eventual lançamento suplementar, acaso existente saldo, prazo este decadencial, porquanto constitutivo da dívida. 5. Findo este prazo, para o qual a Fazenda dispõe de cinco anos, inaugura-se o lapso de prescrição para o ajuizamento do respectivo executivo fiscal, visando a cobrança do montante não declarado e objeto de lançamento suplementar, que também obedece ao quinquênio. 6. Assim é porque decorrido o prazo de cinco anos da data da declaração, e não havendo qualquer lançamento de ofício, considera-se que houve aquiescência tácita do Fisco com relação ao montante declarado pelo contribuinte. Conquanto disponha o Fisco de um quinquênio para efetuar lançamento do débito não declarado, somente conta com cinco anos da data da declaração para cobrar judicialmente o débito declarado em DCTF. 7. Relativamente ao valor declarado, a própria declaração de débito efetivada pelo contribuinte constitui o crédito tributário, prescindindo de ato de lançamento. Assim, podendo desde logo ser objeto de execução fiscal, tem-se que, nesta hipótese, não há que se falar em decadência, porquanto já constituído o crédito, mas tão somente em prescrição para o ajuizamento da ação executiva..." (STJ, Edcl no REsp 720.612, 2006).

⇒ **A dívida ativa abrange atualização, juros, multas e demais encargos. Débito consolidado.** Dispõe a Lei 6.830/80 (LEF): "Art. 2º... § 2º A Dívida Ativa da Fazenda Pública, compreendendo a tributária e a não tributária, abrange atualização monetária, juros e multa de mora e demais encargos previstos em lei ou contrato". A dívida, com todos os seus acréscimos, é chamada de "débito consolidado", conforme o art. 1º, § 2º, da Portaria MF n. 248/2000: "Entende-se por débito consolidado o resultante da atualização do respectivo valor ordinário mais os encargos e acréscimos legais ou contratuais vencidos, até a data da apuração".

– Sobre a atualização, juros e multas, vide notas ao art. 161 do CTN.

⇒ **Encargos legais. Inconstitucionalidade de acréscimo pela inscrição em dívida. STF.** "É inconstitucional o art. 1º da Lei n. 10.421, de 3.12.71, do Estado de São Paulo, que institui acréscimo pela inscrição do débito fiscal. Recurso extraordinário parcialmente conhecido e provido" (STF, Plenário, RE 84.994/SP, Min. Xavier de Albuquerque, abr. 1977). Eis excerto do voto condutor do Min. Xavier de Albuquerque: "Antiga e reiterada jurisprudência deste Tribunal, anterior e posterior à edição do Código Tributário Nacional, vem reconhecendo a legitimidade do acréscimo de que se cuida, imposto por leis federais, estaduais e municipais par ao caso de inscrição da dívida ativa. São numerosos os precedentes, muitos dos quais citados nestes autos e alguns tomados com o meu voto... Todavia, melhor reflexão, provocada pelo exame dos presente caso, convenceu-me de que procede a rebeldia dos contribuintes contra acréscimo que, sem ser tributo nem multa, e se corresponder a qualquer obrigação tributária, principal ou acessória, se lhes carrega pelo só fato de ser inscrita a dívida, fato que pertine apenas ao Fisco e traduz privilégio, que lhe toca, de criar seu próprio título de crédito. Tal acréscimo afigura-se-me, na verdade, incompatível com as normas dos arts. 113 e 201 do Código Tributário Nacional. Tem sido invocado, em favor do discutido acréscimo, o art. 161 do mesmo Código, que reza: 'O crédito não integralmente pago no vencimento é acrescido de juros de mora, seja qual for o motivo determinante da falta, sem prejuízo da imposição das penalidades cabíveis e da aplicação de quaisquer medidas de garantia previstas nesta lei ou em lei tributária'. Não vejo, contudo, no que possa esse preceito aproveitar à legitimidade do encargo impugnado. Nem constitui ele qualquer das penalidades cabíveis, que se resolvem nas multas, moratórias ou com caráter de penalidade administrativa, nem traduz medida de garantia de nenhuma espécie. Adiro, por isso, ao ponto de vista do eminente Ministro Aliomar Baleeiro, apoiado pela Primeira Turma no julgamento, a 17.2.75, do RE 79.822, de que S. Exa. Foi Relator. Esse acórdão, que não guarda sintonia com a jurisprudência até aqui predominante, tomou a seguinte ementa: 'Executivo fiscal – Acréscimo para despesas judiciais. É ilegítimo acréscimo para despesas judiciais se o Fisco o exige além de custas, multa, juros e correção monetária. Conhecido e provido, unânime'. Por todo o exposto, conheço do recurso e lhe dou provimento... para declarar a ilegitimidade do acréscimo previsto no art. 1º da Lei n. 10.421...". Eis excerto de voto do Min. Cunha Peixoto: "... a inclusão deste acréscimo na certidão de dívida ativa viola o art. 201 do Código Tributário Nacional. Com efeito, um dos privilégios que tem o fisco é o de criar seus próprios títulos e instrumento de crédito. Mas, por isto mesmo, como constitui uma exceção, deve ser interpretado restritivamente. Desta maneira, só pode ser inscrito o que se considera dívida ativa tributária, isto é, a proveniente do crédito do Estado, acrescido das multas e dos juros". Eis excerto de voto do Min. Moreira Alves: "... considero que o acréscimo... se choca com o disposto nos artigos 113 e 201 do Código Tributário Nacional, uma vez que não se enquadra quer na categoria da obrigação tributária principal, quer na da obrigação tributária acessória, e a dívida ativa tributária é a proveniente apenas de crédito tributário, que é a contra-partida da obrigação tributária na relação jurídica dessa natureza". Eis excerto de voto do Min. Carlos Thompson Flores: "... dito acréscimo, passando a integrar o crédito tributário, excede a autorização, proporcionada pelos arts. 113 e 201 do Código Tributário Nacional".

– "2. Acréscimo pela inscrição da dívida fiscal. Sua redução, pelas instâncias ordinárias, de 20% para 10%. Pretensão do Fisco no sentido de ser cancelada tal redução; improcedência, até porque o próprio acréscimo é ilegítimo, sendo inconstitucionais o art. 1º e seu parágrafo único da Lei Paulista 10.421/77 (RE 84.944, 13.4.77, Plenário). 3. Recurso extraordinário parcialmente conhecido e provido" (STF, RE 86.977, 1977).

– **FGTS, encargo de 10%.** "Art. 2º, § 4º. Na cobrança judicial dos créditos do FGTS, incidirá encargo de 10% (dez por cento), que reverterá para o Fundo, para ressarcimento dos custos por ele incorridos, o qual será reduzido para 5% (cinco por cento), se o pagamento se der antes do ajuizamento da cobrança" (Vide a nota anterior acerca das críticas ao encargo legal do DL n. 1.025/69).

– **CVM e SUSEP, INCRA, EMBRATUR.** Encargos específicos cobrados por tais credores, vide em nota ao art. 2º, § 2º, da LEF no livro *Direito processual tributário, processo administrativo fiscal e execução fiscal à luz da doutrina e da jurisprudência*, que escrevemos com René Bergmann Ávila e Ingrid Schroder Sliwka.

– **Dívida ativa da União. Encargo legal de 20% do Decreto-Lei n. 1.025/69.** Quando a dívida ativa da União, suas autarquias e fundações, é inscrita, passa a ser devido o encargo legal de que trata o DL n. 1.025/69, de 10% antes de ajuizada a execução fiscal e de 20% após o ajuizamento. Tal encargo é inconstitucional, conforme já decidiu o STF relativamente a lei semelhante, do Estado de São Paulo, abaixo referida. Mas o STJ tem se manifestado pela aplicação do encargo forte em antiga Súmula do extinto TFR e em precedentes do próprio STJ que não enfocaram a questão constitucional. Para moderar o efeito perverso do encargo, acréscimo que incide sobre a dívida consolidada, ou seja, tanto sobre o tributo como sobre os juros e a multa, é afastada a condenação em honorários nos embargos quando a execução contempla o encargo legal, conforme nota adiante. Embora a 1ª Turma do TRF4, em dezembro de 2006, tenha suscitado incidente de arguição de inconstitucionalidade de tal verba (AC 2004.70.08.001295-0), a Corte Especial daquele Tribunal, em setembro de 2009, entendeu constitucional o encargo (ARGIN-CAC 2004.70.08.001295-0).

– DL n. 1.025/69: "Art. 1º É declarada extinta a participação de servidores públicos na cobrança da Dívida da União, a que se referem os artigos 21 da Lei n. 4.439, de 27 de outubro de 1964, e 1º, inciso II, da Lei n. 5.421, de 25 de abril de 1968, passando a taxa, no total de 20% (vinte por cento), paga pelo executado, a ser recolhida aos cofres públicos, como renda da União". DL n. 1.569/77, com a redação dada pelo DL n. 2.163/84: "Art. 3º O encargo previsto no art. 1 do Decreto-Lei n. 1.025, de 21 de outubro de 1969, calculado sobre o montante do débito, inclusive multas, atualizado monetariamente e acrescido dos juros e multa de mora, será reduzido para 10% (dez por cento), caso o débito, inscrito como Dívida Ativa da União, seja pago antes da remessa da respectiva certidão ao competente órgão do Ministério Público, federal ou estadual, para o devido ajuizamento". Veja-se, ainda, o § 2º do art. 57 da Lei n. 8.383/91, que diz da forma de cálculo do encargo: "§ 2º O encargo referido no art. 1º do Dec.-lei 1.025, de 21 de outubro de 1969, modificado pelo art. 3º do Dec.-lei 1.569, de 8 de agosto de 1977, e art. 3º do Dec.-lei 1.645, de 11 de dezembro de 1978, será calculado sobre o montante do débito, inclusive multas, atualizado monetariamente e acrescido de juros e multa de mora".

– Lei n. 10.522/2002, com a redação da Lei n. 11.941/2009: "Art. 37-A. Os créditos das autarquias e fundações públicas federais, de qualquer natureza, não pagos nos prazos previstos na legislação, serão acrescidos de juros e multa de mora, calculados nos termos e na forma da legislação aplicável aos tributos federais. § 1º Os créditos inscritos em Dívida Ativa serão acrescidos de encargo legal, substitutivo da condenação do devedor em honorários advocatícios, calculado nos termos e na forma da legislação aplicável à Dívida Ativa da União. § 2º O disposto neste artigo não se aplica aos créditos do Banco Central do Brasil".

– "ENCARGO LEGAL INSCRITO EM DÍVIDA ATIVA DA UNIÃO. NATUREZA JURÍDICA... 1. Nos termos do art. 1º do DL n. 1.025/1969, o encargo de 20% inserido nas cobranças promovidas pela União, pago pelo executado, é crédito não tributário destinado à recomposição das despesas necessárias à arrecadação, à modernização e ao custeio de diversas outras (despesas) pertinentes à atuação judicial da Fazenda Nacional... 3. O encargo legal não se qualifica como honorários advocatícios de sucumbência, apesar do art. 85, § 19, do CPC/2015 e da denominação contida na Lei n. 13.327/2016, mas sim como mero benefício remuneratório..." (STJ, REsp 1.521.999, 2019).

– **Súmula 400 do STJ:** "O encargo de 20% previsto no DL n. 1.025/1969 é exigível na execução fiscal proposta contra a massa falida" (2009).

– "3. É legítima a cobrança do encargo legal previsto no Decreto-Lei n. 1.025/69, o qual se refere às despesas de administração, fiscalização e cobrança do crédito tributário da União, incluindo os honorários sucumbenciais" (STJ, AgRg no REsp 1.277.971, 2013).

– **Pela inconstitucionalidade do DL n. 1.025/69.** "A análise da inconstitucionalidade do 'encargo' ... remete, portanto, a um emaranhado legal que permite identificar as seguintes fases do instituto: (a) até o DL 1025/69 – pagamento diretamente à PFN, como acréscimo à remuneração dos Procuradores; (b) do DL

1025/69 ao DL 1645/78 – extinta a participação dos Procuradores, surgiu uma nova exação, o 'encargo' propriamente dito, recolhido como outra receita qualquer da União (com o nome de 'taxa', inclusive); (c) do DL 1645/78 à Lei 7711/88 – atribuída ao 'encargo' a natureza de substituto dos honorários advocatícios, embora continuasse sendo arrecadado como outra receita qualquer da União; e (d) após a Lei 7711/88 – vinculação do produto do 'encargo' a programa de custeio de despesas dos órgãos federais de arrecadação e criação de novas hipóteses de cobrança sobre dívidas com diversas pessoas administrativas. [...] Tendo em vista todas as observações anteriores, podemos concluir o seguinte: 3.1. O 'encargo', não obstante o grande número de normas que o disciplinaram, continua tendo sua matriz legal no DL 1.025/69, pois os textos legais posteriores preocuparam-se somente, em sua grande maioria, em dar diferentes destinações ao produto da arrecadação da exação. 3.2. Salvo raras e louváveis exceções, a jurisprudência predominante, encabeçada pelo STJ, insiste em manter a cobrança (que constitui, sem dúvida, vultuosa fonte de recursos do erário federal). 3.3. A defesa do 'encargo' como uma percentagem paga à PFN, incidente sobre o total da dívida inscrita, não pode subsistir pois, entre outros motivos: 3.3.1. o DL 1025/69 revogou a Lei 4.439/64, que regulava essa percentagem, criando uma nova figura; 3.3.2. se considerado como subsídio pago aos Procuradores, viola o art. 39, § 4º, da CF/88; e 3.3.3. entendido como vencimentos ou remuneração, viola o mesmo artigo 39, em seu § 7º (é fonte inconstitucional de aplicação de recursos públicos). 3.4. A tese que o eleva à condição de taxa é improcedente pois: 3.4.1. o DL 1.025/69, que teria instituído essa taxa, não foi recepcionado pela CF/88 (art. 25 do ADCT); 3.4.2. o princípio da legalidade tributária não é obedecido; 3.4.3. a taxa teria base de cálculo de imposto, ferindo o art. 145, § 2º, da CF/88; e 3.4.4. o encargo não se coaduna nem com a definição de taxa da CF/88, nem com a de tributo do CTN. 3.5. Afirmar que o 'encargo' é uma espécie de restituição de despesas feitas nas cobranças executivas é impossível pelo seguinte: 3.5.1. o produto de sua arrecadação, segundo a Lei 7.711/88, é destinado a despesas futuras; 3.5.2. sob a ótica do Direito Privado, constituiria prévia condenação do cidadão e desrespeito ao devido processo legal, à ampla defesa, ao contraditório e à inafastabilidade do Poder Judiciário; e 3.5.3. pelo prisma do Direito Público, configuraria prestação pecuniária cobrada pelo Estado sem qualquer previsão constitucional, o que não é admitido. 3.6. sua condição de substituto dos honorários advocatícios é insustentável pois: 3.6.1. o DL 1.645/78, que dispunha neste sentido, não foi recepcionado pela CF/88 (art. 25 do ADCT); 3.6.2. mesmo assim, esse decreto-lei teria sido derrogado pela Lei 7.711/88, que deu ao 'encargo' destinação diversa; 3.6.3. infringe os princípios constitucionais da igualdade, do pacto federativo, da vedação aos tribunais de exceção, do Juiz natural, da inafastabilidade do Poder Judiciário, da tripartição de poderes, do devido processo legal, da ampla defesa e do contraditório; e 3.6.4. a figura é incompatível com a natureza jurídica do instituto dos honorários advocatícios; 3.7. finalmente, o argumento de que o 'encargo' constitui sanção ao devedor recalcitrante cai por terra se considerado que: 3.7.1. o DL 1.025/69, que teria instituído a sanção, não foi recepcionado pela CF/88 (art. 25 do ADCT); 3.7.2. é inconstitucional a punição arbitrária do cidadão que não realizou nenhum ato ilícito (aliás, o 'encargo' sequer prevê ato do cidadão como pressuposto para sua imposição); 3.7.3. é vedado o *bis in idem* punitivo; e 3.7.4. essa pretensa sanção, no caso de incidir sobre débitos tributários, não é constatada, nem lançada, conforme o procedimento tributário administrativo previsto na legislação infraconstitucional" (BRAZUNA, José Luis Ribeiro. O "encargo" embutido na cobrança da dívida ativa da União. *Revista Dialética de Direito Tributário* n. 76/51-65, 2002).

– "Vê-se, a toda evidência, que a taxa (ou o encargo, o nome é irrelevante: CTN, art. 4º, I) para a cobrança da dívida ativa da União, a cargo da Fazenda Nacional, encaixa-se no quadro normativo traçado pelo constituinte para a taxa em razão de serviço público. Contudo, pelo § 2º do art. 145 da CF, 'as taxas não poderão ter base de cálculo própria de impostos', significando que precisam respeitar o princípio da retributividade (Geraldo Ataliba). [...] Não há essa correlação entre a base de cálculo do Decreto-Lei n. 1.025/69 (valor da dívida a ser executada) e o serviço público a ser remunerado (despesas para a cobrança judicial da dívida ativa). [...] Entendemos que o Juízo pode tomar a decisão de não aplicar o Decreto-Lei 1.025/69 *ex officio...* [...] Resumindo o sistemas aqui versados, sobre o Decreto-Lei n. 1.025/69, com alterações posteriores, firmamos que: '1. O indigitado diploma fere os princípios da igualdade e do juiz natural; 2. sua cobrança tem natureza tributária, da espécie taxa, porém sem ajustamento com os contornos constitucionais; pode o juiz, de ofício, não aplicá-lo" (BECHO, Renato Lopes. Honorários advocatícios nos executivos fiscais da Fazenda Nacional. *RDDT* 43/114, 1999).

– **Inconstitucionalidade por invasão da matéria reservada à lei complementar.** O CTN prevê, em seu art. 161, que o não pagamento no prazo implica a cobrança de juros e de multa, nada mais admitindo. Ademais, conforme magistralmente destacou o Min. Cunha Peixoto no voto proferido quando do julgamento, pelo STF, do RE 84.994/SP, anteriormente transcrito, o CTN confere ao Fisco o privilégio de constituir o próprio título executivo, no seu exclusivo interesse, não prevendo a cobrança de nenhuma verba em função disso. A inscrição, privilégio do Fisco, é instrumental para a cobrança do crédito tributário: tributo, com os juros, e multa. Vê-se do art. 201 do CTN que o crédito tributário é inscrito, sem referência alguma a qualquer outra verba. A aplicação do DL 1.025/69 acaba por implicar exigência distinta, não prevista quando disciplinada a constituição e a inscrição do crédito tributário, com o que invade matéria reservada à lei complementar. Tal diploma, pois, quanto a tal possibilidade de aplicação, violou o art. 19, § 1º, da CF/67.

– **Inconstitucionalidade por não configurar honorários e por não guardar limite.** O art. 3º do DL n. 1.569/77, com a redação dada pelo DL n. 2.163/84, já transcrito, prevê a cobrança do encargo legal ainda que o débito seja pago anteriormente ao ajuizamento, hipótese em que é reduzido para 10%. Cobrado, pois, mesmo que não ajuizada a execução fiscal, natureza de honorários advocatícios por certo não tem. E, quando ajuizada a execução, o encargo legal é de 20% fixo, não estando atrelado à atuação do procurador público. Aliás, o STJ tem reconhecido que não tem natureza exclusiva de honorários advocatícios mesmo quando cobrado o percentual de 20% em juízo, em alguns casos

até admitindo a fixação concomitante de honorários (STJ, 1ª T., AgRg no Ag 669.520/SP, Min. José Delgado, fev. 2006). Como cobertura de despesas com os atos administrativos necessários à cobrança, estabelece situação que em nada equivale à de qualquer outro credor que cobra em juízo seus créditos, com juros e multa, mas que não tem como se ressarcir das despesas extras, de cunho administrativo, eventualmente incorridas. Efetivamente, "despesas com cobrança" todos os credores têm. Ademais, seja a título de honorários ou de despesas administrativas, a ausência de um teto à sua exigência atenta contra o princípio constitucional da razoabilidade, por potencial ausência de equivalência entre a medida adotada e o critério que a dimensiona. Efetivamente, quando os tribunais fixam honorários advocatícios, estabelecem valores percentuais para matéria tributária muito aquém dos 20%, aplicando 10% para ações de valor que não ultrapasse o razoável e, quanto ao mais, estabelecendo-os em 5% ou 2%, ou mesmo arbitrando-os em valor fixo, que não implique valores completamente dissociados da possível remuneração do trabalho desenvolvido. A admissão do percentual fixo estabelecido pelo Dec. 1.025/69 impede a graduação da verba honorária de acordo com os critérios do art. 85, § 3º, do novo CPC/15. De fato, no regime do Dec. 1.025/69, é irrelevante se houve ou não a oposição de embargos, desimporta natureza e complexidade da causa, o trabalho desenvolvido pelos procuradores, se houve ou não dilação probatória complexa. Em razão disso, há juízes entendendo que o Dec. 1.025/69 teria, inclusive, restado revogado pelo próprio CPC, Lei 5.869, de 1973. Do mesmo modo, quando se tem em conta despesas administrativas para a inscrição e cobrança, não se diferenciam quando se trate de um pequeno crédito ou de um crédito vultoso, não justificando, assim, a cobrança de valores proporcionais ao crédito e sem correlação com a dimensão da atividade que estaria a justificar o encargo. Aliás, mesmo nas taxas o Supremo Tribunal Federal tem exigido, quando não equivalência plena entre o valor cobrado e o custo, ao menos um limite (ADInMC 1.671-GO, acerca das custas judiciais). O estabelecimento do elevado percentual de 20%, sem qualquer moderação ou limite, podendo implicar, em ações milionárias, encargo igualmente milionário, em nada proporcional aos custos administrativos incorridos tampouco ao trabalho advocatício eventualmente desenvolvido, carece de razoabilidade, violando os direitos do contribuinte. Ademais, revela que não se trata propriamente de ressarcimento de despesa efetiva, tampouco de honorários, mas de tributo.

– **Inconstitucionalidade por implicar tributo sem suporte em nenhuma das normas de competência.** Valores exigidos pelo Poder Público que não são decorrentes de contrato e que nem indenizatórios podem ser considerados em face da falta de relação com qualquer despesa efetiva a ser ressarcida, configuram tributo, sobretudo se considerarmos a sua destinação ao Fundo Especial de Desenvolvimento e Aperfeiçoamento das Atividades de Fiscalização – FUNDAF por força da Lei 7.711/88. De preço, por certo, não se trata, visto que não constitui contraprestação por qualquer utilidade de utilização voluntária. Tem-se, pois, indubitavelmente, um tributo, caracterizado pelos requisitos do art. 3º do CTN. Ocorre que, como tal, também não se sustenta, eis que não se enquadra em nenhuma das espécies tributárias.

Não há que se vislumbrar capacidade contributiva a justificar a cobrança de contribuição ou de imposto, sendo que este tampouco admite prévia afetação a órgão, fundo ou despesa. Também de taxa não se trata, porque não se cuida de serviço específico e divisível prestado ao contribuinte nem de exercício do poder de polícia. Desnecessário, pois, inclusive, que se aprofunde a análise das características de cada espécie tributária, eis que já em exame inicial o encargo não se sustenta. Tenho, pois, que o encargo em questão, como tributo, não encontraria amparo nas normas de competência: arts. 145, 148 e 149, 153, 154, I, do CTN, carecendo, pois, de suporte constitucional.

– **Inconstitucionalidade por violar a razoabilidade em face da ausência de relação com qualquer despesa efetiva e com a efetiva remuneração dos procuradores.** Por fim, mesmo que o encargo legal atenda concomitantemente à satisfação de honorários advocatícios e à cobertura de despesas realizadas no fito de promover a remuneração de despesas com os atos necessários à apreciação dos tributos, a ausência de fixação de um teto à sua exigência atenta contra o princípio constitucional da razoabilidade, por potencial ausência de equivalência entre a medida adotada e o critério que a dimensiona, como já reconheceu, em hipótese similar, o Supremo Tribunal Federal, declarando a inconstitucionalidade da criação de taxa judiciária em percentual fixo, que, em alguns casos, impossibilitaria o direito fundamental de acesso à justiça, além de não ser razoavelmente equivalente ao custo real do serviço, com desproporção entre o custo do serviço e a taxa cobrada (Representação 1.077, *Revista Trimestral de Jurisprudência do Supremo Tribunal Federal* 112/34-67).

– **Pela constitucionalidade.** "...EXECUÇÃO FISCAL. ENCARGO PREVISTO NO DL N. 1.025/69. NATUREZA DE DESPESA JUDICIAL. APLICAÇÃO CONCOMITANTE COM A VERBA HONORÁRIA SUCUMBENCIAL. LEI N. 7.718/88. PRECEDENTES. 1. Agravo regimental contra decisão que negou provimento a agravo de instrumento para manter o acórdão *a quo* que, em executivo fiscal da dívida ativa da União, reconheceu legítimo o encargo legal do DL n. 1.025/69, no percentual de 20% (vinte por cento). 2. Reveste-se de legitimidade e legalidade a cobrança do encargo de 20% (vinte por cento) previsto no art. 1º do DL n. 1.025/69, destinando-se o mesmo à cobertura das despesas realizadas no fito de promover a apreciação dos tributos não recolhidos. 3. Acaso o débito existente seja quitado antes da propositura do executivo fiscal, tal taxa será reduzida a 10% (dez por cento), consoante o disposto no art. 3º do DL n. 1.569/77. 4. A partir da Lei n. 7.711/88, tal encargo deixou de ter a natureza exclusiva de honorários e passou a ser considerado, também, como espécie de remuneração das despesas com os atos judiciais para a propositura da execução, não sendo mero substituto da verba honorária. 5. Destina-se o encargo ao custeio da arrecadação da dívida ativa da União como um todo, incluindo projetos de modernização e despesas judiciais (Lei n. 7.711/88, art. 3º e parágrafo único). Não pode ter a sua natureza identificada exclusivamente como honorários advocatícios de sucumbência para fins de não ser aplicado o percentual de 20% fixado no citado DL concomitantemente com a verba honorária de sucumbência da ação. A fixação do referido

percentual é independente dos honorários advocatícios sucumbenciais" (STJ, AgRg no Ag 669.520, 2006).

– "... EXECUÇÃO FISCAL... ENCARGO LEGAL DO DL N. 1.025/69. POSSIBILIDADE... II – O encargo legal de 20% do Decreto-lei n. 1.025/69 é imperioso por decorrer de norma expressa em dispositivo legal, destinando-se a atender a despesas diversas relativas a arrecadação de tributos não pagos pelos contribuintes, abrangendo a verba sucumbencial e que deve ser recolhido aos cofres da União como estabelecido na legislação de regência, aplicável inclusive nas execuções fiscais que envolvam a massa falida" (STJ, AgRg no Ag 727.291, 2006).

– "ARGUIÇÃO DE INCONSTITUCIONALIDADE. TRIBUTÁRIO. ENCARGO LEGAL. DEC.-LEI N. 1.025/69, DE 21-10-69. LEGALIDADE E CONSTITUCIONALIDADE. 1. Afastadas as preliminares levantadas pela Fazenda Nacional da impossibilidade de controle de constitucionalidade de normas editadas perante constituição revogada e da recepção, bem como da ausência de parâmetro para o controle de constitucionalidade. 2. Constitui o denominado encargo legal (Decreto-lei n. 1.025/69, de 21-10-69) de valor exigido pelo Poder Público, tendo por base o montante do crédito da fazenda, tributário e não tributário, lançado em Dívida Ativa, sendo exigível a partir da respectiva inscrição. O encargo legal desde a sua origem até a Lei n. 7.711, de 22-12-88, possuiu natureza exclusiva de honorários advocatícios. A partir da Lei n. 7.711/88, passou a constituir-se em crédito da Fazenda Pública de natureza híbrida não tributária, incluída aí a verba honorária, integrante da receita da Dívida Ativa da União. 3. Tem-se por constitucional, sob os aspectos tanto formal quanto material, o encargo legal previsto no Dec.-lei n. 1.025/69, evidenciando-se legal e legítima a sua cobrança, na linha da jurisprudência uníssona do extinto Tribunal Federal de Recursos (Súmula n. 168), dos Tribunais Regionais Federais do país e do Superior Tribunal de Justiça. Precedentes" (TRF4, ARGINCAC 2004.70.08.001295-0, 2009).

– **Percentual devido antes e depois de ajuizada a Execução Fiscal. Primeira Seção do STJ.** "PROCESSO CIVIL. EXECUÇÃO FISCAL. ENCARGO PREVISTO NO DECRETO-LEI N. 1.025, DE 1969. O *quantum* do encargo previsto no Decreto-Lei n. 1.025, de 1996 é de 20% (Vinte por cento) sobre o valor do débito, se já proposta a execução fiscal; se o débito for pago antes do ajuizamento da execução, a verba fica reduzida a 10% (dez por cento) do respectivo montante (Decreto-Lei n. 1.569, de 1977, artigo 3º). Embargos de divergência acolhidos" (STJ, EDivREsp 147.169, 1998).

– "...EXECUÇÃO FISCAL. ENCARGO PREVISTO NO DL N. 1.025/69. 2. Reveste-se de legitimidade e legalidade a cobrança do encargo de 20% (vinte por cento) previsto no art. 1º do DL n. 1.025/69, destinando-se o mesmo à cobertura das despesas realizadas no fito de promover a apreciação dos tributos não recolhidos. 3. Acaso o débito existente seja quitado antes da propositura do executivo fiscal, tal taxa será reduzida a 10% (dez por cento), consoante o disposto no art. 3º do DL n. 1.569/77" (STJ, AgRg no Ag 669.520, 2006).

– **Pela impossibilidade de redução do percentual pelo Juiz na Execução Fiscal.** "... EXECUÇÃO FISCAL... DECRETO-LEI

N. 1.025/69 – ENCARGO LEGAL – IMPOSSIBILIDADE DE REDUÇÃO PERCENTUAL... – Descabe a redução do encargo de vinte por cento referente ao art. 1º do Decreto-Lei n. 1.025/69, por não ser ele mero substituto da verba honorária" (STJ, REsp 627.814, 2006).

– **Pela possibilidade de redução do percentual, mormente para a hipótese de não oposição de Embargos.** "PROCESSUAL CIVIL. EXECUÇÃO FISCAL. HONORÁRIOS ADVOCATÍCIOS. DECRETO-LEI 1.025/69 (ART. 1º). 1. Atendidos os critérios objetivos ao Juiz é permitida a apreciação equitativa para a fixação do percentual entre o mínimo e máximo legal (§ 3º, a, b, c, art. 20, CPC). Aforada a execução fiscal e feito o pagamento, pode o Juiz estabelecer a verba honorária entre 10% e 20% do valor da causa. 2. Recurso provido" (STJ, 1ª T., REsp 197.591/MG, Rel. Min. Milton Luiz Pereira, jun. 1999). Eis excerto do interessante voto condutor: "... no âmbito da fixação da verba honorária, atendidos critérios objetivos (§ 3º, alíneas a, b, c, art. 20, CPC), ao Juiz é permitida a apreciação equitativa para a determinação do percentual entre o mínimo e o máximo legal. São princípios gerais. Não me parece que normas extravagantes possam prevalecer sobre princípios gerais, certo que estas devem submeter-se e não afrontar o sistema. Demais, divorcia-se da equidade própria à apreciação do Juiz, aceitar-se que a simples apresentação de certidão de dívida ativa imponha a fixação mínima de 20%, enquanto que, em ações mais complexas ou mesmo na eventualidade de embargos à execução, possa o Juiz estabelecer de 10% a 20%. Em contrário pensar, inclusive, estar-se-ia malferindo o artigo 125, I, CPC, uma vez que ao executado por dívida fiscal estaria sendo dispensado tratamento desigual porque mais severo ou inflexível em comparação com aquele dispensado aos executados por outros títulos obrigacionais de origem judicial ou extrajudicial. As partes devem receber o mesmo tratamento processual. Daí, proposta a execução judicial, ressalvada a hipótese da apresentação dos embargos, no caso, ter o doutro Juiz monocrático arbitrado os honorários em 10%, na perspectiva de pagamento da dívida quando citado o devedor. Razões outras, versando que os 20% também cobrem outras despesas não afetam a conclusão, visto que na feitura da conta geral elas serão computadas".

– **O encargo do DL n. 1.025/69 dispensa a condenação em honorários na própria Execução Fiscal e nos Embargos. Súmula n. 168 do extinto TFR:** "O encargo de 20% (vinte por cento), do Decreto-Lei n. 1.025, de 1969, é sempre devido nas execuções fiscais da União e substitui, nos embargos, a condenação do devedor em honorários advocatícios". Obs.: O extinto TFR, ao editar a Súmula 168, tinha conhecimento do precedente do STF relativo à Lei Estadual de São Paulo, mas entendeu que seria inaplicável à hipótese do DL n. 1.025/69 porque o "argumento básico" teria sido o "de que a referida unidade federativa legislou fora do âmbito de sua competência", pois não podia dispor sobre honorários advocatícios. Como se pode ver dos votos transcritos, contudo, o STF adotou outros fundamentos aplicáveis, sim, à hipótese do DL n. 1.025/69. O fundamento de tal acórdão longe está de se centrar na questão da competência legislativa estadual. A censura ao acréscimo pela inscrição deu-se por fundamentos de ordem material.

– "... EMBARGOS À EXECUÇÃO FISCAL. DECRETO-LEI 1.025/69. ENCARGO LEGAL DE 20%. HONORÁRIOS ADVOCATÍCIOS INCLUSOS... 3. A cobrança do encargo de 20% (vinte pontos percentuais) sobre o valor do débito, previsto no Decreto-Lei n. 1.025/69, é admitido para o custeio da arrecadação dos tributos, incluindo despesas judiciais, a defesa da Fazenda Nacional e sua representação em juízo, razão pelo qual fica defeso à Fazenda obter, além do citado encargo, a condenação em honorários advocatícios. 4. Agravo Regimental desprovido" (STJ, AgRg no AgRg no Ag 698.423, 2006).

– **Afasta também os honorários em caso desistência para adesão a parcelamento.** "EMBARGOS À EXECUÇÃO FISCAL PROMOVIDA PELA FAZENDA NACIONAL. DESISTÊNCIA, PELO CONTRIBUINTE, DA AÇÃO JUDICIAL PARA FINS DE ADESÃO A PROGRAMA DE PARCELAMENTO FISCAL. HONORÁRIOS ADVOCATÍCIOS (ARTIGO 26, DO CPC). DESCABIMENTO. VERBA HONORÁRIA COMPREENDIDA NO ENCARGO DE 20% PREVISTO NO DECRETO-LEI 1.025/69. A condenação, em honorários advocatícios, do contribuinte, que formula pedido de desistência dos embargos à execução fiscal de créditos tributários da Fazenda Nacional, para fins de adesão a programa de parcelamento fiscal, configura inadmissível bis in idem, tendo em vista o encargo estipulado no Decreto-Lei 1.025/69, que já abrange a verba honorária (Precedentes...) . 2. A Súmula 168, do Tribunal Federal de Recursos, cristalizou o entendimento de que: 'o encargo de 20%, do Decreto-Lei 1.025, de 1969, é sempre devido nas execuções fiscais da União e substitui, nos embargos, a condenação do devedor em honorários advocatícios'. 3. Malgrado a Lei 10.684/2003 (que dispôs sobre parcelamento de débitos junto à Secretaria da Receita Federal, à Procuradoria-Geral da Fazenda Nacional e ao Instituto Nacional do Seguro Social) estipule o percentual de 1% (um por cento) do valor do débito consolidado, a título de verba de sucumbência, prevalece o entendimento jurisprudencial de que a fixação da verba honorária, nas hipóteses de desistência da ação judicial para adesão a programa de parcelamento fiscal, revela-se casuística, devendo ser observadas as normas gerais da legislação processual civil. 4. Consequentemente, em se tratando de desistência de embargos à execução fiscal de créditos da Fazenda Nacional, mercê da adesão do contribuinte a programa de parcelamento fiscal, descabe a condenação em honorários advocatícios, uma vez já incluído, no débito consolidado, o encargo de 20% (vinte por cento) previsto no Decreto-Lei 1.025/69, no qual se encontra compreendida a verba honorária. 5. In casu, cuida-se de embargos à execução fiscal promovida pela Fazenda Nacional, em que o embargante procedeu à desistência da ação para fins de adesão a programa de parcelamento fiscal (Lei 10.684/2003), razão pela qual não merece reforma o acórdão regional que afastou a condenação em honorários advocatícios, por considerá-los 'englobados no encargo legal de 20% previsto no Decreto-Lei n. 1025/69, o qual substitui, nos embargos, a condenação do devedor em honorários advocatícios'. 6... Acórdão submetido ao regime do artigo 543-C, do CPC, e da Resolução STJ 08/2008" (STJ, REsp 1.143.320, 2010).

Parágrafo único. A fluência de juros de mora não exclui, para os efeitos deste artigo, a liquidez do crédito.

Art. 202. O termo de inscrição da dívida ativa, autenticado pela autoridade competente, indicará obrigatoriamente:

⇒ **LEF.** A LEF trata da matéria em seu art. 2º, § 5º.

⇒ **Termo de Inscrição de Dívida Ativa.** "É o documento que formaliza a inclusão da dívida no cadastro de Dívida Ativa. Tal inscrição altera o *status* da dívida. Em se tratando de tributos administrado pela Secretaria da Receita Federal, e.g., o crédito é lançado e cobrado pela Receita Federal e, apenas na hipótese de o devedor prosseguir na inadimplência, é enviado à Procuradoria da Fazenda Nacional para inscrição em dívida ativa e cobrança judicial através de execução fiscal" (Nota ao art. 2º, § 5º da LEF em *Direito processual tributário, processo administrativo fiscal e execução fiscal à luz da doutrina e da jurisprudência*, que escrevemos com René Bergmann Ávila e Ingrid Schroder Sliwka).

⇒ **Requisitos sem os quais não há a presunção de certeza e liquidez que a caracteriza como título executivo.** "A certidão de dívida ativa... será inválida no ponto em que pretende a responsabilização da pessoa física, na hipótese de ausência de clareza, explicitude ou congruência no apontamento dos pressupostos de direito da transferência da responsabilidade ao membro da sociedade" (MARQUES, Leonardo Nunes. A responsabilidade tributária do sócio e a inscrição em dívida ativa: requisitos e procedimento. *RDDT* 179/102, 2010).

– **Preenchimento ou não dos requisitos. Questão de fato.** "EXECUÇÃO FISCAL. CDA. PREENCHIMENTO DOS REQUISITOS LEGAIS (ART. 202 DO CTN E ART. 2º, § 5º, DA LEI 6.830/1980). INAPLICABILIDADE DO ART. 543-C DO CPC 1. Ainda que se levem em conta exclusivamente as hipóteses em que a discussão em torno da regularidade da CDA seja estritamente jurídica, não há como estabelecer uma tese apriorística que sirva de orientação aos Tribunais locais sobre esse tema, que comporta as mais diversas soluções, conforme as peculiaridades que habitualmente são verificáveis caso a caso. 2. Cancelamento da aplicação da técnica de julgamento prevista no art. 543-C do CPC. CONHECIMENTO DO RECURSO ESPECIAL 3. O espectro cognitivo do Recurso Especial é limitado. O qualificativo 'especial' diferencia este meio de impugnação judicial dos demais justamente porque nele se objetiva a uniformização da interpretação da legislação federal. 4. No apelo nobre a matéria cognoscível é a valoração conferida pelas instâncias locais a um dispositivo de conteúdo normativo (não a todo e qualquer; apenas aquele enquadrado no conceito de 'lei federal'), e não aos documentos ou fatos. 5. A análise da existência de nulidade na CDA pode ser fática ou jurídica, a depender do seguinte: a) será jurídica caso dependa do juízo, a ser extraído diretamente da interpretação da lei federal (LEF e/ou CTN), quanto à necessidade de discriminação de determinadas informações (na espécie, da forma de cálculo dos juros de mora, da origem e da natureza da dívida, etc.; b) será fática se se verificar, em concreto, se o documento dos autos especificou os referidos dados. 6. *In casu*, não se discute se a LEF ou o CTN exigem a descrição de determinados elementos (questão jurídica), mas sim se esses elementos se encontram ou não inseridos no documento (CDA). 7. Quando o exame da validade da CDA não demandar interpretação de lei federal, mas revolvimento do seu próprio conteúdo, é inviável Recurso Especial, em razão da incidência do enunciado da Súmula 7/STJ..." (STJ, REsp 1.345.021, 2013).

I – o nome do devedor e, sendo caso, o dos corresponsáveis, bem como, sempre que possível, o domicílio ou a residência de um e de outros;

⇒ **Requisito para que o nome do sócio possa constar validamente da CDA.** A sujeição de um terceiro ao pagamento do débito não decorre diretamente do fato gerador do tributo. Depende, isto sim, de um pressuposto específico de responsabilidade, normalmente consubstanciado no descumprimento de uma obrigação de outra natureza relacionada à administração de bens alheios, ao cumprimento de obrigações acessórias etc., conforme se vê das notas que precedem o art. 128 do CTN e seguintes. Assim, a inscrição do nome de um responsável tributário depende da prévia apuração administrativa de tal pressuposto de fato específico da responsabilidade, com resguardo do direito de defesa do apontado responsável. Ressalva-se, por certo, a hipótese de sucessão em que ocorra simples sub-rogação na posição do contribuinte. Constando o nome do responsável do título, com suporte em prévia apuração administrativa, a execução poderá ser redirecionada contra o mesmo mediante simples pedido do Exequente. Não constando o nome do responsável do título, ainda assim a jurisprudência tem admitido o redirecionamento, mas, então, mediante demonstração, pelo Exequente, nos autos, de que realmente é imputável a responsabilidade ao terceiro contra quem se pretende redirecionar a execução. Entendemos que se deve ser mais rígido neste ponto, exigindo a prévia apuração administrativa, com respeito ao devido processo legal. A simples indicação, em petição nos autos da execução, dos fatos e do fundamento jurídico da responsabilidade, sem que tal tenha sido devidamente apurado em procedimento regular, não nos parece suficiente.

– "... caso a fiscalização constate a responsabilidade pessoal do administrador, seu nome deverá constar do auto de infração, conferindo-se a ele oportunidade de plena defesa. A inclusão do administrador apenas na CDA é inconstitucional e ilegal, pois (i) foi suprimida a instância administrativa, em desacordo com o artigo 5º, LV, da Constituição; (ii) a indicação do nome na CDA não é ato jurídico que o direito reconheça como apto a constituir o crédito tributário perante a pessoa física; e (iii) para que o administrador defenda-se por meio dos embargos, com a execução fiscal suspensa, deverá garantir o juízo em montante equivalente ao da dívida" (FERRAGUT, Maria Rita. Portaria PGFN 180/2010 e a responsabilidade do administrador: um avanço. *RDDT* 178/102, 2010).

– "O conteúdo da certidão de dívida ativa... deve refletir a investigação promovida no âmbito do processo administrativo fiscal. Aplicando-se essa noção ao contexto que se pretende analisar, tem-se que a introdução da pessoa física em tal documento como responsável pela quitação do débito apenas é permitida na hipótese em que essa responsabilização é debatida previamente na via administrativa. Em outros termos, tão somente na hipótese em que o lançamento original, ou um lançamento complementar (em alguns casos denominado termo de sujeição passiva solidária, termo de responsabilidade tributária, termo de corresponsabilidade etc.) imputa a corresponsabilidade ao membro da sociedade, a autoridade administrativa lhe confere o direito de se defender desta imposição e ao final do processo administrativo a sua inclusão no polo passivo da relação jurídica tributária resta reconhecida, pode-se cogitar na inscrição da pessoa física em dívida ativa" (MARQUES, Leonardo Nunes. A responsabilidade tributária do sócio e a inscrição em dívida ativa: requisitos e procedimento. *RDDT* 179/102, 2010).

– "... na hipótese de se pretender atribuir responsabilidade ao membro da sociedade empresária pela quitação da dívida, nos casos de inexistência de lançamento prévio imputando essa responsabilidade, a certidão de dívida ativa já formalizada não pode ser simplesmente alterada para sua inclusão, por representar alteração do próprio lançamento. [...] o processo expropriatório deverá ser extinto, o lançamento promovido para ampliação subjetiva da relação jurídica, nova certidão formalizada com o apontamento do sócio e nova execução fiscal ajuizada para a satisfação do crédito" (MARQUES, Leonardo Nunes. A responsabilidade tributária do sócio e a inscrição em dívida ativa: requisitos e procedimento. *RDDT* 179/102, 2010).

– **IN RFB n. 1.862/2018.** A IN n. 1.862 "Dispõe sobre o procedimento de imputação de responsabilidade tributária no âmbito da Secretaria da Receita Federal do Brasil". Trata-se de um ato normativo primoroso, que concretiza o devido processo legal, assegurando que a responsabilidade tributária seja apurada em sede de procedimento administrativo fiscal revestido das garantias do contraditório e da ampla defesa. Exige a notificação do terceiro responsável para que possa defender-se quanto ao crédito tributário e quanto ao vínculo de responsabilidade. Assim pirncipia: "Art. 1º Esta Instrução Normativa dispõe sobre a imputação de responsabilidade tributária no âmbito da Secretaria da Receita Federal do Brasil (RFB). Parágrafo único. Para fins do disposto nesta Instrução Normativa, considera-se que: I – a responsabilidade tributária pressupõe a existência da regra-matriz de incidência tributária, referente à obrigação tributária, e da regra-matriz de responsabilidade tributária; II – a imputação de responsabilidade tributária é o procedimento administrativo para atribuir responsabilidade tributária a terceiro que não consta da relação tributária como contribuinte ou como substituto tributário, nas hipóteses legais. CAPÍTULO I. DA IMPUTAÇÃO DA RESPONSABILIDADE TRIBUTÁRIA EM PROCEDIMENTO FISCAL. Seção I. Imputação de Responsabilidade na Constituição do Crédito Tributário. Art. 2º O Auditor-Fiscal da Receita Federal do Brasil que identificar hipótese de pluralidade de sujeitos passivos na execução de procedimento fiscal relativo a tributos administrados pela RFB deverá formalizar a imputação de responsabilidade tributária no lançamento de ofício. Parágrafo único. Não será exigido Termo de Distribuição de Procedimento Fiscal (TDPF) para a imputação de responsabilidade tributária. Art. 3º Na hipótese de imputação de responsabilidade tributária, o lançamento de ofício deverá conter também: I – a qualificação das pessoas físicas ou jurídicas a quem se atribua a sujeição passiva; II – a descrição dos fatos que caracterizam a responsabilidade tributária; III – o enquadramento legal do vínculo de responsabilidade decorrente dos fatos a que se refere o inciso II; e IV – a delimitação do montante do crédito tributário imputado ao responsável. Parágrafo único. O Auditor-Fiscal da Receita Federal do Brasil deverá reunir as provas indispensáveis à comprovação da responsabilidade tributária. Art. 4º Todos os sujeitos passivos autuados deverão ser cientificados do auto de infração, com abertura do prazo estabelecido no inciso V do art. 10 do Decreto n. 70.235, de 6 de março de 1972, para que a exigência seja cumprida ou para que cada um deles apresente impugnação. § 1º A impugnação a que se refere o *caput* poderá ter por objeto o crédito tributário e o vínculo de responsabilidade, conforme o caso. § 2º O prazo para impugnação a que se refere o caput é contado, para cada sujeito passivo, a partir da data em que cada um deles tiver sido cientificado do lançamento. Art. 5º A impugnação tempestiva apresentada por um dos autuados suspende a exigibilidade do crédito tributário em relação aos demais. § 1º O disposto neste artigo não se aplica à hipótese em que a impugnação versar exclusivamente sobre o vínculo de responsabilidade, caso em que produzirá efeitos somente em relação ao impugnante. § 2º O processo será encaminhado para julgamento somente depois de transcorrido o prazo concedido a todos os autuados para a apresentação de impugnação. § 3º No caso de processo em que houve impugnação relativa ao crédito tributário e ao vínculo de responsabilidade, e em que posteriormente houver interposição de recurso voluntário relativo apenas ao vínculo de responsabilidade, a exigência relativa ao crédito tributário torna-se definitiva para os demais autuados que não recorreram. § 4º A desistência de impugnação ou de recurso por um autuado não implica a desistência das impugnações e dos recursos interpostos pelos demais autuados. § 5º A decisão definitiva que afastar o vínculo de responsabilidade produzirá efeitos imediatos. Art. 6º Na hipótese da realização do procedimento de diligência ou de perícia a que se refere o art. 18 do Decreto n. 70.235, de 1972, todos os sujeitos passivos serão cientificados do resultado e poderão manifestar-se no prazo de 30 trinta dias. Art. 7º Não cumprida a exigência nem impugnado o crédito tributário lançado, será declarada a revelia para todos os autuados. Parágrafo único. No caso de impugnação interposta por autuado que tenha por objeto apenas o vínculo de responsabilidade, a revelia opera-se em relação aos demais autuados que não impugnaram o lançamento". A IN ainda segue com seções sobre a imputação da responsabilidade no despacho decisório em declaração de compensação e a imputação de responsabilidade pelo pagamento do crédito definitivamente constituído.

– **Portaria RFB n. 2.284/2010.** Revogada pela Portaria RFB n. 2123/2018 em razão de a matéria ter passado a ser disciplinada pela IN RFB n. 1.862/2018, a Portaria RFB n. 2.284/2010 foi o primeiro diploma normativo, no ordenamento brasileiro, a estabelecer procedimento para a verificação da responsabilidade tributária em geral, com notificação dos responsáveis para oferecer defesa, resguardando o devido processo legal. Previu, também, a notificação para pagamento voluntário antes do encaminhamento para inscrição em dívida e cobrança judicial, respeitando, assim, inclusive, o art. 201 do CTN.

– Portaria PGFN n. 180/2010. Norma quanto à inclusão de responsável na CDA e redirecionamento da Execução. Eis o seu texto, com a redação da Portaria PGFN n. 713/2011: "PORTARIA PGFN N. 180, DE 25 DE FEVEREIRO DE 2010: Dispõe sobre a atuação da Procuradoria-Geral da Fazenda Nacional no tocante à responsabilização de codevedor. A PROCURADORA-GERAL DA FAZENDA NACIONAL, no uso de suas atribuições, e tendo em vista o disposto na Lei n. 5.172, de 25 de outubro de 1966 – Código Tributário Nacional, e no art. 79, inciso VII, da Lei N. 11.941, de 27 de maio de 2009, resolve: Art. 1º Para fins de responsabilização com base no inciso III do art. 135 da Lei N. 5.172, de 25 de outubro de 1966 – Código Tributário Nacional, entende-se como responsável solidário o sócio, pessoa física ou jurídica, ou o terceiro não sócio, que possua poderes de gerência sobre a pessoa jurídica, independentemente da denominação conferida, à época da ocorrência do fato gerador da obrigação tributária objeto de cobrança judicial. Art. 2º A inclusão do responsável solidário na Certidão de Dívida Ativa da União somente ocorrerá após a declaração fundamentada da autoridade competente da Secretaria da Receita Federal do Brasil (RFB), do Ministério do Trabalho e Emprego (MTE) ou da Procuradoria-Geral da Fazenda Nacional (PGFN) acerca da ocorrência de ao menos uma das quatro situações a seguir: (Redação dada pela Portaria PGFN n. 904, de 3 de agosto de 2010) I – excesso de poderes; II – infração à lei; III – infração ao contrato social ou estatuto; IV – dissolução irregular da pessoa jurídica. Parágrafo único. Na hipótese de dissolução irregular da pessoa jurídica, deverão ser considerados responsáveis solidários: I – os sócios-gerentes e os terceiros não sócios com poderes de gerência à época da dissolução irregular; II – os sócios-gerentes e os terceiros não sócios com poderes de gerência à época da dissolução irregular, bem como os à época do fato gerador, quando comprovado que a saída destes da pessoa jurídica é fraudulenta. Art. 3º (Revogado pela Portaria PGFN n. 1.242, de 2 de dezembro de 2010) Art. 4º Após a inscrição em dívida ativa e antes do ajuizamento da execução fiscal, caso o Procurador da Fazenda Nacional responsável constate a ocorrência de alguma das situações previstas no art. 2º, deverá juntar aos autos documentos comprobatórios e após, de forma fundamentada, declará-las e inscrever o nome do responsável solidário no anexo II da Certidão de Dívida Ativa da União. Art. 5º Ajuizada a execução fiscal e não constando da Certidão de Dívida Ativa da União o responsável solidário, o Procurador da Fazenda Nacional responsável, munido da documentação comprobatória, deverá proceder à sua inclusão na referida certidão. Parágrafo único. No caso de indeferimento judicial da inclusão prevista no *caput*, o Procurador da Fazenda Nacional interporá recurso, desde que comprovada, nos autos judiciais, a ocorrência de uma das hipóteses previstas no art. 2º desta Portaria. Art. 6º Ante a não comprovação, nos autos judiciais, das hipóteses previstas no art. 2º desta Portaria, o Procurador da Fazenda Nacional responsável, não sendo o caso de prosseguimento da execução fiscal contra o devedor principal ou outro codevedor, deverá requerer a suspensão do feito por 90 (noventa) dias e diligenciar para produção de provas necessárias à inclusão do responsável solidário na Certidão de Dívida Ativa da União, conforme disposto no art. 4º desta Portaria. Parágrafo único. Não logrando êxito na produção das provas a que se refere o *caput*, o Procurador da Fazenda Nacional deverá requerer a suspensão do feito, nos termos do art. 40 da Lei N. 6.830, de 22 de setembro de 1980. Art. 7º Esta Portaria entra em vigor na data de sua publicação".

– Pelo redirecionamento quando conste da CDA o nome do responsável. "EXECUÇÃO FISCAL. RESPONSABILIDADE DO SÓCIO-GERENTE. INCLUSÃO DO NOME NA CDA. LEGALIDADE. PODERES DE GESTÃO. PRESUNÇÃO DE CERTEZA E LIQUIDEZ DA CDA. INVERSÃO DO ÔNUS DA PROVA. ÔNUS PROBANDI DO SÓCIO. AUSÊNCIA DE DANO MORAL... 4. O Superior Tribunal de Justiça, por ocasião do julgamento do REsp 1.104.900/ES, na sistemática do art. 543-C do CPC, firmou jurisprudência no sentido de que, se a execução foi ajuizada apenas contra a pessoa jurídica, mas o nome do sócio consta da CDA, a ele incumbe o ônus da prova de que não ficou caracterizada nenhuma das circunstâncias previstas no art. 135 do CTN" (STJ, AgRg no AREsp 387.020, 2013).

– "2. Em tese, permite-se o redirecionamento da execução fiscal contra o sócio cujo nome consta na CDA, desde que tenha ele praticado ato com excesso de poderes ou infração de lei, contrato social ou estatutos (CTN, art. 135). A jurisprudência desta Corte considera que cabe efetivamente ao sócio provar tais atos, e não ao Fisco, quando o seu nome consta na CDA" (STJ, EDcl nos EDcl no AREsp 290.381, 2013).

– "... 1. A Primeira Seção do STJ, ao apreciar o REsp 1.104.900/ES sob o rito dos recursos repetitivos, firmou o entendimento de que a presunção de legitimidade do título executivo extrajudicial viabiliza o redirecionamento da Execução Fiscal contra sócio-gerente cujo nome estiver incluído na CDA" (STJ, AgRg no AREsp 63.765, 2013).

– "EXECUÇÃO FISCAL – CERTIDÃO DE DÍVIDA ATIVA – RESPONSABILIZAÇÃO DO SÓCIO CUJO NOME CONSTA DA CDA – HIPÓTESE QUE DIFERE DO REDIRECIONAMENTO DA EXECUÇÃO... 1. A CDA é documento que goza da presunção de certeza e liquidez de todos os seus elementos: sujeitos, objeto devido, e quantitativo. Não pode o Judiciário limitar o alcance dessa presunção. 2. Caso a execução tenha sido proposta somente contra a pessoa jurídica e havendo indicação do nome do sócio-gerente na CDA como corresponsável tributário, não se trata de típico redirecionamento. Neste caso, o ônus da prova compete ao sócio, tendo em vista a presunção relativa de liquidez e certeza que milita em favor da Certidão de Dívida Ativa. 3. Na hipótese, a execução foi proposta com base em CDA da qual constava o nome do sócio-gerente como corresponsável tributário, do que se conclui caber a ele o ônus de provar a ausência dos requisitos do art. 135 do CTN. 4. Ademais o acórdão recorrido confirmou o redirecionamento sob o fundamento de existência de crime em tese, possibilitando que o executado comprove não possuir responsabilidade, e, para se concluir de forma diversa demandaria o revolvimento do conjunto fático-probatório constante dos autos, o que encontra óbice no constante na Súm. 7/STJ" (STJ, REsp 1.010.399, 2008).

– "EXECUÇÃO FISCAL. REDIRECIONAMENTO CONTRA SÓCIO-GERENTE QUE FIGURA NA CERTIDÃO DE DÍVIDA ATIVA COMO CORRESPONSÁVEL. POSSIBILIDADE. DISTINÇÃO ENTRE A RELAÇÃO DE DIREITO PROCESSUAL (PRESSUPOSTO PARA AJUIZAR A EXECUÇÃO) E A RELAÇÃO DE DIREITO MATERIAL (PRESSUPOSTO PARA A CONFIGURAÇÃO DA RESPONSABILIDADE TRIBUTÁRIA). 1... 2. Não se pode confundir a relação processual com a relação de direito material objeto da ação executiva. Os requisitos para instalar a relação processual executiva são os previstos na lei processual, a saber, o inadimplemento e o título executivo (CPC, artigos 580 e 583). Os pressupostos para configuração da responsabilidade tributária são os estabelecidos pelo direito material, nomeadamente pelo art. 135 do CTN. 3. A indicação, na Certidão de Dívida Ativa, do nome do responsável ou do corresponsável (Lei 6.830/80, art. 2º, § 5º, I; CTN, art. 202, I), confere ao indicado a condição de legitimado passivo para a relação processual executiva (CPC, art. 568, I), mas não confirma, a não ser por presunção relativa (CTN, art. 204), a existência da responsabilidade tributária, matéria que, se for o caso, será decidida pelas vias cognitivas próprias, especialmente a dos embargos à execução. 4. É diferente a situação quando o nome do responsável tributário não figura na certidão de dívida ativa. Nesses casos, embora configurada a legitimidade passiva (CPC, art. 568, V), caberá à Fazenda exequente, ao promover a ação ou ao requerer o seu redirecionamento, indicar a causa do pedido, que há de ser uma das situações, previstas no direito material, como configuradoras da responsabilidade subsidiária. 5. No caso, havendo indicação dos codevedores no título executivo (Certidão de Dívida Ativa), é viável, contra os sócios, o redirecionamento da execução" (STJ, REsp 923.742, 2007).

– Jamais poderá constar o nome de responsável da CDA quando fundada em declaração do contribuinte. "... no caso de crédito tributário executado com base em declaração de débitos tributários feitos em nome da sociedade, será sempre inválida a inclusão do nome dos sócios na CDA, dada a ausência de lançamento tributário comprobatório da responsabilidade do sócio-gerente nos termos do art. 135 do CTN" (BREYNER, Frederico Menezes. Responsabilidade tributária dos sócios-gerentes: alegação de ilegitimidade passiva em exceção de pré-executividade e a aplicabilidade da jurisprudência do STJ em sede de recursos repetitivos(REsp 1.104.900/ES e 1.110.925/SP, *RDDT* 167/55, 2009).

– "A declaração entregue ao ente público, via de regra, contém a descrição de uma relação jurídica composta pela Fazenda Pública como credora e a pessoa jurídica como devedora. Na estrutura obrigacional delineada não se indica o corresponsável pela extinção do crédito tributário. A inclusão, desse modo, de pessoa física como responsável pela quitação do débito, na certidão de dívida ativa, consiste em aplicação subjetiva da relação jurídica formalizada pelo contribuinte. Trata-se, como efeito, de delimitação de nova relação jurídica tributária, não constituída anteriormente pela declaração do sujeito passivo. ... demanda a devi-

da formalização pelo ato administrativo de lançamento, sob pena de se aceitar a inscrição em dívida ativa de relação jurídica não constituída previamente (seja por declaração do contribuinte ou pelo lançamento" (MARQUES, Leonardo Nunes. A responsabilidade tributária do sócio e a inscrição em dívida ativa: requisitos e procedimento. *RDDT* 179/102, 2010).

– Indeferindo o redirecionamento no caso de falência, ainda que conste da CDA o nome do responsável. "EXECUÇÃO FISCAL – EMPRESA FALIDA – MATÉRIA DE DEFESA: PRÉ-EXECUTIVIDADE – ILEGITIMIDADE – AUSÊNCIA DE PRÉ-QUESTIONAMENTO – INCIDÊNCIA DA SÚMULA 282/STF – NOME DO SÓCIO NA CDA – REDIRECIONAMENTO: IMPOSSIBILIDADE. 1. Não se reconhece do recurso especial, por ausência de prequestionamento, se a matéria trazida nas razões recursais não foi debatida no Tribunal de origem. Incidência da Súmula 282/STF. 2. Na interpretação do art. 135 do CTN, o Direito pretoriando no STJ firmou-se no sentido de admitir o redirecionamento para buscar a responsabilidade dos sócios, quando não encontrada a pessoa jurídica ou bens que garantam a execução. 3. Duas regras básicas comandam o redirecionamento: a) quando a empresa se extingue regularmente, cabe ao exequente provar a culpa do sócio para obter a sua imputação de responsabilidade; b) se a empresa se extingue de forma irregular, torna-se possível o redirecionamento, sendo ônus do sócio provar que não agiu com culpa ou excesso de poder. 4. Na hipótese dos autos, surge uma terceira regra: quando a empresa se extingue por falência, depois de exaurido o seu patrimônio. Aqui, a responsabilidade é inteiramente da empresa extinta com o aval da Justiça, sem ônus para os sócios, exceto quando houve comportamento fraudulento" (STJ, REsp 937.253, 2008).

– Pelo redirecionamento mesmo não constando da CDA o nome do responsável. "EXECUÇÃO FISCAL. BENS PARTICULARES DE SÓCIO DE SOCIEDADE POR QUOTAS DE RESPONSABILIDADE LIMITADA. Não se exige a inscrição do nome do sócio-gerente, ou responsável, para que contra ele se exerça a ação fiscal" (STF, RE 107.322, 1985).

– "... EXECUÇÃO FISCAL – REDIRECIONAMENTO – RESPONSABILIDADE DO SÓCIO-GERENTE – ART. 135 DO CTN – CDA... 1. A Primeira Seção, no julgamento do EREsp 702.232/RS, Rel. Min. Castro Meira, assentou entendimento segundo o qual: a) se a execução fiscal foi promovida apenas contra a pessoa jurídica e, posteriormente, foi redirecionada contra sócio-gerente cujo nome não consta da Certidão de Dívida Ativa, cabe ao Fisco comprovar que o sócio agiu com excesso de poderes ou infração de lei, contrato social ou estatuto, nos termos do art. 135 do CTN;) se a execução fiscal foi promovida contra a pessoa jurídica e o sócio-gerente, cabe a este o ônus probatório de demonstrar que não incorreu em nenhuma das hipóteses previstas no mencionado art. 135; c) se a execução foi ajuizada apenas contra a pessoa jurídica, mas o nome do sócio consta da CDA, o ônus da prova também compete ao sócio, em face da presunção *juris tantum* de liquidez e certeza da referida certidão" (STJ, EDcl no REsp 863.334, 2007).

– "... É jurisprudência assente na Corte que as pessoas enumeradas no art. 135, III, do CTN, são sujeitos passivos da obrigação tributária (por substituição), podendo ser citados, com penhora de seus bens, ainda que os seus nomes não constem no respectivo título extrajudicial. Recurso provido. Decisão unânime" (STJ, REsp 95.0068408, 1996).

– "... afirmar que todos os legitimados passivos devam constar do título, porque na execução não se apuram responsabilidades, não explica as hipóteses de responsabilidade superveniente (p. ex., a do espólio): os sucessores do devedor carecem de explicitação intrínseca ao documento. Na verdade, a responsabilidade executiva do sócio, prevista no art. 592, II, se caracteriza pelo seu caráter automático. Por conseguinte, há legitimados que não se encontram designados no título, entre eles, agora, determinados responsáveis pela dívida ativa. [...] "... omisso o título, porém, à Fazenda tocará o ônus de comprovar a ocorrência dos fatos típicos da responsabilidade, na própria execução ou nos embargos" (ASSIS, Araken de. *Manual da execução*. 11. ed. São Paulo: RT, 2007, p. 1016).

II – a quantia devida e a maneira de calcular os juros de mora acrescidos;

⇒ **Indicação do valor originário e dos critérios para os acréscimos.** O art. 2º, § 5º, II, da LEF prevê que conste do termo de inscrição "o valor originário da dívida, bem como o termo inicial e a forma de calcular os juros de mora e demais encargos previstos em lei ou contrato". Os textos, pois, se completam. Exige-se que conste da inscrição e, posteriormente, da respectiva CDA, o montante original devido a título de cada tributo, ou seja, o valor apurado para o montante do seu vencimento, bem como o modo de calcular os acréscimos. O mesmo diga-se quanto ao valor das multas.

– **Indicação em UFIR.** Quando existente a UFIR (extinta pelo art. 29 da MP n. 1973-67/00), era válida a inscrição em números de UFIR, conforme a Lei 8.383/91: "Art. 57. Os débitos de qualquer natureza para com a Fazenda Nacional, bem como os decorrentes de contribuições arrecadadas pela União, poderão, sem prejuízo da respectiva liquidez e certeza, ser inscritos como dívida ativa da União, pelo valor expresso em quantidade de UFIR...".

– "... Não há contradição entre o art. 202 do CTN e o art. 57 da Lei 8.383/91. Os dois se complementam: enquanto o art. 202 do CTN exige a indicação da quantia devida; o art. 57 da Lei 8.383/91 unge a UFIR em instrumento para exprimir valores" (STJ, REsp 106.177, 1997).

– "1. A lei não exige que o valor do débito venha expresso na CDA em moeda corrente nacional, sendo possível sua fixação em UFIR" (TRF4, AC 2001.71.00.003351-8, 2003).

– **O montante executado é superior ao montante nominal inscrito.** Como a execução ocorre sempre posteriormente à inscrição, o montante executado será maior que aquele inscrito, pois incorporará os juros por todo o período. Estará de acordo com o título se o cálculo observar o que dele consta quanto aos critérios para o cálculo dos acréscimos de juros e outros encargos eventualmente também devidos.

– Assim, se o valor foi inscrito em número de UFIR, não terá razão o embargante ao pretender que o montante executado corresponda, no momento da execução, ao número de UFIR inscri-

to. Efetivamente, o valor original da dívida tributária indicada na CDA – apresentada em UFIR – ainda receberá o acréscimo de correção monetária, juros de mora e do encargo de que trata o Decreto-Lei n. 1.025/69.

– O DL n. 1.645/78, que dispõe sobre a cobrança da Dívida Ativa da União, dispõe: "Art. 4º Valor originário do débito fiscal é o definido no art. 5º da Lei 5.421, de 25 de abril de 1968". Por sua vez, a Lei n. 5.421/68, que dispõe sôbre medidas financeiras referentes à arrecadação da Dívida Ativa da União, juros de mora nos débitos para com a Fazenda Nacional e dá outras providências, dispunha: "Art. 1º O pagamento da dívida Ativa da União, em ação executiva (Decreto-lei n. 960, de 17 de dezembro de 1938), será feito com a atualização monetária do débito, na forma da lei e o acréscimo dos seguintes encargos: I – juros de mora previstos no artigo seguinte; II – percentagens devidas ao Procurador-Geral e Procuradores da Fazenda Nacional, bem como aos Subprocuradores-Gerais da República, aos Procuradores da República ou Promotor Público, que serão calculados e entregues na forma do art. 21 da Lei n. 4.439, de 27 de outubro de 1964, com as modificações constantes do art. 32 do Decreto-lei número 147, de 3 de fevereiro de 1967; III – custas de despesas judiciais. [...] Art. 5º Para os efeitos desta Lei, entende-se por valor originário o que corresponda ao total do débito, excluídas as parcelas relativas à atualização monetária e aos encargos do art. 1º".

⇒ **Indicação da maneira de calcular os juros. Fundamento legal. Suficiência.** Faz-se necessário que conste da CDA a legislação pela qual se rege o cômputo de correção e de juros. A indicação correta dos dispositivos legais aplicáveis supre a exigência de indicação do modo de cálculo.

– "CDA. JUROS E MULTA... A indicação do fundamento legal da incidência dos juros e da multa cumpre a exigência do art. 202, II, do CTN; [...]" (TRF4, AC 20000401073985-3, 2003).

– **Valor dos juros e encargos. Desnecessidade.** "EXECUÇÃO FISCAL. CERTIDÃO DE DÍVIDA ATIVA: VÍCIOS INEXISTENTES... 1 – Na certidão de dívida ativa não se exige conste o valor dos juros e demais encargos, e sim a maneira de seu cálculo (art. 202, II, do CTN). Não constitui vício a divergência entre o valor do crédito inscrito e o atribuído à inicial na execução, pois este está, evidentemente, acrescido dos juros e encargos já vencidos. [...]" (TRF4, AC 1999.04.01.103127-6, 2000).

⇒ **Nulidade de título que engloba diversos exercícios sem discriminação do valor devido em cada um.** "1. Os arts. 202 do CTN e 2º, § 5º, da Lei n. 6.830/80, preconizam que a inscrição da dívida ativa somente gera presunção de liquidez e certeza na medida que contenha todas as exigências legais, inclusive, a indicação da natureza do débito e sua fundamentação legal, bem como forma de cálculo de juros e de correção monetária. 2. A finalidade dessa regra de constituição do título é atribuir à CDA a certeza e liquidez inerentes aos títulos de crédito, o que confere ao executado elementos para opor embargos, obstando execuções arbitrárias. 3. *In casu*, verifica-se que a CDA embasadora do executivo fiscal engloba vários exercícios num só, sem que haja discriminação do principal e dos consectários legais de cada ano, o que impossibilita o exercício constitucionalmente assegurado da ampla defesa, posto dificultar a exata compreensão do *quantum* exequendo. Dessarte, depreende-se que a CDA em comento não atende os requisitos dispostos no art. 202 do CTN" (STJ, REsp 798.330, 2006).

– Nulidade do título que engloba diversos tributos em um único valor. "TRIBUTÁRIO. EXECUÇÃO FISCAL. IPTU E TAXA DE SERVIÇOS URBANOS. CDA. NULIDADE. 1. A Certidão de Dívida Ativa deve preencher todos os requisitos constantes do art. 202 do Código Tributário Nacional-CTN, de modo a permitir ao executado a ampla defesa. Ao agregar em um único valor os débitos originários do IPTU e da Taxa de Serviços Urbanos, o exequente impossibilita a exata compreensão do quantum objeto de cobrança e causa prejuízo à defesa do executado" (STJ, AgRg no Ag 977.180, 2008).

III – a origem e a natureza do crédito, mencionada especificamente a disposição da lei em que seja fundado;

⇒ **Origem.** A origem indica se o débito decorre de lançamento de ofício, de declaração do contribuinte ou de confissão de dívida.

⇒ **Natureza.** A natureza diz respeito a tratar-se de crédito tributário ou não, de determinado tributo ou de multa, modalidades de obrigação principal (art. 113, § 1º, do CTN).

⇒ **Referência específica à disposição legal em que esteja fundado o crédito.** É imperativo que conste do Termo de Inscrição e, posteriormente, da CDA, a indicação do dispositivo legal que fundamenta o débito. Não basta a indicação genérica a tal ou qual lei. Exige-se a indicação do dispositivo específico, do artigo em que resta estabelecida a obrigação. Ademais, como o tributo decorre de lei em sentido estrito, é irregular a referência tão somente ao regulamento.

– Referência a dispositivos legais revogados. O reconhecimento da nulidade da CDA pela indicação de dispositivos revogados depende de tal implicar ou não prejuízo à defesa. Estando referidos os dispositivos vigentes por ocasião dos fatos geradores e já tendo sido o débito inclusive objeto de discussão administrativa ou de parcelamento, sendo do pleno conhecimento da embargante o seu objeto e fundamento, não se justifica a declaração da nulidade.

⇒ **Referência ao fundamento legal específico da responsabilidade tributária.** Para que se possa entender que a legitimidade do responsável para a execução tem fundamento suficiente na CDA (espelho do termo de inscrição em dívida ativa), dela deve constar não apenas o nome do responsável, mas também o fundamento legal da responsabilidade que tenha sido apurada administrativamente. Do contrário, carecerá de um dos elementos indispensáveis para que, mediante simples pedido do Exequente, se justifique o redirecionamento da execução contra o responsável.

– "PROCESSUAL – EXECUÇÃO FISCAL – COOBRIGADOS – CERTIDÃO OMISSA – PROVA DA CORRESPONSABILIDADE – EXIGÊNCIA – LICITUDE. I – A Lei 6.830/80 determina que o termo de inscrição da dívida explicite 'a origem, a natureza e o fundamento legal ou contratual da dívida' (Art. 2º, § 5º, III). De sua parte, a certidão deverá conter os mesmos elementos do Termo de inscrição (§ 6º). Se assim ocorre, em havendo corresponsáveis, é necessário que a certidão esclareça qual o fundamento de tal solidariedade passiva. II – Se a certidão é obscura, o Juiz deve requisitar a demonstração do título em que funda a alegada corresponsabilidade. Semelhante providência homenageia a economia processual, evitando que a máquina judiciária, já tão sobrecarregada, se movimente em vão. Atende-se, também, ao interesse do credor, livrando-o de eventual condenação por sucumbência" (STJ, EDREsp. 272.236, 2002).

– "TRIBUTÁRIO. PRESIDENTE DE FEDERAÇÃO DE FUTEBOL. DÍVIDA DOS CLUBES. Indemonstrado o fundamento legal para a responsabilização do Presidente da Federação, sendo certo que o art. 135, III, do CTN é inaplicável à espécie, que a dívida diz respeito a período anterior à aplicação da Lei 8.641/93 e que nada consta a respeito na CDA. – Condenação em honorários constantes da fundamentação que se considera integrante do dispositivo" (TRF4, AC 2001.71.14.003783-1, 2005). Eis excerto do voto condutor: "... sequer se pode concluir pela responsabilidade... do seu Presidente, relativamente à qual não restou referida na CDA, tampouco nestes autos, sequer o fundamento legal que lhe daria sustentação...".

IV – a data em que foi inscrita;

V – sendo caso, o número do processo administrativo de que se originar o crédito.

⇒ **Indicação do número do processo administrativo fiscal em que apurado e discutido o débito.** Findo o processo administrativo fiscal, seus autos são enviados à Procuradoria para inscrição em dívida ativa. Deve ser indicado o daquele no Termo de Inscrição. Importa é que se possa identificar a regularidade da apuração do débito.

**– Tendo o débito suporte em declaração do contribuinte ou confissão em dívida, serão estes documentos indicados como fundamento da inscrição.

⇒ **Indicação do número do processo administrativo fiscal em que apurada e discutida a responsabilidade tributária.** A indicação do nome de um responsável tributário pressupõe a apuração administrativa da sua responsabilidade. Impende, assim, que seja indicado o processo administrativo em que tal se deu. A inscrição em dívida e a sua posterior certificação não podem inovar, indicando novos obrigados ao pagamento.

**– Não havendo a indicação do processo em que tenha sido apurada a responsabilidade e ensejada o responsável tenha tido a oportunidade de se defender, o título não constituirá, por si só, suporte suficiente para o redirecionamento da execução contra o mesmo.

**– Cabe destacar, contudo, que a jurisprudência, conforme indicado em nota ao inciso I, entende possível o redirecionamento contra os responsáveis mesmo que não conste sequer referência aos mesmos na CDA. Exige, para tanto, tão somente, que o Exequente demonstre os fundamentos de fato e de direito da responsabilidade em petição nos autos da execução.

⇒ **Não exaurimento do processo administrativo pelo não recebimento de impugnação sem depósito. Nulidade da CDA.** "... algumas conclusões são insuperáveis: – processo administrativo em que houve a interposição de recurso contra decisão administrativa desfavorável em 1ª instância, ao qual não foi dado seguimento pela não comprovação da realização do depósito prévio de 30% (trinta por cento) da exigência e/ou arrolamento de bens e direitos, não se exauriu, notadamente se ocorreu a busca do Poder Judiciário de ordem para que tal recursos fosse recebido e processado; – em razão de tal não exaurimento, mostra-se ilegal a inscrição em dívida ativa dos valores exigidos em referido processo administrativo, bem como a extração de CDA; – se o sujeito ativo tributário, por sua conta e risco, em atitude precipitada inscreve em dívida ativa o 'suposto' crédito extrai a respectiva CDA e ajuíza a consequente execução fiscal para cobrança do mesmo, deverá suportar os ônus de tal proceder.; – execuções fiscais lastreadas em CDAs extraídas nessas condições são nulas por violares o princípio da ampla defesa, do contraditório e, em especial, ao determinado nos artigos 586 e 618 do Código de Processo Civil Brasileiro; – o executado poderá defender-se da indevida execução, tanto através de embargos (após garantido o juízo), como através de exceção de pré-executividade" (MURBACH, Juliano Huck. Da nulidade de execução fiscal lastreada em certidão de dívida ativa constituída sem o exaurimento de processo administrativo. *RDDT* 151, 2008, p. 67).

– Sobre a inconstitucionalidade da exigência de depósito ou arrolamento como condição para recorrer na esfera administrativa, vide nota ao art. 151, III, do CTN.

⇒ **Extravio do processo administrativo. Nulidade do título.** "PROCESSO CIVIL E TRIBUTÁRIO – EXECUÇÃO FISCAL – PROCESSO ADMINISTRATIVO-FISCAL EXTRAVIADO – PERDA DA EXIGIBILIDADE DO TÍTULO. 1. A Lei n. 6.830/80 exige que conste da certidão de dívida ativa o número do processo administrativo-fiscal que deu ensejo à cobrança. Macula a CDA a ausência de alguns dos requisitos. 2. O extravio do processo administrativo subtrai do Poder Judiciário a oportunidade de conferir a CDA, retirando do contribuinte a amplitude de defesa. 3. Equivale o extravio à inexistência do processo, perdendo o título a exequibilidade (inteligência do art. 2º, § 5º, inciso VI, da LEF). 4. Precedente desta Corte no REsp 274.746/RJ. 5. Recurso especial improvido" (STJ, REsp 686.777, 2005).

Parágrafo único. A certidão conterá, além dos requisitos deste artigo, a indicação do livro e da folha da inscrição.

⇒ **Certidão: espelho do termo de inscrição.** A certidão de dívida ativa reporta-se ao respectivo termo de inscrição, que a precede e lhe dá sustentação.

– **Requisitos. Tema 821 do STJ:** (CANCELADO) Discussão: "violação dos dispositivos de lei que disciplinam os requisitos da CDA". Decisão em 2012.

– **Certidão dá a conhecer o que já está formalizado. Não inova.** A expedição de uma certidão implica a extração de dados/informações constantes de arquivos, livros ou sistemas de determinada repartição, não se admitindo especulações, presunções ou acréscimos. Dá conta do que já está devidamente anotado/registrado. A certidão de dívida ativa (CDA), assim, deve ser fiel ao Termo de Inscrição, reproduzindo seu conteúdo.

– Sobre o conceito de certidão, vide, ainda, nota ao art. 205 do CTN.

⇒ **A Certidão de Dívida Ativa (CDA) constitui título executivo.** As certidões de dívida ativa da Fazenda Pública da União, dos Estados, do Distrito Federal ou dos Municípios constituem título executivo extrajudicial, nos termos do art. 784, inciso IX, do novo CPC/15.

⇒ **Os anexos da CDA (relatório fiscal, discriminativo do débito etc.) a integram, suprindo eventuais deficiências do seu texto.** "Indemonstrada violação aos requisitos do art. 202 do CTN e 2º, § 5º da LEF, pois constantes todos eles da CDA e seus anexos, sem qualquer prejuízo à defesa aliás já manifestada inclusive administrativamente, não é o caso se reconhecer a nulidade do título" (TRF4, 2ª T., AC 2003.04.01.032618-3, Rel. Leandro Paulsen, publicado em 1-2-2006).

– "TRIBUTÁRIO E PROCESSO CIVIL... EXECUÇÃO FISCAL. EMENDA. INICIAL. CDA. REQUISITOS. 1. As exigências formais previstas no art. 204 do CTN e no par. 5º do art. 2º da Lei n. 6.830/80 têm a finalidade precípua de possibilitar ao devedor impugnar a imputação fiscal. 2. Tendo sido acostado, junto à CDA o discriminativo do Débito Inscrito (onde constam os elementos suficientes para eventual impugnação do executado), não há qualquer prejuízo para o devedor..." (TRF4, AC 1999.04.01.0076630, 1999).

⇒ **Indicação do livro e da folha de inscrição.** Tal exigência não faz mais sentido. Não existem livros de inscrição em dívida ativa, pois tudo é feito eletronicamente. A inscrição é feita, sim, sob um número de ordem através do qual se pode recuperá-la do sistema.

⇒ **Chancela mecânica ou eletrônica.** "EXECUÇÃO FISCAL. CDA. CHANCELA ELETRÔNICA... 1. A chancela eletrônica deve ser a reprodução exata de assinatura de próprio punho do procurador da Fazenda, realizada utilizando emprego de recursos de informática. 2. 'Tais recursos mecânicos e eletrônicos são resguardados por medidas de segurança e visam agilizar o processo de cobrança dos tributos, devendo ser atribuído aos respectivos registros impressos, *a priori*, a mesma credibilidade conferida a um documento subscrito manualmente. Surgindo fundada dúvida acerca da autenticidade, o executado poderá suscitar incidente de falsidade' (REsp 605.928/RS, Rel. Min. Francisco Falcão, Primeira Turma, *DJ* de 16/11/04)" (STJ, AgRg no AREsp 359.644, 2013).

⇒ **Protesto de CDA.** Vide em nota ao art. 7º, § 3º, do CTN, que autoriza o cometimento da arrecadação do crédito tributário a pessoa de direito privado.

⇒ **Substituição da CDA. Súmula 392 do STJ:** "A Fazenda Pública pode substituir a Certidão de Dívida Ativa (CDA) até a prolação da sentença de embargos, quando se tratar de correção de erro material ou formal, vedada a modificação do sujeito passivo da execução" (2009).

– "1. A Fazenda Pública pode substituir a Certidão de Dívida Ativa (CDA) até a prolação da sentença de embargos, quando se tratar de correção de erro material ou formal, vedada a modificação do sujeito passivo da execução (Súmula 392/STJ). 2. É que: 'Quando haja equívocos no próprio lançamento ou na inscrição em dívida, fazendo-se necessária alteração de fundamento legal ou do sujeito passivo, nova apuração do tributo com aferição de base de cálculo por outros critérios, imputação de pagamento anterior à inscrição etc., será indispensável que o próprio lançamento seja revisado, se ainda viável em face do prazo decadencial, oportunizando-se ao contribuinte o direito à impugnação, e que seja revisada a inscrição, de modo que não se viabilizará a correção do vício apenas na certidão de dívida. A certidão é um espelho da inscrição que, por sua vez, reproduz os termos do lançamento. Não é possível corrigir, na certidão, vícios do lançamento e/ou da inscrição. Nestes casos, será inviável simplesmente substituir-se a CDA' (Leandro Paulsen, René Bergmann Ávila e Ingrid Schroder Sliwka, *Direito processual tributário: processo administrativo fiscal e execução fiscal à luz da doutrina e da jurisprudência*, Livraria do Advogado, 5ª ed., Porto Alegre, 2009, pág. 205). 3. Outrossim, a apontada ofensa aos artigos 165, 458 e 535, do CPC, não restou configurada, uma vez que o acórdão recorrido pronunciou-se de forma clara e suficiente sobre a questão posta nos autos. Saliente-se, ademais, que o magistrado não está obrigado a rebater, um a um, os argumentos trazidos pela parte, desde que os fundamentos utilizados tenham sido suficientes para embasar a decisão, como de fato ocorreu na hipótese dos autos. 4. Recurso especial desprovido. Acórdão submetido ao regime do artigo 543-C, do CPC, e da Resolução STJ 08/2008" (STJ, REsp 1.045.472, 2009).

– **Adequação da CDA mediante recálculo do tributo por determinação judicial.** "2. Já foi firmada nesta Corte jurisprudência, REsp 1.115.501/SP, Rel. Min. Luiz Fux, segundo a regra do art. 543-C do CPC, no qual se reconheceu a validade do prosseguimento da execução fiscal mesmo quando seja necessária a adequação da CDA, com a elaboração de novos cálculos aritméticos para a aferição do valor devido ao Fisco" (STJ, AgRg no REsp 1.366.564, 2013).

> **Art. 203.** A omissão de quaisquer dos requisitos previstos no artigo anterior ou o erro a eles relativo são causas de nulidade da inscrição e do processo de cobrança dela decorrente, mas a nulidade poderá ser sanada até a decisão de primeira instância, mediante substituição da certidão nula, devolvido ao sujeito passivo, acusado ou interessado, o prazo para defesa, que somente poderá versar sobre a parte modificada.

⇒ **Nulidade condicionada à demonstração de prejuízo à defesa.** "PROCESSUAL CIVIL E TRIBUTÁRIO. RECURSO ESPECIAL. EXECUÇÃO FISCAL. CERTIDÃO DE DÍVIDA ATIVA. REQUISITOS PARA CONSTITUIÇÃO VÁLIDA. NULIDADE NÃO CONFIGURADA. 1. Conforme preconiza os arts. 202 do CTN e 2º, § 5º da Lei n. 6.830/80, a inscrição da dívida ativa somente gera presunção de liquidez e certeza na medida que contenha todas as exigências legais, inclusive, a indicação da natureza do débito e sua fundamentação legal, bem como forma de cálculo de juros e de correção monetária. 2. A finalidade desta regra de

constituição do título é atribuir à CDA a certeza e liquidez inerentes aos títulos de crédito, o que confere ao executado elementos para opor embargos, obstando execuções arbitrárias. 3. A pena de nulidade da inscrição e da respectiva CDA, prevista no art. 203 do CTN, deve ser interpretada *cum granu salis*. Isto porque o insignificante defeito formal que não compromete a essência do título executivo não deve reclamar por parte do exequente um novo processo com base em um novo lançamento tributário para apuração do tributo devido, posto conspirar contra o princípio da efetividade aplicável ao processo executivo extrajudicial. 4. Destarte, a nulidade da CDA não deve ser declarada por eventuais falhas que não geram prejuízos para o executado promover a sua defesa. 5. Estando o título formalmente perfeito, com a discriminação precisa do fundamento legal sobre que repousam a obrigação tributária, os juros de mora, a multa e a correção monetária, revela-se descabida a sua invalidação, não se configurando qualquer óbice ao prosseguimento da execução. 6. O Agravante não trouxe argumento capaz de infirmar o decisório agravado, apenas se limitando a corroborar o disposto nas razões do Recurso Especial e no Agravo de Instrumento interpostos, de modo a comprovar o desacerto da decisão agravada" (STJ, AGRGAI 485.548, 2003).

⇒ **Substituição da CDA para sanar nulidade.** Verificada a nulidade do título, pode o Exequente, através do órgão apropriado, promover o cancelamento da certidão nula e a lavratura de nova certidão, sem os vícios formais da anterior, solicitando, nos autos da Execução, a substituição da primeira pela segunda. Desse modo, a execução prosseguirá com suporte na CDA substituta, adequando-se ao que nela está contido.

– "3. O entendimento sufragado pelo aresto impugnado não difere do recurso representativo de controvérsia REsp 1.045.472/BA, Rel. Min. Luiz Fux, no qual ficou firmado que a Fazenda Pública pode substituir a Certidão de Dívida Ativa (CDA) até a prolação da sentença de embargos, quando se tratar de correção de erro material ou formal, vedada a modificação do sujeito passivo da execução (Súmula 392/STJ)" (STJ, AgRg no AREsp 406.058, 2013).

– **A substituição só se presta para sanar vício do próprio título e não do lançamento.** "1. O tema em questão já foi resolvido pela eg Primeira Seção do STJ, na sistemática do art. 543-C do CPC– recurso representativo da controvérsia – Recurso Especial 1.045.472/BA, ao proclamar o entendimento de que não cabe a substituição da CDA quando ocorre a modificação do próprio lançamento, pois altera o fundamento legal, não configurando mero erro formal ou material" (STJ, AgRg no AREsp 353.046, 2013).

– **A falência e a sucessão dispensam substituição do título.** "EXECUÇÃO FISCAL – LEGITIMIDADE – FALÊNCIA – INDICAÇÃO DO DEVEDOR SEM A MENÇÃO 'MASSA FALIDA' – VÍCIO SANÁVEL– INAPLICABILIDADE DA SÚMULA 392/STJ. 1. A pessoa jurídica já dissolvida pela decretação da falência subsiste durante seu processo de liquidação, sendo extinta, apenas, depois de promovido o cancelamento de sua inscrição perante o ofício competente. Inteligência do art. 51

do Código Civil. 2. O ajuizamento de execução fiscal sem a menção 'massa falida' não importa erro quanto à identificação da pessoa jurídica devedora, mas, apenas, mera irregularidade que diz respeito à sua representação processual e que pode ser sanada durante o processamento do feito. 3. Não é o caso de substituição da CDA, nem redirecionamento da execução fiscal, uma vez que a relação jurídico-processual continua espelhando a relação jurídica de direito material constante daquele título executivo extrajudicial. Inaplicável, portanto, a Súmula 392/STJ: 'A Fazenda Pública pode substituir a Certidão de Dívida Ativa (CDA) até a prolação da sentença de embargos, quando se tratar de correção de erro material ou formal, vedada a modificação do sujeito passivo da execução'" (STJ, REsp 1.359.400, 2013).

– "7. Não há falar em substituição de CDA, porquanto, na hipótese, a alteração do polo passivo da demanda decorre de provimento jurisdicional que reconhece a ocorrência de sucessão tributária" (STJ, EDcl no REsp 1.391.273, 2013).

– **A substituição é uma faculdade do credor. Não pode ser determinada pelo Magistrado.** "EXECUÇÃO FISCAL. CDA. SUBSTITUIÇÃO. DETERMINAÇÃO PELO MAGISTRADO. IMPOSSIBILIDADE... 5. A determinação contida no acórdão para que a Fazenda Nacional retifique o valor da dívida e substitua a CDA deve ser afastada ao menos por três razões. 6. A possibilidade de descontar-se o valor indevido e prosseguir na execução só pode ocorrer quando não houve necessidade de substituição do título. 7. A norma inserta no § 8º do art. 2º representa uma faculdade da Fazenda Pública para emendar ou substituir o título executivo extrajudicial. Por ter essa natureza, a identificação de sua necessidade e a realização do ato estão a cargo exclusivamente do Fisco, não cabendo ao Judiciário fazer as vezes do credor. 8. A lei é expressa ao impor como limite temporal ao exercício dessa faculdade a prolação da decisão de primeira instância, assim, não seria possível, em sede de apelação, a substituição ou emenda da CDA. 9. Deve-se dar provimento ao recurso do contribuinte para extinguir a execução fiscal, ante a impossibilidade da substituição do título exequendo. 10. Recurso especial do contribuinte provido. Recurso especial da Fazenda Nacional prejudicado" (STJ, REsp 538.766, 2008).

– **A substituição deve ser feita antes da sentença dos embargos.** "EXECUÇÃO FISCAL. CDA. SUBSTITUIÇÃO... 8. A lei é expressa ao impor como limite temporal ao exercício dessa faculdade a prolação da decisão de primeira instância, assim, não seria possível, em sede de apelação, a substituição ou emenda da CDA. 9. Deve-se dar provimento ao recurso do contribuinte para extinguir a execução fiscal, ante a impossibilidade da substituição do título exequendo. 10. Recurso especial do contribuinte provido. Recurso especial da Fazenda Nacional prejudicado" (STJ, REsp 538.766, 2008).

– "Diferentemente dos demais títulos executivos, a certidão de dívida ativa poderá ser 'emendada ou substituída' pelo exequente enquanto não for proferida 'a decisão de primeira instância' (§ 8º do art. 2º da Lei 6.830, de 1980), assim entendida a sentença que julga os embargos do executado ou a que extingue o processo de execução (por exemplo, quando o juiz conhece, de ofício ou provocado por exceção de pré-executividade, matéria relacionada com pressupostos processuais ou condições da ação ou mesmo com a nulidade do título)" (ZAVASCKI, Teori Albino. *Título executivo e liquidação*. São Paulo: RT, 1999, p. 129).

– "... verificando a Fazenda Pública que da Certidão de Dívida Ativa consta omissão de qualquer dos requisitos previstos no art. 202 do CTN ou erro a eles relativo, poderá, por iniciativa própria, ou motivada, promover a emenda ou requerer a substituição da Certidão até o momento da sentença nos embargos, afastando, dessa forma, o vício do título e, consequente nulidade da execução" (RODRIGUES, Cláudia. *O título executivo na execução da dívida ativa da Fazenda Pública*. São Paulo: RT, 2002, p. 208).

⇒ **Reabertura do prazo para embargos.** A devolução do prazo dá-se por inteiro, pois não há nenhuma disposição restritiva.

– **Objeto dos Embargos.** O art. 203 do CTN diz que a devolução do prazo se dá para defesa sobre a parte modificada. Tendo em conta que a devolução do prazo dá-se para defesa limitada à inovação ocorrida, em verdade, o que temos, é a oportunização de emenda aos embargos já opostos. Deverá o executado deixar claro o que mantém das razões iniciais, em que dimensão a substituição da CDA implicou – se é que isso ocorreu – reconhecimento do seu pedido, e enfrentar eventual circunstância nova constante da nova CDA. A emenda ou, se preferirmos, os novos embargos, por certo, serão juntados nos autos dos embargos que já tramitam e merecerão sentença única que considere a sucumbência como um todo.

– "... o art. 2º, § 8º, não oferece limitações à cognição dos embargos, provocados pela alteração do título executivo ostentado, inicialmente, pela Fazenda, dispondo em sentido contrário ao art. 203 do CTN, que restringe a oposição à 'parte modificada'. Em vista desta discrepância, Milton Flaks conclui, acertadamente, cingirem-se os embargos opostos à execução de crédito tributário a tal aspecto, pois a lei ordinária não derrogou o Código Tributário Nacional, que lhe é superior" (ARAKEN, 812).

– Ainda que não tivessem sido inicialmente opostos embargos, a substituição da CDA ensejará que o executado os apresente, mas, ainda assim, apenas sobre a parte modificada. No mais, considerar-se-á precluso o prazo.

Art. 204. A dívida regularmente inscrita goza da presunção de certeza e liquidez e tem o efeito de prova pré-constituída.

⇒ **Presunção de certeza e liquidez.** A dívida regularmente inscrita goza da presunção de certeza e liquidez e tem o efeito de prova pré-constituída. Tal presunção, porém, é relativa e pode ser ilidida por prova inequívoca a cargo do sujeito passivo, conforme o parágrafo único deste mesmo artigo. Caberá, pois, ao devedor, apontar e comprovar os vícios, formais ou materiais, da inscrição ou, ainda, da declaração ou do lançamento que lhe deram origem.

– O art. 3º da LEF também estabelece a presunção de certeza e liquidez: "Art. 3º A Dívida Ativa regularmente inscrita goza da presunção de certeza e liquidez".

– **Dá sustentação ao título executivo.** É a presunção de certeza e liquidez da dívida regularmente inscrita que dará sustentação à CDA como título executivo, revestido de certeza, liquidez e exigibilidade.

– "... o débito tributário, formalizado pelo lançamento e pela inscrição da dívida ativa da Fazenda Pública gera título executivo extrajudicial, que goza de presunção *juris tantum* e liquidez e certeza e concede ao fisco, desde esse momento, a legitimação para propor a execução judicial fiscal (CPC, art. 585, VI)..." (NOGUEIRA, Ruy Barbosa. *Curso de direito tributário*. 14. ed. São Paulo: Saraiva, 1995, p. 153-154).

– "... a exequibilidade do crédito tributário nasce a partir do momento em que a repartição competente extrai do termo de inscrição da dívida ativa a certidão prevista no parágrafo único do art. 202 do CTN, a qual, como já vimos, goza da presunção relativa de certeza e liquidez e tem o efeito de prova pré-constituída. É nesse momento que, formalizado o título executivo extrajudicial (CTN, arts. 201 a 204, e CPC, art. 585, VI), nasce a exequibilidade ou possibilidade de a Fazenda Pública apresentá-lo em Juízo e com base nesse título pedir a tutela jurisdicional para a legítima execução fiscal do devedor inadimplente ou em mora" (NOGUEIRA, Ruy Barbosa. *Curso de direito tributário*. 14. ed. São Paulo: Saraiva, 1995, p. 297).

– **Pressuposto: regular apuração. Inocorrência no caso de inscrição do nome do sócio sem prévia apuração da sua responsabilidade.** "Essa presunção decorre fundamentalmente do fato de a inscrição em dívida ativa ser precedida de apuração em regular processo administrativo, no qual é assegurada ampla defesa ao sujeito passivo da obrigação tributária. Ora, em relação aos sócios da empresas, é certo que essa ampla defesa não é assegurada no âmbito administrativo, mesmo porque o débito apurado é da pessoa jurídica e o nome do sócio é incluído pelo INSS na CDA automaticamente, não porque tenha sido apurada sua responsabilidade, e sim porque esta é estabelecida pelo art. 13 da Lei 8.620/93" (excerto de voto do Des. Fed. Antônio Albino Ramos de Oliveira quando do julgamento, pela 2ª T. do TRF4, do AI 2006.04.00.015394-3/PR, em 2006).

– "O lançamento é meio pelo qual a Administração individualiza a hipótese legal do fato gerador à prática efetiva deste pelo sujeito passivo, a fim de que possa haver a exigência do crédito tributário. Esse ato da Administração fazendária é também a base para formação da CDA, pois a partir do lançamento tributário, com a inadimplência do contribuinte, é que ocorrerá a emissão da certidão pela Fazenda Pública, depois de esgotar todos os prazos e meios para discussão pelo sujeito passivo na esfera administrativa. Note-se que é nesse procedimento administrativo em que deve ser demonstrada toda a fundamentação para inscrição da CDA, uma vez que o lançamento é 'convertido' na CDA para fins de execução fiscal, pois ele por si só não é exigível judicialmente. [...] A Fazenda Nacional tem suprimido a instância administrativa, quando ela, na verdade, além de fundamental para garantir o devido processo legal, também é essencial para revestir a CDA da presunção de veracidade. As garantias constitucionais e a observância legal não podem ser afastadas por juízo de oportunidade e conveniência do Fisco e nem tampouco pode o Poder Judiciário ausentar-se da administração da justiça. Portanto, a ausência de procedimento administrativo para comprovar a responsabilidade do sócio-gerente ou administrador implica a clara violação ao princípio constitucional do devido processo legal" (MOURA, Lenice S. Moreira de; MASCENA, Fátima

Larisse de Farias. A exceção de pré-executividade como meio de defesa diante da ilegalidade de redirecionamento fiscal: sinalização para uma mudança jurisprudencial no âmbito do STF e do STJ. *RDDT* 202/89-102, 2012).

– **Nome do sócio na CDA gera presunção de responsabilidade e inverte o ônus da prova.** "EXECUÇÃO FISCAL SÓCIO CUJO NOME CONSTA DA CDA. PRESUNÇÃO DE RESPONSABILIDADE. AUSÊNCIA DE SIMILITUDE ENTRE AS TESES CONFRONTADAS. TEMA JÁ JULGADO EM SEDE DE RECURSO REPRESENTATIVO DA CONTROVÉRSIA. 1. Não há similitude entre as teses confrontadas. O acórdão embargado está fundamentado na presunção de legitimidade da certidão de inscrição em dívida ativa, o que desloca o ônus da prova ao sujeito passivo da obrigação tributária ali inscrito. O fato de constar da CDA o nome do sujeito passivo gera a presunção de que houve regular processo ou procedimento administrativo de apuração de sua responsabilidade na forma do art. 135, do CTN, a afastar o entendimento de que está ali por mero inadimplemento, que é o caso do acórdão eleito como paradigma. 2. O reconhecimento da presunção de legitimidade da CDA da qual consta nome do sócio já foi objeto de dois recursos representativos da controvérsia: REsp 1.104.900-ES, Rel. Min. Denise Arruda, julgado em 25.03.2009; REsp 1.110.925-SP; Rel. Min. Teori Zavascki, julgado em 22.04.2009. 3. O gravo regimental de recurso cujo tema foi julgado sob o regime do art. 543-C, do CPC, e da Resolução STJ 08/08 (recurso repetitivo) é manifestamente inadmissível, havendo que incidir o § 2º, do art. 557, do CPC, fixando-se a multa apropriada" (STJ, AgRg nos EAREsp 41.860, 2012).

– "RECURSO ESPECIAL SUBMETIDO À SISTEMÁTICA PREVISTA NO ART. 543-C DO CPC. EXECUÇÃO FISCAL. INCLUSÃO DOS REPRESENTANTES DA PESSOA JURÍDICA, CUJOS NOMES CONSTAM DA CDA, NO POLO PASSIVO DA EXECUÇÃO FISCAL. POSSIBILIDADE. MATÉRIA DE DEFESA. NECESSIDADE DE DILAÇÃO PROBATÓRIA. EXCEÇÃO DE PRÉ-EXECUTIVIDADE. INVIABILIDADE. RECURSO ESPECIAL DESPROVIDO. 1. A orientação da Primeira Seção desta Corte firmou-se no sentido de que, se a execução foi ajuizada apenas contra a pessoa jurídica, mas o nome do sócio consta da CDA, a ele incumbe o ônus da prova de que não ficou caracterizada nenhuma das circunstâncias previstas no art. 135 do CTN, ou seja, não houve a prática de atos 'com excesso de poderes ou infração de lei, contrato social ou estatutos'. 2. Por outro lado, é certo que, malgrado serem os embargos à execução o meio de defesa próprio da execução fiscal, a orientação desta Corte firmou-se no sentido de admitir a exceção de pré-executividade nas situações em que não se faz necessária dilação probatória ou em que as questões possam ser conhecidas de ofício pelo magistrado, como as condições da ação, os pressupostos processuais, a decadência, a prescrição, entre outras. 3. Contudo, no caso concreto, como bem observado pelas instâncias ordinárias, o exame da responsabilidade dos representantes da empresa executada requer dilação probatória, razão pela qual a matéria de defesa deve ser aduzida na via própria (embargos à execução), e não por meio do incidente em comento. 4. Recurso especial desprovido. Acórdão sujeito à sistemática prevista no art. 543-C do CPC, c/c a Resolução 8/2008 – Presidência/STJ" (STJ, REsp 1.104.900, 2009).

⇒ **Certeza quanto aos sujeitos, ao direito e ao objeto.** "III. A certidão da dívida ativa, sabem-no todos, goza de presunção *juris tantum* de liquidez e certeza. 'A certeza diz com os sujeitos da relação jurídica (credor e devedor), bem como com a natureza do direito (direito de crédito) e o objeto devido (pecúnia)' (in: *Código Tributário Nacional Comentado*. São Paulo: RT, 1999, p. 786), podendo ser ilidida por prova inequívoca, a cargo do sujeito passivo ou de terceiro a que aproveite, nos termos do parágrafo único do artigo 204 do CTN, reproduzido no artigo 3º da Lei 6.830/80, e não deve o magistrado impor ao exequente gravame não contemplado pela legislação de regência" (STJ, REsp 278.741, 2002).

⇒ **Certidão fundada em dispositivo posteriormente declarado inconstitucional. Validade do ato, sem prejuízo da dedução do montante indevido.** "1. O prosseguimento da execução fiscal (pelo valor remanescente daquele constante do lançamento tributário ou do ato de formalização do contribuinte fundado em legislação posteriormente declarada inconstitucional em sede de controle difuso) revela-se forçoso em face da suficiência da liquidação do título executivo, consubstanciado na sentença proferida nos embargos à execução, que reconheceu o excesso cobrado pelo Fisco, sobressaindo a higidez do ato de constituição do crédito tributário, o que, a fortiori, dispensa a emenda ou substituição da Certidão de Dívida Ativa (CDA). 2. Deveras, é certo que a Fazenda Pública pode substituir ou emendar a Certidão de Dívida Ativa (CDA) até a prolação da sentença de embargos (artigo 2º, § 8º, da Lei 6.830/80), quando se tratar de correção de erro material ou formal, vedada, entre outras, a modificação do sujeito passivo da execução (Súmula 392/STJ) ou da norma legal que, por equívoco, tenha servido de fundamento ao lançamento tributário (Precedente do STJ submetido ao rito do artigo 543-C, do CPC: REsp 1.045.472/BA, Rel. Ministro Luiz Fux, Primeira Seção, julgado em 25.11.2009, *DJe* 18.12.2009). 3. *In casu*, contudo, não se cuida de correção de equívoco, uma vez que o ato de formalização do crédito tributário sujeito a lançamento por homologação (DCTF), encampado por desnecessário ato administrativo de lançamento (Súmula 436/STJ), precedeu à declaração incidental de inconstitucionalidade formal das normas que alteraram o critério quantitativo da regra matriz de incidência tributária, quais sejam, os Decretos-Leis 2.445/88 e 2.449/88. 4. O princípio da imutabilidade do lançamento tributário, insculpido no artigo 145, do CTN, prenuncia que o poder-dever de autotutela da Administração Tributária, consubstanciado na possibilidade de revisão do ato administrativo constitutivo do crédito tributário, somente pode ser exercido nas hipóteses elencadas no artigo 149, do Codex Tributário, e desde que não ultimada a extinção do crédito pelo decurso do prazo decadencial quinquenal, em homenagem ao princípio da proteção à confiança do contribuinte (encartado no artigo 146) e no respeito ao ato jurídico perfeito. 5. O caso *sub judice* amolda-se no disposto no *caput* do artigo 144, do CTN ('O lançamento reporta-se à data da ocorrência do fato gera-

dor da obrigação e rege-se pela lei então vigente, ainda que posteriormente modificada ou revogada'.), uma vez que a autoridade administrativa procedeu ao lançamento do crédito tributário formalizado pelo contribuinte (providência desnecessária por força da Súmula 436/STJ), utilizando-se da base de cálculo estipulada pelos Decretos-Leis 2.445/88 e 2.449/88, posteriormente declarados inconstitucionais pelo Supremo Tribunal Federal, em sede de controle difuso, tendo sido expedida a Resolução 49, pelo Senado Federal, em 19.10.1995. 6. Consequentemente, tendo em vista a desnecessidade de revisão do lançamento, subsiste a constituição do crédito tributário que teve por base a legislação ulteriormente declarada inconstitucional, exegese que, entretanto, não ilide a inexigibilidade do débito fiscal, encartado no título executivo extrajudicial, na parte referente ao *quantum* a maior cobrado com espeque na lei expurgada do ordenamento jurídico, o que, inclusive, encontra-se, atualmente, preceituado nos artigos 18 e 19, da Lei 10.522/2002, *verbis*: 'Art. 18. Ficam dispensados a constituição de créditos da Fazenda Nacional, a inscrição como Dívida Ativa da União, o ajuizamento da respectiva execução fiscal, bem assim cancelados o lançamento e a inscrição, relativamente: [...] VIII – à parcela da contribuição ao Programa de Integração Social exigida na forma do Decreto-Lei n. 2.445, de 29 de junho de 1988, e do Decreto-Lei n. 2.449, de 21 de julho de 1988, na parte que exceda o valor devido com fulcro na Lei Complementar n. 7, de 7 de setembro de 1970, e alterações posteriores; [...] § 2º Os autos das execuções fiscais dos débitos de que trata este artigo serão arquivados mediante despacho do juiz, ciente o Procurador da Fazenda Nacional, salvo a existência de valor remanescente relativo a débitos legalmente exigíveis. [...]' Art. 19. Fica a Procuradoria-Geral da Fazenda Nacional autorizada a não contestar, a não interpor recurso ou a desistir do que tenha sido interposto, desde que inexista outro fundamento relevante, na hipótese de a decisão versar sobre: (Redação dada pela Lei n. 11.033, de 2004) I – matérias de que trata o art. 18; [...]. § 5º Na hipótese de créditos tributários já constituídos, a autoridade lançadora deverá rever de ofício o lançamento, para efeito de alterar total ou parcialmente o crédito tributário, conforme o caso. (Redação dada pela Lei n. 11.033, de 2004)' 7. Assim, ultrapassada a questão da nulidade do ato constitutivo do crédito tributário, remanesce a exigibilidade parcial do valor inscrito na dívida ativa, sem necessidade de emenda ou substituição da CDA (cuja liquidez permanece incólume), máxime tendo em vista que a sentença proferida no âmbito dos embargos à execução, que reconhece o excesso, é título executivo passível, por si só, de ser liquidado para fins de prosseguimento da execução fiscal (artigos 475-B, 475-H, 475-N e 475-I, do CPC). 8. Consectariamente, dispensa-se novo lançamento tributário e, *a fortiori*, emenda ou substituição da Certidão de Dívida Ativa (CDA). 9. Recurso especial desprovido. Acórdão submetido ao regime do art. 543-C do CPC e da Resolução STJ 08/2008" (STJ, REsp 1.115.501, 2010).

⇒ **Consideração de cada rubrica em separado.** "... Se os valores exigidos a título de imposto e aqueles cobrados por conta de taxas estão incluídos na certidão de dívida ativa como parcelas autônomas, a procedência dos embargos do devedor quanto ao imposto não prejudica a certeza e liquidez da certidão de dívida ativa no que diz com as taxas" (STJ, REsp 76.351, 1997).

Parágrafo único. A presunção a que se refere este artigo é relativa e pode ser ilidida por prova inequívoca, a cargo do sujeito passivo ou do terceiro a que aproveite.

⇒ **Caráter relativo (*juris tantum*) da presunção.** A presunção de certeza e liquidez da dívida inscrita é relativa e pode ser ilidida por prova inequívoca a cargo do sujeito passivo. Caberá, pois, ao devedor, apontar e comprovar os vícios, formais ou materiais, da inscrição ou, ainda, da declaração ou do lançamento que lhe deram origem e que comprometam sua higidez.

– "PRESUNÇÃO DE VERACIDADE RELATIVA, QUE ADMITE PROVA EM CONTRÁRIO... 1. A presunção de certeza e de liquidez que reveste a certidão de dívida ativa é relativa, ou *juris tantum*, o que significa que tal atributo pode deixar de ser reconhecido pelo magistrado, no exame de caso concreto, em virtude de consideração adequadamente fundamentada" (STJ, AgRg no AREsp 292.398, 2013).

⇒ **Ônus da prova.** "PRESUNÇÃO DE CERTEZA E LIQUIDEZ DA CDA. 1. Inocorre omissão em acórdão que entende, à luz dos elementos de fato, inexistir prova contundente idônea a desconstituir a presunção relativa de certeza e liquidez da Certidão de Dívida Ativa – CDA. 2... 3. No âmbito dos embargos à execução fiscal atribui-se ao embargante o ônus da prova da incerteza e iliquidez do título executivo fazendário" (STJ, REsp 914.638, 2008).

– **O afastamento da presunção exige prova robusta e inequívoca.** "IMPOSTO DE RENDA... NULIDADE DA CDA... 3. A Certidão de Inscrição em Dívida Ativa tem presunção de liquidez e certeza, decorrente de lei, tendo em vista a indicação do valor e da natureza da dívida, bem como da fundamentação legal, do período de apuração e demais requisitos legais – a fim de possibilitar a defesa do contribuinte – sendo exigível, salvo apresentação de prova robusta e inequívoca. Não havendo aponte de irregularidade ou erro específico no cálculo do montante devido, resta incólume a presunção de exigibilidade do título, uma vez que não foi produzida nos autos prova inequívoca do contrário. 4... 6. Sem comprovação das alegações, deve prevalecer a presunção de liquidez e certeza do título executivo. [...]" (TRF4, AC 2999.71.03.001523-6, 2003).

– "EMBARGOS À EXECUÇÃO FISCAL... CDA. PRESUNÇÃO DE CERTEZA E LIQUIDEZ. ÔNUS DA PROVA. A Certidão de Dívida Ativa goza de presunção de certeza e liquidez, capaz de ser elidida mediante prova robusta do executado. O embargante, ao afirmar que o débito não é de sua responsabilidade, por pertencer a outros frigoríficos, fundou-se em fato constitutivo do seu direito, portanto, o *onus probandi* é do autor, consoante preceitua o art. 333, inc. I, do Código de Processo Civil, competindo ao autor a prova do fato constitutivo de seu direito. Não se desincumbindo do ônus da prova do alegado,

não há como acolher o pedido formulado" (TRF4, AC 2002.04.01.028167-5, 2002).

– **Insuficiência da prova testemunhal.** "... IMPOSTO DE RENDA. OMISSÃO DE RECEITAS. ACRÉSCIMO PATRIMONIAL A DESCOBERTO. DISPONIBILIDADE ECONÔMICA. CONTRATO. GARANTIA. PROVA DOCUMENTAL. PRESUNÇÃO DE EXIGIBILIDADE DO TÍTULO EXECUTIVO FISCAL. 1... 3. Se há disponibilidade econômica ou jurídica, é devido o imposto de renda; senão, é indevida a tributação. O crédito fiscal, apurado regularmente em procedimento próprio, na forma da lei, faz presumir a ocorrência de fato gerador, tendo em vista que o lançamento é ato vinculado. 4. Provas testemunhais, mesmo coerentes, não são suficientes para ilidir a presunção de legitimidade do ato administrativo, sendo necessário, pelo menos, início de prova documental. 5. Não comprovado que não houve a transferência de valores, remanesce a presunção de exigibilidade do crédito fiscal" (TRF4, AC 2001.71.07.004866-3, 2004).

⇒ **A exceção de pré-executividade como instrumento processual para ilidir a presunção.** "... o próprio legislador cercou-se de cautela e equilibrou a força da inscrição em dívida ativa, cuja Certidão é título executivo extrajudicial (CPC, artigo 585, VI) afirmando a sua relatividade. Como o próprio legislador reconheceu no CTN, artigo 204, parágrafo único, e na LEF, artigo 3º, parágrafo único, as presunções de certeza e liquidez expostas pela CDA são relativas, podendo 'ser ilididas', é dizer, negadas, contestadas, fragilizadas, derrubadas, 'por prova inequívoca', ou seja, por prova robusta, forte, evidente, clara, insofismável, também pré-constituída (também constituída antes do processo judicial executivo) que infirme as presunções da Certidão de Dívida Ativa. Tal prova fica, à evidência, a cargo do executado, quer seja contribuinte, quer seja responsável tributário. O veículo processual para apresentar a prova inequívoca que ilida as presunções da dívida regularmente inscrita é a exceção de pré-executividade. [...] A exceção de pré-executividade (cujo nome, o rótulo, não foi criado pelo legislador, mas pela doutrina) está prevista, expressamente, no Código Tributário Nacional. As exceções de pré-executividade possuem fundamento legal (CTN, artigo 204, parágrafo único; LEF, artigo 3º, parágrafo único);" (BECHO, Renato Lopes. Os prazos para os exequentes nas exceções de pré-executividade. *RDDT* 180/137, 2010).

⇒ **Exclusão das rubricas indevidas, sem anulação da CDA, quando viável.** "2. A jurisprudência desta Corte tem entendido que as alterações que possam ocorrer na certidão de dívida, por simples operação aritmética, não ensejam nulidade da CDA; fazendo-se no título que instrui a execução o decote da majoração indevida" (STJ, EREsp 602.002, 2007).

– "EXECUÇÃO FISCAL DE ICMS – PROCEDIMENTOS COMPLEXOS PARA SE CHEGAR À CDA – INCONSTITUCIONALIDADE DA INCLUSÃO DA CONTRIBUIÇÃO AO IAA E DO SEU ADICIONAL NA BASE DE CÁLCULO DO ICMS – INVIABILIDADE, NO PRESENTE CASO, DE SE DECOTAR A CDA COM CÁLCULOS HORIZONTAIS – NULIDADE DA CDA – EXTINÇÃO

DA EXECUÇÃO. 1. Inconstitucional inclusão da contribuição para o IAA e do seu adicional na base de cálculo do ICMS. Nulidade de todas as notas fiscais de saída que contenham base de cálculo inconstitucionalmente majorada. 2... 3. O cálculo do ICMS a pagar constante da CDA, em função do princípio constitucional da não cumulatividade, é complexo, com apuração do *quantum* em livro próprio onde se confrontam créditos e débitos do imposto. 4. Impossibilidade, no presente caso, de se recortar o valor inconstitucionalmente adicionado na base de cálculo sem que se realize novo lançamento. 5. Nulidade da CDA por vício material e consequente extinção do processo de execução" (STJ, EREsp 602.002, 2007).

⇒ **Restituição em dobro se cobrado, com má-fé, crédito tributário já satisfeito.** "INDENIZAÇÃO. COBRANÇA EXCESSIVA. ARTS. 1.531, DO CC DE 1916, E 574 DO CPC. MÁ-FÉ. SÚMULA 159/STF. COMPROVAÇÃO DE PREJUÍZOS... 3. É pacífico o entendimento doutrinário e jurisprudencial no sentido de que a indenização prevista no art. 1.531 do Código Civil de 1916 exige que o credor tenha agido de má-fé ao demandar o devedor por dívida já paga, total ou parcialmente, sem ressalvar valores recebidos. Tal entendimento, inclusive, está contido na Súmula 159/STF: 'Cobrança excessiva, mas de boa-fé, não dá lugar às sanções do art. 1531 do Código Civil'. 4. O Tribunal de origem afastou expressamente a configuração de má-fé da União ao ajuizar a ação de cobrança contra a ora recorrente e, consequentemente, a indenização prevista no art. 1.531 do Código Civil de 1916. A reversão do entendimento exposto pela Corte *a quo*, com a verificação da eventual má-fé da parte credora, exigiria, necessariamente, o reexame de matéria fático-probatória, o que é vedado em sede de recurso especial, nos termos da Súmula 7/STJ" (STJ, REsp 446.724, 2007).

– CC/2002: "Art. 940. Aquele que demandar por dívida já paga, no todo ou em parte, sem ressalvar as quantias recebidas ou pedir mais do que for devido, ficará obrigado a pagar ao devedor, no primeiro caso, o dobro do que houver cobrado e, no segundo, o equivalente do que dele exigir, salvo se houver prescrição".

– CC/1916: "Art. 1.531. Aquele que demandar por dívida já paga, no todo ou em parte, sem ressalvar as quantias recebidas, ou pedir mais do que for devido, ficará obrigado a pagar ao devedor, no primeiro caso, o dobro do que houver cobrado e, no segundo, o equivalente do que dele exigir, salvo se, por lhe estar prescrito o direito, decair da ação".

CAPÍTULO III
CERTIDÕES NEGATIVAS

⇒ **Certidão é reprodução fiel do original.** "Reprodução textual e autêntica, portada de fé, de escrito original, ou assento, extraída de livro de registro ou de notas públicas, papéis, peças judiciais ou autos, por oficial público, escrivão ou qualquer outro serventuário ou funcionário competente, que os tenha a seu cargo, em seu poder ou cartório" (NUNES, Pedro. *Dicionário de tecnologia jurídica*. 12. ed., 1990).

– **Não se admitem conjecturas, especulações, presunções.** "... a expedição de uma certidão implica a extração de dados/informações constantes de arquivos, livros ou sistemas de determinada repartição. Não se compadece com especulações, com presunções. Exige o dado, o fato devidamente anotado ou registrado" (PAULSEN, Leandro. *Manual das certidões negativas de débito*. Porto Alegre: Livraria do Advogado, 2009, p. 10).

– "o direito à expedição de certidão engloba o esclarecimento de situações já ocorridas, jamais sob hipóteses ou conjecturas relacionadas a situações ainda a serem esclarecidas" (MORAES, Alexandre de. *Direito constitucional*. 16. ed. São Paulo: Atlas, 2004, p. 190).

⇒ **Certidão Negativa *x* Certidão Positiva *x* Certidão Positiva com Efeitos de Negativa.** A Certidão Negativa deve ser expedida quando efetivamente não conste dos registros do Fisco nenhum crédito tributário constituído em seu favor. Havendo crédito tributário regularmente constituído, seja em que situação for, somente Certidão Positiva poderá ser expedida, sendo o caso, então, de saber se o contribuinte tem ou não direito à Certidão Positiva com Efeitos de Negativa. Vide art. 206 e respectivas notas. Os sistemas do Fisco podem, pois, acusar três situações distintas:

1ª SITUAÇÃO: inexistência de formalização de crédito, dando ensejo à expedição de Certidão Negativa de Débitos (CND);

2ª SITUAÇÃO: existência de crédito formalizado exigível e não garantido por penhora, dando ensejo à expedição de Certidão Positiva de Débitos (CPD);

3ª SITUAÇÃO: existência de crédito formalizado não vencido, com a exigibilidade suspensa ou garantido por penhora, dando ensejo à expedição de Certidão Positiva de Débitos com Efeitos de Negativa (CPD-EN).

⇒ **Direito constitucional à certificação da situação fiscal.** "XXXIV – são a todos assegurados, independentemente do pagamento de taxas: a) ...; b) a obtenção de certidões em repartições públicas, para defesa de direitos e esclarecimento de situações de interesse pessoal;" (art. 5º, inciso XXXIV, da Constituição Federal).

– **Não pode ser negada a expedição de certidão.** Em face de um requerimento de certidão, deve ser certificada a situação do contribuinte, mesmo que para reproduzir os débitos em seu nome. Pode, pois, ocorrer de o contribuinte pretender a expedição de uma certidão negativa e lhe ser expedida certidão positiva, mas não pode simplesmente ser indeferido o pedido de certidão. Para negar-se ao contribuinte a certidão negativa, há que se expedir certidão em que constem os débitos em aberto, na medida em que o ato administrativo é, no caso, vinculado e deve ser motivado. Ou seja, em face de qualquer pedido de certidão, ainda que o contribuinte faça constar do pedido "certidão negativa", deve o Fisco considerá-lo como um pedido de certificação da situação fiscal do contribuinte, atendendo-o prontamente. Sendo o direito à certidão de caráter fundamental, não há justificativa para o não atendimento do requerimento de certidão. Configurarão atos ilegais tanto a negativa do servidor de expedir certidão quanto à situação fiscal do contribuinte requerente quanto a demora superior ao prazo legal de dez dias previsto no art. 205, parágrafo único, do CTN, ensejando, assim, o ajuizamento de mandado de segurança, o que é tratado em capítulo específico adiante.

– "Entendemos não ser compatível com a legalidade a simples negativa do servidor público em receber a petição ou o pedido de certidão pelo seu arbítrio de cabimento ou não do requerimento. Não poderá o administrador público se abster de protocolizar o pedido sob pena de violar direito constitucionalmente garantido por cláusula pétrea" (MORAES, Fernando Ferreira. *Direito de certidão no direito constitucional e no direito administrativo – o conflito*. 2. ed. Florianópolis: OAB/SC, 2008, p. 60).

⇒ **Limites à exigência de CND.** Só por lei é que a prática de atos pode ser condicionada à apresentação de certidão negativa de débitos, o que se pode extrair diretamente dos arts. 5º, II e XIII, da CF e resta expresso no art. 205 do CTN. Mas nem mesmo a lei poderá exigir a apresentação de CND incorrendo em irrazoabilidade ou comprometendo desproporcionalmente direito do contribuinte, o que configuraria o que há muito se designa como sanção política (sobre sanções políticas, vide nota ao art. 156, inciso I, do CTN). Cabe destacar, ainda, que cada pessoa, física ou jurídica, tem direito à certificação da sua particular situação fiscal. Vide os itens que seguem sobre a necessidade de observância da legalidade, da razoabilidade e da proporcionalidade e da pessoalidade.

⇒ **A exigência de certidão negativa tem de ter base constitucional ou legal.** Decorre tanto do texto do art. 205 do CTN como da própria Constituição Federal a conclusão de que o Poder Público só poderá exigir a apresentação de CND para a prática de determinado ato se houver previsão legal específica nesse sentido. Atos normativos infralegais não podem restringir direitos.

– **O direito à certidão de regularidade não pode ser condicionado por ordem de serviço.** "CERTIDÃO NEGATIVA DE DÉBITO. EXPEDIÇÃO ASSEGURADA. ORDEM DE SERVIÇO DO INSS. PROCEDIMENTO ADMINISTRATIVO. RECURSO PENDENTE. 1. O fornecimento de Certidão Negativa de Débito não pode ficar condicionado ao cumprimento de exigências constantes de Ordem de Serviço do INSS, consistentes na apresentação de defesa ou de recurso administrativo, haja que em ato ordinatório interna *corporis* não pode contrariar ou restringir o disposto em decreto ou lei, cabendo-lhe somente orientar os agentes administrativos no exercício de sua atribuições. 2. Recurso improvido" (STJ, REsp 412.955, 2002).

– **CF.** "Art. 195... § 3º – A pessoa jurídica em débito com o sistema da seguridade social, como estabelecido em lei, não poderá contratar com o Poder Público nem dele receber benefícios ou incentivos fiscais ou creditícios." Vide as notas a tal artigo.

– **CTN.** "Art. 130. Os créditos tributários relativos a impostos cujo fato gerador seja a propriedade, o domínio útil ou a posse de bens imóveis, e bem assim os relativos a taxas pela prestação de serviços referentes a tais bens, ou a contribuições de melhoria, subrogam-se na pessoa dos respectivos adquirentes, salvo quando conste do título a prova de sua quitação."

– "Art. 191-A. A concessão de recuperação judicial depende da apresentação da prova de quitação de todos os tributos, observa-

do o disposto nos arts. 151, 205 e 206 desta Lei" (Incluído pela LC n. 118/2005).

– "Art. 192. Nenhuma sentença de julgamento de partilha ou adjudicação será proferida sem prova da quitação de todos os tributos relativos aos bens do espólio, ou às suas rendas."

– "Art. 193. Salvo quando expressamente autorizado por lei, nenhum departamento da Administração Pública da União, dos Estados, do Distrito Federal, ou dos Municípios, ou sua autarquia, celebrará contrato ou aceitará proposta em concorrência pública sem que o contratante ou proponente faça prova da quitação de todos os tributos devidos à Fazenda Pública interessada, relativos à atividade em cujo exercício contrata ou concorre."

– **Decreto-Lei n. 1.715/79.** "Art. 1º – A prova de quitação de tributos, multas e outros encargos fiscais, cuja administração seja da competência do Ministério da Fazenda, será exigida nas seguintes hipóteses: I – concessão de concordata e declaração de extinção das obrigações do falido; II – celebração de contrato com quaisquer órgãos da Administração Federal Direta e Autarquias da União e participação em concorrência pública promovida por esses órgãos e entidades, observado, nesta última hipótese, o disposto no artigo 3º; III – transferência de residência para o exterior; IV – venda de estabelecimentos comerciais ou industriais por intermédio de leiloeiros; V – registro ou arquivamento de distrato, alterações contratuais e outros atos perante o registro público competente, desde que importem na extinção de sociedade ou baixa de firma individual, ou na redução de capital das mesmas, exceto no caso de falência; VI – outros casos que venham a ser estabelecidos pelo Poder Executivo."

– **Lei n. 8.212/91.** "Art. 47. É exigida Certidão Negativa de Débito-CND, fornecida pelo órgão competente, nos seguintes casos: (redação da Lei 9.032/95) I – da empresa: *a*) na contratação com o Poder Público e no recebimento de benefícios ou incentivo fiscal ou creditício concedido por ele; *b*) na alienação ou oneração, a qualquer título, de bem imóvel ou direito a ele relativo; *c*) na alienação ou oneração, a qualquer título, de bem móvel de valor superior a Cr$ 2.500.000,00 (dois milhões e quinhentos mil cruzeiros) incorporado ao ativo permanente da empresa; *d*) no registro ou arquivamento, no órgão próprio, de ato relativo a baixa ou redução de capital de firma individual, redução de capital social, cisão total ou parcial, transformação ou extinção de entidade ou sociedade comercial ou civil e transferência de controle de cotas de sociedades de responsabilidade limitada; (redação da Lei n. 9.528/97) II – do proprietário, pessoa física ou jurídica, de obra de construção civil, quando de sua averbação no registro de imóveis, salvo no caso do inciso VIII do art. 30. [...]."

– "VENDA DE ÁLCOOL CARBURANTE À PETROBRÁS. EXIGÊNCIA DE DOCUMENTAÇÃO COMPROBATÓRIA DE REGULARIDADE FISCAL... 2. As empresas produtoras de álcool carburante, ao venderem parte de sua produção à Petrobrás, devem, obrigatoriamente, apresentar a documentação comprobatória de regularidade fiscal, bem como do FGTS" (STJ, REsp 478.071, 2006).

– **Lei n. 8.666/93. Licitações.** Lei n. 8.666/93 c/a redação das Leis n. 8.883/94 e n. 12.440/2011: "Art. 27. Para a habilitação nas licitações exigir-se-á dos interessados, exclusivamente, documentação relativa a: ... IV – regularidade fiscal e trabalhista. [...] Art. 29. A documentação relativa à regularidade fiscal e trabalhista, conforme o caso, consistirá em: ... III – prova de regularidade para com a Fazenda Federal, Estadual e Municipal do domicílio ou sede do licitante, ou outra equivalente, na forma da lei; IV – prova de regularidade relativa à Seguridade Social e ao Fundo de Garantia por Tempo de Serviço (FGTS), demonstrando situação regular no cumprimento dos encargos sociais instituídos por lei".

– **Lei n. 9.069/95. Incentivos fiscais.** "Art. 60. A concessão ou reconhecimento de qualquer incentivo ou benefício fiscal, relativos a tributos e contribuições administrados pela Secretaria da Receita Federal fica condicionada à comprovação pelo contribuinte, pessoa física ou jurídica, da quitação de tributos e contribuições federais."

– **Lei n. 11.101/2005 (LRF). Recuperação judicial.** "Art. 52. Estando em termos a documentação exigida no art. 51 desta Lei, o juiz deferirá o processamento da recuperação judicial e, no mesmo ato: ... II – determinará a dispensa da apresentação de certidões negativas para que o devedor exerça suas atividades, exceto para contratação com o Poder Público ou para recebimento de benefícios ou incentivos fiscais ou creditícios, observando o disposto no art. 69 desta Lei; [...] Art. 57. Após a juntada aos autos do plano aprovado pela assembleia-geral de credores ou decorrido o prazo previsto no art. 55 desta Lei sem objeção de credores, o devedor apresentará certidões negativas de débitos tributários nos termos dos arts. 151, 205, 206 da Lei n. 5.172, de 25 de outubro de 1966 – Código Tributário Nacional. Art. 58. Cumpridas as exigências desta Lei, o juiz concederá a recuperação judicial...".

– "Consoante disposto no art. 57 da Lei n. 11.101/05 e no art. 191-A do CTN, a concessão do plano de recuperação judicial depende da apresentação da certidão negativa de débitos fiscais ou positiva com efeitos de negativa, previstas nos arts. 205 e 206 do CTN, por parte do devedor em recuperação. Muito embora o magistrado possa deferir o *processamento* da recuperação judicial sem a apresentação destas certidões, nos termos do inciso II do art. 52 da Lei n. 11.101/05, deverá exigi-las para a concessão do plano. [...] A exigência da certidão de regularidade fiscal, analisada em seus aspectos puramente formais, não significa empecilho ou entrave *ao pedido e processamento* do plano de recuperação de empresas. Tanto é assim que o art. 51, que trata dos requisitos da petição inicial, não contempla a exigência da referida certidão. Ao contrário, o art. 52, II, expressamente determina que o juiz poderá dispensar a apresentação das certidões negativas, exceto para a contratação com o Poder Público ou para recebimento de benefícios ou incentivos fiscais ou creditícios. Também, se analisada pelo mesmo aspecto formal, a exigência da certidão de regularidade fiscal não é empecilho ao *deferimento* da recuperação judicial, pois, entre o ingresso do pedido de recuperação e a sua concessão, o devedor poderá requerer o parcelamento de seus débitos (art. 68 da LRF e art. 155-A do CTN) ou buscar algumas das demais formas de regularização previstas no art. 151 do CTN. [...] No regime atual, conforme art. 83 da LRF, o crédito tributário cede espaço não apenas ao crédito trabalhista, até o limite de 150 salários mínimos e o decorrente de acidente do trabalho, como também ao crédito com garantia real, como

forma de diminuição dos custos de transação e estímulo à reorganização da empresa. Dentro deste novo enquadre, a exigência da certidão negativa pode vir a inviabilizar o plano de recuperação, colocando o credor tributário numa posição privilegiada em relação aos demais credores, inclusive os trabalhistas e aqueles com garantia real" (STANTON, Márcia Silva. A exigência da certidão de regularidade fiscal para a concessão do plano de recuperação judicial. In: SANTOS, Elenise P. dos. *Principais controvérsias na nova Lei de Falências.* Fabris, 2008, p. 117).

– "CND. EMPRESA EM LIQUIDAÇÃO EXTRAJUDICIAL. VENDA DE IMÓVEL. AUTORIZAÇÃO. ARTIGOS 47 E 48 DA LEI N. 8.212/91. 1. A lei não determina a emissão de CND em caso de empresa em regime de liquidação extrajudicial. A lei possibilita, sim, ao INSS proceder à lavratura de instrumento, autorizando a venda de imóvel, sem estar obrigado por lei, contudo, à emissão de CND. 2. Tendo em vista a existência de crédito tributário com a inexigibilidade não suspensa, não fazem jus os impetrantes à CND requerida, pelo que não têm os impetrantes direito líquido e certo a ensejar a utilização de ação mandamental, pois sequer há ato ilegal" (TRF4, AMS 2002.70.00.050666-6, 2004).

– **Registro de compra e venda. Inexistência de lei exigindo CND.** "... é necessário, para toda e qualquer exigência de certidão negativa de débito, que haja previsão legal; inexistindo, não poderá a autoridade pública exigir *ex officio*, estando este direito do particular protegido pelo cânone da legalidade. [...] Com a revogação do antigo Código Civil, não mais vige em nosso ordenamento jurídico a norma contida no seu art. 1.137, de forma que inexiste norma exigindo a apresentação de CND para transferência de imóveis. o art. 215 do novo Código Civil exige que a escritura pública contenha referência ao cumprimento das exigências legais e fiscais inerentes à legitimidade do ato, não havendo, todavia, nenhuma exigência relativa à apresentação de CND de tributos federais, estaduais e municipais. Nesse sentido, é perfeitamente possível a lavratura de atos notariais e registrais sem as negativas fiscais quando as partes, declaradamente ou não, assumem todos os ônus decorrentes da eventual existência de algum débito pendente, desde que observada a obrigatoriedade de comprovação do tributo devido em função do ato notara praticado, como é o caso, pro exemplo, do imposto incidente sobre a transmissão por ato oneroso *inter vivos* de bens imóveis – ITBI" (CARVALHO, Paulo de Barros. Certidão negativa de débito: inexigibilidade de CND para fins de registro da compra e venda de bem imóvel. *RET* 66/35, 2009).

⇒ **Razoabilidade e proporcionalidade na exigência de CND.** Tanto a razoabilidade como a proporcionalidade são princípios que asseguram o indivíduo contra medidas arbitrárias, sem-sentido, que sejam desnecessárias para o fim que supostamente as tenham motivado, inadequadas para levar ao resultado prático pretendido ou desmesuradas (proporcionalidade em sentido estrito), estabelecidas com exagero, em dimensão incompatível com a finalidade buscada. Nestes casos, ou quando os empecilhos ao exercício dos direitos do contribuinte sejam desproporcionais ou a natureza destes exigir maior proteção, a intervenção legal na esfera privada não se justificará, tendo em conta que o indivíduo tem sua liberdade, seu patrimônio e seus direitos sociais tutelados constitucionalmente e que medidas restritivas só se viabilizam no Estado de Direito quando revestidas de razoabilidade e de proporcionalidade. Ou seja, o legislador não pode estabelecer qualquer coisa, mas o que esteja em consonância com os princípios que resguardam ao mesmo tempo os interesses público, social e individual.

– "DIREITO FUNDAMENTAL DE ACESSO AO JUDICIÁRIO. DIREITO DE PETIÇÃO. TRIBUTÁRIO E POLÍTICA FISCAL. REGULARIDADE FISCAL. NORMAS QUE CONDICIONAM A PRÁTICA DE ATOS DA VIDA CIVIL E EMPRESARIAL À QUITAÇÃO DE CRÉDITOS TRIBUTÁRIOS. CARACTERIZAÇÃO ESPECÍFICA COMO SANÇÃO POLÍTICA. AÇÃO CONHECIDA QUANTO À LEI FEDERAL 7.711/1988, ART. 1º, I, III E IV, PAR. 1º A 3º, E ART. 2º. 1. Ações diretas de inconstitucionalidade ajuizadas contra os arts. 1º, I, II, III e IV, par. 1º a 3º e 2º da Lei 7.711/1988, que vinculam a transferência de domicílio para o exterior (art. 1º, I), registro ou arquivamento de contrato social, alteração contratual e distrato social perante o registro público competente, exceto quando praticado por microempresa (art. 1º, III), registro de contrato ou outros documentos em Cartórios de Registro de Títulos e Documentos (art. 1º, IV, *a*), registro em Cartório de Registro de Imóveis (art. 1º, IV, *b*) e operação de empréstimo e de financiamento junto a instituição financeira, exceto quando destinada a saldar dívidas para com as Fazendas Nacional, Estaduais ou Municipais (art. 1º, IV, *c*) – estas três últimas nas hipóteses de o valor da operação ser igual ou superior a cinco mil Obrigações do Tesouro Nacional – à quitação de créditos tributários exigíveis, que tenham por objeto tributos e penalidades pecuniárias, bem como contribuições federais e outras imposições pecuniárias compulsórias. 2. Alegada violação do direito fundamental ao livre acesso ao Poder Judiciário (art. 5º, XXXV da Constituição), na medida em que as normas impedem o contribuinte de ir a juízo discutir a validade do crédito tributário. Caracterização de sanções políticas, isto é, de normas enviesadas a constranger o contribuinte, por vias oblíquas, ao recolhimento do crédito tributário. 3. Esta Corte tem historicamente confirmado e garantido a proibição constitucional às sanções políticas, invocando, para tanto, o direito ao exercício de atividades econômicas e profissionais lícitas (art. 170, par. ún., da Constituição), a violação do devido processo legal substantivo (falta de proporcionalidade e razoabilidade de medidas gravosas que se predispõem a substituir os mecanismos de cobrança de créditos tributários) e a violação do devido processo legal manifesto no direito de acesso aos órgãos do Executivo ou do Judiciário tanto para controle da validade dos créditos tributários, cuja inadimplência pretensamente justifica a nefasta penalidade, quanto para controle do próprio ato que culmina na restrição. É inequívoco, contudo, que a orientação firmada pelo Supremo Tribunal Federal não serve de escusa ao deliberado e temerário desrespeito à legislação tributária. Não há que se falar em sanção política se as restrições à prática de atividade econômica objetivam combater estruturas empresariais que têm na inadimplência tributária sistemática e consciente sua maior vantagem concorrencial. Para ser tida como inconstitucional, a restrição ao exercício de atividade econômica deve ser desproporcional e não razoável. 4. Os incisos I, III e IV do art. 1º violam o art. 5º, XXXV da Constituição, na medida em que ignoram sumariamente o direito do contribuinte de rever em âmbito judicial ou administrativo a validade de créditos tributários. Violam, também o art. 170, par. ún. da Constituição, que garante o exercício de atividades profissionais ou econômicas lícitas. Declaração de inconstitucionalidade do art. 1º, I, III e IV da Lei 7.711/1988. Declaração de inconstitucionalidade, por arrastamento dos §§ 1º a 3º e do art. 2º do mesmo texto legal. CONSTITUCIONAL. TRIBUTÁRIO. SANÇÃO POLÍTICA. PROVA DA QUITAÇÃO DE CRÉDITOS TRIBUTÁRIOS NO ÂMBITO DE PROCESSO LICITATÓRIO. REVOGAÇÃO DO ART. 1º, II DA LEI 7.711/1988 PELA LEI 8.666/1993. EXPLICITAÇÃO DO ALCANCE DO DISPOSITIVO. AÇÃO DIRETA DE INCONSTITUCIONALIDADE NÃO CONHECIDA QUANTO AO PONTO. 5. Ação direta de inconstitucionalidade não conhecida, em relação ao art. 1º, II da Lei 7.711/1988, na medida em que revogado, por estar abrangido pelo dispositivo da Lei 8.666/1993 que trata da regularidade fiscal no âmbito de processo licitatório. 6. Explicitação da Corte, no sentido de que a regularidade fiscal aludida implica 'exigibilidade da quitação quando o tributo não seja objeto de discussão judicial' ou 'administrativa'. Ações Diretas de Inconstitucionalidade parcialmente conhecidas e, na parte conhecida, julgadas procedentes" (STF, ADI 173, 2009).

– **Inconstitucionalidade do condicionamento da adesão ao Simples Nacional à apresentação de CND.** Art. 17, V, da LC n. 123/2006. Vide nota ao art. 146, parágrafo único, I, da CF.

– **Inconstitucionalidade do condicionamento do levantamento de precatório à apresentação de CND. Art. 19 da Lei n. 11.033.** Lei n. 11.033/2004: "Art. 19. O levantamento ou a autorização para depósito em conta bancária de valores decorrentes de precatório judicial somente poderá ocorrer mediante a apresentação ao juízo de certidão negativa de tributos federais, estaduais, municipais, bem como certidão de regularidade para com a Seguridade Social, ... FGTS e a Dívida Ativa da União, depois de ouvida a Fazenda Pública...".

– "AÇÃO DIRETA DE INCONSTITUCIONALIDADE. PRECATÓRIOS. ART. 19 DA LEI NACIONAL N. 11.033, DE 21 DE DEZEMBRO DE 2004. AFRONTA AOS ARTS. 5º, INC. XXXVI, E 100 DA CONSTITUIÇÃO DA REPÚBLICA. 1. O art. 19 da Lei n. 11.033/04 impõe condições para o levantamento dos valores do precatório devido pela Fazenda Pública. 2. A norma infraconstitucional estatuiu condição para a satisfação do direito do jurisdicionado – constitucionalmente garantido – que não se contém na norma fundamental da República. 3. A matéria relativa a precatórios não chama a atuação do legislador infraconstitucional, menos ainda para impor restrições que não se coadunam com o direito à efetividade da jurisdição e o respeito à coisa julgada. 4. O condicionamento do levantamento do que é devido por força de decisão judicial ou de autorização para o depósito em conta bancária de valores decorrentes de precatório judicial, estabelecido pela norma questionada, agrava o que vem estatuído como dever da Fazenda Pública em face de obrigação que se tenha reconhecido judicialmente em razão e nas condições estabelecidas pelo Poder Judiciário, não se mesclando, confundindo ou, menos ainda, frustrando pela existência paralela de débitos de outra fonte e natureza que, eventualmente, o jurisdicionado tenha com a Fazenda Pública. 5. Entendimento contrário avilta o princípio da separação de poderes e, a um só tempo, restringe o vigor e a eficácia das decisões judiciais ou da satisfação a elas devida. 6. Os requisitos definidos para a satisfação dos precatórios somente podem ser fixados pela Constituição, a saber: a requisição do pagamento pelo Presidente do Tribunal que tenha proferido a decisão; a inclusão, no orçamento das entidades políticas, das verbas necessárias ao pagamento de precatórios apresentados até 1º de julho de cada ano; o pagamento atualizado até o final do exercício seguinte ao da apresentação dos precatórios, observada a ordem cronológica de sua apresentação. 7. A determinação de condicionantes e requisitos para o levantamento ou a autorização para depósito em conta bancária de valores decorrentes de precatórios judiciais, que não aqueles constantes de norma constitucional, ofende os princípios da garantia da jurisdição efetiva (art. 5º, inc. XXXVI) e o art. 100 e seus incisos, não podendo ser tida como válida a norma que, ao fixar novos requisitos, embaraça o levantamento dos precatórios. 8. Ação Direta de Inconstitucionalidade julgada procedente" (STF, ADI 3.453, 2006).

• Vide também TRF4, Corte Especial, INAG 2005.04.01.017909-2 e *RDDT* 120/26, 120/82 e 131.

– Condição para o reconhecimento de benefício fiscal (*drawback*) já concedido. Vide subitem em nota sobre o *drawback* introdutória aos impostos sobre o comércio exterior, antes do art. 19 deste Código.

⇒ **Pessoalidade da situação fiscal.** A irregularidade fiscal de uma pessoa não pode fundamentar o indeferimento de certidão de regularidade a outra ou condicionar, de qualquer modo, o exercício de direitos por terceiro. O débito que justifica o indeferimento é aquele que tem como sujeito passivo a própria pessoa cuja situação fiscal está sendo certificada, ainda que na qualidade de responsável, e que, tendo sido devidamente apurado, conste dos registros da repartição.

– Matriz e filial. A rigor, matriz e filial são a mesma pessoa jurídica. O CNPJ, inclusive, é o mesmo, mudando apenas a terminação. Ocorre que, tendo domicílios distintos, o tratamento unitário pode inviabilizar as providências necessárias à obtenção das certidões, implicando complexidade invencível, reveladora de ônus demasiado ao contribuinte. Quando tal evidenciar a desproporcionalidade da exigência no caso concreto, deverá ser afastada a inconstitucionalidade mediante a certificação autônoma de cada estabelecimento. Sobre a autonomia dos estabelecimentos, vide notas ao art. 127, II, do CTN.

– "EXPEDIÇÃO DE CERTIDÃO NEGATIVA DE DÉBITO. MATRIZ E FILIAL. POSSIBILIDADE. AUTONOMIA JURÍDICO-ADMINISTRATIVA... 1. 'A jurisprudência do Superior Tribunal de Justiça firmou entendimento de que é possível a concessão de certidões negativas de débito tributário às empresas filiais, ainda que conste débito em nome da matriz, em razão de cada empresa possuir CNPJ próprio, a denotar sua autonomia jurídico-administrativa' (AgRg no REsp 1.114.696/AM,

Primeira Turma, Rel. Min. HAMILTON CARVALHIDO, *DJe* 20/10/09)" (STJ, AgRg no AREsp 174.767, 2013).

– "CERTIDÃO POSITIVA COM EFEITO DE NEGATIVA. FILIAL. PENDÊNCIA DA MATRIZ. POSSIBILIDADE. 1. O Tribunal *a quo* concluiu pela 'impossibilidade de a Unidade localizada em Goiânia ser penalizada pela existência de débito constituído em nome da matriz ou outras filiais, haja vista que cada Unidade tem seu registro no CNPJ, de modo que não há que se falar em negativa de expedição de certidão de regularidade fiscal' (e-STJ fl. 445). 2. O art. 127, I, do Código Tributário Nacional consagra o princípio da autonomia de cada estabelecimento da empresa que tenha o respectivo CNPJ, o que justifica o direito à certidão positiva com efeito de negativa em nome de filial de grupo econômico, ainda que fiquem pendências tributárias da matriz ou de outras filiais. Precedentes" (STJ, AgRg no AREsp 192.658, 2012).

– Certidão à pessoa física condicionada ao pagamento de dívida da empresa de que é sócio. Impossibilidade. "PROCESSO CIVIL E TRIBUTÁRIO – EMPRESA INADIMPLENTE PERANTE O FISCO – CERTIDÃO NEGATIVA – FORNECIMENTO AO SÓCIO NA QUALIDADE DE PESSOA FÍSICA... 2. A jurisprudência da Primeira Seção firmou-se no sentido de que não se admite a responsabilidade objetiva, mas subjetiva do sócio, não constituindo infração à lei o não recolhimento de tributo, sendo necessária a prova de que agiu o mesmo dolosamente, com fraude ou excesso de poderes, excepcionando-se a hipótese de dissolução irregular da sociedade comercial. 3. Não se tratando de responsabilidade objetiva, tem o sócio, na qualidade de pessoa física, direito a certidão negativa de débito. 4. Recurso especial improvido" (STJ, REsp 439.198, 2003).

– Empresas com sócio em comum. "CERTIDÃO NEGATIVA DE DÉBITOS. PESSOA JURÍDICA INADIMPLENTE COM MESMOS SÓCIOS DA PESSOA JURÍDICA QUE REQUER A CERTIDÃO. IMPOSSIBILIDADE DE RECUSA NO FORNECIMENTO DA CERTIDÃO. 1. 'O fato de um dos sócios de pessoa jurídica ser devedor do fisco, seja na qualidade de pessoa física ou de integrante de outra empresa que possua dívidas fiscais, não autoriza o Estado a recusar a expedição de certidão negativa de débitos à entidade que mantém o pagamento de seus tributos em dia' (REsp 493.135/ES, 2ª Turma, Rel. Min. João Otávio de Noronha, *DJ* de 03.08.2006)" (STJ, REsp 792.570, 2008).

– "1. A pessoa jurídica, com personalidade própria, não se confunde com outra, ainda que tenham sócios com participação em ambas. Constitui, pois, delírio fiscal a matroca de substituição tributária, atribuir-se a responsabilidade substitutiva (art. 135 – *caput* – CTN) para pessoa jurídica diversa daquela em cujo nome está inscrita a dívida" (STJ, REsp 91.858, 1997).

– Alienação de imóvel. Comerciante individual. "CERTIDÃO NEGATIVA. INSS E FAZENDA NACIONAL. ALIENAÇÃO DE IMÓVEL. COMERCIANTE INDIVIDUAL. LEGALIDADE DA EXIGÊNCIA. Não há ilegalidade na exigência de certidões negativas, em tema de alienação de imóvel por comerciante individual, quando os bens da pessoa física se confundem com os da sociedade" (STJ, REsp 163.789, 1998, p. 82).

⇒ **Disciplina da expedição de certidões**. A certificação da situação fiscal do contribuinte é matéria que integra as normas gerais de Direito Tributário, sob reserva de lei complementar. Os arts. 205 a 208 do CTN disciplinam a matéria. A validade da legislação ordinária e dos atos normativos, quanto à disciplina da expedição de certidões, depende da sua adequação ao CTN. Quanto à exigência de certidão negativa de débitos para a prática de atos, o CTN permite que o legislador a estabeleça, devendo-se observar os limites abordados nas notas anteriores a esta.

– A comprovação da **regularidade relativa a créditos tributários federais e à dívida ativa da União** é obtida pela internet, sempre que verificada a regularidade do contribuinte quanto aos tributos admministrados pela Secretaria da Receita Federal do Brasil e à dívida ativa administrada pela Procuradoria Geral da Fazenda Nacional, abrangendo contribuições previdenciárias. É considerada regular, para esse fim, a situação de quem não tem pendências relativas a débitos, a dados cadastrais e à apresentação de declarações. Havendo pendências, o contribuinte pode pesquisar sua situação fiscal no Portal e-CAC. Não conseguindo resolvê-las, deverá comparecer à unidade da RFB do seu domicílio. A Portaria MF n. 358/2014 dispõe sobre a prova de regularidade fiscal perante a Fazenda Nacional, assim como a Portaria Conjunta RFB/PGFN n. 1.751/2014.

– **Certidão conjunta x legitimidade. Autoridade impetrada no MS.** A possibilidade de expedição de certidão conjunta depende da plena regularidade do contribuinte. Havendo impedimentos, devem ser solucionados com o órgão junto ao qual é apontada pendência, seja a DRF ou a PFN. Quanto o óbice diz respeito a dívida inscrita, autoridade coatora será o Procurador-Chefe da PFN e não o Delegado da Receita Federal.

– "Para efeito de expedição de certidão, o Procurador-Chefe da Procuradoria da Fazenda Nacional e o Delegado da Receita Federal do Brasil devem ser necessariamente elencados como autoridades impetradas, na hipótese simultânea de existência de débitos federais perante a União, inscritos e não inscritos. [...] Vale frisar que a especialidade de funções da Receita Federal do Brasil e da Procuradoria da Fazenda Nacional se perfaz de modo autônomo e peculiar, sem a interpolação de atribuições, de modo a inexistir hierarquia entre um e outro órgão. Corolário disso, revela-se a impossibilidade jurídica de encampação dos atos privativos entre si... [...] em casos nos quais se pede, concomitantemente à certidão de débitos, a extinção da relação jurídico-tributária, com o consequente cancelamento da inscrição, o Procurador-Chefe da Fazenda Nacional legítimo a figurar como autoridade impetrada é aquele que exerça a aludida função de chefia na unidade da PFN que haja lavrado a inscrição em dívida ativa. [...] *Mutatis mutantis*, o lançamento impugnado deve ser questionado em face do Delegado da Receita Federal que atue na repartição da Receita Federal do Brasil que haja lavrado o lançamento ou, ainda, nos casos rotineiros de constituição do crédito pelo contribuinte (*rectius*: lançamento por homologação), em face da autoridade fazendária com sede funcional em seu domicílio fiscal. Nesse ponto, vale ainda ressaltar que mera alteração de do-

micílio fiscal não transmuda a competência administrativa da unidade da SRFB/PFN para reexame de créditos tributários lançados/inscritos" (CORDEIRO, André Felipe de Barros. Dificuldades no manejo do mandado de segurança para a obtenção de certidão conjunta de débitos federais. *RDDT* 144/7, 2007).

– **Obtenção de CND por liminar. Perda de objeto da ação. Não ocorrência.** "1. O *mandamus* não perde o objeto por ter-se esgotado o prazo de validade da Certidão Negativa de Débito" (STJ, 2ª T., REsp 441.604/PR, Rel. Min. Castro Meira, out. 2005); "A ação proposta não perde o objeto pelo fato de haver expirado o prazo de validade da CND, persistindo o interesse processual... Entendimento da eg. 1ª Seção" (STJ, REsp 263.793, 2002).

> **Art. 205. A lei poderá exigir que a prova da quitação de determinado tributo, quando exigível, seja feita por certidão negativa, expedida à vista de requerimento do interessado, que contenha todas as informações necessárias à identificação de sua pessoa, domicílio fiscal e ramo de negócio ou atividade e indique o período a que se refere o pedido.**

⇒ **A exigência de certidão negativa tem de ter base constitucional ou legal.** Sobre a exigência de lei e outros limites, vide notas introdutórias que precedem este art. 205 do CTN.

⇒ **Óbice à expedição da certidão negativa. Crédito tributário formalizado mediante lançamento ou declaração do contribuinte.** Não basta eventual presunção do Fisco de que o contribuinte não tenha cumprido suas obrigações tributárias. Não é suficiente, e.g., que deixe de constar do sistema de controle da arrecadação ingressos a título de determinada contribuição mensal. É preciso que conste a existência de crédito formalizado através de lançamento ou através de declarações ou confissões do contribuinte; ou seja, é indispensável que o Fisco possa certificar a existência de crédito tributário, indicando o documento em que está amparado.

– "1. Fixado pelas instâncias de origem o pressuposto fático de que não há créditos tributários constituídos contra o devedor, impõe-se o fornecimento de certidão negativa de débitos" (STJ, AgRg no AREsp 379.338, 2013).

– "3. A jurisprudência desta Corte firmou-se no sentido de que o contribuinte tem direito à expedição de Certidão Negativa de Débito (CND) quando inexistir crédito tributário definitivamente constituído. Precedentes..." (STJ, AgRg no REsp 1.145.627, 2013).

– Súmula 18 da AGU: "Da decisão judicial que determinar a concessão de Certidão Negativa de Débito (CND), em face da inexistência de crédito tributário constituído, não se interporá recurso".

– **Indeferimento da CND independe da inscrição em dívida.** "1. A inscrição em dívida ativa não é requisito para recusa à emissão de certidão negativa de débito, bastando, para tanto, a constituição definitiva do crédito tributário, regra que não se excepciona aos tributos sujeitos ao chamado lançamento por homologação, tal qual se dá na espécie" (STJ, REsp 1.131.051, 2009).

⇒ **Indeferimento da CND depende da indicação das pendências.** O indeferimento da certidão negativa pressupõe a expedição de certidão positiva ou, ao menos, o fornecimento de relatório ou planilha esclarecedoras de todas as causas que justificam a positivação da situação do contribuinte.

– "3. Havendo dúvida quanto à formalização do crédito previdenciário, que sequer teve o seu *quantum* declarado pela Fazenda previdenciária, é devida a certidão negativa de débito requerida pelo contribuinte. Precedentes da 1ª e 2ª Turmas do STJ" (STJ, EDcl no REsp 924.049, 2008).

– "Nada impede que os motivos que ensejaram a não emissão da certidão negativa, ou da positiva com efeitos de negativa, sejam indicados em documento próprio... A Secretaria da Receita Federal... fornece o documento chamado 'Informações de Apoio para Emissão de Certidão', indicando as pendências relativas a dados cadastrais e débitos ou processo administrativos que impedem a certificação de regularidade fiscal... A Procuradoria-Geral da Fazenda Nacional emite o 'Resultado de Consulta da Inscrição', extraído do sistema informatizado da dívida ativa da União, que pormenoriza todos os débitos inscritos em dívida ativa da União" (CASSONE, Vittório; VIANNA, Ligia Scaff. In: MACHADO, Hugo de Brito (coord.). *Certidões negativas e direitos fundamentais do contribuinte*. Fortaleza e São Paulo: Dialética e ICET, 2007, p. 630-631).

– "Somente pode ser negada a expedição de certidão negativa se a autoridade fiscal identifique débito tributário em aberto, plenamente exigível... é imprescindível, contudo, para que seja válida a recusa de expedição de certidão negativa que o Fisco aponte quais os débitos que lhe impende, informando a que tributo e período se refere, bem como qual o seu montante atualizado, expedindo para tanto uma certidão positiva de débitos. [...] O direito de certidão não se exaure na simples resposta pelo órgão público sobre o requerimento apresentado pelo contribuinte, mas exige que esta resposta apresente as informações necessárias para que haja a compreensão da situação que está sendo atestada. Entretanto, não raro esse requisito básico para o respeito a este direito constitucional é descumprido" (ROLIM, João Dácio; CARDOSO, Alessandro Mendes. In: MACHADO, Hugo de Brito (coord.). *Certidões negativas e direitos fundamentais do contribuinte*. Fortaleza e São Paulo: Dialética e ICET, 2007, p. 442-443).

⇒ **Auto de Infração ou Notificação Fiscal de Lançamento de Débito.** A autoridade fiscal lavra o auto que documenta o lançamento (Auto de Infração ou NFLD). Uma vez lançado, não pode mais ser expedida CND. Sobre tais atos de formalização da existência de crédito tributário, vide notas ao art. 142 do CTN. Já a simples Informação Fiscal de Débito – IFD, destinada a registrar a existência de débito de responsabilidade do sujeito passivo sem que este seja sequer notificado, tendo em conta dizer respeito a valor inferior ao mínimo estabelecido para lançamento, não impede a emissão de Certidão Negativa de Débito, conforme expressamente previsto no art. 612 da IN MPS/SRP 3/05.

⇒ **Débito declarado e não pago. Súmula 446 do STJ:** Declarado e não pago o débito tributário pelo contribuinte, é legítima a recusa de expedição de certidão negativa ou positiva com efeito de negativa. *DJe* maio 2010. Vide doutrina na *RET* 76/10.

– "TRIBUTO SUJEITO A LANÇAMENTO POR HOMOLOGAÇÃO, DECLARADO E NÃO PAGO PELO CONTRIBUINTE. NASCIMENTO DO CRÉDITO TRIBUTÁRIO. CERTIDÃO POSITIVA COM EFEITOS DE NEGATIVA DE DÉBITO. IMPOSSIBILIDADE.1. A entrega da Declaração de Débitos e Créditos Tributários Federais – DCTF – constitui o crédito tributário, dispensando a Fazenda Pública de qualquer outra providência, habilitando-a ajuizar a execução fiscal. 2. Consequentemente, nos tributos sujeitos a lançamento por homologação, o crédito tributário nasce, por força de lei, com o fato gerador, e sua exigibilidade não se condiciona a ato prévio levado a efeito pela autoridade fazendária, perfazendo-se com a mera declaração efetuada pelo contribuinte, razão pela qual, em caso do não pagamento do tributo declarado, afigura-se legítima a recusa de expedição da Certidão Negativa ou Positiva com Efeitos de Negativa. (Precedentes...) 3. Ao revés, declarado o débito e efetuado o pagamento, ainda que a menor, não se afigura legítima a recusa de expedição de CND antes da apuração prévia, pela autoridade fazendária, do montante a ser recolhido. Isto porque, conforme dispõe a legislação tributária, o valor remanescente, não declarado nem pago pelo contribuinte, deve ser objeto de lançamento supletivo de ofício. 4. Outrossim, quando suspensa a exigibilidade do crédito tributário, em razão da pendência de recurso administrativo contestando os débitos lançados, também não resta caracterizada causa impeditiva à emissão da Certidão de Regularidade Fiscal, porquanto somente quando do exaurimento da instância administrativa é que se configura a constituição definitiva do crédito fiscal . 5. *In casu*, em que apresentada a DCTF ao Fisco, por parte do contribuinte, confessando a existência de débito, e não tendo sido efetuado o correspondente pagamento, interdita-se legitimamente a expedição da Certidão pleiteada. Sob esse enfoque, correto o voto condutor do acórdão recorrido, *in verbis*: 'No caso dos autos, há referências de que existem créditos tributários impagos a justificar a negativa da Certidão (fls.329/376). O débito decorreria de diferenças apontadas entre os valores declarados pela impetrante na DCTF e os valores por ela recolhidos, justificando, portanto, a recusa da Fazenda em expedir a CND'. 6... Acórdão submetido ao regime do art.543-C do CPC e da Resolução STJ 08/2008" (STJ, REsp 1.123.557, 2009).

– **DCTF. Justifica o indeferimento de CND.** A existência de DCTF, GFIP ou qualquer outra declaração em que o contribuinte reconheça o débito justifica o indeferimento da CND, pois haverá, já, o que certificar. Contudo, se na DCTF consta não apenas o montante do tributo mas também informação no sentido de que foi realizada sua compensação, não há confissão de débito a ser oposta ao contribuinte. Vide, a respeito, no item anterior, o subitem *Compensação de tributos. Ausência de lançamento. Direito à CND.*

– "DECLARAÇÃO DO DÉBITO PELO CONTRIBUINTE: FORMA DE CONSTITUIÇÃO DO CRÉDITO TRIBUTÁRIO... 1. A apresentação, pelo contribuinte, de Declaração de Débitos e Créditos Tributários Federais – DCTF (instituída pela IN-SRF 129/86, atualmente regulada pela IN SRF 395/2004, editada com base no art. 5º do DL 2.124/84 e art. 16 da Lei 9.779/99) ou de Guia de Informação e Apuração do ICMS –

GIA, ou de outra declaração dessa natureza, prevista em lei, é modo de constituição do crédito tributário, dispensada, para esse efeito, qualquer outra providência por parte do Fisco. A falta de recolhimento, no devido prazo, do valor correspondente ao crédito tributário assim regularmente constituído acarreta, entre outras consequências, as de (a) autorizar a sua inscrição em dívida ativa; (b) fixar o termo *a quo* do prazo de prescrição para a sua cobrança; (c) inibir a expedição de certidão negativa do débito; (d) afastar a possibilidade de denúncia espontânea" (STJ, REsp 671.219, 2008).

– "DÉBITO DECLARADO. DCTF. CERTIDÃO NEGATIVA DE DÉBITOS... 2. Em se tratando de tributo lançado por homologação, ocorrendo a declaração do contribuinte e na falta de pagamento da exação no vencimento, fica elidida a necessidade da constituição formal do débito pelo Fisco quanto aos valores declarados. 3. A declaração do contribuinte 'constitui' o crédito tributário relativo ao montante informado e torna dispensável o lançamento. 4. Não se admite o fornecimento de certidão negativa de débito quando existir tributo declarado e não pago, independentemente da prática de qualquer ato pelo Fisco, pois a cobrança pode ser realizada apenas com base na declaração do contribuinte" (STJ, REsp 1.050.947, 2008).

– **DCTF. Pagamento efetuado em atraso. Multa e juros não pagos.** Menos comum na situação de ter sido pago valor correspondente ao declarado, mas com atraso, quando já devidos, por força de lei, acréscimos a título de multa moratória e de juros moratórios, entendemos que tais acréscimos simplesmente moratórios, que independem da apuração de qualquer outra causa para incidirem, podem ser exigidos pelo Fisco com amparo na própria declaração do montante principal que era devido na data do vencimento, atualizada. Cabe-lhe, legitimamente, cotejar o pagamento com o montante atualizado da declaração do contribuinte. Havendo saldo devedor, poderá ser certificado. A situação aqui assemelha-se a de uma Execução Fiscal em que, instado o executado a pagar o montante atualizado apontado na inicial, venha depositar apenas o montante nominal constante da Certidão de Dívida Ativa ao argumento de que não haveria título para a cobrança dos acréscimos, fundamento este insustentável.

– **No sentido do direito à certidão.** "TRIBUTO DECLARADO EM DCTF E PAGO COM ATRASO – COBRANÇA DE MULTA E JUROS MORATÓRIOS – NECESSIDADE DE LANÇAMENTO – DÉBITO NÃO CONSTITUÍDO – DIREITO À CND... 2. Declarado o tributo em DCTF e pago com atraso, necessário a constituição formal do crédito pelo Fisco a fim de cobrar multa e juros moratórios devidos em razão da mora. 3. Não constituído devidamente o crédito, legítimo o direito a certidão negativa de débito" (STJ, REsp 840.566, 2008).

– **GFIP. Declaração de débito.** Apresentada declaração sobre as contribuições previdenciárias devidas, resta formalizada a existência do crédito tributário, não tendo mais, o contribuinte inadimplente, direito à certidão negativa.

– **GFIP. Divergência com a GPS. Pagamento parcial.** Ocorre a chamada "divergência de GFIP/GPS" quando o montante pago através de GPS não corresponde ao montante declarado na GFIP. Valores declarados como devidos nas GFIPs e impagos ou pagos apenas parcialmente, ensejam a certificação da existência do débito quanto ao saldo. Há o que certificar. Efetivamente, remanescendo saldo devedor, considera-se-o em aberto, impedindo a obtenção de certidão negativa de débito.

– Tendo ocorrido compensação de valores retidos em notas fiscais, impende que o contribuinte faça constar tal informação da GFIP, que tem campo próprio para retenção sobre nota fiscal/fatura. Não informando, o débito estará declarado e em aberto, não ensejando a obtenção de certidão negativa.

– **Tema 402 do STJ:** "Revela-se legítima a recusa da autoridade impetrada em expedir certidão negativa de débito (CND) ou de certidão positiva com efeitos de negativa (CPEN) quando a autoridade tributária verifica a ocorrência de pagamento a menor, em virtude da existência de divergências entre os valores declarados na Guia de Recolhimento do FGTS e Informações à Previdência Social (GFIP) e os valores efetivamente recolhidos mediante guia de pagamento (GP)". Decisão de mérito em 2010.

– "PROCESSO ADMINISTRATIVO FISCAL. VERIFICAÇÃO DE DIVERGÊNCIAS ENTRE VALORES DECLARADOS NA GFIP E VALORES RECOLHIDOS (PAGAMENTO A MENOR). TRIBUTO SUJEITO A LANÇAMENTO POR HOMOLOGAÇÃO (CONTRIBUIÇÃO PREVIDENCIÁRIA). DESNECESSIDADE DE LANÇAMENTO DE OFÍCIO SUPLETIVO. CRÉDITO TRIBUTÁRIO CONSTITUÍDO POR ATO DE FORMALIZAÇÃO PRATICADO PELO CONTRIBUINTE (DECLARAÇÃO). RECUSA AO FORNECIMENTO DE CERTIDÃO NEGATIVA DE DÉBITO (CND) OU DE CERTIDÃO POSITIVA COM EFEITOS DE NEGATIVA (CPEN). POSSIBILIDADE. 1. A entrega de Declaração de Débitos e Créditos Tributários Federais – DCTF, de Guia de Informação e Apuração do ICMS – GIA, ou de outra declaração dessa natureza, prevista em lei, é modo de constituição do crédito tributário, dispensando a Fazenda Pública de qualquer outra providência conducente à formalização do valor declarado (Precedente ...). 2. A Guia de Recolhimento do Fundo de Garantia por Tempo de Serviço e Informações à Previdência Social (GFIP) foi definida pelo Decreto 2.803/98 (revogado pelo Decreto 3.048/99), consistindo em declaração que compreende os dados da empresa e dos trabalhadores, os fatos geradores de contribuições previdenciárias e valores devidos ao INSS, bem como as remunerações dos trabalhadores e valor a ser recolhido a título de FGTS. As informações prestadas na GFIP servem como base de cálculo das contribuições arrecadadas pelo INSS. 3. Portanto, a GFIP é um dos modos de constituição do créditos devidos à Seguridade Social, consoante se dessume da leitura do artigo 33, § 7º, da Lei 8.212/91 (com a redação dada pela Lei 9.528/97), segundo o qual 'o crédito da seguridade social é constituído por meio de notificação de débito, auto-de-infração, confissão ou documento declaratório de valores devidos e não recolhidos apresentado pelo contribuinte'. 4. Deveras, a relação jurídica tributária inaugura-se com a ocorrência do fato jurídico tributário, sendo certo que, nos tributos sujeitos a lançamento por homologação, a exigibilidade do crédito tributário se perfectibiliza com a mera declaração efetuada pelo contribuinte, não se condicionando a ato prévio de lançamento administrativo, razão pela qual, em caso de não-pagamento ou pagamento parcial do tributo declarado, afigura-se legítima a recusa de expedição da Certidão Negativa ou Positiva com Efeitos de Negativa (Precedente...). 5. Doutrina abalizada preleciona que: '– GFIP. Apresentada declaração sobre as contribuições previdenciárias devidas, resta formalizada a existência do crédito tributário, não tendo mais, o contribuinte inadimplente, direito à certidão negativa. – Divergências de GFIP. Ocorre a chamada 'divergência de GFIP/GPS' quando o montante pago através de GPS não corresponde ao montante declarado na GFIP. Valores declarados como devidos nas GFIPs e impagos ou pagos apenas parcialmente, ensejam a certificação da existência do débito quanto ao saldo. Há o que certificar. Efetivamente, remanescendo saldo devedor, considera-se-o em aberto, impedindo a obtenção de certidão negativa de débito. – Em tendo ocorrido compensação de valores retidos em notas fiscais, impende que o contribuinte faça constar tal informação da GFIP, que tem campo próprio para retenção sobre nota fiscal/fatura. Não informando, o débito estará declarado e em aberto, não ensejando a obtenção de certidão negativa.' (Leandro Paulsen, in 'Direito Tributário – Constituição e Código Tributário à Luz da Doutrina e da Jurisprudência', Ed. Livraria do Advogado e Escola Superior da Magistratura Federal do Rio Grande do Sul, 10ª ed., 2008, Porto Alegre, pág. 1.264). 6. *In casu*, restou assente, no Tribunal de origem, que: No caso dos autos, a negativa da autoridade coatora decorreu da existência de divergência de GFIPs, o que, ao contrário do afirmado pela impetrante, caracteriza a existência de crédito tributário da Fazenda Pública, fator impeditivo à expedição da Certidão Negativa de Débitos. [...] Nessa esteira, depreende-se que o crédito tributário derivado de documento declaratório prescinde de qualquer procedimento administrativo ou de notificação ao contribuinte para que se considere constituído, uma vez que a declaração do sujeito passivo equivale ao lançamento, tornando o crédito tributário formalizado e imediatamente exigível. A Guia de Recolhimento de Fundo de Garantia e Informações à Previdência Social? GFIP é documento fiscal declaratório, do qual devem constar todos os dados essenciais à identificação do valor do tributo relativo ao exercício competente. Assim, a GFIP é suficiente à constituição do crédito tributário e, na hipótese de ausência de pagamento do tributo declarado ou pagamento a menor, enseja a inscrição em dívida ativa, independentemente de prévia notificação ou instauração de procedimento administrativo fiscal. [...] Também não faz jus o apelado à Certidão Positiva de Débito com efeitos de Negativa prevista no artigo 206 do CTN, considerando que embora cabível nos casos em que há crédito tributário constituído e exigível, este deverá estar com a exigibilidade suspensa de acordo com qualquer das hipóteses elencadas nos artigos 151 e 155 do CTN, ou em cobrança executiva, devidamente garantido por penhora, o que não restou demonstrado no presente caso. 7. Consequentemente revela-se legítima a recusa da autoridade impetrada em expedir certidão negativa de débito (CND) ou de certidão positiva com efeitos de negativa (CPEN) quando a autoridade tributária verifica a ocorrência de pagamento a menor, em virtude da existência de divergências entre os valores declarados na Guia de Recolhimento do FGTS e Informações à Previdência Social (GFIP) e os valores efetivamente recolhidos mediante guia de pagamento (GP) (Precedentes... 8. Hipótese que

não se identifica com a alegação de mero descumprimento da obrigação acessória de informar, mensalmente, ao INSS, dados relacionados aos fatos geradores da contribuição previdenciária (artigo 32, IV e § 10, da Lei 8.212/91)" (STJ, REsp 1.143.094, 2010).

⇒ **Contribuições em aberto.** O fato de não constar do sistema o pagamento relativamente a determinadas competências, quando não tenha sido objeto de lançamento o débito, tampouco conste formalizado em declaração do contribuinte, não pode implicar indeferimento de CND.

– "3. O registro de existência de falhas no recolhimento de contribuições previdenciárias não constitui o crédito tributário, de sorte que não pode obstar àquela certidão. De mesmo modo, o simples descumprimento da obrigação acessória de apresentação da GFIP não impede a certificação de regularidade, enquanto não lançada a penalidade pecuniária decorrente de aludido descumprimento" (TRF4, AMS 2001.71.07.004587-0, 2002).

– **Falta de apresentação de declaração. GFIP.** Embora o art. 32, IV e § 10, da Lei n. 8.212/91 estabeleça a falta de apresentação de informações como óbice à obtenção de CND, tal não está em conformidade com a noção de certidão e com a disciplina constante do CTN. Não se pode indeferir certidão negativa sem que haja crédito devidamente formalizado por lançamento ou por declaração ou confissão de débito. Falta de declaração não equivale a existência de débito devidamente formalizado. Mas o STJ aplicou essa lei recentemente, porque não aplicá-la dependeria da reserva de plenário. Vide notas que precedem o art. 142 do CTN.

– Lei n. 8.212/91, com a redação dada pela Lei n. 11.941/2009: "Art. 32. A empresa é também obrigada a: IV – declarar à Secretaria da Receita Federal do Brasil e ao Conselho Curador do Fundo de Garantia do Tempo de Serviço – FGTS, na forma, prazo e condições estabelecidos por esses órgãos, dados relacionados a fatos geradores, base de cálculo e valores devidos da contribuição previdenciária e outras informações de interesse do INSS ou do Conselho Curador do FGTS;... § 10. O descumprimento do disposto no inciso IV do *caput* deste artigo impede a expedição da certidão de prova de regularidade fiscal perante a Fazenda Nacional".

– Redação revogada da Lei n. 8.212/91, dada pela Lei n. 9.528/97: "Art. 32. A empresa é também obrigada a: ... IV – informar mensalmente ao Instituto Nacional do Seguro Social-INSS, por intermédio de documento a ser definido em regulamento, dados relacionados aos fatos geradores de contribuição previdenciária e outras informações de interesse do INSS. [...] § 10. O descumprimento do disposto no inciso IV é condição impeditiva para expedição da prova de inexistência de débito para com o Instituto Nacional do Seguro Social-INSS".

– "1. 'A Lei 8.212/91, com a redação dada pela Lei 9.528/97, determina que o descumprimento da obrigação acessória de informar, mensalmente, ao INSS, dados relacionados aos fatos geradores da contribuição previdenciária, é condição impeditiva para expedição da prova de inexistência de débito (artigo 32, IV e § 10)' (REsp 1.042.585/RJ, Rel. Min. Luiz Fux, *DJe* 21/5/10, julgado pela sistemática do 543-C do CPC)" (STJ, AgRg no REsp 1.252.945, 2013).

– "1. A mera alegação de descumprimento de obrigação acessória, consistente na entrega de Guia de Recolhimento do FGTS e Informações à Previdência Social (GFIP), não legitima, por si só, a recusa do fornecimento de certidão de regularidade fiscal (Certidão Negativa de Débitos – CND), uma vez necessário que o fato jurídico tributário seja vertido em linguagem jurídica competente (vale dizer, auto de infração jurisdicizando o inadimplemento do dever instrumental, constituindo o contribuinte em mora com o Fisco), apta a produzir efeitos obstativos do deferimento de prova de inexistência de débito tributário. 2. A Lei 8.212/91, com a redação dada pela Lei 9.528/97, determina que o descumprimento da obrigação acessória de informar, mensalmente, ao INSS, dados relacionados aos fatos geradores da contribuição previdenciária, é condição impeditiva para expedição da prova de inexistência de débito (artigo 32, IV e § 10). 3. Nada obstante, em se tratando de tributo sujeito a lançamento por homologação, o descumprimento da aludida obrigação acessória demanda a realização de lançamento de ofício supletivo (artigo 173, I, do CTN) pela autoridade administrativa competente, a fim de constituir o crédito tributário (acrescido da multa por inadimplemento de dever instrumental), que, uma vez vencido, pode vir a impedir a expedição de certidão de regularidade fiscal, em não havendo causa suspensiva de sua exigibilidade. 4. Deveras, inexistente o lançamento, não há que se falar em crédito tributário constituído e vencido, o que torna ilegítima a recusa da autoridade fiscal em expedir a CND, máxime quando sequer há auto de infração constituindo o contribuinte em mora por descumprimento da obrigação acessória. 5. *In casu*, restou assente na instância ordinária que: (i) no que pertine a crédito tributário já constituído, há causa suspensiva de exigibilidade (parcelamento); e (ii) a alegação de não entrega da GFIP não respalda a recusa de fornecimento de CND, uma vez que o crédito tributário pertinente não foi devidamente constituído pelo lançamento" (STJ, REsp 944.744, 2008).

⇒ **Compensação.** Realizada a compensação pelo contribuinte e informada ao Fisco mediante o documento apropriado (DCTF/DACON etc.), não pode o crédito tributário ser considerado simplesmente em aberto. Enquanto não houver a glosa da compensação pelo Fisco e apreciado a eventual impugnação ou manifestação de inconformidade interposta pelo contribuinte e posterior recurso, terá ele direito à certidão negativa de débitos. Ressalva-se o caso das compensações consideradas não declaradas, nos termos do art. 74, § 12, da Lei n. 9.430/96, acrescido pela Lei n. 11.051/2004, pois, apenas nesta hipótese, será como se declaração de compensação não houvesse, conforme se vê de nota específica ao art. 170 do CTN.

– A compensação realizada no regime do art. 66 da Lei n. 8.383/91 só poderá ser desconsiderada pelo Fisco mediante auto de infração que enseje a defesa do contribuinte, com efeito suspensivo da exigibilidade do crédito. Realizada a compensação e não havendo nenhum ato do Fisco desconsiderando-a, não pode ser simplesmente indeferida a CND, pois não haverá débito a certificar.

– A Lei n. 10.833/2003, decorrente da conversão da MP n. 135/2003, prevê que a Declaração de Compensação, atinente ao novo regime de compensações estabelecido pela Lei n. 10.637/2002, implica confissão de dívida e, não sendo homologada, enseja a exigência da dívida. Havendo Declaração de Compensação não homologada, assim entendida a rejeitada por ato do Fisco, não mais haverá que se falar em direito à CND. Em sendo apresentada impugnação e, posteriormente, recurso ao Conselho de Contribuintes, nos termos dos §§ 9º a 11 do art. 74 da Lei n. 9.430/96, acrescidos pela referida Lei n. 10.833/2003, terá o contribuinte, sim, direito a certidão positiva com efeitos de negativa.

– "Sempre que o Fisco recusar a informação apresentada via CDTF ou GFIP e/ou glosar eventual pagamento ou compensação, deve constituir o respectivo crédito tributário mediante regular lançamento de ofício com a notificação do contribuinte, possibilitando-lhe livre trânsito às vias do processo administrativo-fiscal. Sem isso, toda e qualquer recusa do Fisco em expedir a CND afigura-se ilegal e abusiva, porquanto existente apenas uma obrigação fiscal despida dos atributos de exigibilidade" (TAVARES, Alexandre Macedo. Compensação declarada e não homologada e o direito à obtenção de Certidão Negativa de Débito. *RDDT* 132, 2006).

– **Compensação. Diversas hipóteses.** "TRIBUTÁRIO – COMPENSAÇÃO – DECLARAÇÃO NÃO RECUSADA FORMALMENTE – INEXISTÊNCIA DE DÉBITO – CERTIDÃO NEGATIVA OU POSITIVA COM EFEITO DE NEGATIVA – CONCESSÃO – POSSIBILIDADE – PRECEDENTES DAS TURMAS DE DIREITO PÚBLICO. 1. Com relação à possibilidade de expedição de certidão negativa ou positiva com efeito de negativa de débitos tributários em regime de compensação afiguram-se possíveis as seguintes situações: a) declarada, via documento específico (DCTF, GIA, GFIP e congêneres), a dívida tributária, prescindível o lançamento formal porque já constituído o crédito, sendo inviável a expedição de certidão negativa ou positiva com efeitos daquela; b) declarada a compensação por intermédio de instrumento específico, até que lhe seja negada a homologação, inexiste débito (condição resolutória), sendo devida a certidão negativa; c) negada a compensação, mas pendente de apreciação na esfera administrativa (fase processual anterior à inscrição em dívida ativa), existe débito, mas em estado latente, inexigível, razão pela qual é devida a certidão positiva com efeito de negativa, após a vigência da Lei 10.833/03; d) inscritos em dívida ativa os créditos indevidamente compensados, nega-se a certidão negativa ou positiva com efeitos de negativa. 2. Hipótese dos autos prevista na letra *b*, na medida em que a declaração do contribuinte não foi recusada, nem este cientificado formalmente da recusa, de modo que inexiste débito tributário a autorizar a negativa da expedição da certidão negativa de débitos, nos termos do art. 205 do CTN" (STJ, REsp 842.444, 2008).

– **Compensação. Informação em DCTF.** "TRIBUTÁRIO. TRIBUTO SUJEITO A LANÇAMENTO POR HOMOLOGAÇÃO. CRÉDITO DECLARADO EM DCTF OBJETO DE COMPENSAÇÃO. LANÇAMENTO TRIBUTÁRIO. NECESSIDADE. EXPEDIÇÃO DE CERTIDÃO NEGATI-

VA DE DÉBITOS. POSSIBILIDADE. I – A jurisprudência desta colenda Corte afirma que, uma vez reconhecido o crédito tributário, por meio de DCTF, tal ato equivale ao próprio lançamento, tornando-se imediatamente exigível o débito não pago, assertiva que, em tese, teria o condão de ensejar a interpretação segundo a qual, nesta hipótese, correto o procedimento da Fazenda Pública em não fornecer certidão positiva de débitos com efeito de negativa. II – Todavia, verifico que há peculiaridade a afastar tal entendimento, *in casu*, consubstanciada no fato de que o crédito declarado em DCTF foi objeto de compensação pelo contribuinte, devidamente informada ao Fisco, de maneira que cabe, em consequência, à Fazenda verificar a regularidade da conduta, por meio do devido procedimento administrativo-fiscal. Assim, somente em concluindo pela ilegitimidade da compensação, após o referido procedimento, é que será possível a constituição do crédito tributário respectivo e a recusa à expedição de certidão negativa" (STJ, AgRg no REsp 1.077.921, 2008).

– "APRESENTAÇÃO DE DECLARAÇÃO DE CONTRIBUIÇÕES DE TRIBUTOS FEDERAIS – DCTF – COMPENSAÇÃO – AUSÊNCIA DE PROCESSO ADMINISTRATIVO FISCAL – CRÉDITO NÃO CONSTITUÍDO DEVIDAMENTE – RECUSA DA EXPEDIÇÃO DE CERTIDÃO NEGATIVA DE DÉBITO – IMPOSSIBILIDADE... 1. A jurisprudência do STJ é assente no sentido de que inexiste crédito tributário devidamente constituído, enquanto não finalizado o necessário procedimento administrativo que possibilite ao contribuinte exercer a mais ampla defesa e, ao final, realizar o lançamento por eventual saldo de crédito tributário" (STJ, EDcl nos EDcl no AgRg no AgRg no Ag 449.559, 2008).

– "3. Realizando a compensação, e, com isso, promovendo a extinção do crédito tributário (CTN, art. 156, II), é indispensável que o contribuinte informe o Fisco a respeito. Somente assim poderá a Administração averiguar a regularidade do procedimento, para, então, (a) homologar, ainda que tacitamente, a compensação efetuada, que, uma vez declarada, gera direito à obtenção de Certidão Negativa de Débito; (b) proceder ao lançamento de eventual débito remanescente, a partir de quando ficará interditado o fornecimento da CND. 4. No caso, a compensação foi informada por meio de DCTF, razão por que, enquanto não houver a verificação do procedimento compensatório por parte da Administração, não é possível a negativa de expedição da CND" (STJ, REsp 667.337, 2008).

– **Compensação. Glosa. Manifestação de inconformidade.** Vide nota ao art. 206 do CTN.

⇒ **Crédito de contribuição previdenciárias decorrente de sentença trabalhista. Indeferimento de CND.** "... CONTRIBUIÇÃO PREVIDENCIÁRIA. CRÉDITO DECORRENTE DE SENTENÇA TRABALHISTA. CRÉDITO INCONTROVERSO. NEGATIVA DE EXPEDIÇÃO DE CND... 3. Impõe-se a negativa de expedição de CND quanto aos débitos previdenciários reconhecidos em sentença trabalhista dado que não há necessidade de o INSS proceder a novo lançamento para efetuar a constituição do crédito. 4. Recurso especial não provido" (STJ, REsp 852.968, 2006).

– Sobre a formalização do crédito tributário mediante liquidação no processo trabalhista, vide nota ao art. 142 do CTN.

⇒ **A certidão negativa não impede novos lançamentos relativamente ao período certificado.** "... O direito concedido à emissão da Certidão Negativa de Débito não impede a verificação se restou qualquer crédito em favor do Fisco, após a efetiva compensação com as devidas atualizações, a impedir o seu fornecimento" (TRF5, AC 76.356, 1996).

Parágrafo único. A certidão negativa será sempre expedida nos termos em que tenha sido requerida e será fornecida dentro de 10 (dez) dias da data da entrada do requerimento na repartição.

⇒ **Obtenção imediata "on line" ou em dez dias.** São obtidas e emitidas imediatamente, "on line", pela internet, as certidões negativas de débitos administrados pela Receita Federal do Brasil. Também as certidões positivas com efeitos de negativas podem ser obtidas dessa forma na vigência de parcelamentos regularmente obtidos e adimplidos. Em outros casos, porém, quando haja qualquer controvérsia sobre a suspensão ou não da exigibilidade dos créditos ou mesmo quanto à sua existência, a certidão terá de ser requerida ao órgão fazendário, aplicando-se, nessas situações, o prazo de dez dias para conferência da documentação e expedição do documento representativo da situação fiscal do contribuinte, seja ele qual for: certidão negativa de débitos, positiva com efeitos de negativa ou simplesmente o relatório de pendências que corresponde à certidão positiva de débitos.

Art. 206. Tem os mesmos efeitos previstos no artigo anterior a certidão de que conste a existência de créditos não vencidos, em curso de cobrança executiva em que tenha sido efetivada a penhora, ou cuja exigibilidade esteja suspensa.

⇒ **Certidão positiva com efeitos de negativa.** "...Se se certifica que não existe débito é porque não existe débito, *sub judice* ou não. Está-se, aí, no plano da existência. Se ao débito retirou-se a sua exigibilidade, então ele existe mas não é eficaz enquanto perdurar a suspensão de sua exigibilidade; está-se, aí, no plano da eficácia. Somente após a decisão final favorável ao contribuinte, se houver, é que o débito deixará de existir por força da anulação. Enquanto isso, o que cabe à repartição fazendária fazer é emitir certidão (positiva) de débito onde conste, se for o caso, que o mesmo está com sua exigibilidade suspensa por decisão judicial provisória ou por outro motivo. É muito contraditório emitir-se certidão negativa de débito existente, e não se pode dizer que o CTN tenha autorizado tal absurdo, pois o art. 206 é claro ao equiparar os efeitos (plano da eficácia) da certidão de existência de débito, portanto certidão positiva, aos da certidão de inexistência, negativa, quando a exigibilidade do débito está suspensa. Se o artigo 206 atribui a uma outra certidão os mesmos efeitos que tem a certidão negativa é porque aquela não é igual a essa. Sem cabimento, pois, a opinião de que a Fazenda pode emitir certidão negativa quando a exigibilidade do débito está suspensa" (excerto da sentença proferida pelo

Juiz Federal Victor Howard Rodrigues Saadeh nos autos do Processo n. 95.0059008-5, da Vara Única de Campos/RJ).

– Indicação, na certidão, dos débitos suspensos. "... É infundado o argumento de que a indicação dos números dos débitos existentes e com exigibilidade suspensa, no caso, importaria em constrangimento para o contribuinte. Não resta quebrado, no caso, o sigilo fiscal. O que a autora quer, na verdade, é que o INSS certifique e declare fato que na verdade não é verdadeiro, qual seja, a inexistência de qualquer débito. Se os débitos existem (constam dos registros da autarquia), nada há de errado em a autoridade relacioná-los, fazendo referência aos seus respectivos números de identificação, esclarecendo, em cumprimento ao disposto no art. 106 do CTN, que se encontram com a exigibilidade suspensa, e que aquela certidão, positiva, tem os mesmos efeitos de uma negativa. Ilegal seria, sim, certificar a existência de débitos sem identificá-los. A certidão, denominada positiva, tem este nome justamente porque contém uma manifestação afirmativa, no sentido de que existem débitos (nisso difere da negativa, que contém mera negação a respeito). A ressalva de que os débitos se encontram com a exigibilidade suspensa é que confere a tal certidão, nos termos da legislação vigente, a eficácia de certidão negativa" (Juiz Federal Substituto Rafael Castegnaro Trevisan, da 12ª Vara Federal, em decisão nos autos do Processo n. 98.0016491-4).

– Entes políticos. Bens impenhoráveis. Direito à Certidão Positiva com Efeitos de Negativa. "EXECUÇÃO FISCAL CONTRA A FAZENDA MUNICIPAL. INEXISTÊNCIA DE PENHORA. ARTIGO 206, DO CTN. CERTIDÃO POSITIVA COM EFEITOS DE NEGATIVA. EXPEDIÇÃO. ADMISSIBILIDADE... 2. A Fazenda Pública, quer em ação anulatória, quer em execução embargada, faz jus à expedição da certidão positiva de débito com efeitos negativos, independentemente de penhora, posto inexpropriáveis os seus bens. [...] 3. 'Proposta ação anulatória pela Fazenda Municipal, "está o crédito tributário com a sua exigibilidade suspensa, porquanto as garantias que cercam o crédito devido pelo ente público são de ordem tal que prescindem de atos assecuratórios da eficácia do provimento futuro", sobressaindo o direito de ser obtida certidão positiva com efeitos de negativa' (REsp 601.313/RS, relator Ministro Castro Meira, *DJ* de 20.9.2004). 4. Recurso especial desprovido. Acórdão submetido ao regime do art. 543-C do CPC e da Resolução STJ 08/2008" (STJ, REsp 1.123.306, 2009).

– "EXECUÇÃO FISCAL. MUNICÍPIO. PESSOA JURÍDICA DE DIREITO PÚBLICO. EMBARGOS À EXECUÇÃO. AUSÊNCIA DE GARANTIA POR PENHORA. CERTIDÃO POSITIVA COM EFEITOS DE NEGATIVA... 1. A jurisprudência desta Corte tem entendimento firmado no sentido de que na execução fiscal proposta contra Município, em se tratando de pessoa jurídica de direito público não sujeita a penhora de bens, opostos embargos à execução, recebidos e processados, tem o embargante direito a expedição de certidão positiva com efeitos de negativa" (STJ, AgRg no Ag 936.196, 2008).

⇒ **Penhora suficiente. Garantia do débito. Direito à Certidão Positiva com Efeitos de Negativa.** A penhora assegura a satisfação do crédito tributário, razão pela qual o art. 206 do CTN prevê que, efetuada, o contribuinte tem direito a CP-

-EN. A penhora a que se refere o dispositivo, note-se, é aquela suficiente para garantir todo o crédito exequendo. Penhora de valor inferior faz com que parte do débito permaneça a descoberto, de modo que não enseja a obtenção de certidão.

– "FAZENDA MUNICIPAL. IMPOSSIBILIDADE DE PENHORA. ARTIGO 206, DO CTN. CERTIDÃO POSITIVA DÉBITO COM EFEITOS NEGATIVOS. EXPEDIÇÃO. ADMISSIBILIDADE... 3. A excepcionalidade quanto às prerrogativas da Fazenda Pública federal, estadual ou municipal, mormente a impossibilidade de penhora de seus bens, revela a interpretação de que seja em execução embargada, seja em ação anulatória, pelo Município, independentemente da prestação de garantia, é cabível a expedição da Certidão Positiva de Débitos com Efeitos Negativos. (Precedentes...)" (STJ, REsp 1.115.458, 2009).

– "CERTIDÃO POSITIVA COM EFEITOS DE NEGATIVA. ART. 206 DO CTN... 1. A certidão positiva com efeitos de negativa somente pode ser expedida quando no processo de execução tiver sido efetivada a penhora ou quando estiver suspensa a exigibilidade do crédito tributário (art. 151 do CTN), nos termos do art. 206 do CTN. 2. *In casu*, restou consignado pelo Tribunal *a quo*, que a penhora efetuada restou integral e suficiente para garantia da execução" (STJ, AgRg no REsp 947.427, 2008).

– "TRIBUTÁRIO – EXECUÇÃO FISCAL – CERTIDÃO POSITIVA COM EFEITO DE NEGATIVA – CONDICIONAMENTO À PENHORA QUE SATISFAÇA O DÉBITO EXEQUENDO – LEGALIDADE – PROTEÇÃO AO INTERESSE E AO PATRIMÔNIO PÚBLICO. 1. Não se reveste de ilegalidade a determinação de que a expedição de certidão positiva com efeito de negativa esteja condicionada à penhora de bens suficientes que garantam o débito exequendo, posto que a exegese do art. 206 do CTN conspira em prol do interesse público. 2. Para ser reconhecido o direito à Certidão Negativa de débito, não basta o oferecimento de bens à penhora. É necessário seja a mesma efetivada, garantindo o débito. Precedente. 3. Recurso improvido" (STJ, REsp 408.677, 2002).

– "... na prática, a garantia iguala o devedor ao contribuinte quite; quis o legislador que a garantia tivesse o mesmo resultado que a quitação, ao menos no que diz respeito às pendências junto ao Fisco e suas consequências quanto à possibilidade de praticar determinados atos jurídicos..." (COSTA DE OLIVEIRA, Bruno Batista da. Efeitos do oferecimento de garantia na execução fiscal: análise da questão à luz do disposto no art. 206 do Código Tributário Nacional. *RDDT* 160/15, 2009).

• Vide também: MACHADO, Hugo de Brito. Garantia da execução e suspensão da exigibilidade do crédito tributário. *RDDT* 234/67, 2015.

– Atraso na lavratura do termo de penhora. "Há casos, contudo, em que a execução fiscal é ajuizada, o contribuinte oferece bens em garantia da totalidade do crédito exequendo, mas a lavratura do termo de penhora demora meses, por razões inerentes ao próprio Judiciário (logo, inimputáveis ao contribuinte). O acúmulo de processos nas Varas, notório e de sabença geral, sobrecarrega os magistrados e torna vagaroso o andamento de feitos que não demandem medidas de urgência, como é o caso das execuções fiscais. Nesses casos, o contribuinte, para resguardar seu direito, poderá aviar ação cautelar incidental à execução fiscal, ao argumento de que, tendo oferecido bens em garantia do juízo e não tendo sido lavrado o termo de penhora por fatos que não lhe são imputáveis, faz jus à renovação da certidão com efeitos negativos até que se ultime a lavratura do termo de penhora no executivo fiscal" (MOREIRA, André Mendes. Da certidão de débitos tributários com efeitos negativos. Direito do contribuinte à sua renovação. Medidas judiciais cabíveis. *RDIT* 1/13, 2004).

– **Pendência da avaliação.** A penhora é considerada realizada com a lavratura do auto ou termo de penhora. Não havendo elementos que digam, de pronto, da evidente insuficiência da penhora, não se pode condicionar a expedição de CND à prévia avaliação. De fato, a ausência de avaliação realizada por Oficial de Justiça, por si só, não obsta os efeitos da penhora.

– "Garantida a execução pelo oferecimento de regular penhora, a falta de avaliação dos mesmos não é óbice a concessão da CND, mormente quando seu valor presuntivo é razoável" (TRF4, 2ª T., unân., *DJU* 10-9-1997).

– **Pendência da intimação das partes.** "Não se exige, para a 'efetivação' da penhora, a intimação das partes na execução, seja exequente, seja executada. A intimação não é ato processual integrante da penhora, muito menos um de seus requisitos. Intimação é apenas o meio pelo qual se dá ciência da penhora às partes" (TREVISAN, Rafael. In: PAULSEN, Leandro (org.). *Certidões negativas de débito*. Livraria do Advogado e Esmafe, 1999, p. 249).

– **Pendência/ausência de homologação expressa pelo juiz.** "Também não se exige, para que se considere efetivada penhora, expressa homologação do ato pelo juiz da execução. A penhora, apesar de determinada pelo juiz, é efetivada pelos serventuários da Justiça. Pode o juiz anular a penhora, mas não se faz necessária a sua participação para o aperfeiçoamento do ato em si considerado" (TREVISAN, Rafael. In: PAULSEN, Leandro (org.). *Certidões negativas de débito*. Livraria do Advogado e Esmafe, 1999, p. 250).

– **Pendência de registro da penhora.** "Não se exige, por fim, para a aplicação do art. 206 do CTN, o registro da penhora, quando cabível. É que, conforme entendimento dominante, tal registro destina-se apenas a torná-la eficaz perante terceiros de boa-fé eventualmente atingidos pelo ato processual. Tal assertiva vale, inclusive, após a alteração do art. 659, § 4º, do CPC, pela Lei n. 8.953/94. Mesmo antes do registro, assim, a penhora vale e é eficaz perante o executado..." (TREVISAN, Rafael. In: PAULSEN, Leandro (org.). *Certidões negativas de débito*. Livraria do Advogado e Esmafe, 1999, p. 251).

– **Desvalorização dos bens dados em garantia.** "... podemos concluir...: a) realizada a penhora de bens, em valor suficiente para garantir a execução, o cidadão executado tem direito ao recebimento de certidão positiva de débitos, com efeito de negativa (CPD-EN); b) só o juiz da execução pode afirmar a insuficiência dos bens penhorados, afirmação da qual dependem as consequências jurídicas que poderiam ser extraídas dessa insufi-

ciência, a exemplo da recusa no fornecimento de CPD-EM por autoridades fiscais; c) para afirmar a insuficiência da penhora, nas hipóteses em que esta tenha sido originalmente efetuada de modo suficiente, o juiz deve providenciar a prévia reavaliação dos bens penhorados, não sendo razoável apenas cotejar o valor originário destes com o valor atualizado do débito" (MACHADO, Raquel Cavalcanti Ramos. Competência para declarar a insuficiência da penhora e seus reflexos na emissão de certidão positiva com efeito de negativa. *RDDT* 123/73, 2005).

– **Penhora de títulos da dívida pública na execução fiscal:** A possibilidade de o devedor oferecer em penhora títulos da dívida pública está prevista no artigo 11, inciso II, da Lei n. 6.830/80. Entretanto, tem de ser títulos idôneos e não prescritos.

– "Não se tem aceitado títulos da dívida pública não reconhecidos pelos emitentes, como título emitidos no início do século e outros já tidos por prescritos, pois, nesses casos, não têm cotação em bolsa e são de difícil liquidez" (Nota ao art. 11, II, da LEF no livro *Direito processual tributário, processo administrativo fiscal e execução fiscal à luz da doutrina e da jurisprudência*, que escrevemos com René Bergmann Ávila e Ingrid Schroder Sliwka).

– "PROCESSO CIVIL – EXECUÇÃO FISCAL – PENHORA – OBRIGAÇÕES AO PORTADOR EMITIDAS PELA PETROBRÁS – AUSÊNCIA DE COTAÇÃO EM BOLSA – LIQUIDEZ DUVIDOSA – RECUSA JUSTIFICADA. 1. Pacificou-se nesta Corte jurisprudência no sentido de considerar lícita a não aceitação, para garantia do juízo no processo de execução fiscal, das obrigações ao portador emitidas pela Eletrobrás, tendo em vista que esses títulos não possuem liquidez imediata nem cotação em bolsa de valores. 2. O art. 620 do CPC deve ser interpretado em harmonia com o art. 15 da LEF. 3. Recurso especial não provido" (STJ, REsp 1.056.486, 2008).

– **Súmula 31 do TRF2.** "Na execução fiscal, é vedada a nomeação à penhora de títulos da dívida pública sem liquidez imediata, de difícil ou duvidosa liquidação" (*DJ* 13-6-2005, p. 118).

– **Súmula 51 do TJRJ.** "Não constitui garantia hábil, para interposição de embargos do devedor, o oferecimento de títulos da dívida pública antigos, de difícil liquidez" (j. 24-6-2002).

⇒ **Provocação da penhora para a obtenção dos efeitos do art. 206 do CTN. Ação cautelar de caução. Admissibilidade.** O contribuinte devedor pode tomar a iniciativa de oferecer bens à penhora antes mesmo do ajuizamento da execução fiscal que, certamente, será contra ele intentada. A via processual será uma ação cautelar em que o contribuinte ofereça a garantia e sejam seguidos o rito e as formalidades da penhora, nos termos dos arts. 9º a 15 da LEF. Efetivamente, tem-se admitido o oferecimento de bens em garantia, como antecipação da penhora própria da execução fiscal. Embora a caução não implique suspensão da exigibilidade do crédito tributário, faz as vezes da penhora, colocando o devedor em situação de regularidade fiscal para fins de obtenção de certidão positiva de débitos com efeitos de negativa, nos termos do art. 206 do CTN. A caução é oferecida através de ação cautelar, com a peculiaridade de que a ação principal é a própria execução fiscal a ser ajuizada pelo Fisco. Não há, pois, perda da eficácia da medida no caso de não haver ajuizamento da ação principal em trinta dias. Cabe ao credor tal ajuizamento e a mora corre contra os seus interesses. Não há, no caso, suspensão da exigibilidade do crédito, podendo e devendo o Fisco promover a execução fiscal, quando, então, a caução será convertida em penhora. Mas o oferecimento da caução implica reconhecimento do débito pelo contribuinte, implicando a interrupção da prescrição (art. 174, parágrafo único, inciso IV, do CTN), embora não o impeça de questionar judicialmente o crédito tributário, seja mediante ação anulatória ou do oferecimento oportuno de embargos à execução. De qualquer modo, o prazo para o ajuizamento da execução, interrompido pela formalização da caução, recomeça por inteiro o seu curso, sendo que, não ajuizada a execução em cinco anos, restará prescrito o crédito tributário. Nesta hipótese, restará a ação cautelar sem qualquer utilidade, pois garantidora de crédito tributário já extinto e que não mais poderá ser cobrado, de modo que deve ser levantado o gravame.

– "É pacífico o entendimento do STJ de que 'é viável, em sede cautelar em executivo fiscal, a caução de bem imóvel para efeito de suspensão da exigibilidade do crédito tributário com vistas à obtenção de certidão com efeito de negativa'" (STJ, AgRg no AREsp 394.779, 2015).

– O STJ admite que seja oferecido em caução, inclusive, crédito de precatório, mas destaca que a Fazenda pode se opor (STJ, 2ª T., AgRg no AREsp 710.804/DF, Rel. Min. Herman Benjamin, nov. 2015) e que deve ser submetido à avaliação (STJ, AgRg no AREsp 339.963, 2016).

– "1. O contribuinte pode, após o vencimento da sua obrigação e antes da execução, garantir o juízo de forma antecipada, para o fim de obter certidão positiva com efeito de negativa. 3. É viável a antecipação dos efeitos que seriam obtidos com a penhora no executivo fiscal, através de caução de eficácia semelhante. A percorrer-se entendimento diverso, o contribuinte que contra si tenha ajuizada ação de execução fiscal ostenta condição mais favorável do que aquele contra o qual o Fisco não se voltou judicialmente ainda. 4. Deveras, não pode ser imputado ao contribuinte solvente, isto é, aquele em condições de oferecer bens suficientes à garantia da dívida, prejuízo pela demora do Fisco em ajuizar a execução fiscal para a cobrança do débito tributário. Raciocínio inverso implicaria em que o contribuinte que contra si tenha ajuizada ação de execução fiscal ostenta condição mais favorável do que aquele contra o qual o Fisco ainda não se voltou judicialmente. 5. *Mutatis mutandis* o mecanismo assemelha-se ao previsto no revogado art. 570 do CPC, por força do qual era lícito ao devedor iniciar a execução. Isso porque as obrigações, como vínculos pessoais, nasceram para serem extintas pelo cumprimento, diferentemente dos direitos reais que visam à perpetuação da situação jurídica nele edificadas. 6. Outrossim, instigada a Fazenda pela caução oferecida, pode ela iniciar a execução, convertendo-se a garantia prestada por iniciativa do contribuinte na famigerada penhora que autoriza a expedição da certidão... 10. Acórdão submetido ao regime do art. 543-C do CPC e da Resolução STJ 08/2008" (STJ, REsp 1.123.669, 2009). No mesmo sentido, o REsp 1.156.668, 2010.

– "CERTIDÃO POSITIVA COM EFEITO DE NEGATIVA – CAUÇÃO – AÇÃO CAUTELAR – POSSIBILIDADE – ARTS. 206 E 151 DO CTN – PRECEDENTES STJ... 3. É possível ao devedor, enquanto não promovida a execução fiscal, ajuizar ação cautelar para antecipar a prestação da garantia em juízo com o objetivo de obter a expedição de certidão positiva com efeito de negativa. 4. Precedentes da Primeira Seção e das Turmas de Direito Público" (STJ, REsp 836.789, 2008).

– "CAUÇÃO ANTECIPATÓRIA DE PENHORA EM EXECUÇÃO FISCAL. POSSIBILIDADE. FORNECIMENTO DE CERTIDÃO POSITIVA COM EFEITOS DE NEGATIVA. ART. 206 DO CTN. SÚMULA 83/STJ. 1. É lícito ao contribuinte oferecer, antes do ajuizamento da execução fiscal, caução no valor do débito inscrito em dívida ativa com o objetivo de, antecipando a penhora que garantiria o processo de execução, obter certidão positiva com efeitos de negativa. Precedentes" (STJ, REsp 824.674, 2008).

– "AÇÃO CAUTELAR PARA ASSEGURAR A EXPEDIÇÃO DE CERTIDÃO POSITIVA COM EFEITOS DE NEGATIVA. 1. Dispõe o artigo 206 do CTN que: tem os mesmos efeitos previstos no artigo anterior a certidão de que conste a existência de créditos não vencidos, em curso de cobrança executiva em que tenha sido efetivada a penhora, ou cuja exigibilidade esteja suspensa. A caução oferecida pelo contribuinte, antes da propositura da execução fiscal é equiparável à penhora antecipada e viabiliza a certidão pretendida. 2. É viável a antecipação dos efeitos que seriam obtidos com a penhora no executivo fiscal, através de caução de eficácia semelhante. A percorrer-se entendimento diverso, o contribuinte que contra si tenha ajuizada ação de execução fiscal ostenta condição mais favorável do que aquele contra o qual o Fisco não se voltou judicialmente ainda. Precedentes (REsp 363.518, REsp 99653 e REsp 424.166). 3. Deveras, não pode ser imputado ao contribuinte solvente, isto é, aquele em condições de oferecer bens suficientes à garantia da dívida, prejuízo pela demora do Fisco em ajuizar a execução fiscal para a cobrança do débito tributário. Raciocínio inverso implicaria em que o contribuinte que contra si tenha ajuizada ação de execução fiscal ostenta condição mais favorável do que aquele contra o qual o Fisco ainda não se voltou judicialmente. 4. *Mutatis mutandis* o mecanismo assemelha-se ao previsto no art. 570 do CPC, por força do qual o próprio devedor pode iniciar a execução. Isso porque, as obrigações, como vínculos pessoais, nasceram para serem extintas pelo cumprimento, diferentemente dos direitos reais que visam à perpetuação da situação jurídica nele edificadas. 5. Outrossim, instigada a Fazenda pela caução oferecida, pode ela iniciar a execução, convertendo-se a garantia prestada por iniciativa do contribuinte na famigerada penhora que autoriza a expedição da certidão. 6. Recurso Especial desprovido" (STJ, REsp 536.037, 2005).

– **Pressa na busca da certidão.** A prestação de caução não é panaceia que permita, como regra, a obtenção imediata de certidão. Isso porque a situação da requerente, no momento do ajuizamento, é de devedora. O que se viabiliza com a Ação Cautelar de Caução é a busca de caucionamento do débito para, então, considerada a situação como equivalente ou substitutiva da penhora em execução fiscal, quedar em situação que atraia a incidência do art. 206 do CTN e enseje a obtenção de certidão positiva com efeitos de negativa. Impende, pois, que seja formalizada a caução substitutiva da penhora para que, então, dada a situação de equivalência, passe a União a ter a obrigação de certificar a situação positiva com efeitos de negativa. Ademais, não se deve olvidar que o prazo para que a União certifique a regularidade fiscal é o estabelecido no art. 205, parágrafo único, do CTN: dez dias. Por certo que muitas vezes se determina a expedição em menor prazo, mas normalmente em situações em que a não obtenção tenha decorrido de ilícito da própria Administração ao indeferir a expedição quando já estivesse presente o direito a tanto.

⇒ **Depósito judicial.** Se integral, é causa suspensiva da exigibilidade do crédito tributário e da direito à certidão positiva com efeitos de negativa. Vide notas ao art. 151, VI, do CTN.

⇒ **Recurso administrativo.** "2. Estando suspensa a exigibilidade do crédito em razão de recurso administrativo (art. 151, III, do CTN), o contribuinte faz jus à expedição de certidão positiva de débitos, com efeito de negativa, de que trata o art. 206 do CTN, e não a certidão negativa de débito referida no art. 205 do mesmo Código. Precedentes" (STJ, REsp 1.131.051, 2009).

– **Súmula 29 do extinto TFR:** "Os certificados de quitação e de regularidade não podem ser negados, enquanto pendente de decisão, na via administrativa, o débito levantado".

– **Solicitação de revisão de débito consolidado no PAES (SRDC-PAES).** "... há SRDC-PAES pendente de análise, à qual, em face da consistência dos fundamentos nela contidos, se impõe atribuir, por si só, efeitos suspensivo da exigibilidade dos débitos em questão (art. 151, III, do CTN)" (decisão liminar proferida pelo Juiz Fed. Leandro Paulsen nos autos do MS 2006.71.00.021738-0/RS, em trâmite na 2ª Vara Fed. Tributária de Porto Alegre, em jun. 2006).

– **Compensação.** "PEDIDO DE COMPENSAÇÃO NA VIA ADMINISTRATIVA. SUSPENSÃO DA EXIGIBILIDADE DO CRÉDITO TRIBUTÁRIO. 1. A exigibilidade do crédito tributário fica suspensa em razão de qualquer impugnação do contribuinte à cobrança do tributo. Precedente... 2. É cediço na doutrina que: Uma vez realizado o lançamento ou provocada a Administração, por iniciativa dos contribuintes ou mesmo *ex officio*, abre-se a instância de revisão, formando-se o procedimento administrativo tributário, que será regido nos termos da lei (art. 151, III, do CTN). Assim, a manifestação administrativa do contribuinte suscitando a compensação tributária equivale a verdadeira desconformidade quanto à arrecadação do tributo, abrindo o processo administrativo fiscal de que trata o art. 151, III, do CTN. Esse é o espírito legislativo do referido inciso. Não há, dentro desse quadro, como entender-se ocorrido o afastamento da taxatividade que deve ser própria ao art. 151 do CTN para se considerar tal interpretação como ampliativa ou extensiva. O que está fazendo o STJ é tão somente interpretar o real sentido do art.151, III, do CTN, que sugere a suspensão da exigibilidade do tributo quando existente uma impugnação do contribuinte à cobrança do tributo, qualquer que seja esta..." (STJ, REsp 1.149.115, 2010).

– **Compensação considerada não declarada.** "3. Todavia, o art. 74 da Lei 9.430/96 sofreu profundas alterações ao longo dos anos, sobretudo após a edição das Leis 10.637/02, 10.833/03 e 11.051/04, as quais acresceram conteúdo significativo à norma, modificando substancialmente a sistemática de compensação. Segundo as novas regras, o contribuinte não mais precisa requerer a compensação, basta apenas declará-la à Secretaria da Receita Federal, o que já é suficiente para extinguir o crédito tributário sob condição resolutória da ulterior homologação do Fisco, que pode ser expressa ou tácita (no prazo de cinco anos). Por outro lado, fixou-se uma série de restrições à compensação embasadas na natureza do crédito a ser compensado. Assim, por exemplo, passou-se a não mais admitir a compensação de créditos decorrentes de decisão judicial ainda não transitada em julgado, de créditos de terceiros ou do crédito-prêmio de IPI. 4. Por expressa disposição do § 12 do art. 74 da Lei 9.430/96, 'será considerada não declarada a compensação' [...] 'em que o crédito' [...] 'refira-se ao crédito-prêmio de IPI'. Já o § 13, ao fazer remissão ao § 11, deixa claro não ser aplicável à declaração de compensação relativa ao crédito-prêmio de IPI o art. 151, III, do CTN. 5. Dessa forma, por previsão inequívoca do art. 74 da Lei 9.430/96, a simples declaração de compensação relativa ao crédito-prêmio de IPI não suspende a exigibilidade do crédito tributário – a menos que esteja presente alguma outra causa de suspensão elencada no art. 151 do CTN –, razão porque poderá a Fazenda Nacional recusar-se a emitir a certidão de regularidade fiscal" (STJ, REsp 1.157.847, 2010).

– **Compensação. Glosa. Manifestação de inconformidade. Leis n. 10.637/2002 e n. 10.833/2003.** Os §§ 9º a 11º do art. 74 da Lei n. 9.430/96, com a redação das Leis n. 10.637/2002 e n. 10.833/2003, preveem a possibilidade de impugnação e recurso ao Conselho de Contribuintes contra a não homologação da compensação, deixando expresso que obedecerão ao rito processual do Decreto n. 70.235/72 e que implicam suspensão da exigibilidade do crédito tributário, nos termos do art. 151, III, do CTN, de modo, nesses casos, terá o contribuinte, enquanto não julgados seus recursos, direito à certidão positiva com efeitos de negativa. Vide nota aos arts. 142, 151, III, e 170 do CTN.

– "1. Por ocasião do julgamento monocrático do presente recurso especial, os mais recentes precedentes desta Corte Superior adotavam o entendimento de que o recurso contra decisão proferida em processo administrativo de compensação está compreendido na expressão 'as reclamações e os recursos', a que se refere o inciso III do art. 151 do Código Tributário Nacional, a justificar a suspensão da exigibilidade do crédito tributário objeto da compensação. 2. Ocorre que, na assentada do dia 13 de setembro de 2006, ao acolher os EREsp 641.075/SC (Rel. Min. Teori Albino Zavascki, *DJ* de 25.9.2006, p. 218), a Primeira Seção endossou o entendimento anterior desta Turma, consignado no julgamento do REsp 635.970/RS, no sentido de que 'o recurso administrativo interposto em face de indeferimento de pedido de compensação não tem o condão de suspender a exigibilidade dos débitos que se busca compensar, pelo que se mostra legítima a recusa do Fisco em fornecer a CND'. 3. Não obstante, a Lei 10.833/2003, ao acrescentar os §§ 7º a 12 ao art. 74 da Lei 9.430/96, veio positivar no ordenamento jurídico a orientação jurisprudencial de que a 'manifestação de inconformidade' suspende a exigibilidade do crédito tributário, conforme consta do § 11, transcrito a seguir: 'A manifestação de inconformidade e o recurso de que tratam os §§ 9º e 10 obedecerão ao rito processual do Decreto n. 70.235, de 6 de março de 1972, e enquadram-se no disposto no inciso III do art. 151 da Lei n. 5.172, de 25 de outubro de 1966 – Código Tributário Nacional, relativamente ao débito objeto da compensação'. (grifou-se) 4. Agravo regimental desprovido" (STJ, AgRg no REsp 671.121, 2007).

– "... o novo efeito dado à compensação, devidamente declarada à repartição, extinção do crédito tributário sob condição resolutiva (art. 49 da MP 66, de 2002), deverá promover alteração do procedimento da repartição, em relação ao pedido de certidão de débito alegado como compensado. ... até o exame da Declaração de Compensação, quando se dará a homologação ou não, se o contribuinte informou que o débito foi extinto pela compensação, não restará possível o indeferimento do pedido de certidão" (GODOY, Walter. *Os direitos dos contribuintes*. 2. ed. Porto Alegre: Síntese, 2003, p. 176).

⇒ **Parcelamento. Pontualidade exigida. Garantias extras inexigíveis.** O parcelamento constitui hipótese de suspensão da exigibilidade do crédito tributário, nos termos do inciso art. 151, inciso VI, do CTN, inciso este acrescentado pela LC n. 104/2001. Antes da existência desse inciso, já se entendia que o parcelamento tinha tal efeito enquanto espécie de moratória, sendo, então, enquadrado na hipótese do inciso I do art. 151. Concedido o parcelamento, o contribuinte tem o direito à concessão de certidão positiva com efeitos de negativa. Tendo em conta que o parcelamento suspende, por si só, a exigibilidade do crédito tributário, a exigência de que o contribuinte preste garantia como condição para a expedição de certidão de regularidade fiscal é ilegal e abusiva. Daí por que, o art. 47, § 8º, da Lei n. 8.212/91, atualmente revogado pela Lei 11.941/2009, não podendo prevalecer.

– "PARCELAMENTO. CERTIDÃO POSITIVA COM EFEITOS DE NEGATIVA. ADMISSIBILIDADE... 2. 'Ao contribuinte que tem a exigibilidade do crédito suspensa pelo parcelamento concedido, o qual vem sendo regularmente cumprido, é assegurado o direito à expedição de certidão positiva com efeitos de negativa, independentemente da prestação de garantia real não exigida quando da sua concessão' (REsp 366.441/RS)" (STJ, AgRg no REsp 1.209.674, 2010).

– "CERTIDÃO NEGATIVA DE DÉBITO. PARCELAMENTO. INEXIGIBILIDADE DE GARANTIA. 1. 'Uma vez deferido o pedido de parcelamento da dívida tributária e cumpridas as obrigações assumidas para com o INSS, não pode este negar-se a expedir certidão positiva de débito com efeito de negativa, alegando, para tanto, inexistir garantia, cuja prestação não fora exigida do sujeito passivo por ocasião do referido pleito' (REsp 498.143/CE, Rel. Ministro João Otávio de Noronha, *DJ* 02.08.06)" (STJ, AgRg REsp 1.038.652, 2008).

– "CERTIDÃO POSITIVA COM EFEITOS DE NEGATIVA. DESDE QUE CUMPRIDO O PARCELAMENTO. CABIMENTO... 2. Jurisprudência de ambas as Turmas que compõem a Primeira Seção desta Corte no sentido de que é exigência para o fornecimento de certidão positiva de débitos com efeitos de negativa o regular parcelamento do débito das obrigações assumidas pelo contribuinte. 3. Nesse sentido: – Estando regular o parcelamento da dívida, com o cumprimento, no prazo, das obrigações assumidas pelo contribuinte, não lhe pode ser negado o fornecimento da CND. A dívida fiscal parcelada não é exigível fora dos termos negociados, sendo descabida a exigência de garantia posterior. (AgRg no Ag. 310.429/MG, Rel. Min. Paulo Gallotti, *DJ* de 24/09/2001). – O contribuinte tem direito à certidão de que trata o artigo 206, do Código Tributário Nacional, mesmo na hipótese de parcelamento do respectivo débito, desde que as parcelas venha sendo pagas regularmente. (AgRg no Ag. 248.960/PR, Desta Relatoria, *DJ* de 29/11/2006). – O parcelamento, que é espécie de moratória, suspende a exigibilidade do crédito tributário (CTN, art. 151, I e VI). Tendo ele sido deferido independentemente de outorga de garantia, e estando o devedor cumprindo regularmente as prestações assumidas, não pode o fisco negar o fornecimento da certidão positiva com efeitos de negativa (REsp 369.607/SC, 2ª Turma, Min. João Otávio de Noronha, *DJ* de 23.05.06; AgRg no REsp 444.566/TO, 1ª Turma, Min. Denise Arruda, *DJ* de 17.12.2004). (REsp 833.350/SP, Rel. Min. Teori Albino Zavascki, *DJ* de 07/08/2006). – Uma vez deferido o pedido de parcelamento da dívida tributária e cumpridas as obrigações assumidas para com o INSS, não pode este negar-se a expedir certidão positiva de débito com efeito de negativa, alegando, para tanto, inexistir garantia, cuja prestação não fora exigida do sujeito passivo por ocasião do referido pleito. (REsp 498.143/CE, Rel. Min. João Otávio de Noronha, *DJ* de 02/08/2006) 4. Recurso especial provido" (STJ, REsp 1.012.866, 2008).

– Enunciado AGU n. 17/02: "Da decisão judicial que determinar a expedição de certidão positiva de débitos com efeito de negativa, sem a exigência de garantia posterior ao parcelamento regularmente em cumprimento, não se interporá recurso".

– **REFIS.** "II. 1. Se a exigibilidade do crédito previdenciário está suspensa por força de parcelamento sob o regime do REFIS, o contribuinte tem direito à certidão positiva com os mesmos efeitos da negativa (CTN, art. 206, c/c o art. 151, VI, acrescido pela LC 104/01), não podendo ser exigida prestação de garantia ou a homologação da opção, em se tratando de débito consolidado não ajuizado. Inteligência do art. 4º, § 4º, do Decreto 3.431/00. O art. 47, § 8º, da Lei 8.212/91, na redação que lhe deu a Lei 9.032/95, refere-se apenas à CND" (TRF4, AMS 2001.70.00.004309-1, 2003).

– **Exclusão do REFIS. Discussão. Direito à certidão.** "AUSÊNCIA DE NOTIFICAÇÃO DE EXCLUSÃO DO REFIS... 2. Impossibilidade de deferimento do depósito em juízo dos tributos devidos, vez que incompatível com manutenção da recorrente no referido programa. 3. Enquanto não dirimida, em definitivo, a regularidade da exclusão do REFIS, e, muito menos, a exatidão do montante eventualmente levado a depósito judicial, não há que se falar em CND, cabível a outorga da certidão do artigo 206 do CTN" (TRF4, AI 2002.04.01.053751-7, 2003).

– "A interposição de recurso administrativo contra ato que excluiu o impetrante do REFIS, suspende a exigibilidade tributária" (TRF4, AMS 2002.71.12.002044-1, 2003).

– **Pagamento parcelado na execução fiscal**. O art. 916 do novo CPC/15 permite ao executado depositar 30% do valor em execução e pagar o restante em até 6 (seis) parcelas mensais. Restando autorizado o pagamento desse modo, tem-se mais uma hipótese de parcelamento prevista na lei, capaz de ensejar a incidência do art. 151, VI, do CTN e, portanto, a suspensão da exigibilidade do crédito tributário relativamente às parcelas não vencidas. Com isso, também tem lugar a aplicação do art. 206 do CTN, gerando o direito à certidão positiva com efeitos de negativa.

– **Novo CPC/15**: "Art. 916. No prazo para embargos, reconhecendo o crédito do exequente e comprovando o depósito de trinta por cento do valor em execução, acrescido de custas e de honorários de advogado, o executado poderá requerer que lhe seja permitido pagar o restante em até 6 (seis) parcelas mensais, acrescidas de correção monetária e de juros de um por cento ao mês. § 1º O exequente será intimado para manifestar-se sobre o preenchimento dos pressupostos do *caput*, e o juiz decidirá o requerimento em 5 (cinco) dias. § 2º Enquanto não apreciado o requerimento, o executado terá de depositar as parcelas vincendas, facultado ao exequente seu levantamento. § 3º Deferida a proposta, o exequente levantará a quantia depositada, e serão suspensos os atos executivos. § 4º Indeferida a proposta, seguir-se-ão os atos executivos, mantido o depósito, que será convertido em penhora. § 5º O não pagamento de qualquer das prestações acarretará cumulativamente: I – o vencimento das prestações subsequentes e o prosseguimento do processo, com o imediato reinício dos atos executivos; II – a imposição ao executado de multa de dez por cento sobre o valor das prestações não pagas. § 6º A opção pelo parcelamento de que trata este artigo importa renúncia ao direito de opor embargos. § 7º O disposto neste artigo não se aplica ao cumprimento da sentença".

– A alteração do Código de Processo Civil aplica-se à execução fiscal, mesmo de crédito tributário. Não há incompatibilidade com a exigência de lei específica para o parcelamento tributário, de que trata o art. 155-A do CTN. O que o art. 916 do novo CPC/15 regula é o modo de cumprimento da determinação de pagamento constante do mandado de citação. Cuida-se de modalidade de encaminhamento processual da solução no bojo do processo de execução e, não sendo administrativo, não depende de lei específica. Não se deve olvidar, contudo, que não está dispensada a atualização de cada uma das parcela e o acréscimo de juros. Para os créditos da União, deve ser aplicada a SELIC. Vide maior abordagem sobre o pagamento parcelado na execução fiscal em nossa obra *Direito processual tributário*, escrita com René Bergmann Ávila e Ingrid Schroder Sliwka.

– "Essa regra aplica-se, ao que tudo indica, à execução fiscal, sendo com ela perfeitamente compatível. Assim, no prazo para oposição de embargos, pode o executado depositar o equivalente a 30% (trinta por cento) da dívida, requerendo seja o saldo pago em até seis parcelas, vedada a oposição de embargos. O parcelamento é adequado e compatível com a execução fiscal, permitindo, inclusive, que o devedor obtenha certidão positiva com efeitos de negativa" (CUNHA, Leonardo José Carneiro da. A Lei n. 11.382/2006 e seus reflexos na execução fiscal. *Revista Dialética de Direito Processual* 49/95-106, 2007).

⇒ **Liminar**. "... CERTIDÃO DE REGULARIDADE FISCAL. 2. Estando suspensa a exigibilidade do débito, em virtude de liminar em mandado de segurança, incabível a inscrição em dívida ativa e posterior cobrança, estando correta a expedição do documento previsto no art. 206 do CTN" (TRF4, AMSS 2002.70.00.064444-3, 2003).

– **Crédito tributário** *sub judice*. O fato de estar o crédito tributário *sub judice* não dá ao contribuinte o direito à certidão positiva com efeitos de negativa porque o ajuizamento de ação não tem, por si só, qualquer efeito suspensivo da sua exigibilidade. Apenas nas hipóteses do art. 151 do CTN é que se poderá considerar suspensa a exigibilidade, ou seja nos casos de moratória ou parcelamento, depósito do montante integral, impugnação ou recurso administrativo, liminar ou antecipação de tutela. Não havendo enquadramento em nenhuma das hipóteses do art. 206 do CTN, o simples ajuizamento de ação não terá o efeito de ensejar a obtenção da certidão.

– **Exigência de certidões narratórias expedidas a menos de 30 dias como requisito para a expedição de certidão positiva com efeitos de negativa**. "A impetrante pede liminar que determine ao Procurador-Chefe da Fazenda Nacional que se abstenha de exigir certidões narratórias judiciais como condição para expedição de certidão positiva com efeitos de negativa. Diz que tal exigência lhe cria inúmeras dificuldades operacionais dado o elevado número de processos em curso e o fato de, muitas vezes, encontrarem-se em carga. Ressalta que não há base legal para tal exigência. Vejamos. [...] É razoável ... que a Fazenda solicite do contribuinte a indicação e demonstração da causa suspensiva da exigibilidade ou da garantia por penhora em execução relativamente às inscrições que eventualmente ainda não tenham no sistema da Procuradoria o apontamento de tal situação, mas deve aceitar qualquer documentação suficiente para a sua demonstração, como cópias da inicial e da guia de depósito ou decisão liminar ou mesmo termo ou auto de penhora ou certidão narratória já expedida em que constem tais dados. A exigência, a cada novo pedido de certidão, da apresentação de certidão narratória expedida em prazo inferior a 30 dias é que desborda da razoabilidade, pois vai além da exigência de demonstração da causa suspensiva ou da garantia que ensejam a concessão da certidão positiva com efeitos de negativa. Demonstrada pelo contribuinte hipótese descrita no art. 206 do CTN, através de documentação idônea, impõe-se que a autoridade expeça a respectiva certidão, podendo, no prazo que lhe compete, se assim entender, consultar os respectivos autos para confirmar se a situação já demonstrada persiste daquela forma" (decisão por nós proferida nos autos do MS 2005.71.00.015932-5, 2ª Vara Fed. Tributária de Porto Alegre, em 17 de maio de 2005).

Art. 207. Independentemente de disposição legal permissiva, será dispensada da prova de quitação de tributos, ou o seu suprimento, quando se tratar de prática de ato indispensável para evitar a caducidade de direito, respondendo, porém, todos os participantes no ato pelo tributo porventura devido, juros de mora e penalidades cabíveis, exceto as relativas a infrações cuja responsabilidade seja pessoal ao infrator.

⇒ **Tributos porventura devidos.** "Aqui impõe-se a primeira limitação não expressamente contida na norma que se pretende interpretar. A responsabilidade dá-se, exclusivamente, quanto àqueles (tributos) que, na data da celebração do ato, impediriam a expedição da certidão negativa de apresentação obrigatória, constando expressamente na certidão positiva expedida em seu lugar, ou que constariam desta certidão, se à época da prática do ato não tenha sido expedida. [...] A futura apuração e lançamento de outros débitos não terá serventia à extensão da responsabilidade ora examinada..." (ÁVILA, René Bergmann. Anotações ao art. 207 do CTN. In: PAULSEN, Leandro. *Certidões negativas de débito*. Porto Alegre: Livraria do Advogado e Esmafe, 1999, p. 276-277).

– **Responsabilidade dos participantes.** "... a norma é ambígua, permitindo uma dupla interpretação quanto a quem está obrigado à abstenção da exigência de certidão negativa. Uma primeira interpretação pode levar à conclusão de que quem está obrigado a abster-se é somente a autoridade que participará do ato. Por exemplo, o tabelião, no caso de lavratura de escritura pública de transmissão de bem imóvel, ou a autoridade competente, no caso de uma licitação pública. Uma segunda interpretação permite concluir que estão obrigados a abster-se da exigência, além da autoridade que participará do ato, também os demais participantes do ato. Por exemplo, o adquirente, no caso de lavratura de escritura pública de transmissão de propriedade de bem imóvel. No primeiro caso, admitindo o intérprete que o adquirente não esteja obrigado a celebrar o ato sem a apresentação da certidão ficando ao seu arbítrio, à sua vontade pessoal, realizá-lo ou não, pode-se admitir, em consequência, que, ao fazê-lo, assume o risco da responsabilidade prevista na parte final do art. 207. Todavia, se o intérprete considerar que o direito subjetivo impõe à contraparte o dever de abster-se da exigência da certidão, não vejo como admitir-se a atribuição de responsabilidade ao terceiro que apenas tenha cumprido o seu dever legal de praticar o ato sem a exigência do documento. [...] A admitir-se uma interpretação literal, qualquer participante – conceito que adiante se tenta explicar –, repita-se, qualquer que seja, passaria a ser responsável. E nessa categoria estariam incluídos, dentre outros, por exemplo: numa compra e venda, os tabeliães e seus ajudantes, os procuradores de todas as partes, os representantes legais, os intervenientes anuentes; numa concorrência pública, todos os que dela participarem, incluindo-se na literalidade do termo todos também os demais concorrentes, os funcionários do órgão o pessoa jurídica de direito público, o próprio órgão ou pessoa jurídica, os procuradores, diretores, administradores, etc. Essa interpretação deve ser afastada, não apenas por absurda, mas, principalmente, por antijurídica. A atribuição de responsabilidade pela lei, e, no caso, a interpretação dessa atribuição feita aparentemente sem restrições (para aqueles que tenha simplesmente participado do ato), devem guardar consonância com os princípios gerais e constitucionais. [...] Caberá ao Poder Judiciário a tarefa de, caso a caso, declarar – se entender que há responsabilidade – quais dos participantes beneficiaram-se da celebração do ato em prejuízo do Fisco, restringindo a estes eventual imposição de responsabilidade. A meu ver, todavia, essa imposição somente será possível, qualquer que seja o participante, se a sua participação for voluntária, ou, em outras palavras, se não tiver a obrigação de participar do ato" (ÁVILA, René Bergmann. Anotações ao art. 207 do CTN. In: PAULSEN, Leandro. *Certidões negativas de débito*. Porto Alegre: Livraria do Advogado e Esmafe, 1999, p. 274/275 e 283/285).

⇒ **Dispensa pela Administração para empresas que detenham o monopólio do serviço público.** Orientação Normativa AGU n. 9/09: "Comprovação da regularidade fiscal na celebração do contrato ou no pagamento de serviços já prestados, no caso de empresas que detenham o monopólio de serviço público, pode ser dispensada em caráter excepcional, desde que previamente autorizada pela autoridade maior do órgão contratante e concomitantemente, a situação de irregularidade seja comunicada ao agente arrecadador e à agência reguladora".

Art. 208. A certidão negativa expedida com dolo ou fraude, que contenha erro contra a Fazenda Pública, responsabiliza pessoalmente o funcionário que a expedir pelo crédito tributário e juros de mora acrescidos.

⇒ **Aspecto subjetivo.** A referência à certidão "expedida com dolo ou fraude" indica aspecto subjetivo a ser necessariamente apurado administrativamente como pressuposto prévio necessário ao redirecionamento da cobrança contra o funcionário.

– Sobre os conceitos de dolo e fraude, vide notas aos arts. 149, VII, e 161 do CTN.

Parágrafo único. O disposto neste artigo não exclui a responsabilidade criminal e funcional que no caso couber.

DISPOSIÇÕES FINAIS E TRANSITÓRIAS

Art. 209. A expressão "Fazenda Pública", quando empregada nesta Lei sem qualquer qualificação, abrange a Fazenda Pública da União, dos Estados, do Distrito Federal e dos Municípios.

⇒ **Fazenda Pública x Fazenda Nacional.** "A expressão Fazenda Pública, em nossa língua, assim como *Hacienda Pública* no espanhol, é sinônimo de Erário, Fisco ou Tesouro Público. [...] Vale lembrar, no momento, que Fazenda Pública é a soma de todos os bens patrimoniais, públicos e privados, de uma entidade de direito público interno e dos seus rendimentos e rendas, impostos, taxas e outras contribuições ou receitas não tributárias arrecadadas. Diz-se, também, que Fazenda Pública é o Estado, financeiramente considerado. Por outro lado, o conceito de Fazenda Pública é amplo, uma vez que, sem os adjetivos 'federal', 'estadual' ou 'municipal', abrange, além da União Federal, dos Estados, do Distrito Federal e dos Municípios, as suas respectivas autarquias e fundações públicas. [...] Já o termo Fazenda Nacional, ao contrário de Fazenda Pública, é bastante restrito e abrange tão somente os bens patrimoniais, públicos e privados, da Administração Pública federal centralizada. Ficam de fora do conceito de Fazenda Nacional o patrimônio das entidades de direito público interno da Administração Pública federal descentralizada (autarquias e fundações públicas), das entidades de direito privado da Administração Pública federal descentralizada (empresas públicas e sociedades de economia mista) e de todas as entidades de direito público ou de direito privado da Administração Pública estadual, municipal e do Distrito Federal. [...] Fazenda Pública é o gênero, enquanto Fazenda Nacional é uma das espécies do gênero Fazenda Pública" (SILVA, Américo Luís Martins da. *A execução da dívida ativa da Fazenda Pública*. São Paulo: RT, 2001, p. 38 e 40).

Art. 210. Os prazos fixados nesta Lei ou na legislação tributária serão contínuos, excluindo-se na sua contagem o dia de início e incluindo-se o de vencimento.

⇒ **Nesta lei ou na legislação tributária.** Tanto os prazos previstos no CTN (e.g., os de decadência e de prescrição do art. 173 e 174), como os prazos estabelecidos pela legislação tributária, expressão que, conforme o art. 96 do CTN, abrange inclusive os atos normativos infralegais.

– **Prazo de vencimento (para pagamento) dos tributos.** O art. 210 rege, inclusive, os prazos para pagamento de tributos, fixados normalmente por Portarias ou Instruções Normativas expedidas pelo sujeito ativo da obrigação tributária.

⇒ **Vincula o legislador e os sujeitos ativos na expedição de atos normativos.** Evidentemente, como norma geral de direito tributário, o art. 210 do CTN subordina os entes tributantes, que a ele estarão adstritos ao legislarem no exercício da sua competência tributária, e também as eventuais autarquias ou fundações públicas a quem a lei atribua a condição de sujeitos ativos, que também estarão vinculados ao art. 210 do CTN ao editarem normas complementares atinentes à fiscalização e cobrança dos respectivos tributos (quanto a tal competência dos sujeitos ativos, vide nota ao art. 119 do CTN).

– **Não existe, no art. 210, a cláusula "salvo disposição de lei em contrário".** O art. 210, diferentemente de diversos outros dispositivos do Código Tributário Nacional (e.g.: arts. 116, 120 e 161, § 1º), não admite disposição de lei em contrário. Ou seja, não se trata de mera norma de aplicação subsidiária, a ser utilizada na falta de dispositivo específico nas legislações federal, estaduais e municipais. Obriga a todos, de modo que a legislação – qualquer que seja – que dispuser em sentido contrário não terá validade.

⇒ **Serão contínuos.** Não se interrompem nos finais de semana e nos feriados. A referência a prazos contínuos diz com a ausência de causas de suspensão e de interrupção e não com os termos de início e de término dos prazos, regulados estes pelo parágrafo único deste artigo.

– "... contados de forma corrida, sem exclusão de qualquer dia, uma vez iniciada a contagem" (VOLKWEISS, Roque Joaquim. *Direito tributário nacional*. 3. ed. Porto Alegre: Livraria do Advogado, 2002, p. 468).

– "Contínuos, isto é, em 'dias corridos', sem interrupção pelos domingos e feriados. A regra do art. 210 coincide com a do art. 184 do CPC de 1973, que, parece-nos, na sua interpretação ju-

risprudencial, deve ser subsidiário daquele dispositivo do CTN" (BALEEIRO, Aliomar. *Direito tributário brasileiro*. 11. ed. Rio de Janeiro: Forense, 1999, p. 1025).

⇒ **Inaplicabilidade do preceito para cômputo das anterioridades de exercício, nonagesimal e especial.** "[...] Para nós, a própria leitura do parágrafo único deste dispositivo do CTN esclarece a questão, excluindo a aplicação do art. 210 do CTN em relação à anterioridade da lei tributária, pois deixa claro que a regra geral ali posta serve apenas para a contagem de prazos dentro dos quais devem ser cumpridos determinados atos processuais (p. ex., protocolo de um recurso administrativo) ou extraprocessuais (p. ex., pagamento de um tributo). Portanto, não serve para a contagem de prazos de anterioridade tributária, exigidos de leis que institua ou majorem tributos" (PETRY, Rodrigo Caramori. A anterioridade tributária nonagesimal: análise de sua aplicação prática para as contribuições e outros tributos [...]. *RET* 80/62, 2011).

Parágrafo único. Os prazos só se iniciam ou vencem em dia de expediente normal na repartição em que corra o processo ou deva ser praticado o ato.

⇒ **Postergação do início e do final do prazo quando coincidam com sábados, domingos ou feriados.** "... considerando-se um prazo de 3 dias para entrega de documento na repartição fiscal: quem é intimado (ou notificado) numa segunda-feira tem seu último dia de entrega previsto para o final do expediente de quinta-feira; se a intimação (ou notificação) ocorrer numa terça-feira, o último dia será no final do expediente de sexta-feira; se numa quarta ou numa quinta-feira, o último dia será no final do expediente de segunda-feira; se numa sexta-feira, o último dia será no final do expediente da quarta-feira seguinte" (VOLKWEISS, Roque Joaquim. *Direito tributário nacional*. 3. ed. Porto Alegre: Livraria do Advogado, 2002, p. 468).

– "... o termo inicial de que trata o art. 210 do CTN se verifica com a intimação recebida pelo contribuinte, dia este que não será computado, começando a contagem pelo primeiro dia útil imediatamente subsequente, e terminando no dia de expediente normal na repartição em que o processo corra ou o ato deva ser praticado. Se o termo final ocorrer em dia não útil, o vencimento deve ser no dia útil seguinte" (NOUR, Ricardo Abdul. In: MARTINS, Ives Gandra da Silva (coord.). *Comentários ao Código Tributário Nacional*. São Paulo: Saraiva, 1998, p. 535).

– "RECURSO ESPECIAL. PRAZO. FAZENDA PÚBLICA... Não havendo expediente na repartição pública e sendo feriado bancário em razão do aniversário da Capital de São Paulo na data do vencimento de tributo devido pelo contribuinte localizado no interior, correto o seu pagamento no dia útil seguinte, sem qualquer encargo, em face de autorização outorgada pela própria Administração" (STJ, REsp 201.789, 2000).

– "EMBARGOS À EXECUÇÃO FISCAL. Imputação indevida. Vencimento de prazo para recolhimento do ICMS quando o nono dia não é útil, prorroga-se par ao primeiro dia útil, não se atualizando o débito pela UFESP. Correta exegese do artigo 210, parágrafo único do Código Tributário Nacional. Recurso não provido" (TJSP, 6ª Câm. de Direito Público, Rel. Oliveira Prado, 26-9-1996).

– **Prazo atinente a favor fiscal.** Entendendo que os Estados têm autonomia para, na concessão de favor fiscal (pagamento sem atualização), estabelecer o termo *ad quem* para o seu gozo, inclusive prevendo que, encerrando o prazo em dia sem expediente, seja antecipado seu termo final: "ICMS. CORREÇÃO MONETÁRIA. COMPETÊNCIA. PRAZO. CONVERSÃO. SÁBADO. DIA ÚTIL ANTERIOR. A simples atualização do crédito tributário para a preservação do seu valor não é matéria reservada à lei complementar e se insere na competência dos Estados. Estabelece o Decreto Estadual n. 30.524 que se o dia fixado para a conversão recair em dia não útil, será ela efetuada no dia útil imediatamente anterior. Não se trata de prazo fixado para o recolhimento do tributo, mas sim de favor fiscal. Recurso improvido" (STJ, REsp 124.638, 1998).

⇒ **Expediente normal.** O dispositivo refere-se ao expediente normal na repartição em que corra o processo ou deva ser praticado o ato. Importará, pois, o expediente na repartição pública, quando estivermos tratando de prazo para a prática de ato perante a própria administração tributária, ou o expediente bancário, em se tratando de prazo para pagamento de obrigações tributárias.

– "Este, parece-nos, é o expediente completo, excluindo-se, pois, o chamado meio expediente e o expediente facultativo, eufemismo que encobre verdadeiro feriado" (BALEEIRO, Aliomar. *Direito tributário brasileiro*. 11. ed. Rio de Janeiro: Forense, 1999, p. 1026).

– "... se houver, por exemplo, redução eventual, de horário, o expediente deixa de ser normal... [...] O conhecido 'ponto facultativo', por si só, não significa falta de expediente, ou expediente anormal, mas simples ordem ao administrador público competente para que defina se haverá ou não expediente em determinada repartição pública" (VOLKWEISS, Roque Joaquim. *Direito tributário nacional*. 3. ed. Porto Alegre: Livraria do Advogado, 2002, p. 468).

– "Mais a mais, dia útil, no particular, para efeito de vencimento do tributo, é aquele em que há expediente normal na repartição, com exclusão dos denominados feriados bancários" (excerto do voto condutor do Min. Franciulli Netto quando do julgamento, pelo STF, do REsp 201.789/SP, 2000).

Art. 211. Incumbe ao Conselho Técnico de Economia e Finanças, do Ministério da Fazenda, prestar assistência técnica aos governos estaduais e municipais, com o objetivo de assegurar a uniforme aplicação da presente Lei.

⇒ **Objetivo de uniformização.** O art. 211 bem revela uma das funções primordiais das normas gerais de direito tributário: dar uniformidade ao exercício das competências tributárias e à relação entre os contribuintes e o Fisco, em todas as esferas da federação, seja federal, estadual ou municipal.

Art. 212. Os Poderes Executivos federal, estaduais e municipais expedirão, por decreto, dentro de 90 (noventa) dias da entrada em vigor desta Lei, a consolidação, em texto único, da legislação vigente, relativa a cada um dos tributos, repetindo-se esta providência até o dia 31 de janeiro de cada ano.

⇒ **LC n. 95/98.** A LC n. 95/98 dispõe sobre a elaboração, a redação, a alteração e a consolidação das leis, conforme determina o parágrafo único do art. 59 da Constituição Federal, e estabelece normas para a consolidação dos atos normativos. Determinou que fosse elaborada a Consolidação da Legislação Federal e atualizada a cada legislatura, bem como a consolidação dos atos normativos infralegais. O Decreto n. 4.176/2002 estabelece normas e diretrizes para a elaboração, a redação, a alteração, a consolidação e o encaminhamento ao Presidente da República de projetos de atos normativos de competência dos órgãos do Poder Executivo Federal, e dá outras providências.

– **Consolidação anual da legislação atinente aos tributos em espécie.** O art. 212 do CTN toca em aspecto extremamente relevante, na medida em que o emaranhado de diplomas legislativos, muitas vezes, faz com que o conhecimento da legislação vigente seja tarefa hercúlea. A complexidade, a falta de sistematização, a ausência de técnica legislativa e, por fim, o não cumprimento da obrigação de proceder à consolidação da legislação fazem com que os contribuintes tenham enormes dificuldades em se orientarem quanto às suas obrigações tributárias. Aliás, não é raro que, dentro das próprias repartições fiscais, apenas um ou outro profissional tenha conhecimento exaustivo de determinadas matérias.

– Cabe ressaltar que a Lei Complementar n. 95/98, que dispõe sobre a elaboração, a redação e a consolidação das leis, determina que as leis federais sejam reunidas em codificações e consolidações, integradas por volumes contendo matérias conexas ou afins, constituindo, em seu todo, a Consolidação da Legislação Federal (art. 13). A consolidação, conforme estabelece, consistirá na integração de todas as leis pertinentes a determinada matéria num único diploma legal, revogando-se formalmente as leis incorporadas à consolidação, sem modificação do alcance nem interrupção da força normativa dos dispositivos (art. 13, § 1º). Também prevê que os órgãos diretamente subordinados à Presidência da República e aos Ministérios, assim como as entidades da Administração indireta adotarão as providências necessária para a triagem, o exame e a consolidação dos decretos de conteúdo normativo e geral e demais atos normativos inferiores em vigor, vinculados às respectivas áreas de competência, remetendo os textos consolidados à Presidência da República para exame e reunião em coletânea a ser publicada, devendo tal procedimento renovar-se no início de cada mandato presidencial (arts. 16 e 17).

Art. 213. Os Estados pertencentes a uma mesma região geoeconômica celebrarão entre si convênios, para o estabelecimento de alíquota uniforme para o imposto a que se refere o art. 52.

Parágrafo único. Os Municípios de um mesmo Estado procederão igualmente, no que se refere à fixação da alíquota de que trata o art. 60.

Art. 214. O Poder Executivo promoverá a realização de convênios com os Estados, para excluir ou limitar a incidência do

Imposto sobre Operações Relativas à Circulação de Mercadorias, no caso de exportação para o Exterior.

Art. 215. A lei estadual pode autorizar o Poder Executivo a reajustar, no exercício de 1967, a alíquota do imposto a que se refere o art. 52, dentro de limites e segundo critérios por ela estabelecidos.

Art. 216. O Poder Executivo proporá as medidas legislativas adequadas a possibilitar, sem compressão dos investimentos previstos na proposta orçamentária de 1967, o cumprimento do disposto no art. 21 da Emenda Constitucional n. 18, de 1965.

Art. 217. As disposições desta Lei, notadamente as dos arts. 17, 74, § 2º, e 77, parágrafo único, bem como a do art. 54 da Lei 5.025, de 10 de junho de 1966, não excluem a incidência e a exigibilidade:

I – da "contribuição sindical", denominação que passa a ter o Imposto Sindical de que tratam os arts. 578 e segs. da Consolidação das Leis do Trabalho, sem prejuízo do disposto no art. 16 da Lei n. 4.589, de 11 de dezembro de 1964;

II – das denominadas "quotas de previdência" a que aludem os arts. 71 e 74 da Lei n. 3.807, de 26 de agosto de 1960, com as alterações determinadas pelo art. 34 da Lei n. 4.863, de 29 de novembro de 1965, que integram a contribuição da União para a Previdência social, de que trata o art. 157, item XVI, da Constituição Federal;

III – da contribuição destinada a constituir "Fundo de Assistência" e "Previdência do Trabalhador Rural", de que trata o art. 158 da Lei n. 4.214, de 2 de março de 1963;

IV – da contribuição destinada ao Fundo de Garantia do Tempo de Serviço, criada pelo art. 2º da Lei n. 5.107, de 13 de setembro de 1966;

V – das contribuições enumeradas no § 2º do art. 34 da Lei n. 4.863, de 29 de novembro de 1965, com as alterações decorrentes do disposto nos arts. 22 e 23 da Lei n. 5.107, de 13 de setembro de 1966, e outras de fins sociais criadas por lei.

Art. 218. Esta Lei entrará em vigor, em todo o território nacional, no dia 1º de janeiro de 1967, revogadas as disposições em contrário, especialmente a Lei n. 854, de 10 de outubro de 1949.

Anexos

SÚMULAS VINCULANTES DO STF

Súmula Vinculante 8. São inconstitucionais o parágrafo único do artigo 5º do Decreto-Lei n. 1.569/1977 e os artigos 45 e 46 da Lei n. 8.212/1991, que tratam de prescrição e decadência de crédito tributário. 2008.

Súmula Vinculante 12. A cobrança de taxa de matrícula nas universidades públicas viola o disposto no art. 206, IV, da Constituição Federal. 2008.

Súmula Vinculante 17. Durante o período previsto no parágrafo 1º do artigo 100 da Constituição, não incidem juros de mora sobre os precatórios que nele sejam pagos. 2009.

Súmula Vinculante 19. A taxa cobrada exclusivamente em razão dos serviços públicos de coleta, remoção e tratamento ou destinação de lixo ou resíduos provenientes de imóveis, não viola o artigo 145, II, da Constituição Federal. 2009.

Súmula Vinculante 21. É inconstitucional a exigência de depósito ou arrolamento prévios de dinheiro ou bens para admissibilidade de recurso administrativo. 2009.

Súmula Vinculante 24. Não se tipifica crime material contra a ordem tributária, previsto no art. 1º, incisos I a IV, da Lei n. 8.137/90, antes do lançamento definitivo do tributo. 2009.

Súmula Vinculante 28. É inconstitucional a exigência de depósito prévio como requisito de admissibilidade de ação judicial na qual se pretenda discutir a exigibilidade de crédito tributário. 2010.

Súmula Vinculante 29. É constitucional a adoção, no cálculo do valor de taxa, de um ou mais elementos da base de cálculo própria de determinado imposto, desde que não haja integral identidade entre uma base e outra. 2010.

Súmula Vinculante 31. É inconstitucional a incidência do Imposto sobre Serviços de Qualquer Natureza (ISS) sobre operações de locação de bens móveis. 2010.

Súmula Vinculante 32. O ICMS não incide sobre alienação de salvados de sinistro pelas seguradoras. 2011.

Súmula Vinculante 40. A contribuição confederativa de que trata o art. 8º, IV, da Constituição Federal, só é exigível dos filiados ao sindicato respectivo. 2015.

Súmula Vinculante 41. O serviço de iluminação pública não pode ser remunerado mediante taxa. 2015.

Súmula Vinculante 47. Os honorários advocatícios incluídos na condenação ou destacados do montante principal devido ao credor consubstanciam verba de natureza alimentar cuja satisfação ocorrerá com a expedição de precatório ou requisição de pequeno valor, observada ordem especial restrita aos créditos dessa natureza. 2015.

Súmula Vinculante 48. Na entrada de mercadoria importada do exterior, é legítima a cobrança do ICMS por ocasião do desembaraço aduaneiro. 2015.

Súmula Vinculante 50. Norma legal que altera o prazo de recolhimento de obrigação tributária não se sujeita ao princípio da anterioridade. 2015.

Súmula Vinculante 52. Ainda quando alugado a terceiros, permanece imune ao Imposto sobre a Propriedade Predial e Territorial Urbana (IPTU) o imóvel pertencente a qualquer das entidades referidas pelo art. 150, VI, "c", da Constituição Federal, desde que o valor dos aluguéis seja aplicado nas atividades para as quais tais entidades foram constituídas. 2015.

Súmula Vinculante 53. A competência da Justiça do Trabalho prevista no art. 114, VIII, da Constituição Federal alcança a execução de ofício das contribuições previdenciárias relativas ao objeto da condenação constante das sentenças que proferir e acordos por ela homologados. 2015.

Súmula Vinculante 57. A imunidade tributária constante do art. 150, VI, *d*, da CF/88 aplica-se à importação e comercialização, no mercado interno, do livro eletrônico (ebook) e dos suportes exclusivamente utilizados para fixá-los, como leitores de livros eletrônicos (*e-readers*), ainda que possuam funcionalidades acessórias. 2020.

Súmula Vinculante 58. Inexiste direito a crédito presumido de IPI relativamente à entrada de insumos isentos, sujeitos à alíquota zero ou não tributáveis, o que não contraria o princípio da não cumulatividade. 2020.

Súmula 656 do STF. É inconstitucional a lei que estabelece alíquotas progressivas para o imposto de transmissão *inter vivos* de bens imóveis – ITBI com base no valor venal do imóvel. 2003.

Súmula 657 do STF. A imunidade prevista no art. 150, VI, *d*, da Constituição Federal abrange os filmes e papéis fotográficos necessários à publicação de jornais e periódicos.

Súmula 658 do STF. São constitucionais os arts. 7º da Lei 7.787/89 e 1º da Lei 7.894/89 e da Lei 8.147/90, que majoraram a alíquota do Finsocial, quando devida a contribuição por empresas dedicadas exclusivamente à prestação de serviços. 2003.

Súmula 659 do STF. É legítima a cobrança da COFINS, do PIS e do FINSOCIAL sobre as operações relativas a energia elétrica, serviços de telecomunicações, derivados de petróleo, combustíveis e minerais do País. 2003.

Súmula 660 do STF. Não incide ICMS na importação de bens por pessoa física ou jurídica que não seja contribuinte do imposto.

Súmula 661 do STF. Na entrada de mercadoria importada do exterior, é legítima a cobrança do ICMS por ocasião do desembaraço aduaneiro. 2003.

Súmula 662 do STF. É legítima a incidência do ICMS na comercialização de exemplares de obras cinematográficas, gravados em fitas de videocassete. 2003.

Súmula 663 do STF. Os §§ 1º e 3º do art. 9º do DI. 406/68 foram recebidos pela Constituição. 2003.

Súmula 664 do STF. É inconstitucional o inciso V do art. 1º da Lei 8.033/90, que instituiu a incidência do imposto nas operações de crédito, câmbio e seguros – IOF sobre saques efetuados em caderneta de poupança. 2003.

Súmula 665 do STF. É constitucional a Taxa de Fiscalização dos Mercados de Títulos e Valores Mobiliários instituída pela Lei 7.940/89. 2003.

Súmula 666 do STF. A contribuição confederativa de que trata o art. 8º, IV, da Constituição, só é exigível dos filiados ao sindicato respectivo. 2003.

Súmula 667 do STF. Viola a garantia constitucional de acesso à jurisdição a taxa judiciária calculada sem limite sobre o valor da causa. 2003.

Súmula 668 do STF. É inconstitucional a lei municipal que tenha estabelecido, antes da Emenda Constitucional 29/2000, alíquotas progressivas para o IPTU, salvo se destinada a assegurar o cumprimento da função social da propriedade urbana. 2003.

Súmula 669 do STF. Norma legal que altera o prazo de recolhimento da obrigação tributária não se sujeita ao princípio da anterioridade. 2003.

Súmula 670 do STF. O serviço de iluminação pública não pode ser remunerado mediante taxa. 2003.

Súmula 688 do STF. É legítima a incidência da contribuição previdenciária sobre o 13º salário. 2003.

Súmula 724 do STF. Ainda quando alugado a terceiros, permanece imune ao IPTU o imóvel pertencente a qualquer das entidades referidas pelo art. 150, VI, c, da Constituição, desde que o valor dos aluguéis seja aplicado nas atividades essenciais de tais entidades. 2003.

Súmula 730 do STF. A imunidade tributária conferida a instituições de assistência social sem fins lucrativos pelo art. 150, VI, c, da Constituição, somente alcança as entidades fechadas de previdência social privada se não houver contribuição dos beneficiários. 2003.

Súmula 732 do STF. É constitucional a cobrança da contribuição do salário-educação, seja sob a Carta de 1969, seja sob a Constituição Federal de 1988, e no regime da Lei 9.424/96. 2003.

TEMAS DO STF DE REPERCUSSÃO GERAL EM MATÉRIA TRIBUTÁRIA

Tema 1 do STF. É inconstitucional a parte do art. 7º, I, da Lei 10.865/2004 que acresce à base de cálculo da denominada PIS/COFINS-Importação o valor do ICMS incidente no desembaraço aduaneiro e o valor das próprias contribuições. Decisão de mérito em 2013.

Tema 2 do STF. I – Normas relativas à prescrição e decadência em matéria tributária são reservadas à lei complementar; II – São inconstitucionais o parágrafo único do artigo 5º do Decreto-Lei 1.569/1977 e os artigos 45 e 46 da Lei 8.212/1991. Decisão de mérito em 2008.

Tema 3 do STF. São inconstitucionais o parágrafo único do artigo 5º do Decreto-Lei 1.569/1977 e os artigos 45 e 46 da Lei 8.212/1991, que tratam de prescrição e decadência de crédito tributário. Decisão de mérito em 2008.

Tema 4 do STF. É inconstitucional o art. 4º, segunda parte, da Lei Complementar 118/2005, de modo que, para os tributos sujeitos a homologação, o novo prazo de 5 anos para a repetição ou compensação de indébito aplica-se tão somente às ações ajuizadas após o decurso da *vacatio legis* de 120 dias, ou seja, a partir de 9 de junho de 2005. Decisão de mérito em 2008.

Tema 8 do STF. A Contribuição Social sobre o Lucro Líquido CSLL incide sobre o lucro decorrente das exportações. A imunidade prevista no artigo 149, § 2º, inciso I, da Constituição Federal, com a redação dada pela Emenda Constitucional n. 33/2001, não o alcança. Decisão de mérito em 2010.

Tema 16 do STF. A segurança pública, presentes a prevenção e o combate a incêndios, faz-se, no campo da atividade precípua, pela unidade da Federação, e, porque serviço essencial, tem como a viabilizá-la a arrecadação de impostos, não cabendo ao Município a criação de taxa para tal fim. Decisão de mérito em 2017.

Tema 20 do STF. A contribuição social a cargo do empregador incide sobre ganhos habituais do empregado, quer anteriores ou posteriores à Emenda Constitucional n. 20/1998. Decisão de mérito em 2017.

Tema 21 do STF. É constitucional a fixação de alíquota progressiva para o Imposto sobre Transmissão Causa Mortis e Doação ITCD. Decisão de mérito em 2013.

Tema 31 do STF. É inconstitucional o uso de meio indireto coercitivo para pagamento de tributo sanção política, tal qual ocorre com a exigência, pela Administração Tributária, de fiança, garantia real ou fidejussória como condição para impressão de notas fiscais de contribuintes com débitos tributários. Decisão de mérito em 2014.

Tema 32 do STF. A lei complementar é forma exigível para a definição do modo beneficente de atuação das entidades de assistência social contempladas pelo art. 195, § 7º, da CF, especialmente no que se refere à instituição de contrapartidas a serem por elas observadas. Decisão de mérito em 2017.

Tema 34 do STF. É constitucional a previsão em lei ordinária que introduz a sistemática da não cumulatividade a COFINS dado que observa os princípios da legalidade, isonomia, capacidade contributiva global e não confisco. Decisão de mérito em 2017.

Tema 36 do STF. A competência da Justiça do Trabalho prevista no art. 114, VIII, da Constituição Federal alcança somente a execução das contribuições previdenciárias relativas ao objeto da condenação constante das sentenças que proferir, não abrangida a execução de contribuições previdenciárias atinentes ao vínculo de trabalho reconhecido na decisão, mas sem condenação ou acordo quanto ao pagamento das verbas salariais que lhe possam servir como base de cálculo. Decisão de mérito em 2008.

Tema 42 do STF. A retenção da parcela do ICMS constitucionalmente devida aos municípios, a pretexto de concessão de incentivos fiscais, configura indevida interferência do Estado no sistema constitucional de repartição de receitas tributárias. Decisão de mérito em 2008.

Tema 45 do STF. A execução provisória de obrigação de fazer em face da Fazenda Pública não atrai o regime constitucional de precatórios. Decisão de mérito em 2017.

Tema 46 do STF. É constitucional a cobrança dos encargos instituídos pela Lei 10.438/2002, os quais não possuem natureza tributária, mas de tarifa ou preço público. Decisão de mérito em 2009.

Tema 49 do STF. O direito do contribuinte de utilizar-se de crédito relativo a valores pagos a título de Imposto sobre Produtos Industrializados IPI, oriundo da aquisição de matéria-prima a ser empregada em produto final beneficiado pela isenção ou tributado à alíquota zero, somente surgiu com a Lei n. 9.779/1999, não se mostrando possível a aplicação retroativa da norma. Decisão de mérito em 2009.

Tema 51 do STF. A Emenda Constitucional 42/2003 não introduziu aumento de alíquota para cobrança da CPMF e, portanto, não violou o princípio da anterioridade nonagesimal. Decisão de mérito em 2009.

Tema 52 do STF. A imunidade tributária prevista no art. 149, § 2º, I, da Constituição Federal é restrita às contribuições sociais e de intervenção no domínio econômico incidentes sobre as receitas decorrentes de exportação. Não contempla, assim, a CPMF, cuja hipótese de incidência de movimentações financeiras não se confunde com receitas. Decisão de mérito em 2010.

Tema 53 do STF. É compatível com a Constituição Federal a norma infraconstitucional que atribui a órgão integrante do Poder Executivo da União a faculdade de alterar as alíquotas do Imposto de Exportação. Decisão de mérito em 2009.

Tema 55 do STF. I – Os Estados membros possuem competência apenas para a instituição de contribuição voltada ao custeio do regime de previdência de seus servidores. Falece-lhes, portanto, competência para a criação de contribuição ou qualquer outra espécie tributária destinada ao custeio de serviços médicos, hospitalares, farmacêuticos e odontológicos prestados aos seus servidores; II – Não há óbice constitucional à prestação, pelos Estados, de serviços de saúde a seus servidores, desde que a adesão a esses "planos" seja facultativa. Decisão de mérito em 2010.

Tema 56 do STF. O Ministério Público tem legitimidade para propor ação civil pública com o objetivo de anular Termo de Acordo de Regime Especial TARE firmado entre o Poder Público e contribuinte, em face da legitimação ad causam que o texto constitucional lhe confere para defender o erário. Decisão de mérito em 2010.

Tema 63 do STF. O crédito-prêmio de IPI, incentivo fiscal de natureza setorial instituído pelo art. 1º do Decreto-Lei 491/1969, deixou de vigorar em 5/10/1990 ante a ausência de sua confirmação por lei no prazo de dois anos após a publicação da Constituição de 1988, conforme definido no § 1º do art. 41 do Ato das Disposições Constitucionais Transitórias – ADCT. Decisão de mérito em 2011.

Tema 64 do STF. Não ofende o art. 173, § 1º, II, da Constituição Federal, a escolha legislativa de reputar não equivalentes a situação das empresas privadas com relação a das sociedades de economia mista, das empresas públicas e respectivas subsidiárias que exploram atividade econômica, para fins de submissão ao regime tributário das contribuições para o PIS e para o PASEP, à luz dos princípios da igualdade tributária e da seletividade no financiamento da Seguridade Social. Decisão de mérito em 2018.

Tema 69 do STF. O ICMS não compõe a base de cálculo para a incidência do PIS e da COFINS. Decisão de mérito em 2017.

Tema 72 do STF. É inconstitucional a incidência da contribuição previdenciária a cargo do empregador sobre o salário maternidade. Decisão de mérito em 2020.

Tema 75 do STF. É constitucional a proibição de deduzir-se o valor da Contribuição Social sobre o Lucro Líquido CSLL do montante apurado como lucro real, que constitui a base de cálculo do Imposto de Renda de Pessoa Jurídica IRPJ. Decisão de mérito em 2013.

Tema 79 do STF. MÉRITO AINDA NÃO JULGADO. Controvérsia: a) Reserva de lei complementar para instituir PIS e COFINS sobre a importação. b) Aplicação retroativa da Lei n. 10.865/2004.

Tema 80 do STF. Surge constitucional, sob o ângulo do caráter seletivo, em função da essencialidade do produto e do tratamento isonômico, o artigo 2º da Lei n. 8.393/1991, a revelar alíquota máxima de Imposto sobre Produtos Industrializados –

IPI de 18%, assegurada isenção, quanto aos contribuintes situados na área de atuação da Superintendência de Desenvolvimento do Nordeste – SUDENE e da Superintendência de Desenvolvimento da Amazônia – SUDAM, e autorização para redução de até 50% da alíquota, presentes contribuintes situados nos Estados do Espírito Santo e do Rio de Janeiro. Decisão de mérito em 2017.

Tema 82 do STF. I. A previsão estatutária genérica não é suficiente para legitimar a atuação, em Juízo, de associações na defesa de direitos dos filiados, sendo indispensável autorização expressa, ainda que deliberada em assembleia, nos termos do artigo 5º, inciso XXI, da Constituição Federal; II. As balizas subjetivas do título judicial, formalizado em ação proposta por associação, são definidas pela representação no processo de conhecimento, limitada a execução aos associados apontados na inicial. Decisão de mérito em 2014.

Tema 84 do STF. É formalmente inconstitucional, por ofensa ao artigo 146, inciso III, alínea a, da Constituição Federal, o § 2º do artigo 14 da Lei n. 4.502/1964, com a redação dada pelo artigo 15 da Lei n. 7.798/1989, no ponto em que prevê a inclusão de descontos incondicionais na base de cálculo do Imposto sobre Produtos Industrializados IPI, em descompasso com a disciplina da matéria no artigo 47, inciso II, alínea a, do Código Tributário Nacional. Decisão de mérito em 2014.

Tema 87 do STF. As vendas inadimplidas não podem ser excluídas da base de cálculo da contribuição ao PIS e da COFINS, visto que integram a receita da pessoa jurídica. Decisão de mérito em 2011.

Tema 91 do STF. O prazo nonagesimal previsto no art. 150, III, c, da Constituição Federal somente deve ser utilizado nos casos de criação ou majoração de tributos, não nas situações, como a prevista na Lei paulista 11.813/04, de simples prorrogação de alíquota já aplicada anteriormente. Decisão de mérito em 2009.

Tema 92 do STF. Não viola o art. 167, IV, da Constituição Federal lei estadual que, ao prever o aumento da alíquota do Imposto sobre Circulação de Mercadorias e Serviços ICMS, impõe ao Chefe do Executivo a divulgação da aplicação dos recursos provenientes desse aumento. Decisão de mérito em 2010.

Tema 94 do STF. É constitucional a Emenda Constitucional n. 29, de 2000, no que estabeleceu a possibilidade de previsão legal de alíquotas progressivas para o IPTU de acordo com o valor do imóvel. Decisão de mérito em 2011.

Tema 95 do STF. É constitucional a majoração da alíquota da Cofins de 2% para 3%, instituída no artigo 8º da Lei n. 9.718/1998. Decisão de mérito em 2009.

Tema 102 do STF. É constitucional o art. 1º, IV, da Lei 8.033/1990, uma vez que a incidência de IOF sobre o negócio jurídico de transmissão de títulos e valores mobiliários, tais como ações de companhias abertas e respectivas bonificações, encontra respaldo no art. 153, V, da Constituição Federal, sem ofender os princípios tributários da anterioridade e da irretroatividade, nem demandar a reserva de lei complementar. Decisão de mérito em 2016.

Tema 104 do STF. MÉRITO AINDA NÃO JULGADO. Controvérsia: Incidência de IOF em contratos de mútuo em que não participam instituições financeiras.

Tema 107 do STF. A Emenda Constitucional 10/1996, especialmente quanto ao inciso III do art. 72 do ADCT, é um novo texto e veicula nova norma, não sendo mera prorrogação da Emenda Constitucional de Revisão 1/1994, devendo, portanto, observância ao princípio da anterioridade nonagesimal, porquanto majorou a alíquota da CSLL para as pessoas jurídicas referidas no § 1º do art. 22 da Lei n. 8.212/1991. Decisão de mérito em 2011.

Tema 109 do STF. Lei estadual autorizadora da não inscrição em dívida ativa e do não ajuizamento de débitos de pequeno valor é insuscetível de aplicação ao Município e, consequentemente, não serve de fundamento para a extinção das execuções fiscais que promova, sob pena de violação à sua competência tributária. Decisão de mérito em 2009.

Tema 110 do STF. É inconstitucional a ampliação da base de cálculo da contribuição ao PIS e da COFINS prevista no art. 3º, § 1º, da Lei 9.718/98. Decisão de mérito em 2008.

Tema 115 do STF. Aplicação da imunidade tributária recíproca às sociedades de economia mista que prestam serviços de saúde exclusivamente pelo SUS. Decisão de mérito em 2010.

Tema 117 do STF. É constitucional a limitação do direito de compensação de prejuízos fiscais do IRPJ e da base de cálculo negativa da CSLL. Decisão de mérito em 2019.

Tema 118 do STF. MÉRITO AINDA NÃO JULGADO. Controvérsia: Inclusão do ISS na base de cálculo do PIS e da COFINS.

Tema 125 do STF. É constitucional a incidência do Imposto sobre Serviços de Qualquer Natureza – ISS sobre as operações de arrendamento mercantil (*leasing* financeiro). Decisão de mérito em 2009.

Tema 155 do STF. É inconstitucional a lei municipal que tenha estabelecido, antes da Emenda Constitucional 29/2000, alíquotas progressivas para o IPTU, salvo se destinada a assegurar o cumprimento da função social da propriedade urbana. Decisão de mérito em 2014.

Tema 163 do STF. Não incide contribuição previdenciária sobre verba não incorporável aos proventos de aposentadoria do servidor público, tais como terço de férias, serviços extraordinários, adicional noturno e adicional de insalubridade. Decisão de mérito em 2018.

Tema 166 do STF. É inconstitucional a contribuição previdenciária prevista no art. 22, IV, da Lei 8.212/1991, com redação dada pela Lei 9.876/1999, que incide sobre o valor bruto da nota fiscal ou fatura referente a serviços prestados por cooperados por intermédio de cooperativas de trabalho. Decisão de mérito em 2014.

Tema 167 do STF. MÉRITO AINDA NÃO JULGADO. Controvérsia: Cálculo dos índices de correção monetária quando da implantação do Plano Real.

Tema 168 do STF. É inconstitucional a aplicação retroativa de lei que majora a alíquota incidente sobre o lucro proveniente de operações incentivadas ocorridas no passado, ainda que no mesmo ano-base, tendo em vista que o fato gerador se consolida no momento em que ocorre cada operação de exportação, à luz da extrafiscalidade da tributação na espécie. Decisão de mérito em 2015.

Tema 176 do STF. A demanda de potência elétrica não é passível, por si só, de tributação via ICMS, porquanto somente integram a base de cálculo desse imposto os valores referentes àquelas operações em que haja efetivo consumo de energia elétrica pelo consumidor. Decisão de mérito em 2020.

Tema 177 do STF. São legítimas as alterações introduzidas pela Medida Provisória 1.858/1999, no que revogou a isenção da COFINS e da contribuição para o PIS concedidas às sociedades cooperativas. Decisão de mérito em 2014.

Tema 179 do STF. Em relação às contribuições ao PIS/COFINS, não viola o princípio da não cumulatividade a impossibilidade de creditamento de despesas ocorridas no sistema cumulativo, pois os créditos são presumidos e o direito ao desconto somente surge com as despesas incorridas em momento posterior ao início da vigência do regime não cumulativo. Decisão de mérito em 2020.

Tema 201 do STF. É devida a restituição da diferença do Imposto sobre Circulação de Mercadorias e Serviços (ICMS) pago a mais no regime de substituição tributária para a frente se a base de cálculo efetiva da operação for inferior à presumida. Decisão de mérito em 2016.

Tema 202 do STF. É inconstitucional a contribuição, a ser recolhida pelo empregador rural pessoa física, incidente sobre a receita bruta proveniente da comercialização de sua produção, prevista no art. 25 da Lei 8.212/1991, com a redação dada pelo art. 1º da Lei 8.540/1992. Decisão de mérito em 2011.

Tema 204 do STF. É constitucional a previsão legal de diferenciação de alíquotas em relação às contribuições previdenciárias incidentes sobre a folha de salários de instituições financeiras ou de entidades a elas legalmente equiparáveis, após a edição da Emenda Constitucional n. 20/1998. Decisão de mérito em 2016.

Tema 207 do STF. As imunidades previstas nos artigos 149, § 2º, I, e 153, § 3º, III, da Constituição Federal são aplicáveis às empresas optantes pelo Simples Nacional. Decisão do mérito em 2020.

Tema 209 do STF. A contribuição para o Finsocial, incidente sobre o faturamento das empresas, não está abrangida pela imunidade objetiva prevista no art. 150, VI, d, da Constituição Federal de 1988, anterior art. 19. III, d, da Carta de 1967/1969. Decisão de mérito em 2013.

Tema 211 do STF. A majoração do valor venal dos imóveis para efeito da cobrança de IPTU não prescinde da edição de lei em sentido formal, exigência que somente se pode afastar quando a atualização não excede os índices inflacionários anuais de correção monetária. Decisão de mérito em 2013.

Tema 212 do STF. É inconstitucional a incidência do Imposto sobre Serviços de Qualquer Natureza- ISS sobre operações de locação de bens móveis, dissociada da prestação de serviços. Decisão de mérito em 2010.

Tema 214 do STF. I – É constitucional a inclusão do valor do Imposto sobre Circulação de Mercadorias e Serviços – ICMS na sua própria base de cálculo; II – É legítima a utilização, por lei, da taxa SELIC como índice de atualização de débitos tributários; III – Não é confiscatória a multa moratória no patamar de 20%. Decisão do mérito em 2011.

Tema 217 do STF. É constitucional a taxa de renovação de funcionamento e localização municipal, desde que efetivo o exercício do poder de polícia, demonstrado pela existência de órgão e estrutura competentes para o respectivo exercício. Decisão de mérito em 2010.

Tema 218 do STF. MÉRITO AINDA NÃO JULGADO. Controvérsia: Direito de supermercado a crédito do ICMS relativo à energia elétrica utilizada no processo produtivo de alimentos que comercializa.

Tema 224 do STF. A imunidade tributária recíproca não exonera o sucessor das obrigações tributárias relativas aos fatos jurídicos tributários ocorridos antes da sucessão. Decisão do mérito em 2014.

Tema 225 do STF. I – O art. 6º da Lei Complementar 105/01 não ofende o direito ao sigilo bancário, pois realiza a igualdade em relação aos cidadãos, por meio do princípio da capacidade contributiva, bem como estabelece requisitos objetivos e o translado do dever de sigilo da esfera bancária para a fiscal; II – A Lei 10.174/01 não atrai a aplicação do princípio da irretroatividade das leis tributárias, tendo em vista o caráter instrumental da norma, nos termos do artigo 144, § 1º, do CTN. Decisão de mérito em 2016.

Tema 226 do STF. Declarada inconstitucional a progressividade de alíquota tributária, é devido o tributo calculado pela alíquota mínima correspondente, de acordo com a destinação do imóvel. Decisão de mérito em 2015.

Tema 227 do STF. A contribuição destinada ao Serviço Brasileiro de Apoio às Micro e Pequenas Empresas – Sebrae possui natureza de contribuição de intervenção no domínio econômico e não necessita de edição de lei complementar para ser instituída. Decisão de mérito em 2013.

Tema 228 do STF. É devida a restituição da diferença das contribuições para o Programa de Integração Social – PIS e para o Financiamento da Seguridade Social – Cofins recolhidas a mais, no regime de substituição tributária, se a base de cálculo efetiva das operações for inferior à presumida. Decisão de mérito em 2020.

Tema 235. Os serviços prestados pela Empresa Brasileira de Correios e Telégrafos – ECT, inclusive aqueles em que a empresa não age em regime de monopólio, estão abrangidos pela imunidade tributária recíproca (CF, art. 150, VI,a e §§ 2º e 3º). Decisão do mérito em 2013.

Tema 247. MÉRITO AINDA NÃO JULGADO. Incidência do ISS sobre materiais empregados na construção civil.

Tema 244. Surge inconstitucional, por ofensa aos princípios da não cumulatividade e da isonomia, o artigo 31, cabeça, da Lei n. 10.865/2004, no que vedou o creditamento da contribuição para o PIS e da COFINS, relativamente ao ativo imobilizado adquirido até 30 de abril de 2004. Decisão de mérito em 2020.

Tema 254 do STF. MÉRITO AINDA NÃO JULGADO. Controvérsia: Equiparação de Caixa de Assistência de grupo profissional a entidades beneficentes de assistência social para fins de imunidade tributária.

Tema 259 do STF. A imunidade da alínea d do inciso VI do artigo 150 da Constituição Federal alcança componentes eletrônicos destinados, exclusivamente, a integrar unidade didática com fascículos. Decisão de mérito em 2017.

Tema 261 do STF. É inconstitucional a cobrança de taxa, espécie tributária, pelo uso de espaços públicos dos municípios por concessionárias prestadoras do serviço público de fornecimento de energia elétrica. Decisão do mérito em 2010.

Tema 277 do STF. I – A eventual inconstitucionalidade de desvinculação de receita de contribuições sociais não acarreta a devolução ao contribuinte do montante correspondente ao percentual desvinculado, pois a tributação não seria inconstitucional ou ilegal, única hipótese autorizadora da repetição do indébito tributário; II – Não é inconstitucional a desvinculação, ainda que parcial, do produto da arrecadação das contribuições sociais instituídas pelo art. 76 do ADCT, seja em sua redação original, seja naquela resultante das Emendas Constitucionais 27/2000, 42/2003, 56/2007, 59/2009 e 68/2011. Decisão do mérito em 2014.

Tema 278 do STF. I – A contribuição para o PIS está sujeita ao princípio da anterioridade nonagesimal previsto no art. 195, § 6º, da Constituição Federal; II – Nos casos em que a majoração de alíquota tenha sido estabelecida somente na conversão de medida provisória em lei, a contribuição apenas poderá ser exigida após noventa dias da publicação da lei de conversão. Decisão do mérito em 2014.

Tema 281 do STF. É constitucional o art. 22-A da Lei 8.212/1991, com a redação da Lei 10.256/2001, no que instituiu contribuição previdenciária incidente sobre a receita bruta proveniente da comercialização da produção, em substituição ao regime anterior da contribuição incidente sobre a folha de salários. Decisão do mérito em 2022.

Tema 283 do STF. É inconstitucional a incidência da contribuição ao PIS e da COFINS não cumulativas sobre os valores recebidos por empresa exportadora em razão da transferência a terceiros de créditos de ICMS. Decisão do mérito em 2013.

Tema 296 do STF. É taxativa a lista de serviços sujeitos ao ISS a que se refere o art. 156, III, da Constituição Federal, admitindo-se, contudo, a incidência do tributo sobre as atividades inerentes aos serviços elencados em lei em razão da interpretação extensiva. Decisão de mérito em 2020.

Tema 297 do STF. Não incide o ICMS na operação de arrendamento mercantil internacional, salvo na hipótese de antecipação da opção de compra, quando configurada a transferência da titularidade do bem. Decisão do mérito em 2014.

Tema 298 do STF. É constitucional a sistemática estabelecida no artigo 3º, inciso I, da Lei 8.200/1991 para a compensação tributária decorrente da correção monetária das demonstrações financeiras de pessoas jurídicas no ano-base 1990. Decisão de mérito em 2019.

Tema 299 do STF. A redução da base de cálculo de ICMS equivale à isenção parcial, o que acarreta a anulação proporcional de crédito relativo às operações anteriores, salvo disposição em lei estadual em sentido contrário. Decisão de mérito em 2014.

Tema 300 do STF. É constitucional a incidência de Imposto sobre Serviços de Qualquer Natureza (ISS) sobre contratos de franquia (franchising) (itens 10.04 e 17.08 da lista de serviços prevista no Anexo da Lei Complementar 116/2003). Decisão de mérito em 2020.

Tema 302 do STF. É constitucional a substituição tributária prevista no art. 31 da Lei 8.212/1991, com redação dada pela Lei 9.711/98, que determinou a retenção de 11% do valor bruto da nota fiscal ou fatura de prestação de serviço. Decisão do mérito em 2011.

Tema 303 do STF. É constitucional a inclusão do valor do IPI incidente nas operações de venda feitas por fabricantes ou importadores de veículos na base de cálculo presumida fixada para propiciar, em regime de substituição tributária, a cobrança e o recolhimento antecipados, na forma do art. 43 da Medida Provisória n. 2.158-35/2001, de contribuições para o PIS e da Cofins devidas pelos comerciantes varejistas. Decisão do mérito em 2021.

Tema 304 do STF. São inconstitucionais os arts. 47 e 48 da Lei 11.196/2005, que vedam a apuração de créditos de PIS/Cofins na aquisição de insumos recicláveis. Decisão do mérito em 2021.

Tema 317 do STF. O art. 40, § 21, da Constituição Federal, enquanto esteve em vigor, era norma de eficácia limitada e seus efeitos estavam condicionados à edição de lei complementar federal ou lei regulamentar específica dos entes federados no âmbito dos respectivos regimes próprios de previdência social. Decisão do mérito em 2021.

Tema 322 do STF. Há direito ao creditamento de IPI na entrada de insumos, matéria-prima e material de embalagem adquiridos junto à Zona Franca de Manaus sob o regime de isenção, considerada a previsão de incentivos regionais constante do art. 43, § 2º, III, da Constituição Federal, combinada com o comando do art. 40 do ADCT. Decisão do mérito em 2019.

Tema 323 do STF. A receita auferida pelas cooperativas de trabalho decorrentes dos atos (negócios jurídicos) firmados com terceiros se insere na materialidade da contribuição ao PIS/PA-SEP. Decisão do mérito em 2014.

Tema 324 do STF. É constitucional o artigo 3º da Lei 7.798/1989, que estabelece valores pré-fixados para o IPI. Decisão do mérito em 2020.

Tema 325 do STF. As contribuições devidas ao SEBRAE, à APEX e à ABDI com fundamento na Lei 8.029/1990 foram recepcionadas pela EC 33/2001. Decisão do mérito em 2020.

Tema 326 do STF. O ICMS não incide sobre o fornecimento de água tratada por concessionária de serviço público, dado que esse serviço não caracteriza uma operação de circulação de mercadoria. Decisão do mérito em 2013.

Tema 328 do STF. A imunidade assegurada pelo art. 150, VI, 'c', da Constituição da República aos partidos políticos, inclusive suas fundações, às entidades sindicais dos trabalhadores e às instituições de educação e de assistência social, sem fins lucrativos, que atendam aos requisitos da lei, alcança o IOF, inclusive o incidente sobre aplicações financeiras. Decisão do mérito em 2021.

Tema 329 do STF. É inconstitucional a incidência da contribuição ao PIS e da COFINS sobre a receita decorrente da variação cambial positiva obtida nas operações de exportação de produtos. Decisão de mérito em 2013.

Tema 336 do STF. MÉRITO AINDA NÃO JULGADO. Controvérsia: Imunidade tributária em relação ao imposto de importação para entidades que executam atividades fundadas em preceitos religiosos.

Tem 337 do STF. Não obstante as Leis n. 10.637/02 e 10.833/03 estejam em processo de inconstitucionalização, é ainda constitucional o modelo legal de coexistência dos regimes cumulativo e não cumulativo, na apuração do PIS/Cofins das empresas prestadoras de serviços. Decisão do mérito em 2020.

Tema 342 do STF. A imunidade tributária subjetiva aplica-se a seus beneficiários na posição de contribuinte de direito, mas não na de simples contribuinte de fato, sendo irrelevante para a verificação da existência do beneplácito constitucional a repercussão econômica do tributo envolvido. Decisão do mérito em 2017.

Tema 344 do STF. Incide contribuição previdenciária sobre as parcelas pagas a título de participação nos lucros no período que antecede a entrada em vigor da Medida Provisória 794/1994, que regulamentou o art. 7º, XI, da Constituição Federal de 1988. Decisão do mérito em 2014.

Tema 346 do STF. (i) Não viola o princípio da não cumulatividade (art. 155, § 2º, incisos I e XII, alínea c, da CF/1988) lei complementar que prorroga a compensação de créditos de ICMS relativos a bens adquiridos para uso e consumo no próprio estabelecimento do contribuinte; (ii) Conforme o artigo 150, III, c, da CF/1988, o princípio da anterioridade nonagesimal aplica-se somente para leis que instituem ou majoram tributos, não incidindo relativamente às normas que prorrogam a data de início da compensação de crédito tributário. Decisão do mérito em 2020.

Tema 363 do STF. É constitucional o art. 17, V, da Lei Complementar 123/2006, que veda a adesão ao Simples Nacional à microempresa ou à empresa de pequeno porte que possua débito com o Instituto Nacional do Seguro Social – INSS ou com as Fazendas Públicas Federal, Estadual ou Municipal, cuja exigibilidade não esteja suspensa. Decisão do mérito em 2013.

Tema 364 do STF. É dos Estados e Distrito Federal a titularidade do que arrecadado, considerado Imposto de Renda, incidente na fonte, sobre rendimentos pagos, a qualquer título, por si, autarquias e fundações que instituírem e mantiverem. Decisão do mérito em 2021.

Tema 368 do STF. O Imposto de Renda incidente sobre verbas recebidas acumuladamente deve observar o regime de competência, aplicável a alíquota correspondente ao valor recebido mês a mês, e não a relativa ao total satisfeito de uma única vez. Decisão de mérito em 2014.

Tema 372 do STF. MÉRITO AINDA NÃO JULGADO. Controvérsia: Exigibilidade do PIS e da COFINS sobre as receitas financeiras das instituições financeiras.

Tema 379 do STF. No tocante às farmácias de manipulação, incide o ISS sobre as operações envolvendo o preparo e o fornecimento de medicamentos encomendados para posterior entrega aos fregueses, em caráter pessoal, para consumo; incide o ICMS sobre os medicamentos de prateleira por elas produzidos, ofertados ao público consumidor. Decisão do mérito em 2020.

Tema 382 do STF. A postergação do direito do contribuinte do ICMS de usufruir de novas hipóteses de creditamento, por não representar aumento do tributo, não se sujeita à anterioridade nonagesimal prevista no art. 150, III, *c*, da Constituição. Decisão do mérito em 2019.

Tema 385 do STF. A imunidade recíproca, prevista no art. 150, VI, *a*, da Constituição não se estende a empresa privada arrendatária de imóvel público, quando seja ela exploradora de atividade econômica com fins lucrativos. Nessa hipótese é constitucional a cobrança do IPTU pelo Município. Decisão do mérito em 2017.

Tema 390 do STF. É constitucional o art. 40 da Lei 6.830/1980 (Lei de Execução Fiscal – LEF), tendo natureza processual o prazo de um ano de suspensão da execução fiscal. Após o decurso desse prazo, inicia-se automaticamente a contagem do prazo prescricional tributário de cinco anos. Decisão do mérito em 2023.

Tema 391 do STF. É infraconstitucional e incide a Súmula 279/STF, a ela se aplicando os efeitos da ausência de repercussão geral, a controvérsia relativa a base de cálculo da COFINS e do PIS, na importação feita no âmbito do sistema FUNDAP, quando fundada na análise do fatos e provas que originaram o negócio jurídico subjacente à importação e no enquadramento como operação de importação por conta e ordem de terceiro de que trata a MP n. 2.158-35/2001. Decisão do mérito em 2020.

Tema 400 do STF. A exigência da realização de plebiscito, conforme se determina no § 4º do art. 18 da Constituição da República, não foi afastada pelo art. 96, inserido no Ato das Disposições Constitucionais Transitórias da Constituição da República pela Emenda Constitucional n. 57/2008, sendo ilegítimo o município ocupante para cobrar o Imposto sobre a Propriedade Predial e Territorial Urbana – IPTU nos territórios indevidamente incorporados. Decisão de mérito em 2019.

Tema 402 do STF. Não incide o ICMS sobre o serviço de transporte de encomendas realizado pela Empresa Brasileira de Correios e Telégrafos – ECT, tendo em vista a imunidade recíproca prevista no art. 150, VI, *a*, da Constituição Federal. Decisão do mérito em 2014.

Tema 412 do STF. A Empresa Brasileira de Infraestrutura Aeroportuária – INFRAERO, empresa pública prestadora de serviço público, faz jus à imunidade recíproca prevista no art. 150, VI, *a*, da Constituição Federal. Decisão do mérito em 2011.

Tema 416 do STF. MÉRITO AINDA NÃO JULGADO. Controvérsia: Forma de pagamento de débito originado de erro no cálculo das verbas a serem repassadas pela União a título de complementação do FUNDEF.

Tema 431 do STF. É incompatível com a Constituição norma que institui contribuição à saúde incidente sobre o valor de proventos e pensões de servidores públicos, no interregno das Emendas Constitucionais 20/1998 e 41/2003. Decisão do mérito em 2011.

Tema 432 do STF. A imunidade tributária prevista no art. 195, § 7º, da Constituição Federal abrange a contribuição para o PIS. Decisão de mérito em 2014.

Tema 437 do STF. Incide o IPTU, considerado imóvel de pessoa jurídica de direito público cedido a pessoa jurídica de direito privado, devedora do tributo. Decisão do mérito em 2017.

Tema 456 do STF. A antecipação, sem substituição tributária, do pagamento do ICMS para momento anterior à ocorrência do fato gerador necessita de lei em sentido estrito. A substituição tributária progressiva do ICMS reclama previsão em lei complementar federal. Decisão do mérito em 2020.

Tema 470 do STF. É constitucional a contribuição adicional de 2,5% (dois e meio por cento) sobre a folha de salários instituída para as instituições financeiras e assemelhadas pelo art. 3º, § 2º, da Lei 7.787/1989, mesmo considerado o período anterior à Emenda Constitucional 20/1998. Decisão do mérito em 2018.

Tema 475 do STF. A imunidade a que se refere o art. 155, § 2º, X, "a", da CF não alcança operações ou prestações anteriores à operação de exportação. Decisão do mérito em 2020.

Tema 487 do STF. MÉRITO AINDA NÃO JULGADO. Controvérsia: Caráter confiscatório da "multa isolada" por descumprimento de obrigação acessória decorrente de dever instrumental.

Tema 490 do STF. O estorno proporcional de crédito de ICMS efetuado pelo Estado de destino, em razão de crédito fiscal presumido concedido pelo Estado de origem sem autorização do Conselho Nacional de Política Fazendária (CONFAZ), não viola o princípio constitucional da não cumulatividade. Decisão do mérito em 2020.

Tema 495 do STF. É constitucional a contribuição de intervenção no domínio econômico destinada ao INCRA devida pelas empresas urbanas e rurais, inclusive após o advento da EC n. 33/2001. Decisão do mérito em 2021.

Tema 501 do STF. É constitucional a fixação de alíquotas de IPI superiores a zero sobre garrafões, garrafas e tampas plásticas, ainda que utilizados para o acondicionamento de produtos essenciais. Decisão do mérito em 2021.

Tema 504 do STF. MÉRITO AINDA NÃO JULGADO. Controvérsia: Crédito presumido do IPI na base de cálculo do PIS e da COFINS.

Tema 508 do STF. Sociedade de economia mista, cuja participação acionária é negociada em Bolsas de Valores, e que, inequivocamente, está voltada à remuneração do capital de seus controladores ou acionistas, não está abrangida pela regra de imunidade tributária prevista no art. 150, VI, *a*, da Constituição, unicamente em razão das atividades desempenhadas. Decisão do mérito em 2020.

Tema 515 do STF. É constitucional a majoração diferenciada de alíquotas em relação às contribuições sociais incidentes sobre o faturamento ou a receita de instituições financeiras ou de entidades a elas legalmente equiparáveis. Decisão de mérito em 2018.

Tema 516 do STF. MÉRITO AINDA NÃO JULGADO. Controvérsia: Sujeição passiva das cooperativas à contribuição para o financiamento da seguridade social – COFINS.

Tema 517 do STF. É constitucional a imposição tributária de diferencial de alíquota do ICMS pelo Estado de destino na entrada de mercadoria em seu território devido por sociedade empresária aderente ao Simples Nacional, independentemente da posição desta na cadeia produtiva ou da possibilidade de compensação dos créditos. Decisão de mérito em 2021.

Tema 518 do STF. Nos termos da Súmula 732 do STF, é constitucional a cobrança da contribuição do salário-educação. Decisão do mérito em 2012.

Tema 520 do STF. O sujeito ativo da obrigação tributária de ICMS incidente sobre mercadoria importada é o Estado-membro no qual está domiciliado ou estabelecido o destinatário legal da operação que deu causa à circulação da mercadoria, com a transferência de domínio. Reafirmação da jurisprudência em 2020.

Tema 523 do STF. São constitucionais as leis municipais anteriores à Emenda Constitucional n° 29/2000, que instituíram alíquotas diferenciadas de IPTU para imóveis edificados e não edificados, residenciais e não residenciais. Decisão de mérito em 2020.

Tema 530 do STF. É lícito ao impetrante desistir da ação de mandado de segurança, independentemente de aquiescência da autoridade apontada como coatora ou da entidade estatal interessada ou, ainda, quando for o caso, dos litisconsortes passivos necessários, a qualquer momento antes do término do julgamento, mesmo após eventual sentença concessiva do writ constitucional, não se aplicando, em tal hipótese, a norma inscrita no art. 267, § 4º, do CPC/1973. Decisão de mérito em 2013.

Tema 536 do STF. MÉRITO AINDA NÃO JULGADO. Controvérsia: Incidência de COFINS, PIS e CSLL sobre o produto de ato cooperado ou cooperativo.

Tema 537 do STF. O art. 74 da MP 2.158-35 aplica-se às empresas nacionais controladoras de pessoas jurídicas sediadas em países de tributação favorecida ou desprovidos de controles societários e fiscais adequados, sendo inconstitucional o parágrafo único do mesmo dispositivo legal, o qual não incide sobre os lucros apurados até 31.12.2001. Decisão do mérito em 2013.

Tema 540 do STF. É inconstitucional, por ofensa ao princípio da legalidade tributária, lei que delega aos conselhos de fiscalização de profissões regulamentadas a competência de fixar ou majorar, sem parâmetro legal, o valor das contribuições de interesse das categorias profissionais e econômicas, usualmente cobradas sob o título de anuidades, vedada, ademais, a atualização desse valor pelos conselhos em percentual superior aos índices legalmente previstos. Decisão de mérito em 2016.

Tema 554 do STF. O Fator Acidentário de Prevenção (FAP), previsto no art. 10 da Lei n. 10.666/2003, nos moldes do regulamento promovido pelo Decreto 3.048/99 (RPS) atende ao princípio da legalidade tributária (art. 150, I, CRFB/88). Decisão de mérito em 2021.

Tema 572 do STF. Compete à Justiça comum estadual processar e julgar causas alusivas à parcela do imposto de renda retido na fonte pertencente ao Estado-membro, porque ausente o interesse da União. Decisão do mérito em 2012.

Tema 573 do STF. Não viola o princípio da isonomia e o livre acesso à jurisdição a restrição de ingresso no parcelamento de dívida relativa à Contribuição para Financiamento da Seguridade Social – COFINS, instituída pela Portaria n. 655/93, dos contribuintes que questionaram o tributo em juízo com depósito judicial dos débitos tributários. Decisão do mérito em 2016.

Tema 581 do STF. As operadoras de planos de saúde realizam prestação de serviço sujeita ao Imposto sobre Serviços de Qualquer Natureza – ISSQN, previsto no art. 156, III, da CRFB/88. Decisão do mérito em 2016.

Tema 582 do STF. O *habeas data* é a garantia constitucional adequada para a obtenção, pelo próprio contribuinte, dos dados concernentes ao pagamento de tributos constantes de sistemas informatizados de apoio à arrecadação dos órgãos da administração fazendária dos entes estatais. Decisão de mérito em 2015.

Tema 590 do STF. É constitucional a incidência do ISS no licenciamento ou na cessão de direito de uso de programas de computação desenvolvidos para clientes de forma personalizada, nos termos do subitem 1.05 da lista anexa à LC n. 116/03. Decisão do mérito em 2021.

Tema 593 do STF. A imunidade tributária constante do art. 150, VI, *d*, da CF/88 aplica-se ao livro eletrônico (*e-book*), inclusive aos suportes exclusivamente utilizados para fixá-lo. Decisão do mérito em 2017.

Tema 608 do STF. O prazo prescricional aplicável à cobrança de valores não depositados no Fundo de Garantia por Tempo de Serviço (FGTS) é quinquenal, nos termos do art. 7º, XXIX, da Constituição Federal. Decisão de mérito em 2014.

Tema 615 do STF. É inconstitucional a cobrança de ICMS pelo Estado de destino, com fundamento no Protocolo ICMS 21/2011 do CONFAZ, nas operações interestaduais de venda de mercadoria ou bem realizadas de forma não presencial a consumidor final não contribuinte do imposto. Decisão do mérito em 2014.

Tema 619 do STF. MÉRITO AINDA NÃO JULGADO. Controvérsia: Aproveitamento, nas operações de exportação, de créditos de ICMS decorrentes de aquisições de bens destinados ao ativo fixo da empresa.

Tema 630 do STF. MÉRITO AINDA NÃO JULGADO. Controvérsia: Inclusão da receita decorrente da locação de bens imóveis na base de cálculo da Contribuição ao PIS, tanto para as empresas que tenham por atividade econômica preponderante esse tipo de operação, como para as empresas em que a locação é eventual e subsidiária ao objeto social principal. Possibilidade de extensão do entendimento a ser firmado também para a Cofins.

Tema 639 do STF. Subtraído o montante que exceder o teto e o subteto previsto no art. 37, inciso XI, da Constituição, tem-se o valor para base de cálculo para a incidência do imposto de renda e da contribuição previdenciária. Decisão de mérito em 2015.

Tema 633 do STF. MÉRITO AINDA NÃO JULGADO. Controvérsia: Direito ao creditamento, após a Emenda Constitucional 42/2003, do ICMS decorrente da aquisição de bens de uso e de consumo empregados na elaboração de produtos destinados à exportação, independentemente de regulamentação infraconstitucional.

Tema 643 do STF. Incide o imposto de produtos industrializados na importação de veículo automotor por pessoa natural, ainda que não desempenhe atividade empresarial e o faça para uso próprio. Decisão do mérito em 2016.

Tema 644 do STF. A imunidade tributária recíproca reconhecida à Empresa Brasileira de Correios e Telégrafos alcança o IPTU incidente sobre imóveis de sua propriedade e por ela utilizados, não se podendo estabelecer, a priori, nenhuma distinção entre os imóveis afetados ao serviço postal e aqueles afetados à atividade econômica. Decisão de mérito em 2014.

Tema 645 do STF. O Ministério Público não possui legitimidade ativa ad causam para, em ação civil pública, deduzir em juízo pretensão de natureza tributária em defesa dos contribuintes, que vise questionar a constitucionalidade/legalidade do tributo. Decisão do mérito em 2013.

Tema 651 do STF. I – É inconstitucional a contribuição à seguridade social, a cargo do empregador rural pessoa jurídica, incidente sobre a receita bruta proveniente da comercialização da sua produção, prevista no art. 25, I e II, da Lei 8.870/1994, na redação anterior à Emenda Constitucional 20/1998; II – É constitucional a contribuição à seguridade social, a cargo do empregador rural pessoa jurídica, incidente sobre a receita bruta proveniente da comercialização da sua produção, prevista no art. 25, I e II, da Lei 8.870/1994, na redação dada pela Lei 10.256/2001; III – É constitucional a contribuição social destinada ao Serviço Nacional de Aprendizagem Rural (Senar), de que trata o art. 25, § 1º, da Lei 8.870/1994, inclusive na redação conferida pela Lei 10.256/2001. Decisão do mérito em 2023.

Tema 653 do STF. É constitucional a concessão regular de incentivos, benefícios e isenções fiscais relativos ao Imposto de Renda e Imposto sobre Produtos Industrializados por parte da União em relação ao Fundo de Participação de Municípios e respectivas quotas devidas às Municipalidades. Decisão de mérito em 2016.

Tema 665 do STF. São constitucionais a alíquota e a base de cálculo da contribuição ao PIS, previstas no art. 72, V, do ADCT, destinada à composição do Fundo Social de Emergência, nas redações da ECR 1/94 e das EC 10/96 e 17/97, observados os princípios da anterioridade nonagesimal e da irretroatividade tributária. Decisão do mérito em 2018.

Tema 668 do STF. É inconstitucional o art. 1º da Resolução CG/REFIS n. 20/2001, no que suprimiu a notificação da pessoa jurídica optante do REFIS, prévia ao ato de exclusão. Decisão do mérito em 2020.

Tema 669 do STF. É constitucional formal e materialmente a contribuição social do empregador rural pessoa física, instituída pela Lei 10.256/2001, incidente sobre a receita bruta obtida com a comercialização de sua produção. Decisão do mérito em 2017.

Tema 674 do STF. A norma imunizante contida no inciso I do § 2º do art. 149 da Constituição da República alcança as receitas decorrentes de operações indiretas de exportação caracterizadas por haver participação negocial de sociedade exportadora intermediária. Decisão do mérito em 2020.

Tema 682 do STF. Inexiste, na Constituição Federal de 1988, reserva de iniciativa para leis de natureza tributária, inclusive para as que concedem renúncia fiscal. Decisão do mérito em 2013.

Tema 685 do STF. Não incide IPVA sobre veículo automotor adquirido, mediante alienação fiduciária, por pessoa jurídica de direito público. Decisão do mérito em 2020.

Tema 688 do STF. É constitucional a incidência do ISS sobre a prestação de serviços de registros públicos, cartorários e notariais, devidamente previstos em legislação tributária municipal. Decisão do mérito em 2013.

Tema 689 do STF. Segundo o artigo 155, § 2º, X, b, da CF/1988, cabe ao Estado de destino, em sua totalidade, o ICMS sobre a operação interestadual de fornecimento de energia elétrica a consumidor final, para emprego em processo de industrialização, não podendo o Estado de origem cobrar o referido imposto. Decisão de mérito em 2020.

Tema 691 do STF. Incide contribuição previdenciária sobre os rendimentos pagos aos exercentes de mandato eletivo, decorrentes da prestação de serviços à União, a estados e ao Distrito Federal ou a municípios, após o advento da Lei n. 10.887/2004, desde que não vinculados a regime próprio de previdência. Decisão do mérito em 2017.

Tema 692 do STF. A Anotação de Responsabilidade Técnica, instituída pela Lei 6.496/1977, cobrada pelos Conselhos Regionais de Engenharia, Arquitetura e Agronomia, tem natureza jurídica de taxa, sendo, portanto, necessária a observância do princípio da legalidade tributária previsto no art. 150, I, da Constituição Federal. Decisão do mérito em 2013.

Tema 693 do STF. A imunidade tributária prevista no art. 150, VI, c, da CF/88 aplica-se aos bens imóveis, temporariamente ociosos, de propriedade das instituições de educação e de assistência social sem fins lucrativos que atendam os requisitos legais. Decisão do mérito em 2013.

Tema 694 do STF. O diferimento do ICMS relativo à saída do álcool etílico anidro combustível (AEAC) das usinas ou destilarias para o momento da saída da gasolina C das distribuidoras (Convênios ICMS 80/1997 e 110/2007) não gera o direito de crédito do imposto para as distribuidoras. Decisão do mérito em 2023.

Tema 696 do STF. É constitucional a aplicação dos recursos arrecadados por meio de contribuição para o custeio da iluminação pública na expansão e aprimoramento da rede. Decisão do mérito em 2020.

Tema 700 do STF. É constitucional a incidência de ISS sobre serviços de distribuição e venda de bilhetes e demais produtos de loteria, bingos, cartões, pules ou cupons de apostas, sorteios e prêmios (item 19 da Lista de Serviços Anexa à Lei Complementar 116/2003). Nesta situação, a base de cálculo do ISS é o valor a ser remunerado pela prestação do serviço, independentemente da cobrança de ingresso, não podendo corresponder ao valor total da aposta. Decisão do mérito em 2020.

Tema 705 do STF. inadimplência do usuário não afasta a incidência ou a exigibilidade do ICMS sobre serviços de telecomunicações. Decisão do mérito em 2021.

Tema 707 do STF. Revela-se constitucional o artigo 3º, § 3º, incisos I e II, da Lei n. 10.637/2003, no que veda o creditamento da contribuição para o Programa de Integração Social, no regime não cumulativo, em relação às operações com pessoas jurídicas domiciliadas no exterior. Decisão do mérito em 2020.

Tema 708 do STF. A Constituição autoriza a cobrança do Imposto sobre a Propriedade de Veículos Automotores (IPVA) somente pelo Estado em que o contribuinte mantém sua sede ou domicílio tributário. Decisão do mérito em 2020.

Tema 721 do STF. São inconstitucionais a instituição e a cobrança de taxas por emissão ou remessa de carnês/guias de recolhimento de tributos. Decisão do mérito em 2014.

Tema 723 do STF. É constitucional, formal e materialmente, a contribuição social do segurado especial prevista no art. 25 da Lei 8.212/1991. Decisão do mérito em 2020.

Tema 732 do STF. É inconstitucional a suspensão realizada por conselho de fiscalização profissional do exercício laboral de seus inscritos por inadimplência de anuidades, pois a medida consiste em sanção política em matéria tributária. Decisão de mérito em 2020.

Tema 736 do STF. É inconstitucional a multa isolada prevista em lei para incidir diante da mera negativa de homologação de compensação tributária por não consistir em ato ilícito com aptidão para propiciar automática penalidade pecuniária. Decisão do mérito em 2023.

Tema 738 do STF. É incompatível com a Constituição a exigência de inscrição na Ordem dos Músicos do Brasil, bem como de pagamento de anuidade, para o exercício da profissão. Decisão de mérito em 2014.

Tema 756 do STF. I. O legislador ordinário possui autonomia para disciplinar a não cumulatividade a que se refere o art.

195, § 12, da CF/1988, respeitados os demais preceitos constitucionais, como a matriz constitucional das contribuições ao PIS e Cofins e os princípios da razoabilidade, da isonomia, da livre concorrência e da proteção à confiança; II. É infraconstitucional, a ela se aplicando os efeitos da ausência de repercussão geral, a discussão sobre a expressão "insumo" presente no art. 3º, II, das Leis 10.637/2002 e 10.833/2003 e sobre a compatibilidade, com essas leis, das IN/SRF 247/2002 (considerada a atualização pela IN/SRF 358/2003) e 404/2004; III. É constitucional o § 3º do art. 31 da Lei 10.865/2004. Decisão do mérito em 2022.

Tema 796 do STF. A imunidade em relação ITBI, prevista no inciso I do § 2º do art. 156 da Constituição Federal, não alcança o valor dos bens que exceder o limite do capital social a ser integralizado. Decisão do mérito em 2020.

Tema 801 do STF. É constitucional a contribuição destinada ao Senar incidente sobre a receita bruta da comercialização da produção rural, na forma do art. 2º da Lei 8.540/1992, com as alterações do art. 6º da Lei 9.528/1997 e do art. 3º da Lei 10.256/2001. Decisão do mérito em 2022.

Tema 808 do STF. Não incide imposto de renda sobre os juros de mora devidos pelo atraso no pagamento de remuneração por exercício de emprego, cargo ou função. Decisão do mérito em 2021.

Tema 810 do STF. 1) O art. 1º-F da Lei n. 9.494/97, com a redação dada pela Lei n. 11.960/09, na parte em que disciplina os juros moratórios aplicáveis a condenações da Fazenda Pública, é inconstitucional ao incidir sobre débitos oriundos de relação jurídico-tributária, aos quais devem ser aplicados os mesmos juros de mora pelos quais a Fazenda Pública remunera seu crédito tributário, em respeito ao princípio constitucional da isonomia (CRFB, art. 5º, *caput*); quanto às condenações oriundas de relação jurídica não-tributária, a fixação dos juros moratórios segundo o índice de remuneração da caderneta de poupança é constitucional, permanecendo hígido, nesta extensão, o disposto no art. 1º-F da Lei n. 9.494/97 com a redação dada pela Lei n. 11.960/09; e 2) O art. 1º-F da Lei n. 9.494/97, com a redação dada pela Lei n. 11.960/09, na parte em que disciplina a atualização monetária das condenações impostas à Fazenda Pública segundo a remuneração oficial da caderneta de poupança, revela-se inconstitucional ao impor restrição desproporcional ao direito de propriedade (CRFB, art. 5º, XXII), uma vez que não se qualifica como medida adequada a capturar a variação de preços da economia, sendo inidônea a promover os fins a que se destina. Decisão do mérito em 2017.

Tema 816 do STF. MÉRITO AINDA NÃO JULGADO. Controvérsia: a) Incidência do ISSQN em operação de industrialização por encomenda, realizada em materiais fornecidos pelo contratante, quando referida operação configura etapa intermediária do ciclo produtivo de mercadoria. b) Limites para a fixação da multa fiscal moratória, tendo em vista a vedação constitucional ao efeito confiscatório.

Tema 817 do STF. É constitucional a lei estadual ou distrital que, com amparo em convênio do CONFAZ, conceda remissão de créditos de ICMS oriundos de benefícios fiscais anteriormente julgados inconstitucionais. Decisão do mérito em 2021.

Tema 825 do STF. É vedado aos estados e ao Distrito Federal instituir o ITCMD nas hipóteses referidas no art. 155, § 1º, III, da Constituição Federal sem a intervenção da lei complementar exigida pelo referido dispositivo constitucional. Decisão do mérito em 2021.

Tema 827 do STF. O Imposto sobre Circulação de Mercadorias e Serviços (ICMS) incide sobre a tarifa de assinatura básica mensal cobrada pelas prestadoras de serviços de telefonia, independentemente da franquia de minutos concedida ou não ao usuário. Decisão de mérito em 2016.

Tema 829 do STF. Não viola a legalidade tributária a lei que, prescrevendo o teto, possibilita o ato normativo infralegal fixar o valor de taxa em proporção razoável com os custos da atuação estatal, valor esse que não pode ser atualizado por ato do próprio conselho de fiscalização em percentual superior aos índices de correção monetária legalmente previstos. Decisão do mérito em 2016.

Tema 830 do STF. Somente lei em sentido formal pode instituir o regime de recolhimento do ICMS por estimativa. Decisão de mérito em 2015.

Tema 833 do STF. É constitucional a expressão "de forma não cumulativa" constante do caput do art. 20 da Lei n. 8.212/91. Decisão do mérito em 2021.

Tema 842 do STF. O artigo 42 da Lei 9.430/1996 é constitucional. Decisão do mérito em 2021.

Tema 843 do STF. Possibilidade de exclusão da base de cálculo do PIS e da COFINS dos valores correspondentes a créditos presumidos de ICMS decorrentes de incentivos fiscais concedidos pelos Estados e pelo Distrito Federal. Mérito ainda não julgado.

Tema 844 do STF. O princípio da não cumulatividade não assegura direito de crédito presumido de IPI para o contribuinte adquirente de insumos não tributados, isentos ou sujeitos à alíquota zero. Decisão do mérito em 2015.

Tema 846 do STF. É constitucional a contribuição social prevista no artigo 1º da Lei Complementar n. 110, de 29 de junho de 2001, tendo em vista a persistência do objeto para a qual foi instituída. 2020.

Tema 850 do STF. O Ministério Público tem legitimidade para a propositura de ação civil pública em defesa de direitos sociais relacionados ao FGTS. Decisão do mérito em 2019.

Tema 856 do STF. I – É desnecessária a submissão à regra da reserva de plenário quando a decisão judicial estiver fundada em jurisprudência do Plenário ou em Súmula deste Supremo Tribunal Federal; II – É inconstitucional a restrição ilegítima ao livre exercício de atividade econômica ou profissional, quando imposta como meio de cobrança indireta de tributos. Decisão do mérito em 2015.

Tema 859 do STF. A insolvência civil está entre as exceções da parte final do artigo 109, I, da Constituição da República, para fins de definição da competência da Justiça Federal. Decisão do mérito em 2020.

Tema 863 do STF. MÉRITO AINDA NÃO JULGADO. Controvérsia: Limites da multa fiscal qualificada em razão de sonegação, fraude ou conluio, tendo em vista a vedação constitucional ao efeito confiscatório.

Tema 874 do STF. É inconstitucional, por afronta ao art. 146, III, *b*, da CF, a expressão ou parcelados sem garantia, constante do parágrafo único do art. 73, da Lei n. 9.430/96, incluído pela Lei n. 12.844/13, na medida em que retira os efeitos da suspensão da exigibilidade do crédito tributário prevista no CTN. Decisão do mérito em 2020.

Tema 877 do STF. Os pagamentos devidos, em razão de pronunciamento judicial, pelos Conselhos de Fiscalização não se submetem ao regime de precatórios. Decisão do mérito em 2017.

Tema 881 do STF. 1. As decisões do STF em controle incidental de constitucionalidade, anteriores à instituição do regime de repercussão geral, não impactam automaticamente a coisa julgada que se tenha formado, mesmo nas relações jurídicas tributárias de trato sucessivo. 2. Já as decisões proferidas em ação direta ou em sede de repercussão geral interrompem automaticamente os efeitos temporais das decisões transitadas em julgado nas referidas relações, respeitadas a irretroatividade, a anterioridade anual e a noventena ou a anterioridade nonagesimal, conforme a natureza do tributo. Decisão do mérito em 2023.

Tema 884 do STF. Os bens e direitos que integram o patrimônio do fundo vinculado ao Programa de Arrendamento Residencial – PAR, criado pela Lei 10.188/2001, beneficiam-se da imunidade tributária prevista no art. 150, VI, *a*, da Constituição Federal. Decisão do mérito em 2018.

Tema 885 do STF. 1. As decisões do STF em controle incidental de constitucionalidade, anteriores à instituição do regime de repercussão geral, não impactam automaticamente a coisa julgada que se tenha formado, mesmo nas relações jurídicas tributárias de trato sucessivo. 2. Já as decisões proferidas em ação direta ou em sede de repercussão geral interrompem automaticamente os efeitos temporais das decisões transitadas em julgado nas referidas relações, respeitadas a irretroatividade, a anterioridade anual e a noventena ou a anterioridade nonagesimal, conforme a natureza do tributo. Decisão do mérito em 2023.

Tema 891 do STF. É inconstitucional o art. 1º da Lei 9.960/2000, que instituiu a Taxa de Serviços Administrativos – TSA, por não definir de forma específica o fato gerador da exação. Decisão do mérito em 2016.

Tema 894 do STF. A contribuição ao PIS só pode ser exigida, na forma estabelecida pelo art. 2º da EC 17/1997, após decorridos noventa dias da data da publicação da referida emenda constitucional. Decisão do mérito em 2016.

Tema 903 do STF. MÉRITO AINDA NÃO JULGADO. Controvérsia: a) Possibilidade de delegação, mediante contrato de concessão, do serviço de coleta e remoção de resíduos domiciliares; b) Natureza jurídica da remuneração do serviço de coleta e remoção de resíduos domiciliares prestado por concessionária, no que diz respeito à essencialidade e à compulsoriedade.

Tema 906 do STF. É constitucional a incidência do Imposto sobre Produtos Industrializados – IPI no desembaraço aduaneiro de bem industrializado e na saída do estabelecimento importador para comercialização no mercado interno. Decisão do mérito em 2020.

Tema 914 do STF. MÉRITO AINDA NÃO JULGADO. Controvérsia: Constitucionalidade da Contribuição de Intervenção no Domínio Econômico – CIDE sobre remessas ao exterior, instituída pela Lei 10.168/2000, posteriormente alterada pela Lei 10.332/2001.

Tema. 918 do STF. É inconstitucional lei municipal que estabelece impeditivos à submissão de sociedades profissionais de advogados ao regime de tributação fixa em bases anuais na forma estabelecida por lei nacional. Decisão do mérito em 2019.

Tema 919 do STF. A instituição de taxa de fiscalização do funcionamento de torres e antenas de transmissão e recepção de dados e voz é de competência privativa da União, nos termos do art. 22, IV, da Constituição Federal, não competindo aos Municípios instituir referida taxa. Decisão do mérito em 2022.

Tema 933 do STF. I. A ausência de estudo atuarial específico e prévio à edição de lei que aumente a contribuição previdenciária dos servidores públicos não implica vício de inconstitucionalidade, mas mera irregularidade que pode ser sanada pela demonstração do déficit financeiro ou atuarial que justificava a medida; II. A majoração da alíquota da contribuição previdenciária do servidor público para 13,25% não afronta os princípios da razoabilidade e da vedação ao confisco. Decisão de mérito em 2021.

Tema 934 do STF. MÉRITO AINDA NÃO JULGADO. Controvérsia: Constitucionalidade da vinculação de receita arrecadada com multas tributárias para o pagamento de adicional de produtividade fiscal. Mérito ainda não julgado.

Tema 935 do STF. Inconstitucionalidade da contribuição assistencial imposta aos empregados não filiados ao sindicato, por acordo, convenção coletiva de trabalho ou sentença. Decisão do mérito em 2017.

Tema 937 do STF. Os crimes previstos na Lei n. 8.137/1990 não violam o disposto no art. 5º, inc. LXVII, da Constituição da República. Decisão do mérito em 2017.

Tema 939 do STF. É constitucional a flexibilização da legalidade tributária constante do § 2º do art. 27 da Lei n. 10.865/04, no que permitiu ao Poder Executivo, prevendo as condições e fixando os tetos, reduzir e restabelecer as alíquotas da contribuição ao PIS e da COFINS incidentes sobre as receitas financeiras auferidas por pessoas jurídicas sujeitas ao regime não cumulativo, estando presente o desenvolvimento de função extrafiscal. Decisão de mérito em 2020.

Tema 948 do STF. A Contribuição Sindical Rural, instituída pelo Decreto-Lei 1.166/1971, foi recepcionada pela ordem constitucional vigente e não configura hipótese de bitributação. Decisão do mérito em 2017.

Tema 962 do STF. É inconstitucional a incidência do IRPJ e da CSLL sobre os valores atinentes à taxa Selic recebidos em razão de repetição de indébito tributário. Decisão do mérito em 2021.

Tema 968 do STF. MÉRITO AINDA NÃO JULGADO. Controvérsia: Competência legislativa da União para dispor sobre normas gerais em matéria previdenciária no que diz respeito ao descumprimento da Lei 9.717/1998 e do Decreto 3.778/2001 pelos demais entes federados.

Tema 985 do STF. É legítima a incidência de contribuição social sobre o valor satisfeito a título de terço constitucional de férias. Decisão do mérito em 2020.

Tema 988 do STF. É imune ao pagamento de taxas para registro da regularização migratória o estrangeiro que demonstre sua condição de hipossuficiente, nos termos da legislação de regência. Decisão do mérito em 2021.

Tema 990 do STF. 1. É constitucional o compartilhamento dos relatórios de inteligência financeira da UIF e da íntegra do procedimento fiscalizatório da Receita Federal do Brasil, que define o lançamento do tributo, com os órgãos de persecução penal para fins criminais, sem a obrigatoriedade de prévia autorização judicial, devendo ser resguardado o sigilo das informações em procedimentos formalmente instaurados e sujeitos a posterior controle jurisdicional. 2. O compartilhamento pela UIF e pela RFB, referente ao item anterior, deve ser feito unicamente por meio de comunicações formais, com garantia de sigilo, certificação do destinatário e estabelecimento de instrumentos efetivos de apuração e correção de eventuais desvios. Decisão do mérito em 2019.

Tema 1012 do STF. É constitucional a incidência do ICMS sobre a operação de venda, realizada por locadora de veículos, de automóvel com menos de 12 (doze) meses de aquisição da montadora. Decisão do mérito em 2020.

Tema 1020 do STF. É incompatível com a Constituição Federal disposição normativa a prever a obrigatoriedade de cadastro, em órgão da Administração municipal, de prestador de serviços não estabelecido no território do Município e imposição ao tomador da retenção do Imposto Sobre Serviços – ISS quando descumprida a obrigação acessória. Decisão do mérito em 2021.

Tema 1024 do STF. É constitucional a inclusão dos valores retidos pelas administradoras de cartões na base de cálculo das contribuições ao PIS e da COFINS devidas por empresa que recebe pagamentos por meio de cartões de crédito e débito. Decisão de mérito em 2022.

Tema 1035 do STF. MÉRITO AINDA NÃO JULGADO. Controvérsia: Constitucionalidade da utilização do tipo de atividade exercida pelo estabelecimento como parâmetro para definição do valor de taxa instituída em razão do exercício do poder de polícia.

Tema 1042 do STF. É constitucional vincular o despacho aduaneiro ao recolhimento de diferença tributária apurada mediante arbitramento da autoridade fiscal. Decisão de mérito em 2020.

Tema 1047 do STF. I – É constitucional o adicional de alíquota da Cofins-Importação previsto no § 21 do artigo 8º da Lei n.

10.865/2004; II – A vedação ao aproveitamento do crédito oriundo do adicional de alíquota, prevista no artigo 15, § 1º-A, da Lei n. 10.865/2004, com a redação dada pela Lei 13.137/2015, respeita o princípio constitucional da não cumulatividade. Decisão do mérito em 2020.

Tema 1048 do STF. É constitucional a inclusão do Imposto Sobre Circulação de Mercadorias e Serviços – ICMS na base de cálculo da Contribuição Previdenciária sobre a Receita Bruta – CPRB. Decisão de mérito em 2021.

Tema 1050 do STF. É constitucional a restrição, imposta a empresa optante pelo Simples Nacional, ao benefício fiscal de alíquota zero previsto no parágrafo único do artigo 2º da Lei n. 10.147/2000, tendo em conta o regime próprio ao qual submetida.

Tema 1052 do STF. Observadas as balizas da Lei Complementar n. 87/1996, é constitucional o creditamento de Imposto sobre Operações relativas à Circulação de Mercadorias ICMS cobrado na entrada, por prestadora de serviço de telefonia móvel, considerado aparelho celular posteriormente cedido, mediante comodato. Decisão do mérito em 2020.

Tema 1062 do STF. Os estados-membros e o Distrito Federal podem legislar sobre índices de correção monetária e taxas de juros de mora incidentes sobre seus créditos fiscais, limitando-se, porém, aos percentuais estabelecidos pela União para os mesmos fins. Decisão do mérito em 2019.

Tema 1065 do STF. É constitucional a contribuição previdenciária devida por aposentado pelo Regime Geral de Previdência Social (RGPS) que permaneça em atividade ou a essa retorne. Decisão do mérito em 2019.

Tema 1067 do STF. MÉRITO AINDA NÃO JULGADO. Controvérsia: Inclusão da COFINS e da contribuição ao PIS em suas próprias bases de cálculo.

Tema 1083 do STF. MÉRITO AINDA NÃO JULGADO. Controvérsia: Alcance da imunidade tributária prevista no artigo 150, inciso VI, alínea e, da Constituição Federal, em relação a suportes materiais importados e produzidos fora do Brasil que contenham obras musicais de artistas brasileiros.

Tema 1084 do STF. MÉRITO AINDA NÃO JULGADO. Controvérsia: Constitucionalidade da lei que delega à esfera administrativa, para efeito de cobrança do IPTU, a avaliação individualizada de imóvel não previsto na Planta Genérica de Valores (PGV) à época do lançamento do imposto.

Tema 1085 do STF. A inconstitucionalidade de majoração excessiva de taxa tributária fixada em ato infralegal a partir de delegação legislativa defeituosa não conduz à invalidade do tributo nem impede que o Poder Executivo atualize os valores previamente fixados em lei de acordo com percentual não superior aos índices oficiais de correção monetária. Decisão do mérito em 2020.

Tema 1093 do STF. A cobrança do diferencial de alíquota alusivo ao ICMS, conforme introduzido pela Emenda Constitucional n. 87/2015, pressupõe edição de lei complementar veiculando normas gerais. Decisão de mérito em 2021.

Tema 1094 do STF. I – Após a Emenda Constitucional 33/2001, é constitucional a incidência de ICMS sobre operações de importação efetuadas por pessoa, física ou jurídica, que não se dedica habitualmente ao comércio ou à prestação de serviços, devendo tal tributação estar prevista em lei complementar federal. II – As leis estaduais editadas após a EC 33/2001 e antes da entrada em vigor da Lei Complementar 114/2002, com o propósito de impor o ICMS sobre a referida operação, são válidas, mas produzem efeitos somente a partir da vigência da LC 114/2002. Decisão de mérito em 2020.

Tema 1098 do STF. É infraconstitucional, a ela se aplicando os efeitos da ausência de repercussão geral, a controvérsia relativa à inclusão do montante correspondente ao ICMS destacado nas notas fiscais ou recolhido antecipadamente pelo substituto em regime de substituição tributária progressiva na base de cálculo da contribuição ao PIS e da COFINS. 2020.

Tema 1099 do STF. Não incide ICMS no deslocamento de bens de um estabelecimento para outro do mesmo contribuinte localizados em estados distintos, visto não haver a transferência da titularidade ou a realização de ato de mercancia. Decisão do mérito em 2020.

Tema 1108 do STF. MÉRITO AINDA NÃO JULGADO. Controvérsia: Aplicabilidade do princípio da anterioridade geral (anual ou de exercício) em face das reduções de benefícios fiscais previstos no Regime Especial de Reintegração de Valores Tributários para as Empresas Exportadoras (Reintegra).

Tema 1113 do STF. MÉRITO AINDA NÃO JULGADO. Controvérsia: Inclusão do valor da subvenção econômica da Lei 10.604/2002 na base de cálculo do ICMS sobre energia elétrica.

Tema 1122 do STF. MÉRITO AINDA NÃO JULGADO. Controvérsia: Imunidade tributária recíproca em favor de sociedade de economia mista prestadora de serviço público relativo à construção de moradias para famílias de baixa renda.

Tema 1124 do STF. O fato gerador do imposto sobre transmissão inter vivos de bens imóveis (ITBI) somente ocorre com a efetiva transferência da propriedade imobiliária, que se dá mediante o registro. Decisão do mérito em 2021.

Tema 1130 do STF. Pertence ao Município, aos Estados e ao Distrito Federal a titularidade das receitas arrecadadas a título de imposto de renda retido na fonte incidente sobre valores pagos por eles, suas autarquias e fundações a pessoas físicas ou jurídicas contratadas para a prestação de bens ou serviços, conforme disposto nos arts. 158, I, e 157, I, da Constituição Federal. Decisão do mérito em 2021.

Tema 1135 do STF. É constitucional a inclusão do Imposto Sobre Serviços de Qualquer Natureza -ISS na base de cálculo da Contribuição Previdenciária sobre a Receita Bruta – CPRB. Decisão de mérito em 2021.

Tema 1140 do STF. Abrangência da imunidade tributária recíproca, prevista no artigo 150, VI, a, da Constituição Federal, quando presente a prestação de serviço público essencial por sociedade de economia mista, ainda que mediante cobrança de tarifa dos usuários. Decisão de mérito em 2021.

Tema 1170 do STF. MÉRITO AINDA NÃO JULGADO. Controvérsia: Validade dos juros moratórios aplicáveis nas condenações da Fazenda Pública, em virtude da tese firmada no RE 870.947 (Tema 810), na execução de título judicial que tenha fixado expressamente índice diverso.

Tema 1172 do STF. Os programas de diferimento ou postergação de pagamento de ICMS – a exemplo do FOMENTAR e do PRODUZIR, do Estado de Goiás – não violam o sistema constitucional de repartição de receitas tributárias previsto no art. 158, IV, da Constituição Federal, desde que seja preservado o repasse da parcela pertencente aos municípios quando do efetivo ingresso do tributo nos cofres públicos estaduais. Decisão do mérito em 2022.

Tema 1174 do STF. MÉRITO AINDA NÃO JULGADO. Controvérsia: Incidência da alíquota de 25% (vinte e cinco por cento) do imposto de renda exclusivamente na fonte, sobre as pensões e os proventos de fontes situadas no País, percebidos por pessoas físicas residentes no exterior.

Tema 1180 do STF. MÉRITO AINDA NÃO JULGADO. Controvérsia: Constitucionalidade da aplicação da Lei 12.514/2011, que limita o valor da anuidade a R$ 500,00 (quinhentos reais), à Ordem dos Advogados do Brasil, em face da necessidade da preservação de sua autonomia e independência em virtude de sua atuação também estar direcionada à proteção da ordem constitucional.

Tema 1184 do STF. MÉRITO AINDA NÃO JULGADO. Controvérsia: Extinção de execução fiscal de baixo valor, por falta de interesse de agir, haja vista modificação legislativa posterior ao julgamento do RE 591.033 (Tema 109), que incluiu as certidões de dívida ativa entre os títulos sujeitos a protesto (Lei 12.767/2012), e a desproporção dos custos de prosseguimento da ação judicial.

Tema 1186 do STF. MÉRITO AINDA NÃO JULGADO. Controvérsia: Exclusão dos valores relativos ao PIS e à COFINS da base de cálculo da Contribuição Previdenciária sobre a Receita Bruta (CPRB).

Tema 1187 do STF. Dedução dos valores provenientes das contribuições ao Programa de Integração Nacional – PIN e ao Programa de Redistribuição de Terras e de Estímulo à Agroindústria do Norte e do Nordeste – PROTERRA da base de cálculo do Fundo de Participação dos Municípios – FPM. Decisão do mérito em 2021.

Tema 1193 do STF. A contribuição prevista no artigo 1º da Lei Complementar 110/2001 foi recepcionada pela Emenda Constitucional 33/2001. Decisão do mérito em 2022.

Tema 1195 do STF. MÉRITO AINDA NÃO JULGADO. Controvérsia: Possibilidade de fixação de multa tributária punitiva, não qualificada, em montante superior a 100% (cem por cento) do tributo devido.

Tema 1198 do STF. MÉRITO AINDA NÃO JULGADO. Controvérsia: Constitucionalidade da cobrança do Imposto sobre a Propriedade de Veículos Automotores (IPVA) por Estado diverso da sede de empresa locadora de veículos, quando esta possuir filial em outro estado, onde igualmente exerce atividades comerciais (distinção do Tema 708, RE 1.016.605).

Tema 1204 do STF. MÉRITO NÃO JULGADO. Obrigatoriedade de a execução fiscal ser proposta no foro de domicílio do réu, no de sua residência ou no do lugar onde for encontrado, mesmo quando isso implique o ajuizamento e processamento da ação executiva em outro Estado da Federação. (ARE 1327576 RG) 2022.

Tema 1210 do STF. MÉRITO NÃO JULGADO. Incidência do Imposto Sobre Serviços (ISS) na cessão de direito de uso de marca. (RE 1348288 RG) 2022.

Tema 1214 do STF. MÉRITO NÃO JULGADO. Incidência do ITCMD sobre o plano Vida Gerador de Benefício Livre (VGBL) e o Plano Gerador de Benefício Livre (PGBL) na hipótese de morte do titular do plano. (RE 1363013 RG) 2022.

Tema 1215 do STF. INEXISTÊNCIA DE REPERCUSSÃO GERAL. Existência, ou não, de legislação estadual que preveja a manutenção de créditos referentes a operações tributadas pelo Imposto sobre Circulação de Mercadorias e Serviços – ICMS, nos casos em que houver posterior isenção ou redução da base de cálculo do tributo, ante ressalva contida na tese fixada no RE 635.688 (Tema 299). (RE 1367394) Decisão pela inexistência de repercussão geral em 2022.

Tema 1220 do STF. MÉRITO NÃO JULGADO. Declaração de inconstitucionalidade parcial, sem redução de texto, do § 14 do artigo 85 do CPC/2015 para se afastar a possibilidade de ser atribuída preferência de pagamento a honorários advocatícios em relação ao crédito tributário. (RE 1326559 RG)

Tema 1221 do STF. MATÉRIA INFRACONSTITUCIONAL. Possibilidade de exclusão dos valores relativos ao imposto de renda de pessoa física e à contribuição previdenciária do empregado e trabalhador avulso, retidos na fonte pelo empregador, da base de cálculo da contribuição previdenciária patronal e das destinadas ao SAT/RAT e a terceiros. (RE 1326559 RG) Considerada matéria infraconstitucional em junho de 2022.

Tema 1223 do STF. MÉRITO NÃO JULGADO. Constitucionalidade da alteração da base de cálculo da contribuição previdenciária incidente sobre a remuneração paga ou creditada a transportadores autônomos, por meio do Decreto 3.048/1999 e da Portaria 1.135/2001 do Ministério da Previdência e Assistência Social.(RE 1381261 RG) 2022.

Tema 1226 do STF. MÉRITO NÃO JULGADO. Constitucionalidade do artigo 11, § 1º, incisos V a VIII, da Emenda Constitucional 103/2019, ante a previsão de alíquotas progressivas às contribuições previdenciárias dos servidores públicos federais. (RE 1384562 RG) 2022.

Tema 1247 do STF. As modificações promovidas pelos Decretos 9.101/2017 e 9.112/2017, ao minorarem os coeficientes de redução das alíquotas da contribuição para o PIS/PASEP e da COFINS incidentes sobre a importação e comercialização de combustíveis, ainda que nos limites autorizados por lei, implicaram verdadeira majoração indireta da carga tributária e devem observar a regra da anterioridade nonagesimal, prevista no art. 195, § 6º, da Constituição Federal. Decisão do mérito em 2023.

SÚMULAS DO STJ

Súmula 20 do STJ. A mercadoria importada de país signatário do GATT é isenta do ICM, quando contemplado com esse favor o similar nacional. 1990.

Súmula 23 do STJ. O Banco Central do Brasil é parte legítima nas ações fundadas na Resolução 1154, de 1986. 1991.

Súmula 45 do STJ. No reexame necessário, é defeso, ao Tribunal, agravar a condenação imposta à Fazenda Pública. 1992.

Súmula 49 do STJ. Na exportação de café em grão, não se inclui na base de cálculo do ICM a quota de contribuição, a que se refere o art. 2. do Decreto-lei 2.295, de 21.11.86. 1992.

Súmula 50 do STJ. O adicional de tarifa portuária incide apenas nas operações realizadas com mercadorias importadas ou exportadas, objeto do comércio de navegação de longo curso. 1992.

Súmula 58 do STJ. Proposta a execução fiscal, a posterior mudança de domicílio do executado não desloca a competência já fixada. 1992.

Súmula 65 do STJ. O cancelamento, previsto no art. 29 do Decreto-lei 2.303, de 21.11.86, não alcança os débitos previdenciários. 1993.

Súmula 66 do STJ. Compete à Justiça Federal processar e julgar execução fiscal promovida por Conselho de Fiscalização Profissional. 1993.

Súmula 71 do STJ. O bacalhau importado de país signatário do GATT é isento do ICM. 1993.

Súmula 77 do STJ. A Caixa Econômica Federal é parte ilegítima para figurar no polo passivo das ações relativas às contribuições para o fundo PIS/PASEP. 1993.

Súmula 79 do STJ. Os bancos comerciais não estão sujeitos a registro nos Conselhos Regionais de Economia. 1993.

Súmula 80 do STJ. A taxa de melhoramento dos portos não se inclui na base de cálculo do ICMS. 1993.

Súmula 87 do STJ. A isenção do ICMS relativa a rações balanceadas para animais abrange o concentrado e o suplemento. 1993.

Súmula 95 do STJ. A redução da alíquota do imposto sobre produtos industrializados ou do imposto de importação não implica redução do ICMS. 1994.

Súmula 100 do STJ. É devido o adicional ao frete para renovação da marinha mercante na importação sob o regime de benefícios fiscais à exportação (BEFIEX). 1994.

Súmula 112 do STJ. O depósito somente suspende a exigibilidade do crédito tributário se for integral e em dinheiro. 1994.

Súmula 121 do STJ. Na execução fiscal o devedor deverá ser intimado, pessoalmente, do dia e hora da realização do leilão. 1994.

Súmula 124 do STJ. A taxa de melhoramento dos portos tem base de cálculo diversa do imposto de importação, sendo legítima a sua cobrança sobre a importação de mercadorias de países signatários do GATT, da ALALC ou ALADI. 1994.

Súmula 125 do STJ. O pagamento de férias não gozadas por necessidade do serviço não está sujeito à incidência do imposto de renda. 1994.

Súmula 129 do STJ. O exportador adquire o direito de transferência de crédito do ICMS quando realiza a exportação do produto e não ao estocar a matéria-prima. 1995.

Súmula 135 do STJ. O ICMS não incide na gravação e distribuição de filmes e videoteipes. 1995

Súmula 136 do STJ. O pagamento de licença-prêmio não gozada por necessidade do serviço não está sujeito ao imposto de renda. 1995.

Súmula 138 do STJ. O ISS incide na operação de arrendamento mercantil de coisas móveis. 1995.

Súmula 139 do STJ. Cabe à Procuradoria da Fazenda Nacional propor execução fiscal para cobrança de crédito relativo ao ITR. 1995.

Súmula 153 do STJ. A desistência da execução fiscal, após o oferecimento dos embargos, não exime o exequente dos encargos da sucumbência. 1996.

Súmula 155 do STJ. O ICMS incide na importação de aeronave, por pessoa física, para uso próprio. 1996.

Súmula 156 do STJ. A prestação de serviço de composição gráfica, personalizada e sob encomenda, ainda que envolva fornecimento de mercadorias, está sujeita, apenas, ao ISS. 1996

Súmula 160 do STJ. É defeso, ao município, atualizar o IPTU, mediante decreto, em percentual superior ao índice oficial de correção monetária. 1996.

Súmula 162 do STJ. Na repetição de indébito tributário, a correção monetária incide a partir do pagamento indevido. 1996.

Súmula 163 do STJ. O fornecimento de mercadorias com a simultânea prestação de serviços em bares, restaurantes e estabelecimentos similares constitui fato gerador do ICMS a incidir sobre o valor total da operação. 1996.

Súmula 166 do STJ. Não constitui fato gerador do ICMS o simples deslocamento de mercadoria de um para outro estabelecimento do mesmo contribuinte. 1996.

Súmula 167 do STJ. O fornecimento de concreto, por empreitada, para construção civil, preparado no trajeto até a obra em betoneiras acopladas a caminhões, é prestação de serviço, sujeitando-se apenas à incidência do ISS. 1997.

Súmula 184 do STJ. A microempresa de representação comercial é isenta do imposto de renda. 1997.

Súmula 185 do STJ. Nos depósitos judiciais, não incide o imposto sobre operações financeiras. 1997.

Súmula 188 do STJ. Os juros moratórios, na repetição do indébito tributário, são devidos a partir do trânsito em julgado da sentença. 1997.

Súmula 189 do STJ. É desnecessária a intervenção do Ministério Público nas execuções fiscais. 1997.

Súmula 190 do STJ. Na execução fiscal, processada perante a Justiça Estadual, cumpre à Fazenda Pública antecipar o numerário destinado ao custeio das despesas com o transporte dos oficiais de justiça. 1997.

Súmula 198 do STJ. Na importação de veículo por pessoa física, destinado a uso próprio, incide o ICMS.1997.

Súmula 212 do STJ. A compensação de créditos tributários não pode ser deferida em ação cautelar ou por medida liminar cautelar ou antecipatória. 2005.

Súmula 213 do STJ. O mandado de segurança constitui ação adequada para a declaração do direito à compensação tributária.1998.

Súmula 215 do STJ. A indenização recebida pela adesão a programa de incentivo à demissão voluntária não está sujeita à incidência do imposto de renda. 1998.

Súmula 237 do STJ. Nas operações com cartão de crédito, os encargos relativos ao financiamento não são considerados no cálculo do ICMS. 2000.

Súmula 251 do STJ. A meação só responde pelo ato ilícito quando o credor, na execução fiscal, provar que o enriquecimento dele resultante aproveitou ao casal. 2001.

Súmula 262 do STJ. Incide o imposto de renda sobre o resultado das aplicações financeiras realizadas pelas cooperativas. 2002.

Súmula 274 do STJ. O ISS incide sobre o valor dos serviços de assistência médica, incluindo-se neles as refeições, os medicamentos e as diárias hospitalares. 2003.

Súmula 310 do STJ. O auxílio-creche não integra o salário de contribuição. 2005.

Súmula 314 do STJ. Em execução fiscal, não localizados bens penhoráveis, suspende-se o processo por um ano, findo o qual se inicia o prazo da prescrição qüinqüenal intercorrente. 2006.

Súmula 334 do STJ. O ICMS não incide no serviço dos provedores de acesso à Internet. 2007.

Súmula 350 do STJ. O ICMS não incide sobre o serviço de habilitação de telefone celular. 2008.

Súmula 351 do STJ. A alíquota de contribuição para o Seguro de Acidente do Trabalho (SAT) é aferida pelo grau de risco desenvolvido em cada empresa, individualizada pelo seu CNPJ, ou pelo grau de risco da atividade preponderante quando houver apenas um registro. 2008.

Súmula 352 do STJ. A obtenção ou a renovação do Certificado de Entidade Beneficente de Assistência Social (Cebas) não exime a entidade do cumprimento dos requisitos legais supervenientes. 2008.

Súmula 355 do STJ. É válida a notificação do ato de exclusão do programa de recuperação fiscal do Refis pelo Diário Oficial ou pela Internet. 2008.

Súmula 360 do STJ. O benefício da denúncia espontânea não se aplica aos tributos sujeitos a lançamento por homologação regularmente declarados, mas pagos a destempo. 2008.

Súmula 386 do STJ. São isentas de imposto de renda as indenizações de férias proporcionais e o respectivo adicional. 2009.

Súmula 391 do STJ. O ICMS incide sobre o valor da tarifa de energia elétrica correspondente à demanda de potência efetivamente utilizada. 2009.

Súmula 392 do STJ. A Fazenda Pública pode substituir a certidão de dívida ativa (CDA) até a prolação da sentença de embargos, quando se tratar de correção de erro material ou formal, vedada a modificação do sujeito passivo da execução. 2009.

Súmula 393 do STJ. A exceção de pré-executividade é admissível na execução fiscal relativamente às matérias conhecíveis de ofício que não demandem dilação probatória. 2009.

Súmula 394 do STJ. É admissível, em embargos à execução, compensar os valores de imposto de renda retidos indevidamente na fonte com os valores restituídos apurados na declaração anual. 2009.

Súmula 395 do STJ. O ICMS incide sobre o valor da venda a prazo constante da nota fiscal. 2009.

Súmula 396 do STJ. A Confederação Nacional da Agricultura tem legitimidade ativa para a cobrança da contribuição sindical rural. 2009.

Súmula 397 do STJ. O contribuinte do IPTU é notificado do lançamento pelo envio do carnê ao seu endereço. 2009.

Súmula 399 do STJ. Cabe à legislação municipal estabelecer o sujeito passivo do IPTU. 2009.

Súmula 400 do STJ. O encargo de 20% previsto no DL n. 1.025/1969 é exigível na execução fiscal proposta contra a massa falida. 2009.

Súmula 406 do STJ. A Fazenda Pública pode recusar a substituição do bem penhorado por precatório. 2009.

Súmula 409 do STJ. Em execução fiscal, a prescrição ocorrida antes da propositura da ação pode ser decretada de ofício (art. 219, § 5º, do CPC). 2009.

Súmula 411 do STJ. É devida a correção monetária ao creditamento do IPI quando há oposição ao seu aproveitamento decorrente de resistência ilegítima do Fisco. 2009.

Súmula 414 do STJ. A citação por edital na execução fiscal é cabível quando frustradas as demais modalidades. 2009.

Súmula 423 do STJ. A Contribuição para Financiamento da Seguridade Social – Cofins incide sobre as receitas provenientes das operações de locação de bens móveis. 2010.

Súmula 424 do STJ. É legítima a incidência de ISS sobre os serviços bancários congêneres da lista anexa ao DL n. 406/1968 e à LC n. 56/1987. 2010.

Súmula 425 do STJ. A retenção da contribuição para a seguridade social pelo tomador do serviço não se aplica às empresas optantes pelo Simples. 2010.

Súmula 430 do STJ. O inadimplemento da obrigação tributária pela sociedade não gera, por si só, a responsabilidade solidária do sócio-gerente. 2010.

Súmula 431 do STJ. É ilegal a cobrança de ICMS com base no valor da mercadoria submetido ao regime de pauta fiscal. 2010.

Súmula 432 do STJ. As empresas de construção civil não estão obrigadas a pagar ICMS sobre mercadorias adquiridas como insumos em operações interestaduais. 2010.

Súmula 433 do STJ. O produto semi-elaborado, para fins de incidência de ICMS, é aquele que preenche cumulativamente os três requisitos do art. 1º da Lei Complementar n. 65/1991. 2010.

Súmula 435 do STJ. Presume-se dissolvida irregularmente a empresa que deixar de funcionar no seu domicílio fiscal, sem comunicação aos órgãos competentes, legitimando o redirecionamento da execução fiscal para o sócio-gerente. 2010.

Súmula 436 do STJ. A entrega de declaração pelo contribuinte reconhecendo débito fiscal constitui o crédito tributário, dispensada qualquer outra providência por parte do fisco. 2010.

Súmula 437 do STJ. A suspensão da exigibilidade do crédito tributário superior a quinhentos mil reais para opção pelo Refis pressupõe a homologação expressa do comitê gestor e a constituição de garantia por meio do arrolamento de bens. 2010.

Súmula 446 do STJ. Declarado e não pago o débito tributário pelo contribuinte, é legítima a recusa de expedição de certidão negativa ou positiva com efeito de negativa. 2010.

Súmula 447 do STJ. Os Estados e o Distrito Federal são partes legítimas na ação de restituição de imposto de renda retido na fonte proposta por seus servidores. 2010.

Súmula 448 do STJ. A opção pelo Simples de estabelecimentos dedicados às atividades de creche, pré-escola e ensino fun-

damental é admitida somente a partir de 24/10/2000, data de vigência da Lei n. 10.034/2000. 2010.

Súmula 451 do STJ. É legítima a penhora da sede do estabelecimento comercial. 2010.

Súmula 457 do STJ. Os descontos incondicionais nas operações mercantis não se incluem na base de cálculo do ICMS. 2010.

Súmula 458 do STJ. A contribuição previdenciária incide sobre a comissão paga ao corretor de seguros. 2010.

Súmula 460 do STJ. É incabível o mandado de segurança para convalidar a compensação tributária realizada pelo contribuinte. 2010.

Súmula 461 do STJ. O contribuinte pode optar por receber, por meio de precatório ou por compensação, o indébito tributário certificado por sentença declaratória transitada em julgado. 2010.

Súmula 463 do STJ. Incide imposto de renda sobre os valores percebidos a título de indenização por horas extraordinárias trabalhadas, ainda que decorrentes de acordo coletivo. 2010.

Súmula 464 do STJ. A regra de imputação de pagamentos estabelecida no art. 354 do Código Civil não se aplica às hipóteses de compensação tributária. 2010.

Súmula 468 do STJ. A base de cálculo do PIS, até a edição da MP n. 1.212/1995, era o faturamento ocorrido no sexto mês anterior ao do fato gerador. 2010.

Súmula 494 do STJ. O benefício fiscal do ressarcimento do crédito presumido do IPI relativo às exportações incide mesmo quando as matérias-primas ou os insumos sejam adquiridos de pessoa física ou jurídica não contribuinte do PIS/PASEP. 2012.

Súmula 495 do STJ. A aquisição de bens integrantes do ativo permanente da empresa não gera direito a creditamento de IPI. 2012.

Súmula 497 do STJ. Os créditos das autarquias federais preferem aos créditos da Fazenda estadual desde que coexistam penhoras sobre o mesmo bem. 2012.

Súmula 498 do STJ. Não incide imposto de renda sobre a indenização por danos morais. 2012.

Súmula 499 do STJ. As empresas prestadoras de serviços estão sujeitas às contribuições ao Sesc e Senac, salvo se integradas noutro serviço social. 2013.

Súmula 508 do STJ. A isenção da Cofins concedida pelo art. 6º, II, da LC n. 70/1991 às sociedades civis de prestação de serviços profissionais foi revogada pelo art. 56 da Lei n. 9.430/1996. 2014.

Súmula 509 do STJ. É lícito ao comerciante de boa-fé aproveitar os créditos de ICMS decorrentes de nota fiscal posteriormente declarada inidônea, quando demonstrada a veracidade da compra e venda. 2014.

Súmula 515 do STJ. A reunião de execuções fiscais contra o mesmo devedor constitui faculdade do Juiz. 2014.

Súmula 516 do STJ. A contribuição de intervenção no domínio econômico para o Incra (Decreto-Lei n. 1.110/1970), devida por empregadores rurais e urbanos, não foi extinta pelas Leis ns. 7.787/1989, 8.212/1991 e 8.213/1991, não podendo ser compensada com a contribuição ao INSS. 2015.

Súmula 523 do STJ. A taxa de juros de mora incidente na repetição de indébito de tributos estaduais deve corresponder à utilizada para cobrança do tributo pago em atraso, sendo legítima a incidência da taxa Selic, em ambas as hipóteses, quando prevista na legislação local, vedada sua cumulação com quaisquer outros índices. 2015.

Súmula 524 do STJ. No tocante à base de cálculo, o ISSQN incide apenas sobre a taxa de agenciamento quando o serviço prestado por sociedade empresária de trabalho temporário for de intermediação, devendo, entretanto, englobar também os valores dos salários e encargos sociais dos trabalhadores por ela contratados nas hipóteses de fornecimento de mão de obra. 2015.

Súmula 553 do STJ. Nos casos de empréstimo compulsório sobre o consumo de energia elétrica, é competente a Justiça estadual para o julgamento de demanda proposta exclusivamente contra a Eletrobrás. Requerida a intervenção da União no feito após a prolação de sentença pelo juízo estadual, os autos devem ser remetidos ao Tribunal Regional Federal competente para o julgamento da apelação se deferida a intervenção. 2015.

Súmula 554 do STJ. Na hipótese de sucessão empresarial, a responsabilidade da sucessora abrange não apenas os tributos devidos pela sucedida, mas também as multas moratórias ou punitivas referentes a fatos geradores ocorridos até a data da sucessão. 2015.

Súmula 555 do STJ. Quando não houver declaração do débito, o prazo decadencial quinquenal para o Fisco constituir o crédito tributário conta-se exclusivamente na forma do art. 173, I, do CTN, nos casos em que a legislação atribui ao sujeito passivo o dever de antecipar o pagamento sem prévio exame da autoridade administrativa. 2015.

Súmula 556 do STJ. É indevida a incidência de imposto de renda sobre o valor da complementação de aposentadoria pago por entidade de previdência privada e em relação ao resgate de contribuições recolhidas para referidas entidades patrocinadoras no período de 1º/1/1989 a 31/12/1995, em razão da isenção concedida pelo art. 6º, VII, *b*, da Lei n. 7.713/1988, na redação anterior à que lhe foi dada pela Lei n. 9.250/1995. 2015.

Súmula 558 do STJ. Em ações de execução fiscal, a petição inicial não pode ser indeferida sob o argumento da falta de indicação do CPF e/ou RG ou CNPJ da parte executada. 2015.

Súmula 559 do STJ. Em ações de execução fiscal, é desnecessária a instrução da petição inicial com o demonstrativo de cálculo do débito, por tratar-se de requisito não previsto no art. 6º da Lei n. 6.830/1980. 2015.

Súmula 560 do STJ. A decretação da indisponibilidade de bens e direitos, na forma do art. 185-A do CTN, pressupõe o exaurimento das diligências na busca por bens penhoráveis, o qual fica caracterizado quando infrutíferos o pedido de constrição sobre ativos financeiros e a expedição de ofícios aos registros públicos do domicílio do executado, ao Denatran ou Detran. 2015.

Súmula 569 do STJ. Na importação, é indevida a exigência de nova certidão negativa de débito no desembaraço aduaneiro, se já apresentada a comprovação da quitação de tributos federais quando da concessão do benefício relativo ao regime de drawback. 2016.

Súmula 583 do STJ. O arquivamento provisório previsto no art. 20 da Lei n. 10.522/2002, dirigido aos débitos inscritos como dívida ativa da União pela Procuradoria-Geral da Fazenda Nacional ou por ela cobrados, não se aplica às execuções fiscais movidas pelos conselhos de fiscalização profissional ou pelas autarquias federais. 2016.

Súmula 584 do STJ. As sociedades corretoras de seguros, que não se confundem com as sociedades de valores mobiliários ou com os agentes autônomos de seguro privado, estão fora do rol de entidades constantes do art. 22, § 1º, da Lei n. 8.212/1991, não se sujeitando à majoração da alíquota da Cofins prevista no art. 18 da Lei n. 10.684/2003. 2016.

Súmula 585 do STJ. A responsabilidade solidária do ex-proprietário, prevista no art. 134 do Código de Trânsito Brasileiro – CTB, não abrange o IPVA incidente sobre o veículo automotor, no que se refere ao período posterior à sua alienação. 2016.

Súmula 590 do STJ. Constitui acréscimo patrimonial a atrair a incidência do imposto de renda, em caso de liquidação de entidade de previdência privada, a quantia que couber a cada participante, por rateio do patrimônio, superior ao valor das respectivas contribuições à entidade em liquidação, devidamente atualizadas e corrigidas. 2017.

Súmula 598 do STJ. É desnecessária a apresentação de laudo médico oficial para o reconhecimento judicial da isenção do imposto de renda, desde que o magistrado entenda suficientemente demonstrada a doença grave por outros meios de prova. 2017

Súmula 612 do STJ. O certificado de entidade beneficente de assistência social (CEBAS), no prazo de sua validade, possui natureza declaratória para fins tributários, retroagindo seus efeitos à data em que demonstrado o cumprimento dos requisitos estabelecidos por lei complementar para a fruição da imunidade. 2018.

Súmula 614 do STJ. O locatário não possui legitimidade ativa para discutir a relação jurídico-tributária de IPTU e de taxas referentes ao imóvel alugado nem para repetir indébito desses tributos. 2018

Súmula 622 do STJ. A notificação do auto de infração faz cessar a contagem da decadência para a constituição do crédito tributário; exaurida a instância administrativa com o decurso do prazo para a impugnação ou com a notificação de seu julgamento definitivo e esgotado o prazo concedido pela Administração para o pagamento voluntário, inicia-se o prazo prescricional para a cobrança judicial. 2018.

Súmula 625 do STJ. O pedido administrativo de compensação ou de restituição não interrompe o prazo prescricional para a ação de repetição de indébito tributário de que trata o art. 168 do CTN nem o da execução de título judicial contra a Fazenda Pública. 2018.

Súmula 626 do STJ. A incidência do IPTU sobre imóvel situado em área considerada pela lei local como urbanizável ou de expansão urbana não está condicionada à existência dos melhoramentos elencados no art. 32, § 1º, do CTN. 2018.

Súmula 627 do STJ. O contribuinte faz jus à concessão ou à manutenção da isenção do imposto de renda, não se lhe exigin-

do a demonstração da contemporaneidade dos sintomas da doença nem da recidiva da enfermidade. 2018.

Súmula 640 do STJ. O benefício fiscal que trata do Regime Especial de Reintegração de Valores Tributários para as Empresas Exportadoras (REINTEGRA) alcança as operações de venda de mercadorias de origem nacional para a Zona Franca de Manaus, para consumo, industrialização ou reexportação para o estrangeiro. 2020.

Súmula 649 do STJ. Não incide ICMS sobre o serviço de transporte interestadual de mercadorias destinadas ao exterior. 2021.

Súmula 653 do STJ. O pedido de parcelamento fiscal, ainda que indeferido, interrompe o prazo prescricional, pois caracteriza confissão extrajudicial do débito. 2021.

TEMAS DO STJ DE RECURSOS REPETITIVOS EM MATÉRIA TRIBUTÁRIA

Tema 61 do STJ. Não resta caracterizada a denúncia espontânea, com a conseqüente exclusão da multa moratória, nos casos de tributos declarados, porém pagos a destempo pelo contribuinte, ainda que o pagamento seja integral. Decisão de mérito em 2008.

Tema 62 do STJ. Por força da isenção concedida pelo art. 6º, VII, b, da Lei 7.713/88, na redação anterior à que lhe foi dada pela Lei 9.250/95, é indevida a cobrança de imposto de renda sobre o valor da complementação de aposentadoria e o do resgate de contribuições correspondentes a recolhimentos para entidade de previdência privada ocorridos no período de 1º.01.1989 a 31.12.1995. Decisão de mérito em 2008.

Tema 63 STJ. É indevida a incidência de ICMS sobre a parcela correspondente à demanda de potência elétrica contratada mas não utilizada. Decisão de mérito em 2009.

Tema 79 do STJ. O art. 5º da Resolução 20/2001 do Comitê Gestor do Programa prevê a notificação da exclusão do REFIS por meio de publicação no Diário Oficial ou pela Internet, o que torna desarrazoada a pretensão de intimação pessoal para esta finalidade. Decisão de mérito em 2009.

Tema 80 do STJ. A retenção de 11% (onze por cento) a título de contribuição previdenciária, na forma do art. 31 da Lei n. 8.212/91, não configura nova modalidade de tributo, mas tão-somente alteração na sua forma de recolhimento, não havendo nenhuma ilegalidade nessa nova sistemática de arrecadação. Decisão de mérito em 2009.

Tema 81 do STJ. É admissível, em embargos à execução, compensar os valores de imposto de renda retidos indevidamente na fonte com os valores restituídos apurados na declaração anual. Decisão de mérito em 2009.

Tema 83 do STJ. A parcela de 0,2% (zero vírgula dois por cento) do STJ. destinada ao Incra não foi extinta pela Lei 7.787/89 e tampouco pela Lei 8.213/91. Decisão de mérito em 2008.

Tema 85 do STJ. A contribuição sindical rural implementada a destempo sofre a incidência do regime previsto no art. 2º da Lei 8.022/90, reiterado pelo art. 59 da Lei 8.383/91. Decisão de mérito em 2008.

Tema 88 do STJ. Nos termos do art. 167, parágrafo único do CTN e da Súmula 188/STJ, "Os juros moratórios, na repetição do indébito tributário, são devidos a partir do trânsito em julgado da sentença". Tal regime é aplicável à repetição de indébito de contribuições previdenciárias, que também têm natureza tributária. Decisão de mérito em 2008.

Tema 89 do STJ. As operações de importação de bacalhau (peixe seco e salgado, espécie do gênero pescado), provenientes de países signatários do GATT do STJ. General Agreement

on Tariffs and Trade, realizadas até 30 de abril de 1999, são isentas de recolhimento do ICMS. Decisão de mérito em 2009.

Tema 90 do STJ. Por força da isenção concedida pelo art. 6º, VII, b, da Lei 7.713/88, na redação anterior à que lhe foi dada pela Lei 9.250/95, é indevida a cobrança de imposto de renda sobre o valor da complementação de aposentadoria e o do resgate de contribuições correspondentes a recolhimentos para entidade de previdência privada ocorridos no período de 1º.01.1989 a 31.12.1995. A quantia que couber por rateio a cada participante, superior ao valor das respectivas contribuições, constitui acréscimo patrimonial (CTN, art. 43) e, como tal, atrai a incidência de imposto de renda. Decisão de mérito em 2008.

Tema 91 do STJ. As operações de composição gráfica, como no caso de impressos personalizados e sob encomenda, são de natureza mista, sendo que os serviços a elas agregados estão incluídos na Lista Anexa ao Decreto-Lei 406/68 (item 77) e à LC 116/03 (item 13.05). Consequentemente, tais operações estão sujeitas à incidência de ISSQN (e não de ICMS). Confirma-se o entendimento da Súmula 156/STJ: "A prestação de serviço de composição gráfica, personalizada e sob encomenda, ainda que envolva fornecimento de mercadorias, está sujeita, apenas, ao ISS". Decisão de mérito em 2009.

Tema 96 do STJ. A entrega de declaração pelo contribuinte reconhecendo débito fiscal constitui o crédito tributário, dispensada qualquer outra providência por parte do fisco. Decisão de mérito em 2009.

Tema 97 do STJ. A simples falta de pagamento do tributo não configura, por si só, nem em tese, circunstância que acarreta a responsabilidade subsidiária do sócio, prevista no art. 135 do CTN. É indispensável, para tanto, que tenha agido com excesso de poderes ou infração à lei, ao contrato social ou ao estatuto da empresa. Decisão de mérito em 2009.

Tema 101 do STJ. O instituto da denúncia espontânea (art. 138 do CTN) não se aplica nos casos de parcelamento de débito tributário. Decisão de mérito em 2009.

Tema 107 do STJ. O encargo de 20% previsto no DL n. 1.025/1969 é exigível na execução fiscal proposta contra a massa falida. Decisão de mérito em 2009.

Tema 114 do STJ. O art. 166 do CTN tem como cenário natural de aplicação as hipóteses em que o contribuinte de direito demanda a repetição do indébito ou a compensação de tributo cujo valor foi suportado pelo contribuinte de fato. Decisão de mérito em 2009.

Tema 116 do STJ. A remessa do carnê de pagamento do IPTU ao endereço do contribuinte é ato suficiente para a notificação do lançamento tributário. Decisão de mérito em 2009.

Tema 119 do STJ. Incide a taxa SELIC na repetição de indébito de tributos estaduais a partir da data de vigência da lei estadual que prevê a incidência de tal encargo sobre o pagamento atrasado de seus tributos e, relativamente ao período anterior, incide a taxa de 1% ao mês, nos termos do art. 161, § 1º, do CTN, observado o disposto na súmula 188/STJ, sendo inaplicável o art. 1º-F da Lei 9.494/97. Decisão de mérito em 2009.

Tema 121 do STJ. São isentas de imposto de renda as indenizações de férias proporcionais e respectivo adicional. Decisão de mérito em 2009.

Tema 122 do STJ. 1 – Tanto o promitente comprador (possuidor a qualquer título) do imóvel quanto seu proprietário/promitente vendedor (aquele que tem a propriedade registrada no Registro de Imóveis) são contribuintes responsáveis pelo pagamento do IPTU; 2 – cabe à legislação municipal estabelecer o sujeito passivo do IPTU. Decisão de mérito em 2009.

Tema 132 do STJ. É legítima a incidência de ISS sobre os serviços bancários congêneres da lista anexa ao DL n. 406/1968 e à LC n. 56/1987. Decisão de mérito em 2009.

Tema 137 do STJ. Para as ações ajuizadas a partir de 9.6.2005, aplica-se o art. 3º, da Lei Complementar n. 118/2005, contando-se o prazo prescricional dos tributos sujeitos a lançamento por homologação em cinco anos a partir do pagamento antecipado de que trata o art. 150, § 1º, do CTN. Decisão de mérito em 2012.

Tema 138 do STJ. Para as ações ajuizadas a partir de 9.6.2005, aplica-se o art. 3º, da Lei Complementar n. 118/2005, contando-se o prazo prescricional dos tributos sujeitos a lançamento por homologação em cinco anos a partir do pagamento antecipado de que trata o art. 150, § 1º, do CTN. Decisão de mérito em 2012.

Tema 139 do STJ. As verbas concedidas ao empregado por mera liberalidade do empregador, isto é, verba paga na ocasião da rescisão unilateral do contrato de trabalho sem obrigatoriedade expressa em lei, convenção ou acordo coletivo, implicam acréscimo patrimonial por não possuírem caráter indenizatório, sujeitando-se, assim, à incidência do imposto de renda. Decisão de mérito em 2009.

Tema 142 do STJ. O prazo de prescrição quinquenal para pleitear a repetição tributária, nos tributos sujeitos ao lançamento de ofício, é contado da data em que se considera extinto o crédito tributário, qual seja, a data do efetivo pagamento do tributo. A declaração de inconstitucionalidade da lei instituidora do tributo em controle concentrado, pelo STF, ou a Resolução do Senado (declaração de inconstitucionalidade em controle difuso) é despicienda para fins de contagem do prazo prescricional tanto em relação aos tributos sujeitos ao lançamento por homologação, quanto em relação aos tributos sujeitos ao lançamento de ofício. Decisão de mérito em 2010.

Tema 144 do STJ. Os descontos incondicionais nas operações mercantis não se incluem na base de cálculo do ICMS. Decisão de mérito em 2009.

Tema 150 do STJ. As verbas concedidas ao empregado, por mera liberalidade do empregador, quando da rescisão unilateral de seu contrato de trabalho sujeitam-se à incidência do Imposto de Renda. Decisão de mérito em 2009.

Tema 151 do STJ. A indenização recebida pela adesão a programa de incentivo à demissão voluntária não está sujeita à incidência do imposto de renda. Decisão de mérito em 2009.

Tema 158 do STJ. Também com relação ao recebimento antecipado de 10% (dez por cento) da reserva matemática do Fundo de Previdência Privada como incentivo para a migração para novo plano de benefícios, deve-se afastar a incidência do imposto de renda sobre a parcela recebida a partir de janeiro de 1996, na proporção do que já foi anteriormente recolhido pelo contribuinte, a título de imposto de renda, sobre as contribuições vertidas ao fundo durante o período de vigência da Lei 7.713/88. Decisão de mérito em 2009.

Tema 159 do STJ. A ficção jurídica prevista no artigo 11 da Lei n. 9.779/99, não alcança situação reveladora de isenção do Imposto sobre Produtos Industrializados do STJ. IPI que a antecedeu. Decisão de mérito em 2009.

Tema 160 do STJ. O valor do frete (referente ao transporte do veículo entre a montadora/fabricante e a concessionária/revendedora) integra a base de cálculo do ICMS incidente sobre a circulação da mercadoria, para fins da substituição tributária progressiva ("para frente"), à luz do artigo 8º, II, "b", da Lei Complementar 87/96. Decisão de mérito em 2009.

Tema 161 do STJ. Nos casos em que a substituta tributária (a montadora/fabricante de veículos) não efetua o transporte, nem o engendra por sua conta e ordem, o valor do frete não deve ser incluído na base de cálculo do imposto. Decisão de mérito em 2009.

Tema 162 do STJ. A tributação isolada e autônoma do imposto de renda sobre os rendimentos auferidos pelas pessoas jurídicas em aplicações financeiras de renda fixa, bem como sobre os ganhos líquidos em operações realizadas nas bolsas de valores, de mercadorias, de futuros e assemelhadas, à luz dos artigos 29 e 36, da Lei 8.541/92, é legítima e complementar ao conceito de renda delineado no artigo 43, do CTN, uma vez que as aludidas entradas financeiras não fazem parte da atividade-fim das empresas. Decisão de mérito em 2009.

Tema 163 do STJ. O prazo decadencial quinquenal para o Fisco constituir o crédito tributário (lançamento de ofício) conta-se do primeiro dia do exercício seguinte àquele em que o lançamento poderia ter sido efetuado, nos casos em que a lei não prevê o pagamento antecipado da exação ou quando, a despeito da previsão legal, o mesmo inocorre, sem a constatação de dolo, fraude ou simulação do contribuinte, inexistindo declaração prévia do débito. Decisão de mérito em 2009.

Tema 164 do STJ. É devida a correção monetária sobre o valor referente a créditos de IPI admitidos extemporaneamente pelo Fisco. Decisão de mérito em 2009.

Tema 165 do STJ. É ilícita a exigência de nova certidão negativa de débito no momento do desembaraço aduaneiro da respectiva importação, se a comprovação de quitação de tributos federais já fora apresentada quando da concessão do benefício inerente às operações pelo regime de drawback. Decisão de mérito em 2009.

Tema 167 do STJ. Incide imposto de renda sobre a verba intitulada "Indenização por Horas Trabalhadas" do STJ. IHT, paga aos funcionários da Petrobrás, malgrado fundada em acordo coletivo. Decisão de mérito em 2009.

Tema 168 do STJ. A aquisição de bens integrantes do ativo permanente da empresa não gera direito a creditamento de IPI. Decisão de mérito em 2009.

Tema 169 do STJ. O auxílio condução consubstancia compensação pelo desgaste do patrimônio dos servidores, que utilizam-se de veículos próprios para o exercício da sua atividade profissional, inexistindo acréscimo patrimonial, mas uma mera recomposição ao estado anterior sem o incremento líquido necessário à qualificação de renda. Decisão de mérito em 2009.

Tema 170 do STJ. Sob a égide do Convênio ICMS 66/88 (antes, portanto, da entrada em vigor da Lei Complementar 87/96) não havia direito do contribuinte ao crédito de ICMS recolhido quando pago em razão de operações de consumo de energia elétrica. Decisão de mérito em 2009.

Tema 171 do STJ. A retenção da contribuição para a seguridade social pelo tomador do serviço não se aplica às empresas optantes pelo Simples. Decisão de mérito em 2009.

Tema 174 do STJ. Não incide IPTU, mas ITR, sobre imóvel localizado na área urbana do Município, desde que comprovadamente utilizado em exploração extrativa, vegetal, agrícola, pecuária ou agroindustrial (art. 15 do DL 57/1966). Decisão de mérito em 2009.

Tema 179 do STJ. A perda da pretensão executiva tributária pelo decurso de tempo é consequência da inércia do credor, que não se verifica quando a demora na citação do executado decorre unicamente do aparelho judiciário. Decisão de mérito em 2009.

Tema 180 do STJ. Inexiste qualquer ilegalidade/inconstitucionalidade na determinação de indedutibilidade da CSSL na apuração do lucro real. Decisão de mérito em 2009.

Tema 183 do STJ. O ICMS incide sobre o preço total da venda quando o acréscimo é cobrado pelo próprio vendedor (venda a prazo). Decisão de mérito em 2009.

Tema 196 do STJ. A Contribuição para Financiamento da Seguridade Social do STJ. Cofins incide sobre as receitas provenientes das operações de locação de bens móveis. Decisão de mérito em 2009.

Tema 198 do STJ. Em se tratando de construção civil, antes ou depois da lei complementar, o imposto é devido no local da construção (art. 12, letra "b" do DL 406/68 e art. 3º, da LC 116/2003). Decisão de mérito em 2009.

Tema 199 do STJ. A Taxa SELIC é legítima como índice de correção monetária e de juros de mora, na atualização dos débitos tributários pagos em atraso, diante da existência de Lei Estadual que determina a adoção dos mesmos critérios adotados na correção dos débitos fiscais. Decisão de mérito em 2009.

Tema 201 do STJ. Conforme o disposto no artigo 605 da Consolidação da Leis do Trabalho, em respeito ao princípio da publicidade, a publicação, em jornais de grande circulação local, de editais concernentes ao recolhimento da contribuição sindical é condição necessária à eficácia do procedimento do recolhimento deste tributo, matéria que consubstancia pressuposto para o desenvolvimento regular do processo e pode ser apreciada de ofício pelo Juiz. Decisão de mérito em 2009.

Tema 215 do STJ. Sob a égide da Lei n. 8.212/91, é ilegal o cálculo, em separado, da contribuição previdenciária sobre a gratificação natalina em relação ao salário do mês de dezembro. Decisão de mérito em 2009.

Tema 216 do STJ. A Lei n. 8.620/93, em seu art. 7º, § 2º autorizou expressamente a incidência da contribuição previdenciária sobre o valor bruto do 13º salário, cuja base de cálculo deve ser calculada em separado do salário-de-remuneração do respectivo mês de dezembro. Decisão de mérito em 2009.

Tema 217 do STJ. Para fins do pagamento dos tributos com as alíquotas reduzidas, a expressão "serviços hospitalares", constante do artigo 15, § 1º, inciso III, da Lei 9.249/95, deve ser interpretada de forma objetiva (ou seja, sob a perspectiva da atividade realizada pelo contribuinte), devendo ser considerados serviços hospitalares "aqueles que se vinculam às atividades desenvolvidas pelos hospitais, voltados diretamente à promoção da saúde", de sorte que, "em regra, mas não necessariamente, são prestados no interior do estabelecimento hospitalar, excluindo-se as simples consultas médicas, atividade que não se identifica com as prestadas no âmbito hospitalar, mas nos consultórios médicos". Decisão de mérito em 2009.

Tema 226 do STJ. O crédito-prêmio do IPI, previsto no art. 1º do DL 491/69, não se aplica às vendas para o exterior realizadas após 04.10.90. Decisão de mérito em 2010.

Tema 227 do STJ. O prazo prescricional das ações que visam ao recebimento do crédito-prêmio do IPI, nos termos do art. 1º do Decreto 20.910/32, é de cinco anos. Decisão de mérito em 2010.

Tema 229 do STJ. A ação de repetição de indébito [...] visa à restituição de crédito tributário pago indevidamente ou a maior, por isso que o termo a quo é a data da extinção do crédito tributário, momento em que exsurge o direito de ação contra a Fazenda Pública, sendo certo que, por tratar-se de tributo sujeito ao lançamento de ofício, o prazo prescricional é quinquenal, nos termos do art. 168, I, do CTN. Decisão de mérito em 2010.

Tema 232 do STJ. Na repetição do indébito tributário referente a recolhimento de tributo direto, não se impõe a comprovação de que não houve repasse do encargo financeiro decorrente da incidência do imposto ao consumidor final, contribuinte de fato. Decisão de mérito em 2010.

Tema 237 do STJ. É possível ao contribuinte, após o vencimento da sua obrigação e antes da execução, garantir o juízo de forma antecipada, para o fim de obter certidão positiva com efeito de negativa. Decisão de mérito em 2010.

Tema 238 do STJ. A opção pelo Simples de estabelecimentos dedicados às atividades de creche, pré-escola e ensino fundamental é admitida somente a partir de 24/10/2000, data de vigência da Lei n. 10.034/2000. Decisão de mérito em 2009.

Tema 240 do STJ. O imposto de renda incide sobre o resultado positivo das aplicações financeiras realizadas pelas cooperativas, por não caracterizarem "ato cooperativos típicos". Decisão de mérito em 2009.

Tema 242 do STJ. As atividades de "panificação e de congelamento de produtos perecíveis", "rotisseria e restaurante", "açougue e peixaria" e "frios e laticínios" [...] por supermercado não configuram processo de industrialização de alimentos, [...] razão pela qual inexiste direito ao creditamento do ICMS pago na entrada da energia elétrica consumida no estabelecimento comercial. Decisão de mérito em 2009.

Tema 245 do STJ. A suspensão da exigibilidade do crédito tributário superior a quinhentos mil reais para opção pelo Refis pressupõe a homologação expressa do comitê gestor e a constituição de garantia por meio do arrolamento de bens. Decisão de mérito em 2009.

Tema 248 do STJ. O envio da guia de cobrança (carnê), da taxa de licença para funcionamento, ao endereço do contribuinte, configura a notificação presumida do lançamento do tributo, passível de ser ilidida pelo contribuinte, a quem cabe comprovar seu não recebimento. Decisão de mérito em 2010.

Tema 250 do STJ. O conteúdo normativo do art. 6º, XIV, da Lei 7.713/88, com as alterações promovidas pela Lei 11.052/2004, é explícito em conceder o benefício fiscal em favor dos aposentados portadores das seguintes moléstias graves: moléstia profissional, tuberculose ativa, alienação mental, esclerose múltipla, neoplasia maligna, cegueira, hanseníase, paralisia irreversível e incapacitante, cardiopatia grave, doença de Parkinson, espondiloartrose anquilosante, nefropatia grave, hepatopatia grave, estados avançados da doença de Paget (osteíte deformante), contaminação por radiação, síndrome da imunodeficiência adquirida, com base em conclusão da medicina especializada, mesmo que a doença tenha sido contraída depois da aposentadoria ou reforma. Por conseguinte, o rol contido no referido dispositivo legal é taxativo (numerus clausus), vale dizer, restringe a concessão de isenção às situações nele enumeradas. Decisão de mérito em 2010.

Tema 255 do STJ. Os créditos rurais originários de operações financeiras alongadas ou renegociadas (cf. Lei n. 9.138/95), cedidos à União por força da Medida Provisória 2.196-3/2001, estão abarcados no conceito de Dívida Ativa da União para efeitos de execução fiscal do STJ. não importando a natureza pública ou privada dos créditos em si. Decisão de mérito em 2010.

Tema 256 do STJ. Declarado e não pago o débito tributário pelo contribuinte, é legítima a recusa de expedição de certidão negativa ou positiva com efeito de negativa. Decisão de mérito em 2009.

Tema 259 do STJ. Não constitui fato gerador do ICMS o simples deslocamento de mercadoria de um para outro estabelecimento do mesmo contribuinte. Decisão de mérito em 2010.

Tema 261 do STJ. As empresas de construção civil não estão obrigadas a pagar ICMS sobre mercadorias adquiridas como insumos em operações interestaduais. Decisão de mérito em 2010.

Tema 263 do STJ. A contribuição social destinada ao PIS permaneceu exigível no período compreendido entre outubro de 1995 a fevereiro de 1996, por força da Lei Complementar 7/70, e entre março de 1996 a outubro de 1998, por força da Medida Provisória 1.212/95 e suas reedições. Decisão de mérito em 2010.

Tema 264 do STJ. A mera discussão judicial da dívida, sem garantia idônea ou suspensão da exigibilidade do crédito, nos termos do art. 151 do CTN, não obsta a inclusão do nome do devedor no CADIN. Decisão de mérito em 2010.

Tema 265 do STJ. Em se tratando de compensação tributária, deve ser considerado o regime jurídico vigente à época do ajuizamento da demanda, não podendo ser a causa julgada à luz do direito superveniente, tendo em vista o inarredável requisito do prequestionamento, viabilizador do conhecimento do apelo extremo, ressalvando-se o direito de o contribuinte proceder à compensação dos créditos pela via administrativa, em conformidade com as normas posteriores, desde que atendidos os requisitos próprios. Decisão de mérito em 2010.

Tema 266 do STJ. O prazo prescricional, no que tange às contribuições previdenciárias, foi sucessivamente modificado pela EC n. 8/77, pela Lei 6.830/80, pela CF/88 e pela Lei 8.212/91, à medida em que as mesmas adquiriam ou perdiam sua natureza de tributo. [...] O prazo decadencial, por seu turno, não foi alterado pelos referidos diplomas legais, mantendo-se obediente ao disposto na lei tributária. Decisão de mérito em 2010.

Tema 267 do STJ. O valor do frete configura parcela estranha ao produto rural, por isso que não está inserido na base de cálculo da contribuição para o FUNRURAL, que consiste tão somente no valor comercial do produto rural, correspondente ao preço pelo qual é vendido pelo produtor. Decisão de mérito em 2010.

Tema 268 do STJ. É desnecessária a apresentação do demonstrativo de cálculo, em execução fiscal, uma vez que a Lei n. 6.830/80 dispõe, expressamente, sobre os requisitos essenciais para a instrução da petição inicial e não elenca o demonstrativo de débito entre eles. Decisão de mérito em 2010.

Tema 269 do STJ. Tanto para os requerimentos efetuados anteriormente à vigência da Lei 11.457/07, quanto aos pedidos protocolados após o advento do referido diploma legislativo, o prazo aplicável é de 360 dias a partir do protocolo dos pedidos (art. 24 da Lei 11.457/07). Decisão de mérito em 2010.

Tema 270 do STJ. Tanto para os requerimentos efetuados anteriormente à vigência da Lei 11.457/07, quanto aos pedidos protocolados após o advento do referido diploma legislativo, o prazo aplicável é de 360 dias a partir do protocolo dos pedidos (art. 24 da Lei 11.457/07). Decisão de mérito em 2010.

Tema 271 do STJ. Os efeitos da suspensão da exigibilidade pela realização do depósito integral do crédito exequendo, quer no bojo de ação anulatória, quer no de ação declaratória de inexistência de relação jurídico-tributária, ou mesmo no de mandado de segurança, desde que ajuizados anteriormente à execução fiscal, têm o condão de impedir a lavratura do auto de infração, assim como de coibir o ato de inscrição em dívida ativa e o ajuizamento da execução fiscal, a qual, acaso proposta, deverá ser extinta. Decisão de mérito em 2010.

Tema 272 do STJ. O comerciante de boa-fé que adquire mercadoria, cuja nota fiscal (emitida pela empresa vendedora) posteriormente seja declarada inidônea, pode engendrar o aproveitamento do crédito do ICMS pelo princípio da não-cumulatividade, uma vez demonstrada a veracidade da compra e venda efetuada, porquanto o ato declaratório da inidoneidade somente produz efeitos a partir de sua publicação. Decisão de mérito em 2010.

Tema 273 do STJ. A Fazenda Pública, quer em ação anulatória, quer em execução embargada, faz jus à expedição da certidão positiva de débito com efeitos negativos, independentemente de penhora, posto inexpropriáveis os seus bens. Decisão de mérito em 2010.

Tema 274 do STJ. O arrendamento mercantil, contratado pela indústria aeronáutica de grande porte para viabilizar o uso, pelas companhias de navegação aérea, de aeronaves por ela construídas, não constitui operação relativa à circulação de mercadoria sujeita à incidência do ICMS. Decisão de mérito em 2010.

Tema 275 do STJ. As leis tributárias procedimentais ou formais, conducentes à constituição do crédito tributário não alcançado pela decadência, são aplicáveis a fatos pretéritos, razão pela qual a Lei 8.021/90 e a Lei Complementar 105/2001, por envergarem essa natureza, legitimam a atuação fiscalizatória/investigativa da Administração Tributária, ainda que os fatos imponíveis a serem apurados lhes sejam anteriores. Decisão de mérito em 2009.

Tema 276 do STJ. A aquisição de matéria-prima e/ou insumo não tributados ou sujeitos à alíquota zero, utilizados na industrialização de produto tributado pelo IPI, não enseja direito ao creditamento do tributo pago na saída do estabelecimento industrial. Decisão de mérito em 2010.

Tema 277 do STJ. A aquisição de matéria-prima e/ou insumo não tributados ou sujeitos à alíquota zero, utilizados na industrialização de produto tributado pelo IPI, não enseja direito ao creditamento do tributo pago na saída do estabelecimento industrial. Decisão de mérito em 2010.

Tema 278 do STJ. O ICMS incide sobre o fornecimento de alimentação e bebidas em bares, restaurantes e estabelecimentos congêneres, cuja base de cálculo compreende o valor total das operações realizadas, inclusive aquelas correspondentes à prestação de serviço. Decisão de mérito em 2010.

Tema 279 do STJ. A base de cálculo do PIS e da COFINS, independentemente do regime normativo aplicável (Leis Complementares 7/70 e 70/91 ou Leis ordinárias 10.637/2002 e 10.833/2003), abrange os valores recebidos pelas empresas prestadoras de serviços de locação de mão de obra temporária (regidas pela Lei 6.019/1974 e pelo Decreto 73.841/1974), a título de pagamento de salários e encargos sociais dos trabalhadores temporários. Decisão de mérito em 2010.

Tema 293 do STJ. O repasse econômico do PIS e da COFINS realizados pelas empresas concessionárias de serviços de tele-

comunicação é legal e condiz com as regras de economia e de mercado. Decisão de mérito em 2010.

Tema 295 do STJ. Na restituição do indébito tributário, os juros de mora são devidos, à razão de 1% ao mês, conforme estabelecido no artigo 161, § 1º, do CTN, não prevalecendo o disposto no artigo 1º-F da Lei 9.494/97, acrescentado pela MP 2.180-35/01. Decisão de mérito em 2009.

Tema 313 do STJ. i) O artigo 3º, § 2º, III, da Lei n. 9718/98 não teve eficácia jurídica, de modo que integram o faturamento e também o conceito maior de receita bruta, base de cálculo das contribuições ao PIS/PASEP e COFINS, os valores que, computados como receita, tenham sido transferidos para outra pessoa jurídica; ii) O valor do ICMS, destacado na nota, devido e recolhido pela empresa compõe seu faturamento, submetendo-se à tributação pelas contribuições ao PIS/PASEP e COFINS, sendo integrante também do conceito maior de receita bruta, base de cálculo das referidas exações. Decisão de mérito em 2016.

Tema 334 do STJ. [...] que trata da responsabilidade dos sócios em face do disposto no art. 13 da Lei 8.620/93. Na vigência de tal dispositivo (posteriormente revogado de modo expresso pelo art. 79, VII, da Lei 11.941/09), já havia entendimento desta 1ª Seção segundo o qual, mesmo em se tratando de débitos para com a Seguridade Social, a responsabilidade pessoal dos sócios das sociedades por quotas de responsabilidade limitada, prevista no art. 13 da Lei 8.620/93, só existe, quando presentes as condições estabelecidas no art. 135, III do CTN. Há, todavia uma razão superior, mais importante que todas as outras, a justificar a inexistência da responsabilidade do sócio, em casos da espécie: o STF, no julgamento do RE 562.276, ocorrido em 03.11.10, relatora a Ministra Ellen Gracie, declarou a inconstitucionalidade do art. 13 da Lei 8.620/93, tanto por vício formal (violação ao art. 146, III, da Constituição Federal), como por vício material (violação aos arts.. 5º, XIII, e 170, parágrafo único, da Constituição Federal). O julgamento do recurso extraordinário se deu sob o regime do art. 543-B do CPC, o que confere especial eficácia vinculativa ao precedente e impõe sua adoção imediata em casos análogos [...]. Decisão de mérito em 2010.

Tema 335 do STJ. A partir da vigência do art. 31 da Lei 8.212/91, com a redação dada pela Lei 9.711/98, a empresa contratante é responsável, com exclusividade, pelo recolhimento da contribuição previdenciária por ela retida do valor bruto da nota fiscal ou fatura de prestação de serviços, afastada, em relação ao montante retido, a responsabilidade supletiva da empresa prestadora, cedente de mão de obra. Decisão de mérito em 2010.

Tema 336 do STJ. A simples declaração de compensação relativa ao crédito-prêmio de IPI não suspende a exigibilidade do crédito tributário – a menos que esteja presente alguma outra causa de suspensão elencada no art. 151 do CTN – razão porque poderá a Fazenda Nacional recusar-se a emitir a certidão de regularidade fiscal. Decisão de mérito em 2010.

Tema 338 do STJ. O auxílio-creche funciona como indenização, não integrando o salário de contribuição para a Previdência. Inteligência da Súmula 310/STJ. Decisão de mérito em 2010.

Tema 340 do STJ. Não é possível a cobrança da Contribuição Social sobre o Lucro (CSLL) do contribuinte que tem a seu favor decisão judicial transitada em julgado declarando a inconstitucionalidade formal e material da exação conforme concebida pela Lei 7.689/88, assim como a inexistência de relação jurídica material a seu recolhimento. O fato de o Supremo Tribunal Federal posteriormente manifestar-se em sentido oposto à decisão judicial transitada em julgado em nada pode alterar a relação jurídica estabilizada pela coisa julgada, sob pena de negar validade ao próprio controle difuso de constitucionalidade. Decisão de mérito em 2011.

Tema 341 do STJ. Em se tratando de ato que impede a permanência da pessoa jurídica no SIMPLES em decorrência da superveniência de situação impeditiva prevista no artigo 9º, incisos III a XIV e XVII a XIX, da Lei 9.317/1996, seus efeitos são produzidos a partir do mês subsequente à data da ocorrência da circunstância excludente, nos exatos termos do artigo 15, inciso II, da mesma lei. Decisão de mérito em 2010.

Tema 342 do STJ. Não há ilegalidade no artigo 41 do Decreto n. 332/91, consonante com a Lei n. 8.200/1, artigo 1º, que, ao cuidar da correção monetária de balanço relativamente ao ano-base de 1990, limitou-se ao IRPJ, não estendendo a previsão legal à CSLL. Decisão de mérito em 2010.

Tema 345 do STJ. Em se tratando de compensação de crédito objeto de controvérsia judicial, é vedada a sua realização "antes do trânsito em julgado da respectiva decisão judicial", conforme prevê o art. 170-A do CTN, vedação que, todavia, não se aplica a ações judiciais propostas em data anterior à vigência desse dispositivo, introduzido pela LC 104/2001. Decisão de mérito em 2010.

Tema 346 do STJ. Nos termos do art. 170-A do CTN, "é vedada a compensação mediante o aproveitamento de tributo, objeto de contestação judicial pelo sujeito passivo, antes do trânsito em julgado da respectiva decisão judicial", vedação que se aplica inclusive às hipóteses de reconhecida inconstitucionalidade do tributo indevidamente recolhido. Decisão de mérito em 2010.

Tema 351 do STJ. O Imposto de Renda incidente sobre os benefícios previdenciários atrasados pagos acumuladamente deve ser calculado de acordo com as tabelas e alíquotas vigentes à época em que os valores deveriam ter sido adimplidos, observando a renda auferida mês a mês pelo segurado, não sendo legítima a cobrança de IR com parâmetro no montante global pago extemporaneamente. Decisão de mérito em 2010.

Tema 354 do STJ. Incide ISSQN sobre operações de arrendamento mercantil financeiro. Decisão de mérito em 2013.

Tema 355 do STJ. O sujeito ativo da relação tributária, na vigência do DL 406/68, é o Município da sede do estabelecimento prestador (art. 12); a partir da LC 116/03, é aquele onde o serviço é efetivamente prestado, onde a relação é perfectibilizada, assim entendido o local onde se comprove haver unidade econômica ou profissional da instituição financeira com poderes decisórios suficientes à concessão e aprovação do financiamento do STJ – núcleo da operação de *leasing* financeiro e fato gerador do tributo. Decisão de mérito em 2013.

Tema 356 do STJ. O prazo prescricional a ser aplicado às ações de repetição de indébito relativas à contribuição ao FUSEX, que consubstancia tributo sujeito ao lançamento de ofício, é o quinquenal, nos termos do art. 168, I, do CTN. Decisão de mérito em 2010.

Tema 358 do STJ. O descumprimento da obrigação acessória de informar, mensalmente, ao INSS, dados relacionados aos fatos geradores da contribuição previdenciária, é condição impeditiva para expedição da prova de inexistência de débito. Decisão de mérito em 2010.

Tema 360 do STJ. Os valores a serem pagos em razão de decisão judicial trabalhista, que determina a reintegração do ex-empregado, assumem a natureza de verba remuneratória, atraindo a incidência do imposto sobre a renda. Isso porque são percebidos a título de salários vencidos, como se o empregado estivesse no pleno exercício de seu vínculo empregatício. Decisão de mérito em 2010.

Tema 361 do STJ. Sendo a reintegração inviável, os valores a serem percebidos pelo empregado amoldam-se à indenização prevista no artigo 7º, I, da Carta Maior, em face da natureza eminentemente indenizatória, não dando azo a qualquer acréscimo patrimonial ou geração de renda, posto não ensejar riqueza nova disponível, mas reparações, em pecúnia, por perdas de direitos, afastando a incidência do Imposto sobre a Renda. Decisão de mérito em 2010.

Tema 362 do STJ. A contribuição para o salário-educação tem como sujeito passivo as empresas, assim entendidas as firmas individuais ou sociedades que assumam o risco de atividade econômica, urbana ou rural, com fins lucrativos ou não, em consonância com o art. 15 da Lei 9.424/96, regulamentado pelo Decreto 3.142/99, sucedido pelo Decreto 6.003/2006. Decisão de mérito em 2010.

Tema 363 do STJ. Não incide a contribuição destinada ao PIS/COFINS sobre os atos cooperativos típicos realizados pelas cooperativas. Decisão de mérito em 2016.

Tema 364 do STJ. A Contribuição para Financiamento da Seguridade Social do STJ. COFINS incide sobre o faturamento das sociedades civis de prestação de serviços de profissão legalmente regulamentada, de que trata o artigo 1º, do Decreto-Lei 2.397/87, tendo em vista a validade da revogação da isenção prevista no artigo 6º, II, da Lei Complementar 70/91 (lei materialmente ordinária), perpetrada pelo artigo 56, da Lei 9.430/96. Decisão de mérito em 2010.

Tema 365 do STJ. A produção do efeito suspensivo da exigibilidade do crédito tributário, advindo do parcelamento, condiciona-se à homologação expressa ou tácita do pedido formulado pelo contribuinte junto ao Fisco. Decisão de mérito em 2010.

Tema 366 do STJ. A complementação da pensão recebida de entidades de previdência privada, em decorrência da morte do participante ou contribuinte do fundo de assistência, quer a título de benefício quer de seguro, não sofre a incidência do Imposto de Renda apenas sob a égide da Lei 7.713/88, art. 6º, VII, "a", que restou revogado pela Lei 9.250/95, a qual, retornando ao regime anterior, previu a incidência do imposto de renda no momento da percepção do benefício. Decisão de mérito em 2010.

Tema 367 do STJ. Ainda que, em tese, o deslocamento de bens do ativo imobilizado e de material de uso e consumo entre estabelecimentos de uma mesma instituição financeira não configure hipótese de incidência do ICMS, compete ao Fisco Estadual averiguar a veracidade da aludida operação, sobressaindo a razoabilidade e proporcionalidade da norma jurídica que tão somente exige que os bens da pessoa jurídica sejam acompanhados das respectivas notas fiscais. Decisão de mérito em 2010.

Tema 368 do STJ. Os créditos decorrentes da obrigação de devolução do empréstimo compulsório, incidente sobre o consumo de energia elétrica, podem ser cedidos a terceiros, uma vez inexistente impedimento legal expresso à transferência ou à cessão dos aludidos créditos, nada inibindo a incidência das normas de direito privado à espécie, notadamente o art. 286 do Código Civil. Decisão de mérito em 2012.

Tema 370 do STJ. Não incide Imposto de Renda sobre verba percebida a título de dano moral. Decisão de mérito em 2010.

Tema 372 do STJ. Os hospitais podem optar pelo SIMPLES, tendo em vista que eles não são prestadores de serviços médicos e de enfermagem, mas, ao contrário, dedicam-se a atividades que dependem de profissionais que prestem referidos serviços, uma vez que há diferença entre a empresa que presta serviços médicos e aquela que contrata profissionais para a consecução de sua finalidade. Decisão de mérito em 2010.

Tema 374 do STJ. A dedução dos descontos incondicionais é vedada, no entanto, quando a incidência do tributo se dá sobre valor previamente fixado, nos moldes da Lei 7.798/89 (regime de preços fixos), salvo se o resultado dessa operação for idêntico ao que se chegaria com a incidência do imposto sobre o valor efetivo da operação, depois de realizadas as deduções pertinentes. Decisão de mérito em 2010.

Tema 375 do STJ. A confissão da dívida não inibe o questionamento judicial da obrigação tributária, no que se refere aos seus aspectos jurídicos. Quanto aos aspectos fáticos sobre os quais incide a norma tributária, a regra é que não se pode rever judicialmente a confissão de dívida efetuada com o escopo de obter parcelamento de débitos tributários. No entanto, como na situação presente, a matéria de fato constante de confissão de dívida pode ser invalidada quando ocorre defeito causador de nulidade do ato jurídico (v.g. erro, dolo, simulação e fraude). Decisão de mérito em 2010.

Tema 378 do STJ. A fiança bancária não é equiparável ao depósito integral do débito exequendo para fins de suspensão da exigibilidade do crédito tributário, ante a taxatividade do art. 151 do CTN e o teor do Enunciado Sumular n. 112 desta Corte. Decisão de mérito em 2010.

Tema 381 do STJ. A regra de imputação de pagamentos estabelecida no art. 354 do Código Civil não se aplica às hipóteses de compensação tributária. Decisão de mérito em 2010.

Tema 382 do STJ. A responsabilidade tributária do sucessor abrange, além dos tributos devidos pelo sucedido, as multas moratórias ou punitivas, que, por representarem dívida de valor, acompanham o passivo do patrimônio adquirido pelo sucessor, desde que seu fato gerador tenha ocorrido até a data da sucessão. Decisão de mérito em 2010.

Tema 383 do STJ. O prazo prescricional quinquenal para o Fisco exercer a pretensão de cobrança judicial do crédito tributário conta-se da data estipulada como vencimento para o pagamento da obrigação tributária declarada (mediante DCTF, GIA, entre outros), nos casos de tributos sujeitos a lançamento por homologação, em que, não obstante cumprido o dever instrumental de declaração da exação devida, não restou adimplida a obrigação principal (pagamento antecipado), nem sobreveio quaisquer das causas suspensivas da exigibilidade do crédito ou interruptivas do prazo prescricional. Decisão de mérito em 2010.

Tema 384 do STJ. A recusa, pela Administração Fazendária Federal, do fornecimento de Certidão Positiva com efeitos de Negativa (CPD-EN), no período de 30.12.2004 a 30.12.2005, revela-se ilegítima na hipótese em que configurada pendência superior a 30 (trinta) dias do pedido de revisão administrativa formulado pelo contribuinte, fundado na alegação de pagamento integral do débito fiscal antes de sua inscrição na dívida ativa, *ex vi* do disposto no artigo 13, da Lei 11.051/2004. Decisão de mérito em 2010.

Tema 385 do STJ. A denúncia espontânea resta configurada na hipótese em que o contribuinte, após efetuar a declaração parcial do débito tributário (sujeito a lançamento por homologação) acompanhado do respectivo pagamento integral, retifica-a (antes de qualquer procedimento da Administração Tributária), noticiando a existência de diferença a maior, cuja quitação se dá concomitantemente. Decisão de mérito em 2010.

Tema 386 do STJ. (CANCELADO) Discussão: Discute-se a responsabilidade do contribuinte (sujeito passivo) pelo recolhimento do Imposto de Renda incidente sobre valores decorrentes de sentença trabalhista, na hipótese em que a fonte pagadora não procede à retenção e/ou recolhimento do tributo.

Tema 387 do STJ. A retificação de dados cadastrais do imóvel, após a constituição do crédito tributário, autoriza a revisão do lançamento pela autoridade administrativa (desde que não extinto o direito potestativo da Fazenda Pública pelo decurso do prazo decadencial), quando decorrer da apreciação de fato não conhecido por ocasião do lançamento anterior, ex vi do disposto no artigo 149, inciso VIII, do CTN. Decisão de mérito em 2010.

Tema 388 do STJ. A Contribuição Provisória sobre Movimentação ou Transmissão de Valores de Créditos e Direitos de Natureza Financeira do STJ. CPMF, enquanto vigente, incidia sobre a conversão de crédito decorrente de empréstimo em investimento externo direto (contrato de câmbio simbólico), uma vez que a tributação aperfeiçoava-se mesmo diante de operação unicamente escritural. Decisão de mérito em 2010.

Tema 389 do STJ. O agente marítimo, no exercício exclusivo de atribuições próprias, no período anterior à vigência do Decreto-Lei 2.472/88 (que alterou o artigo 32, do Decreto-Lei 37/66), não ostentava a condição de responsável tributário, nem se equiparava ao transportador, para fins de recolhimento do Imposto sobre Importação, porquanto inexistente previsão legal para tanto. Decisão de mérito em 2010.

Tema 390 do STJ. (CANCELADO) Discussão: Discute-se a legalidade da incidência do Imposto de Renda, com retenção na fonte pagadora, sobre os ganhos de capital auferidos nos contratos de swap com cobertura hedge, *ex vi* do disposto no artigo 5º, da Lei 9.779/1999.

Tema 394 do STJ. Os depósitos judiciais utilizados para suspender a exigibilidade do crédito tributário consistem em ingressos tributários, sujeitos à sorte da demanda judicial, e não em receitas tributárias, de modo que não são dedutíveis da base de cálculo do IRPJ até o trânsito em julgado da demanda. Decisão de mérito em 2010.

Tema 397 do STJ. A indenização decorrente de desapropriação não encerra ganho de capital, porquanto a propriedade é transferida ao poder público por valor justo e determinado pela justiça a título de indenização, não ensejando lucro, mas mera reposição do valor do bem expropriado. [...] Não incidência da exação sobre as verbas auferidas a título de indenização advinda de desapropriação, seja por necessidade ou utilidade pública ou por interesse social, porquanto não representam acréscimo patrimonial. Decisão de mérito em 2010.

Tema 398 do STJ. A pretensão repetitória de valores indevidamente recolhidos a título de ISS incidente sobre a locação de bens móveis (cilindros, máquinas e equipamentos utilizados para acondicionamento dos gases vendidos), hipótese em que o tributo assume natureza indireta, reclama da parte autora a prova da não repercussão, ou, na hipótese de ter a mesma transferido o encargo a terceiro, de estar autorizada por este a recebê-los. Decisão de mérito em 2010.

Tema 399 do STJ. Os serviços postais e telemáticos prestados por empresas franqueadas, sob a égide da LC 56/87, não sofrem a incidência do ISS, em observância ao princípio tributário da legalidade. Decisão de mérito em 2009.

Tema 401 do STJ. A exclusão do contribuinte do programa de parcelamento (PAES), em virtude da extemporaneidade do cumprimento do requisito formal da desistência de impugnação administrativa, afigura-se ilegítima na hipótese em que tácito o deferimento da adesão (à luz do artigo 11, § 4º, da Lei 10.522/2002, c/c o artigo 4º, III, da Lei 10.684/2003) e adimplidas as prestações mensais estabelecidas por mais de quatro anos e sem qualquer oposição do Fisco. Decisão de mérito em 2010.

Tema 402 do STJ. Revela-se legítima a recusa da autoridade impetrada em expedir certidão negativa de débito (CND) ou de certidão positiva com efeitos de negativa (CPEN) quando a autoridade tributária verifica a ocorrência de pagamento a menor, em virtude da existência de divergências entre os valores declarados na Guia de Recolhimento do FGTS e Informações à Previdência Social (GFIP) e os valores efetivamente recolhidos mediante guia de pagamento (GP). Decisão de mérito em 2010.

Tema 403 do STJ. As empresas de mão-de-obra temporária podem encartar-se em duas situações, em razão da natureza dos serviços prestados: (i) como intermediária entre o contratante da mão de obra e o terceiro que é colocado no mercado de trabalho; (ii) como prestadora do próprio serviço, utilizando de empregados a ela vinculados mediante contrato de trabalho. A intermediação implica o preço do serviço que é a comissão, base de cálculo do fato gerador consistente nessas "intermediações". O ISS incide, nessa hipótese, apenas sobre a taxa de agenciamento, que é o preço do serviço pago ao agenciador, sua comissão e sua receita, excluídas as importâncias voltadas para o pagamento dos salários e encargos sociais dos trabalhadores. Distinção de valores pertencentes a terceiros (os empregados) e despesas com a prestação. Distinção necessária entre receita e entrada para fins financeiro-tributários. Decisão de mérito em 2010.

Tema 404 do STJ. As empresas de mão-de-obra temporária podem encartar-se em duas situações, em razão da natureza dos serviços prestados: (i) como intermediária entre o contratante da mão de obra e o terceiro que é colocado no mercado de trabalho; (ii) como prestadora do próprio serviço, utilizando de empregados a ela vinculados mediante contrato de trabalho. [...] Se a atividade de prestação de serviço de mão-de-obra temporária é prestada através de pessoal contratado pelas empresas de recrutamento, resta afastada a figura da intermediação, considerando-se a mão-de-obra empregada na prestação do serviço contratado como custo do serviço, despesa não dedutível da base de cálculo do ISS. Decisão de mérito em 2010.

Tema 412 do STJ. A base de cálculo do PIS, até a edição da MP n. 1.212/1995, era o faturamento ocorrido no sexto mês anterior ao do fato gerador. Decisão de mérito em 2010.

Tema 424 do STJ. Sujeitam-se a incidência do Imposto de Renda os rendimentos recebidos a título de abono de permanência a que se referem o § 19 do art. 40 da Constituição Federal, o § 5º do art. 2º e o § 1º do art. 3º da Emenda Constitucional 41/203, e o art. 7º da Lei 10.887/2004. Decisão de mérito em 2010.

Tema 427 do STJ. A incidência do ICMS, no que se refere à prestação dos serviços de comunicação, deve ser extraída da Constituição Federal e da LC 87/96, incidindo o tributo sobre os serviços de comunicação prestados de forma onerosa, através de qualquer meio, inclusive a geração, a emissão, a recepção, a transmissão, a retransmissão, a repetição e a ampliação de comunicação de qualquer natureza (art. 2º, III, da LC 87/96). A prestação de serviços conexos ao de comunicação por meio da telefonia móvel (que são preparatórios, acessórios ou intermediários da comunicação) não se confunde com a prestação da atividade fim processo de transmissão (emissão ou recepção) de informações de qualquer natureza, esta sim, passível de incidência pelo ICMS. Desse modo, a despeito de alguns deles serem essenciais à efetiva prestação do serviço de comunicação e admitirem a cobrança de tarifa pela prestadora do serviço (concessionária de serviço público), por assumirem o caráter de atividade meio, não constituem, efetivamente, serviços de comunicação, razão pela qual não é possível a incidência do ICMS. Decisão de mérito em 2012.

Tema 428 do STJ. É legítimo o repasse às tarifas de energia elétrica do correspondente ao pagamento da Contribuição Social do STJ, PIS e da Contribuição para financiamento da COFINS incidente sobre o faturamento das empresas concessionárias. Decisão de mérito em 2010.

Tema 429 do STJ. SITUAÇÃO: CANCELADO Questão submetida a julgamento: Discute-se a necessidade de o executado atender ao disposto no artigo 166, do CTN (prova do não repasse do encargo financeiro do tributo ou a existência de autorização do terceiro a quem o encargo financeiro foi transferido), para questionar, em sede de embargos à execução fiscal, o excesso do débito de ICMS constante da CDA.

Tema 432 do STJ. O benefício fiscal do ressarcimento do crédito presumido do IPI relativo às exportações incide mesmo quando as matérias-primas ou os insumos sejam adquiridos de pessoa física ou jurídica não contribuinte do PIS/PASEP. Decisão de mérito em 2010.

Tema 435 do STJ. O art. 4º, do Decreto-Lei n. 2.462/88, ao dispor que o benefício fiscal denominado "depósito para reinvestimento" é de 40% (quarenta por cento) sobre o valor do imposto devido somado a outros 40% (quarenta por cento) de recursos próprios, não modificou a base de cálculo do benefício fiscal, permanecendo íntegra a exigência de que o benefício deve ser calculado com base no imposto de renda incidente sobre o lucro da exploração (art. 19, § 6º, do Decreto-Lei n. 1.598/77, incluído pelo Decreto-Lei n. 1.730/79). Decisão de mérito em 2010.

Tema 454 do STJ. Não são dedutíveis da base de cálculo das contribuições ao PIS e COFINS o valor destinado aos acionistas a título de juros sobre o capital próprio, na vigência da Lei n. 10.637/2002 e da Lei n. 10.833/2003. Decisão de mérito em 2015.

Tema 455 do STJ. Não incide PIS/COFINS sobre o JCP recebido durante a vigência da Lei 9.718/98 até a edição das Leis 10.637/02 (cujo art. 1º entrou em vigor a partir de 01.12.2002) e 10.833/03, tal como no caso dos autos, que se refere apenas ao período compreendido entre 01.03.1999 e 30.09.2002. Decisão de mérito em 2012.

Tema 456 do STJ. A Lei 11.941/2008 remite os débitos para com a Fazenda Nacional vencidos há cinco anos ou mais cujo valor total consolidado seja igual ou inferior a 10 mil reais. O valor-limite acima referido deve ser considerado por sujeito passivo, e separadamente apenas em relação à natureza dos créditos, nos termos dos incisos I a IV do art. 14. Decisão de mérito em 2011.

Tema 457 do STJ. A Lei 11.941/2008 remite os débitos para com a Fazenda Nacional vencidos há cinco anos ou mais cujo valor total consolidado seja igual ou inferior a 10 mil reais. Não pode o magistrado, de ofício, pronunciar a remissão, analisando isoladamente o valor cobrado em uma Execução Fiscal, sem questionar a Fazenda sobre a existência de outros débitos que somados impediriam o contribuinte de gozar do benefício. Decisão de mérito em 2011.

Tema 470 do STJ. Não incide Imposto de Renda sobre os juros moratórios legais vinculados a verbas trabalhistas reconhecidas em decisão judicial. Decisão de mérito em 2011.

Tema 478 do STJ. Não incide contribuição previdenciária sobre os valores pagos a título de aviso prévio indenizado, por não se tratar de verba salarial. Decisão de mérito em 2014.

Tema 479 do STJ. A importância paga a título de terço constitucional de férias possui natureza indenizatória/compensatória, e não constitui ganho habitual do empregado, razão pela qual sobre ela não é possível a incidência de contribuição previdenciária (a cargo da empresa). Decisão de mérito em 2014.

Tema 484 do STJ. Fora dos casos previstos no art. 151, do CTN, a compensação de ofício é ato vinculado da Fazenda Pública Federal a que deve se submeter o sujeito passivo, inclusive sendo lícitos os procedimentos de concordância tácita e retenção previstos nos §§ 1º e 3º, do art. 6º, do Decreto n. 2.138/97. Decisão de mérito em 2011.

Tema 485 do STJ. De acordo com o art. 156, I, do CTN, o pagamento extingue o crédito tributário. Se o pagamento por parte do contribuinte ou a transformação do depósito em pagamento definitivo por ordem judicial (art. 1º, § 3º, II, da Lei n. 9.703/98) somente ocorre depois de encerrada a lide, o crédito tributário tem vida após o trânsito em julgado que o confirma. Se tem vida, pode ser objeto de remissão e/ou anistia neste ínterim (entre o trânsito em julgado e a ordem para transformação em pagamento definitivo, antiga conversão em renda) quando a lei não exclui expressamente tal situação do seu âmbito de incidência. Decisão de mérito em 2011.

Tema 486 do STJ. A remissão/anistia das rubricas concedida (multa, juros de mora, encargo legal) somente incide se efetivamente existirem tais rubricas (saldos devedores) dentro da composição do crédito tributário cuja exigibilidade se encontra suspensa pelo depósito. Decisão de mérito em 2011.

Tema 487 do STJ. A remissão/anistia das rubricas concedida (multa, juros de mora, encargo legal) somente incide se efetivamente existirem tais rubricas (saldos devedores) dentro da composição do crédito tributário cuja exigibilidade se encontra suspensa pelo depósito. Decisão de mérito em 2011.

Tema 488 do STJ. A remissão/anistia das rubricas concedida (multa, juros de mora, encargo legal) somente incide se efetivamente existirem tais rubricas (saldos devedores) dentro da composição do crédito tributário cuja exigibilidade se encontra suspensa pelo depósito. Decisão de mérito em 2011.

Tema 489 do STJ. A remissão/anistia das rubricas concedida (multa, juros de mora, encargo legal) somente incide se efetivamente existirem tais rubricas (saldos devedores) dentro da composição do crédito tributário cuja exigibilidade se encontra suspensa pelo depósito. Decisão de mérito em 2011.

Tema 490 do STJ. A remissão de juros de mora insertos dentro da composição do crédito tributário não enseja o resgate de juros remuneratórios incidentes sobre o depósito judicial feito para suspender a exigibilidade desse mesmo crédito tributário. Decisão de mérito em 2011.

Tema 496 do STJ. As empresas prestadoras de serviços estão sujeitas às contribuições ao Sesc e Senac, salvo se integradas noutro serviço social. Decisão de mérito em 2012.

Tema 501 do STJ. Ainda que seja possível a incidência de contribuição social sobre quaisquer vantagens pagas ao servidor público federal (art. 4º, § 1º, da Lei 10.887/2004), não é possível a sua incidência sobre as parcelas pagas a título de indenização (como é o caso dos juros de mora), pois, conforme expressa previsão legal (art. 49, I e § 1º, da Lei 8.112/90), não se incorporam ao vencimento ou provento. Decisão de mérito em 2013.

Tema 504 do STJ. Os juros incidentes na devolução dos depósitos judiciais possuem natureza remuneratória e não escapam à tributação pelo IRPJ e pela CSLL. Decisão do mérito em 2013.

Tema 505 do STJ. Os juros SELIC incidentes na repetição do indébito tributário se encontram fora da base de cálculo do IR e da CSLL, havendo que ser observada a modulação prevista no Tema n. 962 da Repercussão Geral do STF – Precedentes: RE 1.063.187/SC e EDcl no RE 1.063.187/SC. Tese fixada em juízo de retratação para adequação à orientação do STF, em 2023.

Tema 535 do STJ. São isentos do Imposto de Renda os rendimentos do trabalho recebidos por técnicos a serviço das Nações Unidas, contratados no Brasil para atuar como consultores no âmbito do Programa das Nações Unidas para o Desenvolvimento do STJ. PNUD. "Peritos" a que se refere o Acordo Básico de Assistência Técnica com a Organização das Nações Unidas, suas Agências Especializadas e a Agência Internacional de Energia Atômica, promulgado pelo Decreto 59.308/66, estão ao abrigo da norma isentiva do imposto de renda. O Acordo Básico de Assistência Técnica atribuiu os benefícios fiscais decorrentes da Convenção sobre Privilégios e Imunidades das Nações Unidas, promulgada pelo Decreto 27.784/50, não só aos funcionários da ONU em sentido estrito, mas também aos que a ela prestam serviços na condição de "peritos de assistência técnica", no que se refere a essas atividades específicas. Decisão de mérito em 2012.

Tema 541 do STJ. O ICMS incidente sobre a energia elétrica consumida pelas empresas de telefonia, que promovem processo industrial por equiparação, pode ser creditado para abatimento do imposto devido quando da prestação de serviços. Decisão de mérito em 2013.

Tema 594 do STJ. As empresas concessionárias de veículos, em relação aos veículos novos, devem recolher PIS e COFINS na forma dos arts.. 2º e 3º, da Lei n. 9.718/98, ou seja, sobre a receita bruta/faturamento (compreendendo o valor da venda do veículo ao consumidor) e não sobre a diferença entre o valor de aquisição do veículo junto à fabricante concedente e o valor da venda ao consumidor (margem de lucro). Decisão de mérito em 2013.

Tema 595 do STJ. Reconhecido o direito à repetição de indébito com base na inconstitucionalidade do art. 3º, § 1º, da Lei n. 9.718/98, deve ser reconhecido o mesmo direito após a vigência das Leis n. 10.637/2002 e 10.833/2003 para as pessoas jurídicas tributadas pelo imposto de renda com base no lucro presumido ou arbitrado, diante da aplicação do art. 8º, II, da Lei n. 10.637/2002 e do art. 10, II, da Lei n. 10.833/2003, que excluem tais pessoas jurídicas da cobrança não-cumulativa do PIS e da COFINS. Decisão do mérito em 2013.

Tema 604 do STJ. A decadência, consoante a letra do art. 156, V, do CTN, é forma de extinção do crédito tributário. Sendo assim, uma vez extinto o direito, não pode ser reavivado por qualquer sistemática de lançamento ou autolançamento, seja ela via documento de confissão de dívida, declaração de débitos, parcelamento ou de outra espécie qualquer (DCTF, GIA, DCOMP, GFIP, etc.). Decisão de mérito em 2013.

Tema 624 do STJ. As receitas auferidas a título de mensalidades dos alunos de instituições de ensino sem fins lucrativos são decorrentes de "atividades próprias da entidade", conforme o

exige a isenção estabelecida no art. 14, X, da Medida Provisória n. 1.858/99 (atual MP n. 2.158-35/2001), sendo flagrante a ilicitude do art. 47, § 2º, da IN/SRF n. 247/2002, nessa extensão. Decisão de mérito em 2015.

Tema 630 do STJ. Em execução fiscal de dívida ativa tributária ou não tributária, dissolvida irregularmente a empresa, está legitimado o redirecionamento ao sócio-gerente. Decisão do mérito em 2014.

Tema 634 do STJ. O valor suportado pelo beneficiário do serviço, nele incluindo a quantia referente ao ISSQN, compõe o conceito de receita ou faturamento para fins de adequação à hipótese de incidência do PIS e da COFINS. Decisão do mérito em 2015.

Tema 687 do STJ. As horas extras e seu respectivo adicional constituem verbas de natureza remuneratória, razão pela qual se sujeitam à incidência de contribuição previdenciária. Decisão de mérito em 2014.

Tema 688 do STJ. O adicional noturno constitui verba de natureza remuneratória, razão pela qual se sujeita à incidência de contribuição previdenciária. Decisão de mérito em 2014.

Tema 689 do STJ. O adicional de periculosidade constitui verba de natureza remuneratória, razão pela qual se sujeita à incidência de contribuição previdenciária. Decisão de mérito em 2014.

Tema 695 do STJ. Incide IPI sobre veículo importado para uso próprio, haja vista que tal cobrança não viola o princípio da não cumulatividade nem configura bitributação. Decisão de mérito em 2016.

Tema 712 do STJ. (CANCELADA) Discussão: índice aplicável à correção monetária das demonstrações financeiras do ano-base de 1989, para fins de apuração da base de Imposto de Renda da Pessoa Jurídica (IRPJ) e da Contribuição Social sobre o Lucro (CSSL). Decisão de 2012.

Tema 713 do STJ. Situação: Cancelado. Discussão: índice aplicável à correção monetária das demonstrações financeiras do ano-base de 1989, para fins de operação da base de cálculo do Imposto de Reda da Pessoa Juridica (IRPJ) e da Contribuição Social sobre o Lucro (CSSL). Decisão em 2013.

Tema 714 do STJ. A indisponibilidade de bens e direitos autorizada pelo art. 185-A do CTN depende da observância dos seguintes requisitos: (i) citação do devedor tributário; (ii) inexistência de pagamento ou apresentação de bens à penhora no prazo legal; e (iii) a não localização de bens penhoráveis após esgotamento das diligências realizadas pela Fazenda, caracterizado quando houver nos autos (a) pedido de acionamento do Bacen Jud e consequente determinação pelo magistrado e (b) a expedição de ofícios aos registros públicos do domicílio do executado e ao Departamento Nacional ou Estadual de Trânsito do STJ. DENATRAN ou DETRAN. Decisão de mérito em 2014.

Tema 718 do STJ. (CANCELADA) Discussão: responsabilidade solidária dos sócios, nos termos do art. 8º do Decreto-Lei 1.736/79. Decisão em 2013.

Tema 728 do STJ. As "sociedades corretoras de seguros" estão fora do rol de entidades constantes do art. 22, § 1º, da Lei n. 8.212/91. Decisão de mérito em 2015.

Tema 729 do STJ. Não cabe confundir as "sociedades corretoras de seguros" com as "sociedades corretoras de valores mobiliários" (regidas pela Resolução BACEN n. 1.655/89) ou com os "agentes autônomos de seguros privados" (representantes das seguradoras por contrato de agência). As "sociedades corretoras de seguros" estão fora do rol de entidades constantes do art. 22, § 1º, da Lei n. 8.212/91. Decisão de mérito em 2016.

Tema 730 do STJ. (CANCELADA) Discussão: se o valor pago pelo consumidor a título de seguro denominado "garantia estendida" integra, ou não, a base de cálculo do ICMS incidente sobre a operação de compra e venda da mercadoria. Decisão em 2014.

Tema 734 do STJ. Situação: Cancelado. Discussão: responsabilidade da Caixa Econômica Federal, na condição de credora fiduciária, pelos tributos incidentes sobre os imóveis que integram o fundo financeiro privado destinado ao Programa de Arrendamento Residencial. Decisão em 2014.

Tema 737 do STJ. No que se refere ao adicional de férias relativo às férias indenizadas, a não incidência de contribuição previdenciária decorre de expressa previsão legal. Decisão de mérito em 2014.

Tema 738 do STJ. Sobre a importância paga pelo empregador ao empregado durante os primeiros quinze dias de afastamento por motivo de doença não incide a contribuição previdenciária, por não se enquadrar na hipótese de incidência da exação, que exige verba de natureza remuneratória. Decisão de mérito em 2014.

Tema 739 do STJ. O salário-maternidade possui natureza salarial e integra, consequentemente, a base de cálculo da contribuição previdenciária. Decisão de mérito em 2014.

Tema 740 do STJ. O salário-paternidade deve ser tributado, por se tratar de licença remunerada prevista constitucionalmente, não se incluindo no rol dos benefícios previdenciários. Decisão de mérito em 2014.

Tema 754 do STJ. (CANCELADO) Discussão: incidência de ICMS sobre cobrança de assinatura mensal da prestação de serviço de telefonia fixa. Decisão em 2008.

Tema 756 do STJ. (CANCELADO) Discussão: aplicabilidade das Leis 8.383/1991, 9.430/1996 e 10.637/2002 que disciplinam os regimes de compensação relativos a tributos administrados pela Secretaria da Receita Federal. Decisão em 2009.

Tema 758 do STJ. (CANCELADO) Discussão: prazo de prescrição intercorrente aplicável às contribuições previdenciárias cujos fatos gerados ocorreram após a CF/88. Decisão em 2009.

Tema 761 do STJ. Inexigibilidade do ressarcimento de custos e demais encargos pelo fornecimento de selos de controle de IPI instituído pelo DL 1.437/1975, que, embora denominado ressarcimento prévio, é tributo da espécie Taxa de Poder de Polícia, de modo que há vício de forma na instituição desse tributo por norma infralegal, excluídos os fatos geradores ocorridos

após a vigência da Lei 12.995/2014. Aqui se trata de observância à estrita legalidade tributária. Decisão do mérito em 2018.

Tema 762 do STJ. (CANCELADO) Discussão alusiva à existência ou não de bitributação, decorrente de suposta identidade entre as bases de cálculo da contribuição sindical rural do STJ. CST do STJ. e do imposto territorial rural do STJ. ITR, de modo a definir a possibilidade do enquadramento do produtor rural, pessoa física, na condição de contribuinte sindical rural, nos moldes do art. 1º, do Decreto-Lei 1.161/71. Decisão em 2009.

Tema 763 do STJ. (CANCELADA) Discussão: limite à compensação tributária instituída pela Lei 9.129/95. Decisão em 2010.

Tema 765 do STJ. (CANCELADA) Discussão: incidência de ICMS sobre a importação de equipamento destinado a compor o ativo fixo de pessoa jurídica, prestadora de serviços médicos, depois do advento da Ementa Constitucional 33/2001, que alterou a redação do artigo 155, IX, "a", da Constituição Federal de 1988. Decisão em 2009.

Tema 774 do STJ. (CANCELADA) Discussão: caracterização das variações positivas decorrentes dos contratos de câmbio como receitas de exportação, para fins de abrangência pela isenção no artigo 14 da Lei 10.637/2002. Decisão em 2009.

Tema 775 do STJ. Situação: Cancelado do STJ. Discussão: vedação à opção pelo SIMPLES, por empresa que tenha por atividade a execução de obras de construção civil, nos termos do art. 9º, V, § 4º, da Lei 9.317/96. Decisão em 2009.

Tema 776 do STJ. (CANCELADA) Discussão: concessão do benefício da alíquota zero à importação da vitamina "E" e seus derivados, consoante o Acordo Geral de Tarifas Aduaneiras e Comércio do STJ. GATT. Decisão em 2009.

Tema 777 do STJ. A Fazenda pública possui interesse e pode efetivar o protesto da CDA, documento de dívida, na forma do art. 1º, parágrafo único, da Lei 9.492/1997, com a redação dada pela Lei 12.767/2012. Decisão de mérito em 2019.

Tema 778 do STJ. CANCELADA. Discussão: impossibilidade de retenção de mercadoria importada com o escopo de cobrar o pagamento de tributo (Súmula 323 do STF), ao argumento de que houve irregularidade quanto à classificação tarifária apontada pelo contribuinte. Decisão em 2009.

Temas 779 e 780 do STJ. (a) é ilegal a disciplina de creditamento prevista nas Instruções Normativas da SRF ns. 247/2002 e 404/2004, porquanto compromete a eficácia do sistema de não cumulatividade da contribuição ao PIS e da COFINS, tal como definido nas Leis 10.637/2002 e 10.833/2003; e (b) o conceito de insumo deve ser aferido à luz dos critérios de essencialidade ou relevância, ou seja, considerando-se a imprescindibilidade ou a importância de determinado item do STJ – bem ou serviço do STJ – para o desenvolvimento da atividade econômica desempenhada pelo Contribuinte. Decisão de mérito em 2018.

Tema 782 do STJ. (CANCELADO) Discussão: termo ad quem (data de extinção) da contribuição para o FUNRURAL incidente sobre as operações econômicas de aquisição de produtos rurais pelas agroindústrias. Decisão em 2009.

Tema 783 do STJ. (CANCELADO) Discussão: exclusão do IPI da base de cálculo do PIS e COFINS, no regime da substituição tributária. Decisão em 2009.

Tema 786 do STJ. (CANCELADO) Discussão: utilização da TRD sobre os débitos fiscais, a título de juros de mora, incidentes a partir de fevereiro de 1991, nos termos da Lei 8.218/91, restando afastada a sua incidência como fator de correção monetária. Decisão em 2010.

Tema 788 do STJ. (CANCELADO) Discussão: isenção do imposto de renda e da contribuição previdenciária sobre os proventos de aposentadoria pagos aos já anistiados que, após reintegração ao serviço público e implemento do tempo de serviço, aposentaram-se voluntariamente. Decisão em 2010.

Tema 789 do STJ. (CANCELADO) Discussão: isenção do imposto de renda e da contribuição previdenciária sobre os proventos de aposentadoria pagos aos já anistiados que, após reintegração ao serviço público e implemento do tempo de serviço, aposentaram-se voluntariamente. Decisão em 2010.

Tema 790 do STJ. (CANCELADO) Discussão: adicional de alíquota de 2,5% atinente à contribuição previdenciária patronal (sobre a folha de salários) exigido da entidades de previdência privada (entre outras), à luz do disposto no artigo 22, § 1º, da Lei 8.212/91. Decisão em 2010.

Tema 795 do STJ. (CANCELADO) Discussão: incidência de ISS sobre a atividade de hotelaria / hospedagem. Decisão em 2010.

Tema 796 do STJ. (CANCELADO) Limitação à compensação tributária prevista no artigo 89, § 3º, da Lei 8.212/91, em virtude das alterações promovidas pelas Leis 9.032/95 e 9.129/95. Decisão em 2010.

Tema 797 do STJ. (CANCELADO) Discussão: cabimento ou não do procedimento de arrolamento de bens, previsto no art. 64 da Lei 9.532/97, na hipótese em que o crédito tributário encontra-se garantido por depósito judicial de montante parcial. Decisão em 2010.

Tema 800 do STJ. (CANCELADO) Discussão: legitimidade da cobrança de ICMS sobre serviços de água canalizada. Decisão em 2010.

TEMA 807 do STJ. (CANCELADO) Discussão: "ocorrência da prescrição intercorrente quando, no prazo de cinco anos, não se verificam as hipóteses listadas nos arts. 151 ou 174 do CTN." Decisão em 2011.

TEMA 821 do STJ. (CANCELADO) Discussão: violação dos dispositivos de lei que disciplinam os requisitos da CDA. Decisão em 2012.

Tema 824 do STJ. (CANCELADO) Possibilidade de decretação da prescrição intercorrente na hipótese em que não houve o arquivamento dos autos (art. 40 da Lei 6.830/1980), com base na constatação de que a Execução Fiscal se tornou ineficaz para a recuperação do crédito fiscal. Decisão em 2012.

Tema 878 do STJ. 1.) Regra geral, os juros de mora possuem natureza de lucros cessantes, o que permite a incidência do Imposto de Renda do STJ. Precedentes: REsp. n. 1.227.133 do STJ. RS, REsp. n. 1.089.720 do STJ. RS e REsp. n. 1.138.695 do STJ. SC; 2.) Os juros de mora decorrentes do pagamento em atraso de verbas alimentares a pessoas físicas escapam à regra geral da incidência do Imposto de Renda, posto que, excepcionalmente, configuram indenização por danos emergentes do STJ. Precedente: RE n. 855.091 do STJ. RS; 3.) Escapam à regra geral de incidência do Imposto de Renda sobre juros de mora aqueles cuja verba principal seja isenta ou fora do campo de incidência do IR do STJ. Precedente: REsp. n. 1.089.720 do STJ. RS. Decisão do mérito em 2021.

Tema 881 do STJ. Incide imposto de renda sobre o adicional de 1/3 (um terço) de férias gozadas. Decisão do mérito em 2015.

Tema 884 do STJ. (CANCELADO) Na sessão do dia 07/08/2014, a Primeira Turma decidiu submeter o REsp 1.380.449/MG à julgamento perante a Primeira Seção, nos termos do art. 14 do Regimento Interno do Superior Tribunal de Justiça, e não sob a sistemática dos recursos repetitivos (art. 543-C do CPC e Resolução STJ 8/2008). Decisão em 2014.

Tema 894 do STJ. Até a data da retenção na fonte, a correção do IR apurado e em valores originais deve ser feita sobre a totalidade da verba acumulada e pelo mesmo fator de atualização monetária dos valores recebidos acumuladamente, sendo que, em ação trabalhista, o critério utilizado para tanto é o FACDT-fator de atualização e conversão dos débitos trabalhistas. Decisão em 2014.

Tema 903 do STJ. A notificação do contribuinte para o recolhimento do IPVA perfectibiliza a constituição definitiva do crédito tributário, iniciando-se o prazo prescricional para a execução fiscal no dia seguinte à data estipulada para o vencimento da exação. Decisão do mérito em 2016.

Tema 906 do STJ. (CANCELADO) Cinge-se a controvérsia à possibilidade do decreto da indisponibilidade de bens previsto no art. 185-A do Código Tributário Nacional, quando preenchidos os requisitos necessários, mas as diligências em busca de outros bens resultaram infrutíferas. Decisão em 2014.

Tema 912 do STJ. Os produtos importados estão sujeitos a uma nova incidência do IPI quando de sua saída do estabelecimento importador na operação de revenda, mesmo que não tenham sofrido industrialização no Brasil. Decisão do mérito em 2015.

Tema 946 do STJ. (CANCELADO) Definir a identificação do sócio-gerente contra quem pode ser redirecionada a Execução Fiscal em caso de dissolução irregular, isto é, se contra o responsável à época do fato gerador ou à época do encerramento ilícito das atividades empresariais. Decisão em 2015.

Tema 962 do STJ. O redirecionamento da execução fiscal, quando fundado na dissolução irregular da pessoa jurídica executada ou na presunção de sua ocorrência, não pode ser autorizado contra o sócio ou o terceiro não sócio que, embora exercesse poderes de gerência ao tempo do fato gerador, sem incorrer em prática de atos com excesso de poderes ou infração à lei, ao contrato social ou aos estatutos, dela regularmente se retirou e não deu causa à sua posterior dissolução irregular, conforme art. 135, III, do CTN. Decisão do mérito em 2021.

Tema 963 do STJ. (SOBRESTADO) Não há direito de regresso portanto não é cabível a execução regressiva proposta pela ELETROBRÁS contra a UNIÃO em razão da condenação das mesmas ao pagamento das diferenças na devolução do empréstimo compulsório sobre o consumo de energia elétrica ao PARTICULAR CONTRIBUINTE da exação. Decisão em 2019.

Tema 969 do STJ. O encargo do DL n. 1.025/1969 tem as mesmas preferências do crédito tributário devendo, por isso, ser classificado, na falência, na ordem estabelecida pelo art. 83, III, da Lei n. 11.101/2005. Decisão do mérito em 2018.

Tema 980 do STJ. (i) O termo inicial do prazo prescricional da cobrança judicial do Imposto Predial e Territorial Urbano do STJ. IPTU inicia-se no dia seguinte à data estipulada para o vencimento da exação; (ii) o parcelamento de ofício da dívida tributária não configura causa interruptiva da contagem da prescrição, uma vez que o contribuinte não anuiu. Decisão do mérito em 2018.

Tema 981 do STJ. O redirecionamento da execução fiscal, quando fundado na dissolução irregular da pessoa jurídica executada ou na presunção de sua ocorrência, pode ser autorizado contra o sócio ou o terceiro não sócio, com poderes de administração na data em que configurada ou presumida a dissolução irregular, ainda que não tenha exercido poderes de gerência quando ocorrido o fato gerador do tributo não adimplido, conforme art. 135, III, do CTN. Decisão em 2022.

Tema 986 do STJ. (MÉRITO NÃO JULGADO) Controvérsia: Inclusão da Tarifa de Uso do Sistema de Transmissão de Energia Elétrica (TUST) e da Tarifa de Uso do Sistema de Distribuição de Energia Elétrica (TUSD) na base de cálculo do ICMS. (ProAfR nos EREsp n. 1.163.020, 2017) Obs.: o tribunal resolveu autorizar o relator a selecionar outros recursos para representarem a controvérsia.

Tema 994 do STJ. É constitucional a inclusão do Imposto Sobre Circulação de Mercadorias e Serviços do STJ. ICMS na base de cálculo da Contribuição Previdenciária sobre a Receita Bruta do STJ. CPRB. Decisão do mérito em 2022.

Tema 997 do STJ. (MÉRITO NÃO JULGADO) Controvérsia: Legalidade do estabelecimento, por atos infralegais, de limite máximo para a concessão do parcelamento simplificado, instituído pela Lei 10.522/2002. (ProAfR no REsp n. 1.724.834, 2018).

Tema 1003 do STJ. O termo inicial da correção monetária de ressarcimento de crédito escritural excedente de tributo sujeito ao regime não cumulativo ocorre somente após escoado o prazo de 360 dias para a análise do pedido administrativo pelo Fisco (art. 24 da Lei n. 11.457/2007). Decisão do mérito em 2020.

Tema 1008 do STJ. (MÉRITO NÃO JULGADO) Controvérsia: Possibilidade de inclusão de valores de ICMS nas bases de cálculo do Imposto sobre a Renda de Pessoa Jurídica do STJ. IRPJ e da Contribuição Social sobre o Lucro Líquido do STJ. CSLL, quando apurados pela sistemática do lucro presumido. (ProAfR no REsp n. 1.767.631, 2019) Obs.: há determinação de suspensão dos processos relacionados.

Tema 1014 do STJ. Os serviços de capatazia estão incluídos na composição do valor aduaneiro e integram a base de cálculo do imposto de importação. Decisão do mérito em 2020.

Tema 1037 do STJ. Não se aplica a isenção do imposto de renda prevista no inciso XIV do artigo 6º da Lei n. 7.713/1988 (seja na redação da Lei n. 11.052/2004 ou nas versões anteriores) aos rendimentos de portador de moléstia grave que se encontre no exercício de atividade laboral. Decisão do mérito em 2020.

Tema 1041 do STJ. (MÉRITO AINDA NÃO JULGADO) Controvérsias: Definir se o transportador (proprietário ou possuidor) está sujeito à pena de perdimento de veículo de transporte de passageiros ou de carga em razão de ilícitos praticados por cidadãos que transportam mercadorias sujeitas à pena de perdimento, nos termos dos Decretos-leis 37/66 e 1.455/76. Definir se o transportador, de passageiros ou de carga, em viagem doméstica ou internacional que transportar mercadoria sujeita a pena de perdimento sem identificação do proprietário ou possuidor; ou ainda que identificado o proprietário ou possuidor, as características ou a quantidade dos volumes transportados evidenciarem tratar-se de mercadoria sujeita à referida pena, está sujeito à multa de R$ 15.000,00 (quinze mil reais) prevista no art. 75 da Lei 10.833/03, ou à retenção do veículo até o recolhimento da multa, nos termos do parágrafo 1º do mesmo artigo. (STJ, ProAfR no REsp n. 1.818.587, 2019).

Tema 1048 do STJ. O Imposto de Transmissão Causa Mortis e Doação do STJ. ITCDM, referente a doação não oportunamente declarada pelo contribuinte ao fisco estadual, a contagem do prazo decadencial tem início no primeiro dia do exercício seguinte àquele em que o lançamento poderia ter sido efetuado, observado o fato gerador, em conformidade com os arts. 144 e 173, I, ambos do CTN. Decisão do mérito em 2021.

Tema 1049 do STJ. A execução fiscal pode ser redirecionada em desfavor da empresa sucessora para cobrança de crédito tributário relativo a fato gerador ocorrido posteriormente à incorporação empresarial e ainda lançado em nome da sucedida, sem a necessidade de modificação da Certidão de Dívida Ativa, quando verificado que esse negócio jurídico não foi informado oportunamente ao fisco. Decisão do mérito em 2020.

Tema 1074 do STJ. No arrolamento sumário, a homologação da partilha ou da adjudicação, bem como a expedição do formal de partilha e da carta de adjudicação, não se condicionam ao prévio recolhimento do imposto de transmissão *causa mortis*, devendo ser comprovado, todavia, o pagamento dos tributos relativos aos bens do espólio e às suas rendas, a teor dos arts. 659, § 2º, do CPC/2015 e 192 do CTN. Decisão do mérito em 2022.

Tema 1079 do STJ. (MÉRITO NÃO JULGADO) Controvérsia: Definir se o limite de 20 (vinte) salários mínimos é aplicável à apuração da base de cálculo de "contribuições parafiscais arrecadadas por conta de terceiros", nos termos do art. 4º da Lei n. 6.950/1981, com as alterações promovidas em seu texto pelos arts. 1º e 3º do Decreto-Lei n. 2.318/1986. Afetação em 2020 (STJ, ProAfR no REsp n. 1.898.532). Obs.: há determinação de suspensão dos processos relacionados.

Tema 1093 do STJ. 1. É vedada a constituição de créditos da Contribuição para o PIS/PASEP e da COFINS sobre os componentes do custo de aquisição (art. 13, do Decreto-Lei n. 1.598/77) de bens sujeitos à tributação monofásica (arts. 3º, I, "b" da Lei n. 10.637/2002 e da Lei n. 10.833/2003). 2. O benefício instituído no art. 17, da Lei 11.033/2004, não se restringe somente às empresas que se encontram inseridas no regime específico de tributação denominado REPORTO. 3. O art. 17, da Lei 11.033/2004, diz respeito apenas à manutenção de créditos cuja constituição não foi vedada pela legislação em vigor, portanto não permite a constituição de créditos da Contribuição para o PIS/PASEP e da COFINS sobre o custo de aquisição (art. 13, do Decreto-Lei n. 1.598/77) de bens sujeitos à tributação monofásica, já que vedada pelos arts. 3º, I, "b" da Lei n. 10.637/2002 e da Lei n. 10.833/2003. 4. Apesar de não constituir créditos, a incidência monofásica da Contribuição para o PIS/PASEP e da COFINS não é incompatível com a técnica do creditamento, visto que se prende aos bens e não à pessoa jurídica que os comercializa que pode adquirir e revender conjuntamente bens sujeitos à não cumulatividade em incidência plurifásica, os quais podem lhe gerar créditos. 5. O art. 17, da Lei 11.033/2004, apenas autoriza que os créditos gerados na aquisição de bens sujeitos à não cumulatividade (incidência plurifásica) não sejam estornados (sejam mantidos) quando as respectivas vendas forem efetuadas com suspensão, isenção, alíquota 0 (zero) ou não incidência da Contribuição para o PIS/PASEP e da COFINS, não autorizando a constituição de créditos sobre o custo de aquisição (art. 13, do Decreto-Lei n. 1.598/77) de bens sujeitos à tributação monofásica. Decisão do mérito em 2022.

Tema 1113 do STJ. a) a base de cálculo do ITBI é o valor do imóvel transmitido em condições normais de mercado, não estando vinculada à base de cálculo do IPTU, que nem sequer pode ser utilizada como piso de tributação; b) o valor da transação declarado pelo contribuinte goza da presunção de que é condizente com o valor de mercado, que somente pode ser afastada pelo fisco mediante a regular instauração de processo administrativo próprio (art. 148 do CTN); c) o Município não pode arbitrar previamente a base de cálculo do ITBI com respaldo em valor de referência por ele estabelecido unilateralmente. Decisão do mérito em 2022.

Tema 1118 do STJ. Somente mediante lei estadual/distrital específica poderá ser atribuída ao alienante responsabilidade solidária pelo pagamento do Imposto sobre a Propriedade de Veículos Automotores – IPVA do veículo alienado, na hipótese de ausência de comunicação da venda do bem ao órgão de trânsito competente. Decisão do mérito em 2022.

Tema 1123 do STJ. O art. 3º da Resolução RDC 10/2000 estabeleceu, em concreto, a própria base de cálculo da Taxa de Saúde Suplementar – especificamente na modalidade devida por plano de saúde (art. 20, I, da Lei n. 9.961/2000) –, em afronta ao princípio da legalidade estrita, previsto no art. 97, IV, do CTN. Decisão do mérito em 2022.

Tema 1125 do STJ. (MÉRITO NÃO JULGADO) Controvérsia: Possibilidade de exclusão do valor correspondente ao ICMS-ST da base de cálculo da Contribuição ao PIS e da COFINS devidas pelo contribuinte substituído. Afetação em 2021 (ProAfR no REsp n. 1.896.678). Obs: há determinação de suspensão dos processos relacionados.

Tema 1134 do STJ. (MÉRITO NÃO JULGADO) Controvérsia: Responsabilidade do arrematante pelos débitos tributários anteriores à arrematação, incidentes sobre o imóvel, em consequência de previsão em edital de leilão. Afetação em 2022 (ProAfR no REsp n. 1.914.902). Obs: há determinação de suspensão dos processos relacionados.

Tema 1158 do STJ. (MÉRITO NÃO JULGADO) Controvérsia: Definir se há responsabilidade tributária solidária e legitimidade passiva do credor fiduciário na execução fiscal em que se cobra IPTU de imóvel objeto de contrato de alienação fiduciária. Afetação em 2022 (ProAfR no REsp n. 1.949.182). Obs.: há determinação de suspensão dos processos relacionados.

Tema 1160 do STJ. O IR e a CSLL incidem sobre a correção monetária das aplicações financeiras, porquanto estas se caracterizam legal e contabilmente como Receita Bruta, na condição de Receitas Financeiras componentes do Lucro Operacional. Decisão do mérito em 2023.

Tema 1164 do STJ. Incide a contribuição previdenciária a cargo do empregador sobre o auxílio-alimentação pago em pecúnia. Decisão do mérito em 2023.

Tema 1170 do STJ. (MÉRITO NÃO JULGADO) Controvérsia: Definir se é cabível a incidência de contribuição previdenciária sobre os valores pagos a empregado a título de décimo terceiro salário proporcional referente ao aviso prévio indenizado (ProAfR no REsp n. 1.974.197, 2022). Obs: há determinação de suspensão da tramitação dos recursos especiais e agravos em recurso especial cujos objetos coincidam com o da matéria afetada.

Tema 1174 do STJ. Controvérsia: possibilidade de excluir as seguintes verbas da base de cálculo da contribuição previdenciária patronal e das contribuições destinadas a terceiros e ao SAT/RAT: a) valores relativos à contribuição previdenciária do empregado e do trabalhador avulso e ao imposto de renda de pessoa física, retidos na fonte pelo empregador; b) parcelas retidas ou descontadas a título de coparticipação do empregado em benefícios, tais como: vale-transporte, vale-refeição e plano de assistência à saúde ou odontológico, dentre outros. Obs.: a controvérsia original era mais sintética, mas foi ampliada em 2023.

Tema 1176 do STJ. (MÉRITO NÃO JULGADO) Controvérsia: Definir se são eficazes os pagamentos de FGTS, realizados na vigência da redação do art. 18 da Lei 8.036/1990 dada pela Lei 9.491/1997, diretamente ao empregado, em decorrência de acordo celebrado na Justiça do Trabalho, ao invés de efetivados por meio de depósitos nas contas vinculados do titular. Afetado REsp 2.003.509.

Tema 1179 do STJ. (MÉRITO NÃO JULGADO) Controvérsia: Definir se os Conselhos Seccionais da Ordem dos Advogados do Brasil (OAB) podem, à luz da Lei n. 8.906/1994, instituir e cobrar anuidade das sociedades de advogados. Afetados o REsp 2.015.612 e o REsp 2.014.023. Há determinação de suspensão dos processos sobre a matéria.

Tema 1182 do STJ. 1. Impossível excluir os benefícios fiscais relacionados ao ICMS – tais como redução de base de cálculo, redução de alíquota, isenção, diferimento, entre outros – da base de cálculo do IRPJ e da CSLL, salvo quando atendidos os requisitos previstos em lei (art. 10 da Lei Complementar n. 160/2017 e art. 30 da Lei n. 12.973/2014), não se lhes aplicando o entendimento firmado nos ERESP 1.517.492/PR que excluiu o crédito presumido de ICMS das bases de cálculo do IRPJ e da CSLL. 2. Para a exclusão dos benefícios fiscais relacionados ao ICMS – tais como redução de base de cálculo, redução de alíquota, isenção, diferimento, entre outros – da base de cálculo do IRPJ e da CSLL, não deve ser exigida a demonstração de concessão como estímulo à implantação ou expansão de empreendimentos econômicos. 3. Considerando que a Lei Complementar 160/2017 incluiu os §§ 4º e 5º ao art. 30 da Lei n. 12.973/2014 sem, entretanto, revogar o disposto no seu § 2º, a dispensa de comprovação prévia, pela empresa, de que a subvenção fiscal foi concedida como medida de estímulo à implantação ou expansão do empreendimento econômico não obsta a Receita Federal de proceder ao lançamento do IRPJ e da CSSL se, em procedimento fiscalizatório, for verificado que os valores oriundos do benefício fiscal foram utilizados para finalidade estranha à garantia da viabilidade do empreendimento econômico. Decisão do mérito em 2023. No RE 835.818, o STF chegou a determinar a suspensão da eficácia do julgamento do Tema 1182 do STJ até o julgamento do Tema 843 do STF, mas logo reconsiderou, de modo que não está suspensa.

Tema 1184 do STJ. (MÉRITO NÃO JULGADO) Controvérsia: i) definir se a regra prevista no § 13 do art. 9º da Lei n. 12.546/2011 é dirigida apenas aos contribuintes ou se também vincula a Administração Tributária, e ii) definir se a revogação da escolha de tributação da contribuição previdenciária pelo sistema da Contribuição Previdenciária sobre Receita Bruta (CPRB) trazida pela Lei n. 13.670/2018 feriu direito do contribuinte ante o caráter irretratável previsto no § 13 do art. 9º da Lei n. 12.546/2011. Afetados o REsp 1.901.638 e o REsp 1.902.610.

Tema 1187 do STJ. (MÉRITO NÃO JULGADO) Controvérsia: Definir o momento da aplicação da redução dos juros moratórios, nos casos de quitação antecipada, parcial ou total, dos débitos fiscais objeto de parcelamento, conforme previsão do art. 1º da Lei 11.941/2009. Afetado o REsp 2.006.663.

Tema 1191 do STJ. (MÉRITO NÃO JULGADO) Controvérsia: Necessidade de observância, ou não, do que dispõe o artigo 166 do CTN nas situações em que se pleiteia a restituição/compensação de valores pagos a maior a título de ICMS no regime de substituição tributária para frente quando a base de cálculo efetiva da operação for inferior à presumida. Afetado o REsp 2.034.975.

SÚMULAS DO CARF

Súmula CARF 1. Importa renúncia às instâncias administrativas a propositura pelo sujeito passivo de ação judicial por qualquer modalidade processual, antes ou depois do lançamento de ofício, com o mesmo objeto do processo administrativo, sendo cabível apenas a apreciação, pelo órgão de julgamento administrativo, de matéria distinta da constante do processo judicial. (Pleno, 2006) (Vinculante, conforme Portaria ME n. 12.975, de 10-11-2021, *DOU* de 11-11-2021)

Súmula CARF 2. O CARF não é competente para se pronunciar sobre a inconstitucionalidade de lei tributária. (Pleno, 2006)

Súmula CARF 3. Para a determinação da base de cálculo do Imposto de Renda das Pessoas Jurídicas e da Contribuição Social sobre o Lucro, a partir do ano-calendário de 1995, o lucro líquido ajustado poderá ser reduzido em, no máximo, trinta por cento, tanto em razão da compensação de prejuízo, como em razão da compensação da base de cálculo negativa. (CSRF, 2006) (Vinculante, conforme Portaria MF n. 277, de 7-6-2018, *DOU* de 8-6-2018)

Súmula CARF 4. A partir de 1º de abril de 1995, os juros moratórios incidentes sobre débitos tributários administrados pela Secretaria da Receita Federal são devidos, no período de inadimplência, à taxa referencial do Sistema Especial de Liquidação e Custódia – SELIC para títulos federais. (Pleno, 2006) (Vinculante, conforme Portaria MF n. 277, de 7-6-2018, *DOU* de 8-6-2018)

Súmula CARF 5. São devidos juros de mora sobre o crédito tributário não integralmente pago no vencimento, ainda que suspensa sua exigibilidade, salvo quando existir depósito no montante integral. (Pleno, 2006) (Vinculante, conforme Portaria MF n. 277, de 7-6-2018, *DOU* de 8-6-2018)

Súmula CARF 6. É legítima a lavratura de auto de infração no local em que foi constatada a infração, ainda que fora do estabelecimento do contribuinte. (Pleno, 2006) (Vinculante, conforme Portaria MF n. 277, de 7-6-2018, *DOU* de 8-6-2018)

Súmula CARF 7. A ausência da indicação da data e da hora de lavratura do auto de infração não invalida o lançamento de ofício quando suprida pela data da ciência. (Pleno, 2006) (Vinculante, conforme Portaria MF n. 277, de 7-6-2018, *DOU* de 8-6-2018)

Súmula CARF 8. O Auditor Fiscal da Receita Federal é competente para proceder ao exame da escrita fiscal da pessoa jurídica, não lhe sendo exigida a habilitação profissional de contador. (Pleno, 2006) (Vinculante, conforme Portaria MF n. 277, de 7-6-2018, *DOU* de 8-6-2018)

Súmula CARF 9. É válida a ciência da notificação por via postal realizada no domicílio fiscal eleito pelo contribuinte, confirmada com a assinatura do recebedor da correspondência, ainda que este não seja o representante legal do destinatário. (Pleno, 2006) (Vinculante, conforme Portaria MF n. 277, de 7-6-2018, *DOU* de 8-6-2018)

Súmula CARF 10. Para fins de contagem do prazo decadencial para a constituição de crédito tributário relativo a lucro inflacionário diferido, deve-se levar em conta o período de apuração de sua efetiva realização ou o período em que, em face da legislação, deveria ter sido realizado, ainda que em percentuais mínimos. (CSRF, 2006) (Súmula revisada conforme Ata da Sessão Extraordinária de 3-9-2018, *DOU* de 11-9-2018). (Vinculante, conforme Portaria ME n. 129, de 1-4-2019, *DOU* de 2-4-2019)

Súmula CARF 11. Não se aplica a prescrição intercorrente no processo administrativo fiscal. (Pleno, 2006) (Vinculante, conforme Portaria MF n. 277, de 7-6-2018, *DOU* de 8-6-2018)

Súmula CARF 12. Constatada a omissão de rendimentos sujeitos à incidência do imposto de renda na declaração de ajuste anual, é legítima a constituição do crédito tributário na pessoa física do beneficiário, ainda que a fonte pagadora não tenha procedido à respectiva retenção. (CSRF, 2006) (Vinculante, conforme Portaria MF n. 277, de 7-6-2018, *DOU* de 8-6-2018)

Súmula CARF 13. Menor pobre que o sujeito passivo crie e eduque pode ser considerado dependente na Declaração do Imposto de Renda da Pessoa Física, desde que o declarante detenha a guarda judicial. (CSRF, 2006) (Vinculante, conforme Portaria MF n. 277, de 7-6-2018, *DOU* de 8-6-2018)

Súmula CARF 14. A simples apuração de omissão de receita ou de rendimentos, por si só, não autoriza a qualificação da multa de ofício, sendo necessária a comprovação do evidente intuito de fraude do sujeito passivo. (Pleno, 2006)

Súmula CARF 15. A base de cálculo do PIS, prevista no artigo 6º da Lei Complementar n. 7, de 1970, é o faturamento do sexto mês anterior, sem correção monetária. (CSRF, 2006) (Vinculante, conforme Portaria MF n. 383, de 12-7-2010, *DOU* de 14-7-2010)

Súmula CARF 16. O direito ao aproveitamento dos créditos de IPI decorrentes da aquisição de matérias-primas, produtos intermediários e material de embalagem utilizados na fabricação de produtos cuja saída seja com isenção ou alíquota zero, nos termos do art. 11 da Lei n. 9.779, de 1999, alcança, exclusivamente, os insumos recebidos pelo estabelecimento do contribuinte a partir de 1º de janeiro de 1999. (CSRF, 2006) (Vinculante, conforme Portaria MF n. 277, de 7-6-2018, *DOU* de 8-6-2018)

Súmula CARF 17. Não cabe a exigência de multa de ofício nos lançamentos efetuados para prevenir a decadência, quando a exigibilidade estiver suspensa na forma dos incisos IV ou V do art. 151 do CTN e a suspensão do débito tenha ocorrido antes do início de qualquer procedimento de ofício a ele relativo. (Pleno, 2006) (Vinculante, conforme Portaria MF n. 383, de 12-7-2010, *DOU* de 14-7-2010)

Súmula CARF 18. A aquisição de matérias-primas, produtos intermediários e material de embalagem tributados à alíquota zero não gera crédito de IPI. (CSRF, 2006) (Vinculante, conforme Portaria MF 277, de 7-6-2018, *DOU* de 8-6-2018)

Súmula CARF 19. Não integram a base de cálculo do crédito presumido da Lei n. 9.363, de 1996, as aquisições de combustíveis e energia elétrica uma vez que não são consumidos em contato direto com o produto, não se enquadrando nos conceitos de matéria-prima ou produto intermediário. (CSRF, 2006) (Vinculante, conforme Portaria MF n. 277, de 7-6-2018, *DOU* de 8-6-2018)

Súmula CARF 20. Não há direito aos créditos de IPI em relação às aquisições de insumos aplicados na fabricação de produtos classificados na TIPI como NT. (CSRF, 2006) (Vinculante, conforme Portaria MF n. 277, de 7-6-2018, *DOU* de 8-6-2018)

Súmula CARF 21. É nula, por vício formal, a notificação de lançamento que não contenha a identificação da autoridade que a expediu. (Pleno, 2006) (Vinculante, conforme Portaria MF n. 383, de 12-7-2010, *DOU* de 14-7-2010)

Súmula CARF 22. É nulo o ato declaratório de exclusão do Simples Federal, instituído pela Lei n. 9.317, de 1996, que se limite a consignar a existência de pendências perante a Dívida Ativa da União ou do INSS, sem a indicação dos débitos inscritos cuja exigibilidade não esteja suspensa. (CSRF, 2006) (Súmula revisada conforme Ata da Sessão Extraordinária de 3-9-2018, *DOU* de 11-9-2018). (Vinculante, conforme Portaria ME n. 129, de 1-4-2019, *DOU* de 2-4-2019)

Súmula CARF 23. A autoridade administrativa pode rever o Valor da Terra Nua mínimo (VTNm) que vier a ser questionado pelo contribuinte do imposto sobre a propriedade territorial rural (ITR) relativo aos exercícios de 1994 a 1996, mediante a apresentação de laudo técnico de avaliação do imóvel, emitido por entidade de reconhecida capacidade técnica ou por profissional devidamente habilitado, que se reporte à época do fato gerador e demonstre, de forma inequívoca, a legitimidade da alteração pretendida, inclusive com a indicação das fontes pesquisadas. (CSRF, 2006) (Vinculante, conforme Portaria MF n. 277, de 7-6-2018, *DOU* de 8-6-2018)

Súmula CARF 24. Não compete à Secretaria da Receita Federal do Brasil promover a restituição de obrigações da Eletrobrás nem sua compensação com débitos tributários. (CSRF, 2006) (Vinculante, conforme Portaria MF n. 277, de 7-6-2018, *DOU* de 8-6-2018)

Súmula CARF 25. A presunção legal de omissão de receita ou de rendimentos, por si só, não autoriza a qualificação da multa de ofício, sendo necessária a comprovação de uma das hipóteses dos arts. 71, 72 e 73 da Lei n. 4.502/64. (Pleno, 2009) (Vinculante, conforme Portaria MF n. 383, de 12-7-2010, *DOU* de 14-7-2010)

Súmula CARF 26. A presunção estabelecida no art. 42 da Lei n. 9.430/96 dispensa o Fisco de comprovar o consumo da renda representada pelos depósitos bancários sem origem comprovada. (Pleno, 2009) (Vinculante, conforme Portaria MF n. 277, de 7-6-2018, *DOU* de 8-6-2018)

Súmula CARF 27. É valido o lançamento formalizado por Auditor-Fiscal da Receita Federal do Brasil de jurisdição diversa da do domicílio tributário do sujeito passivo. (Pleno, 2009) (Vinculante, conforme Portaria MF n. 277, de 7-6-2018, *DOU* de 8-6-2018)

Súmula CARF 28. O CARF não é competente para se pronunciar sobre controvérsias referentes a Processo Administrativo de Representação Fiscal para Fins Penais. (Pleno, 2009) (Vinculante, conforme Portaria MF n. 383, de 12-7-2010, *DOU* de 14-7-2010)

Súmula CARF 29. Os cotitulares da conta bancária que apresentem declaração de rendimentos em separado devem ser intimados para comprovar a origem dos depósitos nela efetuados, na fase que precede à lavratura do auto de infração com base na presunção legal de omissão de receitas ou rendimentos, sob pena de exclusão, da base de cálculo do lançamento, dos valores referentes às contas conjuntas em relação às quais não se intimou todos os cotitulares. (Pleno, 2009) (Súmula revisada conforme Ata da Sessão Extraordinária de 3-9-2018, *DOU* de 11-9-2018). (Vinculante, conforme Portaria ME n. 129, de 1-4-2019, *DOU* de 2-4-2019)

Súmula CARF 30. Na tributação da omissão de rendimentos ou receitas caracterizada por depósitos bancários com origem não comprovada, os depósitos de um mês não servem para comprovar a origem de depósitos havidos em meses subsequentes. (Pleno, 2009) (Vinculante, conforme Portaria MF n. 277, de 7-6-2018, *DOU* de 8-6-2018)

Súmula CARF 31. Descabe a cobrança de multa de ofício isolada exigida sobre os valores de tributos recolhidos extemporaneamente, sem o acréscimo da multa de mora, antes do início do procedimento fiscal. (Pleno, 2009) (Súmula revisada conforme Ata da Sessão Extraordinária de 3-9-2018, *DOU* de 11-9-2018). (Vinculante, conforme Portaria ME n. 129, de 1-4-2019, *DOU* de 2-4-2019)

Súmula CARF 32. A titularidade dos depósitos bancários pertence às pessoas indicadas nos dados cadastrais, salvo quando comprovado com documentação hábil e idônea o uso da conta por terceiros. (Pleno, 2009) (Vinculante, conforme Portaria MF n. 277, de 7-6-2018, *DOU* de 8-6-2018)

Súmula CARF 33. A declaração entregue após o início do procedimento fiscal não produz quaisquer efeitos sobre o lançamento de ofício. (Pleno, 2009) (Vinculante, conforme Portaria MF n. 277, de 7-6-2018, *DOU* de 8-6-2018)

Súmula CARF 34. Nos lançamentos em que se apura omissão de receita ou rendimentos, decorrente de depósitos bancários de origem não comprovada, é cabível a qualificação da multa de ofício, quando constatada a movimentação de recursos em contas bancárias de interpostas pessoas. (Pleno, 2009) (Vinculante, conforme Portaria MF n. 383, de 12-7-2010, *DOU* de 14-7-2010)

Súmula CARF 35. O art. 11, § 3º, da Lei n. 9.311/96, com a redação dada pela Lei n. 10.174/2001, que autoriza o uso de informações da CPMF para a constituição do crédito tributário de outros tributos, aplica-se retroativamente. (Pleno, 2009) (Vinculante, conforme Portaria MF n. 383, de 12-7-2010, *DOU* de 14-7-2010)

Súmula CARF 36. A inobservância do limite legal de trinta por cento para compensação de prejuízos fiscais ou bases negativas da CSLL, quando comprovado pelo sujeito passivo que o tributo que deixou de ser pago em razão dessas compensações o foi em período posterior, caracteriza postergação do pagamento do IRPJ ou da CSLL, o que implica em excluir da exigência a parcela paga posteriormente. (CSRF, 2009) (Vinculante, conforme Portaria MF n. 383, de 12-7-2010, *DOU* de 14-7-2010)

Súmula CARF 37. Para fins de deferimento do Pedido de Revisão de Ordem de Incentivos Fiscais (PERC), a exigência de comprovação de regularidade fiscal deve se ater aos débitos existentes até a data de entrega da declaração de Rendimentos da Pessoa Jurídica na qual se deu a opção pelo incentivo, admitindo-se a prova da regularidade em qualquer momento do processo administrativo, independentemente da época em que tenha ocorrido a regularização, e inclusive mediante apresentação de certidão de regularidade posterior à data da opção. (CSRF, 2009) (Súmula revisada conforme Ata da Sessão Extraordinária de 3-9-2018, *DOU* de 11-9-2018). (Vinculante, conforme Portaria ME n. 129, de 1-4-2019, *DOU* de 2-4-2019)

Súmula CARF 38. O fato gerador do Imposto sobre a Renda da Pessoa Física, relativo à omissão de rendimentos apurada a partir de depósitos bancários de origem não comprovada, ocorre no dia 31 de dezembro do ano-calendário. (CSRF, 2009) (Vinculante, conforme Portaria MF n. 383, de 12-7-2010, *DOU* de 14-7-2010)

Súmula CARF 39. Os valores recebidos pelos técnicos residentes no Brasil a serviço da ONU e suas Agências Especializadas, com vínculo contratual, não são isentos do Imposto sobre a Renda da Pessoa Física. (CSRF, 2009) (Vinculante, conforme Portaria MF n. 383, de 12-7-2010, *DOU* de 14-7-2010) (Caráter vinculante revogado pela Portaria MF n. 578, de 27-12-2017, *DOU* de 29-12-2017) (Súmula revogada pela Portaria CARF n. 3, de 9-1-2018)

Súmula CARF 40. A apresentação de recibo emitido por profissional para o qual haja Súmula Administrativa de Documentação Tributariamente Ineficaz, desacompanhado de elementos de prova da efetividade dos serviços e do correspondente pagamento, impede a dedução a título de despesas médicas e enseja a qualificação da multa de ofício. (CSRF, 2009) (Vinculante, conforme Portaria MF n. 277, de 7-6-2018, *DOU* de 8-6-2018)

Súmula CARF 41. A não apresentação do Ato Declaratório Ambiental (ADA) emitido pelo IBAMA, ou órgão conveniado, não pode motivar o lançamento de ofício relativo a fatos geradores ocorridos até o exercício de 2000. (CSRF, 2009) (Vinculante, conforme Portaria MF n. 277, de 7-6-2018, *DOU* de 8-6-2018)

Súmula CARF 42. Não incide o imposto sobre a renda das pessoas físicas sobre os valores recebidos a título de indenização por desapropriação. (CSRF, 2009) (Vinculante, conforme Portaria MF n. 277, de 7-6-2018, *DOU* de 8-6-2018)

Súmula CARF 43. Os proventos de aposentadoria, reforma ou reserva remunerada, motivadas por acidente em serviço e os percebidos por portador de moléstia profissional ou grave, ainda que contraída após a aposentadoria, reforma ou reserva remunerada, são isentos do imposto de renda. (CSRF, 2009)

Súmula CARF 44. Descabe a aplicação da multa por falta ou atraso na entrega da Declaração de Ajuste Anual do Imposto de Renda das Pessoas Físicas, quando o sócio ou titular de pessoa jurídica inapta não se enquadre nas demais hipóteses de obrigatoriedade de apresentação dessa declaração. (CSRF, 2009) (Vinculante, conforme Portaria MF n. 383, de 12-7-2010, *DOU* de 14-7-2010)

Súmula CARF 45. O Imposto sobre a Propriedade Territorial Rural não incide sobre áreas alagadas para fins de constituição de reservatório de usinas hidroelétricas. (CSRF, 2009)

Súmula CARF 46. O lançamento de ofício pode ser realizado sem prévia intimação ao sujeito passivo, nos casos em que o Fisco dispuser de elementos suficientes à constituição do crédito tributário (Pleno, 2010). Obs.: vinculante, conforme Portaria MF n. 277/2018.

Súmula CARF 47. Cabível a imputação da multa de ofício à sucessora, por infração cometida pela sucedida, quando provado que as sociedades estavam sob controle comum ou pertenciam ao mesmo grupo econômico. (Revogada pela Portaria CARF n. 72, de 17-10-2017) (Pleno, 2010)

Súmula CARF 48. A suspensão da exigibilidade do crédito tributário por força de medida judicial não impede a lavratura de auto de infração. (Pleno, 2010) Obs.: vinculante, conforme Portaria MF n. 277/2018.

Súmula CARF 49. A denúncia espontânea (art. 138 do Código Tributário Nacional) não alcança a penalidade decorrente do atraso na entrega de declaração. (Pleno, 2010) Obs.: vinculante, conforme Portaria MF n. 277/2018.

Súmula CARF 50. É cabível a exigência de multa de ofício se a decisão judicial que suspendia a exigibilidade do crédito tributário perdeu os efeitos antes da lavratura do auto de infração. (Pleno, 2010) Obs.: vinculante, conforme Portaria MF n. 277/2018.

Súmula CARF 51. As multas previstas no Código de Defesa do Consumidor não se aplicam às relações de natureza tributária. (Pleno, 2010) Obs.: vinculante, conforme Portaria MF n. 277/2018.

Súmula CARF 52. Os tributos objeto de compensação indevida formalizada em Pedido de Compensação ou Declaração de Compensação apresentada até 31/10/2003, quando não exigíveis a partir de DCTF, ensejam o lançamento de ofício. (Pleno, 2010)

Súmula CARF 53. Não se aplica ao resultado decorrente da exploração de atividade rural o limite de 30% do lucro líquido ajustado, relativamente à compensação da base de cálculo negativa de CSLL, mesmo para os fatos ocorridos antes da vigência do art. 42 da Medida Provisória n. 1991-15, de 10 de março de 2000. (CSRF, 2010)

Súmula CARF 54. A constatação de existência de "passivo não comprovado" autoriza o lançamento com base em presunção legal de omissão de receitas somente a partir do ano-calendário de 1997. (CSRF, 2010)

Súmula CARF 55. O saldo devedor da correção monetária complementar, correspondente à diferença verificada em 1990 entre o IPC e o BTNF, não pode ser deduzido na apuração da base de Cálculo da Contribuição Social sobre o Lucro Líquido (CSLL). (CSRF, 2010) Obs.: vinculante, conforme Portaria MF n. 277/2018.

Súmula CARF 56. No caso de contribuintes que fizeram a opção pelo SIMPLES Federal até 27 de julho de 2001, constatada uma das hipóteses de que tratam os incisos III a XIV, XVII e XVIII do art. 9º da Lei n. 9.317, de 1996, os efeitos da exclusão dar-se-ão a partir de 1o de janeiro de 2002, quando a situação excludente tiver ocorrido até 31 de dezembro de 2001 e a exclusão for efetuada a partir de 2002. (CSRF, 2010) Obs.: vinculante, conforme Portaria MF n. 277/2018.

Súmula CARF 57. A prestação de serviços de manutenção, assistência técnica, instalação ou reparos em máquinas e equipamentos, bem como os serviços de usinagem, solda, tratamento e revestimento de metais, não se equiparam a serviços profissionais prestados por engenheiros e não impedem o ingresso ou a permanência da pessoa jurídica no SIMPLES Federal. (CSRF, 2010) Obs.: vinculante, conforme Portaria MF n. 277/2018.

Súmula CARF 58. No regime do Lucro Real, as variações monetárias ativas decorrentes de depósitos judiciais com a finalidade de suspender a exigibilidade do crédito tributário devem compor o resultado do exercício, segundo o regime de competência, salvo se demonstrado que as variações monetárias passivas incidentes sobre o tributo objeto dos depósitos não foram computadas na apuração desse resultado. (Súmula revisada conforme Ata da Sessão Extraordinária de 3-9-2018, *DOU* de 11-9-2018). (CSRF, 2010) Obs.: vinculante, conforme Portaria MF n. 129/2019.

Súmula CARF 59. A tributação do lucro na sistemática do lucro arbitrado não é invalidada pela apresentação, posterior ao lançamento, de livros e documentos imprescindíveis para a apuração do crédito tributário que, após regular intimação, deixaram de ser exibidos durante o procedimento fiscal. (CSRF, 2010) Obs.: vinculante, conforme Portaria MF n. 277/2018.

Súmula CARF 60. Os juros aplicados na restituição de valores indevidamente retidos na fonte, quando do recebimento de verbas indenizatórias decorrentes da adesão a programas de demissão voluntária, devem ser calculados a partir da data do recebimento dos rendimentos, se ocorrido entre 1º de janeiro de 1996 e 31 de dezembro de 1997, ou a partir do mês subsequente, se posterior. (CSRF, 2010) Obs.: vinculante, conforme Portaria MF n. 277/2018.

Súmula CARF 61. Os depósitos bancários iguais ou inferiores a R$ 12.000,00 (doze mil reais), cujo somatório não ultrapasse R$ 80.000,00 (oitenta mil reais) no ano-calendário, não podem ser considerados na presunção da omissão de rendimentos caracterizada por depósitos bancários de origem não comprovada, no caso de pessoa física. (CSRF, 2010) Obs.: vinculante, conforme Portaria MF n. 277/2018.

Súmula CARF 62. A base de cálculo das contribuições previdenciárias será o valor total fixado na sentença ou acordo trabalhista homologado, quando as parcelas legais de incidência não estiverem discriminadas. (CSRF, 2010) Obs.: vinculante, conforme Portaria MF n. 277/2018.

Súmula CARF 63. Para gozo da isenção do imposto de renda da pessoa física pelos portadores de moléstia grave, os rendimentos devem ser provenientes de aposentadoria, reforma, reserva remunerada ou pensão e a moléstia deve ser devidamente comprovada por laudo pericial emitido por serviço médico oficial da União, dos Estados, do Distrito Federal ou dos Municípios. (CSRF, 2010)

Súmula CARF 64. Não incidem contribuições previdenciárias sobre as verbas concedidas aos segurados empregados a título de auxílio-creche, na forma do artigo 7º, inciso XXV, da Constituição Federal, em face de sua natureza indenizatória. (CSRF, 2010)

Súmula CARF 65. Inaplicável a responsabilidade pessoal do dirigente de órgão público pelo descumprimento de obrigações acessórias, no âmbito previdenciário, constatadas na pessoa jurídica de direito público que dirige. (CSRF, 2010)

Súmula CARF 66. Os Órgãos da Administração Pública não respondem solidariamente por créditos previdenciários das empresas contratadas para prestação de serviços de construção civil, reforma e acréscimo, desde que a empresa construtora tenha assumido a responsabilidade direta e total pela obra ou repasse o contrato integralmente. (CSRF, 2010) Obs.: vinculante, conforme Portaria MF n. 277/2018.

Súmula CARF 67. Em apuração de acréscimo patrimonial a descoberto a partir de fluxo de caixa que confronta origens e aplicações de recursos, os saques ou transferências bancárias, registrados em extratos bancários, quando não comprovada a destinação, efetividade da despesa, aplicação ou consumo, não podem lastrear lançamento fiscal. (Súmula revisada conforme Ata da Sessão Extraordinária de 3-9-2018, *DOU* de 11-9-2018). (CSRF, 2010) Obs.: vinculante, conforme Portaria MF n. 129/2019.

Súmula CARF 68. A Lei n. 8.852, de 1994, não outorga isenção nem enumera hipóteses de não incidência de Imposto sobre a Renda da Pessoa Física. (CSRF, 2010) Obs.: vinculante, conforme Portaria MF n. 277/2018.

Súmula CARF 69. A falta de apresentação da declaração de rendimentos ou a sua apresentação fora do prazo fixado sujeitará a pessoa física à multa de um por cento ao mês ou fração, limitada a vinte por cento, sobre o Imposto de Renda devido, ainda que integralmente pago, respeitado o valor mínimo. (CSRF, 2010) Obs.: vinculante, conforme Portaria MF n. 277/2018.

Súmula CARF 70. É imune ao ITR o imóvel pertencente às entidades indicadas no artigo 150, VI, c, da Constituição, que se encontra arrendado, desde que a receita assim obtida seja aplicada nas atividades essenciais da entidade. (CSRF, 2010) Obs.: vinculante, conforme Portaria MF n. 277/2018.

Súmula CARF 71. Todos os arrolados como responsáveis tributários na autuação são parte legítima para impugnar e recorrer acerca da exigência do crédito tributário e do respectivo vínculo de responsabilidade. (Pleno, 2012) Obs.: vinculante, conforme Portaria MF n. 277/2018.

Súmula CARF 72. Caracterizada a ocorrência de dolo, fraude ou simulação, a contagem do prazo decadencial rege-se pelo art. 173, inciso I, do CTN. (Pleno, 2012) Obs.: vinculante, conforme Portaria MF n. 277/2018.

Súmula CARF 73. Erro no preenchimento da declaração de ajuste do imposto de renda, causado por informações erradas, prestadas pela fonte pagadora, não autoriza o lançamento de multa de ofício. (Pleno, 2012)

Súmula CARF 74. Aplica-se retroativamente o art. 14 da Lei n. 11.488, de 2007, que revogou a multa de ofício isolada por falta de acréscimo da multa de mora ao pagamento de tributo em atraso, antes prevista no art. 44, § 1º, II, da Lei n. 9.430/96. (Pleno, 2012) Obs.: vinculante, conforme Portaria MF n. 277/2018.

Súmula CARF 75. A recuperação da espontaneidade do sujeito passivo em razão da inoperância da autoridade fiscal por prazo superior a sessenta dias aplica-se retroativamente, alcançando os atos por ele praticados no decurso desse prazo. (Pleno, 2012) Obs.: vinculante, conforme Portaria MF n. 277/2018.

Súmula CARF 76. Na determinação dos valores a serem lançados de ofício para cada tributo, após a exclusão do Simples, devem ser deduzidos eventuais recolhimentos da mesma natureza efetuados nessa sistemática, observando-se os percentuais previstos em lei sobre o montante pago de forma unificada. (CSRF, 2012) Obs.: vinculante, conforme Portaria MF n. 277/2018.

Súmula CARF 77. A possibilidade de discussão administrativa do Ato Declaratório Executivo (ADE) de exclusão do Simples não impede o lançamento de ofício dos créditos tributários devidos em face da exclusão. (CSRF, 2012) Obs.: vinculante, conforme Portaria MF n. 277/2018.

Súmula CARF 78. A fixação do termo inicial da contagem do prazo decadencial, na hipótese de lançamento sobre lucros disponibilizados no exterior, deve levar em consideração a data em que se considera ocorrida a disponibilização, e não a data do auferimento dos lucros pela empresa sediada no exterior. (Súmula revisada conforme Ata da Sessão Extraordinária de 3-9-2018, *DOU* de 11-9-2018). (CSRF, 2012) Obs.: vinculante, conforme Portaria MF n. 129/2019.

Súmula CARF 79. A partir da vigência da Lei n. 9.249, de 1995, a dedução de contraprestações de arrendamento mercantil exige a comprovação da necessidade de utilização dos bens arrendados para produção ou comercialização de bens e serviços. (CSRF, 2012) Obs.: vinculante, conforme Portaria MF n. 277/2018.

Súmula CARF 80. Na apuração do IRPJ, a pessoa jurídica poderá deduzir do imposto devido o valor do imposto de renda retido na fonte, desde que comprovada a retenção e o cômputo das receitas correspondentes na base de cálculo do imposto. (CSRF, 2012)

Súmula CARF 81. É vedada a aplicação retroativa de lei que admite atividade anteriormente impeditiva ao ingresso na sistemática do Simples. (CSRF, 2012) Obs.: vinculante, conforme Portaria MF n. 277/2018.

Súmula CARF 82. Após o encerramento do ano-calendário, é incabível lançamento de ofício de IRPJ ou CSLL para exigir estimativas não recolhidas. (CSRF, 2012) Obs.: vinculante, conforme Portaria MF n. 277/2018.

Súmula CARF 83. O resultado positivo obtido pelas sociedades cooperativas nas operações realizadas com seus cooperados não integra a base de cálculo da Contribuição Social sobre o Lucro Líquido – CSLL, mesmo antes da vigência do art. 39 da Lei n. 10.865, de 2004. (CSRF, 2012)

Súmula CARF 84. É possível a caracterização de indébito, para fins de restituição ou compensação, na data do recolhimento de estimativa. (Súmula revisada conforme Ata da Sessão Extraordinária de 3-9-2018, *DOU* de 11-9-2018). (CSRF, 2102) Obs.: vinculante, conforme Portaria MF n. 129/2019.

Súmula CARF 85. Na revenda de veículos automotores usados, de que trata o art. 5o da Lei n. 9.716, de 26 de novembro de 1998, aplica-se o coeficiente de determinação do lucro presumido de 32% (trinta e dois por cento) sobre a receita bruta, correspondente à diferença entre o valor de aquisição e o de revenda desses veículos. (CSRF, 2012)

Súmula CARF 86. É vedada a retificação da Declaração de Ajuste Anual do Imposto sobre a Renda da Pessoa Física que tenha por objeto a troca de forma de tributação dos rendimentos após o prazo previsto para a sua entrega. (CSRF, 2012) Obs.: vinculante, conforme Portaria MF n. 277/2018.

Súmula CARF 87. O imposto de renda não incide sobre as verbas recebidas regularmente por parlamentares a título de auxílio de gabinete e hospedagem, exceto quando a fiscalização apurar a utilização dos recursos em benefício próprio não relacionado à atividade legislativa. (CSRF, 2012) Obs.: vinculante, conforme Portaria MF n. 277/2018.

Súmula CARF 88. A Relação de Corresponsáveis – CORESP, o Relatório de Representantes Legais – RepLeg e a Relação de Vínculos – VÍNCULOS, anexos a auto de infração previdenciário lavrado unicamente contra pessoa jurídica, não atribuem responsabilidade tributária às pessoas ali indicadas nem comportam discussão no âmbito do contencioso administrativo fiscal federal, tendo finalidade meramente informativa. (CSRF, 2012) Obs.: vinculante, conforme Portaria MF n. 277/2018.

Súmula CARF 89. A contribuição social previdenciária não incide sobre valores pagos a título de vale-transporte, mesmo que em pecúnia. (CSRF, 2012)

Súmula CARF 90. Caracteriza infração às medidas de controle fiscal a posse e circulação de fumo, charuto, cigarrilha e cigarro de procedência estrangeira, sem documentação comprobatória da importação regular, sendo irrelevante, para tipificar a infração, a propriedade da mercadoria. (CSRF, 2012) Obs.: vinculante, conforme Portaria MF n. 277/2018.

Súmula CARF 91. Ao pedido de restituição pleiteado administrativamente antes de 9 de junho de 2005, no caso de tributo sujeito a lançamento por homologação, aplica-se o prazo prescricional de 10 (dez) anos, contado do fato gerador. (Pleno, 2013) Obs.: vinculante, conforme Portaria MF n. 277/2018.

Súmula CARF 92. A DIPJ, desde a sua instituição, não constitui confissão de dívida, nem instrumento hábil e suficiente para a exigência de crédito tributário nela informado. (Pleno, 2013)

Súmula CARF 93. A falta de transcrição dos balanços ou balancetes de suspensão ou redução no Livro Diário não justifica a cobrança da multa isolada prevista no art. 44 da Lei n. 9.430, de 27 de dezembro de 1996, quando o sujeito passivo apresenta escrituração contábil e fiscal suficiente para comprovar a suspensão ou redução da estimativa. (CSRF, 2013) Obs.: vinculante, conforme Portaria MF n. 277/2018.

Súmula CARF 94. Os lucros auferidos no exterior por filial, sucursal, controlada ou coligada serão convertidos em reais pela taxa de câmbio, para venda, do dia das demonstrações financeiras em que tenham sido apurados tais lucros, inclusive a partir da vigência da MP n. 2.158-35, de 2001. (CSRF, 2013) Obs.: vinculante, conforme Portaria MF n. 277/2018.

Súmula CARF 95. A presunção de omissão de receitas caracterizada pelo fornecimento de recursos de caixa à sociedade por administradores, sócios de sociedades de pessoas, ou pelo administrador da companhia, somente é elidida com a demonstração cumulativa da origem e da efetividade da entrega dos recursos. (CSRF, 2013) Obs.: vinculante, conforme Portaria MF n. 277/2018.

Súmula CARF 96. A falta de apresentação de livros e documentos da escrituração não justifica, por si só, o agravamento da multa de ofício, quando essa omissão motivou o arbitramento dos lucros. (CSRF, 2013)

Súmula CARF 97. O arbitramento do lucro em procedimento de ofício pode ser efetuado mediante a utilização de qualquer uma das alternativas de cálculo enumeradas no art. 51 da Lei n. 8.981, de 20 de janeiro de 1995, quando não conhecida a receita bruta. (CSRF, 2013) Obs.: vinculante, conforme Portaria MF n. 277/2018.

Súmula CARF 98. A dedução de pensão alimentícia da base de cálculo do Imposto de Renda Pessoa Física é permitida, em face das normas do Direito de Família, quando comprovado o seu efetivo pagamento e a obrigação decorra de decisão judicial, de acordo homologado judicialmente, bem como, a partir de 28 de março de 2008, de escritura pública que especifique o valor da obrigação ou discrimine os deveres em prol do beneficiário. (CSRF, 2013) Obs.: vinculante, conforme Portaria MF n. 277/2018.

Súmula CARF 99. Para fins de aplicação da regra decadencial prevista no art. 150, § 4º, do CTN, para as contribuições previdenciárias, caracteriza pagamento antecipado o recolhimento, ainda que parcial, do valor considerado como devido pelo contribuinte na competência do fato gerador a que se referir a autuação, mesmo que não tenha sido incluída, na base de cálculo deste recolhimento, parcela relativa a rubrica especificamente exigida no auto de infração. (CSRF, 2013)

Súmula CARF 100. O Auditor-Fiscal da Receita Federal do Brasil tem competência para fiscalizar o cumprimento dos requisitos do regime de drawback na modalidade suspensão, aí compreendidos o lançamento do crédito tributário, sua exclusão em razão do reconhecimento de benefício, e a verificação, a qualquer tempo, da regular observação, pela importadora, das condições fixadas na legislação pertinente. (CSRF, 2013) Obs.: vinculante, conforme Portaria MF n. 277/2018.

Súmula CARF 101. Na hipótese de aplicação do art. 173, inciso I, do CTN, o termo inicial do prazo decadencial é o primeiro dia do exercício seguinte àquele em que o lançamento poderia ter sido efetuado. (Pleno, 2014) Obs.: vinculante, conforme Portaria MF n. 277/2018.

Súmula CARF 102. É válida a decisão proferida por Delegacia da Receita Federal de Julgamento – DRJ de localidade diversa do domicílio fiscal do sujeito passivo. (Pleno, 2014) Obs.: vinculante, conforme Portaria MF n. 277/2018.

Súmula CARF 103. Para fins de conhecimento de recurso de ofício, aplica-se o limite de alçada vigente na data de sua apreciação em segunda instância. (Pleno, 2014)

Súmula CARF 104. Lançamento de multa isolada por falta ou insuficiência de recolhimento de estimativa de IRPJ ou de CSLL submete-se ao prazo decadencial previsto no art. 173, inciso I, do CTN. (CSRF, 2014) Obs.: vinculante, conforme Portaria MF n. 277/2018.

Súmula CARF 105. A multa isolada por falta de recolhimento de estimativas, lançada com fundamento no art. 44 § 1º, inciso IV da Lei n. 9.430, de 1996, não pode ser exigida ao mesmo tempo da multa de ofício por falta de pagamento de IRPJ e CSLL apurado no ajuste anual, devendo subsistir a multa de ofício. (CSRF, 2014)

Súmula CARF 106. Caracterizada a ocorrência de apropriação indébita de contribuições previdenciárias descontadas de segurados empregados e/ou contribuintes individuais, a contagem do prazo decadencial rege-se pelo art. 173, inciso I, do CTN. (CSRF, 2014) Obs.: vinculante, conforme Portaria MF n. 277/2018.

Súmula CARF 107. A receita da atividade própria, objeto da isenção da Cofins prevista no art. 14, X, c/c art. 13, III, da MP n. 2.158-35, de 2001, alcança as receitas obtidas em contraprestação de serviços educacionais prestados pelas entidades de educação sem fins lucrativos a que se refere o art. 12 da Lei n. 9.532, de 1997. (CSRF, 2014) Obs.: vinculante, conforme Portaria MF n. 277/2018.

Súmula CARF 108. Incidem juros moratórios, calculados à taxa referencial do Sistema Especial de Liquidação e Custódia – SELIC, sobre o valor correspondente à multa de ofício. (Pleno, 2018) Obs.: vinculante, conforme Portaria MF n. 129/2019.

Súmula CARF 109. O órgão julgador administrativo não é competente para se pronunciar sobre controvérsias referentes a arrolamento de bens. (Pleno, 2018) Obs.: vinculante, conforme Portaria MF n. 129/2019.

Súmula CARF 110. No processo administrativo fiscal, é incabível a intimação dirigida ao endereço de advogado do sujeito passivo. (Pleno, 2018) Obs.: vinculante, conforme Portaria MF n. 129/2019.

Súmula CARF 111. O Mandado de Procedimento Fiscal supre a autorização, prevista no art. 906 do Decreto n. 3.000, de 1999, para reexame de período anteriormente fiscalizado. (Pleno, 2018) Obs.: vinculante, conforme Portaria MF n. 129/2019.

Súmula CARF 112. É nulo, por erro na identificação do sujeito passivo, o lançamento formalizado contra pessoa jurídica extinta por liquidação voluntária ocorrida e comunicada ao Fisco Federal antes da lavratura do auto de infração. (Pleno, 2018) Obs.: vinculante, conforme Portaria MF n. 129/2019.

Súmula CARF 113. A responsabilidade tributária do sucessor abrange, além dos tributos devidos pelo sucedido, as multas moratórias ou punitivas, desde que seu fato gerador tenha ocorrido até a data da sucessão, independentemente de esse crédito ser formalizado, por meio de lançamento de ofício, antes ou depois do evento sucessório. (Pleno, 2018) Obs.: vinculante, conforme Portaria MF n. 129/2019.

Súmula CARF 114. O Imposto de Renda incidente na fonte sobre pagamento a beneficiário não identificado, ou sem comprovação da operação ou da causa, submete-se ao prazo decadencial previsto no art. 173, I, do CTN. (CSRF, 2018) Obs.: vinculante, conforme Portaria MF n. 129/2019.

Súmula CARF 115. A sistemática de cálculo do "Método do Preço de Revenda menos Lucro com margem de lucro de sessenta por cento (PRL 60)" prevista na Instrução Normativa SRF n. 243, de 2002, não afronta o disposto no art. 18, inciso II, da Lei n. 9.430, de 1996, com a redação dada pela Lei n. 9.959, de 2000. (CSRF, 2018) Obs.: vinculante, conforme Portaria MF n. 129/2019.

Súmula CARF 116. Para fins de contagem do prazo decadencial para a constituição de crédito tributário relativo a glosa de amortização de ágio na forma dos arts. 7º e 8º da Lei n. 9.532, de 1997, deve-se levar em conta o período de sua repercussão na apuração do tributo em cobrança. (CSRF, 2018) Obs.: vinculante, conforme Portaria MF n. 129/2019.

Súmula CARF 117. A indedutibilidade de despesas com "royalties" prevista no art. 71, parágrafo único, alínea "d", da Lei n. 4.506, de 1964, não é aplicável à apuração da CSLL. (CSRF, 2018) Obs.: vinculante, conforme Portaria MF n. 129/2019.

Súmula CARF 118. Caracteriza ganho tributável por pessoa jurídica domiciliada no país a diferença positiva entre o valor das ações ou quotas de capital recebidas em razão da transferência do patrimônio de entidade sem fins lucrativos para entidade empresarial e o valor despendido na aquisição de título patrimonial. (CSRF, 2018) Obs.: vinculante, conforme Portaria MF n. 129/2019.

Súmula CARF 119. No caso de multas por descumprimento de obrigação principal e por descumprimento de obrigação acessória pela falta de declaração em GFIP, associadas e exigidas em lançamentos de ofício referentes a fatos geradores anteriores à vigência da Medida Provisória n. 449, de 2008, convertida na Lei nº 11.941, de 2009, a retroatividade benigna deve ser aferida mediante a comparação entre a soma das penalidades pelo descumprimento das obrigações principal e acessória, aplicáveis à época dos fatos geradores, com a multa de ofício de 75%, prevista no art. 44 da Lei n. 9.430, de 1996. (CSRF, 2018) Obs.: vinculante, conforme Portaria MF n. 129/2019.

Súmula CARF 120. Não é válida a intimação para comprovar a origem de depósitos bancários em cumprimento ao art. 42 da Lei n. 9.430, de 1996, quando dirigida ao espólio, relativamente aos fatos geradores ocorridos antes do falecimento do titular da conta bancária. (CSRF, 2018) Obs.: vinculante, conforme Portaria MF n. 129/2019.

Súmula CARF 121. A isenção do imposto de renda prevista no art. 6º, inciso XIV, da Lei n. 7.713, de 1988, referente à cegueira, inclui a cegueira monocular. (CSRF, 2018) Obs.: vinculante, conforme Portaria MF n. 129/2019.

Súmula CARF 122. A averbação da Área de Reserva Legal (ARL) na matrícula do imóvel em data anterior ao fato gerador supre a eventual falta de apresentação do Ato declaratório Ambiental (ADA). (CSRF, 2018) Obs.: vinculante, conforme Portaria MF n. 129/2019.

Súmula CARF 123. Imposto de renda retido na fonte relativo a rendimentos sujeitos a ajuste anual caracteriza pagamento apto a atrair a aplicação da regra decadencial prevista no artigo 150, § 4º, do Código Tributário Nacional. (CSRF, 2018) Obs.: vinculante, conforme Portaria MF n. 129/2019.

Súmula CARF 124. A produção e a exportação de produtos classificados na Tabela de Incidência do IPI (TIPI) como "não tributados" não geram direito ao crédito presumido de IPI de que trata o art. 1º da Lei n. 9.363, de 1996.

Súmula CARF 125. No ressarcimento da COFINS e da Contribuição para o PIS não cumulativas não incide correção monetária ou juros, nos termos dos artigos 13 e 15, VI, da Lei n. 10.833, de 2003. (CSRF, 2018)

Súmula CARF 126. A denúncia espontânea não alcança as penalidades infligidas pelo descumprimento dos deveres instrumentais decorrentes da inobservância dos prazos fixados pela Secretaria da Receita Federal do Brasil para prestação de informações à administração aduaneira, mesmo após o advento da nova redação do art. 102 do Decreto-Lei n. 37, de 1966, dada pelo art. 40 da Lei n. 12.350, de 2010. (CSRF, 2018) Obs.: vinculante, conforme Portaria ME 129, de 1-4-2019, *DOU* de 2-4-2019.

Súmula CARF 127. A incidência da Contribuição de Intervenção no Domínio Econômico (CIDE) na contratação de serviços técnicos prestados por residentes ou domiciliados no exterior prescinde da ocorrência de transferência de tecnologia. (CSRF, 2018). Obs.: vinculante, conforme Portaria ME n. 129/2020.

Súmula CARF 128. No cálculo do crédito presumido de IPI, de que tratam a Lei n. 9.363, de 1996 e a Portaria MF n. 38, de 1997, as receitas de exportação de produtos não industrializados pelo contribuinte incluem-se na composição tanto da Receita de Exportação – RE, quanto da Receita Operacional Bruta – ROB, refletindo nos dois lados do coeficiente de exportação – numerador e denominador. (CSRF, 2018). Obs.: vinculante, conforme Portaria ME n. 129/2020.

Súmula CARF 129. Constatada irregularidade na representação processual, o sujeito passivo deve ser intimado a sanar o defeito antes da decisão acerca do conhecimento do recurso administrativo. (Pleno, 2019). Obs.: vinculante, conforme Portaria ME n. 410/2020.

Súmula CARF 130. A atribuição de responsabilidade a terceiros com fundamento no art. 135, inciso III, do CTN não exclui a pessoa jurídica do polo passivo da obrigação tributária. (Pleno, 2019). Obs.: vinculante, conforme Portaria ME n. 410/2020.

Súmula CARF 131. Inexiste vedação legal à aplicação de multa de ofício na constituição de crédito tributário em face de entidade submetida ao regime de liquidação extrajudicial. (Pleno, 2019). Obs.: vinculante, conforme Portaria ME n. 410/2020.

Súmula CARF 132. No caso de lançamento de ofício sobre débito objeto de depósito judicial em montante parcial, a incidência de multa de ofício e de juros de mora atinge apenas o montante da dívida não abrangida pelo depósito. (Pleno, 2019). Obs.: vinculante, conforme Portaria ME n. 410/2020.

Súmula CARF 133. A falta de atendimento a intimação para prestar esclarecimentos não justifica, por si só, o agravamento da multa de ofício, quando essa conduta motivou presunção de omissão de receitas ou de rendimentos. (CSRF, 2019). Obs.: vinculante, conforme Portaria ME n. 410/2020.

Súmula CARF 134. A simples existência, no contrato social, de atividade vedada ao Simples Federal não resulta na exclusão do contribuinte, sendo necessário que a fiscalização comprove a efetiva execução de tal atividade. (CSRF, 2019). Obs.: vinculante, conforme Portaria ME n. 410/2020.

Súmula CARF 135. A antecipação do recolhimento do IRPJ e da CSLL, por meio de estimativas mensais, caracteriza pagamento apto a atrair a aplicação da regra decadencial prevista no art. 150, § 4º do CTN. (CSRF, 2019). Obs.: vinculante, conforme Portaria ME n. 410/2020.

Súmula CARF 136. Os ajustes decorrentes de superveniências e insuficiências de depreciação, contabilizados pelas instituições arrendadoras em obediência às normas do Banco Central do Brasil, não causam efeitos tributários para a CSLL, devendo ser neutralizados extracontabilmente mediante exclusão das receitas ou adição das despesas correspondentes na apuração da base de cálculo da contribuição. (CSRF, 2019). Obs.: vinculante, conforme Portaria ME n. 410/2020.

Súmula CARF 137. Os resultados positivos decorrentes da avaliação de investimentos pelo método da Equivalência Patrimonial não integram a base de cálculo do IRPJ ou da CSLL na sistemática do lucro presumido. (CSRF, 2019). Obs.: vinculante, conforme Portaria ME n. 410/2020.

Súmula CARF 138. Imposto de renda retido na fonte incidente sobre receitas auferidas por pessoa jurídica, sujeitas a apuração trimestral ou anual, caracteriza pagamento apto a atrair a aplicação da regra decadencial prevista no art. 150, § 4º do CTN. (CSRF, 2019). Obs.: vinculante, conforme Portaria ME n. 410/2020.

Súmula CARF 139. Os descontos e abatimentos, concedidos por instituição financeira na renegociação de créditos com seus clientes, constituem despesas operacionais dedutíveis do lucro real e da base de cálculo da CSLL, não se aplicando a essa circunstância as disposições dos artigos 9º a 12 da Lei n. 9.430/1996. (CSRF, 2019). Obs.: vinculante, conforme Portaria ME n. 410/2020.

Súmula CARF 140. Aplica-se retroativamente o disposto no art. 11 da Lei n. 13.202, de 2015, no sentido de que os acordos e convenções internacionais celebrados pelo Governo da República Federativa do Brasil para evitar dupla tributação da renda abrangem a CSLL. (CSRF, 2019). Obs.: vinculante, conforme Portaria ME n. 410/2020.

Súmula CARF 141. As aplicações financeiras realizadas por cooperativas de crédito constituem atos cooperativos, o que afasta a incidência de IRPJ e CSLL sobre os respectivos resultados. (CSRF, 2019). Obs.: vinculante, conforme Portaria ME n. 410/2020.

Súmula CARF 142. Até 31.12.2008 são enquadradas como serviços hospitalares todas as atividades tipicamente promovidas em hospitais, voltadas diretamente à promoção da saúde, mesmo eventualmente prestadas por outras pessoas jurídicas, excluindo-se as simples consultas médicas. (CSRF, 2019). Obs.: vinculante, conforme Portaria ME n. 410/2020.

Súmula CARF 143. A prova do imposto de renda retido na fonte deduzido pelo beneficiário na apuração do imposto de renda devido não se faz exclusivamente por meio do comprovante de retenção emitido em seu nome pela fonte pagadora dos rendimentos. (CSRF, 2019). Obs.: vinculante, conforme Portaria ME n. 410/2020.

Súmula CARF 144. A presunção legal de omissão de receitas com base na manutenção, no passivo, de obrigações cuja exigibilidade não seja comprovada ("passivo não comprovado"), caracteriza-se no momento do registro contábil do passivo, tributando-se a irregularidade no período de apuração correspondente. (CSRF, 2019). Obs.: vinculante, conforme Portaria ME n. 410/2020.

Súmula CARF 145. A partir da 01/10/2002, a compensação de crédito de saldo negativo de IRPJ ou CSLL, ainda que com tributo de mesma espécie, deve ser promovida mediante apresentação de Declaração de Compensação – DCOMP. (CSRF, 2019). Obs.: vinculante, conforme Portaria ME n. 410/2020.

Súmula CARF 146. A variação cambial ativa resultante de investimento no exterior avaliado pelo método da equivalência patrimonial não é tributável pelo IRPJ e CSLL. (CSRF, 2019). Obs.: vinculante, conforme Portaria ME n. 410/2020.

Súmula CARF 147. Somente com a edição da Medida Provisória n. 351/2007, convertida na Lei n. 11.488/2007, que alterou a redação do art. 44 da Lei n. 9.430/1996, passou a existir a previsão específica de incidência da multa isolada na hipótese de falta de pagamento do carnê-leão (50%), sem prejuízo da penalidade simultânea pelo lançamento de ofício do respectivo rendimento no ajuste anual (75%). (CSRF, 2019). Obs.: vinculante, conforme Portaria ME n. 410/2020.

Súmula CARF 148. No caso de multa por descumprimento de obrigação acessória previdenciária, a aferição da decadência tem sempre como base o art. 173, I, do CTN, ainda que se verifique pagamento antecipado da obrigação principal correlata ou esta tenha sido fulminada pela decadência com base no art. 150, § 4º, do CTN. (CSRF, 2019). Obs.: vinculante, conforme Portaria ME n. 410/2020.

Súmula CARF 149. Não integra o salário de contribuição a bolsa de estudos de graduação ou de pós-graduação concedida aos empregados, em período anterior à vigência da Lei n. 12.513, de 2011, nos casos em que o lançamento aponta como único motivo para exigir a contribuição previdenciária o fato desse auxílio se referir a educação de ensino superior. (CSRF, 2019). Obs.: vinculante, conforme Portaria ME n. 410/2020.

Súmula CARF 150. A inconstitucionalidade declarada por meio do RE 363.852/MG não alcança os lançamentos de sub-rogação da pessoa jurídica nas obrigações do produtor rural pessoa física que tenham como fundamento a Lei n. 10.256, de 2001. (CSRF, 2019). Obs.: vinculante, conforme Portaria ME n. 410/2020.

Súmula CARF 151. Aplica-se retroativamente o inciso II do § 4º do art. 1º da Lei 11.945/2009, referente a multa pela falta ou atraso na apresentação da "DIF Papel Imune" devendo ser cominada em valor único por declaração não apresentada no prazo trimestral, e não mais por mês calendário, conforme anteriormente estabelecido no art. 57 da MP n. 2.158-35/2001, consagrando-se a retroatividade benéfica nos termos do art. 106, do Código Tributário Nacional. (CSRF, 2019). Obs.: vinculante, conforme Portaria ME n. 410/2020.

Súmula CARF 152. Os créditos relativos a tributos administrados pela Receita Federal do Brasil (RFB), reconhecidos por sentença judicial transitada em julgado que tenha permitido apenas a compensação com débitos de tributos da mesma espécie, podem ser compensados com débitos próprios relativos a quaisquer tributos administrados pela Receita Federal do Brasil, observada a legislação vigente por ocasião de sua realização. (CSRF, 2019). Obs.: vinculante, conforme Portaria ME n. 410/2020.

Súmula CARF 153. As receitas decorrentes das vendas de produtos efetuadas para estabelecimentos situados na Zona Franca de Manaus equiparam-se às receitas de exportação, não se sujeitando, portanto, à incidência das contribuições para o PIS/Pasep e para a COFINS. (CSRF, 2019).

Súmula CARF 154. Constatada a oposição ilegítima ao ressarcimento de crédito presumido do IPI, a correção monetária, pela taxa Selic, deve ser contada a partir do encerramento do prazo de 360 dias para a análise do pedido do contribuinte, conforme o art. 24 da Lei n. 11.457/07. (CSRF, 2019). Obs.: vinculante, conforme Portaria ME n. 410/2020.

Súmula CARF 155. A multa prevista no art. 33 da Lei n. 11.488/07 não se confunde com a pena de perdimento do art. 23, inciso V, do Decreto Lei n. 1.455/76, o que afasta a aplicação da retroatividade benigna definida no art. 106, II, "c", do Código Tributário Nacional. (CSRF, 2019). Obs.: vinculante, conforme Portaria ME n. 410/2020.

Súmula CARF 156. No regime de *drawback*, modalidade suspensão, o termo inicial para contagem do prazo quinquenal de decadência do direito de lançar os tributos suspensos é o primeiro dia do exercício seguinte ao encerramento do prazo de trinta dias posteriores à data limite para a realização das exportações compromissadas, nos termos do art. 173, I, do CTN. (CSRF, 2019). Obs.: vinculante, conforme Portaria ME n. 410/2020.

Súmula CARF 157. O percentual da alíquota do crédito presumido das agroindústrias de produtos de origem animal ou vegetal, previsto no art. 8º da Lei n. 10.925/2004, será determinado com base na natureza da mercadoria produzida ou comercializada pela referida agroindústria, e não em função da origem do insumo que aplicou para obtê-lo. (CSRF, 2019). Obs.: vinculante, conforme Portaria ME n. 410/2020.

Súmula CARF 158. O Imposto de Renda Retido na Fonte – IRRF incidente sobre valores pagos, creditados, entregues, empregados ou remetidos, a cada mês, a residentes ou domiciliados no exterior, a título de remuneração pelas obrigações contraídas, compõe a base de cálculo da Contribuição de Intervenção no Domínio Econômico – CIDE de que trata a Lei n. 10.168/2000, ainda que a fonte pagadora assuma o ônus financeiro do imposto retido. (CSRF, 2019). Obs.: vinculante, conforme Portaria ME n. 410/2020.

Súmula CARF 159. Não é necessária a realização de lançamento para glosa de ressarcimento de PIS/Pasep e Cofins não cumulativos, ainda que os ajustes se verifiquem na base de cálculo das contribuições. (CSRF, 2019). Obs.: vinculante, conforme Portaria ME n. 410/2020.

Súmula CARF 161. O erro de indicação, na Declaração de Importação, da classificação da mercadoria na Nomenclatura Comum do Mercosul, por si só, enseja a aplicação da multa de 1%, prevista no art. 84, I da MP n. 2.158-35, de 2001, ainda que órgão julgador conclua que a classificação indicada no lançamento de ofício seria igualmente incorreta. (CSRF, 2019). Obs.: vinculante, conforme Portaria ME n. 410/2020.

Súmula CARF 162. O direito ao contraditório e à ampla defesa somente se instaura com a apresentação de impugnação ao lançamento. (Pleno, 2021) Obs.: vinculante, conforme Portaria ME n. 12.975/2021.

Súmula CARF 163. O indeferimento fundamentado de requerimento de diligência ou perícia não configura cerceamento do direito de defesa, sendo facultado ao órgão julgador indeferir aquelas que considerar prescindíveis ou impraticáveis. (Pleno, 2021) Obs.: vinculante, conforme Portaria ME n. 12.975/2021.

Súmula CARF 164. A retificação de DCTF após a ciência do despacho decisório que indeferiu o pedido de restituição ou que não homologou a declaração de compensação é insuficiente para a comprovação do crédito, sendo indispensável a comprovação do erro em que se fundamenta a retificação. (Pleno, 2021) Obs.: vinculante, conforme Portaria ME n. 12.975/2021.

Súmula CARF 165. Não é nulo o lançamento de ofício referente a crédito tributário depositado judicialmente, realizado para fins de prevenção da decadência, com reconhecimento da suspensão de sua exigibilidade e sem a aplicação de penalidade ao sujeito passivo. (Pleno, 2021) Obs.: vinculante, conforme Portaria ME n. 12.975/2021.

Súmula CARF 166. Inexiste vedação legal à aplicação de juros de mora na constituição de crédito tributário em face de entidade submetida ao regime de liquidação extrajudicial. (Pleno, 2021) Obs.: vinculante, conforme Portaria ME n. 12.975/2021.

Súmula CARF 167. O art. 76, inciso II, alínea "a" da Lei n. 4.502, de 1964, deve ser interpretado em conformidade com o art. 100, inciso II do CTN, e, inexistindo lei que atribua eficácia normativa a decisões proferidas no âmbito do processo administrativo fiscal federal, a observância destas pelo sujeito passivo não exclui a aplicação de penalidades. (Pleno, 2021) Obs.: vinculante, conforme Portaria ME n. 12.975/2021.

Súmula CARF 168. Mesmo após a ciência do despacho decisório, a comprovação de inexatidão material no preenchimento da DCOMP permite retomar a análise do direito creditório. (Pleno, 2021)

Súmula CARF 169. O art. 24 do decreto-lei n. 4.657, de 1942 (LINDB), incluído pela lei n. 13.655, de 2018, não se aplica ao processo administrativo fiscal. (Pleno, 2021) Obs.: vinculante, conforme Portaria ME n. 12.975/2021.

Súmula CARF 170. A homologação tácita não se aplica a pedido de compensação de débito de um sujeito passivo com crédito de outro. (Pleno, 2021) Obs.: vinculante, conforme Portaria ME n. 12.975/2021.

Súmula CARF 171. Irregularidade na emissão, alteração ou prorrogação do MPF não acarreta a nulidade do lançamento. (Pleno, 2021) Obs.: vinculante, conforme Portaria ME n. 12.975/2021.

Súmula CARF 172. A pessoa indicada no lançamento na qualidade de contribuinte não possui legitimidade para questionar a responsabilidade imputada a terceiros pelo crédito tributário lançado. (Pleno, 2021) Obs.: vinculante, conforme Portaria ME n. 12.975/2021.

Súmula CARF 173. A intimação por edital realizada a partir da vigência da Lei n. 11.196, de 2005, é válida quando houver demonstração de que foi improfícua a intimação por qualquer um dos meios ordinários (pessoal, postal ou eletrônico) ou quando, após a vigência da Medida Provisória n. 449, de 2008, convertida na Lei n. 11.941, de 2009, o sujeito passivo tiver sua inscrição declarada inapta perante o cadastro fiscal. (Pleno, 2021) Acórdãos Precedentes: 9101-003.049, 9202-007.271, 1201-004.597, 1301-001.583, 1401-004.683, 1402-001.411, 2102-002.849, 2201-007.470, 2202-005.871, 2401-007.678, 2402-006.154, 2802-002.228, 3102-00.685, 3301-001.062, 3302-005.469, 3402-007.061, 1402-002.466, 3402-003.871, 1402-002.269, 2202-003.586, 1401-001.981 e 1302-000.713.

Súmula CARF 174. Lançamento de multa por descumprimento de obrigação acessória submete-se ao prazo decadencial previsto no art. 173, inciso I, do CTN. (CSRF, 2021) (Vinculante, conforme Portaria ME n. 12.975, de 10-11-2021, *DOU* de 11-11-2021). Acórdãos Precedentes: 9101-003.235, 9101-001.923, 1302-004.162, 9101-003.786, e 101-96.451.

Súmula CARF 175. É possível a análise de indébito correspondente a tributos incidentes sobre o lucro sob a natureza de saldo negativo se o sujeito passivo demonstrar, mesmo depois do despacho decisório de não homologação, que errou ao preencher a Declaração de Compensação – DCOMP e informou como crédito pagamento indevido ou a maior de estimativa integrante daquele saldo negativo. (CSRF, 2021) Obs.: vinculante, conforme Portaria ME n. 12.975/2021.

Súmula CARF 176. O imposto de renda pago por sócio pessoa física, em tributação definitiva de ganho de capital, pode ser deduzido do imposto de renda exigido de pessoa jurídica em razão da requalificação da sujeição passiva na tributação da mesma operação de alienação de bens ou direitos. (CSRF, 2021) Obs.: vinculante, conforme Portaria ME n. 12.975/2021.

Súmula CARF 177. Estimativas compensadas e confessadas mediante Declaração de Compensação (DCOMP) integram o saldo negativo de IRPJ ou CSLL ainda que não homologadas ou pendentes de homologação. (CSRF, 2021) Obs.: vinculante, conforme Portaria ME n. 12.975/2021.

Súmula CARF 178. A inexistência de tributo apurado ao final do ano-calendário não impede a aplicação de multa isolada por falta de recolhimento de estimativa na forma autorizada desde a redação original do art. 44 da Lei n. 9.430, de 1996. (CSRF, 2021) Obs.: vinculante, conforme Portaria ME n. 12.975/2021.

Súmula CARF 179. É vedada a compensação, pela pessoa jurídica sucessora, de bases de cálculo negativas de CSLL acumuladas por pessoa jurídica sucedida, mesmo antes da vigência da Medida Provisória n. 1.858-6, de 1999. (CSRF, 2021) (Vinculante, conforme Portaria ME n. 12.975, de 10-11-2021, *DOU* de 11-11-2021)

Súmula CARF 180. Para fins de comprovação de despesas médicas, a apresentação de recibos não exclui a possibilidade de exigência de elementos comprobatórios adicionais. (CSRF, 2021) (Vinculante, conforme Portaria ME n. 12.975, de 10-11-2021, *DOU* de 11-11-2021)

Súmula CARF 181. No âmbito das contribuições previdenciárias, é incabível lançamento por descumprimento de obrigação acessória, relacionada à apresentação de informações e documentos exigidos, ainda que em meio digital, com fulcro no caput e parágrafos dos artigos 11 e 12, da Lei n. 8.218, de 1991. (CSRF, 2021)

Súmula CARF 182. O seguro de vida em grupo contratado pelo empregador em favor do grupo de empregados, sem que haja a individualização do montante que beneficia a cada um deles, não se inclui no conceito de remuneração, não estando sujeito à incidência de contribuições previdenciárias, ainda que o benefício não esteja previsto em acordo ou convenção coletiva de trabalho. (CSRF, 2021)

Súmula CARF 183. O valor das aquisições de matérias-primas, produtos intermediários, materiais de embalagem, energia elétrica e combustíveis, empregados em atividades anteriores à fase industrial do processo produtivo, não deve ser incluído na base de cálculo do crédito presumido do IPI, de que tratam as Leis n-s 9.363/96 e 10.276/01. (CSRF, 2021) Obs.: vinculante, conforme Portaria ME n. 12.975/2021.

Súmula CARF 184. O prazo decadencial para aplicação de penalidade por infração aduaneira é de 5 (cinco) anos contados da data da infração, nos termos dos artigos 138 e 139, ambos do Decreto-Lei n.º 37/66 e do artigo 753 do Decreto n.º 6.759/2009. (CSRF, 2021) Obs.: vinculante, conforme Portaria ME n. 12.975/2021.

Súmula CARF 185. O Agente Marítimo, enquanto representante do transportador estrangeiro no País, é sujeito passivo da multa descrita no artigo 107 inciso IV alínea "e" do Decreto-Lei 37/66. (CSRF, 2021) Obs.: vinculante, conforme Portaria ME n. 12.975/2021.

Súmula CARF 186. A retificação de informações tempestivamente prestadas não configura a infração descrita no artigo 107, inciso IV, alínea "e" do Decreto-Lei n. 37/66. (CSRF, 2021) Obs.: vinculante, conforme Portaria ME n. 12.975/2021.

Súmula CARF 187. O agente de carga responde pela multa prevista no art. 107, IV, "e" do DL n. 37, de 1966, quando descumpre o prazo estabelecido pela Receita Federal para prestar informação sobre a desconsolidação da carga. (CSRF, 2021) Obs.: vinculante, conforme Portaria ME n. 12.975/2021.

Índice Analítico